Reithmann · Martiny
Internationales Vertragsrecht

Internationales Vertragsrecht

Das internationale Privatrecht der Schuldverträge

herausgegeben von

Dr. Christoph Reithmann

Prof. em. Dr. Dieter Martiny

7. neu bearbeitete Auflage

2010

Verlag
Dr. Otto Schmidt
Köln

*Bibliografische Information
der Deutschen Nationalbibliothek*

Die Deutsche Nationalbibliothek verzeichnet diese Publikation in der Deutschen Nationalbibliografie; detaillierte bibliografische Daten sind im Internet über http://dnb.d-nb.de abrufbar.

Verlag Dr. Otto Schmidt KG
Gustav-Heinemann-Ufer 58, 50968 Köln
Tel. 02 21/9 37 38-01, Fax 02 21/9 37 38-943
info@otto-schmidt.de
www.otto-schmidt.de

ISBN 978-3-504-45154-7

©2010 by Verlag Dr. Otto Schmidt KG, Köln

Das Werk einschließlich aller seiner Teile ist urheberrechtlich geschützt. Jede Verwertung, die nicht ausdrücklich vom Urheberrechtsgesetz zugelassen ist, bedarf der vorherigen Zustimmung des Verlages. Das gilt insbesondere für Vervielfältigungen, Bearbeitungen, Übersetzungen, Mikroverfilmungen und die Einspeicherung und Verarbeitung in elektronischen Systemen.

Das verwendete Papier ist aus chlorfrei gebleichten Rohstoffen hergestellt, holz- und säurefrei, alterungsbeständig und umweltfreundlich.

Einbandgestaltung: Jan P. Lichtenford, Mettmann
Satz: WMTP, Birkenau
Druck und Verarbeitung: Kösel, Krugzell
Printed in Germany

Bearbeiterverzeichnis

Dr. Carsten Dageförde
Rechtsanwalt in Faßberg

Dr. Anatol Dutta, M. Jur. (Oxford)
Wiss. Referent am Max-Planck-Institut für ausländisches und
internationales Privatrecht in Hamburg

Prof. Dr. Robert Freitag, Maître en droit
Universität Hamburg

Dr. Stephan R. Göthel, LLM.
Rechtsanwalt in Hamburg, Lehrbeauftragter an der
Bucerius Law School Hamburg

Veronika Häuslschmid
Rechtsanwältin, VDMA - Verband Deutscher Maschinen- und
Anlagenbau e.V., Frankfurt/Main

Prof. Dr. Rainer Hausmann
Universität Konstanz

Dr. Martin Hiestand
Regierungsdirektor im Bundesministerium der Justiz

Prof. Dr. Peter Limmer
Notar in Würzburg, Honorarprofessor
an der Julius-Maximilians-Universität Würzburg

Prof. Dr. Peter Mankowski
Universität Hamburg

Prof. em. Dr. Dieter Martiny
Europa-Universität Viadrina Frankfurt/Oder

Prof. Dr. Hanno Merkt, LLM.
Richter am Oberlandesgericht Karlsruhe,
Albert-Ludwigs-Universität Freiburg i. Br.

Dr. Eva Inés Obergfell
Wiss. Ass. an der Technischen Universität München

Dr. Christoph Reithmann
Notar a.D., Wolfratshausen

Prof. Dr. Anton K. Schnyder, LLM.
Universität Zürich

Prof. Dr. Reinhold Thode
Richter am Bundesgerichtshof a.D.,
Rechtsanwalt in Landau/Pfalz,
Honorarprofessor an der Universität Konstanz

unter redaktioneller Mitarbeit von
Verena Reithmann
Rechtsanwältin in Icking

Vorwort

Auch die neue Auflage dieses Werks will der Praxis der Vertragsgestaltung bei den vielfältigen Problemen Hilfe leisten, die sich für Verträge mit Auslandsberührung stellen. Die EG-Verordnung Nr. 593/2008 vom 17. Juni 2008 über das auf vertragliche Schuldverhältnisse anzuwendende Recht (Rom I) hat das fast drei Jahrzehnte alte Europäische Vertragsrechtsübereinkommen von 1980 abgelöst. Die Neuauflage hat die vielfältigen Veränderungen aufgrund der Verordnung ebenso berücksichtigt wie die Neuerungen infolge des deutschen Anpassungsgesetzes vom 25. Juni 2009. Hinzu gekommen sind zahlreiche Änderungen des internationalen und europäischen, aber auch des nationalen in- und ausländischen Rechts. Angesichts vielfacher Gesetzesänderungen, aber auch angewachsener Literatur und Rechtsprechung sind zuverlässige Informationen und Übersicht notwendiger denn je. Die Gliederung des siebenteiligen Werks ermöglicht wieder einen schnellen Zugriff auf das Wesentliche. Neben der Bändigung der Stofffülle war Herausgebern und Autoren besonders an einer leichten Benutzbarkeit gelegen. Handlungsanleitungen und Zusammenfassungen lenken den Blick auch auf das Detail.

Die grundlegenden ersten drei Teile, Bestimmung und Umfang des Schuldstatuts, wurden neu gestaltet und um Ausführungen zur Vertragsgestaltung erweitert (*Martiny*). Auch die Bezüge zu den außervertraglichen Schuldverhältnissen nach der Rom II-Verordnung wurden aufgenommen. Dem praktischen Zweck des Buches entsprechend wird im vierten Teil (zwingende Vorschriften) vor allem aufgezeigt, bei welcher Art von Inlandsberührung inländische Gerichte solche Bestimmungen durchsetzen. Dies hat wieder *Freitag* übernommen. Auch weiterhin widmen sich besondere Abschnitte den für viele Staaten nach wie vor relevanten Devisenvorschriften (*Thode*) sowie den in ihrer Zielrichtung gelegentlich verkannten Formvorschriften, einschließlich wichtiger Fragen der Substitution. Inwieweit ausländische Beurkundungsverfahren hinsichtlich der inländischen Formvorschriften unterliegenden Zwecke als gleichwertig angesehen werden können, wird hier erstmalig detailliert dargestellt (*Reithmann*).

Die Rom I-Verordnung geht bei der Anknüpfung von einzelnen Vertragstypen aus. In seinem fünften Teil folgt das Buch diesem gesetzgeberischen Ansatz weitgehend. Wie bisher behandelt *Martiny* den Warenkauf. Im Kontext des weiten Dienstleistungsbegriffs der Rom I-VO wird eine ganze Reihe von Vertragsverhältnissen behandelt, nämlich Werk-, Bau-, Anlagen-, Architektenvertrag (*Thode*), Leasingvertrag (*Dageförde*), aber auch Darlehen, Bürgschaft, Garantie und Patronatserklärung (*Martiny*). Es folgen die Bankverträge und – neu aufgenommen – die Anleihe (*Freitag*), ferner Makler- und Kommissionsvertrag (*Martiny*) sowie der Anwaltsvertrag (*Mankowski*). Von den Verträgen über unbewegliche Sachen werden zunächst Grundstückskauf und Bauträgervertrag von *Limmer* behandelt. Grundstücksmiete und Grundstückspacht schließen sich an (*Mankowski*). Bei den Verträgen über Rechte am geistigen Eigentum finden sich vor allem die Lizenzverträge und gewerbliche Schutzrechte (*Hiestand*), ferner Urheberrechtsverträge, insbes. Verlags- und Filmverträge (*Obergfell*). Neu aufgenommen wurde ein Kapitel über Franchiseverträge (*Dutta*). Es folgen die nach wie vor praktisch wichtigen Handelsvertreter- und Vertragshändlerverträge (*Häuslschmid*).

Die weitgehend neuen Bestimmungen über Finanzmarktverträge untersucht *Mankowski*. Er hat auch wieder das weit verzweigte Gebiet der Speditions- und Transportverträge bearbeitet. Verträge mit Verbrauchern werden zunächst in Hinblick auf allgemeine Regeln über Verbraucherverträge erörtert (*Martiny*). Eine eigene Behandlung haben wieder Timesharingverträge erfahren (*Mankowski*). Ein besonderes Kapitel bilden Verträge über Unternehmenstransaktionen mit dem Unternehmenskauf (*Merkt* und *Göthel*) und dem Joint Venture (*Göthel*). Die nunmehr ebenfalls in der Rom I-Verordnung geregelten Versicherungsverträge (*Schnyder*) werden ebenso behandelt wie die Arbeitsverträge (*Martiny*).

Trotz der Vielfalt der Vertragstypen dürfen die Beschränkungen nicht außer Acht gelassen werden, denen verheiratete, jugendliche und behinderte Personen unterliegen, vor allem aber auch der Umfang der Vertretungsmacht bei Handelsgesellschaften. Diesen Hauptteil, der die Grenzen des traditionellen Schuldrechts überschreitet, hat *Hausmann* gleichfalls in dieser Auflage aktualisiert. Auch das immer wichtiger werdende internationale und europäische Insolvenzrecht war zu aktualisieren und auszubauen.

Der siebte und letzte Hauptteil betrifft ein Gebiet, das inzwischen nicht nur durch internationale Staatsverträge, sondern vor allem durch die Brüssel I- Verordnung geprägt wird. Hier widmet sich *Hausmann* vor allem den für die vertragsgestaltende Praxis wichtigen Gerichts- und Schiedsklauseln. Auch in anderen Zusammenhängen beschäftigt sich das Buch nicht nur mit den Schwierigkeiten des Kollisions- und Sachrechts, sondern verliert auch die verfahrensrechtliche Dimension nicht aus dem Blick.

Die Erstellung der Register hat wieder *Verena Reithmann* übernommen.

Im September 2009   Christoph Reithmann   Dieter Martiny

Inhaltsübersicht

	Seite
Vorwort	VII
Inhaltsverzeichnis	XV
Literaturverzeichnis	XXIX
Abkürzungsverzeichnis	XXXIII

Verordnung (EG) Nr. 593/2008 des Europäischen Parlaments und des Rates vom 17. Juni 2008 über das auf vertragliche Schuldverhältnisse anzuwendende Recht (Rom I) 1

1. Teil: Bestimmung des Vertragsstatuts

		Rz.	Seite
A.	Rechtsvereinheitlichung	1	23
B.	Internationales Vertragsrecht der Rom I-Verordnung	35	48
C.	Bestimmung des Vertragsstatuts nach der Rom I-Verordnung	85	81
D.	Grundsätze und praktische Hinweise zur Vertragsgestaltung	241	182

2. Teil: Geltungsbereich des Vertragsstatuts

		Rz.	Seite
A.	Zustandekommen des Vertrages	261	194
B.	Materielle Wirksamkeit	299	226
C.	Vertragsauslegung	307	233
D.	Vertragsinhalt, Nebenansprüche	311	237
E.	Leistungsstörungen	320	243
F.	Beweis und gesetzliche Vermutungen (Art. 18 Rom I-VO)	340	257
G.	Erlöschen des Schuldvertrages	346	261
H.	Verjährung, Ausschlussfrist, Verwirkung (Art. 12 Abs. 1 lit. d Rom I-VO)	372	282
J.	Umgestaltung des Schuldverhältnisses, Schuldanerkenntnis und Vergleich	376	286

		Rz.	Seite
K.	Forderungsübertragung	380	289
L.	Gesetzlicher Forderungsübergang	404	309
M.	Mehrfache Haftung (Art. 16 Rom I-VO)	412	314
N.	Schuld- und Vertragsübernahme	414	316

3. Teil: Außervertragliche Schuldverhältnisse und Verschulden bei Vertragsverhandlungen

A.	Anknüpfung der außervertraglichen Schuldverhältnisse	441	323
B.	Rechtswahl (Art. 14 Rom II-VO)	445	325
C.	Objektive Anknüpfung	451	328
D.	Reichweite des für außervertragliche Schuldverhältnisse maßgeblichen Rechts	481	342
E.	Gesetzlicher Forderungsübergang und mehrfache Haftung	485	344

4. Teil: Eingriffsnormen (international zwingende Bestimmungen), Berücksichtigung ausländischer Devisenvorschriften, Formvorschriften

A.	Einführung	491	346
B.	Allgemeine Fragen der Anwendung des Art. 9 Rom I-VO	508	355
C.	Eingriffsnormen der lex fori, Art. 9 Abs. 2 Rom I-VO	561	377
D.	Forumfremde Eingriffsnormen, Art. 9 Abs. 3 Rom I-VO	631	405
E.	Berücksichtigung ausländischer Devisenvorschriften	671	420
F.	Formvorschriften	731	447

5. Teil: Einzelne Vertragstypen

Kapitel 1: Kaufverträge, insbes. über bewegliche Sachen 891 493

A.	Allgemeines zum Kaufvertrag	891	493
B.	Warenkauf	894	494
C.	Kauf durch Versteigerungen	1031	574

Kapitel 2: Verträge über Dienstleistungen 1041 577

A.	Allgemeines zum Dienstleistungsvertrag	1041	577

		Rz.	Seite
B.	Werkvertrag, Bauvertrag, Anlagenvertrag, Architektenvertrag	1081	586
C.	Leasingvertrag	1111	606
D.	Darlehen	1161	627
E.	Bürgschaft, Garantie, Patronatserklärung	1181	640
F.	Bankverträge	1231	660
G.	Anleihe	1351	693
H.	Makler- und Kommissionsvertrag	1391	703
J.	Anwaltsvertrag	1411	708

Kapitel 3: Verträge über unbewegliche Sachen ... 1491 739

- A. Allgemeines zu Verträgen über unbewegliche Sachen ... 1491 739
- B. Grundstückskauf, Bauträgervertrag ... 1501 741
- C. Grundstücksmiete und Grundstückspacht ... 1661 805

Kapitel 4: Verträge über Rechte am Geistigen Eigentum ... 1771 825

- A. Allgemeines zu Verträgen über Rechte am Geistigen Eigentum ... 1771 825
- B. Lizenzverträge/gewerbliche Schutzrechte ... 1831 852
- C. Urheberrechtsverträge, insbes. Verlags- und Filmverträge ... 1941 875

Kapitel 5: Franchiseverträge ... 2081 939

- I. Begriff ... 2081 940
- II. Einheitsrecht ... 2083 941
- III. Schuldvertragsstatut ... 2088 943
- IV. Zwingende Bestimmungen ... 2116 957
- V. Zusammenfassung mit Handlungsanleitung ... 2123 961

Kapitel 6: Handelsvertreter- und Vertriebsverträge ... 2131 963

- A. Allgemeines zu Handelsvertreter- und Vertriebsverträgen ... 2131 963
- B. Handelsvertretervertrag ... 2161 967
- C. Vertragshändlervertrag ... 2251 1005

Kapitel 7: Finanzmarktverträge ... 2341 1037

- I. Finanzinstrumente ... 2341 1038

		Rz.	Seite
II.	Persönlicher Anwendungsbereich für Verbraucherverträge	2351	1039
III.	Sachlicher Anwendungsbereich für Verbraucherverträge, insbes. Ausnahmen nach Art. 6 Abs. 4 lit. d und e Rom I-VO	2371	1042
IV.	Anwendbares Recht für einzelne Transaktionstypen	2401	1049
V.	Anwendbares Recht für Geschäfte innerhalb eines multilateralen Systems	2431	1058
VI.	Anwendbares Recht für Fondskonstruktionen	2461	1064
VII.	Anknüpfung für Brokerverträge	2481	1066
VIII.	Besondere Anknüpfung von Schutzvorschriften des deutschen Rechts	2501	1073
IX.	Nichtvertragliche Haftung	2521	1078
X.	Internationalverfahrensrechtliche Probleme bei Schiedsklauseln	2541	1083
XI.	Zusammenfassung mit Handlungsanleitung	2551	1085
Kapitel 8: Beförderungsverträge		2571	1087
A.	Allgemeines zu Beförderungsverträgen	2571	1088
B.	Einzelne Beförderungsverträge	2711	1116
C.	Speditionsvertrag	4071	1228
Kapitel 9: Verträge mit Verbrauchern		4141	1245
A.	Anknüpfung von Verbraucherverträgen	4141	1245
B.	Timesharingvertrag	4281	1290
Kapitel 10: Verträge über Unternehmenstransaktionen		4391	1317
A.	Unternehmenskauf	4391	1317
B.	Joint Venture	4561	1356
Kapitel 11: Versicherungsverträge		4721	1387
I.	Rechtsvereinheitlichung	4721	1388
II.	Schuldstatut der Versicherungsverträge	4729	1392
III.	Zwingende Vorschriften	4762	1401
IV.	Zusammenfassung mit praktischen Hinweisen	4769	1404

	Rz.	Seite
Kapitel 12: Arbeitsverträge	4801	1407
I. Rechtsvereinheitlichung	4801	1408
II. Arbeitsvertragsstatut	4831	1415
III. Zwingende Vorschriften	4901	1450
IV. Kollektives Arbeitsrecht	4951	1468
V. Ausländische Arbeitnehmer in Deutschland	5001	1480
VI. Zusammenfassung mit Handlungsanleitung	5011	1482

6. Teil: Vertretungsmacht und Verfügungsbefugnis

	Rz.	Seite
A. Vertretungsmacht bei Handelsgesellschaften	5031	1486
B. Vollmacht	5421	1636
C. Verfügungsbefugnis des Insolvenzverwalters	5601	1682
D. Beschränkungen bei verheirateten Personen	5851	1785
E. Beschränkungen bei jugendlichen Personen	6121	1872
F. Beschränkungen bei geistig behinderten volljährigen Personen	6281	1921

7. Teil: Gerichtsstands- und Schiedsvereinbarungen

	Rz.	Seite
A. Gerichtsstandsvereinbarungen	6352	1939
B. Schiedsvereinbarungen	6550	2018
Sachregister		2129

Inhaltsverzeichnis*

	Seite
Vorwort	VII
Inhaltsübersicht	IX
Literaturverzeichnis	XXIX
Abkürzungsverzeichnis	XXXIII

Verordnung (EG) Nr. 593/2008 des Europäischen Parlaments und des Rates vom 17. Juni 2008 über das auf vertragliche Schuldverhältnisse anzuwendende Recht (Rom I) 1

1. Teil: Bestimmung des Vertragsstatuts

			Rz.	Seite
A.	Rechtsvereinheitlichung		1	23
	I.	Einheitliches Sach- und Kollisionsrecht	1	24
	II.	EG-Übereinkommen über das auf vertragliche Schuldverhältnisse anzuwendende Recht vom 19.6.1980	4	26
	III.	Europäisches Privatrecht	11	34
	IV.	Staatsverträge	30	47
B.	Internationales Vertragsrecht der Rom I-Verordnung		35	48
	I.	Entstehung	35	50
	II.	Gemeinschaftsrechtliche Regelung	36	52
	III.	Räumlicher Anwendungsbereich und Mitgliedstaaten	39	54
	IV.	Universelle Anwendung (Art. 2 Rom I-VO)	40	55
	V.	Sachlicher Anwendungsbereich (Art. 1 Rom I-VO)	41	56
	VI.	Verhältnis zu anderen Gemeinschaftsrechtsakten	67	73
	VII.	Beziehung zum Übereinkommen von Rom (Art. 24 Rom I-VO)	77	78
	VIII.	Verhältnis zu bestehenden internationalen Übereinkommen (Art. 25 Rom I-VO)	78	78
	IX.	Inkrafttreten und zeitliche Anwendbarkeit (Art. 29 Rom I-VO)	79	80
C.	Bestimmung des Vertragsstatuts nach der Rom I-Verordnung		85	81
	I.	Rechtswahl (Art. 3 Rom I-VO)	85	86
	II.	Mangels Rechtswahl anzuwendendes Recht (Art. 4 Rom I-VO)	143	138

---

* Ausführliche Inhaltsverzeichnisse befinden sich zu Beginn eines jeden mit einem Großbuchstaben bezeichneten Abschnitts.

		Rz.	Seite
III.	Gewöhnlicher Aufenthalt (Art. 19 Rom I-VO)	208	171
IV.	Rück- und Weiterverweisung (Art. 20 Rom I-VO)	217	176
V.	Staaten ohne einheitliche Rechtsordnung (Art. 22 Rom I-VO)	220	178
VI.	Ordre public (Art. 21 Rom I-VO)	225	180

D. Grundsätze und praktische Hinweise zur Vertrags-
gestaltung 241 182
  I. Informationsbeschaffung 241 183
  II. Abschluss des Vertrages 245 185
  III. Inhalt und Wirksamkeit des Vertrages 246 185
  IV. Vertragsdurchsetzung und Streiterledigung .. 256 191

2. Teil: Geltungsbereich des Vertragsstatuts

A. Zustandekommen des Vertrages 261 194
  I. Einheitsrecht und Rechtsangleichung 261 195
  II. Grundsätze der Anknüpfung 262 196
  III. Verwendung Allgemeiner Geschäftsbedingungen .. 281 213

B. Materielle Wirksamkeit 299 226
  I. Allgemeines 299 226
  II. Wirksamkeit des Verweisungsvertrages 300 227
  III. Wirksamkeit des Hauptvertrages 301 228
  IV. Gläubigeranfechtung 306 231

C. Vertragsauslegung 307 233
  I. Rechtswahl 307 233
  II. Hauptvertrag (Art. 12 Abs. 1 lit. a Rom I-VO) .. 308 234
  III. Sprachgebrauch 310 236

D. Vertragsinhalt, Nebenansprüche 311 237
  I. Schuldrechtliche Wirkungen 311 237
  II. Vertragstyp 313 238
  III. Handelsrecht 314 238
  IV. Währung 316 240
  V. Schuldner-, Gläubigermehrheit 317 241
  VI. Vertrag zugunsten Dritter 318 241
  VII. Auskunftsanspruch 319 242

E. Leistungsstörungen 320 243
  I. Allgemeines 320 245
  II. Voraussetzungen der Leistungsstörungen (Art. 12 Abs. 1 lit. c Rom I-VO) 321 245
  III. Einzelne Folgen der Leistungsstörungen 327 247

F. Beweis und gesetzliche Vermutungen (Art. 18 Rom I-VO) 340 257

		Rz.	Seite
	I. Allgemeines	340	257
	II. Beweisgegenstand und Beweislast (Art. 18 Abs. 1 Rom I-VO)	341	257
	III. Beweismittel für den Beweis von Rechtsgeschäften (Art. 18 Abs. 2 Rom I-VO)	344	259
G.	Erlöschen des Schuldvertrages	346	261
	I. Allgemeines	346	261
	II. Erfüllung	347	262
	III. Aufrechnung (Art. 17 Rom I-VO)	365	276
	IV. Hinterlegung	370	280
	V. Erlass, Aufhebung	371	280
H.	Verjährung, Ausschlussfrist, Verwirkung (Art. 12 Abs. 1 lit. d Rom I-VO)	372	282
	I. Verjährung	372	282
	II. Ausschlussfrist	374	284
	III. Verwirkung	375	284
J.	Umgestaltung des Schuldverhältnisses, Schuldanerkenntnis und Vergleich	376	286
	I. Bloße Abänderung	376	286
	II. Ersetzung	377	286
	III. Schuldanerkenntnis	378	287
	IV. Vergleich	379	288
K.	Forderungsübertragung	380	289
	I. Rechtsvereinheitlichung	380	291
	II. Ausländisches Recht	381	292
	III. Anknüpfung der Forderungsübertragung (Art. 14 Rom I-VO)	383	293
	IV. Zession dinglich gesicherter Forderungen	398	306
	V. Einziehungsermächtigung	402	307
	VI. Form	403	308
L.	Gesetzlicher Forderungsübergang	404	309
	I. Ausländisches Recht	404	309
	II. Maßgeblichkeit des Zessionsgrundstatuts	405	309
	III. Subsidiäre Verpflichtungen (Art. 15 Rom I-VO)	406	310
	IV. Ablösungsrecht eines Dritten	411	313
M.	Mehrfache Haftung (Art. 16 Rom I-VO)	412	314
N.	Schuld- und Vertragsübernahme	414	316
	I. Schuldübernahme	414	316
	II. Vertragsübernahme	421	319

3. Teil: Außervertragliche Schuldverhältnisse und Verschulden bei Vertragsverhandlungen

		Rz.	Seite
A.	Anknüpfung der außervertraglichen Schuldverhältnisse	441	323
B.	Rechtswahl (Art. 14 Rom II-VO)	445	325
	I. Zulässigkeit und Voraussetzungen der Rechtswahl	445	325
	II. Inlands- und Binnenmarktsachverhalte	448	326
	III. Rechte Dritter	450	326
C.	Objektive Anknüpfung	451	328
	I. Gemeinsame Grundsätze	451	328
	II. Ungerechtfertigte Bereicherung (Art. 10 Rom II-VO)	455	330
	III. Geschäftsführung ohne Auftrag (Art. 11 Rom II-VO)	464	334
	IV. Verschulden bei Vertragsverhandlungen (Art. 12 Rom II-VO)	470	336
D.	Reichweite des für außervertragliche Schuldverhältnisse maßgeblichen Rechts	481	342
	I. Geltungsbereich des anzuwendenden Rechts	481	342
	II. Form	482	342
	III. Beweis	483	343
	IV. Eingriffsnormen	484	343
E.	Gesetzlicher Forderungsübergang und mehrfache Haftung	485	344

4. Teil: Eingriffsnormen (international zwingende Bestimmungen), Berücksichtigung ausländischer Devisenvorschriften, Formvorschriften

		Rz.	Seite
A.	Einführung	491	346
	I. Grundlagen	491	347
	II. Bisherige Rechtslage	495	349
	III. Entstehungsgeschichte des Art. 9 Rom I-VO	498	351
	IV. Überblick über den Regelungsgehalt des Art. 9 Rom I-VO	504	354
B.	Allgemeine Fragen der Anwendung des Art. 9 Rom I-VO	508	355
	I. Grundsatz der restriktiven Auslegung und Anwendung des Art. 9 Rom I-VO	508	355
	II. Anwendungsbereich des Art. 9 Rom I-VO	509	356
	III. Rechtsfolgen des Art. 9 Rom I-VO	533	365
	IV. Vorgaben des Primärrechts bei der Anwendung des Art. 9 Rom I-VO	534	366
	V. Art. 9 Rom I-VO und Völkerrecht	552	375
	VI. Prozessuale Fragestellungen und Beweislast	553	375

			Rz.	Seite
C.	Eingriffsnormen der lex fori, Art. 9 Abs. 2 Rom I-VO		561	377
	I.	Allgemeines	561	377
	II.	Einzelne Eingriffsnormen des deutschen Rechts	566	379
D.	Forumfremde Eingriffsnormen, Art. 9 Abs. 3 Rom I-VO		631	405
	I.	Allgemeines	631	405
	II.	In der Regel mit inländischen Wertungen verträgliche ausländische Eingriffsnormen	654	414
E.	Berücksichtigung ausländischer Devisenvorschriften		671	420
	I.	Das deutsche Internationale Devisenrecht: ein Überblick	671	421
	II.	Das IWF-Abkommen	672	422
	III.	Die Auslegung des Art. VIII Abschn. 2 (b) S. 1 IWF-Abkommen in der Bundesrepublik Deutschland	674	424
	IV.	Der Reformvorschlag: Einordnung als unvollkommene Verbindlichkeit	701	438
	V.	Autonomes Recht	707	442
	VI.	Zusammenfassung mit Handlungsanleitung	712	443
F.	Formvorschriften		731	447
	I.	Willenserklärungen und deren Dokumentation	733	449
	II.	Verpflichtungsverträge	750	456
	III.	Verfügungsgeschäfte	777	466
	IV.	Substitution bei Verträgen und Beschlüssen	805	476
	V.	Ausländische Beglaubigungen	823	483
	VI.	Zusammenfassung mit Handlungsanleitung	837	488

5. Teil: Einzelne Vertragstypen

Kapitel 1: Kaufverträge, insbes. über bewegliche Sachen 891 493

A.	Allgemeines zum Kaufvertrag		891	493
B.	Warenkauf		894	494
	I.	UN-Kaufrecht vom 11.4.1980 (CISG)	894	495
	II.	Sonstiges Einheitsrecht – Internationale Formulare	941	529
	III.	Bestimmung des Vertragsstatuts	961	540
	IV.	Geltung des Vertragsstatuts	971	547
	V.	Eigentumsübergang und Eigentumsvorbehalt	991	553
	VI.	Anwendung zwingender Vorschriften	1011	569
	VII.	Zusammenfassung mit Handlungsanleitung	1021	571
C.	Kauf durch Versteigerungen		1031	574

			Rz.	Seite

Kapitel 2: Verträge über Dienstleistungen 1041 577

- A. Allgemeines zum Dienstleistungsvertrag 1041 577
  - I. Begriff der Dienstleistung 1041 577
  - II. Einzelne Dienstleistungen 1052 583
- B. Werkvertrag, Bauvertrag, Anlagenvertrag, Architektenvertrag... 1081 586
  - I. Werkvertrag 1081 587
  - II. Bauvertrag.. 1084 592
  - III. Anlagenvertrag 1088 595
  - IV. Architektenvertrag 1089 597
  - V. Zusammenfassung mit Handlungsanleitung 1100 603
- C. Leasingvertrag 1111 606
  - I. Einheitsrecht 1111 607
  - II. Anwendbares Recht 1132 620
  - III. Zusammenfassung mit Handlungsanleitung 1143 625
- D. Darlehen 1161 627
  - I. Rechtsvereinheitlichung und Auslandsrecht 1161 629
  - II. Vertragsstatut 1162 629
  - III. Zwingende Vorschriften 1165 632
  - IV. Wirtschaftspolitische Eingriffsvorschriften............ 1169 634
  - V. Zusammenfassung mit Handlungsanleitung 1175 638
- E. Bürgschaft, Garantie, Patronatserklärung 1181 640
  - I. Bürgschaftsstatut 1181 640
  - II. Garantiestatut.................................... 1192 646
  - III. Patronatserklärung 1208 654
  - IV. Formvorschriften 1209 655
  - V. Wirtschaftspolitische Vorschriften 1210 656
  - VI. Zusammenfassung mit Handlungsanleitung 1213 659
- F. Bankverträge... 1231 660
  - I. Grundlagen 1231 661
  - II. Kontobeziehung und Einlagengeschäft................ 1282 676
  - III. Depotgeschäft 1283 676
  - IV. Zahlungsverkehr 1285 677
  - V. Haftungs- bzw. Avalkreditgeschäft 1310 685
  - VI. Dokumentengeschäft 1312 685
  - VII. Forfaitierungs-, Diskont- und Factoringgeschäft 1323 688
  - VIII. Wertpapiergeschäfte 1333 692
- G. Anleihe 1351 693
  - I. Grundlagen 1351 693
  - II. Anknüpfung...................................... 1361 698
  - III. Besonderheiten von Staatsanleihen 1372 701
  - IV. Eingriffsrecht..................................... 1376 702

		Rz.	Seite
H.	Makler- und Kommissionsvertrag	1391	703
	I. Maklervertrag	1391	703
	II. Kommissionsvertrag	1396	705
J.	Anwaltsvertrag	1411	708
	I. Anwendbares Recht	1411	709
	II. Besonderheiten bei der auslandsbezogenen Tätigkeit deutscher Rechtsanwälte	1452	727
	III. Zusammenfassung mit Handlungsanleitung	1473	736

Kapitel 3: Verträge über unbewegliche Sachen ... 1491   739

A.	Allgemeines zu Verträgen über unbewegliche Sachen	1491	739
B.	Grundstückskauf, Bauträgervertrag	1501	741
	I. Vertragsstatut des Grundstückskaufs nach der Rom I-VO	1501	742
	II. Eingriffsnormen	1521	751
	III. Dinglicher Vollzug des Grundstückskaufvertrages und Registerfragen	1531	752
	IV. Formvorschriften	1551	757
	V. Vertragsgestaltung bei ausländischen Grundstücken	1571	767
	VI. Güterrechtliche Fragen beim Grundstückskauf	1591	772
	VII. Zusammenfassung mit Handlungsanleitung	1621	781
	VIII. Grundstückskauf – Länderübersicht	1631	783
C.	Grundstücksmiete und Grundstückspacht	1661	805
	I. Grundsatz der Parteiautonomie	1661	805
	II. Objektive Anknüpfung	1671	807
	III. Anwendbarkeit des Internationalen Verbrauchervertragsrechts	1701	812
	IV. Anknüpfung dinglicher und quasi-dinglicher Wirkungen der Miete	1721	819
	V. Formvorschriften	1731	821
	VI. Sonderanknüpfung zwingender Bestimmungen	1741	822
	VII. Zusammenfassung mit Handlungsanleitung	1751	823

Kapitel 4: Verträge über Rechte am Geistigen Eigentum ... 1771   825

A.	Allgemeines zu Verträgen über Rechte am Geistigen Eigentum	1771	825
	I. Besonderheiten von Verträgen über Rechte am Geistigen Eigentum	1771	826
	II. Kollisionsrechtliche Anknüpfung von Verträgen über Rechte am Geistigen Eigentum nach der Rom I-VO	1781	833
	III. Kollisionsrechtliche Anknüpfung nach Art. 8 Rom II-VO	1791	835

			Rz.	Seite
	IV.	Abgrenzung des Vertragsstatuts vom Immaterialgüterrechtsstatut	1811	846
	V.	Behandlung von Altfällen	1821	850
B.	Lizenzverträge/gewerbliche Schutzrechte		1831	852
	I.	Materielle Grundlagen des Lizenzvertrags	1831	853
	II.	Rechtsvergleichender Überblick	1851	858
	III.	Regelung der Rom I-VO	1861	859
	IV.	Zusammenfassung mit Handlungsanleitung	1921	873
C.	Urheberrechtsverträge, insbes. Verlags- und Filmverträge		1941	875
	I.	Einheitsrecht auf dem Gebiet des Urheber- und Urhebervertragsrechts	1941	881
	II.	Ausländisches Sachrecht	1951	886
	III.	Einheitliches Kollisionsrecht auf dem Gebiet des Urheber- und Urhebervertragsrechts	1961	890
	IV.	Anknüpfung nach der Rom I-VO	1981	898
	V.	Zusammenfassung mit Handlungsanleitung	2061	932

Kapitel 5: Franchiseverträge ... 2081 939

			Rz.	Seite
I.	Begriff		2081	940
II.	Einheitsrecht		2083	941
III.	Schuldvertragsstatut		2088	943
	1.	Freie Rechtswahl	2088	943
	2.	Objektive Anknüpfung	2091	946
	3.	Umfang der Verweisung	2106	953
IV.	Zwingende Bestimmungen		2116	957
	1.	Kartellrecht	2117	957
	2.	Schutz des Franchisenehmers	2120	959
V.	Zusammenfassung mit Handlungsanleitung		2123	961

Kapitel 6: Handelsvertreter- und Vertriebsverträge ... 2131 963

			Rz.	Seite
A.	Allgemeines zu Handelsvertreter- und Vertriebsverträgen		2131	963
B.	Handelsvertretervertrag		2161	967
	I.	Sachrecht	2161	971
	II.	Europäisches Kartellrecht	2201	989
	III.	Kollisionsrecht	2211	992
	IV.	Zusammenfassung mit Handlungsanleitung	2231	1001
	V.	Checkliste zur Vertragsgestaltung	2241	1002
C.	Vertragshändlervertrag		2251	1005
	I.	Sachrecht	2251	1009
	II.	Kartellrecht	2281	1019
	III.	Kollisionsrecht	2291	1024

	Rz.	Seite

IV. Zusammenfassung mit Handlungsanleitung 2321 1034
V. Checkliste zur Vertragsgestaltung 2331 1035

Kapitel 7: Finanzmarktverträge 2341 1037

I. Finanzinstrumente 2341 1038
II. Persönlicher Anwendungsbereich für Verbraucherverträge .. 2351 1039
    1. Anlage von Privatvermögen als Privatgeschäft 2351 1039
    2. Option für Professionellenstatus unter Anh. II MiFID . 2353 1040
    3. Kommissionsgeschäft 2356 1041
III. Sachlicher Anwendungsbereich für Verbraucherverträge, insbes. Ausnahmen nach Art. 6 Abs. 4 lit. d und e Rom I-VO 2371 1042
    1. Anleihebedingungen, öffentliche Angebote und Übernahmeangebote 2371 1042
    2. Wertpapiere 2376 1044
    3. Zeichnung und Rückkauf von OGAW-Anteilen 2377 1044
    4. „Rechte und Pflichten, die Bedingungen festlegen".... 2378 1044
    5. Rückausnahme für Finanzdienstleistungen in Art. 6 Abs. 4 lit. d Rom I-VO 2380 1045
    6. Geschäfte innerhalb eines Multilateralen Systems (Art. 6 Abs. 4 lit. e Rom I-VO) 2387 1048
IV. Anwendbares Recht für einzelne Transaktionstypen 2401 1049
    1. Devisentermin- und Devisenoptionsgeschäfte 2401 1049
    2. Aktienkaufvertrag 2404 1050
    3. Erwerb von Optionsrechten 2409 1052
    4. Anleihenerwerb 2411 1052
    5. Qualifikation als Börsentermin- oder als Kassagegeschäft oder als sonstige Transaktion mit besonderem Schutzregime 2412 1053
    6. Grenzüberschreitende Wertpapierübertragungen 2414 1054
V. Anwendbares Recht für Geschäfte innerhalb eines multilateralen Systems 2431 1058
    1. Begriff und Verweisung in Art. 4 Abs. 1 lit. h Rom I-VO 2432 1058
    2. Rechtswahl für den einzelnen Vertrag 2439 1060
    3. Rechtswahl für das „Recht des Systems" 2440 1060
    4. Objektive Anknüpfung für das „Recht des Systems" .. 2442 1061
VI. Anwendbares Recht für Fondskonstruktionen 2461 1064
    1. Investment Privater in Fondsanteile 2462 1064
    2. Investition durch den Fonds 2463 1064
    3. Angemessenheit kollisionsrechtlichen Anlegerschutzes? 2464 1065

			Rz.	Seite

| | 4. | Internationales Verbrauchervertragsrecht für Rechte und Pflichten der Anleger innerhalb des Fonds? | 2467 | 1066 |

VII.	Anknüpfung für Brokerverträge		2481	1066
	1.	Brokervertrag	2481	1066
	2.	Erwerbs- oder Veräußerungsgeschäft	2494	1072

VIII.	Besondere Anknüpfung von Schutzvorschriften des deutschen Rechts		2501	1073
	1.	Informationspflichten aus § 31 WpHG	2501	1073
	2.	Termin- und Differenzeinwand	2512	1077

IX.	Nichtvertragliche Haftung		2521	1078
	1.	Deliktische Haftung des Brokers	2521	1078
	2.	Haftung des Brokers aus culpa in contrahendo nach Art. 12 Abs. 1 Rom II-VO iVm. Art. 6 Rom I-VO	2522	1078
	3.	Haftung von Organpersonen einer Brokergesellschaft	2526	1080
	4.	Vermittlerhaftung	2527	1080
	5.	Deliktische Haftung von Hilfspersonen des Brokers	2528	1080
	6.	Prospekthaftung	2530	1081

X.	Internationalverfahrensrechtliche Probleme bei Schiedsklauseln	2541	1083

XI.	Zusammenfassung mit Handlungsanleitung	2551	1085

Kapitel 8: Beförderungsverträge 2571 1087

A.	Allgemeines zu Beförderungsverträgen		2571	1088
	I.	Allgemeine Anknüpfung von Güterbeförderungsverträgen	2571	1088
	II.	Allgemeine Anknüpfung von Personenförderungsverträgen	2621	1101
	III.	Ausweichklausel des Art. 5 Abs. 3 Rom I-VO	2661	1108
	IV.	Internationales Verbrauchervertragsrecht	2671	1111
	V.	Zusammenfassung	2691	1114

B.	Einzelne Beförderungsverträge		2711	1116
	I.	Straßengütertransport	2711	1118
	II.	Eisenbahngütertransport	2801	1129
	III.	Luftfrachtvertrag	2831	1133
	IV.	Seefrachtverträge	2871	1142
	V.	Binnenschiffsfrachtverträge	3021	1196
	VI.	Multimodaler Gütertransport	3051	1201
	VII.	Luftpersonenbeförderungsverträge	4001	1216
	VIII.	Eisenbahnpersonenbeförderungsverträge	4031	1223
	IX.	Seepersonenbeförderungsverträge	4051	1225

C.	Speditionsvertrag		4071	1228
	I.	Vertragsstatut	4071	1228

			Rz.	Seite
	II.	Anwendbarkeit internationalen Einheitsrechts auf Spediteur als Frachtführer	4102	1237
	III.	Zusammenfassung	4121	1242

Kapitel 9: Verträge mit Verbrauchern ... 4141 1245

A.		Anknüpfung von Verbraucherverträgen	4141	1245
	I.	Verbraucherschutzrecht	4141	1252
	II.	Kollisionsrechtliche Sonderregelung des Art. 6 Rom I-VO	4171	1257
	III.	Rechtswahlbeschränkung für besondere Gebiete (Art. 46b EGBGB)	4231	1278
	IV.	Zusammenfassung mit Handlungsanleitung	4261	1288
B.		Timesharingvertrag	4281	1290
	I.	Typen von Timesharinggestaltungen	4281	1291
	II.	Anwendbarkeit des Internationalen Verbrauchervertragsrechts	4291	1292
	III.	Anknüpfung schuldrechtlicher Timesharinggestaltungen	4320	1302
	IV.	Haftung von Vermittlern	4371	1315
	V.	Zusammenfassung mit Handlungsanleitung	4381	1315

Kapitel 10: Verträge über Unternehmenstransaktionen ... 4391 1317

A.		Unternehmenskauf	4391	1317
	I.	Arten	4391	1319
	II.	Anteilskauf (Share Deal)	4401	1320
	III.	Kauf der Wirtschaftsgüter (Asset Deal)	4460	1337
	IV.	Vorvereinbarungen	4501	1347
	V.	Kartellrecht	4511	1347
	VI.	Genehmigungserfordernisse, Ausländerrecht	4531	1351
	VII.	Zusammenfassung mit Handlungsanleitung	4551	1352
B.		Joint Venture	4561	1356
	I.	Einleitung	4561	1358
	II.	Equity Joint Venture	4571	1360
	III.	Projektgesellschaft	4581	1360
	IV.	Joint Venture Vertrag	4591	1363
	V.	Zusatzverträge	4681	1380
	VI.	Contractual Joint Venture	4701	1384
	VII.	Zusammenfassung mit Handlungsanleitung	4711	1385

Kapitel 11: Versicherungsverträge ... 4721 1387

I.		Rechtsvereinheitlichung	4721	1388
	1.	Versicherungsrichtlinien der EG	4721	1388
	2.	Rom I-VO	4725	1391

			Rz.	Seite

	3.	Umsetzung der Versicherungsrichtlinien in Deutschland	4726	1391
	4.	Internationale Zuständigkeit	4728	1391
II.		Schuldstatut der Versicherungsverträge	4729	1392
	1.	Maßgeblichkeit der Rom I-VO	4729	1392
	2.	Großrisiken	4731	1392
	3.	Belegenheit des Risikos	4732	1392
	4.	Anknüpfungsregeln im Allgemeinen	4734	1393
	5.	Einzelne Versicherungsverträge im Besonderen	4749	1397
III.		Zwingende Vorschriften	4762	1401
	1.	Regelung der Sonderanknüpfung	4762	1401
	2.	„Zwingendes" deutsches Versicherungsvertrags- und -aufsichtsrecht	4763	1401
	3.	Allgemeines Verbraucherschutzrecht	4766	1403
	4.	Weitere zwingende Normen	4767	1403
	5.	Ausländische, statutsfremde Eingriffsnormen	4768	1404
IV.		Zusammenfassung mit praktischen Hinweisen	4769	1404
	1.	Gerichtsstand	4769	1404
	2.	Rechtsanwendung	4770	1404

Kapitel 12: Arbeitsverträge 4801   1407

I.		Rechtsvereinheitlichung	4801	1408
	1.	Einheitliches materielles Recht	4801	1408
	2.	Einheitliches Kollisionsrecht	4809	1412
II.		Arbeitsvertragsstatut	4831	1415
	1.	Grundsatz	4831	1421
	2.	Parteiautonomie	4837	1427
	3.	Objektive Anknüpfung	4847	1433
	4.	Einzelne Fallgruppen	4865	1442
	5.	Internationales Seearbeitsrecht	4869	1445
III.		Zwingende Vorschriften	4901	1450
	1.	In- und ausländische zwingende Vorschriften	4901	1450
	2.	Einzelne zwingende Vorschriften	4914	1455
IV.		Kollektives Arbeitsrecht	4951	1468
	1.	Betriebsverfassung	4951	1468
	2.	Tarifverträge	4960	1474
	3.	Arbeitskampf	4968	1477
V.		Ausländische Arbeitnehmer in Deutschland	5001	1480
VI.		Zusammenfassung mit Handlungsanleitung	5011	1482
	1.	Rechtswahl	5011	1482
	2.	Objektive Anknüpfung	5012	1483

			Rz.	Seite
	3.	Reichweite des Arbeitsvertragsstatuts	5012	1483
	4.	Zwingende Vorschriften	5012	1483

6. Teil: Vertretungsmacht und Verfügungsbefugnis

			Rz.	Seite
A.	Vertretungsmacht bei Handelsgesellschaften		5031	1486
	I.	Bestimmung des Gesellschaftsstatuts	5031	1496
	II.	Auswirkungen der Anknüpfung des Gesellschaftsstatuts auf die Mobilität von Gesellschaften	5121	1534
	III.	Reichweite des Gesellschaftsstatuts	5161	1550
	IV.	Schutz des Rechtsverkehrs	5201	1562
	V.	Die gesetzliche Vertretung von Handelsgesellschaften und ihr Nachweis im ausländischen Recht	5238	1575
	VI.	Zusammenfassung mit Handlungsanleitung	5401	1633
B.	Vollmacht		5421	1636
	I.	Allgemeines	5421	1638
	II.	Sonderanknüpfung der Vollmacht	5431	1640
	III.	Bestimmung des Vollmachtsstatuts	5441	1643
	IV.	Reichweite des Vollmachtsstatuts	5491	1660
	V.	Abgrenzung zum Geschäftsstatut des Hauptvertrages	5531	1671
	VI.	Rechtsvereinheitlichung	5561	1677
	VII.	Zusammenfassung mit Handlungsanleitung	5581	1680
C.	Verfügungsbefugnis des Insolvenzverwalters		5601	1682
	I.	Grundlagen	5601	1689
	II.	Inländisches Insolvenzverfahren mit Auslandsbezug	5631	1700
	III.	Ausländisches Insolvenzverfahren mit Inlandsbezug	5691	1727
	IV.	Reichweite des Insolvenzstatuts	5751	1755
	V.	Schutz des Rechtsverkehrs	5801	1777
	VI.	Zusammenfassung mit Handlungsanleitung	5821	1782
D.	Beschränkungen bei verheirateten Personen		5851	1785
	I.	Qualifikation	5851	1786
	II.	Allgemeine Beschränkungen durch die Ehe	5861	1788
	III.	Güterrechtliche Beschränkungen	5911	1804
	IV.	Einfluss des Vertrags- und Belegenheitsstatuts	6031	1853
	V.	Schutz des Rechtsverkehrs	6061	1860
	VI.	Zusammenfassung mit Handlungsanleitung	6101	1869
E.	Beschränkungen bei jugendlichen Personen		6121	1872
	I.	Anknüpfung der Geschäftsfähigkeit	6121	1874
	II.	Reichweite des Geschäftsfähigkeitsstatuts	6141	1878
	III.	Einfluss des Wirkungsstatuts	6161	1884
	IV.	Anknüpfung der gesetzlichen Vertretung	6181	1888
	V.	Schutz des Rechtsverkehrs	6242	1912
	VI.	Zusammenfassung mit Handlungsanleitung	6261	1919

		Rz.	Seite
F.	Beschränkungen bei geistig behinderten volljährigen Personen	6281	1921
	I. Allgemeines	6281	1922
	II. Betreuung	6291	1923
	III. Entmündigung	6311	1931
	IV. Schutz des Rechtsverkehrs	6321	1934
	V. Zusammenfassung mit Handlungsanleitung	6331	1936

7. Teil: Gerichtsstands- und Schiedsvereinbarungen

		Rz.	Seite
A.	Gerichtsstandsvereinbarungen	6352	1939
	I. Allgemeine Grundsätze	6352	1944
	II. EuGVO und autonomes Recht	6371	1949
	III. Zustandekommen der Gerichtsstandsvereinbarung	6411	1965
	IV. Form der Gerichtsstandsvereinbarung	6431	1970
	V. Zulässigkeit der Gerichtsstandsvereinbarung	6481	1994
	VI. Wirkungen der Gerichtsstandsvereinbarung	6501	2000
	VII. Zusammenfassung mit Handlungsanleitung	6541	2014
B.	Schiedsvereinbarungen	6550	2018
	I. Allgemeine Grundsätze	6550	2024
	II. Bestimmung und Reichweite des auf die Schiedsvereinbarung anzuwendenden Rechts	6611	2046
	III. Form der Schiedsvereinbarungen	6671	2071
	IV. Zulässigkeit von Schiedsvereinbarungen	6741	2102
	V. Wirkungen der Schiedsvereinbarungen	6771	2116
	VI. Zusammenfassung mit Handlungsanleitung	6801	2124
Sachregister			2129

Literaturverzeichnis*

I. Deutschland

1. Gesamtdarstellungen

Chr. von Bar, Internationales Privatrecht, Bd. I (1987), Bd. II (1991)
Chr. von Bar/P. Mankowski, Internationales Privatrecht, Bd. I, 2. Aufl. (2003)
Drobnig, American-German Private International Law (1972)
Ferid, Internationales Privatrecht, 3. Aufl. (1986)
Frankenstein, Internationales Privatrecht, Bd. I (1926), Bd. II (1929), Bd. III (1934), Bd. IV (1935)
Geimer, Internationales Zivilprozessrecht, 6. Aufl. (2009)
von Hoffmann/Thorn, Internationales Privatrecht, 9. Aufl. (2007)
Kegel/Schurig, Internationales Privatrecht, 9. Aufl. (2004)
Kronke/Melis/Schnyder (Hrsg.), Handbuch des Internationalen Wirtschaftsrechts (2005)
Kropholler, Internationales Privatrecht, 6. Aufl. (2006) (zit.: *Kropholler*, IPR)
Lewald, Das deutsche Internationale Privatrecht auf Grundlage der Rechtsprechung (1931)
Linke, Internationales Zivilprozessrecht, 4. Aufl. (2006)
Lüderitz, Internationales Privatrecht, 2. Aufl. (1992)
Max-Planck-Institut für ausländisches und internationales Privatrecht, Handbuch des Internationalen Zivilverfahrensrechts, Bd. I (1982), Bd. II/1 (1994), Bd. III/1 (1984), Bd. III/2 (1984) (zit.: *Verfasser*, Hdb. IZVR)
Nagel/Gottwald, Internationales Zivilprozessrecht, 6. Aufl. (2007)
Neumeyer, Internationales Verwaltungsrecht, Bd. I–IV (1910–1936)
Nußbaum, Deutsches Internationales Privatrecht unter besonderer Berücksichtigung des österreichischen und schweizerischen Rechts (1932)
Nußbaum, Grundzüge des Internationalen Privatrechts unter besonderer Berücksichtigung des amerikanischen Rechts (1952) (zit.: *Nußbaum*, Grundzüge)
Pirrung, Internationales Privat- und Verfahrensrecht nach dem Inkrafttreten der Neuregelung des IPR (1987)
Raape, Internationales Privatrecht, 5. Aufl. (1961)
Raape/Sturm, Internationales Privatrecht, Bd. I, 6. Aufl. (1977)
Rauscher, Internationales Privatrecht, 3. Aufl. (2009) (zit.: *Rauscher*, IPR)
Schack, Internationales Zivilverfahrensrecht, 4. Aufl. (2006)
Schotten/Schmellenkamp, Das Internationale Privatrecht in der notariellen Praxis, 2. Aufl. (2007)
Schütze, Deutsches Internationales Zivilprozessrecht unter Einschluss des Europäischen Zivilprozessrechts, 2. Aufl. (2005)
Siehr, Internationales Privatrecht (2001)

---

* Die hier aufgeführten Werke werden – soweit nicht anders angegeben – nur mit Verfassername und Seite bzw. Randnummer zitiert.

Wolff, Das Internationale Privatrecht Deutschlands, 3. Aufl. (1954)
Zitelmann, Internationales Privatrecht, Bd. I (1887), Bd. II (1912)

2. Kommentare

Anwaltkommentar, Allgemeiner Teil und EGBGB (2005) (zit.: *Bearbeiter*, in: AnwKomm)
Bamberger/Roth, Kommentar zum Bürgerlichen Gesetzbuch, 2. Aufl. (2008)
Baumbach/Hopt, Kommentar zum Handelsgesetzbuch, 33. Aufl. (2008)
Baumbach/Lauterbach/Albers/Hartmann, Zivilprozessordnung, 67. Aufl. (2009)
Ebenroth/Boujong/Joost/Strohn, Kommentar zum Handelsgesetzbuch, Bd. 2, 2001 (§§ 343–475h) (zit.: *Bearbeiter*, in: Ebenroth/Boujong/Joost/Strohn)
Erman, Handkommentar zum Bürgerlichen Gesetzbuch, 12. Aufl. (2008) (Art. 3 ff. EGBGB bearbeitet von *Hohloch*)
Ferrari/Kieninger/Mankowski/Otte/Saenger/Staudinger, Internationales Vertragsrecht (2007) (zit.: *Bearbeiter*, in: Ferrari/Saenger, Int. VertragsR)
Geimer/Schütze, Europäisches Zivilverfahrensrecht, 2. Aufl. (2004)
Koller/Roth/Morck, Kommentar zum Handelsgesetzbuch, 6. Aufl. (2007)
Kropholler, Europäisches Zivilprozessrecht, 8. Aufl. (2005)
Looschelders, Internationales Privatrecht (2004)
Münchener Kommentar zum Bürgerlichen Gesetzbuch, 4. Aufl. (2000 ff.), 5. Aufl. (2006 ff.); Bd. 10, 4. Aufl. (2006) (Art. 1–46 EGBGB); Bd. 11, 4. Aufl. (2006) (Internationales Wirtschaftsrecht, Art. 50–245 EGBGB) (zit.: *Bearbeiter*, in: MünchKomm)
Münchener Kommentar zum Handelsgesetzbuch, 1. Aufl. (1996 ff.), 2. Aufl. (2005 ff.); Bd. 7, 1997 (§§ 406–475, Transportrecht) (zit.: *Bearbeiter*, in: MünchKomm HGB)
Münchener Kommentar zur Zivilprozessordnung, 3. Aufl. (2007 ff.) (zit.: *Bearbeiter*, in: MünchKomm ZPO)
Palandt, Bürgerliches Gesetzbuch, 68. Aufl. (2009) (Art. 3–47 EGBGB bearbeitet von *Thorn*) (zit.: *Bearbeiter*, in: Palandt)
Prütting/Wegen/Weinreich (Hrsg.), BGB-Kommentar, 4. Aufl. (2009) (zit.: *Bearbeiter*, in: PWW)
Rauscher, Europäisches Zivilprozessrecht, 2. Aufl. (2006) (zit.: *Bearbeiter*, in: Rauscher)
Schlechtriem/Schwenzer, Kommentar zum Einheitlichen UN-Kaufrecht, 5. Aufl. (2008) (zit.: *Bearbeiter*, in: Schlechtriem/Schwenzer)
Soergel, Kommentar zum Bürgerlichen Gesetzbuch, Bd. 10, 12. Aufl. (1996) (Art. 1–38 EGBGB) (zit.: *Bearbeiter*, in: Soergel)
Staudinger, Kommentar zum Bürgerlichen Gesetzbuch mit Einführungsgesetz und Nebengesetzen (zit.: *Bearbeiter*, in: Staudinger): *Blumenwitz, Hausmann, F. Sturm, G. Sturm*, Einleitung zum IPR; Art. 3–6 EGBGB (Neubearbeitung 2003); *Hausmann, Hepting, Weick, Winkler von Mohrenfels*, Art. 7, 9–12, 47 EBGBG (Neubearbeitung 2007); *Großfeld*, Internationales Gesellschaftsrecht, 13. Bearbeitung (Neubearbeitung 1998); *Mankowski*, Art. 13–17b EGBGB (Neubearbeitung 2003), *Spellenberg*, Internationales

Verfahrensrecht in Ehesachen (§§ 606, 606a, 621, 328 ZPO; Art. 7 § 1 Fam-RÄndG) (Neubearbeitung 2005); *Pirrung,* Vorbem. C – H zu Art. 19 EGBGB (Internationales Kindschaftsrecht 2) (2009); *Henrich/von Hein,* Art. 19–24 EGBGB; ErwSÜ (Kindschaftsrecht 3 – Vormundschaft, Rechtliche Betreuung, Pflegschaft) (2008); *Henrich, Kropholler,* Kindschaftsrechtliche Übereinkommen, Art. 19 EGBGB, 13. Bearbeitung (1994); *von Hein, Henrich,* Art. 19–24 EGBGB (Neubearbeitung 2008); *Dörner,* Art. 25, 26 EGBGB; Anhang zu Art. 25 f. EGBGB: ausländische Rechte, 13. Bearbeitung (Neubearbeitung 2007); *Armbrüster, Ebke, Hausmann, Magnus,* Art. 27–37, 13. Bearbeitung (2002); *von Hoffmann,* Art. 38 EGBGB, 13. Bearbeitung (1998); *Fuchs, von Hoffmann, Thorn,* Art. 38–42 EGBGB, Neubearbeitung (2001); *Großfeld,* IntGesR, 14. Bearbeitung (Neubearbeitung 1998); *Fezer, Koos,* Internationales Wirtschaftsrecht (Neubearbeitung 2006); *Stoll,* Internationales Sachenrecht, 13. Bearbeitung (1996)
Stein/Jonas, Zivilprozessordnung, 21. Aufl. (1993 ff.), 22. Aufl. (2002 ff.)
Thomas/Putzo, Zivilprozessordnung, 29. Aufl. (2008)
Wieczorek/Schütze, Zivilprozessordnung und Nebengesetze, Großkommentar, 3. Aufl. (1994 ff.)
Zöller, Zivilprozessordnung, 27. Aufl. (2009)

3. Loseblattausgaben

Bergmann/Ferid/Henrich, Internationales Ehe- und Kindschaftsrecht, 18 Bde (Stand 2009)
Geimer/Schütze, Der internationale Rechtsverkehr in Zivil- und Handelssachen, 5 Bde (Stand 2009) (zit.: *Bearbeiter,* in: Geimer/Schütze, IRV)
Ferid/Firsching/Dörner/Hausmann, Internationales Erbrecht, 9 Bde (Stand 2009)

4. Textausgaben

Jayme/Hausmann, Internationales Privat- und Verfahrensrecht, 14. Aufl. (2009)
Schulze/Zimmermann, Europäisches Privatrecht – Basistexte, 5. Aufl. (2008)
Zweigert/Kropholler, Quellen des Internationalen Einheitsrechts, Bd. I (1971), Bd. II (1972), Bd. III (1973)

II. England

Cheshire/North/Fawcett, Private International Law, 14. Aufl. (2008)
Dicey/Morris/Collins, On the Conflict of Laws, 2 Bde., 14. Aufl. (2006)

III. Frankreich

Audit, Droit international privé, 5. Aufl. (2008)
Loussouarn/Bourel, Droit international privé, 9. Aufl. (2007)
Mayer/Heuzé, Droit international privé, 9. Aufl. (2007)

IV. Österreich

Czernich/Heiss (Hrsg.), EVÜ – Das Europäische Schuldvertragsübereinkommen (Wien 1999)
Duchek/Schwind, Internationales Privatrecht (1979)
Rummel/Achatz, Kommentar zum Allgemeinen Bürgerlichen Gesetzbuch, 3. Aufl., Bd. I (2000), Bd. II (2004)
Schwimann, Internationales Privatrecht, 3. Aufl. (2001)
Walker, Internationales Privatrecht, 5. Aufl. (1934)

V. Schweiz

Bucher (Hrsg.), Internationales Privatrecht, 7. Aufl. (2009)
Girsberger/Heini/Keller/Kren Kostkiewicz/Siehr/Vischer/Volken, Zürcher Kommentar zum IPRG, 2. Aufl. (2004) (zit.: *Bearbeiter*, in: ZürchKomm)
Keller/Siehr, Allgemeine Lehren des Internationalen Privatrechts (1986)
Meili, Das Internationale Zivil- und Handelsrecht (1902)
Schnitzer, Internationales Privatrecht, 4. Aufl., Bd. I (1957), Bd. II (1958)
Schönenberger, in: Schönenberger/Jäggi, Das Obligationenrecht, 3. Aufl. (1961), Bd. V 1a, 1. Lieferung
Siehr, Das internationale Privatrecht der Schweiz (2002)
Vischer/Huber/Oser, Internationales Vertragsrecht, 2. Aufl. (2000)

VI. Rechtsvergleichung

Delaume, Transnational Contracts, Applicable Law and Settlement of Disputes, Bd. I–V (Dobbs Ferrry, N.Y. 1975 ff.; Loseblatt)

Abkürzungsverzeichnis

aA	anderer Ansicht
aaO	am angegebenen Ort
ABGB	Allgemeines Bürgerliches Gesetzbuch (Österreich)
Abk.	Abkommen
abl.	ablehnend
ABl. EG	Amtsblatt der Europäischen Gemeinschaften
ABl. EU	Amtsblatt der Europäischen Union
Abs.	Absatz
abw.	abweichend
A.C.	Law Reports, Appeal Cases (England)
AcP	Archiv für die civilistische Praxis
Acta.Jur.	Acta Juridica Academiae Scientiarum Hungaricae (Ungarn)
Actes bzw. Actes et documents	Actes et documents de la Conférence de La Haye de droit international privé
ADSp	Allgemeine deutsche Spediteurbedingungen
aE	am Ende
AEDIPr	Anuario Español de Derecho Internacional Privado
AEG	Allgemeines Eisenbahngesetz
AEntG	Gesetz über zwingende Arbeitsbedingungen für grenzüberschreitend entsandte und für regelmäßig im Inland beschäftigte Arbeitnehmer und Arbeitnehmerinnen
AEUV	Vertrag über die Arbeitsweise der Europäischen Union
aF	alte Fassung
AFG	Arbeitsförderungsgesetz
Afr.J.Int.Comp.L.	African Journal of International and Comparative Law
AfS	Arkiv for Sjørett (Norwegen)
AG	Aktiengesellschaft; Amtsgericht
AGB	Allgemeine Geschäftsbedingungen
AGBG	Gesetz zur Regelung des Rechts der Allgemeinen Geschäftsbedingungen
AGBGB	Ausführungsgesetz zum Bürgerlichen Gesetzbuch
AGG	Allgemeines Gleichbehandlungsgesetz
AGS	Anwaltsgebühren Spezial – Zeitschrift für das gesamte Gebührenrecht und Anwaltsmanagement
AHKBl.	Amtsblatt der Alliierten Hohen Kommission für Deutschland
AHKG	Gesetz der Alliierten Hohen Kommission für Deutschland
Air L.	Air Law

AJP	Aktuelle juristische Praxis
AKB	Allgemeine Bedingungen für die Kraftfahrtversicherung
AktG	Aktiengesetz
ALADI	Asociación Latinoamericana de Integración
All E.R.	The All England Law Reports (Großbritannien)
aM	anderer Meinung
A.M.C.	American Maritime Cases
Am.J.Comp.L.	The American Journal of Comparative Law (USA)
Am.J.Int.L.	American Journal of International Law
Am.Rev.Int.Arb.	The American Revue of International Arbitration (USA)
Am. U. L. Rev.	American University Law Review
An.Der.Int.	Anuario de Derecho Internacional (Spanien)
An. der. mar.	Anuario de derecho marítimo (Spanien)
AnfG	Gesetz betreffend die Anfechtung von Rechtshandlungen eines Schuldners außerhalb des Insolvenzverfahrens
Anh.	Anhang
Anl.	Anlage
Anm.	Anmerkung
Ann.dr. Liège	Annales de Droit de Liège
Ann.Fac. Istanbul	Annales de la faculté de droit d'Istanbul
Ann.fr.dr.int.	Annuaire français de droit international (Frankreich)
Ann.Inst.Dr.int.	Annuaire de l'Institut de Droit International
AnwBl.	Anwaltsblatt
AO	Abgabenordnung
AöR	Archiv des öffentlichen Rechts
AP	Nachschlagewerk des Bundesarbeitsgerichts (bis 1954 Zeitschrift: Arbeitsrechtliche Praxis)
ApoR	Apotheke und Recht.
App.	Cour d'appel; Corte d'appello
ArbG	Arbeitsgericht
Arb.Int.	Arbitration International (England)
Arb.J.	Arbitration Journal (USA)
ArbPlSchG	Arbeitsplatzschutzgesetz
ArbuR	Arbeit und Recht
Arch.Phil.Dr.	Archive de philosophie de droit argumentum
arg.	argumentum
Ariz.J.Int.Comp.L.	Arizona Journal of International and Comparative Law (USA)
ARSt.	Arbeitsrecht in Stichworten
Art.	Artikel
Asp.Mar.Law Cas.	Aspinall's Reports of Maritime Law Cases (1870–1940; Großbritannien)
Aufl.	Auflage
Aufs.	Aufsatz

AÜG	Arbeitnehmerüberlassungsgesetz
ausf.	ausführlich
Ausl.	Ausland
AuslInvestmG	Gesetz über den Vertrieb ausländischer Investmentanteile und über die Besteuerung der Erträge aus ausländischen Investmentanteilen
Australian L.J.	Australian Law Journal
AÜ	Athener Übereinkommen über die Beförderung von Reisenden und ihrem Gepäck auf See
Avi.	CCH Aviation Cases (USA)
AWD	Außenwirtschaftsdienst des Betriebs-Beraters
AWG	Außenwirtschaftsgesetz
AWV	Außenwirtschaftsverordnung
BAG	Bundesarbeitsgericht
BAGE	Entscheidungen des Bundesarbeitsgerichts
Banca, Borsa	Banca, borsa e titoli di credito (Italien)
BAnz.	Bundesanzeiger
BauGB	Baugesetzbuch
BauR	Baurecht
BayObLG	Bayerisches Oberstes Landesgericht
BayObLGZ	Entscheidungen des Bayerischen Obersten Landesgerichts in Zivilsachen
BayZ	Zeitschrift für Rechtspflege in Bayern
BB	Der Betriebs-Berater
BBahn	Die Bundesbahn
BBauG	Bundesbaugesetz
BBG	Bundesbeamtengesetz
BBl.	Bundesblatt (Schweiz)
Bd.	Band
BEEG	Gesetz zum Elterngeld und zur Elternzeit
begr.	begründet
Begr.	Begründung
Beil.	Beilage
Bek.	Bekanntmachung
Bekl.	Beklagte(r)
BenshS	Entscheidungen des Reichsarbeitsgerichts und der Landesarbeitsgerichte, verlegt bei Bensheimer
BerDGesVölkR	Berichte der deutschen Gesellschaft für Völkerrecht
BErzGG	Bundeserziehungsgeldgesetz
bestr.	bestritten
BetrAVG	Gesetz zur Verbesserung der betrieblichen Altersversorgung
BetrVG	Betriebsverfassungsgesetz
BeurkG	Beurkundungsgesetz
bfai-RI	Bundesstelle für Außenhandelsinformation: BfA-Rechtsinformation

BFH	Bundesfinanzhof
BG	Schweizerisches Bundesgericht
BGB	Bürgerliches Gesetzbuch
BGBl.	Bundesgesetzblatt
BGE	Entscheidungen des Schweizerischen Bundesgerichts
BGH	Bundesgerichtshof
BGHZ	Entscheidungen des Bundesgerichtshofes in Zivilsachen
BinSchG; BSchG	Binnenschifffahrtsgesetz
BJM	Basler Juristische Mitteilungen
BKartA	Bundeskartellamt
BKR	Zeitschrift für Bank- und Kapitalmarktrecht
BlIntPR	Blätter für internationales Privatrecht (1926–1931)
BlStSozArbR	Blätter für Steuerrecht, Sozialversicherung und Arbeitsrecht
BlZüRspr.	Blätter für Zürcherische Rechtsprechung
BMWI	Bundeswirtschaftsministerium
BNotO	Bundesnotarordnung
BörsG	Börsengesetz
BPersVG	Bundespersonalvertretungsgesetz
BRAGO	Bundesgebührenordnung für Rechtsanwälte
BRAK-Mitt.	Mitteilungen der Bundesrechtsanwaltskammer
BRAO	Bundesrechtsanwaltsordnung
BRD	Bundesrepublik Deutschland
BR-Drucks.	Bundesrats-Drucksache
Brit.Yb.Int.L.	The British Year Book of International Law
Brüssel I-VO	s. EuGVO
Brüssel IIa-VO	s. EuEheVO
BSchVG	Binnenschiffsverkehrsgesetz
BSG	Bundessozialgericht
Bsp.	Beispiel
BT-Drucks.	Bundestags-Drucksache
BtG	Betreuungsgesetz
BTL	Bulletin des Transports et de la Logistique
BtPrax	Betreuungsrechtliche Praxis
BuB	Bankrecht und Bankpraxis, Loseblatt
Bull. ASA	Bulletin d'Association Suisse de l'Arbitrage
Bull.EG	Bulletin der Europäischen Gemeinschaften
Bull.transp.	Bulletin des transports
Bus.Lawyer	The Business Lawyer (USA)
Bus.L.Rev.	Business Law Review (Großbritannien)
BVerfG	Bundesverfassungsgericht
BVerfGE	Entscheidungen des Bundesverfassungsgerichts
B.W.	Burgerlijk Wetboek (Niederlande)
BWNotZ	Zeitschrift für das Notariat in Baden-Württemberg

c., ch.	Chapter
C.A.	Court of Appeal (England), Court of Appeals (USA)
CA	Cour d'appel
Cah.dr.europ.	Cahiers de droit européen
Cal.L.Rev.	California Law Review (USA)
Can.Bar.Rev.	The Canadian Bar Review (Kanada)
Can. Bus. L.J.	Canadian Business Law Journal
Cass.	Cour de cassation; Corte di cassazione
Cass. civ.	Cour de cassation, chambre civile
Cass. Com.	Cour de cassation, chambre commerciale
c.c.	Code civil; Codice civile; Código civil
c.com.	Code de commerce; Côdigo di comercio
C.cons.	Code de consommation
CFILR	Company Financial and Insolvency Law Review
CFL.Q.	Child and Family Law Quarterly
CFR	Common Frame of Reference
Ch.com.	Chambre commerciale
c.i.c.	culpa in contrahendo
cif	cost, insurance, freight
CIFL	Unidroit Convention on International Leasing
CILSA	Comparative and International Law Journal of South Africa
CIM	Einheitliche Regeln über den Internationalen Eisenbahnfrachtverkehr
Cir.	Circuit
CISG	United Nations Convention on Contracts for the International Sale of Goods
C.J.	Code judiciaire (Belgien)
CLC	Commercial Law Cases
C.L.E.	Commercial Laws of Europe (England)
Clunet	Journal du droit international (Frankreich)
c. mon. fin.	Code monétaire et financier
CMI	Comité Maritime International
CML Rev.	Common Market Law Review
CMR	Übereinkommen über den Beförderungsvertrag im internationalen Straßengüterverkehr
Colum.J.Transnat.L.	The Columbia Journal of Transnational Law (USA)
Colum.L.Rev.	Columbia Law Review (USA)
Comp.Lab.L.J.	Comparative Labor Law Journal (USA)
Comp. Lawyer	The Company Lawyer
Cornell Int.L.J.	Cornell International Law Journal
Cornell L.Rev.	Cornell Law Review (USA)
COTIF	Übereinkommen über den internationalen Eisenbahnverkehr
C.pr.c.	Code de procédure civile; Codice di procedura civile
CR	Computer und Recht
Cri	Copyright Resources on the Internet

Abkürzungsverzeichnis

Ct. App	Court of Appeal
C.trav.	Code du travail
D.	Dalloz; Recueil Dalloz/Sirey (Frankreich)
DAB	Deutsches Architektenblatt
DAR	Deutsches Autorecht
DAVorm.	Der Amtsvormund
DB	Der Betrieb
DCFR	Draft Common Frame of Reference
DdA	Droit d'auteur (Frankreich)
DDR	Deutsche Demokratische Republik
Denver J.Int.L.& Policy	Denver Journal of International Law and Policy
DEuFamR	Deutsches und Europäisches Familienrecht
DIP	Droit International Privé
Dir.com.int.	Diritto commerciale internazionale
Dir.com.scambi int.	Diritto comunitario e degli scambi internazionali (Italien)
Dir.int.	Diritto internazionale (Italien)
Dir.mar.	Diritto marittimo (Italien)
Disp.prel.	Disposizioni preliminari (Italien)
DIZPR	Deutsches Internationales Zivilprozessrecht
DJ	Deutsche Justiz
D.L.R.	Dominion Law Reports (Kanada)
DNotI-Report	Informationsdienst des Deutschen Notarinstituts
DNotZ	Deutsche Notar-Zeitschrift
Dok.	Dokument
D.P.C.I.	Droit et pratique du commerce international (Frankreich)
DR	Deutsches Recht
DRiZ	Deutsche Richterzeitung
Dr. prat. com. int.	Droit et pratique du commerce international
D.S.	Recueil Dalloz/Sirey (Frankreich)
DStR	Deutsches Steuerrecht
DStRE	Deutsches Steuerrecht Entscheidungsdienst
DSWR	Datenverarbeitung in Steuer, Wirtschaft und Recht
Dt. Denkschr.	Deutsche Denkschrift
DtZ	Deutsch-deutsche Rechts-Zeitschrift
DVO	Durchführungsverordnung
DWW	Deutsche Wohnungswirtschaft
DZWiR	Deutsche Zeitschrift für Wirtschaftsrecht
EAG	Einheitliches Gesetz über den Abschluss von internationalen Kaufverträgen über bewegliche Sachen
EBOR	European Business Organization Law Review
EBRG	Gesetz vom 28.10.1996 über Europäische Betriebsräte (Europäisches Betriebsräte-Gesetz)
ECC	European Commercial Cases

ECE	Economic Commission for Europe
ECFR	European Company and Financial Law Review
E.D.	Eastern District (Federal Courts, USA)
EFZG	Gesetz über die Zahlung des Arbeitsentgelts an Feiertagen und im Krankheitsfall
EG	Europäische Gemeinschaften; EG-Vertrag
EGBGB	Einführungsgesetz zum Bürgerlichen Gesetzbuch
EGHGB	Einführungsgesetz zum Handelsgesetzbuch
EGInsO	Einführungsgesetz zur Insolvenzverordnung
EGV	Vertrag zur Gründung der Europäischen Gemeinschaft vom 25.3.1957
EGVVG	Einführungsgesetz zu dem Gesetz über den Versicherungsvertrag
EGZGB	Einführungsgesetz zum Zivilgesetzbuch
EKG	Einheitliches Gesetz über den internationalen Kauf beweglicher Sachen
ELJZ	Juristische Zeitschrift für Elsaß-Lothringen
E.L.Rev.	European Law Review
EMLR	Entertainment & Media Law Reports
Ent.LR	Entertainment Law Review
Entw.	Entwurf
ErbStDV	Erbschaftsteuer-Durchführungsverordnung
ERA Forum	Scripta iuris europaei – Europäische Rechtsakademie Trier
ER/CIM	Einheitliche Rechtsvorschriften für den Vertrag über die internationale Eisenbahnbeförderung von Gütern
Erg.	Ergebnis
ERPL	European Review of Private Law
ErwSÜ; ESÜ	Haager Übereinkommen vom 13.1.2000 über den internationalen Schutz von Erwachsenen
ESZB	Europäische System der Zentralbanken
ETR	Europäisches Transportrecht (Belgien)
EU	Europäische Union
EuBagatellVO	Verordnung (EG) Nr. 861/2007 des Europäischen Parlaments und des Rates vom 11.7.2007 zur Einführung eines europäischen Verfahrens für geringfügige Forderungen
EuBeweisVO	Verordnung des Rates vom 28.5.2001 über die Zusammenarbeit zwischen den Gerichten der Mitgliedstaaten auf dem Gebiet der Beweisaufnahme in Zivil- oder Handelssachen (Nr. 1206/2001/EG)
EuEheVO	EG-Verordnung Nr. 1347/2000 vom 29.5.2000 über die Zuständigkeit und Vollstreckung von Entscheidungen in Ehesachen und in Verfahren betreffend die elterliche Verantwortung für die gemeinsamen Kinder der Ehegatten

EuG	Gericht erster Instanz der Europäischen Gemeinschaften
EuGH	Gerichtshof der Europäischen Gemeinschaften
EuGVO	EG-Verordnung Nr. 44/2001 vom 22.12.2000 über die gerichtliche Zuständigkeit und die Anerkennung und Vollstreckung gerichtlicher Entscheidungen in Zivil- und Handelssachen
EuGVÜ	s. GVÜ
EuInsÜ	EG- Übereinkommen über Insolvenzverfahren vom 21.11.1995
EuInsVO	Verordnung (EG) Nr. 1346/2000 des Rates vom 29.5.2000 über Insolvenzverfahren
EuLF	The European Legal Forum
EuMahnVO	Verordnung (EG) Nr. 1896/2006 des Europäischen Parlaments und des Rates vom 12.12.2006 zur Einführung eines Europäischen Mahnverfahrens
EuR	Europarecht
Eur. L. Rpter	European Law Reporter
Eur.Rev.Priv.L.	European Review of Private Law (Niederlande)
Eur.Transp.L.	European Transport Law (Belgien)
EuÜ	Europäisches Übereinkommen über die internationale Handelsschiedsgerichtsbarkeit von 1961
EuVTVO	Verordnung (EG) Nr. 805/2004 des Europäischen Parlaments und des Rates vom 12.12.2006 zur Einführung eines Europäischen Mahnverfahrens
EuZ	Zeitschrift für Europarecht
EuZustVO	Verordnung (EG) Nr. 1393/2007 des Europäischen Parlaments und des Rates vom 13.11.2007 über die Zustellung gerichtlicher und außergerichtlicher Schriftstücke in Zivil- und Handelssachen in den Mitgliedstaaten („Zustellung von Schriftstücken") und zur Aufhebung der Verordnung (EG) Nr. 1348/2000 des Rates
EuZW	Europäische Zeitschrift für Wirtschaftsrecht
EVO	Eisenbahnverkehrsordnung
EVÜ	Übereinkommen über das auf vertragliche Schuldverhältnisse anzuwendende Recht
EWG	Europäische Wirtschaftsgemeinschaft
EWGV	Vertrag zur Gründung der Europäischen Wirtschaftsgemeinschaft
EWiR	Entscheidungen zum Wirtschaftsrecht
EWIV	Europäische Wirtschaftliche Interessenvereinigung
EWIV-AusfG	Gesetz zur Ausführung der EWG-Verordnung über die Europäische wirtschaftliche Interessenvereinigung
EWIV-VO	Verordnung (EWG) Nr. 2137/85 des Rates vom 25.7.1985 über die Schaffung einer Europäischen wirtschaftlichen Interessenvereinigung

EWR	Europäischer Wirtschaftsraum
EWRA	Abkommen über den Europäischen Wirtschaftsraum vom 2.5.1992
EWS	Europäisches Wirtschafts- und Steuerrecht
EzA	Entscheidungen zum Arbeitsrecht, hrsg. von Stahlhacke
EZB	Europäische Zentralbank
EZVerbrR	Europäische Zeitschrift für Verbraucherrecht
F.2d	Federal Reporter, Second Series (USA)
FamFG	Gesetz über das Verfahren in Familiensachen und in den Angelegenheiten der freiwilligen Gerichtsbarkeit
FamGB	Familiengesetzbuch
FamRÄndG	Familienrechtsänderungsgesetz
FamRZ	Zeitschrift für das gesamte Familienrecht
Fas	Free Alongside Ship
Fca	Free Carrier
F.Cas.	Federal Cases (USA)
FernUSG	Gesetz zum Schutz der Teilnehmer am Fernunterricht (Fernunterrichtsschutzgesetz)
Festg.	Festgabe
Festschr.	Festschrift
FF	Forum Familien- und Erbrecht
FG	Festgabe
FGG	Gesetz über die Angelegenheiten der freiwilligen Gerichtsbarkeit
FGPrax	Praxis der Freiwilligen Gerichtsbarkeit
FKVO	Fusionskontrollverordnung
Fla.Int.L.J.	Florida Journal of International Law
FLF	Finanzierung Leasing Factoring
F.L.OGH	Fürstlich Liechtensteinischer Oberster Gerichtshof
Fn.	Fußnote
fob	free on board
Foro it.	Foro italiano
Foro pad.	Foro padano (Italien)
Forum Int. R.	Forum Internationales Recht
FPR	Familie Partnerschaft Recht
Franchise L.J.	Franchise Law Journal
FSR	Fleet Street Reports
F.Supp.	Federal Supplement (USA)
FuR	Familie und Recht; Film und Recht
GA	Goltdammers-Archiv; Generalanwalt
Ga.J.Int.Comp.L.	Georgia Journal of International and Comparative Law (USA)
Gaz.Pal.	Gazette du Palais (Frankreich)
GBl.	Gesetzblatt

GBO	Grundbuchordnung
Geo J. Legal Ethics	Georgetown Journal of Legal Ethics
German Yb.Int.L.	German Yearbook of International Law
GesRZ	Der Gesellschafter (Zeitschrift für Gesellschafts- und Unternehmensrecht) (Österreich)
GewO	Gewerbeordnung
GG	Grundgesetz
GGV	Verordnung (EG) Nr. 6/2002 des Rates über das Gemeinschaftsgeschmacksmuster vom 12.12.2001 (Gemeinschaftsgeschmacksmusterverordnung)
Giur.comp.dir.int.priv.	Giurisprudenza comparata di diritto internazionale privato (Italien)
Giur.it.	Giurisprudenza italiana
GIW	Gesetz über internationale Wirtschaftsverträge (GBl. 1976 I 61; DDR)
GmbH	Gesellschaft mit beschränkter Haftung
GmbHG	Gesetz betreffend die Gesellschaften mit beschränkter Haftung
GmbHR	GmbH-Rundschau
GMV	Verordnung (EG) Nr. 207/2009 des Rates über die Gemeinschaftsmarke vom 26.2.2009 (Gemeinschaftsmarkenverordnung)
GPR	Zeitschrift für Gemeinschaftsprivatrecht
GrEStDV	Durchführungsverordnung zum Grunderwerbsteuergesetz
Gruchot	Beiträge zur Erläuterung des Deutschen Rechts, begr. v. Gruchot (1857–1933)
GRUR	Gewerblicher Rechtsschutz und Urheberrecht
GRUR Int.	GRUR, Internationaler Teil
GRUR-RR	Gewerblicher Rechtsschutz und Urheberrecht Rechtsprechungs-Report
GS	Gedächtnisschrift
gtai	Germany Trade and Invest – Gesellschaft für Außenwirtschaft und Standortmarketing mbH
GuG	Grundstücksmarkt und Grundstückswert
GüKG	Güterkraftverkehrsgesetz
GVBl.	Gesetz- und Verordnungsblatt
GVG	Gerichtsverfassungsgesetz
GVÜ	Übereinkommen über die gerichtliche Zuständigkeit und die Vollstreckung gerichtlicher Entscheidungen in Zivil- und Handelssachen vom 27.9.1968
GWB	Gesetz gegen Wettbewerbsbeschränkungen
Hansa	Hansa, Zentralorgan für Schifffahrt, Schiffbau, Hafen
HansRGZ	Hanseatische Rechts- und Gerichtszeitschrift
Harv.Int.L.J.	Harvard International Law Journal (USA)
Harv.L.Rev.	Harvard Law Review (USA)

HausTWG	Gesetz über den Widerruf v. Haustürgeschäften
HbgR	United Nations Convention on the Carriage of Goods by Sea (The Hamburg Rules) Hamburg, 30.3.1978
Heidelb. Jb.	Heidelberger Jahrbücher
HG	Handelsgericht
HGB	Handelsgesetzbuch
H.L.	House of Lords (England)
hM	herrschende Meinung
HmbSchRZ	Hamburger Zeitschrift für Schifffahrtsrecht
HOAI	Honorarordnung Architekten und Ingenieure
H.R.	Hoge Raad (Niederlande)
HR	Internationales Abkommen vom 25.8.1924 zur Vereinheitlichung von Regeln über Konnossemente (Haager Regeln)
HRR	Höchstrichterliche Rechtsprechung
Hrsg.	Herausgeber
HStÜ	Haager Übereinkommen über das auf Vertreterverträge und die Stellvertretung anwendbare Recht vom 14.3.1978
HVR	Rechtsprechungssammlung zum Handelsvertreter- und Vertriebsrecht
HW	Haus und Wohnung
IATA	International Air Transport Association
IBR	Immobilien- & Baurecht
ICC	International Chamber of Commerce
ICLA	International Computer Law Adviser
I.C.L.F.Rev.	The International Contract – Law and Finance Review (1980 ff.; Schweiz)
I.C.L.Q.	The International and Comparative Law Quarterly (Großbritannien)
ICSID	International Centre for the Settlement of Investment Disputes
idF	in der Fassung
IDR	Journal of International Dispute Resolution
idR	in der Regel
iE	im Ergebnis
ieS	im engeren Sinne
I.F.L.Rev.	International Financial Law Review (England)
IHK	Internationale Handelskammer
IHR	Internationales Handelsrecht
IIC	International Review of Industrial Property and Copyright Law
IJVO	Internationale Juristenvereinigung Osnabrück
I.L.M.	International Legal Materials (USA)
I.L.Pr	International Litigation Procedure
I.L.R.	International Law Reports

InsO	Insolvenzordnung
InsV	EG-Verordnung Nr. 1346/2000 vom 29.5.2000 über Insolvenzverfahren
Int.Am.L.R.	International American Law Review (USA)
Int. ArbR	Internationales Arbeitsrecht
Int.Arb.Rep.	International Arbitration Report (USA)
Int.Bus.Lawyer	International Business Lawyer (England)
Int. Bus. L. J.	International Business Law Journal
Int. Comp.L.Q.	s. I.C.L.Q.
Int.Constr.L.Rev.	The International Construction Law Review (England)
Int.Encycl.Comp.L.	International Encyclopedia of Comparative Law
Int. Insolv. Rev.	International Insolvency Review
Int. J. L. & Info. Tech.	International Journal of Law and Information Technology
Int.Lawyer	The International Lawyer (USA)
IPG	Gutachten zum internationalen und ausländischen Privatrecht
IPO	Initial public offer
IPR	Internationales Privatrecht
IPRax	Praxis des Internationalen Privat- und Verfahrensrechts
IPRG	Gesetz über das Internationale Privatrecht
IPRspr.	Die deutsche Rechtsprechung auf dem Gebiete des Internationalen Privatrechts
iRd.	im Rahmen des/der
IRV	Internationaler Rechtsverkehr
iS	im Sinne
iSd.	im Sinne des/der
Israel L.Rev.	Israel Law Review
IStR	Internationales Steuerrecht
iSv.	im Sinne von
iVm.	in Verbindung mit
IWB	Internationale Wirtschaftsbriefe
IWF	Internationaler Währungsfond
IZ	Zeitschrift für den internationalen Eisenbahnverkehr (Schweiz)
IZPR	Internationales Zivilprozessrecht
IzRspr.	Sammlung der deutschen Entscheidungen zum interzonalen Privatrecht
JA	Juristische Arbeitsblätter
JahrbIntR	Jahrbuch für Internationales Recht
Jap. Yb. Int. L.	Japanese Yearbook of International Law
J.B.L.	Journal of Business Law (Großbritannien)
JbItalR	Jahrbuch für Italienisches Recht
Jb.J.ZivRWiss	Jahrbuch Junger Zivilrechtswissenschaftler

JBl.	Juristische Blätter (Österreich)
JbOstR	Jahrbuch für Ostrecht
JbPraxSchG	Jahrbuch für die Praxis der Schiedsgerichtsbarkeit
J. Comp. Lab. L. Ind. Rel.	International Journal of Comparative Labour Law and Industrial Relations
J.Contemp.L.	Journal of Contemporary Law (USA)
J.C.P.	Juris Classeur Périodique (Frankreich)
J.dr.aff.int.	Journal de droit des affaires internationales (Frankreich)
J.Fam.L.	Journal of Family Law
JFG	Jahrbuch für Entscheidungen in Angelegenheiten der Freiwilligen Gerichtsbarkeit und des Grundbuchrechts
JIBFL	Journal of International Banking and Financial Law
J.Int.Arb.	Journal of International Arbitration (Schweiz)
J.Int.Bank.L.	Journal of International Bank Law (England)
J.Int.L.& Policy	Journal of International Law and Policy
J.M.L.C.	Journal of Maritime Law and Commerce (USA)
JNPÖ	Jahrbuch für neue politische Ökonomie
J.O.	Journal Officiel
J. PIL	Journal of Private International Law
JR	Juristische Rundschau
J.T., J.trib.	Journal des Tribunaux (Belgien)
JurA	Juristische Analysen
JurBüro	Das juristische Büro
jurisPR-InsR	juris PraxisReport Insolvenzrecht
Jur.Rev.	Juridical Review
JuS	Juristische Schulung
JVEG	Gesetz über die Vergütung von Sachverständigen, Dolmetscherinnen, Dolmetschern, Übersetzerinnen und Übersetzern sowie die Entschädigung von ehrenamtlichen Richterinnen, ehrenamtlichen Richtern, Zeuginnen, Zeugen und Dritten (Justizvergütungs- und -entschädigungsgesetz)
JW	Juristische Wochenschrift
J.W.T.L.	Journal of World Trade Law (Schweiz, früher Großbritannien)
JZ	Juristenzeitung
KapVStG	Kapitalverkehrssteuergesetz
KB	Kings Bench Division (England)
KG	Kammergericht Berlin
KGJ	Jahrbuch für Entscheidungen des Kammergerichts Berlin
King's Coll.L.J.	King's College Law Journal
Kl.	Kläger
KO	Konkursordnung

Komm	Kommentar
KonsG	Gesetz über die Konsularbeamten, ihre Aufgaben und Befugnisse (Konsulargesetz)
KostO	Kostenordnung
K&R	Kommunikation & Recht
KRG	Kontrollratsgesetz
KrG	Kreisgericht
KSchG	Kündigungsschutzgesetz
KSÜ	Haager Übereinkommen vom 19.10.1996 über die Zuständigkeit, das anzuwendende Recht, die Anerkennung, Vollstreckung und Zusammenarbeit auf dem Gebiet der elterlichen Verantwortung und der Maßnahmen zum Schutz von Kindern
KTS	Zeitschrift für Konkurs-, Treuhand- und Schiedsgerichtswesen
KVO	Kraftverkehrsordnung
KWG	Gesetz über das Kreditwesen
LAG	Landesarbeitsgericht; Lastenausgleichsgesetz
LandesG	Landesgericht (Österreich)
LES	Liechtensteinische Entscheidungssammlung
LFMR	Law and Financial Markets Review
LFZG	Gesetz über die Fortzahlung des Arbeitsentgelts im Krankheitsfalle (Lohnfortzahlungsgesetz)
LG	Landgericht
LIEI	Legal Issues of European Integration (Niederlande)
LJZ	Liechtensteinische Juristen-Zeitung
Lloyd's Rep.	Lloyd's Law Reports (England)
LM	Das Nachschlagewerk des Bundesgerichtshofs in Zivilsachen, hrsg. von Lindenmaier und Möhring
LMCLQ	Lloyd's Maritime and Commercial Law Quarterly (England)
L.Pol.Int.Bus.	Law and Policy in International Business
L.Q.R.	Law Quarterly Review
LS	Leitsatz
LSG	Landessozialgericht
LuftVG	Luftverkehrsgesetz
LugÜ	Übereinkommen von Lugano über die gerichtliche Zuständigkeit und die Anerkennung und Vollstreckung gerichtlicher Entscheidungen in Zivil- und Handelssachen vom 16.9.1988
LZ	Leipziger Zeitschrift für Deutsches Recht (1907–1933)
MaBV	VO über die Pflichten der Makler, Darlehens- und Anlagenvermittler, Bauträger und Baubetreuer (Makler- und Bauträgerverordnung)

Marq. L. Rev.	Marquette Law Review
McGill L. J.	McGill Law Journal (Kanada)
MDR	Monatsschrift für Deutsches Recht
MERCOSUR	Mercado Comum do Sul
MEZ	Mitteleuropäische Zeit
Mich. State J. Int. L.	Michigan State Journal of International Law.
MiFID	Markets in Financial Instruments Directive, Richtlinie 2004/39/EG des Europäischen Parlaments und des Rates vom 21.4.2004 über Märkte für Finanzinstrumente
Minn. L. Rev.	Minnesota Law Review
MitbestG	Gesetz über die Mitbestimmung der Arbeitnehmer (Mitbestimmungsgesetz)
MittBayNotV	Mitteilungen des Bayerischen Notarvereins
MittEuGH	Mitteilungen über den EuGH
MittRheinNotK	Mitteilungen der Rheinischen Notarkammer
MMR	Multimedia und Recht
Mod.L.Rev.	The Modern Law Review (England)
MoMiG	Gesetz zur Modernisierung des GmbH-Rechts und zur Bekämpfung von Missbräuchen
MRG	Militärregierungsgesetz
MR-Int	Medien & Recht International
MSA	Haager Übereinkommen über die Zuständigkeit und das anzuwendende Recht auf dem Gebiet des Schutzes von Minderjährigen
MÜ	Montrealer Übereinkommen zur Vereinheitlichung bestimmter Vorschriften über die Beförderung im internationalen Luftverkehr
MUV	Vertrag über die Gründung der Europäischen Gemeinschaft für Kohle und Stahl (Montanvertrag)
mwN.	mit weiteren Nachweisen
Nachw.	Nachweis
NAG	Bundesgesetz, betreffend die zivilrechtlichen Verhältnisse der Niedergelassenen und Aufhalter (Schweiz)
NBW	Nieuw Burgerlijk Wetboek (Niederlande)
N.C.J.Int.L.Com.Reg.	North Carolina Journal of International Law and Commercial Regulation (USA)
NCPC	Nouveau Code de procédure civile (Frankreich)
NdsRpfl.	Niedersächsische Rechtspflege
Ned. Jur.	Nederlandse Jurisprudentie
nF	neue Fassung
NiemZ	Zeitschrift für internationales Recht (1891–1901 Zeitschrift für internationales Privat- und Strafrecht; 1902–1909 Zeitschrift für internationales Privat- und Öffentliches Recht; begr. von Böhm, ab 1901 hrsg. von Niemeyer)

N.I.L.R.	Netherlands International Law Review (1975 ff.)
NIPR	Nederlands Internationaal Privaatrecht
N.J.	Nederlandse Jurisprudentie
NJB	Nederlands Juristenblad
NJOZ	Neue Juristische Online Zeitschrift
NJW	Neue Juristische Wochenschrift
NJW-RR	Neue Juristische Wochenschrift – Rechtsprechungs-Report
Nordic J.Int.L.	Nordic Journal of International Law (ab 1986; Dänemark)
Nordisk TIR	Nordisk Tidsskrift for International Ret (bis 1985; Dänemark)
NStG	Nachrichten der Studiengesellschaft für privatrechtliche Auslandsinteressen
NStZ-RR	Neue Zeitschrift für Strafrecht – Rechtsprechungsreport
NSW	Nachschlagewerk des Bundesgerichtshofes
NTIR	Nederlands Tijdschrift voor Internationaal Recht (bis 1974)
Nw.J.Int.L. & Bus.	Northwestern Journal of International Law and Business (USA)
N.Y.S., N.Y.S. 2d	West's New York Supplement
NZA	Neue Zeitschrift für Arbeitsrecht
NZG	Neue Zeitschrift für Gesellschaftsrecht
NZI	Neue Zeitschrift für das Recht der Insolvenz und Sanierung
NZM	Neue Zeitschrift für Miet- und Wohnungsrecht
NZV	Neue Zeitschrift für Verkehrsrecht
ÖBA	Zeitschrift für das gesamte Bank- und Börsenwesen (Österreich)
ObG	Obergericht; Oberstes Gericht
OGAW	Organismen für gemeinsame Anlagen in Wertpapieren
OGH	Oberster Gerichtshof (Österreich)
OGHBrZ	Oberster Gerichtshof für die Britische Zone
OGHZ	Entscheidungen des Obersten Gerichtshofes für die Britische Zone in Zivilsachen
ÖH	Österreichische Hefte für die Praxis des internationalen und ausländischen Rechts (1956–1959)
OHG	Offene Handelsgesellschaft
oJ	ohne Jahr
ÖJZ	Österreichische Juristen-Zeitung
OLG	Oberlandesgericht
OLGE	Die Rechtsprechung der Oberlandesgerichte auf dem Gebiete des Zivilrechts
OLG-NL	OLG-Rechtsprechung Neue Länder

OLGR	OLG-Report
OLGZ	Entscheidungen der Oberlandesgerichte in Zivilsachen (1965–1994)
ÖNotZ	Österreichische Notarzeitung
ÖNZ	Österreichische Notariatszeitung
op. cit.	opere citato
OR	Bundesgesetz über das Obligationenrecht (Schweiz)
ORG	Oberstes Rückerstattungsgericht
ÖRiZ	Österreichische Richterzeitung
öst. IPRG	Bundesgesetz vom 15.6.1978 über das internationale Privatrecht – IPR-Gesetz (Bundesgesetzblatt für die Republik Österreich 1978, 1729)
ÖWBl.	Wirtschaftsrechtliche Blätter (Österreich)
OZöR	Österreichische Zeitschrift für öffentliches Recht
ÖZW	Österreichische Zeitschrift für Wirtschaftsrecht
P	Probate, Divorce and Admiralty (Law Reports; Großbritannien)
Parker Sch.J.E.Eur.L.	Parker School Journal of East European Law
PECL	Principles of European Contract Law
PHI	Produkthaftung International
poln. IPRG	Gesetz über das Internationale Privatrecht
Pressemitt.	Pressemitteilung
ProdHaftG	Gesetz über die Haftung für fehlerhafte Produkte (Produkthaftungsgesetz)
PucheltsZ	Zeitschrift für französisches Zivilrecht, begr. von Puchelt
Quartalshefte	Quartalshefte der Girozentrale und Bank der österreichischen Sparkassen
Q.B.	Queen's Bench Division (Law Reports)
QBD	Queens Bench Division (England)
RabelsZ	Zeitschrift für ausländisches und internationales Privatrecht (1927 ff.)
RADG	Rechtsanwaltsdienstleistungsgesetz
RAG	Reichsarbeitsgericht
RAGE	Entscheidungen des Reichsarbeitsgerichts
RAGebO	siehe BRAGO
RAnwG	Gesetz über die Anwendung des Rechts auf internationale zivil-, familien- und arbeitsrechtliche Beziehungen sowie auf internationale Wirtschaftsverträge (Rechtsanwendungsgesetz) (GBl. 1975 I 748; DDR)
Rass.arb.	Rassegna dell arbitrato (Italien)
Rb	Rechtbank
RBerG	Rechtsberatungsgesetz
RdA	Recht der Arbeit

RDC	Revue de Droit Commercial Belge
RDG	Gesetz über außergerichtliche Rechtsdienstleistungen (Rechtsdienstleistungsgesetz)
RdW	Österreichisches Recht der Wirtschaft
Rec. des Cours	Recueil des Cours de l'Académie de droit international (Niederlande)
Recht	Das Recht
RegBegr.	Begründung des Regierungsentwurfs
resp.	respektive
Rev.arb.	Revue de l'arbitrage (Frankreich)
Rev.belge dr.int.	Revue belge de droit international
Rev. Centr. East. European L.	Review of Central and East European Law
Rev.crit.d.i.p.	Revue critique de droit international privé (Frankreich)
Rev.dr.aff.int.	Revue de droit des affaires internationales (Frankreich)
Rev.dr.banc.fin.	Revue de droit bancaire et financier
Rev.dr.int.dr.comp.	Revue de droit international et de droit comparé (Belgien)
Rev. dr. transp.	Revue de droit des transports
Rev.dr.unif.	Revue de droit uniforme/Uniform Law Review (Italien)
Rev.esp.der.int.	Revista Española de Derecho International
Rev. fr. dr. aérien	Revue française de droit aérien
Rev.gén.dr.civil belge	Revue générale de droit civil belge
Rev.gén.dr.int.pub.	Revue générale de droit international public (Frankreich)
Rev.hell.dr.int.	Revue hellénique de droit international (Griechenland)
Rev.int.dr.comp.	Revue internationale de droit comparé (Frankreich)
Rev.jur.com.	Revue de jurisprudence commerciale (Frankreich)
Rev.Lamy dr.aff.	Revue Lamy Droit des affaires
Rev.Marché Commun	Revue du Marché Commun (Frankreich)
Rev. Ord. Advog.	Revista da Ordem dos Advogados (Portugal)
Rev.Soc.L.	Review of Socialist Law (Niederlande)
Rev.trim.dr.civ.	Revue trimestrielle de droit civil (Frankreich)
Rev.trim.dr.com.	Revue trimestrielle de droit commercial et de droit économique (Frankreich)
Rev.trim.dr.europ.	Revue trimestielle de droit européen
RFH	Reichsfinanzhof
RG	Reichsgericht
RGBl.	Reichsgesetzblatt
RGZ	Entscheidungen des Reichsgerichts in Zivilsachen
RheinZ	Rheinische Zeitschrift für Zivil- und Prozeßrecht des In- und Auslandes

RiA	AW-Recht im Außenhandel (seit 1973 Beil. zu „DDR-Außenwirtschaft"; bis 1967 Beil. zu „Außenhandel"; 1968–1973 „Recht in der Außenwirtschaft" Beil. zu „Sozialistische Außenwirtschaft"; DDR)
Riv. arb.	Rivista dell' arbitrato (Italien).
Riv.dir.civ.	Rivista di diritto civile (Italien)
Riv.dir.com.	Rivista del diritto commerciale e del diritto generale delle obbligazioni (Italien)
Riv.dir.com.int.	Rivista di diritto del commercio internazionale (Italien)
Riv.dir.int.	Rivista di diritto internazionale (Italien)
Riv.dir.int.priv.proc.	Rivista di diritto internazionale privato e processuale (Italien)
Riv.dir.proc.	Rivista di diritto processuale (Italien)
RiW	Recht der internationalen Wirtschaft (1956–57)
RIW	Recht der internationalen Wirtschaft/Außenwirtschaftsdienst des Betriebs-Beraters (1975 ff.)
RKT	Reichskraftwagentarif
RL	Richtlinie
RNotZ	Rheinische Notar-Zeitschrift
ROHG	Reichsoberhandelsgericht
Rom I-VO	Verordnung (EG) (EG) Nr. 593/2008 des Europäischen Parlaments und des Rates vom 17.6.2008 über das auf vertragliche Schuldverhältnisse anzuwendende Recht (Rom I)
Rom II-VO	Verordnung (EG) Nr. 864/2007 des Europäischen Parlaments und des Rates vom 11.7.2007 über das auf außervertragliche Schuldverhältnisse anzuwendende Recht (Rom II)
ROW	Recht in Ost und West
Rpfleger	Der deutsche Rechtspfleger
RRa	ReiseRecht aktuell
Rspr.	Rechtsprechung
RVG	Gesetz über die Vergütung der Rechtsanwältinnen und Rechtsanwälte (Rechtsanwaltsvergütungsgesetz)
RVO	Reichsversicherungsordnung
RzW	Rechtsprechung zum Wiedergutmachungsrecht
Rz.	Randzahl
S.	Satz; Seite
s.	siehe; section
SA	s. SeuffArch.
SaBl.	Sammelblatt für Rechtsvorschriften des Bundes und der Länder
SAE	Sammlung arbeitsrechtlicher Entscheidungen
SBZ	Sowjetisch besetzte Zone
ScheckG	Scheckgesetz

SchiedsVZ	Zeitschrift für Schiedsverfahren
SchlHA	Schleswig-Holsteinische Anzeigen
SchwbG	Schwerbehindertengesetz
Schweiz. AG	Schweizerische Aktiengesellschaft
schweiz. IPRG-Entw.	Botschaft zum Bundesgesetz über das IPR (IPR-Gesetz) (BBl. 1983 I 263)
SchweizJahrbIntR	Schweizerisches Jahrbuch für Internationales Recht
SchwJZ	Schweizerische Juristenzeitung
S.Ct.	Supreme Court
SE	Societas Europaea
sec.	section
SeemannsG	Seemannsgesetz
SeuffArch.	Seufferts Archiv für Entscheidungen der obersten Gerichte in den deutschen Staaten
SEW	Sociaal-Economische Wetgeving-Tijdschrift voor Europees en economisch recht
SFS	Svensk författningssamling
SGB	Sozialgesetzbuch
SHSG	Seehandelsschifffahrtsgesetz (DDR; GBl. 1976 I 109)
SJZ	Süddeutsche Juristen-Zeitung
Slg.	Gerichtshof der Europäischen Gemeinschaften, Sammlung der Rechtsprechung des Gerichtshofes
SPE	Societas Privata Europaea
SpuRt	Zeitschrift für Sport und Recht
SRZ	Saarländische Rechts-Zeitschrift
S & S	Schip en Schade
StAZ	Das Standesamt
StBerG	Steuerberatungsgesetz
Stbg	Die Steuerberatung
st. Rspr.	ständige Rechtsprechung
S.U.	Sezioni Unite
Sydney L. Rev.	Sydney Law Review
SZ	Entscheidungen des österreichischen Obersten Gerichtshofes in Zivil- und Justizverwaltungssachen
SZIER	Schweizerische Zeitschrift für internationales und europäisches Recht
SZR	Zeitschrift für Schweizerisches Recht
SZW/RSDA	Schweizerische Zeitschrift für Wirtschaft- und Finanzmarktrecht
TCR	Tijdschrift voor Civiele Rechtspleging
Tex. Int. L.J.	Texas International Law Journal
TranspR	Transportrecht
TranspR-IHR	Internationales Handelsrecht – Beilage zur Zeitschrift Transportrecht
Trav.Com.fr.d.i.p.	Travaux du Comité français de droit international privé

TRG	Gesetz zur Neuregelung des Fracht-, Speditions- und Lagerrechts (Transportrechtsreformgesetz) vom 25.6.1998
Trib.com.	Tribunal de commerce (Frankreich)
Trib.gr.inst.	Tribunal de grande instance
TRIPS	Übereinkommen vom 15.4.1994 über handelsbezogene Aspekte der Rechte des geistigen Eigentums
tschech.IPRG	Gesetz über das Internationale Privat- und Prozessrecht
Tul.L.Rev.	Tulane Law Review (USA)
TVG	Tarifvertragsgesetz
TVR	Tijdschrift Vervoer & Recht
TzBfG	Gesetz über Teilzeitarbeit und befristete Arbeitsverträge (Teilzeit- und Befristungsgesetz)
TzWrG	Gesetz über die Veräußerung von Teilnutzungsrechten an Wohngebäuden
UAbs.	Unterabsatz
Übk.	Übereinkommen
UCC	Uniform Commercial Code
UFITA	Archiv für Urheber-, Film-, Funk- und Theaterrecht
UfR	Ugeskrift for Retsvæsen (Dänemark)
U.Ill.L.Rev.	University of Illinois Law Review (USA)
UINL	Internationale Union des Lateinischen Notariats
UmstG	Umstellungsgesetz
UNCITRAL	United Nations Commission on International Trade Law
UNCITRAL-ModG	UNCITRAL-Modellgesetz über die internationale Handelsschiedsgerichtsbarkeit
UNCTAD	United Nations Conference on Trade and Development
UNIDO	United Nations Industrial Development Organization
UNIDROIT	International Institute for the Unification of Private Law
Unif.L.Rev.	Uniform Law Review
UNTS	United Nations Treaties Series
UNÜ	UN-Übereinkommen über die Anerkennung und Vollstreckung ausländischer Schiedssprüche
UrhG	Urheberrechtsgesetz
UrhWG	Urheberrechtswahrnehmungsgesetz
US	United States Reports
UStG	Umsatzsteuergesetz
uU	unter Umständen
UWG	Gesetz gegen den unlauteren Wettbewerb

VAG	Gesetz über die Beaufsichtigung der Privatversicherungsunternehmen und Bausparkassen
Va.J.Int.L.	Virginia Journal of International Law
Va.J.Transnat.L.	Vanderbilt Journal of Transnational Law (USA)
VBlBW	Verwaltungsblätter für Baden-Württemberg
VEB	Volkseigener Betrieb
VerbrKrG	Verbraucherkreditgesetz
VermG	Gesetz zur Regelung offener Vermögensfragen (Vermögensgesetz)
VersPrax	Die Versicherungspraxis
VersR	Versicherungsrecht
vgl.	vergleiche
vH	vom Hundert
VO	Verordnung
VOB	Verdingungsordnung für Bauleistungen
Vorbem.	Vorbemerkung
VR	Visby Rules
VRÜ	Verfassung und Recht in Übersee
VSSR	Vierteljahresschrift für Sozialrecht
VuR	Verbraucher und Recht
VVG	Versicherungsvertragsgesetz
VV RVG	Vergütungsverzeichnis Rechtsanwaltsvergütungsgesetz
VW	Versicherungswirtschaft
WA	Warschauer Abkommen zur Vereinheitlichung von Regeln über die Beförderungsbedingungen im Internationalen Luftverkehr
WährG	Gesetz zur Neuregelung des Geldwesens (Währungsgesetz)
WarnRspr.	Rechtsprechung des Reichsgerichts, hrsg. v. Warneyer
WBl.	Wirtschaftsrechtliche Blätter (Österreich)
WBÜ	Washingtoner Weltbank-Übereinkommen zur Beilegung von Investitionsstreitigkeiten zwischen Staaten und Angehörigen anderer Staaten
WG	Wechselgesetz
WGO	Die wichtigsten Gesetzgebungsakte in den Ländern Ost- und Südosteuropas und in den ostasiatischen Volksdemokratien (1959 ff.)
WGO-MfOR	Monatshefte für Osteuropäisches Recht
WiB	Wirtschaftsrechtliche Beratung
WiRO	Wirtschaft und Recht in Osteuropa
WiVerw	Wirtschaft und Verwaltung
W.L.R.	The Weekly Law Reports (Großbritannien)
w. Nachw.	weitere Nachweise
WM	Wertpapier-Mitteilungen (1947 ff.)

WpHG	Gesetz über den Wertpapierhandel (Wertpapierhandelsgesetz)
WPNR	Weekblad voor Privaatrecht, Notariaat en Registratie (Niederlande)
WpÜG	Wertpapiererwerbs- und Übernahmegesetz
WRP	Wettbewerb in Recht und Praxis
WuB	Wirtschafts- und Bankrecht, Entscheidungssammlung zum Wirtschafts- und Bankrecht
WuW	Wirtschaft und Wettbewerb
WuW/E	Wirtschaft und Wettbewerb. Entscheidungssammlung zum Kartellrecht (1957 ff.)
WvK	Wetboek van Koophandel (Niederlande)
WZG	Warenzeichengesetz
Yale L.J.	The Yale Law Journal (USA)
Yb.Com.Arb.; YCA	Yearbook Commercial Arbitration (Niederlande)
Yb. Cons. L.	Yearbook of Consumer Law (England)
Yb.Eur.L.	Yearbook of European Law (England)
Yb. Mar. L.	Yearbook Maritime Law
Yb.PIL; Yb.Priv.Int'lL.	Yearbook of Private International Law
ZA	Zentralamt
ZAkDR	Zeitschrift der Akademie für Deutsches Recht
ZaöRV	Zeitschrift für ausländisches öffentliches Recht und Völkerrecht (1929 ff.)
ZAP	Zeitschrift für die Anwaltspraxis
ZAR	Zeitschrift für Ausländerrecht und Ausländerpolitik (1982 ff.)
ZAS	Zeitschrift für Arbeitsrecht und Sozialrecht (Österreich)
zB	zum Beispiel
ZBB	Zeitschrift für Bankrecht und Bankwirtschaft
ZBGR	Schweizerische Zeitschrift für Beurkundungs- und Grundbuchrecht
ZBinnSch.	Zeitschrift für Binnenschifffahrt und Wasserstraßen
ZBJV	Zeitschrift des Bernischen Juristenvereins
ZBl.	Zentralblatt für die juristische Praxis (Österreich)
ZBlJR	Zentralblatt für Jugendrecht und Jugendwohlfahrt
ZErb	Zeitschrift für die Steuer- und Erbrechtspraxis.
ZEuP	Zeitschrift für Europäisches Privatrecht
ZEuS	Zeitschrift für Europarechtliche Studien
ZfA	Zeitschrift für Arbeitsrecht
ZfBR	Zeitschrift für deutsches und internationales Baurecht
ZfJ	Zentralblatt für Jugendrecht
ZfgesK; ZfK	Zeitschrift für das gesamte Kreditwesen
ZfIR	Zeitschrift für Immobilienrecht

ZfRV	Zeitschrift für Europarecht, internationales Privatrecht und Rechtsvergleichung, früher: Zeitschrift für Rechtsvergleichung (Österreich)
ZG	Zivilgericht (Schweiz)
ZG	Zollgesetz
ZGB	Zivilgesetzbuch (DDR; Schweiz)
ZGR	Zeitschrift für Unternehmens- und Gesellschaftsrecht
ZGS	Zeitschrift für Vertragsgestaltung, Schuld- und Haftungsrecht
ZHK	Zeitschrift für das gesamte Handelsrecht und Konkursrecht (bis 1961)
ZHR	Zeitschrift für das gesamte Handelsrecht und Wirtschaftsrecht (ab 1962 ff.)
ZIAS	Zeitschrift für ausländisches und internationales Arbeits- und Sozialrecht
Ziff.	Ziffer
ZInsO	Zeitschrift für das gesamte Insolvenzrecht
ZIP	Zeitschrift für Wirtschaftsrecht (bis 1982: Zeitschrift für Wirtschaftsrecht und Insolvenzpraxis)
ZIR	Zeitschrift für Internationales Recht
zit.	zitiert
ZLR	Zeitschrift für Luftrecht
ZLW	Zeitschrift für Luftrecht und Weltraumrechtsfragen (1960 ff.)
ZMR	Zeitschrift für Miet- und Raumrecht
ZNotP	Zeitschrift für die Notarpraxis
ZPO	Zivilprozessordnung
ZRP	Zeitschrift für Rechtspolitik
ZSR	Zeitschrift für Schweizerisches Recht
zT	zum Teil
ZUM	Zeitschrift für Urheber- und Medienrecht – Film und Recht
ZUM-RD	Zeitschrift für Urheber- und Medienrecht – Rechtsprechungsdienst
zust.	zustimmend
ZustG	Zustimmungsgesetz
ZVG	Gesetz über die Zwangsversteigerung und Zwangsverwaltung
ZVersWiss.	Zeitschrift für die gesamte Versicherungswissenschaft
ZvglRW	Zeitschrift für vergleichende Rechtswissenschaft
ZVormW	Zeitschrift für Vormundschaftswesen (Schweiz)
ZVP	Zeitschrift für Verbraucherpolitik
ZZP	Zeitschrift für Zivilprozess
ZZPInt	Zeitschrift für Zivilprozess International
zzt.	zurzeit

Verordnung (EG) Nr. 593/2008 des Europäischen Parlaments und des Rates vom 17. Juni 2008 über das auf vertragliche Schuldverhältnisse anzuwendende Recht (Rom I)

Das Europäische Parlament und der Rat der Europäischen Union –

gestützt auf den Vertrag zur Gründung der Europäischen Gemeinschaft, insbesondere auf Artikel 61 Buchstabe c und Artikel 67 Absatz 5, zweiter Gedankenstrich,

auf Vorschlag der Kommission,

nach Stellungnahme des Europäischen Wirtschafts- und Sozialausschusses[1],

gem. dem Verfahren des Artikels 251 des Vertrags[2],

in Erwägung nachstehender Gründe:

(1) Die Gemeinschaft hat sich zum Ziel gesetzt, einen Raum der Freiheit, der Sicherheit und des Rechts zu erhalten und weiterzuentwickeln. Zur schrittweisen Schaffung dieses Raums muss die Gemeinschaft im Bereich der justiziellen Zusammenarbeit in Zivilsachen, die einen grenzüberschreitenden Bezug aufweisen, Maßnahmen erlassen, soweit sie für das reibungslose Funktionieren des Binnenmarkts erforderlich sind.

(2) Nach Artikel 65 Buchstabe b des Vertrags schließen diese Maßnahmen solche ein, die die Vereinbarkeit der in den Mitgliedstaaten geltenden Kollisionsnormen und Vorschriften zur Vermeidung von Kompetenzkonflikten fördern.

(3) Auf seiner Tagung vom 15. und 16. Oktober 1999 in Tampere hat der Europäische Rat den Grundsatz der gegenseitigen Anerkennung von Urteilen und anderen Entscheidungen von Justizbehörden als Eckstein der justiziellen Zusammenarbeit in Zivilsachen unterstützt und den Rat und die Kommission ersucht, ein Maßnahmenprogramm zur Umsetzung dieses Grundsatzes anzunehmen.

(4) Der Rat hat am 30. November 2000 ein gemeinsames Maßnahmenprogramm der Kommission und des Rates zur Umsetzung des Grundsatzes der gegenseitigen Anerkennung gerichtlicher Entscheidungen in Zivil- und Handelssachen verabschiedet[3]. Nach dem Programm können Maßnahmen zur Harmonisierung der Kollisionsnormen dazu beitragen, die gegenseitige Anerkennung gerichtlicher Entscheidungen zu vereinfachen.

(5) In dem vom Europäischen Rat am 5. November 2004 angenommenen Haager Programm[4] wurde dazu aufgerufen, die Beratungen über die Regelung der

---
1 ABl. C 318 vom 23.12.2006, S. 56.
2 Stellungnahme des Europäischen Parlaments vom 29. November 2007 (noch nicht im Amtsblatt veröffentlicht) und Beschluss des Rates vom 5. Juni 2008.
3 ABl. C 12 vom 15.1.2001, S. 1.
4 ABl. C 53 vom 3.3.2005, S. 1.

Kollisionsnormen für vertragliche Schuldverhältnisse („Rom I") energisch voranzutreiben.

(6) Um den Ausgang von Rechtsstreitigkeiten vorhersehbarer zu machen und die Sicherheit in Bezug auf das anzuwendende Recht sowie den freien Verkehr gerichtlicher Entscheidungen zu fördern, müssen die in den Mitgliedstaaten geltenden Kollisionsnormen im Interesse eines reibungslos funktionierenden Binnenmarkts unabhängig von dem Staat, in dem sich das Gericht befindet, bei dem der Anspruch geltend gemacht wird, dasselbe Recht bestimmen.

(7) Der materielle Anwendungsbereich und die Bestimmungen dieser Verordnung sollten mit der Verordnung (EG) Nr. 44/2001 des Rates vom 22. Dezember 2000 über die gerichtliche Zuständigkeit und die Anerkennung und Vollstreckung von Entscheidungen in Zivil- und Handelssachen („Brüssel I")[1] und der Verordnung (EG) Nr. 864/2007 des Europäischen Parlaments und des Rates vom 11. Juli 2007 über das auf außervertragliche Schuldverhältnisse anzuwendende Recht („Rom II")[2] im Einklang stehen.

(8) Familienverhältnisse sollten die Verwandtschaft in gerader Linie, die Ehe, die Schwägerschaft und die Verwandtschaft in der Seitenlinie umfassen. Die Bezugnahme in Artikel 1 Absatz 2 auf Verhältnisse, die mit der Ehe oder anderen Familienverhältnissen vergleichbare Wirkungen entfalten, sollte nach dem Recht des Mitgliedstaats, in dem sich das angerufene Gericht befindet, ausgelegt werden.

(9) Unter Schuldverhältnisse aus Wechseln, Schecks, Eigenwechseln und anderen handelbaren Wertpapieren sollten auch Konnossemente fallen, soweit die Schuldverhältnisse aus dem Konnossement aus dessen Handelbarkeit entstehen.

(10) Schuldverhältnisse, die aus Verhandlungen vor Abschluss eines Vertrags entstehen, fallen unter Artikel 12 der Verordnung (EG) Nr. 864/2007. Sie sollten daher vom Anwendungsbereich dieser Verordnung ausgenommen werden.

(11) Die freie Rechtswahl der Parteien sollte einer der Ecksteine des Systems der Kollisionsnormen im Bereich der vertraglichen Schuldverhältnisse sein.

(12) Eine Vereinbarung zwischen den Parteien, dass ausschließlich ein Gericht oder mehrere Gerichte eines Mitgliedstaats für Streitigkeiten aus einem Vertrag zuständig sein sollen, sollte bei der Feststellung, ob eine Rechtswahl eindeutig getroffen wurde, einer der zu berücksichtigenden Faktoren sein.

(13) Diese Verordnung hindert die Parteien nicht daran, in ihrem Vertrag auf ein nichtstaatliches Regelwerk oder ein internationales Übereinkommen Bezug zu nehmen.

(14) Sollte die Gemeinschaft in einem geeigneten Rechtsakt Regeln des materiellen Vertragsrechts, einschließlich vertragsrechtlicher Standardbestimmun-

---

1 ABl. L 12 vom 16.1.2001, S. 1. Zuletzt geändert durch die Verordnung (EG) Nr. 1791/2006 (ABl. L 363 vom 20.12.2006, S. 1).
2 ABl. L 199 vom 31.7.2007, S. 40.

gen, festlegen, so kann in einem solchen Rechtsakt vorgesehen werden, dass die Parteien entscheiden können, diese Regeln anzuwenden.

(15) Wurde eine Rechtswahl getroffen und sind alle anderen Elemente des Sachverhalts in einem anderen als demjenigen Staat belegen, dessen Recht gewählt wurde, so sollte die Rechtswahl nicht die Anwendung derjenigen Bestimmungen des Rechts dieses anderen Staates berühren, von denen nicht durch Vereinbarung abgewichen werden kann. Diese Regel sollte unabhängig davon angewandt werden, ob die Rechtswahl zusammen mit einer Gerichtsstandsvereinbarung getroffen wurde oder nicht. Obwohl keine inhaltliche Änderung gegenüber Artikel 3 Absatz 3 des Übereinkommens von 1980 über das auf vertragliche Schuldverhältnisse anzuwendende Recht[1] („Übereinkommen von Rom") beabsichtigt ist, ist der Wortlaut der vorliegenden Verordnung so weit wie möglich an Artikel 14 der Verordnung (EG) Nr. 864/2007 angeglichen.

(16) Die Kollisionsnormen sollten ein hohes Maß an Berechenbarkeit aufweisen, um zum allgemeinen Ziel dieser Verordnung, nämlich zur Rechtssicherheit im europäischen Rechtsraum, beizutragen. Dennoch sollten die Gerichte über ein gewisses Ermessen verfügen, um das Recht bestimmen zu können, das zu dem Sachverhalt die engste Verbindung aufweist.

(17) Soweit es das mangels einer Rechtswahl anzuwendende Recht betrifft, sollten die Begriffe „Erbringung von Dienstleistungen" und „Verkauf beweglicher Sachen" so ausgelegt werden wie bei der Anwendung von Artikel 5 der Verordnung (EG) Nr. 44/2001, soweit der Verkauf beweglicher Sachen und die Erbringung von Dienstleistungen unter jene Verordnung fallen. Franchiseverträge und Vertriebsverträge sind zwar Dienstleistungsverträge, unterliegen jedoch besonderen Regeln.

(18) Hinsichtlich des mangels einer Rechtswahl anzuwendenden Rechts sollten unter multilateralen Systemen solche Systeme verstanden werden, in denen Handel betrieben wird, wie die geregelten Märkte und multilateralen Handelssysteme im Sinne des Artikels 4 der Richtlinie 2004/39/EG des Europäischen Parlaments und des Rates vom 21. April 2004 über Märkte für Finanzinstrumente[2], und zwar ungeachtet dessen, ob sie sich auf eine zentrale Gegenpartei stützen oder nicht.

(19) Wurde keine Rechtswahl getroffen, so sollte das anzuwendende Recht nach der für die Vertragsart spezifizierten Regel bestimmt werden. Kann der Vertrag nicht einer der spezifizierten Vertragsarten zugeordnet werden oder sind die Bestandteile des Vertrags durch mehr als eine der spezifizierten Vertragsarten abgedeckt, so sollte der Vertrag dem Recht des Staates unterliegen, in dem die Partei, welche die für den Vertrag charakteristische Leistung zu erbringen hat, ihren gewöhnlichen Aufenthalt hat. Besteht ein Vertrag aus einem Bündel von Rechten und Verpflichtungen, die mehr als einer der spezifizierten

---

1 ABl. C 334 vom 30.12.2005, S. 1.
2 ABl. L 145 vom 30.4.2004, S. 1. Zuletzt geändert durch die Richtlinie 2008/10/EG (ABl. L 76 vom 19.3.2008, S. 33).

Vertragsarten zugeordnet werden können, so sollte die charakteristische Leistung des Vertrags nach ihrem Schwerpunkt bestimmt werden.

(20) Weist ein Vertrag eine offensichtlich engere Verbindung zu einem anderen als dem in Artikel 4 Absätze 1 und 2 genannten Staat auf, so sollte eine Ausweichklausel vorsehen, dass das Recht dieses anderen Staats anzuwenden ist. Zur Bestimmung dieses Staates sollte unter anderem berücksichtigt werden, ob der betreffende Vertrag in einer sehr engen Verbindung zu einem oder mehreren anderen Verträgen steht.

(21) Kann das bei Fehlen einer Rechtswahl anzuwendende Recht weder aufgrund der Zuordnung des Vertrags zu einer der spezifizierten Vertragsarten noch als das Recht des Staates bestimmt werden, in dem die Partei, die die für den Vertrag charakteristische Leistung zu erbringen hat, ihren gewöhnlichen Aufenthalt hat, so sollte der Vertrag dem Recht des Staates unterliegen, zu dem er die engste Verbindung aufweist. Bei der Bestimmung dieses Staates sollte unter anderem berücksichtigt werden, ob der betreffende Vertrag in einer sehr engen Verbindung zu einem oder mehreren anderen Verträgen steht.

(22) In Bezug auf die Auslegung von „Güterbeförderungsverträgen" ist keine inhaltliche Abweichung von Artikel 4 Absatz 4 Satz 3 des Übereinkommens von Rom beabsichtigt. Folglich sollten als Güterbeförderungsverträge auch Charterverträge für eine einzige Reise und andere Verträge gelten, die in der Hauptsache der Güterbeförderung dienen. Für die Zwecke dieser Verordnung sollten der Begriff „Absender" eine Person bezeichnen, die mit dem Beförderer einen Beförderungsvertrag abschließt, und der Begriff „Beförderer" die Vertragspartei, die sich zur Beförderung der Güter verpflichtet, unabhängig davon, ob sie die Beförderung selbst durchführt.

(23) Bei Verträgen, bei denen die eine Partei als schwächer angesehen wird, sollte die schwächere Partei durch Kollisionsnormen geschützt werden, die für sie günstiger sind als die allgemeinen Regeln.

(24) Insbesondere bei Verbraucherverträgen sollte die Kollisionsnorm es ermöglichen, die Kosten für die Beilegung von Rechtsstreitigkeiten zu senken, die häufig einen geringen Streitwert haben, und der Entwicklung des Fernabsatzes Rechnung zu tragen. Um die Übereinstimmung mit der Verordnung (EG) Nr. 44/2001 zu wahren, ist zum einen als Voraussetzung für die Anwendung der Verbraucherschutznorm auf das Kriterium der ausgerichteten Tätigkeit zu verweisen und zum anderen auf die Notwendigkeit, dass dieses Kriterium in der Verordnung (EG) Nr. 44/2001 und der vorliegenden Verordnung einheitlich ausgelegt wird, wobei zu beachten ist, dass eine gemeinsame Erklärung des Rates und der Kommission zu Artikel 15 der Verordnung (EG) Nr. 44/2001 ausführt, „dass es für die Anwendung von Artikel 15 Absatz 1 Buchstabe c nicht ausreicht, dass ein Unternehmen seine Tätigkeiten auf den Mitgliedstaat, in dem der Verbraucher seinen Wohnsitz hat, oder auf mehrere Staaten – einschließlich des betreffenden Mitgliedstaats –, ausrichtet, sondern dass im Rahmen dieser Tätigkeiten auch ein Vertrag geschlossen worden sein muss." Des Weiteren heißt es in dieser Erklärung, „dass die Zugänglichkeit einer Website

allein nicht ausreicht, um die Anwendbarkeit von Artikel 15 zu begründen; vielmehr ist erforderlich, dass diese Website auch den Vertragsabschluss im Fernabsatz anbietet und dass tatsächlich ein Vertragsabschluss im Fernabsatz erfolgt ist, mit welchem Mittel auch immer. Dabei sind auf einer Website die benutzte Sprache oder die Währung nicht von Bedeutung."

(25) Die Verbraucher sollten dann durch Regelungen des Staates ihres gewöhnlichen Aufenthalts geschützt werden, von denen nicht durch Vereinbarung abgewichen werden kann, wenn der Vertragsschluss darauf zurückzuführen ist, dass der Unternehmer in diesem bestimmten Staat eine berufliche oder gewerbliche Tätigkeit ausübt. Der gleiche Schutz sollte gewährleistet sein, wenn ein Unternehmer zwar keine beruflichen oder gewerblichen Tätigkeiten in dem Staat, in dem der Verbraucher seinen gewöhnlichen Aufenthalt hat, ausübt, seine Tätigkeiten aber – unabhängig von der Art und Weise, in der dies geschieht – auf diesen Staat oder auf mehrere Staaten, einschließlich dieses Staates, ausrichtet und der Vertragsschluss auf solche Tätigkeiten zurückzuführen ist.

(26) Für die Zwecke dieser Verordnung sollten Finanzdienstleistungen wie Wertpapierdienstleistungen und Anlagetätigkeiten und Nebendienstleistungen nach Anhang I Abschnitt A und Abschnitt B der Richtlinie 2004/39/EG, die ein Unternehmer für einen Verbraucher erbringt, sowie Verträge über den Verkauf von Anteilen an Organismen für gemeinsame Anlagen in Wertpapieren, selbst wenn sie nicht unter die Richtlinie 85/611/EWG des Rates vom 20. Dezember 1985 zur Koordinierung der Rechts- und Verwaltungsvorschriften betreffend bestimmte Organismen für gemeinsame Anlagen in Wertpapieren (OGAW)[1] fallen, Artikel 6 der vorliegenden Verordnung unterliegen. Daher sollten, wenn die Bedingungen für die Ausgabe oder das öffentliche Angebot bezüglich übertragbarer Wertpapiere oder die Zeichnung oder der Rückkauf von Anteilen an Organismen für gemeinsame Anlagen in Wertpapieren erwähnt werden, darunter alle Aspekte fallen, durch die sich der Emittent bzw. Anbieter gegenüber dem Verbraucher verpflichtet, nicht aber diejenigen Aspekte, die mit der Erbringung von Finanzdienstleistungen im Zusammenhang stehen.

(27) Es sollten verschiedene Ausnahmen von der allgemeinen Kollisionsnorm für Verbraucherverträge vorgesehen werden. Eine solche Ausnahme, bei der die allgemeinen Regeln nicht gelten, sollten Verträge sein, die ein dingliches Recht an unbeweglichen Sachen oder die Miete oder Pacht unbeweglicher Sachen zum Gegenstand haben, mit Ausnahme von Verträgen über Teilzeitnutzungsrechte an Immobilien im Sinne der Richtlinie 94/47/EG des Europäischen Parlaments und des Rates vom 26. Oktober 1994 zum Schutz der Erwerber im Hinblick auf bestimmte Aspekte von Verträgen über den Erwerb von Teilzeitnutzungsrechten an Immobilien[2].

(28) Es muss sichergestellt werden, dass Rechte und Verpflichtungen, die ein Finanzinstrument begründen, nicht der allgemeinen Regel für Verbraucherver-

---

[1] ABl. L 375 vom 31.12.1985, S. 3. Zuletzt geändert durch die Richtlinie 2008/18/EG des Europäischen Parlaments und des Rates (ABl. L 76 vom 19.3.2008, S. 42).
[2] ABl. L 280 vom 29.10.1994, S. 83.

träge unterliegen, da dies dazu führen könnte, dass für jedes der ausgegebenen Instrumente ein anderes Recht anzuwenden wäre, wodurch ihr Wesen verändert würde und ihr fungibler Handel und ihr fungibles Angebot verhindert würden. Entsprechend sollte auf das Vertragsverhältnis zwischen dem Emittenten bzw. dem Anbieter und dem Verbraucher bei Ausgabe oder Angebot solcher Instrumente nicht notwendigerweise die Anwendung des Rechts des Staates des gewöhnlichen Aufenthalts des Verbrauchers zwingend vorgeschrieben sein, da die Einheitlichkeit der Bedingungen einer Ausgabe oder eines Angebots sichergestellt werden muss. Gleiches sollte bei den multilateralen Systemen, die von Artikel 4 Absatz 1 Buchstabe h erfasst werden, gelten, in Bezug auf die gewährleistet sein sollte, dass das Recht des Staates des gewöhnlichen Aufenthalts des Verbrauchers nicht die Regeln berührt, die auf innerhalb solcher Systeme oder mit dem Betreiber solcher Systeme geschlossene Verträge anzuwenden sind.

(29) Werden für die Zwecke dieser Verordnung Rechte und Verpflichtungen, durch die die Bedingungen für die Ausgabe, das öffentliche Angebot oder das öffentliche Übernahmeangebot bezüglich übertragbarer Wertpapiere festgelegt werden, oder die Zeichnung oder der Rückkauf von Anteilen an Organismen für gemeinsame Anlagen in Wertpapieren genannt, so sollten darunter auch die Bedingungen für die Zuteilung von Wertpapieren oder Anteilen, für die Rechte im Falle einer Überzeichnung, für Ziehungsrechte und ähnliche Fälle im Zusammenhang mit dem Angebot sowie die in den Artikeln 10, 11, 12 und 13 geregelten Fälle fallen, so dass sichergestellt ist, dass alle relevanten Vertragsaspekte eines Angebots, durch das sich der Emittent bzw. Anbieter gegenüber dem Verbraucher verpflichtet, einem einzigen Recht unterliegen.

(30) Für die Zwecke dieser Verordnung bezeichnen die Begriffe „Finanzinstrumente" und „übertragbare Wertpapiere" diejenigen Instrumente, die in Artikel 4 der Richtlinie 2004/39/EG genannt sind.

(31) Die Abwicklung einer förmlichen Vereinbarung, die als ein System im Sinne von Artikel 2 Buchstabe a der Richtlinie 98/26/EG des Europäischen Parlaments und des Rates vom 19. Mai 1998 über die Wirksamkeit von Abrechnungen in Zahlungs- sowie Wertpapierliefer- und -abrechnungssystemen[1] ausgestaltet ist, sollte von dieser Verordnung unberührt bleiben.

(32) Wegen der Besonderheit von Beförderungsverträgen und Versicherungsverträgen sollten besondere Vorschriften ein angemessenes Schutzniveau für zu befördernde Personen und Versicherungsnehmer gewährleisten. Deshalb sollte Artikel 6 nicht im Zusammenhang mit diesen besonderen Verträgen gelten.

(33) Deckt ein Versicherungsvertrag, der kein Großrisiko deckt, mehr als ein Risiko, von denen mindestens eines in einem Mitgliedstaat und mindestens eines in einem dritten Staat belegen ist, so sollten die besonderen Regelungen für Versicherungsverträge in dieser Verordnung nur für die Risiken gelten, die in dem betreffenden Mitgliedstaat bzw. den betreffenden Mitgliedstaaten belegen sind.

---

[1] ABl. L 166 vom 11.6.1998, S. 45.

(34) Die Kollisionsnorm für Individualarbeitsverträge sollte die Anwendung von Eingriffsnormen des Staates, in den der Arbeitnehmer im Einklang mit der Richtlinie 96/71/EG des Europäischen Parlaments und des Rates vom 16. Dezember 1996 über die Entsendung von Arbeitnehmern im Rahmen der Erbringung von Dienstleistungen[1] entsandt wird, unberührt lassen.

(35) Den Arbeitnehmern sollte nicht der Schutz entzogen werden, der ihnen durch Bestimmungen gewährt wird, von denen nicht oder nur zu ihrem Vorteil durch Vereinbarung abgewichen werden darf.

(36) Bezogen auf Individualarbeitsverträge sollte die Erbringung der Arbeitsleistung in einem anderen Staat als vorübergehend gelten, wenn von dem Arbeitnehmer erwartet wird, dass er nach seinem Arbeitseinsatz im Ausland seine Arbeit im Herkunftsstaat wieder aufnimmt. Der Abschluss eines neuen Arbeitsvertrags mit dem ursprünglichen Arbeitgeber oder einem Arbeitgeber, der zur selben Unternehmensgruppe gehört wie der ursprüngliche Arbeitgeber, sollte nicht ausschließen, dass der Arbeitnehmer als seine Arbeit vorübergehend in einem anderen Staat verrichtend gilt.

(37) Gründe des öffentlichen Interesses rechtfertigen es, dass die Gerichte der Mitgliedstaaten unter außergewöhnlichen Umständen die Vorbehaltsklausel („ordre public") und Eingriffsnormen anwenden können. Der Begriff „Eingriffsnormen" sollte von dem Begriff „Bestimmungen, von denen nicht durch Vereinbarung abgewichen werden kann", unterschieden und enger ausgelegt werden.

(38) Im Zusammenhang mit der Übertragung der Forderung sollte mit dem Begriff „Verhältnis" klargestellt werden, dass Artikel 14 Absatz 1 auch auf die dinglichen Aspekte des Vertrags zwischen Zedent und Zessionar anwendbar ist, wenn eine Rechtsordnung dingliche und schuldrechtliche Aspekte trennt. Allerdings sollte mit dem Begriff „Verhältnis" nicht jedes beliebige möglicherweise zwischen dem Zedenten und dem Zessionar bestehende Verhältnis gemeint sein. Insbesondere sollte sich der Begriff nicht auf die der Übertragung einer Forderung vorgelagerten Fragen erstrecken. Vielmehr sollte er sich ausschließlich auf die Aspekte beschränken, die für die betreffende Übertragung einer Forderung unmittelbar von Bedeutung sind.

(39) Aus Gründen der Rechtssicherheit sollte der Begriff „gewöhnlicher Aufenthalt", insbesondere im Hinblick auf Gesellschaften, Vereine und juristische Personen, eindeutig definiert werden. Im Unterschied zu Artikel 60 Absatz 1 der Verordnung (EG) Nr. 44/2001, der drei Kriterien zur Wahl stellt, sollte sich die Kollisionsnorm auf ein einziges Kriterium beschränken, da es für die Parteien andernfalls nicht möglich wäre, vorherzusehen, welches Recht auf ihren Fall anwendbar ist.

(40) Die Aufteilung der Kollisionsnormen auf zahlreiche Rechtsakte sowie Unterschiede zwischen diesen Normen sollten vermieden werden. Diese Verordnung sollte jedoch die Möglichkeit der Aufnahme von Kollisionsnormen für

---

[1] ABl. L 18 vom 21.1.1997, S. 1.

vertragliche Schuldverhältnisse in Vorschriften des Gemeinschaftsrechts über besondere Gegenstände nicht ausschließen. Diese Verordnung sollte die Anwendung anderer Rechtsakte nicht ausschließen, die Bestimmungen enthalten, die zum reibungslosen Funktionieren des Binnenmarkts beitragen sollen, soweit sie nicht in Verbindung mit dem Recht angewendet werden können, auf das die Regeln dieser Verordnung verweisen. Die Anwendung der Vorschriften im anzuwendenden Recht, die durch die Bestimmungen dieser Verordnung berufen wurden, sollte nicht die Freiheit des Waren- und Dienstleistungsverkehrs, wie sie in den Rechtsinstrumenten der Gemeinschaft wie der Richtlinie 2000/31/EG des Europäischen Parlaments und des Rates vom 8. Juni 2000 über bestimmte rechtliche Aspekte der Dienste der Informationsgesellschaft, insbesondere des elektronischen Geschäftsverkehrs, im Binnenmarkt („Richtlinie über den elektronischen Geschäftsverkehr")[1] ausgestaltet ist, beschränken.

(41) Um die internationalen Verpflichtungen, die die Mitgliedstaaten eingegangen sind, zu wahren, darf sich die Verordnung nicht auf internationale Übereinkommen auswirken, denen ein oder mehrere Mitgliedstaaten zum Zeitpunkt der Annahme dieser Verordnung angehören. Um den Zugang zu den Rechtsakten zu erleichtern, sollte die Kommission anhand der Angaben der Mitgliedstaaten ein Verzeichnis der betreffenden Übereinkommen im *Amtsblatt der Europäischen Union* veröffentlichen.

(42) Die Kommission wird dem Europäischen Parlament und dem Rat einen Vorschlag unterbreiten, nach welchen Verfahren und unter welchen Bedingungen die Mitgliedstaaten in Einzel- und Ausnahmefällen in eigenem Namen Übereinkünfte mit Drittländern über sektorspezifische Fragen aushandeln und abschließen dürfen, die Bestimmungen über das auf vertragliche Schuldverhältnisse anzuwendende Recht enthalten.

(43) Da das Ziel dieser Verordnung auf Ebene der Mitgliedstaaten nicht ausreichend verwirklicht werden kann und daher wegen des Umfangs und der Wirkungen der Verordnung besser auf Gemeinschaftsebene zu verwirklichen ist, kann die Gemeinschaft im Einklang mit dem in Artikel 5 des Vertrags niedergelegten Subsidiaritätsprinzip tätig werden. Entsprechend dem ebenfalls in diesem Artikel festgelegten Grundsatz der Verhältnismäßigkeit geht diese Verordnung nicht über das zur Erreichung ihres Ziels erforderliche Maß hinaus.

(44) Gemäß Artikel 3 des Protokolls über die Position des Vereinigten Königreichs und Irlands im Anhang zum Vertrag über die Europäische Union und im Anhang zum Vertrag zur Gründung der Europäischen Gemeinschaft beteiligt sich Irland an der Annahme und Anwendung dieser Verordnung.

(45) Gemäß den Artikeln 1 und 2 und unbeschadet des Artikels 4 des Protokolls über die Position des Vereinigten Königreichs und Irlands im Anhang zum Vertrag über die Europäische Union und zum Vertrag zur Gründung der Europäischen Gemeinschaft beteiligt sich das Vereinigte Königreich nicht an

---

[1] ABl. L 178 vom 17.7.2000, S. 1.

der Annahme dieser Verordnung, die für das Vereinigte Königreich nicht bindend oder anwendbar ist.

(46) Gemäß den Artikeln 1 und 2 des Protokolls über die Position Dänemarks im Anhang zum Vertrag über die Europäische Union und dem Vertrag zur Gründung der Europäischen Gemeinschaft beteiligt sich Dänemark nicht an der Annahme dieser Verordnung, die für Dänemark nicht bindend oder anwendbar ist –

HABEN FOLGENDE VERORDNUNG ERLASSEN:

Kapitel I
Anwendungsbereich
Artikel 1
Anwendungsbereich

(1) Diese Verordnung gilt für vertragliche Schuldverhältnisse in Zivil- und Handelssachen, die eine Verbindung zum Recht verschiedener Staaten aufweisen.

Sie gilt insbesondere nicht für Steuer- und Zollsachen sowie verwaltungsrechtliche Angelegenheiten.

(2) Vom Anwendungsbereich dieser Verordnung ausgenommen sind:

a) der Personenstand sowie die Rechts-, Geschäfts- und Handlungsfähigkeit von natürlichen Personen, unbeschadet des Artikels 13;

b) Schuldverhältnisse aus einem Familienverhältnis oder aus Verhältnissen, die nach dem auf diese Verhältnisse anzuwendenden Recht vergleichbare Wirkungen entfalten, einschließlich der Unterhaltspflichten;

c) Schuldverhältnisse aus ehelichen Güterständen, aus Güterständen aufgrund von Verhältnissen, die nach dem auf diese Verhältnisse anzuwendenden Recht mit der Ehe vergleichbare Wirkungen entfalten, und aus Testamenten und Erbrecht;

d) Verpflichtungen aus Wechseln, Schecks, Eigenwechseln und anderen handelbaren Wertpapieren, soweit die Verpflichtungen aus diesen anderen Wertpapieren aus deren Handelbarkeit entstehen;

e) Schieds- und Gerichtsstandsvereinbarungen;

f) Fragen betreffend das Gesellschaftsrecht, das Vereinsrecht und das Recht der juristischen Personen, wie die Errichtung durch Eintragung oder auf andere Weise, die Rechts- und Handlungsfähigkeit, die innere Verfassung und die Auflösung von Gesellschaften, Vereinen und juristischen Personen sowie die persönliche Haftung der Gesellschafter und der Organe für die Verbindlichkeiten einer Gesellschaft, eines Vereins oder einer juristischen Person;

g) die Frage, ob ein Vertreter die Person, für deren Rechnung er zu handeln vorgibt, Dritten gegenüber verpflichten kann, oder ob ein Organ einer Gesellschaft, eines Vereins oder einer anderen juristischen Person diese Gesellschaft, diesen Verein oder diese juristische Person gegenüber Dritten verpflichten kann;

h) die Gründung von „Trusts" sowie die dadurch geschaffenen Rechtsbeziehungen zwischen den Verfügenden, den Treuhändern und den Begünstigten;

i) Schuldverhältnisse aus Verhandlungen vor Abschluss eines Vertrags;

j) Versicherungsverträge aus von anderen Einrichtungen als den in Artikel 2 der Richtlinie 2002/83/EG des Europäischen Parlaments und des Rates vom 5. November 2002 über Lebensversicherungen[1] genannten Unternehmen durchgeführten Geschäften, deren Zweck darin besteht, den unselbstständig oder selbstständig tätigen Arbeitskräften eines Unternehmens oder einer Unternehmensgruppe oder den Angehörigen eines Berufes oder einer Berufsgruppe im Todes- oder Erlebensfall oder bei Arbeitseinstellung oder bei Minderung der Erwerbstätigkeit oder bei arbeitsbedingter Krankheit oder Arbeitsunfällen Leistungen zu gewähren.

(3) Diese Verordnung gilt unbeschadet des Artikels 18 nicht für den Beweis und das Verfahren.

(4) Im Sinne dieser Verordnung bezeichnet der Begriff „Mitgliedstaat" die Mitgliedstaaten, auf die diese Verordnung anwendbar ist. In Artikel 3 Absatz 4 und Artikel 7 bezeichnet der Begriff jedoch alle Mitgliedstaaten.

Artikel 2
Universelle Anwendung

Das nach dieser Verordnung bezeichnete Recht ist auch dann anzuwenden, wenn es nicht das Recht eines Mitgliedstaats ist.

Kapitel II
Einheitliche Kollisionsnormen

Artikel 3
Freie Rechtswahl

(1) Der Vertrag unterliegt dem von den Parteien gewählten Recht. Die Rechtswahl muss ausdrücklich erfolgen oder sich eindeutig aus den Bestimmungen des Vertrags oder aus den Umständen des Falles ergeben. Die Parteien können die Rechtswahl für ihren ganzen Vertrag oder nur für einen Teil desselben treffen.

(2) Die Parteien können jederzeit vereinbaren, dass der Vertrag nach einem anderen Recht zu beurteilen ist als dem, das zuvor entweder aufgrund einer frü-

---

[1] ABl. L 345 vom 19.12.2002, S. 1. Zuletzt geändert durch die Richtlinie 2008/19/EG (ABl. L 76 vom 19.3.2008, S. 44).

heren Rechtswahl nach diesem Artikel oder aufgrund anderer Vorschriften dieser Verordnung für ihn maßgebend war. Die Formgültigkeit des Vertrags im Sinne des Artikels 11 und Rechte Dritter werden durch eine nach Vertragsschluss erfolgende Änderung der Bestimmung des anzuwendenden Rechts nicht berührt.

(3) Sind alle anderen Elemente des Sachverhalts zum Zeitpunkt der Rechtswahl in einem anderen als demjenigen Staat belegen, dessen Recht gewählt wurde, so berührt die Rechtswahl der Parteien nicht die Anwendung derjenigen Bestimmungen des Rechts dieses anderen Staates, von denen nicht durch Vereinbarung abgewichen werden kann.

(4) Sind alle anderen Elemente des Sachverhalts zum Zeitpunkt der Rechtswahl in einem oder mehreren Mitgliedstaaten belegen, so berührt die Wahl des Rechts eines Drittstaats durch die Parteien nicht die Anwendung der Bestimmungen des Gemeinschaftsrechts – gegebenenfalls in der von dem Mitgliedstaat des angerufenen Gerichts umgesetzten Form –, von denen nicht durch Vereinbarung abgewichen werden kann.

(5) Auf das Zustandekommen und die Wirksamkeit der Einigung der Parteien über das anzuwendende Recht finden die Artikel 10, 11 und 13 Anwendung.

Artikel 4
Mangels Rechtswahl anzuwendendes Recht

(1) Soweit die Parteien keine Rechtswahl gem. Artikel 3 getroffen haben, bestimmt sich das auf den Vertrag anzuwendende Recht unbeschadet der Artikel 5 bis 8 wie folgt:

a) Kaufverträge über bewegliche Sachen unterliegen dem Recht des Staates, in dem der Verkäufer seinen gewöhnlichen Aufenthalt hat.

b) Dienstleistungsverträge unterliegen dem Recht des Staates, in dem der Dienstleister seinen gewöhnlichen Aufenthalt hat.

c) Verträge, die ein dingliches Recht an unbeweglichen Sachen sowie die Miete oder Pacht unbeweglicher Sachen zum Gegenstand haben, unterliegen dem Recht des Staates, in dem die unbewegliche Sache belegen ist.

d) Ungeachtet des Buchstabens c unterliegt die Miete oder Pacht unbeweglicher Sachen für höchstens sechs aufeinander folgende Monate zum vorübergehenden privaten Gebrauch dem Recht des Staates, in dem der Vermieter oder Verpächter seinen gewöhnlichen Aufenthalt hat, sofern der Mieter oder Pächter eine natürliche Person ist und seinen gewöhnlichen Aufenthalt in demselben Staat hat.

e) Franchiseverträge unterliegen dem Recht des Staates, in dem der Franchisenehmer seinen gewöhnlichen Aufenthalt hat.

f) Vertriebsverträge unterliegen dem Recht des Staates, in dem der Vertriebshändler seinen gewöhnlichen Aufenthalt hat.

g) Verträge über den Kauf beweglicher Sachen durch Versteigerung unterliegen dem Recht des Staates, in dem die Versteigerung abgehalten wird, sofern der Ort der Versteigerung bestimmt werden kann.

h) Verträge, die innerhalb eines multilateralen Systems geschlossen werden, das die Interessen einer Vielzahl Dritter am Kauf und Verkauf von Finanzinstrumenten im Sinne von Artikel 4 Absatz 1 Nummer 17 der Richtlinie 2004/39/EG nach nicht diskretionären Regeln und nach Maßgabe eines einzigen Rechts zusammenführt oder das Zusammenführen fördert, unterliegen diesem Recht.

(2) Fällt der Vertrag nicht unter Absatz 1 oder sind die Bestandteile des Vertrags durch mehr als einen der Buchstaben a bis h des Absatzes 1 abgedeckt, so unterliegt der Vertrag dem Recht des Staates, in dem die Partei, welche die für den Vertrag charakteristische Leistung zu erbringen hat, ihren gewöhnlichen Aufenthalt hat.

(3) Ergibt sich aus der Gesamtheit der Umstände, dass der Vertrag eine offensichtlich engere Verbindung zu einem anderen als dem nach Absatz 1 oder 2 bestimmten Staat aufweist, so ist das Recht dieses anderen Staates anzuwenden.

(4) Kann das anzuwendende Recht nicht nach Absatz 1 oder 2 bestimmt werden, so unterliegt der Vertrag dem Recht des Staates, zu dem er die engste Verbindung aufweist.

Artikel 5
Beförderungsverträge

(1) Soweit die Parteien in Bezug auf einen Vertrag über die Beförderung von Gütern keine Rechtswahl nach Artikel 3 getroffen haben, ist das Recht des Staates anzuwenden, in dem der Beförderer seinen gewöhnlichen Aufenthalt hat, sofern sich in diesem Staat auch der Übernahmeort oder der Ablieferungsort oder der gewöhnliche Aufenthalt des Absenders befindet. Sind diese Voraussetzungen nicht erfüllt, so ist das Recht des Staates des von den Parteien vereinbarten Ablieferungsorts anzuwenden.

(2) Soweit die Parteien in Bezug auf einen Vertrag über die Beförderung von Personen keine Rechtswahl nach Unterabsatz 2 getroffen haben, ist das anzuwendende Recht das Recht des Staates, in dem die zu befördernde Person ihren gewöhnlichen Aufenthalt hat, sofern sich in diesem Staat auch der Abgangsort oder der Bestimmungsort befindet. Sind diese Voraussetzungen nicht erfüllt, so ist das Recht des Staates anzuwenden, in dem der Beförderer seinen gewöhnlichen Aufenthalt hat. Als auf einen Vertrag über die Beförderung von Personen anzuwendendes Recht können die Parteien im Einklang mit Artikel 3 nur das Recht des Staates wählen,

a) in dem die zu befördernde Person ihren gewöhnlichen Aufenthalt hat oder

b) in dem der Beförderer seinen gewöhnlichen Aufenthalt hat oder

c) in dem der Beförderer seine Hauptverwaltung hat oder

d) in dem sich der Abgangsort befindet oder

e) in dem sich der Bestimmungsort befindet.

(3) Ergibt sich aus der Gesamtheit der Umstände, dass der Vertrag im Falle fehlender Rechtswahl eine offensichtlich engere Verbindung zu einem anderen als dem nach Absatz 1 oder 2 bestimmten Staat aufweist, so ist das Recht dieses anderen Staates anzuwenden.

Artikel 6
Verbraucherverträge

(1) Unbeschadet der Artikel 5 und 7 unterliegt ein Vertrag, den eine natürliche Person zu einem Zweck, der nicht ihrer beruflichen oder gewerblichen Tätigkeit zugerechnet werden kann („Verbraucher"), mit einer anderen Person geschlossen hat, die in Ausübung ihrer beruflichen oder gewerblichen Tätigkeit handelt („Unternehmer"), dem Recht des Staates, in dem der Verbraucher seinen gewöhnlichen Aufenthalt hat, sofern der Unternehmer

a) seine berufliche oder gewerbliche Tätigkeit in dem Staat ausübt, in dem der Verbraucher seinen gewöhnlichen Aufenthalt hat, oder

b) eine solche Tätigkeit auf irgend einer Weise auf diesen Staat oder auf mehrere Staaten, einschließlich dieses Staates, ausrichtet

und der Vertrag in den Bereich dieser Tätigkeit fällt.

(2) Ungeachtet des Absatzes 1 können die Parteien das auf einen Vertrag, der die Anforderungen des Absatzes 1 erfüllt, anzuwendende Recht nach Artikel 3 wählen. Die Rechtswahl darf jedoch nicht dazu führen, dass dem Verbraucher der Schutz entzogen wird, der ihm durch diejenigen Bestimmungen gewährt wird, von denen nach dem Recht, das nach Absatz 1 mangels einer Rechtswahl anzuwenden wäre, nicht durch Vereinbarung abgewichen werden darf.

(3) Sind die Anforderungen des Absatzes 1 Buchstabe a oder b nicht erfüllt, so gelten für die Bestimmung des auf einen Vertrag zwischen einem Verbraucher und einem Unternehmer anzuwendenden Rechts die Artikel 3 und 4.

(4) Die Absätze 1 und 2 gelten nicht für:

a) Verträge über die Erbringung von Dienstleistungen, wenn die dem Verbraucher geschuldeten Dienstleistungen ausschließlich in einem anderen als dem Staat erbracht werden müssen, in dem der Verbraucher seinen gewöhnlichen Aufenthalt hat;

b) Beförderungsverträge mit Ausnahme von Pauschalreiseverträgen im Sinne der Richtlinie 90/314/EWG des Rates vom 13. Juni 1990 über Pauschalreisen[1];

---

[1] ABl. L 158 vom 23.6.1990, S. 59.

c) Verträge, die ein dingliches Recht an unbeweglichen Sachen oder die Miete oder Pacht unbeweglicher Sachen zum Gegenstand haben, mit Ausnahme der Verträge über Teilzeitnutzungsrechte an Immobilien im Sinne der Richtlinie 94/47/EG;

d) Rechte und Pflichten im Zusammenhang mit einem Finanzinstrument sowie Rechte und Pflichten, durch die die Bedingungen für die Ausgabe oder das öffentliche Angebot und öffentliche Übernahmeangebote bezüglich übertragbarer Wertpapiere und die Zeichnung oder den Rückkauf von Anteilen an Organismen für gemeinsame Anlagen in Wertpapieren festgelegt werden, sofern es sich dabei nicht um die Erbringung von Finanzdienstleistungen handelt;

e) Verträge, die innerhalb der Art von Systemen geschlossen werden, auf die Artikel 4 Absatz 1 Buchstabe h Anwendung findet.

Artikel 7
Versicherungsverträge

(1) Dieser Artikel gilt für Verträge nach Absatz 2, unabhängig davon, ob das gedeckte Risiko in einem Mitgliedstaat belegen ist, und für alle anderen Versicherungsverträge, durch die Risiken gedeckt werden, die im Gebiet der Mitgliedstaaten belegen sind. Er gilt nicht für Rückversicherungsverträge.

(2) Versicherungsverträge, die Großrisiken im Sinne von Artikel 5 Buchstabe d der Ersten Richtlinie 73/239/EWG des Rates vom 24. Juli 1973 zur Koordinierung der Rechts- und Verwaltungsvorschriften betreffend die Aufnahme und Ausübung der Tätigkeit der Direktversicherung (mit Ausnahme der Lebensversicherung)[1] decken, unterliegen dem von den Parteien nach Artikel 3 der vorliegenden Verordnung gewählten Recht.

Soweit die Parteien keine Rechtswahl getroffen haben, unterliegt der Versicherungsvertrag dem Recht des Staats, in dem der Versicherer seinen gewöhnlichen Aufenthalt hat. Ergibt sich aus der Gesamtheit der Umstände, dass der Vertrag eine offensichtlich engere Verbindung zu einem anderen Staat aufweist, ist das Recht dieses anderen Staates anzuwenden.

(3) Für Versicherungsverträge, die nicht unter Absatz 2 fallen, dürfen die Parteien nur die folgenden Rechte im Einklang mit Artikel 3 wählen:

a) das Recht eines jeden Mitgliedstaats, in dem zum Zeitpunkt des Vertragsschlusses das Risiko belegen ist;

b) das Recht des Staates, in dem der Versicherungsnehmer seinen gewöhnlichen Aufenthalt hat;

c) bei Lebensversicherungen das Recht des Mitgliedstaats, dessen Staatsangehörigkeit der Versicherungsnehmer besitzt;

---

[1] ABl. L 228 vom 16.8.1973, S. 3. Zuletzt geändert durch die Richtlinie 2005/68/EG des Europäischen Parlaments und des Rates (ABl. L 323 vom 9.12.2006, S. 1).

d) für Versicherungsverträge, bei denen sich die gedeckten Risiken auf Schadensfälle beschränken, die in einem anderen Mitgliedstaat als dem Mitgliedstaat, in dem das Risiko belegen ist, eintreten können, das Recht jenes Mitgliedstaats;

e) wenn der Versicherungsnehmer eines Vertrags im Sinne dieses Absatzes eine gewerbliche oder industrielle Tätigkeit ausübt oder freiberuflich tätig ist und der Versicherungsvertrag zwei oder mehr Risiken abdeckt, die mit dieser Tätigkeit in Zusammenhang stehen und in unterschiedlichen Mitgliedstaaten belegen sind, das Recht eines betroffenen Mitgliedstaats oder das Recht des Staates des gewöhnlichen Aufenthalts des Versicherungsnehmers.

Räumen in den Fällen nach den Buchstaben a, b oder e die betreffenden Mitgliedstaaten eine größere Wahlfreiheit bezüglich des auf den Versicherungsvertrag anwendbaren Rechts ein, so können die Parteien hiervon Gebrauch machen.

Soweit die Parteien keine Rechtswahl gemäß diesem Absatz getroffen haben unterliegt der Vertrag dem Recht des Mitgliedstaats, in dem zum Zeitpunkt des Vertragsschlusses das Risiko belegen ist.

(4) Die folgenden zusätzlichen Regelungen gelten für Versicherungsverträge über Risiken, für die ein Mitgliedstaat eine Versicherungspflicht vorschreibt:

a) Der Versicherungsvertrag genügt der Versicherungspflicht nur, wenn er den von dem die Versicherungspflicht auferlegenden Mitgliedstaat vorgeschriebenen besonderen Bestimmungen für diese Versicherung entspricht. Widerspricht sich das Recht des Mitgliedstaats, in dem das Risiko belegen ist, und dasjenige des Mitgliedstaats, der die Versicherungspflicht vorschreibt, so hat das letztere Vorrang.

b) Ein Mitgliedstaat kann abweichend von den Absätzen 2 und 3 vorschreiben, dass auf den Versicherungsvertrag das Recht des Mitgliedstaats anzuwenden ist, der die Versicherungspflicht vorschreibt.

(5) Deckt der Vertrag in mehr als einem Mitgliedstaat belegene Risiken, so ist für die Zwecke von Absatz 3 Unterabsatz 3 und Absatz 4 der Vertrag als aus mehreren Verträgen bestehend anzusehen, von denen sich jeder auf jeweils nur einen Mitgliedstaat bezieht.

(6) Für die Zwecke dieses Artikels bestimmt sich der Staat, in dem das Risiko belegen ist, nach Artikel 2 Buchstabe d der Zweiten Richtlinie 88/357/EWG des Rates vom 22. Juni 1988 zur Koordinierung der Rechts- und Verwaltungsvorschriften für die Direktversicherung (mit Ausnahme der Lebensversicherung) und zur Erleichterung der tatsächlichen Ausübung des freien Dienstleistungsverkehrs[1], und bei Lebensversicherungen ist der Staat, in dem das Risiko

---

[1] ABl. L 172 vom 4.7.1988, S. 1. Zuletzt geändert durch die Richtlinie 2005/14/EG des Europäischen Parlaments und des Rates (ABl. L 149 vom 11.6.2005, S. 14).

belegen ist, der Staat der Verpflichtung im Sinne von Artikel 1 Absatz 1 Buchstabe g der Richtlinie 2002/83/EG.

Artikel 8
Individualarbeitsverträge

(1) Individualarbeitsverträge unterliegen dem von den Parteien nach Artikel 3 gewählten Recht. Die Rechtswahl der Parteien darf jedoch nicht dazu führen, dass dem Arbeitnehmer der Schutz entzogen wird, der ihm durch Bestimmungen gewährt wird, von denen nach dem Recht, das nach den Absätzen 2, 3 und 4 des vorliegenden Artikels mangels einer Rechtswahl anzuwenden wäre, nicht durch Vereinbarung abgewichen werden darf.

(2) Soweit das auf den Arbeitsvertrag anzuwendende Recht nicht durch Rechtswahl bestimmt ist, unterliegt der Arbeitsvertrag dem Recht des Staates, in dem oder andernfalls von dem aus der Arbeitnehmer in Erfüllung des Vertrags gewöhnlich seine Arbeit verrichtet. Der Staat, in dem die Arbeit gewöhnlich verrichtet wird, wechselt nicht, wenn der Arbeitnehmer seine Arbeit vorübergehend in einem anderen Staat verrichtet.

(3) Kann das anzuwendende Recht nicht nach Absatz 2 bestimmt werden, so unterliegt der Vertrag dem Recht des Staates, in dem sich die Niederlassung befindet, die den Arbeitnehmer eingestellt hat.

(4) Ergibt sich aus der Gesamtheit der Umstände, dass der Vertrag eine engere Verbindung zu einem anderen als dem in Absatz 2 oder 3 bezeichneten Staat aufweist, ist das Recht dieses anderen Staates anzuwenden.

Artikel 9
Eingriffsnormen

(1) Eine Eingriffsnorm ist eine zwingende Vorschrift, deren Einhaltung von einem Staat als so entscheidend für die Wahrung seines öffentlichen Interesses, insbesondere seiner politischen, sozialen oder wirtschaftlichen Organisation, angesehen wird, dass sie ungeachtet des nach Maßgabe dieser Verordnung auf den Vertrag anzuwendenden Rechts auf alle Sachverhalte anzuwenden ist, die in ihren Anwendungsbereich fallen.

(2) Diese Verordnung berührt nicht die Anwendung der Eingriffsnormen des Rechts des angerufenen Gerichts.

(3) Den Eingriffsnormen des Staates, in dem die durch den Vertrag begründeten Verpflichtungen erfüllt werden sollen oder erfüllt worden sind, kann Wirkung verliehen werden, soweit diese Eingriffsnormen die Erfüllung des Vertrags unrechtmäßig werden lassen. Bei der Entscheidung, ob diesen Eingriffsnormen Wirkung zu verleihen ist, werden Art und Zweck dieser Normen sowie die Folgen berücksichtigt, die sich aus ihrer Anwendung oder Nichtanwendung ergeben würden.

Artikel 10
Einigung und materielle Wirksamkeit

(1) Das Zustandekommen und die Wirksamkeit des Vertrags oder einer seiner Bestimmungen beurteilen sich nach dem Recht, das nach dieser Verordnung anzuwenden wäre, wenn der Vertrag oder die Bestimmung wirksam wäre.

(2) Ergibt sich jedoch aus den Umständen, dass es nicht gerechtfertigt wäre, die Wirkung des Verhaltens einer Partei nach dem in Absatz 1 bezeichneten Recht zu bestimmen, so kann sich diese Partei für die Behauptung, sie habe dem Vertrag nicht zugestimmt, auf das Recht des Staates ihres gewöhnlichen Aufenthalts berufen.

Artikel 11
Form

(1) Ein Vertrag, der zwischen Personen geschlossen wird, die oder deren Vertreter sich zum Zeitpunkt des Vertragsschlusses in demselben Staat befinden, ist formgültig, wenn er die Formerfordernisse des auf ihn nach dieser Verordnung anzuwendenden materiellen Rechts oder die Formerfordernisse des Rechts des Staates, in dem er geschlossen wird, erfüllt.

(2) Ein Vertrag, der zwischen Personen geschlossen wird, die oder deren Vertreter sich zum Zeitpunkt des Vertragsschlusses in verschiedenen Staaten befinden, ist formgültig, wenn er die Formerfordernisse des auf ihn nach dieser Verordnung anzuwendenden materiellen Rechts oder die Formerfordernisse des Rechts eines der Staaten, in denen sich eine der Vertragsparteien oder ihr Vertreter zum Zeitpunkt des Vertragsschlusses befindet, oder die Formerfordernisse des Rechts des Staates, in dem eine der Vertragsparteien zu diesem Zeitpunkt ihren gewöhnlichen Aufenthalt hatte, erfüllt.

(3) Ein einseitiges Rechtsgeschäft, das sich auf einen geschlossenen oder zu schließenden Vertrag bezieht, ist formgültig, wenn es die Formerfordernisse des materiellen Rechts, das nach dieser Verordnung auf den Vertrag anzuwenden ist oder anzuwenden wäre, oder die Formerfordernisse des Rechts des Staates erfüllt, in dem dieses Rechtsgeschäft vorgenommen worden ist oder in dem die Person, die das Rechtsgeschäft vorgenommen hat, zu diesem Zeitpunkt ihren gewöhnlichen Aufenthalt hatte.

(4) Die Absätze 1, 2 und 3 des vorliegenden Artikels gelten nicht für Verträge, die in den Anwendungsbereich von Artikel 6 fallen. Für die Form dieser Verträge ist das Recht des Staates maßgebend, in dem der Verbraucher seinen gewöhnlichen Aufenthalt hat.

(5) Abweichend von den Absätzen 1 bis 4 unterliegen Verträge, die ein dingliches Recht an einer unbeweglichen Sache oder die Miete oder Pacht einer unbeweglichen Sache zum Gegenstand haben, den Formvorschriften des Staates, in dem die unbewegliche Sache belegen ist, sofern diese Vorschriften nach dem Recht dieses Staates

a) unabhängig davon gelten, in welchem Staat der Vertrag geschlossen wird oder welchem Recht dieser Vertrag unterliegt, und

b) von ihnen nicht durch Vereinbarung abgewichen werden darf.

Artikel 12
Geltungsbereich des anzuwendenden Rechts

(1) Das nach dieser Verordnung auf einen Vertrag anzuwendende Recht ist insbesondere maßgebend für

a) seine Auslegung,

b) die Erfüllung der durch ihn begründeten Verpflichtungen,

c) die Folgen der vollständigen oder teilweisen Nichterfüllung dieser Verpflichtungen, in den Grenzen der dem angerufenen Gericht durch sein Prozessrecht eingeräumten Befugnisse, einschließlich der Schadensbemessung, soweit diese nach Rechtsnormen erfolgt,

d) die verschiedenen Arten des Erlöschens der Verpflichtungen sowie die Verjährung und die Rechtsverluste, die sich aus dem Ablauf einer Frist ergeben,

e) die Folgen der Nichtigkeit des Vertrags.

(2) In Bezug auf die Art und Weise der Erfüllung und die vom Gläubiger im Falle mangelhafter Erfüllung zu treffenden Maßnahmen ist das Recht des Staates, in dem die Erfüllung erfolgt, zu berücksichtigen.

Artikel 13
Rechts-, Geschäfts- und Handlungsunfähigkeit

Bei einem zwischen Personen, die sich in demselben Staat befinden, geschlossenen Vertrag kann sich eine natürliche Person, die nach dem Recht dieses Staates rechts-, geschäfts- und handlungsfähig wäre, nur dann auf ihre sich nach dem Recht eines anderen Staates ergebende Rechts-, Geschäfts- und Handlungsunfähigkeit berufen, wenn die andere Vertragspartei bei Vertragsschluss diese Rechts-, Geschäfts- und Handlungsunfähigkeit kannte oder infolge von Fahrlässigkeit nicht kannte.

Artikel 14
Übertragung der Forderung

(1) Das Verhältnis zwischen Zedent und Zessionar aus der Übertragung einer Forderung gegen eine andere Person („Schuldner") unterliegt dem Recht, das nach dieser Verordnung auf den Vertrag zwischen Zedent und Zessionar anzuwenden ist.

(2) Das Recht, dem die übertragene Forderung unterliegt, bestimmt ihre Übertragbarkeit, das Verhältnis zwischen Zessionar und Schuldner, die Voraussetzungen, unter denen die Übertragung dem Schuldner entgegengehalten werden kann, und die befreiende Wirkung einer Leistung durch den Schuldner.

(3) Der Begriff „Übertragung" in diesem Artikel umfasst die vollkommene Übertragung von Forderungen, die Übertragung von Forderungen zu Sicherungszwecken sowie von Pfandrechten oder anderen Sicherungsrechten an Forderungen.

Artikel 15
Gesetzlicher Forderungsübergang

Hat eine Person („Gläubiger") eine vertragliche Forderung gegen eine andere Person („Schuldner") und ist ein Dritter verpflichtet, den Gläubiger zu befriedigen, oder hat er den Gläubiger aufgrund dieser Verpflichtung befriedigt, so bestimmt das für die Verpflichtung des Dritten gegenüber dem Gläubiger maßgebende Recht, ob und in welchem Umfang der Dritte die Forderung des Gläubigers gegen den Schuldner nach dem für deren Beziehung maßgebenden Recht geltend zu machen berechtigt ist.

Artikel 16
Mehrfache Haftung

Hat ein Gläubiger eine Forderung gegen mehrere für dieselbe Forderung haftende Schuldner und ist er von einem der Schuldner ganz oder teilweise befriedigt worden, so ist für das Recht dieses Schuldners, von den übrigen Schuldnern Ausgleich zu verlangen, das Recht maßgebend, das auf die Verpflichtung dieses Schuldners gegenüber dem Gläubiger anzuwenden ist. Die übrigen Schuldner sind berechtigt, diesem Schuldner diejenigen Verteidigungsmittel entgegenzuhalten, die ihnen gegenüber dem Gläubiger zugestanden haben, soweit dies gemäß dem auf ihre Verpflichtung gegenüber dem Gläubiger anzuwendenden Recht zulässig wäre.

Artikel 17
Aufrechnung

Ist das Recht zur Aufrechnung nicht vertraglich vereinbart, so gilt für die Aufrechnung das Recht, dem die Forderung unterliegt, gegen die aufgerechnet wird.

Artikel 18
Beweis

(1) Das nach dieser Verordnung für das vertragliche Schuldverhältnis maßgebende Recht ist insoweit anzuwenden, als es für vertragliche Schuldverhältnisse gesetzliche Vermutungen aufstellt oder die Beweislast verteilt.

(2) Zum Beweis eines Rechtsgeschäfts sind alle Beweisarten des Rechts des angerufenen Gerichts oder eines der in Artikel 11 bezeichneten Rechte, nach denen das Rechtsgeschäft formgültig ist, zulässig, sofern der Beweis in dieser Art vor dem angerufenen Gericht erbracht werden kann.

Kapitel III
Sonstige Vorschriften

Artikel 19
Gewöhnlicher Aufenthalt

(1) Für die Zwecke dieser Verordnung ist der Ort des gewöhnlichen Aufenthalts von Gesellschaften, Vereinen und juristischen Personen der Ort ihrer Hauptverwaltung.

Der gewöhnliche Aufenthalt einer natürlichen Person, die im Rahmen der Ausübung ihrer beruflichen Tätigkeit handelt, ist der Ort ihrer Hauptniederlassung.

(2) Wird der Vertrag im Rahmen des Betriebs einer Zweigniederlassung, Agentur oder sonstigen Niederlassung geschlossen oder ist für die Erfüllung gemäß dem Vertrag eine solche Zweigniederlassung, Agentur oder sonstigen Niederlassung verantwortlich, so steht der Ort des gewöhnlichen Aufenthalts dem Ort gleich, an dem sich die Zweigniederlassung, Agentur oder sonstige Niederlassung befindet.

(3) Für die Bestimmung des gewöhnlichen Aufenthalts ist der Zeitpunkt des Vertragsschlusses maßgebend.

Artikel 20
Ausschluss der Rück- und Weiterverweisung

Unter dem nach dieser Verordnung anzuwendenden Recht eines Staates sind die in diesem Staat geltenden Rechtsnormen unter Ausschluss derjenigen des Internationalen Privatrechts zu verstehen, soweit in dieser Verordnung nichts anderes bestimmt ist.

Artikel 21
Öffentliche Ordnung im Staat des angerufenen Gerichts

Die Anwendung einer Vorschrift des nach dieser Verordnung bezeichneten Rechts kann nur versagt werden, wenn ihre Anwendung mit der öffentlichen Ordnung („ordre public") des Staates des angerufenen Gerichts offensichtlich unvereinbar ist.

Artikel 22
Staaten ohne einheitliche Rechtsordnung

(1) Umfasst ein Staat mehrere Gebietseinheiten, von denen jede eigene Rechtsnormen für vertragliche Schuldverhältnisse hat, so gilt für die Bestimmung des nach dieser Verordnung anzuwendenden Rechts jede Gebietseinheit als Staat.

(2) Ein Mitgliedstaat, in dem verschiedene Gebietseinheiten ihre eigenen Rechtsnormen für vertragliche Schuldverhältnisse haben, ist nicht verpflich-

tet, diese Verordnung auf Kollisionen zwischen den Rechtsordnungen dieser Gebietseinheiten anzuwenden.

Artikel 23
Verhältnis zu anderen Gemeinschaftsrechtsakten

Mit Ausnahme von Artikel 7 berührt diese Verordnung nicht die Anwendung von Vorschriften des Gemeinschaftsrechts, die in besonderen Bereichen Kollisionsnormen für vertragliche Schuldverhältnisse enthalten.

Artikel 24
Beziehung zum Übereinkommen von Rom

(1) Diese Verordnung tritt in den Mitgliedstaaten an die Stelle des Übereinkommens von Rom, außer hinsichtlich der Hoheitsgebiete der Mitgliedstaaten, die in den territorialen Anwendungsbereich dieses Übereinkommens fallen und für die aufgrund der Anwendung von Artikel 299 des Vertrags diese Verordnung nicht gilt.

(2) Soweit diese Verordnung die Bestimmungen des Übereinkommens von Rom ersetzt, gelten Bezugnahmen auf dieses Übereinkommen als Bezugnahmen auf diese Verordnung.

Artikel 25
Verhältnis zu bestehenden internationalen Übereinkommen

(1) Diese Verordnung berührt nicht die Anwendung der internationalen Übereinkommen, denen ein oder mehrere Mitgliedstaaten zum Zeitpunkt der Annahme dieser Verordnung angehören und die Kollisionsnormen für vertragliche Schuldverhältnisse enthalten.

(2) Diese Verordnung hat jedoch in den Beziehungen zwischen den Mitgliedstaaten Vorrang vor den ausschließlich zwischen zwei oder mehreren Mitgliedstaaten geschlossenen Übereinkommen, soweit diese Bereiche betreffen, die in dieser Verordnung geregelt sind.

Artikel 26
Verzeichnis der Übereinkommen

(1) Die Mitgliedstaaten übermitteln der Kommission bis spätestens 17. Juni 2009 die Übereinkommen nach Artikel 25 Absatz 1. Kündigen die Mitgliedstaaten nach diesem Stichtag eines dieser Übereinkommen, so setzen sie die Kommission davon in Kenntnis.

(2) Die Kommission veröffentlicht im *Amtsblatt der Europäischen Union* innerhalb von sechs Monaten nach Erhalt der in Absatz 1 genannten Übermittlung

a) ein Verzeichnis der in Absatz 1 genannten Übereinkommen;

b) die in Absatz 1 genannten Kündigungen.

Artikel 27
Überprüfungsklausel

(1) Die Kommission legt dem Europäischen Parlament, dem Rat und dem Europäischen Wirtschafts- und Sozialausschuss bis spätestens 17. Juni 2013 einen Bericht über die Anwendung dieser Verordnung vor. Diesem Bericht werden gegebenenfalls Vorschläge zur Änderung der Verordnung beigefügt. Der Bericht umfasst:

a) eine Untersuchung über das auf Versicherungsverträge anzuwendende Recht und eine Abschätzung der Folgen etwaiger einzuführender Bestimmungen und

b) eine Bewertung der Anwendung von Artikel 6, insbesondere hinsichtlich der Kohärenz des Gemeinschaftsrechts im Bereich des Verbraucherschutzes.

(2) Die Kommission legt dem Europäischen Parlament, dem Rat und dem Europäischen Wirtschafts- und Sozialausschuss bis 17. Juni 2010 einen Bericht über die Frage vor, ob die Übertragung einer Forderung Dritten entgegengehalten werden kann, und über den Rang dieser Forderung gegenüber einem Recht einer anderen Person. Dem Bericht wird gegebenenfalls ein Vorschlag zur Änderung dieser Verordnung sowie eine Folgenabschätzung der einzuführenden Bestimmungen beigefügt.

Artikel 28
Zeitliche Anwendbarkeit

Diese Verordnung wird auf Verträge angewandt, die nach dem 17. Dezember 2009 geschlossen werden.

Kapitel IV
Schlussbestimmungen

Artikel 29
Inkrafttreten und Anwendbarkeit

Diese Verordnung tritt am zwanzigsten Tag nach ihrer Veröffentlichung im *Amtsblatt der Europäischen Union* in Kraft.

Sie gilt ab 17. Dezember 2009, mit Ausnahme des Artikels 26, der ab dem 17. Juni 2009 gilt.

Diese Verordnung ist in allen ihren Teilen verbindlich und gilt gemäß dem Vertrag zur Gründung der Europäischen Gemeinschaft unmittelbar in den Mitgliedstaaten. Geschehen zu Straßburg am 17. Juni 2008.

Im Namen des Europäischen Parlaments
Der Präsident
H.-G. PÖTTERING

Im Namen des Rates
Der Präsident
J. LENARČIČ

1. Teil: Bestimmung des Vertragsstatuts

Übersicht

	Rz.		Rz.
A. Rechtsvereinheitlichung	1	IX. Inkrafttreten und zeitliche Anwendbarkeit (Art. 29 Rom I-VO)	79
I. Einheitliches Sach- und Kollisionsrecht	1	**C. Bestimmung des Vertragsstatuts nach der Rom I-Verordnung**	85
II. EG-Übereinkommen über das auf vertragliche Schuldverhältnisse anzuwendende Recht vom 19.6.1980	4	I. Rechtswahl (Art. 3 Rom I-VO)	85
III. Europäisches Privatrecht	11	II. Mangels Rechtswahl anzuwendendes Recht (Art. 4 Rom I-VO)	143
IV. Staatsverträge	30	III. Gewöhnlicher Aufenthalt (Art. 19 Rom I-VO)	208
B. Internationales Vertragsrecht der Rom I-Verordnung	35	IV. Rück- und Weiterverweisung (Art. 20 Rom I-VO)	217
I. Entstehung	35	V. Staaten ohne einheitliche Rechtsordnung (Art. 22 Rom I-VO)	220
II. Gemeinschaftsrechtliche Regelung	36	VI. Ordre public (Art. 21 Rom I-VO)	225
III. Räumlicher Anwendungsbereich und Mitgliedstaaten	39	**D. Grundsätze und praktische Hinweise zur Vertragsgestaltung**	241
IV. Universelle Anwendung (Art. 2 Rom I-VO)	40	I. Informationsbeschaffung	241
V. Sachlicher Anwendungsbereich (Art. 1 Rom I-VO)	41	II. Abschluss des Vertrages	245
VI. Verhältnis zu anderen Gemeinschaftsrechtsakten	67	III. Inhalt und Wirksamkeit des Vertrages	246
VII. Beziehung zum Übereinkommen von Rom (Art. 24 Rom I-VO)	77	IV. Vertragsdurchsetzung und Streiterledigung	256
VIII. Verhältnis zu bestehenden internationalen Übereinkommen (Art. 25 Rom I-VO)	78		

A. Rechtsvereinheitlichung

	Rz.		Rz.
I. Einheitliches Sach- und Kollisionsrecht	1	3. Intertemporales Recht	6
1. Einheitliches Sachrecht	1	4. Anwendung des Übereinkommens	9
2. Einheitliches Kollisionsrecht	3	5. Auslegungsprotokolle zum EVÜ	10
II. EG-Übereinkommen über das auf vertragliche Schuldverhältnisse anzuwendende Recht vom 19.6.1980	4	**III. Europäisches Privatrecht**	11
1. Entstehung	4	1. Europäisches Vertragsrecht	11
2. Räumlicher Anwendungsbereich des EVÜ	5	2. Primäres Gemeinschaftsrecht	12
		a) Vorrang	12
		b) Gemeinschaftsrechtsakte und Abschluss von Staatsverträgen	14

	Rz.		Rz.
c) Verhältnis zum nationalen Kollisionsrecht	15	b) Einzelne Richtlinien	22
		aa) Verbraucherrecht	22
d) Verhältnis zu nationalen Sachnormen	16	bb) Dienstleistungen	23
		cc) Time-Sharing	24
3. Verordnungen	17	dd) Versicherungsrecht	25
4. Richtlinien	18	ee) Arbeitsrecht	26
a) Gemeinschaftsrechtliche Richtlinien	18	ff) Handelsvertreterrecht	27
		gg) Anwaltsrecht	28
aa) Allgemeines	18	5. Gemeinsamer Referenzrahmen	29
bb) Fehlende Umsetzung	20	**IV. Staatsverträge**	30

I. Einheitliches Sach- und Kollisionsrecht

1. Einheitliches Sachrecht

Quellen: *Wiggers* (Hrsg.), International commercial law – Source materials, 2. Aufl. (The Hague 2007).

Literatur (Auswahl): *Basedow*, Uniform law Conventions and the UNIDROIT Principles of International Commercial Contracts, Unif.L.Rev. 5 (2000), 129; *Béraudo*, Les principes d'Unidroit relatifs au droit du commerce international, J.C.P. 1995 I Doctr. 3842; *Berger*, Die UNIDROIT-Prinzipien für Internationale Handelsverträge, ZvglRW 94 (1995), 217; *Berger*, Formalisierte oder „schleichende" Kodifizierung des internationalen Wirtschaftsrechts (1996); *Berger*, International Arbitral Practice and the UNIDROIT Principles of International Commercial Contracts, Am.J.Comp.L. 46 (1998), 129; *Blaurock*, Übernationales Recht des Internationalen Handels, ZEuP 1993, 247; *Blaurock*, The Law of Transnational Commerce, in: Ferrari (Hrsg.), The Unification of International Commercial Law (1998), S. 9; *Boele-Woelki*, Principles and Private International Law – The UNIDROIT Principles of International Commercial Contracts and the Principles of European Contract Law, Unif.L.Rev. 1 (1996), 652; *Boele-Woelki*, Die Anwendung der UNIDROIT-Principles auf internationale Handelsverträge, IPRax 1997, 161; *Boele-Woelki*, European and UNIDROIT Principles of Contract Law, in: von Hoffmann (Hrsg.), European Private International Law (1998), S. 67; *Bonell*, Das UNIDROIT-Projekt für die Ausarbeitung von Regeln für internationale Handelsverträge, RabelsZ 56 (1992), 274 ff.; *Bonell*, Unification of Law by Non-Legislative Means – The UNIDROIT Draft Principles for International Commercial Contracts, Am.J.Comp.L. 40 (1992), 617; *Bonell*, Die UNIDROIT-Prinzipien der internationalen Handelsverträge – Eine neue Lex Mercatoria?, ZfRV 37 (1996), 152; *Bonell*, The UNIDROIT Principles and Transnational Law, Unif.L.Rev. 5 (2000), 199; *Bonell*, Do We Need a Global Commercial Code?, Unif.L.Rev. 5 (2000), 469; *Bonell*, UNIDROIT Principles 2004, Unif.L.Rev. 8 (2004), 5; *Bonell*, An International Restatement of Contract Law, 3. Aufl. (Ardsley, NY, 2005); *Brödermann*, Die erweiterten UNIDROIT Prinzipien 2004, RIW 2004, 721; *Cashin Ritaine/Lein* (Hrsg.), The UNIDROIT Principles 2004 (Zürich 2007); *Diedrich*, Internationales Einheitsrecht – Internationalisierung der Rechtswissenschaft?, Jb.J.ZivRWiss 1998, 45; *Ferrari* (Hrsg.), The Unification of International Commercial Law (1998); *Frick*, Die UNIDROIT-Prinzipien für internationale Handelsverträge, RIW 2001, 416; *Giardina*, Les Principes UNIDROIT sur les contrats internationaux, Clunet 122 (1995), 547; *Grundmann*, Law merchant als lex lata Communitatis – insbesondere die Unidroit-Principles, Festschr. Rolland (1999), S. 145; *Hartkamp*, The UNIDROIT Principles for International Commercial Contracts and the Principles of European Contract Law, Eur.Rev.Priv.L. 2 (1994), 341; Institut für die Internationale Vereinheitlichung des Privatrechts (Unidroit) (Hrsg.), Grundregeln der Internationalen Handelsverträge („Unidroit-Prinzipien") (Rom 1995); *Kronke*, Der

„Commercial Approach" in der Rechtsangleichung und das Internationale Privat- und Verfahrensrecht, Festschr. Henrich (2000), S. 371; *Kronke*, International uniform commercial law Conventions: advantages, disadvantages, criteria for choice, Unif.L.Rev. 5 (2000), 13; *Martiny*, Traditional Private and Commercial Law Rules under the Pressure of Global Transactions – The Role for an International Order, in: Appelbaum/Felstiner/Gessner (Hrsg.), Rules and Networks – The Legal Culture of Global Business Transactions (Oxford, Portland Or. 2001), S. 123; *Michaels*, Privatautonomie und Privatkodifikation – Zu Anwendbarkeit und Geltung allgemeiner Vertragsrechtsprinzipien, RabelsZ 62 (1998), 580; *Vogenauer*, Commentary on the UNIDROIT principles of international commercial contracts (Oxford 2008); *Weidemann*, Lückenergänzung und richterliche Rechtsfortbildung nach Art. 1.6 II der UNIDROIT-Principles for international commercial contracts (2001); *Wichard*, Die Anwendung der UNIDROIT-Prinzipien für internationale Handelsverträge durch Schiedsgerichte und staatliche Gerichte, RabelsZ 60 (1996), 269; *von Ziegler*, Particularities of the Harmonisation and Unification of International Law of Trade and Commerce, in: Private Law in the International Arena – Liber Amicorum Siehr (The Hague 2000), S. 875; *Zimmermann*, Die Unidroit-Grundregeln der internationalen Handelsverträge 2004 in vergleichender Perspektive, ZEuP 2005, 264.

Das materielle Vertragsrecht wird immer mehr vereinheitlicht oder zumindest angeglichen. Dies geschieht zum einen auf der Ebene der EG (s. näher Rz. 11 ff.). Für einzelne Vertragstypen bestehen auch internationale staatsvertragliche Regeln, etwa im Kaufrecht (s. Rz. 894 ff.) und im Transportrecht (Rz. 2711 ff.). In vielen Bereichen existieren überdies branchenspezifische einheitliche Vertragsbedingungen. 1

Das Internationale Institut für Privatrechtsvereinheitlichung (UNIDROIT) hat **Grundregeln für Internationale Handelsverträge** aufgestellt und weiterentwickelt[1]. Diese Prinzipien sind auf rechtsvergleichender Basis ausgearbeitet worden. Sie sind unterteilt in zehn Kapitel, die das allgemeine Vertrags- und Schuldrecht weitgehend abdecken und kommen dann zur Anwendung, wenn die Parteien dies ausdrücklich vereinbart haben (vgl. Rz. 101). Sie können aber auch dann herangezogen werden, wenn es um die Anwendung allgemeiner Rechtsprinzipien, Lücken im nationalen Recht oder die Auslegung von Einheitsrecht geht. Die Prinzipien genießen aber nicht den Charakter staatlichen oder staatsvertraglichen Rechts. Zu den europäischen Grundregeln s. Rz. 11. 2

2. Einheitliches Kollisionsrecht

Auch das Kollisionsrecht ist teilweise vereinheitlicht worden. Dies geschieht zum einen auf europäischer Ebene in Form von Verordnungen und Richtlinien (s. allgemein Rz. 11 ff., Rz. 17 ff.). Die Haager Konferenz hat in einzelnen Bereichen das Kollisionsrecht ebenfalls vereinheitlicht (s. Rz. 30). 3

---

[1] Text in: UNIDROIT, Principles of International Commercial Contracts, S. 233 ff. – Deutsche Übersetzungen in ZEuP 2005, 470 ff. (frühere Fassung ZEuP 1997, 890 ff.) sowie in UNIDROIT, Grundregeln (Rom 2004) und bei *Schulze/Zimmermann*, Europäisches Privatrecht – Basistexte, 3. Aufl. (2005), III 15.

II. EG-Übereinkommen über das auf vertragliche Schuldverhältnisse anzuwendende Recht vom 19.6.1980

Materialien: *Giuliano/Lagarde,* Bericht über das Übereinkommen über das auf vertragliche Schuldverhältnisse anzuwendende Recht, abgedruckt insbesondere ABl. EG 1980 Nr. C 282, S. 1 ff. Im Folgenden zitiert nach BT-Drucks. 10/503, S. 33 ff. = BR-Drucks. 224/83, S. 33 ff. = *Pirrung,* Internationales Privat- und Verfahrensrecht nach dem Inkrafttreten der Neuregelung des IPR (1987), S. 342 ff.

Literatur zum Übereinkommensentwurf (Auswahl): *Lando,* The EC Draft Convention on the Law Applicable to Contractual and Noncontractual Obligations – Introduction and Contractual Obligations, RabelsZ 38 (1974), 6; *Lando/von Hoffmann/Siehr* (Hrsg.), European Private International Law of Obligations – Acts and Documents of an International Colloquium on the European Preliminary Draft Convention on the Law Applicable to Contractual and Non-Contractual Obligations held in Copenhagen on April 29–30, 1974 (1975); *Siehr,* Zum Vorentwurf eines EWG-Übereinkommens über das Internationale Schuldrecht, AWD 1973, 569.

Literatur zum Übereinkommen vom 19.6.1980 (Auswahl): Kommentare: *Czernich/ Heiss,* EVÜ – Das Europäische Schuldvertragsübereinkommen (Wien 1999); *Kaye,* The New Private International Law of Contract of the European Community (Aldershot 1993); *Pålsson,* Romkonventionen (Stockholm 1998); *Plender/Wilderspin,* The European Contracts Convention, 2. Aufl. (London 2001).

Monografien und Aufsätze: *Abel,* Die Qualifikation der Schenkung (1997); *Ancel,* La prestation caractéristique du contrat (Paris 2002); *Ballarino* (Hrsg.), La Convenzione di Roma sulla legge applicabile alle obbligazioni contrattuali, Bd. 2 (Mailand 1994); *Blaurock,* Vermutungen und Ausweichklausel in Art. 4 EVÜ – ein tauglicher Kompromiss zwischen starren Anknüpfungsregeln und einem flexible approach?, Festschr. Stoll (2001), S. 463; *Calvo Caravaca/Fernández de la Gándara* (Hrsg.), Contratos internacionales (Madrid 1997); *Ebke,* Erste Erfahrungen mit dem EG-Schuldvertragsübereinkommen, in: *von Bar* (Hrsg.), Europäisches Gemeinschaftsrecht und Internationales Privatrecht (1991), S. 77; *Ehle,* Wege zu einer Kohärenz der Rechtsquellen im Europäischen Kollisionsrecht der Verbraucherverträge (2002); *Fetsch,* Eingriffsnormen und EG-Vertrag (2002); *Firsching,* Übereinkommen über das auf vertragliche Schuldverhältnisse anzuwendende Recht (IPR-VertragsÜ) vom 11.6.1980, IPRax 1981, 37; *Foyer,* Entrée en vigueur de la Convention de Rome du 19 juin 1980 sur la loi applicable aux obligations contractuelles, Clunet 118 (1991), 601; *Gaudemet-Tallon,* Le nouveau droit international privé européen des contrats, Rev.trim.dr.europ. 17 (1981), 215; *Gaudemet-Tallon,* La Convention de Rome de 1980 sur la loi applicable aux obligations contractuelles, Rev.int.dr.comp. – Numéro special Vol. 7 (1985), 287; *von Hoffmann,* Empfiehlt es sich, das EG-Übereinkommen über das auf vertragliche Schuldverhältnisse anzuwendende Recht in das deutsche IPR-Gesetz zu inkorporieren?, IPRax 1984, 10; *Jaffey,* Choice of Law in Relation to Ius Dispositivum with Particular Reference to the E.E.C. Convention on the Law Applicable to Contractual Obligations, in: *North* (Hrsg.), Contract Conflicts (Amsterdam/New York/ Oxford 1982), S. 33; *Jaffey,* The English Proper Law Doctrine and the EEC Convention, I.C.L.Q. 33 (1984), 531; *Jayme,* Zur Revision des Europäischen Schuldvertragsübereinkommens, IPRax 2001, 65; *Jayme/Kohler,* Zum Stand des internationalen Privat- und Verfahrensrechts der Europäischen Gemeinschaft, IPRax 1985, 65; *Jayme/Kohler,* Das Internationale Privat- und Verfahrensrecht der Europäischen Gemeinschaft – jüngste Entwicklungen, IPRax 1988, 133; *Jayme/Kohler,* Das Internationale Privat- und Verfahrensrecht der EG – Stand 1989, IPRax 1989, 337; *Jayme/Kohler,* Das Internationale Privat- und Verfahrensrecht der EG auf dem Wege zum Binnenmarkt, IPRax 1990, 353; *Jayme/ Kohler,* Das Internationale Privat- und Verfahrensrecht der EG 1991 – Harmonisierungsmodell oder Mehrspurigkeit des Kollisionsrechts, IPRax 1991, 361; *Jayme/Kohler,* Das Internationale Privat- und Verfahrensrecht der EG 1993 – Spannungen zwischen Staatsverträgen und Richtlinien, IPRax 1993, 357; *Jayme/Kohler*, Europäisches Kollisionsrecht 1994 – Quellenpluralismus und offene Kontraste, IPRax 1994, 405; *Jayme/Kohler*, Europäisches Kollisionsrecht 1995 – Der Dialog der Quellen, IPRax 1995, 343; *Jayme/Kohler*, Europäisches Kollisionsrecht 1996 – Anpassung und Transformation der nationalen Rechte, IPRax 1996, 377; *Jayme/Kohler*, Europäisches Kollisionsrecht 1997 – Vergemeinschaftung durch „Säulenwechsel"?, IPRax 1997, 385; *Jayme/Kohler*, Europäisches Kollisionsrecht 1998 – Kulturelle Unterschiede und Parallelaktionen, IPRax 1998, 417; *Jayme/Kohler*, Europäisches Kollisionsrecht 1999 – Die Abendstunde der Staatsverträge, IPRax 1999, 401; *Jayme/Kohler*, Europäisches Kollisionsrecht 2000 – Interlokales Privatrecht oder universelles Gemeinschaftsrecht?, IPRax 2000, 454; *Jayme/Kohler*, Europäisches Kollisionsrecht 2001 – Anerkennungsprinzip statt IPR?, IPRax 2001, 501; *Jayme/Kohler*, Europäisches Kollisionsrecht 2002 – Zur Wiederkehr des Internationalen Privatrechts, IPRax 2002, 461; *Jayme/Kohler*, Europäisches Kollisionsrecht 2003 – Der Verfassungskonvent und das Internationale Privat- und Verfahrensrecht, IPRax 2003, 485; *Juenger*, The European Convention on the Law Applicable to Contractual Obligations – Some Critical Observations, Va.J.Int.L. 22 (1981), 123; *Juenger*, Parteiautonomie und objektive Anknüpfung im EG-Übereinkommen zum Internationalen Vertragsrecht, RabelsZ 46 (1982), 57; *Junker*, Die einheitliche europäische Auslegung nach dem EG-Schuldvertragsübereinkommen, RabelsZ 55 (1991), 674; *Kassis*, Le nouveau droit européen des contrats internationaux (Paris 1993); *Kessedjian*, La Convention de Rome du 19 juin 1980 sur la loi applicable aux obligations contractuelles – Vingt ans après, in: Private Law in the International Arena – Liber Amicorum Siehr (The Hague 2000), S. 329; *Klauer*, Das europäische Kollisionsrecht der Verbraucherverträge zwischen Römer-EVÜ und EG-Richtlinien (2002); *Klauser*, EuGVÜ und EVÜ (Wien 1999); *Knöfel*, EC Legislation on Conflict of Laws: Interactions and Incompatibilities between Conflicts Rules, I.C.L.Q. 47 (1998), 439; *Kresbach*, Das europäische Schuldvertragsübereinkommen (Wien 1999); *Kreuzer*, Erklärung eines generellen Vorbehalts zu Art. 7 Abs. 1 des Übereinkommens vom 19.6.1980 über das auf vertragliche Schuldverhältnisse anzuwendende Recht, IPRax 1984, 293; *Lagarde*, The European Convention on the Law Applicable to Contractual Obligations – An Apologia, Va.J.Int.L. 22 (1981), 91; *Lagarde*, The Scope of Applicable Law in the E.E.C. Convention, in: North (Hrsg.), Contract Conflicts (Amsterdam/New York/Oxford 1982), S. 49; *Lagarde*, Le nouveau droit international privé des contrats après l'entrée en vigueur de la Convention de Rome du 19 juin 1980, Rev.crit.d.i.p. 80 (1991), 287; *Mankowski*, Zur Analogie im internationalen Schuldvertragsrecht, IPRax 1991, 305; *Mankowski*, Spezielle vertragsrechtliche Gesetze und Internationales Privatrecht, IPRax 1995, 230; *Mankowski*, Rechtssicherheit, Einzelfallgerechtigkeit und Systemgerechtigkeit bei der objektiven Anknüpfung im Internationalen Schuldvertragsrecht, ZEuP 2002, 804; *Mankowski*, Die Qualifikation der culpa in contrahendo – Nagelprobe für den Vertragsbegriff des europäischen IZPR und IPR, IPRax 2003, 127; *Mankowski*, Das Grünbuch zur Rom I-Verordnung, ZEuP 2003, 483; *Mankowski*, Die Ausweichklausel des Art. 4 V EVÜ und das System des EVÜ, IPRax 2003, 464; *Martiny*, Das Römische Vertragsrechtsübereinkommen vom 19. Juni 1980, ZEuP 1993, 298; *Martiny*, Internationales Vertragsrecht zwischen Rechtsgefälle und Vereinheitlichung, ZEuP 1995, 67; *Martiny*, Europäisches Internationales Vertragsrecht – Erosion der Römischen Konvention?, ZEuP 1997, 107; *Martiny*, Europäisches Internationales Vertragsrecht – Ausbau und Konsolidierung, ZEuP 1999, 246; *Martiny*, Internationales Vertragsrecht im Schatten des Europäischen Gemeinschaftsrechts, ZEuP 2001, 308; *Martiny*, Europäisches Internationales Vertragsrecht vor der Reform, ZEuP 2003, 590; *Micklitz*, Der Vertragsbegriff in den Übereinkommen von Brüssel und Rom, in: Schulte-Nölke (Hrsg.), Europäisches Vertragsrecht im Gemeinschaftsrecht (2002), S. 39; *Morse*, The EEC Convention on the Law Applicable to Contractual Obligations, Yb.Eur.L. 2 (1982), 107; *H. B. Müller*, Die Umsetzung der europäischen Übereinkommen von Rom und Brüssel in das Recht der Mitgliedstaaten – Dargestellt am Beispiel Deutschlands und Dänemarks (1997); *North*, The E.E.C. Convention on the Law Applicable to Contractual Obligations (1980) – Its History and Main Features, in: North (Hrsg.), Contract Conflicts (Amsterdam/New

York/Oxford 1982), S. 3; *Ost,* EVÜ und fact doctrine – Konflikte zwischen europäischer IPR-Vereinheitlichung und der Stellung ausländischen Rechts im angelsächsischen Zivilprozess (1996); *Patocchi,* Characteristic Performance: A New Myth in the Conflict of Laws?, in: Études de droit international en l'honneur de Pierre Lalive (Basel/Frankfurt a.M. 1993), S. 113; *Pirrung,* Die Einführung des EG-Schuldvertragsübereinkommens in die nationalen Rechte, in: von Bar (Hrsg.), Europäisches Gemeinschaftsrecht und Internationales Privatrecht (1991), S. 21; *Rammeloo,* Das neue EG-Vertragskollisionsrecht (1992); *Rammeloo,* Die Auslegung von Art. 4 Abs. 2 und Abs. 5 EVÜ: Eine niederländische Perspektive, IPRax 1994, 243; *Reinhart,* Zur einheitlichen Auslegung vereinheitlichter IPR-Normen nach Art. 36 EGBGB, RIW 1994, 445; *Sacerdoti* (Hrsg.), La Convenzione di Roma sul diritto applicabile ai contratti internazionali, 2. Aufl. (Mailand 1994); *Schultsz,* Fixity and flexibility in the objective choice of law rules regarding contracts, in: von Bar (Hrsg.), Perspektiven des internationalen Privatrechts nach dem Ende der Spaltung Europas (1993), S. 97; *Sonnenberger,* Das Internationale Privatrecht im dritten Jahrtausend, ZvglRW 100 (2001), 107; *Stoll,* Bemerkungen zu den Vorschriften über den „Allgemeinen Teil" im Gesetzentwurf der Bundesregierung zur Neuregelung des IPR (Art. 3–9, 11–12), IPRax 1984, 1; *Villani,* La Convenzione di Roma sulla legge applicabile ai contratti, 2. Aufl. (Bari 2000); *Volz,* Harmonisierung des Rechts der individuellen Rechtswahl der Gerichtsstandsvereinbarung und der Schiedsvereinbarung im Europäischen Wirtschaftsraum (EWR) (1993); *Wilderspin,* Die Vergemeinschaftung des internationalen Schuldrechts (Rom I, Rom II), in: Baur/Mansel (Hrsg.), Systemwechsel im europäischen Kollisionsrecht (2002), S. 77 ff.; *Williams,* The EEC Convention on the Law Applicable to Contractual Obligations, I.C.L.Q. 35 (1986), 1. – S. auch die Literatur vor Rz. 11, Rz. 35.

1. Entstehung

4 Im Jahre 1972 hat die EG-Kommission den „Vorentwurf eines Übereinkommens über das auf vertragliche und außervertragliche Schuldverhältnisse anwendbare Recht" vorgelegt[1]. Dieser Vorentwurf wurde in einem Bericht von *Giuliano/Lagarde* und *van Sasse van Ysselt* erläutert[2]. Später wurde das **„Übereinkommen über das auf vertragliche Schuldverhältnisse anzuwendende Recht" von 1980**[3] fertig gestellt. Hierzu wurde ein erläuternder Bericht von *Giuliano* und *Lagarde* mitgeliefert (dazu unten Rz. 38). Das EVÜ wurde am 19.6.1980 in Rom zur Unterzeichnung aufgelegt.

Die **Übernahme des EVÜ in das deutsche Recht** erfolgte im Rahmen der (Teil-) Reform des IPR von 1986[4]. Der Bundestag beschloss die Reform, durch die das EVÜ als Art. 11, 12, 27–37 EGBGB inkorporiert, dh. übernommen wurde, mit Gesetz vom 25.7.1986[5]. Am gleichen Tag wurde das Ratifikationsgesetz ver-

---

1 Deutscher Text: RabelsZ 38 (1974), 211; französ.: Rev.crit.d.i.p. 72 (1973), 209; engl.: Am.J.Comp.L. 21 (1973), 583.
2 Französ. Text: Riv.dir.int.priv.proc. 9 (1973), 198 ff. = *Lando/von Hoffmann/Siehr,* S. 241 ff. = La Convenzione di Roma, S. 507 ff.
3 Text: ABl. EG 1980 Nr. L 266, S. 1 = RabelsZ 46 (1982), 196 (deutsch-engl.) = BGBl. II 1986, 810 (deutsch-engl.-französ.) = *Pirrung,* S. 306 ff. (sechs Sprachen). Konsolidierte Fassung ABl. EU 2005 Nr. C 334, S. 1.
4 Dazu *Böhmer,* RabelsZ 50 (1986), 646 ff.; *Pirrung,* in: von Bar (Hrsg.), EG-Recht und IPR (1991), S. 21 (46 ff.).
5 BGBl. I 1986, 1142 = IPRax 1986, 322 = RabelsZ 50 (1986), 663.

abschiedet[1]. Das neue Kollisionsrecht trat am 1.9.1986 in Kraft. Der Beitritt zum EVÜ erfolgte am 8.1.1987.

2. Räumlicher Anwendungsbereich des EVÜ

Das EVÜ gilt für das **europäische Hoheitsgebiet der Vertragsstaaten einschließlich des gesamten Hoheitsgebiets der Französischen Republik**[2]. Das Übereinkommen ist am 1.4.1991 in Kraft getreten. Bereits seit In-Kraft-Treten gilt es für Belgien, Dänemark, Deutschland[3], Frankreich, Griechenland[4], Italien, Luxemburg und das Vereinigte Königreich[5]. Ferner ist das Übereinkommen in Kraft getreten für Irland (1.1.1992)[6], die Niederlande (1.9.1991)[7] sowie für Portugal (1.10.1994) und Spanien (1.9.1993)[8]. Außerdem gilt es für Finnland seit 1.4.1999, BGBl. II 1999, 503, Österreich[9] und Schweden[10].

5

Die zehn anlässlich der **Ost-Erweiterung der EU** am 1.5.2004 beigetretenen Neumitgliedstaaten waren verpflichtet, dem EVÜ beizutreten[11]. Trotz der in Form einer Verordnung zu erwartenden Reform ist es am 15.4.2005[12] und anlässlich des EU-Beitritts von Bulgarien und Rumänien erneut zu einem staatsvertraglichen Beitritt gekommen[13]. Dementsprechend ist das EVÜ in Kraft ge-

---

1 Gesetz zu dem Übk. vom 19.6.1980 über das auf vertragliche Schuldverhältnisse anzuwendende Recht vom 25.7.1986, BGBl. II 1986, 809.
2 Zur Streichung des früheren Art. 27 EVÜ s. *Pirrung*, Festschr. Lorenz, S. 402.
3 S. Bek. vom 12.7.1991, BGBl. II 1991, 871. Erklärt wurde der Vorbehalt, Art. 7 Abs. 1 EVÜ nicht anzuwenden.
4 Luxemburger EWG-Übk. vom 10.4.1984 über den Beitritt Griechenlands zum EWG-Übk. über das auf vertragliche Schuldverhältnisse anzuwendende Recht vom 19.6.1980, ABl. EG 1984 Nr. L 146, S. 1 = *Pirrung*, S. 369 = Rev.crit.d.i.p. 74 (1985), 178. Deutsche Ratifikation durch Gesetz vom 6.6.1988, BGBl. II 1988, 562.
5 Zur Anwendung in England *Plender*, in: Lando/Magnus/Novak-Stief, Angleichung des materiellen und des internationalen Privatrechts in der EU (2003), S. 25 ff.; *Hartley*, Festschr. Jayme Bd. I, S. 297 ff.; *Hill*, I.C.L.Q. 53 (2004), 325 ff.
6 Bek. vom 9.7.1992, BGBl. II 1992, 550.
7 Bek. vom 9.7.1992, BGBl. II 1992, 550.
8 Übk. von Funchal vom 18.5.1992 über den Beitritt des Königreichs Spanien und der Portugiesischen Republik zu dem am 19.6.1980 in Rom zur Unterzeichnung aufgelegten Übk. über das auf vertragliche Schuldverhältnisse anzuwendende Recht, ABl. EG 1992 Nr. L 333, S. 1; BGBl. II 1995, 306; Rev.crit.d.i.p. 82 (1993), 118.
9 Seit 1.12.1998, Text ABl. EG 1997 Nr. C 15, S. 10 = BGBl. II 1998, 1422.
10 Seit 1.10.1998, Text ABl. EG 1997 Nr. C 15, S. 10 = BGBl. II 1998, 1422.
11 Art. 5 Abs. 2 Beitrittsakte, BGBl. II 2003, 1418. – Übk. über den Beitritt vom 15.4.2005, ABl. EU 2005 Nr. C 169, S. 1.
12 Übk. über den Beitritt der Tschechischen Republik, der Republik Estland, der Republik Zypern, der Republik Lettland, der Republik Litauen, der Republik Ungarn, der Republik Malta, der Republik Polen, der Republik Slowenien und der Slowakischen Republik zu dem am 19.6.1980 in Rom zur Unterzeichnung aufgelegten Übk. über das auf vertragliche Schuldverhältnisse anzuwendende Recht sowie zu dem Ersten und dem Zweiten Protokoll über die Auslegung des Übk. durch den Gerichtshof der Europäischen Gemeinschaften vom 14.4.2005, ABl. EG 2005 Nr. C 169, S. 1; BGBl. II 2006, 348. Dazu *Wagner*, NJW 2005, 1754 (1755).
13 Beschluss des Rates vom 8.11.2007 über den Beitritt der Republik Bulgarien und Rumäniens, ABl. EU 2007 Nr. L 347, S. 1. – Dazu *Mansel/Thorn/Wagner*, IPRax 2009, 1 (21).

treten für **Bulgarien** (15.1.2008)[1], **Estland** (1.10.2006)[2], **Lettland** (1.5.2006)[3], **Litauen** (1.12.2006)[4], **Malta** (1.1.2007)[5], **Polen** (1.8.2007)[6], **Rumänien** (15.1.2008)[7], **Slowakei** (1.8.2006)[8], **Slowenien** (1.5.2006)[9], **Tschechien** (1.7.2006)[10], **Ungarn** (1.6.2006)[11] und **Zypern** (1.11.2006)[12].

Das am 1.4.1991 in Kraft getretene Übereinkommen beansprucht **keine Rückwirkung**[13]. Es ist nach seinem Art. 17 auf Verträge anzuwenden, die geschlossen worden sind, nachdem das EVÜ für den jeweiligen Vertragsstaat in Kraft getreten ist. Da das EVÜ keinen einheitlichen Zeitpunkt des In-Kraft-Tretens kennt, muss das In-Kraft-Treten für jeden Staat gesondert beurteilt werden[14].

Für die Mitgliedstaaten der Rom I-VO ist diese an die Stelle des EVÜ getreten (Art. 24 Rom I-VO), s. Rz. 77.

3. Intertemporales Recht

6 Das deutsche „Gesetz zur Neuregelung des Internationalen Privatrechts" vom 25.7.1986 ist am 1.9.1986 in Kraft getreten[15]. Es hat erstmals das Internationale Vertragsrecht kodifiziert. Dabei wurden die Bestimmungen des EVÜ als Art. 11, 12, 27–37 EGBGB in das deutsche Recht eingefügt (dazu oben Rz. 4).

Eine eigene Übergangsbestimmung für vertragliche Schuldverhältnisse enthält das EGBGB nicht. Somit gilt die allgemeine Vorschrift des **Art. 220 Abs. 1 EGBGB**:

„Auf vor dem 1. September 1986 abgeschlossene Vorgänge bleibt das bisherige internationale Privatrecht anwendbar."

Als abgeschlossener Vorgang gilt im Internationalen Vertragsrecht im Allgemeinen der **Vertragsschluss.** Dies ergibt sich auch aus Art. 17 EVÜ, der ausdrücklich auf den Abschlusszeitpunkt abstellt und eine Rückwirkung des Übereinkommens ausschließt. Dementsprechend ist ein vor dem 1.9.1986 geschlossener und abgewickelter Vertrag unzweifelhaft ein abgeschlossener Vorgang[16].

---

1 BGBl. II 2008, 775.
2 BGBl. II 2007, 638.
3 BGBl. II 2007, 638.
4 BGBl. II 2007, 638.
5 BGBl. II 2007, 638.
6 BGBl. II 2007, 638.
7 BGBl. II 2008, 775.
8 BGBl. II 2007, 638.
9 BGBl. II 2007, 638.
10 BGBl. II 2007, 638.
11 BGBl. II 2007, 638.
12 BGBl. II 2007, 638.
13 BGH 25.10.2005, BGHZ 164, 361 = IPRax 2007, 43 (m. Aufs. *Freitag*, IPRax 2007, 24); BGH 13.12.2005, BGHZ 165, 248 = IPRspr. 2005 Nr. 13b.
14 Bericht *Giuliano/Lagarde*, S. 70.
15 Art. 7 § 2 des Gesetzes, BGBl. I 1986, 1142.
16 BGH 24.11.1989, IPRspr. 1989 Nr. 3 = NJW-RR 1990, 248; BGH 23.4.2002, WM 2002, 1186 (Freistellungsvereinbarung); OLG Koblenz 15.12.1987, IPRspr. 1987 Nr. 24A =

Grundsätzlich gilt Entsprechendes, wenn das Geschäft noch nicht abgewickelt wurde. Haben die Parteien für einen vor dem 1.9.1986 geschlossenen Vertrag eine Rechtswahl getroffen, so gilt eine einmal wirksame Vereinbarung weiter, auch wenn gegen sie nach den jetzigen Art. 3 ff. Rom I-VO Bedenken bestehen. Bei objektiver Anknüpfung kommt es gleichfalls zu keiner Anknüpfungsänderung. Die Bestimmung des ursprünglichen Vertragsstatuts richtet sich vielmehr weiterhin nach altem Recht. Dagegen unterliegt eine erst nach dem 1.9.1986 getroffene Rechtswahl neuem Recht. Fallen nämlich der Abschluss des materiellrechtlichen Vertrages und die Rechtswahl auseinander, so ist jeder Vertragsschluss gesondert zu beurteilen. Andere Grundsätze gelten, soweit es um die **Prüfung der internationalen Zuständigkeit deutscher Gerichte** geht.

Zweifel bestehen allerdings, ob ein vor dem 1.9.1986 eingegangenes **Dauerschuldverhältnis** – wie ein Miet- oder Arbeitsvertrag –, das auf unbestimmte Zeit eingegangen wurde oder sich automatisch verlängert, als abgeschlossener Vorgang angesehen werden kann. Dafür lässt sich anführen, dass der ursprüngliche Vertrag und damit sein Statut fortwirkt, und dass das neue Recht keine Inhaltsänderung beabsichtigt[1]. Außerdem ist häufig bereits eine möglicherweise auch verfassungsrechtlich geschützte Position entstanden[2]. Dagegen spricht allerdings eine Reihe von Gründen. Sinn des Art. 17 EVÜ ist, dass es für vor In-Kraft-Treten der Konvention geschlossene Verträge bei den Regeln des nationalen IPR bleiben soll. Infolge der Inkorporation gibt es diese aber weitgehend nicht mehr. Art. 220 EGBGB beschäftigt sich demzufolge mit der Geltung der nationalen Kollisionsregeln. Außerdem ist der Wortlaut dieser Vorschrift anders gefasst; „abgeschlossene Vorgänge" ist enger als „geschlossene Verträge"[3]. Ein laufendes Dauerschuldverhältnis ist somit nicht als abgeschlossener Vorgang anzusehen[4]. Eine Erstreckung der Regeln des EVÜ auf früher geschlossene Verträge ist genauso wenig verboten wie das vorzeitige In-Kraft-Setzen der Konventionsvorschriften. Die Rechtsprechung hat das neue Kollisionsrecht

7

RIW 1987, 629 (Schuldanerkenntnis); OLG Koblenz 7.7.1989, IPRspr. 1989 Nr. 46 = RIW 1989, 815 (Akkreditiv); OLG Bamberg 22.9.1988, IPRspr. 1988 Nr. 163 = RIW 1989, 221 (Alleinvertrieb); OLG Karlsruhe 15.12.1987, IPRspr. 1987 Nr. 24A = NJW-RR 1989, 367 (Darlehen); OLG München 5.7.1989, IPRspr. 1989 Nr. 63 = RIW 1989, 743 (Transportvertrag); OLG Celle 24.10.1989, IPRspr. 1989 Nr. 196 = RIW 1990, 320 (Grundstückskauf); OLG Frankfurt a.M. 3.12.1996, IPRspr. 1996 Nr. 122 = GRUR 1998, 141 (Schenkung); LG Rottweil 8.12.1986, IPRspr. 1986 Nr. 148a = IPRax 1989, 45 (Werkvertrag); LG Köln 5.5.1988, IPRspr. 1988 Nr. 158 = IPRax 1989, 292 (Warenkauf); *Sandrock*, RIW 1986, 854.

1 Vgl. *Sandrock*, RIW 1986, 855.
2 Näher dazu *Mankowski*, IPRax 1994, 88 (89 ff.).
3 *Däubler*, Das neue Internationale Arbeitsrecht, RIW 1987, 249 (256).
4 *Däubler*, RIW 1987, 256; *von Bar/Mankowski*, I § 4 Rz. 177; *Magnus*, in: Staudinger, Art. 28 EGBGB Rz. 23; *Dörner*, in: Staudinger, Art. 220 EGBGB Rz. 62. – Anders OLG Koblenz 17.9.1993, IPRspr. 1993 Nr. 35 = RIW 1993, 934 (Alleinvertriebsvertrag); *Basedow*, NJW 1986, 2973; *Lorenz*, RdA 1989, 220 (228); *Hohloch*, in: Erman, vor Art. 27 EGBGB Rz. 12; *Thorn*, in: Palandt, Art. 220 EGBGB Rz. 4. Differenzierend *Sonnenberger*, in: MünchKomm, Art. 220 EGBGB Rz. 17, 23.

verschiedentlich angewendet[1], in anderen Fällen aber offen gelassen, ob Dauerschuldverhältnisse dem alten oder dem neuen Recht unterliegen[2].

8 Vor allem für **Arbeitsverhältnisse** war umstritten, ob vor dem 1.9.1986 Arbeitsverhältnisse abgeschlossene Vorgänge iSd. Art. 220 Abs. 1 EGBGB sind. Zum Teil wird die Anwendung des neuen Kollisionsrechts ganz abgelehnt[3]. Teilweise wird die Anwendung der neuen Regeln nur dann gebilligt, wenn sie – wie häufig bei der objektiven Anknüpfung – zu keinem Eingriff in bestehende Rechtspositionen führt[4]. Vielfach wird die Geltung des neuen Kollisionsrechts aber auch uneingeschränkt befürwortet[5]. Im Interesse der Praktikabilität ist zu vermeiden, dass noch auf Jahrzehnte altes und neues Recht nebeneinander gelten sowie schwierige Abgrenzungsfragen im Hinblick auf Kündigungen, Vertragsänderungen und -verlängerungen auftreten. Ferner sprechen bei Arbeitsverträgen Schutz- und Gleichbehandlungsgesichtspunkte für die Anwendung des neuen Rechts[6]. Gesichtspunkte des Vertrauensschutzes können zurücktreten, da das neue Recht den Bestand des Schuldverhältnisses regelmäßig nicht berührt. Auch auf einen nach dem 1.9.1986 abgeschlossenen Arbeitsvertrag, dem ein vor diesem Datum abgeschlossener befristeter Arbeitsvertrag vorausgegangen war, wurde die neue gesetzliche Kollisionsnorm angewendet[7].

4. Anwendung des Übereinkommens

9 Die **einheitliche Auslegung** der Art. 27 ff. EGBGB, dh. letztlich des EVÜ, wurde in Deutschland in Art. 36 EGBGB geregelt, der auf Art. 18 EVÜ zurück ging[8]. Ebenso wie heute die Rom I-VO beansprucht das EVÜ als „loi uniforme" für **sämtliche Vertragsverhältnisse**, die in ihren Anwendungsbereich fallen, **universelle Geltung** (Art. 2 EVÜ), vgl. Rz. 40.

---

1 OLG Hamm 30.7.1993, IPRspr. 1993 Nr. 34 = RIW 1993, 940 (Geschäftsbesorgung).
2 BGH 12.5.1993, IPRax 1994, 115 = NJW 1993, 2753 = RIW 1993, 846 (im Jahre 1980 geschlossener Handelsvertretervertrag).
3 *Sandrock*, RIW 1986, 841 (855); *W. Lorenz*, IPRax 1987, 269 (276); *E. Lorenz*, RdA 1989, 220 (228). – Ebenso ohne Begründung BAG 21.1.1999, IPRspr. 1999 Nr. 46 = IPRax 2000, 540 (m. insoweit abl. Aufs. *Franzen*, IPRax 2000, 506). Krit. auch *Junker*, RIW 2001, 94 (98).
4 S. *Mankowski*, IPRax 1994, 88 (89 ff.); *Heilmann*, Das Arbeitsvertragsstatut (1991), S. 78 f.; *Sonnenberger*, in: MünchKomm, Art. 220 EGBGB Rz. 17, 23.
5 BAG 29.10.1992, BAGE 71, 297 (307 f.) = IPRspr. 1992 Nr. 69b = AP Nr. 31 Int.ArbR = IPRax 1994, 123 (m. insoweit abl. Aufs. *Mankowski*, IPRax 1994, 88) (Flugzeugpiloten); BAG 11.12.2003, NZA 2004, 680; BAG 15.2.2005, BAGE 113, 327 = NZA 2005, 1117; LAG Hamburg 24.8.1988, IPRspr. 1988 Nr. 52b; LAG Köln 6.4.1992, IPRspr. 1992 Nr. 69a = RIW 1992, 933; *von Bar/Mankowski*, I § 4 Rz. 177; *Hohloch*, in: Erman, Art. 30 EGBGB Rz. 6; *Magnus*, in: Staudinger, Art. 28 EGBGB Rz. 26.
6 Vgl. *Däubler*, RIW 1987, 256.
7 BAG 24.8.1989, IPRax 1991, 407 (m. Aufs. *Magnus*, IPRax 1991, 382) = SAE 1990, 317 Anm. *Junker* = IPRspr. 1989 Nr. 72 (Kündigungsschutz im Seearbeitsverhältnis. Nach vorangegangenem befristeten Arbeitsverhältnis wurde das Angebot eines unbefristeten Arbeitsverhältnisses am 27.10.1986 angenommen).
8 Näher zur Entstehung der Norm 5. Aufl. Rz. 22.

5. Auslegungsprotokolle zum EVÜ

Literatur: *Dutta/Volders*, Was lange währt, wird endlich gut?, EuZW 2004, 556; *Kropholler*, Eine Auslegungskompetenz des Gerichtshofs der Europäischen Gemeinschaften für das Internationale Schuldvertragsrecht, in: Stoll (Hrsg.), Stellungnahmen und Gutachten zum Europäischen Zivilverfahrens- und Versicherungsrecht (1991), S. 171; *Pirrung*, Zur Auslegung der Anknüpfungsnormen für Schuldverhältnisse, Festschr. Lorenz '80 (2001), S. 399.

Um eine einheitliche Auslegung des EVÜ zu sichern, haben sich die Vertragsstaaten verpflichtet, dem **Europäischen Gerichtshof** eine **Auslegungszuständigkeit** zu übertragen[1]. Ein erstes Protokoll v. 19.12.1988 regelt das Verfahren der einheitlichen Auslegung (EVÜ-Auslegungsprot.)[2]. Danach steht die Vorlage an den EuGH im Ermessen des nationalen Gerichts (Art. 2). Das zweite Protokoll v. 19.12.1988 (EVÜ-Ausl.-Zust.-Prot.)[3] überträgt dem EuGH die entsprechende Zuständigkeit. Das Verfahren des Gerichtshofs wurde ähnlich ausgestaltet wie das bei der Auslegung des damaligen GVÜ, welches seinerseits dem Vorabentscheidungsverfahren des Art. 177 EGV (heute Art. 234 EG) ähnelte. Die einheitliche Auslegung wird in einem Bericht von *Tizzano* erläutert[4].

10

Deutschland hat beide Auslegungsprotokolle ratifiziert[5]. Der EuGH hat im Jahr 2004 die Zuständigkeit zur Auslegung erhalten[6]. Als zuständige deutsche Stelle, welche eine Entscheidung des Gerichtshofs bei divergierenden nationalen Entscheidungen beantragen kann[7], wurde das Bundesamt für Justiz bestimmt[8]. Zur einheitlichen Auslegung näher Rz. 37 ff.

---

1 S. die Gemeinsame Erklärung ABl. EG 1980 Nr. L 266, S. 17; BGBl. II 1986, 824. Näher *Pirrung*, in: von Bar (Hrsg.), Europäisches Gemeinschaftsrecht und IPR (1991), S. 64 ff.
2 Erstes Protokoll betreffend die Auslegung des am 19.6.1980 in Rom zur Unterzeichnung aufgelegten Übk. über das auf vertragliche Schuldverhältnisse anzuwendende Recht durch den Gerichtshof der Europäischen Gemeinschaften, ABl. EG 1989 Nr. L 48, S. 1 = BGBl. II 1995, 916; Rev.crit.d.i.p. 78 (1989), 414 Anm. *Lagarde*. – Neue Fassung ABl. EG 2005 Nr. C 334, S. 1. – Vgl. *Jayme/Kohler*, IPRax 1989, 343.
3 Zweites Protokoll zur Übertragung bestimmter Zuständigkeiten für die Auslegung des am 19.6.1980 in Rom zur Unterzeichnung aufgelegten Übk. über das auf vertragliche Schuldverhältnisse anzuwendende Recht durch den Gerichtshof der Europäischen Gemeinschaften, ABl. EG 1989 Nr. L 48, S. 17 = BGBl. II 1995, 923. – Neue Fassung ABl. EU 2005 Nr. C 334, S. 1.
4 Bericht über die Protokolle betreffend die Auslegung des am 19.6.1980 in Rom zur Unterzeichnung aufgelegten Übk. über das auf vertragliche Schuldverhältnisse anzuwendende Recht durch den Gerichtshof der Europäischen Gemeinschaften, ABl. EG 1990 Nr. C 219, S. 1.
5 Gesetz zu den Protokollen vom 19.12.1988 betreffend die Auslegung des Übk. vom 19.6.1980 über das auf vertragliche Schuldverhältnisse anzuwendende Recht durch den Gerichtshof der Europäischen Gemeinschaften sowie zur Übertragung bestimmter Zuständigkeiten für die Auslegung dieses Übk. auf den Gerichtshof der Europäischen Gemeinschaften vom 16.11.1995, BGBl. II 1995, 914. Vgl. *Jayme/Kohler*, IPRax 2005, 492.
6 S. *Martiny*, ZEuP 2006, 92 ff.
7 S. Art. 3 des Gesetzes zu den Protokollen vom 16.11.1995.
8 Anordnung zur Bestimmung der zuständigen Stelle nach Art. 3 des Ersten Protokolls betreffend die Auslegung des am 19.6.1980 in Rom zur Unterzeichnung aufgelegten

III. Europäisches Privatrecht

Quellen: *von Bar/Zimmermann* (Hrsg.), Grundregeln des europäischen Vertragsrechts – Teile I und II (2002); *Magnus* (Hrsg.), Europäisches Schuldrecht (2002); *Schulze/Zimmermann* (Hrsg.), Europäisches Privatrecht – Basistexte, 3. Aufl. (2005).

Literatur zur europäischen Vertragsrechtsvereinheitlichung und -angleichung: *Basedow* (Hrsg.), Europäische Vertragsrechtsvereinheitlichung und deutsches Recht (2000); *Basedow*, EC Regulations in European Private Law, in: Private Law in the International Arena – Liber Amicorum Siehr (The Hague 2000), S. 17; *Basedow*, Europäische Wirtschaftsverfassung und europäisches Privatrecht, in: Corporations, capital markets and business in the law – Liber amicorum Buxbaum (London, The Hague 2000), S. 13; *Berger*, Harmonisation of European Contract Law – The Influence of Comparative Law, I.C.L.Q. 50 (2001), 877; *Berger*, The Principles of European Contract Law and the Concept of the „Creeping Codification" of Law, Eur.Rev.Priv.L. 9 (2001), 21; *Blase*, Die Grundregeln des Europäischen Vertragsrechts als Recht grenzüberschreitender Verträge (2001); *Busch/Hondius*, Ein neues Vertragsrecht für Europa – Die Principles of European Contract Law aus niederländischer Sicht, ZEuP 2001, 223; *Dauses* (Hrsg.), Handbuch des EU-Wirtschaftrechts (Loseblatt); *Franzen*, Privatrechtsangleichung durch die europäische Gemeinschaft (1999); *Gandolfi* (Hrsg.), Code européen des contrats: Avant-projet (Mailand 2001); *Gandolfi*, Der Vorentwurf eines Europäischen Vertragsgesetzbuchs, ZEuP 2002, 1; *Gebauer*, Zivilrecht unter europäischem Einfluss (2005); *van Gerven*, Communication on European Contract Law – Codifying European Private Law, in: Schulte-Nölke (Hrsg.), Europäisches Vertragsrecht im Gemeinschaftsrecht (2002), S. 239; *Grabitz/Hilf* (Hrsg.), Das Recht der Europäischen Union, Bd. IV Sekundärrecht – Verbraucher- und Datenschutzrecht (Loseblatt); *Grundmann*, Europäisches Schuldvertragsrecht (1999); *Grundmann* (Hrsg.), Systembildung und Systemlücken in Kerngebieten des Europäischen Privatrechts – Gesellschafts-, Arbeits- und Schuldvertragsrecht (2000); *Grundmann*, The Structure of European Contract Law, Eur.Rev.Priv.L. 9 (2001), 505; *Grundmann*, Europäisches Schuldvertragsrecht: Standort, Gestaltung und Bezüge, JuS 2001, 946; *Grundmann*, General Principles of Private Law and Ius Commune Modernum as Applicable Law?, in: Corporations, capital markets and business in the law – Liber Amicorum Buxbaum (London, The Hague, Boston 2001), S. 213; *Grundmann*, Harmonisierung, Europäischer Kodex, Europäisches System der Vertragsrechte, NJW 2002, 393; *Heiss*, Vom EU- zum gesamteuropäischen Privatrecht? in: Aufbruch nach Europa – 75 Jahre Max-Planck-Institut für Privatrecht (2001), S. 123; *van Hoecke/Ost* (Hrsg.), The harmonisation of European private law (Oxford 2000); *Jamin/Mazeaud* (Hrsg.), L'harmonisation du droit des contrats en Europe (Paris, 2001); *Kieninger*, Wettbewerb der Privatrechtsordnungen im Europäischen Binnenmarkt (2002); *Lando*, The principles of European contract law and the lex mercatoria, in: Private law in the international arena – Liber Amicorum Siehr (The Hague 2000), S. 391; *Lando/Beale* (Hrsg.), The Principles of European Contract Law I (Dordrecht 1995); *Lando/Beale* (Hrsg.), Principles of European Contract Law I, II (2000); *Lando/Clive/Prüm/Zimmermann* (Hrsg.), Principles of European Contract Law III (The Hague 2003); *Leible*, Die Mitteilung der Kommission zum Europäischen Vertragsrecht, EWS 2001, 471; *Leible*, Wege zu einem europäischen Privatrecht (2002); *Lurger*, Vertragliche Solidarität (1998); *Lurger*, Die Vereinheitlichung des Vertragsrechts in der Europäischen Union, in: Martiny/Witzleb (Hrsg.), Auf dem Wege zu einem Europäischen Zivilgesetzbuch (1999), S. 141; *Lurger*, Grundfragen der Vereinheitlichung des Vertragsrechts in der Europäischen Union (2002); *Möllers*, Europäische Richtlinien zum Bürgerlichen Recht, JZ 2002, 121; *Pfeiffer*, Von den Principles of European Contract Law zum Draft Common Frame of Reference, ZEuP 2008, 679; *Ranieri*, Europäisches Obligationenrecht, 3. Aufl. (Wien 2009); *Remien*, Ansätze für ein Europäisches Vertragsrecht, ZvglRW 87 (1988),

---

Übk. über das auf vertragliche Schuldverhältnisse anzuwendende Recht durch den Gerichtshof der Europäischen Gemeinschaften vom 12.12.2006, BGBl. II 2006, 1340.

105; *Remien*, Zwingendes Vertragsrecht und Grundfreiheiten des EG-Vertrages (2003); *Riesenhuber*, Europäisches Vertragsrecht, 2. Aufl. (2006); *Schlechtriem*, Wandlungen des Schuldrechts in Europa, ZEuP 2002, 213; *Schmidt-Kessel*, Auf dem Weg zu einem Europäischen Vertragsrecht, RIW 2003, 481; *Schulte-Nölke* (Hrsg.), Europäisches Vertragsrecht im Gemeinschaftsrecht (2002); *Schulte-Nölke/Schulze* (Hrsg.), Europäische Rechtsangleichung und nationale Privatrechte (1999); *Schulze/Schulte-Nölke/Bernardeau*, Abgeleitetes Gemeinschaftsrecht und gemeinsames Vertragsrecht in Europa (2002); *Sonnenberger*, Der Entwurf eines Europäischen Vertragsgesetzbuchs der Akademie Europäischer Privatrechtswissenschaftler, RIW 2001, 409; *Sonnenberger*, Privatrecht und Internationales Privatrecht im künftigen Europa, RIW 2002, 489; *Staudenmayer*, Europäisches Vertragsrecht – Die Kommissionsmitteilung und ihre Folgen, in: Schulte-Nölke (Hrsg.), Europäisches Vertragsrecht im Gemeinschaftsrecht (2002), S. 271; *Staudenmayer*, The Commission Communication on European Contract Law, Eur.Rev.Priv.L. 10 (2002), 249; *Staudenmayer*, Der Aktionsplan der EG-Kommission zum Europäischen Vertragsrecht, EuZW 2003, 165; *Weyers* (Hrsg.), Europäisches Vertragsrecht (1997); *Wurmnest*, Common Core, Grundregeln, Kodifikationsentwürfe, Acquis-Grundsätze, ZEuP 2003, 714; *Zimmermann*, Die „Principles of European Contract Law", Teil 1, ZEuP 1995, 731; *Zimmermann*, Die „Principles of European Contract Law", Teile I und II, ZEuP 2000, 391; *Zimmermann*, Die „Principles of European Contract Law", Teil III, ZEuP 2003, 707; *Zimmermann*, European contract law: general report, EuZW 2007, 455.

Literatur zum Europäischen Internationalen Privatrecht: *Basedow*, Der kollisionsrechtliche Gehalt der Produktfreiheiten im europäischen Binnenmarkt: favor offerentis, RabelsZ 59 (1995), 1; *Basedow*, Europäisches Internationales Privatrecht, NJW 1996, 1921; *Basedow*, Die Harmonisierung des Kollisionsrechts nach dem Vertrag von Amsterdam, EuZW 1997, 609; *Basedow*, The communitarization of the conflict of laws under the Treaty of Amsterdam, CML Rev. 37 (2000), 687; *Basedow*, Die Vergemeinschaftung des Kollisionsrechts nach dem Vertrag von Amsterdam, in: Baur/Mansel (Hrsg.), Systemwechsel im europäischen Kollisionsrecht (2002), S. 19; *Baumert*, Europäischer ordre public und Sonderanknüpfung zur Durchsetzung von EG-Recht unter besonderer Berücksichtigung der sog. mittelbaren horizontalen Wirkung von EG-Richtlinienbestimmungen (1994); *Boele-Woelki*, Unification and Harmonization of Private International Law in Europe, in: Private Law in the International Arena – Liber Amicorum Siehr (The Hague 2000), S. 61; *Brödermann/Iversen*, Europäisches Gemeinschaftsrecht und Internationales Privatrecht (1994); *Bruinier*, Der Einfluss der Grundfreiheiten auf das internationale Privatrecht (2003); *Deinert*, Mittelbare horizontale Direktwirkung von EG-Richtlinien, Jb.J.ZivRWiss 1997, 257; *Dohrn*, Die Kompetenzen der Europäischen Gemeinschaft im Internationalen Privatrecht (2004); *Drasch*, Das Herkunftslandprinzip im internationalen Privatrecht (1997); *Drobnig*, European Private International Law after the Treaty of Amsterdam, King's Coll.L.J. 11 (2001), 191; *Fallon*, Les conflits de lois et de juridictions dans un espace économique intégré, Rec. des Cours 253 (1995), 9; *Gebauer*, Internationales Privatrecht und Warenverkehrsfreiheit in Europa, IPRax 1995, 152; *Grundmann*, Binnenmarktkollisionsrecht – vom klassischen IPR zur Integrationsordnung, RabelsZ 64 (2000), 457; *von Hoffmann*, Richtlinien der Europäischen Gemeinschaft und Internationales Privatrecht, ZfRV 1995, 45; *Hohloch*, Kollisionsrecht in der Staatengemeinschaft, Festschr. Stoll (2001), S. 545; *Jayme*, Europäisches Kollisionsrecht: Neue Aufgaben, neue Techniken, in: Hommelhoff/Jayme/Mangold (Hrsg.), Europäischer Binnenmarkt: internationales Privatrecht und Rechtsangleichung (1995), S. 35; *Jayme*, Europa – Auf dem Weg zu einem interlokalen Kollisionsrecht?, in: Mansel (Hrsg.), Vergemeinschaftung des Europäischen Kollisionsrechts (2001), S. 35; *Jayme/Kohler*, L'interaction des règles de conflit contenues dans le droit dérivé de la Communauté européenne et des conventions de Bruxelles et de Rome, Rev.crit.d.i.p. 84 (1995), 1; *Jayme/Kohler*, Europäisches Kollisionsrecht 2004, IPRax 2004, 481; *Jayme/Kohler*, Europäisches Kollisionsrecht 2005, IPRax 2005, 481; *Jayme/Kohler*, Europäisches Kollisionsrecht 2006, IPRax 2006, 537; *Jayme/Kohler*, Europäisches Kollisionsrecht 2007, IPRax 2007, 493; *Kadner-Graziano*, Gemeineuropäisches Internationales Privatrecht (2002); *Kohler*, Interrogations sur les sources du droit international privé européen après le traité d'Amsterdam, Rev.crit.d.i.p. 88 (1999), 1; *Krebber*, Die volle Wirksamkeit von Richtlinien in länderübergreifenden Sachverhalten, ZvglRW 97 (1998), 124; *Kropholler*, Die Auslegung von EG-Verordnungen zum Internationalen Privat- und Verfahrensrecht, in: „Aufbruch nach Europa" – Festschr. Max-Planck-Institut (2001), S. 583; *Lagarde/von Hoffmann* (Hrsg.), Die Europäisierung des IPR (1996); *Leible*, Kollisionsrechtlicher Verbraucherschutz im EVÜ und in EG-Richtlinien, in: Schulte-Nölke/Schulze (Hrsg.), Europäische Rechtsangleichung und nationale Privatrechte (1999), S. 353; *Leible/Staudinger*, Art. 65 EGV im System der EG-Kompetenzen, EuLF 1 (2000/01), 225; *Mankowski*, Binnenmarkt-IPR, in: „Aufbruch nach Europa" – Festschr. Max-Planck-Institut (2001), S. 595; *Mansel* (Hrsg.), Vergemeinschaftung des europäischen Kollisionsrechts (2001); *Mansel/Thorn/Wagner*, Europäisches Kollisionsrecht 2008, IPRax 2009, 1; *Mülbert*, Privatrecht, die EG-Grundfreiheiten und der Binnenmarkt, ZHR 159 (1995), 2; *Nemeth/Rudisch*, EuGH 9.11.2000 Rs C-381/98 „Ingmar" – wichtige Klärungen im IPR, ZfRV 42 (2001), 179; *Paefgen*, Kollisionsrechtlicher Verbraucherschutz im Internationalen Vertragsrecht und europäisches Gemeinschaftsrecht, ZEuP 2003, 266; *Pirrung*, Europäische justitielle Zusammenarbeit, Haager Konferenz und Unidroit, in: „Aufbruch nach Europa" – Festschr. Max-Planck-Institut (2001), S. 785; *Reich*, EG-Richtlinien und internationales Privatrecht, in: Lagarde/von Hoffmann (Hrsg.), L'européanisation du droit international privé (1996), S. 109; *Reich*, Bürgerrechte in der Europäischen Union – Subjektive Rechte von Unionsbürgern und Drittstaatsangehörigen (1999); *Remien*, European Private International Law, CML Rev. 38 (2001), 53; *Roth*, Der Einfluss des Europäischen Gemeinschaftsrechts auf das IPR, RabelsZ 55 (1991), 623; *Roth*, Angleichung des IPR durch sekundäres Gemeinschaftsrecht, IPRax 1994, 165; *Roth*, Die Freiheiten des EG-Vertrages und das nationale Privatrecht, ZEuP 1994, 5; *Roth*, Der Einfluss der Grundfreiheiten auf das Internationale Privat- und Verfahrensrecht, in: Baur/Mansel (Hrsg.), Systemwechsel im europäischen Kollisionsrecht (2002), S. 47; *Sonnenberger*, Europarecht und Internationales Privatrecht, ZvglRW 95 (1996), 3; *Sonnenberger*, Die Umsetzung kollisionsrechtlicher Regelungsgebote in EG-Richtlinien, ZEuP 1996, 382; *Sonnenberger*, Randbemerkungen zum Allgemeinen Teil eines europäischen IPR, in: Die richtige Ordnung – Festschr. Kropholler (2008), S. 227; *Staudinger*, Die ungeschriebenen kollisionsrechtlichen Regelungsgebote der Handelsvertreter-, Haustürwiderrufs- und Produkthaftungsrichtlinie, NJW 2001, 1974; *Steindorff*, EG-Vertrag und Privatrecht (1996); *Stone*, EU Private International Law (Cheltenham 2006); *Wilderspin/Lewis*, Les relations entre le droit communautaire et les règles de conflits de lois des Etats membres, Rev.crit.d.i.p. 91 (2002), 289; *Wilmowsky*, EG-Vertrag und kollisionsrechtliche Rechtswahlfreiheit, RabelsZ 62 (1998), 1. – S. auch die Literatur vor Rz. 4.

1. Europäisches Vertragsrecht

11 Obwohl vielfach die Schaffung eines europäischen Schuldvertragsrechts verlangt wird, ist das Vertragsrecht innerhalb der Europäischen Union regelmäßig noch nationales Recht. Das Gemeinschaftsrecht steht der Unterschiedlichkeit nationaler Privatrechte grundsätzlich nicht entgegen[1]. Nationale Normen können jedoch auf Grund des Vorrangs der Grundfreiheiten unanwendbar sein (vgl. Rz. 12). Zwar hat man gemeinsame Prinzipien des Vertragsrechts zu er-

---

1 EuGH 24.1.1991 – Rs. C-339/89 (Alsthom Atlantique), Slg. 1991, I-107 (124) (Gewährleistung); EuGH 18.5.1993 – Rs. C-126/91 (Yves Rocher), Slg. 1993, I-2361 (2386 ff.) (unlauterer Wettbewerb); EuGH 13.10.1993 – Rs. C-93/92 (CMC Motorradcenter), Slg. 1993, I-5009 (5021 f.) (culpa in contrahendo).

mitteln und zusammenzustellen begonnen[1], gleichwohl entwickelt sich ein europäisches Vertragsrecht nur langsam. **Verordnungen** greifen nur vereinzelt ein (s. Rz. 17). Bislang erfolgte die Angleichung der nationalen Rechte weitgehend durch **Richtlinien** auf dem Gebiet des Verbraucherrechts (s. Rz. 18 ff.). Die auf wissenschaftlicher Ebene entwickelten einheitlichen **Grundregeln des Europäischen Vertragsrechts** (sog. Lando-Principles) enthalten eine ausführliche Regelung des allgemeinen Vertragsrechts. Sie haben jedoch keinen verbindlichen Charakter (vgl. unten Rz. 101). Ferner besteht ein privater Vorentwurf eines Europäischen Vertragsgesetzbuchs[2]. Eine Mitteilung der Kommission zum Europäischen Vertragsrecht von Juli 2001[3] und eine weitere Mitteilung von März 2003[4] lassen nunmehr eine weitergehende Vereinheitlichung als möglich erscheinen. Auch Resolutionen des Europäischen Parlaments unterstützen eine weitere Vereinheitlichung des Vertragsrechts[5]. Ferner liegen Ergebnisse der sog. Acquis-Group und für einen Gemeinsamen Referenzrahmen vor, s. Rz. 29.

2. Primäres Gemeinschaftsrecht

a) Vorrang

Der Vertrag zur Gründung der Europäischen Gemeinschaft (EG)[6] enthält keine kollisionsrechtlichen Bestimmungen zum Internationalen Vertragsrecht[7]. Nach wohl hM kann man dem EG-Vertrag auch keine versteckten Kollisionsnormen entnehmen[8]. Das Gemeinschaftsrecht zwingt auch nicht dazu, das

12

---

1 S. die Grundregeln des europäischen Vertragsrechts der Kommission für Europäisches Vertragsrecht bei *Lando/Beale* I, II (deutsche Übersetzung ZEuP 2000, 675 ff.) sowie *Lando/Clive/Prüm/Zimmermann*, Principles III (deutsche Übersetzung ZEuP 2003, 895 ff.); vgl. auch *Riesenhuber*, Europäisches Vertragsrecht, S. 353 ff.
2 Französ. Text in *Gandolfi*, Code Européen des Contrats (2001); deutsche Übersetzung ZEuP 2002, 138, 365 sowie *Schulze/Zimmermann*, III 18. – Vgl. *Sonnenberger*, RIW 2001, 409 ff.
3 ABl. EG 2001 Nr. C 255, S. 1 = EuZW 2001, Beil. zu Heft 16 = ZEuP 2001, 963. – Dazu *von Bar*, ZEuP 2001, 799 ff.; *Leible*, EWS 2001, 471 ff.; *Sonnenberger*, RIW 2002, 489 ff.; *Staudenmayer*, Eur.Rev.Priv.L. 10 (2002), 249 ff.
4 Mitteilung der Kommission an das Europäische Parlament und den Rat – Ein kohärentes europäisches Vertragsrecht, ABl. EG 2003 Nr. C 63, S. 1. – Dazu *Schmidt-Kessel*, RIW 2003, 481 ff.
5 Dazu Entschließung vom 3.9.2008, ZEuP 2009, 421 mwN. – s. auch *von Bar*, ZEuP 2002, 629 ff.
6 Vertrag vom 25.3.1957 in der Fassung des Vertrages von Nizza vom 26.2.2001 (konsolidierte Fassung ABl. EU 2006 Nr. C 321 E, S. 37). In Kraft getreten am 1.2.2003. – Noch nicht in Kraft getreten ist der Vertrag von Lissabon zur Änderung des Vertrags über die Europäische Union und des Vertrags zur Gründung der Europäischen Gemeinschaft vom 13.12.2007, ABl. EU 2007 Nr. C 306, S. 1; BGBl. II 2008, 1039.
7 Die Streitfrage, ob Art. 48 EG (ex-Art. 58 EGV) über die Gleichstellung von Gesellschaften hinaus kollisionsrechtlichen Gehalt hat, dürfte im positiven Sinn geklärt sein, s. EuGH 5.11.2002 – Rs. C-208/00 (Überseering/Nordic Construction), Slg. 2002, I-9919 = NJW 2002, 3164 = IPRax 2003, 65 (m. Aufs. *W.-H. Roth*, IPRax 2003, 117). Zum früheren Streitstand s. *Brödermann*, in: Brödermann/Iversen, Rz. 96 ff.
8 Näher *Sonnenberger*, ZvglRW 95 (1996), 8 ff.

Herkunftslandprinzip zur Grundlage einer kollisionsrechtlichen Regelung zu machen[1]. Gleichwohl hat sowohl das unmittelbar von den **Organen der Europäischen Gemeinschaft erlassene Recht** als auch das **nationale Kollisionsrecht** den **Geboten des EG-Vertrags zu entsprechen**[2].

In Betracht kommen das Verbot der Diskriminierung auf Grund der Staatsangehörigkeit (Art. 12 EG, ex-Art. 6 EGV) sowie die – nach hM vorrangigen – einzelnen **Grundfreiheiten** des EG. Dabei handelt es sich um die Warenverkehrsfreiheit (Art. 28 EG, ex-Art. 30 EGV), den freien Personenverkehr mit der Freizügigkeit (Art. 39 EG, ex-Art. 48 EGV) und der Niederlassungsfreiheit (Art. 43 EG, ex-Art. 52 EGV), die Dienstleistungsfreiheit (Art. 49, ex-Art. 59 EGV) sowie die Kapitalverkehrsfreiheit (Art. 56 EG, ex-Art. 73b EGV). Die Grundfreiheiten werden zunehmend dafür herangezogen, um Beschränkungen des Dienstleistungsverkehrs im Binnenmarkt entgegenzuwirken. Dies gilt auch für das Arbeitsrecht (s. Rz. 4802 f.).

13 Der Grundsatz der Parteiautonomie (Art. 3 Rom I-VO) ist mit dem Gemeinschaftsrecht vereinbar[3]. Aus dem Gemeinschaftsrecht folgt aber nicht, dass ein bestimmtes gemeinschaftsrechtliches Prinzip zur generellen Grundlage des Kollisionsrechts gemacht werden müsste. Dies gilt insbesondere für das **Herkunftslandprinzip**[4]. Vertreten wurde, aus den Produktfreiheiten – der Warenverkehrs- und der Dienstleistungsfreiheit – folge nicht nur das Herkunftslandprinzip[5], sondern auch das Günstigkeitsprinzip. Das Recht des Herkunftslandes müsse respektiert werden, zugleich müsse die Berufung auf günstigeres Recht des Bestimmungslandes grundsätzlich gewährleistet sein. Die Regelanknüpfung nach europäischem Kollisionsrecht entspreche dem aber; die Rechtswahlbeschränkungen für Verbraucher seien vom Schutz des Allgemeininteresses abgedeckt[6]. Selbst wenn man diesen Ausgangspunkt akzeptiert, ändert daher der Vorrang des Gemeinschaftsrechts nichts an den Anknüpfungen der Rom I-VO.

b) Gemeinschaftsrechtsakte und Abschluss von Staatsverträgen

14 Der EG-Vertrag sieht in Art. 293 EG (ex-Art. 220 EGV) den Abschluss von Staatsverträgen insbesondere zur Ausübung der **Rechte Einzelner** (Unterabsatz 1), zum **Internationalen Gesellschaftsrecht** (Unterabsatz 3) und zur **Erleichterung der Urteilsanerkennung** (Unterabsatz 4) vor. Diese Bestimmung diente bei der Ausarbeitung des EVÜ als Grundlage. Zu den genannten Materien

---

1 Näher *Wilderspin*, in: Baur/Mansel, S. 83 ff.
2 Nachw. bei *Paefgen*, ZEuP 2003, 270 ff. für den Verbraucherschutz.
3 *Basedow*, RabelsZ 59 (1995), 27 f.; *von Wilmowsky*, RabelsZ 62 (1998), 19 f.
4 *Roth*, in: Mansel, S. 54 ff.; *Wilderspin*, in: Mansel, S. 84 ff. – S. auch *Fezer/Koos*, IPRax 2000, 349 (350); *Ahrens*, CR 2000, 835 (838); *Ohly*, GRUR Int. 2001, 899 (901); *Paefgen*, ZEuP 2003, 271 f.
5 In diesem Sinne *Basedow*, RabelsZ 59 (1995), 13; *Grundmann*, RabelsZ 64 (2000), 460; *Drasch*, Herkunftslandprinzip, S. 244 ff.
6 Näher zum EVÜ *Basedow*, RabelsZ 59 (1995), 27 ff.

besteht insofern ein Zusammenhang, als die Vereinheitlichung des Internationalen Vertragsrechts auch dem forum shopping entgegenwirkt. Ferner könnte man Unterabsatz 1 erweiternd auslegen, dass die Vorschrift nicht nur eine fremdenrechtliche Gleichstellung meint, sondern auch kollisionsrechtliche Regelungen erfasst. Die Endfassung der Präambel des EVÜ nimmt jedoch bewusst nicht auf Art. 220 EGV Bezug[1]. Vielfach wird daher angenommen, das EVÜ sei kein Übereinkommen iSd. Art. 293 EG (ex-Art. 220 EGV)[2].

Inzwischen besteht eine Kompetenz zum Erlass von Gemeinschaftsrechtsakten zur „Förderung der Vereinbarkeit der in den Mitgliedstaaten geltenden Kollisionsnormen" nach Art. 65 EG[3]. Sie findet sich in erweiterter Form auch in Art. 81 des Vertrags über die Arbeitsweise der Europäischen Union (Lissabonner Vertrag)[4]. Bislang war der Erlass von Verordnungen für das Internationale Vertragsrecht kaum von Bedeutung; dies hat sich jedoch mit der Reform des internationalen Schuldrechts geändert (s. Rz. 35 ff.).

c) Verhältnis zum nationalen Kollisionsrecht

Im Verhältnis zum jeweiligen nationalen Kollisionsrecht genießt das **Gemeinschaftsrecht Vorrang**[5]. Grundsätzlich akzeptiert das Gemeinschaftsrecht das Bestehen und die Verschiedenheit der nationalen Sach- und Kollisionsrechte. Die Anknüpfungen des nationalen Kollisionsrechts müssen einer gemeinschaftsrechtlichen Überprüfung standhalten[6]. Sie dürfen insbesondere nicht im Widerspruch zu den Grundfreiheiten stehen. Die Gemeinschaftsrechtskonformität für das deutsche Internationale Schifffahrtsregister wurde bejaht[7]. Der nationale ordre public (Art. 6 EGBGB) muss den Vorgaben des Gemeinschaftsrechts ebenfalls Rechnung tragen[8]. Im internationalen Schuldrecht sind jetzt die ordre public-Klauseln in Art. 21 Rom I-VO und Art. 26 Rom II-VO zu beachten, vgl. Rz. 225.

15

---

[1] Dies halten für unzulässig, *Schwartz/Mölls*, in: von der Groeben/Schwarze, Kommentar zum Vertrag über die EU und zur Gründung der EG, 6. Aufl. (2004), Art. 293 EG Rz. 20, 71.
[2] *Pirrung*, in: von Bar, Europäisches Gemeinschaftsrecht und IPR, S. 34 ff.
[3] Näher *Leible*, in: Streinz, EUV/EGV (2003), Art. 65 EGV Rz. 15 ff.
[4] BGBl. II 2008, 1039; konsolidierte Fassung ABl. EU 2008 Nr. C 115, S. 47. – Zum vorangegangenen Art. III-170 des Entwurfs eines Vertrags über eine Verfassung für Europa vom 18.7.2003 (ABl. EG 2003 Nr. C 169) näher *Jayme/Kohler*, IPRax 2003, 485 ff.
[5] *Pfeiffer*, NJW 1999, 3674 (3681); *Brödermann*, in: Brödermann/Iversen, Rz. 6 ff., 419 ff.
[6] *Basedow*, RabelsZ 59 (1995), 27 ff.; *Remien*, RabelsZ 62 (1998), 630 ff.
[7] EuGH 17.3.1993 – verb. Rs. C-72/91 u. 73/91 (Sloman Neptun Schiffahrts AG), Slg. 1993, I-887 = EuZW 1993, 288 = IPRax 1994, 199 (m. Aufs. *Magnus*, IPRax 1994, 178) (Die Regelung des Seearbeitsrechts in § 21 Abs. 4 Flaggenrechtsgesetz zum Internationalen Schifffahrtsregister bedeutet keine staatliche Beihilfe iSd. Art. 92 Abs. 1 EG. Auch Art. 117 EG steht nicht entgegen).
[8] Näher *Martiny*, Gemeinschaftsrecht, ordre public, zwingende Bestimmungen und Exklusivnormen, in: von Bar (Hrsg.), EG-Recht und IPR (1991), S. 211 ff.; *Sonnenberger*, ZvglRW 95 (1996), 40 ff.

d) Verhältnis zu nationalen Sachnormen

16 Primäres Gemeinschaftsrecht setzt sich kraft seines Vorrangs gegenüber nationalem Sachrecht unmittelbar durch[1]. Auch nicht durch EU-Recht angeglichene Rechtsmaterien haben dem höherrangigen Gemeinschaftsrecht zu entsprechen. Dies gilt namentlich für **eigene zwingende Vorschriften** in den nationalen Sachnormen[2]. Auch hier kommen Verstöße gegen die Grundfreiheiten des EG-Vertrags und das Diskriminierungsverbot in Betracht. Das bloße Bestehen strengerer Voraussetzungen nach einem nationalen Recht als nach anderen Rechtsordnungen macht es noch nicht gemeinschaftsrechtswidrig[3]. Vielmehr ist im Einzelfall zu prüfen, ob ein Verstoß gegen Gemeinschaftsrecht vorliegt[4]. Die Tragweite der Grundfreiheiten für das nationale Privatrecht ist freilich noch weitgehend ungeklärt[5].

3. Verordnungen

17 Verordnungen der EG gelten **unmittelbar in jedem Mitgliedstaat** der Gemeinschaft (Art. 249 Abs. 2 EG; ex-Art. 189 Abs. 2 EGV). Soweit einheitliches europäisches Sachrecht eingreift, braucht ein auf nationales Recht verweisendes Vertragsstatut nicht mehr ermittelt zu werden. Dies gilt etwa im Hinblick auf die VO für Ausgleichsleistungen bei Nichtbeförderung von 1991 für transport-

---

1 St. Rspr. seit EuGH 15.7.1964 – Rs. 6/64 (Costa/ENEL), Slg. 1964, 1251; *Remien*, JZ 1994, 349 (352); *Steindorff*, EG-Vertrag und Privatrecht, S. 68; *Magnus*, in: Staudinger, Art. 27 EGBGB Rz. 128.
2 *Basedow*, RabelsZ 59 (1995), 28 f.
3 *Wilderspin*, in: Baur/Mansel, S. 84.
4 Dazu *Roth*, ZEuP 1994, 5 ff.; *Mülbert*, ZHR 159 (1995), 2 ff.
5 S. EuGH 24.10.1978 – Rs. 15/78 (Société Générale Alsacienne de Banque/Koestler), Slg. 1978, 1971 (Deutsche Regeln über Termingeschäfte waren nicht diskriminierend und vereinbar mit Art. 59, 60 EGV aF); EuGH 24.1.1991 – Rs. C-339/89 (Alsthom Atlantique/Sulzer), Slg. 1991, I-107 (Sachmängelgewährleistung des Verkäufers. Unabdingbarkeit nach französ. Recht war wegen bestehender Rechtswahlfreiheit keine verbotene Maßnahme gleicher Wirkung iSd. Art. 29 EG [ex-Art. 34 EGV]); EuGH 30.3.1993 – Rs. C-168/91 (Christos Konstantinidis), Slg. 1993, I-1191 = IPRax 1994, 113 (m. Aufs. *Böhmer*, IPRax 1994, 80 und *Benicke/Zimmermann*, IPRax 1995, 141) = ZEuP 1995, 89 Anm. *Pintens* (Transliterationsverpflichtung des deutschen Rechts bei Namensführung eines griech. Gewerbetreibenden war gemeinschaftsrechtswidrig im Hinblick auf Art. 43 EG [ex-Art. 52 EGV]); EuGH 1.7.1993 – Rs. C-20/92 (Hubbard/Hamburger), Slg. 1991, I-3777 = IPRax 1994, 203 (m. Aufs. *Kaum*, IPRax 1994, 180) (Verpflichtung des Ausländers zur Stellung von Prozesskostensicherheit [§ 110 ZPO aF] war Verstoß gegen Art. 12, 49, 50 EG [ex-Art. 6, 59, 60 EGV]); EuGH 10.2.1994 – Rs. C-398/92 (Mund & Fester/Hatrex Internationaal Transport), Slg. 1994, I-467 = IPRax 1994, 439 (m. Aufs. *Geiger*, IPRax 1994, 415) = ZEuP 1995, 250 Anm. *Schlosser* = NJW 1994, 1271 (Gemeinschaftsrechtswidrigkeit des Arrestgrundes der Auslandsvollstreckung [§ 917 Abs. 2 ZPO aF] unter Berufung auf Art. 12 EG [ex-Art. 6 EGV] iVm. Art. 293 EG [ex-Art. 220 EGV] und das EuGVÜ); EuGH 10.5.1995 – Rs. C-384/93 (Alpine Investments/Minister van Financien), Slg. 1995, I-1141 = EuZW 1995, 404 Anm. *Reich* (niederländ. Verbot der Telefonwerbung [cold calling] für Finanzdienstleistungen kein Verstoß gegen Art. 49 Abs. 1 EG [ex-Art. 59 Abs. 1 EGV – Dienstleistungsfreiheit]).

rechtliche Ansprüche wegen Überbuchungsschadens[1]. Verordnungen sind bislang vor allem im Internationalen Verfahrensrecht erlassen worden (vgl. den extensiv ausgelegten Art. 65 EG). Im Übrigen bilden sie die Ausnahme, sind aber auch im Internationalen Vertragsrecht durchaus vorhanden[2]. Dies gilt etwa auch für den gesetzlichen Forderungsübergang im Zusammenhang mit Leistungen der Sozialen Sicherheit (s. Rz. 410). Verordnungskollisionsrecht genießt Vorrang vor nationalen Kollisionsnormen (vgl. auch Art. 3 Nr. 1 EGBGB)[3].

4. Richtlinien

a) Gemeinschaftsrechtliche Richtlinien

aa) Allgemeines

Die Privatrechtsangleichung innerhalb der EU erfolgt bisher hauptsächlich durch Richtlinien[4]. Heute wird das EVÜ von zahlreichen in nationales Recht umzusetzenden Richtlinien (vgl. Art. 94 EG; ex-Art. 100a EGV), insbesondere solche verbraucherschützender Natur (vgl. Art. 153 EG; ex-Art. 129a EGV), flankiert. Kollisionsrechtliche Fragestellungen werden dadurch nicht obsolet, da es einer nationalen Umsetzung bedarf. Einheitlichkeit tritt nur in begrenztem Umfang ein; zum einen werden in bestimmtem Umfang höhere nationale Schutzstandards nicht berührt und zum anderen können die Richtlinien selbst mehrere Optionen zulassen[5] (vgl. Rz. 548 f.). 18

Eine Reihe dieser Richtlinien **beschränkt sich auf das Sachrecht** und enthält keine eigenen Kollisionsnormen. Bei ihnen stellt sich dann vor allem die Frage nach den Konsequenzen einer fehlenden Umsetzung. Allerdings hat der EuGH auch die zwingenden sachrechtlichen Bestimmungen der Handelsvertreterrichtlinie von 1986 durchgesetzt und ihnen damit kollisionsrechtliche Bedeutung beigemessen (s. Rz. 545).

EuGH 9.11.2000 – Rs. C-381/98 (Ingmar GB Ltd./Eaton Leonard Technologies Inc.), Slg. 2000, I-9305 = EuZW 2001, 51 Anm. *Reich* = IPRax 2001, 225 (m. Aufs. *Jayme*, IPRax 2001, 191) = RIW 2001, 133 (m. Aufs. *Freitag/Leible*, RIW 2001, 287) Handelsvertretervertrag zwischen engl. Handelsvertreter mit Niederlassung in England und kaliforn. Unternehmen über Vertrieb im Vereinigten Königreich und Irland. Trotz Wahl kaliforn. Rechts den in der Handelsvertreterrichtlinie festgeschriebenen Ausgleichsanspruch wegen des Schutzes des Handelsvertreters, der Wettbewerbsgleichheit und des „starken Gemeinschaftsbezuges" zugebilligt.

---

1 LG Frankfurt a.M. 29.4.1998, IPRspr. 1998 Nr. 49 = NJW-RR 1998, 1589. – Vgl. VO 295/91/EWG über eine gemeinsame Regelung für ein System von Ausgleichsleistungen bei Nichtbeförderung im Linienflugverkehr, ABl. EG 1991 Nr. L 36, S. 5; *Jayme/Kohler*, IPRax 1999, 411.
2 Näher *Brödermann*, in: Brödermann/Iversen, Rz. 304 ff.
3 S. *Iversen*, in: Brödermann/Iversen, Rz. 553 ff.
4 S. die Übersichten bei *von Hoffmann*, ZfRV 1995, 53; *Heiss*, ZfRV 1995, 58 ff.; *Leible*, in: Schulte-Nölke/Schulze, S. 353 ff.; *Grundmann*, NJW 2000, 14 ff.
5 Vgl. *von Hoffmann*, ZfRV 36 (1995), 46 ff.; *Jayme/Kohler*, Rev.crit.d.i.p. 84 (1995), 4 ff.

Diese Lösung ist auf vielfache Kritik gestoßen[1]. Soweit das Ergebnis hingenommen wird, wird teilweise eine eigene Kategorie (ungeschriebenen) europäischen Kollisionsrechts angenommen[2]. Von anderen wird eine Sonderanknüpfung als international zwingendes Recht für zulässig gehalten[3]. Wieder andere wollen den Mindeststandard der jeweiligen Richtlinie gegen die Wahl eines Drittstaatenrechts durchsetzen, wenn der Vertrag einen engen Zusammenhang mit dem Gebiet eines Mitgliedstaates aufweist[4]. Hierfür wird eine Analogie zu Art. 29a EGBGB (nunmehr Art. 46b EGBGB) vorgeschlagen[5] (s. näher unten Rz. 4245).

19 Andere Richtlinien betreffen ausdrücklich auch das **Kollisionsrecht**. Dies war insbesondere im Versicherungsrecht der Fall. Hier gilt nunmehr freilich Art. 7 Rom I-VO vor (s. Rz. 4721 ff.). Eine ganze Reihe von Richtlinien will hingegen in erster Linie eine sachrechtliche Angleichung herbeiführen. Gleichzeitig enthalten sie jedoch einseitig ausgerichtete Kollisionsnormen, welche das Verhältnis zum Recht eines Drittstaates regeln[6]. Gesichert werden soll insbesondere, dass ein Verbraucher den in der Richtlinie vorgesehenen Schutz nicht verliert, wenn drittstaatliches Recht vereinbart wird. Die fehlende Abstimmung solcher Regeln mit den bilateralen Kollisionsnormen des EVÜ – insbesondere mit dem für Verbraucherverträge geltenden Art. 5 EVÜ (Art. 29 EGBGB) – wurde mit Recht kritisiert[7]. Nunmehr ist zwar Art. 6 Rom I-VO weiter gefasst. Konflikte mit dem nach Art. 23 Rom I-VO vorrangigen Richtlinienrecht sind aber nicht völlig ausgeschlossen, s. unten Rz. 515 ff., Rz. 4231 ff.

bb) Fehlende Umsetzung

20 Sind die Richtlinien der EG vom nationalen Gesetzgeber nicht fristgerecht in nationales Recht umgesetzt worden, so stellt sich die Frage, ob sie gleichwohl zur Anwendung kommen. Dies wurde bislang vor allem für Verbraucherverträge praktisch (s. Rz. 350). Grundsätzlich kann **Richtlinien** in den Mitgliedstaaten eine **unmittelbare Wirkung zukommen**, wenn sie unbedingt und „hinreichend bestimmt" sind und sie keiner nationalen Ausführungsbestimmung bedürfen. Zwar haben deutsche Gerichte in der Vergangenheit verschiedentlich Verbraucherschutzrichtlinien unmittelbare Wirkungen beigemessen[8] und

---

1 S. nur *Freitag/Leible*, RIW 2001, 287 ff.; *Schwarz*, ZvglRW 101 (2002), 45 ff.; *Sonnenberger*, IPRax 2003, 104 (109 f.).
2 Dazu *Pfeiffer*, in: Leible (Hrsg.), Das Grünbuch zum Internationalen Vertragsrecht (2004), S. 25 ff.; *Leible*, in: AnwK, Art. 34 EGBGB Rz. 12.
3 Vgl. zu Art. 34 EGBGB *Staudinger*, NJW 2001, 1974 ff.
4 *Nemeth/Rudisch*, ZfRV 42 (2001), 182 f.
5 *Bitterich*, VuR 2002, 155 ff.; *Paefgen*, ZEuP 2003, 291 ff.; *Leible*, in: AnwK, Art. 29a EGBGB Rz. 48 ff.
6 Vgl. *von Hoffmann*, ZfRV 1995, 47 f.; *Martiny*, ZEuP 1995, 69 ff.
7 S. *Jayme/Kohler*, IPRax 1994, 407; *Jayme/Kohler*, Rev.crit.d.i.p. 84 (1995), 11 ff.
8 S. jeweils zur Richtlinie über Haustürwiderrufsgeschäfte von 1985 (§§ 312 ff. BGB), etwa OLG Celle 28.8.1990, IPRspr. 1990 Nr. 41 = EuZW 1991, 401 m. Aufs. *Herber* = IPRax 1991, 334 (m. Aufs. *Mankowski*, IPRax 1991, 305); LG Wiesbaden 14.8.1990,

auch im Schrifttum fand diese Auffassung zT Beifall[1]. Nach Auffassung des EuGH entfalten jedoch Richtlinien unter Privaten keine unmittelbare, sog. „horizontale" Drittwirkung[2]. Dies gilt insbes. für nicht umgesetzte Richtlinien[3].

Der Gerichtshof hat lediglich Schadensersatzansprüche gegen den Staat zugelassen. Voraussetzung dafür ist, dass die Richtlinie dem Einzelnen Rechte verleiht, die Vorschriften inhaltlich bestimmbar sind und ein Kausalzusammenhang zwischen der Nichtumsetzung und dem entstandenen Schaden besteht[4].

Damit scheidet eine unmittelbare Durchsetzung aus[5]. Gleichwohl stellt sich die Frage, ob gegenüber einer richtlinienwidrigen Rechtsordnung die Richtlinie kollisionsrechtlich als **zwingendes Recht** durchgesetzt werden kann. Dies wurde teilweise bejaht. Der Forumstaat soll sich gegenüber dem ausländischen Recht auf die eigene Umsetzung berufen können. Im Wege einer sog. mittel- 21

IPRspr. 1990 Nr. 40 = MDR 1991, 156; LG Weiden 27.10.1995, IPRspr. 1995 Nr. 35 = NJW-RR 1996, 438; LG Dresden 23.6.1998, IPRspr. 1998 Nr. 146 = NZM 1998, 825; AG Bremerhaven 27.6.1990, IPRspr. 1990 Nr. 39 = NJW-RR 1990, 1083. – Abl. etwa LG Düsseldorf 12.4.1994, IPRspr. 1994 Nr. 33 = RIW 1995, 415 = VuR 1994, 262 Anm. *Tonner* (Time-Sharing-Vertrag); *Mankowski*, RIW 1995, 368 f.; *Sonnenberger*, ZvglRW 60 (1996), 34 f.; *Klauer*, S. 150 ff.

1 So etwa *Reich*, VuR 1989, 158 ff.; *Reich*, EuZW 1991, 203 (209); *Reich*, VuR 1992, 189 (190). Näher dazu *Iversen*, in: Brödermann/Iversen, Rz. 830 ff. mwN.
2 EuGH 26.2.1986 – Rs. 152/84 (Marshall/Southampton Health Authority), Slg. 1986, 723 = NJW 1986, 2178 = RIW 1986, 739 (Frauendiskriminierung wegen unterschiedlichen Rentenalters. Anwendung der Richtlinie über Diskriminierungen auf Grund des Geschlechts gegenüber engl. staatlicher Stelle).
3 EuGH 14.7.1994 – Rs. C-91/92 (Faccini Dori/Recreb Srl), Slg. 1994, I-3325 = EuZW 1994, 498 = JZ 1995, 149 Anm. *Heß* (Fernunterrichtsvertrag in Italien. Richtlinie über Haustürgeschäfte vom 20.12.1985 entfaltete keine horizontale Direktwirkung); EuGH 7.3.1996 – Rs. C-192/94 (El Corte Inglés), Slg. 1996, I-1296 = NJW 1996, 1401 (Verbraucherkredit in Spanien. Verbraucherkreditrichtlinie vom 22.12.1986 hatte mangels Umsetzung keine Wirkung gegenüber Kreditgeber); EuGH 19.11.1991 – Rs. C-6/90 u. C-9/90 (Francovich, Bonifaci/Italienische Republik), Slg. 1991, I-5357 = NJW 1992, 165 = RIW 1992, 243 (Nichtumsetzung der Richtlinie über den Arbeitnehmerschutz bei Zahlungsunfähigkeit des Arbeitgebers von 1980 in Italien. Keine direkte Anwendung, wohl aber Schadensersatzhaftung des Staates wegen Verletzung gemeinschaftsrechtlicher Verpflichtungen); EuGH 8.10.1996 – Rs. C-178/94 (Dillenkofer/Deutschland), Slg. 1996, I-4845. – Vgl. auch *Brödermann*, in: Brödermann/Iversen, Rz. 856 ff.
4 EuGH 14.7.1994 – Rs. C-91/92 (Faccini Dori/Recreb Srl), Slg. 1994, I-3325 = EuZW 1994, 498 = JZ 1995, 149 Anm. *Heß* (Fernunterrichtsvertrag in Italien. Richtlinie über Haustürgeschäfte vom 20.12.1985 entfaltete keine horizontale Direktwirkung); EuGH 7.3.1996 – Rs. C-192/94 (El Corte Inglés), Slg. 1996, I-1296 = NJW 1996, 1401 (Verbraucherkredit in Spanien. Verbraucherkreditrichtlinie vom 22.12.1986 hatte mangels Umsetzung keine Wirkung gegenüber Kreditgeber); EuGH 19.11.1991 – Rs. C-6/90 u. C-9/90 (Francovich, Bonifaci/Italienische Republik), Slg. 1991, I-5357 = NJW 1992, 165 = RIW 1992, 243 (Nichtumsetzung der Richtlinie über den Arbeitnehmerschutz bei Zahlungsunfähigkeit des Arbeitgebers von 1980 in Italien. Keine direkte Anwendung, wohl aber Schadensersatzhaftung des Staates wegen Verletzung gemeinschaftsrechtlicher Verpflichtungen); EuGH 8.10.1996 – Rs. C-178/94 (Dillenkofer/Deutschland), Slg. 1996, I-4845. – Vgl. auch *Brödermann*, in: Brödermann/Iversen, Rz. 856 ff.
5 *Magnus*, in: Staudinger, Art. 29 EGBGB Rz. 85. Vgl. *Baumert*, EWS 1995, 57 (58).

baren Anwendung soll das richtlinienkonforme Recht und damit der Inhalt der Richtlinie als zwingende Norm des Forumstaates (früher Art. 34 EGBGB, Art. 7 Abs. 2 EVÜ) durchgesetzt werden[1]. Auf diese Weise wird zugleich eine mittelbare horizontale Richtlinienwirkung erreicht. Dies wurde verschiedentlich für die Richtlinie über Haustürgeschäfte angenommen (näher unten Rz. 4211). Diese Lösung widerspricht jedoch der nur eingeschränkten europarechtlichen Richtlinienwirkung und könnte zudem dazu führen, dass die Einstufung als Eingriffsnorm uneinheitlich erfolgt (s. aber unten Rz. 544 f.).

Andere haben lediglich eine Überprüfung anhand des **ordre public** (Art. 6 EGBGB) zugelassen. Der inländische Richter würde gegen seine Verpflichtung zur Gemeinschaftstreue verstoßen, wenn er richtlinienwidriges mitgliedstaatliches Recht anwenden würde[2]. Auch dieser Weg, welcher die Verletzung von Grundwerten des inländischen Rechts voraussetzt bzw. einen „europäischen ordre public" durchsetzen will, ist aber fragwürdig. Art. 21 Rom I-VO bietet jedenfalls keinen Anhaltspunkt für ein solches Vorgehen.

b) Einzelne Richtlinien

aa) Verbraucherrecht

22 Zur Schaffung eines Europäischen Verbraucherrechts sind bereits eine Reihe von Richtlinien ergangen, die auch für grenzüberschreitende Verträge Bedeutung erlangt haben:

- Die Richtlinie über den Verbraucherschutz von *außerhalb Geschäftsräumen geschlossenen Verträgen* von 1985[3] enthält keine kollisionsrechtlichen Vorgaben. Vgl. Rz. 4245.

- Die Richtlinie über *missbräuchliche Klauseln* in Verbraucherverträgen von 1993[4] war bis 31.12.1994 in nationales Recht umzusetzen. Nach Art. 6 Abs. 2, der in Deutschland in Art. 46b EGBGB umgesetzt wurde, darf dem Verbraucher nicht der in der Richtlinie vorgesehene Schutz vorenthalten werden, indem das Recht eines Drittlandes vereinbart wird[5]. Vgl. unten Rz. 4232.

- Die Richtlinie über den Verbraucherschutz bei Vertragsabschlüssen im *Fernabsatz* vom 20.5.1997 zielt hauptsächlich auf eine Angleichung des Sachrechts ab[6]. Nach Art. 12 Abs. 2, der sich in Deutschland in Art. 46b EGBGB niedergeschlagen hat, verliert der Verbraucher nicht den durch die

---

1 S. insbes. *Jayme*, IPRax 1990, 220 (222); *Jayme*, RabelsZ 55 (1991), 303 (325). Ferner *Deinert*, Jb.J.ZivRWiss 1997, 257 ff.; *Krebber*, ZvglRW 97 (1998), 132 ff.
2 So *Iversen*, in: Brödermann/Iversen, Rz. 1019 ff., 1076 ff. Anders etwa LG Düsseldorf 12.4.1994, IPRspr. 1994 Nr. 33 = RIW 1995, 415 (m. Aufs. *Mankowski*, RIW 1995, 364) = VuR 1994, 262 Anm. *Tonner* (Time-Sharing-Vertrag).
3 Text ABl. EG 1985 Nr. L 372, S. 31. – Kommentar von *Micklitz*, in: Grabitz/Hilf, A 2.
4 ABl. EG 1993 Nr. L 95, S. 29. – Kommentar von *Pfeiffer*, in: Grabitz/Hilf, A 5.
5 Vgl. *Jayme/Kohler*, IPRax 1994, 407; *Jayme/Kohler*, Rev.crit.d.i.p. 84 (1995), 19 ff.
6 Text ABl. EG 1997 Nr. L 144, S. 19. – Kommentar von *Micklitz*, in: Grabitz/Hilf, A 3.

Richtlinie gewährten Schutz, indem das Recht eines Drittlandes vereinbart wird[1] (s. Rz. 4232).

– Ferner gilt eine Richtlinie zu bestimmten Aspekten des *Verbrauchsgüterkaufs und der Garantien für Verbrauchsgüter* vom 25.5.1999[2]. Art. 7 Abs. 2 der Richtlinie, der in Deutschland über Art. 46b EGBGB umgesetzt wird, schützt den Verbraucher vor der Wahl drittstaatlichen Rechts (s. Rz. 4232).

– Art. 12 Abs. 2 der Richtlinie über den *Fernabsatz von Finanzdienstleistungen* vom 17.6.2002 schützt den Verbraucher vor der Vereinbarung drittstaatlichen Rechts[3] (vgl. Rz. 4232).

– Art. 22 Abs. 4 der Richtlinie über *Verbraucherkreditverträge* vom 23.4.2008[4] (vgl. Rz. 4232). Ihr Vorgänger, die Verbraucherkreditrichtlinie von 1986 idF von 1990[5] äußerte sich nicht zum anwendbaren Recht.

bb) Dienstleistungen

Die Richtlinie über den elektronischen Geschäftsverkehr vom 17.7.2000[6] will zwar keine zusätzlichen Kollisionsnormen schaffen (Art. 1 Abs. 4), statuiert jedoch das Herkunftslandprinzip (Art. 3). Sie ist in §§ 1 ff. TMG umgesetzt worden[7]. Die Vorschriften für Verbraucherverträge werden allerdings vom Herkunftslandprinzip des § 3 Abs. 1 und 2 TMG ausgenommen (§ 3 Abs. 3 Nr. 2 TMG). Die Dienstleistungsrichtlinie[8] soll am bestehenden kollisionsrechtlichen Zustand nichts ändern. Dies ordnet ihr Art. 3 Abs. 2 ausdrücklich an. Vgl. auch unten Rz. 1044.

23

cc) Time-Sharing

An die Stelle der bisherigen Time-Sharing-Richtlinie tritt die bis zum 23.2.2011 umzusetzende Richtlinie vom 14.1.2009 über den Schutz der Verbraucher im Hinblick auf bestimmte Aspekte von Teilnutzungsverträgen, Verträgen über langfristige Urlaubsprodukte sowie Wiederverkaufs- und Tauschverträgen[9]. Danach kommt es für den Schutz vor Nicht-EU-Recht bei

24

---

1 Vgl. *Jayme/Kohler*, IPRax 1994, 407; *Jayme/Kohler*, Rev.crit.d.i.p. 84 (1995), 27 ff.
2 Text ABl. EG 1999 Nr. L 171, S. 12. – Kommentar von *Magnus*, in: Grabitz/Hilf, A 15.
3 ABl. EG 2002 Nr. L 271, S. 16. – Vgl. dazu *Jayme/Kohler*, IPRax 2002, 463 f.; *Heiss*, IPRax 2003, 100.
4 ABl. EU 2008 Nr. L 133, S. 66.
5 ABl. EG 1987 Nr. L 42, S. 48 und ABl. EG 1990 Nr. L 61, S. 14.
6 Text: ABl. EG 2000 Nr. L 178, S. 1. – Kommentar von *Marly*, in: Grabitz/Hilf, A 4.
7 Dazu näher *Martiny*, in: MünchKomm, 5. Aufl. nach Art. 9 Rom I-VO Anh. III, Telemediengesetz Rz. 1 ff.
8 Richtlinie 2006/123/EG des Europäischen Parlaments und des Rates vom 12.12.2006 über Dienstleistungen im Binnenmarkt, ABl. EU 2006 Nr. L 376, S. 36. – Näher *Kampf*, IPRax 2008, 101 ff.
9 Richtlinie zum Schutze der Erwerber im Hinblick auf bestimmte Aspekte von Verträgen über den Erwerb von Teilzeitnutzungsrechten an Immobilien, ABl. EG 1994 Nr. L 280, S. 83 = EuZW 1995, 21 = NJW 1995, 375. – Kommentar von *Martinek*, in: Grabitz/Hilf, A 13.

Immobilien auf die Belegenheit, im Übrigen auf die Ausübung bzw. Ausrichtung der Tätigkeit des Unternehmers an (Art. 12 Abs. 2). Bereits die vorherige Richtlinie über das Time-Sharing vom 26.10.1994 zielt auf eine Vereinheitlichung der Regeln für Time-Sharing-Verträge ab[1]. Dem Erwerber soll jedoch der durch die Richtlinie gewährte Schutz nicht durch die Vereinbarung ausländischen Rechts vorenthalten werden, wenn die Immobilie in einem Mitgliedstaat belegen ist (Art. 9)[2]. Dies wird in Deutschland über Art. 46b Abs. 3 EGBGB durchgesetzt. Vgl. unten Rz. 4337 ff.

dd) Versicherungsrecht

25 Eine ganze Reihe von Richtlinien hat nicht nur sachrechtliche, sondern auch kollisionsrechtliche Auswirkungen. So hat die Zweite Direktversicherungsrichtlinie vom 22.6.1988 auch das Internationale Versicherungsrecht in der EG vereinheitlicht. Die deutsche Regelung fand sich in Art. 7–14 EGVVG, die durch Art. 7 Rom I-VO ersetzt worden sind (s. näher unten Rz. 4726 f.).

ee) Arbeitsrecht

26 Bisherige Richtlinien betreffen unter anderem den Betriebsübergang und die Einsetzung eines Europäischen Betriebsrats (s. Rz. 4931, 4951 ff.). Die Richtlinie über die Entsendung von Arbeitnehmern will sicherstellen, dass dem Arbeitnehmer nicht die Arbeitsbedingungen versagt werden, welche an dem Ort, an dem die Arbeitsleistung vorübergehend erbracht wird, für Tätigkeiten der gleichen Art gelten[3] (vgl. unten Rz. 4810).

ff) Handelsvertreterrecht

27 Das Handelsvertreterrecht ist durch die Richtlinie zur Koordinierung der Rechtsvorschriften der Mitgliedstaaten betreffend die selbstständigen Handelsvertreter vom 18.12.1986 angeglichen worden (s. Rz. 2161).

gg) Anwaltsrecht

28 Das Anwaltsrecht ist im Zuge der Liberalisierung der Dienstleistungen angeglichen worden (vgl. Rz. 1411 ff.).

5. Gemeinsamer Referenzrahmen

29 In welcher Rechtsform ein Gemeinsamer Referenzrahmen (Common Frame of Reference) mit einheitlichen vermögensrechtlichen Regeln geschaffen wird,

---

1 *Jayme/Kohler*, Rev.crit.d.i.p. 84 (1995), 29 ff.
2 ABl. EU 2009 Nr. L 33, S. 10.
3 Art. 3 Richtlinie über die Entsendung von Arbeitnehmern im Rahmen der Erbringung von Dienstleistungen vom 16.12.1996, ABl. EG 1997 Nr. L 18, S. 1.

ist noch offen[1]. Inzwischen wurde ein wissenschaftlicher Entwurf erstellt[2]. Dementsprechend ist das Verhältnis zur Rom I-VO, das in Art. 22 Rom I-VO Entw. 2005 noch angesprochen wurde, ungeklärt[3]. Dies gilt auch für das ursprünglich geplante sog. optionale Instrument[4]. Erwägungsgrund 14 stellt lediglich fest, dass dann, wenn die Gemeinschaft in einem geeigneten Rechtsakt Regeln des materiellen Vertragsrechts, einschließlich vertragsrechtlicher Standardbestimmungen, festlegen sollte, in einem solchen Rechtsakt vorgesehen werden kann, dass die Parteien entscheiden können, diese Regeln anzuwenden.

IV. Staatsverträge

Einzelne Staatsverträge behandeln **Teilaspekte des Internationalen Vertragsrechts**. Typisch sind Übereinkommen, welche bestimmte Sachgebiete mithilfe materiellrechtlicher Regeln vereinheitlichen. Solche Staatsverträge, welche in erster Linie Einheitsrecht schaffen und in unmittelbar anwendbares innerstaatliches Recht umgesetzt werden (s. Rz. 1), genießen auf Grund der allgemeinen Regel des Art. 3 Nr. 2 EGBGB Vorrang vor dem nationalen Kollisionsrecht[5] und auch vor der Rom I-VO (zu Art. 25 Rom I-VO s. Rz. 78). Die Anwendbarkeit des Staatsvertrages und von Einheitsrecht darf daher nicht mit der Ermittlung des Vertragsstatuts vermischt werden[6]. Kollisionsrechtliche Probleme entstehen dabei vor allem im Anwendungsbereich der Übereinkommen und bezüglich des Verhältnisses von Staatsvertrag und nationalem Recht, insbes. bei der Lückenfüllung[7]. Solche Lücken sind, sofern die Konvention nicht auf eine bestimmte nationale Rechtsordnung verweist, grundsätzlich unter Zuhilfenahme der Rom I-VO zu schließen. Die einzelnen, von der Haager Konferenz, UNCITRAL und UNIDROIT ausgearbeiteten Staatsverträge werden im jeweiligen Zusammenhang behandelt.

30

Frei.   31–34

---

1 S. Entschließung des Europäischen Parlaments zum CFR vom 3.9.2008, ZEuP 2009, 421 f.
2 S. von *Bar/Clive/Schulte-Nölke* (Hrsg.), Principles, definitions and model rules of European private law – Draft Common Frame of Reference (DCFR) (Interim Outline Edition 2008; Outline Edition 2009). – Dazu *Eidenmüller* ua., Der Gemeinsame Referenzrahmen für das Europäische Privatrecht, JZ 2008, 529; *Leible*, Europäisches Privatrecht am Scheideweg, NJW 2008, 2558.
3 S. *Heiss/Downes*, Non-optional Elements in an Optional European Contract Law, Eur.Rev.Priv.L. 13 (2005), 693 ff.; *Mankowski*, CFR und Rechtswahl, in: Schmidt-Kessel (Hrsg.), Der gemeinsame Referenzrahmen (2009), S. 389; *Martiny*, Common Frame of Reference und Internationales Vertragsrecht, ZEuP 2007, 212 ff. – Vgl. auch *Mankowski*, IPRax 2006, 112; *Remien*, Zweck, Inhalt, Anwendungsbereich und Rechtswirkung des Gemeinsamen Referenzrahmens, GPR 2008, 124.
4 *Leible*, NJW 2008, 2561 f.; *Wagner*, IPRax 2008, 380; *Leible*, Rom I und Rom II, S. 36 ff.
5 Vgl. *Blaurock*, Übernationales Recht des Internationalen Handels, ZEuP 1993, 247 (253 ff.); *Kegel/Schurig*, S. 74 ff. mwN.
6 So aber zB noch zu Art. 27 ff. EGBGB OLG Jena 26.5.1998, IPRspr. 1999 Nr. 25 = TranspR-IHR 2000, 25 Anm. *Herber* (CISG).
7 *Hohloch*, in: Erman, vor Art. 27 EGBGB Rz. 5.

B. Internationales Vertragsrecht der Rom I-Verordnung

	Rz.		Rz.
I. Entstehung	35	e) Schieds- und Gerichtsstandsvereinbarungen (Art. 1 Abs. 2 lit. e Rom I-VO)	57
II. Gemeinschaftsrechtliche Regelung	36	f) Gesellschaftsrecht, Vereinsrecht und Recht der juristischen Personen (Art. 1 Abs. 2 lit f Rom I-VO)	60
1. Vorrang der Verordnung	36	g) Vertreter (Art. 1 Abs. 2 lit. g Rom I-VO)	61
2. Auslegung	37	h) Gründung von „Trusts" (Art. 1 Abs. 2 lit. h Rom I-VO)	62
III. Räumlicher Anwendungsbereich und Mitgliedstaaten	39	i) Schuldverhältnisse aus Verhandlungen vor Vertragsabschluss (Art. 1 Abs. 2 lit. i Rom I-VO)	64
IV. Universelle Anwendung (Art. 2 Rom I-VO)	40	j) Versicherungsverträge (Art. 1 Abs. 2 lit. j Rom I-VO)	65
V. Sachlicher Anwendungsbereich (Art. 1 Rom I-VO)	41	k) Beweis und Verfahren (Art. 1 Abs. 3 Rom I-VO)	66
1. Allgemeines	41	VI. Verhältnis zu anderen Gemeinschaftsrechtsakten	67
2. Vertragliche Schuldverhältnisse	42	1. Weitergeltung anderen Gemeinschaftsrechts (Art. 23 Rom I-VO)	67
3. Zivil- und Handelssachen	44	2. Entstehungsgeschichte	68
4. Verbindung zum Recht verschiedener Staaten (Art. 1 Abs. 1 Rom I-VO)	45	3. Einheitsrecht	69
5. Ausnahmen des Art. 1 Rom I-VO	46	4. Kollisionsnormen in Verordnungen und Richtlinien	70
a) Grundsatz der Nichtanwendung	46	a) Grundsatz	70
b) Analoge Anwendung	48	b) Verordnungen	71
c) Öffentlich-rechtliche Angelegenheiten	50	c) Richtlinien	72
6. Ausgeschlossene Materien (Art. 1 Abs. 2 Rom I-VO)	51	5. Versicherungsverträge	76
a) Personenstand, Rechts-, Geschäfts- und Handlungsfähigkeit Art. 1 Abs. 2 lit. a Rom I-VO	51	VII. Beziehung zum Übereinkommen von Rom (Art. 24 Rom I-VO)	77
b) Schuldverhältnisse aus einem Familienverhältnis (Art. 1 Abs. 2 lit. b Rom I-VO)	52	VIII. Verhältnis zu bestehenden internationalen Übereinkommen (Art. 25 Rom I-VO)	78
c) Schuldverhältnisse aus ehelichen Güterständen, Testamenten und Erbrecht (Art. 1 Abs. 2 lit. c Rom I-VO)	53	IX. Inkrafttreten und zeitliche Anwendbarkeit (Art. 29 Rom I-VO)	79
d) Verpflichtungen aus Wechseln, Schecks, Eigenwechseln und anderen handelbaren Wertpapieren (Art. 1 Abs. 2 lit. d Rom I-VO)	54		

Literatur zur Verordnung: *Althammer*, Grundsatzfragen des Internationalen Schuldvertragsrechts, JA 2008, 772; *Basedow*, Später Gast am römischen Tisch: Das Vereinigte Königreich und die Rom I-Verordnung, EuZW 2009, Heft 5 S. V (Editorial); *Cashin Ritaine/Bonomi* (Hrsg.), Le nouveau règlement européen „Rome I" relatif à la loi applicable aux obligations contractuelles (Zürich 2008); *Clausnitzer/Woopen*, Internationale Vertragsgestaltung: die neue EG-Verordnung für grenzüberschreitende Verträge (Rom I-VO), BB 2008, 1798; *Francq*, Le règlement „Rome I" sur la loi applicable aux obligations contractuelles, Clunet 136 (2009), 41; *Garcimartín Alférez*, The Rom I Regulation, EuLF 2008, I-77; *Kenfack*, Le règlement (CE) no. 593/2008 du 17 juin 2008 sur la loi applicable aux obligations contractuelles („Rome I"), Clunet 136 (2009), 3; *Lagarde/Tenenbaum*, De la convention de Rome au règlement Rome I, Rev.crit.d.i.p. 97 (2008), 727; *Lando/Nielsen*, Rom I-forordningen, UfR 2008, 234; *Lando/Nielsen*, The Rome I Regulation, CML Rev. 45 (2008), 1687; *Leible*, Rom I und Rom II (2009); *Leible/Lehmann*, Die Verordnung über das auf vertragliche Schuldverhältnisse anzuwendende Recht („Rom I"), RIW 2008, 528; *Lein*, La nouvelle synergie Rome I/Rome II/Bruxelles I, in: Cashin Ritaine/Bonomi (Hrsg.), Le nouveau règlement européen „Rome I" relatif à la loi applicable aux obligations contractuelles (Genf 2008), S. 27; *Mankowski*, Die Rom I-Verordnung, IHR 2008, 133; *Nicholas*, The New Rome I Regulation on the Law Applicable to Contractual Obligations: Relationships with International Conventions of UNCITRAL, the Hauge Conference and UNIDROIT, in: Cashin Ritaine/Bonomi (Hrsg.), Le nouveau règlement européen „Rome I" relatif à la loi applicable aux obligations contractuelles, (Genf 2008), S. 49; *Nourissat* ua., Le nouveaux droit des contrats internationaux, Rev.Lamy dr.aff. 29 (2008), 61; *Pfeiffer*, Neues Internationales Vertragsrecht, EuZW 2008, 622; *Solomon*, The Private International Law of Contracts in Europe, Tul.L.Rev. 82 (2008), 1709; *Staudinger*, Rechtsvereinheitlichung innerhalb Europas: Rom I und Rom II, AnwBl. 2008, 8; *Ubertazzi*, Il regolamento Roma I sulla legge applicabile alle obbligazioni contrattuali (Mailand 2008); *Wagner*, Der Grundsatz der Rechtswahl und das mangels Rechtswahl anwendbare Recht (Rom-I-Verordnung), IPRax 2008, 377; *Wagner*, Normenkonflikte zwischen den EG-Verordnungen Brüssel I, Rom I und Rom II und transportrechtlichen Rechtsinstrumenten, TranspR 2009, 103; *Wilderspin*, Le Règlement Rome I: la communautarisation et la modernisation de la Convention de Rome, in: Cashin Ritaine/Bonomi (Hrsg.), Le nouveau règlement européen „Rome I" relatif à la loi applicable aux obligations contractuelles (Genf 2008), S. 11.

Literatur zum Grünbuch und zum Verordnungsentwurf: *Dutson*, A misguided proposal, L.Q.R. 122 (2006), 375; *Ferrari/Leible* (Hrsg.), Ein neues Internationales Vertragsrecht für Europa – Der Vorschlag für eine Rom I-Verordnung (2007); *Franzina* (Hrsg.), La legge applicabile ai contratti nella proposta di regolamento „Roma I" (Mailand 2006); *Hau*, Rahmenbedingungen einer Vergemeinschaftung des Internationalen Vertragsrechts, in: Leible (Hrsg.), Das Grünbuch zum Internationalen Vertragsrecht (2004), S. 13; *Heiss*, Die Vergemeinschaftung des internationalen Vertragsrechts durch „Rom I" und ihre Auswirkungen auf das österreichische internationale Privatrecht, JBl. 2006, 750; *Kieninger*, Der Rom-I-Vorschlag, EuZ 2007, 22; *Lagarde*, Remarques sur la proposition de règlement de la Commission européenne sur la loi applicable aux obligations contractuelles (Rome I), Rev.crit.d.i.p. 95 (2006), 331 (auch in Schulze [Hrsg.], New Features in Contract Law [2007], S. 277]; *Lando/Nielsen*, The Rome I Proposal, J.PIL 3 (2007), 29; *Lando/Nielsen*, EU-kommissionens forslag til lovvalgsregler for kontrakter, UfR 2007, 1; *Lehmann*, Der Anwendungsbereich der Rom I-Verordnung, in: Ferrari/Leible (Hrsg.), Ein neues Internationales Vertragsrecht für Europa (2007), S. 17; *Leible*, Internationales Vertragsrecht, die Arbeiten an einer Rom I-Verordnung und der Europäische Vertragsgerichtsstand, IPRax 2006, 365; *Leible*, Der Vorschlag für eine Rom I-Verordnung, EuZ 2006, 78; *Leible*, La propuesta para un reglamento „Roma I", AEDIPr 6 (2006), 541; *Lein*, Proposal for a regulation on the law applicable to contractual obligations (Rome I), Yb. PIL 7 (2005), 391; *Magnus/Mankowski*, The Green Paper on a Future Rome I Regulation – on the Road to a Renewed European Private International Law of Contracts, ZvglRW 103 (2004), 131; *Mankowski*, Der Vorschlag für die Rom-I-Verordnung, IPRax 2006, 101; *Martiny*, Europäisches Internationales Vertragsrecht in Erwartung der Rom I-Verordnung, ZEuP 2008, 79; Max Planck Institute for Comparative and International Private Law, Comments on the European Commission's Green Paper on the conversion of the Rome Convention of 1980 on the law applicable to contractual obligations into a Community instrument and its modernization, RabelsZ 68 (2004), 1; Max Planck Institute for Comparative and International Private Law, Comments on the European Commission's Proposal for a Regulation of the European Parliament and the Council on the law applicable to contractual obligations (Rome I), RabelsZ 71 (2007), 225; *Plender*, The Rome Convention – on the law applicable to contractual obligations, in: Angleichung des materiellen und des internationalen Privatrechts in der EU (2003), S. 25; *Quiñones Escámez*, Ley aplicable a los contratos internacionales: novedades en la propuesta de reglamento„Roma I" (15 de diciembre de 2005), in: Calvo Caravaca/Rodriguez (Hrsg.), Parmalat y otros casos de derecho internacional privado (Madrid 2007), S. 475; *Rammeloo*, Via Romana. van EVO naar Rome I, NIPR 2006, 239; *Roth*, On the way to a Rome I Regulation, CML Rev. 43 (2006), 913; *H. Stoll*, Fragen der Selbstbeschränkung des gemeinschaftlichen Rechts der internationalen Schuldverträge in Europa, Festschr. Jayme I (2004), S. 905.

I. Entstehung

35 Das EVÜ war vor allem wegen der inzwischen erfolgten materiellrechtlichen, aber auch internationalverfahrensrechtlichen Rechtsangleichung und -vereinheitlichung in der Gemeinschaft reformbedüftig[1]. An verschiedenen Stellen waren auch Klarstellungen und Nachbesserungen notwendig geworden. Ferner sind die Rechtswahlbeschränkungen und Anknüpfungen des Richtlinienrechts vielfach andere Wege gegangen als das Übereinkommen, so dass Spannungen unter den einzelnen Lösungen entstanden waren (vgl. Rz. 18 ff.). Einzelne Reformvorschläge lagen seit längerem vor[2]. Ferner sollte der Inhalt des EVÜ in eine Verordnung überführt werden, so dass in Zukunft keine schwerfälligen Ratifikationsverfahren mehr notwendig sind und eine einheitliche Auslegung erfolgen kann[3] (vgl. Rz. 37).

Die Revision des EVÜ wurde zunächst durch ein **Grünbuch** von Januar 2003 vorbereitet[4], zu dem eine Reihe von Stellungnahmen einging. Ein **Vorschlag für eine Verordnung** über das auf vertragliche Schuldverhältnisse anzuwendende Recht (Rom I) wurde am 15.12.2005 von der EG-Kommission vorgelegt[5].

---

1 Vgl. *Wagner*, IPRax 2008, 378. S. bereits *Sonnenberger*, ZvglRW 100 (2001), 117 ff.; *Martiny*, ZEuP 2001, 332 ff.
2 Europäische Gruppe für Internationales Privatrecht, Vorschläge für eine Revision des Europäischen Schuldvertragsübereinkommens, IPRax 2001, 64 f. (französ. Fassung) = Rev.crit.d.i.p. 89 (2000), 929. – Engl. Fassung bei *Magnus*, in: Staudinger, Vorbem. zu Art. 27–37 EGBGB Rz. 32. – Vgl. auch *Jayme/Kohler*, IPRax 2002, 461 (470).
3 *Kessedjian*, Liber Amicorum Siehr, S. 334 f.; *Jayme/Kohler*, IPRax 2002, 461 (470). – S. Aktionsplan des Rates und der Kommission vom 3.12.1998, ABl. EG 1999 Nr. C 19, S. 1 = IPRax 1999, 288. Vgl. dazu *Jayme/Kohler*, IPRax 2000, 456.
4 Grünbuch über die Umwandlung des Übk. von Rom aus dem Jahr 1980 über das auf vertragliche Schuldverhältnisse anzuwendende Recht in ein Gemeinschaftsinstrument sowie über seine Aktualisierung (KOM[2002], 654 endgültig vom 14.1.2003). – S. dazu Leible (Hrsg.), Das Grünbuch zum internationalen Vertragsrecht (2004), mit Text als Anh. II; *Mankowski*, ZEuP 2003, 483 ff.; *Martiny*, ZEuP 2003, 590 ff.
5 Vorschlag für eine Verordnung des Europäischen Parlaments und des Rates über das auf vertragliche Schuldverhältnisse anzuwendende Recht (Rom I), KOM(2005), 650 endgültig vom 15.12.2005, IPRax 2006, 193. Text auch bei *Ferrari/Leible*, S. 245 ff.

Die Originalsprache des Entwurfs war französisch. Dazu ergingen zahlreiche Stellungnahmen. Die zuständige Brüsseler Arbeitsgruppe nahm ihre Arbeit im ersten Halbjahr 2006 auf[1]. In den Verhandlungen des Rats wurde die endgültige Fassung ausgearbeitet.

Im April 2007 wurde eine politische Einigung über zahlreiche Vorschriften erzielt. In der zweiten Hälfte des Jahres 2007 fand eine Abstimmung mit dem Europäischen Parlament statt. Schließlich wurde die VO in erster Lesung vom Europäischen Parlament angenommen[2] und eine legislative Entschließung verabschiedet[3]. Am 29.11.2007 hat das Parlament siebzig Änderungen zum ursprünglichen Kommmissionsvorschlag angenommen[4]. Der Rat Justiz und Inneres hat den Kompromiss am 7.12.2007 politisch gebilligt. In der ersten Hälfte 2008 wurde der Text redaktionell überarbeitet. Die englische Ursprungsfassung wurde in die anderen Sprachen der Mitgliedstaaten übersetzt. Der Rat hat der Verordnung am 6.6.2008 förmlich zugestimmt. Die Verordnung wurde am 17.6.2008 vom Präsidenten des Europäischen Rats und des Europäischen Parlaments unterschrieben und trägt daher dieses Datum[5].

Der Entwurf hatte eine lebhafte Debatte ausgelöst[6]. Im Vergleich zum Entwurf wurde eine ganze Reihe von Änderungen vorgenommen, so bezüglich der Rechtswahl (Art. 3 Rom I-VO) sowie der objektiven Anknüpfung (Art. 4 Rom I-VO). Ursprünglich nicht vorgesehene Regeln für Beförderungsverträge (Art. 5 Rom I-VO) und Versicherungsverträge (Art. 7 Rom I-VO) wurden entwickelt. Beim Verbrauchervertrag wurde die Rechtswahl zugelassen (Art. 6 Rom I-VO). Keinen Anklang fanden die Vorschriften des Entwurfs über die rechtsgeschäftliche Stellvertretung, die gestrichen wurden. Die Bestimmungen über die Eingriffsnormen wurden tiefgreifend verändert.

---

1 Zum Folgenden s. *Wagner*, IPRax 2008, 377 f.
2 Standpunkt des Europäischen Parlaments festgelegt in erster Lesung am 29.11.2007 im Hinblick auf den Erlass der Verordnung (EG) Nr. .../2007 des Europäischen Parlaments und des Rates über das auf vertragliche Schuldverhältnisse anzuwendende Recht (- Rom I) – Erste Lesung (15832/07).
3 Legislative Entschließung des Europäischen Parlaments vom 29.11.2007 zu dem Vorschlag für eine Verordnung des Europäischen Parlaments und des Rates über das auf vertragliche Schuldverhältnisse anzuwendende Recht (Rom I) (KOM[2005]0650 – C6-0041/2005 – 2005/0261 [COD]) (Verfahren der Mitentscheidung: erste Lesung).
4 S. Rechtsausschuss – Bericht über den Vorschlag für eine Verordnung des Europäischen Parlaments und des Rates über das auf vertragliche Schuldverhältnisse anzuwendende Recht (Rom I) (KOM[2005]0650 – C6-0041/2005 – 2005/0261 [COD]) vom 21.11.2007 (A6-0450/2007) Berichterstatter *C. Dumitrescu*.
5 Verordnung (EG) Nr. 593/2008 des Europäischen Parlaments und des Rates vom 17.6.2008 über das auf vertragliche Schuldverhältnisse anzuwendende Recht (Rom I), ABl. EU 2008 Nr. 177, S. 6; Text hier abgedruckt auf S. 1 ff.
6 S. nur *Mankowski*, IPRax 2006, 110 ff.; *Ferrari/Leible* (Hrsg.), Ein neues Internationales Vertragsrecht für Europa (2007).

II. Gemeinschaftsrechtliche Regelung

1. Vorrang der Verordnung

36 Die VO ist direkt anwendbar und verdrängt in ihrem Anwendungsbereich das nationale Kollisionsrecht (vgl. Art. 249 Abs. 2 EG; Art. 29 Rom I-VO)[1]. Dieses kann daher grundsätzlich nicht weiter bestehen. Anderes gilt nur für nicht von der Verordnung abgedeckte Fragen. Wegen der unmittelbaren Anwendbarkeit der Rom I-VO war eine entsprechende Änderung des deutschen IVR notwendig. Die bislang geltenden Art. 27–37 EGBGB wurden zum 17.12.2009 aufgehoben[2]. Die der Umsetzung von Richtlinien dienende Vorschrift des Art. 29a EGBGB wurde durch Art. 46b EGBGB ersetzt.

Allerdings lässt Art. 7 Rom I-VO in zwei Fällen für Versicherungsverträge zu, dass der nationale Gesetzgeber eine ergänzende Regelung bezüglich des anwendbaren Rechts trifft. Dies gilt zum einen für Art. 7 Abs. 3 S. 2 Rom I-VO. Ferner enthält Art. 7 Abs. 4 lit. b Rom I-VO noch eine besondere Regelung für die Pflichtversicherung. Danach kann ein Mitgliedstaat ganz allgemein vorschreiben, dass auf den Versicherungsvertrag das Recht des Mitgliedstaats anzuwenden ist, der die Versicherungspflicht verlangt. Da auch die Art. 7–15 EGVVG beseitigt wurden, fand der bisher in Art. 12 EGVVG geregelte Pflichtversicherungsvertrag in Art. 46c EGBGB einen neuen Standort (s. unten Rz. 4755 ff.).

Die Kompetenz zum Erlass der Verordnung lässt sich auf Art. 61 lit. c iVm. Art. 65 lit. b EG stützen[3]. Danach besteht zwar nur eine Zuständigkeit zur Förderung der „Vereinbarkeit der Kollisionsnormen", doch wird dies überwiegend weit ausgelegt[4]. Während das EVÜ als loi uniforme auch Sachverhalte mit Drittstaatsbezug erfasst hat, könnte man daran denken, die Kompetenz zum Verordnungserlass nur für ein Binnenmarktkollisionsrecht anzunehmen. Allerdings geht die Kommission zutreffend davon aus, dass auch eine Außenkompetenz der EG für Drittstaatensachverhalte besteht[5]. Dementsprechend kann, wie schon bislang, das Internationale Vertragsrecht durch universell geltende Kollisionsnormen gestaltet werden, vgl. Rz. 40.

2. Auslegung

Literatur: *Audit*, L'interprétation autonome du droit international privé communautaire, Clunet 131 (2004), 789; *Bertoli*, Il ruolo della corte di giustizia e l'interpretazione del futuro regolamento „Roma I", Riv.dir.int.priv.proc. 42 (2006), 999; *Bitter*, Auslegungs-

---

1 *Pfeiffer*, EuZW 2008, 622.
2 Art. 1, 3 Gesetz zur Anpassung der Vorschriften des Internationalen Privatrechts an die Verordnung (EG) Nr. 593/2008 vom 25.6.2009, BGBl. I 2009, 1574.
3 *Wagner*, IPRax 2008, 378; *Leible*, in: Streinz, EUV/EGV (2003), Art. 65 EGV Rz. 15 f.
4 Zur Problematik näher *Jayme*, IPRax 2001, 65; *Remien*, CML Rev. 38 (2001), 73 ff.; *Ehle*, S. 102 ff.; *Plender/Wilderspin*, Rz. 14-01 ff. – Dagegen früher für die Maßgeblichkeit von Art. 95 EG *Basedow*, CML Rev. 37 (2000), 696 ff.
5 In diesem Sinne auch schon *Basedow*, in: Baur/Mansel, S. 38 ff.; *Ehle*, S. 109 ff., 226 f.

zusammenhang zwischen der Brüssel I-Verordnung und der künftigen Rom I-Verordnung, IPRax 2008, 96; *Dutta/Volders*, Was lange währt, wird endlich gut? Zur Auslegungskompetenz des EuGH für das EVÜ, EuZW 2004, 556; *Lemaire*, Interrogations sur la portée juridique du préambule du règlement Rome I, D. 2008, 2157.

Für die Auslegung der Rom I-VO gelten die allgemeinen Grundsätze für die Auslegung von Verordnungen. Vielfach wird es einer Klärung durch den EuGH bedürfen. Vorlageberechtigt sind Gerichte, deren Entscheidungen nicht mehr mit Rechtsmitteln angefochten werden können (Art. 68 Abs. 1 EG)[1].   37

Die VO sagt nichts dazu, nach welchen Grundsätzen sie im Einzelnen auszulegen ist und wie Lücken zu füllen sind. Dabei kann in erheblichem Umfang an die Auslegung des EVÜ angeknüpft werden. In erster Linie ist eine **autonome Auslegung** vorzunehmen. Die Rom I-VO ist losgelöst von den Regeln eines nationalen Rechts auszulegen[2]. Im Übrigen sind die Grundsätze der **grammatischen, systematischen, historischen und teleologischen Auslegung in der gemeinschaftlichen Ausprägung** anzuwenden[3]. Gibt die VO selbst nicht genügend Aufschluss, so ist gleichwohl eine autonome Qualifikation der Begriffe auf rechtsvergleichender Grundlage erstrebenswert[4].

Der Zusammenhang mit anderen europäischen Kollisionsnormen ist zu wahren. Viele Begriffe tauchen auch in der Rom II-VO auf; unnötige Divergenzen sollten vermieden werden. Soweit die gleichen Begriffe wie in der EuGVO verwendet werden, ist zu prüfen, ob der Inhalt des in prozessrechtlichem Zusammenhang verwendeten Begriffs auch für die Rom I-VO herangezogen werden kann[5]. Dies ist insbesondere bei aufeinander abgestimmten Regelungen wie Art. 6 Rom I-VO (früher 29 EGBGB bzw. Art. 5 EVÜ) und Art. 15 EuGVO (früher Art. 13 GVÜ) zum Verbrauchervertrag der Fall[6].

Die Intentionen des Verordnungsgebers gehen teilweise aus den vorangestell-   38
ten Erwägungsgründen hervor. Besondere Bedeutung besitzt nach wie vor der **„Bericht über das Übereinkommen über das auf vertragliche Schuldverhältnisse anzuwendende Recht"** von *M. Giuliano* und *P. Lagarde*[7]. Dieser Bericht gibt Auskunft über die Intentionen der Schöpfer der Konvention und soll den Gerichten der Vertragsstaaten die Anwendung des EVÜ erleichtern[8]. Er ist als

---

1 Dazu *Wagner*, IPRax 2008, 386; *Pfeiffer*, EuZW 2008, 622.
2 Ebenso schon zum EVÜ *Junker*, RabelsZ 55 (1991), 677 f., 688.
3 *Garcimartín Alférez*, EuLF 2008, I-61 f.
4 Näher zum EVÜ *Reinhart*, RIW 1994, 447 ff.
5 *Garcimartín Alférez*, EuLF 2008, I-62. – Ebenso bereits zum EVÜ BGH 26.10.1993, BGHZ 123, 380 (384) = NJW 1994, 262 = IPRax 1994, 449 (m. Aufs. *W. Lorenz*, IPRax 1994, 429) = JZ 1994, 363 Anm. *Fischer*.
6 Anders zum Begriff der „Dienstleistung", OLG Düsseldorf 14.1.1994, IPRspr. 1994 Nr. 23 = NJW-RR 1994, 1132 = RIW 1994, 420 m. abl. Anm. *Mankowski*.
7 ABl. EG 1980 Nr. C 282, S. 1 ff. Ebenfalls in BT-Drucks. 10/503, S. 33 ff. = BR-Drucks. 224/83, S. 33 ff. = *Pirrung*, S. 342 ff. Die griech. Fassung des Berichts findet sich in ABl. EG 1987 Nr. C 199, die span. und portugies. Fassung in der span. bzw. portugies. Ausgabe von ABl. EG 1992 Nr. C 327.
8 Deutsche Denkschrift zum EVÜ, BT-Drucks. 10/503, S. 22.

Auslegungshilfe gedacht, obwohl er keine bindende Wirkung hat. Der Bericht ist daher, selbst wenn man ihm im Detail nicht immer folgt, doch eine Quelle ersten Ranges[1] und ein wesentliches Hilfsmittel für die historische Auslegung[2]. Ein weiterer Bericht erläutert die Änderungen anlässlich des Beitritts von Österreich, Finnland und Schweden[3]. Zu der Rom I-VO gibt es keinen solchen Bericht. Soweit sich die Rechtsprechung in den Nachbarländern geäußert hat, ist auch diese bei der Auslegung heranzuziehen[4]. Entsprechendes gilt für das ausländische Schrifttum[5].

Inhaltlich sollte sich die Auslegung stets an den zwei großen Aufgaben des internationalen Vertragsrechts – **Konfliktlösung und Konfliktvermeidung** – orientieren[6]. Erstere setzt klare und handhabbare Regeln für die Streitentscheidung durch den Richter und Schiedsrichter voraus. Letzteres heißt, den Parteien bei der Vertragsgestaltung Einheitlichkeit, Kalkulierbarkeit der Risiken und Voraussehbarkeit der Ergebnisse zu sichern.

III. Räumlicher Anwendungsbereich und Mitgliedstaaten

39 Der territoriale Anwendungsbereich der VO erstreckt sich auf die Mitgliedstaaten. Er ist jedoch enger als der des EVÜ. Art. 24 Abs. 1 Rom I-VO stellt klar, dass es bezüglich der Anwendbarkeit der VO auf Art. 299 EG ankommt. Die Rom I-VO gilt dementsprechend für die französischen überseeischen Departements, die Azoren, Madeira und die Kanarischen Inseln (vgl. Art. 299 Abs. 2 EG). Für die in Anh. II zum EG-Vertrag aufgeführten überseeischen Länder und Hoheitsgebiete gilt lediglich das besondere Assoziierungssystem. Der EG-Vertrag findet keine Anwendung auf die überseeischen Länder und Hoheitsgebiete, die besondere Beziehungen zum Vereinigten Königreich unterhalten und die in dem genannten Anhang nicht aufgeführt sind (vgl. Art. 299 Abs. 3 EG).

Der EG-Vertrag findet auf die europäischen Hoheitsgebiete Anwendung, deren auswärtige Beziehungen ein Mitgliedstaat wahrnimmt (Art. 299 Abs. 4 EG). Der EG-Vertrag gilt für die Ålandinseln (Art. 299 Abs. 5 EG), nicht jedoch für

---

1 Vgl. *Thorn*, in: Palandt, Art. 36 EGBGB Rz. 1.
2 *Junker*, RabelsZ 55 (1991), 680 f.
3 Erläuternder Bericht über das Übk. über den Beitritt der Republik Österreich, der Republik Finnland und des Königreichs Schweden zu dem am 19.6.1980 in Rom zur Unterzeichnung aufgelegten Übk. über das auf vertragliche Schuldverhältnisse anzuwendende Recht sowie zu dem Ersten und Zweiten Protokoll über die Auslegung des Übk. durch den Gerichtshof, ABl. EG 1997 Nr. C 191, S. 11.
4 Ebenso schon zum EVÜ *Siehr*, BerDGesVölkR 27 (1986), 126; *Reinhart*, RIW 1994, 450 (452).
5 S. die Hinweise in den Berichten von *Martiny*, ZEuP 1993, 298 ff.; *Martiny*, ZEuP 1995, 67 ff.; *Martiny*, ZEuP 1997, 107 ff.; *Martiny*, ZEuP 1999, 246 ff.; *Martiny*, ZEuP 2001, 308 ff.; *Martiny*, ZEuP 2003, 590 ff.; *Martiny*, ZEuP 2006, 60 ff.; *Martiny*, ZEuP 2008, 79 ff.
6 Vgl. *Morse*, Yb.Eur.L. 2 (1982), 110.

die Färöer (Art. 299 Abs. 6 lit. a EG). Der EG-Vertrag findet auf die Kanalinseln und die Insel Man nur eingeschränkt Anwendung (Art. 299 Abs. 6 lit. c EG).

Im Sinne der Rom I-VO bezeichnet der Begriff „**Mitgliedstaat**" die Mitgliedstaaten, auf die die Verordnung anwendbar ist (Art. 1 Abs. 4 S. 1 Rom I-VO)[1]. Zu den Mitgliedstaaten, auf die die VO anwendbar ist, zählt entsprechend dem Protokoll über die Position **Dänemarks**[2] dieser Staat nicht. Dänemark ist daher grundsätzlich kein Mitgliedstaat iS der VO[3]. Es kommt daher zu einer differenzierten Integration[4], dh. einer räumlich eingeschränkten Geltung kollisionsrechtlicher Gemeinschaftsakte nach Art. 65 EG[5]. Für die kollisionsrechtlichen Regelungen in den der Rechtsangleichung dienenden Richtlinien gibt es dagegen keine Einschränkungen[6].

Das **Vereinigte Königreich**, das ebenfalls eine Sonderstellung einnimmt[7], hat von seiner opt in-Möglichkeit Gebrauch gemacht[8]. Es ist daher Mitgliedstaat iS der Rom I-VO. **Irland** hat sich gleichfalls an der VO beteiligt[9].

Die Beschränkung auf Mitgliedstaaten iS der VO im Gegensatz zum größeren Kreis der EG-Mitgliedstaaten macht Probleme, soweit es auf den **Bezug zu einem Mitgliedstaat** ankommt. Art. 1 Abs. 4 S. 2 Rom I-VO enthält daher eine Erweiterung für die das unabdingbare Gemeinschaftsrecht schützende Rechtswahlbeschränkung des Art. 3 Abs. 4 Rom I-VO. Dort bezeichnet der Begriff alle Mitgliedstaaten. Auch bezüglich des belegenen Risikos iS des Art. 7 Rom I-VO ist eine Erweiterung erfolgt.

IV. Universelle Anwendung (Art. 2 Rom I-VO)

Art. 2 Rom I-VO enthält den Grundsatz der universellen Anwendung. Das nach dieser Verordnung bezeichnete Recht ist auch dann anzuwenden, wenn es nicht das Recht eines Mitgliedstaats ist. Das Recht von Nicht-EU-Staaten

40

---

1 Art. 1 Abs. 4 Rom II-VO nennt hingegen alle Mitgliedstaaten mit Ausnahme Dänemarks.
2 Art. 1, 2 Protokoll (Nr. 5) über die Position Dänemarks vom 2.10.1997 zum Vertrag zur Gründung der Europäischen Gemeinschaft. Ebenso im Protokoll zum Vertrag über die Europäische Union.
3 S. Erwägungsgrund 46. – Vgl. *Basedow*, EuZW 2009, Heft 5 S. V (Editorial).
4 *Streinz/Weiß*, in: Streinz, EUV/EGV (2003), Art. 61 EGV Rz. 36 ff.
5 Näher *Dohrn*, S. 159 ff., 179 ff.
6 *Lando/Nielsen*, J. PIL 3 (2007), 49 f.
7 Protokoll (Nr. 4) über die Position des Vereinigten Königreichs und Irlands vom 2.10.1997 zum Vertrag zur Gründung der Europäischen Gemeinschaft. Ebenso im Protokoll zum Vertrag über die Europäische Union.
8 S. Entscheidung der Kommission vom 22.12.2008 über den Antrag des Vereinigten Königreichs auf Annahme der Verordnung (EG) Nr. 593/2008 des Europäischen Parlaments und des Rates über das auf vertragliche Schuldverhältnisse anzuwendende Recht (Rom I), ABl. EU 2009 Nr. L 10, S. 22. Vgl. *Basedow*, EuZW 2009, Heft 5 S. V (Editorial); *Mansel/Thorn/Wagner*, IPRax 2009, 7.
9 S. Erwägungsgrund 44. Vgl. *Basedow*, EuZW 2009, Heft 5 S. V (Editorial).

kann daher vereinbart werden, es kann aber auch wegen der engen Verbindung des Sachverhalts mit dieser Rechtsordnung zur Anwendung kommen. Der Sachverhalt braucht überhaupt keine Beziehung zu einem anderen EU-Staat aufzuweisen und kann sich allein auf Nichtmitgliedstaaten beziehen[1]. Für die Anwendbarkeit der VO kommt es folglich nicht darauf an, ob es sich um einen Mitgliedstaat handelt[2].

V. Sachlicher Anwendungsbereich (Art. 1 Rom I-VO)

1. Allgemeines

41   Die Art. 3 ff. Rom I-VO zielen auf schuldrechtliche Austauschverträge ab. Nach Erwägungsgrund 7 sollen der materielle Anwendungsbereich und die Bestimmungen der Verordnung mit der Brüssel I-VO und der Rom II-VO im Einklang stehen. Wegen der nur lückenhaften Rechtsprechung und der anderen Problemlage in der EuGVO ist dieser Hinweis allerdings nur von beschränkter Bedeutung[3].

2. Vertragliche Schuldverhältnisse

42   Die Vorschriften der Rom I-VO sind auf vertragliche Schuldverhältnisse (contractual obligations; obligations contractuelles) anzuwenden. Vorausgesetzt wird nur, dass es sich um einen Sachverhalt handelt, der eine Verbindung zum Recht verschiedener Staaten aufweist (Art. 1 Abs. 1 Rom I-VO)[4]. Eine Möglichkeit einer Abwahl der kollisionsrechtlichen Regelung des EVÜ durch Parteivereinbarung ist nicht vorgesehen[5]. Auf die Staatsangehörigkeit oder den gewöhnlichen Aufenthalt der Parteien kommt es ebenso wenig an wie auf die von der VO berufene lex causae (vgl. Rz. 40).

Die Rom I-VO verwendet den **Vertragsbegriff** in zweierlei Weise. Zum einen geht es um den (sachrechtlichen) Hauptvertrag, zum anderen um den (kollisionsrechtlichen) Verweisungsvertrag. Eine eigentliche Definition des Vertrages findet sich jedoch nicht[6]. Der Begriff des vertraglichen Schuldverhältnisses ist autonom auszulegen[7]. Qualifikationsprobleme sind bislang nur vereinzelt aufgetreten, da der Anwendungsbereich des Vertragsstatuts im Einzelnen um-

---

1 *Garcimartín Alférez*, EuLF 2008, I-62. – So bereits zum EVÜ Deutsche Denkschrift, BT-Drucks. 10/503, S. 23 f.; *Morse*, Yb.Eur.L. 2 (1982), 112; *Ehle*, S. 32 f.
2 *Leible/Lehmann*, RIW 2008, 529.
3 *Leible/Lehmann*, RIW 2008, 529.
4 Ebenso früher Art. 1 Abs. 1 EVÜ. – Zum VO-Entwurf *Lehmann*, in: Ferrari/Leible, S. 17 ff.
5 Vgl. *Hogan*, Contracting out of the Rome Convention, L.Q.R. 108 (1992), 12.
6 Näher *Micklitz*, in: Schulte-Nölke, S. 64 ff.; *Abel*, S. 68 ff.
7 *Lehmann*, in: Ferrari/Leible, S. 22 ff. – So bereits *Lagarde*, Rev.crit.d.i.p. 80 (1991), 292 f.; *Mankowski*, IPRax 2003, 128 ff. – Vgl. auch *Martiny*, Internationale Zuständigkeit für „vertragliche Streitigkeiten", Einheit und Vielfalt des Rechts – Festschr. Geimer (2002), S. 641 (644 ff.).

schrieben und weit gefasst wird (Art. 12 Rom I-VO). Auch die Folgen nichtiger Verträge werden erfasst. Für die sachenrechtliche Einigung nach deutschem Recht gilt die Rom I-VO jedoch nicht, da es sich dabei um kein Schuldverhältnis handelt[1]. Die VO lässt erkennen, dass ein Vertrag regelmäßig auf einer bindenden Willenseinigung der Parteien beruht (Art. 10 Rom I-VO). Es muss sich nach den Maßstäben des europäischen Zuständigkeitsrechts (Art. 5 Nr. 1 EuGVO) um eine freiwillige privatautonome Selbstbindung handeln[2]. Dass der Vertrag nicht wirksam sein muss, ergibt sich schon darauf, dass auch die Voraussetzungen und Folgen solcher Vereinbarungen von der Verordnung erfasst werden[3]. Einseitige Verpflichtungen werden nicht angesprochen. Es ist jedoch anzunehmen, dass auch einseitige Rechtsgeschäfte mit verpflichtender Wirkung erfasst werden[4]. Grundsätzlich fällt jede schuldvertragliche Verpflichtung unter die Rom I-VO, soweit die Verordnung ihre Anwendbarkeit nicht ausdrücklich ausschließt[5] (vgl. Rz. 46 ff.).

Die Einordnung der **Gewinnzusage** nach § 661a BGB sowie nach § 5j österreichisches KSchG hat die Rechtsprechung mehrfach beschäftigt[6]. Der EuGH hat für die vertragliche Zuständigkeit nach Art. 15 Abs. 1 lit. c EuGVO verlangt, dass der Unternehmer eine rechtliche Verpflichtung eingeht, indem er ein verbindliches Angebot macht, das hinsichtlich seines Gegenstands und seines Umfangs so klar und präzise ist, dass eine Vertragsbeziehung entstehen kann[7]. Der BGH hatte einen Fall zu entscheiden, in dem der Klägerin mehrere Gewinnmitteilungen iS des § 661a BGB aus Österreich zugegangen waren[8]. Eine 43

---

1 Deutsche Denkschrift zum EVÜ, BT-Drucks. 10/503, S. 22.
2 S. EuGH 5.2.2004 – Rs. C-265/02 (Frahuil/Assitalia), Slg. 2004, I-1543 Rz. 24 = EuZW 2004, 351 mwN.; *Pfeiffer*, EuZW 2008, 624. Vgl. *Mörsdorf-Schulte*, JZ 2005, 770 (774 f.): Umdeutung des vertraglichen in einen rechtsgeschäftlichen Gerichtsstand.
3 Ebenso *Lehmann*, in: Ferrari/Leible, S. 31.
4 *Lehmann*, in: Ferrrari/Leible, S. 30 f. – Ebenso schon *Mankowski*, IPRax 2003, 129. – Anders *C. U. Wolf*, IPRax 2000, 477 (479).
5 So schon für das EVÜ *Gaudemet-Tallon*, Rev.trim.dr.europ. 17 (1981), 241; *Briggs*, Choice of Choice of Law?, LMCLQ 2003, 12 (25 ff.).
6 Dazu *Blobel/Rösler*, Internationale Zuständigkeit und anwendbares Recht bei Gewinnmitteilungen aus dem Ausland, JR 2006, 441 ff.; *Jordans*, Zur rechtlichen Einordnung von Gewinnzusagen, IPRax 2006, 582 ff.; *Lorenz*, Gewinnmitteilungen aus dem Ausland: Kollisionsrechtliche und internationalzivilprozessuale Aspekte von § 661a BGB, NJW 2000, 3305; *Martiny*, Einseitige verpflichtende Rechtsgeschäfte und Gewinnzusagen im Internationalen Privat- und Prozessrecht, in: Rozprawy prawnicze – Księga pamiątkowa Profesora Maksymiliana Pazdana (Krakau 2005), S. 189; *Mörsdorf-Schulte*, Autonome Qualifikation der isolierten Gewinnzusage, JZ 2005, 770; *Oberhammer/Slonina*, Grenzüberschreitende Gewinnzusagen im europäischen Prozess- und Kollisionsrecht, Festschr. Yessiou-Faltsi (2007), S. 419 ff.; *Slonina*, Haftung aus Gewinnzusagen in IPR und IZPR zwischen Verbraucherschutz und Lauterkeitsrecht, RdW 2006, 748; *Tamm/Gaedtke*, Rechtsdurchsetzungschancen bei Ansprüchen aus Gewinnzusagen, IPRax 2006, 584 ff. – W. Nachw. bei *Martiny*, ZEuP 2006, 64 ff.
7 EuGH 14.5.2009 – Rs. C-180/06 (Ilsinger).
8 BGH 1.12.2005, BGHZ 165, 172 = NJW 2006, 230 (m. zust. Aufs. *S. Lorenz*, NJW 2006, 472) = IPRax 2006, 602 (m. Aufs. *Jordans*, IPRax 2006, 582) = JZ 2006, 519 Anm. *Schäfer*.

vertragliche Qualifikation scheitert nach Ansicht des Gerichts daran, dass die Haftung nicht an ein Versprechen des Versenders, der sich ja in Wirklichkeit nicht binden will, anknüpft. Auch eine Annahme der „Zusage" der Leistung ist nicht vonnöten[1]. Letztlich gehe es um die Haftung aus einem gesetzlichen Schuldverhältnis, das durch eine geschäftsähnliche Handlung begründet wurde[2]. Deliktisch sei die Haftung – anders als früher in Einklang mit einem erheblichen Teil des Schrifttums erwogen[3] – indes nicht[4]. Zwar solle wettbewerbswidriges Verhalten unterbunden werden. Doch bestehe eine Nähe zu einseitigen Rechtsgeschäften. Ferner würden Erfüllungsansprüche begründet. Die Gewinnzusage sei kollisionsrechtlich eigentlich ebenso zu behandeln wie einseitige Rechtsgeschäfte. Für diese würden die Art. 3, 4 EVÜ[5] an sich entsprechend gelten[6]. Die Anwendung vertragsrechtlicher Grundsätze auch auf § 661a BGB würde aber – so das Gericht – wegen der Rechtswahlmöglichkeit zu gänzlich unangemessenen Ergebnissen führen; eine Haftung nach § 661a BGB läge dann praktisch in den Händen des Versenders, der sich durch die Gestaltung der Gewinnzusage – Berufung nichtdeutschen (oder nichtösterreichischen) Rechts – freizeichnen könnte. Vielmehr komme eine Einordnung als international zwingende Norm in Betracht (s. unten Rz. 598 f.). Der Anwendung deutschen zwingenden Rechts entnimmt das Gericht sodann auch die Bestimmung des beim Verbraucher liegenden Erfüllungsorts (vgl. §§ 269, 270 BGB).

3. Zivil- und Handelssachen

44 Es muss sich um eine Zivil- und Handelssache handeln. Auch hierbei handelt es sich um einen autonom auszulegenden Begriff[7]. Insoweit besteht Übereinstimmung mit Art. 1 EuGVO und Art. 1 Rom II-VO[8].

4. Verbindung zum Recht verschiedener Staaten (Art. 1 Abs. 1 Rom I-VO)

45 Art. 1 Abs. 1 Rom I-VO sieht die Anwendung der VO vor für Sachverhalte, die eine Verbindung zum Recht verschiedener Staaten aufweisen („in any situati-

---

1 Damit hatte der EuGH für seine Qualifikation als vertraglich iS der Zuständigkeit nach Art. 5 Nr. 1 EuGVÜ argumentiert. S. EuGH 20.1.2005 – Rs. C-27/02 (Engler), Slg. 2005, I-481 = IPRax 2005, 239 (m. Aufs. *Lorenz/Unberath*, IPRax 2005, 219) = NJW 2005, 811. Vgl. auch *Martiny*, ZEuP 2006, 65; *Jayme/Kohler*, IPRax 2005, 488.
2 BGH 1.12.2005, BGHZ 165, 172 = NJW 2006, 230 (m. zust. Aufs. *S. Lorenz*, NJW 2006, 472) = IPRax 2006, 602 (m. Aufs. *Jordans*, IPRax 2006, 582) = JZ 2006, 519 Anm. *Schäfer*. Ebenso *Spickhoff*, in: Bamberger/Roth, Art. 32 EGBGB Rz. 29.
3 So etwa *Leible*, IPRax 2003, 28 (33); *Felke/Jordans*, IPRax 2004, 409 (411 f.).
4 Anders insofern BGH 28.11.2002, BGHZ 153, 82 (90 ff.) bezüglich Art. 5 Nr. 3 EuGVÜ.
5 Bzw. Art. 27, 28 EGBGB, heute Art. 3, 4 Rom I-VO.
6 BGH 1.12.2005, BGHZ 165, 172 = NJW 2006, 230 (m. zust. Aufs. *S. Lorenz*, NJW 2006, 472) = IPRax 2006, 602 (m. Aufs. *Jordans*, IPRax 2006, 582) = JZ 2006, 519 Anm. *Schäfer*.
7 *Garcimartín Alférez*, EuLF 2008, I-62.
8 Vgl. *Leible/Lehmann*, RIW 2008, 529 f.

on involving a choice between the laws of different countries"; „dans les situations comportant un conflit de lois")[1]. Wie sich vor allem aus der englischen und französischen Fassung der VO ergibt, bedarf es aber keiner besonderen Umstände, die als „Verbindung" anzusehen sind. Entscheidend ist vielmehr, dass überhaupt **in Frage steht, welche Rechtsordnung anzuwenden ist**. Auch eine „internationale Situation" wird – anders als noch von Art. 1 EVÜ-Entw. 1972[2] – nicht verlangt, vgl. auch Rz. 135 ff. Ein Streit, ob schottisches oder englisches Recht gilt, ist nicht ausgeschlossen[3].

Die Rom I-VO ist ebenso wie das EVÜ mithin großzügiger als Art. 1 des Haager Übk. v. 15.6.1955 (unten Rz. 947). Danach genügt die bloße Erklärung der Parteien über die Anwendung eines Rechts oder die Zuständigkeit eines Richters noch nicht, um einem Vertrag internationalen Charakter zu geben. Die Wahl ausländischen Rechts ist nur dann zulässig, wenn das Rechtsverhältnis eine Auslandsberührung enthält[4], dh. Elemente, die eine Verbindung zu einer ausländischen Rechtsordnung aufzeigen. In reinen Inlandsfällen ohne räumliche oder persönliche Anknüpfung mit dem Ausland soll daher keine Rechtswahl zulässig sein.

Hingegen wird man annehmen dürfen, dass als Auslandsberührung für die Art. 3 ff. Rom I-VO die **Wahl eines ausländischen Rechts** ausreicht[5]. Die Vorschrift des Art. 3 Abs. 3 Rom I-VO (früher Art. 27 Abs. 3 EGBGB), die in solchen Fällen inländische zwingende Normen durchsetzen will, setzt nämlich eine gültige Rechtswahl voraus[6]. Ferner lässt sich dieser Vorschrift im Umkehrschluss eine großzügige Haltung gegenüber der Auslandsberührung entnehmen[7], vgl. unten Rz. 135 ff.

Die einfachste Form des Auslandsbezuges ist, wenn jede Vertragspartei ihren gewöhnlichen Aufenthalt oder ihre Geschäftsniederlassung in einem anderen Staat hat. Der Auslandsbezug kann aber in vielfältiger Weise erscheinen[8]. Präzise Formeln für eine Auslandsberührung und insbesondere für ihr Fehlen konnte man bislang nicht finden. Die Auslandsberührung kann außer im Abschlussort in der Person der Vertragspartner liegen (Staatsangehörigkeit), ferner in objektiven vertragsimmanenten Kriterien, insbesondere darin, dass bei Vertragserfüllung Wertbewegungen ausgelöst werden, die den Bereich einer

---

1 Vgl. allgemein *de Nova*, Wann ist ein Vertrag „international"?, Festschr. Ferid (1978), S. 307; *Delaume*, What is an International Contract?, I.C.L.Q. 28 (1979), 258.
2 Dazu *Siehr*, AWD 1973, 571 f.
3 Vgl. zum EVÜ *Gaudemet-Tallon*, Rev.trim.dr.europ. 17 (1981), 231 f.
4 Vgl. *Gamillscheg*, AcP 157 (1958/59), 308 f.
5 Vgl. Deutsche Denkschrift zum EVÜ, BT-Drucks. 10/503, S. 22; *Morse*, Yb.Eur.L. 2 (1982), 111 f.; *Thorn*, in: Palandt, Art. 27 EGBGB Rz. 3; *Magnus*, in: Staudinger, Art. 27 EGBGB Rz. 25.
6 Vgl. auch *Gaudemet-Tallon*, Rev.trim.dr.europ. 17 (1981), 232 f.
7 *Sandrock*, RIW 1986, 847.
8 *Garcimartín Alférez*, EuLF 2008, I-64. – Vgl. Bericht *Giuliano/Lagarde*, S. 42; *Sandrock*, RIW 1986, 846.

Rechtsordnung überschreiten[1]. Ferner kann im Ausland belegenes Vermögen betroffen sein. Schließlich kann das eigentliche Geschäft auch mit Verträgen zusammenhängen, die ihrerseits mit dem Ausland verbunden sind[2]. Es genügt auch, wenn der Auslandsbezug erst nach Vertragsabschluss eintritt[3].

5. Ausnahmen des Art. 1 Rom I-VO
a) Grundsatz der Nichtanwendung

46 Art. 1 Abs. 2 Rom I-VO[4] zählt eine Reihe von Angelegenheiten auf, für welche die **VO nicht gilt**. Eine ähnliche Vorschrift findet sich in Art. 1 Abs. 2 Rom II-VO.

Bestimmte Bereiche sind vom Anwendungsbereich der besonderen Kollisionsnormen für vertragliche Schuldverhältnisse ausgenommen. Dabei handelt es sich um Rechtsverhältnisse, die trotz ihres Bezugs zum vertraglichen Schuldrecht anderen Rechtsgebieten zuzuordnen sind oder aufgrund ihrer besonderen Natur anderen kollisionsrechtlichen Regeln unterliegen[5].

47 Die Aufzählung der ausgeschlossenen Materien in Art. 1 Rom I-VO hat zur Wirkung, dass die Verordnung hierauf nicht anzuwenden ist. Die Vorschrift hat insoweit den Charakter einer „**Ausschlussnorm**"[6]. Für die genannten Materien ist grundsätzlich das nationale Kollisionsrecht einschlägig, soweit nicht einzelne Staatsverträge oder andere gemeinschaftsrechtliche Regeln eingreifen. Solche ausdrücklichen Bestimmungen bestehen zB im internationalen Wertpapierrecht (vgl. Rz. 54). Der Ausschluss bedeutet also nur, dass diese Sonderbestimmungen auch weiterhin heranzuziehen sind. Besondere Kollisionsnormen bestehen auch für die familien- und erbrechtlichen Fragen (Rz. 52 f.) sowie für die Rechts-, Geschäfts- und Handlungsfähigkeit (Rz. 51).

Die Bestimmungen der Verordnung können auch in ausgeschlossenen Materien angewendet werden. Dass damit die Regeln gemeinschaftsrechtlichen Ursprungs auch außerhalb der Verordnung liegende Sachverhalte erfassen können, ist vom Standpunkt der Verordnung aus unbedenklich. Der Bericht *Giuliano/Lagarde* bezeichnet ein solches Verfahren für das EVÜ als möglich[7].

---

[1] S. näher *Simitis*, JuS 1966, 211 ff.; *Trinkner*, Anm. zu LAG Düsseldorf 16.5.1972, AWD 1973, 31 (33 f.).
[2] Vgl. *von Hoffmann*, in: North (Hrsg.), Contract Conflicts (Amsterdam 1982), S. 221 (223). – S. schon OLG Hamburg 2.6.1965, IPRspr. 1964/65 Nr. 46 (Kaufvertrag über Ware aus Übersee. Zwei Hamburger Kaufleute vereinbarten ein engl. Schiedsgericht und engl. Recht [Bedingungen der London Cattle Food Trade Association]: „Die Vereinbarung des engl. Rechts überschreitet nicht die Grenzen, die der Parteiautonomie gesteckt sind, wenn ein Vertragsstatut festgelegt wird.").
[3] Näher *Gaudemet-Tallon*, Rev.trim.dr.europ. 17 (1981), 234.
[4] Ähnlich früher Art. 37 EGBGB in Anlehnung an Art. 1 Abs. 2–4 des EVÜ.
[5] So zu Art. 37 EGBGB BT-Drucks. 10/504, S. 84.
[6] Zum alten Recht *Jayme*, IPRax 1986, 266.
[7] Bericht *Giuliano/Lagarde*, S. 45.

b) Analoge Anwendung

Greifen für den Ausschlusstatbestand keine besonderen Vorschriften ein, so stellt sich die Frage nach den anstelle der Art. 3 ff. Rom I-VO anzuwendenden Regeln. Als Lösung bieten sich vor allem an die Weitergeltung der bisher von der Rechtsprechung entwickelten Grundsätze oder eine analoge Anwendung der Rom I-VO.

48

Bei auftretenden Lücken kommt eine analoge Anwendung einzelner Bestimmungen der VO in Betracht. Zu einem Analogieschluss kann es dann kommen, wenn auch bei Anwendung der anerkannten Auslegungsgrundsätze eine anders nicht zu schließende, unbeabsichtigte Lücke bleibt. Eine Analogie ist im Rahmen der Grundsätze des europäischen Rechts möglich.

Unter dem EVÜ wurde teilweise die **analoge Anwendung** anderer Übereinkommensbestimmungen abgelehnt[1]. Dies hatte besondere Bedeutung in den sog. Gran Canaria-Fällen, in denen die wirtschaftlichen Verbindungen auf das Land des Verbrauchers hindeuteten (vgl. Rz. 4188). Hier wurde für bestimmte Vertriebsgestaltungen eine analoge Anwendung des Art. 5 Abs. 2 EVÜ (Art. 29 Abs. 1 EGBGB) vorgeschlagen[2]. Man könnte annehmen, dass sich eine Analogie wegen der staatsvertraglichen Herkunft der Norm verbot. Tatsächlich enthielt das EVÜ aber kein Analogieverbot[3]. Auch das ganze Auslegungsinstrumentarium des EuGH, mit dem er bislang dem dynamischen Charakter des Gemeinschaftsrechts zu entsprechen versucht hat, sprach gegen eine solche methodische Beschränkung. Mit Recht hatte sich daher die Auffassung durchgesetzt, dass ein Analogieschluss grundsätzlich möglich ist[4]. Eine solche Analogie muss allerdings im Einzelfall geboten und mit einer einheitlichen europäischen Auslegung vereinbar, dh. auch für die anderen Mitglied- bzw. Vertragsstaaten akzeptabel sein.

Die Lösung muss sich an **Sinn und Zweck der Ausschlussregelung** orientieren. Das nationale Recht darf sich an den Grundsätzen der Verordnung orientieren, soweit dies geboten ist. Eine inhaltliche Missbilligung ist mit dem Ausschluss der vertragsrechtlichen Regeln in Art. 1 Rom I-VO nicht stets verbunden; allerdings kann ebenso wenig behauptet werden, die Art. 3 ff. Rom I-VO würden immer die richtige Lösung ermöglichen. Daher ist nach der Materie zu differenzieren. Insbesondere in dem Internationalen Vertragsrecht zuzuordnenden Bereichen kommt dann, wenn die Art. 3–22 Rom I-VO zur Lösung der jeweiligen Sachfrage inhaltlich geeignet scheinen, eine analoge Anwendung dieser

49

---

1 So *Taupitz*, BB 1990, 642 (648 f.); *Mankowski*, IPRax 1991, 309; *Junker*, IPRax 1993, 8; *Sonnenberger*, ZEuP 1996, 389.
2 So zB *Mäsch*, Rechtswahlfreiheit und Verbraucherschutz (1993), S. 166 ff.; *Klingsporn*, WM 1994, 1095 f.; *Klauer*, S. 227 ff.; *Hohloch*, in: Erman, Art. 29 EGBGB Rz. 10; *Magnus*, in: Staudinger, Art. 29 EGBGB Rz. 94 je mwN. S. auch *Martiny*, ZEuP 1993, 301 f.
3 Dazu näher *Klauer*, S. 227 ff.
4 So etwa *Kohte*, EuZW 1990, 150 (156); *Klingsporn*, WM 1994, 1100; *Reinhart*, RIW 1994, 450; *Iversen*, in: Brödermann/Iversen, Rz. 920; *Leible*, in: AnwK, Art. 29 EGBGB Rz. 59; *Hohloch*, in: Erman, Art. 29 EGBGB Rz. 10.

Normen in Betracht[1]. Dies gilt vor allem dort, wo sie allgemeine kollisionsrechtliche Prinzipien wie den Grundsatz der Parteiautonomie zum Ausdruck bringen[2].

c) Öffentlich-rechtliche Angelegenheiten

50 Ausgenommen sind nach Art. 1 Abs. 1 UAbs. 2 Rom I-VO (ebenso Art. 1 Abs. 1 S. 2 Rom II-VO) Steuer- und Zollsachen sowie verwaltungsrechtliche Angelegenheiten. Für die Abgrenzung kann man sich an den für die EuGVO verwendeten Kriterien orientieren. Entscheidend ist die Rechtsbeziehung der Parteien, nicht die gerichtliche Zuständigkeit[3]. Die Beteiligung einer staatlichen Stelle schließt die zivilrechtliche Natur noch nicht aus[4].

6. Ausgeschlossene Materien (Art. 1 Abs. 2 Rom I-VO)

a) Personenstand, Rechts-, Geschäfts- und Handlungsfähigkeit Art. 1 Abs. 2 lit. a Rom I-VO

51 Nach Art. 1 Abs. 2 lit. a Rom I-VO[5] ist die Verordnung nicht anzuwenden auf den Personenstand sowie die Rechts-, Geschäfts- und Handlungsfähigkeit von natürlichen Personen, vorbehaltlich des Art. 13 (dazu Rz. 6242 ff.). Rechts-, Geschäfts- und Handlungsfähigkeit werden gem. Art. 7 Abs. 1 EGBGB grundsätzlich nach dem Personalstatut des Betroffenen beurteilt; näher unten Rz. 6121 ff., Rz. 6281 ff.

b) Schuldverhältnisse aus einem Familienverhältnis (Art. 1 Abs. 2 lit. b Rom I-VO)

52 Art. 1 Abs. 2 lit. b Rom I-VO[6] schließt vertragliche Schuldverhältnisse bezüglich familienrechtlicher Fragen vom Anwendungsbereich der Verordnung aus (ähnlich Art. 1 Abs. 2 lit. b Rom II-VO). Nach Erwägungsgrund 8 umfassen Familienverhältnisse die Verwandtschaft in gerader Linie, die Ehe, die Schwägerschaft und die Verwandtschaft in der Seitenlinie. Ähnlich wie beim EVÜ sollte das gesamte **Familienrecht** aus dem Anwendungsbereich ausgeklammert werden[7].

---

1 Ähnlich für das EVÜ und für eine Erstreckung des Regelungsgehalts einzelner Vorschriften *Hohloch*, in: Erman, Art. 37 EGBGB Rz. 1.
2 Vgl. BGH 15.12.1986, BGHZ 99, 207 = NJW 1987, 1145 = IPRax 1988, 26 (m. Aufs. *Basedow*, IPRax 1988, 15) = RIW 1987, 215 (trotz des Ausschlusses in Art. 37 Nr. 1 EGBGB wurden die allgemeinen Grundsätze auf die Gültigkeit von Rechtswahl- und Gerichtsstandsklausel in einem Orderkonnossement angewendet).
3 *Garcimartín Alférez*, EuLF 2008, I-62.
4 *Garcimartín Alférez*, EuLF, 2008, I-63.
5 Früher Art. 1 Abs. 2 lit. a EVÜ. Ähnlich Art. 2 Abs. 2 EuGVO/LugÜ.
6 Früher Art. 1 Abs. 2 lit. b EVÜ.
7 So zum EVÜ Bericht *Giuliano/Lagarde*, S. 42.

Entgegen Art. 1 Abs. 2 EVÜ-Entw. 1972 sind **Schenkungen** nicht generell ausgeschlossen. Auch Schenkungen innerhalb der Familie werden erfasst, soweit diese nicht unter das Familienrecht fallen.

Die Bezugnahme in Art. 1 Abs. 2 lit. b Rom I-VO auf Verhältnisse, die mit der Ehe oder anderen Familienverhältnissen vergleichbare Wirkungen entfalten, zielt auf gleichgeschlechtliche Lebensgemeinschaften ab[1]. Ob ihnen tatsächlich solche Wirkungen zukommen, soll nach Erwägungsgrund 8 nach dem Recht des Mitgliedstaats, in dem sich das angerufene Gericht befindet, ausgelegt werden. Dies deutet auf die lex fori hin[2].

Nach der herkömmlichen Systematik des deutschen IPR werden vertragliche Vereinbarungen dem jeweiligen Statut der geregelten Sachfrage zugeordnet, also zB der Erbvertrag dem Erbstatut[3], eine gesetzliche Unterhaltspflichten konkretisierender Unterhaltsvertrag dem Unterhaltsstatut des Haager Unterhaltsübereinkommens bzw. des Art. 18 EGBGB[4]. Folglich sind die Art. 3 ff. Rom I-VO auf diese Verhältnisse nicht anzuwenden, auch wenn keine besondere Ausschlussbestimmung vorhanden ist. Soweit in familien- und erbrechtlichen Fragen **Parteiautonomie** zugelassen ist, hat dies der deutsche Gesetzgeber ausdrücklich angeordnet (zB in Art. 14 Abs. 2–4, 15 Abs. 2, 25 Abs. 2 EGBGB). Es ist nicht ausgeschlossen, sich bei Auslegung dieser Kollisionsnormen in einzelnen Fragen (zB Gültigkeit der Rechtswahl) an den Lösungen zu orientieren, die im Internationalen Vertragsrecht entwickelt wurden.

c) Schuldverhältnisse aus ehelichen Güterständen, Testamenten und Erbrecht (Art. 1 Abs. 2 lit. c Rom I-VO)

Nach Art. 1 Abs. 2 lit. c Rom I-VO gilt die Verordnung nicht für Schuldverhältnisse aus ehelichen Güterständen, aus Güterständen aufgrund von Verhältnissen, die nach dem auf diese Verhältnisse anzuwendenden Recht mit der Ehe vergleichbare Wirkungen entfalten, und aus Testamenten und Erbrecht. Ausgeschlossen sind daher Eheverträge sowie die entsprechenden Vereinbarungen im Rahmen von Lebenspartnerschaften (dazu unten Rz. 5851 ff.). Auch Vereinbarungen im Rahmen von nichtehelichen Lebensgemeinschaften, die als familienrechtlich zu qualifizieren sind, fallen nicht unter die Verordnung. Erbverträge werden gleichfalls nicht erfasst.

53

d) Verpflichtungen aus Wechseln, Schecks, Eigenwechseln und anderen handelbaren Wertpapieren (Art. 1 Abs. 2 lit d. Rom I-VO)

Art. 1 Abs. 2 lit. d Rom I-VO[5] betrifft wertpapierrechtliche Verpflichtungen; er schließt aus dem Anwendungsbereich Verpflichtungen aus **Wechseln, Schecks**

54

---

1 *Leible/Lehmann*, RIW 2008, 530. Näher *Pfeiffer*, EuZW 2008, 623.
2 *Leible/Lehmann*, RIW 2008, 530.
3 *Thorn*, in: Palandt, Art. 25 EGBGB Rz. 13; aA *van Venrooy*, JZ 1985, 609.
4 *Siehr*, in: MünchKomm, Art. 18 EGBGB Rz. 55.
5 Früher Art. 1 Abs. 2 lit. c EVÜ bzw. Art. 37 Nr. 1 EGBGB (ähnlich Art. 1 Abs. 2 lit b Rom II-VO).

und **Eigenwechseln** aus (ebenso Art. 1 Abs. 2 lit. c Rom II-VO). Der Bericht *Giuliano/Lagarde* nennt dafür mehrere Gründe: Zum einen eigneten sich die Bestimmungen des EVÜ nicht für diese Art von Schuldverhältnissen. Zum anderen sei der größte Teil dieser Materie bereits in den Genfer Abkommen geregelt, denen mehrere EG-Mitgliedstaaten angehören. Schließlich würden diese Verbindlichkeiten zT als außervertragliche Schuldverhältnisse angesehen[1].

Zu den bestehenden internationalen Regelungen gehören vor allem die Genfer Abkommen vom 7. Juni 1930 und 19. März 1931 über das einheitliche Wechsel- und Scheckrecht und über Bestimmungen auf dem Gebiet des internationalen Wechsel- und Scheckprivatrechts[2]. Schlechthin ausgenommen sind allerdings nur Wechsel (bills of exchange; lettres de change), Schecks (cheques; chèques) und Eigenwechsel (promissory notes; billets à ordre). Für sie gelten die eigenständigen Kollisionsnormen in Art. 91–98 WG sowie Art. 60–66 ScheckG[3]. Eine Absage an die Parteiautonomie liegt im Ausschluss durch Art. 1 Rom I-VO nicht[4].

55 Verpflichtungen aus **Inhaberpapieren und Orderpapieren** („anderen handelbaren Wertpapieren" [other negotiable instruments; instruments négociables] iSd. EVÜ) sind dagegen nur insoweit ausgeschlossen, als die Verpflichtungen aus der Handelbarkeit entstehen. Gemeint sind damit die Auswirkungen der spezifisch wertpapierrechtlichen Funktionen dieser Papiere. Darunter sind nach der Begründung zum EGBGB „alle schuldrechtlichen Verpflichtungen aus dem Wertpapier zu verstehen, die im Interesse der Verkehrsfähigkeit besonders ausgestaltet sind, etwa die durch die Übertragung des Papiers zustande kommenden Verpflichtungen sowie der weitgehende Ausschluss von Einwendungen". In Nr. 1 werden die auf derartige rein wertpapierrechtliche Wirkungen zurückgehenden Verpflichtungen als solche umschrieben, die „aus der Handelbarkeit der Wertpapiere entstehen"[5]. Die Handelbarkeit hat zur Folge, dass das Recht beim Orderpapier durch Indossament, beim Inhaberpapier durch Besitzübergabe übertragen werden kann[6]. Verträge über den Kauf solcher Papiere unterliegen aber der Rom I-VO[7].

Für handelbare Wertpapiere ist für die genannten Verpflichtungen eine direkte Anwendung der Art. 3 ff. Rom I-VO ausgeschlossen. Sie gelten insbesondere nicht für **Wertpapiere** (Ladeschein, Lagerschein und Konnossement). Da für diese keine besonderen gesetzlichen Kollisionsnormen vorhanden sind, unterliegen sie weiterhin den Grundsätzen, die von Rechtsprechung und Lehre ent-

---

1 Bericht *Giuliano/Lagarde*, S. 43.
2 RGBl. II 1933, 377, 444 und 537, 594.
3 Näher dazu *Martiny*, in: MünchKomm, 5. Aufl., Art. 1 Rom I-VO Rz. 28 ff.
4 BGH 5.10.1993, IPRspr. 1993 Nr. 43 = RIW 1994, 419 = IPRax 1994, 452 (m. Aufs. *Straub*, IPRax 1994, 432) (zu Art. 37 Nr. 1 EGBGB).
5 BT-Drucks. 10/504, S. 84.
6 *Ferid*, Rz. 6–61.
7 *Garcimartín Alférez*, EuLF 2008, I-63.

wickelt worden sind[1]. Es ist aber zulässig, in der Rom I-VO enthaltene allgemeine Grundsätze heranzuziehen[2]. Zu Rekta- und Namenspapieren s. Rz. 2875 ff.

Nach Erwägungsgrund 9 sollen unter Schuldverhältnisse aus Wechseln, Schecks, Eigenwechseln und anderen handelbaren Wertpapieren auch Konossemente fallen, soweit die Schuldverhältnisse aus dem Konnossement aus dessen Handelbarkeit entstehen. Dazu unten Rz. 2873 ff.

Die Abtretung eines **nicht in handelbarer Urkunde verkörperten Anspruchs** richtet sich nach den allgemeinen Vorschriften der Art. 3 ff. Rom I-VO[3]. Ist nämlich ein Anspruch übertragbar, das Dokument, aus dem er sich ergibt, jedoch nicht handelbar, so sind Verträge über dieses Dokument nicht ausgeschlossen. Daraus ergibt sich nach dem Bericht *Giuliano/Lagarde*, dass Konnossemente und ähnliche, iVm. Beförderungsverträgen ausgestellte Dokumente, Schuldverschreibungen, Schuldscheine, Bürgschaften, Indemnitätsbriefe, Hinterlegungsscheine, Lagerscheine und Lagerempfangsscheine nur soweit ausgeschlossen werden, als sie als handelbare Papiere angesehen werden können[4]. Außerdem käme es auch in diesem Fall nur dann zum Ausschluss, wenn sich die Schuldverhältnisse aus der Handelbarkeit der Papiere ergeben. Im Übrigen sind weder Verträge, aufgrund derer diese Papiere ausgestellt werden, noch Verträge über den Kauf oder Verkauf solcher Papiere ausgeschlossen. Ob ein Dokument als handelbares Papier einzustufen ist oder nicht, wird nicht durch die Verordnung geregelt, sondern hängt nach dem Bericht *Giuliano/Lagarde* von dem am Gerichtsstand geltenden Recht einschließlich des dort geltenden Kollisionsrechts ab[5]. Da dies aber nicht der Rechtseinheit förderlich wäre, wurde schon unter dem EVÜ vorgeschlagen, der EuGH solle dafür einen einheitlichen Begriff entwickeln[6]. 56

---

1 S. bereits BGH 15.12.1986, BGHZ 99, 207 = NJW 1987, 1145 = RIW 1987, 215 = WuB VII A. § 38 ZPO 1.87 abl. Anm. *Abraham* (Streitig war, ob Rechtswahl- und Gerichtsstandsklauseln in im Kleindruck wiedergegebenen Konnossementsbedingungen des Verfrachters wirksam waren. Die Art. 27 ff. EGBGB wurden nicht direkt angewendet, da es sich – angeblich – um Verpflichtungen iSd. Art. 37 Nr. 1 EGBGB handelte: „Hierzu gehören zweifellos jene Verpflichtungen, die aus der Übertragungsfunktion des Indossaments eines Orderkonnossements folgen, wie die Verpflichtung des Verfrachters zur Herausgabe der Güter oder zur Leistung von Schadensersatz gem. § 606 HGB wegen Verlustes oder Beschädigung der Güter." Gleichwohl den allgemeinen Rechtsgedanken des Art. 31 Abs. 1 EGBGB angewendet; Recht von Sri Lanka für maßgeblich gehalten).
2 Ebenso zum EVÜ *Leible*, in: AnwK, Art. 37 EGBGB Rz. 4.
3 Zum EVÜ *Ferid*, Rz. 6–61, 1.
4 Bericht *Giuliano/Lagarde*, S. 43.
5 Bericht *Giuliano/Lagarde*, S. 43. Ebenso *Mankowski*, Seerechtliche Vertragsverhältnisse im IPR (1995), S. 128 f. Krit. *Morse*, Yb.Eur.L. 2 (1982), 113.
6 *Schultsz*, in: North (Hrsg.), Contract Conflicts (Amsterdam 1982), S. 188. Dass der deutsche Gesetzgeber mit der Benennung von Inhaber- und Orderpapieren seinen Spielraum ausgenutzt hat, betont *Mankowski*, Seerechtliche Vertragsverhältnisse im IPR (1995), S. 128 f.

e) Schieds- und Gerichtsstandsvereinbarungen (Art. 1 Abs. 2 lit. e Rom I-VO)

57 Schieds- und Gerichtsstandsvereinbarungen sind nach Art. 1 Abs. 2 lit. e Rom I-VO[1] ebenfalls vom Anwendungsbereich der Rom I-VO ausgeschlossen[2]. Vgl. unten Rz. 6352 ff. Der Ausschluss von Gerichtsstands- und Schiedsklauseln ist vom deutschen Standpunkt aus richtig, weil solche Klauseln in den Zusammenhang des **Internationalen Verfahrensrechts** gehören. Die Zulässigkeit und Form von **Gerichtsstandsvereinbarungen** unterliegt weiterhin Art. 23 EuGVO (Art. 17 LugÜ). Für die Problematik des Zustandekommens und der Wirksamkeit (dazu Rz. 6355 ff., Rz. 6553 ff.) bedeutet der Ausschluss nichts. Die Verordnung verbietet nicht, die Gerichtsstandsvereinbarung weiterhin (auch) als materiellrechtlichen Vertrag anzusehen und zur Bestimmung des auf ihn anzuwendenden Rechts auf die Kollisionsnormen für Schuldverhältnisse zurückzugreifen[3].

58 Entsprechendes gilt für **Schiedsklauseln**. Ihr Ausschluss betrifft nach dem Bericht *Giuliano/Lagarde* nicht nur die verfahrensrechtlichen Aspekte, sondern auch das Zustandekommen, die Rechtsgültigkeit und die Wirkungen dieser Vereinbarungen[4]. Ist die Schiedsklausel Bestandteil eines Vertrages, so erstreckt sich der Ausschluss vom Anwendungsbereich der Verordnung nur auf die Klausel selbst und nicht auf den gesamten Vertrag. Dieser Ausschluss hindert aber nicht, Zustandekommen und Wirksamkeit nach vertragsrechtlichen Grundsätzen zu beurteilen (näher dazu Rz. 6611 ff.), und auch nicht, die genannten Klauseln bei stillschweigender Rechtswahl zu berücksichtigen (dazu Rz. 118 ff.).

59 Auch ein Schiedsgericht muss das **in der Sache anwendbare Recht bestimmen**[5]. Im Bericht *Giuliano-Lagarde* heißt es dazu, der Ausschluss in Art. 1

---

1 Früher Art. 1 Abs. 2 lit. d EVÜ.
2 Dazu krit. *Lando/Nielsen*, CML Rev. 45 (2008), 1692 ff.
3 *Sandrock*, RIW 1986, 845 f.
4 Bericht *Giuliano/Lagarde*, S. 44.
5 S. *Basedow*, Vertragsstatut und Arbitrage nach neuem IPR, JbPraxSchG 1 (1987), 3; *Beulker*, Die Eingriffsnormenproblematik in internationalen Schiedsverfahren (2005); *Böckstiegel*, Die Anerkennung der Parteiautonomie in der internationalen Schiedsgerichtsbarkeit, Wege zur Globalisierung des Rechts – Festschr. Schütze (1999), S. 141; *Grigera Naón*, Choice-of-law Problems in international Commercial Arbitration, Rec. des Cours 289 (2001), 9; *Handorn*, Das Sonderkollisionsrecht der deutschen internationalen Schiedsgerichtsbarkeit (2005); *Junker*, Deutsche Schiedsgerichte und Internationales Privatrecht, Festschr. Sandrock (2000), S. 443; *Kulpa*, Das anwendbare (materielle) Recht in internationalen Handelsschiedsgerichtsverfahren (2005); *Martiny*, Die Bestimmung des anwendbaren Sachrechts durch das Schiedsgericht, Wege zur Globalisierung des Rechts – Festschr. Schütze (1999), S. 529; *Sandrock*, Welches Kollisionsrecht hat ein Internationales Schiedsgericht anzuwenden?, RIW 1992, 785 = *Sandrock*, Internationales Wirtschaftsrecht in Theorie und Praxis (1995), S. 1; *Sandrock*, Die objektive Anknüpfung von Verträgen nach § 1051 Abs. 2 der deutschen ZPO in der Fassung des SchiedsVG von 1997, Mélanges Sturm II (Liège 1999), S. 1645; *Sandrock*, Die objektive Anknüpfung von Verträgen nach § 1051 Abs. 2 ZPO, RIW 2000, 321; *Schütze*, Die Bestimmung des anwendbaren Rechts im Schiedsverfahren und die Feststellung seines Inhalts, Law of International Business and Dispute Settlement – Liber

Abs. 2 lit. d EVÜ (nunmehr Art. 1 Abs. 2 lit. e Rom I-VO) betreffe lediglich die Schiedsvereinbarung und nicht den Hauptvertrag selbst[1]. Der bei der Reform der deutschen Internationalen Schiedsgerichtsbarkeit neu gefasste § 1051 Abs. 1 ZPO gestattet ausdrücklich eine subjektive Rechtswahl. Bei der objektiven Anknüpfung soll das Recht desjenigen Staates zum Zuge kommen, mit dem der Gegenstand des Verfahrens die „engsten Verbindungen" aufweist. Im Laufe der Gesetzgebungsarbeiten setzte sich – entgegen dem Ausgangspunkt der Reformkommission – eine Bezugnahme auf die Art. 3 ff. EGBGB durch[2]; das Schiedsverfahrensrecht sollte mit ihnen übereinstimmen. Dies hat sich freilich im Gesetz selbst nicht bzw. nur ansatzweise niedergeschlagen[3]. Folglich besteht Unsicherheit, ob ein Schiedsgericht im Rahmen der ZPO alle[4] bzw. nur einige Vorschriften der Art. 3 ff. Rom I-VO direkt oder entsprechend heranzuziehen hat oder ob sie den Schiedsrichter gar nicht binden[5]. Entgegen der Begründung des Regierungsentwurfs[6] bezieht sich die Äußerung im Bericht *Giuliano/Lagarde* nur auf die Beurteilung des Vertrages durch ein staatliches Gericht[7]. Die Kollisionsregeln des EVÜ beanspruchten daher für ein Schiedsverfahren keine Anwendung[8].

Nach der Gesetzesbegründung liegt hingegen in der Maßgeblichkeit der „engsten Verbindung" eine Bezugnahme auf die damaligen Art. 3 ff. EGBGB, auf

---

Amicorum Böckstiegel (2001), S. 715; *Solomon*, Das vom Schiedsgericht in der Sache anzuwendende Recht nach dem Entwurf eines Gesetzes zur Neuregelung des Schiedsverfahrensrechts, RIW 1997, 981; *Vocke*, Die Bestimmung des anzuwendenden materiellen Rechts in internationalen Handelsschiedsverfahren im Lichte des deutschen Schiedsverfahrensrechts vom 1. Januar 1998 (2002); *Wagner*, Rechtswahlfreiheit im Schiedsverfahren, Festschr. Schumann (2002), S. 535.

1 Bericht *Giuliano-Lagarde*, S. 44.
2 S. BT-Drucks. 13/5274, S. 53 = *Berger* (Hrsg.), Das neue Recht der Schiedsgerichtsbarkeit – The New German Arbitration Law (1998), S. 260 f. – Dazu *Berger*, Das neue deutsche Schiedsverfahrensrecht, DZWiR 1998, 45 (52); *Berger*, Das neue Recht, Entstehungsgeschichte und Leitlinien des neuen deutschen Schiedsverfahrensrechts, in: Berger (Hrsg.), Das neue Recht der Schiedsgerichtsbarkeit (1998), S. 21 f.
3 Vgl. *Solomon*, RIW 1997, 981 ff.; *Kulpa*, Das anwendbare (materielle) Recht in internationalen Handelsschiedsgerichtsverfahren (2005), S. 340 ff.
4 So *Weigand*, Das neue deutsche Schiedsverfahrensrecht, WiB 1997, 1273 (1276).
5 So *Kronke*, Internationale Schiedsverfahren nach der Reform, RIW 1998, 257 (262 f.).
6 S. bei *Berger* (Hrsg.), Das neue Recht der Schiedsgerichtsbarkeit (1998), S. 260 f.
7 Anders BT-Drucks. 13/5274, S. 53 = *Berger* (Hrsg.), Das neue Recht der Schiedsgerichtsbarkeit (1998), S. 261.
8 *Basedow*, JbPraxSchG 1 (1987), 4; *Sandrock*, RIW 1992, 785 ff.; *Schlosser*, Bald neues Recht der Schiedsgerichtsbarkeit in Deutschland?, RIW 1994, 723 (727); *Solomon*, RIW 1997, 986 ff.; *Junker*, Festschr. Sandrock (2000), S. 451 ff.; *Kessedjian*, Liber Amicorum Siehr, S. 338 f.; *Martiny*, Festschr. Schütze (1999), S. 539 ff.; *Martiny*, ZEuP 1999, 247 ff.; *Berger* (Hrsg.), Das neue Recht der Schiedsgerichtsbarkeit (1998), S. 22 f.; *Plender/Wilderspin*, Rz. 4.19 f.; *Kaye*, The New Private International Law of Contract of the European Community, S. 40 f.; *Magnus*, in: Staudinger, Art. 27 EGBGB § 8 Rz. 175. – Anders wohl *Schütze*, Schiedsgericht und Schiedsverfahren, 4. Aufl. (2007), Rz. 175. Unentschieden *Kronke*, RIW 1998, 262; *Sandrock*, Mélanges Sturm II (Liège 1999), S. 1651 f.; *Sandrock*, RIW 2000, 321 ff. Vgl. auch *Pfeiffer*, NJW 1999, 3674 (3678).

welche die gesetzliche Regelung „der Sache nach" abstelle[1]. Folglich sei die engste Verbindung nach dem Maßstab des Art. 28 EGBGB (heute Art. 4 Rom I-VO) zu bestimmen[2]. Diese Bestimmung beschränkt sich jedoch nicht auf die Niederlegung eines Prinzips, sondern enthält eine differenzierende Regelung. Daher ist zweifelhaft, ob lediglich das Grundprinzip der engsten Verbindung iSd. des damaligen Art. 28 Abs. 1 EGBGB (nunmehr Art. 4 ff. Rom I-VO) gemeint ist[3] oder auch die Konkretisierungen sowie die Ausweichklausel des Art. 4 Abs. 3 Rom I-VO heranzuziehen sind[4]. Insbesondere die Maßgeblichkeit der charakteristischen Leistung wird bejaht[5]. Andere ziehen die internationalvertragsrechtliche Anknüpfungsregel hingegen nur zur Konkretisierung des schiedsrichterlichen Ermessens heran[6]. Da sich der Wortlaut des § 1051 Abs. 2 ZPO lediglich auf die Nennung der engsten Verbindung beschränkt und eine Verweisung auf die gesetzlichen Kollisionsnormen weder vorgeschrieben noch inhaltlich geboten ist, besteht keine unbedingte Bindung an diese Normen[7]. Ein Schiedsgericht kann sich daher zwar an diesen Maßstäben orientieren, ist aber nicht in jedem Fall an sie gebunden[8].

f) Gesellschaftsrecht, Vereinsrecht und Recht der juristischen Personen (Art. 1 Abs. 2 lit f Rom I-VO)

60 Die Rom I-VO gilt auch nicht für das Gesellschaftsrecht, das Vereinsrecht und das Recht der juristischen Personen, wie zB die Errichtung, die Rechts- und Handlungsfähigkeit, die innere Verfassung und die Auflösung von Gesellschaften, Vereinen und juristischen Personen sowie die persönliche gesetzliche Haftung der Gesellschafter und der Organe für die Schulden der Gesellschaft, des Vereins oder der juristischen Person (Art. 1 Abs. 2. lit. f Rom I-VO[9]). Insoweit

---

1 BT-Drucks. 13/5274, S. 53 = *Berger* (Hrsg.), Das neue Recht der Schiedsgerichtsbarkeit (1998), S. 262; *Berger*, DZWiR 1998, 52.
2 *Berger*, DZWiR 1998, 52 f.; *Lörcher*, in: Lörcher/Lörcher, Das Schiedsverfahren – national/international – nach neuem Recht, 2. Aufl. (2001), Rz. 196. – Dagegen *Vocke*, Die Bestimmung des anzuwendenden materiellen Rechts in internationalen Handelsschiedsgerichtsverfahren (2002), S. 137 ff.
3 So wohl *Solomon*, RIW 1997, 984.
4 Zu Art. 28 EGBGB für Letzteres BT-Drucks. 13/5274, S. 53 = *Berger* (Hrsg.), Das neue Recht der Schiedsgerichtsbarkeit (1998), S. 262; *Weigand*, WiB 1997, 1277; *Lörcher*, in: Lörcher/Lörcher, Rz. 196 ff. – Dagegen *Kronke*, RIW 1998, 263.
5 So Begr. RegE BT-Drucks. 13/5274, S. 52, 53 = *Berger* (Hrsg.), Das neue Recht der Schiedsgerichtsbarkeit (1998), S. 262; *Weigand*, WiB 1997, 1277; *Osterthun*, Das neue deutsche Recht der Schiedsgerichtsbarkeit, TranspR 1998, 177 (183); *Lörcher*, in: Lörcher/Lörcher, Rz. 197 ff. – Anders *Kronke*, RIW 1998, 263.
6 *Berger* (Hrsg.), Das neue Recht der Schiedsgerichtsbarkeit (1998), S. 22 f.
7 Ebenso *Pfeiffer*, EuZW 2008, 623. Im gleichen Sinne für Art. 27 ff. EGBGB *Kulpa*, Das anwendbare (materielle) Recht in internationalen Handelsschiedsgerichtsverfahren (2005), S. 346 f., 351 f.
8 Ebenso i. Erg. *Kulpa*, Das anwendbare (materielle) Recht in internationalen Handelsschiedsgerichtsverfahren (2005), S. 353.
9 Früher Art. 1 Abs. 2 lit. e EVÜ, der als Art. 37 Nr. 2 EGBGB übernommen wurde. Parallelvorschrift in Art. 1 Abs. 2 lit. d Rom II-VO.

ist die Anwendung auf verschiedene Fragen bezüglich juristischer Personen und Vereinigungen ohne Rechtspersönlichkeit ausgeschlossen[1]. Damit wird vor allem auf das internationale Gesellschaftsrecht verwiesen[2], dazu näher unten Rz. 5031 ff. Eine Parallelvorschrift findet sich in Art. 1 Abs. 2 lit. d Rom II-VO.

Der Ausschluss gilt für alle jene Rechtsakte (Verträge, Verwaltungsakte, Registrierung), die zum Gesellschaftsrecht – das autonom zu verstehen ist[3] – gehören. Hingegen fallen nach dem Bericht *Giuliano/Lagarde* alle Rechtshandlungen oder Vorverträge, deren einziges Ziel in der Begründung von Verpflichtungen zwischen den interessierten Parteien (den Gründern) im Hinblick auf die Errichtung einer Gesellschaft besteht, in den Anwendungsbereich[4].

g) Vertreter (Art. 1 Abs. 2 lit. g Rom I-VO)

Nach Art. 1 Abs. 2 lit. g Rom I-VO[5] ist aus dem Anwendungsbereich des EVÜ die Frage ausgeklammert, ob ein Vertreter die Person, für deren Rechnung er vorgibt zu handeln, oder ob das Organ einer Gesellschaft, eines Vereins oder einer juristischen Person diese Gesellschaft, diesen Verein oder diese juristische Person gegenüber Dritten binden kann[6].

Zwar wäre eine Erweiterung des Anwendungsbereichs der Rom I-VO um die Stellvertretung wünschenswert gewesen. Der Vorschlag der Kommission in Art. 7 des Entwurfs konnte jedoch nicht überzeugen[7]. Die Stellvertretung ist nach der herkömmlichen deutschen Systematik keine vertragsrechtliche Frage, sondern gehört zur **allgemeinen Rechtsgeschäftslehre**. Gegenstand des Ausschlusses ist aber nur der genannte Teilaspekt aus dem Verhältnis zwischen dem Vertretenen und dem Dritten.

Die vertraglichen Beziehungen unter den Parteien (also insbes. das Grundverhältnis zwischen Geschäftsherrn bzw. Vertretenem und Stellvertreter) werden von dem Ausschluss nicht erfasst, weil sie gegenüber anderen vertraglichen Schuldverhältnissen keine wesentlichen Besonderheiten aufweisen[8]. Zur Vertretungsmacht s. Rz. 5031 ff.; zur Stellvertretung näher unten Rz. 5421 ff.

---

1 Früher Art. 37 Nr. 2 EGBGB bzw. Art. 1 Abs. 2 lit. e EVÜ.
2 Vgl. BGH 21.9.1995, IPRspr. 1995 Nr. 1 = RIW 1995, 1027 = EWiR 1995, 1187 *(Geimer)*.
3 *Lehmann*, in: Ferrari/Leible, S. 32 f.
4 Bericht *Giuliano/Lagarde*, S. 44. Für eine Beurteilung der Gründungsvorgänge nach Art. 27 ff. EGBGB auch *Hohloch*, in: Erman, Art. 37 EGBGB Rz. 5 (str.).
5 Früher Art. 1 Abs. 2 lit. f EVÜ bzw. Art. 37 Nr. 3 EGBGB.
6 Näher zum EVÜ Bericht *Giuliano/Lagarde*, S. 45.
7 Näher *Mankowski*, IPRax 2006, 108 f.; *Schwarz*, RabelsZ 71 (2007), 729 ff.; *Spellenberg*, in: Ferrari/Leible, S. 153 ff.- Dazu dass eine Erweiterung des EVÜ wünschenswert wäre, s. *Martiny*, ZEuP 2001, 334 ff.
8 Begr. BT-Drucks. 10/504, S. 84 f.; *Hohloch*, in: Erman, Art. 37 EGBGB Rz. 7.

h) Gründung von „Trusts" (Art. 1 Abs. 2 lit. h Rom I-VO)

Literatur: *Czermak*, Der express trust im IPR (1986); *Fumagalli*, La Convenzione di Roma ed il „trust", Riv.dir.com.int. 1993, 893; *Kötz*, Zur Anknüpfung des unter Lebenden errichteten trust, IPRax 1985, 205; *Kötz*, Die 15. Haager Konferenz und das Kollisionsrecht des trust, RabelsZ 50 (1986), 562; *Pirrung*, Die XV. Tagung der Haager Konferenz für Internationales Privatrecht Trustübereinkommen vom 1. Juli 1985, IPRax 1987, 52; *Pirrung*, Zur Ratifikation des Trust-Übereinkommens, Festschr. Heldrich (2005), S. 925; *Rauscher*, Konten deutscher Erblasser bei Banken in New York, Festschr. Lorenz '80 (2001), S. 525; *Steinebach*, Entwurf eines Übereinkommens der Haager Konferenz über das auf Trusts anzuwendende Recht und über ihre Anerkennung, RIW 1986, 1; *Wittuhn*, Das IPR des trust (1987).

62 Ausgeschlossen sind ferner die Gründung von „Trusts" sowie die dadurch geschaffenen Rechtsbeziehungen zwischen den Verfügenden, den Treuhändern und den Begünstigten (Art. 1 Abs. 2 lit. h Rom I-VO)[1]. Gemeint ist der „trust" iSd. Common-Law-Länder. Die gleichartigen Institutionen des kontinentalen Rechts fallen dagegen unter die Rom I-VO, da sie normalerweise vertraglichen Ursprungs sind. Der Richter hat allerdings die Möglichkeit, sie den Institutionen des Common Law gleichzustellen, soweit sie die gleichen Merkmale aufweisen[2]. Wegen des Ausschlusses des trust gelten die bisherigen Grundsätze weiter[3].

Ein trust inter vivos zeichnet sich dadurch aus, dass ein „settlor" durch Rechtsgeschäft unter Lebenden – theoretisch durch einseitigen Willensakt, in der Praxis regelmäßig durch Vertrag – einen Dritten, den „trustee", berechtigt und verpflichtet, das trust-Gut zugunsten eines Begünstigten (beneficiary) oder bestimmter Zwecke zu verwalten bzw. darüber zu verfügen. Unter der Fülle der Gestaltungen ist vor allem der Totten trust zu erwähnen, der einem Bankvertrag zugunsten Dritter auf den Todesfall entspricht[4]. Der trust ist dem deutschen Recht nicht bekannt. Man kann jedoch gewisse Parallelen zu juristischen Personen (Stiftungen) ziehen und ihn in einen Zusammenhang mit gesellschaftsrechtlichen Institutionen stellen (vgl. Art. 5 Nr. 6 EuGVO/LugÜ). Dementsprechend qualifiziert man den trust häufig gesellschaftsrechtlich[5]. Die funktionelle Verwandtschaft mit der **Treuhand** dürfte jedoch größer sein, so dass eher eine schuldrechtliche Qualifikation des trust inter vivos in Betracht kommt[6]. Auch die Rechtsprechung hat den trust mehrfach schuldrechtlich qualifiziert, insbes. den Totten-trust des US-Rechts[7].

---

1 Früher Art. 1 Abs. 2 lit. g EVÜ.
2 Bericht *Giuliano/Lagarde*, S. 45.
3 *Jayme*, IPRax 1986, 266.
4 *Rauscher*, Festschr. Lorenz '80, S. 542 ff.; *Czermak*, S. 82 ff., 140 ff.
5 Nachw. bei *von Hoffmann*, in: Soergel, Art. 37 EGBGB Rz. 9; *Kindler*, in: MünchKomm, IntGesR Rz. 293 ff.
6 So auch *Czermak*, S. 149 ff., 204 ff.; *Wittuhn*, S. 120 ff. mwN.
7 BGH 15.4.1959, IPRspr. 1958/59 Nr. 49 = RabelsZ 25 (1960), 313 Anm. *Knauer* = NJW 1959, 1317 (Amerikan. Erblasserin hatte in New York Banksparkonten mit Vermerk „in trust for ..." angelegt. Für die Frage, ob der Begünstigte die Forderung erworben oder behalten hatte, war nach allen denkbaren Anknüpfungspunkten – Parteiwille, Schuldnerwohnsitz, Erfüllungsort, Heimatstaat der Erblasserin oder der Bank – das

Das für die Verpflichtung des trustee maßgebliche Recht kann durch Rechtswahl bestimmt werden. Mangels einer Rechtswahl ist in entsprechender Anwendung des Art. 4 Abs. 2 Rom I-VO auf die **charakteristische Leistung des trustee** abzustellen. Dies führt zum Recht seines gewöhnlichen Aufenthalts bzw. seiner geschäftlichen Niederlassung[1]. Für die engste Verbindung kommen auch der Ort der trust-Verwaltung sowie die Belegenheit des trust-Vermögens in Betracht[2].

Für den Fall, dass eine trust-Bestellung deutschem Recht unterliegt, hat der BGH in einem obiter dictum die Unwirksamkeit einer trust-Bestellung angenommen; allerdings hielt er eine Umdeutung in eine Treuhandvereinbarung nach deutschem Recht für möglich[3].

Im Einzelnen können sich beim trust schwierig abzugrenzende Beziehungen unter den Beteiligten ergeben. Das Verhältnis zwischen Begünstigtem und trustee ist jedenfalls schuldrechtlich einzuordnen und folgt dem trust-Statut[4]. Für das Verhältnis zwischen settlor (Erblasser) und Begünstigtem ist nach den Regeln über die Schenkung zu verfahren[5]. Sachenrechtliche Fragen unterstehen der lex rei sitae[6].

Das *Haager „Übereinkommen über das auf trusts anzuwendende Recht und über ihre Anerkennung"* vom 1.7.1985[7] gilt seit dem 1.1.1992 für Australien, Italien und das Vereinigte Königreich, ferner für Kanada (1.1.1993), Luxemburg (1.1.2004), Malta (1.3.1996), Monaco (1.9.2008), die Niederlande (1.2.1996) sowie die Schweiz (1.7.2007). Es bezieht sich auf trusts inter vivos und auf solche, die durch letztwillige Verfügung errichtet wurden, wenn sie bestimmte Merkmale erfüllen (Art. 2). Der trust muss freiwillig errichtet und schriftlich bestätigt worden sein (Art. 3). Das anwendbare Recht wird in erster Linie durch Rechtswahl (Art. 6), hilfsweise durch die engste Verbindung (Art. 7) be-

63

New Yorker Recht maßgebend); BGH 10.6.1968, IPRspr. 1968–69 Nr. 160 = WM 1968, 1170 (Amerikan. Erblasserin hatte durch Sparvertrag mit New Yorker Bank Tottentrust begründet. Ob dieses Guthaben der Erblasserin im Todeszeitpunkt zustand und einen Nachlassgegenstand darstellte, wurde nach dem am Banksitz geltenden Recht beurteilt, dem sich die Erblasserin mit Abschluss des Sparvertrages unterworfen habe).

1 Zu Art. 28 EGBGB *Wittuhn*, S. 139.
2 *Kötz*, IPRax 1985, 206; *von Bar*, II Rz. 500.
3 BGH 13.6.1984, IPRax 1985, 221 (m. Aufs. *Kötz*, IPRax 1985, 205). Vgl. auch schweiz. BG 29.1.1970, BGE 96 II, 79 = Clunet 103 (1976), 695 Anm. *Lalive* = SchweizJahrbIntR 27 (1971), 223 Anm. *Vischer* (US-Amerikaner errichtete Trust durch Übertragung von Wertpapieren auf schweiz. Bank. Begünstigter war seine geschiedene Ehefrau. Im Todesfall sollten seine Kinder erben. Die Vereinbarung enthielt aus schweiz. Sicht „Elemente des Auftrags, der Vereinbarung über eine fiduziarische Eigentumsübertragung, der Schenkung und des Vertrages zugunsten Dritter und wurde als gemischter schuldrechtlicher Vertrag qualifiziert. Wegen engster räumlicher Beziehung zum schweiz. Recht dieses angewendet).
4 *Czermak*, S. 210.
5 Näher *Czermak*, S. 157 ff., 166 ff., 210 ff.
6 *Czermak*, S. 212 ff.
7 Engl. u. französ. Text: RabelsZ 50 (1986), 698; deutsche Übersetzung: IPRax 1987, 52 sowie bei *Schulze/Zimmermann*, II 35.

stimmt. Nach den Regeln der Konvention geschaffene trusts sind anzuerkennen (Art. 11)[1].

i) Schuldverhältnisse aus Verhandlungen vor Vertragsabschluss (Art. 1 Abs. 2 lit. i Rom I-VO)

64 Schuldverhältnisse, die aus Verhandlungen vor Abschluss eines Vertrags entstehen, fallen unter Art. 12 der Rom II-VO. Sie sind daher vom Anwendungsbereich der Rom I-VO ausgenommen worden (Art. 1 Abs. 2 lit. i Rom I-VO)[2]. S. Rz. 470 ff.

j) Versicherungsverträge (Art. 1 Abs. 2 lit. j Rom I-VO)

65 Die Rom I-VO gilt grundsätzlich für Versicherungsverträge. Es besteht jedoch ein Ausschluss nach Art. 1 Abs. 2 lit j Rom I-VO für einen speziellen Fall der betrieblichen Altersversorgung. Sie betrifft Versicherungsverträge aus von anderen Einrichtungen als den in Art. 2 der Richtlinie 2002/83/EG über Lebensversicherungen von 2002[3] genannten Unternehmen durchgeführten Geschäften. Dabei geht es um Geschäfte, deren Zweck darin besteht, den unselbstständig oder selbstständig tätigen Arbeitskräften eines Unternehmens oder einer Unternehmensgruppe oder den Angehörigen eines Berufes oder einer Berufsgruppe im Todes- oder Erlebensfall oder bei Arbeitseinstellung oder bei Minderung der Erwerbstätigkeit oder bei arbeitsbedingter Krankheit oder Arbeitsunfällen Leistungen zu gewähren.

Der deutsche Gesetzgeber hat davon abgesehen, für diesen Fall, der auf den Wunsch Schwedens zurückgeht, eine nationale Kollisionsnorm zu schaffen, s. unten Rz. 4725.

k) Beweis und Verfahren (Art. 1 Abs. 3 Rom I-VO)

66 Vorbehaltlich des Art. 18 Rom I-VO ist die Verordnung auch nicht auf den Beweis und auf das Verfahren anwendbar (Art. 1 Abs. 3 Rom I-VO)[4]. Vgl. unten Rz. 340 ff. Eine Parallelvorschrift findet sich in Art. 1 Abs. 3 Rom II-VO.

Dies wirft hinsichtlich des Verfahrens keine Zweifelsfragen auf, da Verfahrensfragen ohnehin **nicht dem Vertragsstatut unterliegen**. Der Ausschluss des Beweises erfolgte sowieso vorbehaltlich des Art. 18 Rom I-VO, der bestimmte Beweisfragen regelt. Somit gelten die Normen des Internationalen Vertragsrechts für den Beweis, soweit dies angeordnet ist.

---

1 Zum Inhalt näher *Kötz*, RabelsZ 50 (1986), 564 ff.
2 So auch Erwägungsgrund 10. Näher *Lehmann*, in: Ferrari/Leible, S. 34 ff. – Krit. zum Entwurf *Mankowski*, IPRax 2006, 101.
3 Richtlinie 2002/83/EG des Europäischen Parlaments und des Rates vom 5.11.2002 über Lebensversicherungen, ABl. EG 2002 Nr. L 345, S. 1. Zuletzt geändert durch die Richtlinie 2008/19/EG (ABl. EU 2008 Nr. L 76, S. 44).
4 Früher Art. 14 EVÜ.

VI. Verhältnis zu anderen Gemeinschaftsrechtsakten

1. Weitergeltung anderen Gemeinschaftsrechts (Art. 23 Rom I-VO)

Das Verhältnis zu anderen Gemeinschaftsrechtsakten wird von Art. 23 Rom I-VO geregelt[1].

Mit Ausnahme von Art. 7 berührt die Rom I-VO nicht die Anwendung von Vorschriften des Gemeinschaftsrechts, die in besonderen Bereichen Kollisionsnormen für vertragliche Schuldverhältnisse enthalten. Die besondere Nennung des Art. 7 stellt klar, dass die Rom I-VO insoweit das frühere Richtlinienrecht abgelöst hat, s. Rz. 76. Eine Liste der Gemeinschaftsrechtsakte enthält die VO – anders als noch der Entwurf von 2005 – nicht[2]. Eine Parallelvorschrift findet sich in Art. 27 Rom II-VO.

Erwägungsgrund 40 betont, dass die Aufteilung der Kollisionsnormen auf zahlreiche Rechtsakte sowie Unterschiede zwischen diesen Normen vermieden werden sollten. Die Rom I-VO sollte jedoch der Aufnahme von Kollisionsnormen für vertragliche Schuldverhältnisse in Vorschriften des Gemeinschaftsrechts über besondere Gegenstände nicht entgegenstehen[3]. Sie soll die Anwendung anderer Rechtsakte nicht ausschließen, die Bestimmungen enthalten, die zum reibungslosen Funktionieren des Binnenmarktes beitragen, soweit sie nicht in Verbindung mit dem Recht angewendet werden können, auf das die Regeln der Verordnung verweisen. Die Anwendung der Vorschriften im anzuwendenden Recht, die durch die Bestimmungen der Rom I-VO berufen wurden, soll auch nicht die Freiheit des Waren- und Dienstleistungsverkehrs, wie sie in der Richtlinie über den elektronischen Geschäftsverkehr[4] ausgestaltet ist, beschränken.

2. Entstehungsgeschichte

Vorläufer der Bestimmung ist Art. 20 EVÜ über den Vorrang des Gemeinschaftsrechts[5]. Danach berührt das EVÜ nicht die Anwendung der Kollisionsnormen für vertragliche Schuldverhältnisse auf besonderen Gebieten, die in Rechtsakten der Organe der Europäischen Gemeinschaften oder in dem in Ausführung dieser Akte harmonisierten innerstaatlichen Recht enthalten sind oder enthalten sein werden. In Deutschland wurde dies in der allgemeinen Vorschrift des Art. 3 Abs. 2 S. 2 EGBGB aF umgesetzt. Danach blieben Regelungen in Rechtsakten der Europäischen Gemeinschaften unberührt. Bei der Reform des EVÜ war zunächst gem. Art. 23 Rom I-VO-Entw. 2005 ein Ver-

---

1 *Garcimartín Alférez*, EuLF 2008, I-65. Vorläufer ist Art. 20 EVÜ.
2 Zu Art. 22 lit. a Rom I-VO-Entw. iVm. Anh. I s. *Mankowski*, IPRax 2006, 112; *Leible/Lehmann*, RIW 2008, 531.
3 So auch *Garcimartín Alférez*, EuLF 2008, I-66.
4 ABl. EG 2000 Nr. L 178, S. 1.
5 Vgl. auch *Leible/Lehmann*, RIW 2008, 531.

zeichnis der Rechtsakte in einem Anhang I vorgesehen[1]. In der endgültigen Fassung der Rom I-VO wurde zwar auf eine solche Aufzählung aus Praktikabilitätsgründen verzichtet, dennoch kann sie einen Anhaltspunkt dafür bilden, welche Rechtsakte von Art. 23 Rom I-VO erfasst werden sollen[2]. Allerdings haben die ursprünglich nicht genannten Verbraucherschutzrichtlinien durch die spätere Zulassung der Rechtswahl in Art. 6 Rom I-VO besondere Bedeutung gewonnen.

3. Einheitsrecht

69 Es wird vorausgesetzt, dass materielles Einheitsrecht Vorrang hat. Die Anwendung von Einheitsrecht kann sich aus internationalen Übereinkommen oder aus europäischen Verordnungen ergeben. Dass in Staatsverträgen niedergelegtes Einheitsrecht Vorrang hat, hat namentlich für das Recht des Warenkaufs und das Transportrecht Bedeutung. Auch gemeinschaftsrechtliche Verordnungen haben Vorrang. Dies gilt etwa für das Transportrecht.

4. Kollisionsnormen in Verordnungen und Richtlinien
a) Grundsatz

70 Verordnungen und Richtlinien gehören zum sekundären Gemeinschaftsrecht. Beide stehen im Rang unter dem primären Gemeinschaftsrecht. Verordnungen und Richtlinien sind als gleichwertig anzusehen. Kollisionen innerhalb des sekundären Gemeinschaftsrechts werden grds. nach der **lex specialis- und der lex posterior-Regel** gelöst. Das heißt, speziellere Normen gehen den allgemeinen (lex specialis derogat legi generali), das später gesetzte Recht geht dem früher gesetzten (lex posterior derogat legi priori) vor. Die Rom I-VO regelt die Beziehung der Rom I-VO zu den übrigen Verordnungen bzw. Richtlinien jedoch in Art. 23 selbst. Danach berührt die Rom I-VO grundsätzlich die Anwendung von Vorschriften des Gemeinschaftsrechts nicht, die in besonderen Bereichen Kollisionsnormen für vertragliche Schuldverhältnisse enthalten. Vielmehr gehen diese Kollisionsnormen der Rom I-VO vor. Grundsätzlich berührt die Rom I-VO danach nicht die Anwendung von Vorschriften des Gemeinschaftsrechts, die in besonderen Bereichen („particular matters", „domaines particuliers") Kollisionsnormen („conflict-of-law rules", „règlent les conflits de lois") für vertragliche Schuldverhältnisse („contractual obligations", „en matière d'obligations contractuelles") enthalten.

---

1 Darin waren enthalten:
- Richtlinie 93/7/EWG vom 15.3.1993 über die Rückgabe von unrechtmäßig aus dem Hoheitsgebiet eines Mitgliedstaats verbrachten Kulturgütern,
- Richtlinie 96/71/EG vom 16.12.1996 über die Entsendung von Arbeitnehmern im Rahmen der Erbringung von Dienstleistungen,
- Zweite Richtlinie „Schadenversicherung" (Richtlinie 88/357/EWG vom 22.6.1988, geändert und ergänzt durch die Richtlinien 92/49/EWG und 2002/13/EG),
- Zweite Richtlinie „Lebensversicherung" (Richtlinie 90/619/EWG vom 8.1.1990, geändert und ergänzt durch die Richtlinien 92/96/EWG und 2002/12/EG).

2 *Leible/Lehmann*, RIW 2008, 531.

b) Verordnungen

Art. 23 Rom I-VO spricht von „Vorschriften des Gemeinschaftsrechts" und meint damit in erster Linie die unmittelbar wirkenden europäischen Verordnungen. Die Rom I-VO regelt das **Verhältnis zur Rom II-VO** nicht im Speziellen. Eine solche Regelung erscheint letztlich auch nicht notwendig. Die von der Rom II-VO erfassten Gegenstände fallen grds. nicht in den Anwendungsbereich der Rom I-VO, deren sachlicher Anwendungsbereich gem. Art. 1 lediglich „vertragliche Schuldverhältnisse in Zivil- und Handelssachen" einbezieht. Für die frühere c.i.c. ist nun geklärt, dass diese der Rom II-VO und nicht der Rom I-VO unterfallen soll, s. unten Rz. 481 ff. Die c.i.c wird nicht nur in Art. 2 Abs. 1 Rom II-VO aufgeführt, sondern darüber hinaus nimmt Art. 1 Abs. 2 lit. i Rom I-VO auch „Schuldverhältnisse aus Vertragsverhandlungen vor Abschluss eines Vertrages" ausdrücklich vom Anwendungsbereich der Rom I-VO aus. Die sachlichen Anwendungsbereiche beider Verordnungen überschneiden sich somit nicht, soweit die Rom II-VO reicht. 71

c) Richtlinien

Vom Begriff „Vorschriften des Gemeinschaftsrechts" sind auch Richtlinien erfasst[1]. Dies wirkt sich vor allem für das *Verbraucherrecht* aus, da eine Reihe von Richtlinien Kollisionsnormen enthält[2] (vgl. oben Rz. 18 ff.). Dies sind die Richtlinien, welche in Art. 46b Abs. 4 EGBGB (früher Art. 29a EGBGB) aufgezählt werden (näher unten Rz. 4243 ff.). Im Einzelnen handelt es sich um: 72

- die Richtlinie 93/13/EWG des Rates vom 5.4.1993 über missbräuchliche Klauseln in Verbraucherverträgen[3];
- die Richtlinie 94/47/EG des Europäischen Parlaments und des Rates vom 26.10.1994 zum Schutz der Erwerber im Hinblick auf bestimmte Aspekte von Verträgen über den Erwerb von Teilzeitnutzungsrechten an Immobilien[4];
- die Richtlinie 97/7/EG des Europäischen Parlaments und des Rates vom 20.5.1997 über den Verbraucherschutz bei Vertragsabschlüssen im Fernabsatz[5];
- die Richtlinie 1999/44/EG des Europäischen Parlaments und des Rates vom 25.5.1999 zu bestimmten Aspekten des Verbrauchsgüterkaufs und der Garantien für Verbrauchsgüter[6];

---

1 Vgl. *Mankowski*, IPRax 2006, 112 f.
2 *Garcimartín Alférez*, EuLF 2008, I-66.
3 ABl. EG 1993 Nr. L 95, S. 29.
4 ABl. EG 1994 Nr. L 280, S. 83.
5 ABl. EG 1997 Nr. L 144, S. 19.
6 ABl. EG 1999 Nr. L 171, S. 12.

– die Richtlinie 2002/65/EG des Europäischen Parlaments und des Rates vom 23.9.2002 über den Fernabsatz von Finanzdienstleistungen an Verbraucher und zur Änderung der Richtlinie 90/619/EWG des Rates und der Richtlinien 97/7/EG und 98/27/EG[1];

– die Richtlinie 2008/48/EG des Europäischen Parlaments und des Rates vom 23.4.2008 über Verbraucherkreditverträge und zur Aufhebung der Richtlinie 87/102/EWG des Rates[2].

Hinzugekommen ist die Richtlinie 2008/122/EG des Europäischen Parlaments und des Rates vom 14.1.2009 über den Schutz der Verbraucher im Hinblick auf bestimmte Aspekte von *Teilnutzungsverträgen*, Verträgen über langfristige Urlaubsprodukte sowie Wiederverkaufs- und Tauschverträgen[3]. Im Anhang I des Rom I-VO-Entw. 2005 wurde ua. die *Kulturgüterrichtlinie*[4] genannt. Diese sieht in Art. 3 einen Anspruch auf Rückgabe von unrechtmäßig verbrachten Kulturgütern vor. Allerdings hat nicht der Eigentümer einen solchen Anspruch, sondern lediglich der Staat, so dass das Vorliegen eines „vertraglichen Schuldverhältnisses" eher fraglich und eine öffentlich-rechtliche Qualifikation des Anspruchs nahe liegender erscheint. Dies hätte zur Folge, dass der Anspruch aus Art. 3 der Kulturgüterrichtlinie von vornherein nicht vom Anwendungsbereich der Rom I-VO erfasst wäre[5], vgl. unten Rz. 585 ff.

73 Der Anhang I zum Rom I-VO-Entw. 2005 nannte auch die Richtlinie 96/71/EG von 1996 über die *Entsendung von Arbeitnehmern* im Rahmen der Erbringung von Dienstleistungen[6]. Danach sind die Mitgliedstaaten verpflichtet, dafür Sorge zu tragen, dass den in ihr Hoheitsgebiet entsandten Arbeitnehmern der Mindestschutz auf den in der Richtlinie genannten arbeitsrechtlichen Gebieten zuteil wird. Hierbei handelt es sich um zwingende Bestimmungen iSd. Art. 9 Abs. 1 Rom I-VO[7], deren Anwendung von der Kollisionsnorm des Art. 8 Rom I-VO unberührt bleiben soll. Eine solche Sichtweise untermauert auch Erwägungsgrund 34, der das Verhältnis von Art. 8 Rom I-VO und den Eingriffsnormen des Staates, in dem Arbeitnehmer im Einklang mit der Entsenderichtlinie seine Arbeit grenzüberschreitend verrichtet, zugunsten der betroffenen Eingriffsnormen regelt, indem er festlegt, dass die Anwendung der letzteren von Art. 8 Rom I-VO unberührt bleiben soll, näher unten Rz. 4810.

---

1 ABl. EG 2002 Nr. L 271, S. 16.
2 ABl. EU 2008 Nr. L 133, S. 66.
3 ABl. EU 2009 Nr. L 33, S. 10.
4 Richtlinie 93/7/EWG des Rates vom 15.3.1993 über die Rückgabe von unrechtmäßig aus dem Hoheitsgebiet eines Mitgliedstaats verbrachten Kulturgütern, ABl. EG 1993 Nr. L 74, S. 74.
5 So auch *Leible/Lehmann*, RIW 2008, 531.
6 Richtlinie 96/71/EG des Europäischen Parlaments und des Rates vom 16.12.1996 über die Entsendung von Arbeitnehmern im Rahmen der Erbringung von Dienstleistungen, ABl. EG 1997 Nr. L 18, S. 1.
7 Vgl. Erwägungsgrund 34.

Auch die *E-Commerce-Richtlinie*[1] wurde im Anhang I des Rom I-VO-Entw. 74
2005 genannt[2]. Nach Art. 3 dieser Richtlinie hat jeder Mitgliedstaat dafür zu
sorgen, dass die Dienste der Informationsgesellschaft, die von einem in seinem
Hoheitsgebiet niedergelassenen Diensteanbieters erbracht werden, den in diesem Mitgliedstaat geltenden Vorschriften innerstaatlichen Vorschriften entsprechen. Umstritten ist, ob es sich hierbei um eine Kollisionsnorm handelt[3].
Dies ist jedoch abzulehnen; die Richtlinie will keine zusätzlichen Regelungen
des Internationalen Privatrechts hinsichtlich des anwendbaren Rechts schaffen. Folglich ist sie nicht unter Art. 23 Rom I-VO zu subsumieren, da dieser
Kollisionsnormen auf einem speziellen Gebiet voraussetzt.

Auch die Bedeutung der *Dienstleistungsrichtlinie*[4] ist zu klären (vgl. dazu 75
auch Rz. 1044). Nach Art. 3 Abs. 2 der Dienstleistungsrichtlinie betrifft sie
nicht die Regeln des internationalen Privatrechts, insbesondere die Regeln des
auf vertragliche und außervertragliche Schuldverhältnisse anzuwendenden
Rechts, einschließlich der Bestimmungen, die sicherstellen, dass die Verbraucher durch die im Verbraucherrecht ihres Mitgliedstaats niedergelegten Verbraucherschutzregeln geschützt sind. Dem Wortlaut der Vorschrift nach greift
die Richtlinie daher nicht in das Internationale Vertragsrecht ein. Dies wird
auch von Art. 17 Nr. 15 der Dienstleistungsrichtlinie gestützt, wonach Art. 16
der Dienstleistungsrichtlinie auf Bestimmungen betreffend vertragliche und
außervertragliche Schuldverhältnisse, einschließlich der Form von Verträgen,
die nach den Vorschriften des internationalen Privatrechts festgelegt werden,
keine Anwendung findet.

5. Versicherungsverträge

Art. 23 Rom I-VO nennt den die Versicherungsverträge betreffenden Art. 7 76
Rom I-VO ausdrücklich als Ausnahme (oben Rz. 67). Er berührt daher die Anwendung von Vorschriften des Gemeinschaftsrechts, die in besonderen Bereichen Kollisionsnormen für vertragliche Schuldverhältnisse enthalten. Im
Anhang I des Rom I-VO-Entw. 2005 wurden sowohl die Zweite Richtlinie
„Schadenversicherung"[5] als auch die Zweite Richtlinie „Lebensversicherung"[6] genannt. Für diese kehrt die letzte Fassung der Rom I-VO in Art. 23 das

---

[1] Richtlinie 2000/31/EG des Europäischen Parlaments und des Rates vom 8.6.2000 über
bestimmte rechtliche Aspekte der Dienste der Informationsgesellschaft, insbesondere
des elektronischen Geschäftsverkehrs, im Binnenmarkt („Richtlinie über den elektronischen Geschäftsverkehr"), ABl. EG 2000 Nr. L 178, S. 1.
[2] Diese wird auch als Beispiel für die Parallelvorschrift des Art. 27 Rom II-VO im Erwägungsgrund 35 der Rom II-VO genannt.
[3] Vgl. ausführlich *Thünken*, Das kollisionsrechtliche Herkunftslandprinzip (2003),
S. 68 ff.; *Martiny*, in: MünchKomm, 5. Aufl., Art. 9 Rom I-VO Anh. III Telemediengesetz.
[4] Richtlinie 2006/123/EG vom 12.12.2006, über Dienstleistungen im Binnenmarkt, ABl.
EU 2006 Nr. L 376, S. 36.
[5] Richtlinie 88/357/EWG vom 22.6.1988, geändert und ergänzt durch die Richtlinien
92/49/EWG und 2002/13/EG, ABl. EG 1988 Nr. L 172, S. 1.
[6] Richtlinie 90/619/EWG vom 8.1.1990, geändert und ergänzt durch die Richtlinien
92/96/EWG und 2002/12/EG, ABl. EG 1990 Nr. L 330, S. 50.

Vorrangverhältnis für Art. 7 Rom I-VO jedoch um. Schließlich heißt es dort: „Mit Ausnahme von Art. 7 berührt diese Verordnung nicht die Anwendung von Vorschriften des Gemeinschaftsrechts...". Daher setzt sich die VO gegen das bedeutungslos gewordene Richtlinien-IPR durch[1].

VII. Beziehung zum Übereinkommen von Rom (Art. 24 Rom I-VO)

77 Art. 24 Rom I-VO regelt die Beziehung zum Übereinkommen von Rom (EVÜ). Danach tritt die Rom I-VO in den Mitgliedstaaten **an die Stelle des Übereinkommens von Rom**, außer hinsichtlich der Hoheitsgebiete der Mitgliedstaaten, die in den territorialen Anwendungsbereich dieses Übereinkommens fallen und für die aufgrund der Anwendung von Art. 299 des EG-Vertrags die Rom I-VO nicht gilt (Art. 24 Abs. 1 Rom I-VO). Wegen der universellen Anwendbarkeit der Rom I-VO wenden sie die Mitgliedstaaten auch im Verhältnis zu **Dänemark** an[2]. Art. 24 Rom I-VO und die frühere völkerrechtliche Verpflichtung gegenüber Dänemark dürften nicht entgegen stehen[3]. Dagegen ist umgekehrt mit einer Weiteranwendung des EVÜ durch dänische Gerichte zu rechnen[4], vgl. Rz. 39.

Soweit die Rom I-VO die Bestimmungen des Übereinkommens von Rom ersetzt, gelten Bezugnahmen auf dieses Übereinkommen als Bezugnahmen auf die Rom I-VO (Art. 24 Abs. 2 Rom I-VO).

VIII. Verhältnis zu bestehenden internationalen Übereinkommen (Art. 25 Rom I-VO)

78 Art. 25 Rom I-VO betrifft das Verhältnis der Verordnung zu bestehenden internationalen Übereinkommen. Die Rom I-VO berührt nicht die Anwendung der internationalen Übereinkommen, denen ein oder mehrere Mitgliedstaaten zum Zeitpunkt der Annahme dieser Verordnung angehören und die Kollisionsnormen für vertragliche Schuldverhältnisse enthalten (Art. 25 Abs. 1 Rom I-VO). Nach Erwägungsgrund 41 sind die internationalen **Verpflichtungen**, welche die Mitgliedstaaten eingegangen sind, **zu wahren**. Die Verordnung darf sich nicht auf internationale Übereinkommen auswirken, denen ein oder mehrere Mitgliedstaaten zum Zeitpunkt der Annahme der Rom I-VO angehören[5]. Staatsverträge, mit Kollisionsnormen für vertragliche Schuldverhältnisse

---

1 *Wilderspin*, in: Cashin Ritaine/Bonomi, S. 21; *Perner*, IPRax 2009, 218 (219).
2 *Leible/Lehmann*, RIW 2008, 532; *Pfeiffer*, EuZW 2008, 623. – Im Ergebnis ebenso aus Praktikabilitätsgründen *Lando/Nielsen*, CML Rev. 45 (2008), 1689 f.
3 *Lando/Nielsen*, CML Rev. 45 (2008), 1689 f. – Anders *Brödermann/Wegen*, in: PWW, Art. 2 Rom I-VO Rz. 4.
4 *Garcimartín Alférez*, EuLF 2008, I-62; *Leible/Lehmann*, RIW 2008, 532; *Pfeiffer*, EuZW 2008, 623; *Lando/Nielsen*, CML Rev. 45 (2008), 1689 f.
5 Um den Zugang zu den Rechtsakten zu erleichtern, soll die Kommission anhand der Angaben der Mitgliedstaaten ein Verzeichnis der betreffenden Übk. im Amtsblatt der EU veröffentlichen.

(„lay down conflict-of-law rules relating to contractual obligations"; „règlent les conflits de lois en matière d'obligations contractuelles") sind solche, welche die Rechtsanwendung regeln. Praktische Bedeutung hat dies etwa für das Haager Kaufrechts-Übk. von 1955, das unter den Vertragsstaaten weiter gilt[1]. Dies gilt auch für innereuropäische Fälle[2].

Staatsverträge, welche **einheitliches Sachrecht** schaffen, enthalten genau genommen lediglich bezüglich ihres Anwendungsbereichs Kollisionsnormen. Ihr Vorrang kann sich aber sinnvollerweise nur auf die Gesamtregelung des Staatsvertrages erstrecken. Daher werden einheitsrechtliche Staatsverträge im Ganzen erfasst. Dies bezieht sich etwa auf das Einheitskaufrecht (CISG), das vorrangig anzuwenden ist[3]. Letztlich zum gleichen Ergebnis gelangt die Auffassung, welche Art. 25 Rom I-VO nur für eigentlich kollisionsrechtliche Regelungen, die zur Anwendung des Rechts eines Staates führen, heranziehen will[4]. Materielles Einheitsrecht, dessen Anwendung von sog. statutistischen Kollisionsnormen abhängt, soll auch ohne besonderen Anwendungsbefehl, also unabhängig von den Vorschriften der Rom I-VO, zur Anwendung kommen[5].

Die Rom I-VO hat jedoch in den Beziehungen zwischen den Mitgliedstaaten Vorrang vor den **ausschließlich** zwischen zwei oder mehreren Mitgliedstaaten geschlossenen Übereinkommen, soweit diese Bereiche betreffen, die in dieser Verordnung geregelt sind (Art. 25 Abs. 2 Rom I-VO). Diese Bestimmung ist allerdings enger als es zunächst scheint, da sie schon dann keine Anwendung findet, wenn auch andere Staaten Vertragsstaaten sind.

Es besteht eine eigene Verordnung, nach welchen Verfahren und unter welchen Bedingungen die Mitgliedstaaten in Einzel- und Ausnahmefällen in eigenem Namen **Übereinkünfte mit Drittländern über sektorspezifische Fragen** aushandeln und abschließen dürfen, die Bestimmungen über das auf vertragliche Schuldverhältnisse anzuwendende Recht enthalten (vgl. auch Erwägungsgrund 42)[6]. Für künftige Staatsverträge der Mitgliedstaaten ist die Kompetenz zum Abschluss auf die Gemeinschaft übergegangen[7].

---

1 *Cavalier*, Rev.Lamy dr.aff. 29 (2008), 65 (66); *Garcimartín Alférez*, EuLF 2008, I-65; *Leible/Lehmann*, RIW 2008, 531 f.; *Pfeiffer*, EuZW 2008, 624. – Anders zum Entwurf *Mankowski*, IPRax 2006, 113.
2 Krit. und für eine teleologische Reduktion *Sonnenberger*, Festschr. Kropholler, S. 233.
3 *Garcimartín Alférez*, EuLF 2008, I-65; *Schmidt-Kessel*, ZEuP 2008, 605 (612); *Pfeiffer*, EuZW 2008, 624. – Anders *Kampf*, RIW 2009, 297 (299).
4 *Wagner*, TranspR 2009, 107 mwN.
5 *Wagner*, TranspR 2009, 107 mwN.
6 Verordnung (EG) Nr. 662/2009 des Europäischen Parlaments und des Rates vom 13.7.2009 zur Einführung eines Verfahrens für die Aushandlung und den Abschluss von Abkommen zwischen Mitgliedstaaten und Drittstaaten über spezifische Fragen des auf vertragliche und außervertragliche Schuldverhältnisse anzuwendenden Rechts, ABl. EU 2009 Nr. L 200, S. 25.
7 *Leible/Lehmann*, RIW 2008, 531 f.

IX. Inkrafttreten und zeitliche Anwendbarkeit (Art. 29 Rom I-VO)

79 Das Inkrafttreten und die Anwendbarkeit werden von Art. 29 Rom I-VO geregelt[1]. Nach UAbs. 1 tritt die Rom I-VO am zwanzigsten Tag nach ihrer Veröffentlichung im Amtsblatt der Europäischen Union in Kraft. UAbs. 2 bestimmt, dass die Rom I-VO ab 17.12.2009 gilt, mit Ausnahme des Art. 26, der ab dem 17.6.2009 gilt.

Art. 28 Rom I-VO beschäftigt sich mit der zeitlichen Anwendbarkeit der VO. Danach wird die Rom I-VO auf Verträge angewandt, die nach dem 17.12.2009 geschlossen werden. Dies entspricht inhaltlich Art. 17 EVÜ. Es gilt auch für Dauerschuldverhältnisse[2]. Der maßgebliche Zeitpunkt des Vertragsschlusses ergibt sich aus dem vor Inkrafttreten der Rom I-VO anzuwendenden Sachrecht[3]. Zur Regelung des Art. 220 EGBGB, der hier nicht zur Anwendung kommt, s. oben Rz. 6.

80–84 Frei.

---

1 Zum Entwurf *Mankowski*, IPRax 2006, 113.
2 *Leible/Lehmann*, RIW 2008, 531.
3 *Leible/Lehmann*, RIW 2008, 531.

C. Bestimmung des Vertragsstatuts nach der Rom I-Verordnung

	Rz.
I. Rechtswahl (Art. 3 Rom I-VO)	85
1. Parteiautonomie	85
a) Grundsatz der Parteiautonomie	85
b) Rechtswahl der Parteien	87
c) Verweisungsvertrag	88
d) Primäres Statut	92
e) Mangel objektiver Beziehung	93
f) Teilweise Rechtswahl	94
g) Veränderung des gewählten Rechts	99
h) Wahl außerstaatlichen Rechts	100
aa) Allgemeine Rechtsgrundsätze, Vertragsgrundsätze	101
bb) Lex Mercatoria	102
cc) „Rechtsordnungslose Verträge"	104
dd) Verweisung auf Völkerrecht	105
i) Stabilisierungs- und Versteinerungsklauseln	106
aa) Art der Klauseln	106
bb) Kollisionsrechtliche Wirkung	111
j) Offenlassen der Rechtswahl im Prozess	112
2. Stillschweigende Rechtswahl	113
a) Maßgeblichkeit des Parteiwillens	113
b) Hinweise auf den stillschweigenden Willen	115
aa) Gerichtsstandsklausel	116
bb) Schiedsklausel	118
cc) Verhalten im Rechtsstreit	121
dd) Einheitlicher Erfüllungsort	124
ee) Bezugnahme auf ein Recht	125
ff) Vertragssprache	126
gg) Formulare und Allgemeine Geschäftsbedingungen	127
hh) Vertragspraxis der Parteien	129
3. Nachträgliche Rechtswahl	130
a) Änderung der Rechtswahl	130
b) Formgültigkeit und Rechte Dritter	132
4. Zwingende Vorschriften	134
a) Allgemeines	134
b) Fehlender Auslandsbezug	135
c) Binnenmarktsachverhalt	139
d) Andere Vorschriften	141
5. Zusammenfassung mit Handlungsanleitung	142
II. Mangels Rechtswahl anzuwendendes Recht (Art. 4 Rom I-VO)	143
1. System der objektiven Anknüpfung	143
2. Vertragsspezifische Anknüpfung	144
a) Auflistung	144
b) Warenkauf (Art. 4 Abs. 1 lit. a Rom I-VO)	145
c) Dienstleistungsverträge (Art. 4 Abs. 1 lit. b Rom I-VO)	146
d) Grundstücksverträge (Art. 4 Abs. 1 lit. c Rom I-VO)	147
e) Kurzfristige Miet- und Pachtverträge (Art. 4 Abs. 1 lit. d Rom I-VO)	148
f) Franchiseverträge) (Art. 4 Abs. 1 lit. e Rom I-VO)	149
g) Vertriebsverträge (Art. 4 Abs. 1 lit. f Rom I-VO)	150
h) Kauf durch Versteigerung (Art. 4 Abs. 1 lit. g Rom I-VO)	151
i) Multilaterales System (Art. 4 Abs. 1 lit. h Rom I-VO)	152
3. Anknüpfung nach der charakteristischen Leistung (Art. 4 Abs. 2 Rom I-VO)	153
a) Herstellung der engsten Verbindung	155
aa) Begriff der charakteristischen Leistung	155
bb) Zeitpunkt des Vertragsabschlusses	159
b) Qualifikation	160
c) Lokalisierung der charakteristischen Leistung	161
d) Einzelne Fälle der charakteristischen Leistung	162

	Rz.		Rz.
e) Nichtbestimmbarkeit der charakteristischen Leistung	167	gg) Mitwirkung eines Maklers	202
4. Engere Verbindung (Art. 4 Abs. 3 Rom I-VO)	169	hh) Favor negotii	203
a) Funktion der engeren Verbindung	169	ii) Hypothetischer Parteiwille	204
b) Ausweichklausel	171	jj) Recht der Flagge	205
c) Zusammenhängende Verträge	174	6. Revisibilität	206
aa) Vertragsverbindung	175	7. Zusammenfassung mit Handlungsanleitung	207
bb) Zusammengesetzte Verträge	176	III. Gewöhnlicher Aufenthalt (Art. 19 Rom I-VO)	208
cc) Angelehnte Verträge	177	1. Maßgeblichkeit des gewöhnlichen Aufenthalts	208
dd) Sicherungsverträge	178	2. Gewöhnlicher Aufenthalt von Gesellschaften, Vereinen und juristischen Personen (Art. 19 Abs. 1 UAbs. 1 Rom I-VO)	209
ee) Ausfüllen von Rahmenverträgen	179		
ff) Vorbereitung des Hauptvertrages	180	3. Gewöhnlicher Aufenthalt natürlicher Personen (Art. 19 Abs. 1 UAbs. 1 Rom I-VO)	210
d) Gemischte Verträge	181		
5. Engste Verbindung (Art. 4 Abs. 4 Rom I-VO)	185	a) Maßgeblichkeit des gewöhnlichen Aufenthalts	210
a) Maßgeblichkeit der engsten Verbindung	185	b) Geschäftliche Tätigkeit	211
aa) Begriff der engsten Verbindung	186	c) Hauptniederlassung	213
bb) Gesamtheit der Umstände	188	d) Nicht berufliche Tätigkeit	214
b) Abtrennbarkeit eines Vertragsteils	189	4. Andere Niederlassung (Art. 19 Abs. 2 Rom I-VO)	215
c) Hinweise auf die engste Verbindung	190	5. Zeitpunkt (Art. 19 Abs. 3 Rom I-VO)	216
aa) Gewöhnlicher Aufenthalt, Niederlassung	193	IV. Rück- und Weiterverweisung (Art. 20 Rom I-VO)	217
bb) Staatsangehörigkeit	194	V. Staaten ohne einheitliche Rechtsordnung (Art. 22 Rom I-VO)	220
cc) Beteiligung der öffentlichen Hand	196	1. Rechtsspaltung	220
dd) Währung	197	2. Innerdeutsches Kollisionsrecht	223
ee) Abschlussort	198	VI. Ordre public (Art. 21 Rom I-VO)	225
ff) Mitwirkung eines Notars oder Richters	201		

Literatur: *Abend*, Die lex validitatis im internationalen Vertragsrecht – Zugleich eine Untersuchung Ehrenzweigs Lehre von der Rule of Validation im amerikanischen Kollisionsrecht für Verträge (1994); *Ancel*, La loi applicable à défaut de choix, in: Cashin Ritaine/Bonomi (Hrsg.), Le nouveau règlement européen „Rome I" relatif à la loi applicable aux obligations contractuelles (Genf 2008), S. 77; *Atrill*, Choice of Law in Contract: The Missing Pieces of the Articel 4 Jigsaw?, I.C.L.Q. 53 (2004), 549; *Aubin*, Vertragsstatut und Parteierwartungen im deutschen Internationalen Privatrecht, in: Völkerrecht, Recht der Internationalen Organisationen, Weltwirtschaftsrecht – Festschr. Seidl-Hohenveldern (1988), S. 1; *Azzi*, La loi applicable à défaut de choix selon les articles 4 et 5 du règlement Rome I, D. 2008, 2169; *W. Bauer*, Renvoi im internationalen Schuld- und Sachenrecht (1985); *von Bernstorff*, Rechtsprobleme im Auslandsgeschäft, 5. Aufl. (2006);

Borges, Verträge im elektronischen Geschäftsverkehr, 2. unveränd. Aufl. (2007); *Coester-Waltjen*, Einige Überlegungen zur konkludenten Rechtswahl im europäischen Vertragsrecht, in: Privatrecht in Europa – Festschr. Sonnenberger (2004), S. 343; *Coing*, La détermination de la loi contractuelle en droit international privé allemand, in: Klein/Vischer (Hrsg.), Colloque de Bâle sur la loi régissant les obligations contractuelles (Basel/Frankfurt 1983), S. 29; *Delaume*, Law and Practice of International Contracts (Dobbs Ferry N.Y. 1988); *Dutta*, Kollidierende Rechtswahlklauseln in allgemeinen Geschäftsbedingungen, ZvglRW 104 (2005), 461; *Einsele*, Rechtswahlfreiheit im Internationalen Privatrecht, RabelsZ 60 (1996), 417; *Einsele*, Auswirkungen der Rom I-Verordnung auf Finanzdienstleistungen, WM 2009, 289; *Ferrari*, Objektive Anknüpfung, in: Ferrari/Leible (Hrsg.), Ein neues Internationales Vertragsrecht in Europa (2007), S. 57; *Fetsch*, Eingriffsnormen und EG-Vertrag (2002); *Fischer*, Verkehrsschutz im internationalen Vertragsrecht (1990); *Gamillscheg*, Rechtswahl, Schwerpunkt und mutmaßlicher Parteiwille im internationalen Vertragsrecht, AcP 157 (1958/59), 303; *Gebauer*, Parteiautonomie im deutschen und europäischen Internationalen Vertragsrecht, in: Riesenhuber/Nishitani (Hrsg.), Wandlungen oder Erosion der Privatautonomie? (2007), S. 257; *Geiben*, Der Vorvertrag im internationalen Privatrecht (2007); *Geisler*, Die engste Verbindung im Internationalen Privatrecht (2001); *Gildeggen*, Internationale Handelsgeschäfte, 3. Aufl. (2008); *Großfeld/Neumann*, Schwerpunkte des internationalen Vertragsrechts in der wirtschaftlichen Praxis (1981); *Gunst*, Die charakteristische Leistung: zur funktionellen Anknüpfung im internationalen Vertragsrecht Deutschlands, der Schweiz und der Europäischen Gemeinschaft (1994); *Hartley*, The Rome Convention in the English Courts, Festschr. Jayme I (2004), S. 297; *Hartley*, The Proposed „Rome I" Regulation – Applicable Law in the Absence of Choice (Article 4), in: Mélanges Gaudemet-Tallon (Paris 2008), S. 717; *Hartmann*, Das Vertragsstatut in der deutschen Rechtsprechung seit 1945 (Diss. Freiburg 1972); *Heini*, Vertrauensprinzip und Individualanknüpfung im internationalen Vertragsrecht, Festschr. Vischer (1983), S. 149; *Hepting*, Schwerpunktanknüpfung und Schwerpunktvermutungen im internationalen Vertragsrecht, Festschr. W. Lorenz (1991), S. 393; *Hill*, Choice of law in contract under the Rome Convention, I.C.L.Q. 53 (2004), 325; *Hirse*, Die Ausweichklausel im internationalen Privatrecht (2006); *von Hoffmann*, Zur Auslegung von Formularbedingungen des internationalen Handelsverkehrs, AWD 1970, 247; *von Hoffmann*, Über den Schutz des Schwächeren bei internationalen Schuldverträgen, RabelsZ 38 (1974), 396; *von Hülsen*, Stillschweigende Rechtswahl bei Inkorporation der Charterpartie ins Konnossement und Abschluss von Schiedsvereinbarungen, AWD 1967, 267; *Junker*, Internationales Arbeitsrecht im Konzern (1992); *Junker*, Die freie Rechtswahl und ihre Grenzen, IPRax 1993, 1; *Kaye*, The new private international law of contract of the European Community (Aldershot 1993); *Kaczorowska*, L'internationalité d'un contrat, Rev.dr.int.dr.comp. 72 (1995), 204; *Kegel*, Die Bankgeschäfte im deutschen IPR, Gedächtnisschr. R. Schmidt (1966), S. 215; *Keller*, Schutz des Schwächeren im Internationalen Vertragsrecht, Festschr. Vischer (Zürich 1983), S. 175; *Kessedjian*, Party Autonomy and Characteristic Performance in the Rome Convention and the Rome I Proposal, in: Basedow/Baum/Nishitani (Hrsg.), Japanese and European Private International Law in Comparative Perspective (2008), S. 105; *Kondring*, „Der Vertrag ist das Recht der Parteien" – Zur Verwirklichung des Parteiwillens durch nachträgliche Teilrechtswahl, IPRax 2006, 425; *Kost*, Konsensprobleme im internationalen Schuldvertragsrecht (1995); *Kreuzer*, Das IPR des Warenkaufs in der deutschen Rechtsprechung (1964); *Kreuzer*, Know-how-Verträge im deutschen IPR, Festschr. von Caemmerer (1978), S. 705; *Kreuzer*, Berichtigungsklauseln im IPR, Festschr. Zajtay (1982), S. 295; *Kreytenberg*, Die individuelle Schwerpunktbestimmung internationaler Schuldverträge nach der Ausweichklausel des Art. 4 Abs. 5 S. 2 EVÜ (2006); *Kropholler*, Das kollisionsrechtliche System des Schutzes der schwächeren Vertragspartei, RabelsZ 42 (1978), 634; *Kropholler*, Elastische Anknüpfungspunkte für das Internationale Vertrags- und Deliktsrecht, RIW 1981, 359; *Lando*, The Interpretation of Contracts in the Conflict of Laws, RabelsZ 38 (1974), 388; *Lando*, Contracts, in: Int.Encycl.Comp.L. III Ch. 24 (1976); *Leible*, Außenhandel und

Rechtssicherheit, ZvglRW 97 (1998), 286; *Leible*, Rechtswahl, in: Ferrari/Leible (Hrsg.), Ein neues Internationales Vertragsrecht für Europa (2007), S. 41; *Leible*, Choice of the Applicable Law, in: Cashin Ritaine/Bonomi (Hrsg.), Le nouveau règlement européen „Rome I" relatif à la loi applicable aux obligations contractuelles (Genf 2008), S. 61; *Leible*, Rom I und Rom II (2009); *E. Lorenz*, Die Rechtswahlfreiheit im internationalen Schuldvertragsrecht, RIW 1987, 569; *E. Lorenz*, Die Auslegung schlüssiger und ausdrücklicher Rechtswahlerklärungen im internationalen Schuldvertragsrecht, RIW 1992, 697; *W. Lorenz*, Vertragsabschluss und Parteiwille im internationalen Obligationenrecht Englands (1957); *W. Lorenz*, Vom alten zum neuen internationalen Schuldvertragsrecht, IPRax 1987, 269; *Lüderitz*, Wechsel der Anknüpfung in bestehendem Schuldvertrag, Festschr. Keller (Zürich 1989), S. 459; *Magnus*, E-Commerce und Internationales Privatrecht, in: Graf/Paschke/Stober (Hrsg.), Das Wirtschaftsrecht vor den Herausforderungen des E-Commerce (2002), S. 19; *Mallmann*, Rechtswahlklauseln unter Ausschluss des IPR, NJW 2008, 2953; *Mankowski*, Seerechtliche Vertragsverhältnisse im IPR (1995); *Mankowski*, Das Internet im Internationalen Vertrags- und Deliktsrecht, RabelsZ 63 (1999), 203; *Mankowski*, Überlegungen zur sach- und interessengerechten Rechtswahl für Verträge des internationalen Wirtschaftsverkehrs, RIW 2003, 2; *Mankowski*, Stillschweigende Rechtswahl und wählbares Recht, in: Leible (Hrsg.), Das Grünbuch zum Internationalen Vertragsrecht (2004), S. 63; *Mankowski*, Entwicklungen im Internationalen Privat- und Prozessrecht 2003/2004, RIW 2004, 481, 587; *Mankowski*, Entwicklungen im Internationalen Privat- und Prozessrecht 2004/2005, RIW 2005, 481, 561; *Mann*, Die Gültigkeit der Rechtswahl- und Gerichtsstandsklausel und das IPR, NJW 1984, 2740; *Marsch*, Der Favor Negotii im deutschen IPR (1976); *Martiny*, Die Anknüpfung an den Markt, Festschr. Drobnig (1998), S. 389; *Martiny*, Objektive Vertragsanknüpfung und Form, in: Leible (Hrsg.), Das Grünbuch zum Internationalen Vertragsrecht (2004), S. 109; *Martiny*, The applicable law to contracts in the absence of choice (Art. 4 Rome Convention), in: Calvo Caravaca/Carrascosa González (Hrsg.), Estudios sobre contratación internacional (Madrid 2006), S. 11; *Martiny*, Neue Impulse im Europäischen Internationalen Vertragsrecht, ZEuP 2006, 60; *Martiny*, Europäisches Internationales Vertragsrecht in Erwartung der Rom I-Verordnung, ZEuP 2008, 79; Max-Planck-Institut für ausländisches und internationales Privatrecht, Kodifikation des deutschen IPR, RabelsZ 47 (1983), 595; *Mehrings*, Internet-Verträge und internationales Vertragsrecht, CR 1998, 613; *Merschformann*, Die objektive Bestimmung des Vertragsstatuts beim internationalen Warenkauf (1991); *Nadelmann*, Choice of Law Resolved by Rules or Presumptions with an Escape Clause, Am.J.Comp.L. 33 (1985), 297; *Nygh*, Autonomy in International Contracts (Oxford 1998); *Oschmann*, Faktische Grenzen der Rechtswahl, in: Iusto Iure – Festg. Sandrock (1995), S. 25; *Pfeiffer*, ADR trifft IPR, Festschr. Schlosser (2005), S. 683; *Pocar*, La protection de la partie faible en droit international privé, Rec. des Cours 188 (1984-V), 339; *Püls*, Parteiautonomie (1995); *Reich*, Grundgesetz und internationales Vertragsrecht, NJW 1994, 2128; *Rinze*, The Scope of Party Autonomy under the 1980 Rome Convention on the Law Applicable to Contractual Obligations, J.B.L. 1994, 412; *W.-H. Roth*, Internationales Versicherungsvertragsrecht (1986); *W.-H. Roth*, Zur stillschweigenden Rechtswahl in einem künftigen EU-Gemeinschaftsinstrument über das internationale Schuldvertragsrecht, Festschr. Georgiades (Athen 2006), S. 905; *Rugullis*, Die Rechtswahl nach Art. 27 Abs. 1 EGBGB – Sachnorm oder Gesamtverweisung?, ZvglRW 106 (2007), 217; *C. Rühl*, Rechtswahlfreiheit und Rechtswahlklauseln in Allgemeinen Geschäftsbedingungen (1999); *G. Rühl*, Party autonomy in the private international law of contracts, in: Gottschalk ua. (Hrsg.), Conflict of laws in a globalized world (Cambridge 2007), S. 153; *G. Rühl*, Rechtswahlfreiheit im europäischen Kollisionsrecht, in: Die richtige Ordnung – Festschr. Kropholler (2008), S. 187; *Sandrock*, Zur ergänzenden Vertragsauslegung im materiellen und internationalen Schuldvertragsrecht (1966); *Sandrock* (Hrsg.), Handbuch der Internationalen Vertragsgestaltung I, II (1980); *Sandrock*, Die Bedeutung des Gesetzes zur Neuregelung des Internationalen Privatrechts für die Unternehmenspraxis, RIW 1986, 841; *Sandrock*, „Handcuffs" Clauses in International Clauses in International Commercial Contracts, Int.Lawyer 31 (1997), 1105; *Schaack*, Zu den Prinzipien der Privatautonomie im deutschen und französischen Rechtsanwendungsrecht (1990); *Schmeding*, Zur Bedeutung der Rechtswahl im Kollisionsrecht, RabelsZ 41 (1977), 299; *Schnelle*, Die objektive Anknüpfung von Darlehensverträgen im deutschen und amerikanischen IPR (1992); *Schnitzer*, Die funktionelle Anknüpfung im internationalen Vertragsrecht, in: Festg. Schönenberger (1968), S. 387; *Schnitzer*, Die Zuordnung der Verträge im IPR, RabelsZ 33 (1969), 17; *Schrammen*, Grenzüberschreitende Verträge im Internet (2005); *Schröder*, Zur Anziehungskraft der Grundstücksbelegenheit im internationalen Privat- und Verfahrensrecht, IPRax 1985, 145; *J. Schröder/Wenner*, Internationales Vertragsrecht: das Kollisionsrecht der transnationalen Wirtschaftsverträge, 2. Aufl. (1998); *Schulze*, Die Kodifikation des Vertragsstatuts im IPR (Basel/Frankfurt 1980); *Schwander*, Die Behandlung der Innominatverträge im internationalen Privatrecht, in: Innominatverträge – Festg. Schluep (Zürich 1988), S. 501; *Schwander*, Zur Rechtswahl im IPR des Schuldvertragsrechts, Festschr. Keller (1989), S. 473; *von der Seipen*, Akzessorische Anknüpfung und engste Verbindung im Kollisionsrecht der komplexen Vertragsverhältnisse (1989); *Siehr*, Die Parteiautonomie im internationalen Privatrecht, Festschr. Keller (1989), S. 485; *Siehr*, Anspruchskonkurrenz und IPR, Festschr. Honsell (Zürich 2002), S. 189; *Siehr*, Objektive Anknüpfung im Internationalen Vertragsrecht, in: Reichelt (Hrsg.), Europäisches Gemeinschaftsrecht und IPR (Wien 2007), S. 69; *Simitis*, Aufgaben und Grenzen der Parteiautonomie im internationalen Vertragsrecht, JuS 1966, 209; *Späth*, Die gewerbliche Erbensuche im grenzüberschreitenden Rechtsverkehr (2008); *Spickhoff*, Anspruchskonkurrenzen, Internationale Zuständigkeit und Internationales Privatrecht, IPRax 2009, 128; *Steindorff*, Das Offenlassen der Rechtswahl im IPR und die Nachprüfung ausländischen Rechts durch das Revisionsgericht, JZ 1963, 200; *Steiner*, Die stillschweigende Rechtswahl im Prozess der subjektiven Anknüpfungen im deutschen Internationalen Privatrecht (1998); *Steinle*, Konkludente Rechtswahl und objektive Anknüpfung nach altem und neuem deutschen Internationalen Vertragsrecht, ZvglRW 93 (1994), 300; *H. Stoll*, Bemerkungen zu den Vorschriften über den „Allgemeinen Teil" im Gesetzesentwurf der Bundesregierung zur Neuregelung des IPR (Art. 3–9, 11–12), IPRax 1984, 1; *H. Stoll*, Das Statut der Rechtswahlvereinbarung – eine irreführende Konstruktion, in: Rechtskollisionen – Festschr. Heini (Zürich 1995), S. 429; *U. Stoll*, Die Rechtswahlvoraussetzungen und die Bestimmung des auf internationale Schuldverträge anwendbaren Rechts nach den allgemeinen Kollisionsregeln des US-amerikanischen UCC und des deutschen Rechts (1986); *Tiedemann*, Kollidierende AGB-Rechtswahlklauseln im österreichischen und deutschen IPR, IPRax 1991, 424; *Vischer*, The Antagonism between Legal Security and the Search for Justice in the Field of Contracts, Rec. des Cours 142 (1974-II), 1; *Vischer*, Veränderungen des Vertragsstatuts und ihre Folgen, Festschr. Keller (1989), S. 547; *Wagner*, Der Grundsatz der Rechtswahl und das mangels Rechtswahl anwendbare Recht (Rom-I-Verordnung), IPRax 2008, 377; *W. Weitnauer*, Der Vertragsschwerpunkt (1981); *Wengler*, Die Gestaltung des IPR der Schuldverträge unter allgemeinen Leitprinzipien, RabelsZ 47 (1983), 215; *Wenner*, „Rechtswahlblüten", Festschr. Werner (2005), S. 39; *von Westphalen*, Fallstricke bei Verträgen und Prozessen mit Auslandsberührung, NJW 1994, 2113; *von Wilmowsky*, EG-Vertrag und kollisionsrechtliche Rechtswahlfreiheit, RabelsZ 62 (1998), 1; *Windmöller*, Die Vertragsspaltung im Internationalen Privatrecht des EGBGB und des EGVVG (2000). S. außerdem die Lehrbücher und die Kommentare zu Art. 1 ff. Rom I-VO bzw. Art. 27 ff. EGBGB aF. Zur Rom I-VO s. ferner vor Rz. 35, zum EVÜ s. vor Rz. 4.

I. Rechtswahl (Art. 3 Rom I-VO)

1. Parteiautonomie

a) Grundsatz der Parteiautonomie

85 Die Beziehungen zwischen den Parteien eines schuldrechtlichen Vertrages werden grundsätzlich nach dem Recht beurteilt, von dessen Regelungen die Parteien ausgingen (**Vertragsstatut**). Das **Prinzip der freien Rechtswahl** findet sich in Art. 3 Rom I-VO[1] (Text oben S. 1, 10 f.). Danach muss die Rechtswahl ausdrücklich erfolgen oder sich eindeutig aus den Vertragsbestimmungen oder aus anderen Umständen ergeben. Die Parteien können die Rechtswahl für ihren ganzen Vertrag oder nur für einen Teil treffen (Art. 3 Abs. 1 Rom I-VO). Die Rechtswahl ist abänderbar. Die Formgültigkeit des Vertrags und Rechte Dritter werden durch eine nach Vertragsschluss erfolgende Änderung der Bestimmung des anzuwendenden Rechts aber nicht berührt (Art. 3 Abs. 2 Rom I-VO).

Die aus einem Vertrag entspringenden Rechtsbeziehungen entstehen deshalb, weil sie gewollt sind. Inhalt und Umfang der vertraglichen Bindung werden durch die Vereinbarung der Parteien bestimmt. Die einzelnen Rechtsordnungen geben den Parteien in ihrem materiellen Recht weiten Spielraum. Die sachrechtliche Parteifreiheit (Privatautonomie) wird zwar durch zwingende Vorschriften eingeschränkt. Solche Einschränkungen sind aber doch die Ausnahme; die Regel bildet die Parteifreiheit. Davon ist auch im Kollisionsrecht auszugehen. Die dort herrschende Freiheit der Rechtswahl wird allgemein als (kollisionsrechtliche) **Parteiautonomie** bezeichnet[2].

Die Rechtsfolgen einer vertraglichen Abmachung sind nach der jeweiligen Rechtsordnung oft sehr verschieden; die **unterschiedlichen Regelungen** beruhen nicht nur auf einer anderen Bewertung von Parteiinteressen, sondern auch – und dies häufiger – auf einer „langen Rechtsgeschichte ohne alle Absicht, heutige Interessen zu beurteilen"[3]. Auf solche Regelungen stellen sich die Vertragsparteien ein, danach treffen sie ihre Kalkulationen und richten die Vertragsklauseln ein.

Bei ausschließlicher Inlandsberührung gehen die Parteien von den Regelungen des inländischen Rechts aus. Bei Auslandsberührung tun sie dies nicht in jedem Fall. Die Anwendung des Inlandsrechts ist nicht mehr selbstverständlich. Sie wird den Vertragsparteien nur dann gerecht, wenn sie bei ihren vertraglichen Abmachungen davon ausgingen. Sonst muss das Recht Anwendung finden, dessen Vorschriften die – oft nicht bewusste – Grundlage der vertraglichen Abmachungen bildeten, dessen Auswirkungen auf ihre vertraglichen Beziehungen sie voraussehen konnten. „Jede Rechtswahl ist ein Stück kaufmännischer Kalkulation, häufig genug Grundlage der Verteilung der Versicherungs-

---

1 Vorläufer der Vorschrift ist Art. 3 EVÜ bzw. Art. 27 EGBGB. Vgl. *Diedrich*, RIW 2009, 378 ff.
2 Vgl. *Junker*, IPRax 1993, 1 ff.; *Magnus*, in: Staudinger, Art. 27 EGBGB Rz. 21 ff.
3 *Rabel*, Internationale Zusammenarbeit im Privatrecht, RabelsZ 18 (1953), 602 (606).

last, damit Spiegelbild wirtschaftlicher Gegebenheiten"[1]. Die Anwendung des vereinbarten Rechts dient dem Gesichtspunkt der „Gerechtigkeit der einzelnen im Verhältnis zueinander"[2]. Folglich gibt die Parteiautonomie den Vertragspartnern die Möglichkeit, eine **individuelle Lösung für die Rechtsanwendung** zu finden[3]. Sie ist mehr als eine Verlegenheitslösung[4].

Nach Erwägungsgrund 11 bildet die freie Rechtswahl der Parteien einen der Ecksteine des Systems des internationalen Schuldvertragsrechts. Ihre **Rechtfertigung** findet die Parteiautonomie darin, dass sie nicht nur Partei- und Verkehrsinteressen dient, sondern regelmäßig auch die *Rechtssicherheit* schafft, die vor allem im internationalen Handel notwendig ist[5]. Die Versuche ausschließlich zwingender objektiver Anknüpfungen sind gescheitert. Generelle Anknüpfungsregeln können nicht alle denkbaren Interessen und Fallgestaltungen erfassen und schließlich ist der Wunsch, etwa ein besonders weit entwickeltes oder vertrautes Recht zu wählen, legitim[6]. Der Parteiautonomie sind allerdings Grenzen gesetzt. So ist etwa einer Rechtswahl dann die Beachtung zu versagen, wenn sie offensichtlich dem Missbrauch der wirtschaftlich übermächtigen Partei dient[7]. Die Auswirkungen einer Rechtswahl sind insoweit begrenzt, als sie viele Bereiche nicht erfassen können (etwa entgegenstehendes international zwingendes Recht, sachenrechtliche oder prozessuale Regeln) und die praktische Rechtsdurchsetzung noch nicht garantieren[8]. Eine Rechtswahl darf aber nicht deshalb unbeachtet bleiben, weil sich eine der Parteien nachträglich von ihr lösen möchte und auch das Gericht die ursprüngliche Wahl ausländischen Rechts für unzweckmäßig hält[9]. 86

Der **Schutz der schwächeren Vertragspartei** hat inzwischen auch Eingang in das IPR gefunden. Hier muss zwar grundsätzlich die lex causae den Schutz des Schwächeren übernehmen. In einigen Fällen, insbesondere bei Verbrauchern und Arbeitnehmern, ist es jedoch geboten, auch die Rechtswahlfreiheit bzw. deren Folgen zu begrenzen. Das geltende Recht enthält daher Sonderregelungen für den Arbeitsvertrag (Art. 8 Rom I-VO), für bestimmte Verbraucherverträge (Art. 6 Rom I-VO, Art. 49b EGBGB), aber auch für Transportverträge (Art. 5 Rom I-VO) sowie Versicherungsverträge (Art. 7 Rom I-VO)[10]. Die Grenzen der Rechtswahl ergeben sich also aus den Art. 5 ff. Rom I-VO. Im Übrigen hat sich keine generelle kollisionsrechtliche Lösung für den Schutz der schwä-

---

1 *Gamillscheg*, AcP 157 (1958/59), 316.
2 BGH 17.12.1959, BGHZ 31, 367 (371).
3 *Rühl*, Festschr. Kropholler, S. 188. – Vgl. *von Hoffmann*, RabelsZ 38 (1974), 397 ff.; *von Bar*, II Rz. 415; *Magnus*, in: Staudinger, Art. 27 EGBGB Rz. 23.
4 Anders aber *Kegel/Schurig*, S. 653, weil ein allgemein einleuchtender Ausgleich der Parteiinteressen nicht möglich sei. – S. dazu auch *Kühne*, Liber amicorum Kegel (2002), S. 65 (66 f.); *Leible*, Festschr. Jayme I, S. 485 ff.
5 S. *Kropholler*, RabelsZ 42 (1978), 645.
6 *Schmeding*, RabelsZ 41 (1977), 305 f.
7 *Simitis*, JuS 1966, 214 f.
8 Vgl. *Oschmann*, Festg. Sandrock (1995), S. 25 ff.
9 Anders LG Karlsruhe 8.6.1999, IPRspr. 1999 Nr. 32A = IPRax 2002, 532 abl. Anm. *Jayme*.
10 Vgl. *Junker*, IPRax 1993, 3 ff.

cheren Vertragspartei herausgebildet[1]. Allerdings können zwingende inländische und europäische Normen bei fehlender Auslandsberührung ohnehin nicht ausgeschaltet werden (Art. 3 Abs. 3, 4 Rom I-VO). Ferner wird international zwingendes Inlandsrecht auch gegen ein ausländisches Vertragsstatut nach Art. 9 Abs. 2 Rom I-VO durchgesetzt (s. Rz. 561 ff.). Ähnliche Tendenzen finden sich ebenfalls in anderen Rechtsordnungen[2].

b) Rechtswahl der Parteien

87 Art. 3 Rom I-VO geht vom Grundsatz der Parteiautonomie aus und befindet sich insoweit in Übereinstimmung mit der früheren deutschen Rechtsprechung[3]. Die Vorschrift folgt insoweit Art. 3 EVÜ[4]. Das Prinzip der freien Rechtswahl war schon bislang in den Rechten der EU-Mitgliedstaaten[5] und in anderen Rechtsordnungen anerkannt[6]. Haben die Parteien eine Rechtswahl getroffen, so ist das **vereinbarte Recht Vertragsstatut**. Für die Schiedsgerichtsbarkeit ist dieser Grundsatz in § 1051 Abs. 1 S. 1 ZPO niedergelegt.

Die Rechtswahl geht auf ein bestimmtes Recht als maßgebliche Rechtsordnung. Anerkannt ist, dass es sich dabei um eine kollisionsrechtliche Verweisung handelt. Die (kollisionsrechtliche) Parteiautonomie verleiht den Parteien die Befugnis, das auf einen internationalen Schuldvertrag anwendbare Recht zu bestimmen, und zwar im Grundsatz unter **Einschluss der zwingenden Normen des Privatrechts**[7] (vgl. Rz. 134 ff.). Die Parteien wählen eine bestimmte Rechtsordnung und treffen nicht etwa nur eine „räumliche Einordnung" bzw. legen einen Ort fest[8].

Die Parteien dürfen sich über eine gesamte Rechtsordnung hinwegsetzen und sich einer anderen zuwenden. Dagegen besteht die materiell-rechtliche Vertragsfreiheit lediglich in der Befugnis, nachgiebige Bestimmungen des materiellen Rechts durch eine abweichende Vertragsabrede zu ersetzen. Würde nur sie anerkannt, so müsste zuvor gesagt werden, welche Rechtsordnung dafür maßgeblich ist (vgl. Rz. 92).

Zwar können die Parteien auch eine **materiell-rechtliche Verweisung** im Rahmen der maßgebenden Rechtsordnung vornehmen[9], nur sind sie regelmäßig

---

1 Krit. zur Wahl der unterschiedlichen Ansätze *Boskovic*, D. 2008, 2175 ff. – S. auch schon *Juenger*, RabelsZ 46 (1982), 68.
2 Zur Schweiz *Keller*, Festschr. Vischer, S. 175 ff. mwN.
3 Nachw. 3. Aufl. Rz. 6.
4 Art. 3 Abs. 1 EVÜ seinerseits geht zurück auf Art. 2 Abs. 1 EVÜ-Entw. 1972; Art. 3 Abs. 2 EVÜ wurde aus Art. 3 EVÜ-Entw. 1972 entwickelt. Der Inhalt des Art. 3 Abs. 4 EVÜ fand sich ursprünglich in Art. 2 Abs. 2 EVÜ-Entw. 1972.
5 Dazu Bericht *Giuliano/Lagarde*, S. 47 f.
6 Vgl. die Übersicht bei *Vischer/Huber/Oser*, Rz. 41 ff.; *Sandrock/Steinschulte*, in: Sandrock, I Rz. A 263 ff. sowie die ausländ. Gesetze bei *C. Schulze*, S. 121 ff. Nachw. auch bei *von Bar*, II Rz. 412. Beispiele für zweckmäßige Rechtswahlklauseln bei *Schröder/Wenner*, Rz. 172 ff.
7 *Wagner*, IPRax 2008, 378.
8 *Junker*, IPRax 1993, 2. Anders aber *Mincke*, IPRax 1985, 316 f.
9 Näher dazu *Kondring*, IPRax 2007, 241 (243 f.). S. schon *Wengler*, ZfRV 23 (1982), 14.

nicht darauf beschränkt. Grundsätzlich ist ihre Verweisung kollisionsrechtlich zu verstehen. In einer Reihe von Fällen wird man der Parteivereinbarung aber nur materiell-rechtliche Wirkungen zubilligen können, so beim Ausschluss künftiger Bestimmungen des gewählten Rechts (Rz. 99). In diesen Fällen können sich die Parteien somit von vornherein nicht den entsprechenden zwingenden Vorschriften durch eine Rechtswahl entziehen.

Die Parteien können sich darauf beschränken, dass eine oder mehrere Rechtsordnungen nicht zur Anwendung kommen sollen (**negative Rechtswahl**)[1]. Das Vertragsstatut ist dann im Wege einer objektiven Anknüpfung zu bestimmen. Ist die Rechtsordnung abgewählt worden, welche nach den Anknüpfungsregeln des Art. 4 Abs. 1, 2 Rom I-VO zur Anwendung käme, so ist das Vertragsstatut nach den übrigen Kriterien der engsten Verbindung (Art. 4 Abs. 3 Rom I-VO) zu ermitteln[2].

c) Verweisungsvertrag

Zu trennen sind der beabsichtigte (Haupt-)Vertrag und der Verweisungsvertrag (vgl. Art. 3 Abs. 1, 5 Rom I-VO). Angelpunkt der subjektiven Anknüpfung ist der Verweisungsvertrag. Die Gültigkeit der einen Vereinbarung hängt nicht von der anderen ab, auch wenn – wie regelmäßig – die Rechtswahl nur als Klausel des (Haupt-)Vertrages auftritt[3]. Hat jede der Vertragsparteien ihr Recht für anwendbar erklärt (etwa in AGB oder auf einem Briefbogen), so kollidieren die Klauseln und führen zu keiner Rechtswahl. Doch kann darin idR nicht das Zustandekommen des Hauptvertrages scheitern. Es fehlt nur an einer gültigen Rechtswahl; das anwendbare Recht ist dann nach objektiven Kriterien zu bestimmen[4], näher Rz. 263.

An **Zustandekommen** und **Wirksamkeit** des Verweisungs- und des Hauptvertrages werden grundsätzlich die gleichen Anforderungen gestellt (Art. 3 Abs. 5 Rom I-VO; früher Art. 3 Abs. 4 EVÜ, Art. 27 Abs. 4 EGBGB). Allerdings bestehen schon aufgrund der VO Beschränkungen für die Wirkungen der Rechtswahl in Verträgen mit Reisenden, Konsumenten, Versicherungsnehmern und Arbeitnehmern, weil hier ein Schutz der schwächeren Partei notwendig ist (Art. 5–8 Rom I-VO). Die für die sachrechtliche Privatautonomie bestehenden Einschränkungen wirken sich für den internationalen Vertrag häufig als Beschränkung der Parteiautonomie oder als besondere objektive Anknüpfung aus. Dabei besteht Unsicherheit, wieweit die für das Sachrecht entwickelten Schutzinstrumente auch auf die Ebene des kollisionsrechtlichen Verweisungs-

---

1 *Vischer/Huber/Oser*, Rz. 147.
2 Vgl. *von Hoffmann*, in: Soergel, Art. 27 EGBGB Rz. 20; *Magnus*, in: Staudinger, Art. 27 EGBGB Rz. 56.
3 *Meyer-Sparenberg*, RIW 1989, 349; *E. Lorenz*, RIW 1992, 698; *von Hoffmann/Thorn*, § 10 Rz. 27; *Magnus*, in: Staudinger, Art. 27 EGBGB Rz. 135. – Krit. zur Trennung von Rechtswahl und Hauptvertrag *Micklitz*, in: Schulte-Nölke/Schulze, S. 71 ff.
4 *Kost*, S. 60; *Magnus*, in: Staudinger, Art. 27 EGBGB Rz. 142; *Hausmann*, in: Staudinger, Art. 31 EGBGB Rz. 32. – Vgl. *Tiedemann*, IPRax 1991, 426.

vertrages übertragen werden dürfen[1] (vgl. unten Rz. 263 ff.). Das Richtlinienrecht will die Problematik mit einer Rechtswahlbeschränkung in den Griff bekommen (Art. 46b EGBGB), s. Rz. 4231 ff.

89 Da die Rechtswahl **Vertragscharakter** hat (vgl. Art. 3 Abs. 5 Rom I-VO) und die gewählte Rechtsordnung über die Gültigkeit des Verweisungsvertrages entscheiden soll (dazu unten Rz. 263), muss der bloße Anschein, „die Erklärung als Faktum"[2], zu dieser Rechtsordnung führen. Sodann ist nach ihr zu prüfen, ob eine gültige Verweisung zustande gekommen ist[3]. Aus der rechtlichen Selbständigkeit von Verweisungs- und Hauptvertrag folgt, dass eine gültige Rechtswahl auch dann vorliegen kann, wenn der Hauptvertrag nach der vereinbarten Rechtsordnung nichtig ist[4].

90 Der Verweisungsvertrag darf unter einer **Bedingung** geschlossen werden. Das anzuwendende Recht kann auch von einem **Dritten** – sogar durch Los[5] – bestimmt werden. Ferner ist es möglich, die Bestimmung des anzuwendenden Rechts **einer der Vertragsparteien** zu überlassen (optionale oder alternative Rechtswahl)[6]. In der Praxis wird eine solche Wahl häufig mit einer Gerichtsstandsklausel (vgl. Rz. 6352) oder einer Schiedsgerichtsvereinbarung (dazu Rz. 6551 ff.) verbunden[7].

Die *englische Rechtsprechung* hat solchen „floating choice-of-law clauses", mit denen das Vertragsstatut erst später bestimmt wird, zwar früher mehrfach die Anerkennung versagt[8]. Tatsächlich bleibt die Frage des anwendbaren Rechts aber gar nicht vollständig offen[9]. Bis zur Ausübung des Wahlrechts ist das Vertragsstatut nämlich nach den Grundsätzen der objektiven Anknüpfung zu bestimmen (Art. 4 ff. Rom I-VO). Nach Ausübung der Wahl gelten die Re-

---

1 Vgl. *Micklitz*, in: Schulte-Nölke/Schulze, S. 64 ff.
2 *Kropholler*, IPR, S. 295 f. Ähnlich *von Bar*, II Rz. 473 („Rechtsschein einer vertraglichen Vereinbarung"). Vgl. auch *Tiedemann*, IPRax 1991, 425 f.
3 *Magnus*, in: Staudinger, Art. 27 EGBGB Rz. 140. – Missverständlich BGH 29.11.1961, IPRspr. 1960/61 Nr. 40 = AWD 1962, 52 = JZ 1963, 167: „Ein solcher gültiger Verweisungsvertrag ist ... immer dann anzunehmen, wenn beide Parteien den Anschein erweckt haben, dass sie sich bezüglich des Schuldvertrages einer bestimmten Rechtsordnung unterwerfen wollen.".
4 Ebenso schon OLG Köln 29.10.1958, IPRspr. 1958–59 Nr. 42 = RzW 1959, 46 (Für Rechtsanwaltsvertrag deutsches Recht vereinbart. Rechtswahl trotz Nichtigkeit der Honorarvereinbarung beachtlich); *von Hoffmann/Thorn*, § 10 Rz. 27; *Hausmann*, in: Staudinger, Art. 31 EGBGB Rz. 33. – S. näher *Marsch*, S. 57 ff.
5 *Kegel/Schurig*, S. 653. Vgl. BGH 3.10.1956, IPRspr. 1956/57 Nr. 197 = WM 1956, 1432 (1434).
6 *Dicey/Morris*, II Rz. 32-084 f.; *Magnus*, in: Staudinger, Art. 27 EGBGB Rz. 44.
7 S. OLG München 27.3.1974, IPRspr. 1975 Nr. 26 (Kaufvertrag. Engl. Recht sollte gelten bei Anrufen des Schiedsgerichts durch den deutschen Käufer, deutsches Recht hingegen bei Anrufen durch den engl. Verkäufer).
8 S. *Danilowicz*, „Floating" Choice-of-Law Clauses and their Enforceability, Int.Lawyer 20 (1986), 1005; *Beck*, Floating Choice of Law Clauses, LMCLQ 1987, 523; *Pierce*, Post-formation Choice of Law in Contract, Mod.L.Rev. 50 (1987), 176.
9 So auch *Dicey/Morris*, II Rz. 32-087. – Anders *Wengler*, ZfRV 23 (1982), 25.

geln für die nachträgliche Rechtswahl. Ob die Rechtswahl auf den Zeitpunkt des Vertragsschlusses zurückwirkt, ist eine Frage der Auslegung[1].

Für die **Form** verweist Art. 3 Abs. 5 Rom I-VO auf Art. 11 Rom I-VO. Die Form der Rechtswahl ist unabhängig von der des Hauptvertrages zu beurteilen[2]. Anders als das EGBGB in Familien- und Erbsachen sehen die Art. 3 ff. Rom I-VO keine besondere Form für die Rechtswahl vor[3]. Dies gilt auch für Arbeits-, Versicherungs- und Verbraucherverträge[4]. Eine Rechtswahl kann auch durch Erklärungen im elektronischen Geschäftsverkehr erfolgen[5]. Insbesondere mit der Zulässigkeit der stillschweigenden Rechtswahl wäre eine Formbedürftigkeit nicht zu vereinbaren. Die Verweisung auf Art. 11 Rom I-VO zeigt, dass es ausreicht, wenn die Form der lex loci actus oder der lex causae eingehalten wird[6]. Sieht nur das Recht des Abschlussortes für eine Rechtswahl eine besondere Form vor, so ist das unbeachtlich. Der Grundsatz der Freiheit der Rechtswahl muss – außer für Verbraucherverträge (Rz. 4213) – Vorrang haben.

91

Schon bisher war anerkannt, dass der kollisionsrechtliche Verweisungsvertrag auch dann **keiner besonderen Form** bedarf, wenn der Hauptvertrag formbedürftig ist[7]. Das Gleiche dürfte für Art. 3 Rom I-VO anzunehmen sein[8]. Dies hat vor allem für Grundstückskaufverträge Bedeutung, für die im Sachrecht häufig besondere Formvorschriften bestehen (vgl. § 311b BGB).

d) Primäres Statut

Über die Zulässigkeit der Rechtswahl entscheidet nicht ein nach objektiven Gesichtspunkten bestimmtes primäres Schuldstatut, sondern das **Kollisionsrecht des Forums**. Diese Kollisionsnormen – heute Art. 3 ff. Rom I-VO – gestatten den Parteien also, die Rechtsordnung zu wählen, nach der ihr Vertrag beurteilt werden soll[9]. Das gewählte Recht ist den Parteien somit nicht objektiv

92

---

1 *Kropholler*, IPR, S. 465.
2 BGH 22.1.1997, IPRax 1998, 479 (m. Aufs. *Spickhoff* IPRax 1998, 462) = WM 1997, 1713 (interlokal); *Rühl*, Festschr. Kropholler, S. 198 f.; *Magnus*, in: Staudinger, Art. 27 EGBGB Rz. 147.
3 *von Bar*, II Rz. 478; *Magnus*, in: Staudinger, Art. 27 EGBGB Rz. 148.
4 S. *von Bar*, II Rz. 478.
5 Zum EVÜ *Magnus*, in: Graf/Paschke/Stober, S. 25.
6 Vgl. OLG Celle 26.7.2001, IPRspr. 2001 Nr. 31 = ZIP 2001, 1724 = EWiR 2001, 1051 (*Eckert*) (Isle of Man).
7 BGH 6.2.1970, BGHZ 53, 189 (191) = MDR 1970, 404 = IPRspr. 1970 Nr. 10 (Für Kaufvertrag über niederländ. Eigentumswohnung formlos deutsches Recht gewählt. Gültige Rechtswahl; Formnichtigkeit des Hauptvertrages); BGH 3.12.1971, BGHZ 57, 337 (338 f.) = MDR 1972, 403 = IPRspr. 1971 Nr. 11 (Kaufvertrag über italien. Grundstück formlos deutschem Recht unterstellt. Danach war er formnichtig); BGH 9.3.1979, BGHZ 73, 391 = IPRspr. 1979 Nr. 7 = NJW 1979, 1773 (Kaufvertrag über span. Grundstück stillschweigend deutschem Recht unterstellt).
8 Vgl. *Thorn*, in: Palandt, Art. 27 EGBGB Rz. 8; *Magnus*, in: Staudinger, Art. 27 EGBGB Rz. 59, 111, 135.
9 *Jayme*, Festschr. W. Lorenz (1991), S. 435 (438 f.); *E. Lorenz*, RIW 1992, 700 f.; *Hausmann*, in: Staudinger, Art. 31 EGBGB Rz. 20. – S. bereits *Gamillscheg*, AcP 157 (1958/59), 240; *Raape*, S. 456 ff.; ebenso schweiz. BG 31.8.1953, BGE 79 II, 295 (300).

vorgegeben, sondern nur anwendbar, weil sie es wollen. Früher wurde dagegen bezweifelt, dass die Parteivereinbarung die Kraft habe, Rechtsfolgen zu schaffen. Die Parteiabrede sei vielmehr einem Recht zu unterstellen, das aufgrund einer für die Parteien verbindlichen Kollisionsnorm vorweg bestimmt werde. Diese an sich zuständige Rechtsordnung, das primäre Statut, solle über die Rechtswahl entscheiden. Als solches Statut wurden das Recht des Wohnsitzes oder der Staatsangehörigkeit der Parteien, des Erfüllungs- oder Abschlussortes herangezogen. Dabei gingen die Vertreter dieser Ansicht noch weiter: Die Freiheit der Rechtswahl solle den Parteien nur hinsichtlich der Normen zustehen, die in dieser Rechtsordnung nachgiebiger Natur sind. Der Rechtswahl käme damit nur materiell-rechtliche Bedeutung zu[1].

Die Auffassung von der nur materiell-rechtlichen Verweisung ist heute überwunden[2]. Ähnliche Zwecke verfolgen freilich immer wieder auftauchende Tendenzen, auf Auslandsrecht verweisende Klauseln einer besonderen Inhaltskontrolle zu unterwerfen[3] (s. Rz. 263 ff.). Vertreten wurde auch, es sei etwa nach dem „Gesetz der charakteristischen Leistung" zunächst zu ermitteln, welche Rechtsordnung über die Rechtswahl in casu zu entscheiden habe. Sie, nicht die lex fori sei zu befragen, ob der Parteiwille zu respektieren sei[4]. Dem ist zu entgegnen, dass dieses primäre Statut selbst eine Kollisionsnorm der lex fori wäre und wegen der Fassung dieser Norm die Verbeugung vor der „zuständigen" Rechtsordnung (die ja nicht selbst bestimmen darf, ob sie zuständig ist) nur scheinbar erfolgen würde. Anklänge an diese Lehre finden sich heute bezüglich der zwingenden Normen in Art. 6–8 Rom I-VO, wonach die Parteien solchen Normen nicht entgehen können. Freilich entscheidet darüber nicht ein „an sich" anwendbares Recht, sondern die lex fori.

e) Mangel objektiver Beziehung

93 Die Parteien können ein **neutrales Recht** wählen, zu dem keine Bezüge räumlicher, wirtschaftlicher oder rechtlicher Art bestehen[5]. ZB können ein deutsches und ein türkisches Unternehmen schweizerisches Recht vereinbaren[6]. Zur Gültigkeit der Rechtswahl ist auch nicht erforderlich, dass etwa der Gerichtsstand oder der Sitz des Schiedsgerichts in diesem Land liegt. Eine Ausnahme vom Grundsatz der Maßgeblichkeit der Parteivereinbarung zu machen, wenn objektive Beziehungen (zB Abschluss- oder Erfüllungsort, Wohnsitz oder

---

1 Vgl. *Lewald*, S. 200 ff.
2 Vgl. *von Bar*, II Rz. 412 ff.; *Ferid*, Rz. 6–8 ff.
3 Dazu auch *Magnus*, in: Staudinger, Art. 27 EGBGB Rz. 136 mwN.
4 *Schnitzer*, Bd. I S. 175; Bd. II S. 629.
5 *Garcimartín Alférez*, EuLF 2008, I-68; *Rühl*, Festschr. Kropholler, S. 192 f. – Ebenso schon E. *Lorenz*, RIW 1987, 569; *Lagarde*, Rev.crit.d.i.p. 80 (1991), 301; *Mankowski*, RIW 1995, 366; *Mankowski*, RIW 2003, 4 f.; *von Hoffmann/Thorn*, § 10 Rz. 27; *Magnus*, in: Staudinger, Art. 27 EGBGB Rz. 35.
6 OLG München 18.12.1985, IPRspr. 1985 Nr. 35 = IPRax 1986, 178 (LS) Anm. *Jayme*. – Zur Vereinbarung des Rechts der Isle of Man für Time-Sharing-Verträge in Spanien LG Düsseldorf 12.4.1994, IPRspr. 1994 Nr. 33 = RIW 1995, 415 = VuR 1994, 262 Anm. *Tonner*; *Mankowski*, RIW 1995, 366.

Staatsangehörigkeit der Kontrahenten) zum gewählten Recht fehlen, ist daher nicht gerechtfertigt[1].

Früher sprach man hier zT von „missbräuchlicher Anknüpfung" und verweigerte der Rechtswahl die Beachtung[2]. Doch handelt es sich in den dafür zitierten Fällen meistens um die Anwendung zwingender Vorschriften, die weitgehend unabhängig vom Schuldstatut zu beurteilen sind (s. Rz. 134 ff., 491 ff.). Soweit aber eine Einschränkung der Parteifreiheit gemacht wird, muss ohnehin eingeräumt werden, dass eine wirtschaftliche Beziehung zum gewählten Recht ausreichend ist und etwa räumliche Kriterien nicht ausschlaggebend sein können[3]. Diese **wirtschaftliche Beziehung** kann aber sehr verschieden sein und ist oft nicht ohne Weiteres erkennbar. Bei Kettenverträgen des internationalen Handels kann es für den Verkäufer angebracht sein – um Ansprüchen des Käufers nur so weit ausgesetzt zu sein, als er selbst Rückgriff gegen seinen Lieferanten nehmen kann –, das Recht zu vereinbaren, nach dem sich der Kaufvertrag mit seinem Lieferanten richtet. In diesem Vertrag kann wiederum das Recht des Vormannes des Lieferanten vereinbart sein; so kann ein wirtschaftliches Interesse an der Vereinbarung eines Rechts bestehen, zu dem der letzte Vertrag der Kette nicht die geringsten Beziehungen hat. Für Transportverträge wiederum kann ein Interesse bestehen, das Recht zu wählen, nach dem sich die Transportversicherung richtet. Ferner kann es sinnvoll sein, ein nationales Recht zu vereinbaren, das besonders gut ausgebildet ist oder das als Grundlage für die internationalen Formularbedingungen diente, die dem Vertrag zugrunde gelegt wurden[4]. Ein gefordertes „anerkennenswertes Interesse" am vereinbarten Recht[5] wird daher nur selten fehlen.

Auch in anderen Ländern hat man häufig ein „intérêt légitime", „bona fide intention", „a real connection with the contract" gefordert. Auch hier handelt es sich meistens darum, zwingende Rechtssätze zur Anwendung zu bringen. *Rabel* nennt dies im Zusammenhang mit der Gesetzesumgehung „a crude method of protection of some true or imagined domestic public interest by the theory of fraud"[6]. Das schweizerische Bundesgericht erkennt die Wahl der Parteien „auf jeden Fall dann an, wenn ihr ein vernünftiges Interesse an der Anwendung des gewählten Rechts zugrunde liegt"[7]. Nach dem geltenden Internationalen Vertragsrecht ist jedenfalls kein „anerkennenswertes Interesse" mehr notwendig[8].

---

1 Vgl. schon *Simitis*, JuS 1966, 212 f.
2 Für eine „Missbrauchskontrolle" auch *Heiss*, RabelsZ 65 (2001), 651 f.
3 Vgl. dazu *Vischer/Huber/Oser*, Rz. 81 ff.
4 *Sandrock*, RIW 1986, 850; *Mankowski*, RIW 2003, 6 f.
5 So noch *Bendref*, RIW 1980, 388; *Kegel*, in: Soergel, 11. Aufl., vor Art. 7 EGBGB Rz. 332.
6 *Rabel*, II 2 S. 402.
7 Schweiz. BG 23.3.1965, BGE 91 II, 44 = RabelsZ 1966, 329 = AWD 1965, 480; schweiz. BG 30.3.1976, BGE 102 II, 143 (146). Zust. *Schnitzer*, Rec. des Cours 1968, I, 587 f. Gegen dieses Erfordernis *Keller/Kren Kostkiewicz*, in: ZürchKomm, Art. 116 IPRG Rz. 14.
8 *Leible*, Festschr. Jayme I, S. 486 ff.; *von Hoffmann/Thorn*, § 10 Rz. 27; *Magnus*, in: Staudinger, Art. 27 EGBGB Rz. 25. Vgl. auch *Hohloch*, in: Erman, Art. 27 EGBGB Rz. 7 (Rechtswahl indiziert Interesse).

Eine Begrenzung der Rechtswahl durch das Verbot der **Gesetzesumgehung** (fraus legis) spielt praktisch keine Rolle[1]. Die deutsche Rechtsprechung war mit der Annahme einer missbräuchlichen Rechtswahl schon bislang zurückhaltend. Insbesondere können Ausländer, die ihren Wohnsitz in der Bundesrepublik haben und hier einen Vertrag schließen, die Anwendung deutschen Rechts vereinbaren, selbst wenn sie damit in ihrem Heimatstaat geltendes zwingendes Recht umgehen[2].

f) Teilweise Rechtswahl

Literatur: *Lagarde*, Le dépeçage dans le droit international privé des contrats, Riv.Dir.Int. Priv.Proc. 11 (1975), 649; *Ekelmans*, Le dépeçage du contrat dans la Convention de Rome, in: Mélanges Vander Elst I (1986), S. 243.

94 Die Parteien können die Rechtswahl für ihren ganzen Vertrag oder nur für einen Teil davon treffen (Art. 3 Abs. 1 S. 3 Rom I-VO). Nach dieser auf Art. 3 Abs. 1 S. 3 EVÜ zurückgehenden Regel dürfen die Parteien von ihrer Rechtswahl Teile der vertraglichen Beziehungen oder auch nur einzelne Teilfragen herausnehmen (sog. dépeçage). Das Vertragsstatut des Teils, für den keine Rechtswahl getroffen wurde, wird aufgrund **objektiver Anknüpfung** (Art. 4 Rom I-VO) bestimmt[3]. Die Parteien können aber auch für abtrennbare Teile des Vertrages die Anwendung verschiedener Rechtsordnungen vereinbaren[4], so etwa für den Ablauf ihrer Beziehungen (Zustandekommen und Erfüllung)[5] und die verschiedenen Elemente des Vertrages, zB die Form[6]. Auch für Schadensersatzansprüche kann nachträglich noch ein anderes Recht vereinbart werden als dasjenige, welches für die Wirksamkeit des Vertrages gilt[7]. Da die teilweise Rechtswahl sich nicht auf die Fälle ausdrücklicher Rechtswahl beschränkt[8], kann der Vertrag auch in Bezug auf bestimmte Wirksamkeitsvoraussetzungen stillschweigend verschiedenen Rechten unterstellt werden[9]. Doch ist hier Vorsicht geboten. Der Parteiwille wird sich im Allgemeinen darauf richten, nur ein Recht zu vereinbaren und eine Spaltung zu vermeiden[10].

---

[1] Näher *Magnus*, in: Staudinger, Art. 27 EGBGB Rz. 29.
[2] BGH 15.11.1976, MDR 1977, 221 = NJW 1977, 1011 Anm. *Jochem* = JZ 1977, 438 Anm. *Kühne* (Geltung deutschen Rechts für die Bürgschaft eines in Deutschland ansässigen Niederländers vereinbart).
[3] Zu Art. 27 EGBGB OLG Hamm 13.11.1995, IPRspr. 1995 Nr. 36 = NJW-RR 1996, 1145 (Wahl span. Rechts für Grundstückskauf nur auf Form bezogen).
[4] S. *von Hoffmann*, IPRax 1989, 262; *Kondring*, IPRax 2007, 244; *Thorn*, in: Palandt, Art. 27 EGBGB Rz. 9.
[5] *von Hoffmann/Thorn*, § 10 Rz. 39; *Magnus*, in: Staudinger, Art. 27 EGBGB Rz. 90.
[6] Offen gelassen in BGH 4.7.1969, BGHZ 52, 239 (242) = NJW 1969, 1760 (Anm. *Wengler*, NJW 1969, 2237; *Samtleben*, NJW 1970, 378).
[7] OLG Frankfurt 13.2.1992, IPRspr. 1992 Nr. 31 = IPRax 1992, 314 m. Aufs. *Bungert* (Grundstückskauf).
[8] Bericht *Giuliano/Lagarde*, S. 49.
[9] Vgl. BGH 27.3.1968, IPRspr. 1968/69 Nr. 170 = DB 1968, 844. Weitere Beispiele bei *Spellenberg*, in: MünchKomm, vor Art. 11 EGBGB Rz. 35.
[10] S. etwa BGH 24.11.1989, IPRspr. 1989 Nr. 3 = NJW-RR 1990, 248 (Grundstückskauf. Die Klausel „Käufer und Vermittler erklären diesen Vertrag nach den in Spanien gel-

Aus der Zulässigkeit der teilweisen Rechtswahl folgt, dass aus ihrem Vorliegen nicht ohne Weiteres auf eine Rechtswahl für den ganzen Vertrag geschlossen werden darf. Haben sich die Parteien nämlich über das anwendbare Recht nur in einer Einzelfrage geeinigt, so darf man ihnen nicht die Möglichkeit nehmen, es für den Rest bei einer objektiven Anknüpfung nach Art. 4 Rom I-VO zu belassen[1]. Gleichwohl wird man häufig aus der teilweisen Rechtswahl auf das für den Rest geltende Recht schließen dürfen, wenn es genügend Anhaltspunkte für einen dahin gehenden stillschweigenden Parteiwillen gibt[2]. Hinzu kommt, dass im Interesse einheitlicher Vertragsabwicklung und -beurteilung die Aufspaltung des Vertragsverhältnisses eher die Ausnahme bilden sollte.

Voraussetzung einer teilweisen Rechtswahl ist stets, dass die Teilfrage **abspaltbar** ist. Dies setzt eine gewisse Selbständigkeit voraus. Die einzelnen Fragen dürfen nur dann verschiedenen Rechtsordnungen unterworfen werden, wenn keine widersprüchlichen Ergebnisse eintreten und sich die jeweiligen Teile sachgerecht – notfalls durch Anpassung – miteinander verbinden lassen[3]. Es ist zwar nicht generell verboten, die jeweiligen **Pflichten der Vertragsparteien unterschiedlichen Rechten** (zB dem ihres Sitzes) zu unterwerfen[4]. Widersprüchliche Ergebnisse würden aber etwa dann eintreten, wenn die Auflösung eines gegenseitigen Vertrages zwei verschiedenen Rechtsordnungen unterworfen wird[5]. Ist eine teilweise Rechtswahl hiernach ungültig, so kommt es für die Folgen auf die konkrete Gestaltung an. Wurde eine ausdrückliche Vereinbarung getroffen und nur ein Teil unzulässig abgespalten, so bleibt es bei dieser Rechtswahl, die nunmehr den ganzen Vertrag erfasst. Erst dann, wenn keinerlei gültige Rechtswahl vorliegt, ist auf eine objektive Anknüpfung nach Art. 4 ff. Rom I-VO zurückzugreifen[6]. In der Rechtsprechung spielte die teilweise Rechtswahl bislang nur selten eine Rolle. Gelegentlich wurde jedoch die Kündigung eines Arbeitsverhältnisses[7] oder das Formstatut abgespalten[8].

95

---

tenden Gesetzen auch ohne notarielle Beurkundung als für beide Seiten rechtsverbindlich und unwiderruflich" bezog sich nicht nur auf die Form, sondern den gesamten Vertrag); *Kropholler*, IPR, S. 462.
1 Vgl. Bericht *Giuliano/Lagarde*, S. 49.
2 Vgl. *Gamillscheg*, ZfA 14 (1983), 307 (328).
3 Vgl. Bericht *Giuliano/Lagarde*, S. 49.
4 Ebenso schon *W. Lorenz*, IPRax 1987, 272; *Vischer/Huber/Oser*, Rz. 97; *von Bar*, II Rz. 426; *Spickhoff*, in: Bamberger/Roth, Art. 27 EGBGB Rz. 45; *Magnus*, in: Staudinger, Art. 27 EGBGB Rz. 94. – Anders aber *Jayme*, Festschr. Kegel (1987), S. 263; *Thorn*, in: Palandt, Art. 27 EGBGB Rz. 9.
5 *Lagarde*, Rev.crit.d.i.p. 80 (1991), 302; *Ferid*, Rz. 6–26.
6 *Hohloch*, in: Erman, Art. 27 EGBGB Rz. 21. Vgl. auch *Lagarde*, Rev.crit.d.i.p. 80 (1991), 302.
7 BAG 23.4.1998, IPRspr. 1998 Nr. 52 = NZA 1998, 813.
8 BGH 3.12.1971, BGHZ 57, 337 (338) = IPRspr. 1971 Nr. 11 = NJW 1972, 395 (Anm. *Jayme*, NJW 1972, 1618) (Grundstückskauf deutschem Recht aufgrund stillschweigender Rechtswahl unterstellt. Italien. Ortsform [Art. 11 Abs. 1 EGBGB] angeblich stillschweigend ausgeschlossen); OLG Hamburg 9.1.1975, IPRspr. 1975 Nr. 27 = VersR 1975, 826 (Wahl mehrerer Rechtsordnungen im Konnossement); OLG Hamm 13.11.1995, IPRspr. Nr. 36 = NJW-RR 1996, 1145 (Grundstückskauf); LG Aurich 11.7.1973, IPRspr. 1973 Nr. 10 = AWD 1974, 282 (Grundstückskauf. Formelles Zustan-

96 Da es sich um unterschiedliche Rechtsfragen und zwei selbständige Verträge handelt, können **Gerichtsstands- und Rechtswahlvereinbarung** auf verschiedene Rechtsordnungen Bezug nehmen[1]. Ebenso können Haupt- und Schiedsvertrag verschiedenen Rechten unterworfen werden[2].

97 Sind für einen Vertrag zwei Rechtsordnungen vereinbart worden, so wird man im Zweifel nur **eine Rechtswahl** und eine damit verbundene materiell-rechtliche Verweisung anzunehmen haben[3]. Auch hierfür spricht die Vermeidung von Zersplitterungen. Eine kollisionsrechtliche Verweisung in der Teilfrage ist zwar aufgrund der Parteiautonomie möglich, doch können zwingende gesetzliche Bestimmungen dadurch nicht umgangen werden, da deren Anwendung überwiegend nicht vom vereinbarten Recht abhängt (vgl. Art. 3 Abs. 3, 4, Art. 9 Rom I-VO). Damit fehlt der Teilverweisung die einschneidende Bedeutung. Früher wollte man zT der Teilverweisung nur materiellrechtliche Wirkung zubilligen mit der Folge, dass die zur Beantwortung der Teilfrage berufene Rechtsordnung sich nur insoweit entfalten kann, als das primär gewählte Vertragsstatut dies zulässt[4]. Eine solche Einschränkung verlangt Art. 3 Abs. 1 S. 3 Rom I-VO jedoch nicht.

Im Zusammenhang mit der Teilverweisung wird oft eine *weitere Unterscheidung* getroffen, nämlich zwischen „Rechtswahl" und „Vereinbarung von Einzelbestimmungen eines bestimmten Rechts". Während im ersteren Fall das vereinbarte Recht als Ganzes anwendbar sei, handle es sich im letzteren Fall lediglich um die Aufnahme von Einzelbestimmungen eines Gesetzes in den Vertrag, wie wenn diese Bestimmungen in die Vertragsurkunde hineingeschrieben worden wären. Diese Unterscheidung begegnet auch in anderen Ländern häufig, zB zwischen „reference" und „incorporation" im englischen Recht. Ihre Handhabung ist schwierig, weil zu ermitteln ist, was die Parteien gewollt haben. So liegt denn die praktische Bedeutung der „incorporation" vorwiegend darin, dass die ausländische Regelung Bestandteil des Vertrages bleibt, auch wenn sie geändert oder aufgehoben wird[5].

98 Die Parteien treffen manchmal Vereinbarungen, wonach die **zwingenden Vorschriften** einer auf das Rechtsverhältnis anzuwendenden Rechtsordnung beachtet werden sollen. Dabei handelt es sich regelmäßig um Fälle, in denen davon ausgegangen wird, dieses Recht komme (möglicherweise) zwingend zur Anwendung. Ein solches Zurückweichen vor zwingendem Recht bedeutet re-

---

dekommen des Vertrages kanad., Wirksamkeit hingegen deutschem Recht unterstellt). Die Maßgeblichkeit des Ortsformstatuts hält überhaupt für unabdingbar *E. Lorenz*, RIW 1992, 704 f. mwN.

1 OLG Hamburg 8.3.1973, IPRspr. 1973 Nr. 131 = AWD 1974, 278 (Vereinbarung der Zuständigkeit libanes. Gerichte und der Anwendung engl. Rechts); *Thorn*, in: Palandt, Art. 27 EGBGB Rz. 9.
2 BGH 28.11.1963, BGHZ 40, 320 (323) = NJW 1964, 591.
3 *Kropholler*, IPR, S. 463 f. Unentschieden *Magnus*, in: Staudinger, Art. 27 EGBGB Rz. 95.
4 *Simitis*, JuS 1966, 213. – Nunmehr für Zulässigkeit *Vischer/Huber/Oser*, Rz. 94 ff.
5 *Dicey/Morris*, II Nr. 32-088 ff.; *Plender/Wilderspin*, Rz. 5–12.

gelmäßig keine Vereinbarung der Rechtsordnung, welcher diese Rechtsnormen angehören[1]. Zwingendes Recht wird ohnehin weitgehend nach anderen Grundsätzen als nach dem Parteiwillen angeknüpft[2]. Die Bedeutung einer solchen Vereinbarung erschöpft sich häufig allein darin, dass bei Vertragsschluss auf das Bestehen solcher Vorschriften aufmerksam gemacht wurde und man bei Teilnichtigkeit wenigstens die nicht betroffenen Teile des Geschäfts weitergelten lassen möchte.

So kommt zB eine Verweisung auf schweizerisches Recht auch dann zum Tragen, wenn es einschränkend heißt, „soweit nicht deutsches Recht zwingend vorgeschrieben ist"[3]. Wird deutsches Recht vereinbart, gleichzeitig aber eine Klausel eingefügt, „soweit nicht US-amerikanisches Recht zwingend entgegensteht", so schränkt dies eine Rechtswahl im Allgemeinen nicht ein[4]. Vereinbaren die Parteien, dass trotz der Geltung einer bestimmten (zB deutschen) Rechtsordnung die Beachtung eines anderen ausländischen zwingenden Rechts *vorgehen* soll, so ist fraglich, ob damit nur solche Vorschriften gemeint sind, die international zwingend sind, also sich gegenüber einer Rechtswahl durchsetzen, oder auch solche erfasst werden, die im ausländischen internen Recht nicht dispositiv sind. Wegen der Vereinbarung eines grundsätzlich maßgeblichen Rechts als Vertragsstatut ist im Zweifel Ersteres anzunehmen. Damit setzt sich die Rechtswahl so weit durch, wie das nach der zwingende Normen enthaltenden Rechtsordnung kollisionsrechtlich möglich ist. Auf jeden Fall bleibt es bei der Anwendung des vereinbarten Rechts, wenn die andere Rechtsordnung in Wirklichkeit keine zwingenden Normen enthält[5].

g) Veränderung des gewählten Rechts

Die kollisionsrechtliche Verweisung unterwirft die Parteien einer geltenden Rechtsordnung mit allen ihren zukünftigen Änderungen[6], einschließlich ihrer intertemporalen Vorschriften[7]. Soll im Einzelfall eine bestimmte Regelung un-

99

---

1 *Spellenberg*, in: MünchKomm, vor Art. 11 EGBGB Rz. 39. Vgl. auch BAG 26.2.1985, WM 1985, 1378 = AP Nr. 23 IPR-Arbeitsrecht.
2 Näher *Kreuzer*, Ausländisches Wirtschaftsrecht vor deutschen Gerichten (1986), S. 81 ff.
3 Vgl. BGH 23.10.1980, IPRspr. 1980 Nr. 3 für ein Darlehen.
4 OLG München 15.2.1980, IPRspr. 1981 Nr. 13 = IPRax 1983, 120 (Anm. *Jayme*, IPRax 1983, 105) für einen Händlervertrag; *Magnus*, in: Staudinger, Art. 27 EGBGB Rz. 92.
5 S. LG München 19.12.1982, IPRspr. 1982 Nr. 11 (LS) = IPRax 1983, 244 (LS) Anm. *Jayme* (Für Anstellungsvertrag mit Geschäftsführer einer malays. Gesellschaft sollte das „zwingende anwendbare und nicht abdingbare Recht des Staates Malaysia" gelten; im Übrigen deutsches Recht. Mangels zwingenden malays. Kündigungsschutzrechts nur Anwendung deutschen Rechts).
6 *Rühl*, Festschr. Kropholler, S. 194. – Ebenso schon *Lagarde*, Rev.crit.d.i.p. 80 (1991), 300. S. auch *Vischer*, Festschr. Keller, S. 547 ff.
7 *Vischer*, Festschr. Keller, S. 547; *Lagarde*, Rev.crit.d.i.p. 80 (1991), 302; *Magnus*, in: Staudinger, Art. 27 EGBGB Rz. 37. Näher dazu *A. Wohlgemuth*, Veränderungen im Bestand des Geltungsgebietes des Vertragsstatuts – Eine vergleichende Untersuchung zum IPR des Vertrages anhand insbesondere der niederländischen, italienischen, französischen und deutschen Rechtsprechung (1979).

verändert gelten, so muss sie durch materiellrechtliche Verweisung in das Rechtsgeschäft aufgenommen werden[1], dh. die **intertemporalen Normen** des gewählten Rechts entscheiden über die Möglichkeit des Ausschlusses von späteren Änderungen. Zwar spricht der Gesichtspunkt der Vorhersehbarkeit gegen die Anwendung der geänderten Vorschriften, da die Parteien nicht von ihnen, sondern von den früher geltenden ausgegangen sind. Doch würde dann eine Rechtswahl bestehen bleiben, die auf ein Recht geht, das nicht (mehr) in Geltung ist (vgl. Rz. 106 ff.). Zudem läge dem die Vorstellung zugrunde, dass die gewählten Vorschriften stets zu einem Teil des Vertrages würden. Das ist aber nicht der Fall; die Vertragsparteien wählen eine Rechtsordnung. Wollen die Parteien einzelne Vorschriften als Vertragsklauseln in ihren Vertrag aufnehmen, so können sie das zwar tun, ob sie aber künftigen Gesetzesänderungen entgehen, bestimmt das gewählte Recht. Schließlich dient es in der Regel auch den Interessen der Parteien, neue Gesetzgebungsakte und in der Wirkung ähnliche Ergebnisse der Rechtsprechung zu berücksichtigen. Nur wenn bei revolutionären Umgestaltungen des gewählten Rechts oder bei einem Souveränitätswechsel radikale Änderungen eintreten, sind die Parteien nicht an ihrer Rechtswahl festzuhalten[2].

h) Wahl außerstaatlichen Rechts

Literatur: *Bälz,* Islamic Law as Governing Law under the Rome Convention, Rev.dr.unif. NS 6 (2001), 37; *Bälz,* Das islamische Recht als Vertragsstatut?, IPRax 2005, 44; *Bälz,* Islamische Finanzierungen in Deutschland?, in: Schneider/Hanstein (Hrsg.), Leipziger Beiträge zur Orientforschung – Beiträge zum Islamischen Recht V (2006), S. 225 ff.; *Basedow,* Lex Mercatoria und Internationales Schuldvertragsrecht, Festschr. Horn (2006), S. 229; *Basedow,* Lex mercatoria and the Private International Law of Contracts in Economic Perspective, in: Basedow/Kono, An Economic Analysis of Private International Law (2006), S. 57; *Beraudo,* Faut-il avoir peur du contrat sans loi?, in: Le droit international privé: esprit et méthodes – Mélanges Lagarde (Paris 2005), S. 93; *Berger,* The Creeping Codification of the Lex Mercatoria (The Hague 1999); *Berger,* Formalisierte oder „schleichende" Kodifizierung des transnationalen Wirtschaftsrechts – zu den methodischen und praktischen Grundlagen der Lex Mercatoria (1996); *Berger,* Lex Mercatoria Online, RIW 2002, 256; *Blase,* Die Grundregeln des Europäischen Vertragsrechts als Recht grenzüberschreitender Verträge (2001); *Blaurock,* Übernationales Recht des Internationalen Handels, ZEuP 1993, 247; *Böckstiegel,* Der Staat als Vertragspartner ausländischer Privatunternehmen (1971); *Böckstiegel,* Das anwendbare Recht bei öffentlich-rechtlich geprägten Staatsaufträgen, AWD 1973, 117; *Bonell,* Das autonome Recht des Welthandels, RabelsZ 42 (1978), 485; *Booysen,* Völkerrecht als Vertragsstatut internationaler privatrechtlicher Verträge, RabelsZ 59 (1995), 245; *Borchers,* Verträge von Staaten mit ausländischen Privatpersonen (1966); *Bucher,* Transnationales Recht im IPR, in: Schwind (Hrsg.), Aktuelle Fragen zum Europarecht aus der Sicht in- und ausländischer Gelehrter (Wien 1986), S. 11; *Catranis,* Probleme der Nationalisierung ausländischer Unternehmen vor internationalen Schiedsgerichten, RIW 1982, 19; *Coing,* La détermination de la loi contractuelle en droit international privé allemand, in: Klein/Vischer (Hrsg.), Colloque de Bâle sur la loi régissant les obligations contractuelles (Basel/Frankfurt 1983), S. 29; *P. Fischer,* Bemerkungen zur Lehre von Alfred Verdross über den „quasi-völkerrechtlichen

---

[1] *Sumampouw,* RabelsZ 1966, 343; *Kropholler,* IPR, S. 443.
[2] *Magnus,* in: Staudinger, Art. 27 EGBGB Rz. 43. – Mit dem Wegfall der kollisionsrechtlichen Geschäftsgrundlage argumentiert *Lüderitz,* Festschr. Keller, S. 469 f.

Vertrag" im Lichte der neuesten Entwicklung, Festschr. Verdross (1980), S. 379; *Gaillard*, Use of General Principles of International Law in International Long-Term Contracts, Int.Bus.Lawyer 1999, 214; *Goldman*, The Applicable Law: General Principles of Law – The Lex Mercatoria, in: Lew (Hrsg.), Contemporary Problems in International Arbitration (London 1986), S. 113; *Goldman*, Nouvelles réflexions sur la Lex Mercatoria, in: Études de droit international en l'honneur de Lalive (Basel 1993), S. 241; *Grundmann*, Lex mercatoria und Rechtsquellenlehre, Jb.J.ZivRWiss 1991, 62; *Grundmann*, General principles of private law and ius commune modernum as applicable law?, in: Corporations, capital markets and business in the law – Liber Amicorum Buxbaum (London, The Hague 2000), S. 213; *von Hoffmann*, „Lex mercatoria" vor internationalen Schiedsgerichten, IPRax 1984, 106; *von Hoffmann*, Grundsätzliches zur Anwendung der „lex mercatoria" durch internationale Schiedsgerichte, Festschr. Kegel (1987), S. 215; *Jud*, Neue Dimensionen privatautonomer Rechtswahl: die Wahl nichtstaatlichen Rechts im Entwurf der Rom I-Verordnung, JBl. 2006, 695; *Juenger*, Lex mercatoria und Eingriffsnormen, in: Beiträge zum Handels- und Wirtschaftsrecht – Festschr. Rittner (1991), S. 233; *Kappus*, „Lex mercatoria" in Europa und Wiener UN-Kaufrechtskonvention 1980 (1990); *Kappus*, „Conflict avoidance" durch „lex mercatoria" und UN-Kaufrecht 1980, RIW 1990, 788; *Kappus*, „Lex mercatoria" als Geschäftsstatut vor staatlichen Gerichten im deutschen internationalen Schuldrecht, IPRax 1993, 137; *Kipp/Zweigert*, Verträge zwischen staatlichen und nichtstaatlichen Partnern, BerDGesVölkR Heft 5 (1964), 133, 217; *Kondring*, Nichtstaatliches Recht als Vertragsstatut vor staatlichen Gerichten – oder Privatkodifikationen in der Abseitsfalle?, IPRax 2007, 241; *Lagarde*, Approche critique de la lex mercatoria, in: Etudes Goldman (Paris 1982), S. 125; *Lando*, The Lex Mercatoria in International Commercial Arbitration, I.C.L.Q. 34 (1985), 747; *W. Lorenz*, Die Lex Mercatoria – Eine internationale Rechtsquelle?, Festschr. Neumayer (1985), S. 407; *Mann*, The Theoretical Approach Towards the Law Governing Contracts Between States and Private Firms, Rev.belge dr.int. 11 (1975), 562; *Oser*, The UNIDROIT principles of international commercial contracts: a governing law? (Leiden 2008); *Reimann*, Zur Lehre vom „rechtsordnungslosen" Vertrag (1970); *Romano*, Le choix des Principes UNIDROIT par les contractants à l'épreuve des dispositions impératives, Clunet 2007, 473; *Roth*, Zur Wählbarkeit nichtstaatlichen Rechts, Festschr. Jayme I (2004), S. 757; *Schäfer*, Die Wahl nichtstaatlichen Rechts nach Art. 3 Abs. 2 des Entwurfs einer Rom I VO, GPR 2006, 54; *Schilf*, Allgemeine Vertragsgrundregeln als Vertragsstatut (2005); *Schinkels*, Die (Un-)Zulässigkeit einer kollisionsrechtlichen Wahl der UNIDROIT Principles nach Rom I, GPR 2007, 106; *Schlesinger/Gündisch*, Allgemeine Rechtsgrundsätze als Sachnormen in Schiedsgerichtsverfahren, RabelsZ 28 (1964), 4; *Seidl-Hohenveldern*, The Theory of Quasi-International and Partly International Agreements, Rev.belge dr.int. 11 (1975), 567; *Spickhoff*, Internationales Handelsrecht vor Schiedsgerichten und staatlichen Gerichten, RabelsZ 56 (1992), 116; *Stein*, Lex mercatoria – Realität und Theorie (1995); *J. Stoll*, Vereinbarungen zwischen Staat und ausländischen privaten Investoren, RIW 1981, 808; *J. Stoll*, Vereinbarungen zwischen Staat und ausländischem Investor (1982); *Teichert*, Lückenfüllung im CISG mittels UNIDROIT-Prinzipien (2007); *Triebel/Petzold*, Grenzen der lex mercatoria in der internationalen Schiedsgerichtsbarkeit, RIW 1988, 245; *Verdross*, Gibt es Verträge, die weder dem innerstaatlichen Recht noch dem Völkerrecht unterliegen?, ZfRV 6 (1965), 129; *Wälde*, Transnationale Investitionsverträge, RabelsZ 42 (1978), 28; *Weick*, Zur Problematik eines „transnationalen Rechts" des Handels- und Wirtschaftsverkehrs, Festschr. Traub (1994), S. 451; *Weise*, Lex mercatoria (1990); *Wengler*, Allgemeine Rechtsgrundsätze als wählbares Geschäftsstatut?, ZfRV 23 (1982), 11; *Zumbansen*, Lex mercatoria – Zum Geltungsanspruch transnationalen Rechts, RabelsZ 67 (2003), 637.

100 Vor allem im Rahmen der „Internationalisierung" von Verträgen stellt sich die Frage, wieweit Schuldverträge **außerstaatlichem Recht** unterstellt werden können. Praktisch wird die Frage insbesondere für Verträge zwischen staatlichen und privaten Parteien, für die der Staat häufig sein Recht durchzusetzen versucht. Dabei handelt es sich regelmäßig um Verträge über größere Investitions- oder Entwicklungsvorhaben bzw. Verträge über Rohstoffabbau. Da der Staat als Gesetzgeber die Rechtsordnung seinen Interessen anpassen kann, wird versucht, solchen Verträgen erhöhten Bestandsschutz zu sichern und sie den Fesseln des nationalen IPR, des materiellen Privatrechts oder überhaupt einer Rechtsordnung zu entziehen[1]. Hier bestehen unterschiedliche, facettenreiche Ansätze, die vor allem in der Schiedsgerichtspraxis Widerhall gefunden haben[2]. Vor die staatlichen Gerichte gelangen entsprechende Streitigkeiten selten. Allerdings wird die Zulassung der Wahl nichtstaatlichen Rechts zunehmend auch für andere Verträge gefordert.

Ob die Rechtswahl sich auch auf **religiöses Recht** beziehen darf, hat die englische Rechtsprechung für das islamische Recht thematisiert und verneint. Der Court of Appeal versagte einer unbestimmten Bezugnahme auf die Sharia zutreffend den Charakter einer eigenständigen Rechtswahl, die zur Anwendung zweier Rechtsordnungen geführt hätte[3]. Vertragsstatut war lediglich das englische Recht. In England war auch darüber zu befinden, ob eine Schiedsvereinbarung die eine Beth Din-Schiedsgerichtsbarkeit vorsah, der Halacha (jüdischem Recht) unterstellt werden konnte. Dies wurde verneint. Das EVÜ gestatte lediglich die Wahl des Rechts eines Landes[4].

aa) Allgemeine Rechtsgrundsätze, Vertragsgrundsätze

101 Die Parteien eines internationalen Vertrages verweisen häufig auf **allgemeine Rechtsgrundsätze** (general principles of law)[5]. Wird ein nationales Recht gewählt und (als Korrektiv) zusätzlich auf allgemeine Rechtsgrundsätze Bezug genommen, so ist das unbedenklich. Die (materiellrechtliche) Verweisung kann sich nur im Rahmen dieses Rechtes entfalten. Es geht dabei auch nicht so sehr um die Lösung einzelner Rechtsfragen als vielmehr um die Grundsätze der **Bindung an den Vertrag**. Für zulässig – zumal in Verträgen zwischen Staaten und Privaten – wird aber auch eine kollisionsrechtliche Verweisung auf allgemeine Rechtsgrundsätze gehalten, welche die Anwendung der nationalen

---

1 Beispiele bei *Böckstiegel*, AWD 1973, 118 f.; *Wälde*, RabelsZ 42 (1978), 82 f.
2 Vgl. *Kondring*, IPRax 2006, 425 (426 f.). – S. schon *Münzberg*, Die Schranken der Parteivereinbarungen in der privaten internationalen Schiedsgerichtsbarkeit (1970), S. 169 ff.
3 *Shamil Bank of Bahrain* v. *Beximco Pharmaceuticals Ltd.*, [2004] 1 W.L.R. 1784 (CA) (Kreditgeschäft zwischen einer Bank aus Bahrein und einer pakistan. Gesellschaft mit folgender Klausel: „Subject to the principles of the Glorious Sharia'a, this agreement shall be governed by and construed in accordance with the laws of England"). – S. auch *Bälz*, IPRax 2005, 44 ff. – Vgl. ferner *Mankowski*, RIW 2005, 491.
4 *Halpern* v. *Halpern*, [2007] All ER 478 (CA) = ZEuP 2008, 618 Anm. *Heidemann*.
5 Zum Begriff *Kötz*, RabelsZ 34 (1970), 671 f.

Rechtsordnungen ausschaltet[1]. Nach anderer Ansicht handelt es sich lediglich um eine materiellrechtliche Verweisung[2].

Obwohl diese Rechtsgrundsätze keinen hohen Konkretisierungsgrad aufweisen, handelt es sich doch um eine Rechtsordnung, wenn auch keine nationale. Für Privatpersonen werden allerdings Einschränkungen verlangt[3]. In Verträgen unter Privaten besteht wegen der Möglichkeit, auf ein neutrales Recht auszuweichen, regelmäßig kein Bedürfnis für eine Verweisung auf allgemeine Rechtsgrundsätze, zumal hier nicht der Vorteil der staatlichen Seite kompensiert zu werden braucht[4].

In neuerer Zeit sind mehrfach **allgemeine Grundsätze des Vertragsrechts** aufgezeichnet worden. Verweisen die Parteien auf solche Prinzipien, so ergänzen sie das anwendbare nationale Recht. Dieses wird von den jeweiligen Grundsätzen verdrängt, soweit es keine entgegenstehenden zwingenden Normen enthält[5]. Für die Vereinbarung derartiger Regeln stellt sich die Frage, ob dies in Form einer kollisionsrechtlichen Verweisung möglich ist. Bezüglich der **UNIDROIT-Principles** (Rz. 2), die eine Vereinbarung durch die Parteien ausdrücklich vorsehen, wurde unter der Herrschaft des EVÜ eine kollisionsrechtliche Verweisung teilweise zugelassen[6]. Andere haben wegen des nichtstaatlichen, unverbindlichen Charakters und der Lückenhaftigkeit der Grundsätze lediglich eine materiellrechtliche Verweisung angenommen[7]. Ferner wird ein praktisches Bedürfnis für eine kollisionsrechtliche Verweisung verneint. Auch die **Grundregeln des europäischen Vertragsrechts** (Rz. 11) können von den Parteien vereinbart werden. Darin wurde zT gleichfalls eine kollisionsrechtliche Vereinbarung gesehen[8]. Letztlich handelt es sich aber bei solchen Prinzipien lediglich um eine private Aufzeichnung. Andere argumentieren hier daher ebenfalls, dass Art. 3 Abs. 1 Rom I-VO (anders als § 1051 Abs. 1 S. 1 ZPO für die Schiedsgerichtsbarkeit) nur die Wahl staatlichen Rechts zulasse[9]. Der Verordnungsentwurf wollte eine Rechtswahl für anerkannte Regeln grundsätzlich zulassen (Art. 3 Abs. 2 Rom I-VO-Entw.)[10]. Danach hätten die UNIDROIT-Ver-

---

1 *von Hoffmann*, in: Soergel, Art. 27 EGBGB Rz. 28. – Vgl. ablehnend *Wengler*, ZfRV 23 (1982), 24 ff.; *Dicey/Morris*, II Rz. 32-081.
2 *von Bar*, II Rz. 425; *Heiss*, in: Czernich/Heiss, Art. 3 EVÜ Rz. 45.
3 Näher *Zweigert*, BerDGesVölkR 5 (1964), 199 ff.
4 *Roth*, Internationales Versicherungsvertragsrecht, S. 548 ff.
5 Vgl. *Michaels*, RabelsZ 62 (1998), 558 ff.
6 Zum alten Recht *Boele-Woelki*, Unif.L.Rev. 1 (1996), 664 ff.; *Boele-Woelki*, IPRax 1997, 166 ff.; *Boele-Woelki*, in: von Hoffmann (Hrsg.), European Private International Law (1998), S. 67 (81); *Leible*, ZvglRW 97 (1998), 312 ff.; *Leible*, Festschr. Jayme I, S. 490 f.; *Wichard*, RabelsZ 60 (1996), 282 ff.; *Vischer/Huber/Oser*, Rz. 120 ff. – Für die Schiedsgerichtsbarkeit *Bonell*, ZfRV 37 (1996), 156 f.
7 *Kessedjian*, Rev.crit.d.i.p. 84 (1995), 657 f.; *Teichert*, S. 186 ff.; *von Bar/Mankowski*, I § 2 Rz. 77; *von Hoffmann/Thorn*, § 10 Rz. 28; *Magnus*, in: Staudinger, Art. 27 EGBGB Rz. 48.
8 Krit. *Busch/Hondius*, ZEuP 2001, 223 (225 ff.).
9 Zum alten Recht *Mankowski*, RIW 2003, 11 f.; *Blase*, S. 192 ff., 233 f.
10 Näher dazu *Mankowski*, IPRax 2006, 102; *Kondring*, IPRax 2007, 244 f.; *Martiny*, ZEuP 2007, 212; *Lando/Nielsen*, J. PIL 2007, 34; *Wagner*, IPRax 2008, 380 f. – Krit. auch *Lagarde*, Rev.crit.d.i.p. 95 (2006), 335 f.

tragsrechtsregeln sowie die Europäischen Vertragsrechtsregeln, nicht aber die Grundsätze der lex mercatoria gewählt werden können[1]. Die Endfassung der VO enthält jedoch – nicht zuletzt wegen der drohenden Abgrenzungsschwierigkeiten – keine solche Aussage mehr[2]. Erwägungsgrund 13 stellt lediglich fest, dass die Verordnung die Parteien nicht daran hindert, in ihrem Vertrag auf ein nichtstaatliches Regelwerk oder ein internationales Übereinkommen Bezug zu nehmen („incorporate by reference"). Zugelassen ist mithin auch weiterhin eine **materiellrechtliche Verweisung**[3]. Entsprechendes gilt für eine Vereinbarung des Draft Common Frame of Reference (DFCR)[4], vgl. Rz. 29. Auch eine direkte kollisionsrechtliche Rechtswahl des im gegebenen Fall nicht anwendbaren CISG ist nicht möglich[5]. Keine kollisionsrechtliche Wahl liegt folglich in der Vereinbarung des CISG als Vertragsstatut[6] (vgl. unten Rz. 903).

In *Erdölkonzessionsverträgen* ist häufig eine mehrstufige Rechtswahlvereinbarung getroffen worden. Nach der entsprechenden Klausel gelten in erster Linie die Grundsätze des Rechts des Konzessionsstaates, soweit sie mit den Grundsätzen des Völkerrechts übereinstimmen; hilfsweise kommen die allgemeinen Rechtsgrundsätze zur Anwendung, so wie sie von internationalen Schiedsgerichten angewendet werden. Internationale Schiedsgerichte haben diese Klausel für wirksam gehalten, ihr aber unterschiedliche Wirkungen beigemessen[7].

---

[1] Dagegen sogar für die kollisionsrechtliche Wählbarkeit der lex mercatoria, *Lando/Nielsen*, J. PIL 2007, 30 ff.
[2] Dazu *Leible/Lehmann*, RIW 2008, 533; *Mankowski*, IHR, 2008, 136; *Wagner*, IPRax 2008, 379 f. – Krit. zur Streichung *Lando/Nielsen*, CML Rev. 45 (2008), 1696 ff.
[3] *Garcimartín Alférez*, EuLF 2008, I-67; *Lando/Nielsen*, CML Rev. 45 (2008), 1698; *Pfeiffer*, EuZW 2008, 624; *Wagner*, IPRax 2008, 380; *Rühl*, Festschr. Kropholler, S. 189 f.
[4] *Leible*, Rom I und Rom II, S. 31. Vgl. auch *Pfeiffer*, ZEuP 2008, 679 (681 f.).
[5] *Ughetto*, Rev.Lamy dr.aff. 29 (2008), 63 (64).
[6] *Mankowski*, RIW 2003, 10 f.
[7] *British Petroleum Co. (BP)* v. *Libya*, 10.10.1973/1.8.1974 (Schiedsrichter *Lagergren*), I.L.R. 53 (1979), 293 = Yb.Com.Arb. 5 (1980), 143 (Verstaatlichung in Libyen. Dän. Kollisionsrecht angewendet, da Ort des Schiedsverfahrens in Dänemark. Rechtswahlklausel gültig. In erster Linie Anwendung der Grundsätze des libyschen Rechts, soweit vereinbar mit Grundsätzen des Völkerrechts; wenn nicht, Anwendung allgemeiner Rechtsgrundsätze. Die libysche Enteignungsgesetzgebung verletzte den Konzessionsvertrag. Libyen wurde zu Schadensersatz verurteilt); *Texaco Overseas Petroleum Co. (TOPCO) and California Asiatic Oil Co. (CALASIATIC)* v. *Libya*, 19.1.1977 (Schiedsrichter *Dupuy*), I.L.R. 53 (1979), 389 = Yb.Com.Arb. 4 (1979), 177 = Clunet 104 (1977), 350 = RIW 1977, 502 (Zusammenfassung) (Verstaatlichung in Libyen. Die Gültigkeit der Rechtswahl für einen „internationalized contract" regelte das internationale öffentliche Recht. Libysches Recht war mit den Grundsätzen des internationalen Rechts zu kombinieren. Stabilisierungsklausel als wirksam angesehen. Die Enteignungsgesetzgebung verletzte den Konzessionsvertrag, der als weiterbestehend angesehen wurde. Libyen wurde zur „restitutio in integrum" verurteilt); *Libyan American Oil Co. (LIAMCO)* v. *Libya*, 12.4.1977 (Schiedsrichter *Mahmassani*), I.L.R. 62 (1982), 140 = Yb.Com.Arb. 6 (1981), 89 = I.L.M. 20 (1981), 1 (Verstaatlichung in Libyen. Rechtswahlklausel gültig. Libysches Recht umfasste die libysche Gesetzgebung, islam. Recht, Gewohnheitsrecht, Naturrecht und Billigkeit. Die Nationalisierung wurde nicht als rechtswidrig angesehen und verletzte den Konzessionsvertrag nicht. Libyen

bb) Lex Mercatoria

Verschiedentlich wird davon ausgegangen, der internationale Handelsverkehr unterliege heute nicht mehr den Normen des nationalen Rechts, sondern einem außerstaatlichen internationalen Handelsrecht bzw. transnationalem Recht[1]. Dies gilt vor allem für die Lehre von der lex mercatoria, die freilich in den Einzelheiten sehr umstritten ist. Den **Inhalt** der lex mercatoria bilden **einheitliche Regeln**, die im **internationalen Handel** zur Anwendung kommen. Was außer internationalen Handelsbräuchen im Einzelnen dazu gehört, wird nicht einheitlich bestimmt. Herangezogen werden nach einer weiten Auffassung auch Einheitsrecht schaffende Staatsverträge, allgemeine Rechtsgrundsätze, Völkerrecht, die Vertrags-Formularpraxis, Regeln internationaler Organisationen und international übliche Klauseln[2]. Nach einer engeren Auffassung besteht die lex mercatoria aus allgemeinen Grundsätzen und Gebräuchen, die im Rahmen des internationalen Handels spontan entstehen oder entwickelt werden, ohne dass dabei auf ein spezielles nationales Recht Bezug genommen wird[3]. Die Rechtssatzqualität dieses vor allem von Schiedsgerichten formulierten „droit en formation" ist angesichts mangelnder staatlicher Fundierung sowie der Lückenhaftigkeit und Problematik der Rechtssetzung umstritten[4]. Hinzu kommt die zT fragwürdige Ableitung konkreter und kohärenter Rechtsregeln[5].

102

In der Frage, welchen **Rang** die lex mercatoria im Verhältnis zu den anderen Rechtsquellen einnimmt, lassen sich trotz aller Unklarheiten und Nuancen drei Hauptrichtungen unterscheiden[6]. Nach der weitestgehenden Auffassung ist die lex mercatoria ein eigenständiges Regelsystem, das über den nationalen Rechtsordnungen steht und für internationale Sachverhalte Vorrang beansprucht oder doch – sozusagen als lex fori des internationalen Schiedsrichters – mangels anderer Parteivereinbarung gilt. Für die Lückenfüllung, die dann notwendig wird, wenn sich noch keine internationalen Handelsbräuche bzw. Rechtssätze der lex mercatoria gebildet haben, wird nicht auf nationales Recht zurückgegriffen; vielmehr sind allgemeine Rechtsgrundsätze anzuwenden[7].

---

wurde lediglich zur Zahlung einer Entschädigung verurteilt). – W. Nachw. bei *Catranis*, RIW 1982, 19 ff.
1 *Berger*, RIW 2002, 256 ff. – Zum Begriff *Bucher*, in: Schwind, S. 11 ff.; *Siehr*, in: Holl/Klinke, Internationales Privatrecht, internationales Wirtschaftsrecht (1985), S. 103 (108).
2 Vgl. dazu *Lando*, I.C.L.Q. 34 (1985), 748 ff.
3 *Goldman*, in: Lew, S. 116. Einheitsrecht schließt auch aus *Kappus*, IPRax 1993, 138.
4 Bejahend etwa *Goldman*, Études en l'honneur de Lalive, S. 247 ff.; *Blaurock*, ZEuP 1993, 262 ff. Zumindest für eine Ähnlichkeit *Gaillard*, Arb.Int. 17 (2001), 65 ff. – Gegen die Einordnung als eigenständige Rechtsordnung *Spickhoff*, RabelsZ 56 (1992), 125 ff.; *Mankowski*, RIW 2003, 12 f.; *von Bar/Mankowski*, I § 2 Rz. 75 ff.; *Kegel/Schurig*, S. 127 f. Als Teil des Völkerrechts ordnet sie ein *Booysen*, RabelsZ 59 (1995), 252 f.
5 Näher *Lorenz*, Festschr. Neumayer, S. 407 ff.
6 Vgl. Nachw. bei *Martiny*, RabelsZ 50 (1986), 730 ff. (Rezension).
7 Ähnlich IHK-Schiedsspruch Nr. 3540/1980, Yb.Com.Arb. 7 (1982), 124 = Clunet 108 (1981), 914 Anm. *Derains*, wo allerdings die Rechtslage nach den berührten Rechtsordnungen ebenfalls geprüft wurde.

Eine zweite Möglichkeit besteht darin, der lex mercatoria gleichen Rang wie den staatlichen Rechtsordnungen einzuräumen. Die lex mercatoria steht dann gleichberechtigt neben den nationalen Rechten, ist wählbares „Recht" iSd. Art. 3 ff. Rom I-VO[1]. Bei der Lückenfüllung kann durch kollisionsrechtliche Anknüpfung auf nationales Recht, dh. ein so bestimmtes Vertragsstatut, zurückgegriffen werden. Dagegen lässt die restriktivste Auffassung die nationalen Rechtsordnungen dominieren. Die für internationale Transaktionen entwickelten Bräuche und Einheitsregeln dienen danach lediglich zur Füllung von Lücken des nationalen Rechts. Sie sind subsidiärer Natur und kommen bei Widerspruch zu zwingendem staatlichen Recht nicht zum Zuge.

103 Für die **Rechtswahl** ist zunächst zu beantworten, ob überhaupt noch ein (nationales oder supranationales) Kollisionsrecht vorgeschaltet werden muss oder ob man auf direktem Wege („voie directe") zur lex mercatoria vorstoßen kann. Wird Letzteres bejaht, so kommt es auf die Anwendungsvoraussetzungen der lex mercatoria an. Ferner ist ein Problem, ob allein die lex mercatoria als lex causae anzusehen ist. Schwierigkeiten macht dabei, dass die lex mercatoria auf der einen Seite – anders als nationales Recht – nicht räumlich begrenzt ist und sich daher schlecht den üblichen Anknüpfungsmethoden unterwerfen lässt, auf der anderen Seite aber inhaltlich lückenhaft ist[2].

Nach der **Vorrangtheorie** gilt die lex mercatoria per se für internationale Sachverhalte. Sie findet direkte Anwendung, ohne dass ein Kollisionsrecht befragt werden müsste. Grundlage dafür ist entweder die Rechtswahl durch die Parteien oder die Rechtsanwendung durch ein Schiedsgericht[3]. Ein anwendbares nationales Recht ist für einen solchen „direct approach" nicht mehr zu ermitteln. Diese Auffassung ist für die staatliche Gerichtsbarkeit inakzeptabel, weil sie das nationale materielle Recht und das Kollisionsrecht einfach beiseite schieben würde[4]. Auch für die internationale Schiedsgerichtsbarkeit ist sie bedenklich.

Nach der **Gleichstellungstheorie** ist die Vereinbarung der lex mercatoria als Vertragsstatut möglich; andere Rechtsordnungen gelten dann nicht[5]. Es bestehen lediglich ähnliche Schranken (ordre public; Sonderanknüpfung) wie allgemein bei der Anwendung fremden Rechts. Bei Fehlen einer ausdrücklichen Vereinbarung ist auch an eine stillschweigende Wahl der lex mercatoria zu denken[6]. Keine Klarheit besteht freilich darüber, ob mangels einer Parteiabrede die lex mercatoria auch aufgrund objektiver Anknüpfung Vertragsstatut sein kann[7]. Würde man dies uneingeschränkt bejahen, so träte die gleiche Folge wie nach der Vorrangtheorie ein; das nationale Recht würde verdrängt. Denk-

---

1 Für Letzteres *Kappus*, IPRax 1993, 139 ff.
2 Vgl. *Lagarde*, Études offertes à Goldman, S. 143 ff.; *Bucher*, in: Schwind, S. 49 ff.
3 Vgl. *Goldman*, in: Lew, S. 116 f.; *Goldman*, Études en l'honneur de Lalive, S. 252 ff.
4 Vgl. *Lagarde*, Études offertes à Goldman, S. 145.
5 So zB *Coing*, in: Klein/Vischer, S. 49 ff.; *Weise*, S. 141.
6 So etwa *Kappus*, IPRax 1993, 141.
7 Bejahend *Kappus*, IPRax 1993, 141 f. Ähnlich für „besondere Umstände" wie Verträge mit staatlichen Partnern *Weise*, S. 140 ff.

bar wäre aber auch – ähnlich wie bei internationalen Staatsverträgen –, einen eigenständigen Anwendungsbereich in sachlicher und persönlicher Hinsicht zu definieren. Innerhalb dieses Anwendungsbereichs käme dann die lex mercatoria zur Geltung und wäre vom nationalen Recht abgrenzbar. Schließlich könnte man neben der lex mercatoria ein nationales Recht ermitteln und dieses dann durch die lex mercatoria ergänzen oder korrigieren[1].

Während diese verschiedenen Lösungswege mit Unsicherheiten belastet sind, ist die Rechtslage nach der **Subsidiaritätstheorie** klar: Die lex mercatoria kann sich nicht gegen zwingendes nationales Recht durchsetzen. Vertragsstatut ist stets ein nationales, staatliches Recht[2]. Die Vereinbarung der lex mercatoria hat nur die Bedeutung einer materiellrechtlichen Verweisung[3]. Die Parteien müssen sich innerhalb der vom Vertragsstatut vorgegebenen Grenzen bewegen. Für das EVÜ wurde dementsprechend vertreten, das Übereinkommen erlaube eine Vereinbarung nichtstaatlichen Rechts nicht. Folglich sollen auch bei einer solchen Vertragsgestaltung die für eine objektive Anknüpfung geltenden Regeln zur Anwendung kommen. Die so bestimmte Rechtsordnung entscheidet sodann, welche Wirkung der Vereinbarung zukommt[4].

Diese restriktive Auffassung lässt sich aber nicht vollständig halten, da **internationale Schiedsgerichte** zunehmend statt eines nationalen Rechts die lex mercatoria anwenden, und zwar auch dann, wenn sie keinen Billigkeitsschiedsspruch, sondern eine Entscheidung nach Rechtsgrundsätzen zu fällen haben. Insbesondere Schiedsgerichte der IHK haben mehrfach in dieser Weise entschieden[5]. Hinzu kommt, dass immer mehr Rechtsordnungen aufgrund internationaler Staatsverträge und nationaler Vorschriften bereit sind, solche Schiedssprüche hinzunehmen (vgl. § 1051 Abs. 1 ZPO). Es ist daher damit zu rechnen, dass derartige Schiedssprüche von den staatlichen Gerichten nicht aufgehoben, sondern für vollstreckbar erklärt werden (vgl. § 1061 ZPO). Dies ist in Österreich[6], aber auch in Frankreich geschehen[7].

---

1 Vgl. *Bucher*, in: Schwind, S. 53.
2 *von Bar/Mankowski*, I § 2 Rz. 77; *von Bar*, II Rz. 425.
3 *Diedrich*, RIW 2009, 384. – Ebenso*Veltins*, Umfang und Grenzen von Rechtswahlklauseln, JbPraxSchG 3 (1989), 126; *Mankowski*, RIW 2003, 13 f.; *von Hoffmann/Thorn*, § 10 Rz. 28; *Magnus*, in: Staudinger, Art. 27 EGBGB Rz. 49.
4 In diesem Sinne *Rigaux*, Cah.dr.europ. 1988, 306, (318 f.); *Lagarde*, Rev.crit.d.i.p. 80 (1991), 300 f. S. auch *Dicey/Morris*, II Rz. 32-079 f.
5 Nachw. bei *Lorenz*, Festschr. Neumayer, S. 410 ff.
6 Österreich. OGH 18.11.1982, RIW 1983, 868 Anm. *Seidl-Hohenveldern* = IPRax 1984, 97 (Anm. *von Hoffmann* IPRax 1984, 106) = Yb.Com.Arb. 9 (1984), 159 Anm. *Melis* (Türk. Gesellschaft war Handelsvertreter der französ. Gesellschaft „Norsolor" für die Türkei. Schiedsgericht der IHK sprach dem Handelsvertreter wegen unrechtmäßiger Vertragsauflösung Schadensersatz zu. Der Schiedsspruch, der sich auf die lex mercatoria und den Grundsatz von Treu und Glauben stützte, war wirksam).
7 S. etwa den Fall „Compania Valenciana", in dem die von den Parteien gebilligte Anwendung der lex mercatoria hingenommen wurde, Cass. civ. 22.10.1991, Rev.arb. 1992, 457 Anm. *Lagarde* = Rev.crit.d.i.p. 81 (1992), 113 Anm. *Oppetit* = Clunet 119 (1992), 177 Anm. *Goldman*; Cour d'appel Paris 13.7.1989, Rev.crit.d.i.p. 79 (1990), 305 m. abl. Anm. *Oppetit* = Clunet 117 (1990), 431 m. zust. Anm. *Goldman*. Dazu *Spickhoff*, RabelsZ 56 (1992), 128 f.; *Berger*, Lex mercatoria in der internationalen Wirt-

Damit wird mittelbar ein Sonderrecht der internationalen Schiedsgerichtsbarkeit akzeptiert. Auf der anderen Seite lebt dieses Sonderrecht von der staatlichen Anerkennung der Schiedsgerichtsbarkeit und der Parteiautonomie. Ferner steht die Bewährungsprobe, nämlich der zu erwartende Konflikt mit zwingenden Normen des nationalen Rechts noch aus[1]. Welchen Weg man auch immer einschlagen mag, dem staatlichen Richter kann man eine direkte Anwendung der lex mercatoria aufgrund objektiver Anknüpfung nicht gestatten. Er hat sich an das **Kollisionsrecht der lex fori** zu halten[2].

Dieses Kollisionsrecht kann jedoch eine Parteivereinbarung honorieren. Es ist daher nicht von vornherein ausgeschlossen, sich jedenfalls bei der Einschaltung der internationalen Schiedsgerichtsbarkeit eine Verweisung auf Regeln der lex mercatoria vorzustellen. Der internationale Schiedsrichter wird aufgrund einer Schiedsklausel, also einer Vereinbarung der Parteien, tätig. Diese ermächtigt ihn nicht ohne Weiteres dazu, die lex mercatoria durchzusetzen; liegt aber eine Parteivereinbarung im Hinblick auf die Rechtsanwendung und die Geltung der lex mercatoria vor, so ist die Anwendung der lex mercatoria hinzunehmen[3].

cc) „Rechtsordnungslose Verträge"

104 Es gibt Fälle, in denen die Vertragsparteien alle Fragen, die sich aus dem Vertrag ergeben, vertraglich regeln oder etwa noch offene Fragen nach einem (nationalen) Handelsbrauch beantwortet wissen wollen. Für sie ist angenommen worden, ein Schuldstatut liege überhaupt nicht vor[4]. Der allein maßgebende Satz „pacta sunt servanda" werde der lex fori entnommen. Anderen erscheint dies, den **Vertrag selbst**, unabhängig von jedem positiven Recht, **als Rechtsquelle** anzusehen, ein Unding[5]. Tatsächlich würde der Abschluss „rechtsordnungsloser Verträge"[6] freie, nicht an ein objektives Recht gebundene Parteivereinbarungen voraussetzen. Verträge außerhalb jeder Rechtsordnung gibt es jedoch nicht, auch soweit sie auf international übliche Handelsklauseln Bezug nehmen[7]. Der Abschluss rechtsordnungsloser Verträge ist daher abzuleh-

---

schaftsschiedsgerichtsbarkeit, IPRax 1993, 281 ff. – S. auch *Blaurock*, ZEuP 1993, 264 ff.; *Pfeiffer*, NJW 1999, 3674 (3678); *Weise*, S. 148 ff.
1 Zu zwei Lösungsmöglichkeiten, nämlich der Entwicklung eines Mindeststandards von internationalisierungsfähigen Eingriffsnormen sowie der Beachtung nationaler staatlicher Normen durch die Schiedsgerichte s. *Juenger*, Festschr. Rittner, S. 246 ff. Vgl. auch *Lando*, I.C.L.Q. 34 (1985), 763 ff.
2 *Spickhoff*, RabelsZ 56 (1992), 133 f.; *Blaurock*, ZEuP 1993, 264; *von Bar/Mankowski*, I § 2 Rz. 77; *Sonnenberger*, in: MünchKomm, Einl. Rz. 230 ff.; *Magnus*, in: Staudinger, Art. 27 EGBGB Rz. 49. Vgl. *Lagarde*, Études offertes à Goldman, S. 144. Anders *Goldman*, Études en l'honneur de Lalive, S. 255.
3 S. *Spickhoff*, RabelsZ 56 (1992), 134 ff. mwN.
4 *Wengler*, ZvglRW 54 (1941), 168 (121).
5 Vgl. *Sumampouw*, Anm. zu BGE 91 II 44, RabelsZ 30 (1966), 334 (347).
6 Vgl. *Kipp*, BerDGesVölkR 5 (1964), 154 ff.
7 *Bonell*, RabelsZ 42 (1978), 494 ff.; *Stoll*, RIW 1981, 809; *Sandrock/Steinschulte*, in: Sandrock, I Rz. A 202; *Kropholler*, IPR, S. 443 f.

nen¹. Die Rechtswahl kann sich nach hM nur auf eine Rechtsordnung beziehen, die etwaige Vertragslücken ergänzt und deren zwingende Vorschriften gelten². Entsprechendes gilt für die Auffassung, der auf der Maxime „pacta sunt servanda" beruhende Vertrag schaffe unter bestimmten Voraussetzungen eine eigenständige „lex contractus"³. Art. 3 Rom I-VO äußert sich nicht ausdrücklich zu diesen Fragen. Auch für das früher geltende EVÜ wurde aber vertreten, dass rechtsordnungslose Verträge unzulässig seien⁴; die Abwahl staatlichen Rechts wird einer fehlenden Rechtswahl gleichgestellt⁵.

dd) Verweisung auf Völkerrecht

In diesen Zusammenhang gehört auch die Frage der Zulässigkeit einer kollisionsrechtlichen Verweisung auf das internationale öffentliche Recht bzw. das Völkerrecht. Verträge des Staates mit ausländischen Privatpersonen unterliegen grundsätzlich dem Internationalen Vertragsrecht. Insbes. Investitionsverträge zwischen Staaten und Privatunternehmen werden aber teilweise Völkerrecht unterstellt. Erreicht werden soll, dass solche „quasi-völkerrechtlichen"⁶, „beschränkt völkerrechtlichen"⁷ oder „völkerrechtlichen Verträge besonderer Art"⁸ nicht einseitig geändert werden können⁹. Die Gesetzesänderung bzw die Nichtberücksichtigung des Vertrages durch den staatlichen Vertragspartner wäre eine Völkerrechtsverletzung. Diese Theorien haben zwar in einigen internationalen Schiedsgerichtsurteilen Zustimmung (vgl. oben Rz. 101), jedoch auch Widerspruch gefunden¹⁰. Sie stehen vor dem Problem, befriedigend erklären zu müssen, ob und in welchem Umfang **Private als Völkerrechtssubjekt** auftreten können¹¹ und wie es zu der angestrebten Maßgeblichkeit von Völkerrechtsnormen kommen soll¹². Die Wirkung einer Verweisung auf Völker-

105

---

1 *Spickhoff*, RabelsZ 56 (1992), 126; *Roth*, Internationales Versicherungsvertragsrecht, S. 548 ff.; *Merkt*, S. 125 ff.; *Thorn*, in: Palandt, Art. 27 EGBGB Rz. 3.
2 *Zweigert*, BerDGesVölkR 5 (1964), 209; *Simitis*, JuS 1966, 213; *Mann*, Rev.belge dr.int. 11 (1975), 566; *Reimann*, S. 42 ff.; *Vischer/Huber/Oser*, Rz. 148. – Für eine „Koexistenz" des internationalisierten Vertrages mit nationalen Rechtsregeln tritt ein *Weick*, Festschr. Traub, S. 463 ff.
3 So aber *Verdross*, ZfRV 6 (1965), 131.
4 Vgl. näher *Carbone*, Riv.dir.int.priv.proc. 19 (1983), 279 ff.; zum EVÜ-Entw. 1972 *Foyer*, Clunet 103 (1976), 597 ff.
5 So *Lagarde*, Rev.crit.d.i.p. 80 (1991), 301.
6 So *Verdross*, ZfRV 6 (1965), 129 ff.
7 Dazu *Böckstiegel*, S. 295 ff., 303 ff.
8 *Fischer*, Festschr. Verdross, S. 397.
9 *Mann*, Rev.belge dr.int. 11 (1975), 564 f.
10 *Simitis*, JuS 1966, 213; *Sornarajah*, The Myth of International Contract Law, J.W.T.L. 15 (1981), 187 (202 ff.).
11 Bejahend *Kipp*, BerDGesVölkR 5 (1964), 150 f.; *Verdross*, ZfRV 6 (1965), 130. Abl. *Stoll*, RIW 1981, 810.
12 Die Vereinbarung von Völkerrecht hält möglich, weil das Völkerrecht auch ein „privatrechtliches Standbein" habe, *Booysen*, RabelsZ 59 (1995), 252 ff. – Abl. *Catranis*, RIW 1982, 22 ff.

recht bzw. internationales öffentliches Recht ist daher zweifelhaft[1]. Soweit die Verweisung auf Völkerrechtssätze kollisionsrechtlich keinen Bestand hat, kann sie aber als materiellrechtliche Verweisung Beachtung finden[2].

Fehlt eine Rechtswahl, so folgt der Vertrag mit einem Staat den allgemeinen Regeln des internationalen Schuldrechts (vgl. unten Rz. 196), wenn er einen rein privatrechtlichen Inhalt hat. Weist er auch öffentlich-rechtliche Elemente auf, so kommt auch das Recht der beteiligten Staaten, ferner die Berücksichtigung allgemeiner Rechtsgrundsätze und des Völkerrechts in Betracht[3].

i) Stabilisierungs- und Versteinerungsklauseln

Literatur: *N. David*, Les clauses de stabilité dans les contrats pétroliers, Clunet 113 (1986), 79; *Fiedler*, Stabilisierungsklauseln und materielle Verweisung im internationalen Vertragsrecht (2001); *Mengel*, Erhöhter völkerrechtlicher Schutz durch Stabilisierungsklauseln in Investitionsverträgen zwischen Drittstaaten und privaten Investoren, RIW 1983, 739; *Merkt*, Investitionsschutz durch Stabilisierungsklauseln (1990); *W. Peter*, Arbitration and Renegotiation of International Investment Agreements (Dordrecht 1986); *Sandrock*, „Versteinerungsklauseln" in Rechtswahlvereinbarungen für internationale Handelsverträge, in: Ius inter nationes – Festschr. Riesenfeld (1983), S. 211 = *Sandrock*, Internationales Wirtschaftsrecht in Theorie und Praxis (1995), S. 29; *Vischer*, Veränderungen des Vertragsstatuts und ihre Folgen, Festschr. Keller (Zürich 1989), S. 547; *Weil*, Les clauses de stabilisation ou intangibilité insérées dans les accords de développement économique, in: Mélanges Rousseau (1974), S. 301.

aa) Art der Klauseln

106 Ist in einem Vertrag zwischen einem Privaten und einem staatlichen Partner die Anwendung der Rechtsordnung des staatlichen Partners ganz oder teilweise vorgesehen, so kann dieser später das geltende Recht (sogar rückwirkend) modifizieren und damit die Rechtsstellung der anderen Partei einseitig verschlechtern. Dagegen versuchen sich private Vertragsparteien des Öfteren durch Vertragsklauseln zu sichern. Solche Klauseln sind von großer Vielfalt. Sie lassen sich nach ihrer Technik unterscheiden in solche, die auf eine „Versteinerung" bzw. ein „Einfrieren" des Rechtszustandes oder eine Nichtanwendung oder sogar den Nichterlass von Änderungen abzielen[4].

107 In **Versteinerungsklauseln** (freezing clauses, clauses de gel de la loi) wird festgelegt, dass das vereinbarte Recht mit dem Inhalt gilt, den es zu einem bestimmten Zeitpunkt (insbesondere bei Vertragsabschluss) hat[5]. Spätere Ände-

---

1 *Schlesinger/Gündisch*, RabelsZ 28 (1964), 25; *Simitis*, JuS 1966, 213; für die Zulässigkeit bei Verträgen Staat-Privater *Mann*, Rev.belge dr.int 11 (1975), 564 f.; für die Zulässigkeit von Vereinbarungen Privater *Schröder/Wenner*, Rz. 81 ff.
2 *Böckstiegel*, Festschr. Beitzke (1979), S. 443 (455).
3 S. näher *Böckstiegel*, AWD 1973, 120 f.
4 S. umfassend *Merkt*, S. 39 ff., der „Stabilisierungsklauseln" als Oberbegriff verwendet. Zu anderen Einteilungen *Fiedler*, S. 76 ff. Zu weiteren Techniken s. *Ebenroth/Bader*, Wirksame Staatenbindung in internationalen Investitionsverträgen, WM 1991, 661.
5 *Merkt*, S. 41; *Fiedler*, S. 59. Klauselbeispiel bei *Sandrock/Steinschulte*, in: Sandrock, I Rz. A 35.

rungen des gewählten Rechts sollen unbeachtlich sein. Dies gilt auch für Rechtsänderungen, die sich Rückwirkung beilegen. Solche Klauseln sind als materiellrechtliche Verweisung innerhalb der Grenzen der lex causae unbedenklich[1]. Die Parteien können zB im Rahmen des Vertragsstatuts festlegen, dass das Warenkaufrecht in seiner Fassung vor In-Kraft-Treten des UN-Kaufrechts gelten soll (s. Rz. 913). Die Übergangsbestimmungen der lex causae entscheiden darüber, ob die frühere Vereinbarung honoriert wird. Solange keine zwingenden Normen dieses Rechts verletzt werden, steht der Wirksamkeit nichts entgegen. Jedenfalls für Geschäfte unter Privaten ist eine materiellrechtliche Verweisung auch ein ausreichendes Mittel zur Wahrung der Parteiinteressen.

In einer sog. **Stabilisierungsklausel** (stabilization clause; clause de stabilisation) wird vereinbart, dass vertraglich eingeräumte Rechte nicht einseitig verändert werden dürfen und dass spätere Rechtsänderungen den Vertrag bzw. die Konzession nicht betreffen[2]. **Nichtanwendungsklauseln** (non-application clauses, clauses de inopposabilité) bestimmen, dass nachträgliche Rechtsänderungen nicht auf den Vertrag anzuwenden sind[3]. 108

Teilweise wird der Begriff der Stabilisierungsklausel nur auf das „Einfrieren" der staatlichen Gesetzgebung und die Souveränitätseinschränkung bezogen, während der Schutz der privaten Vertragspartei vor den Auswirkungen der Gesetzgebung als **Unberührbarkeitsklausel** (clause of nonintervention, clause d'intangibilité) bezeichnet wird[4]. Der Unterschied zu einer einfachen Versteinerungsklausel besteht darin, dass keine pauschale Verweisung auf einen bestimmten Rechtszustand erfolgt, sondern bereits bestimmte Rechtsänderungen ausgeschlossen werden. Doch sind die Übergänge fließend[5]. 109

Stabilisierungsklauseln finden sich vor allem in Verträgen über die Rohstofferschließung, hingegen kaum in internationalen Kreditverträgen[6]. Die Problematik der Zulässigkeit und Wirkungen solcher Klauseln (Vertretungsmacht der Staatsvertreter, Einschränkung der staatlichen Handlungsfreiheit und Souveränität) kann hier nicht näher vertieft werden. Einigkeit dürfte jedoch darüber bestehen, dass über die Wirksamkeit von Stabilisierungsklauseln grundsätzlich die **lex causae** entscheidet[7]. Ist lediglich das Recht des staatlichen Partners anwendbar, so bestimmt allein diese Rechtsordnung[8]. Werden – wie meist – gleichzeitig allgemeine Rechtsgrundsätze oder völkerrechtliche Grundsätze für anwendbar erklärt, so kommt es zunächst darauf an, ob man 110

---

1 *Hohloch*, in: Erman, Art. 27 EGBGB Rz. 10.
2 Klauselbeispiele bei *Merkt*, S. 255 f. sowie bei *Sandrock*, Festschr. Riesenfeld, S. 217 f.
3 Näher *Merkt*, S. 43 f.; *Fiedler*, S. 65 f.
4 *Weil*, Mélanges Rousseau, S. 308 ff.; *Fiedler*, S. 62 f.
5 Vgl. *Merkt*, S. 44 ff.; *Peter*, S. 137 f., 140 f.
6 *U. Bosch*, Vertragliche Regelungen in internationalen Kreditverträgen als risikopolitisches Instrument, in: Krümmel (Hrsg.), Internationales Bankgeschäft (1985), S. 117, 124 f.
7 *David*, Clunet 113 (1986), 83.
8 *David*, Clunet 113 (1986), 84; *Peter*, S. 142 f.

eine kollisionsrechtliche Verweisung auf solche Prinzipien für zulässig hält (dazu Rz. 101 ff.). Bejaht man dies, so gelangt man auf dieser Grundlage im Allgemeinen zur Gültigkeit der Stabilisierungsklauseln.

Stabilisierungsklauseln finden im Regelfall vor den Gerichten des rechtsetzenden Staates keine Anerkennung. Wurde aber ein internationales Schiedsgericht vereinbart, so besteht die Aussicht auf Schadensersatz, zumindest aber auf Entschädigung, da diese Klauseln mehrfach als wirksam angesehen wurden[1].

bb) Kollisionsrechtliche Wirkung

111 Nach einer Resolution des Institut de droit international soll bei einem Versteinerungswillen der Parteien das abgeänderte oder aufgehobene Recht grundsätzlich als **Vertragsbestimmung weitergelten**, es sei denn, dass die Abänderung oder Aufhebung durch zwingende Normen erfolgt wäre[2].

Problematisch ist aber, ob sich die Parteien auch weitergehend von den Fesseln der staatlichen Rechtsordnung befreien können, dh. ob die „Versteinerung" auch als kollisionsrechtliche Verweisung möglich ist[3]. Dabei wird die bezeichnete Rechtsordnung lediglich in ihrem „versteinerten" Rechtszustand gewählt, was später erlassene Vorschriften der lex causae bestimmen, soll unerheblich sein. Hierfür spricht die von Art. 3 Rom I-VO in größtmöglicher Weise gewährte Freiheit der Rechtswahl. Allerdings konzentriert sich bei der Versteinerung die Rechtswahl nur auf eine Rechtsordnung. Ein bestimmter Ausschnitt aus ihr soll auf kollisionsrechtlichem Wege intertemporal fixiert werden. Anders als bei der nachträglichen Rechtswahl geht es nicht um die Wahl unter mehreren Rechtsordnungen. Es werden auch nicht, wie bei der Teilverweisung für verschiedene Rechtsfragen, einzelne Rechtsregeln unterschiedlicher Herkunft ausgeschlossen oder miteinander kombiniert. Stattdessen findet eine *Art Teilung innerhalb der gewählten Rechtsordnung* statt. Die Gleich-

---

1 S. *Saudi Arabia* v. *Arabian American Oil Co. (ARAMCO)*, 29.8.1958, I.L.R. 27 (1963), 117 (Konzessionsvertrag. Nichts stehe dem entgegen, dass der Staat im Rahmen seiner Souveränität unentziehbare Konzessionsrechte verleihe); *Texaco Overseas Petroleum Co. (TOPCO), California Asiatic Oil Co. (CALASIATIC)* v. *Libya*, 19.1.1977 (Schiedsrichter *Dupuy*), I.L.R. 53 (1979), 389 = Yb.Com.Arb. 4 (1979), 177 (Konzessionsvertrag mit Libyen. Die Stabilisierungsklausel verletzte nicht die Souveränität); *Libyan American Oil Co. (LIAMCO)* v. *Libya*, 12.4.1977 (Schiedsrichter *Mahmassani*), I.L.R. 62 (1982), 40 = Yb.Com.Arb. 6 (1981), 89 (Konzessionsvertrag mit Libyen. Die Stabilisierungsklausel befand sich im Einklang mit der Unverletzlichkeit des Vertrages und der Nicht-Rückwirkung von Gesetzen); *Agip S.p.a.* v. *Gouvernement de la République Populaire du Congo*, 30.11.1979 (ICSID), Yb.Com.Arb. 8 (1983), 133 = Rev.crit.d.i.p. 71 (1982), 92 (Verstaatlichung. Stabilisierungsklausel verletzte nicht die Souveränität und war wirksam); *Kuwait* v. *American Independent Oil Co. (AMINOIL)*, 24.3.1982 (Schiedsrichter *Reuter*), I.L.R. 66 (1984), 518 = I.L.M. 21 (1982), 976 (Stabilisierungsklausel im Konzessionsvertrag anerkannt).
2 Art. 8 Baseler Resolution des Institut de Droit international von 1991, IPRax 1991, 429 m. Bericht *Jayme* = RabelsZ 56 (1992), 560 (547) (Bericht *Rigaux*) = Ann.Inst.Dr.int. 64 II (1992), 382. Krit. Bericht *Schwind*, ZfRV 33 (1992), 101 (106).
3 So *Sandrock*, Festschr. Riesenfeld, S. 220 ff.; *Leible*, Festschr. Jayme I, S. 490. – Ablehnend *von Bar*, II Rz. 482; *Magnus*, in: Staudinger, Art. 27 EGBGB Rz. 41.

wertigkeit der Rechtsordnungen, welche das Fundament für die nachträgliche und teilweise Rechtswahl bildet, kann daher kaum als Argument ins Feld geführt werden. Vielmehr wird der Vertrag über das Gesetz gestellt. Das Kollisionsrecht würde eine Lösung ermöglichen, die in keiner der berührten Rechtsordnungen so zulässig wäre. Auch die Freiheit der Rechtswahl ist aber, wie Art. 3 Abs. 3 und 4 Rom I-VO zeigen, nicht grenzenlos. Die Versteinerungsklausel kann sich daher nur materiellrechtlich im Rahmen der lex causae auswirken.

Auch eine Stabilisierungsklausel ist vielfach nicht als kollisionsrechtliche Rechtswahl angesehen worden. Die lex causae, dh. gegebenenfalls das aufgrund objektiver Anknüpfung bestimmte Recht, entscheidet über ihre Wirkung[1]. Eine gewisse Eingrenzung wird dann erreicht, wenn man die Stabilisierungsklausel in erster Linie als intertemporale Rechtswahl (sog. statische kollisionsrechtliche Verweisung) versteht[2]. Zunächst wird eine ausländische Rechtsordnung als lex causae gewählt. Das intertemporale, nicht das internationale Privatrecht dieser lex causae entscheidet sodann über die Zulässigkeit der Verweisung. Ist die Stabilisierung aber nach dieser Rechtsordnung zulässig, so soll es dabei trotz etwaiger späterer Rechtsänderungen bleiben.

j) Offenlassen der Rechtswahl im Prozess

Da das Kollisionsrecht nach deutscher Auffassung in allen Verfahrensstadien von Amts wegen anzuwenden ist, gilt dies auch für die Art. 3 ff. Rom I-VO[3]. Es gibt allerdings Fälle, in denen auf die Ermittlung des Schuldstatuts deshalb verzichtet werden kann, weil **alle** in Betracht kommenden **Rechtsordnungen zum gleichen Ergebnis führen**. Ein Gericht darf aber selbstverständlich nur dann feststellen, nach deutschem und ausländischem Recht greife etwa ein Anspruch nicht durch, wenn das ausländische materielle Recht auch wirklich ermittelt und geprüft worden ist[4]. 112

Ist eines der in Betracht kommenden Rechte das deutsche, so hielt für die Berufungsinstanz die ältere Rechtsprechung eine wahlweise Feststellung noch für unzulässig[5]. Grund dafür ist die für Auslandsrecht ausgeschlossene Revisibilität (vgl. §§ 545, 560 ZPO). Dagegen ist bei rechtlichen oder tatsächlichen Zweifeln das Offenlassen in erster Instanz unbedenklich und bei den Revisionsgerichten häufig[6]. Ebenso ist es zulässig, die Frage, welche von zwei Kolli-

---

1 Für das EVÜ *Lagarde*, Rev.crit.d.i.p. 80 (1991), 303; *Dicey/Morris*, II Nr. 32-082; *Magnus*, in: Staudinger, Art. 27 EGBGB Rz. 42.
2 S. *Merkt*, S. 186 ff.
3 Vgl. BGH 7.4.1993, NJW 1993, 2305 = EWiR 1993, 671 (*Otte*); BGH 21.9.1995, IPRspr. 1995 Nr. 1 = RIW 1995, 1027; BGH 14.1.1999, IPRspr. 1999 Nr. 27 = IPRax 2001, 333 (m. Aufs. *Pulkowski*, IPRax 2001, 306) = NJW-RR 1999, 813; OLG München 9.1.1996, IPRspr. 1996 Nr. 26 = RIW 1996, 329.
4 BGH 16.6.1969, IPRspr. 1968/69 Nr. 3 = WM 1969, 1140.
5 Zu dieser Streitfrage *Sonnenberger*, in: MünchKomm, Einl. IPR Rz. 569, 600.
6 ZB BGH 29.2.1968, BGHZ 49, 384 (387) (Gerichtsstandsklausel alternativ nach schweiz. und deutschem Recht beurteilt); BGH 24.1.1980, IPRspr. 1980 Nr. 14 = WM

sionsnormen anzuwenden ist, offen zu lassen, wenn beide zum gleichen Recht führen[1].

2. Stillschweigende Rechtswahl
a) Maßgeblichkeit des Parteiwillens

113 Fehlt ein ausdrücklich geäußerter Parteiwille, so kann gleichwohl eine stillschweigende Rechtswahl vorliegen, an die dann anzuknüpfen ist (Art. 3 Abs. 1 S. 2 Rom I-VO). Sie ist vertraglicher Natur und erfordert eine **tatsächliche Willensübereinkunft** (dh. einen realen Parteiwillen), während bei der objektiven Anknüpfung gerade keine rechtsgeschäftliche Einigung vorliegt[2]. Folglich geht es hier um eine ergänzende Vertragsauslegung, nicht um eine objektive Interessenabwägung[3].

Die stillschweigende Rechtswahl kann als anfängliche Rechtswahl bereits zum Zeitpunkt des Vertragsschlusses oder später als nachträgliche Rechtswahl getroffen werden. In beiden Fällen ergibt sie sich aus **besonderen Umständen des Einzelfalles** oder aus typischen Umständen. Zur Ermittlung des tatsächlichen Willens sind alle Umstände in Betracht zu ziehen[4]. Für eine bestimmte Rechtswahl spricht insbesondere eine Häufung aussagekräftiger Indizien. Da diese teilweise die gleichen sind wie die bei der objektiven Anknüpfung, sind die Grenzen zwischen beiden fließend[5]. Früher wurde oft nicht ernsthaft geprüft, ob die Parteien überhaupt einen bewussten Rechtswahlwillen hatten und diesen auch äußern wollten[6]. Dagegen verlangt Art. 2 des Haager Kaufrechtsabk. vom 15. 6. dass sich der stillschweigende Parteiwille aus „éléments décisifs" oder „unzweifelhaft" aus den Umständen ergibt. Art. 116 Abs. 2 schweiz. IPRG fordert sogar, dass die Rechtswahl „eindeutig" ist.

114 Nach Art. 3 Abs. 1 Rom I-VO muss sich die **Rechtswahl „eindeutig"** („clearly demonstrated"; „de façon certaine"; früher nur mit „reasonable certainty" bzw. „hinreichender Sicherheit") aus den Bestimmungen des Vertrages oder aus den Umständen des Falles ergeben"[7]. Daher genügen vage Anhaltspunkte nicht; vielmehr muss sich die Rechtswahl mit Bestimmtheit ergeben[8]. Die Be-

---

1980, 372 (Darlehen); BGH 5.11.1980, IPRspr. 1980 Nr. 41 = WM 1981, 32 (Gläubigeranfechtung); BGH 25.1.1991, IPRspr. 1991 Nr. 3 = NJW 1991, 2214 (Grundstückskauf).
1 Vgl. *Steindorff*, JZ 1963, 200.
2 *Wagner*, IPRax 2008, 378. – Zum EVÜ *Steinle*, ZvglRW 93 (1994), 309. – Erklärungsbewusstsein verlangt *Hartenstein*, Die Privatautonomie im IPR (2000), S. 116 ff.
3 *von Hoffmann/Thorn*, § 10 Rz. 32.
4 BGH 28.1.1997, IPRspr. 1997 Nr. 27 = RIW 1997, 426; BGH 14.1.1999, IPRspr. 1999 Nr. 27 = RIW 1999, 537 = IPRax 2001, 333 (m. Aufs. *Pulkowski*, IPRax 2001, 306); BGH 7.12.2000, IPRspr. 2000 Nr. 133 = NJW 2001, 1936. Ebenso schon BGH 6.2.1970, BGHZ 53, 189 (191) = MDR 1970, 404.
5 Vgl. *Morse*, Yb.Eur.L. 2 (1982), 116 f.
6 Vgl. *Kreuzer*, IPR des Warenkaufs, S. 54 ff.
7 Dazu *Clausnitzer/Woopen*, BB 2008, 1799; *Wagner*, IPRax 2008, 379.
8 Dies betonte schon *Lagarde*, Rev.crit.d.i.p. 80 (1991), 303 f. Vgl. auch *von Bar*, II Rz. 467; *Ferid*, Rz. 6–25, 1.

rücksichtigung eines bloß hypothetischen, nicht zum Ausdruck gelangten Willens ist ausgeschlossen[1]. Es müssen konkrete Umstände ersichtlich sein, die für einen realen Parteiwillen sprechen[2]. Nur durch eine Prüfung sowohl der objektiven Umstände als auch der subjektiven Voraussetzungen kann verhindert werden, dass eine stillschweigende Vereinbarung – die allzu oft auf die lex fori bezogen wird – vorschnell bejaht wird. Nach Art. 3 Abs. 1 Rom I-VO dürfte eine nahezu absolute Sicherheit erforderlich sein[3]. Der Wortlaut der Vorschrift lässt auch zu, dass sich die Umstände aus Fakten ergeben, die außerhalb des Vertrages liegen[4].

Die Maßstäbe für die **Auslegung des stillschweigenden Parteiwillens** sind direkt aus Art. 3 Abs. 1 Rom I-VO zu entwickeln. Insofern kommt es zu keinem Vorgriff auf die (möglicherweise) vereinbarte Rechtsordnung oder zu einem Rückgriff auf die Sachnormen der lex fori[5]. Fehlt es an hinreichenden Anhaltspunkten für eine stillschweigende Rechtswahl, so ist das Vertragsstatut aufgrund objektiver Anknüpfung nach Art. 4 Rom I-VO zu ermitteln. Eine Zwischenstufe ist nicht vorgesehen[6]. Die Ermittlung des konkludenten Parteiwillens darf auch nicht mit der Anwendung der Ausweichklausel des Art. 4 Abs. 3 Rom I-VO vermischt werden[7].

Eine stillschweigende **Vereinbarung einer Rechtsordnung, nach welcher der Vertrag nichtig** ist, ist nicht grundsätzlich auszuschließen[8]. Kennen die Vertragsparteien diese Folge, so gilt dies jedenfalls dann, wenn sie auf die Einhaltung der beiderseitigen Verpflichtungen vertraut haben. Das kommt vor allem dann in Betracht, wenn den Parteien die Formungültigkeit des Hauptvertrages bewusst war[9]. Hierfür spricht, dass der Verweisungsvertrag nicht von den Nichtigkeitsgründen des Hauptvertrages berührt wird (Rz. 88), die oftmals

---

1 *Wagner*, IPRax 2008, 378. – Ebenso bereits *Gaudemet-Tallon*, Rev.trim.dr.europ. 17 (1981), 243; *Steinle*, ZvglRW 93 (1994), 309 f.; *Hohloch*, in: Erman, Art. 27 EGBGB Rz. 13.
2 *Leible/Lehmann*, RIW 2008, 532.
3 Weniger noch zu Art. 27 EGBGB *E. Lorenz*, RIW 1992, 701 ff.
4 S. *von Hoffmann*, in: North (Hrsg.), Contract Conflicts (Amsterdam ua. 1982), S. 221 (224).
5 S. schon OLG Hamburg 4.10.2001, IPRspr. 2001 Nr. 45 = TranspR 2002, 120; BAG 13.11.2007, NZA 2008, 761 = RIW 2008, 644. – Vgl. *Jayme*, Festschr. Lorenz (1991), S. 435 (438); *E. Lorenz*, RIW 1992, 697 ff.
6 *von Hoffmann/Thorn*, § 10 Rz. 32. Krit. *Juenger*, RabelsZ 46 (1982), 80.
7 Dies verkennt etwa OLG Celle 26.5.1999, IPRspr. 1999 Nr. 31.
8 Ebenso OLG Nürnberg 22.2.1996, IPRspr. 1996 Nr. 31 = NJW-RR 1997, 1484 (Grundstückskauf).
9 BGH 6.2.1970, BGHZ 53, 189 (193) = IPRspr. 1970 Nr. 10 = MDR 1970, 404 (Vorvertrag über den Verkauf einer in den Niederlanden gelegenen Eigentumswohnung zwischen zwei Deutschen. Deutsches Recht wegen stillschweigender Vereinbarung angewendet; Vertrag formnichtig wegen § 311b [früher § 313] BGB); BGH 9.3.1979, BGHZ 73, 391 = NJW 1979, 1773 (Privatschriftlicher Kauf eines span. Grundstücks. Stillschweigende Wahl deutschen Rechts angenommen, wonach Formnichtigkeit des Kaufvertrages eintrat, die jedoch in analoger Anwendung von § 311b Abs. 1 S. 2 [früher § 313 S. 2] BGB geheilt wurde).

dem Schutz einer Partei dienen. Denn „wer ein Recht wählt, wählt dessen Schutz"[1].

b) Hinweise auf den stillschweigenden Willen

115 Da die stillschweigende Rechtswahl gerade nicht ausdrücklich erfolgt ist, muss sie **bestimmten tatsächlichen Umständen** (Indizien) entnommen werden. Solche Hinweise können sich einmal aus einzelnen Vertragsbestimmungen, also Formulierungen, Klauseln etc., zum anderen aber auch aus sonstigen Tatsachen, zB dem Verhalten der Parteien, sowie bestimmten Begleitumständen des Vertragsschlusses bzw. der Vertragsabwicklung ergeben[2]. Der VO-Entw. 2005 nannte das Verhalten der Parteien noch gesondert. Da es aber ohnehin umfasst wird und diese Erweiterung zu neuen Zweifeln führen könnte, wurde sie wieder gestrichen[3]. Gewisse äußere Umstände haben als Hinweis auf den stillschweigenden Parteiwillen in der Rechtsprechung seit Langem besondere Bedeutung erlangt[4]. Als typische Umstände, die auch nach geltendem Recht bedeutsam sind, sind anerkannt:

– Die Vereinbarung eines einheitlichen Gerichtsstandes oder Schiedsgerichts sowie eines gemeinsamen Erfüllungsortes (s. Rz. 124 bzw. Rz. 118 ff.);

– übereinstimmendes Prozessverhalten hinsichtlich des anzuwendenden Rechts (Rz. 121 ff.);

– Verweisung auf Vorschriften eines bestimmten Rechts oder Bezugnahme auf Usancen (Rz. 125);

– die Benutzung von AGB oder Formularen, die auf einer Rechtsordnung aufbauen (Rz. 127 f.).

Auch dass die Parteien ihre Beziehungen früher einem bestimmten Recht unterworfen haben, kann als Indiz für ihren Willen berücksichtigt werden (Rz. 129). Ferner kommen, meist in Zusammenhang mit anderen Hinweisen auf eine Rechtsordnung, als schwache Indizien der Ort des Vertragsabschlusses, die Vertragswährung und -sprache in Betracht. Die lex rei sitae kann bei Grundstücksgeschäften von Bedeutung sein. – Über Relevanz und Gewicht dieser Hinweise im Einzelnen s. unten bei Rz. 192 ff.

Das **Revisionsgericht** kann nur prüfen, ob eine stillschweigende Rechtswahl rechtsfehlerhaft angenommen wurde. Hierfür ist insbesondere die Verletzung anerkannter Auslegungsregeln, Denkgesetze oder Erfahrungssätze oder die Außerachtlassung wesentlichen Auslegungsstoffs von Bedeutung[5]. Ist dagegen ei-

---

1 *Kegel/Schurig*, S. 657. – Einschränkend aufgrund der lex validitatis-Regel *Abend*, S. 297 ff.
2 Dazu *Wagner*, IPRax 2008, 379.
3 *Wagner*, IPRax 2008, 378. – Krit. zur Streichung *Lando/Nielsen*, CML Rev. 45 (2008), 1698 ff.
4 Näher dazu *Steiner*, S. 81 ff.
5 BGH 29.1.1997, IPRspr. 1999 Nr. 27 = NJW-RR 1997, 686.

ne solche Auslegung des Vertrages möglich, so bindet sie das Revisionsgericht[1].

aa) Gerichtsstandsklausel

Während der VO-Entwurf noch ausdrücklich (und zu weitgehend) anordnete, dass die Vereinbarung eines Gerichtsstandes in einem Mitgliedstaat die Wahl seines Rechts vermuten lasse[2], heißt es nunmehr nur noch im Erwägungsgrund 12, dass eine Vereinbarung zwischen den Parteien, dass ausschließlich ein Gericht oder mehrere Gerichte eines Mitgliedstaats für Streitigkeiten aus einem Vertrag zuständig sein sollen, bei der Feststellung, ob eine Rechtswahl eindeutig getroffen wurde, einer der zu berücksichtigenden Faktoren sein sollte[3]. Die vertragliche Vereinbarung eines einheitlichen und ausschließlichen Gerichtsstandes ist ein sehr starker Hinweis – aber auch nicht mehr – auf **das Recht dieses Gerichts**. Die Parteien gehen normalerweise davon aus, das als zuständig vereinbarte Gericht werde am besten sein eigenes Recht anwenden und sie beabsichtigen daher auch die Geltung dieses Rechts oder rechnen doch damit. Eine Gerichtsstandsvereinbarung spricht daher regelmäßig für eine stillschweigende Rechtswahl nach Art. 3 Abs. 1 S. 2 Rom I-VO[4]. Dabei sollte keinen Unterschied machen, ob sich der Gerichtsstand in einem Mitgliedstaat befindet oder nicht[5]. Fakultativer oder optionaler Gerichtsstand reichen nicht aus[6]. Es genügt auch nicht, wenn der Gerichtsstand nicht vereinbart, sondern nur auf einer Rechnung benannt wird[7].

116

---

1 BGH 27.3.1968, IPRspr. 1968/69 Nr. 170 = NJW 1968, 1572; BGH 3.3.1976, IPRspr. 1976 Nr. 134 = RIW 1976, 447 (448); BGH 9.3.1979, BGHZ 73, 391 = IPRspr. 1979 Nr. 7 = NJW 1979, 1773; BGH 19.1.2000, IPRspr. 2000 Nr. 20 = IPRax 2002, 37 (m. Aufs. *Hohloch/Kjelland*, IPRax 2002, 30) = JZ 2000, 1115 Anm. *Sandrock*; BAG 10.4.1975, IPRspr. 1975 Nr. 30b = RIW 1975, 521.
2 Vgl. *Lando/Nielsen*, J. PIL 2007, 34 f.; *Leible/Lehmann*, RIW 2008, 532 f.; *Mankowski*, IHR 2008, 134. – Krit. dazu *Lagarde*, Rev.crit.d.i.p. 95 (2006), 335.
3 Dazu *Garcimartín Alférez*, EuLF 2008, I-67; *Wagner*, IPRax 2008, 379.
4 *Ughetto*, Rev.Lamy dr.aff. 29 (2008), 63 (64). – Zum alten Recht BGH 5.5.1988, BGHZ 104, 268 = IPRspr. 1988 Nr. 138; BGH 4.2.1991, IPRspr. 1991 Nr. 171 = NJW 1991, 1420 (Konnossement); BGH 13.6.1996, IPRspr. 1996 Nr. 36 = IPRax 1998, 108 (m. Aufs. *Ahrens* IPRax 1998, 93) = NJW 1996, 2569; OLG Hamburg 15.10.1992, IPRspr. 1992 Nr. 67 = TranspR 1993, 111; OLG Frankfurt a.M. 18.3.1997, IPRspr. 1997 Nr. 33 = RIW 1998, 477; *Aubin*, Festschr. Seidl-Hohenveldern, S. 15; *Steinle*, ZvglRW 93 (1994), 310 f.; *von Hoffmann/Thorn*, § 10 Rz. 35; *Kropholler*, IPR, S. 460; *Thorn*, in: Palandt, Art. 27 EGBGB Rz. 6. Ebenso *Plender/Wilderspin*, Rz. 5.11; *Heiss*, in: Czernich/Heiss, Art. 3 EVÜ Rz. 10. – Vgl. auch Bericht *Giuliano/Lagarde*, S. 49. Eine Gerichtsstandsklausel allein lässt nicht ausreichen *E. Lorenz*, RIW 1992, 702. Zusätzliche Indizien verlangen auch *Lagarde*, Rev.crit.d.i.p. 80 (1991), 303; *von Bar*, II Rz. 470.
5 *Pfeiffer*, EuZW 2008, 624. – Vgl. *Wagner*, IPRax 2008, 329.
6 *Mankowski*, IHR 2008, 135.
7 *Magnus*, in: Staudinger, Art. 27 EGBGB Rz. 65. – Ebenso schon BGH 7.5.1969, IPRspr. 1968/69 Nr. 31 = DB 1969, 1053 (Lieferung [Holz] von Brüssel nach Deutschland. Ein nur formularmäßiger Gerichtsstandsvermerk [„lieu de juridiction"] auf Fakturen des Verkäufers genügt nicht).

Überhaupt muss eine **Vereinbarung** vorliegen. Ist sie nicht oder nicht gültig zustande gekommen, so kann sie bei der Ermittlung des Parteiwillens nicht berücksichtigt werden[1]. Daher bedeutet es keinen Hinweis auf die Geltung deutschen Rechts, wenn der Kläger in Deutschland Klage erhebt, obwohl er nach einer (nicht ausschließlichen) Gerichtsstandsvereinbarung auch im Ausland hätte klagen können[2].

117 Zu beachten ist, dass eine Gerichtsstandsklausel stets nur ein Hinweis auf den stillschweigenden Parteiwillen ist[3]. Sprechen andere Bestimmungen des Vertrages oder die Gesamtheit der Umstände dagegen, so kann die Gerichtsstandsvereinbarung durchaus einmal außer Betracht bleiben[4]. Die Rechtsprechung hat einer Gerichtsstandsvereinbarung insbesondere dann keine Bedeutung zugemessen, wenn sie erst **nach Vertragsschluss** erfolgte[5].

Fraglich ist, ob die Parteien mit der Änderung einer ursprünglich getroffenen Gerichtsstandsvereinbarung auch eine Änderung des gewählten Rechts durch nachträgliche Rechtswahl vornehmen[6]. Man wird dies von den Umständen des Einzelfalles abhängig machen. Grundsätzlich ist es aber möglich, weil hier die gleichen Erwägungen wie für die ursprüngliche Vereinbarung gelten.

Wird vereinbart, dass eine Partei *wahlweise* an einem von mehreren Gerichtsständen klagen könne, dann ist dies kein Indiz für das anzuwendende Recht. Es muss vielmehr – mangels anderer Anhaltspunkte für einen stillschweigenden Parteiwillen – der Schwerpunkt des Rechtsverhältnisses ermittelt werden[7]. Entsprechend ist es, wenn die Gerichte am Sitz des jeweiligen Beklagten

---

1 OLG Hamm 26.2.2004, IPRspr. 2004 Nr. 36 (formungültige Gerichtsstandsvereinbarung). – Ebenso für Schiedsklauseln *von Hülsen*, AWD 1967, 267.
2 *Hohloch*, in: Erman, Art. 27 EGBGB Rz. 14; *Magnus*, in: Staudinger, Art. 27 EGBGB Rz. 66. – Anders offenbar BGH 15.1.1986, IPRax 1986, 292 (m. abl. Anm. *Schack*, IPRax 1986, 272).
3 S. BAG 5.5.1955, IzRspr. 1954–57 Nr. 115 = JZ 1955, 512 (Arbeitsvertrag mit Kaliwerkleiter in der DDR; Gerichtsstand Berlin; Anwendung der Berliner Pensionsbestimmungen als am Gerichtsort geltendes Recht kommt nicht in Betracht, „weil die Parteien zur Zeit des Vertragsabschlusses an eine Spaltung des Rechts in Deutschland noch gar nicht gedacht haben".).
4 KG 22.6.1994, IPRspr. 1994 Nr. 21b = VuR 1995, 35 (Gerichtsstand Hamburg, AGB dän. Ferienhausanbieters). S. auch Bericht *Giuliano/Lagarde*, S. 49.
5 So schon vor dem EVÜ BAG 13.5.1959, BAGE 7, 362 = IPRspr. 1958/59 Nr. 51 (Leiter der Regensburger Zweigstelle der österreich. Donaudampfschifffahrtsgesellschaft; nachträgliche Gerichtsstandsvereinbarung [Wien] nicht berücksichtigt); OLG Düsseldorf 29.9.1970, IPRspr. 1970 Nr. 15 = WM 1971, 168 (170) (Stahlblechlieferung aus den USA nach Deutschland; spätere Vereinbarung der Zuständigkeit der Düsseldorfer Gerichte. US-amerikan. Recht angewendet).
6 Vgl. *Morse*, Yb.Eur.L. 2 (1982), 120.
7 S. bereits BGH 3.7.1959, IPRspr. 1958/59 Nr. 53 (Filmauswertungsvertrag; Gerichtsstand des Kl. nach Wahl in Rom oder München; deutsches Recht wegen übereinstimmenden Prozessverhaltens angewendet); LG Freiburg 6.12.1966, IPRspr. 1966/67 Nr. 37A (Alleinvertriebsvertrag. Zuständigkeit französ., aber nach Wahl des Kl. auch deutschen Gerichts; es komme darauf an, bei welchem Gerichtsstand das Schwergewicht liege; französ. Recht angewendet).

zuständig sein sollen[1]. Gerichtsstandsvereinbarungen können auch mit einem Wahlrecht eines Teiles hinsichtlich des anwendbaren Rechts verbunden sein[2].

Dass die Parteien ihre vertraglichen Beziehungen dem Recht unterstellen wollen, das in dem Land gilt, in dem die für ihre Streitigkeiten gewählte rechtsprechende Gewalt ihren Sitz hat, nimmt auch die schweizerische Rechtsprechung an[3]. Allerdings wird die Gerichtsstandsvereinbarung vielfach nur als eines unter mehreren Indizien angesehen[4].

bb) Schiedsklausel

Literatur: *Lüthge*, Die kollisionsrechtliche Funktion der Schiedsgerichtsvereinbarung (1975); *Mezger*, Schiedsvereinbarungen in internationalen Verträgen, insbesondere in Konzessionsverträgen, AWD 1964, 201; *Thomas*, Arbitration Agreements as a Signpost of the Proper Law, LMCLQ 1984, 141.

Große Bedeutung kommt der Vereinbarung eines Schiedsgerichts zu. Häufig stellen (nationale und internationale) Verbände ständige Schiedsgerichte zur Verfügung. In solchen Fällen besteht ein starker Hinweis auf das am Sitz des Schiedsgerichts geltende Recht, der regelmäßig die Annahme einer stillschweigenden Rechtswahl rechtfertigt[5]. Im Hinblick darauf wird im internationalen Handel häufig auf eine ausdrückliche Rechtswahl verzichtet[6]. 118

---

1 OLG Koblenz 17.9.1993, IPRspr. 1993 Nr. 35 = RIW 1993, 934.
2 S. etwa OLG Bremen 16.11.1967, IPRspr. 1966/67 Nr. 221 (Frachtvertrag, dessen eine Klausel lautete: „Alle Streitigkeiten sind nach finn. oder deutschem Recht durch die Gerichte des betreffenden Landes nach Wahl des Verfrachters zu entscheiden.").
3 Vgl. schweiz. BG 1.10.1968, BGE 94 II, 355 = AWD 1970, 130. *Keller/Kren Kostkiewicz*, in: ZürchKomm, Art. 116 IPRG Rz. 55.
4 Schweiz. BG 5.4.1974, BGE 100 II, 34 (37) = RIW 1975, 45 Anm. *Martiny*; *Vischer/Huber/Oser*, Rz. 172.
5 S. BGH 1.7.1964, IPRspr. 1964/65 Nr. 38 = AWD 1964, 395 (Lieferung [Dosenschinken] von Saarlouis nach London. Als Schiedsgericht wurde die Handelskammer Saarbrücken vereinbart. Stillschweigende Wahl deutschen Rechts); BGH 19.12.1968, IPRspr. 1968/69 Nr. 254 = AWD 1970, 31; OLG Düsseldorf 19.3.1996, IPRspr. 1996 Nr. 121 = ZUM 1998, 61 (Lizenzvertrag; deutsches Recht); OLG Hamburg 29.10.1958, IPRspr. 1958/59 Nr. 43 = AWD 1958, 249 (Vereinbarung des Schiedsgerichts des Vereins der Getreidehändler der Hamburger Börse); OLG Hamburg 9.1.1975, IPRspr. 1975 Nr. 27 = Hansa 1976, 1659 (Chartervertrag deutschem Recht unterstellt, Schiedsgericht in Hamburg); OLG Hamburg 22.9.1978, IPRspr. 1978 Nr. 189 = RIW 1979, 482 Anm. *Mezger* (Geschäftsbedingungen des Waren-Vereins der Hamburger Börse e.V. und Hinweis auf das Schiedsgericht des Waren-Vereins); OLG Hamm 25.1.1993, IPRspr. 1993 Nr. 30 = NJW-RR 1993, 1445 (poln. Schiedsgericht; poln. Recht); BAG 4.10.1974, IPRspr. 1974 Nr. 42b = DB 1975, 63 (Arbeitsvertrag mit malays. Tochtergesellschaft; Vereinbarung Hamburger Schiedsgericht; stillschweigende Wahl deutschen Rechts); Deutsches Seeschiedsgericht 9.9.1976, IPRspr. 1976 Nr. 26 = VersR 1977, 447 (Bergelohnvereinbarung; deutsches Recht); Schiedsgericht Hamburger freundschaftliche Arbitrage 29.12.1998, IPRspr. 1998 Nr. 214 = RIW 1999, 394; Schiedsgericht Handelskammer Hamburg 21.3.1996, IPRspr. 1996 Nr. 212a = NJW 1996, 3229; *Steinle*, ZvglRW 93 (1994), 310 f.; *von Bar*, II Rz. 472; *Hohloch*, in: Erman, Art. 27 EGBGB Rz. 15; *Thorn*, in: Palandt, Art. 27 EGBGB Rz. 6. Ebenso *Plender/Wilderspin*, Rz. 5.11; vgl. auch Bericht *Giuliano/Lagarde*, S. 49. Zurückhaltender *E. Lorenz*, RIW 1992, 702.
6 Vgl. Deutscher Rat für IPR, RabelsZ 1959, 151 ff.

Grund dafür ist, dass nationale institutionelle Schiedsgerichte häufig **das Recht ihres Tagungsortes** anwenden. Da das den Parteien regelmäßig bekannt ist, kann der Schiedsklausel eine stillschweigende Rechtswahl entnommen werden. Nach aA ist dies eine Fiktion. Die Schiedsklausel soll keine Bedeutung für den Parteiwillen haben, sondern nur subsidiär zu berücksichtigen sein, wenn auch eine anderweitige objektive Anknüpfung des Vertrages nicht möglich ist[1]. Diese Auffassung findet jedoch in den Art. 3 ff. Rom I-VO keine Stütze. Richtiger als die Schiedsklausel lediglich als subsidiären objektiven Anknüpfungspunkt zu beachten dürfte sein, in ihr einen starken Hinweis auf eine (subjektive) Rechtswahl zu sehen und nachzuprüfen, ob dem der tatsächliche Parteiwille entspricht[2]. Nach deutschem Zivilprozessrecht hat das Schiedsgericht mangels Rechtswahl auf die engste Verbindung abzustellen (§ 1051 Abs. 2 ZPO; vgl. Rz. 59).

119 Die Vereinbarung eines bestimmten Schiedsgerichts kann jedoch andere Gründe haben als die stillschweigende Wahl des Rechts des Forums. Daher wird diese Regel dann durchbrochen, wenn die Schiedsklausel keinen Zusammenhang mit den sonstigen Vertragsmodalitäten oder der Frage des anwendbaren Rechts erkennen lässt. Dies ist uU der Fall, wenn das streitige Rechtsverhältnis zu einem anderen Land eine sehr starke, zum Recht des Schiedsverfahrens aber sonst keine Beziehung hat[3]. Dafür gibt es aber kaum Beispiele[4].

Eine Rechtswahl ist nicht anzunehmen, wenn der Tagungsort des Schiedsgerichts im Ermessen der Parteien oder des Schiedsgerichts liegt, wenn mehrere Orte zur Wahl stehen oder das schiedsgerichtliche Verfahren jeweils am Sitz der beklagten Partei stattfinden soll[5]. Keinen Hinweis gibt auch die Vereinbarung der Zuständigkeit der IHK in Paris[6]. Das Schiedsgericht der Internationalen Handelskammer in Paris entscheidet die ihm unterbreiteten Rechtsstreitigkeiten nicht nach französischem Recht, sondern dem aufgrund der Grundsätze des IPR zu ermittelnden nationalen Recht[7].

120 Die von der **IHK empfohlene Standard-Schiedsklausel** sieht vor, dass die sich aus dem Vertrag ergebenden Streitigkeiten nach der Vergleichs- und Schiedsgerichtsordnung der IHK von einem oder mehreren Schiedsrichtern endgültig

---

1 *Lüthge*, S. 158 ff.
2 Vgl. auch *Vischer*, Rec. des Cours 142 (1974 II), 46 f.
3 *Mezger*, AWD 1964, 204. – Zum engl. Recht *Thomas*, LMCLQ 1984, 141 ff.; *Dicey/ Morris*, II Rz. 32-094 ff.
4 S. *Compagnie Tunisienne de Navigation S.A.* v. *Compagnie d'Armement Maritime S.A.*, [1971] A.C. 572, 590, 600, HL (1970) (Öltransportvertrag zwischen tunes. und französ. Gesellschaft. Die vorgenommene Wahl eines Schiedsgerichts in London allein hätte noch nicht die Anwendung französ. Rechts ausgeschlossen, zu dem der Vertrag die engsten Beziehungen aufwies. Wegen ausdrücklicher Rechtswahl französ. Recht angewendet).
5 *Magnus*, in: Staudinger, Art. 27 EGBGB Rz. 69.
6 *Dicey/Morris*, II Nr. 32-096; *Magnus*, in: Staudinger, Art. 27 EGBGB Rz. 69. – Ebenso für das Schiedsgericht der deutsch-französ. Handelskammer OLG Hamm 20.1.1989, IPRspr. 1989 Nr. 181 = NJW 1990, 1012.
7 S. OLG Stuttgart 23.5.1960, IPRspr. 1960/61 Nr. 25 = AWD 1960, 246.

entschieden werden. Hinsichtlich des anwendbaren Rechts bestimmt die IHK-Schiedsordnung von 1998 in Art. 17 Abs. 1:

„Die Parteien können die Rechtsregeln frei vereinbaren, die das Schiedsgericht bei der sachlichen Entscheidung der Streitigkeit anwenden soll. Fehlt eine solche Vereinbarung, so wendet das Schiedsgericht diejenigen Rechtsregeln an, die es für angemessen erachtet."

Der Schiedsrichter ist also nicht an die Art. 3 ff. Rom I-VO gebunden, vielmehr wendet er das Recht an, welches er für angemessen („appropriate", „appropriée") hält. Die angewendete Kollisionsnorm wird häufig aufgrund einer vergleichenden Betrachtung des internationalen Vertragsrechts der im konkreten Fall berührten Länder sowie der Staatsvertragspraxis ermittelt[1]. Im Einzelnen sind viele Fragen des anwendbaren materiellen Rechts und Kollisionsrechts in der Schiedsgerichtsbarkeit noch ungelöst[2] (vgl. Rz. 59).

Nehmen die Parteien auf einen Vertrag Bezug, den eine von ihnen mit einem Dritten geschlossen hat, und ist in diesem eine Schiedsklausel enthalten, so soll diese Klausel ihre Indizwirkung für eine stillschweigende Rechtswahl auch zwischen ihnen entfalten. Die stillschweigende Rechtswahl wird inkorporiert[3].

Der Schiedsklausel kommt diese Bedeutung jedenfalls dann nicht zu, wenn sie zwischen den (zweiten) Vertragspartnern unwirksam ist[4]. Entscheidend für die stillschweigende Rechtswahl ist nämlich ihre Schiedsvereinbarung. Ist sie aber ungültig, dann ist sie auch nicht zu berücksichtigen. Wollte man anders entscheiden, so käme es nicht auf die Vereinbarung an, sondern auf das bloße Faktum der Bezeichnung in- oder ausländischer Schiedsrichter[5].

---

1 Umfangreiche Nachw. bei *Lorenz*, Festschr. Neumayer, S. 407, 414 ff. Zu Bestrebungen, den Schiedsrichtern genauere Regeln an die Hand zu geben, s. *Lando*, Conflict-of-Law Rules for Arbitrators, Festschr. Zweigert (1981), S. 157.
2 S. dazu etwa *Calvo*, The New ICC Rules of Arbitration, J.Int.Arb. 1997, 41; *Derains*, Possible Conflict of Laws Rules and the Rules Applicable to the Dispute, in: Sanders (Hrsg.), UNCITRAL's Project for a Model Law on International Commercial Arbitration (Deventer 1984), S. 169; *Lando*, The Law Applicable to the Merits of the Dispute, in: Lew (Hrsg.), Contemporary Problems in International Arbitration (London 1986), S. 101 = Arb.Int. 2 (1986), 104; *Redfern/Hunter*, Law and practice of international commercial arbitration, 4. Aufl. (London 2004); *Wagner*, Rechtswahlfreiheit im Schiedsverfahren, Festschr. Schumann (2001), S. 535.
3 BGH 5.12.1966, IPRspr. 1966/67 Nr. 41b = AWD 1967, 108 (Anspruch des engl. Verfrachters gegen den deutschen Empfänger auf Liegegeld. Verfrachter und Befrachter schlossen einen Chartervertrag, in dem ua. ein Londoner Schiedsgericht vereinbart wurde. Auf den Chartervertrag nahmen die Konnossemente in vollem Umfang Bezug. Da dadurch die Rechtsbeziehungen des Verfrachters zum Empfänger entsprechend denen zwischen Verfrachter und Befrachter gestaltet wurden, wurde engl. Recht angewendet). Vgl. *von Hülsen*, AWD 1967, 267.
4 S. *von Hülsen*, AWD 1967, 268; aA wohl BGH 5.12.1966, IPRspr. 1966/67 Nr. 41b = AWD 1967, 108.
5 Anders als hier auch OLG Hamburg 8.5.1969, IPRspr. 1971 Nr. 158a = WM 1969, 709 (711): Vereinbarung eines jugoslaw. Schiedsgerichts war auch ohne gültigen Schiedsvertrag eine stillschweigende Rechtswahl.

cc) Verhalten im Rechtsstreit

Literatur: *Buchta*, Die nachträgliche Bestimmung des Schuldstatuts durch Prozessverhalten im deutschen, österreichischen und schweizerischen IPR (1986); *Mansel*, Kollisions- und zuständigkeitsrechtlicher Gleichlauf der vertraglichen und deliktischen Haftung, ZvglRW 86 (1987), 1; *Schack*, Keine stillschweigende Rechtswahl im Prozess!, IPRax 1986, 272.

121 Gehen die Parteien während des Rechtsstreits übereinstimmend von der Anwendung eines bestimmten Rechts aus, so ist das ein starker Hinweis auf dieses Recht[1]. Dies gilt nicht nur für die lex fori[2], spielt aber hauptsächlich für die Anwendung deutschen Rechts eine Rolle. Insbesondere aus einer Argumentation auf dem Boden des BGB bzw. des HGB wird häufig der Schluss gezogen, dass die Parteien die Geltung deutschen Rechts vereinbart haben[3]. Eine solche Rechtswahl ist möglich, muss sich allerdings **„eindeutig" aus den Umständen** ergeben[4]. Dies ist jedenfalls dann zu bejahen, wenn die Parteien die Anwendbarkeit deutschen Rechts während des Rechtsstreits „übereinstimmend und ohne Vorbehalt"[5] zugrunde gelegt haben.

Die Bezugnahme kann in der ausdrücklichen Erklärung liegen, dieses Recht solle anwendbar sein, aber auch im bloßen Anführen von Vorschriften einer Rechtsordnung. So herrschend diese Regel auch ist, so dürftig erscheint oft die übliche Begründung, dass im **Prozessverhalten** ein starker Hinweis auf den anfänglichen (oder nachträglichen) Willen der Parteien liege, sich diesem Recht zu unterstellen[6]. Im Anwaltsprozess ist dies – selbst wenn die Prozessvoll-

---

1 *E. Lorenz*, RIW 1992, 703; *Hohloch*, in: Erman, Art. 27 EGBGB Rz. 17. Anders *von Hoffmann/Thorn*, § 10 Rz. 37, die dem Prozessverhalten lediglich eine das Vorbringen einschränkende Präklusionswirkung zugestehen.
2 BGH 17.1.1966, IPRspr. 1966/67 Nr. 5 (französ. Recht); OLG Hamburg 10.11.1989, IPRspr. 1989 Nr. 233b (niederländ. Recht); OLG Hamm 13.10.1998, IPRspr. 1998 Nr. 158 = RIW 1999, 787 (Minnesota).
3 ZB BGH 18.1.1988, BGHZ 103, 84 (86) = IPRspr. 1988 Nr. 18 = NJW 1988, 1592 (Edelmetallkauf); BGH 12.12.1990, IPRspr. 1990 Nr. 44 = NJW 1991, 1292 (Warenkauf); BGH 28.1.1992, IPRspr. 1992 Nr. 30 = NJW 1992, 1380 (Scheck); BGH 5.10.1993, IPRspr. 1993 Nr. 43 = IPRax 1994, 452 (m. krit. Aufs. *Straub*, IPRax 1994, 432) (Wechsel); BGH 20.9.1995, BGHZ 130, 371 = IPRspr. 1995 Nr. 31; BGH 9.12.1998, BGHZ 140, 167 = IPRspr. 1998 Nr. 48 = NJW 1999, 950; OLG Düsseldorf 11.11.1993, IPRspr. 1993 Nr. 46 = RIW 1994, 774 = IPRax 1995, 402 Bericht *Kronke* (Straßengütertransport); OLG Düsseldorf 10.2.1994, IPRspr. 1994 Nr. 27 = NJW-RR 1994, 506 (Vertrag mit italien. Verkäufer); OLG Köln 26.8.1994, IPRspr. 1994 Nr. 37 = RIW 1994, 970 (Vertrag mit schweiz. Werkunternehmer); OLG Köln 28.5.2001, IPRspr. 2001 Nr. 28 = IHR 2002, 21 (italien. Verkäufer); OLG Hamm 9.6.1995, IPRspr. 1995 Nr. 29 = NJW-RR 1996, 179 (deutsch-italien. Kauf); OLG Hamm 13.10.1998, IPRspr. 1998 Nr. 158 = RIW 1999, 787; OLG Celle 26.5.1999, IPRspr. 1999 Nr. 31 (gemietete Hotelanlage in Dominikan. Republik); LG Berlin 19.3.1996, IPRspr. 1996 Nr. 32 = IPRax 1998, 97 (m. Aufs. *Gebauer*, IPRax 1998, 79).
4 Zum früheren Recht *Sandrock*, RIW 1986, 847 f.; *E. Lorenz*, RIW 1992, 703.
5 So BGH 6.3.1995, IPRspr. 1995 Nr. 143 = IPRax 1996, 264 (m. Aufs. *Schack*, IPRax 1996, 247) = WM 1995, 859 (861) (Zeitchartervertrag). Dagegen verlangt grundsätzlich ein Abweichen von einer früheren ausdrücklichen Rechtswahl oder einen früheren gerichtlichen Hinweis *Steinle*, ZvglRW 93 (1994), 313.
6 Vgl. *Flessner*, RabelsZ 34 (1970), 566; *Magnus*, in: Staudinger, Art. 27 EGBGB Rz. 72.

macht die Begründung und Aufhebung von Vertragsverhältnissen deckt[1] – zuweilen eine reine Fiktion[2]. Bei der Vertretung durch einen Anwalt im Prozess hängt die Wirksamkeit einer **stillschweigenden Rechtswahl nämlich auch von der Vertretungsmacht** ab[3].

Nach geltendem Recht **genügt das Prozessverhalten als solches nicht** für eine objektive Anknüpfung. Es begründet keine enge Verbindung iSd. Art. 4 Rom I-VO[4]. Demnach kann das Prozessverhalten lediglich für eine stillschweigende und damit rechtsgeschäftliche Rechtswahl nach Art. 3 Abs. 1 S. 2 Rom I-VO von Bedeutung sein[5]. ZT wird verlangt, dass die Rechtsanwendung im Prozess ausdrücklich zur Sprache gekommen ist[6]. Wünschenswert ist jedenfalls, dass die Frage der Rechtsanwendung dem Gebot richterlicher Aufklärung entsprechend (vgl. § 139 ZPO) zur Sprache gebracht wird. 122

Zurückhaltend ist auch das Schweizerische Bundesgericht, das in der übereinstimmenden Berufung der Parteien auf ein Recht eine stillschweigende Rechtswahl nur dann sieht, wenn weitere Umstände eine solche Schlussfolgerung rechtfertigen[7]. Notwendig nach ihm ist insbesondere – wie auch sonst für eine Rechtswahl –, dass beide Parteien im Bewusstsein, dass die Frage des anwendbaren Rechts sich stellt, den Willen äußern, ihre Beziehungen einem bestimmten Recht zu unterwerfen. Dies kommt einer nachträglichen Rechtswahl (Rz. 130) gleich.

Da die Berufung auf ein bestimmtes Recht nicht selten aus Unkenntnis oder aufgrund der Annahme der zwingenden Geltung dieses Rechts erfolgt, ist bedeutsam, ob sich das Gericht auch über übereinstimmendes Prozessverhalten der Parteien hinwegsetzen kann. Dies ist immer dann möglich, wenn die Einigung nicht bindend ist. Bindend ist sie aber nur, wenn sie nicht nur Ausdruck der Überzeugung, sondern des **Willens der Parteien** ist[8]. Liegt ein Wille der Parteien vor, so handelt es sich um eine reale Rechtswahl. Andernfalls ist nur eine – möglicherweise irrige – Rechtsansicht geäußert worden[9]. 123

---

1 *Mansel*, ZvglRW 86 (1987), 13.
2 Ein zu gering entwickeltes Problembewusstsein konstatiert OLG Köln 2.10.1992, IPRax 1994, 213 (m. zust. Aufs. *Piltz*, IPRax 1994, 191). S. auch schon *Maier*, NJW 1962, 1345; *Kreuzer*, IPR des Warenkaufs, S. 245 ff.
3 Dazu *Schack*, NJW 1984, 2739; *Magnus*, in: Staudinger, Art. 27 EGBGB Rz. 74.
4 Zum EVÜ *Magnus*, in: Staudinger, Art. 28 EGBGB Rz. 50. – Vgl. *Buchta*, S. 24 f.
5 *Piltz*, IPRax 1994, 191 (193). Vgl. OLG Düsseldorf 4.6.1992, IPRspr. 1992 Nr. 35 (LS) = WM 1992, 1898 (abweichende nachträgliche Rechtswahl). S. auch *Mansel*, ZvglRW 86 (1987), 8 f.
6 *Leible/Lehmann*, RIW 2008, 532.
7 S. schweiz. BG 25.8.1961, BGE 87 II, 194 (200); schweiz. BG 8.8.1962, BGE 88 II, 325 (327); schweiz. BG 2.5.1973, BGE 99 II, 315; schweiz. BG 28.4.1993, BGE 119 II, 173 (175 f.). – Vgl. auch *Keller/Kren Kostkiewicz*, in: ZürchKomm, Art. 116 IPRG Rz. 48 ff.
8 *Magnus*, in: Staudinger, Art. 27 EGBGB Rz. 70.
9 BGH 19.1.2000, IPRspr. 2000 Nr. 20 = IPRax 2002, 37 (m. Aufs. *Hohloch/Kjelland*, IPRax 2002, 30) = NJW-RR 2000, 1002 = JZ 2000, 115 Anm. *Sandrock* = EWiR 2000, 967 (*Mankowski*) („beiderseitiger Gestaltungswille" für nachträgliche Änderung der Rechtswahl verlangt); OLG Köln 26.6.1986, NJW 1987, 1151 (Erörterung der Forderungsabtretung nach deutschem Recht in der ersten Instanz nicht als Rechtswahl – die aber ohnehin

Einen zuverlässigen Schluss aus dem Prozessverhalten kann man auch nur dann ziehen, wenn die Frage des anwendbaren Rechts **überhaupt nicht streitig** gewesen ist und die Parteien, „ohne den mindesten Zweifel zu äußern", von der Anwendung eines Rechts ausgingen. Ist einmal Streit darüber entstanden, so wird man – außer wenn es später zu einer wirklichen Einigung kommt – das Prozessverhalten der Parteien nicht mehr berücksichtigen können[1]. Eine vorsorgliche Argumentation auf der Basis deutschen Rechts genügt für eine stillschweigende Rechtswahl keinesfalls[2].

Praktische Bedeutung gewinnt das Prozessverhalten vor allem dann, wenn die Parteien an der **widerspruchslosen Hinnahme** der Anwendung eines bestimmten (meist des deutschen) Rechts festgehalten werden. Früher hat man für die Revisionsinstanz vielfach angenommen, die Parteien hätten sich von Anfang an oder doch im Laufe des Rechtsstreits auf die Anwendung deutschen Rechts geeinigt[3]. Bei Fehlen einer wirklichen Rechtswahl ist es aber vor dem Tatrichter selbst noch möglich, sich auf ein anderes Recht zu berufen[4]. Mangels entsprechender Parteivereinbarung kann das Berufungsgericht daher ein anderes Recht anwenden als das erstinstanzliche Gericht[5].

Manchmal hat man einer Partei aber bereits in der Berufungsinstanz verwehrt, sich nunmehr auf eine andere Rechtsordnung zu stützen[6].

dd) Einheitlicher Erfüllungsort

124 Der Erfüllungsort kommt als selbständiger Anknüpfungspunkt nicht mehr in Frage[7]. Er kann allenfalls als **Einzelumstand für die enge Verbindung** nach Art. 4 Abs. 3 Rom I-VO in Betracht kommen.

Nach Art. 3 ff. Rom I-VO kann die Vereinbarung eines gemeinsamen Erfüllungsortes oft als **stillschweigende Wahl des dort geltenden Rechts** gewertet

---

nicht wirksam gewesen wäre – gewertet. Französ. Recht angewendet); *E. Lorenz*, RIW 1992, 702; *Kropholler*, IPR, S. 300, 460. – Näher *Schack*, NJW 1984, 2737 ff.
1 S. BGH 7.5.1969, IPRspr. 1968/69 Nr. 31 = WM 1969, 772; LG Freiburg 6.12.1966, IPRspr. 1966/67 Nr. 34A, S. 113 f.
2 *Mansel*, ZvglRW 86 (1987), 11 ff. – Anders BGH 15.1.1986, NJW-RR 1986, 456 = IPRax 1986, 292 (m. abl. Aufs. *Schack*, IPRax 1986, 272) (Obwohl in der Berufungsbegründung gerügt wurde, dass nicht – wie vereinbart – österreich. Recht angewendet worden war, stillschweigende Wahl deutschen Rechts durch Prozessverhalten angenommen).
3 S. BGH 13.6.1984, IPRspr. 1984 Nr. 121 = NJW 1984, 2762 = IPRax 1985, 221 (Anm. *Kötz*, IPRax 1985, 205).
4 OLG Frankfurt 4.4.1973, IPRspr. 1973 Nr. 6 = AWD 1973, 558 (In erster Instanz wurde auf der Basis deutschen Rechts argumentiert. Berufungsgericht wandte US-amerikan. Recht an).
5 OLG München 9.1.1996, IPRspr. 1996 Nr. 26 = RIW 1996, 329.
6 OLG Hamburg 2.10.1969, IPRspr. 1968/69 Nr. 48A = VersR 1970, 1125 (einseitiger Übergang von deutschem zu belg. Recht nicht mehr gestattet); OLG Hamburg 21.7.1977, IPRspr. 1977 Nr. 40 = VersR 1978, 918 (Bezugnahme auf deutsches Recht in der ersten Instanz wurde als bindend angesehen). Unklar: OLG Köln 12.5.1975, OLGZ 1975, 454 = IPRspr. 1975 Nr. 12 = RIW 1976, 373 (trotz Versuchs, von deutschem zu italien. Recht zu kommen, auf ursprüngliche Wahl deutschen Rechts geschlossen).
7 *Schröder*, IPRax 1987, 91.

werden[1]. Haben die Parteien einen bei gegenseitigen Verträgen einheitlichen Erfüllungsort vereinbart, so ist nämlich daran zu denken, dass sie damit eine Vereinbarung über das anwendbare Recht treffen wollten[2]. Das ist insbesondere dann anzunehmen, wenn weitere Umstände in dieselbe Richtung weisen[3]. Gleiches gilt, wenn der vereinbarte Erfüllungsort mit dem Ort, an dem tatsächlich geleistet werden soll, nichts zu tun hat. Hat zB eine Berliner Baufirma den Bau eines Tunnels in Rumänien übernommen und ist dabei Berlin als Erfüllungsort vereinbart, so ist darin eine Rechtswahl zu sehen[4]. Deutsches Recht ist dann Schuldstatut, nicht wegen subsidiärer Anknüpfung an den Erfüllungsort, sondern an den stillschweigenden Parteiwillen[5]. Zur Bestimmung des Erfüllungsorts nach Art. 5 Nr. 1 EuGVO s. unten Rz. 350 ff.

Der Erfüllungsort war früher nach ständiger Rechtsprechung ein eigenständiger, subsidiärer Anknüpfungspunkt, wenn sich ein hypothetischer Parteiwille nicht ermitteln ließ, dh. ein Überwiegen eines von mehreren widersprechenden Hinweisen nicht feststellbar war[6]. Die Rechtsprechung hat auch für die objektive Anknüpfung an den hypothetischen Parteiwillen den Erfüllungsort (insbesondere den vereinbarten Erfüllungsort) herangezogen[7]. Diese Rechtsprechung ist überholt.

ee) Bezugnahme auf ein Recht

Die Verwendung von **juristisch-technischen Klauseln** deutet auf das Recht hin, auf das diese Klauseln abgestellt sind. Dies gilt insbesondere dann, wenn bestimmte Rechtsbegriffe oder für ein Recht typische Klauseln verwendet werden[8]. Weisen die Formulierungen jedoch nicht auf typische ausländische Rechtseinrichtungen hin, sondern können sie ebenso gut als analoger sprach-

125

---

1 *Thorn*, in: Palandt, Art. 27 EGBGB Rz. 6. Bedenklich ist es, der bloßen Versendung eines Gutachtens in das Land des Auftraggebers Bedeutung beizumessen, so aber OLG Köln 26.8.1994, IPRspr. 1994 Nr. 37 = RIW 1994, 970 (Vertrag mit schweiz. Werkunternehmer).
2 *Kropholler*, IPR, S. 460. – Unentschieden *von Hoffmann/Thorn*, § 10 Rz. 35.
3 *Magnus*, in: Staudinger, Art. 27 EGBGB Rz. 83.
4 Beispiel aus *Raape*, S. 485. Zust. insoweit *Steinle*, ZvglRW 93 (1994), 311.
5 Vgl. auch *Kreuzer*, IPR des Warenkaufs, S. 203 ff.
6 Näher zur Überwindung dieser auf Savigny zurückgehenden Auffassung *Schwander*, Zur heutigen Rolle des Erfüllungsortes im IPR, Conflits et harmonisation – Mélanges von Overbeck (Fribourg 1990), S. 681 ff.
7 S. OLG Nürnberg 28.11.1984, IPRspr. 1984 Nr. 150 = NJW 1985, 1296.
8 BGH 10.4.2003, IPRspr. 2003 Nr. 30 = NJW 2003, 2605 (Begriffe deutschen Bürgschaftsrechts); OLG Köln 8.1.1993, IPRspr. 1993 Nr. 29 = RIW 1993, 415 (Kauf niederländ. Grundstücks in von niederländ. Notar angefertigtem Kaufvertragsformular dem niederländ. Recht unterstellt). – Vgl. KG 21.2.2008, NJW 2009, 195 (Teppichkauf in deutscher Sprache); OLG Koblenz 17.9.1993, IPRspr. 1993 Nr. 35 = RIW 1993, 934 (Alleinvertriebsvertrag dem Recht des französ. Unternehmers unterstellt); LG Waldshut-Tiengen 27.1.1983, IPRspr. 1983 Nr. 22 = IPRax 1984, 100 (LS) Anm. *Jayme* (Verbürgung zum Rückkauf eines span. Grundstücks gegenüber niederländ. Gesellschaft in Art. 1915 B.W. entsprechender Form. Niederländ. Recht stillschweigend vereinbart). Offenbar grundsätzlich nur für eine materiellrechtliche Verweisung im Rahmen des objektiv zu bestimmenden Vertragsstatuts *Steinle*, ZvglRW 93 (1994), 311 f. Anders of-

licher Ausdruck für auch dem deutschen Recht geläufige Einrichtungen angesehen werden, so haben sie keine Aussagekraft[1]. Gleiches gilt, wenn der Klausel nur eine isolierte Bedeutung zukommt[2].

Nehmen die Parteien auf einzelne Vorschriften eines bestimmten Rechtes Bezug, so wird im Regelfall eine **stillschweigende Rechtswahl** anzunehmen sein[3]. Dies gilt auch bei der Verwendung von AGB[4]. So kann die Bezugnahme auf die deutsche VOB eine stillschweigende Wahl deutschen Rechts sein[5]. Ähnlich deutet die Bezugnahme auf einzelne Artikel des Code civil auf die Wahl französischen Rechts hin[6]. Wird deutsches Tarifvertragsrecht zugrunde gelegt, so spricht dies für die Geltung deutschen Arbeitsrechts[7].

Dies gilt dann nicht, wenn sich die angezogenen Normen ohnehin zwingend durchsetzen und ihre Erwähnung die Frage nach dem privatrechtlichen Vertragsstatut unberührt lässt[8]. Dies ist etwa bei einer Bezugnahme auf zwingende Preisvorschriften[9] oder auf deutsches Mutterschutzrecht[10] der Fall.

---

fenbar auch OLG Düsseldorf 9.6.1994, IPRspr. 1994 Nr. 35A = NJW-RR 1995, 1396 (Teppichkauf in der Türkei).
1 BGH 22.11.1955, BGHZ 19, 110 = IPRspr. 1954/55 Nr. 22.
2 OLG Hamburg 4.10.2001, IPRspr. 2001 Nr. 45 = TranspR 2002, 120 (US-amerikan. Versicherungsbedingungen und engl. „to-follow"-Klausel. Deutsches Recht angewendet).
3 BGH 10.5.1996, IPRspr. 1996 Nr. 34 = NJW-RR 1996, 1034 (deutsches WEG); BGH 14.1.1999, IPRspr. 1999 Nr. 27 = RIW 1999, 537 = EWiR 1999, 353 (*Wenner*) (deutsche VOB); OLG Düsseldorf 26.10.1995, IPRspr. 1995 Nr. 54 = TranspR 1996, 152; *von Hoffmann/Thorn*, § 10 Rz. 34; *Kropholler*, IPR, S. 460; *Magnus*, in: Staudinger, Art. 27 EGBGB Rz. 78.
4 BGH 21.11.1996, IPRspr. 1996 Nr. 160 = NJW 1997, 397 (deutsches Bürgschaftsformular); *Magnus*, in: Staudinger, Art. 27 EGBGB Rz. 77. – Die Rechtsprechung hat mehrfach dän. Ferienhaus-AGB nach deutschem Recht beurteilt, da solche Bedingungen den Anforderungen des deutschen Rechts genügen wollten; s. AG Rostock 4.2.1997, IPRspr. 1997 Nr. 30 = RRa 1997, 163; AG Hamburg 7.7.1999, IPRspr. 1999 Nr. 121 = NJW-RR 2000, 352.
5 BGH 14.1.1999, IPRspr. 1999 Nr. 27 = IPRax 2001, 333 (m. Aufs. *Pulkowski*, IPRax 2001, 306) = RIW 1999, 537; BGH 10.4.2003, IPRspr. 2003 Nr. 30 = NJW 2003, 2605; OLG Hamm 20.1.2004 = IPRspr. 2004 Nr. 18 = NJOZ 2004, 1357.
6 Bericht *Giuliano/Lagarde*, S. 49. S. auch BGH 19.1.2000, IPRspr. 2000 Nr. 20 = IPRax 2002, 37 (m. Aufs. *Hohloch/Kjelland*, IPRax 2002, 30) = NJW-RR 2000, 1002 = JZ 2000, 1115 Anm. *Sandrock* („Vergleich iSd. Art. 2044 ff. Code civil"; französ. Recht).
7 S. BAG 7.7.1960, IPRspr. 1960/61 Nr. 26 = AP Nr. 2 zu § 124 GewO (Zimmerpolier in Indien); BAG 4.8.1960, IPRspr. 1960/61 Nr. 27 (Bezugnahme auf die deutsche Tarifordnung für Filmschaffende). – Entsprechend für die stillschweigende Vereinbarung US-amerikan. Rechts BAG 12.12.2001, IPRspr. 2001 Nr. 52 = IPRax 2003, 258 (m. Aufs. *Franzen*, IPRax 2003, 239) = NZA 2002, 734.
8 Vgl. BGH 7.12.2000, IPRspr. 2000 Nr. 133 = NJW 2001, 1936 (Nichtvereinbarung von HOAI irrelevant); *von Bar*, II Rz. 471; *Spellenberg*, in: MünchKomm, vor Art. 11 EGBGB Rz. 39.
9 *Wenner*, Internationale Architektenverträge, Baurecht 1993, 257 (269).
10 BAG 9.5.1959, BAGE 7, 357 = IPRspr. 1958/59 Nr. 50 (SAS-Angestellter in Deutschland; Bezugnahme auf deutsches Mutterschutzrecht, Sozialversicherungs- und Feiertagsrecht unmaßgeblich).

Vor allem in englischer Sprache abgefasste Verträge enthalten häufig eine Interpretationsklausel, wonach der Vertrag im Sinne einer bestimmten Rechtsordnung ausgelegt werden soll (sog. construction clause). Formulierungen wie „shall be construed in accordance with German law", „are to be construed in accordance with English law" haben nicht nur (sachrechtliche) Bedeutung für die Auslegung des Vertrages, sondern weisen auf die Rechtsordnung hin, welcher der Vertrag kollisionsrechtlich unterstehen soll. Im Regelfall ist daher die in Bezug genommene Rechtsordnung anzuwenden, ohne dass noch zusätzliche Hinweise auf eine Wahl dieses Rechts vorliegen müssten[1].

Jedenfalls im Verhältnis zu England und den USA dürfte eine solche „construction clause" wohl stets eine ausdrückliche Rechtswahl bedeuten[2] und nicht bloß eine stillschweigende Vereinbarung darstellen[3].

ff) Vertragssprache

Die Sprache allein, in der die Vertragsverhandlung geführt und ein schriftlicher Vertrag abgeschlossen worden ist, gibt nur einen **schwachen Hinweis** auf die Rechtsordnung, in deren Geltungsbereich diese Sprache Vertragssprache ist[4]. Regelmäßig kann dem Gebrauch der deutschen Sprache kein stillschweigender Parteiwille entnommen werden[5]. Zwar führen die Gerichte die Vertragssprache häufig unterstützend an[6]. Selbst für die objektive Anknüpfung ist der Wert dieses Kriteriums aber begrenzt[7]. Zudem kann bei Berücksichtigung der Sprache leicht die Grenze zur Philologie überschritten werden (vgl. OLG Düsseldorf 29.9.1970: „Die Parteien haben den Vertrag in

126

---

1 *Schröder*, Auslegung und Rechtswahl, IPRax 1985, 131 f.
2 *Magnus*, in: Staudinger, Art. 27 EGBGB Rz. 76. – Ebenso zum engl. Recht *W. Lorenz*, IPRax 1989, 24. Eine ausdrückliche Wahl kaliforn. Rechts nimmt auch an OLG München 25.2.1988, IPRspr. 1988 Nr. 155 = IPRax 1989, 42 (m. zust. Aufs. *W. Lorenz*, IPRax 1989, 22).
3 So *E. Lorenz*, RIW 1992, 703; *Thorn*, in: Palandt, Art. 27 EGBGB Rz. 6. – S. aber OLG München 22.6.1983, IPRspr. 1983 Nr. 129b = IPRax 1984, 319 (m. zust. Anm. *Jayme*, IPRax 1984, 303) (Liefervertrag. „This agreement shall be construed under the laws of the State of Iowa" (nur) als stillschweigende Vereinbarung des Rechts von Iowa gewertet).
4 *Magnus*, in: Staudinger, Art. 27 EGBGB Rz. 85. – Bedeutungslos für die objektive Anknüpfung nach LG Baden-Baden 14.2.1997, IPRspr. 1997 Nr. 31; LG Hamburg 18.2.1999, IPRspr. 1999 Nr. 30 = RIW 1999, 391.
5 OLG Koblenz 8.9.2000, IPRspr. 2000 Nr. 130 = VuR 2001, 257 Anm. *Mankowski*; KG 6.3.2003, IPRspr. 2003 Nr. 43 = WM 2003, 2093.
6 So etwa für die stillschweigende Rechtswahl BGH 19.1.2000, IPRspr. 2000 Nr. 20 = IPRax 2002, 37 (m. Aufs. *Hohloch/Kjelland*, IPRax 2002, 30) = JZ 2000, 1115 Anm. *Sandrock* (Vergleich in französ. Sprache); OLG Nürnberg 22.2.1996, IPRspr. 1996 Nr. 31 = NJW-RR 1997, 1484; OLG Karlsruhe 21.2.2006, IPRspr. 2006 Nr. 8 (LS) = TransportR 2007, 203; KG 21.2.2008, NJW-RR 2009, 145 (Teppichkauf in deutscher Sprache).
7 Vgl. *Siehr*, in: Reichelt, S. 75; *von Hoffmann/Thorn*, § 10 Rz. 59 f., 64.

englischer Sprache geschlossen und sich dabei der amerikanischen Rechtschreibung [fav**o**r] bedient"[1]).

gg) Formulare und Allgemeine Geschäftsbedingungen

127 Bei Formularen und Allgemeinen Geschäftsbedingungen treffen verschiedene Umstände zusammen: die Benutzung einer Sprache sowie für ein Recht typischer Klauseln, Verwendung und Aufstellung des Formulars durch einen Vertragspartner oder eine Organisation. Häufig hat die Partei, die ein Formular für ihre Vertragsabschlüsse bereithält (etwa eine Versicherungsgesellschaft), dieses **Formular selbst entworfen**. Die Verwendung dieses Formulars kann dann die stillschweigende Vereinbarung des am Niederlassungsort geltenden Rechts bedeuten[2]. Oft stammt das Formular aber auch von einer Handelskammer oder einem Verband und baut auf einer nationalen Rechtsordnung auf. Dann deutet die Verwendung des Formulars auf das Recht dieses Verbandes hin[3]. Im Übrigen wird häufig angenommen, das am Ort des Unternehmens geltende Recht sei auch als Vertragsrecht gewollt[4]. In der Regel wird daher eine **stillschweigende Rechtswahl** anzunehmen sein[5]. Das gilt auch dann, wenn die AGB ihrerseits auf die Geschäftsbedingungen eines nationalen Verbandes verweisen[6].

---

1 WM 1971, 168 (170) = IPRspr. 1970 Nr. 15.
2 Bericht *Giuliano/Lagarde*, S. 49. Ebenso OLG Hamm 28.6.1994, IPRspr. 1994 Nr. 140 = RIW 1994, 877 (Warenkauf); *Dicey/Morris*, II Nr. 32-092. Zurückhaltender *Steinle*, ZvglRW 93 (1994), 312.
3 AG Rostock 4.2.1997, IPRspr. 1997 Nr. 30 = RRa 1997, 163; *von Bar*, II Rz. 471; *von Hoffmann/Thorn*, § 10 Rz. 34; *Hohloch*, in: Erman, Art. 27 EGBGB Rz. 16. Grundsätzlich ablehnend und nur bei zusätzlichen Indizien *Hau*, in: Wolf/Lindacher/Pfeiffer, IntGV, Rz. 16.
4 S. *von Hoffmann*, AWD 1970, 248.
5 OLG Karlsruhe 30.3.1979, IPRspr. 1979 Nr. 159 = RIW 1979, 642 (Bestellung des ausländ. Käufers auf Formular des deutschen Verkäufers. Stillschweigende Vereinbarung deutschen Rechts); OLG Hamburg 30.12.1985, IPRspr. 1985 Nr. 36 = RIW 1986, 462 (Österreich. Verkäufer schließt Vertrag mit deutschem Käufer auf der Grundlage der Auftragsbedingungen des Verbandes deutscher Exporteure. Deutsches Recht angewendet). Anders OLG Hamburg 29.10.1958, IPRspr. 1958/59 Nr. 43 = AWD 1958, 249 (deutsch-französ. Kauf [Graugerste]). Aus der Verwendung eines bestimmten Formulars (deutsch-niederländ. Vertrag Nr. 3] allein könne kein Schluss auf das anwendbare Recht gezogen werden. Wegen deutschen Schiedsgerichts deutsches Recht angewendet).
6 OLG Köln 26.6.1986, IPRspr. 1986 Nr. 38 = NJW 1987, 1151 (Bezugnahme auf AGB, die ihrerseits auf die Richtlinien der französ. Damenbekleidungsindustrie verwiesen. Stillschweigende Vereinbarung französ. Rechts). – S. bereits BGH: 29.11.1961, IPRspr. 1960/61 Nr. 40 = JZ 1963, 167 (Für Kauf [Aprikosenkerne] Formular der General Produce Broker's Association verwendet. Engl. Recht angewendet); BGH 19.12.1968, IPRspr. 1968/69 Nr. 254 = AWD 1970, 31 (Warenlieferung ins Ausland aufgrund Geschäftsbedingungen des Warenvereins der Hamburger Börse. Vereinbarung deutschen Rechts angenommen); BGH 3.3.1976, IPRspr. 1976 Nr. 134 = RIW 1976, 447 (Alleinverkauf von Deutschland nach Belgien. Vereinbarung deutschen Rechts wegen AGB des deutschen Unternehmers).

Werden die deutschen Allgemeinen Spediteurbedingungen (ADSp) vereinbart (dazu näher Rz. 4075 ff.), so spricht das für eine stillschweigende Wahl deutschen Rechts[1]. Wird dagegen auf ausländische Speditionsbedingungen Bezug genommen, so kommt ausländisches Recht zur Anwendung[2].

Teilweise gleiche Ergebnisse werden erzielt, wenn eine stillschweigende Rechtswahl zwar nicht, wohl aber eine objektive Kollisionsnorm des Inhalts angenommen wird, dass Massenverträge dem Recht des Sitzes des Unternehmens unterstehen, welches sie ständig abschließt[3]. Solche auf Uniformität gerichteten Erwägungen finden zwar ihren Platz bei der objektiven Anknüpfung, können aber eine stillschweigende Rechtswahl nicht ausschließen.

Genügen kann auch eine **formularmäßige Bezugnahme auf einen anderen Vertrag** zwischen einer Partei und einem Dritten. Eine in diesem Vertrag liegende stillschweigende Rechtswahl wird damit in die nunmehrigen vertraglichen Beziehungen inkorporiert[4].

128

Sind verschiedene Verträge wirtschaftlich verbunden und liegen einem von ihnen Allgemeine Geschäftsbedingungen zugrunde, so bedeutet dies noch nicht notwendig einen Hinweis auch auf das Recht des anderen Vertrages (zum angelehnten Vertrag s. Rz. 177). Gelten etwa Lieferbedingungen für Einzellieferungen im Rahmen eines Alleinvertriebsvertrages, so lässt sich für den zugrunde liegenden und vorher geschlossenen Vertriebsvertrag aus den Lieferbedingungen allein noch nichts folgern[5]. Ob nämlich angesichts eines unerwünschten Zerreißens der gegenseitigen Beziehungen dem Kauf[6] oder dem agenturähnlichen Verhältnis[7] für die erstrebte einheitliche Anknüpfung das Übergewicht zugemessen wird, ist eine davon unabhängige Wertungsfrage[8], näher unten Rz. 2296 ff.

---

1 BGH 25.10.1995, IPRspr. 1995 Nr. 53 = TranspR 1996, 118; OLG München 29.10.1982, RIW 1983, 957; OLG Hamburg 28.9.1989, IPRspr. 1989 Nr. 193 = RIW 1991, 61. – Nach ADSp 2002 Nr. 30.3 gilt ausdrücklich deutsches Recht.
2 LG Frankfurt 14.6.1968, IPRspr. 1968/69 Nr. 41 = AWD 1969, 233 (schweiz. Recht); LG München I 24.11.1998, IPRspr. 1998 Nr. 50 = TranspR 1999, 300 (österreich. Recht).
3 Vgl. *Vischer/Huber/Oser*, Rz. 200.
4 RG 24.11.1928, RGZ 122, 316 = IPRspr. 1929 Nr. 61 (Anspruch des engl. Verfrachters gegen den Empfänger auf außergewöhnliche Löschkosten. Im Konnossement wurde Bezug genommen auf die Bestimmungen des Chartervertrages zwischen Befrachter und Verfrachter. Da auf diesen Vertrag engl. Recht anzuwenden war, sollte es auch für die Haftung des Empfängers gegenüber dem Verfrachter gelten); BGH 5.12.1966, IPRspr. 1966/67 Nr. 41b = AWD 1967, 267 (Liegegeldanspruch des Verfrachters gegen den Empfänger. Wegen Bezugnahme auf den Chartervertrag im Konnossement, für den stillschweigend engl. Recht galt, auch auf die Beziehungen zwischen Verfrachter und Empfänger engl. Recht angewendet). Vgl. *von Hülsen*, AWD 1967, 267.
5 *Graupner*, AWD 1970, 55.
6 So etwa schweiz. BG 12.2.1952, BGE 78 II, 78 (81).
7 So schweiz. BG 3.12.1962, BGE 88 II, 471.
8 Anders OLG Frankfurt 21.3.1961, IPRspr. 1960/61 Nr. 33 = AWD 1961, 236 (französ. Eigenhändler eines deutschen Unternehmens. Wegen der den Lieferungen zugrunde liegenden deutschen Lieferbedingungen deutsches Recht ohne Weiteres auf den Eigenhändlervertrag angewendet).

Der Schluss aus der Verwendung von Formularen und Allgemeinen Geschäftsbedingungen darf also nicht dazu dienen, weitergehende kollisionsrechtliche Erwägungen zu verdecken.

Die Regel, dass das Recht der Partei maßgeblich ist, welche allgemein aufgrund des Formulars kontrahiert, passt nicht auf *Formulare von internationalen Organisationen*. Das Gleiche gilt, wenn es sich um international gebräuchliche Formulare handelt wie im Seeverkehr[1]. In diesen Fällen sagt das Formular nichts über das anwendbare Recht aus[2]. Entsprechendes gilt, wenn die international verwendeten Bedingungen die Frage des anwendbaren Rechts gerade offen lassen wie die IATA-Beförderungsbedingungen[3].

hh) Vertragspraxis der Parteien

129 Die Tatsache, dass die Parteien einen früheren Vertrag einer bestimmten Rechtsordnung unterstellt oder ihn nach diesem Recht abgewickelt haben, kann ebenfalls einen Hinweis auf das Vertragsstatut des späteren Vertragsverhältnisses geben. Hier kann der Richter dann, wenn die tatsächlichen Umstände keine Änderung der Haltung der Parteien erkennen lassen, annehmen, ihr Vertrag solle dem gleichen Recht unterliegen wie früher[4].

Ein weiterer Umstand ist die ausdrückliche Wahl des anzuwendenden Rechts für Rechtsbeziehungen ähnlicher Art zwischen den gleichen Parteien. Hier kann man annehmen, der in Frage stehende Vertrag habe stillschweigend der gleichen Rechtsordnung unterstellt werden sollen[5]. Dies gilt insbesondere dann, wenn auf den früheren Vertrag ausdrücklich verwiesen wird[6]. Einzellieferungsverträge, die zur Ausfüllung eines Rahmenvertrages geschlossen werden, können ebenfalls dem für den Rahmenvertrag gewählten Recht unterstehen[7].

3. Nachträgliche Rechtswahl

Literatur: *U. Bauer*, Grenzen nachträglicher Rechtswahl durch Rechte Dritter im Internationalen Privatrecht (1992); *Jaspers*, Nachträgliche Rechtswahl im internationalen

---

[1] S. *von Hoffmann*, AWD 1970, 249; aA *Vischer/Huber/Oser*, Rz. 201 bei regelmäßiger Verwendung der Formularbedingungen.
[2] So schon LG Hamburg 23.4.1954, IPRspr. 1954/55 Nr. 34 = MDR 1954, 422 (Seefrachtvertrag. Verwendung eines engl.-amerikan. Formulars und die Benutzung der engl. Sprache belanglos). Vgl. auch *Magnus*, in: Staudinger, Art. 27 EGBGB Rz. 80.
[3] LG Hamburg 7.9.1977, IPRspr. 1977 Nr. 33 = RIW 1977, 652.
[4] BGH 14.11.1996, IPRspr. 1996 Nr. 38 = NJW 1997, 1150; BGH 7.12.2000, IPRspr. 2000 Nr. 133 = NJW 2001, 1936 (Architektenvertrag folgt der konkludenten Wahl im Bauvertrag); *von Bar*, II Rz. 471; *von Hoffmann/Thorn*, § 10 Rz. 35; *Kropholler*, IPR, S. 460; *Hohloch*, in: Erman, Art. 27 EGBGB Rz. 18; Bericht *Giuliano/Lagarde*, S. 49; *Dicey/Morris*, II Nr. 32-093. – Einschränkend, falls die frühere Rechtswahl keine ausdrückliche war, *Steinle*, ZvglRW 93 (1994), 312.
[5] Bericht *Giuliano/Lagarde*, S. 49. Ebenso für sukzessive Verträge *Schnelle*, S. 139 f.
[6] *von Hoffmann/Thorn*, § 10 Rz. 35.
[7] OLG Hamburg 5.10.1998, IPRspr. 1998 Nr. 34; LG Karlsruhe 10.11.1998, IPRspr. 1998 Nr. 35 = NJW-RR 1999, 1284.

Schuldvertragsrecht (2002); *Möllenhoff*, Nachträgliche Rechtswahl und Rechte Dritter (1993); *Reinhart*, Zur nachträglichen Änderung des Vertragsstatuts nach Art. 27 Abs. 2 EGBGB durch Parteivereinbarung im Prozess, IPRax 1995, 365; *Spickhoff*, Nachträgliche Rechtswahl, IPRax 1998, 462.

a) Änderung der Rechtswahl

Die Wahl des anzuwendenden Rechts durch die Parteien kann sowohl im Augenblick des Vertragsabschlusses als auch zu jedem späteren Zeitpunkt erfolgen. Die Rechtswahl kann **jederzeit** durch eine Vereinbarung der Parteien geändert werden (ebenso wie das EVÜ Art. 3 Abs. 2 S. 1 Rom I-VO)[1].

Kommen die Vertragsparteien überein, ihre Rechtsbeziehungen nicht mehr nach dem ursprünglich von ihnen vereinbarten, sondern nach einem anderen Recht zu beurteilen, so liegt darin eine Änderung der Rechtswahl. Eine solche Vertragsänderung ist wie jede andere Änderung des materiellen Vertragsinhalts auch im Rahmen der Parteiautonomie zuzulassen[2]. Da die Grenzen der Parteiautonomie betroffen sind, entscheiden, wie aus Art. 3 Abs. 2 S. 1 Rom I-VO zu entnehmen ist, über die Zulässigkeit der Änderung die Kollisionsnormen der lex fori (Art. 3 Abs. 2 Rom I-VO). Die Änderung der Rechtswahl braucht daher weder vom Kollisionsrecht des ursprünglich vereinbarten noch von dem des später vereinbarten Rechts akzeptiert zu werden[3].

Die nachträgliche Rechtswahl kann gem. Art. 3 Abs. 1 S. 2 Rom I-VO ausdrücklich, aber auch stillschweigend erfolgen[4]. Sie ist mit ex nunc- oder mit ex tunc-Wirkung möglich[5]. Gewollt ist im Allgemeinen, dass die nachträgliche Rechtswahl auf den **Zeitpunkt des Vertragsschlusses zurückwirkt**[6]. Dies ist auch die einfachste Lösung, welche eine intertemporale Rechtsspaltung nach Möglichkeit vermeidet und die Probleme des Statutenwechsels auf ein Minimum reduziert. Dass damit nachträglich Rechte und Pflichten der Partei-

---

1 *Wagner*, IPRax 2008, 380; *Rühl*, Festschr. Kropholler, S. 199.
2 So schon vor dem EVÜ BGH 6.12.1956, IPRspr. 1956/57 Nr. 23c = WM 1957, 132; OLG München 3.11.1988, IPRspr. 1988 Nr. 31 = RIW 1989, 650; *Raape*, Nachträgliche Vereinbarung des Schuldstatuts, Festschr. Boehmer (1954), S. 111 ff.; *Schnitzer*, Rec. des Cours 1968 I, 568 f.
3 *Magnus*, in: Staudinger, Art. 27 EGBGB Rz. 104. – S. auch Bericht *Giuliano/Lagarde*, S. 50.
4 So schon BGH 19.1.2000, IPRspr. 2000 Nr. 20 = IPRax 2002, 37 (m. Aufs. *Hohloch/Kjelland*, IPRax 2002, 30) = JZ 2000, 115 Anm. *Sandrock*; OLG Düsseldorf 4.6.1992, IPRspr. 1992 Nr. 35 (LS) = WM 1992, 1898; OLG Hamm 30.7.1993, IPRspr. 1993 Nr. 34 = RIW 1993, 940; OLG Stuttgart 11.10.2006, IPRspr. 2006 Nr. 15 (LS) = WM 2007, 447.
5 Rückwirkung bejahten zB BGH 12.12.1990, IPRspr. 1990 Nr. 44 = NJW 1991, 1292 (Kaufvertrag); OLG München 22.9.1993, IPRspr. 1993 Nr. 48 = TranspR 1993, 433 (Seefrachtvertrag).
6 BGH 22.1.1997, IPRax 1998, 479 (m. Aufs. *Spickhoff*, IPRax 1998, 462) = WM 1997, 1713 (interlokal); *Thorn*, IPRax 2002, 349 (361); *Lüderitz*, Festschr. Keller, S. 462; *Steiner*, S. 71 f.; *von Bar*, II Rz. 480; *Kropholler*, IPR, S. 465; *Hohloch*, in: Erman, Art. 27 EGBGB Rz. 23; *Magnus*, in: Staudinger, Art. 27 EGBGB Rz. 109. – Ebenso Art. 116 Abs. 3 S. 2 schweiz. IPRG. Anders OLG Frankfurt 13.2.1992, IPRspr. 1992 Nr. 31 = IPRax 1992, 314; LG Essen 20.6.2001, IPRspr. 2001 Nr. 29 = RIW 2001, 943 = IPRax 2002, 396 (m. Aufs. *Krapfl*, IPRax 2002, 380); *W. Lorenz*, IPRax 1987, 273.

en geändert werden können, ist grundsätzlich hinzunehmen und zwingt nicht dazu, der Vereinbarung keine kollisionsrechtliche, sondern nur eine materiellrechtliche Bedeutung beizumessen.

Eine nachträgliche Rechtswahl ist auch dann zulässig, wenn die Parteien **bei Vertragsschluss eine Rechtswahl nicht getroffen** haben und dies erst nachträglich tun. Auch insoweit gestattet Art. 3 Abs. 2 S. 1 Rom I-VO eine Vereinbarung. Es handelt sich entweder um eine Klarstellung der Rechtsordnung, von der die Parteien bei Abschluss des Vertrages ausgegangen sind, oder um eine wirkliche Neuvereinbarung, eine Vertragsänderung[1]. In beiden Fällen ist die nachträgliche Rechtswahl zu beachten und **wirkt regelmäßig** auf den Zeitpunkt des Vertragsschlusses **zurück**[2]. Eine solche Vereinbarung unterliegt den allgemeinen Voraussetzungen für das Zustandekommen von Verträgen (s. Rz. 261 ff.), berührt aber eng die Berücksichtigung des Prozessverhaltens der Parteien (s. Rz. 121 f.). Es gelten die gleichen Vorschriften wie für eine ursprüngliche Rechtswahl (Art. 3 Abs. 5 Rom I-VO)[3]. Eine nachträgliche Rechtswahl erkennt auch das schweizerische Recht an (Art. 116 Abs. 3 schweiz. IPRG).

131 Welche **Wirkungen** die nachträgliche Rechtswahl für den Hauptvertrag äußert, lässt die Rom I-VO ebenso offen wie die Frage der Rückwirkung[4]. Ist der Hauptvertrag unter dem zuerst gewählten Recht ungültig, dagegen nach dem **später vereinbarten gültig**, so besteht bis zur späteren wirksamen Rechtswahl kein rechtsgültiger Vertrag. Sollte die nachträgliche Rechtswahl ex tunc erfolgt sein, so ist der Vertrag aber als von Anfang an gültig zu behandeln. Wird der Vertrag hingegen nach dem später gewählten Recht ungültig, so beeinträchtigt dies die Wirksamkeit der Rechtswahl selbst nicht. Mit der nachträglichen Rechtswahl wird aber der Hauptvertrag hinfällig[5].

b) Formgültigkeit und Rechte Dritter

132 Eine besondere Regelung ist für die Formgültigkeit des Vertrages nach Art. 11 Rom I-VO und die Rechte Dritter notwendig. Beide werden durch eine **Änderung** der Bestimmung des anzuwendenden Rechts **nach Vertragsabschluss nicht berührt** (Art. 3 Abs. 2 S. 2 Rom I-VO). Insoweit wird der Rechtszustand nach dem alten Statut respektiert. Der Vorbehalt bezüglich der Form wird dann bedeutsam, wenn die neue lex causae die Formgültigkeit abweichend von dem früher geltenden Recht beurteilt. Die nachträgliche Rechtswahl soll daher Zweifeln an der Formgültigkeit des Vertrages vor der Vereinbarung entgegenwirken[6]. Stellt also das später vereinbarte Recht strengere Anforderun-

---

1 Vgl. OLG Hamburg 25.4.1996, IPRspr. 1996 Nr. 149 = TranspR 1996, 430.
2 Ebenso bereits nach altem Recht *Gamillscheg*, AcP 157 (1958/59), 314; BAG 27.8.1964, IPRspr. 1964/65 Nr. 68 = NJW 1965, 319; OLG Bremen 26.8.1976, IPRspr. 1976 Nr. 8 = VersR 1978, 277.
3 Bericht *Giuliano/Lagarde*, S. 50.
4 Vgl. *Gaudemet-Tallon*, Rev.trim.dr.europ. 17 (1982), 245 f.
5 *Morse*, Yb.Eur.L. 2 (1982), 121.
6 Bericht *Giuliano/Lagarde*, S. 50.

gen, so wird der Vertrag nicht nachträglich formnichtig[1]. War hingegen der Vertrag ursprünglich wegen Formmangels nichtig, so kann ihm die nachträgliche Rechtswahl rückwirkend Wirksamkeit verleihen, wenn die neue lex causae geringere Anforderungen stellt; es kommt zu einer Heilung durch Statutenwechsel[2].

Aufgrund des ursprünglichen Vertrages der Parteien können **Dritte** bereits Rechte erworben haben (zB der Begünstigte aus einem Vertrag zugunsten Dritter, Bürge). Solche Rechtspositionen (rights of third parties; droits des tiers) sollen – ähnlich wie nach Art. 116 Abs. 3 S. 2 schweiz. IPRG – durch eine spätere Änderung der Rechtswahl nicht beeinträchtigt werden[3]. Dies ist nach hM als **Beeinträchtigungs- bzw. Verschlechterungsverbot** zu verstehen[4]. Wie es sich auswirkt, sagt die VO allerdings nicht. Für die Beurteilung ist zunächst ein Vergleich zwischen der Rechtsstellung des Dritten nach der früher und nach der später vereinbarten Rechtsordnung vorzunehmen. Genießt der Dritte nach der nachträglich vereinbarten Rechtsordnung eine schlechtere Rechtsstellung als nach dem früher vereinbarten Recht, so bleibt für sein Verhältnis zu den Vertragsparteien das frühere Vertragsstatut maßgeblich; gegebenenfalls hat die spätere Rechtswahl nur Wirkungen inter partes. Ihre Wirkungen werden kollisionsrechtlich auf die Parteien des Hauptvertrages beschränkt[5]. Maßgeblich dafür ist der Gedanke, dass sich die Position des Dritten nicht ohne seine Mitwirkung verschlechtern darf. Für den Vergleich der Rechtspositionen stellen sich ähnliche Fragen wie nach dem Günstigkeitsprinzip des Art. 8 Rom I-VO (s. Rz. 4846).

133

Zwar ist unbestritten, dass die **Rechtsposition des Dritten** unter Rückgriff auf das jeweilige Sachrecht zu bestimmen ist, doch ist noch weitgehend ungeklärt, wie sich kollisions- und sachrechtlicher Schutz im Einzelnen zueinander verhalten. Auch welche Rechtspositionen Dritter geschützt sind, ist nicht näher bestimmt. In Betracht kommen vor allem solche, welche sich direkt aus einem Hauptvertrag ergeben (beispielsweise aus einem echten Vertrag zugunsten Dritter[6]), aber auch solche, welche zwar auf einem eigenständigen Rechtsverhältnis beruhen, jedoch vom Hauptvertrag beeinflusst werden (zB Bürge und Pfandgläubiger[7]).

Rechte Dritter können auch dann berührt werden, wenn es zu einer Abtretung gekommen ist. Klagt nämlich ein Zessionar eine Kaufpreisforderung ein, die

---

1 *Kropholler*, IPR, S. 465; *Hohloch*, in: Erman, Art. 27 EGBGB Rz. 24; *Magnus*, in: Staudinger, Art. 27 EGBGB Rz. 111.
2 *von Bar*, II Rz. 480; *Kropholler*, IPR, S. 465; *von Hoffmann*, in: Soergel, Art. 27 EGBGB Rz. 77.
3 Bericht *Giuliano/Lagarde*, S. 50.
4 S. zum EVÜ *W. Bauer*, S. 115; *Möllenhoff*, S. 51 ff.
5 *W. Bauer*, S. 159; *Möllenhoff*, S. 134; *Kropholler*, IPR, S. 465.
6 Für unentziehbare Rechtspositionen *W. Bauer*, S. 65 f., 110.
7 Die Beispiele des Bürgen und des Pfandgläubigers nennt *Lagarde*, Rev.crit.d.i.p. 80 (1991), 304 f. S. auch *W. Bauer*, S. 67 f. Dagegen weisen den Schutz des Bürgen allein dem Sachrecht zu *St. Lorenz*, RabelsZ 59 (1995), 320 (324) (Rezension); *Kegel/Schurig*, S. 656.

ihm zur gerichtlichen Geltendmachung abgetreten worden ist, so gestattet man ihm noch im Prozess mit dem Käufer zu vereinbaren, welcher Rechtsordnung der mit dem Zedenten geschlossene Kaufvertrag unterliegen soll[1]. Der Zessionar nimmt also als Rechtsnachfolger eine nachträgliche Rechtswahl vor. Diese darf aber nicht dazu führen, dass die Rechtsstellung des Verkäufers nachträglich geschmälert wird[2].

4. Zwingende Vorschriften

a) Allgemeines

134 Durch die Rechtswahl geben die Vertragsparteien zu erkennen, dass sie von den Regeln der gewählten Rechtsordnung in ihrer Gesamtheit ausgehen (soweit nicht teilweise Rechtswahl vorliegt; s. oben Rz. 94). Dabei ist zunächst gleichgültig, ob diese vereinbarten Rechtsnormen vertraglich abbedungen werden können oder ob ihnen zwingender Charakter zukommt. Die Parteien wollen diese Rechtsregeln ja nicht ausschließen, sondern legen sie, ohne nach ihrer (zwingenden oder dispositiven) Rechtsnatur zu fragen, ihren Dispositionen zugrunde, s. Rz. 491 ff.

Der zwingende Charakter einer Rechtsnorm wird jedoch deutlich, wenn die Parteien sie abbedingen oder ohne ausdrückliche Abbedingung etwas anderes vereinbaren. Hier (also bei der Anwendung der zwingenden Vorschrift gegen den Parteiwillen) hat die Frage nach der Anwendung **international zwingender Normen** im Internationalen Privatrecht ihre größte Bedeutung (s. näher Rz. 508 ff.). In erster Linie drängen bestimmte zwingende Vorschriften der lex fori ohne Rücksicht auf das für den Vertrag anwendbare Recht zur Anwendung. Dies ist in Art. 9 Rom I-VO für Eingriffsnormen gesetzlich geregelt (dazu Rz. 561 ff.). Der **ordre public** (Art. 21 Rom I-VO) kommt bei untragbaren inhaltlichen Abweichungen des ausländischen Rechts zum Tragen. Er spielt aber im Internationalen Vertragsrecht eine vergleichbar geringe Rolle. Die Rechtswahl selbst kann jedenfalls nicht am ordre public scheitern[3].

b) Fehlender Auslandsbezug

135 Art. 3 Abs. 3 Rom I-VO will auch einfachen zwingenden, dh. nicht dispositiven Normen in sog. **Binnensachverhalten**[4] zur Durchsetzung verhelfen[5]. Danach ist zwar eine Rechtswahl nicht ausgeschlossen, wenn der Vertrag bereits in einem Land offensichtlich lokalisiert ist. Sie ist jedoch in ihren Wirkungen beschränkt[6]. Die Parteien können die Bestimmungen, von denen nicht durch

---

1 OLG Frankfurt 14.8.1984, IPRspr. 1984 Nr. 26 = RIW 1984, 919.
2 Vgl. auch *Möllenhoff*, S. 82 ff.
3 *Thorn*, in: Palandt, Art. 27 EGBGB Rz. 3; *Magnus*, in: Staudinger, Art. 27 EGBGB Rz. 18. – Anders LG Berlin 9.11.1994, IPRspr. 1994 Nr. 42 = NJW-RR 1995, 754.
4 So *von Hoffmann/Thorn*, § 10 Rz. 29.
5 Im Anschluss an Art. 3 Abs. 3 EVÜ und Art. 13 des früheren Benelux IPR-Entwurfs. – Vgl. *Wagner*, IPRax 2008, 380.
6 *Leible/Lehmann*, RIW 2008, 534. – S. zum EVÜ Bericht *Giuliano/Lagarde*, S. 50 f.

Vereinbarung abgewichen werden kann, dh. zwingende Bestimmungen, nicht abbedingen. Eine Parallelvorschrift findet sich in Art. 14 Abs. 2 Rom II-VO[1]. Eine die kollisionsrechtliche Verweisung ermöglichende, ausreichende Auslandsberührung wird also allein durch die Vereinbarung des ausländischen Rechts noch nicht hergestellt. Die Parteien bleiben auch an das einfache zwingende Recht des Staates, zu dem das Rechtsverhältnis allein Beziehungen aufweist, gebunden[2]. Sie können sich lediglich in diesem Rahmen bewegen; es kommt zu einem „law mix"[3]. Die Verweisung auf das fremde Recht hat insoweit nur die Wirkung einer materiellrechtlichen Verweisung[4]. Art. 3 Abs. 3 Rom I-VO stellt somit einen Kompromiss dar zwischen der strengen Auffassung, die bei Inlandssachverhalten überhaupt keine Rechtswahl zulassen will, und der großzügigeren, wonach auch in solchen Fällen eine Rechtswahl unbeschränkt möglich sein soll[5]. Die Vorschrift ist allseitiger Natur[6]. Maßgeblicher Zeitpunkt ist die Rechtswahl[7].

Für die **Beurteilung der Lokalisierung** liefern vor allem die Umstände wichtige Hinweise, welche nach den Art. 4 ff. Rom I-VO für die objektive Anknüpfung maßgeblich sind (wie zB Aufenthaltsort und Niederlassung)[8]. Auch bei einem Internet-Auftritt kommt es insoweit auf die realen Verhältnisse an[9]. Welche Umstände eine ausreichende Verbindung zur gewählten Rechtsordnung herstellen, hängt vor allem von der Art des abgeschlossenen Geschäfts ab. Jedenfalls sind solche Elemente ausreichend, die im Rahmen der objektiven Anknüpfung nach Art. 4 Rom I-VO heranzuziehen sind, wie insbesondere der gewöhnliche Aufenthalt des Leistenden sowie grenzüberschreitende Dienstleistungen bzw. Güterbewegungen[10]. Nicht ausreichend ist obwohl dies nicht mehr im Wortlaut des Art. 3 Abs. 3 Rom I-VO erscheint – die Vereinbarung eines ausländischen Gerichtsstandes[11]. 136

---

1 Näher *Wagner*, IPRax 2008, 380.
2 Von einem „Einbettungsstatut" sprechen *Hohloch*, in: Erman, Art. 27 EGBGB Rz. 25, 26; *Magnus*, in: Staudinger, Art. 27 EGBGB Rz. 115, 131.
3 *Rühl*, Festschr. Kropholler, S. 204 f.; *Pfeiffer*, EuZW 2008, 624 f.
4 *Garcimartín Alférez*, EuLF 2008, I-64 f. Für eine „Zwischenstellung" *Pfeiffer*, EuZW 2008, 624 f. – Eine „beschränkt kollisionsrechtliche Verweisung" nimmt an *Fiedler*, Stabilisierungsklauseln (2001), S. 202. Für eine materiellrechtliche Verweisung bereits *Gamillscheg*, ZfA 14 (1983), 307 (327); *Sandrock*, RIW 1986, 846; *von Hoffmann/Thorn*, § 10 Rz. 29; *Magnus*, in: Staudinger, Art. 27 EGBGB Rz. 115.
5 Vgl. Deutsche Denkschrift zum EVÜ, BT-Drucks. 10/503, S. 24.
6 *Dicey/Morris*, II Rz. 32-071; *Magnus*, in: Staudinger, Art. 27 EGBGB Rz. 118, 133.
7 *Magnus*, in: Staudinger, Art. 27 EGBGB Rz. 126.
8 S. etwa BGH 26.10.1993, BGHZ 123, 380 (384) = IPRspr. 1993 Nr. 37 = IPRax 1994, 449 (m. Aufs. *W. Lorenz*, IPRax 1994, 429) (Sitz der Parteien sowie Vertragsleistungen in Deutschland und Österreich); BGH 19.3.1997, BGHZ 135, 124 (130) = IPRspr. 1997 Nr. 34 = IPRax 1998, 285 (m. Aufs. *Ebke*, IPRax 1998, 263) (Abschlussort und Wohnanlage in Spanien, Sitz der Parteien Isle of Man und Deutschland).
9 Dazu *Magnus*, in: Graf/Paschke/Stober, S. 25.
10 LG Hamburg 31.5.1990, IPRspr. 1990 Nr. 37 = RIW 1990, 1020 (Auftrag zur Vornahme von Devisentermingeschäften an Gesellschaft mit faktischem Inlandssitz. Vereinbarung engl. Rechts unwirksam); *von Hoffmann/Thorn*, § 10 Rz. 30.
11 *Garcimartín Alférez*, EuLF 2008, I-65. – Vgl. *von Hoffmann/Thorn*, § 10 Rz. 30; *Magnus*, in: Staudinger, Art. 27 EGBGB Rz. 119.

137 Problematisch ist, wenn die gesamten oder nahezu alle Bezüge eines Vertragsverhältnisses auf das Inland hinweisen, der **Abschlussort** hingegen im Ausland liegt. Solche Fälle betreffen vor allem eine ausländische Vertragsanbahnung, etwa bei einem ausländischen Vertragsschluss, aber anschließender Vertragsabwicklung im Inland, zB in einem Vertrag mit deutschen Touristen. Ob dann der Abschlussort allein ausreicht, ist umstritten[1]. Man könnte die Schranke des Art. 3 Abs. 3 Rom I-VO eingreifen lassen[2]. Eine andere Ansicht lehnt eine Beschränkung ab, weil der Auslandsbezug als ausreichend angesehen wird[3]. Vermittelnd wird die Vorschrift jedenfalls dann angewendet, wenn „der Einklang von Abschlussort und Rechtswahl bewusst herbeigeführt worden ist"[4]. Für eine liberalere Auslegung des Art. 3 Abs. 3 Rom I-VO spricht, dass sich ein ausreichender räumlicher Bezug nur schwer definieren lässt. Auch die Festlegung des Ortes, der rechtlich als Abschlussort gelten soll, kann Schwierigkeiten aufwerfen und zu Ungereimtheiten führen (zB Abschluss nur durch Boten oder Stellvertreter). Zudem zeigen verschiedene Vorschriften, dass der Abschlussort durchaus nicht irrelevant ist (Art. 11 Abs. 1–3 Rom I-VO). Ferner ist Ansatzpunkt der besonderen Schutzvorschriften für Arbeitnehmer, Versicherungsnehmer und Verbraucher (Art. 6–8 Rom I-VO) nicht der Ausschluss der Rechtswahl selbst, sondern ein Günstigkeitsvergleich bzw. die Beschränkung des Art. 46b EGBGB.

138 Die **Staatsangehörigkeit** soll nach manchen ebenfalls nicht genügen[5]. Die Staatsangehörigkeit ist im Internationalen Vertragsrecht kein Anknüpfungspunkt. Es kommt im Allgemeinen nur auf den gewöhnlichen Aufenthalt an. Folgt man dem, so ist zwar zwei in Deutschland wohnenden Ausländern der Rückgriff auf ihr Heimatrecht nicht verwehrt. Sie können sich jedoch nicht den deutschen zwingenden Vorschriften entziehen.

---

[1] Verneinend *von Hoffmann/Thorn*, § 10 Rz. 30.
[2] S. zB für Art. 27 EGBGB OLG Frankfurt 1.6.1989, NJW-RR 1989, 1018 = IPRax 1990, 236 (m. Aufs. *Lüderitz*, IPRax 1990, 216) (Verkaufsveranstaltung in Spanien, inländ. Auftragsbestätigung); LG Hamburg 21.2.1990, IPRspr. 1990 Nr. 29 = IPRax 1990, 239 (m. Aufs. *Lüderitz*, IPRax 1990, 216) (Verkaufsveranstaltung auf Gran Canaria, inländ. Auftragsbestätigung); LG Hamburg 29.3.1990, IPRspr. 1990 Nr. 30 = NJW-RR 1990, 695 (Verkaufsveranstaltung auf Gran Canaria, inländ. Auftragsbestätigung). Entsprechend *von Bar*, II Rz. 419, wenn lediglich der Auftrag vom Ausland aus erfolgte.
[3] So etwa OLG Celle 28.8.1990, IPRspr. 1990 Nr. 41 = RIW 1991, 421 = IPRax 1991, 334 (m. Aufs. *Mankowski*, IPRax 1991, 305) (Kauf auf Freizeitveranstaltung in Spanien); LG Stade 19.4.1989, IPRspr. 1989 Nr. 39 (Kauf auf Verkaufsveranstaltung auf Gran Canaria); LG Koblenz 13.6.1989, IPRspr. 1989 Nr. 43 (Verkaufsveranstaltung in Spanien); LG Hildesheim 11.2.1991, IPRspr. 1992 Nr. 28 = IPRax 1993, 173 (m. Aufs. *Langenfeld*, IPRax 1993, 155) (Kauf während Ausflugsfahrt auf Gran Canaria; *Taupitz*, BB 1990, 642 (648); *Thorn*, in: Palandt, Art. 27 EGBGB Rz. 4; *Magnus*, in: Staudinger, Art. 27 EGBGB Rz. 123.
[4] *Hohloch*, in: Erman, Art. 27 EGBGB Rz. 26.
[5] So *von Hoffmann/Thorn*, § 10 Rz. 30; *Magnus*, in: Staudinger, Art. 27 EGBGB Rz. 124. Die ausländ. Staatsangehörigkeit nur einer der Parteien lassen nicht genügen *E. Lorenz*, RIW 1987, 575; *von Bar*, II Rz. 419.

c) Binnenmarktsachverhalt

Eine besondere Absicherung gemeinschaftsrechtlicher Standards gegenüber der Wahl drittstaatlichen Rechts enthält Art. 3 Abs. 4 Rom I-VO[1]. Diese Binnenmarkt- oder auch Drittstaatenklausel ist nach dem Vorbild des Art. 3 Abs. 3 Rom I-VO formuliert worden, vgl. Rz. 523 ff. Es geht dabei um Binnenmarktsachverhalte (sog. reine Binnenmarktkollisionsfälle), also Verträge, welche lediglich mehrere Mitgliedstaaten, dh. **das Gemeinschaftsgebiet berühren**. Sind alle anderen Elemente des Sachverhalts zum Zeitpunkt der Rechtswahl in einem oder mehreren Mitgliedstaaten belegen, so berührt die Wahl des Rechts eines Drittstaats durch die Parteien nicht die Anwendung der Bestimmungen des Gemeinschaftsrechts – gegebenenfalls in der von dem Mitgliedstaat des angerufenen Gerichts umgesetzten Form –, von denen nicht durch Vereinbarung abgewichen werden kann. Die Vorschrift greift nur dann ein, wenn das Recht eines Drittstaats vereinbart wird, also eines Nichtmitgliedstaats der Rom I-VO (vgl. Rz. 39). Allerdings zählt Dänemark hier zu den Mitgliedstaaten[2] (Art. 1 Abs. 4 Rom I-VO).

139

Es genügt nicht irgendein Bezug, vielmehr kommt es darauf an, dass alle anderen Elemente des Sachverhalts zum Zeitpunkt der Rechtswahl in einem einzigen oder in mehreren Mitgliedstaaten belegen sind. Ebenso wie in Art. 14 Abs. 2 Rom II-VO sind EU-interne Sachverhalte gemeint[3]. Die Vorschrift greift auch dann ein, wenn die Elemente des Sachverhalts zum Zeitpunkt der Rechtswahl in mehreren Mitgliedstaaten belegen sind. Die Mitgliedstaaten der EU werden daher ähnlich wie ein einziger Staat behandelt[4]. Bei Art. 3 Abs. 4 Rom I-VO handelt es sich wegen der Begrenzung auf „alle anderen Elemente des Sachverhalts" um eine verhältnismäßig enge Bestimmung, die auf die fehlende Drittstaatenbeziehung reagiert. Gemeint sind Bestimmungen des Gemeinschaftsrechts, von denen nicht durch Vereinbarung abgewichen werden kann. Es geht also um nichtdispositive Vorschriften[5].

Die **Rechtsfolge** des Art. 3 Abs. 4 Rom I-VO ist eindeutig. Die Rechtswahl ist an sich gültig. Es kommt aber zu einer Anwendung der Bestimmungen des Gemeinschaftsrechts, bei Richtlinien in der von dem Mitgliedstaat des angerufenen Gerichts umgesetzten Form. Maßgeblich ist das Umsetzungsrecht der jeweiligen lex fori[6]. Es braucht sich also nicht um den Staat zu handeln, mit

---

1 Art. 3 Abs. 5 Rom I-VO-Entw. 2005 war noch weiter gefasst. Danach sollte die Anwendung der zwingenden Bestimmungen des Gemeinschaftsrechts von der Wahl des Rechts eines Drittstaats durch die Parteien unberührt bleiben, wenn diese Bestimmungen im konkreten Fall anwendbar wären. Daher entstand die Frage, wieweit das „Richtlinienkollisionsrecht" auf diesem Wege durchgesetzt werden könnte. Näher *Mankowski*, IPRax 2006, 102 f.; *Solomon*, Verbraucherverträge, in: Ferrari/Leible S. 89 (106 ff.).
2 *Garcimartín Alférez*, EuLF 2008, I-65.
3 Dazu *Wagner*, IPRax 2008, 380.
4 *Mankowski*, IHR 2008, 135.
5 *Mankowski*, IHR 2008, 135 f.
6 *Garcimartín Alférez*, EuLF 2008, I-65; *Mankowski*, IHR 2008, 135; *Pfeiffer*, EuZW 2008, 625.

dem der Sachverhalt am engsten verbunden ist[1]. Angesichts der Tatsache, dass die jeweilige Umsetzung der Richtlinie zumindest ähnlich sein dürfte, dient diese Lösung der Vereinfachung. Eine überschießende Umsetzung der Richtlinie, die beispielsweise mehr Schutz gewährt, wird von Art. 3 Abs. 4 Rom I-VO nicht mehr abgedeckt[2].

140 Art. 3 Abs. 4 Rom I-VO bezieht sich auf **alle Arten von Verträgen**, nicht etwa nur auf Verbraucherverträge iSd. Art. 6 Rom I-VO oder Arbeitsverträge iSd. Art. 8 Rom I-VO[3]. Im Unterschied zu den kollisionsrechtlichen Regeln der Richtlinien, welche bei der Wahl eines drittstaatlichen Rechts im Allgemeinen auf einen „engen Zusammenhang" abstellen, ist Art. 3 Abs. 4 Rom I-VO die engere Vorschrift[4]. Sie kommt lediglich dann zur Anwendung, wenn es überhaupt keinen Auslandsbezug gibt. Die Normen des Richtlinienrechts sind daher unberührt geblieben[5]. Die Vorschrift weist insofern Anklänge an die Ingmar-Entscheidung auf, als sie Gemeinschaftsrecht gegen eine Wahl drittstaatlichen Rechts durchsetzt (vgl. Rz. 542 ff.). Allerdings hat der EuGH in der „Ingmar"-Entscheidung das Gemeinschaftsrecht sogar durchgesetzt, obwohl im gegebenen Fall ein Zusammenhang mit dem gewählten US-amerikanischen Recht bestand[6]. Das genaue Verhältnis von Art. 3 Abs. 4 Rom I-VO zu Art. 9 sowie zu Art. 25 Rom I-VO ist noch ungeklärt[7].

d) Andere Vorschriften

141 Bestimmten **zwingenden Schutzvorschriften** wollen die Art. 6 Rom I-VO, Art. 49b EGBGB (Verbraucherverträge), Art. 7 Rom I-VO, Art. 49c EGBGB (Versicherungsverträge) und Art. 8 Rom I-VO (Arbeitsvertrag) Geltung verschaffen. Erwägungsgrund 23 erläutert, dass bei Verträgen, bei denen die eine Partei als schwächer angesehen wird, die schwächere Partei durch Kollisionsnormen geschützt werden sollte, die für sie günstiger sind als die allgemeinen Regeln. Hierauf ist bei den einzelnen Vertragstypen einzugehen.

Nach Art. 9 Abs. 3 Rom I-VO kann auch bestimmten **international zwingenden Normen** eines anderen Staates Wirkung verliehen werden, wenn und soweit diese Eingriffsnormen nach dem Recht dieses Staates anzuwenden sind, auch wenn es nicht das Vertragsstatut ist (vgl. Rz. 631 ff.).

5. Zusammenfassung mit Handlungsanleitung

142 Die **Prüfung einer Rechtswahlvereinbarung** hängt davon ab, welche Bestimmungen für sie gelten, sodann kommt es auf die Zulässigkeit und die Wirksamkeit der Vereinbarung an.

---

1 *Mankowski*, IHR 2008, 135; *Rühl*, Festschr. Kropholler, S. 204 f.
2 *Pfeiffer*, EuZW 2008, 625.
3 *Mankowski*, IHR 2008, 135.
4 *Garcimartín Alférez*, EuLF 2008, I-65.
5 *Mankowski*, IHR 2008, 135 f.
6 *Mankowski*, IPRax 2006, 103; *Garcimartín Alférez*, EuLF 2008, I-65.
7 Vgl. *Garcimartín Alférez*, EuLF 2008, I-65.

a) Zunächst ist zu klären, ob es sich um eine Materie handelt, für welche eine Rechtswahl nach den Art. 3 ff. Rom I-VO gestattet ist. Dafür ist zu prüfen, ob für den Fragenkomplex **Einheitsrecht** (wie etwa das UN-Kaufrecht) vorgeht (Art. 3 Nr. 2 EGBGB) oder ob die Materie von Art. 1 Rom I-VO ausgeschlossen ist. In diesen Fällen kommen die Art. 3 ff. Rom I-VO gar nicht bzw. nicht unmittelbar zur Anwendung. Letzteres gilt insbesondere für Versicherungsverträge, außer für die Rückversicherung.

b) Im Anwendungsbereich der Art. 3 ff. Rom I-VO stellt sich vor allem die Frage, ob eine **ausdrückliche Rechtswahl** der Parteien vorliegt (Art. 3 Rom I-VO). Sodann ist zu prüfen, ob die Rechtswahl nach dem in Aussicht genommenen Recht zustande gekommen ist (Art. 3 Abs. 5 iVm. Art. 10 Abs. 1 Rom I-VO) oder ob sich die andere Partei bezüglich ihres Verhaltens (vor allem des Schweigens) auf entgegenstehendes Recht ihres gewöhnlichen Aufenthaltsortes berufen kann (Art. 10 Abs. 2 Rom I-VO). Die innere Gültigkeit des Vertragsschlusses (etwa Irrtum) richtet sich allein nach dem gewählten Recht.

c) Wurde **keine ausdrückliche Rechtswahl** getroffen, so kann gleichwohl eine stillschweigende Rechtswahl „eindeutig" getroffen worden sein (Art. 3 Abs. 1 S. 2 Rom I-VO). Erforderlich ist neben darauf hindeutenden äußeren Umständen ein entsprechender rechtsgeschäftlicher Wille.

Als Hinweise kommen insbesondere in Betracht

– eine Gerichtsstandsvereinbarung,

– eine Schiedsklausel,

– das übereinstimmende Prozessverhalten der Parteien,

– eine Erfüllungsortvereinbarung,

– die Bezugnahme auf ein Recht,

– ein Vertragsschluss nach Formularen oder Allgemeinen Geschäftsbedingungen, welche auf einer bestimmten Rechtsordnung aufbauen.

d) Ist die Rechtswahl **anfänglich oder nachträglich** erfolgt (Art. 3 Abs. 2 S. 1 Rom I-VO)? Beides ist möglich; doch ist zu entscheiden, ab welchem Zeitpunkt die Rechtswahl eingreift.

e) Betrifft die Rechtswahl das **ganze Vertragsverhältnis** oder **nur einen Teil** davon (Art. 3 Abs. 1 S. 3 Rom I-VO)? Eine teilweise Rechtswahl ist bei Abtrennbarkeit der Frage zulässig.

f) War der Sachverhalt im Zeitpunkt der Rechtswahl nur mit **einem Staat** verbunden? Wenn ja, dann bleiben trotz anders lautender Rechtswahl die zwingenden Bestimmungen jenes Staates, von denen nicht durch Vereinbarung abgewichen werden kann, unberührt (Art. 3 Abs. 3 Rom I-VO). Handelt es sich um einen bloßen Binnenmarktsachverhalt iSd. Art. 3 Abs. 4 Rom I-VO?

II. Mangels Rechtswahl anzuwendendes Recht (Art. 4 Rom I-VO)

1. System der objektiven Anknüpfung

143 Das neue Recht will das **richtige Vorgehen** bei der Bestimmung des Vertragsstatuts klarstellen[1]. Zwar sollte die komplizierte Struktur des bisherigen Art. 4 EVÜ vereinfacht werden. Inhaltlich sollte sich aber nichts daran ändern, dass das Recht zur Anwendung kommt, mit welchem der Sachverhalt am engsten verbunden ist[2]. Die engste Verbindung ist daher keineswegs nur eine Leerformel[3]. Erwägungsgrund 16 stellt fest, dass die Kollisionsnormen ein hohes Maß an Berechenbarkeit aufweisen sollten, um zum allgemeinen Ziel dieser Verordnung, nämlich zur Rechtssicherheit im europäischen Rechtsraum, beizutragen. Dennoch sollten die Gerichte über ein gewisses Ermessen verfügen, um das Recht bestimmen zu können, das zu dem Sachverhalt die engste Verbindung aufweist. **Gesondert genannt** werden in Art. 4 Rom I-VO der Warenkauf (Abs. 1 lit. a), Dienstleistungen (Abs. 1 lit. b), Miete und Pacht unbeweglicher Sachen (Abs. 1 lit. c, d), Franchiseverträge (Art. 1 lit. e), Vertriebsverträge (Abs. 1 lit. f), der Kauf auf Versteigerungen (Abs. 1 lit. g) sowie Verträge über Finanzinstrumente (Abs. 1 lit. h). Zumeist handelt es sich dabei um Konkretisierungen bzw. Festlegungen der charakteristischen Leistung[4]. Die **charakteristische Leistung** als solche wird erst an zweiter Stelle genannt (Abs. 2). Danach folgt hilfsweise die **Anknüpfung nach der engsten Verbindung** (Abs. 4).

2. Vertragsspezifische Anknüpfung

a) Auflistung

144 Soweit die Parteien keine Rechtswahl gem. Art. 3 Rom I-VO getroffen haben, bestimmt sich das auf den Vertrag anzuwendende Recht unbeschadet der Art. 5 bis 8 nach Art. 4 Rom I-VO. In erster Linie kommt es auf die Liste in Abs. 1 an, die **acht „spezifizierte Verträge"** in einer „Aufzählungslösung" nennt[5]. Eine solche Auflistung findet sich auch in ausländischen Gesetzen[6]. Zwar wird der maßgebliche Zeitpunkt nicht audrücklich genannt. Aus der Regelung bezüglich des gewöhnlichen Aufenthalts in Art. 19 Abs. 3 Rom I-VO ergibt sich jedoch, dass es auch hier auf den **Zeitpunkt des Vertragsabschlusses** ankommen muss[7], s. unten Rz. 216. Im Entwurf von 2005 war auch eine Anknüpfung für Verträge über geistiges Eigentum vorgesehen, die aber aufgrund der dagegen gerichteten Kritik wieder gestrichen wurde[8]. Die ursprünglich vor-

---

1 *Leible/Lehmann*, RIW 2008, 534 f.; *Wagner*, IPRax 2008, 381 f.
2 *Wagner*, IPRax 2008, 380 f.
3 Anders aber *Mankowski*, IPRax 2006, 103.
4 *Mankowski*, IPRax 2006, 103 f.; *Wagner*, IPRax 2008, 382.
5 Vgl. *Wagner*, IPRax 2008, 382. – Zum Entwurf *Mankowski*, IPRax 2006, 103 f.
6 S. etwa Art. 1211 russ. ZGB; Art. 117 Abs. 2 schweiz. IPRG.
7 *Wagner*, IPRax 2008, 385.
8 Art. 4 Abs. 1 lit. f Rom I-VO Entw. 2005. – Näher European Max-Planck Group for Conflict of Laws in Intellectual Property (CLIP), Intellectual Property and the Reform

gesehene Regelung für Beförderungsverträge ist entfallen, da dafür in Art. 5 Rom I-VO eine eigene Regelung geschaffen wurde[1].

Zweck der typisierten Regelanknüpfungen ist es, mehr Rechtssicherheit zu schaffen[2]. Der Preis für die Sicherheit einer Anknüpfungsliste ist allerdings das Auftreten zahlreicher Qualifikationsprobleme[3]. Diese müssen ernst genommen werden, da teilweise erhebliche Anknüpfungsunterschiede bestehen. Die Regeln für spezifische Verträge kommen dann nicht zur Anwendung, wenn es für den konkreten Vertrag keine gesonderte Kollisionsnorm gibt sowie in Fällen, in denen mehrere spezifische Kollisionsnormen in Betracht kommen[4]. Offenbar soll dann, wenn es um „Elemente" eines Vertrages geht, zunächst die charakteristische Leistung (Abs. 2) zu ermitteln sein, wenn für den Zusammenhang mehrerer Verträge sogleich nach der engsten Verbindung gesucht werden darf[5].

b) Warenkauf (Art. 4 Abs. 1 lit. a Rom I-VO)

Kaufverträge über bewegliche Sachen unterliegen dem Recht des Staates, in dem der Verkäufer seinen gewöhnlichen Aufenthalt hat (Art. 4 Abs. 1 lit. a Rom I-VO). Dazu unten Rz. 894 ff. Andere Kaufverträge werden hiervon nicht erfasst[6]. 145

c) Dienstleistungsverträge (Art. 4 Abs. 1 lit. b Rom I-VO)

Dienstleistungsverträge unterliegen dem Recht des Staates, in dem der Dienstleister seinen gewöhnlichen Aufenthalt hat (Art. 4 Abs. 1 lit. b Rom I-VO). Nach Erwägungsgrund 17 sollten die Begriffe „Erbringung von Dienstleistungen" und „Verkauf beweglicher Sachen" so ausgelegt werden, wie bei der Anwendung von Art. 5 der Verordung (EG) Nr. 44/2001, dh. der EuGVO, soweit der Verkauf beweglicher Sachen und die Erbringung von Dienstleistungen unter jene Verordnung fallen. Franchiseverträge und Vertriebsverträge sind zwar Dienstleistungsverträge, unterliegen jedoch besonderen Regeln. Dazu unten Rz. 1041 ff. 146

d) Grundstücksverträge (Art. 4 Abs. 1 lit. c Rom I-VO)

Verträge, die ein dingliches Recht an unbeweglichen Sachen sowie die Miete oder Pacht unbeweglicher Sachen zum Gegenstand haben, unterliegen dem Recht des Staates, in dem die unbewegliche Sache belegen ist (Art. 4 Abs. 1 147

---

of Private International Law, IPRax 2007, 284 ff.; *Wagner*, IPRax 2008, 385 sowie Max-Planck-Institut, RabelsZ 71 (2007), 263 ff. – Vgl. auch *Mankowski*, IHR 2008, 138.

1 Näher *Wagner*, TranspR 2008, 222 f.
2 *Pfeiffer*, EuZW 2008, 625; *Lando/Nielsen*, CML Rev. 45 (2008), 1700 ff.
3 *Leible/Lehmann*, RIW 2008, 534 f.; *Wagner*, IPRax 2008, 382.
4 *Wagner*, IPRax 2008, 382.
5 *Lando/Nielsen*, CML Rev. 45 (2008), 1703.
6 *Wagner*, IPRax 2008, 382.

lit. c Rom I-VO)[1]. Während das Recht des Belegenheitsortes (die lex rei sitae) für die Anknüpfung von Schuldverträgen über Mobilien grundsätzlich unerheblich ist, spielt es für Verträge über dingliche und obligatorische Rechte an Grundstücken eine bedeutende Rolle. Soweit der Vertrag nämlich ein **dingliches Recht an einer unbeweglichen Sache** (a contract relating to a right *in rem* in immovable property; le contrat ayant pour objet un droit réel immobilier) oder **Miete oder Pacht** unbeweglicher Sachen (a tenancy of immovable property; un bail d'immeuble) zum Gegenstand hat, so weist er die engsten Verbindungen zu dem Staat aus, in dem das Grundstück belegen ist. Dies gilt auch und gerade für Verpflichtungsgeschäfte[2].

Grund dafür ist neben der Unverrückbarkeit des Grundstücks vor allem, dass die **Leistung im Belegenheitsland** (idR unter Beachtung seiner Form-, Register- und Bodenverkehrsvorschriften) erbracht wird und damit das gleiche Recht wie für sachenrechtliche Vorgänge zur Anwendung kommen soll. Dies gilt insbesondere für den Grundstückskauf (Rz. 1501 ff.), aber auch für Grundstücksmiete und -pacht (Rz. 1661 ff.). Ebenso ist für die Grundstücksschenkung zu entscheiden[3]. Dagegen gilt die Regel des Art. 4 Abs. 1 lit. c Rom I-VO nach hM nicht für Verträge über die Errichtung und Instandsetzung von Gebäuden, auch nicht, soweit sie einen Anspruch auf Einräumung einer Sicherungshypothek begründen (unten Rz. 1084 ff.). Im Übrigen kann die gesetzliche Anknüpfungsregel widerlegt sein, wenn sonstige Umstände eine Verbindung zu einer anderen Rechtsordnung nahe legen[4]. Dass eine Partei ihre Niederlassung in einem anderen Staat hat, reicht dafür nicht aus[5].

e) Kurzfristige Miet- und Pachtverträge (Art. 4 Abs. 1 lit. d Rom I-VO)

148 Ungeachtet des Art. 4 Abs. 1 lit. c unterliegt die Miete oder Pacht unbeweglicher Sachen für höchstens **sechs aufeinander folgende Monate** zum vorübergehenden privaten Gebrauch dem Recht des Staates, in dem der Vermieter oder Verpächter seinen gewöhnlichen Aufenthalt hat, sofern der Mieter oder Pächter eine **natürliche Person** ist und seinen **gewöhnlichen Aufenthalt in demselben Staat** hat (Art. 4 Abs. 1 lit. d Rom I-VO). Ähnlich wie bei der Zuständigkeitsregel des Art. 22 Nr. 1 EuGVO soll hier angesichts der Kürze der Vertragsdauer nicht die Belegenheit den Ausschlag geben[6]. Dazu unten Rz. 1673 ff.

---

1 Im Anschluss an Art. 4 Abs. 3 EVÜ, der seinerseits auf Art. 6 EVÜ-Entw. 1972 zurückgeht (vgl. auch Art. 119 schweiz. IPRG).
2 OLG Frankfurt 24.6.1992, IPRspr. 1992 Nr. 40 = NJW-RR 1993, 182 (notarieller Grundstückskauf unter Deutschen in Italien unterlag deutschem Recht); *Schröder*, IPRax 1987, 147.
3 S. zum EVÜ OLG Stuttgart 11.6.2007, IPRax 2008, 436 (m. Aufs. *Koch*, IPRax 2008, 417).
4 Bericht *Giuliano/Lagarde*, S. 53.
5 Vgl. OLG Düsseldorf 20.3.1997, IPRspr. 1997 Nr. 37 = NJW-RR 1998, 1159.
6 Vgl. Max-Planck-Institut, RabelsZ 71 (2007), 263.

Die Anwendung ausländischen Mietrechts erscheint wegen des nur schwachen Auslandsbezuges unangemessen[1]. Während früher als Abhilfe die Anwendung der Ausweichklausel vorgeschlagen wurde (s. Rz. 171), wurde nach altem Recht nach dem Muster der Zuständigkeitsvorschrift in Art. 22 Nr. 1 EuGVO (Art. 16 LugÜ) eine teleologische Reduktion gefordert[2]. Der Belegenheit einer **Forderung** kommt für die Bestimmung des Schuldstatuts keine Bedeutung zu[3].

f) Franchiseverträge) (Art. 4 Abs. 1 lit. e Rom I-VO)

Franchiseverträge unterliegen dem Recht des Staates, in dem der Franchisenehmer seinen gewöhnlichen Aufenthalt hat (Art. 4 Abs. 1 lit. e Rom I-VO). Insoweit handelt es sich um die Klarstellung einer umstrittenen Frage[4]. Näher dazu unten Rz. 2091.

149

g) Vertriebsverträge (Art. 4 Abs. 1 lit. f Rom I-VO)

Vertriebsverträge unterliegen dem Recht des Staates, in dem der Vertriebshändler seinen gewöhnlichen Aufenthalt hat (Art. 4 Abs. 1 lit. f Rom I-VO). Dies war unter dem EVÜ umstritten[5]. Näher zum Handelsvertreter unten Rz. 2161 ff., zum Vertragshändler (Eigenhändler) s. Rz. 2251 ff.

150

h) Kauf durch Versteigerung (Art. 4 Abs. 1 lit. g Rom I-VO)

Verträge über den Kauf beweglicher Sachen durch Versteigerung unterliegen dem Recht des Staates, in dem die Versteigerung abgehalten wird, sofern der Ort der Versteigerung bestimmt werden kann (Art. 4 Abs. 1 lit. g Rom I-VO). Dazu unten Rz. 1031 ff.

151

i) Multilaterales System (Art. 4 Abs. 1 lit. h Rom I-VO)

Eine Sonderregel besteht für Verträge, die innerhalb eines multilateralen Systems geschlossen werden, das die Interessen einer Vielzahl Dritter am Kauf und Verkauf von Finanzinstrumenten im Sinne von Art. 4 Abs. 1 Nr. 17 der Richtlinie 2004/39/EG nach nicht diskretionären Regeln und nach Maßgabe eines einzigen Rechts zusammenführt oder das Zusammenführen fördert. Solche Verträge unterliegen diesem Recht (Art. 4 Abs. 1 lit. h Rom I-VO). Dies führt regelmäßig zum Recht des Börsenplatzes bzw. des Staates, der die Aufsicht über dieses System führt[6]. Dazu unten Rz. 2431 ff.

152

---

1 Vgl. *Wagner*, IPRax 2008, 383.
2 So *von Hoffmann/Thorn*, § 10 Rz. 55; *von Hoffmann*, in: Soergel, Art. 28 EGBGB Rz. 164.
3 LG München I 11.2.1965, IPRspr. 1964/65 Nr. 43 = RzW 1965, 375 (Vereinbarung eines Erfolgshonorars für in Deutschland lokalisierte Wiedergutmachungsansprüche).
4 *Wagner*, IPRax 2008, 383.
5 Dazu *Wagner*, IPRax 2008, 383.
6 *Wagner*, IPRax 2008, 384 f. Näher *Garcimartín Alférez*, EuLF 2008, I-69; *Garcimartín Alférez*, The Special Provisions on Financial Market Contracts, in: Cashine Ritaine/Bo-

Nach Erwägungsgrund 18 sollten unter multilateralen Systemen solche Systeme verstanden werden, in denen Handel betrieben wird, wie die geregelten Märkte und multilateralen Handelssysteme im Sinne des Art. 4 der Richtlinie 2004/39/EG des Europäischen Parlaments und des Rates vom 21.4.2004 über Märkte für Finanzinstrumente[1], und zwar ungeachtet dessen, ob sie sich auf eine zentrale Gegenpartei stützen oder nicht.

3. Anknüpfung nach der charakteristischen Leistung (Art. 4 Abs. 2 Rom I-VO)

153 Nach neuem Recht ist, wie Erwägungsgrund 19 klarstellt, das anzuwendende Recht zunächst nach der für die Vertragsart spezifizierten Regel des Art. 4 Abs. 1 Rom I-VO zu bestimmen[2]. Kann der Vertrag nicht einer der spezifizierten Vertragsarten zugeordnet werden oder sind die Bestandteile des Vertrags durch mehr als eine der spezifizierten Vertragsarten abgedeckt, so soll der Vertrag dem Recht des Staates unterliegen, in dem die Partei, welche die für den Vertrag charakteristische Leistung zu erbringen hat, ihren gewöhnlichen Aufenthalt hat. Besteht ein Vertrag aus einem Bündel von Rechten und Verpflichtungen, die mehr als einer der spezifizierten Vertragsarten zugeordnet werden können, so soll die charakteristische Leistung des Vertrags nach ihrem Schwerpunkt bestimmt werden. Der Grundsatz der charakteristischen Leistung gilt daher für alle Verträge, welche in den Anwendungsbereich der Art. 3 ff. Rom I-VO fallen, dh. nicht von Art. 1 Rom I-VO ausgeschlossen sind, und für die nicht die speziellen Regeln des Art. 4 Abs. 1 bzw. die besonderen Vorschriften der Art. 5–8 Rom I-VO eingreifen[3].

154 Bei den spezifizierten Verträgen kommt eine Anknüpfung nach der charakteristischen Leistung dann in Betracht, wenn – wie bei einem gemischten Vertrag – **mehrere der aufgezählten Anknüpfungen** zur Anwendung kämen. Nicht zulässig wäre es freilich, einzelne gesondert geregelte Vertragstypen (zB Vertriebsverträge) unter Berufung auf die generellere Kategorie (zB Dienstverträge) der spezielleren Anknüpfungsregel zu entziehen[4]. Auch hier kann aber auch eine engere Verbindung nach Art. 4 Abs. 3 Rom I-VO in Betracht kommen. Lässt sich bei einem solchen Vertrag keine charakteristische Leistung bestimmen, so ist die engste Verbindung nach Art. 4 Abs. 4 Rom I-VO maßgeblich.

a) Herstellung der engsten Verbindung

aa) Begriff der charakteristischen Leistung

155 Nach Art. 4 Abs. 2 Rom I-VO weist ein Vertrag die engsten Verbindungen mit dem Staat auf, in dem **die Partei**, welche die charakteristische Leistung zu er-

---

nomi (Hrsg.), Le nouveau règlement européen „Rome I" relatif à la loi applicable aux obligations contractuelles (Genf 2008), S. 161 ff. Vgl. auch *Mankowski*, IHR 2008, 138 f.
1 ABl. EU 2004 Nr. L 145, S. 1. Zuletzt geändert durch Richtlinie 2008/10/EG, ABl. EU 2008 Nr. L 76, S. 33.
2 Ebenso *Leible/Lehmann*, RIW 2008, 535 f.
3 Vgl. zum alten Recht *Magnus*, in: Staudinger, Art. 28 EGBGB Rz. 28.
4 *Azzi*, D. 2008, 2172.

bringen hat, im Zeitpunkt des Vertragsabschlusses **ihren gewöhnlichen Aufenthalt** bzw. **ihre Hauptverwaltung hat**. Der Grundsatz der charakteristischen Leistung soll also die engste Verbindung konkretisieren und objektivieren[1].

Der Begriff der charakteristischen Leistung (the performance which is characteristic of the contract; la prestation caractéristique) wird nicht definiert. Der Bericht *Giuliano/Lagarde* zum EVÜ lässt aber keinen Zweifel daran, dass damit das **Konzept der Vertragstypenlehre** gemeint ist, wie es seit längerem von Lehre und Rechtsprechung zahlreicher Länder entwickelt wurde[2]. Führend war dabei das schweizerische Bundesgericht, das sich erstmals im Jahre 1945 auf dieses Konzept stützte[3], das vor allem von *F. A. Schnitzer* entwickelt worden ist[4]. Nach dieser Lehre ist auf einen Vertrag das Recht der Partei anzuwenden, welche die charakteristische Leistung erbringt. Grundgedanke ist, dass nicht äußere Umstände, die – wie Abschlussort oder Staatsangehörigkeit – nichts mit der Natur des Schuldverhältnisses zu tun haben, die Rechtsanwendung bestimmen sollen. Vielmehr soll die *Eigenart des jeweiligen Rechtsverhältnisses*, genau genommen die charakteristische *Verpflichtung*, den Ausschlag geben. Das Anknüpfungsmerkmal ist dem Vertrag selbst zu entnehmen[5]. Maßgeblich ist das, was für einen Vertrag typisch ist.

Die Bestimmung des Charakteristikums des Vertragsverhältnisses führt zur Bildung bestimmter vertragstypischer Anknüpfungen. Dies bietet gegenüber einer individualisierenden Anknüpfung den Vorteil größerer Einfachheit, Klarheit und Voraussehbarkeit der Ergebnisse. Während die Differenzierung nach der Eigenart der Verträge der Einzelfallgerechtigkeit dient, nützt das Aufstellen fester Kollisionsregeln der Rechtssicherheit.

Die charakteristische Leistung wird häufig **berufsmäßig erbracht**; der Leistende ist idR stärker betroffen[6]. Sie führt daher regelmäßig zu der Rechtsordnung, mit der das Vertragsverhältnis am engsten verbunden ist. Die charakteristische Leistung knüpft nämlich an die Funktion an, welche die fragliche Rechtsbeziehung im wirtschaftlichen und sozialen Leben kennzeichnet[7]. Da im Ergebnis die Geschäfte und Leistungen eines gewerblichen Unternehmens nach dem Recht seiner Niederlassung beurteilt werden, wird ferner erreicht, dass – mangels Rechtswahl – alle von ihm mit seinen Kunden geschlossenen Verträge grundsätzlich einer einzigen Rechtsordnung unterliegen[8]. Dieses sog. Uniformitätsinteresse[9] wurde früher schon häufiger unter dem Aspekt des „Massen-

---

1 Bericht *Giuliano/Lagarde*, S. 53.
2 Bericht *Giuliano/Lagarde*, S. 52 ff.
3 Schweiz. BG 27.2.1945, SchweizJahrbIntR 5 (1948), 113 (114). – Näher *Keller/Kren Kostkiewicz*, in: ZürchKomm, Art. 117 IPRG Rz. 12 ff.
4 Dazu *Gunst*, S. 60 ff. – S. auch den Überblick über die Rspr. bei *Lipstein*, Nw.J.Int.L. & Bus. 3 (1981), 406 ff.
5 Bericht *Giuliano/Lagarde*, S. 52.
6 *Lagarde*, Rev.crit.d.i.p. 80 (1991), 308.
7 Bericht *Giuliano/Lagarde*, S. 52.
8 Vgl. *Schnitzer*, Festg. Schönenberger, S. 392 f.
9 Zum Begriff *Weitnauer*, S. 165 ff.

vertrages", also des massenweisen Abschlusses durch eine Partei, herangezogen[1].

156 *Charakteristisch* ist für einen Schuldvertrag diejenige Leistung (zB von Waren oder Diensten), die ihn von anderen Verträgen unterscheidet[2]. Regelmäßig gibt diese Leistung dem Vertrag seinen Namen. Die charakteristische Leistung wird idR entgeltlich erbracht. Die Geldleistung ist hingegen unspezifisch und wenig aussagekräftig, nämlich nur das Entgelt für bestimmte, sehr verschiedenartige Leistungen[3]. Stehen sich eine Geld- und eine Natural-(Nichtgeld-)Leistung gegenüber, so wird das Vertragsverhältnis idR durch die Leistung der Partei charakterisiert, welche die **Naturalleistung** zu erbringen hat[4]. *Nicht entscheidend* ist dagegen, welche Leistung rechtlich stärker normiert ist oder leichter zu Rechtsstreitigkeiten Anlass geben kann. Zwar trifft dies auf die charakteristische Leistung teilweise zu. Die vertragliche Regelung der charakteristischen Leistung als die verwickeltere bedarf vielfach der Ergänzung durch die Rechtssätze am Niederlassungsort des Leistenden[5]. Die Regelungsintensität in einem der zur Auswahl stehenden materiellen Rechte kann aber für die kollisionsrechtliche Frage nicht maßgeblich sein. Ferner wäre dieses Argument bei gleicher Regelungsintensität nur eine Bestätigung des Satzes, dass jede Partei idR an der Anwendung ihres Rechts interessiert ist[6].

Die Abgrenzung nach der Geldleistung genügt aber dann nicht, wenn nur Geldleistungen (entgeltliches Darlehen) oder Sachleistungen (Tausch) ausgetauscht werden. Ferner können die gegenseitigen Leistungspflichten sehr komplex sein oder es werden Geld- und Nichtgeldleistungen nebeneinander erbracht. Hier ist dann der Inhalt der Verpflichtungen in Bezug auf berufliche **Typizität, Risikotragung und größeres wirtschaftliches Gewicht** näher zu untersuchen. Wird Geld gegen Geld hingegeben, so tritt also die Leistung, die nur das Entgelt für eine andere spezifische Leistung bildet, zurück[7]. Bei **unentgeltlichen Verträgen** erbringt idR nur eine Seite eine (Haupt-)Leistung, zB bei der Gebrauchsleihe. Folglich gilt das Recht dieser Partei (ebenso für die **Leihe** zB Art. 20 Nr. 9 jugosl. IPRG von 1982). In **einseitig verpflichtenden Verträgen** ist grundsätzlich nur der Schuldner zu einer charakteristischen Leistung verpflichtet; diese ist es folglich, die das Vertragsverhältnis prägt[8].

Die von Art. 4 Rom I-VO verlangte Anknüpfung an das Charakteristikum des Vertragstyps ermöglicht es, bestimmte Regeln für einzelne Vertragstypen im Voraus aufzustellen. **Verträge der gleichen Funktion und mit der gleichen Interessenlage** teilen folglich das gleiche kollisionsrechtliche Schicksal; ihre Be-

---

1 Vgl. LG Karlsruhe 21.1.1955, IPRspr. 1956/57 Nr. 28a (Bankdarlehen aufgrund schweiz. Bank-AGB).
2 *Lagarde*, Rev.crit.d.i.p. 80 (1991), 307 f.
3 Bericht *Giuliano/Lagarde*, S. 52.
4 *Wagner*, IPRax 2008, 381. – Zum EVÜ *Lagarde*, Rev.crit.d.i.p. 80 (1991), 308.
5 Vgl. *Lipstein*, Nw.J.Int.L. & Bus. 3 (1981), 410.
6 *Weitnauer*, S. 164 f.
7 Vgl. *C. Schulze*, Kodifikation des Vertragsstatuts, S. 106 f.
8 Bericht *Giuliano/Lagarde*, S. 52; vgl. auch *Schnitzer*, Festg. Schönenberger, S. 392 f.

sonderheiten prägen die Kollisionsregel[1]. Voraussetzung ist allerdings, dass auf die richtige Leistung abgestellt wird und die Vertragskategorien genügend differenzieren. Gegebenenfalls lassen sich innerhalb des einzelnen Vertragstyps (zB beim Kauf) wieder Untertypen bilden. Die Einordnung des Vertragstyps unterliegt für diesen kollisionsrechtlichen Zweck dem IPR der lex fori (dazu Rz. 160).

Die Lehre von der charakteristischen Leistung ist nicht ohne **Kritik** geblieben[2]. 157
Sie ist heute aber in vielen kontinentaleuropäischen Kodifikationen verankert. Diese enthalten häufig detaillierte Anknüpfungskataloge (zB Art. 1211 russ. ZGB; Art. 117 Abs. 2 schweiz. IPRG). Auch darf das Konzept nicht schematisch angewendet werden. Zwar ist eine ihrer Begründungen, jedes Rechtsverhältnis erfülle eine bestimmte gesellschaftliche Funktion, so dass das Recht dessen gelte, der diese Funktion ausübe (funktionelle Anknüpfung), nicht grundsätzlich falsch. Die Annahme, dies sei stets das Recht des Leistenden, insbesondere des Verkäufers, nicht aber das des Kunden, kann aber nicht befriedigen, wenn das Kriterium des Leistens andere Gesichtspunkte (zB Art der Gegenleistung, Schutz) völlig verdrängen würde. Die charakteristische Leistung bevorzugt nämlich die Nicht-Geldleistung und benachteiligt deshalb bestimmte Vertragsparteien wie Verbraucher, weil diese stets die Geldleistung erbringen[3]. Daher bedarf es dann, wenn es – wie bei Verbraucherverträgen – inopportun ist, die gewerbliche Leistung generell zu bevorzugen, einer anderen Anknüpfung, wie sie nunmehr von Art. 6 Rom I-VO zur Verfügung gestellt wird. Anderes gilt auch dann, wenn die sog. Ausweichklausel (Rz. 171) zum Zuge kommt. Dann ist zu berücksichtigen, dass andere Umstände als die Leistung eine engere Verbindung begründen (Art. 4 Abs. 3 Rom I-VO). Ferner ist oft unbefriedigend, wenn die charakteristische Leistung nur für einen einzelnen Schuldvertrag bestimmt wird. Dies ist vor allem dann unzweckmäßig, wenn der Vertrag in einem engeren Zusammenhang mit einem anderen Vertragsverhältnis steht (s. Rz. 174 ff.).

Nach früherem Recht war der Grundsatz der charakteristischen Leistung als 158
Vermutung für die engste Verbindung ausgestaltet. Das Konzept einer widerlegbaren Vermutung hat sich jedoch letztlich als inhaltsleer erwiesen[4]. **Art. 4 Rom I-VO ist nicht mehr als Vermutung**, sondern als gewöhnliche Kollisionsregel ausgestaltet worden[5]. Folglich ist einfach zu prüfen, welches die charakteristische Leistung ist. Dabei sind Umstände, die im Übrigen eine enge Verbindung herstellen können (Rz. 190 ff.), für die Bestimmung der charakteristischen Leistung nicht heranzuziehen. Dies gilt jedoch nur so lange, als diese Umstände nicht das Übergewicht erlangen und auf eine noch engere Ver-

---

1 Vgl. Bericht *Giuliano/Lagarde*, S. 52 f.
2 S. insbesondere *Jessurun d'Oliveira*, Am.J.Comp.L. 25 (1977), 303 ff.; *Gunst*, S. 103 ff. W. Nachw. bei *Morse*, Yb.Eur.L. 2 (1982), 127 ff.; *Kaye*, S. 187 ff.
3 Vgl. *Gunst*, S. 115 ff.; *Weitnauer*, S. 197 ff.
4 Vgl. *Ferrari*, in: Ferrari/Leible, S. 65 ff.
5 Anders *Mankowski*, IHR 2008, 137.

bindung nach Art. 4 Abs. 3 Rom I-VO hinweisen[1]. Ferner kann die charakteristische Leistung dann nicht maßgeblich sein, wenn sich eine solche Leistung nicht ermitteln lässt, s. unten Rz. 167.

bb) Zeitpunkt des Vertragsabschlusses

159 Das aufgrund objektiver Anknüpfung anzuwendende Recht ist – wie bereits aus dem Wortlaut hervorgeht – für den Zeitpunkt des Vertragsabschlusses zu ermitteln (vgl. Art. 19 Abs. 3 Rom I-VO), vgl. Rz. 216[2]. Spätere, für eine objektive Anknüpfung relevante Veränderungen beeinflussen die Vermutung und damit das Schuldstatut nicht. Ein **Statutenwechsel scheidet aus**, das Vertragsstatut ist grundsätzlich unwandelbar[3]. Andernfalls wäre die objektive Anknüpfung durch einen drohenden Statutenwechsel stets gefährdet[4]. Verlegt lediglich eine die charakteristische Leistung erbringende Partei ihren gewöhnlichen Aufenthalt in ein anderes Land, so führt dies ebenso wenig zu einer Änderung des Vertragsstatuts wie ein Staatsangehörigkeitswechsel[5]. Schon bislang wurde angenommen, dass, wenn Vertragsbeziehungen jahrzehntelang auf der Grundlage des Rechtes des Niederlassungsortes abgewickelt wurden, eine Sitzverlegung das Vertragsstatut nicht ohne Weiteres ändert[6].

b) Qualifikation

160 Auch die Anknüpfung an die charakteristische Leistung kann Qualifikationsprobleme aufwerfen. So ist zu bestimmen, ob es sich um einen Vertragstyp handelt, auf den die jeweilige Art der Anknüpfung überhaupt Anwendung findet[7]. Zum anderen ist zu ermitteln, was die charakteristische Leistung des konkreten Vertragsverhältnisses ist. Dies ist häufig ohne den Rückgriff auf eine bestimmte Rechtsordnung nicht möglich.

Für die **Anwendung der speziellen Kollisionsnormen** (Art. 5–8 Rom I-VO) auf den einzelnen Vertrag ist von der lex fori aus, also von den Art. 3 ff. Rom I-VO aus, zu qualifizieren, welcher Kollisionsnorm der Vertrag zu unterstellen ist[8],

---

1 Zum EVÜ *Ferid*, Rz. 6–47.
2 So wohl auch *Wagner*, IPRax 2008, 385.
3 *Hohloch*, in: Erman, Art. 28 EGBGB Rz. 7, 20; *Magnus*, in: Staudinger, Art. 28 EGBGB Rz. 19. – Vgl. *Mansel*, ZvglRW 86 (1987), 1 (8 f.); *Ferid*, Rz. 6–46.
4 Vgl. Bericht *Giuliano/Lagarde*, S. 53.
5 OLG Hamm 21.3.1994, IPRspr. 1994 Nr. 2 = IPRax 1996, 33 (m. Aufs. *Otto*, IPRax 1996, 22) = RIW 1994, 513 (Auftragsverhältnis in Mauretanien); *Lüderitz*, Festschr. Keller, S. 468 f.; *Merschformann*, S. 141. Ebenso für den nicht geplanten „zufälligen" Aufenthaltswechsel *Schnelle*, S. 137. Im gleichen Sinne für Art. 117 schweiz. IPRG, schweiz. BG 21.11.2006, BGE 133 III, 90 (94 ff.).
6 BGH 7.12.1979, IPRspr. 1979 Nr. 175 = GRUR Int. 1980, 230 (Verlagsvertrag. Verlegung des Verlagssitzes änderte nichts am deutschen Vertragsstatut).
7 Vgl. BGH 21.9.1995, IPRspr. 1995 Nr. 1 = RIW 1995, 1027 = EWiR 1995, 1187 (*Geimer*) (Garantie- oder Gesellschaftsvertrag); BGH 30.4.2003, NJW-RR 2003, 1582 (Warenkauf, Geschäftsbesorgung oder Kommission).
8 *Hohloch*, in: Erman, Art. 28 EGBGB Rz. 16. S. auch schweiz. BG 3.12.1962, BGE 88 II, 471 (Alleinvertretungsvertrag); schweiz. BG 3.7.2001, BGE 127 III, 553 (556) (Überweisungsauftrag). Anders OLG Saarbrücken 3.8.1966, IPRspr. 1966/67 Nr. 55.

zB ob ein Arbeits- oder ein Handelsvertretervertrag vorliegt[1]. Sind in inländischen Kollisionsnormen Rechtsbegriffe enthalten, so sind diese so weit zu fassen, dass auch stark abweichende ausländische materiellrechtliche Regelungen darunter fallen[2]. Im Übrigen gilt das Gebot der einheitlichen Auslegung der Kollisionsnormen auch hier. Es kommt daher auf die europäische Auslegung der Begriffe, nicht etwa auf ihren Gehalt nach nationalem Sachrecht an[3].

In engem Zusammenhang hiermit steht die Frage, welches Recht im Rahmen der objektiven Anknüpfung die Regeln für die Ermittlung des vertraglich Gewollten zur Verfügung stellt. Denn nicht immer liegen die tatsächlichen Verhältnisse offen zutage. Auch für diese – bloß kollisionsrechtlich bedeutsame – Auslegung soll die **lex fori** gelten[4]. Widersprüche zum letztlich maßgeblichen Schuldstatut sollten aber vermieden werden.

c) Lokalisierung der charakteristischen Leistung

Die charakteristische Leistung wird im Staate des gewöhnlichen Aufenthalts der Partei, die diese Leistung zu erbringen hat, lokalisiert. Damit ist dieser Ort der eigentliche Anknüpfungspunkt. Die charakteristische Leistung dient lediglich dazu, den Ort zu bestimmen und irrelevante Verbindungen auszuschalten[5]. Das Recht dieses Staates beansprucht grundsätzlich den Vorrang gegenüber dem Staat, in dem die Leistung tatsächlich zu erbringen ist, bzw. in dem der Vertrag erfüllt wird. Auf den Erfüllungsort für die charakteristische Leistung kommt es mithin nicht an[6]. Der gewöhnliche Aufenthalt gilt in erster Linie für **Verträge von Privatpersonen**, da für Berufs- und Gewerbetätigkeit die Niederlassung maßgeblich ist. Der gewöhnliche Aufenthalt (habitual residence; résidence habituelle) wird von Art. 19 Rom I-VO näher beschrieben, s. Rz. 208 ff.

161

d) Einzelne Fälle der charakteristischen Leistung

Art. 4 Abs. 1 Rom I-VO enthält, anders als noch als Art. 4 EVÜ (Art. 28 EGBGB) einen Katalog von Vertragstypen und legt für diesen fest, welches Recht jeweils maßgeblich ist. Vielfach ist das maßgebliche Recht das der charakteristischen Leistung. Die Anknüpfung einer ganzen Reihe einzelner Vertragstypen wird in Teil 5 dieses Werks (Rz. 891 ff.) detailliert dargestellt[7]. An dieser Stelle sollen nur noch einige Leitlinien und Beispiele wiedergeben wer-

162

---

1 Vgl. *Gamillscheg*, JZ 1958, 747; *Sandrock*, RIW 1986, 850 f.
2 S. *Kegel/Schurig*, S. 346 ff.
3 Vgl. *Magnus*, in: Staudinger, Art. 28 EGBGB Rz. 20.
4 S. BGH 21.10.1964, IPRspr, 1964/65 Nr. 180 = AWD 1965, 455 (Übertragung eines Zeichenrechts oder Lizenzgewährung).
5 Vgl. *Lipstein*, Nw.J.Int.L. & Bus. 3 (1981), 404.
6 *Solomon*, Tul.L.Rev. 82 (2008), 1714 f. – Vgl. schon *Gaudemet-Tallon*, Rev.trim.dr.europ. 17 (1981), 248.
7 Weitere Vertragstypen bei *Martiny*, in: MünchKomm, 5. Aufl., Art. 4 Rom I-VO Rz. 162 ff.

den. Die Bestimmung der charakteristischen Leistung hat *Schnitzer* einmal anschaulich zusammengefasst[1]:

„Es ist nun sehr einfach, festzustellen, welche Partei die charakteristische Leistung übernimmt. Das ist diejenige, die verkauft, vermittelt, versichert, die einen Dienst oder einen Transport übernimmt. Die Gegenseite zahlt bei allen diesen Vertragskategorien ein Entgelt. Die Geldleistung ist also nicht charakteristisch für die einzelne Vertragskategorie. Bei unentgeltlichen Verträgen übernimmt nur die eine Seite eine Leistung. Bei einseitigen Leistungsversprechen ist dieses das Kriterium der Rechtskategorie ... Diese Leistung wird dort übernommn, wo die betreffende Person ihren Wohnsitz, ihre gewerbliche Niederlassung hat. Auf diese Weise werden auch für diejenigen, die gewerbsmäßig oder berufsmäßig eine solche Tätigkeit ausüben, alle ihre Akte einheitlich demselben Recht unterstellt."

Danach bildet für **Veräußerungsverträge** die Veräußerung die charakteristische Leistung. Dazu gehört insbesondere der nunmehr allerdings gesondert geregelte Fahrniskauf (Rz. 962). Entsprechendes gilt für den Kauf von Rechten[2], für bestimmte Verträge über gewerbliche Schutzrechte und den Know-how-Vertrag[3], s. unten Rz. 1781 ff., Rz. 1864 ff. Bei Verträgen auf Gebrauchsüberlassung ist die Leistung der den Gebrauch überlassenden Partei vertragstypisch, zB bei Mobiliarmiete, Leihe[4], Leasingvertrag (s. Rz. 1134 f.). Charakteristisch für auf Erbringen von **Dienstleistungen** oder Tätigkeiten gerichtete Verträge ist die Leistung des zum Tätigwerden Verpflichteten[5]. Dieser Gesichtspunkt ist maßgeblich für Makler (Rz. 1392), Kommissionäre (Rz. 1397), Handelsvertreter (Rz. 2217 ff.), Eigenhändler (Rz. 2296), nach bislang umstrittener Auffassung auch für den Franchisenehmer (Rz. 2091) sowie für Geschäftsbesorgung[6] und Werkvertrag (Rz. 1081). Entsprechendes gilt für das Abhalten von Kursen, Lehrgängen oÄ[7]. **Verträge auf Sicherung** oder die Übernahme eines Risikos sind gekennzeichnet durch die Leistung des Sicherers oder der Partei, die das Risiko trägt. Hierzu gehören auch Bürgschaft und Garantie (Rz. 1181 ff.).

163 Beim **Verwahrungsvertrag** erbringt die charakteristische Leistung der Verwahrer. Daher gilt grundsätzlich das Recht am gewöhnlichen Aufenthaltsort bzw. am Niederlassungort des Verwahrers[8]. Entsprechendes gilt für die Hinterlegung und Lagerhaltung sowie ähnliche Vertragsgestaltungen[9].

---

1 *Schnitzer*, Festg. Schönenberger, S. 392 f.
2 *Wagner*, IPRax 2008, 382 (386).
3 Näher *Martiny*, in: MünchKomm, 5. Aufl., Art. 4 Rom I-VO Rz. 200 ff.
4 *Leible/Lehmann*, RIW 2008, 535 f.
5 S. BGH 17.11.1994, WM 1995, 124 = WuB IV B. Art. 34 EGBGB 1.95 *(Mankowski)* (Beratervertrag); schweiz. BG 14.7.2006, 132 III, 609 (615) (Recht des Angewiesenen).
6 BGH 30.4.2003, NJW-RR 2003, 1582 (Verwertung von Gurken); OLG Frankfurt a.M. 17.12.1997, IPRspr. 1997 Nr. 45 = RRa 1998, 78 (Hotelverwaltung und -repräsentanz für Anlage auf Mauritius).
7 AG Heidelberg 13.7.1984, IPRax 1987, 25 (Anm. *Boll*, IPRax 1987, 11).
8 LG Aachen 9.9.1998, IPRspr. 1998 Nr. 38 = RIW 1999, 304 (Anlage von Termingeld); österreich. OGH 18.1.2007, ZfRV 2007, 71; *Schröder/Wenner*, Rz. 475; *Thorn*, in: Palandt, Art. 28 EGBGB Rz. 17. – Vgl. auch Art. 117 Abs. 3 lit. d schweiz. IPRG.
9 S. schon KG 16.7.1985, IPRspr. 1985 Nr. 30 (LS) = ZUM 1986, 550 (Vertrag über die Archivierung des literarischen Nachlasses eines ausländ. Schriftstellers in einem deut-

Da die charakteristische Leistung vom Gastwirt oder Hotelier erbracht wird, richtet sich der **Gastaufnahme-** bzw. **Beherbergungsvertrag** nach dem Recht am Ort des gewöhnlichen Aufenthalts bzw. Betriebssitzes[1]. Das Recht des Betriebssitzes gilt auch für die Haftung des Gastwirts hinsichtlich eingebrachter Sachen[2]. Bei Pauschalreisen kann Art. 6 Rom I-VO (Verbraucherverträge) zum Zuge kommen (s. Rz. 2673 ff.). Diese Vorschrift gilt jedoch nicht für die bloße Beherbergung in ausländischen Hotels (vgl. Art. 6 Abs. 4 lit. a Rom I-VO). 164

Die **Schenkung** beweglicher Sachen unterliegt der Rechtsordnung am Aufenthaltsort des Schenkers[3], jedenfalls, solange es nicht um die eherechtlichen Schranken unter Ehegatten geht[4]. Der Schenker erbringt die charakteristische Leistung iSd. Art. 4 Abs. 2 Rom I-VO[5]. Auch andere Rechtsordnungen stellen auf das Recht des Schenkers ab (zB Art. 1211 Abs. 3 Nr. 2 russ. ZGB). Bei der Grundstücksschenkung ist der auf die Belegenheit hinweisende Art. 4 Abs. 1 lit. c Rom I-VO zu beachten (vgl. Rz. 147). 165

Die Schenkung von Todes wegen untersteht nach hM dem Erbstatut (Art. 25 EGBGB)[6]. Dieses entscheidet auch, ob eine Schenkung von Todes wegen überhaupt zulässig ist[7].

Bei **Gefälligkeitsverhältnissen** liegt der Schwerpunkt des Rechtsverhältnisses am Aufenthaltsort des Gefälligen, da dieser die charakteristische Leistung erbringt (Art. 4 Abs. 2 Rom I-VO). Für den (entgeltlichen oder unentgeltlichen) **Auftrag** gilt daher das Recht am gewöhnlichen Aufenthalt des Beauftragten[8]. 166

---

schen Archiv unterstand deutschem Recht. Klage des Erben auf Herausgabe von Orginalmanuskripten blieb erfolglos).

1 LG Hamburg 30.1.1991, IPRspr. 1991 Nr. 33 (italien. Recht für Hotelaufenthalt in Italien); *Spickhoff*, in: Bamberger/Roth, Art. 28 EGBGB Rz. 45.
2 Österreich. OGH 24.9.1975, ÖJZ 1976, 208.
3 *Spickhoff*, in: Bamberger/Roth, Art. 28 EGBGB Rz. 75. – Ebenso schon OLG Frankfurt 26.4.1964, IPRspr. 1964–65 Nr. 37 (schenkweise Geldüberweisung aus Australien in die Schweiz; austral. Recht angewendet); OLG Düsseldorf 7.7.1983, IPRspr. 1983 Nr. 49 = IPRax 1984, 270 (mit abl. Anm. *Fudickar*, IPRax 1984, 253) = FamRZ 1983, 1229 (Schenkung des türk. Bräutigamvaters an türk. Brautvater. Deutsches Recht als Aufenthaltsrecht angewendet).
4 Zu Letzteren *Kühne*, FamRZ 1969, 371; *Abel*, S. 120.
5 OLG Köln 8.4.1994, IPRspr. 1994 Nr. 32 = NJW-RR 1994, 1026 (Brautgeld); *Gunst*, S. 174; *von Bar*, II Rz. 496; *Thorn*, in: Palandt, Art. 28 EGBGB Rz. 10; *Magnus*, in: Staudinger, Art. 28 EGBGB Rz. 205.
6 *Abel*, Die Qualifikation der Schenkung (1997), S. 143; *Birk*, in: MünchKomm, Art. 26 EGBGB Rz. 154. Offen gelassen in BGH 23.2.1983, WM 1983, 411 = IPRspr. 1983 Nr. 16 = IPRax 1984, 330 (LS) Anm. *Firsching*.
7 OLG Düsseldorf 16.8.1996, IPRspr. 1996 Nr. 118 = NJW-RR 1997, 109 (Italien).
8 BGH 4.11.2004, RIW 2005, 144 (m. Aufs. *Dutta*, RIW 2005, 98) = IPRspr. 2004 Nr. 22 (Treuhandvertrag); OLG Hamm 21.3.1994, IPRspr. 1994 Nr. 7 = RIW 1994, 513 = IPRax 1996, 33 (m. Aufs. *Otto*, IPRax 1996, 22); OLG Hamm 29.1.1997, IPRspr. 1997 Nr. 28 = NJW-RR 1997, 1007 (Platzierung von Fußballwetten); *Thorn*, in: Palandt, Art. 28 EGBGB Rz. 16; *Magnus*, in: Staudinger, Art. 28 EGBGB Rz. 339.

e) Nichtbestimmbarkeit der charakteristischen Leistung

167 Die Regeln der Art. 4 Abs. 1 und 2 Rom I-VO sind nicht anzuwenden, wenn kein spezifizierter Vertragstyp vorliegt und sich auch die charakteristische Leistung nicht bestimmen lässt. Nach Art. 4 Abs. 4 Rom I-VO gilt dann die Generalklausel. Es ist daher das Recht anzuwenden, zu dem der Vertrag die engste Verbindung aufweist[1]. Fälle, in denen das anwendbare Recht nicht bestimmt werden kann (cannot be determined; ne peut être déterminée) sind solche, in denen eine Untersuchung des konkreten Vertragsinhalts nicht erkennen lässt, welcher Leistung wegen ihres charakteristischen Inhalts der Vorrang gegeben werden kann. Ein solches Ergebnis ist einmal möglich bei gewissen Vertragstypen, vor allem aber bei **atypischen, individuell gestalteten Verträgen**[2] (zu Letzteren auch unten Rz. 181 ff.).

Daher spricht man auch von einer *individualisierenden Schwerpunktbestimmung*[3]. In diesen Fällen ist auf andere Umstände als auf die in den Vermutungen genannten zurückzugreifen wie zB den Erfüllungsort. Auch eher marginale Kriterien wie Abschlussort oder Vertragssprache können eine Rolle spielen[4]. Da die Parteien im Allgemeinen nicht gezwungen sind, sich bestimmter Vertragstypen zu bedienen, können sie einen Vertrag sui generis schließen. Auch in einem solchen Fall ist die kollisionsrechtliche Bedeutung der einzelnen Verpflichtungen zu ermitteln. Möglicherweise lässt sich feststellen, welches die charakteristische (inbes. die nicht in Geld bestehende) Leistung ist. Dann ist nach Art. 4 Abs. 2 Rom I-VO zu verfahren. Lässt sich jedoch keine charakteristische Leistung ermitteln, so kommt es auf die engste Verbindung iSd. Art. 4 Abs. 4 Rom I-VO an[5].

Schwierigkeiten ergeben sich auch dann, wenn die charakteristische Leistung von **zwei oder mehr Vertragsparteien erbracht** wird, ohne dass diese sich zu einer höheren Organisationsform (Gesellschaft) zusammengeschlossen haben. So ist etwa denkbar, dass zwei Personen als Verkäufer oder Werkunternehmer auftreten und ihre Niederlassung in verschiedenen Staaten besitzen. In diesen Fällen ist eine gespaltene Anknüpfung des Vertrages nach Möglichkeit zu vermeiden. Vielmehr ist dann die engere Verbindung nach Art. 4 Abs. 4 Rom I-VO

---

[1] *Wagner*, IPRax 2008, 386. – Ebenso schon Bericht *Giuliano/Lagarde*, S. 54.
[2] S. etwa OLG Hamm 20.1.1989, IPRspr. 1989 Nr. 181 = NJW 1990, 1012 (Deutsches und französ. Unternehmen übertrugen sich gegenseitig den Vertrieb ihres jeweiligen Fertigungsprogramms im anderen Land).
[3] So LG Amberg 17.3.1980, IPRax 1982, 29 (LS) Anm. *Jayme* (Tausch deutschen Grundbesitzes gegen brasilian. Ländereien durch Vertrag vor deutschem Notar vereinbart. Deutsches Recht angewendet); *von Hoffmann/Thorn*, § 10 Rz. 64.
[4] S. *von Hoffmann/Thorn*, § 10 Rz. 64.
[5] Vgl. schon OLG Köln 29.2.1984, IPRspr. 1984 Nr. 23b = RIW 1985, 495; LG Köln 27.7.1983, IPRspr. 1984 Nr. 23a = IPRax 1984, 161 (LS) Anm. *Jayme* (Deutsches Unternehmen sicherte im Libanon ansässigem Geschäftsmann zu, er werde Verkaufsleiter einer in Saudi-Arabien zu gründenden Firma. Auf Gehaltsansprüche nach Nichtgründung der Firma deutsches Recht angewendet, da Absicherung von Deutschland aus geplant war).

zu suchen[1]. Ebenso ist beim **Spiel unter Privatpersonen** zu verfahren. Dies führt regelmäßig zum Ort der Durchführung[2].

Beim **Tausch** stehen sich zwei gleichartige Leistungen gegenüber, so dass die Leistung einer Partei die der anderen nicht von vornherein überwiegt. Eine charakteristische Leistung nur einer Partei lässt sich folglich nicht feststellen[3]. Gleichwohl ist der Vertrag nicht in Einzelverpflichtungen aufzuspalten, vielmehr ist nach Art. 4 Abs. 4 Rom I-VO auf die engste Verbindung des Vertrages abzustellen[4]. Teilweise lässt sie sich nach dem Gewicht der Leistungen ermitteln[5]. Bildet nämlich eine Leistung die Hauptleistung und die andere lediglich das Entgelt, so gilt das Recht dessen, der diese Leistung erbringt[6].

168

Beim Grundstückstausch ist Art. 4 Abs. 1 lit. c Rom I-VO nicht anwendbar, da kein Vertrag an nur einem Grundstück vorliegt; die Hinweise auf die lex rei sitae heben sich gegenseitig auf[7]. Doch kann man den Schwerpunkt im Zweifel beim beurkundenden Notar suchen[8].

4. Engere Verbindung (Art. 4 Abs. 3 Rom I-VO)

a) Funktion der engeren Verbindung

Erwägungsgrund 20 stellt klar, dass dann, wenn ein Vertrag eine **offensichtlich engere Verbindung** zu einem anderen als dem in Art. 4 Abs. 1 und 2 Rom I-VO genannten Staat aufweist, diese Anknüpfungen nicht gelten. Maßgeblich ist die Gesamtheit der Umstände (Art. 4 Abs. 3 Rom I-VO). Diese Vorschrift, die auf Art. 4 Abs. 5 S. 2 EVÜ zurückgeht, schränkt also die Regeln über die spezifizierten Verträge sowie die anderen Anknüpfungskriterien (gewöhnlicher Aufenthalt des Schuldners, charakteristische Leistung, Grundstücksbelegenheit) ein. Entsprechende Regelungen enthalten Art. 5 Abs. 3 Rom I-VO für Beförderungsverträge (dazu Rz. 2661 ff.), Art. 7 Abs. 2 UAbs. 2 S. 2 Rom I-VO für Versicherungsverträge (s. Rz. 4746) sowie Art. 8 Abs. 4 Rom I-VO für Arbeitsverträge (vgl. Rz. 4862 ff.), nicht hingegen Art. 6 Rom I-VO für Verbraucherverträge.

169

---

1 *Dörner*, Anm. zu BGH 9.10.1986, JR 1987, 201.
2 Näher *Martiny*, Spiel und Wette im Internationalen Privat- und Verfahrensrecht, Festschr. Lorenz '80 (2001), S. 375 (383); *Magnus*, in: Staudinger, Art. 28 EGBGB Rz. 593.
3 *Gunst*, S. 187 ff.; *Geisler*, S. 187 f.; *von Hoffmann/Thorn*, § 10 Rz. 63 f. – Zu Kompensationsgeschäften s. näher *Geisler*, S. 189 ff.; *Martiny*, in: MünchKomm, 5. Aufl., Art. 4 Rom I-VO Rz. 303.
4 *Leible/Lehmann*, RIW 2008, 536; *Wagner*, IPRax 2008, 386; *Azzi*, D. 2008, 2174.
5 *Cavalier*, Rev.Lamy dr.aff. 29 (2008), 65 (67); *Hohloch*, in: Erman, Art. 28 EGBGB Rz. 18.
6 Vgl. *C. Schulze*, S. 108; *Ferid*, Rz. 6–47, 2. – Diese Möglichkeit bezweifelt *Geisler*, S. 187 f.
7 *Geisler*, S. 189 (für Art. 28 Abs. 3 EGBGB).
8 *Thorn*, in: Palandt, Art. 28 EGBGB Rz. 9; *von Hoffmann*, in: Soergel, Art. 28 EGBGB Rz. 129.

Grund für diese Norm ist, dass die gewöhnlichen Anknüpfungsregeln nicht für alle in Betracht kommenden Vertragsgestaltungen zum richtigen Ergebnis führen. Dies liegt zum einen an der Fülle der möglichen vertraglichen Vereinbarungen und tatsächlichen Umstände, zum anderen an den unterschiedlichen Bedingungen, in die sich solche Vereinbarungen einfügen. Daher muss dem Gericht ein ausreichender Spielraum bleiben, um im Einzelfall von den genannten Anknüpfungen abweichen zu können[1]. Von der Grundregel kann daher dann abgewichen werden, wenn sie ihren Zweck, auf die Rechtsordnung hinzuweisen, zu der die engste Verbindung besteht, nicht mehr erfüllt[2].

Somit ist Art. 4 Abs. 3 Rom I-VO von entscheidender Bedeutung. Wird die Vorschrift nämlich weit ausgelegt, so schränkt dies die Reichweite der Anknüpfungen nach Art. 4 Abs. 1 und 2 Rom I-VO erheblich ein. So bleibt zB dem Konzept der charakteristischen Leistung umso weniger Anwendung, je eher der Richter eine engere Verbindung konstatiert[3]. Wird sie dagegen zu eng angewandt, kann dies wegen der starren Vermutungen zu unzuträglichen Anknüpfungen führen[4]. Der ursprüngliche VO-Entwurf wollte ganz auf eine Ausweichklausel verzichten. Dies stieß jedoch wegen des drohenden Mangels an Flexibilität auf lebhaften Widerspruch[5]. Nunmehr ist zwar wieder eine Ausweichklausel enthalten, es ist aber dem **Zusatz „offensichtlich"** verdeutlicht worden, dass sie wirklich **nur ausnahmsweise** zum Zuge kommen soll[6]. Die für die Ausweichklausel sprechenden Umstände müssen daher besonderes Gewicht haben[7].

170 Maßgeblich ist die *Gesamtheit der Umstände* (the circumstances as a whole; l'ensemble des circonstances). Welche Umstände in Betracht kommen, sagt die Verordnung nicht. Sicher ist jedenfalls, dass es **andere Umstände** sein müssen als die, auf denen die jeweilige Regelanknüpfung beruht. Gemeint sind mithin konkrete Indizien für das einzelne Rechtsverhältnis[8]. Zweckmäßig dürfte es sein, auf die gleichen Kriterien zurückzugreifen, die auch für die engste Verbindung nach Art. 4 Abs. 4 Rom I-VO Verwendung finden (dazu Rz. 190 ff.). Aus diesen Umständen muss sich ergeben, dass die engere Verbindung besteht, während zu der Rechtsordnung, auf welche die Regelanknüpfung hinweist, nur schwächere – zB flüchtigere, den wirtschaftlichen Gegebenheiten nicht entsprechende – Beziehungen vorhanden sind. In der Praxis hat sich gezeigt, dass die Ausweichklausel für die Rechtsprechung häufig das Einfalls-

---

1 Bericht *Giuliano/Lagarde*, S. 54 f.
2 Vgl. allgemein *Kreuzer*, Zur Funktion von kollisionsrechtlichen Berichtigungsnormen, ZfRV 33 (1992), 168 (175 f.) (183 f.); *Kreuzer*, Festschr. Zajtay, S. 316 f.
3 *Morse*, Yb.Eur.L. 2 (1982), 130; *Dicey/Morris*, II Nr. 32–124 ff.
4 *Kaye*, In erster Linie erfolt eine Prüfung der Anknüpfungen nach Art. 4 Abs. 1 und 2 Rom I-VO, S. 183, 187. Vgl. auch *Weitnauer*, S. 192.
5 Dazu *Lagarde*, Rev.crit.d.i.p. 95 (2006), 338 ff.; *Mankowski*, IPRax 2006, 104 f.; *Lando/Nielsen*, J. PIL 2007, 35 ff.; Max-Planck-Institut, RabelsZ 71 (2007), 256 ff.; *Wagner*, IPRax 2008, 381 f.
6 *Garcimartín Alférez*, EuLF 2008, I-70; *Lagarde*, Rev.crit.d.i.p. 95 (2006), 338; *Leible/Lehmann*, RIW 2008, 536; *Mankowski*, IHR 2008, 136 ff.
7 *Pfeiffer*, EuZW 2008, 625 f.
8 Vgl. *Garcimartín Alférez*, EuLF 2008, I-70.

tor für eine Anknüpfung nach früher maßgeblichen Anknüpfungspunkten und -maximen (zB Erfüllungsort, Akzessorietät) ist[1]. Erfolgt die Erfüllung des Vertrages in einem anderen Land als dem des gewöhnlichen Aufenthalts des die spezifizierte oder charakteristische Leistung Erbringenden, so rechtfertigt dies allein noch keine Abweichung von der Regelanknüpfung[2].

b) Ausweichklausel

Art. 4 Abs. 3 Rom I-VO[3] erkennt an, dass der Vertrag mit einer anderen Rechtsordnung enger verbunden sein kann als durch die vertragsspezifische Anknüpfung oder die charakteristische Leistung. Diese Regelung geht zurück auf die Rechtsprechung des schweizerischen BG. Danach ist die charakteristische Leistung nur so lange der entscheidende Gesichtspunkt, als nicht „konkrete Umstände die räumliche Verknüpfung mit einem anderen Recht nahe legen"[4]. Die Ausweichklausel soll dann zum Zuge kommen, wenn die Umstände des Falles **auf ein anderes Recht hindeuten**, zu dem offensichtlich eine noch engere Verbindung besteht[5]. Diese Umstände haben größeres Gewicht als das Anknüpfungsmerkmal der jeweiligen Anknüpfung[6]. Schon früh hat man versucht, subjektive und objektive Ausnahmen von der Regelanknüpfung herauszuarbeiten[7]. Heute enthält das schweizerische IPRG in Art. 15 eine generelle „Ausnahmeklausel"[8].

171

Die Ausweichklausel (escape clause; clause d'échappement) des Art. 4 Abs. 3 Rom I-VO dient als Korrektur der Regelanknüpfungen[9]. Bei ihrer Anwendung gibt es Fälle, in denen die **individualistische Methode** die richtige ist. So ist insbesondere dann zu verfahren, wenn keine Interessen feststellbar sind, die zu typischen Anknüpfungen drängen[10]. Freilich ist keineswegs ausgeschlossen, auch **einzelne Fallgruppen** zu entwickeln und für sie wieder typische Anknüpfungsregeln zu entwerfen[11]. Dafür besteht schon angesichts der begrenzten Reichweite der Anknüpfungen des Art. 4 Rom I-VO ein dringendes

---

1 Näher *Blaurock*, Festschr. Stoll (2001), S. 463 ff. (zu England und Frankreich); *Mankowski*, ZEuP 2002, 819 ff.; *Mankowski*, IPRax 2003, 466 ff.; *Siehr*, in: Reichelt, S. 73 ff.
2 Nachw. bei *Martiny*, in: Calvo Caravaca/Carrascosa Gonzaléz, S. 11 ff.; *Siehr*, in: Reichelt, S. 76.
3 Früher Art. 28 Abs. 5 S. 2 EGBGB bzw. Art. 4 Abs. 5 S. 2 EVÜ.
4 Schweiz. BG 10.6.1952, BGE 78 II, 190 (191).
5 Zum Begriff näher *Merschformann*, S. 178 ff. Zur geschichtlichen Entwicklung *Nadelmann*, Am.J.Comp.L. 33 (1985), 297 ff.
6 *von Bar*, II Rz. 489; *Dicey/Morris*, II Rz. 32–125; *Magnus*, in: Staudinger, Art. 28 EGBGB Rz. 30.
7 S. *Vischer/Huber/Oser*, Rz. 264 ff. Dazu auch *Gunst*, S. 71 ff. Für die Herausarbeitung von Fallgruppen ebenfalls *Merschformann*, S. 208 ff.
8 Zum EVÜ näher *Geisler*, S. 98 ff.
9 Vgl. *Kreuzer*, Festschr. Zajtay, S. 303.
10 Vgl. *Solomon*, Tul.L.Rev. 82 (2008), 1719. – Ferner *Sandrock*, RIW 1986, 851.
11 Vgl. *Kreuzer*, Festschr. Zajtay, S. 324 f.; *Blaurock*, Festschr. Stoll (2001), S. 477 f.

Bedürfnis. Andere meinen dagegen, Art. 4 Abs. 3 Rom I-VO erlaube nur eine einzelfallbezogene Abwägung der Anknüpfungspunkte[1].

172 Von der Regelanknüpfung sowie der Anknüpfung nach der charakteristischen Leistung kann etwa dann **abgewichen** werden, wenn bestimmte Verträge mit Angehörigen ausländischer Streitkräfte geschlossen werden (s. Rz. 195). Die Grundstücksbelegenheit kann zB bei einem gemeinsamen gewöhnlichen Aufenthalt der Parteien in einem anderen Staat als maßgeblicher Gesichtspunkt für einen Mietvertrag zurücktreten (dazu Rz. 194). Auch ein Beförderungsvertrag kann von anderen Elementen als der Rechtsordnung des Niederlassungsorts geprägt sein. In den Niederlanden ging man dann zu Art. 4 Abs. 5 EVÜ über, wenn der Sitz der die charakteristische Leistung erbringenden Partei keinen „reellen Anknüpfungswert" mehr hat[2].

Ferner soll die Einschaltung Dritter im Lande des Vertragspartners darauf hinweisen, dass zu diesem die engste Verbindung besteht. Auf diese Weise wird bei **inländischer Vertragsabwicklung** das inländische Recht berufen, ohne dass auf eine inländische Zweigniederlassung abgestellt wird. So wurde etwa dann argumentiert, wenn die Voraussetzungen für Verbraucherverträge im Übrigen nicht erfüllt sind[3]. In anderen Fallgestaltungen deuten die sonstigen Umstände eher auf die Belegenheit hin[4].

173 Auch für die engere Verbindung nennt die Verordnung keinen **Zeitpunkt**. Da die Ausweichklausel den Grundsatz der engsten Verbindung durchsetzen soll, scheint eine gleiche Haltung wie gegenüber Abs. 1 und 2 geboten (vgl. oben Rz. 144, Rz. 159). Nach dem EVÜ wurde die nachträgliche Veränderung auch hier für berücksichtigungsfähig gehalten[5]. Danach könnten bei den Anknüpfungen – insbesondere nach der charakteristischen Leistung – nachträgliche Veränderungen vor allem dann in Betracht kommen, wenn sich die für die Regelanknüpfung maßgeblichen Umstände ändern[6]. Allerdings spricht auch hier der in Art. 19 Rom I-VO genannte Zeitpunkt für den Vertragsschluss, s. Rz. 216.

---

1 Vgl. *Mankowski*, VersR 2002, 1177 (1183 f.); *Mankowski*, ZEuP 2002, 804 (811 ff.).
2 So im Balenpers-Arrest niederländ. H.R. 25.9.1992, N.J. 1992 Nr. 750. Dazu *Rammeloo*, Die Auslegung von Art. 4 Abs. 2 und Abs. 5 EVÜ, IPRax 1994, 243; *Vlas*, IPRax 1995, 194 (196). – W. Nachw. bei *Mankowski*, IPRax 2003, 469.
3 S. *Kohte*, EuZW 1990, 150 (151 f.).
4 LG Köln 22.1.1992, IPRspr. 1992 Nr. 29 = VuR 1992, 156 (Vermietung niederländ. Ferienwohnungen deutschem Recht unterstellt); KG 22.6.1994, IPRspr. 1994 Nr. 21b = VuR 1995, 35 (Dän. Ferienhausanbieter bediente sich seines deutschen Tochterunternehmens [das einen ähnlichen Namen hatte] für die „Abwicklung" von Ferienhausverträgen. Deutsches Recht wegen engerer Verbindung angewendet). – Dagegen nicht für den Bauvertrag, BGH 25.2.1999, IPRspr. 1999 Nr. 110 = IPRax 2001, 331 (m. Aufs. *Pulkowski*, IPRax 2001, 306).
5 *Merschformann*, S. 141. Ebenso *Lagarde*, Rev.crit.d.i.p. 80 (1991), 310 f., der zwar grundsätzlich analog Art. 4 Abs. 2 EVÜ vom Abschlusszeitpunkt ausgeht, aber Veränderungen etwa von Lieferungs- oder Zahlungsort für relevant hält.
6 *Schnelle*, S. 137 f.

c) Zusammenhängende Verträge

Die Geschäftsbeziehungen unter den Parteien brauchen nicht stets der gleichen Rechtsordnung zu unterstehen. So kann beispielsweise bei Bankgeschäften unter zwei Banken inländisches Recht gelten, wenn die inländische Bank tätig wird, während sie in einem anderen Fall nur Auftraggeber ist und folglich mit der Anwendung ausländischen Rechts rechnen muss (vgl. Rz. 1267 ff.). Auch in Geschäftsbeziehungen unter Spediteuren kann es zum Rollentausch kommen[1]. Gleichwohl besteht hier kein Anlass zum Abweichen von der Regel der charakteristischen Leistung; für die aufeinander folgenden Verträge gilt eben unterschiedliches Recht, weil die Leistungen verschieden sind.

174

Ein Abweichen von der für die einzelne Vertragsart maßgeblichen Regelanknüpfung kann aber dann in Betracht kommen, wenn Verträge untereinander in einem inhaltlichen Zusammenhang stehen[2]. Dies ist insbesondere dort der Fall, wo die Einzelverträge der Parteien ein größeres Ganzes bilden. Bereits bei Zweipersonenverhältnissen kann die Anknüpfung an die charakteristische Leistung, die grundsätzlich nur den Einzelvertrag im Auge hat, zur Anwendung verschiedener Rechte führen. Sind aber, wie in modernen Vertragsverhältnissen und Finanzierungsformen (Anlagenbau, Leasing, Factoring, Garantie), drei oder noch mehr Personen durch mehrere Einzelverträge zu einem **einheitlichen wirtschaftlichen Zweck** verbunden, so führt die unterschiedliche Anknüpfung fast zwangsläufig zu Spannungen und Anpassungsproblemen. Ein Teil der Probleme kann sicherlich nur mit den Mitteln des materiellen Rechts gelöst werden. Der Beitrag des Kollisionsrechts besteht darin, Zusammenhänge nicht zu zerreißen. Erwägungsgrund 20 nennt ausdrücklich die enge Verbindung mit einem anderen Vertrag[3]. Im Einzelnen ist zu unterscheiden:

aa) Vertragsverbindung

Bei der bloß äußerlichen Vertragsverbindung besteht das Vertragsverhältnis in Wirklichkeit aus mehreren selbständigen Verträgen. Sind sie rechtlich voneinander unabhängig, so ist das Vertragsstatut grundsätzlich **für jeden Vertrag gesondert** zu bestimmen. Dies gilt insbesondere für Verträge, die lediglich gleichzeitig in einer Urkunde geschlossen werden[4]. Ist kein Wille der Parteien feststellbar, Verträge einer einzigen Rechtsordnung zu unterwerfen, so ist ihr äußeres Zusammentreffen allein kein Grund, sie international-privatrechtlich einheitlich zu behandeln. Eine solche rechtliche Selbständigkeit wird vielfach bei Gegengeschäften bestehen. So kann ein Exportvertrag unabhängig vom gleichzeitig abgeschlossenen Gegenkauf abgewickelt werden[5].

175

---

1 OLG Frankfurt a.M. 16.12.1986, WM 1987, 355 = RIW 1987, 217.
2 Zur Rolle des Art. 28 Abs. 5 EGBGB s. *Mankowski*, IPRax 2003, 471 mwN.
3 Ebenso *Leible/Lehmann*, RIW 2008, 536.
4 *Steinle*, ZvglRW 93 (1994), 319. Nach *Batiffol*, Les conflits de lois en matière de contrats (Paris 1938), Nr. 141 „contrats simultanés".
5 Vgl. *Niggemann*, Gestaltungsformen und Rechtsfragen bei Gegengeschäften, RIW 1987, 169 (177).

bb) Zusammengesetzte Verträge

176 Werden mehrere zwar rechtlich selbständige Verträge geschlossen, die aber von den Parteien dergestalt miteinander verknüpft wurden, dass sie ein einheitliches Ganzes bilden, so ist auf den **Zweck** des zusammengesetzten Vertrages abzustellen und eine Aufspaltung nach den einzelnen Leistungen möglichst zu vermeiden. Meist wird eine **qualitative Bewertung** der einzelnen Vertragsverhältnisse ermöglichen, den engsten Zusammenhang der gesamten Vertragsbeziehung zu einer Rechtsordnung zu finden[1].

cc) Angelehnte Verträge

177 Verträge, die lediglich untergeordnete Hilfsfunktionen erfüllen und zur Vorbereitung, notwendigen Ergänzung, Erfüllung oder Abänderung des Hauptvertrages dienen (angelehnte Verträge), unterstehen idR dem **Recht des Hauptvertrages**[2]. Dies gilt insbesondere für Auftrag und Geschäftsbesorgung. Eine Ruhegehaltsvereinbarung wurde früher regelmäßig dem Statut des Arbeitsvertrages unterstellt[3]. Eine Option in einem Verlagsvertrag untersteht seinem Recht[4]. Selbständig zu beurteilen sind jedoch die Ausführungsgeschäfte des Kommissionärs (vgl. Rz. 1398), die vermittelten Verträge des Handelsvertreters (s. Rz. 2217) und die des Maklers (vgl. Rz. 1394).

dd) Sicherungsverträge

178 Verträge, welche die Erfüllung von Verbindlichkeiten aus einem anderen Vertrag sichern und einen engen Zusammenhang mit dem gesicherten Geschäft aufweisen, sind idR **demselben Recht** zu unterstellen. Dies gilt etwa für das Vertragsstrafeversprechen (Rz. 339), aber auch für eine Nebenabrede, mit der die Verpflichtung zur Beibringung einer Bankgarantie übernommen wird[5]. Sind jedoch Dritte beteiligt, wie bei Bürgschaft und Garantie, so bestimmt das Statut der Hauptverpflichtung regelmäßig nicht mehr das Statut des von ihnen geschlossenen Sicherungsvertrages[6] (Rz. 1183 ff.). Ob die Rückversicherung dem Recht der Erstversicherung folgt (s. Rz. 4753), ist umstritten.

ee) Ausfüllen von Rahmenverträgen

179 Werden die Beziehungen der Parteien in einem Rahmenvertrag allgemein geregelt, erfolgt die Abwicklung des Vertragsverhältnisses aber durch Einzelverträge, so erleichtert es die Rechtsanwendung, wenn beide Vertragsverhältnisse demselben Recht unterliegen. Folglich ist der Zusammenhang zwischen den

---

1 Vgl. *Kreuzer*, Festschr. von Caemmerer, S. 733.
2 Vgl. *Steinle*, ZvglRW 93 (1994), 318 f.; *Kegel/Schurig*, S. 665; *Vischer/Huber/Oser*, Rz. 271.
3 BAG 18.12.1967, IPRspr. 1966/67 Nr. 52 = DB 1968, 713 (Ruhegeldvereinbarung an Arbeitsvertrag angelehnt).
4 BGH 22.11.1955, BGHZ 19, 110 (113) = IPRspr. 1954–55 Nr. 22.
5 *Finger*, AWD 1969, 486 (489).
6 S. *Siehr*, in: Reichelt, S. 75; *Geisler*, S. 236 ff.; *von Bar*, II Rz. 503.

Vertragsverhältnissen vielfach dazu benutzt worden, um eine bestimmte Anknüpfung zu rechtfertigen. Stellt man in den Vordergrund, dass der Rahmenvertrag den Hauptzweck des Vertrages vorgibt, so spricht dies dafür, dem dafür maßgeblichen Recht Übergewicht zu geben. Insbesondere gilt dann im Interesse einer einheitlichen Anknüpfung das Statut des Rahmenvertrages grundsätzlich auch für später abgeschlossene Einzelverträge. Einzellieferungen an Vertragshändler unterliegen aus dieser Sicht dem Recht des Rahmenvertrages[1] (näher Rz. 2293 ff.). Doch kann dann, wenn der Rahmenvertrag eine große Nähe zum Kaufvertrag aufweist, die Lieferung auch Verkäuferrecht unterworfen werden[2]. Ferner kann Einheitskaufrecht eingreifen, s. Rz. 897.

Aber auch umgekehrt kann man die Leistung des Einzelvertrages (die Lieferung) in den Vordergrund stellen. Die für ihn maßgebliche Rechtsordnung beherrscht dann ebenfalls den Rahmenvertrag[3]. Regelmäßig ist aber eine getrennte Anknüpfung von Rahmen- und Ausführungsvertrag geboten[4]. Dem Zusammenhang unter den Verträgen ist lediglich auf der Ebene des Sachrechts Rechnung zu tragen.

ff) Vorbereitung des Hauptvertrages

Schließen die Parteien einen Vertrag zur Vorbereitung eines späteren Vertragsverhältnisses, so kommt es darauf an, ob zwischen diesen Geschäften ein enger Bezug besteht oder der zunächst geschlossene Vertrag isoliert angeknüpft werden kann. So wurde für den Vorvertrag hinsichtlich eines – nicht zustande gekommenen – Grundstückskaufs auf das Statut des geplanten Grundstücksgeschäfts kein Bezug genommen[5].

180

Ein Vorvertrag wird aber regelmäßig genauso angeknüpft wie der beabsichtigte Hauptvertrag[6]. Anders ist es, wenn er in den **einzelnen Verpflichtungen wesentliche Abweichungen** vom beabsichtigten Hauptvertrag aufweist oder in engem Zusammenhang mit anderen Verträgen unter den Parteien steht. Bei Grundstücksgeschäften ist der Hinweis auf die lex rei sitae nicht so stark wie sonst[7].

---

1 OLG Hamburg 5.10.1998, IPRspr. 1998 Nr. 34 = TranspR-IHR 1999, 37 (stillschweigende Rechtswahl); LG Karlsruhe 10.11.1998, IPRspr. 1998 Nr. 35 = NJW-RR 1999, 1284. – Für grundsätzliche Unabhängigkeit hingegen *Schurig*, IPRax 1994, 27 (29 f.).
2 S. IPG 1984 Nr. 18 (Köln), S. 156 f.
3 So für den Vertriebsvertrag Cass. civ. 15.5.2001, Rev.crit.d.i.p. 91 (2002), 86 m. zust. Anm. *Lagarde*.
4 OLG Düsseldorf 11.7.1996, IPRspr. 1996 Nr. 37 = NJW-RR 1997, 822 (Vertragshändlervertrag).
5 BGH 23.6.1967, IPRspr. 1966/67 Nr. 28 = WM 1967, 1042 (Anzahlung auf einen nicht zustande gekommenen Kaufvertrag über französ. Grundstück unter Deutschen. Bereicherungsansprüche deutschem Recht aufgrund hypothetischen Parteiwillens unterstellt).
6 Vgl. OLG Hamm 8.3.1993, IPRspr. 1993 Nr. 20; OLG Frankfurt a.M. 10.1.2001, IPRspr. 2001 Nr. 23 (Grundstückskauf). – Zurückhaltender bei Anwendung der Ausweichsklausel *Geiben*, S. 375 ff.
7 Für regelmäßige Anknüpfung nach der Grundstücksbelegenheit, *Geiben*, S. 358 f.

d) Gemischte Verträge

181 Gemischte Verträge sind solche, bei denen nur ein Vertragsverhältnis vorliegt, Leistung und Gegenleistung aber verschiedenen Vertragsarten angehören. Daher kann die Anknüpfung nach der charakteristischen Leistung Schwierigkeiten machen. Grundsätzlich ist auch hier die vertragstypische Leistung zu ermitteln[1]. Erst wenn dies nicht möglich ist, ist auf die engste Verbindung nach anderen Kriterien abzustellen. Gleiches gilt, wenn eine engere Verbindung zu einer anderen Rechtsordnung ersichtlich ist (Art. 4 Abs. 3 Rom I-VO).

Typische (Austausch-)Verträge mit andersartiger Nebenleistung zwingen im Allgemeinen nicht zur Aufgabe der Regelanknüpfung. Gehört die von einer Partei zu erbringende Hauptleistung einem Vertragstyp an, hat sie daneben aber noch eine andersartige (atypische oder vertragstypische) Nebenleistung zu erbringen, so gilt allein das Statut der bedeutenderen Hauptleistung[2]. Beispielsweise kann die Übertragung von Know-how untergeordneter Teil eines Patentlizenzvertrages sein[3].

182 Beim **Typenkombinationsvertrag** schuldet eine Partei mehreren Vertragstypen entsprechende und im Wesentlichen gleichwertige Hauptleistungen. Hier wird im Allgemeinen die vom Schuldner zu erbringende Leistung auch die charakteristische sein[4]. Daher ist nur eine Rechtsordnung anwendbar. Dies ist auch möglich, wenn das Rechtsverhältnis in die Form eines anderen Rechts gekleidet ist. So qualifizierte man einen nach amerikanischem Recht errichteten Trust als gemischten schuldrechtlichen Vertrag (neben fiduziarischer Eigentumsübertragung Elemente der Schenkung, der Geschäftsbesorgung und des Vertrages zugunsten Dritter) und unterstellte ihn einheitlich dem Recht des Schuldners (s. Rz. 62).

Verweist eine objektive Anknüpfung des Vertrages auf mehrere Rechtsordnungen, so ist gleichwohl die engste Beziehung für das gesamte Vertragsverhältnis individualisierend zu ermitteln[5].

183 In einem **gekoppelten (doppeltypischen) Vertrag** tauschen die Parteien Leistungen aus, die verschiedenen typischen Verträgen entsprechen. So kann ein Lizenznehmer etwa, statt Geld zu zahlen, in Lizenz hergestellte Waren liefern. Dann ist die Vertragsleistung maßgeblich, welche (wie hier die Patentlizenz) überwiegt[6].

---

1 Ebenso für Innominatverträge *Schwander*, Festg. Schluep, S. 507. Dagegen will bei atypischen Verträgen sogleich nach der engen Verbindung fragen, *Gunst*, S. 198 ff. für Art. 28 EGBGB. „Charakteristisch" sei nur eine vertragstypische Leistung. – Hilfsweise für die engste Verbindung auch Art. 1211 Abs. 5 russ. ZGB.
2 S. *von Bar*, II Rz. 502; *von Hoffmann/Thorn*, § 10 Rz. 48.
3 *Kreuzer*, Festschr. von Caemmerer, S. 730 f.
4 S. *von Bar*, II Rz. 500.
5 *Kreuzer*, Festschr. von Caemmerer, S. 732.
6 S. schweiz. BG 1.10.1968, BGE 94 II, 355 (361) = AWD 1970, 130 (Zusammenfassung) (Kaufvertrag, Lizenzabtretung und einen Maklervertrag oder Geschäftsbesorgung einheitlich schweiz. Recht unterstellt).

Die andere Leistung hat eher Entgeltcharakter und könnte auch durch eine Geldleistung ersetzt werden[1]. Ist das nicht der Fall, so ist im Einzelfall die engste Verbindung für das gesamte Vertragsverhältnis zu bestimmen. Entsprechendes gilt, wenn beide Leistungen dem gleichen Vertragstyp angehören[2].

Beim **Typenverschmelzungsvertrag** sind in der von (wenigstens) einer Partei 184 geschuldeten Leistung Elemente verschiedener Vertragstypen untrennbar miteinander verbunden. In solchen Fällen ist zu prüfen, ob gleichwohl eine der Parteien die das Vertragsverhältnis charakterisierende Leistung erbringt und daran anzuknüpfen ist[3]. Lässt sich das nicht feststellen, so ist die engste Verbindung des Vertragsverhältnisses nach anderen Kriterien zu suchen.

5. Engste Verbindung (Art. 4 Abs. 4 Rom I-VO)

a) Maßgeblichkeit der engsten Verbindung

Art. 4 Rom I-VO liegt der Grundsatz der engsten Verbindung zugrunde. Nach 185 neuem Recht spielt die engste Verbindung allerdings nur noch eine Rolle als Auffangregel bzw. als „Lückenbüßer"[4]. Es kommt auf sie nur noch an, wenn weder ein spezifizierter Vertragstyp vorliegt, noch die charakteristische Leistung bestimmt werden kann. Dagegen hatte das EVÜ das Prinzip der engsten Verbindung durch mehrere Vermutungen zu konkretisieren versucht[5]. Griffen sie nicht ein, so war die Generalklausel anzuwenden[6]. Dieses Vorgehen führte teilweise zu Verwirrung.

aa) Begriff der engsten Verbindung

Der Begriff der engsten Verbindung („the law of the country with which the 186 contract is most closely connected"; „la loi du pays avec lequel le contrat présente les liens les plus étroits") wird vom Gesetz nicht näher erläutert und bleibt vage[7]. Der Text macht nur deutlich, dass es auf die Verbindungen ankommt, die der Vertrag aufweist. Ferner lässt das Gesetz erkennen, dass ein Vertrag enge Verbindungen zu mehreren Rechtsordnungen haben kann. Weggefallen ist die Regelung des Falles, wonach ein Teil noch engere Verbindungen mit einem anderen Staat aufweisen kann (s. Rz. 189). Erforderlich ist also die Suche nach den betreffenden Kriterien, ihre Abwägung und Bewertung. Die engste Verbindung führt dann zu dem Recht des Landes, in dem der Vertrag bei

---

1 Vgl. *C. Schulze*, S. 108.
2 Vgl. *Mackensen*, Der Verlagsvertrag im IPR (1964), S. 96.
3 S. *von Bar*, II Rz. 501 für die Geschäftsbesorgung.
4 *Leible/Lehmann*, RIW 2008, 536. – Vgl. auch *Wagner*, IPRax 2008, 382.
5 Der Grundsatz der engsten Verbindung des Art. 28 Abs. 1 EGBGB, der auf Art. 4 Abs. 1 EVÜ beruhte, fand sich bereits in Art. 4 EVÜ-Entw. 1972.- Näher zur Entstehung *Merschformann*, S. 71 ff.
6 *Ferid*, Rz. 6–18, 6–38; *Kropholler*, IPR, S. 446, 451; *Magnus*, in: Staudinger, Art. 28 EGBGB Rz. 32.
7 Krit. *Juenger*, RabelsZ 46 (1982), 72 ff.; *Horlacher*, Cornell Int.L.J. 27 (1994), 173 (184 ff.).

Würdigung aller Umstände des Einzelfalles seinen Schwerpunkt hat[1]. Dabei geht es letztlich nicht um den Zusammenhang mit einem Gebiet oder Raum, sondern um die **Bezüge zu einer Rechtsordnung**[2].

Die engste Verbindung in Art. 4 Abs. 4 Rom I-VO muss zu einem Resultat führen. Eine weitere Stufe der Anknüpfung ist nicht vorhanden. Auch die Ausweichklausel kommt nicht mehr zum Zuge[3]. In einem „primären Bereich" erfasst sie solche Verträge mit Auslandsberührung, für die keine besondere gesetzliche Regelung besteht. Diese Rechtsverhältnisse, zB Tauschverträge, unterliegen von vornherein der Prüfung nach Art. 4 Abs. 4 Rom I-VO. Die Vorschrift hat insofern die Funktion eines **Auffangtatbestandes**.

Verträge, die einer der Anknüpfungen des Art. 4 Abs. 1 Rom I-VO unterliegen, werden demgegenüber nur dann nach Art. 4 Abs. 3 Rom I-VO beurteilt, wenn eine noch engere Beziehung zu einer anderen Rechtsordnung besteht (Art. 4 Abs. 3 Rom I-VO). Insofern besteht für das Konzept der engen Verbindung ein „sekundärer Anwendungsbereich"[4]. Der Grundsatz der engeren Verbindung wirkt dann als weitere Stufe der Anknüpfung und als Korrektiv (Rz. 169). Während Art. 4 Abs. 1 und 2 Rom I-VO nämlich eine Regelanknüpfung vorschreiben, kann über die enge Verbindung bei bestimmten Gestaltungen oder auch nur im Einzelfall eine andere Anknüpfung gewählt werden. Die Vorschrift kommt aber nur dann zur Anwendung, wenn die Verordnung nicht selbst – wie für Beförderungsverträge (Art. 5 Rom I-VO), Verbraucherverträge (Art. 6 Abs. 1 Rom I-VO), Versicherungsverträge (Art. 7 Rom I-VO) und Arbeitsverträge (Art. 8 Abs. 2 Rom I-VO) – das anwendbare Recht näher bestimmt.

Das neue Recht hat den Stellenwert der engsten Verbindung präzisiert. Von ihr ist nicht auszugehen. Erst dann, wenn – wie Erwägungsgrund 21 erläutert – das bei Fehlen einer Rechtswahl anzuwendende Recht weder aufgrund der Zuordnung des Vertrags zu einer der spezifizierten Vertragsarten noch als das Recht des Staates bestimmt werden kann, in dem die Partei, welche die für den Vertrag charakteristische Leistung zu erbringen hat, ihren gewöhnlichen Aufenthalt hat, so sollte der Vertrag dem Recht des Staates unterliegen, zu dem er die engste Verbindung aufweist. Bei der Bestimmung dieses Staates sollte unter anderem berücksichtigt werden, ob der betreffende Vertrag in einer sehr engen Verbindung zu einem oder mehreren anderen Verträgen steht, vgl. auch Rz. 174 ff.

187 Bemerkenswert ist, dass die gesetzliche Regelung den **Zeitpunkt des Vertragsabschlusses** nur in Art. 19 Abs. 3 Rom I-VO (früher Art. 28 Abs. 2 S. 1 und Abs. 4 EGBGB) nennt, hingegen nicht allgemein für die Bestimmung der engsten Verbindung, vgl. Rz. 159, 216. Dementsprechend erwähnt der Bericht *Giuliano/Lagarde* zum EVÜ, dass für die Ermittlung der engsten Verbindung auch

---

1 *Thorn*, in: Palandt, Art. 28 EGBGB Rz. 2.
2 Vgl. *Schnitzer*, Rec. des Cours 1968 I, 572.
3 *Cavalier*, Rev.Lamy dr.aff. 29 (2008), 65 (67); *Wagner*, IPRax 2008, 381 f.
4 So zum EVÜ *Ferid*, Rz. 6–54; *Magnus*, in: Staudinger, Art. 28 EGBGB Rz. 37.

nach Vertragsschluss eingetretene Umstände berücksichtigt werden können[1]. Früher hat man zT angenommen, dass auch eine nachträgliche Veränderung der maßgeblichen Umstände im Rahmen der objektiven Anknüpfung zu berücksichtigen ist[2]. Gleichwohl wird man im Allgemeinen einen Statutenwechsel infolge veränderter Umstände ausschließen können[3]. Dafür lassen sich die Bindung an den Vertrag und die Verhinderung von Manipulationen anführen[4]. Aufgrund einer Gesamtabwägung ist nach Möglichkeit einheitlich anzuknüpfen[5]. Bei einer tiefgreifenden Änderung der Umstände kann aber – insbesondere bei langfristigen Verträgen – ein Bedürfnis für eine Änderung des anwendbaren Rechts entstehen. Der Schutz des Vertrauens der Parteien kann bei unterlassener Rechtswahl nicht den höchsten Rang erhalten; eine vertragliche Bindung liegt hier nur bezüglich des Hauptvertrages vor.

bb) Gesamtheit der Umstände

Welchen Umständen die engste Verbindung iSd. Art. 4 Abs. 4 Rom I-VO zu entnehmen ist, sagt das Gesetz nicht. Aus dem Katalog des Art. 4 Abs. 1 sowie aus Abs. 2 Rom I-VO geht hervor, dass wesentliche Umstände die charakteristische Leistung sowie die Grundstücksbelegenheit sind. Nach Art. 4 Abs. 3 Rom I-VO kann es noch andere Umstände geben. In Betracht kommen vor allem Eigenheiten des Vertrages und Verhältnisse der Parteien. Es muss sich also um Hinweise von einigem Gewicht handeln (dazu unten Rz. 192 ff.). Sie müssen ferner – im Unterschied zu Art. 3 Rom I-VO – **außerhalb des Willens der Parteien** liegen. Nicht ein vermuteter Parteiwille ist maßgeblich, sondern die objektiven Gegebenheiten entscheiden[6]. Ein einzelner Hinweis wird häufig nicht ausreichen. Dementsprechend ist anzunehmen, dass es auch für Art. 4 Abs. 1 Rom I-VO auf die Gesamtheit der Umstände („the circumstances as a whole"; „l'ensemble des circonstances") ankommt[7]. Die Grenzen der Kriterien für die engste Verbindung zur stillschweigenden Rechtswahl sind dabei fließend[8].

188

Wie nach altem Recht sind auch die **Interessen der Parteien** zu ermitteln und abzuwägen[9]. Die Interessen, die dabei abzuwägen sind, sind allein solche international-privatrechtlicher Natur. Das materielle Recht hat hier grundsätzlich außer Betracht zu bleiben. Das Parteiinteresse muss auf die Anwendung einer Rechtsordnung ohne Rücksicht auf ihren jeweiligen Inhalt gerichtet sein[10].

---

1 Bericht *Giuliano/Lagarde*, S. 52.
2 *Lüderitz*, Festschr. Keller, S. 465 (471); *Merschformann*, S. 84 ff.
3 Vgl. *Ferid*, Rz. 6–74. Ausnahmsweisen Statutenwechsel lässt zu *Hohloch*, in: Erman, Art. 28 EGBGB Rz. 7, 20.
4 *Buchta*, Die nachträgliche Bestimmung des Schuldstatuts durch Prozessverhalten (1986), S. 21.
5 *Merschformann*, S. 87 f.
6 *Dicey/Morris*, II Rz. 32–108 f.; *Magnus*, in: Staudinger, Art. 28 EGBGB Rz. 34.
7 Ebenso *Magnus*, in: Staudinger, Art. 28 EGBGB Rz. 35.
8 *Ferid*, Rz. 6–53.
9 *Steinle*, ZvglRW 93 (1994), 318 f.; *Hohloch*, in: Erman, Art. 28 EGBGB Rz. 1.
10 *Henrich*, JZ 1961, 262; aA *Marsch*, S. 80 ff. – Anders: auch BGH 19.10.1960, IPRspr. 1960/61 Nr. 28 = NJW 1961, 25 (Lieferung [Wein] von Bordeaux nach Deutschland).

b) Abtrennbarkeit eines Vertragsteils

189 Die Abtrennbarkeit eines Vertragsteils wird von der Rom I-VO nicht mehr ausdrücklich geregelt. Früher wurde ausdrücklich bestimmt, dass dann, wenn sich ein Teil des Vertrages vom Rest des Vertrages trennen lässt und dieser Teil eine engere Verbindung mit einem anderen Staat aufweist, auf ihn ausnahmsweise das Recht dieses anderen Staates angewendet werden kann[1]. Somit war eine Aufspaltung des Vertrages zulässig. Dies sollte insbesondere für **Joint Venture-Verträge und sehr komplexe Vertragswerke** in Betracht kommen[2]. Das neue Recht erlaubt diese Abspaltung nicht mehr[3]. Das nach Art. 4 Rom I-VO ermittelte Recht ist für den gesamten Vertrag maßgeblich.

c) Hinweise auf die engste Verbindung

190 Bei der Ermittlung der engsten Verbindung handelt es sich um eine objektive, dh. vom Parteiwillen unabhängige Anknüpfung. Gleichwohl werden für diese Anknüpfung vielfach die gleichen Faktoren herangezogen, welche auch für eine stillschweigende Rechtswahl von Bedeutung sind[4]. Das geltende Recht legt jedoch eine genauere Trennung von stillschweigender Rechtswahl und objektiver Anknüpfung nahe. In der folgenden – hauptsächlich an der Rechtsprechung orientierten – Übersicht sind daher im Wesentlichen nur noch die Hinweise aufgeführt, die für eine objektive Anknüpfung in Frage kommen. Soweit Einzelumstände eine stillschweigende Rechtswahl rechtfertigen können, sind sie oben Rz. 115 ff. aufgezählt.

191 In jedem Einzelfall treffen zahlreiche Hinweise zusammen, die auf den Zusammenhang mit einer bestimmten Rechtsordnung hindeuten. Ihre Häufung wird meist eine klare Bestimmung des Vertragsstatuts ermöglichen. Die Hinweise sind aber nicht schematisch aneinander zu reihen, vielmehr auf ihre Relevanz hin zu untersuchen. Die Beziehungen zum Vertrag und den damit verfolgten Zwecken sind letztlich ausschlaggebend. Daher sind für bestimmte Vertragstypen einzelne Umstände von besonderer Bedeutung; man kann dies mit der **„kollisionsrechtlichen Eigenart" solcher Verträge** begründen[5]. Solche typischen Hinweise sind zB beim Arbeitsvertrag der Arbeitsort, beim Anwaltsvertrag der Ort der Zulassung des Anwalts, beim Lizenzvertrag das Land, in dem die Lizenz ausgeübt werden soll (s. darüber bei den einzelnen Vertragstypen). Weitere Hinweise, die bei anderen Verträgen von großer Wichtigkeit sind, müssen uU hinter die typischen zurücktreten.

Da die Parteien mit den Bestimmungen des deutschen Weingesetzes rechnen mussten, nach dem die Einfuhr von nicht verkehrsfähigen Weinen verboten war, wurde deutsches Recht angewendet).
1 Art. 28 Abs. 1 S. 2 EGBGB = Art. 4 Abs. 1 S. 2 EVÜ.
2 Bericht *Giuliano/Lagarde*, S. 55.
3 *Leible/Lehmann*, RIW 2008, 536.
4 *Magnus*, in: Staudinger, Art. 28 EGBGB Rz. 36.
5 *Gamillscheg*, AcP 157 (1958), 340. – Vgl. *Magnus*, in: Staudinger, Art. 28 EGBGB Rz. 38.

Deuten mehrere Umstände – sich widersprechend – auf verschiedene Rechts- 192
ordnungen, so müssen die Hinweise einander gegenübergestellt und nach den
Einzelheiten des Falles **gegeneinander abgewogen** werden[1]. Von Bedeutung ist
dafür, dass einige Umstände als starkes oder nur schwaches Indiz angesehen
werden. Von überragender Bedeutung sind für Schuldverträge Gerichtsstands-
oder Schiedsklauseln, die Vereinbarung eines gemeinsamen Erfüllungsortes
sowie ein eindeutiges Prozessverhalten der Parteien. Insbesondere das **Prozessverhalten** setzt sich meist gegenüber anderen Hinweisen durch. Diese Hinweise kommen für eine stillschweigende Rechtswahl in Betracht (oben
Rz. 115 ff.). Von minder großer Bedeutung sind vor allem Abschlussort, Vertragssprache und -währung sowie die gemeinsame Staatsangehörigkeit. Sie
und andere Umstände werden als zuverlässiges Indiz meist nur dann angesehen, wenn sie durch andere unterstützt werden.

Unter dem EVÜ wurde vorgeschlagen, bezüglich der Art der Hinweise und der
jeweiligen objektiven Anknüpfung zu differenzieren[2]. Geht es um das Eingreifen der Ausweichklausel, also die Ermittlung einer von den Vermutungen abweichenden engeren Beziehung (Art. 4 Abs. 3 Rom I-VO), so sollen nur „objektive", auf den Leistungsaustausch bezogene Umstände zählen. Dagegen will
man **„subjektive" Kriterien** (Abschlussort, Staatsangehörigkeit, Vertragssprache) insoweit unberücksichtigt lassen[3]. Letztere sollen nur dann Beachtung
finden, wenn es um die im Einzelfall notwendige Ermittlung der engsten Verbindung geht (Art. 4 Abs. 4 Rom I-VO). Die Tendenz, auf diese Weise die Regelanknüpfungen zu verstärken, ist sicherlich billigenswert. Insbesondere dürfen
die Anknüpfungen nach Art. 4 Abs. 1 und 2 Rom I-VO nicht durch eine Aneinanderreihung letztlich irrelevanter Gesichtspunkte beiseite geschoben werden. Bedenklich an dieser Vorgehensweise ist freilich die drohende Gefahr von
Wertungswidersprüchen zwischen Fällen innerhalb und solchen außerhalb der
regelmäßigen Anknüpfungen sowie das Risiko eines zu schematischen Vor-
gehens.

aa) Gewöhnlicher Aufenthalt, Niederlassung

Der gewöhnliche Aufenthalt (bei gewerblicher oder beruflicher Tätigkeit die 193
Niederlassung) gibt einen Hinweis auf das an diesem Ort geltende Recht. Seine
Relevanz ergibt sich auch daraus, dass ihm das Gesetz nicht nur für einzelne
spezifizierte Verträge (Art. 4 Abs. 1 Rom I-VO) sowie die charakteristische
Leistung (Art. 4 Abs. 2 Rom I-VO), sondern in anderen Vorschriften ebenfalls
Bedeutung beimisst (Art. 5, 6 und 7 Rom I-VO, Art. 46b Abs. 2 Nr. 1 EGBGB).
Der gemeinsame gewöhnliche Aufenthalt der Parteien kann zur Anwendung
des **Aufenthaltsrechts** führen und sich gegen andere Kriterien durchsetzen[4].

---

[1] Vgl. *Kegel/Schurig*, S. 658 ff.
[2] So *von Hoffmann/Thorn*, § 10 Rz. 59 f., 64. – Abl. *Spickhoff*, in: Bamberger/Roth, Art. 28 EGBGB Rz. 22.
[3] Anders etwa *von Bar*, II Rz. 490, 512; *Hohloch*, in: Erman, Art. 27 EGBGB Rz. 17.
[4] *Magnus*, in: Staudinger, Art. 28 EGBGB Rz. 40. Unterstützend für stillschweigende Rechtswahl angeführt von OLG Nürnberg 22.2.1996, IPRspr. 1996 Nr. 31 = NJW-RR 1997, 1484.

Dies ist beispielsweise bei der Miete einer ausländischen Ferienwohnung der Fall, wenn beide Vertragsparteien ihren Aufenthalt im Inland haben[1].

Haben die Parteien ihren Aufenthalt in verschiedenen Ländern, so widersprechen sich die Hinweise. Dies kann aber idR nicht dazu führen, auf die jeweiligen Verbindlichkeiten der Vertragsparteien verschiedenes Recht anzuwenden. Die sich widersprechenden Hinweise *heben sich* vielmehr *auf*, es sei denn, der Hinweis auf den Aufenthaltsort (die Niederlassung) eines Vertragspartners überwiegt. Letzteres ist regelmäßig der Fall, wenn eine der Parteien die für den Vertrag charakteristische Leistung erbringt (s. dazu oben Rz. 153 ff.).

Hierher gehören zB Verträge, die die Berufstätigkeit eines Kontrahenten betreffen und einer staatlichen Kontrolle unterliegen, also bei Verträgen mit Ärzten[2], Apothekern, Rechtsanwälten (s. unten Rz. 1423 ff.) und Architekten (s. Rz. 1089 ff.). Gebührenforderungen von Notaren unterliegen ebenfalls dem Recht ihrer Niederlassung[3].

bb) Staatsangehörigkeit

Literatur: *Kraatz,* Durchsetzbarkeit zivilrechtlicher Forderungen und Schuldtitel aus Vertrags- und Schadenersatzrecht gegen Mitglieder der Stationierungsstreitkräfte in der Bundesrepublik Deutschland, NJW 1987, 1126.

194 Die Staatsangehörigkeit ist zwar ein Umstand für die engste Verbindung nach Art. 4 Abs. 4 Rom I-VO. Doch müssen sich andere Umstände von einigem Gewicht gegen die gemeinsame Staatsangehörigkeit durchsetzen. Allerdings wird oft eine stillschweigende Rechtswahl vorliegen[4] und braucht die Lösung für alle Vertragstypen nicht die gleiche zu sein. Vor allem das RG hat der Staatsangehörigkeit der Vertragsparteien noch erhebliche Bedeutung zugemessen[5].

Heute verleiht man diesem Gesichtspunkt oft kein entscheidendes Gewicht mehr oder erklärt ihn überhaupt für unmaßgeblich[6]. Die Kollisionsnormen des internationalen Vertragsrechts stellen statt auf die Staatsangehörigkeit auf den **gewöhnlichen Aufenthalt** ab; das Gemeinschaftsrecht untersagt sogar eine Diskriminierung aufgrund der Staatsangehörigkeit (Art. 12 EG). Nunmehr unterliegt die Miete unbeweglicher Sachen für höchstens sechs aufeinander fol-

---

1 Bericht *Giuliano/Lagarde*, S. 53.
2 S. *Könning-Feil,* Das internationale Arzthaftungsrecht – Eine kollisionsrechtliche Darstellung auf sachrechtsvergleichender Grundlage (1992).
3 S. IPG 1976 Nr. 11 (Heidelberg): Gebührenforderung eines schweiz. Notars für die Beurkundung unterlag schweiz. Recht.
4 Gemeinsame Staatsangehörigkeit unterstützend angeführt von OLG Nürnberg 22.2.1996, IPRspr. 1996 Nr. 31 = NJW-RR 1997, 1484.
5 Nachw. 3. Aufl. Rz. 67.
6 Vgl. OLG Hamm 28.1.1994, IPRspr. 1994 Nr. 136 = NJW-RR 1995, 187 (Praxisübernahme unter niederländ. Zahnärzten nach deutschem Recht); OLG Stuttgart 11.6.2007, IPRax 2008, 436. – S. bereits KG 16.8.1956, IPRspr. 1956/57 Nr. 178 = NJW 1957, 347 (348) (Darlehen); OLG Köln 19.4.1963, IPRspr. 1962/63 Nr. 26 = AWD 1965, 94 (Vermögensauseinandersetzung in Schweden. Deutsche Staatsangehörigkeit der Parteien dahingestellt sein lassen. Schwed. Recht angewendet).

gende Monate zum vorübergehenden privaten Gebrauch dem Recht des Staates, in dem der Vermieter seinen gewöhnlichen Aufenthalt hat, sofern der Mieter eine natürliche Person ist und seinen gewöhnlichen Aufenthalt in demselben Staat hat (Art. 4 Abs. 1 lit. d Rom I-VO)[1]. Die Berücksichtigung der gemeinsamen Staatsangehörigkeit scheint am ehesten berechtigt, wenn **Privatleute** untereinander Geschäfte abschließen (zB Auftrag, Darlehen[2], Vorverträge über die Veräußerung oder die Miete von Ferienwohnungen[3]) oder eine gewisse **persönliche Verbundenheit** oder doch wenigstens ein stark personales Element vorhanden ist (uU bei Arbeits-, Handelsvertreter- und Maklerverträgen)[4]. Beispielsweise wird man einen Vertrag über die Miete einer österreichischen Ferienwohnung unter zwei Deutschen dem deutschen Recht unterstellen, wenn sie ihren gewöhnlichen Aufenthalt in Deutschland haben[5]. Darüber hinaus sollte die gemeinsame Staatsangehörigkeit im internationalen Geschäftsverkehr nicht den Ausschlag geben[6].

Ein Abstellen auf die gemeinsame Staatsangehörigkeit gibt auch nur dann Sinn, wenn noch eine signifikante Beziehung der Staatsangehörigen zum **Heimatstaat** besteht, insbesondere wenn sich der gewöhnliche Aufenthalt im Heimatstaat befindet. Fehlt dagegen eine solche Beziehung zum Heimatstaat, so kommt der gemeinsamen Staatsangehörigkeit nur geringes Gewicht zu. Die Rechtsprechung knüpft daher bei *in Deutschland lebenden Ausländern* häufig allein an den gewöhnlichen Aufenthalt an[7].

Häufig werden *Angehörigen der in Deutschland stationierten ausländischen Streitkräfte* besondere Leistungen, zB Versicherungen, angeboten. In diesen Fällen sind die Verträge oft auf deren besondere Verhältnisse zugeschnitten. Vertragspartner ist regelmäßig eine Gesellschaft aus einem Entsendestaat, die Vertragsparteien besitzen häufig die Staatsangehörigkeit der jeweiligen Mutterländer. Hier bestehen so geringe Bezugspunkte zur deutschen Rechtsordnung, dass ein Abweichen von der Regelanknüpfung an den gewöhnlichen Aufent-

195

---

1 Im Anschluss an die Zuständigkeitsvorschrift des Art. 22 Nr. 1 EuGVO.
2 Dazu näher *Geisler*, S. 232 f. – Unbeachtlich aber in KG 6.3.2003, IPRspr. 2003 Nr. 43 = WM 2003, 2093.
3 Vgl. OLG Köln 12.9.2000, IPRspr. 2000 Nr. 26 (Eigenheim in Niederlanden).
4 OLG Frankfurt a.M. 30.11.1994, IPRspr. 1994 Nr. 67 = RIW 1995, 1033 Anm. *Mankowski* (Time-Sharing-Vertrag). S. aber OLG Frankfurt a.M. 24.6.1992, IPRspr. 1992 Nr. 40 = NJW-RR 1993, 182 (Grundstückskauf).
5 So über Art. 28 Abs. 5 EGBGB *Kropholler*, IPR, S. 473.
6 Nach *von Hoffmann/Thorn*, § 10 Rz. 59 f., 64 relevant nur für die engste Verbindung, nicht aber die Ausweichklausel (nach altem Recht). Anders etwa *von Bar*, II Rz. 490.
7 S. bereits OLG Düsseldorf 7.7.1983, IPRspr. 1983 Nr. 49 = FamRZ 1983, 1229 = IPRax 1984, 270 (m. abl. Anm. *Fudickar*, IPRax 1984, 253) (Schenkung des türk. Bräutigamvaters an türk. Brautvater. Deutsches Recht als Aufenthaltsrecht angewendet); LG Hamburg 15.10.1975, IPRspr. 1975 Nr. 14 (Darlehensvertrag zwischen zwei in der BRD ansässigen Portugiesen. Deutsches Recht angewendet). Dies gilt erst recht bei unterschiedlicher Staatsangehörigkeit, wo es bei der Regelanknüpfung bleibt, vgl. auch OLG Celle 29.4.1987, IPRspr. 1987 Nr. 18 (LS) = NJW-RR 1987, 1190 (türk.-griech. Darlehen).

halt in Betracht kommen kann. In den entsprechenden Fällen ist daher ausländisches Recht anzuwenden[1].

cc) Beteiligung der öffentlichen Hand

Literatur: *von Hoffmann,* Staatsunternehmen im IPR, BerDGesVölkR 25 (1984), 35.

196 Heute wird zunehmend für eine strikte Gleichbehandlung von Staatsunternehmen und Privatunternehmen plädiert. Die Beteiligung eines Staatsunternehmens stellt keine engere Verbindung iSd. Art. 4 Abs. 3 Rom I-VO dar und ändert nichts an der üblichen Vertragsanknüpfung[2]. Früher nahm man bei Verträgen mit dem Staat und öffentlichen Körperschaften regelmäßig einen Hinweis auf die Rechtsordnung, von dem dieser öffentliche Verband seine Rechtsfähigkeit herleitet, an. Dieser Hinweis auf die engste Verbindung war aber bei rein privatrechtlichen Geschäften nicht zwingend und musste in jedem Fall gegen die anderen vorhandenen Hinweise abgewogen werden[3]. Nach anderen unterlagen diese Verträge grundsätzlich **dem Recht des Staates**[4]. Die ältere Rechtsprechung entschied von Fall zu Fall[5].

dd) Währung

197 Die Vereinbarung, dass Geldleistungen in einer bestimmten Währung bemessen oder gezahlt werden sollen, bedeutet nur einen schwachen Hinweis auf das Recht dieser Währung[6]. Die Wahl der Währung wird häufig von Fragen der **Wertbeständigkeit, der Konvertibilität** und von **sonstigen Devisenbestimmun-**

---

1 LG Frankfurt 3.7.1964, IPRspr. 1964–65 Nr. 39 (Kanad. Handelsvertreter verkaufte für amerikan. Unternehmen Lebensmittel an amerikan. Soldaten in Spanien. Amerikan. Recht angewendet); LG Zweibrücken 1.2.1983, IPRspr. 1983 Nr. 23 = RIW 1983, 454 (Gesellschaft in Ramstein schloss Kreditkaufverträge mit amerikan. Soldaten. Trotz Gerichtsstandsvereinbarung amerikan. Recht angewendet); IPG 1980/81 Nr. 10 (Freiburg) (Französ. Unteragent mit Niederlassung in Konstanz vermittelte für französ. Versicherer Kfz-Versicherungen an französ. Soldaten. Französ. Recht für maßgeblich gehalten). Vgl. auch *Thorn,* in: Palandt, Art. 27 EGBGB Rz. 2.
2 KG 16.1.1996, IPRspr. 1996 Nr. 25 = IPRax 1998, 280 (283) (Beteiligung des russ. Fiskus unerheblich); *von Hoffmann,* BerDGesVölkR 25 (1984), 57 f.; *Merschformann,* S. 235 f.; *Schröder/Wenner,* Rz. 412.
3 Vgl. *Borchers* (vor Rz. 100), S. 35 ff.; *Gamillscheg,* RabelsZ 27 (1962/63), 591.
4 *Thorn,* in: Palandt, Art. 28 EGBGB Rz. 2.
5 KG 26.11.1954, IPRspr. 1954/55 Nr. 28 (Mietvertrag über ein Auto mit einer Dienststelle der deutschen Luftwaffe in Paris. Deutsches Recht angewendet); OLG Hamburg 8.5.1969, IPRspr. 1971 Nr. 158a = WM 1969, 709 (711) (Schiedsvertrag mit jugoslaw. staatlichen Unternehmen. Unter anderem deswegen jugoslaw. Recht angewendet); OLG Koblenz 10.10.1972, IPRspr. 1974 Nr. 1a = OLGZ 1975, 379 (Vermittlung von Waffenkäufen an die Republik Portugal. Auf Maklervertrag portugies. Recht angewendet); OLG Frankfurt 18.1.1979, IPRspr. 1979 Nr. 10b (Patronatserklärung durch Körperschaft des öffentlichen Rechts. Deutsches Recht angewendet).
6 Vgl. *Kreuzer,* IPR des Warenkaufs, S. 275 f. Unerheblich etwa die Vereinbarung Schweizer Franken in deutsch-französ. Vertrag, OLG Hamm 20.1.1989, IPRspr. 1989 Nr. 181 = NJW 1990, 1012. S. auch LG Baden-Baden 14.2.1997, IPRspr. 1997 Nr. 31; LG Hamburg 18.2.1999, IPRspr. 1999 Nr. 30.

gen beeinflusst. Aus der vereinbarten Währung lassen sich daher nur unter besonderen Umständen Rückschlüsse auf das anzuwendende Recht ziehen[1]. Es ist auch fragwürdig, einem späteren Übergang von einer ausländischen zur inländischen Währung besondere Bedeutung beizumessen[2]. Gleichwohl wird die Vereinbarung einer bestimmten Währung teilweise sogar für den Nachweis einer stillschweigenden Rechtswahl mit herangezogen[3].

ee) Abschlussort

Hat sich der Abschlussort – insbesondere bei einem Distanzvertrag – so weit verflüchtigt, dass seine Bestimmung Schwierigkeiten macht, so kann er einen Hinweis auf das Recht, von dem die Parteien ausgegangen sind, nicht geben. Erst recht gilt dies für den Vertragsschluss im Flugzeug, im fahrenden Zug. Auch bei einem Vertragsschluss auf hoher See kann der „Abschlussort" idR keinen Hinweis auf das Schuldstatut geben. 198

Als selbständiger Anknüpfungspunkt spielt der Abschlussort *in Deutschland* schon seit langem *keine Rolle mehr.* Da er keinen Aufschluss über die Niederlassung der Parteien oder die Abwicklung des Vertrages gibt, gilt er als „äußerlicher, oft durch Zufälligkeiten bestimmter **Nebenumstand**"[4]. In anderen Ländern dient der Abschlussort dagegen häufig als subsidiärer Anknüpfungspunkt, wenn die den Vertragsinhalt charakterisierende Leistung nicht festgestellt werden kann.

Während nun einige Entscheidungen den Abschlussort überhaupt nicht berücksichtigen wollen[5], nehmen zahlreiche Urteile – im Zusammenhang mit anderen Umständen – auf den Ort der Vertragsverhandlungen und des Ver-

---

1 *Grothe,* Fremdwährungsverbindlichkeiten (1999), S. 95 f. – Vgl. etwa OLG Hamm 28.1.1994, IPRspr. 1994 Nr. 136 = NJW-RR 1995, 187; LG Baden-Baden 14.2.1997, IPRspr. 1997 Nr. 31.
2 Anders aber OLG Köln 26.8.1994, IPRspr. 1994 Nr. 37 = RIW 1994, 970 (Vertrag mit schweiz. Werkunternehmer).
3 So etwa OLG Nürnberg 22.2.1996, IPRspr. 1996 Nr. 31 = NJW-RR 1997, 1484; OLG Frankfurt a.M. 14.9.1999, IPRspr. 1999 Nr. 34 = TranspR 2000, 260; *von Bar,* II Rz. 470; *Ferid,* Rz. 6–25, 13. – Anders BGH 26.10.1989, IPRspr. 1989 Nr. 172 = NJW-RR 1990, 183 (deutsches Recht trotz Schweizer Franken); OLG Celle 26.5.1999, IPRspr. 1999 Nr. 31 (US-Dollar); OLG Brandenburg 29.11.2000, IPRspr. 2000 Nr. 28 = NJ 2001, 257 Anm. *Ehlers* (DM).
4 So schon RG 12.10.1905, RGZ 61, 343 (345) (Rückbürgschaft. Keine Anknüpfung an den luxemburg. Abschlussort). S. auch RAG 20.7.1935, RAGE 15, 247 = IPRspr. 1935–44 Nr. 142 = JW 1935, 3665 (Vertrag über Dienstleistung in den USA. Abschlussort muss „als unerheblich außer Betracht bleiben"; amerikan. Recht angewendet).
5 ZB BGH 30.3.1976, IPRspr. 1976 Nr. 2 = NJW 1976, 1581 (Luftbeförderung zwischen Zypern und der Türkei durch türk. Fluggesellschaft. Abschlussort in der BRD als „rein zufällig" außer Betracht gelassen); OLG Düsseldorf 4.8.1961, IPRspr. 1960/61 Nr. 152 = AWD 1961, 295 (Lizenzvertrag; Abschlussort in Deutschland; französ. Recht angewendet); OLG Frankfurt a.M. 30.11.1994, IPRspr. 1994 Nr. 67 = RIW 1995, 1033 Anm. *Mankowski* (Time-Sharing-Vertrag; Abschlussort in Spanien; deutsches Vertragsstatut).

tragsabschlusses Bezug[1]. Im Allgemeinen beseitigt ein ausländischer Abschlussort die Maßgeblichkeit des Rechts der charakteristischen Leistung nicht[2]. Für die stillschweigende Rechtswahl ist die Bedeutung erst recht zweifelhaft[3], obwohl der Abschlussort auch dafür manchmal herangezogen wird[4].

199 Nunmehr enthält Art. 4 Abs. 1 lit. g, h Rom I-VO eine eigene Regelung für **Finanztransaktionen** (s. Rz. 2341 ff.). Im Übrigen gibt der Ort des Vertragsschlusses dann einen starken Hinweis auf das dort geltende Recht, wenn der Vertrag an einer **Börse** geschlossen wurde[5]. Art. 3 Abs. 3 des Haager Abkommens vom 15.6.1955 unterstellt dementsprechend Börsengeschäfte und Käufe auf Versteigerungen dem Recht des Landes, in dem die Börse sich befindet oder die Versteigerung erfolgt.

200 Das Gleiche galt für Vertragsabschlüsse auf **Märkten und Messen**. Der Hinweis auf das Recht des Markt-(Messe-)Ortes verliert jedoch immer mehr an Gewicht[6]. Schon das Reichsgericht befand, er gehe „zurück auf die kleineren Verhältnisse früherer Zeiten"[7]. Er kann sich regelmäßig nicht gegen die Maßgeblichkeit der charakteristischen Leistung durchsetzen[8].

ff) Mitwirkung eines Notars oder Richters

201 Kommt der Vertrag unter Mitwirkung einer amtlichen Stelle zustande, so liegt darin ein Hinweis auf das Recht, auf dem die amtliche Eigenschaft dieser Stelle beruht[9]. Allerdings wird dies eher für eine stillschweigende Rechtswahl als für die engste Verbindung iSd. Art. 4 Rom I-VO in Betracht kommen. Dies gilt für Rechtsgeschäfte, die vor dem Richter vorgenommen werden, wie gerichtliche Vergleiche[10]. Ebenso gilt dies für Verträge, die von einem Richter oder einem Notar beurkundet werden, nicht aber für Verträge, bei denen lediglich die Unterschriften vom Richter oder Notar beglaubigt werden[11].

---

1 Nach *von Hoffmann/Thorn*, § 10 Rz. 59 f., 64 relevant nur für die engste Verbindung, nicht aber für die Ausweichklausel (nach altem Recht).
2 S. BGH 17.11.1994, WM 1995, 124 = WuB IV B. Art. 34 EGBGB 1.95 *(Mankowski)* (Beratervertrag; westdeutsches Recht trotz Vertragsschluss in DDR angewendet); *Siehr*, in: Reichelt, S. 75.
3 Nicht berücksichtigt von OLG Celle 26.5.1999, IPRspr. 1999 Nr. 31 (Dominikan. Republik).
4 OLG München 22.1.1997, IPRspr. 1997 Nr. 55 = RIW 1997, 507 (Schuldanerkenntnis; „bewusst alles auf Deutschland abgestellt").
5 *Merschformann*, S. 214 f.
6 *Schnitzer*, Festg. Schönenberger (1968), S. 399 f.
7 RG 27.5.1924, WarnRspr. 1925 Nr. 32.
8 LG Aachen 3.4.1990, IPRspr. 1990 Nr. 31 = RIW 1990, 491. S. auch BGH 19.10.1960, IPRspr. 1960/61 Nr. 28 = NJW 1961, 25; LG Hamburg 6.6.1972, IPRspr. 1972 Nr. 10 = AWD 1973, 557 (Kauf. Fachmesse in Frankfurt). Für eine Berücksichtigung nur bei sofortiger Abwicklung *Merschformann*, S. 213.
9 *von Hoffmann/Thorn*, § 10 Rz. 60.
10 *Roden*, Zum Internationalen Privatrecht des Vergleichs (1994), S. 95.
11 OLG Köln 8.1.1993, IPRspr. 1993 Nr. 29 = RIW 1993, 415 (Deutsch-niederländ. Grundstückskauf vor niederländ. Notar. Niederländ. Recht stillschweigend gewählt).

Zusammen mit anderen Umständen kann wohl auch die Zuziehung eines Rechtsanwalts zum Vertragsschluss von Bedeutung sein[1].

gg) Mitwirkung eines Maklers

Die Einschaltung von Maklern kann uU auf das Recht des Orts hindeuten, an dem der Makler seine Berufstätigkeit ausübt[2]. Das gilt freilich nicht für Gelegenheitsmakler. Der Hinweis ist umso stärker, je größere wirtschaftliche Bedeutung der Einschaltung des Maklers zukommt, und ist bei solchen Geschäften besonders stark, die üblicherweise oder nach gesetzlichen Bestimmungen nur unter Einschaltung von Maklern abgeschlossen werden[3]. 202

hh) Favor negotii

Bei der objektiven Anknüpfung ist grundsätzlich außer Acht zu lassen, ob der geschlossene Vertrag nach dem Vertragsstatut *gültig* ist[4]. Art. 4 Rom I-VO stellt lediglich auf die kollisionsrechtlich maßgebliche engere Verbindung und nicht auf den Inhalt bestimmter Sachnormen, geschweige denn auf die Wirksamkeit des einzelnen Rechtsgeschäfts ab. Es besteht auch kein Anlass, die Unwirksamkeitsgründe des gewöhnlich zur Anwendung kommenden Rechts durch eine Änderung der Anknüpfung zu konterkarieren[5]. Die Rechtsprechung hat unter altem Recht zuweilen auf den Inhalt der beteiligten Rechtsordnungen abgestellt und diejenige bevorzugt, nach der das Rechtsgeschäft Bestand hat[6]. 203

  Vgl. auch OLG Frankfurt a.M. 24.6.1992, IPRspr. 1992 Nr. 40 = NJW-RR 1993, 182 (vor italien. Notar geschlossener Vertrag unterlag italien. Recht). Ebenso schon LG Hamburg 20.4.1977, IPRspr. 1977 Nr. 16 = RIW 1977, 787 (Grundstückskauf vor span. Notar; span. Recht angewendet); LG Amberg 17.3.1980, IPRax 1982, 29 (LS) Anm. *Jayme* (Deutsch-brasilian. Grundstückstausch vor deutschem Notar; deutsches Recht angewendet). Gegen dieses Indiz aber *Hegmanns*, Probleme mit Kaufverträgen über im Ausland gelegene Grundstücke, MittRheinNotK 1987, 1 (2 f.).
1 OLG Köln 19.4.1963, IPRspr. 1962/63 Nr. 26 = AWD 1965, 94 (Auseinandersetzung über Vermögenswerte. Unter anderem wegen Hinzuziehens eines schwed. Rechtsanwalts schwed. Recht angewendet). Unerheblich in OLG Hamm 20.1.1989, IPRspr. 1989 Nr. 181 = NJW 1990, 1012. – Für stillschweigende Rechtswahl berücksichtigt das Aushandeln durch franzö. Anwälte BGH 19.1.2000, IPRspr. 2000 Nr. 20 = IPRax 2002, 37 (m. Aufs. *Hohloch/Kjelland*, IPRax 2002, 30) = JZ 2000, 1115 Anm. *Sandrock*.
2 OLG Köln 12.9.2000, IPRspr. 2000 Nr. 26 (deutscher Makler für niederländ. Grundstück).
3 OLG Hamburg 22.9.1978, IPRspr. 1978 Nr. 189 = RIW 1979, 482 Anm. *Mezger* (Verkauf von Fruchtkonserven aus Italien nach Hamburg unter Einschaltung italien. Maklers. Deutsches Recht angewendet); LG Hamburg 10.6.1974, IPRspr. 1974 Nr. 154 (Verkauf von Bohnen nach Frankreich unter Einschaltung franzö. Maklers. Deutsches Recht angewendet).
4 *Thorn*, in: Palandt, Art. 28 EGBGB Rz. 2; *Hohloch*, in: Erman, Art. 28 EGBGB Rz. 13. Ebenso *Plender/Wilderspin*, Rz. 5.16.
5 S. auch *Schnelle*, S. 106 f. zu Art. 28 Abs. 5 EGBGB. Dagegen für ein Eingreifen der lex-validitatis-Regel im Rahmen der General- und der Ausweichklausel des Art. 28 EGBGB *Abend*, S. 314 ff.
6 BGH 27.4.1977, IPRspr. 1977 Nr. 17 = WM 1977, 793 (794) (Kaufvertrag). Ebenso *Marsch*, S. 77 f., 94.

ii) Hypothetischer Parteiwille

204 Der hypothetische Parteiwille war bis zur Reform von 1986 nach hM maßgeblicher Anknüpfungspunkt für die objektive Anknüpfung. Nach geltendem Recht ist er kein Anknüpfungspunkt mehr[1]. Insbesondere darf die Maßgeblichkeit der charakteristischen Leistung nicht mit der Begründung beiseite geschoben werden, dies entspreche dem mutmaßlichen Willen der Parteien. Der subjektive mutmaßliche Wille der Parteien begründet auch keine engere Verbindung iSd. Art. 4 Abs. 3 Rom I-VO[2]. Auf der anderen Seite darf aber bei der Bestimmung der engen bzw. engeren Verbindung auch die Interessenlage der Parteien in Betracht gezogen werden (s. oben Rz. 188).

jj) Recht der Flagge

205 Bei Verträgen über Schiffe gibt das Recht der Flagge einen starken Hinweis, aber nur für Verträge, welche die Veräußerung oder Belastung des Schiffes zum Gegenstand haben, nicht für Charterverträge und Frachtverträge (s. Rz. 2964 ff.). – Zum Seearbeitsrecht s. Rz. 4869 ff.

6. Revisibilität

206 Die **Bestimmung des anwendbaren Rechts** aufgrund objektiver Anknüpfung unterliegt als Rechtsfrage der Nachprüfung des Revisionsgerichts. Es handelt sich um die richtige Anwendung der Art. 4–8 Rom I-VO. Dabei sind Tat- und Rechtsfrage zu trennen. Nur die „Vorfrage", worauf der rechtsgeschäftliche Wille der Vertragsparteien überhaupt gerichtet war, ist nach der Rechtsprechung weitgehend dem Tatrichter vorbehalten, der durch Anwendung der Auslegungsregeln des deutschen Rechts zu entscheiden habe[3]. Dagegen gehöre zwar nicht die Ermittlung der tatsächlichen Umstände, wohl aber die Überprüfung der aus den einzelnen Umständen im Hinblick auf das anzuwendende Recht zu ziehenden Schlüsse zu den Aufgaben des Revisionsgerichts[4]. Der revisionsgerichtlichen Nachprüfung unterliegt nach neuerer Rechtsprechung auch, ob die Vorinstanz alle Umstände berücksichtigt hat, welche für die **Bestimmung des vertraglichen Schwerpunktes** von Bedeutung sein können. Das Revisionsgericht kann daher beanstanden, wenn das Berufungsgericht die Vermutung der charakteristischen Leistung außer Acht lässt[5].

---

1 *Steinle*, ZvglRW 93 (1994), 315 (320); *Hohloch*, in: Erman, Art. 27 EGBGB Rz. 11. Übersehen von OLG Frankfurt 30.11.1994, IPRspr. 1994 Nr. 37 = RIW 1995, 1033 m. krit. Anm. *Mankowski* (Time-sharing-Vertrag). Terminologisch unrichtig auch OLG Köln 16.10.1992, IPRax 1994, 210 (m. krit. Aufs. *Piltz*, IPRax 1994, 191) = RIW 1993, 143.
2 Anders wohl *Gamillscheg*, ZfA 14 (1983), 330 ff.
3 BGH 21.10.1964, IPRspr. 1964/65 Nr. 180 = AWD 1965, 455.
4 BGH 27.3.1968, IPRspr. 1968/69 Nr. 170.
5 Vgl. bereits BGH 9.10.1986, RIW 1987, 148 = JR 1987, 198 Anm. *Dörner*.

7. Zusammenfassung mit Handlungsanleitung

a) In erster Linie ist zu untersuchen, ob für den Fragenkomplex **Einheitsrecht** (wie etwa das UN-Kaufrecht) vorgeht (Art. 25 Abs. 1 Rom I-VO; Art. 3 Nr. 2 EGBGB) oder ob die Materie von Art. 1 Rom I-VO *ausgeschlossen* ist. In solchen Fällen kommen die Art. 3 ff. Rom I-VO nicht unmittelbar zur Anwendung.

207

b) Liegt keine ausdrückliche und auch keine stillschweigende Rechtswahl der Parteien vor (s. Hinweise Rz. 142), so empfiehlt sich für die objektive Anknüpfung im Allgemeinen folgende Vorgehensweise:

Fällt das Vertragsverhältnis unter die **allgemeine Vorschrift des Art. 4 Rom I-VO**? Das ist der Fall, wenn es sich um einen Schuldvertrag handelt, der keinen Sonderregeln wie Art. 5 (Beförderungsvertrag), Art. 6 (Verbraucherverträge), Art. 7 (Versicherungsvertrag) und Art. 8 Rom I-VO (Arbeitsvertrag) unterliegt.

Maßgeblich ist das Recht, zu dem der Vertrag die engste Verbindung aufweist. Zur Ermittlung der engsten Verbindung ist zunächst zu prüfen, ob eine der **Regeln des Art. 4 Abs. 1 Rom I-VO** eingreift:

– Verträge im Rahmen des Abs. 1 führen im Allgemeinen zum Recht des charakteristisch Leistenden,

– Grundstücksverträge (Art. 4 Abs. 1 lit. c Rom I-VO): grundsätzlich gilt das Recht des Belegenheitsortes,

– sonst kommt es auf die charakteristische Leistung an (Art. 4 Abs. 2 Rom I-VO): grundsätzlich gilt das Recht am gewöhnlichen Aufenthaltsort bzw. der Niederlassung derjenigen Partei, welche diese Leistung erbringt.

Hilfsweise gilt das Recht der engsten Verbindung des Art. 4 Abs. 4 Rom I-VO.

c) Sind die Voraussetzungen einer der Anknüpfungen der Abs. 1 und 2 erfüllt, so gilt grundsätzlich die von ihnen bezeichnete Rechtsordnung. Weist der Vertrag jedoch **engere Verbindungen** mit einem anderen Staat auf (Ausweichklausel des Abs. 3), so gilt das Recht dieses Staates.

Greifen dagegen die Anknüpfungen des Art. 4 Abs. 1 Rom I-VO nicht ein und lässt sich auch keine charakteristische Leistung bestimmen (Abs. 2), so kommt es nach der Generalklausel des Art. 4 Abs. 4 Rom I-VO auf die engste Verbindung des Vertragsverhältnisses an. Dafür werden die Interessen der Parteien und die näheren Umstände des Vertragsverhältnisses herangezogen.

III. Gewöhnlicher Aufenthalt (Art. 19 Rom I-VO)

Literatur: *Baetge*, Auf dem Weg zu einem gemeinsamen europäischen Verständnis des gewöhnlichen Aufenthalts, in: Die richtige Ordnung – Festschr. Kropholler (2008), S. 77.

1. Maßgeblichkeit des gewöhnlichen Aufenthalts

208 Die Rom I-VO stellt vielfach auf den gewöhnlichen Aufenthalt (habitual residence; résidence habituelle) ab, so insbes. in Art. 4 Rom I-VO (mangels Rechtswahl anzuwendendes Recht), Art. 5 Rom I-VO (Beförderungsverträge), Art. 6 Rom I-VO (Verbraucherverträge), Art. 7 Rom I-VO (Versicherungsverträge) und Art. 11 Rom I-VO (Form). Der gewöhnliche Aufenthalt wird in Art. 19 Rom I-VO definiert (Text oben S. 1, 20). Art. 23 Rom II-VO enthält eine entsprechende Regelung[1]. Die Verordnung unterscheidet insoweit zwischen natürlichen Personen und anderen Personen sowie einer beruflichen und nichtberuflichen Tätigkeit. Der gewöhnliche Aufenthalt wird auch für Unternehmen als Oberbegriff verwendet, ähnlich wie das die EuGVO bezüglich des Wohnsitzes tut (Art. 59, 60 EuGVO)[2]. Darüber hinaus wird er von Art. 19 Rom I-VO nicht näher definiert. Der gewöhnliche Aufenthaltsort von Gesellschaften, Vereinen und juristischen Personen ist der Ort ihrer Hauptverwaltung (Art. 19 Abs. 1 S. 1 Rom I-VO). Der gewöhnliche Aufenthaltsort einer beruflich tätigen natürlichen Person ist der Ort ihrer Hauptniederlassung (Art. 19 Abs. 1 S. 2 Rom I-VO).

Wird der Vertrag im Rahmen des Betriebs einer Zweigniederlassung, Agentur oder sonstigen Niederlassung geschlossen oder sind diese für die Erfüllung gem. dem Vertrag verantwortlich, so steht der gewöhnliche Aufenthaltsort dem Ort gleich, an dem sich die Zweigniederlassung, Agentur oder sonstige Niederlassung befindet (Art. 19 Abs. 2 Rom I-VO). Ferner wird der Zeitpunkt für die Bestimmung des gewöhnlichen Aufenthalts festgelegt; der Zeitpunkt des Vertragsschlusses ist maßgebend (Art. 19 Abs. 3 Rom I-VO).

2. Gewöhnlicher Aufenthalt von Gesellschaften, Vereinen und juristischen Personen (Art. 19 Abs. 1 UAbs. 1 Rom I-VO)

209 Für die Zwecke der Verordnung ist der Ort des gewöhnlichen Aufenthalts von Gesellschaften, Vereinen und juristischen Personen (companies and other bodies) der **Ort ihrer Hauptverwaltung** (Art. 19 Abs. 1 Rom I-VO). Dies deckt sich inhaltlich mit der bisherigen Regelung in Art. 4 Abs. 2 S. 1 EVÜ bzw. Art. 28 Abs. 2 S. 1 EGBGB. Auf die Hauptverwaltung kommt es auch in Art. 60 Abs. 1 lit. b EuGVO (unter anderem) an[3].

Art. 19 Abs. 1 S. 1 Rom I-VO enthält – ähnlich wie Art. 60 EuGVO (Art. 53 LugÜ), der sich auf den Sitz von Gesellschaften und juristischen Personen bezieht[4] – keine Definition, was unter **Gesellschaft, Verein und juristischer Person** zu verstehen ist. Dass die Aufzählung untechnisch zu verstehen ist, ergibt sich bereits aus dem Wortlaut. Während zB die französische Fassung ebenso wie die deutsche „société, associaton ou personne morale" nennt, spricht die englische lediglich von „a body corporate or incorporate". Für eine weite Aus-

---

[1] Vgl. *Wagner*, IPRax 2008, 385.
[2] Vgl. *Mankowski*, IPRax 2006, 104.
[3] Vgl. auch *Garcimartín Alférez*, EuLF 2008, I-69.
[4] Dazu *Kropholler*, Art. 60 EuGVO Rz. 1 ff.

legung spricht auch der Zweck der Vorschrift[1]. Jede Personenvereinigung oder Vermögensmasse, die sich selbst vertraglich verpflichten kann, muss nämlich irgendwo lokalisiert werden, damit eine Anknüpfung nach der charakteristischen Leistung vorgenommen werden kann.

Auch bei der Bestimmung des **Ortes der Hauptverwaltung** (place of central administration; le lieu où elle a établi son administration centrale) ist zu berücksichtigen, dass es um die Ermittlung der engsten Verbindung eines Vertragsverhältnisses geht. Es entscheidet der **effektive Verwaltungssitz**[2]. Dies ist im Allgemeinen der Ort, an dem die Willensbildung und die geschäftliche Oberleitung durch den oder die gesetzlichen Vertreter erfolgt[3].

3. Gewöhnlicher Aufenthalt natürlicher Personen (Art. 19 Abs. 1 UAbs. 1 Rom I-VO)

a) Maßgeblichkeit des gewöhnlichen Aufenthalts

Der gewöhnliche Aufenthalt einer **natürlichen Person**, die im Rahmen der Ausübung ihrer beruflichen Tätigkeit handelt (acting in the course of his business activity, l'exercice de son activité professionnelle) ist der Ort ihrer **Hauptniederlassung** (principal place of business, établissement principal; Art. 19 Abs. 1 UAbs. 2 Rom I-VO). Auf die Hauptniederlassung kommt es auch in Art. 60 Abs. 1 lit. b EuGVO für Gesellschaften an. Die bisherige Regelung in Art. 4 Abs. 2 S. 1 EVÜ bzw. Art. 28 Abs. 2 S. 1 EGBGB stellte zunächst auf den gewöhnlichen Aufenthalt ab. Für in Ausübung einer beruflichen oder gewerblichen Tätigkeit einer Partei geschlossene Verträge kam es auf den Staat an, in dem sich die Hauptniederlassung dieser Partei befindet[4].

b) Geschäftliche Tätigkeit

Für die geschäftliche Tätigkeit ist in erster Linie die Hauptniederlassung maßgeblich; hilfsweise entscheidet die Niederlassung, von der aus die Leistung zu erbringen ist. Tritt eine Partei im **Internet** auf und wird der Vertrag im elektronischen Geschäftsverkehr geschlossen, so ändert das grundsätzlich nichts an der Maßgeblichkeit des Rechts des Aufenthaltsortes[5]. Es kommt auf die realen Verhältnisse an, nicht auf den Ort, an dem eine Internetseite in das Netz gestellt oder wahrgenommen wird. Auch das Verwenden einer „deutschen" Internet-Adresse führt noch nicht zur Anwendung deutschen Rechts[6]. Denkbar ist allerdings, dass das Angebot aus anderen Gründen eine engste Beziehung zur deutschen Rechtsordnung aufweist[7].

---

1 Vgl. auch *Hohloch*, in: Erman, Art. 28 EGBGB Rz. 22.
2 *Mankowski*, IHR 2008, 139.
3 S. zu Art. 60 EuGVO BGH 27.6.2007, NJW-RR 2008, 551; BAG 23.1.2008, NJW 2008, 2797.
4 Art. 28 Abs. 2 S. 2 EGBGB = Art. 4 Abs. 2 S. 2 EVÜ.
5 *Junker*, RIW 1999, 818; *Sonnenberger*, ZvglRW 100 (2001), 129; *Magnus*, in: Graf/Paschke/Stober, S. 26. – Vgl. auch *Martiny*, ZEuP 1999, 259.
6 Vgl. *Pfeiffer*, NJW 1997, 1214; *Mehrings*, CR 1998, 617.
7 Vgl. *Pfeiffer*, NJW 1997, 1214; *Mehrings*, CR 1998, 617.

212 Was als **berufliche Tätigkeit** zu verstehen ist, bestimmt Art. 19 Abs. 1 Rom I-VO nicht näher. Auf die berufliche bzw. gewerbliche Tätigkeit stellt auch die Zuständigkeitsvorschrift des Art. 15 Abs. 1 EuGVO (Art. 13 Abs. 1 LugÜ[1]) sowie die für das anzuwendende Recht maßgebliche Vorschrift des Art. 6 Abs. 1 Rom I-VO ab (dazu unten Rz. 4177 ff.). Diese Vorschriften bezwecken den Schutz des Letztverbrauchers und weichen zu diesem Zweck von den gewöhnlichen Zuständigkeits- bzw. Anknüpfungsregeln ab. Bei Art. 4 ff. Rom I-VO geht es ebenfalls um die Abgrenzung von geschäftlicher und Privatsphäre. Sinn und Zweck der Bestimmung ist die richtige Anknüpfung der Geschäftstätigkeit. Nicht der Aufenthalt der Vertragspartei soll entscheiden, sondern der Mittelpunkt der geschäftlichen Tätigkeit. Dementsprechend ist der Begriff der beruflichen oder gewerblichen Tätigkeit *untechnisch* zu verstehen. Alles, was nicht der Privatsphäre zugerechnet werden kann, fällt unter die geschäftliche Tätigkeit[2] (s. näher unten Rz. 4177 ff.).

c) Hauptniederlassung

213 Bei beruflicher oder gewerblicher Tätigkeit ist grundsätzlich das Recht am Ort der Hauptniederlassung (principal place of business; principal établissement) maßgeblich. Der Begriff der Niederlassung wird bislang zB im Einheitskaufrecht (Art. 1 Abs. 1, Art. 10 CISG) und in Zuständigkeitsvorschriften verwendet (vgl. § 21 ZPO; Art. 5 Nr. 5 EuGVO/LugÜ)[3]. Hier geht es darum, für eine berufliche, geschäftliche oder sonstige wirtschaftliche Tätigkeit die engste Verbindung eines Vertragsverhältnisses zu einer bestimmten Rechtsordnung zu ermitteln. Somit ist eine weite Auslegung des Niederlassungsbegriffs angebracht.

Von einer Niederlassung kann man im Allgemeinen dann sprechen, wenn eine solche sachliche Ausstattung vorliegt, die eine **nach außen gerichtete geschäftliche Tätigkeit** ermöglicht (zB Geschäftsräume). Die Niederlassung muss eine Geschäftsführung besitzen und insbesondere Geschäfte abschließen können. Ferner muss sie für eine **gewisse Dauer** bestehen; eine nur kurzfristige Präsenz (zB Messebesuch) genügt nicht. Sind mehrere Niederlassungen vorhanden, so ist diejenige von ihnen Hauptniederlassung, die den Mittelpunkt der geschäftlichen Tätigkeit bildet[4]. Kennzeichnend dafür ist, dass von hier aus die Aufsicht und Leitung erfolgen.

d) Nicht berufliche Tätigkeit

214 Mehrfach kommt es in der VO auch auf den gewöhnlichen Aufenthalt von natürlichen Personen an, welche nicht beruflich tätig sind, insbesondere von Ver-

---

1 Dazu *Geimer*, in: Geimer/Schütze Art. 15 EuGVO Rz. 18 ff.
2 Dafür, dass Verträge von Freiberuflern und Gewerbetreibenden im Zweifel beruflich oder geschäftlich veranlasst sind, *von Bar*, II Rz. 509.
3 Dazu näher *Geimer*, in: Geimer/Schütze Art. 5 EuGVO Rz. 304 ff.; *Kropholler*, Art. 5 EuGVO Rz. 88 ff.
4 *Hohloch*, in: Erman, Art. 28 EGBGB Rz. 22. – Vgl. auch *Mankowski*, IPRax 2006, 112.

brauchern und Versicherungsnehmern. Der gewöhnliche Aufenthalt gilt in erster Linie für **Verträge von Privatpersonen**, da für Berufs- und Gewerbetätigkeit die Niederlassung maßgeblich ist (dazu Rz. 211 ff.). Der Begriff wird vor allem von den Haager Übereinkommen und anderen international-privatrechtlichen Staatsverträgen als Anknüpfungspunkt verwendet. Er findet sich auch in Zuständigkeitsvorschriften der EuGVO und des Lugano Übk. (jeweils Art. 5 Nr. 2), der Brüssel IIa-VO sowie im Einheitskaufrecht (Art. 10 lit. b CISG).

Bei seiner Auslegung ist zu beachten, dass hier nicht das Personalstatut einer Person zu bestimmen, sondern die engste Verbindung für ein Vertragsverhältnis zu ermitteln ist. Dafür kann man sich aber an dem aus den tatsächlichen Verhältnissen ersichtlichen Daseinsmittelpunkt der Vertragspartei orientieren[1]. Zu verlangen ist also, dass der Aufenthalt – im Gegensatz zum bloß schlichten Aufenthalt – **auf eine gewisse Dauer** angelegt ist. Ein Messebesuch oder ein Ferienaufenthalt genügen grundsätzlich nicht. Tatsächliche Umstände, wie zB das Anmieten einer Wohnung, geben Hinweise darauf, wie eng die Verbindung der Person mit ihrem Aufenthaltsort ist. Die Anwendung des Rechts des gewöhnlichen Aufenthalts hat früher die Kritik hervorgerufen, es werde möglicherweise ein Recht angewendet, das überhaupt keine Verbindung mit dem Vertrag aufweise[2]. Dem kann aber über Art. 4 Abs. 3 Rom I-VO begegnet werden.

4. Andere Niederlassung (Art. 19 Abs. 2 Rom I-VO)

Wird der Vertrag im Rahmen des Betriebs einer **Zweigniederlassung, Agentur oder sonstigen Niederlassung** („operations of a branch, agency or any other establishment"; „dans le cadre de l'exploitation d'une succursale, d'une agence ou de tout autre établissement") geschlossen oder ist für die Erfüllung (performance is the responsibility; la prestation doit être fournie) gem. dem Vertrag eine solche Zweigniederlassung, Agentur oder sonstige Niederlassung verantwortlich, so steht der Ort des gewöhnlichen Aufenthalts dem Ort gleich, an dem sich die Zweigniederlassung, Agentur oder sonstige Niederlassung befindet (Art. 19 Abs. 2 Rom I-VO). Die erste Alternative dieser Bestimmung („**Abschluss im Betrieb**") ist ähnlich gefasst wie Art. 5 Nr. 5 EuGVO. Die EuGVO kennt in ihren Zuständigkeitsvorschriften Zweigniederlassungen und „sonstige Niederlassungen", zB für die Zuständigkeit der Niederlassung (Art. 5 Nr. 5 EuGVO/LugÜ). Ebenso ist es in Versicherungssachen (Art. 9 Abs. 2 EuGVO, Art 8 Abs. 2 LugÜ) und in Verbrauchersachen (Art. 15 Abs. 2 EuGVO, Art. 13 Abs. 2 LugÜ). Auch das Haager Kaufrechts-Übk. von 1955 (unten Rz. 947) enthält in Art. 3 Abs. 2 eine Vorschrift, die auf die Zweigniederlassung abstellt. Im UN-Kaufrecht findet sich eine entsprechende Bestimmung in Art. 10 lit. a CISG (unten Rz. 900).

215

---

1 Vgl. *Garcimartín Alférez*, EuLF 2008, I-69.
2 Vgl. *Morse*, Yb.Eur.L. 2 (1982), 131; *Weitnauer*, S. 198.

Inhaltlich deckt sich die zweite Alternative des Art. 19 Abs. 2 Rom I-VO („**Verantwortlichkeit für die Erfüllung**") mit der bisherigen Regelung in Art. 4 Abs. 2 S. 2 EVÜ bzw. Art. 28 Abs. 2 S. 2 EGBGB. Die Zweigniederlassung muss für die Erfüllung verantwortlich sein (performance is the responsibility of such a branch; la prestation doit être fournie). Auch der Begriff der „sonstigen Niederlassung" wird nicht definiert. Die Auslegung muss sich vor allem am Zweck der Vorschrift orientieren. Es soll vermieden werden, dass Verträge dem Recht der Hauptniederlassung unterworfen werden, obwohl die geschäftliche Aktivität an einem anderen Ort erfolgt[1]. Oft ist der anderen Vertragspartei gar nicht bekannt, wo sich die Hauptniederlassung befindet; sie rechnet dementsprechend auch nicht mit der Anwendung des Rechts dieses Ortes. Auf der anderen Seite muss verhindert werden, dass jede vorübergehende Tätigkeit, zB im Zusammenhang mit einem Vertragsabschluss, bereits zu einer Lokalisierung an diesem Ort führt. Daher sind hauptsächlich **Zweigniederlassungen** gemeint, auf die anstelle der Hauptniederlassung abgestellt wird. Die Zweigniederlassung muss also die Erfordernisse des Niederlassungsbegriffs erfüllen (dazu Rz. 213). Im Allgemeinen wird man als Zweigniederlassung solche Unternehmensteile ansehen können, die, obwohl sie unter der Aufsicht und Leitung eines Stammhauses stehen, doch so ausgestaltet sind, dass sie eine gewisse Selbständigkeit besitzen und Geschäfte abwickeln können[2].

5. Zeitpunkt (Art. 19 Abs. 3 Rom I-VO)

216 Die VO legt auch **den maßgeblichen Zeitpunkt** fest. Für die Bestimmung des gewöhnlichen Aufenthalts ist der Zeitpunkt des Vertragsschlusses („time of the conclusion of the contract"; „le moment de la conclusion du contrat") maßgebend (Art. 19 Abs. 3 Rom I-VO). Der gewöhnliche Aufenthalt ist wiederum der beherrschende Anknüpfungspunkt. Daraus ist zu schließen, dass es in den jeweiligen Bestimmungen, die auf den gewöhnlichen Aufenthalt abstellen, auf diesen Zeitpunkt ankommt, s. Rz. 144, Rz. 159, Rz. 173, Rz. 187.

IV. Rück- und Weiterverweisung (Art. 20 Rom I-VO)

217 In Art. 20 Rom I-VO heißt es, dass unter dem nach der VO anzuwendenden Recht eines Staates die in diesem Staat geltenden Sachvorschriften zu verstehen sind, soweit in dieser Verordnung nichts anderes bestimmt ist[3]. Eine parallele Vorschrift enthält Art. 24 Rom II-VO. Die Regelung des deutschen nationalen Kollisionsrechts in Art. 4 EGBGB kommt nicht zur Anwendung.

---

1 Vgl. OLG Nürnberg 18.2.1993, IPRspr. 1993 Nr. 31. Daher wird zT argumentiert, in Wirklichkeit entscheide hier nicht mehr die charakteristische Leistung, sondern die Marktbezogenheit, so *Gunst*, S. 171 ff., 179 f.
2 Näher zum Begriff *P. Saame*, Die Zweigniederlassung eines ausländischen Unternehmens in Deutschland (Diss. Mainz 1994).
3 Bislang galten die inhaltlich gleichen Art. 15 EVÜ bzw. Art. 35 Abs. 1 EGBGB.

Art. 20 Rom I-VO ordnet eine **Sachnormverweisung** an[1]. Ausdrücklicher und stillschweigender Parteiwille beziehen sich mithin nur auf das gewählte materielle Recht. Auch andere Kodifikationen ordnen ausdrücklich einen Ausschluss des renvoi an, so etwa Art. 1190 Abs. 1 russ. ZGB, Art. 14, 116 ff. schweiz. IPRG. Das Haager Kaufrechts-Übereinkommen vom 15.6.1955 bezieht die Rechtswahl ebenfalls nur auf die Sachnormen (loi interne) des gewählten Rechts (Art. 2 Abs. 1). Eine vertragliche Vereinbarung, wonach die Regeln des IPR „ausgeschlossen sind", ist im Allgemeinen dahin gehend auszulegen, dass sich die Rechtswahl lediglich auf die Sachnormen beziehen soll[2].

Zwar ist denkbar, dass die Parteien ausdrücklich vereinbaren, ihr Vertrag solle dem Recht unterstehen, das ein Gericht in dem von ihnen bestimmten Staat anwenden würde, also eine **Gesamtverweisung** auch auf das Kollisionsrecht des bezeichneten Staates vornehmen[3]. Im Regelfall liegt ihnen freilich nichts ferner als das, weil sie die materiellen (sachrechtlichen) Bestimmungen des gewählten Rechts zur Anwendung bringen wollen[4]. 218

Weitgehend wird angenommen, die Parteien könnten wegen des unbeachtlichen renvoi nicht auf Kollisionsnormen, sondern nur unmittelbar auf die Sachnormen des gewählten Rechts verweisen[5]. Andere wollen kein Verbot einer ausdrücklichen Vereinbarung auch des Kollisionsrechts annehmen[6], da die schuldvertragliche Gesamtverweisung keine Missbräuche erwarten lässt. Die Vereinbarung eines bestimmten Kollisionsrechts kann sogar geboten sein, wenn die Regelung vertraglicher Streitigkeiten einem internationalen Schiedsgericht überlassen wird, das – anders als ein staatliches Gericht – über kein per se anwendbares Kollisionsrecht der lex fori verfügt[7], vgl. Rz. 120. Auf der anderen Seite ist keine Notwendigkeit für eine solche Rechtswahl vor den staatlichen Gerichten zu erkennen. Die heutige Fassung des Art. 20 Rom I-VO legt ebenfalls nahe, dass nur Sachnormen gewählt werden können[8].

Rück- und Weiterverweisung sind auch bei **objektiver Anknüpfung** eindeutig ausgeschlossen[9]. Nach Art. 4 Rom I-VO wird die Rechtsordnung ermittelt, mit welcher der Vertrag die engsten Beziehungen aufweist. Enthalten die Kollisionsnormen dieser Rechtsordnung andere Anknüpfungspunkte als die Rom I-VO, so könnte es zu einem renvoi kommen. Dies würde aber dem 219

---

[1] *Rühl*, Festschr. Kropholler, S. 195. – Vgl. *Kropholler*, IPR, S. 438; *Magnus*, in: Staudinger, Art. 27 EGBGB Rz. 14.
[2] Näher *Mankowski*, RIW 2003, 7 f.
[3] *Vischer/Huber/Oser*, Rz. 140.
[4] Bericht *Giuliano/Lagarde*, S. 69.
[5] So *Rugullis*, ZvglRW 106 (2007), 217 ff.; *Mallmann*, NJW 2008, 2953 ff.; *Rühl*, Festschr. Kropholler, S. 195. – Unentschieden *Mankowski*, IHR 2008, 135.
[6] *Kropholler*, IPR, S. 170, 441; *Hohloch*, in: Erman, Art. 27 EGBGB Rz. 3.
[7] *Schröder*, IPRax 1987, 92. Nur für Schiedsgerichte lässt eine Gesamtverweisung zu *von Bar*, II Rz. 423, 472.
[8] Dagegen für die Zulässigkeit *Brödermann/Wegen*, in: PWW, Art. 20 Rom I-VO Rz. 3; *Remien*, in: PWW, Art. 3 Rom I-VO Rz. 4.
[9] *Schröder*, IPRax 1987, 91 f.

Sinn der objektiven Anknüpfung widersprechen, eine auch im Einzelfall angemessene Zuordnung des Vertrages zu einer bestimmten Rechtsordnung zu finden. Rück- und Weiterverweisung sind nach schweizerischem Recht ebenfalls ausgeschlossen (Art. 14 Abs. 1, 116 ff. schweiz. IPRG).

V. Staaten ohne einheitliche Rechtsordnung (Art. 22 Rom I-VO)

1. Rechtsspaltung

220 Art. 22 Abs. 1 Rom I-VO[1] betrifft Staaten ohne einheitliche Rechtsordnung (sog. Rechtsspaltung). Grundsatz ist die **Verselbständigung der Gebietseinheit**. Umfasst nämlich ein Staat mehrere Gebietseinheiten, von denen jede für vertragliche Schuldverhältnisse ihre eigenen Rechtsnormen hat, so gilt jede Einheit als Staat. Das Kollisionsrecht des ausländischen Staates ist im Gegensatz zu Art. 4 Abs. 3 EGBGB ebenso ausgeschaltet wie sein interlokales Recht. Folglich kann bei ausdrücklicher oder stillschweigender Rechtswahl das Recht der jeweiligen Gebietseinheit gewählt werden, zB englisches Recht[2]. Entsprechendes gilt für die objektive Anknüpfung nach Art. 4 Rom I-VO. Hat die Vertragspartei, welche die charakteristische Leistung erbringt, ihren gewöhnlichen Aufenthalt beispielsweise in Schottland, so wird davon ausgegangen, dass der Vertrag seine engsten Verbindungen mit dem schottischen Recht aufweist[3]. Ebenso ist mit Nichtvertragsstaaten, zB den Einzelstaaten der USA, zu verfahren. Führt daher etwa die Anknüpfung eines Anwaltsvertrages zum Recht von New York, so ist nicht mehr zu prüfen, ob dieses Recht eine interlokale Weiterverweisung auf das Recht eines anderen Einzelstaates ausspricht[4]. Bezieht sich eine Rechtswahl nur auf das Recht des Gesamtstaates, ohne die maßgebliche Teilrechtsordnung zu bestimmen (zB „US-amerikanisches Recht"), so ist durch Auslegung zu ermitteln, welche Teilrechtsordnung gemeint ist, s. Rz. 307.

221 Eine Gebietseinheit (territorial unit; unité territoriale) ist ein **Teil innerhalb des Staates.** Besondere Voraussetzungen wie eigene Gesetzgebungsorgane oder Rechtsprechung (wie zB bei den australischen Einzelstaaten) bestehen an sich nicht, sprechen aber für das Vorliegen einer solchen Einheit. Entscheidend ist eine funktionale Betrachtung: Es soll das Recht zur Anwendung kommen, das in diesem Teil des Staates tatsächlich gilt.

Erforderlich ist, dass die Gebietseinheit über **eigene „Rechtsnormen"** (rules of law in respect of contractual obligations; règles en matière d'obligations contractuelles; norme in materia d'obbligazioni contrattuali) verfügt. Es müssen keine gesetzlichen Vorschriften vorhanden sein. Vielmehr genügt es, wenn das Vertragsrecht auf Richterrecht beruht. Einer selbständigen Behandlung der Ge-

---

[1] Früher Art. 35 Abs. 2 EGBGB, der Art. 19 Abs. 1 EVÜ entsprach.
[2] *Clausnitzer/Woopen*, BB 2008, 1806.
[3] Bericht *Giuliano/Lagarde*, S. 71.
[4] Vgl. *Magnus*, in: Staudinger, Art. 28 EGBGB Rz. 17.

bietseinheit steht auch nicht entgegen, wenn im ausländischen Staat in einigen Einzelfragen einheitliches Recht (zB US-amerikanisches Bundesrecht) gilt.

Nach Art. 4 Abs. 3 EGBGB, der allgemeinen Vorschrift über die Rechtsspaltung, wird bei einer Verweisung auf das Recht eines Staates mit mehreren Teilrechtsordnungen dieses Recht befragt, welche der Teilrechtsordnungen anzuwenden ist. Art. 22 Abs. 1 Rom I-VO ist demgegenüber eine Sonderregelung für vertragliche Schuldverhältnisse, welche der allgemeinen Vorschrift vorgeht[1]. Für Schuldverträge, die nicht den Art. 3 ff. Rom I-VO unterstehen, ist die Regelung des Art. 22 Abs. 1 Rom I-VO analog anzuwenden, da sie sachnäher ist als die des Art. 4 Abs. 3 EGBGB.

Nach Art. 22 Abs. 2 Rom I-VO ist ein Staat, in dem verschiedene Gebietseinheiten ihre eigenen Rechtsnormen für vertragliche Schuldverhältnisse haben, nicht verpflichtet, die VO auf Kollisionen zwischen den Rechtsordnungen dieser Gebietseinheiten anzuwenden[2]. Eine Parallelvorschrift findet sich in Art. 25 Abs. 2 Rom II-VO. Erfasst werden Situationen, in denen Verbindungen mit mehreren **Gebietseinheiten desselben Staates** (zB England und Schottland), aber mit keinem anderen ausländischen Staat bestehen. Hier ergeben sich lediglich interlokale Rechtsanwendungsprobleme; der Vertragsstaat ist folglich nicht verpflichtet, die Kollision durch die Anwendung des EVÜ zu lösen[3]. Für Deutschland hat diese Vorschrift keine Bedeutung[4].

2. Innerdeutsches Kollisionsrecht

Infolge der **Wiedervereinigung** (3.10.1990) und der (Wieder-)Einführung des BGB im Gebiet der früheren DDR (Art. 230 EGBGB) bestehen zwischen Ost- und Westdeutschland nur noch in wenigen Fällen Rechtsunterschiede (vgl. Art. 232 EGBGB). In ihnen stellt sich die interlokale Frage, ob das ost- oder das westdeutsche Recht anzuwenden ist[5]. Eine besondere gesetzliche Regelung besteht hierfür nicht. Die Rechtsprechung geht davon aus, dass der Einigungsvertrag nicht zwei verschiedene, sondern lediglich **ein einheitliches interlokales Privatrecht** voraussetzt. Hierfür gelten heute grundsätzlich die Art. 3 ff. Rom I-VO in entsprechender Anwendung[6]. Folglich kommen die Vorschriften über die Rechtswahl (Art. 3 Rom I-VO) ebenso zur Anwendung wie die spezifizierte Anknüpfung und der Grundsatz der Maßgeblichkeit der charakteristischen Leistung (Art. 4 Rom I-VO)[7]. Gleiches gilt für die Sonderregelung für

---

1 So bislang schon *Kropholler*, IPR, S. 459.
2 Ebenso Art. 19 Abs. 2 EVÜ, der nicht in das EGBGB übernommen worden war.
3 Bericht *Giuliano/Lagarde*, S. 71.
4 S. *von Hoffmann*, IPRax 1984, 12.
5 Vgl. *Fischer*, Deutsch-deutsche Vertragsschlüsse zwischen Wende und Einheit, IPRax 1995, 161.
6 Zu Art. 3 ff. EGBGB s. BGH 1.12.1993, BGHZ 124, 270 (272 f.) = NJW 1994, 582 = JZ 1994, 468 Anm. *Thode* = IPRax 1995, 114 (m. Aufs. *Dörner*, IPRax 1995, 89) (zum Erbrecht); *Hohloch*, in: Erman, vor Art. 27 EGBGB Rz. 13.
7 Zu Art. 28 EGBGB BGH 9.11.1994, BGHZ 127, 368 (370 f.) = NJW 1995, 318; *Hohloch*, in: Erman, Art. 28 EGBGB Rz. 8.

Verbraucherverträge (Art. 6 Rom I-VO). Die Bestimmung über Arbeitsverhältnisse in Art. 8 Rom I-VO gilt ebenfalls analog[1]. Zwingendes westdeutsches Recht wird in entsprechender Anwendung des Art. 9 Rom I-VO durchgesetzt[2].

224 Für vor dem Einigungsvertrag geschlossene Verträge (sog. Altfälle) stellt sich die grundsätzliche Frage, welches Kollisionsrecht anzuwenden ist. Nach der **Lehre vom gespaltenen Kollisionsrecht** haben die Gerichte der neuen Bundesländer aus Gründen des Vertrauensschutzes weiterhin die bisherigen Kollisionsnormen, dh. das Rechtsanwendungsgesetz der DDR (§§ 12 ff. RAG), anzuwenden. Dagegen will die **Lehre vom einheitlichen Kollisionsrecht** die vor der Wiedervereinigung entwickelten (westdeutschen) interlokalen Regeln heranziehen[3]. Die Rechtsprechung tendiert ebenfalls dazu, die oben geschilderten neuen Grundsätze auch auf bereits vor der Vereinigung der beiden deutschen Staaten geschlossene Verträge anzuwenden[4].

Die analoge Anwendung der Art. 3 ff. Rom I-VO (früher Art. 27 ff. EGBGB) bedeutet aus westdeutscher Sicht keine Änderung. Folgt man der Lehre vom einheitlichen Kollisionsrecht, so ist lediglich dann, wenn die Art. 3 ff. Rom I-VO in Fällen mit Auslandsberührung zum früheren Recht der ehemaligen DDR führen, die intertemporale Norm des Art. 236 § 1 EGBGB zu beachten[5].

Danach bleibt für vor dem Wirksamwerden des Beitritts abgeschlossene Vorgänge das bisherige Internationale Privatrecht maßgeblich. Das anzuwendende Recht ist nach den Regeln des **Rechtsanwendungsgesetzes** zu ermitteln. Nur in diesen Fällen wird also ein kollisionsrechtlicher Vertrauensschutz gewährt.

Zur Rechtslage vor der IPR-Reform (1.9.1986) s. 6. Aufl. Rz. 204 ff.

VI. Ordre public (Art. 21 Rom I-VO)

225 Art. 21 Rom I-VO betrifft die öffentliche Ordnung im Staat des angerufenen Gerichts. Die Anwendung einer Vorschrift des nach dieser Verordnung be-

---

[1] Vgl. *Hohloch*, in: Erman, Art. 30 EGBGB Rz. 7; *Magnus*, in: Staudinger, Art. 30 EGBGB Rz. 29. Bei weiterhin bestehenden Unterschieden stellt die Rechtsprechung auf den tatsächlichen Arbeitsort ab.
[2] Zu Art. 34 EGBGB BGH 9.11.1994, BGHZ 127, 368 (374) = NJW 1995, 318.
[3] Offen gelassen von OLG Rostock 13.5.1993, OLG-NL 1994, 12 (14).
[4] BGH 9.11.1994, BGHZ 127, 368 = NJW 1995, 318 (Handelsvertretervertrag von 1988/1989 mit DDR-Außenhandelsbetrieb dem GIW unterstellt. Wegen fehlender westdeutscher devisenrechtlicher Genehmigung aber nichtig); BGH 17.11.1994, WM 1995, 124 = WuB IV B. Art. 34 EGBGB 1.95 *(Mankowski)* (Im Januar 1990 geschlossener Beratervertrag mit DDR-Hochschule. Westdeutsches Recht angewendet. Außenhandelsmonopol der DDR nicht beachtet.); OLG Naumburg 14.10.1993, IPRax 1995, 172 (m. Aufs. *Fischer*, IPRax 1995, 161) (Verkauf zwischen Bonner Verkäufer und DDR-Konsumgenossenschaft westdeutschem Recht unterstellt. Anknüpfung dahingestellt. Außenhandelsmonopol der DDR nicht beachtet.); *Thorn*, in: Palandt, Art. 27 EGBGB Rz. 2. So wohl auch *Fischer*, IPRax 1995, 161 f. Anknüpfung dahingestellt in OLG Naumburg 19.5.1993, WM 1994, 906 (Kaufvertrag).
[5] So allgemein *Thorn*, in: Palandt, Art. 236 EGBGB Rz. 6, 7.

zeichneten Rechts kann nur versagt werden, wenn ihre Anwendung mit der öffentlichen Ordnung („ordre public") des Staates des angerufenen Gerichts offensichtlich unvereinbar ist. Insofern ist zu beachten, dass parallele Vorschriften in Art. 26 Rom II-VO sowie im internationalen Verfahrensrecht vorhanden sind (insbesondere Art. 34 Nr. 1 EuGVO)[1]. Zwar darf der einzelne Mitgliedstaat von seinem nationalen ordre public Gebrauch machen, doch setzt ihm hierbei das Gemeinschaftsrecht Grenzen[2].

Frei. 226–240

---

[1] Vgl. *Rühl*, Festschr. Kropholler, S. 207 f.
[2] EuGH 11.5.2000 – Rs. C-38/98 (Renault), Slg. 2000, I-2973 = NJW 2000, 2185 = IPRax 2001, 338 (m. Aufs. *Heß*, IPRax 2001, 301) (zum GVÜ). – Näher *Thoma*, Die Europäisierung und die Vergemeinschaftung des nationalen ordre public (2007).

D. Grundsätze und praktische Hinweise zur Vertragsgestaltung

	Rz.		Rz.
I. Informationsbeschaffung	241	4. Form- und Beweisfragen	251
II. Abschluss des Vertrages	245	5. Geschäftspartner	252
III. Inhalt und Wirksamkeit des Vertrages	246	6. Vertrags- und Verhandlungssprache	253
1. Wirksamkeit des Vertrages	246	7. Anwendbares Recht	254
2. Gesellschaftsrechtliche Genehmigungen	247	8. Sicherheiten	255
3. Vertragsinhalt	248	IV. Vertragsdurchsetzung und Streiterledigung	256

Literatur: *von Bernstorff*, Vertragsgestaltung im Auslandsgeschäft, 6. Aufl. (2007); *von Bernstorff*, Vertragsrisiken im Auslandsgeschäft, Außenwirtschaftliche Praxis 2008, 296; *Bortolotti*, Drafting and Negotiating International Commercial Contracts (ICC Publication No. 671, 2008); Bundesstelle für Außenhandelsinformation, Rechtsfragen im Auslandsgeschäft, Kurzdarstellung ausgewählter Fragen – Europa – (1980); Bundesstelle für Außenhandelsinformation, Vertragsgestaltung bei Kaufverträgen unter ausländischem Recht – Zur Ausarbeitung von Exportbedingungen (1985); *Däubler*, Auslandsarbeit unter deutschem Recht, Festschr. Birk (2008), S. 27; *Detzer*, Fallstricke bei Verträgen mit ausländischen Vertriebspartnern, in: Vertrieb, Versicherung, Transport – Festschr. Thume (2008), S. 23; *Döser*, Anglo-amerikanische Vertragsstrukturen in deutschen Vertriebs-, Lizenz- und sonstigen Vertikalverträgen, NJW 2000, 1451; *Döser*, Einführung in die Gestaltung internationaler Wirtschaftsverträge, JuS 2000, 246, 456, 663, 773, 1075, 1178; JuS 2001, 40; *Döser*, Vertragsgestaltung im internationalen Wirtschaftsrecht (2001); *Flechtner*, Drafting contracts under the CISG (Oxford 2008); *Fontaine/de Ly*, Drafting international contracts: an analysis of contract clauses (Leiden 2006); *Hök*, Zur Vertragsredaktion und -auslegung im grenzüberschreitenden Geschäft, ZAP 2007, 1361; *Holler*, Vertragsgestaltung gegenüber tschechischen Geschäftspartnern, WiRO 2007, 353; *Kinsella* (Hrsg.), Digest of Commercial Laws of the World – Forms of Commercial Agreements, Bd. I u. II (Dobbs Ferry, N.Y.; Loseblatt); *Kornicker*, Risiken bei der Gestaltung von Verträgen im internationalen Wirtschaftsrecht: unter besonderer Berücksichtigung der Risiken angelsächsischer Vertragsgestaltung, in: Kornicker, Risiko und Recht (Basel 2004), S. 57; *Kötz*, Der Einfluss des Common Law auf die internationale Vertragspraxis, Festschr. Heldrich (2005), S. 771; *Lembcke*, Mindestanforderungen an die Vertragsgestaltung bei osteuropäischen Großbauprojekten der Weltbankgruppe, WiRO 2006, 321; *Lundmark*, Die detaillierte Natur anglo-amerikanischer Kaufverträge, Festschr. Sandrock (2000), S. 623; *Lundmark*, Common law-Vereinbarungen – Wortreiche Verträge, RIW 2001, 187; *Mallmann*, Rechtswahlklauseln unter Ausschluss des IPR, NJW 2008, 2953; *Mankowski*, Überlegungen zur sach- und interessengerechten Rechtswahl für Verträge des internationalen Wirtschaftsverkehrs, RIW 2003, 2; *Moecke*, Vertragsgestaltung bei Zusammenarbeit auf dritten Märkten, RIW 1978, 73; *Nienaber*, Vertragsgestaltung bei internationalem Industrie- und Anlagenbau (2004); *Piltz*, Gestaltung von Exportverträgen nach der Schuldrechtsreform, IHR 2002, 2; *Piltz*, Vertragsgestaltung im Exportgeschäft (2005); *Pinnells/Eversberg*, Internationale Kaufverträge optimal gestalten (1997); *Sandrock* (Hrsg.), Handbuch der Internationalen Vertragsgestaltung I, II (1980); *Tauber*, Kreditsicherheiten im Auslandsgeschäft, Bank-Praktiker 2008, 186; *Waehler*, Gedanken zur Vertragsgestaltung, in: Lange/Prollius (Hrsg.), Praxis des Ostwesthandels (1977), S. 149; *von Westphalen*, Von den Vorzügen des deutschen Rechts gegenüber anglo-amerikanischen Vertragsmustern, ZvglRW 102 (2003), 53; *Yelpaala/Rubino-Sammartano/ Campbell*, Drafting and Enforcing Contracts in Civil and Common Law Jurisdictions (Deventer 1986). S. auch die Literaturangaben vor den einzelnen Randnummern dieses Teils sowie vor den anderen Teilen.

I. Informationsbeschaffung

Der Abschluss und die Abwicklung von Rechtsgeschäften mit ausländischen Partnern werfen in der Praxis häufig bestimmte Probleme auf. Viele Risiken, etwa der Zahlungssicherung, sind zunächst einmal nicht anders als bei Inlandsgeschäften. Vor Schematismus ist aber zu warnen, mit Neuem und Unbekanntem ist stets zu rechnen, etwa in Bezug auf Wirksamkeitsvoraussetzungen und Kreditsicherheiten. Wegen der Vielfalt der Rechtsordnungen, Branchen, Inhalte und Zielsetzungen von Verträgen können hier nur einige Punkte genannt werden, die bei den Vertragsverhandlungen und der Vertragsgestaltung beachtet werden sollten. Die wichtigsten Fragen sind, um welche Art von Geschäft (Vertragstyp) es geht (Rz. 248), welche ausländische Rechtsordnung berührt wird (Rz. 243, 250), welche Rechtsfragen betroffen sind (Rz. 246 ff.). Einige allgemeine Fragen werden hier vorweg behandelt; wegen der Einzelheiten und der einschlägigen Fachliteratur wird auf die Ausführungen zum jeweiligen Vertragstyp bzw. Einzelproblem verwiesen. 241

Kommt es auf **Auslandsrecht** an, so ist die ausländische Rechtslage sorgfältig zu ermitteln. Das gilt vor allem dann, wenn das ausländische Recht das Vertragsstatut stellt, aber auch, wenn sich ausländisches zwingendes Recht entgegen einer Rechtswahl auswirken kann. Stets ist die Möglichkeit von Rechtsänderungen zu beachten. Aber auch dann, wenn inländisches Recht zur Anwendung kommt, ist zu prüfen, wie weit bei Auslandssachverhalten Modifikationen der Rechtslage eintreten bzw. zusätzliche Vereinbarungen notwendig sind. Dies ist etwa bei der Auslandsarbeit der Fall[1]. 242

Informationen zum ausländischen Recht und zur Gestaltung von Außenhandelsverträgen sind von einer Reihe von Institutionen und Verbänden erhältlich. Sie sind oft nicht nur in gedruckter Form, sondern auch im Internet zugänglich. Insofern sind zu Fragen des Einheitsrechts und des internationalen Handelsrechts **internationale Organisationen** zu nennen, wie die UN-Kommission für internationales Handelsrecht (United Nations Commission on International Trade Law, **UNCITRAL**)[2], vgl. Rz. 894. Ferner spielt eine Rolle die **Wirtschaftskommission der Vereinten Nationen für Europa** (Economic Commission for Europe, **ECE**)[3]. Von Bedeutung ist vor allem die **Internationale Handelskammer** in Paris (International Chamber of Commerce, **ICC**)[4]. Auch eine Reihe internationaler Verbände spielt eine Rolle, so etwa für Bauvorhaben

---

1 Vgl. *Däubler*, Festschr. Birk, S. 27 ff.
2 http://www.uncitral.org/.
3 http://www.unece.org/.
4 http://www.iccwbo.org/.

der Internationale Dachverband der beratenden Ingenieure (International Federation of Consulting Engineers, Fédération Internationale des Ingénieurs-Conseils, **FIDIC**)[1]. Ein reichhaltiges Informationsangebot liefert ebenfalls der europäische Verband der Maschinen-, Elektro-, Elektronik- und Metallwarenindustrie **Orgalime** (Organisation de liaison des industries métalliques et électroniques Européennes; European Engineering Industries Association) in Brüssel[2].

243 Umfangreiche Angebote liefern auch **nationale Institutionen und Verbände**. In Deutschland findet man Informationen zur Exportkontrolle und zum Import beim Bundesamt für Wirtschaft und Ausfuhrkontrolle (**BAFA**)[3]. Informationen und Publikationen zu den Auslandsmärkten, aber auch zum Auslandsrecht und einzelnen Vertragstypen bietet die **Germany Trade and Invest** – Gesellschaft für Außenwirtschaft und Standortmarketing mbH (Nachfolger der Bundesagentur für Außenwirtschaft; bfai)[4] an.

Vor allen länderspezifische Informationen erhält man bei den deutschen Auslandshandelskammern (**AHK**). Sie bestehen in allen Ländern, die für die deutsche Wirtschaft von besonderem Interesse sind[5]. Auch einzelne inländische Industrie- und Handelskammern (**IHK**) verfügen über Material. Branchenspezifische Rechtsinformationen liefern die jeweiligen nationalen Fachverbände wie der **VDMA** (Verband Deutscher Maschinen- und Anlagenbauer)[6]. Einzelne wissenschaftliche Institutionen und Universitätsinstitute und -lehrstühle bieten ebenfalls Informationen an. Fachbibliotheken ermöglichen häufig auch online-Recherchen zu Rechtsfragen, zB die Peace Palace Library in den Haag[7].

244 Hauptinformationsquelle ist zunehmend das **Internet**, in dem eine Vielzahl von Informationen zugänglich ist. Auch hier kommt es auf den Anbieter an. Insoweit kommen die genannten internationalen, europäischen und nationalen Stellen in Betracht. Größere Einrichtungen bieten entweder über das Internet selbst frei oder gegen Bezahlung Materialien in unterschiedlichen Sprachfassungen vollständig oder in Auszügen an oder informieren jedenfalls, wo sie erhältlich sind. Auch hier wird die Recherche erleichtert, wenn man sich auf die einzelnen Ebenen, Branchen und Vertragstypen konzentriert. So verfügt die Internationale Handelskammer in Paris (ICC) für einzelne Geschäftstypen über umfangreiche Anleitungen (guides), Regeln (rules), Formulare und Musterverträge. Zahlreiche Vertragsbedingungen für Bauverträge sind bei der FIDIC zugänglich. Muster und Führer für unterschiedliche Im- und Exportgeschäfte bietet auch Orgalime an.

---

1 http://www.fidic.org/.
2 http://www.orgalime.org/.
3 http://www.bafa.de/bafa/de/.
4 http://www.gtai.de/.
5 Übersicht: http://www.ahk.de/.
6 http://www.vdma.org/.
7 http://www.ppl.nl/.

II. Abschluss des Vertrages

Es versteht sich von selbst, dass zuverlässige Informationen bereits **vor Vertragsverhandlungen** von großem Wert sind[1]. Eine Reihe von Rechtsfragen stellt sich schon in diesem Stadium. Gegebenenfalls ist bereits eine Geheimhaltungsvereinbarung (non-disclosure agreement; NDA) angebracht. Damit wird Stillschweigen über Vertragsverhandlungen, Verhandlungsergebnisse oder vertrauliche Unterlagen vereinbart.

245

In manchen Rechtsordnungen darf **vorvertragliche Korrespondenz** nicht zur Vertragsauslegung herangezogen werden. Teilweise ist auch der Nachweis einer nicht im schriftlichen Vertrag enthaltenen mündlichen Nebenabrede vor Gericht unzulässig. Die parol evidence rule des anglo-amerikanischen Rechts verbietet grundsätzlich den Nachweis von Nebenabreden und kann damit einschneidende Folgen haben (vgl. Rz. 309). In der anglo-amerikanischen Vertragspraxis werden zudem häufig sog. merger clauses oder entire agreement clauses (Vollständigkeitsklauseln) verwendet, um die Vollständigkeit und Endgültigkeit einer schriftlichen Vereinbarung abzusichern.

Mit einer **Absichtserklärung** (Letter of Intent) drückt eine Vertragspartei ihr Interesse an Verhandlungen und am Abschluss eines Vertrages aus. Inhalt und Umfang sind recht verschieden. Ein Letter of Intent, der lediglich eine Ankündigung und eine Zusammenfassung geklärter Punkte enthält, entfaltet keine Bindungswirkung[2]. Werden jedoch Erklärungen mit Bindungswillen, zB die Festlegung von Zeitplänen oder eine Kostenübernahme, und die Verpflichtung zum Abschluss eines Hauptvertrages vereinbart, dann entfaltet der Letter of Intent Bindungswirkung. Bei Großaufträgen geht der Vertragsunterzeichnung oft eine Absichtserklärung voraus, bzw. ist sie Teil einer Due-Diligence-Prüfung (s. Rz. 4391 ff.). Handelt der Geschäftspartner für einen anderen, so ist auch die **Vertretungsmacht** zu überprüfen (vgl. Rz. 5031 ff.).

III. Inhalt und Wirksamkeit des Vertrages

1. Wirksamkeit des Vertrages

Zu überprüfen ist nicht nur der zivilrechtliche Vertragsabschluss, sondern auch, welche **behördlichen Genehmigungen** nach in- und/oder ausländischem Recht erforderlich sind[3] (zur Third Party Legal Opinion s. Rz. 1436 ff.). Unterschiedliche zwingende europäische und/oder ausländische Normen können zu beachten sein. So spielen kartellrechtliche Beschränkungen für Vertriebsverträge eine erhebliche Rolle. Zoll- und Steuerrecht sind gegebenenfalls zu berücksichtigen.

246

---

1 Vgl. *Heussen* (Hrsg.), Handbuch Vertragsgestaltung und Vertragsmanagement, 3. Aufl. (2007).
2 Vgl. *Döser*, JuS 2000, 253 f.
3 Zur Vorlage einer Legal Opinion bzw. Opinion of Counsel vgl. *Döser*, JuS 2000, 459. – Zur vorgeschriebenen Registrierung von Vertriebspartnern *Detzer*, Festschr. Thume, S. 26.

Das **Devisenrecht** hat zwar innerhalb der EU an Bedeutung verloren. Im Übrigen kann jedoch mit devisenrechtlichen Beschränkungen zu rechnen sein (dazu Rz. 671 ff.). Beim Erwerb von Betrieben, Teilen von Betriebsvermögen sowie Geschäftsanteilen (Aktien) ist stets zu prüfen, ob ein solches Geschäft **kartellrechtlich** unbedenklich ist oder einer Genehmigung bzw. Benachrichtigung einer ausländischen Wettbewerbsbehörde bedarf (vgl. Rz. 4531 ff., Rz. 4671 ff.). Bei Ausbleiben der erforderlichen Genehmigung bzw. der Benachrichtigung kann das Geschäft später von der Wettbewerbsbehörde in Frage gestellt werden; möglicherweise drohen noch andere Sanktionen.

2. Gesellschaftsrechtliche Genehmigungen

247 Bei Geschäften mit Gesellschaften ist nicht nur die Vertretungsmacht ihrer Organe zu überprüfen (dazu Rz. 5241 ff.). In manchen Rechtsordnungen gelten Rechtsgeschäfte, deren Wert einen bestimmten Prozentsatz der Bilanzaktiva einer juristischen Person überschreitet, als Großgeschäfte und bedürfen der Zustimmung der Gesellschafterversammlung (Aktionärsversammlung) bzw. in bestimmten Fällen des Aufsichtsrates der Gesellschaft. Unterbleibt eine solche förmliche im Voraus abgegebene Zustimmung, so kann das Geschäft später von den Gesellschaftern (Aktionären) gerichtlich angefochten werden. Um dieses Risiko auszuschließen, sollte die Vorlage entsprechender Dokumente verlangt werden.

3. Vertragsinhalt

248 Je nach Vertragsgegenstand und -typ stellen sich unterschiedliche Rechtsfragen und sind unterschiedliche Hilfsmittel zugänglich. Die Quellen zu manchen Vertragstypen – insbesondere Kauf- und Vertriebsverträgen – sind verhältnismäßig gut erschlossen. Über einzelne Institutionen und spezielle Handbücher ist ein schneller Zugriff auf Informationen möglich. Vielfach stehen **Formulare** (model forms, standard forms), Allgemeine Geschäftsbedingungen (general conditions) oder Vertragsmuster (model contracts) zur Verfügung, die nach entsprechender Überprüfung in Gänze, teilweise oder jedenfalls für die Vorbereitung eines individuellen Vertrages herangezogen werden können[1]. Gedruckt findet man sie vielfach in Werken zur Vertragsgestaltung (zB Münchener Handbuch der Vertragsgestaltung), in Handbüchern zu einem bestimmten Vertragstyp oder einer Branche. Teilweise sind auch Verzeichnisse dieser Muster veröffentlicht worden[2].

Internationale, europäische und nationale **Institutionen sowie Verbände**, deutsch-ausländische Handelskammern bieten häufig Regelwerke für einzelne

---

[1] Nachw. bei *Detzer*, Festschr. Thume, S. 23 f. – Krit. *von Westphalen*, ZvglRW 102 (2003), 53 ff.

[2] Zu den in gedruckter Form und im Internet vorhandenen Vertragsmustern s. den Leitfaden „Fundstellen von Musterverträgen für den Geschäftsverkehr mit dem Ausland" (2. Aufl. 2009) der Industrie- und Handelskammer zu Lübeck, Geschäftsbereich International.

Vertragstypen oder Klauseln selbst oder über einen Verlag an (vgl. Rz. 242 ff.). Zu nennen ist etwa die Internationale Handelskammer in Paris (ICC). Für Bauvorhaben sind insbesondere die Muster der FIDIC zu erwähnen. Hierbei handelt es sich um Allgemeine Bedingungen, wobei die auf das konkrete Projekt zugeschnittenen Vereinbarungen noch in „Besonderen Bedingungen" festzuhalten sind.

Zu den Anbietern unter den europäischen Verbänden gehört orgalime, zu den nationalen Verbänden etwa der VDMA. Manche Verlage bieten spezielle Muster für Auslandsverträge an, zB der Verlag Recht und Wirtschaft in der Serie „Heidelberger Musterverträge". Einzelne Vertragsmuster sind manchmal sogar über das Internet zugänglich[1]. Auch hier gilt, dass Qualität ihren Preis hat. Überprüfungen der Terminologie sind anhand von deutsch-ausländischen Übersetzungen und Vertragsmustern in Büchern oder Artikeln, teilweise auch über das Internet möglich.

Was im Einzelnen geregelt werden muss, bestimmt sich vor allem nach dem individuellen Vertrag und dem **Vertragstyp**. Schon die Überschrift des Vertrages kann eine Klarstellung enthalten, worum es gehen soll[2] (zB Handelsvertretervertrag und nicht nur „Vertriebsvertrag"; in vielen Ländern gibt es mehrere Arten von Handelsvertretern (vgl. Rz. 2164 ff.). Es ist klarzustellen, was gewollt ist. Spezifische Risiken verlangen spezifische Klauseln, zB Fragen des Im- und Exports, Preis und Zahlungsbedingungen, Währungsfragen. Eine salvatorische Klausel (saving clause) wonach der restliche Vertragsinhalt trotz Unwirksamkeit eines Teils gültig sein soll, empfiehlt sich regelmäßig[3]. Eine Klausel über die Auslegung des Vertrages selbst kann angebracht sein.

249

Die **Rechte und Pflichten der Parteien** sollten möglichst genau beschrieben werden. Dies gilt bei Lieferung und Werkvertrag auch für die Abnahme. Eine Klarstellung bezüglich Gewährleistung und Haftung ist angebracht. Die Voraussetzungen und Folgen von Pflichtverletzungen (zB Verzug) können im Einzelnen geregelt werden. Dazu gehören etwa der Rücktritt vom Vertrag und Ansprüche auf Schadensersatz (gegebenenfalls Vertragsstrafen)[4]. Auch die Produkthaftung sollte gegebenenfalls näher geregelt werden.

Die **Laufzeit des Vertrages** sollte, wenn möglich, bestimmt werden. Bei unbefristeter Vertragsdauer sind gegebenenfalls Einschränkungen durch zwingende Vorschriften über die Kündigung zu beachten. Die Rechtsfolgen einer **Vertragsbeendigung** sollten geregelt werden. Bei einzelnen Verträgen, wie bei Vertriebshändlern (insbesondere Handelsvertretern) kann unabdingbar ein Ausgleichsanspruch vorgeschrieben sein. Hier sollte ein noch verbleibender Regelungsspielraum ausgenutzt werden (vgl. Rz. 2172). Vertragliche **Wett-**

---

1 S. etwa bei „Juris International – Contracts: Models and Drafting", http://www.jurisint.org/.
2 Zur Präambel *Döser*, JuS 2000, 456 f.
3 Vgl. *Döser*, JuS 2000, 664.
4 Zu Leistungsstörungen vgl. *Döser*, JuS 2000, 663 f.

bewerbsabreden sollten auf ihre Zulässigkeit hin überprüft und präzisiert werden.

250 Nach Möglichkeit sollten **länderspezifische Klauseln** verwendet werden[1]. Des Öfteren werden Vertragstexte, die für inländische Verhältnisse entwickelt wurden, auch für Auslandsverträge verwendet. Dagegen ist nichts einzuwenden, solange außenwirtschaftliche und länderspezifische Besonderheiten berücksichtigt werden. Insbesondere ist das Bestehen in- und vor allem ausländischen zwingenden Rechts zu prüfen. Im Übrigen verlangen bestimmte länderspezifische Risiken Vorsorge. Daher wurden vielfach besondere Lieferbedingungen für das Ausland verwendet. Aber auch für Auslandsverträge entwickelte Verträge und Muster sind nicht pauschal und ohne Änderungen in allen Ländern verwendbar. Häufig besteht eine besondere Fassung für die Verwendung in EU/EWR-Staaten. In jedem Fall ist zumindest eine Überprüfung des Vertragsentwurfs notwendig.

Anglo-amerikanische Verträge sind regelmäßig besonders umfangreich. Es werden (im Hinblick auf dominierendes Fallrecht und weit reichende Vertragsfreiheit) alle Eventualitäten geregelt[2]. Eine Klausel über die **Vertragsauslegung** kann angebracht sein (vgl. auch Rz. 307 ff.). Wenn die Vertragsformulierung keine Zweifel aufwirft, dann wird der Vertrag nach der „four corners" rule des Common Law aus sich selbst heraus ausgelegt.

4. Form- und Beweisfragen

251 Das ausländische Recht stellt des Öfteren **strengere Anforderungen an die Form** als das deutsche Recht (vgl. Rz. 733; zum Warenkauf Rz. 919). Darüber hinaus haben sich bei einigen ausländischen Behörden – vor allem Zoll- und Steuerbehörden – in der Praxis Abläufe entwickelt, welche bestehende Formvorschriften noch weiter verschärften. Auch wenn eine solche Behördenpraxis keine Rechtsquelle im eigentlichen Sinne darstellt, ist sie doch für eine schnelle und konfliktlose Geschäftsabwicklung (zB die Zollfreigabe) von Bedeutung. In manchen Ländern bedürfen viele Arten von Verträgen zwischen deutschen und ausländischen Unternehmen grundsätzlich der Schriftform. Die Nichtbeachtung der Schriftform hat die Unwirksamkeit des außenwirtschaftlichen Geschäftes zur Folge. Ferner können negative steuerliche Folgen eintreten.

Der Austausch von **Mitteilungen per E-Mail** ist zwar weit verbreitet. Regelmäßig ersetzt er aber die Schriftform nur, wenn dabei speziell registrierte Digitalsignaturen verwendet werden. Es empfiehlt sich deshalb, bei Geschäften mit dem ausländischen Partner den Vertrag (auch) in herkömmlicher Papierform zu erstellen, unterschreiben zu lassen und Originalausfertigungen des Vertrages auszutauschen. Der Vertrag kann vorsehen, dass die Kommunikation bei seiner Abwicklung auch per E-Mail oder über andere elektronische Kommunikationsmittel erfolgen kann.

---

1 Zu „gefährlichen Ländern" beim Vertrieb *Detzer*, Festschr. Thume, S. 29 ff.
2 Dazu *Lundmark*, Festschr. Sandrock, S. 623 ff.; *Lundmark*, RIW 2001, 187 ff.

Die **notarielle Form** der Verträge spielt vor allem für Immobiliengeschäfte (vgl. Rz. 1551 ff.) und gesellschaftsrechtliche Vereinbarungen eine Rolle (vgl. Rz. 777 ff.). Manchmal findet sie aber im Ausland seltener Anwendung als in Deutschland. Beispielsweise können Geschäftsanteile an Gesellschaften mit beschränkter Haftung oder Immobilien ohne Heranziehung eines Notars veräußert bzw. belastet werden. Bei dieser Art von Verträgen kann die einfache Schriftform genügen. Die Wirksamkeit des Vertrages bzw. des Eigentumsüberganges aufgrund Vertrages kann von der **Eintragung** des Geschäftes durch eine Behörde oder ein Gericht abhängen. Eine solche Eintragung kann für die Übertragung von Geschäftsanteilen und bei Immobiliengeschäften notwendig sein.

5. Geschäftspartner

Die Feststellung der **Identität des Geschäftspartners**, dh. der Person und eine genaue Bestimmung des Geschäftspartners bei Abschluss eines außenwirtschaftlichen Vertrages ist an sich eine Selbstverständlichkeit. Name, Anschrift, Rechtsform, gesetzlicher Vertreter (Überblick Rz. 5241 ff.), Sitz und Niederlassung sollten aufgeführt werden. **Vollmachten** bedürfen der Überprüfung (unten Rz. 5421 ff.). Das ausländische Firmenrecht lässt teilweise zu, dass mehrere Gesellschaften mit **ähnlichen Firmennamen** bestehen. Folglich können dieselben oder miteinander bekannte Personen Inhaber mehrerer Gesellschaften sein, deren Firmennamen sich nur unwesentlich voneinander unterscheiden. Sollen Ansprüche aus einem gestörten Vertragsverhältnis durchgesetzt werden, so ist entscheidend, mit welcher Gesellschaft der Vertrag tatsächlich abgeschlossen wurde. Unliebsame Überraschungen können auch drohen, wenn nicht beachtet wird, ob mit der Mutter- oder der Tochtergesellschaft bzw. mit welcher Tochtergesellschaft in welchem Land kontrahiert wurde. 252

Bei **staatlichen Partnern** können besondere Beschränkungen (Einschränkungen der Rechtsstellung, Genehmigungserfordernisse, Fehlen der Gerichtsbarkeit) in Betracht kommen, welche die Wirksamkeit oder Durchsetzbarkeit des Geschäfts gefährden.

6. Vertrags- und Verhandlungssprache

Die Verwendung einer oder mehrerer Sprachen kann vereinbart werden. Die Wahl der **Verhandlungssprache** kann Bedeutung für das Zustandekommen von vertraglichen Vereinbarungen und für die Vertragsauslegung haben[1] (vgl. Rz. 274 ff., 310). Der Vertrag kann in einer oder mehreren Sprachen abgefasst werden (**Vertragssprache**). Bestehen mehrere Sprachfassungen, so ist festzulegen, welcher Wortlaut gelten soll. Das kann die deutsche Fassung sein. Möglich ist aber auch eine Festlegung, dass beide Fassungen gleichberechtigt gelten sollen (vgl. Rz. 310). 253

---

[1] Nachw. zur Sprachproblematik bei *Döser*, JuS 2000, 247 ff.

Bei der Verwendung von Fremdsprachen sind exakte Übersetzungen und der richtige **Gebrauch der ausländischen Terminologie** von größter Bedeutung. Des Öfteren stehen mehrsprachige Fassungen oder zuverlässige Übersetzungen zur Verfügung. Bereits vorliegende Formulare und Musterverträge in fremder Sprache können herangezogen werden. Ist eine Übersetzung aus dem Deutschen anzufertigen, so ist zunächst zu überprüfen, welche Terminologie in der Ausgangssprache benutzt worden ist (deutsche, österreichische, schweizerische oder auch europarechtliche Terminologie). Das deutsche Wort muss nicht immer dasselbe bedeuten. Auch bei der Zielsprache kommen häufig mehrere Alternativen in Betracht (zB englische, US-amerikanische oder europarechtliche Terminologie).

Die tatsächliche Verwendung der ausländischen Terminologie in Rechts- und Vertragspraxis kann heute mithilfe des Internets wesentlich leichter überprüft werden als früher. Auch Rechtswörterbücher in der Zielsprache können eine gute Hilfe sein. Ohne Fach- bzw. Rechtskenntnisse ist der Übersetzer oder Dolmetscher regelmäßig nicht in der Lage, eine richtige Übersetzung zu liefern. Es ist sicher zu stellen, dass nicht nur „translatorese" produziert wird.

Zahlreiche Bücher über deutsch-ausländische Rechtssprachen mit Übersetzungsbeispielen stehen zur Verfügung. Die Verlässlichkeit der Angaben in deutsch-ausländischen Rechtswörterbüchern ist freilich nicht immer gegeben. Amtliche Übersetzungen von Staatsverträgen, andere Sprachfassungen von Verordnungen und Richtlinien sind manchmal eine Hilfe. Auch eine Überprüfung über das europäische System **IATE** (Inter Active Terminology for Europe) des Übersetzungszentrums der EU in Luxemburg[1] kann hilfreich sein.

7. Anwendbares Recht

254 Teilweise gilt bereits Einheitsrecht kraft Gesetzes (zB CISG, Transportrechtskonventionen). Ist das der Fall, so ist zu prüfen, ob seine Geltung ausgeschlossen werden soll und kann (vgl. Rz. 912 ff. zum CISG). Im Übrigen ist regelmäßig eine Rechtswahlklausel angebracht. Sie kann im Konfliktfall langwierige Streitigkeiten über das anwendbare Recht und erhebliche Nachteile vermeiden. Zur Zweckmäßigkeit der Wahl einer bestimmten Rechtsordnung ist jedoch keine generelle Aussage möglich. Sie muss in jedem Einzelfall analysiert werden[2].

Zunächst einmal ist festzustellen, ob freie Rechtswahl möglich und erlaubt ist (Parteiautonomie). Das ist vom inländischen Standpunkt aus meist der Fall, allerdings können einzelne zwingende Vorschriften zu beachten sein. Wenn Wirksamkeit ebenfalls aus der Sicht des Auslandes angestrebt wird, ist die Zulässigkeit der Rechtswahl und das Bestehen von zwingendem Recht auch aus der Sicht des ausländischen Rechts zu prüfen. Entscheidend ist, ob die konkrete Vertragsgestaltung nach der gewählten Rechtsordnung wirksam und sinn-

---

[1] http://iate.europa.eu/.
[2] Näher dazu *Mankowski*, RIW 2003, 2 ff.; *Mallmann*, NJW 2008, 2953 ff.

voll ist (s. etwa für Handelsvertreter- und Vertragshändlerverträge Rz. 2189 ff., 2267 ff.).

Die Wahl des anzuwendenden Rechts ist mit der Vertragssprache und dem verwendeten rechtlichen Begriffsapparat sinnvoll zu verknüpfen. Beim Zugrundelegen deutscher Vertragsmuster oder -vorlagen ist ihre Verwendbarkeit für Fälle mit Auslandsberührung unbedingt zu prüfen. Insbesondere solche Rechtsinstitute wie Einbeziehung von AGB, Eigentumsvorbehalt und Pfandrechte haben im ausländischen Recht teilweise andere Inhalte und Folgen als im deutschen Recht.

8. Sicherheiten

In Betracht kommen dingliche und persönliche Sicherheiten[1]. Bei Mobiliarsicherheiten ist zu prüfen, ob sie im Ausland anerkannt werden und konkursfest sind (vgl. Rz. 999 ff.). Teilweise ist Eintragung erforderlich. Persönliche Sicherheiten wie Bürgschaften und Garantien sind auch bei Geschäften mit Auslandsberührung häufig (vgl. Rz. 1181 ff.). Besondere Sorgfalt ist notwendig für die Formulierung des Sicherungszwecks, die Durchsetzbarkeit (zB „auf erstes Anfordern"), für Formfragen, aber auch im Hinblick auf mögliche Beschränkungen für die Abgabe wirksamer Erklärungen (zB Ehegattenbürgschaften, vgl. Rz. 5866).

255

IV. Vertragsdurchsetzung und Streiterledigung

Auch für den Konfliktfall ist Vorsorge zu treffen. Hier kommt es darauf an, ob noch die Erfüllung bzw. eine Durchführung des Vertrages gesichert werden soll oder es nur um eine Regelung zur Absicherung für Sekundäransprüche wie Schadensersatz gehen soll. Verhandlungsklauseln sichern die Pflicht zu Verhandlungen etwa bei Änderungen oder Schwierigkeiten.

256

Sowohl das europäische, das deutsche als auch das ausländische Recht lassen bei grenzüberschreitenden Verträgen im Allgemeinen zu, dass der **Gerichtsstand für mögliche Streitigkeiten im Vertrag bestimmt** wird (vgl. die Klauselbeispiele Rz. 6544). Gesetzliche Beschränkungen bestehen vielfach für Verbraucher, Versicherungsnehmer und Arbeitnehmer, teilweise auch für Vertriebsmittler (vgl. Rz. 6486 ff.). Die Vereinbarung eines deutschen Gerichtsstands ist zwar grundsätzlich vorteilhaft. Allerdings sind die Konsequenzen für einen effektiven Rechtsschutz zu überlegen[2]. Möglicherweise können inländische Gerichtsentscheidungen im Staat des Vertragspartners nicht oder nur schwer anerkannt und vollstreckt werden[3]. Die inländische Partei kann auch bei einer Klage gegen die ausländische Partei vor einem deutschen Gericht zunächst mit möglicherweise zeitraubenden Problemen der Zustellung

---

[1] Vgl. *Tauber*, Bank-Praktiker 2008, 186 ff.
[2] Vgl. auch *Döser*, JuS 2000, 665 f. – Zur möglichen Unbeachtlichkeit nach ausländischem Recht *Detzer*, Festschr. Thume, S. 25 f.
[3] Näher *Schütze*, Rechtsverfolgung im Ausland, RIW 2007, 801 ff. mwN.

der Klageschrift und anderer Prozessdokumente konfrontiert sein. Die Vereinbarung eines ausschließlichen inländischen Gerichtsstandes kann der deutschen Partei zudem den Zugang zu den ausländischen Gerichten versperren. Ist eine Gerichtsstandsvereinbarung unzweckmäßig und unterblieben, so kann jede der Parteien bei Notwendigkeit gegen die andere Partei im Heimatland des Beklagten klagen und im Falle des Obsiegens vollstrecken.

257 Eine **Schiedsvereinbarung** kann in Form einer selbständigen Vereinbarung (**Schiedsabrede**) oder in Form einer Klausel in einem Vertrag (**Schiedsklausel**) geschlossen werden (vgl. § 1029 Abs. 2 ZPO; Klauselbeispiele unten Rz. 6806). Für Schiedsgerichtsklauseln bestehen vielfache Muster. Zugang zu ihnen findet man regelmäßig in der gleichen Weise wie zu anderen Vertragsmustern. Schiedsgerichte können nach den Regeln des Schiedsgerichtshofs der Internationalen Handelskammer (International Court of Arbitration) gebildet werden. Schiedsgerichte bestehen häufig auch bei Außenhandelskammern, so zB das Schiedsgericht der Deutsch-Polnischen Industrie- und Handelskammer. In der Schiedsvereinbarung kann sogleich auf die jeweilige Schiedsordnung Bezug genommen werden. Die Schiedsvereinbarung erlaubt regelmäßig einen Einfluss auf den Ort des Verfahrens, die Zusammensetzung des Gerichts und das Verfahren. Auch hier sind aber Beschränkungen zugunsten der schwächeren Vertragspartei zu beachten (s. Rz. 2541 ff., 6721 ff.).

Schiedssprüche können sowohl im Ausland als auch in Deutschland aufgrund von entsprechenden völkerrechtlichen Verträgen (insbesondere des New Yorker Abkommens von 1958) anerkannt und vollstreckt werden, vgl. Rz. 6564 ff.

Zunehmend finden auch **Schlichtung** (conciliation) **und Mediation** Verbreitung. Eine entsprechende Vereinbarung, für die ebenfalls Muster bestehen, kann geschlossen werden.

258–260 Frei.

2. Teil: Geltungsbereich des Vertragsstatuts

Übersicht

	Rz.
A. Zustandekommen des Vertrages.	261
I. Einheitsrecht und Rechtsangleichung	261
II. Grundsätze der Anknüpfung	262
III. Verwendung Allgemeiner Geschäftsbedingungen	281
B. Materielle Wirksamkeit	299
I. Allgemeines	299
II. Wirksamkeit des Verweisungsvertrages	300
III. Wirksamkeit des Hauptvertrages	301
IV. Gläubigeranfechtung	306
C. Vertragsauslegung	307
I. Rechtswahl	307
II. Hauptvertrag (Art. 12 Abs. 1 lit. a Rom I-VO)	308
III. Sprachgebrauch	310
D. Vertragsinhalt, Nebenansprüche	311
I. Schuldrechtliche Wirkungen	311
II. Vertragstyp	313
III. Handelsrecht	314
IV. Währung	316
V. Schuldner-, Gläubigermehrheit	317
VI. Vertrag zugunsten Dritter	318
VII. Auskunftsanspruch	319
E. Leistungsstörungen	320
I. Allgemeines	320
II. Voraussetzungen der Leistungsstörungen (Art. 12 Abs. 1 lit. c Rom I-VO)	321
III. Einzelne Folgen der Leistungsstörungen	327
F. Beweis und gesetzliche Vermutungen (Art. 18 Rom I-VO)	340
I. Allgemeines	340
II. Beweisgegenstand und Beweislast (Art. 18 Abs. 1 Rom I-VO)	341
III. Beweismittel für den Beweis von Rechtsgeschäften (Art. 18 Abs. 2 Rom I-VO)	344

	Rz.
G. Erlöschen des Schuldvertrages	346
I. Allgemeines	346
II. Erfüllung	347
III. Aufrechnung (Art. 17 Rom I-VO)	365
IV. Hinterlegung	370
V. Erlass, Aufhebung	371
H. Verjährung, Ausschlussfrist, Verwirkung (Art. 12 Abs. 1 lit. d Rom I-VO)	372
I. Verjährung	372
II. Ausschlussfrist	374
III. Verwirkung	375
J. Umgestaltung des Schuldverhältnisses, Schuldanerkenntnis und Vergleich	376
I. Bloße Abänderung	376
II. Ersetzung	377
III. Schuldanerkenntnis	378
IV. Vergleich	379
K. Forderungsübertragung	380
I. Rechtsvereinheitlichung	380
II. Ausländisches Recht	381
III. Anknüpfung der Forderungsübertragung (Art. 14 Rom I-VO)	383
IV. Zession dinglich gesicherter Forderungen	398
V. Einziehungsermächtigung	402
VI. Form	403
L. Gesetzlicher Forderungsübergang	404
I. Ausländisches Recht	404
II. Maßgeblichkeit des Zessionsgrundstatuts	405
III. Subsidiäre Verpflichtungen (Art. 15 Rom I-VO)	406
IV. Ablösungsrecht eines Dritten	411
M. Mehrfache Haftung (Art. 16 Rom I-VO)	412
N. Schuld- und Vertragsübernahme	414
I. Schuldübernahme	414
II. Vertragsübernahme	421

A. Zustandekommen des Vertrages

Rz.

I. Einheitsrecht und Rechtsangleichung 261

II. Grundsätze der Anknüpfung 262
  1. Zustandekommen des Verweisungsvertrages
     (Art. 3 Abs. 5 Rom I-VO) 263
  2. Zustandekommen des Hauptvertrages (Art. 10 Rom I-VO) 266
     a) Maßgeblichkeit des Vertragsstatuts 266
     b) Bewertung des Schweigens ... 267
     c) Bestätigungsschreiben 272
     d) Sprachrisiko 274
     e) Zeitpunkt und Ort des Vertragsschlusses 279
     f) Vertragliche Regelung des Zustandekommens 280

III. Verwendung Allgemeiner Geschäftsbedingungen 281
  1. Rechtsvereinheitlichung und -angleichung 281

Rz.

  2. Bezugnahme auf AGB bei Auslandsgeschäften 282
  3. Anwendbares Recht............. 283
     a) Sonderanknüpfung der Annahme von AGB 284
     b) Inlandsgeschäfte 285
     c) Andere Fälle 286
        aa) Bestehender Vertrag 287
        bb) Kenntnis der AGB und ihrer Geltung 288
        cc) Laufende Geschäftsverbindung 289
        dd) Vertragsschluss im Drittstaat 290
  4. Einbeziehung von AGB nach deutschem Sachrecht 291
  5. Inhaltskontrolle von AGB...... 294
  6. Ungewöhnlichkeit einzelner Klauseln 296
  7. Auslegung, Form 297

Literatur zur Rechtsvereinheitlichung und -angleichung: *Luig*, Der internationale Vertragsschluss (2003); *Schlechtriem*, Kollidierende Geschäftsbedingungen im internationalen Vertragsrecht, in: Transport- und Vertriebsrecht 2000 – Festg. Herber (1999), S. 36; *Troiano*, Formation of Contracts under EC-Directives, in: Schulte-Nölke (Hrsg.), Europäisches Vertragsrecht im Gemeinschaftsrecht (2002), S. 97; *Wittwer*, Vertragsschluss, Vertragsauslegung und Vertragsanfechtung nach europäischem Recht (2004).

Literatur zum Internationalen Privatrecht: *Baumert*, Abschlusskontrolle bei Rechtswahlvereinbarungen, RIW 1997, 805; *K. F. Beckmann*, Das Sprachenstatut bei internationalen Geschäftsverträgen (Diss. Bochum 1980); *K. F. Beckmann*, Die Bedeutung der Vertragssprache im internationalen Wirtschaftsverkehr, RIW 1981, 79; *Dreißigacker*, Sprachenfreiheit im Verbrauchervertragsrecht (2002); *Ebenroth*, Das kaufmännische Bestätigungsschreiben im internationalen Handelsverkehr, ZvglRW 77 (1978), 161; *Ferid*, Zum Abschluss von Auslandsverträgen (1954); *G. Fischer*, Verkehrsschutz im internationalen Vertragsrecht (1990); *Freitag*, Sprachenzwang, Sprachrisiko und Formanforderungen im IPR, IPRax 1999, 142; *Heiss*, Inhaltskontrolle von Rechtswahlklauseln in AGB nach europäischem Internationalem Privatrecht?, RabelsZ 65 (2001), 634; *von Hoffmann*, Vertragsannahme durch Schweigen im Internationalen Schuldrecht, RabelsZ 36 (1972), 510; *Jayme*, Sprachrisiko und IPR beim Bankverkehr mit ausländischen Kunden, Festschr. Bärmann (1975), S. 509; *Jayme*, AGB und IPR, ZHR 142 (1978), 105; *Jayme*, Das „Sprachrisiko" im deutschen und internationalen Privatrecht unter besonderer Berücksichtigung der Rechtsprobleme türkischer Arbeitnehmer in der Bundesrepublik Deutschland, Ann.Fac. Istanbul 27 (1981), 363; *Jayme*, Inhaltskontrolle von Rechtswahlklauseln in Allgemeinen Geschäftsbedingungen, Festschr. W. Lorenz (1991), S. 435; *Kling*, Sprachrisiken im Privatrechtsverkehr (2009); *Kost*, Konsensprobleme im internationalen Schuldvertragsrecht (1995); *Kröll/Hennecke*, Kaufmännische Bestätigungsschreiben beim internationalen Warenkauf, RabelsZ 67 (2003), 448; *Lagarde*, The Scope of the Applicable Law in the E.E.C. Convention, in: North (Hrsg.), Contract Conflicts (Amsterdam, New York, Oxford 1982), S. 49; *Linke,* Sonderanknüpfung der Willenserklärung?, ZvglRW 79 (1980), 1; *Lorenz,* Vertragsabschluss und Parteiwille im internationalen Obligationenrecht Englands (1957); *Lorenz,* Konsensprobleme bei international-schuldrechtlichen Distanzverträgen, AcP 159 (1960/61), 193; *Mezger,* Die Beurteilung der Gerichtsstandsvereinbarung nach dem Vertragsstatut und die des Vertrages nach dem Recht des angeblich gewählten Gerichts, Festschr. Wengler II (1973), S. 541; *Petzold,* Das Sprachrisiko im deutsch-italienischen Rechtsverkehr, JbItalR 2 (1989), 77; *Reinhart,* Verwendung fremder Sprachen als Hindernis beim Zustandekommen von Kaufverträgen, RIW 1977, 16; *Reinhart,* Zum Sprachenproblem im grenzüberschreitenden Handelsverkehr, IPRax 1982, 226; *B. Reinmüller,* Das Schweigen als Vertragsannahme im deutsch-französischen Rechtsverkehr unter besonderer Berücksichtigung der AGB (Diss. Mainz 1976); *Schlechtriem,* Das „Sprachrisiko" – ein neues Problem?, Festschr. Weitnauer (1980), S. 129; *Schlechtriem,* Deutsche Grundsätze zum „Sprachrisiko" als „Datum" unter italienischem Vertragsstatut, IPRax 1996, 184; *Schütze,* Praktizierte Lieferbedingungen im internationalen Geschäftsverkehr, DWiR 1992, 89; *Schwarz,* Das „Sprachrisiko" im internationalen Geschäftsverkehr – ein deutsch-portugiesischer Fall, IPRax 1988, 278; *Spellenberg,* Fremdsprache und Rechtsgeschäft, Festschr. Ferid (1988), S. 463; *Spellenberg,* Doppelter Gerichtsstand in fremdsprachigen AGB, IPRax 2007, 98; *Stankewitsch,* Entscheidungsnormen im IPR als Wirksamkeitsvoraussetzungen der Rechtswahl (2003); *Tiedemann,* Kollidierende AGB-Rechtswahlklauseln im österreichischen und deutschen IPR, IPRax 1991, 424; *Ulmer/Brandner/Hensen,* AGB-Gesetz, 10. Aufl. (2006); *Ungnade,* Die Geltung von AGB der Kreditinstitute im Verkehr mit dem Ausland, WM 1973, 1130; *Wolf/Lindacher Pfeiffer,* AGB-Gesetz, 5. Aufl. (2009); *Zweigert,* Zum Abschlussort schuldrechtlicher Distanzverträge, Festschr. Rabel I (1954), S. 631.

Literatur zur Rechtsvergleichung/zum ausländischen Recht: *Basse,* Das Schweigen als rechtserhebliches Verhalten im Vertragsrecht – Eine rechtsvergleichende Untersuchung unter Berücksichtigung von England, Schottland und Deutschland (1986); *Becker,* International Telex Contracts, J.W.T.L. 17 (1983), 106; *Bierekoven,* Der Vertragsabschluss via Internet im internationalen Wirtschaftsverkehr (2001); *Bischoff,* Der Vertragsschluss beim verhandelten Vertrag (2001) (betr. USA); *Bülow,* Das kaufmännische Bestätigungsschreiben im amerikanischen Recht, AWD 1974, 519; *Doerfert,* How to conclude a contract – Bemerkungen zum Vertragsschluss nach deutschem und englischem Recht, JA 1998, 435; *Ehricke,* Das Recht des Vertragsschlusses im dänischen Recht, RIW 1989, 178; *Feldhaus,* Angebot und Annahme im englischen Versicherungsrecht, VersR 1982, 928; International Chamber of Commerce, Formation of Contracts and Precontractual Liability (Paris 1990); *Jayme/Götz,* Vertragsschluss durch Telex – Zum Abschlussort bei internationalen Distanzverträgen, IPRax 1985, 113; *Kötz,* Europäisches Vertragsrecht I (1996); *Lewis,* The Formation and Repudiation of Contracts by International Telex, LMCLQ 4 (1980), 433; *von Mehren,* The Formation of Contracts, Int.Encycl.Comp.L. Vol VII Ch. 9 (1992); *Neumayer,* Vertragsschluss durch Kreuzofferten?, Festschr. Riese (1964), S. 309; *Owsia,* Formation of Contract – A Comparative Study under English, French, Islamic and Iranian Law (London 1993); *Pfister,* Rechtswirkungen des kaufmännischen Bestätigungsschreibens nach österreichischem Recht, RIW 1977, 530; *Schlesinger* (Hrsg.), Formation of Contracts, 2 Bde. (New York/London 1968).

I. Einheitsrecht und Rechtsangleichung

Fehleinschätzungen bezüglich des Zustandekommens des Vertrages resultieren nicht zuletzt daraus, dass die einzelnen Rechtsordnungen erhebliche Unterschiede hinsichtlich des Zustandekommens aufweisen und dies von den

Parteien nicht in Betracht gezogen wird. **Einheitliches Recht** besteht bisher lediglich im UN-Kaufrecht (Rz. 917 ff.). Eine weitere Vereinheitlichung der Regeln über den Vertragsabschluss wird von UNIDROIT angestrebt (vgl. Rz. 2)[1]. Eine Regelung findet sich in Art. 2.1.1. ff. UNIDROIT-Principles; Art. 2:101 ff. PECL; Art. II.-4:101 ff. DCFR. Noch nicht in Kraft getreten ist das UN-Übereinkommen über den elektronischen Vertragsschluss bei internationalen Verträgen von 2005[2].

Das **europäische Privatrecht** hat den Vertragsschluss in mehrfacher Weise angeglichen. Dies gilt vor allem für mit Verbrauchern außerhalb von Geschäftsräumen geschlossene Verträge, Vertragsabschlüsse im Fernabsatz sowie den Verbraucherschutz im Fernabsatz (s. Rz. 22). Ferner sind die Regeln über den elektronischen Geschäftsverkehr (E-Commerce)[3] und die Bestimmungen für elektronische Signaturen[4] angeglichen worden.

II. Grundsätze der Anknüpfung

262 Ob ein Vertrag wirklich zustande gekommen ist, wird im internationalen Geschäftsverkehr oft zu wenig beachtet. Dabei geht es regelmäßig um den **äußeren Vertragsabschlusstatbestand**, dh. das zum Vertragsabschluss führende oder den Vertragsabschluss modifizierende Verhalten der Parteien[5]. In Frage steht das Zustandekommen zweier Verträge, des Verweisungsvertrages und des Hauptvertrages (vgl. Rz. 85 ff.). Verbunden damit sind häufig Schwierigkeiten um die Geltung von AGB, das Zustandekommen von Gerichtsstandsvereinbarungen und Schiedsverträgen.

---

1 *Luig*, S. 7 ff.
2 UN Convention on the Use of Electronic Communications in International Contracts vom 23.11.2005. – Dazu *Hettenbach*, Das Übereinkommen der Vereinten Nationen über die Verwendung elektronischer Mitteilungen bei internationalen Verträgen (2008).
3 Richtlinie 2000/31/EG des Europäischen Parlaments und des Rates vom 8.6.2000 über bestimmte rechtliche Aspekte der Dienste der Informationsgesellschaft, insbesondere des elektronischen Geschäftsverkehrs im Binnenmarkt („Richtlinie über den elektronischen Geschäftsverkehr"), ABl. EG 2000 Nr. L 178, S. 1. – In Deutschland umgesetzt durch das Gesetz über rechtliche Rahmenbedingungen für den elektronischen Geschäftsverkehr (Elektronischer Geschäftsverkehr-Gesetz – EGG) vom 14.12.2001 (BGBl. I 2001, 3721), das seinerseits das Teledienstgesetz (TDG) vom 22.7.1997 abgeändert hat. Inzwischen abgelöst durch das Telemediengesetz (TMG) vom 26.2.2007 (BGBl. I 2007, 179). – Vgl. *Martiny*, in: MünchKomm, 5. Aufl., nach Art. 9 Rom I-VO, Anh. III – Telemediengesetz.
4 Richtlinie 1999/93/EG des Europäischen Parlaments und des Rates vom 13.12.1999 über gemeinschaftliche Rahmenbedingungen für elektronische Signaturen, ABl. EG 2000 Nr. L 13, S. 12. – In Deutschland umgesetzt durch das Gesetz über Rahmenbedingungen für elektronische Signaturen (Signaturengesetz – SigG) vom 16.5.2001 (BGBl. I 2002, 876).
5 *Hohloch*, in: Erman, Art. 31 EGBGB Rz. 6.

1. Zustandekommen des Verweisungsvertrages (Art. 3 Abs. 5 Rom I-VO)

263

Die lex fori bestimmt, wieweit eine Rechtswahl der Parteien überhaupt zulässig ist. Das Zustandekommen des Verweisungsvertrages ist aber nicht einfach der lex fori zu unterwerfen. Diese steht im Zeitpunkt des Vertragsschlusses noch nicht fest und wäre zudem vielfach eine ungeeignete Anknüpfung. Ferner könnten dann, wenn man Haupt- und Verweisungsvertrag unterschiedlichen Regeln unterstellt, zusammengehörige Vorgänge auseinander gerissen werden, indem das Zustandekommen des einen Vertrages bejaht, das des anderen hingegen verneint würde. Daher muss die Frage gleich beantwortet werden, ob es sich nun um den Verweisungs- oder den Hauptvertrag handelt (s. oben Rz. 88 ff.).

Diesem Ziel dient heute Art. 3 Abs. 5 Rom I-VO[1]; (vgl. Text der gesamten Rom I-VO auf S. 1). Danach sind auf das äußere Zustandekommen (existence) und die innere Wirksamkeit der Einigung (validity of the consent; validité du consentement des parties) der Parteien über das anzuwendende Recht Art. 10 Rom I-VO (Einigung und materielle Wirksamkeit), Art. 11 Rom I-VO (Form von Rechtsgeschäften), und Art. 13 Rom I-VO (Rechts-, Geschäfts- und Handlungsfähigkeit) anzuwenden. Somit beurteilt sich das Zustandekommen der Rechtswahl oder einer ihrer Bestimmungen nach dem **Recht, das anzuwenden wäre, wenn der Vertrag oder die Bestimmung wirksam wäre** (Art. 10 Abs. 1 Rom I-VO)[2]. Ergibt sich jedoch aus den Umständen, dass es nicht gerechtfertigt wäre, die Wirkung des Verhaltens einer Partei nach diesem Recht zu bestimmen, so kann sich diese Partei für die Behauptung, sie habe der Rechtswahl nicht zugestimmt, auf das Recht des Staates ihres gewöhnlichen Aufenthaltsorts berufen (Art. 10 Abs. 2 Rom I-VO). Insofern gelten also die gleichen Regeln wie für den Hauptvertrag[3]. Für eine Reihe anderer Fragen fehlt es jedoch an einer solchen Anordnung. Insofern bietet sich an, Art. 3 Rom I-VO als kollisionsrechtliche Entscheidungsnorm anzusehen, also die Lösung dieser Vorschrift selbst zu entnehmen[4].

Besondere Probleme werfen **kollidierende Rechtswahlklauseln** auf[5]. Hat jede der Vertragsparteien ihr Recht für anwendbar erklärt, so kollidieren die Klauseln. Die Lösung solcher Fälle ist umstritten. Nach einer Auffassung findet eine Einzelbetrachtung der jeweiligen Klauseln nach den von ihr bezeichneten Rechtsordnungen statt. Es setzt sich diejenige durch, nach der eine Rechtswahl zustande gekommen ist[6]. Dies würde freilich diejenige Rechtsordnung bevorzugen, welche der sog. Theorie des letzten Wortes folgt, andere wollen

---

1 Früher Art. 3 Abs. 4 EVÜ bzw. Art. 27 Abs. 4 EGBGB.
2 OLG Celle 26.7.2001, IPRspr. 2001 Nr. 31 = ZIP 2001, 1724 = EWiR 2001, 1051 (*Eckert*) (Isle of Man); *Magnus*, in: Staudinger, Art. 27 EGBGB Rz. 136; *Hausmann*, in: Staudinger, Art. 31 EGBGB Rz. 11.
3 S. *von Bar*, II Rz. 477; *Hau*, in: Wolf/Lindacher/Pfeiffer, IntGV Rz. 19; *Magnus*, in: Staudinger, Art. 27 EGBGB Rz. 140; *Hausmann*, in: Staudinger, Art. 31 EGBGB Rz. 40.
4 Vgl. *E. Lorenz*, RIW 1992, 697 ff.; *von Bar*, II Rz. 460. – S. auch *Stankewitsch*, S. 415 ff.
5 Näher *Spellenberg*, in: MünchKomm, 5. Aufl., Art. 10 Rom I-VO Rz. 168 f.
6 S. *Meyer-Sparenberg*, RIW 1989, 348; *Tiedemann*, IPRax 1991, 426.

daher eine sog. Gesamtbetrachtung vornehmen. Danach kommt es zu keiner Rechtswahl; das anwendbare Recht ist dann nach objektiven Kriterien zu bestimmen[1]. Eine weitere Auffassung will es dabei nicht bewenden lassen und nach dem objektiv bestimmten Recht prüfen, ob nach dieser Rechtsordnung nicht doch eine Verweisung zustandegekommen ist[2].

264 Da der Verweisungsvertrag seinerseits ein Vertragsverhältnis bildet, stellt sich bei einer **durch AGB erfolgenden Rechtswahl** die Frage nach einer Einschränkung bzw. Überprüfung der AGB-Verwendung (vgl. dazu Rz. 281 ff. zum Sachrecht). Beispielsweise kann eine Rechtswahlklausel so verschleiert sein, dass dies nicht mehr mit dem sachrechtlichen Transparenzgebot (vgl. die Unklarheitenregel in § 305c Abs. 2 BGB) vereinbar ist. Die Rechtswahlklausel kann auch eine überraschende Klausel darstellen (vgl. § 305c Abs. 1 BGB) oder im Lichte der Generalklausel des § 307 BGB als unangemessene Benachteiligung der anderen Vertragspartei erscheinen. Bezüglich der richtigen Anknüpfung solcher Einschränkungen besteht erhebliche Unsicherheit.

Möglich wäre es, auf die Rechtswahlklausel stets die nationalen Normen über AGB als **Vorschriften der lex fori** anzuwenden. Folglich wäre dann auch die Vereinbarung ausländischen Rechts regelmäßig an den inländischen Schutzvorschriften des BGB (früher AGBG) zu messen. Damit könnten das Überraschungsverbot (§ 305c Abs. 1 BGB)[3], die Unklarheitenregel des § 305c Abs. 2 BGB[4] und die Inhaltskontrolle nach § 307 BGB[5] stets durchgesetzt werden und einer Rechtswahl Grenzen setzen. Gegen diese Lösung spricht aber, dass es sich insoweit um Sachnormen eines internen Rechts handelt, welche bei einer Vereinbarung ausländischen Rechts grundsätzlich nicht zum Zuge kommen. Ferner enthalten die Art. 3 ff. Rom I-VO durchaus eigene Wertungen, wann eine Rechtswahl zulässig sein soll. Diese dürfen nicht durch die genannten nationalen Sachnormen korrigiert werden[6].

Denkbar ist auch, Art. 10 Abs. 2 Rom I-VO – wonach sich der Kunde für das Zustandekommen des Vertrages auf das Recht seines Aufenthaltsorts berufen

---

[1] Dazu *Kost*, S. 60; *Magnus*, in: Staudinger, Art. 27 EGBGB Rz. 142; *Hausmann*, in: Staudinger, Art. 31 EGBGB Rz. 32.
[2] *Dutta*, ZvglRW 104 (2005), 471 ff. unter Berufung auf das Prinzip der engsten Verbindung.
[3] So etwa zu § 3 AGBG OLG Düsseldorf 14.1.1994, IPRspr. 1994 Nr. 23 = RIW 1994, 420 abl. Anm. *Mankowski*; OLG Düsseldorf 11.4.2001, IPRspr. 2001 Nr. 22b. – S. auch OLG Düsseldorf 8.3.1996, IPRspr. 1996 Nr. 144 = IPRax 1997, 118 (m. Aufs. *Thorn*, IPRax 1997, 98) = RIW 1996, 681 (m. Aufs. *Mankowski*, RIW 1996, 1001) (Börsentermingeschäft).
[4] So wohl *Schütze*, DWiR 1992, 92 zu § 5 AGBG.
[5] So zu § 9 AGBG OLG Frankfurt a.M. 1.6.1989, IPRspr. 1989 Nr. 41 = RIW 1989, 646 = IPRax 1990, 236 (m. Aufs. *Lüderitz*, IPRax 1990, 216); OLG Düsseldorf 11.4.2001, IPRspr. 2001 Nr. 22b. – Ebenso für das Transparenzgebot des § 9 AGBG, LG Stuttgart 23.5.1990, IPRspr. 1990 Nr. 36 = NJW-RR 1990, 1394 (Kauf auf Freizeitveranstaltung auf Gran Canaria). Wohl auch *Schütze*, DWiR 1992, 92.
[6] *Junker*, RIW 1999, 817; *Mankowski*, RIW 1994, 422 f.; *Kost*, S. 27; *Rühl*, Rechtswahlfreiheit und Rechtswahlklauseln in AGB (1999), S. 198 ff.

kann – über den Wortlaut der Vorschrift hinaus heranzuziehen. Auf diese Weise könnte dann die inhaltliche Wirksamkeit einer Rechtswahlklausel bei einem deutschen **gewöhnlichen Aufenthalt des Kunden** einer Inhaltskontrolle nach § 307 BGB unterworfen werden[1].

Eine weitere Möglichkeit besteht darin, die Bezugnahme auf in- oder ausländische AGB auch im Hinblick auf die Rechtswahlklausel nach dem **gewählten in- oder ausländischen Sachrecht** (dh. der beabsichtigten lex causae) zu beurteilen. Bei einer Vereinbarung deutschen Rechts käme dann § 307 BGB zum Zuge[2]; Verweisungsvertrag und Hauptvertrag würden insofern gleichgeschaltet[3].

Richtigerweise ist die Überprüfung von AGB aber in Einklang mit den allgemeinen kollisionsrechtlichen Grundsätzen vorzunehmen. Dementsprechend ist zu unterscheiden. Soweit es um die Frage geht, welche inhaltlichen Anforderungen an das äußere Zustandekommen einer **stillschweigenden Rechtswahlvereinbarung** zu stellen sind, ist die „eindeutige" (clearly demonstrated) stillschweigende Rechtswahl – und damit auch die Transparenz einer Rechtswahlklausel – allein nach der speziellen **kollisionsrechtlichen Regelung**, nämlich dem Maßstab des Art. 3 Abs. 1 S. 2 Rom I-VO zu beurteilen[4]. Diese Norm muss entscheiden, ob die Rechtswahlklausel noch kollisionsrechtlich honoriert werden kann.

265

Soweit es allerdings um die Art und Weise der **Einbeziehung von AGB** (Einbeziehungskontrolle iSd. §§ 305 Abs. 2–306 BGB), also das eigentliche Zustandekommen der Vereinbarung geht, ist zunächst einmal das Vertragsstatut Ausgangspunkt. Das gewählte Recht muss dementsprechend entscheiden, ob eine Rechtswahlklausel in AGB wirksam in die Rechtswahlvereinbarung einbezogen wurde (Art. 10 Abs. 1 Rom I-VO)[5]. Dies gilt auch im elektronischen Rechtsverkehr[6]. Sodann kommt für die Einbeziehungskontrolle (etwa für die Überraschungskontrolle nach § 305c Abs. 1 BGB) auch die Sonderanknüpfung nach Art. 10 Abs. 2 Rom I-VO zum Zuge[7]. Ein Kunde kann sich gegen die Einbeziehung überraschender Rechtswahlklauseln auf das entgegenstehende

---

1 So etwa zu § 9 AGBG OLG Düsseldorf 14.1.1994, IPRspr. 1994 Nr. 23 = RIW 1994, 420 abl. Anm. *Mankowski*. Ähnlich OLG Düsseldorf 26.5.1995, IPRspr. 1995 Nr. 145 = IPRax 1997, 115 (m. Aufs. *Thorn*, IPRax 1997, 98) RIW 1995, 769; OLG Düsseldorf 11.4.2001, IPRspr. 2001 Nr. 22b, wo die Geltung deutschen Sachrechts zunächst mit Art. 29 EGBGB begründet wurde.
2 So *Wolf*, ZHR 153 (1989), 300 (302).
3 S. BGH 26.10.1993, BGHZ 123, 380 = NJW 1994, 262 = IPRax 1994, 449 (m. Aufs. *W. Lorenz*, IPRax 1994, 429) = JZ 1994, 363 Anm. *Fischer* (Die Wirksamkeit der Vereinbarung österreich. Rechts wurde nach diesem Recht [§ 864a ABGB] geprüft).
4 *Jayme*, Festschr. W. Lorenz, S. 438 f.; *W. Lorenz*, IPRax 1994, 431; *Hausmann*, in: Staudinger, Art. 31 EGBGB Rz. 31, 85. – Anders LG Stuttgart 23.5.1990, IPRspr. 1990 Nr. 36 = NJW-RR 1990, 1394.
5 *Hausmann*, in: Staudinger, Art. 31 EGBGB Rz. 72. – Anders AG Langenfeld 30.4.1998, IPRspr. 1998 Nr. 31 = NJW-RR 1998, 1524 (lex fori).
6 *Mankowski*, RabelsZ 63 (1999), 203 (210); *Junker*, RIW 1999, 809 (817).
7 *Magnus*, in: Staudinger, Art. 27 EGBGB Rz. 144; *Hausmann*, in: Staudinger, Art. 31 EGBGB Rz. 73.

Recht seines gewöhnlichen Aufenthalts berufen. Eine Rechtswahl kommt hier gar nicht erst zustande (s. unten Rz. 268). Freilich ist eine Rechtswahlklausel bei Auslandsbezug im Allgemeinen nicht überraschend[1].

Die **inhaltliche Angemessenheit** einer Vereinbarung ausländischen Rechts richtet sich allein nach den Art. 3 ff. Rom I-VO bzw. sonstigen einschlägigen Kollisionsnormen. Insbesondere der in den Art. 6, 8 Rom I-VO vorgeschriebene Günstigkeitsvergleich zeigt, dass dort eine wirksame Rechtswahl vorausgesetzt wird. Weitere Beschränkungen ergeben sich aus Art. 6 Rom I-VO. Eine für den Arbeitnehmer oder Verbraucher nachteilige Rechtswahl darf daher nicht schon über § 307 BGB oder eine entsprechende ausländische Sachnorm ausgeschaltet werden. Eine zusätzliche **Inhaltskontrolle der Rechtswahl** selbst ist insoweit nicht geboten[2]. Sie kann auch nicht auf das Recht am Aufenthaltsort einer schweigenden Partei (Art. 10 Abs. 2 Rom I-VO) gestützt werden[3].

Es ist auch nicht zulässig, einen formularmäßigen Ausschluss des Ausgleichsanspruchs des ausländischen Handelsvertreters bei Anwendung deutschen Rechts (§ 92c HGB) einer **Inhaltskontrolle nach § 307 Abs. 2 Nr. 1 BGB** zu unterwerfen[4]. Das deutsche Sachrecht kann nicht die kollisionsrechtlich angeordnete Anwendbarkeit deutschen Rechts in Frage stellen.

2. Zustandekommen des Hauptvertrages (Art. 10 Rom I-VO)

a) Maßgeblichkeit des Vertragsstatuts

266 Mit der Einigung und der materiellen Wirksamkeit des Vertrages beschäftigt sich Art. 10 Rom I-VO (s. Text oben S. 1)[5]. Für das Zustandekommen des Hauptvertrages stellt Art. 10 Abs. 1 Rom I-VO in erster Linie auf das Recht ab, welches anzuwenden gewesen wäre, wenn der Vertrag wirksam wäre (sog. hypothetisches oder präsumtives Vertragsstatut). Nur dann, wenn es nach den Umständen nicht gerechtfertigt wäre, die Wirkung des Verhaltens einer Partei nach diesem Recht zu bestimmen, kann sich diese Partei nach dem Recht des

---

1 BGH 26.10.1993, BGHZ 123, 380 (383) = IPRspr. 1993 Nr. 37 = NJW 1994, 262; *Magnus*, in: Staudinger, Art. 27 EGBGB Rz. 144.
2 *Jayme*, Festschr. W. Lorenz, S. 435 (438 f.); *Meyer-Sparenberg*, RIW 1989, 347; *Grundmann*, IPRax 1992, 1 f.; *Mankowski*, RIW 1993, 453 (456); *Mankowski*, VuR 1999, 140 ff.; *Mankowski*, MDR 2002, 1352 (1354); *Hausmann*, in: Staudinger, Art. 31 EGBGB Rz. 85. – Anders etwa OLG Düsseldorf 26.5.1995, IPRspr. 1995 Nr. 145 = IPRax 1997, 115 (m. Aufs. *Thorn*, IPRax 1997, 98) = RIW 1995, 769 (m. Aufs. *Mankowski*, RIW 1996, 1001). – Für eine „allgemeine Missbrauchskontrolle" offenbar nach dem Maßstab der lex causae, *Heiss*, RabelsZ 65 (2001), 634 ff. Offenbar ebenfalls für eine Inhaltskontrolle *Klauer*, Das europäische Kollisionsrecht der Verbraucherverträge (2002), S. 296 ff.
3 *Hausmann*, in: Staudinger, Art. 31 EGBGB Rz. 41 ff., 81, 85.
4 OLG München 20.11.2002, NJW-RR 2003, 471 = EWiR 2002, 485 (*Emde*). – Dazu näher *Eberl*, RIW 2002, 305 ff.; *Mankowski*, MDR 2002, 1352 ff.; *Wauschkuhn/Meese*, RIW 2002, 301 ff.
5 Ebenso Art. 8 EVÜ (Art. 31 EGBGB).

Staates ihres gewöhnlichen Aufenthaltsorts darauf berufen, sie habe dem Vertrag nicht zugestimmt (Art. 10 Abs. 2 Rom I-VO).

Das Zustandekommen des Vertrages oder einer seiner Bestimmungen beurteilt sich grundsätzlich **nach dem Vertragsstatut**, dh. dem Recht, das anzuwenden wäre, wenn der Vertrag oder die Bestimmung wirksam wäre. Entstehung und Wirkung unterliegen daher dem gleichen Recht. Vertragsstatut ist das nach den Regeln über die Ermittlung des Vertragsstatuts (Art. 3–8 Rom I-VO) geltende Recht. Diese Rechtsordnung kann aufgrund **ausdrücklicher** oder **stillschweigender Rechtswahl** der Parteien, aber auch aufgrund **objektiver Anknüpfung** berufen sein[1], s. oben Rz. 85 ff. Eine Rechtswahlvereinbarung (Verweisungsvertrag) braucht also nicht zustande gekommen zu sein. Wurde jedoch eine solche Vereinbarung getroffen oder angetragen, so kommt es auf das darin vorgesehene Recht an. Es genügt daher, wenn die ein Vertragsangebot machende Partei in ihr Angebot eine Rechtswahlklausel aufnimmt, damit dieses Recht angewendet wird[2].

Das Vertragsstatut bestimmt, wer als **Vertragspartei** in Betracht kommt[3]. Es gilt ferner für die Regeln über **Angebot und Annahme** (§§ 145 ff. BGB). Das Vertragsrecht entscheidet daher etwa über eine schlüssige Annahme[4], die Rechtzeitigkeit der Annahme[5] und den Dissens[6]. Dazu gehört auch die Frage, ob jemand einen Vertrag im eigenen oder im fremden Namen geschlossen hat[7]. Ihm unterliegen bereits vorkonsensuale Fragen wie die Bindungswirkung des Angebots (vgl. § 145 BGB)[8] sowie die freie Widerruflichkeit des noch nicht angenommenen Angebots nach Common Law[9]. Das Erfordernis einer vertraglichen **Gegenleistung (consideration)** nach Common Law wird zwar vielfach als Frage der materiellen Wirksamkeit angesehen[10]. Da es aber letztlich nicht auf den inneren Konsens abzielt, dürfte es jedoch lediglich als Frage des Zustande-

---

1 *Hausmann*, in: Staudinger, Art. 31 EGBGB Rz. 12.
2 KG 21.2.1998, IPRspr. 1998 Nr. 138 = VuR 1999, 138 Anm. *Mankowski; Lagarde*, in: North, S. 50 f.; *Hausmann*, in: Staudinger, Art. 31 EGBGB Rz. 32. Anders LG Duisburg 17.4.1996, IPRspr. 1996 Nr. 148 = RIW 1996, 774 (775). – Krit. zur „bootstraps rule" *Kaye*, The New Private International Law of Contract of the European Community (Aldershot 1993), S. 270 ff.
3 Näher *Mankowski*, IPR, in: Spindler/Wiebe, Internet-Auktionen und Elektronische Marktplätze, 2. Aufl. (2005), Rz. 24.
4 OLG Köln 15.5.1996, IPRspr. 1996 Nr. 35 = RIW 1996, 778; *Hausmann*, in: Staudinger, Art. 31 EGBGB Rz. 15.
5 OLG Hamburg 6.2.1998, IPRspr. 1998 Nr. 175 = IPRax 1999, 168 (m. Aufs. *Geimer*, IPRax 1999, 152) (Schweden).
6 *Hausmann*, in: Staudinger, Art. 31 EGBGB Rz. 14 mwN.
7 OLG Hamburg 23.2.1995, IPRspr. 1995 Nr. 25 = RIW 1997, 70 (Speditionsvertrag); *Hausmann*, in: Staudinger, Art. 31 EGBGB Rz. 15.
8 *von Hoffmann/Thorn*, § 10 Rz. 85; *Hausmann*, in: Staudinger, Art. 31 EGBGB Rz. 15.
9 OLG Celle 26.7.2001, IPRspr. 2001 Nr. 31 = ZIP 2001, 1724 = EWiR 2001, 1051 (*Eckert*) (Isle of Man).
10 OLG München 25.1.2001, IPRspr. 2001 Nr. 25 = RIW 2001, 864 = ZUM 2001, 439; OLG Celle 26.7.2001, IPRspr. 2001 Nr. 31 = ZIP 2001, 1724 = EWiR 2001, 1051 (*Eckert*) (Isle of Man); *Mankowski*, RIW 1996, 383; *Kost*, S. 113 f.; *von Hoffmann*, in: Soergel, Art. 31 EGBGB Rz. 23.

kommens einzuordnen sein[1]. Andere zählen es zur Form[2]. Das **Widerrufsrecht** des Verbrauchers steht dagegen einem Rücktrittsrecht näher und ist zur Wirksamkeit des Vertrages zu zählen (s. Rz. 301). Zu Zeitpunkt und Ort s. Rz. 279.

b) Bewertung des Schweigens

267 Ob einem bestimmten Verhalten rechtsgeschäftliche Bedeutung zukommt, wird von den einzelnen Rechtsordnungen unterschiedlich beantwortet. Nach **deutschem Recht** gilt Stillschweigen uU als Annahme. Geht einem Kaufmann, dessen Gewerbebetrieb die Besorgung von Geschäften für andere mit sich bringt, ein Antrag über die Besorgung solcher Geschäfte von jemand zu, mit dem er in Geschäftsverbindung steht, so ist er nach § 362 Abs. 1 S. 1 HGB verpflichtet, unverzüglich zu antworten. Sein Schweigen gilt als Annahme des Antrages.

Anders ist es im **französischen Recht**, wo ein „silence circonstancié" vorliegen muss, um eine Annahme zu bejahen[3]. Nach **englischem Recht** gelten nur unbedeutende Ausnahmen von der Grundregel, dass Schweigen den Adressaten nicht bindet[4]. Wegen dieser Unterschiede ist von großer Bedeutung, welches Recht hierfür maßgeblich ist.

Wenn etwa ein französischer Spediteur auf ein Angebot eines Deutschen nicht antwortet, so wird er nicht verpflichtet; es kommt kein Vertrag zustande[5]. Allerdings sind hier Ausnahmen denkbar, etwa dann, wenn der Spediteur ständige Geschäftsbeziehungen zu einem deutschen Kunden unterhält, für die geschlossenen Verträge stets deutsches Recht vereinbart wurde und das unbeantwortete Angebot zeitlich und sachlich in den Bereich dieser ständigen Geschäftsbeziehung fällt.

268 Grundsätzlich entscheidet das Vertragsstatut auch über die Bedeutung des Schweigens[6]. Das Verhalten einer Partei wird aber unter gewissen Voraussetzungen nach dem Recht ihres gewöhnlichen Aufenthalts beurteilt (Art. 10 Abs. 2 Rom I-VO). Dabei handelt es sich um eine **einzelfallweise Sonderanknüpfung** im Wege einer Mitberücksichtigung aus Billigkeitsgründen[7]. Mit der Wirkung des Verhaltens (effect of his conduct; l'effet du comportement) meint Art. 10 Abs. 2 Rom I-VO den „positiven Erklärungswert"[8] und vor allem die

---

[1] *Dicey/Morris*, II Nr. 32–157 ff.; *Remien*, in: PWW, Art. 31 EGBGB Rz. 4; *Hausmann*, in: Staudinger, Art. 31 EGBGB Rz. 17.
[2] *Leible*, in: AnwKomm, Art. 31 EGBGB Rz. 12; *Spellenberg*, in: MünchKomm, 5. Aufl., Art. 11 EGBGB Rz. 150.
[3] Vgl. *Sonnenberger/Dammann*, Franzö̈s. Handels- und Wirtschaftsrecht, 3. Aufl. (2008), Rz. II 20 ff.; *Kost*, S. 188 f.
[4] S. *Marsh*, Comparative Contract Law – England, France, Germany (Aldershot 1994), S. 69; *Kost*, S. 184 ff.
[5] *Ferid*, Abschluss von Auslandsverträgen, S. 6.
[6] Zum Schweigen nach marokkan. Recht KG 2.2.2006, IPRspr. 2006 Nr. 6 = RIW 2006, 865. Zum niederl. Recht IPG 2002 Nr. 1 (Köln); zum österreich. Recht IPG 2000/2001 Nr. 2 (Passau).
[7] So treffend *Linke*, ZvglRW 79 (1980), 54.
[8] S. *von Bar*, II Rz. 538.

Folgen des Schweigens für den äußeren Vertragsabschlusstatbestand. Allerdings bezieht sich der Ausdruck „Verhalten" nicht nur auf das Schweigen, sondern das gesamte aktive und passive Verhalten der betreffenden Partei[1].

Von der Beurteilung des Schweigens nach dem Vertragsstatut wird eine Ausnahme gemacht, wenn sich aus den Umständen ergibt, dass es nicht gerechtfertigt wäre, die lex causae anzuwenden („it appears from the circumstances that it would not be reasonable ..."; „s'il résulte des circonstances qu'il ne serait pas raisonnable ..."). Dann kann sich die Partei, die das Zustandekommen bestreitet, für die Behauptung, sie habe dem Vertrag nicht zugestimmt, auf das Aufenthaltsrecht berufen (rely; se référer)[2].

Somit gilt für die Frage, ob eine Annahme vorliegt, wenn eine Partei auf einen Antrag nur geschwiegen hat, gegebenenfalls das Recht des Adressaten (dh. regelmäßig das Recht seines gewöhnlichen Aufenthalts bzw. seiner gewerblichen Niederlassung)[3]. Steht also das hypothetische Vertragsstatut (das oft das Recht des Absendenden ist) auf dem Standpunkt, unter den gegebenen Umständen sei das Schweigen des Adressaten als Annahme zu deuten, so kommt bei einer abweichenden Haltung des Rechts des Schweigenden – seinem „Umweltrecht" – kein Vertrag zustande.

Dieses Umweltrecht des Schweigenden, nicht jedoch sein „Heimatrecht"[4], ist maßgeblich. **Rück- und Weiterverweisung** sind bei der Sonderanknüpfung – wie auch sonst (Rz. 217 ff.) – ausgeschlossen.

Zu beachten ist jedoch stets der **Vorrang des Vertragsstatuts**. Führt bereits nach diesem Recht das Schweigen nicht zu einer rechtsgeschäftlichen Bindung, so bedarf es keines Rückgriffs auf Art. 10 Abs. 2 Rom I-VO; die Vorschrift besitzt lediglich **Veto-Wirkung**[5]. Auf keinen Fall genügt es für die Wirksamkeit eines Vertrages, wenn er lediglich nach dem Recht des Aufenthaltsortes, nicht aber nach dem des Vertragsstatuts zustande gekommen ist[6]. Nur dann, wenn das Zustandekommen nach dem Vertragsstatut zu bejahen ist, kommt es zu der kumulativen Anwendung von Vertragsstatut und Aufenthaltsrecht[7].

---

1 Zum EVÜ Bericht *Giuliano/Lagarde*, S. 60. Zust. *Fischer*, S. 336 f.; *Spellenberg*, in: MünchKomm, 5. Aufl., Art. 10 Rom I-VO Rz. 219; *Hausmann*, in: Staudinger, Art. 29a EGBGB Rz. 13, 43.
2 Die Aufnahme einer solchen Bestimmung in das EVÜ erfolgte nicht ohne Schwierigkeiten; für Art. 2 Abs. 4 EVÜ-Entw. 1972 hatten noch zwei Alternativen zur Wahl gestanden. Dazu *Siehr*, AWD 1973, 574 f.; *Linke*, ZvglRW 79 (1980), 51 ff. mwN. Eine ähnliche Regelung enthält Art. 123 schweiz. IPRG. Zum früheren österreich. Recht s. *Maxl*, Zur Sonderanknüpfung des Schweigens im rechtsgeschäftlichen Verkehr, IPRax 1989, 398 ff.
3 Zur Gleichstellung von Aufenthalt und Sitz *Fischer*, S. 343 f.
4 So aber noch missverständlich BGH 7.7.1976, IPRspr. 1976 Nr. 8 = RIW 1976, 534.
5 *Schwenzer*, IPRax 1988, 86, (88); *Hohloch*, in: Erman, Art. 31 EGBGB Rz. 11; *Spellenberg*, in: MünchKomm, 5. Aufl., Art. 10 Rom I-VO Rz. 212; *Thorn*, in: Palandt, Art. 31 EGBGB Rz. 4.
6 Zum EVÜ Bericht *Giuliano/Lagarde*, S. 60.
7 *Hausmann*, in: Staudinger, Art. 31 EGBGB Rz. 54. – Vgl. *Lagarde*, in: North, S. 51.

269 **„Gerechtfertigt"** ist die Anwendung des Aufenthaltsrechts, wenn sie unter Abwägung der Interessen der Parteien und des Rechtsverkehrs angemessen ist. Dabei kommt es auf die Umstände des Einzelfalles, insbesondere auf die Umstände von Vertragsanbahnung und Vertragsschluss[1], die bisherigen Gepflogenheiten und Geschäftsbeziehungen der Parteien[2], aber auch international übliche Handelsusancen an[3]. Die Berufung auf das Recht des Aufenthaltsortes ist umso mehr gerechtfertigt, je weniger Bezüge zu der das Vertragsstatut bildenden Rechtsordnung bestehen[4]. Letztlich beruht die Entscheidung dieser Frage auf Billigkeitsgründen[5]. Dementsprechend ist eine Sonderanknüpfung an das Recht des Schweigenden in erster Linie beim **Distanzvertrag** gerechtfertigt[6]. Dort ist es billig, dass das Verhalten des Adressaten nach seinem Umweltrecht und nicht nach einem Recht, das er weder kannte, noch kennen musste, beurteilt wird.

270 Anderes gilt insbesondere für **Inlandsgeschäfte.** Tritt eine Partei bei Abschluss eines Geschäfts (also nicht bloß anlässlich von Vorverhandlungen) gegenüber der anderen Vertragspartei in dem Staat geschäftlich auf, in dem diese ihren gewöhnlichen Aufenthaltsort (bzw. ihre geschäftliche Niederlassung) besitzt, oder in einem **Drittstaat**, so kann sie sich grundsätzlich nicht auf ihr Aufenthaltsrecht berufen[7]. Dies kommt vor allem dann in Betracht, wenn eine Partei bei einem Vertragsabschluss, bei dem beide anwesend sind, schweigt[8]. Als Auftreten im Inland ist aber noch nicht anzusehen, wenn die ausländische Partei ein Angebot ins Inland sendet[9].

Fraglich ist, ob sich die Wirkungen des Schweigens in einem solchen Fall nur nach dem Vertragsstatut bestimmen oder – im Interesse der Sicherheit des inländischen Rechtsverkehrs – nach dem Recht des Landes, in dem das Geschäft getätigt wird. Jedenfalls dann, wenn deutsches Recht die lex causae ist und sich beide Parteien während des zu bewertenden Verhaltens im Inland befinden, ist deutsches Recht maßgeblich. Dies kann für Verkehrsgeschäfte mit einer Analogie zu Art. 13 Rom I-VO begründet werden[10].

---

1 Dazu *Kost*, S. 236 ff.
2 Vgl. zum EVÜ Bericht *Giuliano/Lagarde*, S. 60; OLG Köln 15.5.1996, IPRspr. 1996 Nr. 35 = NJW-RR 1997, 182; *Kost*, S. 246 ff.; *Hohloch*, in: Erman, Art. 31 EGBGB Rz. 16; *Spellenberg*, in: MünchKomm, 5. Aufl., Art. 10 Rom I-VO Rz. 248 ff. (der hauptsächlich danach unterscheidet, ob eine Rechtswahl getroffen wurde oder nicht); *Thorn*, in: Palandt, Art. 31 EGBGB Rz. 4.
3 *Kost*, S. 251 ff.
4 Vgl. *von Hoffmann/Thorn*, § 10 Rz. 86.
5 Vgl. Deutsche Denkschrift zum EVÜ, BT-Drucks. 10/503, S. 29.
6 So auch *Remien*, in: PWW, Art. 31 EGBGB Rz. 9.
7 Ebenso schon bisher *Fischer*, S. 344 ff. (Inlandsrecht), S. 347 f. (Drittstaat); *Kegel/Schurig*, S. 615; *Hausmann*, in: Staudinger, Art. 31 EGBGB Rz. 64, 65. – Großzügiger *Spellenberg*, in: MünchKomm, 5. Aufl., Art. 10 Rom I-VO Rz. 231, für den im Vordergrund steht, ob der Kunde die Internationalität des Geschäfts erkennen konnte.
8 Vgl. *Buchmüller*, NJW 1977, 501.
9 S. *Jayme*, Festschr. Bärmann, S. 514; *Hepting*, RIW 1975, 460; *Drobnig*, Festschr. Mann, S. 602 f. – Anders BGH 13.7.1973, IPRspr. 1973 Nr. 25 = NJW 1973, 2154 (Italien. Kunde aus Rom beauftragte schriftlich deutschen Spediteur. Abschlussort in Deutschland angenommen; ADSp angewendet).
10 Vgl. bereits *Jayme*, Festschr. Bärmann, S. 514.

Im Interesse einer einheitlichen Anknüpfung wurde früher vertreten, eine Sonderanknüpfung für den Verweisungsvertrag nur bei fehlender Einlassung in Vorverhandlungen vorzunehmen. In anderen Fällen, insbesondere dann, wenn der Anschein einer Vereinbarung gesetzt wurde, solle das Vertragsstatut gelten[1]. Grundsätzlich scheidet nach dieser Auffassung bei **Vertragsverhandlungen** und bestimmbarem Vertragsstatut eine Sonderanknüpfung aus. Doch kann sie aus Billigkeitsgründen im Einzelfall dennoch geboten sein; nachkonsensuales Verhalten wird von Art. 10 Abs. 2 Rom I-VO nicht ausgeschlossen[2].

271

Der Schweigende muss nach Art. 10 Abs. 2 Rom I-VO **behaupten**, er habe nicht zugestimmt. Er braucht sich nicht ausdrücklich auf Rechtsvorschriften seines gewöhnlichen Aufenthaltsortes zu „berufen", muss aber geltend machen, dass sein Verhalten nicht als Zustimmung angesehen werden kann[3]. Es genügt, wenn er sich für seinen Standpunkt, dass der Vertrag nicht zustande gekommen ist, auf diese Rechtsordnung stützen kann[4].

c) Bestätigungsschreiben

Nach deutschem Recht besteht uU die Pflicht, einem kaufmännischen Bestätigungsschreiben zu widersprechen. Erfolgt **kein Widerspruch**, so gilt der bestätigte Vertragsinhalt selbst dann, wenn mündlich etwas anderes vereinbart wurde. Das Schweigen hat also modifizierende Wirkungen. Andere Rechtsordnungen und internationale Übereinkommen kennen diesen Rechtsgrundsatz nicht oder messen ihm häufig nur geringere Bedeutung zu[5]. Wird der ausländischen Vertragspartei eines deutschen Kaufmannes ein solches Bestätigungsschreiben übersandt und schweigt sie dazu, so ist zu entscheiden, welche Rechtsordnung für die Bedeutung des Schweigens gilt[6]. In Betracht kommt das Vertragsstatut oder eine Sonderanknüpfung, insbesondere an **das Recht am Niederlassungs- bzw. Aufenthaltsort** der schweigenden Partei. Fallen beide Rechtsordnungen zusammen oder kommen beide zur selben Lösung, so entsteht im Ergebnis kein Konflikt. Anders ist es jedoch, wenn eine Differenz besteht.

272

Das geltende Recht enthält hierzu keine ausdrückliche Bestimmung. Auch insoweit ist zunächst vom Vertragsstatut auszugehen (Art. 10 Abs. 1 Rom I-VO)[7]. Doch ist anzunehmen, dass sich die Vorschrift des **Art. 10 Abs. 2 Rom I-VO** über die Wirkungen des Verhaltens einer Partei auch auf das Schweigen

---

1 Vgl. *von Hoffmann*, RabelsZ 36 (1972), 518 ff.
2 S. *Spellenberg*, in: MünchKomm, 5. Aufl., Art. 10 Rom I-VO Rz. 272; *Hausmann*, in: Staudinger, Art. 31 EGBGB Rz. 68.
3 OLG Düsseldorf 20.6.1997, IPRspr. 1997 Nr. 40 = RIW 1997, 780; *Hausmann*, in: Staudinger, Art. 31 EGBGB Rz. 54.
4 *Spellenberg*, in: MünchKomm, 5. Aufl., Art. 10 Rom I-VO Rz. 232. – Vgl. *Hohloch*, in: Erman, Art. 31 EGBGB Rz. 12; *Thorn*, in: Palandt, Art. 31 EGBGB Rz. 4.
5 Näher *Kröll/Hennecke*, RabelsZ 67 (2003), 477 ff. Vgl. auch Art. 2.12 UNIDROIT-Principles, Art. 2:210 PECL; dazu *Luig*, S. 160 ff. Ferner Art. II.-4:210 DCFR.
6 Vgl. *Mezger*, Festschr. Wengler II, S. 568 f.
7 BGH 19.3.1997, BGHZ 135, 124 (137) = NJW 1997, 1697; *Remien*, in: PWW, Art. 32 EGBGB Rz. 4.

auf ein kaufmännisches Bestätigungsschreiben bezieht[1]. Entsprechendes gilt, wenn das ausländische Recht – weitergehend als das deutsche – auch den Privatmann an ein Bestätigungsschreiben bindet[2].

Die Billigung einer **nachträglichen einseitigen Vertragsänderung** (etwa durch die Beilage vertragsändernder AGB) durch Schweigen wird im Ausland teilweise als mindestens ebenso ungewöhnlich empfunden wie die Wertung von Schweigen als Zustimmung beim Vertragsschluss selbst. Auch in diesen Fällen ist eine Abweichung vom Vertragsstatut zugunsten des Umweltrechts angebracht. Ferner steht das Vertragsstatut häufig nicht zweifelsfrei fest, sondern ist ungewiss. Schließlich zeigt gerade das Bestätigungsschreiben, dass es sich um keinen eindeutig abgeschlossenen Vorgang handelt. Eine Unterscheidung zwischen vertragsbegründendem und -modifizierendem Bestätigungsschreiben wäre wiederum kaum praktikabel. Die isolierte Anknüpfung an das Recht der schweigenden Partei kommt insbesondere dann in Betracht, wenn ihr das Bestätigungsschreiben im Lande ihrer Niederlassung zugegangen ist.

273 In anderen Fällen – vor allem bei **Inlandsgeschäften** – kann diese Rechtsordnung nicht zum Zuge kommen. Wenn etwa die schweigende Partei gegenüber der anderen Partei in dem Staat, in dem diese ihre Niederlassung besitzt, beim Vertragsabschluss auftritt und ihr dort das Bestätigungsschreiben zugeht, gilt das Vertragsstatut.

Fraglich ist, ob man die Berufung auf das heimatliche Recht auch noch in anderen Fällen ausschließen muss, so etwa wenn sich die Parteien in laufenden Geschäftsbeziehungen befunden und ihre Vertragsbeziehungen stets einem ausdrücklich oder mutmaßlich vereinbarten Recht unterworfen haben[3]. Schließlich ist möglich, dass der Schweigende während der Vertragsverhandlungen zum Ausdruck gebracht hat, über die Handelsbräuche im anderen Land unterrichtet zu sein. Auch dann ist eine Sonderanknüpfung zweifelhaft.

d) Sprachrisiko

274 Unter dem „Sprachrisiko" versteht man im Allgemeinen die Frage, wer die Folgen zu tragen hat, wenn bei einer rechtsgeschäftlichen Erklärung oder der Hinnahme von AGB eine Partei den **Inhalt der jeweiligen Erklärung** aus

---

1 *Spellenberg*, in: MünchKomm, 5. Aufl., Art. 10 Rom I-VO Rz. 276. – S. bereits Deutsche Denkschrift zum EVÜ, BT-Drucks. 10/503, S. 29. Ebenso BGH 19.3.1997, NJW 1997, 1697 (1700) (obiter); OLG Karlsruhe 11.2.1993, IPRspr. 1993 Nr. 136 = DZWiR 1994, 70 Anm. *Chillagano-Busl* = EWS 1994, 365 (Schweigen des italien. Käufers band ihn); OLG Köln 15.5.1996, IPRspr. 1996 Nr. 35 = NJW-RR 1997, 182; *Gaudemet-Tallon*, Rev.trim.dr.europ. 17 (1981), 273; *Lagarde*, Rev.crit.d.i.p. 80 (1991), 287 (327); *Fischer*, S. 337 ff.; *Kost*, S. 261 ff.; *Kegel/Schurig*, S. 614 f.; *Hohloch*, in: Erman, Art. 31 EGBGB Rz. 14; *Thorn*, in: Palandt, Art. 31 EGBGB Rz. 5; *Hausmann*, in: Staudinger, Art. 31 EGBGB Rz. 48, 92 ff.; *H. Schmidt*, in: Ulmer/Brandner/Hensen, Anh. § 305 BGB Rz. 18; *Hau*, in: Wolf/Lindacher/Pfeiffer, IntGV Rz. 20.
2 OLG Schleswig 19.9.1989, IPRspr. 1989 Nr. 48 (Deutscher Kunde schwieg gegenüber dän. Werft).
3 Dafür *Ebenroth*, ZvglRW 77 (1978), 186; *Hausmann*, in: Staudinger, Art. 31 EGBGB Rz. 94.

sprachlichen Gründen **nicht versteht** oder missversteht[1]. Dieses Problem taucht im internationalen Geschäftsverkehr, aber auch im Inland bei vertraglichen Beziehungen mit sprachunkundigen Ausländern auf. Dabei ist danach zu unterscheiden, welche Rechtsordnung über die Folgen von Missverständnissen oder des Nichtverstehens zu befinden hat und welche Regeln dieses Sachrecht – namentlich das deutsche[2] – für diese Fälle aufstellt.

Wer das Sprachrisiko trägt, entscheidet grundsätzlich die Rechtsordnung, die über das Zustandekommen des Vertrages und die Wirksamkeit der Willenserklärung entscheidet, dh. das **Vertragsstatut**[3]. Zwar wurde vertreten, das Sprachrisiko sei ebenso wie das Schweigen gesondert anzuknüpfen (Art. 10 Abs. 2 Rom I-VO)[4]. Auch bei deutschem Vertragsstatut sei daher das Recht am gewöhnlichen Aufenthaltsort (bzw. der geschäftlichen Niederlassung) des Sprachunkundigen maßgebend, wenn dieser außerhalb des Landes liegt, in dem die Parteien auftraten und den Vertrag schlossen. Entsprechendes gelte für Distanzverträge[5]. Bei **Inlandsgeschäften**, dh. wenn der Sprachunkundige in der Bundesrepublik auftritt und die lex causae deutsches Recht ist, besteht allerdings weitgehend Einigkeit, dass aus Gründen des Verkehrsschutzes in jedem Fall deutsches Recht gelten muss[6]. Die Lehre vom „Sprachenstatut" würde freilich in anderen Fällen zu einer weiteren Zersplitterung der Regeln über den Vertragsabschluss führen und Verkehrsinteressen nicht genügend berücksichtigen; sie hat sich daher mit Recht nicht durchgesetzt[7]. Für eine Sonderanknüpfung wird zwar angeführt, ähnlich wie beim Schweigen könne dem Erklärenden nicht zugemutet werden, dass ein strengeres Recht als das seines Aufenthaltsortes seiner Erklärung weitergehende Wirkungen beilege[8]. Die Abspaltung der Sprachproblematik dürfte jedoch zu schwierigen Abgrenzungs- und Eingrenzungsfragen führen, die dafür sprechen, die dabei auftauchenden Fragen allein auf der Ebene des Sachrechts zu lösen. Die Frage der sprachlichen Verständigung ist nach den jeweiligen Regeln des Vertragsstatuts zu lösen[9].

---

1 *Freitag*, IPRax 1999, 148 ff.; *Dreißigacker*, S. 17 ff.; *Kling* passim.
2 Überblick bei *Spellenberg*, in: MünchKomm, 5. Aufl., Art. 10 Rom I-VO Rz. 42 ff. mwN.
3 OLG Stuttgart 16.6.1987, RIW 1989, 56 = IPRax 1988, 293 (m. Aufs. *Schwarz*, IPRax 1988, 278); AG Langenfeld 30.4.1998, IPRspr. 1998 Nr. 31 = NJW-RR 1998, 1524 (niederländ. AGB); *Schlechtriem*, Festschr. Weitnauer, S. 134 ff., *Spellenberg*, IPRax 2007, 99; *Rott*, ZvglRW 98 (1999), 393 f.; *Mankowski*, VuR 2001, 360; *Dreißigacker*, S. 45 ff.; *von Bar*, II Rz. 536; *Hau*, in: Wolf/Lindacher/Pfeiffer, IntGV Rz. 34; *Spellenberg*, in: MünchKomm, 5. Aufl., Art. 10 Rom I-VO Rz. 40; *von Hoffmann*, in: Soergel, Art. 31 EGBGB Rz. 33, 47.
4 *Schurig*, IPRax 1994, 27 (32); *Fischer*, S. 342 f. Grundsätzlich auch *Petzold*, JbItalR 2 (1989), 95 f.
5 Näher *Jayme*, Festschr. Bärmann, S. 514 ff.; aA *Stoll*, Festschr. Beitzke, S. 767.
6 So auch *Hausmann*, in: Staudinger, Art. 31 EGBGB Rz. 108. Gegen eine „Theorie der Ortssprache" jedoch *Spellenberg*, IPRax 2007, 102.
7 Vgl. *Schlechtriem*, Festschr. Weitnauer, S. 134 ff.; *Beckmann*, S. 154 ff., 158 ff.; *Spellenberg*, in: MünchKomm, 5. Aufl., Art. 10 Rom I-VO Rz. 39 ff.
8 *Rott*, ZvglRW 98 (1999), 396; *Hausmann*, in: Staudinger, Art. 31 EGBGB Rz. 100.
9 *Spellenberg*, IPRax 2007, 99. – Vgl. OLG Köln 8.1.1993, IPRspr. 1993 Nr. 29 = RIW 1993, 415 (Deutscher unterschrieb niederländ. Grundstückskaufvertrag).

275 Das **Richtlinienrecht** beschäftigt sich nur teilweise mit der Sprachenfrage[1]. ZT wird lediglich verlangt, der Anbieter müsse die Sprache der maßgeblichen Informationen und Vertragsbedingungen angeben[2], gelegentlich findet sich aber auch eine detaillierte Regelung über die zu verwendende Sprache. Dies gilt insbesondere für Time-Sharing-Verträge (§§ 483 ff. BGB)[3]. Dies wird als Formerfordernis eingeordnet[4].

Soweit AGB verwendet werden, wird für die Beurteilung der Sprachenfrage auch das sachrechtliche Transparenzgebot fruchtbar gemacht[5]. Das **deutsche Sachrecht** enthält keine allgemeine gesetzliche Regelung. Grundsätzlich unterfällt das Sprachrisiko den Sachnormen über Angebot und Annahme, die Auslegung sowie über den Irrtum. Insofern besteht eine Parallele zur Unterschrift unter eine nicht gelesene Urkunde[6]. Allerdings trägt der Ausländer nicht stets das Sprachrisiko. Insbesondere kann sich nach **Treu und Glauben** eine Aufklärungspflicht ergeben, wenn der deutschsprachige Geschäftspartner erkennt, dass der andere wegen seiner Sprachunkundigkeit Erklärungen nicht verstand oder nicht von einer Einbeziehung von AGB ausgehen musste. Es kommt auf die Umstände des einzelnen Falles an. Entscheidend ist, wie der Ausländer auftritt[7]. Die Rechtsprechung lässt häufig genügen, wenn sich der Ausländer in zumutbarer Weise Kenntnis vom Inhalt der AGB verschaffen konnte[8].

---

1 Näher *Downes/Heiss*, Sprachregulierungen im Vertragsrecht – Europa- und internationalprivatrechtliche Aspekte, ZvglRW 98 (1999), 28; *Freitag*, Sprachenzwang, Sprachrisiko und Formanforderungen im IPR, IPRax 1999, 142; *Kallenborn*, Das Sprachproblem bei Vertragsabschlüssen mit ausländischen Verbrauchern (1997); *Mankowski*, Verbraucherschutzrechtliche Widerrufsbelehrung und Sprachrisiko, VuR 2001, 359; *Micklitz*, Zum Recht des Verbrauchers auf die eigene Sprache, ZEuP 2003, 635; *Rott*, Informationspflichten in Fernabsatzverträgen als Paradigma für die Sprachenproblematik im Vertragsrecht, ZvglRW 98 (1999), 382.
2 Art. 3 Abs. 1 Nr. 3 lit. g RL Fernabsatz von Finanzdienstleistungen. – S. dazu *Heiss*, Die Richtlinie über den Fernabsatz von Finanzdienstleistungen an Verbraucher aus Sicht des IPR und des IZVR, IPRax 2003, 100 (103 f.).
3 Umsetzung von Art. 4 Time-Sharing-RL vom 29.10.1994. Ebenso Art. 4 Abs. 3 Time-Sharing-RL vom 14.1.2009.
4 *Spellenberg*, in: MünchKomm, 5. Aufl., Art. 10 Rom I-VO Rz. 35.
5 Vgl. *Rott*, ZvglRW 98 (1999), 405 ff.
6 Vgl. OLG München 16.11.1987, WM 1988, 1408 (keine Anfechtung bei nicht verstandener Bürgschaftserklärung). Einschränkend *Spellenberg*, in: MünchKomm, 5. Aufl., Art. 10 Rom I-VO Rz. 53.
7 LG Köln 16.4.1986, WM 1986, 821 (Bürgschaftsvertrag. Dass der griech. Bürge nur mit Mühe Deutsch verstand sowie weder in deutscher noch in griech. Sprache lesen und schreiben konnte, genügte nicht für die Anfechtung [wegen Irrtums] seiner in deutscher Sprache abgefassten und von ihm unterschriebenen Bürgschaftserklärung). – Näher *Jayme*, Festschr. Bärmann, S. 517 f.
8 So OLG München 20.3.1975, IPRspr. 1975 Nr. 11 = RIW 1976, 446 (Darlehen; Geltung der AGB der Banken. Der sprachunkundige griech. Kunde habe sich den ihm inhaltlich unbekannten AGB unterworfen, weil sie im Inland branchenüblich seien und er sich Kenntnis von ihrem Inhalt hätte verschaffen können). – Anders OLG Koblenz 16.1.1992, IPRspr. 1992 Nr. 72 = IPRax 1994, 46 (m. abl. Aufs. *Schurig*, IPRax 1994, 27) = RIW 1992, 1019 (Lieferung eines Motorkreuzers von niederländ. Hersteller an seinen

Greifen die §§ 305 ff. BGB ein, so muss grundsätzlich ein **Hinweis auf die AGB** 276
gegeben werden und die Möglichkeit der Kenntnisnahme bestehen (§ 305
Abs. 2 Nr. 1 und 2 BGB). Hier genügt nicht immer ein Hinweis in deutscher
Sprache. Musste der AGB-Verwender erkennen, dass der Ausländer die deutsche Sprache nicht oder nicht hinreichend beherrscht, so muss der Hinweis in
einer Art und Weise erfolgen, die dem ausländischen Kunden verständlich ist.
Doch genügt idR ein Hinweis in der tatsächlich verwendeten **Verhandlungssprache**[1]. Ebenso ist es grundsätzlich bei der Widerrufsbelehrung des Verbrauchers (vgl. § 355 Abs. 2 BGB)[2].

Die Möglichkeit der Kenntnisnahme kann durch eine Übersetzung, die Erläuterung durch einen Dolmetscher oder eine andere Person geschaffen werden.
Es reicht jedoch aus, wenn der AGB-Text in der **Verhandlungssprache abgefasst**
ist[3]. Für die Geltung von AGB im Rahmen des § 305 BGB kann der ausländische Kunde auch dann, wenn ihm das Verständnis der Geschäftsbedingungen
Schwierigkeiten bereitet, keine Übersetzung verlangen. Insbesondere dann,
wenn die deutsche Sprache als Verhandlungs- und Vertragssprache gewählt
wurde, muss sich der Kunde die AGB entgegenhalten lassen.

Wählen die Parteien die deutsche Sprache, „so akzeptiert der ausländische
Partner damit den gesamten deutschsprachigen Vertragsinhalt einschließlich
der zugrunde liegenden AGB. Alsdann ist es ihm zuzumuten, sich vor Abschluss des Vertrages selbst die erforderliche Übersetzung zu verschaffen. Andernfalls muss er den nicht zur Kenntnis genommenen Text der Geschäftsbedingungen gegen sich gelten lassen"[4].

Tritt für den Sprachunkundigen ein **Bevollmächtigter** auf, der die deutsche 277
Sprache beherrscht oder diesen Eindruck erweckt, so muss sich der Sprachunkundige dessen Verhalten zurechnen lassen[5]. Dies gilt auch, wenn ein Sprachkundiger als Dolmetscher tätig wird. Allerdings kann der Ausländer seine Wil-

---

deutschen Alleinvertriebshändler. Hinweis auf Eigentumsvorbehalt in niederländ.
Sprache genügte nicht, da Händlervertrag in deutscher Sprache abgefasst).
1 *Mankowski*, VuR 2001, 364 ff.; *Hausmann*, in: Staudinger, Art. 31 EGBGB Rz. 107;
Hau, in: Wolf/Lindacher/Pfeiffer, IntGV Rz. 38. Vgl. OLG Karlsruhe 27.6.2002, NJW-RR 2002, 1722 (ADSp galten für italien. Kunden). Gegen eine „Theorie der Verhandlungssprache" jedoch *Spellenberg*, IPRax 2007, 103.
2 LG Köln 8.3.2002, VuR 2002, 250 = EWiR 2002, 801 (*Mankowski*) (Verhandlungen auf
Poln.; Widerrufsbelehrung in deutscher Sprache genügte nicht).
3 S. dazu *H. Schmidt*, in: Ulmer/Brandner/Hensen, Anh. zu § 305 BGB Rz. 13 ff.; *Hau*,
in: Wolf/Lindacher/Pfeiffer, IntGV Rz. 38. Gegen eine „Theorie der Vertragssprache"
Spellenberg, IPRax 2007, 102 f.
4 So BGH 10.3.1983, BGHZ 87, 112 (115) = RIW 1983, 454 = WM 1983, 527 (Ausländ.
Kunden traten vom Kauf eines Fertighauses zurück. Gegen die aufgrund der AGB verlangte Abstandszahlung wendeten sie erfolglos Sprachschwierigkeiten ein). Eine
„Sprachobliegenheit" lehnt ab *Spellenberg*, IPRax 2007, 102 ff.
5 OLG Bremen 22.6.1973, IPRspr. 1973 Nr. 8 = AWD 1974, 104 (Iraner eröffnete Depotkonto bei deutscher Bank; Bevollmächtigter verhandelte in deutscher Sprache; Unterwerfung unter Bank-AGB angenommen; Iraner berief sich erfolglos auf Unkenntnis
der deutschen Sprache); *Jayme*, Festschr. Bärmann, S. 522; *Hausmann*, in: Staudinger,
Art. 31 EGBGB Rz. 102; *Hau*, in: Wolf/Lindacher/Pfeiffer, IntGV Rz. 38.

lenserklärung dann wegen Inhaltsirrtums anfechten (§ 119 Abs. 1 Alt. 1 BGB), wenn diese auf einer Täuschung durch den Dolmetscher beruht[1].

278 In diesen Zusammenhang gehört auch die Frage der **Verhandlungs-** und **Vertragssprache**. Auch hierfür gelten die Regeln des Vertragsstatuts[2]. Vertragssprache ist die Sprache, in der der Vertrag geschlossen wurde; Verhandlungssprache diejenige, in der Verhandlungen mündlich oder schriftlich geführt wurden. Haben sich die Parteien auf eine bestimmte Sprache geeinigt, so sind Erklärungen regelmäßig in dieser Sprache abzugeben. Benutzt eine Partei eine andere Sprache, so kann sich die andere darauf berufen, dass sie die Erklärung bzw. ihr übersandte AGB nicht verstanden hat[3].

Anderes gilt dann, wenn der Geschäftspartner diese Sprache ebenfalls verstand[4]. Ferner wird man im internationalen Handel auch die **Kenntnis der Weltsprache Englisch** (sowie gegebenenfalls Französisch oder Spanisch) voraussetzen können[5]. Andere lehnen zwar eine Obliegenheit ausreichender Fremdsprachenkenntnisse ab. Doch muss sich die Vertragspartei auch nach dieser Auffassung zurechnen lassen, wenn sie den Anschein genügender Sprachkenntnisse erweckt hat[6].

---

1 BGH 27.10.1994, NJW 1995, 190; BGH 15.4.1997, NJW 1997, 3231 (Bürgschaftserklärung von Iranerin); *Mankowski*, VuR 2001, 365 f.
2 *Spellenberg*, in: MünchKomm, 5. Aufl., Art. 10 Rom I-VO Rz. 40, 85.
3 So schon: OLG Frankfurt 28.4.1981, RIW 1981, 411 = NJW 1982, 1949 (LS) (Kaufvertrag. Verhandlungssprache war Deutsch. Abweichendes Bestätigungsschreiben in italien. Sprache nach dem EAG nicht berücksichtigt); OLG Frankfurt a.M. 28.1.1987, IPRspr. 1987 Nr. 15 = EWiR 1987, 631 *(Thamm)* (Deutsch-engl. Warenkauf; Verhandlungssprache Engl. Deutschsprachige AGB nicht berücksichtigt.); *Hausmann*, in: Staudinger, Art. 31 EGBGB Rz. 103. Ebenso für CISG OLG Düsseldorf 21.4.2004, IPRspr. 2004 Nr. 24 = IHR 2005, 24 (Verhandlungssprache Englisch, deutschsprachiger Hinweis auf deutsche AGB); AG Kehl 6.10.1995, IPRspr. 1995 Nr. 33 = NJW-RR 1996, 565 (Vertragssprache Italien., deutsche AGB). – S. schon OLG Düsseldorf 25.4.1963, IPRspr. 1962/63 Nr. 27 = DB 1963, 929 (Kaufvertrag; niederländ. Möbelfabrik hatte auf Auftragsbestätigung einen Hinweis in niederländ. Sprache auf – nicht beigefügte – AGB abgedruckt. Verhandlungssprache war Deutsch; AGB wurden nicht Vertragsinhalt); OLG Karlsruhe 9.5.1972, IPRspr. 1972 Nr. 9 = NJW 1972, 2185 (Lieferbedingungen eines italien. Schuhproduzenten in italien. Sprache wurden nicht Inhalt des Kaufvertrages mit einem deutschen Einzelhändler); OLG Hamburg 1.6.1979, IPRspr. 1979 Nr. 15 = NJW 1980, 1232 (Deutsch-engl. Warenkauf; Verhandlungssprache Engl.; Bestätigungsschreiben und AGB auf Deutsch nicht berücksichtigt).
4 *Schütze*, DB 1978, 2305. Vgl. auch *Spellenberg*, in: MünchKomm, 5. Aufl., Art. 10 Rom I-VO Rz. 72.
5 Vgl. *Reinhart*, RIW 1977, 20; *Drobnig*, Festschr. Mann, S. 595; *Schütze*, DWiR 1992, 90; *Stadler*, S. 86. – S. aber OLG Düsseldorf 2.11.1973, IPRspr. 1973 Nr. 136 = AWD 1974, 103 (Gerichtsstandsklausel in AGB des deutschen Käufers. Verhandlungssprache mit dem niederländ. Verkäufer waren Deutsch und Niederländ. Auf Rückseite des Auftragsscheins waren AGB des Käufers in Engl., Französ. und Italien. abgedruckt. AGB nicht berücksichtigt, da nicht in den Verhandlungssprachen abgefasst). Gegen eine „Theorie der Weltsprache" jedoch *Spellenberg*, IPRax 2007, 102; *Hau*, in: Wolf/Lindacher/Pfeiffer, IntGV Rz. 38 f. Anders auch *Hausmann*, in: Staudinger, Art. 31 EGBGB Rz. 105. Abl. für Verbraucher *Mankowski*, VuR 2001, 363.
6 *Spellenberg*, IPRax 2007, 98 ff., 103 f.; *Spellenberg*, in: MünchKomm, 5. Aufl., Art. 10 Rom I-VO Rz. 70 ff.

Die Rechtsprechung nimmt teilweise auch eine Erkundigungspflicht an[1] oder lässt es genügen, dass in der Verhandlungssprache auf anderssprachige Geschäftsbedingungen hingewiesen wurde[2].

Wurde jedoch in einer anderen Sprache verhandelt und später nur ein auf Deutsch abgefasster Vertrag unterzeichnet, so werden **Zusätze**, die nicht Verhandlungsgegenstand waren, nicht zum Vertragsgegenstand[3]. Ist ein Vertrag **zweisprachig** abgefasst, so sind für den Vertragsinhalt beide Sprachen in gleicher Weise maßgeblich[4]. Liegen zweisprachige, inhaltlich voneinander abweichende AGB-Fassungen vor, so kann angenommen werden, dass nur die mit der Verhandlungssprache übereinstimmende Fassung Vertragsinhalt geworden ist[5].

e) Zeitpunkt und Ort des Vertragsschlusses

Grundsätzlich bestimmt das Vertragsstatut, ob ein Angebot vorliegt und ob es angenommen wurde. Dies gilt auch bei einem Vertragsschluss durch elektronische Kommunikationsmittel[6]. Wird ausnahmsweise isoliert angeknüpft, so ist nach dem Recht des Antrags zu beurteilen, ob ein Angebot vorliegt. Nach dem Recht der Annahme richtet sich dann, ob das Angebot angenommen wurde. Damit ist die Frage beantwortet, ob ein Vertrag vorliegt, aus dem die Parteien verpflichtet sind.

Nicht entschieden ist damit, **durch welchen Akt** der Vertrag im Einzelnen perfekt wurde, etwa durch die Unterschrift des Annahmebriefes, durch die Abgabe des Annahmebriefes bei der Post, dadurch, dass der Postbote den Brief in den Briefkasten des Antragenden wirft oder dass dieser den Brief liest. Auch

---

1 OLG Hamm 8.2.1995, IPRspr. 1995 Nr. 40 = NJW-RR 1996, 1271 = IPRax 1996, 197 (m. Aufs. *Schlechtriem*, IPRax 1996, 184) (Vertragssprache Italien.; Abtretungsanzeige auf Engl. und Französ. nach italien. Recht berücksichtigt).
2 OLG München 4.4.1974, IPRspr. 1974 Nr. 151 = NJW 1974, 2181 (Gerichtsstandsklausel; Verhandlungssprache war Italien.; italien. Kunde bestätigte in italien. Sprache gehaltenen Hinweis, dass die – beigefügten, aber nicht übersetzten – AGB der deutschen Vertragspartei gelten sollten); OLG Hamm 10.10.1988, IPRax 1991, 324 (m. Aufs. *Kohler*, IPRax 1991, 299) (Gerichtsstandsklausel); OLG Karlsruhe 11.2.1993, IPRspr. 1993 Nr. 136 = DZWiR 1994, 70 Anm. *Chillagano-Busl* (Deutscher Verkäufer bestätigte gegenüber italien. Abnehmer mit der engl. Klausel „General Conditions P.T.O." und vermerkte auf seinen Rechnungen „We delivered at terms of payment and delivery of the convention of the cotton weavers trade – Basic terms of the German Textile Industry – actually valid". Erfüllungsortregelung der auf der Rückseite in Deutsch abgedruckten AGB kam zur Anwendung). – Ebenso für den kaufmännischen Verkehr, *Hau*, in: Wolf/Lindacher/Pfeiffer, IntGV Rz. 38.
3 OLG Stuttgart 16.6.1987, RIW 1989, 56 = IPRax 1988, 293 (m. Aufs. *Schwarz*, IPRax 1988, 278) (Deutsch-portugies. Kauf; Verhandlungssprache Engl.).
4 *Spellenberg*, in: MünchKomm, 5. Aufl., Art. 12 Rom I-VO Rz. 38. – Zum versteckten Dissens bei mehrsprachigen Schiedsklauseln OLG Hamburg 16.1.1981, IPRax. 1981 Nr. 200 = IPRax 1981, 180 (LS) Anm. *von Hoffmann* = RIW 1982, 283.
5 BGH 28.3.1996, IPRspr. 1996 Nr. 147 = NJW 1996, 1819 = IPRax 1997, 416 (m. Aufs. *Koch*, IPRax 1997, 406) (Deutsch-engl. AGB; Verhandlungssprache Engl., das maßgeblich war).
6 *Hausmann*, in: Staudinger, Art. 31 EGBGB Rz. 16.

über diese Frage gehen die Rechtsordnungen sehr auseinander: Nach **deutschem Recht** ist der Zeitpunkt maßgebend, in dem die Annahmeerklärung dem Antragenden zugeht (§ 130 Abs. 1 BGB), dh. in dessen Briefkasten oder elektronische Mailbox gelangt. Nach **englischem Recht** gilt dagegen der Zeitpunkt, in dem die Annahmeerklärung zur Post gegeben wird, als Zeitpunkt des Vertragsschlusses[1]. Auch das US-amerikanische Recht folgt der „mailbox rule"[2]. Wo es auf diesen Zeitpunkt ankommt, etwa für den Beginn der Verjährungsfrist, ist stets auf das Schuldstatut des Vertrages abzustellen.

Von der Frage, durch welchen Einzelakt der Vertrag perfekt geworden ist, wird teilweise auch die Bestimmung des Orts des Vertragsschlusses (locus contractus) abhängig gemacht. Diese Ortsbestimmung kann von Bedeutung für die **Anwendung von Formvorschriften** sein. Die Einhaltung der Form der lex loci actus genügt nach Art. 11 Abs. 1 Alt. 2 Rom I-VO (wie nach den meisten Rechtsordnungen).

Für den Vertragsschluss unter Personen, die sich in verschiedenen Staaten befinden (Distanzverträge), enthält Art. 11 Abs. 2 Rom I-VO eine besondere Bestimmung. Ein solcher Vertrag ist formgültig, wenn er die Formerfordernisse des Rechts, welches auf das seinen Gegenstand bildende Rechtsverhältnis anzuwenden ist, oder des Rechts eines der Staaten der Vertragsparteien erfüllt. Danach genügt also entweder die Einhaltung der lex causae oder des Rechts der jeweiligen Vertragspartei. Die Vertragspartei braucht keinen gewöhnlichen Aufenthalt in diesem Staat zu haben; schlichter Aufenthalt, ein Sichbefinden genügt. Rück- und Weiterverweisung sind auch hier ausgeschlossen[3], s. Rz. 765 ff.

f) Vertragliche Regelung des Zustandekommens

280 Die Parteien können, soweit dies das maßgebliche materielle Recht zulässt, selbst vereinbaren, wann der Vertrag geschlossen ist. So bestimmen etwa die ECE-Bedingungen (Rz. 954) Nr. 730 in Art. 2:

„Der Vertrag gilt als geschlossen, wenn der Verkäufer nach Eingang einer Bestellung, gegebenenfalls innerhalb der vom Käufer gesetzten Frist, eine schriftliche Annahmeerklärung abgesandt hat.

Hat der Verkäufer bei Abgabe eines schriftlichen Angebots eine Annahmefrist gesetzt, so gilt der Vertrag als geschlossen, wenn der Käufer vor Fristablauf eine schriftliche Annahmeerklärung abgesandt hat."

Maßgeblich ist also die **„Entäußerungstheorie"**. Dagegen gilt nach den ECE-Formularbedingungen Nr. 188 und Nr. 574 für den Verkäufer nur dann die „Entäußerungstheorie",

---

1 *Marsh*, Comparative Contract Law – England, France, Germany (Aldershot 1994), S. 69; vgl. auch *Triebel/Huber/Micheler/Vogenauer*, Englisches Handels- und Wirtschaftsrecht, 2. Aufl. (1995), Rz. 75.
2 S. zum Kauf § 2–204 ff. UCC; vgl. ferner *Elsing/Van Alstine*, US-Amerikanisches Handels- und Wirtschaftsrecht, 2. Aufl. (1999), Rz. 189.
3 *Thorn*, in: Palandt, Art. 11 EGBGB Rz. 1a.

wenn er in der Position des Annehmenden ist, nicht aber, wenn er der Offerent ist. In diesem letzteren Falle gilt zu seinen Gunsten die **„Empfangstheorie"**[1].

Ist der Vertrag aber noch nicht geschlossen, so sind diese Allgemeinen Geschäftsbedingungen nur anwendbar, wenn die Parteien über ihre Geltung eine entsprechende Vereinbarung getroffen haben. Die Problematik verschiebt sich bei solchen Formularen also nur dahin gehend, nach welchem Recht sich das Zustandekommen einer vereinbarungsgemäßen Verweisung auf den im Formular vorgesehenen Modus des Vertragsschlusses richtet[2]. Das Kollisionsrecht der lex fori muss beantworten, wie es zu einer Verweisung auf das Formular kommt.

III. Verwendung Allgemeiner Geschäftsbedingungen

Literatur zum Internationalen Privatrecht: *Aden*, Auslegung und Revisibilität ausländischer AGB am Beispiel der Schiedsverfahrensordnung der internationalen Handelskammer, RIW 1989, 607; *Atzpodien/Müller*, Die FIDIC–Standardbedingungen als Vorlage für europäische AGB im Bereich des Industrieanlagen-Vertragsrechts, RIW 2006, 331; *Basedow*, Internationale Transporte und AGB-Gesetz, in: Symposium der Deutschen Gesellschaft für Transportrecht Hamburg 1987 – Transportrecht und Gesetz über Allgemeine Geschäftsbedingungen (1988), S. 239; *Berger*, Die Einbeziehung von AGB in internationale Kaufverträge, in: Zivil- und Wirtschaftsrecht im Europäischen und Globalen Kontext – Festschr. Horn (2006), S. 3; *Boll*, Ausländische AGB und der Schutz des inländischen kaufmännischen Kunden, IPRax 1987, 11; *Dannemann*, The „Battle of the Forms" and the Conflict of Laws, in: Lex Mercatoria – Essays in Honour of F. Reynolds (London 2000), S. 199; *Drobnig*, AGB im internationalen Handelsverkehr, Festschr. Mann (1977), S. 591; *Dutta*, Kollidierende Rechtswahlklauseln in allgemeinen Geschäftsbedingungen, ZvglRW 104 (2005), 461; *Ferid*, Die Allgemeinen Lieferbedingungen für den Export von Anlagegütern gem. Empfehlung der ECE vom März 1953 (1954); *Gildeggen*, Internationale Schieds- und Schiedsverfahrensvereinbarungen in Allgemeinen Geschäftsbedingungen vor deutschen Gerichten (1991); *Hepting*, Die ADSp im internationalen Speditionsverkehr, RIW 1975, 457; *Jayme*, AGB und IPR, ZHR 142 (1978), 105; *Kröll/Hennecke*, Kollidierende Allgemeine Geschäftsbedingungen in internationalen Kaufverträgen, RIW 2001, 736; *Kronke*, Zur Verwendung von AGB im Verkehr mit Auslandsberührung, NJW 1977, 992; *Landfermann*, AGB-Gesetz und Auslandsgeschäfte, RIW 1977, 445; *Maidl*, Ausländische AGB im deutschen Recht (2000); *Meyer-Sparenberg*, Rechtswahlvereinbarungen in Allgemeinen Geschäftsbedingungen, RIW 1989, 347; *Müller/Otto*, Allgemeine Geschäftsbedingungen im internationalen Wirtschaftsverkehr (1994) (auch zu Frankreich, Belgien, Schweiz, Luxemburg, Italien, Spanien, Portugal, Österreich, England); *Nörenberg*, Internationale Verträge und AGB, NJW 1978, 1082; *Otto*, AGB und IPR (1984); *Reinmüller*, Das Schweigen als Vertragsannahme im deutsch-französischen Rechtsverkehr unter besonderer Berücksichtigung der AGB (Diss. Mainz 1976); *C. Rühl*, Rechtswahlfreiheit und Rechtswahlklauseln in AGB (1999); *Schütze*, Praktizierte Lieferbedingungen im internationalen Geschäftsverkehr, DWiR 1992, 89; *Sieg*, Allgemeine Geschäftsbedingungen im grenzüberschreitenden Geschäftsverkehr, RIW 1997, 811; *Sieg*, Internationale Gerichts- und Schiedsklauseln in Allgemeinen Geschäftsbedingungen, RIW 1998, 102; *Spellenberg*, Doppelter Gerichtsstand in fremdsprachigen AGB, IPRax 2007, 98; *Stadler*, Allgemeine Geschäftsbedingungen im internationalen Handel (2003); *Staudinger*, Die Kontrolle grenzüberschreitender Versicherungs-

---

1 Vgl. *Lorenz*, AcP 159 (1960), 221 f.; *Lorenz*, ZHR 126 (1963), 152.
2 *Ferid*, Abschluss von Auslandsverträgen, S. 39 ff.

verträge anhand des AGBGB, VersR 1999, 401; *Stoll*, Internationalprivatrechtliche Probleme bei Verwendung Allgemeiner Geschäftsbedingungen, Festschr. Beitzke (1979), S. 759; *Ungnade*, Die Geltung von AGB der Kreditinstitute im Verkehr mit dem Ausland, WM 1973, 1130; *Weller*, Stillschweigende Einbeziehung der AGB-Banken im internationalen Geschäftsverkehr?, IPRax 2005, 428; *M. Wolf*, Auslegung und Inhaltskontrolle von AGB im internationalen kaufmännischen Verkehr, ZHR 153 (1989), 300; *Wuschkoschitz*, Rechtswahlklauseln in AGB, in: Dach-Schriftenreihe; Rechtswahlklauseln (2005), S. 27. S. auch oben vor Rz. 261 sowie unten Rz. 4141 (Verbraucherschutz).

Literatur zum ausländischen Recht: Mehrere Länder/Rechtsvergleichung: *Baier*, Europäische Verbraucherverträge und missbräuchliche Klauseln: die Umsetzung der Richtlinie 93/13/EWG über missbräuchliche Klauseln in Verbraucherverträgen in Deutschland, Italien, England und Frankreich (2004); *von Hippel*, Der Schutz des Verbrauchers vor unlauteren AGB in den EG-Staaten, RabelsZ 41 (1977), 237; *Jacobs*, The Battle of the Forms – Standard Term Contracts in Comparative Perspective, I.C.L.Q. 34 (1985), 297; *Schlechtriem*, Die Kollision von Standardbedingungen beim Vertragsschluss, Festschr. Wahl (1973), S. 67.

Einzelne Länder:

Belgien: *Reichard/De Vel*, Vereinbarung und Inhalt von Lieferbedingungen in Belgien, AWD 1973, 184.

England: *Heine*, Die Umsetzung der EG-Richtlinie über missbräuchliche Klauseln in Verbraucherverträgen im englischen und deutschen Recht (2005); *Ponick*, Die Richtlinien über missbräuchliche Klauseln in Verbraucherverträgen und ihre Umsetzung im Vereinigten Königreich (2003); *Sayn-Wittgenstein-Berleburg*, AGB im englischen Recht (1969); *Schmitz*, Haftungsausschlussklauseln in AGB nach englischem und internationalem Privatrecht (1977); *Sobich*, AGB-Kontrolle in Großbritannien, RIW 2000, 675; *Sobich*, Verfahrensrechtliche Kontrolle „unfairer" AGB in Großbritannien, RIW 1998, 684; *Thieme/Mitscherlich*, Die Einbeziehung (incorporation) Allgemeiner Geschäftsbedingungen in den Vertrag nach englischem Recht, AWD 1974, 173.

Frankreich: *Barfuss*, Die Einbeziehung Allgemeiner Geschäftsbedingungen in den Vertrag nach französischem Recht, RIW 1975, 319; *Gardette*, Die Behandlung der „unangemessenen" Klauseln nach dem französischen „AGB"-Gesetz (2005); *Mezger*, Gerichtsstands- und andere Klauseln im Geschäftsverkehr mit Frankreich, AWD 1974, 377; *Niggemann*, Zustandekommen des Kaufvertrages, Einbeziehung und Inhaltskontrolle von Allgemeinen Geschäftsbedingungen, in: Witz/Bopp (Hrsg.), Französisches Vertragsrecht für deutsche Exporteure (1989), S. 20; *Schmidt/Niggemann*, Die Vereinbarung von AGB durch stillschweigende Annahme nach französischem Recht, AWD 1974, 309; *Sonnenberger*, Das französische Recht der Allgemeinen Geschäftsbedingungen (conditions générales), RIW 1990, 165; *Witz/Wolter*, Missbräuchliche Vertragsklauseln auf dem Prüfstand der französischen Gerichte, ZEuP 1993, 360.

Italien: *Bonell*, Die AGB nach italienischem Recht, ZvglRW 78 (1979), 1; *Kieninger*, Die Kontrolle von Allgemeinen Geschäftsbedingungen im kaufmännischen Verkehr, ZEuP 1996, 468; *Patti*, Die Umsetzung der EG-Richtlinie über missbräuchliche Klauseln in Verbraucherverträgen in Deutschland und in Italien, in: Klauselrichtlinie, Mobiliarsicherheiten, Strafverfolgung (2005), S. 3; *Pesce*, AGB, lästige Klauseln und Vertragsgestaltung im deutsch-italienischen Handelsverkehr, NJW 1971, 2111; *Rausch*, Das Recht der Allgemeinen Geschäftsbedingungen in Italien (2004); *Scarso*, Unternehmer als Vertragsparteien, ZEuP 2001, 379; *Scheerer*, Die AGB im deutsch-italienischen Rechtsverkehr unter besonderer Berücksichtigung der AGB der Kreditinstitute, AWD 1974, 181; *Wurmnest*, Die Fortentwicklung des italienischen AGB-Rechts vor dem Hintergrund gemeinschaftsrechtlicher Vorgaben, ZEuP 2004, 971.

Niederlande: *de Buhr*, Das Recht der „algemene voorwaarden" und der „standaardregeling" im Nieuw Burgerlijk Wetboek der Niederlande (Diss. Münster 1994); *Neumayer*, Das niederländische Recht in der Abwehr des Missbrauchs Allgemeiner Geschäftsbedingungen, RabelsZ 37 (1973), 719; *Nieper*, Algemene voorwaarden, ZEuP 1999, 732; *Schultsz*, The Dutch General Conditions Bill of 1981 – International Aspects, Festschr. Vischer (Zürich 1983), S. 293.

Österreich: *Höss*, Die Einbeziehung von AGB beim Vertragsabschluss im Internet: Grundlagen für den österreichisch-deutschen Online-Rechtsverkehr (2007); *Lehofer/Mayer*, Geschäftsbedingungen in Österreich und in der Europäischen Union (1998).

Polen: *Heidenhain*, Das Verbraucherschutzrecht in Polen und in der Europäischen Union (2001); *Zoll/Diemer-Benedict*, Das Recht der Allgemeinen Geschäftsbedingungen in Polen, RIW 1997, 1001.

Schweiz: *Baudenbacher*, Wirtschafts-, schuld- und verfahrensrechtliche Grundprobleme der AGB (Zürich 1984); *Bührer*, AGB-Kollisionen, „the battle of forms" und weitere Probleme beim Verweis auf Allgemeine Geschäftsbedingungen (Zürich 1987); *Ramstein*, Allgemeine Geschäftsbedingungen in der Schweiz, RIW 1988, 440.

Spanien: *Albiez Dohrmann*, Einbeziehungsvoraussetzungen von Allgemeinen Geschäftsbedingungen im spanischen Recht beim Vertragsschluss zwischen Unternehmern, Festschr. Westermann (2008), S. 31; *Cabanas/Vestweber*, Das neue spanische Gesetz über Allgemeine Geschäftsbedingungen, ZVglRW 97 (1998), 454; *Fischer*, Das neue Gesetz über Allgemeine Geschäftsbedingungen in Spanien und die Umsetzung der EU-Richtlinie über missbräuchliche Klauseln in Verbraucherverträgen, RIW 1998, 689; *Hettich*, Spaniens Gesetz über Allgemeine Geschäftsbedingungen (2007).

Tschechische Republik: *Wefing*, Allgemeine Geschäftsbedingungen in der Tschechischen Republik, WiRO 1995, 451.

Türkei: *Aydin*, Die Berücksichtigung des Verbraucherschutzes bei Allgemeinen Geschäftsbedingungen im deutschen und türkischen Recht (2007); *Bozbel*, Allgemeine Geschäftsbedingungen im türkischen Recht, RIW 2004, 183.

USA: *Bülow*, Die Konkurrenz von Standardbedingungen beim Vertragsschluss im amerikanischen Recht, AWD 1973, 510; *von Hippel*, Zur richterlichen Kontrolle unlauterer Geschäftsbedingungen in den Vereinigten Staaten, RabelsZ 33 (1969), 564; *Munz*, Allgemeine Geschäftsbedingungen in den USA und Deutschland im Handelsverkehr (1992); *Petzinger*, „Battle of Forms" und Allgemeine Geschäftsbedingungen im amerikanischen Recht, RIW 1988, 673.

1. Rechtsvereinheitlichung und -angleichung

Einheitliche Regeln für Allgemeine Geschäftsbedingungen (AGB) gelten insbesondere im Rahmen des UN-Kaufrechts (Rz. 918). Ferner sind die nationalen Vorschriften durch EG-Richtlinien für Verbraucherverträge angeglichen worden[1] (näher Rz. 4141 ff.). Einzelne Bestimmungen zu AGB enthalten auch die Europäischen Grundregeln des Vertragsrechts[2] sowie der Draft Common Frame of Reference[3].

281

---

1 Überblick bei *Ulmer*, in: Ulmer/Brandner/Hensen, Einl. Rz. 87 ff.
2 Insbesondere Art. 2:209, 4:110.
3 S. Art. II.-1:109, II.-4:209, II.-8:103.

2. Bezugnahme auf AGB bei Auslandsgeschäften

282 Allgemeine Geschäftsbedingungen finden im internationalen Handel weite Verbreitung. Entsteht ihretwegen Streit, so regelmäßig darüber, ob sie für den geschlossenen Vertrag gelten[1]. Die deutsche Rechtsprechung ist in dieser Frage bekanntlich großzügig. Meist wird eine **„stillschweigende Unterwerfung"**, eine Unterwerfung kraft Handelsbrauchs oder bei gewissen Verträgen trotz Unkenntnis der AGB angenommen, der Kunde habe wissen müssen, dass der Vertrag nur unter Zugrundelegung der üblichen AGB abgeschlossen werde. Andere Rechtsordnungen stellen hingegen zT strengere Anforderungen an den Nachweis, dass die AGB Vertragsbestandteil geworden sind[2].

Belgien: Unter Kaufleuten bedeutet das Schweigen auf eine Auftragsbestätigung oder Faktur grundsätzlich Einverständnis mit den abgedruckten AGB[3]. Auf ungewöhnliche Klauseln muss jedoch hingewiesen werden; ein bloßes Mitsenden genügt nicht[4].

Frankreich: Die AGB müssen vom Vertragspartner ausdrücklich angenommen werden. Gleichgestellt wird zuweilen der Fall, dass der Kunde sie bei ordentlicher Sorgfalt hätte kennen müssen[5].

Großbritannien: Dem Kunden müssen die AGB vor oder bei Vertragsschluss so zugänglich gemacht werden, dass er die Möglichkeit hatte, von ihnen Kenntnis zu nehmen[6].

Italien: Einseitig von einer Partei vorbereitete AGB werden Vertragsinhalt, sobald der Kunde sie vor dem Abschluss kannte oder bei Anwendung ordentlicher Sorgfalt gekannt haben müsste (Art. 1341 Abs. 1 c.c.). Besonders lästige und gefährliche Abreden bedürfen jedoch einer schriftlichen Billigung (Art. 1341 Abs. 2 c.c.)[7]. Hierunter fallen zB Haftungsbeschränkungen[8].

Österreich: AGB werden dann Vertragsinhalt, wenn vor Vertragsschluss auf sie Bezug genommen wurde und der Geschäftspartner die Möglichkeit gehabt hat, vom Inhalt der Bedingungen Kenntnis zu nehmen (vgl. § 863 ABGB). „Wissen müssen" genügt regelmäßig nicht[9]. Ungewöhnliche Bestimmungen, auf die

---

1 Zu sich widersprechenden AGB *Kost*, S. 200 ff.
2 Vgl. *Nörenberg*, NJW 1978, 1084 ff. – Rechtsvergleichend zu ausländ. Schutzvorschriften vor unbilligen AGB *Kost*, S. 180 ff.; *Ranieri*, Europäisches Obligationenrecht, 3. Aufl. (Wien 2009), S. 333 ff.; *Ulmer*, in: Ulmer/Brandner/Hensen, Einl. Rz. 105 ff. mwN. – Zur Einbeziehung nach niederländ. Recht IPG 2005/2006 Nr. 5 (Osnabrück).
3 Nachw. in IPG 1979 Nr. 10 (Hamburg), S. 118.
4 Näher dazu *Reichard/DeVel*, AWD 1973, 184 ff.
5 *Sonnenberger*, RIW 1990, 167. S. auch *Neumayer*, in: Hauss et al., Richterliche Kontrolle von AGB (1968), S. 26 ff.
6 *Wilson*, in: Hauss et al., Richterliche Kontrolle von AGB (1968), S. 37; *Triebel/Hodgson/Kellenter/Müller*, Englisches Handels- und Wirtschaftsrecht, 2. Aufl. (1995), Rz. 98 f.
7 S. *Bonell*, ZvglRW 78 (1979), 8 ff.
8 Vgl. *Pfister*, AWD 1965, 221 ff.
9 S. *Apathy/Riedler*, in: Schwimann (Hrsg.), ABGB, 3. Aufl. (Wien 2006), § 864a ABGB Rz. 2. Differenzierend *Stadler*, S. 163 ff.; w. Nachw. bei *Feil*, Konsumentenschutz-

nicht besonders hingewiesen wurde, werden nicht Vertragsinhalt, wenn der Kunde mit ihnen nicht zu rechnen brauchte (§ 864a ABGB).

Schweiz: Nach schweizerischer Auffassung beruhen AGB grundsätzlich auf rechtsgeschäftlicher Übereinkunft[1]. Ein Hinweis auf die AGB genügt regelmäßig, wenn er im Angebot erfolgt. Bei Branchenüblichkeit von AGB gelten gegenüber Kaufleuten geringe Anforderungen.

Dies bedeutet, dass der deutsche Vertragspartner nach Möglichkeit die ausdrückliche Vereinbarung seiner AGB anstreben sollte. Erfolgt keine ausdrückliche Abrede, so muss er damit rechnen, dass sich der ausländische Geschäftspartner auf das ihm günstigere ausländische Recht beruft.

3. Anwendbares Recht

Für die Einbeziehung von AGB in den Vertrag ist zunächst das anwendbare Recht zu bestimmen. Bereits auf dieser Stufe kann die Bedeutung von AGB für die Rechtswahl zu prüfen sein (s. Rz. 264). Wurde die Geltung von AGB ausdrücklich vereinbart, so gilt für das Aufstellen und die Einbeziehung der Geschäftsbedingungen das Vertragsstatut[2]. Dies ergibt sich aus Art. 10 Abs. 1 Rom I-VO.   283

Hat eine Partei zu den Geschäftsbedingungen der anderen geschwiegen, so ist ebenfalls zu unterscheiden, welches Recht für ihre Einbeziehung gilt und ob auch die AGB nach dem anzuwendenden Recht gelten.

a) Sonderanknüpfung der Annahme von AGB

Widerspricht eine Partei der Einbeziehung von AGB in den Vertrag nicht, so ist auch hier Ausgangspunkt das Vertragsstatut (Art. 10 Abs. 1 Rom I-VO)[3]. Doch kann sich die schweigende Partei bezüglich der Wertung ihres Verhaltens nach Art. 10 Abs. 2 Rom I-VO auf das Recht ihres gewöhnlichen Aufenthalts berufen[4].   284

Ob das Schweigen einer Partei zu den AGB der anderen deren Einbeziehung herbeiführt, bestimmt also nicht immer das Vertragsstatut. Wird der Vertrag im Korrespondenzweg (also als sog. **Distanzvertrag**) geschlossen, so ist das

---

gesetz, 4. Aufl. (2002), Anh. E. Rz. 4. Schweigen zu AGB auf Rechnungen ließ nicht genügen OLG Karlsruhe 9.10.1992, IPRspr. 1992 Nr. 199 = NJW-RR 1993, 567.
1 *Forstmoser*, Festschr. Kummer (Bern 1980), S. 99 (107 ff.).
2 *Ungnade*, WM 1973, 1131; *Thorn*, in: Palandt, Art. 31 EGBGB Rz. 3; *Hausmann*, in: Staudinger, Art. 31 EGBGB Rz. 19.
3 *Weller*, IPRax 2004, 429 f.; *Hausmann*, in: Staudinger, Art. 31 EGBGB Rz. 72, 78.
4 Zum alten Recht OLG Karlsruhe 9.10.1992, IPRspr. 1992 Nr. 199 = NJW-RR 1993, 567 (Warenkauf; Schweigen des österreich. Kaufmanns zu auf der Rechnungsrückseite abgedruckten AGB genügte nicht. Gerichtsstandsklausel unbeachtlich); LG Duisburg 17.4.1996, IPRspr. 1996 Nr. 148 = RIW 1996, 774; *Schütze*, DWiR 1992, 90; *Schmidt-Kessel*, ZEuP 2008, 605 (608 ff.); *Fischer*, S. 337 ff.; *Kegel/Schurig*, S. 614; *Hohloch*, in: Erman, Art. 31 EGBGB Rz. 14; *Spellenberg*, in: MünchKomm, 5. Aufl., Art. 10 Rom I-VO Rz. 264 ff.; *Thorn*, in: Palandt, Art. 31 EGBGB Rz. 3.

Recht am gewöhnlichen Aufenthaltsort der nicht widersprechenden Partei zu berücksichtigen. Diese Sonderanknüpfung erfasst den häufigsten Fall, dass ein ausländischer Kunde von seiner ausländischen Niederlassung aus eine deutsche Vertragspartei beauftragt oder von ihr beliefert wird. Dann ist zwar regelmäßig deutsches Recht Vertragsstatut; die AGB des deutschen Teils gelten jedoch dann nicht, wenn das Recht am Niederlassungsort des Ausländers entgegensteht[1].

Nicht völlig geklärt ist dabei freilich, welche konkreten Fragen das ausländische Recht zu beantworten hat. Man wird wohl darauf abstellen müssen, ob nach ihm eine Pflicht zum Widerspruch gegenüber den AGB bestand und ob der Kunde wissen musste, dass er hätte widersprechen müssen. Kann jedoch verlangt werden, dass der Kunde eine stillschweigende Einbeziehung der AGB kraft Verkehrssitte kennen musste, so kann er sich regelmäßig auch nicht auf eine Sonderanknüpfung nach Art. 10 Abs. 2 Rom I-VO berufen[2].

Hat der AGB-Verwender die Geschäftsbedingungen einem **Bestätigungsschreiben** beigefügt, so gelten die Regeln über das Schweigen auf ein Bestätigungsschreiben (oben Rz. 272).

b) Inlandsgeschäfte

285   Da Art. 10 Rom I-VO vom Vorrang des Vertragsstatuts ausgeht, kommt es nicht stets zu einer Sonderanknüpfung an das Aufenthaltsrecht. Die maßgeblichen Fallgruppen müssen präzisiert werden, da das anzuwendende Recht vorausssehbar sein muss und nicht vollständig Einzelfallentscheidungen überlassen bleiben kann[3]. Die Rechtsprechung fragte früher danach, ob der Ausländer nach den Umständen des Einzelfalles damit rechnen durfte, sein Verhalten werde nach den Regeln seines „Heimatrechts" beurteilt[4].

Das Aufenthaltsrecht einer Partei, der gegenüber die AGB gelten sollen, bleibt nach wohl hM dann unberücksichtigt, wenn ein **Inlandsgeschäft** geschlossen wurde[5]. Ein solches Geschäft liegt vor, wenn der Vertrag, in den die AGB einbezogen werden sollen, in dem Staat abgeschlossen wird, in dem der Verwender der AGB seine geschäftliche Niederlassung hat. Tritt der Kunde regelmäßig im Inland geschäftlich auf, so muss er mit einer Bewertung seines Verhaltens nach dem **Recht des Abschlussortes** rechnen. Das Verkehrsinteresse setzt sich hier analog Art. 13 Rom I-VO gegenüber dem Individualinteresse des Kunden

---

1   S. *Hepting*, RIW 1975, 462; *Drobnig*, Festschr. Mann, S. 604 f.; *Kronke*, NJW 1977, 992 f.; *Jayme*, ZHR 142 (1978), 121 f.; abschwächend als bloße „Berücksichtigung" *Schütze*, DB 1978, 2301. Differenzierend *Stoll*, Festschr. Beitzke, S. 763 ff.: Für AGB ohne Rechtswahlklauseln gelte nur das Vertragsstatut; bei Rechtswahlklauseln komme es hingegen zu einer Sonderanknüpfung.
2   *Weller*, IPRax 2005, 430 (für Bank-AGB).
3   S. *Hepting*, RIW 1975, 460.
4   BGH 13.7.1973, IPRspr. 1973 Nr. 25 = NJW 1973, 2154; BGH 7.7.1976, IPRspr. 1976 Nr. 8 = RIW 1976, 534.
5   *Drobnig*, Festschr. Mann, S. 605; *Hausmann*, in: Staudinger, Art. 31 EGBGB Rz. 79 mwN.

durch[1]. Der Abschlussort liegt aber noch nicht deshalb im Inland, weil hier das Angebot bzw. der Auftrag des Kunden eintrifft[2].

c) Andere Fälle

Außer Inlandsgeschäften sind noch weitere Fälle denkbar, in denen sich der Kunde für die Einbeziehung von AGB in den Vertrag nicht auf sein Aufenthaltsrecht berufen kann. Hierüber besteht im Schrifttum jedoch keine Einigkeit.

286

aa) Bestehender Vertrag

Vertragsänderungen und insbesondere die nachträgliche Einbeziehung von AGB in einen abgeschlossenen Vertrag sind nach vielfach vertretener Ansicht allein nach dem Statut des bestehenden Vertrages zu beurteilen[3]. Dies wird teilweise auf Fälle beschränkt, in denen im Rahmen eines Dauerschuldverhältnisses Einzelvereinbarungen geschlossen werden[4]. Die Rechtsprechung macht diese Einschränkung regelmäßig nicht[5]. Tatsächlich ist die Interessenlage ähnlich wie im vorkonsensualen Stadium. Deshalb wird auch hier eine Sonderanknüpfung geboten sein[6].

287

bb) Kenntnis der AGB und ihrer Geltung

Auch wenn ein Distanzvertrag geschlossen wird, kann einer Partei allgemein bekannt sein, dass die AGB einer bestimmten Branche gelten und das Schweigen darauf nach dem Vertragsstatut zu ihrer Einbeziehung in den Vertrag führt. In diesen Fällen lässt die Rechtsprechung das Wohnsitzrecht des Kunden regelmäßig außer Acht[7].

288

Weiß eine Partei im Einzelfall, dass ihr Vertragspartner Verträge nur auf der Grundlage bestimmter AGB abzuwickeln pflegt, so ist fraglich, ob man von der Sonderanknüpfung abweichen und somit das Verhalten nach dem Vertragsstatut bewerten soll[8] oder ob man gleichwohl das Schweigen nach dem Auf-

---

1 Vgl. *Jayme*, ZHR 142 (1978), 121; *Hepting*, RIW 1975, 463; *Buchmüller*, NJW 1977, 501.
2 Weitergehend möglicherweise OLG Frankfurt a.M. 16.1.1979, IPRspr. 1979 Nr. 29 = RIW 1979, 278 (Schweiz. Spediteur beauftragte die beklagte deutsche Spedition).
3 So insbes. *Drobnig*, Festschr. Mann, S. 606 mwN.
4 *Hepting*, RIW 1975, 463.
5 S. BGH 22.9.1971, BGHZ 57, 72 = IPRspr. 1971 Nr. 133 = NJW 1972, 391 Anm. *Geimer, Schmidt-Salzer*; OLG Nürnberg 11.10.1973, IPRspr. 1973 Nr. 12A = AWD 1974, 405 mit krit. Anm. *Linke*; LG Mainz 10.12.1971, IPRspr. 1971 Nr. 135 = AWD 1972, 298 Anm. *Ebsen/Jayme*.
6 *Jayme*, ZHR 142 (1978), 122 Fn. 84.
7 S. OLG München 9.5.1973, IPRspr. 1973 Nr. 24 = AWD 1974, 279 (Brit. Spedition, die in laufenden Geschäftsbeziehungen mit deutschen Spediteuren stand, beauftragte deutsche Spedition. ADSp angewendet.)
8 Offen gelassen in BGH 7.7.1976, NJW 1976, 2075.

enthaltsrecht der Partei bewerten soll, der gegenüber die AGB verwendet wurden[1]. Für die erste Lösung spricht die Kenntnis des Kunden.

cc) Laufende Geschäftsverbindung

289　Eine Sonderanknüpfung wird jedenfalls nicht schon dadurch ausgeschlossen, dass der Kunde einmal im Lande des AGB-Verwenders geschäftlich aufgetreten ist oder dort gelegentlich geschäftliche Kontakte hatte. Die daraus zu ziehenden Folgen sollte man dem Recht seines gewöhnlichen Aufenthalts überlassen. Das bloße Bestehen einer laufenden Geschäftsverbindung schließt eine Sonderanknüpfung gleichfalls nicht grundsätzlich aus[2].

dd) Vertragsschluss im Drittstaat

290　Gibt die Partei, der gegenüber die AGB verwendet werden, ihre Erklärung in einem anderen als ihrem Aufenthalts- bzw. Niederlassungsstaat ab, so kann sie sich auf eine Sonderanknüpfung an ihr Recht nicht berufen. Dies gilt insbesondere für Vertragsschlüsse in Drittstaaten[3]. Hier kann der Kunde billigerweise nicht mehr erwarten, sein Verhalten werde nach seinem Recht beurteilt. Schließt etwa ein italienischer Kaufmann mit einem deutschen Spediteur ein Speditionsgeschäft in Belgien ab, so kann er sich weder auf das belgische Recht des Abschlussortes noch auf das italienische Recht seines Niederlassungsortes berufen, sondern unterliegt dem Vertragsstatut, das hier regelmäßig das deutsche Recht sein wird. Das deutsche materielle Recht hat dann zu entscheiden, ob die ADSp gelten.

4. Einbeziehung von AGB nach deutschem Sachrecht

291　Ist für die Einbeziehung der AGB deutsches Sachrecht maßgeblich, so finden grundsätzlich die dafür entwickelten Regeln der deutschen Rechtsordnung Anwendung[4]. Danach ist zu unterscheiden, ob die vor allem Verbraucher schützenden §§ 305 ff. BGB gelten oder nicht (vgl. § 310 BGB)[5]. Falls das zu bejahen ist, unterliegt das Einbeziehen § 305 Abs. 2 BGB. Danach sind ein Hinweis (Nr. 1), die Möglichkeit der Kenntnisnahme (Nr. 2) und Einverständnis erforderlich.

Für den kaufmännischen Geschäftsverkehr gelten ähnliche Grundsätze. Bei ausdrücklicher Anerkennung der AGB durch den ausländischen Kunden sind sie im Allgemeinen wirksam vereinbart[6].

1　Dafür *Hepting*, RIW 1975, 463 f.; wohl auch *Buchmüller*, NJW 1977, 501.
2　OLG Frankfurt a.M. 12.10.1982, IPRspr. 1982 Nr. 18 = RIW 1983, 59 (Österreich. Käufer, deutscher Verkäufer. Einbeziehung der AGB nach österreich. Recht geprüft und bejaht. Längere Geschäftsbeziehungen lediglich für das Kennenmüssen berücksichtigt).
3　Vgl. auch *Fischer*, S. 347 f.
4　Überblick bei *Spellenberg*, in: MünchKomm, 5. Aufl., Art. 10 Rom I-VO Rz. 187 ff.
5　*Nörenberg*, NJW 1978, 1086 f.
6　Näher *Canaris*, Bankvertragsrecht, 3. Aufl. (1988), Rz. 2507 ff.; *Spellenberg*, in: MünchKomm, 5. Aufl., Art. 10 Rom I-VO Rz. 203.

Hat der ausländische Kunde die AGB nicht ausdrücklich angenommen, so ist für die Rechtsprechung entscheidender Gesichtspunkt für das Einbeziehen von AGB die **Kenntnis** oder das Kennenmüssen[1]. Weiß der Kunde, dass die AGB gelten, so ist er grundsätzlich ebenso wie eine deutsche Vertragspartei zu behandeln. Mangels Widerspruchs gelten die AGB im Geschäftsverkehr unter den allgemeinen Voraussetzungen[2]. Auch eine frühere ständige Verwendung in einer laufenden Geschäftsbeziehung kann genügen[3].

Ist dem Kunden die Existenz und die Geltung der AGB **nicht bekannt**, so ist grundsätzlich darauf Rücksicht zu nehmen, dass es sich um einen Ausländer handelt. Insbesondere kann er nicht stets wie ein Deutscher behandelt werden. Ist der ausländische Vertragspartner branchenfremd, zB nicht Spediteur, so ist nicht ohne Weiteres davon auszugehen, er müsse etwa wissen, dass deutsche Spediteure ausschließlich nach den ADSp arbeiten. Es bedarf in vielen Fällen vielmehr regelmäßig eines ausdrücklichen Hinweises, dass die ADSp Inhalt des Vertrages sein sollen[4] (näher zum Speditionsvertrag unten Rz. 4071 ff.). Auch dann, wenn ein Vertrag aufgrund detaillierter Ausschreibungsbedingungen geschlossen wird, werden die AGB nicht kraft Unterwerfung Vertragsinhalt[5].

Die AGB werden aber ohne Kenntnis ihres Inhalts und ohne besonderen Hinweis kraft stillschweigender Unterwerfung Vertragsbestandteil, wenn der **Vertragspartner des Spediteurs wissen muss**, dass dieser ausschließlich nach branchenüblichen AGB, insbesondere den ADSp arbeitet. Dies gilt insbesondere für einen im Inland ansässigen Kaufmann. Aber auch ausländische Spediteure mit eigener Niederlassung in Deutschland, die hier Aufträge vergeben, müssen sich die ADSp entgegenhalten lassen[6].

292

---

1 BGH 13.7.1973, IPRspr. 1973 Nr. 25 = NJW 1973, 2154 (Italien. Spediteur beauftragte schriftlich deutschen Spediteur, der stets auf die ADSp verwiesen hatte. Die ADSp galten). Vgl. OLG Karlsruhe 27.6.2002, NJW-RR 2002, 1722 (Italien. Kunde wurde auf ADSp hingewiesen); LG München I 29.5.1995, IPRspr. 1995 Nr. 146 = IPRax 1996, 266 (m. Aufs. *Trunk*, IPRax 1996, 249) = NJW 1996, 401.
2 BGH 10.3.1971, IPRspr. 1971 Nr. 21b = VersR 1971, 619 (Türk. Kaufmann lagerte Kühlaggregate bei deutschem Spediteur ein und wusste aus Geschäftsbeziehungen, dass die ADSp zugrunde liegen. ADSp galten); *Hausmann*, in: Staudinger, Art. 31 EGBGB Rz. 75.
3 BGH 1.6.2005, IPRax 2006, 594 (m. Aufs. *Leible/Sommer*, IPRax 2006, 568) = NJW-RR 2005, 1518 (m. Aufs. *Berg*, NJW 2006, 3035) (Erfüllungsortklausel).
4 BGH 7.7.1976, IPRspr. 1976 Nr. 8 = RIW 1976, 534 = NJW 1976, 2075 (Anm. *Buchmüller*, NJW 1977, 501) (belg. Kunde eines deutschen Spediteurs); OLG Saarbrücken 22.7.1953, IPRspr. 1952/53 Nr. 39 = NJW 1953, 1832 (Deutsche Speditionsfirma handelte im Auftrag einer französ. Firma; Vertrag saarländ. Recht unterstellt. Wegen fehlenden Hinweises auf die ADSp diese nicht angewendet); OLG Dresden 24.11.1998, IPRspr. 1998 Nr. 162 (Frachtführer); *Hausmann*, in: Staudinger, Art. 31 EGBGB Rz. 77.
5 BGH 16.1.1981, IPRspr. 1981 Nr. 152 = IPRax 1981, 218 (LS) Anm. *von Hoffmann* = NJW 1981, 1905 (Deutscher Spediteur beteiligte sich an Ausschreibung über Seetransport nach Italien. Das Geschäft wurde für die italien. Interventionsstelle abgewickelt; ADSp galten nicht).
6 BGH 5.6.1981, IPRspr. 1981 Nr. 40 = RIW 1982, 55 = IPRax 1982, 77 (LS) Anm. *von Hoffmann* (Schweiz. Speditionsfirma mit eigener Spedition in der BRD, die Aufträge in die BRD vergab, musste mit Geltung der ADSp rechnen).

Für ausländische Spediteure, die vom Ausland aus Geschäftsbeziehungen mit deutschen Spediteuren unterhalten, nimmt die Rechtsprechung das Gleiche an. Auch bei internationaler Ausrichtung einer Spedition gelten die ADSp[1]. Es wird vorausgesetzt, dass ihr bekannt ist, dass Speditionsgeschäften regelmäßig AGB zugrunde liegen[2]. Entsprechendes gilt für ausländische Spediteur-Bedingungen[3].

Während auf einige besonders verbreitete AGB nach deutschem Recht nicht aufmerksam gemacht werden muss, ist bei anderen mangels einer ausdrücklichen Vereinbarung oft ein Hinweis auf ihre Geltung notwendig. Dies gilt nicht nur im Anwendungsbereich der §§ 305 ff. BGB. Ob die widerspruchslos hingenommene Verweisung auf die AGB zu ihrer Einbeziehung führt, hängt von der Branchenüblichkeit, der Deutlichkeit des Hinweises, der Art der Vertragsbeziehung und dem Verhalten des Kunden ab.

293 Entsprechend verfährt man mit den deutschen **Bank-AGB**. Im Geschäftsverkehr zwischen in- und ausländischen Banken ist mit ihrer Geltung zu rechnen. Eine ausländische Bank muss sich daher die deutschen Bedingungen entgegenhalten lassen[4]. Banken, die häufig geschäftliche Kontakte mit deutschen Banken unterhalten, erklären daher stillschweigend ihr Einverständnis, dass die verkehrsüblichen AGB in die Geschäftsbeziehungen mit einbezogen sind[5] (näher zum Bankvertrag unten Rz. 1260 f.).

---

1 OLG München 30.10.1974, IPRspr. 1974 Nr. 35 = VersR 1975, 129 (Ausländ. Transportunternehmen beauftragte deutschen Spediteur; ADSp angewendet); OLG Düsseldorf 21.6.1990, IPRspr. 1990 Nr. 172 = RIW 1990, 752. – Vgl. auch *Kost*, S. 155 f.
2 OLG Frankfurt a.M. 23.4.1980, IPRspr. 1980 Nr. 46 = RIW 1980, 666 (Speditionsauftrag brit. Unternehmens an deutschen Spediteur; ADSp galten); OLG Hamburg: 31.10.1985, TranspR 1986, 440 = VersR 1986, 808 Anm. *Lau* (Inhaber italien. Spedition mit internationaler Geschäftsausrichtung musste wissen, dass der deutsche Empfangsspediteur auf der Grundlage der ADSp tätig wird); OLG Hamburg 23.2.1995, TranspR 1996, 40 = RIW 1997, 70 (niederländ. Spediteur); OLG Schleswig 25.5.1987, IPRspr. 1987 Nr. 129 = NJW-RR 1988, 283 (dän. Spedition); *Hau*, in: Wolf/Lindacher/Pfeiffer, IntGV Rz. 43; *Hausmannn*, in: Staudinger, Art. 31 EGBGB Rz. 76. Abl. als zu weitgehend *Fischer*, Verkehrsschutz, S. 339 f.
3 S. OLG Köln 29.10.1993, RIW 1994, 599 = IPRax 1994, 465 (LS) m. krit. Bericht *Kronke*; OLG Bremen 11.5.1995, IPRspr. 1995 Nr. 49 = VersR 1996, 868.
4 *Hau*, in: Wolf/Lindacher/Pfeiffer, IntGV Rz. 43; *Hausmann*, in: Staudinger, Art. 31 EGBGB Rz. 76. – Vgl. auch *Kost*, Konsensprobleme, S. 157 f.
5 BGH 4.3.2004, IPRspr. 2004 Nr. 23 = IPRax 2005, 446 m. zust. Aufs. *Weller* (Angolan. Nationalbank musste deutsche Bank-AGB gegen sich gelten lassen). Ebenso schon BGH 18.6.1971, IPRspr. 1971 Nr. 15 = NJW 1971, 2126 abl. Anm. *Schmidt-Salzer*; NJW 1972, 681 zust. Anm. *Pleyer/Ungnade* = JR 1972, 25 Anm. *Kollhosser* (Deutsche Bank übersandte niederländ. Bank regelmäßig Depotauszüge mit Hinweis auf deutsche Bank-AG. Da die niederländ. Bank sich nach den Geschäftsbedingungen erkundigt und gegebenenfalls hätte widersprechen müssen, Geltung der AGB angenommen.); BGH 9.3.1987, WM 1987, 530 = IPRspr. 1987 Nr. 16 (Überweisungsauftrag einer französ. Bank an eine deutsche Bank. Vertragsstatut deutsches Recht. Deutsches Recht aufgrund Nr. 26 der damaligen Bank-AGB angewendet).

5. Inhaltskontrolle von AGB

Vorschriften, die den schwächeren Vertragsteil gegen wirksam einbezogene Formularbedingungen schützen, welche die stärkere Partei festsetzt, betreffen nicht mehr das Zustandekommen, sondern die **Wirksamkeit des Vertrages**[1]. Sie unterliegen dem dafür maßgeblichen Recht, dh. dem **Vertragsstatut** (vgl. Rz. 4204 f. zu Art. 6 Rom I-VO).

Nach deutschem Recht sind solche Klauseln zT an besonderen Vorschriften (§§ 305 ff. BGB) zu messen. Auch im Übrigen werden sie nur anerkannt, wenn sie mit Treu und Glauben (§ 242 BGB) vereinbar sind. Die Gerichte prüfen, ob die AGB eine angemessene und sachgerechte Regelung der Vertragsbeziehungen enthalten. Führt die richterliche Inhaltskontrolle zum Ergebnis, dass eine Klausel eine grob einseitige Regelung trifft, so wird sie nicht beachtet und das Vertragsverhältnis ohne sie abgewickelt. Hierbei handelt es sich um materielle Regeln des Vertragsstatuts[2].

Nach deutschem Recht findet eine Inhaltskontrolle nach § 307 BGB auch im **nichtkaufmännischen Bereich** statt (vgl. § 310 BGB). Die Begründung einer solchen Kontrolle auch mit der verfassungsrechtlichen Privatautonomie (Art. 2 Abs. 1 GG), rechtfertigt es jedoch noch nicht, § 307 BGB als stets anzuwendende inländische Eingriffsnorm iSd. Art. 9 Abs. 1 Rom I-VO einzustufen[3]. Ein deutsches Gericht hat auch entsprechende **ausländische gesetzliche Bestimmungen** (zB § 879 österreich. ABGB) zu beachten[4]. Gleiches gilt für von der Rechtsprechung aufgestellte Regeln, etwa bei Geltung englischen Rechts für die Unwirksamkeit von Freizeichnungen entwickelte „fundamental breach doctrine"[5].

Auf der Grundlage ausländischen Rechts formulierte AGB, die von einem ausländischen Unternehmen im Inland verwendet werden, sind nach der Rechtsprechung **nicht revisibel**, da sie als Bestandteil einer ausländischen Rechtsordnung angesehen werden[6]. Die Gerichte prüfen jedoch, ob ein Verstoß gegen

---

1 *Spellenberg*, in: MünchKomm, 5. Aufl., Art. 10 Rom I-VO Rz. 155. Ebenso schon *Wolf*, ZHR 153 (1989), 300 (310 ff.) (zu § 9 AGBG); *Hohloch*, in: Erman, Art. 31 EGBGB Rz. 6, 8; *Hausmann*, in: Staudinger, Art. 31 EGBGB Rz. 19, 71.
2 S. *Jayme*, Anm. zu BGH 3.12.1971, NJW 1972, 1618 (1619); *Drobnig*, Festschr. Mann, S. 596; *Hau*, in: Wolf/Lindacher/Pfeiffer, IntGV Rz. 49; *H. Schmidt*, in: Ulmer/Brandner/Hensen, Anh. § 305 BGB Rz. 33.
3 Vgl. *Maidl*, S. 13 f.; *H. Schmidt*, in: Ulmer/Brandner/Hensen, Anh. § 305 BGB Rz. 2c. Anders zur Rechtslage vor der Rom I-VO: *von Westphalen*, Fallstricke bei Verträgen und Prozessen mit Auslandsberührung, NJW 1994, 2113 (2116 f.).
4 *Boll*, IPRax 1987, 12; *Hau*, in: Wolf/Lindacher/Pfeiffer, IntGV Rz. 59; *Hausmann*, in: Staudinger, Art. 31 EGBGB Rz. 83. – Zur Inhaltskontrolle nach niederländ. Recht IPG 2000/2001 Nr. 7 (Passau). Zu Art. 8 schweiz. UWG vgl. *Scheffler*, IPRax 1995, 20 (22).
5 Dazu *Wathes (Western) Ltd.* v. *Austins (Menswear) Ltd.*, [1976] 1 Lloyd's Rep. 14 (C. A.) = RIW 1976, 592. S. auch *Stoll*, Festschr. Beitzke, S. 772 f.
6 BGH 21.1.1971, IPRspr. 1971 Nr. 1 = AWD 1971, 294 (keine Revisibilität der AGB eines französ. Frachtführers); BGH 11.6.1986, NJW-RR 1987, 43 = WM 1986, 1115 (AGB eines DDR-Außenhandelsbetriebes); BGH 22.2.1994, IPRspr. 1994 Nr. 1 = NJW 1994, 1408 (Chartervertrag). – AA *Jayme*, ZHR 142 (1978), 122 f.; *Teske*, EuZW 1991, 149 ff. unter Hinweis auf die Notwendigkeit einer einheitlichen Auslegung.

den deutschen ordre public (Art. 21 Rom I-VO) vorliegt[1]. Der revisionsgerichtlichen Prüfung unterliegt ferner, ob es sich um in- oder ausländische AGB handelt[2]. Dass die Bedingungen ausländische sind, wird vermutet, wenn ausländische Verwender sie formulieren und benutzen[3]. Außerdem müssen die Tatsacheninstanzen eine verfahrensrechtlich nicht zu beanstandende Auslegung vorgenommen haben. Das Ergebnis der Auslegung ist allerdings ebenso wie ausländisches Recht der freien Nachprüfung durch das Revisionsgericht entzogen (vgl. §§ 545 Abs. 1, 560 ZPO)[4].

6. Ungewöhnlichkeit einzelner Klauseln

296 Nach deutscher Rechtsprechung ist zwar eine Einigung dahin gehend, dass die von einem Vertragspartner aufgestellten AGB gelten sollen, genügend, ohne dass der andere Vertragsteil sie im Einzelnen zu kennen braucht[5]. Der „Unterwerfungswille" bezieht sich aber nur auf solche Bedingungen, mit denen er billiger- und gerechterweise rechnen konnte. Diese „Ungewöhnlichkeits-Regel", die auch andere Rechte kennen (vgl. § 864a österreich. ABGB), könnte man dem Umweltrecht des Kunden oder dem Vertragsstatut unterstellen. Ist der Kunde etwa Franzose, so kann aber das, was inhaltlich ungewöhnlich ist, sinnvoll nur vom vereinbarten (deutschen) Recht beantwortet werden. Die Ungewöhnlichkeitsregel dient insofern einer **indirekten Kontrolle** von Klauseln und hat somit mehr mit der Gültigkeit von AGB zu tun als mit der „Unterwerfung" unter sie.

Soweit aber die Regel, dass überraschende Klauseln nicht in den Vertrag einbezogen werden (§ 305c Abs. 1 BGB), in erster Linie auf die Transparenz, die Art und Weise der Einbeziehung abzielt, geht es um das **Zustandekommen** des Vertrages[6]. Folglich gehört eine solche „Überraschungskontrolle" zu den Fragen, für die sich eine Partei auf das Recht ihres gewöhnlichen Aufenthaltsorts berufen kann (Art. 10 Abs. 2 Rom I-VO)[7].

---

1 Vgl. BGH 3.2.1966, IPRspr. 1966/67 Nr. 1 = DB 1966, 936 (Freizeichnungsklauseln in den Konnossementsbedingungen des Centraal Bureau voor de Rijn- en Binnenvaart verneint; kein Verstoß gegen Art. 30 EGBGB aF).
2 BGH 19.9.1990, BGHZ 112, 204 (210) = IPRax 1991, 329 (m. Aufs. *Mankowski*, IPRax 1991, 305) = IPRspr. 1990 Nr. 2.
3 Näher BGH 6.11.1991, IPRspr. 1991 Nr. 5 = NJW 1992, 1032.
4 BGH 14.1.1986, DB 1986, 1063 = ZIP 1986, 653; BGH 19.9.1990, BGHZ 112, 204 (210) = IPRax 1991, 329 (m. Aufs. *Mankowski*, IPRax 1991, 305) = IPRspr. 1990 Nr. 2; BGH 22.2.1994, IPRspr. 1994 Nr. 1 = NJW 1994, 1408 = EWiR 1994, 453 *(Thode)*.
5 ZB BGH 9.2.1970, AWD 1970, 183.
6 *Mankowski*, RIW 1993, 454 f.; *Hausmann*, in: Staudinger, Art. 31 EGBGB Rz. 19.
7 OLG Düsseldorf 14.1.1994, RIW 1994, 420 m. insoweit zust. Anm. *Mankowski* = WiB 1994, 650 m. insoweit zust. Anm. *Lenz* (Vereinbarung engl. Rechts in einem Börsentermingeschäft mit einem deutschen Kunden war überraschend und unwirksam); *Thorn*, IPRax 1997, 98 (104); *Pfeiffer*, NJW 1997, 1207 (1211); *Junker*, RIW 1999, 809 (817); *Hau*, in: Wolf/Lindacher/Pfeiffer, IntGV Rz. 13; *Hausmann*, in: Staudinger, Art. 31 EGBGB Rz. 89. – Anders *von Hoffmann*, in: Soergel, Art. 31 EGBGB Rz. 47.

Handelt es sich nur darum, dass der Kunde sich über die Tragweite des Geschriebenen geirrt hat oÄ, so liegt ein Willensmangel vor, für den ohnehin das Schuldstatut maßgeblich ist (Rz. 299).

7. Auslegung, Form

Die Auslegung von AGB folgt dem Vertragsstatut. Die sog. **Unklarheitenregel** (§ 305c Abs. 2 BGB), wonach Unklarheiten von Klauseln – insbesondere von Haftungsausschlüssen – zu Lasten des Aufstellers gehen[1] (England: contra proferentem rule; Italien: Art. 1370 c.c.; Österreich: aus § 915 ABGB abgeleitet), ist also dem Recht zu entnehmen, das für den Inhalt des Hauptvertrages gilt[2]. 297

Geht es um die Auslegung einer Rechtswahlklausel, so ist auch hier die maßgebliche Regelung die des Art. 3 Rom I-VO, nicht eine in- oder ausländische Sachnorm. Folgt man dem, so kann § 305c Abs. 2 BGB nicht zum Zuge kommen. Allerdings bedarf es dann einer anderen Regelung, um einen entsprechenden Schutz zu gewährleisten. Insofern wird argumentiert, eine dem Gegner des AGB-Verwenders günstigere Auslegung solle als hinreichend sicher iSd. Art. 3 Abs. 1 S. 2 Rom I-VO angesehen werden[3].

Soweit einzelne Rechtsordnungen eine bestimmte **Form** für besonders belastende Klauseln vorsehen (Italien: Art. 1341 c.c.), ist dies, wie auch sonst (Rz. 279 sowie 750 ff.), als Frage der Form nach Art. 11 Rom I-VO zu behandeln[4]. 298

---

1 Die contra proferentem rule enthalten auch die UNIDROIT-Principles (1994), Art. 4.6 sowie Art. II.-8:103 DCRF.
2 *Spellenberg*, in: MünchKomm, 5. Aufl., Art. 12 Rom I-VO Rz. 24. – S. bereits OLG München 7.4.1989, IPRspr. 1989 Nr. 240 = RIW 1990, 585 (Schiedsklausel nach schweiz. Recht); *von Bar*, II Rz. 539; *Hau*, in: Wolf/Lindacher/Pfeiffer, IntGV Rz. 63; *H. Schmidt*, in: Ulmer/Brandner/Hensen, Anh. § 305 BGB Rz. 32. Vgl. auch *Lando*, RabelsZ 38 (1974), 393.
3 *E. Lorenz*, RIW 1992, 705 f.
4 LG Zweibrücken 5.3.1974, IPRspr. 1974 Nr. 148 = NJW 1974, 1060 (AGB des deutschen Kunden wurden nicht Vertragsbestandteil, weil der italien. Verkäufer die Gerichtsstandsklausel nicht schriftlich bestätigt hatte; vgl. aber nunmehr Art. 23 EuGVO).

B. Materielle Wirksamkeit

	Rz.		Rz.
I. Allgemeines	299	III. Wirksamkeit des Hauptvertrages	301
II. Wirksamkeit des Verweisungsvertrages	300	IV. Gläubigeranfechtung	306

Literatur: *Belser,* Die Inhaltskontrolle internationaler Handelsverträge durch internationales Recht – Ein Blick auf die Schranken der Vertragsfreiheit nach UNIDROIT principles, Jb.J.ZivRWiss 1998, 73; *Drexelius,* Irrtum und Risiko (Arbeiten zur Rechtsvergleichung, Bd. 22, 1964); *G. Fischer,* Verkehrsschutz im internationalen Vertragsrecht (1990); *Girsberger/Mráz,* Sittenwidrigkeit der Finanzierung von internationalen Waffengeschäften, IPRax 2003, 545; *Goltz,* Motivirrtum und Geschäftsgrundlage im Schuldvertrag – Rechtsvergleichende Untersuchung unter Berücksichtigung des französischen, schweizerischen, italienischen und deutschen Rechts (1973); *Harke,* Das Irrtumsrecht des portugiesischen Código Civil, ZEuP 2003, 541; *P. A. Hobeck,* Fehlerhafte Erklärungen im englischen Vertrags- und Deliktsrecht unter besonderer Würdigung der Teilkodifikation durch den Misrepresentation Act 1967 (Diss. Marburg 1981); *Kötz,* Europäisches Vertragsrecht I (1996); *Kötz,* Die Ungültigkeit von Verträgen wegen Gesetz- und Sittenwidrigkeit – Eine rechtsvergleichende Skizze, RabelsZ 58 (1994), 209; *Kramer,* Der Irrtum beim Vertragsschluss (Zürich 1998); *Lagarde,* The Scope of the Applicable Law in the E.E.C. Convention, in: North (Hrsg.), Contract Conflicts (Amsterdam, New York, Oxford 1982), S. 49; *Mankowski,* Art. 34 EGBGB erfasst § 138 BGB nicht!, RIW 1996, 8; *Mann,* Die Gültigkeit der Rechtswahl- und Gerichtsstandsklausel und das IPR, NJW 1984, 2740; *Zweigert,* Irrtümer über den Irrtum – Rechtsvergleichende Bemerkungen zur Irrtumslehre, ZfRV 7 (1966), 12. – Vgl. auch die Literatur vor Rz. 261.

I. Allgemeines

299 Die materielle Wirksamkeit des Vertrages unterliegt im Allgemeinen nationalem Recht. Das Einheitskaufrecht spart die Frage aus (s. Rz. 261). Sie wird jedoch von den UNIDROIT-Prinzipien (oben Rz. 261) angesprochen[1], ferner gibt es Überlegungen dazu im Rahmen eines künftigen europäischen Vertragsrechts[2]. Die Zulässigkeit bestimmter Vertragsklauseln ist für Verbraucherverträge durch eine nach Art. 46b EGBGB zu beachtende europäische Richtlinie angeglichen worden (s. Rz. 4232).

Die materielle Wirksamkeit des Vertrages oder einer seiner Bestimmungen beurteilen sich nach dem Recht, das nach der Rom I-VO anzuwenden wäre, wenn der Vertrag oder die Bestimmung wirksam wäre (Art. 10 Abs. 1 Rom I-VO).

Dies entspricht Art. 8 Abs. 1 EVÜ bzw. Art. 31 Abs. 1 EGBGB. Mit materieller Wirksamkeit (material validity; validité au fond) ist der gesamte Bereich des Vertragsschlusses gemeint, welcher nicht als Frage des Zustandekommens oder der Form eingeordnet werden kann. Zu diesem „inneren Konsens" gehö-

---

[1] S. *Belser,* Jb.J.ZivRWiss 1998, 73 ff.
[2] Dazu Art. II.-7:201 ff. DCFR. – S. schon *Storme,* Harmonisation of the law on (substantive) validity of contracts (illegality and immorality), Festschr. Drobnig (1998), S. 195.

ren insbes. **Willensmängel** wie Irrtum, Drohung oder arglistige Täuschung. Auch ob ein Scheingeschäft vorliegt, entscheidet das Schuldstatut[1].

Zu beachten ist auch hier, dass Verweisungs- und Hauptvertrag zwei selbständige Verträge sind (vgl. oben Rz. 88 ff.). Die Wirksamkeit des einen hängt nicht von der des anderen ab[2].

II. Wirksamkeit des Verweisungsvertrages

Zur Wirksamkeit des Verweisungsvertrages heißt es in Art. 3 Abs. 5 Rom I-VO: 300

„Auf das Zustandekommen und die Wirksamkeit der Einigung der Parteien über das anzuwendende Recht finden die Artikel 10, 11 und 13 Anwendung." (vgl. auch den Abdruck des Textes der gesamten Rom I-VO auf S. 1 ff.).

Die Verweisung in Art. 3 Abs. 5 Rom I-VO, der Art. 3 Abs. 4 EVÜ entspricht, bezüglich der Wirksamkeit der Einigung der Parteien (validity of the consent of the parties; validité du consentement des parties) führt zu Art. 10 Rom I-VO. Diese Vorschrift erklärt ihrerseits für den Hauptvertrag das Vertragsstatut für maßgeblich. Somit unterliegt insoweit auch die **Rechtswahlvereinbarung** diesem Statut[3]. Dies gilt etwa für eine Anfechtung wegen Irrtums oder arglistiger Täuschung[4]. Dabei ist unerheblich, ob sie nur eine Vertragsklausel des Hauptvertrages bildet oder unabhängig von ihm geschlossen wird[5]. Schon nach altem Recht unterstellte man den Verweisungsvertrag richtigerweise dem in Aussicht genommenen Recht, wenngleich vielfach Vorbehalte zugunsten der lex fori gemacht wurden[6].

Die Regelung des Art. 10 Abs. 1 Rom I-VO kann analog anzuwenden sein, wenn es sich um einen Verweisungsvertrag auf einem anderen Gebiet, aber in einer von Art. 1 Rom I-VO ausgeschlossenen Materie handelt (vgl. Rz. 48). So hat die Rechtsprechung schon früher die nicht ausdrücklich zugelassene Rechtswahl für Order-Konnossemente gestattet[7].

Welche Kriterien für eine stillschweigende Rechtswahl entscheidend sind, ist dagegen eine Frage, die dem Kollisionsrecht der lex fori überlassen bleibt. Sie ist in Art. 3 Abs. 1 S. 2 Rom I-VO geregelt[8], s. oben Rz. 113 ff.

---

1 *Hausmann*, in: Staudinger, Art. 31 EGBGB Rz. 21. – Vgl. OLG Frankfurt a.M. 2.5.1972, IPRspr. 1972 Nr. 8 = AWD 1972, 629.
2 Vgl. *Gaudemet-Tallon*, Rev.trim.dr.europ. 17 (1981), 272; *Lagarde*, Rev.crit.d.i.p. 80 (1991), 287 (326).
3 OLG Celle 26.7.2001, IPRspr. 2001 Nr. 31 = ZIP 2001, 1724 = EWiR 2001, 1051 (*Eckert*) (Isle of Man).
4 *E. Lorenz*, RIW 1992, 701; *von Bar*, II Rz. 474.
5 *Thorn*, in: Palandt, Art. 31 EGBGB Rz. 1.
6 *Mann*, NJW 1984, 2740; w. Nachw. 3. Aufl. Rz. 113.
7 BGH 15.12.1986, BGHZ 99, 207 = NJW 1987, 1145 = RIW 1987, 215 (Wirksamkeit der Rechts- und Gerichtsstandsklausel dem Recht Sri Lankas unterstellt).
8 *E. Lorenz*, RIW 1992, 701; *Thorn*, in: Palandt, Art. 27 EGBGB Rz. 5 ff.

III. Wirksamkeit des Hauptvertrages

301 Die Wirksamkeit des Hauptvertrages unterliegt dem Recht, das anzuwenden wäre, wenn der Vertrag oder die in Frage stehende Vertragsklausel wirksam wäre, also dem **Vertragsstatut**. Dies gilt gleichermaßen für Irrtum[1], Drohung und arglistige Täuschung[2]. Art. 10 Abs. 1 Rom I-VO erfasst auch Fälle, in denen die Rechtsgültigkeit nur einer Vertragsklausel angefochten wird[3]. Zur Wirksamkeit des Vertrages zählt auch das **Widerrufsrecht des Verbrauchers**. Es wird – vorbehaltlich der Sondervorschriften für Verbrauchergeschäfte – von Art. 10 Abs. 1 Rom I-VO erfasst[4].

Die Anwendung der Vorschriften des Vertragsstatuts dient dem Entscheidungseinklang und der Praktikabilität, weil sie gestattet, diese Frage nach dem gleichen Recht zu beurteilen, nach dem auch die Vertragswirkungen und die Vertragsauslegung beurteilt werden. Den Vertragsparteien wird die Anwendung der Vorschriften des Vertragsstatuts am ehesten gerecht. Auch jemandem, der gegen seinen Willen in einen Vertrag hineingeraten ist, ist zuzumuten, sich zumindest in der Art und Weise der Beseitigung (Anfechtung) des Hauptvertrages nach dem Recht dieses Vertrages zu richten[5].

Eine **Korrektur durch das Recht am gewöhnlichen Aufenthaltsort** des Erklärenden erfolgt nicht. Art. 10 Abs. 2 Rom I-VO zielt auf Fälle ab, in denen das äußere Verhalten einer Person betroffen ist. Die Vorschrift gilt daher lediglich für die Frage, ob überhaupt eine rechtsgeschäftliche Erklärung erfolgt ist, nicht für ihre Gültigkeit[6]. Zwar ist für Verträge mit Verbrauchern früher verschiedentlich anders argumentiert worden, insbesondere um ein Widerrufsrecht für Haustürgeschäfte zu begründen[7] (vgl. unten Rz. 512). Die Wirksamkeit eines

---

1 OLG Düsseldorf 9.6.1994, IPRspr. 1994 Nr. 35A = NJW-RR 1995, 1396 (Irrtum nach türk. Recht); LG Bonn 20.1.1999, IPRspr. 1999 Nr. 29 = RIW 1999, 879; *Spellenberg*, in: MünchKomm, 5. Aufl., Art. 10 Rom I-VO Rz. 93.
2 OLG Hamburg 5.10.1998, IPRspr. 1998 Nr. 34 = TranspR-IHR 1999, 37. Vgl. für die Anfechtung wegen arglistiger Täuschung nach span. Recht AG Wuppertal 12.6.1992, IPRspr. 1992 Nr. 36 = VuR 1993, 55 Anm. *J. Schröder* (zu wenig Kaschmir im Gewebe).
3 Vgl. zu Art. 8 EVÜ Bericht *Giuliano/Lagarde*, S. 60.
4 BGH 19.3.1997, BGHZ 135, 124 (138) = IPRspr. 1997 Nr. 34; *Mankowski*, RIW 1996, 386; *Hausmann*, in: Staudinger, Art. 31 EGBGB Rz. 14, 21. – Vgl. auch LG Köln 28.10.1992, IPRspr. 1992 Nr. 48 = VuR 1993, 52.
5 *Kost*, Konsensprobleme, S. 105 ff. – Ebenso schon OLG Frankfurt 24.6.1964, IPRspr. 1964/65 Nr. 37 (Irrtumsanfechtung nach austral. Recht); OLG Oldenburg 5.11.1975, IPRspr. 1975 Nr. 15 (Nichtigerklärung des Vertrages nach niederländ. Bürgschaftsstatut); LG Aurich 11.7.1973, IPRspr. 1973 Nr. 10 = AWD 1974, 282 (Anfechtung wegen Irrtums nach deutschem Vertragsstatut).
6 *Fischer*, S. 341 f.; *Spellenberg*, in: MünchKomm, 5. Aufl., Art. 10 Rom I-VO Rz. 218. Vgl. *Lagarde*, in: North, S. 50. Dagegen auch für die Bedeutung von Willensmängeln *Thorn*, in: Palandt, Art. 31 EGBGB Rz. 5. Zur Kontroverse auch *Kegel/Schurig*, S. 614 f.
7 S. LG Aachen 21.2.1991, IPRspr. 1991 Nr. 35 = NJW 1991, 2221 (Bettwäschekauf); LG Gießen 14.12.1994, IPRspr. 1994 Nr. 28 = IPRax 1995, 395 (m. abl. Aufs. *Mäsch*, IPRax 1995, 371) = NJW 1995, 406 (m. abl. Aufs. *Beise*, NJW 1995, 1724) (Widerruf eines Time-Sharing-Vertrages); LG Koblenz 23.5.1995, IPRspr. 1995 Nr. 27 = NJW-RR 1995, 1335 (Time-Sharing-Vertrag); LG Stuttgart 13.7.1995, IPRspr. 1995 Nr. 30 = RIW 1996,

Vertrages kann jedoch nicht unter Berufung auf das Umweltrecht in Frage gestellt werden[1].

Die Regeln des *deutschen Rechts* über die Anfechtung wegen **Irrtums** (§ 119 BGB) und wegen **Täuschung und Drohung** (§ 123 BGB) sind zwingendes Recht, hinter dem starke Billigkeitsgrundsätze stehen. Auf die Anwendung der §§ 119, 123 BGB in Fällen, in denen fremdes Recht vereinbart ist, kann der deutsche Richter aber verzichten[2].

302

Im Einzelnen bestehen freilich Unterschiede. Das *englische Recht* ist zB trotz des Misrepresentation Act 1967 (c. 7) hinsichtlich der Beachtung des Geschäftsirrtums erheblich zurückhaltender als das deutsche Recht[3]. Das *US-amerikanische Recht* lässt im Allgemeinen eine Lösung vom Vertrag wegen falscher Angaben (misrepresentation) und Arglist (fraud) zu[4]. Nach einigen Rechtsordnungen wird der Vertrag nicht schon durch einseitige Willenserklärung, sondern grundsätzlich erst durch Gerichtsurteil vernichtet (vgl. Art. 1441 ff. ital. c.c.)[5]. Ein solches **Gestaltungsurteil** kann auch ein deutsches Gericht erlassen, da es sich um ein materiellrechtliches Erfordernis handelt[6].

Wenn das Vertragsstatut entsprechende Bestimmungen nicht kennt, so ist ausnahmsweise der Einfluss von Irrtum, Drohung und Täuschung nach inländischem Recht zu beurteilen. Gleiches gilt, wenn das fremde Recht keine Vorschriften enthält, die den Mindesterfordernissen zum Schutz des Bedrohten oder arglistig Getäuschten entsprechen. Die Anfechtung wegen Drohung hängt, „auch bezüglich der Frage, welch einzelne Tatbestände durch sie erfasst werden, als Einrichtung zum Schutz des freien Willens so sehr mit den sitt-

---

425 (m. abl. Anm. *Mankowski*, RIW 1996, 382) (Time-Sharing-Vertrag); LG Rottweil 31.5.1995, IPRspr. 1995 Nr. 28 = NJW-RR 1996, 1401 (Time-Sharing-Vertrag); LG Dortmund 31.1.1996, IPRspr. 1996 Nr. 28 = VuR 1996, 392 Anm. *Mankowski* (Time-Sharing-Vertrag); *Reich*, VuR 1989, 158 (161). Abl. dazu *Mankowski*, RIW 1995, 364 (366).

1 BGH 19.3.1997, BGHZ 135, 124 (138) = IPRspr. 1997 Nr. 34 = IPRax 1998, 285 (m. Aufs. *Ebke*, IPRax 1998, 263); *Hohloch*, in: Erman, Art. 31 EGBGB Rz. 5, 13, 15; *Hausmann*, in: Staudinger, Art. 31 EGBGB Rz. 44. – Anders OLG Frankfurt a.M. 1.6.1989, NJW-RR 1989, 1018 = IPRax 1990, 236 (m. Aufs. *Lüderitz*, IPRax 1990, 216) (Verkauf von Bettwäsche in Spanien nach span. Recht an deutsche Touristen. Das damalige AGBG angewendet). – Unentschieden LG Düsseldorf 12.4.1994, IPRspr. 1994 Nr. 33 = RIW 1995, 415 = VuR 1994, 262 Anm. *Tonner* (Time-Sharing-Vertrag).

2 So schon *Wahl*, Das Zustandekommen von Schuldverträgen und ihre Anfechtung wegen Willensmangel, RabelsZ 3 (1929), 775 (788 f.).

3 Vgl. *Giesen*, Zur Konstruktion englischer Vertragsvereinbarungen, JZ 1993, 16 ff.; *Goodhart*, Mistake and Frustration in English Contract Law, Festschr. Simonius (1955), S. 99. Zur „innocent misrepresentation" nach kanad. Recht s. IPG 1984 Nr. 9 (Freiburg).

4 S. IPG 1975 Nr. 6 (Köln). Zu Irrtum und Täuschung in Florida s. IPG 1985/86 Nr. 13 (Passau).

5 Zu arglistiger Täuschung und Irrtum nach span. Recht s. IPG 1985/86 Nr. 9 (Freiburg); IPG 2003/2004 Nr. 1 (Jena). Zu Art. 1485 niederländ. B.W. aF s. IPG 1976 Nr. 7 (Bonn).

6 LG Hamburg 30.11.1977, IPRspr. 1977 Nr. 23 = RIW 1980, 517 (Erbbaurechtsvertrag, Anfechtung wegen arglistiger Täuschung nach italien. Recht); *Hausmann*, in: Staudinger, Art. 31 EGBGB Rz. 22.

lichen Anschauungen des heimischen Rechts zusammen, dass eine nicht unerhebliche Abweichung eines fremden Rechts unerträglich erscheint"[1]. **Art. 21 Rom I-VO** greift aber nur dann ein, wenn die Behandlung der Willensmängel nach ausländischem Recht zu Ergebnissen führt, die mit wesentlichen Grundsätzen des deutschen Rechts offensichtlich unvereinbar sind[2].

303 Grundsätzlich bestimmt das Vertragsstatut auch über die Zulässigkeit des Vertragsinhalts (zu zwingenden Normen, insb. im Hinblick auf Art. 3 Abs. 3 und 4 und Art. 9 Abs. 2 Rom I-VO, s. aber Rz. 134 ff., Rz. 491 ff.). Dies ergibt sich nunmehr aus Art. 10 Abs. 1 Rom I-VO, der ganz allgemein auf die Wirksamkeit des Vertrages abstellt. Als **Nichtigkeitsgründe** kommen vor allem solche des Zivilrechts in Betracht. Dies können etwa sein ein Verstoß gegen ein gesetzliches Verbot[3], Sittenwidrigkeit[4], Übervorteilung (Läsion)[5] oder Formmängel. Die **Sittenwidrigkeit** wegen Missbrauchs der Privatautonomie betrifft in erster Linie das Verhältnis der Vertragsparteien zueinander und ist auch anderen Rechtsordnungen bekannt; § 138 BGB ist keine Eingriffsnorm iSd. Art. 9 Abs. 2 Rom I-VO[6], vgl. Rz. 508 ff.

304 Ein auf **Bestechung** gerichteter Vertrag kann nach dem Vertragsstatut nichtig sein[7]. Bei der Sittenwidrigkeitsprüfung nach deutschem Recht (§ 138 BGB) ist gegebenenfalls zu berücksichtigen, dass es sich um einen Auslandssachverhalt

---

1 *Wahl*, RabelsZ 3 (1929), 788.
2 Vgl. zum alten Recht LAG Düsseldorf 6.12.1985, RIW 1987, 61 (Anfechtung eines Vergleichs mit dem saudi-arab. Arbeitgeber wegen Drohung mit Ausweisung. Ordre public-Verstoß dahingestellt, da widerrechtliche Drohung nicht bewiesen).
3 Vgl. OLG Celle 24.10.1989, IPRspr. 1989 Nr. 196 = RIW 1990, 320 (Angabe falschen Rechtsgrundes gem. Art. 1276 span. c.c.); *Spellenberg*, in: MünchKomm, 5. Aufl., Art. 10 Rom I-VO Rz. 118 ff. – S. auch OLG Köln 27.11.1991, IPRspr. 1991 Nr. 48 = OLGZ 1993, 193 (Weiterverkauf von Fußballkarten).
4 BGH 24.7.2003, NJW 2003, 3486 = IPRax 2005, 150 (m. Aufs. *Spickhoff*, IPRax 2005, 125), *Staudinger*, IPRax 2005, 129) = IPRspr. 2003 Nr. 200 (Anwaltshonorar); *Kegel/Schurig*, S. 611; *Spellenberg*, in: MünchKomm, 5. Aufl., Art. 10 Rom I-VO Rz. 137; *Thorn*, in: Palandt, Art. 31 EGBGB Rz. 3. Vgl. auch österreich. OGH 18.11.1986, JBl. 1987, 334 (Schadensersatzanspruch gegen nicht zu Dreharbeiten erschienene Darstellerin eines Pornofilms; Nichtigkeit nach § 138 BGB).
5 LG Baden-Baden 14.2.1997, IPRspr. 1997 Nr. 31 (Türkei); *Hausmann*, in: Staudinger, Art. 31 EGBGB Rz. 27.
6 So zu Art. 34 EGBGB BGH 19.3.1997, BGHZ 135, 124 = IPRspr. 1997 Nr. 34 = IPRax 1998, 285 (m. Aufs. *Ebke*, IPRax 1998, 263) = NJW 1997, 1697 = Rev.crit.d.i.p. 87 (1998), 610 Anm. *Lagarde* = RIW 1997, 875 (Time-Sharing-Vertrag nach dem Recht der Isle of Man); LG Bielefeld 27.5.1999, IPRspr. 1999 Nr. 32 = NJW-RR 1999, 1282. Vgl. *von Hoffmann*, IPRax 1989, 265 f.; *Mankowski*, RIW 1996, 8 ff.; *Mankowski*, RIW 1998, 287 ff. – Anders LG Detmold 29.9.1994, IPRspr. 1994 Nr. 39 = NJW 1994, 3301 = IPRax 1995, 249 (m. Aufs. *Jayme*, IPRax 1995, 234) (Time-Sharing-Vertrag); LG Duisburg 6.10.1994, IPRspr. 1994 Nr. 40 = NJW-RR 1995, 883 (Time-Sharing-Vertrag); LG Berlin 9.11.1994, IPRspr. 1994 Nr. 42 = NJW-RR 1995, 754 (Time-Sharing-Vertrag); LG Tübingen 8.2.1995, IPRspr. 1995 Nr. 24 = NJW-RR 1995, 1142 (Time-Sharing-Vertrag).
7 OLG Hamburg 8.2.1991, NJW 1992, 635 = RIW 1993, 327 (strafbare Bestechung nach syr. Recht). S. auch *Piehl*, Bestechungsgelder im internationalen Wirtschaftsverkehr (1991); *M. Maurer*, Bestechung im Außenhandel (Diss. Regensburg 1992), S. 89 ff.

handelt, also die ausländischen sozialen Verhältnisse anders sind[1]. Diese Berücksichtigung der ausländischen Rechtswirklichkeit ist freilich kein Freibrief für vom deutschen Recht gedeckte Korruption[2]. Der BGH hat versucht, der Vermittlung von Regierungsaufträgen durch Bestechungsgelder dadurch einen Riegel vorzuschieben, indem er die entsprechende Vereinbarung für nichtig erklärte. Das Fordern und Entgegennehmen von Bestechungsgeldern durch ausländische Amtsträger sei jedenfalls insoweit zu missbilligen, als diese dadurch gegen die Rechtsordnung ihres Heimatlandes verstießen. Die Verletzung solcher Rechtsnormen bedeute auch eine Verletzung allgemein gültiger sittlicher Grundsätze[3].

Die **Nichtigkeitsfolgen** unterliegen nach Art. 12 Abs. 1 lit. e Rom I-VO ebenfalls dem Vertragsstatut (zur Bereicherung s. Rz. 455 ff.). Dieses Recht regelt daher auch die Rückabwicklung eines Schuldverhältnisses[4]. Hierbei kommt es nicht darauf an, ob es sich um vertragsrechtliche oder außervertragliche Ansprüche handelt[5]. Es ist anzunehmen, dass die Rom I-VO insoweit im Verhältnis zur Rom II-VO lex specialis ist, s. Rz. 456. 305

Ist eine bestimmte Vertragsgestaltung nach dem Vertragsstatut unwirksam, so richtet sich die Möglichkeit einer **Umdeutung** in ein erlaubtes Geschäft bzw. zulässigen Vertragstyp nach den Regeln dieses Rechts[6]. Es bestimmt auch, ob die Unwirksamkeit einzelner Klauseln den ganzen Vertrag nichtig macht[7].

IV. Gläubigeranfechtung

Literatur: *Hohloch*, Gläubigeranfechtung international, IPRax 1995, 306; *Jung, D*ie nationale und internationale Gläubigeranfechtung nach deutschem und französischem Recht (2005); *Koch*, Gläubigeranfechtung der Schenkung eines ausländischen Grundstücks,

---

1 OLG Hamburg 5.10.1979, IPRspr. 1979 Nr. 2A = ZIP 1980, 1088 (Die von einem Schiedsgericht angenommene Verpflichtung, im Iran Schmiergelder einzusetzen, um einen vorzeitigen Löschplatz zu erhalten, verstieß nicht gegen den deutschen ordre public).
2 S. nunmehr auch das OECD-Übk. zur Bekämpfung der Bestechung ausländ. Amtsträger vom 17.12.1997 und das deutsche Gesetz zur Bekämpfung internationaler Bestechung (IntBestG) vom 10.9.1998, BGBl. II 1998, 2327. – Dazu *Krause/Vogel*, Bestechungsbekämpfung im internationalen Geschäftsverkehr, RIW 1999, 488; *Raeschke-Kessler*, Korruption und internationales Vertragsrecht, Festschr. Lüer (2008), S. 39.
3 BGH 8.5.1985, BGHZ 94, 268 = RIW 1985, 653 (abl. Anm. *Knapp*, RIW 1986, 999) = IPRax 1987, 110 (Anm. *Fikentscher/Waibl*, IPRax 1987, 86) (Provisionsvereinbarung über die Vermittlung von Regierungsaufträgen in Nigeria für sittenwidrig erklärt).
4 Vgl. *Hohloch*, in: Erman, Art. 32 EGBGB Rz. 15.
5 *Lagarde*, Rev.crit.d.i.p. 80 (1991), 287 (328); *Hausmann*, in: Staudinger, Art. 31 EGBGB Rz. 28.
6 Vgl. BGH 13.6.1984, RIW 1985, 154 (Umdeutung des Trust in Treuhänderbestellung). Die Maßgeblichkeit von Art. 31 EGBGB betont *Thorn*, in: Palandt, Art. 32 EGBGB Rz. 3.
7 BGH 23.7.1997, IPRspr. 1997 Nr. 43 = NJW 1997, 3309 (Kartellrechtsverstoß); OLG Hamm 15.11.1994, IPRspr. 1995 Nr. 185 = RIW 1995, 681 (682).

IPRax 2008, 417; *Kubis*, Internationale Gläubigeranfechtung, IPRax 2000, 501; *Schmidt-Räntsch*, Die Anknüpfung der Gläubigeranfechtung außerhalb des Konkursverfahrens (1984); *Schwind*, Auf der Suche nach einem allgemeinen Anfechtungsstatut, IPRax 1986, 249.

306 Bei der Gläubigeranfechtung nach dem AnfG und entsprechenden Einrichtungen des ausländischen Rechts (actio pauliana) geht es zum einen um die **Benachteiligung des Gläubigers**, zum anderen aber um ein bestimmtes **rechtsgeschäftliches Handeln des Schuldners** gegenüber Dritten[1]. Nach § 19 AnfG kommt es auf das Recht an, dem die Wirkungen der angefochtenen Rechtshandlung unterliegen. Dies entspricht dem Statut des angefochtenen Erwerbsaktes[2]. Rück- und Weiterverweisung dürften nicht ausgeschlossen sein[3].

Soweit für den Eigentumserwerb an beweglichen Sachen auf das dingliche Geschäft abgestellt wird und zudem ein späterer Statutenwechsel berücksichtigt werden soll[4], führt dies im Ergebnis zur jeweiligen Belegenheit. Da das Anfechtungsrecht aber vom Bestehen einer geschützten Forderung abhängt und deren Befriedigung dient, war nach aA das für den Anspruch des Gläubigers maßgebliche Recht signifikanter[5]. Früher nannte die Rechtsprechung als möglichen Anknüpfungspunkt neben der Gläubiger-Schuldner-Beziehung noch den Sitz des Schuldners, der den Mittelpunkt seines Vermögens bildet[6], oder stellte auf die „wesentlichen Verhältnisse" ab[7]. In Österreich wurde auf den Ort der Befriedigungsverletzung abgestellt[8]. – Zur Insolvenzanfechtung s. § 339 InsO.

---

1 Näher *Junker*, in: MünchKomm, 5. Aufl., Art. 1 Rom II-VO Rz. 19 f. – Zum französ. Recht IPG 2005/2006 Nr. 1 (Saarbrücken).
2 OLG Stuttgart 11.6.2007, IPRax 2008, 436 (m. Aufs. *Koch*, IPRax 2008, 417) (Grundstücksschenkung und -übertragung nach österreich. Recht); *Kubis*, IPRax 2000, 506; *Schmidt-Räntsch*, S. 129 ff.; *Magnus*, in: Staudinger, Einl. zu Art. 27 ff. EGBGB Rz. A 78. – S. auch OLG Düsseldorf 25.8.1999, IPRspr. 1999 Nr. 33 = IPRax 2000, 534 (m. Aufs. *Kubis*, IPRax 2000, 501) (Deutscher Darlehensnehmer übertrug Grundstück auf Ibiza nach span. Recht auf seinen Sohn. Gläubigeranfechtung nach span. Recht beurteilt).
3 OLG Stuttgart 11.6.2007, IPRax 2008, 436.
4 So *Hohloch*, IPRax 1995, 309.
5 So auch LG Berlin 22.6.1994, IPRspr. 1994 Nr. 42 = NJW-RR 1994, 1525 = IPRax 1995, 323 (m. abl. Aufs. *Hohloch*, IPRax 1995, 306).
6 S. näher BGH 5.11.1980, BGHZ 78, 318 (322) = IPRspr. 1980 Nr. 41 = IPRax 1981, 130 (m. Aufs. *Großfeld*, IPRax 1981, 116); *Hanisch*, ZIP 1981, 569 ff. Unentschieden auch LG Hamburg 11.7.1991, IPRspr. 1991 Nr. 56 = ZIP 1991, 1507 = EWiR 1992, 315 (*Henckel*); IPG 1987/88 Nr. 50 (Passau).
7 BGH 17.12.1998, IPRspr. 1998 Nr. 229 = NJW 1999, 1395 (1396).
8 Österreich. OGH 27.2.1985, ÖJZ 1985, 724 = IPRax 1986, 244 (m. Aufs. *Schwind*, IPRax 1986, 249) (Unter Berufung auf die stärkste Beziehung des § 1 IPRG auf den Ort der Liegenschaft abgestellt. Trotz deutschen Wohnsitzes der Beteiligten österreich. Recht angewendet). Auf den Ort des Schaden verursachenden Verhaltens stellt ab *Schwind*, IPRax 1986, 251.

C. Vertragsauslegung

	Rz.		Rz.
I. Rechtswahl	307	III. Sprachgebrauch	310
II. Hauptvertrag (Art. 12 Abs. 1 lit. a Rom I-VO)	308		

Literatur: *Ferrari*, Le juge national et l'interprétation des contrats internationaux, Rev.int.dr.comp. 53 (2001), 29; *Grundmann/Riesenhuber*, Die Auslegung des Europäischen Privat- und Schuldvertragsrechts, JuS 2001, 529; *von Hoffmann*, Zur Auslegung von Formularbedingungen des internationalen Handelsverkehrs, AWD 1970, 247; *Jurisch*, Vertragsauslegung und Vertragsergänzung nach französischem Recht verglichen mit dem deutschen Recht (Diss. Freiburg 1975); *Kötz*, Vertragsauslegung – eine rechtsvergleichende Skizze, Festschr. Zeuner (1994), S. 219; *Lando*, The Interpretation of Contracts in the Conflict of Laws, RabelsZ 38 (1974), 388; *E. Lorenz*, Die Auslegung schlüssiger und ausdrücklicher Rechtswahlerklärungen im internationalen Schuldvertragsrecht, RIW 1992, 697; *Lüderitz*, Auslegung von Rechtsgeschäften – Vergleichende Untersuchungen anglo-amerikanischen und deutschen Rechts (1966); *Marquis*, L'interprétation du droit commercial uniforme, Rev.int.dr.comp. 54 (2002), 97; *Nicklisch*, Die Ausfüllung von Vertragslücken durch das Schiedsgericht, RIW 1989, 15; *Reithmann*, Zur Auslegung von Auslandsverträgen, RIW 1956, 15; *Sandrock*, Zur ergänzenden Vertragsauslegung im materiellen und internationalen Schuldvertragsrecht (1966); *Schmitz*, Haftungsausschlussklauseln in AGB nach englischem und internationalem Privatrecht (1977); *Schulze* (Hrsg.), Auslegung europäischen Privatrechts und angeglichenen Rechts (1999); *Triebel*, Auslegung von Rückversicherungsbedingungen in englischer Sprache bei Geltung deutschen Rechts, Liber amicorum Winter (2007), S. 619; *Triebel/Balthasar*, Auslegung englischer Vertragstexte unter deutschem Vertragsstatut, NJW 2004, 2189; *Weick*, Zur Auslegung von internationalen juristischen Texten, in: Geschichtliche Rechtswissenschaft – Freundesgabe Söllner (1990), S. 607.

I. Rechtswahl

Auf die Auslegung des Verweisungsvertrages (oben Rz. 263 ff.) selbst ist grundsätzlich das gewählte Recht anzuwenden[1]. Doch sind, wie die Rechtsprechung schon früher annahm[2], insoweit die Regeln der lex fori anzuwenden, als es um die Frage geht, ob eine Rechtswahl vorliegt und auf welches Recht überhaupt verwiesen wurde[3]. Für die Art. 3 ff. Rom I-VO ist aber ein einheitlicher Auslegungsmaßstab zu entwickeln[4]. Richtet sich eine Rechtswahl auf „europäisches" Recht, obwohl dieses bezüglich des Vertragsgegenstandes noch nicht

307

---

1 BGH 19.1.2000, IPRspr. 2000 Nr. 20 = IPRax 2002, 37 (m. Aufs. *Hohloch/Kjelland*, IPRax 2002, 30) = JZ 2000, 1115 Anm. *Sandrock* (stillschweigende Rechtswahl).
2 RG 20.2.1929, IPRspr. 1929 Nr. 35 (Seeversicherung. Das Formular verwies auf italien., ein handschriftlicher Zusatz auf französ. Recht. Deutsches Recht entschied, dass der Zusatz [und mithin französ. Recht] galt).
3 *Magnus*, in: Staudinger, Art. 27 EGBGB Rz. 55. – Vgl. *Lando*, RabelsZ 38 (1974), 391; *von Hoffmann/Thorn*, § 10 Rz. 31. Nur für das Vertragsstatut *von Bar*, II Rz. 539.
4 Zum EVÜ näher *Dicey/Morris*, II Rz. 32-191; *Leible*, in: AnwK, Art. 31 EGBGB Rz. 11; *Magnus*, in: Staudinger, Art. 27 EGBGB Rz. 55.

vereinheitlicht wurde, so ist die am nächsten berührte Rechtsordnung gewählt. Das kann auch das deutsche Recht sein[1]. Bezieht sich die Rechtswahl lediglich auf „amerikanisches" Recht, ohne die jeweilige Teilrechtsordnung zu bezeichnen (vgl. Art. 22 Abs. 2 Rom I-VO), so ist die Rechtswahl deswegen nicht nichtig, sondern auslegungsfähig[2].

Schwierigkeiten macht, wenn zugleich das Zustandekommen einer Rechtswahl zweifelhaft ist. Wegen der Eigenständigkeit des Verweisungsvertrages und der Begrenztheit der Verweisung in Art. 3 Abs. 5 Rom I-VO (welche Art. 12 Rom I-VO ausklammert) beginnt sich immer mehr die Auffassung durchzusetzen, dass maßgebliche Norm für die Auslegung der Rechtswahl nicht ein in- oder ausländisches Sachrecht, sondern die Kollisionsregel des Art. 3 Rom I-VO selbst ist[3].

Für die Auslegung des Verweisungsvertrages gilt im Übrigen der Grundsatz, dass ein **schuldrechtlicher Vertrag** hinsichtlich sämtlich damit zusammenhängender Fragen möglichst **einer einzigen Rechtsordnung zu unterwerfen ist.** Zu einer Teilverweisung (Rz. 94 ff.) kommt es nur ausnahmsweise[4].

II. Hauptvertrag (Art. 12 Abs. 1 lit. a Rom I-VO)

308   Zur Auslegung heißt es in Art. 12 Abs. 1 lit. a Rom I-VO[5], dass das nach der Verordnung auf einen Vertrag anzuwendende Recht insbesondere für seine Auslegung maßgebend ist.

Die Auslegung eines Schuldvertrages gehört danach zum Geltungsbereich des auf den Vertrag anzuwendenden Rechts (lex causae)[6]. Die Vereinbarung eines eigenständigen Auslegungsstatuts durch teilweise Rechtswahl ist zwar möglich, aber nur ausnahmsweise anzunehmen[7]. Ein **deutsches Gericht** ist gehalten, die Vorschriften und Grundsätze des ausländischen Rechts von **Amts wegen zu ermitteln** (§ 293 ZPO). Wendet es stattdessen einfach die Grundsätze der deutschen lex fori an oder lässt es nicht erkennen, ob es deutschem oder ausländischem Recht folgt, so liegt ein Revisionsgrund vor[8]. Die in- und ausländischen Auslegungsmethoden sind nicht immer deckungsgleich. Abweichungen bestehen insbesondere hinsichtlich der Bindung an den Wortlaut ei-

---

1 OLG Hamburg 5.10.1998, IPRspr. 1998 Nr. 34 (deutsch-chines. Vertriebsvertrag).
2 OLG Frankfurt a.M. 1.3.2000, IPRspr. 2000 Nr. 175 = NJW-RR 2000, 1367. Dazu auch *Jayme/Kohler*, IPRax 2001, 512. – Vgl. auch *Magnus*, in: Staudinger, Art. 27 EGBGB Rz. 38.
3 Näher *E. Lorenz*, RIW 1992, 697 ff.
4 S. bereits BGH 3.12.1971, BGHZ 57, 337 = IPRspr. 1971 Nr. 11 = NJW 1972, 385 (Anm. *Jayme*, NJW 1972, 1618).
5 Dies entspricht Art. 10 Abs. 1 lit. a EVÜ bzw. Art. 32 Abs. 1 Nr. 1 EGBGB.
6 OLG München 7.4.1989, IPRspr. 1989 Nr. 240 = RIW 1990, 585 (Schiedsgerichtsvereinbarung); AG Langenfeld 30.4.1998, IPRspr. 1998 Nr. 31 = NJW-RR 1998, 1524 (niederländ. AGB); *Spellenberg*, in: MünchKomm, 5. Aufl., Art. 12 Rom I-VO Rz. 11.
7 *Magnus*, in: Staudinger, Art. 32 EGBGB Rz. 25.
8 BGH 24.11.1989, IPRspr. 1989 Nr. 3 = NJW-RR 1990, 248.

ner Erklärung sowie bezüglich des Heranziehens von außerhalb einer Urkunde liegenden Umständen.

Folgt die Auslegung einer Urkunde ausländischem Recht, so unterliegt dessen Auslegung und Anwendung allerdings nicht der revisionsgerichtlichen Überprüfung (§§ 545 Abs. 1, 560 ZPO)[1]. Wohl aber kann sich aus deutschem Verfahrensrecht eine Pflicht des Gerichts ergeben, sich bei der Auslegung einer in einer fremden Sprache abgefassten Vertragsklausel sachverständig beraten zu lassen. Beruht ein Urteil auf einem entsprechenden Verfahrensmangel, so kann das zur Aufhebung führen[2].

Bei der Auslegung ist zu berücksichtigen, dass „Auslegungsregeln" häufig nicht lediglich der Erforschung des wahren Parteiwillens dienen. *Englische Gerichte* lieben es zB, bestimmte Rechtsfolgen, die sie an Verträge zu knüpfen für richtig halten, als von den Parteien stillschweigend vereinbart anzusehen (implied terms)[3]. Dies wird als Auslegungsregel ausgegeben, in Wirklichkeit handelt es sich um Fragen der **Vertragswirkung**. 309

Joseph Constantine S. S. Line v. *Imperial Smelting* Corp., [1942] AC 154 (House of Lords) „In short, in ascertaining the meaning of the contract and its application to the actual occurences, the court has to decide, not what the parties actually intended, but what as reasonable men they should have intended."

Im *englischen Recht* werden der „ejusdem-generis-Regel" folgend allgemein gefasste Haftungsausschlussklauseln (wie zB „causes of any kind") sehr eng ausgelegt; so werden die Parteien – oder derjenige, der das Formular entwirft – zu genauer Aufzählung gezwungen.

Wenn weiterhin das englische Recht nicht gestattet, einen vorvertraglichen Briefwechsel zur Auslegung einer Vertragsurkunde heranzuziehen, so zwingt es die Parteien, sich in der Urkunde selbst vollständig und klar auszudrücken[4]. Auch die Reichweite der *US-amerikanischen* **parol evidence-Rule** unterliegt dem Vertragsstatut[5]. Danach dürfen zur Auslegung eines Schriftstücks außerhalb der Urkunde liegende Umstände nicht berücksichtigt werden, wenn das Schriftstück die vollständigen Abreden enthält und der Wortlaut unzweideutig ist.

---

1 Vgl. BGH 23.10.1980, IPRspr. 1980 Nr. 25 = WM 1981, 189.
2 BGH 16.10.1986, NJW 1987, 591.
3 Vgl. *Giesen*, Zur Konstruktion englischer Vertragsvereinbarungen, JZ 1993, 16 (19).
4 *St. Pierre* v. *South American Stores*, [1937] 3 All E.R. 349 (C.A.) (Engl. Gesellschaft schloss mit einem in Paris domizilierten Chilenen einen Pachtvertrag über chilen. Grundstücke und unterstellte diesen Vertrag chilen. Recht („all parties to the lease elected domicile in Chile"). Mit Recht wurde in diesem Fall die erwähnte „Auslegungsregel" nicht angewandt und die Verwendung vorvertraglicher Korrespondenz zugelassen, wie dies auch das chilen. Recht erlaubt.
5 OLG München 25.1.2001, IPRspr. 2001 Nr. 25 = RIW 2001, 864 (kaliforn. Recht); OLG Düsseldorf 24.1.2006, IPRspr. 2006 Nr. 93 = ZUM 2006, 326 (Urheberrechtsvertrag nach New Yorker Recht); *Spellenberg*, in: MünchKomm, 5. Aufl., Art. 12 Rom I-VO Rz. 19.

Die gleichen „Auslegungsregeln" können **allgemeine Lieferbedingungen** enthalten. Hiernach muss der Vertrag schriftlich geschlossen sein. Die gesamte vorvertragliche Korrespondenz wird ungültig und darf nicht zur Auslegung unklarer Vertragsbedingungen herangezogen werden[1]. Dem Vertragsstatut folgt auch die Regel, wonach Unklarheiten zu Lasten des Verfassers einer formularmäßigen Vertragsbestimmung gehen[2] (vgl. Rz. 297). – Es gibt auch Bestrebungen, die Regeln über die Auslegung internationaler Schuldverträge zu vereinheitlichen[3].

III. Sprachgebrauch

310 Ist ein bestimmtes Recht Schuldstatut, so heißt dies noch nicht, dass sich die Bedeutung einer Wortfassung notwendigerweise nach dem Sprachgebrauch im Geltungsbereich dieses Rechts beurteilt. Die gleichen Worte können in verschiedenen Gebieten durchaus Verschiedenes bedeuten. So heißt „to ship" im englischen Sprachgebrauch „to place on board", im amerikanischen aber sowohl „to load on a train" als auch „to place on board"[4].

Insbesondere kann dann, wenn in Vertragsbedingungen aus einer anderen Rechtsordnung stammende Begriffe verwendet werden, dieser **fremde Hintergrund berücksichtigt** werden[5]. Das RG hat wiederholt in Fällen, in denen es den Vertrag nach deutschem Recht beurteilte, die Bedeutung bestimmter englisch-sprachiger Klauseln zutreffend nach englischem Wortgebrauch beurteilt[6].

Der Grundsatz, dass fremdsprachige Begriffe im Lichte einer fremden Rechtsordnung zu verstehen sind, wird allerdings dann durchbrochen, wenn die Vertragsparteien mit dem Begriff übereinstimmend etwas anderes verbunden haben[7].

---

1 *Pfuhl*, ROW 1958, 2.
2 OLG München 7.4.1989, IPRspr. 1989 Nr. 240 = RIW 1990, 585 (Schiedsklausel nach schweiz. Recht).
3 S. Art. 4.1 ff. UNIDROIT-Principles (1994).
4 S. *Lando*, RabelsZ 38 (1974), 394.
5 OLG Hamburg 22.12.1994, IPRspr. 1994 Nr. 57 = VersR 1996, 229 („condition" nach engl. Versicherungsrecht); LG Hamburg 23.4.1954, IPRspr. 1954/55 Nr. 34 = MDR 1954, 422 (Schiffsmaklervertrag deutschem Recht unterstellt. Das in engl. Sprache gehaltene Vertragsformular wurde aber nach engl. Recht ausgelegt); *Magnus*, in: Staudinger, Art. 32 EGBGB Rz. 30. – Vgl. *Weick*, Freundesgabe Söllner, S. 614 ff.
6 RG 22.5.1897, RGZ 39, 65 (67) (Penalty clause in Chartervertrag Warnemünde-London. Verpflichtung des Charterers unterlag deutschem Recht, aber: „Gerade dieser Satz aber nötigt dazu, für die Ermittlung der Bedeutung und Tragweite der einzelnen Klauseln der Charterpartie auf die englische Rechtsauffassung zurückzugehen."); RG 24.3.1909, RGZ 71, 9 (Kohlentransport von Schottland nach Frankreich. Das Recht des französ. Bestimmungshafens beherrschte die Konnossemente. Die Klausel „current price" aber wurde nach engl. Sprachgebrauch ausgelegt. Ebenso wurde für die Klausel „freight and all other conditions as per charterparty" der engl. Sprachgebrauch herangezogen); RG 7.11.1928, RGZ 122, 233 = IPRspr. 1929 Nr. 32 (Auf Seeversicherungsvertrag deutsches Recht angewendet. Die „Institute Time Clauses" wurden aber nach der engl. Praxis ausgelegt).
7 OLG München 22.9.1993, IPRspr. 1993 Nr. 48 = TranspR 1993, 433 („Indemnity clause" in Seefrachtvertrag). Vgl. auch OLG Frankfurt a.M. 10.1.2001, IPRspr. 2001 Nr. 23 („Caparra confirmatoria" als Anzahlung).

D. Vertragsinhalt, Nebenansprüche

	Rz.		Rz.
I. Schuldrechtliche Wirkungen	311	V. Schuldner-, Gläubigermehrheit	317
II. Vertragstyp	313	VI. Vertrag zugunsten Dritter	318
III. Handelsrecht	314	VII. Auskunftsanspruch	319
IV. Währung	316		

I. Schuldrechtliche Wirkungen

Das Vertragsstatut regelt den Inhalt des Vertrages, bestimmt also die Rechte und Pflichten der Parteien. Grundsätzlich beansprucht das für den ganzen Vertrag bzw. den maßgeblichen Teil geltende Vertragsstatut umfassende Geltung. Art. 12 Abs. 1 Rom I-VO, der einige Fragen besonders nennt, enthält – wie aus der Formulierung „insbesondere" deutlich wird – nur eine beispielhafte Aufzählung[1]. Das Vertragsstatut bestimmt grundsätzlich, 311

– was zu leisten ist (vertragsgemäße Erfüllung),

– wer zu leisten hat (richtiger Schuldner),

– an wen zu leisten ist (richtiger Gläubiger),

– wann zu leisten ist (Fälligkeit),

– an welchem Ort zu leisten ist (Erfüllungsort).

Manchen Rechtsordnungen ist die deutsche Einteilung in **kausale und abstrakte Rechtsgeschäfte** unbekannt oder sie wird dort im Einzelfall anders getroffen. Daher muss das Schuldstatut darüber entscheiden, ob ein Rechtsgeschäft kausal oder abstrakt ist[2].

Soweit ein Vertrag auch **sachenrechtliche Wirkungen** äußert, bestimmen sie sich grundsätzlich nach der lex rei sitae (s. Rz. 992 ff., Rz. 1531 ff.). Die vertragliche Rechtswahl gilt grundsätzlich nur für das Verpflichtungsgeschäft. Dagegen kann das Erfüllungsgeschäft (insbesondere eine Rechtsübertragung) als solches einer anderen Rechtsordnung unterliegen als das zugrunde liegende Verpflichtungsgeschäft[3]. 312

---

1 Zum Vorläufer in Art. 10 EVÜ Bericht *Giuliano/Lagarde*, S. 64. – Ebenso etwa *Thorn*, in: Palandt, Art. 32 EGBGB Rz. 2; *Magnus*, in: Staudinger, Art. 32 EGBGB Rz. 21.

2 So etwa *Hohloch*, in: Erman, Art. 32 EGBGB Rz. 7. Ebenso *Kegel/Schurig*, S. 761 für die Schuldübernahme.

3 BGH 21.10.1964, IPRspr. 1964/65 Nr. 180 = AWD 1965, 455 (Auf Übertragung eines Warenzeichens französ., auf das zugrunde liegende Verpflichtungsgeschäft deutsches Recht angewendet). Vgl. *Merkt*, Internationaler Unternehmenskauf durch Erwerb der Wirtschaftsgüter, RIW 1995, 533 (534 f.).

II. Vertragstyp

313 Ist das anwendbare Recht bestimmt, so entscheidet das Vertragsstatut auch, welchem Vertragstyp die Vereinbarung sachrechtlich zuzuordnen ist[1]. Danach ist beispielsweise zu ermitteln, ob es sich um Kauf, Werkvertrag oder Werklieferungsvertrag handelt[2].

Die Ermittlung des Vertragstyps setzt oft eine **Auslegung des Vertrages** voraus (dazu Rz. 308 ff.). Von der Bestimmung des Vertragstyps nach dem anzuwendenden Recht ist die Qualifikation im Rahmen der objektiven Anknüpfung zu unterscheiden (s. Rz. 160).

III. Handelsrecht

Literatur zur Rechtsvereinheitlichung und -angleichung: *Magnus*, Die Gestalt eines Europäischen Handelsgesetzbuches, Festschr. Drobnig (1998), S. 57; Unidroit, Principles of International Commercial Contracts (Rom 2004).

Literatur zum Internationalen Privatrecht: *R. Hagenguth*, Die Anknüpfung der Kaufmannseigenschaft im IPR (Diss. München 1981); *van Venrooy*, Die Anknüpfung der Kaufmannseigenschaft im deutschen IPR (1985).

Literatur zum ausländischen Recht/zur Rechtsvergleichung: *Assmann/Bungert*, Handbuch des US-amerikanischen Handels-, Gesellschafts- und Wirtschaftsrechts I (2001); *Castello*, Anknüpfungspunkte für die Anwendbarkeit von Handelsrecht (Deutschland, Österreich, Schweiz, Spanien, England) (Diss. Stuttgart 2000); *Elsing/Van Alstine*, US-amerikanisches Handels- und Wirtschaftsrecht, 2. Aufl. (1999); *Fischer/Fischer*, Spanisches Handels- und Wirtschaftsrecht, 3. Aufl. (2005); *Fischler/Vogel*, Schwedisches Handels- und Wirtschaftsrecht mit Verfahrensrecht, 3. Aufl. (1978); *Gotzen*, Niederländisches Handels- und Wirtschaftsrecht, 2. Aufl. (2000); *Heinemann/Peeters*, Belgisches Handels- und Wirtschaftsrecht (1999); *Kindler*, Italienisches Handels- und Wirtschaftsrecht (2002); *Kort*, Zum Begriff des Kaufmanns im deutschen und französischen Handelsrecht, AcP 193 (1993), 453; *Kuglarz*, Handels- und Unternehmensrecht in Polen, in: Horn/Pleyer (Hrsg.), Handelsrecht und Recht der Kreditsicherheiten in Osteuropa (1997), S. 6; *Marek/Bohata*, Quellen des tschechischen Handelsrechts, WiRO 2003, 39; *Nelson* (Hrsg.), Digest of Commercial Laws of the World, 7 Bde. (Dobbs Ferry, N.Y.; Loseblatt); *Scheftelowitz*, Israelisches Handels- und Wirtschaftsrecht (1984); *Schmidt-Tedd*, Kaufmann und Verbraucherschutz in der EG – Zum persönlichen Abgrenzungskriterium im Bürgerlichen Recht (1987); *Schütze*, Handels- und Wirtschaftsrecht von Singapur und Malaysia (1987); *Schwarz/Pálinkás*, Neues tschechisches Handelsgesetzbuch in der Praxis, RIW 2001, 273; *Sonnenberger/Dammann*, Französisches Handels- und Wirtschaftsrecht, 3. Aufl. (2008); *Triebel/Huber/Micheler/Vogenauer*, Englisches Handels- und Wirtschaftsrecht, 2. Aufl. (1995); *Wagner/Demühl/Plüss*, Handels- und Wirtschaftsrecht in

---

[1] *Hohloch*, in: Erman, Art. 32 EGBGB Rz. 7. Vgl. schon *Gamillscheg*, IntArbR, (1959), S. 57.

[2] S. etwa BGH 27.4.1977, IPRspr. 1977 Nr. 17 = WM 1977, 793 (794) (Kauf oder Kommissionsvertrag nach türk. Recht); OLG Bamberg 22.9.1988, IPRspr. 1988 Nr. 163 = IPRax 1990, 105 (m. Aufs. *Prinzing*, IPRax 1990, 83) (Kauf- oder Werklieferungsvertrag nach schweiz. Recht); LG Karlsruhe 28.5.1982, IPRspr. 1982 Nr. 15A = RIW 1982, 668 (französ. Vertragsstatut; Handelsvertreter- oder Vertragshändlervertrag); LG Aschaffenburg 5.7.1983, IPRspr. 1983 Nr. 44 = TranspR 1984, 82 Anm. *Trappe* (italien. Vertragsstatut; Löschen einer Ladung durch Seehafenspediteur).

der Schweiz und in Liechtenstein, 3. Aufl. (2006); *Weber/Barbukova/Geiling*, Tschechisches Handelsrecht, 6. Aufl. (Prag 1996).

Nach dem Vertragsstatut richtet sich grundsätzlich, ob **handelsrechtliche** 314
Sondervorschriften anzuwenden sind[1]. In der EU verfügen einige Länder wie Deutschland über eine eigenständige Handelsrechtskodifikation (Belgien, Frankreich, Griechenland, Luxemburg). In Österreich gilt seit 1.1.2007 das Unternehmensgesetzbuch (UGB). Andere Staaten haben eine ursprünglich vorhandene eigene Kodifikation aufgegeben (Italien, Niederlande) bzw. sind auf dem Wege dazu. Schließlich besitzen manche Länder keine gesonderte Handelsrechtskodifikation (Dänemark, Großbritannien, Schweiz)[2]. Trotz Fehlens einer handelsrechtlichen Kodifikation kann aber gleichwohl der Kaufmannsbegriff Verwendung finden[3]. In den Vereinigten Staaten gilt der Uniform Commercial Code, der – mit mehr oder weniger großen Abweichungen – von allen Einzelstaaten (außer Louisiana) übernommen worden ist[4]. Er hat insbesondere für das Kaufrecht und die Kreditsicherung Bedeutung.

Setzen handelsrechtliche Vorschriften die **Kaufmannseigenschaft** voraus, so ist 315
zu entscheiden, wie diese anzuknüpfen ist. Diese Frage ist außerordentlich umstritten[5]. Vielfach wird auf das Recht am Ort der gewerblichen Niederlassung des Betroffenen abgestellt[6].

Diese Anknüpfung ist insofern zweifelhaft, als es um die Anwendung besonderer Rechtssätze des Vertragsstatuts geht und sich die Kaufmannsbegriffe der verschiedenen Rechtsordnungen keineswegs entsprechen. Abweichende Maßstäbe des Niederlassungsrechts können zu Spannungen mit dem Vertragsstatut führen. Daher kann man nicht einfach dem Handelsrecht eines bestimmten Sachrechts den Kaufmannsbegriff einer anderen Rechtsordnung vorschalten. Schließlich würde niemand an eine Sonderanknüpfung denken, wenn eine Rechtsordnung bestimmte Aktivitäten – ohne Verwendung des Kaufmannsbegriffs – einfach beschreibt und besonderen Regeln unterwirft. Daher dürfte vom Vertragsstatut auszugehen und sodann zu prüfen sein, ob die Kaufmannseigenschaft des Niederlassungsortes derjenigen der lex causae entspricht. Bei ausländischer Eintragung im Handelsregister muss das Vertragsstatut entscheiden, ob dies einer von ihm verlangten Eintragung funktional äqui-

---

1 *Leible*, in: AnwK, Art. 32 EGBGB Rz. 13.
2 Näher dazu *Schmidt-Tedd*, S. 214 ff.
3 Zum dän. Recht IPG 1980/81 Nr. 9 (Hamburg).
4 Vgl. *Harrer/Wiegmann*, in: Assmann/Bungert, I Rz. 3 ff.; *Elsing/Van Alstine*, S. 83.
5 Allein für das Vertragsstatut *Leible*, in: AnwK, Art. 32 EGBGB Rz. 13. – W. Nachw. bei *van Venrooy*, S. 1 ff. Zum Kaufmann nach französ. Recht IPG 2005/2006 Nr. 11 (Köln).
6 LG Hamburg 12.11.1957, IPRspr. 1958–59 Nr. 22 (Schiedsvertrag. Kaufmannseigenschaft eines Unternehmens nach französ. Recht seiner gewerblichen Niederlassung beurteilt); LG Essen 20.6.2001, IPRspr. 2001 Nr. 29 = IPRax 2002, 396 = RIW 2001, 943; *Hagenguth*, S. 178, 256 ff.; *Wolff*, S. 149; *Magnus*, in: Staudinger, Art. 28 EGBGB Rz. 179. Vgl. auch OLG Naumburg 19.5.1993, WM 1994, 906 (Westdeutsches Verkäuferrecht: Fehlende Eintragung des Käufers in der DDR).

valent ist[1]. Andernfalls wird die Berufs- oder Gewerbeausübung nach der lex causae beurteilt. Auch dies wird jedoch bezweifelt; eine einheitliche Regel für die Anknüpfung der Kaufmannseigenschaft lasse sich nicht ermitteln[2].

Zum Handelsbrauch vgl. Rz. 953.

IV. Währung

Literatur: *Alberts*, Der Einfluss von Währungsschwankungen auf Zahlungsansprüche nach deutschem und englischem Recht (1986); *Black*, Foreign currency claims in the conflict of laws (Oxford 2009); *W. Braun*, Vertragliche Geldwertsicherung im grenzüberschreitenden Wirtschaftsverkehr (1982); *Folter*, Die zivilrechtlichen Auswirkungen der Einführung des Euro auf Bankgeschäfte nach deutschem und französischem Recht (2000); *Fuchs*, Zur rechtlichen Behandlung der Eurodevisen, ZvglRW 95 (1996), 283; *Grothe*, Fremdwährungsverbindlichkeiten (1999); *Gruber*, Geldwertschwankungen und handelsrechtliche Verträge in Deutschland und Frankreich (2002); *Maier-Reimer*, Fremdwährungsverbindlichkeiten, NJW 1985, 2049; *Reinhuber*, Grundbegriffe und internationaler Anwendungsbereich von Währungsrecht (1995); *Remien*, Die Währung von Schaden und Schadensersatz, RabelsZ 53 (1989), 245; *Robertz*, Wertsicherungs- und Preisanpassungsklauseln im Außenwirtschaftsverkehr (1985); *Roth*, Aufwertung und Abwertung im IPR, BerDGesVölkR 20 (1979), 87; *Schmidt*, in: Staudinger, Vorbemerkungen zu §§ 244 ff. BGB, 13. Aufl. (1997); *Vorpeil*, Kurs- und Wertsicherungsklauseln im grenzüberschreitenden Geschäftsverkehr, IWB 4 Deutschland Gr. 6 (1992), S. 267.

316 Grundsätzlich bestimmt das Schuldstatut, in welcher Höhe und in welcher Währung eine Geldschuld geschuldet wird[3]. Indem das Schuldstatut festlegt, in welcher Währung geschuldet wird, verweist es (durch materiellrechtliche Verweisung) auf das Währungsrecht des eigenen oder eines fremden Staates. Dieses maßgebliche Recht ist das Währungsstatut[4]. Für währungspolitische Vorschriften gelten jedoch vielfach Besonderheiten, dazu unten Rz. 589 f.

Ist deutsches Recht Währungsstatut, so kann die Schuldwährung im internationalen Handel grundsätzlich frei vereinbart werden[5]. Ist eine Schuldwährung nicht vereinbart worden, so kommt es bei vertraglichen Ansprüchen grund-

---

1 *Remien*, in: PWW, Art. 32 EGBGB Rz. 12.
2 *van Venrooy*, S. 28 ff. unterscheidet nach den einzelnen Sachnormen und unterstellt dem Recht am Niederlassungsort §§ 346, 354, 355 Abs. 1, 358, 366 Abs. 1, 369 Abs. 1 S. 1 HGB; der lex causae §§ 347 Abs. 1, 348, 349, 350, 352, 353, 362, 368 Abs. 1, 369 Abs. 1 S. 1 HGB; der lex cartae sitae § 363 Abs. 1 S. 1 und 2 HGB. Die Bestimmung des § 367 Abs. 1 S. 1 HGB soll nur für deutsche Kaufleute gelten.
3 So OLG Bamberg 22.9.1988, IPRspr. 1988 Nr. 163 = IPRax 1990, 105 (m. Aufs. *Prinzing*, IPRax 1990, 83); *Reinhuber*, S. 72 f.; *Grothe*, S. 96 ff.; *Thorn*, in: Palandt, Art. 32 EGBGB Rz. 10; *Schmidt*, in: Staudinger, § 244 BGB Rz. F 15.
4 Darunter versteht man grundsätzlich die Normen, welche ein Geldschuldverhältnis nicht schuldrechtlich, sondern geld- und währungsrechtlich ausgestalten. – Zur uneinheitlichen Verwendung dieses Begriffs *Grothe*, S. 97 ff. sowie *Martiny*, in: MünchKomm, 5. Aufl., nach Art. 9 Rom I-VO Anh. I Rz. 4.
5 *Schmidt*, in: Staudinger, § 244 BGB Rz. 41; *Magnus*, in: Staudinger, Art. 32 EGBGB Rz. 132. – Die frühere Genehmigungspflicht für Fremdwährungsverbindlichkeiten nach § 3 WährungsG, § 49 AWG ist beseitigt worden (Art. 9 §§ 1, 13 Euro-Einführungsgesetz vom 9.6.1998, BGBl. I 1998, 1242).

sätzlich auf den **Zahlungsort** an. Ist die Schuld in der Bundesrepublik zu zahlen, so ist mangels anderer Bestimmung in deutscher Währung, dh. in Euro zu zahlen. Ist eine ausländische Währung vereinbart, so kann § 244 BGB eingreifen (s. Rz. 364).

Wird ein in ausländischer Währung vereinbarter Kaufpreis mit einem in Euro umgerechneten Betrag eingeklagt und tritt der Schuldner dem nicht entgegen, so bleibt dieser Betrag nach der Rechtsprechung auch dann maßgeblich, wenn der Devisenkurs inzwischen gefallen ist[1].

Ist im Ausland zu erfüllen, so wird unter Berufung auf den Erfüllungsort angenommen, dass mangels anderer Vereinbarung mit den Zahlungsmitteln des Erfüllungsortes zu leisten ist (vgl. §§ 269, 270 BGB, § 361 HGB)[2].

V. Schuldner-, Gläubigermehrheit

Sowohl auf der Schuldner- als auch auf der Gläubigerseite können mehrere Personen beteiligt sein. Im Allgemeinen wird es dem Parteiwillen entsprechen, dass die Verpflichtungen aller dem gleichen Recht unterliegen[3]. Das für die **Verpflichtung maßgebende Statut** bestimmt, wie die Rechtsstellung eines von mehreren Gesamtschuldnern zu beurteilen ist. Es regelt etwa die Verpflichtung des Schuldners gegenüber dem Gläubiger und wie weit seine Verpflichtung von der eines anderen Schuldners abhängt[4]. Entsprechendes gilt für die Gläubigermehrheit[5].

317

Das Vertragsstatut regelt auch, welche Wirkung die Leistung hat, wenn nur einer der Gesamtschuldner die Schuld tilgt. Soweit Rückgriffsansprüche gegen die anderen bestehen, unterliegen sie, wie nunmehr Art. 16 Rom I-VO bestimmt, grundsätzlich dem Recht der getilgten Schuld (dazu näher Rz. 412). Das gilt auch, soweit sie auf Bereicherungsrecht (Rückgriffskondiktion) gestützt werden[6]. Zu Bereicherungsansprüchen näher Rz. 455 ff.

VI. Vertrag zugunsten Dritter

Beim echten Vertrag zugunsten Dritter räumt der Hauptvertrag (das Deckungsverhältnis) zwischen dem Gläubiger (Versprechensempfänger) und dem Schuldner (Versprechender) einem Dritten (Begünstigten) ein eigenes Forde-

318

---

1 Vgl. bereits LG Hamburg 24.5.1978, MDR 1978, 930.
2 Deutsches Seeschiedsgericht 9.9.1976, IPRspr. 1976 Nr. 26 = VersR 1977, 447 (Bergelohn unterlag deutschem Recht, war aber in Kopenhagen in dän. Kronen zu zahlen).
3 *Stoll*, Festschr. Müller-Freienfels, S. 631 (646).
4 Näher *Mankowski*, IPRax 1998, 122 (124).
5 BGH 6.5.1997, IPRspr. 1997 Nr. 37 = NJW 1997, 2233; OLG Celle 16.9.1998, IPRspr. 1998 Nr. 76 = IPRax 1999, 113 (LS) Bericht *Jayme* (Oder-Konto). – Vgl. auch OLG Karlsruhe 14.12.1989, IPRspr. 1989 Nr. 51 (Deutsches Recht für Oder-Konto italien. Ehegatten).
6 Vgl. *Hay*, Ungerechtfertigte Bereicherung im internationalen Privatrecht (1978), S. 32.

rungsrecht ein[1]. Im Verhältnis zwischen Gläubiger und Drittem entsteht ein Valutaverhältnis. Die Zulässigkeit und die Wirkung einer solchen Drittbegünstigung richten sich nach dem **Statut des Hauptvertrages**[2]. Erhält etwa ein Dritter einen Anspruch auf Lieferung einer Kaufsache, so ist dafür das Statut des Kaufvertrages maßgeblich. – Zum Bereicherungsausgleich s. Rz. 454 ff.

VII. Auskunftsanspruch

319 Der Anspruch auf Auskunft unterliegt derselben Rechtsordnung wie der Hauptanspruch, den er betrifft. Dies gilt auch für Ansprüche auf Rechnungslegung[3].

---

1 Vgl. *von Bernstorff*, Großbritannien – Neues Gesetz zum Vertrag zu Gunsten Dritter, RIW 2000, 435; *W. Lorenz*, Reform des englischen Vertragsrechts, JZ 1997, 105; *H.-F. Müller*, Die Einführung des Vertrages zugunsten Dritter in das englische Recht, RabelsZ 67 (2003), 140.
2 *W. Lorenz*, Festschr. Zweigert (1981), S. 199 (218).
3 BGH 7.11.1963, IPRspr. 1962/63 Nr. 172 = WM 1964, 83 (Auskunftsanspruch nach Statut eines Bereicherungsanspruchs beurteilt). Näher *Martiny*, IPRax 1981, 118 (119). Für hilfsweise Gewährung nach der lex fori *Hohloch*, in: Erman, Art. 32 EGBGB Rz. 7.

E. Leistungsstörungen

	Rz.		Rz.
I. Allgemeines	320	III. Einzelne Folgen der Leistungsstörungen	327
II. Voraussetzungen der Leistungsstörungen (Art. 12 Abs. 1 lit. c Rom I-VO)	321	1. Schuldbefreiung, Vertragsanpassung	327
1. Unmöglichkeit, Verzug	321	2. Rücktritt und Vertragsauflösung	330
2. Störung der Geschäftsgrundlage	324	3. Schadensersatz	331
3. Mahnung, Fristsetzung	325	4. Zinsanspruch	335
4. Verschulden	326	5. Einreden, Zurückbehaltungsrecht	337
		6. Vertragsstrafe	339

Literatur zu Rechtsvereinheitlichung und -angleichung: *Brunner*, Force majeure and hardship under general contract principles (Austin ua. 2009); *Fischer*, Die Unmöglichkeit der Leistung im internationalen Kauf- und Vertragsrecht (2001); *Leible*, Die Regelung des Leistungsverzugs im gemeinschaftlichen Sekundärrecht, in: Schulte-Nölke (Hrsg.), Europäisches Vertragsrecht im Gemeinschaftsrecht (2002), S. 151; *Remien*, Folgen von Leistungsstörungen im europäischen Vertragsrecht der EG-Richtlinien und Verordnungen, in: Schulte-Nölke/Schulze (Hrsg.), Europäisches Vertragsrecht im Gemeinschaftsrecht (2002), S. 139.

Literatur zum Internationalen Privatrecht: *Birk*, Schadensersatz und sonstige Restitutionsformen im IPR (1969); *Böckstiegel*, Besondere Probleme der Schiedsgerichtsbarkeit zwischen Privatunternehmen und ausländischen Staaten oder Staatsunternehmen, NJW 1975, 1577; *Böckstiegel*, Vertragsklauseln über nicht zu vertretende Risiken im internationalen Wirtschaftsverkehr, RIW 1984, 1; *Ebenroth/Bader*, Vertragliche Vorsorge gegen Ereignisse höherer Gewalt im Wirtschaftsverkehr mit sozialistischen Staaten am Beispiel der UdSSR, ROW 1991, 353; *von Hoffmann*, Staatsunternehmen im IPR, BerDGesVölkR 25 (1984), 35; *Jayme/Gebauer*, Zahlung einer „caparra" nach italienischem Recht als Verzugsschaden iSd. § 286 Abs. 1 BGB, IPRax 1994, 98; *Khadjavi-Gontard/Hausmann*, Zurechenbarkeit von Hoheitsakten und subsidiäre Staatshaftung bei Verträgen mit ausländischen Staatsunternehmen, RIW 1980, 533; *Kost*, Konsensprobleme im internationalen Schuldvertragsrecht (1995); *Lagarde*, The Scope of Applicable Law in the E.E.C. Convention, in: North (Hrsg.), Contract Conflicts (Amsterdam, New York, Oxford 1982), S. 49; *Maier-Reimer*, Fremdwährungsverbindlichkeiten, NJW 1985, 2049; *Mann*, Staatsunternehmen in internationalen Handelsbeziehungen, RIW 1987, 186; *Mülbert*, Ausländische Eingriffsnormen als Datum, IPRax 1986, 140; *N. C. Neumann*, Internationale Handelsembargos und privatrechtliche Verträge (2001); *Nicklisch*, Instrumente der Internationalen Handelsschiedsgerichtsbarkeit zur Konfliktregelung bei Langzeitverträgen, RIW 1978, 633; *Nolting*, Hoheitliche Eingriffe als Force Majeure bei internationalen Wirtschaftsverträgen mit Staatsunternehmen?, RIW 1988, 511; *Plate*, Force Majeure und Hardship in grenzüberschreitenden Langzeitverträgen (2005); *Plate*, Die Gestaltung von „force majeure"-Klauseln in internationalen Wirtschaftsverträgen, RIW 2007, 42; *Säcker*, Die kollisionsrechtliche Verweisung auf Prinzipien europäischen oder internationalen Vertragsrechts in grenzüberschreitenden Schuldverträgen in ihrer Bedeutung für vertragliche Hardship-Klauseln, Festschr. Beys (Athen 2003), S. 1391; *Schmitz*, Haftungsausschlussklauseln in AGB nach englischem und internationalem Privatrecht (1977); *Schnyder*, IPR der Leistungsstörungen, in: Koller (Hrsg.), Leistungsstörungen (St. Gallen 2008), S. 101; *Spahl*, Die positive Forderungsverletzung und der Vertrag mit Schutzwirkung für Dritte im internationalen Privatrecht und internationalen Zivilprozessrecht (2001); *Wieling*, Wegfall der Geschäftsgrundlage bei Revolutionen?, JuS 1986, 272; *Wühler*, Revolution und Verträge zwischen Privaten und Staaten. Die Rechtsprechung des Iran-United States Claims Tribunal, JbPraxSchG 3 (1989), 160.

Literatur zur Rechtsvergleichung/zum ausländischen Recht: *Berman*, Force Majeure and the Denial of an Export Licence under Soviet Law: A Comment on Jordan Investments Ltd. v. Soiuznefteksport, RabelsZ 24 (1959), 449; *Bollenberger*, Gewinnabschöpfung bei Vertragsbruch, ZEuP 2000, 893 (Eng.); Bundesstelle für Außenhandelsinformation, Vertragsgestaltung bei Kaufverträgen unter ausländischem Recht – Zur Ausarbeitung von Exportbedingungen (1985) betr. Brasilien, Frankreich, Großbritannien, USA; *Caytas*, Der unerfüllbare Vertrag – Anfängliche und nachträgliche Leistungshindernisse und Entlastungsgründe im Recht der Schweiz, Deutschlands, Österreichs, Frankreichs, Italiens, Englands, der Vereinigten Staaten, im Völkerrecht und im internationalen Handelsrecht (Wilmington 1984); *Draetta*, Force Majeure Clauses in International Trade Practice, Rev.dr.aff.int. 1996, 547; *Flessner*, Befreiung vom Vertrag wegen Nichterfüllung, ZEuP 1997, 255; *Flessner*, Geldersatz und Naturalherstellung im europäischen Vertragsrecht, in: Aufbruch nach Europa – Festschr. Max-Planck-Institut (2001), S. 141; *Friedmann*, Specific Performance or Damages, Festschr. Mestmäcker (1996), S. 1025; *Gesang*, Force majeure und ähnliche Entlastungsgründe im Rahmen der Lieferungsverträge über Gattungsware (1980); *Horn* (Hrsg.), Adaption and Renegotiation of Contracts in International Trade and Finance (Deventer 1985); *Horn/Fontaine/Maskow/Schmitthoff*, Die Anpassung langfristiger Verträge (1984); *Inzitari*, Nochmals zum Inflationsschaden beim Verzug mit Geldschulden in der italienischen Rechtsprechung, RIW 1979, 741; *Kaden*, Zufall und höhere Gewalt im deutschen, schweizerischen und französischen Recht, RabelsZ 31 (1967), 606; *Khadjavi-Gontard/Hausmann*, Grundzüge des iranischen Vertragsrechts unter besonderer Berücksichtigung des Rechts der Leistungsstörungen, RIW 1979, 675; *Klauss-Hartung*, Mitverschulden bei Vertragsbruch im US-amerikanischen, englischen und deutschen Recht (1991); *Kleinwächter*, Möglichkeiten einer Haftungsbeschränkung im französischen Recht, RIW 1984, 690; *Krämer*, Die Berechnung des Nichterfüllungsschadens bei der Sachmängelhaftung im amerikanischen Recht des Warenkaufs, RIW 1994, 123; *Krüger*, Zum Begriff „höhere Gewalt" im iranischen Recht, RIW 1978, 650; *Kurkela* (Hrsg.), Comparative Report on Force Majeure in Western Europe (Jyväsylässä 1982); *Magnus*, Comparative Report on the Law of Damages, in: Magnus (Hrsg.), Unification of Tort Law – Damages (The Hague 2001), S. 185; *Philippe/Herring*, Vertragsanpassungs- und Härteklauseln in Langzeitverträgen – belgisches Recht im internationalen Vergleich, RIW 2001, 270; *Puelinckx*, Frustration, Hardship, Force Majeure, Imprévision, Wegfall der Geschäftsgrundlage, Unmöglichkeit, Changed Circumstances – A Comparative Study in English, French, German and Japanese Law, J.Int.Arb. 3 (1986), 47; *Rauh*, Legal Consequences of Force Majeure under German, Swiss, English and United States' Law, Denver J.Int.L.&Policy 25 (1996), 151; *Reiter*, Vertrag und Geschäftsgrundlage im deutschen und italienischen Recht (2002); *Rusch*, Gewinnabschöpfung bei Vertragsbruch, ZEuP 2002, 122 (Eng.); *Schackel*, Der Anspruch auf Ersatz des negativen Interesses bei Nichterfüllung von Verträgen, ZEuP 2001, 248; *Schlechtriem*, Schadensersatz und Schadensbegriff, ZEuP 1997, 232; *Schmid*, Die positive Vertragsverletzung im System des schweizerischen und des europäischen Privatrechts, in: Aufbruch nach Europa – Festschr. Max-Planck-Institut (2001), S. 1021; *Trost*, Anpassung langterminierter Außenhandelsverträge durch ein Schiedsverfahren nach Einheitlichen Richtlinien der Internationalen Handelskammer, ZvglRW 79 (1980), 290; *Vaagt*, Vertragsverletzung – Grundzüge des dänischen Schuldrechts, RIW 1990, 887; *Widmer/Ye*, Die Haftung für Vertragsverletzung nach dem Vertragsgesetz der Volksrepublik China, RIW 2001, 844.

I. Allgemeines

In Art. 12 Abs. 1 Rom I-VO, der den Geltungsbereich des auf den Vertrag anzuwendenden Rechts umreißt, heißt es[1], dass das nach der Verordnung auf einen Vertrag anzuwendende Recht maßgebend ist. Dies gilt insbesondere für die Folgen der vollständigen oder teilweisen Nichterfüllung dieser Verpflichtungen, in den Grenzen der dem angerufenen Gericht durch sein Prozessrecht eingeräumten Befugnisse, einschließlich der Schadensbemessung, soweit diese nach Rechtsnormen erfolgt (lit. c). 320

Ausgangspunkt für die Behandlung der Leistungsstörungen ist also das Vertragsstatut. Zu zwingenden Normen s. Rz. 491 ff.

II. Voraussetzungen der Leistungsstörungen (Art. 12 Abs. 1 lit. c Rom I-VO)

1. Unmöglichkeit, Verzug

Das Recht der Leistungsstörungen (nach deutschem Recht Pflichtverletzung, insbesondere Unmöglichkeit und Verzug) ist weitgehend unvereinheitlicht. Allerdings findet sich eine eigene einheitsrechtliche Regelung im UN-Kaufrecht (s. Rz. 924 ff.). Ferner sind die Vorschriften über den Verzug in der EU teilweise angeglichen worden[2]. 321

Die Voraussetzungen und grundsätzlich auch die Wirkungen der Leistungsstörungen richten sich nach dem **Vertragsstatut**[3]. Dazu gehört etwa die Voraussetzung des Verschuldens[4]. Dies ergibt sich aus Art. 12 Abs. 1 lit. c Rom I-VO.

Wegen der vielfältigen Risiken im internationalen Handel wird die Haftung insbesondere bei Kaufverträgen häufig beschränkt, zB durch die Klausel „Richtige und rechtzeitige Selbstbelieferung vorbehalten"[5]. Ob ein solcher **Haftungsausschluss** wirksam vereinbart wurde, entscheidet das Schuldstatut[6].

Grundsätzlich hat sich jede Partei rechtzeitig um etwa notwendige behördliche **Genehmigungen** zu bemühen[7]. Erhält ein Importeur keine Einfuhrgenehmi- 322

---

1 Ebenso Art. 10 Abs. 1 lit. c EVÜ bzw. früher Art. 32 Abs. 1 Nr. 3 EGBGB.
2 Richtlinie 2000/35/EG vom 29.6.2000 zur Bekämpfung von Zahlungsverzug im Geschäftsverkehr, ABl. EG 2000 Nr. L 200, S. 35.
3 BGH 14.7.1993, BGHZ 123, 200 (207) = RIW 1994, 66 (Straßengütertransport, positive Vertragsverletzung); OLG Köln 8.1.1993, RIW 1993, 415 (Verzug nach niederländ. Recht); OLG München 9.1.1996, IPRspr. 1996 Nr. 26 = RIW 1996, 329 (Verzug nach österreich. Recht); LG Bonn 20.1.1999, IPRspr. 1999 Nr. 29 = RIW 1999, 879 (Unmöglichkeit nach engl. Recht); *Kost*, S. 105 f.; *von Bar*, II Rz. 557; *Thorn*, in: Palandt, Art. 32 EGBGB Rz. 5.
4 BGH 29.6.2006, NJW-RR 2006, 1694 = RIW 2006, 948; BGH 25.10.2007, NJW-RR 2008, 840.
5 Dazu *Liesecke*, WM 1978 Beil. 3, 46 f.
6 OLG Hamburg 9.1.1975, IPRspr. 1975 Nr. 27 = Hansa 1976, 1659 (Chartervertrag; Haftungsausschluss nach deutschem Recht); *Birk*, S. 28.
7 Vgl. UNIDROIT-Principles (1994), Art. 6.1.4 und 6.1.15.

gung nach dem AWG und kann er daraufhin einen Kaufvertrag gegenüber seinem Abnehmer nicht erfüllen, so ist der Vertrag nach deutschem Recht gleichwohl gültig, solange nicht die verbotene Einfuhr als solche Vertragsgegenstand ist. Auch objektive Unmöglichkeit (§ 275 Abs. 1 BGB) liegt nicht vor[1].

Die *Schiedsgerichtspraxis* geht im Allgemeinen ebenfalls davon aus, dass jede Partei verpflichtet ist, die für die Erfüllung ihrer Vertragspflichten erforderlichen Genehmigungen (zB für Im- und Export) zu beschaffen. Die Versagung dieser Genehmigungen stellt grundsätzlich keinen Fall höherer Gewalt dar[2]. Ein auf instabilen politischen Verhältnissen beruhendes zeitweiliges **Erfüllungshindernis** kann jedoch einer dauernden Unmöglichkeit gleichstehen[3].

323 Nach *spanischem Recht* kann eine endgültige Zahlungsverweigerung zu einer Vertragsauflösung führen[4]. Nach *US-amerikanischem Recht* kann Schadensersatz bereits bei sich abzeichnender Vertragsverletzung verlangt werden (anticipatory breach; § 2–610 UCC). Es kann die eigene Leistung verweigert und Schadensersatz wegen Nichterfüllung verlangt werden, wenn die andere Partei ganz offensichtlich mit der Erfüllung in Verzug geraten wird[5].

2. Störung der Geschäftsgrundlage

324 Geschäftsgrundlage sind nach st. Rspr. die bei Vertragsschluss bestehenden gemeinsamen Vorstellungen beider Vertragsparteien oder die dem Geschäftsgegner erkennbaren und von ihm nicht beanstandeten Vorstellungen der einen Partei vom Vorhandensein oder dem künftigen Eintritt gewisser Umstände, sofern der Geschäftswille der Parteien auf dieser Vorstellung aufbaut (vgl. § 313 BGB). Ob eine Störung der Geschäftsgrundlage in Betracht kommt, entscheidet das **Vertragsstatut**[6]. Ihm unterliegt etwa, welche Folgen eine nachträgliche Änderung der Kalkulationsgrundlage hat. Auch eine grundlegende Umwälzung im Ausland mit Importverboten kann eine Störung der Geschäftsgrundlage herbeiführen[7].

---

1 S. BGH 8.6.1983, WM 1983, 841 = IPRax 1984, 91 (Anm. *W.-H. Roth*, IPRax 1984, 76) (Einfuhrkontingent für Hemden aus Korea erschöpft. Schadensersatzanspruch des deutschen Käufers gegen deutschen Importeur wegen dauernden subjektiven Unvermögens bejaht).
2 Vgl. *Böckstiegel*, RIW 1984, 7 mwN.
3 Vgl. BGH 11.3.1982, BGHZ 83, 197 = RIW 1982, 441 (Werklieferungsvertrag über Tierkörperverwertungsanlage. Wegen der andauernden Unruhen im Iran wurde die deutsche Seite von ihrer Montagepflicht wegen Unmöglichkeit frei [§ 275 BGB aF]. Anspruch auf Restpreis für Materiallieferung auf Analogie zu § 645 Abs. 1 S. 1 BGB gestützt).
4 OLG Hamm 9.11.2000, IPRspr. 2000 Nr. 132 = RIW 2001, 867.
5 Vgl. auch *Harrer/Wiegmann*, in: Assmann/Bungert, Handbuch des US-amerikanischen Handels-, Gesellschafts- und Wirtschaftsrechts I (2001), Rz. 62 ff.; *Elsing/Van Alstine*, US-amerikanisches Handels- und Wirtschaftsrecht, 2. Aufl. (1999), S. 94 ff.
6 LG Bonn 20.1.1999, IPRspr. 1999 Nr. 29 = RIW 1999, 879 (engl. Recht); IPG 1976 Nr. 7 (Bonn) (Kaufvertrag; höhere Gewalt und Wegfall der Geschäftsgrundlage nach niederländ. Recht).
7 BGH 8.2.1984, IPRax 1986, 154 (Anm. *Mülbert*, IPRax 1986, 140) = NJW 1984, 1746 (Deutsche Brauerei hatte iran. Importeur Dosenbier geliefert. Wegen der mangelhaften

3. Mahnung, Fristsetzung

Ob und wie gemahnt werden muss, regelt das Vertragsstatut[1]. Gleiches gilt für eine etwaige Fristsetzung. Sind für gewisse Rechtshandlungen Fristen einzuhalten, so richtet sich die Fristberechnung ebenfalls nach dem Vertragsstatut.

325

4. Verschulden

Ob Verschulden Voraussetzung für einen Anspruch wegen einer Leistungsstörung ist, bestimmt das Schuldstatut[2]. Es regelt auch, welcher Verschuldensgrad beachtlich ist, bzw. welche Sorgfaltspflichten bestehen. Die Berücksichtigung von Mitverschulden unterliegt ebenfalls dem Schuldstatut[3].

326

III. Einzelne Folgen der Leistungsstörungen

1. Schuldbefreiung, Vertragsanpassung

Ob eine Leistungsstörung schuldbefreiende Wirkung hat, entscheidet grundsätzlich das Schuldstatut. Nach ihm richtet sich auch, wer die Leistungsgefahr trägt (s. Rz. 974 f.).

327

– Hardship-Klauseln

Die Abwicklung langfristiger internationaler Verträge kann in Frage gestellt sein, wenn das ursprüngliche Gleichgewicht der Verpflichtungen durch **nicht vorhersehbare, spätere tiefgreifende Veränderungen** gestört wird, die außerhalb der Einwirkungsmöglichkeiten der Parteien liegen (vgl. Art. 6. 2. 1 ff. UNIDROIT-Principles). Durch Umstände wie Geldwertänderungen, Einfuhrbeschränkungen, Zollerhöhungen usw. wird die Vertragserfüllung oft zwar nicht unmöglich, wohl aber für einen Teil außergewöhnlich kostspielig. Ferner kann die Gegenleistung entwertet sein. Einige Rechtsordnungen lassen dann eine Auflösung oder gerichtliche Anpassung des Vertrages wegen veränderter Geschäftsgrundlage zu (zB Art. 1467 ital. c.c.; Art. 388 griech. ZGB). Auch in das französische Recht hat die „clause de hardship" Eingang gefunden[4].

328

Lieferung verpflichtete sich die Brauerei in einem Vergleich, der deutschem Recht unterlag, zu Schadensersatz. Insbesondere räumte sie für künftige Bierlieferungen einen Vorzugspreis ein. Nach der islam. Revolution wurde jedoch die Alkoholeinfuhr verboten. Im Ergebnis wurde eine Anpassung des Vertrages vorgenommen; das Risiko aus den nicht mehr durchführbaren Importen wurde unter den Vertragsparteien zur Hälfte aufgeteilt). S. auch BGH 7.3.1962, IPRspr. 1962/63 Nr. 18 = AWD 1962, 112 (Warenkauf; Wegfall der Geschäftsgrundlage nach deutschem Schuldstatut geprüft). Vgl. *Wieling*, JuS 1986, 272 ff.

1 *Hohloch*, in: Erman, Art. 32 EGBGB Rz. 9.
2 S. *von Bar*, II Rz. 546. Vgl. *Morse*, Yb.Eur.L. 2 (1982), 156.
3 *von Bar*, II Rz. 546. Ebenso schon OLG Düsseldorf 29.9.1970, IPRspr. 1970 Nr. 15, S. 55.
4 Näher *von Breitenstein*, in: Bundesstelle für Außenhandelsinformation, S. 100 ff.

Im internationalen Handel sind Hardship-Klauseln üblich, die im Allgemeinen folgende Möglichkeiten vorsehen: In erster Linie eine **Anpassung** des Vertrages durch Parteiverhandlungen, bei Nichteinigung Vertragsanpassung mit Hilfe eines Dritten (auch des Schiedsrichters) und schließlich die **Aufhebung des Vertrages**[1]. Die Wirksamkeit solcher Klauseln richtet sich nach dem Schuldstatut. Derartige Klauseln sind in vielen international verbreiteten Formularen enthalten[2]. Verfahrensmäßig wird häufig vereinbart, dass zunächst Neuverhandlungen der Parteien stattfinden, dann aber ein Schiedsrichter eingeschaltet werden kann[3].

– Force majeure

329 Einige Rechte kennen einen eigenen Begriff der höheren Gewalt (force majeure). § 293 Abs. 1 DDR-GIW sah Umstände als „unabwendbare Gewalt" an, „wenn sie bei Vertragsabschluss weder voraussehbar waren noch bei Beachtung der im internationalen Handel üblichen Sorgfalt abgewendet werden konnten"[4]. Rechtsfolgen sind, soweit noch eine Beseitigung des Hindernisses in Betracht kommt, zunächst ein Ruhen der Leistungspflichten, sodann nach den Umständen **Erlöschen, Kündigungs- und Rücktrittsrechte**.

Wenn ein *Schiedsgericht der IHK* zu entscheiden hat, ist zu beachten, dass es uU besonders streng am Grundsatz pacta sunt servanda festhalten wird. Ein Ereignis rechtfertigt nur dann eine schuldbefreiende „force majeure", wenn es unvorhersehbar (dh. im Zeitpunkt seines Eintretens gab es keinen besonderen Grund zur Annahme, dass es eintreten würde) und „irrésistible" (unabwendbar) war, dh. für den Schuldner war es absolut unmöglich, den Vertrag zu erfüllen[5].

Exportverbote werden häufig angeführt, um damit eine „force majeure" für den Verkäufer zu begründen. Ist er ein *Staatsunternehmen*, so stellt sich die Frage, ob er sich – wie ein Privatunternehmen – auf Staatseingriffe seines Heimatstaates berufen kann oder sie sich zurechnen lassen muss[6]. Ausländische Gerichte und Schiedsgerichte haben beim Wegfall von Exportgenehmigungen mehrfach eine Leistungsbefreiung angenommen[7].

---

1 Vgl. auch UNIDROIT-Principles (1994), Art. 6.2.3.
2 Beispiele für Klauseln D.P.C.I. 1 (1975), 512 ff. Zu den FIDIC-Vertragsbedingungen für Ingenieurarbeiten sowie zum ORGALIME-Wartungsvertragsmuster *Böckstiegel*, RIW 1984, 1 ff.
3 Zur entsprechenden Klausel der IHK s. *Böckstiegel*, RIW 1984, 5 f.
4 Vgl. auch UNIDROIT-Principles, Art. 7.1.7.
5 Dazu Schiedssprüche Nr. 2216 und 2139 aus 1974, Clunet 102 (1975), 917 (929). Zur höheren Gewalt bei Staatseingriffen in Staatshandelsländern s. *Böckstiegel*, NJW 1975, 1580 f. mwN.
6 Grundsätzlich für Ersteres *von Hoffmann*, BerDGesVölkR 25 (1984), 60 ff.
7 S. *Czarnikow Ltd.* v. *Rolimpex*, [1978] 2 All ER 1043 (House of Lords 1978) (Poln. Außenhandelsunternehmen Rolimpex verkaufte an engl. Käufer Zucker. Nach Missernte in Polen wurde die Exportgenehmigung widerrufen. Rolimpex wurde von seiner Leistungspflicht frei und brauchte nicht Schadensersatz wegen Vertragsbruchs zu leisten); *Jordan Investments Ltd* v. *Sojusnefteksport*, RabelsZ 24 (1959), 540 = I.C.L.Q. 8 (1959), 416 = Am.J.Int.L. 53 (1959), 800 (Sowjet. Außenhandelsschiedskommission 19.6.1958)

2. Rücktritt und Vertragsauflösung

Literatur: *Helmreich*, Das Selbsthilfeverbot des französischen Rechts und sein Einfluss auf Gestaltungs- und Gestaltungsklagerecht (1965); *Hornung*, Die Rückabwicklung gescheiterter Verträge nach französischem, deutschem und nach Einheitsrecht (1998); *Huzel*, Vertragsauflösung wegen Nichterfüllung im spanischen Recht (1993); *Kurzynsky-Singer*, Rücktritt und Vertragsaufhebung nach russischem Recht, WiRO 2009, 138; *Landfermann*, Die Auflösung des Vertrages nach richterlichem Ermessen als Rechtsfolge der Nichterfüllung im französischen Recht (1968); *Seifert*, Rücktritt wegen Nichterfüllung nach dem Vertragsrecht arabischer Staaten, RIW 1998, 464.

Das Vertragsstatut bestimmt, ob und unter welchen Voraussetzungen ein vertraglich vereinbarter oder gesetzlicher **Rücktritt vom Vertrag** möglich ist[1]. Das Gleiche gilt für eine fristlose Kündigung[2]. Manche Rechte, insbesondere das belgische und das französische Recht (Art. 1184 c.c.), verlangen statt der Ausübung eines einseitigen Rücktrittsrechts eine richterliche Vertragsauflösung[3]. Soweit nach dem Schuldstatut eine solche Vertragsauflösung notwendig ist, kann sie auch ein deutsches Gericht durch Gestaltungsurteil aussprechen[4]. Dies kommt etwa in Betracht für eine Vertragsauflösung nach französischem[5] oder spanischem Recht[6].

330

3. Schadensersatz

– Art und Umfang

Nach dem Schuldstatut richtet sich gem. Art. 12 Abs. 1 lit. c Rom I-VO, ob wegen einer Leistungsstörung Schadensersatz verlangt werden kann. Dazu gehört auch die Frage, welche Art von Schäden ausgeglichen werden sollen (zB Folgeschäden) und worauf der Anspruch gerichtet ist, zB auf Naturalherstellung, Geldersatz, Ersatz des immateriellen Schadens[7]. Auch die **Schadensbemessung** (assessment of damages; l'évaluation du dommage) richtet sich nach dem Vertragsstatut. Dies gilt allerdings nur, soweit sie nach Rechtsnormen (rules of law; règles de droit) erfolgt, in den Grenzen der dem jeweiligen Gericht durch sein Prozessrecht eingeräumten Befugnisse. Diese Bestimmung stellt einen

331

(Sowjet. Staatsunternehmen Sojusnefteksport verkaufte Rohöl an israel. Käufer. Nach israel. Angriff auf Ägypten zog das sowjet. Außenhandelsunternehmen die Exporterlaubnis zurück. Schadensersatzanspruch des Käufers abgelehnt; höhere Gewalt angenommen).

1 *von Bar*, II Rz. 546.
2 OLG München 8.2.2006, IPRspr. 2006 Nr. 30 = RIW 2006, 706 (jugoslaw. Vertragshändler).
3 Vgl. *Landfermann*, S. 31 ff.; IPG 1999 Nr. 10 (Hamburg).
4 *Helmreich*, S. 145 ff.; *Kost*, S. 119; *Hohloch*, in: Erman, Art. 32 EGBGB Rz. 10; IPG 1967/68 Nr. 3 (München).
5 S. etwa LG Freiburg 6.12.1966, IPRspr. 1966/67 Nr. 34A.
6 S. OLG Celle 31.3.1987, IPRspr. 1988 Nr. 17 = RIW 1988, 137 (Grundstückskauf); OLG Hamm 9.11.2000, IPRspr. 2000 Nr. 132 = RIW 2001, 867 (Grundstückskauf); LG Hamburg 10.4.1974, IPRspr. 1974 Nr. 14 = RIW 1975, 351; LG Hamburg 20.4.1977, IPRspr. 1977 Nr. 16 = RIW 1977, 787 (Grundstückskauf).
7 OLG München 8.2.2006, IPRspr. 2006 Nr. 30 = RIW 2006, 706; *von Bar*, II Rz. 546. Vgl. *Lagarde*, in: North, S. 55.

Kompromiss dar, weil nach einigen Rechtsordnungen Fragen der Schadensbemessung zum **Prozessrecht** gezählt werden (zB bei der Festsetzung durch eine Jury)[1]. Für einen in Deutschland anhängigen Schadensersatzprozess setzt die Vorschrift offenbar keine Schranken[2]. Ein deutsches Gericht ist zwar an die prozessualen Vorschriften der §§ 286, 287 ZPO gebunden[3], hat im Übrigen aber zunächst einmal die lex causae anzuwenden. Ist dies das ausländische Recht, so ist festzustellen, ob es Regeln des materiellen Rechts enthält, die auch in Deutschland angewendet werden können (zB ein Höchstbetrag). In diesem Rahmen kann auch unter der Herrschaft eines ausländischen Rechts die Schadensbemessung erfolgen.

– Verzugsschaden

332   Auch die Bemessung des Verzugsschadens richtet sich nach dem Vertragsstatut[4]. Der Schaden wird häufig in Form von **Verzugszinsen pauschaliert**, ohne dass der Schaden im Einzelnen nachgewiesen werden muss. So ist es im deutschen Recht, ähnlich in Frankreich, Italien, Österreich und der Schweiz[5].

333   Ob der Schuldner für eine **Geldentwertung** oder den **Kursschaden**, den der Gläubiger bei Währungsveränderungen nach Eintritt der Fälligkeit erleidet, einstehen muss, entscheidet ebenfalls das Vertragsstatut[6]. Anders als in manchen anderen Rechten gehören nach deutschem und schweizerischem Recht zum Verzugsschaden auch diejenigen Vermögensnachteile, die dem Gläubiger während des Verzuges durch eine eintretende Geldentwertung entstehen[7]. Voraussetzung ist allerdings, dass es dem Gläubiger bei rechtzeitiger Zahlung voraussichtlich gelungen wäre, den erhaltenen Geldbetrag wertbeständig anzulegen[8].

Ob etwa eine Kaufpreisforderung in inländischer Währung bemessen war oder in einer ausländischen Währung, ist gleichgültig. „Dass sich der Schaden in fremder Währung ausgewirkt hat, kommt nur als Maßstab für die Bemessung der Höhe der Schuld des Ersatzpflichtigen in Frage. Die in der Fremdwährung ermittelten Schadensbeträge bilden Rechnungsfaktoren für die Feststellung des vom Schuldner in der Währung seines Landes zu leistenden Schadensersatzes"[9]. Entscheidend ist nur, dass diese Währung in der Zeit zwischen Eintritt des Zahlungsverzuges und tatsächlicher Zahlung einen Wertverlust erlitten hat. Der **Wertverlust** zwischen Abschluss des Vertrages und Eintritt der Zahlungsfälligkeit bleibt hierbei aber außer Betracht. Nach deutschem Recht

---

1 Vgl. zum EVÜ Bericht *Giuliano/Lagarde*, S. 65; *Morse*, Yb.Eur.L. 2 (1982), 154 f. Für die Schadenshöhe (quantification) halten die Anwendung der lex fori für möglich *Dicey/Morris*, II Nr. 32–199.
2 Näher *Siehr*, BerDGesVölkR 27 (1986), 45 (114 f.).
3 *Hohloch*, in: Erman, Art. 32 EGBGB Rz. 11.
4 *Sandrock*, JbPraxSchG 3 (1989) 64, (81 f.).
5 Vgl. bereits *Rabel*, Warenkauf I (1957), S. 44.
6 *Vischer/Huber/Oser*, Rz. 973.
7 Vgl. die Nachw. bei *Maier-Reimer*, NJW 1985, 2051 f.
8 S. auch RG 22.11.1923, RGZ 107, 212; RG 24.9.1924, RGZ 109, 16 (21); RG 4.1.1938, JW 1938, 946. Ferner schweiz. BG 10.10.1934, BGE 60 II, 340.
9 BGH 11.2.1958, DB 1958, 306.

kommt daher ein Schadensersatzanspruch in Betracht, wenn während des Schuldnerverzuges der Geldwert der geschuldeten Währung gesunken ist[1].

– Währung

Welche Schuldwährung für Schadensersatzansprüche aus Vertragsverletzungen gilt, ist nicht völlig geklärt[2]. Teils geht man vom Schuld-(Vertrags)statut aus[3]. Das Schuldstatut kann aber anordnen, dass in anderer als in der vereinbarten (Schuld-)Währung zu leisten ist[4]. 334

So nimmt man die Währung des Staates, in dessen Gebiet der Vermögensschaden tatsächlich eingetreten ist, zum Ausgangspunkt[5]. Die UNIDROIT-Principles lassen eine alternative Schadensberechnung entweder in der Währung zu, in der die Zahlungspflicht ausgedrückt war, oder in der Währung, in welcher der Schaden erlitten wurde[6]. Nach deutschem Recht steht es den Parteien grundsätzlich frei zu vereinbaren, ob der Schadensersatz in in- oder ausländischer Währung geleistet werden soll. Fehlt eine solche Vereinbarung, so tendiert die Rechtsprechung dazu, Schadensersatz in inländischer Währung zuzusprechen, auch wenn sie nicht die Schuldwährung war[7].

Vertragliche Schadensersatzansprüche gehören nach der Rechtsprechung nicht zu den Forderungen, die von vornherein auf eine bestimmte Währung lauten. Geschuldet wird nicht ein bestimmter Währungsbetrag, sondern **Wertersatz**[8].

Dass sich der Schaden in einer fremden Währung ausgewirkt hat, kommt nur als Maßstab für die Bemessung der Schuld in Betracht. Die in fremder Währung ermittelten Schadensbeträge bilden lediglich Rechnungsfaktoren für die Feststellung des zu gewährenden Schadensersatzes. So kann ein Geschädigter, obwohl der Schaden in fremder Währung entstanden ist, auch dann Zahlung in deutscher Währung verlangen, wenn sich der Schuldner nicht dagegen gewendet hat[9].

---

1 S. BGH 18.2.1976, RIW 1976, 229 (Kursverlust bei einer Dollarschuld). Ebenso zum niederländ. Recht H.R. 8.12.1972, N.J. 1973 Nr. 377, Anm. *Czapski*, AWD 1974, 49 (Kursverlust bei einer Kaufpreisforderung in französ. Francs).
2 Vgl. Nachw. bei *Maier-Reimer*, NJW 1985, 2054 f.; *Remien*, RabelsZ 53 (1989), 264 ff.
3 So auch *Vischer/Huber/Oser*, Rz. 972. – Dagegen für eine Gleichbehandlung vertraglicher und außervertraglicher Ansprüche *Grothe*, S. 323 ff. (Währung des Schadens).
4 LG Hamburg 16.11.1973, IPRspr. 1973 Nr. 20 = AWD 1974, 410 (Schadensersatzanspruch aus Verletzung einer Lieferverpflichtung, die griech. Recht unterlag, in griech. Währung bemessen, obwohl Kaufpreis in US-Dollar ausgedrückt war).
5 *Vischer/Huber/Oser*, Rz. 972.
6 Vgl. Art. 7. 4. 12 UNIDROIT-Principles. – Dazu *Grothe*, S. 318 f. S. auch Art. III.-3:713 DCFR.
7 S. *Remien*, RabelsZ 53 (1989), 253 ff.; *Drobnig*, S. 256 mwN. – S. bereits RG 8.4.1921, RGZ 102, 60 (62) (Schadensersatzanspruch wegen Nichterfüllung des in Deutschland ansässigen dän. Verkäufers unterlag deutschem Recht. Schuldwährung waren dän. Kronen. Schadensersatz in deutscher Währung bemessen).
8 BGH 10.7.1954, BGHZ 14, 212 (217) = JZ 1955, 161 Anm. *Kegel*. Von der Währung des Gläubigervermögens geht aus *Remien*, RabelsZ 53 (1989), 266 ff.
9 BGH 9.2.1977, IPRspr. 1977 Nr. 11 = WM 1977, 478 (479) (Schadensersatzanspruch wegen Handelns ohne Vertretungsmacht unterlag deutschem Recht. Schaden war in fran-

4. Zinsanspruch

Literatur: *Bachner/Lemanska,* Zinsen bei Zahlungsverzug nach der Umsetzung der Richtlinie 2000/35/EG in Deutschland, Österreich und Polen, in: Liebscher (Hrsg.), Harmonisierung des Wirtschaftsrechts in Deutschland, Österreich und Polen (2008), S. 151; *Berger,* Der Zinsanspruch im Internationalen Wirtschaftsrecht, RabelsZ 61 (1997), 313; *Bilda,* Zinsrecht in Spanien und Deutschland (1994); *Bonsau/Feuerriegel,* Die Probleme der Bestimmung von Fälligkeitszinsen im UN-Kaufrecht, IPRax 2003, 421; *Brand,* Das internationale Zinsrecht Englands (2002); *Faust,* Zinsen bei Zahlungsverzug, RabelsZ 68 (2004), 511; *Grothe,* Der Verzugszins bei Fremdwährungsforderungen nach griechischem und deutschem Recht, IPRax 2002, 119; *Grube,* Verzugszinsen in Spanien, RIW 1992, 634; *Gruber,* Die kollisionsrechtliche Anknüpfung der Verzugszinsen, MDR 1994, 759; *Grunsky,* Anwendbares Recht und gesetzlicher Zinssatz, Festschr. Merz (1992), S. 147; *Hau,* Richterrecht, Gesetzesrecht, Europarecht – Zur Fortentwicklung des englischen Vertragsrechts am Beispiel des gesetzlichen Zinsanspruchs, ZvglRW 98 (1999), 260; *Kindler,* Zur Anhebung des gesetzlichen Zinssatzes in Italien, RIW 1991, 304; *Königer,* Die Bestimmung der gesetzlichen Zinshöhe nach dem deutschen Internationalen Privatrecht – Eine Untersuchung unter besonderer Berücksichtigung der Art. 78 und 84 I UN-Kaufrecht (CISG) (1997); *Krüger,* Zur Zinsproblematik nach türkischem Recht, WM 2000, 1469; *Krüger,* Zum islamischen Zinsverbot in Vergangenheit und Gegenwart, Festschr. Welser (Wien 2004), S. 579; *Maiwald,* Das Zinsverbot des Islam und die islamischen Banken, RIW 1984, 521; *Mann/Kurth,* Haftungsgrenzen und Zinsansprüche in internationalen Übereinkommen, RIW 1988, 251; *Otto,* Neues Zinsverbot in Pakistan?, RIW 1992, 854; *Rau,* Flexibler gesetzlicher Zinsfuß und Zinstableau in Spanien, RIW 1984, 654; *Rauscher,* Sonderregelungen zum Verzugszins im spanischen Recht, RIW 1997, 879; *Sandrock,* Verzugszinsen vor internationalen Schiedsgerichten: insbesondere Konflikte zwischen Schuld- und Währungsstatut, JbPraxSchG 3 (1989), 64 = *Sandrock,* Internationales Wirtschaftsrecht in Theorie und Praxis (1995), S. 495; *Schmitz,* Zinsrecht – Eine Studie zum Recht der Zinsen in Deutschland und in Mitgliedstaaten der Europäischen Union (1994); *Strömer/Le Fevre,* Gesetzliche Zinsen in Frankreich, EuZW 1992, 210; *Szécsényi,* Verzugszinsen nach Verurteilung zur Leistung in Fremdwährung, IPRax 1997, 196 (Ung.); *Vogler,* Zinsrecht in den Niederlanden (2002); *Wessels,* Zinsrecht in Deutschland und England (1992).

335 **Verzugszinsen** sind materiellrechtlich zu qualifizieren[1]. Welches Recht für die Entstehung und die Höhe des Zinsanspruchs gilt, ist jedoch umstritten. Nach hM folgen vertragliche Forderungen dem Schuldstatut[2]. Das gilt insbesondere für **Fälligkeitszinsen**[3] (vgl. § 353 HGB) **und Verzugszinsen**[4] (vgl. §§ 288, 247

---

zös. Währung entstanden. „Obgleich der Schaden in Frs entstanden ist, kann der Kläger jedenfalls dann Zahlung in deutscher Währung verlangen, wenn, wie hier, der Schuldner keine Einwendungen erhebt.").

1 *Sandrock,* JbPraxSchG 3 (1989), 79 mwN. So auch *Cerina,* Interest as Damages in International Commercial Arbitration, Am.Rev.Int.Arb. 4 (1993), 255 (262 ff.).
2 *Lewald,* S. 256 f.; *Spellenberg,* in: MünchKomm, 5. Aufl., Art. 12 Rom I-VO Rz. 90; *Magnus,* in: Staudinger, Art. 32 EGBGB Rz. 57. – Vgl. auch OLG Hamm 8.3.1991, IPRspr. 1991 Nr. 78 = FamRZ 1991, 1319 (Morgengabe nach iran. Recht).
3 LG Frankfurt a.M. 12.1.1994, IPRspr. 1994 Nr. 22 = RIW 1994, 778.
4 OLG Frankfurt a.M. 19.12.1996, IPRspr. 1996 Nr. 10 = NJW-RR 1997, 810 (Schweiz); *Grube,* RIW 1992, 637; *Grothe,* IPRax 2002, 120; *Bonsau/Feuerriegel,* IPRax 2003, 424; *Königer,* S. 66 ff.; *Leible,* in: AnwK, Art. 32 EGBGB Rz. 21; *Hohloch,* in: Erman, Art. 32 EGBGB Rz. 12. Ebenso schon BGH 30.6.1964, WM 1964, 879 (881) (Verzugszinsen nach Vertragsstatut beurteilt); OLG Hamburg 2.6.1965, IPRspr. 1964/65 Nr. 46, S. 160 (Zinsanspruch aus Kaufvertrag nach engl. Recht, das auf deutschen Handelsbrauch

BGB). Beispielsweise wird der Zinssatz nach italienischem Recht durch Dekret festgesetzt[1]. Die Rechtsprechung greift auch auf das Vertragsstatut zurück, um die Zinshöhe nach Art. 78 CISG zu bestimmen[2] (s. Rz. 931).

Lautet die Vertragswährung auf eine harte Währung, ist Vertragsstatut aber das Recht eines Landes mit **hoher Inflationsrate**, so kann Letzteres auch einen erhöhten Zinssatz vorsehen. Dann besteht die Gefahr, dass dem Verzugsschuldner eine übermäßige Last auferlegt wird und der Gläubiger einen ungerechtfertigten Gewinn macht, wenn er den wirtschaftlichen Bedingungen des Inflationslandes gar nicht ausgesetzt ist. Freilich treten diese Spannungen nicht auf, wenn die ausländische Rechtsordnung (wie zB das türkische Recht) dann, wenn nicht die heimische, sondern eine ausländische Währung vereinbart wurde, einen wesentlich niedrigeren Zinssatz als für Verbindlichkeiten in heimatlicher Währung vorsieht. Hier trifft bereits das Sachrecht eine Vorkehrung gegen eine übermäßige Belastung. Ferner kann der gesamte Verzugsschaden nach der lex causae liquidierbar sein.

Allerdings wird verschiedentlich auch eine andere kollisionsrechtliche Anknüpfung vorgeschlagen; die Höhe der Verzugszinsen soll sich nach dem Recht der Vertragswährung richten[3]. Dieser Ansatz führt jedoch zu anderen Nachteilen. So würden trotz ihres inneren Zusammenhanges Schadensberechnung und Verzugszins unterschiedlichen Rechten unterworfen[4]. Ferner können Schwierigkeiten bei der Bestimmung der maßgeblichen Währung auftreten.

Eine vermittelnde Auffassung will es daher grundsätzlich bei der Maßgeblichkeit des Vertragsstatuts belassen, auch wenn dieses einen höheren oder einen niedrigeren Zinssatz als das Recht der geschuldeten Währung vorsieht. In bestimmten Konstellationen soll jedoch das Recht der geschuldeten Währung das Ergebnis des Vertragsstatuts korrigieren[5]. Zu einer Herabsetzung auf das Niveau des Rechts der geschuldeten Währung kommt es dann, wenn der Gläubiger im Geltungsbereich dieses Rechts lebt oder unternehmerisch tätig ist und sich zu niedrigeren Kosten als im Geltungsbereich des Vertragsstatuts refinanzieren kann. Dagegen soll eine Heraufsetzung auf das Niveau des Rechts

---

verwies); OLG Karlsruhe 15.12.1965, IPRspr. 1964/65 Nr. 193 = WM 1966, 1312 (Abstraktes Schuldversprechen in Brasilien. Höchstgrenze der Monats- und Verzugszinsen nach brasilian. Recht bestimmt). – Vgl. auch OLG Stuttgart 7.8.2000, IPRspr. 2000 Nr. 55 = IPRax 2001, 152 (LS) Anm. *Jayme* (m. Aufs. *Grothe*, IPRax 2001, 119).

1 Art. 1284 c.c. – Zu anderen Staaten *Bonsau/Feuerriegel*, IPRax 2003, 424 f. Zu England, Frankreich und New York, s. *Sandrock*, JbPraxSchG 3 (1989), 72 ff.
2 OLG Frankfurt 16.12.1986, IPRspr. 1986 Nr. 42 = IPRax 1988, 99 (m. zust. Aufs. *Schwenzer*, IPRax 1988, 86) (Speditionsvertrag. Verzugszinsen nach engl. Vertragsstatut zugesprochen); OLG Bamberg 22.9.1988, IPRspr. 1988 Nr. 163 = IPRax 1990, 105 (m. Aufs. *Prinzing*, IPRax 1990, 83) = RIW 1989, 221 (Alleinvertriebsvertrag. Verzugszinsen nach schweiz. Recht).
3 *Grunsky*, Festschr. Merz, S. 152; *Berger*, RabelsZ 61 (1997), 326 ff.; *Königer*, S. 135 f. – Dagegen jetzt *Thorn*, in: Palandt, Art. 32 EGBGB Rz. 5.
4 Nur Schadensersatz, nicht aber Verzugszinsen will in grenzüberschreitenden Fällen gewähren *Gruber*, MDR 1994, 760.
5 Näher *Sandrock*, JbPraxSchG 3 (1989), 81 ff.

der geschuldeten Währung erfolgen, wenn der niedrigere Zinssatz und die Schadensersatzregelung des Vertragsstatuts nicht zum Ersatz des Verzugsschadens führen.

336 Auch **Prozesszinsen** wegen Rechtshängigkeit (vgl. § 291 BGB) wird man nach dem Vertragsstatut zu bestimmen haben, weil die Rechtshängigkeit zwar den Anspruch auslöst, aber nichts an seiner materiellrechtlichen Natur ändert[1]. Nach aA handelt es sich um eine der lex fori folgende prozessuale Frage[2].

Die englische Rechtsprechung hat jedenfalls vor Ratifikation des EVÜ daran festgehalten, dass das Bestehen des Zinsanspruches vom Schuldstatut, seine Höhe jedoch von der lex fori bestimmt wird[3].

Die Vorschriften über Zinsansprüche sind in den einzelnen Rechtsordnungen sehr verschieden gefasst. UU können auch Ansprüche auf **Zinseszinsen** entstehen[4]. Dagegen geht das islamische Recht von einem grundsätzlichen Zinsverbot aus.

5. Einreden, Zurückbehaltungsrecht

Literatur: *Eujen*, Die Aufrechnung im internationalen Verkehr zwischen Deutschland, Frankreich und England (1975); *Magnus*, Zurückbehaltungsrecht und IPR, RabelsZ 38 (1974), 440; *Sailer*, Gefahrübergang, Eigentumsübergang, Verfolgungs- und Zurückbehaltungsrecht beim Kauf beweglicher Sachen im IPR (1966).

337 Ob einer Forderung materiellrechtliche Einreden entgegenstehen, bestimmt grundsätzlich das für sie geltende Statut. So richtet sich die **Einrede des nichterfüllten Vertrages** nach dem Vertragsstatut[5].

Für die Einrede der **Vorausklage** gilt das Bürgschaftsstatut (dazu unten Rz. 1188). Einreden sind auch für die **Aufrechnung** von Bedeutung. Unterstehen Haupt- und Gegenforderung verschiedenen Rechtsordnungen (s. Rz. 366), so bestimmt das Recht der Hauptforderung, ob eine einredebehaftete Forde-

---

1 *Ferid*, Rz. 6–108; *Frankenstein*, II S. 230; *Hohloch*, in: Erman, Art. 32 EGBGB Rz. 12; IPG 1978 Nr. 4 (Göttingen) zum kanad. Recht.
2 S. LG Aschaffenburg 7.7.1953, IPRspr. 1952/53 Nr. 38 (Deliktischer Schadensersatzanspruch nach luxemburg. Recht; Prozesszinsen nach deutschem Recht); LG Frankfurt a.M. 12.1.1994, IPRspr. 1994 Nr. 22 = RIW 1994, 778 (Maklervertrag nach dän. Recht beurteilt; Prozesszinsen nach deutschem Recht).
3 *Miliangos* v. *George Frank (Textiles) Ltd.* (Nr. 2), [1976] 3 W.L.R. 477 (Q.B.) = RIW 1977, 168 (Kauf nach schweiz. Recht. Zinshöhe nach engl. Recht bestimmt; dabei jedoch auf die schweiz. Verhältnisse abgestellt). – Dazu auch *Königer*, S. 69 f. – Gegen ein Weitergelten offenbar *Kaye*, The new private international law of contract of the European Community (Aldershot 1993), S. 300.
4 Zum belg. Recht s. IPG 1975 Nr. 2 (München), S. 15 ff. Zu Verzugszinsen nach span. Recht s. IPG 1973 Nr. 11 (Hamburg). Keinen ordre public-Verstoß sieht hierin OLG Hamburg 26.1.1989, IPRspr. 1990 Nr. 236 = RIW 1991, 152 (Schiedsspruch).
5 IPG 1980/81 Nr. 14 (Freiburg) zum französ. Recht. S. bereits RG 25.5.1928, IPRspr. 1928 Nr. 13 = JW 1928, 2013 (Kauf von Gesellschaftsanteilen; Einrede der Nichterfüllung nach deutschem Vertragsstatut).

rung aufgerechnet werden kann. Dagegen ist das Statut der Gegenforderung dafür maßgeblich, ob ihr eine Einrede entgegensteht[1].

Bei **schuldrechtlichen Zurückbehaltungsrechten** geht es darum, ob der Schuldner die Erfüllung unter Berufung auf einen eigenen Gegenanspruch verweigern kann. Solche Zurückbehaltungsrechte unterliegen dem Schuldstatut. Gilt für beide Ansprüche dasselbe Recht, so ist das gemeinsame Statut anwendbar[2]. 338

Unterliegt jeder der beiden Ansprüche einem anderen Recht, so kommt es nach hM auf das Recht desjenigen Anspruchs an, dessen Erfüllung verweigert wird (Hauptforderung). Bereits das RG hat – ebenso wie bei der Aufrechnung – zutreffend auf das Recht des **Hauptanspruchs** abgestellt[3].

Nach der Gegenansicht soll aus Gründen des Schuldnerschutzes das Recht der Aktivforderung (Gegenforderung) maßgeblich sein[4]. Vertreten wurde auch, das Recht am Niederlassungsort des Zurückbehaltenden solle entscheiden[5].

6. Vertragsstrafe

Literatur: *Berger*, Vertragsstrafen und Schadenspauschalierungen im Internationalen Wirtschaftsvertragsrecht, RIW 1999, 401; *Buksch*, Rechtsvergleich zu Vertragsstrafe und/oder pauschaliertem Schadensersatz, RIW 1984, 778; *D. Fischer*, Vertragsstrafe und vertragliche Schadensersatzpauschalierung (1981) (betr. Frankreich); *Jaffe/Jaffe*, Stipulated Damage Provisions in France and the United States, Am.J.Comp.L. 33 (1985), 637; *Le Goff*, Die Vertragsstrafe in internationalen Verträgen zur Errichtung von Industrieanlagen (2005); *Leible*, Die richterliche Herabsetzung von Vertragsstrafen im spanischen Recht, ZEuP 2000, 322; *Mattei*, The Comparative Law and Economics of Penalty Clauses in Contracts, Am.J.Comp.L. 43 (1995), 427; *Matthies*, Die Vertragsstrafe im französischen, deutschen und englischen Recht mit Blick auf die Angleichung der Rechtssysteme (2000); *Steltmann*, Die Vertragsstrafe in einem europäischen Privatrecht (2000) (betr. Frankreich, England, Schweden).

Die Vertragsstrafe untersteht dem Statut der Hauptverpflichtung, deren vertragsgemäße Erfüllung sie sichern soll, da sie – selbst bei nachträglicher Vereinbarung – nur eine besondere Vertragsklausel darstellt[6]. Dies gilt ins- 339

---

1 OLG Frankfurt a.M. 4.7.1967, IPRspr. 1966/67 Nr. 35 (Hauptforderung unterstand deutschem, Gegenforderung niederländ. Recht. Nach niederländ. Recht stand der Forderung die Einrede des gerichtlich eingeräumten Zahlungsaufschubs entgegen).
2 RG 10.1.1911, LZ 1911, 302 = NiemZ 24 (1914), 322 (Kaufvertrag. Zurückbehaltungsrecht nach deutschem Vertragsstatut); IPG 1975 Nr. 5 (München) (Grundstückskauf span. Recht unterstellt. Zurückbehaltungsrecht nach span. Schuldrecht); *Sailer*, S. 151; *Kegel/Schurig*, S. 755; *Stoll*, in: Staudinger, IntSachenR Rz. 214.
3 RG 14.3.1908, LZ 1908, 451 Nr. 38 (Kaufvertrag); RG 26.6.1913, LZ 1914, 283 (Liefervertrag). Ebenso *Kegel/Schurig*, S. 755; *Stoll*, in: Staudinger, IntSachenR Rz. 214.
4 So *Magnus*, RabelsZ 38 (1974), 447.
5 So *Eujen*, S. 130.
6 OLG Hamm 20.1.1989, IPRspr. 1989 Nr. 181 = NJW 1990, 1012; *Lagarde*, Rev.crit.d.i.p. 80 (1991), 287 (333); *Berger*, RIW 1999, 402; *Hohloch*, in: Erman, Art. 32 EGBGB Rz. 12.

besondere für die Gültigkeit des Strafversprechens, seine Voraussetzungen und Wirkungen[1]. Zum Verbrauchervertrag s. Rz. 4141 ff.

Selbst dort, wo keine Vertragsstrafe zulässig ist, wird doch regelmäßig eine **Schadensersatzpauschalierung** (zB „liquidated damages" nach amerikanischem Recht, vgl. § 2–718 UCC) gestattet. Auch der pauschalierte Schadensersatz unterliegt der lex causae[2].

Ist die Höhe der Vertragsstrafe übermäßig, so kann sie nach den meisten Rechtsordnungen herabgesetzt werden (etwa Art. 1152 Abs. 2 französ. c.c.; Art. 1384 italien. c.c.; Art. 1154 span. c.c.)[3]. Die Herabsetzung unangemessener Vertragsstrafen gem. §§ 343 BGB, 348 HGB ist, da sie wegen ihres zwingenden Schutzzweckes zum deutschen ordre public (Art. 21 Rom I-VO) zu rechnen ist, aber auch dann möglich, wenn das Schuldstatut sie nicht kennt[4]. Voraussetzung ist allerdings, dass die Vertragsstrafe wesentlich höher ist als etwa eine nach deutschem Recht mögliche Schadensersatzpauschale[5].

---

1 Ebenso schon OLG Koblenz 3.6.1976, IPRspr. 1976 Nr. 139 (Grundstückskauf. Span. Recht galt für Vertragsstrafevereinbarung); LG Aachen 7.2.1984, IPRax 1985, 45 (LS) Anm. *Jayme* (Warenkauf; Konventionalstrafe des belg. Verkäufers in Höhe von 20 % der Rechnungssumme für wirksam gehalten, aber fälschlich nicht nach belg. Recht geprüft); IPG 1976 Nr. 7 (Köln) (Vertragsstrafe nach niederländ. Recht). Zu den Niederlanden auch IPG 2002 Nr. 3 (Osnabrück).
2 *Lagarde*, in: North, S. 56.
3 Der Europarat hat mit Entschließung vom 20.1.1978 eine Angleichung des Rechts der Vertragsstrafe empfohlen. S. Rev.dr.unif. 1978 II, 222.
4 *Nußbaum*, IPR, S. 235; *Wolff*, S. 66; *Raape/Sturm*, I S. 213; *Hohloch*, in: Erman, Art. 32 EGBGB Rz. 12; aA *Frankenstein*, II S. 232; *Rau*, RIW 1978, 26.
5 OLG Hamburg 23.12.1902, NiemZ 14 (1904), 79 = OLGE 6 (1903), 231 (Dän. Recht Vertragsstatut. Ermäßigung der Vertragsstrafe nach der lex fori).

F. Beweis und gesetzliche Vermutungen (Art. 18 Rom I-VO)

	Rz.		Rz.
I. Allgemeines	340	III. Beweismittel für den Beweis von Rechtsgeschäften (Art. 18 Abs. 2 Rom I-VO)	344
II. Beweisgegenstand und Beweislast (Art. 18 Abs. 1 Rom I-VO)	341		

Literatur: *Blanchard*, Die prozessualen Schranken der Formfreiheit – Beweismittel und Beweiskraft im EG-Schuldvertragsübereinkommen in deutsch-französischen Vertragsfällen (2002); *K. D. Buciek*, Beweislast und Anscheinsbeweis im internationalen Recht (Diss. Bonn 1984); *Coester-Waltjen*, Internationales Beweisrecht (1983); *Frey*, Anwendung ausländischer Beweismittelvorschriften durch deutsche Gerichte, NJW 1972, 1602; *Heinemann*, Die Beweislastverteilung bei positiven Forderungsverletzungen – Eine rechtsvergleichende Untersuchung unter Berücksichtigung des französischen Rechts (1988).

I. Allgemeines

Das Vertragsstatut ist auch insoweit maßgeblich, als es für vertragliche Schuldverhältnisse **gesetzliche Vermutungen** aufstellt oder die **Beweislast** verteilt, so Art. 18 Abs. 1 Rom I-VO (s. Text oben S. 1, 19)[1]. Grundsätzlich sind die Vorschriften der Rom I-VO auf den Beweis und das Verfahren (evidence and procedure; la preuve et la procédure) **nicht anzuwenden** (Art. 1 Abs. 3 Rom I-VO), vgl. Rz. 66. Art. 18 Rom I-VO ist somit eine Ausnahmevorschrift, die keine umfassende Regelung der Beweislast oder der Beweismittel beabsichtigt. Vielmehr wurden nur einige für vertragliche Schuldverhältnisse besonders wichtige Fragen herausgegriffen. Im Übrigen geht die Rom I-VO davon aus, dass Beweisfragen in weitem Umfang der lex fori unterliegen[2]. Allerdings enthält Art. 18 Abs. 2 Rom I-VO noch eine Erweiterung der zulässigen Beweisarten. Grundsätzlich sind nämlich auch alle Beweisarten nach einem der in Art. 11 Rom I-VO bezeichneten Rechte, nach denen das Rechtsgeschäft formgültig ist, zulässig. 340

II. Beweisgegenstand und Beweislast (Art. 18 Abs. 1 Rom I-VO)

Art. 18 Abs. 1 Rom I-VO erklärt für gesetzliche Vermutungen und die Beweislast das **Vertragsstatut** für maßgeblich. Allerdings wird dies nur für Fragen hinsichtlich vertraglicher Schuldverhältnisse angeordnet, dh. es muss sich grundsätzlich um Bestimmungen im Vertragsrecht handeln[3]. Außervertragliche 341

---

1 Die Vorschrift entspricht Art. 14 Abs. 1 und 2 EVÜ, der seinerseits auf Art. 19 EVÜ-Entw. 1972 zurückgeht.
2 Zum EVÜ Bericht *Giuliano/Lagarde*, S. 68.
3 Vgl. zum EVÜ Bericht *Giuliano/Lagarde*, S. 68.

Schuldverhältnisse werden also grundsätzlich nicht erfasst. Freilich muss das Gleiche wie für Verträge auch dann gelten, wenn etwa Bereicherungsansprüche nach Art. 12 Abs. 1 lit. e Rom I-VO geltend gemacht werden. Dies verlangt eine einheitliche Abwicklung des Schuldverhältnisses.

Gesetzliche Vermutungen (presumptions of law; présomptions légales) sind solche, die aufgrund gesetzlicher Anordnung bestimmte Sachverhalte unwiderleglich oder widerlegbar für vertragliche Schuldverhältnisse annehmen[1]. Gleichgestellt sind richterrechtliche Regeln[2]. Solche Regeln haben materiell-rechtlichen Gehalt und legen damit die Vertragspflichten der Vertragsparteien fest. Dazu gehört zB Art. 1731 französ. c.c., wonach vermutet wird, dass der Mieter die Mietsache „en bon état" erhalten und sie in diesem Zustand zurückzugeben hat[3]. Entsprechendes gilt für **Fiktionen**; auch sie unterstehen dem Vertragsstatut[4].

342 Die **Beweislast** (burden of proof; charge de la preuve) betrifft vor allem die Frage, wen das Risiko der Nichtnachweisbarkeit einer Tatsache betrifft. Ausländische Rechte enthalten ebenso wie das deutsche Recht eine Reihe von Bestimmungen über die Beweislast hinsichtlich des Verschuldens oder der Nichterfüllung (vgl. § 280 Abs. 1 S. 2 BGB). Dem Vertragsstatut unterliegt zB die Regel des Art. 1147 französ. c.c., wonach der Schuldner zu Schadensersatz verpflichtet ist, wenn er nicht nachweist, dass die Nichterfüllung der Verpflichtung auf einem ihm nicht anzulastenden Grund beruht[5]. Auch die Beweislast, dass zum Zwecke der Erfüllung geleistet wurde, richtet sich nach dem Schuldstatut[6]. Es entscheidet ferner darüber, ob als Erfüllung angenommen wurde[7]. Der **Anscheinsbeweis** betrifft die Frage, wann ein bestimmtes Geschehen den Schluss auf weitere Tatsachen erlaubt. Er wird zwar teilweise als Frage der Beweiswürdigung angesehen und dementsprechend der lex fori unterstellt[8]. Wegen seiner engen Verknüpfung mit dem materiellen Recht ist er jedoch nach dem Vertragsstatut zu beurteilen[9].

---

1 *Spellenberg*, in: MünchKomm, 5. Aufl., Art. 18 Rom I-VO Rz. 20. – Vgl. *Morse*, Yb.Eur.L. 2 (1982), 156 f.
2 *Brödermann/Wegen*, in: PWW, Art. 18 Rom I Rz. 2; *Spellenberg*, in: MünchKomm, 5. Aufl., Art. 18 Rom I-VO Rz. 21.
3 Zum EVÜ Bericht *Giuliano/Lagarde*, S. 68.
4 *von Bar*, II Rz. 552; *Hohloch*, in: Erman, Art. 32 EGBGB Rz. 17.
5 Zum EVÜ Bericht *Giuliano/Lagarde*, S. 68; IPG 1980/81 Nr. 14 (Freiburg), S. 122 f.; *Gaudemet-Tallon*, Rev.trim.dr.europ. 17 (1981), 282.
6 OLG Hamm 9.11.2000, IPRspr. 2000 Nr. 132 = RIW 2001, 867 (span. Recht). – Vgl. IPG 1970 Nr. 3 (Hamburg), S. 21.
7 OLG Kiel 25.5.1903, OLGE 7, 154 (Verkauf von Stroh nach England; Beweislast, dass Annahme nicht als Erfüllung gem. § 363 BGB gelten sollte, nach Vertragsstatut [damals: Verkäuferrecht] beurteilt).
8 *von Bar*, II Rz. 552; *Hohloch*, in: Erman, Art. 32 EGBGB Rz. 17.
9 *Brödermann/Wegen*, in: PWW, Art. 18 Rom I Rz. 6. – Ebenso *Coester-Waltjen*, Rz. 353 f.; *von Hoffmann*, in: Soergel, Art. 32 EGBGB Rz. 77; *Magnus*, in: Staudinger, Art. 32 EGBGB Rz. 107.

Art. 18 Abs. 1 Rom I-VO meint jedoch nur materiellrechtliche Beweislastregeln. Davon zu unterscheiden sind **Beweisvorschriften verfahrensrechtlicher Art**, insbes. solche, welche die Auswirkungen des prozessualen Verhaltens der Parteien betreffen[1]. Dazu gehört zB die Antwort auf die Frage, ob nichtbestrittenes Vorbringen als zugestanden gilt. Solche Regeln sind der lex fori zu entnehmen[2]. Ausländische Beweislastregeln sind aber selbst dann materiellrechtlich zu qualifizieren, wenn das ausländische interne Recht sie prozessual einordnet[3]. 343

III. Beweismittel für den Beweis von Rechtsgeschäften (Art. 18 Abs. 2 Rom I-VO)

Art. 18 Abs. 2 Rom I-VO beschäftigt sich speziell mit dem Beweis eines Vertrages oder eines anderen Rechtsgeschäfts. Zulässig sind danach nicht nur alle Beweisarten (modes of proof; modes de preuve) der lex fori, sondern grundsätzlich auch der für die Form maßgeblichen Rechtsordnung[4]. Damit kann der Beweis alternativ auf die **lex fori oder das Formstatut** (nach Art. 11 Abs. 1 Rom I-VO grundsätzlich lex causae und lex loci actus bzw. für Verbraucherverträge Art. 11 Abs. 4 Rom I-VO) gestützt werden. Dies steht in Einklang mit der Parteierwartungen schützenden französischen Lehre vom „maximum des preuves". 344

Folglich kann für die Beweisbarkeit eines Rechtsgeschäfts im Allgemeinen auf diejenige Rechtsordnung zurückgegriffen werden, nach deren Formvorschriften es errichtet wurde. Voraussetzung dieser Erleichterung ist allerdings, dass das Rechtsgeschäft nach dem Formstatut gültig ist[5]. Daher muss der inländische Richter auch ausländische Beweisarten akzeptieren, die in seinem Recht nicht oder nicht so vorgesehen sind. Dies gilt beispielsweise für den Zeugen- oder Urkundenbeweis[6]. Art. 18 Abs. 2 Rom I-VO zielt aber lediglich auf eine Erleichterung des Beweises ab; es dürfen nicht strengere Beweisvorschriften des Formstatuts angeführt werden, um einen der lex fori genügenden Nachweis auszuräumen.

Art. 18 Abs. 2 Rom I-VO beschränkt jedoch die alternative Anwendung des Formstatuts im Interesse der lex fori[7]. Vorausgesetzt wird nämlich, dass der Beweis in dieser Art vor dem angerufenen Gericht erbracht werden kann (can be administered; puisse être administré). Es kommt darauf an, ob das Beweismittel nach der lex fori zulässigerweise in der Beweisaufnahme verwendet 345

---

1 So ausdrücklich Art. 19 Abs. 1 EVÜ-Entw. 1972.
2 *von Bar*, II Rz. 552. Ebenso zum EVÜ Bericht *Giuliano/Lagarde*, S. 68.
3 *Magnus*, in: Staudinger, Art. 32 EGBGB Rz. 105. – Ebenso schon IPG 1984 Nr. 5 (München) zum Recht von Victoria.
4 *Pfeiffer*, EuZW 2008, 624.
5 Zum EVÜ Bericht *Giuliano/Lagarde*, S. 69.
6 Akzeptierte Rechnung nach belg. Recht, OLG Köln 15.5.1996, IPRspr. 1996 Nr. 35 = NJW-RR 1997, 182.
7 Vgl. *Gaudemet-Tallon*, Rev.trim.dr.europ. 17 (1981), 283 f.

werden kann. Ausgeschlossen ist es dann, wenn das Beweisverfahrensrecht der **lex fori entgegensteht**. So kann zB in Deutschland eine Partei nicht als Zeuge vernommen werden[1]. Ausgeschlossen ist ferner, dass innerhalb einer bestimmten Verfahrensart, die – wie der deutsche Urkundenprozess nur bestimmte Beweismittel zulässt (vgl. § 595 ZPO) – nach der lex fori unzulässigen Beweismittel eingeführt werden[2]. Werden Rechte in öffentliche Register eingetragen, so kann die mit der Registerführung betraute Stelle solche Beweisarten zurückweisen, die in ihrem eigenen Recht nicht vorgesehen sind[3].

Die Rom I-VO regelt die **Beweiskraft der Rechtsgeschäfte** nicht. Die Frage, in welchem Maße eine Urkunde ein hinreichender Beweis für die darin enthaltenen Verpflichtungen ist, sowie das Problem der zulässigen Beweisarten gegen die Richtigkeit und Vollständigkeit einer Urkunde, ist damit offen geblieben[4].

---

1 Vgl. auch *Lagarde*, Rev.crit.d.i.p. 80 (1991), 287 (332).
2 BT-Drucks. 10/504, S. 82.
3 Zum EVÜ Bericht *Giuliano/Lagarde*, S. 69.
4 Anders noch Art. 19 EVÜ-Entw. 1972. – Zum EVÜ Bericht *Giuliano/Lagarde*, S. 69.

G. Erlöschen des Schuldvertrages

	Rz.		Rz.
I. Allgemeines	346	bb) Kollisionsrechtliche Erfüllungsortbestimmung	354
II. Erfüllung	347	cc) Internationale Zuständigkeit nach nationalem Recht	359
1. Maßgeblichkeit des Vertragsstatuts (Art. 12 Abs. 1 lit. b Rom I-VO)	347	3. Erfüllungsmodalitäten (Art. 12 Abs. 2 Rom I-VO)	360
2. Erfüllungsort	348	4. Währung, Ersetzungsbefugnis	364
a) Materiellrechtliche Bedeutung	348	III. Aufrechnung (Art. 17 Rom I-VO)	365
b) Prozessuale Bedeutung	349	1. Gleiches Schuldstatut	365
aa) Europäische Gerichtsstands- und Vollstreckungsverordnung	350	2. Verschiedene Statute	366
		3. Verschiedene Währungen	369
(1) Zuständigkeit am Erfüllungsort	351	IV. Hinterlegung	370
(2) Warenkauf	352	V. Erlass, Aufhebung	371
(3) Dienstleistungen	353		

I. Allgemeines

Bezüglich des Erlöschens des Schuldverhältnisses heißt es in Art. 12 Abs. 1 Rom I-VO[1], dass das nach dieser Verordnung auf einen Vertrag anzuwendende Recht insbesondere maßgebend ist für die verschiedenen Arten des Erlöschens der Verpflichtungen sowie die Verjährung und die Rechtsverluste, die sich aus dem Ablauf einer Frist ergeben (lit. d). Ferner gilt dieses Recht für die Folgen der Nichtigkeit des Vertrags (lit. e).

346

Mithin bestimmt grundsätzlich das Vertragsstatut über die Tatbestände, die das Erlöschen eines Anspruchs oder des gesamten Schuldverhältnisses herbeiführen. Dazu gehören insbesondere die **vier Erlöschensgründe** des BGB, nämlich: Erfüllung (die allerdings in Art. 12 Abs. 1 lit. b Rom I-VO gesondert erwähnt wird), Hinterlegung, Aufrechnung und Erlass. Unterliegen die Verpflichtungen verschiedenen Rechtsordnungen, so gilt für ihr Erlöschen das Recht, dem die jeweilige Verpflichtung untersteht.

Soweit nach dem Vertragsstatut **einseitige rechtsgeschäftliche Aufhebungsakte** möglich sind, gehören sie ebenfalls in diesen Zusammenhang. Zu nennen sind die Anfechtung bei Willensmängeln (Rz. 299 ff.), die Wandlung im Gewährleistungsrecht (Rz. 976), der Rücktritt (Rz. 330) und die Kündigung[2]. – S. aber zum arbeitsrechtlichen Kündigungsschutz Rz. 4928 ff.

---

1 Früher Art. 10 EVÜ bzw. Art. 32 EGBGB.
2 BGH 14.11.1996, IPRspr. 1996 Nr. 38 = NJW 1997, 1150 (Kündigung von Verlagsvertrag nach deutschem Recht); OLG München 15.2.1980, IPRspr. 1980 Nr. 13 = IPRax 1983, 120 (Anm. *Jayme*, IPRax 1983, 105) (Kündigung eines Importeurvertrages mit amerikan. Kfz-Importeur unterlag deutschem Recht entsprechend dem Vertragsstatut); LG

Bei der **Konfusion** unterliegen idR nur die Folgen dem Schuldstatut. Ob sich Gläubiger und Schuldner in einer Person vereinigen, bestimmt das für das betreffende Verhältnis maßgebliche Ehe-, Erb- oder Gesellschaftsrecht[1].

II. Erfüllung

Literatur: *Bajons*, Der Gerichtsstand des Erfüllungsortes, in: Einheit und Vielfalt des Rechts – Festschr. Geimer (2002), S. 15; *Broggini*, Il forum destinatae solutionis, Riv.dir.int.priv.proc. 36 (2000), 15; *Eltzschig*, Art. 5 Nr. 1b EuGVO: Ende oder Fortführung von forum actoris und Erfüllungsortbestimmung lege causae?, IPRax 2002, 491; *Emde*, Heimatgerichtsstand für Handelsvertreter und andere Vertriebsmittler?, RIW 2003, 505; *Gsell*, Autonom bestimmter Gerichtsstand am Erfüllungsort nach der Brüssel I-Verordnung, IPRax 2002, 484; *Hackenberg*, Der Erfüllungsort von Leistungspflichten unter Berücksichtigung des Wirkungsortes von Erklärungen im UN-Kaufrecht und der Gerichtsstand des Erfüllungsortes im deutschen und europäischen Zivilprozessrecht (2000); *Hau*, Der Vertragsgerichtsstand zwischen judizieller Konsolidierung und legislativer Neukonzeption, IPRax 2000, 354; *Hau*, Die Kaufpreisklage des Verkäufers im reformierten europäischen Vertragsgerichtsstand, JZ 2008, 974; *Hau*, Gerichtsstandsvertrag und Vertragsgerichtsstand beim innereuropäischen Versendungskauf, IPRax 2009, 44; *Heß*, Vertragspflichten ohne Erfüllungsort?, IPRax 2002, 376; *Krings*, Erfüllungsmodalitäten im internationalen Schuldvertragsrecht (1997); *Lynker*, Der besondere Gerichtsstand am Erfüllungsort in der Brüssel I-Verordnung (2006); *Magnus*, Die Vertragsmäßigkeit der Leistung, in: Schulte-Nölke (Hrsg.), Europäisches Vertragsrecht im Gemeinschaftsrecht (2000), S. 113; *Magnus*, Das UN-Kaufrecht und die Erfüllungsortzuständigkeit in der neuen EuGVO, IHR 2002, 45; *Mankowski*, Die Qualifikation der culpa in contrahendo, IPRax 2003, 127; *Mankowski*, Ein Erfüllungsortsbegriff unter Art. 5 Nr. I lit. b EuGVVO – ein immer größer werdendes Rätsel?, IHR 2009, 46; *Markus*, Tendenzen beim materiellrechtlichen Vertragserfüllungsort im internationalen Zivilfahrensrecht (Basel 2009); *Martiny*, Internationale Zuständigkeit für „vertragliche Streitigkeiten", in: Einheit und Vielfalt des Rechts – Festschr. Geimer (2002), S. 641; *Mumelter*, Der Gerichtsstand des Erfüllungsortes im europäischen Zivilprozessrecht (Wien 2007); *Peukert*, Erfüllungsanspruch und Erfüllungszwang im vertraglichen Schuldverhältnis des französischen und englischen Rechts (Diss. Saarbrücken 1977); *Rauscher*, Verpflichtung und Erfüllungsort in Art. 5 Nr. 1 EuGVÜ (1984); *Schack*, Der Erfüllungsort im deutschen, ausländischen und internationalen Privat- und Zivilprozessrecht (1985); *Schack*, Der internationale Klägergerichtsstand des Verkäufers, IPRax 1986, 82; *Schlosser*, EU-Zivilprozessrecht, 3. Aufl. (2009); *Wipping*, Der europäische Gerichtsstand des Erfüllungsortes (2008).

1. Maßgeblichkeit des Vertragsstatuts (Art. 12 Abs. 1 lit. b Rom I-VO)

347 In der den Geltungsbereich des Vertragsstatuts regelnden Vorschrift des Art. 12 Rom I-VO heißt es:

„(1) Das nach dieser Verordnung auf einen Vertrag anzuwendende Recht ist insbesondere maßgebend für

a) ...

b) die Erfüllung der durch ihn begründeten Verpflichtungen ...

München I 11.2.1965, IPRspr. 1964/65 Nr. 43 = RzW 1965, 375 (Nach amerikan. Recht konnte ein Rechtsberatungsvertrag jederzeit gekündigt werden).
1 *Schnitzer*, II S. 664; *Keller/Girsberger*, in: ZürchKomm, Art. 148 IPRG Rz. 73.

(2) In Bezug auf die Art und Weise der Erfüllung und die vom Gläubiger im Falle mangelhafter Erfüllung zu treffenden Maßnahmen ist das Recht des Staates, in dem die Erfüllung erfolgt, zu berücksichtigen."

Nach dieser Regelung, gilt für die Erfüllung grundsätzlich das Vertragsstatut. Dieses bestimmt etwa, ob eine Zahlung als schuldtilgende Leistung anzusehen ist[1]. Es gilt ferner für die Leistungszeit, insbes. die Fälligkeit (vgl. § 271 BGB)[2]. Die **Stundung** unterliegt ebenfalls dem Vertragsstatut[3].

Das Vertragsstatut entscheidet auch, ob der Schuldner die Gefahr der Versendung (s. § 270 BGB) trägt[4]. Das Vertragsstatut ist ferner zu befragen, ob Teilleistungen zulässig sind. Gleiches gilt für die Frage, ob der Schuldner persönlich zu leisten hat oder ob auch die Erfüllung durch einen Dritten befreiende Wirkung hat[5]. Die Haftung für die Hilfsperson richtet sich ebenfalls nach dem Schuldstatut[6].

2. Erfüllungsort

a) Materiellrechtliche Bedeutung

Nach der für das Vertragsstatut geltenden Rechtsordnung richtet sich ebenfalls, wie der Erfüllungsort bestimmt wird[7]. Findet auf einen internationalen Warenkauf die CISG Anwendung, so wird der Erfüllungsort nach Einheitsrecht ermittelt (s. Rz. 355, 924 ff., 929). Der Leistungsort liegt nach Art. 6. 1. 6 UNIDROIT-Principles für Zahlungsverpflichtungen am Niederlassungsort des Gläubigers, sonst beim Schuldner (vgl. auch Art. III.-2:101 DCFR).

348

Nach *deutschem Recht* ist der Erfüllungsort für die Verpflichtungen jedes Vertragsteils gesondert zu bestimmen. Dies gilt auch für gegenseitige Verträge, so dass sich für die wechselseitigen Verpflichtungen je nach Sachlage unterschiedliche Erfüllungsorte ergeben können. Der Erfüllungsort für Schadensersatzansprüche richtet sich nach der zugrunde liegenden Vertragspflicht, aus deren Verletzung die Schadensersatzpflicht erwachsen sein soll[8].

---

1 BGH 13.5.1997, IPRspr. 1997 Nr. 38 (LS) = NJW 1997, 2322.
2 BGH 14.4.1969, IPRspr. 1968/69 Nr. 1 = AWD 1969, 329 (Darlehen; Fälligkeit nach schweiz. Darlehensstatut).
3 OLG Bamberg 22.9.1988, IPRspr. 1988 Nr. 163 = RIW 1989, 221.
4 *Raape*, S. 531.
5 *Siehr*, AWD 1973, 583.
6 So bereits BGH 27.3.1968, BGHZ 50, 32 = IPRspr. 1968/69 Nr. 26 (Versendungskauf. Haftung des Erfüllungsgehilfen dem deutschen Vertragsstatut unterstellt).
7 BGH 30.4.2003, WM 2003, 2157; BGH 1.6.2005, IPRspr. 2005 Nr. 109 = NJW-RR 2005, 1518 = IPRax 2006, 594 (m. Aufs. *Leible/Sommer*, IPRax 2006, 568); *Mankowski*, IPRax 2003, 468. – Ebenso schon BGH 11.2.1953, BGHZ 9, 34 = VersR 1953, 106 Anm. *Prölss* (Lebensversicherungsvertrag unterlag deutschem Recht. Erfüllungsort nach deutschem Recht bestimmt); OLG Frankfurt a.M. 9.1.1979, IPRspr. 1979 Nr. 153 = RIW 1979, 204 (Warenkauf. Erfüllungsort für Rückzahlungsverpflichtung nach französ. Vertragsstatut bestimmt).
8 OLG Hamburg 9.7.1976, IPRspr. 1976 Nr. 125b mwN.

Der Erfüllungsort einer Geldschuld ist mangels anderweitiger Vereinbarung grundsätzlich die gewerbliche Niederlassung des Schuldners (§§ 269, 270 Abs. 4 BGB)[1]. Ebenso ist es nach dem Recht Frankreichs (Art. 1247 Abs. 3 c.c.)[2], Belgiens und Luxemburgs. Nach englischem, italienischem (Art. 1182 Abs. 3, 1498 Abs. 3 c.c.) und niederländischem Recht kommt es jedoch auf den Sitz des Gläubigers an[3]. Ebenso ist es in der Schweiz (Art. 74 Abs. 2 Nr. 1 schweiz. OR)[4].

b) Prozessuale Bedeutung

349 Der Erfüllungsort besitzt auch besondere Bedeutung für die internationale Zuständigkeit.

aa) Europäische Gerichtsstands- und Vollstreckungsverordnung

350 Eine eigenständige Regelung der Erfüllungsortzuständigkeit enthält die Verordnung (EG) Nr. 44/2001 vom 22.12.2000 über die gerichtliche Zuständigkeit und die Anerkennung und Vollstreckung von Entscheidungen in Zivil- und Handelssachen.

Art. 5 EuGVO

Eine Person, die ihren Wohnsitz im Hoheitsgebiet eines Mitgliedstaats hat, kann in einem anderen Mitgliedstaat verklagt werden:

1. a) wenn ein Vertrag oder Ansprüche aus einem Vertrag den Gegenstand des Verfahrens bilden, vor dem Gericht des Ortes, an dem die Verpflichtung erfüllt worden ist oder zu erfüllen wäre;

   b) im Sinne dieser Vorschrift – und sofern nichts anderes vereinbart worden ist – ist der Erfüllungsort der Verpflichtung

   – für den Verkauf beweglicher Sachen der Ort in einem Mitgliedstaat, an dem sie nach dem Vertrag geliefert worden sind oder hätten geliefert werden müssen;

   – für die Erbringung von Dienstleistungen der Ort in einem Mitgliedstaat, an dem sie nach dem Vertrag erbracht worden sind oder hätten erbracht werden müssen;

   c) ist Buchstabe b) nicht anwendbar, so gilt Buchstabe a);

   ...

(1) Zuständigkeit am Erfüllungsort

351 Nach Art. 5 Nr. 1 lit. a EuGVO besteht eine Zuständigkeit am Erfüllungsort. Der Erfüllungsort wird für zwei Fälle, den Warenkauf und Dienstleistungen, näher umschrieben. Grundgedanke ist, dass dem Kläger ein Wahlgerichtsstand

---

1 BGH 12.5.1993, NJW 1993, 2753 = IPRax 1994, 115 (m. Aufs. *Geimer*, IPRax 1994, 82) (Erfüllungsort für Provisionsanspruch des deutschen Handelsvertreters gegen italien. Unternehmer in Italien).
2 Näher *Markus*, S. 42 ff.
3 *Spellenberg*, ZZP 91 (1978), 59; *Schack*, Erfüllungsort, Rz. 259, 267 f., 287.
4 Näher *Markus*, S. 16 ff.

am Ort der vertragscharakteristischen Leistung zur Verfügung stehen soll[1]. Dies gilt für alle vertraglichen Ansprüche; die gesonderte Erfüllungsortbestimmung für jede einzelne streitige Verpflichtung ist entfallen[2]. Die Regelung in Art. 5 Nr. 1 lit. b EuGVO definiert den Erfüllungsort und ersetzt die Lösung der Rechtsprechung, welche diesen Ort früher nach der lex causae bestimmt hat (s. Rz. 354). Auf das Vertragsstatut kommt es nicht mehr an[3]. Außerhalb des Anwendungsbereichs von Art. 5 Nr. 1 lit. b EuGVO bleibt es allerdings bei der bisherigen Lösung[4].

Der **Begriff der vertraglichen Streitigkeiten** ist, wie bereits nach dem EuGVÜ (s. Rz. 354), einheitlich auszulegen[5]. Vorausgesetzt wird, dass die Leistung „nach dem Vertrag" (en vertu du contrat) erbracht wird. Die VO erläutert nicht, wie diese Formulierung zu verstehen ist. Bei der erforderlichen einheitlichen Auslegung ist zu bestimmen, was als Vertrag iSd. Vorschrift angesehen werden kann. Dies ist grundsätzlich eine Willenseinigung der Parteien; die Selbstbindung einer Partei kann aber genügen (s. oben Rz. 42). Die Absicht der VO, eine Bestimmung des Erfüllungsortes unabhängig vom Vertragsstatut zu ermöglichen, lässt sich nur teilweise erreichen. Soweit Voraussetzung des Erfüllungsorts ein wirksamer Vertrag ist, muss die Wirksamkeit nach dem Vertragsstatut überprüft werden.

(2) Warenkauf

Der Begriff des Warenkaufs (vente de marchandises) ist einheitlich iSd. Verordnung zu bestimmen. Hierfür kann vergleichend die Definition von Art. 1 CISG herangezogen werden; die VO macht allerdings nicht die Einschränkungen des UN-Kaufrechts[6]. Der Verbraucherkauf wird daher erfasst[7]. Für den Warenkauf kommt es in erster Linie auf den Ort an, an dem die Ware geliefert worden ist (Art. 5 Nr. 1 lit. b EuGVO). Damit ist der tatsächliche Lieferort gemeint, dh. der Ort, an dem der Käufer die Ware als vertragsgemäße (wenngleich möglicherweise mängelbehaftete) Leistung tatsächlich annimmt[8]. Ist (noch) nicht geliefert worden, so entscheidet der vertraglich vereinbarte Erfüllungsort[9]. Diese Regel gilt jedoch nur dann, wenn sich der Erfüllungsort in einem Mitgliedstaat iS der EuGVO befindet. Ist das nicht der Fall, so greift die Grund-

352

---

1 OLG Köln 14.3.2005, IPRspr. 2005 Nr. 102 = RIW 2005, 778; *Hau*, IPRax 2000, 358 f.; *Bajons*, Festschr. Geimer, S. 42 f.
2 *Gsell*, IPRax 2002, 485; *Magnus*, IHR 2002, 47; *Magnus*, ZEuP 2002, 541; *Piltz*, NJW 2002, 793.
3 BGH 2.3.2006, NJW 2006, 1806.
4 EuGH 23.4.2009 Rs. C-533/07, NJW 2009, 1865 (Falco). – Ebenso BGH 1.6.2005, IPRax 2006, 594 (m. Aufs. *Leible/Sommer*, IPRax 2006, 568) = NJW-RR 2005, 1518 (m. Aufs. *Berg*, NJW 2006, 3035); *Eltzschig*, IPRax 2002, 492; *Magnus*, IHR 2002, 48 f.; *Magnus*, ZEuP 2002, 541; *Kropholler*, Art. 5 EuGVO Rz. 23; *Schlosser*, Art. 5 EuGVVO Rz. 10c. Krit. *Hau*, IPRax 2000, 359 f.
5 *Martiny*, Festschr. Geimer, S. 641 ff.; *Kropholler*, Art. 5 EuGVO Rz. 5.
6 *Magnus*, IHR 2002, 47 f.; *Kropholler*, Art. 5 EuGVO Rz. 31.
7 Soweit nicht Art. 15 ff. EuGVO eingreifen; *Schlosser*, Art. 5 EuGVVO Rz. 10a.
8 BGH 22.4.2009, NJW 2009, 2606; *Thorn*, IPRax 2004, 356.
9 *Magnus*, IHR 2002, 47 f.; *Magnus*, ZEuP 2002, 541.

regel des Art. 5 Nr. 1 lit. a EuGVO wieder ein[1]. Der Begriff des **Lieferortes** (place of delivery; lieu de livraison des biens) ist im Sinne der Verordnung einheitlich zu bestimmen[2]. Dafür ist nicht auf die lex causae[3] und auch nicht auf die lex fori zurückzugreifen[4]. Vielmehr ist ein Begriff des Lieferortes im Sinne der Verordnung zu entwickeln. Angesichts fehlender inhaltlicher Vorgaben des Gemeinschaftsrechts und unterschiedlicher Fallgestaltungen werden freilich sehr unterschiedliche Lösungen vertreten[5].

Einigkeit dürfte darüber bestehen, dass bei einem vertraglichen Bereitstellen der Ware beim Verkäufer (**Holschuld**) sich der Erfüllungsort dort befindet[6]. Hat der Verkäufer die Ware zum Käufer zu transportieren (**Bringschuld**), liegt der Erfüllungsort bei diesem[7]. Schwierigkeiten macht vor allem die vereinbarte Versendung (**Schickschuld**). Hier ist umstritten, wieweit vor allem für die dem Einheitskaufrecht unterliegenden Käufe eine abweichende Lösung entwickelt werden kann. Teilweise wird argumentiert, es könnten die maßgeblichen Bestimmungen des CISG mit herangezogen werden. Erschöpft sich die Verpflichtung des Verkäufers mit der Übergabe an den Beförderer bzw. die Transportperson, so ist dies dann der Lieferort (vgl. Art. 31 lit. a CISG)[8]; bei weitergehenden Verpflichtungen kann der Lieferort auch beim Käufer liegen[9]. Andere wollen den Erfüllungsort auch bei Versendungskäufen nach dem Ort bestimmen, an dem der Käufer die tatsächliche Verfügungsgewalt über die gelieferte Sache erlangt oder sie nach dem Vertrag hätte erlangen müssen (Bestimmungsort)[10].

(3) Dienstleistungen

353 Für Dienstleistungen kommt es in erster Linie auf den tatsächlichen, in zweiter Linie auf den vertraglichen Erbringungsort an (Art. 5 Nr. 1 lit b EuGVO).

---

1 BGH 22.4.2009, NJW 2009, 2606; *Kropholler*, Art. 5 EuGVO Rz. 45.
2 *Gsell*, IPRax 2002, 486 ff.
3 Anders LG München II 23.3.2004, IPRax 2005, 143 (m. krit. Aufs. *Kienle*, IPRax 2005, 113). – Für die lex causae bei Nichtlieferung *Geimer*, in: Geimer/Schütze, Art. 5 EuGVO Rz. 87.
4 Die CISG-Regeln (Art. 31) zieht heran *Magnus*, IHR 2002, 47 ff.; *Magnus*, ZEuP 2002, 541. – Vgl. auch *Rauscher*, Festschr. Heldrich, S. 943 ff.
5 Näher *Mankowski*, IHR 2009, 46 ff., der eine Anlehnung an Art. 31 CISG empfiehlt; *Markus*, S. 155 ff.
6 *Hau*, JZ 2008, 975 mwN.
7 *Hau*, JZ 2008, 975 f. mwN.
8 OLG München 17.4.2008, IPRax 2009, 69 (m. abl. Aufs. *Hau*, IPRax 2009, 44); OLG Stuttgart 5.11.2007, IPRax 2009, 64 (m. abl. Aufs. *Hau*, IPRax 2009, 44); italien. Cass. 27.9.2006, ZEuP 2008, 165 Anm. *Rüfner*, italien. Cass. 14.6.2007, IHR 2009, 74; *Bajons*, Festschr. Geimer, S. 52, 64; *Piltz*, IHR 2006, 53 (56); *Mumelter*, S. 184; *Leible*, in: Rauscher, Art. 5 Brüssel I-VO Rz. 53. – Grds. für Niederlassungsort des Verkäufers *Gsell*, IPRax 2002, 491.
9 *Hau*, IPRax 2000, 358.
10 BGH 9.7.2008, NJW 2008, 3001 = ZfRV 2008, 165 zust. Anm. *Ofner* (Vorlagebeschluss); *Hau*, JZ 2008, 977 ff.; *Wipping*, S. 108 ff.; *Kropholler*, Art. 5 EuGVO Rz. 49.

Auch hier wird vorausgesetzt, dass sich dieser Ort in einem Mitgliedstaat befindet. Der Begriff der Dienstleistung (fourniture de services) wird von der VO nicht näher erläutert. Er ist einheitlich iSd. Verordnung zu bestimmen[1]. Das Gemeinschaftsrecht verwendet diesen Begriff häufig (vgl. nur Art. 50 EG). Auf diesen sehr weiten Gebrauch kann hier allerdings nur sehr begrenzt Bezug genommen werden. Dienstleistungen sind Tätigkeiten, die in der Regel gegen Entgelt erbracht werden[2]. Dazu gehören gewerbliche, kaufmännische, handwerkliche und freiberufliche Tätigkeiten[3], etwa die des Rechtsanwalts[4]. Als Dienstleistung ist auch ein Werkvertrag[5] oder ein Vertriebsvertrag einzuordnen[6]. Ein Lizenzvertrag, mit dem der Inhaber eines Immaterialgüterrechts seinem Vertragspartner das Recht zu einer entgeltlichen Nutzung einräumt, ist kein Vertrag über die Erbringung von Dienstleistungen[7].

Der **Erbringungsort** (lieu de fourniture des services) ist iSd. Verordnung einheitlich zu bestimmen[8]. Dafür ist weder auf die lex causae noch auf die lex fori abzustellen. Vielmehr ist ein Erbringungsortbegriff im Rahmen der Verordnung zu entwickeln. Man wird auf den Ort abzustellen haben, an dem die Dienstleistung nach dem Vertrag erbracht worden ist oder hätte erbracht werden müssen[9]. Dies führt regelmäßig zu dem Ort, an dem der Dienstleistende seine Tätigkeit ausübt[10], zB zum Ort der Kanzlei des Rechtsanwalts[11].

Ist eine Dienstleistung in **mehreren Mitgliedstaaten** zu erbringen, so kommt es auf den Ort an, an dem der Schwerpunkt der Tätigkeit liegt[12]. Ist die streitige vertragliche Verpflichtung eine geographisch unbegrenzt geltende Unterlassungsverpflichtung, so kann nach Ansicht des EuGH ein Erfüllungsort nicht bestimmt werden[13]. Dann soll – wenig überzeugend – die besondere Zuständigkeitsregel des Art. 5 Nr. 1 EuGVO überhaupt nicht zur Anwendung kommen.

---

1 OLG Köln 14.3.2005, IPRspr. 2005 Nr. 102 = RIW 2005, 778; *Kropholler*, Art. 5 EuGVO Rz. 35.
2 EuGH 23.4.2009 – Rs. C-533/07, NJW 2009, 1865 (Falco); *Kropholler*, Art. 5 EuGVO Rz. 36.
3 Vgl. *Hau*, IPRax 2000, 359; *Bajons*, Festschr. Geimer, S. 64.
4 BGH 2.3.2006, NJW 2006, 1806 (m. Aufs. *Berg*, NJW 2006, 3035) = EuZW 2006, 318.
5 *Gsell*, IPRax 2002, 485.
6 *Bajons*, Festschr. Geimer, S. 55 f. Anders *Schlosser*, Art. 5 EuGVVO Rz. 10b.
7 EuGH 23.4.2009 – Rs. C-533/07, NJW 2009, 1865 (Falco).
8 BGH 2.3.2006, IPRspr. 2006 Nr. 109 = NJW 2006, 1806 (m. Aufs. *Berg*, NJW 2006, 3035) = EuZW 2006, 318; Vgl. *Jayme/Kohler*, IPRax 2007, 493; *Kropholler*, Art. 5 EuGVO Rz. 35.
9 *Kropholler*, Art. 5 EuGVO Rz. 38. – Unentschieden zu einer möglichen Rangfolge zwischen rechtlichem und tatsächlichem Erfüllungsort, BGH 2.3.2006, NJW 2006, 1806.
10 Vgl. *Bajons*, Festschr. Geimer, S. 64; *Gsell*, IPRax 2002, 491 (Niederlassungsort).
11 BGH 2.3.2006, NJW 2006, 1806 (m. krit. Aufs. *Berg*, NJW 2006, 3035).
12 BGH 2.3.2006, NJW 2006, 1806 (Rechtsanwalt; Terminwahrnehmung oder sonstige Tätigkeit).
13 Noch zum EuGVÜ EuGH 19.2.2002 – Rs. C-256/00 (Besix/Wasserreinigungsbau), Slg. 2002, I-1699 = NJW 2002, 1407 = IPRax 2002, 392 (m. Aufs. *Heß*, IPRax 2002, 376) = EWiR 2002, 519 (abl. *Mankowski*).

bb) Kollisionsrechtliche Erfüllungsortbestimmung

354 In der seit dem 1.3.1995 auch für Deutschland noch geltenden Fassung des Luganer Übereinkommens vom 16.9.1988 heißt es ähnlich wie im GVÜ[1]:

– Art. 5 Nr. 1 LugÜ

Eine Person, die ihren Wohnsitz in dem Hoheitsgebiet eines Vertragsstaats hat, kann in einem anderen Vertragsstaat verklagt werden:

1. wenn ein Vertrag oder Ansprüche aus einem Vertrag den Gegenstand des Verfahrens bilden, vor dem Gericht des Ortes, an dem die Verpflichtung erfüllt worden ist oder zu erfüllen wäre; wenn ein individueller Arbeitsvertrag oder Ansprüche aus einem individuellen Arbeitsvertrag den Gegenstand des Verfahrens bilden, vor dem Gericht des Ortes, an dem der Arbeitnehmer gewöhnlich seine Arbeit verrichtet; verrichtet der Arbeitnehmer seine Arbeit gewöhnlich nicht in ein und demselben Staat, vor dem Gericht des Ortes, an dem sich die Niederlassung befindet, die den Arbeitnehmer eingestellt hat;

2. ...

Zwar werden die Begriffe „Vertrag oder Ansprüche aus einem Vertrag" (matière contractuelle) von der Rechtsprechung autonom interpretiert[2]; dies gilt jedoch nicht für den Erfüllungsort selbst. Dieser Begriff konnte nach hM für das GVÜ nicht autonom und einheitlich ausgelegt werden[3]. Vielmehr wird er durch Bezugnahme auf die Rechtsordnungen der Vertragsstaaten ausgefüllt. Er wird von dem Recht bestimmt, das für das angerufene Gericht nach den von ihm anzuwendenden Kollisionsnormen maßgeblich ist. Somit richtet sich der Erfüllungsort für vertragliche Verpflichtungen auch hier nach den **Regeln des internationalen Vertragsrechts** (der lex causae)[4]. Diese Vorgehensweise ist auch

---

[1] Wie Art. 5 Nr. 1 EuGVO gefasst ist dagegen das noch nicht in Kraft getretene neue Luganer Übk. über die gerichtliche Zuständigkeit und die Anerkennung und Vollstreckung von Entscheidungen in Zivil- und Handelssachen vom 30.10.2007, ABl. EU 2007 Nr. L 339, S. 3.

[2] EuGH 22.3.1983 – Rs. 34/82 (Peters/ZNAV), Slg. 1983, 987 (1002) = IPRax 1984, 85 (m. Aufs. *Schlosser*, IPRax 1984, 65); EuGH 8.3.1988 – Rs. 9/87 (Arcado/Haviland), Slg. 1988, 1539 (1554) = NJW 1989, 1424 = IPRax 1989, 227 (m. Aufs. *Mezger*, IPRax 1989, 207) = RIW 1988, 139 (m. abl. Anm. *Schlosser*, RIW 1988, 987). Nach aA ist die lex causae maßgeblich, so *Holl*, WiB 1995, 463 mwN. Nicht als „von einer Partei gegenüber einer anderen freiwillig eingegangene Verpflichtung" wird die Direktklage des Endabnehmers gegen den Hersteller nach französ. Recht angesehen; EuGH 17.6.1992 – Rs. C-26/91 (Handte/TMCS), Slg. 1992, I-3967 = JZ 1995, 90 Anm. *Peifer*. W. Nachw. bei *Kropholler*, Art. 5 EuGVO Rz. 6 ff.

[3] Anders OLG Oldenburg 14.11.1975, IPRspr. 1975 Nr. 146 = WM 1976, 1288; *Schack*, Erfüllungsort, Rz. 239 ff.

[4] EuGH 6.10.1976 – Rs. 12/76 (Tessili), Slg. 1976, 1473 = NJW 1977, 490 Anm. *Geimer* = RIW 1977, 41 Anm. *Linke*; EuGH 15.1.1987 – Rs. 266/85 (Shenavai/Kreischer), Slg. 1987, 239 (254) = NJW 1987, 1131 Anm. *Geimer* = IPRax 1987, 366 (m. Aufs. *Mezger*, IPRax 1987, 346); BGH 4.4.1979, BGHZ 74, 136 (139) = IPRspr. 1979 Nr. 152b = NJW 1979, 1782; BGH 7.7.1980, IPRspr. 1980 Nr. 137b = RIW 1980, 725; BGH 12.5.1993, NJW 1993, 2753 = IPRax 1994, 115 (m. Aufs. *Geimer*, IPRax 1994, 82); BGH 25.2.1999, IPRspr. 1999 Nr. 110 = NJW 1999, 2443 = IPRax 2001, 331 (m. Aufs. *Pulkowski*, IPRax 2001, 306) (Bauvertrag); BGH 2.10.2002, NJW-RR 2003, 192 = EWiR 2003, 417 (*S. Lorenz*) (Warenkauf); BGH 30.4.2003, WM 2003, 2157 (Warenkauf); OLG Hamm

für das LugÜ maßgeblich[1]. Dies wird auch nach der Einführung der Europäischen Zuständigkeitsverordnung angenommen[2].

Der Gerichtsstand des Erfüllungsortes steht dem Kläger auch dann zur Verfügung, wenn das Zustandekommen des Vertrages, aus dem der Klageanspruch hergeleitet wird, zwischen den Parteien *streitig* ist[3].

– **Maßgebliche Verpflichtung**

Da das LugÜ (ebenso wie früher das GVÜ) keinen einheitlichen Vertragsgerichtsstand kennt, ist der Erfüllungsort nicht notwendigerweise für alle aus einem Vertrag entstehenden Verpflichtungen der gleiche. Es kommt auf diejenige vertragliche Verpflichtung an, die in Streit steht, dh. die den **Gegenstand des Streits bildet**[4]. Dies entspricht der EuGH-Rechtsprechung zum GVÜ[5].

355

Auch soweit sich der Erfüllungsort nach Einheitsrecht richtet, ist dies für die Gerichtsstandsbestimmung maßgeblich[6] (vgl. unten Rz. 924 ff.). Dabei wird in

---

27.2.1985, IPRax 1986, 104 (m. abl. Anm. *Schack*, IPRax 1986, 82); OLG Hamm 28.1.1994, IPRspr. 1994 Nr. 136 = NJW-RR 1995, 187; OLG Hamburg 25.4.1996, IPRspr. 1996 Nr. 149 = TranspR 1996, 430. Vgl. auch die Nachw. bei *Geimer* in: Geimer/Schütze, Art. 5 EuGVO Rz. 76 ff.; *Kropholler*, Art. 5 EuGVO Rz. 16 ff.

1 BGH 7.12.2000, IPRspr. 2000 Nr. 133 = NJW 2001, 1936; OLG Stuttgart 7.8.1998, IPRspr. 1998 Nr. 152 = IPRax 1999, 103 (m. Aufs. *Wolf*, IPRax 1999, 82); OLG Dresden 24.11.1998, IPRspr. 1998 Nr. 162 = IPRax 2000, 121 (m. Aufs. *Haubold*, IPRax 2000, 91); LG München I 29.5.1995, IPRspr. 1995 Nr. 146 = IPRax. 1996, 266 (m. Aufs. *Trunk*, IPRax 1996, 249); *Magnus*, ZEuP 2002, 541.
2 *Magnus*, IHR 2002, 50.
3 EuGH 4.3.1982 – Rs. 38/81 (Effer), Slg. 1982, 825 = IPRax 1983, 31 (Anm. *Gottwald*, IPRax 1983, 13) = RIW 1982, 280 (Patentanwaltsvertrag. Erfüllungsort in der BRD); BGH 13.5.1982, IPRspr. 1982 Nr. 139 = NJW 1982, 2733 = IPRax 1983, 67 (Anm. *Stoll*, IPRax 1983, 52) (Abschlussentscheidung zu EuGH 4.3.1982. Patentanwaltsvertrag deutschem Recht unterstellt. Erfüllungsort in Deutschland).
4 BGH 16.1.1981, IPRspr. 1981 Nr. 152 = IPRax 1981, 218 (LS) Anm. *von Hoffmann* = NJW 1981, 1905 (Anspruch auf Aufwendungsersatz gegen italien. Vertragspartner eines deutschen Spediteurs. Nach deutschem Recht war Rom Erfüllungsort); BGH 13.5.1992, NJW 1992, 2428 = EuZW 1992, 518 (520); OLG Karlsruhe 11.2.1993, IPRspr. 1993 Nr. 136 = DZWiR 1994, 70 Anm. *Chillagano-Busl* = EWS 1994, 365. W. Nachw. bei *Kropholler*, Art. 5 EuGVO Rz. 16 ff.
5 EuGH 6.10.1976 – Rs. 14/76 (De Bloos), Slg. 1976, 1497 = NJW 1977, 490 Anm. *Geimer* = RIW 1977, 41 Anm. *Linke* (Klage des belg. Alleinvertriebshändlers gegen französ. Lieferanten auf gerichtliche Auflösung des Vertrages und Schadensersatz); EuGH 28.9.1999 – Rs. C-440/97 (Groupe Concorde), Slg. 1999, I-6307 = NJW 2000, 719 = IPRax 2000, 399 (m. Aufs. *Hau*, IPRax 2000, 354) = Rev.crit.d.i.p. 89 (2000), 253 Anm. *Ancel* (Französ. Versicherer nahmen Schiffskapitän und Schiffslinie wegen Ladungsschäden in Anspruch. Erfüllungsort war nach dem Vertragsstatut zu bestimmen).
6 BGH 11.12.1996, IPRspr. 1996 Nr. 171 = NJW 1997, 870; BGH 30.4.2003, NJW-RR 2003, 1582 (Kaufpreisklage); OLG Celle 11.11.1998, IPRspr. 1998 Nr. 160 = IPRax 1999, 456 (m. Aufs. *Gebauer*, IPRax 1999, 432); OLG München 3.12.1999, IPRspr. 1999 Nr. 151 = RIW 2000, 712; LG München I 29.5.1995, IPRspr. 1995 Nr. 146 = IPRax 1996, 266 (m. Aufs. *Trunk*, IPRax 1996, 249). Anders *Hager/Maultzsch*, in: Schlechtriem/Schwenzer, Kommentar zum Einheitlichen UN-Kaufrecht, 5. Aufl. (2008), Art. 57 CISG Rz. 11.

Kauf genommen, dass dies den Kläger begünstigt und zu seiner Niederlassung führt[1].

356 Art. 5 Nr. 1 LugÜ bezieht sich jedoch nicht auf jede beliebige vertragliche Verpflichtung. Vielmehr ist die Verpflichtung heranzuziehen, welche dem **vertraglichen Anspruch entspricht**, auf den der Kläger seine Klage stützt. Handelt es sich um Verpflichtungen, die an die Stelle weggefallener oder verletzter Pflichten getreten sind, so ist der Erfüllungsort der ursprünglichen Verpflichtung maßgeblich.

Macht der Kläger zB Ansprüche auf Schadensersatz geltend oder beantragt er die Vertragsauflösung aus Verschulden des Gegners, so ist maßgebliche Verpflichtung weiterhin diejenige, deren Nichterfüllung behauptet wird (die sog. Primärverpflichtung)[2]. Wird die Klage auf mehrere Verpflichtungen gestützt, die sich aus einem einzigen Vertrag ergeben, so ist zunächst zu beachten, dass es auf die **Primärverpflichtung** ankommt. Im Übrigen richtet sich die Zuständigkeit nach dem Grundgedanken, dass Nebensächliches der Hauptsache folgt. Bei mehreren streitigen Verpflichtungen entscheidet die Hauptpflicht[3].

357 Die Ausnahme für **Arbeitnehmer** in Art. 5 Nr. 1 LugÜ geht auf die Rechtsprechung des Europäischen Gerichtshofs zurück[4]. Insoweit besteht ein einheitlicher Gerichtsstand für Ansprüche aus einem individuellen Arbeitsvertrag[5].

---

1 EuGH 29.6.1994 – Rs. C-288/92 (Custom Made Commercial/Stawa), Slg. 1994 I-2913 = IPRax 1995, 31 (m. abl. Aufs. *Jayme*, IPRax 1995, 13) = JZ 1995, 244 (zust. Anm. *Geimer*, NJW 1995, 183) (Deutsch-engl. Werklieferungsvertrag. Erfüllungsort für die Kaufpreiszahlung nach Art. 59 Abs. 1 Einheitliches Kaufgesetz bestimmt. Danach war Erfüllungsort für diese Verpflichtung die Niederlassung des deutschen Verkäufers).
2 EuGH 6.10.1976 – Rs. 14/76 (De Bloos), Slg. 1976, 1497 = NJW 1977, 470 (Klage belg. Alleinvertriebshändlers gegen französ. Lieferanten auf gerichtliche Auflösung des Vertrages und Schadensersatz. Maßgebend waren die Zuständigkeit der ursprünglichen Pflichten des Lieferanten). Ebenso OLG Koblenz 23.2.1990, IPRspr. 1990 Nr. 228 = IPRax 1991, 241 (m. Aufs. *Hanisch*, IPRax 1991, 215); OLG München 3.12.1999, IPRspr. 1999 Nr. 151 = RIW 2000, 712.
3 EuGH 15.1.1987 – Rs. 266/85 (Shenavai/Kreischer), Slg. 1987, 239 = RIW 1987, 213 = NJW 1987, 1131 zust. Anm. *Geimer* (Honorarklage eines Architekten aus Deutschland gegen den in den Niederlanden wohnhaften Auftraggeber. Für den Erfüllungsort war die vertragliche Verpflichtung maßgeblich, die konkret den Gegenstand der Klage bildete, also die am Wohnsitz des Beklagten zu erfüllende Geldschuld. Auf den Ort der Architektenleistung kam es nicht an); EuGH 5.10.1999 – Rs. 420/97 (Leathertex/Bodetex), Slg. 1999, I-6747 = NJW 2000, 721 = IPRax 2000, 402 (m. Aufs. *Hau*, IPRax 2000, 354) (Der belg. Handelsvertreter Bodetex verlangte von der italien. Leathertex Provisionen sowie Entschädigung wegen Nichteinhaltung der Kündigungsfrist. Unterschiedliche Erfüllungsorte in Belgien (Entschädigung) und Italien (Provision) wurden in Kauf genommen); BGH 12.5.1993, IPRax. 1994, 115 (m. Aufs. *Geimer*, IPRax 1994, 82) = NJW 1993, 2753 = RIW 1993, 846.
4 S. EuGH 26.5.1982 – Rs. 133/81 (Ivenel/Schwab), Slg. 1982, 1891 (1901) = IPRax 1983, 173 (m. Aufs. *Mezger*, IPRax 1983, 153); EuGH 15.2.1989 – Rs. C-32/88 (Six Constructions/Humbert), Slg. 1989, 341 (363) = IPRax 1990, 173 (m. Aufs. *Rauscher*, IPRax 1990, 152); EuGH 13.7.1993 – Rs. C-125/92 (Mulox/Geels), Slg. 1993, I-4075 (4104) = IPRax 1997, 110 (m. Aufs. *Holl*, IPRax 1997, 88).
5 Näher *Holl*, WiB 1995, 465 f.; *Junker*, Die internationale Zuständigkeit deutscher Gerichte in Arbeitssachen, ZZPInt. 3 (1998), 179 ff.

Dies gilt auch für Art. 18, 19 EuGVO. Der Arbeitnehmer kann klagen am Ort des gewöhnlichen Arbeitsorts; in Ermangelung dessen am Ort der einstellenden Niederlassung. Im Anschluss an die frühere Rechtsprechung fällt unter diese Regelung auch der **angestellte Handelsvertreter** (Reisende)[1]. Diese Zuständigkeitskonzentration zum Schutz des sozial Schwächeren ist ausdrücklich als Ausnahme eingestuft und nicht auf Ansprüche auf Zahlung eines Architektenhonorars ausgedehnt worden[2].

– **Erfüllungsortvereinbarung**

Zweifelhaft ist, ob für die Erfüllungsortvereinbarung Art. 5 Nr. 1 lit. b EuGVO nicht gilt, und es vielmehr bei der kollisionsrechtlichen Bestimmung des Erfüllungsorts nach Art. 5 Nr. 1 lit. a EuGVO bleibt[3]. Trotz der Gefahr einer Umgehung der Formerfordernisse für Gerichtsstandsvereinbarungen (Art. 23 EuGVO, Art. 17 LugÜ) geht die hM davon aus, dass eine bloße Erfüllungsortvereinbarung auf einer anderen Konzeption als eine Zuständigkeitsvereinbarung beruht[4]. Der Erfüllungsort iSd. Art. 5 Nr. 1 EuGVO kann daher **formfrei** vereinbart werden, ohne dass die Voraussetzungen des Art. 23 EuGVO gewahrt werden müssten[5].

358

Ob dies auch dann gilt, wenn nicht der Ort festgelegt wird, an welchem der Schuldner die ihm obliegende Leistung zu erbringen hat, sondern ein bestimmter Gerichtsstand festgelegt werden soll, ohne dass die Voraussetzungen des Art. 23 EuGVO (Art. 17 LugÜ) vorliegen (sog. abstrakte Erfüllungsortvereinbarung), war lange streitig. Nunmehr ist anerkannt, dass lediglich prozessual gemeinte, „abstrakte" Erfüllungsortvereinbarungen, die nicht den Ort festlegen, an dem der Schuldner die ihm obliegende Leistung tatsächlich zu erbringen hat, sondern nur einen Gerichtsstand bestimmen sollen, nicht formlos möglich sind. Sie müssen vielmehr den Formerfordernissen des Art. 23 EuGVO (Art. 17 LugÜ) entsprechen[6].

---

1 S. EuGH 26.5.1982 – Rs. 133/81 (Ivenel/Schwab), Slg. 1982, 1891 = IPRax 1983, 173 (m. Aufs. *Mezger*, IPRax 1983, 153).
2 EuGH 15.1.1987 – Rs. 266/85 (Shenavai/Kreischer), Slg. 1987, 251 = RIW 1987, 213.
3 So BGH 1.6.2005, IPRax 2006, 594 (m. Aufs. *Leible/Sommer*, IPRax 2006, 568) = NJW-RR 2005, 1518 (m. krit. Aufs. *Berg*, NJW 2006, 3055).
4 Vgl. *Geimer*, in: Geimer/Schütze, Art. 5 EuGVO Rz. 124 ff.
5 Noch zum GVÜ EuGH 17.1.1980 – Rs. 56/79 (Zelger), Slg. 1980, 89/97 = IPRax 1981, 89 (Anm. *Spellenberg*, IPRax 1981, 75) = NJW 1980, 720 zust. Anm. *Schütze* = RIW 1980, 726 (Deutsch-italien. Darlehensvertrag. Mündliche Vereinbarung deutschen Erfüllungsortes); BGH 7.7.1980, IPRspr. 1980 Nr. 137b = IPRax 1981, 93 (Anm. *Spellenberg*, IPRax 1981, 75) = RIW 1980, 725 (Folgeentscheidung zu EuGH 17.1.1980); OLG Hamm 27.2.1985, IPRax 1986, 104 (abl. Anm. *Schack*, IPRax 1986, 82) = RIW 1985, 406; OLG Karlsruhe 11.2.1993, IPRspr. 1993 Nr. 136 = EWS 1994, 365 (Deutsch-italien. Warenkauf. Nach Einheitsbedingungen der Deutschen Bekleidungsindustrie war Niederlassung des Verkäufers Erfüllungsort). – Zum LugÜ LG München I 29.5.1995, IPRspr. 1995 Nr. 146 = IPRax 1996, 266 (m. Aufs. *Trunk*, IPRax 1996, 249).
6 EuGH 20.2.1997 – Rs. C-106/95 (MSG), Slg 1997, I-911 = NJW 1997, 1431 = IPRax 1999, 31 (m. Aufs. *Kubis*, IPRax 1999, 10) = JZ 1997, 839 Anm. *Koch* = RIW 1997, 415 Anm. *Holl*; Vorlagebeschluss BGH 6.3.1995, WM 1995, 859; Abschlussentscheidung BGH 16.6.1997, IPRspr. 1997 Nr. 150 = IPRax 1999, 34 (Erfüllungsortvereinbarung in deutsch-französ. Zeitchartervertrag).

Vorausgesetzt wird jedenfalls, dass das Vertragsstatut eine solche Vereinbarung gestattet[1]. Verlangt es seinerseits eine bestimmte Form, so genügt freilich auch die **Wahrung der Ortsform** (Art. 11 Abs. 1, 2 Rom I-VO). Zu beachten ist, dass nach deutschem Recht eine Erfüllungsortvereinbarung durch stillschweigende Unterwerfung unter AGB erfolgen kann, wenn in diesen eine Festlegung des Erfüllungsortes enthalten ist[2].

Ferner nimmt die Rechtsprechung zuweilen eine stillschweigende Erfüllungsortvereinbarung an und schafft damit über einen einheitlichen Leistungsort im Ergebnis einen Klägergerichtsstand. Dies gilt zB für Bauverträge[3]. Entsprechende Ergebnisse werden erzielt, indem etwa bei einem Architektenvertrag ein gemeinsamer Erfüllungsort am Ort der Baustelle und Bauaufsicht angenommen wird[4]. Teilweise wird sogar bei Zug-um-Zug-Leistung aus der Natur des Schuldverhältnisses ein gemeinsamer Erfüllungsort abgeleitet[5].

cc) Internationale Zuständigkeit nach nationalem Recht

359 Die nach dem IPR der lex fori erfolgende Bestimmung des Erfüllungsortes für die einzelne Verpflichtung ist nach hM auch für die internationale Zuständigkeit nach deutschem Recht (vgl. § 29 ZPO) maßgeblich[6]. Dort, wo nach kollisionsrechtlich oder einheitsrechtlich bestimmtem materiellen Recht zu leisten ist, besteht auch eine Zuständigkeit.

3. Erfüllungsmodalitäten (Art. 12 Abs. 2 Rom I-VO)

360 Trotz der grundsätzlichen Geltung des Vertragsstatuts für die Erfüllung ist dieses Statut für einige Fragen nicht die geeignete Anknüpfung. Nach Art. 12 Abs. 2 Rom I-VO ist in Bezug auf die Art und Weise der Erfüllung und die vom Gläubiger im Falle mangelhafter Erfüllung zu treffenden Maßnahmen das Recht des Staates, in dem die Erfüllung erfolgt, zu berücksichtigen (ähnlich Art. 125 schweiz. IPRG). Sinn dieser – nach ihrem systematischen Standort für

---

1 Vgl. *Eltzschig*, IPRax 2002, 494.
2 BGH 17.10.1984, IPRspr. 1984 Nr. 146 = NJW 1985, 560 (Klage deutschen Speditionsunternehmens gegen niederländ. Firma. Stillschweigende Unterwerfung unter die ADSp angenommen, die in § 65 aF einen inländ. Erfüllungsort vorsahen).
3 OLG Köln 23.2.1983, IPRspr. 1983 Nr. 133 = RIW 1984, 314 (Werklohnanspruch deutschen Unternehmers gegen niederländ. Kunden. Stillschweigende Erfüllungsortvereinbarung auf den in der BRD gelegenen Ort des Bauvorhabens).
4 BGH 7.12.2000, IPRspr. 2000 Nr. 133 = NJW 2001, 1936 = EWiR 2001, 625 (*Wenner*).
5 S. OLG Stuttgart 12.2.1981, IPRspr. 1981 Nr. 157 = NJW 1982, 529 = RIW 1982, 591 (Kaufpreisanspruch gegen den französ. Käufer. Stuttgart sei der gemeinsame Erfüllungsort für beide Vertragsparteien, „denn hier ist die vertragstypische Leistung der Übergabe der Kaufsache zu erbringen, Zug um Zug gegen Leistung des Kaufpreises").
6 BGH 3.12.1992, BGHZ 120, 334 (347) = IPRspr. 1992 Nr. 229 = IPRax 1994, 204 (m. Aufs. *Basedow*, IPRax 1994, 183); LG Siegen 5.8.1997, IPRspr. 1997 Nr. 157; BAG 17.7.1997, IPRspr. 1997 Nr. 154 = NZA 1997, 1182; *Magnus*, IHR 2002, 51; *Magnus*, ZEuP 2002, 541. – W. Nachw. bei *Kropholler*, Hdb. IZVR I, Kap. III Rz. 355. Anders *Schack*, Erfüllungsort, Rz. 223 ff.

alle Verträge geltenden[1] – Bestimmung ist es, Konflikte zwischen der lex causae und dem davon abweichenden Recht des Erfüllungsortes zu vermeiden.

Was unter **„Art und Weise der Erfüllung"** (manner of performance; les modalités d'exécution) zu verstehen ist, wird gesetzlich nicht näher erläutert. Dieser Begriff ist im Interesse des Entscheidungseinklanges möglichst einheitlich für alle Mitgliedstaaten zu bestimmen. Die Tatsache, dass die Rom I-VO keine eigenständige Definition enthält, ist kein Argument dafür, den Begriff einfach nach der jeweiligen lex fori auszulegen[2]. Im Anschluss an das frühere Recht wird man darunter insbesondere solche Handlungen zu verstehen haben, die nach dem Vertrag oder dem auf ihn anzuwendenden Recht zur Erfüllung notwendig sind. Die Erfüllungsmodalitäten betreffen also weniger den Inhalt der Verpflichtung als vielmehr lediglich die „äußere Abwicklung der Erfüllung"[3].

Nach dem eindeutigen Wortlaut des Art. 12 Abs. 2 Rom I-VO kommt es nicht auf den vereinbarten, sondern auf den tatsächlichen Erfüllungsort an. Die jeweiligen Handlungen sind also im Hinblick auf das Recht des Ortes auszuführen, an dem sie tatsächlich vorgenommen werden (ebenso Art. 125 schweiz. IPRG)[4].

Zu den Erfüllungsmodalitäten gehören insbesondere die Einzelheiten der Prüfung der Ware und die im Falle einer Zurückweisung der Ware **zu treffenden Maßnahmen** (the steps to be taken; les mesures à prendre); beispielsweise die Aufbewahrung nicht angenommener Lieferungen (vgl. auch Rz. 977). Dagegen gehört der Inhalt der Verpflichtung wie der Haftungsmaßstab nicht dazu[5]. Auch Schritte wie die Mahnung zum In-Verzug-Setzen, das Erheben der Einrede der Nichterfüllung sind nicht gemeint; insoweit bleibt es beim Vertragsstatut[6]. 361

Wohl aber gehören die Regelung von **Geschäftszeiten** sowie die Auswirkungen von Feiertagsregelungen auf die Erfüllung hierher[7]. Es ist jedoch nicht an Erfüllungshindernisse gedacht, die sich zB aus Preis-, Devisen- oder Bewirtschaftungsvorschriften ergeben können. Solche zwingenden Vorschriften kann der Richter nach Art. 9 Abs. 2 Rom I-VO und den Grundsätzen für die Beachtung ausländischer international zwingender Normen berücksichtigen[8]. Besonder-

---

1 *Junker*, Int.ArbR im Konzern (1992), S. 295.
2 *E. Lorenz*, RdA 1989, 220 (224); *Junker*, Int.ArbR im Konzern (1992), S. 296. Anders aber zum EVÜ Bericht *Giuliano/Lagarde*, S. 65.
3 BGH 29.6.2006, IPRspr. 2006 Nr. 12 = NJW-RR 2006, 1694; BGH 25.10.2007, NJW-RR 2008, 840.
4 Ebenso etwa *von Bar*, II Rz. 540; *Hohloch*, in: Erman, Art. 32 EGBGB Rz. 8; *Magnus*, in: Staudinger, Art. 32 EGBGB Rz. 82. – Vgl. auch *Vischer/Huber/Oser*, Rz. 875 ff.
5 BGH 29.6.2006, IPRspr. 2006 Nr. 12 = NJW-RR 2006, 1694.
6 *Magnus*, in: Staudinger, Art. 32 EGBGB Rz. 90. – Vgl. *Gaudemet-Tallon*, Rev.trim.dr.europ. 17 (1981), 267 f.
7 BGH 29.6.2006, IPRspr. 2006 Nr. 12 = NJW-RR 2006, 1694. – Zum EVÜ Bericht *Giuliano/Lagarde*, S. 66; *Lagarde*, Rev.crit.d.i.p. 80 (1991), 287 (333).
8 So bereits *Hohloch*, in: Erman, Art. 32 EGBGB Rz. 8; *Magnus*, in: Staudinger, Art. 32 EGBGB Rz. 85, 87. – Anders *Kegel/Schurig*, S. 613.

heiten gelten etwa für Ablieferungsmodalitäten beim Speditionsvertrag oder die Löschung bei Seefrachtverträgen. Handelsbräuche am Erfüllungsort sind zu beachten (Rz. 953). Zu den Erfüllungsmodalitäten wird teilweise auch die Frage gerechnet, in welcher **Währung** zu zahlen ist[1] (zur grundsätzlichen Maßgeblichkeit des Vertragsstatuts s. Rz. 316). Mangels einer besonderen Abrede wird regelmäßig in der Währung des Ortes zu zahlen sein, an dem die Schuld zu begleichen ist[2]. Dies bestimmen manche Rechte ausdrücklich, so zB Art. 84 schweiz. OR[3]. Zur Ersetzungsbefugnis s. Rz. 364.

362 Das Recht des Erfüllungsortes ist nach Art. 12 Abs. 2 Rom I-VO nicht anzuwenden, sondern **lediglich zu „berücksichtigen"** (regard shall be had; on aura égard). Die VO erläutert nicht näher, was damit gemeint ist. Nach dem Bericht *Giuliano/Lagarde* bedeutet es, dass das Gericht prüfen kann, ob dieses Recht für die Art und Weise der Vertragserfüllung maßgeblich ist, und dass es dieses Recht ganz oder teilweise anwenden kann[4]. Im Verordnungstext ist freilich von Ermessen keine Rede; die Berücksichtigung des Rechts des Erfüllungsortes ist zwingend vorgeschrieben[5]. Grundsätzlich ist jedenfalls vom Vertragsstatut auszugehen. Doch sind die danach geltenden Regeln im Hinblick auf die Sachrechtsvorschriften des Erfüllungsorts zu modifizieren, soweit diese für die Rechte und Pflichten der Parteien anderes bestimmen[6].

363 Man kann ferner annehmen, dass es den Parteien weiterhin freisteht, die Art und Weise der Erfüllung einem bestimmten Recht, und zwar als sog. Nebenstatut, auch einer anderen Rechtsordnung als dem Vertragsstatut zu unterstellen[7].

4. Währung, Ersetzungsbefugnis

Literatur: *Birk*, Die Umrechnungsbefugnis bei Fremdwährungsforderungen im IPR, AWD 1973, 425; *Grothe*, Fremdwährungsverbindlichkeiten (1999); *Grothe*, Das währungsverschiedene Substitutionsrecht in Euro, ZBB 2002, 1; *Maier-Reimer*, Fremdwährungsverbindlichkeiten, NJW 1985, 2049; *Rennpferdt*, Die internationale Harmonisierung des Erfüllungsrechts für Geldschulden (1993).

---

1 S. bereits *Magnus*, in: Staudinger, Art. 32 EGBGB Rz. 86. – Ebenso *Lagarde*, in: North, S. 55; *Lagarde*, Rev.crit.d.i.p. 80 (1991), 287 (333) mit dem Bedauern, dass das EVÜ keine besondere Bestimmung wie Art. 147 schweiz. IPRG enthält. Anders *von Hoffmann*, in: Soergel, Art. 32 EGBGB Rz. 20, 74.
2 UNIDROIT-Principles (1994), Art. 6.1.10.
3 Dazu *Vischer/Huber/Oser*, Rz. 874.
4 Zum EVÜ Bericht *Giuliano/Lagarde*, S. 66. – Vgl. auch *von Hoffmann*, in: Soergel, Art. 32 EGBGB Rz. 69, 75.
5 So schon *Ferrari*, in: Ferrari/Saenger, IntVertragsR, Art. 32 EGBGB Rz. 36; *Magnus*, in: Staudinger, Art. 32 EGBGB Rz. 93. – Vgl. auch *Morse*, Yb.Eur.L. 2 (1982), 153; *Junker*, Int.ArbR im Konzern (1992), S. 298 Fn. 79.
6 Vgl. *Junker*, Int.ArbR im Konzern (1992), S. 299 f.; *von Hoffmann/Thorn*, § 10 Rz. 88; *Thorn*, in: Palandt, Art. 32 EGBGB Rz. 4.
7 *Magnus*, in: Staudinger, Art. 32 EGBGB Rz. 98. – Vgl. BGH 7.7.1980, IPRspr. 1980 Nr. 137b = IPRax 1981, 93 (zust. Anm. *Spellenberg*, IPRax 1981, 75).

Die meisten Rechtsordnungen erlauben, dass nicht nur in der vereinbarten 364
fremden Währung (Schuldwährung; money of account), sondern auch in einer
anderen Währung (Zahlungswährung; money of payment) gezahlt werden
kann[1]. So gestattet § 244 Abs. 1 BGB dem Schuldner (vorbehaltlich ausdrücklicher abweichender Vereinbarung) die Zahlung von Geldschulden in Euro.
Die Einordnung dieser Vorschrift, welche dem Schuldner, nicht aber dem
Gläubiger[2], ein Wahlrecht einräumt, ist umstritten. Nach früher hM ist sie unabhängig vom Schuldstatut auf alle in der Bundesrepublik zu zahlenden Geldschulden anzuwenden. Es handelt sich danach um eine versteckte Kollisionsnorm[3] oder doch um eine unmittelbar anwendbare Sachnorm[4], deren Zweck
die Erleichterung und Regulierung des Zahlungsverkehrs ist. Es beginnt sich
jedoch die Auffassung durchzusetzen, dass es hier lediglich um den Inhalt der
Verpflichtung geht. Daher soll § 244 BGB nur dann zur Anwendung gelangen,
wenn deutsches Recht **Schuldstatut** ist[5].

Für den Währungskurs maßgeblicher Zeitpunkt ist die tatsächliche Zahlung,
nicht die Fälligkeit[6]. Während man früher auf eine Geldschuld, deren Erfüllungsort im Ausland liegt, § 244 BGB nicht angewendet hat[7], wird heute bei einem ausländischen Zahlungsort in der Euro-Zone eine Anwendung befürwortet[8].

---

1 Näher zu den Begriffen, die sich nicht völlig decken, *Grothe*, S. 6 f., der für den Umfang der geschuldeten Währungseinheiten noch den Begriff der Berechnungswährung einführt.
2 LG Braunschweig 15.1.1985, WM 1985, 394.
3 LG Stuttgart 14.3.1957, IPRspr. 1956/57 Nr. 29 (Darlehensstatut niederländ. Recht. § 244 BGB angewendet). Ebenso *König*, EuR 1975, 305; *Drobnig*, S. 258; *Ferid*, Rz. 6–98; *Kegel/Schurig*, S. 1120. Anders *Schnelle*, Die objektive Anknüpfung von Darlehensverträgen im deutschen und amerikanischen IPR (1992), S. 154 ff.: An den Sitz des Gläubigers gesondert anzuknüpfende Frage.
4 So *Schmidt*, in: Staudinger, § 244 BGB Rz. 77.
5 *Birk*, AWD 1973, 434; *Maier-Reimer*, NJW 1985, 2050 f.; *Grothe*, S. 148 f.; *Grothe*, ZBB 2002, 1 ff.; *Reinhuber*, Grundbegriffe und internationaler Anwendungsbereich von Währungsrecht (1995), S. 101 f.; *von Bar/Mankowski*, I § 4 Rz. 11, 13; *von Bar*, II Rz. 545 (nach altem Recht über Art. 32 Abs. 2 EGBGB zu berücksichtigende Sachnorm); *Grundmann*, in: MünchKomm, § 245 BGB Rz. 97 (Erfüllungsmodalität); *Spickhoff*, in: Bamberger/Roth, Art. 32 EGBGB Rz. 28; *von Hoffmann*, in: Soergel, Art. 34 EGBGB Rz. 113.
6 BGH 22.5.1958, IPRspr. 1958/59 Nr. 100 = NJW 1958, 1390 (Fremdwährungsschuld in niederländ. Währung); OLG Köln 5.2.1971, IPRspr. 1971 Nr. 117 = AWD 1971, 485 (Anspruchshöhe in belg. Währung beziffert. Umrechnung nicht nach Verzugs-, sondern Zahlungszeitpunkt). Ebenso schon RG 24.1.1921, RGZ 101, 312 (315). So auch *Birk*, AWD 1973, 429.
7 OLG Koblenz 17.9.1993, IPRspr. 1993 Nr. 35 = RIW 1993, 934 (936); Deutsches Seeschiedsgericht 9.9.1976, IPRspr. 1976 Nr. 26 = VersR 1977, 447 (Bergelohnvereinbarung deutschem Recht unterstellt. Zu zahlen war in Kopenhagen in dän. Kronen). – Anders *Kegel/Schurig*, S. 1120.
8 So *Grothe*, ZBB 2002, 1 ff.

III. Aufrechnung (Art. 17 Rom I-VO)

Literatur: *Badelt*, Aufrechnung und internationale Zuständigkeit unter besonderer Berücksichtigung des deutsch-spanischen Rechtsverkehrs (2005); *Berger*, Der Aufrechnungsvertrag (1996); *Birk*, Aufrechnung bei Fremdwährungsforderungen und IPR, AWD 1969, 12; *Bucher*, Rechtsvergleichende und kollisionsrechtliche Bemerkungen zur Verrechnung („Kompensation"), in: Conflits et harmonisation – Mélanges en l'honneur d'A.von Overbeck (Fribourg 1990), S. 701; *Dageförde*, Aufrechnung und internationale Zuständigkeit, RIW 1990, 873; *Eickhoff*, Inländische Gerichtsbarkeit und internationale Zuständigkeit für Aufrechnung und Widerklage (1985); *Eujen*, Die Aufrechnung im internationalen Verkehr zwischen Deutschland, Frankreich und England (1975); *von Falkenhausen*, Ausschluss von Aufrechnung und Widerklage durch internationale Gerichtsstandsvereinbarungen, RIW 1982, 386; *Gäbel*, Neuere Probleme zur Aufrechnung im IPR (1983) (betr. USA); *Gottwald*, Die Prozessaufrechnung im europäischen Zivilprozess, IPRax 1986, 10; *Grothe*, Fremdwährungsverbindlichkeiten (1999); *Gruber*, Die Aufrechnung von Fremdwährungsforderungen, MDR 1992, 121; *Gruschinske*, Das europäische Kollisionsrecht der Aufrechnung unter besonderer Beachtung des Insolvenzfalles (2008); *Heinrich*, Rechtsvergleichende Aspekte der Verrechnung als Kreditsicherheit, SZW/RSDA 1990, 266; *Henn*, Aufrechnung gegen Fremdwährungsforderungen, MDR 1956, 584; *Henn*, Kursumrechnung bei der Erfüllung von Fremdwährungsforderungen, RiW 1957, 153; *von Hoffmann*, Aufrechnung und Zurückbehaltungsrecht bei Fremdwährungsforderungen, IPRax 1981, 155; *Janert*, Die Aufrechnung im internationalen Vertragsrecht (2002); *Jud*, Die Aufrechnung im internationalen Privatrecht, IPRax 2005, 104; *Kannengießer*, Die Aufrechnung im internationalen Privat- und Verfahrensrecht (1998); *Kegel*, Probleme der Aufrechnung: Gegenseitigkeit und Liquidität, rechtsvergleichend dargestellt (1938); *Magnus*, Internationale Aufrechnung, in: Leible (Hrsg.), Das Grünbuch zum Internationalen Vertragsrecht (2004), S. 209; *Magnus*, Aufrechnung und Gesamtschuldnerausgleich, in: Ferrari/Leible (Hrsg.), Ein neues Internationales Vertragsrecht für Europa (2007), S. 201; *Magnus*, Set-off and the Rome I Proposal, Yb. PIL 8 (2006), 113; *Vorpeil*, Aufrechnung bei währungsverschiedenen Forderungen, RIW 1993, 529; *Vorpeil*, Aufrechnungsausschlussklauseln nach englischem Recht, RIW 1993, 718.

1. Gleiches Schuldstatut

365 Die Aufrechnung bewirkt das **Erlöschen zweier Forderungen**, nämlich der Forderung, mit der aufgerechnet wird (Aktiv- oder Gegenforderung) und der Forderung, gegen die aufgerechnet wird (Passiv- oder Hauptforderung). Das Bestehen der Forderungen wird nach ihrem jeweiligen Statut beurteilt. Gilt für beide das gleiche Schuldstatut, so entscheidet dieses[1]. Das folgt aus Art. 12 Abs. 1 lit. d Rom I-VO, der das Erlöschen der Verpflichtungen dem Vertragsstatut unterwirft. Die Aufrechnung ist stets materiellrechtlich einzuordnen[2]. Nur die prozessuale Zulässigkeit der Aufrechnung richtet sich nach der lex fori[3]. Die Voraussetzung der „Entscheidungsreife" des italienischen Rechts (Art. 1243 c.c.) dürfte materiellrechtlich einzuordnen sein[4].

---

[1] BGH 12.5.1993, IPRspr. 1993 Nr. 139 = IPRax 1994, 115 (m. Aufs. *Geimer*, IPRax 1994, 82) = NJW 1993, 2753; *Kegel/Schurig*, S. 754.

[2] *Magnus*, in: Ferrari/Leible, S. 207 f.

[3] BGH 20.6.1979, IPRspr. 1979 Nr. 162 = NJW 1979, 2477. Zur Aufrechnung im Insolvenzfall s. § 338 InsO.

[4] OLG Düsseldorf 28.5.2004, IHR 2004, 203 = IPRspr. 2004 Nr. 37 mwN.

2. Verschiedene Statute

Art. 17 Rom I-VO bestimmt: 366

Ist das Recht zur Aufrechnung nicht vertraglich vereinbart, so gilt für die Aufrechnung das Recht, dem die Forderung unterliegt, gegen die aufgerechnet wird.

Die materiellrechtliche Zulässigkeit der Aufrechnung richtet sich nach dem Schuldstatut der Forderung, die zum Erlöschen gebracht werden soll. Ebenso entschied schon bislang die deutsche Rechtsprechung[1]. Art. 17 Rom I-VO hat der Auffassung, dass die Aufrechnung nach den Statuten beider Forderungen zulässig sein muss (sog. Kumulationstheorie)[2] eine Absage erteilt. Auch die Literatur hat im Interesse des **Gläubigerschutzes** ganz überwiegend auf **das Statut der Passivforderung** abgestellt[3].

Danach wird beurteilt, ob der Schuldner aufrechnen kann statt bar zu zahlen. Dieses etwaigen Vorteils wegen kann ihm zugemutet werden, sich nach einem anderen Recht als nach dem für seine Forderung maßgeblichen zu richten. Bestand, Höhe und Fälligkeit der Aktivforderung betreffen Vorfragen. Sie werden daher nach ihrem eigenen Statut beurteilt[4].

Welches Recht den **Aufrechnungsvertrag** beherrscht, wird nicht von Art. 17 367 Rom I-VO geregelt und ist weitgehend ungeklärt. Rechtswahl ist möglich[5]. Häufig wird ein solcher Vertrag im Rahmen anderer Vertragsverhältnisse (zB eines Kontokorrentverhältnisses) abgeschlossen und ist dann akzessorisch anzuknüpfen[6]. Für den isolierten Aufrechnungsvertrag sind mehrere Lösungen denkbar. Man könnte an die engste Verbindung nach Art. 4 Abs. 4 Rom I-VO denken[7]. Aber auch die Anwendung des Rechts der Forderung, die wirtschaftlich überwiegt, nämlich derjenigen, mit der auch eine einseitige Aufrechnung vollzogen werden könnte[8] oder aber eine distributive Beurteilung jeder der For-

---

1 S. ua. BGH 22.11.1962, BGHZ 38, 254, (256) = IPRspr. 1962/63 Nr. 35; BGH 13.7.2006, IPRspr. 2006 Nr. 13 = NJW 2006, 3631; OLG Koblenz 27.2.1987, IPRspr. 1987 Nr. 123 = RIW 1987, 629 = IPRax 1987, 381 Bericht *Henrich*; BGH 17.9.1993, RIW 1993, 934; OLG Düsseldorf 10.2.1994, IPRspr. 1994 Nr. 26 = DB 1994, 2492 (franzö́s. Recht); OLG Düsseldorf 24.4.1997, IPRspr. 1997 Nr. 145; OLG Stuttgart 21.8.1995, IPRspr. Nr. 42 = IPRax 1996, 139 (LS) Anm. *Kronke* = RIW 1995, 943 (italien. Recht); OLG München 28.1.1998, IPRspr. 1998 Nr. 37 = RIW 1998, 559 (italien. Recht); AG Duisburg 13.4.2000, IPRspr. 2000 Nr. 23 = IHR 2001, 114 (italien. Recht). – Dem gleichen Prinzip folgt etwa Art. 148 Abs. 2 schweiz. IPRG.
2 So EuGH 10.7.2003 – Rs. C-87/01 (Kommission/CCRE), Slg. 2003, I-7617 (Eine Forderung unterstand belg. Recht, die andere Gemeinschaftsrecht); vgl. *Jayme/Kohler*, IPRax 2003, 493; *Martiny*, ZEuP 2006, 83; *Martiny*, ZEuP 2008, 102.
3 *Gäbel*, S. 32 ff.; *von Bar*, II Rz. 547; *Kegel/Schurig*, S. 753; *Hohloch*, in: Erman, Art. 32 EGBGB Rz. 13; *Spellenberg*, in: MünchKomm, 5. Aufl., Art. 18 Rom I-VO Rz. 2; *Thorn*, in: Palandt, Art. 32 EGBGB Rz. 6; *Magnus*, in: Staudinger, Art. 32 EGBGB Rz. 61.
4 *Raape*, S. 515.
5 *Magnus*, in: Ferrari/Leible, S. 213.
6 *Magnus*, in: Ferrari/Leible, S. 214. – Ebenso schon *Gäbel*, S. 201 ff. – Zurückhaltender *Kannengießer*, S. 136 f.
7 *Pfeiffer*, EuZW 2008, 629; *Magnus*, in: Ferrari/Leible, S. 213 f. – Vgl. für das alte Recht *Kannengießer*, S. 136.
8 *Gäbel*, S. 197 f.

derungen nach ihrem eigenen Recht[1] wird vorgeschlagen. Sind beide Forderungen nicht durchsetzbar, so ist nach anderen Kriterien zu suchen, welche die engste Verbindung begründen (vgl. Art. 148 Abs. 3 schweiz. IPRG). Allein auf das Recht dessen abzustellen, der die Aufrechnung initiiert hat[2], dürfte nicht ausreichen.

368 Das Recht der Hauptforderung entscheidet grundsätzlich auch darüber, wie die Aufrechnung erfolgt und welche Wirkung sie hat. Im deutschen Recht ist eine besondere **Aufrechnungserklärung** erforderlich (§ 388 BGB)[3]. Ebenso ist es im schweizerischen Recht (Art. 124 OR). Diese Aufrechnungserklärung ist erforderlich, wenn deutsches oder schweizerisches Recht Schuldstatut der Forderung ist, gegen die aufgerechnet wird. Dagegen kennt etwa das französische Recht eine Legalaufrechnung (compensation légale), die Liquidität, aber keine Aufrechnungserklärung voraussetzt (Art. 1290 c.c.)[4]. Ähnlich ist es nach kalifornischem Recht[5]. Das italienische Recht unterscheidet eine (materiellrechtlich einzuordnende) gerichtliche und eine gesetzliche Aufrechnung[6]. Hier ist näher zu bestimmen, gegen welche Forderung aufgerechnet wird. Erfolgt die Aufrechnung durch **richterlichen Gestaltungsakt**, so kann man darauf abstellen, wer einen entsprechenden Antrag auf Aufrechnung stellt. Die Forderung des Gegners ist dann die Passivforderung, auf die es ankommt[7]. Bei der reinen **Legalkompensation** ist danach zu fragen, wer sich zuerst auf die Aufrechnung beruft bzw. damit verteidigt; die Forderung des anderen Teils (regelmäßig die Klageforderung) ist die maßgebliche Passivforderung[8].

In den Rechten, in denen eine Aufrechnungserklärung materiellrechtlich nicht erforderlich ist, muss doch im Prozess geklärt werden, dass aufgerechnet wird. Im anglo-amerikanischen Recht wird die Aufrechnung (set-off) als Einrichtung des Prozessrechts angesehen[9]. Sie unterliegt daher vom angelsächsischen Standpunkt aus der lex fori[10]. Trotzdem müssen die Rechtsregeln über die Auf-

---

1 So zum alten Recht *Berger*, S. 453 ff., 469 ff.
2 So aber *Gäbel*, S. 199 f.
3 Ebenfalls Art. 8.3 UNIDROIT-Principles, Art. 13:104 PECL, Art. III.-6:105 DCFR.
4 S. OLG Koblenz 17.9.1993, IPRspr. 1993 Nr. 35 = RIW 1993, 934; OLG Düsseldorf 10.2.1994, IPRspr. 1994 Nr. 26 = RIW 1995, 53; OLG Hamm 26.2.2004, IPRspr. 2004 Nr. 36. Näher zu Art. 1289 ff. c.c. *Kannengießer*, S. 52 ff.; IPG 1969 Nr. 3 (Hamburg); IPG 1971 Nr. 6 (Freiburg); IPG 1980/81 Nr. 14 (Freiburg); IPG 2003/2004 Nr. 4 (Bochum).
5 Näher *Gäbel*, S. 107 ff., 125 ff.
6 Dazu *Kannengießer*, S. 3 ff. – Vgl. OLG Stuttgart 21.8.1995, IPRspr. 1995 Nr. 42; LG München I 20.3.1995, IPRspr. 1995 Nr. 41 = IPRax 1996, 31 (m. Aufs. *Kindler*, IPRax 1996, 16); LG Duisburg 17.4.1996, IPRspr. 1996 Nr. 148 = RIW 1996, 774.
7 *Mankowski*, IHR 2008, 151.
8 *Magnus*, in: Ferrari/Leible, S. 210; *Magnus*, Yb. PIL 8 (2006), 119; *Mankowski*, IPRax 2006, 111; *Mankowski*, IHR 2008, 151; *Pfeiffer*, EuZW 2008, 629; *Spellenberg*, in: MünchKomm, 5. Aufl., Art. 17 Rom I-VO Rz. 14. – Vgl. auch *Lagarde*, Rev.crit.d.i.p. 95 (2006), 346 f.
9 Dazu *Kannengießer*, S. 57 ff. (engl. Recht); IPG 1969 Nr. 4 (Köln); zur Abgrenzung vom „counterclaim" *Habscheid*, Festschr. Neumayer (1986), S. 264 ff.
10 Anders für das EVÜ *Dicey/Morris*, II Nr. 32–208.

rechnung von deutschen Gerichten stets *materiellrechtlich* qualifiziert werden. Solche Aufrechnungsvorschriften finden Anwendung, wenn für die Forderung, gegen die aufgerechnet wird, englisches Recht als Schuldstatut gilt; dabei bleiben rein technische Verfahrensvorschriften (zB über die Art und Weise des Vorbringens im Prozess) außer Betracht[1]. Der prozessualen Einordnung der Aufrechnung wird teilweise eine „hypothetische" Rückverweisung des Common Law entnommen[2]. Unterliegt die Hauptforderung etwa US-amerikanischem Recht, wäre mithin eine Rückverweisung auf die deutsche lex fori anzunehmen. Das dürfte aber nicht sachgerecht sein[3]. Heute steht auch Art. 20 Rom I-VO, der Rück- und Weiterverweisung ausdrücklich ausschließt, entgegen. Daher ist auch in Deutschland der materiellrechtliche Gehalt des ausländischen Rechts anzuwenden.

3. Verschiedene Währungen

Gelten für Haupt- und Gegenforderung verschiedene Währungen und ist deutsches Recht Schuldstatut der Hauptforderung, so fehlt es nach hM grundsätzlich an der **Gleichartigkeit** iSd. § 387 BGB[4]. Andere lassen dagegen bei frei konvertiblen Währungen eine Aufrechnung zu[5]. Die Gleichartigkeit entfalle nicht wegen der unterschiedlichen Bezeichnung. Dies wird auch in Österreich[6] und der Schweiz[7] angenommen. Vor allem angesichts der Kapitalverkehrsfreiheit

369

---

1 *Hohloch*, in: Erman, Art. 32 EGBGB Rz. 13; *Thorn*, in: Palandt, Art. 32 EGBGB Rz. 6; vgl. auch *Graupner*, AWD 1968, 99 (103 Fn. 40).
2 *Habscheid*, Festschr. Neumayer (1985), S. 268 ff.; *Kegel/Schurig*, S. 754.
3 S. *Ferid*, Rz. 6–117; *Gäbel*, S. 134 ff.; *Kannengießer*, S. 129 f.; *Magnus*, in: Staudinger, Art. 32 EGBGB Rz. 65.
4 KG 29.6.1988, IPRspr. 1988 Nr. 140 = RIW 1989, 815 (Keine Aufrechnung mit Forderung in US-Dollar oder Schweizer Franken gegen DM-Forderung); KG 6.3.2003, IPRspr. 2003 Nr. 43 = WM 2003, 2093 (Peseten gegen DM zugelassen wegen Übergangs zum Euro); OLG Hamm 9.10.1998, NJW-RR 1999, 1736; LG Hamburg 16.11.1973, IPRspr. 1973 Nr. 20 = AWD 1974, 410 (Wegen Ungleichartigkeit von Drachmen und US-Dollars keine Aufrechnung nach deutschem Recht); LG Hamburg 19.6.1980, IPRspr. 1980 Nr. 19 = IPRax 1981, 174 (Anm. *von Hoffmann*, IPRax 1981, 155) (Echte Valutaschuld in argentin. Pesos, die im Ausland zu zahlen war, war einem DM-Zahlungsanspruch nicht gleichartig und somit nicht aufrechenbar); *Ferid*, Rz. 6–188; *Spickhoff*, in: Bamberger/Roth, Art. 32 EGBGB Rz. 10; *Schlüter*, in: MünchKomm, § 387 BGB Rz. 32; *Grüneberg*, in: Palandt, § 387 BGB Rz. 9.
5 So etwa OLG Koblenz 3.5.1991, IPRspr. 1991 Nr. 174 = RIW 1992, 59 (Aufrechnung mit DM-Forderung gegen Lire-Forderung gestattet); *Birk*, AWD 1969, 15 f.; *Kegel/Schurig*, S. 652. Differenzierend *Maier-Reimer*, NJW 1985, 2049 (2051); *von Hoffmann*, IPRax 1981, 156 (Gleichartigkeit, wenn am Erfüllungsort beider Forderungen volle Konvertibilität besteht); *Frigge*, Externe Lücken und Internationales Privatrecht im UN-Kaufrecht (1994), S. 104 (Umrechnungskurs zum Zeitpunkt des Zugangs der Aufrechnungserklärung); *Leible*, in: AnwK, Art. 32 EGBGB Rz. 31; *K. Schmidt*, in: Staudinger, § 244 BGB Rz. 48 f.
6 Österreich. OGH 21.3.2001, ZfRV 43 (2002), 75.
7 Für die Gleichartigkeit nach Art. 120 OR: schweiz. BG 26.10.1937, BGE 63 II 383, (391 f.) (Gegen Forderung in Schweizer Franken Aufrechnung mit Peseten und engl. Pfunden für zulässig gehalten).

des Gemeinschaftsrechts (Art. 56 EG) beginnt sich diese Auffassung durchzusetzen.

Hat der Schuldner die Ersetzungsbefugnis nach § 244 BGB (Rz. 364), so entfällt die Ungleichartigkeit in jedem Fall. Er kann dann gegen eine Forderung in Inlandswährung mit einer Forderung in Auslandswährung ebenso aufrechnen, wie er eine Schuld in Auslandswährung in deutscher Währung zahlen könnte[1]. Da die Aufrechnungsbefugnis erst mit der Aufrechnungserklärung entsteht, erfolgt die Umrechnung nach dem Kurs im Zeitpunkt des Zuganges der Aufrechnungserklärung[2]. Soweit der Schuldner von der ihm durch § 244 BGB gleichfalls eröffneten Möglichkeit Gebrauch macht, gegenüber einer unechten Valutaschuld mit einer auf Euro lautenden Schuld aufzurechnen, gilt für die Umrechnung der Kurs im Zeitpunkt des Zugangs der Aufrechnungserklärung.

IV. Hinterlegung

370 Ob und mit welcher Wirkung der Schuldner schuldbefreiend hinterlegen kann, entscheidet das Schuldstatut[3]. Das Recht des Hinterlegungsortes ist jedoch für die Modalitäten der Hinterlegung heranzuziehen.

V. Erlass, Aufhebung

371 Wird eine Forderung erlassen, so richtet sich die Frage, ob ein **einseitiger Verzicht** des Gläubigers möglich oder – wie nach deutschem Recht (§ 397 BGB) – als Erlöschensgrund ein Vertrag erforderlich ist, nach dem Recht, das die erlassene Forderung beherrscht[4]. Im Übrigen kann der **Erlassvertrag** aufgrund einer Rechtswahl einem eigenen Statut unterstehen[5]. Fehlt sie, so ist regelmäßig das Statut der bisherigen Verpflichtung maßgebend[6]. Doch folgt das Geschäft,

---

1 *Grothe*, S. 575; *Ferid*, Rz. 6–118; *Westermann*, in: Erman, § 387 BGB Rz. 10. Vgl. OLG Frankfurt 27.10.1966, IPRspr. 1966/67 Nr. 33 = NJW 1967, 501; OLG Hamburg 7.12.1978, VersR 1979, 833 (834). Einen inländ. Erfüllungsort verlangt OLG Koblenz 17.9.1993, IPRspr. 1993 Nr. 35 = RIW 1993, 934.
2 BGH 7.4.1992, IPRax 1994, 366 (m. Aufs. *Grothe*, IPRax 1994, 46) = WM 1993, 2011 (Beklagter rechnet gegen Dollar-Forderung mit DM-Forderung auf). Ebenso *Meyer-Collings*, ZAkDR 1942, 235 f.; *Vorpeil*, RIW 1993, 534; *Kegel/Schurig*, S. 1120.
3 OLG Stettin 1.12.1925, IPRspr. 1926/27 Nr. 38 = JW 1926, 385 (Darlehen. Wirkung der Hinterlegung bei einem poln. Gericht nach deutschem Schuldstatut beurteilt); *Raape*, S. 531; *Ferid*, Rz. 6–114; *Magnus*, in: Staudinger, Art. 32 EGBGB Rz. 67.
4 OLG Hamm 23.9.1999, IPRspr. 1999 Nr. 43 = RIW 1999, 621; *von Bar*, II Rz. 547; *Magnus*, in: Staudinger, Art. 32 EGBGB Rz. 74. – S. auch *Schnitzer*, II S. 663. Offen geblieben in BGH 25.1.1991, IPRspr. 1991 Nr. 3 = NJW 1991, 2214.
5 BGH 23.4.2002, WM 2002, 1186. – Ebenso zum früheren schweiz. Recht *Schönenberger/Jäggi*, Allg. Einl. Rz. 364. Nunmehr wird als Folge von Art. 148 Abs. 3 IPRG allein das für das Erlassgeschäft geltende Recht für maßgeblich gehalten, *Keller/Girsberger*, in: ZürchKomm, Art. 148 IPRG Rz. 68, 70.
6 OLG Karlsruhe 15.12.1987, IPRspr. 1987 Nr. 24A = NJW-RR 1989, 367.

das den Grund für den Erlass abgibt – etwa eine Schenkung –, seinem eigenen Statut[1].

Mangels einer entgegenstehenden Rechtswahl unterliegt auch ein Vertrag, der einen früheren aufhebt (**Aufhebungsvertrag**), dem ursprünglichen Schuldstatut. Das gilt jedenfalls dann, wenn durch ihn keine neuen Verpflichtungen der Parteien begründet werden sollen[2] (vgl. unten Rz. 377).

---

1 *Raape*, S. 531; *Ferid*, Rz. 6–114.
2 OLG Hamburg 6.2.1998, IPRspr. 1998 Nr. 175 = IPRax 1999, 168 (170); *Thorn*, in: Palandt, Art. 31 EGBGB Rz. 3. S. auch IPG 1969 Nr. 5 (Heidelberg) (Ein Vertrag, der einen früheren Vertrag über das Bebauen von Grundstücken gegen Abstandszahlung aufhob, wurde, ebenso wie der frühere, nach italien. Recht beurteilt). – Anders österreich. OGH 11.5.1976, ÖJZ 1976, 518 (Aufhebung eines engl. Recht unterstehenden Vertrages über die Miete von Rennwagen österreich. Recht unterworfen).

H. Verjährung, Ausschlussfrist, Verwirkung (Art. 12 Abs. 1 lit. d Rom I-VO)

	Rz.		Rz.
I. Verjährung	372	II. Ausschlussfrist	374
1. Anknüpfung	372	III. Verwirkung	375
2. Hemmung und Neubeginn	373		

I. Verjährung

Literatur (Auswahl): *Asam*, Die Verjährung kaufrechtlicher Ansprüche im italienischen Recht, RIW 1992, 798; *Asam*, Rechtsfragen der Verjährung kaufvertraglicher Ansprüche im deutsch-italienischen Rechtsverkehr, JbItaIR 5 (1992), 59; *Conrads*, Verjährung im englischen Recht (1996); *Dannemann/Karatzenis/Thomas*, Reform des Verjährungsrechts aus rechtsvergleichender Sicht, RabelsZ 55 (1991), 697; *Demuth*, Verjährungsvorschriften in CMR und Transportrechtsreformgesetz, in: Transport- und Vertriebsrecht 2000 – Festg. Herber (2000), S. 325; *Hage-Chahine*, La prescription extinctive en droit international privé, Rec. des Cours 255 (1995), 229; *Hay*, Die Qualifikation der Verjährung im US-amerikanischen Kollisionsrecht, IPRax 1989, 197; *Kegel*, Die Grenze von Qualifikation und Renvoi im internationalen Verjährungsrecht (1962); *Kleinschmidt*, Das neue französische Verjährungsrecht, RIW 2008, 590; *Krüger*, Türkisches internationales Verjährungsrecht, IPRax 1999, 493; *Linke*, Die Bedeutung ausländischer Verfahrensakte im deutschen Verjährungsrecht, Festschr. Nagel (1987), S. 209; *Looschelders*, Anpassung und Substitution bei der Verjährungsunterbrechung durch unzulässige Auslandsklage, IPRax 1998, 296; *Otte*, Verfolgung ohne Ende – ausländische Verjährungshemmung vor deutschen Gerichten, IPRax 1993, 209; *Sandrock*, Internationale Schiedsgerichtsbarkeit und Verjährung nach deutschem Recht, in: Law of International Business and Dispute Settlement in the 21st Century – Liber Amicorum Böckstiegel (2001), S. 671; *Schack*, Wirkungsstatut und Unterbrechung der Verjährung im IPR durch Klageerhebung, RIW 1981, 301; *Taupitz*, Verjährungsunterbrechung im Inland durch unfreiwillige Beteiligung am fremden Rechtsstreit im Ausland, ZZP 102 (1989), 288; *Taupitz*, Unterbrechung der Verjährung durch Auslandsklage aus der Sicht des österreichischen und des deutschen Rechts, IPRax 1996, 140; *Teich/Jakubowski*, Die Verjährung im Wirtschaftsrecht der Volksrepublik China, RIW 1990, 992; *Wolf*, Verjährungshemmung auch durch Klage vor einem international unzuständigen Gericht?, IPRax 2007, 180; *Zimmermann*, „... ut sit finis litium" – Grundlinien eines modernen Verjährungsrechts auf rechtsvergleichender Grundlage, JZ 2000, 853.

1. Anknüpfung

372 Das **Einheitliche Kaufrecht** regelt die Verjährung von Kaufpreisforderungen nicht. Das anwendbare Recht richtet sich daher nach den Kollisionsnormen der lex fori, dh. dem nach den Art. 3 ff. Rom I-VO bestimmten Vertragsstatut[1] (s. Rz. 909). Doch kann im Ausland die UN-Verjährungskonvention von 1974 eingreifen, s. Rz. 944.

---

1 Dagegen will mangels Rechtswahl auf das Recht der Schuldnerniederlassung abstellen *Stoll*, Festschr. Ferid (1988), S. 495 (507 ff.).

Kollisionsrechtlich gilt für die Verjährung Art. 12 Abs. 1 lit. d Rom I-VO[1]. Die Verjährung eines Anspruchs ist eine materiellrechtliche Frage und richtet sich nach der lex causae, dh. dem Statut, das das Rechtsverhältnis beherrscht[2]. Im Internationalen Vertragsrecht gilt das den Anspruch beherrschende **Vertragsstatut** für die gesamte Ausgestaltung der Verjährung[3]. Ungewöhnlich lange oder zu kurze Verjährungsfristen können den ordre public (Art. 21 Rom I-VO) berühren[4].

Das Vertragsstatut gilt auch, wenn das Ausland die Verjährung (wie nach Common Law)[5] verfahrensrechtlich einordnet und der dortigen lex fori unterwirft[6]. Die ausländische verfahrensrechtliche Einordnung ist unerheblich; ihr kann keine versteckte Rückverweisung auf das inländische Recht entnommen werden[7].

2. Hemmung und Neubeginn

Nicht nur Beginn und Dauer, sondern auch die Hemmung und der Neubeginn der Verjährung unterliegen in ihren Voraussetzungen und Wirkungen diesem Statut[8]. Nach materiellem Recht kann die Verjährung infolge von **Prozesshandlungen** wie die Klageerhebung gehemmt werden (vgl. § 204 Abs. 1 BGB). Wird die Klage in einem anderen Staat erhoben als in demjenigen, dessen Recht die lex causae bildet, so ist umstritten, wann die ausländische Prozesshandlung ausreicht. Nach deutschem Recht wird vielfach verlangt, dass das zu erwartende ausländische Urteil nach europäischem Zivilprozessrecht oder § 328 ZPO voraussichtlich im Inland anerkannt werden wird[9]. Entsprechendes gilt für die **Unterbrechungswirkung ausländischer Urteile**[10] und von Beweissi-

---

1 Bislang Art. 10 Abs. 1 lit. d EVÜ bzw. Art. 32 Abs. 1 Nr. 4 EGBGB.
2 OLG Frankfurt 16.12.1986, RIW 1987, 217 = IPRax 1988, 99 (Anm. *Schwenzer*, IPRax 1988, 86); OLG Brandenburg 29.11.2000, IPRspr. 2000 Nr. 28 = NJ 2001, 257 Anm. *Ehlers* (österreich. Recht); *Schack*, RIW 1981, 301 ff.; *Hohloch*, in: Erman, Art. 32 EGBGB Rz. 13.
3 BGH 7.6.1960, IPRspr. 1960–61 Nr. 23 = NJW 1960, 1720; RG 29.9.1927, RGZ 118, 142; RG 6.7.1934, RGZ 145, 121 (128 f.); *Firsching*, in: Staudinger, vor Art. 12 EGBGB Rz. 276.
4 *Spellenberg*, in: MünchKomm, 5. Aufl., Art. 12 Rom I-VO Rz. 115 ff. – Zu Art. 134 Abs. 1 Nr. 6 schweiz. OR s. *Otte*, IPRax 1993, 209 ff.
5 England folgt seit einiger Zeit jedoch dem kontinentalen lex causae-Ansatz im Foreign Limitation Periods Act 1984 (c. 16), *Dicey/Morris*, II Nr. 32–209. Zu Tendenzen in den USA zur Überwindung der prozessualen Qualifikation *Hay*, IPRax 1989, 197 ff.
6 RG 6.7.1934, RGZ 145, 121 (128 f.) = IPRspr. 1934 Nr. 29; *Hohloch*, in: Erman, Art. 32 EGBGB Rz. 13.
7 *Spellenberg*, in: MünchKomm, 5. Aufl., Art. 17 Rom I-VO Rz. 14; *Magnus*, in: Staudinger, Art. 32 EGBGB Rz. 71. Anders *Kegel/Schurig*, S. 409 f., 637.
8 RG 8.7.1930, RGZ 129, 385 (389) = IPRspr. 1930 Nr. 156.
9 RG 8.7.1930, RGZ 129, 385 (389) (Klageerhebung in Norwegen genügte nicht); OLG Düsseldorf 9.12.1977, IPRspr. 1977 Nr. 8 = NJW 1978, 1752 (Klageerhebung in Belgien genügte); LG Deggendorf 24.11.1981, TranspR 1983, 46 = IPRax 1983, 125 (m. abl. Aufs. *Frank*, IPRax 1983, 108) (Klageerhebung in Österreich); *Kegel/Schurig*, S. 636.
10 *Hohloch*, in: Erman, Art. 32 EGBGB Rz. 13. Näher dazu *Martiny*, in: Hdb. IZVR, III 1 Rz. 427 ff. – Zum schweiz. Zahlungsbefehl BGH 17.4.2002, NJW-RR 2002, 937.

cherungsverfahren[1]. Nach anderer Auffassung besteht kein solches Erfordernis[2] oder es werden geringere Anforderungen an die Anerkennung gestellt[3].

II. Ausschlussfrist

374 Möglich ist, dass ein Schuldverhältnis durch nichtrechtsgeschäftliche Tatbestände erlischt. Für sie gilt im Grundsatz ebenfalls das Vertragsstatut, so zB für Zeitablauf und Präklusionsfristen (Art. 12 Abs. 1 lit. d Rom I-VO). Mit den Rechtsverlusten, die sich aus dem Ablauf von Fristen ergeben (Art. 12 Abs. 1 lit. d Rom I-VO), ist, wie der englische Wortlaut des Art. 12 Abs. 1 lit. d EVÜ erkennen lässt, vor allem die ähnlich wie eine Ersitzung konzipierte „prescription" des englischen Rechts gemeint, die von der „limitation of actions" (Verjährung) zu unterscheiden ist.

III. Verwirkung

Literatur: *Girsberger*, Verjährung und Verwirkung im internationalen Obligationenrecht (1989); *Kegel*, Verwirkung, Vertrag und Vertrauen, Festschr. Pleyer (1986), S. 513; *Will*, Verwirkung im IPR, RabelsZ 42 (1978), 211.

375 Auch ob ein Anspruch wegen Verwirkung nicht mehr geltend gemacht werden kann, bestimmt grundsätzlich das **Vertragsstatut**[4]. Zwar wurde verlangt, man müsse bei der Bewertung des Verhaltens der Parteien ihr Umweltrecht in Betracht ziehen[5]. Hiergegen wird freilich zutreffend eingewandt, dies habe auf sachrechtlicher Ebene zu geschehen, so dass allein die lex causae gelte[6]. Eine Berücksichtigung auch auf kollisionsrechtlichem Wege ist in Art. 10 Abs. 2 Rom I-VO nicht vorgesehen. Sie würde zudem zu einer Sonderanknüpfung und damit zu einer weiteren Zersplitterung führen. Das Umweltrecht ist daher al-

---

[1] LG Hamburg 15.9.1998, IPRax 2001, 45 (m. krit. Aufs. *Spickhoff*, IPRax 2001, 37) (keine Wirkung wegen ausschließender inländ. Zuständigkeit).

[2] S. *Katinszky*, Unterbrechung der Verjährung durch Klageerhebung vor ausländischen Gerichten, RabelsZ 9 (1935), 855 (860 ff.); *Frank*, IPRax 1983, 109 f.; *Linke*, Festschr. Nagel, S. 221 ff.; *Spellenberg*, in: MünchKomm, 5. Aufl., Art. 12 Rom I-VO Rz. 135 ff. (mit Einschränkungen für die Klageerhebung). Unentschieden *Magnus*, in: Staudinger, Art. 32 EGBGB Rz. 69.

[3] Nur, soweit es um den Schutz von Individualinteressen geht (insbes. die Zustellung und Ladung), *Leible*, in: AnwK, Art. 32 EGBGB Rz. 36; *Spickhoff*, in: Bamberger/Roth, Art. 32 EGBGB Rz. 12.

[4] OLG Frankfurt 24.6.1981, IPRspr. 1981 Nr. 20 = RIW 1982, 914; AG Traunstein 2.11.1973, IPRspr. 1973 Nr. 13; *Kegel/Schurig*, S. 637; *Spellenberg*, in: MünchKomm, 5. Aufl., Art. 12 Rom I-VO Rz. 165. Vgl. auch OLG Hamburg 22.11.1988, IPRspr. 1988 Nr. 32 = Bericht IPRax 1989, 247.

[5] Näher *Will*, RabelsZ 42 (1978), 222 ff.

[6] *Spellenberg*, in: MünchKomm, 5. Aufl., Art. 12 Rom I-VO Rz. 166. So auch für die Schweiz, *Keller/Girsberger*, in: ZürchKomm, Art. 148 IPRG Rz. 76. Krit. zu einer analogen Anwendung von Art. 31 Abs. 2 EGBGB; *Frigge*, Externe Lücken und Internationales Privatrecht im UN-Kaufrecht (1994), S. 140 ff.

lein auf der Ebene des materiellen Rechts zu berücksichtigen. Einer ausländischen verfahrensrechtlichen Einordnung der Verwirkung kann auch hier keine versteckte Rückverweisung auf das inländische Recht entnommen werden[1]. Dem Vertragsstatut unterliegt gleichfalls der Rechtsmissbrauch[2].

---

1 Anders *Kegel/Schurig*, S. 409 f., 637.
2 *Schütze*, WM 1982, 226 (228).

J. Umgestaltung des Schuldverhältnisses, Schuldanerkenntnis und Vergleich

	Rz.		Rz.
I. Bloße Abänderung	376	III. Schuldanerkenntnis	378
II. Ersetzung	377	IV. Vergleich	379

Literatur: *Berger*, Neuverhandlungs-, Revisions- und Sprechklauseln im internationalen Wirtschaftsvertragsrecht, RIW 2000, 1; *Berger*, Internationale Investitionsverträge und Schiedsgerichtsbarkeit – Äquivalenzstörungen, Neuverhandlungsklauseln und Vertragsanpassung, ZvglRW 102 (2003), 1; *Geldsetzer*, Einvernehmliche Änderung und Aufhebung von Verträgen (1993); *Hoyer*, Die Novation im österreichischen IPR, ZfRV 1968, 288; *Jarrosson*, Le contrat de transaction dans les relations commerciales internationales, Rev.crit.d.i.p. 86 (1997), 657; *Roden*, Zum Internationalen Privatrecht des Vergleichs (1994).

I. Bloße Abänderung

376 Wird der ursprüngliche Vertrag von den Parteien in Einzelheiten abgeändert (zB Kaufpreishöhe), soll er im Übrigen aber weiterbestehen, so gilt – mangels einer anderen Rechtswahl – das ursprüngliche Vertragsstatut[1].

II. Ersetzung

377 Wird ein Vertrag geschlossen, der das **alte Schuldverhältnis** ersetzt, so ist zu unterscheiden. Ob das alte Vertragsverhältnis aufgrund der Novation untergegangen ist, bestimmt nach überwiegender Auffassung das Statut des ursprünglichen Vertrages[2].

Für das neu **vereinbarte Schuldverhältnis** kann ein anderes Recht vereinbart werden als das für den ursprünglichen Vertrag geltende. Fehlt es an einer ausdrücklichen Rechtswahl, so kann das Statut der alten Verbindlichkeit kraft stillschweigender Rechtswahl weitergelten. Ist auch ein stillschweigender Wil-

---

1 Österreich. OGH 14.9.1955, SZ 28 Nr. 200 (Änderung eines Vertretervertrages durch Vergleich nach österreich. Recht); österreich. OGH 11.5.1976, ÖJZ 1976, 518 (Erweiterung der Miete eines Rennwagens nach engl. Schuldstatut). – Ebenso der inzwischen aufgehobene § 45 S. 2 österreich. IPRG.
2 Schweiz. BG 3.6.1947, BGE 73 II, 102 = SchweizJahrbIntR 5 (1948), 207 Anm. *Gutzwiller* (Novation. Erlöschen nach französ. Bürgschaftsstatut beurteilt); *Dicey/Morris*, II Nr. 32–207. – Nunmehr infolge von Art. 148 Abs. 3 IPRG ausschließlich für das Statut des Neuerungsgeschäfts *Keller/Girsberger*, in: ZürchKomm, Art. 148 IPRG Rz. 69.

le nicht ersichtlich, so ist das Schuldstatut der neuen Verbindlichkeit selbständig zu bestimmen[1].

III. Schuldanerkenntnis

Das Schuldanerkenntnis ist ein Vertrag, durch den **das Bestehen eines Schuldverhältnisses** anerkannt wird (§ 781 BGB). Dafür ist nach deutschem Recht grundsätzlich (vgl. aber § 350 HGB) Schriftform erforderlich. Nach französischem Recht ist die besondere Form des Art. 1326 c.c. einzuhalten[2]. Das Schuldbekenntnis gem. Art. 17 OR der Schweiz verlangt hingegen keine besondere Form[3]. Nach türkischem Recht kommt jedoch die Beweisvorschrift des Art. 288 ZPO zum Zuge[4].

378

Für die Anknüpfung ist in erster Linie der Parteiwille maßgeblich[5]. Fehlt eine Rechtswahl, so gilt regelmäßig das Recht, welches die anerkannte Forderung beherrscht[6]. Dieses entscheidet über die Bedeutung der Erklärung[7].

Da das Schuldanerkenntnis nicht der gleichen Rechtsordnung zu unterliegen braucht wie die anerkannte Forderung, kann bei einem deklaratorischen Schuldanerkenntnis vereinbart werden, auf Einwendungen aus dem zugrunde liegenden Schuldverhältnis ein anderes Recht anzuwenden. Das ist auch für einen Kaufvertrag möglich, der nach ausländischem Recht gleichzeitig das dingliche Erfüllungsgeschäft bildet[8].

---

1 OLG Hamburg 6.2.1998, IPRspr. 1998 Nr. 175 = IPRax 1999, 168 (170) (Loan Facility Agreement); *Rabel*, II 2 S. 446 f.; *Hoyer*, ZfRV 1968, 291 f.; *Thorn*, in: Palandt, Art. 31 EGBGB Rz. 3; schweiz. BG 3.6.1947 mit krit. Anm. *Gutzwiller*.
2 IPG 1980/81 Nr. 10 (Freiburg).
3 IPG 1980/81 Nr. 21 (München).
4 IPG 1979 Nr. 16 (Hamburg).
5 S. schon OLG Hamburg 2.6.1965, IPRspr. 1964–65 Nr. 46 (Anerkenntniserklärung zwischen deutschen Parteien bezüglich entstandener Schäden. Deutsches Recht angewendet); LG Waldshut-Tiengen 29.11.1979, IPRspr. 1979 Nr. 17 (Schuldversprechen in Form eines [Schein-]Darlehens. Sittenwidrigkeit nach türk. Recht).
6 OLG Hamm 23.6.1998, IPRspr. 1998 Nr. 33 = RIW 1999, 785 (österreich. Recht); OLG Düsseldorf 14.1.2003, IPRspr. 2003 Nr. 26 = VersR 2003, 1324; LG Hamburg 23.8.1994, IPRspr. 1994 Nr. 142 = NJW-RR 1995, 183; IPG 1980–81 Nr. 10 (Freiburg) (Schuldanerkenntnis aus Handelsvertretervertrag, französ. Recht unterworfen); *Remien*, in: PWW, Art. 32 EGBGB Rz. 15.
7 S. bereits LG München I 22.12.1980, IPRspr. 1980 Nr. 13A = IPRax 1982, 117 (LS) Anm. *Jayme* (Erklärung gegenüber New Yorker Anwalt [„Den Rest Deiner Rechnungen werde ich so bald als möglich begleichen"] als Schuldversprechen nach New Yorker Recht gewertet).
8 S. schon BGH 30.10.1970, IPRspr. 1970 Nr. 17 = NJW 1971, 320 (Verkauf belg. Grundstücks. Schuldanerkenntnis über in Wirklichkeit höheren Kaufpreis aufgrund stillschweigender Rechtswahl deutschem Recht unterstellt).

IV. Vergleich

379 Der Vergleich beseitigt einen Streit oder eine Unsicherheit bezüglich der Verpflichtungen der Parteien. Wegen dieses Zusammenhanges gilt mangels einer ausdrücklichen oder stillschweigenden Rechtswahl[1] das ursprüngliche Schuldstatut grundsätzlich auch für den Vergleich[2]. Für Prozessvergleiche, denen nach deutschem Recht eine **Doppelnatur** zukommt, gilt bezüglich der schuldrechtlichen Seite des Vergleichs das Forderungsstatut, bezüglich der prozessualen die lex fori[3].

---

1 Dazu BGH 19.1.2000, IPRspr. 2000 Nr. 20 = IPRax 2002, 37 (m. Aufs. *Hohloch/Kjelland*, IPRax 2002, 30) = NJW-RR 2000, 1002 = JZ 2000, 1115 Anm. *Sandrock*; OLG München 22.1.1997, IPRspr. 1997 Nr. 55 = RIW 1997, 507; LG Aachen 14.5.1993, IPRspr. 1993 Nr. 141 = RIW 1993, 760; *Roden*, S. 86 ff.
2 OLG Schleswig 19.9.1989, IPRspr. 1989 Nr. 48; *Roden*, S. 93 ff. (angelehnter Vertrag gem. Art. 28 Abs. 1 EGBGB); *Geisler*, Die engste Verbindung im IPR (2001), S. 197 f.; *Spellenberg*, in: MünchKomm, 5. Aufl., Art. 12 Rom I-VO Rz. 174. – Dagegen für akzessorische Anknüpfung an das dem Vergleich zugrunde liegende Geschäft *von Hoffmann*, in: Soergel, Art. 28 EGBGB Rz. 53.
3 *Roden*, S. 96; *von Bar*, II Rz. 551. Vgl. dazu auch OLG München 30.10.1974, IPRspr. 1974 Nr. 10b; IPG 1974 Nr. 39 (München), S. 404 ff.

K. Forderungsübertragung

	Rz.		Rz.
I. Rechtsvereinheitlichung	380	a) Geltung des Art. 14 Rom I-VO für die Zessionswirkungen	392
II. Ausländisches Recht	381	b) Mehrfachabtretungen	393
III. Anknüpfung der Forderungsübertragung (Art. 14 Rom I-VO)	383	6. Übertragung zu Sicherungszwecken, Sicherungsrechte	394
1. Anknüpfung	383	a) Übertragung zu Sicherungszwecken	394
2. Anwendungsbereich	384	aa) Sicherungsabtretung	394
3. Verhältnis Zedent – Zessionar	385	bb) Vorausabtretung	395
4. Maßgeblichkeit des Forderungsstatuts für das Verhältnis Zessionar – Schuldner	387	cc) Globalabtretung	396
a) Zweck des Art. 14 Abs. 2 Rom I-VO	387	b) Pfandrechte und andere Sicherungsrechte	397
b) Geltungsbereich des Forderungsstatuts	388	IV. Zession dinglich gesicherter Forderungen	398
5. Drittwirkungen der Forderungsabtretung	392	V. Einziehungsermächtigung	402
		VI. Form	403

Literatur zur Rechtsvereinheitlichung und -angleichung: *Bazinas,* Der Beitrag von UNCITRAL zur Vereinheitlichung der Rechtsvorschriften über Forderungsabtretungen, ZEuP 2002, 782; *Böhm,* Die Sicherungsabtretung im UNICITRAL-Konventionsentwurf „Draft convention on assignment in receivables financing" (2000); *Danielewsky/Lehmann,* Die UNCITRAL-Konvention über internationale Forderungsabtretungen und ihre Auswirkungen auf Asset-Backed-Securities-Transaktionen, WM 2003, 221; *Ferrari,* The Uncitral Draft Convention on Assignment in Receivables Financing, in: Private Law in the international arena – Liber amicorum Siehr (The Hague 2000), S. 179; *Kieninger,* Vereinheitlichung des Rechts der Forderungsabtretung, in: Raum und Recht – Festschr. 600 Jahre Würzburger Juristenfakultät (2002), S. 297; *Kuhn,* Materielle Rechtsvereinheitlichung und IPR – Das internationale Zessionsrecht im UNICITRAL-Übereinkommen über die Forderungsabtretung, in: Liber discipulorum et amicorum – Festschr. Siehr (Zürich 2001), S. 93; *Rebmann,* Auf dem Weg zu einem einheitlichen Abtretungsrecht, Festschr. Rolland (1999), S. 291; *Rudolf,* Einheitsrecht für internationale Forderungen (2006); *H. Schmidt,* Das Übereinkommen der Vereinten Nationen über die Abtretung von Forderungen im Internationalen Handel, IPRax 2005, 93; *Schütze,* Zession und Einheitsrecht (2005); *Stoll,* Kollisionsrechtliche Aspekte des Übereinkommens der Vereinten Nationen über Abtretungen im internationalen Handel, in: Privatrecht in Europa – Festschr. Sonnenberger (2004), S. 695.

Literatur zum Internationalen Privatrecht: *Aubin,* Zur Qualifikation der „signification" (Art. 1690 C.c.) im deutschen IPR, Festschr. Neumayer (1985), S. 31; *von Bar,* Abtretung und Legalzession im neuen deutschen IPR, RabelsZ 53 (1989), 462; *von Bar,* Zessionsstatut, Verpflichtungsstatut und Gesellschaftsstatut, IPRax 1992, 20; *F. Bauer,* Die Forderungsabtretung im IPR: schuld- und zuordnungsrechtliche Anknüpfungen (2008); *Bette,* Abtretung von Auslandsforderungen, WM 1997, 797; *Bode,* Die Wirksamkeit einer Forderungsübertragung gegenüber Dritten vor dem Hintergrund der internationalen Forderungsfinanzierung (2007); *Bonomi,* La cessione internazionale dei crediti e il factoring internazionale, in: Universalism, tradition and the individual – Liber memorialis Šarcevic (2006), S. 401; *Cashin Ritaine,* Les règles applicables aux transferts internationaux de créance à l'aune du nouveau Règlement Rome I et du droit conventionnel, in: Cashin Ritaine/Bonomi (Hrsg.), Le nouveau règlement européen „Rome I" relatif à la loi applicable aux obligations contractuelles (Genf 2008), S. 177; *Courdier-Cuisinier*, La cession conventionnelle de contrat en matière international, Clunet 136 (2009), 471; *Einsele*, Das Internationale Privatrecht der Forderungszession und Schutz, ZvglRW 90 (1991), 1; *Flessner*, Privatautonomie und Interessen im internationalen Privatrecht, am Beispiel der Forderungsabtretung, Festschr. Canaris II (2007), S. 545; *Flessner*, Die internationale Forderungsabtretung nach der Verordnung Rom I, IPRax 2009, 35; *Flessner/Verhagen*, Assignment in European Private International Law – Claims as property and the European Commission's „Rome I Proposal" (2006); *Harries*, Rechtsfragen der langfristigen Exportfinanzierung, AWD 1973, 1; *Hartwieg*, Kollisionsrechtliches zur internationalen Abtretung – eine reale Reminiszenz zu BGH ZIP 1997, 980, ZIP 1998, 2137; *von Hoffmann*, Die Forderungsübertragung, insbesondere zur Kreditsicherung, im IPR, in: Hadding/Uwe H. Schneider (Hrsg.), Die Forderungsabtretung, insbesondere zur Kreditsicherung, in ausländischen Rechtsordnungen (1999), S. 3; *von Hoffmann/Höpping*, Zur Anknüpfung kausaler Forderungszessionen, IPRax 1993, 302; *Holzner*, Zur Sicherungszession im IPR, ZfRV 1994, 134; *Hoyer*, „Verlängerter Eigentumsvorbehalt" und Mehrfachzession im österreichischen Internationalen Privatrecht, in: Aktuelle Probleme des Unternehmensrechts – Festschr. Frotz (Wien 1993), S. 53; *Joustra*, Proprietary Aspects of Voluntary Assignment in Dutch Private International Law, IPRax 1999, 280; *E. Kaiser*, Verlängerter Eigentumsvorbehalt und Globalzession im IPR (1986); *Kaye*, The new private international law of contract of the European Community (Aldershot 1993J); *H. Keller*, Zessionsstatut im Lichte des Übereinkommens über das auf vertragliche Schuldverhältnisse anzuwendende Recht vom 19. Juni 1980 (Diss. München 1985); *Kieninger*, Mobiliarsicherheiten im Europäischen Binnenmarkt (1996); *Kieninger*, Das Statut der Forderungsabtretung im Verhältnis zu Dritten, RabelsZ 62 (1998), 678; *Kieninger*, General Principles on the Law Applicable to the Assignment of Receivables in Europe, in: Basedow/Baum/Nishitani (Hrsg.), Japanese and European Private International Law in Comparative Perspective (2008), S. 153; *Kieninger/Siegman*, Abtretung und Legalzession, in: Ferrari/Leible (Hrsg.), Ein neues Internationales Vertragsrecht für Europa, (2007), S. 179; *Koziol*, Probleme der Sicherungszession im grenzüberschreitenden Verkehr Deutschland-Österreich, DZWiR 1993, 353; *Lagarde*, Retour sur la loi applicable à l'opposabilité des transferts conventionnels de créances, in: Droit et actualité – Mélanges Béguin (Paris 2005), S. 415; *Leandro*, La disciplina della opponibilità della cessione del credito nella proposta di regolamento Roma I, Riv.dir.int.priv.proc. 42 (2006), 675; *Malatesta*, La cessione del credito nel diritto internazionale privato (Padua. 1996); *Mangold*, Das Internationale Privatrecht der Abtretung am Beispiel des deutsch-spanischen Rechtsverkehrs, in: Hommelhoff/Jayme/Mangold (Hrsg.), Europäischer Binnenmarkt – Internationales Privatrecht und Rechtsangleichung (1995), S. 81; *Mangold*, Die Abtretung im Europäischen Kollisionsrecht – Unter besonderer Berücksichtigung des spanischen Rechts (2001); *Mäsch*, Abtretung und Legalzession im Europäischen Kollisionsrecht, in: Leible (Hrsg.), Das Grünbuch zum Internationalen Vertragsrecht (2004), S. 193; *Pardoel*, Les conflits de lois en matière de cession de créance (Paris 1997); *Peltzer*, Die Forderungsabtretung im IPR, RIW 1997, 893; *Posch*, Mehrfache Sicherungsabtretung im deutsch-österreichischen Rechtsverkehr, IPRax 1992, 51; *Rüegsegger*, Die Abtretung im IPR auf rechtsvergleichender Grundlage (Zürcher Beiträge zur Rechtswissenschaft, 1973); *Schwenke*, Factoring im deutsch-französischen Rechtsverkehr (2006); *Schwimann*, Zur Sicherungszession im österreichischen Kollisionsrecht, RIW 1984, 854; *Schwimann*, Grenzüberschreitende Sicherungszessionen im gegenwärtigen und künftigen IPR, WBl. 1998, 385; *Sinay-Cytermann*, Les conflits de lois concernant l'opposabilité des transferts de créance, Rev.crit.d.i.p. 81 (1992), 35; *Sonnenberger*, Affacturage (Factoring) und Zession im deutsch-französischen Handelsverkehr, IPRax 1987, 221; *Stadler*, Der Streit um das Zessionsstatut – eine endlose Geschichte?, IPRax 2000, 104; *Stoll*, Anknüpfung bei mehrfacher Abtretung derselben Forderung, IPRax 1991, 223; *Struycken*, The Proprietary Aspects of International Assignment of Debts and the Rome Convention, Art. 12, LMCLQ 24 (1998), 345; *Verhagen*, Assignment in the Commission's „Rome I proposal",

LMCLQ 2006, 270; *van der Weide*, De internationale cessie in het licht van het voorstel voor een Verordening Rome I, NIPR 2007, 10; *Weller*, Persönliche Sicherheiten, in: Kronke/Melis/Schnyder, Handbuch des internationalen Wirtschaftsrechts (2005), S. 914; *von Westphalen*, Rechtsprobleme der Exportfinanzierung, 3. Aufl. (1987); *von Wilmowsky*, Europäisches Kreditsicherungsrecht (1996); *Zweigert*, Das Statut der Vertragsübernahme, RabelsZ 23 (1958), 643.

Literatur zum ausländischen Recht: *Becqué*, Die Abtretung von Verträgen im französischen Recht, RabelsZ 18 (1953), 618; *von Bernstorff*, Abtretung von Forderungen nach angloamerikanischem Recht, RIW 1984, 508; *von Bernstorff*, Die Forderungsabtretung in den EU-Staaten, RIW 1994, 542; *Bette*, Vertraglicher Abtretungsausschluss im deutschen und grenzüberschreitenden Geschäftsverkehr, WM 1994, 1909; *Franck*, Die Abtretung und Verpfändung von Forderungen in Belgien nach dem Gesetz vom 6. Juli 1994, RIW 1995, 598; *Fülbier*, Die Doppeltreuhand bei Forderungen im französischen Recht, RIW 1990, 445; *Gerth*, Rechtsfragen der Abtretung gesicherter Forderungen nach französischem Recht, WM 1984, 793; *Goergen*, Das Pactum de non cedendo (2000); *Hadding/Uwe H. Schneider* (Hrsg.), Die Forderungsabtretung, insbesondere zur Kreditsicherung, in ausländischen Rechtsordnungen (1999); *Hollweg-Stapenhorst*, Sicherungsabtretung zugunsten des Geldkreditgebers und Factoring nach deutschem und französischem Recht (1991); *Klein*, Die Abtretung von Forderungen nach englischem Recht, WM 1978, 390; *Kötz*, Europäisches Vertragsrecht I (1996); *Krumme*, Die Besicherung von Krediten deutscher Kreditinstitute durch Zession von in der Schweiz oder Österreich belegenen Forderungen sowie durch Bürgschaften von Schweizern und Österreichern (1973); *de Ly*, Les clauses de cession dans les contrats commerciaux internationaux, Rev.dr.aff.int. 1996, 799; *Mezger*, Das neue französische Gesetz über die erleichterte Mantelzession, RIW 1981, 213; *D. Mühl*, Sicherungsübereignung, Sicherungsabtretung und Eigentumsvorbehalt im italienischen Recht (1980); *Mummenhoff*, Vertragliches Abtretungsverbot und Sicherungszession im deutschen, österreichischen und US-amerikanischen Recht, JZ 1979, 425; *Paul*, Die Sicherungsabtretung im deutschen und amerikanischen Recht (1988); *Rosch*, Pactum de non cedendo im französischen Recht, RIW 2001, 604; *Siegmundczyk*, Abtretbarkeit von Auslandsforderungen (2001); *Troiano*, Das italienische Gesetz zur Regelung der Securitization (legge 30 aprile 1999, n. 130), ZEuP 2001, 337; *Werner/Rinnewitz*, Zur Sicherungszession nach österreichischem Recht, RIW 1984, 357; *M. Wolff*, Die Übertragung von Forderungen aus Rektapapieren, RabelsZ 1933, 791; *Wulfken/Berger*, Internationaler Forderungshandel vor dem Hintergrund der Verschuldungskrise, RIW 1988, 585. – S. auch die Literatur zur Forderungssicherung unten vor Rz. 991, 1181.

I. Rechtsvereinheitlichung

Das Abtretungsrecht ist im UNCITRAL-Übereinkommen über die Forderungsabtretung vom 31.1.2002 vereinheitlicht worden[1]. Die nicht in Kraft getretene Konvention ist auf internationale Abtretungen sowie auf internationale vertragliche Forderungen anwendbar. Sie enthält Sachnormen über die Wirksamkeit der Abtretung (Art. 8, 9 UNCITRAL-Übk.), den Übergang von Sicherheiten (Art. 10 UNCITRAL-Übk.), das Verhältnis zwischen Zedent und Zessionar (Art. 11–13 UNCITRAL-Übk.), die Rechte und Pflichten des Schuld-

380

---

[1] Uncitral Convention on the Assignment of Receivables in International Trade vom 12.12.2001 (CARIT); engl. Text ZEuP 2002, 782 ff.; I.L.M. 41 (2002), 776 sowie bei *Bode*, nach S. 326. Deutsche Übersetzung bei *Schulze/Zimmermann*, Europäisches Privatrecht II, 3. Aufl. (2005), 40.

ners (Art. 15–21 UNCITRAL-Übk.) sowie die Rechte Dritter (Art. 22–25 UNCITRAL-Übk.). Ferner enthält das Übereinkommen eigene Kollisionsnormen für Forderungen, für welche die Konvention nicht gilt, die aber in ihren Anwendungsbereich fallen (Art. 26–28 UNCITRAL-Übk.). – Im Übrigen besteht Einheitsrecht für den Factoringvertrag, s. Rz. 1330. Die Forderungsabtretung ist auch in Art. 9.1.1 ff. UNIDROIT-Principles geregelt[1].

II. Ausländisches Recht

381 Die Forderungsabtretung weist in den einzelnen Rechtsordnungen zahlreiche Unterschiede auf[2]. Die Abtretung ist regelmäßig nicht wie nach deutschem Recht abstrakt (sog. Trennungssystem), vielmehr bilden Abtretung und Grundgeschäft eine Einheit[3]. So ist die Abtretung (cession des créances) nach französischem Recht nicht abstrakt (vgl. Art. 1689 ff. c.c.). Nach englischem Recht erfolgt ein assignment. Zahlreiche Rechte, insbesondere das französische, verlangen eine **förmliche Benachrichtigung** des Schuldners *(signification,* Art. 1690 c.c.), die mangels in öffentlicher Urkunde erfolgter Abtretung als Abtretungsanzeige durch den Gerichtsvollzieher (huissier) zu erfolgen hat[4]. Die „signification" – ursprünglich als eine Art Übertragungsakt für Forderungen gedacht – ist nach heutiger französischer Auffassung ein Publizitätserfordernis[5]. Eine Ausnahme vom Erfordernis der „signification" besteht bei der Kreditgewährung an Unternehmen. Für die Abtretung zugunsten eines Kreditinstituts genügt die Eintragung in eine zu übergebende Liste (bordereau)[6]. Ob diese Erleichterung auch zugunsten deutscher Kreditinstitute eingreift, ist ungeklärt[7]. Das belgische Recht verlangt nur noch eine Mitteilung an den Schuldner oder eine Anerkennung durch ihn (Art. 1690 c.c.)[8]. Das niederländische Recht verlangt ebenfalls eine Anzeige an den Schuldner (Art. 3:94 N.B.W.)[9]. Ebenso ist es in Italien (Art. 1264 c.c.)[10]. Nach schweizerischem Recht ist die Notifikation der Zession hingegen keine Wirksamkeitsvoraussetzung[11].

---

1 Zu „assigment of rights" s. auch Art. III.-5.101 ff. DCFR.
2 S. *Ranieri*, Europäisches Obligationenrecht, 3. Aufl. (Wien 2009), S. 1183 ff.
3 Dazu *Mangold*, S. 85 ff.; *Hausmann*, in: Staudinger, Art. 33 EGBGB Rz. 13 ff., 22.
4 Dazu *F. Bauer*, S. 69 ff.
5 Dazu *Blaise/Desgorces*, in: Hadding/Uwe H. Schneider, S. 245 (253).
6 Art. L 313-23 ff. C.mon.fin. (früher Loi Dailly vom 2.1.1981, dazu *Mezger*, RIW 1981, 213 ff.) – Näher *F. Bauer*, S. 74 f.; *Sonnenberger/Dammann*, Französ. Handels- und Wirtschaftsrecht, 3. Aufl. (2008), Rz. VII 101 ff.
7 *Gerth*, WM 1984, 794.
8 Ob Schriftform erforderlich ist, ist umstritten. Verneinend *Roels*, La cession et la mise en gage de créances en droit belge suite à la loi du 6 juillet 1994, Rev.dr.aff.int. 1995, 31 (34 f.). Bejahend *Foriers/Grégoire*, in: Hadding/Uwe H. Schneider, S. 135 (139).
9 Zur Anzeige s. *Reehuis*, in: Hadding/Uwe H. Schneider, S. 469 (472).
10 Dazu OLG Hamm 8.2.1995, IPRspr. 1995 Nr. 40 = IPRax 1996, 197 (m. Aufs. *Schlechtriem*, IPRax 1996, 184) = NJW-RR 1996, 1271.
11 *Stauder/Stauder-Bilicki*, in: Hadding/Uwe H. Schneider, S. 767 (773 f.).

Während die Zession nach BGB grundsätzlich keiner bestimmten **Form** bedarf, ist in zahlreichen ausländischen Rechten Schriftform vorgeschrieben (zB für das „legal assignment" in England[1]). Das Schriftformerfordernis des Art. 165 Abs. 1 schweiz. OR bezieht sich lediglich auf die Erklärung des Zedenten[2]. Das italienische Recht verlangt grundsätzlich keine Form[3]. Ebenso ist es in Österreich[4].

Die **Sicherungszession** ist auch nach ausländischen Rechten im Allgemeinen zulässig. Sie ist jedoch häufig beschränkt[5]:   382

– Die Abtretung **künftiger Forderungen** ist zuweilen untersagt[6].

– Der **Globalabtretung** aller aus dem Geschäftsbetrieb entstandenen Forderungen sind oft dadurch Schranken gesetzt, dass die übertragenen Forderungen genau bezeichnet werden müssen.

– Der **Abspaltung** von **Verfügungsbefugnis** und **Einziehungsrecht** vom **Gläubigerrecht** sind gelegentlich Grenzen gesetzt.

III. Anknüpfung der Forderungsübertragung (Art. 14 Rom I-VO)

1. Anknüpfung

Art. 14 Rom I-VO (s. Text oben S. 1, 18 f.), der aus Art. 12 EVÜ[7] hervorgegangen ist[8], betrifft ein **komplexes Mehrpersonenverhältnis**. Die Forderungsabtretung ist aber nicht umfassend geregelt. Vielmehr beschäftigt sich Abs. 1 explizit nur mit dem Verhältnis zwischen Zedent und Zessionar, während Abs. 2 einige Fragen aufzählt, für welche es im Verhältnis zwischen Zessionar und Schuldner auf das Forderungsstatut ankommt. Art. 14 Abs. 1 Rom I-VO unterstellt das Verhältnis zwischen Zedent und Zessionar aus der Übertragung einer Forderung gegen den Schuldner dem Recht, das für den Vertrag zwischen Zedent und Zessionar gilt. Art. 14 Abs. 3 Rom I-VO stellt klar, dass die „Übertragung" die vollkommene Übertragung von Forderungen ebenso wie die Übertragung von Forderungen zu Sicherungszwecken sowie von Pfandrechten oder anderen Sicherungsrechten an Forderungen umfasst. Das Recht, dem die übertragene Forderung unterliegt (Forderungsstatut), bestimmt ihre Übertragbarkeit, das Verhältnis zwischen Zessionar und Schuldner, die Voraussetzungen, unter denen die Übertragung dem Schuldner entgegengehalten werden kann sowie die befreiende Wirkung einer Leistung durch den Schuldner (Art. 14   383

---

1 *Carl*, in: Hadding/Uwe H. Schneider, S. 197 (201).
2 Nachw. in IPG 1984 Nr. 18 (Köln), S. 159.
3 *Dolmetta/Portale*, in: Hadding/Uwe H. Schneider, S. 339 (344).
4 *Apathy*, in: Hadding/Uwe H. Schneider, S. 509 (514) (anders bei formbedürftigem Grundgeschäft).
5 Nachw. bei *Hausmann*, in: Staudinger, Art. 33 EGBGB Rz. 58.
6 S. zu den Niederlanden *Joustra*, The Voluntary Assignment of Future Claims, IPRax 1994, 395 (396).
7 In Deutschland Art. 33 Abs. 1, 2 EGBGB.
8 Zur Entstehungsgeschichte näher *F. Bauer*, S. 29 ff.

Abs. 2 Rom I-VO). Nicht angesprochen werden die Wirkungen der Abtretung gegenüber Dritten, namentlich anderen Gläubigern[1]; s. Rz. 392. Die Vorschrift gibt weiterhin zu vielen Kontroversen Anlass, ua., ob man sie so restriktiv auslegen darf, dass sie nur die ausdrücklich genannten Fragen betrifft[2]. In der Vergangenheit war umstritten, ob man – wie die in Deutschland hM – von der Maßgeblichkeit des Forderungsstatuts nach Art. 14 Abs. 2 Rom I-VO ausgehen darf oder ob umgekehrt Art. 14 Abs. 1 Rom I-VO den Grundtatbestand bildet, von dem Art. 14 Abs. 2 Rom I-VO nur einige Ausnahmen für den Schuldnerschutz macht[3]. Im Hintergrund der Kontroversen steht, dass nach ausländischem Sachrecht vielfach die Forderung bereits mit Abschluss des schuldrechtlichen Abtretungsvertrages vom Zedenten auf den Zessionar übergeht (kausale Forderungszession). Da das deutsche Recht auch hier Verpflichtungs- und Verfügungsgeschäft trennt, war dagegen aus seiner Sicht eine Konzentration auf die Verfügung, dh. die Abtretung selbst, nahe liegend. Dem stand auch der Wortlaut des EVÜ nicht entgegen, das sich in Art. 12 Abs. 1 auf die „Verpflichtungen" zwischen Zedent und Zessionar beschränkte[4]. Für andere Ansätze verläuft hingegen die Grenzlinie nicht so sehr oder gar nicht zwischen Verpflichtungs- und Verfügungsgeschäft, als vielmehr zwischen der der Parteiautonomie zugänglichen (obligatorischen und dinglichen) Beziehung zwischen Zedent und Zessionar (Art. 14 Abs. 1 Rom I-VO) sowie den Wirkungen gegenüber dem Schuldner (Art. 14 Abs. 2 Rom I-VO) und sonstigen Dritten[5].

Art. 14 Rom I-VO ist nur schwer ein schlüssiges **Gesamtkonzept** zu entnehmen, da die Vorschrift nicht nur auf die Beziehung zwischen Zedent und Zessionar sowie das Forderungsstatut, mithin unterschiedliche Statute, abstellt, sondern sich außerdem noch bezüglich der Drittwirkungen, welche Bezüge zur Übertragung der Forderung aufweist, nicht festlegt. Je nachdem, ob man sich hierfür auf das Forderungsstatut oder auf andere Gesichtspunkte – namentlich den gewöhnlichen Aufenthalt des Zedenten – stützt, ergeben sich unterschiedliche Folgen und Spannungen zwischen den einzelnen Anknüpfungen.

2. Anwendungsbereich

384   Art. 14 Rom I-VO bezieht sich auf die **Forderungsübertragung**. Dies umfasst, wie sich aus dem englischen und dem französischen Wortlaut ergibt, auch die vertragliche Subrogation (voluntary assignment and contractual subrogation; cession de créances et subrogation conventionnelle). Die Vorschrift gilt daher

---

1 *Garcimartín Alférez*, EuLF 2008, I-78; *Leible/Lehmann*, RIW 2008, 540; *Mankowski*, IHR 2008, 150; *F. Bauer*, S. 29 ff., 301. – Näher zum EVÜ *Kieninger*, RabelsZ 62 (1998), 686 f.; *Stadler*, S. 700; *Hausmann*, in: Staudinger, Art. 33 EGBGB Rz. 8.
2 So zum EVÜ *Stoll*, Festschr. Sonnenberger (2004), S. 709.
3 Für letzteres *Stadler*, S. 709 f., 714 f.; *Stadler*, IPRax 2000, 106; *Einsele*, ZvglRW 90 (1991), 17 ff.; *Vischer/Huber/Oser* Rz. 1049 f.; *Hausmann*, in: Staudinger, Art. 33 EGBGB Rz. 25 ff.
4 So auch bei deutschem Zessionsgrundstatut *Mangold*, S. 216 f.
5 Näher *Einsele*, ZvglRW 90 (1991), 17 ff.; *Stadler*, S. 700 ff.; *Hausmann*, in: Staudinger, Art. 33 EGBGB Rz. 13 ff.

auch für die vertragliche Subrogation des französ. Rechts, bei welcher der Forderungsübergang auf den leistenden Dritten eine Erklärung des Gläubigers voraussetzt (Art. 1250 Nr. 1 c.c.)[1].

Der Begriff „Übertragung" umfasst die „vollkommene" Übertragung von Forderungen („outright transfer of claims"; „transfert de créances purs et simples"). Aus dem deutschen Recht wird damit die **Forderungsabtretung** (§ 398 BGB) erfasst[2]. Abgedeckt ist auch eine Übertragung von Forderungen **als Sicherheit** („transfer of claims by way of security"; „transfert de créances à titre de garantie"). Dies ergibt sich aus Art. 14 Abs. 3 Rom I-VO; s. näher Rz. 394. Erfasst werden auch Pfandrechte an Forderungen, s. Rz. 397. Die abgetretene Forderung braucht nicht rechtsgeschäftlichen Ursprungs zu sein. Auch Forderungen aus gesetzlichen Schuldverhältnissen werden erfasst[3].

In Art. 12 EVÜ bzw. Art. 33 EGBGB wurden die Wirkungen der Abtretung gegenüber Dritten, namentlich anderen Gläubigern des Zedenten und (Zweit-)Zessionaren nicht erwähnt[4]. Auch in Art. 14 Rom I-VO fehlt eine ausdrückliche Regelung für die **Wirksamkeit der Forderungsabtretung gegenüber Dritten**[5]. Teilweise wird angenommen, es handle sich um eine eigenständige Frage, nämlich um die vermögensrechtliche (dingliche) Zuordnung, die Inhaberschaft der Forderung. Diese werde von Art. 14 Rom I-VO nicht geregelt, so dass eine Lücke der europäischen Kollisionsnorm vorliege[6]. Die Lösung soll vielmehr dem nationalen Kollisionsrecht überlassen bleiben[7]. Nach aA wird diese Frage hingegen von Art. 14 Rom I-VO erfasst[8]. Dafür sprechen der Gesamtzusammenhang der Regelung sowie die Überprüfungsklausel des Art. 27 Abs. 2 Rom I-VO. Letztere dürfte eher als Auftrag zur Überprüfung und ggf. Ergänzung einer bestehenden Regelung, denn als Auftrag zur Aufnahme einer bislang außerhalb des Anwendungsbereichs der Verordnung liegenden Frage zu interpretieren sein.

3. Verhältnis Zedent – Zessionar

Art. 14 Abs. 1 Rom I-VO erfasst „**das Verhältnis**" (relationship; relations) **von Zedent und Zessionar**. Nach Erwägungsgrund 38 sollte mit dem Begriff „Ver- 385

---

1 *Flessner*, IPRax 2009, 37. – Zum EVÜ *Sonnenberger*, IPRax 1987, 227 f.; *von Bar*, II Rz. 574; *Hohloch*, in: Erman, Art. 33 EGBGB Rz. 5.
2 *Flessner*, IPRax 2009, 37.
3 *F. Bauer*, S. 103 f. – Zum Entwurf Max Planck Institut, RabelsZ 71 (2007), 321 ff. – Ebenso schon *von Bar*, RabelsZ 53 (1989), 467; *Mangold*, S. 124 f.; *Lorenz*, in: Czernich/Heiss, Art. 12 EVÜ Rz. 12.
4 Näher *Kieninger*, RabelsZ 62 (1998), 686 f.; *Stadler*, S. 700; *F. Bauer*, S. 85 ff.; *Hausmann*, in: Staudinger, Art. 33 EGBGB Rz. 8.
5 S. zum EVÜ *Lagarde*, Rev.crit.d.i.p. 80 (1991), 335; *Moshinsky*, L.Q.R. 109 (1992), 616 ff.; *Sinay-Cyterman*, Rev.crit.d.i.p. 81 (1992), 35 ff. – Anders noch Art. 16 Abs. 2 EVÜ-Entw. 1972.
6 So insbes. *F. Bauer*, S. 103 f., 167, 301. – Für eine besondere Behandlung der Frage auch *Sonnenberger*, Festschr. Kropholler, S. 230 ff.
7 *F. Bauer*, S. 301. – Ebenso bereits für das EVÜ *Bode*, S. 281 ff.
8 *Flessner*, IPRax 2009, 38 f.; *Lagarde/Tenenbaum*, Rev.crit.d.i.p. 97 (2008), 777.

hältnis" klargestellt werden, dass Absatz 1 auch auf die dinglichen Aspekte („the property aspects"; „aspects de droit réel") des Vertrages anwendbar ist, wenn eine Rechtsordnung (wie die deutsche) dingliche bzw. verfügungsrechtliche und schuldrechtliche Aspekte trennt. Beide fallen jetzt einheitlich unter Abs. 1[1]. Insofern kann man von einem Abtretungsstatut sprechen[2]. Allerdings meint „Verhältnis" nach Erwägungsgrund 38 nicht jedes beliebige möglicherweise zwischen dem Zedenten und dem Zessionar bestehende Verhältnis. Insbesondere soll sich der Begriff nicht auf die der Übertragung einer Forderung vorgelagerten Fragen erstrecken, sondern sich ausschließlich auf die Aspekte beschränken, die für die betreffende Forderungsübertragung unmittelbar von Bedeutung sind. Nach Art. 14 Abs. 1 Rom I-VO ist bei Abtretung einer Forderung für die Verpflichtungen zwischen dem bisherigen und dem neuen Gläubiger das Recht maßgeblich, dem der Vertrag zwischen ihnen unterliegt. Die Verpflichtung zwischen Zedent und Zessionar, das **Grundgeschäft** (zB ein Forderungskauf, aber auch eine Schenkung oder ein Gesellschaftsvertrag), unterliegt also nicht dem Forderungsstatut, sondern **untersteht ihrem eigenen Recht**[3]. Das Verpflichtungsgeschäft kann auch ein Sicherungsvertrag sein, der einer Forderungsabtretung zur Sicherheit zu Grunde liegt[4]. Art. 14 Rom I-VO beschäftigt sich lediglich mit der Abtretung selbst. Das für ein der Abtretung zu Grunde liegende **Kausalgeschäft** maßgebliche Recht ist nach den Art. 3 ff. Rom I-VO, dh. aufgrund Rechtswahl oder objektiver Anknüpfung, zu ermitteln[5]. Beispielsweise kann es sich um einen Forderungskauf handeln, für den dann die Regeln des internationalen Kaufrechts gelten. Diese Rechtsordnung regelt insbesondere die Haftung des Zedenten für Verität und Bonität der abgetretenen Forderung. Entsprechendes gilt auch für nichtvertragliche, insbesondere deliktische Forderungen[6].

386 Mit den **„dinglichen Aspekten"** ist die **Verfügungswirkung** der Abtretung gemeint[7]. Auch insoweit kommt es auf das für das Verhältnis von Zedent und Zessionar maßgebliche Vertragsstatut an, das nach den Art. 3 ff. Rom I-VO zu bestimmen ist[8]. Damit hat sich im Ergebnis die schon bislang von einer Mindermeinung vertretene Auffassung, wonach der Begriff der **„Verpflichtungen"** (obligations) nicht nur das Kausalgeschäft, sondern das gesamte Innenverhält-

---

1 *Flessner*, IPRax 2009, 37.
2 *Flessner*, IPRax 2009, 38. Weiterhin von Zessionsgrundstatut spricht *F. Bauer*, S. 103.
3 *Kaiser*, S. 179; *Kegel/Schurig*, § 18 VII 1; *von Hoffmann*, in: Soergel, Art. 33 EGBGB Rz. 6; *Hausmann*, in: Staudinger, Art. 33 EGBGB Rz. 31.
4 *Lorenz*, in: Czernich/Heiss, Art. 12 EVÜ Rz. 14; *Hausmann*, in: Staudinger, Art. 33 EGBGB Rz. 18, 32.
5 *Flessner*, IPRax 2009, 41. – Zu Art. 33 EGBGB BGH 26.7.2004, NJW-RR 2005, 206 = WM 2004, 2066.
6 OLG Hamm 8.2.1995, NJW-RR 1996, 1271; OLG Koblenz RIW 1996, 151 = IPRspr. 1995 Nr. 34; OLG Düsseldorf VersR 2000, 460 = IPRspr. 1998 Nr. 54 (Bereicherungsanspruch); AG München IPRspr. 1992 Nr. 63; *von Bar*, RabelsZ 53 (1989), 469; *Hohloch*, in: Erman, Art. 33 EGBGB Rz. 3; *Thorn*, in: Palandt, Art. 33 EGBGB Rz. 2; *von Hoffmann*, in: Soergel, Art. 33 EGBGB Rz. 2.
7 *Flessner*, IPRax 2009, 38.
8 *Flessner*, IPRax 2009, 38.

nis zwischen Zedent und Zessionar umfasst, durchgesetzt. Folglich wird davon dann inter partes auch der **Forderungsübergang als solcher** erfasst[1]. Der auf das Forderungsstatut abstellende Art. 14 Abs. 2 Rom I-VO ist nur noch ein Ausnahmetatbestand für die dort speziell genannten Fragen[2].

Die Ansicht, welche die Übertragung der Forderung als solche nicht von Art. 14 Rom I-VO erfasst sieht, gelangt freilich zu einem anderen Ergebnis. Danach soll Art. 14 Abs. 1 Rom I-VO lediglich die schuldrechtlichen Beziehungen zwischen Zedent und Zessionar erfassen. Die Übertragung durch Forderungsabtretung soll als solche hingegen einem eigenen Übertragungsstatut, nämlich dem Recht am gewöhnlichen Aufenthalt des Vollrechtsinhabers der Forderung (dh. nicht notwendigerweise des Zedenten) unterliegen[3]. Die bislang hM in Deutschland beschränkte den **Anwendungsbereich des Abs. 1 auf das Verpflichtungsgeschäft**[4] (6. Aufl. Rz. 326 ff.). Dagegen wurde für die Art und Weise der Übertragung der Forderung das Forderungsstatut herangezogen[5]. Dieses Statut entschied auch, ob der Zessionar überhaupt Inhaber der Forderung geworden ist[6], ferner, welche Auswirkungen die Unwirksamkeit des Kausalgeschäfts auf die Abtretung hat, also wie weit das Abstraktionsprinzip reicht[7]. Welche Reichweite nunmehr das Verhältnis von Zedent und Zessionar nach Abs. 1 im Einzelnen hat, ist noch ungeklärt.

4. Maßgeblichkeit des Forderungsstatuts für das Verhältnis Zessionar – Schuldner

a) Zweck des Art. 14 Abs. 2 Rom I-VO

Nach Art. 14 Abs. 2 Rom I-VO gilt das Recht der abgetretenen Forderung (Forderungsstatut), für **das Verhältnis Zessionar – Schuldner**; die Vorschrift führt

387

---

1 *Garcimartín Alférez*, EuLF 2008, I-78; *Leible/Lehmann*, RIW 2008, 540; *Mankowski*, IHR 2008, 150. – Zum EVÜ *Einsele*, ZvglRW 90 (1991), 1 ff.; *Kaiser*, S. 219 f.; *Keller*, S. 145 ff.; *Stadler*, S. 714 f.; *Hausmann*, in: Staudinger, Art. 33 EGBGB Rz. 33.
2 *Einsele*, RabelsZ 60 (1996), 430; *Einsele*, RabelsZ 60 (1996), 430.
3 *F. Bauer*, S. 292 f., 301 ff. Primär soll es auf den Mittelpunkt der Interessen nach Art. 3 Abs. 1 EuInsVO ankommen.
4 Ebenso *von Hoffmann/Höpping*, IPRax 1993, 303 f.; *Peltzer*, RIW 1997, 893 ff.; *Kropholler*, IPR, § 52 VIII 1; *Spickhoff*, in: Bamberger/Roth, Art. 33 EGBGB Rz. 2; *von Hoffmann*, in: Soergel, Art. 33 EGBGB Rz. 2.
5 OLG Karlsruhe 28.1.1993, RIW 1993, 505 = IPRspr. 1993 Nr. 25; *Mangold*, S. 215; *Doehner*, in: AnwK, Art. 33 EGBGB Rz. 1 ff. – AA *Hausmann*, in: Staudinger, Art. 33 EGBGB Rz. 33.
6 BGH 8.12.1998, NJW 1999, 940 = IPRax 2000, 128 (m. Aufs. *Stadler*, IPRax 2000, 104) = JZ 1999, 404 m. Anm. *Kieninger* = IPRspr. 1998 Nr. 39 (Sittenwidrigkeit der Globalzession); BGH 26.7.2004, NJW-RR 2005, 206 = RIW 2004, 857 (m. insoweit zust. Aufs. *Freitag*, RIW 2005, 25) = IPRax 2005, 342 (m. Aufs. *Unberath*, IPRax 2005, 308) (hypothekarisch gesicherte Darlehensforderung); *von Bar*, RabelsZ 53 (1989), 470 f. – Anders *Hausmann*, in: Staudinger, Art. 33 EGBGB Rz. 33.
7 BGH 26.11.1990, NJW 1991, 1414 = IPRax 1992, 43 (m. Aufs. *von Bar*, IPRax 1992, 20) = EWiR 1991, 161 (*Ebenroth*) = IPRspr. 1990 Nr. 49; *von Hoffmann/Höpping*, IPRax 1993, 303; *Mangold*, S. 215; *Mangold*, in: Hommelhoff/Jayme/Mangold, S. 90 f.; *Kropholler*, IPR, § 52 VIII 1; *Thorn*, in: Palandt, Art. 33 EGBGB Rz. 2.

insoweit eine Reihe von Einzelfragen auf[1]. Sie nennt insbesondere das Verhältnis zwischen neuem Gläubiger und Schuldner, ferner die Voraussetzungen, unter denen die Übertragung dem Schuldner entgegengehalten werden kann sowie die befreiende Wirkung einer Leistung des Schuldners. Die Forderungsübertragung hat insoweit zu keinen Veränderungen geführt, vielmehr gilt für die Forderung das für sie maßgebliche Recht weiter. Man kann daher insofern von einer „rechtsobjektbezogenen Anknüpfung" sprechen[2].

b) Geltungsbereich des Forderungsstatuts

388 Die **Übertragbarkeit der Forderung** wird, wie Art. 14 Abs. 2 Rom I-VO für die Wirkung gegenüber dem Schuldner ausdrücklich anordnet, nach dem (Schuld-)Statut der abgetretenen Forderung beurteilt[3]. Unstreitig fällt hierunter die Frage, ob dem Schuldner gegenüber überhaupt eine Wirkung eintreten kann[4]. Die Übertragbarkeit wird aber nicht näher erläutert[5]. Als Stütze für eine generelle Maßgeblichkeit des Forderungsstatuts kann der Begriff nicht (mehr) verwendet werden. Eine einengende Auslegung will ihn auf Gründe beschränken, in denen eine Veränderung der Gläubigerstellung zu einer für den Schuldner nicht tragbaren Veränderung seiner Leistungspflicht führt oder sein Vertrauen darauf, mit wem er auf die Forderung einwirken darf, in Frage steht[6].

Art. 14 Abs. 2 Rom I-VO kann nicht mehr generell für **Abtretungsverbote** herangezogen werden. Vielmehr dürfte eine differenzierende Betrachtung geboten sein. Wenn ein Abtretungsverbot **zwischen Gläubiger und Schuldner vereinbart** wurde, bezweckt es in erster Linie den Schutz des Schuldners gegen unwillkommenen Gläubigerwechsel. Es ist deshalb grundsätzlich nach dem Forderungsstatut zu beurteilen[7]. Dies gilt an sich für vertragliche Abtretungs-

---

1 Zum alten Recht OLG Koblenz 19.10.1995, RIW 1996, 151 = EWiR 1996, 305 *(Otte)*; OLG Hamm 8.2.1995, NJW-RR 1996, 1271 = RIW 1997, 153; OLG München 24.9.1997, IPRspr. 1997 Nr. 51; OLG München 5.11.1997, NJW-RR 1998, 549 = IPRspr. 1997 Nr. 52; OLG Saarbrücken 6.7.2001, ZIP 2001, 1318 = IPRspr. 2001 Nr. 30; LG Hamburg 1.8.1991, CR 1992, 550 = IPRspr. 1991 Nr. 57; *von Hoffmann*, in: Hadding/Uwe H. Schneider, S. 8 ff.; *Spickhoff*, in: Bamberger/Roth, Art. 33 EGBGB Rz. 2. – Mit Modifikationen auch *Mangold*, S. 209 ff.
2 *von Bar/Mankowski*, I § 7 Rz. 41.
3 Bericht *Giuliano/Lagarde*, BT-Drucks. 10/503, S. 67; OLG Hamburg 28.4.1992, IPRspr. 1992 Nr. 56 = NJW-RR 1993, 40 (Abtretung scheiterte an § 67 Abs. 2 VVG); OLG München 5.11.1997, NJW-RR 1998, 549 = IPRspr. 1997 Nr. 52; *Bette*, WM 1994, 1913; *von Hoffmann*, in: Soergel, Art. 33 EGBGB Rz. 8. Ebenso zum alten Recht BGH 11.4.1988, BGHZ 104, 145, 149 = IPRax 1989, 170 (m. Anm. *Schlechtriem*, IPRax 1989, 155) = WM 1988, 816 (Wechselforderung). – Zu Art. 12 EVÜ-Entw. 1972 *Siehr*, AWD 1973, 582 f.
4 *Hausmann*, in: Staudinger, Art. 33 EGBGB Rz. 41.
5 Erfolglose Ergänzungsvorschläge bei Max Planck Institut, RabelsZ 71 (2007), 321 ff. Gegen das Konzept überhaupt *F. Bauer*, S. 134 ff.
6 *F. Bauer*, S. 137.
7 *Flessner*, IPRax 2009, 42. – In diesem Sinne auch *Kieninger/Sigman*, in: Ferrari/Leible, S. 191 f.

verbote nach § 399 BGB sowie deren Beschränkungen (vgl. § 354a HGB)[1]. Soweit das vertragliche Abtretungsverbot aber auch „dingliche" Wirkung besitzt, indem es – wie § 399 BGB – die verbotswidrige Abtretung schlechthin für unwirksam erklärt, wird vertreten, diese Wirkung nicht mehr nach Art. 14 Abs. 1 Rom I-VO, dem Abtretungsstatut, eintreten zu lassen[2].

Wollen **gesetzliche Abtretungshindernisse** verhindern, dass die Abtretung den Inhalt der geschuldeten Leistung verändert (so § 399 Alt. 1 BGB), so können sie ebenfalls dem kollisionsrechtlichen Schuldnerschutz nach Art. 14 Abs. 2 Rom I-VO und dem Forderungsstatut zugeordnet werden[3]. Haben sie dagegen den Zweck, dem Gläubiger den Vermögenswert der Forderung, also letztlich der geschuldeten Leistung, zu sichern (so bei Lohn-, Unterhalts- und Schmerzensgeldansprüchen), so spielt der Schuldnerschutz keine Rolle. Solche Beschränkungen unterstehen nach einer Auffassung dem Abtretungsstatut des Art. 14 Abs. 1 Rom I-VO[4]. Nach aA entscheidet das Forderungsstatut[5]. Für Letzteres spricht, Veränderungen der Forderungszuordnung zu beschränken.

Soweit Abtretungshindernisse einem **öffentlichen Interesse** entspringen, ist die Einordnung zum Abtretungs- oder zum Forderungsstatut zweifelhaft, so etwa bei berufs- und datenschutzrechtlichen Abtretungsverboten für Honorarforderungen (zB die Einschränkung nach § 49b Abs. 4 S. 2 BRAO). Für diese Abtretungsverbote soll sogar eine Qualifikation als „Eingriffsnormen" nach Art. 9 Rom I-VO in Betracht kommen[6] (vgl. unten Rz. 510 ff.). Damit würde sich das Abtretungsverbot als Eingriffsnorm des eigenen Rechts durchsetzen (Art. 9 Abs. 2 Rom I-VO)[7].

Der **Inhalt der Forderung** bestimmt sich nach der Zession ebenso wie vorher nach dem Schuldstatut der abgetretenen Forderung (Art. 14 Abs. 2 Rom I-VO). Die Zession ändert den Inhalt der Forderung nicht[8]. Was der Zessionar vom Schuldner fordern kann, richtet sich daher weiterhin nach dem Statut der abgetretenen Forderung[9]. Dazu gehört nicht nur die Fälligkeit sowie das Vorhandensein von Einreden[10], sondern auch, ob der Schuldner dem Zessionar die Bereicherungseinrede (§ 821 BGB) entgegenhalten kann[11].

389

---

1 *Hausmann*, in: Staudinger, Art. 33 EGBGB Rz. 41.
2 *Flessner*, IPRax 2009, 42.
3 *Flessner*, IPRax 2009, 42.
4 *Flessner*, IPRax 2009, 42.
5 *Kaye*, S. 323; *Lorenz*, in: Czernich/Heiss, Art. 12 EVÜ Rz. 22 f.; *Hausmann*, in: Staudinger, Art. 33 EGBGB Rz. 26, 41. Krit. dazu *F. Bauer*, S. 135 ff.
6 *Flessner*, IPRax 2009, 42; *F. Bauer*, S. 152 ff.
7 *Flessner*, IPRax 2009, 42; *F. Bauer*, S. 154 f., 157.
8 Zu Art. 33 EGBGB BGH 28.9.2000, NJW-RR 2001, 307; OLG Stuttgart 20.3.1989, RIW 1991, 159 = IPRax 1990, 233 (m. Aufs. *Ackmann/Wenner*, IPRax 1990, 209); LG Hamburg 1.8.1991, IPRspr. 1991 Nr. 57; *Kaye*, S. 324.
9 OLG Stuttgart 20.3.1989, IPRspr. 1989 Nr. 253 = IPRax 1990, 233 (m. Aufs. *Ackmann/Wenner*, IPRax 1990, 209) = RIW 1991, 159; LG Hamburg 1.8.1991, IPRspr. 1991 Nr. 57.
10 Zu den Einreden des Schuldners nach italien. Recht IPG 2005/2006 Nr. 9 (Bochum).
11 *W. Lorenz*, Festschr. Zweigert (1981), S. 199 (220).

Das Forderungsstatut regelt ferner, ob der Zessionar vom Schuldner nur den Betrag verlangen darf, den er selbst dem Zedenten für die Forderung bezahlt hat (**lex Anastasiana**)[1]. Der Schuldner kann sich durch die Zahlung der Erwerbssumme an den Zessionar von seiner Schuld befreien.

390 Alt- und Neugläubiger können nicht ohne Mitwirkung des Schuldners durch **nachträgliche Rechtswahl** vereinbaren, dass die Forderung gegen Letzteren einem anderen Recht unterliegen soll[2]. Ein Eingriff Dritter in ein Schuldverhältnis, der weitreichende Auswirkungen auf den Forderungsinhalt und zudem eine Verschlechterung des Schuldnerschutzes zur Folge haben kann, ist nicht möglich[3]. Hingegen kann dann, wenn der Zessionar vom Zedenten entsprechend ermächtigt wurde, im Einziehungsprozess gegen den Schuldner noch eine andere Rechtsordnung vereinbart werden. Die bloße Befugnis zur gerichtlichen Geltendmachung genügt hierfür aber idR nicht[4].

391 Das **Publizitätserfordernis** einer **förmlichen Benachrichtigung** des Schuldners (s. Rz. 381) ist ein Wirksamkeitserfordernis. Es wird nicht als Formerfordernis eingeordnet[5]. Daher gilt nicht der Satz „locus regit actum" (Art. 11 Abs. 1 Rom I-VO), sondern allein das Wirkungsstatut[6]. Da es sich um eine Voraussetzung handelt, unter der die Abtretung dem Schuldner entgegengehalten werden kann, fällt sie unter Art. 14 Abs. 2 Rom I-VO[7]. Die Schuldnerbenachrichtigung unterliegt folglich – ebenso wie unter dem EVÜ und auch bereits vorher[8] – dem Forderungsstatut[9]. Hat die Benachrichtigung durch den Gerichtsvollzieher zu erfolgen, so richtet sich das einzuschlagende Verfahren nach dem Recht desjenigen Staates, dessen Organe tätig werden sollen[10].

---

1 *H. Keller*, S. 16; *Hausmann*, in: Staudinger, Art. 33 EGBGB Rz. 42.
2 *von Bar*, RabelsZ 53 (1989), 468; *Spickhoff*, in: Bamberger/Roth, Art. 33 EGBGB Rz. 4; *Hohloch*, in: Erman, Art. 33 EGBGB Rz. 4; *von Hoffmann*, in: Soergel, Art. 33 EGBGB Rz. 9.
3 BGH 13.6.1984, IPRax 1985, 221 (Anm. *Kötz*, IPRax 1985, 205) = RIW 1985, 154; BGH 26.9.1989, BGHZ 108, 353, 360, 362 = IPRspr. 1989 Nr. 59 = IPRax 1991, 338 (m. Aufs. *Kronke/Berger*, IPRax 1991, 316); OLG Köln 27.2.1987, NJW 1987, 1151 = IPRax 1987, 239 (m. Aufs. *Sonnenberger*, IPRax 1987, 221).
4 Anders OLG Frankfurt 14.8.1984, RIW 1984, 919.
5 OLG Köln 25.5.1994, IPRax 1996, 270 (m. Aufs. *Thorn*, IPRax 1996, 257) = ZIP 1994, 1791. Anders *Koziol*, DZWiR 1993, 356.
6 *Aubin*, Festschr. Neumayer, S. 40; *von Hoffmann*, in: Hadding/Uwe H. Schneider, S. 11; *Beuttner*, S. 94; *Mangold*, S. 135 f.; *Hausmann*, in: Staudinger, Art. 33 EGBGB Rz. 43.
7 *Hausmann*, in: Staudinger, Art. 33 EGBGB Rz. 43. – Dagegen für das Recht am gewöhnlichen Aufenthaltsort des Forderungsinhabers *F. Bauer*, S. 296 („Übertragungsstatut").
8 BGH 1.7.1985, BGHZ 95, 149 = NJW 1985, 2649; OLG Köln 26.6.1986, NJW 1987, 1151; OLG Koblenz 28.6.1986, RIW 1987, 629 = IPRax 1987, 381 (LS) m. Anm. *Henrich*.
9 OLG Hamm 8.2.1995, NJW-RR 1996, 1271 = RIW 1997, 153 (italien. Recht); *Aubin*, Festschr. Neumayer, S. 44; *H. Keller*, S. 144 f.; *Kieninger*, Mobiliarsicherheiten, S. 109; *Spickhoff*, in: Bamberger/Roth, Art. 33 EGBGB Rz. 6; *Thorn*, in: Palandt, Art. 33 EGBGB Rz. 2. – Vgl. auch Bericht *Giuliano/Lagarde*, BT-Drucks. 10/504, S. 67.
10 *Aubin*, Festschr. Neumayer, S. 40 ff.; *von Hoffmann*, in: Soergel, Art. 33 EGBGB Rz. 10.

Die **befreiende Wirkung einer Leistung des Schuldners** an den alten Gläubiger (vgl. § 407 BGB) dient dem Schuldnerschutz. Sie erfolgt daher nach dem Schuldstatut der abgetretenen Forderung (Art. 14 Abs. 2 Rom I-VO)[1].

5. Drittwirkungen der Forderungsabtretung
a) Geltung des Art. 14 Rom I-VO für die Zessionswirkungen

Die nicht gesondert geregelte Frage der Drittwirkungen der Forderungsabtretung fällt nach umstrittener Auffassung in den Anwendungsbereich des Art. 14 Rom I-VO (s. oben Rz. 384). Bei der Drittwirkung handelt es sich um die Verfügungswirkung der Forderungsübertragung und die Frage nach der Gläubigerstellung. Die richtige Anknüpfung ist äußerst umstritten[2]. Die Meinungen hierzu entsprechen teilweise den in der Vergangenheit bezüglich der Forderungsübertragung als solcher vertretenen Auffassungen. Zur Auswahl stehen vor allem das zwischen Zedent und Zessionar geltende Recht (Vertrags- bzw. Abtretungsstatut), ferner das auf die abgetretene Forderung anwendbare Recht (Forderungsstatut), und schließlich das am Aufenthaltsort des Zedenten geltende Recht oder gar das Wohnsitzrecht des Schuldners (debitor cessus)[3]. Teilweise beurteilt man jedenfalls die Wirkung der Abtretung gegenüber Dritten nach derjenigen Rechtsordnung, welcher der zwischen **Zessionar und Zedent** abgeschlossene Abtretungsvertrag unterliegt[4]. Insbesondere in den Niederlanden ist insoweit schon früher die Regelung des jetzigen Art. 14 Abs. 1 Rom I-VO (früher Art. 12 Abs. 1 EVÜ) herangezogen worden[5]. Eine andere Auffassung will grundsätzlich die am **Aufenthaltsort des Zedenten** geltende Rechtsordnung heranziehen[6]. Teilweise will man diese Anknüpfung jedoch auf Globalabtretungen und die Abtretung künftiger Forderungen beschränken[7]. Nach einer weiteren Auffassung soll die Übertragung durch Forderungsabtretung einem eigenen Übertragungsstatut, nämlich dem Recht am **gewöhnlichen Aufenthalt des Vollrechtsinhabers der Forderung** (dh. nicht notwendigerweise des Zedenten) unterliegen[8].

392

---

1 *Moshinsky*, L.Q.R. 109 (1992), 621; *Kaye*, S. 325; *Hausmann*, in: Staudinger, Art. 33 EGBGB Rz. 45. – Vgl. *von Bar*, RabelsZ 53 (1989), 471.
2 Dazu *Stoll*, Festschr. Sonnenberger, S. 702 ff.; *F. Bauer*, S. 264 ff. mwN.
3 *Sinay-Cyterman*, Rev.crit.d.i.p. 81 (1992), 42; *Pardoel*, S. 357 und passim.
4 So *Flessner/Verhagen*, S. 32 ff.; *Hausmann*, in: Staudinger, Art. 33 EGBGB Rz. 27 ff. – Abl. etwa *Mäsch*, in: Leible, S. 198 ff.
5 Niederländ. H.R. 16.5.1997, N. J. 1998 Nr. 585 = NILR 45 (1998), 129 m. Anm. *Koppenol-Laforce*. Dazu *Kieninger*, RabelsZ 62 (1988), 694 ff.; *Joustra*, IPRax 1999, 280 ff.; *Martiny*, ZEuP 1999, 266 f.; *Martiny*, ZEuP 2001, 328; *Struycken*, LMCLQ 24 (1998), 345 ff.; *Mäsch*, in: Leible, S. 198 ff.; *Kieninger/Sigman*, in: Ferrai/Leible, S. 181 ff.
6 *Rabel*, Conflict of Laws Bd. III, S. 413 ff.; *Kieninger*, RabelsZ 62 (1998), 678, 702 ff.; *Kieninger/Schütze*, IPRax 2005, 202 ff.; *Struycken*, LMCLQ 24 (1998), 345 ff.; *Mäsch*, in: Leible, S. 202 ff.
7 *Moshinsky*, L.Q.R. 108 (1992), 591 ff.; *Stoll*, in: Staudinger (1996), Int. SachenR Rz. 349 f.
8 *F. Bauer*, S. 292 f., 301 ff. Primär soll es auf den Mittelpunkt der Interessen nach Art. 3 Abs. 1 EuInsVO ankommen.

Demgegenüber hatte die bislang hM am Ausgangspunkt einer Verfügung über die Forderung festgehalten. Auch für diese Drittwirkungen sollte daher das **Forderungsstatut** gelten[1]. Diese Auffassung, die bei den Reformarbeiten eine der Optionen war, wurde zT auch im Ausland vertreten[2]. Eine Anknüpfung an das Forderungsstatut ermöglicht eine einheitliche Beurteilung aller Drittwirkungen für die einzelne Forderung. Dagegen spricht für eine Anknüpfung an den **gewöhnlichen Aufenthalt des Zedenten** die Übereinstimmung dieser Lösung mit der UNCITRAL-Konvention. Ferner ermöglicht sie es, im Falle einer Abtretung mehrerer Forderungen ein einziges Recht anzuwenden, das für Dritte ermittelbar und vorhersehbar ist[3]. Ferner ist eine Festlegung des anwendbaren Rechts zum Zeitpunkt einer Vorausabtretung möglich. Zu Schwierigkeiten kann aber die Abspaltung von Fragen der Drittwirkungen führen; sie können einem anderen Recht unterstehen als die Forderung selbst. Ferner deckt sich auch nach dieser Auffassung das auf die schuldrechtlichen Beziehungen zwischen Zedent und Zessionar anwendbare Recht nicht mit dem für die Abtretungswirkungen maßgeblichen Recht, so dass auch insoweit Spannungen auftreten können. Hält man eine Anknüpfung an den gewöhnlichen Aufenthaltsort des Zedenten für hinnehmbar, so führt dies bei der ersten Abtretung regelmäßig zum gleichen Ergebnis wie eine Anknüpfung an den gewöhnlichen Aufenthaltsort des Forderungsrechtsinhabers.

b) Mehrfachabtretungen

393 Von einer Mehrfachabtretung spricht man dann, wenn der Gläubiger seine Forderung mehrfach abgetreten hat. Dann stellt sich zunächst einmal die Frage, ob und wann die erste Abtretung wirksam geworden ist. Ferner ist zu entscheiden, wieweit die folgenden Abtretungen wirksam bzw. unwirksam sind. Die Unwirksamkeit der nachfolgenden Abtretung ergibt sich regelmäßig aus dem Prioritätsgrundsatz des nationalen Zessionsrechtes. Für die Beurteilung der Mehrfachzession, welche die Wirksamkeit der Übertragung der Forderung betrifft, wirken sich die unterschiedlichen Auffassungen zur Anknüpfung der Forderungsabtretung aus. Für die grundsätzlich auf Art. 14 Abs. 1 Rom I-VO abstellende Auffassung ist hier eine Entscheidung zwischen mehreren Statuten notwendig, wenn nämlich unterschiedliche Rechtsordnungen zwischen Zedent und Zessionar(-en) vereinbart worden sind. Insofern wird für die Mehrfachabtretung auf das davon unberührt gebliebene Forderungsstatut ausgewichen[4]. Die auf den Zedentenwohnsitz abstellende Meinung will die danach maßgebliche Rechtsordnung auch hier heranziehen[5]. Für die Auffassung, welche auf ein eigenes Übertragungsstatut, nämlich das Recht am gewöhnlichen

---

[1] *von Hoffmann*, in: Hadding/Uwe H. Schneider, S. 12; *Kaiser*, S. 223; *Kieninger*, S. 109 f.; *Bode*, S. 291 ff.; *von Hoffmann*, in: Soergel, Art. 33 EGBGB Rz. 12.
[2] *Raiffeisen Zentralbank Österreich AG* v. *Five Star Trading* LLC [2001] 3 All ER 257. Dazu *Stevens*, L.Q.R. 118 (2002), 15.
[3] Für bestimmte Finanztransaktionen wird dies jedoch bestritten, dazu *Lagarde/Tenenbaum*, Rev.crit.d.i.p. 97 (2008), 777.
[4] *Stadler*, IPRax 2000, 109; *Hausmann*, in: Staudinger, Art. 33 EGBGB Rz. 53.
[5] *Kieninger*, RabelsZ 62 (1998), 703.

Aufenthalt des Vollrechtsinhabers der Forderung abstellt, soll dies auch hier gelten[1]. Für die bisher hM war die Mehrfachabtretung und das Verhältnis der miteinander konkurrierenden Zessionare ein Problem der „Übertragbarkeit" der Forderung. Das Rangverhältnis unter konkurrierenden Abtretungen, insbesondere die Frage, ob bei einer mehrfachen Zession die Erste gültig ist, wurde folglich (allein) vom Statut der abgetretenen Forderung bestimmt[2]. Auch der Schuldnerwohnsitz zur Zeit der ersten gültigen Zession sollte außer Betracht bleiben[3].

6. Übertragung zu Sicherungszwecken, Sicherungsrechte
a) Übertragung zu Sicherungszwecken
aa) Sicherungsabtretung

Bei der Sicherungszession wird eine Forderung zur Sicherheit abgetreten. Manche Rechtsordnungen verbieten insbesondere eine Vorausabtretung zu Sicherungszwecken entweder ganz oder schränken sie doch ein bzw. unterwerfen sie besonderen Förmlichkeiten (s. Rz. 381). Die einer Sicherungszession zu Grunde liegende Sicherungsabrede berührt das Verhältnis zwischen altem und neuem Gläubiger und unterliegt dem für ihr Verhältnis geltenden Recht (Art. 14 Abs. 1 Rom I-VO)[4]. Nach Art. 14 Abs. 3 Rom I-VO umfasst der Begriff „Übertragung" auch die Übertragung von Forderungen zu Sicherungszwecken („transfers of claims by way of security and", „transferts de créances à titre de garantie"). Die Vorschrift will eine kollisionsrechtliche Gleichbehandlung von Abtretung, Sicherungsabtretung und Sicherungsrechten erreichen[5]. Dementsprechend ist die Sicherungsabtretung des deutschen Rechts erfasst[6].

394

Die mit einer Sicherungsabtretung zusammenhängenden Fragen waren schon bislang umstritten. Auch hier stellte sich zunächst einmal die Frage nach dem für den Forderungsübergang als solchen maßgeblichen Recht. Ferner wurde diskutiert, ob und in welchem Umfang es in diesen Fällen einer Sonderanknüpfung bedarf. Im Wesentlichen wurden drei unterschiedliche Meinungen vertreten. Eine erste Auffassung argumentierte: Da bei der Vorausabtretung das Statut der abgetretenen Forderung im Allgemeinen noch nicht endgültig

---

1 *F. Bauer*, S. 292 f., 301 ff. Primär soll es auf den Mittelpunkt der Interessen nach Art. 3 Abs. 1 EuInsVO ankommen.
2 BGH 8.12.1998, NJW 1999, 940 = IPRax 2000, 128 (m. Aufs. *Stadler*, IPRax 2000, 104) = JZ 1999, 404 m. Anm. *Kieninger* = IPRspr. 1998 Nr. 39; *von Bar*, RabelsZ 53 (1989), 470; *von Hoffmann/Höpping*, IPRax 1993, 303; *Kropholler*, IPR, § 52 VIII 1; *Spickhoff*, in: Bamberger/Roth, Art. 33 EGBGB Rz. 6; *Hohloch*, in: Erman, Art. 33 EGBGB Rz. 6; *Thorn*, in: Palandt, Art. 33 EGBGB Rz. 2. Ebenso *Vischer/Huber/Oser*, Rz. 1056. Ebenso schon vor dem EVÜ BGH 20.6.1990, BGHZ 111, 376, 380 ff. = IPRax 1991, 248 (m. insoweit zust. Aufs. *Stoll*, IPRax 1991, 223) = NJW 1991, 637 = IPRspr. 1990 Nr. 48.
3 Anders *Lagarde*, Rev.crit.d.i.p. 80 (1991), 336 f.; *Sinay-Cyterman*, Rev.crit.d.i.p. 81 (1992), 40 ff.; *Kaiser*, S. 208 ff., 224 ff. (Niederlassung des Zedenten); *Kassis*, Le nouveau droit européen des contrats internationaux (Paris 1993), S. 423.
4 *Koziol*, DZWiR 1993, 356; *Thorn*, in: Palandt, Art. 33 EGBGB Rz. 2.
5 *F. Bauer*, S. 32.
6 *Flessner*, IPRax 2009, 42.

feststeht und zudem eine einheitliche Behandlung aller abgetretenen Forderungen (insbes. aus Weiterverkauf) erreicht werden müsse, sei auf das Recht am **gewöhnlichen Aufenthalt bzw. Niederlassungsort des Zedenten** abzustellen[1]. Diese Rechtsordnung soll dann für die Wirksamkeit der Forderungsübertragung gelten. Zum Teil wird auch der Vorrang zwischen mehreren konkurrierenden Zessionaren dem Niederlassungsrecht des Zedenten unterworfen. Eine zweite Meinung ging hingegen vom **Verhältnis Zedent-Zessionar** aus (Art. 14 Abs. 1 Rom I-VO); sie beurteilte dann auch die Zulässigkeit der Sicherungsabtretung wie die genügende Bestimmtheit des Zessionsgegenstandes nach diesem Recht. Es ergab sich mithin eine Übereinstimmung mit dem für die Sicherungsabrede maßgeblichen Recht[2]. Für die überwiegende Meinung in Deutschland war dagegen die Frage, ob und unter welchen Voraussetzungen eine Forderung zur Sicherung abgetreten werden kann, ein Problem der „Übertragbarkeit" der Forderung. Diese richtet sich aber nach dem Schuldstatut der abgetretenen Forderung (**Forderungsstatut**)[3]. Nur für den Schuldnerschutz sollte – wie von Art. 14 Abs. 2 Rom I-VO vorgesehen – das Forderungsstatut gelten[4].

Hiergegen spricht außer der Änderung durch Art. 14 Abs. 3 Rom I-VO, dass Beschränkungen der Sicherungsabtretung sowie besondere Publizitätserfordernisse das Vermögen des Abtretenden transparent und für die Gläubiger zugänglich halten sollen. Schuldnerinteressen sind nicht betroffen. Gibt man die Anknüpfung an das Forderungsstatut auf, so ist freilich nicht eindeutig, worauf abzustellen ist. Teilweise will man das Abtretungsstatut (Art. 14 Abs. 1 Rom I-VO) befragen[5]. Nach aA soll das Recht am gewöhnlichen Aufenthaltsort des Vollrechtsinhabers der Forderung entscheiden[6]. Bezüglich der Drittwirkungen kommt auch hier das Recht des gewöhnlichen Aufenthalts des Zedenten in Betracht.

bb) Vorausabtretung

395 Die Zulässigkeit der Vorausabtretung künftiger Forderungen wurde bislang überwiegend nach dem Forderungsstatut beurteilt, da sie zur „Übertragbarkeit" iS des Art. 14 Abs. 2 Rom I-VO gezählt wurde[7]. Soweit Vorausabtretun-

---

1 *Kaiser*, S. 105, 224 ff.; *Stoll*, in: Staudinger (1996), IntSachenR Rz. 349 ff. – S. auch *Stoll*, IPRax 1991, 225 ff.; *Moshinsky*, L.Q.R. 109 (1992), 609 ff.
2 *Stadler*, IPRax 2000, 107; *Hausmann*, in: Staudinger, Art. 33 EGBGB Rz. 62.
3 BGH 8.12.1998, NJW 1999, 940 = IPRax 2000, 128 (m. Aufs. *Stadler*, IPRax 2000, 104) = JZ 1999, 404 m. Anm. *Kieninger* = IPRspr. 1998 Nr. 39 (Sittenwidrigkeit der Globalzession); *von Bar*, RabelsZ 53 (1989), 474 f.; *Kaiser*, S. 206 mwN; *von Westphalen*, Exportfinanzierung, S. 220; *Kieninger*, S. 110; *Doehner*, in: AnwK, Art. 33 EGBGB Rz. 9; *Hohloch*, in: Erman, Art. 33 EGBGB Rz. 5; *von Hoffmann*, in: Soergel, Art. 33 EGBGB Rz. 13.
4 *Kaiser*, S. 207, 222.
5 *Flessner*, IPRax 2009, 42. – Ebenso schon *Hausmann*, in: Staudinger, Art. 33 EGBGB Rz. 58–62.
6 *F. Bauer*, S. 166 („Übertragungsstatut").
7 *Kieninger*, RabelsZ 62 (1998), 699; *Doehner*, in: AnwK, Art. 33 EGBGB Rz. 9; *Spickhoff*, in: Bamberger/Roth, Art. 33 EGBGB Rz. 6. – Vgl. auch *Kieninger/Sigman*, in: Ferrari/Leible, S. 190 f.

gen eingeschränkt werden, geschieht dies im Interesse des Rechtsverkehrs und des Abtretenden selbst. Die Gläubiger des Zedenten sollen, was dessen Außenstände als Haftungsobjekte angeht, nicht von vornherein chancenlos sein; der Abtretende soll vor einer Weggabe künftigen Vermögens geschützt werden. Der Schuldner der Forderung wird mit der Forderung erst ab ihrer Entstehung konfrontiert und gegen Ungewissheit über den wahren Forderungsinhaber (seinen Gläubiger) nach Art. 14 Abs. 2 Rom I-VO geschützt. Die Zulässigkeit der Vorausabtretung wird zT deshalb nunmehr nach dem Abtretungsstatut (Art. 14 Abs. 1 Rom I-VO) beurteilt[1]. Andere stellen dagegen auf den Übertragungsakt und den gewöhnlichen Aufenthalt des Vollrechtsinhabers der Forderung ab[2]. Auch hier ist bezüglich der Drittwirkungen an den gewöhnlichen Aufenthalt des Zedenten zu denken.

Der **verlängerte Eigentumsvorbehalt** mit **Vorausabtretung** der Forderungen aus Weiterveräußerung stellt für den Verkäufer dann eine Kreditsicherheit dar, wenn der Eigentumsvorbehalt selbst nach dem Situsrecht der Ware erlischt. Da die Abtretbarkeit künftiger Forderungen nicht von allen Rechtsordnungen gestattet wird, ist die Anknüpfung des verlängerten Eigentumsvorbehalts von erheblicher praktischer Bedeutung. Auch insoweit wurde zum Teil eine gesonderte Anknüpfung an den **Schuldnerwohnsitz** vertreten[3]. Man gelangte dann zum Recht des Niederlassungsorts des Vorbehaltskäufers (Zedent). Vorteil ist eine einheitliche Anknüpfung, die nicht vom jeweiligen Forderungsstatut abhängt und daher voraussehbar ist. Andere hielten gleichwohl an der Maßgeblichkeit des **Forderungsstatuts** fest[4]. Anzustreben ist eine gleiche Anknüpfung wie bei der Vorausabtretung überhaupt.

cc) Globalabtretung

Auch die richtige Anknüpfung der Globalabtretung ist problematisch. Wo Einschränkungen für die Globalabtretung gelten, sollen sie der Offenhaltung des Vermögens für alle Gläubiger dienen und den Abtretenden davor schützen, sich mit seinem Vermögen einem einzigen Gläubiger auszuliefern. Die Zulässigkeit der Globalabtretung war nach überwiegender Meinung in Deutschland zu Art. 12 EVÜ (Art. 33 EGBGB) eine Frage der „Übertragbarkeit" der Forderung iS des Abs. 2[5]. Heute wird zT allein Art. 14 Abs. 1 Rom I-VO (Abtretungs-

396

---

1 *Flessner*, IPRax 2009, 43. – Ebenso bereits *Hausmann*, in: Staudinger, Art. 33 EGBGB Rz. 62.
2 *F. Bauer*, S. 163 f. („Übertragungsstatut").
3 LG Hamburg 20.11.1980, IPRspr. 1980 Nr. 53; *Stoll*, IPRax 1991, 225 ff. (auch für die Globalzession); *Kaiser*, S. 202 ff.; *Stoll*, in: Staudinger (1996), IntSachenR Rz. 292.
4 BGH 20.6.1990, BGHZ 111, 376, 380 ff. = IPRax 1991, 248 (m. insoweit abl. Aufs. *Stoll*, IPRax 1991, 223 [obiter]); *Basedow*, ZEuP 1997, 620 f.; *von Bar*, II Rz. 572; *Hohloch*, in: Erman, Art. 33 EGBGB Rz. 5 f.; *von Hoffmann*, in: Soergel, Art. 33 EGBGB Rz. 9, 13. Unentschieden *Kieninger*, S. 108 f.
5 Ebenso OLG Hamburg 22.5.1996, WM 1997, 1773 = IPRspr. 1996 Nr. 43; *Doehner*, in: AnwK, Art. 33 EGBGB Rz. 9. – Vgl. auch BGH 8.12.1998, NJW 1999, 940 = IPRax 2000, 128 (m. Aufs. *Stadler*, IPRax 2000, 104) = IPRspr. 1998 Nr. 39.

statut) für maßgeblich gehalten[1]. Andere stellen auch hier auf den Übertragungsakt und den gewöhnlichen Aufenthalt des Vollrechtsinhabers der Forderung ab[2].

b) Pfandrechte und andere Sicherungsrechte

397 Nach Art. 14 Abs. 3 Rom I-VO umfasst die „Übertragung" auch eine Übertragung von Pfandrechten oder anderen Sicherungsrechten an Forderungen („pledges or other security rights over claims"; „les nantissements ou autres sûretés sur les créances"). Aus dem deutschen Recht wird daher die Verpfändung der Forderung (§ 1279 BGB) erfasst[3]. Dass von einer „Übertragung" und nicht von einer „Bestellung" von Rechten die Rede ist, steht nicht entgegen[4]. Auch die Bestellung eines Nießbrauchs an der Forderung (§§ 1068, 1074 BGB) wird wegen des engen Zusammenhanges erfasst, obwohl sie keine eigentliche Sicherung darstellt[5].

IV. Zession dinglich gesicherter Forderungen

398 Wird eine dinglich gesicherte Forderung abgetreten, so ist zu unterscheiden: Für die Übertragung der Forderung kommt es auf das nach Art. 14 Rom I-VO maßgebliche Recht an, für den Übergang des dinglichen Rechts auf die Rechtsordnung des belasteten Grundstücks (lex rei sitae)[6].

399 Ist der **Schuldner im Ausland** (etwa in Frankreich) wohnhaft und unterliegt die Forderung französischem Recht, ist die Forderung aber auf einem deutschen Grundstück dinglich gesichert, so gibt es keine Schwierigkeiten, wenn die Forderung durch eine **Grundschuld** gesichert ist. Die Forderung wird nach französischem Sachrecht (mit Signifikation) abgetreten, die Grundschuld nach deutschem Recht durch schriftliche Abtretungserklärung und Briefübergabe (§§ 1192, 1154 BGB). Es handelt sich um zwei selbständige Verfügungsgeschäfte[7].

400 Schwieriger ist es, wenn die Forderung durch eine **Hypothek** gesichert ist, Forderungs- und Hypothekenstatut aber auseinander fallen. Hier gilt der materiellrechtliche Grundsatz der Akzessorietät. Nach § 1153 BGB geht mit der Forderungsübertragung die Hypothek auf den Zessionar über. Die Forderungsabtretung bedarf nach französischem Recht keiner Form (aber der Benachrichtigung des Schuldners). Diese Zession bewirkt zwar den Übergang der Forderung, aber nicht den Übergang der Hypothek.

---

1 *Flessner*, IPRax 2009, 42. Vgl. schon niederländ. H.R. 11.6.1993, N.J. 1993 Nr. 776 m. Anm. *J. C S.* = NIPR 1993, 262 (m. Anm. *Joustra*, IPRax 1994, 395).
2 *F. Bauer*, S. 166 („Übertragungsstatut").
3 *Flessner*, IPRax 2009, 37.
4 *Flessner*, IPRax 2009, 37.
5 *Flessner*, IPRax 2009, 37.
6 Vgl. zum alten Recht *von Bar*, RabelsZ 53 (1989), 473; *Ferid*, Rz. 7–46.
7 Vgl. auch *von Hoffmann*, in: Hadding/Uwe H. Schneider, S. 15 f.

Nach deutschem Sachenrecht geht das dingliche Recht nur dann mit der Forderung über, wenn die Zession die Sacherfordernisse des § 1154 BGB wahrt. Erfüllt die Forderungsabtretung diese Anforderungen (schriftliche Erteilung der Abtretungserklärung und Briefübergabe) nicht, so geht mangels wirksamer Abtretung das dingliche Recht nicht auf den Zessionar über. Die Vorschrift des § 1153 BGB kann hier nicht angewendet werden. Die Hypothek wird zur Eigentümergrundschuld[1]. Da es aber unbillig wäre, wenn der Eigentümer diese behalten dürfte, ist er schuldrechtlich verpflichtet, sie in gehöriger Form abzutreten. Andere wollen hier mit einer Anpassung helfen und lassen die unwirksam abgetretene Hypothek übergehen, sei es in entsprechender Anwendung der §§ 401 Abs. 1, 412 BGB[2], sei es, indem § 1153 BGB Vorrang eingeräumt wird[3].

Sind umgekehrt die Erfordernisse der inländischen lex rei sitae gewahrt, aber nicht die des ausländischen Forderungsstatuts (zB mangels signification), so kann die Hypothek nicht übergehen, da die Forderung nicht wirksam übertragen wurde[4]. Nach aA erwirbt der Zessionar die persönliche Forderung gleichwohl in analoger Anwendung des § 1138 BGB[5].

Ist der **Schuldner in Deutschland** wohnhaft, die Forderung aber auf einem ausländischen (zB französischen) Grundstück dinglich gesichert, so gilt Folgendes: 401

Die Forderungsabtretung unterliegt dem Forderungsstatut und ist idR nach deutschem Recht zu beurteilen. Die hypothekenrechtliche Vorschrift des § 1154 BGB (Schriftform der Abtretungserklärung und Briefübergabe) kann aber nicht gelten, da sie auf den Fall einer durch eine Hypothek auf einem inländischen Grundstück gesicherten Forderung abstellt. Eine bestimmte Form ist also für die Zession nicht erforderlich.

Ob durch eine solche Zession auch das dingliche Recht an dem ausländischen Grundstück übergeht, bestimmt die jeweilige lex rei sitae[6]. Deshalb ist es ratsam, für die Zession die Erfordernisse des Rechts des belasteten Grundstücks einzuhalten.

V. Einziehungsermächtigung

Bei einer Einziehungsermächtigung wird dem Ermächtigten (etwa einer Bank) die Befugnis zur Einziehung im eigenen Namen übertragen; Inhaber der Forde- 402

---

1 *M. Wolff/Raiser*, Sachenrecht, 10. Aufl. (1957), S. 666.
2 *Kreuzer*, in: MünchKomm, 3. Aufl. (1998), nach Art. 38 EGBGB Anh. I Rz. 47; *Stoll*, in: Staudinger, IntSachenR Rz. 181.
3 S. *von Bar*, RabelsZ 53 (1989), 474. – Unentschieden *von Hoffmann*, in: Hadding/Uwe H. Schneider, S. 16.
4 *von Hoffmann*, in: Hadding/Uwe H. Schneider, S. 16; *M. Wolff/Raiser*, Sachenrecht, 10. Aufl. (1957), S. 666. Im Ergebnis auch *von Bar*, RabelsZ 53 (1989), 474.
5 *Kreuzer*, in: MünchKomm, 3. Aufl. (1998), nach Art. 38 EGBGB Anh. I Rz. 47; *Stoll*, in: Staudinger, IntSachenR Rz. 181.
6 *Kreuzer*, in: MünchKomm, 3. Aufl. (1998), nach Art. 38 EGBGB Anh. I Rz. 47; *Stoll*, in: Staudinger, IntSachenR Rz. 181.

rung selbst bleibt der ursprüngliche Gläubiger. Kollisionsrechtlich wird diese Abspaltung eines Gläubigerrechtes wie eine Abtretung behandelt, so dass für die Erteilung der Einziehungsermächtigung nach früher hM ebenfalls das Forderungsstatut galt[1]. Die Befugnis zur Ermächtigungserteilung kann dagegen einem anderen Recht unterliegen[2]. Nach aA soll die Maßgeblichkeit des Forderungsstatuts für die Einziehungsermächtigung nur für ihre Zulässigkeit und die Wirkungen gegenüber dem Schuldner gelten. Im Übrigen soll das Statut des der Einziehungsermächtigung zu Grunde liegenden Vertrages maßgeblich sein[3]. Als Teilberechtigung wird die Einziehungsermächtigung jedenfalls inter partes von Art. 4 Abs. 1 Rom I-VO erfasst, s. oben Rz. 385. Für die Drittwirkungen kommt auch hier das Recht am gewöhnlichen Aufenthalt des Ermächtigenden in Betracht.

VI. Form

403   Die Form der Forderungsabtretung unterliegt Art. 11 Rom I-VO. Nach Art. 11 Abs. 1 Rom I-VO genügt anstelle der Form der lex causae[4] auch die Beachtung der lex loci actus, soweit nicht über dingliche Rechte verfügt wird[5]. Bezüglich der lex causae wirken sich die Meinungsunterschiede bezüglich der richtigen Anknüpfung der Abtretung aus. Während nach der bislang hM insoweit das Forderungsstatut maßgeblich war[6], stellen andere Auffassungen vor allem auf das für das Verhältnis von Zessionar und Zedenten geltende Recht (Grundgeschäft)[7] oder auf den gewöhnlichen Aufenthalt des Zedenten ab. Teilweise wird zur Vermeidung von Qualifikationsschwierigkeiten eine alternative Anknüpfung abgelehnt und nur auf das für die Übertragung maßgebliche Recht abgestellt[8].

---

1 BGH 24.11.1989, NJW-RR 1990, 250; BGH 24.2.1994, BGHZ 125, 196 = NJW 1994, 2549 = IPRax 1995, 168 (m. Aufs. *Gottwald*, IPRax 1995, 157) = EWiR 1994, 401 *(Hanisch)*; OLG Koblenz 14.1.2004, IPRspr. 2004 Nr. 35 = JbItalR 17 (2004), 282; *Kropholler*, IPR, § 52 VIII 1.
2 BGH 24.2.1994, BGHZ 125, 196, 205 = NJW 1994, 2549 = IPRax 1995, 168 (m. Aufs. *Gottwald*, IPRax 1995, 157) = EWiR 1994, 401 *(Hanisch)* (Konkursverwalter).
3 *Hausmann*, in: Staudinger, Art. 33 EGBGB Rz. 63.
4 OLG Koblenz 19.10.1995, RIW 1996, 151 = EWiR 1996, 305 *(Otte)*; *Hausmann*, in: Staudinger, Art. 33 EGBGB Rz. 55.
5 *von Bar*, RabelsZ 53 (1989), 472 f.; *von Hoffmann/Höpping*, IPRax 1993, 304.
6 *von Bar*, RabelsZ 53 (1989), 472 f.
7 So *Hausmann*, in: Staudinger, Art. 33 EGBGB Rz. 55.
8 *F. Bauer*, S. 297 ff., 305.

L. Gesetzlicher Forderungsübergang

	Rz.		Rz.
I. Ausländisches Recht	404	III. Subsidiäre Verpflichtungen (Art. 15 Rom I-VO)	406
II. Maßgeblichkeit des Zessionsgrundstatuts	405	IV. Ablösungsrecht eines Dritten	411

Literatur: *von Bar*, Abtretung und Legalzession im neuen deutschen IPR, RabelsZ 53 (1989), 462; *Beemelmans*, Das Statut der cessio legis, der action directe und der action oblique, RabelsZ 29 (1965), 511; *Bernstein*, Gesetzlicher Forderungsübergang und Prozessführungsbefugnis im IPR unter besonderer Berücksichtigung versicherungsrechtlicher Aspekte, Festschr. Sieg (1976), S. 49; *Birk*, Die Einklagung fremder Rechte (action oblique, azzione surrogatoria, acción subrogatoria) im IPR, ZZP 82 (1969), 70; *Birk*, Lohnfortzahlungsgesetz und Auslandsbeziehungen, DB 1973, 1551; *Brückner*, Unterhaltsregress im internationalen Privat- und Verfahrensrecht (1994); *Eichenhofer*, Internationales Sozialrecht und Internationales Privatrecht (1987); *Hoffmeyer*, Zur Aktivlegitimation ausländischer Ladungsversicherer bei Regressklagen, ZHR 1963, 125; *Karrer*, Der Regress des Versicherers gegen Dritthaftpflichtige (Zürich 1965); *H. Keller*, Zessionsstatut im Lichte des Übereinkommens über das auf vertragliche Schuldverhältnisse anzuwendende Recht vom 19. Juni 1980 (Diss. München 1985); *Klein*, Das Verhältnis der Kollisionsnormen in der VO (EG) 1408/71 zum Internationalen Arbeitsrecht in EGBGB und EVÜ (2005); *D. M. Meyer*, Der Regress im IPR (Schweizer Studien zum internationalen Recht Bd. 27; 1982); *Posch*, Zur Anknüpfung der notwendigen Zession bei der Forderungseinlösung gem. § 1422 ABGB, IPRax 1986, 188; *Schack*, Subrogation und Prozessstandschaft, Ermittlung ausländischen Rechts im einstweiligen Verfügungsverfahren, IPRax 1995, 158; *Stoll*, Rechtskollisionen bei Schuldnermehrheit, Festschr. Müller-Freienfels (1986), S. 631; *Wandt*, Zum Rückgriff im IPR, ZvglRW 86 (1987), 272.

I. Ausländisches Recht

Der gesetzliche Forderungsübergang (cessio legis), bei dem ein anderer Gläubiger einrückt, ist auch anderen Rechtsordnungen bekannt (legal subrogation; subrogation légale). Auslöser ist meist die Zahlung einer fremden Schuld, insbes. durch den Versicherer, s. §§ 116 ff. SGB X (früher § 1542 RVO), § 86 VVG (früher § 67 VVG); vgl. zur Subrogation Art. 1252 franzöz. c.c., Art. 1205 italien. c.c. 404

II. Maßgeblichkeit des Zessionsgrundstatuts

Der gesetzliche Forderungsübergang wird von Art. 15 Rom I-VO geregelt (s. Text oben S. 1, 19)[1]. Hier hat eine Person („Gläubiger") eine vertragliche Forderung gegen eine andere Person („Schuldner") und ein Dritter ist verpflichtet, den Gläubiger zu befriedigen, oder hat ihn befriedigt. Das für die Verpflichtung 405

---

[1] Der Vorläufer in Art. 13 EVÜ (Art. 33 Abs. 3 S. 1 EGBGB) ist seinerseits aus Art. 17 EVÜ-Entw. 1972 (dazu *Siehr*, AWD 1973, 583) hervorgegangen.

des Dritten gegenüber dem Gläubiger maßgebende Recht bestimmt, ob und in welchem Umfang der Dritte die Forderung des Gläubigers gegen den Schuldner nach dem für deren Beziehung maßgebenden Recht geltend machen kann.

Dies bezieht sich auf vertragliche Forderungen („contractual claims"; „des droits en vertu d'un contrat")[1]. Für den **Übergang nichtvertraglicher** – insbes. deliktischer **Forderungen** gilt jetzt Art. 19 Rom II-VO. Nunmehr wird ausdrücklich nicht nur die Verpflichtung zur Befriedigung („duty to satisfy"; „l'obligation de désintéresser le créancier"), sondern auch die Schuldtilgung selbst, die Erfüllungswirkung, genannt.

Art. 16 Rom I-VO will Fälle erfassen, in denen die Verpflichtung des den Gläubiger befriedigenden Schuldners den Verbindlichkeiten der anderen Schuldner gegenüber gleichrangig ist. Ist die Verpflichtung des Dritten hingegen gegenüber der des (Haupt-)Schuldners subsidiär, so greift Art. 15 Rom I-VO ein[2]. Dies gilt etwa für die Bürgschaft (s. Rz. 1190). Die Gleich- oder Nachrangigkeit ist nach dem Statut der in Frage stehenden Verbindlichkeit zu beurteilen[3].

III. Subsidiäre Verpflichtungen (Art. 15 Rom I-VO)

406 Für die Berechtigung des Dritten (dh. des Neugläubigers) zur Geltendmachung der Forderung ist nach Art. 15 Rom I-VO die Rechtsordnung maßgeblich, die für die Verpflichtung des Dritten gegenüber dem alten Gläubiger maßgeblich ist (**Zessionsgrundstatut** bzw. **Drittleistungsstatut**). Ein gesetzlicher Forderungsübergang ist also dann zu beachten, wenn er vom Zessionsgrundstatut (auch Drittleistungs- oder Kausalstatut genannt) angeordnet wird[4]. Auf das Recht der Forderung, die von der Legalzession ergriffen wird (Forderungsstatut), kommt es insoweit nicht an.

Tilgt beispielsweise ein Versicherer die Schuld aufgrund eines Versicherungsvertrages mit dem Schuldner, so erfolgt zum Ausgleich ein gesetzlicher Forderungsübergang auf ihn nach dem Recht, dem der Versicherungsvertrag unterliegt[5]. Ein weiterer Anwendungsfall des gesetzlichen Forderungsübergangs ist die Zahlung des Bürgen (s. Rz. 1190). Hier ist also die vertragliche Beziehung Gläubiger-Dritter maßgeblich[6]. Das Zessionsgrundstatut ist maßgeblich für die Frage, ob und in welchem Ausmaß der Dritte zur Geltendmachung der Forderung berechtigt ist[7]. Auch die Möglichkeit eines teilweisen gesetzlichen For-

---

1 Zum EVÜ Bericht *Giuliano/Lagarde*, S. 67.
2 So *Stoll*, Festschr. Müller-Freienfels, S. 634, 656.
3 *von Hoffmann*, in: Hadding/Uwe H. Schneider, S. 19.
4 *Stoll*, Festschr. Müller-Freienfels, S. 633.
5 BGH 12.2.1998, IPRspr. 1998 Nr. 46 = NJW 1998, 3205; *Thorn*, in: Palandt, Art. 33 EGBGB Rz. 3. Ebenso nach altem Recht etwa OLG Koblenz 6.10.1989, IPRspr. 1989 Nr. 64 = RIW 1990, 931.
6 *Gaudemet-Tallon*, Rev.trim.dr.europ. 17 (1981), 276.
7 Zum EVÜ Bericht *Giuliano/Lagarde*, S. 67.

derungsübergangs bzw. einer Subrogation ist nach dem auf den Forderungsübergang anzuwendenden Recht zu beurteilen[1].

Welchen **Inhalt** die übergegangene Forderung hat, bestimmt das Forderungsstatut, dh. das für die Beziehung zwischen ursprünglichem Gläubiger und Schuldner geltende Recht[2]. Dieses Recht entscheidet beispielsweise darüber, ob dem neuen Gläubiger die Einrede der Verjährung entgegengehalten werden kann[3]. Der gesetzliche Forderungsübergang greift nicht in den Bestand der Forderung ein[4]. 407

Der Dritte kann gegenüber dem Gläubiger, aber auch – wie der Haftpflichtversicherer – gegenüber dem Schuldner zur Leistung verpflichtet sein[5]. Dritter, auf den eine Forderung übergegangen ist, kann auch ein Sozialversicherungsträger oder der Staat als Dienstherr sein[6]; dass der **Forderungsübergang von einer öffentlich-rechtlichen Vorschrift angeordnet** wurde, schadet nicht[7]. Dies entspricht dem bisherigen Rechtszustand[8]. 408

Während bei der Forderungsabtretung über Art. 14 Abs. 2 Rom I-VO **Schuldnerschutzvorschriften** nach dem Forderungsstatut zum Zuge kommen können, ist davon in Art. 15 Rom I-VO nicht ausdrücklich die Rede. Früher hatte man im Allgemeinen die Übertragbarkeit der Forderung und den Schuldnerschutz (Bestimmungen wie § 407 BGB, Erforderlichkeit einer Anzeige an den Schuldner) nach dem Forderungsstatut beurteilt[9]. Nach geltendem Recht kann man sich darauf stützen, dass die Forderung nach dem für die Beziehung von Gläubiger und Schuldner geltenden Recht geltend zu machen ist. Im Übrigen kommt eine (Teil-)Analogie zu Art. 14 Abs. 2 Rom I-VO in Betracht. Der Wortlaut des Art. 15 Rom I-VO, der die Berechtigung des Dritten in den Vordergrund stellt, steht jedenfalls einer Berücksichtigung des Schuldnerschutzes nach dem Forderungsstatut nicht entgegen[10]. Auch die Übertragbarkeit der Forderung ist eine Frage des Forderungsstatuts[11]. Nach aA kann auch das Zessionsgrundstatut eine Forderung verfügbar machen[12]. 409

---

1 Zum EVÜ Bericht *Giuliano/Lagarde*, S. 67.
2 Zum EVÜ Bericht *Giuliano/Lagarde*, S. 67.
3 *Thorn*, in: Palandt, Art. 33 EGBGB Rz. 3.
4 *H. Keller*, S. 164.
5 *Wandt*, ZvglRW 86 (1987), 279.
6 *Ferid*, Rz. 6–125.
7 Vgl. *von Bar*, RabelsZ 53 (1989), 479 f.; *H. Keller*, S. 190 ff.
8 BGH 26.4.1966, IPRspr. 1966/67 Nr. 31b = NJW 1966, 1620 (nach französ. Recht eingetretener Übergang der Ansprüche auf die französ. Streitkräfte); OLG Oldenburg 18.11.1983, IPRspr. 1983 Nr. 34 = NdsRpfl. 1984, 69 (Ersatzpflicht deutscher Verkehrsteilnehmer für im Bundesgebiet verletzten niederländ. Soldaten; Übergang auf niederländ. Staat).
9 Vgl. *Beemelmans*, RabelsZ 29 (1965), 511 ff.; *Kegel/Schurig*, S. 758 f.; IPG 1965/66 Nr. 7 (Hamburg). Auch Art. 17 Abs. 2 EVÜ-Entw. 1972 hatte die Übertragbarkeit sowie die Rechte und Pflichten des Schuldners dem Forderungsstatut überlassen.
10 So auch *von Hoffmann*, in: Hadding/Uwe H. Schneider, S. 21 f.; *H. Keller*, S. 164.
11 *H. Keller*, S. 167 f.; *Hohloch*, in: Erman, Art. 33 EGBGB Rz. 10.
12 Vgl. *von Bar*, RabelsZ 53 (1989), 478 f.

EU-Regelung für die Soziale Sicherheit

410 Für den Forderungsübergang im Zusammenhang mit Leistungen der Sozialen Sicherheit ist innerhalb der EU eine Sonderregelung zu beachten, und zwar die „VO (EWG) Nr. 1408/71 über die Anwendung der Systeme der sozialen Sicherheit auf Arbeitnehmer und Selbständige sowie deren Familienangehörige, die innerhalb der Gemeinschaft zu- und abwandern"[1]. Die heute maßgebliche Vorschrift lautet:

Art. 93 VO (EWG) Nr. 1408/71

Ansprüche des verpflichteten Trägers gegen haftende Dritte

(1) Werden nach den Rechtsvorschriften eines Mitgliedstaats Leistungen für einen Schaden gewährt, der sich aus einem im Gebiet eines anderen Mitgliedstaats eingetretenen Ereignis ergibt, so gilt für etwaige Ansprüche des verpflichteten Trägers gegen einen zum Schadenersatz verpflichteten Dritten folgende Regelung:

a) Sind die Ansprüche, die der Leistungsempfänger gegen den Dritten hat, nach den für den verpflichteten Träger geltenden Rechtsvorschriften auf diesen Träger übergegangen, so erkennt jeder Mitgliedstaat diesen Übergang an;

b) hat der Verpflichtete Träger gegen den Dritten einen unmittelbaren Anspruch, so erkennt jeder Mitgliedstaat diesen Anspruch an.

(2) Werden nach den Rechtsvorschriften eines Mitgliedstaats Leistungen für einen Schaden gewährt, der sich aus einem im Gebiet eines anderen Mitgliedstaats eingetretenen Ereignis ergibt, so gelten gegenüber der betreffenden Person oder dem zuständigen Träger die Bestimmungen dieser Rechtsvorschriften, in denen festgelegt ist, in welchen Fällen die Arbeitgeber oder die von ihnen beschäftigten Arbeitnehmer von der Haftung befreit sind.

Absatz 1 gilt auch für etwaige Ansprüche des verpflichteten Trägers gegenüber einem Arbeitgeber oder den von diesem beschäftigten Arbeitnehmern, wenn deren Haftung nicht ausgeschlossen ist.

(3) ...

Art. 93 Abs. 1 VO (EWG) Nr. 1408/71 betrifft Forderungen, die der leistende Träger geltend machen kann. Sind Schadensersatzansprüche des Leistungsempfängers gegen den Dritten auf den Träger übergegangen, so gilt das Recht des Trägers[2]. Ebenso ist es, wenn der Träger Direktansprüche geltend machen kann. Art. 93 Abs. 2 VO (EWG) 1408/71 lässt dieses Recht auch über Haftungsbefreiungen entscheiden[3]. Der Schädiger bzw. sein Versicherer kann nicht erfolgreich geltend machen, nach dem auf den Schadensersatzanspruch anwendbaren Recht sei ein Rückgriff ausgeschlossen[4].

---

1 Die VO wurde mehrfach geändert; aktualisierte Fassung ABl. EG 1997 Nr. L 28, S. 1. Geltende Fassung in Sartorius II Nr. 185. Anstelle der VO (EWG) Nr. 1408/71 galt früher die EWG-VO Nr. 3 (vgl. deren Art. 52).

2 Vgl. *Eichenhofer*, in: Fuchs (Hrsg.), Nomos-Kommentar Europäisches Sozialrecht, 4. Aufl. (2005), Art. 93 VO (EWG) 1408/71 Rz. 3; *Hausmann*, in: Staudinger, Art. 33 EGBGB Rz. 90 ff. *Junker*, in: MünchKomm, 5. Aufl., Art. 19 Rom II-VO Rz. 19 ff. mwN.

3 BGH 7.11.2006, NJW 2007, 1754 (Österreich); BGH 15.7.2008, VersR 2008, 1358 (Niederlande). – Zu § 4 LFZG s. LG München I 10.4.1981, IPRspr. 1981 Nr. 32 = IPRax 1982, 78 (LS) Anm. *Jayme; Birk*, DB 1973, 1554 f.

4 EuGH 2.6.1994 – Rs. C-428/92 (DAK/Lærerstandens Brandforsikring), Slg. 1994, I-2259 = JZ 1994, 1113 Anm. *Fuchs* (dän. Regressbeschränkung).

IV. Ablösungsrecht eines Dritten

In bestimmten Fällen eines drohenden Rechtsverlustes ist ein Dritter berechtigt, anstelle des Schuldners den Gläubiger zu befriedigen (§ 268 BGB). Als Folge seiner Drittleistung kommt es zu einem **gesetzlichen Forderungsübergang**. Ähnliche Befugnisse bestehen auch nach ausländischem Recht wie die Einlösung mit nachfolgendem gesetzlichen Forderungsübergang gem. Art. 110 OR[1] und die eine Mittelstellung einnehmende notwendige Zession nach § 1422 ABGB[2]. Solche Fälle werden nicht von Art. 15 Rom I-VO erfasst[3]. Hier besteht keine besondere Beziehung zwischen dem ablösenden Dritten und dem Altgläubiger, an die angeknüpft werden könnte. Folglich untersteht die Legalzession allein dem Recht, welchem die erfüllte Forderung unterliegt[4]. Sieht das Forderungsstatut keine Legalzession vor, so kann für den Rückgriff des Drittleistenden gegen den Schuldner das Recht herangezogen werden, welches für ihre Beziehungen gilt[5].

411

---

1 Sie folgt nach schweiz. Auffassung dem Recht, dem die zu tilgende Forderung unterliegt (Art. 146 Abs. 1 Halbs. 2 IPRG). S. *Keller/Girsberger*, in: ZürchKomm, Art. 144 IPRG Rz. 3; Art. 146 IPRG Rz. 14.
2 S. *Posch*, Zur Anknüpfung der notwendigen Zession bei der Forderungseinlösung gem. § 1422 ABGB, IPRax 1986, 188 ff. Zu weiteren Fällen, in denen keine Verpflichtung zur Tilgung, sondern nur ein Interesse daran besteht (Art. 1251 Nr. 1, 4 französ. c.c.; Art. 1203-3 italien. c.c.), s. *Gaudemet-Tallon*, Rev.trim.dr.europ. 17 (1981), 276 f.
3 *Lagarde*, Rev.crit.d.i.p. 80 (1991), 287 (336 f.).
4 *Wandt*, ZvglRW 86 (1987), 301; *von Bar*, RabelsZ 53 (1989), 482 f. – Wohl auch *Lagarde*, Rev.crit.d.i.p. 80 (1991), 287 (336 f.).
5 Vgl. *von Bar*, RabelsZ 53 (1989), 483.

M. Mehrfache Haftung (Art. 16 Rom I-VO)

412 Verschiedentlich haften mehrere Personen für dieselbe Forderung zusammen als Schuldner (Schuldnermehrheit). Begleicht eine von ihnen die Schuld, so rückt sie kraft Gesetzes in die Gläubigerstellung ein (vgl. § 426 Abs. 2 BGB für den Gesamtschuldner). International-privatrechtlich ist dann zu entscheiden, nach welcher Rechtsordnung ein Übergang der Forderung stattfindet bzw. eine Berechtigung des Zahlenden entsteht und wie der Ausgleich unter den Schuldnern durchzuführen ist.

Art. 16 S. 1 Rom I-VO (Text oben S. 1, 19) stellt klar, dass sich der Forderungsübergang ebenfalls nach dem Statut richtet, das für die Verpflichtung des in Anspruch Genommenen gegenüber dem Gläubiger maßgeblich ist[1]. Häufig kann offen bleiben, ob ein Forderungsübergang nach Art. 15 oder Art. 16 Rom I-VO erfolgt. Art. 16 Rom I-VO verlangt, dass mehrere Personen „dieselbe" Forderung (the same claim; la même obligation) zu erfüllen haben. Damit ist wohl nicht gemeint, dass die verschiedenen Schuldner aus demselben Rechtsgrund haften müssen[2].

Unterliegen **die Verpflichtungen** aller Schuldner **der gleichen Rechtsordnung**, so ist regelmäßig das Innenverhältnis der Schuldner dem gleichen Recht zu unterwerfen wie das Außenverhältnis zum Gläubiger. Der Rückgriff des leistenden Schuldners gegen einen Mitschuldner unterliegt daher dem Schuldstatut des Leistenden[3]. Er kann einen Teil der ihm von dieser Rechtsordnung auferlegten Bürde regressweise nach der gleichen Rechtsordnung wieder abwälzen. Bislang machte man eine Ausnahme, wenn die Mitschuldner durch ein besonderes Rechtsverhältnis (insbesondere eine vertragliche Beziehung wie Auftrag oder Dienstvertrag) miteinander verbunden waren. Dann soll sich der Forderungsübergang nach dem für dieses Rechtsverhältnis maßgeblichen Recht richten[4]. Hier besteht nämlich eine engere Beziehung zu dem Rechtsverhältnis unter den Schuldnern als zu der getilgten Forderung. Daher ist der Forderungsübergang in diesen Zusammenhang einzuordnen. Art. 16 Rom I-VO enthält allerdings keine solche Ausnahme, so dass ungeklärt ist, ob eine Abweichung möglich ist.

413 Gelten für die Verpflichtungen der Schuldner **verschiedene Rechte**, so ist Art. 16 Rom I-VO gleichwohl anwendbar[5]. Welche **Einwendungen** die anderen Schuldner erheben können, ist nunmehr in Art. 16 S. 2 Rom I-VO ausdrück-

---

1 Ebenso Art. 20 Rom II-VO. – Art. 13 Abs. 2 S. 2 EVÜ bzw. Art. 33 Abs. 3 S. 2 EGBGB verwies lediglich auf die allgemeine Regelung der Legalzession.
2 Zum EVÜ *Stoll*, Festschr. Müller-Freienfels (1986), S. 631 (633).
3 Zum EVÜ *Stoll*, Festschr. Müller-Freienfels, S. 640 f.; *Thorn*, in: Palandt, Art. 33 EGBGB Rz. 3.
4 *Stoll*, Festschr. Müller-Freienfels, S. 643; vgl. auch *Meyer*, Der Regress im Internationalen Privatrecht (Zürich 1982), S. 31, 58.
5 *Garcimartín Alférez*, EuLF 2008, I-78 f.

lich geregelt[1]. Sie dürfen bei der sog. gestörten Gesamtschuld dem Regress nehmenden Schuldner diejenigen Verteidigungsmittel (defences, les droits) entgegenhalten, die ihnen gegenüber dem Gläubiger zugestanden haben[2]. Dazu gehört etwa eine Aufrechnung[3]. Voraussetzung ist, dass dies gem. dem auf ihre Verpflichtung gegenüber dem Gläubiger anzuwendenden Recht zulässig (to the extent allowed; dans la mesure prévue par la loi) wäre. Die Geltendmachung erfolgt durch eine Einrede[4].

---

1 Die Parallelvorschrift des Art. 20 Rom II-VO enthält keinen solchen Zusatz.
2 Vgl. *Mankowski*, IPRax 2006, 111.
3 *Lagarde*, Rev.crit.d.i.p. 95 (2006), 346.
4 *Magnus*, Aufrechnung und Gesamtschuldnerausgleich, in: Ferrari/Leible, S. 201 (221); *Mankowski*, IHR 2008, 151.

N. Schuld- und Vertragsübernahme

	Rz.		Rz.
I. Schuldübernahme	414	c) Gläubiger und Übernehmer	419
1. Privative Schuldübernahme	416	2. Schuldbeitritt	420
a) Befreiung	417	**II. Vertragsübernahme**	421
b) Altschuldner und Übernehmer	418		

Literatur: *von Bar,* Kollisionsrechtliches zum Schuldbeitritt und zum Schuldnerwechsel, IPRax 1991, 197; *Ficker,* Vertragsübernahme und droits relatifs au bien, AcP 165 (1965), 32; *Girsberger,* Übernahme und Übergang von Schulden im schweizerischen und deutschen IPR, ZvglRW 88 (1989), 31; *Siedel,* Kollisionsrechtliche Anknüpfung vertraglicher und gesetzlicher Schuldübernahme (1995); *Zweigert,* Das Statut der Vertragsübernahme, RabelsZ 23 (1958), 643.

I. Schuldübernahme

414 Die Rom I-VO hat die Schuldübernahme (transfer of obligations; cession de dettes) ebenso wie das EVÜ ungeregelt gelassen[1], so dass es an einer speziellen Kollisionsnorm fehlt. Daher ist eine Lösung im Einklang mit den Art. 3 ff. Rom I-VO zu entwickeln.

Infolge der Schuldübernahme tritt ein **Schuldnerwechsel** oder lediglich ein **Schuldbeitritt** ein. Durch eine solche Schuldübernahme ändert sich das Statut der übernommenen Schuld nicht[2]. Dagegen kann die Schuldübernahme selbst einem anderen Recht als dem des ursprünglichen Vertrages unterliegen. Ihr Statut entscheidet, ob sie kausal oder abstrakt ist[3]. Das einer Schuldübernahme zugrunde liegende Geschäft folgt seinem eigenen Recht[4].

Die Bestimmung des Statuts der Schuldübernahme ist schwierig, weil man prüfen muss, wie sie sich in oft sehr komplexe Beziehungen der Beteiligten einfügt. Außerdem sind die Interessen verschiedener Personen zu berücksichtigen, nämlich die des Gläubigers, von Alt- und Neuschuldner sowie von Dritten. Bei einer objektiven Anknüpfung kann man in Betracht ziehen: das Statut der übernommenen Schuld; das Statut, auf dem die Schuldübernahme beruht und das Recht der Niederlassung des Neuschuldners. Bei der Übernahme hypothekarisch gesicherter Forderungen ist die lex rei sitae oft ausschlaggebend (s. unten Rz. 1533).

415 Besondere Anknüpfungsprobleme wirft der *Direktanspruch des Subunternehmers* gegen den Auftraggeber auf, wie er vom französischen Recht (action di-

---

1 Zum EVÜ Bericht *Giuliano/Lagarde,* S. 68.
2 *von Bar,* IPRax 1991, 199 f.; *Hohloch,* in: Erman, Art. 33 EGBGB Rz. 12. Ebenso schon RG 17.10.1932, IPRspr. 1932 Nr. 34.
3 *Kegel/Schurig,* S. 761.
4 *Thorn,* in: Palandt, Art. 33 EGBGB Rz. 4.

recte) gewährt wird[1]. Zwar wird der Direktanspruch zT als Recht sui generis qualifiziert, doch ist von einer Beurteilung nach der Rom I-VO auszugehen[2]. Grundlage des Anspruchs ist der Subunternehmervertrag selbst. Möglich wäre, allein auf das Vertragsverhältnis zwischen General-/Hauptunternehmer und Subunternehmer abzustellen und letzterem stets einen Anspruch zu geben, wenn das für seinen Vertrag maßgebliche Recht ihn gewährt[3]. Man kann aber nicht allein auf den Subunternehmervertrag abstellen, da der Auftraggeber an ihm nicht beteiligt ist und er andernfalls mit einem für ihn fremden Recht konfrontiert werden könnte. Eine weitere Lösung besteht darin, das für den Hauptvertrag geltende Recht, das Generalunternehmervertragsstatut, entscheiden zu lassen[4]. Zwar könnte dann ein Dritter, der Subunternehmer, berechtigt sein, aber doch nach einem Recht, das auch sonst für die Verpflichtungen des Auftraggebers gilt und ihn nicht überraschen kann. Vertreten wird aber auch eine Einschränkung. Daher kommt ein Direktanspruch nur dann in Betracht, wenn ihn das Statut des Subunternehmervertrages gewährt, aber auch das für den Hauptvertrag maßgebliche Recht einen solchen Anspruch kennt[5].

1. Privative Schuldübernahme

Durch die privative Schuldübernahme tritt ein **neuer Schuldner** (Übernehmer) **an die Stelle des Altschuldners**, der dadurch befreit wird. Nach deutschem Recht kann sie extern durch Vertrag zwischen Gläubiger und Übernehmer (§ 414 BGB) oder intern zwischen Altschuldner und Übernehmer (§ 415 BGB) erfolgen.

416

a) Befreiung

In beiden Fällen entscheidet das Statut der übernommenen Schuld darüber, ob der Altschuldner durch das Übernahmegeschäft frei wird, ob es dazu einer Ge-

417

---

1 Zum französ. Gesetz vom 31.12.1975 s. *Pulkowski*, Subunternehmer und internationales Privatrecht – der Subunternehmer als Quasi-Verbraucher im europäischen Kollisionsrecht (2004), S. 87 ff.; *Hök*, Handbuch des internationalen und ausländischen Baurechts (2005), § 33 Rz. 94 ff.
2 *Piroddi*, International Subcontracting in EC Private International Law, Yb. PIL 7 (2005), 289 ff.; *Pulkowski*, Subunternehmer und internationales Privatrecht – der Subunternehmer als Quasi-Verbraucher im europäischen Kollisionsrecht (2004), S. 189 ff.
3 So, aber vorbehaltlich Zulassung nach der lex fori *Piroddi* Yb. PIL 7 (2005), 322. – S. auch *Martiny*, Anwendbares Recht für internationale Bauverträge, BauR 2008, 241.
4 *Pulkowski*, Subunternehmer und internationales Privatrecht – der Subunternehmer als Quasi-Verbraucher im europäischen Kollisionsrecht (2004), S. 229 ff., 321 f. – Offenbar für eine akzessorische Anknüpfung des Subunternehmeranspruchs, wenn des Recht des Hauptvertrages (ebenfalls) zu einem Anspruch führt, *Piroddi* Yb. PIL 7 (2005), 316 ff.
5 *Jayme*, Subunternehmervertrag und Europäisches Gerichtsstands- und Vollstreckungsübereinkommen (EuGVÜ), Festschr. Pleyer (1986), S. 371 (378); Teilweise will man auch generell auf ein anderes Kriterium, nämlich das Recht des Baustellenlandes, abstellen: *Hök*, Handbuch des internationalen und ausländischen Baurechts (2005), § 14 Rz. 6.

nehmigung des Gläubigers bedarf und was der Neuschuldner an den Gläubiger zu leisten hat[1]. Insoweit ist die privative Schuldübernahme auch international-privatrechtlich passives Gegenstück der Abtretung[2].

b) Altschuldner und Übernehmer

418 Soweit es bei der internen Schuldübernahme um das Verhältnis zwischen Alt- und Neuschuldner geht, also insbesondere um die Verpflichtung des Neuschuldners, die Schuld zu begleichen, ist grundsätzlich selbständig an das Statut des Vertrages anzuknüpfen, aufgrund dessen die Schuldübernahme erfolgt[3]. Besteht kein Zusammenhang damit, so gilt mangels Rechtswahl das Recht des gewöhnlichen Aufenthalts bzw. der Niederlassung des Neuschuldners[4]. Die Verpflichtung des eintretenden Neuschuldners ist die den Vertrag prägende typische Leistung. Andere wollen dagegen wegen der Entlassung des Altschuldners generell das für die übernommene Schuld geltende Recht entscheiden lassen; zu ihm bestehe die engste Beziehung[5].

c) Gläubiger und Übernehmer

419 Die externe Schuldübernahme zwischen Gläubiger und Neuschuldner untersteht wegen der neuen selbständigen Verpflichtung grundsätzlich ihrem eigenen Vertragsstatut[6]. Daher ist mangels Rechtswahl grundsätzlich das **Recht des Ortes der Niederlassung des Übernehmers** maßgeblich[7]. Möglich ist aber auch, dass im Einzelfall eine so enge Beziehung zur übernommenen Schuld besteht, dass deren Statut gilt. Nach anderen unterliegt die externe Schuldübernahme grundsätzlich dem Statut der übernommenen Schuld[8].

2. Schuldbeitritt

420 Durch eine kumulative Schuldübernahme (Schuldbeitritt) tritt dem bestehenden Schuldverhältnis ein neuer Schuldner bei, der eine selbständige Verpflichtung übernimmt. Rechtswahl ist zulässig[9]. Die Verpflichtung des Alt-

---

1 LG Hamburg 26.9.1990, IPRspr. 1990 Nr. 42 = IPRax 1991, 400 (Anm. *Reinhart*, IPRax 1991, 376). In diesem Sinne auch *Rabel*, III 2 S. 458; *Wolff*, S. 153 f.; *Ferid*, Rz. 6–127; *Hohloch*, in: Erman, Art. 33 EGBGB Rz. 13; *Thorn*, in: Palandt, Art. 33 EGBGB Rz. 4.
2 S. bereits RG 13.6.1932, JW 1932, 3810 (3811) („In der Tat unterliegt die Schuldübernahme als Schuldnerwechsel demjenigen Recht, das für die Schuld selbst maßgebend ist.").
3 Zum EVÜ *Girsberger*, ZvglRW 88 (1989), 38; *Möllenhoff*, Nachträgliche Rechtswahl und Rechte Dritter (1993), S. 96; *Spickhoff*, in: Bamberger/Roth, Art. 33 EGBGB Rz. 15.
4 *von Bar*, IPRax 1991, 199 f.; *Schnitzer*, II S. 661; *Vischer/Huber/Oser*, Rz. 1080.
5 *Rabel*, III 2 S. 457 f.
6 *Girsberger*, ZvglRW 88 (1989), 36 f.; *Möllenhoff*, Nachträgliche Rechtswahl und Rechte Dritter (1993), S. 91; *Vischer/Huber/Oser*, Rz. 1081. Vgl. auch *Wolff*, S. 154.
7 *Vischer/Huber/Oser*, Rz. 1082.
8 Vgl. *von Bar*, IPRax 1991, 199.
9 OLG Koblenz 10.10.1991, IPRspr. 1991 Nr. 44 = RIW 1992, 491; OLG Köln 21.3.1997, IPRspr. 1997 Nr. 36 = RIW 1998, 148 (niederländ. Ehegatte; vgl. dazu *Martiny*, ZEuP

schuldners richtet sich weiterhin nach dem bisherigen Schuldstatut. Da die Verpflichtung des Beitretenden eine Art vertragliche Garantie durch einseitig verpflichtenden Vertrag darstellt, ist für die objektive Anknüpfung (entsprechend Art. 4 Abs. 2 Rom I-VO) maßgeblich das **Recht des gewöhnlichen Aufenthalts bzw. der Niederlassung des beitretenden Schuldners**[1]. Doch kann hier wegen eines engen Zusammenhanges im Einzelfall das Statut der übernommenen Schuld auch für den Übernahmevertrag gelten (entsprechend Art. 4 Abs. 3 Rom I-VO)[2].

II. Vertragsübernahme

Die rechtsgeschäftliche Vertragsübernahme (assignment of contracts; cession des contrats), bei der ein **Dritter vollständig in die Stellung** einer Vertragspartei einrückt, ist in einigen Ländern gesetzlich geregelt[3]. Sie ist kollisionsrechtlich grundsätzlich nicht in Abtretung und privative Schuldübernahme aufzuspalten, sondern einheitlich anzuknüpfen. Fehlt es an einer Rechtswahl (die wie immer möglich ist)[4], so folgt sie dem Recht, das für den übernommenen Vertrag gilt[5]. Diese Rechtsordnung entscheidet, ob eine Vertragsübernahme überhaupt möglich und wirksam ist.

421

Das meist zugrunde liegende Kausalgeschäft ist dagegen selbständig nach den Regeln über Schuldverträge anzuknüpfen. Ob überhaupt ein wirksames Kausalgeschäft vorliegen muss, entscheidet jedoch das Statut des Übernahmevertrages. Kennt die Rechtsordnung, welcher der zu übertragende Vertrag unterliegt, das Institut der Vertragsübernahme nicht, so könnte man an eine – auch kollisionsrechtliche – Aufspaltung in Abtretung und Schuldübernahme denken[6]. Heute überwiegt jedoch die Auffassung, es bei einer Anknüpfung an die übernommene Schuld zu belassen und die Lösung dem Sachrecht zu überlassen[7]. Auch der gesetzliche Vertragsübergang unterliegt grundsätzlich dem

---

1999, 246 [254]); *von Bar*, IPRax 1991, 198; *Möllenhoff*, Nachträgliche Rechtswahl und Rechte Dritter (1993), S. 97 f.
1 Vgl. *von Bar*, IPRax 1991, 198; *Hausmann*, in: Staudinger, Art. 33 EGBGB Rz. 77. S. auch *Schnitzer*, II S. 661; *Vischer/Huber/Oser*, Rz. 544, 1080.
2 OLG Rostock 27.11.1996, IPRspr. 1996 Nr. 161 = TranspR 1997, 113 (Ablader beim Seetransport). – Vgl. auch *Kegel/Schurig*, S. 761, für die Auffassung, welche unselbständig an die übernommene Schuld anknüpfen will.
3 S. Art. 1406–1410 italien. c.c., Art. 6.2.3.14 niederländ. B.W. S. auch Art. 9.3.1 ff. UNIDROIT-Principles.
4 S. *von Bar*, IPRax 1991, 200. Vgl. auch *Zweigert*, RabelsZ 23 (1958), 643 (656); IPG 1970 Nr. 5 (Hamburg), S. 61.
5 S. *von Bar*, IPRax 1991, 200; *Kegel/Schurig*, S. 761 f.; *Spickhoff*, in: Bamberger/Roth, Art. 33 EGBGB Rz. 17; *Hohloch*, in: Erman, Art. 33 EGBGB Rz. 13.
6 *Schönenberger/Jäggi*, Allg. Einl. Rz. 387.
7 *von Hoffmann*, in: Soergel, Art. 33 EGBGB Rz. 47. Ebenso *Vischer/Huber/Oser*, Rz. 1090.

Recht des übernommenen Vertrages[1]. Dafür spricht das Vertrauen in das Vertragsstatut.

Durch die Vertragsübernahme ändert sich das Schuldstatut des übernommenen Vertrages nicht. Ob die Vertragsübernahme Wirkungen auf den übernommenen Vertrag hat, unterliegt dessen Statut. Zur Vertragsübernahme im Arbeitsrecht s. Rz. 4931.

422–440   Frei.

---

1 S. *von Bar*, IPRax 1991, 200 f.; *Zweigert*, RabelsZ 23 (1958), 643 (656 f.); *Vischer/Huber/Oser*, Rz. 1091.

3. Teil: Außervertragliche Schuldverhältnisse und Verschulden bei Vertragsverhandlungen

Übersicht

	Rz.		Rz.
A. Anknüpfung der außervertraglichen Schuldverhältnisse	441	IV. Verschulden bei Vertragsverhandlungen (Art. 12 Rom II-VO)	470
B. Rechtswahl (Art. 14 Rom II-VO)	445	**D. Reichweite des für außervertragliche Schuldverhältnisse maßgeblichen Rechts**	481
I. Zulässigkeit und Voraussetzungen der Rechtswahl	445	I. Geltungsbereich des anzuwendenden Rechts	481
II. Inlands- und Binnenmarktsachverhalte	448	II. Form	482
III. Rechte Dritter	450	III. Beweis	483
C. Objektive Anknüpfung	451	IV. Eingriffsnormen	484
I. Gemeinsame Grundsätze	451	**E. Gesetzlicher Forderungsübergang und mehrfache Haftung**	485
II. Ungerechtfertigte Bereicherung (Art. 10 Rom II-VO)	455		
III. Geschäftsführung ohne Auftrag (Art. 11 Rom II-VO)	464		

Literatur – Allgemeines: *Brière*, Le règlement (CE) no. 864/2007 du 11 juillet 2007 sur la loi applicable aux obligations non contractuelles („Rome II"), Clunet 135 (2008), 31; *Calvo Caravaca/Carrascosa González*, Las obligaciones extracontractuales en derecho internacional privado (Albolote 2008); *Dutta*, Das Statut der Haftung aus Vertrag mit Schutzwirkung für Dritte, IPRax 2009, 293; *Heiss/Loacker*, Die Vergemeinschaftung des Kollisionsrechts der außervertraglichen Schuldverhältnisse durch Rom I, JBl. 2007, 613; *Henk*, Die Haftung für culpa in contrahendo im IPR und IZVR (2007); *Kadner Graziano*, Das auf außervertragliche Schuldverhältnisse anzuwendende Recht nach Inkrafttreten der Rom II-Verordnung, RabelsZ 73 (2009), 1; *Leible*, Der Beitrag der Rom II-Verordnung zu einer Kodifikation der allgemeinen Grundsätze des Europäischen Kollisionsrechts, in: Reichelt (Hrsg.), Europäisches Gemeinschaftsrecht und IPR (Wien 2007), S. 31; *Leible*, Rechtswahl im IPR der außervertraglichen Schuldverhältnisse nach der Rom II-Verordnung, RIW 2008, 257; *Leible/Lehmann*, Die neue EG-Verordnung über das auf außervertragliche Schuldverhältnisse anzuwendende Recht („Rom II"), RIW 2007, 721; *Rauscher/Pabst*, Entwicklungen im europäischen und völkervertraglichen Kollisionsrecht 2005–2007, GPR 2007, 244; *Sonnentag*, Zur Europäisierung des Internationalen außervertraglichen Schuldrechts durch die geplante Rom II–Verordnung, ZvglRW 105 (2006), 256; *Späth*, Die gewerbliche Erbensuche im grenzüberschreitenden Rechtsverkehr (2008); *Staudinger*, Rechtsvereinheitlichung innerhalb Europas: Rom I und Rom II, AnwBl. 2008, 8; *G. Wagner*, Die neue Rom II-Verordnung, IPRax 2008, 1.

Literatur zur ungerechtfertigten Bereicherung: Internationales Privatrecht: *Busse*, Internationales Bereicherungsrecht (1998); *Busse*, Die geplante Kodifikation des Internationalen Bereicherungsrechts, RIW 1999, 16; *Chong*, Choice of law for unjust enrichment/restitution and the Rome II Regulation, I.C.L.Q. 57 (2008), 863; *Einsele*, Das Kollisionsrecht der ungerechtfertigten Bereicherung, JZ 1993, 1025; *Hay*, Ungerechtfertigte Bereicherung im IPR (1978); *Jayme*, L'articolo 10 della convenzione di Roma e l'aricchimento senza causa nel diritto internazionale privato, Studi in memoria di M. Giuliano (Padova 1989), S. 523; *Jayme*, Grenzüberschreitende Banküberweisungen und Bereicherungsausgleich nach der IPR-Novelle von 1999, Festschr. W. Lorenz '80 (2001), S. 315; *W. Lorenz*, Der Bereicherungsausgleich im deutschen IPR und in rechtsvergleichender Sicht, Festschr. Zweigert (1981), S. 199; *W. Lorenz*, Die Anknüpfung von Bereicherungsansprüchen bei fehlendem Einverständnis über den Rechtsgrund einer Vermögensbewegung, IPRax 1985, 328; *W. Lorenz*, Fehlerhafte Banküberweisungen mit Auslandsberührung, NJW 1990, 607; *Meyer-Grimberg*, Rechtswahl im internationalen Bereicherungsrecht, IPRax 1992, 153; *Plaßmeier*, Ungerechtfertigte Bereicherung im IPR und aus rechtsvergleichender Sicht (1996); *Rauscher*, Internationales Bereicherungsrecht bei Unklagbarkeit gem. Art. VIII Abs. 2 (b) IWF-Abkommen (Bretton-Woods), Festschr. W. Lorenz (1991), S. 471; *Schlechtriem*, Bereicherungsansprüche im IPR, in: von Caemmerer (Hrsg.), Vorschläge und Gutachten zur Reform des deutschen IPR der außervertraglichen Schuldverhältnisse (1983), S. 29; *Schlechtriem*, Zur bereicherungsrechtlichen Rückabwicklung fehlerhafter Banküberweisungen im IPR, IPRax 1987, 356; *Schlechtriem*, Internationales Bereicherungsrecht, IPRax 1995, 65; *von der Seipen*, Bereicherungsklage einer Bank nach Ausführung einer nicht geschuldeten Garantieleistung vor italienischen Gerichten, IPRax 1991, 66; *Stevens*, Restitution and the Rome Convention, L.Q.R. 113 (1997), 249.

Ausländisches Recht/Rechtsvergleichung: *Bianchini*, Die Generalklausel der ungerechtfertigten Bereicherung im italienischen Recht, JbItalR 7 (1994), 197; *Birks*, Konkurrierende Strategien und Interessen – Das Irrtumserfordernis im Bereicherungsrecht des common law, ZEuP 1993, 554; *Englard*, Restitution of Benefits Conferred Without Obligation, Int.Encycl.Comp.L. Vol. 10 Ch. 5 (1991); *Friedmann/Cohen*, Payment of Another's Debt, Int.Encycl.Comp.L. Vol. 10 Ch. 10 (1991); *Gallo*, Unjust Enrichment: A Comparative Analysis, Am.J.Comp.L. 40 (1992), 431; *Jung*, Haftung im mehrgliedrigen Zahlungsverkehr, ZEuP 1996, 659 (Schweiz); *W. Lorenz*, Inhalt und Umfang der Herausgabepflicht bei der Leistungskondiktion in rechtsvergleichender Sicht, in: Ungerechtfertigte Bereicherung Symposium der juristischen Fakultät der Univ. Heidelberg zum Gedenken an D. König (1984), S. 127; *S. Meier*, Bereicherungsanspruch, Dreipersonenverhältnis und Wegfall der Bereicherung im englischen Recht, ZEuP 1993, 365; *S. Meier*, Bereicherungsrechtliche Abwicklung nichtiger Verträge in England, ZEuP 1998, 716; *Ranieri*, Europäisches Obligationenrecht, 3. Aufl. (Wien 2009); *Riesenhuber*, Englisches Restitutionsrecht „in einer Nussschale", Jura 2002, 657; *Schlechtriem*, Restitution und Bereicherungsausgleich in Europa I (2000), II (2001); *Schlechtriem*, Unjust enrichment by interference with property rights, Int.Encycl.Comp.L. ch. 10: Restitution – unjust enrichment and negotiorum gestio (2007); *Schlechtriem/Coen/Hornung*, Restitution and Unjust Enrichment in Europe, Eur.Rev.Priv.L. 2001, 377; *Schrage*, Unjustified Enrichment – Recent Dutch developments from a comparative and historical perspective, N.I.L.R. 46 (1999), 57; *Swadling* (Hrsg.), The Limits of Restitutionary Claims: A Comparative Analysis (London 1997).

Literatur zur Geschäftsführung ohne Auftrag: *Rademacher*, Die Geschäftsführung ohne Auftrag im europäischen Privatrecht, Jura 2008, 87.

Literatur zum Verschulden bei Vertragsverhandlungen: *Bollée*, A la croisée des règlements Rome I et Rome II: la rupture des négociations contractuelles, D. 2008, 2161; *Ehrecke*, Die Haftung wegen Abbruchs der Vertragsverhandlungen im grenzüberschreitenden Rechtsverkehr: auf der Grundlage des deutschen, französischen, englischen und UN-Kaufrechts (2007); *von Hein*, Die Culpa in contrahendo im europäischen Privatrecht: Wechselwirkungen zwischen IPR und Sachenrecht, GPR 2007, 54; *Henk*, Die Haftung für culpa in contrahendo im IPR und IZVR (2007); *Lüttringhaus*, Das internationale Privatrecht der culpa in contrahendo nach den EG-Verordnungen „Rom I" und „Rom II", RIW 2008, 193; *Mansel*, Zum Kollisionsrecht der Eigenhaftung des Vertreters und des Vertragsabschlusshelfers wegen Verletzung von Informationspflichten, Festschr. Schlosser (2005), S. 545; *Schinkels*, „Dritthaftung" von Gutachtern in Deutschland und England im Lichte der Verordnung Rom II, JZ 2008, 272; *Sprenger*, Internationale Expertenhaftung (2008); *H. Stoll*, Kollisionsrechtliche Fragen der Haftung für culpa in contrahendo, Festschr. Georgiades (2006), S. 941; *Volders*, Culpa in Contrahendo in the Conflict of Laws, Yb. PIL 9 (2007), 127.

A. Anknüpfung der außervertraglichen Schuldverhältnisse

Ansprüche aus ungerechtfertigter Bereicherung dienen dem Ausgleich von unberechtigten Vermögensverschiebungen, Ansprüche aus Geschäftsführung ohne Auftrag (negotiorum gestio) sind in erster Linie auf den Ausgleich freiwilliger Vermögensopfer („Aufwendungen") gerichtet. Ansprüche aus Verschulden bei Vertragsverhandlungen (culpa in contrahendo) entstehen als Folge von Pflichtverletzungen. Soweit sie nicht durch Art. 1 Abs. 2 Rom II-VO ausgeschlossen sind (vgl. Rz. 51 ff.), werden seit dem 11.1.2009 alle außervertraglichen Schuldverhältnisse erfasst[1]. Der **Begriff des Schadens** ist verordnungsautonom zu verstehen. Nach der Rom II-VO umfasst er sämtliche Folgen einer ungerechtfertigten Bereicherung, einer Geschäftsführung ohne Auftrag oder eines Verschuldens bei Vertragsverhandlungen (Art. 2 Abs. 1 Rom II-VO). Diese Zusammenfassung recht unterschiedlicher Schuldverhältnisse ist freilich vor allem ein „definitorischer Kunstgriff"[2], um sie in einer gesetzlichen Regelung bündeln zu können. Die Verordnung gilt für **alle Mitgliedstaaten** mit Ausnahme Dänemarks (Art. 1 Abs. 4 Rom II-VO). Die VO ist universell anwendbar; das von ihr bezeichnete Recht ist auch dann anzuwenden, wenn es nicht das Recht eines Mitgliedstaats ist (Art. 3 Rom II-VO). 441

Abgesehen von Art. 14 Rom II-VO, der die Rechtswahl betrifft, umschreiben die **„gemeinsamen Vorschriften"** der Art. 15 bis 22 Rom II-VO die Anknüpfung sowie die Reichweite und Grenzen des nach den Art. 3 bis 13 Rom II-VO auf außervertragliche Schuldverhältnisse anzuwendenden Rechts[3]. Einzelaspekte unterliegen danach besonderen Anknüpfungen. Einige Fragen nach dem Umfang des Statuts stellen sich gleichermaßen für vertragliche Schuldverhältnisse. Die Rom II-VO ist daher den entsprechenden Bestimmungen des EVÜ nachgebildet worden und entspricht insofern weitgehend der Rom I-VO. 442

Bei den Verweisungen der Rom II-VO handelt es sich um **Sachnormverweisungen** (Art. 24 Rom II-VO – Parallelvorschrift: Art. 20 Rom I-VO), vgl. Rz. 217 ff. Der Ausschluss von Rück- und Weiterverweisung vereinfacht die Bestimmung des anwendbaren Rechts und sichert die in den eigenen Anknüpfungsregeln zum Ausdruck kommenden Wertungen gegenüber abweichenden Anknüpfungen anderer Rechtsordnungen ab. Die Vereinbarung auch des Kollisionsrechts des gewählten Rechts dürfte hier ebenfalls unzulässig sein[4] (vgl. oben Rz. 218). 443

---

1 Näher *Wagner*, IPRax 2008, 17. – Zu den Art. 38 ff. EGBGB s. 6. Aufl. Rz. 355 ff.
2 *Junker*, in: MünchKomm, 5. Aufl., Art. 2 Rom II-VO Rz. 4.
3 Verordnung (EG) Nr. 864/2007 des Europäischen Parlaments und des Rates vom 11.7.2007 über das auf außervertragliche Schuldverhältnisse anzuwendende Recht („Rom II"), ABl. EU 2007 Nr. L 199, S. 40.
4 *Spickhoff*, in: Bamberger/Roth, Art. 24 Rom II-VO Rz. 139. – Anders *Junker*, in: MünchKomm, 5. Aufl., Art. 24 Rom II-VO Rz. 9.

444 Art. 25 Abs. 1 Rom II-VO entspricht dem Art. 22 Abs. 1 Rom I-VO und bewirkt eine kollisionsrechtliche „**Verselbständigung" von Gebietseinheiten**, vgl. Rz. 220 ff. Das jeweilige staatliche interlokale Privatrecht ist daher ausgeschlossen. Die Vorschrift gilt sowohl für eine Rechtswahl der Parteien als auch für die objektive Anknüpfung. Art. 25 Abs. 2 Rom II-VO nimmt rein interlokale Konflikte vom Anwendungsbereich der Rom II-VO aus (ebenso Art. 22 Abs. 2 Rom I-VO). Sachverhalte, die nur Verbindungen zu mehreren Gebietseinheiten desselben Staates aufweisen, unterstehen damit allein den interlokalen Kollisionsregeln des betreffenden Staates.

B. Rechtswahl (Art. 14 Rom II-VO)

	Rz.		Rz.
I. Zulässigkeit und Voraussetzungen der Rechtswahl	445	II. Inlands- und Binnenmarktsachverhalte	448
		III. Rechte Dritter	450

I. Zulässigkeit und Voraussetzungen der Rechtswahl

Art. 14 Rom II-VO gestattet es den Beteiligten eines außervertraglichen Schuldverhältnisses, das anwendbare Recht selbst zu bestimmen. Nur im Bereich des Wettbewerbsrechts (Art. 6 Abs. 4 Rom II-VO) des geistigen Eigentums (Art. 8 Abs. 3 Rom II-VO) ist eine Rechtswahl nicht zulässig. Als subjektive Anknüpfung ist die Rechtswahl im Zusammenhang mit den objektiven Anknüpfungen der Art. 4 ff. Rom II-VO zu sehen. Letztere kommen zum Zuge, wenn die Parteien das anwendbare Recht nicht vereinbart haben. Die Rechtswahl geht demnach allen anderen Anknüpfungen vor. 445

Bei der Rechtswahl handelt es sich um einen **kollisionsrechtlichen Verweisungsvertrag**[1]. Die Wahl außerstaatlichen Rechts ist möglich, hat jedoch nur die Wirkung einer materiellrechtlichen Verweisung[2]. Nach welchem Recht sich Zustandekommen und Wirksamkeit dieser Vereinbarung richten, regelt die Rom II-VO nicht ausdrücklich. Es empfiehlt sich eine inhaltliche Anlehnung an Art. 3 Abs. 5 iVm. Art. 10 Rom I-VO[3], nach denen das gewählte Recht zugleich das Statut der Rechtswahlvereinbarung ist[4] (s. Rz. 88 f.). Andere sehen hier jedoch nicht den gleichen Zusammenhang mit der lex causae und wollen die lex fori entscheiden lassen[5].

Die Parteien können die Rechtswahl **ausdrücklich oder stillschweigend** treffen. Bei der stillschweigenden Rechtswahl muss das Parteiverhalten (zumeist im Prozess) zweifelsfrei den Rechtswahlwillen erkennen lassen[6]. Insofern gelten die zu Art. 3 Abs. 1 S. 2 Rom I-VO[7] entwickelten Maßstäbe auch hier, vgl. Rz. 113 ff. Teilweise wird für eine restriktivere Haltung plädiert[8]. 446

Die Rechtswahl kann grundsätzlich nur **nachträglich**, dh. durch eine Vereinbarung nach Eintritt des schadensbegründenden Ereignisses erfolgen (Art. 14 447

---

1 *Junker*, in: MünchKomm, 5. Aufl., Art. 14 Rom II-VO Rz. 14 ff.
2 *Kadner Graziano*, RabelsZ 73 (2009), 9 f.; *Thorn*, in: Palandt, Art. 14 Rom II Rz. 5.
3 Früher Art. 3 Abs. 4 iVm. Art. 8 EVÜ bzw. Art. 27 Abs. 4 iVm. Art. 31 EGBGB.
4 *Kadner Graziano*, RabelsZ 73 (2009), 13.; *Schaub*, in: PWW, Art. 14 Rom II Rz. 3; *Thorn*, in: Palandt, Art. 14 Rom II Rz. 11.
5 *Junker*, in: MünchKomm, 5. Aufl., Art. 14 Rom II-VO Rz. 26.
6 *Thorn*, in: Palandt, Art. 14 Rom II Rz. 6. Eine Rechtswahl durch Prozessverhalten schließt ganz aus *Kadner Graziano*, RabelsZ 73 (2009), 6 f.
7 Früher Art. 3 Abs. 1 S. 2 EVÜ; Art. 27 Abs. 1 S. 2 EGBGB.
8 *Schaub*, in: PWW, Art. 14 Rom II Rz. 5.

Abs. 1 S. 1 lit. a Rom II-VO). Dann, wenn alle Parteien einer kommerziellen Tätigkeit nachgehen, ist sie jedoch auch vor Eintritt des schadensbegründenden Ereignisses möglich (Art. 14 Abs. 1 S. 1 lit. b Rom II-VO). Voraussetzung ist eine „frei ausgehandelte Vereinbarung" („agreement freely negotiated", „par un accord librement négocié")[1]. Eine Rechtswahl auch durch AGB ist möglich[2]. Andere verneinen hier jedoch ein freies Aushandeln[3]. Im Übrigen kann eine vorherige Rechtswahl für vertragliche Ansprüche lediglich mittelbar – über die akzessorische Anknüpfung nach der Rom II-VO – für außervertragliche Ansprüche Bedeutung erlangen.

II. Inlands- und Binnenmarktsachverhalte

448 Besteht der nach Art. 1 Abs. 1 S. 1 Rom II-VO erforderliche Auslandsbezug allein in der Wahl eines fremden Rechts (und einer etwaigen Gerichtsstandsvereinbarung), handelt es sich im Übrigen aber um einen **reinen Inlandssachverhalt**, so erfasst die Vereinbarung nur die dispositiven Vorschriften der gewählten Rechtsordnung. Art. 14 Abs. 2 Rom II-VO gesteht der Rechtswahl lediglich eine materiellrechtliche Wirkung zu. Diese Regelung entspricht Art. 3 Abs. 3 Rom I-VO (vgl. Rz. 135 ff.). Die (intern) zwingenden Vorschriften des durch objektive Anknüpfung ermittelten Statuts bleiben anwendbar[4].

449 Bei **reinen Binnenmarktsachverhalten** kann die Wahl eines Drittstaatenrechts die (zwingenden) Vorschriften des Gemeinschaftsrechts nicht ausschalten (Art. 14 Abs. 3 Rom II-VO), vgl. Rz. 139 f. Dies entspricht Art. 3 Abs. 4 Rom I-VO. Für zwingende Bestimmungen in umgesetzten Richtlinien stellt sich die Frage, welche Vorschriften anzuwenden sind. In Betracht kommt eine Anwendung der Umsetzungsvorschriften der lex fori[5], beispielsweise bezüglich der Produkthaftungsrichtlinie[6].

III. Rechte Dritter

450 Als Vereinbarung zwischen den Beteiligten eines außervertraglichen Schuldverhältnisses darf die Rechtswahl nicht zu Lasten Dritter wirken, Art. 14 Abs. 1 S. 2 Rom II-VO. Parallelvorschrift ist insoweit Art. 3 Abs. 2 S. 2 Rom I-VO (vgl. Rz. 133). Der wichtigste Fall betrifft die Pflicht des Haftpflichtversicherers, den vom Versicherten geschuldeten Schadensersatz zu leisten[7].

---

1 Vgl. *Wagner*, IPRax 2008, 13 f.; *Kadner Graziano*, RabelsZ 73 (2009), 7 f.
2 *Junker*, in: MünchKomm, 5. Aufl., Art. 14 Rom II-VO Rz. 36. *Thorn*, in: Palandt, Art. 14 Rom II Rz. 9.
3 *Leible*, RIW 2008, 260; *Schaub*, in: PWW, Art. 14 Rom II Rz. 4.
4 *Wagner*, IPRax 2008, 14; *Thorn*, in: Palandt, Art. 14 Rom II Rz. 13.
5 *Thorn*, in: Palandt, Art. 14 Rom II Rz. 14.
6 *Schaub*, in: PWW, Art. 14 Rom II Rz. 9.
7 *Junker*, in: MünchKomm, 5. Aufl., Art. 14 Rom II-VO Rz. 49.

Hierfür ist das Statut des Versicherungsvertrags maßgeblich. Auch ein Direktanspruch nach Art. 18 Rom II-VO kann durch nachträgliche Rechtswahl nicht begründet werden[1]. Die Vorschrift gilt aber auch für andere außervertragliche Schuldverhältnisse.

---

[1] *Leible*, RIW 2008, 262; *Thorn*, in: Palandt, Art. 14 Rom II Rz. 12.

C. Objektive Anknüpfung

	Rz.		Rz.
I. Gemeinsame Grundsätze	451	**III. Geschäftsführung ohne Auftrag**	
1. Anknüpfung	451	(Art. 11 Rom II-VO)	464
2. Akzessorische Anknüpfung	452	1. Allgemeines	465
3. Gemeinsamer gewöhnlicher Aufenthalt (Art. 10 Abs. 2, 11 Abs. 2 Rom II-VO)	453	2. Akzessorische Anknüpfung	466
		3. Gemeinsamer gewöhnlicher Aufenthalt	467
4. Offensichtlich engere Verbindung (Art. 10 Abs. 4, Art. 11 Abs. 4 Rom II-VO)	454	4. Ort der Geschäftsführung	468
		5. Engere Verbindung	469
II. Ungerechtfertigte Bereicherung (Art. 10 Rom II-VO)	455	**IV. Verschulden bei Vertragsverhandlungen (Art. 12 Rom II-VO)**	470
1. Allgemeines	455	1. Einordnung als außervertragliches Schuldverhältnis	471
2. Akzessorische Anknüpfung	456	2. Begriff des Verschuldens bei Vertragsverhandlungen	472
3. Gemeinsamer gewöhnlicher Aufenthalt	457	3. Anknüpfung	476
4. Objektive Anknüpfung der ungerechtfertigten Bereicherung	458	a) Maßgeblichkeit des Vertragsstatuts	476
5. Mehrpersonenverhältnisse	459	b) Anknüpfung nach Art. 12 Abs. 2 Rom II-VO	478
6. Engere Verbindung	463		

I. Gemeinsame Grundsätze

1. Anknüpfung

451 Die objektive Anknüpfung der einzelnen außervertraglichen Schuldverhältnisse ist für die jeweiligen Ansprüche gesondert geregelt. Allerdings kann es von der insoweit maßgeblichen Grundanknüpfung Abweichungen geben. Dies ist für die ungerechtfertigte Bereicherung (Art. 10 Rom II-VO) und die Geschäftsführung ohne Auftrag (Art. 11 Rom II-VO) teilweise in gleicher Weise geschehen. Die dafür maßgeblichen Gesichtspunkte (Akzessorietät, gemeinsamer gewöhnlicher Aufenthalt und engere Verbindung) werden daher vorweg behandelt.

2. Akzessorische Anknüpfung

452 Ein zwischen den Parteien bestehendes **Rechtsverhältnis** ist nach Art. 10 Abs. 1 und Art. 11 Abs. 1 Rom II-VO ein verbindlicher Anknüpfungspunkt. „Rechtsverhältnisse" (relationships; relations) in diesem Sinn sind nicht nur Schuldverträge, sondern auch gesetzliche Sonderbeziehungen bzw. Schuldverhältnisse[1]. Was unter einem „bestehenden" Rechtsverhältnis („existing relationship", „relation existante") zu verstehen ist, ergibt sich nicht unmittelbar aus dem Wortlaut. Aus der Regelung der VO und dem Erwägungsgrund 10 geht aber hervor, dass ein schuldvertragliches Rechtsverhältnis unabhängig von

---

1 *Brière*, Clunet 135 (2008), 50; *Leupertz*, in: PWW, Art. 10 Rom II Rz. 3.

einem (wirksamen) Vertragsschluss bestehen kann. Es entsteht, sobald sich Pflichten – dh. nicht notwendig (Primär-) Leistungspflichten – für die Parteien ergeben. Es dauert an, solange Pflichten zwischen den Parteien fortbestehen. Damit sind vor- und nachvertragliche Verhältnisse sowie nichtige Verträge abgedeckt[1].

Dem Anliegen der Rom II-VO, der akzessorischen Anknüpfung für Art. 10 möglichst große Bedeutung einzuräumen, kommt diese weite Auslegung entgegen. Eine Einschränkung ergibt sich allerdings in zeitlicher Hinsicht. Die akzessorische Anknüpfung setzt voraus, dass das maßgebliche Rechtsverhältnis bereits besteht[2].

3. Gemeinsamer gewöhnlicher Aufenthalt (Art. 10 Abs. 2, 11 Abs. 2 Rom II-VO)

Haben die Parteien bei Entstehung des Schuldverhältnisses – dh. im Zeitpunkt des die Vermögensverschiebung auslösenden Ereignisses oder des „schadensbegründenden Ereignisses" (der Geschäftsvornahme) – ihren gewöhnlichen Aufenthalt („habitual residence"; „résidence habituelle") iSd. Art. 23 Rom II-VO in demselben Staat, kommt nach Art. 10 Abs. 2 und Art. 11 Abs. 2 Rom II-VO dessen Recht zur Anwendung.   453

4. Offensichtlich engere Verbindung (Art. 10 Abs. 4, Art. 11 Abs. 4 Rom II-VO)

Die Anknüpfungen außervertraglicher Schuldverhältnisse – akzessorische Anknüpfung, gemeinsamer gewöhnlicher Aufenthalt und Grundanknüpfung – stehen unter dem Vorbehalt einer offensichtlich engeren Verbindung („manifestly more close connection"; „des liens manifestement plus étroits") zu dem Recht eines anderen Staates. Zwar ist die Formulierung nicht so restriktiv wie in Art. 4 Abs. 3 Rom I-VO (s. oben Rz. 171). Doch sind die Art. 10 Abs. 4, Art. 11 Abs. 4 Rom II-VO im Interesse einer einheitlichen und vorhersehbaren Rechtsanwendung ebenfalls eng auszulegen[3]. Da die VO die akzessorische Anknüpfung – als wichtigen Fall der Auflockerung – schon bei den einzelnen Grundanknüpfungen gesondert regelt, dürften die Art. 10 Abs. 4, Art. 11 Abs. 4 Rom II-VO nur wenige Fälle erfassen. In Betracht kommt etwa eine akzessorische Anknüpfung der Tilgung fremder Schulden an das Statut dieser Verbindlichkeit (s. Rz. 460). Art. 11 Abs. 1 Rom II-VO ist in diesem Fall nicht anwendbar, weil das „Rechtsverhältnis" zwischen dem Geschäftsherrn und einem Dritten (und nicht dem zahlenden Geschäftsführer) besteht[4].   454

---

1 *Junker*, in: MünchKomm, 5. Aufl., Art. 10 Rom II-VO Rz. 16.
2 *Junker*, in: MünchKomm, 5. Aufl., Art. 10 Rom II-VO Rz. 16.
3 *Junker*, in: MünchKomm, 5. Aufl., Art. 10 Rom II-VO Rz. 23.
4 *Junker*, in: MünchKomm, 5. Aufl., Art. 10 Rom II-VO Rz. 23.

II. Ungerechtfertigte Bereicherung (Art. 10 Rom II-VO)

1. Allgemeines

455 Die ungerechtfertigte Bereicherung (unjust enrichment; enrichissement sans cause) gleicht Vermögensverschiebungen aus (§§ 812 ff. BGB)[1]. Im Einzelnen bestehen freilich nach Voraussetzungen und Umfang erhebliche Unterschiede. Art. 10 Rom II-VO bestimmt:

Ungerechtfertigte Bereicherung

(1) Knüpft ein außervertragliches Schuldverhältnis aus ungerechtfertigter Bereicherung, einschließlich von Zahlungen auf eine nicht bestehende Schuld, an ein zwischen den Parteien bestehendes Rechtsverhältnis – wie einen Vertrag oder eine unerlaubte Handlung – an, das eine enge Verbindung mit dieser ungerechtfertigten Bereicherung aufweist, so ist das Recht anzuwenden, dem dieses Rechtsverhältnis unterliegt.

(2) Kann das anzuwendende Recht nicht nach Absatz 1 bestimmt werden und haben die Parteien zum Zeitpunkt des Eintritts des Ereignisses, das die ungerechtfertigte Bereicherung zur Folge hat, ihren gewöhnlichen Aufenthalt in demselben Staat, so ist das Recht dieses Staates anzuwenden.

(3) Kann das anzuwendende Recht nicht nach den Absätzen 1 oder 2 bestimmt werden, so ist das Recht des Staates anzuwenden, in dem die ungerechtfertigte Bereicherung eingetreten ist.

(4) Ergibt sich aus der Gesamtheit der Umstände, dass das außervertragliche Schuldverhältnis aus ungerechtfertigter Bereicherung eine offensichtlich engere Verbindung mit einem anderen als dem in den Absätzen 1, 2 und 3 bezeichneten Staat aufweist, so ist das Recht dieses anderen Staates anzuwenden.

Es besteht eine dreistufige Anknüpfungsleiter mit akzessorischer Anknüpfung, gemeinsamem gewöhnlichen Aufenthalt und Bereicherungseintritt[2]. Korrekturen finden bei einer engeren Verbindung statt. Der Begriff der „ungerechtfertigten Bereicherung" ist verordnungsautonom auszulegen[3].

2. Akzessorische Anknüpfung

456 Als ersten Fall nennt die VO, dass ein außervertragliches Schuldverhältnis aus ungerechtfertigter Bereicherung, einschließlich von Zahlungen auf eine nicht bestehende Schuld, an ein zwischen den Parteien bestehendes Rechtsverhältnis wie einen Vertrag oder eine unerlaubte Handlung anknüpft. Weist dieses Rechtsverhältnis eine enge Verbindung mit der ungerechtfertigten Bereicherung auf, so ist das Recht anzuwenden, dem das Rechtsverhältnis unterliegt (Art. 10 Abs. 1 Rom II-VO).

Die **Leistungskondiktion** ist daher grundsätzlich akzessorisch anzuknüpfen[4]. Auf Grund von Art. 27 Rom II-VO gilt für nichtige Verträge allerdings vorrangig Art. 12 Abs. 1 lit. e Rom I-VO (früher Art. 10 Abs. 1 lit. e EVÜ), mithin das

---

1 Als „unjust enrichment" geregelt in Art. VII.-1:101 ff. DCFR.
2 Vgl. *Heiss/Loacker*, JBl. 2007, 641; *Wagner*, IPRax 2008, 10 f.
3 *Brière*, Clunet 135 (2008), 50.
4 Ebenso *Heiss/Loacker*, JBl. 2007, 641; *Thorn*, in: Palandt, Art. 10 Rom II Rz. 7.

Vertragsstatut[1], s. Rz. 305. Eine eigenständige Bedeutung hat Art. 10 Abs. 1 Rom II-VO aber in Bezug auf Altfälle für Italien und das Vereinigte Königreich sowie für die Staaten, die der Europäischen Union am 1.5.2004 beigetreten sind und einen Vorbehalt gegen Art. 10 Abs. 1 lit. e EVÜ eingelegt hatten.

Eine deliktsakzessorische Anknüpfung der **Eingriffskondiktion** dürfte ebenfalls möglich sein, obwohl der (schuldhafte) Eingriff in fremde Rechtsgüter das Schuldverhältnis der unerlaubten Handlung und das der ungerechtfertigten Bereicherung gleichzeitig entstehen lässt. Dem Zweck der Vorschrift entsprechend ist von einem (vor-)bestehenden Rechtsverhältnis iSd. Art. 10 Abs. 1 Rom II-VO auszugehen[2]. Im Übrigen werden der Ort des Bereicherungseintritts (Art. 10 Abs. 3 Rom II-VO) und der Ort des Schadenseintritts (Art. 4 Abs. 1 Rom II-VO) regelmäßig zusammenfallen, so dass auch über die Grundanknüpfung Gleichklang erzielt wird[3].

3. Gemeinsamer gewöhnlicher Aufenthalt

Kann das anzuwendende Recht nicht nach Art. 10 Abs. 1 Rom II-VO bestimmt werden und haben die Parteien zum Zeitpunkt des Eintritts des Ereignisses, das die ungerechtfertigte Bereicherung zur Folge hat, ihren gewöhnlichen Aufenthalt in demselben Staat, so ist das Recht dieses Staates anzuwenden (Art. 10 Abs. 2 Rom II-VO), s. Rz. 453.

457

4. Objektive Anknüpfung der ungerechtfertigten Bereicherung

Das deutsche internationale Bereicherungsrecht in Art. 38 EGBGB orientiert sich am deutschen materiellen Bereicherungsrecht. Art. 10 Rom II-VO geht hingegen nicht von den Unterscheidungen des deutschen Sachrechts aus. Art. 10 Abs. 3 Rom II-VO unterwirft Bereicherungsansprüche vielmehr einheitlich dem Recht des **Ortes, an dem die Bereicherung eingetreten ist** („country in which the unjust enrichment took place", „pays dans lequel l'enrichissement s'est produit"). Der Wortlaut lässt offen, ob hierunter der Ort der vermögensverschiebenden Handlung zu verstehen ist oder der Ort, an dem die Vermögensverschiebung eintritt[4]. Insgesamt drängt die Rom II-VO den Handlungsort als Anknüpfungspunkt zurück. Daher ist Art. 10 Abs. 3 Rom II-VO im Sinne einer Anknüpfung an den Ort des Bereicherungseintritts zu verstehen[5]. Dieser Ort fällt häufig mit dem Aufenthaltsort des Bereicherungsschuldners zusammen. Ob bei der Eingriffskondiktion eine Anknüpfung an den Belegenheitsort des betroffenen Rechtsguts oder Vermögens möglich ist, ist ungeklärt[6].

458

---

1 *Leupertz*, in: PWW, Art. 10 Rom II Rz. 3; *Thorn*, in: Palandt, Art. 10 Rom II Rz. 4. – Vgl. auch *Leible/Lehmann*, RIW 2008, 531; *Wagner*, IPRax 2008, 11.
2 *Wagner*, IPRax 2008, 11; *Thorn*, in: Palandt, Art. 10 Rom II Rz. 8.
3 *Junker*, in: MünchKomm, 5. Aufl., Art. 10 Rom II-VO Rz. 17.
4 Zum Zusammenhang mit dem Deliktsrecht *Wagner*, IPRax 2008, 11.
5 *Kadner Graziano*, RabelsZ 73 (2009), 66 f.; *Späth*, S. 324; *Junker*, in: MünchKomm, 5. Aufl., Art. 10 Rom II-VO Rz. 20; *Leupertz*, in: PWW, Art. 10 Rom II Rz. 5.
6 Dazu *Heiss/Loacker*, JBl. 2007, 641 f.; *Kadner Graziano*, RabelsZ 73 (2009), 66 f.

5. Mehrpersonenverhältnisse

459 Eine besondere Regelung für Mehrpersonenverhältnisse enthält die Rom II-VO nicht[1]. Daher sind die einzelnen Beziehungen nach einer der Anknüpfungen des Art. 10 Rom II-VO zu beurteilen. Bei der Beteiligung mehrerer kommt es in erster Linie auf das Leistungsstatut (Art. 10 Abs. 1 Rom II-VO) an, vorausgesetzt, eine Zuwendung kann einer bereits bestehenden Leistungsbeziehung zugeordnet werden. Im Übrigen kommt bei Fehlen eines gemeinsamen gewöhnlichen Aufenthalts (Art. 10 Abs. 2 Rom II-VO) im Allgemeinen – vorbehaltlich der Ausweichklausel – das Recht am Ort des Bereicherungseintritts zur Anwendung (Art. 10 Abs. 3 Rom II-VO)[2]. Erfasst wird auch der Verwendungsanspruch des § 1041 österreich. ABGB[3].

460 Bei **Zahlung auf eine fremde Schuld** entscheidet über deren Bestand und Höhe, aber auch ihre Tilgung, das Statut dieser Schuld (oben Rz. 347). Dabei ist nach den einzelnen Ansprüchen zu unterscheiden. Mangels einer cessio legis (vgl. Art. 19 Rom II-VO) können Bereicherungsansprüche des Dritten **gegen den befreiten Schuldner** entstehen. Der Anspruch des Zahlenden gegen den Schuldner unterliegt gem. Art. 10 Abs. 1 Rom II-VO dem Statut der getilgten Forderung[4]. Zahlt ein Dritter auf eine vermeintlich eigene Schuld, so ist der Bereicherungsanspruch gegen den Schuldner nach dem Statut der beglichenen (vermeintlichen) Schuld zu beurteilen[5] (Art. 10 Abs. 1 Rom II-VO). Begleicht ein Dritter demgegenüber freiwillig und bewusst fremde Schulden, so richten sich auch Bereicherungsansprüche des auf eine fremde Schuld zahlenden Dritten **gegen den Gläubiger** in erster Linie nach dem zwischen beiden bestehenden oder angenommenen Schuldverhältnis, weil es sich dabei um eine Sonderbeziehung handelt. Dies gilt auch für vertragliche Ansprüche. Im Übrigen folgen sie dem Recht, das auf die vermeintlich getilgte Verbindlichkeit anwendbar ist[6].

461 In den **Anweisungsfällen** weist der Anweisende den Angewiesenen an, an einen Dritten zu leisten. Dies ist insbes. bei der **Banküberweisung** der Fall. Auch kollisionsrechtlich ist nach der Art des Mangels das Deckungsverhältnis zwischen Anweisendem und Angewiesenem (zB ein Bankvertrag), das Valutaverhältnis zwischen Anweisendem und Begünstigtem (zB ein Kauf) sowie das Zuwendungsverhältnis zwischen (vermeintlich) Angewiesenem und Begünstigtem zu unterscheiden.

---

1 Zum deutschen internationalen Bereicherungsrecht s. 6. Aufl. Rz. 369 ff.
2 *Spickhoff*, in: Bamberger/Roth, Rom II-VO Art. 42 Anh EGBGB Rz. 77; *Junker*, in: MünchKomm, 5. Aufl., Art. 10 Rom II-VO Rz. 20 ff.
3 *Heiss/Loacker*, JBl. 2007, 641.
4 *Spickhoff*, in: Bamberger/Roth, Rom II-VO Art. 42 Anh EGBGB Rz. 77; *Thorn*, in: Palandt, Art. 10 Rom II Rz. 9. – So für das deutsche Recht *Huber*, in: AnwK, Art. 38 EGBGB Rz. 41; *von Hoffmann/Fuchs*, in: Staudinger, Art. 38 EGBGB Rz. 19; *von Bar*, II Rz. 737. Für das Recht am Ort des Bereicherungseintritts *Looschelders*, Art. 38 EGBGB Rz. 7.
5 *Thorn*, in: Palandt, Art. 10 Rom II Rz. 9.
6 *Spickhoff*, in: Bamberger/Roth, Rom II-VO Art. 42 Anh EGBGB Rz. 77. – Vgl. *Huber*, in: AnwK, Art 38 EGBGB Rz. 42; *Einsele*, JZ 1993, 1025 (1026).

Über Ansprüche aus einem fehlerhaften *Deckungsverhältnis* zwischen Anweisendem und Angewiesenem entscheidet das hierfür maßgebliche Recht, dh. das zwischen den Parteien geltende Vertragsstatut[1]. Beim Akkreditiv (Rz. 1313) ist das idR das Recht der angewiesenen Akkreditivbank, dh. das Statut des zugrunde liegenden Geschäftsbesorgungsvertrages[2].

Entsprechendes gilt für die Beziehung des Anweisenden gegenüber dem bereicherten Dritten (Anweisungsbegünstigtem) im *Valutaverhältnis*[3]. Auch hier findet der Bereicherungsausgleich nach dem unter den Beteiligten geltenden Recht statt. ZB kann der Akkreditivauftraggeber (Käufer) gegen den Begünstigten (Verkäufer) nach dem Recht des zugrundeliegenden Warengeschäfts, also des von ihnen geschlossenen Kaufvertrages vorgehen[4].

Praktisch wichtig, aber umstritten ist die Behandlung der Ansprüche im *Zuwendungsverhältnis* zwischen (vermeintlich) Angewiesenem und Begünstigtem. Dabei geht es regelmäßig darum, ob der Angewiesene einen direkten Zugriff gegen den Begünstigten (Zahlungsempfänger) hat. Solche Ansprüche des Angewiesenen gegen den bereicherten Anweisungsbegünstigten richten sich bei bestehender abstrakter Verpflichtung nach dem Statut dieser Verpflichtung, also dem Deckungsverhältnis, zB für die Akkreditivbank (Käuferbank) nach dem Akkreditivstatut[5].

Wird bei fehlender oder fehlerhafter Anweisung lediglich gezahlt oder geliefert (zB bei irrtümlicher Zuvielüberweisung), so kann man auch hier das Deckungsverhältnis für maßgeblich halten, dh. auf das Recht der Verpflichtung des Angewiesenen abstellen[6]. Der Zahlungsempfänger wäre dann allerdings einem für ihn fremden Recht ausgesetzt. Nach aA handelt es sich hier um keine Leistungskondiktion mehr, sondern um eine bloße Wertverschiebung, für welche die Grundsätze der „Bereicherung in sonstiger Weise" gelten sollen[7]. Dementsprechend wird auf den Ort des Bereicherungseintritts nach Art. 10 Abs. 3 Rom II-VO abgestellt[8].

Im Falle eines echten **Vertrages zugunsten Dritter** (dazu Rz. 318) kommt es darauf an, welches der Rechtsverhältnisse fehlerhaft ist. Dementsprechend entscheidet das Deckungsverhältnis die Frage, ob der Versprechensempfänger

462

---

1 *Thorn*, in: Palandt, Art. 10 Rom II Rz. 9.
2 So zum alten Recht *Martinek*, Hdb. Schuldrecht (1983), S. 793; *Lorenz*, in: Staudinger, § 812 BGB Rz. 125.
3 *Thorn*, in: Palandt, Art. 10 Rom II Rz. 9. – Zum alten Recht s. *Lorenz*, Festschr. Zweigert, S. 221; *Schlechtriem*, in: von Caemmerer, S. 74 f.
4 So zum alten Recht *Martinek*, Hdb. Schuldrecht (1983), S. 792 f.; *Lorenz*, in: Staudinger, § 812 BGB Rz. 125.
5 Näher *Lorenz*, Festschr. Zweigert, S. 223 f.; *Martinek*, Hdb. Schuldrecht (1983), S. 793; *Lorenz*, in: Staudinger, § 812 BGB Rz. 125.
6 Vgl. *Schlechtriem*, in: von Caemmerer, S. 75.
7 So zum alten Recht: BGH 25.9.1986, IPRax 1987, 186 m. abl. Aufs. *Jayme* = NJW 1987, 185; BGH 3.2.2004, NJW 2004, 1315 (1316). Vgl. *Lorenz*, Festschr. Zweigert, S. 222.
8 *Leible/Lehmann*, RIW 2007, 372; *Spickhoff*, in: Bamberger/Roth, Rom II Art. 42 EGBGB Rz. 77; *Thorn*, in: Palandt, Art. 10 Rom II Rz. 9.

(Gläubiger) einer Kondiktion des Versprechenden (Schuldners) ausgesetzt ist[1]. Das zwischen Gläubiger und begünstigtem Dritten bestehende Valutaverhältnis bestimmt, ob der Dritte (Begünstigter) die faktische Leistung des Versprechenden an den Versprechensempfänger herauszugeben hat[2]. Für die Direktkondiktion des Versprechenden im Falle der Unwirksamkeit des Deckungsverhältnisses ist ebenfalls das anwendbare Recht zu bestimmen. Ansprüche gegen den Dritten als faktischen Leistungsempfänger unterliegen dem Statut des Deckungsverhältnisses[3]. Grund dafür ist, dass die Begünstigung des Dritten auf diesem Vertragsverhältnis beruht und der Bereicherungsausgleich ihm folgen muss.

6. Engere Verbindung

463 Ergibt sich aus der Gesamtheit der Umstände, dass das außervertragliche Schuldverhältnis aus ungerechtfertigter Bereicherung eine offensichtlich engere Verbindung mit einem anderen als dem in den Absätzen 1, 2 und 3 bezeichneten Staat aufweist, so ist das Recht dieses anderen Staates anzuwenden (Art. 10 Abs. 4 Rom II-VO), s. Rz. 454.

III. Geschäftsführung ohne Auftrag (Art. 11 Rom II-VO)

464 **Artikel 11 Rom II-VO**
Geschäftsführung ohne Auftrag

(1) Knüpft ein außervertragliches Schuldverhältnis aus Geschäftsführung ohne Auftrag an ein zwischen den Parteien bestehendes Rechtsverhältnis – wie einen Vertrag oder eine unerlaubte Handlung – an, das eine enge Verbindung mit dieser Geschäftsführung ohne Auftrag aufweist, so ist das Recht anzuwenden, dem dieses Rechtsverhältnis unterliegt.

(2) Kann das anzuwendende Recht nicht nach Absatz 1 bestimmt werden und haben die Parteien zum Zeitpunkt des Eintritts des schadensbegründenden Ereignisses ihren gewöhnlichen Aufenthalt in demselben Staat, so ist das Recht dieses Staates anzuwenden.

(3) Kann das anzuwendende Recht nicht nach den Absätzen 1 oder 2 bestimmt werden, so ist das Recht des Staates anzuwenden, in dem die Geschäftsführung erfolgt ist.

(4) Ergibt sich aus der Gesamtheit der Umstände, dass das außervertragliche Schuldverhältnis aus Geschäftsführung ohne Auftrag eine offensichtlich engere Verbindung mit einem anderen als dem in den Absätzen 1, 2 und 3 bezeichneten Staat aufweist, so ist das Recht dieses anderen Staates anzuwenden.

---

1 *Thorn*, in: Palandt, Art. 10 Rom II Rz. 9. – Vgl. *Junker*, in: MünchKomm, 5. Aufl., Art. 10 Rom II-VO Rz. 18.
2 *Thorn*, in: Palandt, Art. 10 Rom II Rz. 9.
3 *Spickhoff*, in: Bamberger/Roth, Rom II-VO Art. 42 Anh EGBGB Rz. 78; *Thorn*, in: Palandt, Art. 10 Rom II Rz. 9. – S. auch *Huber*, in: AnwK, Art. 38 EGBGB Rz. 32, 33; *von Hoffmann/Fuchs*, in: Staudinger, Art. 38 EGBGB Rz. 23; früher bereits *Plaßmeier*, S. 341 f.; *W. Lorenz*, Festschr. Zweigert, S. 214 (218 f.); *Einsele*, JZ 1993, 1025 (1027).

1. Allgemeines

Die Geschäftsführung ohne Auftrag (negotiorum gestio; gestion d'affaires) spielt auch in anderen Rechtsordnungen als Regressinstrument eine Rolle (vgl. §§ 677 ff. BGB)[1]. Insbesondere können Aufwendungsersatzansprüche des Geschäftsführers entstehen[2]. Auch der Begriff der Geschäftsführung ohne Auftrag ist verordnungsautonom auszulegen. Eine Rechtswahl ist möglich (s. Rz. 445). Art. 11 Rom II-VO nennt mehrere Stufen der objektiven Anknüpfung, nämlich eine akzessorische Anknüpfung (Abs. 1), eine Anknüpfung an den gemeinsamen gewöhnlichen Aufenthalt (Abs. 2) sowie an den Ort der Geschäftsführung (Abs. 3). Ferner enthält die Vorschrift in Abs. 4 eine Ausweichklausel[3]. In erster Linie ist nach einer Anknüpfung an ein bestehendes Rechtsverhältnis zu suchen. In zweiter Linie kommt es auf den gewöhnlichen Aufenthalt der Parteien in demselben Staat an. Umfasst werden grundsätzlich alle bei einer Geschäftsführung ohne Auftrag möglichen Ansprüche[4].

465

2. Akzessorische Anknüpfung

Knüpft ein außervertragliches Schuldverhältnis aus Geschäftsführung ohne Auftrag an ein zwischen den Parteien bestehendes Rechtsverhältnis wie einen Vertrag oder ein deliktisches Schuldverhältnis an, das eine enge Verbindung mit dieser Geschäftsführung ohne Auftrag aufweist, so ist das Recht anzuwenden, dem dieses Rechtsverhältnis unterliegt (Art. 11 Abs. 1 Rom II-VO), s. Rz. 452. Bei der Geschäftsführung ohne Auftrag kommt eine akzessorische Anknüpfung etwa dann in Betracht, wenn der Geschäftsführer seine Befugnisse aus einem bestehenden Auftragsverhältnis überschreitet[5]. Das Schuldverhältnis darf aber nicht erst durch die Geschäftsführung begründet werden[6].

466

Anders als nach Art. 39 Abs. 2 EGBGB ist der **Rückgriff des leistenden Dritten** gegen den Schuldner ungeregelt geblieben. Im Hinblick auf die Tilgungswirkung liegt eine Anknüpfung an die getilgte Schuld nahe. Da man hierfür wegen der fehlenden Parteiidentität wohl nicht Art. 11 Abs. 1 Rom II-VO heranziehen kann[7], ist an die Ausweichklausel des Art. 11 Abs. 4 Rom II-VO zu denken[8]. Allerdings wird teilweise vorrangig auf den Vornahmeort des Art. 11 Abs. 3 Rom II-VO abgestellt[9].

---

1 Dazu *Ranieri*, S. 1782 ff. – Als „benevolent intervention in another's affairs" geregelt in Art. V.-1:101 ff. DCFR.
2 Zum Aufwendungsersatzanspruch nach türkischem Recht s. IPG 2000/2001 Nr. 16 (Hamburg).
3 Vgl. *Wagner*, IPRax 2008, 11.
4 *Heiss/Loacker*, JBl. 2007, 643 f.
5 *Brière*, Clunet 135 (2008), 50; *Thorn*, in: Palandt, Art. 11 Rom II Rz. 5.
6 *Späth*, S. 276.
7 *Thorn*, in: Palandt, Art. 11 Rom II Rz. 7.
8 *Wagner*, IPRax 2008, 12; *Thorn*, in: Palandt, Art. 11 Rom II Rz. 7.
9 *Junker*, in: MünchKomm, 5. Aufl., Art. 11 Rom II-VO Rz. 8, 27.

3. Gemeinsamer gewöhnlicher Aufenthalt

467 Kann das anzuwendende Recht nicht nach Art. 11 Abs. 1 Rom II-VO bestimmt werden und haben die Parteien zum Zeitpunkt des Eintritts des schadensbegründenden Ereignisses[1] ihren gewöhnlichen Aufenthalt in demselben Staat, so ist das Recht dieses Staates anzuwenden (Art. 11 Abs. 2 Rom II-VO), s. Rz. 453.

4. Ort der Geschäftsführung

468 Bei der Geschäftsführung ohne Auftrag ist bei der objektiven Anknüpfung im Übrigen nach Art. 11 Abs. 3 Rom II-VO grundsätzlich das Recht am Ort der Geschäftsvornahme („country in which the act was performed", „pays dans lequel la gestion d'affaires s'est produite") anzuwenden[2]. Hierbei wird man auf den Beginn der Geschäftsführung, dh. den ersten Geschäftsführungsort, abzustellen haben[3]. Bei Auseinanderfallen von Handlungs- und Erfolgsort ist fraglich, ob ein „Haupterfolgsort" ermittelt werden kann[4]. Die Hilfeleistung auf hoher See ist – anders als noch nach dem Rom II-VO-Vorschlag – ungeregelt geblieben[5].

5. Engere Verbindung

469 Ergibt sich aus der Gesamtheit der Umstände, dass das außervertragliche Schuldverhältnis aus Geschäftsführung ohne Auftrag eine offensichtlich engere Verbindung mit einem anderen als dem in den Absätzen 1, 2 und 3 bezeichneten Staat aufweist, so ist das Recht dieses anderen Staates anzuwenden (Art. 11 Abs. 4 Rom II-VO), s. Rz. 454. Dies wird für die Tilgung fremder Schulden angenommen[6], s. oben Rz. 466.

IV. Verschulden bei Vertragsverhandlungen (Art. 12 Rom II-VO)

470 **Artikel 12 Rom II-VO**
Verschulden bei Vertragsverhandlungen

(1) Auf außervertragliche Schuldverhältnisse aus Verhandlungen vor Abschluss eines Vertrags, unabhängig davon, ob der Vertrag tatsächlich geschlossen wurde oder nicht, ist das Recht anzuwenden, das auf den Vertrag anzuwenden ist oder anzuwenden gewesen wäre, wenn er geschlossen worden wäre.

---

1 Für den Zeitpunkt der Geschäftsführung *Kadner Graziano*, RabelsZ 73 (2009), 65. Für den Zeitpunkt der gemachten Aufwendungen *Wagner*, IPRax 2008, 11.
2 Für den Handlungsort *Heiss/Loacker*, JBl. 2007, 643.
3 *Junker*, in: MünchKomm, 5. Aufl., Art. 11 Rom II-VO Rz. 18; *Thorn*, in: Palandt, Art. 11 Rom II Rz. 8. – Vgl. *Späth*, S. 265 f.
4 Vgl. *Späth*, S. 266 f. – Für den Erfolgsort *Thorn*, in: Palandt, Art. 11 Rom II Rz. 8.
5 Dazu *Heiss/Loacker*, JBl. 2007, 643; *Junker*, in: MünchKomm, 5. Aufl., Art. 11 Rom II-VO Rz. 21 ff.
6 *Wagner*, IPRax 2008, 12. – Vgl. auch *Sonnentag*, ZvglRW 105 (2006), 305.

(2) Kann das anzuwendende Recht nicht nach Absatz 1 bestimmt werden, so ist das anzuwendende Recht

a) das Recht des Staates, in dem der Schaden eingetreten ist, unabhängig davon, in welchem Staat das schadensbegründende Ereignis oder indirekte Schadensfolgen eingetreten sind, oder,

b) wenn die Parteien zum Zeitpunkt des Eintritts des schadensbegründenden Ereignisses ihren gewöhnlichen Aufenthalt in demselben Staat haben, das Recht dieses Staates, oder,

c) wenn sich aus der Gesamtheit der Umstände ergibt, dass das außervertragliche Schuldverhältnis aus Verhandlungen vor Abschluss eines Vertrags eine offensichtlich engere Verbindung mit einem anderen als dem in den Buchstaben a oder b bezeichneten Staat aufweist, das Recht dieses anderen Staates.

1. Einordnung als außervertragliches Schuldverhältnis

Es muss sich um außervertragliche Schuldverhältnisse handeln[1]. Die Rom II-VO ordnet das Verschulden bei Vertragsverhandlungen (culpa in contrahendo) als außervertragliches Schuldverhältnis ein. Dementsprechend finden sich hier spezifische Anknüpfungsregeln. Die allgemeinen Vorschriften der Rom II-VO für die Ermittlung und den Geltungsbereich des anwendbaren Rechts (Art. 15 Rom II-VO) kommen ebenfalls zur Anwendung. Diese Regelung erfolgte im Anschluss an die Rechtsprechung des EuGH zu Art. 5 Nr. 3 EuGVÜ. In der Sache „Tacconi" ordnete der EuGH nämlich den Abbruch von Vertragsverhandlungen **deliktisch** ein[2]. Dies entspricht der Tendenz vieler Rechtsordnungen, solche Ansprüche in ihrem Sachrecht nicht vertragsähnlich, sondern deliktsrechtlich anzusehen[3]. Die in Deutschland bislang vorherrschende Unterscheidung zwischen den dem Vertragsstatut unterstellten transaktionsbezogenen Pflichten (insbes. Informations- und Beratungspflichten) und deliktisch verstandenen Schutzpflichtverletzungen (Schutz- und Obhutspflichten) hat sich in der VO nicht niedergeschlagen[4]. Zweifel an dieser Einordnung können aber letztlich zurückstehen, da die Rom II-VO für die Anknüpfung in weitem Umfang wieder auf das Vertragsstatut Bezug nimmt[5]. Die Haftung des Gutachters gegenüber Dritten ist nicht genannt, wird aber zT hier ebenfalls eingeordnet (s. unten Rz. 477).

471

2. Begriff des Verschuldens bei Vertragsverhandlungen

Das „Verschulden bei Vertragsverhandlungen" ist als autonomer Begriff zu verstehen und kann daher, wie bereits Erwägungsgrund 30 hervorhebt, nicht zwangsläufig im Sinne eines nationalen Rechts ausgelegt werden[6]. Es geht um

472

---

1 Zum ausländischen Recht *von Hein*, GPR 2007, 54 ff.; *Ranieri*, S. 1345 ff.
2 EuGH 17.9.2002 – Rs. C-334/00 (Tacconi), Slg. 2002, I-7357 = NJW 2002, 3159 = IPRax 2003, 143 (m. Aufs. *Mankowski*, IPRax 2003, 127) = EuZW 2002, 655. – Vgl. auch *Schmidt-Kessel*, ZEuP 2004, 1049 ff.
3 Dazu *Heiss/Loacker*, JBl. 2007, 639; *Wagner*, IPRax 2008, 12 f.
4 Näher *von Hein*, GPR 2007, 54 ff. mwN.
5 *Leible/Lehmann*, RIW 2008, 530 („Pirouette"); *Wagner*, IPRax 2008, 12.
6 Näher *Lüttringhaus*, RIW 2008, 195 ff.

Schuldverhältnisse aus **Verhandlungen vor Abschluss**. Ein vertragliches Schuldverhältnis kann man regelmäßig mit dem Zustandekommen des Vertrages annehmen. Vorausgesetzt werden Verhandlungen vor Vertragsabschluss. „Verhandlungen" („dealings", „tractations") ist als autonomer Begriff zu verstehen[1]. Würde man an die Aufnahme von Verhandlungen keine strengen Maßstäbe stellen, so würde bereits ein bloßer geschäftlicher Kontakt genügen. Art. 12 Rom II-VO soll aber nur für außervertragliche Schuldverhältnisse gelten, die in unmittelbarem Zusammenhang mit den Verhandlungen vor Abschluss eines Vertrags stehen (Erwägungsgrund 30).

Inhaltlich soll die Haftung nach Art. 12 Rom II-VO die **Verletzung von Aufklärungs- und Offenlegungspflichten** sowie den Abbruch von Vertragsverhandlungen einschließen (Erwägungsgrund 30). Der treuwidrige **Abbruch von Vertragsverhandlungen** ist daher erfasst[2]. Auch der Verrat von während den Verhandlungen preisgegebenen Geheimnissen ist abgedeckt[3]. Die Verletzung vorvertraglicher **Informationspflichten** ist nicht ausgeschlossen[4]; nach anderen ist hier eine vertragliche Einordnung möglich[5].

473 Die Vertragsverhandlungen müssen nicht unbedingt zwischen dem Anspruchsteller und dem Anspruchsgegner stattgefunden haben. Auch **Verhandlungen mit Dritten** können genügen. Vorausgesetzt wird jedoch, dass die Verhandlungen dem Anspruchsgegner zugerechnet werden können. Ob dies letztlich der Fall war, muss dann das anwendbare Recht entscheiden. Für die Eigenhaftung von Vertretern, **Sachwaltern** und anderen am Vertragsschluss beteiligten, aber letztlich vertragsfremden Personen könnte man an eine akzessorische Anknüpfung an den verhandelten Vertrag denken[6]. Wegen der Eigenständigkeit des insoweit bestehenden Schuldverhältnisses kommt eine Anknüpfung nach Art. 12 Abs. 1 Rom II-VO wohl nicht in Betracht[7]; es wird jedoch für eine selbständige Anknüpfung nach Art. 12 Abs. 2 Rom II-VO (Schadenseintritt bzw. gemeinsamer gewöhnlicher Aufenthalt) plädiert[8]. Eine auf die Ausweichklausel (Art. 12 Abs. 2 lit. c Rom II-VO) gestützte Maßgeblichkeit des Vertragsstatuts wird angenommen, wenn der Dritte aktiv an den Verhandlungen bzw. am Vertragsschluss beteiligt war und ihm das insoweit anzuwendende Recht zugerechnet werden kann[9].

---

1 *Leible/Lehmann*, RIW 2008, 530.
2 *Leible/Lehmann*, RIW 2007, 733; *Spellenberg*, in: MünchKomm, 5. Aufl., Art. 12 Rom I-VO Rz. 10 ff.
3 *Leible/Lehmann*, RIW 2007, 733.
4 *Garcimartín*, EuLF 2007, I-89; *von Hein*, GPR 2007, 59; *Lüttringhaus*, RIW 2008, 195 f.; *Kadner Graziano*, RabelsZ 73 (2009), 64; *Spellenberg*, in: MünchKomm, 5. Aufl., Art. 12 Rom II-VO Rz. 12. – Anders *Leible/Lehmann*, RIW 2007, 733.
5 *Leible/Lehmann*, RIW 2007, 733.
6 Krit. dazu *Mansel*, Festschr. Schlosser, S. 553. Vgl. zu den unterschiedlichen Möglichkeiten auch 6. Aufl. Rz. 284.
7 Anders offenbar *Spellenberg*, in: MünchKomm, 5. Aufl., Art. 12 Rom II-VO Rz. 19.
8 *Lüttringhaus*, RIW 2008, 198; *Thorn*, in: Palandt, Art. 12 Rom II Rz. 5.
9 *Thorn*, in: Palandt, Art. 12 Rom II Rz. 5. Im Ergebnis ähnlich *Spellenberg*, in: MünchKomm, 5. Aufl., Art. 12 Rom II-VO Rz. 19.

Es geht um Verhandlungen **vor Abschluss eines Vertrages**, unabhängig davon, ob der Vertrag tatsächlich geschlossen wurde oder nicht. Es ist das Recht anzuwenden, das auf den Vertrag anzuwenden ist oder anzuwenden gewesen wäre, wenn er geschlossen worden wäre (Art. 12 Abs. 1 Rom II-VO). 474

Auch der **Schaden** ist als autonomer Begriff zu verstehen, s. Rz. 441. Er bezieht sich auf sämtliche Folgen eines Verschuldens einer culpa in contrahendo (Art. 2 Abs. 1 Rom II-VO)[1]. Erfasst wird in erster Linie der Vermögensschaden. Nach dem Wortlaut sind **Personenschäden** nicht ausgeschlossen. Doch sollen in den Fällen, in denen einer Person während der Vertragsverhandlungen ein Personenschaden zugefügt wird, Art. 4 Rom II-VO oder andere einschlägige Bestimmungen dieser Verordnung zur Anwendung gelangen (Erwägungsgrund 30). Damit wird eine Körperverletzung im Rahmen der Vertragsanbahnung (zB Ausrutschen im Kaufhaus) nicht von Art. 12 Rom II-VO erfasst, sondern deliktisch eingeordnet[2]. Hier geht es um das Integritätsinteresse und die Verletzung von Obhuts- und Verhaltenspflichten[3]. 475

3. Anknüpfung
a) Maßgeblichkeit des Vertragsstatuts

Auch bei der culpa in contrahendo besteht eine mehrstufige Anknüpfungsleiter[4]. Anzuwenden ist in erster Linie das Recht, das auf den Vertrag anzuwenden ist oder anzuwenden gewesen wäre (Art. 12 Abs. 1 Rom II-VO). Folglich kommt es grundsätzlich zu einer akzessorischen Anknüpfung[5]; das Vertragsstatut ist maßgeblich. Dieses ist regelmäßig nach den Art. 3 ff. Rom I-VO zu ermitteln[6]. 476

Es kommt nicht darauf an, ob der Vertrag tatsächlich geschlossen wurde oder nicht (Art. 12 Abs. 1 Rom II-VO). Er braucht überhaupt nicht zustande gekommen und kann auch unwirksam gewesen sein. Vor allem beim Abbruch von Vertragsverhandlungen ist das Statut des intendierten Vertrages, dh. ein hypothetisches Vertragsstatut, zu ermitteln[7]. Der Verhandlungsort ist nicht entscheidend[8]. Problematisch ist es, eine hypothetische Rechtswahl für das intendierte Vertragsverhältnis anzunehmen, wenn diese noch nicht erfolgt war. Insoweit kann nur eine objektive Anknüpfung in Betracht kommen[9]. Sie wird

---

1 S. *Wagner*, IPRax 2008, 14.
2 *Leible/Lehmann*, RIW 2007, 733; *Lüttringhaus*, RIW 2008, 196 ff.; *Kadner Graziano*, RabelsZ 73 (2009), 64; *Spellenberg*, in: MünchKomm, 5. Aufl., Art. 12 Rom II-VO Rz. 11.
3 *Kadner Graziano*, RabelsZ 73 (2009), 64; *Thorn*, in: Palandt, Art. 12 Rom II Rz. 2.
4 S. *Wagner*, IPRax 2008, 12.
5 *Kadner Graziano*, RabelsZ 73 (2009), 64 f.; *Späth*, S. 248 (für Erbensuche).
6 *Leible/Lehmann*, RIW 2007, 733; *Lüttringhaus*, RIW 2008, 198; *Thorn*, in: Palandt, Art. 12 Rom II Rz. 5.
7 *Heiss/Loacker*, JBl. 2007, 640; *Leible/Lehmann*, RIW 2007, 733.
8 *Leible/Lehmann*, RIW 2007, 733.
9 *Leible/Lehmann*, RIW 2007, 733.

vielfach zum Recht am Aufenthaltsort der die charakteristische Leistung erbringenden Partei führen[1].

477 Die Einordnung der **Haftung des Gutachters gegenüber vertragsfremden Dritten** ist umstritten. Eine vertragsrechtliche Qualifikation könnte sie akzessorisch dem Vertragsverhältnis zwischen Gutachter und Auftraggeber zuweisen[2]. Eine nichtvertragliche Qualifikation dürfte sich vor allem deshalb durchsetzen, da die deutsche Rechtsfigur des Vertrages mit Schutzwirkungen für Dritte dem Ausland regelmäßig unbekannt ist[3]. In Betracht kommt eine deliktische Einordnung[4]. Vorgeschlagen wird auch, die Gutachterhaftung als der c.i.c. nahe stehendes außervertragliches unmittelbares Schuldverhältnis zwischen Gutachter und Drittem anzusehen. Maßgeblich soll das nach Art. 12 Abs. 1 Rom II-VO bestimmte hypothetische Vertragsverhältnis sein[5]. – Zur außervertraglichen Haftung für eine Legal Opinion s. Rz. 1438 f.

b) Anknüpfung nach Art. 12 Abs. 2 Rom II-VO

478 Wenn das anzuwendende Recht nicht nach Art. 12 Abs. 1 Rom II-VO bestimmt werden kann, so ist es nach anderen Kriterien zu ermitteln (Art. 12 Abs. 2 Rom II-VO). Daraus folgt, dass die Bestimmung nach Abs. 1 Vorrang haben soll. Gemeint sind offenbar Fälle, in denen kein Vertragsstatut ermittelt werden kann[6]; freilich ist noch ungeklärt, welche Fälle im Einzelnen erfasst werden sollen[7]. Art. 12 Abs. 2 Rom II-VO nennt drei Anknüpfungsregeln; das Verhältnis der Unterabsätze zueinander ergibt sich aus der Vorschrift[8].

In erster Linie ist das anzuwendende Recht die Rechtsordnung des Staates, in dem die Parteien zum Zeitpunkt des Eintritts des schadensbegründenden Ereignisses ihren **gemeinsamen gewöhnlichen Aufenthalt** haben (Art. 12 Abs. 2 lit. b Rom II-VO). Der Eintritt des schadensbegründenden Ereignisses („the event giving rise to the damage"; „le fait générateur du dommage") ist als autonomer Begriff zu verstehen. Auch der gewöhnliche Aufenthalt ist autonom auszulegen (s. Art. 23 Rom II-VO, der Art. 19 Rom I-VO entspricht).

479 In zweiter Linie ist das Recht des Staates, in dem der **Schaden eingetreten** ist, maßgeblich (Art. 12 Abs. 2 lit. a Rom II-VO). Dies ist nach dem Wortlaut unabhängig davon, in welchem Staat das schadensbegründende Ereignis oder indi-

---

1 *Thorn*, in: Palandt, Art. 12 Rom II Rz. 5.
2 Dem Vertragsstatut wird entnommen, ob Dritte als Leistungsempfänger einbezogen sind, s. *Leible*, in: AnwK, Art. 32 EGBGB Rz. 14.
3 *Schinkels*, JZ 2008, 274 ff.
4 Näher *Dutta*, IPRax 2009, 297 ff. – Für den sog. Vertrag mit Schutzwirkung für Dritte wurde schon bislang weitgehend eine deliktische Qualifikation vorgeschlagen; s. von Bar/Mankowski, I § 4 Rz. 557.
5 *Schinkels*, JZ 2008, 279 ff.
6 *Leible/Lehmann*, RIW 2007, 733. – Krit. dazu *Spellenberg*, in: MünchKomm, 5. Aufl., Art. 12 Rom I-VO Rz. 30.
7 Näher *Spellenberg*, in: MünchKomm, 5. Aufl., Art. 12 Rom II-VO Rz. 30 ff.
8 *Wagner*, IPRax 2008, 12.

rekte Schadensfolgen eingetreten sind. „Schaden" ist als autonomer Begriff zu verstehen (s. Rz. 441). Gemeint ist der Erfolgsort[1].

Ferner besteht eine **Ausweichklausel**. Ergibt sich aus der Gesamtheit der Umstände, dass das außervertragliche Schuldverhältnis eine offensichtlich engere Verbindung mit einem anderen als dem in den Buchstaben a oder b bezeichneten Staat aufweist, so gilt das Recht dieses anderen Staates (Art. 12 Abs. 2 lit. c Rom II-VO). Die Verbindung muss offensichtlich enger sein, vgl. Rz. 454. Es kommt auf die Gesamtheit der Umstände an, die eine offensichtlich engere Verbindung zu dem Staat aufweisen[2]. Die Ausweichklausel des Art. 12 Abs. 2 lit. c Rom II-VO bezieht sich nicht auf die vertragsakzessorische Anknüpfung nach Abs. 1. 480

---

1 *Wagner*, IPRax 2008, 12.
2 Dazu *Kadner Graziano*, RabelsZ 73 (2009), 64.

D. Reichweite des für außervertragliche Schuldverhältnisse maßgeblichen Rechts

	Rz.		Rz.
I. Geltungsbereich des anzuwendenden Rechts	481	III. Beweis	483
II. Form	482	IV. Eingriffsnormen	484

I. Geltungsbereich des anzuwendenden Rechts

481 Ebenso wie Art. 12 Rom I-VO umschreibt Art. 15 Rom II-VO die sachliche Reichweite des nach Art. 4 bis 14 Rom II-VO zur Anwendung kommenden Rechts (vgl. Rz. 311). Die Vorschrift erfasst alle außervertraglichen Schuldverhältnisse. Angesichts der unterschiedlichen Qualifikation einzelner Rechtsfragen (etwa der Verjährung) in den Mitgliedstaaten soll die (nicht abschließende) Auflistung in Art. 15 lit. a–h Rom II-VO eine einheitliche Anwendung der Vorschriften gewährleisten.

Der Geltungsbereich des Schuldstatuts ist **umfassend**[1]. Zu ihm gehören sowohl die anspruchsbegründenden (lit. a) als auch die anspruchsausschließenden und -beschränkenden Voraussetzungen (lit. b), die Rechtsfolgen des außervertraglichen Schuldverhältnisses, insbesondere Gegenstand, Umfang und Art der geschuldeten Leistung (lit. c) einschließlich der gerichtlichen Maßnahmen zu ihrer Durchsetzung (lit. d), die Übertragbarkeit des Anspruchs (etwa im Wege der Erbfolge oder Abtretung) (lit. e), die Person des Anspruchsberechtigten und des Anspruchsgegners (lit. f), die Haftung für andere (lit. g) sowie das Erlöschen des Anspruchs, einschließlich der Verjährung und Verfristung (lit. h). Soweit in Art. 15 Rom II-VO von Schaden die Rede ist, bezieht sich dieser Begriff auch hier auf alle außervertraglichen Schuldverhältnisse (Art. 2 Abs. 1 Rom II-VO).

II. Form

482 Art. 21 Rom II-VO über die Form entspricht Art. 11 Abs. 3 Rom I-VO (vgl. Rz. 768 ff.). Für einseitige Rechtshandlungen, die ein außervertragliches Schuldverhältnis betreffen (zB begründen oder beenden), gilt das nach den Art. 4 bis 14 Rom II-VO anwendbare Recht (lex causae) oder das Recht des Vornahmeortes (lex loci actus). Diese alternative Anknüpfung soll die Formgültigkeit begünstigen[2]. Freilich ist die praktische Bedeutung von Art. 21 Rom II-VO gering.

---

1 Näher *Junker*, in: MünchKomm, 5. Aufl., Art. 15 Rom II-VO Rz. 5 ff.
2 *Junker*, in: MünchKomm, 5. Aufl., Art. 21 Rom II-VO Rz. 1.

III. Beweis

Die Regelung über den Beweis in Art. 22 Rom II-VO ist Art. 18 Rom I-VO nachgebildet (vgl. Rz. 340). Gesetzliche Beweisvermutungen und die Verteilung der Beweislast richten sich grundsätzlich nach dem gem. Art. 4 bis 14 Rom II-VO ermittelten Recht (Art. 22 Abs. 1 Rom II-VO). Mit dieser materiellrechtlichen Qualifikation ergänzt Art. 22 Abs. 1 die allgemeine Bestimmung des Art. 15 Rom II-VO. Art. 22 Abs. 2 Rom II-VO betrifft nur die zum Beweis von Rechtshandlungen – nicht von Tatsachen – zulässigen Beweisarten, dh. Beweismittel[1]. Der Vorbehalt zu Gunsten der lex fori begrenzt die alternative Anknüpfung.

483

IV. Eingriffsnormen

Die Bestimmung des Art. 16 Rom II-VO entspricht Art. 9 Abs. 1 und 2 Rom I-VO. Die Vorschrift betrifft nur Eingriffsnormen („overriding mandatory provisions", „dispositions impératives dérogatoires") der lex fori. „**Zwingend**" iSd. Art. 16 Rom II-VO sind im Anschluss an die EuGH-Rechtsprechung[2] „nationale Vorschriften [...], deren Einhaltung als so entscheidend für die Wahrung der politischen, sozialen oder wirtschaftlichen Organisation des betreffenden Mitgliedstaats angesehen wird, dass ihre Beachtung für alle Personen, die sich im nationalen Hoheitsgebiet dieses Mitgliedstaats befinden, und für jedes dort lokalisierte Rechtsverhältnis vorgeschrieben ist"[3], s. unten Rz. 510 ff. Die Beachtung ausländischer Eingriffsnormen ist – anders noch als im Entwurf der Rom II-VO – ungeregelt geblieben[4]. Wie diese Lücke zu füllen ist, ist noch ungeklärt[5]. Der **ordre public** ist in Art. 26 Rom II VO gesondert geregelt[6].

484

---

[1] *Junker*, in: MünchKomm, 5. Aufl., Art. 22 Rom II-VO Rz. 12.
[2] Rz. 30 des Urteils EuGH 23.11.1999 – verb. Rs. C-369/96 und 376/96 (Arblade und Leloup), Slg. 1999, I-8453. – Näher *Junker*, in: MünchKomm, 5. Aufl., Art. 16 Rom II-VO Rz. 10 ff.
[3] Dazu *Kadner Graziano*, RabelsZ 73 (2009), 71 f.
[4] S. *Heiss/Loacker*, JBl. 2007, 644; *Wagner*, IPRax 2008, 15.
[5] Näher *Junker*, in: MünchKomm, 5. Aufl., Art. 16 Rom II-VO Rz. 25 ff.
[6] Vgl. *Wagner*, IPRax 2008, 16.

E. Gesetzlicher Forderungsübergang und mehrfache Haftung

485 Befriedigt eine Person die Forderung des Gläubigers, ohne hierzu verpflichtet zu sein, handelt es sich um einen Fall der Geschäftsführung ohne Auftrag, und für Aufwendungsersatzansprüche greift Art. 11 Rom II-VO ein (oben Rz. 464 ff.). Besteht für den Dritten hingegen eine Verpflichtung, den Gläubiger zu befriedigen, gilt für seine Berechtigung zum Rückgriff gegen den Schuldner der Art. 19 Rom II-VO über den gesetzlichen Forderungsübergang („subrogation"). Der wichtigste Anwendungsfall des Abs. 1 ist der Rückgriff des Versicherers gegen den Ersatzpflichtigen (vgl. § 86 VVG, § 116 SGB X)[1]. Das Statut des Versicherungsvertrags (Zessionsgrundstatut) bestimmt, unter welchen Voraussetzungen die Forderung des Geschädigten gegen den Ersatzpflichtigen auf den Versicherer übergeht[2]. Der Inhalt der Forderung, ihre Übertragbarkeit und Schuldnerschutzvorschriften richten sich nach dem gem. Art. 4 bis 14 ermittelten Recht (Forderungsstatut). Eine gleich lautende Parallelvorschrift findet sich in Art. 15 Rom I-VO[3], s. Rz. 404 ff.

486 Art. 20 Rom II-VO enthält eine besondere Regelung für den Ausgleich zwischen **gleichrangig Verpflichteten** („multiple liability", „responsabilité multiple"), etwa Mittätern einer unerlaubten Handlung. Art. 20 Rom II-VO entspricht Art. 16 S. 1 Rom I-VO[4], vgl. Rz. 412.

487–490 Frei.

---

[1] S. *Wagner*, IPRax 2008, 15 f. Zu anderen Fällen *Junker*, in: MünchKomm, 5. Aufl., Art. 19 Rom II-VO Rz. 4 f.
[2] *Kadner Graziano*, RabelsZ 73 (2009), 71.
[3] Dazu *Heiss/Loacker*, JBl. 2007, 638.
[4] Früher Art. 13 EVÜ (Art. 33 Abs. 3 EGBGB). Vgl. *Heiss/Loacker*, JBl. 2007, 638; *Wagner*, IPRax 2008, 16.

4. Teil: Eingriffsnormen (international zwingende Bestimmungen), Berücksichtigung ausländischer Devisenvorschriften, Formvorschriften

Übersicht

	Rz.		Rz.
A. Einführung	491	**D. Forumfremde Eingriffsnormen,**	
I. Grundlagen	491	Art. 9 Abs. 3 Rom I-VO	631
II. Bisherige Rechtslage	495	I. Allgemeines	631
III. Entstehungsgeschichte des Art. 9 Rom I-VO	498	II. In der Regel mit inländischen Wertungen verträgliche ausländische Eingriffsnormen	654
IV. Überblick über den Regelungsgehalt des Art. 9 Rom I-VO	504	**E. Berücksichtigung ausländischer Devisenvorschriften**	671
B. Allgemeine Fragen der Anwendung des Art. 9 Rom I-VO	508	I. Das deutsche Internationale Devisenrecht: ein Überblick	671
I. Grundsatz der restriktiven Auslegung und Anwendung des Art. 9 Rom I-VO	508	II. Das IWF-Abkommen	672
II. Anwendungsbereich des Art. 9 Rom I-VO	509	III. Die Auslegung des Art. VIII Abschn. 2 (b) S. 1 IWF-Abkommen in der Bundesrepublik Deutschland	674
III. Rechtsfolgen des Art. 9 Rom I-VO	533	IV. Der Reformvorschlag: Einordnung als unvollkommene Verbindlichkeit	701
IV. Vorgaben des Primärrechts bei der Anwendung des Art. 9 Rom I-VO	534	V. Autonomes Recht	707
V. Art. 9 Rom I-VO und Völkerrecht	552	VI. Zusammenfassung mit Handlungsanleitung	712
VI. Prozessuale Fragestellungen und Beweislast	553	**F. Formvorschriften**	731
C. Eingriffsnormen der lex fori, Art. 9 Abs. 2 Rom I-VO	561	I. Willenserklärungen und deren Dokumentation	733
I. Allgemeines	561	II. Verpflichtungsverträge	750
II. Einzelne Eingriffsnormen des deutschen Rechts	566	III. Verfügungsgeschäfte	777
		IV. Substitution bei Verträgen und Beschlüssen	805
		V. Ausländische Beglaubigungen	823
		VI. Zusammenfassung mit Handlungsanleitung	837

Literatur zu Art. 9 Rom I-VO sowie neuere Monographien (Nachw. zum Schrifttum zum bisherigen Recht s. 6. Aufl. Rz. 392): *d'Avout*, Le sort des règles impératives dans le règlement Rom I, D. 2008, 2165; *Benzenberg*, Die Behandlung ausländischer Eingriffsnormen im Internationalen Privatrecht (2008); *Beulker*, Die Eingriffsnormenproblematik in internationalen Schiedsverfahren (2005); *Bitterich*, Kollisionsrechtlicher Verbraucherschutz, Eingriffsnormen und Binnenmarktstandard: Bestandsaufnahme und Ausblick auf den Rom I-Vorschlag, GPR 2006, 161; *Chong*, The Public Policy and Mandatory Rules of Third Countries in International Contracts, J. PIL 2006, 27; *Dicey, Morris & Collins* (Hrsg.), The Conflict of Laws, Second Supplement to the Fourteenth Edition (2008); *Dickinson*, Third-Country Mandatory Rules in the Law Applicable to Contractual Obligations: So Long, Farewell, Auf Wiedersehen, Adieu?, J. PIL 2007, 53; *Dutson*, The Law

Applicable to Contracts – Amendments to Undermine Common Sense and the Attractiveness of European Courts, JIBFL 2006, 301; *Fetsch*, Eingriffsnomen und EG-Vertrag (2002); *Freitag*, Einfach und internationale zwingende Normen – Anmerkungen zu einem restatement des Art. 7 EVÜ in einem künftigen Gemeinschaftsinstrument über das auf vertragliche Schuldverhältnisse anwendbare Recht, in: Leible (Hrsg.), Das Grünbuch zum Internationalen Vertragsrecht (2004), S. 167; *Freitag*, Die kollisionsrechtliche Behandlung ausländischer Eingriffsnormen nach Art. 9 Abs. 3 Rom I-VO, IPRax 2009, 109; *James*, Rome I – Shall we dance?, LFMR 2008, 113; *Kieninger*, Der grenzüberschreitende Verbrauchervertrag zwischen Richtlinienkollisionsrecht und Rom I-Verordnung, Festschr. Kropholler (2008), S. 499; *Kuckein*, Die „Berücksichtigung" von Eingriffsnormen im deutschen und englischen internationalen Vertragsrecht (2008); *Kunda*, Internationally Mandatory Rules of a Third Country in European Contract Conflict of Laws (2007); *Leible*, Rom I und Rom II: Neue Perspektiven im Europäischen Kollisionsrecht, Bd. 173 der Schriftenreihe des Zentrums für Europäisches Wirtschaftsrecht der Universität Bonn (2009); Leible/Lehmann, Die Verordnung über das auf vertragliche Schuldverhältnisse anzuwendende Recht („Rom I"), RIW 2008, 528; *Loacker*, Der Verbrauchervertrag im internationalen Privatrecht (2006); *Magnus/Mankowski*, The Green Paper on a Future Rome I Regulation – on the Road to a Renewed European Private International Law of Contracts, ZvglRW 103 (2004), 131; *Mankowski*, Verbraucherkreditverträge mit Auslandsbezug, RIW 2006, 321; *Mankowski*, Der Vorschlag für die Rom I-Verordnung, IPRax 2006, 101; *Mankowski*, Die Rom I-Verordnung – Änderungen im europäischen IPR für Schuldverträge, IHR 2008, 133; *Mankowski*, Die Rom I-Verordnung, EuZ 2009, 2; *Mankowski*, Verbraucherkreditverträge und europäisches IPR: Internationale Zuständigkeit und Eingriffsrecht, ZEuP 2008, 845; *Mansel/Thorn/Wagner*, Europäisches Kollisionsrecht 2008: Fundamente der Europäischen IPR-Kodifikation, IPRax 2009, 1; Max Planck-Institut für ausländisches und internationales Privatrecht, Comments on the European Commission's Green Paper on the conversion of the Rome Convention of 1980 on the law applicable to contractual obligations into a Community instrument and its modernisation, RabelsZ 68 (2004), 1; Max Planck-Institut für ausländisches und internationales Privatrecht, Comments on the European Commission's Proposal for a Regulation of the European Parliament and the Council on the law applicable to contractual obligations (Rome I), RabelsZ 71 (2007), 225; *Pfeiffer*, Neues Internationales Vertragsrecht – Zur Rom I-Verordnung, EuZW 2008, 622; *Staudinger*, Rechtsvereinheitlichung innerhalb Europas: Rom I und Rom II, AnwBl. 2008, 8; *Stone*, EU Private International Law (2006); *Thorn*, Eingriffsnormen, in: Ferrari/Leible (Hrsg.), Ein neues Internationales Vertragsrecht für Europa (2007), S. 129; *Wilderspin*, The Rome I Regulation: Communitarisation and modernisation of the Rome Convention, ERA Forum 2008, 259; *Willhelm*, Verbraucherschutz bei internationalen Fernabsatzverträgen (2007).

A. Einführung

	Rz.		Rz.
I. Grundlagen	491	III. Entstehungsgeschichte des Art. 9 Rom I-VO	498
II. Bisherige Rechtslage	495	IV. Überblick über den Regelungsgehalt des Art. 9 Rom I-VO	504

I. Grundlagen

Seit jeher wird darüber diskutiert, ob bzw. unter welchen Voraussetzungen und mit welchen Rechtsfolgen sich „zwingende Bestimmungen" des inländischen Rechts, möglicherweise auch ausländischer Rechtsordnungen, gegen das kraft subjektiver oder objektiver Anknüpfung berufene Vertragsstatut durchsetzen. Unbestritten ist, dass das sog. **einfach zwingende Recht** iSd. sachrechtlichen ius cogens ausschließlich dem Vertragsstatut zu entnehmen ist. Erhebliche Unklarheiten bestehen dagegen auf Tatbestands- wie Rechtsfolgenseite hinsichtlich der kollisionsrechtlichen Behandlung sog. „**international zwingender Bestimmungen**" oder „**Eingriffsnormen**" (im Folgenden ist mit Art. 9 Rom I-VO nur von „Eingriffsnormen" zu sprechen), dh. solcher Vorschriften, die zum einen direkte oder indirekte Auswirkungen auf die Wirksamkeit oder den Inhalt zivilrechtlicher Verträge haben und zum anderen vom Erlassstaat aus allgemeinen wirtschaftlichen, sozialen oder sonstigen politischen Erwägungen für so bedeutsam gehalten werden, dass er sie unabhängig von dem auf den Vertrag anwendbaren Recht durchsetzen will (vgl. auch die Legaldefinition in Art. 9 Abs. 1 Rom I-VO, dazu unten Rz. 510).

491

Naturgemäß fiel es Richtern im In- und Ausland seit jeher leicht, **Eingriffsnormen des eigenen Rechts** gegen das Vertragsstatut zur Anwendung zu bringen und so inländischen Gerechtigkeitsvorstellungen gegen die lex causae zur Durchsetzung zu verhelfen. Es versteht sich letztlich von selbst, dass die Staaten ihre fundamentalen Interessen unabhängig von der Frage des auf die privatrechtlichen Beziehungen der Parteien anwendbaren Rechts durchsetzen wollen und dass eine gänzliche Loslösung der Parteien von grundlegenden staatlichen Wertungen allein aufgrund Rechtswahl unerträgliche Gerechtigkeitsdefizite verursachen kann[1]. Demgegenüber stieß die Berücksichtigung **ausländischer bzw. forumfremder Eingriffsnormen** (auch solcher des Vertragsstatuts, dazu unten Rz. 646) schon immer auf Bedenken; die Zahl der Gerichtsentscheidungen, die ausländischen Eingriffsnormen im Inland echte Rechtswirkungen zugesprochen haben, ist dementsprechend gering. Für das deutsche Recht sind namentlich die Entscheidungen des BGH in Sachen „Borax"[2], „Borsäure"[3] und „nigerianische Masken"[4] zu nennen, vergleichbare Entscheidungen der Gerichte anderer EG-Mitgliedstaaten sind rar[5]. Die deutsche Rechtsprechung begründet ihre bisherige grundsätzliche Weigerung, ausländische Eingriffsnormen als Recht anzuwenden, traditionell mit dem **Territorialitäts-**

492

---

[1] Auf die Problematik einer transnationalen lex mercatoria ist an dieser Stelle nicht einzugehen, vgl. etwa *Sonnenberger*, in: MünchKomm, Einl. IPR Rz. 277 ff., sowie 6. Aufl. Rz. 398 f.
[2] BGH 21.12.1960 (Borax), BGHZ 34, 169 (177) = NJW 1961, 822 = AWD 1960, 102.
[3] BGH 24.5.1962 (Borsäure), NJW 1962, 1436 (1437) = MDR 1962, 719 Anm. *Sieg*.
[4] BGH 22.6.1972 (nigerianische Masken), BGHZ 59, 82 (85) = NJW 1972, 1575 (Anm. *Mann*, NJW 1972, 2179).
[5] Vgl. die Nachw. bei *Kunda*, Internationally Mandatory Rules of a third country in the European contract conflict of laws (2007), S. 64 ff.

prinzip, wonach kein Staat ausländisches öffentliches Recht anwenden müsse[1]. Diese Sichtweise, die an der Qualifikation von Eingriffsnormen als Vorschriften des öffentlichen Rechts ansetzt, **greift** freilich **zu kurz**. Denn bei der Problematik der Berücksichtigung ausländischer Eingriffsnormen soll dem ausländischen Staat gerade nicht die Ausübung hoheitlicher Tätigkeit oder Regelungskompetenz verschafft werden. Vielmehr geht es allein um die Anerkennung der zivilrechtlichen Wirkungen der betreffenden ausländischer Norm, die etwa im deutschen Recht idR über den Hebel der zivilrechtlichen Generalklausel des § 134 BGB herbeigeführt werden. Diese zivilrechtlichen Wirkungen der Eingriffsnormen aber, die sich aus einem kombinierten zivil- und öffentlich-rechtlichen Gesamttatbestand ergeben, sind nach herkömmlichen Ansätzen zur Abgrenzung von privatem und öffentlichem Recht **dem Zivilrecht im weiteren Sinne** zuzurechnen[2].

493 Entscheidend für den Bedarf nach einer positiven Durchsetzung von Eingriffsnormen der lex fori und die Vorbehalte gegenüber forumfremden Eingriffsnormen ist letztlich, dass Eingriffsnormen in **herausragendem Maße rechtspolitische Interessen** ihres Erlassstaates transportieren (vgl. auch Art. 9 Abs. 1 Rom I-VO) und derartige besondere policy-Erwägungen fremder Souveräne nicht zwingend mit den inländischen übereinstimmen, ja diesen häufig widersprechen[3]. Das zeigt besonders plastisch der Fall der früheren einseitigen Handelsembargen der USA gegenüber Libyen, dem Iran und Kuba, die extraterritoriale Wirkung auch für nicht-amerikanische (und damit auch für europäische) Unternehmen zeitigen sollten und der gegenläufigen VO 2271/96[4] der Gemeinschaft, mit der diese die Befolgung der US-Embargos ihrerseits untersagte[5].

494 Vor dem geschilderten Hintergrund können einfach zwingendes Recht und Eingriffsnormen nur nach dem mit der jeweiligen Norm verfolgten **Zweck** dergestalt voneinander abgegrenzt werden, dass Eingriffsrecht „höhere" Ziele allgemein ordnungs- und wirtschaftspolitischer Natur verfolgt. Hieraus resultiert zugleich, dass **Vorschriften des Privatrechts grundsätzlich nicht** zu den **Eingriffsnormen** zählen, da „normales" Zivilrecht im Wesentlichen den Interessenausgleich Privater dient[6] (unten Rz. 512 ff.). Dies gilt namentlich auch für

---

1 Etwa BGH 11.2.1953, BGHZ 9, 34; BGH 22.11.1953, BGHZ 12, 79; BGH 17.12.1959, BGHZ 31, 367 (371); BGH 16.4.1975, BGHZ 64, 183; BGH 4.6.2002, NJW 2002, 2389 (2390).
2 Wie hier etwa *von Bar/Mankowski*, I § 4 Rz. 52 ff.; *Benzenberg*, S. 60 f.; *Kuckein*, S. 29 ff., 32 ff.; *Martiny*, in: MünchKomm, Art. 34 EGBGB Rz. 12, jew. mwN. zur Gegenauffassung.
3 Nachw. vorherige Fn. 1 sowie etwa *Beulker*, S. 25 ff.
4 VO (EG) Nr. 2271/96 des Rates vom 22.11.1996 zum Schutz vor den Auswirkungen der extraterritorialen Anwendung von einem Drittland erlassener Rechtsakte sowie von darauf beruhenden oder sich daraus ergebenden Maßnahmen, ABl. EG 1996 Nr. L 309, S. 1.
5 Nachw. 6. Aufl. Rz. 478.
6 So bereits zu Art. 34 EGBGB bzw. Art. 7 EVÜ BAG 24.8.1989, BAGE 63, 17 (30 ff.); BAG 29.10.1992, BAGE 71, 297 (316 f.); BGH 19.3.1997, BGHZ 135, 124 (139 f.); BGH 13.12.2005, BGHZ 165, 248 (257 f.). Ebenso mwN. insbes. 6. Aufl. Rz. 400; *Pfeiffer*,

das Verbraucherschutzrecht. Denn zwar lässt sich ohne Weiteres annehmen, dass die Existenz eines Systems des effektiven zivilrechtlichen Verbraucherschutzes zu den Grundsätzen einer Wirtschafts- und Rechtsordnung zählt. Dagegen bezweckt die konkrete Verbraucherschutznorm im Einzelfall stets nur den Schutz der Rechts- und Wirtschaftsinteressen des Verbrauchers gegenüber seinem unternehmerischen Vertragspartner und ist daher gerade nicht international zwingend.

II. Bisherige Rechtslage

In Anlehnung an die zumindest in ihren Grundzügen wohl gemeinschafts-, wenn nicht gar weltweit anerkannte Differenzierung zwischen in- und ausländischen Eingriffsnormen unterschied auch **Art. 7 EVÜ** zwischen diesen Fallgestaltungen. Art. 7 Abs. 2 EVÜ gestattete den Gerichten, Eingriffsnormen der lex fori auch gegen das Vertragsstatut durchzusetzen. Für forumfremde Eingriffsnormen ordnete Art. 7 Abs. 1 EVÜ zwar ebenfalls an, dass die Gerichte der Mitgliedstaaten diesen Wirkung verleihen konnten. Freilich stand diese durchaus fortschrittliche Regelung unter einem doppelten Vorbehalt: Erstens kam eine Wirkungsverleihung zu Gunsten forumfremder Eingriffsnormen nur in Betracht, falls dem nicht Art, Natur oder Folgen der Eingriffsnorm entgegenstanden. Zweitens war Art. 7 Abs. 1 EVÜ aufgrund seiner Aufgeschlossenheit gegenüber ausländischen Eingriffsnormen erheblichen Bedenken von Seiten mehrerer Mitgliedstaaten ausgesetzt. Demzufolge gestattete Art. 22 Abs. 1 lit. b EVÜ den Vertragsstaaten, Vorbehalt gegen die Anwendung von Art. 7 Abs. 1 EVÜ auf ihrem Territorium einzulegen. Von dieser Möglichkeit hatten Deutschland, Irland, Lettland, Luxemburg, Portugal, Slowenien und das Vereinigte Königreich Gebrauch gemacht, die sich hierbei im Wesentlichen auf die aus der Unbestimmtheit der Formulierung des Art. 7 Abs. 1 EVÜ resultierende Rechtsunsicherheit beriefen, zum Teil aber auch einem „Abwehrreflex" gegenüber ausländischen Wertentscheidungen nachgegeben haben dürften[1].

495

Festschr. Geimer (2002), S. 821 (829); *Sonnenberger*, IPRax 2003, 104 (107 ff.); *von Bar/Mankowski*, I § 4 Rz. 91 ff.; *Martiny*, in: MünchKomm, Art. 34 EGBGB Rz. 13; *Döhner*, in: AnwK, Art. 34 EGBGB Rz. 8; *Thorn*, in: Palandt, Art. 34 EGBGB Rz. 3a; *Spickhoff*, in: Bamberger/Roth, Art. 34 EGBGB Rz. 23. Zuletzt etwa *Loacker*, Der Verbrauchervertrag im internationalen Privatrecht (2006), S. 179 f.; *Bitterich*, GPR 2006, 161 (162 f.); *Willhelm*, Verbraucherschutz bei internationalen Fernabsatzverträgen (2007), S. 41 ff.; *Kuckein*, S. 42 ff.; *Mankowski*, IPrax 2006, 101 (109 f.); *Mankowski*, ZEuP 2008, 845 (854 ff.).

1 Der Bundesrat hatte in seiner Stellungnahme zu dem Entwurf der Bundesregierung für die Umsetzung des Art. 7 Abs. 1 EVÜ in Art. 34 Abs. 1 EGBGB iRd. „Gesetzes zur Neuregelung des Internationalen Privatrechts" (BT-Drucks. 10/504, S. 1) die Gefahren drohender Rechtsunsicherheit, einer erheblichen Mehrbelastung der Gerichte sowie der Anerkennung eines ausländischen ordre public im Inland beschworen und aus diesen Gründen die Einlegung des Vorbehalts gem. Art. 22 EVÜ angeregt, vgl. BT-Drucks. 10/504, S. 100 (re. Sp.). Bundesregierung (vgl. die Gegenäußerung zur Stellungnahme des Bundesrates, BT-Drucks. 10/504, S. 106 [li. Sp.]) und Rechtsausschuss (BT-Drucks. 10/5632, S. 45 [li. Sp.]) schlossen sich dem an.

Bemerkenswert ist, dass mit den deutschen und englischen Gerichten ausgerechnet die Justizorgane zweier großer Staaten, die den Vorbehalt gegen Art. 7 Abs. 1 EVÜ eingelegt hatten, ausländische Eingriffsnormen durchaus (wenn auch nur ausnahmsweise) berücksichtigt haben, während aus nominell aufgeschlosseneren Staaten wie etwa Frankreich, für das Art. 7 Abs. 1 EVÜ galt, keinerlei obergerichtlichen Entscheide vorliegen, die forumfremden Eingriffsnormen Wirkung verliehen hätten.

496 Für das **deutsche Recht** hatte die Einlegung des Vorbehalts gem. Art. 22 Abs. 1 lit. b EVÜ zur Konsequenz, dass **Art. 34 EGBGB** ausschließlich der Umsetzung von Art. 7 Abs. 2 EVÜ diente und demzufolge allein die Anwendung inländischer Eingriffsnormen positivrechtlich erlaubt war. Über die Ausfüllung der in Bezug auf **ausländische Eingriffsnormen** bestehenden Regelungslücke wurde hingegen heftig diskutiert[1]. Der **Bundesgerichtshof** ging davon aus, dass Eingriffsnormen regelmäßig dem ausländischen öffentlichen Recht entstammen und ausländische Eingriffsnormen nach dem Territorialitätsprinzip daher a priori im Inland keinerlei Geltung beanspruchen könnten (Nachw. oben Rz. 492). Dennoch trug auch er der Existenz ausländischer Eingriffsnormen bei der Beurteilung des Rechtsstreits Rechnung, wenn auch ausschließlich sachrechtlich auf der **Ebene des Vertragsstatuts.** Dabei verfolgte die Rechtsprechung eine zweistufige Vorgehensweise: Soweit die deutsche Rechtsordnung die der ausländischen Eingriffsnorm zugrundeliegende Wertung teilte, wurden Verträge, die gegen die Eingriffsnorm verstießen, für sittenwidrig im Sinne des § 138 BGB (bzw. nach den einschlägigen Bestimmungen des ausländischen Vertragsstatuts) gehalten. War die ausländische Eingriffsnorm hingegen mit inländischen Wertungen nicht kompatibel, war sie im Rahmen des Unmöglichkeitsrechts, der Geschäftsgrundlagenlehre und sonstiger zivilrechtlicher Generalklauseln (auch des Deliktsrechts) rein faktisch zu berücksichtigen, falls der Erlassstaat sie tatsächlich durchsetzen konnte bzw. den Parteien aus einem Verstoß sonstige Nachteile drohten[2].

497 Demgegenüber forderte das **Schrifttum** für den Fall, dass das deutsche Recht die Wertung der ausländischen Eingriffsnorm teilte, überwiegend deren Anwendung im Rahmen einer **Sonderanknüpfung**[3], andernfalls sollten die unabwendbaren tatsächlichen Auswirkungen der Eingriffsnorm auf sachrechtlicher Ebene zu beachten sein. Im **englischen Recht** war die Behandlung ausländischer Eingriffsnormen ebenfalls durch Richterrecht geprägt[4]. Dort lehnt man die Anwendung ausländischer Eingriffsnormen aufgrund des Vorrangs der Parteiautonomie, der grundsätzlichen Unanwendbarkeit ausländischen öffentlichen Rechts und des Vorrangs inländischer policy-Wertungen allerdings noch

---

1 Umfassende Nachw. 6. Aufl. Rz. 465 ff. sowie zuletzt monographisch *Benzenberg*, Die Behandlung ausländischer Eingriffsnormen im Internationalen Privatrecht (2008); *Kuckein*, Die „Berücksichtigung" von Eingriffsnormen im deutschen und englischen internationalen Vertragsrecht (2008).
2 Ausf. Nachw. 6. Aufl. Rz. 477 ff.
3 Ausf. Nachw. 6. Aufl. Rz. 473 ff.
4 Ausf. *Kuckein*, S. 5 ff.

viel weitergehend ab als im deutschen Recht. In der grundlegenden Entscheidung des *Court of Appeal* aus dem Jahre 1920 in Sache „Ralli Bros."[1] wurde immerhin die Anwendung jedenfalls der Eingriffsnormen des Staates der Vertragserfüllung gefordert.

III. Entstehungsgeschichte des Art. 9 Rom I-VO

Bereits das **Grünbuch der Kommission aus dem Jahre 2003**[2] enthielt mehrere Fragen zu Wünschbarkeit und Ausgestaltung spezieller Regelungen über Eingriffsnormen in einem künftigen europäischen Instrument[3]. 498

Nach Beendigung des Konsultationsprozesses hielt die **Kommission** eine Regelung der Thematik für erforderlich und präsentierte in ihrem ersten **Vorschlag für die Rom I-VO aus dem Jahre 2005**[4] mit Art. 8 einen ersten, an Art. 7 EVÜ angelehnten Entwurf, der bereits die gleiche Gliederung wie die endgültige Fassung des Art. 9 Rom I-VO[5] enthielt. Die Definition der Eingriffsnormen in Art. 8 Abs. 1 des ersten Verordnungsvorschlags, die derjenigen des Art. 9 Abs. 1 Rom I-VO fast wörtlich entspricht, entnahm die Kommission ihrerseits bewusst[6] dem Urteil des EuGH vom 23.11.1999 in Sachen „Arblade und Leloup"[7]. Art. 8 Abs. 2 des Vorschlags entsprach weitgehend Art. 7 Abs. 2 EVÜ und dem späteren Art. 9 Abs. 2 Rom I-VO und sollte die „Anwendung" der Eingriffsnormen der lex fori gestatten. Art. 8 Abs. 3 des Vorschlags schließlich befasste sich mit forumfremden Eingriffsnormen und entsprach fast wörtlich dem bisherigen Art. 7 Abs. 1 EVÜ[8]. 499

Im weiteren Gesetzgebungsverfahren wurden die Definition der Eingriffsnormen und die Befugnis der Mitgliedstaaten zur Anwendung eigener Eingriffsnormen praktisch allgemein anerkannt, während es sich bei der Thematik der Behandlung ausländischer Eingriffsnormen (neben der Anknüpfung von Zes- 500

---

1 *Ralli Bros.* v. *Compania Naviera Sota y Aznar* [1920] 2 K.B. 287 (C.A.).
2 KOM(2002), 654 endgültig.
3 Speziell zur Eingriffsnormenproblematik insbes. *Freitag*, in: Leible (Hrsg.), Grünbuch, S. 167 ff. Auflistung der sonstigen Stellungnahmen unter http://ec.europa.eu/justice_home/news/consulting_public/rome_i/news_summary_rome1_en.htm.
4 KOM(2005), 650 endgültig. Hierzu etwa *Chong*, J. PIL 2006, 27; *Dickinson*, J. PIL 2007, 53; *Dutson*, JIBFL 2006, 300; *Mankowski*, IPRax 2006, 101; Max-Planck-Institut für ausländisches und internationales Privatrecht, RabelsZ 71 (2007), 225; *Thorn*, in: Ferrari/Leible, S. 129.
5 Zur Begründung des Vorschlags vgl. KOM(2005), 650 endgültig, S. 8.
6 Vgl. die Begründung des Vorschlags, Nachw. vorherige Fn.
7 Rz. 30 des Urteils EuGH 23.11.1999 – verb. Rs. C-369/96 und 376/96 (Arblade und Leloup), Slg. 1999, I-8453.
8 „Weist der Sachverhalt eine enge Verbindung zu einem anderen Staat auf, kann den Eingriffsnormen dieses Staates ebenfalls Wirkung verliehen werden. Bei der Entscheidung, ob diesen Normen Wirkung zu verleihen ist, berücksichtigt das Gericht Art und Zweck dieser Normen nach Maßgabe der Begriffsbestimmung in Absatz 1 sowie die Folgen, die sich aus ihrer Anwendung oder Nichtanwendung für das mit der betreffenden Eingriffsnorm verfolgte Ziel sowie für die Parteien ergeben würden.".

sionen) um die **wohl umstrittenste Regelungen der** geplanten **Rom I-VO überhaupt** handelte. Die diesbezüglichen Kontroversen zwischen Kommission und den im Rat vertretenen Mitgliedstaaten haben nicht nur den Erlass der Verordnung erheblich verzögert; vielmehr ist die Existenz des Art. 9 Abs. 3 Rom I-VO darüber hinaus einer der zentralen Gründe, die das Vereinigte Königreich dazu veranlasst haben, ernstlich den „Beitritt" zur Rom I-VO in Frage zu stellen[1] – und dies trotz des Umstandes, dass Art. 9 Abs. 3 Rom I-VO auf Druck Großbritanniens im Wesentlichen auf englischen Vorbildern beruht.

501 Die **Kommission** hatte Art. 8 Abs. 3 des Verordnungsvorschlags damit begründet, nur die Berücksichtigung ausländischer Eingriffsnormen könne bei alternativen Gerichtsständen die Rechtseinheit in der Gemeinschaft wahren. Zudem rechnete sie mit weitgehender Akzeptanz der Regelung, weil selbst solche Mitgliedstaaten, die Vorbehalt gegen Art. 7 Abs. 1 EVÜ eingelegt hatten, ausländische Eingriffsnormen keineswegs generell unberücksichtigt ließen (zum deutschen und engl. Recht bereits oben Rz. 496 f.). Schließlich erschien es der Kommission in einem „echten europäischen Rechtsraum als wesentlich", Eingriffsnormen zumindest anderer Mitgliedstaaten zu berücksichtigen, ohne dass sich indes eine derartige Beschränkung im Vorschlag niedergeschlagen hätte.

502 Der Vorschlag stieß **bei manchen Mitgliedstaaten** auf teils erbitterten **Widerstand**, insbesondere, wie bereits erwähnt, dem Vereinigten Köngreich[2] (und dort hauptsächlich aus der Londoner City[3]) aber auch aus Deutschland und Luxemburg, da man teils Beschränkungen der Parteiautonomie durch Eingriffsnormen begrenzen wollte, teils Einbußen an Rechtssicherheit befürchtete[4]. In der Folge enthielt das erste „Kompromisspaket" des Rates aus dem Frühjahr 2007 keinerlei konkreten Vorschlag für eine Regelung der Problematik ausländischer Eingriffsnormen, da man sich unter den Mitgliedstaaten nicht auf eine gemeinsame Linie einigen konnte[5]. Später präsentierten der deutsche Vorsitz des Rates für das erste Halbjahr 2007 und der portugiesische Vorsitz für das

---

1 Mittlerweile hat die Kommission die Rom I-VO auf Antrag des Vereinigten Königreichs auf dieses erstreckt, vgl. die Entscheidung vom 22.12.2008, ABl. EU 2009 Nr. L 10, S. 22.
2 Kritisch insbes. *Dickinson*, J. PIL 2007, 53 ff.; *Dutson*, JIBFL 2006, 300 (301 f.); *James*, LFMR 2008, 113. Den Kommissionsvorschlag begrüßend etwa *Stone*, EU Private International Law, 2006, 310 f.; *Chong*, J. PIL 2006, 27 ff. Vgl. auch *Dicey, Morris & Collins*, Nachtrag 2008 zur 14. Aufl., Rz. 32–132.
3 Zur Rolle der City für die politische Entscheidungsfindung in Großbritannien vgl. das Konsultationspapier CP05/08 des Ministry of Justice vom 2.4.2008, www.justice.gov.uk/docs/cp0508.pdf, Rz. 27–29 und 77, wo gegen den Kommissionsvorschlag im Allgemeinen auf Sorgen der „UK stakeholders, especially those involved in international finance and commerce" und gegen Art. 8 Abs. 3 des Vorschlags im Besonderen auf „widespread concern in commercial circles, particulary in the City of London" hingewiesen wird. S. auch *Mankowski*, EuZ 2009, 2 (10 f.).
4 *Corneloup*, J.C.P. G 2008, I 205, 21 (24) sowie *Dickinson*, J. PIL 2007, 53 ff.; *Dutson*, JIBFL 2006, 300 (301 f.); *James*, LFMR 2008, 113.
5 Vgl. Ratsdokument 8022/07 ADD 1 vom 30.3.2007, endgültige überarbeitete Fassung vom 13.4.2007, Ratsdokument 8022/07 ADD 1 REV 1.

zweite Halbjahr 2007 gemeinsam einen Vermerk über die im Ausschuss des Rates für Zivilrecht gefundenen Ergebnisse[1], der lediglich einen vorläufigen und im Übrigen nicht näher begründeten Vorschlag für Art. 8 Abs. 3 Rom I-VO enthielt, der mehrere Formulierungsvarianten zur Auswahl stellte[2]. Hinzu kamen unterschiedliche Kompromissvorschläge einzelner Mitgliedstaaten, insbesondere Schwedens, die aber im Ausschuss des Rates für Zivilrecht keine Zustimmung fanden. Auch im Europäischen Parlament wurde die Problematik ausländischer Eingriffsnormen kontrovers behandelt. Zunächst verzichtete auch der Berichterstatter des Rechtsausschusses[3] auf einen eigenen Regelungsvorschlag, um einen Kompromiss mit dem Rat zu ermöglichen. Der endgültige Bericht des Rechtsausschusses[4] sah demgegenüber eine vollständige Streichung des Art. 8 Abs. 3 und damit der Regelung über die Berücksichtigung ausländischer Eingriffsnormen vor, um Übereinstimmung mit der Parallelnorm des Art. 16 Rom II-VO zu erzielen. Die legislative Entschließung des Parlaments vom 29.11.2007[5] schließlich enthält – offenbar nach Abstimmung zwischen Parlament und Rat – den endgültigen Verordnungswortlaut.

Bedauerlicherweise werden die **genauen Hintergründe der endgültigen Textfassung** wohl dauerhaft unklar bleiben, da sie weder in den Gesetzgebungsunterlagen noch in den Erwägungsgründen erörtert werden. Doch fällt auf und erklärt sich aus der Entstehungsgeschichte der Norm, dass sich Art. 9 Rom I-VO im Wesentlichen am **englischen Vorbild** orientiert. Dieses ist insbesondere[6] durch die berühmte „Ralli-Entscheidung" des Court of Appeal aus dem Jahre 1920[7] geprägt. Die zentrale Aussage dieses Urteils, wonach ein Vertrag unwirksam sei, wenn seine Durchführung dem Recht des Erfüllungsorts widerspricht[8], ist fast wörtlich in den Wortlaut des Art. 9 Abs. 3 Rom I-VO eingeflossen. Dennoch ist die Rom I-VO als Gemeinschaftsrechtsakt trotz aller Nähe zum englischen Recht selbstverständlich anhand der Auslegungsgrundsätze des europäischen Rechts zu interpretieren, wobei dem englischen Vorbild beim Normverständnis freilich erhebliche Bedeutung zukommt.

503

---

1 Dokument 11150/07.
2 „Den Eingriffsnormen des Staates, in dem der Vertrag [die durch den Vertrag begründeten Verpflichtungen] erfüllt werden soll [sollen] oder erfüllt worden ist [sind], [oder des Staates, in dem die Parteien ihren gewöhnlichen Aufenthalt haben,] kann Wirkung verliehen werden, soweit diese Eingriffsnormen den Vertrag [die Erfüllung des Vertrages] unrechtmäßig werden lassen. Bei der Entscheidung, ob diesen Eingriffsnormen Wirkung zu verleihen ist, werden Art und Zweck dieser Normen (...) sowie die Folgen berücksichtigt, die sich aus ihrer Anwendung oder Nichtanwendung (...) ergeben würden".
3 Vorläufiger Bericht vom 28.8.2007, PE 393.566v01-00, S. 23.
4 Endgültiger Bericht vom 21.11.2007, Dokument A6-0450/2007.
5 Dokument P6_TA(2007)0560.
6 Ausf. zum engl. Recht insbes. *Kuckein* (2008).
7 Oben Rz. 497.
8 „A contract [...] is [...] invalid in so far as [...] the performance of it is unlawful by the law of the country where the contract is to be performed [...]".

IV. Überblick über den Regelungsgehalt des Art. 9 Rom I-VO

504 Art. 9 Rom I-VO regelt die Behandlung in- und ausländischer Eingriffsnormen für das Internationale Vertragsrecht[1] **erstmals gemeinschaftsweit einheitlich**. Die Vorschrift enthält grundsätzlich eine **behutsame Fortentwicklung des Art. 7 EVÜ**, von dem sie sich im Wesentlichen in **zwei zentralen** Aspekten unterscheidet: Erstens schafft Art. 9 Rom I-VO die Vorbehaltsmöglichkeit des Art. 22 EVÜ ab und ist somit einer unbeschränkten gemeinschaftsweit einheitlichen Auslegung und Anwendung zugänglich. Zweitens schränkt Art. 9 Abs. 3 Rom I-VO die Möglichkeit, forumfremden Eingriffsnormen im Inland Wirkung zu verleihen, ganz erheblich und in rechtspolitisch inakzeptablem Umfang[2] ein.

505 Die **Binnensystematik des Art. 9 Rom I-VO** erschließt sich aus der Reihenfolge seiner Absätze: Art. 9 Abs. 1 Rom I-VO definiert einheitlich für die gesamte Bestimmung den Begriff der international zwingenden Bestimmungen. Art. 9 Abs. 2 Rom I-VO gestattet den Mitgliedstaaten die Durchsetzung ihrer eigenen Eingriffsnormen auch gegen ein ausländisches Vertragsstatut, während Art. 9 Abs. 3 Rom I-VO die Beachtung forumfremder Eingriffsnormen des Rechts des Erfüllungsortes unter der Voraussetzung erlaubt, dass die betreffende Eingriffsnorm nicht mit den Wertungen der lex fori kollidiert.

506–507 Frei.

---

1 Für außervertragliche Schuldverhältnisse enthält Art. 16 Rom II-VO eine Parallelvorschrift, die allerdings ausschließlich die Anwendung international zwingender Bestimmungen der lex fori gestattet.
2 Wie hier etwa *Mankowski*, IHR 2008, 133 (148 f.); *Freitag*, IPRax 2009, 109 (116); *d'Avout*, D. 2008, 2165 (2167).

B. Allgemeine Fragen der Anwendung des Art. 9 Rom I-VO

	Rz.		Rz.
I. Grundsatz der restriktiven Auslegung und Anwendung des Art. 9 Rom I-VO	508	2. Gemeinschaftsrechtliche Verpflichtung zur Durchsetzung von Eingriffsnormen	535
II. Anwendungsbereich des Art. 9 Rom I-VO	509	a) Verpflichtung zur Durchsetzung gemeinschaftsrechtlicher Eingriffsnormen	535
1. Allgemeine Voraussetzungen der Anwendung des Art. 9 Rom I-VO	509	b) Keine generelle Verpflichtung zur Anwendung der Eingriffsnormen anderer EG-Mitgliedstaaten	538
2. Definition der „Eingriffsnorm" gem. Art. 9 Abs. 1 Rom I-VO	510	3. Insbesondere: Eingriffsnormen und Gemeinschaftsprivatrecht	542
a) Allgemeines	510	a) Einführung	542
b) Vorschriften des Privatrechts	512	b) Verpflichtung zur Anwendung von Vorschriften des Gemeinschaftsprivatrechts nach den Grundsätzen der „Ingmar-Entscheidung" des EuGH?	544
aa) Allgemeines	512		
bb) Verbraucherschutzrecht insbesondere	515		
cc) Arbeitnehmerschutzrecht insbesondere	518		
3. Abgrenzungsfragen und Konkurrenzen	519	c) Mindestharmonisierung und internationale Durchsetzung strengeren nationalen Rechts	548
a) Art. 11 Abs. 5 Rom I-VO	520		
b) Art. 3 Abs. 3 Rom I-VO	521		
c) Art. 3 Abs. 4 Rom I-VO	523	d) Durchsetzung der lex fori bei richtlinienwidriger lex causae?	550
d) Art. 6 und 8 Rom I-VO	525		
e) Art. 23 Rom I-VO	526	V. Art. 9 Rom I-VO und Völkerrecht	552
f) Verhältnis zur Rom II-VO, insbes. Art. 16 Rom II-VO	532	VI. Prozessuale Fragestellungen und Beweislast	553
III. Rechtsfolgen des Art. 9 Rom I-VO	533	1. Art. 9 Rom I-VO im Erkenntnisverfahren – Beweislastfragen	553
IV. Vorgaben des Primärrechts bei der Anwendung des Art. 9 Rom I-VO	534	2. Eingriffsnormen, Urteilsanerkennung und Schiedsgerichtsbarkeit	555
1. Primärrechtliche Grenzen der Anwendung von Eingriffsnormen	534		

I. Grundsatz der restriktiven Auslegung und Anwendung des Art. 9 Rom I-VO

Bei der Anwendung des Art. 9 Rom I-VO ist unbedingte **Zurückhaltung** geboten. Diese bereits zum EVÜ jedenfalls von der deutschen Rechtsprechung[1] wie auch dem ganz überwiegenden inländischen Schrifttum[2] vertretene Auffas- 508

---

[1] Ausdrücklich BGH 13.12.2005, BGHZ 165, 248 (257 f.).
[2] *von Hoffmann*, IPRax 1989, 261, (265); *Taupitz*, BB 1990, 642 (649); *Sonnenberger*, Festschr. Fikentscher (1998), S. 283 ff.; *Sonnenberger*, IPRax 2003, 104 ff.; *Freitag/Leible*, ZIP 1999, 1296 (1299); *Schwarz*, ZvglRW 101 (2002), 45 (49); *Pfeiffer*, Festschr.

sung gilt umso mehr iRd. Art. 9 Rom I-VO. Die Berücksichtigung in- oder ausländischer Eingriffsnormen stellt neben der Berufung auf den Vorbehalt des ordre public (Art. 21 Rom I-VO) ein zentrales **Einfallstor für politische Wertungen der Mitgliedstaaten** in das einheitliche Kollisionsrecht der Rom I-VO dar[1]. Art. 9 Rom I-VO enthält zwar eine Öffnungsklausel, die es den Mitgliedstaaten (bzw. deren Gerichten) ermöglicht, das an sich gemeinschaftsweit verbindliche Anknüpfungssystem der Rom I-VO zu Gunsten der Wertungen des nationalen Rechts einzuschränken. Die Anwendung von Art. 9 Rom I-VO trägt freilich den **Keim der Rechtszersplitterung und -unsicherheit** im Binnenmarkt in sich und versagt auch der von Art. 3 Rom I-VO grundsätzlich gewährten Parteiautonomie die Anerkennung. Hinzu kommt, dass Eingriffsnormen den Inhalt des Vertrages noch weitergehender als der ordre public beeinflussen. Denn während sich Art. 21 Rom I-VO allein gegen unerträgliche Folgen der Anwendung ausländischen Rechts richtet und damit nur kassatorische Wirkung hat, können Eingriffsnormen den Inhalt des Vertrages „positiv" und damit erheblich stärker beeinflussen. Diese der vereinheitlichenden Wirkung der Rom I-VO besonders abträglichen Wirkungen des Art. 9 Rom I-VO, das Regel-Ausnahme-Verhältnis zwischen dem Grundsatz der einheitlichen Auslegung und Anwendung der Rom I-VO und die nur ausnahmsweise Zulassung des Rückgriffs auf nationale Wertungen ebenso wie Entstehungsgeschichte und Tatbestand des Art. 9 Rom I-VO zwingen dazu, den Einfluss von Eingriffsnormen möglichst zurückzudrängen[2].

II. Anwendungsbereich des Art. 9 Rom I-VO

1. Allgemeine Voraussetzungen der Anwendung des Art. 9 Rom I-VO

509 Die Anwendung von Art. 9 Rom I-VO setzt zunächst voraus, dass der sachliche **Anwendungsbereich der Rom I-VO** eröffnet ist. Insoweit sind **zwei Konstellationen** zu unterscheiden. **Zum einen** ist Art. 9 Rom I-VO anwendbar, wenn in einen vertraglichen Anspruch oder ein vertragliches Recht bzw. Rechtsverhältnis iSd. Definition des sachlichen Anwendungsbereichs der Rom I-VO gem. Art. 1 Rom I-VO eingegriffen werden soll. **Zum anderen** können über Art. 9 Rom I-VO vertragliche Ansprüche oder Rechte (iSd. Rom I-VO) solcher Rechtsordnungen durchgesetzt werden, die nicht die nach der Rom I-VO an sich berufene lex causae stellt. Unanwendbar ist Art. 9 Rom I-VO demgegenüber, falls Ansprüche oder Rechte durchgesetzt werden sollen, die nicht zu den vertraglichen iSd. Art. 1 Rom I-VO zählen. Das gilt insbesondere für die Rechtsprechung der französischen *Cour de Cassation*[3] zu Art. 7 Abs. 2 EVÜ, wonach

---

Geimer (2002), S. 821 (829); *Freitag*, in: Leible (Hrsg.), Grünbuch, S. 167 (171); *Bitterich*, GPR 2006, 161 (163); *von Hoffmann*, in: Soergel, Art. 34 EGBGB Rz. 16.
1 Die Parallelität beider Vorschriften stellt auch Erwägungsgrund 37 der Rom I-VO heraus.
2 Wie hier etwa *Mankowski*, IPRax 2006, 101 (109 f.); *Mankowski*, IHR 2008, 133 (147); *d'Avout*, D. 2008, 2165 (2167 f.).
3 Französ. Cass., ch. mixte, 30.11.2007, IBR 2008, 428 (Anm. *Berlioz* J.C.P. É 2008 Nr. 1201, 23; *d'Avout*, J.C.P. G Nr. II 10000, 31).

ein Subunternehmer (sous-traitant) von dem im Ausland ansässigen Auftraggeber eines in Frankreich zu errichtenden Bauwerkes (maître d'ouvrage) unabhängig von dem auf General- und Subunternehmervertrag anwendbaren Recht Erfüllung seiner gegen den Generalunternehmer gerichteten Forderungen nach den **französischen Subunternehmerschutzbestimmungen**[1] verlangen könne (sog. **„action directe"**). Der Anspruch des Subunternehmers gegen den Auftraggeber beruht jedoch nicht auf einer vertraglichen Willenseinigung dieser Parteien, sondern auf besonderer gesetzlicher Anordnung. Bei der action directe kann es sich daher allenfalls um einen (außervertraglichen) Anspruch sui generis handeln, der daher nicht unter Art. 9 Rom I-VO fällt, sondern nach der Rom II-VO anzuknüpfen ist[2], falls man ihn nicht gar prozessrechtlich einordnet[3]. Sollte das von der Rom II-VO berufene Recht einen derartigen Anspruch nicht kennen, können die französischen Gerichte den Anspruch gegebenenfalls gem. Art. 16 Rom II-VO als außervertragliche Eingriffsnormen der lex fori durchsetzen.

2. Definition der „Eingriffsnorm" gem. Art. 9 Abs. 1 Rom I-VO

a) Allgemeines

Art. 9 Abs. 1 Rom I-VO definiert Eingriffsnormen als Vorschriften, „deren Einhaltung von einem Staat als so entscheidend für die Wahrung seines öffentlichen Interesses, insbesondere seiner politischen, sozialen oder wirtschaftlichen Organisation, angesehen wird, dass sie ungeachtet des nach Maßgabe dieser Verordnung auf den Vertrag anzuwendenden Rechts auf alle Sachverhalte anzuwenden sind, die in ihren Anwendungsbereich fallen." Diese auf den Kommissionsvorschlag (dazu oben Rz. 499 ff.) und damit auf die **EuGH-Entscheidung** in Sachen **„Arblade und Leloup"**[4] zurückgehende Fassung fordert anders als EuGH und Kommissionsvorschlag das Vorliegen eines „öffentlichen Interesses" des Erlassstaates an der international zwingenden Durchsetzung der betreffenden Norm. Die Formulierung stimmt damit in begrüßenswerter Weise[5] mit dem bisherigen Verständnis der Eingriffsnormen im deutschen Kollisionsrecht überein[6]. Ferner beendet die Verordnung durch die Verwendung des Terminus „Eingriffsnorm" die unter dem EVÜ bestehende Begriffswirrung zwischen **einfach und international zwingenden Bestimmungen** iSd. „Eingriffsnormen"[7]. Daraus folgt auch für die Rom I-VO unzweifelhaft, dass **nicht**

510

---

1 Gesetz n° 75-1334 vom 31.12.1975 relative à la sous-traitance.
2 Ausf. *Pulkowski*, Subunternehmer und Internationales Privatrecht (2004), S. 189 ff. mwN.; *d'Avout*, J.C.P. G 2008 Nr. II 10000, 31 (33 f.); *Boyault/Lemaire* D. 2008, S. 753 ff.
3 *Hök*, ZfBR 2008, 741 ff. Unentschieden *Martiny*, BauR 2008, 241 (249 f.).
4 Nachw. oben Rz. 500.
5 So auch *Magnus/Mankowski*, ZvglRW 103 (2004), 131 (178); *Mankowski*, IPRax 2006, 101 (109); Max-Planck-Institut für ausländisches und internationales Privatrecht, RabelsZ 71 (2007), 225, (314 [Rz. 139]); krit. *Thorn*, in: Ferrari/Leible, S. 129 (135). Anders etwa *Wilderspin*, ERA Forum 2008, 259 (272).
6 Nachw. dazu oben Rz. 496.
7 Dazu *Freitag*, in: Leible (Hrsg.), Grünbuch, S. 167 (172 ff.).

alle einfach zwingenden Vorschriften zugleich zu den Eingriffsnormen zählen[1].

511 Hinsichtlich der Anforderungen, die an die Qualifikation von Eingriffsnormen zu stellen sind, folgt Art. 9 Rom I-VO einem **zweistufigen Regelungsprogramm**[2]. **Zunächst** ist anhand des **nationalen Rechts** (im Fall des Art. 9 Abs. 2 Rom I-VO der lex fori, im Fall des Art. 9 Abs. 3 Rom I-VO des Rechts des ausländischen Erlassstaates) festzustellen, ob die als Eingriffsnorm in Betracht kommende Vorschrift überhaupt iSd. Art. 9 Abs. 1 Rom I-VO international zwingende Anwendung begehrt, dh. Geltung unabhängig vom Vertragsstatut beansprucht. Bejahendenfalls ist **sodann** auf der **Ebene des Gemeinschaftsrechts** zu prüfen, ob die von der Vorschrift verfolgten Interessen so gewichtig sind, dass die betreffende Vorschrift die – vom EuGH (!) auszulegende – Öffnungsklausel des Art. 9 Rom I-VO passieren kann[3]. Allerdings ist davon auszugehen, dass die Mitgliedstaaten bei der Bestimmung des Charakters einer Vorschrift als Eingriffsnorm über einen erheblichen **Ermessensspielraum** verfügen, während der EuGH nur dazu in der Lage ist, allgemeine Grenzen des Art. 9 Abs. 1 Rom I-VO festzulegen und Missbräuche zu verhindern[4]. Allerdings ist erneut darauf hinzuweisen, dass Art. 9 Abs. 1 Rom I-VO grundsätzlich eng auszulegen ist und daher keinesfalls leichtfertig einfach zwingende Vorschriften zu Eingriffsnormen „hochstilisiert" werden sollten (dazu bereits oben Rz. 508). Im Übrigen setzt die Legaldefinition des Art. 9 Abs. 1 Rom I-VO grundsätzlich **beim Zweck der betreffenden Bestimmung** an, indem sie darauf abstellt, ob die Vorschrift „entscheidend für die Wahrung des öffentlichen Interesses" ihres Erlassstaates ist. Diese Formulierung entspricht weitgehend dem bisherigen Meinungsstand im deutschen Recht, wo ebenfalls darauf abgestellt wurde, ob die betreffende Vorschrift primär allgemein **ordnungspolitische Interessen** verfolge oder in erster Linie den **Interessenausgleich Privater** bezwecke (Nachw. oben Rz. 494).

b) Vorschriften des Privatrechts

aa) Allgemeines

512 Probleme bereitet auch unter Art. 9 Abs. 1 Rom I-VO die im bisherigen Recht insbesondere zu den Widerrufsrechten des deutschen Rechts[5] sowie im Verbraucherkreditrecht (das von der französischen Cour de Cassation[6] anders als

---

1 So schon zum bisherigen Recht statt aller *Martiny*, in: MünchKomm, Art. 34 EGBGB Rz. 8; *Magnus*, in: Staudinger, Art. 34 EGBGB Rz. 10, 51 ff.
2 Vgl. *Freitag*, in: Leible (Hrsg.), Grünbuch, S. 167, 176; *Thorn*, in: Ferrari/Leible, S. 129 (136).
3 *Freitag*, in: Leible (Hrsg.), Grünbuch, S. 167 (174 ff.); *Mankowski*, IPRax 2006, 321 (331); *Bitterich*, GPR 2006, 161 (164); *Thorn*, in: Ferrari/Leible, S. 129 (136).
4 *Thorn*, in: Ferrari/Leible, S. 129 (136). Für eine vollständige gemeinschaftsrechtliche Kontrolle *Bitterich*, GPR 2006, 161 (165).
5 Dazu insbes. BGH 26.10.1993, BGHZ 123, 380.
6 Etwa französ. Cass. 23.5.2006, Rev.crit.d.i.p. 96 (2007), 85 (Anm. *Mankowski*, ZEuP 2008, 845).

vom BGH[1] als international zwingend angesehen wird)[2] abundant diskutierte Frage[3], ob auch Vorschriften des Privatrechts als Eingriffsnormen qualifiziert werden können.

Im Schrifttum zu Art. 9 Abs. 1 Rom I-VO[4] wird **zum Teil vertreten, privatrechtliche** Bestimmungen seien **vom Anwendungsbereich** des Art. 9 Rom I-VO gänzlich **ausgeschlossen**, da es insoweit generell an dem von Art. 9 Abs. 1 Rom I-VO besonders betonten „öffentlichen" Interesse des Erlassstaates fehle. 513

Demgegenüber ist davon auszugehen, dass – wenn auch **nur in extremen Ausnahmefällen** – auch Vorschriften des Privatrechts zu den Eingriffsnormen iSd. Art. 9 Abs. 1 Rom I-VO zählen können, soweit sie fundamentale öffentliche Interessen verfolgen[5]. So kann aus Wortlaut und Historie des Art. 9 Rom I-VO zwar sicherlich abgeleitet werden, dass Vorschriften, die ausschließlich den Interessenausgleich Privater bezwecken, nicht zu den Eingriffsnormen zählen. Doch können auch Vorschriften des Privatrechts in sehr seltenen Einzelfällen durchaus weitergehende, allgemein öffentliche Staatsinteressen transportieren. Zudem sind die Grenzen zwischen privatem und öffentlichem Recht bereits im deutschen Recht schwer zu ziehen; eine für das Verständnis der Rom I-VO allein maßgebliche gemeinschaftsrechtliche Grenzziehung ist aufgrund der in anderen Mitgliedstaaten fast gänzlich fehlenden oder zumindest anderen Abgrenzung fast unmöglich, was die Schwierigkeiten des EuGH bei der Unterscheidung beider Materien iRd. Bestimmung des sachlichen Anwendungsbereichs der EuGVO (Brüssel I-VO) deutlich belegen[6]. Auch dürfte es in Europa kaum mehrheitsfähig sein, privatrechtliche Vorschriften gänzlich vom Anwendungsbereich des Art. 9 Rom I-VO auszunehmen, da nicht alle denkbaren Konstellationen von den spezifischen Schutzvorschriften der Art. 6 und 8 Rom I-VO für Verbraucher und Arbeitnehmer erfasst werden. Schließlich ist zu bedenken, dass iRd. „Ingmar"-Rechtsprechung des EuGH Vorschriften des in nationales Recht umgesetzten europäischen Privatrechts gegebenenfalls als Eingriffsnormen gegen ein drittstaatliches Recht durchzusetzen sind (unten Rz. 601). All dies ändert freilich nichts daran, dass bei der Qualifikation privatrechtlicher Vorschriften als Eingriffsnormen **allergrößte Zurückhaltung** gebo- 514

---

1 BGH 13.12.2005, BGHZ 165, 248. Zustimmend insbes. *Mankowski*, RIW 2006, 321.
2 Die Qualifikation des Verbraucherkreditrechts als Eingriffsnorm befürwortend zuletzt *Loacker*, Der Verbrauchervertrag im internationalen Privatrecht (2006), S. 179 f.; *Hoffmann/Primaczenko*, IPRax 2007, 173 ff.; ablehnend *Mankowski*, ZEuP 2008, 845, jew. mwN.
3 Nachw. zur Rom I-VO in den vorigen Fn., zum bisherigen Recht vgl. 6. Aufl. Rz. 403 ff. sowie oben Rz. 494.
4 *Benzenberg*, S. 170; *Lecourt*, J.C.P. G 2008, I 161, 29; *d'Avout*, D. 2008, 2165 (2167). Ähnlich *Freitag*, in: Leible (Hrsg.), Grünbuch, S. 167 (178 f.).
5 Wie hier etwa *Mankowski*, IPRax 2006, 101 (109 f.) (zu Art. 8 des Kommissionsvorschlags); *Mankowski*, IHR 2008, 133 (147); *Thorn*, in: Ferrari/Leible, S. 129 (132 ff.).
6 Dazu ausf. *Mankowski*, in: Rauscher, Art. 1 Brüssel I-VO Rz. 2a ff.; *Kropholler*, Art. 1 EuGVVO Rz. 6 ff.

ten ist; in aller Regel hat eine Anwendung von Art. 9 Rom I-VO auszuscheiden[1].

bb) Verbraucherschutzrecht insbesondere

515 Trotz der grundsätzlichen, wenn auch nur ausnahmsweisen Anwendbarkeit des Art. 9 Rom I-VO auf privatrechtliche Bestimmungen stellt das **nationale Verbrauchervertragsrecht** (dh. solche verbraucherschützenden Vorschriften, die nicht der Umsetzung verbraucherprivatrechtsangleichender Vorgaben des Gemeinschaftsrechts dienen, weil sie entweder außerhalb des harmonisierten Bereichs liegen bzw. über einen mindestharmonisierenden Richtlinienstandard hinausgehen) **kein Eingriffsrecht** dar[2].

516 Zunächst ist darauf hinzuweisen, dass die **Problematik** unter der Rom I-VO fast vollständig **an praktischer Bedeutung eingebüßt hat**[3]. Verantwortlich hierfür ist erstens die Ausweitung des sachlichen und situativen Anwendungsbereichs des kollisionsrechtlichen Verbraucherschutzregimes des Art. 6 Rom I-VO gegenüber der Vorläuferregelung in Art. 5 EVÜ. Nach neuem Recht unterliegen sämtliche Vertragstypen einschließlich der bislang notorisch umstrittenen „isolierten" Verbraucherkreditverträge dem kollisionsrechtlichen Verbraucherschutzregime, das zudem bereits dann eingreift, wenn der Unternehmer seine Tätigkeit auf den Heimatstaat (iSd. gewöhnlichen Aufenthalts) des Verbrauchers „ausgerichtet" hat. Zweitens ist die „Binnenmarktklausel" des Art. 3 Abs. 4 Rom I-VO zu nennen, die selbst das einfach zwingende Gemeinschaftsprivatrecht bei Sachverhalten, die objektive Bezüge allein zum Binnenmarkt aufweisen, gegenüber drittstaatlichen Rechten rechtswahlfest ausgestaltet. Drittens lässt Art. 23 Rom I-VO das spezielle Richtlinienkollisionsrecht der in Art. 46b EGBGB[4] genannten Richtlinien fortbestehen, das den sog. „aktiven" Verbraucher schützt, der sich zu seinem Vertragspartner ins Ausland begibt und daher von Art. 6 Rom I-VO nicht erfasst wird (dazu unten Rz. 528). Viertens ist zu beachten, dass zahlreiche neuere Richtlinien auf dem Gebiet des Verbraucherschutzes dem Konzept der Maximalharmonisierung folgen, so dass jedenfalls im Verhältnis zwischen den Mitgliedstaaten die Frage des anwendbaren Recht weithin irrelevant ist. Fünftens setzen sich jedenfalls gemeinschaftsrechtliche Verbraucherschutzstandards auch künftig nach den Grundsätzen der „Ingmar"-Entscheidung des EuGH gegenüber einem gewählten drittstaatlichen Recht durch, falls der Sachverhalt einen engen Gemeinschaftsbezug aufweist (dazu unten Rz. 601). Sechstens dürfte jedenfalls bei Binnenmarktsachverhalten die zwingende Durchsetzung eigener Verbrau-

---

1 Wie hier *Mankowski*, RIW 2006, 321 (326); *Mankowski*, IHR 2008, 133 (147); evtl. *Lecourt*, J.C.P. G 2008, I 161, 28 (29), der allerdings Privatrecht vom Anwendungsbereich des Art. 9 Rom I-VO wohl gänzlich ausnehmen will.
2 Nachw. zum Streitstand iRd. Rom I-VO oben Rz. 514, Nachw. zum alten Recht oben Rz. 494.
3 Wie hier statt aller *Mankowski*, RIW 2006, 321 (326); *Mankowski*, ZEuP 2008, 845 (862 f.).
4 Gesetz zur Anpassung der Vorschriften des Internationalen Privatrechts an die Verordnung (EG) Nr. 593/2008.

cherschutzrechts gegenüber dem kraft subjektiver oder objektiver Anknüpfung maßgeblichen Recht nur selten mit den Grundfreiheiten vereinbar sein (dazu unten Rz. 534). Siebtens hilft gegenüber gänzlich inakzeptablen Ergebnissen der Anwendung eines ausländischen Rechts notfalls der Einwand des ordre public.

Vor diesem Hintergrund ist davon auszugehen, dass die genannten Regeln, insbesondere **Art. 6 Rom I-VO**, im Bereich des kollisionsrechtlichen Verbraucherschutzrechts eine **spezielle und abschließende Normierung** derjenigen Konstellationen enthalten, in denen der Gemeinschaftsgesetzgeber kollisionsrechtlichen Verbraucherschutz für erforderlich und damit für zulässig hält[1]. Es geht nicht an, die auf einer umfangreichen Abwägung der Interessen der Vertragsparteien beruhenden Anknüpfungsgrundsätze der Art. 3 Abs. 4, Art. 6, Art. 23 Rom I-VO und die hierzu entwickelten Rechtsprechungsgrundsätze über Art. 9 Rom I-VO auszuhebeln. 517

cc) Arbeitnehmerschutzrecht insbesondere

Vergleichbares wie für das Verbraucherprivatrecht **gilt für** das private **Arbeitsrecht**, auch hier schließen die speziellen Art. 8, Art. 3 Abs. 4 und Art. 23 Rom I-VO jedenfalls die Anwendung bzw. Berücksichtigung sonstiger privatrechtlicher Vorschriften des Arbeitsrechts über Art. 9 Rom I-VO aus. 518

Außerhalb des privaten Verbraucher- und Arbeitsvertragsrechts kommt eine Anwendung von Art. 9 Rom I-VO auf Vorschriften des Privatrechts demgegenüber zumindest theoretisch in Betracht, da Art. 6 und Art. 8 Rom I-VO insoweit keine Sperrwirkung entfalten. Insbesondere ist nicht davon auszugehen, dass diese Bestimmungen gemeinsam mit den Sonderregeln für Transport- und Versicherungsverträge dergestalt abschließend sein sollen, dass ein kollisionsrechtlicher Schutz jenseits der speziellen Anknüpfungsregeln gänzlich ausgeschlossen ist. Allerdings ist zu bedenken, dass privatrechtliche Vorschriften außerhalb desjenigen Bereichs, der sich mit Ausbalancierung der besonders sensiblen Interessen markt- bzw. verhandlungsschwacher Parteien befasst, **praktisch nie** im besonderen öffentlichen Interesse iSd. Art. 9 Abs. 1 Rom I-VO liegen werden. Im Übrigen ist im Einzelfall zu prüfen, ob in Bezug auf die betreffende Bestimmung der Anwendungsbereich der Rom I-VO überhaupt eröffnet ist (dazu oben Rz. 509 ff.). Auch hier gilt im Übrigen, dass sich eine Verpflichtung zur international zwingenden Durchsetzung privatrechtlicher Bestimmungen ausnahmsweise aus den Vorgaben des europäischen Gemeinschaftsrechts ergeben kann (dazu unten Rz. 535 ff.).

3. Abgrenzungsfragen und Konkurrenzen

Nach dem Gesagten steht Art. 9 Rom I-VO in Konkurrenz zu zahlreichen anderen Vorschriften der Rom I-VO wie auch zu der das internationale Deliktsrecht regelnden Rom II-VO. 519

---

1 Wie hier etwa *Thorn*, in: Ferrari/Leible, S. 129 (140).

a) Art. 11 Abs. 5 Rom I-VO

520 Eine gegenüber Art. 9 Rom I-VO **vorrangige Spezialregelung** enthält Art. 11 Abs. 5 Rom I-VO in Bezug auf bestimmte **Formvorschriften**. Soweit die Formvorschrift eines Rechts unabhängig von dem auf den Vertrag anwendbaren Recht Geltung beansprucht, ist sie gem. Art. 11 Abs. 5 Rom I-VO entgegen der die Formanforderungen grundsätzlich erleichternden Anknüpfungen des Art. 11 Rom I-VO zwingend zu beachten, ohne dass die Voraussetzungen des Art. 9 Rom I-VO vorliegen müssten.

b) Art. 3 Abs. 3 Rom I-VO

521 **Kumulativ anzuwenden** sind die Art. 9 Rom I-VO und Art. 3 Abs. 3 Rom I-VO, wobei denklogisch die Anwendung von Art. 3 Abs. 3 Rom I-VO derjenigen des Art. 9 Rom I-VO vorgeht. Nach Art. 3 Abs. 3 Rom I-VO können die Parteien bei Sachverhalten, die objektive Bezüge allein zu einem einzigen Staat aufweisen (sog. homonom verknüpfte Sachverhalte), nicht von den einfach zwingenden Bestimmungen des Rechts desjenigen Staates abweichen, zu dem der Sachverhalt die objektiven Bezüge aufweist. In derartigen Konstellationen unterliegt das Schuldverhältnis zwingend kraft objektiver Anknüpfung (gem. Art. 4, 5, 6, 7 oder 8 Rom I-VO) dem Recht des betreffenden Staates. Einer gleichwohl getroffenen „Rechtswahl" kommt lediglich die Wirkung einer sachrechtlichen Verweisung zu, die zwar vom dispositiven Recht, nicht aber vom ius cogens des objektiv ermittelten Vertragsstatuts derogieren kann. Soweit **privatrechtliche Vorschriften** (iSd. Definition des Anwendungsbereichs der Rom I-VO gem. deren Art. 1, dazu oben Rz. 512 ff.) **des** objektiven **Vertragsstatuts** zugleich als **Eingriffsnormen** im Sinne des Art. 9 Abs. 1 Rom I-VO zu qualifizieren sein sollten (zur ausnahmsweisen Anwendbarkeit von Art. 9 Rom I-VO auf schuldrechtliche Vorschriften oben Rz. 514), setzen sie sich folglich bereits gem. Art. 3 Abs. 3 Rom I-VO gegen die „Rechtswahl" durch, ohne dass es auf das Vorliegen der Voraussetzungen der Art. 9 Abs. 2, Abs. 3 Rom I-VO ankäme; **Art. 9 Rom I-VO tritt** daher **insoweit** hinter Art. 3 Abs. 3 Rom I-VO **zurück**.

522 Sonstige, **nicht schuldvertragsrechtliche Bestimmungen** des Rechts des Staates, der gem. Art. 3 Abs. 3 Rom I-VO das Vertragsstatut stellt, dh. Vorschriften seines öffentlichen Rechts im weitesten Sinne, wie auch die Eingriffsnormen der lex fori oder dritter Staaten, kann hingegen **gem. Art. 9 Rom I-VO** Wirkung verliehen werden; insoweit gelten keine Besonderheiten.

c) Art. 3 Abs. 4 Rom I-VO

523 Die Berufung in- und ausländischer **Eingriffsnormen** gem. Art. 9 Abs. 2, Abs. 3 Rom I-VO ist **im Anwendungsbereich der Binnenmarktklausel des Art. 3 Abs. 4 Rom I-VO weitgehend ausgeschlossen**. Diese Regelung gestaltet die zivilrechtlichen Mindeststandards des Gemeinschaftsprivatrechts rechtswahlfest aus, indem sie die Wirkungen der Rechtswahl bei Verträgen beschränkt, die objektiv ausschließlich mit dem Gebiet bzw. Recht eines bzw. mehrerer

Mitgliedstaaten der EG[1] verknüpft sind, dh. keinerlei objektive Drittstaatenbezüge aufweisen (vgl. zum Verhältnis zwischen Art. 3 Abs. 3 und Abs. 4 Rom I-VO Rz. 521). Bei derartigen **reinen Binnenmarktsachverhalten** können die Parteien selbst einfach zwingendes Gemeinschaftsprivatrecht, das entweder aufgrund seiner unmittelbaren Anwendbarkeit (bei Verordnungen) oder seiner Umsetzung in nationales Recht (bei Richtlinien) Bestandteil der in allen Mitgliedstaaten geltenden Rechtsordnung ist, nicht durch die Vereinbarung der Geltung eines drittstaatlichen Rechts abwählen.

Soweit gem. Art. 3 Abs. 4 Rom I-VO ein zwingender gemeinschaftsrechtlicher Standard zu beachten ist, kann von diesem gem. Art. 9 Rom I-VO aufgrund **Vorrangs des Gemeinschaftsrechts** nur insoweit abgewichen werden, wie das Gemeinschaftsrecht Abweichungen überhaupt zulässt. Insoweit gelten die allgemeinen Grundsätze über die Begrenzung der Anwendung von Eingriffsnormen durch sonstiges Gemeinschaftsrecht, vgl. dazu Rz. 534. 524

d) Art. 6 und 8 Rom I-VO

Wie oben Rz. 515 ausführlich dargelegt verdrängen die Art. 6 und Art. 8 Rom I-VO als leges speciales die Anwendung von Art. 9 Rom I-VO, so dass **verbraucher- oder arbeitsvertragliche Bestimmungen** des Privatrechts **nicht** als **Eingriffsnormen** qualifiziert werden können. 525

e) Art. 23 Rom I-VO

Gem. Art. 23 Rom I-VO lässt die Rom I-VO die Anwendung sonstiger Vorschriften des Gemeinschaftsrechts unberührt, die in besonderen Bereichen Kollisionsnormen für vertragliche Schuldverhältnisse enthalten. Diese durchaus zweifelhafte, da der Klarheit der Rechtslage abträgliche[2] Regelung soll den **Vorrang spezieller Kollisionsnormen des Gemeinschaftsrechts** vor dem allgemeinen Regime der Rom I-VO sicherstellen. 526

Im Übrigen ist trotz gewisser Unklarheiten davon auszugehen, dass Art. 23 Rom I-VO auch den **Fortbestand der Kollisionsnormen der** in **Art. 46b EGBGB** genannten Verbraucherschutzrichtlinien anordnet[3]. Art. 22 lit. a des Verordnungsvorschlags der Kommission von 2005 hatte nur den Fortbestand solcher besonderer Kollisionsnormen vorgesehen, die in einer enumerativen Liste in Anhang I zum Verordnungsvorschlag aufgeführt waren, zu denen die Verbraucherschutzrichtlinien gerade nicht zählten. Hieraus war einhellig der Wille der Kommission zur Aufhebung dieser Richtlinienkollisionsnormen gefolgert wor- 527

---

1 Gem. Art. 1 Abs. 4 Rom I-VO kommt es nicht darauf an, ob die Rom I-VO auch in dem betreffenden EG-Mitgliedstaat gilt.
2 Krit. etwa auch *Mansel/Thorn/Wagner*, IPRax 2009, 1 (7) (21).
3 Wie hier *Mankowski*, IHR 2008, 131 (135); *Mankowski*, EuZ 2009, 2 (14 ff.); *Kieninger*, Festschr. Kropholler (2008), S. 499 (508 ff.); *Mansel/Thorn/Wagner*, IPRax 2009, 1 (6 f.) (21) sowie implizit der RegE des Vorschlags des Gesetzes zur Anpassung des Internationalen Privatrechts an die Verordnung (EG) Nr. 593/2008.

den[1]. Demgegenüber verzichtet die endgültige Fassung des Art. 23 Rom I-VO auf den genannten Anhang und damit nach der hier vertretenen Auffassung auch auf das erwähnte Enumerationsprinzip. Daraus wiederum folgt, dass das Richtlinienkollisionsrecht nunmehr aufrecht erhalten werden soll. Allerdings sind die publizierten Hintergründe der endgültigen Normfassung wenig erhellend, da sich etwa der Rechtsausschuss des Parlaments, auf den die endgültige Fassung wohl zurückgeht, mit dem lapidaren Hinweis begnügt, die Formulierung sei an die Parallelnorm der Rom II-VO anzupassen[2]. Für die hier vertretene Auffassung spricht jedoch zusätzlich, dass die Kommission in ihrem Vorschlag die Richtlinienkollisionsnormen wie auch die Rechtsprechung des EuGH in Sachen „Ingmar GB" (dazu unten Rz. 601) durch Art. 3 Abs. 5 ihres Vorschlags aufgreifen und einer einheitlichen Regelung zuführen wollte. Da auch diese Regelung keinen Eingang in die endgültige Fassung der Rom I-VO gefunden hat, lebt das Bedürfnis für eine fortdauernde Anwendung der Richtlinienkollisionsnormen wieder auf. Zu beachten ist auch, dass die deutlich nach Erlass der Rom I-VO verabschiedete Neufassung der Time-Sharing-Richtlinie[3] in ihrem Art. 12 ebenfalls eine spezielle verbraucherschützende Richtlinienkollisionsnorm enthält. Diese lex posterior gegenüber der Rom I-VO, die ihrer Struktur nach an die bisherigen Richtlinienkollisionsnormen anknüpft, macht deutlich, dass die Rom I-VO das Richtlinienkollisionsrecht keinesfalls verdrängt.

528 Die in Art. 46b EGBGB (früher Art. 29a EGBGB) genannten Richtlinienkollisionsnormen ordnen (mit Ausnahme der Time-Sharing-Richtlinie, die an die Belegenheit des Objekts anknüpft) an, dass der Verbraucher den durch sie gewährten materiell-rechtlichen Schutz nicht verlieren darf, wenn der Vertrag einen engen Bezug zum Territorium der Gemeinschaft oder des EWR aufweist und die Parteien das Recht eines dritten Staates gewählt haben, der an die materiell-rechtlichen Schutzstandards der Richtlinien gerade nicht gebunden ist. Regelungsanliegen der genannten Richtlinienkollisionsnormen ist die Absicherung des Richtlinienstandards gegenüber einem von den Parteien gewählten drittstaatlichen Recht zu Gunsten des **„aktiven Verbrauchers"** bei Sachverhalten, die einen substantiellen Bezug zum Gebiet der Gemeinschaft und/oder des EWR aufweisen[4]. Denn der Verbraucher, der sich zum Zwecke des Vertragsschlusses ins Ausland begibt, um dort mit dem Unternehmer zu kontrahieren, wird von Art. 6 Rom I-VO nicht geschützt, da dieser nur den „passi-

---

1 Vgl. *Bitterich*, RIW 2006, 262 (264 f.); *Mankowski*, IPRax 2006, 101 (112); *Solomon*, in: Ferrari/Leible (Hrsg.), Ein neues Internationales Vertragsrecht für Europa (2007), S. 89 (106 ff.).

2 Vgl. die Begründung des Änderungsantrags 58 (zu Art. 22 des Kommissionsvorschlags) im Bericht des Rechtsausschusses vom 21.11.2007, Parlamentsdokument A6-0450/2007, S. 41.

3 Richtlinie 2008/122/EG des Europäischen Parlaments und des Rates vom 14.1.2009 über den Schutz der Verbraucher im Hinblick auf bestimmte Aspekte von Teilzeitnutzungsverträgen, Verträgen über langfristige Urlaubsprodukte sowie Wiederverkaufs- und Tauschverträgen, ABl. EU 2009 Nr. L 33, S. 10.

4 Ausf. dazu *Freitag/Leible*, ZIP 1999, 1296 ff.; *Freitag/Leible*, EWS 2000, 342 ff.; *Martiny*, in: MünchKomm, Art. 29a EGBGB Rz. 1 ff.

ven" Verbraucher erfasst, der in seinem Heimatstaat (iSd. gewöhnlichen Aufenthalts) vom Unternehmer angesprochen wird.

Soweit das mitgliedstaatliche Kollisionsrecht in Umsetzung der genannten Richtlinienkollisionsnormen den gemeineuropäischen Standard rechtswahlfest ausgestaltet, **tritt Art. 9 Rom I-VO** hinter die speziellen Richtlinienkollisionsnormen **zurück**. Diese Subsidiarität folgt, wie bereits ausführlich dargelegt (ausf. oben Rz. 519 ff.), aus dem abschließenden Charakter der Wertungen der Art. 6, 3 Abs. 4 Rom I-VO und der genannten Richtlinienkollisionsnormen. 529

Ferner dürfen die materiellen Verbraucherschutzstandards der genannten Richtlinien auch dann **nicht** über **Art. 9 Rom I-VO** durchgesetzt werden, wenn der betreffende Vertrag nicht aufgrund einer Rechtswahl, sondern **objektiv angeknüpft** wird und ein enger Bezug zum Gemeinschaftsgebiet besteht. Das gründet darin, dass bereits Art. 6 Rom I-VO den allgemeinen kollisionsrechtlichen Verbraucherschutz grundsätzlich sicherstellt und eine Abweichung von dessen Wertentscheidungen allenfalls in den durch die besonderen Richtlinienkollisionsnormen adressierten Fällen möglich ist, nicht aber aufgrund rein nationaler Wertungen und die genannten Richtlinien den Verbraucher gerade nur für den Fall der subjektiven, nicht aber der objektiven Anknüpfung für besonders schutzwürdig erachten. 530

Schließlich ist davon auszugehen, dass Art. 23 Rom I-VO auch die ungeschriebenen Richtlinienkollisionsnormen iSd. Rechtsprechung des EuGH in Sachen „**Ingmar GB**" bzw. die in Umsetzung dieser Vorgaben explizit oder implizit geschaffenen mitgliedstaatlichen Kollisionsnormen erfasst (ausf. dazu Rz. 72 ff.). 531

f) Verhältnis zur Rom II-VO, insbes. Art. 16 Rom II-VO

Abgrenzungsprobleme bestehen zwischen Art. 9 Rom I-VO und der Rom II-VO, insbesondere der **international-deliktsrechtlichen Parallelnorm** des Art. 16 Rom II-VO, der für den Anwendungsbereich der Rom II-VO die Beachtlichkeit von Eingriffsnormen – wenn auch nur solcher der lex fori – normiert. Die Anwendung von Art. 9 Rom I-VO setzt voraus, dass entweder der streitgegenständliche Anspruch bzw. das streitgegenständliche Recht, in das die Eingriffsnorm eingreift, schuldvertraglicher Natur ist, oder der durch die Eingriffsnorm begründete Anspruch oder das durch sie begründete Recht als vertraglich iSd. Definition des sachlichen Anwendungsbereichs der Rom I-VO gem. deren Art. 1 fällt (ausf. dazu oben Rz. 509). 532

III. Rechtsfolgen des Art. 9 Rom I-VO

Hinsichtlich der Rechtsfolgen unterscheiden Art. 9 Abs. 2, Abs. 3 Rom I-VO zwischen der „**Anwendung**" („application") von Eingriffsnormen der lex fori und der „**Wirkungsverleihung**" („effect may be given" bzw. „effet pourra être donné") forumfremder Eingriffsnormen. Auf die Auswirkungen dieser bewuss- 533 ten Differenzierung, die bereits Art. 7 Abs. 2 und Abs. 1 EVÜ vorsah[1], ist im Zusammenhang mit den Einzelerläuterungen des Art. 9 Abs. 2 bzw. Abs. 3 Rom I-VO (unten Rz. 561 ff. sowie 509) einzugehen.

IV. Vorgaben des Primärrechts bei der Anwendung des Art. 9 Rom I-VO

1. Primärrechtliche Grenzen der Anwendung von Eingriffsnormen

534 Nach einhelliger Auffassung begrenzt das Gemeinschaftsrecht die Befugnis der Mitgliedstaaten, bei **Binnenmarktsachverhalten**, dh. im Rechtsverkehr zwischen EU-Mitgliedstaaten, in- oder ausländische Eingriffsnormen gegenüber dem aufgrund objektiver oder subjektiver Anknüpfung berufenen Vertragsstatut durchzusetzen[2]. Diese Einschränkungen resultieren insbesondere aus den **Grundfreiheiten des EG-Vertrages**. Auch die Rom I-VO als Maßnahme des Sekundärrechts kann aufgrund der im Gemeinschaftsrecht zu beachtenden Normenhierarchie nicht von den primärrechtlichen Grundfreiheiten dispensieren[3]. Bei Binnenmarktsachverhalten darf daher auf **Art. 9 Rom I-VO nur insoweit** zurückgegriffen werden, **als** das Ergebnis der Anwendung der Eingriffsnorm **im zwingenden Interesse des Gemeinwohls** desjenigen Mitgliedstaates liegt, dessen Gerichte in den Vertrag eingreifen, was in jedem Einzelfall sorgfältig zu prüfen ist.

2. Gemeinschaftsrechtliche Verpflichtung zur Durchsetzung von Eingriffsnormen

a) Verpflichtung zur Durchsetzung gemeinschaftsrechtlicher Eingriffsnormen

535 Es versteht sich von selbst, dass die Mitgliedstaaten verpflichtet sind, **Eingriffsnormen des Rechts der Europäischen Gemeinschaft über Art. 9 Rom I-VO durchzusetzen**; ein Ermessen der Mitgliedstaaten besteht insoweit nicht. Im Hinblick auf die Art und Weise der Durchsetzung ist allerdings nach der Rechtsqualität der europäischen Eingriffsnorm **zu differenzieren**:

536 Soweit die betreffende Eingriffsnorm in einer **unmittelbar geltenden Verordnung oder Entscheidung** enthalten ist, ist sie zugleich Bestandteil der innerstaatlichen Ordnung derjenigen Mitgliedstaaten, an die sie adressiert ist. Sie ist daher gem. Art. 9 Abs. 2 Rom I-VO als Eingriffsnorm der lex fori durchzusetzen. Soweit die Gemeinschaft etwa mit dem Erlass europäischer Embargovorschriften und Finanzsanktionen (dazu unten Rz. 583 f.) Eingriffsnormen

---

1 Zusammenfassend etwa *Kunda*, S. 245 ff.
2 So etwa BGH 27.2.2003, BGHZ 154, 110 (119). Ausf. *Fetsch*, S. 87 ff.; *Magnus*, in: Staudinger, Art. 34 EGBGB Rz. 41; *Freitag*, in: Leible (Hrsg.), Grünbuch, S. 167 ff.; *Remien*, in: PWW, Art. 34 EGBGB Rz. 22.
3 Zur Bindung des Sekundärrechtsgebers an das Primärrecht *Ruffert*, in: Calliess/Ruffert, EUV/EGV, 3. Aufl. (2007), Art. 249 EG Rz. 13 f.

geschaffen hat, sind diese von allen Mitgliedstaaten unabhängig von dem auf den Vertrag anwendbaren Recht gem. Art. 9 Abs. 2 Rom I-VO durchzusetzen.

Ist eine **gemeinschaftsrechtliche Eingriffsnorm** lediglich **in einer Richtlinie oder in einer ausnahmsweise ausfüllungsbedürftigen Verordnung** (etwa in der **Kulturgüterschutzverordnung** Nr. 3911/92[1], die die gemeinschaftsweite Durchsetzung nationalen Kulturgüterschutzrechts bezweckt[2]) enthalten, bedarf sie der Umsetzung in das nationale Recht. Dem unbedingten internationalen Geltungsanspruch der betreffenden gemeinschaftsrechtlichen Vorgabe ist hier dadurch Rechnung zu tragen, dass die einschlägige mitgliedstaatliche Umsetzungsnorm, der kraft Gemeinschaftsrechts der Charakter einer Eingriffsnorm zukommt, über Art. 9 Rom I-VO gegebenenfalls auch gegen das Vertragsstatut durchgesetzt wird[3]. Dabei hängt es vom Einzelfall ab, ob die betreffende Eingriffsnorm als solche der lex fori über Art. 9 Abs. 2 Rom I-VO oder als forumfremde gem. Abs. 3 Rom I-VO berufen wird – in beiden Situationen verfügen der Mitgliedstaat des Forums und seine Gerichte jedenfalls nicht über das von Art. 9 Abs. 2, Abs. 3 Rom I-VO unterstellte nationale Ermessen[4].

537

b) Keine generelle Verpflichtung zur Anwendung der Eingriffsnormen anderer EG-Mitgliedstaaten

Gelegentlich wird im Schrifttum eine allgemeine **Verpflichtung zur Anwendung der Eingriffsnormen anderer EG-Mitgliedstaaten** postuliert[5]. Diese wird begründet mit dem Binnenmarktprinzip (Art. 10 EG), dem Grundsatz der Gemeinschaftstreue bzw. dem gegenseitigen Respekt der Mitgliedstaaten[6] und dem Gedanken einer „akzessorischen Funktionssicherung" der internationalzivilprozessualen Vorschriften der EuGVO (bzw. Brüssel I-VO)[7]. Dem ist – ent-

538

---

1 Verordnung (EWG) Nr. 3911/92 des Rates vom 9.12.1992 über die Ausfuhr von Kulturgütern, ABl. EG 1992 Nr. L 395, S. 1.
2 Während die Art. 1 ff. der Verordnung die Ausfuhr geschützten Kulturgutes vom Vorliegen einer öffentlich-rechtlichen Genehmigung abhängig machen und deren Einzelheiten und die gemeinschaftsweite Wirkung derartiger Entscheidungen regeln, überlässt Art. 9 die effektive Umsetzung der VO im Übrigen – und damit auch diejenige der zivilrechtlichen Folgen von Verstößen – der Regelung durch die Mitgliedstaaten. Näher dazu unten Rz. 586.
3 Etwa *Magnus*, in: Staudinger, Art. 34 EGBGB Rz. 42.
4 Wie hier etwa *Sonnenberger*, in: MünchKomm, Einl. IPR Rz. 216.
5 *Steindorff*, EuR 1981, 426 (428); *Mestmäcker*, RabelsZ 52 (1988), 205 (237); *Roth*, RabelsZ 35 (1991), 623 (663); *Struycken*, Rec. des Cours 232 (1992), 260 (339 ff.); *Wördemann*, International zwingende Normen im internationalen Privatrecht des europäischen Versicherungsvertrages (1997), S. 363 f.; *Höpping*, Auswirkungen der Warenverkehrsfreiheit auf das IPR (1997), S. 256; *Bonomi*, Yb. PIL 1 (1999), 215 (240); *Fetsch*, S. 319 ff.; *Armbrüster*, VersR 2006, 1 (4). Offen gelassen von BGH 13.12.2005, BGHZ 165, 248 (258 f.).
6 Nachw. bei *Fetsch*, S. 319 ff.
7 VO (EG) Nr. 44/2001 des Rates vom 22.12.2000 über die gerichtliche Zuständigkeit und die Anerkennung und Vollstreckung von Entscheidungen in Zivil- und Handelssachen, ABl. EG 2001 Nr. L 12, S. 1.

gegen der in der 6. Aufl. Rz. 469 vertretenen Auffassung, die hiermit aufgegeben wird – jedenfalls unter Geltung der Rom I-VO **zu widersprechen**[1]:

539 So begründet das Prinzip der **Gemeinschaftstreue** (Art. 10 Abs. 2 EG) zwar in der Tat nicht allein „vertikale" Pflichten der Mitgliedstaaten im Verhältnis zur Gemeinschaft, sondern auch „horizontal" wirkende im Verhältnis der Mitgliedstaaten untereinander[2]. Insoweit folgt aus Art. 10 EG insbesondere, dass die Mitgliedstaaten einander bei der Anwendung des Gemeinschaftsrechts zu unterstützen haben[3]. Gerade dieser Aspekt aber **spricht gegen eine Verpflichtung** zur Beachtung der Eingriffsnormen anderer Mitgliedstaaten iRd. Art. 9 Abs. 3 Rom I-VO, was wiederum aus der Funktion des Art. 9 Abs. 2 Rom I-VO folgt. Die von Art. 9 Abs. 2 Rom I-VO ausgesprochene Erlaubnis, eigene Eingriffsnormen gegen das Vertragsstatut durchzusetzen, ist ähnlich der Gestattung, sich gem. Art. 21 Rom I-VO auf den nationalen ordre public zu berufen, eine nur unter Beachtung strenger Voraussetzungen zulässige Ausnahme von der grundsätzlichen gemeinschaftsrechtlichen Verpflichtung zur Befolgung der Anknüpfungsregeln der Rom I-VO (dazu bereits oben Rz. 508). Eine auf Art. 10 Abs. 2 EG gestützte gemeinschaftsrechtliche Pflicht, ausgerechnet derartige Durchbrechungen der Anwendung des Gemeinschaftsrechts zu befördern, kann Art. 10 Abs. 2 EG keinesfalls begründen. Das gilt selbst dann, wenn der betreffende andere Mitgliedstaat gemeinschaftsrechtliche legitime Zwecke verfolgen sollte. Denn immerhin besteht auch auf der Ebene der Grundfreiheiten keineswegs ein Zwang, zwingende Gründe des Gemeinwohls gegen das Gemeinschaftsrecht durchzusetzen. Das hier vertretene Ergebnis hat umso mehr Überzeugungskraft, als eine Verpflichtung zur Anwendung der Eingriffsnormen anderer Mitgliedstaaten letztlich zu einer gemeinschaftsweiten Kumulation sämtlicher Eingriffsnormen sämtlicher Mitgliedstaaten führte, was das Anknüpfungssystem der Rom I-VO ebenso gänzlich inakzeptabel in Frage stellen würde wie die Grundfreiheiten.

540 Auch der Gedanke der **kollisionsrechtlichen „Funktionssicherung" der EuGVO trägt nicht**. So trifft es zwar zu, dass die EuGVO mit ihrem einheitlichen Zuständigkeits- und Anerkennungssystem den Mitgliedstaaten sowohl die Möglichkeit nimmt, einen Gleichlauf zwischen dem Anwendungsbereich ihrer Eingriffsnormen und der internationalen Zuständigkeit ihrer Gerichte her-

---

1 Wie hier etwa *Engel*, RabelsZ 52 (1988), 271 (295); *Becker*, RabelsZ 60 (1996), 691 (736); *von Wilmowski*, RabelsZ 62 (1998), 1 (26 ff.); *Mankowski*, VersR 1999, 821 (824); *Beulker*, S. 142 ff.; *Kuckein*, S. 62 f.; *von Bar/Mankowski*, I § 4 Rz. 117 f.; *Martiny*, in: MünchKomm, Art. 34 EGBGB Rz. 35; *Sonnenberger*, in: MünchKomm, Einl. IPR Rz. 216; unklar *Royla*, Grenzüberschreitende Finanzmarktaufsicht in der EG (2000), S. 159.
2 Insbes. EuGH 10.6.1980 – Rs. 32/79 (Kommission ./. Vereinigtes Königreich), Slg. 1980, 2403 Rz. 46; EuGH 27.9.1988 – Rs. 235/87 (Matteucci), Slg. 1988, 5589 Rz. 19; EuGH 11.6.1991 – Rs. C-251/89 (Athanasopoulos ./. Bundesanstalt für Arbeit), Slg. 1991, I-2797 Rz. 44 ff. Näher *Kahl*, in: Calliess/Ruffert, EUV/EGV, 3. Aufl. (2007), Art. 10 EG Rz. 77 ff.; *Zuleeg*, in: von der Groeben/Schwarze, Kommentar zum EU-/EG-Vertrag, 6. Aufl. (2003), Art. 10 EG Rz. 12.
3 EuGH 27.9.1988 – Rs. 235/87 (Matteucci), Slg. 1988, 5589 Rz. 19.

zustellen wie auch diejenige, von sich aus solchen Entscheidungen aus anderen Mitgliedstaaten die Anerkennung zu verweigern, die Eingriffsnormen des Anerkennungsstaates unangewendet gelassen haben. Dieser Zustand aber ist gemeinschaftsrechtlich gewünscht, immerhin verfolgt die Gemeinschaft seit den Beschlüssen des Europäischen Rats von Tampere im Jahre 1999[1] ein Programm der möglichst unbedingten Anerkennung unter Ausschluss des (anerkennungsrechtlichen) ordre public. Dass den Mitgliedstaaten daher durch die EuGVO weitgehend, durch EuVTVO, EuBagatellVO und EuMahnVO sogar vollständig die Möglichkeit genommen wird, ausländische Entscheidungen wegen Verkennung grundlegender inländischer Wertungen anzugreifen, ist der europarechtlich gewünschte Zustand. Zu konzedieren ist, dass die hier vertretene Auffassung das international-zivilprozessuale System der EuGVO dadurch nachteilig beeinflusst, dass sie Anreize zum **forum shopping** und zum **Wettlauf um das Forum** setzt; die Parteien werden bei alternativen Gerichtsständen versucht sein, sich durch möglichst schnelle Erhebung positiver oder negativer Leistungs- oder Feststellungsklagen ein Forum zu sichern, in dem eine bestimmte Eingriffsnormen gerade nicht besteht bzw. in dem sie forumeigen ist. Doch handelt es sich insoweit im Wesentlichen um ein Problem alternativer Gerichtsstände, dh. des Prozessrechts, das im Übrigen auch im Hinblick auf den ordre public des Art. 21 Rom I-VO auftritt, für den eine vergleichbare „akzessorische Funktionssicherung" der EuGVO bislang noch nicht ernstlich vertreten wurde – und dort ebenso wenig gerechtfertigt ist.

Schließlich ist zu bedenken, dass die **Rom I-VO** als **lex posterior und lex specialis** jedenfalls in Bezug auf kollisionsrechtliche Fragen **Vorrang vor der EuGVO (Brüssel I-VO)** genießt. Wenn vor diesem Hintergrund Art. 9 Abs. 3 Rom I-VO die Berücksichtigungsfähigkeit forumfremder Eingriffsnormen an die Einhaltung strenger Kautelen sowie die Vereinbarkeit mit den Wertvorstellungen der lex fori knüpft, kann diese Wertung jedenfalls nicht unter Berufung auf die EuGVO (Brüssel I-VO) unterlaufen werden, zumal die adversen Effekte der hier vertretenen Ansicht auf die einheitliche Anwendung des europäischen Zuständigkeitsrechts wohl geringer sein dürften als diejenigen einer verstärkten Anwendung von Eingriffsnormen für die Kohärenz des europäischen Kollisionsrechts. 541

3. Insbesondere: Eingriffsnormen und Gemeinschaftsprivatrecht

a) Einführung

Besondere Grundsätze bei der Anwendung von Eingriffsnormen gelten für diejenigen Bereiche des Vertragsrechts, die Gegenstand von Harmonisierungsmaßnahmen der Gemeinschaft sind. Zunächst ist zu beachten, dass es auf Art. 9 Rom I-VO nach dem Gesagten (oben Rz. 534 ff.) nur ankommt, wenn der betreffende Gemeinschaftsrechtsakt nicht bereits durch Art. 3 Abs. 4, Art. 6 542

---

[1] Vgl. dazu das Maßnahmenprogramm zur Umsetzung des Grundsatzes der gegenseitigen Anerkennung gerichtlicher Entscheidungen in Zivil- und Handelssachen, ABl. EG 2001 Nr. C 12, S. 1.

Rom I-VO oder spezielle Kollisionsnormen durchgesetzt wird (dazu Rz. 523 f.). Im Übrigen sind **drei Problemstellungen** zu unterscheiden. Erstens ist zu klären, ob die Mitgliedstaaten verpflichtet sind, über Art. 9 Rom I-VO die einfach zwingenden Vorschriften privatrechtsangleichender Richtlinien, die keine speziellen Kollisionsnormen enthalten, international durchzusetzen. Zweitens geht es um die Frage, ob im Anwendungsbereich einer zivilrechtsangleichenden Richtlinie, die dem Konzept der Mindestharmonisierung folgt, ein Mitgliedstaat befugt ist, seine richtlinienkonforme lex fori gegen eine ebenfalls richtlinienkonforme lex causae durchzusetzen. Drittens fragt sich, ob die Mitgliedstaaten zur Durchbrechung einer von einem anderen Mitgliedstaat gestellten lex causae gar verpflichtet sind, wenn letztere die gemeinschaftsrechtlichen Vorgaben in gemeinschaftsrechtswidriger Weise nicht oder nicht korrekt umsetzt.

543 Vorauszuschicken ist den folgenden Ausführungen der Hinweis, dass die geschilderten Probleme, die eine ganze Flut an Gerichtsentscheidungen und wissenschaftlichen Stellungnahmen hervorgerufen haben[1], erheblich **an praktischer Bedeutung verloren** haben (ausführlich dazu oben Rz. 516 ff.).

b) Verpflichtung zur Anwendung von Vorschriften des Gemeinschaftsprivatrechts nach den Grundsätzen der „Ingmar-Entscheidung" des EuGH?

544 Die in Art. 46b EGBGB genannten **Richtlinien des europäischen Verbraucherschutzrechts** enthalten **spezielle Kollisionsnormen**, die die internationale Anwendung des harmonisierten Rechts auch dann sicherstellen sollen, wenn weder die allgemeine verbraucherschützende Kollisionsnorm des Art. 6 Rom I-VO noch die Binnenmarktklausel des Art. 3 Abs. 4 Rom I-VO eingreift und gestalten den gemeinschaftsrechtlichen Verbraucherschutzstandard in denjenigen Konstellationen rechtswahlfest aus, in denen ein Vertrag in den Anwendungsbereich der betreffenden Richtlinie fällt und einen „engen Zusammenhang" zum Gebiet der Gemeinschaft oder des EWR aufweist und die Parteien das Recht eines Drittstaates gewählt haben (dazu bereits oben Rz. 528). Art. 23 Rom I-VO stellt diesbezüglich (anders als noch Art. 22 lit. a des Verordnungsvorschlags der Kommission[2]) klar, dass die betreffenden Richtlinienkollisionsnormen nicht durch das allgemeine kollisionsrechtliche Verbraucherschutzregime des Art. 6 Rom I-VO ersetzt werden, sondern fortgelten[3]. Im Anwendungsbereich des Art. 46b EGBGB (früher Art. 29a EGBGB) tritt Art. 9 Rom I-VO zurück und ist daher unangewendet zu lassen (oben Rz. 529).

545 Demgegenüber **fehlen entsprechende ausdrückliche Kollisionsregelungen** in einigen insbesondere älteren **zivilrechtsharmonisierenden Richtlinien**, na-

---

[1] Nachw. 6. Aufl. Rz. 417 ff. sowie *Fetsch*, S. 87 ff.
[2] Dazu insbes. *Solomon*, in: Ferrari/Leible (Hrsg.), Ein neues Internationales Vertragsrecht für Europa (2007), S. 106 ff.
[3] Nachw. oben Rz. 527.

mentlich in der Handelsvertreter-Richtlinie[1]. Für derartige Richtlinien stellt sich die Frage, ob ihnen trotz Ermangelung ausdrücklicher Kollisionsnormen ein ungeschriebenes Prinzip der zwingenden Anknüpfung zu Grunde liegt. Dies hätte zur Folge, dass auch der durch diese Richtlinien geschaffene gemeinschaftsrechtliche Mindeststand durch die Wahl eines drittstaatlichen Rechts nicht abbedungen werden könnte. Der **EuGH** hat diese Frage in der Sache „**Ingmar GB**"[2] zumindest im Anwendungsbereich der Handelsvertreterrichtlinie für den Fall bejaht, dass der Handelsvertreter in der Gemeinschaft ansässig bzw. tätig ist und die Parteien die Geltung eines drittstaatlichen Rechts vereinbart haben[3]. In derartigen Konstellationen sei es nicht gestattet, im Wege der Wahl eines drittstaatlichen Rechts von den zwingenden Vorschriften der dem Schutz des Handelsvertreters gegenüber dem Unternehmer dienenden Normen der Richtlinie abzuweichen. Begründet wurde diese Entscheidung zum einen mit der (äußerst zweifelhaften) Schutzbedürftigkeit des Handelsvertreters. Zum anderen sei die zwingende Durchsetzung des Gemeinschaftsrechts geboten, um Wettbewerbsverzerrungen im Binnenmarkt zu vermeiden[4]. Im Ergebnis führt dies zu einer **zwingenden Anknüpfung des nicht-dispositiven gemeinschaftsrechtlichen Mindeststandards** bei einem substantiellen Bezug des Vertrages zum Gemeinschaftsgebiet[5].

Diese von der Rechtsprechung entwickelten Grundsätze gelten **auch nach Inkrafttreten der Rom I-VO** fort[6]. Zwar enthält die Rom I-VO insbesondere mit Art. 3 Abs. 4 (dazu bereits oben Rz. 523) sowie Art. 5, Art. 6 bereits Vorschriften, die sich mit der internationalen Durchsetzung zwingender Standards des Gemeinschaftsprivatrechts befassen. Dennoch stehen diese Regelungen der hier vertretenen Auffassung nicht entgegen. So steht die Binnenmarktklausel des Art. 3 Abs. 4 Rom I-VO deswegen nicht entgegen, weil sie ausschließlich auf reine Binnenmarktsachverhalte bezogen ist, während die „Ingmar"-Konstellationen gerade objektive Drittstaatenbezüge aufweisen. Die Art. 5, 6 Rom I-VO hindern den Rückgriff auf die Rechtsprechung ebenfalls nicht, da die EuGH-Rechtsprechung gerade nur solche Fälle erfasst, in denen nach Auffassung des EuGH kollisionsrechtliche Schutzlücken existieren.

546

---

1 Richtlinie 86/653/EWG des Rates vom 18.12.1986 zur Koordinierung der Rechtsvorschriften der Mitgliedstaaten betreffend die selbständigen Handelsvertreter, ABl. EG 1986 Nr. L 382, S. 17.
2 EuGH 9.11.2000 – Rs. C-381/98 (Ingmar GB), Slg. 2000, I-9325 = NJW 2001, 2007 = IPRax 2001, 225.
3 *Nemeth/Rudisch*, ZfRV 42 (2001), 182 f.; *Michaels/Kamann*, EWS 2001, 309; *Freitag/Leible*, RIW 2001, 291 ff.; *Staudinger*, NJW 2001, 1974 ff.; *Reich*, EuZW 2001, 52; *Pfeiffer*, Festschr. Geimer (2002), S. 821 (831 f.); *Kreuzer/Wagner*, in: Dauses (Hrsg.), Handbuch des EU-Wirtschaftsrechts (Bearb. 2001), Rz. R 213. Teilw. a.M. *Magnus*, in: Staudinger, Art. 34 EGBGB Rz. 42; *Backert*, Kollisionsrechtlicher Verbraucherschutz im Mosaik der Sonderanknüpfungen des deutschen internationalen Schuldvertragsrechts (2000), S. 203 ff.
4 Krit. *Michaels/Kamann*, EWS 2001, 305; *Freitag/Leible*, RIW 2001, 291 ff.
5 Etwa *Freitag/Leible*, RIW 2001, 291 ff.; *Magnus*, in: Staudinger, Art. 34 EGBGB Rz. 42; vgl. auch OLG München 17.5.2006, IPRax 2007, 322 (Anm. *Rühl*, IPRax 2007, 294; Anm. *Thume*, IHR 2006, 169).
6 Wie hier insbes. *Kieninger*, Festschr. Kropholler (2008), S. 499 ff.

547 Fraglich kann vor diesem Hintergrund allein sein, ob die Umsetzung der Vorgaben des EuGH iRd. Art. 9 Rom I-VO dergestalt zu erfolgen hat, dass die betreffenden Richtlinienbestimmungen (bzw. das sie umsetzende nationale Recht) als Eingriffsnormen qualifiziert werden[1], oder ob von der Öffnungsklausel des Art. 23 Rom I-VO zu Gunsten spezieller Richtlinienkollisionsnormen Gebrauch zu machen ist. Dabei sprechen die besseren Argumente für einen **Rückgriff auf Art. 23 Rom I-VO und ungeschriebene Kollisionsnormen des nationalen Rechts** in Anlehnung an Art. 46b EGBGB (früher Art. 29a EGBGB) wie auch Art. 3 Abs. 4 Rom I-VO. So geht der EuGH ersichtlich davon aus, dass diejenigen privatrechtsangleichenden Richtlinien, die keine expliziten Kollisionsnormen enthalten, zumindest implizit iRd. Definition ihres räumlichen Anwendungsbereichs auch ihren internationalen Geltungswillen festlegen[2]. Diese ungeschriebenen Kollisionsnormen aber entsprechen ihrer Struktur nach gerade den durch Art. 46b EGBGB umgesetzten ausdrücklichen Richtlinienkollisionsnormen, nicht aber derjenigen des Art. 9 Rom I-VO. Denn während Eingriffsnormen strukturell unilateralistisch der Durchsetzung der Interessen ihres Erlassstaates dienen, geht es in den „Ingmar"-Konstellationen um die Schaffung eines marktabgrenzenden, allseitigen Kollisionsrechts iSv. Rechtswahlbeschränkungen bei substantiellem Gemeinschaftsbezug[3]. So sollte etwa auf den Handelsvertretervertrag stets diejenige der Umsetzung der Richtlinie dienende mitgliedstaatliche Rechtsordnung Anwendung finden, zu der der Sachverhalt den engsten Bezug aufweist. Das wird zwar idR die lex fori sein, ohne dass dies freilich zwingend wäre, da etwa auch vor deutschen Gerichten über den Ausgleichsanspruch des englischen Handelsvertreters gegen seinen amerikanischen Auftraggeber gestritten werden kann. Diese Rechtsfolge aber lässt sich unschwer nur durch Analogie zu Art. 46b EGBGB erreichen, nicht aber durch Art. 9 Rom I-VO. Qualifizierte man die der Umsetzung der materiell-rechtlich zwingenden Richtlinienvorschriften dienenden Bestimmungen des nationalen Rechts als Eingriffsnormen, so wären sie je nachdem, ob der Vertrag einen engen Bezug zur lex fori oder aber zu einem anderen Mitgliedstaat aufweist, entweder über Art. 9 Abs. 2 Rom I-VO oder über Art. 9 Abs. 3 Rom I-VO durchzusetzen. Letzteres aber erscheint auch deswegen äußerst problematisch, weil Art. 9 Abs. 3 Rom I-VO an sich auf Verbotsgesetze zugeschnitten scheint und zudem die Anwendung ausländischen Eingriffsrechts in das Ermessen des Gerichts stellt. Beide Hindernisse sind zwar nicht unüberwindbar (dazu unten Rz. 634 ff. sowie 647 ff.), zeigen jedoch, dass die Bildung einer nach Art. 23 Rom I-VO zulässigen speziellen Kollisionsnorm sachangemessener ist. Schließlich steht der hier vertretenen Auffassung nicht entgegen, dass die Kommission in Art. 3 Abs. 5 ihres Entwurfs eine möglicherweise für „Ingmar"-Konstellationen gedachte spezielle marktabgrenzende Sonderregelung vorgeschlagen hatte, die nicht in die Endfassung der Rom I-VO

---

1 So explizit OLG München 17.5.2006, IPRax 2007, 322 (Anm. *Rühl*, IPRax 2007, 294; Anm. *Thume*, IHR 2006, 169).
2 Ausf. *Freitag/Leible*, RIW 2001, 291 ff.
3 Zu dieser Charakterisierung insbes. *Sonnenberger*, IPRax 2003, 108 (111); *Martiny*, in: MünchKomm, Art. 34 EGBGB Rz. 26; vgl. auch *Freitag/Leible*, RIW 2001, 291 ff.

übernommen wurde. Diese von der Kommission als „Umgehungsverbot"[1] bezeichnete Regelung dürfte gerade den Zweck verfolgt haben, die geschriebenen und ungeschriebenen Richtlinienkollisionsnormen zu ersetzen. Demzufolge erscheint es plausibel, dass mit Streichung des zunächst als abschließend gedachten Katalogs der von der Rom I-VO aufgehobenen speziellen Richtlinienkollisionsnormen auch Art. 3 Abs. 5 des ursprünglichen Kommissionsentwurfs entfallen ist (dazu bereits oben Rz. 547).

c) Mindestharmonisierung und internationale Durchsetzung strengeren nationalen Rechts

Zahlreiche insbesondere ältere zivilrechtsangleichende Richtlinien der Gemeinschaft folgen dem Konzept der **Mindestharmonisierung**. Umstritten ist insoweit, ob ein Mitgliedstaat, der den Richtlinienstandard in zulässiger Weise überbietet, die **strengeren nationalen Normen als Eingriffsnormen** gegen eine weniger weit gehende, mit dem Richtlinienstandard aber ebenfalls vereinbare lex causae eines anderen Mitgliedstaates durchsetzen darf. So haben etwa die französischen Gerichte bislang die Vorschriften des besonders strengen französischen Verbraucherkreditrechts unter Berufung auf Art. 7 Abs. 2 EVÜ jedenfalls zugunsten in Frankreich ansässiger Kreditnehmer auch gegen die Vertragsrechte anderer Mitgliedstaaten angewandt[2].

548

Für eine solche **Befugnis** spricht, dass die mindestharmonisierenden Richtlinien den Mitgliedstaaten gerade die Möglichkeit einräumen, strengere innerstaatliche Vorschriften zu erlassen. Damit liegt die Kompetenz zur Setzung weitergehender nationaler Schutzstandards bei den Mitgliedstaaten, womit auch das Recht verbunden sein könnte, die gemeinschaftsrechtlich erlaubte strengere innerstaatliche Vorschrift bei grenzüberschreitenden Sachverhalten im Wege der Sonderanknüpfung durchzusetzen[3]. Gleichwohl unterliegt die Gestattung, strengere nationale Schutzstandards auch international zwingend durchzusetzen, den bereits geschilderten **Begrenzungen durch die Grundfreiheiten** (oben Rz. 534). Ein derartiger Eingriff aber wird sich im Bereich des harmonisierten Zivilrechts kaum je rechtfertigen lassen[4]. Denn die Rechtfertigung wäre nur möglich, wenn die beschränkende Maßnahme zur Wahrung wichtiger Interessen des Allgemeinwohls des betreffenden Mitgliedstaates zwingend erforderlich ist. Hierfür aber müsste er nachweisen, dass der von der Gemeinschaft gesetzte Mindeststandard unzureichend ist und im Interesse des

549

---

1 KOM(2005), 650 endgültig, S. 6.
2 Etwa französ. Cass. 23.5.2006, Rev.crit.d.i.p. 96 (2007), 85, dazu insbes. *Mankowski*, ZEuP 2008, 845. Anders dagegen die deutsche Rechtsprechung, BGH 13.12.2005, BGHZ 165, 248.
3 BGH 13.12.2005, BGHZ 165, 248 (258 f.); *Freitag*, Der Einfluss des europäischen Gemeinschaftsrechts auf das internationale Produkthaftungsrecht (2000), S. 418 ff.; *Bitterich*, Die Neuregelung des Internationalen Verbrauchervertragsrechts in Art. 29a EGBGB (2003), S. 283 (289); *Nemeth/Rudisch*, ZfRV 2001, 179 (182); *Pfeiffer*, Festschr. Geimer (2002), S. 821 (835); *Schwarz*, ZvglRW 101 (2002), 45 (71).
4 *Leible/Sosnitza*, K&R 1998, 284 (288 f.); *Pfeiffer*, NJW 1999, 3674 (3679 f.); *Michaels/Kamann*, EWS 2001, 307 f. Weitergehend *Grundmann*, RabelsZ 64 (2000), 471 ff.

Verbraucherschutzes zwingend die weitergehenden nationalen Schutzstandards einzuhalten und international durchzusetzen sind. Indes hat der Gemeinschaftsgesetzgeber in der betreffenden Richtlinie bereits entschieden, welches Regelungsniveau auf europäischer Ebene unabdingbar ist, wobei er nach Art. 95 Abs. 3 sowie Art. 153 Abs. 1 EG von einem hohen Verbraucherschutzniveau ausgeht[1]. Vor diesem Hintergrund wird es dem Mitgliedstaat kaum gelingen, die überragende Wichtigkeit und Bedeutung seiner über diesen Standard hinausgehenden Regelungen darzulegen. Hinzu kommt, dass Vorschriften des Privatrechts überhaupt nur ganz ausnahmsweise zu den Eingriffsnormen iSd. Art. 9 Abs. 1 Rom I-VO zählen, wenn sie besondere öffentliche Belange verfolgen. Das indes ist bei den meisten rein verbraucherkreditvertraglichen Vorschriften nicht der Fall (ausf. bereits oben Rz. 512 ff.).

d) Durchsetzung der lex fori bei richtlinienwidriger lex causae?

550 Die Durchsetzung nationalen Rechts gegenüber anderen mitgliedstaatlichen Rechtsordnungen kommt auch dann nicht in Betracht, wenn das nach der Rom I-VO bestimmte Vertragsstatut gemeinschaftsrechtswidrig ist, weil es eine Richtlinie nicht bzw. nicht ordnungsgemäß umgesetzt hat. Eine zwingende Durchsetzung der richtlinienkonformen lex fori verstieße hier gegen das **Verbot der horizontalen Drittwirkung des Gemeinschaftsrechts** zwischen Privatpersonen. Der EuGH verweigert in ständiger Rechtsprechung den Unionsbürgern in zivilrechtlichen Streitigkeiten mit anderen Privatpersonen die unmittelbare Berufung auf Richtlinienrecht[2], weil dies „bedeutete, dass der Gemeinschaft die Befugnis zuerkannt würde, mit Richtlinien unmittelbare Wirkung zu Lasten des Bürgers Verpflichtungen anzuordnen, obwohl sie dies nur dort darf, wo ihr die Befugnis zum Erlass von Verordnungen zugewiesen ist." Diese Position wurde vom EuGH in der Entscheidung „El Corte Inglès" ausdrücklich für den Bereich des Verbraucherschutzrechts bestätigt[3]. **Gerechtigkeitslücken** entstehen durch die hier vertretene Auffassung nicht: Soweit diejenige Partei, die durch die Richtlinie begünstigt werden sollte, nach dem Gesagten zivilrechtlich schutzlos gestellt wird, stehen ihr gemeinschaftsrechtlich begründete Schadensersatzansprüche gegen denjenigen Mitgliedstaat zu, der die betreffende Richtlinie nicht oder nicht ordnungsgemäß umgesetzt hat[4].

551 Hinzuweisen ist darauf, dass den Gemeinschaftsgesetzgeber die geschilderte Rechtslage offenbar nicht befriedigt. Art. 16 der Richtlinie über den **Fernabsatz von Finanzdienstleistungen** sieht daher vor, dass „die Mitgliedstaaten auf Anbieter, die in einem Mitgliedstaat niedergelassen sind, der diese Richtlinie

---

1 Allerdings handelt es sich hierbei wohl um politische Programmsätze, die außerhalb von Fällen offensichtlichen Ungenügens der gemeinschaftsrechtlichen Regulierung kaum justiziabel sein dürften.
2 EuGH 14.7.1994 – Rs. C-91/92 (Facchini Dori/Recreb), Slg. 1994, I-3325 Rz. 22 ff. = EuZW 1994, 498.
3 EuGH 7.3.1996 – Rs. C-192/94 (El Corte Inglès), Slg. 1996, I-1281 (1303) = NJW 1996, 1401.
4 Auf diesen Ausweg verweisen auch *Michaels/Kamann*, JZ 1997, 607; *Magnus*, in: Staudinger, Art. 34 EGBGB Rz. 42.

noch nicht umgesetzt hat und nach dessen Recht keine den Verpflichtungen dieser Richtlinie entsprechenden Verpflichtungen bestehen, nationale Bestimmungen anwenden können, die den Bestimmungen dieser Richtlinie entsprechen." Damit kann an Stelle der gemeinschaftsrechtswidrigen lex causae ein richtliniengemäßes mitgliedstaatliches Recht (im Wege der Sonderanknüpfung) berufen werden[1]. Außerhalb des Anwendungsbereiches dieser Richtlinie bewendet es hingegen bei den dargelegten Grundsätzen.

V. Art. 9 Rom I-VO und Völkerrecht

Grundsätzlich nach den gleichen Prinzipien wie das Gemeinschaftsrecht (dazu oben Rz. 534 ff.) kann das Völkerrecht die Anwendung bzw. Wirkungsverleihung von Eingriffsnormen positiv oder negativ beeinflussen, insoweit gelten die betreffenden Ausführungen entsprechend. Insbesondere verpflichtet **Art. VIII, Abschn. 2b des Abkommens über den Internationalen Währungsfonds**[2] seine Mitgliedstaaten zur Durchsetzung ausländischer Devisenvorschriften (ausf. dazu unten Rz. 672 ff.), während Art. 3 des **UNESCO-Kulturgüterabkommens**[3] seine Mitgliedstaaten anhält, Im- und Export ausländischen Kulturguts weitestgehend zu untersagen (dazu unten Rz. 587 ff.). In beiden Fällen wurde mit Inkrafttreten des jeweiligen Ratifikationsgesetzes jeweils eine **inländische Eingriffsnorm** iSd. Art. 9 Abs. 2 Rom I-VO geschaffen, die die inländischen Gerichte dazu verpflichtet, ausländische Devisen- bzw. Aus- bzw. Einfuhrverbote unabhängig von dem auf den Vertrag anwendbaren Recht zu beachten. Eines Rückgriffs auf Art. 9 Abs. 3 Rom I-VO bedarf es insoweit nicht.

552

VI. Prozessuale Fragestellungen und Beweislast

1. Art. 9 Rom I-VO im Erkenntnisverfahren – Beweislastfragen

Weder Art. 9 Rom I-VO noch die Erwägungsgründe zur Verordnung oder die Gesetzgebungshistorie geben Aufschluss über die mit der „Wirkungsverleihung" von Eingriffsnormen verbundenen prozessualen Probleme, dh. insbesondere der objektiven und subjektiven Beweislast und des Beweismaßes. Auch Art. 18 Rom I-VO hilft nicht weiter, da die Bestimmung ihrem Wortlaut nach nur Rechtsfragen des Beweises in Bezug auf die nach der Rom I-VO ermittelte lex causae normiert, während Eingriffsnormen gerade nicht vom Verweisungsumfang der einfachen Kollisionsnormen der Rom I-VO umfasst werden. Im Ergebnis sind die Antworten auf die aufgeworfenen prozessualen Fragen daher der jeweiligen **lex fori** zu entnehmen.

553

---

1 Vgl. *Jayme/Kohler*, IPRax 2002, 462 (463).
2 Übereinkommen vom 30.4.1976 über den Internationalen Währungsfonds, BGBl. II 1978, 13.
3 Übereinkommen vom 14.11.1970 über Maßnahmen zum Verbot und zur Verhütung der rechtswidrigen Einfuhr, Ausfuhr und Übereignung von Kulturgut, BGBl. II 2007, 626, für Deutschland in Kraft getreten am 29.2.2008.

554 Für das **deutsche Recht** ist davon auszugehen, dass Eingriffsnormen sowohl der lex fori wie ausländischer Rechte **von Amts wegen** zu beachten sind, dh. dass ihre Beachtlichkeit nicht von entsprechendem Parteivortrag abhängt[1]. Allerdings setzt die Beachtung ausländischer Eingriffsnormen durch das Gericht voraus, dass dieses überhaupt Kenntnis von der Existenz der betreffenden Bestimmung hat, die es nur aufgrund eigener Sachkenntnis oder entsprechendem Parteivortrag erlangen kann. Im Hinblick auf die Ermittlung des Inhalts der Eingriffsnorm sowie ihrer tatsächlichen Voraussetzungen gelten **Amtsermittlungsgrundsatz** und **Freibeweisverfahren**, dh. das Gericht hat sich vom Vorliegen der Norm und ihrer Voraussetzungen nach pflichtgemäßem Ermessen zu überzeugen. Dabei kann es sich der **Hilfe derjenigen Partei** bedienen, die in Bezug auf die betreffende Eingriffsnorm die objektive Beweislast trägt und diese zur Mitwirkung an der Sachverhaltsaufklärung auffordern. Die **objektive Beweislast** für die (Un-)Erweislichkeit der Existenz einer ausländischen Eingriffsnorm und des Vorliegens ihrer Tatbestandsvoraussetzungen trägt nach allgemeinen Grundsätzen diejenige Partei, die von den Rechtsfolgen der Eingriffsnorm materiell-rechtlich profitiert.

2. Eingriffsnormen, Urteilsanerkennung und Schiedsgerichtsbarkeit

555 Eigene Probleme im Zusammenhang mit international zwingenden Bestimmungen stellen sich bei der Anerkennung ausländischer Urteile und Schiedssprüche. Hier geht es zum einen um die Frage, ob dem ausländischen Urteil bzw. Schiedsspruch die Anerkennung zu verweigern ist, wenn das Gericht bzw. Schiedsgericht international zwingende Bestimmungen des Anerkennungsstaates nicht angewandt hat, obwohl diese aus Sicht des Rechts des Anerkennungsstaates Geltung beanspruchen. Zum anderen geht es um die Verletzung des anerkennungsrechtlichen ordre public des Anerkennungsstaates für den Fall, dass das ausländische Gericht bzw. Schiedsgericht zwingende Bestimmungen eines anderen Staates berücksichtigt hat, die mit den Wertvorstellungen des Anerkennungsstaates unvereinbar sind. Insoweit ist auf die einschlägige international-zivilprozessuale bzw. schiedsverfahrensrechtliche Fachliteratur zu verweisen[2].

556–560 Frei.

---

[1] Wie hier *Kunda*, S. 249 ff., 264.
[2] Ausf. *Becker*, RabelsZ 60 (1996), 691 ff.; *Beulker*, Die Eingriffsnormenproblematik in internationalen Schiedsverfahren (2005).

C. Eingriffsnormen der lex fori, Art. 9 Abs. 2 Rom I-VO

	Rz.		Rz.
I. Allgemeines	561	4. Kulturgüterschutz	585
1. Grundlagen	561	5. Währungs- und Devisenrecht	588
2. Anwendungsvoraussetzungen	562	a) Devisenvorschriften	588
a) Allgemeine Voraussetzungen	562	b) Währungsvorschriften	589
b) Erfordernis hinreichenden Inlandsbezugs	563	6. Vorschriften zum Schutz des schwächeren Vertragsteils	591
3. Rechtsfolgen der Anwendung von Art. 9 Abs. 2 Rom I-VO	565	a) Arbeitsverträge	591
II. Einzelne Eingriffsnormen des deutschen Rechts	566	b) Verbraucherverträge	597
1. Grundstücksbezogene Vorschriften	566	aa) Gewinnzusagen gem. § 661a BGB	598
a) Regelungen des Grundstücksverkehrs, Verwertungsregelungen	566	bb) Fernunterricht	600
b) Miet- und Pachtvorschriften	568	7. Handelsvertreterverträge	601
2. Gewerberecht, Regelungen der Erwerbs- und Berufstätigkeit	569	8. Bank- und Kapitalmarktrecht, Internationaler Anlegerschutz	602
a) Rechtsanwälte und Steuerberater	570	a) Allgemeines	602
b) Architekten und Ingenieure	575	b) Überweisungsvertrag	603
c) Bauträger	579	aa) Grenzüberschreitende Zahlungen in Euro	603
d) Öffentliches Preisrecht für Arzneimittel	582	bb) Sonstige Überweisungen	604
3. Außenhandel, Embargomaßnahmen, Finanzsanktionen	583	c) Wertpapier-, Depot- und Börsengeschäfte	606
		9. Wettbewerbs- und Kartellrecht	610
		10. Versicherungsverträge	614
		11. Transportverträge	617
		12. Vorschriften des Sozialrechts	619
		13. Urhebervertragsrecht	621

I. Allgemeines

1. Grundlagen

Art. 9 Abs. 2 Rom I-VO berechtigt die Mitgliedstaaten, die Eingriffsnormen ihres eigenen Rechts gegen das Vertragsstatut durchzusetzen. Eine Verpflichtung, Eingriffsnormen vorzuhalten, besteht außerhalb gemeinschafts- und völkerrechtlicher Verpflichtung (dazu oben Rz. 535 ff., 552) hingegen nicht, so dass es sich bei Art. 9 Abs. 2 Rom I-VO um eine **Öffnungsklausel** handelt, die den Mitgliedstaaten die **Option** eröffnet, das einheitliche Anknüpfungssystem der Rom I-VO ausnahmsweise zu Gunsten nationaler öffentlicher Interessen iSd. Art. 9 Abs. 1 Rom I-VO zu durchbrechen. 561

2. Anwendungsvoraussetzungen

a) Allgemeine Voraussetzungen

Allgemeine Voraussetzungen der Anwendung des Art. 9 Abs. 2 Rom I-VO sind neben der Eröffnung des Anwendungsbereichs der Rom I-VO (ausf. dazu oben 562

Rz. 509) das Vorliegen einer **Eingriffsnorm iSd. Art. 9 Abs. 1 Rom I-VO** (dazu ausf. oben Rz. 510 ff.), die der lex fori entstammt. Eine (lediglich indikative) Übersicht einzelner inländischer Eingriffsnormen findet sich unten Rz. 566 ff.

b) Erfordernis hinreichenden Inlandsbezugs

563 Der Wortlaut des Art. 9 Abs. 2 Rom I-VO macht ebenso wenig wie bislang Art. 34 EGBGB und Art. 7 Abs. 2 EVÜ (anders dagegen Art. 7 Abs. 1 EVÜ) die Anwendung von Eingriffsnormen der lex fori ausdrücklich vom Vorliegen eines engen Bezugs des Vertrages zum Gebiet des Gerichtsstaates abhängig. Im bisherigen Recht entspricht das Erfordernis eines derartigen Inlandsbezugs freilich der ganz überwiegenden Auffassung im Schrifttum[1], der auch die diese Frage nicht ausdrücklich thematisierende Rechtsprechung zuzuneigen scheint[2].

564 Einer **Fortgeltung dieses berechtigten Erfordernisses**, das für eine sinnvolle Eingrenzung der Anwendung von Eingriffsnormen und die Vorhersehbarkeit des Rechts unabweislich ist[3], steht die Vergemeinschaftung des Kollisionsrechts durch die Rom I-VO jedenfalls nicht entgegen, so dass es (zumindest in Deutschland) nicht auf die (zu bejahende) Frage ankommt, ob bereits Art. 9 Abs. 2 Rom I-VO selbst implizit einen hinreichend substantiellen Inlandsbezug verlangt[4]. Denn die Funktion des Art. 9 Abs. 2 Rom I-VO besteht darin, als Öffnungsklausel den Mitgliedstaaten die Anwendung eigener Eingriffsnormen zu gestatten. Es obliegt daher (vorbehaltlich der Erfüllung der sonstigen Kriterien der Art. 9 Abs. 1, Abs. 2 Rom I-VO) allein dem mitgliedstaatlichen Recht, festzulegen, ob und in welchen Konstellationen es seine Vorschriften international durchsetzen will. Daher sollte auch unter Geltung der Rom I-VO im deutschen Recht nicht leichtfertig vom Erfordernis eines substantiellen Inlandsbezugs abgesehen werden. Hinzuweisen ist auch darauf, dass der unter Geltung des Art. 7 EVÜ bestehende systematische Widerspruch zwischen Art. 7 Abs. 1 EVÜ, der für die Anwendung forumfremder Eingriffsnormen einen hinreichenden Bezug zwischen Erlassstaat und Schuldverhältnis verlangte, und dem insoweit schweigsamen Art. 7 Abs. 2 EVÜ, der ein diesbezügliches Kritierium nicht enthielt, unter Geltung der Rom I-VO nicht mehr besteht[5].

---

1 So *Thorn*, in: Palandt, Art. 34 EGBGB Rz. 3; *Martiny*, in: MünchKomm, Art. 34 EGBGB Rz. 130, 136; *Schurig*, RabelsZ 54 (1990), 217 (234); *E. Lorenz*, RIW 1987, 578; *E. Lorenz*, RdA 1989, 220 (227); *Kohte*, EuZW 1990, 150 (153); *Hohloch*, in: Erman, Art. 34 EGBGB Rz. 13; *Bitterich*, GPR 2006, 161 (165). AM *Radtke*, ZvglRW 84 (1985), 329 (331); *Mankowski*, RIW 1998, 287.
2 Etwa *Doehner*, in: AnwK, Art. 34 EGBGB Rz. 18; *Magnus*, in: Staudinger, Art. 34 EGBGB Rz. 72 ff.; *Martiny*, in: MünchKomm, Art. 34 EGBGB Rz. 130; *Spickhoff*, in: Bamberger/Roth, Art. 34 EGBGB Rz. 16.
3 6. Aufl. Rz. 401 sowie das Schrifttum oben Fn. 1.
4 Dazu insbes. *Bitterich*, GPR 2006, 161 (165).
5 Es ist allerdings zu konzedieren, dass das in Art. 9 Abs. 3 Rom I-VO vorgesehene Erfordernis des Vorliegens des vertraglichen Erfüllungsortes in dem betreffenden ausländischen Staat die Anforderungen an den Bezug zwischen Eingriffsnorm und Vertrag bzw. Sachverhalt gegenüber Art. 7 Abs. 1 EVÜ sogar verschärft.

3. Rechtsfolgen der Anwendung von Art. 9 Abs. 2 Rom I-VO

Gem. Art. 9 Abs. 2 Rom I-VO sind Eingriffsnormen der lex fori „**anzuwenden**". Diese Formulierung stellt klar, dass das Gericht die Eingriffsnormen **exakt in Einklang mit den Vorgaben des nationalen Gesetzgebers** zu befolgen hat. Diese Rechtsfolge ist unproblematisch und selbstverständlich, da der Befehl zur Befolgung der Eingriffsnorm hier von der auch für das erkennende Gericht zuständigen und für dieses verbindlichen Legislativinstanz stammt. Da forumeigene Eingriffsnormen insgesamt vom Anwendungsbereich des Vertragsstatuts ausgenommen sind, bestimmt die lex fori auch über die Rechtsfolgen der Anwendung der Eingriffsnorm, dh. über deren Auswirkungen auf den Vertrag etwa im Sinne der Nichtigkeit, Reduktion etc[1]. 565

II. Einzelne Eingriffsnormen des deutschen Rechts

1. Grundstücksbezogene Vorschriften

a) Regelungen des Grundstücksverkehrs, Verwertungsregelungen

Inländische zwingende Vorschriften über den **Grundstücksverkehr** gelten für schuldrechtliche Verträge, die ein inländisches Grundstück zum Gegenstand haben unabhängig davon, welchem Recht diese Verträge unterliegen (vgl. auch Rz. 1521 ff.). Zu diesen über Art. 9 Abs. 2 Rom I-VO aufgrund ihrer Belegenheit gesondert anzuknüpfenden Vorschriften gehören vor allem die Vorschriften des Baugesetzbuches[2] und des Grundstücksverkehrsgesetzes. Die Begründung für die Sonderanknüpfung, die meist als selbstverständlich empfunden wird, liegt vor allem in der ordnungspolitischen Steuerung des Bodenverkehrs und dem durch die Belegenheit im Inland gebotenen notwendigen Inlandsbezug[3]. Dieser **Belegenheitsgrundsatz** und der Schutz des innerstaatlichen Bodenverkehrs verbietet die Anwendung der Regelungen des Grundstücksverkehrs auf im Ausland belegene Grundstücke. 566

Zu dem in § 1149 BGB enthaltenen Verbot von **Verfallvereinbarungen** im Zusammenhang mit der Bestellung von Hypotheken und Grundschulden wird vertreten, es handele sich hierbei um eine international zwingende Vorschrift, die unabhängig von dem auf die Verfallvereinbarung anwendbaren Recht gelte, falls das betreffende Grundstück im Inland belegen sei[4]. Dem ist jedenfalls im Ergebnis zuzustimmen. Schon die Nähe des § 1149 BGB zu den Vorschriften über die Verwertung von Grundpfandrechten gebietet es, die Vorschrift 567

---

1 So evtl. auch BGH 17.12.1959, BGHZ 31, 367 (372) = NJW 1960, 1101 = RabelsZ 25 (1960), 645 Anm. *Neumayer*.
2 Insbesondere Genehmigungsvorschriften, öffentlich-rechtliche Vorkaufsrechte etc.
3 Vgl. *Beitzke*, RabelsZ 48 (1984), 643; *E. Lorenz*, RIW 1987, 580; *Kreuzer*, Ausländisches Wirtschaftsrecht vor deutschen Gerichten (1986), S. 49; *Lurger*, IPRax 2001, 52 ff.; *Martiny*, in: MünchKomm, Art. 34 EGBGB Rz. 115; *Hohloch*, in: Erman, Art. 34 EGBGB Rz. 13; *Magnus*, in: Staudinger, Art. 34 EGBGB Rz. 86 f.
4 *Reithmann*, DNotZ 2003, 463.

entsprechend Art. 43 Abs. 1 EGBGB rechtswahlfest an die lex rei sitae anzuknüpfen, obwohl Verfallvereinbarungen schuld- und keine sachenrechtlichen Rechtsgeschäfte darstellen[1]. Das entspricht dem Willen des historischen Gesetzgebers, der § 1149 BGB als notwendige Ergänzung der dinglichen Verwertungsregelungen des BGB sah[2].

b) Miet- und Pachtvorschriften

568 Zwingende Vorschriften über Mieter- und Pächterschutz sind anzuwenden auf **Verträge über inländische Räume und Grundstücke**[3]. Zu nennen sind hier etwa: die Mieterschutzvorschriften des BGB, Wohnungsbindungsgesetz, Miethöhegesetz, wohl auch Vorkaufsrechte nach § 577 BGB, § 57 SchuldRAnpG, § 20 VermG etc. Zwar dienen solche Vorschriften nicht nur wirtschaftspolitischen Zwecken, sondern auch dem Schutz des schwächeren Vertragsteils, so dass man an der Qualifikation als Eingriffsnorm zweifeln könnte[4]. Hierbei wird aber deutlich, wie eng oft ordnungspolitische und verbraucherschützende Zwecke miteinander verbunden sind. Trotz ihres individualschutzbezogenen Zweckes ist der Geltungswille dieser Vorschriften nur auf inländische Grundstücke und Räume gerichtet. Deutsche Mieterschutzbestimmungen sind nicht anwendbar auf Wohn- und Geschäftsräume im Ausland, auch wenn der Mieter Inländer ist[5]. Sinnvoller erscheint es, derartige Vorschriften, soweit sie den Schutz einer marktschwächeren Partei bezwecken, iSd. **Günstigkeitsprinzips** nur zu berufen, wenn das gewählte ausländische Recht ungünstigere Regelungen enthält als das deutsche[6].

2. Gewerberecht, Regelungen der Erwerbs- und Berufstätigkeit

569 Viele Berufe und Dienstleistungen unterliegen öffentlich-rechtlichen, den Beruf oder das Gewerbe regelnden Vorschriften, die entweder die Aufnahme der Berufstätigkeit oder ihre Ausführung betreffen. **Gewerberechtliche Vorschriften** dienen als ordnungspolitische Regelungen der Durchsetzung eines bestimmten wirtschaftspolitischen Ziels und sind daher auf Gewerbetreibende, die im Inland ihr Gewerbe ausüben, als zwingende Vorschriften anwendbar[7]. So gelten etwa die gewerberechtlichen Vorschriften des **§ 34c Gewerbeordnung** und die aufgrund dieser Bestimmung erlassene Makler- und Bauträgerverord-

---

1 Unstr., vgl. *Eickmann*, in: MünchKomm, § 1149 BGB Rz. 1 f.
2 Mot. III S. 680, abgedruckt bei *Mugdan*, Die gesamten Materialien zum Bürgerlichen Gesetzbuch für das Deutsche Reich, Bd. 3 (1899, Nachdruck 1979), S. 379 f.
3 Vgl. *Trenk-Hinterberger*, Internationales Wohnungsmietrecht (1977), S. 140 ff.; *Kropholler*, RabelsZ 42 (1978), 652; *E. Lorenz*, RIW 1987, 580; *Martiny*, in: MünchKomm, Art. 34 EGBGB Rz. 115, 144; *Hohloch*, in: Erman, Art. 34 EGBGB Rz. 15; *Thorn*, in: Palandt, Art. 34 EGBGB Rz. 3; vgl. auch RegBegr. zum IPR-Gesetz von 1986, BT-Drucks. 10/504, S. 83.
4 So in der Tat *Schubert*, RIW 1987, 729 (731).
5 *Trenk-Hinterberger*, Internationales Wohnungsmietrecht (1977), S. 140.
6 *Lurger*, IPRax 2001, 55 f.
7 *von Hoffmann*, in: Soergel, Art. 34 EGBGB Rz. 41.

nung für alle Makler, Baubetreuer und Bauträger, die im Inland ihr Gewerbe ausüben (zum Bauträgervertrag unten Rz. 579 ff.).

a) Rechtsanwälte und Steuerberater

Das mittlerweile durch § 4a RVG eingeschränkte[1] Verbot von **Erfolgshonorarvereinbarungen** für die Tätigkeit von Rechtsanwälten gem. **§ 49b Abs. 2 BRAO** zählt nach ganz herrschender Auffassung zu den Eingriffsnormen[2]. Ebenso wird man im Hinblick auf die Tätigkeit von Steuerberatern auch für die Parallelvorschrift des **§ 9a StBerG** entscheiden müssen. Auch das für **gerichtlich tätige Anwälte** geltende **Gebührenunterbietungsverbot** des **§ 49b Abs. 1 BRAO** dürfte zu den Eingriffsnormen zählen.

570

Erforderlich für die Anwendung dieser Eingriffsnormen ist wie stets ein hinreichender **Inlandsbezug** des Sachverhalts[3]. Dieser wird sicherlich durch den inländischen **Ort der Zulassung** zur Berufstätigkeit und damit den Anwendungsbereich des betreffenden Standesrechts vermittelt. Bei Mehrfachzulassungen in verschiedenen Staaten entscheidet der Ort der konkreten Berufsausübung im Einzelfall. Vereinbart daher ein sowohl in den USA wie auch in Deutschland zugelassener Rechtsanwalt mit seinem Mandanten die Zahlung eines Erfolgshonorars in dem kraft Rechtswahl amerikanischem Recht unterliegenden Mandatsvertrag, so ist § 49b Abs. 2 BRAO gleichwohl anzuwenden, wenn die geschuldete anwaltliche Tätigkeit in Deutschland zu erbringen ist[4]. Umstritten ist die Anwendung des Art. 9 Rom I-VO, soweit ein deutscher Rechtsanwalt, der ein Mandat mit Auslandsbezug ausübt, insbesondere vor ausländischen Gerichten tätig wird. Es ist davon auszugehen, dass das jeweilige Standesrecht des Zulassungsstaates die Tätigkeit derjenigen Berufsträger, deren Tätigkeit einer Zulassung unterliegt (zB bei Rechtsanwälten, Wirtschaftsprüfern, Steuerberatern) und die nur in einem Staat (Deutschland) zugelassen sind, die gesamte Berufsausübung zwingend regelt, dh. auch in Bezug auf Tätigkeiten mit Auslandsbezug[5]. Darüber hinaus erscheint insbesondere nach der Entscheidung des EuGH in der Sache „Cipolla" die Anknüpfung an den **inländischen Sitz des Mandanten** angemessen[6].

571

---

1 § 4a RVG eingeführt durch das Gesetz zur Neuregelung des Verbots der Vereinbarung von Erfolgshonoraren vom 12.6.2008, BGBl. I 2008, 1000.
2 OLG Frankfurt a.M. 1.3.2000, IPRax 2002, 399 (Anm. *Krapfl*, IPRax 2002, 380) = JuS 2001, 818 Anm. *Hohloch*; *von Hoffmann*, in: Soergel, Art. 34 EGBGB Rz. 46; *Martiny*, in: MünchKomm, Art. 34 EGBGB Rz. 117. Implizit evtl. auch BGH 9.6.2008, AnwBl. 2008, 880 = DStR 2008, 2510. Teilw. a.M. BGH 15.11.1956, BGHZ 22, 162 (165). Vgl. auch Rz. 1448.
3 *Heß*, NJW 1999, 2485 (2486); *Krapfl*, IPRax 2002, 380 (382).
4 Vgl. OLG Frankfurt a.M. 1.3.2000, IPRax 2002, 399 (Anm. *Krapfl*, IPRax 2002, 380) = JuS 2001, 818 Anm. *Hohloch*.
5 *Heß*, NJW 1999, 2485 (2486); *Krapfl*, IPRax 2002, 380 (382). AM *Bendref*, AnwBl. 1998, 309 (310); *von Hoffmann*, in: Soergel, Art. 34 EGBGB Rz. 47.
6 EuGH 5.12.2006 – verb. Rs. C-94/04 und C-202/04 (Cipolla), Slg. 2006, I-11421 Rz. 68 f., näher dazu sogleich.

572 Mit der Vereinbarkeit der berufsrechtlichen Honorarregelungen mit dem **gemeinschaftsrechtlichen Kartellrecht** hat sich der EuGH in den Entscheidungen „Gebhard"[1] und „Arduino"[2], mit der Vereinbarkeit von Mindesthonorarregeln mit der **Dienstleistungsfreiheit** in der Sache „Cipolla"[3] befasst. Demzufolge beschränken international zwingende Mindesthonorarregelungen, die für sämtliche Anwaltsdienstleistungen gelten, die zu Gunsten von im Erlassstaat ansässigen Mandaten erbracht werden, die Niederlassungsfreiheit, da sie es ausländischen Berufsträgern erschweren, im Wege des Preiswettbewerbs auf dem betreffenden Markt zu konkurrieren. Doch können derartige **Beschränkungen gerechtfertigt** sein, wenn sie aus zwingenden Gründen des Gemeinwohls geboten sind, das erstrebte Ziel zu erreichen geeignet und erforderlich sind und zudem keine unverhältnismäßigen Folgen zeitigen. Dies hält der EuGH für den Fall der Mindesthonorare für denkbar, da Mindesthonorare einen ruinösen Preiswettbewerb der Anwälte auf Kosten der Qualität der Rechtsdienstleistungen und damit zu Lasten der Verbraucher verhindern können. Allerdings habe das jeweilige nationale Gericht das Vorliegen dieser Voraussetzungen jeweils im Einzelfall sorgfältig zu überprüfen[4]. Der EuGH geht in der Entscheidung „Cipolla" von der gemeinschaftsrechtlichen Zulässigkeit des Verbots von Erfolgshonoraren aus.

573 Ebenfalls international zwingend war nach bislang hM **Art. 1 § 1 Abs. 1 RBerG**, der die rechtsberatende Tätigkeit im Inland von der Erteilung einer Erlaubnis abhängig machte und bei Verstößen die zivilrechtliche Unwirksamkeit des betreffenden Vertrages bewirkte[5]. Mit Inkrafttreten des **Rechtsdienstleistungsgesetzes (RDG)** am 1.7.2008[6] ist das RBerG aufgehoben[7] und das Berufsrecht der Rechtsdienstleistungen erheblich dereguliert worden. Nach neuem Recht ist hinsichtlich der Besorgung fremder Rechtsangelegenheiten zwischen gerichtlichen und außergerichtlichen Dienstleistungen zu differenzieren. In Bezug auf **außergerichtliche Rechtsdienstleistungen** folgt aus § 3 RDG, dass diese nur in dem durch das RDG gesetzten Rahmen gestattet, im Übrigen aber verboten sind. Da gem. § 1 Abs. 2 S. 1 RDG der Zweck des RDG darin besteht, „die Rechtsuchenden, den Rechtsverkehr und die Rechtsordnung vor unqualifizierten Rechtsdienstleistungen zu schützen", sind die Verbote des RDG ebenso wie die bisherigen des RBerG als **Eingriffsnormen** iSd. Art. 9 Abs. 1

---

1 EuGH 30.11.1995 – Rs. C-55/94 (Gebhard), Slg. 1995, I-4165 = NJW 1996, 579.
2 EuGH 19.2.2002 – Rs. C-35/99 (Arduino), Slg. 2002, I-1529 = NJW 2002, 882.
3 EuGH 5.12.2006 – verb. Rs. C-94/04 und C-202/04 (Cipolla), Slg. 2006, I-11421 = NJW 2007, 281 = BB 2007, 462. Dazu ua. *Mailänder*, NJW 2007, 883; *Lange*, EWS 2007, 170; *Wolf*, DStR 2007, 131; *Lörcher*, BRAK-Mitt. 2008, 2; *Kern*, ZEuP 2008, 413.
4 EuGH 5.12.2006 – verb. Rs. C-94/04 und C-202/04 (Cipolla), Slg. 2006, I-11421 Rz. 68 f.
5 Implizit OLG Hamm 15.6.1999, RIW 2000, 8 (Anm. *Budzikiewicz*, IPRax 2001, 218; *Armbrüster*, RIW 2000, 583); *Spellenberg*, in: MünchKomm, vor Art. 11 EGBGB Rz. 165; *Magnus*, in: Staudinger, Art. 38 EGBGB Rz. 91; s. auch Rz. 1449.
6 Vgl. Art. 20 S. 1 des Gesetzes zur Neuregelung des Rechtsberatungsrechts, BGBl. I 2840.
7 Vgl. Art. 20 S. 3 Nr. 1 des Gesetzes zur Neuregelung des Rechtsberatungsgesetzes, BGBl. I 2840.

Rom I-VO zu qualifizieren. Unmittelbare Einschränkungen der Zulässigkeit **gerichtlicher Rechtsdienstleistungen** ergeben sich nach neuem Recht nur noch aus den §§ 78 ff. ZPO, die in Verfahren vor den Landgerichten oder höheren Instanzen die Einschaltung eines Rechtsanwalts verlangen (§ 78 ZPO) bzw. im Parteiprozess die Vertretungsbefugnis auf einen engen Personenkreis beschränken (§ 79 ZPO). Auch wenn diese Vorschriften verfahrensrechtlich zu qualifizieren sind, da sie allein die Vertretungsbefugnis der Rechtsdienstleister regeln und regeln sollen[1], so folgt doch aus einer Gesamtschau von RDG und §§ 78 ff. ZPO sowie aus einem erst-Recht-Schluss zu den Verboten des RDG, dass die schuldrechtlichen Verträge, die der Erbringung prozessualer Rechtsdienstleistungen zugrundeliegen und die gegen die §§ 78 ff. ZPO verstoßen, jedenfalls im Umfang des Verstoßes nichtig sind. Diese **ungeschriebene Verbotsnorm** in Bezug auf gerichtliche Rechtsdienstleistungen ist ebenfalls als **Eingriffsnorm** zu qualifizieren. Anwendbar sind die betreffenden Eingriffsnormen aufgrund des auf den deutschen Rechtsverkehr bezogenen Schutzzwecks des RDG ausschließlich auf **Rechtsdienstleistungen, die im Inland zu erbringen** sind.

Soweit das ehem. RBerG die gerichtliche **Beitreibung von Forderungen im Inland** zugelassenen Anwälten vorbehält und damit ausländische Inkassobüros ausschließt, ist dies nach der Entscheidung des EuGH in Sachen „Reisebüro Broede" mit der **Dienstleistungsfreiheit der Art. 49 ff. des EG-Vertrages** vereinbar[2]. Gleiches gilt erst recht für die §§ 10 ff. RDG, § 79 Abs. 2 Nr. 4 ZPO, die nicht mehr zwischen in- und ausländischen Inkassobüros differenzieren. 574

b) Architekten und Ingenieure

In Übereinstimmung mit dem wohl herrschenden Schrifttum[3] hat der BGH die Bestimmungen der **HOAI**[4] über die **Vergütung von Architekten und Ingenieuren** als „zwingendes Preisrecht des öffentlichen Rechts" und damit jedenfalls die Mindestsatzregelung des § 4 HOAI als Eingriffsnormen (iSd. Art. 34 EGBGB) qualifiziert[5]. 575

Keinen endgültigen Aufschluss gibt der BGH in Bezug auf die Frage, **welchen Inlandsbezug** der Architekten- bzw. Ingenieurvertrag aufweisen muss, um der 576

---

1 Vgl. RegBegr. zum Gesetz zur Neuregelung des Rechtsberatungsgesetzes, BT-Drucks. 16/3655, 33.
2 EuGH 12.12.1996 – Rs. C-3/95 (Reisebüro Broede), Slg. 1996, I-6529, 6540 = EuZW 1997, 53 = RIW 1997, 164.
3 Für eine zwingende Anknüpfung *Wenner*, RIW 1998, 176 ff.; *Locher/Koeble/Frik*, HOAI, 9. Aufl. (2006), § 1 HOAI Rz. 19; *Thorn*, in: Palandt, Art. 34 EGBGB Rz. 3a. AM etwa *Kilian/Müller*, IPRax 2003, 436 ff.; *Magnus*, in: Staudinger, Art. 34 EGBGB Rz. 94. Vgl. zum Streitstand *Freitag*, in: Messerschmidt/Voit (Hrsg.), Privates Baurecht (2008), Abschnitt P Rz. 70 ff.; *Thode/Wenner*, Internationales Architekten- und Bauvertragsrecht (1998), Rz. 239 ff.
4 VO über die Honorare für Leistungen der Architekten und der Ingenieure vom 17.9.1976, BGBl. I 1976, 2805, 3616.
5 BGH 27.2.2003, BGHZ 154, 110 (Anm. *Quack*, ZfBR 2003, 419; Anm. *Wenner*, ZfBR 2003, 421; Anm. *Kilian/Müller*, IPRax 2003, 436). Zuvor bereits BGH 7.12.2000, NJW 2001, 1936 (1937). AA insbes. *Kilian/Müller*, IPRax 2003, 436 ff.

HOAI zu unterliegen. In Betracht kommt ein Abstellen auf den inländischen Ort des Bauvorhabens, die Zugehörigkeit des Berufsträgers zu einer inländischen Kammer oder die inländische Ansässigkeit des Auftraggebers. Nach Auffassung des BGH gilt Ersteres, dh. die HOAI soll für sämtliche Architektentätigkeiten gelten, die sich auf **Bauvorhaben in Deutschland** beziehen[1]. In der Fassung nach der 6. Novelle stellt die HOAI[2] in Übereinstimmung mit der bisher herrschenden Ansicht im Schrifttum[3] klar, dass sich ihr Geltungsbereich auf sämtliche Architekten- und Ingenieurstätigkeiten mit Bezug zu Bauvorhaben in Deutschland erstreckt. Demzufolge kann für inländische Bauvorhaben weder im Wege der objektiven noch der subjektiven Anknüpfung von der HOAI abgewichen werden.

577 Eine zwingende Durchsetzung der HOAI ist bei Binnenmarktsachverhalten **mit** der **Dienstleistungsfreiheit** des EG-Vertrages **nicht vereinbar**[4]. Allerdings liegt es in Bezug auf die **Mindestvergütungsregelung** der HOAI nahe, die Rechtsprechung des EuGH in Sachen „Cipolla" (Nachw. oben Rz. 572) zu anwaltlichen Gebührenregelungen (dazu oben Rz. 570 ff.) auf die hiesige Materie zu übertragen und auch ausländische Berufsträger, die an inländischen Vorhaben mitwirken, unabhängig vom anwendbaren Recht als an die HOAI gebunden anzusehen. Denn in der genannten Entscheidung hat der EuGH Mindesthonorarregelungen für Rechtsanwälte trotz ihrer grundsätzlich beschränkenden Wirkung insoweit für rechtfertigungsfähig gehalten, als sie dazu dienen, die Qualität der Rechtsberatung im Interesse der Mandanten sicherzustellen. Mit dieser Begründung lässt sich jedenfalls die Anwendung der HOAI auf im Inland belegene Bauvorhaben rechtfertigen, falls auch der Bauherr im Inland ansässig ist. Freilich besteht ein grundlegender Unterschied zwischen anwaltlichem Gebührenrecht und HOAI darin, dass der Gesetzgeber den Zweck der HOAI nach dem Gesagten im Schutz der Mietmärkte vor hohen Mieten aufgrund hoher Baukosten sieht. Die in der Anwendung der HOAI auf ausländische Berufsträger liegende Beschränkung der Dienstleistungsfreiheit aber lässt sich mangels Eignung der HOAI zur Erreichung der mit ihr verfolgten Ziele nicht rechtfertigen, da die Mietpreise weder allein von den Bau-

---

1 BGH 27.2.2003, BGHZ 154, 110 (115); *Fetsch*, NZBau 2005, 71 (74 f.). AA *Kilian/Müller*, IPRax 2003, 436 ff.; *Quack*, ZfBR 2003, 419.
2 Vgl. zur Reform der HOAI *Schramm/Schwenker/Wessel*, ZfBR 2008, 427; *Seifert*, BauR 2008, 904; *Scholtissek*, NZBau 2008, 409; *Orlowski*, ZfBR 2008, 533; *Koeble*, BauR 2008, 894.
3 *Wenner*, BauR 1993, 267; *Wenner*, RIW 1998, 177.
4 Zweifel an der Gemeinschaftsrechtskonformität äußert auch der BGH selbst, vgl. BGH 22.3.2003, BGHZ 154, 110 (118 f.); ebenso ausf. *Quack*, ZfBR 2003, 419; *Vogelheim/Najork*, NZBau 2007, 265 ff. Keine gemeinschaftsrechtlichen Bedenken haben *Jochem*, HOAI, 4. Aufl. (1998), § 1 HOAI Rz. 13; *Dörr*, BauR 1997, 390 (398 ff.); *Wenner*, ZfBR 2003, 421. Ausf. – die Gemeinschaftsrechtskonformität iE bejahend – *Fetsch*, S. 173 ff., 215 ff.; *Fetsch*, NZBau 2005, 71 ff.

kosten noch die Baukosten allein von den Kosten der Architekten- oder Ingenieursleistungen abhängen[1].

Erst Recht verstoßen die **Höchstsätze** des § 4 Abs. 3 HOAI gegen die Dienstleistungsfreiheit, da sie dem Verhältnismäßigkeitsgrundsatz nicht genügen. Die Höchstregeln sollen nach der Regierungsbegründung zum MRVG[2] (Gesetz über Maßnahmen zur Verbesserung des Mietrechts und der Begrenzung des Mietanstiegs) unter anderem überhöhte Baukosten verhindern, um sozial unverträglichen Mietpreisen vorzubeugen. Zur Herbeiführung dieses Ziels ist die HOAI ersichtlich nicht geeignet, da die Kosten von Bauwerken nicht allein von den Honoraren der Architekten und Ingenieure, sondern überwiegend von sonstigen Kostenfaktoren abhängen. Auch die Behauptung, die HOAI diene dem Verbraucherschutz, indem sie die Preise für Architektenleistungen auch für den Verbraucher transparent gestalte und ihn vor überhöhten Rechnungen schütze[3], trägt nicht. Denn nur im Falle des Marktversagens ist überhaupt damit zu rechnen, dass Verbrauchern in nennenswertem Umfang überzogene Honorare in Rechnung gestellt werden, während bei einem funktionierenden Wettbewerb der Architekten und Ingenieure die Aushandlung des angemessenen Entgelts den Parteien obliegen sollte. 578

c) Bauträger

Für den Vertrag über den Erwerb neu zu errichtender Häuser und Eigentumswohnungen spielt die aufgrund von **§ 34c GewO** erlassene Makler- und Bauträgerverordnung (MaBV) eine wichtige Rolle. Die **§§ 3, 7 MaBV** untersagen dem Bauträger, während der Baudauer vom Erwerber Anzahlungen **ohne Sicherheit entgegenzunehmen**. Ferner ist dem Bauträger gem. § 12 MaBV verboten, von den §§ 2–8 MaBV abweichende Vereinbarungen zu treffen. Gegen die §§ 3, 7, 12 MaBV verstoßende Vereinbarungen des Bauträgers sind wegen Verstoßes gegen § 134 BGB nichtig[4]. 579

Die überwiegende Meinung zum bisherigen Recht hielt die Vorschriften der MaBV für international zwingend (iSd. Art. 34 EGBGB; vgl. auch unten Rz. 1521 f.)[5]. Schwieriger zu beurteilen ist die Frage, welcher Anknüpfungspunkt für die Feststellung des notwendigen **Inlandsbezugs** maßgebend ist. Da die MaBV mit ihren Regelungen auf der GewO beruht, spricht viel dafür, wie bei allen anderen gewerblichen Vorschriften den maßgeblichen Anknüpfungs- 580

---

1 Ausf. wie hier *Vogelheim/Najork*, NZBau 2007, 265 ff.
2 BT-Drucks. 6/1549, S. 14.
3 *Dörr*, BauR 1997, 390 (399 f.); *Rädler*, BauR 2001, 1032 (1033).
4 Vgl. BGH 22.10.1998, BGHZ 139, 387 (391 f.) = NJW 1999, 51 und *Marcks*, in: Landmann/Rohmer, GewO, Loseblatt, § 12 MaBV Rz. 6 ff.; *Basty*, Der Bauträgervertrag, 5. Aufl. (2005), Rz. 61.
5 *Reithmann*, Festschr. Ferid (1988), S. 363; *Reithmann*, in: Reithmann/Meichssner/von Heymann, Kauf vom Bauträger, 7. Aufl. (1995), Rz. A 62; *Brych/Pause*, Bauträgerkauf und Baumodelle, 4. Aufl. (2004), Rz. 42, 210; *Freitag*, in: Messerschmidt/Voit (Hrsg.), Privates Baurecht (2008), Abschnitt P Rz. 72; *Thorn*, in: Palandt, Art. 34 EGBGB Rz. 3; *Hohloch*, in: Erman, Art. 34 EGBGB Rz. 14.

punkt in der gewerblichen Niederlassung des Bauträgers im Inland zu sehen[1]. Umstritten ist allerdings, ob kumulativ weitere Voraussetzung ist, dass das Bauvorhaben im Inland durchgeführt wird. Das OLG Hamm ist davon ausgegangen, die MaBV sei auf alle Bauträger mit Sitz im Inland anwendbar, gleich ob das Bauvorhaben im In- oder Ausland durchgeführt wird[2]. Diese Entscheidung ist in der Literatur teils auf Zustimmung[3], teils auf Ablehnung gestoßen[4].

581 Dabei sprechen die besseren Argumente dafür, die §§ 3, 7, 12 MaBV in diesen Fällen als **nicht international zwingend** anzusehen. Die MaBV ist aufgrund der Verordnungsermächtigung in § 34c GewO erlassen worden und soll mit gewerberechtlichen Mitteln dazu beitragen, Missstände im Bauträgergeschäft zu beseitigen und hierdurch den Erwerber schützen[5]. Demzufolge ist die MaBV gem. ihrem § 1 nur für (inländische) Gewerbetreibende maßgeblich. Aufgrund des dem öffentlichen Recht zu Grunde liegenden Territorialitätsprinzips kann die MaBV zudem lediglich die Gewerbeausübung im Inland regeln, während die gewerbliche Tätigkeit inländischer Unternehmen im Ausland vom betreffenden ausländischen Gewerberecht geregelt wird. Vor diesem Hintergrund kommt eine international zwingende Durchsetzung der MaBV auf Gewerbetätigkeit im Ausland (erst Recht) nicht in Betracht. Umgekehrt findet die MaBV Anwendung, soweit ein ausländischer Bauträger im Inland gewerblich tätig wird.

d) Öffentliches Preisrecht für Arzneimittel

582 Das öffentliche Preisrecht der § 78 AMG, §§ 1, 3 AMPreisVO ist für den Vertrieb von Arzneimitteln im Inland nach Auffassung zahlreicher Instanzgerichte auch zu Lasten ausländischer Anbieter anzuwenden[6]. Da diese Geltungserstreckung das inländische Gesundheitssystem schützen soll, sind die betreffenden Vorschriften unabhängig von dem auf den Vertrag anwendbaren Recht gem. Art. 9 Abs. 2 Rom I-VO durchzusetzen.

3. Außenhandel, Embargomaßnahmen, Finanzsanktionen

583 Das Außenhandelsrecht enthält öffentlich-rechtliche Regelungen der Ein- und Ausfuhr von Waren, Dienstleistungen und Kapital. Die allgemeinen **deutschen** Bestimmungen des **Außenwirtschaftsrechts** finden sich im Außenwirtschafts-

---

[1] So auch *Reithmann*, in: Reithmann/Meichssner/von Heymann, Kauf vom Bauträger, 7. Aufl. (1995), Rz. A 63 ff.; *Brych/Pause*, Bauträgerkauf und Baumodelle, 4. Aufl. (2004), Rz. 80.
[2] OLG Hamm 7.2.1977, NJW 1977, 1594 = RIW 1977, 781 Anm. *Ahrens* = MittBayNot 1977, 1982 Anm. *Lichtenberger*: Sitz des Bauträgerunternehmens in Bremen, Bauvorhaben in Spanien, Werbung des Bauträgers um deutsche Kunden im Inland.
[3] *Reithmann*, Festschr. Ferid (1988), S. 363 (367 ff.); *von Hoffmann*, in: Soergel, Art. 34 EGBGB Rz. 50; 6. Aufl. Rz. 409.
[4] So *Lichtenberger*, MittBayNot 1977, 183 ff.; krit. auch *Martiny*, in: MünchKomm, Art. 28 EGBGB Rz. 154.
[5] BR-Drucks. 179/75, S. 4.
[6] OLG Hamm 21.9.2004, RIW 2004, 943; OLG Frankfurt 29.11.2007, GRUR-RR 2008, 306; LG Hamburg 17. 8. 20, ApoR 2006, 146. Ausf. dazu *Mand*, EuR 2007, Beiheft 2.

gesetz (AWG)[1], der Außenwirtschaftsverordnung (AWV)[2] sowie dem Kriegswaffenkontrollgesetz[3]. Diese Vorschriften werden weitgehend durch das **Außenwirtschaftsrecht der Europäischen Gemeinschaft** überlagert und ergänzt. Gem. Art. 133 EG besitzt die Gemeinschaft eine ausschließliche Kompetenz für Maßnahmen des Außenhandels[4], aufgrund derer eine Vielzahl an außenhandelspolitischen Maßnahmen insbesondere der **Einfuhr und Ausfuhr**[5] und des **Zollrechts**[6] erlassen wurde. Aufgrund des Art. 301 EG wurden zudem zahlreiche handelspolitische Sanktionen in Form von **Embargen** gegen Staaten und/oder **Finanzsanktionen** gegen Staaten, Personen und Organisationen erlassen; stetig aktualisierte Auflistungen der einschlägigen Verordnungen und Rechtsakte finden sich insbesondere auf den Internetseiten der Deutschen Bundesbank (Finanzsanktionen)[7] sowie des Bundesamtes für Ausfuhrkontrolle (Finanzsanktionen, Embargen)[8]. Für den Bereich der **Kriegswaffenkontrolle** ist ferner die „Dual Use-Verordnung" zu nennen, die die Ausfuhr von Gütern mit zivilem und militärischem Verwendungszweck regelt[9]. Die betreffenden Rechtsakte der EU werden in Deutschland in das verwaltungs- und strafrechtliche System von AWG und AWV integriert, indem der hiesige Gesetzgeber die betreffende EG-Verordnung in die AWV aufnimmt.

Die betreffenden EU-Verordnungen enthalten öffentlich-rechtliche Verbote, deren Verletzung idR zivilrechtlich über § 134 BGB sanktioniert wird[10]. Ferner sind Verträge, die nach den Bestimmungen des AWG der Genehmigung durch die zuständigen Behörden bedürfen, gem. § 31 AWG bis zur Erteilung der Genehmigung schwebend unwirksam, bei Verweigerung der erforderlichen Genehmigung ordnet § 31 AWG die Nichtigkeit des Vertrages an[11]. Es entspricht

584

---

1 Gesetz vom 28.4.1961, neugefasst durch Bekanntmachung vom 27.5.2009, BGBl. I 2009, 1150.
2 Außenwirtschaftverordnung vom 22.11.1993, BGBl. I 1993, 1934, 2493.
3 Ausführungsgesetz zu Art. 26 Abs. 2 des Grundgesetzes (Gesetz über die Kontrolle von Kriegswaffen).
4 Zur Ausschließlichkeit der Gemeinschaftskompetenz vgl. EuGH 15.12.1976 – Rs. 41/76 (Donckerwolke), Slg. 1976, 1921.
5 VO (EWG) Nr. 288/82 des Rates vom 5.2.1982 betreffend die gemeinsame Einfuhrregelung, ABl. EG 1982 Nr. L 35, S. 1. Weiterhin von Bedeutung ist die „Anti Dumping-Verordnung" VO (EWG) Nr. 2423/88 des Rates vom 11.7.1988 über den Schutz gegen gedumpte und subventionierte Einfuhren aus nicht zur europäischen Wirtschaftsgemeinschaft gehörenden Ländern, ABl. EG 1988 Nr. L 209, S. 1.
6 VO (EWG) Nr. 950/68 des Rates vom 28.6.1968, ABl. EG 1968 Nr. L 172, S. 1.
7 http://www.bundesbank.de/finanzsanktionen/finanzsanktionen_allgemein.php.
8 http://www.bafa.de/ausfuhrkontrolle/de/embargos/index.html.
9 VO (EG) Nr. 1334/2000 vom 22.7.2000 über eine Gemeinschaftsregelung für die Kontrolle der Ausfuhr von Gütern und Technologien mit doppeltem Verwendungszweck, ABl. EG 2000 Nr. L 159, S. 1, geändert durch VO (EG) Nr. 1167/2008 vom 24.10.2008 (in Kraft seit dem 27.8.2009).
10 *Metschkoll*, Eingriffe in Außenhandelsverträge (1992), S. 77 ff.; *Neumann*, Internationale Handelsembargos und privatrechtliche Verträge (2001), S. 222 ff.; *Bittner*, RIW 1994, 459; *Oeter*, IPRax 1996, 76 mwN.
11 Näher *Just*, in: Hohmann/John (Hrsg.), Ausfuhrrecht (2002), § 31 AWG Rz. 1 ff.; *Metschkoll*, Eingriffe in Außenhandelsverträge (1992), S. 77 ff.; *Neumann*, Internationale Handelsembargos und privatrechtliche Verträge (2001), S. 228.

allgemeiner Ansicht, dass die in § 34 AWG und den einschlägigen EU-Regelungen enthaltenen Verbote geradezu idealtypische **Eingriffsnormen** darstellen[1].

4. Kulturgüterschutz

585 Kulturgüterschutz soll sicherstellen, dass für die kulturelle Identität eines Staates besonders bedeutsame Güter nicht oder nicht ohne Genehmigung der zuständigen Behörden frei gehandelt und insbesondere nicht außer Landes geschafft werden. Wie allgemein im Außenhandelsrecht wird der Kulturgüterschutz **primär öffentlich-rechtlich** gewährleistet. In Deutschland ist der **Schutz inländischer Kulturgüter** im Kulturgüterschutzgesetz (KultgSchG)[2] geregelt. Gem. **§§ 1 Abs. 4, 10 Abs. 3 KultgSchG** ist die Ausfuhr von Kulturgütern aus Deutschland genehmigungsbedürftig. Nach **§§ 4, 11 KultgSchG** ist die Genehmigung zu versagen, wenn der betreffende Gegenstand in das Verzeichnis national wertvollen Kulturgutes eingetragen ist. Daneben enthält das **Sekundärrecht der Europäischen Gemeinschaften** Sondervorschriften über den Kulturgüterschutz. Verträge über die Ausfuhr von Kulturgütern, die ohne die erforderliche Genehmigung geschlossen wurden, sind im Zweifel schwebend unwirksam und mit Versagung der Genehmigung bzw. bei von vornherein fehlender Genehmigungsfähigkeit nichtig (§ 134 BGB)[3]. Die entsprechenden Ausfuhrverbote im Kulturgüterschutzrecht sind selbstverständlich als **Eingriffsnormen** ohne Rücksicht auf das den Ausfuhrvertrag beherrschende Recht durchzusetzen[4]. In Bezug auf die (international) sachenrechtlichen Folgen von Verstößen gegen Ausfuhrverbote ist auf die Spezialliteratur zu verweisen[5].

---

1 BGH 23.10.1980, RIW 1981, 194 = IPRax 1982, 116 (LS) Anm. *von Hoffmann* = IPRspr. 1980 Nr. 25; *Neumann*, Internationale Handelsembargos und privatrechtliche Verträge (2001), S. 211 ff.; *Drobnig*, RabelsZ 52 (1988), 1 (4 f.); *Remien*, RabelsZ 54 (1990), 431 (463); *Kreuzer*, Ausländisches Wirtschaftsrecht vor deutschen Gerichten (1986), S. 13 ff.; *Martiny*, in: MünchKomm, Art. 34 EGBGB Rz. 81 f.; *Hohloch*, in: Erman, Art. 34 EGBGB Rz. 14; *von Hoffmann*, in: Soergel, Art. 34 EGBGB Rz. 18 ff., 21 ff.; *Magnus*, in: Staudinger, Art. 34 EGBGB Rz. 107 f.
2 Gesetz vom 6.8.1955 zum Schutz deutschen Kulturgutes gegen Abwanderung, BGBl. I 1955, 501.
3 *Kohls*, Kulturgüterschutz (2001), S. 102 ff.; *Halsdorfer*, Privat- und kollisionsrechtliche Folgen der Verletzung von Kulturgüterschutznormen auf der Grundlage des UNESCO-Kulturgutübereinkommens 1970 (2008), S. 45, 103 ff.
4 Vgl. *Schmeinck*, Internationalprivatrechtliche Aspekte des Kulturgüterschutzes (1994), S. 95 ff.; *Halsdorfer*, Privat- und kollisionsrechtliche Folgen der Verletzung von Kulturgüterschutznormen auf der Grundlage des UNESCO-Kulturgutübereinkommens 1970 (2008), S. 210 ff.
5 *Knott*, Der Anspruch auf Herausgabe gestohlenen und illegal exportierten Kulturguts (1990); *Spinellis*, Das Vertrags- und Sachenrecht des internationalen Kunsthandels (2000), S. 365 ff., 487 ff.; *Schwadorf-Ruckdeschel*, Rechtsfragen des grenzüberschreitenden rechtsgeschäftlichen Erwerbs von Kulturgütern (1995), S. 73 ff.; *Kohls*, Kulturgüterschutz (2001), S. 137 ff.; *Schmeinck*, Internationalprivatrechtliche Aspekte des Kulturgüterschutzes (1994), S. 113 ff. Rechtsvergleichend: *Jayme*, ZvglRW 95 (1996), 158 ff. = Nationales Kunstwerk und IPR (1999), S. 163 ff.

Die **Verordnung (EWG) Nr. 3911/92 des Rates vom 9.12.1992 über die Ausfuhr** 586
von Kulturgütern[1] schützt das in den Anwendungsbereich der Verordnung fallende nationale Kulturgut der Mitgliedstaaten durch ein gemeinschaftsweites Ausfuhrverbot, von dem der in seinen kulturellen Interessen betroffene Mitgliedstaat durch eine gemeinschaftsweit anzuerkennende Genehmigung dispensieren kann. Gem. Art. 9 der VO 3911/92 haben die Mitgliedstaaten die effektive Umsetzung der Verordnung sicherzustellen. Diese Regelung verpflichtet Deutschland nicht allein dazu, einschlägige Ausfuhrverträge bei deutschem Vertragsstatut gem. § 134 BGB als nichtig anzusehen, sondern auch dazu, das betreffende Verbot als **spezielle inländische Eingriffsnorm zum Schutz ausländischen Kulturguts** gegen ein ausländisches Vertragsstatut durchzusetzen. Die betreffende Eingriffsnorm ist demnach eine ungeschriebene Regel des deutschen Rechts, die gem. Art. 9 der VO 3911/92 über Art. 9 Abs. 2 Rom I-VO als Eingriffsnorm des deutschen Rechts international zwingend durchzusetzen ist[2].

Demgegenüber befasst sich die **Richtlinie 93/7/EWG** über die Rückgabe von Kulturgütern[3], die durch das Kulturgüterrückgabegesetz in deutsches Recht umgesetzt wurde[4], mit Fragen der Rückgabe illegal über die Grenze verbrachten Kulturguts und damit primär mit sachenrechtlichen Fragestellungen, auf die an dieser Stelle nicht näher einzugehen ist.

Das von Deutschland mittlerweile ratifizierte **UNESCO-Kulturgüterschutz-** 587
abkommen von 1970[5], das vom Kulturgüterrückgabegesetz flankiert wird, ordnet in seinem Art. 3 unter anderem an, dass Einfuhr, Ausfuhr und Übereignung von Kulturgut als rechtswidrig gelten, wenn sie im Widerspruch zu den Bestimmungen stehen, die von den Vertragsstaaten in dem Übereinkommen angenommen worden sind. Auch diese Vorgaben sind durch eine ungeschriebene **Eingriffsnorm des deutschen Rechts zum Schutz ausländischen Kulturguts**

---

1 ABl. EG 1992 Nr. L 395, S. 1.
2 Unzutreffend *Halsdorfer*, Privat- und kollisionsrechtliche Folgen der Verletzung von Kulturgüterschutznormen auf der Grundlage des UNESCO-Kulturgutübereinkommens 1970 (2008), S. 212 f., die die VO 3911/92 als Eingriffsnorm ansieht und damit verkennt, dass die VO in Bezug auf die zivilrechtlichen Folgen von Verstößen gerade keine unmittelbar geltende Regelung enthält, sondern in ihrem Art. 9 auf das jeweilige nationale Recht verweist.
3 Richtlinie 93/7/EWG des Rates vom 15.3.1993 über die Rückgabe von unrechtmäßig aus dem Hoheitsgebiet eines Mitgliedstaats verbrachten Kulturgütern, ABl. EG 1993 Nr. L 74, S. 74.
4 Gesetz zur Ausführung des UNESCO-Übereinkommens vom 14.11.1970 über Maßnahmen zum Verbot und zur Verhütung der rechtswidrigen Einfuhr, Ausfuhr und Übereignung von Kulturgut und zur Umsetzung der Richtlinie 93/7/EWG des Rates vom 15.3.1993 über die Rückgabe von unrechtmäßig aus dem Hoheitsgebiet eines Mitgliedstaats verbrachten Kulturgütern (Kulturgüterrückgabegesetz – KultGüRückG), BGBl. I 2007, 757, 2547.
5 Übereinkommen vom 14.11.1970 über Maßnahmen zum Verbot und zur Verhütung der rechtswidrigen Einfuhr, Ausfuhr und Übereignung von Kulturgut, BGBl. II 2007, 626, für Deutschland in Kraft getreten am 29.2.2008.

umzusetzen[1]. Auf die sachenrechtlichen Aspekte des Übereinkommens ist an dieser Stelle nicht einzugehen.

5. Währungs- und Devisenrecht

a) Devisenvorschriften

588 Das Internationale Devisenrecht befasst sich mit **Beschränkungen des internationalen Zahlungs- und Kapitalverkehrs** (ausf. auch unten Rz. 671 ff.). Die autonom **deutschrechtlichen Vorschriften** des Devisenrechts finden sich im Außenwirtschaftsgesetz[2], das gem. seinem § 1 Abs. 1 S. 1 von dem Grundsatz der Freiheit des internationalen Zahlungs- und Kapitalverkehrs sowie der freien Konvertierbarkeit der deutschen Währung ausgeht. Der Devisenverkehr kann gem. §§ 5, 6, 7 AWG beschränkt werden, doch wird von diesen Einschränkungsmöglichkeiten derzeit kein Gebrauch gemacht. Dies beruht im Wesentlichen darauf, dass das **Europäische Gemeinschaftsrecht** in Art. 56 Abs. 1 EG die Freiheit des Kapitalverkehrs, in Art. 56 Abs. 2 EG diejenige des Zahlungsverkehrs gewährleistet, wobei **Art. 56 Abs. 2 EG** als Annexfreiheit zu den anderen Grundfreiheiten allein innergemeinschaftliche Zahlungen sichert, während die **Kapitalverkehrsfreiheit des Art. 56 Abs. 1 EG** bekanntlich auch im Verkehr mit Drittstaaten Anwendung findet. Eingriffe der Mitgliedstaaten in diese Gewährleistung sind nur noch zum Schutz besonders bedeutsamer Interessen möglich und bedürfen der Rechtfertigung im zwingenden Interesse des Gemeinwohls. Vorschriften des internationalen Devisenrechts finden sich auch in dem **Übereinkommen über den internationalen Währungsfonds**[3], insbesondere in dessen Art. VIII, Abschn. 2b. Da letzterer sich nur mit der Anerkennung ausländischen Devisenrechts befasst und auf Devisenkontrollbestimmungen des Forums nach seinem Wortlaut nicht anwendbar ist, ist auf sie an dieser Stelle nicht näher einzugehen (näher dazu Rz. 672 ff.). Soweit solche noch bestehen sollten, **zählen inländische Devisenvorschriften** nach ganz herrschender Ansicht zu Recht **zu den Eingriffsnormen**[4].

b) Währungsvorschriften

589 Das Währungsrecht soll die innere Kaufkraft des Geldes gewährleisten. Für das internationale Vertragsrecht ist zwischen verschiedenen, in Schrifttum und Ju-

---

1 Vgl. auch *Halsdorfer*, Privat- und kollisionsrechtliche Folgen der Verletzung von Kulturgüterschutznormen auf der Grundlage des UNESCO-Kulturgutübereinkommens 1970 (2008), S. 213 f. mwN., die den Eingriffsnormcharakter allerdings noch unter Berufung auf die früher fehlende Ratifikation des Abkommens verneint.
2 Gesetz vom 28.4.1961, neugefasst durch Bekanntmachung vom 27.5.2009, BGBl. I 2009, 1150.
3 Übereinkommen über den Internationalen Währungsfonds vom 1./22. Juli 1944, BGBl. II 1952, 638, neugefasst durch Änderung vom 30.4.1976, in Kraft seit 1.4.1978, vgl. Bek. v. 3.5.1978, BGBl. II 1978, 838.
4 RG 16.1.1926, IPRspr. 1926/27 Nr. 12; BGH 9.11.1994, BGHZ 127, 368 (374) = NJW 1995, 318. Vgl. *Martiny*, in: MünchKomm, Art. 34 EGBGB Anh. II Rz. 5 ff.

dikatur uneinheitlich verwendeten Begriffen zu differenzieren[1]: Zunächst ist für einen Vertrag die sog. **Schuldwährung** zu ermitteln, in der der Schuldner nach dem Vertrag zu leisten hat. Diese Frage wird nach ganz hM zum bisherigen Recht vom Vertragsstatut entschieden[2]. Sodann ist zu klären, ob der Schuldner nach dem Recht des Staates des Erfüllungsortes der von ihm zu erbringenden Geldschuld zur Leistung in einer anderen als der Schuldwährung berechtigt oder sogar verpflichtet ist (sog. **Zahlungswährung**). Für das deutsche bzw. europäische Recht ist diese Problematik in §§ 244, 362 Abs. 1 BGB sowie in Art. 106 Abs. 1 S. 3 EG normiert, die den Schuldner einer Zahlungsverpflichtung, die im Inland bzw. in der Euro-Zone zu erfüllen ist, zur Leistung in Euro berechtigen[3]. Schließlich ist im Hinblick auf die Währung, in der zu zahlen ist, dh. entweder für die Schuld- oder die Zahlungswährung, das **Währungsstatut ieS** zu beachten. Es bestimmt über den Außenwert der vereinbarten Währung (Wechselkurse), die Stückelung der Währung, ihre Konvertierbarkeit, die Umrechnung einer alten gesetzlichen Währung in eine neu eingeführte, die etwaige Anbindung der Währung an Edelmetallbestände (Goldstandard), aber auch über die Sicherung ihres Innenwertes, insbesondere durch gesetzliche Vorgaben etc. Das **Währungsstatut ieS** wird öffentlich-rechtlich von demjenigen Staat geregelt, in dessen Territorium die betreffende Währung gesetzliches Zahlungsmittel ist und unterliegt unstreitig nicht der Parteidisposition, die betreffenden Bestimmungen zählen daher zu den Eingriffsnormen[4]. Allerdings ist insoweit zu beachten, dass die Kompetenzen im Bereich des Währungsrechts auf die Gemeinschaft, dh. EZB und ESZB übergegangen sind und auf Gemeinschaftsebene insoweit keine dem bisherigen § 3 WährungsG vergleichbaren Schutzvorschriften bestehen.

Als einzige deutsche Norm des „Währungsrechts" ist das **Indexierungsverbot des § 1 Preisklauselgesetzes** (PreisKlG) verblieben. Der Anwendungsbereich der Regelung ist aufgrund der zahlreichen Ausnahmen in den §§ 2 ff. PreisKlG äußerst begrenzt, insbesondere gilt sie nicht im Bereich des Geld- und Kapitalverkehrs, vgl. § 5 PreisKlG. **Teilweise** wird § 1 PreisKlG ebenso wie die Vorgängerregelung des § 2 Preisanpassungs- und Preisklauselgesetzes[5] **als Eingriffsnorm** angesehen, da die Wahrung der Preisstabilität im Inland ein besonders wichtiger Allgemeinbelang sei. Dem ist zu widersprechen; § 1 PreisKlG stellt aufgrund der nachstehenden Erwägungen **keine Eingriffsnorm** dar[6]: So gilt das Indexierungsverbot gem. § 6 PreisKlG bereits generell nicht im Ver-

590

---

1 Zur im Folgenden verwendeten Terminologie *Grothe*, Fremdwährungsverbindlichkeiten (1999), S. 97 ff.; *Martiny*, in: MünchKomm, Art. 34 EGBGB Anh. I Rz. 3.
2 *Schmidt*, in: Staudinger, § 244 BGB Rz. 15; *Magnus*, in: Staudinger, Art. 32 EGBGB Rz. 131; *Grundmann*, in: MünchKomm, § 245 BGB Rz. 30; *Martiny*, in: MünchKomm, Art. 34 EGBGB Anh. I Rz. 9. Im Grundsatz auch BGH 30.3.1955, BGHZ 17, 89 (93 f.).
3 Allerdings besteht eine Verpflichtung zur Annahme von Euro-Geldzeichen nur in Höhe von höchstens EUR 50, vgl. Art. 11 S. 3 der Verordnung (EG) Nr. 974/98 des Rates vom 3.5.1998 über die Einführung des Euro, ABl. EG 1998 Nr. L 139, S. 1.
4 *Fögen*, Geld- und Währungsrecht (1969), S. 114.
5 Vgl. 6. Aufl. Rz. 436 mwN. Vgl. auch *Grothe*, in: Bamberger/Roth, § 244 BGB Rz. 18.
6 Wie hier *Schmidt-Räntsch*, NJW 1998, 3166 (3168); implizit auch *Grundmann*, in: MünchKomm, § 245 BGB Rz. 71.

kehr zwischen gebietsansässigen Unternehmern und Gebietsfremden, dh. für die Mehrzahl grenzüberschreitender Verträge. Zudem kommt für Verträge zwischen zwei (oder mehr) Gebietsansässigen gem. Art. 3 Abs. 3 Rom I-VO eine echte kollisionsrechtliche Rechtswahl von vornherein nicht in Betracht, so dass insoweit für eine Anwendung von Art. 9 Abs. 2 Rom I-VO auf § 1 PreisKlG kein Bedarf besteht. Relevanz könnte eine Qualifikation des § 1 PreisKlG als Eingriffsnorm daher allenfalls noch für Verträge zwischen inländischen Verbrauchern und Gebietsfremden sowie für Vertragsschlüsse unter Gebietsfremden haben. Doch für die letztgenannte Konstellation scheidet ein international zwingender Geltungswille des Gesetzes ebenfalls aus, da § 1 PreisKlG allein die Preisstabilität in Deutschland schützen will, die von Verträgen zwischen Gebietsfremden nicht berührt wird. Die damit einzig verbleibende Konstellation der Verträge zwischen gebietsansässigen Verbrauchern und Gebietsfremden ist vorrangig über Art. 6 Rom I-VO zu lösen, der den kollisionsrechtlichen Verbraucherschutz hinreichend sicherstellt.

6. Vorschriften zum Schutz des schwächeren Vertragsteils
a) Arbeitsverträge

591 Es ist grundsätzlich denkbar, über Art. 8 Rom I-VO hinaus gem. Art. 9 Abs. 2 Rom I-VO arbeitsrechtliche Vorschriften des deutschen Rechts anzuwenden. In Betracht kommt dies nach den oben (Rz. 518) geschilderten Grundsätzen indes nur, wenn der betreffenden arbeitsrechtlichen Bestimmung über den reinen Privatausgleich hinaus ein weitergehender ordnungspolitischer Charakter zukommt[1].

592 International zwingend sind danach die Regelungen über die Massenentlassungen gem. **§§ 17 ff. KSchG**, den **besonderen Kündigungsschutz** für Betriebsverfassungsorgane sowie den **Mutter- und Schwerbehindertenschutz**[2]. Ebenso gelten die Bestimmungen des Arbeitszeitgesetzes betreffend **Höchstarbeitszeiten** für sämtliche Tätigkeit im Inland[3], im Anwendungsbereich des SeemannsG ist die Frage umstritten[4]. Eingriffsrechtlich zu qualifizieren ist auch der Anspruch auf Elternzeit gem. **§§ 15 ff. BEEG**[5]. Ebenfalls international zwingend sind **§ 14 MuSchG** betreffend den Zuschuss des Arbeitgebers zum Mutter-

---

1 Vgl. BAG 24.8.1989, BAGE 63, 17 (32) = IPRax 1991, 403 (Anm. *Magnus*, IPRax 1991, 382); BAG 24.3.1992, NZA 1992, 1129; BAG 29.10.1992, IPRax 1994, 123 (Anm. *Mankowski*, IPRax 1994, 88); *Junker*, IPRax 1989, 69 (74); *Mankowski*, RabelsZ 53 (1989), 487 (512 f.); *Mankowski*, IPRax 1996, 409.
2 Dazu BAG 24.8.1989, BAGE 63, 17 (32) = IPRax 1991, 403 (Anm. *Magnus*, IPRax 1991, 382).
3 BAG 12.12.1990, NZA 1991, 386, 387.
4 *Franzen*, Anm. zu BAG 3.5.1995, EzA Art. 30 EGBGB Nr. 3 mwN.
5 So zum früheren BErzG auch LAG Hessen 16.11.1999, AR-Blattei ES 920 Nr. 7 Internationales Arbeitsrecht Anm. *Mankowski*; *Junker*, RIW 2001, 94 (104); aA *Zmarzlik/Zipperer/Vieten*, Mutterschutzgesetz, Mutterschaftsleistungen, Bundeserziehungsgeldgesetz, 8. Aufl. (1999), § 15 BErzGG Rz. 13; *Buchner/Becker*, Mutterschutzgesetz, Bundeselterngeld- und Elternzeitgesetz, 8. Aufl. (2008), § 15 BEEG Rz. 4 (Anspruch nur bei deutschem Arbeitsvertragsstatut).

schaftsgeld sowie der Anspruch des Arbeitnehmers auf Entgeltfortzahlung im Krankheitsfall gem. **§ 3 Abs. 1 EFZG**[1]. Streitig ist bei der international zwingenden Anwendung des § 3 Abs. 1 EFZG indes der erforderliche Inlandsbezug (gewöhnlicher Aufenthalt oder gewöhnlicher Arbeitsort im Inland)[2]; die besseren Argumente sprechen für die Anknüpung an den gewöhnlichen Arbeitsort.

Keinen international zwingenden Charakter haben hingegen die deutschen Bestimmungen des **allgemeinen Kündigungsschutzes** nach dem Kündigungsschutzgesetz[3] sowie gem. § 63 SeemannsG[4]. Ebenfalls nicht international zwingend sind die Vorschriften über die Urlaubsabgeltung[5] sowie den Überstundenausgleich[6]. Das BAG hat zudem die international zwingende Durchsetzung der Bestimmungen des SeemannsG betreffend die Höhe der Heuer, die Urlaubsvergütung und das Verpflegungsgeld für den Urlaub abgelehnt[7]. 593

Umstritten ist die international zwingende Anwendung des § 613a BGB betreffend den **Betriebsübergang.** Das BAG hat § 613a für nicht international zwingend gehalten, da die Vorschrift im Wesentlichen den Interessenausgleich zwischen Privaten regele[8]. Diese Sichtweise verkennt den gemeinschaftsrechtlichen Hintergrund des § 613a BGB. Die Vorschrift beruht auf der EU-Richtlinie über den Betriebsübergang[9], deren Art. 1 Abs. 2 die (zwingende) Anwendung der Arbeitnehmerschutzvorschriften vorschreibt, falls der übergehende Betrieb bzw. Betriebsteil im Gemeinschaftsgebiet liegt. Für eine Abwahl des Arbeitnehmerschutzes durch Rechtswahl ist damit kein Raum[10]. 594

Als Eingriffsnormen der lex fori gestaltet das die Entsende-Richtlinie der Europäischen Gemeinschaft[11] umsetzende **Arbeitnehmer-Entsendegesetz**[12] zahlrei- 595

---

1 BAG 12.12.2001, NZA 2002, 735 = SAE 2002, 253 krit. (Anm. *Junker*, SAE 2002, 258). AM noch Vorinstanz LAG Hessen 16.11.1999, IPRax 2001, 461 (krit. Anm. *Benecke*, IPRax 2001, 449) = AR-Blattei ES 920 Nr. 7 Internationales Arbeitsrecht krit Anm. *Mankowski*, zust. *Junker*, RIW 2001, 94 (103 f.).
2 Näher *Junker*, RIW 2001, 94 (104).
3 BAG 24.8.1989, BAGE 63, 17 (32) = IPRax 1991, 403 (Anm. *Magnus*, IPRax 1991, 382).
4 BAG 24.8.1989, BAGE 63, 17 (32) = IPRax 1991, 403 (Anm. *Magnus*, IPRax 1991, 382).
5 BAG 21.3.1985, NZA 1986, 25.
6 Vgl. *Mankowski*, IPRax 1996, 409.
7 BAG 3.5.1995, IPRax 1996, 416 (Anm. *Mankowski*, IPRax 1996, 405) = EzA Art. 30 EGBGB Nr. 3 Anm. *Franzen*.
8 BAG 29.10.1992, IPRax 1994, 123 (Anm. *Mankowski*, IPRax 1994, 88).
9 Richtlinie 77/187/EWG vom 14.2.1977 zur Angleichung der Rechtsvorschriften der Mitgliedstaaten über die Wahrung von Ansprüchen der Arbeitnehmer beim Übergang von Unternehmen, Betrieben oder Betriebsteilen, ABl. EG 1977 Nr. L 61, S. 26.
10 *Krebber*, Internationales Privatrecht des Kündigungsschutzes bei Arbeitsverhältnissen (1997), S. 320; *Pfeiffer*, in: Gemeinschaftskommentar zum Kündigungsschutzgesetz, 8. Aufl. (2007), § 613a BGB Rz. 211.
11 Richtlinie 96/71/EG vom 16.12.1996 über die Entsendung von Arbeitnehmern im Rahmen der Erbringung von Dienstleistungen, ABl. EG 1997 Nr. L 18, S. 1.
12 Gesetz über zwingende Arbeitsbedingungen für grenzüberschreitend entsandte und für regelmäßig im Inland beschäftigte Arbeitnehmer und Arbeitnehmerinnen vom 20.4.2009, BGBl. I 2009, 799.

che Vorschriften des deutschen Arbeitsrechts unter der Voraussetzung aus, dass der betroffene Arbeitnehmer in das Inland entsandt wird[1]. Zu den Einzelheiten s. Rz. 4834 ff. Voraussetzung für das Eingreifen dieser Regelungen ist stets, dass das Arbeitsverhältnis zwischen einem im Ausland ansässigen Arbeitgeber und einem im Inland beschäftigten Arbeitnehmer geschlossen wurde.

596 Dagegen zählt § 8 TzBfG nach Auffassung des Bundesarbeitsgerichts nicht zu den Eingriffsnormen[2].

b) Verbraucherverträge

597 Der kollisionsrechtliche Verbraucherschutz wird überwiegend durch Art. 6 Rom I-VO sowie durch mehrere Richtlinienkollisionsnormen sichergestellt, die gem. Art. 23 Rom I-VO auch nach Inkrafttreten der Rom I-VO fortgelten (dazu oben Rz. 516). Insoweit ist grundsätzlich auf die betreffende Erläuterung insbesondere der Art. 6, Art. 23 Rom I-VO zu verweisen, nachstehend sind nur einige Restfragen zu erörtern.

aa) Gewinnzusagen gem. § 661a BGB

598 Gem. § 661a BGB hat ein Unternehmer, der Gewinnzusagen oder vergleichbare Mitteilungen an Verbraucher sendet und durch die Gestaltung dieser Zusendungen den Eindruck erweckt, dass der Verbraucher einen Preis gewonnen hat, dem Verbraucher diesen Preis zu leisten. Der BGH qualifiziert den Anspruch aus der Gewinnzusage materiellrechtlich als Anspruch aus einem gesetzlichen Schuldverhältnis, das an eine geschäftsähnliche Handlung anknüpfe[3]. Kollisionsrechtlich befürwortete der **BGH** bis zum Inkrafttreten der Rom I-VO, Ansprüche aus § 661a BGB als solche aus einer **Eingriffsnorm** gem. Art. 34 EGBGB durchzusetzen[4].

599 Dem ist **auch und erst Recht unter Geltung der Rom I-VO zuzustimmen**. Der **EuGH** hat in seiner Entscheidung in der Sache „Engler" festgestellt, dass Ansprüche aus Gewinnzusagen zu den vertraglichen Ansprüchen iSd. Art. 5 Nr. 1 EuGVÜ zählen[5]. Diese Rechtsprechung ist im Sinne eines einheitlichen systembildenden Verständnisses des Begriffs der vertraglichen Ansprüche auf die Definition des sachlichen Anwendungsbereichs der Rom I-VO übertragbar (dazu Rz. 42 f.), so dass einer Anwendung des Art. 9 Abs. 2 Rom I-VO insoweit keine Bedenken entgegenstehen. Auch an der Qualifikation des Anspruchs als international zwingend bestehen in Anbetracht der mit § 661a BGB verfolgten allgemein ordnungspolitischen Zwecke keine Bedenken[6].

---

1 Unstr., grundlegend BAG 25.6.2002, BAGE 101, 357; zuletzt etwa BAG 14.8.2007, NZA 2008, 236 Rz. 23; BAG 21.11.2007, NZA-RR 2008, 253 Rz. 14.
2 BAG 13.11.2007, NZA 2008, 761 Rz. 76 ff.
3 BGH 1.12.2005, BGHZ 165, 172 Rz. 26 (Anm. *Lorenz*, NJW 2006, 472; *Jordans*, IPRax 2006, 582; *Schäfer*, JZ 2006, 522).
4 BGH 1.12.2005, BGHZ 165, 172 Rz. 30 ff.
5 EuGH 20.1.2005 – Rs. C-27/02 (Engler), Slg. 2005, I-481 Rz. 44 ff.
6 Etwa *Lorenz*, NJW 2006, 472 (474).

bb) Fernunterricht

Die Bestimmungen des Gesetzes zum Schutz der Teilnehmer am Fernunterricht (FernUSG)[1] sind **nicht international zwingend**. Der die zwingende internationale Durchsetzung der Verbraucherschutzvorschriften des FernUSG früher regelnde § 11 FernUSG wurde durch Art. 2 des Gesetzes zum Internationalen Privatrecht für außervertragliche Schuldverhältnisse und für Sachen vom 29.5.1999[2] ersatzlos gestrichen. Anders als von der Gegenansicht behauptet[3] handelt es sich bei der Aufhebung des § 11 FernUSG nicht um ein Versehen. In der Regierungsbegründung zum Entwurf des IPR-Gesetzes von 1999 heißt es ausdrücklich, die Verbraucher seien im Bereich des FernUSG kollisionsrechtlich ausreichend über Art. 29 EGBGB (nunmehr durch Art. 6 Rom I-VO) geschützt[4]. Diese Position wurde auch nach der diesbezüglichen Rückfrage des Bundesrates[5] ausdrücklich beibehalten und zudem auf die Bedeutungslosigkeit des § 11 FernUSG in der Rechtspraxis verwiesen[6].

600

7. Handelsvertreterverträge

Nach der an anderer Stelle näher erörterten Rechtsprechung des EuGH zum internationalen Anwendungsbereich der Handelsvertreterrichtlinie (oben Rz. 514) sind die in das nationale (deutsche) Recht umgesetzten Bestimmungen der Richtlinie, jedenfalls soweit sie den Schutz des Handelsvertreters bezwecken und nicht dispositiv sind, gegenüber dem Recht eines Drittstaates außerhalb von EU und EWR auch gegen das gewählte Recht anzuwenden. Dies betrifft insbesondere den nachvertraglichen **Ausgleichsanspruch** des Handelsvertreters gem. § 89b HGB. Freilich handelt es sich entgegen zum Teil vertretener Auffassung nicht um einen Anwendungsfall des Art. 9 Rom I-VO, sondern um eine Analogie zu Art. 46b EGBGB (früher Art. 29a EGBGB) bzw. zu Art. 3 Abs. 4 Rom I-VO[7].

601

8. Bank- und Kapitalmarktrecht, Internationaler Anlegerschutz

a) Allgemeines

Die Diskussion um die Bedeutung von Eingriffsnormen im privaten Bankvertragsrecht hat durch Ausweitung des sachlichen und situativen Anwendungsbereichs des kollisionsrechtlichen Verbraucherschutzes durch Art. 6 Rom I-VO, der nunmehr unzweifelhaft auch Darlehensverträge erfasst (oben

602

---

1 Gesetz zum Schutz der Teilnehmer am Fernunterricht vom 24.8.1976, BGBl. I 1976, 2525, zuletzt geändert durch Art. 4 Nr. 3 des Gesetzes vom 23.3.2005, BGBl. I 2005, 931.
2 BGBl. I 1999, 1026.
3 *Magnus*, in: Staudinger, Art. 34 EGBGB Rz. 92.
4 BT-Drucks. 14/343, S. 19.
5 Stellungnahme des Bundesrates, BT-Drucks. 14/343, S. 20 f.
6 Gegenäußerung der Bundesregierung, BT-Drucks. 14/343, S. 22.
7 OLG München 17.5.2006, IPRax 2007, 322 (Anm. *Rühl*, IPRax 2007, 294; Anm. *Thume*, IHR 2006, 169); *Magnus*, in: Staudinger, Art. 34 EGBGB Rz. 42.

Rz. 516), sowie durch die Binnenmarktklausel des Art. 3 Abs. 3 Rom I-VO und die gem. Art. 23 Rom I-VO fortbestehenden speziellen Richtlinienkollisionsnormen im Verbraucherschutzrecht (dazu oben Rz. 516) dramatisch an Bedeutung verloren; insbesondere stellt nach dem Gesagten (oben Rz. 515) das **private Verbraucherdarlehensvertragsrecht kein Eingriffsrecht** dar. Im Übrigen wird, wie im Folgenden darzulegen ist, für **sonstige Bereiche des privaten Bankvertragsrechts** teilweise der Eingriffsnormcharakter einzelner Vorschriften des deutschen Rechts bejaht, doch ist auch hier grundsätzlich erhebliche Zurückhaltung geboten. Zur eingriffsrechtlichen Behandlung der im Bankvertragsrecht besonders bedeutsamen Vorschriften des **Währungs- und Devisenrechts** vgl. oben Rz. 588 ff., zu derjenigen von Außenhandels- und Finanzembargos und Finanzsanktionen vgl. Rz. 583 f.

b) Überweisungsvertrag

aa) Grenzüberschreitende Zahlungen in Euro

603 **Art. 3 Abs. 3 der Verordnung über grenzüberschreitende Überweisungen in Euro**[1] verpflichtet in der Gemeinschaft ansässige Zahlungsdienstleister, für grenzüberschreitende Zahlungen in Euro bis zu einem Betrag von 50 000 Euro „die gleichen Gebühren zu erheben wie für entsprechende Zahlungsvorgänge, die es innerhalb des Mitgliedstaates, in dem es niedergelassen ist, in Euro tätigt." Diese Regelung des öffentlichen Preisrechts gilt selbstverständlich unabhängig davon, welches Recht auf den Vertrag Anwendung findet. Allerdings bedarf es insoweit keines Rückgriffs auf Art. 9 Rom I-VO und die Vorschrift ist daher auch **nicht als Eingriffsnorm zu qualifizieren**, da sie in sämtlichen Mitgliedstaaten unmittelbar gilt und daher bereits gem. Art. 3 Abs. 4 Rom I-VO rechtswahlfest ausgestaltet ist, soweit das Zahlungsinstitut in einem Mitgliedstaat ansässig ist (zum Vorrang des Art. 3 Abs. 4 Rom I-VO oben Rz. 523 f.). Auf drittstaatliche Institute ist die Verordnung von Vornherein nicht anwendbar, so dass auch insoweit ihre Berufung über Art. 9 Rom I-VO ausscheidet.

bb) Sonstige Überweisungen

604 Für das 1999 erstmals kodifizierte Recht der Banküberweisung wurde vereinzelt die Qualifikation der **§§ 676b Abs. 3 S. 7, 676c Abs. 2, und 676e Abs. 5 BGB** als vertragsrechtliche Eingriffsnormen vorgeschlagen[2]. Nach diesen Bestimmungen kann der Überweisende, dessen Überweisung nicht rechtzeitig bewirkt worden ist, gegen ein im Zuge der Durchführung der Überweisung tätiges sog. zwischengeschaltetes Kreditinstitut Schadensersatz geltend machen, falls die Ursache für die Verspätung überwiegend bei dem zwischengeschalteten Institut liegt und der Auftraggeber dem überweisenden Institut die Einschaltung des zwischengeschalteten Instituts vorgegeben hatte. Die auf die

---

[1] Verordnung (EG) Nr. 2560/2001 des Europäischen Parlaments und des Rates vom 19.12.2001 über grenzüberschreitende Zahlungen in Euro, ABl. EG 2001 Nr. L 344, S. 13.
[2] *Einsele*, JZ 2000, 15.

Überweisungsrichtlinie[1] zurückgehenden, mit deren Aufhebung zum 1.11.2009 durch die Zahlungsdienste-Richtlinie[2] ebenfalls abzuschaffenden[3] Direktansprüche widersprechen insoweit der Systematik des deutschen Zivilrechts, als der Überweisende nur mit dem überweisenden Institut, nicht aber mit den zwischengeschalteten Instituten in direkten Vertragsbeziehungen steht[4].

Richtigerweise sind die genannten Direktansprüche mit *Hoffmann* als solche aus einem **gesetzlichen Schuldverhältnis** zu qualifizieren[5] und daher nach den Bestimmungen der **Rom II-VO** anzuknüpfen bzw. als außervertragliche Eingriffsnormen gem. Art. 16 Rom II-VO durchzusetzen.

c) Wertpapier-, Depot- und Börsengeschäfte

Die **§§ 31 ff. WpHG** normieren die von Anbietern von Wertpapierdienstleistungen und Wertpapiernebendienstleistungen zu beachtenden allgemeinen und besonderen **Verhaltens- und Organisationspflichten**. Diese Regelungen sind zwar auch nach Umsetzung der Finanzmarktrichtlinie MiFID[6] und der zu ihr ergangenen Ausführungsbestimmungen[7] grundsätzlich öffentlich-rechtlicher, dh. aufsichtsrechtlicher Natur. Dennoch strahlen sie selbstverständlich auf die Bestimmung der Pflichten des Dienstleisters im Rahmen zivilrechtlicher Vertragsbeziehungen (bzw. deren Anbahnung), insbesondere iRd. Kommissionsgeschäfts und von Anlageberatungsverträgen, aus[8]. Nach Inkrafttreten des FRUG wird darüber diskutiert, ob die von der „Bond-Rechtsprechung" des BGH aufgestellten Grundsätze über vertragliche bzw. vorvertragliche Aufklärungs- und Beratungspflichten des Wertpapierdienstleisters[9] nunmehr

---

1 Richtlinie 97/5/EG des Europäischen Parlaments und des Rates vom 27.1.1997 über grenzüberschreitende Überweisungen, ABl. EG 1997 Nr. L 43, S. 25.
2 Vgl. Art. 93 der Richtlinie 2007/64/EG des Europäischen Parlaments und des Rates vom 13.11.2007 über Zahlungsdienste im Binnenmarkt, zur Änderung der Richtlinien 97/7/EG, 2002/65/EG, 2005/60/EG und 2006/48/EG sowie zur Aufhebung der Richtlinie 97/5/EG, ABl. EU 2007 Nr. L 319, S. 1.
3 Art. 75 der Zahlungsdiensterichtlinie enthält keine vergleichbare Regelung mehr.
4 Ausf. zur dogmatischen Einordnung im Sachrecht *Hoffmann*, WM 2001, 881 (884 ff.).
5 *Hoffmann*, WM 2001, 881 (887).
6 Richtlinie 2004/39/EG des Europäischen Parlaments und des Rates vom 21.4.2004 über Märkte für Finanzinstrumente, zur Änderung der Richtlinien 85/611/EWG und 93/6/EWG des Rates und der Richtlinie 2000/12/EG des Europäischen Parlaments und des Rates und zur Aufhebung der Richtlinie 93/22/EWG des Rates, ABl. EU 2004 Nr. L 145, S. 1.
7 Richtlinie 2006/73/EG der Kommission vom 10.8.2006 zur Durchführung der Richtlinie 2004/39/EG des Europäischen Parlaments und des Rates etc., ABl. EU 2006 Nr. L 241, S. 26, sowie die MIFID-Durchführungsverordnung Verordnung 1287/2006/EG der Kommission vom 10.8.2006 zur Durchführung der Richtlinie 2004/39/EG des Europäischen Parlaments und des Rates etc., ABl. EU 2006 Nr. L 241, S. 1.
8 Ausf. *Taubert*, Informationspflichten als Geschäftsbesorgungspflichten unter besonderer Berücksichtigung der Anlageberatung und Anlagevermittlung (Diss. Trier 2008), § 5 I.; *Podewils/Reisich*, NJW 2009, 116 (118 f.); *Einsele*, JZ 2008, 477 (482 f.); *Veil*, WM 2007, 1821 (1825 f.), alle mwN.
9 BGH 6.7.1993, BGHZ 123, 126.

durch die hinter den bisherigen Grundsätzen eventuell partiell zurückbleibenden §§ 31 ff. WpHG verdrängt werden oder ob die zivilrechtliche Haftung künftig jedenfalls insoweit von den aufsichtsrechtlichen Maßstäben der §§ 31 ff. WpHG abzukoppeln ist, wie dies dem Anleger günstiger ist. Zu folgen ist der letztgenannten Auffassung, dh. die vertragsrechtlich Haftung darf jedenfalls nicht hinter die Maßstäbe der §§ 31 ff. WpHG zurückfallen, da die Rechtsprechung zu den zivilrechtlichen Haftungsmaßstäben bei Anlageberatung und -vermittlung älter ist als die betreffenden Regelungen des WpHG und nicht ersichtlich ist, dass der Gesetzgeber nunmehr hinter den erreichten Stand zurückfallen wollte, ganz abgesehen davon, dass WpHG und Richtlinien allein das öffentliche Recht normieren[1].

607 Bereits vor diesem sachrechtlichen Hintergrund können die §§ 31 ff. WpHG **nicht als Eingriffsnormen** qualifiziert werden[2]. Hinzu kommt, dass die §§ 31 ff. WpHG gem. § 36a WpHG nF von Vornherein ausschließlich für inländische Anbieter, (vorbehaltlich des § 36a Abs. 1 S. 1 WpHG) für Inlandsniederlassungen ausländischer Anbieter sowie für im Inland tätige Anbieter aus Drittstaaten gelten, nicht hingegen für Anbieter aus anderen Mitgliedstaaten der EG und des EWR, die nach dem aus Art. 31 Abs. 1 UAbs. 1 MIFID folgenden Herkunftslandprinzip ihrem Heimatrecht unterliegen. Schließlich ist zu bedenken, dass der Bundesgerichtshof die genannten Bestimmungen noch nicht einmal als Schutzgesetze iSd. § 823 Abs. 2 BGB anerkennt[3] und es daher nicht angeht, sie vertragsrechtlich als international zwingend zu qualifizieren.

608 Im Hinblick auf den internationalen Anwendungsbereich des Gesetzes zur Regelung von öffentlichen Angeboten zum Erwerb von Wertpapieren und von Unternehmensübernahmen (**WpÜG**) und damit auch hinsichtlich der Voraussetzungen und des Inhaltes freiwilliger **Übernahmeangebote** und von **Pflichtangeboten** sind zunächst die §§ 1 und 2 WpÜG zu beachten. Danach gelten die Bestimmungen des WpÜG für alle Angebote zum Erwerb von Wertpapieren, die von Aktiengesellschaften oder Kommanditgesellschaften auf Aktien mit Sitz im Inland ausgegeben wurden und die an einer Börse innerhalb des EWR gehandelt werden. Damit ist das WpÜG unabhängig von dem für das Übernahmeangebot bzw. den Erwerbsvertrag maßgeblichen Recht als **Eingriffsrecht** anzuwenden[4]. Das Gleiche muss auch für die im WpÜG statuierten Verhaltenspflichten gelten.

---

1 Wie hier ausf. *Taubert*, Informationspflichten als Geschäftsbesorgungspflichten unter besonderer Berücksichtigung der Anlageberatung und Anlagevermittlung (Diss. Trier 2008), § 5 I.; *Podewils/Reisisch*, NJW 2009, 116 (118 f.); *Einsele*, JZ 2008, 477 (482 f.); *Veil*, WM 2007, 1821 (1825 f.), alle mwN.
2 Anders etwa *Schnyder*, in: MünchKomm, IntKapMarktR Rz. 336; *Floer*, Internationale Reichweite der Prospekthaftung (2002), S. 107; evtl. auch *Einsele*, JZ 2008, 477 (487 f.), die von einer „Sonderanknüpfung" der §§ 31 ff. WpHG spricht.
3 Grundlegend BGH 19.2.2008, BGHZ 175, 276 mit ausf. Darstellung des Streitstands.
4 *Hahn*, RIW 2002, 743 f.; *Schuster*, Die internationale Anwendung des Börsenrechts (1996), S. 559 ff. AM wohl *Dürig*, RIW 1999, 748 ff.

Gem. § 5 Abs. 1 DepotG darf ein Verwahrer von Wertpapieren iSd. § 1 Abs. 1 609
DepotG, die zur Sammelverwahrung zugelassen sind, derartige Wertpapiere einer Wertpapiersammelbank zur (Weiter-)Verwahrung anvertrauen, falls der Hinterleger nicht Sonderverwahrung verlangt. Dem Verwahrer steht nach **§ 5 Abs. 4 DepotG** diese Befugnis zur Weitergabe der Papiere zur **Sammelverwahrung** jedoch nicht zu, soweit sich die Sammelverwahrstelle **im Ausland** befindet und sie nicht den besonderen Erfordernissen des § 5 Abs. 4 Nr. 1–4 DepotG genügt. Diese Regelung gilt unabhängig von dem auf den Depotvertrag zwischen Hinterleger und Verwahrer anwendbaren Recht und ist damit als **Eingriffsnorm** iSd. Art. 9 Abs. 2 Rom I-VO anzusehen[1].

9. Wettbewerbs- und Kartellrecht

Vorschriften zum Schutz von Marktordnung und Wettbewerb dienen dem Ziel 610
der Durchsetzung wirtschafts- und ordnungspolitische Zwecke des jeweiligen Marktstaates. Sie stehen daher **in der Regel** nicht nur auf der Ebene des Sachrechts nicht zur Disposition der Parteien, sondern sind auch **international zwingend**[2]. Das **GWB** regelt seine Geltung für Sachverhalte mit Auslandsbezug in § 130 Abs. 2 GWB. Danach findet das GWB Anwendung auf „alle Wettbewerbsbeschränkungen, die sich im Geltungsbereich dieses Gesetzes auswirken, auch wenn sie außerhalb des Geltungsbereiches dieses Gesetzes veranlasst werden". Dieses **Auswirkungsprinzip** stellt damit auf die Auswirkungen des marktbeeinflussenden Verhaltens bzw. Vertrages auf den inländischen Markt ab, gleich ob es sich um ein Verhalten inländischer Wettbewerber handelt oder ob die Wettbewerbsbeschränkung zB vertraglich im Ausland zwischen ausländischen Unternehmen verabredet wurde[3]. Der Begriff der „Auswirkungen im Inland" ist nach Ansicht des BGH zu konkretisieren, um eine uferlose Ausdehnung des internationalen Anwendungsbereichs des GWB zu verhindern[4]. Nach hM kommt es darauf an, dass der Schutzbereich der jeweiligen Sachnorm aus dem Bereich des Wettbewerbsrechts im Inland verletzt ist[5], wobei nur eine solche Inlandswirkung relevant ist, durch die das von der betreffenden Sachnorm geschützte Rechtsgut im Inland beeinträchtigt

---

1 *Magnus*, in: Staudinger, Art. 28 EGBGB Rz. 577; *von Hoffmann*, in: Soergel, Art. 28 EGBGB Rz. 336.
2 Differenzierend *Laufkötter*, Parteiautonomie im internationalen Wettbewerbs- und Kartellrecht (2001), S. 140 ff., die das GWB nur dort für international zwingend hält, wo es Eingriffsbefugnisse der Kartellbehörden vorsieht.
3 Zum Auswirkungsprinzip *Rehbinder*, Extraterritoriale Wirkungen des deutschen Kartellrechts (1965), S. 107 ff.; *Martiny*, Festschr. Drobnig (1998), S. 399 f.; *Bunte*, Kartellrecht, 2. Aufl. (2008), S. 48 ff.; *Emmerich*, Kartellrecht, 11. Aufl. (2008), S. 275; *Rehbinder*, in: Immenga/Mestmäcker, Wettbewerbsrecht, 4. Aufl. (2007), § 130 Abs. 2 GWB Rz. 1 ff.; *Bechtold*, Kartellgesetz, 5. Aufl. (2008), § 130 GWB Rz. 13 ff.
4 BGH 12.7.1973 (Ölfeldrohre), BGHSt 25, 208.
5 BGH 12.7.1973 (Ölfeldrohre), BGHSt 25, 208; BGH 29.5.1979 (Organische Pigmente), BGHZ 74, 322 (324 f.) = NJW 1979, 2613 = IPRspr. 1979 Nr. 142b; *Rehbinder*, in: Immenga/Mestmäcker, Wettbewerbsrecht, 4. Aufl. (2007), § 130 Abs. 2 GWB Rz. 43 ff.; *Basedow*, NJW 1989, 628.

wird[1]. Im Hinblick auf die einzelnen Materien des GWB ist insoweit auf die Spezialliteratur zu verweisen. Umstritten ist, ob eine tatsächliche Inlandsauswirkung notwendig ist oder ob die Möglichkeit der Auswirkung ausreicht[2]. Erforderlich ist in jedem Fall die Spürbarkeit der Beeinträchtigung[3], die für den Bereich der Zusammenschlusskontrolle in § 35 GWB näher konkretisiert ist.

611 Die **Wettbewerbsbestimmungen des EG-Vertrages** gelten gem. Art. 85 Abs. 1, 86 EG auf dem Gemeinsamen Markt oder auf einem wesentlichen Teil desselben. Es ist nach dem Wortlaut der Wettbewerbsregeln unerheblich, wo und von wem die fraglichen Handlungen vorgenommen worden sind, sofern sie nur wettbewerbsbeschränkende Wirkung in der Gemeinschaft haben, so dass auch hier das Auswirkungsprinzip gilt[4].

612 Ebenso stellt Art. 1 der **EU-Fusionskontrollverordnung**[5] darauf ab, ob der Zusammenschluss „gemeinschaftsweite Bedeutung" hat und konkretisiert diesen Begriff durch die in Abs. 2 der Vorschrift genannten Schwellenwerte bezüglich des Umsatzes der beteiligten Unternehmen. Erwägungsgrund 11 der Verordnung erklärt diese zudem ausdrücklich für anwendbar auf Unternehmen, die ihren Haupttätigkeitsbereich nicht in der Gemeinschaft haben, dort jedoch in erheblichem Umfang tätig sind. Unter Berufung auf das Auswirkungsprinzip werden die Wettbewerbsregeln von der Kommission auch dann angewendet, wenn es sich um Handlungen von Nichtmitgliedern der EG im Ausland, jedoch mit mittelbaren Rückwirkungen auf die Wettbewerbsordnung in der Gemeinschaft handelt. Diese Position wird vom überwiegenden Schrifttum[6] und dem EuGH[7] (zum EG-Kartellrecht) grundsätzlich gebilligt und gilt auch für die Zusammenschlusskontrolle[8].

613 Zu den Eingriffsnormen zählen nach einer zutreffenden Entscheidung des OLG Düsseldorf auch die Bestimmungen des GWB im Bereich des **Vergaberechts**, die sich unabhängig von dem im Anschluss an die Vergabe geschlossenen Vertrag zwischen Auftraggeber und Auftragnehmer durchsetzen[9].

---

1 BGH 12.7.1973 (Ölfeldrohre), BGHSt 25, 208; BGH 29.5.1979 (Organische Pigmente), BGHZ 74, 322 (324 f.) = NJW 1979, 2613 = IPRspr. 1979 Nr. 142b; BGH 20.6.1989 (Eisenbahnschwellen), WuW/E 2596.
2 *Rehbinder*, in: Immenga/Mestmäcker, Wettbewerbsrecht, 4. Aufl. (2007), § 130 Abs. 2 GWB Rz. 5 ff.
3 *Bechtold*, Kartellgesetz, 5. Aufl. (2008), § 130 GWB Rz. 15.
4 *Emmerich*, Kartellrecht, 11. Aufl. (2008), S. 373.
5 VO (EWG) Nr. 4064/89 des Rates vom 21.12.1989 über die Kontrolle von Unternehmenszusammenschlüssen, ABl. EG 1989 Nr. L 395, S. 1.
6 Vgl. *Emmerich*, in: Dauses (Hrsg.), Handbuch des EU-Wirtschaftsrechts (Bearb. 2001), Rz. H.I 28 ff.; *Emmerich*, Kartellrecht, 11. Aufl. (2008), S. 373; *Martinek*, IPRax 1989, 353.
7 EuGH 27.9.1988 – Rs. 89/85 (Zellstoffhersteller), Slg. 1988, 5193 = NJW 1988, 3086 = IPRax 1989, 374 (Anm. *Martinek*, IPRax 1989, 347).
8 *Schäfer*, Internationaler Anwendungsbereich der präventiven Zusammenschlusskontrolle im deutschen und europäischen Recht (1993), S. 216 ff.
9 OLG Düsseldorf 14.5.2008, BauR 2008, 1503.

10. Versicherungsverträge

Zunächst ist zu beachten, dass eine unbesehene und ausufernde Anwendung des Art. 9 Rom I-VO auf Direktversicherungen über Risiken innerhalb von EU und EWR das durch Art. 7 Rom I-VO gebildete Schutzkonzept konterkarieren würde[1]. Entsprechendes gilt für das Verhältnis des Art. 9 Rom I-VO zu Art. 6 Rom I-VO im Hinblick auf den Verbraucherschutz, da sich dieser im Versicherungsvertragsrecht außerhalb des Anwendungsbereichs des Art. 7 Rom I-VO nach Art. 6 Rom I-VO richtet. Man wird daher **in erster Linie drittschützende und primär öffentlichen Interessen dienende Vorschriften** der Sonderanknüpfung zuführen[2].

614

Weithin unstrittige[3] Beispiele hierfür sind die in den §§ 142–149 VVG enthaltenen **Schutzvorschriften zu Gunsten der Inhaber von Grundpfandrechten**[4]. Vorgeschlagen wird auch, das **Kausalitäts- und Verschuldenserfordernis** des § 28 VVG samt seiner Ausprägungen in § 19 Abs. 3 S. 1 und Abs. 5 S. 2 VVG[5] sowie das in § 28 Abs. 5 VVG genannte **Verbot von Rücktrittsvereinbarungen** für international zwingend zu erklären[6]. Ferner wird erwogen, das **Erfordernis der schriftlichen Zustimmung der Gefahrperson** bei Lebensversicherungen auf den Todesfall eines anderen gem. § 150 Abs. 2 VVG, das **Verbot betrügerischer Über- und Doppelversicherung** gem. §§ 74 Abs. 2, 78 Abs. 3 VVG und das **Einwilligungserfordernis bei Unfallversicherungen** auf Dritte als Gefahrperson gem. § 179 Abs. 2 VVG über Art. 9 Rom I-VO zu berufen[7].

615

---

1 Vgl. *Roth*, IPRax 1994, 164 (167); *Roth*, Dienstleistungsfreiheit und Allgemeininteresse im europäischen und internationalen Versicherungsvertragsrecht, in: Reichert-Facilides (Hrsg.), Aspekte des internationalen Versicherungsvertragsrechts im europäischen Wirtschaftsraum (1994), S. 1, 37.
2 *Hahn*, Die „europäischen" Kollisionsnormen für Versicherungsverträge (1992), S. 104 ff.
3 AM *Hahn*, Die „europäischen" Kollisionsnormen für Versicherungsverträge (1992), S. 105 ff.
4 *Reichert-Facilides*, IPRax 1990, 12; *Kramer*, Internationales Versicherungsvertragsrecht (1995), S. 55; *Mewes*, Internationales Versicherungsvertragsrecht unter besonderer Berücksichtigung der europäischen Dienstleistungsfreiheit im Gemeinsamen Markt (1995), S. 211 ff.; *Biagosch*, Europäische Dienstleistungsfreiheit und deutsches Versicherungsvertragsrecht (1991), S. 199 ff.; *Wördemann*, International zwingende Normen im internationalen Privatrecht des europäischen Versicherungsvertrages (1997), S. 175 ff.; *Prölss/Martin*, Versicherungsvertragsgesetz, 27. Aufl. (2004), vor Art. 7 EGVVG Rz. 19.
5 Nachw. s. vorherige Fn.
6 *Mewes*, Internationales Versicherungsvertragsrecht unter besonderer Berücksichtigung der europäischen Dienstleistungsfreiheit im Gemeinsamen Markt (1995), S. 212 f.; *Kramer*, Internationales Versicherungsvertragsrecht (1995), S. 55 f.; *Biagosch*, Europäische Dienstleistungsfreiheit und deutsches Versicherungsvertragsrecht (1991), S. 189.
7 So (noch zum alten Recht) *Biagosch*, Europäische Dienstleistungsfreiheit und deutsches Versicherungsvertragsrecht (1991), S. 208 ff.; *Wördemann*, International zwingende Normen im internationalen Privatrecht des europäischen Versicherungsvertrages (1997), S. 170 ff.; *Wandt*, Anm. zu BGH 9.12.1998, VersR 1999, 350 mwN. AM etwa *Mewes*, Internationales Versicherungsvertragsrecht unter besonderer Berücksichtigung der europäischen Dienstleistungsfreiheit im Gemeinsamen Markt (1995),

616 Höchstrichterliche Judikatur steht noch aus, doch ist eine derartige Ausweitung des Anwendungsbereiches des Art. 9 Rom I-VO **kritisch** zu beurteilen[1].

11. Transportverträge

617 Das Transportrecht des HGB enthält in den **§§ 449 Abs. 3**, **451h Abs. 3** sowie **§ 466 Abs. 4 HGB** mehrere Eingriffsnormen[2]. Gemeinsame Voraussetzung aller drei Vorschriften ist das Vorliegen eines Verbrauchervertrages, bei dem der Ort der Aufnahme des Gutes und derjenige seiner Ablieferung im Inland liegen. In diesem Fall kann im Interesse des Verbrauchers nicht von den zwingenden Bestimmungen der jeweiligen Transportrechtsmaterie abgewichen werden. Bezweckt wird mit den Regelungen zum einen der kollisionsrechtliche Verbraucherschutz der deutschen Auftraggeber. Zum anderen werden Wettbewerbsverzerrungen zwischen in- und ausländischen Spediteuren bei Transporten im Inland vermieden, indem auch für Kabotagetransporte ausländischer Transporteure in Deutschland die zwingenden deutschen Vorschriften gelten. Soweit die §§ 449 Abs. 3, 451h Abs. 3, 466 Abs. 4 HGB vertragliche Regelungen in **Allgemeinen Geschäftsbedingungen** der Spediteure betreffen, sind der Vorrang des Art. 6 Rom I-VO und gegebenenfalls des Art. 46b EGBGB (früher Art. 29a EGBGB) (dazu oben Rz. 517) zu beachten[3].

618 Eine weitere international zwingende Regelung enthält **§ 452d Abs. 3 HGB** in Bezug auf **multimodale Transportverträge**, für die die §§ 452 ff. HGB erstmals gesetzliche Regelungen enthalten. Danach sind Vereinbarungen in multimodalen Transportverträgen, die die für eine Teilstrecke zwingend geltenden Vorschriften eines von der Bundesrepublik Deutschland ratifizierten internationalen Übereinkommens ausschließen sollen, unwirksam. Die Vorschrift soll nach Ansicht des Gesetzgebers den Vorrang völkerrechtlicher Abkommen der Bundesrepublik wahren, der aufgrund von § 452d Abs. 2 HGB andernfalls gefährdet wäre[4]. Die in den §§ 452 ff. HGB angeordnete einheitliche rechtliche Behandlung multimodaler Transportverträge soll nicht dazu führen, dass völkervertragliche Regelungen betreffend die Beförderung mittels eines Beförderungsmittels (und damit auf einer Teilstrecke) ausgehebelt werden[5].

S. 214 ff. Differenzierend *Hahn*, Die „europäischen" Kollisionsnormen für Versicherungsverträge (1992), S. 109 ff.

1 Zurückhaltend auch *Gruber*, Internationales Versicherungsvertragsrecht (1999), S. 209 ff.
2 *Dubischar*, in: MünchKomm, Aktualisierungsband zum Transportrecht (2000), § 449 HGB Rz. 18; *Bydlinski*, in: MünchKomm, Aktualisierungsband zum Transportrecht (2000), § 466 HGB Rz. 5 resp.
3 Ausf. *Staudinger*, IPRax 2001, 186 ff.
4 RegBegr. zum TRG, BT-Drucks. 13/8445, S. 105; näher *Basedow*, TranspR 1999, 58; *Looks*, VersR 1999, 31; *Rabe*, TranspR 2000, 189.
5 Allg. zum IPR multimodaler Transportverträge *Otte*, Liber Amicorum Kegel (2002), S. 141 ff.

Umstritten, jedoch zu verneinen ist die Frage, ob **Art. 6 EGHGB**, wonach § 662 HGB für alle **Seekonnossemente** gilt, die sich auf die Beförderung von Gütern zwischen Häfen in zwei verschiedenen Staaten oder zwischen Häfen in Deutschland beziehen, falls in Bezug auf das Konnossement die in Art. 6 Abs. 1 Nr. 1 oder Nr. 2 EGHGB genannten weiteren Voraussetzungen vorliegen, international zwingend ist[1].

12. Vorschriften des Sozialrechts

Auch Vorschriften des Sozialrechts können auf privatrechtliche Verträge einwirken. Zu nennen sind etwa die Bestimmungen des deutschen Rechts zum **Lohnabzugsverfahren**. Nach §§ 28e Abs. 1 S. 1, 28g S. 2–4 SGB IV hat der Arbeitgeber die Sozialbeiträge des Arbeitnehmers an die Sozialversicherungsträger vom Bruttogehalt abzuführen und dem Arbeitnehmer lediglich das entsprechend gekürzte Nettogehalt auszuzahlen. Eine entgegenstehende vertragliche Regelung, wonach der Arbeitnehmer die Beiträge aus dem entsprechend höheren Bruttogehalt selber abführen soll, ist unwirksam. Für den Fall, dass der Arbeitgeber seiner Verpflichtung zum Lohnabzug während der Laufzeit des Arbeitsverhältnisses nicht nachkommt und auch der Arbeitnehmer die betreffenden Abgaben nicht aus dem erhöhten Netto entrichtet hat, kann der Arbeitgeber, der von der Sozialversicherung zur Nachversicherung aufgefordert wird, vom Arbeitnehmer nicht nachträglich Erstattung der Abgaben verlangen.

619

Diese Regelung soll nach einer Entscheidung des BAG vom 12.10.1977[2] als Schutznorm zu Gunsten des inländischen Arbeitnehmers auch gelten, wenn eine arbeitsvertragliche Tätigkeit aufgrund eines deutschem Recht unterstehenden Arbeitsverhältnisses mit einem ausländischen (schweizerischen) Arbeitgeber in einem anderen Staat (Italien) sozialversicherungspflichtig ist und der betreffende ausländische Staat (Italien) ebenfalls das Lohnabzugsverfahren kennt. In diesem Fall sei es dem ausländischen Arbeitgeber verwehrt, vom deutschen Arbeitnehmer die Rückzahlung der Sozialversicherungsbeiträge zu verlangen[3]. Das überzeugt nicht, es handelt sich bei §§ 28e Abs. 1 S. 1, 28g S. 2–4 SGB IV **nicht** um **Eingriffsnormen**. Die geschilderten Regelungen stehen, auch wenn sie Auswirkungen auf arbeitsrechtliche Ansprüche haben, in unmittelbarem Zusammenhang mit dem inländischen Sozialsystem. Zwar ist es angemessen, das in § 28g SGB IV enthaltene Erstattungsverbot auf alle Arbeitsverhältnisse anzuwenden, die sich auf eine im Inland sozialversicherungspflichtige Tätigkeit beziehen. Demgegenüber obliegt der Schutz des ausländischen Sozialsystems und seiner Wertungen nicht dem deutschen Recht.

620

---

1 Zum Streitstand *Magnus*, in: Staudinger, Art. 34 EGBGB Rz. 97; *von Hoffmann*, in: Soergel, Art. 34 EGBGB Rz. 74 jew. mwN.
2 NJW 1978, 1766 = IPRspr. 1977 Nr. 46.
3 Näher *Straube*, Sozialrechtliche Eingriffsnormen im Internationalen Privatrecht (2001), S. 149 ff.

13. Urhebervertragsrecht

621 Für **Nutzungsverträge über Urheberrechte** enthält **§ 32b UrhG** eine **Eingriffsnorm**[1]. Die Vorschrift sieht vor, dass die §§ 32, 32a UrhG zwingende Anwendung finden, wenn auf den urheberrechtlichen Nutzungsvertrag mangels einer Rechtswahl deutsches Recht anzuwenden wäre oder der Vertrag maßgebliche Nutzungshandlungen im räumlichen Geltungsbereich dieses Gesetzes zum Gegenstand hat (allg. zum internationalen Urhebervertragsrecht vgl. Rz. 1771 ff.). Damit sind bei Vorliegen des in § 32b UrhG legaldefinierten Inlandsbezuges die Bestimmungen über die **angemessene Vergütung** des Urhebers für die Einräumung von Nutzungsrechten bzw. die Erlaubnis der Werknutzung (§ 32 Abs. 1 S. 1 UrhG), den Anspruch des Urhebers auf **Anpassung des Vertrages** bei nicht angemessener Vergütung (§ 32 Abs. 1 S. 3 UrhG) und über die **weitere Beteiligung** iSd. § 32a UrhG international zwingend ausgestaltet. Aus § 32b Nr. 1 UrhG folgt insbesondere, dass Nutzungsverträge, die sowohl Nutzungshandlungen im In- wie auch im Ausland umfassen, insgesamt, dh. ebenfalls bezüglich der ausländischen Nutzungshandlungen, zwingend dem deutschen Recht unterliegen, falls der Vertrag aufgrund seiner engen Bezüge zum deutschen Recht diesem bei objektiver Anknüpfung unterläge[2]. Umgekehrt sichert § 32b Nr. 2 UrhG zwingend die Anwendung deutschen Rechts auf die vertragliche Vereinbarung von Nutzungshandlungen in Deutschland[3].

622 Aus der bewusst zwingenden Ausgestaltung nur von Teilaspekten des internationalen Urhebervertragsrechts ist zu folgern, dass die **sonstigen Bestimmungen des UrhG** über den Urhebervertrag **keine Eingriffsnormen** darstellen[4].

623–630 Frei.

---

1 Vgl. *Obergfell*, K&R 2003, 118 ff.; *von Welser*, in: Wandtke/Bullinger, UrhR, 3. Aufl. (2009), § 32b UrhG Rz. 1 ff.
2 So zum alten Recht *Obergfell*, K&R 2003, 118 (125).
3 Einschränkend *Obergfell*, K&R 2003, 118 (125), für den Fall, dass die Nutzungshandlung in Deutschland lediglich ein bloßer „Reflex" eines zahlreiche Länder umfassenden Nutzungsvertrages ist.
4 So *von Welser*, IPRax 2002, 364 (365); *Hilty/Peukert*, GRURInt 2002, 650 f.; *von Welser*, in: Wandtke/Bullinger, UrhR, 3. Aufl. (2009), § 32b UrhG Rz. 2; *Obergfell*, K&R 2003, 118 (125), alle mwN.

D. Forumfremde Eingriffsnormen, Art. 9 Abs. 3 Rom I-VO

	Rz.		Rz.
I. Allgemeines	631	2. Ermessen bei der Anwendung ausländischer Eingriffsnormen	647
1. Anwendungsvoraussetzungen	633	3. Rechtsfolgen der Anwendung des Art. 9 Abs. 3 Rom I-VO	650
a) Allgemeine Voraussetzungen	633	4. Konsequenzen der Unanwendbarkeit des Art. 9 Abs. 3 Rom I-VO	653
b) Beschränkung auf Verbotsnormen	634	II. In der Regel mit inländischen Wertungen verträgliche ausländische Eingriffsnormen	654
c) Beschränkung auf Eingriffsnormen des „Erfüllungsortes"	638	1. Bodenverkehrsvorschriften	654
aa) Keine Konzentration auf einen einzigen, autonom gemeinschaftsrechtlich zu bestimmenden Erfüllungsort	639	2. Erwerbs- und Berufstätigkeit	655
		3. Regelungen des Börsenverkehrs und des Anlegerschutzes	657
		4. Kartellrechtliche Vorschriften	659
bb) Maßgeblichkeit des tatsächlichen Erfüllungsortes	641	5. Außenhandelsrecht	661
		6. Schutz ausländischer Kulturgüter	664
d) Geltung des Art. 9 Abs. 3 Rom I-VO auch für Eingriffsnormen des Vertragsstatuts	646	7. Devisenrecht	666

I. Allgemeines

Art. 9 Abs. 3 Rom I-VO normiert die Voraussetzungen, unter denen **Eingriffs-** 631
normen ausländischer Staaten Wirkung verliehen werden kann. Die Vorschrift, die an die Stelle von Art. 7 Abs. 1 EVÜ und der im deutschen Recht zu der Problematik entwickelten ungeschriebenen Grundsätze tritt, zählt zu den rechtspolitisch umstrittensten und redaktionell unklarsten der gesamten Rom I-VO (s. bereits oben Rz. 500 ff.)[1]. Aus der Entstehungsgeschichte der Vorschrift (dazu oben Rz. 500 ff.) ergibt sich, dass der Verordnungswortlaut im Wesentlichen darauf zielt, die **Bedeutung forumfremder Eingriffsnormen** möglichst weitgehend **einzuschränken**, um die rechtspolitischen Interessen der lex fori zu wahren und weitergehende Störungen des einheitlichen Anknüpfungssystems der Verordnung sowie Eingriffe in die Parteiautonomie zu begrenzen.

Obwohl eindeutige Aussagen der an der Gesetzgebung beteiligten Organe über 632
das seit jeher umstrittene **dogmatische Konzept** der Berücksichtigung forumfremder Eingriffsnormen nicht vorliegen, ist davon auszugehen, dass Art. 9 Abs. 3 Rom I-VO im Wesentlichen auf der bisher für überwunden geglaubten „**Machttheorie**" beruht[2], die ausländische Eingriffsnormen nur insoweit berücksichtigen will, wie diese vom Erlassstaat auch tatsächlich durchgesetzt werden können[3]. Die Vorschrift ist letztlich ein bedauernswerter **Rückschritt**

---
1 Ausf. *Freitag*, IPRax 2009, 109 (110).
2 Wie hier *Freitag*, IPRax 2009, 109 (116); *Mankowski*, IHR 2008, 133 (148).
3 Vgl. *Kegel*, Festschr. Lewald (1953), S. 259 (279).

hinter eine gegenüber ausländischen Wertungen tolerantere bisherige Praxis (Nachw. oben Rz. 492). Hinzu kommt, dass die gänzlich **verunglückte Formulierung** des Art. 9 Abs. 3 Rom I-VO zahlreiche Zweifelsfragen aufwirft.

1. Anwendungsvoraussetzungen

a) Allgemeine Voraussetzungen

633 Voraussetzung der Wirkungsverleihung zu Gunsten forumfremder Eingriffsnormen sind zunächst die Eröffnung des **Anwendungsbereichs der Rom I-VO** (dazu oben Rz. 509) sowie die **Qualifikation** der betreffenden ausländischen Vorschrift **als Eingriffsnorm** iSd. Art. 9 Abs. 1 Rom I-VO (dazu oben Rz. 510 ff.). Darüber hinaus schränkt Art. 9 Abs. 3 Rom I-VO die Zulässigkeit der Wirkungsverleihung weitergehend ein, indem er nur Eingriffsnormen des Rechts des Erfüllungsortes erfasst und auch nur solche, die die Erfüllung des Vertrages unrechtmäßig werden lassen.

b) Beschränkung auf Verbotsnormen

634 Nach Art. 9 Abs. 3 S. 1 Rom I-VO kann in Abweichung vom Vorschlag der Kommission, der eine derartige Beschränkung nicht vorgesehen hatte (zur Genese der Vorschrift oben Rz. 498 ff.), dafür aber in wörtlicher Anlehnung an die englische „Ralli"-Rechtsprechung (Nachw. oben Rz. 503), nur solchen forumfremden Eingriffsnormen Wirkung verliehen werden, „die die Erfüllung des Vertrages unrechtmäßig werden lassen"[1]. Nach dem Wortlaut der Vorschrift scheint die Beachtlichkeit forumfremder Eingriffsnormen damit auf Verbotsnormen reduziert, da nur dann, wenn ein Vertrag ganz oder teilweise unwirksam ist, auch seine Erfüllung unrechtmäßig erscheint. Dieser Normwortlaut wirft **schwierige Auslegungsfragen** auf:

635 So ist in Bezug auf Bestimmungen, die **vorvertragliche Informationspflichten, vertragliche Widerrufsrechte bzw. sonstige Rechte** zugunsten der einen oder anderen Vertragspartei vorsehen, davon auszugehen, dass sie jedenfalls insoweit, wie sie den Vertrag weder unwirksam machen noch den Inhalt der Leistungspflichten der Parteien modifizieren, sondern allein Nebenpflichten und Sekundäransprüche bzw. Lösungsrechte begründen, nicht zur „Unrechtmäßigkeit" der Vertragserfüllung führen. Sie scheiden damit aus dem Anwendungsbereich des Art. 9 Abs. 3 Rom I-VO aus.

636 Unklar ist die Behandlung von Eingriffsnormen, die die Erfüllung des Vertrages nicht deswegen untersagen, weil sie den Vertrag für unwirksam erklären, sondern den Erfüllung im Rahmen eines an sich wirksamen Vertrages wegen ihres Umfangs oder ihrer Art für rechtswidrig erklären. Dabei scheint Art. 9 Abs. 3 Rom I-VO aufgrund seiner missglückten Formulierung eine **Unterscheidung**

---

[1] In der französ. Sprachfassung: „lois de police qui rendent l'exécution du contrat illégale", in der engl. Version: „mandatory provisions [which] render the performance of the contract unlawful".

nach internationalen zwingenden **Höchst- und Mindeststandards** zu erfordern. Denn nur diejenige Partei, die mehr leistet, als sie von Rechts wegen leisten darf, nimmt eine unrechtmäßige Erfüllungshandlung vor, während derjenige, der weniger leistet als gesetzlich geschuldet, überhaupt nicht und damit auch nicht unrechtmäßig erfüllt. So handelt etwa der Arbeitnehmer insoweit, als er die einschlägigen gesetzlichen Höchstarbeitszeitgrenzen überschreitet, unzweifelhaft rechtswidrig; Vergleichbares gilt für den Arbeitgeber bzw. Auftraggeber, der ein über den Vergütungshöchstgrenzen etwa von HOAI oder RVG liegendes Honorar auszahlt. Demgegenüber ist der betreffenden Partei bei Unterschreitung etwaiger Mindesthonorare oder sonstiger gesetzlicher Mindestvorgaben für die Leistungserbringung allenfalls ein Vorwurf aus dem Unterlassen der Erbringung der gesetzlich geschuldeten Leistung zu machen.

Gleiches wie für Leistungsuntergrenzen müsste erst Recht für solche **Eingriffsnormen** gelten, **die einen vertraglichen Anspruch überhaupt erst begründen** wie etwa einen nachvertraglichen Ausgleichsanspruch des Handelsvertreters. Insoweit scheint Art. 9 Abs. 3 Rom I-VO mangels Unrechtmäßigkeit der bislang unterbliebenen Erfüllung keine Anwendung finden zu können. Eine **derartige Differenzierung** ist freilich **abzulehnen** und Art. 9 Abs. 3 Rom I-VO aufgrund einer **teleologischen Ausweitung** in allen Fällen anzuwenden, in denen die Vertragserfüllung positiv bzw. negativ gegen eine Eingriffsnorm verstößt. Andernfalls zeitigte Art. 9 Abs. 3 Rom I-VO willkürliche und sinnwidrige Ergebnisse, da er es ausgerechnet untersagte, der besonders schutzwürdigen Partei die ihr nach der betreffenden Eingriffsnorm zustehenden Rechte bzw. Ansprüche zu gewähren. Zudem käme auch eine Fortführung der Rechtsprechung des EuGH in Sachen „Ingmar GB" (dazu oben Rz. 545) nur mehr zu Gunsten inländischer Handelsvertreter über Art. 9 Abs. 2 Rom I-VO in Betracht, nicht aber zugunsten von in anderen Mitgliedstaaten ansässigen bzw. tätigen über Art. 9 Abs. 3 Rom I-VO. Letztlich ist anzunehmen, dass die Formulierung des Art. 9 Abs. 3 Rom I-VO gänzlich unbedacht die „Ralli"-Entscheidung[1] verallgemeinert hat, in der es in der Tat um eine spanische Regelung von Höchstpreisen für Jute ging.

637

c) Beschränkung auf Eingriffsnormen des „Erfüllungsortes"

Gem. Art. 9 Abs. 3 S. 1 Rom I-VO sind nur die Eingriffsnormen „des" Staates zu beachten, in dem „die Verpflichtungen" der Parteien zu erfüllen sind bzw. bereits erfüllt wurden[2]. Diese Anknüpfung dürfte einerseits insbesondere die englische Rechtsprechung aufnehmen, die bislang nur ausländische Eingriffsnormen des Erfüllungsortes überhaupt berücksichtigt hat[3] und andererseits an

638

---

1 Nachw. oben Rz. 503.
2 Engl. Fassung: „law of the country where the obligations arising out of the contract have to or have been performed", französ. Fassung: „lois de police du pays dans lequel les obligations découlant du contrat doivent être ou ont été exécutées".
3 Grundlegend die Entscheidung des Court of Appeal in Sachen „Ralli": *Ralli Bros.* v. *Compania Naviera Sota y Aznar* [1920] 2 K.B. 287 (C.A.), ausf. Analyse auch der späteren Rechtsprechung bei *Kuckein*, S. 238 ff.

Art. 5 Nr. 1 EuGVO (Brüssel I-VO) angelehnt sein, der für die Zwecke des Zuständigkeitsrechts ebenfalls an „den" (einzigen) Erfüllungsort anknüpft. Zugleich irrtiert, dass Art. 9 Abs. 3 Rom I-VO davon auszugehen scheint, dass bei Verträgen mit nach der *lex causae* pluralen Erfüllungsorten (insbesondere bei gegen- oder gar mehrseitigen Verträgen oder bei Verträgen, bei denen eine Vertragspartei an mehreren Erfüllungsorten zu handeln hat, etwa bei Transportverträgen) ein singulärer Erfüllungsort für die Zwecke des Art. 9 Abs. 3 Rom I-VO zu bestimmen sei.

aa) Keine Konzentration auf einen einzigen, autonom gemeinschaftsrechtlich zu bestimmenden Erfüllungsort

639 **Zum Teil** wird angenommen, der Begriff des Erfüllungsortes iSd. Art. 9 Abs. 3 Rom I-VO sei in Parallele zu Art. 5 Nr. 1 lit. b EuGVO **autonom gemeinschaftsrechtlich** zu bestimmen und dabei faktisch auf **einen einzigen** Ort zu beschränken[1]. Hierfür spricht, dass sich bei einer Berücksichtigung sämtlicher Orte, an denen der Schuldner Leistungshandlungen erbringt oder auch nur aller rechtlichen Erfüllungsorte des Vertragsstatuts die vom Wortlaut des Art. 9 Abs. 3 Rom I-VO angedeutete Beschränkung auf einen Erfüllungsort nicht bzw. nicht ohne Weiteres zu erreichen lässt. Ferner führt nur ein genuin gemeinschaftsrechtliches Verständnis des Art. 9 Abs. 3 Rom I-VO zu einer einheitlichen Auslegung und Anwendung der Vorschrift und damit zu einem Zugewinn an Rechtssicherheit.

640 **Dem ist zu widersprechen.** So dürfte der Wortlaut des Art. 9 Abs. 3 Rom I-VO gerade Art. 5 Nr. 1 lit. a EuGVO nachempfunden sein[2], der anders als Art. 5 Nr. 1 lit. b EuGVO die Bestimmung des Erfüllungsorts weiterhin im Sinne der „Tessili"-Formel[3] dem Vertragsstatut überlässt und zudem nach der „de Bloos"-Rechtsprechung des EuGH[4] für unterschiedliche vertragliche Pflichten auch unterschiedliche Erfüllungsorte (und damit Vertragsgerichtsstände)[5] zulässt. Zudem enthält Art. 9 Abs. 3 Rom I-VO anders als Art. 5 Nr. 1 lit. b EuGVO keinerlei konkretisierende Vorgaben für die Bestimmung des Erfüllungsortes, so dass der EuGH für die Zwecke dieser Norm einen kollisionsrechtlichen Erfüllungsortbegriff gleichsam *ex nihilo* zu erfinden hätte. Eine verordnungsautonome Festsetzung eines einheitlichen Erfüllungsortes hätte damit – ebenso wie iRd. Art. 5 Nr. 1 lit. b EuGVO[6] – inakzeptable Rechtsunsicherheit zur Folge. Hinzu kommt, dass sich die hinter Art. 5 Nr. 1 lit. b EuGVO stehenden Wertungen nicht auf Art. 9 Abs. 3 Rom I-VO übertragen lassen. An-

---

1 So etwa *Pfeiffer*, EuZW 2008, 622 (628).
2 Wie hier *Leible/Lehmann*, RIW 2008, 528 (543).
3 EuGH 6.10.1976 – Rs. 12/76 (Tessili), Slg. 1976, 1473.
4 EuGH 6.10.1976 – Rs. 14/76 (de Bloos), Slg. 1976, 1497.
5 Statt aller *Leible*, in: Rauscher, Art. 5 Brüssel I-VO Rz. 35 ff.; *Kropholler*, Art. 5 EuGVVO Rz. 29 ff., jew. mwN.
6 EuGH 3.5.2007 – Rs. C-386/05 (Color Drack), Slg. 2007, I-3699 (zu Art. 5 Nr. 1 lit. b, 1. Spiegelst. Brüssel I-VO); Vorlagebeschluss des BGH 22.4.2008, NJW 2008, 2121 (zu Art. 5 Nr. 1 lit. b, 2. Spiegelst. Brüssel I-VO).

liegen des Art. 5 Nr. 1 lit. b EuGVO war die Entkoppelung der einheitlichen Zuständigkeitsregeln von dem bei Erlass der EuGVO nur unzureichend harmonisierten Kollisionsrecht der Mitgliedstaaten[1]. Demgegenüber enthält die Rom I-VO gerade das früher fehlende einheitliche Kollisionsrecht und ordnet in Art. 12 Abs. 1 lit. b die Maßgeblichkeit der lex causae für die Bestimmung des Erfüllungsortes an. Zudem geht es bei der Wirkungsverleihung von Eingriffsnormen nicht allein um die Herbeiführung von Rechtssicherheit für die Parteien sondern auch darum, ob bzw. unter welchen Voraussetzungen auch entgegen dem Parteiwillen auf den Vertrag eingewirkt werden darf. Schließlich werden die Parteien bereits von sich aus die Eingriffsnormen all derjenigen Staaten berücksichtigen, die tatsächlich Einfluss auf die Vertragserfüllung nehmen können bzw. in denen eine eventuelle Gerichtszuständigkeit besteht[2].

bb) Maßgeblichkeit des tatsächlichen Erfüllungsortes

Zu klären ist, ob der Erfüllungsort iSd. Art. 9 Abs. 3 Rom I-VO als **Erfüllungsort im Rechtssinne** nach der *lex causae* (vgl. Art. 12 lit. b Rom I-VO) zu bestimmen ist **oder** ob es allein darauf ankommt, wo der Schuldner **tatsächlich Handlungen** iRd. Vertragserfüllung vorgenommen hat bzw. vornehmen soll. 641

Für die **Maßgeblichkeit des rechtlichen Erfüllungsortes** spricht, dass es sich bei dem Terminus „Erfüllungsort" um einen Rechtsbegriff handelt und wohl den meisten Rechtsordnungen die Unterscheidung zwischen tatsächlichen und rechtlichen Erfüllungsorten geläufig ist. Zudem verweist auch Art. 5 Nr. 1 lit. a EuGVO auf die *lex causae* und damit auf den Erfüllungsort im Rechtssinne (oben Rz. 640). Für ein solches Verständnis spricht ferner, dass Art. 9 Abs. 3 Rom I-VO nach dem Vorbild des englischen Rechts gefasst wurde und dort ebenfalls überwiegend allein Eingriffsnormen des Erfüllungsortes im Rechtssinne für berücksichtigungsfähig gehalten werden[3]. Schließlich folgt aus der Genese des Art. 9 Abs. 3 Rom I-VO, dass die Vorschrift den Kreis der berücksichtigungsfähigen Eingriffsnormen reduzieren soll. Hierzu aber ist ein Abstellen auf den rechtlich nach dem Vertragsstatut zu bestimmenden Erfüllungsort sicherlich besser geeignet als eine rein faktische Betrachtung. Doch trägt bereits die Parallele zu Art. 5 Nr. 1 lit. a Brüsel I-VO nicht. Anliegen auch dieser Vorschrift ist, wenn auch in gegenüber Art. 5 Nr. 1 lit. b EuGVO vermindertem Maße, die Festschreibung eines für die Parteien möglichst rechtssicher vorhersehbaren Gerichtsstandes. 642

Demgegenüber beruht Art. 9 Abs. 3 Rom I-VO im Wesentlichen iSd. „Machttheorie" (oben Rz. 632) auf dem Gedanken, dass rechtlich nicht sein soll, was tatsächlich nicht sein kann, dh. solche Eingriffsnormen beachtlich sein sollen, die tatsächlich die Vertragserfüllung verhindern oder erschweren können. Für ein **Abstellen auf den tatsächlichen Erfüllungsort** spricht ferner, dass es nach 643

---

[1] Vgl. nur *Leible*, in: Rauscher, Art. 5 Brüssel I-VO Rz. 31 ff., 45 f.; *Kropholler*, Art. 5 EuGVVO Rz. 27 mwN.
[2] Wie hier *Mankowski*, IHR 2008, 133 (149).
[3] *Kuckein*, S. 240 ff. mwN.

Art. 9 Abs. 3 S. 1 Rom I-VO bei bereits erfolgter Leistung iSd. ex post-Betrachtung allein auf den Ort ankommen kann, an dem die Verpflichtungen erfüllt worden sind, dh. an dem tatsächlich gehandelt wurde. Vor diesem Hintergrund sollte auch bei noch nicht erfolgter Erfüllung darauf abgestellt werden, wo künftig tatsächlich entscheidende Handlungen zu erbringen sind. Demzufolge ist bei Auslegung der Rom I-VO nicht etwa strikt der ohnedies nicht überzeugenden[1] Rechtsprechung der englischen Gerichte zu folgen, sondern (vorbehaltlich der Erfüllung der weiteren Voraussetzungen der Norm) den Eingriffsnormen eines jeden Staates Wirkung zu verleihen, der die Vertragserfüllung tatsächlich unterbinden oder substantiell behindern kann.

644 Bei einer **Mehrzahl vertraglicher Erfüllungsorte** sind demnach die **an sämtlichen tatsächlichen Erfüllungsorten geltenden Eingriffsnormen** berücksichtigsfähig. Ist danach den Eingriffsnormen eines Staates Wirkung zu verleihen, so hat die *lex causae* auf der Ebene des materiellen Rechts zu beantworten, wie sich die Unwirksamkeit der Erfüllung der einen Leistungsbeziehung auf die Verpflichtungen der anderen Partei(en) auswirkt.

645 In Bezug auf das **Verhältnis zwischen dem Ort, an dem die vertraglichen Verpflichtungen bereits erfüllt worden und demjenigen, an dem sie noch zu erfüllen sind**, übernimmt Art. 9 Abs. 3 S. 1 Rom I-VO die Formulierung des Art. 5 Nr. 1 lit. a EuGVO. Wurden die Vertragspflichten bereits erfüllt, sind nur die tatsächlichen Erfüllungsorte von Bedeutung, während bei noch ausstehender Erfüllung darauf abzustellen ist, wo die Erfüllung nach dem Vertrag tatsächlich zu erfolgen hat.

d) Geltung des Art. 9 Abs. 3 Rom I-VO auch für Eingriffsnormen des Vertragsstatuts

646 Auch **Eingriffsnormen des Vertragsstatuts** dürfen gem. Art. 9 Abs. 3 Rom I-VO nur angewandt bzw. berücksichtigt werden, wenn die Voraussetzungen des Art. 9 Abs. 3 Rom I-VO vorliegen[2]. Allerdings geht die zum bisherigen Recht von Teilen des deutschen Schrifttums[3], insbesondere aber auch in England[4], Frankreich[5] und Belgien[6] vertretene sog. Schuldstatut- und Kumulationstheorie davon aus, bereits die einfachen Kollisionsnormen des Internatio-

---

1 Zur Kritik etwa *Kuckein*, S. 248 ff., 254 ff.
2 Ebenso (noch zum Kommissionsentwurf) *Mankowski*, IPRax 2006, 101 (110); *Thorn*, in: Ferrari/Leible, S. 129 (145 f.). Unentschieden *Leible/Lehmann*, RIW 2008, 528 (543).
3 *Mann*, Festschr. Wahl (1973), S. 139 (147 ff.); *Heini*, ZSchwR 100-I (1981), 65 ff.; *Vischer*, Festschr. Gerwig (1960), S. 167 ff.; *Thorn*, in: Palandt, Art. 34 EGBGB Rz. 6; *Spickhoff*, in: Bamberger/Roth, Art. 34 EGBGB Rz. 27 f.; zuletzt de lege ferenda für die Rom I-VO auch Max-Planck-Institut für ausländisches und internationales Privatrecht, RabelsZ 71 (2007), 225 (316 f.).
4 Vgl. *Hartley*, Rec. des Cours 266 (1997), 333 ff.; *Dicey & Morris*, The Conflict of Laws, Bd. 2, 13. Aufl. (2000), Rz. 32–136.
5 *Mayer/Heuzé*, Droit international privé, 9. Aufl. (2007), Rz. 127.
6 *Rigaux/Fallon*, Droit international privé, 3. Aufl. (2005), Rz. 14.75 f.

nalen Privatrechts beriefen die lex causae in ihrer Gesamtheit einschließlich ihrer Eingriffsnormen. Danach wären die Eingriffsnormen einer ausländischen lex causae folglich auch dann anzuwenden, wenn die Voraussetzungen des Art. 9 Abs. 3 Rom I-VO nicht vorliegen. Demgegenüber wurde für das bisherige Recht jedenfalls in Deutschland zu Recht[1] ganz überwiegend angenommen, dass Eingriffsnormen von den Verweisungsvorschriften des einfachen Kollisionsrechts von vornherein nicht erfasst werden und sie nur iRd. Regeln, die sich mit der Anwendung bzw. Berücksichtigung international zwingender Vorschriften befassen, zu berücksichtigen sind[2]. **Gegen die Geltung der Schuldstatuttheorie iRd. Art. 9 Abs. 3 Rom I-VO** spricht bereits dessen Wortlaut, der nicht danach differenziert, ob die forumfremde Eingriffsnorm dem Vertragsstatut entstammt oder nicht, sondern einheitlich nur Eingriffsnormen des Erfüllungsortes für beachtlich erklärt.

2. Ermessen bei der Anwendung ausländischer Eingriffsnormen

Gem. Art. 9 Abs. 3 S. 1 Rom I-VO „kann" ausländischen Eingriffsnormen unter den in der Vorschrift genannten Voraussetzungen Wirkung verliehen werden. Diese Formulierung scheint die Wirkungsverleihung in das Ermessen der nationalen Gerichte oder Gesetzgeber zu stellen, wofür auch andere Sprachfassungen[3] des ersten Satzes sprechen. Andererseits legt der Wortlaut des Art. 9 Abs. 3 S. 2 Rom I-VO eine Verpflichtung zur Wirkungsverleihung nahe, da bei der Entscheidung darüber, ob der ausländischen Eingriffsnorm Wirkung zu verleihen „ist", ihre Natur, Rechtsfolgen wie auch die Folgen der Berücksichtigung bzw. Nicht-Berücksichtigung zu beachten „sind"[4]. Hintergrund dieser Diskrepanz dürfte sein, dass Art. 9 Abs. 3 Rom I-VO ein **zweistufiges Regelungsprogramm** enthält: Bei der Entscheidung über das „Ob" der Berücksichtigung ausländischer Eingriffsnormen sind die in Art. 9 Abs. 3 S. 2 Rom I-VO genannten Umstände zwingend zu berücksichtigen, während das Gericht, wenn es dieser Verpflichtung ordnungsgemäß nachgekommen ist, über ein weites rechtsfolgenseitiges Ermessen bei der Beurteilung der Verträglichkeit der ausländischen Eingriffsnorm mit den inländischen Wertungen und damit auch hinsichtlich der Anwendung überhaupt verfügt[5].

647

---

1 6. Aufl. Rz. 399.
2 *Kreuzer*, Ausländisches Wirtschaftsrecht vor deutschen Gerichten (1986), S. 81 f.; *Remien*, RabelsZ 54 (1990), 431 (462 f.); *Schurig*, RabelsZ 54 (1990), 217 (244); *Sonnenberger*, Festschr. Rebmann (1989), S. 819 (827); *Zimmer*, IPRax 1993, 65; *Martiny*, in: MünchKomm, Art. 34 EGBGB Rz. 38, 47 ff.; *Magnus*, in: Staudinger, Art. 34 EGBGB Rz. 130 f. Zuletzt *Thorn*, in: Ferrari/Leible, S. 129 (145 f.).
3 Engl. Fassung: „effect *may* be given", französische Fassung: „effet *pourra* être donné".
4 Französ. Fassung: „Pour décider si effet *doit être* donné à ces lois de police, il *est* tenu compte de leur nature et de leur objet, ainsi que des conséquences de leur application ou de leur non-application." Weniger deutlich die engl. Fassung: „In *considering whether to give effect* to those provisions, regard *shall* be had to their nature and purpose and to the consequences of their application or non-application".
5 Etwa *Pfeiffer*, EuZW 2008, 622 (628). Ebenso zu Art. 8 Abs. 3 Rom I-VO idF des Kommissionsvorschlags bereits *Dickinson*, J. PIL 2007, 53 (63 ff.); *Thorn*, in: Ferrari/Leible,

648 Bei seiner Ermessentscheidung hat das Gericht „Art und Zweck der Eingriffsnorm sowie die Rechtsfolgen ihrer Berücksichtigung bzw. Nichtberücksichtigung" zu bedenken. Diese dem Art. 7 Abs. 1 EVÜ entnommene Formulierung stellt zunächst klar, dass die Wirkungsverleihung nicht etwa einem Automatismus folgt, sondern auf einer **wertenden Entscheidung** des Gerichts beruht, bei der die für und gegen die Wirkungsverleihung sprechenden Argumente umfassend abzuwägen sind. Auch wenn der Wortlaut des Art. 9 Abs. 3 Rom I-VO insoweit nicht eindeutig ist, kommt eine Wirkungsverleihung nur in Betracht, wenn das inländische Gericht die **ausländische Wertentscheidung** teilt[1].

649 Keine eindeutige Aussage enthält Art. 9 Abs. 3 Rom I-VO zu der Frage, ob das Gericht die Entscheidung über die Verträglichkeit oder Unverträglichkeit der ausländischen Eingriffsnorm nach **nationalen Maßstäben** oder aufgrund einer genuin **europäischen** *policy*-Wertung vorzunehmen hat. Insoweit ist zu differenzieren. Aufgrund des Vorrangs des Gemeinschaftsrechts und dessen Geltung in sämtlichen Mitgliedstaaten sind selbstverständlich zwingende Vorgaben des Gemeinschaftsrechts zu beachten. Demgegenüber kann und muss der Richter seine Entscheidung über die Anwendung oder Nichtanwendung ausländischer Eingriffsnormen dort, wo es an gemeinschaftsrechtlichen Wertungen fehlt, auf nationalstaatliche policy-Erwägungen stützen. Insoweit verfügen die nationalen Gerichte über einen europarechtlich nicht überprüfbaren **Ermessensspielraum**[2].

3. Rechtsfolgen der Anwendung des Art. 9 Abs. 3 Rom I-VO

650 Anders als Eingriffsnormen der lex fori, die gem. Art. 9 Abs. 2 Rom I-VO „anzuwenden" sind, ist forumfremden Eingriffsnormen lediglich **„Wirkung zu verleihen"**. Diese Regelung erklärt sich daraus, dass das erkennende Gericht an forumfremde Eingriffsnormen a priori nicht gebunden ist, da diese vom kollisionsrechtlichen Verweisungsbefehl der Kollisionsnormen der Rom I-VO nicht umfasst werden (oben Rz. 646).

Demzufolge darf die lex fori darüber entscheiden, ob die Eingriffsnorm im Inland ebenso anzuwenden ist wie in ihrem Erlassstaat oder **ob bzw. in welcher Art und Weise sie im Inland zu modifizieren** ist[3]. So erläutert der Bericht von *Giuliano/Lagarde* zu Art. 7 Abs. 1 EVÜ, der in Bezug auf forumfremde Eingriffsnormen ebenfalls den Begriff der „Wirkungsverleihung" verwandt hatte, dass „die Worte ‚Wirkung verleihen' den Richter vor die sehr schwierige Aufgabe stellen, die zwingenden Bestimmungen mit dem Recht in Einklang zu bringen, das bei dem gegebenen Sachverhalt normalerweise auf den Vertrag anzuwenden ist"[4].

S. 129 (144); *Benzenberg*, S. 150 f. Ebenso zu Art. 7 Abs. 1 EVÜ etwa *Magnus*, in: Staudinger, Art. 34 EGBGB Rz. 145.
1 So bereits zum bisherigen Recht 6. Aufl. Rz. 472, 481.
2 *Dickinson*, J. PIL 2007, 53 (63 ff.); *Thorn*, in: Ferrari/Leible, S. 129 (144), jew. zu Art. 8 Abs. 3 Rom I-VO idF des Kommissionsvorschlags.
3 Vgl. auch *Pfeiffer*, EuZW 2008, 622 (628).
4 ABl. EG 1980 Nr. C 282, S. 1, 26.

In jedem Fall verlangt Art. 9 Abs. 3 Rom I-VO, dass die ausländische Eingriffsnorm **als Rechtsnorm beachtet** wird, dh. ihr sind Rechtswirkungen selbst dann zuzuerkennen, wenn sie von ihrem Erlassstaat nicht effektiv durchgesetzt wird[1]. Denkbar sind insoweit im Wesentlichen **zwei Ansätze** zur Berücksichtigung anwendbarer ausländischer Eingriffsnormen im Inland[2]: Zum einen können diese im Wege der **Sonderanknüpfung** (direct application) berufen und damit auch im Inland so angewandt werden wie im Erlassstaat. Zum anderen kommt eine **materiell-rechtliche Berücksichtigung** (indirect application) dergestalt in Betracht, dass die vom Inland geteilten Wertungen der Eingriffsnorm im Rahmen der Anwendung des Vertragsstatuts, dh. auf der Ebene des Sachrechts durchgesetzt werden. Zwischen beiden Ansätzen hatten die **Mitgliedstaaten** bereits nach einhelliger Auffassung zum EVÜ die **Wahl**[3]. Während das bisherige Schrifttum zum deutschen Recht überwiegend eine Sonderanknüpfung befürwortet hat[4], folgen die deutsche und englische[5] Rechtsprechung bislang dem Ansatz einer nur sachrechtlichen Berücksichtigung. So geht der BGH davon aus, dass Verstöße gegen ausländische Eingriffsnormen, deren Wertungen vom Inland geteilt werden, (bei deutschem Vertragsstatut) zur Sittenwidrigkeit des Vertrages gem. § 138 BGB führen können. Dies sei der Fall, wenn die betreffende ausländische Vorschrift mittelbar auch deutsche Interessen schützt[6], wenn es um Vorschriften geht, die Interessen schützen, die allgemein von allen Völkern geteilt werden[7], oder wenn eine Verletzung allgemein gültiger sittlicher Grundsätze vorliegt[8].

651

Überzeugender erscheint auch unter Geltung der Rom I-VO eine **echte Sonderanknüpfung**, dh. auch die Rechtsfolgen von Verstößen gegen die Eingriffsnorm sind dem Recht des Erlassstaates zu entnehmen. Nur so lässt sich vermeiden, dass der ausländischen Eingriffsnorm im Inland andere Wirkungen zukommen als im Erlassstaat. Zudem ist zu bedenken, dass forumfremde Eingriffsnormen gem. Art. 9 Abs. 3 Rom I-VO im Inland nicht wegen ihres regelmäßig öffentlich-rechtlichen Regelungskerns, sondern gerade wegen ihrer zivilrechtlichen Auswirkungen, dh. als Vorschriften des Privatrechts, beachtet werden. Dann aber liegt es näher, auch diese Folgen im Inland anzuerkennen.

652

---

1 Ebenso *Pfeiffer*, EuZW 2008, 622 (628).
2 Näher *Coing*, WM 1981, 810 (811); *Lehmann*, Zwingendes Recht dritter Staaten im internationalen Vertragsrecht (1986), S. 229 f.; *Kuckein*, S. 50 Fn. 229; *Kunda*, S. 245 ff.; *Martiny*, in: MünchKomm, Art. 34 EGBGB Rz. 70.
3 Ebenso *Thorn*, in: Ferrari/Leible, S. 129 (144 f.).
4 Nachw. 6. Aufl. Rz. 473 ff.
5 Ausf. *Chong*, J. PIL 2006, 27 (40 ff.).
6 BGH 21.12.1960 (Borax), BGHZ 34, 169 (177) = NJW 1961, 822 = AWD 1960, 102.
7 BGH 22.6.1972 (nigerianische Masken), BGHZ 59, 82 (85) = NJW 1972, 1575 (Anm. *Mann*, NJW 1972, 2179).
8 BGH 9.5.1985 (Bestechung), BGHZ 94, 268 = NJW 1985, 2405 = IPRax 1987, 110 (Anm. *Fikentscher/Waibel*, IPRax 1987, 86); OLG Hamburg 8.2.1991, NJW 1992, 635 (Sittenwidrigkeit eines Kaufvertrages, der unter Bestechung eines syr. Beamten zustande kommen sollte).

4. Konsequenzen der Unanwendbarkeit des Art. 9 Abs. 3 Rom I-VO

653 Art. 9 Abs. 3 Rom I-VO gestattet die Wirkungsverleihung nur ausnahmsweise unter den in der Vorschrift genannten Voraussetzungen. Damit fragt sich, wie zu verfahren ist, wenn die Voraussetzungen des Art. 9 Abs. 3 Rom I-VO nicht vorliegen, weil die Eingriffsnorm nicht dem Recht des Erfüllungsortes entstammt bzw. ihre Wertungen nicht von der lex fori geteilt werden. Insoweit ist von einer **Sperrwirkung des Art. 9 Abs. 3 Rom I-VO** dergestalt auszugehen, dass Eingriffsnormen, die nicht die Voraussetzungen des Art. 9 Abs. 3 Rom I-VO erfüllen, nicht iSd. Sonderanknüpfung oder der Anwendung des § 138 BGB „Wirkung verliehen" werden darf[1]. Zulässig ist demgegenüber die **rein faktische Berücksichtigung** forumfremder Eingriffsnormen iRd. des Vertragsstatuts im Übrigen. So können tatsächliche behördliche Maßnahmen anderer Staaten aufgrund von Eingriffsgesetzen als **tatsächliche** Leistungshindernisse im **Unmöglichkeitsrecht** oder iRd. § 826 BGB zu berücksichtigen sein[2]. Ebenfalls in Betracht kommt nach der Rechtsprechung des BGH im „iranischen Bierlieferungsfall" die Anwendung der Grundsätze über den **Wegfall der Geschäftsgrundlage**, wenn nach Abschluss des Vertrages von einem ausländischen Staat Eingriffsnormen erlassen werden, die die Durchführung bzw. Aufrechterhaltung der geschlossenen Vereinbarung untersagen[3]. Eine überobligationsgemäße Leistungserschwerung, die zu einer Anpassung des Vertrages berechtigt, liegt vor, wenn die Schwere der im Ausland drohenden Sanktionen und die Wahrscheinlichkeit ihrer Durchsetzung die Erfüllung unzumutbar machen[4].

II. In der Regel mit inländischen Wertungen verträgliche ausländische Eingriffsnormen

1. Bodenverkehrsvorschriften

654 Vorschriften, die den Grundstücksverkehr regeln, haben meist eine agrar-, siedlungs- oder lenkungspolitische bzw. -rechtliche Funktion. Wenn das betroffene Grundstück in dem Land liegt, dessen Eingriffsnormen in Frage stehen

---

1 Ebenso *d'Avout*, D. 2008, 2165 (2168); *Mankowski*, IHR 2008, 133 (148); *Mankowski*, EuZ 2009, 2 (10); *Staudinger*, AnwBl. 2008, 8 (12); *Leible*, Rom I und Rom II, S. 66; *Freitag*, IPRax 2009, 109 (115) mwN.
2 Etwa *Zweigert*, RabelsZ 14 (1942), 283; *von Hoffmann*, IPRax 1981, 156 ff.; *Lindemeyer*, RIW 1981, 21 ff.; vgl. auch *Bittner*, ZvglRW 93 (1994), 268; *Roth*, IPRax 1994, 76; *Martiny*, in: MünchKomm, Art. 34 EGBGB Rz. 67 f.; *Thorn*, in: Palandt, Art. 34 EGBGB Rz. 5; *Hohloch*, in: Erman, Art. 34 EGBGB Rz. 23.
3 BGH 8.2.1984 (iranische Bierlieferung), NJW 1984, 1746 = IPRax 1986, 154 (Anm. *Mülbert*, IPRax 1986, 140) = RabelsZ 53 (1989), 146 Anm. *Baum*: Anpassung eines deutschem Recht unterliegenden Vergleiches, der über Schadensersatzansprüche des iran. Bierimporteurs gegen den deutschen Lieferanten vor der islam. Revolution geschlossen worden war und infolge des später erlassenen iran. Alkoholimportverbotes nicht mehr vollständig durchgeführt werden konnte.
4 So *Radtke*, ZvglRW 84 (1985), 325 (347); *Bittner*, ZvglRW 93 (1994), 268 (270 ff.); *Wieling*, JuS 1986, 272; *Hohwaldt/Fischer*, RIW 1979, 239.

und die mit der Vorschrift geschützten Interessen bzw. Wertungen auch von der Bundesrepublik Deutschland geteilt werden, kommt eine Anwendung von Art. 9 Abs. 3 Rom I-VO in Betracht. Dies dürfte bei Vorschriften der Fall sein, bei denen entweder vergleichbare Regelungen im Inland vorhanden sind (etwa Grundstücksverkehrsgesetz, BauGB) oder ein sonstiger Zweck verfolgt wird, der aus Sicht der lex fori anerkennenswert erscheint[1].

2. Erwerbs- und Berufstätigkeit

Ausländischen zwingenden Vorschriften über die Aufnahme und Ausübung eines Berufes kann Wirkung verliehen werden, wenn die **Berufsausübung im Ausland** erfolgen soll, da der Erfüllungsort im Sinne des Art. 9 Abs. 3 Rom I-VO dann dort belegen ist[2]. Dies gilt allerdings nicht, wenn die ausländische Vorschrift gegen die Grundfreiheiten des EG-Vertrages verstößt. 655

Im Schrifttum wurde ausführlich das **Recht des Handelsvertreters** diskutiert. Die überwiegende Meinung spricht sich dafür aus, die berufsrechtlichen Vorschriften desjenigen Staates durch eine Sonderanknüpfung anzuwenden, in der der Tätigkeitsbereich des Handelsvertreters liegt. Dies gilt insbesondere auch für ein staatliches Verbot, ohne Registereintragung die Tätigkeit eines Handelsvertreters auszuüben[3]. Etwas anderes muss allerdings dann gelten, wenn mit der berufsrechtlichen Vorschrift Zwecke verbunden werden, die mit den Wertungen der lex fori nicht vereinbar wären. 656

3. Regelungen des Börsenverkehrs und des Anlegerschutzes

Ausländische Vorschriften zur Regelung des **Börsenverkehrs** sind auf die Geschäfte an ausländischen Börsen anzuwenden. Anknüpfungspunkt ist die Börse[4]. 657

Auch ausländische **Anlegerschutzvorschriften** sind grundsätzlich anzuwenden, wenn die Erfüllung des Geschäftes in dem Land erfolgt (bzw erfolgen soll), 658

---

1 Vgl. *Kreuzer*, Ausländisches Wirtschaftsrecht vor deutschen Gerichten (1986), S. 49; *Lorenz*, RIW 1987, 580; LG Amberg 17.3.1980, IPRax 1982, 29 (Tauschvertrag über brasilian. Grundstück; brasilian. Verfügungsbeschränkung über Grundstücke begründe einen Rechtsmangel, so dass der Käufer Rücktritt erklären könne). AM IPG 1980/81 (1980) Nr. 4 (München), S. 40: Keine Anwendung der schweiz. Genehmigungsvorschriften von Kauf und Übereignung schweiz. Grundstücke bei einem deutschen Recht unterliegenden Kaufvertrag zwischen deutschen Vertragsparteien, da der Schweiz die Möglichkeit fehle, die Regelung in Bezug auf das *schuldrechtliche* Geschäft durchzusetzen.
2 So auch *Martiny*, in: MünchKomm, Art. 34 EGBGB Rz. 116; *Kreuzer*, Ausländisches Wirtschaftsrecht vor deutschen Gerichten (1986), S. 49; OLG Stuttgart 30.11.1969, IPRspr. 1969/61 Nr. 213 (Rechtsberatungsverbot des Rechts von New York angewendet und Honorarklage mangels Gültigkeit des Mandatsvertrages abgewiesen).
3 *Birk*, ZvglRW 79 (1980), 268 (282 f.); *Ellwan*, ZvglRW 80 (1981), 89 (145 f.); *Kränzlin*, ZvglRW 83 (1984), 257 (286 f.); *Krüger*, Festschr. Kegel (1987), S. 269 (281 ff.); aA IPG 1977 Nr. 7 (Köln), S. 58 f. (Ägypten); *Nötzel*, DB 1986, 209 (212).
4 Seit RG 10.5.1884, RGZ 12, 34; RG 4.4.1928, IPRspr. 1929 Nr. 31.

dessen Vorschriften angewendet werden sollen, und der mit der Anlegerschutzvorschrift verbundene Interessenschutz auch von der lex fori geteilt wird. Dies gilt etwa für Regelungen im ausländischen Recht, die dem Anleger verbieten, seinen Wertpapiererwerb mit Fremdmitteln zu finanzieren[1] und für die Anknüpfung von Verhaltens- und Lauterkeitsregelungen des US-amerikanischen Rechts[2].

4. Kartellrechtliche Vorschriften

659   Ob ausländische kartellrechtliche Vorschriften von inländischen Gerichten angewendet werden sollen, ist umstritten. Die Problematik ist von verhältnismäßig **geringer praktischer Bedeutung**, da die deutschen Kartellbehörden nur tätig werden, wenn das wettbewerbsschädigende Verhalten sich auf dem inländischen Markt auswirkt (vgl. Rz. 610). Zu einer Anwendung bzw. Berücksichtigung ausländischen Kartellrechts kommt es daher nur dann, wenn die (inländischen) Wettbewerber, deren Verhalten sich auf einen ausländischen Markt in wettbewerbsrelevanter Weise auswirkt, vor deutschen Gerichten streiten und im Rahmen dieses Prozesses die Bestimmungen des ausländischen Wettbewerbsrechts relevant werden, etwa weil sie ebenso wie bei einem Verstoß gegen § 1 GWB zur Nichtigkeit einer wettbewerbsrechtlich unzulässigen vertraglichen Vereinbarung führen.

660   Im Schrifttum gewinnen die **Befürworter einer Sonderanknüpfung** ausländischer kartellrechtlicher Vorschriften an Zulauf. *Martinek* hat vorgeschlagen, eine allgemeine allseitige Kollisionsnorm des Kartellrechts zu formulieren, wonach „die privatrechtliche Wirksamkeit und die privatrechtlichen Folgen von Wettbewerbsbeschränkungen sich nach den Gesetzen des Staates bestimmen, in dem sich die Wettbewerbsbeschränkungen auswirken, auch wenn sie außerhalb des Auswirkungsstaates veranlasst werden."[3] Diese wird insbesondere mit dem Hinweis auf den Gesichtspunkt des Entscheidungseinklangs und der Rücksichtnahme auf fremde Staaten und deren Interesse an der Anerkennung und Durchsetzung ihres Wettbewerbsrechts begründet[4]. Auch hier wird man darauf abstellen müssen, ob insbesondere eine Wertungsübereinstimmung vorliegt, was idR der Fall sein wird, da auch Deutschland weitgehende kartellrechtliche Vorschriften zum Schutz des Wettbewerbs grundsätzlich anerkennt. Ausländische Kartellrechtsvorschriften werden zudem nur angewendet, wenn eine hinreichende Beziehung des Sachverhalts zum ausländischen Recht vorliegt, was idR voraussetzt, dass sich der Vertrag auf den Markt des be-

---

1 So *Linder*, ZHR 142 (1978), 342 (359 ff.); *Martiny*, in: MünchKomm, Art. 34 EGBGB Rz. 102; vgl. auch *Stürmer*, RIW 1984, 239.
2 *Göthel*, IPRax 2001, 411 ff.
3 *Martinek*, Das internationale Kartellprivatrecht (1987), S. 94.
4 So *Rehbinder*, in: Immenga/Mestmäcker, Wettbewerbsrecht, 4. Aufl. (2007), § 130 Abs. 2 GWB Rz. 238 ff.; *Basedow*, NJW 1989, 632 ff.; *Martinek*, Das internationale Kartellprivatrecht (1987), S. 42 ff.; *Martiny*, in: MünchKomm, Art. 34 EGBGB Rz. 94.

treffenden Landes bezieht. Insoweit kann an das Auswirkungsprinzip des § 130 Abs. 2 GWB angeknüpft werden[1].

5. Außenhandelsrecht

Der BGH hat ausländische Handelsverbote, wie bereits ausgeführt, zwar nicht durch Sonderanknüpfung angewendet, aber im Rahmen des deutschen Sachrechts über §§ 138, 242, 826 BGB berücksichtigt[2]. Allerdings hat die Rechtsprechung in anderen Fällen die Anwendung oder auch nur die Berücksichtigung ausländischer Verfügungsverbote abgelehnt[3]. Maßgeblich für die jeweilige Entscheidung im Einzelfall ist stets die konkrete Vereinbarkeit der ausländischen Eingriffsnorm mit deutschen Wertvorstellungen. Teilt das deutsche Recht die durch die ausländische Norm geschützten Interessen nicht, so kommt allenfalls eine Berücksichtigung der ausländischen Einfuhr- oder Ausfuhrbestimmungen im Rahmen des materiellen Rechts in Betracht. Dies setzt allerdings voraus, dass die ausländische Vorschrift auch durchgesetzt werden kann. Das ist etwa bei ehemaligen DDR-Vorschriften nicht der Fall.

661

Nach Ansicht des BGH ist bei ausländischen Vorschriften, die sich mit der (Beschränkung der) Vertretungsmacht oder der Rechtsfähigkeit von in ihrem Staatsgebiet ansässigen juristischen Personen gerade in Bezug auf Ausfuhrgeschäfte befassen, zunächst im Wege der **Qualifikation** zu entscheiden, ob die betreffende ausländische Regelung tatsächlich dem ausländischen öffentlichen Außenhandelsrecht oder dem privaten Vollmachts- bzw. Personalstatut zu entnehmen ist.

Im Hinblick auf die extraterritorialen Auswirkungen der **US-Embargen** aus dem Jahre 1996 gegen Kuba[4], den Iran und Libyen[5], die auch nicht-amerikanischen Unternehmen den Geschäftsverkehr mit Kuba untersagen und bei Verstößen zum Teil drastische Sanktionen in den USA vorsehen (Einfrieren von

662

---

1 Ähnlich *Rehbinder*, in: Immenga/Mestmäcker, Wettbewerbsrecht, 4. Aufl. (2007), § 130 Abs. 2 GWB Rz. 238 ff.; *Martinek*, Das internationale Kartellprivatrecht (1987), S. 94 ff.; *Martiny*, in: MünchKomm, Art. 34 EGBGB Rz. 94; zum Teil a.M. die Auffassung, die allein auf das Auswirkungsprinzip als eigenständige Kollisionsnorm auch für ausländisches Kartellrecht anknüpft, *Basedow*, NJW 1989, 633.
2 BGH 21.12.1960 (Borax), BGHZ 34, 169 (177) = NJW 1961, 822 = AWD 1960, 102: US-Embargo; BGH 24.5.1962 (Borsäure), NJW 1962, 1436 (1437) = MDR 1962, 719 Anm. *Sieg*: US-Embargo; BGH 22.6.1972 (nigerianische Masken), BGHZ 59, 82 (85) = NJW 1972, 1575 (Anm. *Mann*, NJW 1972, 2179): nigerianisches Ausfuhrverbot für Kulturgüter; BGH 29.3.2001 (russisches Außenhandelsmonopol), BGHZ 147, 178.
3 BGH 16.4.1975 (August Vierzehn), BGHZ 64, 183 (188 ff.); OLG Hamburg 6.5.1993, RIW 1994, 686 Anm. *Mankowski*; OLG Naumburg 19.5.1994, WM 1994, 906: Außenhandelsmonopol der DDR; BGH 17.11.1994, WM 1995, 124: Ausfuhrmonopol der DDR.
4 Cuban Liberty and Democratic Solidarity (LIBERTAD) Act, vgl. United States Code, Title 22, ch. 32, sec. 6021 ff., sog. „Helms-Burton-Act". Dazu *Gebauer*, IPRax 1997, 145 ff.; *Griessbach*, RIW 1997, 275 ff.; *Kress/Herbst*, RIW 1997, 630 ff.
5 Iran and Libya Sanctions Act of 1996, vgl. ch. 31, sec. 535, 550, 560 Code of Federal Regulations.

Geldern, Bußgelder etc.), scheidet eine Anerkennung innerhalb der EU und damit eine Sonderanknüpfung aus. Die EU hat gegen die genannten US-Embargen mit der VO (EG) Nr. 2271/96[1] **Gegenmaßnahmen** ergriffen. Gem. Art. 4 der VO werden die aufgrund der im Anh. zu Art. 1 der VO genannten Maßnahmen der USA innerhalb der EU nicht anerkannt, Art. 5 der VO untersagt mitgliedstaatlichen Unternehmen die Befolgung der US-Embargen. Auch diese Gegenmaßnahmen verlangen von den mitgliedstaatlichen Gerichten die international zwingende Anwendung unabhängig von dem auf den Außenhandelsvertrag anwendbaren Recht.

663 Von der kollisionsrechtlichen Behandlung ausländischer Außenhandelsbestimmungen zu unterscheiden ist die Frage nach Zulässigkeit und Inhalt vertraglicher sog. **Unterwerfungsklauseln**[2]. Aufgrund derartiger Parteiabsprachen verpflichtet sich eine Vertragspartei, die Ausfuhrbestimmungen eines anderen Staates zu beachten und sichert häufig auch deren Einhaltung zu. So verlangen beispielsweise US-amerikanische Kreditinstitute von ihren ausländischen Geschäftspartnern, die über sie den Zahlungsverkehr in US-Dollar abwickeln wollen, dass die nicht-amerikanischen Banken die Einhaltung der Vorgaben des Office for Foreign Asset Control (OFAC) betreffend Finanzsanktionen gegenüber bestimmten Staaten, Organisationen und Personen einhalten und dies auch im Sinne einer Garantie zusichern. Faktisch führt dies zu einer Beachtung der US-amerikanischen Finanzsanktionen auch durch nicht-amerikanische Banken und damit zu einer Ausweitung des Anwendungsbereiches der US-Sanktionen. Unstreitig dürfte sein, dass derartige Unterwerfungsklauseln grundsätzlich iRd. auf den jeweiligen Vertrag anwendbaren Sachrechts zu beachten und entsprechend zu behandeln sind[3]. Damit variieren je nach Ausgestaltung der konkreten Klausel auch die Rechtsfolgen. Soweit etwa die EU Gegenmaßnahmen gegen US-Embargen erlassen hat oder das ausländische Eingriffsrecht zwingenden Bestimmungen der lex fori widerspricht, ist eine Unterwerfungsklausel unabhängig von dem auf den Vertrag anwendbaren Recht unwirksam. Im Übrigen sind derartige Klauseln auszulegen. So kann die Einhaltung der Ausfuhr- oder Embargobestimmungen eines betroffenen Landes zur Bedingung für das Zustandekommen bzw. die Durchführung des Geschäftes gemacht werden. Das dürfte unproblematisch zulässig sein[4]. Ebenso kann wie in dem geschilderten Beispiel einer Vertragspartei einseitig das Risiko des Verstoßes gegen die betreffenden ausländischen Vorschriften mit entsprechenden haftungsrechtlichen Folgen zugewiesen werden. Das ist nur so lange akzeptabel, wie die Beachtung des betreffenden ausländischen Außenhandelsrechts

---

[1] VO (EG) Nr. 2271/96 des Rates vom 22.11.1996 zum Schutz vor den Auswirkungen der extraterritorialen Anwendung von einem Drittland erlassener Rechtsakte sowie von darauf beruhenden oder sich daraus ergebenden Maßnahmen, ABl. EG 1996 Nr. L 309, S. 1.

[2] Ausf. *Abicht*, Die Parteiautonomie im Schatten der Unterwerfungsklauseln (1991); *Forwick*, Extraterritoriale US-amerikanische Exportkontrollen (1993), S. 158 ff.; *Hentzen*, US-amerikanische Exportkontrollen (1988), S. 150 ff.; *Kreuzer*, Ausländisches Wirtschaftsrecht vor deutschen Gerichten (1986), S. 89 ff.

[3] Nachw. etwa bei *Leible*, ZvglRW 97 (1998), 303.

[4] Vgl. *Mankowski*, RabelsZ 61 (1997), 214 (218 f.).

nicht gegen § 138 BGB (bei deutschem Vertragsstatut) oder den inländischen ordre public (bei ausländischer lex causae) verstößt[1]. Dies wird nur der Fall sein, wenn die ausländischen Bestimmungen ganz erheblich von den inländischen Wertvorstellungen abweichen, nicht dagegen, wenn es lediglich an einem positiven Wertungsgleichklang zwischen in- und ausländischem Recht fehlt.

6. Schutz ausländischer Kulturgüter

Der Schutz ausländischer Kulturgüter wird im Allgemeinen auch im Inland als schützenwertes Interesse angesehen, so dass ein Wertungsgleichklang besteht. **Ausländische Vorschriften** zum Schutz der eigenen Kulturgüter, etwa Ausfuhrverbote etc. sind daher **auch im Inland anzuwenden**, wenn eine hinreichend enge Beziehung zu dem Erlassstaat besteht[2]. 664

Auf europäischer Ebene wird der Kulturgüterschutz geregelt durch die Verordnung (EWG) Nr. 3911/92 und die Richtlinie 97/7/EWG (Nachw. Rz. 586). Da die Verordnung (EWG) Nr. 3911/92 unmittelbar in allen Mitgliedstaaten gilt und zudem in Art. 2 Abs. 3 vorsieht, dass die Entscheidungen des zuständigen Mitgliedstaates über die Ausfuhr im gesamten Gemeinschaftsgebiet anzuerkennen ist, ist sie eine über Art. 9 Abs. 2 Rom I-VO durchzusetzende (inländische) Eingriffsnorm. 665

7. Devisenrecht

Art. VIII Abschnitt 2b des IWF-Übereinkommens[3] sieht vor, dass Ansprüche aus Devisenkontrakten, die gegen die Devisenbestimmungen eines Mitglieds des IWFÜ verstoßen, in den anderen Mitgliedstaaten des IWFÜ nicht klagbar bzw. durchsetzbar sind. Es handelt sich damit um eine völkervertragliche Verpflichtung zur Anerkennung ausländischer Devisenvorschriften. Zu den Einzelheiten Rz. 672 ff. 666

Frei. 667–670

---

1 Wie hier *Leible*, ZvglRW 97 (1998), 303.
2 BGH 22.6.1972 (nigerianische Masken), BGHZ 59, 82 (85) = NJW 1972, 1575 (Anm. *Mann*, NJW 1972, 2179): Ausfuhrverbot von Nigeria im Rahmen von § 138 BGB angewendet. Vgl. auch *Sandrock*, in: Sandrock (Hrsg.), Internationales Wirtschaftsrecht in Theorie und Praxis (1995), S. 191 ff. Zur Rechtsprechung in Österreich *Reichelt/Smolka*, IPRax 1997, 290 ff.
3 Übk. vom 30.4.1976 über den Internationalen Währungsfonds, BGBl. II 1978, 13.

E. Berücksichtigung ausländischer Devisenvorschriften

	Rz.		Rz.
I. Das deutsche Internationale Devisenrecht: ein Überblick	671	6. Unklagbarkeit (unenforceability)	693
		a) Problemübersicht	693
II. Das IWF-Abkommen	672	b) Die bisherige Rechtsprechung: die Einordnung als Sachurteilsvoraussetzung	695
1. Die Rechtsquelle	672		
2. Die Rechtsentwicklung in den Mitgliedstaaten des IWF	673	**IV. Der Reformvorschlag: Einordnung als unvollkommene Verbindlichkeit**	701
III. Die Auslegung des Art. VIII Abschn. 2 (b) S. 1 IWF-Abkommen in der Bundesrepublik Deutschland	674	1. Einführung	701
		2. Der maßgebliche Zeitpunkt der Unklagbarkeit	702
1. Devisenkontrakt (exchange contract)	675	3. Die Berücksichtigung im Prozess	703
a) Die Begriffsbestimmung in der Rechtsprechung	675	4. Die Darlegungs- und Beweislast	704
b) Der Kreis der erfassten Geschäfte	678	5. Verjährungshemmung im Prozess	705
c) Die abkommenskonforme Begriffsbestimmung	683	6. Die akzessorischen Sicherungsrechte	706
2. Berührung der Währung eines Mitgliedstaates	684	**V. Autonomes Recht**	707
3. Devisenkontrollbestimmungen	688	1. Anwendungsvoraussetzungen	707
4. Abkommenskonformität	691	2. Rom I-VO	708
5. Verstoß gegen abkommenskonforme Devisenkontrollbestimmungen	692	**VI. Zusammenfassung mit Handlungsanleitung**	712

Literatur[1] zum Devisenrecht: *Ebke,* Internationales Devisenrecht (1991); *Sandrock,* Internationale Kredite und die Internationale Schiedsgerichtsbarkeit, Teil I, WM 1994, 405; Teil II, WM 1994, 445; *Unteregge,* Ausländisches Devisenrecht und internationale Kreditverträge (1990).

Literatur zum IWF-Abkommen: *Ebenroth/Müller,* Der Einfluss ausländischen Devisenrechts auf zivilrechtliche Leistungsverpflichtungen unter besonderer Berücksichtigung des IWF-Abkommens, RIW 1994, 269; *Ebenroth/Neiss,* Internationale Kreditverträge unter Anwendung von Art. VIII Abschnitt 2 (b) IWF-Abkommen, RIW 1991, 617; *Ebenroth/Woggon,* Einlageforderungen gegen ausländische Gesellschafter und Art. VIII Abschnitt 2 (b) IWF-Abkommen, IPRax 1993, 151; *Ebenroth/Woggon,* Keine Berücksichtigung ausländischer Kapitalverkehrsbeschränkungen über Art. VIII Abschnitt 2 (b) IWF-Abkommen, IPRax 1994, 276; *Ebke,* Article VIII, Section 2 (b), International Monetary Cooperation, and the Courts, Festschr. in Honor of Sir Joseph Gold (1990), S. 63; *Ebke,* Devisenrecht als Kapitalaufbringungssperre?, RIW 1993, 613; *Ebke,* Internationale Kreditverträge und das internationale Devisenrecht, JZ 1991, 335; *Ebke,* Internationale Kreditverträge und das internationale Devisenrecht: Schlusswort, JZ 1992, 784; *Ebke,* Der Internationale Währungsfonds und das internationale Devisenrecht, RIW 1991, 1; *Ebke,* Kapitalverkehrskontrollen und Internationales Privatrecht nach der Bulgarien-Entscheidung des Bundesgerichtshofs, WM 1994, 1357; *Ebke,* Die Rechtsprechung zur „Unklag-

---

1 Ältere Literatur vgl. *Martiny,* in: MünchKomm, nach Art. 34 EGBGB Anh. II vor Rz. 1 und *Ebke,* in: Staudinger, Anh. zu Art. 34 EGBGB vor Rz. 1.

barkeit" gem. Art. VIII Abschn. 2 (b) IWF-Übereinkommen im Zeichen des Wandels, WM 1993, 1169; *Ebke*, Das Internationale Devisenrecht im Spannungsfeld völkerrechtlicher Vorgaben, nationaler Interessen und parteiautonomer Gestaltungsfreiheit, ZvglRW 100, 365; *Ehricke*, Die Funktion des Art. VIII Abschnitt 2b S. 1 des IWF-Vertrages in der internationalen Schuldenkrise, RIW 1991, 365; *Fuchs*, Auf dem Weg zur engen Auslegung des Art. VIII Abschn. 2 (b) S. 1 IWF-Abkommen, IPRax 1995, 82; *Leible/Lehmann*, Die Verordnung über auf vertragliche Schuldverhältnisse anzuwendende Recht („Rom I"), RIW 2008, 528; *F. A. Mann*, Der Internationale Währungsfonds und das Internationale Privatrecht, JZ 1970, 709; JZ 1981, 327; *F. A. Mann*, The Private International Law of Exchange Control under the International Monetary Fund Agreement, I.C.L.Q. 2 (1953), 97; *Pfeiffer*, Neues Internationales Vertragsrecht – Zur Rom I-Verordnung, EuZW 2008, 622; *Seuß*, Exterritoriale Geltung von Devisenkontrollbestimmungen. Art. VIII 2b S. 1 des Übereinkommens über den Internationalen Währungsfonds (1991).

I. Das deutsche Internationale Devisenrecht: ein Überblick

Das Internationale Devisenrecht umfasst die Kollisionsnormen des autonomen und des internationalen Einheitsrechts, die darüber bestimmen, ob, unter welchen Voraussetzungen und mit welchen Rechtsfolgen Beschränkungen des laufenden internationalen Zahlungsverkehrs und des internationalen Kapitalverkehrs auf Verfügungs- und Verpflichtungsgeschäfte im internationalen Waren-, Dienstleistungs- und Kapitalverkehr anzuwenden sind[1] (Näheres unten Rz. 707 ff.). Von besonderer praktischer Bedeutung vor allem im Verhältnis zu Staaten, die nicht Mitglieder der EU sind[2], ist das Abkommen über den Internationalen Währungsfonds (IWF-Abkommen)[3], dem nach dem Beitritt einiger mittel- und osteuropäischer Staaten nach der Auflösung des RGW über 180 Staaten angehören[4]. Das IWF-Abkommen hat als internationales Einheitsrecht Vorrang vor den autonomen Regelungen des Internationalen Devisenrechts. Devisenkontrollbestimmungen sind nur in den Fällen nach dem autonomen Internationalen Devisenrecht[5] zu beurteilen, in denen die Beachtung ausländischer Devisenkontrollbestimmungen zu beurteilen ist, die von Nichtmitgliedstaaten des IWF erlassen worden sind oder die nicht dem IWF-Abkommen unterliegen[6] (vgl. hierzu auch unten Rz. 707 ff.).

671

---

1 *Ebke*, JZ 1991, 336; *Ebke*, IntDevR, S. 35, 312–334; *Martiny*, in: MünchKomm, nach Art. 34 EGBGB Anh. II Rz. 1.
2 Zu den rechtlichen Besonderheiten des Zahlungs- und Kapitalverkehrs innerhalb der EU vgl. etwa *Ebke*, IntDevR, S. 102–116 sowie *Lenz* (Hrsg.), EG-Handbuch – Recht im Binnenmarkt, 2. Aufl. (1994), S. 334 f.
3 Für die BRD in Kraft seit dem 14.8.1952 (BGBl. II 1952, 728); Zustimmungsgesetz v. 18.7.1952 (BGBl. II 1952, 637, 645), Änderungsgesetz vom 23.12.1968 (BGBl. II 1968, 1225), Änderungsgesetz vom 9.1.1978 (BGBl. II 1978, 13); auch Abk. von Bretton Woods genannt.
4 Vgl. hierzu www.imf.org.
5 Zu den autonomen Regelungen vgl. *Ebke*, IntDevR, S. 312–324; *Unteregge*, S. 59–153; *Martiny*, in: MünchKomm, nach Art. 34 EGBGB Anh. II Rz. 28.
6 *Martiny*, in: MünchKomm, nach Art. 34 EGBGB Anh. II Rz. 48; mit einem Fall dieser Art musste sich das hanseatische OLG nach der sog. Bulgarien-Entscheidung des BGH (BGH 8.11.1993, NJW 1994, 390 = IPRax 1994, 298 [m. Anm. *Ebenroth/Woggon*, IPRax 1994, 276 und Anm. *Thode*, WuB VII B 2. – 1.94; Besprechungsaufsatz *K. Schmidt*,

Während Altverträge weiterhin den Regelungen des EGBGB unterliegen, erlangt für Verträge nach dem 17.12.2009 Art. 9 Abs. 1 **Rom I-VO** im Bereich der Europäischen Union besondere Bedeutung. Anstelle einer allgemeinen Umschreibung der zwingenden Vorschriften in Art. 34 EGBGB enthält Art. 9 Abs. 1 Rom I-VO erstmals eine Legaldefinition der zwingenden Vorschriften. Art. 9 Abs. 2 Rom I-VO gestattet die Anwendung der Eingriffsnormen der lex fori unabhängig vom Vertragsstatut und mit Abs. 3 steht es im Ermessen des Gerichts, Eingriffsnormen eines Staates Wirkung zu verleihen, sofern die durch den Vertrag begründeten Verpflichtungen in diesem erfüllt werden sollen oder erfüllt worden sind und diese Normen die Erfüllung des Vertrags unrechtmäßig werden lassen (Art. 9 Abs. 3 S. 1 Rom I-VO)[1]. Hierin liegt eine Änderung zu Art. 7 Abs. 1 EVÜ[2].

II. Das IWF-Abkommen

1. Die Rechtsquelle

672 Die maßgebliche Vorschrift des IWF-Abkommens, **Art. VIII Abschn. 2 (b) S. 1** lautet in ihrer völkerrechtlich allein verbindlichen Fassung[3] wie folgt:

> Exchange contracts which involve the currency of any member and which are contrary to the exchange control regulations of that member maintained or imposed consistently with this agreement shall be unenforceable in the territories of any member …[4]

Diese Vorschrift ist sowohl einheitsrechtliche Kollisionsnorm als auch Sachnorm[5]. Als **kollisionsrechtliche Sonderanknüpfungsregel** verpflichtet sie Gerichte und Verwaltungsbehörden eines Mitgliedstaates, abkommenskonformen Devisenkontrollbestimmungen eines anderen Mitgliedstaates in der Weise Geltung zu verschaffen, dass sie nicht bei der Durchsetzung von Verpflichtungen mitwirken, die gegen abkommenskonforme Devisenkontrollbestimmungen verstoßen[6]. Sie ist auch **Sachnorm**, weil sie selbst die Rechtsfolge (shall be unenforceable; vgl. Näheres zur dieser Rechtsfolge unten

---

ZGR 1994, 665]) befassen; vgl. dazu *Ebke*, RIW 1993, 626; *Ebke*, WM 1994, 1363; *Ebenroth/Müller*, RIW 1994, 272–275.

1 *Thorn*, in: Palandt, Art. 34 EGBGB Rz. 1; *Pfeiffer*, EuZW 2008, 622 (628); *Leible/Lehmann*, RIW 2008, 528 (542).
2 *Pfeiffer*, EuZW 2008, 622 (628); *Leible/Lehmann*, RIW 2008, 528 (542).
3 BGH 14.11.1991, BGHZ 116, 77 (83) = IPRax 1992, 377 (m. Anm. *Fuchs*, IPRax 1992, 361; Anm. *Thode*, WuB VII A. § 38 ZPO 2.92); BGH 8.11.1993, NJW 1994, 390 = IPRax 1994, 298 (m. Anm. *Ebenroth/Woggon*, IPRax 1994, 276 und Anm. *Thode*, WuB VII B 2).
4 Die deutsche Übersetzung hat folgenden Wortlaut: „Aus Devisenkontrakten, welche die Währung eines Mitglieds berühren und den von diesem Mitglied in Übereinstimmung mit diesem Übereinkommen aufrechterhaltenen oder eingeführten Devisenkontrollbestimmungen zuwiderlaufen, kann in den Hoheitsgebieten der Mitglieder nicht geklagt werden …", BGBl. II 1978, 13, 34–35.
5 *Ebke*, JZ 1991, 337; *Ebke*, IntDevR, S. 177–180; *Unteregge*, S. 31 f.; *Martiny*, in: MünchKomm, nach Art. 34 EGBGB Anh. II Rz. 11.
6 *Ebke*, JZ 1991, 337; *Martiny*, in: MünchKomm, nach Art. 34 EGBGB Anh. II Rz. 10.

Rz. 694 ff.) unabhängig von der Sanktion des ausländischen Rechts und des maßgeblichen Vertragsstatuts für den Fall anordnet, dass ihre Voraussetzungen vorliegen[1]. Ihre Geltung kann in der Bundesrepublik nicht deshalb ausgeschlossen werden, weil sie nicht Teil des gewählten (Art. 3 Abs. 1 Rom I-VO) oder des objektiv angeknüpften Schuldstatuts ist (Art. 4 Rom I-VO)[2]. Abkommenskonforme Devisenkontrollbestimmungen können nur in engen Ausnahmefällen mithilfe des kollisionsrechtlichen ordre public (Art. 6 EGBGB und Art. 21 Rom I-VO)[3] in ihrer Geltung eingeschränkt werden[4]. Entsprechendes gilt[5] für den prozessualen ordre public des § 328 Abs. 1 Nr. 4 ZPO[6] und den des Art. 34 Nr. 1 EuGVO[7]. Des Weiteren wird Art. 8 Abschn. 2 (b) IWF-Abkommen auch in der Schiedsgerichtsbarkeit angewendet[8].

2. Die Rechtsentwicklung in den Mitgliedstaaten des IWF

Die vom IWF mit Art. VIII Abschn. 2 (b) S. 1 IWF-Abkommen erstrebte **Vereinheitlichung des internationalen Devisenrechts** ist weitgehend missglückt[9]. Die Mitgliedstaaten, die bei der Auslegung und Anwendung des Art. VIII Abschn. 2 (b) S. 1 IWF-Abkommen keiner wirksamen Kontrolle durch den IWF unterliegen[10], haben teilweise **erheblich divergierende Auslegungsgrundsätze** entwickelt (vgl. Rz. 694 ff.). Die Gerichte wichtiger kapitalexportierender Mitgliedsländer, wie beispielsweise die Gerichte New Yorks und Großbritanniens, haben durch die restriktive Auslegung des Begriffs **„exchange contracts"** die Anwendung des Art. VIII Abschn. 2 (b) S. 1 IWF-Abkommens auf grenzüberschreitende Handels- und Kreditverträge nahezu vollständig ausgeschlossen[11]. Mit dieser Auslegung haben sie den Anwendungsbereich der Vorschrift, die in

673

---

1 *Ebke*, JZ 1991, 337; *Ebke*, RIW 1991, 2; *Ebke*, IntDevR, S. 177–180; *Martiny*, in: MünchKomm, nach Art. 34 EGBGB Anh. II Rz. 11.
2 Vgl. *Pfeiffer*, EuZW 2008, 622; *Leible/Lehmann*, RIW 2008, 525 und *Clausnitzer/Woopen*, BB 2008, 1798; noch zu Art. 27 und 28 EGBGB: *Ebke*, JZ 1991, 337; *Ebke*, IntDevR, S. 181; *Ebke*, in: Staudinger, Anh. zu Art. 34 EGBGB Rz. 7 ff.; *Martiny*, in: MünchKomm, nach Art. 34 EGBGB Anh. II Rz. 10.
3 Vgl. *Leible/Lehmann*, RIW 2008, 528; zum ordre public nach dem EGBGB vgl. etwa *Martiny*, in: von Bar (Hrsg.), Europäisches Gemeinschaftsrecht und Internationales Privatrecht (1991), S. 211; *von Bar/Mankowski*, I Rz. 258 f.
4 Die Einzelheiten sind umstritten, vgl. *Ebke*, JZ 1991, 337; *Ebke*, IntDevR, S. 181–184; *Martiny*, in: MünchKomm, nach Art. 34 EGBGB Anh. II Rz. 10.
5 *Ebke*, JZ 1991, 337.
6 Vgl. *Geimer*, Rz. 26–29a; 2961–2991; *Geimer*, Anerkennung ausländischer Entscheidungen in Deutschland (1995), S. 58–61; *Schack*, Rz. 860–870.
7 *Kropholler*, Art. 34 EuGVO Rz. 3 ff.; *Geimer/Schütze*, Art. 34 EuGVO, Rz. 127.
8 Vgl. *Martiny*, in: MünchKomm, nach Art. 34 EGBGB Anh. II Rz. 13; *Ebke*, in: Staudinger, Anh. zu Art. 34 EGBGB Rz. 21.
9 *Ebke*, RIW 1991, 3 ff.; *Ebke*, JZ 1992, 785; *Ebke*, RIW 1993, 614; *Ebke*, WM 1994, 1358; *Ebke*, IntDevR, S. 206–228; *Ebenroth/Neiss*, RIW 1991, 624 f.; *Ehricke*, RIW 1991, 366–369; *Sandrock*, WM 1994, 409–411.
10 *Ebke*, RIW 1991, 7 f.; *Martiny*, in: MünchKomm, nach Art. 34 EGBGB Anh. II Rz. 19.
11 Vgl. *Ebke*, RIW 1991, 7 f.; *Martiny*, in: MünchKomm, nach Art. 34 EGBGB Anh. II Rz. 19 sowie *Seuß*, S. 20–30; *Martiny*, in: MünchKomm, nach Art. 34 EGBGB Anh. II Rz. 15.

erster Linie die Zahlungsbilanzen der Erlassstaaten schützt, zurückgedrängt und sich die Möglichkeit eröffnet, das dem Gläubiger durchweg günstigere autonome Kollisionsrecht anzuwenden[1]. Im Unterschied zu dieser Rechtsprechung wird der Begriff „exchange contracts" von den deutschen Gerichten weit ausgelegt[2], so dass ausländische abkommenskonforme Devisenkontrollbestimmungen im Regelfall von deutschen Gerichten zulasten der Gläubiger durchgesetzt werden[3]. Durch zwei neuere Entscheidungen hat der BGH[4] die Anwendung des Art. VIII Abschn. 2 (b) S. 1 IWF-Abkommen auf Zahlungen für laufende Transaktionen beschränkt und einen der durch die bisherige Rechtsprechung der deutschen Gerichte bedingten Wettbewerbsnachteil Deutschlands beseitigt[5]. Die aufgezeigten Auslegungsdivergenzen bereiten in der Praxis erhebliche Schwierigkeiten bei der Einschätzung des devisenrechtlichen Risikos grenzüberschreitender Handels- und Kreditverträge. Vertragsparteien und Rechtsanwälte müssen bei der Vertragsgestaltung und im Streitfall dieses Risiko auf der Grundlage der Rechtsprechung und Rechtspraxis der Mitgliedstaaten zu Art. VIII Abschn. 2 (b) S. 1 IWF-Abkommen abschätzen, die im Streitfall international zuständig sein können.

III. Die Auslegung des Art. VIII Abschn. 2 (b) S. 1 IWF-Abkommen in der Bundesrepublik Deutschland

674 Durch die von den Gerichten entwickelten Auslegungsgrundsätze und durch die Diskussion in der Literatur hat sich in der Bundesrepublik folgende Rechtslage entwickelt:

1. Devisenkontrakt (exchange contract)

a) Die Begriffsbestimmung in der Rechtsprechung

675 Die traditionelle Rechtsprechung der deutschen Gerichte **legt** den Begriff des Devisenkontrakts im Hinblick auf den Schutzzweck des Abkommens, den Devisenbestand oder die Währung eines Mitgliedstaates zu schützen[6], **weit aus**[7]

---

1 *Ebke*, RIW 1993, 614 mwN.; *Martiny*, in: MünchKomm, nach Art. 34 EGBGB Anh. II Rz. 14.
2 Vgl. BGH 11.3.1970, WM 1970, 551 und BGH 21.12.1976, WM 1977, 332; vgl. auch BGH 17.2.1971, BGHZ 55, 334 (337); BGH 8.3.1979, NJW 1980, 520; *Ehricke*, RIW 1991, 368.
3 *Martiny*, in: MünchKomm, nach Art. 34 EGBGB Anh. II Rz. 12.
4 BGH 8.11.1993, NJW 1994, 390 = IPRax 1994, 298 (m. Anm. *Ebenroth/Woggon*, IPRax 1994, 276 und Anm. *Thode*, WuB VII B 2) sowie BGH 22.2.1994, NJW 1994, 1868 = WM 1994, 581 (m. Anm. *Thode*, WuB VII B 2. – 1.94); *Ebenroth/Woggon*, EWiR 1994, 471; *Geimer*, LM Internationaler Währungsfonds, Abk. üb. Nr. 9 (8/1994) sowie *Fuchs*, IPRax 1995, 82; Näheres zu diesen Entscheidungen vgl. unten Rz. 676.
5 *Ebke*, WM 1994, 1358 (1368) mwN.
6 BGH 17.2.1971, BGHZ 55, 334 (337); BGH 8.3.1979, NJW 1980, 520; *Ehricke*, RIW 1991, 368.
7 Vgl. etwa *Ebke*, IntDevR, S. 229; *Ebenroth/Neiss*, RIW 1991, 619 und *Martiny*, in: MünchKomm, nach Art. 34 EGBGB Anh. II Rz. 12, jeweils mwN.

(zur Weiterentwicklung der ursprünglichen Auslegung durch den BGH vgl. unten Rz. 676). So werden von Art. VIII Abschn. 2 (b) S. 1 IWF-Abkommen sämtliche vertragliche Verpflichtungen erfasst, die sich auf die Zahlungsbilanz des Erlassstaates auswirken[1]. Für die Anwendbarkeit des Abkommens genügt es, dass auf Grund der vertraglichen Vereinbarung der Parteien Zahlungen oder Transfers in fremder oder in eigener Währung vorgesehen waren[2], ohne Unterscheidung zwischen Verträgen des grenzüberschreitenden Kapitalverkehrs und Verträgen über Zahlungen für laufende Transaktionen. So wurden beispielsweise internationale Kreditverträge unabhängig von ihrer Laufzeit und Höhe als Devisenkontrakte aufgefasst (vgl. hierzu unten Rz. 682).

676 In zwei neueren Entscheidungen hat der BGH in Übereinstimmung mit der Judikatur anderer wichtiger kapitalexportierender Länder[3] den **Anwendungsbereich** der Vorschrift unter zwei Gesichtspunkten **eingeschränkt**. In der sog. Bulgarien-Entscheidung[4] hat der II. Zivilsenat des BGH den Anwendungsbereich der Vorschrift auf **Zahlungen für laufende Transaktionen** iSv. Art. XXX (d) IWF-Abkommen[5] beschränkt und damit einen im neueren Schrifttum beklagten[6], durch die bisherige Rechtsprechung bedingten Wettbewerbsnachteil Deutschlands beseitigt[7]. Der XI. Zivilsenat des BGH hat die Entscheidung des II. Senates dahin gehend ergänzt, dass ausländische **Kapitalverkehrskontrollen** nicht von der Vorschrift erfasst werden. Der II. Senat, dem der XI. Senat gefolgt ist, hat im Unterschied zu der traditionellen Auslegung der Vorschrift (vgl. oben Rz. 675) erstmals den Versuch einer systematischen und teleologischen Auslegung der Vorschrift unternommen[8]. Nach der einschränkenden Auslegung der beiden Senate ist Art. VIII Abschn. 2 (b) S. 1 IWF-Abkommen auf **Kapitalverkehrsverträge** und auf Verträge des laufenden Zahlungsverkehrs, die von einer Kapitalverkehrskontrollvorschrift des Erlassstaates erfasst werden, nicht anwendbar[9].

677 Die **Abgrenzung**[10] zwischen Geschäften des laufenden Zahlungsverkehrs und Geschäften des Kapitalverkehrs ist durch die Entscheidung des II. Senates nur

---

1 *Ebke*, IntDevR, S. 229; *Unteregge*, S. 34; *Martiny*, in: MünchKomm, nach Art. 34 EGBGB Anh. II Rz. 12 jeweils mwN.
2 *Ebenroth/Neiss*, RIW 1991, 619; *Martiny*, in: MünchKomm, nach Art. 34 EGBGB Anh. II Rz. 12.
3 *Ebke*, WM 1994, 1358; *Fuchs*, IPRax 1995, 85; *von Bar/Mankowski*, Rz. 116.
4 BGH 8.11.1993, NJW 1994, 390 = IPRax 1994, 298 (m. Anm. *Ebenroth/Woggon*, IPRax 1994, 276 und Anm. *Thode*, WuB VII B 2 – 1.94; Besprechungsaufsatz *K. Schmidt*, ZGR 1994, 665).
5 Nach Art. XXX (d) IWF-Abk. sind Zahlungen für laufende Transaktionen Zahlungen, die „nicht der Übertragung von Kapital dienen", vgl. *Ebke*, IntDevR, S. 231.
6 *Ebke*, JZ 1991, 342; *Ebke*, RIW 1991, 6; *Ebke*, ZvglRW 92 (1993), 116; *Ebke*, WM 1994, 1358; *Ehricke*, RIW 1991, 366 f.; *Ebenroth/Neiss*, RIW 1991, 624; *Ebenroth/Woggon*, IPRax 1993, 153; *Fuchs*, IPRax 1995, 85.
7 *Ebke*, WM 1994, 1358; *Fuchs*, IPRax 1995, 85.
8 Vgl. *Ebenroth/Woggon*, IPRax 1994, 277 mit zustimmender Würdigung sowie *Ebke*, WM 1994, 1359 ff. mit zutreffender Kritik und *Thode*, WuB VII B 2. – 1.94.
9 *Thode*, WuB VII B 2. – 1.94.
10 Brauchbare Abgrenzungskriterien für die Praxis bietet die beispielhafte Aufzählung der Zahlungen für laufende Transaktionen in Art. XXX (d) Nr. 1–4 IWF-Abkommen.

teilweise geklärt. Der Senat hat „Auslandsinvestitionen", die den Charakter „größerer langfristiger Kapitalanlagen" haben, dem Kapitalverkehr[1] zugeordnet[2].

b) Der Kreis der erfassten Geschäfte

678 Über den Kreis der erfassten Geschäfte besteht in der Praxis und Wissenschaft keine Einigkeit[3]. Auf der Grundlage der extensiven Auslegung des Merkmals „exchange contracts" hat die Rechtsprechung mehrere **Fallgruppen** gebildet, auf die das Abkommen anwendbar ist[4]: Leistungen von Waren und Dienstleistungen gegen Zahlungsmittel, Austausch von Zahlungsmitteln gegen andere Zahlungsmittel, unentgeltliche Zuwendung von Waren und Dienstleistungen sowie Zahlungsmitteln, Sicherungen der genehmigungspflichtigen Hauptschuld[5], Verpflichtungen aus Wertpapieren[6] und außervertragliche schuldrechtliche Ansprüche, die im Ergebnis der Erfüllung des genehmigungspflichtigen Geschäftes gleichkommen.

Danach ist das Abkommen praktisch auf den gesamten internationalen Waren- und Dienstleistungsverkehr anwendbar[7]. Die Geltung des Abkommens ist beispielsweise bejaht worden für Warenkaufverträge, Grundstückskaufverträge, Lizenzverträge, Handelsverträge[8], Scheck-[9] und Wechselverbindlichkeiten[10] sowie für die klassische Form des Devisengeschäfts, den Austausch von Zahlungsmitteln gegen Zahlungsmittel[11]. Kaufpreissichernde Bürgschaften und Garantien werden von dem Abkommen erfasst, wenn sie mit der genehmigungspflichtigen Hauptschuld eng verbunden sind[12]. In der Bulgarien-

---

1 Vgl. *Ebke*, IntDevR, S. 229: Aufnahme langfristiger Kredite im Ausland (vgl. unten Rz. 682), Transfers von Bankguthaben ins Ausland zu Investitionszwecken, Direktinvestitionen, portfolio investments sowie den Abschluss von Lebensversicherungen.
2 *Ebke*, WM 1994, 1358 (1367); *Fuchs*, IPRax 1995, 85; *Thode*, WuB VII B 2. – 1.94.
3 *Ebke*, IntDevR, S. 229; *Ebke*, in: Staudinger, Anh. zu Art. 34 EGBGB Rz. 7 ff.; *Martiny*, in: MünchKomm, nach Art. 34 EGBGB Anh. II Rz. 14.
4 *Ebenroth/Neiss*, RIW 1991, 619 mit der unzutreffenden Fallgruppe der Tauschgeschäfte; eine Erläuterung der Fallgruppen findet sich bei *Martiny*, in: MünchKomm, nach Art. 34 EGBGB Anh. II Rz. 14–16.
5 Vgl. die Nachw. bei *Martiny*, in: MünchKomm, nach Art. 34 EGBGB Anh. II Rz. 17.
6 Vgl. die Nachw. bei *Martiny*, in: MünchKomm, nach Art. 34 EGBGB Anh. II Rz. 18.
7 *Ebke*, IntDevR, S. 229 f.; *Ebenroth/Neiss*, RIW 1991, 619; weitere Beispiele finden sich bei *Martiny*, in: MünchKomm, nach Art. 34 EGBGB Anh. II Rz. 17–19.
8 Vgl. zu den einzelnen Verträgen: *Ebke*, IntDevR, S. 230; *Martiny*, in: MünchKomm, nach Art. 34 EGBGB Anh. II Rz. 17 jeweils mwN.
9 Vgl. *Ebke*, IntDevR, S. 230; *Martiny*, in: MünchKomm, nach Art. 34 EGBGB Anh. II Rz. 18 jeweils mwN.
10 BGH 22.2.1994 NJW 1994, 1868 = WM 1994, 581 m. Anm. *Thode*, WuB VIII B 2 – 1.94; *Ebenroth/Waggon*, EWIR 1994, 471; *Geimer*, LM Internationaler Währungsfonds, Abk. üb. Nr. 9 (8/1994) sowie *Fuchs*, IPRax 1995, 82.
11 OLG Düsseldorf 28.9.1989, ZIP 1989, 1387 = WM 1989, 1842 (Anm. *Thode*, WuB VII B 2. – 1.90) (ägypt. Pfund gegen DM-Scheck).
12 Vgl. die Nachw. der Rspr. bei *Ebke*, IntDevR, S. 230 sowie bei *Martiny*, in: MünchKomm, nach Art. 34 EGBGB Anh. II Rz. 17, 27; mit begründeter Kritik an den bisheri-

Entscheidung[1] hat der BGH klargestellt, dass ein Vertrag über die Erhöhung einer Kommanditeinlage und damit eine Gesellschaftsbeteiligung ein „exchange contract" sein kann, wenn es sich nicht um eine langfristige Beteiligung handelt[2]. Tausch- und Gegengeschäfte werden von der Vorschrift nicht erfasst[3].

Die Frage, ob der Schuldner gegen die Forderung seines Gläubigers mit einer Gegenforderung, die abkommenskonformen Devisenkontrollbestimmungen widerspricht, wirksam die **Aufrechnung** erklären kann, ist höchstrichterlich nicht entschieden. Das LG Karlsruhe[4] hat die Aufrechnung im Ergebnis zutreffend als unzulässig angesehen[5]. Eine Prozessaufrechnung mit einer unklagbaren Gegenforderung ist deshalb unzulässig, weil die Aufrechnung im Hinblick auf die fehlende Sachurteilsvoraussetzung unzulässig ist[6]. 679

Das in Erfüllung eines „exchange contracts" Geleistete kann nicht nach den Grundsätzen der **ungerechtfertigten Bereicherung** zurückgefordert werden, weil kein rechtsgrundloser Erwerb vorliegt. Auf Grund der prozessualen Qualifikation der Unklagbarkeit liegt kein rechtsgrundloser Erwerb vor[7]. 680

Außervertragliche Ansprüche gelten als „exchange contracts", wenn sie im Ergebnis zu einer Erfüllung des verbotenen Geschäftes führen. So sind Ansprüche aus unerlaubter Handlung wegen Nichterfüllung des verbotenen Geschäftes und Ansprüche aus ungerechtfertigter Bereicherung, mit denen das auf ein verbotenes Geschäft Geleistete zurückgefordert wird, nicht durchsetzbar (Näheres zur Rechtsfolge vgl. oben Rz. 680)[8]. Nicht erfasst werden von dem Abkommen die der lex rei sitae unterliegenden **dinglichen Rechtsgeschäfte**, wie die Auflassung und die Bestellung von Grundpfandrechten, da die Rechtswirkungen unmittelbar eintreten[9]. 681

---

gen Versuchen, die akzessorischen Sicherungsrechte mit der Rechtsfigur der Unklagbarkeit als Sachurteilsvoraussetzung zu erfassen *Ebke*, IntDevR, S. 288–292.
1 BGH 8.11.1993, NJW 1994, 390 = IPRax 1994, 298 (m. Anm. *Ebenroth/Woggon*, IPRax 1994, 276 und Anm. *Thode*, WuB VII B 2 – 1.94; Besprechungsaufsatz *K. Schmidt*, ZGR 1994, 665).
2 *Ebke*, WM 1994, 1360 (1367); damit hat der BGH die hierzu im Schrifttum vertretene Ansicht bestätigt, vgl. *Ebke*, IntDevR, S. 230 und *Martiny*, in: MünchKomm, nach Art. 34 EGBGB Anh. II Rz. 14.
3 *Ebke*, IntDevR, S. 230; aA *Martiny*, in: MünchKomm, nach Art. 34 EGBGB Anh. II Rz. 19; unzutreffend *Ebenroth/Neiss*, RIW 1991, 619.
4 LG Karlsruhe RIW 1986, 385 mit zust. Anm. *Lober*.
5 Vgl. die berechtigte Kritik in der Begründung der Entscheidung bei *Ebke*, IntDevR, S. 292; *Ebke* in: Staudinger, Anh. zu Art. 34 EGBGB Rz. 33.
6 *Ebke*, IntDevR, S. 292 f.; *Martiny*, in: MünchKomm, nach Art. 34 EGBGB Anh. II Rz. 42.
7 Vgl. etwa BGH 21.12.1976, IPRspr. 1976, Nr. 118, 341 (343); vgl. hierzu *Ebke*, IntDevR, S. 286 mwN. der Entscheidungen von Instanzgerichten.
8 *Martiny*, in: MünchKomm, nach Art. 34 EGBGB Anh. II Rz. 20.
9 *Ebenroth/Neiss*, RIW 1991, 619; *Martiny*, in: MünchKomm, nach Art. 34 EGBGB Anh. II Rz. 22.

682 **Internationale Kreditverträge** hat die Rechtsprechung bisher unabhängig von ihrer Höhe und Laufzeit als „exchange contracts" eingeordnet[1]; die gewichtigen Einwände des Schrifttums[2] gegen diese Rechtsprechung haben die Gerichte bisher nicht berücksichtigt. Nach der Bulgarien-Entscheidung des BGH[3], die langfristige Auslandsinvestitionen dem Kapitalverkehr zugeordnet und diese Geschäfte aus dem Anwendungsbereich des Art. VIII Abschn. 2 (b) S. 1 IWF-Abkommens ausgenommen hat, ist das Abkommen auf langfristige Kredite nicht mehr anwendbar[4]. Dieser Auffassung hat sich auch das OLG Frankfurt in einem Prozess über Inhaberschuldverschreibungen des argentinischen Staates angeschlossen, in denen der argentinische Staat sich unter Berufung auf einen Staatsnotstand (Zahlungsunfähigkeit) weigerte, die Ansprüche eines Privatgläubigers auf Rückzahlung zu erfüllen[5]. Erfasst werden von dem Abkommen allerdings Zahlungen auf Kreditzinsen und Zahlungen in mäßiger Höhe für Tilgungen von Krediten[6].

c) Die abkommenskonforme Begriffsbestimmung

683 Maßgebliche Stimmen im neueren Schrifttum schlagen auf der Grundlage einer vertragsautonomen Auslegung des Abkommens vor, die bisherige Deutung des Begriffes „exchange contracts" als Devisenkontrakt durch die **Auslegung als Austauschvertrag** zu ersetzen, um eine dem Zweck des Abkommens entsprechende Einschränkung des Anwendungsbereichs des Art. VIII Abschn. 2 (b) S. 1 IWF-Abkommen zu erreichen[7]. Nach dieser zutreffenden Auslegung werden von dem Merkmal „exchange contracts" gegenseitige Verträge sowie Vertragsverhältnisse erfasst, in denen Leistung und Gegenleistung in einer finalen oder kausalen Wechselbeziehung zueinander stehen[8]. Danach ist es für einen „exchange contract" ausreichend, wenn der Leistungsempfänger etwas aufwendet, um die Leistung zu erhalten oder weil er die Leistung erhalten hat.

---

1 Vgl. OLG München 25.1.1989, WM 1989, 1282 (Anm. *Thode* WuB VII B 2. – 1.89, Besprechungsaufsatz *Ebke*, JZ 1991, 335); weitere Nachw. aus der Rspr. bei *Ebke*, IntDevR, S. 230 f. sowie differenzierend *Martiny*, in: MünchKomm, nach Art. 34 EGBGB Anh. II Rz. 16.
2 Vgl. etwa *Ebke*, JZ 1991, 339 f.; *Ebke*, RIW 1993, 622 f.; *Ebke*, JZ 1992, 784; *Ebenroth/Neiss*, RIW 1991, 619 ff.; *Ebke*, IntDevR, S. 230 f., 243 f. mwN.
3 BGH 8.11.1993, NJW 1994, 390 = IPRax 1994, 298 (m. Anm. *Ebenroth/Woggon*, IPRax1994, 276 und Anm. *Thode*, WuB VII B 2).
4 *Ebke*, WM 1994, 1368; *Fuchs*, IPRax 1995, 85; *Thode*, WuB VII B 2 – 1.94.
5 OLG Frankfurt 13.6.2006, WM 2007, 929 = IPRax 2007, 331 (m. Anm. *Cranshaw*, DZWiR 2007, 133); *Cranshaw*, JurisPR-InsR 26/2006 Anm. 3; *Mankowski*, WuB VII C Art. VIII IWF-Übereinkommen 1.07; *Schefold*, Moratorien ausländischer Staaten und ausländisches Devisenrecht, IPRax 2007, 313; zur Frage der Wiederherstellung eines status quo ante nach Wegfall eines Staatsnotstands, der ex ante nicht erkennbar war vgl. *Sester*, NJW 2006, 2891; AG Frankfurt, 5.4.2007 – 31 C 1721/06 (Verurteilung Argentiniens zur Zahlung von Verzugszinsen wegen Annahmeverzugs hinsichtlich der Zinscoupons) (vgl. *Kolling*, BKR 2007, 481 [486]).
6 BGH 14.11.1991, WM 1992, 87 (Anm. *Thode*, WuB VII A. § 38 ZPO 2.92).
7 *Ebke*, IntDevR, S. 240–243; *Ebke*, RIW 1993, 610 f.; *Ebke*, WM 1994, 1360; *Ebke*, in: Staudinger, Anh. zu Art. 34 EGBGB Rz. 36 ff.; *Ebenroth/Woggon*, IPRax 1993, 153.
8 *Ebke*, RIW 1993, 617.

Die Auslegung des Begriffes „exchange contracts" als Austauschvertrag hat zur Folge, dass unentgeltliche Zuwendungen von Art. VIII Abschn. 2 (b) S. 1 IWF-Abkommen nicht erfasst werden[1].

2. Berührung der Währung eines Mitgliedstaates

Das Merkmal „involves the currency of any member" ist unpräzise, eine offizielle Stellungnahme des Exekutivdirektoriums des IWF liegt nicht vor[2]. Die Auslegung des Begriffes in der deutschen Rechtsprechung ist nicht einheitlich. Vornehmlich die ältere Rechtsprechung[3] hat sich der von *F. A. Mann*[4] vertretenen **Mindermeinung** angeschlossen. Nach dieser Ansicht ist die Währung eines Mitgliedstaates nur dann berührt, wenn die gerichtliche Durchsetzung eines „exchange contracts" **nachteilige Wirkungen** für die Zahlungsbilanz eines Mitgliedstaates hat[5]. Nach dieser Auslegung werden Devisenkontrollvorschriften, die nicht den Abfluss von Devisen regeln, sondern dem Devisenzufluss dienen, wie beispielsweise Zwangsumtauschvorschriften, von dem Abkommen nicht erfasst[6].

684

Nach der im Schrifttum **herrschenden Ansicht**[7], der sich deutsche Gerichte zunehmend angeschlossen haben[8], wird die Währung eines Mitgliedstaates stets dann berührt, wenn die vereinbarte **Transaktion** sich auf die Zahlungsbilanz in irgendeiner Weise, sei es **negativ oder positiv, auswirkt**[9]. Danach werden von Art. VIII Abschn. 2 (b) S. 1 IWF-Abkommen auch Devisenkontrollbestimmungen erfasst, die den Devisenzufluss regeln[10]. Diese Ansicht steht im Unterschied zu der Mindermeinung im Einklang mit dem Schutzzweck des Art. VIII Abschn. 2 (b) S. 1 IWF-Abkommen, der auch den Schutz derartiger Bestimmungen bezweckt[11]. Nach dieser Auffassung kommt es weder auf die im Vertrag gewählte Schuld- oder Zahlungswährung noch auf die Staatsangehörigkeit des Schuldners an. Nach zutreffender Ansicht ist es unerheblich, ob eine der Parteien des „exchange contracts" in dem Erlassstaat ansässig ist (vgl. unten Rz. 686). Maßgeblich ist die wirtschaftliche Verknüpfung des Sachverhalts und der Vertragsparteien mit dem Währungsgebiet eines Mitgliedstaates.

685

---

1 Zur Anwendbarkeit des Abk. nach der traditionellen Begriffsbestimmung vgl. *Martiny*, in: MünchKomm, nach Art. 34 EGBGB Anh. II Rz. 14; zur Unanwendbarkeit nach der Auslegung als Austauschvertrag vgl. *Ebke*, IntDevR, S. 241 und *Ebke*, RIW 1993, 617.
2 *Ebke*, IntDevR, S. 246.
3 Vgl. die Nachw. bei *Ebke*, IntDevR, S. 247.
4 Vgl. zB *F. A. Mann*, Der Internationale Währungsfonds und das Internationale Privatrecht, JZ 1953, 442 (444).
5 *Ebke*, IntDevR, S. 246 mwN.
6 *Ebke*, IntDevR, S. 247.
7 Vgl. etwa *Ebke*, IntDevR, S. 247; eingehend *Seuß*, S. 48–72; *Martiny*, in: MünchKomm, nach Art. 34 EGBGB Anh. II Rz. 23.
8 Vgl. die Nachw. bei *Ebke*, IntDevR, S. 248.
9 *Ebke*, IntDevR, S. 248; *Martiny*, in: MünchKomm, nach Art. 34 EGBGB Anh. II Rz. 23–24, jeweils m. Nachw.
10 *Ebke*, IntDevR, S. 248.
11 *Ebke*, IntDevR, S. 248.

Die Währung eines Mitgliedstaates ist dann berührt, wenn der „exchange contract" aus dem Erlassstaat erfüllt wird oder wenn der Gläubiger Leistung aus einem Drittstaat in einen Mitgliedstaat verlangt, die den Devisenkontrollbestimmungen dieses Staates über den Devisenzufluss unterliegt[1].

686 **Umstritten ist die Beurteilung der Fälle**, in denen in einem Erlassstaat ansässige Gläubiger oder Schuldner **Transaktionen** vereinbaren, **die weder aus einem noch in einen Erlassstaat erfolgen sollen**[2]. Nach einer Ansicht, die ausschließlich auf die Auswirkungen der Transaktion auf die Zahlungsbilanz eines Mitgliedstaates und nicht auf die Gebietsansässigkeit einer der Parteien in diesem Staat abstellt, greift das IWF-Abkommen in diesen Fällen nicht ein[3]. Soll beispielsweise der in einem Erlassstaat ansässige Schuldner nur mit dem Vermögen außerhalb des Erlassstaates haften, ist nach dieser Ansicht die Währung des Erlassstaates nicht berührt[4]. Nach einer anderen Ansicht ist es unerheblich, aus welchem Vermögen der „exchange contract" erfüllt werden soll, maßgeblich für die Anwendbarkeit des Art. VIII Abschn. 2 (b) S. 1 IWF-Abkommen ist allein, ob der Schuldner oder der Gläubiger im Erlassstaat ansässig ist[5]. Dieser Ansicht ist nicht zu folgen, weil die Gebietsansässigkeit einer der Vertragsparteien in einem Erlassstaat als Abgrenzungskriterium nicht geeignet ist. Vereinbaren die Parteien, von denen eine in einem Erlassstaat ansässig ist, dass ein „exchange contract" nur außerhalb des Erlassstaates zu erfüllen ist, dann wirkt sich die Transaktion nicht auf dessen Zahlungsbilanz aus. Schließt dagegen ein Staatsangehöriger eines Erlassstaates, der im Ausland ansässig ist, mit einem Angehörigen dieses Staates einen „exchange contract", der aus dem Erlassstaat erfüllt werden soll oder zumindest erfüllt werden darf, wirkt sich die Erfüllung aus dem Erlassstaat auf dessen Zahlungsbilanz aus[6].

687 Art. VIII Abschn. 2 (b) S. 1 IWF-Abkommen erfasst nicht Devisenkontrollbestimmungen von Staaten, die nicht oder nicht mehr **Mitglied des IWF** sind[7]. Mitgliedstaaten müssen allerdings Devisenkontrollbestimmungen anerkennen, die ein anderer Mitgliedstaat mit Wirkung für einen Nichtmitgliedstaat erlassen hat[8]. Devisenkontrollbestimmungen eines IWF-Mitgliedstaates, der es entgegen seiner Verpflichtung aus Art. XX 2 (a) IWF-Abkommen unterlassen hat, Art. VIII Abschn. 2 (b) S. 1 IWF-Abkommen in sein nationales Recht zu

---

1 *Ebke*, IntDevR, S. 248; *Martiny*, in: MünchKomm, nach Art. 34 EGBGB Anh. II Rz. 23.
2 Zum Stand der Diskussion vgl. etwa *Unteregge*, S. 38 f. sowie *Martiny*, in: MünchKomm, nach Art. 34 EGBGB Anh. II Rz. 25.
3 *Ebke*, IntDevR, S. 248 f.
4 *Martiny*, in: MünchKomm, nach Art. 34 EGBGB Anh. II Rz. 25 mwN.
5 *Martiny*, in: MünchKomm, nach Art. 34 EGBGB Anh. II Rz. 25.
6 Eine derartige Fallkonstellation lag möglicherweise der Entscheidung des OLG München 25.1.1989, WM 1989, 1282 (Anm. *Thode*, WuB VII B 2. – 1.89), zugrunde: Kreditaufnahme in der Bundesrepublik Deutschland durch einen österreich. Deviseninländer; das OLG hatte nicht geklärt, ob der Kredit aus Mitteln in der Bundesrepublik oder aus Mitteln in Österreich zurückgeführt werden sollte.
7 *Ebke*, IntDevR, S. 258.
8 *Ebke*, IntDevR, S. 258; ein Bsp. sind die alliierten Devisengesetze, die auf Grund des Deutschlandvertrages als Bundesrecht weitergelten.

transformieren, sind von den anderen Mitgliedstaaten ebenfalls zu beachten[1]. Nicht anwendbar ist Art. VIII Abschn. 2 (b) S. 1 IWF-Abkommen auf Devisenkontrollbestimmungen von Mitgliedstaaten, wenn der Gerichtsstaat selbst nicht Mitglied des IWF ist[2].

3. Devisenkontrollbestimmungen

Das Abkommen definiert den Begriff der Devisenkontrollbestimmungen (exchange control regulations) nicht; die übrigen Vorschriften enthalten keine brauchbaren Hinweise auf seine Bedeutung[3]. Gewichtige Anhaltspunkte für die **Auslegung des Begriffes** enthält die Entscheidung des Exekutivdirektoriums des IWF aus dem Jahre 1960[4]. Der maßgebliche Passus lautet in deutscher Übersetzung wie folgt[5]:

> Leitlinie für die Beurteilung der Frage, ob eine Maßnahme eine Beschränkung von Zahlungen und Transfers für laufende Transaktionen gem. Art. VIII Abschnitt 2 darstellt, ist, ob sie eine unmittelbare staatliche Beschränkung der Verfügbarkeit oder des Gebrauchs von Devisen als solchen beinhaltet.

Durch diese Entscheidung ist klargestellt, dass Devisenkontrollbestimmungen iSd. Art. VIII Abschn. 2 (b) S. 1 IWF-Abkommen nur Beschränkungen sind, die die allgemeine Verfügbarkeit oder die konkrete Verwendung von Devisen betreffen[6]. Danach sind **Handelsbeschränkungen** keine Beschränkungen des laufenden internationalen Zahlungsverkehrs, unabhängig davon, ob sie unmittelbar dem Schutz der Devisenbestände des Erlassstaates dienen sollen[7]. **Währungsrechtliche Bestimmungen**, wie beispielsweise Regelungen über gesetzliche Zahlungsmittel oder das Verbot, effektive Fremdwährungsschulden zu vereinbaren, gehören nicht zu Beschränkungen des laufenden internationalen Zahlungsverkehrs[8]. Entsprechendes gilt für sog. **cours-force-Regelungen** und **prescription-Vorschriften** sowie **Preiskontrollen**[9]. Bestimmungen, die die Erfüllung von Importverträgen aus devisenrechtlichen Gründen von einer Preisprüfung abhängig machen, werden von Art. VIII Abschn. 2 (b) S. 1 IWF-Abkommen erfasst[10].

Umstritten ist die Frage, ob **Beschränkungen aus Gründen der nationalen oder internationalen Sicherheit** als Beschränkungen des laufenden internationalen Zahlungsverkehrs iSd. Art. VIII Abschn. 2 (b) S. 1 IWF-Abkommen anzusehen

---

1 *Ebke*, IntDevR, S. 259; als vermutete Bsple. nennt *Ebke* Australien, Mexiko und Schweden.
2 *Ebke*, IntDevR, S. 259 f.
3 *Ebke*, IntDevR, S. 252 mit einer Analyse der relevanten Vorschriften des Abkommens.
4 *Ebke*, IntDevR, S. 252 f. m. Nachw. der Fundstelle.
5 Übernommen von *Ebke*, IntDevR, S. 252.
6 *Ebke*, IntDevR, S. 253.
7 *Ebke*, IntDevR, S. 253; *Seuß*, S. 107–109 mwN.; *Martiny*, in: MünchKomm, nach Art. 34 EGBGB Anh. II Rz. 33.
8 *Ebke*, IntDevR, S. 253; *Martiny*, in: MünchKomm, nach Art. 34 EGBGB Anh. II Rz. 34, jeweils mwN.
9 *Ebke*, IntDevR, S. 58 f., S. 253; *Seuß*, S. 90 f.
10 *Martiny*, in: MünchKomm, nach Art. 34 EGBGB Anh. II Rz. 30.

sind[1]. Nach der in der deutschen Kommentarliteratur vertretenen Ansicht, dass Devisenkontrollbeschränkungen iSd. Art. VIII Abschn. 2 (b) S. 1 IWF-Abkommen nur Vorschriften sind, die die Bewegung von Geld, Vermögen oder Dienstleistungen zum Schutz der Zahlungsbilanz eines Landes zwingend regeln[2], fallen politisch motivierte Beschränkungen aus Gründen der nationalen oder internationalen Sicherheit nicht unter das Abkommen[3]. Die Gegenansicht vertritt hingegen eine weite Auslegung des Art. VIII Abschn. 2 (b) S. 1 IWF-Abkommen. Danach gehören neben währungs- und wirtschaftspolitisch motivierten Beschränkungen auch Beschränkungen des laufenden internationalen Zahlungs- und Überweisungsverkehrs, die aus Gründen der nationalen oder internationalen Sicherheit erlassen worden sind, zu den Beschränkungen iSd. Art. VIII Abschn. 2 (b) S. 1 IWF-Abkommen, wenn diese Vorschriften auch dazu bestimmt sind, die Zahlungsbilanz des Erlassstaates zu schützen[4].

690 Die im Schrifttum umstrittene Frage, ob **Beschränkungen des grenzüberschreitenden Kapitalverkehrs** Beschränkungen iSd. Art. VIII Abschn. 2 (b) S. 1 IWF-Abkommen sind[5], hat der BGH nunmehr dahin gehend entschieden, dass derartige Vorschriften von Art. VIII Abschn. 2 (b) S. 1 IWF-Abkommen nicht erfasst werden[6].

4. Abkommenskonformität

691 Art. VIII Abschn. 2 (b) S. 1 IWF-Abkommen erfasst nur Devisenkontrollbestimmungen, die in Übereinstimmung mit dem Abkommen nach dem Beitritt des Erlassstaates aufrechterhalten oder später nach dem Beitritt mit Genehmigung des IWF eingeführt worden sind[7]. Das Abkommen schützt **abkommenskonforme Devisenkontrollbestimmungen** auch dann, wenn sie mit anderen internationalen Abkommen und Regelungen unvereinbar sind[8]. Die Frage, ob die mit Devisenkontrollvorschriften befassten Gerichte die Abkommenskonformität einer Vorschrift selbst beurteilen dürfen oder ob sie eine **Stellungnahme des IWF** einholen müssen, ist umstritten[9]. Die deutschen Gerichte haben sich, von einer Ausnahme abgesehen[10], mit dieser Frage nicht befasst. Das Abkom-

---

1 Vgl. *Ebke*, IntDevR, S. 253–255; *Martiny*, in: MünchKomm, nach Art. 34 EGBGB Anh. II Rz. 33, jeweils mwN.; *Ebke*, in: Staudinger, Anh. zu Art. 34 EGBGB Rz. 41 ff.
2 *Martiny*, in: MünchKomm, nach Art. 34 EGBGB Anh. II Rz. 29.
3 *Ebke*, IntDevR, S. 254.
4 *Ebke*, IntDevR, S. 255.
5 Vgl. etwa *Ebke*, IntDevR, S. 256–258; *Seuß*, S. 91–94; *Martiny*, in: MünchKomm, nach Art. 34 EGBGB Anh. II Rz. 32–33.
6 BGH 22.2.1994, NJW 1994, 1868 = WM 1994, 581 (m. Anm. *Thode* WuB VII B 2 – 1.94); *Ebenroth/Woggon*, EWiR 1994, 471; *Geimer*, LM Internationaler Währungsfonds, Abk. üb. Nr. 9 (8/1994) sowie *Fuchs*, IPRax 1995, 82.
7 *Ebke*, IntDevR, S. 264; *Seuß*, S. 94; *Martiny*, in: MünchKomm, nach Art. 34 EGBGB Anh. II Rz. 35–36.
8 *Ebke*, IntDevR, S. 265 mwN.
9 Vgl. *Ebke*, IntDevR, S. 265–268 mwN.
10 LG Hamburg 24.2.1974, IPRspr. 1978 Nr. 126, S. 304 (307); das LG hat eine Pflicht zur Einholung einer Stellungnahme bejaht, vgl. die kritische Würdigung dieser Entscheidung bei *Ebke*, IntDevR, S. 265.

men enthält keine Ermächtigung für die Organe des IWF, Auslegungsfragen in Gerichtsverfahren zwischen Privatpersonen zu klären. Es fehlt auch eine Befugnis der Organe, das IWF-Abkommen verbindlich für die nationalen Gerichte und Verwaltungsbehörden auszulegen[1]. Im Hinblick auf diese Regelungslage sind die Gerichte und Verwaltungsbehörden zwar nicht verpflichtet, allerdings berechtigt, eine Auskunft des IWF einzuholen[2]. Da die Beurteilung der Abkommenskonformität regelmäßig beachtliche Schwierigkeiten bereitet und mit hinreichender Verlässlichkeit durch den nationalen Richter kaum möglich ist, sollten die Gerichte im Regelfall eine Stellungnahme des IWF auch dann einholen, wenn sie nach nationalem Recht nicht dazu verpflichtet sind[3]. Ob und unter welchen Voraussetzungen deutsche Gerichte nach **nationalem Recht** dazu verpflichtet sind, eine Stellungnahme einzuholen, ist bisher ungeklärt.

5. Verstoß gegen abkommenskonforme Devisenkontrollbestimmungen

Die Voraussetzungen des Art. VIII Abschn. 2 (b) S. 1 IWF-Abkommen sind dann erfüllt, wenn der „exchange contract" gegen eine abkommenskonforme Devisenkontrollbestimmung verstößt; auf das Verschulden der Parteien oder ihre Kenntnis der Bestimmung kommt es nicht an[4]. Die in Art. VIII Abschn. 2 (b) S. 1 IWF-Abkommen vorgesehene Rechtsfolge tritt unabhängig davon ein, welche Sanktionen der Erlassstaat bei Verstößen gegen die Bestimmung vorgesehen hat[5]. Ob der „exchange contract" gegen eine Devisenkontrollbestimmung verstößt, ist nach dem Recht des Erlassstaates zu beurteilen und nicht nach dem Recht des Forums[6]. Die Frage, ob die Devisenkontrollbestimmung mit dem IWF-Abkommen vereinbar ist, beurteilt sich nach dem IWF-Abkommen und dem sekundären Recht des IWF[7].

692

6. Unklagbarkeit (unenforceability)

a) Problemübersicht

Die in Art. VIII Abschn. 2 (b) S. 1 IWF-Abkommen angeordnete Rechtsfolge „unenforceable" des allein maßgeblichen englischen Textes (vgl. oben Rz. 672) ist in der im Bundesgesetzblatt abgedruckten deutschen Übersetzung mit „unklagbar" übersetzt worden. Die Einordnung des auf den aktionsrechtlichen **Vorstellungen des anglo-amerikanischen Rechtskreises** beruhenden Begriffes

693

---

1 *Ebke*, IntDevR, S. 268 mwN.
2 *Ebke*, IntDevR, S. 268.
3 *Ebke*, IntDevR, S. 268–273 unter Hinweis auf die für den nationalen Richter kaum überwindlichen Schwierigkeiten, die Abkommenskonformität verlässlich zu beurteilen.
4 *Ebke*, IntDevR, S. 275.
5 *Ebke*, IntDevR, S. 275.
6 *Ebke*, IntDevR, S. 276; *Martiny*, in: MünchKomm, nach Art. 34 EGBGB Anh. II Rz. 36–37.
7 *Ebke*, IntDevR, S. 276.

der „unenforceability"[1] in die kontinentalen Rechtsordnungen hat sich nicht nur in Deutschland als schwierig erwiesen[2]. Nach dem traditionellen anglo-amerikanischen Rechtsverständnis ist „unenforceability" als Verteidigung (defense) ein **prozessuales Gestaltungsrecht**, das nicht von Amts wegen, sondern auf die Einrede der Partei hin zu berücksichtigen ist, die aus der Einrede Rechte herleiten will[3]. Danach folgt die Rechtsfolge im Unterschied zu der herkömmlichen Rechtsprechung der deutschen Gerichte nicht schon aus einem objektiven Verstoß des „exchange contracts" gegen eine abkommenskonforme Devisenkontrollbestimmung, sie tritt erst ein, wenn der Schuldner unter den Voraussetzungen des Art. VIII Abschn. 2 (b) S. 1 IWF-Abkommen das prozessuale Gestaltungsrecht ausübt.

694 Die prozessuale Einordnung dieser Rechtsfigur als **Sachurteilsvoraussetzung** durch die **deutsche Rechtsprechung** ist in jüngster Zeit im Schrifttum auf beachtliche Kritik gestoßen (Näheres hierzu unten Rz. 701 ff.)[4], weil diese Rechtsprechung vor allem den Gläubiger im Vergleich zur Rechtsprechung des anglo-amerikanischen Rechtskreises prozessual erheblich benachteiligt und weil zahlreiche Folgeprobleme mit der Einordnung als Sachurteilsvoraussetzung nicht oder nur unzureichend gelöst werden können (Näheres dazu unten Rz. 701). In zwei neueren Entscheidungen haben der II. Zivilsenat[5] und der IX. Zivilsenat[6] des BGH unter Hinweis auf die kritischen Stellungnahmen im Schrifttum angedeutet, dass sie ihre bisherige Rechtsprechung zur Einordnung der Rechtsfolge „unenforceable" als Sachurteilsvoraussetzung zukünftig überprüfen werden, wenn die Frage entscheidungserheblich sein sollte[7]. Die bisherige Rechtsprechung der deutschen Gerichte begründet im internationalen Vergleich einen wesentlichen Nachteil für Deutschland als Forum für internationale Finanzierungsverträge und sonstige „exchange contracts"[8]. Die dem Gläubiger nachteiligen Folgen der bisherigen Rechtsprechung sind ein entscheidendes Hindernis für eine Gerichtsstandsvereinbarung oder für eine Schiedsgerichtsvereinbarung in „exchange contracts" zugunsten des Forums Deutschland.

b) Die bisherige Rechtsprechung: die Einordnung als Sachurteilsvoraussetzung

695 Nach der ganz überwiegenden Auffassung im Schrifttum und einhelliger Ansicht in der Rechtsprechung berührt der Verstoß eines „exchange contract" ge-

---

1 Vgl. *Ehricke*, RIW 1991, 370; *Ebke*, IntDevR, S. 276–277; *Seuß*, S. 114–117.
2 *Ebke*, IntDevR, S. 278.
3 *Ebke*, IntDevR, S. 276 f.
4 Vgl. etwa *Ebke*, WM 1994, 1172 ff. mit eingehender Darstellung des Diskussionsstandes.
5 BGH 8.11.1993, NJW 1994, 390 = IPRax 1994, 298 (m. Anm. *Ebenroth/Woggon*, IPRax 1994, 276 und Anm. *Thode*, WuB VII B 2. – 1.94; Besprechungsaufsatz *K. Schmidt*, ZGR 1994, 665).
6 BGH 14.11.1991, WM 1992, 87 = IPRax 1992, 377 (m. Anm. *Fuchs*, IPRax 1992, 361; Anm. *Thode*, WuB A § 38 ZPO 2.92 sowie Anm. *Ebke*, WM 1993, 1169).
7 Vgl. *Thode*, WuB VII B 2. – 1.94 (Anm. zur Entscheidung des II. Senates); *Thode*, WuB VII A. § 38 ZPO 2.92 (Anm. zur Entscheidung des IX. Senates).
8 Näheres hierzu *Ebke*, WM 1993, 1170–1172; *Ebke*, IntDevR, S. 319–321.

gen eine abkommenskonforme Devisenkontrollbestimmung die **Wirksamkeit des Vertrages** nicht[1]. Nach der ständigen Rechtsprechung des BGH[2], der die Instanzgerichte folgen[3], bedeutet „Unklagbarkeit" das Fehlen einer **Sachurteilsvoraussetzung**, die von Amts wegen in jeder Lage des Verfahrens einschließlich der Revisionsinstanz zu beachten ist[4], unabhängig davon, ob sich eine Partei darauf beruft[5]. Soweit die Voraussetzungen der Unklagbarkeit vorliegen, ergeht kein Sachurteil, die Klage ist als unzulässig abzuweisen[6].

Die Prüfung von Amts wegen bedeutet keine Amtsermittlung, sie beschränkt sich auf den von den Parteien unterbreiteten oder offenkundigen Prozessstoff[7]. Die Partei, die sich mit dem Einwand der Unklagbarkeit nach Art. VIII Abschn. 2 (b) S. 1 IWF-Abkommen gegen einen Anspruch verteidigen will, muss schlüssig darlegen, dass der Anspruch mit den Devisenkontrollbestimmungen eines anderen Mitgliedstaates unvereinbar ist[8]. Anschließend obliegt es dem Gläubiger, seinerseits durch eine schlüssige Gegendarstellung Zweifel an der Vereinbarkeit des Anspruchs mit den Devisenkontrollbestimmungen auszuräumen[9]. Das Gericht hat die Parteien gem. § 139 Abs. 2 ZPO auf Bedenken hinzuweisen[10]. 696

Im kontradiktorischen Verfahren trägt der Kläger die **Darlegungs- und Beweislast** für die Voraussetzungen der Sachurteilsvoraussetzung. Verbleiben Zweifel an der Zulässigkeit der Klage, trägt der Kläger den Nachteil daraus, dass er die Voraussetzungen des von ihm erstrebten Sachurteils nicht darzulegen oder zu beweisen vermochte[11]. Dieses Ergebnis widerspricht der Rechtsprechung der 697

---

1 Vgl. *Ebke*, IntDevR, S. 279; *Ebke*, WM 1994, 1169; *Martiny*, in: MünchKomm, nach Art. 34 EGBGB Anh. II Rz. 39, jeweils mwN. der Rspr. und Literatur.
2 Zuletzt BGH 31.1.1991, WM 1991, 1009 = NJW 1991, 3095 (Anm. *Roth*, ZZP 104 [1991], 458–466 und Anm. *Thode*, WuB VII B 1. Art. 5 EuGVÜ 1.91); BGH 14.11.1991, WM 1992, 87 = IPRax 1992, 377 (m. Anm. *Fuchs*, IPRax 1992, 361; Anm. *Thode*, WuB VII A § 38 ZPO 2.92 sowie Anm. *Ebke*, WM 1993, 1169); BGH 8.11.1993, NJW 1994, 390 = IPRax 1994, 298 (m. Anm. *Ebenroth/Woggon*, IPRax 1994, 276 und Anm. *Thode*, WuB VII B 2); die beiden letztgenannten Entscheidungen distanzierend zur bisherigen Rspr., vgl. oben Rz. 694; zum Nachw. der älteren Rspr. vgl. etwa *Ebke*, IntDevR, S. 279 f.; *Ebke*, RIW 1993, 624; *Ebke*, WM 1994, 1170; *Martiny*, in: MünchKomm, nach Art. 34 EGBGB Anh. II Rz. 38.
3 Vgl. die Nachw. bei *Ebke*, IntDevR, S. 279; *Ebke*, WM 1994, 1009.
4 *Ebke*, WM 1993, 1169 (1175).
5 Grundlegend BGH 27.4.1970, NJW 1970, 1507 = IPRspr. Nr. 101, S. 329 (330); zuletzt bestätigt BGH 31.1.1991, WM 1991, 1009 = NJW 1991, 3095 Anm. *Roth*; *Ebke*, IntDevR, S. 283; *Geimer*, Rz. 237; *Martiny*, in: MünchKomm, nach Art. 34 EGBGB Anh. II Rz. 39.
6 *Ebke*, IntDevR, S. 268, 283; *Martiny*, in: MünchKomm, nach Art. 34 EGBGB Anh. II Rz. 39.
7 *Ebke*, IntDevR, S. 268, 283.
8 BGH 27.4.1970, NJW 1970, 1507 = IPRspr. Nr. 101, S. 329 (330); *Ebke*, IntDevR, S. 283.
9 Vgl. die Nachw. in der vorstehenden Fn.
10 BGH 27.4.1970, NJW 1970, 1507 = IPRspr. Nr. 101, S. 329 (330); BGH 31.1.1991, WM 1991, 1009 = NJW 1991, 3095 Anm. *Roth*; *Ebke*, IntDevR, S. 283.
11 *Ebke*, IntDevR, S. 283 f.

Mitgliedstaaten des anglo-amerikanischen Rechtskreises und dem Wortlaut der maßgeblichen englischen Fassung des Art. VIII Abschn. 2 (b) S. 1 IWF-Abkommen, die dem Schuldner die Darlegungs- und Beweislast für seine Voraussetzungen auferlegt[1]. Im Unterschied zum kontradiktorischen Urteil trägt beim Verzichtsurteil (§ 306 ZPO) und beim Versäumnisurteil gegen den Kläger (§§ 330, 335 Abs. 1 Nr. 1 ZPO) der Schuldner die Behauptungs- und Beweislast für die von Amts wegen zu berücksichtigenden Prozessvoraussetzungen[2].

698 Die Rechtsprechung nimmt auf der Grundlage der prozessualen Einordnung der Unklagbarkeit konsequent als **maßgeblichen Zeitpunkt** für das Vorliegen oder das Fehlen der Sachurteilsvoraussetzung den Zeitpunkt der letzten mündlichen Verhandlung an; die letzte mündliche Verhandlung kann auch die Verhandlung in der Revisionsinstanz sein[3]. Unerheblich sind der Zeitpunkt des Vertragsabschlusses[4], der Zeitpunkt der Klageerhebung[5], der Zeitpunkt der Erfüllung des Anspruchs[6] oder der Zeitpunkt der Vollstreckung[7]. Diese Grundsätze haben zur Folge, dass ein ursprünglich im Zeitpunkt des Vertragsabschlusses unklagbarer Vertrag klagbar wird, wenn im **Zeitpunkt der letzten mündlichen Verhandlung** ein Verstoß gegen abkommenskonforme Devisenkontrollbestimmungen nicht mehr vorliegt[8]. Diese Situation kann dadurch eintreten, dass die ausländische Devisenkontrollbestimmung vor der letzten mündlichen Verhandlung entfällt[9], der Vertrag bis zu diesem Zeitpunkt nachträglich genehmigt wurde[10] und der Gläubiger oder der Schuldner in devisenrechtlich erheblicher Weise seine Staatsangehörigkeit wechselt oder seinen Wohnsitz verlegt[11]. Nicht anders ist der Fall zu beurteilen, in dem der Erlassstaat zum Zeitpunkt des Vertragsabschlusses Mitglied des IWF war und im Zeitpunkt der letzten mündlichen Verhandlung dem IWF nicht mehr angehört[12]. Tritt der ausländische Gläubiger im laufenden Gerichtsverfahren den Anspruch gegen seinen Schuldner an einen Gebietsansässigen im Lande des

---

1 *Ebke*, RIW 1991, 6; *Ebke*, JZ 1991, 338; *Ebke*, WM 1993, 1171.
2 Vgl. etwa *Thomas/Putzo*, ZPO, 29. Aufl. (2008), vor § 253 Rz. 13.
3 BGH 8.3.1979, NJW 1980, 520; *Ebke*, IntDevR, S. 281; *Ebke*, WM 1993, 1170.
4 Grundlegend BGH 17.2.1971, BGHZ 55, 334 (337 f.) = NJW 1971, 983 = IPRspr. 1971 Nr. 116b, S. 362 (363 f.); *Ebke*, IntDevR, S. 281; *Martiny*, in: MünchKomm, nach Art. 34 EGBGB Anh. II Rz. 44, beide mwN.
5 *Ebke*, IntDevR, S. 281; *Ebke*, WM 1993, 1169 (1170); *Martiny*, in: MünchKomm, nach Art. 34 EGBGB Anh. II Rz. 44.
6 *Ebke*, WM 1993, 1169 (1170); *Ebke*, IntDevR, S. 281.
7 *Ebke*, WM 1993, 1169 (1170); *Ebke*, IntDevR, S. 281.
8 BGH 17.2.1971, BGHZ 55, 334 (337 f.) = NJW 1971, 983 = IPRspr. 1971 Nr. 116b, S. 362 (363 f.); *Ebke*, RIW 1991, 7; *Ebke*, RIW 1993, 624; *Ebke*, IntDevR, S. 281; *Martiny*, in: MünchKomm, nach Art. 34 EGBGB Anh. II Rz. 44.
9 *Ebke*, WM 1993, 1170 mwN.; *Martiny*, in: MünchKomm, nach Art. 34 EGBGB Anh. II Rz. 44.
10 *Ebke*, IntDevR, S. 281; *Martiny*, in: MünchKomm, nach Art. 34 EGBGB Anh. II Rz. 44.
11 *Ebke*, IntDevR, S. 281; *Martiny*, in: MünchKomm, nach Art. 34 EGBGB Anh. II Rz. 44.
12 *Ebke*, IntDevR, S. 282 mwN.

Schuldners ab, ist Art. VIII Abschn. 2 (b) S. 1 IWF-Abkommen nicht anwendbar[1].

Höchstrichterlich nicht entschieden und im Schrifttum umstritten ist die Frage der **nachträglichen Unklagbarkeit** eines Vertrages, der zum Zeitpunkt des Vertragsabschlusses unbedenklich war, der jedoch im Zeitpunkt der letzten mündlichen Verhandlung gegen abkommenskonforme Devisenkontrollbestimmungen verstößt[2]. Auf Grund der prozessualen Konzeption der Unklagbarkeit, die bisher von den deutschen Gerichten vertreten wird, kann es nicht darauf ankommen, ob der Vertrag bereits im Zeitpunkt des Vertragsabschlusses unklagbar war. Maßgeblich ist auch in diesem Fall der Zeitpunkt der letzten mündlichen Verhandlung[3]. Dieser Grundsatz führt dazu, dass auch Verträge von Art. VIII Abschn. 2 (b) S. 1 IWF-Abkommen erfasst werden, die vor dem Beitritt eines Staates zum IWF abgeschlossen worden sind und auf Grund von abkommenskonformen Devisenkontrollbestimmungen dieses Staates nachträglich unklagbar werden[4]. Dieses Ergebnis begründet vor allem für Vertragsparteien, deren Vertrag von einer Rechtsordnung einer der Staaten der ehemaligen Sowjetunion erfasst wird, ein unkalkulierbares Risiko, weil viele Staaten der ehemaligen Sowjetunion dem IWF beigetreten sind oder beitreten werden[5].

699

Die Einordnung der Unklagbarkeit als Sachurteilsvoraussetzung hat unmittelbar Folgen für die **Hemmung der Verjährung** in einem internationalen Zivilprozess. Die Frage, ob die Klage vor einem Gericht der Bundesrepublik Deutschland die Verjährung hemmen kann und welche Folgen der Stillstand des Verfahrens vor einem innerstaatlichen Gericht hat, richtet sich nach deutschem Recht[6]. Das maßgebliche ausländische Verjährungsstatut entscheidet, ob die nach deutschem Recht eingetretenen Hemmungswirkungen die Verjährung hemmen können. Nach deutschem Kollisionsrecht ist für die Verjährung das Statut maßgeblich, das für die Forderung berufen ist[7]. Aufgrund der prozessualen Einordnung der Unklagbarkeit ergeht ein klagabweisendes Prozessurteil[8], für das gem. § 204 Abs. 2 S. 1 BGB, da es nicht in der Sache selbst entscheidet[9], die Hemmung 6 Monate nach der rechtskräftigen Entscheidung endet[10].

700

---

1 BGH 8.3.1979, IPRspr. 1979 Nr. 139, S. 473 (474).
2 *Ebke*, WM 1993, 1169 (1170) mwN.; *Martiny*, in: MünchKomm, nach Art. 34 EGBGB Anh. II Rz. 44, jeweils m. Nachw. des Diskussionsstandes im Schrifttum.
3 So auch *Ebke*, JZ 1991, 339; *Ebke*, RIW 1991, 7; *Ebke*, WM 1993, 1169 (1170); *Ebke*, IntDevR, S. 282; *Martiny*, in: MünchKomm, nach Art. 34 EGBGB Anh. II Rz. 44.
4 Vgl. *Ebke*, WM 1993, 1169 (1171); *Ebke*, IntDevR, S. 282 mwN.
5 *Ebke*, WM 1993, 1171.
6 *Ebke*, IntDevR, S. 284 f.
7 Vgl. etwa *Kropholler*, IPR, S. 301; *von Bar*, II Rz. 548, 551; *Geimer*, Rz. 351; für vertragliche Ansprüche geregelt in Art. 32 Abs. 1 Nr. 4 EGBGB, vgl. hierzu *Martiny*, in: MünchKomm, Art. 32 EGBGB Rz. 85.
8 Vgl. *Grothe*, in: MünchKomm, § 204 BGB Rz. 1; *Mansel/Budzikiewicz*, in: AnwK, § 204 Rz. 44.
9 Vgl. *Peters*, in: Staudinger, § 204 Rz. 142.
10 Vgl. *Grothe*, in: MünchKomm, § 204 BGB Rz. 25.

IV. Der Reformvorschlag: Einordnung als unvollkommene Verbindlichkeit

1. Einführung

701 In der seit 1990 erschienenen Literatur ist die Einordnung des Merkmals „unenforceable" auf wachsende Kritik gestoßen[1]. In der obergerichtlichen Rechtsprechung sind erste Hinweise enthalten, die auf eine mögliche Änderung der bisherigen Rechtsprechung hindeuten[2]. Zwei Senate des BGH[3] haben sich in neuerer Zeit in obiter dicta von der bisherigen Rechtsprechung distanziert und auf eine mögliche **Korrektur der bisherigen Rechtsprechung iSd. Vorschläge von *Ebke*[4]** hingewiesen[5]. Von der neueren Literatur wird vor allem beanstandet, dass die sich aus der prozessualen Einordnung ergebenden Konsequenzen hinsichtlich des maßgeblichen Zeitpunktes der Unklagbarkeit[6], der Berücksichtigung von Amts wegen[7], der Darlegungs- und Beweislast[8], der Verjährung[9] und der akzessorischen Sicherungsrechte[10] zu einer international

---

[1] Vgl. etwa *Bross*, WM 1993, 83 f.; *Ebke*, IntDevR, S. 202–311; *Ebke*, JZ 1991, 335; *Ebke*, RIW 1991, 2; *Ebke*, WM 1993, 1169; *Ebke*, WM 1994, 1357; *Ebke*, in: Staudinger, Anh. zu Art. 34 EGBGB Rz. 63 ff.; *Ebenroth/Neiss*, RIW 1991, 624; *Fuchs*, IPRax 1992, 362; *Seuß*, S. 114 passim; *Thode*, ZBB 1993, 53 (54); *Thode*, RabelsZ 56 (1992), 382 (385); *Martiny*, Int.Lawyer 26 (1992), 255 (257); *Martiny*, in: MünchKomm, nach Art. 34 EGBGB Anh. II Rz. 39.

[2] OLG Hamburg 9.11.1992, WM 1992, 1941 (1943) (Anm. *Reithmann*, WuB VII B 2. – 1.93); zu den Einzelheiten dieser Entscheidung s. *Ebke*, RIW 1993, 631, die Revision gegen diese Entscheidung hat zu der sog. Bulgarien-Entscheidung des II. Zivilsenats des BGH vom 8.11.1993 geführt, NJW 1994, 390 = IPRax 1994, 298 (m. Anm. *Ebenroth/Woggon*, IPRax 1994, 276 und Anm. *Thode*, WuB VII B 2. – 1.94; Besprechungsaufsatz *K. Schmidt*, ZGR 1994, 665).

[3] BGH 14.11.1991, WM 1992, 87 = IPRax 1992, 377 (m. Anm. *Fuchs*, IPRax 1992, 361; Anm. *Thode*, WuB VII A § 38 ZPO 2.92 sowie Anm. *Ebke*, WM 1993, 1169); BGH 8.11.1993, NJW 1994, 390 = IPRax 1994, 298 (m. Anm. *Ebenroth/Woggon*, IPRax 1994, 276 und Anm. *Thode*, WuB VII B 2. – 1.94; Besprechungsaufsatz *K. Schmidt*, ZGR 1994, 665): zur Entscheidung des Berufungsgerichts (OLG Hamburg 9.11.1992, WM 1992, 1941 [1943]) vgl. Anm. *Reithmann*, WuB VII B 2. – 1.93.

[4] *Ebke*, IntDevR, S. 276 ff., 283 ff.

[5] *Ebke*, WM 1993, 1169, *Thode*, WuB VII B 2. – 1.94.

[6] *Ebke*, IntDevR, S. 296–305; *Ebke*, RIW 1991, 6 f.; *Ebke*, JZ 1991, 339; *Ebke*, WM 1993, 1169 (1175 f.); *Ebenroth/Weiss*, RIW 1991, 624; *Seuß*, S. 120–125; der tendenziell polemische Versuch von *Gehrlein*, die herkömmliche prozessuale Einordnung gegen die fundierte Kritik zu verteidigen, ist insgesamt missglückt: Ausschluss der Klagbarkeit einer Forderung kraft IWF-Übereinkommen, DB 1995, 129; zu den Folgen der prozessualen Einordnung vgl. oben Rz. 696; zum Reformvorschlag vgl. unten Rz. 703.

[7] *Ebke*, IntDevR, S. 276–283; *Ebke*, RIW 1991; *Ebke*, WM 1993, 1174 f.

[8] *Ebke*, IntDevR, S. 284; *Ebke*, JZ 1991, 338; *Ebke*, RIW 1991, 6; *Ebke*, WM 1993, 1169 (1172); zu den Folgen der prozessualen Einordnung vgl. oben Rz. 697; zum Reformvorschlag vgl. unten Rz. 704.

[9] *Ebke*, IntDevR, S. 284 f.; *Ebke*, JZ 1991, 338 f.; *Ebke*, RIW 1991, 6; *Ebke*, WM 1993, 1169 (1177); zu den Folgen der prozessualen Einordnung vgl. oben Rz. 700; zum Reformvorschlag vgl. unten Rz. 705.

[10] *Ebke*, IntDevR, S. 288–292; *Ebke*, WM 1993, 1169 (1172); zum Reformvorschlag vgl. unten Rz. 706.

uneinheitlichen Auslegung vor allem im Vergleich zu den wichtigen kapitalexportierenden Staaten des anglo-amerikanischen Rechtskreises führt[1]. Die neuere Literatur beklagt zu Recht, dass diese Konsequenzen, die sich im Vergleich mit der anglo-amerikanischen Rechtsprechung insgesamt gläubigerfeindlich und damit nachteilig für die kapitalexportierenden Staaten auswirken, einen beachtlichen Wettbewerbsnachteil der Bundesrepublik als Finanzplatz und als Forum für Streitigkeiten aus „exchange contracts" begründen[2]. **Der Reformvorschlag, den Begriff „unenforcable" materiellrechtlich als unvollkommene Verbindlichkeit und prozessual als Einrede einzuordnen**, führt zu der wünschenswerten Angleichung der Rechtslage nach deutschem Recht an die Rechtsprechung der Gerichte des anglo-amerikanischen Rechtskreises[3].

2. Der maßgebliche Zeitpunkt der Unklagbarkeit

Der auf Grund der prozessualen Einordnung maßgebliche Zeitpunkt, die letzte mündliche Verhandlung, benachteiligt vor allem den Gläubiger in den Fällen, in denen ein Staat nach Abschluss eines „exchange contracts" und vor der letzten mündlichen Verhandlung eine abkommenskonforme Devisenkontrollbestimmung erlässt oder dem IWF-Abkommen beitritt[4]. Dagegen erlaubt die Einordnung als unvollkommene Verbindlichkeit im Gegensatz zur traditionellen prozessualen Einordnung eine differenzierende Lösung, die das berechtigte Vertrauen des Gläubigers auf die Durchsetzbarkeit eines Anspruchs aus einem „exchange contract" schützt, der beim Abschluss des Vertrages devisenrechtlich unbedenklich war[5]. Wird die bei Abschluss des Vertrages dem Anspruch entgegenstehende abkommenskonforme Devisenkontrollbestimmung aufgehoben, der Vertrag nachträglich genehmigt oder tritt der Erlassstaat nachträglich aus dem IWF aus, entfällt der Mangel der Unklagbarkeit mit der Folge, dass der Gläubiger aus dem „exchange contract" erfolgreich klagen kann, sofern der Vertrag wirksam ist und dem Anspruch nicht andere Einwendungen oder Einreden entgegenstehen[6]. Wird hingegen nach Abschluss eines „exchange contracts" von einem Mitgliedstaat eine abkommenskonforme Devisenkontrollbestimmung eingeführt oder wird der Erlassstaat Mitglied des IWF, wird das begründete Vertrauen des Gläubigers auf die Durchsetzbarkeit seines Anspruchs nach der traditionellen Rechtsprechung der deutschen Gerichte nicht geschützt (vgl. oben Rz. 698 f.). Das für einen Gläubiger in dieser Situation untragbare Ergebnis lässt sich mithilfe der Rechtsfigur der unvollkom-

702

---

1 *Ebke*, RIW 1991, 7; *Ebke*, WM 1993, 1169 (1172).
2 Vgl. BGH 27.4.1970, NJW 1970, 1507 = IPRspr. Nr. 101, S. 329 (330); *Ebke*, IntDevR, S. 283.
3 *Ebke*, RIW 1991, 7; *Ebke*, WM 1993, 1169 (1177 f.); *Ebke*, in: Staudinger, Anh. zu Art. 34 EGBGB Rz. 74.
4 *Ebke*, RIW 1991, 7; *Ebke*, JZ 1991, 339; *Ebke*, WM 1993, 1169 (1170 f., 1173, 1176); *Ebenroth/Neiss*, RIW 1991, 624 f.; lediglich *Gehrlein*, DB 1995, 129 (133 f.) wertet dieses Ergebnis als sachgerecht.
5 *Ebke*, IntDevR, S. 303 f.; *Ebke*, WM 1993, 1169 (1176); *Ebke*, RIW 1991, 6 f.
6 *Ebke*, IntDevR, S. 303 f.; *Ebke*, WM 1993, 1169 (1176); *Ebke*, RIW 1991, 6 f.

menen Verbindlichkeit in der Weise vermeiden, dass in diesen Fällen als maßgeblicher Zeitpunkt nicht die letzte mündliche Verhandlung, sondern der **Zeitpunkt des Vertragsabschlusses** zugrunde gelegt wird[1]. Diese Lösung ist, wie *Ebke* nachgewiesen hat, mit dem IWF-Abkommen vereinbar[2].

3. Die Berücksichtigung im Prozess

703 Die wünschenswerte Angleichung der deutschen Rechtsprechung an die Praxis der IWF-Mitgliedstaaten des anglo-amerikanischen Rechtskreises[3] wird nur dadurch erreicht, dass die Unklagbarkeit als unvollkommene Verbindlichkeit im Prozess als **verzichtbare Einrede der Unzulässigkeit der Klage** angesehen wird[4]. Diese Lösung eröffnet dem Schuldner die Möglichkeit, selbst zu entscheiden, ob er sich auf das Gegenrecht der Unklagbarkeit berufen oder ob er den „exchange contract" trotz eines Verstoßes gegen eine abkommenskonforme Devisenkontrollbestimmung gegen sich gelten lassen will.

4. Die Darlegungs- und Beweislast

704 Die Einordnung als unvollkommene Verbindlichkeit, die im Prozess nur auf die Einrede des Schuldners zu berücksichtigen ist[5], führt zu einer **Verteilung der Darlegungs- und Beweislast** zulasten des Schuldners, die dem Wortlaut des Abkommens und der Rechtspraxis in den USA entspricht[6]. Bei einer Einordnung als prozesshindernde Einrede ist die Unklagbarkeit im Prozess nur zu beachten, wenn der Schuldner als Beklagter oder im Falle der Prozessaufrechnung mit einer unklagbaren Forderung der Kläger die Einrede geltend macht. Der Schuldner trägt nach deutschem Prozessrecht die Darlegungs- und Beweislast für die Voraussetzungen der von ihm erhobenen Einrede, verbleibende Zweifel an dem Vorliegen dieser Voraussetzungen gehen zu seinen Lasten[7].

5. Verjährungshemmung im Prozess

705 Die Einordnung der Unklagbarkeit als unvollkommene Verbindlichkeit führt auch hinsichtlich der Verjährungshemmung im Prozess zu einer im Vergleich mit den Folgen der traditionellen Rechtsprechung[8] günstigeren Rechtsposition

---

1 OLG Hamburg 9.11.1992, WM 1992, 1941 (1943) in einem obiter dictum; *Ebke*, IntDevR, S. 304 f.; auf der Grundlage der prozessualen Einordnung *Ebenroth/Neiss*, RIW 1991, 614 und *Unteregge*, S. 54–56 sowie *Gehrlein*, DB 1995, 129 (132 ff.); vgl. hierzu die berechtigte Kritik von *Ebke*, WM 1993, 1173, dass der Zeitpunkt des Vertragsabschlusses mit der prozessualen Einordnung unvereinbar ist.
2 *Ebke*, IntDevR, S. 233–237, 302 f.; *Ebke*, RIW 1991, 5–7; *Ebke*, WM 1993, 1169 (1176); aA nur *Gehrlein*, DB 1995, 129 (133).
3 *Ebke*, JZ 1991, 338 mwN.
4 *Ebke*, IntDevR, S. 277; *Ebke*, RIW 1991, 6; *Ebke*, WM 1993, 1169 (1174).
5 *Ebke*, IntDevR, S. 283 f.; *Ebke*, RIW 1991, 6; *Ebke*, WM 1993, 1169 (1174).
6 *Ebke*, IntDevR, S. 283 f.; *Ebke*, RIW 1991, 6; *Ebke*, WM 1993, 1169 (1174); aA lediglich *Gehrlein* DB 1995, 129 (133).
7 *Ebke*, WM 1993, 1169 (1174); *Fuchs*, IPRax 1992, 362.
8 Vgl. hierzu oben Rz. 700.

des Klägers, die zu einer international einheitlicheren Auslegung des Art. VIII Abschn. 2 (b) S. 1 IWF-Abkommen beiträgt[1]. Die Einrede führt, wenn der Schuldner die Einrede der Unklagbarkeit erfolgreich geltend macht, zu einer Abweisung der Klage als derzeit unbegründet mit der Folge, dass die Klage die Verjährung gem. § 204 Abs. 1 Nr. 1 BGB hemmt. Diese verjährungsrechtlichen Folgen entsprechen der Zielsetzung des Abkommens; der Gläubiger soll nur daran gehindert werden, seinen Anspruch während der Dauer eines Verstoßes gegen eine abkommenskonforme Devisenkontrollbestimmung durchzusetzen. Da die Unklagbarkeit typischerweise zeitlich begrenzt ist[2], wird dem berechtigten Interesse des Gläubigers an der Hemmung der Verjährung und der späteren Durchsetzung seines Anspruchs nach dem Wegfall der Unklagbarkeit nur genügt, wenn die Klage durch Sachurteil als derzeit unbegründet abgewiesen wird[3].

6. Die akzessorischen Sicherungsrechte

Der traditionellen Rechtsprechung ist es bisher nicht gelungen, auf der Grundlage der prozessualen Einordnung des Begriffes „unenforceable" eine tragfähige Begründung dafür zu entwickeln, dass akzessorische Sicherungs- und Hilfsgeschäfte sowie dingliche Sicherheiten[4], die der **Sicherung einer unklagbaren Forderung** dienen, ebenfalls nicht durchsetzbar sind[5]. Nach dem Sinn und Zweck des Art. VIII Abschn. 2 (b) S. 1 IWF-Abkommen sind auch derartige Geschäfte, die zur Sicherung einer unklagbaren Forderung dienen, unklagbar iSd. Art. VIII Abschn. 2 (b) S. 1 IWF-Abkommen[6]. Die prozessuale Einordnung bietet für dieses abkommenskonforme Ergebnis im Unterschied zur Einordnung als unvollkommene Verbindlichkeit keine tragfähige Grundlage. Die Unklagbarkeit als Sachurteilsvoraussetzung bezieht sich nur auf den der Klage zugrunde liegenden „exchange contract". Eine Erstreckung der Sachurteilsvoraussetzung dieser Klage auf die Klage auf der Grundlage einer Sicherung für einen „exchange contract" lässt sich deshalb nicht begründen, weil die Sicherungs- und Hilfsgeschäfte selbst keine „exchange contracts" sind. Die Einordnung als unvollkommene Verbindlichkeit führt unmittelbar dazu, dass Sicherungs- und Hilfsgeschäfte, die der Sicherung einer derartigen Verbindlichkeit dienen, nicht durchsetzbar sind, weil die Unvollkommenheit der gesicherten Forderung einer Durchsetzung der zu ihrer Sicherung begründeten Forderung entgegensteht[7].

---

1 *Ebke*, RIW 1991, 6; *Ebke*, WM 1993, 1169 (1171).
2 *Ebke*, WM 1993, 1177.
3 *Ebke*, WM 1993, 1169 (1171); zur vergleichbaren Situation einer Abweisung einer Klage auf Grund mangelnder Fälligkeit vgl. BGH 27.10.1994, NJW 1995, 399 mwN.
4 Hierzu gehören: Schuldanerkenntnisse, Schuldversprechen, Schuldübernahmen, Vereinbarungsdarlehen, Wechsel- und Scheckverbindlichkeiten, Bürgschaften, Garantieverträge, Sicherungsübereignungen, Grundschulden, Hypotheken ua.; vgl. *Ebke*, IntDevR, S. 288–292, 306 m. w. Bsplen.
5 *Ebke*, IntDevR, S. 288–292; *Ebke*, WM 1993, 1172; aA lediglich *Gehrlein* DB 1995, 129 (133).
6 *Ebke*, IntDevR, S. 306.
7 *Ebke*, IntDevR, S. 305–308.

V. Autonomes Recht

1. Anwendungsvoraussetzungen

707 Die Beachtung ausländischer Devisenvorschriften[1], die nicht dem IWF-Abkommen unterliegen, richtet sich nach dem autonomen internationalen Devisenrecht (vgl. oben Rz. 671). Von dem Abkommen nicht erfasst werden Devisenvorschriften von Nichtmitgliedstaaten des IWF[2] (vgl. oben Rz. 671), Regelungen eines Mitgliedstaates zur Kontrolle von Kapitalbewegungen (vgl. oben Rz. 676, 690), Geschäfte des Kapitalverkehrs (vgl. oben Rz. 676, 682) und erbrechtliche Ansprüche[3] sowie familienrechtliche Unterhaltsansprüche[4]. Soweit die Anwendung des IWF-Abkommens eröffnet ist, hat Art. VIII Abschn. 2 (b) S. 1 IWF-Abkommen Vorrang vor dem autonomen internationalen Devisenrecht (vgl. oben Rz. 666 und 671). Ausländisches Devisenrecht, das nicht vom IWF-Abkommen erfasst wird, ist nur zu beachten, wenn eine geschriebene oder ungeschriebene **Kollisionsnorm des autonomen Rechts** deren Beachtung vorschreibt. Der internationale Geltungsanspruch einer ausländischen Norm genügt allein nicht für eine Anwendung der ausländischen Norm im Inland oder für ihre materiell-rechtliche Berücksichtigung im internen Vertragsrecht in den Fällen, in denen als Vertragsstatut das deutsche Recht berufen ist.

2. Rom I-VO

708 Die **kollisionsrechtliche Beachtlichkeit** ausländischer Devisenvorschriften nach dem autonomen internationalen Devisenrecht unterliegt für Verträge nach dem 17.12.2009 den Regelungen der **Rom I-VO**. Die bis dahin weitgehend ungeklärte[5] kollisionsrechtliche Beachtlichkeit ausländischer zwingender Devisenvorschriften wird durch Art. 9 Rom I-VO geregelt (vgl. oben Rz. 552 ff.). Einer Ausfüllung der durch den durch die Bundesrepublik Deutschland erklärten Vorbehalt zum Römischen Übereinkommen über das auf vertragliche Schuldverhältnisse anzuwendende Recht vom 19.6.1980 (EVÜ) geschaffenen Regelungslücke (vgl. oben Rz. 495 ff.)[6] durch die Rechtsprechung bedarf es nicht mehr.

709 Im Gegensatz zu Art. 34 EGBGB aF[7] definiert Art. 9 Abs. 1 Rom I-VO erstmals die „Eingriffsnormen". Bei devisenrechtlichen Bestimmungen handelt es sich um zwingende Vorschriften, deren Einhaltung von einem Staat als so entscheidend für die Wahrung des öffentlichen Interesses angesehen werden, dass

---

1 Zur Begriffsbestimmung vgl. *Martiny*, in: MünchKomm, nach Art. 34 EGBGB Anh. II Rz. 48; *Ebke*, in: Staudinger, Anh. zu Art. 34 EGBGB Rz. 81 f.
2 *Ebke*, IntDevR, S. 312 f.
3 *Ebke*, IntDevR, S. 313.
4 *Ebke*, IntDevR, S. 313.
5 Hierzu grundlegend *Ebke*, IntDevR, S. 312–334 sowie *Unteregge*, S. 59–153.
6 *Ebke*, IntDevR, S. 127, 313; *Martiny*, IPRax 1985, 65 (69).
7 *Ebke*, IntDevR, S. 515 f.; *Ebke*, in: Staudinger, Anh. zu Art. 34 EGBGB Rz. 83; *Martiny*, in: MünchKomm, Art. 34 EGBGB Rz. 40 f.; *Martiny*, in: MünchKomm, nach Art. 34 EGBGB Anh. II Rz. 2, jeweils mwN.

sie auf alle Sachverhalte anzuwenden sind, die in ihren Anwendungsbereich fallen.

Art. 9 Abs. 3 S. 1 Rom I-VO bestimmt, dass ausländische Devisenbestimmungen Wirkung verliehen werden *kann*. Das Ermessen[1] des Gerichts wird in Art. 9 Abs. 3 S. 2 Rom I-VO jedoch wieder eingeschränkt, heißt es doch dort, dass bei der Entscheidung, ob diesen Eingriffsnormen Wirkung zu verleihen *ist*, Art und Zweck dieser Normen sowie die Folgen berücksichtigt werden, die sich aus der Anwendung oder Nichtanwendung ergeben würden[2]. Diese Formulierung entspricht dem alten Art. 7 Abs. 1 EVÜ, so dass die – spärliche – Rechtsprechung weiter zur Anwendung herangezogen werden kann[3]. Somit liegt ein zweistufiges Regelungsprogramm vor: das „Ob" einer Berücksichtigung ergibt sich aus S. 2; bei einer Bejahung hat das Gericht durch S. 1 einen weiten Ermessensspielraum[4]. Diesen wird das nationale Gericht behalten, da kaum eine Vorlagepflicht an den EuGH mit daraus folgender eigener Ermessensfehler-Lehre des EuGH bestehen dürfte[5]. 710

Gem. Art. 9 Abs. 3 S. 1 Rom I-VO sind nur die Eingriffsnormen des **Erfüllungsortes** zu beachten. Darüber, ob es sich hierbei um den rechtlichen oder faktischen Erfüllungsort handelt, verhält sich Art. 9 Rom I-VO nicht. Ebenso wenig gibt es einen Verweis auf den Erfüllungsort der lex causae des Art. 12 Abs. 1 lit. b Rom I-VO. Ebenso ungeklärt ist, ob umgekehrt Art. 9 Abs. 3 Rom I-VO eine Sperrwirkung zukommt, dergestalt, dass Eingriffsnormen eines Staates, in dem keine Erfüllungshandlung vorzunehmen ist oder in dem kein Erfüllungserfolg eintritt, ausgeschlossen sind[6]. 711

VI. Zusammenfassung mit Handlungsanleitung

1. Das anwendbare internationale Devisenrecht

a) Bei Verträgen, die grenzüberschreitende Transaktionen vorsehen, ist die Frage zu klären, ob (s. Rz. 671, 707) 712

– das vorrangig vor dem autonomen internationalen Devisenrecht geltende IWF-Abkommen (**2., 3.**) oder

– das autonome internationale Devisenrecht anwendbar ist (**4.**).

b) Das IWF-Abkommen ist nur anwendbar unter folgenden Voraussetzungen:

– Devisenkontrollbestimmungen eines Mitgliedstaates des IWF (s. Rz. 671, 685, 686 ff.);

---

1 Vgl. *Freitag*, IPRax 2009, 111.
2 Zu dieser Problematik und den verschiedenen Nuancen in den engl. und französ. Fassungen vgl. *Freitag*, IPRax 2009, 111.
3 Vgl. *Freitag*, IPRax 2009, 109 Fn. 2 mwN.
4 Vgl. *Freitag*, IPRax 2009, 109 (111) Fn. 25 mwN.
5 Vgl. *Freitag*, IPRax 2009, 111 f.
6 Vgl. hierzu *Freitag*, IPRax 2009, 115.

- Devisenbestimmungen, die dem IWF-Abkommen unterliegen (s. Rz. 686 ff.);
- Mitgliedschaft des Gerichtsstaates im IWF (s. Rz. 685).

c) Das autonome internationale Devisenrecht ist anwendbar unter folgenden Voraussetzungen:

- Devisen- oder Kapitalkontrollbestimmungen eines Staates, der nicht oder nicht mehr Mitglied des IWF ist (s. Rz. 671, 685);
- Kapitalkontrollbestimmungen eines Mitgliedstaates (s. Rz. 673 f., 688);
- Geschäfte des Kapitalverkehrs (s. Rz. 707);
- erbrechtliche Ansprüche (s. Rz. 707);
- familienrechtliche Ansprüche (s. Rz. 707).

2. Die Voraussetzungen des Art. VIII Abschn. 2 (b) S. 1 IWF-Abkommens

713 a) Devisenkontrakt

aa) Grundsatz: ein Devisenkontrakt liegt vor, wenn es sich um einen Austauschvertrag (2) handelt, der Zahlungen für laufende Transaktionen (1) vorsieht.

(1) Die Vereinbarung über Zahlungen oder den Transfer von Valuta:

- Vereinbarung der Parteien über die Zahlung oder den Transfer in ausländischer oder eigener Währung (s. Rz. 674);
- Zahlungen für laufende Transaktionen im Unterschied zu Geschäften des Kapitalverkehrs (s. Rz. 676 f.).

(2) Der Austauschvertrag:

- gegenseitiger Vertrag oder
- ein Vertragsverhältnis, in dem Leistung und Gegenleistung in einer finalen oder kausalen Wechselbeziehung stehen (s. Rz. 678, 683).

bb) Einem Devisenkontrakt stehen gleich:

- Ansprüche aus unerlaubter Handlung wegen Nichterfüllung des verbotenen Geschäftes;
- Ansprüche aus ungerechtfertigter Bereicherung, mit denen das auf ein verbotenes Geschäft Geleistete zurückgefordert wird (s. Rz. 681).

cc) Keine Devisenkontrakte sind:

- dingliche Rechtsgeschäfte, deren Rechtswirkungen unmittelbar eintreten (s. Rz. 681);
- langfristige Kreditverträge und Verträge über langfristige Auslandsinvestitionen (s. Rz. 682).

b) Berührung der Währung eines Mitgliedstaates

   aa) Die vereinbarte Transaktion wirkt sich auf die Zahlungsbilanz eines Mitgliedstaates positiv oder negativ aus (s. Rz. 685);

   bb) unerheblich ist die Schuld- oder Zahlungswährung, die Staatsangehörigkeit der Vertragsparteien und die Gebietsansässigkeit einer Partei im Erlassstaat der Devisenkontrollbestimmung (s. Rz. 685 f.).

c) Devisenkontrollbestimmungen

   aa) Devisenkontrollbestimmungen liegen vor, wenn sie unmittelbar die allgemeine Verfügbarkeit oder die konkrete Verwendung von Devisen beschränken (s. Rz. 688).

   bb) Umstritten sind Bestimmungen aus Gründen der nationalen oder internationalen Sicherheit (s. Rz. 689).

   cc) Keine Devisenkontrollbestimmungen sind Beschränkungen des internationalen Kapitalverkehrs (s. Rz. 690).

d) Abkommenskonformität der Devisenkontrollbestimmungen

   aa) Die Abkommenskonformität ist gegeben, wenn (s. Rz. 691)

   – Devisenkontrollbestimmungen nach dem Beitritt des Erlassstaates zum IWF in Übereinstimmung mit dem Abkommen aufrechterhalten werden oder wenn

   – Devisenkontrollbestimmungen nach dem Beitritt mit Genehmigung des IWF eingeführt werden.

   bb) Die Feststellung der Abkommenskonformität lässt sich in Zweifelsfällen verlässlich nur auf Grund einer Auskunft des IWF treffen (s. Rz. 691).

e) Verstoß gegen abkommenskonforme Kontrollbestimmungen (s. Rz. 692)

   aa) Beurteilungsgrundlage: das Recht des Erlassstaates;

   bb) objektiver Verstoß unabhängig vom Verschulden oder der Kenntnis der Parteien;

   cc) die Sanktion des Abkommens tritt ein unabhängig von den Sanktionen des Erlassstaates.

3. Die Rechtsfolge des Art. VIII Abschn. 2 (b) IWF-Abkommen

a) Die Rechtsfolge wird durch die Rechtsprechung bisher als Sachurteilsvoraussetzung eingeordnet (vgl. aber unten c) (s. Rz. 694). 714

b) Die Einordnung als Sachurteilsvoraussetzung hat folgende Konsequenzen:

   – die Voraussetzung ist von Amts wegen in jeder Lage des Verfahrens zu prüfen;

- im kontradiktorischen Verfahren trägt der Kläger die Darlegungs- und Beweislast dafür, dass die Voraussetzungen des Art. VIII Abschn. 2 (b) S. 1 IWF-Abk. nicht vorliegen;

- bei einem Verzichtsurteil und bei einem Versäumnisurteil gegen den Kläger trägt der Beklagte die Darlegungs- und Beweislast (s. Rz. 697);

- der maßgebliche Zeitpunkt für das Vorliegen oder Fehlen der Sachurteilsvoraussetzung ist die letzte mündliche Verhandlung und nicht der Zeitpunkt des Vertragsabschlusses (s. Rz. 698);

- die Hemmung durch das klagabweisende Prozessurteil endet 6 Monate nach der rechtskräftigen Entscheidung (s. Rz. 700).

c) Hingegen hat die Einordnung der Rechtsfolge als prozessuale Einrede einer unvollkommenen Verbindlichkeit (Tendenz der neueren BGH-Rspr.) folgende Konsequenzen (s. Rz. 701):

- die Voraussetzungen des Art. VIII Abschn. 2 (b) S. 1 IWF-Abkommen sind nur auf die Einrede des Schuldners hin zu prüfen (s. Rz. 703);

- der Schuldner trägt in allen Verfahren die Darlegungs- und Beweislast für die Voraussetzungen (s. Rz. 704);

- der maßgebliche Zeitpunkt für das Vorliegen oder Fehlen der Voraussetzungen ist der Zeitpunkt des Vertragsabschlusses (s. Rz. 702);

- die Klage führt, wenn sie auf Grund der Einrede als derzeit unbegründet abgewiesen wird, zur Hemmung der Verjährung (s. Rz. 705).

4. Das autonome internationale Devisenrecht

715 a) Das autonome internationale Devisenrecht ist nur anwendbar, soweit das IWF-Abkommen nicht gilt (vgl. oben 1.c) (s. Rz. 707).

b) Die kollisionsrechtliche Beachtlichkeit ausländischer Devisenvorschriften unterliegt Art. 9 Abs. 3 Rom I-VO (s. Rz. 708 ff.).

716–730 Frei.

F. Formvorschriften

	Rz.		Rz.
I. Willenserklärungen und deren Dokumentation	733	2. Konstitutive Gesellschaftsakte	786
1. Schriftform	738	3. Verfügung über Gesellschaftsbeteiligungen	793
2. Beurkundung, Beglaubigung	743	4. Beteiligungen an ausländischen Gesellschaften	802
a) Belehrungssicherung	746		
b) Inhaltskontrolle	747	**IV. Substitution bei Verträgen und Beschlüssen**	805
c) Publizität	748	1. Voraussetzungen der Gleichwertigkeit	809
3. Durchsetzung und Vermeidung von Formvorschriften	749	2. Beurkundung von Beschlüssen	812
II. Verpflichtungsverträge	750	3. Beurkundung von Verträgen (Abschnitt 2 des BeurkG)	814
1. Form des Schuldstatuts	751	a) Sicherung der konsultativen Mitwirkung des Notars in der Verhandlung	815
a) Teilrechtswahl	753		
b) Nichtigkeit als Folge der Rechtswahl	759	b) Sicherung der Authentizität durch die Niederschrift	818
2. Ortsform (lex loci actus) genügt	762	**V. Ausländische Beglaubigungen**	823
a) Art. 11 Abs. 1 Rom I-VO	762	1. Unterschriftsbeglaubigung bei materiell-rechtlichen Erklärungen	824
b) Art. 11 Abs. 2 Rom I-VO (Distanzverträge)	765		
c) Art. 11 Abs. 3 Rom I-VO (einseitige Rechtsgeschäfte)	768	2. Unterschriftsbeglaubigung bei Verfahrenserklärungen	828
d) Art. 11 Abs. 4 Rom I-VO (Verbraucherverträge)	770	a) Verifizierung des Erklärenden	831
e) Art. 11 Abs. 5 Rom I-VO („Sofern-Klausel")	771	b) Verifizierung der Urkundsperson	834
3. Heilung formnichtiger Verträge	773	**VI. Zusammenfassung mit Handlungsanleitung**	837
III. Verfügungsgeschäfte	777		
1. Anwendung des Art. 11 EGBGB auf das Gesellschaftsrecht	780		

Literatur (allgemein)[1]: *Bindseil*, Internationaler Urkundenverkehr, DNotZ 1992, 275; *Blumenwitz*, Das Kollisionsrecht der notariellen Urkunde, DNotZ 1968, 712; *Bülow*, Zum Formerfordernis der Bürgschaftserklärung, ZEuP, 1994, 493; *Geimer*, Auslandsbeurkundung im Gesellschaftsrecht, DNotZ 1981, 406; *Goette*, Auslandsbeurkundung im Kapitalgesellschaftsrecht, Festschr. Boujong (1996), S. 131; *Heckschen*, Auslandsbeurkundung und Richtigkeitsgewähr, DB 1990, 161; *Kropholler*, Auslandsbeurkundungen im Gesellschaftsrecht, ZHR 140 (1976), 394; *Langhein*, Kollisionsrecht der Registerurkunden – Anglo-amerikanische notarielle Beglaubigungen, Bescheinigungen und Belehrungen im deutschen Registerrecht (1995); *Limmer*, Grenzüberschreitende Umwandlungen, ZNotP 2007, 242; *Ludwig*, Zur Form der ausländischen Vollmacht für inländische Gegenstände, NJW 1983, 495; *Klein*, Grenzüberschreitende Verschmelzungen von Kapitalgesellschaften, RNotZ 2007, 565; *Reithmann*, Beurkundung, Beglaubigung, Bescheinigung durch inländische und ausländische Notare, DNotZ 1995, 360; *Reith-*

---

1 Für die Form der nach dem 17.12.2009 geschlossenen schuldrechtlichen Verträge gilt die Rom I-VO. Die Kommentar-Literatur zu dem früher dafür geltenden Art. 11 EBGBG bleibt von Bedeutung, soweit die Bestimmungen der Rom I-VO mit denen des EGBGB inhaltlich übereinstimmen.

mann, Bauträgervertrag und Bauherrenmodelle im IRP, Festschr. Ferid (1988), S. 363; *Reithmann*, Substitution bei Anwendung der Formvorschriften des GmbHG, NJW 2003, 385; *Reithmann*, Registeranmeldungen aus dem Ausland, ZNotP 2007, 167; *Reithmann*, Urkunden und elektronische Dokumente, ZNotP 2007, 370; *Schütze*, Internationales Notarverfahrensrecht, DNotZ 1992, 66; *Stauch*, Die Geltung ausländischer notarieller Urkunden in der Bundesrepublik Deutschland (1983); *Stürner*, Die notarielle Urkunde im europäischen Rechtsverkehr, DNotZ 1995, 343; *Stephan*, Zum internationalen Beurkundungsrecht, NJW 1974, 1596; *Winkler*, Beurkundung gesellschaftsrechtlicher Akte im Ausland, NJW 1974, 1032; *Zellweger*, Die Form der schuldrechtlichen Verträge im IPR (Basel 1990).

Literatur zur GmbH-Geschäftsanteilsabtretung:

1) An deutschen Gesellschaften: *Aprell*, Die Schweiz ermöglicht privatschriftliche Verfügungen über Geschäftsanteile, NZG 2007, 60; *Apfelbaum*, Merkmal der Zurechenbarkeit beim gutgläubigen Erwerb von GmbH-Anteilen, BB 2008, 2477; *Böttcher/Blasche*, Die Übertragung von Geschäftsanteilen deutscher GmbHs in der Schweiz vor dem Hintergrund der Revision des Schweizer Obligationenrechts, NZG 2006, 76; *Bungert*, Der internationale Anwendungsbereich von § 15 Abs. 3 und 4 GmbHG, DZWiR 1993, 494; *Großfeld/Berndt*, Die Übertragung deutscher GmbH-Anteile im Ausland, RIW 1996, 632; *Kort*, Gesellschafterliste, Gesellschafterstellung und gutgläubiger Anteilserwerb, GmbHR 2009, 172; *Reithmann*, Mitwirkung des ausländischen Notars bei der Geschäftsanteilsabtretung nach dem MoMiG (Form des Verpflichtungs- und des Verfügungsgeschäfts), GmbHR 2009, 699; *Schervier*, Beurkundung GmbH-rechtlicher Vorgänge im Ausland, NJW 1992, 593; *Winkler*, Übertragung eines GmbH-Geschäftsanteils, Rpfleger 1978, 44; *Wolfsteiner*, Auslandsbeurkundung der Abtretung von Geschäftsanteilen an einer deutschen GmbH, DNotZ 1978, 532.

2) An ausländischen Gesellschaften: *Bungert*, Der internationale Anwendungsbereich von § 15 Abs. 3 und 4 GmbHG, Deutsche Gesellschaft für Wirtschaftsrecht 1993, 494; *Depping*, Beurkundungspflicht bei der Übertragung von Anteilen an ausländischen Kapitalgesellschaften, GmbHR 1994, 386; *Dutta*, Formfragen bei Schuldverträgen über ausländische Gesellschaftsanteile, RIW 2005, 98; *Gätsch/Schulte*, Notarielle Beurkundung bei der Veräußerung von Anteilen an ausländischen Gesellschaften mbH in Deutschlang, ZIP 1999, 1909; *Kalss*, Grenzüberschreitendes zur Übertragung von GmbH-Geschäftsanteilen, Festschr. Priester (2007), S. 353; *Kralik*, Auslandsbeurkundung bei Abtretung von österreichischen Geschäftsanteilen, IPRax 1990, 255; *Merkt*, Vertragsform beim Kauf von Anteilen an einer ausländischen Gesellschaft, ZIP 1994, 1417; *Reithmann*, Formerfordernisse bei Verträgen über Beteiligungen an ausländischen Gesellschaften für Grundstücke im Ausland, NZG 2005, 873; *Schönherr*, Kann ein deutscher Notar die Übertragung von Geschäftsanteilen einer österreichischen GmbH rechtswirksam beurkunden?, GesRZ 1985, 60; *Stölzle*, Bedarf die Abtretung von Anteilen der österreichischen Gesellschaft mbH im Ausland der Notariatsaktsform?, NZ 1960, 161; *Wagner*, Abtretung von Geschäftsanteilen einer österreichischen GmbH, DNotZ 1985, 80; *Wrede*, Zur Beurkundungspflicht bei der Übertragung von Anteilen an einer ausländischen Kapitalgesellschaft, GmbHR 1995, 365.

731 Auf schuldrechtliche Verträge werden grundsätzlich die Vorschriften des gewählten Rechts angewendet. Für bestimmte zwingende Vorschriften, die als **"Formvorschriften"** zusammengefasst werden, gelten aber nach langer Tradition Beschränkungen. Dem folgt die Rom I-VO: Es bleibt bei dem durch Rechtswahl (Art. 3 Rom I-VO) oder mangels Rechtswahl (Art. 4 Rom I-VO) „anzuwendenden Recht" (dem Schuldstatut). Dieses bleibt grundsätzlich maßgebend für die Frage, ob der Vertrag gerichtlich durchsetzbare Verpflichtungen begründen

kann; für den Fall aber, dass bestimmten Erfordernissen des Schuldstatuts (Formerfordernisse) nicht genügt ist und das Schuldstatut deshalb **Sanktionen** (insbesondere Nichtigkeit) vorsieht, verbietet Art. 11 Rom I-VO, diese Sanktionen anzuwenden und lässt es ausreichen, wenn einer der leges loci actus (Rz. 762 ff.) genügt ist; dann gilt der Vertrag als „formgültig" (Art. 11 Abs. 1 und 2 Rom I-VO).

Bei der **Definition der Form** in Art. 11 Rom I-VO kann nicht ohne Weiteres auf Definitionen des deutschen Sachrechts zurückgegriffen werden. Das Postulat einer einheitlichen Auslegung der Verordnung verlangt eine rechtsvergleichende Auslegung. 732

Vorschriften, die eine „Form" vorschreiben für Anträge und sonstige Verfahrenserklärungen (wie im Verfahren vor dem Grundbuchamt oder dem Registergericht), fallen nicht unter die Rom I-VO (s. Rz. 828 ff.).

Hinsichtlich von rechtsgeschäftlichen Willenserklärungen praktisch am Bedeutendsten sind Vorschriften über die Niederlegung in Schriftform und über die Mitwirkung einer Urkundsperson bei deren Dokumentation.

I. Willenserklärungen und deren Dokumentation

Ob Erklärungen auf Papier oder elektronisch niederzulegen sind, kann nicht als Formvorschrift gelten. Formvorschriften stellen nicht auf das Substrat ab, auf dem die Erklärung niedergelegt ist, sondern auf die **Äußerung des Willens**. Bei dieser Äußerung soll der Erklärende geschützt werden. Dass diese Schutzvorschrift eingehalten wird, wird dadurch erzwungen, dass die Nichteinhaltung mit der Sanktion der Nichtigkeit belegt wird (§ 125 BGB). 733

Ist bei der Willensäußerung die **vorgeschriebene Form eingehalten**, so ist das Rechtsgeschäft wirksam, die Nichtigkeitssanktion wird nicht angewendet, auch dann nicht, wenn das Papier, auf dem die Erklärung niedergelegt wurde, verloren geht. 734

Vorschriften über die Abfassung der Erklärung in deutscher Sprache, ihre Niederlegung in Schriftzeichen, die Mitwirkung von Zeugen oder Urkundspersonen, sind **Formvorschriften**; sie dienen zunächst dem Schutz des Erklärenden; Vorschriften über Verwendung des Substrats dagegen, auf dem die Erklärung niedergelegt ist, dienen vor allem dem **Verfahren** der Gerichte und Behörden, bei denen das Dokument vorgelegt wird. 735

Danach ist zu beurteilen, welche **Vorschriften ausländischen Rechts** als Formvorschrift, welche als Verfahrensvorschrift zu beurteilen sind. Vorschriften, die die gerichtliche Geltendmachung von Forderungen über einer bestimmten Höhe ausschließen, (zB statute of frauds im angelsächsischen Recht, Art. 1341 französ. c.c., Art. 2721 italien. c.c.) dienen in erster Linie der Entlastung des

Gerichts und können als ausländische Prozessvorschriften mE vor inländischen Gerichten nicht angewendet werden[1].

736 Willenserklärungen können **in Urkunden** (auf Papier) **oder elektronisch** dokumentiert werden. Wie diese Dokumente (Urkunden oder elektronische Dokumente) **im gerichtlichen Verfahren verwendet** werden können, ist für den deutsche Zivilprozess in der ZPO geregelt. Die dort kodifizierten Grundsätze werden auch in anderen staatlichen und privaten Verfahren angewendet und gelten darüber hinaus im allgemeinen Rechtsverkehr.

Dazu gehört der **Grundsatz der Wahrheit der „öffentlichen Urkunde"**: Die vom Notar aufgrund eigener Wahrnehmung schriftlich bezeugten Tatsachen gelten als wahr (§ 415 ZPO). Dieser Grundsatz wird ohne Weiteres angewendet auf alle (zumindest von „Lateinischen" Notaren errichteten) Zeugnisurkunden, gleich nach welcher Rechtsordnung das dort niedergelegte Rechtsgeschäft kollisionsrechtlich beurteilt wird[2].

737 Davon zu unterscheiden ist die Frage, ob die Urkunde von dem stammt, von dem sie herzurühren den Anschein vorgibt, also ob sie **„echt"** ist.

Hier besteht eine allgemeine Echtheitsvermutung nur für **inländische**, „öffentliche" Urkunden. Bei diesen wird die Echtheit vermutet, wenn die Urkunde nach ihrem äußeren Anschein dies vorgibt (nach Form und Inhalt als von einer mit öffentlichem Glauben versehenen Person errichtet sich darstellt, § 437 ZPO).

Anders bei Urkunden aus dem **Ausland:** „Ob eine Urkunde, die als von einer mit öffentlichem Glauben versehenen Person des Auslands errichtet sich darstellt, ohne weiteren Nachweis als echt anzusehen ist, hat das Gericht nach den Umständen des Falles zu ermessen" (§ 438 ZPO). Der **Beweis der Echtheit** einer solchen Urkunde ist durch Legalisation zu führen. Legalisation kann meist durch Apostille ersetzt werden. Bei elektronischen Dokumenten mit qualifizierter Notarsignatur kann wohl (auf lange Sicht) auch auf die Apostille verzichtet werden (s. Rz. 834 f.).

Hier geht es nicht um die materiell-rechtliche Wirksamkeit von Rechtsgeschäften, sondern um die Verwendung von Urkunden, in denen Rechtsgeschäfte niedergelegt sind im Rechtsverkehr. Es ist zu erwarten, dass solche Fragen europarechtlich geregelt werden. Mit der Frage der Form iSd. § 125 BGB als materiell-rechtliche Wirksamkeitsvoraussetzung eines Rechtsgeschäfts hat dies nichts zu tun. Zu den Formen iSd. § 125 BGB zählen vor allem Schriftform, Beurkundung und Unterschriftsbeglaubigung.

---

[1] BGH 30.7.1954, JZ 1955, 702 zu Art. 1344 französ. c.c.; (bestritten s. *Winkler von Mohrenfels*, in: Staudinger, Art. 11 EGBGB Rz. 135, 141). Praktisch kommt dem kaum Bedeutung zu; auch wer in diesen Vorschriften Formvorschriften sieht, kann dies vor inländischen Gerichten nicht geltend machen, wenn die lex loci actus, wie meist, mündlichen Abschluss genügen lässt.

[2] Im Einzelnen *Reithmann*, Beurkundung, Beglaubigung, Bescheinigung durch Notare, DNotZ 1995, 360 (365).

1. Schriftform

Wenn Schriftform oder elektronische Form vorgeschrieben ist, geht es darum: 738

a) die **Authentizität** der Erklärung und den Rechtsfolgewillen des Erklärenden zu sichern[1],

b) die **Identität** des Erklärenden wenigstens kenntlich zu machen (durch Namensunterschrift bei der Schriftform, durch Hinzufügen des Namens zur qualifizierten elektronischen Signatur bei der elektronischen Form)[2].

Im letzteren Fall kommt es auf die fälschungssichere Zuordnung eines Datenschlüssels zu einem elektronischen Dokument an. Dabei muss der Name des Erklärenden (anders als bei der Unterschrift) nicht notwendig am Ende der Erklärung stehen. Die Abschlussfunktion übernimmt hier die Signatur.

Bei der **gesetzlichen Schriftform** des § 126 BGB muss dagegen die „**Unter-** 739 **schrift**" unter dem Text stehen; eine „Oberschrift" genügt so wenig wie eine Unterzeichnung am Rande des Schriftstücks. Der Name muss ausgeschrieben sein; Verwendung von Initialen genügt nicht. Diese Erfordernisse können jederorts (auch im Ausland) erfüllt werden. Substitution (s. Rz. 805 ff.) ist hier nicht erforderlich.

Vom **Formerfordernis zu unterscheiden ist die Verwendbarkeit des Dokuments** 740 (des Substrats, auf dem die Willenserklärung niedergelegt ist)[3] im Rechtsverkehr, insbesondere vor Gericht oder Behörden. Hier kommt es auf das Verfahren an, in dem das Dokument vorgelegt wird. Hier geht es nicht um Formvorschriften iSd. § 125 BGB, sondern um Verfahrensvorschriften des betreffenden Gerichts (der betreffenden Behörde) (s. Rz. 828 ff.), bei dem das Dokument vorgelegt wird.

Formvorschriften greifen dagegen unabhängig von der Verwendung des Dokumentes nach kollisionsrechtlichen Grundsätzen. Ist danach die Erklärung formgültig, so ist die im Dokument niedergelegte Erklärung rechtswirksam, auch wenn das Dokument nachträglich verloren geht.

Anders ist es, wenn es um die bloße Vorlegung eines Dokuments geht, wie im Falle des § 410 BGB, wo die Vorlegung einer Abtretungsurkunde an den neuen Gläubiger verlangt wird (wobei eine öffentliche Kasse in bestimmten Fällen eine „öffentlich oder amtlich beglaubigte Urkunde über die Abtretung" verlangen kann).

„**Schriftlichkeit**" bedeutet nicht „Form". § 126 BGB verlangt für die **Schrift-** 741 **form** die Unterzeichnung „eigenhändig durch Namensunterschrift". Hier liegt eine Formvorschrift für Rechtsgeschäfte des Privatrechts vor, die aber nicht

---

1 ISd. § 416 ZPO: „Privaturkunden begründen, sofern sie von den Ausstellern unterschrieben... sind, vollen Beweis dafür, dass die in ihnen enthaltenen Erklärungen von den Ausstellern abgegeben sind".
2 Gem. Signaturgesetz vom 16.5.2001, BGBl. I 2001, 871; Signaturverordnung vom 16.11.2001, BGBl. I 2001, 3074.
3 Auf Papier oder in einem elektronischen Dokument.

ohne Weiteres auf Verfahrenserklärungen in gerichtlichen oder behördlichen Verfahren anzuwenden ist. Wenn eine Verfahrensregel „Schriftlichkeit" vorsieht, so ist die Vorlage eines Schriftstücks oder eines entsprechenden elektronischen Dokuments, aber nicht unbedingt eigenhändige Unterschrift gefordert[1]. Dies gilt auch für vorbereitende Schriftstücke im Zivilprozess.

742 Zu den Formvorschriften zählen dagegen Vorschriften, die die Äußerung der Willenserklärung **in einer bestimmten Sprache** verlangen (so § 483 BGB bei Teilzeit-Wohnrechtsverträgen) und Vorschriften, die detaillierte Angaben des Vertragsinhalts vorschreiben (wie § 492 BGB bei Verbraucher-Darlehensverträgen). Hierher gehört auch Art. 785 Abs. 2 Schweizer OR, der verlangt, in den GmbH-Abtretungsvertrag „dieselben Hinweise auf statutarische Rechte und Pflichten aufzunehmen, wie in die Urkunde über die Zeichnung der Stammanteile".

2. Beurkundung, Beglaubigung

743 Soll die Authentizität der Erklärung und die Identität des Erklärenden[2] nicht nur kenntlich gemacht, sondern gesichert werden, so begnügt sich das deutsche Recht nicht mit Schriftform oder elektronischer Form, sondern verlangt die Mitwirkung einer Urkundsperson (Notar). Hierfür sieht das deutsche Recht die Verfahren der Beglaubigung und der Beurkundung vor.

744 In den Fällen, in denen lediglich der Beweis gesichert werden soll, schreibt das deutsche Recht die Unterschriftsbeglaubigung vor. Der **Beglaubigungsvermerk** bezeugt, dass der Unterzeichner sich durch Unterschrift (oder der Anerkennung einer Unterschrift) zu einem Text bekannt hat und bringt (zusammen mit § 416 ZPO) den Beweis, dass die Erklärung von der genannten Person stammt.

Wo aber die Mitwirkung des Notars im Verfahren der **Beurkundung** vorgeschrieben ist, wird mehr verlangt, vor allem (bei Beurkundung von Willenserklärungen) das im 2. Abschnitt des BeurkG geregelte qualifizierte Protokollverfahren. Dabei kommt es auf die Mitwirkung des Notars bei der Abgabe der Willenserklärung in der „Verhandlung" (§ 8 BeurkG) an (Rz. 815).

745 Daneben sichert die Mitwirkung des Notars, dass (die grundsätzlich mündlich abgegebene) Erklärung klar und eindeutig **schriftlich niedergelegt** wird.

Die Mitwirkung des Notars sichert die **Belehrung** über die „rechtliche Tragweite" des niedergelegten Rechtsgeschäfts. Zu dieser Rechtsbelehrung ist der Notar (in dem für die Beurkundung von Willenserklärungen vorgeschriebenen Verfahren des 2. Abschnitts des BeurkG) in jedem Fall verpflichtet, auch gegen

---

1 ZB im notariellen Treuhandverfahren für die Treuhandaufträge, vor allem der finanzierenden Banken (*Hertel*, in: Eylmann/Vaasen, BNotO und BeurkG, 2. Aufl. (2004), § 54a BeurkG Rz. 34).
2 Authentizität der Erklärung und Identität des Erklärenden werden oft unter dem Begriff „Echtheit" zusammengefasst.

den Willen der Beteiligten, die häufig genug fürchten, dass sich durch eine Belehrung ein geplantes Geschäft zerschlagen könnte.

Statt einer vorhergehenden Belehrung sieht der Gesetzgeber in bestimmten Fällen ein nachgehendes **Widerrufsrecht** vor, zB

– beim Haustürgeschäft (§ 312 BGB),

– beim Fernabsatzgeschäft (§ 312d BGB),

– beim Verbraucherdarlehensvertrag (§ 495 BGB),

– beim Vertrag über Teilzeitwohnrechte (§ 485 BGB).

Dies ist angebracht, wenn die Gefahren für den schwächeren Vertragsteil auf wirtschaftlichem Gebiet liegen. Anders ist es, wenn die Gefahren auf rechtlichem Gebiet liegen. Dann dient eine notarielle Rechtsbelehrung der präventiven Gefahrenvermeidung besser als ein nachträgliches Widerrufsrecht.

a) Belehrungssicherung

Die Rechtsbelehrung nach § 17 BeurkG ist unverzichtbar[1]. Daneben kann der Notar (wie ein Rechtsanwalt) eine weitere Beratung über wirtschaftliche und steuerliche Fragen übernehmen (§ 24 BNotO). 746

In der Entscheidung vom 16.2.1981[2] hat der BGH Rechtsbelehrung für verzichtbar gehalten. Dies kann für den dort entschiedenen Fall der **Tatsachenbeurkundung** (Beurkundung eines Versammlungsbeschlusses) zutreffen, nicht aber im Falle der Vertragsbeurkundung (s. Rz. 814). Bei der Tatsachenbeurkundung geht es in erster Linie um die Publizitätsfunktion der Beurkundung. Hier gilt § 17 BeurkG nicht.

Bei der **Vertragsbeurkundung** hat der BGH die konsultativen Pflichten des Notars über die „Belehrung über die rechtliche Tragweite des Geschäfts" hinaus ausgedehnt auf die Sicherung von Leistung und Gegenleistung. Der Notar hat nicht nur zu belehren, sondern eine Gestaltung vorzuschlagen, die ungesicherte Vorleistungen vermeidet. Dies hat der BGH ausdrücklich als „zweite Amtspflicht" des Notars erklärt und (im Verfahren der Vertragsbeurkundung) als unverzichtbare Pflicht des § 17 BeurkG gefasst; als Verfahrenspflicht obliegt diese Pflicht dem Notar in jedem Falle einer Beurkundung von Verträgen (s. Rz. 817).

Bei der Beurkundung eines **Grundstückskaufvertrags** bedeutet dies (da Zug um Zug-Leistung nicht möglich ist) Sicherung durch Einschaltung eines Treuhänders. Diese Treuhänderstellung übernimmt idR der beurkundende Notar. Sie

---

[1] Im Gegensatz zu der Formulierung „kann nicht" oder „muss" bedeutet die Formulierung „soll" in § 17 BeurkG, dass eine Verletzung dieses gesetzlichen Gebots zwar nicht mit der Nichtigkeitssanktion des § 134 BGB durchgesetzt wird, wohl aber mit Sanktionen der Dienstaufsicht und der Haftung (§ 19 BNotO). Als Verfahrensvorschrift unterliegt § 17 BeurkG nicht der Disposition der Beteiligten. *Frenz*, in: Eylmann/Vaasen, BNotO und BeurkG, 2. Aufl. (2004), § 17 BeurkG Rz. 16 m. Nachw.

[2] BGH 16.2.1981, BFHZ 80, 76 = DNotZ 1981, 451.

wird in der Praxis als Teil des notariellen Beurkundungsverfahrens betrachtet[1]. Ein anderer Rechtskundiger kann eine solche Treuhänderstellung kaum übernehmen[2].

b) Inhaltskontrolle

747 In steigendem Maße dient die Einschaltung einer Amtsperson in einem geregelten Verfahren auch der inhaltlichen Kontrolle von Verträgen.

Das **Gewerberecht** zB verbietet dem Bauträger und Baubetreuer, Anzahlungen entgegenzunehmen, bevor die in der Makler- und Bauträgerverordnung vorgeschriebenen Sicherungen für den Erwerber gegeben sind. Ob diese Sicherungen vorliegen, kann im gewerberechtlichen Aufsichtsverfahren nur sehr schwer überprüft werden. Praktisch übernimmt der Notar diese Überprüfung bei der Beurkundung. Hier greift das Dienstrecht des Notars (und die Dienstaufsicht) ein. Liegen die Voraussetzungen der §§ 3, 7 MaBV nicht vor, würde die Vereinbarung von Abschlagszahlungen gegen ein gesetzliches Verbot verstoßen (§ 14 BNotO); der inländische Notar darf dies nicht beurkunden. Ein ausländischer Notar ist weder an diese gewerberechtlichen Vorschriften gebunden noch an das Dienstrecht des Notars. Nur das dem deutschen Notar zwingend vorgeschriebene Verfahren des 2. Abschnitts des BeurkG (qualifiziertes Protokollverfahren) sichert die Durchsetzung der genannten gewerberechtlichen Gebote.

c) Publizität

748 Mit der Niederlegung aller Teile eines Vertrags durch die Urkundsperson wird gesichert, dass der Vertrag vollständig und abschließend dokumentiert ist. Die Authentizität aller dazugehörenden Teile wird durch Vorlesung und Beifügung von „Anlagen" verfahrensrechtlich gewährleistet (§§ 13, 14 BeurkG). Auch nicht formpflichtige Verträge werden gelegentlich beurkundet, um den sicheren Zugriff auf den Vertrag auch später zu gewährleisten. Dies gilt vor allem bei Rechten, die gegen jedermann wirken, insbesondere bei Rechten an Grund-

---

1 Üblich sind zwei Sicherungsmodelle:
  a) Das Anderkontenmodell, bei dem der Kaufpreis beim Notar hinterlegt wird und an den Verkäufer erst dann ausgezahlt wird, wenn die lastenfreie Eigentumsübertragung gesichert ist.
  b) Das Direktzahlungsmodell, bei dem zwar von Käufer an Verkäufer direkt gezahlt wird, aber erst dann, wenn der Notar dem Käufer (und den diesen finanzierenden Banken) mitgeteilt hat, dass die Erfordernisse eines lastenfreien Eigentumsübergangs gegeben sind (insbesondere Freigabe und Löschungsbewilligungen eingetragener Altgläubiger vorliegen) und eine Vormerkung für den Käufer eingetragen ist. Der Notar sichert auch den Verkäufer durch den Vorbehalt der Eigentumsumschreibung (Vollzugssperre) oder den Vorbehalt der Auflassung.
2 Die dafür vorgesehene Gebühr (von 650 Euro bei Hinterlegung eines Kaufpreises von 100 000 Euro) kann die damit verbundenen Risiken nicht decken; der beurkundende Notar übernimmt diese Tätigkeit idR, um eine reibungslose Vertragsdurchführung zu sichern. Im Direktzahlungsmodell beträgt die Gebühr nur einen Bruchteil der Hinterlegungsgebühr.

stücken, aber auch bei Beteiligungen an Gesellschaften. Dem dienen zwar in erster Linie öffentliche Register, aber auch Einzelurkunden.

Oft werden diese Urkunden bei einer zentralen Stelle **nach einem festen Ordnungssystem gesammelt** (Titelregister). Dieses nimmt auf die zu den Registerakten eingereichten Urkunden Bezug; so legt das Handelsregister die Satzung einer Aktiengesellschaft oder GmbH nicht selbst dar, sondern nimmt auf die zu den Registerakten **eingereichten Notarurkunden** Bezug[1].

3. Durchsetzung und Vermeidung von Formvorschriften

In der rechtsberatenden Praxis geht es vor allem um die Anwendung solcher Vorschriften, die die Mitwirkung einer Urkundsperson vorschreiben. Bei Beurkundung im Ausland kann unter den Voraussetzungen des Art. 11 Abs. 1 und 2 Rom I-VO auch ein dem deutschen Schuldstatut unterliegender Vertrag „formgültig" sein, wenn er der nach lex loci actus vorgeschriebenen Form genügt, also auch dann, wenn sich die Beteiligten zur Beurkundung in das Ausland begeben haben (**kollisionsrechtlicher Weg**). Ein im Ausland beurkundeter Vertrag kann aber auch im Wege der Substitution formgültig sein, wenn die im inländischen Sachrecht angeordnete Beurkundung durch Mitwirkung eines ausländischen Notars in einem Verfahren erfüllt ist, das dem inländischen Verfahren gleichwertig ist („**materiell-rechtlicher Weg**"), s. Rz. 805 ff.). 749

Beide Wege werden häufig gewählt, um ein Formerfordernis zu vermeiden.

Im erstgenannten Fall bleiben die Ziele, die die Rechtsordnung mit einer Formvorschrift verfolgt, außer Betracht. Es setzt sich aber immer mehr die Erkenntnis durch, dass dies „rechtspolitisch nicht immer unbedenklich ist"[2]. Dies gilt insbesondere für Vorschriften, die den **schwächeren Vertragsteil**, vor allem den Verbraucher, **schützen** sollen und darf „nicht dazu führen, dass dem Verbraucher der Schutz entzogen wird, der ihm durch zwingende Bestimmungen des Schuldrechts gewährt wird" (Art. 6 Rom I-VO, ebenso Art. 8 Rom I-VO für Individualarbeitsverträge).

Auch wenn der Gang ins Ausland ausschließlich dazu dient, anstelle eines deutschen Notars einen ausländischen Notar einzuschalten, der nicht an die strenge Gebührenregelung der deutschen KostO gebunden ist, **hält die kollisionsrechtliche Lehre die Ortsform für genügend**[3]. Dem Grundsatz des sichersten Weges (und dem Zweck der Formvorschrift) dient es aber, wenn der ausländische Notar ein Beurkundungsverfahren wählt, das dem Beurkundungsverfahren des deutschen Notars gleichwertig ist (Substitution, Rz. 805).

---

1 Eine Weiterentwicklung stellt das „Rechtslagenregister" dar, bei dem das Register (gelöst von den gesammelten Urkunden) selbst Auskunft über die geschaffene Rechtslage gibt. Im Einzelnen *Reithmann*, Vorsorgende Rechtspflege durch Notar und Gerichte (1989), S. 53 ff.
2 *Spellenberg*, in: MünchKomm, Art. 11 EGBGB Rz. 3.
3 *Hohloch*, in: Erman, Art. 11 EGBGB Rz. 25; *Thorn*, in: Palandt, Art. 11 EGBGB Rz. 16; dagegen kritisch *Wolfsteiner*, DNotZ 1978, 532 (536); *Geimer*, DNotZ 1981, 406 (410).

II. Verpflichtungsverträge

750 Bei der Rechtsberatung über Verträge mit Auslandsberührung ist zu bedenken, ob deutsche und/oder ausländische Formvorschriften beachtet werden müssen. Nach weit über Europa hinausgehender Rechtstradition wird einerseits auf das Recht, dem der Vertrag unterliegt **(Schuldstatut)** abgestellt, andererseits auf das Recht des Ortes, an dem der Vertrag geschlossen wird **(lex loci actus)**.

Hinsichtlich von Verpflichtungsverträgen ist dieser Grundsatz für den deutschen Richter (und ebenso für die Richtet der Vertragsstaaten der Rom I-VO) als bindendes Recht der Rom I-VO konkretisiert.

Auszugehen ist zunächst vom Schuldstatut, das durch Rechtswahl (Art. 3 Rom I-VO) bestimmt wird, mangels einer Rechtswahl nach Art. 4 ff. der Rom I-VO.

1. Form des Schuldstatuts

751 Das Schuldstatut kann bei schuldrechtlichen Verträgen durch **Rechtswahl** bestimmt werden. Rechtswahl ist unverzichtbar bei Unternehmensverträgen, die oft Verpflichtungen der unterschiedlichsten Art begründen, für die ohne Rechtswahl unterschiedliches Schuldstatut gelten könnte mit unterschiedlichen Formerfordernissen.

Darüber hinaus wird Rechtswahl oft eingesetzt, um Formvorschriften zu vermeiden.

Neben Sonderregelungen bei einzelnen Vertragstypen (Art. 5 ff. Rom I-VO) setzt Art. 3 Abs. 3 der Rom I-VO dem **Grenzen:** „Sind alle anderen Elemente des Sachverhalts zum Zeitpunkt der Rechtswahl in einem anderen als demjenigen Staat belegen, dessen Recht gewählt wurde, so berührt die Rechtswahl der Parteien nicht die Anwendung derjenigen Bestimmungen des Rechts dieses anderen Staates, von denen nicht durch Vereinbarung abgewichen werden kann". Dies entspricht Art. 27 Abs. 3 EGBGB[1].

Fraglich kann allerdings sein, was unter dem Begriff „alle anderen Elemente" zu verstehen ist. Für reine Inlandsverträge ist Rechtswahl jedenfalls nicht möglich (s. Rz. 93 ff.).

752 Bei Verträgen mit Auslandsberührung wird häufig eine Rechtswahlvereinbarung mit dem **Zusatz „unter Ausschluss des internationalen Privatrechts"** eingefügt. Zwar ist die Befürchtung, dass Rück- oder Weiterverweisung zu unübersichtlichen Folgen führen könnte, unbegründet. Der deutsche Richter hat

---

1 Art. 27 Abs. 3 EGBGB sah vor: „Ist der sonstige Sachverhalt im Zeitpunkt der Rechtswahl nur mit einem Staat verbunden, so kann die Wahl des Rechts eines anderen Staates – auch wenn sie durch die Vereinbarung der Zuständigkeit eines Gerichts eines anderen Staates ergänzt ist – die Bestimmungen nicht berühren, von denen nach dem Recht dieses Staates durch Vertrag nicht abgewichen werden kann (zwingende Bestimmungen)".

den Vertrag nach dem gewählten Sachrecht zu entscheiden[1], ebenso Richter anderer Vertragsstaaten der Rom I-VO. Aber auch, wenn der Vertrag zur Entscheidung außerhalb der Vertragsstaaten kommt, wird in aller Regel nichts anderes gelten aufgrund weithin geltender (geschriebener und ungeschriebener kollisionsrechtlicher) Grundsätze[2].

a) Teilrechtswahl

Die Rechtswahl kann „für den ganzen Vertrag oder für einen Teil desselben" (Art. 3 Rom I-VO) getroffen werden. Es geht um die Wahl einer **Rechtsordnung**, die ihre Formvorschriften auf den Vertrag (oder einen Teil des Vertrages) zur Geltung bringt. Dies kann praktisch dazu führen, Teile des Vertrages vom Formerfordernis zu befreien. 753

Voraussetzung ist aber, dass dieser Teil **abtrennbar** ist. Art 11 der Rom I-VO definiert den Begriff „Teil des Vertrages" nicht. Ob ein trennbarer „Teil des Vertrages" vorliegt, ist durch **verordnungsautonome Auslegung** zu ermitteln. 754

Dabei wird neben dem subjektiven Einheitlichkeitswillen der Vertragsteile neuerdings eine „Orientierung am objektiven Befund" stärker betont[3].

Schuldrechtliche Verträge umfassen vertraglich übernommene **Verpflichtungen oft sehr unterschiedlicher Art**, sowohl zwischen den Vertragsparteien untereinander als auch gegenüber Außenstehenden. Häufig sind neben Verpflichtungen im gleichen Vertragswerk auch Verfügungsgeschäfte enthalten. Diese sind zwar mit Verpflichtungen oft kausal verbunden, sind aber (nach dem im deutschen Recht geltenden Abstraktionsprinzip) trennbar. Auch Verpflichtungsgeschäfte untereinander bilden nicht stets eine untrennbare Einheit. Dies ist nur dann der Fall, wenn sie nach dem Willen der Vertragsteile miteinander „stehen und fallen" sollen[4].

Praktisch wird dies im Falle des **Kaufs eines Unternehmens**. Handelt es sich um den Erwerb eines Unternehmens, das in der Form der GmbH & Co. KG errichtet ist, so soll in aller Regel mit dem Anteil an der Kommanditgesellschaft auch der Geschäftsanteil an der (persönlich haftenden) GmbH erworben wer- 755

---

1 „Unter dem nach dieser Verordnung anzuwendenden Recht eines Staates sind die in diesem Staat geltenden Rechtsnormen unter Ausschluss des internationalen Privatrechts zu verstehen, soweit in dieser Verordnung nichts anderes bestimmt ist" (Art. 20 Rom I-VO).
2 Die Tatsache, dass „mittlerweile die Mehrzahl von Verträgen mit internationalen Bezügen solche Klauseln (auch in Formularbüchern) enthalten", bringt wohl mehr eine allgemeine kritische Tendenz dem Kollisionsrecht gegenüber zum Ausdruck. *Mallmann*, Rechtswahlklauseln unter Ausschluss des IPR, NJW 2008, 2953.
3 *Busche*, in: MünchKomm, § 139 BGB Rz. 16; ebenso *Kanzleiter*, in: MünchKomm, § 311b BGB Rz. 53; *Grziwotz*, in: Erman, § 311b BGB Rz. 53.
4 So bildet in einem Grundstückskaufvertrag die Verpflichtung, das Eigentum an einem Grundstück zu übertragen, mit der Verpflichtung, den Kaufpreis zu bezahlen, eine untrennbare Einheit, nicht aber immer ein in der gleichen Urkunde niedergelegter Mietvertrag. Im Einzelnen *Reitmann/Albrecht*, Handbuch der notariellen Vertragsgestaltung, 8. Aufl. (2001), Rz. 81 ff.

den. Keinesfalls kann dann für die Verpflichtung zur Übertragung des GmbH-Geschäftsanteils ein anderes Schuldstatut vereinbart werden, als für die Verpflichtung zur Übertragung des Kommanditanteils. Wegen der letzteren Verpflichtung unterliegt der ganze Vertrag bei deutschem Schuldstatut der Beurkundungspflicht nach § 15 Abs. 4 GmbHG. Enthält das anzuwendende Schuldstatut eine Nichtigkeitssanktion (wegen Nichterfüllung des Formerfordernisses), so ist diese Sanktion auf alle in dem Vertrag vereinbarten Verpflichtungen anzuwenden.

756 **Verfügungsgeschäfte** bilden **mit dem Verpflichtungsgeschäft** (und auch untereinander) in der Regel keine rechtliche Einheit; jedoch kann dies vereinbart werden etwa durch Einfügung einer Bedingung, die die Wirksamkeit des Verfügungsgeschäfts vom Verpflichtungsgeschäft abhängig macht. Hinsichtlich der Übertragung des Eigentums an einem Grundstück ist dies ausgeschlossen; die Auflassung unter Bedingung wäre unwirksam (§ 925 Abs. 2 BGB).

757 Die Rechtswahl auf **Formvorschriften** zu beschränken, ist nicht möglich[1]. Sie kann auf einen trennbaren Teil des **Vertrages**, nicht aber für einen Teil der gewählten **Rechtsordnung** gehen. Die „Formwirksamkeit eines Vertrages (lässt sich) grundsätzlich nicht vom sonstigen Inhalt trennen"[2]. „Eine gespaltene Rechtswahl für die Form des Vertrages einerseits und für seinen Inhalt und seine Durchführung andererseits würde der natürlichen Betrachtungsweise widersprechen" (BGH 4.11.2004, DNotZ 2005, 308).

Davon zu unterscheiden ist die Frage, ob ein Teil des Vertrags von der gewählten Rechtsordnung davon ausgenommen werden kann, um nach einem anderen Recht (welchem?) beurteilt zu werden.

So hat der BGH[3] trotz Vereinbarung italienischen Schuldstatuts deutsches Formrecht angewendet (und kam damit zur Unwirksamkeit des Vertrags). Es geht hier aber nicht um die Auslegung der Rechtswahlklausel, sondern was Art. 3 Rom I-VO ermöglicht. Art. 1 Rom I-VO erlaubt jedenfalls die Teilrechtswahl nur auf einen Vertragsteil („ganzer Vertrag oder Teil desselben").

Dem Bestreben, inländische Formvorschriften durch Teilrechtswahl zu umgehen, setzt jedenfalls bei reinen Binnensachverhalten Art. 3 Abs. 3 Rom I-VO Grenzen. Die Teilrechtswahl berührt „nicht die Anwendung derjenigen Bestimmungen ..., von denen nicht durch Vereinbarung abgewichen werden

---

1 So aber *Spellenberg*, in: MünchKomm, Art. 11 EGBGB Rz. 32.
2 *Winkler von Mohrenfels* in: Staudinger, Art. 11 EBGBG Rz. 210.
3 BGH 3.12.1971, BGHZ 57, 337 = NJW 1972, 385 (Costruzione Lago Maggiore). Hier wird auf einem privatschriftlichen Vorvertrag zwar italienisches Ortsrecht (das keine Beurkundung verlangt) angewendet, aber in der Klausel „Für die in dieser Bestellung übernommenen Verpflichtungen gilt deutsches Recht" die Abwahl des Ortsstatuts gesehen. Dazu mit Recht kritisch *Jayme*, NJW 1972, 1618. BGH 4.7.1969, BGHZ 52, 239 (242) = NJW 1969, 1760, lässt diese Frage offen, weil eine entsprechende Vereinbarung nicht behauptet war (krit. Anm. von *Wengler*, NJW 1969, 2337 und *Samtleben*, NJW 1970, 378).

kann". Die beratende Praxis vermeidet diese Frage und sucht andere Wege (Rz. 749).

Wird die **Rechtswahl** aus Gründen der Übersichtlichkeit einheitlich auf **schweizerisches Recht** getroffen (gerade wenn Gesellschaftsbeteiligungen oder Grundstücke in mehreren Ländern betroffen sind), so kommt auf die Verpflichtung zur Übertragung der Geschäftsanteile (auch an einer deutschen GmbH) Schweizer Recht zur Anwendung. 758

b) Nichtigkeit als Folge der Rechtswahl

Freilich kann die Wahl des Schuldstatuts auch zu Rechtsfolgen führen, die von den Vertragsparteien nicht beabsichtigt sind: Als allseitige Kollisionsnorm verlangt Art. 11 Rom I-VO (wenn nicht der Form der lex loci actus genügt ist) die Anwendung der Formvorschrift des Schuldstatuts auf Schuldverträge, gleich ob das Objekt der schuldvertraglichen Verpflichtung sich im Inland oder im Ausland befindet. 759

Das gewählte (aber auch das ohne Rechtswahl nach Art. 4 ff. Rom I-VO anwendbare) Schuldstatut bringt auch dessen Formvorschriften zur Anwendung. Die **Formvorschrift des § 311b BGB** zB gilt für Grundstücke, wo auch immer belegen, ebenso die Vorschrift des **§ 311b Abs. 3 BGB** für die Verpflichtung „sein gegenwärtiges Vermögen oder einen Bruchteil seines gegenwärtigen Vermögens zu übertragen" ohne Rücksicht darauf, wo dieses Vermögen belegen ist. So kann die Verpflichtung zur Verschmelzung oder zur Umwandlung nach dieser Vorschrift beurkundungspflichtig sein, wenn deutsches Schuldstatut vereinbart ist (vorausgesetzt, dass auch als lex loci actus deutsches Recht gilt)[1]. 760

In der deutschen Rechtsprechung geht es um die Anwendung der Nichtigkeitssanktion des § 311b BGB auf Verträge über ausländische Grundstücke. Ist deutsches Schuldstatut vereinbart, die vorgeschriebene Form aber nicht eingehalten, so kann diese Vereinbarung (wenn der Vertrag im Inland geschlossen wurde) zur Nichtigkeit des Vertrages führen. Dies hat der BGH[2] hinsichtlich von Grundstücken in Spanien, Italien und Holland mehrmals entschieden, ebenso OLG Düsseldorf und München[3].

Zu bedenken ist dabei auch, dass durch die Wahl deutschen Schuldstatuts auch die Sicherung von Leistung und Gegenleistung erreicht werden soll[4].

---

[1] Dies alles kann nur für das Verpflichtungsgeschäft gelten. Das Verfügungsgeschäft ist jedenfalls für jede einzelne Gesellschaft nach deren Gesellschaftsstatut zu beurteilen (s. Rz. 793 ff.).
[2] BGH 4.7.1969, BGHZ 52, 239 = NJW 1969, 1760 (Spanien); BGH 22.12.1971, NJW 1972, 715 (Italien); BGH 6.2.1970, BGHZ 53, 189 = NJW 1970, 999 (Niederlande).
[3] Für Eigentumswohnungen OLG Düsseldorf 14.8.1980, NJW 1981, 529 (Spanien); OLG München 10.3.1989, IPRax 1990, 320 (Spanien).
[4] Bei Tauschverträgen kann es zB darum gehen, den lastenfreien Eigentumsübergang nicht nur am inländ., sondern auch am vertauschten ausländ. Grundstück zu sichern.

761 Anders ist es aber wohl bei **umfangreichen Vertragswerken**, die (trotz zahlreicher Auslandsbeziehungen) deshalb dem inländischen Schuldstatut unterstellt werden, weil die Rechtsfolgen nach ausländischen Rechtsordnungen in der Eile der Schlussverhandlungen nicht in allen Einzelheiten übersehen werden können. Wenn dabei eine Beteiligung an einer ausländischen Gesellschaft[1] oder ein ausländisches Betriebsgrundstück eine nur untergeordnete Rolle spielt, wird manchmal erwartet, dass schon durch den Eigentumsübergang im Ausland eventuelle Schwierigkeiten behoben werden. Wenn sich aber ein Vertragsteil vor Eintritt der Heilung (Rz. 773) vom Vertrag lösen will, muss der Vertrag nach kollisionsrechtlichen Grundsätzen (wenigstens vom deutschen Richter) für nichtig erklärt werden.

2. Ortsform (lex loci actus) genügt

a) Art. 11 Abs. 1 Rom I-VO

762 Entsprechend der rechtshistorischen Entwicklung und mit Rücksicht auf zahlreiche fremde Rechtsordnungen mit ähnlichen Bestimmungen werden Formerfordernisse des Schuldstatuts bei Auslandsberührung oft nicht angewendet: Art. 11 Abs. 1 Rom I-VO erklärt den Vertrag für „formgültig", wenn er „die Formerfordernisse des Rechts des Staates, in dem er geschlossen wird, erfüllt"; es genügt neben der Form des Schuldstatuts bei Verträgen zwischen Personen, die sich „zum Zeitpunkt des Vertragsschlusses in demselben Staat befinden", die Form des Abschlussortes.

Mit Berufung darauf (früher Art. 11 EGBGB), werden Formvorschriften durch den „Gang in das Ausland"[2] umgangen. Freilich tritt damit nicht Formfreiheit ein, vielmehr sind die Formvorschriften der ausländischen lex loci actus anzuwenden.

Dies wird mit der Ersparung von Beurkundungskosten begründet, aber auch damit, dass die im Beurkundungsverfahren in Deutschland vorgeschriebene Vorlesung oft erhebliche Zeit in Anspruch nimmt. Bei umfangreichen Vertragswerken mit zahlreichen „Anlagen" kann der deutsche Notar das Vorlesungserfordernis des §§ 13 ff. BeurkG nur schwer einhalten (s. Rz. 818).

763 Ist nach Art. 11 Rom I-VO die Form der lex loci actus kollisionsrechtlich genügend, so erübrigt sich zu fragen, ob diese Form „gleichwertig" der nach deutschem Recht vorgeschriebenen Form ist. So kann sogar Schriftlichkeit genügen, obwohl das inländische Recht Beurkundung vorschreibt. **Grenzen** setzt

---

[1] Handelt es sich um die Beteiligung an einer ausländ. Gesellschaft, so ist allerdings fraglich, ob der Verpflichtungsvertrag über diese Beteiligung unter § 15 Abs. 4 GmbH fällt. Während § 311b BGB Grundstücke in aller Welt ohne Rücksicht auf ihre Belegenheit umfasst, ist § 15 GmbHG nur mit Einschränkung anzuwenden (auf Geschäftsanteile an „ähnlichen Gesellschaften" (Rz. 804).

[2] BGH 30.10.1970, IPRspr. 1970, Nr. 17 und die dort angeführte Rechtsprechung (Vertragsschluss in Belgien) zu Art. 11 EGBGB.

hier nicht die Frage der Gleichwertigkeit, sondern Art. 21 Rom I-VO[1]. Diese Frage betrifft neuerdings vor allem die in der Schweiz geltende einfache Schriftform[2].

Voraussetzung ist, dass die in Frage kommende Rechtsordnung das genannte Rechtsgeschäft kennt, andernfalls spricht man von **Formenleere**[3].

Es liegt dann keine Formvorschrift vor, die nach Art. 11 Rom I-VO „genügen" könnte.

Der „Gang ins Ausland" beruht nicht immer auf kollisionsrechtlichen Erwägungen; häufiger ist wohl beabsichtigt, es bei den Formerfordernissen des Schuldstatuts zu belassen, diese aber durch ein „gleichwertiges" (iSd. Substitution) Verfahren im Ausland zu erfüllen (s. Rz. 805 ff.). 764

b) Art. 11 Abs. 2 Rom I-VO (Distanzverträge)

Bei „Verträgen zwischen Personen ..., die oder deren Vertreter zum Zeitpunkt des Vertragsschlusses (sich) in verschiedenen Staaten befinden" wird, um Schwierigkeiten einer Bestimmung des Abschlussortes zu vermeiden, darauf abgestellt, wo sich die Vertragsteile (und zwar jeder Einzelne von ihnen) „befinden" (also auf den **schlichten Aufenthalt**), dazu alternativ auch auf den **gewöhnlichen Aufenthalt**[4]. In Frage kommt somit das Recht aller Staaten, in denen eine der Vertragsparteien (oder deren Vertreter) ihren gewöhnlichen oder auch ihren schlichten Aufenthalt (zum Zeitpunkt des Vertragsschlusses) haben. Es kommen danach als leges loci actus mindestens so viele Rechte in Frage als Vertragspartner am Distanzvertrag beteiligt sind. Wenn nur der Formvorschrift eines der in Frage kommenden Staaten genügt ist, gilt der Vertrag als formgültig. Damit ist die Durchsetzung von Formvorschriften bei Distanzverträgen sehr eingeschränkt, aber auch der Schutz eines minder erfahrenen Vertragspartners ausgehebelt. 765

– Vertragsparteien

Art. 11 Rom I-VO stellt dabei ab auf Personen, zwischen denen ein Vertrag geschlossen wird und nennt sie „Vertragsparteien". Auf deren gewöhnlichen Aufenthalt kommt es an, aber auch auf deren schlichten Aufenthalt (wo sie sich „befinden"). „Vertragspartei" ist, wer mit Rechtsfolgewillen eine rechtsgeschäftliche Erklärung abgibt, gleich ob er damit eine Verpflichtung eingeht oder die Verpflichtung eines anderen entgegennimmt. 766

---

1 Früher Art. 6 EGBGB. „Soweit ausländische Rechte unter dieser Formanforderung bleiben, sind sie mit dem deutschen ordre public nicht vereinbar und können deshalb nicht zur Eintragung des Beschlusses in das deutsche Handelsregister führen" (*Winkler von Mohrenfels*, in: Staudinger, Art. 11 EGBGB Rz. 309).
2 *Abrell*, Die Schweiz ermöglicht privatschriftliche Verfügungen über Geschäftsanteile, NZG 2007, 60.
3 *Spellenberg*, in: MünchKomm, Art. 11 EGBGB Rz. 102.
4 Der Begriff des gewöhnlichen Aufenthalts ist in Art. 19 Rom I-VO definiert.

Wo das Sachrecht die Einhaltung von Formvorschriften verlangt, stellt es auf den **Gegenstand der eingegangenen Verpflichtung** ab, in § 311b BGB auf die Verpflichtung „das Eigentum an einem Grundstück zu übertragen oder zu erwerben", in § 518 BGB darauf, ob eine „Leistung schenkungsweise versprochen wird", in § 15 Abs. 4 GmbHG „auf die Verpflichtung eines Gesellschafters zur Abtretung eines Geschäftsanteils".

Dabei kommt es nicht darauf an, ob die Verpflichtungserklärung **im eigenen oder in fremdem Namen** gegeben wird. Art. 11 Abs. 1 und 2 der Rom I-VO[1] stellen alternativ sowohl auf den Geschäftsherrn als auch auf den Vertreter ab, sowohl auf den Aufenthalt des Vertretenen als auch auf den Aufenthalt des Vertreters. Die Alternativanknüpfung ist damit (anders die bisherige Regelung des EGBGB) erweitert.

Es ist aber nicht jeder, der ein Vertragswerk unterschrieben hat, als „Vertragspartei" unter Art. 11 Rom I-VO zu fassen. Ein in einer einheitlichen Urkunde niedergelegtes Vertragswerk enthält neben vertraglichen Regelungen oft auch Bestimmungen anderer Art, zB Eintragungsbewilligungen zum Grundbuch oder Anmeldungen zum Handelsregister, dazu vollstreckungsrechtliche Rechtsgeschäfte (zB Unterwerfung unter die Zwangsvollstreckung), aber auch Erklärungen tatsächlicher Art. Als Vertragspartei iSd. Art. 11 Rom I-VO können nur solche Personen gelten, **die an der Begründung oder Änderung schuldrechtlicher Verpflichtungen mitwirken.**

– „Favor negotii"

767 Vertragspartei ist nicht nur der, der eine **Verpflichtung** eingeht, sondern auch der, welcher sie **entgegennimmt**. Wo das Sachrecht Formbedürftigkeit nicht nur für eine Verpflichtung, sondern für den „Vertrag" anordnet, geht es nicht nur um den Schutz dessen, der eine Verpflichtung eingeht (favor gerentis), sondern auch um den Schutz desjenigen, der eine Verpflichtung entgegennimmt. Beide Vertragsteile sollen sich „problemlos über die Voraussetzungen und die Folgen des Vertrags informieren können"[2]. Dies (favor negotii) wird als eine (ungeschriebene) allgemeine Regel des Kollisionsrechts angesehen.

Bedenken dagegen können bestehen bei Formvorschriften, die ausschließlich den Schutz *eines* der Vertragsteile bezwecken wie beim **Schenkungsversprechen** den Schutz des Schenkers vor Übereilung. Hält sich der Empfänger des Schenkungsversprechens im Ausland auf, so verbietet eine auf favor negotii gestützte Auslegung des Art. 11 Abs. 2 Rom I-VO einem Schenker, der das Versprechen übereilt abgegeben hat, den Schutz des § 518 BGB zu gewähren, wenn das Recht des Staates, in dem der Beschenkte sich gerade aufhält, für den Schenkungsvertrag eine Form nicht vorschreibt, obwohl das Recht des Aufenthalts des Schenkers diesen Schutz vorsieht.

---

1 Nach Art. 11 Abs. 3 EGBGB dagegen blieb der Aufenthaltsort des Vertretenen außer Betracht. *Winkler von Mohrenfels*, in: Staudinger, Art. 11 EGBGB Rz. 228; *Spellenberg*, in: MünchKomm, Art. 11 EGBGB Rz. 101; *Hohloch*, in: Erman, Art. 11 EGBGB Art. 31.
2 *Winkler von Mohrenfels*, in: Staudinger, Art. 11 EGBGB Rz. 35.

Ähnliche Bedenken bestehen hinsichtlich einer **Bürgschaftserklärung**, für die § 766 BGB die Schriftform vorschreibt, während die Annahmeerklärung des anderen Vertragsteils formfrei möglich ist[1].

c) Art. 11 Abs. 3 Rom I-VO (einseitige Rechtsgeschäfte)

Während Art. 11 EGBGB von „Rechtsgeschäften" schlechthin sprach, enthält Art. 11 Abs. 3 Rom I-VO eine gesonderte Vorschrift über „einseitige Rechtsgeschäfte, die sich auf einen geschlossenen oder zu schließenden Vertrag beziehen."

768

Wenn es dessen Formerfordernisse erfüllt, ist das einseitige Rechtsgeschäft formgültig. Daneben genügt es aber auch, wenn das Formerfordernis der lex loci actus erfüllt ist, also das Erfordernis „des Rechts des Staates, in dem dieses Rechtsgeschäft vorgenommen worden ist" oder in dem „die Person, die das Rechtsgeschäft vorgenommen hat, zu diesem Zeitpunkt ihren gewöhnlichen Aufenthalt hatte."

Damit sind alle in Frage kommenden Möglichkeiten umfasst. Auch auf den schlichten Aufenthalt („Befinden") abzustellen, wie in Art. 11 Abs. 2 Rom I-VO, schien hier nicht erforderlich.

Art. 11 Abs. 3 Rom I-VO betrifft **materiell-rechtliche Erklärungen**, insbesondere Vertragsangebot, Vertragsannahme, auch Mahnung, Fristsetzung, Kündigung, aber **nicht Verfahrenserklärungen**, zB im Grundbuch- oder Registerverfahren, die häufig im Zusammenhang mit vertraglichen Erklärungen zu deren Durchführung abgegeben werden. Hierfür gilt die lex fori (s. Rz. 828 ff.).

769

d) Art. 11 Abs. 4 Rom I-VO (Verbraucherverträge)

Art. 11 Abs. 4 Rom I-VO stellt für Verbraucherverträge[2] auf das Recht des Staates ab, „in dem der Verbraucher seinen gewöhnlichen Aufenthalt hat."

770

Im Grunde geht es dabei um den **Schutz des schwächeren Vertragsteils**, der meist „Verbraucher" ist; der Schutz des schwächeren Vertragsteils sollte aber weiter gehen. Auch über das Verbraucherrecht hinaus sollte jeder geschützt werden, der einmal im Leben ein Haus oder eine Eigentumswohnung erwirbt. Im deutschen Sachrecht ist dies über den Verbraucherschutz hinaus durch die Beurkundungspflicht des § 311b BGB gesichert, vor allem aber durch die strenge Anwendung der Belehrungspflichten des Notars in § 17 BeurkG und in den dazu ergangenen Richtlinien der Notarkammern (s. Rz. 814 ff.).

---

1 BGH 28.1.1993, NJW 1993, 1126, hat (unter der Geltung des Art. 11 EGBGB) im Falle einer von einem deutschen Notar beurkundeten Bürgschaftserklärung, von der eine Kopie an den ausländischen Wohnsitz des anderen Vertragsteils per Telefax übermittelt wurde, zwar die Übermittlung per Telefax als nicht der Form des § 766 BGB genügend angesehen, die Entscheidung aber an das OLG zurückverwiesen, um eine Formgültigkeit nach der lex loci actus zu prüfen.
2 Definiert in Art. 6 Rom I-VO.

e) Art. 11 Abs. 5 Rom I-VO („Sofern-Klausel")

771 Art. 11 Abs. 5 Rom I-VO schließt die Form der lex loci actus aus für „Verträge, die ein dingliches Recht an einer unbeweglichen Sache oder die Miete oder Pacht an einer unbeweglichen Sache zum Gegenstand haben"; die angefügte „Sofern-Klausel" nimmt dieser Bestimmung aber (zumindest nach ihrer Auslegung im deutschen Kollisionsrecht) die praktische Bedeutung.

Art. 11 Abs. 5 Rom I-VO weist auf Formvorschriften der lex rei sitae hin („Formvorschriften des Staates, in dem die unbewegliche Sache belegen ist"), unter der Beschränkung: „**sofern** diese Vorschriften nach dem Recht dieses Staates a) unabhängig davon gelten, in welchem Staat der Vertrag geschlossen wird oder welchem Recht dieser Vertrag unterliegt und b) von ihnen „nicht durch Vereinbarung abgewichen werden kann."

772 Hier kommt § 311b BGB (für **Grundstückskaufverträge**) sowie § 550 BGB (für **Mietverträge über Wohnraum**, die für längere Zeit als ein Jahr geschlossen werden), in Frage.

Im ersten Fall hält die kollisionsrechtliche Lehre das „Sofern-Erfordernis" nicht für gegeben, also Art. 11 Abs. 5 Rom I-VO hinsichtlich § 311b BGB nicht für anwendbar[1] und macht auch keine Ausnahme hinsichtlich von Bauträgerverträgen[2].

Wenn ausländisches Recht Schuldstatut ist, kommt es darauf an, welches Gewicht die als Schuldstatut anwendbare Rechtsordnung der Formvorschrift beimisst.

3. Heilung formnichtiger Verträge

773 Ist dem Erfordernis weder des Schuldstatuts noch einer der in Art. 11 Rom I-VO genannten leges loci actus genügt, so sind (wie die anderen Vorschriften des Schuldstatuts) dessen Formvorschriften und die daraus folgenden Sanktionen anzuwenden, aber auch die Bestimmungen, nach denen diese Sanktionen nicht eingreifen oder später (rückwirkend oder ex nunc) wegfallen und damit der Vertrag „geheilt" wird. „Heilung" ist in den Kommentaren zu Art. 11 EGBGB behandelt, gehört aber nicht dem Kollisionsrecht an, sondern dem Sachrecht.

Nach dem anwendbaren Sachrecht ist auch zu beurteilen, ob eine auf den formnichtigen Vertrag erbrachte **Leistung zurückgefordert werden kann**[3], etwa (bei deutschem Schuldstatut) nach § 812 BGB.

---

[1] Hinsichtlich Art. 11 EGBGB: *Winkler von Mohrenfels*, in: Staudinger, Art. 11 EGBGB Rz. 238; *Spellenberg*, in: MünchKomm, Art. 11 EGBGB Rz. 91; *Hohloch*, in: Erman, Art. 11 EGBGB Rz. 18, 32; *Bischoff*, in: AnwK, Art. 11 EGBGB Rz. 47.
[2] Dazu *Reithmann*, Bauträgervertrag und Bauherren-Modell im IPR, Festschr. Ferid (1988), S. 363.
[3] Rückforderungsanspruch nach portugies. Recht als dem Schuldstatut beurteilt, LG Bonn 25.1.2002, IPRax 2003, 65. Zum Bereicherungsrecht s. oben Rz. 455 ff.

„Die **Folgen der Nichtigkeit des Vertrages**" sind nach dem Schuldstatut zu beurteilen (Art. 12 Abs. 1 lit. e Rom I-VO). Meist geht es darum, dem Vertrag die gerichtliche Durchsetzung zu verweigern; das Schuldstatut kann aber auch andere „mildere" Rechtsfolgen vorsehen. Die kollisionsrechtliche Literatur[1] schlägt für den Fall, dass unterschiedliche Sanktionen nach verschiedenen möglicherweise anwendbaren Rechtsordnungen in Frage kommen vor, stets die „mildere" Sanktion anzuwenden.

Dieser (meist zur familienrechtlichen Fällen begründeten) Meinung kann bei schuldrechtlichen Verträgen nicht zugestimmt werden; hier kommt es auf das Schuldstatut an.

Das Schuldstatut des Vertrages bestimmt die Voraussetzungen der Heilung: Die mangels Einhaltung der Schriftform nichtige Bürgschaftserklärung kann nach § 766 BGB geheilt werden „soweit der Bürge die Haftungsverbindlichkeit erfüllt". Das mangels Beurkundung nichtige Schenkungsversprechen wird geheilt durch „Bewirkung der versprochenen Leistung" (§ 518 BGB); die mangels Beurkundung nichtige Verpflichtung zur Veräußerung eines Grundstücks wird „gültig, wenn die Auflassung und die Eintragung im Grundbuch erfolgen" (§ 311b BGB). Eine mangels Beurkundung nichtige Verpflichtung zur Abtretung eines GmbH-Geschäftsanteils wird „durch den Abtretungsvertrag" gültig (§ 15 Abs. 4 GmbHG).

774

Die Heilung des **Verpflichtungsgeschäfts** ist **nicht notwendigerweise von einem formgültigen Erfüllungsgeschäft abhängig**. So wird ein nichtiger Verbraucher-Darlehensvertrag „gültig, wenn der Darlehensnehmer das Darlehen empfängt oder in Anspruch nimmt" (§ 494 Abs. 2 BGB). Ein nichtiges Teilzahlungsgeschäft wird gültig, wenn dem Verbraucher die Sache übergeben oder die Leistung erbracht wird" (§ 502 Abs. 3 BGB).

In all den genannten Fällen geht es trotz abweichender Formulierung darum, **dass die versprochene Leistung tatsächlich bewirkt ist**. Dies hängt von den tatsächlichen Gegebenheiten ab. So verlangt die Heilung nach § 311b BGB nicht stets „Auflassung und Eintrag im Grundbuch", begnügt sich vielmehr bei im Ausland belegenen **Grundstücken** mit vergleichbaren Tatbeständen. Hinsichtlich von in Spanien gelegenen Grundstücken und Eigentumswohnungen hat der BGH[2] auf das Vorliegen einer escritura abgestellt (ähnlich OLG München und Frankfurt[3]).

775

---

1 Zu Art. 11 EGBGB: *Winkler von Mohrenfels*, in: Staudinger, Rz. 200; *Spellenberg*, in: MünchKomm, Rz. 10; *Hohloch*, in: Erman, Rz. 10; *Kegel*, in: Soergel, Rz. 38.
2 BGH 4.7.1969, BGHZ 52, 239; ebenso BGH 9.3.1979, NJW 1979, 1773 (Kauf über 1/220tel Miteigentum am Grundstück, verbunden mit Sondereigentum an einem erst zu errichtenden Appartement). Dagegen hat OLG Düsseldorf 14.8.1980, NJW 1981, 529 in einem ähnlich gelagerten Fall eines privatschriftlichen Vertrages (gleichfalls über 1/220tel Grundstücksanteil, verbunden mit dem Sondereigentum an einem erst zu errichtenden Appartement) Heilung durch einen (nach 26 Monaten) nachfolgenden Vertrag nicht anerkannt, „solange das Wohnungseigentum nicht (durch Beschluss der Miteigentümer) begründet ist.
3 OLG München 10.3.1988, IPRax 1990, 320, lehnt Heilung mangels Besitzeinräumung ab; OLG Frankfurt a.M. 30.11.1991, OLGR 1995, 17 lehnt Heilung mangels escritura ab.

Der Möglichkeit einer Heilung wird entgegengehalten[1], dass das der Erfüllung einer unwirksamen Verpflichtung dienende Verfügungsgeschäft selbst unwirksam sein kann. Dies sei vor allem dann gegeben, wenn die lex rei sitae (wie zB in Spanien) schuldrechtliches und dingliches Geschäft nicht trennt.

Für die Frage der Heilung ist aber beides gesondert zu betrachten: Heilung setzt nicht stets ein „heilendes Rechtsgeschäft" voraus, Zweck der Heilungsvorschriften ist es, eine Rückforderung aus Gründen der Rechtssicherheit auszuschließen.

776 Oft umfassen **Verträge zwischen Gesellschaften** (neben vielen anderen Punkten) auch die Übertragung von Anteilen an mehreren ausländischen Tochtergesellschaften und an mehreren Betriebsgrundstücken im Ausland[2]. Für deren tatsächlichen Übergang auf den Erwerber kommt es praktisch für jedes einzelne Objekt darauf an, wie die Behörden des betreffenden Landes den Übergang (auch den steuerlich oft entscheidenden Zeitpunkt des Übergangs) beurteilen. Für jedes einzelne Land ist einzeln die Frage zu stellen, ob dort die Wiederholung der Verfügung erforderlich erscheint[3].

III. Verfügungsgeschäfte

777 Die Rom I-VO betrifft „vertragliche Schuldverhältnisse" (Art. 1 Abs. 1 Rom I-VO), Verträge, durch die Verpflichtungen unter Personen begründet oder verändert werden, nicht aber Rechtsgeschäfte, die eine unmittelbare Zuordnung von Gegenständen zu einer Person bewirken (Verfügungsgeschäfte). Praktisch geht es vor allem um die Zuordnung der Herrschaft über Grundstücke und über Gesellschaftsbeteiligungen, aber auch von Urheberrechten (Herrschaftsrechte).

778 Die Rechtsordnung, die das Recht begründet, bestimmt das Ausmaß dieses Rechts (**Wirkungsstatut**); sie bestimmt auch, ob das Recht vererblich und übertragbar ist. Dies muss mE auch entscheidend sein für die Frage, *wie* die Übertragung zu erfolgen hat, auch für eine dafür etwa vorgeschriebene Form.

Das Wirkungsstatut entscheidet, ob für die Begründung oder Änderung des Rechts ein Hoheitsakt und/oder ein Rechtsgeschäft nötig ist und welcher Tatbestand erfüllt sein muss, damit diese Änderung eintritt. Nach diesem Wirkungsstatut kann ein Verpflichtungsgeschäft auch unmittelbare („dingliche")

---

1 *Eberl*, MittBayNot 2000, 515; *Süß*, DNotZ 2005, 190. *Fetsch*, GmbHR 2008, 138 behandelt den Fall der Abtretung des Anteils an einer englischen private limited company, die er als ähnlich der deutschen GmbH der Vorschrift des § 15 Abs. 4 GmbHG unterwirft.
2 Dazu *Reithmann*, Formerfordernisse bei Verträgen über Beteiligungen an ausländischen Gesellschaften und über Grundstücke im Ausland, NZG 2005, 873.
3 Eine Frage, die wohl am besten durch einen in dem betreffenden Land tätigen Rechtsanwalt zu beurteilen ist, auch wenn dieser weniger auf Kollisionsrecht als auf das dortige Grundstücks- und Gesellschaftsrecht spezialisiert ist.

Rechtswirkungen haben, es kann aber auch der Abschluss eines besonderen Verfügungsgeschäfts verlangt sein.

Dass es hinsichtlich der Verfügung (oder der verfügenden Wirkung eines Verpflichtungsgeschäfts) auf das Wirkungsstatut ankommt, ist bei Verträgen über **Grundstücke** nicht zweifelhaft[1]. Bei Verfügungen über Rechte, die zum Schutz des **Urhebers** als Ausschlussrechte gewährt werden, muss das Gleiche gelten. Inhalt und Übertragung solcher Schutzrechte sind nach der Rechtsordnung zu beurteilen, welche dieses Recht gewährt (lex loci protectionis)[2].

Auch die **Zession einer Forderung** ist nach deutschem Recht eine Verfügung. Viele Rechtsordnungen unterscheiden aber diese Verfügung nicht von dem ihr zugrundeliegenden Verpflichtungsgeschäft. Jedenfalls hat die Zession neben dem „schuldrechtlichen Aspekt" auch einen „dinglichen" Aspekt.

779

Die Inhaberschaft der Forderung, ihre vermögensrechtliche Zuordnung, ist kaum unter den Begriff der „vertraglichen Schuldverhältnisse" nach Art. 1 Abs. 1 Rom I-VO zu fassen. Trotzdem wird die „vollkommene Übertragung der Forderung" (Art. 14 Abs. 3 Rom I-VO) der Rom I-VO unterstellt, einschließlich ihres Art. 11. Dem folgend wird die Form der lex loci actus auch hier für genügend erachtet; sonst müssten im Falle der Globalabtretung nach unterschiedlichen Rechten begründeter Forderungen unterschiedliche Formvorschriften berücksichtigt werden. Das gleiche Ziel wird erreicht, wenn auf den gewöhnlichen Aufenthalt des Zedenten abgestellt wird[3].

1. Anwendung des Art. 11 EGBGB auf das Gesellschaftsrecht

Der Gesetzgeber des EGBGB hat von einer Regelung des Internationalen Gesellschaftsrechts abgesehen[4], die Reformen haben dies der Entwicklung überlassen. Die Rechtsprechung hat nur einige Teilfragen angeschnitten, wollte aber dem Gesetzgeber nicht vorgreifen[5].

780

Keine Frage des deutschen Kollisionsrechts ist so **bestritten** wie die Anwendbarkeit von Art. 11 EGBGB auf Verfügungsgeschäfte. Zweifelhaft ist nach wie vor, ob nach dem Willen des Gesetzgebers Art. 11 EGBGB für gesellschaftsrechtliche Akte gelten soll[6].

781

Dabei muss dem Unterschied zwischen **Verpflichtungsgeschäft** und **Verfügungsgeschäft** wohl größere Bedeutung geschenkt werden, vor allem nachdem für beides nun **unterschiedliche Rechtsquellen** gelten: Für Verpflichtungs-

782

---

1 *Stoll*, in: Staudinger, IntSachenR Rz. 159.
2 *Fezer/Koos*, in: Staudinger, IntWirtschR, Rz. 923; *Kreuzer*, in: MünchKomm, Art. 38 EGBGB Anh. 2 Rz. 21; Rz. 1799 ff.
3 Eingehend Rz. 380 ff. *Flesser*, Die internationale Forderungsabtretung, IPRax 2009, 35 (38).
4 *Hartwig/Korkisch*, Die geheimen Materialien zur Kodifikaton des deutschen intern. Privatrechts (1973), S. 334 ff.
5 BGH 27.10.2008 – II ZR 158/06, NJW 2009, 289.
6 *Goette*, Festschr. Boujong (1996), S. 136.

geschäfte gilt die Rom I-VO, die für Verfügungsgeschäfte nicht gilt. Zu prüfen ist, ob Verfügungsgeschäfte nach dem (nun teilweise) weiter geltenden EGBGB (Rest-EGBGB) zu beurteilen sind. Wer dies bejaht, sieht sich gezwungen, Art. 11 Rest-EGBGB auf Verfügungsgeschäfte auch über Gesellschaftsbeteiligungen und über Urheberrechte anzuwenden.

783 Dies erscheint aber **keinesfalls als zwingend:** Die Geltung des Art. 11 EGBGB wird damit begründet, dass diese Bestimmung „vor die Klammer" gesetzt ist, also vor die folgend behandelten Abschnitte (Familienrecht, Erbrecht, Schuldrecht, Sachenrecht). Damit soll zum Ausdruck gebracht werden, dass der in Art. 11 EGBGB kodifizierte Grundsatz der alternativen Maßgeblichkeit von Wirkungsstatut und Ortsstatut für alle in den folgenden Abschnitten behandelten Rechtsgebiete gelte.

784 Die **praktische Bedeutung** dieser Bestimmung ist allerdings begrenzt: Verfügungsgeschäfte über Sachenrecht sind bereits in Art. 11 EGBGB selbst ausgenommen, sodass für den Bereich dieser Bestimmung noch familien- und erbrechtliche Rechtsgeschäfte verbleiben (für die weithin besondere Vorschriften bestehen).

Abschnitte über Gesellschaftsrecht und Urheberrecht enthält das EGBGB nicht, diese sind daher auch nicht von der „Klammer" des Art. 11 EGBGB betroffen. Es muss bei den allgemeinen, nicht kodifizierten Grundsätzen (Rz. 778 ff.) bleiben.

785 Jedenfalls kann Art. 11 Rest-EGBGB als eine Bestimmung des deutschen Kollisionsrechts **ausländische Richter** nicht binden; diese werden Verfügungsgeschäfte nach ihrem eigenen Kollisionsrecht beurteilen[1].

Freilich enthalten viele Rechtsordnungen nicht die gleiche abstrakte Unterscheidung von Verpflichtung und Verfügung, die oft in einem einheitlichen Vertrag zusammengefasst sind. Aber auch hier ist die übertragende Funktion des Vertrages gesondert zu prüfen. Letztlich wird es darauf ankommen, wie die Frage der Übertragung dort beantwortet wird, wo das übertragene Recht durchgesetzt werden soll (oder die steuerlichen Folgen daraus geltend gemacht werden).

2. Konstitutive Gesellschaftsakte

786 In der Bundesrepublik Deutschland bestehen ca. eine Million Gesellschaften, die nach dem GmbHG gegründet und im deutschen Handelsregister eingetragen sind und hier meist auch ihren Verwaltungssitz haben. Die Verfassung dieser Gesellschaften muss jedenfalls nach deutschem Recht als Gesellschaftsstatut beurteilt werden. Für die Gründung ist nach § 2 GmbHG ein Vertrag vorgeschrieben, ebenso bei der Verschmelzung. Für die Änderung der Satzung genügt ein Beschluss der Gesellschafterversammlung. In beiden Fällen verlangt das deutsche Recht die Mitwirkung des Notars, zwar in unterschiedli-

---

[1] Anders für Verpflichtungsgeschäfte, für die die Rom I-VO gilt.

chen Verfahren für die Beurkundung von Verträgen und von Beschlüssen (Rz. 805 ff.). Stets kommt es dabei auf den Gesichtspunkt der **Publizität** an.

Die kollisionsrechtliche Literatur[1] hält den Gesichtspunkt der **Publizität**, „überhaupt alle öffentlichen Interessen des Sachrechts zwar für höchst beachtlich"; diese Gesichtspunkte hätten aber mit dem Zweck der locus regit actum-Regel des Kollisionsrechts „nicht das Geringste zu tun"[2]. Der zunächst für den Verkehr auf Messen und Märkten entwickelte **Grundsatz der lex loci actus** sei ohne Rücksicht auf die ganz anderen Erfordernisse des Gesellschaftsrechts auch hier anzuwenden. Dabei sei die Form der lex loci actus auch hier genügend[3].

787

Dies entspricht nicht dem Stand der Rechtsentwicklung, die *Goette* (Vorsitzender des für das Gesellschaftsrecht zuständigen II. Zivilsenats des BGH) bereits 1996 zusammengefasst hat: Nach der „im Vordringen befindlichen, zumindest aber im gesellschaftsrechtlichen Schrifttum wohl herrschenden Ansicht" kann das **lex loci actus-Prinzip nicht angewendet** werden, „soweit der enge Rechtszusammenhang mit gesellschaftsrechtlichen Regelungen sowie Rechtssicherheit und Verkehrsschutz es erfordern, dass schon bei der Vornahme des gesellschaftsrechtlichen Aktes die deutsche Urkundsperson eingeschaltet wird". Dies gilt jedenfalls, „wenn es sich um Vorgänge handelt, die sich nicht auf die unmittelbar an dem formgebundenen Akt Beteiligten beschränken, sondern Auswirkungen nicht nur auf die gegenwärtigen, sondern auch auf die künftigen Mitglieder der Gesellschaft haben"[4].

788

Die Frage der **Anwendbarkeit der Ortsform** lag dem **BGH** aufgrund eines Vorlagebeschlusses schon vor 28 Jahren zur Entscheidung vor: Die OLG Hamm[5] und Karlsruhe[6] hatten diese Frage (aufgrund der damals in der Literatur schon geäußerten Bedenken) verneint, während das OLG Stuttgart Art. 11 EGBGB auch auf gesellschaftsrechtliche Vorgänge anwenden wollte. Bei der Frage, ob ein von einem Schweizer Notar beurkundeter Beschluss über die Änderung der Satzung einer deutschen GmbH der Form des § 53 GmbHG genügte, stellte der BGH[7] auf Substitution[8] ab; er hielt im vorliegenden Fall die Beurkundung des Beschlusses durch einen Züricher Notar für „gleichwertig" mit einer Beurkundung durch einen deutschen Notar.

Dies sah der BGH als eine Frage der Auslegung des § 53 GmbHG, also des deutschen materiellen Rechts. Dabei blieb die kollisionsrechtliche Frage, wel-

---

1 Umfassende Aufzählung der Literatur bei *Großfeld*, in: Staudinger, IntGesR, Rz. 481; *Zimmermann*, in: Beck'sches Notar-Handbuch, Rz. 191; *Reithmann*, NJW 2003, 385.
2 So *Winkler von Mohrenfels*, in: Staudinger, Art. 11 EGBGB Rz. 207.
3 *Spellenberg*, in: MünchKomm, Art. 11 EGBGB Rz. 126 ff.; *Hohloch*, in: Erman, Art. 11 EGBGB Rz. 27; *Kegel*, in: Soergel, Art. 11 EGBGB Rz. 24 ff.
4 *Goette*, Festschr. Boujong (1996), S. 138.
5 OLG Hamm 1.2.1974, NJW 1974, 1057 = DNotZ 1974, 476.
6 OLG Karlsruhe 10.4.1979, RIW 1979, 567.
7 BGH 16.2.1981, BGHZ 80, 76 = DNotZ 1981, 4515; dazu schon 1981 grundlegend *Geimer*, DNotZ 1981, 406.
8 Zur Gleichwertigkeit Rz. 805 ff.

che Rechtsordnung auf das Gesellschaftsstatut anzuwenden sei, offen, also insbesondere auch die Frage, ob sich das Gesellschaftsstatut nach der Gründung der Gesellschaft richtet oder nach dem Ort der tatsächlichen Geschäftsausübung und dem Verwaltungssitz (Sitztheorie).

789 Der **Referentenentwurf zum internationalen Gesellschaftsrecht**[1] will diese Frage zugunsten der Gründungstheorie entscheiden. Schon gegenwärtig geht die Praxis (jedenfalls bei nach deutschem GmbHR gegründeten Gesellschaften) von deutschem Recht als Gesellschaftsstatut aus.

790 Solange der grundsätzliche Theorienstreit nicht entschieden ist, sollen die nachfolgenden Ausführungen beschränkt bleiben auf **Gesellschaften**, die nicht nur nach deutschem Recht gegründet und im deutschen Handelsregister eingetragen sind, sondern auch ihren **Verwaltungssitz im Inland** haben[2].

Hier ist (jedenfalls bei konstitutiven Gesellschaftsakten) die Beurkundung durch einen deutschen Notar oder eine gleichwertige Beurkundung durch einen ausländischen Notar (Substitution) unverzichtbar. Wenn **mehrere Gesellschaftsstatuten zu beachten sind**, zB im Fall der Verschmelzung zweier Gesellschaften, für die unterschiedliche Gesellschaftsstatuten gelten, muss den Formvorschriften beider Gesellschaftsstatuten genügt sein[3].

791 Bei **Beurkundung im Ausland** wurde schon vor der Entscheidung des BGH vom 16.2.1981 (Rz. 788) auf „Gleichwertigkeit" der Beurkundung abgestellt[4].

Im Einzelfall kann man damit zum gleichen Ergebnis wie mit einer Anwendung des ordre public[5] kommen. Die Methode der Substitution kann jedoch differenziert auf das jeweils in Frage stehende Rechtsgeschäft abstellen.

So kann bei der Prüfung der Gleichwertigkeit beachtet werden, dass das deutsche Verfahrensrecht für die Beurkundung von Versammlungsbeschlüssen geringere Anforderungen stellt als für die Beurkundung von Verträgen. § 17 BeurkG gilt hier nicht (Rz. 812).

792 Freilich greift auch bei Beurkundungen nach dem 3. Abschnitt des BeurkG, insbesondere bei der **Beurkundung von Versammlungsbeschlüssen**, die vom

---

1 *Wagner/Timm*, Referentenentwurf eines Gesetzes zum Internationalen Privatrecht der Gesellschaften, Vereine und juristischen Personen, IPRax 2008, 81.
2 Hinsichtlich von Gesellschaften, die nach dem Recht eines EG- oder EWR-Staates gegründet sind, wird das Gesellschaftsstatut nach der Gründung bestimmt: *Mödl*, Die ausländische Kapitalgesellschaft in der notariellen Praxis, RNotZ 2008, 11. Für eine schweiz. AG will der BGH (27.10.2008, NJW 2009, 289) wohl zunächst an der Sitztheorie festhalten, da die Schweiz weder Mitglied der EU noch des EWR ist.
3 *Limmer*, Grenzüberschreitende Umwandlungen, ZNotP 2007, 242 (248). – *Klein*, Grenzüberschreitende Verschmelzung von Kapitalgesellschaften, RNotZ 2007, 565 (mit ausführlichen Literaturhinweisen) schlägt vor, den Vertrag doppelt zu beurkunden (in jedem der betreffenden Staaten).
4 OLG Hamm 1.2.1974, NJW 1974, 1057 (Satzungsänderung beurkundet in Zürich, Gleichwertigkeit anerkannt); OLG Karlsruhe 10.4.1979, AWD 1979, 563 (Satzungsänderung beurkundet in der Schweiz, Gleichwertigkeit anerkannt).
5 Vorgeschlagen von *Winkler von Mohrenfels*, in: Staudinger, Art. 11 EGBGB Rz. 309.

BGH neben der Belehrungspflicht nach § 17 BeurkG entwickelte erweiterte konsultative Pflicht (Warnungs- und Hinweispflicht)[1] ein. Der Notar hat so in Fällen der Kapitalerhöhung einer GmbH zu prüfen, ob eingezahlte Forderungen vollwertig sind[2], ob ein in bar eingezahlter Betrag „im Zeitpunkt des Erhöhungsbeschlusses als solcher noch im Vermögen der Gesellschaft vorhanden ist" (oder etwa auf ein im debet stehendes Konto der Gesellschaft eingezahlt wurde). Der BGH sah eine Amtspflichtverletzung des Notars schon darin, dass dieser auf diese Probleme bei der Beurkundung nicht einging[3].

Auch wenn die Beurkundung im Wege der Substitution durch einen ausländischen Notar erfolgt, muss gesichert sein, dass die vorgenannten Fragen im Beurkundungsverfahren angeschnitten werden.

3. Verfügung über Gesellschaftsbeteiligungen

Wer bei konstitutiven Gesellschaftsakten die Geltung der lex loci actus verneint, kann wohl auch bei der Verfügung über Gesellschaftsbeteiligungen nicht anders entscheiden. Für Geschäftsanteile an einer nach deutschem Recht gegründeten GmbH sieht das GmbHG sowohl für den Verpflichtungsvertrag (§ 15 Abs. 4 GmbHG) wie auch für das Verfügungsgeschäft (§ 15 Abs. 3 GmbHG) „notarielle Form" vor. 793

Nur für das **Verpflichtungsgeschäft** gilt die **Rom I-VO**; dafür ist die Form der lex loci actus genügend. Für das **Verfügungsgeschäft** gilt die Rom I-VO nicht. Die kollisionsrechtliche Literatur[4] hält Art. 11 EGBGB für anwendbar und lässt damit die Form der lex loci actus genügen. Dagegen wurden schon bisher in der gesellschaftsrechtlichen Literatur[5] die besonderen Erfordernisse des Gesellschaftsrechts betont, wobei das MoMiG (Rz. 800) noch nicht berücksichtigt werden konnte.

Dies mit Recht. Die Zuordnung einer Gesellschaftsbeteiligung kann nur nach dem **Gesellschaftsstatut** beurteilt werden: Bei Gründung der Gesellschaft ist dies zweifelsfrei, ebenso beim gutgläubigen Erwerb der Beteiligung[6]. Bestritten wird dies aber, wenn der Erwerb einen Vertrag („Rechtsgeschäft") erfordert[7]. 794

---

1 *Reithmann/Albrecht*, Handbuch der notariellen Vertragsgestaltung, 8. Aufl. (2001), S. 85 ff.
2 BGH 16.11.1995 – IX ZR 14/95, DNotZ 1996, 572 = NJW 1996, 542; BGH 2.10.2007 – III ZR 13/07, ZNotP 2007, 466.
3 BGH 24.4.2008 – III ZR 223/06, ZNotP 2008, 287.
4 *Winkler von Mohrenfels*, in: Staudinger, Art. 11 EGBGB Rz. 301; *Spellenberg*, in: MünchKomm, Art. 11 EGBGB Rz. 19; *Hohloch*, in: Erman, Art. 11 EGBGB Rz. 3, 27; *Kegel*, in: Soergel, Art. 11 EGBGB Rz. 15; *Thorn*, in: Palandt, Art. 11 EGBGB Rz. 9, 13.
5 Aufzählung bei *Großfeld*, in: Staudinger, IntGesR, Rz. 491 ff.; s. auch *Reithmann*, Substitution bei Anwendung von Formvorschriften des GmbH-Gesetzes, NJW 2003, 385; *Reithmann*, Formerfordernisse bei Verträgen über Beteiligungen an ausländischen Gesellschaften und über Grundstücke im Ausland, NZG 2005, 873.
6 Auf der Grundlage der zum Handelsregister eingereichten Gesellschafterliste (§ 16 GmbHG), neugefasst durch das MoMiG.
7 *Winkler von Mohrenfels*, in: Staudinger, Art. 11 EGBGB Rz. 309, lässt sogar mündliche Erklärung genügen, freilich kann dann uU auf den ordre public zurückgegriffen werden.

Davon hängt es ab, ob für diesen Vertrag die Ortsform (wie für das Verpflichtungsgeschäft) genügen kann oder Mitwirkung eines Notars erforderlich ist.

795 Die im **Referentenentwurf zum Internationalen Gesellschaftsrecht** vorgesehene Regelung[1] löst diese Frage nicht eindeutig. Sie unterstellt zwar „ein Rechtsgeschäft, das die Verfassung einer Gesellschaft ... betrifft" dem Gesellschaftsstatut, auch die Frage von Erwerb und Verlust einer Mitgliedschaft, behandelt aber den Vorgang der Übertragung nicht ausdrücklich.

Das Gesetz zur Modernisierung des GmbH-Rechts (MoMiG, s. Rz. 800), misst neuerdings aber den Notaren eine hervorragende Stellung zu. „Vor diesem Hintergrund werden sich Berater möglicherweise scheuen, eine Beurkundung von Anteilsübertragungen im Ausland auch in Zukunft zu empfehlen"[2].

796 Die **beratende Praxis** kann sich nicht auf bestrittene Rechtsfragen verlassen. Auch Autoren, die Art. 11 EGBGB grundsätzlich für anwendbar halten, schlagen Beurkundung vor, ggf. im Wege der Substitution[3].

797 Die **Rechtsprechung** versuchte bereits bisher[4], hinsichtlich der Geschäftsanteilsabtretung kollisionsrechtliche Fragen zu vermeiden und auf Gleichwertigkeit abzustellen, so auch der BGH „jedenfalls bei Beurkundung durch einen Schweizer Notar"[5].

798 Für die Frage der **Gleichwertigkeit einer ausländischen Beurkundung** kommt es darauf an, welches Verfahren das Gesellschaftsstatut für die Mitwirkung der Urkundsperson vorschreibt. Dabei können an ein ausländisches Verfahren nicht höhere Anforderungen gestellt werden als an das Verfahren des inländischen Notars.

799 Bei der **Beurkundung des Verfügungsgeschäfts**, also hinsichtlich des Verfahrens nach § 15 Abs. 3 GmbHG, muss es darauf ankommen, dass die Inhaberschaft der Beteiligung durch notarielle Abtretungserklärungen nachgewiesen wird. Dies verlangt mindestens, dass Identität, Geschäftsfähigkeit, Vertretungsmacht des Abtretenden im Beurkundungsverfahren behandelt sind, ebenso wie die Frage, ob zur Teilung und/oder Abtretung eine Genehmigung des Geschäftsführers oder der Gesellschafterversammlung erforderlich sind[6].

---

1 *Wagner/Timm*, IPRax 2008, 81.
2 Rechtsanwalt *Laufersweiler* (Partner bei Linklaters, Frankfurt a.M.) in FAZ vom 21.1.2009, S. 19.
3 S. Rz. 4427 ff.
4 LG Stuttgart 25.2.1975, IPRspr. 1976 Nr. 5A (Zug); OLG München 19.11.1997, ZNotP 1998, 120 (Basel); s. auch *Reithmann*, Substitution bei Anwendung der Formvorschriften des GmbHG, NJW 2003, 385.
5 BGH 22.5.1989 – II ZR 211/89, ZIP 1989, 1052 (1054) = WM 1989, 1221. In dem hier häufig zitierten Fall des BGH vom 16.2.1981 handelt es sich dagegen nicht um eine Geschäftsanteilsabtretung, sondern um einen satzungsändernden Beschluss (s. Rz. 788).
6 Anders bei der nach § 15 Abs. 4 GmbHG vorgesehenen Beurkundung des Verpflichtungsgeschäfts. Hier muss die Gleichwertigkeit nach den für schuldrechtliche Verträge allgemein geltenden Grundsätzen beurteilt werden (s. Rz. 814 ff.).

Der Beurkundungszwang dient hier vor allem der Dokumentation des Rechtsübergangs: „Da das Mitgliedschaftsrecht in einer GmbH in der Regel einer besonderen Verbriefung in Gestalt eines Anteilsscheins ermangelt, dient es im Hinblick auf § 16 GmbHG der Beweissicherung, wenn die Rechtsübertragung dem Formzwang unterstellt ist"[1].

Die **Novellierung des GmbHG durch das MoMiG**[2] verfolgt „das allgemeine Anliegen, Transparenz über die Anteilseignerstrukturen der GmbH zu schaffen", vor allem durch die Liste der Gesellschafter, die zum Handelsregister einzureichen ist. Im Falle jeder „Veränderung in den Personen der Gesellschafter", vor allem also im Falle der Veränderung durch Abtretung des Geschäftsanteils, hat der Notar, „der an der Veränderung mitgewirkt hat", neben der Beurkundung die Aufgabe, die **Liste** zu unterzeichnen und zum Handelsregister einzureichen. „Die Liste muss mit der Bescheinigung des Notars versehen sein, dass die geänderten Eintragungen den Veränderungen entsprechen, an denen (der Notar) mitgewirkt hat, und die übrigen Eintragungen mit dem Inhalt der zuletzt im Handelsregister aufgenommenen Liste übereinstimmen" (§ 40 Abs. 2 S. 2 GmbHG). 800

Wenn (im Wege der Substitution) ein **ausländischer Notar** den Abtretungsvertrag beurkundet hat, ist diese Bescheinigung von diesem Notar zu erstellen. Das Erfordernis der „Gleichwertigkeit" gilt nicht nur für die Beurkundung des Vertrags, sondern auch für die Ausstellung der Bescheinigung. Gleichwertigkeit ist nur dann gegeben, wenn der bescheinigende ausländische Notar ebenso wie der deutsche Notar für deren Richtigkeit haftet[3]. Der Rechtsverkehr ist auf diese Richtigkeit angewiesen, weil das Handelsregister „nicht prüfende, sondern nur verwahrende und die allgemeine Kenntnisnahme ermöglichende Stelle" ist[4].

Mit der Aufnahme der Gesellschafterliste in das Handelsregister ist der Gesellschafter nicht nur gegenüber der Gesellschaft, sondern auch gegenüber Dritten **legitimiert**.

Die Dokumentation des Rechtsübergangs durch Beurkundung des Übertragungsvertrages wird ergänzt durch die **Möglichkeit eines gutgläubigen Erwerbs**, anknüpfend an die zum Gesellschaftsregister eingereichte Gesellschafterliste (§ 16 Abs. 3 GmbHG). Ein gutgläubiger Erwerb des Geschäftsanteils einer nach deutschem GmbHG gegründeten Gesellschaft ist nur nach dieser Bestimmung möglich, gleich wo diese Gesellschaft ihre Geschäfte betreibt und wo sie ihren Verwaltungssitz hat. Diese Frage kann wie alle Fragen nach

---

1 BGH 10.3.2008, DNotZ 2008, 285. – Den in der Literatur herausgestellten und vom historischen Gesetzgeber genannten Zweck, den leichten spekulativen Handel mit GmbH-Anteilen zu unterbinden, nennt der BGH nur an zweiter Stelle.
2 Gesetz zur Modernisierung des GmbH-Rechts und zur Bekämpfung von Missbräuchen (MoMiG) vom 23.10.2008, BGBl. I 2008, 2026.
3 Zum Umfang der Richtigkeitsprüfung *Wachter*, ZNotP 2009, 90 ff.
4 RegBegr. MoMiG, BT-Drucks. 16/6140 vom 25.7.2007, S. 37 (Nr. 15, Neufassung des § 16 GmbHG).

dem Bestand der Gesellschafter einer GmbH nur nach dem Gründungsstatut beurteilt werden; bei nach dem GmbHG gegründeten Gesellschaften sind dessen Erfordernisse zu erfüllen.

801 Die in § 15 Abs. 3 GmbHG vorgeschriebene „notarielle Form" kann durch Beurkundung durch einen deutschen Notar oder durch eine gleichwertige Beurkundung durch eine ausländische Urkundsperson im Wege der **Substitution** (Rz. 805 ff.) erfüllt werden.

Auf Art und Umfang der Auslandsberührung kommt es bei der Substitution nicht an, auch nicht darauf, ob das Recht des Beurkundungsortes das betreffende Rechtsgeschäft kennt und ob es dafür eine Formvorschrift vorsieht. Auch wenn das **Schweizer Recht** die Beurkundung der Geschäftsanteilsabtretung nicht mehr verlangt, steht nichts entgegen, einen in der Schweiz beurkundeten Abtretungsvertrag als formgültig („in notarieller Form geschlossen", § 15 Abs. 3 GmbHG) anzusehen, wenn der Schweizer Notar ein Verfahren einhält, das dem in Deutschland vorgeschriebenen gleichwertig ist[1], also die Anforderungen des 2. Abschnitts des BeurkG erfüllt (Rz. 805).

Falls ein **österreichischer Notar** beigezogen wird, kann eine „Beurkundung" nach § 76 österreich. NotarO dem § 15 Abs. 3 GmbHG nicht genügen; gleichwertig ist nur das Verfahren des „Notariatsakts" nach § 53 österreich. Notarordnung: Danach hat der Notar bei der Aufnahme eines Notariatsakts die persönliche Fähigkeit und Berechtigung zum Abschluss des Geschäftes zu erforschen, sowie die Parteien über den Sinn und die Folgen desselben zu belehren. Nur unter dieser Voraussetzung kann das Verfahren eines österreichischen Notars dem in § 15 Abs. 3 GmbHG vom deutschen Notar verlangten Verfahren gleichwertig sein[2].

In jedem Fall setzt Substitution **Gleichwertigkeit** nicht nur des Status des Notars, sondern auch des **Beurkundungsverfahrens** voraus. Dazu gehört nach der Novellierung des GmbHG auch die Ausstellung der Listenbescheinigung nach § 40 GmbHG. Wenn im Wege der Substitution ein ausländischer Notar den Abtretungsvertrag beurkundet, ist diese Bescheinigung von diesem Notar auszustellen. Gleichwertigkeit ist nur dann gegeben, wenn der ausländische Notar ebenso wie der deutsche Notar für deren Richtigkeit persönlich haftet.

4. Beteiligungen an ausländischen Gesellschaften

802 Wenn es um Beteiligungen an Gesellschaften geht, die nach ausländischen Gesetzen gegründet sind, kann es (für das Verfügungsgeschäft) nur darauf ankommen, ob der Vertrag vor Gerichten und Steuerbehörden Bestand hat (und zu welchem Zeitpunkt der Erwerber einer Gesellschaftsbeteiligung steuerlich als

---

1 *Böttcher/Blaschke*, Die Übertragung von Geschäftsanteilen deutscher GmbHs in der Schweiz vor dem Hintergrund der Revision des Schweizer Obligationenrechts, NZG 2006, 766.
2 *Kalss*, Festschr. Priester, S. 353 (358).

der Inhaber gilt). Entscheidend ist das **Gesellschaftsstatut**. Wenn dieses für die Übertragung eine Formvorschrift enthält, so kann diesem Erfordernis bei Abschluss in einem anderenLand auch im Wege der Substitution durch ein gleichwertiges Verfahren[1] Rechnung getragen werden, wobei Möglichkeit und Verfahren der Substitution vom Gesellschaftsstatut bestimmt werden.

Schreibt das ausländische Gesellschaftsstatut aber die Mitwirkung einer bestimmten Urkundsperson vor, kommt für das Verfügungsgeschäft nur diese Urkundsperson und ihr Verfahren in Frage. Durch ein anderes, auch ein gleichwertiges Verfahren, kann dies nicht substituiert werden[2].

Stets ist die **Verfügung** (oder die unmittelbar verfügende Funktion eines beides umfassenden Vertrags) **von der verpflichtenden Funktion zu unterscheiden**, auch wenn beides in einer einheitlichen Urkunde zusammengefasst ist. Nur für die Verpflichtung kann eine Rechtswahl in Frage kommen. 803

Nur hierfür gilt die Rom I-VO. Ist **deutsches Recht** Schuldstatut, so muss die Verpflichtung „in notarieller Form" (§ 15 Abs. 4 GmbHG) begründet werden. 804

Fraglich ist, ob diese Bestimmung auch auf **ausländische Gesellschaften** anwendbar ist, ob Beteiligungen an einer ausländischen Gesellschaft auch als „Geschäftsanteil" iSd. § 15 Abs. 4 GmbHG gelten.

Der BGH[3] neigt dazu, darauf abzustellen, ob die ausländische Gesellschaft einer deutschen ähnlich ist. Dies kann aber nur für die Anwendung des § 15 Abs. 4 GmbHG (nicht für das Verfügungsgeschäft nach § 15 Abs. 3 GmbHG) maßgebend sein.

Bei der Vertragsgestaltung geht es nicht nur darum, ob der Vertrag vor **inländischen** Gerichten und Behörden als rechtswirksam anerkannt wird, sondern auch darum, ob er auch vor **ausländischen** Gerichten und Behörden Bestand haben wird. Bei Verfügungsgeschäften über Gesellschaftsbeteiligungen sind ausländische Richter nur an das eigene geschriebene und ungeschriebene Kollisionsrecht gebunden[4]. Ob dies dem Art. 11 Rom I-VO ähnliche Vorschriften enthält, darauf wird die Praxis kaum vertrauen können; eher wird es sich empfehlen, das Beurkundungsverfahren so zu gestalten, dass es in allen in Frage kommenden Staaten als dem dortigen Verfahren gleichwertig anerkannt wird.

---

1 Handelt es sich zB um den Geschäftsanteil an einer Schweizer GmbH, so ist das Erfordernis des Art. 785 Abs. 2 OR zu beachten: Der Abtretungsvertrag muss „die selben Hinweise auf statutarische Rechte und Pflichten (enthalten), wie die Urkunde über die Zeichnung der Stammanteile".
2 So etwa, wenn die Mitwirkung eines Notars mit Amtssitz in den Niederlanden verlangt und damit die Beurkundung durch einen ausländischen Notar ausgeschlossen wird.
3 BGH 4.11.2004, DNotZ 2005, 306 = GmbHR 2005, 53 hinsichtlich einer Treuhandvereinbarung über den Geschäftsanteil an einer poln. Gesellschaft.
4 Allerdings bestehen auch in anderen Staaten oft ähnliche Vorschriften.

Wenn sichere Auskunft darüber nicht zu erlangen ist[1], besteht auch die Möglichkeit, einen abtrennbaren Teil eines Vertragswerks (besonders das Verfügungsgeschäft über einzelne zu übertragende Gegenstände) gesondert zu beurkunden (Rz. 753 ff.).

IV. Substitution bei Verträgen und Beschlüssen

805 Wo das inländische Recht die Mitwirkung einer Urkundsperson vorschreibt, stellt sich die Frage, ob die Mitwirkung einer ausländischen Urkundsperson ausreicht. Dies ist zunächst dann der Fall, wenn das Kollisionsrecht bei Verpflichtungsverträgen (nach Art. 11 Rom I-VO) die Einhaltung einer fremden Formvorschrift genügen lässt, aber auch dann, wenn die ausländische Urkundsperson die inländische Formvorschrift durch ein gleichwertiges Verfahren erfüllt. Ob dies der Fall ist, ist nach dem Sachrecht zu beurteilen, das die Formvorschrift aufstellt, und zwar in gleicher Weise für Verpflichtungs- wie für Verfügungsgeschäfte (Substitution).

806 In jedem Fall bleibt der ausländische Notar eine ausländische Urkundsperson und die von ihm errichtete Niederschrift eine **ausländische Urkunde**. Ob diese Urkunde an der **Echtheitsvermutung** des § 438 ZPO teilnimmt, „hat das Gericht nach den Umständen des Falles zu ermessen" (§ 438 ZPO). Das Gleiche gilt für die Frage, ob die vom ausländischen Notar in der Niederschrift bezeugten Vorgänge, zutreffend niedergelegt sind **(Wahrheitsvermutung)**. Dies sind nicht Fragen des Kollisionsrechts, sondern des Rechts der Verwendung von Urkunden (Allgemeines Urkundenrecht) (s. Rz. 734 ff.).

Auch die Frage, ob die von einem ausländischen Notar errichtete Niederschrift als **Vollstreckungstitel** im Inland verwendet werden kann, ist keine Frage des Kollisionsrechts.

807 Anders ist es, wenn es darum geht, zu prüfen, ob ein im Ausland beurkundeter Verpflichtungsvertrag **Formvorschriften des deutschen Sachrechts** (insbesondere § 311b BGB und § 15 Abs. 3 GmHG) genügt. Hier können zwei Wege beschritten werden: Im „kollisionsrechtlichen Weg" wird geprüft, ob die Form des Schuldstatuts oder der lex loci actus eingehalten ist[2], im materiell-rechtlichen Weg[3] wird geprüft, ob eine ausländische Beurkundung der deutschen Beurkundung gleichwertig ist.

---

1 ZB durch ein Gutachten des deutschen Notarinstituts Würzburg: Gutachten über Übertragung von Inhaberaktien einer schweiz. AG (Nr. 14287) und von Geschäftsanteilen einer türk. GmbH (Nr. 14288), beide aktualisiert 2007.
2 Nur bei Verpflichtungsgeschäften.
3 Im ersteren Fall ist eine weitere Prüfung, ob die kollisionsrechtlich bestimmte ausländische Formvorschrift der deutschen Formvorschrift gleichwertig sei, nicht erforderlich. „Eine solche Prüfung würde dem Sinn der Regel, die Formgültigkeit eines Rechtsgeschäfts alternativ nach Gesellschaftsstatut oder Ortsstatut zu bestimmen, weitgehend in Frage stellen" (BGH 4.11.2004, DNotZ 2005, 306).

Bei der Vertragsverhandlung **kann manchmal nicht geklärt werden**, welche 808
Formvorschrift zur Anwendung kommt. Oft kann auch nicht mit Sicherheit
geklärt werden, ob ausländische (vor allem außereuropäische) Gerichte oder
Schiedsgerichte entsprechende kollisionsrechtliche Grundsätze kennen. Deshalb wird oft unter Vermeidung kollisionsrechtlicher Fragen dazu geraten, den
Vertrag in einem möglichst „gleichwertigen" Verfahren beurkunden zu lassen,
in der Erwartung, dass die Vertragsgültigkeit entweder nach der lex loci actus
oder unter Berufung auf Substitution Bestand haben werde.

Bei Verfügungsgeschäften dagegen, zB bei Übertragung von Grundstücken, Urheberrechten, Beteiligungen an Gesellschaften, wird eine sichere Beratung bei
der Frage der Übertragbarkeit und des Verfahrens der Übertragung von dem
Recht ausgehen, dem das zu übertragende Recht unterliegt (Rz. 777 ff.) und darauf abstellen, welches Verfahren dieses Recht (Wirkungsstatut) verlangt und
ob es ein anderes Verfahren als gleichwertig zulässt (Substitution).

1. Voraussetzungen der Gleichwertigkeit

Formvorschriften gehen häufig von Voraussetzungen aus, die im Ausland nur 809
schwer erfüllt werden können; vor allem, wenn die Mitwirkung einer Urkundsperson gefordert wird. Wie dieses Erfordernis zu erfüllen ist, bestimmt
die Formvorschrift nicht selbst, sondern nimmt auf Verfahren, die anderenorts geregelt sind, Bezug: Wo im deutschen Sachrecht „Beurkundung" verlangt wird, auf die Verfahren des deutschen Beurkundungsgesetzes. Diese Verfahren können im Ausland nicht ohne Weiteres eingehalten werden, ggf. aber
ein Verfahren, das im Wege der Substitution[1] als „gleichwertig" betrachtet
wird.

So hat der **BGH** in der Entscheidung vom 16.2.1981[2] hinsichtlich eines in Zü- 810
rich beurkundeten Beschlusses der Gesellschafter einer deutschen GmbH die
kollisionsrechtliche Frage (Anwendbarkeit der lex loci actus) außer Acht gelassen und ausschließlich darauf abgestellt, ob „das in § 53 Abs. 2 GmbHG vorgeschriebene Beurkundungserfordernis grundsätzlich auch ein ausländischer
Notar erfüllen kann, ob also eine ausländische Beurkundung der deutschen
gleichwertig ist". Auch in der Entscheidung vom 22.5.1989[3] hat der BGH (ohne auf kollisionsrechtliche Fragen einzugehen) ausgeführt, dass „jedenfalls die
Beurkundung eines Schweizer Notars auch das in deutschen Vorschriften aufgestellte Formerfordernis der notariellen Beurkundung erfüllen kann".

Hier geht es um die **Auslegung einer Formvorschrift des anwendbaren Sachrechts.** Ob ein von einer ausländischen Urkundsperson beurkundeter Vertrag
als „in notarieller Form geschlossen" zu gelten hat, ist durch Auslegung dieser

---

1 Zur Gleichwertigkeit *Winkler von Mohrenfels*, in: Staudinger, Art. 11 EGBGB
Rz. 312 ff.; *Spellenberg*, in: MünchKomm, Art. 11 EGBGB Rz. 60 ff.; *Hohloch*, in: Erman, Art. 11 EGBGB Rz. 20.
2 BGH 16.2.1981, BGHZ 80, 76 = DNotZ 1981, 451.
3 BGH 22.5.1989 – II ZR 211/88, ZIP 1989, 1052 (1054) = WM 1989, 1221 (Geschäftsanteilsabtretung).

Formvorschrift des Sachrechts zu beurteilen[1]. Es geht darum, ob ein im Ausland verwirklichter Tatbestand unter den Tatbestand der deutschen Sachnorm subsumiert werden kann. Entscheidend für die Auslegung sind die mit dieser Sachnorm verfolgten Zwecke[2]. Kollisionsrechtliche Kriterien wie Verkehrserleichterung und Entscheidungseingang bleiben hier außer Betracht.

Während das Kollisionsrecht generell auf ausländische Normen verweist, geht es hier um die **Gleichwertigkeit des Verfahrens im Einzelfall**. Nicht Normen der verschiedenen Rechtsordnungen sind hier zu vergleichen. Vielmehr kommt es auf tatsächliche Vorgänge an, darauf, ob diese den Anforderungen der im jeweiligen Fall anwendbaren Sachnorm genügen[3].

Der **BHG** legte schon **1981** fest, dass Gleichwertigkeit gegeben ist, „wenn die ausländische Urkundsperson nach Vorbildung und Stellung im Rechtsleben eine der Tätigkeit des deutschen Notars entsprechende Funktion ausübt und für die Errichtung der Urkunde Verfahrensrecht zu beachten ist, das den tragenden Grundsätzen des deutschen Beurkundungsrechts entspricht"[4].

811 Die **kollisionsrechtliche Literatur** stellt vor allem auf den **Status der Urkundsperson** ab; weniger Beachtung wird dem Verfahren geschenkt, das die Urkundsperson im betreffenden Fall anzuwenden hat. Dies kann aber durchaus unterschiedlicher Art sein, bei der Beurkundung von Verträgen (Rz. 814 ff.) anders als bei der Beurkundung von Beschlüssen (Rz. 812 ff.).

Sollte das vom ausländischen Notar allgemein angewendete Verfahren im Einzelfall dem nicht gleichwertig sein, so kann der ausländische Notar durch besondere Gestaltung seines Verfahrens den zwingenden Vorschriften der Formvorschrift genügen[5].

2. Beurkundung von Beschlüssen

812 Das Verfahren der in BGB und HGB geforderten „Beurkundung" ist im Beurkundungsgesetz unterschiedlich geregelt für die Beurkundung von „**Willenserklärungen**" im 2. Teil dieses Gesetzes, für die Beurkundung von „**Tatsachen**" (insbesondere Versammlungsbeschlüssen) im 3. Teil dieses Gesetzes. Für die

---

1 *Sonnenberger*, in: MünchKomm, Einl. EGBGB Rz. 614.
2 Unterschiedliche Zwecke können zu einer unterschiedlichen Auslegung der Formvorschrift führen. Dies hat der BGH (11.3.1997, NJW 1997, 2954) im Falle der früher in § 34 GWB geforderten Schriftform herausgestellt: Die strengen (insbes. zu § 550 BGB) entwickelten Anforderungen an die Schriftform werden nicht verlangt, wenn die mit der Formvorschrift verfolgte Kontrollfunktion anderweitig erreicht wird.
3 *Sonnenberger*, in: MünchKomm, Einl. EGBGB Rz. 552: Die Substituierbarkeit fällt je nach Geschäftstyp und Art der notariellen Mitwirkung von Norm zu Norm unterschiedlich aus. Substitution ist kein Gegenstand des internationalen Privatrechts (Rz. 554).
4 BGH 16.2.1981, BGHZ 80, 76 = DNotZ 1981, 451.
5 So ein Gutachten für Notare in Basel-Stadt (zitiert IPRax 2008, 47): „auf Begehren der an der Beurkundung teilnehmenden Personen (können) die zusätzlichen Verfahrensvorschriften des Staates beachtet werden, dessen materielles Recht die Beurkundung des Geschäfts verlangt (Notariatsgesetz des Kantons Basel-Stadt, § 33 Abs. 4)."

Tatsachenbeurkundung sieht das BeurkG zwar eine Niederschrift vor, aber keine „Verhandlung"; hier gelten weder die Vorschriften über das Vorlesen der Niederschrift, noch über die Rechtsbelehrung (§ 17 BeurkG).

An ein **ausländisches Beurkundungsverfahren** können nicht höhere Anforderungen gestellt werden, als an ein inländisches Beurkundungsverfahren. Wichtigster Fall in der Praxis ist die Beurkundung der Satzungsänderung einer GmbH. Hier ist nur das einfache Protokollverfahren nach dem 3. Abschnitt des BeurkG erforderlich. Deshalb hat der BGH[1] die von einem Züricher Notar beurkundete Satzungsänderung mit Recht als gleichwertig anerkannt; anders ist es bei der Beurkundung von Willenserklärungen, insbesondere von Verträgen.

Für alle Verfahren müssen die Anforderungen gelten, die an den **Status der Urkundsperson** gestellt werden. Entscheidend ist die Funktion des Notars im Rahmen der Rechtspflege. Stets geht es darum, dass der Staat im Rahmen der vorsorgenden Rechtspflege rechtskundige, unabhängige Personen zur Verfügung stellt. Entscheidend kommt es auf die Sicherung des rechtsuchenden Publikums an, die durch den Staat oder die persönliche Haftung der Urkundsperson gewährleistet sein muss.

813

In der Literatur wird auf die **Ausbildung der Urkundsperson** abgestellt, „ob die Juristenausbildung in dem betreffenden Land mit derjenigen in Deutschland generell vergleichbar ist, dh. die in § 5a Abs. 2 DRiG genannten Pflichtfächer" im Wesentlichen umfasst und eine dem Vorbereitungsdienst vergleichbare praktische Ausbildung vorsieht[2].

Die Gleichwertigkeit von Ausbildung und Stellung des Notars bejaht die kollisionsrechtliche Literatur hinsichtlich der Urkundsperson verschiedener schweizerischer Kantone[3], ohne aber zu prüfen, ob persönliche Haftung (oder Versicherungsschutz für die Urkundsperson) entsprechend § 19, 19a BNotO besteht. Dies erscheint besonders bei der Übertragung von GmbH-Geschäftsanteilen nach der Neufassung des GmbHG (Rz. 801) erforderlich.

3. Beurkundung von Verträgen (Abschnitt 2 des BeurkG)

Für die Beurkundung von Willenserklärungen (insbesondere für die Beurkundung von Verträgen) sieht das deutsche Recht das strengere Verfahren des 2. Abschnitts des BeurkG vor. § 8 BeurkG verlangt, dass eine „Verhandlung" stattfinden und darüber eine Niederschrift aufgenommen werden muss.

814

In diesem Verfahren geht es zunächst darum, die in der Ausdrucksweise der Beteiligten mündlich geäußerten Erklärungen **in der Rechtsprache schriftlich niederzulegen**. Der Notar hat dabei „den Willen der Beteiligten (zu) erforschen, den Sachverhalt (zu) klären und ihre Erklärungen klar und unzweideutig in der

---

1 BGH 16.2.1981, BGHZ 80, 76 = DNotZ 1981, 451.
2 *Winkler von Mohrenfels*, in: Staudinger, Art. 11 EGBGB Rz. 321, 322.
3 So *Winkler von Mohrenfels*, in: Staudinger, Art. 11 EGBGB Rz. 324, hinsichtlich von Notaren aus Basel-Stadt, Bern, Genf, Zürich und aus den Niederlanden.

Niederschrift wiederzugeben" (§ 17 BeurkG). Häufig verlangt dies die Umformung der mündlich abgegebenen Erklärungen in Schriftform; es geht darum, eine Diskrepanz zwischen mündlicher Erklärung und schriftlicher Niederlegung zu vermeiden. Dazu kommen konsultative Pflichten, von denen § 17 BeurkG vor allem die Pflicht nennt, die „Beteiligten über die rechtliche Tragweite des Geschäfts (zu) belehren". Diese **Belehrung** ist von einer weitergehenden, vom Notar zusätzlich nach § 24 BNotO übernommenen Beratung zu unterscheiden. Die Rechtsbelehrung nach § 17 BeurkG ist bei Vertragsbeurkundung unverzichtbar (s. Rz. 746).

Die Meinung, die Belehrungspflicht sei dem ausländischen Notar „erlassen", weil auch für den deutschen Notar nur eine eingeschränkte Belehrungspflicht über ausländisches Recht besteht (§ 17 Abs. 3 BeurkG), kann nicht überzeugen. Es kommt nicht darauf an, ob das deutsche Recht einem ausländischen Notar etwas befehlen oder erlassen kann, sondern ob das Verfahren des ausländischen Notars, so wie es durchgeführt wird, der Beurkundung eines deutschen Notars „gleichwertig" ist.

a) Sicherung der konsultativen Mitwirkung des Notars in der Verhandlung

815 § 17 BeurkG ist eine Verfahrensregel, die trotz des Wortes „der Notar soll" für den Notar zwingend ist[1] und in der Praxis durch das Erfordernis einer „Verhandlung" gesichert wird.

Diese Verhandlung ist durch die Muss-Vorschrift des § 8 BeurkG zur Gültigkeitsvoraussetzung der Beurkundung gemacht. Die Verhandlung bietet den notwendigen Rahmen, in dem der Notar den Willen der Beteiligten erforschen, den Sachverhalt klären und die Beteiligten über die rechtliche Tragweite des Geschäfts belehren kann.

Der Inhalt dieser Belehrung muss in der Niederschrift nicht in allen Teilen dokumentiert werden, wohl aber muss **dokumentiert werden, dass eine Verhandlung stattfand**. Nicht die Art und Weise der Rechtsbelehrung ist Wirksamkeitsvoraussetzung, wohl aber dass eine Verhandlung stattgefunden hat.

Ein ausländisches Verfahren ohne Verhandlung kann nicht als gleichwertig angesehen werden. Im Einzelnen bleibt die Durchführung der Verhandlung dem Notar überlassen.

816 In der Verhandlung wird eine Niederschrift aufgenommen (oder ein bereits vorbereiteter Entwurf vorgelesen). Das deutsche Recht verlangt die mündliche **Vorlesung** dieser Niederschrift. Inwieweit dies auch als Voraussetzung der Gleichwertigkeit ausländischer Beurkundungen angesehen werden kann, ist streitig.

---

1 *Frenz*, in: Eylmann/Vaasen, BNotO und BeurkG, 2. Aufl. (2004), § 17 BeurkG Rz. 16. AA *Spellenberg*, in: MünchKomm, Art. 11 EGBGB Rz. 53; *Winkler von Mohrenfels*, in: Staudinger, Art. 11 EGBGB Rz. 315 ff.

Erforderlich ist aber in jedem Fall, dass eine Verhandlung vor dem Notar stattfindet, in der der wesentliche Vertragsinhalt zur Erörterung mit den Beteiligten auch mündlich vom Notar persönlich (oder mindestens in dessen Anwesenheit von einem Mitarbeiter des Notars) vorgetragen wird, um den Beteiligten (und auch dem Notar) die Möglichkeit zu geben, Abweichungen von einem vorbereiteten Entwurf vorzuschlagen und Sicherungsmöglichkeiten zu erörtern.

Dies geht in der Praxis über „Rechtsbelehrung" weit hinaus. Während die in § 17 BeurkG genannte „Belehrung über die rechtliche Tragweite" auf die unmittelbaren rechtlichen Folgen der beurkundeten Willenserklärungen geht, hat der BGH die **konsultativen Pflichten des Notars erheblich erweitert**: Der BGH hat eine Pflicht zur Vertragsgestaltung neben die Belehrungspflicht gesetzt; indem er sie als zweite Amtspflicht nach § 17 BeurkG zur Verfahrenspflicht gemacht hat, hat er sie zu einer **in jedem Fall** einer Beurkundung nach dem 2. Abschnitt des BeurkG einzuhaltenden Pflicht gemacht. 817

Diese Pflicht zur „gestaltenden Beratung" in der Verhandlung besteht in jedem Fall der Vertragsbeurkundung[1]. Bei mitgebrachten Vertragsentwürfen geht es um deren Überprüfung in der Verhandlung.

Praktisch bedeutet dies die Verpflichtung des Notars, Vorschläge zu machen, um **Leistung und Gegenleistung zu sichern**, beim Grundstückskauf zB dahin, dass der Kaufpreis nicht fällig wird, bevor gesichert ist, dass das Eigentum an dem Kaufgrundstück übergeht und andererseits das Eigentum am Kaufgrundstück nicht übergeht, bevor die Zahlung des Kaufpreises gesichert ist. Um dies zu erreichen, hat die notarielle Praxis eine Reihe von Treuhandverfahren entwickelt[2].

Dies muss zu den „tragenden Grundsätzen des Beurkundungsrechts" gezählt werden. Es muss eine „gestaltende" Beratung stattfinden mit dem Ziel der Vermeidung ungesicherter Vorleistungen. Eine Beurkundung im Ausland kann nur dann als gleichwertig gelten, wenn sie gleichfalls dieses Ziel verfolgt.

Dass **vorbereitete Entwürfe** vor der Verhandlung **allen Vertragsteilen zugeleitet werden**, wie dies im Inland häufig geschieht und bei Verbraucherverträgen in § 17 Abs. 2a BeurkG dem Notar vorgeschrieben ist, kann dagegen wohl vom ausländischen Notar nicht stets verlangt werden.

---

1 Ständige Rechtsprechung: BGH 15.1.1998 – IX ZR 4/97, DNotZ 1998, 637; BGH 15.4.1999 – IX ZR 93/98, NJW 1999, 2118; BGH 12.2.2004 – III ZR 77/03, NotBZ 2004, 352; BGH 22.6.2006 – III ZR 259/05, NotBZ 2006, 316. Dabei genügt nicht die Sicherung des bloßen Eigentumsübergangs. Verlangt wird die Sicherung eines lastenfreien Eigentumsübergangs, also die Freiheit von eingetragenen Belastungen. Erweiternd erstreckt auch auf die Sicherung der Freiheit von Erschließungskosten BGH 17.1.2008, DNotI-Report 2008, 45.
2 *Reithmann/Albrecht*, Handbuch der notariellen Vertragsgestaltung, 8. Aufl. (2001): Anderkontenverfahren (Rz. 322 ff.) und Direktzahlungsverfahren (Rz. 325 ff.).

b) Sicherung der Authentizität durch die Niederschrift

818 Nach § 13 BeurkG muss die Niederschrift „in Gegenwart des Notars den Beteiligten vorgelesen, von ihnen genehmigt und eigenhändig unterschrieben werden." Diese Verfahrensregel sichert, dass die Erklärungen der Vertragsbeteiligten mit Rechtsfolgewillen (als Willenserklärungen) zu einem **Vertrag** zusammenstimmen und dass dieser vollständig urkundlich niedergelegt wird. Dies aus allen Gesprächen der Verhandlung herauszufiltern, ist oft die schwierigste Aufgabe des Notars. Die Niederschrift sichert die Authentizität des gesamten Vertragswerkes. Dies gehört zu den vom BGH genannten „tragenden Grundsätzen".

819 Die Niederschrift umfasst idR neben den bezeugten vertraglichen Willenserklärungen zahlreiche andere Erklärungen und Feststellungen, zB Anträge zum Grundbuchamt, Anmeldungen zum Handelsregister, Anträge an Behörden, Vollzugsanweisungen an den Notar.

Nach § 14 BeurkG können „Bilanzen, Inventare, Nachlassverzeichnisse" und sonstige „Bestandsverzeichnisse" in ein Schriftstück (Anlage) außerhalb der Niederschrift aufgenommen werden, „wenn die Beteiligten auf das Vorlesen verzichten". Die Zugehörigkeit dieses Schriftstücks zur Niederschrift und damit die Dokumentation des Inhalts wird durch Beifügung gesichert, auch dadurch, dass es von den Beteiligten gesondert zu unterschreiben ist; wenn es aus mehreren Seiten besteht, jede Seite einzeln (§ 14 BeurkG).

Das Erfordernis der **sicheren Dokumentation** gehört zu den Grundsätzen des deutschen Beurkundungsrechts.

820 **Fraglich** ist aber, ob und inwieweit das Erfordernis der Vorlesung zu den **Grundlagen** zu zählen ist, von deren Einhaltung es abhängt, ob ein ausländisches Verfahren als „gleichwertig" gilt. Darum ging es auch bei der Beratung um die Novellierung des GmbH-Gesetzes: In vielen Stellungnahmen ist, wie die Begründung des Regierungsentwurfs ausführt, die Beurkundungspflicht bei der Abtretung von Geschäftsanteilen, vor allem aber auch der Vollständigkeitsgrundsatz bei der Beurkundung kritisiert worden: Letzterer „führt in manchen Fällen zum stundenlangen Vorlesen von Unterlagen, das von den Beteiligten als leere Förmelei empfunden wird, zumal wenn es sich um Unterlagen handelt, die von den Vertragsparteien ohnehin nicht oder nicht mehr geändert werden können". Der **Gesetzgeber zum MoMiG** entschied sich aber, „im laufenden Gesetzesvorhaben davon Abstand zu nehmen, das Beurkundungsgesetz zu ändern". Die gebotenen Änderungen sollen aber in nächster Zeit in einem ohnehin geplanten Gesetz zur Erleichterung von beurkundungsrechtlichen Vorschriften untergebracht werden[1].

821 Schwierigkeiten bestehen vor allem, wenn zur Festlegung des Vertragsinhalts auf **Regelungen außerhalb der Niederschrift verwiesen** werden soll. Der

---

1 RegBegr. MoMiG, allgemeiner Teil, BT-Drucks. 16/6140 vom 25.7.2007, S. 25 f.

Deutsche Notarverein nennt hier als Beispiele „Verdingungsordnung für Bauleistungen, allgemeine Geschäftsbedingungen der Banken, DIN-Normen, unternehmensinterne Standards, Betriebsvereinbarungen, Tarifverträge, konzerninterne Richtlinien für Buchführung und Finanzierung"[1].

Eine Belehrung durch den Notar darüber kommt kaum in Frage. Wohl aber kommt es auf deren Dokumentation an. Der deutsche Notarverein hat hier Einschränkungen der Verlesungspflicht vorgeschlagen, um die Beurkundung zu erleichtern. Eine solche Erleichterung muss auch für die Beurkundung durch einen ausländischen Notar gelten. Die Bejahung der Gleichwertigkeit kann nicht von der Verlesung solcher Teile des Vertragswerkes abhängen.

Dass aber **alle Teile des beurkundeten Vertrags mit allen Anlagen dauerhaft dokumentiert** werden, gehört zu den Grundsätzen des deutschen Beurkundungsrechts. Dazu gehört auch, dass diese Dokumentation auf Dauer zugänglich bleibt. *Wie* die Dokumentation im Ausland zu erfolgen hat, muss wohl der dortigen Organisation überlassen bleiben, vor allem dann, wenn die Anlagen nicht in Papierform, sondern in elektronischen Dokumenten niedergelegt sind.

822

V. Ausländische Beglaubigungen

„Beglaubigungen" sind Bekräftigungen, die von Behörden aller Art, von Schulleitern und kirchlichen Stellen abgegeben werden, auch von Privaten, insbesondere von Angestellten der Kreditinstitute. Dabei handelt es sich um so Unterschiedliches wie einerseits die **Echtheit einer Unterschrift**, andererseits die **Übereinstimmung einer Zweitschrift** mit der Erstschrift (Abschriftenbeglaubigung).

823

Im erstgenannten Fall geht es darum, dass ein Schriftstück von der als Aussteller genannten Person stammt, im zweiten Fall darum, dass eine Zweitschrift mit der Erstschrift inhaltlich übereinstimmt. Ob einer Beglaubigung Vertrauen geschenkt wird, hängt von der Person des Beglaubigers ab. Im Falle der **Abschriftenbeglaubigung** enthält die ZPO eine Regelung nur für den Fall, dass die Zweitschrift von einer „öffentlichen Urkunde" gefertigt wurde; aber auch ohne Beweisregel wird dem Notar allgemein Vertrauen geschenkt, wenn er die Übereinstimmung einer Zweitschrift mit einer Erstschrift beglaubigt. Dies gilt weithin auch für die Beglaubigung durch ausländische Notare. Dies hat mit der Frage der „Form" iSd. Kollisionsrechts nichts zu tun (s. Rz. 737).

Anders ist es bei der **Unterschriftsbeglaubigung**: Wenn eine Vorschrift des deutschen Sachrechts für eine **Erklärung** „öffentliche Beglaubigung" vorschreibt (und damit auf § 129 BGB Bezug nimmt), muss die Erklärung „schriftlich gefertigt und die Unterschrift des Erklärenden von einem Notar beglaubigt

---

1 Zeitschrift des Deutschen Notarvereins „notar" 2008, 229 ff.

werden". Geht es nicht um die **Vorlegung** eines Schriftstücks, sondern um die Abgabe der **Erklärung**, so liegt eine Formvorschrift iSd. Kollisionsrechts vor.

1. Unterschriftsbeglaubigung bei materiell-rechtlichen Erklärungen

824 Wo das materielle Recht Unterschriftsbeglaubigung vorschreibt, gelten für die Mitwirkung des deutschen Notars die **Verfahrensvorschriften des Beurkundungsgesetzes.** Wenn dessen grundlegenden Erfordernissen genügt ist, kann auch die Unterschriftsbeglaubigung eines ausländischen Notars (im Wege der Substitution) genügen. Das Beurkundungsgesetz schreibt für die Form der Unterschriftsbeglaubigung ein Schriftstück (Vermerk) vor, das „das Zeugnis, die Unterschrift und das Präge- oder Farbdrucksiegel des Notars enthalten muss und Ort und Tag der Ausstellung angeben soll" (§ 40 BeurkG). Der Notar darf diesen Vermerk nur ausstellen, wenn die Unterschrift „in Gegenwart des Notars vollzogen oder anerkannt wird"[1].

825 Schreibt das materielle Recht in einer Formvorschrift die Mitwirkung des Notars vor, so handelt es sich um eine Formvorschrift, für die bei „vertraglichen Schuldverhältnissen" Art. 11 Rom I-VO gilt.

Handelt es sich um eine Verpflichtung, wie zB zur Übernahme eines Geschäftsanteils bei der Kapitalerhöhung einer GmbH (für die § 55 Abs. 1 GmbHG eine notariell beglaubigte Erklärung des Übernehmers vorschreibt), so kommt Art. 11 Rom I-VO zur Anwendung.

826 § 40 BeurkG setzt voraus, dass die **Urkunde dem Notar vorliegt** und in seiner Gegenwart anerkannt wird. Dies gehört zu den tragenden Grundsätzen des Beurkundungsrechts, von denen die gesetzliche Wahrheitsvermutung des § 415 ZPO abhängt: Die Urkunde des Notars begründet nur, „wenn sie über eine vor der ... Urkundsperson abgegebene Erklärung errichtet (ist), vollen Beweis des durch die ... Urkundsperson beurkundeten Vorganges" (s. Rz. 736).

Allerdings verlangt das deutsche materielle Recht nur in wenigen Fällen die notarielle Unterschriftsbeglaubigung als Formvorschrift[2].

827 Praktisch wichtiger sind Vorschriften im inländischen gerichtlichen und behördlichen Verfahren, insbesondere im Grundbuch- und Registerverfahren, die häufig **„notarielle Beglaubigung"** verlangen. Dabei geht es nicht um die Formwirksamkeit iSd. § 125 BGB, sondern darum, ob die Erklärung im Verfahren

---

[1] Der Notar legt hier nicht eine Willenserklärung, sondern als „geschäftsähnliche Handlung" die Anerkennung dieses Textes nieder. Diesen Text rechnet § 416 ZPO dem Aussteller als Willenserklärung zu. Der Notar bezeugt mit dem Beglaubigungsvermerk die Person des Unterzeichners (§ 415 ZPO) und dessen „rechtsgeschäftsähnlichen" Willen.

[2] Im praktisch wichtigsten Fall der Erbschaftsausschlagung (§ 1945 BGB) ist aber weder Art. 11 Rom I-VO noch Art. 11 EGBGB anwendbar. Es wird auf das Erbstatut abgestellt: *Dörner*, in: Staudinger, Art. 25 EGBGB Rz. 112; *Edenhofer*, in: Palandt, Art. 25 EGBGB Rz. 10; *Fetsch*, Erbausschlagung bei Auslandsberührung, MittBayNot 2007, 85.

verwendet werden kann. Solche Vorschriften dienen nicht in erster Linie dem Rechtsverkehr; sie bezwecken nicht die Sicherung der Belehrung der Antragsteller, sondern die Erleichterung des gerichtlichen Verfahrens. Substitution (Rz. 805 ff.) ist aber auch hier möglich; hier geht es um die Auslegung einer Verfahrensregel.

2. Unterschriftsbeglaubigung bei Verfahrenserklärungen

Zur Durchführung von privatrechtlichen Verträgen ist oft eine Eintragung in öffentlichen Registern, insbesondere im Handelsregister und im Grundbuch erforderlich. In diesen Verfahren werden Verfahrenserklärungen, häufig im Zusammenhang mit der Beurkundung von Verträgen abgegeben. 828

Hier geht es nicht um die materielle Wirksamkeit der Erklärung, sondern um die Verwendbarkeit im Verfahren. Sind Vorschriften, die der Erleichterung des gerichtlichen Verfahrens dienen, nicht eingehalten, so ist die Verfahrenserklärung in diesen Verfahren unbeachtlich. Auch diese Erfordernisse werden als „Formvorschriften" bezeichnet, wenn auch nicht iSd. § 125 BGB. Dabei nehmen die Verfahrensvorschriften häufig auf die im BGB geregelten Formvorschriften Bezug, insbesondere auf § 126 BGB („schriftliche Form") und auf § 126a BGB („elektronische Form")[1].

Auch wenn nicht schlechthin „Beglaubigung" verlangt ist, sondern „notarielle Beglaubigung" oder „öffentliche Beglaubigung" wie in § 12 HGB, also Mitwirkung eines Notars, kann die Mitwirkung einer ausländischen Urkundsperson genügen, wenn sie „gleichwertig" ist. Bei der Prüfung der **Gleichwertigkeit** (Substitution) ist darauf abzustellen, ob das von der ausländischen Urkundsperson vorgenommene Verfahren dem inländischen (in §§ 39, 39a, 40 BeurkG geregelten) Verfahren im Wesentlichen entspricht. Eine konsultative Mitwirkung des Notars (Belehrung, Beratung) wird vom deutschen Notar zwar auch hier häufig übernommen, aber (im Verfahrensrecht) nicht generell gefordert. 829

Kollisionsrechtliche Gesichtspunkte spielen bei Verfahrenserklärungen **keine Rolle**. Auch wenn die Verfahrenserklärung im Zusammenhang mit einem schuldrechtlichen Vertrag abgegeben wird, sind kollisionsrechtliche Grundsätze nicht anwendbar[2]. Entscheidend ist, ob das mit der Verfahrensvorschrift verfolgte Ziel auch bei Einschaltung einer ausländischen Urkundsperson erreicht werden kann. 830

Dabei geht es um die **Erleichterung des Verfahrens**,

a) bei der Verifizierung des Erklärenden und seiner Erklärung durch das Zeugnis einer Urkundsperson,

b) bei der Verifizierung der beglaubigten Urkundsperson (des Notars) selbst.

---

1 *Hertel*, in: Staudinger, § 126 Rz. 143.
2 In der kollisionsrechtlichen Literatur wird die lex fori genannt. Der lex loci actus kommt hier jedenfalls keine Bedeutung zu.

Die Praxis des Register- und Grundbuchverfahrens stellt zu a) und zu b) unterschiedliche Anforderungen. Dies ist auch bei Erklärungen, die durch einen ausländischen Notar beglaubigt sind, zu beachten[1].

a) Verifizierung des Erklärenden

831 Zur Verifizierung des Erklärenden bezeugt der Notar, dass eine bestimmte Person das vorliegende Schriftstück unterzeichnet oder sich anderweitig zu ihm bekannt hat. Dafür begründet der Beglaubigungsvermerk des Notars vollen Beweis nach § 415 ZPO, aber nur für eine „**vor der** ... Urkundsperson abgegebene Erklärung". § 415 ZPO setzt persönliche Kenntnisnahme der Urkundsperson voraus, wie dies auch die Verfahrensvorschrift des § 40 BeurkG verlangt[2].

Eine bloße Bestätigung der Urkundsperson, dass ihr eine Unterschrift, etwa aus einer früheren Beurkundung bekannt sei, genügt nicht, ebenso wenig eine „Fernbeglaubigung", mit der die Echtheit der Unterschrift aufgrund telefonischer Mitteilung des Unterzeichners bescheinigt wird. Eine ausländische Beglaubigung ist nur gleichwertig, wenn die Urkundsperson das Bekennen zu dem vorliegenden Text persönlich wahrgenommen hat und dies aus dem Beglaubigungsvermerk ersichtlich ist, zB durch die Formulierung „anerkannt vor mir"[3].

832 § 12 Abs. 1 HGB nF verlangt (ebenso wie § 12 HGB aF) für Anmeldungen zum Handelsregister „**öffentlich beglaubigte Form**" und verwendet dabei den in § 129 BGB definierten Begriff: Die Erklärung muss „schriftlich abgefasst und die Unterschrift des Erklärenden von einem Notar beglaubigt werden" (§ 129 BGB)[4].

§ 12 Abs. 2 HGB regelt dagegen den Modus der Einreichung, nämlich „elektronisch".

Dabei geht es nicht um die bloße Tatsache der Unterzeichnung eines Textes. Es geht um ein willentliches Bekennen zu diesem Text[5]. Der Notar darf den Text nicht beglaubigen, wenn ihm ersichtlich ist, dass der Unterzeichner einen rechtsgeschäftlichen Willen nicht äußern kann, etwa wegen Trunkenheit oder wenn er unter Drogen oder unter Gewalt steht[6]. Ähnliches Verfahren muss auch von einem ausländischen Notar erwartet werden.

---

1 Zur elektronischen Beglaubigung s. *Reithmann*, Urkunden und elektronische Dokumente, ZNotP 2007, 370.
2 Dazu *Reithmann*, Registeranmeldung aus dem Ausland, ZNotP 2007, 167; *Hertel*, in: Staudinger, § 129 BGB Rz. 136. Bei der Beglaubigung der Übereinstimmung von Zweitschrift und Erstschrift (Abschriftenbeglaubigung) verlangt dagegen § 42 BeurkG keinen vom Notar persönlich vorzunehmenden Vergleich der beiden Schriftstücke.
3 Dies ist jedenfalls bei Affidavits „sworn before me" der Fall.
4 Diese Erklärung ist eine Privaturkunde des Erklärenden. Die Mitwirkung des Notars, die „Beglaubigung" (für den deutschen Notar im BeurkG geregelt) verlangt einen „Vermerk". Dieser Vermerk kann auf Papier (§ 39 BeurkG) oder elektronisch erstellt sein (§ 39a BeurkG).
5 Eingehend *Reithmann*, in: Schippel/Bracker, BNotO, 8. Aufl. (2006), § 20 Rz. 9 ff.
6 *Limmer*, in: Eylmann/Vaasen, BNotO und BeurkG, 2. Aufl. (2004), § 40 BeurkG Rz. 20; *Winkler*, BeurkG, 16. Aufl. (2008), § 40 Rz. 45; *Hertel*, in: Staudinger, § 129 BGB Rz. 80.

Eine **Prüfung der Geschäftsfähigkeit** kann freilich vom ausländischen Notar ebenso wenig wie vom deutschen Notar verlangt werden. Ein Vermerk der Urkundsperson, dass die Unterschrift „vor dem Notar" anerkannt wurde, kann einen Hinweis darauf geben, dass **der Notar persönlich** die Unterschriftsleistung als Bekenntnis zu einem vorliegenden Text wahrgenommen hat. 833

Dies ist aber bei Beglaubigung durch eine ausländische Urkundsperson nicht stets der Fall. Oft bescheinigt der ausländische Notar nur, dass er eine Unterschrift für echt halte, sei es, weil ihm dies der Unterzeichner telefonisch bestätigt habe oder auch weil ihm die Unterschrift aus anderen Vorgängen bekannt sei[1]. Ob dies in einem inländischen Verfahren genügt, bestimmt das inländische Verfahrensrecht. Wenn dieses (wie § 12 HGB) den in § 129 BGB verwendeten Begriff „öffentlich beglaubigte Form" verwendet, so kann nicht *jede* Mitwirkung einer Urkundsperson genügen, sondern nur die dem deutschen Notar vorgeschriebene persönliche Mitwirkung („in Gegenwart des Notars vollzogen oder anerkannt", § 40 BeurkG).

b) Verifizierung der Urkundsperson

An die Verifizierung der beglaubigenden Urkundsperson werden weniger strenge Anforderungen gestellt, § 437 ZPO verlangt „Urkunden, die nach Form und Inhalt als von einer mit öffentlichem Glauben versehenen Person errichtet sich darstellen". 834

Bei von ausländischen Urkundspersonen errichteten Urkunden lässt § 438 ZPO einen weiten Spielraum. Das Gericht hat „nach den Umständen des Falles zu ermessen, ob eine Urkunde, die als von einer ... mit öffentlichem Glauben versehenen Person des Auslands errichtet sich darstellt" als echt anzusehen sei. Jedenfalls genügt nach § 438 Abs. 2 ZPO stets Legalisation und in den meisten Fällen auch die Apostille[2].

Von **Legalisation** oder **Apostille** kann stets **abgesehen werden**, wenn dies ein internationales Abkommen vorsieht[3]. 835

Ein solches Abkommen kann als Indiz für die Gleichwertigkeit angesehen werden. Für die Verifizierung der Urkundsperson kann auch in anderen Fällen von Legalisation oder Apostille abgesehen werden, wenn nach den Erfahrungen der Praxis die Verifizierung der Urkundsperson als gesichert erscheint. Dies gilt vor allem für Urkunden aus dem Gebiet des lateinischen Notariats. Aber auch bei Urkunden aus anderen Staaten wird nach Ermessen (zB des Grundbuchamtes) von einer weiteren Verifizierung gelegentlich abgesehen, so

---

1 *Hertel*, in: Staudinger, § 129 BGB Rz. 136.
2 Im Beck'schen Notarhandbuch, 4. Aufl. (2006), S. 1404 ff. sind mehr als 450 Staaten und abhängige Gebiete aufgezählt, in denen die Legalisation durch Apostille ersetzt werden kann.
3 So im Verhältnis zu Belgien, Dänemark, Frankreich, Österreich und der Schweiz. Im Einzelnen Beck'sches Notarhandbuch, 4. Aufl. (2006), S. 1400.

bei Beglaubigung durch den US-amerikanischen clerc of circuit court[1] oder durch den „notary" der kanadischen Provinz Ontario[2] oder aus Schweden[3].

836 In der Praxis übernimmt der Notar im Zuge von Unterschriftsbeglaubigungen häufig **weitere Aufgaben**. Fraglich ist, ob auch insoweit die Mitwirkung eines ausländischen Notars genügen kann, so wenn bei der Anmeldung der GmbH eine **Belehrung der Geschäftsführer** verlangt wird[4].

Diese Belehrung ist als Teil des Eintragungsverfahrens Sache des Registergerichts, kann jedoch „auch durch einen Notar oder auch einen im Ausland bestellten Notar, durch einen Vertreter eines vergleichbaren rechtsberatenden Berufs oder einen Konsularbeamten erfolgen" (§ 8 Abs. 3 GmbHG). Damit ist der Notar in das Registerverfahren einbezogen. Hier handelt es sich nicht um eine Urkundstätigkeit, sondern um eine Hilfstätigkeit im Rahmen des gerichtlichen Registerverfahrens.

Hinsichtlich der zum Handelsregister einzureichenden Dokumente ist „**elektronische Einreichung**" zwingend vorgeschrieben, so dass ein Transfer von einer auf Papier vorliegenden Erstschrift zu einer elektronisch errichteten Zweitschrift erforderlich ist (§ 12 HGB). Auch diese Aufgabe übernimmt häufig der Notar. Auch hier handelt es sich nicht um eine Formvorschrift iSd. § 125 BGB, sondern um eine Verfahrensvorschrift, die ausschließlich nach dem Recht des Gerichts zu beurteilen ist, bei dem die Erklärung eingereicht wird[5].

VI. Zusammenfassung mit Handlungsanleitung

837 Bei Auslandsberührung sind Verfügungsgeschäfte und Verpflichtungsgeschäfte getrennt zu behandeln. Dies gilt vor allem für die tausenden, nach dem GmbHG gegründeten und hier im Handelsregister eingetragenen Gesellschaften mit beschränkter Haftung.

Das GmbHG schreibt streng getrennt Formvorschriften vor, für das Verpflichtungsgeschäft in § 15 Abs. 4 GmbHG und für das Verfügungsgeschäft in § 15 Abs. 3 GmbHG. Für das **Verpflichtungsgeschäft** gilt die Rom I-VO; nur hierfür genügt die Einhaltung der Ortsform (lex loci actus). Wird das **Verfügungsgeschäft** durch einen ausländischen Notar beurkundet (Gang ins Ausland), so genügt dies der in § 15 Abs. 3 GmbHG vorgeschriebenen „notariellen Form" nur dann, wenn die ausländische Urkundsperson nicht nur in ihrem Status dem deutschen Notar ähnlich ist, sondern auch ein Verfahren einhält, das die

---

1 BayObLG 19.11.1992, IPRax 1994, 122.
2 OLG Zweibrücken 22.1.1999, RPfleger 1999, 326 = IPRax 1999, 86.
3 OLG Schleswig 13.12.2007, IPRax 2009, 79.
4 Geschäftsführer haben in der Anmeldung zu versichern, „dass keine Umstände vorliegen, die ihrer Bestellung nach § 6 Abs. 2 S. 3 und 4 entgegenstehen und dass sie über ihre unbeschränkte Auskunftspflicht gegenüber dem Gericht belehrt worden sind" (§ 8 Abs. 3 GmbHG). Über Bestellungshindernisse ausführlich *Mödl*, RNotZ 2008, 1 (5).
5 *Reithmann*, Registeranmeldungen aus dem Ausland, ZNotP 2007, 167.

wesentlichen Erfordernisse des für diesen Fall vorgeschriebenen Beurkundungsverfahrens erfüllt.

Die Wahl eines fremden Schuldstatuts (Rechtswahl) ist nur für Verpflichtungsgeschäfte möglich und hier nur für einen trennbaren Teil des Vertrages. Die Rechtswahl geht auf die ganze gewählte Rechtsordnung; sie auf Teile dieser Rechtsordnung zu beschränken (zB auf Formvorschriften) ist nicht möglich.

Frei. 838–890

5. Teil: Einzelne Vertragstypen

Übersicht

Kapitel 1:
Kaufverträge, insbes. über bewegliche Sachen

A. Allgemeines zum Kaufvertrag... 891
B. Warenkauf 894
C. Kauf durch Versteigerungen ... 1031

Kapitel 2:
Verträge über Dienstleistungen

A. Allgemeines zum Dienstleistungsvertrag 1041
B. Werkvertrag, Bauvertrag, Anlagenvertrag, Architektenvertrag. 1081
C. Leasingvertrag............... 1111
D. Darlehen 1161
E. Bürgschaft, Garantie, Patronatserklärung 1181
F. Bankverträge 1231
G. Anleihe 1351
H. Makler- und Kommissionsvertrag 1391
J. Anwaltsvertrag 1411

Kapitel 3:
Verträge über unbewegliche Sachen

A. Allgemeines zu Verträgen über unbewegliche Sachen 1491
B. Grundstückskauf, Bauträgervertrag 1501
C. Grundstücksmiete und Grundstückspacht 1661

Kapitel 4:
Verträge über Rechte am Geistigen Eigentum

A. Allgemeines zu Verträgen über Rechte am Geistigen Eigentum 1771
B. Lizenzverträge/gewerbliche Schutzrechte 1831
C. Urheberrechtsverträge, insbes. Verlags- und Filmverträge 1941

Kapitel 5:
Franchiseverträge

I. Begriff 2081
II. Einheitsrecht 2083
III. Schuldvertragsstatut 2088
IV. Zwingende Bestimmungen..... 2116
V. Zusammenfassung mit Handlungsanleitung 2123

Kapitel 6:
Handelsvertreter- und Vertriebsverträge

A. Allgemeines zu Handelsvertreter- und Vertriebsverträgen..... 2131
B. Handelsvertretervertrag 2161
C. Vertragshändlervertrag 2251

Kapitel 7:
Finanzmarktverträge

I. Finanzinstrumente 2341
II. Persönlicher Anwendungsbereich für Verbraucherverträge... 2351
III. Sachlicher Anwendungsbereich für Verbraucherverträge, insbes. Ausnahmen nach Art. 6 Abs. 4 lit. d und e Rom I-VO 2371
IV. Anwendbares Recht für einzelne Transaktionstypen 2401
V. Anwendbares Recht für Geschäfte innerhalb eines multilateralen Systems 2431
VI. Anwendbares Recht für Fondskonstruktionen 2461
VII. Anknüpfung für Brokerverträge . 2481
VIII. Besondere Anknüpfung von Schutzvorschriften des deutschen Rechts 2501
IX. Nichtvertragliche Haftung 2521
X. Internationalverfahrensrechtliche Probleme bei Schiedsklauseln 2541

5. Teil: Einzelne Vertragstypen

Rz.

XI. Zusammenfassung mit Handlungsanleitung 2551

Kapitel 8: Beförderungsverträge

A. Allgemeines zu Beförderungsverträgen 2571
B. Einzelne Beförderungsverträge . 2711
C. Speditionsvertrag 4071

Kapitel 9: Verträge mit Verbrauchern

A. Anknüpfung von Verbraucherverträgen 4141
B. Timesharingvertrag 4281

Kapitel 10: Verträge über Unternehmenstransaktionen

A. Unternehmenskauf 4391
B. Joint Venture 4561

Rz.

Kapitel 11: Versicherungsverträge

I. Rechtsvereinheitlichung....... 4721
II. Schuldstatut der Versicherungsverträge 4729
III. Zwingende Vorschriften 4762
IV. Zusammenfassung mit praktischen Hinweisen 4769

Kapitel 12: Arbeitsverträge

I. Rechtsvereinheitlichung....... 4801
II. Arbeitsvertragsstatut.......... 4831
III. Zwingende Vorschriften 4901
IV. Kollektives Arbeitsrecht....... 4951
V. Ausländische Arbeitnehmer in Deutschland................. 5001
VI. Zusammenfassung mit Handlungsanleitung 5011

Kapitel 1: Kaufverträge, insbes. über bewegliche Sachen

Übersicht

	Rz.		Rz.
A. Allgemeines zum Kaufvertrag	891	C. Kauf durch Versteigerungen	1031
B. Warenkauf	894		

A. Allgemeines zum Kaufvertrag

Für Kaufverträge kommen mehrere Regelungen in Betracht, deren Eingreifen vom Gegenstand des Vertrages und weiteren Umständen des Geschäfts abhängt. Ein Kaufvertrag über bewegliche Sachen (Warenkauf) kann insbesondere dem vorrangig anzuwendenden Einheitskaufrecht in Form des **UN-Übereinkommens über Verträge über den internationalen Warenkauf (Convention on the International Sales of Goods; CISG)** unterliegen, dazu Rz. 894 ff. Die Konvention gilt nicht nur unter den Vertragsstaaten (Art. 1 Abs. 1 lit. a CISG), sondern kann auch auf kollisionsrechtlichem Wege zur Anwendung kommen (Art. 1 Abs. 1 lit. b CISG). Allerdings ist der sachliche Anwendungsbereich des Einheitskaufrechts begrenzt, s. Rz. 896 ff. 891

Kollisionsrechtlich gelten für die subjektive Anknüpfung von Kaufverträgen die **Art. 3 ff. Rom I-VO**. Rechtswahl ist zulässig. Die objektive Anknüpfung solcher Verträge richtet sich nach dem Vertragsgegenstand; insofern stehen mehrere Bestimmungen zur Auswahl. Zum einen enthält die Rom I-VO in Art. 4 Abs. 1 lit. a für **Kaufverträge über bewegliche Sachen** (goods, biens) eine eigene Bestimmung. Danach unterliegen sie dem Recht des Staates, in dem der Verkäufer seinen gewöhnlichen Aufenthalt hat, näher Rz. 962. Eine eigene Bestimmung greift für bestimmte Kaufverträge über den **Kauf beweglicher Sachen durch Versteigerungen** ein (Art. 4 Abs. 1 lit. g Rom I-VO). Hier kommt es grundsätzlich auf den Ort der Versteigerung an, dazu Rz. 1031. 892

Kaufverträge über Grundstücke haben dingliche Rechte an unbeweglichen Sachen zum Gegenstand. Für sie gilt die Regelung in Art. 4 Abs. 1 lit. c Rom I-VO über Verträge, die ein dingliches Recht an unbeweglichen Sachen zum Gegenstand haben. Dies führt mangels Rechtswahl zum Belegenheitsort; s. Rz. 1501 ff. Soweit nicht die besonders genannten Vertragstypen in Betracht kommen, ist die charakteristische Leistung (Art. 4 Abs. 2 Rom I-VO) und hilfsweise die engste Verbindung (Art. 4 Abs. 4 Rom I-VO) maßgeblich. Allerdings geht eine **engere Verbindung** iSd. Art. 4 Abs. 3 Rom I-VO vor, dazu Rz. 169 ff. 893

B. Warenkauf

	Rz.
I. UN-Kaufrecht vom 11.4.1980 (CISG)	894
1. Allgemeines	894
2. Anwendung des Übereinkommens	895
a) Anwendungsbereich	895
aa) Räumlicher Anwendungsbereich	895
bb) Sachlicher Anwendungsbereich	896
(1) Bewegliche Sachen	896
(2) Internationale Käufe	897
(3) Ausgeschlossene Kaufverträge	898
(4) Niederlassung in verschiedenen Staaten	900
cc) Zeitlicher Anwendungsbereich	901
b) Anwendung unter Vertragsstaaten	902
c) Anwendung gegenüber Nichtvertragsstaaten	903
aa) Kollisionsrechtliche Anwendung	903
bb) Vorbehalt des Art. 95 CISG	904
d) Werklieferungs-, Werk- und Dienstleistungsverträge	905
e) Ausgeschlossene Fragen	906
aa) Gültigkeit des Vertrages	906
bb) Wirkungen auf das Eigentum	907
cc) Gültigkeit von Gebräuchen	908
dd) Verjährung	909
ee) Personenschäden	910
f) Ausschluss des Einheitskaufrechts	912
aa) Zulässigkeit des Ausschlusses	912
bb) Arten des Ausschlusses	913
g) Auslegung des Übereinkommens	915
h) Konventionenkonflikte	916
3. Inhalt des Einheitskaufrechts	917
a) Abschluss des Kaufvertrages	917
aa) Vertragsabschluss	917
bb) Allgemeine Geschäftsbedingungen und Bestätigungsschreiben	918
b) Formfreiheit	919
c) Schuldrechtliche Bestimmungen	920
d) Ungeregelte schuldrechtliche Fragen	922
e) Währung	923
4. Rechte und Pflichten der Parteien	924
a) Verkäuferpflichten und Rechtsbehelfe des Käufers	924
aa) Verkäuferpflichten	924
bb) Rechtsbehelfe des Käufers	925
b) Käuferpflichten und Rechtsbehelfe des Verkäufers	929
aa) Käuferpflichten	929
bb) Rechtsbehelfe des Verkäufers	930
c) Zinsen	931
5. Text des Einheitskaufrechts (Auszug)	932
II. Sonstiges Einheitsrecht – Internationale Formulare	941
1. Materielles Einheitsrecht	941
a) Haager Einheitskaufrecht	941
b) Stellvertretung beim Kauf	942
c) Materielle Gültigkeit	943
d) Verjährungsübereinkommen	944
e) Produkthaftung	945
f) Europäisches Kaufrecht	946
2. Europäisches Kollisionsrecht und Staatsverträge	947
a) Haager Kaufrechtsübereinkommen vom 15.6.1955	947
b) Haager Kaufrechtsübereinkommen vom 22.12.1986	949
c) Haager Übereinkommen über den Eigentumsübergang	950
d) Haager Produkthaftungsübereinkommen und Rom II-VO	951
3. Internationale Formulare	952
a) Incoterms	952
b) Trade Terms	953
c) ECE-Bedingungen	954
III. Bestimmung des Vertragsstatuts	961
1. Rechtswahl	961
2. Objektive Anknüpfung	962
a) Vorrang des Verkäuferrechts	962
b) Ausnahmen	963
3. Werklieferungsvertrag	965

	Rz.		Rz.
IV. Geltung des Vertragsstatuts	971	3. Eigentumsübergang beim Versendungskauf	996
1. Kaufpreiszahlung, Zahlungsbedingungen	971	4. Konnossement	998
2. Folgen verspäteter Kaufpreiszahlung	973	5. Sicherungsrechte	999
3. Leistungsgefahr	974	6. Eigentumsvorbehalt im Ausland	1001
4. Preisgefahr	975	7. Sicherungsübereignung im Ausland	1002
5. Gewährleistung, Schadensersatz	976	8. Eigentumsvorbehalt an Importgütern	1003
6. Rügepflicht	977	**VI. Anwendung zwingender Vorschriften**	1011
V. Eigentumsübergang und Eigentumsvorbehalt	991	**VII. Zusammenfassung mit Handlungsanleitung**	1021
1. Rechtsvereinheitlichung	991		
2. Anwendbares Recht und Eigentumsübergang	992		

I. UN-Kaufrecht vom 11.4.1980 (CISG)

Literatur (Auswahl): Materialien: Official Records of the United Nations Conference on Contracts for the International Sale of Goods (UN Doc. A/CONF. 97/19; 1981); Deutsche Denkschrift zum Übereinkommen, BT-Drucks. 11/3076, S. 38 ff.; Botschaft betreffend das Wiener Übereinkommen über Verträge über den internationalen Warenkauf, schweiz. BBl. I 1989, 745 ff.

Kommentare: *Achilles*, Kommentar zum UN-Kaufrechtsübereinkommen (2000); *Bianca/Bonell*, Commentary on the International Sales Law (1987); *Enderlein/Maskow/Stargardt*, Kaufrechtskonvention der UNO (Berlin-Ost 1985); *Herber/Czerwenka*, Internationales Kaufrecht (1991); *Honsell* (Hrsg.), Kommentar zum UN-Kaufrecht, 2. Aufl. (2008); *Magnus*, in: Staudinger, Wiener UN-Kaufrecht (CISG) (Bearbeitung 2005); *Reinhart*, UN-Kaufrecht (1991); *Schlechtriem* (Hrsg.), Commentary on the UN Convention on the international sale of goods – CISG, 2. Aufl. (Oxford 2005); *Schlechtriem/Schwenzer* (Hrsg.), Kommentar zum Einheitlichen UN-Kaufrecht, 5. Aufl. (2008); *Witz/Salger/M. Lorenz*, International Einheitliches Kaufrecht (2000).

Monografien und Aufsätze: *Van Alstine*, Fehlender Konsens beim Vertragsabschluss nach einheitlichem UN-Kaufrecht (1995); *Asam*, UN-Kaufrechtsübereinkommen im deutsch-italienischen Rechtsverkehr, RIW 1989, 942; *Asam/Kindler*, Ersatz des Zins- und Geldentwertungsschadens nach dem Wiener Kaufrechtsübereinkommen vom 11.4.1980 bei deutsch-italienischen Kaufverträgen, RIW 1989, 841; *Benicke*, Zur Vertragsaufhebung nach UN-Kaufrecht bei Lieferung mangelhafter Ware, IPRax 1997, 326; *Bonsau/Feuerriegel*, Die Probleme der Bestimmung der Fälligkeitszinsen im UN-Kaufrecht, IPRax 2003, 421; *Burkart*, Interpretatives Zusammenwirken von CISG und UNI-DROIT Principles (2000); *Corterier*, Zinsen in einheitlicher Rechtsanwendung, ZfRV 2003, 43; *Czernich*, UN-Kaufrecht – Gestaltungsmöglichkeiten in der Vertragspraxis durch nachträgliche Rechtswahl, WBl. 1997, 230; *Czerwenka*, Rechtsanwendungsprobleme im internationalen Kaufrecht (1988); *Daun*, Öffentlichrechtliche „Vorgaben" im Käuferland und Vertragsmäßigkeit der Ware nach UN-Kaufrecht, NJW 1996, 29; *Daun*, Grundzüge des UN-Kaufrechts, JuS 1997, 811; *Dechow*, Die Anwendbarkeit des UN-Kaufrechts im internationalen Kunsthandel (2000); *Diedrich*, Lückenfüllung im Internationalen Einheitsrecht, RIW 1995, 353; *Doralt* (Hrsg.), Das UNCITRAL-Kaufrecht im Vergleich zum österreichischen Recht (Wien 1985); *Ebenroth*, Internationale Vertragsgestaltung im Spannungsverhältnis zwischen AGBG, IPR-Gesetz und UN-Kaufrecht, JBl.

1986, 681; *Enderlein*, Vertragsaufhebung und Pflicht zur Kaufpreiszahlung nach UN-Kaufrecht, IPRax 1996, 182; *B. Ernst*, Das Wiener Übereinkommen von 1980 über Verträge über den internationalen Warenkauf (UN-Kaufrecht) im Recht der Produkthaftung (2002); *Escher*, UN-Kaufrecht: Stillschweigender Verzicht auf Einwand einer verspäteten Mängelrüge?, RIW 1999, 495; *Esser*, Die letzte Glocke zum Geleit? Kaufmännisches Bestätigungsschreiben im Internationalen Handel, ZfRV 29 (1988), 167; *Ferrari*, Das Verhältnis zwischen den Unidroit-Grundsätzen und den allgemeinen Grundsätzen internationaler Einheitsprivatrechtskonventionen, JZ 1998, 9; *Ferrari*, Der Begriff des „internationalen Privatrechts" nach Art. 1 Abs 1 lit. b des UN-Kaufrechts, ZEuP 1998, 160; *Ferrari*, Der Vertriebsvertrag als vom UN-Kaufrechtsübereinkommen (nicht) erfasster Vertragstyp, EuLF 2000/01, 7; *Ferrari*, Internationales Kaufrecht einheitlich ausgelegt, IHR 2001, 56; *Ferrari*, Zum vertraglichen Ausschluss des UN-Kaufrechts, ZEuP 2002, 737; *Ferrari*, Verzugszinsen nach Art. 78 UN-Kaufrecht, IHR 2003, 153; *Freiburg*, Das Recht auf Vertragsaufhebung im UN-Kaufrecht: unter besonderer Berücksichtigung der Ausschlussgründe (2001); *Frigge*, Externe Lücken und Internationales Privatrecht im UN-Kaufrecht (Art. 7 Abs. 2) (1994); *Galston/Smit* (Hrsg.), International Sales – The United Nations Convention on Contracts for the International Sale of Goods (New York 1984); *Gebauer*, Neuer Klägergerichtsstand durch Abtretung einer dem UN-Kaufrecht unterliegenden Zahlungsforderung?, IPRax 1999, 432; *Gstoehl*, Das Verhältnis von Gewährleistung nach UN-Kaufrecht und Irrtumsanfechtung nach nationalem Recht, ZfRV 39 (1998) 1; *Hager/Posch* (Hrsg.), Das einheitliche Wiener Kaufrecht – Neues Recht für den internationalen Warenkauf (Wien 1992); *Happ*, Anwendbarkeit völkerrechtlicher Auslegungsmethoden auf das UN-Kaufrecht, RIW 1997, 376; *Hau*, Zu den Voraussetzungen gepflogenheitsgemäßer Einbeziehung von AGB-Gerichtsstandsklauseln, IPRax 2005, 301; *Hennemann*, AGB-Kontrolle im UN-Kaufrecht aus deutscher und französischer Sicht (Diss. Tübingen 2001); *Herber*, Mangelfolgeschäden nach dem CISG und nationales Deliktsrecht, IHR 2001, 187; *Herber*, Das Verhältnis des CISG zu anderen Übereinkommen und Rechtsnormen, insbesondere zum Gemeinschaftsrecht der EU, IHR 2004, 89; *Herrmann*, Einheitliches Kaufrecht für die Welt – UN-Übereinkommen über internationale Warenkaufverträge, IPRax 1981, 109; *Herrmann*, Einheitliches Kaufrecht für die Welt, IPRax 1990, 109; *Holl/Keßler*, „Selbstgeschaffenes Recht der Wirtschaft" und Einheitsrecht, RIW 1995, 457; *Holthausen*, Vertraglicher Ausschluss des UN-Übereinkommens über internationale Warenkaufverträge, RIW 1989, 513; *Honnold*, Documentary History of the 1980 Uniform Law for International Sales (Dordrecht 1989); *Honnold*, Uniform Law for International Sales, 3. Aufl. (The Hague 1999), zit. ULIS; *P. Huber*, Der UNCITRAL-Entwurf eines Übereinkommens über internationale Warenkaufverträge, RabelsZ 43 (1979), 413, 530; *P. Huber*, UN-Kaufrecht und Irrtumsanfechtung, ZEuP 1994, 585; *P. Huber*, Internationales Deliktsrecht und Einheitskaufrecht, IPRax 1996, 91; *P. Huber*, Mangelfolgeschäden – Deliktstatut trotz Einheitskaufrechts, IPRax 1997, 22; *Hübner*, Internationale Kaufverträge im Spannungsfeld von UN-Kaufrecht, Unidroit-Principles und Europarecht, Festschr. Westermann (2008), S. 337; *Janssen*, Die Einbeziehung von Allgemeinen Geschäftsbedingungen in internationale Kaufverträge und die Bedeutung der UNIDROIT- und der Lando-Principles, IHR 2004, 194; *Jungemeyer*, Kaufvertragliche Durchgriffsrechte in grenzüberschreitenden Lieferketten und ihr Verhältnis zum Einheitlichen UN-Kaufrecht (2009); *Kampf*, UN-Kaufrecht und Kollisionsrecht, RIW 2009, 297; *Karollus*, UN-Kaufrecht (Wien 1991); *Kappus*, Vertragsaufhebung nach UN-Kaufrecht in der Praxis, NJW 1994, 984; *Kern*, Ein einheitliches Zurückbehaltungsrecht im UN-Kaufrecht?, ZEuP 2000, 837; *Kindler*, Die Anwendungsvoraussetzungen des Wiener Kaufrechtsübereinkommens der Vereinten Nationen im deutsch-italienischen Rechtsverkehr, RIW 1988, 776; *Kindler*, Sachmängelhaftung, Aufrechnung und Zinssatzbemessung, IPRax 1996, 16; *R. Koch*, Zur Bestimmung des Begriffs der wesentlichen Vertragsverletzung im UN-Kaufrecht im Falle der Lieferung nicht vertragsgemäßer Ware, RIW 1995, 98; *R. Koch*, Wider den formularmäßigen Ausschluss des UN-Kaufrechts, NJW 2000, 910; *Köhler*, Das UN-Kaufrecht (CISG) und sein Anwendungsausschluss (2007); *Königer*, Die Bestimmung der gesetzlichen Zinshöhe nach dem deutschen Internationalen Privatrecht (1997); *Kuhlen*, Produkthaftung im internationalen Kaufrecht (1997); *Lehmkuhl*, Das Nacherfüllungsrecht des Verkäufers im UN-Kaufrecht (2002); *Lögering*, CISG und internationale Handelsklauseln (2008); *Loewe*, Kaufrechtsübereinkommen – Lückenfüllung durch nicht amtliche Kodifikationen, in: Transport- und Vertriebsrecht 2000 – Festg. Herber (2000), S. 7; *Lohmann*, Parteiautonomie und UN-Kaufrecht (2005); *Ludwig*, Der Vertragsschluss nach UN-Kaufrecht im Spannungsverhältnis von Common Law und Civil Law (1994); *Lurger*, Die wesentliche Vertragsverletzung nach Art. 25 CISG, IHR 2001, 91; *Magnus*, Das UN-Kaufrecht tritt in Kraft!, RabelsZ 51 (1987), 123; *Magnus*, Währungsfragen im einheitlichen Kaufrecht, RabelsZ 53 (1989), 166; *Magnus*, Zum räumlich-internationalen Anwendungsbereich des UN-Kaufrechts und zur Mängelrüge, IPRax 1993, 390; *Magnus*, Die allgemeinen Grundsätze im UN-Kaufrecht, RabelsZ 59 (1995), 469; *Magnus*, Stand und Entwicklung des UN-Kaufrechts, ZEuP 1995, 202; *Magnus*, Unbestimmter Preis und UN-Kaufrecht, IPRax 1996, 145; *Magnus*, Das UN-Kaufrecht – Fragen und Probleme seiner praktischen Bewährung, ZEuP 1997, 823; *Magnus*, Die Rügeobliegenheit des Käufers im UN-Kaufrecht, TranspR-IHR 1999, 29; *Magnus*, Wesentliche Fragen des UN-Kaufrechts, ZEuP 1999, 642; *Magnus*, Das Schadenskonzept des CISG und transportrechtliche Konventionen, in: Transport- und Vertriebsrecht 2000 – Festg. Herber (2000), S. 27; *Magnus*, Force Majeure and the CISG, in: Sarcevic Volken (Hrsg.), The International Sale of Goods Revisited (The Hague 2001), S. 1; *Magnus*, Das UN-Kaufrecht – aktuelle Entwicklungen und Rechtsprechungspraxis, ZEuP 2002, 523; *Magnus*, Das UN-Kaufrecht und die Erfüllungsortzuständigkeit in der neuen EuGVO, IHR 2002, 45; *Magnus*, 25 Jahre UN-Kaufrecht, ZEuP 2006, 96; *Magnus*, Das UN-Kaufrecht: stete Weiterentwicklung der Praxis, ZEuP 2008, 318; *Moecke*, Gewährleistungsbedingungen und Allgemeine Lieferbedingungen nach dem UNCITRAL-Übereinkommen über den Warenkauf, RIW 1983, 885; *Moecke*, Das UNCITRAL-Übereinkommen über den Warenkauf und die Allgemeinen Geschäftsbedingungen – doch etwas mehr als nichts?, RIW 1984, 678; *Morscher*, Staatliche Rechtssetzungsakte als Leistungshindernisse im internationalen Warenkauf (Basel/Frankfurt a.M. 1992); *Neumayer*, Offene Fragen zur Anwendung des Abkommens der Vereinten Nationen über den internationalen Warenkauf, RIW 1994, 99; *Niggemann*, Die Bedeutung des Inkrafttretens des UN-Kaufrechts für den deutsch-französischen Wirtschaftsverkehr, RIW 1991, 372; *Otte*, UN-Kaufrecht – Käuferrechte bei Weiterverarbeitung der Kaufsache bzw. unterlassener Untersuchung und Mängelanzeige, IPRax 1999, 352; *Otto*, Allgemeine Geschäftsbedingungen und internationales Privatrecht (1984); *Peter*, Ersatz von Inkassokosten im grenzüberschreitenden Rechtsverkehr nach UN-Kaufrecht?, IPRax 1999, 159; *Philip*, CISG and Gap Filling by National Law, IPRax 2000, 209; *Piltz*, Internationales Kaufrecht, 2. Aufl. (2008); *Piltz*, Anwendbares Recht in grenzüberschreitenden Kaufverträgen, IPRax 1994, 191; *Piltz*, INCOTERMS und UN-Kaufrecht, in: Transport und Vertriebsrecht 2000 – Festg. Herber (2000), S. 20; *Piltz*, Neue Entwicklungen im UN-Kaufrecht, NJW 2000, 553; *Piltz*, Gestaltung von Exportverträgen nach der Schuldrechtsreform, IHR 2002, 2; *Piltz*, Neue Entwicklungen im UN-Kaufrecht, NJW 2003, 2056; *Piltz*, AGB in UN-Kaufverträgen, IHR 2004, 133; *Piltz*, Neue Entwicklungen im UN-Kaufrecht, NJW 2007, 2159; *Plate*, Die Reichweite der Haftungsbefreiung nach Art. 79 UN-Kaufrecht, ZvglRW 106 (2007), 1; *Pünder*, Das Einheitliche UN-Kaufrecht – Anwendung kraft kollisionsrechtlicher Verweisung nach Art. 1 Abs. 1 lit. b UN-Kaufrecht, RIW 1990, 869; *Ranker*, UN-Kaufrecht: Identität des Vertragspartners und Beweiskraft privatschriftlicher Urkunden, IPRax 1995, 236; *Rathjen*, Haftungsentlastung des Verkäufers oder Käufers nach Art. 79, 80 CISG, RIW 1999, 561; *Rauscher*, Zuständigkeitsfragen zwischen CISG und Brüssel I, Festschr. Heldrich (2005), S. 933; *Reinhart*, Zum Inkrafttreten des UN-Kaufrechts für die Bundesrepublik Deutschland – Erste Entscheidungen deutscher Gerichte, IPRax 1990, 289; *Reinhart*, Fälligkeitszinsen und UN-Kaufrecht, IPRax 1991, 376; *Roßmeier*, Schadensersatz und Zinsen nach UN-Kaufrecht – Art. 74 bis 78 CISG, RIW 2000, 407; *Roth/Kunz*, Zur Bestimmbarkeit des Preises im UN-Kaufrecht,

RIW 1997, 17; *Schäfer*, Zur Anwendbarkeit des UN-Kaufrechts auf Werklieferungsverträge, IHR 2003, 118; *Schlechtriem*, Uniform Sales Law (Wien 1986); *Schlechtriem* (Hrsg.), Einheitliches Kaufrecht und nationales Obligationenrecht (1988), zit. Fachtagung; *Schlechtriem*, Vertragsmäßigkeit der Ware als Frage der Beschaffenheitsvereinbarung, IPRax 1996, 12; *Schlechtriem*, Wesentlicher Vertragsbruch durch Lieferung gezuckerten Weins, IPRax 1997, 132; *Schlechtriem*, Vertragsmäßigkeit der Ware und öffentlich-rechtliche Vorgaben, IPRax 1999, 388; *Schlechtriem*, Noch einmal: Vertragsgemäße Beschaffenheit der Ware bei divergierenden öffentlich-rechtlichen Qualitätsvorgaben, IPRax 2001, 161; *Schlechtriem*, Anwaltskosten als Teil des ersatzfähigen Schadens, IPRax 2002, 226; *Schlechtriem*, Internationales UN-Kaufrecht, 4. Aufl. (2007); *Schluchter*, Die Gültigkeit von Kaufverträgen unter dem UN-Kaufrecht (1996); *C. Schmid*, Das Zusammenspiel von Einheitlichem UN-Kaufrecht und nationalem Recht (1996); *C. Schmid*, Das Verhältnis von Einheitlichem Kaufrecht und nationalem Deliktsrecht am Beispiel des Ersatzes von Mangelfolgeschäden, RIW 1996, 905; *Schmidt-Kessel*, Einbeziehung von Allgemeinen Geschäftsbedingungen unter UN-Kaufrecht, NJW 2002, 3444; *Schmidt-Kessel*, Kollisionsrechtliche Behandlung der Einbeziehung Allgemeiner Geschäftsbedingungen unter dem CISG, ZEuP 2008, 605; *Schmidt-Kessel/Meyer*, Allgemeine Geschäftsbedingungen und UN-Kaufrecht, IHR 2008, 177; *D. Schneider*, UN-Kaufrecht und Produkthaftpflicht (Basel 1995); *Schroeter*, Die Anwendbarkeit des UN-Kaufrechts auf grenzüberschreitende Versteigerungen und Internet-Auktionen, ZEuP 2004, 20; *Schroeter*, UN-Kaufrecht und Europäisches Gemeinschaftsrecht (2005); *Siehr*, Der internationale Anwendungsbereich des UN-Kaufrechts, RabelsZ 52 (1988), 587; *Stadler*, Allgemeine Geschäftsbedingungen im internationalen Handel (2003); *Stadler*, Internationale Einkaufsverträge (2007); *Stadler*, Internationale Lieferverträge (2007); *Stoll*, Internationalprivatrechtliche Fragen bei der landesrechtlichen Ergänzung des Einheitlichen Kaufrechts, Festschr. Ferid (1988), S. 495; *Stoll*, Zur Haftung bei Erfüllungsverweigerung im Einheitlichen Kaufrecht, RabelsZ 52 (1988), 617; *Stoll*, Regelungslücken im Einheitlichen Kaufrecht und IPR, IPRax 1993, 75; *Stomberg*, Drafting Contracts Under the Convention on Contracts for the International Sale of Goods, Fla.Int.L.J. 3 (1988), 245; *Stumpf*, Das UNCITRAL-Übereinkommen über den Warenkauf und Allgemeine Geschäftsbedingungen – viel Lärm um Nichts?, RIW 1984, 352; *Su*, Die Rechtsmängelhaftung des Verkäufers nach UN-Kaufrecht und im chinesischen Recht, IPRax 1997, 284; *Teichert*, Lückenfüllung im CISG mittels UNIDROIT-Prinzipien (2006); *Teklote*, Die Einheitlichen Kaufgesetze und das deutsche AGB-Gesetz (1994); *Thiele*, Erfüllungsort bei der Rückabwicklung von Vertragspflichten nach Art. 81 UN-Kaufrecht, RIW 2000, 892; *Thiele*, Das UN-Kaufrecht vor US-amerikanischen Gerichten, IHR 2002, 8; *Vahle*, Der Erfüllungsanspruch des Käufers nach UN-Kaufrecht im Vergleich mit dem deutschen Kaufrecht, ZvglRW 98 (1999), 54; *Vékás*, Zum persönlichen und räumlichen Anwendungsbereich des UN-Einheitskaufrechts, IPRax 1987, 342; *Ventsch*, UN-Kaufrecht: Keine Einbeziehung von AGB durch Abrufmöglichkeit im Internet, IHR 2003, 224; *Verweyen/Foerster/Toufar*, Handbuch des internationalen Warenkaufs: UN-Kaufrecht (CISG) (2008); *Volken*, Das Wiener Übereinkommen über den internationalen Warenkauf – Anwendungsvoraussetzungen und Anwendungsbereich, in: Schlechtriem (Hrsg.), Einheitliches Kaufrecht und nationales Obligationsrecht (1987), S. 81; *Watté/Nuyts*, Le champ d'application de la Convention de Vienne sur la vente internationale, Clunet 130 (2003), 365; *Westermann*, Zum Anwendungsbereich des UN-Kaufrechts bei internationalen Kaufverträgen, DZWiR 1995, 1; *Witz/Wolter*, Die ersten Entscheidungen französischer Gerichte zum Einheitlichen UN-Kaufrecht, RIW 1995, 810; *Witz/Wolter*, Die neuere Rechtsprechung französischer Gerichte zum Einheitlichen UN-Kaufrecht, RIW 1998, 278; *Ziegler*, Leistungsstörungsrecht nach dem UN-Kaufrecht (1995). – Hinweise zu aktuellen Arbeitsmitteln und Internet-Datenbanken bei *Piltz*, NJW 2007, 2159 f.

1. Allgemeines

Das „**Übereinkommen der Vereinten Nationen über Verträge über den internationalen Warenkauf**"[1] (United Nations Convention on Contracts for the International Sale of Goods; **CISG**) wurde am 11.4.1980 in Wien gezeichnet (Text in Auszügen s. Rz. 932). Das vom Handelsrechtsausschuss der Vereinten Nationen (UNCITRAL) geschaffene Weltkaufrecht hat das **frühere Haager Einheitskaufrecht** von 1973 abgelöst, baut inhaltlich freilich vielfach auf seinen Regelungen auf. Wegen der großen Zahl von Ratifikationen hat es eine ganz erhebliche Bedeutung erlangt. Auch in der internationalen Schiedsgerichtsbarkeit wird das Übereinkommen angewendet[2].

894

2. Anwendung des Übereinkommens

a) Anwendungsbereich

aa) Räumlicher Anwendungsbereich

Das Übereinkommen gilt unmittelbar für die **Vertragsstaaten** (sog. autonome Anwendung), Art. 1 Abs. 1 lit. a. CISG. Es hat Vorrang vor der Rom I-VO[3]. Da es auch über das IPR der lex fori zur Anwendung kommen kann (Art. 1 Abs. 1 lit. b CISG), kann es allerdings auch für Nichtvertragsstaaten von Bedeutung sein. Die Bundesrepublik Deutschland hat der Konvention durch Gesetz vom 5.7.1989 (VertragsG) zugestimmt[4].

895

Weitere Vertragsstaaten sind:

Vertragsstaat	Inkrafttreten	BGBl.
Ägypten	1.1.1988	II 1990, 1477
Argentinien	1.1.1988	II 1990, 1477
Australien	1.4.1989	II 1990, 1477
Belarus	1.11.1990	II 1990, 1477
Belgien	1.11.1997	II 1997, 719
Bosnien-Herzegowina[5]	6.3.1992	II 1994, 3753
Bulgarien	1.8.1991	II 1990, 1477
Burundi	1.10.1999	II 1999, 115

---

1 BGBl. II 1989, 588, Berichtigung BGBl. II 1990, 1699.
2 S. Schiedssprüche des Int. Schiedsgerichts der österreich. Bundeskammer der gewerblichen Wirtschaft vom 15.6.1994, RIW 1995, 590 m. Anm. *Schlechtriem*. – W. Nachw. bei *Magnus*, ZEuP 1995, 204; *Piltz*, NJW 2003, 2058 ff.
3 *Schmidt-Kessel*, ZEuP 2008, 612; *Wagner*, IPRax 2008, 382 f.
4 Gesetz zu dem Übk. der Vereinten Nationen vom 11.4.1980 über Verträge über den internationalen Warenkauf sowie zur Änderung des Gesetzes zu dem Übereinkommen vom 19.5.1956 über den Beförderungsvertrag im internationalen Straßengüterverkehr (CMR), BGBl II 1989, 586.
5 Erklärung über die Weiteranwendung.

Vertragsstaat	Inkrafttreten	BGBl.
Chile	1.3.1991	II 1990, 1477
China	1.1.1988	II 1990, 1477
Dänemark	1.3.1990	II 1990, 1477
El Salvador	1.12.2007	II 2007, 341
Ecuador	1.2.1993	II 1992, 449
Estland	1.10.1994	II 1994, 10
Finnland	1.1.1989	II 1990, 1477
Frankreich	1.1.1988	II 1990, 1477
Gabun	1.1.2006	II 2006, 49
Georgien	1.9.1995	II 1995, 173
Griechenland	1.2.1999	II 1998, 880
Guinea	1.2.1992	II 1992, 449
Honduras	1.11.2003	II 2002, 2871
Irak	1.4.1991	II 1990, 1477
Island	1.6.2002	II 2001, 790
Israel	1.2.2003	II 2002, 776
Italien	1.1.1988	II 1990, 1477
Japan	1.8.2009	II 2009, 290
Jugoslawien, Bundesrepublik[1]	27.4.1992	II 2001, 790
Jugoslawien, ehemaliges	1.1.1988	II 1990, 1477
Kanada[2]	1.5.1992	II 1992, 449
Kirgisistan	1.6.2000	II 1999, 660
Kolumbien	1.8.2002	II 2001, 1068
Korea, Republik	1.3.2005	II 2004, 1330
Kroatien[3]	8.10.1991	II 1998, 2596
Kuba	1.12.1995	II 1995, 231
Lesotho	1.1.1988	II 1990, 1477
Lettland	1.8.1998	II 1998, 880

---

1 Erklärung über die Weiteranwendung.
2 Weitere Bek. BGBl. II 1993, 738 (Erstreckung auf Quebec, Saskatchewan und Yukon); BGBl. II 2003, 722 (Erstreckung auf Nunavut).
3 Erklärung über die Weiteranwendung.

Vertragsstaat	Inkrafttreten	BGBl.
Libanon	1.12.2009	II 2009, 290
Liberia	1.10.2006	II 2006, 49
Litauen	1.2.1996	II 1995, 814
Luxemburg	1.2.1998	II 1997, 1356
Mauretanien	1.9.2000	II 2000, 15
Mazedonien[1]	17.11.1991	II 2007, 341
Mexiko	1.1.1989	II 1990, 1477
Moldau, Republik	1.11.1995	II 1995, 231
Mongolei	1.1.1999	II 1998, 880
Montenegro[2]	3.6.2006	II 2007, 341
Neuseeland	1.10.1995	II 1995, 231
Niederlande	1.1.1992	II 1991, 675
Norwegen	1.8.1989	II 1990, 1477
Österreich	1.1.1989	II 1990, 1477
Paraguay	1.2.2007	II 2006, 338
Peru	1.4.2000	II 1999, 795
Polen	1.6.1996	II 1995, 814
Rumänien	1.6.1992	II 1992, 449
Russische Föderation[3]	1.1.1991	II 1991, 675
Sambia	1.1.1988	II 1990, 1477
Schweden	1.1.1989	II 1990, 1477
Schweiz	1.3.1991	II 1990, 1477
Singapur	1.3.1996	II 1995, 814
Slowakei[4]	1.1.1993	II 1994, 3753
Slowenien[5]	25.6.1991	II 1994, 3564
Sowjetunion, ehemalige	1.9.1991	II 1991, 675
Spanien	1.8.1991	II 1991, 675
St. Vicent und die Grenadinen	1.10.2001	II 2003, 955

1 Erklärung über die Weiteranwendung.
2 Erklärung über die Weiteranwendung.
3 Vertragspartei war bis zu ihrer Auflösung die Sowjetunion, BGBl. II 1992, 1016.
4 Erklärung über die Weiteranwendung.
5 Erklärung über die Weiteranwendung.

Vertragsstaat	Inkrafttreten	BGBl.
Syrien	1.1.1988	II 1990, 1477
Tschechische Republik[1]	1.1.1993	II 1994, 3753
Tschechoslowakei, ehemalige	1.4.1991	II 1990, 1477
Uganda	1.3.1993	II 1992, 449
Ukraine	1.2.1991	II 1990, 1477
Ungarn	1.1.1988	II 1990, 1477
Uruguay	1.2.2000	II 1999, 660
Usbekistan	1.1.1988	II 1997, 1019
Vereinigte Staaten von Amerika	1.1.1988	II 1990, 1477
Zypern	1.4.2006	II 2006, 49

bb) Sachlicher Anwendungsbereich

(1) Bewegliche Sachen

896 Das Übereinkommen gilt für internationale Warenkaufverträge (Art. 1 CISG). „Waren" („goods", „marchandises") sind bewegliche körperliche Gegenstände, welche typischerweise das Objekt eines Handelskaufs bilden[2]. Dabei geht es um die **Veräußerung**; eine bloße Nutzung der Sache wird nicht erfasst. Jedenfalls Standardsoftware ist als bewegliche Sache iSd. Einheitskaufrechts anzusehen[3]. Zum Unternehmenskauf s. Rz. 4391 ff.

(2) Internationale Käufe

897 Grundsätzlich gilt das Übereinkommen für den Kauf von beweglichen Sachen aller Art. Es beschreibt zwar Käufer- und Verkäuferpflichten (vgl. Art. 30, 53 CISG), definiert den Begriff des Kaufs jedoch nicht. Gemeint ist ein Austausch von üblichen und allgemein angenommenen Zahlungsmitteln gegen zu liefernde und zu übereignende Güter[4]. Doch nennt Art. 2 CISG eine Reihe von Ausnahmen (Versteigerungen, Wertpapiere, bestimmte Beförderungsmittel). Tauschgeschäfte werden vom Einheitsrecht nach ganz hM nicht erfasst[5]. Glei-

---

[1] Erklärung über die Weiteranwendung.
[2] *Magnus*, in: Staudinger, Art. 1 CISG Rz. 43 ff.
[3] *Magnus*, ZEuP 1995, 206; *Magnus*, in: Staudinger, Art. 1 CISG Rz. 44. S. dagegen für die Herstellung von Individualsoftware OLG Köln 26.8.1994, IPRspr. 1994 Nr. 37 = RIW 1994, 970.
[4] Vgl. *Whinship*, in: Galston/Smit, S. 1–22; *Magnus*, in: Staudinger, Art. 1 CISG Rz. 13.
[5] *Piltz*, NJW 2007, 2160; *Czerwenka*, S. 141 f.; *Magnus*, in: Staudinger, Art. 1 CISG Rz. 29.

ches dürfte für Leasingverträge gelten[1]. Nicht erfasst wird nach hM auch der Rahmenvertrag eines Vertriebsvertrages[2]. Dagegen fallen die in seinem Rahmen geschlossenen Einzellieferungsverträge in den Anwendungsbereich[3] (näher Rz. 2294 f.).

Erforderlich ist eine **Niederlassung** der Parteien in verschiedenen Staaten; ob die Ware im- oder exportiert werden soll, ist nicht entscheidend. Weitere Anforderungen an die Internationalität des Kaufs werden nicht gestellt. Auf die persönlichen Eigenschaften der Parteien kommt es – mit Ausnahme ihrer Niederlassung – grundsätzlich nicht an. Unerheblich ist insbesondere ihre Staatsangehörigkeit. Nicht entscheidend ist auch, ob es sich um einen Handelskauf oder einen bürgerlich-rechtlichen Kaufvertrag handelt (Art. 1 Abs. 3 CISG).

(3) Ausgeschlossene Kaufverträge

Das UN-Einheitskaufrecht enthält keine Sonderregeln zugunsten des schwächeren Vertragsteils und findet grundsätzlich keine Anwendung auf erkennbare **Verbraucherkäufe** (Art. 2 lit. a CISG). Es gilt nicht für den Kauf von Ware für den persönlichen Gebrauch oder den Gebrauch in der Familie oder im Haushalt, es sei denn, dass der Verkäufer vor oder bei Vertragsabschluss weder wusste noch wissen musste, dass die Ware für einen solchen Gebrauch (bzw. Verbrauch) gekauft wurde. Voraussetzung ist also die Erkennbarkeit. UN-Kaufrecht kommt daher zur Anwendung, wenn der Verkäufer den privaten Zweck nicht kannte oder kennen musste[4]. Es ist Sache des Käufers, die andere Partei vom privaten Zweck des Geschäfts in Kenntnis zu setzen. Kollisionsrechtlich sind in erster Linie Art. 6 Rom I-VO, hilfsweise Art. 3 sowie Art. 4 Abs. 1 lit. a Rom I-VO heranzuziehen[5].

898

Das Übereinkommen zählt eine Reihe von weiteren Ausnahmen auf. So findet es keine Anwendung auf Käufe bei **Versteigerungen** (Art. 2 lit. b CISG), dh. öffentlichen Verkauf durch Zuschlag an den Meistbietenden. Dies gilt insbesondere für den Kauf auf privaten Auktionen[6]. Insoweit greifen dann gegebenenfalls die Art. 3 und Art. 4 Abs. 1 lit. g Rom I-VO ein[7]; näher unten Rz. 1031 ff.

899

Das Einheitskaufrecht ist ferner nicht auf Käufe auf Grund von **Zwangsvollstreckungsmaßnahmen** oder anderen gerichtlichen Maßnahmen anwendbar (Art. 2 lit. c CISG). Dazu gehört insbes. die Zwangsversteigerung in Einzelvollstreckung und Insolvenzverfahren[8].

---

1 *Magnus*, in: Staudinger, Art. 1 CISG Rz. 34 mwN.
2 OLG Jena 27.8.2008, NJW 2009, 689. – S. die Nachw. bei *Ferrari*, EuLF 2000/01, 7 ff.; *Magnus*, ZEuP 2002, 528 f.; *Magnus*, ZEuP 2008, 322 f.; *Thiele*, IHR 2002, 10 ff.
3 OLG Düsseldorf 11.7.1996, IPRspr. 1996 Nr. 37 = NJW-RR 1997, 822; OLG München 9.7.1997, IPRspr. 1997 Nr. 42 = Forum Int. R. 1998, 29.
4 *Czerwenka*, S. 149 ff.; *Magnus*, in: Staudinger, Art. 2 CISG Rz. 22.
5 *Wagner*, IPRax 2008, 383.
6 *Mankowski*, in: Spindler/Wiebe, (Hrsg.), Internet-Auktionen und Elektronische Marktplätze, 2. Aufl. (2005), Rz. 66 f.; *Magnus*, in: Staudinger, Art. 2 CISG Rz. 33.
7 *Wagner*, IPRax 2008, 384.
8 *Magnus*, in: Staudinger, Art. 2 CISG Rz. 37.

Das Übereinkommen gilt auch nicht für Käufe von **Wertpapieren** (stocks, shares, securities, negotiable instruments; Art. 2 lit. d CISG). Darunter sind in erster Linie Aktien und Inhaberschuldverschreibungen sowie Wechsel und Scheck zu verstehen. Kaufverträge über Dokumente, die Waren repräsentieren, werden regelmäßig als Kauf der Sache selbst vom Einheitsrecht erfasst[1]. Dies gilt etwa für Konnossemente. Im internationalen Effekten- und Devisenhandel verkaufte in- und ausländische Zahlungsmittel (insbes. Geld) sind ebenfalls ausgeschlossen.

Verträge über **Luftfahrzeuge sowie See- und Binnenschiffe** sind nach Art. 2 lit. e CISG auch dann ausgenommen, wenn die Eigentumsverhältnisse an ihnen nicht eintragungspflichtig sind. Bei wörtlicher Auslegung würde dies dazu führen, dass solche Fahrzeuge stets – unabhängig von ihrer Größe – ausgeschlossen sind[2].

Ausgeschlossen sind auch Kaufverträge über die – nicht als Sache betrachtete – **elektrische Energie** (Art. 2 lit. f CISG).

(4) Niederlassung in verschiedenen Staaten

900 Das UN-Einheitskaufrecht setzt voraus, dass die Parteien ihre Niederlassung in verschiedenen Staaten (für Art. 1 Abs. 1 lit. a auch in Vertragsstaaten) haben. Haben die Parteien ihre Niederlassung im gleichen Staat, so gilt das Einheitsrecht nicht. Zur Nichtanwendung der Konvention kann es auch über Art. 94 CISG kommen, wenn die Fiktion erklärt wurde, die Gebiete einzelner Vertragsstaaten seien nicht verschiedene Gebiete.

Der **Niederlassungsbegriff** ist vertragsautonom auszulegen. Vorausgesetzt wird eine Einrichtung von gewisser Dauer, Stabilität und mit bestimmten Befugnissen, an der Geschäfte betrieben werden. Eine rechtliche Selbstständigkeit und eine kaufmännische Leitung werden nicht verlangt. Eine Zweigniederlassung reicht aus[3]. Bei natürlichen Personen genügt auch der gewöhnliche Aufenthalt (Art. 10 lit. b CISG). Auch bei einem Internet-Auftritt kommt es auf die reale Niederlassung an[4].

Das Übereinkommen stellt lediglich auf die Niederlassung der Parteien, nicht aber darauf ab, ob die Lieferung der Kaufsache grenzüberschreitend erfolgt. Folglich gelten – soweit das Übereinkommen nicht vereinbart wurde – die gewöhnlichen Regeln des unvereinheitlichten internationalen Kaufrechts, wenn beide Vertragsparteien ihre Niederlassung im gleichen Staat haben und die Ware lediglich aus einem anderen Staat importiert werden soll. Auf der anderen Seite findet das Übereinkommen dann Anwendung, wenn sich die Ware in ei-

---

1 *Czerwenka*, S. 152; *Magnus*, in: Staudinger, Art. 2 CISG Rz. 41.
2 Für einen Ausschluss des UN-Kaufrechts für Schiffe von nicht unbedeutender Größe *Czerwenka*, S. 154; *Magnus*, in: Staudinger, Art. 2 CISG Rz. 46.
3 *Vékás*, IPRax 1987, 342; *Ferrari*, in: Schlechtriem/Schwenzer, Art. 1 CISG Rz. 46.
4 Näher *Magnus*, in: Graf/Paschke/Stober (Hrsg.), Das Wirtschaftsrecht vor den Herausforderungen des e-commerce (2002), S. 19 (23).

nem Staat befindet und auch dort verbleiben soll, die Parteien aber in verschiedenen Staaten niedergelassen sind[1].

Da das internationale Element erkennbar sein muss, bleibt die Tatsache allein, dass die Parteien ihre Niederlassung in verschiedenen Staaten haben, dann außer Betracht, wenn sie weder aus dem Vertrag noch früheren Geschäftsbeziehungen oder aus Informationen der Parteien hervorgeht (Art. 1 Abs. 2 CISG). In diesen Fällen – zB bei verdeckter Stellvertretung – gilt das nationale Kollisionsrecht[2].

Ein Vertrag, der nach seinem Erscheinungsbild ein **Inlandskauf** und kein internationales Geschäft bildet, kann auch nicht als Kauf iSd. Übereinkommens behandelt werden. Das „Hervorgehen" des internationalen Charakters ist nach einem objektiven Maßstab zu bestimmen[3]. Positive Kenntnis ist nicht erforderlich; „Kennenmüssen" genügt[4]. Die Erkennbarkeit ist gegeben, wenn eine verständige Partei aus den ihr bekannt gewordenen Tatsachen auf eine Niederlassung in verschiedenen Staaten schließen konnte.

Besitzt eine der Kaufvertragsparteien **mehrere Niederlassungen**, so ist diejenige maßgeblich, welche unter Berücksichtigung der vor oder bei Vertragsschluss den Parteien bekannten oder von ihnen in Betracht gezogenen Umständen die engste Beziehung zu dem Vertrag und zu seiner Erfüllung hat (Art. 10 lit. a CISG). Darauf deuten insbesondere der Vertragsschluss und die Erfüllung (Lieferung oder Zahlung) hin. Ob es sich um eine Haupt- oder Zweigniederlassung handelt, ist dagegen nicht entscheidend. Sind Vertragsschluss und Erfüllung verschiedenen Niederlassungen zuzurechnen, so ist auf den Einzelfall abzustellen[5]. Dabei kommt dem Vertragsschluss besonderes Gewicht zu.

cc) Zeitlicher Anwendungsbereich

Das UN-Kaufrecht gilt seit dem 1.1.1988. Für die Bundesrepublik Deutschland ist es am 1.1.1991 in Kraft getreten[6]. Im Gebiet der ehemaligen DDR war das Einheitsrecht bereits seit dem 1.3.1990 in Kraft[7]. Die Regeln des Übereinkommens über den Vertragsabschluss gelten für Angebote ab dem Zeitpunkt des In-Kraft-Tretens (Art. 100 Abs. 1 CISG). Das materielle Kaufrecht findet auf nach In-Kraft-Treten des Übereinkommens geschlossene Verträge Anwendung (Art. 100 Abs. 2 CISG). Für vor diesem Zeitpunkt abgeschlossene Kaufverträge

901

---

1 *Volken*, in: Schlechtriem, S. 93; *Piltz*, NJW 2007, 2160.
2 *Whinship*, in: Galston/Smit, S. 1–21.
3 *Ferrari*, in: Schlechtriem/Schwenzer, Art. 1 CISG Rz. 49; *Magnus*, in: Staudinger, Art. 1 CISG Rz. 73.
4 *Schlechtriem*, IPRax 1990, 278; *Magnus*, in: Staudinger, Art. 1 CISG Rz. 74. Anders *Siehr*, RabelsZ 52 (1988), 51.
5 Vgl. *Czerwenka*, S. 133 f.; *Eörsi*, in: Galston/Smit, S. 2–29.
6 Bek. v. 23.10.1990, BGBl. II 1990, 1477.
7 Zu der Frage, ob das UN-Kaufrecht mit dem Ende der DDR für das Gebiet dieses Staates zunächst außer Kraft getreten war, s. *Magnus*, in: Staudinger, Einl. zum CISG Rz. 15 mwN.

war das Vertragsstatut nach den Art. 27 ff. EGBGB (heute Art. 3 ff. Rom I-VO) zu bestimmen (vgl. unten Rz. 961).

b) Anwendung unter Vertragsstaaten

902 Das Einheitsrecht kommt zur Anwendung (sog. **autonome Anwendung**), wenn die Vertragsparteien ihre Niederlassung jeweils in einem der Vertragsstaaten haben und der Kaufvertrag in den sachlichen Anwendungsbereich der Konvention fällt (Art. 1 Abs. 1 lit. a CISG). Die gewöhnlichen Kollisionsregeln bleiben insofern außer Betracht. Über einen Vorbehalt nach Art. 94 CISG kann allerdings die Fiktion erklärt werden, die Gebiete einzelner Vertragsstaaten seien nicht verschiedene Gebiete. Unter diesen Ländern (zB Skandinavien) können dann insgesamt oder auf Teilgebieten weiterhin andere vereinheitlichte Regeln angewendet werden[1]. Der regionalen Rechtsvereinheitlichung wird also Vorrang eingeräumt.

c) Anwendung gegenüber Nichtvertragsstaaten
aa) Kollisionsrechtliche Anwendung

903 Das UN-Kaufrecht kann auch mittelbar auf einem kollisionsrechtlichen Weg (also über Art. 3 ff. Rom I-VO) zur Anwendung kommen, wenn nur eine oder keine der Parteien in einem Vertragsstaat niedergelassen ist. Voraussetzung ist, dass die Parteien ihre Niederlassung in verschiedenen Staaten haben und dass die Regeln des nationalen IPR des Forums (zunächst unter Außer-Acht-Lassen derjenigen des Einheitsrechts) zur Anwendung des Rechts eines Vertragsstaates führen (Art. 1 Abs. 1 lit. b CISG). Hauptfolge dieser „**Vorschaltlösung**" ist, dass das Einheitsrecht in einem Vertragsstaat auch gegenüber einem Nichtvertragsstaat anzuwenden ist, wenn das IPR des Vertragsstaates sein eigenes Recht für maßgeblich erklärt[2]. Objektive Anknüpfung (vgl. Art. 4 Rom I-VO) und Rechtswahl werden insoweit gleich behandelt[3]. Folglich bedeutet eine einschränkungslose Vereinbarung deutschen Rechts auch die Geltung des UN-Kaufrechts[4].

Das Einheitsrecht kann auch in **Nichtvertragsstaaten** angewendet werden. Haben nämlich beide Parteien ihre Niederlassung in Vertragsstaaten, so ist das Übereinkommen von den Gerichten eines Nichtvertragsstaates dann anzuwenden, wenn dessen nationale Kollisionsregeln auf das Recht eines der Ver-

---

1 Vgl. *Volken*, in: Schlechtriem, S. 89.
2 Schiedsgericht Handelskammer Hamburg 21.3.1996, IPRspr. 1996 Nr. 212a = NJW 1996, 3229; *Piltz*, NJW 2003, 2058 f.
3 *Czerwenka*, S. 160 f.; *Ferrari*, in: Schlechtriem/Schwenzer, Art. 1 CISG Rz. 73; *Magnus*, in: Staudinger, Art. 1 CISG Rz. 101.
4 OLG Düsseldorf 8.1.1993, NJW-RR 1993, 999 = IPRax 1993, 412 (m. zust. Aufs. *Magnus*, IPRax 1993, 390) (Lieferung von Einlegegurken aus der Türkei nach Deutschland. CISG galt auf Grund Vereinbarung deutschen Rechts im Zivilprozess); OLG Köln 22.2.1994, IPRspr. 1994 Nr. 29 = RIW 1994, 972 = IPRax 1995, 393 (m. Aufs. *Reinhart*, IPRax 1995, 365) = EWiR 1994, 867 Anm. *Schlechtriem*; *Magnus*, in: Staudinger, Art. 1 CISG Rz. 104.

tragsstaaten *verweisen*. Rück- und Weiterverweisung sind stets unbeachtlich[1]. Ferner ist es möglich, dass das Kollisionsrecht eines Nichtvertragsstaates auf das Sachrecht eines Vertragsstaates verweist. Auf diese Weise wurde das Einheitskaufrecht bereits in Deutschland angewendet, bevor das Übereinkommen hier in Kraft trat[2].

Eine **ausdrückliche Wahl der CISG** als anwendbares Recht ist zwar möglich. Eine derartige Vereinbarung hat nach hM jedoch nur die Wirkung einer materiellrechtlichen, nicht dagegen einer kollisionsrechtlichen Vereinbarung, ersetzt also nicht die Bestimmung eines Vertragsstatuts[3], s. oben Rz. 101.

bb) Vorbehalt des Art. 95 CISG

Der Vorbehalt des Art. 95 CISG ermöglicht es Vertragsstaaten, den kollisionsrechtlichen Weg der Geltung des Einheitsrechts *auszuschließen*. Das UN-Kaufrecht kommt dann für sie nur auf dem autonomen Weg über Art. 1 Abs. 1 lit. a CISG zur Anwendung[4]. Gegenüber Nichtvertragsstaaten gilt es nicht. Wird auf das Recht eines Vorbehaltsstaates verwiesen, so kommen seine unvereinheitlichten Normen zur Anwendung. Den Vorbehalt nach Art. 95 CISG haben China, Singapur, die Slowakei, die Tschechische Republik und die USA erklärt. Das deutsche VertragsG zum UN-Kaufrecht vom 5.7.1989 enthält für diesen Fall eine ergänzende Klarstellung, die sicherstellen soll, dass in Deutschland ebenso entschieden wird wie im Vorbehaltsstaat selbst, dh. der ausländische Vorbehalt ist zu beachten[5].

904

Art. 2 [Gesetz zu dem Übereinkommen der Vereinten Nationen vom 11.4.1980 über Verträge über den internationalen Warenkauf]

Führen die Regeln des internationalen Privatrechts zur Anwendung des Rechts eines Staates, der eine Erklärung nach Artikel 95 des Übereinkommens von 1980 abgegeben hat, so bleibt Artikel 1 Absatz 1 Buchstabe b des Übereinkommens außer Betracht.

---

1 *Vékás*, IPRax 1987, 344. Daher überflüssig die Prüfung in OLG Karlsruhe 20.11.1992, IPRspr. 1992 Nr. 50 = NJW-RR 1993, 1316.
2 S. etwa im Verhältnis zu Frankreich OLG Frankfurt a.M. 13.6.1991, IPRspr. 1991 Nr. 38 = NJW 1991, 3102; OLG Karlsruhe 20.11.1992, IPRspr. 1992 Nr. 50 = NJW-RR 1993, 1316; OLG Koblenz 17.9.1993, IPRspr. 1993 Nr. 35 = RIW 1993, 934; OLG Düsseldorf 10.2.1994, IPRspr. 1994 Nr. 26 = RIW 1995, 53. Zu Italien OLG Koblenz 23.2.1990, IPRspr. 1990 Nr. 228 = IPRax 1991, 241 (m. Aufs. *Hanisch*, IPRax 1991, 215); OLG Frankfurt a.M. 17.9.1991, IPRspr. 1991 Nr. 42 = NJW 1992, 633; KG 24.1.1994, IPRspr. 1994 Nr. 25 = RIW 1994, 683; LG Aachen 3.4.1990, IPRspr. 1990 Nr. 31 = RIW 1990, 491; LG Hamburg 26.9.1990, IPRspr. 1990 Nr. 42 = IPRax 1991, 400 (m. Aufs. *Reinhart*, IPRax 1991, 376); AG Frankfurt a.M. 31.1.1991, IPRax 1991, 345 Bericht *Jayme* = IPRspr. 1991 Nr. 34 (LS). Dies galt allerdings nicht für den umgekehrten Fall, in dem deutsches Verkäuferrecht zur Anwendung kam, s. etwa OLG Karlsruhe 11.2.1993, IPRspr. 1993 Nr. 136 = DZWiR 1994, 70 Anm. *Chillagano-Busl*.
3 Näher *Mankowski*, RIW 2003, 10 f.
4 *Magnus*, ZEuP 1995, 205; *Ferrari*, in: Schlechtriem/Schwenzer, Art. 95 CISG Rz. 2. Anders *Czerwenka*, S. 159. Übersehen von OLG Düsseldorf 2.7.1993, RIW 1993, 845 = EWiR 1993, 1075 m. insoweit abl. Anm. *Schlechtriem*.
5 *Ferrari*, in: Schlechtriem/Schwenzer, Art. 1 CISG Rz. 79; *Magnus*, in: Staudinger, Art. 2 VertragsG Rz. 1.

d) Werklieferungs-, Werk- und Dienstleistungsverträge

905 Werklieferungsverträge über herzustellende oder zu erzeugende (vertretbare oder unvertretbare) Waren sind Kaufverträgen gleichgestellt (Art. 3 Abs. 1 CISG). Sie werden aber nur dann erfasst, wenn sie sich auf die **Herstellung von Waren** iSd. Einheitskaufrechts beziehen[1]. Ferner besteht eine Ausnahme, wenn der Besteller einen „wesentlichen Teil" der für die Herstellung oder Erzeugung notwendigen Stoffe selbst zur Verfügung gestellt hat[2]. Überwiegend wird die Wesentlichkeit allein nach dem Materialwert bestimmt[3].

Eine Ausnahme für Werk- und Dienstleistungsverträge enthält Art. 3 Abs. 2 CISG. Besteht der überwiegende Teil der Pflichten des Lieferanten in der Ausführung von Arbeiten oder anderen Dienstleistungen, so gilt das Einheitskaufrecht nicht. Gemeint sind Verträge, die – wie etwa der Anlagenbau – nicht von der Warenlieferung, sondern von **anderen, kauffremden Elementen geprägt** werden[4]. Welcher Teil der überwiegende ist, ergibt sich bei Fehlen sonstiger Anhaltspunkte aus einem Vergleich des isolierten Preises der gelieferten Sache mit der Vergütung für Arbeit und Dienste; ist letztere erheblich höher als die Hälfte, so spricht dies für ein Überwiegen der Dienstleistung und einen Ausschluss des Einheitsrechts. Kann der Vertrag nach nationalem Recht in zwei selbstständige Verträge (zB Liefer- und Montagevertrag) aufgespalten werden, so kann auf den Kaufvertrag das Einheitsrecht angewendet werden[5].

e) Ausgeschlossene Fragen

aa) Gültigkeit des Vertrages

906 Das UN-Kaufrecht hat keine umfassende Vertragsrechtsvereinheitlichung bewirkt (vgl. unten Rz. 917 ff.). Eine Reihe von Fragen wird ausdrücklich ausgeschlossen. Weder die Gültigkeit des Kaufvertrages noch die Gültigkeit von Gebräuchen wird erfasst (Art. 4 S. 2 lit. a CISG). Folglich ist nach nationalem Kollisionsrecht – also den Art. 10, 12 Rom I-VO – zu bestimmen, welches Sachrecht auf Fragen des „inneren Konsenses" (Nichtigkeit, Unwirksamkeit oder Anfechtbarkeit von Willenserklärungen[6]) anzuwenden ist[7]. Das gilt auch für die Folgen der Nichtigkeit einzelner Klauseln für den Gesamtvertrag[8].

---

1 Verneinend für die Herstellung von Individualsoftware OLG Köln 26.8.1994, RIW 1994, 970.
2 So etwa für einen „Veredelungsvertrag" österreich. OGH 27.10.1994, ZfRV 1995, 159.
3 *Schäfer*, IHR 2003, 118 ff.; *Magnus*, in: Staudinger, Art. 3 CISG Rz. 14 mwN.
4 *Czerwenka*, S. 142 ff.; *Ferrari*, in: Schlechtriem/Schwenzer, Art. 3 CISG Rz. 12 ff.
5 *Ferrari*, in: Schlechtriem/Schwenzer, Art. 1 CISG Rz. 12.
6 OLG Hamburg 5.10.1998, IPRspr. 1998 Nr. 34 = TranspR-IHR 1999, 37; *Hausmann*, in: Staudinger, Art. 31 EGBGB Rz. 8.
7 *Huber*, ZEuP 1994, 601 (für Inhalts- und Erklärungsirrtum nach § 119 Abs. 1 BGB); *Magnus*, in: Staudinger, Art. 4 CISG Rz. 20. Dagegen will eine einheitsrechtliche Anknüpfung aus dem Übk. ableiten *Diedrich*, RIW 1995, 361 ff.
8 BGH 23.7.1997, IPRspr. 1997 Nr. 43 = NJW 1997, 3309 = EWiR 1997, 985 *(Schlechtriem/Schmidt-Kessel)*.

Ungeregelt geblieben ist auch die **Inhaltskontrolle von AGB**. Diese richtet sich gleichfalls nach nationalem Recht, wenngleich der Wertungsmaßstab – etwa für die Angemessenheitsprüfung nach § 307 BGB – dem Einheitsrecht zu entnehmen ist[1]. Soweit das Einheitsrecht ein Problem als **Leistungsstörung** einordnet und löst, während es nach nationalem Recht die Vertragsgültigkeit berührt (zB Nichtigkeit wegen Unmöglichkeit), darf die abweichende Regelung nicht die Anwendung des UN-Kaufrechts stören; folglich setzt sich die Qualifikation des Einheitsrechts durch. Das nationale Sachrecht bleibt insoweit außer Betracht[2]. Nicht vom Einheitskaufrecht erfasst wird jedoch die **Vertragsstrafe**[3].

Für die **Anfechtung wegen Irrtums** über Eigenschaften einer Sache oder die Solvenz der anderen Partei (vgl. § 119 Abs. 2 BGB) ist die Reichweite des Einheitsrechts umstritten. Nach in Deutschland hM enthält das Übereinkommen in Art. 45 und 71 Abs. 1 CISG eigene inhaltliche Lösungen. Insofern findet kein Rückgriff auf die Anfechtungsregeln des nationalen Rechts statt[4].

bb) Wirkungen auf das Eigentum

Nach Art. 30 CISG trifft den Verkäufer eine schuldrechtliche **Eigentumsverschaffungspflicht.** Ferner besteht eine Verpflichtung zur Übergabe der Dokumente. Das Übereinkommen regelt aber nicht die Wirkungen des Kaufvertrages für die Eigentumsverhältnisse an der Kaufsache. Auch Sicherungsrechte (Eigentumsvorbehalt) werden nicht erfasst. Insoweit ist das internationale Sachenrecht des Forums zu befragen und dann das maßgebliche Sachrecht anzuwenden[5] (vgl. aber Art. 41, 42 CISG).

907

cc) Gültigkeit von Gebräuchen

Die Gültigkeit von Gebräuchen bleibt dem nationalen Recht überlassen. Damit ist vor allem ein Verstoß von Handelsbräuchen gegen zwingende Vorschriften des anwendbaren Rechts gemeint[6].

908

---

1 *Schmidt-Kessel*, NJW 2002, 3445 f.; *Piltz*, Int. KaufR, Rz. 3–91; *Schlechtriem/Schroeter*, in: Schlechtriem/Schwenzer, vor Art. 14–24 CISG Rz. 3; *Magnus*, in: Staudinger, Art. 4 CISG Rz. 26. – Vgl. auch OLG Braunschweig 28.10.1999, IPRspr. 1999 Nr. 130 = TranspR-IHR 2000, 4.
2 *Piltz*, Int. KaufR, Rz. 2–135.
3 *Piltz*, Int. KaufR, Rz. 2–151. – Näher *Berger*, RIW 1999, 402 ff.
4 LG Aachen 14.5.1993, IPRspr. 1993 Nr. 141 = RIW 1993, 761; *P. Huber*, ZEuP 1994, 592 ff.; *P. Huber*, IPRax 2004, 360; *Piltz*, Int. KaufR, Rz. 2–135 f.; *Magnus*, in: Staudinger, Art. 4 CISG Rz. 48, Art. 45 CISG Rz. 43. – Anders *Lessiak*, JBl. 1989, 487 ff.; *Neumayer*, RIW 1994, 101 f.; *Karollus*, S. 41 f.
5 OLG Koblenz 16.1.1992, IPRspr. 1992 Nr. 72 = IPRax 1994, 46 (m. Aufs. *Schurig*, IPRax 1994, 7) = RIW 1992, 1019; *Widmer*, in: Schlechtriem/Schwenzer, Art. 30 CISG Rz. 8; *Magnus*, in: Staudinger, Art. 4 CISG Rz. 32. Dagegen folgert die Maßgeblichkeit der lex causae und die Möglichkeit einer Rechtswahl aus dem Übk. *Diedrich*, RIW 1995, 359 ff.
6 *Magnus*, in: Staudinger, Art. 4 CISG Rz. 29.

dd) Verjährung

909 Die Verjährung von Ansprüchen des Verkäufers und des Käufers wird vom Einheitskaufrecht ausgespart, da sie bereits durch das Übereinkommen über die Verjährung beim internationalen Warenkauf vom 14.6.1974 vereinheitlicht worden ist (s. Rz. 944). Diese Konvention gilt allerdings nicht für Deutschland[1]. Daher ist die Lücke mit den Sachnormen des nationalen Rechts zu füllen, auf das die **Kollisionsnormen des Forums** verweisen. Zwar ist für die Verjährung der Kaufpreisforderung das Recht am Niederlassungsort des Käufers vorgeschlagen worden[2]. Zweckmäßiger ist es jedoch, die allgemeine Norm des Art. 12 Abs. 1 lit. d Rom I-VO anzuwenden[3].

Das deutsche Vertragsgesetz vom 5.7.1989 enthält für Ansprüche wegen Vertragswidrigkeit (Sachmängel; Art. 45 CISG) eine eigene, bei Maßgeblichkeit deutschen Rechts eingreifende Sachnorm[4].

Art. 3 [Gesetz zu dem Übereinkommen der Vereinten Nationen vom 11.4.1980 über Verträge über den internationalen Warenkauf]
Auf die Verjährung der dem Käufer nach Artikel 45 des Übereinkommens von 1980 zustehenden Ansprüche wegen Vertragswidrigkeit der Ware ist § 438 Absatz 3 des Bürgerlichen Gesetzbuchs auch anzuwenden, wenn die Vertragswidrigkeit auf Tatsachen beruht, die der Verkäufer kannte oder über die er nicht in Unkenntnis sein konnte und die er dem Käufer nicht offenbart hat.

Dies bedeutet grundsätzlich eine zweijährige, bei Arglist des Verkäufers dreijährige Verjährungsfrist. Für Rechtsmängel bleibt es bei der allgemeinen Verjährungsregelung (§ 438 BGB)[5].

ee) Personenschäden

910 Das UN-Kaufrecht regelt die **Produzentenhaftung** nicht. Nach Art. 5 CISG richtet sich die Haftung für den von der Ware verursachten Tod über die Körperverletzung einer Person nicht nach dem Übereinkommen. Auf die Produkthaftpflicht finden – soweit ratifiziert – besondere Staatsverträge, iÜ europäisches Kollisionsrecht (Art. 5 Rom II-VO) bzw. die nationalen Kollisionsnormen Anwendung. Dies gilt sowohl für außervertragliche als auch – soweit gewährt – für vertragliche Ansprüche[6]. Art. 5 CISG erfasst nicht nur Ansprü-

---

1 In den neuen Bundesländern ist die dort seit dem 1.3.1990 geltende Konvention zum 3.10.1990 wieder außer Kraft getreten, *Schlechtriem/Schroeter*, in: Schlechtriem/Schwenzer, Art. 3 VertragsG Rz. 1; *Magnus*, in: Staudinger, Art. 3 VertragsG Rz. 4.
2 *Stoll*, Festschr. Ferid, S. 507 f. Eine einheitliche akzessorische Anknüpfung an die lex causae leitet aus dem Übk. ab *Diedrich*, RIW 1995, 362 ff.
3 Noch zu Art. 32 Abs. 1 Nr. 4 EGBGB: OLG Köln 13.2.2006, IHR 2006, 145 = IPRspr. 2006 Nr. 7. S. *Magnus*, RIW 2002, 578; *Schlechtriem/Schroeter*, in: Schlechtriem/Schwenzer, Art. 3 VertragsG Rz. 2; *Magnus*, in: Staudinger, Art. 4 CISG Rz. 39, Art. 3 VertragsG Rz. 2.
4 IdF von Art. 5 Abs. 30 des Gesetzes zur Modernisierung des Schuldrechts vom 26.11.2001, BGBl. I 2001, 3138. Vgl. *Huber/Kröll*, IPRax 2003, 316 f.
5 *Magnus*, RIW 2002, 581 f. – Vgl. auch *Magnus*, in: Staudinger, Art. 3 VertragsG Rz. 5.
6 S. *von Caemmerer*, Internationale Vereinheitlichung des Kaufrechts, SchwJZ 1981, 257 (262).

che des Käufers (bzw. seines Rechtsnachfolgers), sondern auch die Ansprüche Dritter (Abnehmer), die der Käufer entschädigt hat und wofür er nunmehr Regress nimmt[1].

Dagegen wird die Haftung für **sonstige Sach- und Vermögensschäden** von Art. 5 CISG nicht ausgeschlossen. Vermögensschäden wegen der Verwendung mangelhafter Sachen können nach Art. 74 CISG entschädigt werden; Ansprüche aus Gewährleistung nach nationalem Recht werden insoweit verdrängt[2]. Ob daneben noch konkurrierende **deliktische Ansprüche** wegen Sachschäden auf Grund mangelhafter Sachen bestehen, richtet sich nach dem auf Grund nationalen Kollisionsrechts bestimmten Sachrecht[3]. Nach aA verdrängt das Übereinkommen das nationale Deliktsrecht[4]. 911

f) Ausschluss des Einheitskaufrechts

aa) Zulässigkeit des Ausschlusses

Das Übereinkommen ist von Amts wegen und nicht nur dann anzuwenden, wenn sich die Parteien darauf berufen[5]. Die Vertragsparteien können das UN-Kaufrecht als Ganzes ausschließen (Art. 6 CISG). Der Ausschluss kann aber auch lediglich **für einen Teil** oder sogar (mit Ausnahme des Art. 12 CISG) nur für einzelne Bestimmungen erfolgen[6]. An die Stelle der ausgeschlossenen Regelung treten dann die vom Kollisionsrecht (Art. 3 ff. Rom I-VO) bestimmten Sachnormen. Ein solcher Ausschluss kann auch noch **nachträglich**, insbesondere im Prozess erklärt werden[7]. Es ist eine Frage der Auslegung, ob nur ein materiellrechtliches Abdingen der einzelnen Übereinkommensbestimmung gewollt ist, das Einheitsrecht im Übrigen aber gelten soll. Entgegen manchen Befürchtungen der Parteien besteht aber im Allgemeinen kein sachlicher Grund für einen Ausschluss, da die CISG regelmäßig eine zweckmäßige und ausgewogene Regelung für den internationalen Handelskauf enthält[8]. 912

bb) Arten des Ausschlusses

Der Ausschluss der Konvention richtet sich nach ihren Regeln über den Vertragsabschluss (Art. 14 CISG ff.). Dies gilt nach überwiegender Auffassung auch bei einem **Ausschluss durch AGB**[9]. Der Ausschluss kann ausdrücklich 913

---

1 *Magnus*, in: Staudinger, Art. 5 CISG Rz. 7.
2 *Magnus*, in: Staudinger, Art. 5 CISG Rz. 10.
3 *Reinhart*, Art. 5 CISG Rz. 5; *Magnus*, in: Staudinger, Art. 5 CISG Rz. 14.
4 OLG Jena 26.5.1998, TranspR-IHR 2000, 25 = IPRspr. 1999 Nr. 25; *Herber*, MDR 1993, 105 f.; *Piltz*, Int. KaufR, Rz. 2–141. Vgl. auch *Herber*, IHR 2001, 187 ff.
5 Anders französ. Cass. civ. 26.6.2001, D. 2001, 2591 Anm. *Avena-Robardet* = Rev.crit.d.i.p. 91 (2002), 93 Anm. *Muir Watt* (Französ.-schott. Kauf). – S. dazu *Reifner*, IHR 2002, 52 ff.; *Magnus*, ZEuP 2002, 527 f., 531.
6 *Bianca/Bonell*, Art. 6 CISG Anm. 3.2; *Magnus*, in: Staudinger, Art. 6 CISG Rz. 48.
7 *Czerwenka*, S. 169 f.; *Bianca/Bonell*, Art. 6 CISG Anm. 3.1; *Ferrari*, in: Schlechtriem/Schwenzer, Art. 6 CISG Rz. 8.
8 Näher *Mankowski*, RIW 2003, 8 ff.
9 Näher *Magnus*, in: Staudinger, Art. 6 CISG Rz. 11.

erfolgen, wenn die Parteien erklären, dass das UN-Kaufrecht nicht für ihren Kaufvertrag gelten soll. Auch eine nachträgliche Rechtswahl unter Ausschluss der Konvention ist zulässig[1].

914 Ebenfalls möglich ist eine **stillschweigende Vereinbarung**; eine solche Abwahl muss sich allerdings mit hinreichender Gewissheit aus den Umständen ergeben[2]. Bloße Unkenntnis des Einheitsrechts oder ein nur hypothetischer Ausschluss genügen nicht[3]. Ein stillschweigender Ausschluss ist regelmäßig anzunehmen, wenn das Recht eines Nichtvertragsstaates vereinbart wurde[4]. Dagegen schließt die bloße Vereinbarung einer Rechtsordnung, in der das Einheitsrecht gilt, das UN-Kaufrecht nicht aus[5]. Das Einheitsrecht gilt als jeweiliges nationales Sachrecht für internationale Käufe. Folglich kommt bei einer Klausel „Es gilt deutsches Recht" für Kaufverträge zwischen in Vertragsstaaten niedergelassenen Parteien weiterhin das Einheitsrecht zur Anwendung[6]. Entsprechendes gilt bei der Vereinbarung des Rechts eines australischen oder US-amerikanischen Einzelstaats[7]. Auch wenn in der Tatsacheninstanz auf der Basis des deutschen BGB gestritten wird, ohne die Rechtsanwendung als solche zu thematisieren, liegt darin noch kein Ausschluss des CISG[8]. Dagegen ist bei einer ausdrücklichen Vereinbarung der Bestimmungen des BGB das Einheitskaufrecht ausgeschlossen[9]. Entsprechendes gilt, wenn auf inländisches Gewährleistungsrecht Bezug genommen wird[10].

Ein stillschweigender Ausschluss kann anzunehmen sein, wenn ein Gerichtsstand in einem Nichtvertragsstaat vereinbart wird und die Anwendung des

---

1 BGH 25.4.1996, IPRspr. 1996 Nr. 33 = NJW-RR 1996, 883.
2 *Piltz*, IPRax 1994, 192; *Honnold*, ULIS, S. 102; *Bianca/Bonell*, Art. 6 CISG Anm. 2.3; *Magnus*, in: Staudinger, Art. 6 CISG Rz. 9, 20 ff., 51. – Nachw. zu der einen ausdrücklichen Ausschluss verlangenden US-Rechtsprechung bei *Magnus*, ZEuP 2008, 323 f.
3 *Magnus*, RabelsZ 51 (1987), 127; *Piltz*, Int. KaufR, Rz. 2–114.
4 *Ferrari*, in: Schlechtriem/Schwenzer, Art. 6 CISG Rz. 20; *Magnus*, in: Staudinger, Art. 6 CISG Rz. 23.
5 BGH 23.7.1997, IPRspr 1997 Nr. 43 = NJW 1997, 3309 (deutsches Recht); OLG Hamm 9.6.1995, IPRspr. 1995 Nr. 29 = IPRax 1996, 269 (m. Aufs. *Schlechtriem*, IPRax 1996, 256) = NJW-RR 1996, 179 (deutsches Recht); *Piltz*, IPRax 1994, 192; *Bianca/Bonell*, Art. 6 CISG Anm. 2.3.3.
6 BGH 25.11.1998, IPRspr. 1998 Nr. 36 = NJW 1999, 1259; OLG Karlsruhe 25.6.1997, IPRspr. 1997 Nr. 41 = RIW 1998, 235; OLG Hamburg 5.10.1998, IPRspr. 1998 Nr. 34 = TranspR-IHR 1999, 37 („europäisches Recht"); OLG Bamberg 13.1.1999, IPRspr. 1999 Nr. 26 = TranspR-IHR 2000, 17; OLG München 8.1.1997, IPRspr. 1997 Nr. 26 = VersR 1997, 875; OLG Rostock 10.10.2001, IHR 2003, 17; LG Kassel IPRspr. 1996 Nr. 30 = NJW-RR 1996, 1146; *Magnus*, ZEuP 1997, 827; *Piltz*, Int. KaufR, Rz. 2–116; *Piltz*, NJW 2003, 2059; *Ferrari*, in: Schlechtriem/Schwenzer, Art. 6 CISG Rz. 22; *Magnus*, in: Staudinger, Art. 6 CISG Rz. 24. Vgl. OLG Düsseldorf 8.1.1993, NJW-RR 1993, 999 = IPRax 1993, 412 (m. Aufs. *Magnus*, IPRax 1993, 390).
7 Nachw. bei *Magnus*, ZEuP 2008, 324.
8 OLG Stuttgart 31.3.2008, IHR 2008, 102; *Piltz*, Int. KaufR, Rz. 2–114; *Ferrari*, in: Schlechtriem/Schwenzer, Art. 6 CISG Rz. 25 f.
9 OLG Hamm 6.5.1998, IPRspr. 1998 Nr. 32 = NJW-RR 1999, 364 (Werkvertrag). – Ebenso öst. OGH 4.7. 2007, ZfRV 2007, 238.
10 Österreich. OGH 4.7.2007, IHR 2007, 237 = JBl. 2008, 191.

dort geltenden Sachrechts gewollt ist[1]. Entsprechendes gilt für Schiedsklauseln[2]. Daran kann man freilich zweifeln, da auch Schiedsgerichte das Einheitsrecht anwenden können. Auch bei der Vereinbarung inhaltlich von der CISG abweichender Regeln – insbesondere AGB –, welche sich nur bei der Heranziehung unvereinheitlichten nationalen Rechts anwenden lassen, kommt ein Ausschluss in Betracht[3].

g) Auslegung des Übereinkommens

Eine einheitliche Auslegung will Art. 7 Abs. 1 CISG sichern. Danach sind der internationale Charakter, die Notwendigkeit einer einheitlichen Auslegung und die Wahrung des guten Glaubens im internationalen Handel zu berücksichtigen. Nach Möglichkeit ist eine **autonome Auslegung** der Konvention vorzunehmen[4]. Die Begriffe des UN-Kaufrechts sind aus sich selbst heraus, ohne Einschaltung einer nationalen Rechtsordnung, auszulegen. Bei der Auslegung ist zunächst vom Originalwortlaut auszugehen. Authentische Fassungen sind der arabische, chinesische, englische, französische, russische und spanische Text. Die deutsche Fassung ist nur eine Übersetzung. Bei Widersprüchen unter den einzelnen Fassungen ist der gemeinsame Sinn zu ermitteln[5]. Die vorbereitenden Materialien und Entwürfe dürfen benutzt werden. Ausländisches Schrifttum und ausländische Rechtsprechung sind ebenfalls heranzuziehen[6].

915

Das Einheitskaufrecht enthält **Lücken, die durch Auslegung nicht zu füllen sind.** Um zu verhindern, dass sogleich nationales Recht angewendet wird, sieht Art. 7 Abs. 2 CISG ein zweistufiges Vorgehen vor. Fragen bezüglich geregelter Materien, aber nicht ausdrücklich entschiedener Einzelprobleme (sog. *interne Lücken*) sind in erster Linie nach den dem Einheitskaufrecht zugrunde liegenden allgemeinen Grundsätzen zu entscheiden. Für das jeweilige Einzelproblem ist daher festzustellen, in welchen größeren Zusammenhang es gehört und ob das Einheitsrecht dazu Stellung nimmt. Gegebenenfalls kommt auch eine analoge Anwendung anderer Vorschriften in Betracht[7].

Erst in zweiter Linie ist mangels solcher einheitsrechtlicher Grundsätze nach dem Sachrecht zu entscheiden, das nach dem Kollisionsrecht der lex fori anzu-

---

1 Näher *Magnus*, in: Staudinger, Art. 6 CISG Rz. 36. – Anders *Ferrari*, in: Schlechtriem/Schwenzer, Art. 6 CISG Rz. 31.
2 S. *Magnus*, in: Staudinger, Art. 6 CISG Rz. 37 ff. Anders *Piltz*, Int. KaufR, Rz. 2–114; *Ferrari*, in: Schlechtriem/Schwenzer, Art. 6 CISG Rz. 32.
3 *Magnus*, in: Staudinger, Art. 6 CISG Rz. 42.
4 *Czerwenka*, S. 125 ff.; *Bianca/Bonell*, Art. 7 CISG Anm. 2.2.2; *Magnus*, in: Staudinger, Art. 7 CISG Rz. 12.
5 Wobei wegen der Entstehungsgeschichte dem Englischen ein gewisser Vorrang zukommt, *Ferrari*, in: Schlechtriem/Schwenzer, Art. 7 CISG Rz. 35.
6 S. *Magnus*, ZEuP 2002, 523 ff. – Zu Frankreich s. etwa *Witz/Wolter*, RIW 1998, 278 ff., zu den USA *Thiele*, IHR 2002, 8 ff. mwN. – Die wichtigste Online-Entscheidungssammlung ist zugänglich über UNCITRAL (http://www.uncitral.org/) Case Law on UNCITRAL Texts (CLOUT).
7 Vgl. *Bianca/Bonell*, Art. 7 CISG Anm. 2.3.2.1.

wenden ist (sog. *externe Lücke*). Dann wird für kollisionsrechtliche Zwecke ein – sozusagen hypothetisch oder subsidiär geltendes – Vertragsstatut ermittelt, welches sodann zu einem Landesrecht führt. Auch bei Geltung nationalen Sachrechts richtet sich allerdings der Inhalt der Ansprüche nach den Regeln des Einheitsrechts, soweit dieses Anwendung verlangt.

Als Alternative zu diesem Vorgehen wurde ein spezifisches *konventionsergänzendes Kollisionsrecht* vorgeschlagen, das eigenen Regeln folgen soll[1]. Im Wesentlichen nur die Rechtstechnik betreffende Fragen (sog. „Randfragen") seien nach der lex fori zu beantworten und Probleme außerhalb des Regelungsbereiches des Übereinkommens („Restfragen") zT nicht nur abzuspalten, sondern soweit zu verselbständigen, dass die Regeln des Internationalen Vertragsrechts nur mit Modifikationen angewendet werden[2]. Das anzuwendende nationale Sachrecht soll unmittelbar oder unter Rückgriff auf die engste Verbindung des Art. 4 Rom I-VO nach dem spezifischen Zweck der in Frage kommenden Übereinkommensnormen bestimmt werden. Einen Bruch zwischen Einheitsrecht und nationalem IPR vermeidet aber auch dieser Vorschlag nicht. Abgesehen von Abgrenzungsproblemen kommt es sogar zu weiteren Komplikationen, nämlich der Auswahl unter vier Lösungsmöglichkeiten (Einheitsrecht, lex fori, modifizierte lex causae sowie Vertragsstatut nach Art. 3 ff. Rom I-VO). Zugunsten einer Einzelfallanalyse würde die Übersichtlichkeit geopfert. Daher ist eine grundsätzliche Anwendung des nach den Art. 3 ff. Rom I-VO zu ermittelnden **hypothetischen Vertragsstatuts** vorzuziehen[3].

h) Konventionenkonflikte

916 Art. 90 CISG enthält eine Regelung der Konventionenkonflikte. Danach tritt das UN-Kaufrecht gegenüber bereits bestehenden oder noch zu schließenden Staatsverträgen zurück, wenn die Vertragsparteien ihre Niederlassung in den Vertragsstaaten solcher Übereinkommen haben. Bezüglich des früheren Haager Einheitskaufrechts ist ein Konventionenkonflikt schon dadurch ausgeschlossen, dass das In-Kraft-Treten des UN-Kaufrechts ausdrücklich an die Kündigung des Haager Einheitsrechts gekoppelt ist (s. Art. 99 CISG). Den Kollisionsregeln der Rom I-VO geht das UN-Kaufrecht vor (Art. 25 Abs. 1 Rom I-VO)[4], s. Rz. 78.

3. Inhalt des Einheitskaufrechts

a) Abschluss des Kaufvertrages

aa) Vertragsabschluss

917 Nur der Abschluss des Kaufvertrages, der „äußere Konsens" – dh. das Zusammentreffen von Angebot und Annahme – wird in Teil II des Übereinkommens

---

1 So im Ansatz auch *Diedrich*, RIW 1995, 358: autonome, einheitlich-internationale Ausfüllung von Reglungslücken.
2 *Stoll*, IPRax 1993, 75 ff.; *Stoll*, Festschr. Ferid, S. 503 ff.
3 Ebenso *Frigge*, S. 135 ff.; *Magnus*, in: Staudinger, Art. 7 CISG Rz. 59, 60, je mwN.
4 Zum alten Recht *Frigge*, S. 57 f.; *Magnus*, in: Staudinger, Art. 90 CISG Rz. 17.

geregelt (Art. 14–24 CISG). Danach ist ein **Angebot** ein Vorschlag, der bestimmt genug ist (dh. insbesondere die Ware bezeichnet sowie die Menge und den Preis festsetzt) und den Willen des Anbietenden zum Ausdruck bringt, im Falle der Annahme gebunden zu sein (Art. 14 Abs. 1 CISG). Das Angebot ist wirksam, wenn es dem Empfänger zugeht. Selbst ein unwiderrufliches Angebot kann zurückgenommen werden, wenn die Rücknahmeerklärung dem Empfänger vor oder gleichzeitig mit dem Angebot zugeht (Art. 15 CISG). Grundsätzlich ist das zugegangene Angebot (anders als nach § 145 BGB) auch noch widerruflich, wenn der Widerruf dem Empfänger zugeht, bevor er die Annahmeerklärung abgesandt hat (Art. 16 Abs. 1 CISG). Der Offerent ist bis zum Absenden der Annahme nicht gebunden.

Die **Vertragsannahme**, welche mit dem Zugang wirksam wird (Art. 18 Abs. 2 CISG), verlangt ein Verhalten des Empfängers, das seine Zustimmung zum Angebot ausdrückt. Schweigen oder Untätigkeit allein genügen nicht (Art. 18 Abs. 1 CISG). Die Annahme kann auch konkludent (zB Absenden der Ware, Kaufpreiszahlung) geschehen (Art. 18 Abs. 3 CISG). Willenserklärungen gehen dem Empfänger zu, wenn sie ihm mündlich gemacht werden oder wenn sie ihm auf anderem Weg persönlich, an seine Niederlassung oder an seine Postanschrift (hilfsweise an seinen gewöhnlichen Aufenthaltsort) zugestellt werden (Art. 24 CISG). Erfasst wird auch ein Abschluss im elektronischen Geschäftsverkehr; die Art. 14 CISG ff. enthalten allerdings keine Sonderregeln[1].

bb) Allgemeine Geschäftsbedingungen und Bestätigungsschreiben

Das UN-Kaufrecht regelt die **Einbeziehung von AGB** nicht gesondert. Gleichwohl ist die Lösung im Rahmen des materiellen Einheitsrechts zu suchen (Art. 14 CISG ff.). Ein Rückgriff auf die allgemeinen kollisionsrechtlichen Regeln über die Einbeziehung von AGB ist im Anwendungsbereich der Konvention ausgeschlossen[2]. Durch Auslegung nach Art. 8 CISG ist zu ermitteln, ob die AGB Bestandteil des Angebots waren. Entscheidend ist, ob der Empfänger von den AGB in zumutbarer Weise Kenntnis nehmen konnte[3]. Der Text muss ihm entweder **übersandt oder anderweitig zugänglich gemacht** worden sein; eine Erkundigungsobliegenheit trifft ihn grundsätzlich nicht[4]. Auch hier können

918

---

1 Näher *Magnus*, in: Graf/Paschke/Stober (Hrsg.), Das Wirtschaftsrecht vor den Herausforderungen des e-commerce (2002), S. 19 (23).
2 BGH 31.10.2001, BGHZ 149, 113 (117) = NJW 2002, 370 (371); *Holthausen*, RIW 1989, 517; *Piltz*, NJW 2003, 2060; *Stadler*, AGB im internationalen Handel, S. 89 ff.; *Schlechtriem/Schroeter*, in: Schlechtriem/Schwenzer, Art. 14 CISG Rz. 33; *Magnus*, in: Staudinger, Art. 14 CISG Rz. 40; *Hausmann*, in: Staudinger, Art. 31 EGBGB Rz. 71. – Anders bei Anwendung der CISG über Art. 1 Abs. 1 lit. b CISG, *Schmidt-Kessel*, ZEuP 2008, 609 ff.
3 *Magnus*, in: Staudinger, Art. 14 CISG Rz. 41.
4 BGH 31.10.2001, NJW 2002, 370 = EWiR 2002, 339 abl. Anm. *Pötter/Hübner* (Deutscher Verkäufer verkaufte gebrauchte Maschine nach Spanien. Gewährleistungsausschluss in AGB, auf die in Auftragsbestätigung Bezug genommen wird, die aber nicht beigefügt worden waren. Keine wirksame Einbeziehung, da die AGB nicht übersandt oder auf andere Weise zugänglich gemacht); *Magnus*, ZEuP 2002, 531 f.; *Magnus*, ZEuP 2008, 325 f. – Gegen eine Übersendungsobliegenheit *Schmidt-Kessel*, NJW 2002,

in einer anderen als der Verhandlungssprache abgefasste AGB unbeachtlich sein, s. Rz. 278.

Kollidieren die von den Parteien verwendeten AGB inhaltlich, so ist die Lösung im Rahmen des Art. 19 CISG zu suchen. Danach ist entscheidend, ob die Abweichung vom Angebot wesentlich ist. Die Annahme unter Beifügung eigener, wesentlich abweichender AGB lässt den Vertragsschluss ganz scheitern[1]; allerdings kann darin ein neues Angebot liegen[2]. Schließen die AGB einer Partei Gewährleistungsansprüche ganz aus, während die der anderen Partei solche Ansprüche in begrenztem Umfang zulassen, so ist ein Vertrag zustande gekommen. An die Stelle der kollidierenden Bedingungen tritt insoweit die gesetzliche Regelung (sog. Restgültigkeitstheorie)[3].

Der Vertragsschluss durch **kaufmännisches Bestätigungsschreiben** ist ungeregelt geblieben. Die Grundsätze über die Wirksamkeit des Bestätigungsschreibens können aber gegebenenfalls als vereinbarter individueller Brauch der Parteien (Art. 9 Abs. 1 CISG) oder internationaler Brauch nach Art. 9 Abs. 2 CISG angewendet werden[4]. Teilweise lässt man genügen, wenn in den Heimatländern beider Parteien vergleichbare Bräuche bestehen[5]. Unbenommen bleibt auch die Verwendung als Beweismittel nach nationalem Prozessrecht[6]. Dagegen ist ein Rückgriff auf die allgemeinen kollisionsrechtlichen Regeln und die Anwendung der nationalen Sachnormen ausgeschlossen[7].

b) Formfreiheit

919 Im UN-Kaufrecht gilt der Grundsatz der Formfreiheit (Art. 11 CISG). Doch ist ein **Vorbehalt der Schriftform** nach Art. 96 CISG möglich[8]. Danach können Staaten, in deren internem Recht Kaufverträge schriftlich zu schließen oder nachzuweisen sind, den Grundsatz der Formfreiheit einschränken, wenn eine Vertragspartei ihre Niederlassung in einem Vorbehaltsstaat hat. Erklärt werden kann, dass die Bestimmungen des Art. 11 und des Art. 29 oder des Teils II

3444 ff.; *Berger*, Festschr. Horn (2006), S. 3 ff.; *Kindler*, Festschr. Heldrich (2005), S. 225 ff.
1 OLG Köln 24.5.2006, IHR 2006, 147; *Magnus*, ZEuP 2008, 326.
2 *Piltz*, NJW 2007, 2161.
3 BGH 9.1.2002, RIW 2002, 396 = WM 2002, 1022; *Magnus*, ZEuP 2002, 533. – AA *Stadler*, AGB im internationalen Handel, S. 92 f. Vgl. auch *Huber/Kröll*, IPRax 2003, 311; *Luig*, Der internationale Vertragsschluss (2004), S. 243 ff.
4 LG Hamburg 19.6.1997, IPRspr. 1997 Nr. 2000 = RIW 1997, 873. Vgl. *Esser*, ZfRV 29 (1988), 184 ff.; *Otto*, S. 140 f.; *Schlechtriem/Schroeter*, in: Schlechtriem/Schwenzer, vor Art. 14–24 CISG Rz. 18.
5 ZG Basel-Stadt 21.12.1992, BJM 1993, 310.
6 OLG Köln 22.2.1994, IPRspr. 1994 Nr. 29 = RIW 1994, 972 = IPRax 1995, 393 (m. Aufs. *Reinhart*, IPRax 1995, 365) = EWiR 1994, 867 (*Schlechtriem*).
7 OLG Köln 22.2.1994, IPRspr. 1994 Nr. 29 = RIW 1994, 972 = IPRax 1995, 393 (m. Aufs. *Reinhart*, IPRax 1995, 365) = EWiR 1994, 867 (*Schlechtriem*); LG Kiel 27.7.2004, IPRax 2007, 451; *Magnus*, ZEuP 1995, 208; *Schlechtriem/Schroeter*, in: Schlechtriem/Schwenzer, vor Art. 14–25 CISG Rz. 19.
8 Dazu *Dore*, Choice of Law Under the International Sales Convention, Am.J.Int.L. 77 (1983), 521 (533 f.).

(Art. 14–28) des Übereinkommens, die für den Abschluss des Kaufvertrages, seine Änderung oder Aufhebung durch Vereinbarung oder für ein Angebot, eine Annahme oder eine sonstige Willenserklärung eine andere als die Schriftform gestatten, nicht gelten sollen.

Folge eines solchen Vorbehaltes ist, dass die Formfrage insoweit nicht in den Anwendungsbereich des Übereinkommens fällt; das anwendbare Recht wird nach den allgemeinen Regeln des Kollisionsrechts bestimmt[1]. Dies gilt nicht nur für den Vorbehaltsstaat selbst. Nach Art. 12 S. 1 CISG ist der Vorbehalt auch von den Gerichten eines gewöhnlichen Vertragsstaates zu beachten, wenn nur eine der Parteien ihre Niederlassung in einem Vorbehaltsstaat hat[2]. Für die Anknüpfung der Formerfordernisse gilt aus deutscher Sicht Art. 11 Rom I-VO[3]. Danach genügt wahlweise die Einhaltung des Rechts, das in der Sache anwendbar ist, oder des Abschlussorts. Dabei gelangt nach umstrittener Auffassung das interne Sachrecht (und nicht wieder die Konvention) zur Anwendung[4].

Eine Erklärung iSd. Art. 12 und 96 CISG haben Argentinien, Chile, Estland, Litauen, Russland, die Ukraine, Ungarn und Weißrussland abgegeben. China hat erklärt, dass es sich nicht an Art. 11 und die Bestimmungen des Übereinkommens, welche auf den Inhalt des Art. 11 CISG Bezug nehmen, gebunden betrachte.

c) Schuldrechtliche Bestimmungen

Der eigentliche Warenkauf wird in Teil III des Übereinkommens geregelt (Art. 25–88 CISG). Der Verkäufer ist nach Maßgabe des Vertrages und des Übereinkommens verpflichtet, die Ware zu liefern, die betreffenden Dokumente zu übergeben und das Eigentum an der Ware zu übertragen (Art. 30 CISG). Der Lieferort richtet sich in erster Linie nach der Parteivereinbarung (Art. 31 CISG)[5]. Ist eine Lieferzeit weder ausdrücklich noch stillschweigend vereinbart, so hat der Verkäufer die Ware innerhalb angemessener Frist nach Vertragsschluss zu liefern (Art. 33 CISG).

920

Das Übereinkommen unterscheidet nicht einzelne Arten von Leistungsstörungen, sondern geht von einem einheitlichen Begriff der **Vertragsverletzung** aus. Schlüsselbegriff ist die wesentliche Vertragsverletzung (fundamental breach) nach Art. 25 CISG. Wesentlich ist eine Vertragsverletzung dann, wenn der Vertragszweck durch sie so ernsthaft gefährdet ist, dass für die betroffene Vertragspartei infolge der Vertragsverletzung das Interesse an der Durchführung des Vertrages entfällt und dies für die vertragsbrüchige Partei auch voraussehbar

---

1 *Piltz*, NJW 1989, 619; *Rajski*, in: Bianca/Bonell, Art. 12 CISG Anm. 2.3.
2 *Czerwenka*, S. 166; *Evans*, in: Bianca/Bonell, Art. 96 CISG Anm. 2.2; *Schlechtriem/Schmidt-Kessel*, in: Schlechtriem/Schwenzer, Art. 12 CISG Rz. 2.
3 Noch zu Art. 11 EGBGB *Stoll*, Festschr. Ferid, S. 506; *Schlechtriem/Schmidt-Kessel*, in: Schlechtriem/Schwenzer, Art. 12 CISG Rz. 2.
4 *Magnus*, in: Staudinger, Art. 12 CISG Rz. 9. – Anders *Huber*, RabelsZ 43 (1979), 434 f.; *Schlechtriem/Schmidt-Kessel*, in: Schlechtriem/Schwenzer, Art. 12 CISG Rz. 3.
5 Zu Vereinbarungen *Piltz*, NJW 2003, 2061.

war. Eine solche Vertragsverletzung kann bei Warenmängeln gegeben sein[1], aber auch in der Verletzung einer Nebenpflicht liegen[2]. Ansprüche wegen Pflichtverletzung nach nationalem Recht können neben den Rechtsbehelfen des CISG nicht geltend gemacht werden[3].

Der Übergang der **Preisgefahr** richtet sich nach den Art. 66–70 CISG. Der Untergang oder die Beschädigung der Ware nach Gefahrübergang befreit den Käufer nicht von der Verpflichtung zur Kaufpreiszahlung, es sei denn, Untergang oder Beschädigung sind auf den Verkäufer zurückzuführen.

Die Art. 71–73 CISG enthalten gemeinsame Bestimmungen über vorweggenommene Vertragsverletzungen und Verträge über aufeinander folgende Lieferungen. Das Zurückbehaltungsrecht des Art. 71 CISG bedarf keiner Ergänzung durch nationales Schuldrecht[4].

Allgemeine Bestimmungen über den **Schadensersatz** finden sich in den Art. 74–77 CISG. Sie gelten sowohl für Ansprüche des Käufers als auch des Verkäufers. Die Befreiung von den Vertragspflichten richtet sich nach Art. 79 CISG. Sie kann in Betracht kommen, wenn die Ursache der Mangelhaftigkeit im Bereich seiner Vor- und Zulieferer liegt[5].

921 Eine **Vertragsaufhebung** durch Vereinbarung der Parteien wird von Art. 29 Abs. 1 CISG ausdrücklich zugelassen. Für ihr Zustandekommen gelten die gleichen Regeln wie für den Abschluss des Kaufvertrages[6]. Eine einseitig erklärte Vertragsaufhebung ist zulässig als Sanktion für wesentliche Vertragsverletzungen des Verkäufers (Art. 49 CISG) oder des Käufers (Art. 64 CISG). Sie erfolgt durch formlose Aufhebungserklärung (Art. 26 CISG) und befreit beide Parteien von ihren primären, gegenseitigen Vertragspflichten, mit Ausnahme etwaiger Schadensersatzpflichten (Art. 81 Abs. 1 S. 1 CISG).

d) Ungeregelte schuldrechtliche Fragen

922 Das UN-Kaufrecht hat eine ganze Reihe von Fragen des Allgemeinen Schuldrechts nicht geregelt und insofern eine externe Lücke gelassen (vgl. oben Rz. 906 ff., 915). Für diese muss auf eine nationale Rechtsordnung zurückgegriffen werden. Dafür ist nach den Regeln der Art. 3 ff. Rom I-VO ein hypothetisches Vertragsstatut zu ermitteln. Dies gilt etwa für die **Forderungsabtretung** (vgl. Art. 14 Rom I-VO)[7]. Auch die Voraussetzungen und Folgen der **Aufrechnung** unterliegen mangels differenzierender Regeln einem hypotheti-

---

1 Nachw. bei *Magnus*, ZEuP 1995, 209 ff.
2 S. OLG Frankfurt a.M. 17.9.1991, NJW 1992, 633 = EWiR 1991, 1081 *(Schlechtriem)*.
3 *Ferrari/Saenger*, Int. VertragsR, Art. 4 CISG Rz. 15; *Magnus*, in: Staudinger, Art. 4 CISG Rz. 41.
4 OLG Köln 19.5.2008, IHR 2008, 181. – Näher *Kern*, ZEuP 2000, 837 ff.
5 BGH 24.3.1999, NJW 1999, 2440 = JZ 1999, 791 Anm. *Schlechtriem*.
6 OLG Köln 22.2.1994, IPRspr. 1994 Nr. 29 = RIW 1994, 972 = IPRax 1995, 393 (m. Aufs. *Reinhart*, IPRax 1995, 365) = EWiR 1994, 867 *(Schlechtriem)*.
7 KG 24.1.1994, IPRspr. 1994 Nr. 25 = RIW 1994, 683; OLG Hamm 8.2.1995, IPRspr. 1995 Nr. 40 = NJW-RR 1996, 1271; OLG Düsseldorf 28.5.2004, IHR 2004, 203 = IPRspr.

schen Vertragsstatut[1]. Mithin kommt das die Hauptforderung beherrschende Recht zur Anwendung (Art. 17 Rom I-VO). Andere wollen dann, wenn es sich um dem Einheitsrecht unterliegende Geldforderungen (konventionsinterne Ansprüche) handelt, eine Aufrechnung ohne Zwischenschaltung des IPR zulassen[2]. Dies dürfte freilich eine Überdehnung des Einheitsrechts darstellen, da sich dieses nicht zu Voraussetzungen, Durchführung und Folgen der Aufrechnung äußert. Das Vertragsstatut gilt nach einer Auffassung – soweit das UN-Kaufrecht hierfür noch Raum lässt – für eine **Verwirkung**[3]. Nach wohl hM ist die Verwirkung – da Ausdruck von Treu und Glauben – mitgeregelt (vgl. Art. 7 Abs. 1 CISG)[4]. Die beweisrechtlichen Folgen eines tatsächlichen **Anerkenntnisses** sind ebenfalls nicht erfasst[5].

e) Währung

Das UN-Kaufrecht enthält keine eigenen Vorschriften über die Währung. Daher stellt sich die Grundsatzfrage, ob ein anwendbares nationales Recht nach den Regeln des IPR ermittelt werden muss oder ob einheitsrechtliche Grundsätze zu entwickeln sind. Nach Möglichkeit ist einheitsrechtlichen Lösungen der Vorzug zu geben[6]. Dabei ist nach der jeweiligen Einzelfrage zu unterscheiden. Die Parteien können frei vereinbaren, in welcher Währung der Kaufpreis gezahlt werden soll. Mangels Vereinbarung und aussagekräftigen Handelsbrauchs (vgl. Art. 14, 53, 55 CISG) gilt grundsätzlich die Währung am **Niederlassungsort des Verkäufers**[7] (vgl. Art. 57 CISG). Eine *Ersetzungsbefugnis des*

923

2004 Nr. 37; *Frigge*, S. 135 ff.; *Piltz*, Int. KaufR,, Rz. 2–163; *Magnus*, in: Staudinger, Art. 4 CISG Rz. 57.

1 OLG Koblenz 17.9.1993, RIW 1993, 934 (französ. Recht); KG 24.1.1994, IPRspr. 1994 Nr. 25 = RIW 1994, 683 (italien. Recht); OLG Düsseldorf 10.2.1994, IPRspr. 1994 Nr. 26 = DB 1994, 2492 (französ. Recht); OLG Düsseldorf 11.7.1996, IPRspr. 1996 Nr. 37 = NJW-RR 1997, 822 (deutsches Recht); OLG Düsseldorf 24.4.1997, IPRspr. 1997 Nr. 145 (Italien); OLG Düsseldorf 28.5.2004, IHR 2004, 203 = IPRspr. 2004 Nr. 37 (Italien); OLG Hamm 9.6.1995, IPRspr. 1995 Nr. 29 = NJW-RR 1996, 179 (deutsches Recht); OLG Stuttgart 21.8.1995, IPRspr. 1995 Nr. 42 = IPRax 1996, 139 (LS) Anm. *Kronke* (italien. Recht); OLG München 11.3.1998, EWiR 1998, 549 (*Schlechtriem*); OLG Köln 13.2.2006, IHR 2006, 145 = IPRspr. 2006 Nr. 7; OLG Köln 19.5.2008, IHR 2008, 181 (Italien); LG Bamberg 23.10.2006, IPRspr. 2006 Nr. 31 = IHR 2007, 113; LG München I 20.3.1995, IPRspr. 1995 Nr. 41 = IPRax 1996, 31 (m. Aufs. *Kindler*, IPRax 1996, 16) (italien. Recht); *Jayme*, Anm. zu AG Frankfurt a.M. 31.1.1991, IPRax 1991, 345; *Frigge*, S. 136 ff.; *Piltz*, Int. KaufR, Rz. 2–164; *Kegel/Schurig*, S. 754.
2 LG Trier 12.10.1995, NJW-RR 1996, 594; AG Duisburg 13.4.2000, IPRspr. 2000 Nr. 23 = IHR 2001, 114 (obiter); *Magnus*, ZEuP 1997, 831 f.; *Magnus*, in: Staudinger, Art. 4 CISG Rz. 46.
3 *Frigge*, S. 140 ff.
4 *Ferrari/Saenger*, Int. VertragsR, Art. 4 CISG Rz. 17; *Magnus*, in: Staudinger, Art. 4 CISG Rz. 53.
5 BGH 9.1.2002, WM 2002, 1022; *Piltz*, Int. KaufR, Rz. 2–21.
6 *Magnus*, RabelsZ 53 (1989), 127 ff.
7 KG 24.1.1994, IPRspr. 1994 Nr. 25 = RIW 1994, 683 (italien. Währung); *Magnus*, RabelsZ 53 (1989), 128 ff.; *Magnus*, in: Staudinger, Art. 53 CISG Rz. 20. Allgemein für den Zahlungsort *Piltz*, Int. KaufR, Rz. 4–127. Andere wollen die allgemeinen kollisionsrechtlichen Regeln einschalten.

Schuldners kann vereinbart werden. Ob sie mangels Vereinbarung – wie nach deutschem Recht (§ 244 BGB) – gleichwohl besteht, wird teils nach einheitsrechtlichen Grundsätzen[1], teils in Anwendung nationalen Rechts beantwortet[2]. Schadensersatz ist nicht grundsätzlich in der Vertragswährung, sondern in derjenigen Währung zu zahlen, in welcher die andere Partei den Schaden erlitten hat[3]. Eine eigene Regelung für Wechselkursverluste fehlt[4]. Rückzahlungspflichten (Art. 78, 81 Abs. 2, 84 CISG) entstehen in der Währung, in welcher ursprünglich zu leisten war, sofern die Parteien nichts anderes vereinbart haben oder kein entgegenstehender Handelsbrauch existiert[5].

4. Rechte und Pflichten der Parteien

a) Verkäuferpflichten und Rechtsbehelfe des Käufers

aa) Verkäuferpflichten

924 Zu den Verkäuferpflichten gehört insbesondere die **Lieferung** der Ware und die **Übergabe** der Dokumente (Art. 31–34 CISG). Ferner betreffen die Verkäuferpflichten die Vertragsmäßigkeit der Ware und die Freiheit von Rechten Dritter (Art. 35–44 CISG). Bezüglich des Lieferortes unterscheidet Art. 31 CISG die **Übergabe an den Beförderer** (lit. a) und die **Lieferung durch Zur-Verfügung-Stellen** (lit. b, c). Im Zweifel liegt der Lieferort am Sitz des Verkäufers und beim Versendungskauf dort, wo die Ware dem ersten selbstständigen Beförderer übergeben wurde. Hilfsweise kommt es auf die Niederlassung des Verkäufers an. Dort ist auch der Erfüllungsort für die Lieferverpflichtung iSd. Art. 5 Nr. 1 EuGVO[6], soweit die autonome Bestimmung der Europäischen Regelung nicht eingreift[7] (s. oben Rz. 325 ff.).

Bei zwischen Käufer- und Verkäuferland *divergierenden Qualitätsstandards* genügt grundsätzlich die Einhaltung des Standards des Verkäuferlandes[8]. Bei Sachmängeln trifft den Käufer eine **Rüge- und Anzeigeobliegenheit** nach Art. 38 f. CISG. Für beide besteht eine Frist (vgl. jedoch Art. 40 CISG zur Kenntnis des Verkäufers). Die Untersuchungsfrist beginnt grundsätzlich mit der Lieferung der Ware; sie ist so kurz, wie es die Umstände erlauben (Art. 38 Abs. 1 CISG). Von Bedeutung sind die Art der Ware, des Mangels und der Un-

---

1 Allerdings eine Ersetzungsbefugnis ablehnend *Magnus*, RabelsZ 53 (1989), 132 ff.; *Piltz*, Int. KaufR, Rz. 4–126; *Magnus*, in: Staudinger, Art. 53 CISG Rz. 28.
2 *Herber/Czerwenka*, Art. 53 CISG Rz. 6.
3 Vgl. *Magnus*, RabelsZ 53 (1989), 134 ff.
4 Gegen Ersatz bei erfolgter Zahlung in Heimatwährung *Magnus*, in: Staudinger, Art. 74 CISG Rz. 49.
5 Vgl. *Magnus*, RabelsZ 53 (1989), 141 ff.
6 So zum EuGVÜ OLG Koblenz 23.2.1990, IPRspr. 1990 Nr. 228 = IPRax 1991, 241 (m. Aufs. *Hanisch*, IPRax 1991, 215).
7 Dazu *Magnus*, ZEuP 2002, 540 f.; *Magnus*, IHR 2002, 45 ff.
8 BGH 8.3.1995, BGHZ 129, 75 (kadmiumhaltige Muscheln); *Magnus*, ZEuP 2002, 534; *Magnus*, ZEuP 2008, 327 f.

tersuchung[1]. Bei komplizierten Sachverhalten kann nach der Rechtsprechung noch eine Überlegungsfrist für die Ermittlung der Schadensursache hinzukommen[2]. Eine solche Überlegungsfrist ist freilich lediglich als Teil der Untersuchungsfrist anzuerkennen.

Die Vertragswidrigkeit ist in der (formlosen) Anzeige genau zu bezeichnen. Bei komplexen und komplizierten Kaufgegenständen kann eine Mitteilung der Mängelsymptome genügen. Die **Mängelanzeigefrist** beginnt nach der Untersuchungsfrist; sie ist eine „angemessene" Frist (Art. 39 Abs. 1 CISG). Ihre Länge kann vereinbart werden[3]. Auch ein ausdrücklicher oder stillschweigender Verzicht auf den Verspätungseinwand ist möglich[4]. Die Rechtsprechung tendierte in der Vergangenheit zT zu einer Einschränkung noch unter einer Frist von einer Woche[5]. Inzwischen werden großzügigere Fristen von bis zu zwei Wochen eingeräumt; auch ein Monat kann noch angemessen sein[6]. Es kommt jedoch auf die Umstände, insbes. die Art der Ware und des Mangels an[7]. Die absolute Anspruchsausschlussfrist beträgt zwei Jahre (Art. 39 Abs. 2 CISG); sie ist von Amts wegen zu beachten[8].

Untersuchungsort beim Versendungskauf ist der Bestimmungsort (Art. 38 Abs. 2 CISG); doch ist diese Regel dispositiv[9].

bb) Rechtsbehelfe des Käufers

Das UN-Kaufrecht unterscheidet nicht einzelne Leistungsstörungen, sondern geht vom Begriff der Vertragsverletzung aus. Erfüllt der Verkäufer eine seiner Pflichten nicht, so kann der Käufer die Rechte nach Art. 46–52 CISG ausüben,

---

1 Für zügiges Handeln, aber gegen übertriebene Strenge *Magnus*, in: Staudinger, Art. 38 CISG Rz. 35 ff. Vgl. auch LG München I 20.3.1995, IPRspr. 1995 Nr. 41 = IPRax 1996, 31 (m. Aufs. *Kindler*, IPRax 1996, 16); AG Kehl 6.10.1995; IPRspr. 1995 Nr. 33 = NJW-RR 1996, 565 (Pullover, fünf Wochen verspätet).
2 BGH 3.11.1999, TranspR-IHR 2000, 1 Anm. *Taschner* = EWiR 2000, 125 (*Schlechtriem*). Vgl. *Magnus*, ZEuP 2002, 535 f.
3 LG Gießen 5.7.1994, NJW-RR 1995, 438.
4 BGH 25.6.1997, NJW 1997, 3311; BGH 25.11.1998, NJW 1999, 1259 (1260 f.).
5 Krit. *Magnus*, in: Staudinger, Art. 39 CISG Rz. 35 ff. Acht Tage genügten noch in OLG Köln 22.2.1994, RIW 1994, 972. Eine Rüge mehr als zwei Monate nach Anlieferung von Hemden war verspätet, OLG Düsseldorf 10.2.1994, IPRspr. 1994 Nr. 26 = DB 1994, 2492.
6 Sehr großzügig BGH 3.11.1999, RIW 2000, 381 = TranspR-IHR 2000, 1 Anm. *Taschner* = EWiR 2000, 125 (*Schlechtriem*) (Mahlwerk in Papierfabrik: Insgesamt sieben Wochen, nämlich Überlegungsfrist von einer Woche, gutachterliche Untersuchung zwei Wochen zuzüglich einer Rügefrist von „regelmäßig" einem Monat). – Vgl. *Magnus*, ZEuP 2002, 535 f.; *Huber/Kröll*, IPRax 2003, 313.
7 OLG Köln 14.8.2006, IHR 2007, 68 (Kartoffeln: 24 Stunden); OLG Saarbrücken 3.6.1998, NJW 1999, 780 (Blumen: am selben Tag); LG Flensburg 19.1.2001, IHR 2001, 67 (Schlachtvieh: vier Tage verspätet); *Piltz*, NJW 2003, 2062; *Piltz*, NJW 2007, 2162 mwN.
8 *Magnus*, RIW 2002, 578 mwN.
9 OLG Düsseldorf 8.1.1993, NJW-RR 1993, 999 = IPRax 1993, 412 (m. Aufs. *Magnus*, IPRax 1993, 390).

nämlich Erfüllung (Art. 46 Abs. 1 CISG), beim Gattungskauf Ersatzlieferung (Art. 46 Abs. 2 CISG), ferner Nachbesserung (Art. 46 Abs. 3 CISG) verlangen, eine Nachfrist setzen (Art. 47 CISG), den Mangel selbst beheben (Art. 48 CISG), die Aufhebung des Vertrages erklären (Art. 49 CISG) sowie den Kaufpreis herabsetzen (Art. 50 CISG), schließlich Schadensersatz nach Art. 74–77 CISG verlangen (Art. 45 Abs. 1 CISG).

Vertragsaufhebung

926 Der Käufer kann bei wesentlicher Vertragsverletzung (Art. 49 Abs. 1 lit. a CISG) sowie bei Nichtlieferung trotz Nachfristsetzung (Art. 49 Abs. 1 lit. b CISG) eine Vertragsaufhebung erklären. Eine Aufhebung wegen vertragswidriger Lieferung setzt voraus, dass **die Vertragsverletzung** des Verkäufers **wesentlich ist** (Art. 49 Abs. 1 lit. a, 25 CISG). Die Lieferung einer vertragswidrigen Ware kann eine wesentliche Vertragsverletzung darstellen. Die Vertragsmäßigkeit ist in erster Linie nach der Parteivereinbarung, in zweiter Linie nach dem gewöhnlichen Gebrauchszweck oder einem vorausgesetzten besonderen Zweck zu beurteilen (vgl. Art. 35 CISG). Die Einhaltung bestimmter öffentlich-rechtlicher Vorgaben im Käufer- oder Verwendungsland kann vom Verkäufer auch dann grundsätzlich nicht verlangt werden, wenn sie die Wiederverkäuflichkeit beeinflussen[1]. Für die Vertragswidrigkeit reicht die bloße Mangelhaftigkeit der Ware nicht aus, wenn der Käufer die Kaufsache gleichwohl noch in zumutbarer Weise verwerten kann[2]. Hat der Käufer wirksam Vertragsaufhebung erklärt, so entfällt für ihn die Verpflichtung zur Kaufpreiszahlung[3].

Hat der Verkäufer vollständig geliefert, so geht das Recht zur Vertragsaufhebung verloren, wenn die Aufhebung nicht innerhalb einer „angemessenen Frist" ab Kennen oder Kennenmüssen der Vertragsverletzung erklärt wird (Art. 49 Abs. 2 lit. a CISG). Da kein längerer Schwebezustand bestehen und keine Spekulation gefördert werden soll, darf die Frist für die Aufhebungserklärung nicht zu großzügig bemessen sein[4]. Zu lang waren jedenfalls acht Wochen[5]. Hat der Käufer die Ware rügelos abgenommen, so hat er die Vertragswidrigkeit und nicht etwa der Verkäufer die Vertragsmäßigkeit zu beweisen[6].

---

1 S. zur Cadmium-Richtwertüberschreitung bei Muscheln BGH 8.3.1995, BGHZ 129, 75 = NJW 1995, 2099 = IPRax 1996, 29 (m. Aufs. *Schlechtriem*, IPRax 1996, 12); OLG Frankfurt a.M. 20.4.1994, IPRspr. 1994 Nr. 34 = RIW 1994, 593; *Magnus*, in: Staudinger, Art. 35 CISG Rz. 22.
2 OLG Frankfurt a.M. 18.1.1994, IPRspr. 1994 Nr. 24 = NJW 1994, 1013 (Schuhe); OLG Köln 14.8.2006, IHR 2007, 71; *Kappus*, NJW 1994, 984; *Piltz*, Int. KaufR, Rz. 5–279.
3 OLG Frankfurt a.M. 17.9.1991, NJW 1992, 633 = EWiR 1991, 1081 *(Schlechtriem)*.
4 Akzeptiert wurden Fristen bis zu fünf Wochen, *Magnus*, ZEuP 2002, 538 mwN. – Vgl. zur Wesentlichkeit auch BGH 3.4.1996, BGHZ 132, 290 = IPRax 1997, 342 (m. Aufs. *Benicke*, IPRax 1997, 326) (Kobaltsulfat).
5 OLG Koblenz 31.1.1997, OLG-Report Koblenz 1997, 34; OLG Stuttgart 31.3.2008, IHR 2008, 102 (zweieinhalb Monate zu lang bei verschwiegener Nachlackierung von Kfz). – S. auch OLG München 2.3.1994, IPRspr. 1994 Nr. 30 = NJW-RR 1994, 1075 = EuZW 1995, 31 zust. Anm. *Piltz* (Kokslieferung nach Jugoslawien: vier Monate zu lang).
6 BGH 8.3.1995, BGHZ 129, 75 (81) = NJW 1995, 2099.

Grundsätzlich darf der Käufer keine Vertragsaufhebung erklären oder Ersatzlieferung verlangen, wenn es ihm unmöglich ist, die Ware im Wesentlichen in dem Zustand zurückzugeben, in dem er sie erhalten hat (Art. 82 Abs. 1 CISG).

Herabsetzung des Kaufpreises

Eine Herabsetzung des Kaufpreises nach Art. 50 CISG kommt bei nicht vertragsgemäßer Lieferung – ob auch bei Rechtsmängeln, ist umstritten[1] – in Betracht. Sie geschieht durch eine am **Wert der Ware** orientierte proportionale Herabsetzung. Eine wesentliche Vertragsverletzung wird nicht vorausgesetzt. Da für die Herabsetzung keine Frist besteht, kann sie bis zum Ablauf der Verjährungsfrist erklärt werden[2]. Teils wird eine ausdrückliche rechtsgestaltende Erklärung verlangt[3]. Nach aA genügt ein Verhalten des Käufers, das erkennen lässt, dass er den Kaufpreis wegen der vertragswidrigen Belieferung kürzt[4].

927

Schadensersatzanspruch des Käufers

Der **Erfüllungsort** für den Schadensersatzanspruch ist dort, wo die verletzte Vertragspflicht zu erfüllen war[5]. Sollte beim Käufer angeliefert werden, so ist dessen Niederlassung maßgeblich (vgl. Art. 31 CISG)[6]. Der Käufer verliert seinen Schadensersatzanspruch nicht durch die Ausübung anderer Rechtsbehelfe (Art. 45 Abs. 2 CISG).

928

b) Käuferpflichten und Rechtsbehelfe des Verkäufers

aa) Käuferpflichten

Der Käufer ist zur **Kaufpreiszahlung** sowie zur Abnahme der Ware verpflichtet (Art. 53 CISG). Die Einzelheiten der Kaufpreiszahlung richten sich nach den Art. 54 ff. CISG. Die Abnahmeverpflichtung des Käufers wird in Art. 60 CISG geregelt.

929

Nach Art. 57 Abs. 1 lit. a CISG ist **Erfüllungsort** für die Kaufpreiszahlung im Regelfall die Niederlassung des Verkäufers. Bei Zug-um-Zug-Leistung kommt es auf den Übergabeort an. Die analoge Anwendung des Art. 57 CISG auch auf Rückgewähransprüche ist umstritten[7]. Da die *Erfüllungsortzuständigkeit* nach Art. 5 Nr. 1 LugÜ und § 29 ZPO unter Rückgriff auf das für den jeweiligen Anspruch maßgebliche Kollisionsrecht bestimmt wird, ergibt sich im Ergebnis

---

[1] Dafür *Magnus*, in: Staudinger, Art. 50 CISG Rz. 10. Dagegen *Piltz*, Int. KaufR, Rz. 5–161; *Müller-Chen*, in: Schlechtriem/Schwenzer, Art. 50 CISG Rz. 2.
[2] *Piltz*, Anm. zu OLG München 2.3.1994, EuZW 1995, 31.
[3] OLG München 2.3.1994, NJW-RR 1994, 1075 = EuZW 1995, 31 Anm. *Piltz*.
[4] *Piltz*, Anm. zu OLG München 2.3.1994, EuZW 1995, 31. Ein unzweideutiges Minderungsverlangen nach *Magnus*, in: Staudinger, Art. 50 CISG Rz. 16.
[5] *Mankowski*, in: MünchKomm HGB, Art. 74 CISG Rz. 15; *Magnus*, in: Staudinger, Art. 74 CISG Rz. 57. Dagegen für eine analoge Anwendung des Art. 57 CISG (Gläubigersitz) OLG Düsseldorf 2.7.1993, IPRspr. 1993 Nr. 144 = RIW 1993, 845 = EWiR 1993, 1085 *(Schlechtriem); Piltz*, Int. KaufR, Rz. 5–565; *Hager*, in: Schlechtriem/Schwenzer, Art. 57 CISG Rz. 25.
[6] OLG München 3.12.1999, IPRspr. 1999 Nr. 151 = RIW 2000, 712.
[7] Für eine spiegelbildliche Anwendung *Magnus*, in: Staudinger, Art. 57 CISG Rz. 23.

ein Klägergerichtsstand des Verkäufers (vgl. oben Rz. 354 ff.). Dagegen ist in Art. 5 Nr. 1 EuGVO der Erfüllungsort nunmehr definiert (s. Rz. 352 ff.).

bb) Rechtsbehelfe des Verkäufers

930 Erfüllt der Käufer seine Verpflichtungen nicht, so stehen dem Verkäufer die Rechte nach Art. 62–65 CISG zu, dh. er kann den Kaufpreis verlangen (Art. 62 CISG), eine angemessene Nachfrist setzen (Art. 63 CISG) sowie die Aufhebung des Vertrages erklären (Art. 64 CISG). Ferner kann der Verkäufer Schadensersatz nach Art. 74–77 verlangen (Art. 61 CISG). Ein Rechtsbehelf, welcher mit dem Zahlungsanspruch unvereinbar ist, ist die Vertragsaufhebung nach Art. 49 CISG wegen einer Vertragsverletzung des Verkäufers.

c) Zinsen

931 Versäumt eine Partei, den Kaufpreis oder einen anderen fälligen Betrag zu zahlen, so hat die andere Partei ab Fälligkeit Anspruch auf Zinsen (nicht aber Zinseszinsen)[1]. Dieser Zinsanspruch besteht unabhängig von einem Schadensersatzanspruch nach Art. 74 CISG (Art. 78 CISG).

Da das Einheitsrecht die **Höhe** nicht festlegt und insoweit eine Lücke enthält, ist dafür das nationale Recht maßgeblich[2] (vgl. Art. 12 Abs. 1 lit. c Rom I-VO). Die hM bestimmt zu diesem Zweck das Statut des Kaufvertrages nach den allgemeinen Vorschriften der Art. 3, 4 Rom I-VO[3]. Dies führt mangels Rechtswahl regelmäßig zum Recht am Niederlassungsort des Verkäufers. Teilweise hat man versucht, eine Lösung innerhalb der Konvention zu finden[4]. Vertreten wird jedoch auch, es komme für die Höhe des Zinssatzes auf das Aufenthalts-

---

1 S. *Bacher*, in: Schlechtriem/Schwenzer, Art. 78 CISG Rz. 40; *Magnus*, in: Staudinger, Art. 78 CISG Rz. 5.
2 Zur Höhe in einzelnen Vertragsstaaten *Bonsau/Feuerriegel*, IPRax 2003, 424 f.
3 S. zu Art. 27 ff. EGBGB: OLG Düsseldorf 10.2.1994, IPRspr. 1994 Nr. 27 = NJW-RR 1994, 506 (Zinsen nach deutschem Recht); OLG Düsseldorf 24.4.1997, IPRspr. 1997 Nr. 145 (italien. Recht); OLG Frankfurt a.M. 13.6.1991, IPRspr. 1991 Nr. 38 = NJW 1991, 3102 = EWiR 1991, 1199 (zust. *Herber*) (französ. Recht); OLG Frankfurt a.M. 18.1.1994, IPRspr. 1994 Nr. 24 = NJW 1994, 1013 (m. Aufs. *Kappus*, NJW 1994, 984 f.) (italien. Recht); OLG Frankfurt a.M. 20.4.1994, IPRspr. 1994 Nr. 35 = RIW 1994, 593 (schweiz. oder deutsches Recht); OLG Koblenz 17.9.1993, RIW 1993, 934 (französ. Recht); OLG Koblenz 18.11.1999, IPRspr. 1999 Nr. 36 = IHR 2001, 109 Anm. *Thiele* (französ. Recht); KG 24.1.1994, RIW 1994, 683 (italien. Recht); OLG München 2.3.1994, IPRspr. 1994 Nr. 30 = NJW-RR 1994, 1075 (schwed. Recht); OLG Rostock 27.7.1995, IPRax 2000, 230 (m. Aufs. *Philip*, IPRax 2000, 209); LG Hamburg 26.9.1990, IPRspr. 1990 Nr. 42 = IPRax 1991, 400 (m. Aufs. *Reinhart*, IPRax 1991, 376) (italien. Recht); LG Oldenburg 9.11.1994, NJW-RR 1995, 438 (italien. Recht); LG Stendal 12.10.2000, IPRspr. 2000 Nr. 27 = IHR 2001, 30 (italien. Recht); *Asam*, RIW 1989, 945; *Magnus*, RabelsZ 53 (1989), 140 f.; *Piltz*, NJW 1994, 1105; *Karollus*, S. 227; *Kegel/Schurig*, S. 704; *Magnus*, in: Staudinger, Art. 78 CISG Rz. 12.
4 Für eine analoge Anwendung des Art. 76 CISG *Corterier*, ZfRV 2003, 47 ff. (Marktzins für Schuldsumme und Währung am Ort der Zahlungsverpflichtung).

recht des Gläubigers[1] oder des Schuldners[2] an. Für Letzteres wird angeführt, der Zins solle verhindern, dass der Schuldner ungerechtfertigte Vorteile aus der Nichtzahlung zieht. Tatsächlich besteht jedoch auch ein Gläubigerinteresse im Hinblick auf seine Refinanzierung. Eine Bevorzugung einer der Parteien will die Auffassung vermeiden, welche für die gesetzliche Zinshöhe auf das Land abstellt, dessen Währung von den Parteien vereinbart wurde[3]. Dies scheitert allerdings nicht nur bei einer einheitlichen Währung (Euro), sondern vernachlässigt auch sonst die unterschiedlichen Verhältnisse der Parteien. Ausschlaggebend sollte daher sein, dass mangels einer einheitsrechtlichen Lösung wieder auf die allgemeinen Kollisionsregeln zurückgegriffen werden muss.

5. Text des Einheitskaufrechts (Auszug)

Die den Anwendungsbereich regelnden Bestimmungen lauten in deutscher Übersetzung[4]: 932

Teil 1
Anwendungsbereich und allgemeine Bestimmungen

Kapitel 1
Anwendungsbereich

Art. 1 [Anwendungsbereich]

(1) Dieses Übereinkommen ist auf Kaufverträge über Waren zwischen Parteien anzuwenden, die ihre Niederlassung in verschiedenen Staaten haben

a) wenn diese Staaten Vertragsstaaten sind oder

b) wenn die Regeln des internationalen Privatrechts zur Anwendung des Rechts eines Vertragsstaats führen.

(2) Die Tatsache, dass die Parteien ihre Niederlassung in verschiedenen Staaten haben, wird nicht berücksichtigt, wenn sie sich nicht aus dem Vertrag, aus früheren Geschäftsbeziehungen oder aus Verhandlungen oder Auskünften ergibt, die vor oder bei Vertragsabschluss zwischen den Parteien geführt oder von ihnen erteilt worden sind.

(3) Bei Anwendung dieses Übereinkommens wird weder berücksichtigt, welche Staatsangehörigkeit die Parteien haben, noch ob sie Kaufleute oder Nichtkaufleute sind oder ob der Vertrag handelsrechtlicher oder bürgerlich-rechtlicher Art ist.

---

1 LG Stuttgart 31.8.1989, IPRspr. 1989 Nr. 47 = RIW 1989, 984 (m. Aufs. *Asam*, RIW 1989, 942) = IPRax 1990, 317 (m. Aufs. *Reinhart*, IPRax 1990, 289). Für den durchschnittlichen Bankzins unter Berufung auf eine Lücke des Einheitsrechts: Int. Schiedsgericht der österreich. Bundeskammer der gewerblichen Wirtschaft, Schiedsspruch Nr. 4366 vom 15.6.1994, RIW 1995, 590 m. Anm. *Schlechtriem*.
2 *Stoll*, Festschr. Ferid, S. 509 f.
3 *Schlechtriem*, RIW 1995, 593; *Königer* S. 110 ff., 135 f.; *Schlechtriem*, UN-Kaufrecht, Rz. 318; *Bacher*, in: Schlechtriem/Schwenzer Art. 78 CISG Rz. 33 (vorzugsweise Einheitslösung, sonst Recht der Währung).
4 Die Artikelüberschriften sind nicht amtlich.

Art. 2 [Anwendungsausschlüsse]

Dieses Übereinkommen findet keine Anwendung auf den Kauf

a) von Ware für den persönlichen Gebrauch oder den Gebrauch in der Familie oder im Haushalt, es sei denn, dass der Verkäufer vor oder bei Vertragsabschluss weder wusste noch wissen musste, dass die Ware für einen solchen Gebrauch gekauft wurde,

b) bei Versteigerungen,

c) aufgrund von Zwangsvollstreckungs- oder anderen gerichtlichen Maßnahmen, von Wertpapieren oder Zahlungsmitteln,

e) von Seeschiffen, Binnenschiffen, Luftkissenfahrzeugen oder Luftfahrzeugen,

f) von elektrischer Energie.

Art. 3 [Verträge über herzustellende Waren oder Dienstleistungen]

(1) Den Kaufverträgen stehen Verträge über die Lieferung herzustellender oder zu erzeugender Ware gleich, es sei denn, dass der Besteller einen wesentlichen Teil der für die Herstellung oder Erzeugung notwendigen Stoffe selbst zur Verfügung zu stellen hat.

(2) Dieses Übereinkommen ist auf Verträge nicht anzuwenden, bei denen der überwiegende Teil der Pflichten der Partei, welche die Ware liefert, in der Ausführung von Arbeiten oder anderen Dienstleistungen besteht.

Art. 4 [Sachlicher Anwendungsbereich]

Dieses Übereinkommen regelt ausschließlich den Abschluss des Kaufvertrages und die aus ihm erwachsenden Rechte und Pflichten des Verkäufers und des Käufers. Soweit in diesem Übereinkommen nicht ausdrücklich etwas anderes bestimmt ist, betrifft es insbesondere nicht

a) die Gültigkeit des Vertrages oder einzelner Vertragsbestimmungen oder die Gültigkeit von Gebräuchen,

b) die Wirkungen, die der Vertrag auf das Eigentum an der verkauften Ware haben kann.

Art. 5 [Ausschluss der Haftung für Tod oder Körperverletzung]

Dieses Übereinkommen findet keine Anwendung auf die Haftung des Verkäufers für den durch die Ware verursachten Tod oder die Körperverletzung einer Person.

Art. 6 [Ausschluss, Abweichung oder Änderung durch Parteiabrede]

Die Parteien können die Anwendung dieses Übereinkommens ausschließen oder, vorbehaltlich des Artikels 12, von seinen Bestimmungen abweichen oder deren Wirkung ändern.

Kapitel II
Allgemeine Bestimmungen

Art. 7 [Auslegung des Übereinkommens und Lückenfüllung]

(1) Bei der Auslegung dieses Übereinkommens sind sein internationaler Charakter und die Notwendigkeit zu berücksichtigen, seine einheitliche Anwendung und die Wahrung des guten Glaubens im internationalen Handel zu fördern.

(2) Fragen, die in diesem Übereinkommen geregelte Gegenstände betreffen, aber in diesem Übereinkommen nicht ausdrücklich entschieden werden, sind nach den allgemeinen Grundsätzen, die diesem Übereinkommen zugrunde liegen, oder mangels solcher

Grundsätze nach dem Recht zu entscheiden, das nach den Regeln des internationalen Privatrechts anzuwenden ist.

Art. 8 [Auslegung von Erklärungen und Vorbehalten]

(1) Für die Zwecke dieses Übereinkommens sind Erklärungen und das sonstige Verhalten einer Partei nach deren Willen auszulegen, wenn die andere Partei diesen Willen kannte oder darüber nicht in Unkenntnis sein konnte.

(2) Ist Absatz 1 nicht anwendbar, so sind Erklärungen und das sonstige Verhalten einer Partei so auszulegen, wie eine vernünftige Person der gleichen Art wie die andere Partei sie unter den gleichen Umständen aufgefasst hätte.

(3) Um den Willen einer Partei oder die Auffassung festzustellen, die eine vernünftige Person gehabt hätte, sind alle erheblichen Umstände zu berücksichtigen, insbesondere die Verhandlungen zwischen den Parteien, die zwischen ihnen entstandenen Gepflogenheiten, die Gebräuche und das spätere Verhalten der Parteien.

Art. 9 [Handelsbräuche und Gepflogenheiten]

(1) Die Parteien sind an die Gebräuche, mit denen sie sich einverstanden erklärt haben, und an die Gepflogenheiten gebunden, die zwischen ihnen entstanden sind.

(2) Haben die Parteien nichts anderes vereinbart, so wird angenommen, dass sie sich in ihrem Vertrag oder bei seinem Abschluss stillschweigend auf Gebräuche bezogen haben, die sie kannten oder kennen mussten und die im internationalen Handel den Parteien von Verträgen dieser Art in dem betreffenden Geschäftszweig weithin bekannt sind und von ihnen regelmäßig beachtet werden.

Art. 10 [Niederlassung]

Für die Zwecke dieses Übereinkommens ist,

a) falls eine Partei mehr als eine Niederlassung hat, die Niederlassung maßgebend, die unter Berücksichtigung der vor oder bei Vertragsabschluss den Parteien bekannten oder von ihnen in Betracht gezogenen Umstände die engste Beziehung zu dem Vertrag und zu seiner Erfüllung hat;

b) falls eine Partei keine Niederlassung hat, ihr gewöhnlicher Aufenthalt maßgebend.

Art. 11 [Form des Vertrages]

Der Kaufvertrag braucht nicht schriftlich geschlossen oder nachgewiesen zu werden und unterliegt auch sonst keinen Formvorschriften. Er kann auf jede Weise bewiesen werden, auch durch Zeugen.

Art. 12 [Wirkungen eines Vorbehaltes hinsichtlich der Form]

Die Bestimmungen der Artikel 11 oder 29 oder des Teils II dieses Übereinkommens, die für den Abschluss eines Kaufvertrages, seine Änderung oder Aufhebung durch Vereinbarung oder für ein Angebot, eine Annahme oder eine sonstige Willenserklärung eine andere als die schriftliche Form gestatten, gelten nicht, wenn eine Partei ihre Niederlassung in einem Vertragsstaat hat, der eine Erklärung nach Art. 96 abgegeben hat. Die Parteien dürfen von dem vorliegenden Artikel weder abweichen noch seine Wirkung ändern.

Art. 13 [Schriftlichkeit]

Für die Zwecke dieses Übereinkommens umfasst der Ausdruck „schriftlich" auch Mitteilungen durch Telegramme oder Fernschreiben.

Teil IV
Schlussbestimmungen

Art. 90 [Verhältnis zu anderen völkerrechtlichen Vereinbarungen]

Dieses Übereinkommen geht bereits geschlossenen oder in Zukunft zu schließenden völkerrechtlichen Übereinkünften, die Bestimmungen über in diesem Übereinkommen geregelte Gegenstände enthalten, nicht vor, sofern die Parteien ihre Niederlassung in Vertragsstaaten einer solchen Übereinkunft haben.

Art. 92 [Teilweise Ratifikation, Annahme, Genehmigung oder Beitritt]

(1) Ein Vertragsstaat kann bei der Unterzeichnung, der Ratifikation, der Annahme, der Genehmigung oder dem Beitritt erklären, dass Teil II dieses Übereinkommens für ihn nicht verbindlich ist oder dass Teil III dieses Übereinkommens für ihn nicht verbindlich ist.

(2) Ein Vertragsstaat, der eine Erklärung nach Absatz 1 zu Teil II oder Teil III dieses Übereinkommens abgegeben hat, ist hinsichtlich solcher Gegenstände, die durch den Teil geregelt werden, auf den sich die Erklärung bezieht, nicht als Vertragsstaat im Sinne des Artikels 1 Absatz 1 zu betrachten.

Art. 93 [Föderative Staaten]

(1) Ein Vertragsstaat, der zwei oder mehr Gebietseinheiten umfasst, in denen nach seiner Verfassung auf die in diesem Übereinkommen geregelten Gegenstände unterschiedliche Rechtsordnungen angewendet werden, kann bei der Unterzeichnung, der Ratifikation, der Annahme, der Genehmigung oder dem Beitritt erklären, dass dieses Übereinkommen sich auf alle seine Gebietseinheiten oder nur auf eine oder mehrere derselben erstreckt; er kann seine Erklärung jederzeit durch eine neue Erklärung ändern.

(2) ...

(3) Erstreckt sich das Übereinkommen aufgrund einer Erklärung nach diesem Artikel auf eine oder mehrere, jedoch nicht auf alle Gebietseinheiten eines Vertragsstaats und liegt die Niederlassung einer Partei in diesem Staat, so wird diese Niederlassung im Sinne dieses Übereinkommens nur dann als in einem Vertragsstaat gelegen betrachtet, wenn sie in einer Gebietseinheit liegt, auf die sich das Übereinkommen erstreckt.

(4) Gibt ein Vertragsstaat keine Erklärung nach Absatz 1 ab, so erstreckt sich das Übereinkommen auf alle Gebietseinheiten dieses Staates.

Art. 94 [Erklärung über Nichtanwendung des Übereinkommens]

(1) Zwei oder mehr Vertragsstaaten, welche gleiche oder einander sehr nahe kommende Rechtsvorschriften für Gegenstände haben, die in diesem Übereinkommen geregelt werden, können jederzeit erklären, dass das Übereinkommen auf Kaufverträge und ihren Abschluss keine Anwendung findet, wenn die Parteien ihre Niederlassung in diesen Staaten haben. Solche Erklärungen können als gemeinsame oder als aufeinander bezogene einseitige Erklärungen abgegeben werden.

(2) Hat ein Vertragsstaat für Gegenstände, die in diesem Übereinkommen geregelt werden, Rechtsvorschriften, die denen eines oder mehrerer Nichtvertragsstaaten gleich sind oder sehr nahe kommen, so kann er jederzeit erklären, dass das Übereinkommen auf Kaufverträge oder ihren Abschluss keine Anwendung findet, wenn die Parteien ihre Niederlassung in diesen Staaten haben.

(3) Wird ein Staat, auf den sich eine Erklärung nach Absatz 2 bezieht, Vertragsstaat, so hat die Erklärung von dem Tag an, an dem das Übereinkommen für den neuen Vertragsstaat in Kraft tritt, die Wirkung einer nach Absatz 1 abgegebenen Erklärung, vorausgesetzt, dass der neue Vertragsstaat sich einer solchen Erklärung anschließt oder eine darauf bezogene einseitige Erklärung abgibt.

Art. 95 [Erklärung zum Ausschluss der Anwendung des Art. 1 Abs. 1 lit. b]

Jeder Staat kann bei Hinterlegung seiner Ratifikations-, Annahme-, Genehmigungs- oder Beitrittsurkunde erklären, dass Artikel 1 Absatz 1 Buchstabe b für ihn nicht verbindlich ist.

Art. 96 [Erklärung zur Schriftform]

Ein Vertragsstaat, nach dessen Rechtsvorschriften Kaufverträge schriftlich zu schließen oder nachzuweisen sind, kann jederzeit eine Erklärung nach Artikel 12 abgeben, dass die Bestimmungen der Artikel 11 und 29 oder des Teils II dieses Übereinkommens, die für den Abschluss eines Kaufvertrages, seine Änderung oder Aufhebung durch Vereinbarung oder für ein Angebot, eine Annahme oder eine sonstige Willenserklärung eine andere als die schriftliche Form gestatten, nicht gelten, wenn eine Partei ihre Niederlassung in diesem Staat hat.

Art. 98 [Zulässigkeit von Vorbehalten]

Vorbehalte sind nur zulässig, soweit sie in diesem Übereinkommen ausdrücklich für zulässig erklärt werden.

Art. 99 [Zeitpunkt des Inkrafttretens]

(1) Vorbehaltlich des Absatzes 6 tritt dieses Übereinkommen am ersten Tag des Monats in Kraft, der auf einen Zeitabschnitt von zwölf Monaten nach Hinterlegung der zehnten Ratifikations-, Annahme-, Genehmigungs- oder Beitrittsurkunde einschließlich einer Urkunde, die eine nach Artikel 92 abgegebene Erklärung enthält, folgt.

(2) ...

Art. 100 [Zeitlicher Anwendungsbereich]

(1) Dieses Übereinkommen findet auf den Abschluss eines Vertrages nur Anwendung, wenn das Angebot zum Vertragsabschluss an oder nach dem Tag gemacht wird, an dem das Übereinkommen für die in Artikel 1 Absatz 1 Buchstabe a genannten Vertragsstaaten oder den in Artikel 1 Absatz 1 Buchstabe b genannten Vertragsstaat in Kraft tritt.

(2) Dieses Übereinkommen findet nur auf Verträge Anwendung, die an oder nach dem Tag geschlossen werden, an dem das Übereinkommen für die in Art. 1 Absatz 1 Buchstabe a genannten Vertragsstaaten oder den in Art. 1 Absatz 1 Buchstabe b genannten Vertragsstaat in Kraft tritt.

Frei. 933–940

II. Sonstiges Einheitsrecht – Internationale Formulare

1. Materielles Einheitsrecht

a) Haager Einheitskaufrecht

Das Einheitliche Gesetz über den internationalen Kauf beweglicher Sachen (EKG)[1] galt ab 16.4.1974 für die Bundesrepublik Deutschland[2]. Vertragsstaaten waren Belgien, Gambia, Israel, Italien, Luxemburg, Niederlande, San Marino

---

1 Gesetz vom 17.7.1973, Text: BGBl. I 1973, 856. Näher 4. Aufl. Rz. 374 ff.
2 S. Gesetz vom 17.7.1973, BGBl. II 1973, 885; Bek. BGBl. II 1974, 146.

sowie das Vereinigte Königreich. Das EKG wurde ergänzt durch das Einheitliche Gesetz über den Abschluss von internationalen Kaufverträgen über bewegliche Sachen (EAG)[1]. Dieses galt ebenfalls ab dem 16.4.1974 für die Bundesrepublik Deutschland[2]. Weitere Vertragsstaaten waren Belgien, Gambia, Israel, Italien, Luxemburg, Niederlande, San Marino sowie das Vereinigte Königreich. Beide Übereinkommen sind für Deutschland am 31.12.1990 **außer Kraft** getreten und vom UN-Kaufrecht abgelöst worden[3]. Internationale Warenkaufverträge wurden daher vom Haager Einheitskaufrecht nur erfasst, wenn sie vor diesem Zeitpunkt abgeschlossen worden sind[4].

b) Stellvertretung beim Kauf

942 Das Genfer Übereinkommen über die Vertretung beim internationalen Warenkauf vom 17.2.1983 ist noch **nicht in Kraft** getreten[5]. Es vereinheitlicht das Recht der Stellvertretung für internationale Warenkaufverträge[6]. Geregelt wird jedoch nur das Außenverhältnis (Art. 1 Abs. 3 Genfer Vertretungs-Übk.) für Fälle, in denen ein Vertreter für fremde Rechnung handelt. Die Geltung des Übereinkommens kann durch Parteivereinbarung ausgeschlossen werden (Art. 5 Genfer Vertretungs-Übk.).

c) Materielle Gültigkeit

943 Für die materielle Gültigkeit internationaler Kaufverträge über bewegliche Sachen (die vom UN-Kaufrecht [vgl. Art. 4 S. 2 lit. a CISG] nicht geregelt wird) besteht ein älterer **Vorentwurf** eines einheitlichen Gesetzes[7]. Er regelt außer Zustandekommen und Auslegung des Vertrages Dissens, Scheingeschäft, Willensmängel und anfängliche Unmöglichkeit.

d) Verjährungsübereinkommen

Literatur: *Enderlein/Maskow/Stargardt*, Kaufrechtskonvention der UNO (mit Verjährungskonvention), Kommentar (Berlin-Ost 1985); *Landfermann*, Das UNCITRAL-Übereinkommen über die Verjährung beim internationalen Warenkauf, RabelsZ 39 (1975),

---

1 Text: BGBl. I 1973, 868.
2 S. Gesetz vom 17.7.1973, BGBl. II 1973, 885, 919; Bek. BGBl. II 1974, 148.
3 S. Bek. vom 30.10.1990, BGBl. II 1990, 1482 und vom 12.12.1990, BGBl. I 1990, 2894, 2895 sowie Art. 5 Abs. 1, Art. 7 Abs. 1 Vertragsgesetz zum CISG vom 5.7.1989, BGBl. II 1989, 586. Näher dazu *Piltz*, IPRax 1994, 191 f.
4 Vgl. OLG Köln 2.10.1992, IPRspr. 1992 Nr. 45 = IPRax 1994, 213 (m. Aufs. *Piltz*, IPRax 1994, 191) = RIW 1992, 1021.
5 *Magnus*, in: Staudinger, Art. 28 EGBGB Rz. 170. – Engl. u. französ. Text Rev.dr.unif. 1983 I-II, 164; dazu Bericht *Evans*, Rev.dr.unif. 1984 I, 72 ff.; *Enderlein/Maskow/Strohbach*, Internationales Kaufrecht (1991), S. 347 ff.
6 Näher *Bonell*, The 1983 Geneva Convention on Agency in the International Sale of Goods, Am.J.Comp.L. 32 (1984), 717; *Stöcker*, Das Genfer Übereinkommen über die Vertretung beim internationalen Warenkauf, WM 1983, 778.
7 Text RabelsZ 32 (1968), 342 ff. – Näher *Zweigert/Drobnig/Flessner/Kötz*, Der Entwurf eines einheitlichen Gesetzes über die materielle Gültigkeit internationaler Kaufverträge über bewegliche Sachen, RabelsZ 32 (1968), 201.

253; *Smit*, The Convention on the Limitation Period in the International Sale of Goods – UNCITRAL's First Born, Am.J.Comp.L. 23 (1975), 337.

Die Verjährung wird vom Übereinkommen über die Verjährung beim internationalen Warenkauf vom 14.6.1974 (idF vom 11.4.1980) geregelt, das am 1.8.1988 in Kraft getreten ist[1]. Vertragsstaaten sind Ägypten, Argentinien, Belgien, Bosnien-Herzegowina, die Dominikanische Republik, Ghana, Guinea, Kuba, Liberia, Mexiko, Moldawien, Montenegro, Norwegen, Paraguay, Polen, Rumänien, Russland, Sambia, Serbien, die Slowakei, Slowenien, die Tschechische Republik, Uganda, die Ukraine, Ungarn, Uruguay, USA und Weißrussland[2]. **Deutschland ist kein Vertragsstaat**; die DDR war Vertragsstaat[3]. 944

Die Konvention kann vom deutschen Richter anzuwenden sein, wenn das Sachrecht eines Vertragsstaates anzuwenden ist[4]. Das Übk. enthält neben Vorschriften über den Anwendungsbereich (Art. 1–7), Bestimmungen über Dauer und Beginn der Verjährungsfrist (Art. 8–12; vierjährige Frist), Unterbrechung und Fristverlängerung (Art. 13–21), Änderung der Verjährungsfrist durch die Parteien (Art. 22), Wirkungen des Ablaufs der Verjährungsfrist (Art. 24–27), ihre Berechnung (Art. 28, 29) sowie über die internationale Wirkung von Handlungen, die auf die Verjährung Einfluss haben (Art. 30). Die Konvention wurde durch das Wiener Protokoll vom 11.4.1980 geändert und dem neuen UN-Kaufrecht angepasst[5].

e) Produkthaftung

Literatur: *Gildeggen*, Internationale Produkthaftung (2005); *Hill-Arning/Hoffmann*, Produkthaftung in Europa (1995); *Hohloch*, Produkthaftung in Europa, ZEuP 1994, 408; *Kullmann/Pfister*, Produzentenhaftung Bd. I u. II (Loseblatt 1980 ff.); *Magnus*, Der Stand der internationalen Überlegungen: die Verbrauchsgüterkauf-Richtlinie und das UN-Kaufrecht, in: Grundmann/Medicus/Rolland (Hrsg.), Europäisches Kaufgewährleistungsrecht (2001), S. 79; *Magnus*, Die Produkthaftung im Kontext eines Europäischen Zivilgesetzbuches, ZEuS 5 (2002), 131; *Micklitz*, Grenzüberschreitende Produkthaftung – eine Bücherbesprechung, VuR 2001, 41; *Rödl & Partner*, Handbuch internationale Produkthaftung (2009); *Schmidt-Salzer*, Kommentar EG-Richtlinie Produkthaftung Bd. I (Loseblatt 1986), Bd. II (Loseblatt 1992); *Staudinger*, Die ungeschriebenen kollisionsrechtlichen Regelungsgebote der Handelsvertreter-, Haustürwiderrufs- und Produkthaftungsrichtlinie, NJW 2001, 1974; *Taschner*, Produkthaftung in der Europäischen Union,

---

1 *Müller-Chen*, in: Schlechtriem/Schwenzer, Einl. VerjÜbk. Rz. 1. Engl. Text mit deutscher Übersetzung RabelsZ 39 (1975), 342. Näher *Whinship*, The Convention on the Limitiation Period in the International Sale of Goods, Int. Lawyer 28 (1994), 1071.
2 Vgl. *Magnus*, ZEuP 1995, 202 (214 f.); *Piltz*, Int. KaufR, Rz. 2–165 ff.; *Magnus*, in: Staudinger, Art. 28 EGBGB Rz. 163. – Aktueller Stand unter http://www.uncitral.org.
3 Näher *Müller-Chen*, in: Schlechtriem/Schwenzer, Einl. VerjÜbk. Rz. 4; *Magnus*, in: Staudinger, Wiener UN-Kaufrecht Art. 3 VertragsG Rz. 3. S. auch *Enderlein*, Das UN-Verjährungsübereinkommen und seine Geltung in Deutschland, in: *Jayme/Furtak* (Hrsg.), Der Weg zur deutschen Rechtseinheit (1991), S. 65; *Thorn*, Die Verjährungskonvention und ihre Geltung in Deutschland, IPRax 1993, 215.
4 *Piltz*, Int. KaufR, Rz. 2–168; *Magnus*, in: Staudinger, Art. 28 EGBGB Rz. 166.
5 Text: Rev.dr.unif. 1980 I, 138 (engl.; französ.).

PHI 2000, 148; *von Westphalen* (Hrsg.), Produkthaftungshandbuch Bd. I (1989), Bd. II (1991).

945 Auf dem Gebiet der Produkthaftpflicht – auf das hier nur hingewiesen werden kann – fanden Bestrebungen zur Vereinheitlichung des materiellen Rechts und des IPR (zu Letzterem Rz. 951) statt. In der Europäischen Union wurde die Produkthaftungs-Richtlinie vom 25.7.1985 erlassen[1]. Nach ihr haftet der Hersteller einer beweglichen Sache (und ggf. der Importeur aus Drittländern) für Schäden durch Tod, Körperverletzung und gewisse Sachschäden, die durch einen Fehler der Sache verursacht worden sind[2]. In Deutschland erfolgte die Umsetzung durch das Produkthaftungsgesetz von 1989. In *Italien* greift das Verbrauchergesetz ein[3], *Spanien* hat die Richtlinie mit Gesetz Nr. 22/1194 vom 6.7.1994 umgesetzt[4]. Im *Vereinigten Königreich* wurde der Consumer Protection Act 1987 (c. 43) erlassen[5].

f) Europäisches Kaufrecht

946 Das Europäische Kaufrecht ist noch weitgehend unvereinheitlicht[6]. Eine gewisse Angleichung besteht lediglich in Form der Verbrauchsgüterkauf-Richtlinie von 1999, die in den Mitgliedstaaten umzusetzen war[7] (vgl. §§ 474 ff. BGB). Kollisionsrechtlich wird sie über Art. 46b EGBGB (früher Art. 29a EGBGB) durchgesetzt (Rz. 4231 ff.). Ferner beschäftigen sich die Europäischen Prinzipien des Vertragsrechts mit kaufrechtlichen Fragen[8].

---

[1] Richtlinie 85/374/EWG zur Angleichung der Rechts- und Verwaltungsvorschriften der Mitgliedstaaten über die Haftung für fehlerhafte Produkte vom 25.7.1985, ABl. EG 1985 Nr. L 210, S. 29. Text auch bei *Hommelhoff/Jayme*, Europäisches Privatrecht (1993), Nr. 10a; *Magnus*, Europäisches Schuldrecht (2002) (dreisprachig).

[2] Nachw. über die Umsetzung in den EU-Staaten bei *Hohloch*, ZEuP 1994, 421 f. – Zu Art. 1386-1 ff. französ. c.c. s. *Sonnenberger/Dammann*, Franz. Handels- und Wirtschaftsrecht, 3. Aufl. (2008), Rz. VI 61 ff.; *Endrös*, Produkthaftung in Frankreich (2008).

[3] S. Art. 101 ff. Codice del Consumo von 2005. – Deutsche Übersetzung des früheren Präsidialdekrets von 1988 in PHI 1988, 125. Näher *Posch/Padovini*, in: von Westphalen, Produkthaftungshandbuch II, S. 463 ff.

[4] Boletin Oficial del Estado 1994, 1934. Engl. Übers. (1995) 1 C.L.E. 86.

[5] W. Nachw. bei *Hohloch*, ZEuP 1994, 420 f.

[6] Eine Regelung findet sich in Art. IV. A.-1:101 ff. DCFR. Näher *Hübener*, Modellregeln für ein Europäisches Kaufrecht, ZEuP 2008, 708.

[7] Richtlinie 1999/44/EG des Europäischen Parlaments und des Rates vom 25.5.1999 zu bestimmten Aspekten des Verbrauchsgüterkaufs und der Garantien für Verbrauchsgüter, ABl. EG 1999 Nr. L 171, S. 12. Text bei *Magnus*, Europäisches Schuldrecht (2002) (dreisprachig). – Dazu *Jayme/Kohler*, IPRax 2002, 463; *Grundmann/Medicus/Rolland* (Hrsg.), Europäisches Kaufgewährleistungsrecht – Reform und Internationalisierung des deutschen Schuldrechts (2000); *Schermaier* (Hrsg.), Verbraucherkaufrecht in Europa (2003); *Staudenmayer*, Die EG-Richtlinie über den Verbrauchsgüterkauf, NJW 1999, 2393; *Tröger*, Systemdenken im europäischen Schuldvertragsrecht, ZEuP 2003, 525. – Kommentiert bei *Magnus*, in: Grabitz/Hilf, IV A 15.

[8] Vgl. *Lando*, International Trends: Requirements concerning the sale of movable goods and remedies for defects under the Principles of European Contract Law, in: Grundmann/Medicus/Rolland (Hrsg.), Europäisches Kaufgewährleistungsrecht – Reform und Internationalisierung des deutschen Schuldrechts (2000), S. 61 ff.

2. Europäisches Kollisionsrecht und Staatsverträge

a) Haager Kaufrechtsübereinkommen vom 15.6.1955

Literatur: *Dölle*, Die 7. Haager Konferenz, RabelsZ 17 (1952), 161; Stellungnahme des Deutschen Rates für IPR, RabelsZ 24 (1959), 151; *Zweigert/Drobnig*, Einheitliches Kaufgesetz und internationales Privatrecht, RabelsZ 29 (1965), 146.

Ein einheitliches Kollisionsrecht wurde durch das „Haager Übereinkommen betreffend das auf internationale Kaufverträge über bewegliche körperliche Sachen anzuwendende Recht" vom 15.6.1955 geschaffen[1]. Das Übereinkommen ist seit 1964 in Kraft in Dänemark, Finnland, Frankreich, Italien, Norwegen und Schweden. Hinzugekommen sind Niger (10.12.1971) und die Schweiz (27.10.1972). Belgien ist zum 1.9.1999 ausgeschieden. Deutschland ist nicht beigetreten. Das Übereinkommen ist nachrangig gegenüber dem UN-Kaufrecht. Im Verhältnis zu CISG-Nichtvertragsstaaten kommt es jedoch zur Anwendung, da es gegenüber der Rom I-VO Vorrang hat (s. Rz. 78).

Das Haager Übereinkommen gilt für – nicht näher definierte – internationale Warenkäufe. Die Parteien können frei vereinbaren, welcher Rechtsordnung sie ihren Kaufvertrag unterstellen (Art. 2). Bei Fehlen einer Rechtswahl gilt das innerstaatliche Recht des Landes, in dem der Verkäufer bei Entgegennahme der Bestellung seinen gewöhnlichen Aufenthalt oder seine Geschäftsniederlassung hatte (Art. 3 Abs. 1). Auf Kaufverträge zwischen ausländischen Käufern und französischen Lieferanten wenden französische Gerichte daher mangels einer Rechtswahl im Regelfall (französisches) Verkäuferrecht an[2]. Wird die Bestellung jedoch von einem Vertreter im Käuferland angenommen, so gilt dessen Recht (Art. 3 Abs. 2)[3].

947

Die wichtigsten Bestimmungen des **Haager Kaufrechtsübereinkommens vom 15.6.1955** lauten[4]:

948

Art. 1

(1) Dieses Übereinkommen ist auf internationale Kaufverträge über bewegliche, körperliche Sachen anzuwenden.

(2) Es ist nicht anwendbar auf Kaufverträge über Wertpapiere, über eingetragene See- und Binnenschiffe oder Luftfahrzeuge sowie auf gerichtliche Veräußerungen und die Zwangsverwertung infolge Pfändung. Auf Verkäufe durch Übergabe von Warenpapieren ist es dagegen anzuwenden.

---

1 Text des Entwurfs: RabelsZ 17 (1952), 269; vollständig in Rev.crit.d.i.p. 1964, 786. – Näher dazu *Vischer/Huber/Oser*, Rz. 377 ff.; Überblick bei *Kegel/Schurig*, S. 697 ff.

2 S. Cass.civ. 4.10.1989, Rev.crit.d.i.p. 79 (1990) 316 Anm. *Lagarde*; Cass.civ. 26.6.2001, D. 2001, 2591 Anm. *Avena-Robardet* (Französ.-schott. Kauf. Als Sachrecht nicht CISG, sondern nationales französ. Recht angewendet); Trib.com. Paris 27.11.1968, Rev.crit.d.i.p. 1969, 700; Trib.com.Paris 25.9.2001, Clunet 2003, 129 (Französ.-ir. Kauf. Als französ. Sachrecht CISG angewendet). – Näher *Magnus*, ZEuP 2002, 527 f.

3 Vgl. Cass.civ. 18.12.1990, J.C.P. 1992 II, 21824 Anm. *Ammar*; Trib.gr.inst. Dunkerque 19.2.1986, Clunet 113 (1986), 713 Anm. *Kahn*.

4 Übersetzung aus dem schweiz. Bundesblatt II 1971, 1049. Authentisch ist allein die französ. Fassung.

(3) Für seine Anwendung werden Verträge über Lieferung herzustellender oder zu erzeugender beweglicher körperlicher Sachen den Kaufverträgen gleichgestellt, sofern die Partei, die sich zur Lieferung verpflichtet, die zur Herstellung oder Erzeugung erforderlichen Rohstoffe zu beschaffen hat.

(4) Eine Erklärung der Parteien über das anzuwendende Recht oder über die Zuständigkeit eines Richters oder eines Schiedsrichters genügt allein nicht, um dem Kaufvertrag die Eigenschaft eines internationalen Vertrages im Sinne des ersten Absatzes dieses Artikels zu geben.

Art. 2

(1) Der Kaufvertrag untersteht dem innerstaatlichen Recht des von den vertragschließenden Parteien bezeichneten Landes.

(2) Diese Bezeichnung muss Gegenstand einer ausdrücklichen Abrede sein oder unzweifelhaft aus den Bestimmungen des Vertrages hervorgehen.

(3) Die Voraussetzungen für eine übereinstimmende Willensäußerung der Parteien über das als anwendbar erklärte Recht richten sich nach diesem Recht.

Art. 3

(1) Fehlt eine Erklärung der Parteien über das anzuwendende Recht, die den Erfordernissen des vorstehenden Artikels genügt, so untersteht der Kaufvertrag dem innerstaatlichen Recht des Landes, in dem der Verkäufer zu dem Zeitpunkt, an dem er die Bestellung empfängt, seinen gewöhnlichen Aufenthalt hat. Wird die Bestellung von einer Geschäftsniederlassung des Verkäufers entgegengenommen, so untersteht der Kaufvertrag dem innerstaatlichen Recht des Landes, in dem sich diese Geschäftsniederlassung befindet.

(2) Der Kaufvertrag untersteht jedoch dem innerstaatlichen Recht des Landes, in dem der Käufer seinen gewöhnlichen Aufenthalt hat oder die Geschäftsniederlassung besitzt, die die Bestellung aufgegeben hat, sofern die Bestellung in diesem Lande vom Verkäufer oder seinem Vertreter, Agenten oder Handelsreisenden entgegengenommen wurde.

(3) Handelt es sich um ein Börsengeschäft oder einen Verkauf durch Versteigerung, so untersteht der Kaufvertrag dem innerstaatlichem Recht des Landes, in dem sich die Börse befindet oder in dem die Versteigerung stattfindet.

Art. 4

Mangels einer ausdrücklichen, anders lautenden Vereinbarung ist das innerstaatliche Recht des Landes, in dem die auf Grund des Kaufvertrages gelieferten beweglichen körperlichen Sachen zu prüfen sind, maßgebend für die Form und die Fristen, in denen die Prüfung und die diesbezüglichen Mitteilungen zu erfolgen haben, sowie für die bei einer allfälligen Verweigerung der Annahme der Sachen zu treffenden Vorkehrungen.

Art. 5

Dieses Übereinkommen gilt nicht für

1. die Handlungsfähigkeit;
2. die Form des Vertrages;
3. den Eigentumsübergang; indessen richten sich die verschiedenen Verpflichtungen der Parteien, insbesondere jene über die Gefahrentragung, nach dem Recht, das auf Grund dieses Übereinkommens auf den Kaufvertrag anzuwenden ist;
4. die Wirkungen des Kaufvertrages gegenüber allen anderen Personen als den Parteien.

Art. 6

In jedem der Vertragsstaaten kann die Anwendung des nach diesem Übereinkommen maßgebenden Rechtes aus Gründen der öffentlichen Ordnung ausgeschlossen werden.

b) Haager Kaufrechtsübereinkommen vom 22.12.1986

Literatur: *Cohen/Ughetto*, La nouvelle Convention de La Haye relative à la loi applicable aux ventes internationales de marchandises, D.S. 1986 Chron. 149; *Lagarde*, La nouvelle Convention de La Haye sur la loi applicable aux contrats de vente internationale de marchandises, Rev.int.dr.comp. Numéro spécial 7 (1985), 327; *Loussouarn*, La Convention de La Haye d'octobre 1985 sur la loi applicable aux contrats de vente internationale de marchandises, Rev.crit.d.i.p. 75 (1986), 271.

Die internationale Warenkäufe (Art. 1–4) erfassende Kaufrechts-Konvention[1] sollte unter den Vertragsstaaten das Haager Übk. vom 15.6.1955 ersetzen (Art. 28). Tatsächlich ist sie aber **nicht in Kraft** getreten, da bislang nur Argentinien und Moldawien ratifiziert haben[2]. Konsumentenkäufe will die Konvention nur erfassen, wenn der Verkäufer wusste oder wissen musste, dass der Kauf privaten Zwecken diente (Art. 2 lit. c). 949

Das anzuwendende Recht – das auch das eines Nichtvertragsstaates sein kann (Art. 6) – wird durch ausdrückliche oder stillschweigende Rechtswahl bestimmt (Art. 7). Fehlt es daran, so gilt grundsätzlich das Recht am Niederlassungsort des Verkäufers (Art. 8 Abs. 1). Käuferrecht kommt zur Anwendung, wenn Vertragsverhandlungen und Vertragsabschluss im Lande des Käufers erfolgen oder dort ausdrücklich die Lieferung erfolgen soll oder der Kauf auf einer Ausschreibung beruht (Art. 8 Abs. 2). Allerdings kann sich ausnahmsweise eine engere Beziehung durchsetzen (Art. 8 Abs. 3). Das Vertragsstatut gilt auch für die Gültigkeit von Eigentumsvorbehaltsklauseln und deren Wirkungen unter den Parteien (Art. 12 lit. e). Zwingendes Recht des Forums setzt sich gegen das Vertragsstatut durch (Art. 17). Gegenüber anderen Staatsverträgen auf vertragsrechtlichem Gebiet beansprucht das Übk. keinen Vorrang (Art. 22) und lässt das UN-Kaufrecht unberührt (Art. 23).

c) Haager Übereinkommen über den Eigentumsübergang

Das Haager Übereinkommen über das auf den Eigentumsübergang anzuwendende Recht bei internationalen Mobiliarkäufen vom 15.4.1958 wurde von Italien ratifiziert[3], ist aber nicht in Kraft getreten[4]. 950

---

1 Französ. Text: Rev.crit.d.i.p. 74 (1985), 773. – Näher dazu *Vischer/Huber/Oser*, Rz. 401 ff.; Überblick bei *Kegel/Schurig*, S. 697 ff. mwN.
2 Vgl. *Magnus*, in: Staudinger, Art. 28 EGBGB Rz. 173.
3 RabelsZ 27 (1962), 551.
4 Text des Übk.: RabelsZ 24 (1959), 145 f. S. *Stoll*, in: Staudinger, IntSachenR, Rz. 105.

d) Haager Produkthaftungsübereinkommen und Rom II-VO

951 Das auf die Produkthaftung anzuwendende Recht richtet sich nach der **Rom II-VO**[1]. Nach Art. 4 Abs. 2 Rom II-VO geht das Recht des gemeinsamen gewöhnlichen Aufenthalts vor. Im Übrigen ist zu unterscheiden. Es gilt das Recht des Staates, in dem die geschädigte Person beim Eintritt des Schadens ihren *gewöhnlichen Aufenthalt* hatte, sofern das Produkt in diesem Staat in Verkehr gebracht wurde (Art. 5 Abs. 1 lit. a Rom II-VO). Anderenfalls kommt das Recht des Staates zur Anwendung, in dem das *Produkt erworben wurde*, falls es in diesem Staat in Verkehr gebracht wurde (Art. 5 Abs. 1 lit. b Rom II-VO). Schließlich gilt das Recht des Staates, in dem der *Schaden eingetreten ist*, falls es in diesem Staat in Verkehr gebracht wurde. Jedoch ist das Recht des Staates anzuwenden, in dem die Person, deren Haftung geltend gemacht wird, ihren gewöhnlichen Aufenthalt hat, wenn sie das Inverkehrbringen des Produkts oder eines gleichartigen Produkts in dem Staat, dessen Recht nach den Buchstaben a, b oder c anzuwenden ist, vernünftigerweise nicht voraussehen konnte (Art. 5 Abs. 1 lit. c Rom II-VO).

In Betracht kommt noch eine *Ausweichklausel*. Ergibt sich aus der Gesamtheit der Umstände, dass die unerlaubte Handlung eine offensichtlich engere Verbindung mit einem anderen als dem in Art. 5 Abs 1 Rom II-VO bezeichneten Staat aufweist, so ist das Recht dieses anderen Staates anzuwenden. Eine offensichtlich engere Verbindung mit einem anderen Staat kann sich insbesondere aus einem bereits bestehenden Rechtsverhältnis zwischen den Parteien – wie einem Vertrag – ergeben, das mit der betreffenden unerlaubten Handlung in enger Verbindung steht (Art. 5 Abs. 2 Rom II-VO). Daher kommt eine **akzessorische Anknüpfung** an eine vertragliche Beziehung zwischen dem Geschädigten und dem Anspruchsgegner in Betracht[2]. Dabei wird angenommen, dass der Anspruchsgegner nicht der Produzent sein muss[3], sondern auch der Verkäufer sein kann[4]. Auf diese Weise kann ein Anknüpfungsgleichklang von vertraglicher und deliktischer Haftung für Schäden durch ein fehlerhaftes Produkt erreicht werden.

Das Verhältnis zu *bestehenden internationalen Übereinkommen* wird von Art. 28 Abs. 1 Rom II-VO geregelt. Danach berührt die Rom II-VO nicht die Anwendung internationaler Übereinkommen, denen ein oder mehrere Mitgliedstaaten angehören und die Kollisionsnormen für außervertragliche Schuldverhältnisse enthalten. Die Vertragsstaaten können daher weiterhin die

---

1 *Heiderhoff*, Eine europäische Kollisionsnorm für die Produkthaftung, GPR 2005, 92; *Leible/Lehmann*, Die neue EG-Verordnung über das auf außervertragliche Schuldverhältnisse anzuwendende Recht („Rom II"), RIW 2007, 721; *Spickhoff*, Die Produkthaftung im Europäischen Kollisions- und Zivilverfahrensrecht, in: Die richtige Ordnung – Festschr. Kropholler (2008), S. 671; *G. Wagner*, Die neue Rom II-Verordnung, IPRax 2008, 1.
2 *Junker*, in: MünchKomm, 5. Aufl., Art. 5 Rom II-VO Rz. 53.
3 S. aber *Spickhoff*, Festschr. Kropholler (2008), S. 671 (688).
4 *Junker*, in: MünchKomm, 5. Aufl., Art. 5 Rom II-VO Rz. 53.

Haager **Produkthaftungskonvention** vom 2.10.1973 anwenden[1]. Sie gilt für Finnland (seit dem 1.11.1992), Frankreich (1.10.1977), Jugoslawien (1.10.1977), Kroatien (1.10.1977/8.10.1991), Luxemburg (1.8.1985), Mazedonien (1.10.1977/20.9.1993), die Niederlande (1.9.1979), Norwegen (1.10.1977), Slowenien (1.10.1977/8.6.1992) und Spanien (1.2.1989)[2]. In Deutschland kommt nur die Rom II-VO zur Anwendung; vgl. auch oben Rz. 945.

3. Internationale Formulare

a) Incoterms

Literatur: *Basedow*, Die Incoterms und der Container oder wie man kodifizierte Usancen reformiert, RabelsZ 43 (1979), 116; *Bredow/Seiffert*, INCOTERMS 2000 (2000); *Eisemann/Melis*, Incoterms. Ausgabe 1980 (Wien 1982); *Fink*, Reichweite von Incoterms im internationalen Zuckerhandel, RIW 1991, 470; *M. Kolter*, Zur rechtlichen Einordnung typischer Handelsklauseln unter besonderer Berücksichtigung des EAG, EKG und UN-Kaufrechts (Diss. Marburg 1991); *Lebuhn*, FOB und FOB-Usancen europäischer Seehäfen sowie Lieferklauseln im internationalen Handel, 3. Aufl. (1971); *Lehr*, Die neuen Incoterms, VersR 2000, 548; *Liesecke*, Die typischen Klauseln des internationalen Handelsverkehrs in der neueren Praxis, WM 1978 Beil. 3; *Piltz*, INCOTERMS 2000, RIW 2000, 485; *Schneider*, Incoterms 1990, RIW 1991, 91; *Schüssler*, Die Incoterms – Internationale Regeln für die Auslegung der handelsüblichen Vertragsformeln, DB 1986, 1161; *Welling*, Gefahrtragung im UN-Kaufrecht und deren Beeinflussung durch die Incoterms 2000, WBl. 2001, 397.

Eine wichtige Rolle spielen bei internationalen Käufen international gebräuchliche **Vertragsklauseln**, darunter vor allem die revidierten „**Incoterms 2000**"[3]. Die Incoterms sollen jenen Firmen, die sich nicht auf Standardbedingungen oder allgemeine Verkaufsbedingungen bestimmter Branchen beziehen können, die Möglichkeit bieten, sich auf eine Reihe von Regeln zu berufen. Dadurch können Schwierigkeiten beseitigt werden, die sich bei internationalen Kaufverträgen deswegen ergeben, weil gewisse Vertragsformeln nicht immer im gleichen Sinne verstanden wurden. Die Incoterms sind internationale Regeln zur Auslegung von dreizehn im internationalen Handel gebräuchlichen Lieferklauseln: 952

Gruppe E: Abholklausel
EXW   Ab Werk

---

[1] Text: RabelsZ 37 (1973), 594. Näher: *Kuhlen*, Produkthaftung im internationalen Kaufrecht (1996); *W. Lorenz*, Der Haager Konventionsentwurf über das auf die Produkthaftpflicht anwendbare Recht, RabelsZ 37 (1973), 317; *Wandt*, Internationale Produkthaftung (1995). S. auch *Gildeggen*, Internationale Produkthaftung (2005); *Hess/Holtermann*, Produkthaftung in Deutschland und Europa (2008).

[2] Vgl. auch *von Hoffmann*, in: Staudinger, Art. 38 EGBGB nF Rz. 472.

[3] International Rules for the Interpretation of Trade Terms, Règles Internationales pour l'Interprétation des Termes Commerciaux, Internationale Regeln für die Auslegung der handelsüblichen Vertragsformeln. – Text bei *Häberle*, Handbuch für Kaufrecht, S. 985 ff.; *Baumbach/Hopt*, Anh. 6; *Schlechtriem/WSchwenzer*, Anh. IV; *Schmidt*, in: MünchKomm HGB, § 346 HGB Rz. 116.

Gruppe F: Haupttransport vom Verkäufer nicht bezahlt
FCA Frei Frachtführer
FAS Frei Längsseite Seeschiff
FOB Frei an Bord

Gruppe C: Haupttransport vom Verkäufer bezahlt
CFR Kosten und Fracht
CIF Kosten, Versicherung, Fracht
CPT Frachtfrei
CIP Frachtfrei versichert

Gruppe D: Ankunftsklauseln
DAF Geliefert Grenze
DES Geliefert ab Schiff
DEQ Geliefert ab Kai (verzollt)
DDU Geliefert unverzollt
DDP Geliefert verzollt

Das Einheitskaufrecht hat nichts an den Incoterms und ihrer Bedeutung geändert. Die Rechtsnatur der Incoterms, die nicht durch einen internationalen Staatsvertrag vereinbart, sondern von der IHK aufgestellt wurden, ist umstritten[1]. Nehmen die Parteien im Kaufvertrag jedoch auf sie Bezug, so sind sie – wie andere Geschäftsbedingungen auch – für die Rechte und Pflichten der Partner maßgeblich. Haben die Parteien dies nicht getan, so wird bedeutsam, ob sie einen Handelsbrauch bilden. Dies kann nicht ohne weiteres bejaht werden[2]. Gleichwohl wird ihnen diese Rolle in Ländern oft zufallen, deren Vertreter in der IHK die Incoterms angenommen haben[3].

b) Trade Terms

953 Von 1953 datieren die (nationalen) „Trade Terms"[4]. Sie sind die **Aufzeichnung von Handelsbräuchen** einer Reihe von Ländern durch die jeweiligen Landesgruppen der Internationalen Handelskammer. Manchmal wird vertreten, sie sollten als nationaler Handelsbrauch dann gelten, wenn die Vertragsparteien keine Bestimmung über die Auslegung einer Klausel getroffen und sich auch nicht auf die Incoterms bezogen haben. Im Zweifel solle jede Partei sich als Schuldner auf die Trade Terms ihres Heimatlandes (dh. des Ortes, an dem die

---

1 Vgl. *Basedow*, RabelsZ 43 (1979), 125 ff.
2 Vgl. *Sonnenberger*, Verkehrssitten im Schuldvertrag (1969), S. 78 f.; *Schmidt*, in: MünchKomm HGB, § 346 HGB Rz. 112; *Baumbach/Hopt*, (6) Incoterms Einl. Rz. 7: Grundsätzlich als AGB anzusehen. Für eine Berücksichtigung im Wege der Auslegung *Weick*, Freundesgabe Söllner (1990), S. 607 (617).
3 S. OLG München 19.12.1957, NJW 1957, 426 = AWD 1958, 79 („Die in Incoterms niedergelegten Regeln geben nicht einen allgemein gültigen Handelsbrauch wieder, wobei ausdrückliche Bezugnahme auf ‚Incoterms 1953' zur Vermeidung von Unklarheiten empfohlen wird. Auch wenn dies – wie hier nicht geschehen ist, wird mangels entgegenstehender Anhaltspunkte freilich von der in Incoterms gegebenen Auslegung ausgegangen werden können.").
4 Text: *Hefermehl*, in: Schlegelberger, HGB, Bd. IV, 5. Aufl. (1976), § 346 HGB Rz. 56.

durch den Brauch belastete Partei ihre tatsächliche Niederlassung hat) berufen können. Die Eigenschaft der Trade Terms als Handelsbrauch wird verschiedentlich bezweifelt[1]. Sie seien als Gesamtheit zunächst nur Regeln, die über ihre tatsächliche Übung nichts aussagen könnten[2]. Es kommt demnach auf die einzelne Klausel an[3].

Anerkannt ist, dass die Parteien selbst wählen können, welchem Handelsbrauch sie sich unterstellen wollen[4]. Dabei handelt es sich aber nur um eine materiellrechtliche Verweisung im Rahmen des Vertragsstatuts[5].

Haben die Parteien nichts vereinbart und werden Handelsbräuche bzw. Verkehrssitten geltend gemacht, so ist zunächst festzustellen, ob die auf den Handelsbrauch verweisende Auslegungsvorschrift selbst anwendbar ist. Dafür sind die Regeln des Vertragsstatuts anzuwenden[6]. Dieses Recht muss auch bestimmen, welchen *örtlichen* Handelsbrauch es zugrunde legt. Das erscheint richtiger als diese Frage nun wieder „kollisionsrechtsähnlich" zu behandeln. Die Bestimmung der persönlichen oder räumlichen Anwendbarkeit ist somit ein reines Interpretationsproblem des anwendbaren Rechts[7]. Nach deutschem Recht ist der Vertrag regelmäßig entsprechend den Verkehrssitten am Erklärungs- oder Erfüllungsort auszulegen. Dabei ist gleichgültig, ob am Geschäft ein Ausländer beteiligt ist oder die Verkehrssitte über die Grenzen eines Staates hinaus ausgeübt wird[8].

c) ECE-Bedingungen

Literatur: *Bartels/Motomura*, Haftungsprinzip, Haftungsbefreiung und Vertragsbeendigung beim internationalen Kauf, RabelsZ 43 (1979), 649; *Cornil*, The ECE General Conditions of Sale, J.W.T.L. 3 (1969), 390; *Dilger*, Das Zustandekommen von Kaufverträgen im Außenhandel nach internationalem Einheitsrecht und nationalem Sonderrecht, RabelsZ 45 (1981), 169; *Ferid*, Die Allgemeinen Lieferbedingungen für den Export von Anlagegütern (Schriftenreihe der Bundesstelle für Außenhandelsinformation; 1954); *Schmitthoff*, Das neue Recht des Welthandels, RabelsZ 28 (1964), 47.

Lieferbedingungen sind auch von der Europäischen Wirtschaftskommission der Vereinten Nationen (U.N. Economic Commission for Europe) aufgestellt worden[9]. Davon sind zu erwähnen:

---

1 Dahingestellt von OLG Karlsruhe 12.2.1975, RIW 1975, 225.
2 *Sonnenberger*, Verkehrssitten im Schuldvertrag (1969), S. 78 f.; *H. G. Ficker*, RabelsZ 1956, 367.
3 *Schmidt*, in: MünchKomm HGB, § 346 HGB Rz. 110. Vgl. *Hefermehl*, in: Schlegelberger, HGB, § 346 HGB Rz. 52.
4 *Lüderitz*, JZ 1963, 170 f.
5 *Sonnenberger*, Verkehrssitten im Schuldvertrag (1969), S. 194.
6 OLG Frankfurt a.M. 4.4.1973, IPRspr. 1973 Nr. 6 = AWD 1973, 558.
7 Vgl. *Lüderitz*, JZ 1963, 170 f.
8 BGH 2.5.1984, IPRspr. 1984 Nr. 37 = MDR 1985, 50 (Verkauf von Koks unter deutschen Kaufleuten; Schiffsverladung in Belgien. Die Geltung des ausländischen Handelsbrauchs am Erfüllungsort bewirkte nicht ohne weiteres, dass ihm die Vertragsparteien auch unterworfen waren).
9 Text: *Zweigert/Kropholler*, Bd. I S. 787 ff.; vgl. *Schmitthoff*, RabelsZ 28 (1964), 65 ff.

- ECE-Bedingungen Nr. 188 (Westfassung)[1] und Nr. 574 (Ostfassung) von 1953 bzw. 1955: Allgemeine Lieferbedingungen für den Export von Anlagegütern;

- ECE-Bedingungen Nr. 188 A (Westfassung) und Nr. 574 A (Ostfassung) von 1957: Allgemeine Liefer- und Montagebedingungen für den Import und Export von Maschinen und Anlagen[2];

- ECE-Bedingungen Nr. 188 B (Westfassung) und Nr. 574 B (Ostfassung): Zusatzbestimmungen für die Überwachung der Montage von Maschinen und Anlagen im Ausland;

- ECE-Bedingungen Nr. 730 für den Import und Export von langlebigen Konsumgütern und anderen Serienerzeugnissen der Metall verarbeitenden Industrie von 1961.

Die Westfassungen der ECE-Bedingungen, die als **Allgemeine Geschäftsbedingungen** der einzelnen Branchen weite Verbreitung finden, nehmen auf die Incoterms Bezug. Sie werden durch Vereinbarung der Parteien Vertragsinhalt (zum Zustandekommen des Vertrages Rz. 281). Die Ostfassungen waren für den Osthandel gedacht.

Die Verwendung von Formularbedingungen erspart nicht, soweit sie keine Rechtswahlkausel enthalten, eine Bestimmung des anzuwendenden Rechts[3] (vgl. Rz. 127).

955–960 Frei.

III. Bestimmung des Vertragsstatuts

Literatur zum Internationalen Privatrecht: *H. Beck*, Der Kauf über die Grenze, in: Prütting (Hrsg.), Recht und Gesetz im Dialog III (1986), S. 33; *Buchmüller*, Das Verfolgungsrecht des unbezahlten Verkäufers im deutschen Kollisionsrecht (Diss. Konstanz 1982); *Dutta*, Der europäische Letztverkäuferregress bei grenzüberschreitenden Absatzketten im Binnenmarkt, ZHR 171 (2007), 79; *Fawcett Harris/Bridge* (Hrsg.), International Sale of Goods in the Conflict of Laws (Oxford 2005); *Fetsch*, Eingriffsnormen und EG-Vertrag (2002); *Geisler*, Die engste Verbindung im Internationalen Privatrecht (2001); *Häberle* (Hrsg.), Handbuch für Kaufrecht, Rechtsdurchsetzung und Zahlungssicherung im Außenhandel (2002); *Hanisch*, Internationalprivatrechtliche Fragen im Kunsthandel, Festschr. Müller-Freienfels (1986), S. 193; *Kreuzer*, Das IPR des Warenkaufs in der deutschen Rechtsprechung (1964); *H. E. Kroeger*, Der Schutz der „marktschwächeren" Partei im Internationalen Vertragsrecht (1984); *Lorenz*, Formularpraxis und Rechtsvereinheitlichung im internationalen Kaufrecht, ZHR 126 (1963), 146; *Lorenz*, Das IPR der Pro-

---

[1] Deutscher Text mit Anlage der deutschen Metall verarbeitenden Industrie bei *Schlechtriem*, in: von Caemmerer/Schlechtriem (Hrsg.), Kommentar zum Einheitlichen UN-Kaufrecht (2. Aufl. 1995), Anh. IV 1.
[2] Deutscher Text bei *Schlechtriem*, in: von Caemmerer/Schlechtriem (Hrsg.), Kommentar zum Einheitlichen UN-Kaufrecht (2. Aufl. 1995), Anh. VI 2 mit Anlage der deutschen Metall verarbeitenden Industrie. Vgl. auch *Graue*, Der Liefervertrag mit Montageverpflichtung, AcP 163 (1964), 401 (413).
[3] Zur Auslegung s. *von Hoffmann*, AWD 1970, 247.

duktenhaftpflicht, Festschr. Wahl (1973), S. 185; *S. Lorenz,* Unternehmerregress im Verbrauchsgüterkauf und Internationales Privatrecht, Festschr. Jayme (2004), S. 533; *Mankowski,* Internationales Privatrecht, in: Spindler/Wiebe (Hrsg.), Internet-Auktionen und elektronische Marktplätze, 2. Aufl. (2005), S. 435; *Merschformann,* Die objektive Bestimmung des Vertragsstatuts beim internationalen Warenkauf (1991); *G. W. Neumann,* Internationale Kaufverträge aus der Sicht der deutschen Industrie, in: Bundesstelle für Außenhandelsinformation, Vertragsgestaltung bei Kaufverträgen unter ausländischem Recht (1985), S. 191; *Piltz,* Internationales Kaufrecht, NJW 1989, 615; *Piltz,* Anwendbares Recht in grenzüberschreitenden Kaufverträgen, IPRax 1994, 191; *Quittnat,* Das Recht der Außenhandelskaufverträge (1988); *Rugullis,* Die objektive Anknüpfung von Konnossementen, TranspR 2008, 102; *Schmitt,* Intangible goods als Leistungsgegenstand internationaler online-Kaufverträge im UN-Kaufrecht und internationalen Privatrecht (2002); *Siehr,* Das Lösungsrecht des gutgläubigen Käufers im IPR, ZvglRW 83 (1984), 100; *von Sprecher,* Der internationale Kauf, Abkommen und Abkommensentwürfe zur Vereinheitlichung der Kollisionsnormen des Kaufvertrags (Zürich 1956); *Vischer,* Das Haager Abkommen betreffend das auf den internationalen Warenkauf anwendbare Recht und die Praxis des schweizerischen Bundesgerichts, SchweizJahrbIntR 1964, 49; *Wind,* Der Lieferanten- und Herstellerregress im deutsch-italienischen Rechtsverkehr (2006).

Literatur zum ausländischen Kaufrecht:

Mehrere Länder/Rechtsvergleichung: *Bacher,* Irrtumsanfechtung, vertragswidrige Leistung und Sachmängelgewährleistung beim Kauf (1996); Bundesstelle für Außenhandelsinformation, Rechtsfragen im Auslandsgeschäft, Kurzdarstellung ausgewählter Fragen – Europa (1980); Bundesstelle für Außenhandelsinformation, Vertragsgestaltung bei Kaufverträgen unter ausländischem Recht – Zur Ausarbeitung von Exportbedingungen betr. Brasilien, Frankreich, Großbritannien und die USA (1985); *Cardachi,* La vente en droit comparé occidental et oriental (Paris 1968); *Digenopoulos,* Die Abwandlung der CIF- und FOB-Geschäfte im modernen Überseekaufrecht (1978); *Flesch,* Mängelhaftung und Beschaffenheitsirrtum beim Kauf (1994); *Graue,* Die mangelfreie Lieferung beim Kauf beweglicher Sachen. Eine rechtsvergleichende Untersuchung über Erfüllung, Gewährleistung und Garantie (1964); *Kramer,* Die Abgrenzung von Gewährleistung und Irrtumsanfechtung beim Kauf nach schweizerischem, deutschem und österreichischem Recht, JBl. 1971, 294; *Kramer,* Der Ersatz des Erfüllungsinteresses bei Sachmängelhaftung. Die Regelungen des österreichischen, deutschen und schweizerischen Rechts sowie des Einheitlichen Kaufgesetzes, RabelsZ 36 (1972), 653; *Kullmann/Pfister,* Produzentenhaftung I-III (Loseblatt) (betr. USA, England, Italien, Dänemark, Österreich, Schweiz); *Lafili/Gevurtz/Campbell* (Hrsg.), Survey of the International Sale of Goods (Deventer 1986); Max-Planck-Institut für ausländisches und internationales Privatrecht, Die materielle Gültigkeit von Kaufverträgen. Ein rechtsvergleichender Bericht, 2 Bde. (1968); *Rabel,* Das Recht des Warenkaufs. Eine rechtsvergleichende Darstellung Bd. I (1936), Bd. II (bearbeitet von *von Dohnanyi* und *Käser,* 1958); *A. Roth,* Abstraktions- und Konsensprinzip und ihre Auswirkungen auf die Rechtsstellung der Kaufvertragsparteien, ZvglRW 92 (1993), 371; *Schön,* Allgemeines Vertragsrecht und Kaufvertragsrecht (2003); *Valcárcel Schnüll,* Die Haftung des Verkäufers für Fehler und zugesicherte Eigenschaften im europäischen Rechtsvergleich (Diss. Bonn 1994); *Wesch,* Die Produzentenhaftung im internationalen Rechtsvergleich (1994); *von Westphalen* (Hrsg.), Handbuch des Kaufvertragsrechts in den EG-Staaten einschl. Österreich, Schweiz und UN-Kaufrecht (1992).

Einzelne Länder:

England: *Diedrich,* Verbraucherschutz im neuen englischen Kaufrecht, VuR 1995, 399; *Kessel,* Grundlagen vertraglicher Gewährleistungsgestaltungen beim Erwerb von ‚shares' in England, RIW 1997, 285; *Lotter,* Der englische Liefervertrag (1973); *H.-F. Müller,* Die jüngsten Änderungen im englischen Kaufrecht durch den Sale of Goods (Amendment) Act 1995, RIW 1996, 542; *Nickel/Saenger,* Die warranty-Haftung des englischen Rechts,

JZ 1991, 1050; *Zerres*, Haftungsbeschränkungen und Haftungsausschlüsse im deutschen und englischen Kaufrecht, ZvglRW (2005), 287.

Frankreich: *P. Bauer*, Der Kauf über die Grenze, in: Prütting (Hrsg.), Recht und Gesetz im Dialog III (1986), S. 22; *Eujen/Müller-Freienfels*, Zur Schadensersatzhaftung eines französischen Warenherstellers gegenüber dem deutschen Abnehmer, AWD 1972, 503; *Ferid/Sonnenberger*, Das Französische Zivilrecht, Bd. 2, 2. Aufl. (1986); *Kaschefi*, Sachmängelhaftung im französischen Kaufrecht vor und nach Umsetzung der Verbrauchsgüterkaufrichtlinie (2008); *Krenz*, Bestimmbarkeit des Preises und der Leistung bei Sukzessivlieferungsverträgen und ähnlichen Verträgen nach französischem Recht, RIW 1997, 201; *Oeckinghaus*, Kaufvertrag und Übereignung beim Kauf beweglicher Sachen im deutschen und französischen Recht (1973); *Witz/Bopp*, Anwendbarkeit französischen Rechts und Vertragstyp, in: Witz/Bopp (Hrsg.), Französisches Vertragsrecht für deutsche Exporteure (1989), S. 14; *Witz/Wolter*, Das Ende der Problematik des unbestimmten Preises in Frankreich, ZEuP 1996, 648; *Witz/Zierau*, Gattungskauf nach französischem Recht und Drittwiderspruchsklage (§ 771 ZPO), IPRax 1991, 95.

Griechenland: *Stringari*, Die Haftung des Verkäufers für mangelbedingte Schäden (2007); *Stringari*, Die Haftung des Verkäufers für Sachmängel nach griechischem Recht, ZEuP 2008, 563.

Italien: *Becker*, Abweichen vom Marktpreis, ZEuP 1997, 475; *Ferrante*, Die neuen Vorschriften des italienischen Codice Civile über den Verbrauchsgüterkauf, VuR 2003, 165; *Ferrante*, Die Umsetzung der Verbrauchsgüterkaufrichtlinie 1999/44/EG im italienischen Recht, RIW 2003, 570; *Jayme*, Konsensualprinzip und obligatorischer Kaufvertrag im italienischen Zivilrecht, Festschr. Mühl (1981), S. 339; *Petzold*, Exportverträge im deutsch-italienischen Handel, in: von Boehmer (Hrsg.), Deutsche Unternehmen in Italien (1993), S. 87.

Niederlande: *Janssen*, Die Untersuchungs- und Rügepflichten im deutschen, niederländischen und internationalen Kaufrecht (2001).

Polen: *Gralla*, Kauf und Eigentumsübertragung im polnischen Zivilgesetzbuch, WiRO 1995, 59; *Jara*, Die besonderen Bedingungen für den Abschluss und die Erfüllung von Kaufverträgen über bewegliche Sachen unter Beteiligung von Verbrauchern, WiRO 1996, 258.

Russland: *Gutbrod*, Das Kaufrecht nach dem russischen Zivilgesetzbuch, WiRO 1996, 330; *Ruwwe*, Grundzüge des russischen Kaufrechts, WiRO 1999, 41; *Steininger*, Das russische Kaufrecht (2001).

Schweden: *Hellner*, The Influence of the German Doctrine of Impossibility on Swedish Sales Law, Festschr. Rheinstein Bd. 1 (1969), S. 705; *Woschnagg*, Das neue schwedische Kaufrecht, RIW 1992, 117; *Sandstedt*, Schwedisches Kaufrecht und die Umsetzung der Verbrauchsgüterkaufrichtlinie, IHR 2007, 90, 50.

Schweiz: *Magaud*, Die Vorteile der Anwendung schweizerischen Rechts bei verborgenen Mängeln im Recht der internationalen Warenkaufverträge, RIW 1996, 387; *Schnyder*, Folgeschäden von Sachmängeln im deutschen und im schweizerischen Kaufrecht, ZvglRW 83 (1984), 84; *Voser/Boog*, Die Wahl des Schweizer Rechts, RIW 2009, 126.

Türkei: *Demirelli*, Die Sachmängelhaftung des Verkäufers beim Kauf beweglicher Sachen nach deutschem und türkischem Recht mit einem Blick auf das Internationale Privat- und Zivilverfahrensrecht (1990).

USA: *Braucher*, The Law of Contract in the Uniform Commercial Code, RabelsZ 31 (1967), 589; *Cerutti*, Das US-amerikanische Warenkaufrecht (1998); *Dielmann*, Produkthaftung in den Vereinigten Staaten von Amerika, Die AG 1987, 108; *K. Finke*, Die Bedeutung der Handelsklauseln für den Gefahrübergang nach deutschem und US-amerikanischem Recht (1984); *Hager*, Die Rechtsbehelfe des Verkäufers wegen Nichtabnahme der

Ware nach amerikanischem, deutschem und Einheitlichem Haager Kaufrecht (Arbeiten zur Rechtsvergleichung Bd. 71, 1975); *Hoechst*, Die US-amerikanische Produzentenhaftung (1986); *Kremer*, Die mangelhafte Teillieferung im deutsch-US-amerikanischen Rechtsverkehr (2002); *H. Lang*, Zur Haftung des Warenlieferanten bei „weiterfressenden" Mängeln im deutschen und angloamerikanischen Recht (1981); *de Lousanoff*, Theorie und Praxis der US-amerikanischen Produzentenhaftung, ZHR 151 (1987), 72; *Marschall von Bieberstein*, Die Produktenhaftpflicht in der neueren Rechtsprechung der USA (1975); *Mentschikoff*, The Uniform Commercial Code, RabelsZ 30 (1966), 403; *Meyer-Lindemann*, Die Bedeutung der Schadensersatzhaftung des Verkäufers für unterlassene Aufklärung von Sachmängeln (1987); *Schwenk*, Gewährleistung für Rechts- und Sachmängel nach dem Uniform Commercial Code und dem Einheitlichen Gesetz über den internationalen Kauf beweglicher Sachen, RabelsZ 35 (1971), 645; *Schwenzer*, Die Freizeichnung des Verkäufers von der Sachmängelhaftung im amerikanischen und deutschen Recht (1979); *Wölker*, Aspekte der Haftung für gebrauchte Produkte in den USA, ZvglRW 85 (1986), 164.

1. Rechtswahl

Das Vertragsstatut des Fahrniskaufs wird wie für jeden schuldrechtlichen Vertrag nach dem ausdrücklichen oder stillschweigenden **Parteiwillen** bestimmt (Art. 3 Abs. 1 Rom I-VO). Eine Rechtswahlbeschränkung besteht für den **Verbrauchsgüterkauf** (vgl. Rz. 4141 ff.). Weist ein solcher Vertrag einen engen Zusammenhang mit dem Gebiet eines EU/EWR-Staates auf, so darf die Wahl des Rechts eines Nichtmitgliedstaates den Verbraucherschutz nicht beeinträchtigen[1]. Dieser Schutz wird von Art. 46b (früher Art. 29a) EGBGB gesichert (s. Rz. 4231 ff.).

961

Die Rechtsprechung stützt sich bei der Bestimmung des Vertragsstatuts seit jeher auf bestimmte Umstände, die für den stillschweigenden Parteiwillen und zT auch für eine objektive Anknüpfung herangezogen wurden[2]. Heute ist schärfer zwischen stillschweigender Rechtswahl (Art. 3 Abs. 1 Rom I-VO) und objektiver Anknüpfung (Art. 4 Rom I-VO) zu trennen. Als Indizien für eine stillschweigende Rechtswahl sind vor allem zu nennen:

– Eine einheitliche **Gerichtsstandsvereinbarung** ist meist als Indiz dafür gewertet worden, dass die Parteien außer der Zuständigkeit des Gerichts auch die lex fori gewählt haben[3] (dazu näher oben Rz. 116 f.).

– Eine **Schiedsabrede**. Insbesondere die Vereinbarung eines bestimmten institutionellen Schiedsgerichts bedeutet einen sehr starken Hinweis auf die Geltung des Rechts am Ort dieses Gerichts[4] (oben Rz. 118 ff.).

---

1 Art. 7 Abs. 2 Richtlinie 1999/44/EG vom 25.5.1999 zu bestimmten Aspekten des Verbrauchsgüterkaufs und der Garantien für Verbrauchsgüter, ABl. EG 1999 Nr. L 171, S. 12. – Näher dazu *Jayme/Kohler*, IPRax 2002, 463; *Fetsch*, S. 294 ff.
2 Vgl. IPG 1984 Nr. 4 (Göttingen).
3 ZB OLG Zweibrücken 26.7.2002, IHR 2002, 67 = IPRspr. 2002 Nr. 27. – Vgl. *Kreuzer*, IPR des Warenkaufs, S. 197 ff.
4 S. schon *Kreuzer*, S. 199 f.

– Das **Prozessverhalten** der Parteien, wenn sie mit der Anwendung einer Rechtsordnung einverstanden sind[1] (vgl. Rz. 121 ff.).

– Die Vereinbarung eines **gemeinsamen Erfüllungsortes**[2] (vgl. Rz. 124). Verpflichtet sich der deutsche Käufer, den Kaufpreis an eine vom Verkäufer bestimmte ausländische Bank zu überweisen, so liegt darin jedoch noch keine Änderung des Erfüllungsortes für die Zahlungspflicht des Käufers[3]. Ist der Käufer verpflichtet, am Niederlassungsort des Verkäufers ein Akkreditiv zu stellen, so hat man dies als Hinweis für die Geltung des Verkäuferrechts gewertet[4]. Eine Versendung der Ware „franko Bahn" lässt dagegen noch keinen Schluss auf das anwendbare Recht zu[5].

2. Objektive Anknüpfung

a) Vorrang des Verkäuferrechts

962   Das mangels Rechtswahl anzuwendende Recht wird von Art. 4 Abs. 1 lit. a Rom I-VO klargestellt (Text oben S. 1). Danach unterliegen Kaufverträge über bewegliche Sachen (goods, biens)[6] dem Recht des Staates, in dem der Verkäufer seinen gewöhnlichen Aufenthalt hat. Dies deckt sich mit Art. 4 Abs. 2 EVÜ (Art. 28 Abs. 2 EGBGB). Danach kommt es auf die charakteristische Leistung an, die vom Verkäufer erbracht wird[7]. Daher ist auf den Fahrniskauf grundsätzlich einheitlich Verkäuferrecht anzuwenden. Wegen der Beschränkung auf bewegliche Sachen besteht ein inhaltlicher Gleichlauf mit Art. 5 Nr. 1 lit. b Spiegelst. 1 EuGVO[8]. Kaufverträge über andere Gegenstände unterliegen der Vorschrift des Art. 4 Abs. 2 Rom I-VO.

Auf die Regel über die charakteristische Leistung (Art. 4 Abs. 2 Rom I-VO) braucht nicht zurückgegriffen zu werden[9], wohl aber kann die Ausweichklausel des Art. 4 Abs. 3 Rom I-VO zum Zuge kommen[10].

Wird der Kauf im Rahmen einer gewerblichen Tätigkeit des Verkäufers abgeschlossen, so gilt das Recht seiner Niederlassung (Art. 19 Abs. 1 Rom I-VO).

---

1 S. etwa BGH 12.12.1990, IPRspr. 1990 Nr. 44 = NJW 1991, 1292. Zum alten Recht Nachw. bei *Kreuzer*, S. 194 ff.
2 Vgl. *Kreuzer*, S. 203.
3 BGH 19.10.1960, IPRspr. 1960/61 Nr. 28 = JZ 1961, 261.
4 S. OLG Düsseldorf 29.9.1970, IPRspr. 1970 Nr. 15 = AWD 1971, 238 (239) (Lieferung aus den USA. Kaufpreis sollte durch in New York zu stellendes Akkreditiv beglichen werden; New Yorker Recht angewendet); OLG Schleswig 11.10.1973, IPRspr. 1974 Nr. 12 (Deutscher Verkäufer sollte für engl. Käufer Draht nach Ghana liefern. Käufer sollte Akkreditiv in Hamburg stellen; deutsches Recht angewendet).
5 RG 4.2.1913, RGZ 81, 273 (276); BGH 19.10.1960, IPRspr. 1960/61 Nr. 28 = JZ 1961, 261. Käuferrecht wollen gelten lassen, wenn die Ware auf Gefahr des Verkäufers reist, *Kegel/Schurig*, S. 664.
6 Dafür, dass statt „biens" „marchandises" gemeint sind *Azzi*, D. 2008, 2169 f.
7 Zum alten EVÜ Bericht *Giuliano/Lagarde*, S. 52 f. Ebenso *Merschformann*, S. 130; *Dicey/Morris*, II Rz. 33-113.
8 *Wagner*, IPRax 2008, 382.
9 *Wagner*, IPRax 2008, 386.
10 *Wagner*, IPRax 2008, 386.

Folglich unterliegt ein Kaufvertrag mit einem in Deutschland ansässigen Verkäufer grundsätzlich deutschem Recht[1]. Dagegen gilt für den Kauf von einem ausländischen Verkäufer dessen Recht[2].

Ob der Käufer die Sache weiterverkaufen oder verarbeiten will, ist irrelevant[3]. **Das Recht der charakteristischen Leistung** gilt nach Art. 4 Abs. 2 Rom I-VO für den Rechtskauf[4] sowie den Verkauf von Wertpapieren[5].

Für die Maßgeblichkeit des Rechts des Verkäufers sprechen sich auch viele andere Rechtsordnungen aus[6]. In der Schweiz gilt ebenfalls Verkäuferrecht (Art. 117 Abs. 3 lit. a IPRG). Dies entspricht der früheren Rechtsprechung[7].

---

1 So zB BGH 13.5.1997, IPRspr. 1997 Nr. 38 (LS) = NJW 1997, 2322; BGH 1.6.2005, IPRax 2006, 594 (m. Aufs. *Leible/Sommer*, IPRax 2006, 568) = IPRspr. 2005 Nr. 110; OLG Karlsruhe 9.10.1992, IPRspr. 1992 Nr. 199 = NJW-RR 1993, 567; OLG Karlsruhe 11.2.1993, IPRspr. 1993 Nr. 136 = DZWiR 1994, 70 Anm. *Chillagano-Busl*; OLG Köln 16.10.1992, RIW 1993, 143 (Anm. *Diedrich*, RIW 1993, 758) = IPRax 1994, 210 (m. Aufs. *Piltz*, IPRax 1994, 191); OLG Naumburg 19.5.1993, WM 1994, 906 (Verkauf in die Ex-DDR); OLG Hamburg 28.2.1997, IPRspr. 1997 Nr. 176; LG München I 29.5.1995, IPRspr. 1995 Nr. 146 = IPRax 1996, 266 (m. Aufs. *Trunk*, IPRax 1996, 249) = NJW 1996, 401.
2 S. etwa OLG Düsseldorf 10.2.1994, RIW 1995, 53 (Frankreich); OLG Düsseldorf 9.6.1994, IPRspr. 1994 Nr. 35A = NJW-RR 1995, 1396 (Teppichkauf in der Türkei während Kreuzfahrt); OLG Düsseldorf 24.4.1997, IPRspr. 1997 Nr. 145 (Italien); OLG Düsseldorf 26.10.1999, IPRspr. 1999 Nr. 35 = MDR 2000, 575 (Türkei); OLG Koblenz 23.2.1990, IPRspr. 1990 Nr. 228 = IPRax 1991, 241 (m. Aufs. *Hanisch*, IPRax 1991, 215) (Italien); OLG Frankfurt a.M. 13.6.1991, IPRspr. 1991 Nr. 38 = NJW 1991, 3102 (Frankreich); OLG Frankfurt a.M. 18.1.1994, IPRspr. 1994 Nr. 24 = NJW 1994, 1013 (Italien); OLG Frankfurt a.M. 22.5.2007, NJW-RR 2007, 1357 (Türkei); OLG Köln 2.10.1992, RIW 1992, 1021 = IPRax 1994, 213 (m. Aufs. *Piltz*, IPRax 1994, 191) (Niederlande); OLG Köln 15.5.1996, IPRspr. 1996 Nr. 35 = NJW-RR 1997, 182 (Belgien); OLG Karlsruhe 20.11.1992, IPRspr. 1992 Nr. 50 = NJW-RR 1993, 1316 (Frankreich); OLG München 2.3.1994, IPRspr. 1994 Nr. 30 = NJW-RR 1994, 1075 (schwed. Zinssatz); OLG Stuttgart 21.8.1995, IPRspr. 1995 Nr. 42 = IPRax 1996, 139 (LS) Anm. *Kronke* (Italien); OLG Naumburg 31.3.1998, IPRspr. 1998 Nr. 30 (Türkei); KG 2.2.2006, IPRspr. 2006 Nr. 6 = RIW 2006, 865 (Marokko); LG Hamburg 26.9.1990, IPRspr. 1990 Nr. 42 = IPRax 1991, 400 (m. Aufs. *Reinhart*, IPRax 1991, 376); LG Aachen 3.4.1990, IPRspr. 1990 Nr. 31 = RIW 1990, 491 (Italien); LG Düsseldorf 5.12.1990, IPRspr. 1990 Nr. 43 = NJW 1991, 2220 (Türkei); LG Baden-Baden 14.2.1997, IPRspr. 1997 Nr. 31 (Türkei); LG Hamburg 18.2.1999, IPRspr. 1999 Nr. 30 = RIW 1999, 391 (Türkei); LG Duisburg 17.4.1996, IPRspr. 1996 Nr. 148 = RIW 1996, 774 (Italien); LG Köln 9.10.1996, IPRspr. 1996 Nr. 156 = RIW 1997, 956 (Belgien); LG Stendal 12.10.2000, IPRspr. 2000 Nr. 27 = IHR 2001, 30 (Italien); AG Duisburg 13.4.2000, IPRspr. 2000 Nr. 23 = IHR 2001, 114 (Italien).
3 Anders OLG Köln 12.5.1975, OLGZ 1975, 454 = IPRspr. 1975 Nr. 12.
4 *Wagner*, IPRax 2008, 386. – S. bereits LG Bonn 20.1.1999, IPRspr. 1999 Nr. 29 = RIW 1999, 879; *Thorn*, in: Palandt, Art. 28 EGBGB Rz. 8; *Magnus*, in: Staudinger, Art. 28 EGBGB Rz. 193.
5 *Einsele*, Wertpapierrecht als Schuldrecht (1995), S. 395 ff. – Vgl. BGH 9.10.1986, RIW 1987, 148 = JR 1987, 198 Anm. *Dörner*.
6 So zB Art. 1211 Abs. 3 Nr. 1 russ. ZGB. Zu den USA *Weitnauer*, S. 96 f.
7 Schweiz. BG 25.2.1975, BGE 101 II 83 = RIW 1976, 46. Vgl. *Schnitzer*, Rec. des Cours 1968, I, 597 ff.

Schiedsgerichte der IHK haben ebenfalls häufig das Verkäuferrecht für maßgeblich gehalten[1].

b) Ausnahmen

963 Früher wurde bei **Messegeschäften** häufig auf das Recht des Messeortes abgestellt. Heute wird hingegen der Umstand, dass ein Kaufvertrag auf einer Messe abgeschlossen wurde, meist als zufällig angesehen und nicht mehr berücksichtigt, wenn der Vertrag nicht bereits am Messe- oder Marktort erfüllt worden ist[2] (vgl. auch oben Rz. 200 f.). Auf **Börsenkäufe** sollte dagegen grundsätzlich das am Börsenplatz geltende Recht anwendbar sein[3]. Zu Kauf und Verkauf in multilateralen Systemen (Art. 4 Abs. 1 lit. h Rom I-VO), s. Rz. 2341 ff. Zum Kauf auf Versteigerungen (Art. 4 Abs. 1 lit. g Rom I-VO) s. unten Rz. 1031 ff.

964 Darüber hinaus besteht weitgehende Übereinstimmung, dass es von der Maßgeblichkeit der charakteristischen Leistung weitere Ausnahmen geben muss (zur sog. Ausweichklausel s. Rz. 169 ff., zu Verbraucherverträgen s. Rz. 4141 ff.).

Auch beim Warenkauf kann in Abweichung von der charakteristischen Leistung eine noch **engere Verbindung** zu einer anderen Rechtsordnung vorliegen, die nach Art. 4 Abs. 3 Rom I-VO zu berücksichtigen ist. Dies kann zB bei Verträgen mit Angehörigen der ausländischen Streitkräfte der Fall sein (dazu Rz. 195). Die charakteristische Leistung darf jedoch nicht unter Berufung auf irrelevante Umstände beiseite geschoben werden. Zu den früher häufiger verwendeten Hilfsindizien zählen vor allem der Abschlussort (s. Rz. 198 ff.), die Vertragssprache (Rz. 126) und die vereinbarte Währung[4] (Rz. 197).

3. Werklieferungsvertrag

965 Der auf die Herstellung beweglicher Sachen gerichtete Werklieferungsvertrag (vgl. § 651 BGB) ist kollisionsrechtlich dem Fahrniskauf gleichzustellen (so auch Art. 1 Abs. 3 Haager IPR-Übk. von 1955, oben Rz. 947). Fraglich ist, ob hier von einer Dienstleistung gesprochen werden sollte. Das dürfte zu bejahen sein. Nach Art. 4 Abs. 1 lit. b Rom I-VO ist daher grundsätzlich das Recht am Ort der Niederlassung des Unternehmers maßgeblich[5].

966–970 Frei.

---

1 Nachw. bei *W. Lorenz*, Die Lex Mercatoria: Eine internationale Rechtsquelle?, Festschr. Neumayer (1985), S. 407 (415 ff.).
2 LG Aachen 3.4.1990, IPRspr. 1990 Nr. 31 = RIW 1990, 491 (Deutsche Messe, italien. Verkäuferrecht); *Merschformann*, S. 213.
3 S. *Kreuzer*, S. 107; *Merschformann*, S. 214 f.
4 S. auch *Kreuzer*, S. 273 ff.
5 Noch nach Art. 28 Abs. 2 EGBGB OLG Frankfurt a.M. 17.9.1991, IPRspr. 1991 Nr. 42 = NJW 1992, 633 (italien. Recht für italien. Schuhhersteller); OLG Düsseldorf 2.7.1993, IPRspr. 1993 Nr. 144 = RIW 1993, 845 (Recht von Indiana führte zu CISG); OLG Köln 26.8.1994, IPRspr. 1994 Nr. 37 = NJW-RR 1995, 245 (Deutsches Werkvertragsrecht); *Magnus*, in: Staudinger, Art. 28 EGBGB Rz. 197.

IV. Geltung des Vertragsstatuts

1. Kaufpreiszahlung, Zahlungsbedingungen

Literatur: *Allmendinger*, Zahlungsbedingungen und Zahlungssicherung bei internationalen Verträgen – Klauseln des internationalen Handelsverkehrs, in: Bundesstelle für Außenhandelsinformation, Vertragsgestaltung bei Kaufverträgen unter ausländischem Recht (1985), S. 145; *Häberle* (Hrsg.), Handbuch der Akkreditive, Inkassi, Exportdokumente und Bankgarantien (2000); *Horn*, Internationale Zahlungen und Akkreditiv, in: Horn/von Marschall/Rosenberg/Pavićević, Dokumentenakkreditive und Bankgarantien im internationalen Zahlungsverkehr (1977), S. 9; *Koller*, Bedeutung der Klausel „cash against documents" (Kasse gegen Dokumente) im internationalen Handelsverkehr, IPRax 1990, 301; *Liesecke*, Die typischen Klauseln des internationalen Handelsverkehrs in der neueren Praxis, WM 1978, Beil. 3; *Nielsen/Schütze*, Zahlungssicherung und Rechtsverfolgung im Außenhandel, 3. Aufl. (1985); *von Westphalen*, Rechtsprobleme der Exportfinanzierung, 3. Aufl. (1987); *Zahn/Ehrlich/Neumann*, Zahlung und Zahlungssicherung im Außenhandel, 7. Aufl. (2001).

Die Fälligkeit des Kaufpreises wird meist in eingehenden Zahlungsbedingungen geregelt. Die Außenhandelspraxis hat eine Reihe von **Klauseln** entwickelt, welche die Kaufpreiszahlung und deren Finanzierung durch Kreditinstitute genau regeln (zu den Incoterms s. Rz. 952). 971

Die häufigsten Zahlungsbedingungen, wie sie von der Exportwirtschaft der Bundesrepublik mit ausländischen Abnehmern vereinbart werden, sind:

– Vorauszahlung (ganz oder teilweise),

– Dokumente gegen Akkreditiv (Documents against L/C = Letter of Credit),

– Kasse gegen Dokumente (D/P = Documents against Payment),

– Dokumente gegen Akzept (D/A = Documents against Acceptance),

– Zahlung nach Erhalt der Ware (C.O.D. = Cash on Delivery).

Im Außenhandel ist vor allem die Klausel „Kasse gegen Dokumente" gebräuchlich. Die Sendungen werden Spediteuren übergeben, die sie über ihre eigenen Außenstellen oder über Vertragsspediteure gegen Zahlung oder Zahlungsnachweis an den ausländischen Empfänger ausliefern. Die Kaufpreisforderung wird – auch bei mangelhafter Ware – mit der Andienung der Dokumente fällig[1]. Die Zahlungsklausel „cash against documents" bewirkt grundsätzlich, dass der Käufer in Schuldnerverzug gerät, wenn er die Vorausleistung des Kaufpreises unter Berufung auf die vertragswidrige Beschaffenheit der Ware verweigert[2]. Die Vereinbarung „Kasse gegen Dokumente" enthält auch einen Aufrechnungsausschluss; Gleiches gilt für die Klausel „cash on delivery"[3].

Häufig ist auch das so genannte „unechte Kasse-gegen-Dokumente-Geschäft", bei dem die Ware mit der Bahn direkt an den Käufer geht, während ihm die für

---

1 *Liesecke*, WM 1978, Beil. 3, 11 f.
2 BGH 21.1.1987, RIW 1987, 386 = IPRax 1989, 100 (m. Aufs. *Lebuhn*, IPRax 1989, 87).
3 BGH 19.9.1984, NJW 1985, 550 = IPRax 1986, 32 (Anm. *Lebuhn*, IPRax 1986, 19).

die Verzollung erforderlichen Papiere wie Handelsrechnung, Ursprungszeugnis, Duplikatfrachtbrief über eine Bank oder die zuständige Firmenvertretung zur Zahlung präsentiert werden. Da der Käufer schon vor Zahlungsleistung in den Besitz der Ware gelangen kann, zB bei Stellung einer Zollgarantie, ist die Sicherung für den Lieferanten geringer als beim normalen „Kasse-gegen-Dokument"-Geschäft[1].

972 Das **Außenwirtschaftsgesetz** (s. Rz. 583) kann der Vereinbarung von Zahlungsbedingungen Schranken setzen. Nach § 9 Abs. 1 AWG „kann die Vereinbarung von Zahlungs- oder Lieferbedingungen, die für die Abnehmer günstiger als die handels- und branchenüblichen Bedingungen sind, beschränkt werden, um erheblichen Störungen der Ausfuhr in das Käuferland vorzubeugen oder entgegenzuwirken". Daneben kommen zahlreiche Vorschriften fremder Staaten in Frage, welche die Zahlungsbedingungen bindend vorschreiben.

Das vor allem im Überseegeschäft übliche Dokumenten-Akkreditiv ist die Verpflichtungserklärung einer Bank, Zug um Zug gegen die das exportierende Gut repräsentierenden und/oder eventuell andere Dokumente den Kaufpreis an den Verkäufer auszuzahlen (s. näher Rz. 1312 f.). Für den Verkäufer am sichersten ist das unwiderrufliche und von einer Inlandsbank bestätigte Dokumenten-Akkreditiv.

2. Folgen verspäteter Kaufpreiszahlung

973 Darüber, dass der Käufer einen **Schaden**, der durch eine verspätete Kaufpreiszahlung entsteht, **ersetzen muss**, besteht Übereinstimmung in den verschiedenen Rechtsordnungen. Sehr unterschiedlich sind aber die Voraussetzungen und die Höhe des Schadensersatzes geregelt. Meist ist eine **Mahnung** zur Kaufpreiszahlung erforderlich, die nach italienischem Recht schriftlich sein muss, nach französischem Recht grds. durch einen Vollstreckungsbeamten zu erfolgen hat (Art. 1139 c.c.). Die Mahnung ist nach deutschem (§ 286 BGB), österreichischem (§ 1334 ABGB) und schweizerischem (Art. 102 OR) Recht nicht erforderlich, wenn die Fälligkeit des Kaufpreises nach dem Kalender bestimmt ist. Diese Fragen sind nach dem Schuldstatut zu beurteilen (s. oben Rz. 321 ff.). Eine andere Frage ist, ob der Verkäufer vom Vertrag zurücktreten kann, wenn der Käufer seine Verpflichtungen nicht rechtzeitig erfüllt. Nach deutschem Recht besteht ein solches Recht, wenn der Käufer eine Hauptpflicht nicht erfüllt, dh. den Kaufpreis nicht bezahlt oder die Ware nicht abnimmt (§ 323 BGB), gegebenenfalls auch bei Nichterfüllung einer Nebenpflicht (§ 324 BGB). Einen entsprechenden Rechtsbehelf bei Zahlungs- oder Annahmeverzug kennen auch ausländische Rechtsordnungen. Teilweise besteht dieses Recht auch bei Verletzung einer Nebenpflicht[2].

---

1 *Burger*, AWD 1962, 307.
2 Zum französ. und österreich. Recht *Rabel*, Warenkauf II, S. 49.

3. Leistungsgefahr

Literatur: *Finke*, Die Bedeutung der internationalen Handelsklauseln für den Gefahrübergang nach deutschem und US-amerikanischem Recht (1984); *Liesecke*, Die typischen Klauseln des internationalen Handelsverkehrs in der neueren Praxis, WM 1978, Beil. 3; *Sailer*, Gefahrtragung, Eigentumsübergang, Verfolgungs- und Zurückbehaltungsrecht beim Kauf beweglicher Sachen im IPR (1966).

Ob der Verkäufer durch besondere Umstände von seiner **Leistungspflicht frei wird**, entscheidet ebenfalls das Vertragsstatut[1] (s. auch oben Rz. 327 ff.). Unter welchen Bedingungen der Verkäufer frei wird, ist in den einzelnen Rechtsordnungen verschieden geregelt. Von praktischer Bedeutung kann sein, dass ausländische Rechte den Verkäufer schärfer an den übernommenen Verpflichtungen festhalten als das deutsche. Während der Schuldner im deutschen (§ 275 Abs. 1 BGB) wie im französischen Recht (Art. 1148, 1302 c.c.) von seiner Leistungspflicht frei wird, wenn die Leistung ohne sein Verschulden unmöglich wird, besteht im englischen Recht grundsätzlich eine absolute Haftung für die Vertragserfüllung[2]. Dieser Grundsatz wird im Kaufrecht durch eine Reihe von Ausnahmen durchbrochen. So wird der Schuldner in dem – seltenen – Fall frei, dass nach Vertragsabschluss „specific goods" ohne Verschulden vor Gefahrübergang untergehen (s. 7 Sale of Goods Act 1979; vor Kaufabschluss: s. 6). Bei Gattungskäufen („unascertained goods") befreit der Untergang allein den Verkäufer noch nicht[3]. Es kann aber der Law Reform (Frustrated Contracts) Act 1943 (c. 40) eingreifen[4].

974

4. Preisgefahr

Nach dem Vertragsstatut ist auch zu entscheiden, ob der **Käufer leisten muss**, obwohl er die Ware nicht erhält (also wer die Preisgefahr zu tragen hat). Darauf kommt es an, wenn etwa die Ware auf dem Transport verloren geht, ohne dass eine der Vertragsparteien ein Verschulden trifft. Der Kaufpreis muss bezahlt werden, wenn die „Gefahr" übergegangen ist. Diese Frage spielt praktisch deshalb keine sehr bedeutende Rolle, weil die versandte Ware meist versichert ist. Die formularmäßig vereinbarten Zahlungsbedingungen enthalten meist auch Bestimmungen darüber, wer die Versicherungsprämien zu bezahlen hat.

975

Nach *schweizerischem Recht* (Art. 185 OR) geht die Gefahr grundsätzlich schon bei Vertragsschluss auf den Käufer über[5], nach deutschem Recht beim Nichtverbraucherkauf (§ 474 Abs. 2 BGB) mit der Übergabe der Ware an den Spediteur oder Frachtführer (§ 447 BGB) (während das Eigentum an der Ware nach deutschem Recht idR erst mit Übergabe an den Käufer selbst übergeht).

---

1 *Finke*, S. 20; *Sailer*, S. 8 ff.
2 *Taylor* v. *Caldwell* (1863) 3 B & S 826 (839).
3 Vgl. *Rabel*, Warenkauf I, S. 278.
4 S. *Schmitthoff*, Export Trade, 11. Aufl. (2007).
5 Dazu *Voser/Boog*, RIW 2009, 128 f.; *Keller-Schwegler*, in: von Westphalen, Handbuch des Kaufvertragsrechts (1992), „Schweiz" Rz. 71 ff.

Das *amerikanische Recht* stellt mangels abweichender Vereinbarung darauf ab, ob der Verkäufer nur ganz allgemein die Versendung übernommen hat. Dann geht die Gefahr mit der Übergabe an den Transporteur über (§ 2-509 [1] [a] UCC). Dagegen bleibt die Gefahr zunächst beim Verkäufer, wenn er die Ware an einem bestimmten Ort anzuliefern hat (§ 2-509 [2] [b] UCC). Im Übrigen kommt es darauf an, ob der Verkäufer Kaufmann ist oder nicht. Im ersten Fall kommt es grundsätzlich auf den Zeitpunkt der Lieferannahme durch den Käufer an, im zweiten genügt schon das Lieferangebot[1].

Nach zahlreichen Rechten, zB dem französischen und englischen, geht dagegen die Gefahr erst mit dem Übergang des Eigentums über; allerdings tritt der Eigentumsübergang nach diesen Rechten meist schon mit Kaufvertrag, bei Gattungsübergang mit der Aussonderung ein[2]. Aus dieser Koppelung des Gefahrübergangs mit dem Eigentumsübergang können sich Schwierigkeiten ergeben. Jedenfalls empfiehlt es sich, bei Kaufverträgen mit Versendung in das Ausland die Frage des Gefahrübergangs ausdrücklich zu regeln. Dies kann auch durch formularmäßige Klauseln geschehen: Der Käufer hat die **Transportgefahr** zu tragen bei den Klauseln „ab Fabrik", „ab Lager". Bei der Fob- und Cif-Klausel geht die Gefahr auf den Käufer über, wenn die Ware im vereinbarten Verschiffungshafen die Reling überschreitet. Keine Bestimmung über den Gefahrenübergang enthalten reine Kostenklauseln, wie franco domicile, free delivered, franco débarquement, franco quay, frei Haus[3].

5. Gewährleistung, Schadensersatz

976 Dem auf den Kaufvertrag anwendbaren Recht untersteht auch die Gewährleistungspflicht des Verkäufers[4] und die Wirksamkeit eines vertraglichen Haftungsausschlusses[5]. Gleiches gilt für die Schadensersatzpflicht (vgl. oben Rz. 331 ff.).

Gegenstück zur Sachmängelhaftung des deutschen Rechts ist nach französischem Recht die **Garantie für versteckte Mängel** (vices cachés) gem. Art. 1641 ff. c.c. Diese führt zwar zu Wandlung und Minderung; sie weist erhebliche Abweichungen zum deutschen Recht auf[6]. Zu beachten ist, dass nach französischem Recht über die Garantieklage (appel en garantie) Lieferanten und Hersteller in das Verfahren zwischen Käufer und Letztverkäufer einbezogen werden können[7]. Dafür besteht eine internationale Zuständigkeit nach Art. 6 Nr. 2 EuGVO; französische Urteile, die sich darauf stützen, werden in

---

1 Näher zu § 2–509 (3) UCC *Finke*, S. 51 f.
2 *Gottheiner*, RabelsZ 18 (1953), 359 (370).
3 Vgl. *Rabel*, Warenkauf II, S. 328; *Eisemann*, Zur Auslegung der Fob-Klausel, AWD 1962, 153.
4 LG Köln 9.10.1996, IPRspr. 1996 Nr. 156 = RIW 1997, 956 (Belgien). – Ebenso schweiz. BG 25.2.1975, BGE 101 II, 83 (84).
5 LG Hamburg 5.5.1988, IPRspr. 1988 Nr. 26 (Haftungsausschluss nach schweiz. Recht).
6 Näher *Sonnenberger/Dammann*, Französ. Handels- und Wirtschaftsrecht, 3. Aufl. (2008), Rz. VI 56 ff.; *von Breitenstein*, in: Bundesstelle für Außenhandelsinformation, S. 90 ff.
7 Vgl. *Ferid/Sonnenberger*, Französisches Zivilrecht Bd. 2, 2. Aufl. (1986), Rz. 2 G 664.

Deutschland anerkannt[1]. Ob eine französischem Recht unterliegende Direktklage des Endabnehmers gegen den Hersteller stets deliktisch einzuordnen ist, ist zweifelhaft. Sie fällt jedenfalls nicht unter Art. 5 Nr. 1 EuGVO[2].

Im US-amerikanischen Recht ist die ausdrückliche und stillschweigende Gewährleistung (express bzw. implied warranty) eingehend im UCC geregelt[3]. Auch nach englischem Recht können Ansprüche wegen Vertragsverletzung entstehen[4].

Wie der **Regress des Letztverkäufers** wegen Vertragswidrigkeit gegenüber dem in der Verkaufskette vorhergehenden Verkäufer zu qualifizieren ist, ist fraglich. In Umsetzung der Verbrauchsgüterkaufrichtlinie ist er unterschiedlich ausgestaltet worden. Eine Einordnung als vertragsrechtlich oder als deliktisch kommt in Betracht[5]. Im Anschluss an die EuGH-Rechtsprechung zur internationalen Zuständigkeit für die Produkthaftung, die auch für die französische vertragsrechtliche Konstruktion den Deliktsgerichtsstand für maßgeblich hielt[6], ist auch materiellrechtlich für eine deliktische Qualifikation plädiert worden[7]. Daran kann man zweifeln, da die Abgrenzung der Gerichtsstände nach Art. 5 EuGVO nicht unbedingt mit dem Anwendungsbereich der Rom I-VO gleichzusetzen ist.

6. Rügepflicht

Literatur: *Langendorf*, Prozessführung im Ausland und Mängelrüge im ausländischen Recht (Loseblatt), herausgegeben vom Gemeinsamen Außenhandelsbüro der Industrie- und Handelskammern Arnsberg, Detmold, Dortmund, Hagen, Siegen (7 Bde.; Stand: 1988); *Stötter*, Ort und Zeitpunkt der vom Käufer (Importeur) vorzunehmenden Mängeluntersuchung, DB 1976, 949.

Die meisten Rechte stimmen darin überein, dass ein Käufer, der die Sache nicht schon beim Kaufabschluss gesehen hat, nach ihrem Empfang verpflichtet ist, dem Verkäufer Nachricht („Rüge") von solchen Mängeln zu erteilen, die bei der Untersuchung entdeckt werden können. Im französischen Recht ist statt der Rüge innerhalb „kurzer Frist" Klage vorgeschrieben (Art. 1648 c.c.)[8]. Im Einzelnen gelten aber sehr verschiedene Regelungen. So kennt das schwei-

---

1 Vgl. *Martiny*, Hdb. IZVR, Bd. III 2 Kap. II Rz. 42, 78 mwN.
2 EuGH 17.6.1992, Rs. C-26/91 (Handte/TMCS), Slg. 1992 I-3967 = JZ 1995, 90 Anm. *Peifer*.
3 Vgl. *Roehm*, in: Bundesstelle für Außenhandelsinformation, S. 55 ff. Näher zu den Käuferrechten nach dem UCC, IPG 1982 Nr. 6 (München), S. 58 ff.
4 S. IPG 2000/2001 Nr. 10 (Hamburg).
5 S. *Wind*, Der Lieferanten- und Herstellerregress im deutsch-italienischen Rechtsverkehr (2006).
6 EuGH 17.6.1992, Rs. C-26/91 (Handte/TMCS), Slg. 1992 I-3967 = JZ 1995, 90 Anm. *Peifer* = Rev.crit.d.i.p. 81 (1992), 726 Anm. *Gaudemet-Tallon*.
7 *Dutta*, ZHR 171 (2007), 94 ff.
8 *Reichard*, AWD 1971, 208; *Wenner/Schödel*, in: von Westphalen, Handbuch des Kaufvertragsrechts (1992), „Frankreich" Rz. 158 ff. Zur gleichzeitigen Irrtumsanfechtung näher *P. Huber*, ZEuP 1994, 585 (586 f.).

zerische Recht eine generelle Prüfungs- und Rügeobliegenheit (Art. 201 Abs. 1 OR)[1].

Eine Besonderheit gilt nach deutschem Recht dann, wenn der Mangel **arglistig verschwiegen** wurde. Dann besteht weder die Pflicht zur unverzüglichen Untersuchung und Rüge (§ 377 Abs. 5 HGB, bei beiderseitigen Handelsgeschäften) noch die kurze Verjährungsfrist des § 438 Abs. 1 Nr. 3 BGB (bei beweglichen Sachen grundsätzlich zwei Jahre). Diese Besonderheit hat das RG als dem ordre public angehörig bezeichnet: „Dass sich der Verkäufer im Falle eines Betruges mit der Versäumung einer rechtzeitigen Mängelanzeige nicht verteidigen kann, ist ein absolut gebietender, mit den bei uns herrschenden sittlichen Grundsätzen in engem Zusammenhange stehender Rechtssatz, der von dem deutschen Prozessrichter immer anzuwenden ist, also auch dann, wenn das ausländische Recht, das sonst für den Kontrakt maßgebend ist, den gleichen Rechtssatz nicht enthalten sollte"[2].

Die international-privatrechtliche Behandlung der Formalien, dh. der **Art und Weise der Mängelrüge** und der **Untersuchung**, ist umstritten. Auf der einen Seite steht der Vorzug einer einheitlichen Anknüpfung der Vertragspflichten, auf der anderen das Interesse des Käufers an der Anwendung einer Rechtsordnung, mit der er vertraut ist. Der Käufer muss leicht und schnell feststellen können, ob und wie er auf eine Schlecht- oder Spätlieferung zu reagieren hat. Art. 12 Abs. 2 Rom I-VO bestimmt nur, in Bezug auf die vom Gläubiger im Falle einer mangelhaften Erfüllung zu treffenden Maßnahmen sei das Recht des Staates, in dem die Erfüllung erfolgt, „zu berücksichtigen"; s. oben Rz. 360 ff. Ausgangspunkt sollte auch hier das Vertragsstatut sein. Verlangt es Rüge und Untersuchung, so ist dem zu folgen. Teilweise wird auch eine Erweiterung der Pflichten des Käufers angenommen, wenn nur das Erfüllungsstatut sie kennt[3].

978 **a)** Die **Rechtzeitigkeit der Mängelrüge** wird teilweise einem besonderen Untersuchungsstatut unterworfen[4] (so Art. 4 Haager Übk. vom 15.6.1955 [oben Rz. 947][5]), von anderen aber dem Vertragsstatut unterstellt[6]. Letzteren Standpunkt, der sich aus dem engen Bezug zu den Vertragspflichten ergibt, teilt die schweizerische Rechtsprechung[7].

---

1 Dazu *Voser/Boog*, RIW 2009, 129 f.
2 RG 28.4.1900, RGZ 46, 193 (196).
3 So im Grundsatz *Magnus*, in: Staudinger, Art. 32 EGBGB Rz. 97.
4 So *Magnus*, in: Staudinger, Art. 32 EGBGB Rz. 95.
5 Ebenso *Kreuzer*, S. 116. – Näher zum Übk. *Keller/Kren Kostkiewicz*, in: ZürchKomm, Art. 118 IPRG Rz. 40.
6 *Vischer/Huber/Oser*, Rz. 881; *Keller/Girsberger*, in: ZürchKomm, Art. 125 IPRG Rz. 27.
7 Schweiz. BG 25.2.1975, BGE 101 II, 83 (84) = SchweizJahrbIntR 32 (1976), 341 Anm. *Vischer* = Clunet 103 (1976), 714 Anm. *Lalive* = RIW 1976, 46 (Lieferung von Spiegeln aus Deutschland in die Schweiz. „Das auf den Kaufvertrag anwendbare Recht bestimmt auch, welche Gewähr der Verkäufer zu leisten hat und unter welchen materiellen Voraussetzungen er sie leisten muss. Daher ist auch für die materiellen Erfordernisse der Mängelrüge, dh. für die Frage, welchen Inhalt diese Äußerung des Käufers haben müsse, das Kaufstatut maßgebend. Von diesem hängt ... auch ab, ob die Mängel-

b) Die **Untersuchung** der Ware ist nach überwiegender Auffassung dem Untersuchungsstatut zu unterstellen[1]. Dazu gehört insbes. die Form der Untersuchung. 979

c) Soweit auf ein besonderes Untersuchungsstatut abgestellt wird, ist umstritten, ob es durch das Recht am vertraglichen bzw. gesetzlichen „Soll-Untersuchungsort" (dafür Art. 4 Haager Übk. vom 15.6.1955)[2] oder dem – davon möglicherweise abweichenden – **tatsächlichen Untersuchungsort** bestimmt wird. Nach schweizerischem IPR unterliegen Erfüllungs- und Untersuchungsmodalitäten dem Recht des Ortes, an dem sie tatsächlich erfolgen (Art. 125 IPRG). Dies entspricht dem europäischen Kollisionsrecht[3] (oben Rz. 360 ff.). 980

Frei.   981–990

V. Eigentumsübergang und Eigentumsvorbehalt

Literatur zum Internationalen Privatrecht: *Benecke*, Abhandenkommen und Eigentumserwerb im Internationalen Privatrecht, ZvglRW 101 (2002), 362; *Drobnig*, Eigentumsvorbehalt bei Importlieferungen nach Deutschland, RabelsZ 32 (1968), 450; *Drobnig*, Mobiliarsicherheiten im internationalen Wirtschaftsverkehr, RabelsZ 38 (1974), 468; *Drobnig*, Entwicklungstendenzen des deutschen internationalen Sachenrechts, Festschr. Kegel (1977), S. 141; *Drobnig/Kronke*, Die Anerkennung ausländischer Mobiliarsicherungsrechte nach deutschem IPR, in: Deutsche zivil-, kollisions- und wirtschaftsrechtliche Beiträge zum X. Internationalen Kongress für Rechtsvergleichung in Budapest 1978 (1978), S. 91; *Fritzemeyer*, Internationalprivatrechtliche Anerkennungs- und Substitutionsprobleme bei Mobiliarsicherheiten – Eine internationalprivatrechtliche und rechtsvergleichende Untersuchung des französischen, englischen und deutschen Rechts (1984); *Goldt*, Sachenrechtliche Fragen des grenzüberschreitenden Versendungskaufs aus international-privatrechtlicher Sicht (2002); *Gottheiner*, Zum Eigentumsübergang beim Kauf beweglicher Sachen. Eine rechtsvergleichende und kollisionsrechtliche Betrachtung unter besonderer Berücksichtigung der nordischen Rechte, RabelsZ 18 (1953), 356; *Graue*, Recognition and Enforcement of Foreign Security Interests under Domestic Conflict Rules, German Yb.Int.L. 26 (1983), 125; *Hanisch*, Besitzlose Mobiliarsicherungsrechte im internationalen Rechtsverkehr insbesondere im Verhältnis zwischen der Schweiz und der Bundesrepublik Deutschland, Festschr. R. Moser (Zürich 1987), S. 25; *Hartwieg*, Die Klassifikation von Mobiliarsicherheiten im grenzüberschreitenden Handel, RabelsZ 57 (1993), 607; *Hübner*, Internationalprivatrechtliche Anerkennungs- und Substitutionsprobleme bei besitzlosen Mobiliarsicherheiten, ZIP 1980, 825; *Hübner*, Internationalprivatrechtliche Probleme der Anerkennung und Substitution bei globalen Sicherungsrechten an Unternehmen, Festschr. Pleyer (1986), S. 41; *Jayme*, Transposition und Parteiwille bei grenzüberschreitenden Mobiliarsicherheiten, Festschr. Serick (1992), S. 241; *Kaufhold*, Internationales und europäisches Mobiliarsicherungsrecht (1999); *Kegel*, Der Griff in die

---

rüge rechtzeitig erhoben worden sei. Nur die Formalien des Prüfungs- und Rügeverfahrens werden ... vom Recht des Ortes beherrscht, wo sich die Ware zur Zeit der Prüfung befindet." Deutsches Recht auf Rechtzeitigkeit und ausreichende Begründung der Mängelrüge angewendet.).
1 *Kreuzer*, S. 114 f.; *Magnus*, in: Staudinger, Art. 32 EGBGB Rz. 95 ff.
2 Ebenso *Kreuzer*, S. 118 f.
3 *Magnus*, in: Staudinger, Art. 32 EGBGB Rz. 82. – *Keller/Girsberger*, in: ZürchKomm, Art. 125 IPRG Rz. 18.

Zukunft – BGHZ 45, 95, JuS 1968, 162; *Kieninger*, Mobiliarsicherheiten im Europäischen Binnenmarkt (1996); *Kreuzer*, Die Inlandswirksamkeit fremder besitzloser vertraglicher Mobiliarsicherheiten: die italienische Autohypothek und das US-amerikanische mortgage an Luftfahrzeugen, IPRax 1993, 157; *Kreuzer*, La reconnaissance des sûretés mobilières conventionelles étrangères, Rev.crit.d.i.p. 84 (1995), 465; *Mankowski*, Der Heimathafen – Ein geeigneter Anknüpfungspunkt für das internationale Seesachenrecht?, TranspR 1996, 228; *Nielsen*, Dokumentäre Sicherungsübereignung bei Im- und Exportfinanzierung, WM 1986, Sonderbeil. Nr. 9; *Pfeiffer*, Der Stand des Internationalen Sachenrechts nach seiner Kodifikation, IPRax 2000, 270; *Privat*, Der Einfluss der Rechtswahl auf die rechtsgeschäftliche Mobiliarübereignung im IPR (1964); *Rabel/Raiser*, Eine Entscheidung des Deutsch-Englischen gemischten Schiedsgerichts über den Versendungskauf, RabelsZ 3 (1929), 62; *Rakob*, Ausländische Mobiliarsicherungsrechte im Inland – Substitutionsfragen am Beispiel des US-amerikanischen Sicherungsrechtes nach Art. 9 UCC (2001); *Rutgers*, International Reservation of Title Clauses – A Study of Dutch, French and German Private International Law in the Light of European Law (The Hague 1999); *Sailer*, Gefahrübergang, Eigentumsübergang, Verfolgungs- und Zurückbehaltungsrecht beim Kauf beweglicher Sachen im IPR (1966); *Schilling*, Besitzlose Mobiliarsicherheiten im nationalen und internationalen Privatrecht (1985); *Schlüter*, Der Eigentumsvorbehalt im deutschen und internationalen Recht, IHR 2001, 141; *Schurig*, Schiffbruch beim Eigentumsvorbehalt – Sachenrechtsstatut, Vertragsstatut, Sprachenrisiko –, IPRax 1994, 27; *Schurig*, Statutenwechsel und die neuen Normen des deutschen internationalen Sachenrechts, Festschr. Stoll (2001), S. 577; *Siehr*, Der Eigentumsvorbehalt an beweglichen Sachen im IPR, insbesondere im deutsch-italienischen Rechtsverkehr, AWD 1971, 10; *Sonnenberger*, „Lex rei sitae" und internationales Transportwesen, AWD 1971, 253; *Sonnenberger*, Das IPR der Mobiliarsicherheiten in Deutschland, Quartalshefte 21 (1986), IV 9; *Stoll*, Rechtskollisionen beim Gebietswechsel beweglicher Sachen, RabelsZ 38 (1974), 450; *Stoll*, Parteiautonomie und Handeln unter falschem Recht bei Übereignung beweglicher Sachen, IPRax 1997, 411; *Stoll*, Dinglicher Gerichtsstand, Vertragsstatut und Realstatut bei Vereinbarungen zum Miteigentümerverhältnis, IPRax 1999, 29; *Stoll*, Zur gesetzlichen Regelung des internationalen Sachenrechts in Art. 43–46 EGBGB, IPRax 2000, 259; *Wenckstern*, Die englische Floating Charge im deutschen IPR, RabelsZ 56 (1992), 624.

Literatur zum ausländischen Recht:
Mehrere Länder/Rechtsvergleichung: *von Bernstorff*, Der Eigentumsvorbehalt in den EG-Staaten, RIW 1993, 365; *Bette/Brink* (Hrsg.), Rechtsfragen im Exportgeschäft – Sicherung und Beitreibung von Forderungen im Ausland (1995) (betr. Belgien, Frankreich, Irland, Italien, Luxemburg, Niederlande, Spanien, Vereinigtes Königreich); *Davies* (Hrsg.), Retention of Title Clauses in Sale of Goods Contracts in Europe (Aldershot 1999); *Drobnig* (Hrsg.), Dingliche Mobiliarsicherheiten in Osteuropa (2001); *Drobnig*, Die Verwertung von Mobiliarsicherheiten in einigen Ländern der Europäischen Union, RabelsZ 60 (1996), 40; *Gravenhorst*, Mobiliarsicherheiten für Darlehens- und Warenkredite in den sechs Ländern der EG (1972); *Gutschke*, Der Eigentumsvorbehalt in den nordischen Ländern, AWD 1968, 10; *Horn/Pleyer* (Hrsg.), Handelsrecht und Recht der Kreditsicherheiten in Osteuropa (1997); *Hübner*, Europäische Entwicklungstendenzen im Recht der Lieferantenkreditsicherung, Gedächtnisschr. Constantinesco (1983), S. 245; *Kreuzer* (Hrsg.), Mobiliarsicherheiten – Vielfalt oder Einheit? (1999); *Lehr*, Eigentumsvorbehalt als Sicherungsmittel im Exportgeschäft, RIW 2000, 747; *Muly*, La publicité des sûretés réelles mobilières, Eur.Rev.Priv.L. 6 (1998), 51; *Robinson* (Hrsg.), International Securities Law and Practice (London 1985); *Sauveplanne*, The Protection of the Bona Fide Purchaser of Corporal Movables in Comparative Law, RabelsZ 29 (1965), 651; *Schulze*, Eigentum und Sicherungsrechte in den baltischen Staaten, RIW 1994, 713; *Siehr*, Der gutgläubige Erwerb beweglicher Sachen, ZvglRW 80 (1981), 273; *Steinberger/Häuslschmid* (Hrsg.), Eigentumsvorbehalt und andere Sicherungsrechte im Ausland (2008); *Summers*, Recent Secured Transactions Law Reform in the Newly Independent States and Central and Eastern Europe, Rev. Centr. East. European L. 23 (1997), 177; *Thorn*, Der Mobiliarerwerb

vom Nichtberechtigten (1996); *Thorn,* Mobiliarerwerb vom Nichtberechtigten: Neue Entwicklungen in rechtsvergleichender Perspektive, ZEuP 1997, 442; *Westphal,* Eigentumsvorbehalt im internationalen Vergleich – unter Berücksichtigung ausgewählter osteuropäischer Reformstaaten, in: Iusto iure – Festg. Sandrock (1995), S. 55; *von Westphalen* (Hrsg.), Handbuch des Kaufvertragsrechts (1992); *Wiesbauer,* Die Anerkennung des Eigentumsvorbehalts in Westeuropa, ZIP 1981, 1063. – Länderteile zum Bankrecht, in *Derleder/Knops/Bamberger* (Hrsg.), Handbuch zum deutschen und europäischen Bankrecht, 2. Aufl. (2009), S. 2289 ff.

Einzelne Länder:
Belgien: *Callewaert,* Zum Recht der besitzlosen Mobiliarsicherheiten in Belgien – Eigentumsvorbehalt und Auflösungsklausel, RIW 1989, 683; *Kieninger/Storme,* Das neue belgische Recht des Eigentumsvorbehalts, RIW 1999, 94; *Moecke,* Verkaufsbedingungen zur Sicherung gegen Zahlungsverzug bei Ausfuhr nach Belgien, AWD 1961, 219; *Stranart-Thilly/Hainz,* in: Hadding/Schneider (Hrsg.), Recht der Kreditsicherheiten in europäischen Ländern, Teil III: Belgien (1979); *Welter,* Les sûretés réelles dans les relations juridiques entre l'Allemagne et la Belgique du point de vue du droit allemand, Rev.dr.int.dr.comp. 67 (1990), 158.

Dänemark: *Eriksen,* Das dänische Autobesicherungsgesetz, RIW 1994, 881; *Hansen,* Reservation of Title in International Credit Sale Contracts to Danish Buyers, I.C.L.F.Rev. 1 (1980), 383; *Lando,* The Application by Danish Courts of Foreign Rules on Nonpossessory Security Interests, Nordisk TIR 47 (1978), 3.

England: *Baumgarte,* Eigentumsvorbehalt in Großbritannien, RIW 1981, 733; *Bridge,* The English Law of Real Security, Eur.Rev.Priv.L. 10 (2002), 483; *Brink/Habel/Hartwig,* in: Hadding/Schneider (Hrsg.), Recht der Kreditsicherheiten in europäischen Ländern, Bd. 4: England (1980); *Goode,* The Secured Creditor and Insolvency Under English Law, RabelsZ 44 (1980), 674; *Habel,* Der Eigentumsvorbehalt im englischen Handelsverkehr (1981); *Kessel,* Eigentumsvorbehalt und Rezession in Großbritannien, RIW 1991, 812; *Klötzel,* Publizitätslose Mobiliarsicherheiten – verlängerter Eigentumsvorbehalt in England, RIW 1983, 822; *Klötzel,* Der Eigentumsvorbehalt und seine Verlängerungs- und Erweiterungsformen in England, RIW 1985, 460; *Lenhard,* Die Vorschläge zur Reform des englischen Mobiliarkreditsicherungsrechts (2009); *Lietzmann,* Die Treuhandverpflichtung englischer Banken gegenüber ihren Kunden, RIW 1984, 152; *Lipp,* Die Durchsetzung des Eigentumsvorbehalts in England, RIW 1994, 18; *Magnus,* Die neue englische Rechtsprechung zum Eigentumsvorbehalt und seine Erstreckungsformen, RIW 1985, 769; *Nicklaus,* Die Kollision von verlängertem Eigentumsvorbehalt und Factoringzession im deutschen und englischen Recht (1997); *Rottnauer,* Die Mobiliarkreditsicherheiten unter besonderer Berücksichtigung der besitzlosen Pfandrechte im deutschen und englischen Recht (1992); *Sadtler,* Grundzüge der Kreditsicherung durch vereinbarte Securities an beweglichen Sachen (personal chattels) im englischen Recht (1977); *K. Schmidt,* Eigentumsvorbehalt nach englischem Recht, RIW 1990, 144.

Finnland: *Buure-Hägglund,* The Recognition in Finland of Non-possessory Security Interests Created Abroad, Nordisk TIR 47 (1978), 30.

Frankreich: *Böckenhoff,* Der Begriff der Vorbehaltsware „en nature" im französischen Insolvenzverfahren, RIW 1994, 465; *Brödermann,* Der Eigentumsvorbehalt in Frankreich und Deutschland, ZvglRW 183 (1983), 178; *Dammann,* Das neue französische Insolvenzrecht, ZIP 1996, 300; *Depser,* Der neue französische Eigentumsvorbehalt, RIW 1984, 176; *Gerth,* Neuere Entwicklungen zur Übertragung des Vorbehaltseigentums nach französischem Recht, WM 1985, 1409; *Hanisch,* Deutscher Eigentumsvorbehalt im französischen Insolvenzverfahren, IPPrax 1992, 187; *Kalomiris,* Verlängerter Eigentumsvorbehalt und Globalzession im deutschen und französischen Recht (1995); *C. Klein,* Schutzwirkung des Eigentumsvorbehalts im französischen Insolvenzverfahren, RIW 1991, 809; *Litaudon,* Der Eigentumsvorbehalt und die neuen Zielsetzungen des Insolvenzrechts in

Frankreich, RIW 1987, 348; *Mezger*, Das französische Gesetz vom 12.5.1980 über den Eigentumsvorbehalt, ZIP 1980, 406; *Seeliger*, Konkursfestigkeit dinglicher Mobiliarsicherheiten im deutsch-französischen Warenverkehr (1985); *Spellenberg*, Eigentumsvorbehalt in Frankreich, ZfRV 35 (1994), 105; *Wilhelm*, Das neue französische Mobiliarkreditsicherungsrecht, ZEuP 2009, 152; *Witz*, Das französische materielle Recht der Mobiliarsicherheiten, Quartalshefte 21 (1986) IV 97; *Witz*, Das französische IPR der Mobiliarsicherheiten, Quartalshefte 21 (1986) IV 113; *Witz*, Entwicklung und Stand des französischen Rechts der Mobiliarsicherheiten, Gedächtnisschr. Schultz (1987), S. 399; *Witz*, Der neue französische Eigentumsvorbehalt im deutsch-französischen Handel, NJW 1982, 1897; *Witz/Zierau*, Gattungskauf nach französischem Recht und Drittwiderspruchsklage (§ 771 ZPO), IPRax 1991, 95.

Griechenland: *Matsoukas*, Der Eigentumsvorbehalt beim Verkauf industrieller Güter in Griechenland, RIW 1976, 456.

Irland: *Coester-Waltjen*, Deutscher Eigentumsvorbehalt vor irischen Gerichten, IPRax 1983, 315; *Pearce*, Reservation of Title on the Sale of Goods in Ireland, Irishjurist 20 (1985), 264.

Italien: *Bodenstein/Jahn*, Kreditsicherung im Geschäftsverkehr mit dem Ausland, Bd. 2: Italien (1980); *Gassner/Wolff*, Die Kreditsicherung durch das bewegliche Vermögen des Schuldners im italienischen Recht, DB 1969, Beil. Nr. 10; *Gebhard*, Zahlungssicherheiten und Insolvenzen in Italien, in: von Boehmer (Hrsg.), Deutsche Unternehmen in Italien (1993), S. 227; *Greving*, Der Treuhandgedanke bei Sicherungsübertragungen im italienischen und deutschen Recht (2002); *Mühl*, Sicherungsübereignung, Sicherungsabtretung und Eigentumsvorbehalt im italienischen Recht (1980); *Neumann*, Der Eigentumsvorbehalt im deutsch-italienischen Rechtsverkehr (2001); *Schultz-Gerstein*, Der Kauf unter Eigentumsvorbehalt im deutschen und italienischen Recht unter besonderer Berücksichtigung der Rechtsstellung des Käufers (Diss. Gießen 1973); *Siehr*, Der Eigentumsvorbehalt an beweglichen Sachen im IPR, insbesondere im deutsch-italienischen Rechtsverkehr, AWD 1971, 10; *Troike Strambaci*, Der Eigentumsvorbehalt im italienischen Recht, AnwBl. 1984, 304.

Kanada: *Banzhaf*, Insolvenz und Konkurs des kanadischen Geschäftspartners und Sicherungsmöglichkeiten des deutschen Gläubigers, RIW 1986, 872; *von Kenne*, Das kanadische einheitliche Sicherungsrecht (1981); *Lode*, Der Eigentumsvorbehalt im kanadischen Recht, RIW 1978, 83; *Ziegel*, The EBRD Model Law on Secured Transactions – Some Canadian Observations, Festschr. Drobnig (1998), S. 209.

Niederlande: *Gotzen*, Eigentumsübergang, Eigentumsvorbehalt und Sicherungsübereignung bei beweglichen Sachen in den Niederlanden und in der Bundesrepublik Deutschland (1971); *Gotzen*, Kreditsicherungsprobleme in den Niederlanden, RIW 1983, 731.

Österreich: *Behr*, Zur Verarbeitung von unter Eigentumsvorbehalt gelieferten Waren in Österreich, RIW 1977, 615; *Duursma-Kepplinger*, Eigentumsvorbehalt und Mobilienleasing in der Insolvenz (Wien 2002); *Habel*, in: Hadding/Schneider (Hrsg.), Recht der Kreditsicherheiten in europäischen Ländern, Teil 6: Österreich (1986); *Hoyer*, Mobiliarsicherheiten und Grenzübertritt des Sicherungsgutes im österreichischen Recht, Quartalshefte 21 (1986) IV 53; *Martiny*, Nichtanerkennung deutscher Sicherungsübereignung in Österreich, IPRax 1985, 168; *Rauscher*, Sicherungsübereignung im deutsch-österreichischen Rechtsverkehr, RIW 1985, 265; *Schoneweg*, Der Eigentumsvorbehalt und die Sicherungsübereignung im deutsch-österreichischen Rechtsverkehr (1997).

Polen: *Brockhuis*, Recht der Kreditsicherheiten in europäischen Ländern – Polen (2000); *Kubas/Kos*, Ausgewählte Probleme der Forderungssicherung nach polnischem Recht, WiRO 1999, 241; *Kurkowski*, Die Sicherungsübereignung im polnischen Recht, WiRO 1994, 247; *Nowak/Stumpf*, Eigentumsvorbehalt im polnischen Recht, RIW 1992, 275; *Schulte*, Das neue polnische Registerpfandrecht, RIW 1998, 291.

Rumänien: *Teves*, Die Neuregelung der Mobiliarsicherheiten im rumänischen Recht, WiRO 1999, 441.

Russland: *Gubalke*, Pfandrecht und Sicherungseigentum an beweglichen Sachen (2002); *Juterzenka*, Das Kreditsicherungsrecht in der Russischen Föderation (2001); *Kraftsoff*, Mobiliarsicherheiten im deutsch-russischen Rechtsverkehr (2007); *Masbaum*, Zum Recht der dinglichen Sicherheiten in der Russländischen Föderation, WGO-MfOR 1993, 147; *Mayer*, Internationales Mobiliarsicherheitenrecht im deutsch-russischen Rechtsverkehr (2009).

Schottland: *Böttger/Wood*, Die Floating Charge als Kreditsicherheit im schottischen Recht, RIW 1980, 768; *Heyne*, Kreditsicherheit im internationalen Privatrecht unter besonderer Berücksichtigung des deutsch-schottischen Rechtsverkehrs (1993); *Roloff*, Armour v. Thyssen Edelstahlwerke AG – Die Wirksamkeit eines deutschen Eigentumsvorbehalts in Schottland, IPRax 1991, 274; *Stöffler*, Handels- und wirtschaftsrechtliche Besonderheiten des schottischen Rechts, RIW 1985, 945; *Wattenberg*, Der Eigentumsvorbehalt und seine Erweiterungsformen im schottischen Recht, RIW 1988, 98.

Schweden: *Bogdan*, Application of Foreign Rules on Non-possessory Security Interests in Swedish Private International Law, Nordisk TIR 47 (1978), 14; *Carstens*, Fahrnis als Kreditunterlage im schwedischen Recht (Diss. Tübingen 1970); *Fischler*, Grundsatzentscheidung zum Eigentumsvorbehalt bei Warenlieferungen nach Schweden, RIW 1978, 819; RIW 1979, 215; *Hessler*, Der gutgläubige Erwerb in der neueren schwedischen Rechtsentwicklung und dem nordischen Gesetzentwurf, RabelsZ 32 (1968), 284.

Schweiz: *Behr*, Eigentumsvorbehalt und verlängerter Eigentumsvorbehalt bei Warenlieferungen in die Schweiz, RIW 1978, 489; *Hedinger*, Die Mobiliarsicherheiten nach schweizerischem Recht, Quartalshefte 21 (1986) IV 31; *Menne*, Eigentumsvorbehalt bei Warenlieferungen in die Schweiz, ZvglRW 98 (1999), 284; *Mühl/Petereit*, in: Hadding/Schneider (Hrsg.), Recht der Kreditsicherheiten in europäischen Ländern, Teil IV: Schweiz (1983); *Ottrubay*, Die Eintragung des Eigentumsvorbehalts, unter Berücksichtigung des internationalen Rechts und der internationalen Harmonisierungsbestrebungen (Freiburg/Schweiz 1981); *Siehr*, Eigentumsvorbehalt im deutsch-schweizerischen Rechtsverkehr, IPRax 1982, 207.

Slowakei: *Lazar*, Die Neuregelung des Pfandrechts in der Slowakei, ZfRV 2003, 133.

Spanien: *Fischer/Fischer*, Grundsätze des Eigentumserwerbs in Spanien, RIW 1976, 204; *Fröhlingsdorf/Cremades*, Der Eigentumsvorbehalt in Spanien, RIW 1983, 812; *Grube*, Sicherungsübereignung in Spanien, RIW 1992, 887; *Kieninger*, Der Eigentumsvorbehalt im Wirtschaftsverkehr mit Spanien nach der Novellierung des spanischen Abzahlungsgesetzes, RIW 1994, 287; *Marco Molina*, Eigentumsvorbehalt, Mobiliarhypothek und Sicherungsübereignung, in: Löber/Peuster (Hrsg.), Aktuelles spanisches Handels- und Wirtschaftsrecht (1991), S. 223; *Reichmann*, Die Mobiliarhypothek im Recht der Kreditsicherheiten Spaniens (1977); *Reichmann*, Spanien, in: Hadding/Schneider, Recht der Kreditsicherheiten in europäischen Ländern, Teil VII/1 (1989); *Werth*, Warenkreditsicherung im deutsch-spanischen Wirtschaftsverkehr (1981).

Tschechische Republik: *Daubner*, „Sicherungsübereignung" und „verlängerter Eigentumsvorbehalt" in der Tschechischen Republik, RIW 1997, 648; *Giese/Fritzsch*, Das neue Pfandregister und die neuen Verwertungsmöglichkeiten für Pfandgegenstände in Tschechien, WiRO 2002, 270; *Hándl/Stumpf*, Eigentumsvorbehalt im tschechischen Recht, RIW 1994, 880; *Humlová-Ueltzhöffer*, Eigentumsvorbehalt, Sicherungsübereignung und ihre steuerrechtlichen Folgen in der Tschechischen Republik, WiRO 1997, 290; *Schorling*, Das Recht der Kreditsicherheiten in der Tschechischen Republik (2000); *Tichy*, Secured Transactions Involving Movables in Czech Law, Festschr. Drobnig (1998), S. 683.

Ungarn: *Bodzási*, Neuregelung der dinglichen Kreditsicherheiten im ungarischen Zivilgesetzbuch, WiRO 2008, 262, 297; *Haidegger/Stumpf*, Eigentumsvorbehalt im ungarischen Recht, RIW 1990, 748.

USA: *Ayer*, Secured Creditors and Insolvency in the United States of America, RabelsZ 44 (1980), 649; *Dielmann*, in: Hadding/Schneider (Hrsg.), Recht der Kreditsicherheiten in den Vereinigten Staaten von Amerika. Teil 1: Kreditsicherheiten an beweglichen Sachen nach Art. 9 UCC (1983); *Dielmann*, in: Hadding/Schneider (Hrsg.), Recht der Kreditsicherheiten in den Vereinigten Staaten von Amerika, Teil III: Der Schutz von Sicherungsnehmern nach dem Bankruptcy Reform Act der Vereinigten Staaten von Amerika (1985); *Eisner*, Eigentumsvorbehalt und security interest im Handelsverkehr mit den USA, NJW 1967, 1169; *Jander/Klatten*, Die Forderungssicherung unter dem Uniform Commercial Code im Handel mit den USA, AWD 1973, 181; *Kuhn*, Neufassung des Kollisionsrechts für Mobiliarsicherungsgeschäfte in den Vereinigten Staaten von Amerika, IPRax 2000, 332; *Milger*, Mobiliarsicherheiten im deutschen und im US-amerikanischen Recht (1982); *D. Mühl*, Recht der Kreditsicherheiten in den Vereinigten Staaten von Amerika, Teil II: Immobiliarsicherheiten und persönliche Sicherheiten (1985); *Riesenfeld*, Dingliche Sicherungsrechte an beweglichem Vermögen nach der Neufassung des Einheitlichen Handelsgesetzbuches für die Vereinigten Staaten, Festschr. Ballerstedt (1975), S. 469; *Riesenfeld*, Einige Betrachtungen zur Behandlung dinglicher Sicherungsrechte an beweglichen Vermögensgegenständen im Insolvenzrecht der Vereinigten Staaten von Amerika, Festschr. Drobnig (1998), S. 621; *Shook-Wiercimok*, Eigentumsvorbehalt nebst Verlängerungs- und Erweiterungsformen im deutsch-amerikanischen Rechtsverkehr, RIW 1986, 954; *Welp*, Zum Stand des amerikanischen Kreditsicherungsrechts nach Art. 9 UCC (1999). – Weitere Literatur zur Kreditsicherung vor Rz. 380 u. 1181.

1. Rechtsvereinheitlichung

991   Das Sachenrecht ist weitgehend unvereinheitlichtes Recht. Es gibt jedoch einzelne Vereinheitlichungsbestrebungen im Bereich der Kreditsicherheiten. Insbesondere sind einheitliche Regeln für Registerpfandrechte entworfen worden[1]. Ferner hat man einheitliche Vorschriften für die **Kreditsicherheiten an beweglicher Ausrüstung**, insbes. an **Luftfahrzeugen** entwickelt[2]. Nach Registereintragung soll ein einheitliches Sicherungsrecht entstehen. Das Sachen-

---

1 *Dageförde*, Das besitzlose Mobiliarpfandrecht nach dem Modellgesetz für Sicherungsgeschäfte der Europäischen Bank für Wiederaufbau und Entwicklung (EBRD Model Law on Secured Transactions), ZEuP 1998, 686; *Mistelis*, The EBRD Model Law on Secured Transactions and Its Impact on Collateral Law Reform in Central and Eastern Europe and the former Soviet Union, Parker Sch.J.E.Eur.L. 5 (1998), 455.

2 Zur am 1.3.2006 in Kraft getretenen UNIDROIT-Konvention von Kapstadt vom 16.11.2001 (deutsche Übersetzung IPRax 2003, 276), der Deutschland nicht beigetreten ist, s. *Bollweg/Kreuzer*, Entwürfe einer UNIDROIT/ICAO-Konvention über Internationale Sicherungsrechte an beweglicher Ausrüstung und eines Protokolls über Luftfahrtausrüstung, ZIP 2000, 1361; *Henrichs*, Das Übereinkommen über internationale Sicherungsrechte an beweglicher Ausrüstung, IPRax 2003, 210; *Kronke*, Neues internationales Mobiliarsicherungsrecht erleichtert die Finanzierung von Luft- und Raumfahrzeugen, ZLW 51 (2002), 147; *Kronke*, Parteiautonomie und Prorogationsfreiheit im internationalen Mobiliarsachenrecht, Liber Amicorum Kegel (München 2002), S. 33; *Schlüter*, IHR 2001, 149 f.; *Schmalenbach/Sester*, Internationale Sicherungsrechte an Flugzeugen auf Basis der Kapstadt-Konvention, WM 2005, 301. – Überblick bei *Kegel/Schurig*, S. 782 ff.

recht in der Europäischen Gemeinschaft ist noch nicht angeglichen worden[1]. Das gilt auch für die in der Praxis besonders wichtige Kreditsicherung. Ein „proprietary security in movable assets" regeln Art. IX.-1:101 ff. DCFR. – Vgl. auch *Drobnig*, Security Rights in Movables (2007). Immerhin schreibt nunmehr Art. 4 der Zahlungsverzugs-Richtlinie vor, dass die Mitgliedstaaten einen Eigentumsvorbehalt vorsehen müssen[2].

2. Anwendbares Recht und Eigentumsübergang

Das deutsche Internationale Sachenrecht ist in Art. 43–46 EGBGB kodifiziert worden[3]. Die Gesetzesvorschriften lauten:

Art. 43 EGBGB Rechte an einer Sache

(1) Rechte an einer Sache unterliegen dem Recht des Staates, in dem sich die Sache befindet.

(2) Gelangt eine Sache, an der Rechte begründet sind, in einen anderen Staat, so können diese Rechte nicht im Widerspruch zu der Rechtsordnung dieses Staates ausgeübt werden.

(3) Ist ein Recht an einer Sache, die in das Inland gelangt, nicht schon vorher erworben worden, so sind für einen solchen Erwerb im Inland Vorgänge in einem anderen Staat wie inländische zu berücksichtigen.

Art. 44 EGBGB Von Grundstücken ausgehende Einwirkungen

Für Ansprüche aus beeinträchtigenden Einwirkungen, die von einem Grundstück ausgehen, gelten die Vorschriften der Verordnung (EG) Nr. 864/2007 mit Ausnahme des Kapitels III entsprechend.

Art. 45 EGBGB Transportmittel

(1) Rechte an Luft-, Wasser- und Schienenfahrzeugen unterliegen dem Recht des Herkunftsstaats. Das ist

1. bei Luftfahrzeugen der Staat ihrer Staatsangehörigkeit,
2. bei Wasserfahrzeugen der Staat der Registereintragung, sonst des Heimathafens oder des Heimatorts,
3. bei Schienenfahrzeugen der Staat der Zulassung.

(2) Die Entstehung gesetzlicher Sicherungsrechte an diesen Fahrzeugen unterliegt dem Recht, das auf die zu sichernde Forderung anzuwenden ist. Für die Rangfolge mehrerer Sicherungsrechte gilt Art. 43 Absatz 1.

---

1 Vgl. *Drobnig*, Vorüberlegungen zu einem europäischen „Sachenrecht", in: Witzleb/Martiny (Hrsg.), Auf dem Wege zu einem europäischen Zivilgesetzbuch (1999), S. 169.
2 Richtlinie 2000/35/EG vom 29.6.2000 zur Bekämpfung von Zahlungsverzug im Geschäftsverkehr, ABl. EG 2000 Nr. L 2000, S. 35. Dazu *Kieninger*, Der Eigentumsvorbehalt in der Verzugsrichtlinie, in: Aufbruch nach Europa – Festschr. Max-Planck-Institut (2001), S. 151; *Lehr*, Neuer Vorschlag für eine EU-Richtlinie über Zahlungsverzug und Eigentumsvorbehalt im Handelsverkehr, EWS 1999, 241; *Schlüter*, IHR 2001, 148 f.
3 Gesetz vom 21.5.1999, BGBl. I 1999, 1026, geändert durch das AnpassungsG zur Rom II-VO.

Art. 46 EGBGB Wesentlich engere Verbindung

Besteht mit dem Recht eines Staates eine wesentlich engere Verbindung als mit dem Recht, das nach den Artikeln 43 und 45 EGBGB maßgebend wäre, so ist jenes Recht anzuwenden.

993 Nach geltendem Recht entscheidet über die dingliche Rechtslage das Recht des Staates, in dem sich die Sache befindet (**lex rei sitae**)[1]. Diese in Art. 43 Abs. 1 EGBGB verankerte Regel gilt insbesondere für Mobilien. Transportmittel, auch Kraftfahrzeuge, unterliegen gleichfalls dem Belegenheitsrecht. Der Vorschlag, auf sie generell die Rechtsordnung des festen Standorts bzw. des Registerortes anzuwenden[2], konnte sich nicht durchsetzen. Nur für Luft-, Wasser- und Schienenfahrzeuge enthält Art. 45 EGBGB eine Sonderregel, wonach es auf den Herkunftsstaat ankommt[3]. Das Sachstatut nicht in ein Schiffsregister eingetragener Schiffe wird durch den Heimathafen oder den Heimatort bestimmt[4].

Die für sachenrechtliche Verhältnisse maßgebliche Rechtsordnung regelt die Entstehung, den Untergang sowie **Inhalt und Übertragung dinglicher Rechte** und Pflichten. Das so bestimmte Recht gilt auch für Eigentumsvermutungen sowie die Voraussetzungen und die sachenrechtlichen Folgen eines gutgläubigen Erwerbs[5] (vgl. Rz. 456).

994 Nach der lex rei sitae ist insbesondere zu beurteilen, ob das Eigentum schon mit Abschluss des Kaufvertrages übergeht (**Vertragsprinzip**) oder ob – wie nach BGB – eine Übergabe erforderlich ist (**Übergabeprinzip**). Nach österreichischem (§ 426 ABGB), schweizerischem (Art. 714 ZGB), griechischem, niederländischem (Art. 3:90 NBW), spanischem (Art. 609 c.c.), argentinischem, brasilianischem und chilenischem Recht ist Übergabe erforderlich, nicht aber nach englischem[6], französischem, italienischem, belgischem, polnischem[7] und portugiesischem Recht. Die Unterschiede zwischen den beiden Systemen dürfen aber nicht überschätzt werden. Wenn auch nach dem Vertragsprinzip das Eigentum bereits mit Vertragsschluss auf den Käufer übergeht, so haben doch die Parteien die Möglichkeit, für den Eigentumsübergang einen anderen Zeitpunkt zu vereinbaren, ihn also zB bis zur Lieferung der Ware oder bis zur Zahlung des Kaufpreises hinauszuschieben. Auf der anderen Seite ist das Übergabeprinzip

---

1 *Pfeiffer*, IPRax 2000, 270 ff. – S. schon BGH 8.4.1987, BGHZ 100, 321 = NJW 1987, 3077 = IPRax 1987, 374 (m. Aufs. *Stoll*, IPRax 1987, 357); *Kegel/Schurig*, S. 765.
2 Vgl. dazu *Sonnenberger*, AWD 1971, 253 ff.; *Drobnig*, Festschr. Kegel, S. 142 ff.; *Kegel/Schurig*, S. 775 ff. Für Verkehrsmittel vgl. § 33 österreich. IPRG.
3 Näher *Stoll*, IPRax 2000, 266 f.
4 Zum alten Recht BGH 6.3.1995, IPRspr. 1995 Nr. 61 = NJW 1995, 2097 = JZ 1995, 784 m. abl. Anm. *Stoll* (Übereignung einer in der Adria liegenden Segelyacht dem Recht des Heimathafens unterstellt). – Vgl. auch BGH 29.5.2000, NJW-RR 2000, 1583 = RIW 2000, 705.
5 OLG Köln 21.7.1999, IPRspr. 1999 Nr. 48 = VersR 2000, 462 (gutgläubiger Erwerb in den Niederlanden); OLG Brandenburg 12.12.2000, NJW-RR 2001, 597 (gutgläubiger Erwerb in Polen).
6 Vgl. S. 17 ff. Sale of Goods Act 1979 (c. 54).
7 Zu Art. 155 § 1 ZGB s. *Gralla*, WiRO 1995, 60.

durch die Zulassung von Übergabesurrogaten (Besitzkonstitut; Abtretung des Herausgabeanspruchs), bei denen die Übergabe durch eine weitere Einigung der Parteien ersetzt wird, durchbrochen.

Je früher der Eigentumsübergang erfolgt, desto geringer pflegen seine Wirkungen zu sein. Im französischen und englischen Recht liegt die Bedeutung des vorgezogenen Eigentumsübergangs ausschließlich in der Wirkung gegenüber Gläubigern des Verkäufers, welche die verkaufte Sache nicht mehr in Anspruch nehmen können. Im Verhältnis zum Verkäufer selbst steht aber der Käufer nicht besser, als wenn er nur einen schuldrechtlichen Erfüllungsanspruch hätte. Der Verkäufer ist auch nach Absendung der Ware trotz des Eigentumsübergangs durch ein **Verfolgungs- und Anhalterecht** geschützt, wenn der Käufer insolvent wird[1].

Nach den Rechten des Vertragsprinzips geht das Eigentum bei **Gattungssachen** über, sobald die Ware mit Zustimmung des Käufers ausgesondert wird, beim Versendungskauf also praktisch mit der Übergabe an Bahn, Post usw.[2]. Nach angloamerikanischem Recht entscheidet über den Eigentumsübergang die Parteiabsicht (intention of the parties). Übergabe ist nicht erforderlich[3].

Für den **Eigentumsübergang** kommt es nach der lex rei sitae-Regel allein auf den Ort an, wo sich die Ware zur Zeit der Veräußerung befindet (vgl. auch § 31 Abs. 1 österreich. IPRG)[4]. Dies gilt nicht nur für eine Übereignung durch Einigung und Übergabe, sondern auch für die Abtretung des dinglichen Herausgabeanspruchs[5].

Verschiedentlich wird vertreten, bei internationalen Verkehrsgeschäften oder auch ganz allgemein solle der Erwerb und Verlust dinglicher Rechte an beweglichen Sachen nicht nur der lex rei sitae unterstehen. Die Parteien sollen ihn (mit inter partes-Wirkung) entweder dem Recht des Absende- oder Bestimmungslandes oder dem Recht des zugrunde liegenden Rechtsgeschäfts unterstellen dürfen (vgl. Art. 104 schweiz. IPRG). Ähnlich erklärt etwa § 12 tschech. IPRG das Vertragsstatut auch hinsichtlich des Eigentumsübergangs an einer beweglichen Sache für maßgeblich[6]. In Deutschland wurde die Zulassung der

---

1 *Gottheiner*, RabelsZ 18 (1953), 370.
2 *Sonnenberger/Dammann*, Franz. Handels- und Wirtschaftsrecht, 3. Aufl. (2008), Rz. VI 38.
3 *Rabel*, Warenkauf I, S. 30; *Gottheiner*, RabelsZ 18 (1953), 358 (359).
4 BGH 30.9.1970, IPRspr. 1970 Nr. 43 = AWD 1971, 40 (Veräußerung aus Frankreich gelieferter Planierraupe in Deutschland. Auf gutgläubigen Erwerb und Schadensersatzansprüche aus Eigentümer-Besitzerverhältnis deutsches Recht angewendet.) *Thorn*, in: Palandt, Art. 43 EGBGB Rz. 3.
5 BGH 4.2.1960, IPRspr. 1960/61 Nr. 231 = AWD 1960, 101 = NJW 1960, 774 (Lieferung von Maschinen aus Ungarn über Deutschland nach Tel Aviv. Gutgläubiger Erwerber nach Belegenheitsrecht); BGH 20.9.1967, IPRspr. 1966/67 Nr. 55b = AWD 1968, 92 (Verkauf von Schmuck aus Frankreich nach Deutschland. Auf Übereignung französ. Recht angewendet); OLG Karlsruhe 27.5.1927, IPRspr. 1928 Nr. 46 (Übereignung in Deutschland lagernden Holzes nach deutschem Recht); OLG Schleswig 20.7.1989, IPRspr. 1989 Nr. 77 (Übereignung in Deutschland befindlichen Delphins).
6 Vgl. auch das Haager Übk. vom 22.12.1986 (Rz. 949).

Rechtswahl vor der Reform ebenfalls diskutiert[1]. Doch haben nur einige wenige ältere Gerichtsentscheidungen den Eigentumsübergang nach dem Schuldstatut beurteilt[2]. Lehre und Rechtsprechung lehnen dies überwiegend ab[3].

3. Eigentumsübergang beim Versendungskauf

996 Nach hM ist der Eigentumsübergang beim Versendungskauf ein Fall des Statutenwechsels[4]. Ein nach der bisherigen lex rei sitae eingetretener Eigentumsübergang bleibt bestehen, auch wenn die Ware nachträglich in ein anderes Land gelangt. Es kommt daher darauf an, ob der Tatbestand, an den das Recht des Absendelandes den Eigentumsübergang knüpft, verwirklicht wurde, solange sich die Ware dort befand. Wenn ja, dann ist das Eigentum nach dem Recht des Absendelandes übergegangen. Wenn nicht, so kann zwar der Eigentumsübergang im Absendeland nicht eintreten, wohl aber nunmehr nach dem Recht des Empfangslandes, wenn der Tatbestand, an den dieses Recht den Eigentumsübergang knüpft, dort erfüllt wird. Das Recht eines Durchgangslandes ist ohne Belang[5].

BGH 30.1.1980, IPRspr. 1980 Nr. 140 = WM 1980, 410 (Import von Damenröcken aus Hongkong).
„Maßgebend für den bei Abwicklung eines Kaufvertrages eintretenden Eigentumswechsel ist daher dasjenige Recht, in dessen Geltungsbereich sich die Kaufsache in dem in Betracht kommenden Zeitpunkt befindet. Das sachenrechtliche Schicksal ... bemisst sich somit bis zum Transport in die Bundesrepublik nach dem für Hongkong geltenden Recht ... Mit dem Verbringen der Ware nach Berlin änderte sich zwar das Statut der Belegenheit – wie das Berufungsgericht ... zutreffend ausführt, war jetzt für die Eigentumsverhältnisse deutsches Sachenrecht (§§ 929 ff. BGB) maßgebend. Es ist aber nichts dafür ersichtlich, dass es nunmehr noch zu einem Eigentumsübergang auf den Kl. gekommen wäre."

Bei einem Versendungskauf zwischen zwei Ländern, von denen das eine dem Vertragsprinzip angehört (zB Frankreich), das andere dem Übergabeprinzip (zB Deutschland), gestaltet sich der Eigentumsübergang (bei Gattungssachen) wie folgt:

---

1 S. *Stoll*, in: Staudinger, IntSachenR Rz. 282 ff.; *Drobnig*, Festschr. Kegel, S. 150 mwN.
2 BayObLG 3.1.1934, IPRspr. 1934 Nr. 24 (Übereignung von Silberfüchsen im Elsass); OGHBrZ 7.7.1949, OGHZ 2, 227 = IPRspr. 1945/49 Nr. 9 = NJW 1949, 784 (Übereignung in den Niederlanden gebauten und nach Deutschland überführten Schiffs); OLG Hamburg 25.10.1961, IPRspr. 1960/61 Nr. 72 = AWD 1963, 261 (Übereignung einer Kamera in Jugoslawien im Rahmen eines Auftragsverhältnisses), bei *Meyer-Ladewig*, Verschiedene Rechtsordnungen für Schuldvertrag und Übereignung im internationalen Kaufrecht?, AWD 1963, 261.
3 BGH 25.9.1996, IPRspr. 1996 Nr. 56 = IPRax 1997, 422 (m. Aufs. *Stoll*, IPRax 1997, 411) = NJW 1997, 461; *von Hoffmann/Thorn*, § 12 Rz. 10; *Kegel/Schurig*, S. 766. – Vgl. auch *Kreuzer*, RabelsZ 65 (2001), 446 ff. Für eine teilweise Zulassung mit Wirkung inter partes dagegen *Goldt*, S. 321 ff. Für Beachtlichkeit im Rahmen der Ausweichklausel (Art. 46 EGBGB) *Stoll*, IPRax 2000, 264 ff. Enger *Pfeiffer*, IPRax 2000, 273 f.
4 Dagegen für die lex contractus inter partes (unter Berufung auf Art. 46 EGBGB) *Goldt*, S. 158 ff. Krit. auch *Stoll*, IPRax 2000, 262 ff.
5 *Kegel*, in: Soergel, 11. Aufl., vor Art. 7 EGBGB Rz. 572; *Rabel/Raiser*, RabelsZ 3 (1929), 65.

a) **Versendung von Frankreich nach Deutschland:** Wird die Ware nach Abschluss des Kaufvertrags versandt, so geht das Eigentum nach französischem Recht mit der Aussonderung (spätestens Übergabe an Spediteur, Bahn, Post) über (Art. 1138 iVm. 1583, 1585 c.c.)[1]. Der Käufer wird damit Eigentümer bereits zu einer Zeit, zu der sich die Ware in Frankreich befindet: er bleibt Eigentümer auch, nachdem die Ware über die Grenze nach Deutschland gebracht wurde[2].

997

Anders ist es aber, wenn die Ware schon vor Abschluss des Kaufvertrags (zB zur Ansicht) an den Käufer gesandt wurde. In diesem Fall kann durch den Kaufvertrag das Eigentum nicht übergehen, weil sich die Ware zzt. des Abschlusses des Kaufvertrags nicht mehr in Frankreich befand. Wohl aber tritt Eigentumsübergang nach deutschem Recht ein (§ 929 S. 2 BGB, brevi manu traditio).

b) **Versendung von Deutschland nach Frankreich**: Wird die Ware von Deutschland nach Frankreich versandt, und zwar nach Abschluss des Kaufvertrags, so gilt Folgendes: Das Eigentum geht zwar nicht nach § 929 BGB über, da die Übergabe erst erfolgt, wenn sich die Ware bereits in Frankreich befindet[3]. Das Eigentum geht aber nach französischem Recht über mit der Einfuhr der Ware nach Frankreich, da der Kaufkonsens der Vertragsparteien fortbesteht[4].

Wurde die Ware aber schon vor Abschluss des Kaufvertrages (zB zur Ansicht) an den Käufer nach Frankreich gesandt, so gilt Folgendes: Das Eigentum kann nicht nach § 929 BGB übergehen, da keine Übereignungsabsicht bestand, solange sich die Sache noch in Deutschland befand. Der Eigentumsübergang erfolgt jedoch nach französischem Recht, sobald der Kaufvertrag zustande kommt.

c) Wird die Ware bestimmungsgem. durch andere Länder transportiert (**res in transitu**), so tendiert die hM für den Eigentumsübergang zum Recht des Be-

---

[1] *Witz/Zierau*, IPRax 1991, 95.
[2] BGH 20.9.1967, IPRspr. 1966/67 Nr. 55b = AWD 1968, 62 (Versendungskauf von Frankreich nach Deutschland); OLG Celle 25.10.1989, IPRspr. 1989 Nr. 78 = IPRax 1991, 115 (m. Aufs. *Witz/Zierau*, IPRax 1991, 95) (Eigentumserwerb an Segelflugzeugen in Frankreich nach französ. Recht); LG Frankfurt a.M. 9.7.1958, IPRspr. 1958/59 Nr. 109 = AWD 1958, 190 (Versendungskauf von Italien nach Deutschland. Eigentumsübergabe nach italien. Recht beurteilt).
[3] BGH 10.6.2009, RIW 2009, 567.
[4] OLG Zweibrücken 13.7.1898, NiemZ 10 (1899), 220 (Versendungskauf von Sachsen [wo Übergabe notwendig war] nach der Pfalz [wo französ. Recht – Vertragsprinzip – galt]. Das Eigentum ging mit dem Eintritt der Ware in die Pfalz auf den Käufer über.). – Anders Deutsch-engl. gemischtes Schiedsgericht 21.6.1927, *Büsse v. British Manufactoring Stationary Co.*, Recueil 7, 345 = RabelsZ 3 (1929), 62 (abl. dazu *Rabel/Raiser*, RabelsZ 3 [1929], 68) (Versendungskauf von Deutschland nach England. Kein Eigentumsübergang, auch nicht in England. Der deutsche Verkäufer sei in deutschen Rechtsanschauungen befangen gewesen, sein Wille sei daher erst auf Eigentumsübergang bei Besitzübertragung gerichtet, nicht schon bei Eintritt nach England.).

stimmungslandes (vgl. Art. 46 EGBGB)[1]. Das Recht des Durchgangslandes kann jedoch für Vollstreckungsakte und einen gutgläubigen Erwerb von Bedeutung sein[2].

4. Konnossement

998 Auf die lex rei sitae kommt es auch an, wenn über die versandte Ware ein Konnossement, Ladeschein oder Lagerschein ausgestellt ist. Das Recht der Belegenheit des Papiers entscheidet zwar, was zur Begebung des Papiers notwendig ist. Ob aber die Übergabe des Papiers die Übergabe der Ware ersetzt, entscheidet nach wohl hM das Recht des Ortes, an dem die Ware belegen ist[3]. Nach aA kommt es auf das Konnossementsstatut an, dazu näher Rz. 2910.

5. Sicherungsrechte

999 Die **Maßgeblichkeit des Lageortrechts** (lex rei sitae) gilt grundsätzlich auch für Sicherungsrechte. Auch Pfandrechte, die nach der alten lex rei sitae entstanden sind, bleiben bestehen[4] (zum verlängerten Eigentumsvorbehalt s. Rz. 395). Im Ausland wirksam begründete **besitzlose Pfandrechte** sind nach Statutenwechsel in Deutschland als Sicherungseigentum anerkannt worden[5].

Vom Fortbestand solcher Rechte, die unter der Herrschaft der lex rei sitae entstanden sind, gilt aber eine Ausnahme, wenn die entstandenen Rechte sich nicht in die sachenrechtliche Ordnung der neuen lex rei sitae einfügen: Die neue Rechtsordnung setzt sich durch (vgl. Art. 43 Abs. 2 EGBGB). Die alten Rechte sind an die neue lex rei sitae anzugleichen oder finden überhaupt keine Anerkennung, je nachdem, wie wenig großzügig die neue lex rei sitae verfährt. Ob bestimmte **Publizitätsformen** (Registereintragung, Besitz) erforderlich sind, richtet sich ebenso nach der jeweiligen lex rei sitae, wie die Frage, ob der Ei-

---

1 *Goldt*, S. 315 f. mwN. – Für die Wahl von Vertragsstatut, Absende- oder Bestimmungsland *Stoll*, in: Staudinger, Int SachenR Rz. 368.
2 Näher *Stoll*, in: Staudinger, IntSachenR Rz. 365. S. auch *Rugullis*, Die objektive Anknüpfung von Konnossementen, TranspR 2008, 102; *Mankowski*, Konnossemente und die Rom I-VO, TranspR 2008, 417.
3 RG 8.12.1927, RGZ 119, 215 (216) = IPRspr. 1928 Nr. 46 (Lieferung [Schrott] aus den Niederlanden nach Deutschland. Darüber war in den Niederlanden in niederländ. Sprache ein Ladeschein ausgestellt worden. „Für den Erwerb von dinglichen Rechten gilt aber das Recht der belegenen Sache", hier deutsches Recht.). Vgl. *Kreuzer*, in: MünchKomm, 3. Aufl. (1998), nach Art. 38 EGBGB Anh. I Rz. 129.
4 Näher dazu *Drobnig*, Festschr. Kegel, S. 142 ff.; *Hartwieg*, RabelsZ 57 (1993), 624 ff.
5 OLG Karlsruhe 6.7.2000, IPRspr. 2001 Nr. 52A = WM 2003, 584 („Lien" nach Recht von Kansas). BGH 20.3.1963, BGHZ 39, 173 = IPRspr. 1962/63 Nr. 60 = AWD 1963, 150 (Wirksamkeit eines französ. besitzlosen Registerpfandrechts an einem Kraftfahrzeug bei Verbringung in die Bundesrepublik anerkannt.); BGH 11.3.1991, IPRspr. 1991 Nr. 71 = NJW 1991, 1415 = RIW 1991, 516 (m. Aufs. *Sommerlad*, RIW 1991, 856) = IPRax 1993, 176 (m. Aufs. *Kreuzer*, IPRax 1993, 157) (In Italien bestellte Autohypothek an nach Deutschland importiertem Kraftfahrzeug anerkannt. Verwertung dieses besitzlosen Pfandrechts entsprechend den Regeln für das Sicherungseigentum.).

gentumsvorhalt durch Einbau der Kaufsache untergeht. Im Einzelnen ist umstritten, ob die Mobiliarsicherheit von der neuen lex rei sitae nur hingenommen oder in eine solche des neuen Lagerechts umgesetzt wird[1]. Gelangt Vorbehaltsware aus dem Ausland – etwa aus der Schweiz –, wo der inländische Eigentumsvorbehalt nicht anerkannt worden war, wieder nach Deutschland, so lebt der ursprünglich in Deutschland wirksam begründete Eigentumsvorbehalt wieder auf und entfaltet seine Wirkungen nach deutschem Recht[2].

Im **Insolvenzfall** greift die Europäische Insolvenzverordnung ein[3] (vgl. unten Rz. 5604 ff.). Danach gilt grundsätzlich das Recht des Staates, in dem das Insolvenzverfahren eröffnet wurde (lex fori concursus, Art. 4 Abs. 1). Bestimmte dingliche Rechte in anderen Mitgliedstaaten werden nicht erfasst (Art. 5). Befindet sich die Sache bei Insolvenz des Käufers nicht im Eröffnungsstaat, sondern in einem anderen Mitgliedstaat, so bleiben die Rechte des Vorbehaltsverkäufers unberührt (Art. 7 Abs. 1); es gilt das Kollisionsrecht des Belegenheitsstaates. Bei Insolvenz des Verkäufers wird das Anwartschaftsrecht des Käufers geschützt (Art. 7 Abs. 2). 1000

6. Eigentumsvorbehalt im Ausland

Einige Rechte (zB Italien, Schweiz) verlangen eine Registereintragung, damit der Eigentumsvorbehalt seine volle Wirkung erzielt[4]. 1001

Für unter Eigentumsvorbehalt importierte Sachen enthält das **schweizerische Recht** jedoch eine dreimonatige Schonfrist. Während dieses Zeitraums bleibt der Eigentumsvorbehalt in der Schweiz gültig (Art. 102 Abs. 2 IPRG), kann allerdings gutgläubigen Dritten nicht entgegengehalten werden (Art. 102 Abs. 3 IPRG)[5].

---

1 S. zu „Hinnahme-" und „Übernahmetheorie" *Sonnenberger*, Quartalshefte 21 (1986) IV, 24 f.
2 *Siehr*, AWD 1971, 17.
3 VO (EG) Nr. 1346/2000 über Insolvenzverfahren, ABl. EG 2000 Nr. L 160, S. 1. Vgl. *Huber*, Die Europäische Insolvenzverordnung, EuZW 2002, 490 ff.
4 Rechtsvergleichender Überblick bei *Stoll*, in: Staudinger, IntSachenR Rz. 324 ff. S. auch Strafgericht Basel Stadt 27.6.1969, SchweizJZ 1970, 78 = AWD 1970, 229 (in Deutschland gültig vereinbarte Sicherungsübereignung eines Kfz in der Schweiz unbeachtlich, solange sie nicht eingetragen ist).
5 S. bereits schweiz. BG 6.7.1967, BGE 93 III, 196 = AWD 1968, 269 (Ein in Deutschland durch formlose Abrede gültig begründeter Eigentumsvorbehalt an Sachen, die in die Schweiz verbracht werden und deren Eigentümer hier wohnt, wird in der Schweiz nur dann und erst dann anerkannt, wenn er gem. Art. 715 ZGB am Wohnsitz des Erwerbers in das dafür bestimmte Register eingetragen ist.); Schweiz. BG 19.8.1980, BGE 106 II, 197 = IPRax 1982, 199 (m. Aufs. *Siehr*, IPRax 1982, 207) (Pfändung von Kraftfahrzeugen, an denen nach deutschem Recht formlos Eigentumsvorbehalt begründet worden war. Der Eigentumsvorbehalt hatte mangels Registereintragung in der Schweiz keinen Bestand. Dass der Vorbehaltskäufer seinen Sitz in Deutschland hatte und mangels schweiz. Wohnsitzes keine Registereintragung möglich war, änderte daran nichts. Der schweiz. ordre public verlangte eine Registrierung.).

Das **polnische** Recht verlangt für die Wirksamkeit gegenüber Gläubigern des Käufers die Schriftform mit sicherem Datum (Art. 81, 590 § 1 ZGB)[1].

Nach **englischem** Recht kann ein vertraglich vereinbarter Eigentumsvorbehalt („Romalpa clause") anerkannt werden[2]. Ein einfacher Vorbehalt kann formlos begründet werden, indem sich der Verkäufer das volle Eigentum vorbehält. Während Erweiterungsformen (zB Kontokorrentvorbehalt) ebenfalls mit Anerkennung rechnen können, hat die Rechtsprechung Vorausabtretungs- und Verlängerungsklauseln im Allgemeinen für unwirksam gehalten[3].

In den USA kann ein Eigentumsvorbehalt (retention of title) nach Art. 9 UCC als „security interest" geltend gemacht werden. Eine Drittwirkung setzt jedoch Eintragung in ein öffentliches Register voraus[4].

Das **schwedische Recht** unterscheidet danach, welche Art von Sachen geliefert wurde. Nur in einigen gesetzlich geregelten Fällen wirkt der Eigentumsvorbehalt nicht nur gegenüber dem Käufer, sondern auch gegenüber seinen Gläubigern[5].

Auch nach **französischem Recht** ist der Eigentumsvorbehalt (propriété retenue à titre de garantie) zugelassen (Art. 2367 c.c. nF)[6]. Der Vorbehaltsverkäufer hat einen dem Aussonderungsanspruch entsprechenden Anspruch, wenn der Eigentumsvorbehalt den Kaufpreis garantiert und die Ware beim Käufer noch „en nature" vorhanden ist und individualisiert werden kann. Voraussetzung ist weiter, dass der Eigentumsvorbehalt spätestens zum Zeitpunkt der Lieferung schriftlich fixiert worden ist. Ist eine Eigentumsvorbehaltsklausel in AGB deutlich hervorgehoben, so kann die Zustimmung des Käufers zu dieser Klausel auch stillschweigend erfolgen[7]. Der Herausgabeanspruch muss innerhalb von drei Monaten nach Bekanntgabe der Konkurseröffnung geltend gemacht werden (Art. 115 Abs. 1 Gesetz vom 25.1.1985). Erweiterungs- und Verlängerungsformen des Eigentumsvorbehalts lässt das französische Recht (noch) nicht zu. Doch kann der Verkäufer ausnahmsweise dann den Kaufpreis vom Dritterwerber herausverlangen, wenn der ganze Kaufpreis oder ein Teil davon noch nicht an den Vorbehaltskäufer gezahlt worden ist (Art. 122 Gesetz vom 25.1.1985).

---

1 S. *Gralla*, WiRO 1995, 60. Zum für die Drittwirkung bedeutsamen „sicheren Datum" s. aber *Westphal*, Festg. Sandrock, S. 63 f.
2 Näher *Dicey/Morris*, II Rz. 33–131 ff.
3 *Aluminium Industrie Vaassen B. V. v. Romalpa Aluminium Ltd.*, [1976] 1 W.L.R. 676 = RIW 1976, 595 (C.A.) (Lieferung von Aluminiumfolie aus den Niederlanden nach England. Eigentumsvorbehalt daran sowie verlängerten Eigentumsvorbehalt [Erlösklausel] anerkannt. Es wurde ein Treuhandverhältnis nach englischem Agency-Recht angenommen.). Näher *Magnus*, RIW 1985, 769 ff. mwN.; *Jenkins/Henshall/Holland*, in: von Westphalen, „England" Rz. 101 ff.
4 Nachw. bei *Hartwieg*, RabelsZ 57 (1993), 634; *Schlüter*, IHR 2001, 147.
5 S. *Fischler*, RIW 1978, 819 f.
6 S. näher *Wilhelm*, ZEuP 2009, 165 ff.; *Sonnenberger/Dammann*, Französ. Handels- und Wirtschaftsrecht, 3. Aufl. (2008), Rz. VII 105 ff.
7 Nachw. bei *Witz*, Quartalshefte 21 (1986) IV, 109 f.

Solange das französische Recht keinen dem deutschen Recht ähnlichen Eigentumsvorbehalt kannte, wurde auch der deutsche Eigentumsvorbehalt im Konkurs nicht anerkannt[1]. Nach der Einführung des Eigentumsvorbehalts in Frankreich besteht Aussicht darauf, dass ein in Deutschland wirksamer Eigentumsvorbehalt auch in Frankreich anerkannt wird. Dies gilt jedoch lediglich für den einfachen Eigentumsvorbehalt und dürfte voraussetzen, dass er auch nach französischem Recht wirksam bestellt wurde[2]. Bezüglich des verlängerten Eigentumsvorbehalts ist weiterhin mit dem Einwand des ordre public zu rechnen[3].

7. Sicherungsübereignung im Ausland

Das ausländische Recht lässt häufig keine Sicherungsübereignung zu (zB Art. 3:84 Abs. 3 niederländ. NBW). In Deutschland begründetes Sicherungseigentum findet bei Verbringen der Sache ins Ausland des Öfteren keine Anerkennung, wenn dem Sicherungsnehmer kein Besitz verschafft wird. So ist es etwa in Österreich[4].

1002

Die treuhänderische Sicherungsübereignung (fiducie-sûreté) ist nunmehr auch nach französischem Recht zulässig (Art. 2011 c.c.)[5]. Früher ist eine an einer Sache in Deutschland wirksam vorgenommene Sicherungsübereignung nach ihrer Verbringung nach Frankreich dort nicht anerkannt worden[6]. Die neue lex rei sitae setzte sich durch. Da in Frankreich eine Registereintragung verlangt wird (Art. 2019 c.c.), wird befürchtet, dass ohne sie auch jetzt die deutsche Sicherungsübereignung nicht anerkannt wird[7].

In Dänemark scheint die Sicherungsübereignung allenfalls dann Anerkennung zu finden, wenn die Sache erst später nach Dänemark verbracht wurde[8].

---

1 App. Straßburg 19.6.1957, Rev.crit.d.i.p. 1959, 95 Anm. *Schulze* (Eigentumsvorbehalt im Konkurs nicht anerkannt).
2 Vgl. *Witz*, Quartalshefte 21 (1986) IV, 117 (122); *Wenner/Schödel*, in: von Westphalen, „Frankreich" Rz. 170.
3 Näher *Hanisch*, IPRax 1992, 187 ff.
4 Österreich. OGH 14.12.1983, JBl. 1984, 550 Anm. *Schwimann* = IPRax 1985, 165 (m. Aufs. *Martiny*, IPRax 1985, 168) (Sicherungsübereignung eines Kraftfahrzeugs in der Bundesrepublik Deutschland bei Verbringen nach Österreich nicht anerkannt.). Krit. dazu *Rauscher*, RIW 1985, 265 ff. sowie *Schwind*, IPR (1990), Rz. 393. Vgl. auch LG Innsbruck 2.6.1972, ZfRV 1973, 49 Anm. *Martiny* (Sicherungsübereignung eines Autos nicht anerkannt).
5 Dazu *Wilhelm*, ZEuP 2009, 167 ff.; *Sonnenberger/Dammann*, Franzö̈s. Handels- und Wirtschaftsrecht, 3. Aufl. (2008), Rz. VII 108 ff.
6 Cass. 8.7.1969, Clunet 1970, 916 Anm. *Derruppé* = Rev.crit.d.i.p. 1971, 75 Anm. *Fouchard* = AWD 1969, 454 (In Deutschland vorgenommene Sicherungsübereignung bei Arrest in das bewegliche Vermögen nicht berücksichtigt). Vgl. *Padis*, AWD 1970, 227; *Witz*, Quartalshefte 21 (1986) IV, 122.
7 So *Wilhelm*, ZEuP 2009, 169 f.
8 Ostre Landsret 27.3.1963, UfR 1963, 704 (Deutsche Bank ließ sich Kfz in Deutschland zur Sicherheit übereignen, das später vertragswidrig in Dänemark zugelassen und verkauft wurde. Die auf das Sicherungseigentum gestützte Herausgabeklage war erfolgreich); Vestre Landsret 28.8.1981, UfR 1981, 1046 = Clunet 111 (1984), 633 Anm. *Philip*

8. Eigentumsvorbehalt an Importgütern

1003 Beim Eigentumsvorbehalt an nach Deutschland importierten Gütern ist grundsätzlich das deutsche Recht für die sachenrechtliche Lage maßgebend, sobald die Sache nach Deutschland gelangt[1] (vgl. Art. 43 Abs. 3 EGBGB). Neuerdings wird vorgeschlagen, die Rechtsordnung des Importlandes solle auch dann entscheiden, wenn das Sicherungsrecht im Ausland noch nicht oder mit geringerer Wirkung als nach deutschem Recht entstanden ist[2]. Ferner wird eine Rechtswahl der Parteien für zulässig gehalten[3]. Folgende Fälle sind zu unterscheiden:

a) Noch im Ausland ist ein wirksamer *absolut* wirkender Eigentumsvorbehalt begründet worden. Dieser bleibt auch bei der Versendung der Sache nach Deutschland bestehen. Sein Inhalt unterliegt dann der neuen Rechtsordnung[4].

b) Im Ausland ist ein Eigentumsvorbehalt mit nur *relativer* Wirkung begründet worden. Er kann sich im Inland fortsetzen; der numerus clausus der dinglichen Rechte steht dem nicht entgegen[5].

c) Regelmäßig verwandelt sich der relative Eigentumsvorbehalt des ausländischen Rechts mit *Ankunft der Sache im Inland* jedoch in einen absoluten Eigentumsvorbehalt des deutschen Rechts. Dies ist früher mit einer entsprechenden Vereinbarung der Parteien erklärt worden[6].

BGH 2.2.1966, BGHZ 45, 95 = IPRspr. 1966/67 Nr. 54 = AWD 1966, 83
Verkäufer in Italien verkaufte einer Firma in Deutschland Strickmaschinen und behielt sich mündlich Eigentum vor. Nach italien. Recht entstand nur ein relativer Eigentumsvorbehalt. Das deutsche Recht würde zwar die Sache mit der bisherigen sachenrecht-

---

(Sicherungsübereignung eines dänischen Lieferwagens zugunsten deutscher Bank, die in Tondern erfolgten Kauf finanziert hatte, wurde im Konkurs des dänischen Käufers nicht anerkannt. Vereinbarung deutschen Rechts nicht zulässig, da die Sache stets in Dänemark war). – Vgl. *Graue*, German Yb.Int.L. 26 (1983), 128 f.

1 S. etwa LG Köln 24.3.1992, IPRspr. 1992 Nr. 73 = EWiR 1992, 553 m. Anm. *von Westphalen* (Versendungskauf mit Eigentumsvorbehalt von Belgien nach Deutschland).
2 Vgl. *Kreuzer*, in: MünchKomm, 3. Aufl. (1998), nach Art. 38 EGBGB Anh. I Rz. 72.
3 S. näher *Drobnig/Kronke*, in: Deutsche Beiträge, S. 98 ff.; *Stoll*, in: Staudinger, IntSachenR Rz. 336 ff.
4 *Drobnig*, RabelsZ 32 (1968), 470; *Siehr*, AWD 1971, 17. Vgl. auch OLG Koblenz 16.1.1992, IPRspr. 1992 Nr. 72 = IPRax 1994, 46 (m. Aufs. *Schurig*, IPRax 1994, 27) = RIW 1992, 1019 (Lieferung eines Motorbootes unter Eigentumsvorbehalt aus den Niederlanden nach Deutschland. Eigentumsvorbehalt nach deutschem Recht beurteilt.). – Anders noch OLG Hamburg 2.6.1965, RabelsZ 32 (1968), 535 = IPRspr. 1964/65 Nr. 73 (Lieferung von Schiffsbauteilen von England nach Hamburg. In England wirksame „reservation of the right of disposal" in Deutschland nicht anerkannt, weil die Erfordernisse des deutschen Rechts nicht erfüllt. Die Begründung eines Eigentumsvorbehalts stelle lediglich einen noch nicht abgeschlossenen Tatbestand dar.).
5 BGH 2.2.1966, BGHZ 45, 95. Vgl. *Hartwieg*, RabelsZ 57 (1993), 627 ff.
6 LG Hamburg 28.6.1978, IPRspr. 1978 Nr. 42 (Lieferung von Sangria aus Spanien nach Hamburg. Eigentumsvorbehalt deutschen Rechts angenommen).

lichen Prägung übernehmen, jedoch enthielt die „Vereinbarung des Eigentumsvorbehalts ... die weitere Vereinbarung, dass der Eigentumsvorbehalt, wie immer er nach italienischem Recht zu beurteilen sein mochte, nach deutschem Recht voll wirksam sein sollte, wenn die Maschinen beim Käufer angelangt waren". Das anzuwendende Recht war dasjenige, nach dem die Rechtsfolge eintreten sollte, also das deutsche. Nach diesem konnte der Käufer sein nur relatives Eigentum auf den Verkäufer zurückübertragen, so dass dieser bei Ankunft beim Käufer wieder Volleigentümer geworden, dh. im Ergebnis ein Eigentumsvorbehalt deutschen Rechts zustande gekommen war.

Richtigerweise ist dies aber keine Frage des Parteiwillens. Es besteht vielmehr eine spezielle deutsche Norm des Inhalts, dass dann, wenn die Sache in den Bereich der deutschen Rechtsordnung gelangt, automatisch ein Eigentumsvorbehalt des Ankunftslandes entsteht (Art. 43 Abs. 3 EGBGB)[1]. Entsprechendes gilt, wenn die Sache in den Bereich einer anderen Rechtsordnung gelangt, die den Parteiwillen auch sachenrechtlich anerkennt[2].

d) Entsteht der Eigentumsvorbehalt nach der alten *lex rei sitae* nicht, weil er nach ihr unwirksam ist, so entscheidet ebenfalls das Ankunftsland. Sind die Voraussetzungen des deutschen Rechts erfüllt, so entsteht der Eigentumsvorbehalt mit der Ankunft der Ware in Deutschland[3].

Frei. 1004–1010

VI. Anwendung zwingender Vorschriften

Formvorschriften und Verjährungsvorschriften finden Anwendung, wenn sie dem Schuldstatut angehören. Im Einzelnen muss Folgendes gelten: 1011

Im deutschen Recht ist für den gewöhnlichen Warenkauf die Einhaltung einer bestimmten **Form** nicht vorgeschrieben, ein Vertragsschluss ist auch telefonisch oder telegrafisch möglich. Keine derartige Form verlangen auch Österreich[4], die Schweiz[5], die Niederlande[6], Portugal[7], Schottland, Schweden, Dänemark[8], Norwegen. Zahlreiche ausländische Rechte sehen jedoch vor, dass – trotz grundsätzlicher Formfreiheit – Kaufverträge über einen bestimmten Wert vor Gericht nur durch Urkunden bewiesen werden können, also zwar durch Vorlage eines Briefwechsels, nicht aber durch Zeugenvernehmung über Telefongespräche, häufig auch nicht durch Vorlage von Telegrammen[9]. Solche Vor-

---

1 Näher *Stoll*, IPRax 2000, 263; *Goldt*, S. 290 f. – S. schon *Kegel*, JuS 1968, 162; *Drobnig*, RabelsZ 32 (1968), 450; *Siehr*, AWD 1971, 20. Vgl. auch OLG Hamm 13.7.1989, IPRspr. 1989 Nr. 76 = NJW-RR 1990, 488 (Garnlieferung aus Italien).
2 *Siehr*, AWD 1971, 20.
3 *Drobnig*, RabelsZ 32 (1968), 469; *Siehr*, AWD 1971, 17 (20 f.).
4 *Heller*, in: von Westphalen, „Österreich" Rz. 22.
5 *Keller-Schwegler*, in: von Westphalen, „Schweiz" Rz. 35.
6 *Bitter/Drion/Groenewegen*, in: von Westphalen, „Niederlande" Rz. 25.
7 *Lopez Dias*, in: von Westphalen, „Portugal" Rz. 26.
8 *Steinrücke*, in: von Westphalen, „Dänemark" Rz. 19.
9 Im Einzelnen *Rabel*, Warenkauf I, S. 108 ff.

schriften bestehen insbesondere in Frankreich, Belgien, Italien, zahlreichen südamerikanischen Rechten sowie ab 5.000 Dollar grundsätzlich in den USA (§ 2–201 UCC)[1].

Nach **französischem Recht** muss für Geschäfte über Gegenstände mit einem Wert von über 800 Euro eine notarielle oder unterschriebene Privaturkunde angefertigt werden; der Zeugenbeweis hiergegen ist grundsätzlich nicht zulässig[2]. Handelsgeschäfte können jedoch Kaufleuten gegenüber durch alle Mittel bewiesen werden (Art. 109 c.com. nF)[3]. Nach dem **englischen** Sale of Goods Act 1979 ist der Kauf formfrei.

1012   International-privatrechtlich sind solche Vorschriften, auch wenn sie im Ausland als Beweisvorschriften gelten, nach hM als materiellrechtliche **Formvorschriften** aufzufassen[4]. Dagegen ist Art. 1341 franzos. c.c. früher in der Rechtsprechung zu Unrecht als Verfahrens- statt als Formvorschrift qualifiziert worden[5], s. aber oben Rz. 731. Solche Vorschriften sind auf einen Vertrag anwendbar, wenn sie dem Schuldstatut dieses Vertrags angehören. Es genügt jedoch die Einhaltung der lex loci actus. Somit ergibt sich Folgendes:

a) Ein Kaufvertrag ist formgültig, wenn er der Form seines Schuldstatuts genügt (Art. 11 Abs. 1 Rom I-VO).

b) Ein Kaufvertrag ist auch dann formgültig, wenn er der Form des Abschlussortes genügt. Bei Distanzkäufen lässt sich jedoch häufig ein einheitlicher Abschlussort nicht feststellen (vgl. Art. 11 Abs. 2, 3 Rom I-VO).

1013   Früher wurde vielfach angenommen, das **Abzahlungsgesetz** – der Vorläufer der Vorschriften über den **Verbraucherkredit** – gelte bei internationalen Sachverhalten immer dann, wenn der Käufer seinen Wohnsitz oder gewöhnlichen Aufenthalt in Deutschland habe[6]. Heute können die Bestimmungen über den Verbraucherkredit (§§ 491 ff. BGB) über Art. 6 Rom I-VO oder Art. 46b EGBGB auch gegen eine Rechtswahl zur Geltung kommen (s. dazu Rz. 4176 ff., 4231 ff.). Ist Vertragsstatut ausländisches Recht, so sind diese Vorschriften nur bei genügender Inlandsbeziehung und unerträglichen Abweichungen über den

---

1 Näher *Donath*, Die Statutes of Fraud der US-amerikanischen Bundesstaaten aus der Perspektive des deutschen Kollisionsrechts, IPRax 1994, 333 ff.
2 Näher zu Art. 1341 c.c., IPG 1984 Nr. 6 (Köln), S. 51 ff.
3 Vgl. *Mezger*, RIW 1981, 213.
4 Vgl. *Spellenberg*, in: MünchKomm, 5. Aufl., Art. 11 EGBGB Rz. 38 ff. Dagegen für eine prozessuale Qualifikation *Donath*, IPRax 1994, 333 (339 f.).
5 BGH 30.7.1954, IPRspr. 1954/55 Nr. 1 = JZ 1955, 702 Anm. *Gamillscheg*. – Zutreffend als Formvorschrift eingeordnet wurde wieder s. 4 des **damaligen englischen Sale of Goods Act 1893** (1954 aufgehoben); BGH 29.11.1961, IPRspr. 1960/61 Nr. 40 = JZ 1963, 167 Anm. *Lüderitz*.
6 RG 28.3.1931, IPRspr. 1931 Nr. 7 = SeuffArch. 85 (1931), 200 = JW 1932, 592 Anm. *Stulz* (Für Kaufvertrag galt niederländ. Recht. Deutsches Abzahlungsgesetz über den ordre public durchgesetzt). – S. näher *von Hoffmann*, RabelsZ 38 (1974), 404 (407 ff.); *Kroeger*, S. 102 ff.; *Stoll*, in: Staudinger, IntSachenR Rz. 342.

ordre public (Art. 21 Rom I-VO) durchzusetzen[1]. Die Verbraucherkreditrichtlinie wird in Deutschland über Art. 46b EGBGB durchgesetzt.

Inländische Vorschriften, die der Geräte-, Arbeitsplatzsicherheit oder Unfallverhütung dienen, verbieten häufig den Handel mit bestimmten Produkten. Bei solchen Vorschriften ist stets zu prüfen, ob sie bereits die Einfuhr des gefährlichen Produkts verbieten. Nur dann ist daran zu denken, dass der Importkauf untersagt und nichtig ist. Gilt die Vorschrift hingegen nur für Verträge zwischen Importeur und inländischen Händlern bzw. Verbrauchern, so wird die Lieferung an den Importeur selbst nicht erfasst[2]. 1014

Ermächtigungen zur **Beschränkung des Warenverkehrs** enthält das AWG (§§ 8–14)[3]. Zu den Verfahrens- und Meldevorschriften für die Warenausfuhr s. §§ 8 ff. AWV, zur Wareneinfuhr §§ 21b ff. AWV. Die Ermächtigungen zum Schutz der Sicherheit und der auswärtigen Beziehungen (§ 7 AWG) sind in §§ 5 ff. AWV näher konkretisiert. Zur Gültigkeit des genehmigungslos abgeschlossenen Importkaufvertrages s. Rz. 321.

Für die Beachtlichkeit **ausländischer Ein- und Ausfuhrbeschränkungen** gelten die allgemeinen Regeln[4]. Nunmehr ist von Art. 9 Abs. 3 Rom I-VO auszugehen, s. Rz. 661 ff. Art. VIII Abschn. 2 (b) des Bretton-Woods-Abk. erfasst nur Geschäfte des laufenden Zahlungsverkehrs, nicht aber Kaufverträge im internationalen Kapitaltransfer[5], s. Rz. 678 ff.

Frei.   1015–1020

VII. Zusammenfassung mit Handlungsanleitung

1. UN-Einheitskaufrecht (CISG)

a) Zu prüfen ist in erster Linie, ob das UN-Kaufrecht (CISG) zur **Anwendung** kommt[6]. Voraussetzung dafür ist, dass sich die Niederlassungen der Parteien in verschiedenen Vertragsstaaten befinden. Ferner muss es sich um einen Wa- 1021

---

1 LG Zweibrücken 1.2.1983, IPRspr. 1983 Nr. 23 = RIW 1983, 454 (Kreditkauf zwischen Gesellschaft in Ramstein und amerikan. Soldaten. Amerikan. Recht angewendet. Das damalige AbzG galt nicht und kam auch über den ordre public [Art. 30 EGBGB aF] nicht zum Zuge). Ordre public-Verstoß französ. Rechts verneint, OLG Celle 16.12.1992, IPRspr. 1992 Nr. 51 = RIW 1993, 587.
2 So zum Gerätesicherheitsgesetz BGH 13.5.1981, NJW 1981, 2640 = RIW 1982, 128.
3 *Ehrlich/Wegner/Weith*, Grundzüge der Exportkontrolle – Hintergründe, System, Regelungen (2006).
4 S. OLG Naumburg 19.5.1993, WM 1994, 906 (westdeutsches Verkäuferrecht; Unbeachtlichkeit des DDR-Außenhandelsmonopols); OLG Naumburg 14.10.1993, IPRax 1995, 172 (m. Aufs. *Fischer*, IPRax 1995, 161) (Unbeachtlichkeit des DDR-Außenhandelsmonopols).
5 BGH 28.1.1997, IPRspr. 1997 Nr. 27 = RIW 1997, 426.
6 Formulare etwa bei *Stadler*, Internationale Einkaufsverträge, 2. Aufl. (2008); *Stadler*, Internationale Lieferverträge, 3. Aufl. (2007).

renkauf iS der Konvention handeln; Konsumentenkäufe sind grundsätzlich ausgeschlossen.

Wird die Materie – wie etwa die Gültigkeit des Vertrages, Abtretung oder Aufrechnung – nicht vom Übereinkommen erfasst oder geregelt (Höhe des Zinsanspruchs), so ist nach hM insoweit ein sog. hypothetisches Vertragsstatut nach den Art. 3 ff. Rom I-VO zu ermitteln. Zweckmäßig ist daher eine zusätzliche Klarstellung etwa mit der **Klausel**:

Auf diesen Vertrag findet das UN-Übereinkommen über den internationalen Warenkauf vom 11.4.1980 Anwendung. Ergänzend hierzu gilt das Recht am Niederlassungsort des Verkäufers/Käufers[1].

b) Außer auf vertragsautonomem Wege kann das Übereinkommen grundsätzlich auch **mittelbar** zur Anwendung kommen, wenn nämlich die Konvention nicht direkt anwendbar ist, wohl aber ein nationales Kollisionsrecht auf das Sachrecht eines Vertragsstaates verweist, welcher keinen Vorbehalt gegen diese „Vorschaltlösung" eingelegt hat.

c) Das UN-Kaufrecht kann durch Parteivereinbarung **ausgeschlossen** werden, etwa durch die **Klausel**:

Dieser Vertrag unterliegt dem Kaufrecht des deutschen Bürgerlichen Gesetzbuchs/Handelsgesetzbuchs[2].

Die Klausel „Es gilt deutsches Recht" genügt dagegen nicht, da das UN-Kaufrecht Bestandteil des deutschen Sachrechts ist.

2. Bestimmung des Vertragsstatuts

Nach deutschem Kollisionsrecht gelten für die Bestimmung des Vertragsstatuts die Art. 3 ff. Rom I-VO. Ausdrückliche und stillschweigende Rechtswahl sind zulässig. Bei **Fehlen einer Rechtswahl** gilt regelmäßig das Recht am gewöhnlichen Aufenthalt bzw. der gewerblichen Niederlassung des Verkäufers.

3. Reichweite des Vertragsstatuts

Das Vertragsstatut gilt grundsätzlich für das Zustandekommen und die Wirksamkeit des Vertrages und die Rechte der Parteien. Doch kann sich der Kunde bezüglich der Wirkung seines Schweigens auf Bestätigungsschreiben und Allgemeine Geschäftsbedingungen im Einzelfall auf das Recht seines gewöhnlichen Aufenthalts berufen. Für die Untersuchung der Ware kommt es dagegen auf den tatsächlichen Untersuchungsort an.

---

1 Vgl. auch *Gaus*, WiB 1995, 273.
2 Beispiel für eine weitergehende Klausel: „Für die gesamte Geschäftsbeziehung gilt das in der Bundesrepublik Deutschland geltende Recht unter Ausschluss des UN-Kaufrechts, und zwar auch dann, wenn die Lieferung direkt von einer mit dem Verkäufer verbundenen Lieferfirma erfolgt." So Nr. 13.01 Allgemeine Lieferungs- und Zahlungsbedingungen für die Lieferung von kunstgewerblichen Artikeln, Geschenkartikeln & Wohndesign vom 5.5.1995, BAnz. Nr. 108 vom 10.6.1995, S. 6374.

4. Eigentumsfragen

Für den Eigentumsübergang gilt grundsätzlich das nach dem Lageort (lex rei sitae) bestimmte Recht. Doch bestehen Ausnahmen für Sicherungsrechte. Ein Eigentumsvorbehalt kann mit der Ankunft der Ware in Deutschland wirksam werden. Ob Kreditsicherheiten im Ausland anerkannt werden, ist nach dem dortigen Recht zu überprüfen.

5. Form

Formstatut ist grundsätzlich das auf den Kaufvertrag anwendbare Recht oder das Ortsrecht (Art. 11 Abs. 1 Rom I-VO).

Frei. 1022–1030

C. Kauf durch Versteigerungen

Literatur: *Freitag,* Kollisionsrecht, in: Leible/Sosnitza (Hrsg.), Versteigerungen im Internet (2004), S. 326; *Leible,* Warenversteigerungen im Internationalen Privat- und Verfahrensrecht, IPRax 2005, 424; *Mankowski,* Internationales Privatrecht, in: Spindler/Wiebe (Hrsg.), Internet-Auktionen und Elektronische Marktplätze, 2. Aufl. (2005), S. 435; *Schroeter,* Die Anwendbarkeit des UN-Kaufrechts auf grenzüberschreitende Versteigerungen und Internet-Auktionen, ZEuP 2004, 20.

1031 Das ausländische Recht kennt teilweise eine besondere Regelung des Kaufs auf einer Versteigerung[1]. Einheitsrechtlich findet das Wiener Kaufrecht keine Anwendung (s. oben Rz. 899). Die Rom I-VO verfügt über eine Sonderregelung für den Versteigerungskauf, die sich mit dem mangels Rechtswahl anzuwendenden Recht beschäftigt. Danach unterliegen Verträge über den Kauf beweglicher Sachen durch Versteigerung dem Recht des Staates, in dem die Versteigerung abgehalten wird (Art. 4 Abs. 1 lit. g Rom I-VO, s. Text S. 1). Vorausgesetzt wird jedoch, dass der **Ort der Versteigerung** bestimmt werden kann.

1032 Für den Kauf durch Versteigerungen gibt es unterschiedliche Vertragsgestaltungen. Vertragspartner des Erstehers (Bieter) kann sowohl der Auktionator als auch dessen Auftraggeber sein. Kommt der Vertrag zwischen dem Ersteher (Bieter) und dem im Auktionshaus nicht präsenten Auftraggeber des Auktionators zustande, so könnten wegen der Unsicherheit bezüglich des Auftraggebers unbefriedigende Ergebnisse eintreten. Die Kollisionsnorm für den Verkauf beweglicher Sachen (Art. 4 Abs. 1 lit. a Rom I-VO) würde zum Recht am gewöhnlichen Aufenthaltsort des Auftraggebers (also des Verkäufers) führen. Der Ersteher weiß jedoch regelmäßig nicht, wo der Auftraggeber seinen gewöhnlichen Aufenthaltsort hat. Um die Anwendung eines nicht vorhersehbaren Rechts zu vermeiden, stellt die VO stattdessen auf das Recht des Staates ab, in dem die Versteigerung abgehalten wird. Das gilt auch dann, wenn Gebote telefonisch oder durch e-mail erfolgen[2].

Art. 4 Abs. 4 lit. g Rom I-VO ist lex specialis im Verhältnis zur Kollisionsnorm für den Kauf beweglicher Sachen (Art. 4 Abs. 1 lit. a Rom I-VO)[3]. Vorrangig anwendbar gegenüber beiden Vorschriften sind grundsätzlich aber wiederum die Regeln über Verbraucherverträge in Art. 6 Rom I-VO[4].

---

[1] S. zum englischen Recht IPG 2000/2001 Nr. 10 (Hamburg); Art. poln. ZGB.
[2] *Garcimartín Alférez,* EuLF 2008, I-68.
[3] *Wagner,* IPRax 2008, 384.
[4] *Wagner,* IPRax 2008, 384.

Ist der Ort der Versteigerung – wie bei bestimmten Versteigerungen im Internet – **nicht lokalisierbar**, so ist Art. 4 Abs. 1 lit. g Rom I-VO nicht anwendbar. Insoweit könnte man an das Recht dessen denken, der die Versteigerung organisiert[1]. Nach anderen bleibt es beim Recht am gewöhnlichen Aufenthaltsort des Auftraggebers (als des Verkäufers)[2]. 1033

Frei. 1034–1040

---
1 Vgl. *Cavalier*, Rev.Lamy dr.aff. 2008 Nr. 29, 65.
2 *Wagner*, IPRax 2008, 384.

Kapitel 2: Verträge über Dienstleistungen

Übersicht

	Rz.		Rz.
A. Allgemeines zum Dienstleistungsvertrag	1041	E. Bürgschaft, Garantie, Patronatserklärung	1181
B. Werkvertrag, Bauvertrag, Anlagenvertrag, Architektenvertrag	1081	F. Bankverträge	1231
		G. Anleihe	1351
C. Leasingvertrag	1111	H. Makler- und Kommissionsvertrag	1391
D. Darlehen	1161	J. Anwaltsvertrag	1411

A. Allgemeines zum Dienstleistungsvertrag

	Rz.		Rz.
I. Begriff der Dienstleistung	1041	II. Einzelne Dienstleistungen	1052

Literatur: *Berlioz*, La notion de fourniture de services au sens de l'article 5–1b) du règlement „Bruxelles I", Clunet 135 (2008), 675; *Freyer*, Dienstleistungserbringung ohne Grenzen – oder: Grenzüberschreitende Erbringung von Dienstleistungen, EuZW 2008, 459; *Kampf*, EU-Dienstleistungsrichtlinie und Kollisionsrecht, IPRax 2008, 101; *Leible* (Hrsg.), Die Umsetzung der Dienstleistungsrichtlinie (2008); *Mankowski*, Verbraucherkreditverträge mit Auslandsbezug: Kollisionsrechtlicher Dienstleistungsbegriff und sachliche Abgrenzung von Eingriffsrecht, RIW 2006, 321; *Säcker*, Grenzüberschreitende Dienstleistungen und internationalprivatrechtlich anwendbares Sachrecht, Festschr. Raue (2006), S. 633; *Schlachter* (Hrsg.), Europäische Dienstleistungsrichtlinie (2008); *Unberath*, Der Dienstleistungsvertrag im entwurf des Gemeinsamen Referenzrahmens, ZEuP 2008, 745.

I. Begriff der Dienstleistung

Für die objektive Anknüpfung von Dienstleistungsverträgen enthält die Rom I-VO in Art. 4 Abs. 1 lit. b eine eigene Bestimmung (Text oben S. 1). Danach unterliegen Dienstleistungsverträge dem Recht des Staates, in dem der Dienstleister seinen gewöhnlichen Aufenthalt hat[1]. Dies führt zum Recht des gewöhnlichen Aufenthalts des Dienstleisters iSd. Art. 19 Rom I-VO (s. Rz. 208). Im Ergebnis entspricht diese Lösung regelmäßig der Anknüpfung an die charakteristische Leistung nach dem bisherigen Art. 4 Abs. 2 EVÜ (Art. 28 Abs. 2 EGBGB)[2]. Die besondere Anknüpfungsregel entspringt dem Bestreben 1041

---

1 Ähnlich auch Art. 117 Abs. 3 lit. c schweiz. IPRG. – Dazu näher *Keller/Kren Kostkiewicz*, in: ZürchKomm, Art. 117 IPRG Rz. 89 ff.
2 Dazu näher *Säcker*, Festschr. Raue, S. 639 ff.

nach mehr Rechtssicherheit, das in der Aufzählung der spezifizierten Verträge in Abs. 1 zum Ausdruck kommt. Ihr Preis ist allerdings die Notwendigkeit der Qualifikation der einzelnen Leistungen und eine gewisse Rigidität der Anknüpfung[1]. Flexibilität ermöglicht allerdings weiterhin die Ausweichklausel des Art. 4 Abs. 3 Rom I-VO. Ergibt sich nämlich aus der Gesamtheit der Umstände, dass der Vertrag eine offensichtlich engere Verbindung zu einem anderen als dem nach Abs. 1 bestimmten Staat aufweist, so ist das Recht dieses anderen Staates anzuwenden (s. Rz. 169 ff.).

1042 Weder der Begriff des Dienstleistungsvertrages (contract for the provision of services; contrat de prestation de services), noch der der Dienstleistung (provision of services; prestation de services), welche ein Dienstleister (service provider; prestataire de services) erbringt, wird näher definiert. Die Begriffe bedürfen daher der **Auslegung**. Sie sind autonom[2] und weit auszulegen[3].

Der Dienstleistungsbegriff wird auch in anderen Rechtsvorschriften verwendet. Daher ist ein Blick auf diese im Rahmen der **systematischen Auslegung** hilfreich. Zu beachten ist dabei allerdings, dass der Begriff der Dienstleistung jeweils in unterschiedlichen Zusammenhängen steht und nur als eine unter mehreren Kategorien auftaucht. Andere Verträge und Leistungen werden jeweils gesondert genannt; die Dienstleistung ist teilweise nur Auffangtatbestand oder Ergänzung. Dementsprechend ergibt sich jeweils eine weitere oder engere Definition der Dienstleistung[4]. M.a.W. kann etwas nach der einen Vorschrift Dienstleistung sein, was nach der anderen nicht darunter fällt[5].

1043 Der Zusammenhang mit dem Primärrecht und dem sonstigen Sekundärrecht ist zu beachten. Für den Dienstleistungsbegriff ist in erster Linie Art. 50 Abs. 1 EG (Art. 57 Abs. 1 AEUV) maßgeblich[6]. Dort findet sich im Zusammenhang mit der **Dienstleistungsfreiheit** ein sehr weiter Begriff der Dienstleistung, der auch hier herangezogen werden kann[7]. Danach sind Dienstleistungen Leistungen, die in der Regel gegen Entgelt erbracht werden, soweit sie nicht den Vorschriften über den freien Waren- und Kapitalverkehr und über die Freizügigkeit

---

1 Vgl. Max-Planck-Institut, RabelsZ 71 (2007), 261.
2 Für Art. 29 EGBGB BGH 26.10.1993, BGHZ 123, 380 (384) = IPRspr. 1993 Nr. 37 = NJW 1994, 262. – Für Art. 5 EuGVO EuGH 23.4.2009 – Rs. C-533/07 (Falco), NJW 2009, 1865; BGH 2.3.2006, NJW 2006, 1806; *Berlioz*, Clunet 135 (2008), 677 ff.; *Kropholler*, Art. 5 EuGVO Rz. 42; *Rauscher/Leible*, Art. 5 Brüssel I-VO Rz. 49.
3 Für Art. 29 EGBGB BGH 26.10.1993, BGHZ 123, 380 (385) = IPRspr. 1993 Nr. 37 = NJW 1994, 262; BGH 19.3.1997, BGHZ 135, 124 (130 f.) = IPRspr. 1997 Nr. 34 = IPRax 1998, 285 (m. Aufs. *Ebke*, IPRax 1998, 263) = NJW 1997, 1697; BGH 13.12.2005, BGHZ 165, 248 = IPRspr. 2005 Nr. 13b = RIW 2006, 389 (m. Aufs. *Mankowski*, RIW 2006, 321). – S. auch *Kropholler*, Art. 5 EuGVO Rz. 42.
4 Vgl. *Leible*, in: Rauscher, Art. 5 Brüssel I-VO Rz. 50.
5 So auch EuGH 23.4.2009 – Rs. C-533/07 (Falco), NJW 2009, 1865; österreich. OGH 13.11.2007, ZfRV 2008, 27 (Vorlageentscheidung).
6 S. auch *Kropholler*, Art. 5 EuGVO Rz. 43; *Rauscher/Leible*, Art. 5 Brüssel I-VO Rz. 49.
7 *Wagner*, IPRax 2008, 383. – S. auch *Mankowski*, RIW 2006, 322. EuGH 23.4.2009 – Rs. C-533/07 (Falco), NJW 2009, 1865 vermeidet jedoch eine direkte Bezugnahme bezüglich der Zuständigkeit nach Art. 5 Nr. 1 EuGVO.

der Personen unterliegen. Es handelt sich also um einen Auffangtatbestand für die anderen Grundfreiheiten. Es gilt grundsätzlich das **Herkunftslandprinzip**; danach muss der Empfangsstaat die Dienstleistung akzeptieren. Auch der Herkunftsstaat darf grundsätzlich keine Beschränkungen aussprechen[1], selbst wenn sie unterschiedslos für alle Dienstleistenden gelten[2]. Die Anknüpfung nach Art. 4 Abs. 1 lit. b Rom I-VO ist mit der Dienstleistungsfreiheit vereinbar.

Von der Dienstleistungsfreiheit werden entgeltliche, grenzüberschreitende und vorübergehend erbrachte Tätigkeiten (activities; activités) erfasst. Bei der aktiven Dienstleistungsfreiheit überquert der Dienstleistungserbringer die Grenze[3]. Bei der passiven Dienstleistungsfreiheit überschreitet der Dienstleistungsempfänger die Grenze[4]. Ein Unternehmen kann sich gegenüber dem Staat, in dem es seinen Sitz hat, auf den freien Dienstleistungsverkehr berufen, sofern Leistungen an Leistungsempfänger erbracht werden, die in einem anderen Mitgliedstaat ansässig sind[5]. Nach Art. 50 Abs. 2 EG (Art. 57 Abs. 2 AEUV) gelten als Dienstleistungen insbesondere gewerbliche Tätigkeiten (lit. a), kaufmännische Tätigkeiten (lit. b), handwerkliche Tätigkeiten (lit. c) sowie freiberufliche Tätigkeiten (lit. d). Im Unterschied zum Internationalen Vertragsrecht und Zivilprozessrecht wird im Primärrecht die Kapitalverkehrsfreiheit gesondert genannt und fällt daher dort nicht unter den Dienstleistungsbegriff[6].

Der Dienstleistungsbegriff findet sich ebenfalls in der **Dienstleistungsrichtlinie**[7]. Die Richtlinie hat Präzisierungen, aber auch viele Ausnahmen gebracht. Nach Art. 4 Nr. 1 bezeichnet der Ausdruck „Dienstleistung" jede von Art. 50 EG erfasste selbstständige Tätigkeit, die in der Regel gegen Entgelt erbracht wird. Unter die Richtlinie fallen unter anderem Dienstleistungen wie Unternehmensberatung, Werbung, Personalagenturen, Rechts- und Steuerberatung, Dienstleistungen des Immobilienwesens, wie die Tätigkeit der Immobilienmakler, Dienstleistungen des Baugewerbes einschließlich der Dienstleistungen von Architekten, Veranstaltung von Messen, Vermietung von Kraftfahrzeugen und Dienste von Reisebüros (s. Art. 2). Darüber hinaus werden

1044

---

1 EuGH 10.5.1995 – Rs. C-384/93 (Alpine Investments), Slg. 1995, I-1141 (Verbot telefonischer Kundenwerbung für Finanzdienstleistungen). Ein Unternehmen kann sich gegenüber dem Staat, in dem es seinen Sitz hat, auf den freien Dienstleistungsverkehr berufen, sofern Leistungen an Leistungsempfänger erbracht werden, die in einem anderen Mitgliedstaat ansässig sind (EuGH 17.5.1994 – Rs. C-18/93 [Corsica Ferries], Slg. 1994, I-1783; EuGH 14.7.1994 – Rs. C-379/92 [Peralta], Slg. 1994, 1-3453; EuGH 5.10.1994 – Rs. C-381/93 [Kommission/Frankreich], Slg. 1994, I-5145).
2 EuGH 13.7.2004 – Rs. C-429/02 (Bacardi France), Slg. 2004, I-1613 = EuZW 2004, 497.
3 ZB wenn ein Rechtsanwalt aus einem Mitgliedstaat Mandanten in einem anderen Mitgliedstaat vertritt; s. EuGH 14.7.1994 – Rs. C-379/92 (Peralta), Slg. 1994, 1-3453.
4 EuGH 31.1.1984 – Rs. 286/82 u 26/83 (Luisi/Carbone), Slg 1984, 377.
5 EuGH 17.5.1994 – Rs. C-18/93 (Corsica Ferries), Slg. 1994, I-1783; EuGH 14.7.1994 – Rs. C-379/92 (Peralta), Slg. 1994, 1-3453; EuGH 5.10.1994 – Rs. C-381/93 (Kommission/Frankreich), Slg. 1994, I-5145.
6 Näher *Mankowski*, RIW 2006, 322.
7 Richtlinie 2006/123/EG des Europäischen Parlaments und des Rates vom 12.12.2006 über Dienstleistungen im Binnenmarkt, ABl. EU 2006 Nr. L 376, S. 36.

Verbraucherdienstleistungen erfasst, beispielsweise im Bereich des Fremdenverkehrs und im Freizeitbereich. Die Liste deckt sich teilweise mit dem Anwendungsbereich des Art. 4 Abs. 1 lit. b Rom I-VO, kann aber nicht ohne Weiteres herangezogen werden[1].

In den Anwendungsbereich der Richtlinie fallen Dienstleistungen, die von einem in einem Mitgliedstaat niedergelassenen Dienstleistungserbringer angeboten werden (Art. 2 Abs. 1). Der Ausnahmekatalog des Abs. 2 nennt verschiedene Tätigkeiten, auf welche die Richtlinie keine Anwendung findet. Dazu gehören Dienstleistungen von allgemeinem Interesse, dh. solche, die im Interesse der Allgemeinheit erbracht werden. Darunter fallen unter anderem das öffentliche Gesundheitswesen, die Bereiche Post, Elektrizität, Gas- und Wasserversorgung, Verkehrsdienstleistungen.

Nach Art. 3 Abs. 2 der Dienstleistungsrichtlinie betrifft sie nicht die Regeln des internationalen Privatrechts, insbesondere die Regeln des auf vertragliche und außervertragliche Schuldverhältnisse anzuwendenden Rechts, einschließlich der Bestimmungen, die sicherstellen, dass die Verbraucher durch die im Verbraucherrecht ihres Mitgliedstaats niedergelegten Verbraucherschutzregeln geschützt sind. Sie trifft folglich keine unmittelbare kollisionsrechtliche Aussage[2]. Nicht zum Tragen kommt daher Art. 23 Rom I-VO, der das Verhältnis zu anderen Gemeinschaftsrechtsakten regelt. Danach berührt die Rom I-VO mit Ausnahme ihres Art. 7 nicht die Anwendung von Vorschriften des Gemeinschaftsrechts, die in besonderen Bereichen Kollisionsnormen für vertragliche Schuldverhältnisse enthalten.

1045 Die Dienstleistung taucht auch im **Internationalen Zivilprozessrecht** bei der Zuständigkeit am Erfüllungsort in Art. 5 EuGVO auf. Danach kann eine Person, die ihren Wohnsitz im Hoheitsgebiet eines Mitgliedstaats hat, in einem anderen Mitgliedstaat vor dem Gericht des Ortes verklagt werden, an dem die Verpflichtung erfüllt worden ist oder zu erfüllen wäre. Der Erfüllungsort für die Erbringung von Dienstleistungen wird – ähnlich wie für Kaufverträge – in Art. 5 Nr. 1 lit. b Spiegelstr. 2 EuGVO präzisiert[3]. Danach ist der Erfüllungsort der Verpflichtung für die Erbringung von Dienstleistungen der Ort in einem Mitgliedstaat, an dem sie nach dem Vertrag erbracht worden sind oder hätten erbracht werden müssen. Nach Erwägungsgrund 17 der Rom I-VO soll die „Erbringung von Dienstleistungen" in derselben Weise ausgelegt werden wie in Art. 5 Nr. 1 lit. b EuGVO, sofern Dienstleistungen unter jene Verordnung fallen[4]. Die „Erbringung einer Dienstleistung" war auch Gegenstand der Zuständigkeit für Verbraucherverträge in Art. 13 Abs. 1 Nr. 3 EuGVÜ/LugÜ, die so nicht in die EuGVO übernommen wurde. Die hierzu ergangene Rechtspre-

---

1 So auch für Art. 5 EuGVO *Berlioz*, Clunet 135 (2008), 685 f.
2 Näher *Kampf*, IPRax 2008, 102 f.
3 Dazu EuGH 23.4.2009 – Rs. C533/07 (Falco), NJW 2009, 1865; österreich. OGH 13.11.2007, ZfRV 2008, 27 (Vorlageentscheidung).
4 Vgl. bereits zu Art. 29 EGBGB *Mankowski*, RIW 2006, 323 f.

chung kann ebenfalls herangezogen werden[1]. Hierbei ist freilich Vorsicht angebracht, da sich Systematik und Zweck der Zuständigkeitsvorschriften und des Internationalen Vertragsrechts nur teilweise decken. Zudem ist die nationale Rechtsprechung zum Begriff der Dienstleistung in vielen Fällen uneinheitlich[2].

Die „Erbringung von Dienstleistungen an eine Person" wurde im **Internationalen Vertragsrecht** bislang für Verbraucherverträge in Art. 5 Abs. 1, 4 lit. b EVÜ (Art. 29 Abs. 1, 4 Nr. 2 EGBGB) geregelt. Dort war sie abzugrenzen von anderen ausdrücklich genannten Tätigkeiten bzw. Verbrauchergeschäften (Lieferung beweglicher Sachen, Finanzierungsverträge). Die Rechtsprechung hat insoweit angenommen, der Begriff der Dienstleistung deute auf eine gewerbliche oder berufliche Tätigkeit hin[3]. Für Verbraucherverträge enthält heute auch Art. 6 Abs. 4 lit. a Rom I-VO eine Sonderregelung, die bestimmte Verträge über Dienstleistungen von den Regeln für Verbraucherverträge ausnimmt. Hier geht es um die Erbringung von dem Verbraucher geschuldeten Dienstleistungen, die ausschließlich in einem anderen als dem Staat seines gewöhnlichen Aufenthalts erbracht werden müssen (s. Rz. 4192 ff.). 1046

Eine **systematische Auslegung der Rom I-VO** ergibt, dass der Begriff des Dienstleistungsvertrages im Zusammenhang mit anderen auf eine Tätigkeit gerichteten Verträgen steht. Da Dienstleistungsverträge ausdrücklich genannt werden, kann sich der allgemeinere Begriff der Dienstleistung nicht auf die anderen in Art. 4 Abs. 1 aufgezählten, spezielleren Geschäfte und Vertragstypen erstrecken. Gesondert genannt in Art. 4 werden der Warenkauf (Abs. 1 lit. a), Miete und Pacht unbeweglicher Sachen (Abs. 1 lit. c, d), Franchiseverträge (Abs. 1 lit. e), Vertriebsverträge (Abs. 1 lit. f), der Kauf auf Versteigerungen (Abs. 1 lit. g) sowie Verträge über Finanzinstrumente (Abs. 1 lit. h). Diese gesondert aufgeführten Verträge sind speziell geregelt und nicht gemeint. 1047

Wesentliches Element der Dienstleistung dürfte eine tätigkeitsbezogene Leistung, dh. eine Tätigkeit sein[4]. Für die internationale Zuständigkeit hat der EuGH formuliert, der Begriff Dienstleistungen bedeute zumindest, dass „die Partei, die sie erbringt, eine **bestimmte Tätigkeit gegen Entgelt durchführt**"[5]. Man wird den Begriff der Tätigkeit wohl nicht so weit ausdehnen können, dass er jegliche Leistung oder jegliches Tun erfasst. Dies würde den Begriff völlig ausufern lassen. Vertreten wird freilich, da es auf den auf ein Verhalten des 1048

---

1 *Garcimartín Alférez*, EuLF 2008, I-68. – Für Art. 29 EGBGB BGH 26.10.1993, BGHZ 123, 380 (384 f.) = IPRspr. 1993 Nr. 37 = NJW 1994, 262.
2 Näher *Berlioz*, Clunet 135 (2008), 675 ff.
3 Für Art. 29 EGBGB BGH 26.10.1993, BGHZ 123, 380 (385); BGH 19.3.1997, BGHZ 135, 124 (130 f.) = IPRspr. 1997 Nr. 34 = IPRax 1998, 285 (m. Aufs. *Ebke*, IPRax 1998, 263) = NJW 1997, 1697; *Mankowski*, RIW 1995, 367.
4 Für Art. 29 EGBGB BGH 26.10.1993, BGHZ 123, 380 (385). – Für Art. 5 EuGVO OLG Köln 14.3.2005, IPRspr. 2005 Nr. 102 = RIW 2005, 778.
5 EuGH 23.4.2009 – Rs. C-533/07 (Falco), NJW 2009, 1865 („la partie qui les fournit effectue une activité déterminée en contrepartie d'une rémunération").

Schuldners gerichteten Zweck des Vertrages ankomme, könne auch ein auf Unterlassen gerichteter Vertrag als Dienstleistung einzustufen sein[1].

1049 Es kann sich um **zweiseitige oder nur einseitige Verträge** handeln[2]. Die Dienstleistung wird zwar regelmäßig **entgeltlich** erbracht[3]. Vertreten wird, dass auch unentgeltliche Verträge nicht ausgeschlossen sind[4]. Bei der Auslegung des Dienstleistungsbegriffs muss letztlich der teleologische Aspekt im Vordergrund stehen. Die Anknüpfung ist als Konkretisierung der Maßgeblichkeit der engsten Verbindung zu verstehen. Es kommt daher darauf an, ob die Anknüpfung an das Recht des Dienstleisters angemessen ist und ihm bei einer Bewertung der kollisionsrechtlichen Interessenlage ein Übergewicht zukommt.

1050 Die Dienstleistung braucht nicht der einzelne Gegenstand des Vertrages zu sein. Art. 4 Abs. 2 Rom I-VO stellt klar, dass dann, wenn die Bestandteile des Vertrags durch mehr als einen der Buchstaben a bis h des Absatzes 1 abgedeckt sind, der Vertrag dem Recht des Staates, in dem die Partei, welche die für den Vertrag charakteristische Leistung zu erbringen hat, ihren gewöhnlichen Aufenthalt hat. Die Suche nach der Hauptleistung kann insofern zu Schwierigkeiten führen, als möglicherweise nicht ohne Rückgriff auf die ja erst noch zu bestimmende lex causae gelingt[5]. Dies ändert jedoch nichts an der Notwendigkeit einer autonomen Auslegung. **Gemischte Verträge** hat man bisher unter den Begriff der Dienstleistung fallen lassen, wenn die Dienstleistung im Vordergrund stand[6]. Dagegen hat man dann, wenn das Dienstleistungselement nur von untergeordneter Bedeutung war, einen Dienstleistungsvertrag verneint[7].

1051 Bei einer **Verneinung der Anknüpfung** als Dienstleistungsvertrag ist die Anwendung der Regel über die Anknüpfung nach der charakteristischen Leistung zu prüfen. Fällt nämlich der Vertrag nicht unter Art. 4 Abs. 1 Rom I-VO, so unterliegt er dem Recht des Staates, in dem die Partei, welche die für den Vertrag charakteristische Leistung zu erbringen hat, ihren gewöhnlichen Aufenthalt hat (Art. 4 Abs. 2 Rom I-VO). Im Ergebnis wird sich häufig kein Unterschied ergeben. Gelingt auch die Anknüpfung nach der charakteristischen Leistung nicht, so unterliegt der Vertrag dem Recht des Staates, zu dem er die engste Verbindung aufweist (Art. 4 Abs. 4 Rom I-VO), s. unten Rz. 185 ff.

---

1 So für Art. 5 EuGVO *Berlioz*, Clunet 135 (2008), 714 ff.
2 So für Art. 5 EuGVO *Berlioz*, Clunet 135 (2008), 716.
3 Für Art. 5 Nr. 1 EuGVO EuGH 23.4.2009 – Rs. C-533/07 (Falco), NJW 2009, 1865. Für Art. 29 EGBGB BGH 26.10.1993, BGHZ 123, 380 (385). – Vgl. *Kropholler*, Art. 5 EuGVO Rz. 43.
4 So für Art. 5 EuGVO *Berlioz*, Clunet 135 (2008), 714 ff.
5 OLG Köln 14.3.2005, IPRspr. 2005 Nr. 102 = RIW 2005, 778. – S. auch *Kropholler*, Art. 5 EuGVO Rz. 44; *Leible*, in: Rauscher, Art. 5 Brüssel I-VO Rz. 50.
6 BGH 19.3.1997, BGHZ 135, 124 (131) (Timesharing); BGH 13.12.2005, BGHZ 165, 248 (253 f.) (Kreditvertrag).
7 S. für Art. 5 EuGVO *Berlioz*, Clunet 135 (2008), 699 ff.

II. Einzelne Dienstleistungen

Ein abschließender **Katalog von Geschäften**, die als Dienstleistungsverträge zu qualifizieren sind, lässt sich angesichts der Vielgestaltigkeit der möglichen Tätigkeiten kaum aufstellen[1]. Man kann aber mehrere Gruppen unterscheiden. **Dienstverträge** werden regelmäßig erfasst, so etwa Unterrichtsverträge[2]. Die für die Abgrenzung von Werk- und Dienstverträgen nach deutschem Schuldrecht entwickelten Unterscheidungen dürften hier keine Rolle spielen. Die **Tätigkeit der freien Berufe** enthält ein Element der Dienstleistung. Hierzu zählen die Leistungen von Architekten[3], aber auch die Leistungen eines Rechtsanwalts[4] (zum Rechtsanwaltsvertrag unten Rz. 1411 ff.). Die **Erbringung von Werkleistungen** bildet eine weitere Fallgruppe. Dementsprechend werden erfasst Werkverträge (Herstellung neuer Sachen und Reparatur)[5] und Werklieferungsverträge[6] (zum Bauvertrag unten Rz. 1084 ff.). Verträge, in denen Waren, Kredit oder Kapitalanlagen **vermittelt** werden, gehören ebenfalls hierher[7]. Grundsätzlich werden Vermittlungsverträge erfasst[8]. Hierher zählen Kommissionsverträge[9] sowie Verträge mit Maklern. Auch die Ehevermittlung ist hier zu nennen.

1052

In Verträgen über **Reiseleistungen** findet sich regelmäßig ein Element von Dienstleistungen. Dazu gehören auch Reiseveranstalterverträge[10]. Hotelunterbringungsverträge (Beherbergungsverträge), die über eine bloße Raummiete hinausgehen, werden gleichfalls als Dienstleistungsvertrag eingestuft[11]. Hier ist jedoch zu beachten, dass Art. 6 Rom I-VO für Pauschalreisen in Betracht kommt. Der Vertrag mit einem Gastwirt wird regelmäßig Dienstleistungen umfassen.

1053

Verträge über Finanzdienstleistungen gehören grundsätzlich hierher[12]; vgl. Rz. 2341 ff. Bei Kreditverträgen kann man zweifeln, ob die bloße Hingabe von Kapital als Dienstleistung anzusehen ist[13]. Daher ist umstritten, ob das Darlehen als Dienstleistung angesehen werden kann. Dies wurde im Rahmen des

1054

---

1 Dienstleistungsverträge (service contracts) regeln auch Art. IV.C-1:101 ff. DCFR. – Näher *Unberath*, ZEuP 2008, 756 ff.
2 Vgl. *Leible*, in: Rauscher, Art. 5 Brüssel I-VO Rz. 50.
3 S. auch *Kropholler*, Art. 5 EuGVO Rz. 44.
4 Für Art. 29 EGBGB OLG Frankfurt a.M. 1.3.2000, IPRspr. 2000 Nr. 175 = NJW-RR 2000, 1367. – Vgl. *Kropholler*, Art. 5 EuGVO Rz. 44; *Leible*, in: Rauscher, Art. 5 Brüssel I-VO Rz. 50.
5 S. auch *Kropholler*, Art. 5 EuGVO Rz. 44; *Leible*, in: Rauscher, Art. 5 Brüssel I-VO Rz. 50.
6 Vgl. *Kropholler*, Art. 5 EuGVO Rz. 44; *Leible*, in: Rauscher, Art. 5 Brüssel I-VO Rz. 50.
7 S. auch *Kropholler*, Art. 5 EuGVO Rz. 44.
8 Vgl. *Kropholler*, Art. 5 EuGVO Rz. 44; *Leible*, in: Rauscher, Art. 5 Brüssel I-VO Rz. 50.
9 S. auch *Leible*, in: Rauscher, Art. 5 Brüssel I-VO Rz. 50.
10 Vgl. *Leible*, in: Rauscher, Art. 5 Brüssel I-VO Rz. 50.
11 S. auch *Kropholler*, Art. 5 EuGVO Rz. 44.
12 *Mankowski*, RIW 2006, 322 f. – Vgl. *Leible*, in: Rauscher, Art. 5 Brüssel I-VO Rz. 50.
13 Bejahend für Art. 5 EuGVO *Berlioz*, Clunet 135 (2008), 709.

Art. 29 EGBGB (Art. 5 EVÜ) abgelehnt[1], dürfte jedoch zu bejahen sein[2] (zum Darlehen unten Rz. 1161 ff.). Jedenfalls bei einem Bankgeschäft drängt sich die Einstufung als Dienstleistung auf (zu Bankgeschäften unten Rz. 1231 ff.). Die Beratungstätigkeit stellt ebenso wie die Vermögensverwaltung eine Dienstleistung dar[3]. **Verträge über Finanzinstrumente** sind jedoch gesondert aufgeführt und speziell geregelt (Art. 4 Abs. 1 lit. h Rom I-VO). Sie sind daher in Art. 4 Abs. 1 lit. b Rom I-VO nicht gemeint, s. unten Rz. 2380 ff. Die Brokertätigkeit bei Börsentermingeschäften fällt als solche ebenfalls unter den Begriff der Dienstleistung[4].

1055 **Geschäftsbesorgungen** im weitesten Sinne werden vom Dienstleistungsbegriff erfasst[5]. Die Vorschrift greift etwa ein bei der Erbensuche[6]. Das Gleiche gilt für einen Vertrag mit einem Internet-Provider[7] oder einem Online-Auktionshaus[8]. Da Unentgeltlichkeit nicht entgegensteht, fällt auch der Auftrag hierunter[9].

1056 **Vertriebsverträge** betreffen regelmäßig Dienstleistungen. Franchiseverträge und Vertriebsverträge sind zwar – entgegen der bisherigen französischen Rechtsprechung[10] – Dienstleistungsverträge, unterliegen jedoch besonderen Regeln (Art. 4 Abs. 1 lit. e, f, Erwägungsgrund 17 Rom I-VO). S. unten Rz. 2131 ff. Zum Handelsvertreter s. unten Rz. 2161 ff.

1057 **Transportverträge** betreffen Dienstleistungen[11]. Sie werden aber nicht von Art. 4 Abs. 1 Rom I-VO erfasst, da sie gesondert geregelt sind (Art. 5 Rom I-VO), s. unten Rz. 2571 ff.

1058 **Individualarbeitsverträge** werden nicht von Art. 4 Abs. 1 Rom I-VO erfasst, da sie gesondert geregelt sind (Art. 8 Rom I-VO). S. unten Rz. 4801 ff.

1059 **Verbraucherverträge** können Dienstleistungen betreffen. Sie werden aber nicht von Art. 4 Abs. 1 Rom I-VO erfasst, da sie gesondert geregelt sind (Art. 6 Rom I-VO), s. unten Rz. 4141 ff.

---

1 BGH 13.12.2005, BGHZ 165, 248 (253 f.) = IPRspr. 2005 Nr. 13b = RIW 2006, 389 (m. abl. Aufs. *Mankowski*, RIW 2006, 321).
2 S. auch *Leible*, in: Rauscher, Art. 5 Brüssel I-VO Rz. 50.
3 Vgl. *Kropholler*, Art. 5 EuGVÜ Rz. 44.
4 Für Art. 29 EGBGB OLG Düsseldorf 14.1.1994, IPRspr. 1994 Nr. 23 = RIW 1994, 420 m. Anm. *Mankowski*; OLG Düsseldorf 26.5.1995, IPRspr. 1995 Nr. 145 = RIW 1995, 769; *Thorn*, in: Palandt, Art. 29 EGBGB Rz. 2.
5 Für Art. 29 EGBGB BGH 26.10.1993, BGHZ 123, 380 (385); *W. Lorenz*, IPRax 1994, 430. – S. auch *Kropholler*, Art. 5 EuGVO Rz. 44.
6 *Späth*, S. 193.
7 Dazu *Magnus*, in: Graf/Paschke/Stober (Hrsg.), Das Wirtschaftsrecht vor den Herausforderungen des E-Commerce (2002), S. 19, 30 f. mwN.
8 Vgl. *Mankowski*, Internationales Privatrecht, in: Spindler/Wiebe (Hrsg.), Internet-Auktionen und Elektronische Marktplätze, 2. Aufl. (2005), Rz. 78.
9 So für Art. 5 EuGVO *Berlioz*, Clunet 135 (2008), 714 ff.
10 In Frankreich wurde argumentiert, der Rahmenvertrag sichere beim Alleinvertrieb in erster Linie den Vertrieb des Unternehmers, s. *Berlioz*, Clunet 135 (2008), 710 ff.; *Ancel*, Rev.crit.d.i.p. 97 (2008), 561 ff.
11 *Mankowski*, TranspR 2008, 67 (68 f.).

Versicherungsverträge betreffen in der Regel Dienstleistungen[1]. Sie werden aber regelmäßig nicht von Art. 4 Abs. 1 Rom I-VO erfasst, da sie grundsätzlich gesondert geregelt sind (Art. 7 Rom I-VO), s. unten Rz. 4721 ff. 1060

Bei der bloßen **Übernahme eines Risikos** wie bei der Bürgschaft und Garantie (dazu unten Rz. 1181 ff.) kann man zweifeln, ob hier noch ein Element einer Tätigkeit anzunehmen ist, dh. Dienste erbracht werden oder nur der Gesichtspunkt der charakteristischen Leistung entscheiden sollte. 1061

Die bloße **Überlassung zum Gebrauch** wird man nicht mehr als Dienstleistung einstufen können, allerdings gewährt der Schuldner etwas (vgl. Rz. 1708)[2]. Miete und Pacht unbeweglicher Sachen werden von der VO ausdrücklich genannt (Art. 4 Abs. 1 lit. c, d Rom I-VO), sind also nicht gemeint, s. Rz. 1661 ff. Bei der Miete beweglicher Sachen kommt man allerdings zu einem anderen Ergebnis, wenn man die Beeinflussung des Verhaltens einer Person, dh. des Vermieters, genügen lässt[3]. Der Leasinggeber erbringt außer der Gebrauchsüberlassung noch eine Finanzierungsleistung. Dies spricht für eine Einstufung des Leasingvertrages als Dienstleistung, s. Rz. 1134 ff. 1062

Timesharingverträge mit Verbrauchern werden von Art. 6 Rom I-VO ausdrücklich erfasst, sind von Art. 4 Abs. 1 lit. b dementsprechend nicht gemeint. Timesharingverträge, die sich auf die periodisch wiederkehrende Gebrauchsüberlassung von Immobilien beschränken, gehören nicht zu den Dienstleistungen[4]. Im Übrigen ist Art. 46b EGBGB zu beachten, s. Rz. 4231 ff. 1063

Die bloße **Veräußerung eines Gegenstandes** wird nicht erfasst. **Austauschverträge** wie Ware gegen Geld (Kauf) oder Sache gegen Sache (Tausch) wird man nicht zu Dienstleistungsverträgen rechnen können. Der Warenkauf (Art. 4 Abs. 1 lit. a Rom I-VO) sowie der Kauf auf Versteigerungen (Art. 4 Abs. 1 lit. g Rom I-VO) werden ohnehin eigenständig genannt, sind hier also keinesfalls erfasst. Zum Grundstückskauf s. oben Rz. 1501 ff. Ein auf die Übertragung eines Rechts gerichteter Vertrag dürfte ebenfalls nicht unter den Begriff des Dienstleistungsvertrages fallen[5]. Die unentgeltliche **Schenkung** ist nicht als Dienstleistung anzusehen. 1064

Frei. 1065–1080

---

1 *Mankowski*, RIW 2006, 322 f.
2 Verneinend für den Lizenzvertrag EuGH 23.4.2009 – Rs. C-533/07 (Falco), NJW 2009, 1865; österreich. OGH 13.11.2007, ZfRV 2008, 27 (Vorlageentscheidung) zu Art. 5 Nr. 1 EuGVO.
3 So für Art. 5 EuGVO *Berlioz*, Clunet 135 (2008), 691 f.
4 Für Art. 29 EGBGB BGH 19.3.1997, BGHZ 135, 124 = IPRspr. 1997 Nr. 34 = IPRax 1998, 285 (m. Aufs. *Ebke*, IPRax 1998, 263) = RIW 1997, 875 (m. Aufs. *Mankowski*, RIW 1998, 287); *Mankowski*, RIW 1995, 367; *Mäsch*, Die Time-Sharing-Richtlinie, EuZW 1995, 8 (13).
5 So für Art. 5 EuGVO *Berlioz*, Clunet 135 (2008), 696 ff.

B. Werkvertrag, Bauvertrag, Anlagenvertrag, Architektenvertrag

	Rz.		Rz.
I. Werkvertrag	1081	**III. Anlagenvertrag**	1088
1. Das Vertragsstatut des Werkvertrages	1081	**IV. Architektenvertrag**	1089
2. Das Statut des Subunternehmervertrages	1082	1. Das Vertragsstatut	1089
3. Rechtswahlbeschränkungen	1083	2. Umfang und Grenzen des Vertragsstatuts	1091
II. Bauvertrag	1084	3. Rechtswahlbeschränkungen	1095
1. Das Vertragsstatut	1084	4. Die Geltung der HOAI	1096
2. Das Statut von Sicherungsrechten	1086	**V. Zusammenfassung mit Handlungsanleitung**	1100
3. Internationale Formularklauseln	1087		

Literatur: *Brabant*, Le contrat international de construction (Brüssel 1981); *Bucksch*, Die Mängelhaftung der Bauunternehmer in Frankreich und in den Arabischen Staaten, RIW 1984, 437; *Gauch/Sweet* (Hrsg.), Selected Problems of Construction Law – International Approach (Fribourg 1983); *Glavinis*, Le contrat international de construction (Paris 1993); *Goedel*, Aspekte der Streiterledigung bei internationalen Bauverträgen und das Arbitral Referee Verfahren, in: Böckstiegel (Hrsg.), Vertragsgestaltung und Streiterledigung in der Bauindustrie im Anlagenbau (1984), S. 33; *von Hoffmann*, Assessment of the E. E. C. Convention from a German Point of View, in: North (Hrsg.), Contract Conflicts (Amsterdam, New York, Oxford 1982), S. 221; *von Hoffmann*, Wege zur Beilegung von Streitigkeiten in internationalen Bauverträgen, in: T. H. Braunschweig, Der Streit bei internationalen Bauverträgen (1981), S. 21; *Hök*, Handbuch des internationalen und ausländischen Baurechts (Heidelberg 2005); *Hök*, Neues europäisches Internationales Baurecht, ZfBR 2008, 741; *Jayme*, Komplexe Langzeitverträge und IPR, IPRax 1987, 63; *Jayme*, Der Subunternehmervertrag im deutsch-französischen Rechtsverkehr. Heidelberg-Montpellier-Seminar 1985, IPRax 1985, 372; *Jayme*, Subunternehmervertrag und Europäische Gerichtsstands- und Vollstreckungsübereinkommen (EuGVÜ), Festschr. Pleyer (1986), S. 371; *Kartzke*, Internationaler Erfüllungsgerichtsstand bei Bau- und Architektenverträgen, ZfBR 1994, 1; *Kondring*, Das französische Subunternehmergesetz als Eingriffsnorm, RIW 2009, 118; *Kühnel/Langer*, Das französische Subunternehmergesetz, RIW 1977, 610; *Lagarde*, La sous-traitance en droit international privé, in: Gavalda (Hrsg.), La sous-traitance de marchés de travaux et de services (Paris 1978), S. 186; *Leible/Lehmann*, Die Verordnung über das auf vertragliche Schuldverhältnisse anzuwendende Recht („Rom I"), RIW 2008, 528; *W. Lorenz*, Rechtsvergleichendes zur Mängelhaftung des Werkunternehmens, Festschr. von Caemmerer (1978), S. 907; *W. Lorenz*, Einige rechtsvergleichende Beobachtungen zur Gefahrtragung im Werkvertragsrecht, Festschr. Ferid (1978), S. 579; *Markowsky*, Der Bauvertrag im internationalen Rechtsverkehr (1997); *Martiny*, Anwendbares Recht für internationale Bauverträge, BauR 2008/1a, 241; *Messerschmidt/Voit*, Privates Baurecht. Kommentar zu §§ 631 ff. BGB (2008); *Mindach*, Vertragsabschluss nach dem neuen russischen Zivilrecht, ROW 1995, 159; *Nicklisch*, Internationale Zuständigkeit bei vereinbarten Standardvertragsbedingungen (VOB/B), IPRax 1987, 286; *Nicklisch*, Rechtsfragen des Subunternehmervertrages bei Bau- und Anlagenprojekten im In- und Auslandgeschäft, NJW 1985, 2361; *Paal*, Grenzüberschreitende Bauverträge und Internationales Zivilprozessrecht, BauR 2008/1a, 228; *Pfeiffer*, Neues Internationales Vertragsrecht – Zur Rom I-Verordnung, EuZW 2008, 622; *Rémery*, Remarques sur le conflit de lois applicables au contrat international de construction d'immeuble, D.S. 1985 Chron. 255; *Riezler*, Der Werkvertrag in rechtsvergleichender Darstellung, RabelsZ 17 (1952), 522; *Ruckteschler*, Subunternehmer-Haftung. Möglichkeiten des Durchgriffs von Bauherren und Käufern nach amerikanischem, englischem und deutschem Recht (1988); *M. Schneider*, Die Abnahme in der Praxis internationaler Bau- und Anlagenverträge, ZfBR 1984, 101; *M. E. Schneider*, International Construction Contracts, D.P.C.I. 9 (1983), S. 277; *Schröder*, Zur Anziehungskraft der Grundstücksbelegenheit im internationalen Privat- und Verfahrensrecht, IPRax 1985, 145; *Srkal*, Baurechtliche Gewährleistung und Versicherung in Frankreich und in der Bundesrepublik Deutschland (1981); *Stokes*, International Construction Contracts, 2. Aufl. (New York 1980); *Thode*, Die Bedeutung des neuen internationalen Schuldvertragsrechts für grenzüberschreitende Bauverträge, ZfBR 1989, 43; *Vetter*, Akzessorische Anknüpfung von Subunternehmerverträgen bei internationalen Bau- und Industrieanlagen-Projekten? NJW 1987, 2124; *Vetter*, Kollisionsrechtliche Frage bei grenzüberschreitenden Subunternehmerverträgen im Industrieanlagenbau, ZvglRW 87 (1988), 248; *Wenner*, Internationale Architektenverträge, insbesondere das Verhältnis Schuldstatut – HOAI, BauR 1993, 257; *Wenner*, Das Internationale Schuldvertragsrecht in der Praxis des VII. Zivilsenats des BGH, in: Kniffka/Quack/Vogel/Wagner, Festschr. Thode (2005), S. 661; *von Westphalen*, Subunternehmerverträge bei internationalen Bauverträgen – Unangemessenheitskriterium nach § 9 AGB-Gesetz?, in: Löffelmann/Korbion (Hrsg.), Festschr. für Horst Locher zum 65. Geburtstag (1990), S. 375; *Wiegand*, Das anwendbare materielle Recht bei internationalen Bauverträgen – Zur international-privatrechtlichen Anknüpfung bei Bauexportverträgen, in: Böckstiegel (Hrsg.), Vertragsgestaltung und Streiterledigung in der Bauindustrie und im Anlagenbau (1984), S. 59.

S. auch die Literatur zum Anlagenvertrag unten vor Rz. 1088.

I. Werkvertrag

1. Das Vertragsstatut des Werkvertrages

Das Vertragsstatut von Werk- und Architektenverträgen[1], die nach dem 17.12.2009 abgeschlossen worden sind (Art. 28 Rom I-VO), richtet sich nach der Rom I-VO[2]. Vorrangig ist das Recht maßgeblich, das die Parteien ausdrücklich oder konkludent gewählt haben (Art. 3 Rom I-VO)[3]. Die Rechtswahl kann

1081

---

[1] Architektenverträge sind nach der st. Rspr. des BGH Werkverträge, vgl. etwa Locher/Koeble/Frik, HOAI, 9. Aufl. (2005), Einl. Rz. 5 ff. m. Nachw. der Rspr.; diese Qualifizierung ist durch das Schuldrechtsmodernisierungsgesetz bestätigt worden in § 364a Abs. 1 Nr. 1 BGB.

[2] Für Verträge zwischen dem 31.8.1986 (Art. 220 Abs. 1 EGBGB) und dem 16.12.2009 gilt das deutsche internationale Schuldvertragsrecht (Art. 27–37 EGBGB), vgl. hierzu Thode/Wenner, Internationales Architekten- und Bauvertragsrecht (1998), Rz. 28 ff.; BGH 25.2.1999, BauR 1999, 677 = ZfBR 1999, 208 = IPRax 2001, 331 (m. Aufs. Pulkowski, IPRax 2001, 306) = JuS 2000, 90 m. Anm. Hohloch = EWiR 1999, 505 C. Wenner (grenzüberschreitender Bauvertrag); BGH 27.2.2003, NJW 2003, 2020 (m. Anm. Wenner, EWiR 2003, 421) (grenzüberschreitender Architektenvertrag); Näheres zum internationalen Schuldvertragsrecht vgl. oben Rz. 4 ff.

[3] Noch zu Art. 27 EGBGB: Kartzke, ZfBR 1994, 4 mwN.; Kartzke, Unternehmerpfandrecht des Bauunternehmers nach § 647 BGB an beweglichen Sachen des Bestellers, ZfBR 1993, 205 (206) (Rechtswahl in AGB eines Bauvertrages); Martiny, in: MünchKomm, Art. 28 EGBGB Rz. 190; Thode/Wenner, Internationales Architekten- und Bauvertragsrecht (1998), Rz. 28 ff.; Schröder/Wenner, Internationales Vertragsrecht,

auch nachträglich erfolgen¹. Eine konkludente Vereinbarung deutschen Rechts liegt zB vor, wenn die Gewährleistung nach BGB und VOB vereinbart worden ist². Für echte Werklieferungsverträge gelten die Grundsätze des internationalen Kaufvertrages, weil diese kollisionsrechtlich dem Fahrniskauf gleichzustellen sind³.

Bei Fehlen einer Rechtswahl unterliegen Werk- und Architektenverträge gem. Art. 4 Abs. 1 lit. b Rom I-VO als Dienstleistungsverträge – zu denen auch Werk- und Architektenverträge zählen⁴ – dem **Recht des Staates, in dem der Dienstleister seinen gewöhnlichen Aufenthalt** hat⁵. Gem. Art. 19 Rom I-VO handelt es sich hierbei um den Sitz der Hauptverwaltung oder der Hauptniederlassung⁶. Die Enumeration in Art. 4 Abs. 1 Rom I-VO verstärkt für besonders wichtige Vertragstypen die Rechtssicherheit⁷, das Element der engeren Bindung⁸ ist (mit verschärften Voraussetzungen) als Ausweichklausel in Art. 4 Abs. 3 Rom I-VO wieder aufgenommen worden. Als Auffangregel wird in Art. 4 Abs. 4 Rom I-VO auf die engste Verbindung abgestellt⁹. Das gilt beispielsweise für Kraftfahrzeugreparaturen, Schiffsreparaturen¹⁰, für das Färben

---

2. Aufl. (1998), Rz. 171; *Thorn*, in: Palandt, Art. 27 EGBGB Rz. 6; Näheres zur konkludenten Rechtswahl oben Rz. 113 ff.; zur entsprechenden Problematik beim Architektenvertrag vgl. unten Rz. 1089.
1 Vgl. oben Rz. 121 f.; zur Rechtswahl durch Prozessverhalten vgl. unten Rz. 1089.
2 S. oben Rz. 115 f.; *Nicklisch*, Internationale Zuständigkeit bei vereinbarten Standardvertragsbedingungen (VOB/B), IPrax 1987, 286 (287 f.); *Thode*, ZfBR 1989, 47; § 18 Nr. 1 VOB/B regelt nach der Rspr. des BGH nur die örtliche und nicht die internationale Zuständigkeit; BGH 18.4.1985, BGHZ 94, 156 = NJW 1985, 2090 = IPRax 1987, 305 zust. Anm. *Nicklisch*; BGH 14.1.1999, BauR 1999, 631 = ZfBR 1999, 193 = ZfIR 1999, 435 = IPRax 2001, 333 (m. Aufs. *Pulkowksi*, IPRax 2001, 306) = EWiR 1999, 353 *C. Wenner* (grenzüberschreitender Bauvertrag); *Thode/Wenner*, Internationales Architekten- und Bauvertragsrecht (1998), Rz. 84, 127.
3 *Martiny*, in: MünchKomm, Art. 28 EGBGB Rz. 154; vgl. auch oben Rz. 905, 965.
4 Vgl. *Kropholler*, Art. 5 EuGVO Rz. 44 mwN.
5 Nach Art. 28 EGBGB richtete sich das Recht nach dem Niederlassungs- oder gewöhnlichen Aufenthaltsort des Werkunternehmers, vgl. hierzu *Thode*, ZfBR 1989, 46–48 mwN.; *Kartzke*, ZfBR 1994, 4 (Anknüpfung von Bau- und Architektenverträgen); *Wenner*, BauR 1993, 260 (Architektenverträge); *Thode/Wenner*, Internationales Architekten- und Bauvertragsrecht (1998), Rz. 276 ff.; *Schröder/Wenner*, Internationales Vertragsrecht, 2. Aufl. (1998), Rz. 408; *Jayme*, Festschr. Pleyer, S. 376; *Frieling*, Klauseln im Bauvertrag (1993), Kap. 12 Rz. 3; *von Bar*, II Rz. 496; *Kropholler*, IPR, S. 447; *Martiny*, in: MünchKomm, Art. 28 EGBGB Rz. 190; *Thorn*, in: Palandt, Art. 28 EGBGB Rz. 15; zum Architektenvertrag vgl. unten Rz. 1090; BGH 25.2.1999, BauR 1999, 677 = ZfBR 1999, 208 = IPRax 2001, 331 (m. Aufs. *Pulkowski*, IPRax 2001, 306) = JuS 2000, 90 m. Anm. *Hohloch* = EWiR 1999, 505 *C. Wenner* (grenzüberschreitender Bauvertrag).
6 Vgl. *Pfeiffer*, EuZW 2008, 622.
7 Vgl. *Thorn*, in: Palandt, Art. 28 EGBGB Rz. 1.
8 Früher in Art. 28 Abs. 1 EGBGB.
9 Vgl. *Thorn*, in: Palandt, Art. 28 EGBGB Rz. 1.
10 Noch zum EGBGB: *Flessner*, Reform des IPR: Was bringt sie dem Seehandelsrecht (1987), S. 17.

und Bügeln von Kleidungsstücken[1], Bauarbeiten und für Verträge mit Architekten[2].

Die Anknüpfung des Vertragsstatuts an den Sitz derjenigen Vertragspartei, die die charakteristische Leistung erbringt, ist auch in anderen Rechtsordnungen vorgesehen. Das Römische EWG-Übereinkommen über das auf vertragliche Schuldverhältnisse anzuwendende Recht (EVÜ) (s. Rz. 4 ff.), dessen Regelungen in das deutsche Recht übernommen worden sind[3], gilt mittlerweile auch in den Staaten der Osterweiterung der EU. Eine dem Art. 4 Abs. 1 lit. b Rom I-VO iVm. Art. 19 Rom I-VO entsprechende Regelung enthält das Kollisionsrecht der Schweiz[4].

2. Das Statut des Subunternehmervertrages

Die Anknüpfung von Subunternehmerverträgen bei fehlender Rechtswahl ist im Schrifttum umstritten. Von einer Mindermeinung wird im Hinblick auf den engen Zusammenhang mit dem Hauptvertrag eine akzessorische Anknüpfung nach Art. 4 Abs. 4 Rom I-VO an die für den Hauptvertrag geltende Rechtsordnung vorgeschlagen, um eine einheitliche Anknüpfung aller Verträge zu erreichen[5]. Nach der zutreffenden herrschenden Meinung (noch zu Art. 28 Abs. 2 S. 2 EGBGB) sind die Subunternehmerverträge im Regelfall selbständig nach Art. 4 Abs. 1 lit. b iVm. Art. 19 Rom I-VO an das **Recht der Niederlassung des Subunternehmers** anzuknüpfen, weil es sich um selbständige, vom Hauptvertrag unabhängige Verträge handelt, deren Interessenlage vorrangig durch das Interesse des Subunternehmers, der die charakteristische Leistung erbringt, geprägt ist und nicht durch die für den Subunternehmer oft nicht überschaubare Interessenlage des Hauptunternehmers[6]. Die akzessorische An-

1082

---

1 Noch zum EGBGB: OLG Schleswig 4.6.1992, NJW-RR 1993, 314 = IPRax 1993, 95 (Anm. *Vollkommer*, IPRax 1993, 79).
2 Noch zum EGBGB: LG Kaiserslautern 5.5.1987, NJW 1988, 657 = IPRax 1987, 368 (Anm. *Mezger*, IPRax 1987, 346); *Wenner*, BauR 1993, 260; *Locher/Koeble/Frik*, Kommentar zur HOAI, 8. Aufl. (2000), § 1 Rz. 26 ff.; weitere Beispiele noch zum EGBGB: LG Hamburg 26.8.1974, IPRspr. 1974 Nr. 189 (Autoreparatur in Italien – Vertragsstatut italien. Recht); IPG 1975 Nr. 3 (Heidelberg) (Kraftfahrzeugreparatur in England – Vertragsstatut engl. Recht), IPG 1971 Nr. 6 (Freiburg) (Tankbauarbeiten durch französ. Firma in Frankreich – Vertragsstatut französ. Recht). Näheres zum Architektenvertrag s. unten Rz. 1090.
3 S. Rz. 4 f.; Art. 28 Abs. 2 S. 2 EGBGB entspricht dem Art. 4 Abs. 2 S. 1 EVÜ, vgl. Rz. 155 ff.
4 Art. 117 IPRG, vgl. *Honsell/Vogt/Schnyder/Bert*, Basler Kommentar Internationales Privatrecht, 2. Aufl. (2007), Art. 117 Rz. 43 (Werkvertrag); Art. 117 Rz. 46 (Architektenvertrag) und ZürchKomm, Art. 117 Rz. 89, 126 ff.; zu den Mitgliedstaaten s.o. Rz. 5.
5 So noch zu Art. 28 Abs. 5 EGBGB: *Jayme*, Festschr. Pleyer, S. 377; vgl. auch die Nachw. bei *von der Seipen*, Akzessorische Anknüpfung und engste Verbindung im Kollisionsrecht der komplexen Vertragsverhältnisse (1989), § 7.
6 Noch zu Art. 28 Abs. 2 S. 2 EGBGB: *Martiny*, BauR 1a/2008, 241; *Vetter*, NJW 1987, 2124 (2126 f.); *Vetter*, ZvglRW 87 (1988), 248 (254 ff.); *von der Seipen*, Akzessorische Anknüpfung und engste Verbindung im Kollisionsrecht der komplexen Vertragsverhältnisse (1989), § 7; *von Bar*, II Rz. 504; *Schröder/Wenner*, Internationales Vertrags-

knüpfung des Subunternehmervertrages an das Recht des Hauptvertrages ist im Regelfall schon deshalb nicht interessengerecht, weil der Subunternehmer auf die Bestimmung des Vertragsstatuts des Hauptvertrages keinen Einfluss nehmen kann. Vor allem in den Fällen, in denen das Vertragsstatut des Hauptvertrages inhaltlich erheblich von dem Recht am Niederlassungsort des Subunternehmers abweicht, führt die akzessorische Anknüpfung zu einer unbilligen Benachteiligung des Subunternehmers. Unterliegt zB der Hauptvertrag mit einem staatlichen Partner arabischem Recht oder dem Recht eines Entwicklungslandes, so wäre es misslich, wenn daraufhin von deutschen Hauptunternehmen mit deutschen Lieferanten geschlossene Verträge ihrerseits diesem Recht unterstellt würden[1]. Der Bundesgerichtshof hat sich der herrschenden Meinung angeschlossen und einem Subunternehmervertrag an das Recht der Niederlassung des Subunternehmers angeknüpft[2].

In **Italien** und **Frankreich** bestehen gesetzliche Sonderregelungen für Subunternehmerverträge[3]. Nach dem französischen Gesetz vom 21.12.1975 über den Subunternehmervertrag (sous-traitance), dessen Regelungen zwingendes Recht sind[4], wird der Subunternehmer unter der Verantwortung des Hauptunternehmers tätig, so dass der Hauptunternehmer dem Besteller gegenüber für den Subunternehmer haftet[5]. Dem Subunternehmer, der mit Zustimmung des Bestellers hinzugezogen worden ist, steht unter bestimmten Voraussetzungen unmittelbar gegen den Besteller ein Werklohnanspruch zu[6]. Der Besteller hat hingegen im Falle mangelhafter Ausführung vertragliche Gewährleistungsansprüche nur gegen den Hauptunternehmer und nicht gegen den Subunternehmer[7]; gegen Subunternehmer kann er lediglich Ansprüche aus Delikt geltend machen[8]. Die Anknüpfung des Direktanspruchs des Subunternehmers

---

recht, 2. Aufl. (1998), Rz. 410 f., 467; *Thode/Wenner*, Internationales Architekten- und Bauvertragsrecht (1998), Rz. 302 ff.; *Martiny*, in: MünchKomm, Art. 28 EGBGB Rz. 192; *Hohloch*, in: Erman, Art. 28 EGBGB Rz. 39; *Thorn*, in: Palandt, Art. 28 EGBGB Rz. 15; *Spickhoff*, in: Bamberger/Roth, Art. 28 EGBGB Rz. 89.

1 Vgl. *Nicklisch*, NJW 1985, 2368 f.; *Jayme*, IPRax 1987, 64.
2 Diese Rechtsprechung erging noch zu Art. 28 Abs. 2 S. 2 EGBGB: BGH 25.2.1999 BauR 1999, 677 = ZfBR 1999, 208 = IPRax 2001, 331 (m. Aufs. *Pulkowski*, IPRax 2001, 306) = JuS 2000, 90 m. Anm. *Hohloch* = EWiR 1999, 505 *C. Wenner* (grenzüberschreitender Bauvertrag).
3 Vgl. die Hinweise zu Frankreich und Italien bei *Jayme*, Festschr. Pleyer, S. 375 sowie *Pocar*, Quelques remarques sur la loi applicable au contrat de sous-traitance, in: Etudes de droit international en l'honneur de Pierre Lalive (Basel/Frankfurt a.M. 1993).
4 Näheres hierzu *Kühnel/Langer*, RIW 1977, 610 ff.
5 *Pfeiffer/Hess/Huber*, Rechtsvergleichende Untersuchung zu Kernfragen des Privaten Baurechts in Deutschland, England, Frankreich, den Niederlanden und der Schweiz, S. 62 ff.; *Freitag*, in: Messerschmidt/Voit, Privates Baurecht, P 31; *Ferid/Sonnenberger*, Das französische Zivilrecht, Bd. 2, 2. Aufl. (1986), Rz. 2 K 136.
6 *Ferid/Sonnenberger*, Das französische Zivilrecht, Bd. 2, 2. Aufl. (1986), Rz. 2 K 146.
7 Plenarentscheidung Cass. 12.7.1991, D.S. 1991, J 549 ff. Anm. *Ghestin*; Urteilsanmerkung von *Jamin*, D.S. 1991, Chr 257 ff.
8 *Ferid/Sonnenberger*, Das französische Zivilrecht, Bd. 4, 1. Teil, 2. Aufl. (1993), Rz. 2 K 136; allgemein zum französischen Deliktsrecht *von Bar* (Hrsg.), Deliktsrecht in Europa, Landesberichte Frankreich und Griechenland (1993); *Niggemann*, Haftung und

macht – wie bei allen Direktansprüchen[1] – Schwierigkeiten. Möglich wäre es, allein auf das Recht der Forderung abzustellen, die vom Direktanspruch geschützt werden soll. Dies würde zum Statut des Subunternehmervertrages führen. Da es sich um eine Art gesetzlichen Schuldbeitritt handelt, muss ein Besteller nicht ohne Weiteres damit rechnen, dass er selbst für die Werklohnforderung des Subunternehmers haftet, wenn das auf den Hauptvertrag anwendbare Recht diese Folge nicht vorsieht. Deshalb kommt ein Direktanspruch des Subunternehmers gegen den Besteller nur in Betracht, wenn das für den Hauptvertrag geltende Recht einen derartigen Anspruch vorsieht[2]. In Frankreich ist der Anspruch des Subunternehmers als international zwingendes Recht nach Art. 7 EVÜ angesehen worden[3].

3. Rechtswahlbeschränkungen

Weist der Bau- oder Architektenvertrag keinen Bezug zu einem anderen Staat auf, können die Vertragsparteien das Recht wählen; die Rechtswahl berührt allerdings nicht die Anwendung derjenigen Bestimmungen des Rechts dieses anderen Staates, von denen nicht durch Vereinbarung abgewichen werden kann (Art. 3 Abs. 3 Rom I-VO)[4]; gem. Art. 3 Abs. 4 Rom I-VO berührt die Rechtswahl eines Drittstaates – sofern alle anderen Elemente des Sachverhalts zum Zeitpunkt der Rechtswahl in einem oder mehreren Mitgliedstaaten belegen sind – nicht die Anwendung der Bestimmungen des Gemeinschaftsrechts. Werk- und Architektenverträge unterliegen der in Art. 6 Rom I-VO geregelten Rechtswahlbeschränkung zugunsten des Verbrauchers[5], wenn die in Abs. 1 genannten Voraussetzungen erfüllt sind und die Ausnahmevorschrift des Art. 6 Abs. 4 lit. a Rom I-VO nicht eingreift[6]. Werk- und Architektenverträge sind Verträge „über die Erbringung von Dienstleistungen" iSd. Art. 6 Abs. 1 Rom I-VO[7]. Die systematische Einordnung dieser Verträge als Werkverträge[8] nach deutschem Recht war für die Auslegung des früheren Art. 29 Abs. 1 EGBGB

1083

Haftungsbegrenzung bei Werk- und Anlagenverträgen nach französischem Recht, RIW 1998, 192.
1 Zum VersR s. 4. Aufl. *Martiny*, Rz. 562.
2 *Jayme*, Festschr. Pleyer, S. 378; *Jayme*, IPRax 1985, 372; *Lagarde*, in: Gavalda, S. 199; *Martiny*, in: MünchKomm, Art. 28 EGBGB Rz. 192.
3 Dazu *Kondring*, RIW 2009, 118 ff.
4 Noch zu Art. 27 Abs. 3 EGBGB vgl. dazu Näheres oben Rz. 491 ff.
5 *Schröder/Wenner*, Internationales Vertragsrecht, 2. Aufl. (1998), Rz. 419 ff.; *Thode/Wenner*, Internationales Architekten- und Bauvertragsrecht (1998), Rz. 177 f.; *Martiny*, in: MünchKomm, Art. 29 EGBGB Rz. 2 ff.; *Thorn*, in: Palandt, Art. 29 EGBGB Rz. 3.
6 Allgemein hierzu s. Rz. 1052 ff.
7 Zu Art. 29 EGBGB: *Kartzke*, ZfBR 1994, 1, 4; *Wenner*, BauR 1993, 257 (262) (Architektenvertrag); *von Bar*, II, Rz. 432; *Schröder/Wenner*, Internationales Vertragsrecht, 2. Aufl. (1998), Rz. 419 ff.; *Thode/Wenner*, Internationales Architekten- und Bauvertragsrecht (1998), Rz. 177 f.; *Thorn*, in: Palandt, Art. 29 EGBGB Rz. 3.
8 Zur Rechtsnatur von Architektenverträgen als Werkverträge vgl. etwa *Thode/Wirth/Kuffer*, Praxishandbuch Architektenrecht (2004), § 4 Rz. 1 ff.; *Löffelmann/Fleischmann*, Architektenrecht, 5. Aufl. (2007), Rz. 65–80 sowie *Werner/Pastor*, Der Bauprozess, 12. Aufl. (2008), Rz. 645–653, jeweils m. Nachw. der Rspr.; vgl. die Nachw. bei *Locher/Koeble/Frik*, HOAI, 9. Aufl. (2006), Einl. Rz. 5 ff. m. Nachw. d. Rspr.

unerheblich, weil Art. 29 Abs. 1 EGBGB wie auch die entsprechende Vorschrift für die internationale Zuständigkeit für Verbraucherverträge (Art. 15 Abs. 1 EuGVO, früher Art. 13 Abs. 1 Nr. 3 GVÜ) nach früheren Art. 36 EGBGB nicht unter Bezugnahme auf das nationale Recht, sondern als europäisches Einheitsrecht vertragsautonom auszulegen ist[1]. Wie der Begriff „Dienstleistung" auszulegen ist, bleibt seit Inkrafttreten der Rom I-VO dem EuGH gem. Art. 234 EG vorbehalten[2]. Bislang war der Begriff in Art. 29 EGBGB ebenso wie in Art. 13 Abs. 1 Nr. 3 GVÜ weit zu fassen[3].

II. Bauvertrag

1. Das Vertragsstatut

1084 Obwohl sich **internationale Bauverträge** immer mehr zu einer eigenständigen Vertragskategorie entwickeln, gelten für sie die gleichen Regeln wie für Werkverträge[4]. Solche Bauverträge stellen oft komplexe Vertragswerke dar. Sie sind wegen der Vielzahl der Beteiligten, des Langzeitcharakters, der nicht völlig überschaubaren Kosten sowie der Vielfalt der Vertragspflichten in hohem Maße konfliktanfällig.

In der Praxis wird neben einer **Schiedsklausel** häufig das **Recht des Auftraggebers** vereinbart[5]. Durch die Vereinbarung der VOB kann auf eine Rechtswahl iSv. Art. 3 Abs. 1 S. 1 Rom I-VO geschlossen werden, im Gegensatz zu Art. 27 Abs. 1 S. 2. EGBGB genügt jedoch nicht mehr, dass sich die Rechtswahl mit hinreichender Sicherheit aus dem Vertrag ergibt[6], sie muss sich nunmehr eindeutig aus dem Vertrag oder den Umständen ergeben.

Die Rom I-VO hat Fragen zur Anknüpfung bei fehlender Rechtswahl neu gestaltet. Art. 4 Abs. 1 lit. b iVm. Art. 19 Abs. 1 Rom I-VO geht nicht mehr von einer engeren Beziehung zum Recht des Baustellenlandes aus. Gleiches gilt für einen Vertrag, der mit einer **Tochtergesellschaft** des Bauunternehmens im Ausführungsland geschlossen und abgewickelt wird oder für den Fall, dass die Bauleitung von einer Zweigniederlassung aus zu erbringen ist. In Art. 19 Abs. 2 Rom I-VO wird hier klargestellt, dass der Ort des Aufenthalts iSv. Art. 4

---

1 BGH 26.10.1993, BGHZ 123, 380 (384 f.) = IPRax 1994, 449 (m. Aufs. *W. Lorenz*, IPRax 1994, 429) = JZ 1994, 363 Anm. *Fischer* = WuB IV E. Art. 29 EGBGB 1. 94 *Thode*; *Kartzke*, ZfBR 1994, 1 (4).
2 Vgl. *Thorn*, in: Palandt, Art. 36 EGBGB Rz. 2.
3 BGH 26.10.1993, BGHZ 123, 380 (384) f. = IPRax 1994, 449 (m. Aufs. *W. Lorenz*, IPRax 1994, 429) = JZ 1994, 363 Anm. *Fischer* = WuB IV E. Art. 29 EGBGB 1.94; *Kartzke*, ZfBR 1994, 1 (4); *Martiny*, in: MünchKomm, Art. 29 EGBGB Rz. 17.
4 So auch *Martiny*, in: MünchKomm, Art. 28 EGBGB Rz. 141; *Thorn*, in: Palandt, Art. 28 EGBGB Rz. 15; *Hohloch*, in: Erman, EGBGB Art. 28 EGBGB Rz. 39; *Markowsky*, Der Bauvertrag im internationalen Rechtsverkehr (1997), S. 40 ff.
5 *Wiegand*, in: Böckstiegel, S. 60; *Nicklisch*, Privatautonomie und Schiedsgerichtsbarkeit bei internationalen Bauverträgen, RIW 1991, 89.
6 Zu Art. 27 EGBGB *Hohloch*, in: Erman, Art. 28 EGBGB Rz. 39 mwN.; *Nicklisch*, IPRax 1987, 286.

Abs. 1 lit. b Rom I-VO mit dem Ort der Zweigniederlassung identisch ist[1]. Die Rom I-VO entspricht der bisherigen Rechtsprechung des Obersten Gerichtshofs (OGH) Österreichs[2] und des Bundesgerichtshofs[3]. Nach deren Ansicht war das **Recht der charakteristischen Leistung** (Art. 28 Abs. 2 S. 1 EGBGB) maßgeblich, wo auch immer das Bauwerk errichtet worden ist[4], weil der Vertrag weder ein dingliches Recht an einem Grundstück noch seine Nutzung iSd. Art. 28 Abs. 3 zum Gegenstand hat[5]. Hinzu kommt, dass sich die Leistung beim Bauvertrag im Allgemeinen nicht auf die Errichtung des Bauwerks selbst beschränkt, sondern vor allem beim Generalunternehmer viel umfassender ist (zB Planung, Transportleistungen). Die früher auch unter Anwendung des EGBGB vertretene Ansicht, bei fehlender Rechtswahl, insbesondere bei Verträgen über die Errichtung oder Ausbesserung von Gebäuden, das Recht des Baustellenlandes bzw. die lex rei sitae zu berücksichtigen[6], ist obsolet. Fielen der Ausführungsort und das am **Ort der Niederlassung des Bauunternehmers** geltende Recht auseinander, so sollte nach dieser Auffassung die Belegenheit regelmäßig den Ausschlag geben. Diese Ansicht ließ sich nur auf Art. 28 Abs. 5 EGBGB (= Art. 4 Abs. 5 EVÜ) stützen[7].

Das Vertragsstatut der charakteristischen Leistung, das Recht am Niederlassungsort des Bauunternehmers, regelt nicht die Frage, ob der Unternehmer **zwingende baurechtliche Vorschriften** oder zwingend geregelte technische Standards am Errichtungsort im Ausland einzuhalten hat, wenn die Parteien die Beachtung nicht vereinbart haben. Diese Frage ist regelmäßig in AGB näher geregelt[8].

1085

---

1 Noch unter Zugrundelegung von Art. 28 Abs. 2 S. 2 EGBGB: vgl. *Weigand*, in: Böckstiegel, S. 86; die Anknüpfung derartiger Verträge ist vom BGH bisher nicht entschieden worden.
2 Österreich. OGH 7.9.1994, IPRax 1995, 326 m. zust. Besprechung *W. Lorenz*, S. 329 f.; der Fall betraf einen Auftragnehmer mit Sitz in Deutschland, der Bauarbeiten für den Auftraggeber in Wien erbracht hatte.
3 BGH 25.2.1999, BauR 1999, 677 = ZfBR 1999, 208 = IPRax 2001, 331 (m. Aufs. *Pulkowski*, IPRax 2001, 306) = JuS 2000, 90 m. Anm. *Hohloch* = EWiR 1999, 505 *C. Wenner* (grenzüberschreitender Bauvertrag); BGH 27.2.2003, NJW 2003, 2020 m. Anm. *Wenner*, EWiR 2003, 421 (grenzüberschreitender Architektenvertrag).
4 *Schnitzer*, II S. 174; *Schnitzer*, Rec. des Cours 1968 I, 608; *Thode*, ZfBR 1989, 43 (47); *Kartzke*, ZfBR 1994, 1; *Frieling*, Kap. 12 Rz. 3; *Martiny*, in: MünchKomm, Art. 28 EGBGB Rz. 141; *Thorn*, in: Palandt, Art. 28 EGBGB Rz. 15.
5 Ebenso Bericht *Giuliano/Lagarde*, abgedruckt insbesondere ABl. EG 1980 Nr. C 282, S. 1 ff. Im Folgenden zitiert nach BT-Drucks. 10/503, S. 33 ff. = BR-Drucks. 224/83, S. 33 ff. (53); *Weigand*, in: Böckstiegel, S. 85 ff. sowie Art. 20 Nr. 2 jug. IPRG von 1982.
6 So *Kegel*, Gedächtnisschr. R. Schmidt (1966), S. 215 (223); *Schönberger-Jäggi*, Nr. 288; *Hök*, ZfBR 2008, 741; ebenso Art. 6 des Empfehlungsentwurfs für die Schiedsrichter der IHK, s. *Lando*, Festschr. Zweigert (1981), S. 157 (173).
7 Vgl. *von Hoffmann*, in: North, S. 227; *Rémery*, D. S. 1985 Chron. 258 ff.; *Kegel*, Gedächtnisschr. R. Schmidt (1966), S. 215 (223). Vgl. auch Cass. civ. 15.6.1982, Clunet 110 (1983), 602 krit. Anm. *Kahn* = D.S. 1983 I. R. 150 zust. Anm. *Audit* (Haftung eines in Köln niedergelassenen deutschen Architekten aus in Frankreich geschlossenem Vertrag über die Errichtung eines Hotelgebäudes auf Korsika. Im Wege objektiver Anknüpfung französ. Recht angewendet.).
8 Vgl. *Weigand*, in: Böckstiegel, S. 85.

Ohne eine derartige Vereinbarung findet Art. 9 Abs. 1 Rom I-VO Anwendung, der eng gefasst ist. Ob der Unternehmer nicht zwingend geregelte, am Errichtungsort allgemein übliche Standards beachten muss, ist nach dem für die Auslegung des Vertrages maßgeblichen Vertragsstatut zu ermitteln[1]. Es handelt sich insoweit nicht um Erfüllungsmodalitäten iSd. Art. 12 Abs. 2 Rom I-VO[2], so dass sie nicht gesondert an das Recht des Errichtungsortes angeknüpft werden können[3]. Nach Art. 34 EGBGB setzten sich früher Vorschriften des öffentlichen Bau- und Grundstücksrechts, Bauzulassungsnormen, zwingend geregelte technische Standards und Sicherungsvorschriften aufgrund einer Sonderanknüpfung für zwingendes Recht in der Bundesrepublik gegenüber dem fremden Vertragsstatut durch[4].

2. Das Statut von Sicherungsrechten

1086 Der Anspruch des Bauunternehmers auf Bewilligung einer **Sicherungshypothek**[5] (§ 648 BGB) ist ein schuldrechtlicher Anspruch auf Abgabe einer Willenserklärung[6], der dem Vertragsstatut folgt[7]. Art. 4 Abs. 1 lit. c Rom I-VO findet keine Anwendung, da der Vertrag kein dingliches Recht an einem Grundstück zum Gegenstand hat. Die Sicherstellungspflicht ist nur eine Folge der Vorleistung des Werkunternehmers[8].

Eine ähnliche Frage nach dem anzuwendenden Recht stellt sich bezüglich des **Pfandrechts** nach § 647 BGB. Die Frage, ob gesetzliche Pfandrechte sachenrechtlich oder schuldrechtlich zu qualifizieren sind oder gar eine Doppelqualifikation aufweisen, ist im Schrifttum umstritten und durch die Rechtsprechung[9] bisher nicht geklärt[10].

3. Internationale Formularklauseln

1087 Auf internationale Bauverträge finden häufig Formularbedingungen Anwendung, in erster Linie die vom Baugewerbe aufgestellten Internationalen Vertragsbindungen für Ingenieurarbeiten (sog. FIDIC-Conditions) der „Fédération

---

1 Vgl. unten zum Architektenvertrag Rz. 1094.
2 Noch zu Art. 32 Abs. 2 EGBGB: *Thode/Wenner*, Internationales Architekten- und Bauvertragsrecht (1998), Rz. 341 f.
3 Vgl. unten zum Architektenvertrag Rz. 1094.
4 Vgl. zu der entsprechenden Problematik beim Architektenvertrag unten Rz. 1094.
5 Vgl. auch *Kartzke*, ZfBR 1993, 205.
6 So auch OLG Köln 29.4.1983, IPRax 1985, 161.
7 *Thode/Wenner*, Internationales Architekten- und Bauvertragsrecht (1998), Rz. 411; vgl. auch *von Bar*, II Rz. 516; zu den inhaltlichen Voraussetzungen s. Rz. 1606 mwN.
8 Vgl. *Schröder*, Zur Anziehungskraft der Grundstücksbelegenheit im internationalen Privatrecht und Verfahrensrecht – zu OLG Köln 29.4.1983, IPRax 1985, 145 (147).
9 Vgl. den Nichtannahmebeschluss des BGH 2.7.1993, VII ZR 282/91, nicht veröffentlicht; vgl. hierzu im Einzelnen *Kartzke*, Unternehmerpfandrecht des Bauunternehmers nach § 647 BGB an beweglichen Sachen des Bestellers, ZfBR 1993, 205 (206 f.).
10 Vgl. hierzu im Einzelnen *Kartzke*, ZfBR 1993, 205 (206 f.).

Internationale des Ingénieurs Conseils" (FIDIC)[1]. Diese regeln jedoch die Frage des anwendbaren Rechts nicht[2]. Im Einzelnen finden Verwendung[3]:

- „Conditions of Contract for Construction for Building and Engineering Works Designed by the Employer: The Construction Contract" („Red Book"),

- „Conditions of Contract for Plant and Design-Build for Electrical and Mechanical Plant and for Building and Engineering Works Designed by the Contractor: The Plant and Design/Build Contract" („Yellow Book"),

- „Conditions of Contract for EPC/Turnkey Projects: The EPC/Turnkey Contract" („Silver Book")

- „Short Form of Contract – The Short Form" („Green Book") sowie

- Conditions of Subcontract for Works of Civil Engineering Construction.

III. Anlagenvertrag

Literatur: *Ayiter*, Verträge über die Errichtung von Industrie-Anlagen in rechtsvergleichender Betrachtung, Festschr. Wengler II (1973), S. 81; *Dünnweber*, Vertrag zur Erstellung einer schlüsselfertigen Industrieanlage im internationalen Wirtschaftsverkehr (1984); Industrieanlagenverträge und Betriebsveräußerungen nach französischem und deutschem Recht – Bericht über das 14. Gemeinsame Seminar der juristischen Fakultäten von Montpellier und Heidelberg (Montpellier 1984); *Goudsmit*, The EIC (European International Contractors) Turnkey Contract (Conditions for Design and Constract Projects), Int. Construction Law Rev. 12 (1995), 23; *Heller*, Rechtswahl und Schiedsklauseln im internationalen Industrieanlagenbau, in: Aicher (Hrsg.), Rechtsfragen des nationalen und internationalen Industrieanlagenbaus (Wien 1991); *Joussen*, Der Industrieanlagen-Vertrag, 2. Aufl. (1996); *Reidiess*, Die Regelung der Rechtsfolgen bei Leistungsstörungen in einem Vertrag zur Erstellung einer schlüsselfertigen industriellen Großanlage im Ausland (1985); *Tiling*, Vertragsgestaltung im Industrieanlagenexport, RIW 1986, 91; *Vetter*, Gefahrtragung beim grenzüberschreitenden Industrieanlagen-Vertrag, RIW 1984, 170; *Vetter*, Subunternehmerverträge im internationalen Industrieanlagengeschäft; Aspekte der Risikodurchstellung und Risikoverlagerung, RIW 1986, 81; *Walde/Berlinghoff*, Das

---

[1] Bezugsquelle für diese Formularbedingungen: FIDIC, Postfach 86, CH-1000 Lausanne.

[2] Vgl. *Weigand*, in: Böckstiegel, S. 79 f.

[3] Näher dazu: *Wallace*, The Intern Civil Engineering Contract (London 1974), Suppl. 1980; *Goudsmit*, The FIDIC Conditions in Legal Perspective, I.C.L.F.Rev. 1980, 607; *Gaede*, Observations on the 1980 Edition of the FIDIC-Electrical and Mechanical Conditions of Contract, Int.Bus.Lawyer 10 (1982), 269; *Goedel*, Die FiDIC-Bauvertragsbedingungen im internationalen Baurecht, RIW 1982, 81; *Goedel*, Die FIDIC-Bauvertragsbestimmungen im internationalen Bauvertragsrecht, RIW 1982, 81; *Goedel*, in: Böckstiegel, S. 33; *Meopham*, FIDIC Conditions of Contract (London 1986); *Seppala*, The New FIDIC International Civil Engeneering Subcontract, Int.Constr.L.Rev. 12 (1995), 5; *Wiegand*, „Adjudication" – eine beschleunigte außergerichtliche Streiterledigung im englischen Baurecht und im internationalen FIDIC-Standardvertragsrecht, RIW 2000, 197; *Mallmann*, Neue FIDIC-Standardbedingungen für Bau- und Anlagenverträge, RIW 2000, 532; *Atzpodien/Müller*, Die FIDIC–Standardbedingungen als Vorlage für europäische AGB im Bereich des Industrieanlagen-Vertragsrechts, RIW 2006, 331.

Auslandsgeschäft mit Industrieanlagen (1967); *Widmann,* Handbuch des Investitionsgüter- und Industrieanlagen-Exports (1977); *Winter,* A Contract for the International Sale of a Plant, J.W.T.L. 1 (1967), 632.

1088 Für den heute vermehrt abgeschlossenen Anlagenvertrag, der vor allem bei der Errichtung ganzer Industrieanlagen eine Fülle komplexer Verpflichtungen beider Vertragsparteien umfasst, haben sich noch keine internationalprivatrechtlichen Regeln herausgebildet[1]. Das anwendbare Recht wird *regelmäßig vereinbart*[2]. Ist der Auftraggeber eine staatliche Partei, wird sie versuchen, die Anwendung ihrer Rechtsordnung durchzusetzen. Damit keine der Vertragsparteien bevorzugt wird, kommt häufig die Rechtsordnung eines dritten Landes, ein **„neutrales" Recht** zur Anwendung. Dies ist zulässig[3]. Für Anlagenverträge gilt ebenfalls vorrangig die Anknüpfungsregelung des Art. 4 Abs. 1 lit. b Rom I-VO[4]. Anlagenverträge weisen im Regelfall im Vergleich zu komplexen Bauverträgen keine Besonderheiten auf, so dass eine Anknüpfung an den Ort der Errichtung der Anlage gem. Art. 4 Abs. 3 oder Abs. 4 Rom I-VO nicht gerechtfertigt ist. In der Praxis wird beispielsweise schweizerisches oder auch – vor allem früher im Osthandel[5] – schwedisches Recht vereinbart[6]. Die Rechtswahlklauseln stellen regelmäßig zwingendes Recht am Errichtungsort in Rechnung. So heißt es etwa in Art. 29 eines UNIDO-Modellvertrags[7], dass die Rechtswahl in Einklang mit dem Recht des Lageortes der Industrieanlage erfolgt. Der Auftragnehmer ist gehalten, alle am Errichtungsort geltenden Vorschriften einzuhalten. Das materielle Recht regelt den Anlagenvertrag regelmäßig nicht als besonderen Vertragstyp[8].

Bei fehlender Rechtswahl besteht die gleiche Anknüpfungsproblematik wie bei Werkverträgen allgemein[9]. Eine Anknüpfung an die charakteristische Leistung nach Art. 4 Abs. 1 lit. b Rom I-VO[10] würde zur Anwendung am Sitz des

---

1 *Dünnweber,* S. 144 f.; *Joussen,* S. 380 ff.; *Martiny,* in: MünchKomm, Art. 28 EGBGB Rz. 196 mwN.; zur Frage der Lückenschließung, wenn ein Vertrag ein Problem nicht regelt und auch das vereinbarte „proper law" nicht geeignet erscheint, eine Lösung anzubieten, vgl. *Schrödermeier,* Sonderprivatrecht für internationale Wirtschaftsverträge (Diss. Köln 1989).
2 Vgl. *Hohloch,* in: Erman, Art. 28 EGBGB Rz. 39 mwN.
3 Vgl. Näheres oben Rz. 94.
4 Noch zu Art. 28 Abs. 2 EGBGB *Thode/Wenner,* Internationales Architekten- und Bauvertragsrecht (1998), Rz. 310 ff.; aA *Hohloch,* in: Erman, Art. 28 EGBGB Rz. 39.
5 Ob es bei dieser Rechtswahl zukünftig bleiben wird, ist aus zwei Gründen sehr zweifelhaft: Zum einen führen die politischen Veränderungen im Ostblock auch zu einer Veränderung des Rechtssystems, zum anderen wird durch die Integration Schwedens in die Europäische Union dessen Rechtssystem dem der übrigen EU-Mitgliedstaaten angenähert; vgl. hierzu *Mindach,* ROW 1995, 159 ff. Vgl. zum alten Stand: *Krumm,* Anlagenverträge im Osthandel – Probleme beim Abschluss von Anlagenverträgen mit Partnern aus den Staatshandelsländern des RGW (1987).
6 Vgl. *Dünnweber,* S. 144 f.
7 Model Form of Turnkey Lump Sum Contract for the Construction of a Fertilizer Plant; Text: *Dünnweber,* S. 171 ff.
8 Anders früher §§ 88–97 DDR-GIW.
9 Vgl. Näheres oben Rz. 1084.
10 Missverstanden zum EGBGB bei *Joussen,* S. 382.

beauftragen Unternehmens führen[1]. Doch besteht hier ein noch größerer faktischer Druck in Richtung auf **das Recht am Sitz des Auftraggebers**[2] oder das **Recht am Ort der Errichtung der Anlage**[3] (was normalerweise zusammenfällt).

IV. Architektenvertrag

1. Das Vertragsstatut

Die Parteien eines grenzüberschreitenden Architektenvertrages[4] können im Rahmen der kollisionsrechtlichen **Parteiautonomie** des deutschen internationalen Schuldvertragsrechts[5] das auf den Vertrag anwendbare Recht nach Art. 3 Abs. 1 Rom I-VO wählen[6]. Diese **Rechtswahlfreiheit** steht den Vertragsparteien unabhängig davon zu, ob der Architektenvertrag nach deutschem materiellen Recht als Werk- oder Dienstvertrag einzuordnen ist[7]. Die Wahl kann ausdrücklich oder konkludent erfolgen. Welche Umstände hinreichende Indizien dafür sind, dass die Parteien durch rechtsgeschäftliche Willenserklärungen konkludent eine Rechtswahl getroffen haben[8], hängt von den Umständen des Einzelfalles, vor allem von der Zahl und der Bedeutung der relevanten Indizien ab[9]. Hinweise in einem internationalen Architektenvertrag beispielsweise auf deutsches öffentliches Baurecht oder die HOAI[10] begründen jedenfalls dann keine hinreichenden Indizien für die konkludente Wahl des deutschen Schuldstatuts, wenn die herangezogenen Normen als zwingende Normen ohnehin auf das Vertragsverhältnis anwendbar sind[11]. Die ausdrückliche oder konkludente Rechtswahl kann auch nachträglich erfolgen (vgl. oben Rz. 130 f.). Die von der Rechtsprechung entwickelten und bis in jüngste Zeit bestätigten Grundsätze zur sogenannten **hypothetischen Rechtswahl,** vor allem durch Pro-

1089

---

1 So OLG Hamm 25.11.1992, OLGR Hamm 1993, 161 zu Art. 28 Abs. 2 EGBGB.
2 So zB § 12 Abs. 1 lit. c DDR-RAnwG.
3 So auch zum EGBGB *Hohloch*, in: Erman, Art. 28 EGBGB Rz. 39.
4 Zum Erfordernis der Auslandsberührung vgl. oben Rz. 45.
5 *Martiny*, in: MünchKomm, Art. 27 EGBGB Rz. 8–13; *Thode*, in: MünchKomm, § 305 BGB Rz. 47; *Thode/Wenner*, Internationales Architekten- und Bauvertragsrecht (1998), Rz. 40; vgl. oben Rz. 85 f.
6 Vgl. BGH 27.2.2003, NJW 2003, 2020.
7 Vgl. etwa *Löffelmann/Fleischmann*, Architektenrecht, 5. Aufl. (2007), Rz. 65–80 sowie *Werner/Pastor*, Der Bauprozess, 12. Aufl. (2008), Rz. 645–653, jeweils m. Nachw. der Rspr.
8 Zum rechtsgeschäftlichen Charakter der konkludenten Rechtswahl vgl. etwa *Martiny*, in: MünchKomm, Art. 27 EGBGB Rz. 45 f.; *Thorn*, in: Palandt, Art. 27 EGBGB Rz. 5; vgl. oben Rz. 113.
9 Vgl. etwa *Steinle*, Konkludente Rechtswahl und objektive Anknüpfung nach altem und neuem deutschen Internationalen Vertragsrecht, ZvglRW 93 (1994), 300 (310 ff.); *Martiny*, in: MünchKomm, Art. 27 EGBGB Rz. 45–66; *Thorn*, in: Palandt, Art. 27 EGBGB Rz. 6; vgl. oben Rz. 113 ff.
10 Näheres zur Geltung der HOAI unten Rz. 1096.
11 BGH 7.12.2000, BauR 2001, 979 = ZfBR 2001, 309 = NZBau 2001, 333 = EWiR 2001, 625 *C.Wenner*; *Thode/Wenner*, Internationales Architekten- und Bauvertragsrecht (1998), Rz. 90; *Martiny*, in: MünchKomm, Art. 27 EGBGB Rz. 60; vgl. oben Rz. 125.

zessverhalten[1], sind mit Art. 3 Abs. 1 Rom I-VO, der durch Verwendung der Begriffe „ausdrücklich" und „eindeutig" die Anforderungen an die Rechtswahl erhöht hat, nicht vereinbar. Ebenso wenig vereinbar waren sie bereits früher mit Art. 27 Abs. 1 S. 2 EGBGB, weil die Vorschrift für die konkludente Rechtswahl eine rechtsgeschäftliche Vereinbarung über das anwendbare Recht erforderte[2].

1090 **Fehlt es an einer Rechtswahl**, enthält Art. 4 Abs. 1 lit. b Rom I-VO eine eigene Bestimmung für die objektive Anknüpfung an den Architektenvertrag. Danach unterliegt der Architektenvertrag dem Recht des Staates, in dem der Dienstleister seinen gewöhnlichen Aufenthalt hat, somit gem. Art. 19 Rom I-VO dem Ort der Hauptniederlassung[3]. Diese Anknüpfung gilt nach Art. 4 Abs. 3 Rom I-VO nicht in den Fällen, in denen sich aus der Gesamtheit der Umstände ergibt, dass der Vertrag eine engere Beziehung zu einem anderen Staat aufweist[4]. Die noch zum EGBGB im Schrifttum vertretene Ansicht[5], dass die Beziehung des Architektenvertrages zum Ort der Baustelle allein genügt, um nach Art. 28 Abs. 5 EGBGB die Anwendbarkeit des Rechts der Baustelle zu begründen, entsprach nicht dem Verhältnis der Vermutungsregelungen des Art. 28 Abs. 2 und Abs. 5 EGBGB[6] und findet in der Rom I-VO keine Stütze, obschon durch die Ausweichklausel in Art. 4 Abs. 3 und 4 Rom I-VO die Möglichkeit eingeräumt wird, von der Rigidität der Anknüpfungsregel des Art. 4

---

1 *Schröder/Wenner*, Internationales Vertragsrecht, 2. Aufl. (1998), Rz. 99; *Thode/Wenner*, Internationales Architekten- und Bauvertragsrecht (1998), Rz. 99; *Wenner*, BauR 1993, 257 (260); vgl. BGH 5.10.1993, NJW 1994, 187 (188) Anm. *Thode*, WuB IV A. § 817 BGB 2.94 mwN., weitere Beispiele bei *Steinle*, Konkludente Rechtswahl und objektive Anknüpfung nach altem und neuem deutschen Internationalen Vertragsrecht, ZvglRW 93 (1994), 304 ff.
2 Vgl. etwa *Martiny*, in: MünchKomm, Art. 27 EGBGB Rz. 53 ff.; *Thorn*, in: Palandt, Art. 27 EGBGB Rz. 7 sowie *Hartmann*, Die neue Honorarordnung bei Architekten und Ingenieuren (HOAI), Stand März 1996, Bd. 1 Teil 4 Kap. 2 § 1 S. 18.
3 Auch nach dem EGBGB unterlag im Regelfall ein internationaler Architektenvertrag nach der Vermutungsregelung des Art. 28 Abs. 2 EGBGB dem Recht des Staates, in dem der Architekt als Schuldner der für den Vertrag charakteristischen Leistung im Zeitpunkt des Vertragsabschlusses seinen gewöhnlichen Aufenthalt bzw. seine Niederlassung hat, vgl. *Wenner*, BauR 1993, 257 (260 f.); *Thode/Wenner*, Internationales Architekten- und Bauvertragsrecht (1998), Rz. 2476 ff.; *Großcurth*, in: Handbuch des Architektenrechts, 3. Aufl., Band 1 (Stand April 2008), II Rz. 49 ff.; *Thode/Wenner*, Internationales Architekten- und Bauvertragsrecht (1998), Rz. 40; *Hartmann*, Die neue Honorarordnung bei Architekten und Ingenieuren (HOAI), Stand März 1996, Bd. 1, Teil 4 Kap. 2 § 1 S. 19; *Locher/Koeble/Frik*, HOAI, 9. Aufl. (2005), § 1 Rz. 27; *Pott/Dahlhoff*, HOAI, 8. Aufl. (2006), § 1 Rz. 20; *Korbion/Mantscheff/Vygen*, HOAI, 6. Aufl. (2004), § 1 Rz. 47; *Motzke/Wolff*, Praxis der HOAI, 3. Aufl. (2004), 105 ff., 119 ff.; *Löffelmann/Fleischmann*, Architektenrecht, 5. Aufl. (2007), Rz. 10 f.
4 Zum Verhältnis der Vermutungsregelung des Art. 28 Abs. 2 EGBGB zur sog. Ausweichklausel des Art. 28 Abs. 5 EGBGB vgl. etwa *Kropholler*, IPR, S. 445 ff.; *Martiny*, in: MünchKomm, Art. 28 EGBGB Rz. 108 sowie oben Rz. 169 ff.
5 *Motzke/Wolff*, Praxis der HOAI, 3. Aufl. (2004), 107 ff., 119 ff.; *Hök*, ZfBR 2008, 741.
6 Vgl. etwa *Kropholler*, IPR, S. 445 ff.; *Martiny*, in: MünchKomm, Art. 28 EGBGB Rz. 108; so auch *Hartmann*, Die neue Honorarordnung bei Architekten und Ingenieuren (HOAI), Stand März 1996, Bd. 1, Teil 4 Kap. 2 § 1 S. 18.

Abs. 1 Rom I-VO im Einzelfall abzuweichen[1]. Die Ausweichregel des Art. 4 Abs. 3 Rom I-VO ist nur dann anwendbar, wenn der Sachverhalt, abgesehen von der Baustelle im Ausland, weitere gewichtige Umstände aufweist, die für eine engere Beziehung zur Rechtsordnung des Baustellenlandes sprechen als zu der nach Art. 4 Abs. 1 lit. b Rom I-VO berufenen Rechtsordnung[2]. Der Umstand, dass der Architekt beispielsweise das Bauordnungsrecht des Baustellenlandes oder zwingend geregelte Qualitäts- und Sicherheitsstandards beachten muss, rechtfertigt, wie auch bei Bauverträgen (s. oben Rz. 1084), nicht die Anwendbarkeit des Art. 4 Abs. 3 Rom I-VO. Erbringt der Architekt für ein ausländisches Bauvorhaben lediglich oder im Wesentlichen Leistungen der Objektüberwachung und entfaltet er seine Tätigkeit in einem im Land der Baustelle errichteten Büro, dann sieht Art. 19 Abs. 2 Rom I-VO vor, dass der gewöhnliche Aufenthalt gleich dem Ort ist, in dem sich die sonstige Niederlassung befindet und somit das Recht des Baustellenlandes als Schuldstatut anzuwenden ist[3].

2. Umfang und Grenzen des Vertragsstatuts

Das **Vertragsstatut** gilt grundsätzlich für das Zustandekommen des **Verweisungsvertrages**, der Vereinbarung über das anwendbare Recht, und das Zustandekommen des **Hauptvertrages**[4] sowie hinsichtlich des Hauptvertrages für die Auslegung, den Inhalt der Verpflichtungen, für deren Abwicklung und Erlöschen, für die Voraussetzungen und Folgen von Leistungsstörungen, für die Verjährung sowie die sich aus dem Ablauf einer Frist ergebenden Rechtsverluste[5]. 1091

Eine **Ausnahmeregelung** in der Form einer Sonderanknüpfung enthält Art. 10 Abs. 2 Rom I-VO für die in der Praxis bedeutsame Frage, unter welchen Voraussetzungen das **Schweigen** einer Partei im Falle eines Distanzgeschäftes zu einem Vertragsabschluss führen kann[6]. Die Beurteilung des Schweigens richtet sich grundsätzlich nach dem Vertragsstatut. Erkennt das Vertragsstatut dem Schweigen keine rechtsgeschäftliche Bindung zu, kommt es auf die Ausnahmevorschrift des Art. 10 Abs. 2 Rom I-VO nicht mehr an. Wenn das Schweigen der Partei, die ihren Aufenthalt nicht im Geltungsbereich des hypothetischen Vertragsstatuts hat, nach dem Vertragsstatut eine vertragliche Bindung zur Folge hat, ist unter besonderen Umständen das Aufenthaltsrecht der schweigenden Partei kumulativ neben dem Vertragsstatut zu berücksichtigen. Versagt das Aufenthaltsrecht dem Schweigen eine rechtsgeschäftliche Bedeutung, kommt der Vertrag nicht zustande (vgl. oben Rz. 267 f.). 1092

---

1 Vgl. oben Martiny Rz. 171.
2 Noch zu Art. 28 Abs. 2 EGBGB: *Wenner*, BauR 1993, 257 (260 f.); *Hartmann*, Die neue Honorarordnung bei Architekten und Ingenieuren (HOAI), Stand März 1996, Bd. 1, Teil 4 Kap. 2 § 1 S. 18.
3 Die Lösung über Art. 28 Abs. 5 EGBGB (vgl. *Wenner*, BauR 1993, 257 [260]) ist somit direkt durch die Rom I-VO bestimmt.
4 *Martiny*, in: MünchKomm, Art. 31 Rz. 20; vgl. oben Rz. 85 ff.
5 BGH 27.2.2003, BGHZ 154, 110: vgl. näher hierzu *Martiny*, in: MünchKomm, Art. 32 EGBGB Rz. 1 ff.; *Thorn*, in: Palandt, Art. 32 EGBGB Rz. 1 ff. sowie oben Rz. 320 ff.
6 *Martiny*, in MünchKomm, Art. 31 Rz. 143; vgl. oben Rz. 267 ff.

1093 Der Anspruch des Architekten auf eine **Sicherungshypothek** richtet sich nach dem Vertragsstatut[1]. Ob, unter welchen Voraussetzungen, in welcher Form und mit welchem Inhalt die Sicherung bei einem in einem fremden Staat belegenen Grundstück eingetragen wird, entscheidet das Recht des Belegenheitsortes[2].

Bei der Durchführung von Architektenverträgen stellt sich häufig die Frage, ob und in welchem Umfang der Architekt befugt ist, seinen Auftraggeber zu vertreten[3]. Diese Frage richtet sich gem. Art. 1 Abs. 2 lit. g Rom I-VO nicht nach dem Vertragsstatut, die **Vollmacht** ist gesondert anzuknüpfen[4]. Die Vollmacht, ihre wirksame Erteilung, ihre Gültigkeit, Auslegung, Umfang und Dauer sowie ihr Erlöschen werden grundsätzlich nach dem Recht des Landes beurteilt, in dem sie nach dem Willen des Vollmachtgebers ihre Wirkung entfalten soll[5].

1094 Die **Beachtung zwingender Vorschriften** des Bauordnungsrechts und zwingend geregelter Qualitäts- und Sicherheitsstandards ist bei einem Bauvorhaben in der Bundesrepublik durch die Sonderanknüpfung des Art. 9 Rom I-VO gesichert[6]. Diese Vorschriften sind von einem Architekten auch dann zu beachten, wenn der Architektenvertrag einem fremden Schuldstatut unterliegt. Ob ein Architekt technische Standards, wie beispielsweise DIN-Vorschriften, deren Beachtung nicht zwingend vorgeschrieben, jedoch am Ort des Bauvorhabens üblich ist, einhalten muss, entscheidet das Schuldstatut und nicht das Recht des Baustellenortes, weil es sich um die Bestimmung des Vertragsinhalts handelt. Wenn die Parteien keine Vereinbarung über die technischen Standards getroffen haben, ist im Wege der Auslegung auf der Grundlage des maßgeblichen Schuldstatuts[7] zu ermitteln, ob der Architekt die Beachtung der am Baustellenort üblichen Standards schuldet[8]. Die Berücksichtigung der am Ort des Bauvorhabens üblichen Standards im Wege einer Sonderanknüpfung nach Art. 12 Abs. 2 Rom I-VO[9] hätte zur Folge, dass im Einzelfall das Vertragsstatut zugunsten des Rechts des Baustellenortes verdrängt und möglicherweise das vereinbarte Äquivalenzverhältnis von Leistung und Gegenleistung gestört würde.

---

1 Zu den beim Bauvertrag geltenden entsprechenden Grundsätzen vgl. oben Rz. 1086; vgl. auch *Yazdani*, Das Internationale Bauprojekt und der Sicherungsanspruch des Auftragnehmers nach deutschem Recht, RIW 2001, 124.
2 *von Bar*, II Rz. 516, 571; *Kreuzer*, in: MünchKomm, nach Art. 28 EGBGB Rz. 194; vgl. unten Rz. 1533.
3 Zum deutschen Recht vgl. etwa *Werner/Pastor*, Der Bauprozess, 12. Aufl. (2008), Rz. 1064–1088 mwN. unter Verwendung des irreführenden und dogmatisch widersprüchlichen Begriffes einer originären rechtsgeschäftlichen Vollmacht.
4 Vgl. *Thorn*, in: Palandt, Anh. zu Art. 32 Rz. 1.
5 *Schröder/Wenner*, Internationales Vertragsrecht, 2. Aufl. (1998), Rz. 557 ff.; st. Rspr. des BGH, vgl. etwa BGH 17.11.1994, WM 1995, 124 (126) m. Anm. *Mankowski*, WuB IV B Art. 34 EGBGB 1.95; *von Bar*, II Rz. 585–594; *Kropholler*, IPR, S. 295–301; *Spellenberg*, in: MünchKomm, vor Art. 11 EGBGB Rz. 180 ff.; zu den entsprechenden Problemen beim Bauvertrag vgl. oben Rz. 1084.
6 Zum EGBGB: *Martiny*, in: MünchKomm, Art. 28 EGBGB Rz. 190.
7 *von Bar*, II Rz. 539; *Martiny*, in: MünchKomm, Art. 32 EGBGB Rz. 7–9; vgl. oben Rz. 307 ff.
8 S. zum Bauvertrag oben Rz. 1084.
9 Diese Ansicht vertritt wohl noch zum EGBGB *Martiny*, in: MünchKomm, Art. 28 EGBGB Rz. 190; zum Bauvertrag vgl. oben Rz. 1084.

3. Rechtswahlbeschränkungen

Die Rechtswahl bei Architektenverträgen wird nach Art. 6 Abs. 1 Rom I-VO unter den gleichen Voraussetzungen eingeschränkt wie bei Werkverträgen (vgl. oben Rz. 1083). Handelt es sich um einen sog. **Inlandsfall**, dann unterliegt die Rechtswahlfreiheit den Beschränkungen des Art. 3 Abs. 3 Rom I-VO[1]. Ein derartiger Inlandsfall liegt vor, wenn Auftraggeber und Architekt im Inland ansässig sind und der Architektenvertrag sich auf ein im Inland belegenes Bauvorhaben bezieht.

1095

4. Die Geltung der HOAI

Durch die neue HOAI 2009[2] stellt sich die Problematik der HOAI für **internationale Architektenverträge** nicht mehr in der bisherigen Form. Gem. § 1 HOAI 2009 gilt die Verordnung nur für die Berechnung der Entgelte für die Leistungen der Architekten und Architektinnen und der Ingenieure und Ingenieurinnen mit **Sitz im Inland**. Es ist ohne Bedeutung, welcher Nationalität diese Personen sind. Notwendig wurde die Neufassung der HOAI, um zum Zeitpunkt der Umsetzung der **EU-Dienstleistungsrichtlinie**[3] am 28.12.2009 (Art. 44 Dienstleistungsrichtlinie)[4] mit dem **EG-Recht** vereinbar zu sein.

1096

In der Vergangenheit war vor allem die für internationale Architektenverträge im Hinblick auf den Wettbewerb deutscher und ausländischer Architekten auf dem deutschen und ausländischen Markt bedeutsame Frage nach der Geltung der HOAI bis zur ersten Grundsatzentscheidung des Bundesgerichtshofes zum Verhältnis des Vertragsstatuts zur HOAI[5] weitgehend ungeklärt. Im Schrifttum hatten sich nur einige wenige Autoren mit diesem Problem befasst und die Frage mit durchweg unbefriedigender Begründung teilweise unterschiedlich beantwortet[6]. Von der Mehrheit der Autoren wurde die HOAI dem Schuldstatut zugeordnet, so dass die Anwendbarkeit der HOAI nach dem Art. 34 EGBGB (jetzt Art. 3 f. Rom I-VO) zu beurteilen war[7]. Eine Mindermeinung ver-

1097

---

1 Noch zu Art. 27 Abs. 3 EGBGB: *von Bar*, I Rz. 540; *Kropholler*, IPR, S. 291; *Martiny*, in: MünchKomm, Art. 27 Rz. 87–99; *Thorn*, in: Palandt, Art. 27 EGBGB Rz. 4; vgl. oben Rz. 45.
2 Am 12.6.2009 beschloss der Bundesrat die Neufassung der HOAI.
3 Richtlinie 2006/123/EG des Europäischen Parlaments und Rates vom 12.12.2006 über Dienstleistungen im Binnenmarkt, ABl. EG 2006 Nr. L 376, S. 36 (http://eur-lex.europa.eu).
4 Vgl. *Schlachter/Ohler*, Europäische Dienstleistungsrichtlinie (2008); *Schliesky/Luch*, WiVerw 2008, 151; *Kampf*, EU-Dienstleistungsrichtlinie und Kollisionsrecht, IPRax 2008, 101.
5 Zur alten HOAI: BGH 27.2.2003, BGHZ 154, 110 = NJW 2003, 2020; Anm. *Wenner*, EWiR 2003, 421.
6 Vgl. die krit. Übersicht bei *Wenner*, BauR 1993, 257 (263 ff.) ;*Thode/Wenner*, Internationales Architekten- und Bauvertragsrecht, Rz. 90, 128; *Hartmann*, S. 17 f., stellt zutreffend fest, dass die Problematik grenzüberschreitender Architektenverträge im Fachschrifttum bisher vernachlässigt worden ist.
7 Noch zu Art. 27 f. EGBGB: *Magnus*, in: Staudinger, Art. 34 Rz. 94; *Korbion/Mantscheff/Vygen*, HOAI, 6. Aufl. (2004), § 1 Rz. 47; *Löffelmann/Fleischmann*, Architek-

trat die Auffassung, dass die Vorschriften der HOAI als zwingendes Preisrecht von Art. 34 EGBGB erfasst worden sind[1]. Zu der weiteren Frage, welchen Inlandsbezug ein Sachverhalt aufweisen muss, damit die HOAI als zwingendes Recht iSd. Art. 34 EGBGB anwendbar ist[2], gab es nur einige wenige Überlegungen[3]. Der Bundesgerichtshof hatte (noch zum EGBGB) einige der bisher offenen Fragen zum Verhältnis des Vertragsstatuts zur HOAI geklärt[4]. Die HOAI unterlag, da sie als öffentlich-rechtliche Verordnung zwingendes Preisrecht regelt[5], nicht dem Vertragsstatut (Art. 32 EGBGB), so dass die Rechtswahl gem. Art. 27 Abs. 1 EGBGB die Regelungen der HOAI nicht erfasste. Die Mindestsatzfiktion des § 4 HOAI war als zwingende Regelung iSd. Art. 34 EGBGB auf grenzüberschreitende Architekten- und Ingenieurverträge anwendbar, die den Architekten oder Ingenieur, der seinen Sitz im Ausland hat, verpflichteten, für ein inländisches Bauvorhaben Leistungen zu erbringen. Bei sog. *Inlandsfällen* hatte die Rechtswahlbeschränkung des Art. 27 Abs. 3 EGBGB (vgl. oben Rz. 1123 zu Art. 3 Abs. 3 Rom I-VO) zur Folge, dass die HOAI auch dann gilt, wenn die Parteien ein fremdes Schuldstatut gewählt haben.

1098 Ziel der neu gefassten HOAI ist es unter anderem, bei grenzüberschreitenden Architektenverträgen die Dienstleistungsrichtlinie umzusetzen. Diese verlangt in Art. 15 Abs. 2 lit. g von den Mitgliedstaaten die Prüfung, ob ihre Rechtsordnung eine Dienstleistungstätigkeit von Mindest- und/oder Höchstpreisen abhängig macht. Die HOAI 2009 gestattet es Architekten mit Sitz im EU-Ausland, in Deutschland tätig zu werden, ohne Mindest- und Höchstsätze beachten zu müssen.

1099 Umgekehrt führt die neue HOAI dazu, dass Architekten (auch aus dem EU-Ausland) mit Sitz im Inland an die Regelungen der HOAI gebunden sind. Diese Verpflichtung kann einen Wettbewerbsnachteil mit sich bringen, der eine **Inländerdiskriminierung**[6] darstellt. Einschränkungen der Niederlassungsfreiheit

---

tenrecht, 5. Aufl. (2007), Rz. 11; widersprüchlich *Groscurth*, in: Handbuch des Architektenvertrags, 2. Aufl., Band 1 (Stand April 2008), II Rz. 50, 118, der die HOAI sowohl dem Vertragsstatut als auch Art. 34 EGBGB zuordnet.

1 Zum EGBGB: *Messerschmidt/Voit-Freitag*, Privates Baurecht, P 70 ff.; *Wenner*, RIW 1998, 173; *Thode/Wenner*, Internationales Architekten- und Bauvertragsrecht, Rz. 90, 240 ff.; *Wenner*, BauR 1993, 257 (263 ff.); *Locher/Koeble/Frik*, Kommentar zur HOAI, 9. Aufl. (2005), § 1 Rz. 19; *Hartmann*, Die neue Honorarordnung bei Architekten und Ingenieuren (HOAI), Stand März 1996, Bd. 1 Teil 4 Kap. 2 § 1 S. 21; trotz der Zuordnung der HOAI als zwingendes Preisrecht vertritt *Hartmann* die Ansicht, dass mit der Geltung deutschen Vertragsrechts aufgrund einer Rechtswahl oder aufgrund objektiver Anknüpfung automatisch auch die HOAI gilt, S. 17–20.
2 Zum erforderlichen Inlandsbezug vgl. *Kropholler*, IPR, S. 475 ff.; vgl. oben Rz. 401.
3 Vgl. die Vorschläge bei *Wenner*, BauR 1993, 257 (267 f.); *Wenner*, in: Festschr. Thode, S. 668 ff.
4 BGH 27.2.2003, BGHZ 154, 110.
5 BGH 24.10.1996, BGHZ 133, 399 = BauR 1997, 157 = ZfBR 1997, 74 = ZfIR 1997, 21.
6 Vgl. die Rechtsprechung des EuGH in den Entscheidungen im Fal Steen betreffend die Bundesrepublik Deutschland: 18.1.1992, Slg. I 1992, 341 = EuZW 1992, 189; 30.3.1994, JZ 1994, 1061.

müssen erforderlich und verhältnismäßig sein. Hieran bestehen Zweifel[1], da in der EU nur Deutschland zwingende Mindestpreise vorschreibt und die EU-Kommission dem Argument des BVerfG[2], ein Mindestpreis stelle zur Sicherung und Verbesserung der Qualität der Tätigkeit von Architekten ein legitimes Ziel dar, nicht gefolgt ist[3]. § 1 HOAI 2009 bezieht sich auch auf Leistungen, die „vom Inland aus erbracht werden"[4]. Diese unter die negative Dienstleistungsfreiheit fallenden Leistungen begegnen den gleichen Zweifeln.

Hinsichtlich der **Niederlassungsfreiheit** ist die Rechtslage nicht anders zu beurteilen[5]. Architekten mit Sitz in Deutschland könnten unter Berufung auf Art. 12 GG hiergegen vorgehen, da Art. 12 GG auch die Freiheit umfasst, Entgelte selbst festzusetzen und auszuhandeln[6]. Gem. Art. 12 EG fallen auch EU-Ausländer unter den Schutz von Art. 12 GG, obschon dort nur Deutsche erwähnt werden[7]. Ob der Gleichheitsgrundsatz aus Art. 3 GG auch auf die Inländerdiskriminierung anwendbar ist, hat das BVerfG bisher offengelassen, hält es aber für möglich[8]. Für einen EU-Ausländer, der in Deutschland ein Bauwerk errichtet, ergeben sich die gleichen Fragen wie oben bezüglich eines deutschen Auftraggebers, die Anwendbarkeit der HOAI richtet sich ausschließlich nach dem Sitz des Auftragnehmers[9].

V. Zusammenfassung mit Handlungsanleitung

1. Zu den Werkverträgen im Allgemeinen

a) Beim Abschluss grenzüberschreitender Werk- und Architektenverträge sollten die Parteien eine Rechtswahl und eine dem gewählten Recht entsprechende Gerichtsstandsvereinbarung (vgl. unten Rz. 116 f.) treffen. Die Vereinbarung eines Erfüllungsortes zur Begründung der internationalen Zu-

1100

---

[1] Vgl. etwa *Bröhmer*, in: Calliess/Ruffert (Hrsg.), EUV/EGV, 3. Aufl. (2007), Art. 43 Rz. 20 ff.; *Schauer*, in: Lenz (Hrsg.), EGV-Kommentar, 2. Aufl., Art. 43 Rz. 4 ff., jeweils mwN.; jetzt std. Rspr. vgl. *Randelzhofer/Forsthoff*, in: Grabitz/Hilf, Art. 39 Rz. 11 (18. EL Mai 2001) und *Randelzhofer/Forsthoff*, in: Grabitz/Hilf, Art. 43 Rz. 13 (18. EL Mai 2001).
[2] BVerfG 26.9.2005, BvR 82/03, NJW 2006, 495.
[3] EU-Kommissar McCreevy am 13.10.2008, s. www.europa.eu/sides/getAllAnswers.do?reference=E-2008-4729&language=DE.
[4] Noch zur alten HOAI: Bauwerke im Ausland fallen nicht in den Anwendungsbereich der HOAI: OLG Düsseldorf, 13.8.2008, VII-Verg 28/08; *Pott/Dahlhoff/Kniffka/Rath*, HOAI, 8. Aufl. (2006), § 1 Rz. 21.
[5] Vgl. etwa *Bröhmer*, in: Calliess/Ruffert (Hrsg.), EUV/EGV, 4. Aufl. (2006), Art. 43 Rz. 20 ff.; *Schauer*, in: Lenz (Hrsg.), EGV-Kommentar, 2. Aufl., Art. 43 Rz. 4 ff., jeweils mwN.; jetzt std. Rspr. vgl. *Randelzhofer/Forsthoff*, in: Grabitz/Hilf, Art. 39 Rz. 11 (18. EL Mai 2001) und *Randelzhofer/Forsthoff*, in: Grabitz/Hilf, Art. 43 Rz. 13 (18. EL Mai 2001).
[6] BVerfG 26.9.2005, 1 BvR 82/03, BauR 2005, 1946 (1947).
[7] So auch *Ehlers*, JZ 1996, 776 (781).
[8] BVerfG 8.11.1989, 1 BvR 986/89, NJW 1990, 1033 und BVerfG 5.12.2005, 1 BvR 1730/02, JZ 2007, 354.
[9] S.o. Rz. 1096.

ständigkeit nach § 29 ZPO oder nach Art. 5 Nr. 1 EuGVO ist kein sicherer Weg (vgl. oben Rz. 348 ff.).

b) Bei Verträgen mit Verbrauchern mit Wohnsitz in Deutschland sind, soweit eine fremde Rechtsordnung vereinbart wird, die Rechtswahlbeschränkungen des Art. 6 Rom I-VO zu beachten.

c) Falls beim Abschluss des Hauptvertrages keine Rechtswahl getroffen wurde, müssen die Prozessbevollmächtigten in einem Prozess vor deutschen Gerichten darauf achten, dass sie nicht vorbehaltlos nach deutschem Recht vortragen, um die Unterstellung einer konkludenten Rechtswahl durch das Gericht zu vermeiden.

d) Der Rechtsanwalt, der einen ausländischen Auftraggeber beim Vertragsabschluss berät, muss im Interesse seines Mandanten klären, ob der Heimatstaat seines Mandanten Mitglied des IWF ist und ob die gegebenenfalls nach dessen Devisenkontrollbestimmungen erforderlichen Genehmigungen vorliegen (vgl. oben Rz. 671 ff.).

2. Besonderheiten der Bau- und Anlageverträge

1101 a) Bei internationalen Bau- und Anlageverträgen wird es aus der Sicht des Auftraggebers im Regelfall zweckmäßig sein, für alle Vertragsverhältnisse das Recht der Baustelle oder jedenfalls einheitlich das Recht eines Drittstaates zu vereinbaren. Die Vereinbarung eines einheitlichen Gerichtsstandes für alle Vertragsverhältnisse am Ort der Baustelle oder am Sitz oder der Niederlassung des Auftraggebers liegt im Interesse des Auftraggebers.

b) Bei Verträgen mit ausländischen Auftragnehmern ist es zweckmäßig, eine Erfüllungs- und eine Gewährleistungsbürgschaft eines inländischen Kreditinstituts und für die Bürgschaften das inländische Recht zu vereinbaren (vgl. unten Rz. 1181 ff.).

c) Falls die Arbeitnehmer des ausländischen Auftragnehmers für die Aufnahme ihrer Tätigkeit in Deutschland eine Arbeitserlaubnis benötigen, sollte als aufschiebende oder auflösende Bedingung des Vertrages die Vorlage der Genehmigung bis zu einem bestimmten Termin vereinbart werden.

d) Falls die Wahl des inländischen Rechts als Recht der Baustelle nicht durchsetzbar ist, sollten die Sicherheits- und die Qualitätsstandards unbedingt erschöpfend vertraglich vereinbart werden.

3. Besonderheiten des Architektenvertrages

1102 a) Für grenzüberschreitende Architektenverträge ist nach der HOAI 2009 zu unterscheiden, ob der Architekt seinen Sitz in Deutschland hat oder nicht (Rz. 1096). Sofern er seinen Sitz in Deutschland hat, ist die HOAI zwingend anzuwenden. Ob hierdurch eine Inländerdiskriminierung vorliegt, gegen die die betroffenen Architekten vorgehen können, bleibt durch die Gerichte zu entscheiden (Rz. 1098).

b) Auftraggeber, die einen ausländischen Architekten ohne Sitz in Deutschland mit Architektenleistungen für ein Bauvorhaben in Deutschland beauftragen, sollten für den Architektenauftrag deutsches Recht und die internationale Zuständigkeit deutscher Gerichte vereinbaren, um die Beachtung technischer Standards und Qualitätsstandards, die in Deutschland üblich sind, zu gewährleisten. Um Streitigkeiten über die Honorarfrage zu vermeiden, sollten die Parteien die Anwendbarkeit der HOAI vereinbaren. Die Vereinbarung ausländischen Rechts nur für die Honorarvereinbarung ist nach Art. 3 Abs. 1 S. 3 Rom I-VO möglich. Eine derartige Vereinbarung steht der HOAI 2009 nicht entgegen.

c) Falls in Fällen wie unter b) das ausländische Recht am gewöhnlichen Aufenthalt des Architekten aufgrund einer Rechtswahl oder aufgrund der objektiven Anknüpfung nach Art. 4 Abs. 1 lit. b Rom I-VO gilt, sollte der Auftraggeber die in Deutschland üblichen technischen Standards und die üblichen Qualitätsstandards vollständig beschreiben und mit dem Architekten vereinbaren. Für Architektenverträge, die noch unter die alte HOAI fallen, kann das Risiko, in einem Honorarprozess die Mindestsätze nach HOAI zahlen zu müssen, durch eine Gerichtsstandsvereinbarung zugunsten der Gerichte am gewöhnlichen Aufenthalt des Architekten, die die ausschließliche Zuständigkeit dieser Gerichte begründet, gemindert werden. Diese Gerichte werden eher geneigt sein, das maßgebliche eigene Recht auch auf die Honorarvereinbarung anzuwenden und der alten HOAI als zwingendes deutsches öffentliches Recht die Beachtung zu versagen.

d) In Fällen, in denen ein deutscher Architekt einen Auftrag übernimmt, für ein Bauvorhaben im Ausland Leistungen zu erbringen, würden deutsche Gerichte im Falle ihrer internationalen Zuständigkeit, die durch eine Gerichtsstandsvereinbarung begründet werden sollte, das deutsche materielle Recht anwenden, wenn keine Rechtswahl getroffen (Art. 4 Rom I-VO) oder das deutsche Recht gewählt worden ist. Ob deutsche Gerichte in derartigen Fällen die HOAI anwenden, ist zweifelhaft. Die Anwendbarkeit der HOAI kann der deutsche Architekt dadurch erreichen, dass er die HOAI in die Rechtswahlvereinbarung mit einbezieht.

e) Vereinbaren die Parteien in Fällen wie unter d) die Anwendbarkeit des Rechts eines Drittstaates oder des Staates der Baustelle, dann ist zweifelhaft, ob deutsche Gerichte die HOAI als zwingendes Recht gegen das gewählte ausländische Schuldstatut durchsetzen. International zuständige ausländische Gerichte werden eher dazu neigen, das gewählte Schuldstatut und nicht die HOAI auch auf die Honorarvereinbarung anzuwenden.

Frei.

C. Leasingvertrag

	Rz.		Rz.
I. Einheitsrecht	1111	4. Text der Konvention von Ottawa (Auszug)	1131
1. Anwendungsbereich	1112	**II. Anwendbares Recht**	1132
a) Sachlicher Anwendungsbereich	1112	1. Keine einheitliche Anknüpfung	1132
b) Räumlicher und zeitlicher Anwendungsbereich	1116	2. Rechtswahl	1133
2. Regelungsinhalt	1117	3. Objektive Anknüpfung	1134
a) Pflichten des Leasinggebers	1118	4. Verbraucherverträge	1137
b) Pflichten des Leasingnehmers	1121	5. Direktansprüche des Leasingnehmers	1138
c) Rechte des Leasingnehmers gegenüber dem Lieferanten	1123	6. Dingliche Rechte am Leasinggut	1139
d) Stellung des Leasinggebers gegenüber Dritten	1125	7. Bedienungspersonal	1142
3. Abdingbarkeit	1130	**III. Zusammenfassung mit Handlungsanleitung**	1143

Literatur (allgemein): *Beckmann*, Finanzierungsleasing, 3. Aufl. (2006); *Bey*, Le Leasing International, Rev.jur.com. 1982, 165–180; *Dageförde*, Internationales Finanzierungsleasing – Deutsches Kollisionsrecht und Konvention von Ottawa 1988 (1992); *Demberg*, Finanzierungsleasing beweglicher Anlagegüter (equipment leasing) in den USA und der Bundesrepublik Deutschland (1986); *Girsberger*, Grenzüberschreitendes Finanzierungsleasing: Internationales Vertrags- und Sachenrecht; eine rechtsvergleichende Untersuchung (Tübingen/Zürich 1997); *Girsberger*, in: Kronke/Melis/Schnyder (Hrsg.), Handbuch Internationales Wirtschaftsrecht (2005); *Giovanoli*, Le Crédit-Bail (leasing) en Europe: développement et nature juridique (Paris 1980); *Goergen*, Crossborder Leasing – Ökonomischer Wert und steuerliche Bedingungen in der Gegenüberstellung, BB 1987, Beil. 10 zu Heft 14, S. 17–22; *Hövel*, Internationale Leasingtransaktionen unter besonderer Berücksichtigung der Vertragsgestaltung, DB 1991, 1029–1033; *Krilyszyn/Schmid-Schmidsfelden*, Ausgewählte Fragen des Cross Border Import-Leasing, GesRZ 1988, 85–95; *Meyer-Reim/Streu*, Wirtschaftliche, rechtliche und steuerliche Aspekte des Exportleasings, RIW 1998, 226–232; *von Westphalen*, Grenzüberschreitendes Finanzierungsleasing, RIW 1992, 257–264.

Literatur zur Rechtsvergleichung/zum ausländischen Recht: *Apice*, Il Contratto di Leasing nelle procedure concorsuali (Milano 1991); *Fanger*, Grenzüberschreitendes Leasing nach Russland – Internationale Steuerplanung unter Berücksichtigung von Double-Dip-/Double-Out-Gestaltungen, RIW 2000, 921–928; *Frignani*, Leasing finanziario internazionale. Analisi comparata, Digeste delle discipline privatistiche. Sezione commerciale. Aggiornamento (Turin 2003), S. 495–509; *Heermann*, Grundprobleme beim Finanzierungsleasing beweglicher Güter in Deutschland und den Vereinigten Staaten von Amerika, ZvglRW 92 (1993), 326–351; *Koblitz*, Mobilien-Finanzierungsleasing und Créditbail: ein Vergleich des französischen und des deutschen Zivilrechts unter besonderer Berücksichtigung der Rechtsstellung des Leasingnehmers (1990); *Kronke*, Finanzierungsleasing in rechtsvergleichender Sicht, AcP 190 (1990), 383–409; *Kumpfert/Rybalkin*, Russische Föderation: Leasinggesetz, WiRO 2003, 16–23; *Kwang-Jun Tsche*, Finanzierungsleasing im deutschen, koreanischen und japanischen Recht. Eine rechtsvergleichende Untersuchung unter Berücksichtigung des US-amerikanischen und des internationalen Privat- und Einheitsrechts (1994); *Marek/Bohata*, Leasing- und Leasingkaufvertrag nach tschechischem Recht, WiRO 2004, 5–7; *Mömken*, Der Finanzierungsleasingvertrag über bewegliche Sachen im kaufmännischen Verkehr – Eine rechtsvergleichende Untersuchung von Liefer-, Gefahrtragungs- und Sachmängelklauseln in englischen, französischen, italienischen und deutschen AGB (1989); *Mohlek/Lisik*, Leasing in Polen, WiRO 1997, 1–8; *Müller*, Das U.S.-amerikanische Leasingrecht nach Art. 2A Uniform Commercial Code (Wiesbaden 1995); *Müller/Ableitinger*, Russische Föderation: Leasingrecht, WiRO 1997, 178–187; *Niewerth/Schlichte*, Das neue polnische Leasingrecht, WiRO 2001, 74–78; *Poczobut*, Umowa Leasingu, w prawie krajowym i miedzynarodowym, 2. Aufl. (Warschau 1996); *Poczobut*, Der Leasingvertrag im Gesetzesentwurf von 1997 über die Änderung des polnischen Zivilgesetzbuches – eine Einführung, Festschrift Drobnig (1998), S. 609–620; *Pürner*, Serbien und Montenegro/Republik Montenegro: Gesetz über das Finanzierungsleasing, WiRO 2006, 279; *Ribol*, Polen: Leasing-Verordnung – Textdokumentation mit Einführung, WiRO 1995, 27–30; *Rosen* (Hrsg.), Leasing Law in the European Community (London 1991); *Schinas*, Die Regelung des Leasingvertrages in Griechenland, Festschr. Frotz (Wien 1993), S. 148–162.

I. Einheitsrecht

Literatur: *Basedow*, Leistungsstörungen in internationalen Leasingverträgen – Der UNIDROIT-Entwurf aus der Sicht des deutschen Rechts, RIW 1988, 1–12; *Cuming*, Legal Regulation of International Financial Leasing: The 1988 Ottawa Convention, Ariz.J.Int.Comp.L. 7 (1989), 39; *Dageförde*, Inkrafttreten der UNIDROIT-Konvention von Ottawa vom 28.5.1988 über Internationales Finanzierungsleasing, RIW 1995, 265–268; *Davies*, International Leasing, J.B.L. 1984, 468; *Davies*, The new lex mercatoria: International Interests in Mobile Equipment, Int. Comp.L.Q. 2003, 151–176; *Dominguez Perez*, Consideraciones en torno al leasing internacional a la luz del Convenio Unidroit sobre leasing internacional (Ottawa, 28 de mayo de 1988), Revista de Derecho Mercantil 2004, 1503–1542; *Feinen*, Internationale Leasingrechtsregeln der UNIDROIT, RIW 1988, Beil. zu Heft 5, S. 1; *Ferrari*, General principles and international uniform commercial law conventions: a study of the 1980 Vienna Sales Convention and the 1988 Unidroit Conventions, Rev.dr.unif. 1997 III, 451; *Ferrari*, Das Verhältnis zwischen den Unidroit-Grundsätzen und den allgemeinen Grundsätzen internationaler Einheitsprivatrechtskonventionen, JZ 1998, 9; *Frignani*, La convenzione di diritto uniforme sul Leasing internationale, Riv.dir.civ. 1988, 231–236; *Gewirtz/Pote*, Unidroit draft convention, I.F.L.Rev. 1988, 24; *Goode*, The proposed new Factoring and Leasing Conventions, J.B.L. 1987, 219, 318, 399; *Goode*, Conclusion of the Leasing and Factoring Conventions, J.B.L. 1988, 347; *Knebel*, Inhaltskontrolle von Leasingverträgen auf der Grundlage der Unidroit Leasingkonvention, RIW 1993, 537; *Knebel*, Der Aufwendungsersatzanspruch des Leasinggebers nach der UNIDROIT-Leasing-Konvention (1994); *May*, International Equipment Leasing: The UNIDROIT Draft Convention, Colum.J.Transnat.L. 22 (1984), 333; *de Nova*, Analisi critica del progetto unidroit sul leasing, Riv.dir.civ. 30 (1984) II, 532; *de Nova*, La défaillance du crédit-preneur sous l'empire de la Convention d'Unidroit sur le crédit-bail international, Rev.dr.unif. 1996 II, 255; *Poczobut*, Internationales Finanzierungsleasing – Das UNIDROIT-Projekt vom Entwurf (Rom 1987) zum Übereinkommen (Ottawa 1988), RabelsZ 51 (1987), 681; *Poulain*, La Convention du Cap et le Protocole de Luxembourg: evolutions du point de vu français, Rev.dr.unif. 2007, 513; *Réczei*, Leasing and its Unification, Festschr. Sauveplanne (Deventer 1984), S. 209–223; *Röver*, Vergleichende Prinzipien dinglicher Sicherheiten – Eine Studie zur Methode der Rechtsvergleichung (1999); *Stanford*, Explanatory Report to Preliminary Draft Uniform Rules in International Financial Leasing, Rev.dr.unif. 1984 II, 76; UNIDROIT (Hrsg.), Diplomatic Conference for the Adoption of the Draft UNIDROIT Conventions on International Factoring and International Financial Leasing (2 Bände, Rom 1991).

Auf Initiative und nach längeren Vorarbeiten durch das Internationale Institut für die Vereinheitlichung des Privatrechts (UNIDROIT, Rom) wurde am

28.5.1988 in Ottawa die Konvention zur Regelung des Internationalen Finanzierungsleasing (Unidroit Convention on International Financial Leasing, CIFL) zusammen mit der Konvention über Internationales Factoring[1] verabschiedet. Beide Übereinkommen sind am 1.5.1995 in Kraft getreten[2]. Die Leasing-Konvention gilt zurzeit in vier Mitgliedstaaten der EU sowie sechs weiteren Staaten[3], aber nicht für Deutschland. Sie enthält überwiegend Sachnormen für das Internationale Finanzierungsleasing. Nach den Erwägungsgründen 41 und 42 der Rom I-VO hat die Anwendung der Sachnormen des CIFL Vorrang gegenüber der nach der Rom I-VO anwendbaren Rechtsordnung. Kollisionsnormen bestehen hinsichtlich der dinglichen Rechte des Leasinggebers am Leasinggut[4]. Kollisionsnormen für vertragliche Schuldverhältnisse mit Vorrang gem. Art. 25 Rom I-VO sind dagegen nicht enthalten.

Der Text der Konvention ist bei Rz. 1131 in Auszügen abgedruckt.

1. Anwendungsbereich

a) Sachlicher Anwendungsbereich

1112 Die Konvention von Ottawa definiert Finanzierungsleasing als zwei verbundene Rechtsgeschäfte, bei denen (1.) der Leasingnehmer das Leasinggut unabhängig vom Leasinggeber beim Lieferanten aussucht und (2.) der Leasinggeber das Leasinggut (3.) in Verbindung mit dem Leasingvertrag erwirbt. Dieser Leasingvertrag muss wiederum (4.) die Deckung eines wesentlichen Teils der Anschaffungskosten durch die Leasingraten vorsehen. Mit dieser Formulierung in Art. 1 Abs. 1 und 2 CIFL, die derjenigen in Sec. 2A-103 UCC[5] ähnelt, wurde der Begriff des Finanzierungsleasing unabhängig von einer bestimmten Rechtsordnung definiert[6].

1113 Art. 1 Abs. 4 CIFL bestimmt, dass die Konvention auf **Verbraucherverträge** keine Anwendung findet. Für diese Fälle der typischerweise besonders schutzbedürftigen Leasingnehmer bleibt es bei nationalem Recht. Da die Konvention

---

1 Zu beiden Konventionen: UNIDROIT (Hrsg.), Diplomatic Conference for the Adoption of the Draft Uniform Conventions on International Factoring and International Financial Leasing. Zur Geschichte der Leasing-Konvention: *May*, Colum.J.Transnat.L. 22 (1984), 333; *Goode*, J.B.L. 1987, 219; J.B.L. 1988, 347.
2 Originaltext abgedruckt in Rev.dr.unif. 1988 I, 134 ff.
3 Von den Unterzeichnerstaaten haben zunächst Frankreich, Italien und Nigeria die Konvention ratifiziert. Sie gilt in diesen Staaten ab dem 1.5.1995, in Panama ab dem 1.10.1997. Folgende weitere Staaten sind beigetreten: Ungarn mit Wirkung zum 1.12.1996, Lettland mit Wirkung zum 1.3.1998, Russische Föderation mit Wirkung zum 1.1.1999, Weißrussland mit Wirkung zum 1.3.1999, Usbekistan mit Wirkung zum 1.2.2001 und Ukraine mit Wirkung zum 1.7.2007.
4 Allgemein zum Inhalt des Übereinkommens: *Stanford*, Rev.dr.unif. 1984 II, 76; *Poczobut*, RabelsZ 51 (1987), 681; *Cuming*, Ariz.J.Int.Comp.L. 7 (1989), 39; *Dageförde*, S. 97 f.
5 Art. 2A UCC abgedruckt in: „Uniform Commercial Code 1987 – Official Text with Comments" (St. Paul 1988).
6 *Stanford*, Rev.dr.unif. 1984 II, 107, Rz. 21; *Poczobut*, RabelsZ 51 (1987), 693; *Cuming*, Ariz.J.Int. Comp.L. 7 (1989), 45 ff.

keine verbraucherschützenden Ziele verfolgt, stellt Art. 1 Abs. 3 CIFL klar, dass die Vereinbarung einer Erwerbsoption keine Auswirkungen auf die Anwendbarkeit der Konvention hat. Art. 2 CIFL erstreckt den Anwendungsbereich der Konvention ausdrücklich auch auf bei Großinvestitionen übliche Kettenleasingverträge. Obwohl die Regeln des Übereinkommens grundsätzlich nur auf das Finanzierungsleasing beweglicher Sachen anwendbar sind, führt eine **feste Verbindung** des Leasingguts mit **Grund und Boden** als solche nicht zur Unanwendbarkeit. Vielmehr erstreckt Art. 4 CIFL den Anwendungsbereich auch auf diese Fälle und bestimmt, dass sich die Rechtsfolgen der Verbindung ebenso wie die Verbindung selbst nach dem Recht des Belegenheitsstaates richten[1].

Die Konvention ist ihrem Titel nach nicht auf **Operating Leases** anwendbar. Dabei handelt es sich um Verträge mit unbestimmter, meist kurzer Laufzeit, innerhalb derer keine dem Wertverlust entsprechende Deckung der Anschaffungskosten für das Leasinggut durch die Leasingraten eintritt. Es ist allerdings zweifelhaft, ob die diesbezügliche Einschränkung auch in der Definition des sachlichen Anwendungsbereiches zum Ausdruck gekommen ist[2]. Art. 1 Abs. 2c CIFL verlangt eine Deckung der Anschaffungskosten des Leasingguts während der voraussichtlichen Nutzungsdauer, dh. nicht ausdrücklich während der Vertragslaufzeit. Demgegenüber sind jedoch auch die Leasingraten bei operating leases so kalkuliert, dass die Deckung der Anschaffungskosten während der voraussichtlichen Nutzungsdauer, allerdings im Rahmen mehrerer aufeinander folgender Verträge eintritt. Von den Verfassern der Konvention dürfte daher gemeint sein, dass die Leasingraten **während der Vertragslaufzeit** die Anschaffungskosten des Leasinggebers oder einen wesentlichen Teil derselben abzudecken haben[3]. Ist diese ungeschriebene, zusätzliche Voraussetzung nicht erfüllt, findet die Konvention von Ottawa keine Anwendung. 1114

Die erforderliche Dreiseitigkeit der Leasingtransaktion besteht im Falle des Hersteller- oder Händlerleasing auch dann, wenn der Leasinggeber ein vom Hersteller bzw. Händler verschiedener, aber wirtschaftlich mit ihm verbundener Dritter ist[4]. Das Übereinkommen ist demgegenüber mangels einer dreiseitigen Vertragsbeziehung auf Sale-and-lease-back-Verträge nicht anwendbar[5]. 1115

b) Räumlicher und zeitlicher Anwendungsbereich

Der räumliche Anwendungsbereich der Konvention ist in Art. 3 CIFL definiert, der sich wiederum an Art. 1 des Wiener UNCITRAL-Übereinkommens über Verträge über den internationalen Warenkauf vom 11.4.1980 orientiert[6]. Die Anwendbarkeit des Übereinkommens setzt wie beim einheitlichen UN- 1116

---

1 *Dageförde*, S. 85 ff., S. 156 f.
2 Hierzu auch *Stanford*, FLF 1989, 128 f.; *Poczobut*, RabelsZ 51 (1987), 696.
3 *Stanford*, Rev.dr.unif. 1984 II, 76 (159 f.).
4 *Dageförde*, S. 112 mwN.
5 *Stanford*, Rev.dr.unif. 1984 II, 76 Rz. 61.
6 Convention on the International Sale of Goods vom 11.4.1980; hierzu oben Rz. 894.

Kaufrecht zunächst voraus, dass Leasinggeber und Leasingnehmer ihren Wohnsitz bzw. die maßgebliche Niederlassung in verschiedenen Staaten haben. Zu dieser Internationalität der Vertragsbeziehung muss hinzukommen, dass diese Staaten im Zeitpunkt der jeweiligen Vertragsschlüsse (Art. 23 CIFL) entweder Vertragsstaaten des Übereinkommens sind oder dass das jeweils auf Leasing- und Liefervertrag anwendbare Recht das Recht eines Vertragsstaats ist[1]. Haben etwa Leasinggeber und Leasingnehmer ihren Sitz in verschiedenen Staaten und findet französisches Recht auf beide Verträge Anwendung, so ist die Konvention anwendbar. Dieses Prinzip der Anwendbarkeit kraft kollisionsrechtlicher Verweisung war rechtspolitisch ebenso umstritten wie beim Vorbild des UN-Kaufrechts[2]. Es führt dazu, dass die Konvention auch dann Anwendung findet, wenn keine Partei des Leasingvertrages ihren Sitz in einem der Vertragsstaaten hat[3].

Insbesondere kann eine Rechtswahl zugunsten des Rechts eines Vertragsstaates die Anwendbarkeit der Konvention von Ottawa auslösen. Entspricht dies nicht dem Willen der Vertragsparteien, dann ist zu beachten, dass eine Abwahl des ganzen Übereinkommens nach seinem Art. 5 im Gegensatz zur zweiseitig möglichen Rechtswahl eine dreiseitige Erklärung aller an der Leasingtransaktion beteiligten Parteien erfordert (dazu unten Rz. 1130). Eine entsprechende Klarstellung bei einer nur zweiseitigen Rechtswahl ist demgegenüber nicht ausreichend; sie führt lediglich zur Nichtanwendbarkeit der dispositiven Bestimmungen des Übereinkommens.

2. Regelungsinhalt

1117 Die Konvention von Ottawa enthält keine abschließende Regelung der Rechte und Pflichten der Vertragsparteien. Es werden vielmehr nur die grundlegenden Vertragspflichten geregelt. Soweit die Konvention keine Regeln enthält, sind die Sachnormen des nach den Regeln der Rom I-VO anwendbaren Rechtes heranzuziehen. Umgekehrt kommt die Konvention kraft Rom I-VO zur Anwendung, wenn deren Regeln auf das Recht eines Vertragsstaates verweisen[4]. Das von UNIDROIT entwickelte *Modellgesetz über Leasingverträge* versteht sich demgegenüber als Hilfestellung an den Gesetzgeber[5]. Es wurde am 13.11.2008 in Rom verabschiedet und richtet sich vor allem an die mit der Vorbereitung von Gesetzen befassten Stellen in Entwicklungs- und Transformationsländern. Im Hinblick auf die beabsichtigte Verbesserung von Investitionsbedingungen sind in den letzten Jahren hier zahlreiche Gesetze zum Finanzierungsleasing erlassen worden[6].

---

1 Zu den Vertragsstaaten oben Fn. 3 zu Rz. 1130.
2 *Basedow*, RIW 1988, 1 (5); *Pünder*, RIW 1990, 869 (870); *von Caemmerer/Schlechtriem/Herber*, Art. 1 CISG Rz. 6, 36.
3 Zu Art. 1 des UN-Kaufrechts oben Rz. 895.
4 Erwägungsgründe 41 und 42 der Rom I-VO; s. oben Rz. 88.
5 UNIDROIT, Study LIXA – Doc.12 (2007), S. 1. Zu Begriff und Funktion eines Modellgesetzes *Röver*, S. 72–75.
6 Zum Beispiel für die Republik Montenegro: *Pürner*, WiRO 2006, 279.

a) Pflichten des Leasinggebers

Aufgrund der auf die Finanzierung beschränkten Funktion des Leasinggebers ist dieser dem Leasingnehmer gegenüber grundsätzlich nur verpflichtet, diesem den Besitz am Leasinggut zu verschaffen bzw. zu erhalten[1]. Dem Leasingnehmer wird zum Ausgleich in Art. 10 CIFL ein Direktanspruch gegen den Lieferanten eingeräumt. Von der grundsätzlichen Verweisung an den Lieferanten macht jedoch Art. 12 CIFL eine wichtige Ausnahme für den Fall der verspäteten oder fehlerhaften Lieferung. Wird das Leasinggut nicht vertragsgemäß oder nicht rechtzeitig geliefert, dann wird der Leasingnehmer hinsichtlich der Sekundäransprüche so gestellt, als habe er das Leasinggut vom Leasinggeber zu den Bedingungen des Liefervertrages gekauft[2].

1118

Nach Annahme der Lieferung ist die **Gewährleistungspflicht** des Leasinggebers für Sachmängel des Leasingguts ausgeschlossen, Art. 8 Abs. 1 CIFL. Eine Ausnahme von diesem Grundsatz gilt nur für den Fall, dass der Leasinggeber in die Auswahl von Leasinggut oder Lieferant eingegriffen hat. Der Leasinggeber bleibt jedoch auch nach Annahme des Leasingguts verpflichtet, dem Leasingnehmer den ungestörten Besitz am Leasinggut zu erhalten. Diese Verpflichtung findet ihre Grenze nur im Verhalten des Leasingnehmers selbst. Der Leasinggeber haftet für alle Besitzstörungen durch Dritte, soweit sie nicht ausnahmsweise auf ein Verhalten des Leasingnehmers zurückgehen. Diese Verpflichtung ist nur insoweit abdingbar, als das Recht des Dritten ausnahmsweise von einer vorsätzlichen oder grob fahrlässigen Handlung oder Unterlassung des Leasinggebers herrührt[3]. Im Übrigen trägt der Leasinggeber ein umfangreiches Haftungsrisiko, das über seine Einflusssphäre weit hinaus reicht. Die Anwendbarkeit der vorstehenden Grundsätze kann jedoch durch eine Abwahl des ganzen Übereinkommens überwunden werden (Art. 5 CIFL, dazu unten Rz. 1130).

1119

Kennt das anzuwendende nationale Recht bezüglich der Haftung für Besitzstörungen eine weitergehende zwingende Norm, so geht diese vor, Art. 8 Abs. 4 CIFL. Frankreich und die Russische Föderation haben bei der Hinterlegung ihrer Ratifizierungsurkunde überdies von dem in Art. 20 CIFL vorgesehenen Vorbehalt Gebrauch gemacht, wonach anstelle der in Art. 8 Abs. 3 CIFL vorgesehenen Möglichkeit zur Haftungsbegrenzung stets zwingendes nationales Recht tritt[4].

1120

b) Pflichten des Leasingnehmers

Im Falle des **Verzugs** mit der Zahlung von Leasingraten unterscheidet Art. 13 CIFL hinsichtlich der Rechte des Leasinggebers zwischen **einfacher und schwerwiegender Vertragsverletzung**[5]. Minder schwere Fälle des Verzugs ge-

1121

---

1 *Cuming*, Ariz.J.Comp.L. 7 (1989), 52.
2 *Poczobut*, RabelsZ 51 (1987), 717.
3 Zur Beratungsgeschichte dieser Regelung: *Cuming*, Ariz.J.Int.Comp.L. 7 (1989), 58.
4 *Cuming*, Ariz.J.Comp.L. 7 (1989), 59.
5 *Cuming*, Ariz.J.Comp.L. 7 (1989), 61.

ben dem Leasinggeber nur das Recht auf Schadensersatz, nicht jedoch die Möglichkeit der Lösung vom Vertrag[1]. Im Falle einer schwerwiegenden Verletzung der Zahlungspflicht erhält der Leasinggeber demgegenüber ein Wahlrecht: Er kann nach erfolgloser Mahnung entweder am Leasingvertrag festhalten und bei Vorliegen einer entsprechenden Vertragsklausel alle noch ausstehenden Leasingraten sofort fällig stellen[2] oder sich vom Vertrag lösen. Herausgabe des Leasinggutes und die Zahlung von Schadensersatz kann er nur nach der Lösung vom Vertrag verlangen. Die Vorfälligstellung von Leasingraten neben der Kündigung ist nicht zulässig.

1122 Art. 13 Abs. 3 CIFL gestattet die Aufnahme von **Schadenberechnungsklauseln** in den Leasingvertrag. Der nach einer solchen Klausel zu zahlende Schaden darf jedoch den ohnehin ersatzfähigen Nichterfüllungsschaden nicht erheblich übersteigen[3]. Die Konvention bestimmt nicht, wann die Abweichung vom Nichterfüllungsschaden erheblich ist. Das Klauselverbot soll jedoch verhindern, dass der Leasinggeber mit der Schadenberechnungsklausel das Verbot der Vorfälligstellung neben der Vertragsbeendigung umgeht. Da der Wert der noch ausstehenden Leasingraten gem. Art. 13 Abs. 4 CIFL in die Berechnung des Nichterfüllungsschadens einbezogen werden darf, sind solche Klauseln stets als wirksam anzusehen, die den mit dem Refinanzierungszins abgezinsten Betrag der noch ausstehenden Leasingraten abzüglich des Verwertungserlöses des Leasingguts vorsehen[4]. Bezüglich der Höhe des Verwertungserlöses ist jedoch die in Art. 13 Abs. 6 CIFL geregelte Schadenminderungspflicht zu beachten. Im Übrigen ist für die Zulässigkeit von Klauseln zu beachten, dass das nach Art. 6 der Konvention subsidiär nach Maßgabe der Rom I-VO anwendbare Recht weitere Klauselverbote zum Schutze des Leasingnehmers kennen kann[5].

c) Rechte des Leasingnehmers gegenüber dem Lieferanten

1123 Die schon erwähnte Schaffung eines **gesetzlichen Direktanspruches** des Leasingnehmers gegen den Lieferanten in Art. 10 CIFL ist eine der wesentlichen Neuerungen der Konvention von Ottawa gegenüber den bisherigen nationalen Regelungen. Ein gesetzlicher Direktanspruch bestand zunächst nur in denjenigen Staaten der USA, die den Art. 2A über Leases in den Uniform Commercial Code aufgenommen haben. Da sich der Leasinggeber in der Vertragspraxis möglichst weitgehend von Haftungsrisiken in Bezug auf das Leasinggut freizeichnet, hängt die Rechtsstellung des Leasingnehmers in besonde-

---

1 *De Nova*, Rev.dr.unif. 1996 II, 255 (257).
2 Hierzu *Cuming*, Ariz.J.Comp.L. 7 (1989), 62.
3 *Cuming*, Ariz.J.Comp.L. 7 (1989), 62, 63.
4 UNIDROIT I, S. 27 (Explanatory Report 1987) Rz. 137; krit. *Poczobut*, RabelsZ 51 (1987), 718; ausführlich *Knebel* (1994).
5 Zur Inhaltskontrolle gem. § 306 BGB nF im Anwendungsbereich der Konvention: *Knebel*, RIW 1993, 537 (540): trotz der subsidiär anzuwendenden deutschen Vorschriften über die Inhaltskontrolle bilden die Normen der Konvention die „wesentlichen Grundgedanken der gesetzlichen Regelung" iSv. § 9 Abs. 2 Nr. 1 AGBG (ab 1.1.2002 in § 306 Abs. 2 Nr. 1 BGB geregelt).

rer Weise von seinen Ansprüchen gegen den Lieferanten ab. Art. 10 Abs. 1 CIFL bestimmt, dass die Verpflichtungen des Lieferanten aufgrund des Liefervertrages auch dem Leasingnehmer gegenüber bestehen. Er wird so gestellt, als sei er Partei des Liefervertrages geworden[1].

Über den Inhalt des Liefervertrages enthält die Konvention von Ottawa keine Bestimmungen[2]. Er unterliegt vielmehr dem nach der Rom I-VO zu bestimmenden Recht. Art. 10 Abs. 2 CIFL bestimmt jedoch, dass der Leasinggeber nicht berechtigt ist, den bereits geschlossenen Liefervertrag ohne Zustimmung des Leasingnehmers zu ändern[3]. Zur Sicherung der Rechte des Leasinggebers aus dem Liefervertrag ist es dem Leasingnehmer wiederum nicht gestattet, ohne Zustimmung des Leasinggebers vom Liefervertrag zurückzutreten oder ihn anzufechten. Soweit Mängel der Kaufsache ein Rücktrittsrecht begründen, kann dieses vom Leasingnehmer nach Art. 12 Abs. 1 CIFL nur gegenüber dem Leasinggeber ausgeübt werden. 1124

d) Stellung des Leasinggebers gegenüber Dritten

Gem. Art. 7 CIFL kann der Leasinggeber seine **dingliche Rechtsposition** als Eigentümer in der Einzelzwangsvollstreckung sowie in der Insolvenz des Leasingnehmers voll geltend machen. Mit dieser Regelung erstrebt die Konvention eine Anerkennung der Sicherungsfunktion, die die Eigentümerstellung des Leasinggebers vermittelt. Von einer Vereinheitlichung des Insolvenzrechtes wurde abgesehen. In einem deutschen Insolvenzverfahren über das Vermögen des Leasingnehmers verhilft Art. 7 CIFL dem Leasinggeber zu einem Aussonderungsrecht, § 47 InsO. 1125

Art. 7 CIFL macht jedoch eine Einschränkung für den Fall, dass das auf die dinglichen Rechte am Leasinggut anzuwendende Recht besondere Publizitätspflichten wie insbesondere das Erfordernis der Eintragung in ein Register kennt[4]. Ist dies der Fall, dann setzt die Durchsetzbarkeit der Rechte des Leasinggebers in der Krise des Leasingnehmers die Einhaltung dieser Publizitätsvorschriften voraus. Wegen der besonderen Sicherungsfunktion des Eigentums am Leasinggut enthält die Konvention für das auf die dinglichen Rechtsverhältnisse am Leasinggut anzuwendende Recht ausdrückliche Kollisionsnormen. Es ist Belegenheitsrecht anzuwenden, soweit es sich nicht ausnahmsweise um ein registriertes Kraft- oder Luftfahrzeug bzw. um ein Transportmittel[5] handelt. 1126

Die Konvention von Ottawa enthält demgegenüber keine Regelungen über die Möglichkeiten des gutgläubigen Erwerbs vom Leasingnehmer, da diesbezüg- 1127

---

[1] Diese Lösung ähnelt Sec. 2A-209(1) UCC, wonach dem Leasingnehmer ebenfalls kraft Gesetzes eigene Rechte aus dem Liefervertrag gewährt werden.
[2] *Cuming*, Ariz.J.Int.Comp.L. 7 (1989), 53.
[3] *Poczobut*, RabelsZ 51 (1987), 699.
[4] *Poczobut*, RabelsZ 51 (1987), 709 f.; *Cuming*, Ariz.J.Int.Comp.L. 7 (1989), 64 f.
[5] *Cuming*, Ariz.J.Int.Comp.L. 7 (1989), 66.

lich während der Beratungsarbeiten keine Einigung zu erzielen war[1]. Man war der Auffassung, der Konflikt zwischen Leasinggeber und sonstigen Gläubigern des Leasingnehmers betreffe vor allem die Insolvenz des Letzteren. Die Möglichkeiten des Erwerbs vom Nichtberechtigten und namentlich die Bedeutung der Publizitätsvorschriften richten sich daher auch im Anwendungsbereich der Konvention nach allgemeinen Regeln[2], dh. nach den Vorschriften der **lex rei sitae** (Art. 43 EGBGB).

1128 Nach Vorarbeiten durch UNIDROIT wurde am 16.11.2001 in Kapstadt die **Konvention zur Regelung von dinglichen Rechten an beweglichen Sachen** gezeichnet[3]. Im Geltungsbereich dieser Konvention, die den in Art. 7 CIFL niedergelegten Grundsatz der lex rei sitae weiterführt, bedürfen Sicherungsrechte zu ihrer Wirksamkeit gegenüber Dritten einer gesonderten Registrierung in noch aufzubauenden Registern[4]. Die Konvention zielt auf Sicherungsrechte an hochwertigen Sachen ab, die bestimmungsgemäß im Geltungsbereich verschiedener Rechtsordnungen genutzt werden. Das Eigentum des Leasinggebers wird in Art. 2 Abs. 2 lit. c dieser Konvention als relevantes Sicherungsrecht definiert und ist damit in dessen Anwendungsbereich grundsätzlich einbezogen. Ein in Kapstadt gezeichnetes Protokoll regelt die Anwendbarkeit auf Flugzeuge und deren Bestandteile[5]. Ein weiteres Protokoll für rollendes Eisenbahnmaterial wurde am 23.2.2007 in Luxemburg gezeichnet, ist aber noch nicht in Kraft getreten[6].

1129 Die CIFL befreit den Leasinggeber in Art. 8 Abs. 1 lit. b von der **deliktischen Haftung** für Sach- und Personenschäden[7]. Obwohl es in Art. 8 Abs. 1 lit. c weiter heißt, dies berühre nicht die Haftung in seiner Eigenschaft als Eigentümer, gingen die Verfasser der Konvention davon aus, dass der Leasinggeber insbesondere keinen deliktischen Verkehrssicherungspflichten ausgesetzt ist[8]. Eine Haftung des Leasinggebers sollte nur ausnahmsweise bestehen, soweit dies in völkerrechtlichen Verträgen oder nach Gemeinschaftsrecht vorgesehen ist. In den Beratungsmaterialien ist in diesem Zusammenhang ausdrücklich von der Brüsseler Konvention über die zivilrechtliche Haftung für Ölverschmutzungsschäden[9] und von der EU-Produzentenhaftungsrichtlinie 85/374/EWG[10] die Rede, die in ihrem Art. 3 Abs. 2 für Importe in die EU eine Haftung des

---

1 UNIDROIT I, S. 27 (Explanatory Report 1987) Rz. 88 ff.
2 UNIDROIT I, S. 27 (Explanatory Report 1987) Rz. 93.
3 *Davies*, Int. Comp.L.Q. 2003, 151. Die Konvention ist am 1.3.2006 in Kraft getreten und wurde von den U.S.A., Panama, der Republik Südafrika und weiteren afrikanischen Staaten ratifiziert; zum Status s. www.unidroit.org.
4 *Bollweg/Kreuzer*, Entwürfe einer UNIDROIT/ICAO-Konvention über Internationale Sicherungsrechte an beweglicher Ausrüstung und eines Protokolls über Luftfahrtausrüstung, ZIP 2000, 1361.
5 Protocol to the Convention on International Interests in Mobile Equipment on Matters Specific to Aircraft Equipment, in Kraft getreten zum 1.3.2006.
6 *Poulain*, Rev.dr.unif. 2007, 513.
7 Hierzu *Cuming*, Ariz.J.Int.Comp.L. 7 (1989), 63.
8 UNIDROIT I, S. 27 (Explanatory Report 1987) Rz. 100.
9 *Stanford*, Rev.dr.unif. 1984 II, 174 f. Rz. 82; *Cuming*, Ariz.J.Int.Comp.L. 7 (1989), 63.
10 ABl. EG 1985 Nr. L 210, S. 29.

Leasinggebers als Quasihersteller begründet. Der von den Konventionsverfassern intendierte Anwendungsvorrang anderer Abkommen kommt auch in Art. 17 CIFL zum Ausdruck.

3. Abdingbarkeit

Die Anwendbarkeit der Konvention von Ottawa ist abdingbar. Sie kann nach ihrem Art. 5 als Ganze durch eine dreiseitige Vereinbarung zwischen allen Parteien des Leasing- und des Liefervertrages ausgeschlossen werden. Ist die Anwendbarkeit der Konvention nicht insgesamt durch alle Vertragsparteien ausgeschlossen worden, dann können die Vertragsparteien in ihrem Verhältnis zueinander die Geltung der Konvention nicht beliebig abbedingen. Gemäß Art. 5 Abs. 2 sind bestimmte Vorschriften als zwingend ausgestaltet. Dies gilt einmal für die Bestimmung des Art. 8 Abs. 3, wonach die Verpflichtung des Leasinggebers zur Einräumung eines ungestörten Besitzes nicht abbedungen werden kann, und zum anderen für die Bestimmungen über die Höhe des Schadensersatzes in Art. 13 Abs. 3a und Abs. 4. Ausweislich der Beratungsmaterialien ging man bei der Abfassung der Konvention davon aus, dass über den Wortlaut des Art. 5 Abs. 2 hinaus auch die Vorschriften über die dinglichen Rechte des Leasinggebers (Art. 7) sowie von Dritten (Art. 4 Abs. 2) ebenso wenig abdingbar sind wie die in Art. 6 niedergelegten Auslegungsgrundsätze[1].

1130

4. Text der Konvention von Ottawa (Auszug)

Kapitel I

Art. 1

1131

(1) Dieses Übereinkommen regelt die in Absatz 2 beschriebenen Finanzierungsleasing-Geschäfte, bei denen eine Partei (Leasinggeber)

a) nach den Angaben einer anderen Partei (Leasingnehmer) einen Vertrag (Liefervertrag) mit einer dritten Partei (Lieferant) schließt, aufgrund dessen der Leasinggeber Anlagen, Investitionsgüter oder andere Ausrüstungsgegenstände (Leasinggut) zu Bedingungen erwirbt, die vom Leasingnehmer, soweit sie seine Interessen betreffen, genehmigt worden sind, und

b) einen Vertrag (Leasingvertrag) mit dem Leasingnehmer schließt, der diesem das Recht gewährt, das Leasinggut gegen Zahlung von Leasingraten zu nutzen.

(2) Das in Absatz 1 bezeichnete Leasinggeschäft weist die folgenden Merkmale auf:

a) der Leasingnehmer bestimmt das Leasinggut und wählt den Lieferanten aus, ohne sich maßgeblich auf die Sachkunde und das Urteil des Leasinggebers zu stützen;

b) das Leasinggut wird vom Leasinggeber im Hinblick auf einen zwischen Leasinggeber und Leasingnehmer geschlossenen oder zu schließenden Leasingvertrag, von dem der Lieferant Kenntnis hat, erworben;

c) die nach dem Leasingvertrag zu zahlenden Leasingraten werden unter Berücksichtigung insbesondere der Abschreibung der gesamten Kosten des Leasingguts oder eines wesentlichen Teils derselben berechnet.

---

1 UNIDROIT I, S. 27 (Explantory Report 1987) Rz. 149.

(3) Dieses Übereinkommen ist unabhängig davon anzuwenden, ob dem Leasingnehmer – von vornherein oder später – das Recht zusteht, das Leasinggut zu kaufen oder für einen weiteren Zeitraum zu leasen, und ob dafür ein Preis oder eine Leasingrate, wenn auch nur nominell, zu zahlen ist.

(4) Dieses Übereinkommen ist auf Finanzierungsleasing-Geschäfte über jedes Leasinggut anzuwenden, mit Ausnahme dessen, das in erster Linie für den persönlichen Gebrauch oder den Gebrauch in der Familie oder im Haushalt des Leasingnehmers verwendet werden soll.

Art. 2

Im Fall eines oder mehrerer Unterleasing-Geschäfte, die dasselbe Leasinggut betreffen, ist dieses Übereinkommen auf jedes Geschäft anzuwenden, das ein Finanzierungsleasing-Geschäft ist und im Übrigen unter dieses Übereinkommen fällt; dabei werden die Person, von welcher der erste Leasinggeber (iSd. Art. 1 Absatz 1) das Leasinggut erworben hat, als Lieferant und der Vertrag, aufgrund dessen das Leasinggut erworben wurde, als Liefervertrag angesehen.

Art. 3

(1) Dieses Übereinkommen ist anzuwenden, wenn der Leasinggeber und der Leasingnehmer ihre Niederlassung in verschiedenen Staaten haben und

a) diese Staaten und der Staat, in dem der Lieferant seine Niederlassung hat, Vertragsstaaten sind oder

b) sowohl der Liefervertrag als auch der Leasingvertrag dem Recht eines Vertragsstaats unterliegen.

(2) Soweit in diesem Übereinkommen auf die Niederlassung einer Partei Bezug genommen wird, ist, falls die Partei mehr als eine Niederlassung hat, die Niederlassung maßgebend, die unter Berücksichtigung der vor oder bei Vertragsabschluss den Parteien bekannten oder von ihnen in Betracht gezogenen Umstände die engste Beziehung zu dem betreffenden Vertrag und zu seiner Erfüllung hat.

Art. 4

(1) Dieses Übereinkommen wird nicht allein deswegen unanwendbar, weil das Leasinggut Zubehör oder Bestandteil eines Grundstücks geworden ist.

(2) Fragen im Zusammenhang damit, ob das Leasinggut Zubehör oder Bestandteil eines Grundstücks geworden ist oder nicht, und – bejahendenfalls – die sich daraus ergebenden Rechte des Leasinggebers und eines an dem Grundstück dinglich Berechtigten untereinander bestimmen sich nach dem Recht des Staates, in dem das Grundstück gelegen ist.

Art. 5

(1) Die Anwendung dieses Übereinkommens kann nur ausgeschlossen werden, wenn jede der Parteien des Liefervertrags und jede der Parteien des Leasingvertrags dem Ausschluss zustimmt.

(2) Ist die Anwendung dieses Übereinkommens nicht nach Absatz 1 ausgeschlossen worden, so können die Parteien in ihren Beziehungen untereinander vorbehaltlich des Art. 8 Absatz 3 und des Art. 13 Absatz 3 Buchstabe b und Absatz 4 von seinen Bestimmungen abweichen oder ihre Wirkung ändern.

Art. 6

(1) Bei der Auslegung dieses Übereinkommens sind sein Zweck und Ziel, wie in der Präambel dargelegt, sein internationaler Charakter und die Notwendigkeit zu berücksichti-

gen, seine einheitliche Anwendung und die Wahrung des guten Glaubens im internationalen Handel zu fördern.

(2) Fragen, die in diesem Übereinkommen geregelte Gegenstände betreffen, aber in diesem Übereinkommen nicht ausdrücklich entschieden werden, sind nach den allgemeinen Grundsätzen, die diesem Übereinkommen zugrunde liegen, oder mangels solcher Grundsätze nach dem Recht zu entscheiden, das nach den Regeln des internationalen Privatrechts anzuwenden ist.

Kapitel II
Rechte und Pflichten der Parteien

Art. 7

(1) a) Die dinglichen Rechte des Leasinggebers an dem Leasinggut können dem Konkursverwalter und den Gläubigern des Leasingnehmers, einschließlich der Gläubiger, die eine Pfändung oder Beschlagnahme erwirkt haben, entgegengehalten werden.

b) Im Sinne dieses Absatzes umfasst der Ausdruck „Konkursverwalter" Liquidatoren, Verwalter oder andere Personen, die bestellt wurden, um das Vermögen des Leasingnehmers zugunsten der Gesamtheit der Gläubiger zu verwalten.

(2) Macht das anzuwendende Recht die Wirksamkeit der dinglichen Rechte des Leasinggebers an dem Leasinggut gegenüber einer in Absatz 1 genannten Person von der Einhaltung von Publizitäts-vorschriften abhängig, so können diese Rechte dieser Person nur dann entgegengehalten werden, wenn diese Vorschriften eingehalten worden sind.

(3) Das anzuwendende Recht iSd. Absatzes 2 ist das Recht des Staates, der zu dem Zeitpunkt, in dem eine in Absatz 1 bezeichnete Person sich auf die in Absatz 2 genannten Vorschriften berufen kann,

a) bei einem registrierten Schiff der Staat ist, in dem das Schiff im Namen des Eigentümers registriert ist (für die Zwecke dieses Buchstabens wird der Bareboat Charterer nicht als Eigentümer angesehen);

b) bei einem nach dem Chicagoer Übereinkommen vom 7. Dezember 1944 über die Internationale Zivilluftfahrt registrierten Luftfahrzeug der Staat ist, in dem das Luftfahrzeug registriert ist;

c) bei anderen Leasinggütern, die ihrer Art nach üblicherweise von einem Staat in einen anderen befördert werden, einschließlich Flugtriebwerken, der Staat ist, in dem der Leasingnehmer seine Hauptniederlassung hat;

d) bei allen anderen Leasinggütern der Staat ist, in dem sich das Leasinggut befindet.

(4) Absatz 2 berührt nicht andere Staatsverträge, nach denen die dinglichen Rechte des Leasinggebers an dem Leasinggut anzuerkennen sind.

(5) Dieser Artikel berührt nicht den Vorrang von Gläubigern,

a) die ein vertragliches oder nichtvertragliches Pfandrecht oder dingliches Sicherungsrecht an dem Leasinggut haben, das anders als durch Pfändung oder Beschlagnahme entstanden ist, oder

b) die nach dem Recht, das nach den Regeln des internationalen Privatrechts anzuwenden ist, ein Sicherungs-, Zurückbehaltungs- oder Verfügungsrecht haben, das sich speziell auf Schiffe oder Luftfahrzeuge erstreckt.

Art. 8

(1) a) Ist in diesem Übereinkommen oder im Leasingvertrag nichts anderes bestimmt, so ist der Leasinggeber gegenüber dem Leasingnehmer von jeder Haftung für das Leasinggut befreit; dies gilt nicht, soweit der Leasingnehmer einen Schaden erlitten

hat, weil er sich auf die Sachkunde und das Urteil des Leasinggebers gestützt hat und der Leasinggeber in die Auswahl des Lieferanten oder die Bestimmung der Eigenschaften des Leasingguts eingegriffen hat.

b) Der Leasinggeber ist in seiner Eigenschaft als solcher Dritten gegenüber nicht für Tod, Körperverletzung oder Sachschäden haftbar, die durch das Leasinggut verursacht werden.

c) Die Buchstabe n a und b lassen die Haftung des Leasinggebers aufgrund jeder anderen Eigenschaft, zum Beispiel als Eigentümer, unberührt.

(2) Der Leasinggeber leistet dem Leasingnehmer Gewähr, dass dessen Besitz nicht durch eine Person gestört wird, die ein Eigentumsrecht oder ein vorrangiges Recht hat oder die ein solches Recht behauptet und im Rahmen eines Gerichtsverfahrens geltend macht, wenn sich das Recht oder der Anspruch nicht aus einer Handlung oder Unterlassung des Leasingnehmers ergibt.

(3) Die Parteien dürfen von den Bestimmungen des Absatzes 2 weder abweichen noch ihre Wirkung ändern, soweit sich das Recht oder der Anspruch aus einer vorsätzlichen oder grob fahrlässigen Handlung oder Unterlassung des Leasinggebers ergibt.

(4) Eine weitergehende Gewährleistung für den ungestörten Besitz, zu der der Leasinggeber nach dem aufgrund der Regeln des internationalen Privatrechts anzuwendenden Recht zwingend verpflichtet ist, wird von den Absätzen 2 und 3 nicht berührt.

Art. 9

(1) Der Leasingnehmer hat das Leasinggut sorgsam zu behandeln, in sachgemäßer Weise zu benutzen und, vorbehaltlich einer normalen Abnutzung und einer von den Parteien vereinbarten Veränderung des Leasingguts, in dem Zustand zu erhalten, in dem es übergeben worden ist.

(2) Nach Beendigung des Leasingvertrags hat der Leasingnehmer dem Leasinggeber das Leasinggut in dem in Absatz 1 beschriebenen Zustand zurückzugeben, außer wenn er das Leasinggut kauft oder für einen weiteren Zeitraum least.

Art. 10

(1) Die Pflichten des Lieferanten aus dem Liefervertrag gelten auch gegenüber dem Leasingnehmer, als wäre dieser selbst Vertragspartei und als müsste ihm das Leasinggut unmittelbar geliefert werden. Der Lieferant haftet jedoch für denselben Schaden nicht sowohl dem Leasinggeber als auch dem Leasingnehmer.

(2) Dieser Artikel berechtigt den Leasingnehmer nicht, den Liefervertrag ohne Zustimmung des Leasinggebers zu kündigen oder aufzuheben.

Art. 11

Die Rechte des Leasingnehmers, die sich nach diesem Übereinkommen aus dem Liefervertrag herleiten, werden durch eine Änderung einer zuvor vom Leasingnehmer genehmigten Bestimmung des Liefervertrags nicht berührt, außer wenn der Leasingnehmer dieser Änderung zugestimmt hat.

Art. 12

(1) Wird das Leasinggut nicht geliefert, wird es verspätet geliefert oder entspricht es nicht dem Liefervertrag,

a) so ist der Leasingnehmer gegenüber dem Leasinggeber berechtigt, das Leasinggut zurückzuweisen oder den Leasingvertrag zu kündigen, und

b) so ist der Leasinggeber berechtigt, der Nichterfüllung seiner Verpflichtung, das Leasinggut in Übereinstimmung mit dem Liefervertrag zu liefern, abzuhelfen, als hätte der Leasingnehmer das Leasinggut vom Leasinggeber unter den Bedingungen des Liefervertrags gekauft.

(2) Die in Absatz 1 vorgesehenen Rechte können auf dieselbe Weise ausgeübt werden und gehen unter denselben Voraussetzungen unter, als hätte der Leasingnehmer das Leasinggut vom Leasinggeber unter den Bedingungen des Liefervertrags gekauft.

(3) Der Leasingnehmer ist berechtigt, die nach dem Leasingvertrag zu zahlenden Leasingraten zurückzubehalten, bis der Leasinggeber der Nichterfüllung seiner Verpflichtung, das Leasinggut in Übereinstimmung mit dem Liefervertrag zu liefern, abgeholfen hat oder der Leasingnehmer das Recht, das Leasinggut zurückzuweisen, verloren hat.

(4) Hat der Leasingnehmer den Leasingvertrag gekündigt, so ist er berechtigt, alle im voraus gezahlten Leasingraten und sonstigen Beträge abzüglich eines angemessenen Betrags für den Nutzen, den er gegebenenfalls aus dem Leasinggut gezogen hat, zurückzufordern.

(5) Der Leasingnehmer hat nur insoweit andere Ansprüche gegen den Leasinggeber wegen Nichtlieferung, verspäteter Lieferung oder Lieferung nicht vertragsgemäßen Leasingguts, als dies auf eine Handlung oder Unterlassung des Leasinggebers zurückzuführen ist.

(6) Dieser Artikel lässt die Rechte des Leasingnehmers gegen den Lieferanten nach Art. 10 unberührt.

Art. 13

(1) Bei Säumnis des Leasingnehmers kann der Leasinggeber die fälligen rückständigen Leasingraten nebst Zinsen und Schadensersatz verlangen.

(2) Bei erheblicher Säumnis des Leasingnehmers kann der Leasinggeber vorbehaltlich des Absatzes 5 auch die vorzeitige Zahlung des Wertes der zukünftigen Leasingraten verlangen, soweit der Leasingvertrag dies vorsieht, oder den Leasingvertrag kündigen und nach der Kündigung

a) das Leasinggut zurücknehmen und

b) Schadensersatz verlangen, durch den er so gestellt wird, wie wenn der Leasingnehmer den Leasingvertrag gehörig erfüllt hätte.

(3) a) Der Leasingvertrag kann bestimmen, wie der nach Absatz 2 Buchstabe b zu leistende Schadensersatz zu berechnen ist.

b) Eine solche Vertragsbestimmung ist für die Parteien verbindlich, sofern sich daraus nicht ein Schadensersatz ergibt, der den nach Absatz 2 Buchstabe b erheblich übersteigt. Die Parteien dürfen von den Bestimmungen dieses Buchstabens weder abweichen noch ihre Wirkung ändern.

(4) Hat der Leasinggeber den Leasingvertrag gekündigt, so kann er sich nicht auf eine Bestimmung dieses Vertrags berufen, welche die vorzeitige Zahlung zukünftiger Leasingraten vorsieht; der Wert dieser Leasingraten kann jedoch bei der Berechnung des Schadensersatzes nach Absatz 2 Buchstabe b und Absatz 3 berücksichtigt werden. Die Parteien dürfen von den Bestimmungen dieses Absatzes weder abweichen noch ihre Wirkung ändern.

(5) Der Leasinggeber kann sein Recht auf vorzeitige Zahlung oder sein Kündigungsrecht nach Absatz 2 nur ausüben, wenn er dem Leasingnehmer durch eine Mitteilung angemessen Gelegenheit gegeben hat, seiner Säumnis abzuhelfen, soweit dies möglich ist.

(6) Der Leasinggeber kann Schadensersatz nicht verlangen, soweit er nicht alle zumutbaren Vorkehrungen zur Minderung seines Schadens getroffen hat.

Art. 14

(1) Der Leasinggeber kann seine Rechte an dem Leasinggut oder aus dem Leasingvertrag ganz oder teilweise übertragen oder auf andere Weise über sie verfügen. Eine solche Übertragung entbindet den Leasinggeber nicht von seinen Pflichten aus dem Leasingvertrag und ändert weder die Rechtsnatur des Leasingvertrags noch die in diesem Übereinkommen vorgesehene rechtliche Behandlung des Vertrags.

(2) Der Leasingnehmer kann das Recht zur Nutzung des Leasingguts oder jedes andere Recht aus dem Leasingvertrag nur mit Zustimmung des Leasinggebers und vorbehaltlich der Rechte Dritter übertragen.

II. Anwendbares Recht

Literatur: *Bey/Gavalda*, Problématique Juridique du Leasing International, Gaz.Pal. 1979 I Doctr. 143–149; *Gonzenbach*, Die akzessorische Anknüpfung (Zürich 1986); *Hall*, Legal features of cross-border transactions, in: Clark (Hrsg.), Leasing Finance (London 1985), S. 73–81; *Hanisch*, Besitzlose Mobiliarsicherungsrechte im internationalen Rechtsverkehr, insbesondere im Verhältnis zwischen der Schweiz und der Bundesrepublik Deutschland, Festschr. Moser (Zürich 1987), S. 25–52; *Khairallah*, Les Sûretés Mobilières en Droit International Privé (Paris 1984); *Mariani*, Il leasing finanziario internazionale tra diritto uniforme e diritto internazionale privato (Padova, 2005); *Rosen*, International Leasing: a System without a Law, in: Reflections on the international practice of law – Liber Amicorum Bär und Karrer (Basel 2004); *Schwander*, Die Behandlung der Innominatverträge im internationalen Privatrecht, Festschr. Schluep (1988), S. 501–513; *von der Seipen*, Akzessorische Anknüpfung und engste Verbindung im Kollisionsrecht der komplexen Vertragsverhältnisse (1986).

1. Keine einheitliche Anknüpfung

1132 Bei der Leasingtransaktion sind Leasingvertrag im engeren Sinne und Liefervertrag gesondert anzuknüpfen. Im Schrifttum gab es lange vor Inkrafttreten der Rom I-VO Stellungnahmen für eine einheitliche bzw. akzessorische Anknüpfung beider Vertragsverhältnisse[1]. So wurde in der französischen Literatur die Ansicht geäußert, beide Verträge seien einheitlich an das Recht am Belegenheitsort der Leasingsache anzuknüpfen[2]. Dort sei der „harte Kern" (noyau dur) der Leasingtransaktion. In der deutschen Literatur ging die herrschende Meinung im Geltungsbereich des EVÜ demgegenüber von einer getrennten Anknüpfung von Liefervertrag und Leasingvertrag aus[3].

Für eine einheitliche Anknüpfung kann geltend gemacht werden, sie vermeide von vornherein Wertungswidersprüche zu Einzelfragen. Gegen die einheitliche bzw. akzessorische Anknüpfung spricht demgegenüber die rechtliche Selbständigkeit beider Vertragsverhältnisse[4] sowie die Unterschiedlichkeit der Interessen- und Risikolagen. Der wirtschaftliche Zusammenhang beider Verträge

---

1 Allgemein zur akzessorischen Anknüpfung: *Gonzenbach*, Die akzessorische Anknüpfung; *von der Seipen*, Akzessorische Anknüpfung und engste Verbindung im Kollisionsrecht der komplexen Vertragsverhältnisse.
2 *Bey/Gavalda*, Gaz.Pal. 1979 I Doctr. 143 (144).
3 *Martiny*, in: MünchKomm, Art. 28 EGBGB Rz. 174 mwN.
4 Ausführlich *Dageförde*, S. 59 f.

allein begründet nicht die Notwendigkeit der Anwendung eines einheitlichen Rechts. Insbesondere der in verschiedenen Rechtsordnungen vorgesehene Schutz des Leasingnehmers kann auf der Ebene des Sachrechts bzw. bei der Anknüpfung eines etwaigen Direktanspruches gewährt werden[1], so dass bei Wertungswidersprüchen in dieser Frage stets das Leasingvertragsstatut maßgeblich ist. Eine einheitliche Anknüpfung zum Schutze des Leasingnehmers ist daher nicht geboten. Die einheitliche Anknüpfung einer aus zwei Einzelverträgen bestehenden dreiseitigen Vertragsbeziehung würde im Übrigen die Bestimmung eines Schwerpunktes erforderlich machen, der entweder in der Anschaffung (Liefervertrag) oder in der Finanzierung (Leasingvertrag) liegen müsste; diesbezüglich ist eine Typisierung jedoch kaum möglich. Die Selbständigkeit der Vertragsverhältnisse ist vielmehr auch auf der Ebene des Kollisionsrechts beachtlich. Die Bestimmung des anwendbaren Rechts erfolgt somit für Leasing- und Liefervertrag gesondert nach den allgemeinen Regeln.

2. Rechtswahl

Die Parteien von Leasing- und Liefervertrag können ihre jeweiligen Vertragsbeziehungen dem von ihnen gewählten Recht unterstellen, Art. 3 Rom I-VO[2]. Eine Beschränkung auf bestimmte Rechte besteht aus der Sicht des europäischen Kollisionsrechts nicht[3]. Insbesondere können etwaige Rechtswahlvereinbarungen voneinander unabhängig oder auf Leasing- oder Liefervertrag beschränkt getroffen werden. Allerdings ist in der Regel eine ausdrückliche Rechtswahl erforderlich, da aufgrund der Selbständigkeit der Vertragsverhältnisse der Abschluss des einen Vertrages (etwa des Leasingvertrages) im zeitlichen Zusammenhang mit dem anderen Vertrag (Liefervertrag) allein nicht ausreicht, um den Willen zu einer konkludenten Rechtswahl zum Ausdruck zu bringen[4]. 1133

3. Objektive Anknüpfung

Im Falle fehlender Rechtswahl ist für den jeweiligen Vertrag eine objektive Anknüpfung vorzunehmen[5]. Beim **Liefervertrag** handelt es sich meistens um einen Kaufvertrag, der beim Sitz der Vertragsparteien in verschiedenen Staaten gem. Art. 4 Abs. 1 lit. a Rom I-VO dem Recht am Sitz des Lieferanten unterliegt. Im Falle eines grenzüberschreitenden Kaufes kann auch UN-Kaufrecht zur Anwendung kommen[6]. 1134

Bezüglich der objektiven Anknüpfung des Leasingvertrages im engeren Sinne wurde in der französischen Literatur noch vor Inkrafttreten des EVÜ die An- 1135

---

1 *Dageförde*, S. 67.
2 S. oben Rz. 85.
3 Zu Art. 27 EGBGB: *Dageförde*, S. 33, dort auch zu den Einschränkungen nach dem Recht einiger U.S.-Einzelstaaten.
4 Arg. ex Art. 3 Abs. 1 S. 3 Rom I-VO.
5 S. oben Rz. 143.
6 Zum Internationalen Warenkauf s. oben Rz. 894.

sicht vertreten, dass bei Leasingverträgen über **bewegliche Sachen** mangels einer Rechtswahl das Recht am Belegenheitsort zur Anwendung komme, da hier infolge der Erfüllung des Leasingvertrages der Schwerpunkt der Vertragsbeziehungen liege[1]. In der englischen Literatur gab es ebenfalls Stimmen für eine Anknüpfung an das Recht des Belegenheitsstaates[2]. Dort besteht gegenüber dem deutschen Recht allerdings die Besonderheit, dass Leases unter bestimmten Umständen als dingliche Rechte angesehen werden können[3]. Auf der Ebene des autonomen Kollisionsrechts im Rahmen der Rom I-VO ist diese Frage nicht abschließend entschieden. Die für die Anwendung von Belegenheitsrecht geltend gemachten Argumente begründen jedoch ohne das Hinzutreten weiterer Umstände nicht die Anwendbarkeit der Ausweichklausel des Art. 4 Abs. 3 Rom I-VO. Bei einem Leasingvertrag über bewegliche Sachen bleibt es vielmehr gem. Art. 4 Abs. 2 Rom I-VO grundsätzlich bei der Anknüpfung an das Recht am Sitz des Leasinggebers[4].

1136 Auf Leasingverträge über **unbewegliche Sachen** (Immobilienleasing) findet nach dem Wortlaut des Art. 4 Abs. 1 lit. c Rom I-VO die lex rei sitae nur dann Anwendung, wenn die Lease als dingliches Recht (*right in rem*) oder als Miete (*Tenancy*) zu qualifizieren ist. Die Begründung eines dinglichen Rechtes scheidet regelmäßig aus. Die im deutschen Recht anerkannte Zuordnung des Leasingvertrages zum gesetzlichen Leitbild des Mietvertrages kann demgegenüber auf Ebene des autonomen europäischen Kollisionsrechtes nicht automatisch die Qualifizierung als Miete (*Tenancy*) begründen. Im Ergebnis geht die Anwendung des Belegenheitsrechts nicht sicher aus Art. 4 Abs. 1 lit. c der Rom I-VO hervor. Vielmehr muss hier auf die Ausweichklausel des Art. 4 Abs. 3 Rom I-VO zurückgegriffen werden.

4. Verbraucherverträge

1137 Gem. Art. 6 Rom I-VO gelten für Finanzierungsleasingverträge, die nicht der beruflichen oder gewerblichen Tätigkeit des Leasingnehmers zugerechnet werden können, besondere Regelungen[5]. Eine getroffene Rechtswahl darf nicht dazu führen, dass ihm der im Aufenthaltsstaat normierte Schutz durch zwingende Vorschriften entzogen wird. Ausnahmsweise gilt nach Art. 6 Abs. 4 lit. c Rom I-VO Belegenheitsrecht, wenn ein Leasingvertrag über unbewegliche Sachen auch im autonomen europäischen Kollisionsrecht als dingliches Recht oder Miete (*Tenancy*) zu qualifizieren ist (s. oben Rz. 1136). Mit Hinweis auf die Entgeltlichkeit der Gebrauchsüberlassung scheint dies vertretbar, da die Aspekte der Finanzierung nicht entgegenstehen. Bei Wahl einer Rechtsordnung außerhalb der EU ordnet Art. 46b EGBGB die Einhaltung des Schutzstandards innerhalb der EU an. Hierzu gehört die Richtlinie 1999/44/EG vom

---

1 *Bey/Gavalda*, Gaz.Pal. 1979 I Doctr. 144 f.
2 *Davies*, J.B.L. 1984, 468 (475).
3 *Dageförde*, S. 38.
4 Zu Art. 28 EGBGB: *Dageförde*, S. 42; Entsprechendes gilt in der Schweiz gem. Art. 117 IPRG, *Keller/Kren Kostkiewicz*, in: ZürchKomm, Art. 117 Rz. 108, 111.
5 S. oben Rz. 22, 525.

25.5.1999 zum Verbrauchsgüterkauf, die Richtlinie 2002/65/EG vom 23.9.2002 über den Fernabsatz von Finanzdienstleistungen sowie die Richtlinie 2008/48/EG vom 23.4.2008 über Verbraucherkreditverträge. Die in Deutschland übliche Ausgestaltung des (Finanzierungs-)Leasing als atypische Miete hindert bei Vorliegen der sonstigen Voraussetzungen nicht die Subsumierung unter die genannten Richtlinien.

5. Direktansprüche des Leasingnehmers

Bei der Anknüpfung von Direktansprüchen des Leasingnehmers gegen den Lieferanten – etwa nach Sec. 2A-209 UCC – ist zu unterscheiden[1]. **Ob** ein solcher Anspruch besteht, richtet sich nach dem auf den Leasingvertrag im engeren Sinne anwendbaren Recht. Dieses Recht bestimmt über den Umfang und über die Art und Weise des dem Leasingnehmer gewährten Schutzes. Die Gewährung eines Direktanspruches gegen den Lieferanten dient dem Schutz des Leasingnehmers für den Fall der Fehlerhaftigkeit der Leasingsache. Unterliegt der Leasingvertrag dem deutschen Recht, dann besteht infolgedessen selbst dann kein Direktanspruch, wenn das Liefervertragsstatut einen solchen Direktanspruch vorsieht. Die Schutzgewährung setzt nach der Rechtsprechung des Bundesgerichtshofes vielmehr bei der Wirksamkeit von Gewährleistungsausschlussklauseln an. Die Wirksamkeit einer solchen Klausel zugunsten des Leasinggebers setzt voraus, dass der Leasingnehmer tatsächlich Rechte gegen den Lieferanten erwirbt. Ist dies nicht der Fall, dann verstößt der Gewährleistungsausschluss gegen § 307 BGB[2].

Der **Inhalt** des Direktanspruches gegen den Lieferanten richtet sich demgegenüber nach dem Recht des Liefervertrages, Art. 15 Rom I-VO[3]. Der Direktanspruch soll dem Leasingnehmer diejenigen Rechte verschaffen, die der Leasinggeber aus dem Liefervertrag hat. Das auf den Liefervertrag anwendbare Recht bestimmt also auch über den Umfang der Rechte gegen den Lieferanten und über die Art und Weise ihrer Geltendmachung. Die Situation des Leasingnehmers, dem ein gesetzlicher Direktanspruch eingeräumt wurde, entspricht weitgehend dem Erwerb von Rechten gegen den Lieferanten durch Abtretung (Art. 14 Abs. 2 Rom I-VO[4]).

1138

6. Dingliche Rechte am Leasinggut

Für die dinglichen Rechte des Leasinggebers am Leasinggut gilt sowohl bei beweglichen als auch bei unbeweglichen Sachen in der Regel das Recht des Belegenheitsstaates[5]. Das Eigentum am Leasinggut vermittelt dem Leasinggeber

1139

---

1 Ausführlich *Dageförde*, S. 75 ff.
2 Grundlegend: BGH 17.12.1986, NJW 1987, 1072 (1073); *Beckmann*, Rz. 94 ff.
3 Zum alten Recht auf der Grundlage des EVÜ: *Dageförde*, S. 76.
4 Hierzu oben Rz. 380.
5 Vgl. Rz. 991, 1125. Eine Ausnahme gilt jedoch für Rechte an Transportmitteln; ausführlich *Dageförde*, S. 85 ff.

regelmäßig ein wesentliches Sicherungsrecht[1]. Diese Rechtsposition ist einmal dadurch gefährdet, dass das Leasinggut durch Verbindung mit einer anderen Sache, insbesondere mit einem Grundstück, untergeht[2]. Zum anderen kann dessen Erhaltung in der Insolvenz des Leasingnehmers sowie gegenüber einem gutgläubigen Erwerb von der Erfüllung der nach Belegenheitsrecht bestehenden Publizitätspflichten abhängig sein.

1140 Insbesondere nach **französischem Recht** kann der Leasinggeber sein Eigentum am Leasinggut in der Insolvenz des Leasingnehmers dessen Gläubigern grundsätzlich nur entgegenhalten, wenn das Recht des Leasinggebers in ein öffentliches Register eingetragen wurde[3]. Im Falle eines französischen Unterleasingnehmers, der einen Leasingvertrag mit einem deutschen Leasingnehmer abgeschlossen hatte, hielt die französische **Cour de Cassation** allerdings einen Herausgabeanspruch des deutschen Leasinggebers gegen den Konkursverwalter des Unterleasingnehmers für möglich, obwohl keine Registereintragung vorgenommen worden war[4]. Nach Ansicht von *Khairallah*[5] stellt das Urteil eine gewisse Aufweichung der situs-Regel dar, enthält aber kein völliges Abrücken vom Belegenheitsgrundsatz. Die Entscheidung betreffe nur den Ausnahmefall eines Unterleasingvertrages, bei dem der Leasingvertrag nicht in das französische Register eingetragen werden konnte, weil dies nur am Ort der Niederlassung des Leasingnehmers möglich sei und im konkreten Fall nicht vollzogen werden konnte[6].

1141 Anders als in Frankreich besteht nach **schweizerischem Recht** kein öffentliches Register für Leasingverträge. In der Schweiz ist jedoch ein Eigentumsvorbehalt eintragungsbedürftig. Soweit Art. 226m OR den Leasingvertrag in die Vorschriften über den Abzahlungskauf einbezieht, ist auch das Eigentum des Leasinggebers eintragungsbedürftig[7].

7. Bedienungspersonal

1142 Soweit der Leasinggeber neben der Überlassung des Leasinggutes auch die Stellung von Bedienungspersonal übernommen hat, stellt sich bei Leasingnehmern mit Sitz in der Bundesrepublik Deutschland die Frage der Anwendbarkeit des Arbeitnehmerüberlassungsgesetzes vom 7.8.1972[8]. Handelt es sich bei der Stellung von Bedienungspersonal um Arbeitnehmerüberlassung iSv. § 1 Abs. 1 AÜG, so wird bei Unwirksamkeit des Leiharbeitsverhältnisses aufgrund

---

1 *Khairallah*, Rz. 226 f.
2 Hierzu Art. 4 der Konvention von Ottawa sowie für zahlreiche Bundesstaaten der USA: Sec. 2A-309/310 UCC.
3 Art. 1 III Loi n. 66–455 du 2 Juillet 1966, J.O. 3.7.1966; dazu Décret n. 72–665 du 4 Juillet 1972, Gaz.Pal. 1972 L. 415.
4 Cass. (Ch.com.), 11.5.1982, Rev.crit.d.i.p. 72 (1983), 450 ff.
5 *Khairallah*, Rev.crit.d.i.p. 72 (1982), 455 ff.
6 In diesem Sinne auch *Witz*, D. 1983, 272; *Bey*, Rev.jur.com. 1982, 165 (175).
7 Hierzu *Hanisch*, Festschr. Moser (1987), S. 25 ff.
8 BGBl. I 1972, 1393.

von § 9 AÜG gem. § 10 AÜG das Bestehen von Arbeitsverhältnissen zwischen Bedienungspersonal und Leasingnehmer fingiert.

Nach der Rechtsprechung des Bundesarbeitsgerichts werden derartige gemischte Verträge über Gebrauchsüberlassung von Maschinen mit Bedienungspersonal jedenfalls dann nicht erfasst, wenn bei einer Gesamtbetrachtung des Vertragszwecks diese Gebrauchsüberlassung und nicht die Überlassung von Arbeitnehmern den Inhalt des Vertrages prägt[1].

III. Zusammenfassung mit Handlungsanleitung

Für die Abwicklung von Leasing- und Liefervertrag empfiehlt sich jeweils eine Rechtswahlvereinbarung, die beide Vertragsverhältnisse einem einheitlichen Recht unterstellen.

1143

- Mangels Rechtswahlvereinbarungen sind für Leasing- und/oder Liefervertrag objektive Anknüpfungen vorzunehmen. Diese führen beim Leasingvertrag zur Anwendung des Rechts des Staates, in dem der Leasinggeber seine maßgebliche Niederlassung hat. Beim Liefervertrag führt die objektive Anknüpfung zum Recht des Staates, in dem der Lieferant diese Niederlassung hat.

- Die (kraft Direktanspruch bestehenden oder durch Abtretung erworbenen) Ansprüche des Leasingnehmers gegen den Lieferanten unterliegen dem Recht des Liefervertrages. Bei fehlender Übereinstimmung des Liefervertragsstatuts mit dem Leasingvertragsstatut kann es im Einzelfall zu Wertungswidersprüchen zwischen beiden Rechtsordnungen kommen, die jedoch durch eine geeignete Rechtswahl von vornherein ausgeschlossen werden.

- Führen die Rechtswahlvereinbarungen oder die objektive Anknüpfung zum Recht eines Vertragsstaates der Konvention von Ottawa, dann bedarf es einer dreiseitigen Erklärung, um die Anwendbarkeit der Konvention abzubedingen.

- Findet die Konvention von Ottawa Anwendung, dann ist im Hinblick auf deren Art. 13 Abs. 3 und 4 die Aufnahme einer Schadenberechnungsklausel sinnvoll.

- Wird das Leasinggut außerhalb der Bundesrepublik Deutschland genutzt, so ist zu prüfen, ob nach dem Recht des Belegenheits- bzw. Registrierungsstaa-

---

1 BAG 17.2.1993, NZA 1993, 1125 (Grenzüberschreitendes Flugzeugleasing: „Dabei kommt es nicht auf das Verhältnis des Wertes von Arbeitsleistung und Maschinennutzung an. Maßgeblich ist vielmehr, ob nach dem Sinn und Zweck des gemischten Vertrages die Gebrauchsüberlassung des Gerätes im Vordergrund steht und die Zurverfügungstellung des Personals nur dienende Funktion hat, indem sie den Einsatz des Gerätes erst ermöglichen soll, oder ob der Vertrag schwerpunktmäßig auf die Verschaffung der Arbeitsleistung des Personals gerichtet ist und die Überlassung des Gerätes demgegenüber nur untergeordnete Bedeutung hat.").

- tes der Leasinggeber seine Rechte zu einem öffentlichen Register anmelden oder sonstige Publizitätsvorschriften einhalten muss. Daneben können Erlaubnisvorbehalte oder Anzeigepflichten im Rahmen der staatlichen Beaufsichtigung des Leasinggebers als Erbringer einer Finanzdienstleistung bestehen.
- Nach dem Wortlaut von § 4 Abs. 2 ProdHaftG kann auch ein Leasinggeber EU-Importeur sein und damit als Quasihersteller Dritten gegenüber für den Zustand des Leasinggutes haften[1]. Dieses Haftungsrisiko bedarf einer besonderen Absicherung.

1144–1160 Frei.

---

[1] Zur einschränkenden Auslegung dieser Norm *Dageförde*, S. 23 ff.

D. Darlehen

	Rz.		Rz.
I. Rechtsvereinheitlichung und Auslandsrecht	1161	IV. Wirtschaftspolitische Eingriffsvorschriften	1169
II. Vertragsstatut	1162	1. Lokalisierung von Forderungen	1170
III. Zwingende Vorschriften	1165	2. Realkreditforderungen	1171
1. Zinsbeschränkung	1165	V. Zusammenfassung mit Handlungsanleitung	1175
2. Kündigungsrecht	1166		
3. Devisenvorschriften	1167		

Literatur zur Rechtsangleichung: *Blaurock*, Verbraucherkredit und Verbraucherleitbild in der Europäischen Union, JZ 1999, 801; *M. Hoffmann*, Die Reform der Verbraucherkredit-Richtlinie (87/102/EWG) – eine Darstellung und Würdigung der Entwürfe für eine neue Verbraucherkredit-Richtlinie unter besonderer Berücksichtigung des deutschen und englischen Rechts (2007); *Siems*, Die neue Verbraucherkreditrichtlinie und ihre Folgen, EuZW 2008, 454.

Literatur zum Internationalen Privatrecht: *Aden*, Grundzüge des Eurokreditvertrages, RIW 1982, 309; *Baller*, Der Anwendungsbereich des Verbraucherkreditgesetzes in persönlicher und internationaler Hinsicht (2001); *Böhlhoff/Baumanns*, How might German courts have decided the Allied case?, I.F.L.Rev. 1984 Sept., 14; *U. Bosch*, Vertragliche Regelungen in internationalen Kreditverträgen als risikopolitisches Instrument, in: Krümmel (Hrsg.), Internationales Bankgeschäft (1985), S. 117; *Delaume*, Change of Circumstances and Force Majeure Clauses in Transnational Loans, D.P.C.I. 7 (1981), 333; *Delaume*, Issues of Applicable Law in the Context of the World Bank's Operations, in: Horn/Schmitthoff (Hrsg.), The Transnational Law of International Commercial Transactions (Deventer 1982), S. 317; *Ebenroth*, Das Vertragsrecht der internationalen Konsortialkredite und Projektfinanzierungen, JZ 1986, 731; *Ebenroth/Parche*, Schiedsgerichtsklauseln als alternative Streiterledigungsmechanismen in internationalen Konsortialkreditverträgen und Umschuldungsabkommen, RIW 1990, 341; *Ebenroth/Tzeschlock*, Rechtswahlklauseln in internationalen Finanzierungsverträgen nach New Yorker Recht, IPRax 1988, 197; *Felke*, Internationale Konsumentenkredite: Sonderanknüpfung des VerbKrG über Art. 34 EGBGB, RIW 2001, 30; *Fetsch*, Eingriffsnormen und EG-Vertrag (2002); *Förger*, Probleme des Abkommens über den internationalen Währungsfonds im Realkreditgeschäft, NJW 1971, 309; *Frankenberg/Knieper*, Rechtsprobleme der Überschuldung von Ländern der Dritten Welt, RIW 1983, 569; *Goltz*, Vertragsgestaltung bei Roll-Over-Eurokrediten (1980); *Geisler*, Die engste Verbindung im Internationalen Privatrecht (2001); *Gruber*, Die Befugnis des Darlehensgebers zur Vertragsbeendigung bei internationalen Kreditverträgen (1997); *Hahn*, Völkerrechtliche Darlehens- und Garantieabkommen, in: Völkerrecht, Recht der Internationalen Organisationen, Weltwirtschaftsrecht, Festschr. Seidl-Hohenveldern (1988), S. 173; *Harries*, Rechtsfragen der langfristigen Exportfinanzierung, AWD 1973, 1; *Harries*, Die Parteiautonomie in internationalen Kreditverträgen als Instrument der Vertragsgestaltung, Festschr. Heinsius (1991), S. 201; *Hausmann*, Ausländische Staaten als Darlehens- oder Anleiheschuldner vor deutschen Gerichten, in: Einheit und Vielfalt des Rechts – Festschr. Geimer (2002), S. 289; *Head*, Evolution of the Governing Law for Loan Agreements of the World Bank and Other Multilateral Development Banks, Am.J.Int.L. 90 (1996), 214; *van Hecke*, Crédits bancaires internationaux et conflits de lois, D.P.C.I. 3 (1977), 497; *Hinsch/Horn*, Das Vertragsrecht der internationalen Konsortialkredite und Projektfinanzierungen (1985); *von Hoffmann*, Inländische Sachnormen mit zwingendem internationalem Anwendungsbereich, IPRax 1989, 261; *Horn*, Rechtsfragen internationaler Umschuldungen, WM 1984, 713; *Horn*, Aktuelle Rechtsfragen internationaler Konsortialkredite, JBl. 1987, 407; *Hoyer*, Die Anknüpfung des privaten Darlehensvertrages, ZfRV 37 (1996), 221; *Kegel*, Die Bankgeschäfte im deutschen IPR, Gedächtnisschr. R. Schmidt (1966), S. 215; *A. König*, Die internationalprivatrechtliche Anknüpfung von Syndicated Loan Agreements (1984); *Kronfol*, The Proper Law of International Loans, J.W.T.L. 10 (1976), 129; *Lochner*, Darlehen und Anleihe im IPR (1954); *Looschelders*, Internationale Zuständigkeit für Ansprüche aus Darlehen nach dem EuGVÜ, IPRax 2006, 14; *Mankowski*, Verbraucherkreditverträge mit Auslandsbezug, RIW 2006, 321; *Mankowski*, Verbraucherkreditverträge und europäisches IPR, ZEuP 2008, 845; *Mosler*, Finanzierung durch die Weltbank – Grundlegung und anwendbares Recht der vertraglichen Instrumente (1987); *Mülbert/Bruinier*, Die Anwendung inländischer Schutzbestimmungen am Beispiel ausländischer Kreditverträge, WM 2005, 105; *Nielsen/Schütze*, Zahlungssicherung und Rechtsverfolgung im Außenhandel, 3. Aufl. (1985); *Pearce*, The „Internationalisation" of Sovereign Loan Agreements, J.Int.Bank.L. 1 (1986), 165; *Pfaff*, Rechtswahl und Streitentscheidung im internationalen Kreditverkehr mit Staatshandelsländern, in: Pfaff/Pietsch, Zwei Beiträge zum Auslandsgeschäft der Kreditinstitute (1983), S. 11; *Rosenau*, Das Eurodollar-Darlehen und sein anwendbares Recht, RIW 1992, 879; *Rüfli*, Der grenzüberschreitende Hypothekarkredit, in: Baudenbacher (Hrsg.), Aktuelle Probleme des Europäischen und Internationalen Wirtschaftsrechts III (Basel 2001), S: 441; *Samtleben*, Clauses of Jurisdiction and Applicable Legislation in the Foreign Loan Contracts of the Latin American Countries, Comparative Juridical Review 27 (1990), 65; *Sandrock*, Internationale Kreditverträge und die Internationale Schiedsgerichtsbarkeit, WM 1994, 405, 445 = *Sandrock*, Internationales Wirtschaftsrecht in Theorie und Praxis (1995), S. 559; *Schnelle*, Die objektive Anknüpfung von Darlehensverträgen im deutschen und amerikanischen IPR (1992); *Schücking*, Das Internationale Privatrecht der Banken-Konsortien, WM 1996, 281; *Stöcker/Schäfer*, Rechtswahlbeschränkungen beim grenzüberschreitenden Verbraucherkreditvertrag, Der langfristige Kredit 1995, 614; *Unteregge*, Ausländisches Devisenrecht und internationale Kreditverträge (1991); *W. Weitnauer*, Der Vertragsschwerpunkt (1981); *Wengler*, Die Belegenheit von Rechten, Festschr. der Jur. Fakultät Berlin zum 41. Deutschen Juristentag (1955); *Wenzel*, Rechtsfragen internationaler Konsortialkreditverträge (2006); *M. Wolff/Raiser*, Sachenrecht, 10. Bearbeitung (1957).

Literatur zum ausländischen Recht/zur Rechtsvergleichung: *Bräunig*, Der Konsumentenkredit im französischen Recht (1982); *Brunetta d'Usseaux*, Die Umsetzung der Verbraucherkreditrichtlinien in Italien, VuR 1995, 410; *Derleder/Knops/Bamberger* (Hrsg.), Handbuch zum deutschen und europäischen Bankrecht 2. Aufl. (2009), S. 2289 (Länderberichte); *Ebenroth/Stolten*, Der Schutz vertraglicher Darlehensrückzahlungsansprüche am Finanzplatz New York, RIW 1991, 269; *Franek*, Kredite und Kreditsicherheiten in Polen, WiRO 1999, 17; *Gruber*, Die Beendigung von Darlehensverträgen nach französischem Recht, IPRax 1994, 250; *van Hecke*, Die Haftung des Kreditgebers nach belgischem Recht, ZfRV 27 (1986), 81; *Hörmann* (Hrsg.), Verbraucherkredit und Verbraucherinsolvenz – Perspektiven für die Rechtspolitik aus Europa und USA (1986); *E. Hoffmann*, Die Haftung des Kreditgebers nach belgischem Recht, WM 1986, 1073; *Honsell*, Die Abwicklung sittenwidriger Darlehensverträge in rechtsvergleichender Sicht, in: Freiheit und Zwang, Festschr. Giger (Bern 1989), S. 287; *Hugger*, Neuer Überschuldungsschutz privater Darlehensnehmer in Frankreich, RIW 1990, 527; *Janke/Weinreich*, Haftung des Kreditgebers für Altlasten seines Schuldners in den USA, RIW 1991, 281; *Klotz*, Kreditvergabe durch deutsche Banken und Verbraucherschutz in Frankreich, RIW 1997, 197; *Knez*, Slowenien: Anwendung des Gesetzes über Verbraucherkredite bei Krediten ausländischer Banken, IPRax 2002, 547; *M. Lorenz*, Unterbeteiligungen an Krediten im Common Law und im Civil Law (1993); *Meyer*, Das spanische Verbraucherkreditgesetz, RIW 1996, 299; *Omodei-Salè*, Der neue italienische Codice del consumo, ZEuP 2007, 785; *Pisuliński*, Der Verbraucherkredit in Polen, WM 2002, 885; *Sajonz*, Der Konsumentenkredit im französischen Recht, RIW 1985, 448; *Wiegand*, Neues Konsumkreditrecht in der Schweiz, WM 1995, 1477.

I. Rechtsvereinheitlichung und Auslandsrecht

Vereinheitlichtes Recht besteht lediglich in Teilbereichen. Auf Grund einer Richtlinie war das Recht des Konsumentenkredits in der EU bis zum 1.1.1990 anzugleichen[1]. Dies ist in Deutschland durch die §§ 491 ff. BGB (zuvor im Verbraucherkreditgesetz von 1990) geschehen. Auch die anderen Mitgliedstaaten haben die Richtlinie umgesetzt[2]. Inzwischen ist eine neue Richtlinie zu Verbraucherkreditverträgen erlassen worden[3].   1161

Der Fernabsatz von Finanzdienstleistungen an Verbraucher ist ebenfalls angeglichen worden[4]. Im Übrigen besteht unvereinheitlichtes nationales Darlehensrecht (zB Art. 1813–1822 ital. c.c. [mutuo], Art. 1842–1845 ital. c.c. [credito bancario], Art. 1874 ff. franz. c.c. [prêt], „loan" nach englischem Recht)[5]. Der kurzfristigen Refinanzierung dienende Roll-Over Kreditverträge in Euro werden häufig in englischer Sprache und Rechtsterminologie abgefasst[6].

II. Vertragsstatut

Das Schuldstatut des Darlehens wird in erster Linie durch die ausdrückliche oder stillschweigende **Rechtswahl** der Vertragsparteien bestimmt (Art. 3 Rom I-VO)[7]. Mangels Rechtswahl[8] gelangt man bei einer sehr weiten Auslegung des Dienstleistungsbegriffs zum Recht des gewöhnlichen Aufenthalts des Dar-   1162

---

1 Art. 16 der Richtlinie zur Angleichung der Rechts- und Verwaltungsvorschriften der Mitgliedstaaten über den Verbraucherkredit vom 22.12.1986, ABl. EG 1987 Nr. L 42, S. 48. Geändert durch Richtlinie vom 22.2.1990, ABl. EG 1990 Nr. L 61, S. 14.
2 S. für Frankreich Art. L 311-1 bis 311-37 Code de consommation, für Italien ua. Art. 40 ff. Codice del Consumo (dazu *Omodei-Salè*, ZEuP 2007, 791 f.; *Brunetta d'Usseaux*, VuR 1995, 410 ff.).
3 Richtlinie 2008/48/EG des Europäischen Parlaments und des Rates vom 23.4.2008 über Verbraucherkreditverträge und zur Aufhebung der Richtlinie 87/102/EWG des Rates, ABl. EU 2008 Nr. L 133, S. 66. – Umgesetzt durch Gesetz zur Umsetzung der Verbraucherkreditrichtlinie, des zivilrechtlichen Teils der Zahlungsdiensterichtlinie sowie zur Neuordnung der Vorschriften über das Widerrufs- und Rückgaberecht, BGBl. I 2009, 2355.
4 Vgl. Art. 21 der Richtlinie 2002/65/EG über den Fernabsatz von Finanzdienstleistungen an Verbraucher vom 23.9.2002, ABl. EG 2002 Nr. L 271, S. 16.
5 Dazu *Sonnenberger/Dammann*, Franz. Handels- und Wirtschaftsrecht, 3. Aufl. (2008), Rz. VII 48.
6 Näher *Schefold*, in: Kronke/Melis/Schnyder, Rz. H 223 ff.
7 BGH 28.1.1997, IPRspr. 1997 Nr. 27 = RIW 1997, 426; *Harries*, Festschr. Heinsius, S. 202. Vgl. OLG Düsseldorf 4.6.1992, IPRspr. 1992 Nr. 35 (LS) = WM 1992, 1898 (nachträgliche Rechtswahl).
8 Dazu näher *Rosenau*, RIW 1992, 881.

lehensgebers (Art. 4 Abs. 1 lit. b Rom I-VO)[1]. Verneint man dies, richtet sich das Darlehen nach der charakteristischen Leistung, die in der (entgeltlichen oder unentgeltlichen) Hingabe der Darlehenssumme besteht und vom Darlehensgeber erbracht wird[2]. Damit gilt grundsätzlich ebenfalls das Recht am **gewöhnlichen Aufenthaltsort des Darlehensgebers** (Art. 4 Abs. 2 Rom I-VO)[3].

Wird das Darlehen von einer Bank gegeben, so gibt, falls es sich nicht um einen Realkredit handelt, der **Sitz der Bank** (bzw. Bankfiliale) den entscheidenden Hinweis auf das Schuldstatut. Dies folgt aus Art. 4 Abs. 2 Rom I-VO[4]. Handelt es sich freilich um einen Verbrauchervertrag iSd. Art. 6 Rom I-VO, so gilt das Recht am gewöhnlichen Aufenthalt des Verbrauchers (vgl. Rz. 4208).

Die frühere **Verbraucherkreditrichtlinie** (umgesetzt in §§ 491 ff. BGB) regelte ihren internationalen Anwendungsbereich nicht und enthielt auch keine Rechtswahlbeschränkung. Ihr privatschützender Inhalt sprach dafür, die Verbraucherkreditvorschriften als Teil des gewöhnlichen Schuldvertragsrechts anzusehen[5]. Gleichwohl wurde zT angenommen, das Verbraucherkreditrecht sei wegen seines marktordnenden Charakters oder allgemein wegen des zwingenden Schutzes des Verbrauchers als international zwingendes Recht des Vertragsanbahnungsmarkts durchzusetzen (Art. 7 EVÜ bzw. Art. 34 EGBGB)[6]. In der ausländischen Rechtsprechung gab es ebenfalls Tendenzen zur zwingenden Durchsetzung des eigenen Konsumentenkreditrechts[7]. Nunmehr wird jedenfalls Schutz vor der Abwahl durch ein drittstaatliches Recht nach Art. 46b

---

1 Art. 117 Abs. 3 lit. b schweiz. IPRG kennt eine eigene, hier einschlägige Kategorie der Gebrauchsüberlassungsverträge, *Keller/Kren Kostkiewicz*, in: ZürchKomm, Art. 117 IPRG Rz. 84.
2 OLG Celle 11.11.1998, IPRspr. 1998 Nr. 160 = IPRspr. 1999, 456 (m. Aufs. *Gebauer*, IPRspr. 1999, 432); *von Hoffmann/Thorn*, § 10 Rz. 46; *Hausmann*, Festschr. Geimer, S. 300; *Geisler*, S. 231; *Hohloch*, in: Erman, Art. 28 EGBGB Rz. 37; *Thorn*, in: Palandt, Art. 28 EGBGB Rz. 12. – Im gleichen Sinne schweiz. BG 5.4.2002, BGE 128 III, 295 (299).
3 Zu Art. 28 Abs. 2 EGBGB OLG Düsseldorf 25.11.1994, IPRspr. 1994 Nr. 7 = NJW-RR 1995, 755 = IPRax 1996, 119 (m. Aufs. *Baetge*, IPRax 1996, 185) (Darlehen unter Türken i. Erg. zutreffend deutschem Recht unterstellt); OLG Düsseldorf 2.10.1997, IPRspr. 1997 Nr. 159 = NJW-RR 1998, 1145; OLG Düsseldorf 16.3.2000, RIW 2001, 63; OLG Düsseldorf 7.4.2000, IPRspr. 2000 Nr. 94 = FamRZ 2001, 1102; KG 6.3.2003, IPRspr. 2003 Nr. 43 = WM 2003, 2093; OLG Hamm 2.10.1998, IPRspr. 1998 Nr. 157 = RIW 1999, 540; *Schnelle*, S. 57 f.; *Berger*, in: Münch Komm, vor § 488 BGB Rz. 89.
4 Zu Art. 28 EGBGB OLG München 9.1.1996, IPRspr. 1996 Nr. 26 = RIW 1996, 329; *Rosenau*, RIW 1992, 882; *Schnelle*, S. 56; *Geisler*, S. 232.
5 BGH 13.12.2005, BGHZ 165, 248 = NJW 2006, 762 (m. Aufs. *Weller*, NJW 2006, 1247) = IPRax 2006, 272 (m. Aufs. *Pfeiffer*, IPRax 2006, 238) = RIW 2006, 389 (m. Aufs. *Mankowski*, RIW 2006, 321) = WM 2006, 373 (m. Aufs. *Hoffmann/Primaczenko*, WM 2006, 189); *Felke*, RIW 2001, 30 ff.; *Kropholler*, IPR, S. 479.
6 Cass. civ. 23.5.2006, Rev.crit.d.i.p. 96 (2007), 85 Anm. *Cocteau-Senn* = ZEuP 2008, 845 abl. Anm. *Mankowski*; *Baller*, S. 195 ff.; *Fetsch*, S. 289 ff.; *Thorn*, in: Palandt, Art. 34 EGBGB Rz. 3a.
7 Vgl. Cass.civ. 19.10.1999, Rev.crit.d.i.p. 89 (2000), 29 Anm. *Lagarde* = Clunet 2000, 328 Anm. *Racine*. W. Nachw. bei *Martiny*, ZEuP 2001, 321.

EGBGB gewährt (s. Rz. 4231). Der ordre public greift nur in Ausnahmefällen ein[1].

Beim **Konsortialkredit** (syndicated loan agreement) gewähren international zusammengesetzte Bankenkonsortien Großkredite in einer international akzeptierten Währung[2]. Wegen der Refinanzierung durch sog. Roll-Over am Geldmarkt ist der Zinssatz idR variabel. Eine Rechtswahl ist zulässig und üblich[3]. Bei Fehlen einer Rechtswahl wird ein einheitlicher Darlehensvertrag nicht aufgespalten; stattdessen knüpft man an die Niederlassung des die Verwaltungs- und Koordinationsfunktionen wahrnehmenden Konsortialführers an[4]. Wurde für das Verhältnis der Konsorten untereinander keine Rechtswahl getroffen, so erstreckt sich die Rechtswahl für den Konsortialkredit idR auch auf das Konsortialverhältnis[5]. Dafür spricht die enge Beziehung dieses Verhältnisses zum Kreditvertrag; an den Sitz des Konsortialagenten (agent bank) dürfte nicht anzuknüpfen sein[6]. 1163

Eine **Rechtswahl** für Kreditverträge wird auch im **Ausland** im Allgemeinen anerkannt. Staatliche Schuldner versuchen allerdings häufig die Vereinbarung ihres nationalen Rechts durchzusetzen, während der Gläubiger auf die Anwendung eines anderen Rechts dringt[7]. In Lateinamerika wird zT als Folge der sog. *Calvo-Doktrin* die Auffassung vertreten, in Kreditverträgen des öffentlichen Sektors sei es unzulässig, mit ausländischen Gläubigern die Anwendung ausländischen Rechts und die Zuständigkeit fremder Gerichte zu vereinbaren[8]. Als Alternative dazu wird (von Gläubigerseite) versucht, eine „Internationalisierung der Verträge" (s. oben Rz. 101 ff.) zu erreichen, sie also dem Recht des Schuldnerlandes möglichst weitgehend zu entziehen oder einen bestimmten Rechtszustand festzuschreiben (vgl. Rz. 106 ff.)[9]. 1164

Auch ausländische Rechtsordnungen knüpfen mangels Rechtswahl häufig an das **Recht des Darlehensgebers** an[10]. Nur gelegentlich wird auch für das Recht

---

1 OLG Hamburg 12.12.1984, IPRspr. 1984 Nr. 24b (Zum Spiel im Spielkasino von Monte Carlo gegebenes Darlehen monegass. Recht unterstellt, das keinen Spieleinwand gewährte. Ordre public-Verstoß verneint).
2 Vgl. *Hinsch*, in: Hinsch/Horn, S. 7 ff.; *Horn*, JBl. 1987, 410 ff.
3 *Horn*, JBl. 1987, 411; *Schnelle*, S. 203 f.
4 *Schücking*, WM 1996, 283; *Goltz*, S. 42 f.; *Schnelle*, S. 206 f.; *Magnus*, in: Staudinger, Art. 28 EGBGB Rz. 237.
5 *Hinsch*, in: Hinsch/Horn, S. 175; *Horn*, JBl. 1987, 411 f.
6 *Schücking*, WM 1996, 283. – Anders *König*, S. 27 ff., 51 ff., 82.
7 Vgl. *Horn*, WM 1984, 714 f.; krit. zur Unterwerfung von Staatsschulden unter ein nationales Recht *Carty*, The Third World Debt Crisis, VRÜ 19 (1986), 401 ff.
8 S. die Angaben zu Argentinien, Brasilien, Kolumbien, Peru und Venezuela bei *Pearce*, J.Int.Bank.L. 1 (1986), 166 ff.; Nachw. auch bei *Bosch*, in: Krümmel, S. 127 ff.
9 Näher *Pearce*, J.Int.Bank.L. 1 (1986), 168 ff.; *Oschmann*, Calvo-Doktrin und Calvo-Klauseln (1993).
10 So zB Art. 20 Nr. 8 jugoslaw. IPRG von 1982, Art. 1211 Abs. 3 Nr. 8 russ. ZGB; allgemein für Gebrauchsüberlassungsverträge Art. 117 Abs. 3 lit. b schweiz. IPRG, s. *Keller/Kren Kostkiewicz*, in: ZürchKomm, Art. 117 IPRG Rz. 84. Ebenso zum alten Recht schweiz. BG 20.7.1992, BGE II 118, 348 (352). Zu den USA *Schnelle*, S. 56 ff.; *Weitnauer*, S. 127 ff.

am Aufenthaltsort des Darlehensnehmers bei Darlehen, die keine Bankdarlehen sind, plädiert[1]. Zum Realkredit s. Rz. 1171.

Die Wirkung einer Unterwerfung des Schuldners unter die sofortige Zwangsvollstreckung unterliegt der lex fori. Dagegen richtet sich eine Haftungsübernahmeerklärung nach dem Vertragsstatut, uU des Darlehensvertrages[2].

III. Zwingende Vorschriften

1. Zinsbeschränkung

1165 Zahlreiche Rechte enthalten Vorschriften, nach denen die Vereinbarung von Zinssätzen der Höhe nach beschränkt ist. Das BGB enthält einen solchen *Zinshöchstsatz* nicht, verbietet aber die Vereinbarung von Zinseszinsen (§ 248 Abs. 1 BGB). Die Anwendung solcher Vorschriften auf Verträge mit Auslandsberührung ist zweifelhaft. Grundsätzlich wird man davon ausgehen können, dass Zinshöchstsätze dem Vertragsstatut unterliegen[3]. Doch ist zu berücksichtigen, dass solchen Vorschriften durchaus unterschiedliche Zwecke zu Grunde liegen.

In den Einzelstaaten der USA gelten verschiedene Zinshöchstsätze. Hier spielt die Frage eine erhebliche Rolle, ob Vertragsparteien durch die Vereinbarung des Rechts eines anderen Staates die Höchstsätze ihres Wohnsitzstaates ausschließen können. Insofern besteht die Tendenz, den Vertrag bei einem höheren Zinssatz des Rückzahlungsortes aufrechtzuerhalten[4].

2. Kündigungsrecht

1166 Nach deutschem Recht steht dem Darlehensnehmer grundsätzlich ein im Voraus nicht abdingbares jederzeitiges Kündigungsrecht zu, wenn für das Darlehen ein variabler Zinssatz gilt (§ 489 Abs. 2, früher § 609a Abs. 2 BGB). Unter Einschränkungen besteht ein Kündigungsrecht auch, wenn wenigstens für einen bestimmten Zeitraum ein fester Zinssatz vereinbart worden ist (§ 489 Abs. 1 BGB). Dieses Kündigungsrecht wird zT allein dem Vertragsstatut unterstellt[5]. Andere wollen die Vorschrift des § 489 BGB als international zwingende Vorschrift auch gegen ein ausländisches Vertragsstatut durchsetzen[6].

---

1 Näher zur Anknüpfung von entgeltlichem und unentgeltlichem Darlehen *Hoyer*, Anm. zu öst. OGH 9.3.1994, ZfRV 1994, 32, 33 ff.
2 Vgl. BGH 23.10.1980, IPRspr. 1980 Nr. 25 = WM 1981, 189 = IPRax 1982, 116 (LS) Anm. *von Hoffmann*.
3 S. *van Hecke*, D.P.C.I. 3 (1977), 503.
4 Näher zu den unterschiedlichen Lösungen *Schnelle*, S. 102 ff.
5 *Rüfli*, in: Baudenbacher, S. 462; *Schnelle*, S. 23 f.; *Weller*, in: Kronke/Melis/Schnyder, Rz. H 298; *Berger*, in: MünchKomm, vor § 488 BGB Rz. 93 (für § 489 Abs. 1 Nr. 1, 3 Abs. 2 BGB).
6 *Berger*, in: MünchKomm, vor § 488 BGB Rz. 93 (für § 489 Abs. 1 Nr. 2 BGB [Verbraucherdarlehen]). Für den Verbraucherkredit in Analogie zu den früheren Art. 29 EGBGB und § 12 AGBG *von Hoffmann*, IPRax 1989, 271. Vorbehaltlich einer Gesamtabwä-

3. Devisenvorschriften

Für Darlehensverträge können Devisenvorschriften in Betracht kommen. Früher enthielt das AWG eine Ermächtigung zu **Beschränkungen des Kapitalverkehrs** (§§ 22, 23 AWG). Diese Bestimmungen sind jedoch aufgehoben worden. *Inländische* Devisenvorschriften sind nach ihrem Geltungswillen anzuwenden. Welches Recht als Vertragsstatut vereinbart oder kraft objektiver Anknüpfung anwendbar ist, ist dafür ohne Belang (Art. 9 Rom I-VO)[1]. Ebenso spielt der Erfüllungsort hierfür keine Rolle.

1167

Auch *ausländische* Devisenvorschriften müssen Berücksichtigung finden, soweit Art. VIII Abschn. 2 (b) Bretton Woods Abk. dies gebietet (vgl. Rz. 671 ff.). Das Darlehen ist nach wohl überwiegender deutscher, allerdings im angloamerikanischen Raum weitgehend nicht geteilter Auffassung ein Devisenkontrakt (exchange contract) iS dieser Bestimmung[2]. Darauf, in welcher Währung die im Vertrag begründete Geldschuld festgesetzt ist und geleistet werden soll, kommt es nicht an[3]. Gleichgültig ist auch, welches Recht von den Vertragsparteien vereinbart wurde oder sonst als Schuldstatut auf den Vertrag anwendbar ist[4].

1168

Die US-amerikanische Rechtsprechung hat ausländische Devisenrestriktionen vielfach für unbeachtlich erklärt[5]. Anlass war zB ein costa-ricanisches Dekret von 1981, das im Zuge von Umschuldungsverhandlungen erlassen wurde und

---

gung *Hohloch*, in: Erman, Art. 34 EGBGB Rz. 15 (auch für die Verbraucherkreditvorschriften).
1 Vgl. zum alten Recht BGH 23.10.1980, IPRspr. 1980 Nr. 25 = IPRax 1982, 116 (LS) Anm. *von Hoffmann* = WM 1981, 189 = RIW 1981, 194 (Schweiz. Recht unterliegende Darlehensgeschäfte wegen fehlender deutscher behördlicher Genehmigung schwebend unwirksam).
2 OLG Schleswig 1.4.1954, IPRspr. 1954–55 Nr. 163 = RIW 1954/55, 169 = JahrbIntR 5 (1956), 113 Anm. *Bülck* (Darlehensvertrag ohne die erforderliche österreich. Devisengenehmigung auch vor einem deutschen Gericht undurchsetzbar). Näher *Martiny*, in: MünchKomm, (5. Aufl.), nach Art. 9 Rom I-VO Anh. II Rz. 10 ff.; *Ebke*, Internationales Devisenrecht (1990), S. 230 f.; *Nielsen/Schütze*, S. 7. Zweifel bei *Sandrock*, WM 1994, 413. Vgl. ferner die Nachw. bei *Bosch*, in: Krümmel, S. 140 f.; IPG 1983 Nr. 9 (Köln), S. 77. S. auch *Ebenroth/Neiss*, Internationale Kreditverträge unter Anwendung von Art. VIII Abschn. 2 (b) IWF-Abkommen, RIW 1991, 617; *Mann*, Kreditverträge und das internationale Devisenrecht, JZ 1991, 614.
3 *Gold*, RabelsZ 22 (1957), 627; *Mann*, JZ 1953, 444.
4 BGH 14.11.1991, BGHZ 116, 77 = IPRspr. 1991 Nr. 181 = NJW 1993, 1070 = IPRax 1992, 377 (m. Aufs. *Fuchs*, IPRax 1992, 361 und *Heß*, IPRax 1992, 358) = ZZP 105 (1992), 330 Anm. *Bork* (Die Parteien hatten einen höheren Zinssatz vereinbart, als ihn die griech. Devisengenehmigung gestattete. Die Forderung war aber im Umfang der erteilten Genehmigung klagbar.); OLG München 25.1.1989, IPRspr. 1989 Nr. 169 = WM 1989, 1282 = JZ 1991, 370 (m. Aufs. *Ebke*, JZ 1991, 335 und *Mann*, JZ 1991, 614) (Deutsch-österreich. Darlehensvertrag. Wegen Verstoßes gegen österreich. Devisenrecht keine Klagbarkeit in Deutschland.).
5 Vgl. *Gold*, The Fund Agreement in the Courts III (Washington D.C. 1986), S. 417 ff.; *Ebke*, Internationale Kreditverträge und das internationale Devisenrecht, JZ 1991, 335 (339); *Sandrock*, WM 1994, 409 f.; *Ebke*, Internationales Devisenrecht (1990), S. 214 ff.

staatlich kontrollierten Banken die Erfüllung von Fremdwährungsschulden ohne Zustimmung der Zentralbank verbot. Darauf beriefen sich costa-ricanische Banken, die ihren in New York in US-Dollar zu erfüllenden Darlehensverpflichtungen nicht nachkamen. Im Ergebnis ließen die amerikanischen Gerichte die ausländischen Maßnahmen unberücksichtigt. Weder die für die Beachtlichkeit ausländischer Staatseingriffe entwickelte Act of state-Doktrin[1], noch der comity-Gedanke[2], noch das Bretton Woods-Abk. standen einer Verurteilung im Wege[3].

IV. Wirtschaftspolitische Eingriffsvorschriften

1169   In Zeiten von **Wirtschaftskrisen** finden vielfach Umschuldungsverhandlungen statt, um – im Zusammenwirken mit dem IWF – die Zahlungsfähigkeit des Schuldnerlandes zu erhalten. Häufig werden auch Vorschriften erlassen, die in das Schuldverhältnis eingreifen, um die Lage des Schuldners im Interesse der Gesamtwirtschaft zu erleichtern, sei es durch ein gesetzliches Moratorium, sei es durch eine Herabsetzung der Forderung oder ihrer Verzinsung[4].

Gelegentlich wird eine Freistellung des Schuldners auch deshalb erstrebt, um den „Schuldnergewinn" für die öffentliche Hand heranzuziehen. Dies traf auch für das Umstellungsgesetz von 1948 zu. Der durch die Umstellung 10: 1 erreichte Schuldnergewinn wurde zur Kredit- und Hypothekengewinnabgabe

---

1 *Allied Bank International* v. *Banco Credito Agricola de Cartago*, 757 F. 2d 516 (CA 2d Cir. 18.3.1985) = RIW 1985, 815 (Zusammenfassung von *Golsong*) (In New York [das auch als Gerichtsstand vereinbart war] zurückzahlbares Darlehen, durch Eigenwechsel gesichert. Die erste Instanz wies die Zahlungsklage ab, da inländ. Gerichte die Rechtmäßigkeit ausländ. Staatsakte nicht überprüfen dürften [Act of state-Doktrin]. Das erste Berufungsurteil stützte sich auf Comity-Grundsätze: der im Ausland gewährte Zahlungsaufschub widerspreche nicht amerikan. Recht und stehe mit den außenwirtschaftlichen Zielen einer Umschuldung im Einklang. Erst ein weiteres Berufungsurteil gab der von der amerikan. Bundesregierung unterstützten Klage statt. Die Act of state-Doktrin stand nicht entgegen, weil die Dollarschuld in New York zu erfüllen, mithin dort ihren „situs" hatte, dh. belegen war. Auch „governmental interests" standen Eingriffen Costa Ricas in am internationalen Finanzplatz New York zu erfüllenden Schulden entgegen. Das Zahlungsverbot war auch nach New Yorker Schuldrecht nicht zu beachten.). S. die Nachw. bei *Sandrock*, WM 1994, 410 f. Näher *H. Hahn*, Zahlungsmoratorium außerhalb des Verbotsstaates ist kein „Act of State", ZfgesK 1985, 892 (934).
2 Dazu *Ebenroth*, Banking on the Act of State (1985), S. 53 ff.
3 *Libra Bank* v. *Banco Nacional de Costa Rica*, 570 F. Supp. 870 (S.D.N.Y. 12.8.1983) (In New York [das auch vereinbarter Gerichtsstand war] zurückzuzahlendes Darlehen, das in US-Dollar lautete. New Yorker Recht vereinbart. Der Rückzahlungsanspruch war in New York belegen; die Act of state-Doktrin stand nicht entgegen. Darlehen seien kein Devisenkontrakt iSv. Art. VIII Abschn. 2 (b) Bretton Woods Abk., da der engen Auslegung dieses Begriffes zu folgen sei. Außerdem sei nicht bewiesen, dass der IWF den Devisenkontrollmaßnahmen zugestimmt hatte. Zahlungsklage stattgegeben.).
4 Vgl. *Horn*, WM 1984, 714 f.; rechtsvergleichend *Bosch*, in: Krümmel, S. 125 ff.

herangezogen[1]. Für solche Eingriffe in bestehende Schuldverhältnisse muss das Gleiche gelten wie für den stärksten Eingriff, die Forderungsenteignung. Fremde Eingriffsvorschriften dürfen vor inländischen Gerichten nicht unberücksichtigt bleiben, sie müssen mindestens insoweit beachtet werden, wie auch eine Forderungsenteignung berücksichtigt wird[2].

1. Lokalisierung von Forderungen

Darlehensforderungen werden **idR am Wohnsitz des Schuldners** lokalisiert[3]. Das kann dazu führen, dass die Darlehensforderung inländischen Währungsvorschriften nicht unterliegt, wenn sich der Wohnsitz (besser: der gewöhnliche Aufenthalt) des Schuldners im Ausland befindet[4]. Es gibt aber Fälle, in denen der gewöhnliche Aufenthalt des Schuldners weniger von Bedeutung ist, nämlich dann, wenn die Forderung mit einem sachlichen Substrat so eng verbunden ist, dass dieses – wirtschaftlich betrachtet – ausschließlich Kreditgrundlage war. Die Tatsache allein, dass eine Forderung dinglich gesichert ist, macht sie noch nicht substratgebunden. Es ist vielmehr auf die wirtschaftlichen Gegebenheiten abzustellen[5].

1170

Die Rechtsprechung hat auf die Unterscheidung von Real- und Personalkredit abgestellt[6]: „Bei einem echten Realkredit, dh. einem Kredit, für den der Wert des belasteten Grundstücks, nicht aber derjenige des sonstigen Schuldnervermögens oder die persönliche Kreditwürdigkeit des Schuldners entscheidend waren, (ist) es angezeigt, ... in erster Linie an die **Lage des Grundstücks** an-

---

1 S. §§ 91 ff. Lastenausgleichsgesetz vom 14.8.1952, BGBl. I 1952, 1446. Das Gleiche galt bereits früher hinsichtlich des Gesetzes über Fremdwährungs-Schuldverschreibungen vom 26.6.1936 (RGBl. I 1936, 515) und der VO über Fremdwährungsschulden vom 5.12.1936 (RGBl. I 1936, 1010). Der diesen Bestimmungen zufolge entstandene Schuldnergewinn wurde durch das Gesetz über Abwertungsgewinne vom 23.12.1936 (RGBl. I 1936, 1126) für den Fiskus erfasst.
2 Vgl. *Drobnig*, Exterritoriale Reflexauswirkungen ostzonaler Enteignungen, RabelsZ 18 (1953), 659; *Seidl-Hohenveldern*, Internationales Konfiskations- und Enteignungsrecht (1952).
3 ZB BGH 1.2.1952, BGHZ 5, 35 (38); BGH 5.5.1977, IPRspr. 1977 Nr. 4 = WM 1977, 730; BGH 4.6.2002, IPRax 2003, 447 (m. Aufs. *Stoll*, IPRax 2003, 433); BGH 22.3.2006, WM 2006, 1237. – Für Anknüpfung an Lage des Schuldnervermögens *Kegel/Schurig*, S. 1115 f.
4 OLG Frankfurt a.M. 2.4.1963, IPRspr. 1962/63 Nr. 164 = WM 1963, 872 (Darlehensschuldner von Reichsmarkschuld in Frankreich, Gläubiger in Deutschland. Umstellungsgesetz nicht angewendet).
5 Für Währungseingriffe vgl. *Stoll*, RabelsZ 23 (1958), 286 (287).
6 BGH 14.2.1962, IzRspr. 1962/63 Nr. 56b = DB 1962, 768 (Belegenheit des enteigneten Hypothekengrundstücks in der DDR. Das Schuld- und Währungsstatut folgte aber nicht dem Recht der Belegenheit des Grundstücks: „Die dingliche Haftung kann zwar die persönliche Forderung nach sich ziehen. Voraussetzung hierfür ist aber, dass die Forderung am Ort des belasteten Grundstücks als belegen angesehen werden muss. Dies ist bei einem typischen Realkredit der Fall, da bei ihm der Schwerpunkt in dem Grundpfandrecht liegt, nicht aber bei einem persönlichen Kredit, der nach den Feststellungen des Berufungsgerichts hier vorliegt."). S. *Seeger*, JR 1951, 359; *Seeger*, NJW 1952, 210.

zuknüpfen"[1]. Nach aA ist dagegen eine solche „Belegenheit" lediglich am Grundstücksort nicht anzunehmen[2].

In den gelegentlich für die Gegenmeinung angeführten Entscheidungen des V. Zivilsenats des BGH wurde lediglich die Auffassung abgelehnt, dass eine dinglich gesicherte Forderung stets als am Ort des sichernden Grundstücks belegen anzusehen sei[3].

2. Realkreditforderungen

1171 Bei hypothekarisch gesicherten Forderungen spricht eine tatsächliche Vermutung dafür, dass es sich um eine Realkreditforderung handelt[4]. „Denn – abweichend von dem Aufbau des Hypothekenrechts im Gesetz – hat die Entwicklung dazu geführt, dass zumeist die Hypothek wirtschaftlich gegenüber der Forderung überwiegt, die persönliche Forderung praktisch in den Hintergrund tritt"[5]. Hinsichtlich von Realkreditforderungen gilt Folgendes:

Auf inländischem Grundstück gesichert: Ist die Realkreditforderung auf einem inländischen Grundstück dinglich gesichert, so bleibt dem Gläubiger die Zugriffsmöglichkeit auf dieses Grundstück, auch wenn der Schuldner seinen Wohnsitz nicht im Inland hat. Die Realkreditforderung wird als im Inland belegen angesehen; eine Eingriffsvorschrift des Wohnsitzlandes wird nicht berücksichtigt, sie kann dem Schuldner idR auch kein Leistungsverweigerungsrecht geben[6].

---

1 BGH 30.3.1955, BGHZ 17, 89 (94). S. auch OGHBrZ 13.4.1950, OGHZ 4, 6 (Ostenteignung); BGH 1.2.1952, NJW 1952, 420 (Ostenteignung); BGH 11.11.1953, NJW 1954, 310 (Ostenteignung); BGH 15.1.1954, MDR 1954, 286 (Ostenteignung); BGH 19.9.1957, MDR 1958, 86 (Währungsumstellung); BGH 14.1.1959, IPRspr. 1958/59 Nr. 57 (Enteignung durch Niederlande); KG 29.11.1949, IzRspr. Nr. 229 (Währungsumstellung); KG 6.6.1950, IzRspr. Nr. 231 (Währungsumstellung); KG 25.2.1958, IPRspr. 1958/59 Nr. 55 (Enteignung durch Niederlande); OLG Düsseldorf 10.7.1958, IPRspr. 1958/59 Nr. 56 (Enteignung durch Niederlande).
2 *Stoll*, IPRax 2003, 435 f. mwN.
3 BGH 1.2.1952, NJW 1952, 420; BGH 22.12.1953, BGHZ 12, 79 (84).
4 *Seeger*, JR 1951, 362.
5 BGH 30.3.1955, BGHZ 17, 89 (94).
6 BGH 11.11.1953, NJW 1954, 310 = IzRspr. Nr. 400b (Forderung eines Ostgläubigers gegen Westschuldner, hypothekarisch gesichert aus Westgrundstück. Zahlung des Schuldners an den Enteignungsnachfolger nicht als schuldbefreiend anerkannt. Leistungsverweigerungsrecht versagt; zweifelhaft, ob Real- oder Personalkredit); BGH 10.4.1957, BGHZ 24, 84 (Forderung der Thüringischen Staatsbank, hypothekarisch gesichert auf Westgrundstück. Zahlung des Schuldners an den Enteignungsnachfolger nicht als schuldbefreiend anerkannt. Leistungsverweigerungsrecht versagt); BGH 14.1.1959, IPRspr. 1958/59 Nr. 57 = MDR 1959, 288 (Niederländ. Enteignung der Darlehensforderung einer deutschen Bodenkreditanstalt gegen niederländ. Schuldner, durch Hypothek auf Westberliner Grundstück gesichert. Anspruch des niederländ. Fiskus als Enteignungsnachfolger abgewiesen); BGH 26.9.1969, IPRspr. 1968/69 Nr. 197 = WM 1969, 1348 (Belegenheit der Darlehensforderung einer Bodenkreditanstalt, die sich durch eine Hypothek an einem Westberliner Grundstück gesichert hatte. Dass das Grundstück in das Eigentum Ungarns übergegangen war, änderte nichts an der Anwendbarkeit deutschen Rechts.).

Die Schuldner wurden in den oben genannten Fällen zur Zahlung an den alten Gläubiger verurteilt. Wo der Schuldner versuchte, mit einer vom Enteignungsnachfolger ausgestellten löschungsfähigen Quittung oder Löschungsbewilligung die Löschung der auf seinem Grundstück eingetragenen Hypothek zu erreichen, wurde der Löschungsantrag abgewiesen[1].

Soweit die Hypothek auf Löschungsbewilligung des Enteignungsnachfolgers bereits gelöscht war, wurde auf Antrag des alten Gläubigers ein Amtswiderspruch gegen die Löschung im Grundbuch eingetragen[2]. Häufig hat der alte Hypothekengläubiger den Hypothekenbrief nicht in Besitz, dieser befindet sich vielmehr beim Enteignungsnachfolger. Dann kann der Hypothekenbrief für kraftlos erklärt werden[3].

Ausnahmsweise kann dem Schuldner ein Leistungsverweigerungsrecht zustehen, auch wenn die Forderung auf einem inländischen Grundstück dinglich gesichert ist, und zwar dann, wenn er an den Enteignungsnachfolger geleistet hat und nicht erkennen konnte, dass dadurch Ansprüche des alten Gläubigers beeinträchtigt werden[4]. 1172

Auf ausländischem Grundstück gesichert: Anders ist es, wenn die Realkreditforderung in dem Land dinglich gesichert ist, dessen Vorschriften in das Schuldverhältnis eingreifen. 1173

Die fremde Forderungsenteignung bringt die Vertragsparteien in eine unvorhergesehene Lage, in der entweder der Gläubiger keine Befriedigung erhält oder der Schuldner zweimal leisten muss. Dieses Risiko muss von einem der beiden Vertragspartner getragen werden. Beim Realkredit hat sich der Gläubiger auf das Grundstück verlassen, die persönlichen Verhältnisse des Schuldners waren nicht Kreditgrundlage. Es erscheint deshalb, wenn der Zugriff auf das Grundstück nicht mehr möglich ist, eher billig, dem Gläubiger den Zugriff auf das sonstige Vermögen des Schuldners zu verweigern, als den Schuldner einer Doppelleistung auszusetzen[5].

Die Bedenken, der Gläubiger einer Forderung dürfe dann, wenn diese hypothekarisch gesichert ist, nicht schlechter stehen, als wenn sie ungesichert wäre,

---

1 KG 19.8.1948, JR 1949, 49 = IzRspr. Nr. 376; OLG Celle 14.1.1949, NJW 1949, 674 = IzRspr. Nr. 378; KG 25.4.1949, MDR 1951, 40 = IzRspr. Nr. 379; KG 12.6.1950, JR 1950, 684 = IzRspr. Nr. 382.
2 OLG Schleswig-Holstein 2.9.1949, NJW 1950, 193 = IzRspr. Nr. 389; KG 19.4.1951, JR 1952, 31 = IzRspr. Nr. 392; OLG Frankfurt a.M. 27.6.1952, NJW 1953, 105 = IzRspr. Nr. 395.
3 Gesetz vom 18.4.1950, BGBl. I 1950, 88, idF vom 29.4.1960, BGBl. I 1960, 297.
4 BGH 22.12.1953, BGHZ 12, 79 = IzRspr. 1945–53 Nr. 400a (Hypothek für Weimarer Kreditinstitut auf Grundstück in Aachen. Zahlungen an Enteignungsnachfolger gibt dem Schuldner ein Leistungsverweigerungsrecht); BGH 15.4.1955, DB 1955, 555 = IzRspr. 1954–57 Nr. 238 (Hypothek auf Westberliner Grundstück für Dresdner Kreditinstitut. Leistung an Enteignungsnachfolger gibt dem Schuldner ein Leistungsverweigerungsrecht. „Allgemeine Regeln lassen sich darüber nicht aufstellen."). Vgl. auch BGH 24.6.1955, DB 1955, 1015 (Hypothek auf Westberliner Grundstück).
5 BGH 1.2.1952, NJW 1952, 420.

können nicht überzeugen. „Die dingliche Sicherung einer Forderung verschafft keinen Anspruch darauf, dass der Darlehenshypothekengläubiger in jeder Beziehung – also unabhängig von der Sicherung – zu jeder Zeit mindestens ebenso günstig gestellt wird wie der ungesicherte Darlehensgläubiger"[1]. Die Haftungsgrundlage ist eben eine andere. In diesen Fällen wird dem Schuldner das Recht zugestanden, dem alten Gläubiger gegenüber die Leistung zu verweigern. Dies gilt auch dann, wenn der Schuldner seinen Wohnsitz außerhalb des Eingriffslandes, zB im Inland, hat; auf den Schuldnerwohnsitz kommt es bei der Realkreditforderung nicht an[2].

1174 Eingriffsvorschriften, die das dingliche Recht betreffen, sind ausschließlich nach der Belegenheit des Grundstücks zu beurteilen. Die „Akzessorietät der Forderung kann nicht dazu führen, die Hypothek als dort belegen anzusehen, wo die Forderung belegen ist"[3]. Dies gilt insbesondere für eine Enteignung der Hypothek[4].

V. Zusammenfassung mit Handlungsanleitung

1. Rechtswahl

1175 Auch für das Darlehen sind ausdrückliche und stillschweigende Rechtswahl gem. Art. 3 Rom I-VO zulässig und empfehlenswert. Dagegen unterliegt ein Grundpfandrecht selbst der lex rei sitae. Die Vereinbarung drittstaatlichen Rechts darf bei einem engen Zusammenhang mit einem EU-Land die gemeinschaftsrechtlichen Schutzvorschriften nicht unterlaufen (Art. 46b EGBGB). Zu beachten ist ferner, dass der Verbraucherkredit von Art. 6 Rom I-VO erfasst wird.

2. Objektive Anknüpfung

Mangels Rechtswahl gilt grundsätzlich das Recht am Ort der Niederlassung des Darlehensgebers, insbesondere einer Bank (Art. 4 Abs. 2, ggf. Abs. 1 lit. b Rom I-VO), wenn keine engere Beziehung zu einer anderen Rechtsordnung er-

---

1 BGH 30.3.1955, BGHZ 17, 89 (96).
2 S. OGHBrZ 13.4.1950, OGHZ 4, 6 = IzRspr. Nr. 381 (Tilgungsdarlehen an Westberliner Schuldner, hypothekarisch gesichert auf Ostgrundstück. Klage der alten Gläubigerin auf Feststellung, dass sie die persönliche Gläubigerin des Darlehens sei, abgewiesen); BGH 1.2.1952, NJW 1952, 420 = IzRspr. 1945–53 Nr. 384b (Forderung auf Ostgrundstück hypothekarisch gesichert).
3 BGH 14.1.1959, MDR 1959, 288.
4 BGH 14.1.1959, IPRspr. 1958/59 Nr. 57 = MDR 1959, 288 (Hypothek auf Westberliner Grundstück; Anwendung einer niederländ. Eingriffsvorschrift abgelehnt); OLG Hamm 20.2.1950, JZ 1951, 176 (Gesamthypothek auf Ost- und Westgrundstücken, Hypothek auf Ostgrundstücken enteignet; Vermerk im Grundbuch des Westgrundstücks, der auf die Mithaftung des Ostgrundstücks hinweist, war von Amts wegen zu löschen). – *Raiser*, JZ 1951, 177; *Drobnig*, RabelsZ 18 (1953), 661; aM *Beuck*, Interzonales Privatrecht (1951), S. 19.

sichtlich ist (Art. 4 Abs. 3 Rom I-VO). Dies kann insbesondere beim Realkredit der Fall sein; hier kommt es auf die Belegenheit an.

3. Zwingende Vorschriften

Nach hM werden auch ausländische Devisenvorschriften nach dem Bretton Woods Abk. beachtet und können zur Nichtdurchsetzbarkeit der Darlehensforderung führen.

Frei. 1176–1180

E. Bürgschaft, Garantie, Patronatserklärung

	Rz.		Rz.
I. Bürgschaftsstatut	1181	b) Garantie auf erstes Anfordern	1202
1. Rechtsangleichung	1181	c) Bestätigte Garantie	1203
2. Ausländisches Recht	1182	d) Indirekte Garantie und Rückgarantie	1204
3. Anknüpfung	1183	aa) Indirekte Garantie	1204
4. Reichweite des Bürgschaftsstatuts	1186	bb) Rückgarantie	1207
II. Garantiestatut	1192	**III. Patronatserklärung**	1208
1. Rechtsvereinheitlichung	1192	**IV. Formvorschriften**	1209
2. Ausländisches Recht	1194	**V. Wirtschaftspolitische Vorschriften**	1210
3. Bestimmung des Garantiestatuts	1195		
4. Arten der Außenhandelsgarantien	1198	**VI. Zusammenfassung mit Handlungsanleitung**	1213
a) Einzelne Garantien	1198		

I. Bürgschaftsstatut

Literatur zum Internationalen Privatrecht: *Behrens*, Der ausländische Enteignungsstaat als Bürgschaftsgläubiger des Enteigneten, IPRax 1989, 217; *Blaurock*, Vermutungen und Ausweichklausel in Art. 4 EVÜ, Festschr. Stoll (2001), S. 463; *Bonomi*, Le garanzie bancarie a prima richiesta nel diritto internazionale privato, Banca e Borsa 1992 II, 677; *U. Bosch*, Vertragliche Regelungen in internationalen Kreditverträgen als risikopolitisches Instrument, in: Krümmel (Hrsg.), Internationales Bankgeschäft (1985), S. 117; *Dörner*, Bürgenhaftung und ordre public, Festschr. Sandrock (2000), S. 205; *Foerste*, Neues Recht für Prozessbürgschaften von Auslandsbanken, ZBB 2001, 483; *Frick*, Formerfordernis schweizerischer Bürgschaften mit ausländischem Abschlussort, IPRax 1994, 241; *Geisler*, Die engste Verbindung im Internationalen Privatrecht (2001); *Hanisch*, Bürgschaft mit Auslandsbezug, IPRax 1987, 47; *Kegel*, Die Bankgeschäfte im deutschen IPR, Gedächtnisschr. R. Schmidt (1966), S. 215; *Klingel*, Die Principles of European Law on Personal Security als neutrales Recht für internationale Bürgschaftsverträge (2009); *Kühn/Rotthege*, Inanspruchnahme des deutschen Bürgen bei Devisensperre im Lande des Schuldners, NJW 1983, 1233; *Letzgus*, Die Bürgschaft, RabelsZ 3 (1929), 837; *Nielsen/Schütze*, Zahlungssicherung und Rechtsverfolgung im Außenhandel, 3. Aufl. (1985); *Reiß*, Die Bürgschaft im deutsch-italienischen Rechtsverkehr (2003); *Rüßmann*, Auslandskredite, Transferverbote und Bürgschaftssicherung, WM 1983, 1126; *von Severain*, Die Bürgschaft im deutschen internationalen Privatrecht (Diss. Mainz 1990); *Stürner*, Internationalprivat- und -verfahrensrechtliche Fragen bei Klage auf Herausgabe einer Bürgschaftsurkunde aus der Insolvenzmasse, IPRax 2006, 579; *Wandt*, Zum Rückgriff im Internationalen Privatrecht, ZvglRW 86 (1987), 272; *Weller*, Persönliche Sicherheiten, in: Kronke/Melis/Schnyder, Handbuch des internationalen Wirtschaftsrechts (2005), S. 914; *von Westphalen*, Rechtsprobleme der Exportfinanzierung, 3. Aufl. (1987).

Literatur zur Rechtsvergleichung/zum ausländischen Recht: *Berensmann*, Bürgschaft und Garantievertrag im englischen und deutschen Recht (1988); *Bernstein*, Garantie und guarentee, Festschr. Zajtay (1982), S. 21; *Bungert*, Grundzüge des US-amerikanischen Rechts der persönlichen Sicherheiten, WM 1992, 1637, 1681; *Bydlinski*, Zur Übermittlung einer Bürgschaftserklärung per Telefax, ZEuP 1997, 1135 (betr. Österreich); *Calia* Bankvertrag und Höchstbetragsbürgschaft im neuen italienischen Transparenzgesetz,

RIW 1994, 550; *Demuro*, Die persönlichen Kreditsicherheiten im italienischen und deutschen Recht (2008); *Derleder/Knops/Bamberger* (Hrsg.), Handbuch zum deutschen und europäischen Bankrecht, 2. Aufl. (2009), S. 2289 (Länderberichte); *Drobnig/Sagel-Grande/Snijders* (Hrsg.), Neuere Entwicklungen im Recht der persönlichen Kreditsicherheiten in Deutschland und den Niederlanden (2003); *Fenge*, Zur Mitverpflichtung naher Familienangehöriger in der englischen und schottischen Rechtsprechung, RIW 1996, 545; *Fruhstorfer*, Die Bemühungen um eine Vereinheitlichung des Bürgschaftsrechts in der EG (1980); *Fülbier*, Besonderheiten bei der Bestellung von Personalsicherheiten mit Berührung des französischen Rechts, RIW 1995, 627; *Gotzen*, Die Wirksamkeit einer Bürgschaft im niederländischen Recht, RIW 1981, 631; *Horn*, Securing International Commercial Transactions – Standby Letters of Credit, Bonds, Guarantees and Similar Securities, in: Horn/Schmitthoff, The Transnational Law of International Commercial Transactions (Deventer 1982), S. 275; *Krumme*, Die Besicherung von Krediten deutscher Kreditinstitute durch Zession von in der Schweiz oder Österreich belegenen Forderungen sowie durch Bürgschaften von Schweizern oder Österreichern (1973); *Leet*, Größeres Risiko der Konkursgläubiger bei Verwendung von „Insider"-Bürgschaften in den USA, RIW 1994, 830; Max-Planck-Institut für ausländisches und internationales Privatrecht, Die Bürgschaft im Recht der Mitgliedstaaten der Europäischen Gemeinschaften (Luxemburg 1971); *Moschner*, The Contract of Guarantee – Bürgschaftsvertragsgestaltung nach englischem Recht im Bankwesen (Wien 1986); *Reinecker/Petereit*, in: Hadding/Schneider (Hrsg.), Recht der Kreditsicherheiten in europäischen Ländern – Teil II: Frankreich (1978); *Schefold*, Neue Regelungen im französischen Bürgschaftsrecht, WM 1985, 1517; *Siems*, No Risk, No Fun? Should Spouses be Advised before Committing to Guarantees? Eur.Rev. Priv.L. 10 (2002), 509; *Weick*, Probleme der Bürgschaft in rechtsvergleichender Sicht, in: Bankrecht und Kapitalmarktrecht in der Entwicklung – Festschr. Kümpel (2003), S. 569. – S. auch die Literatur zur Kreditsicherung vor Rz. 380 sowie vor Rz. 991.

1. Rechtsangleichung

Im Rahmen der EU wurde früher eine Vereinheitlichung des Bürgschaftsrechts angestrebt. Die EG-Kommission hat bereits vor längerer Zeit einen Richtlinienentwurf zur Angleichung des Bürgschafts- und Garantierechts vorgelegt[1]. Die Bürgschaft fällt nur eingeschränkt unter die Verbraucherkreditrichtlinie[2].

1181

2. Ausländisches Recht

Der Bürge verpflichtet sich, für die Schuld eines anderen einzustehen, falls dieser nicht leistet. Andere Rechtsordnungen kennen ebenfalls die Bürgschaft (zB Art. 1936–1957 ital. c.c.; Art. 876–887 poln. ZGB)[3]. Auch nach französischem Recht ist die Bürgschaft (cautionnement) ein einseitig verpflichtender Vertrag (Art. 2288–2297 c.c.)[4]. Im englischen Recht ist meist von einem „contract of

1182

---

1 Dokument III/1613/77-D. Eine „dependent personal security" regeln Art. IV. G.-1:101 ff. DCFR. – Vgl. auch *Borges*, Strukturelemente des europäischen Bürgschaftsrechts, Festschr. Horn (2006), S. 21; *Drobnig*, Personal security (2007).
2 Näher *Ranieri*, Europ. Obligationenrecht, 3. Aufl. (Wien 2009), S. 1295 ff.
3 Überblick bei *Ranieri*, Europ. Obligationenrecht, S. 1251 ff. Zum finnischen Recht IPG 2000/2001 Nr. 14 (Freiburg); zum niederländ. Recht IPG 2002 Nr. 9 (Köln).
4 Näher zu den bisherigen Art. 2011 ff. c.c. IPG 2000/2001 Nr. 15 (Hamburg); IPG 2002 Nr. 8 (Hamburg). Zur handelsrechtlichen Bürgschaft *Sonnenberger/Dammann*, Franz. Handels- und Wirtschaftsrecht, 3. Aufl. (2008), Rz. VII 85 ff.

guarantee", zT auch von „surety" die Rede; Voraussetzung des Vertrages ist auch hier eine consideration (Gegenleistung).

3. Anknüpfung

1183 Auf die nach Entstehungsgrund und -zeitpunkt selbständige Verpflichtung des Bürgen ist nicht immer das Recht der Hauptschuld anwendbar. Das anwendbare Recht (Bürgschaftsstatut) ist vielmehr **selbständig zu ermitteln**[1]. Haben Bürge und Gläubiger ein bestimmtes Recht vereinbart, so gilt dieses gem. Art. 3 Abs. 1 Rom I-VO. Die Rechtswahl kann auch stillschweigend erfolgen[2]. Die Rechtswahl erstreckt sich nur auf die schuldrechtliche Verpflichtung, nicht jedoch auf die Geschäftsfähigkeit und eherechtlichen Verpflichtungsbeschränkungen, s. unten Rz. 6121 ff., 5866.

Fehlt eine Rechtswahl, so muss die Bestimmung des Bürgschaftsstatuts nach objektiven Kriterien erfolgen. Wenn man hierfür nicht schon Art. 4 Abs. 1 lit. b Rom I-VO (Dienstleistung) heranzieht, dann kommt es auf jeden Fall auf die **charakteristische Leistung** des Bürgen an (Art. 4 Abs. 2 Rom I-VO)[3]. Auch im internationalen Verkehr dient die Bürgschaft häufig dazu, eine persönliche Kreditsicherung zu schaffen, wenn die Haftung des Hauptschuldners – wie bei Gesellschaften – begrenzt ist. Grundsätzlich gilt daher das Recht am gewöhnlichen Aufenthalt des Bürgen[4]. Wird die Bürgschaft im Rahmen einer gewerblichen oder beruflichen Tätigkeit abgegeben, entscheidet das Recht am Ort der Niederlassung des Bürgen (Art. 19 Abs. 1 Rom I-VO). Folglich gilt für einen Bürgen mit gewöhnlichem Aufenthalt in Deutschland regelmäßig deutsches Recht[5]. Auch die Prozessbürgschaft ist materiellrechtlich einzuordnen[6].

1184 Allerdings kann sich aus der Gesamtheit der Umstände ergeben, dass der Vertrag *engere Verbindungen* mit einer anderen Rechtsordnung aufweist (Art. 4 Abs. 3 Rom I-VO). Insbesondere kann die Bürgschaft so sehr in Zusammenhang mit anderen Geschäften stehen, dass das Recht am gewöhnlichen Auf-

---

1 *Geisler*, S. 235 f.; *Kegel/Schurig*, S. 665; *Hohloch*, in: Erman, Art. 28 EGBGB Rz. 51; *Magnus*, in: Staudinger, Art. 28 EGBGB Rz. 498. – Ebenso bereits *Letzgus*, RabelsZ 3 (1929), 839.
2 So schon BGH 15.11.1976, NJW 1977, 1011 Anm. *Jochem* = JZ 1977, 438 Anm. *Kühne* (Selbstschuldnerische Bürgschaft eines Niederländers deutschem Recht unterstellt). Zur Vereinbarung niederländ. Rechts LG Waldshut-Tiengen 27.1.1983, IPRspr. 1983 Nr. 22 = IPRax 1984, 100 (LS) Anm. *Jayme*.
3 So zum EVÜ Bericht *Giuliano/Lagarde*, BT-Drucks. 10/503, S. 53.
4 Zu Art. 28 EGBGB BGH 28.1.1993, BGHZ 121, 224 (228) = NJW 1993, 1126 (Anm. *Cordes*, NJW 1993, 2427) = ZEuP 1994, 493 Anm. *Bülow* = WuB I F 1a Nr. 8.93 Anm. *Thode*; *Severain*, S. 30 ff.; *von Bar*, II Rz. 496; *von Hoffmann/Thorn*, § 10 Rz. 62; *Thorn*, in: Palandt, Art. 28 EGBGB Rz. 20.
5 OLG Frankfurt a.M. 30.11.1994, IPRspr. 1994 Nr. 67 = RIW 1995, 1033 Anm. *Mankowski* (Bankbürgschaft); OLG Saarbrücken 5.2.1997, IPRspr. 1997 Nr. 53 = WM 1998, 2465; LG Hamburg 15.10.1992, IPRspr. 1992 Nr. 45 = RIW 1993, 144.
6 *Magnus*, in: Staudinger, Art. 28 EGBGB Rz. 497. Dagegen für die lex fori *Fuchs*, RIW 1996, 288.

enthalt des Bürgen zurückstehen muss[1]. Dies kann etwa bei einem engen Zusammenhang mit einem Gesellschaftsverhältnis der Fall sein[2]. Dagegen ändern eher zufällige sonstige Umstände nichts an der selbständigen Regelanknüpfung[3].

Auch andere Rechtsordnungen betrachten die Leistung des Bürgen als die charakteristische und stellen auf seinen gewöhnlichen Aufenthalt ab[4]. Allerdings bestand bislang namentlich in Frankreich eine starke Tendenz zur akzessorischen Anknüpfung an die gesicherte Verbindlichkeit[5]. Gegen diese Lösung spricht die fehlende Identität der Parteien der unterschiedlichen Verpflichtungen. 1185

4. Reichweite des Bürgschaftsstatuts

Nach dem Bürgschaftsstatut ist zu beurteilen: 1186
– **ob und wie lange der Bürge haftet**
Wie weit die Bürgschaft akzessorisch ist, also in ihrem Bestand von einer Hauptforderung abhängig ist, entscheidet das Bürgschaftsstatut[6]. Dieses Statut ist auch für die nähere Bestimmung der Verpflichtung maßgeblich. Nur soweit dieses Recht auf die Hauptschuld abstellt, ist die frühere Faustformel der Rechtsprechung richtig, die lautet: „Das Recht der Hauptschuld ist dafür maßgebend, was der Bürge zu leisten hat, das Recht des Bürgschaftsvertrags aber dafür, ob er zu leisten hat"[7]. Hierher gehört auch die Frage, unter welchen Umständen die Haftung des Bürgen endet. Dies kann der Fall sein, wenn der Gläubiger dem Schuldner, ohne die Zustimmung des Bürgen eingeholt zu haben, Stundung gewährt.
Inhaltliche Beschränkungen der Bürgschaftsübernahme durch einkommens- und vermögenslose Familienangehörige betreffen das Verhältnis der Vertrags-

---

1 Näher zu Art. 28 Abs. 5 EGBGB *Geisler*, S. 236 ff. – Sehr restriktiv dagegen LG Hamburg 15.10.1992, IPRspr. 1992 Nr. 46 = RIW 1993, 144 (dän. Sprache und dän. Abschlussort irrelevant).
2 S. schon OLG Oldenburg 5.11.1975, IPRspr. 1975 Nr. 15 (Deutsche Kaufleute übernahmen Anteile an niederländ. Gesellschaft und verbürgten sich zur Sicherung weiterer Kredite gegenüber niederländ. Bank. Niederländ. Bürgschaftsrecht kam zur Anwendung.).
3 *Weller*, in: Kronke/Melis/Schnyder, Rz. H 540.
4 Bedenklich Cour d'appel Versailles 6.2.1991, Rev.crit.d.i.p. 80 (1991), 745 Anm. *Lagarde* = Clunet 119 (1992), 125 Anm. *Foyer* (Anwendung italien. Rechts auf die Bürgschaft des in Frankreich wohnenden Bürgen). Dazu mwN. *Martiny*, ZEuP 1993, 298 (300 f.); *Blaurock*, Festschr. Stoll, S. 465 ff. – Zur Tendenz zum Recht der gesicherten Forderung vgl. auch Cass.civ. 16.2.1994, Rev.crit.d.i.p. 83 (1994), 341 Anm. *Muir Watt*. S. Art. 1211 Abs. 3 Nr. 18 russ. ZGB; – Art. 117 Abs. 3 lit. e schweiz. IPRG kennt eine eigene, hier einschlägige Kategorie der Sicherungsverträge, *Keller/Kren Kostkiewicz*, in: ZürchKomm, Art. 117 IPRG Rz. 136 ff.
5 Nachw. bei *Martiny*, ZEuP 1999, 256 f.
6 *Jochem*, NJW 1977, 1012; *Magnus*, in: Staudinger, Art. 28 EGBGB Rz. 499.
7 RG 14.4.1932, RGZ 137, 1 (11), Bürgschaft des Deutschen Reiches für eine Auslandsanleihe.

parteien zueinander und die Gültigkeit des Bürgschaftsvertrages; sie richten sich daher nach dem Vertragsstatut[1]. Dass solche Beschränkungen verfassungsrechtlich begründet werden, macht sie noch nicht zu zwingenden Normen iSd. Art. 9 Rom I-VO[2]. Allerdings kann dann, wenn die Familienbeziehung des Bürgen ausgenutzt wurde und im Einzelfall ein untragbares Ergebnis eintreten würde, ein Verstoß gegen den deutschen ordre public (Art. 21 Rom I-VO) vorliegen[3].

Da das Statut des **Innenverhältnisses zwischen Bürge und Hauptschuldner** selbständig ermittelt wird, kann es vom Bürgschaftsstatut abweichen. Soweit es danach auf das Bestehen und den Umfang der Hauptschuld ankommt, handelt es sich insofern um eine selbständig anzuknüpfende und dem Recht der Hauptschuld unterliegende Vorfrage[4]. Andere Verteidigungsmöglichkeiten des Bürgen unterliegen hingegen dem Bürgschaftsstatut. Dies gilt etwa, wenn ein Bürge für die Verbindlichkeiten seines im Ausland gelegenen Unternehmens herangezogen wird, wenn die im Inland ansässige Bürgschaftsgläubigerin von demjenigen ausländischen Staat beherrscht wird, welcher zuvor sämtliche Anteile des Bürgen an dem hauptschuldnerischen Unternehmen entschädigungslos enteignet hat[5].

1187 **– wie weit der Bürge haftet**
Hierher gehört die Frage, ob der Bürge auch für Zinsen, Vertragsstrafen, Schadensersatz wegen Nichterfüllung und dergleichen haftet. Das Bürgschaftsstatut bestimmt auch über besondere Mitteilungspflichten gegenüber dem Bürgen und die Folgen ihrer Verletzung[6].

1188 **– ob dem Bürgen die Einrede der Vorausklage zusteht**
Die Einrede der Vorausklage hat der Bürge nach deutschem Recht und eingeschränkt nach belgischem (Art. 2021 ff. c.c.) und französischem Recht (Art. 2298 ff. c.c.)[7]. Sie wird aber meist vertraglich ausgeschlossen (selbstschuldnerische Bürgschaft). Nach anderen Rechten hat der Bürge die Einrede nur bei Vereinbarung (Art. 1944 ital. c.c.) oder gar nicht, zB nach deutschem

---

1 Näher *Martiny*, ZEuP 1995, 67, 86 f.
2 Zu Art. 34 EGBGB *Kühne*, Die Parteiautonomie zwischen kollisionsrechtlicher und materiellrechtlicher Gerechtigkeit, Liber amicorum Kegel (2002), S. 65 (77); *Magnus*, in: Staudinger, Art. 28 EGBGB Rz. 502. Anders *Reich*, Grundgesetz und internationales Vertragsrecht, NJW 1994, 2128 ff.
3 Vgl. *Magnus*, in: Staudinger, Art. 28 EGBGB Rz. 503.
4 *Weller*, in: Kronke/Melis/Schnyder, Rz. H 544.
5 Hingegen argumentiert allein mit der Abwehr der Enteignungswirkung und dem deutschen ordre public BGH 28.4.1988, BGHZ 104, 240 (243 ff.) = NJW 1988, 2173 = IPRax 1989, 235 (m. Aufs. *Behrens*, IPRax 1989, 217) = RIW 1988, 558 (m. Anm. *Schwung*, RIW 1989, 482) = EWiR 1988, 675 (LS) abl. Anm. *Sonnenberger* = JuS 1988, 990 (LS) krit. Bericht *Hohloch*.
6 Vgl. *Schefold*, WM 1985, 1517 f.
7 Zum alten Recht *Ferid/Sonnenberger*, Französisches Zivilrecht Bd. 2, 2. Aufl. (1986), Rz. 2 M 32. Zur Handelsbürgschaft *Sonnenberger/Dammann*, Französisches Handels- und Wirtschaftsrecht, 3. Aufl. (2008), Rz. VII 88 ff.

Handelsrecht (§ 349 HGB). Diese Frage ist nach dem Bürgschaftsstatut zu beurteilen[1].

– ob der Bürge die Leistung verweigern kann, wenn ihm der Gläubiger nicht seine Ansprüche gegen den Hauptschuldner abtritt 1189
Hier handelt es sich um das vielen Rechten bekannte beneficium cedendarum actionum. Dafür ist in Analogie zu Art. 15 Rom I-VO das Bürgschaftsstatut maßgebend[2].

– ob der Anspruch des Gläubigers auf den Bürgen übergeht 1190
Nach deutschem Recht (§ 774 BGB) geht ebenso wie nach manchen anderen Rechten die Forderung des Gläubigers gegen den Hauptschuldner kraft Gesetzes auf den Bürgen über, wenn und soweit dieser den Gläubiger befriedigt. Ein solcher gesetzlicher Forderungsübergang kann heute auf Art. 15 Rom I-VO gestützt werden (vgl. Rz. 405). Das auf die Verpflichtung des Bürgen anzuwendende Recht ist nämlich das des Bürgschaftsstatuts[3]. Einen besonderen Schuldnerschutz sieht das Gesetz nicht vor.

Sind **mehrere Mitbürgen** vorhanden, so kann für die Verpflichtung der einzelnen Mitbürgen durchaus verschiedenes Recht gelten. Es kann sein, dass der eine Mitbürge nach seinem Recht weitergehend in Anspruch genommen werden kann als der andere. Haften für eine Verbindlichkeit mehrere Personen als Gesamtschuldner, so kann es vorkommen, dass das Schuldverhältnis in Bezug auf die verschiedenen Gesamtschuldner unterschiedlichen Rechtsordnungen unterliegt[4]. Es kann sogar sein, dass der eine Mitbürge nach seinem Recht anders als der andere Mitbürge nur anteilig haftet[5]. 1191

Nicht nach dem Bürgschaftsstatut wird das **Innenverhältnis** zwischen Bürge und Hauptschuldner beurteilt. Diese Fragen, zB ob der Bürge vom Hauptschuldner Ersatz seiner Aufwendungen verlangen kann, sind nach dem für das Innenverhältnis (zB Auftrag) maßgebenden Recht zu beurteilen[6]. Vgl. auch oben Rz. 405 ff.

Den Anspruch des Hauptschuldners gegen den Gläubiger auf Rückgabe der von ihm gestellten Bürgschaftsurkunde wird man dem Statut der Hauptschuld und nicht dem Bürgschaftsstatut zu unterstellen haben[7].

---

1 *von Hoffmann*, in: Soergel, Art. 28 EGBGB Rz. 287. S. bereits RG 23.4.1903, RGZ 54, 311 (316) (interlokal).
2 Vgl. zu Art. 33 Abs. 3 S. 1 EGBGB *Wandt*, ZvglRW 86 (1987), 311. Im Erg. auch RG 23.4.1903, RGZ 54, 311 (316).
3 Zum EVÜ Bericht *Giuliano/Lagarde*, BT-Drucks. 10/503, S. 67; *Wandt*, ZvglRW 86 (1987), 284 ff.
4 S. BGH 1.2.1952, BGHZ 5, 36 (37), gesamtschuldnerische Haftung der Gesellschafter einer OHG.
5 *Letzgus*, RabelsZ 3 (1929), 853. Zur Ausgleichspflicht des Mitbürgen untereinander vgl. RG 13.5.1929, IPRspr. 1929 Nr. 3 (Schweizer und deutscher Bürge verbürgten sich für deutschen Schuldner. Da sich die Bürgen dem schweiz. Recht unterworfen hatten, galt dieses Recht auch für das Verhältnis unter ihnen).
6 *Letzgus*, RabelsZ 3 (1929), 853; AG Bremen 22.11.1951, IPRspr. 1950/51 Nr. 17, nach finn. Recht beurteilt.
7 So *Stürner*, IPRax 2006, 580 f.

II. Garantiestatut

Literatur zum Internationalen Privatrecht: *Bark*, Rechtsfragen und Praxis der indirekten Garantien im Außenwirtschaftsverkehr, ZIP 1982, 405; *Barthels-Kolatacs*, Die Bankgarantie im Auslandsgeschäft, 5. Aufl. (2000); *Bertrams*, Bank Guarantees in International Trade (Amsterdam 2005); *G. Bögl*, Internationale Garantieverträge – Probleme und Reformbestrebungen (Diss. Regensburg 1993); *Blaurock*, Missbräuchliche Inanspruchnahme einer Bankgarantie, IPRax 1985, 204; *Broggini*, Le garanzie nei contratti internazionali, Banca, Borsa 63 (2000), 335; *von Caemmerer*, Bankgarantien im Außenhandel, Festschr. Riese (1964), S. 295; *Dohm*, Bankgarantien im internationalen Handel (Bern 1985); *Dortschy*, Die Bankgarantie im internationalen Geschäft (2006); *Elwan*, La loi applicable à la garantie bancaire à première demande, Rec. des cours 275 (1998), 13; *Finger*, Bankgarantien und deutsches IPR, AWD 1969, 486; *Freitag*, Einzelne Auslandsgeschäfte, in: Derleder/Knops/Bamberger (Hrsg.), Handbuch zum deutschen und europäischen Bankrecht, 2. Aufl. (2009), S. 1853; *Geisler*, Die engste Verbindung im Internationalen Privatrecht (2001); *Goerke*, Kollisionsrechtliche Probleme internationaler Garantien (1982); *Häberle/Aden*, Handbuch der Akkreditive, Inkassi, Exportdokumente und Bankgarantien (2000); *Heldrich*, Kollisionsrechtliche Aspekte des Missbrauchs von Bankgarantien, Festschr. Kegel (1987), S. 175; *Lienesch*, Rechtsmissbrauch und einstweiliger Rechtsschutz im internationalen Garantiegeschäft, DZWiR 2000, 492; *von Marschall*, Bankgarantien, Bonds und Standby Letters of Credit als Sicherheiten im Außenhandel, in: Schlechtriem/Leser (Hrsg.), Zum Deutschen und Internationalen Schuldrecht (1983), S. 66; *Marschall von Bieberstein*, Bankgarantien im internationalen Zahlungsverkehr, in: Horn/von Marschall/Rosenberg/Pavićević, Dokumentenakkreditiv und Bankgarantie im internationalen Zahlungsverkehr (1977), S. 27; *von Mettenheim*, Die missbräuchliche Inanspruchnahme bedingungsloser Bankgarantien, RIW 1981, 581; *Mülbert*, Missbrauch von Bankgarantien und einstweiliger Rechtsschutz (1985); *Nielsen*, Ausgestaltung internationaler Bankgarantien unter dem Gesichtspunkt etwaigen Rechtsmissbrauchs, ZHR 147 (1983), 145; *Nielsen*, Bankgarantien bei Außenhandelsgeschäften (1986/87); *Nielsen*, Gefährdung der internationalen Anerkennung der von deutschen Banken ausgestellten Garantien: Rechtsprechung des Bundesgerichtshofs zur Bürgschaft „auf erstes Anfordern", ZBB 2004, 491; *Pelichet*, Garanties bancaires et conflits de lois, Rev.dr.aff.int. 1990, 335; *Pleyer*, Die Bankgarantie im zwischenstaatlichen Handel, WM Sonderbeilage Nr. 2/1973; *Radicati di Brozolo*, Giurisdizione e legge regolatrice del Garantievertrag, Banca, Borsa 63 (2000) II, 75; *Schefold*, Die rechtsmissbräuchliche Inanspruchnahme von Bankgarantien und das Kollisionsrecht, IPRax 1995, 118; *Schütze*, Einstweilige Verfügungen und Arreste im in internationalen Rechtsverkehr, insbesondere im Zusammenhang mit der Inanspruchnahme von Bankgarantien WM 1980, 1438; *Schütze*, Bankgarantien, unter besonderer Berücksichtigung der einheitlichen Richtlinien für auf „erstes Anfordern" zahlbare Garantien der Internationalen Handelskammer (1994); *Stumpf/Ullrich*, Die missbräuchliche Inanspruchnahme von Bankgarantien im internationalen Geschäftsverkehr, RIW 1984, 843; *von Westphalen*, Die Bankgarantie im internationalen Handelsverkehr, 3. Aufl. (2005); *von Westphalen*, Irak-Embargo und die Inanspruchnahme von Bankgarantien, EWS 1990, 205.

Literatur zur Rechtsvergleichung/zum ausländischen Recht: *Bergström/Schultsz/Käser*, Garantieverträge im Handelsverkehr (1972); *Bernstein*, Garantie und guarantee, Festschr. Zajtay (1982), S. 21; *von Bernstorff*, Rechtsprobleme amerikanischer Bankgarantien, RIW 1987, 257; *Boguslavskij*, Garantien in Außenwirtschaftsbeziehungen nach geltendem sowjetischen Recht, RIW 1990, 797; *Celestine*, Die Garantie auf erstes Anfordern in der französischen Gerichtspraxis, RIW 1989, 81; *Derleder/Knops/Bamberger* (Hrsg.), Handbuch zum deutschen und europäischen Bankrecht, 2. Aufl. (2009), S. 2289 [Länderberichte]; *Eberl*, Rechtsfragen der Bankgarantie im internationalen Wirtschaftsverkehr nach deutschem und schweizerischem Recht (1992); *Hoffmann*, Die Garantie auf erstes Anfordern (garantie à première demande) im belgischen Recht, RIW 1996, 389; *Käser*, Garantieversprechen als Sicherheit im Handelsverkehr, RabelsZ 35 (1971), 601; *Koziol*, Der Garantievertrag (Wien 1981); *Lesguillons* (Hrsg.), Les garanties bancaires dans les contrats internationaux, Colloque de Tours (Paris 1981); *U. Lohmann*, Einwendungen gegen den Zahlungsanspruch aus einer Bankgarantie und ihre Durchsetzung in rechtsvergleichender Sicht (1984); *Löw*, Missbrauch von Bankgarantien und vorläufiger Rechtsschutz: eine rechtsvergleichende Untersuchung des US-amerikanischen, englischen und Schweizer Rechts (Basel 2002); *Mastropaolo*, Die Bankgarantie im internationalen Handelsverkehr, WM 1993, 1994; *Moschner*, Minimale Chancen auf eine einstweilige Verfügung bei indirekten Garantien, IPRax 1988, 40 (Österreich); *Nielsen*, Internationale Bankgarantie, Akkreditiv und anglo-amerikanisches Standby nach Inkrafttreten der ISP 98, WM 1999, 2005, 2049; *Ortner*, Bankgarantien und internationaler Rechtsschutz beim Bauen im Ausland, ÖZW 10 (1983), 33; *Rudnicki/Lewicki*, die Bankgarantien im polnischen Recht, WM 2002, 897; *Schütze*, Bankgarantien und Dokumentenakkreditive im deutsch-arabischen Geschäftsverkehr, in: von Boehmer (Hrsg.), Deutsche Unternehmen in den arabischen Golfstaaten (1990), S. 277; *Thietz-Bartram*, Die Bankgarantien im italienischen Recht (1989); *Vorpeil*, Garantien auf erstes Anfordern nach spanischem Recht, IWB Spanien Gr. 5, S. 15; *Vorpeil*, Inanspruchnahme einer Bankgarantie in Form einer performance bond, RIW 1991, 710.

1. Rechtsvereinheitlichung

UN-Konvention über unabhängige Garantien und Stand-by Letters of Credit

Literatur: *Buch*, UN-Konvention über unabhängige Garantien und Stand-by Letters of Credit (2000); *Heidbüchel*, Das UNCITRAL-Übereinkommen über unabhängige Garantien und Standby letters of credit (1999); *Horn*, Die UN-Konvention über unabhängige Garantien, RIW 1997, 717; *Horn*, The U. N. Convention on Independent Guarantees and the Lex Mercatoria in: Horn (Hrsg.), in: German banking law and practice in international perspective (1999), S. 189; *Lienesch*, Internationale Bankgarantien und die UN-Konvention über unabhängige Garantien und Stand-by Letters of Credit (1999); *de Ly*, The Convention on Independent Guarantees and Stand-by-Letters of Credit, Int.Lawyer 33 (1999), 831; *Markus*, UNO-Konvention über unabhängige Garantien und stand-by letters of credit (Zürich 1997).

Ein einheitliches Recht internationaler Garantien ist von **UNCITRAL** in einer **Konvention von 1995** entwickelt worden (in Kraft seit 1.1.2000)[1]. Das Übereinkommen regelt die Rechte und Pflichten für Garantien und Stand-by-Letters (undertakings). Auch gegenüber Nichtvertragsstaaten ist Rechtswahl (Art. 21) zu beachten (Art. 1 Abs. 3); hilfsweise kommt es auf das Recht der Niederlassung des Garanten an, welcher die Garantie gewährt hat (Art. 22). 1192

Einheitliche Richtlinien für Vertragsgarantien

Literatur: *Berger*, Internationale Bankgarantien, DZWiR 1993, 1; *Hasse*, Die Einheitlichen Richtlinien für auf Anfordern zahlbare Garantien der Internationalen Handelskammer, WM 1993, 1985; *Pietsch*, Die Einheitlichen Richtlinien für Vertragsgarantien der Internationalen Handelskammer aus der Sicht der Kreditinstitute, in: Pfaff/Pietsch, Zwei Beiträge zum Auslandsgeschäft der Kreditinstitute (1983), S. 39; *Stumpf*, Einheitliche Richtlinien für Vertragsgarantien (Bankgarantien) der Internationalen Handelskammer,

---

1 Convention on Independent Guarantees and Stand-by Letters of Credit vom 11.12.1995, I.L.M. 35 (1996), 735. Vertragsstaaten sind Ekuador, El Salvador, Gabun, Kuwait, Liberia, Panama, Tunesien und Weißrussland. – Näher zu den Entwürfen *Bögl*, S. 111 ff.

RIW 1979, 1; *Trost*, Bankgarantie, im Außenhandel – Die „Einheitlichen Richtlinien für Vertragsgarantien" der Internationalen Handelskammer von 1978 (1982); *von Westphalen*, Die neuen Einheitlichen Richtlinien für „Demand Guarantees", DB 1992, 2017; *von Westphalen*, Ausgewählte Fragen zur Interpretation der Einheitlichen Richtlinien für auf Anfordern zahlbare Garantien, RIW 1992, 961.

1193 Die IHK hat 1978 **„Einheitliche Richtlinien für Vertragsgarantien"** aufgestellt, deren Geltung die Parteien vereinbaren können[1]. Nach den Richtlinien ist das Recht des Ortes maßgeblich, an dem der Garant seine Geschäftsniederlassung hat. Besitzt er Niederlassungen in mehreren Staaten, so kommt es auf die Niederlassung an, die den Geschäftsfall bearbeitet (Art. 10). Ferner bestehen **„Einheitliche Richtlinien für Garantien auf erstes Anfordern"** von 1992[2]. Danach gilt mangels abweichender Rechtswahl für Garantie und Rückgarantie das Recht der Geschäftsniederlassung des Garanten (Art. 27). Die Vereinbarung dieser Richtlinien hat jedoch nur die Wirkung einer materiellrechtlichen Verweisung[3].

2. Ausländisches Recht

1194 Auch andere Rechtsordnungen kennen eine Garantie, wonach der Garant nichtakzessorisch einzustehen hat[4]. In Frankreich ist nunmehr die nichtakzessorische Garantie, die nicht den Beschränkungen des Bürgschaftsrechts unterliegt, in Art. 2321 c.c. geregelt[5]. Im englischen Recht ist für das abstrakte, rechtlich selbständige Leistungsversprechen von „bond" oder „letter of undertaking" die Rede.

3. Bestimmung des Garantiestatuts

1195 Das Verhältnis zwischen dem Garantieauftraggeber und dem Garantiegeber (**„Deckungsverhältnis"**) untersteht seinem eigenen Recht. Ist Garantiegeber eine Bank, so gelten die Regeln für Bankverträge (s. Rz. 1231 ff.). Sie führen im Allgemeinen zum Recht der Bank[6]. Das Rechtsverhältnis zwischen Garantieauftraggeber und Begünstigtem (**„Valutaverhältnis"**), in dem die Verpflichtung zur Beibringung einer Bankgarantie oft nur eine Nebenabrede darstellt, folgt seinem eigenen Recht[7].

---

1 Deutscher Text bei *Bögl*, S. 168 ff. Näher *Stumpf*, RIW 1979, 1 ff.; *Trost*, op. cit.; *Pietsch*, in: Pfaff/Pietsch, S. 39 ff.
2 ICC-Publikation Nr. 458. Englischer Text auch bei *Bögl*, S. 198 ff.
3 *Weller*, in: Kronke/Melis/Schnyder, Rz. H 521 ff.
4 Eine „independent personal security" regeln Art. IV.G.-1:101 ff. DCFR.
5 Dazu *Sonnenberger/Dammann*, Franz. Handels- und Wirtschaftsrecht, 3. Aufl. (2008), VII 94.
6 OLG Köln 15.3.1991, IPRspr. 1991 Nr. 36 = RIW 1992, 145 = WM 1991, 1751 Anm. *Schwericke/Regel* = WuB I K 3. Nr. 1.92 Anm. *Schütze* (Auftrag für indirekte Garantie im Irak); *Heldrich*, Festschr. Kegel, S. 191; *Schefold*, IPRax 1995, 119. Näher *Bögl*, S. 30 f.; *Mülbert*, S. 24 ff.
7 *Heldrich*, Festschr. Kegel, S. 191; *Bögl*, S. 32.

Davon zu unterscheiden ist der eigentliche Garantievertrag („**Garantieverhältnis**"). Auch für ihn sind ausdrückliche und stillschweigende Rechtswahl nach Art. 3 Rom I-VO möglich[1]. Eine stillschweigende Rechtswahl ergibt sich häufig aus einer Gerichtsstandsvereinbarung (s. Rz. 116 f.) oder daraus, dass die Garantie erkennbar auf einer bestimmten Rechtsordnung aufbaut (dazu Rz. 125). Als Auslandsbezug für die Vereinbarung ausländischen Rechts genügt, dass die garantierte Verbindlichkeit ihrerseits ausländischem Recht untersteht oder andere Berührungen mit dem Ausland aufweist[2].

Mangels Rechtswahl ist nicht das Statut der garantierten Verbindlichkeit maßgebend[3], vielmehr wird das Garantiestatut selbständig nach objektiven Kriterien bestimmt. Im Allgemeinen ist das Recht am gewöhnlichen **Aufenthaltsort des Garanten** anzuwenden. Hierfür könnte man sich möglicherweise schon bei einer sehr weiten Auslegung auf Art. 4 Abs. 1 lit. b Rom I-VO (Dienstleistung) stützen. Das gleiche Ergebnis ergibt sich aber auf jeden Fall aus Art. 4 Abs. 2 Rom I-VO, da die Garantenleistung die charakteristische ist[4]. Für Garantien im Rahmen beruflicher oder gewerblicher Tätigkeit gilt das Recht am Ort der Hauptverwaltung bzw. Niederlassung des Garanten (Art. 19 Abs. 1 Rom I-VO). Die Bankgarantie unterliegt daher regelmäßig dem Recht der Niederlassung der Bank[5].

Abweichungen können sich aus dem Grundsatz der engeren Verbindung (Art. 4 Abs. 3 Rom I-VO) ergeben. Auf den Wohnsitz bzw. die Niederlassung des Garanten stellt auch das schweizerische Recht ab (s. Art. 117 Abs. 3 lit. e schweiz. IPRG)[6]. Auch andere Rechtsordnungen knüpfen an den Sitz des Garantiegebers an (zB Art. 20 Nr. 17 jugoslaw. IPRG von 1982)[7]. 1196

Die **Garantie** wird **von der Bürgschaft** im Allgemeinen dadurch **abgegrenzt**, dass der Garant bei einer Inanspruchnahme aus der Garantie grundsätzlich **keine Einwendungen** aus dem Grundverhältnis erheben kann[8]. Das Garantiestatut entscheidet darüber, unter welchen Voraussetzungen die Garantie in Anspruch genommen werden kann und welche Einwände gleichwohl (zB Rechtsmiss- 1197

---

1 Zu Art. 3 EVÜ (Art. 27 EGBGB) OLG Frankfurt a.M. 18.3.1997, IPRspr. 1997 Nr. 33 = RIW 1998, 477 (Stand-by Letter of Credit). – Vgl. auch Cass. civ. 25.1.2000, Rev.crit.d.i.p. 89 (2000), 737 Anm. *Jacquet*.
2 Vgl. *Goerke*, S. 70.
3 So bereits *Letzgus*, RabelsZ 3 (1929), 841.
4 Zu Art. 28 Abs. 2 EGBGB BGH 21.9.1995, IPRspr. 1995 Nr. 1 = RIW 1995, 1027 = EWiR 1995, 1187 (*Geimer*); OLG Saarbrücken 6.7.2001, IPRspr. 2001 Nr. 30 = ZIP 2001, 1318 (unwiderrufliche Garantie); *Heldrich*, Festschr. Kegel, S. 184 f.; *von Bar*, II Rz. 499; *Magnus*, in: Staudinger, Art. 28 EGBGB Rz. 506. – Vgl. *Kegel*, Gedächtnisschr. Schmidt, S. 215 ff.
5 *Bonelli*, J.dr.aff.int. 1985, 390 ff.; *Nielsen*, ZHR 147 (1983), 153; *Bögl*, S. 32; *Goerke*, S. 92; *Thorn*, in: Palandt, Art. 28 EGBGB Rz. 20, 21.
6 Ebenso für das frühere österreich. Recht *Koziol*, S. 90 f. Art. 117 Abs. 3 lit. e schweiz. IPRG kennt eine eigene, hier einschlägige Kategorie der Sicherungsverträge, *Keller/ Kren Kostkiewicz*, in: ZürchKomm, Art. 117 IPRG Rz. 136 ff.
7 Zu Schiedssprüchen von IHK-Schiedsgerichten s. *Lorenz*, Festschr. Neumayer (1985), S. 407 (418).
8 Vgl. *Pleyer*, WM 1973 Beil. S. 13 f.

brauch) erhoben werden können[1]. Kennt das ausländische Recht kein Verbot rechtsmissbräuchlicher Inanspruchnahme einer Garantie, so greift der deutsche ordre public (Art. 21 Rom I-VO) ein[2]. Bei einer Garantiezusage im Zusammenhang mit einem Werklieferungsvertrag bestimmt das für die Garantie des Dritten geltende Recht auch über den Erfüllungsort[3]. Nach deutschem Recht muss die Inanspruchnahme der Garantie grundsätzlich in der vereinbarten oder in der Garantie verwendeten Sprache erfolgen. Verwendet der Berechtigte stattdessen die Sprache am Niederlassungsort des Garantieverpflichteten, so ist das zwar zulässig, doch muss er das Risiko von Missverständnissen tragen[4].

4. Arten der Außenhandelsgarantien

a) Einzelne Garantien

1198 Auch im Auslandsgeschäft soll die Garantie den Begünstigten vor Verlusten schützen, die sich aus der teilweisen oder vollständigen Nichterfüllung der Vertragspflichten seines Geschäftspartners ergeben können. Der Begünstigte muss sich nicht erst an seinen Vertragspartner wenden. Hält dieser die Inanspruchnahme der Garantie für unberechtigt, so kann er Rückzahlung vom Begünstigten verlangen. Allerdings kann eine Zahlungsverweigerung des Garanten im Allgemeinen nicht nur auf die in der Garantie genannten Gründe, sondern auch auf Rechtsmissbrauch gestützt werden. Nach deutschem Recht ist die Garantiebank gegenüber dem Garantieauftraggeber sogar verpflichtet, in (allerdings eng umgrenzten) Fällen des Rechtsmissbrauchs die Zahlung zu verweigern[5]. Komplikationen treten vor allem dann ein, wenn die Inanspruchnahme des Garanten unterschiedlich bewertet wird.

Garantien finden zB beim Anlagenbau sowie bei Verträgen für Bauvorhaben und Montageleistungen Verwendung[6]. Die Praxis hat hierfür verschiedene Formen entwickelt[7]. Gesetzlich geregelt ist das Recht der Garantie bislang nur in wenigen Staaten. Rechtsunterschiede bestehen etwa in der Gültigkeit von Befristungen und Verfalldaten[8].

Bietungsgarantie

1199 Die von einer Bank erstellte Bietungsgarantie (tender bond/bid bond; garantie de soumission/d'adjudication) sichert die ausschreibende Stelle für den Fall ab, dass der Bieter (Unternehmer) nach Abgabe eines verbindlichen Angebots den Vertrag trotz Zuschlags nicht unterzeichnet oder etwa vorgesehene weitere

---

1 *Schefold*, IPRax 1995, 119; *Weller*, in: Kronke/Melis/Schnyder, Rz. H 551; *Thorn*, in: Palandt, Art. 28 EGBGB Rz. 21.
2 Vgl. *Goerke*, S. 124 f.
3 OLG München 17.10.1986, IPRax 1987, 307 (m. Aufs. *Rehbinder*, IPRax 1987, 289) = RIW 1986, 998 zum italien. Recht.
4 BGH 7.11.2000, NJW 2001, 2480.
5 Näher *Nielsen*, ZHR 147 (1983), 152 ff.
6 Vgl. *Ortner*, ÖZW 16 (1983), 33 ff.
7 Mehrsprachige Muster etwa bei *Dohm*, S. 181 ff.
8 Dazu *Pleyer*, WM 1973 Beil. 17; *Nielsen/Schütze*, S. 34.

Garantien nicht stellt. Üblich ist eine Befristung der Garantie und die Aufnahme einer Verpflichtung des Garantiebegünstigten zur Rückgabe nach Ablauf.

Anzahlungsgarantie
Mit der Anzahlungsgarantie (down payment/repayment guarantee; garantie du remboursement éventuel des acomptes) soll die Bank des Unternehmers sicherstellen, dass dieser die Anzahlung auch dazu verwendet, die vertraglich übernommenen Pflichten zu erfüllen. Der Auftraggeber kann eine der Anzahlung entsprechende Summe verlangen, für die der Unternehmer die entsprechenden Lieferungen oder Leistungen unterlassen oder nicht vertragsgemäß erbracht hat. Im Grunde genommen handelt es sich also um eine Rückzahlungs- oder Rückerstattungsgarantie. 1200

Liefer- und Leistungsgarantie
Mit einer Erfüllungsgarantie bzw. Leistungs- oder Liefergarantie (performance bond; garantie de bonne fin/de bonne exécution) sichert die Bank eines Exporteurs bzw. eines beauftragten Unternehmers dem Auftraggeber die Zahlung einer bestimmten Summe zu, falls der Unternehmer nicht leistet bzw. das Werk nicht vertragsgemäß ausführt. 1201

b) Garantie auf erstes Anfordern

Eine Garantie auf „erstes Anfordern" (on first demand; à la première demande) bedeutet, dass der Garantiefall nicht nachgewiesen werden muss, vielmehr wird die Zahlungspflicht der garantierenden Bank allein durch das Anfordern des Begünstigten ausgelöst. Einwendungen aus der garantierten Verbindlichkeit können nicht vorgebracht werden. Die Anforderung enthält jedoch ausdrücklich oder konkludent die Mitteilung, dass der Vertragspartner seinen durch die Garantie gesicherten Verpflichtungen nicht nachgekommen ist. 1202

War die Inanspruchnahme der Garantie auf erstes Anfordern *rechtsmissbräuchlich*, weil die Voraussetzungen dafür fehlen, so kommen **Schadensersatzansprüche** gegen den Garantiebegünstigten in Betracht[1]. Soweit solche Ansprüche deliktisch eingeordnet werden können, ist auf das Deliktsstatut abgestellt worden[2]. Die internationale Zuständigkeit für eine Schadensersatzklage richtet sich insoweit nach Art. 5 Nr. 3 EuGVO (Handlungs- und Erfolgsort). Das Vorgehen des Auftraggebers gegen den Begünstigten wegen einer ihren vertraglichen Beziehungen widersprechenden Inanspruchnahme wird zT dem Tatortrecht unterstellt[3]. Im Hinblick auf die Sonderbeziehung zur Garantie wird jedoch zT vorgeschlagen, akzessorisch an das Recht anzuknüpfen, welches auf die Garantie Anwendung findet[4].

---

1 Dazu rechtsvergleichend *Coing*, ZHR 147 (1983), 139 ff. – Vgl. auch *Lienesch*, DZWir 2000, 492 ff.
2 OLG München 31.10.1984, IPRspr. 1984 Nr. 35 WM 1985, 189.
3 Österreich. OGH 8.7.1993, ÖJZ 1994, 276 (Nr. 57) = IPRax 1995, 116 (m. Aufs. *Schefold*, IPRax 1995, 118).
4 *Schefold*, IPRax 1995, 121.

BGH 16.10.1984, IPRspr. 1984 Nr. 145 = IPRax 1986, 102 (Anm. *Geimer*, IPRax 1986, 80) = NJW 1985, 561 = RIW 1985, 72 = EWiR 1985, 95 Anm. *Schütze*
Vorauszahlungs- und Erfüllungsgarantie einer Münchener Bank zugunsten einer belg. Bank im Zusammenhang mit Bauprojekt in Libyen. „Die Garantieverträge hatten ihren Schwerpunkt im Inland; damit hatte die aus diesen Verträgen abgeleitete Verpflichtung der Bekl., eine zweckwidrige Inanspruchnahme der Bankgarantien zu unterlassen, gleichfalls im Inland ihren Schwerpunkt. Hier – am Sitz des Bankhauses A. – hatte die Bekl. die Garantieleistungen schriftlich anzufordern und hier hatte das Bankhaus A. die Garantieleistungen zu leisten. Dies bedeutet, dass auch die angeblich verletzte Unterlassungspflicht der Beklagten in der Bundesrepublik zu erfüllen war."

Wieweit vertragliche Schadensersatzansprüche in Betracht kommen, bestimmt das Statut der Garantie. Diese Rechtsordnung entscheidet auch darüber, wo sich der Erfüllungsort iSd. Art. 5 Nr. 1 EuGVO befindet, soweit er dort nicht autonom festgelegt ist (vgl. oben Rz. 350 ff.). Maßgeblich dafür ist, wo der Garantiebegünstigte die rechtsmissbräuchliche Inanspruchnahme der Garantie zu unterlassen hatte.

c) Bestätigte Garantie

1203 Wird eine Garantie von einer Zweitbank „bestätigt", so übernimmt die Zweitbank eine rechtlich selbständige Zahlungsverpflichtung gegenüber dem Begünstigten. Das Verhältnis zwischen den Banken unterliegt dem **Recht der Zweitbank**, da diese Dienstleister ist bzw. die charakteristische Leistung erbringt[1]. Der Begünstigte kann sich nicht nur an die Zweitbank, deren Verpflichtung sich nach dem Recht ihrer Niederlassung richtet, sondern weiterhin an die Erstbank halten. Deren Verpflichtung richtet sich nach ihrem Recht[2]. Vertreten wird aber auch, dass diese Verpflichtung an die Bestätigung angelehnt ist und sich daher nach dem Recht am Niederlassungsort der Zweitbank richtet[3].

d) Indirekte Garantie und Rückgarantie

aa) Indirekte Garantie

1204 Von einer „indirekten" Garantie der Erstbank spricht man deshalb, weil die Garantie von einer Bank – oder einer anderen Stelle – im Lande des Begünstigten gestellt wird. Die zum Stellen der Garantie verpflichtete Vertragspartei beauftragt zunächst eine Bank ihres Landes (Erstbank), welche dann – anders als bei der direkten Garantie gegenüber dem Begünstigten – ihrerseits eine Zweitbank im Land des Begünstigten einschaltet. Die Zweitbank gibt sodann eine (einfache) Garantie gegenüber dem Begünstigten ab. Die Erstbank kann wiederum der Zweitbank die Erstattung der Garantiezahlung durch sog. Rückgarantie (auch Gegengarantie, counter-guarantee, contre-garantie genannt) garantieren[4]. Problematisch ist oft, dass der Garantieauftraggeber die erst-

---

1 *von Hoffmann*, in: Soergel, Art. 28 EGBGB Rz. 302. – Vgl. *Dohm*, Rz. 315.
2 *Geisler*, S. 238 f.; *von Hoffmann*, in: Soergel, Art. 28 EGBGB Rz. 301.
3 So *Goerke*, S. 97 ff.
4 Näher *Bark*, ZIP 1982, 405 ff.

beauftragte Bank an einer Zahlung zugunsten der Zweitbank hindern kann, wenn der Garantiefall seiner Ansicht nach nicht eingetreten ist.

Internationalprivatrechtlich sind mehrere Rechtsverhältnisse zu unterscheiden. Für das Verhältnis der **Zweitbank gegenüber dem Letztbegünstigten** gilt mangels Rechtswahl das Recht ihrer Niederlassung[1]. Diese Rechtsordnung entscheidet auch darüber, ob der Garantiefall eingetreten oder eine Inanspruchnahme der Zweitbank durch den Begünstigten missbräuchlich und rechtswidrig ist[2]. Demgegenüber besteht in der Rechtsprechung des Öfteren die Tendenz, diese Rechtsordnung dann, wenn sie die Rechtsmissbrauchsproblematik anders bewertet, über den ordre public des Forums auszuschalten[3]. 1205

Zwischen der **erstbeauftragten Bank und der Zweitbank** besteht ein Geschäftsbesorgungsvertrag. Dieser untersteht mangels Rechtswahl nach den Regeln über Bankgeschäfte (dazu Rz. 1267 ff.) dem Recht der Niederlassung der Zweitbank; diese erbringt nämlich die charakteristische Leistung, die Übernahme einer einfachen Garantie gegenüber dem Begünstigten[4]. 1206

bb) Rückgarantie

Bei der Rück- bzw. Gegengarantie zwischen Erst- und Zweitbank verpflichtet sich die Erstbank gegenüber der unmittelbar garantierenden Zweitbank zur Erstattung der Kosten einer Inanspruchnahme durch den Begünstigten. Die Rückgarantie stellt eine selbständige, zusätzliche Verpflichtung dar[5]. Sie unterliegt daher dem Recht am Niederlassungsort der sie abgebenden Bank, also der **Erstbank**[6]. 1207

---

1 *Finger*, AWD 1969, 490; *Bark*, ZIP 1982, 407; *Heldrich*, Festschr. Kegel, S. 190; *Mülbert*, S. 28.
2 *Nielsen*, ZHR 147 (1983), 155; *Schefold*, IPRax 1995, 119.
3 LG Frankfurt a.M. 11.12.1979, IPRspr. 1979 Nr. 18 = NJW 1981, 56 Anm. *Hein* = IPRax 1981, 165 (Anm. *Horn*, IPRax 1981, 149) (Garantie der iran. Zweitbank gegenüber iran. Begünstigten [Importeur] iran. Recht unterworfen; wegen möglichen ordre public-Verstoßes Auslegung nach international üblichen Grundsätzen); LG Dortmund 9.7.1980, IPRspr. 1980 Nr. 5 = WM 1981, 280 (Garantie der iran. Zweitbank gegenüber iran. Begünstigten iran. Recht unterstellt. Rechtsmissbrauch jedoch unter Berufung auf deutschen ordre public nach deutschem Recht geprüft). Krit. *von Westphalen*, WM 1981, 302 ff. S. auch österreich. OGH 10.7.1986, JBl. 1987, 115 = IPRax 1988, 33 (m. Aufs. *Moschner*, IPRax 1988, 40) (Bankgarantie irak. [Zweit-]Bank gegenüber ausländ. Begünstigten irak. Recht unterstellt; Ordre public-Verstoß dahingestellt).
4 *Bark*, ZIP 1982, 408 f.; *Heldrich*, Festschr. Kegel, S. 189 f.; *Goerke*, S. 101 f.; *Mülbert*, S. 30. Ebenso für die Schweiz *Dohm*, Rz. 318.
5 Differenzierend dagegen *Pietsch*, in: Pfaff/Pietsch, S. 82 f. Für eine akzessorische Anknüpfung der Rückgarantie an das Statut der Direktgarantie zwischen Zweitbank und Begünstigten *von der Seipen*, Akzessorische Anknüpfung und engste Verbindung (1989), S. 302.
6 BGH 16.10.1984, IPRspr. 1984 Nr. 145 = IPRax 1986, 102 (Anm. *Geimer*, IPRax 1986, 80) = NJW 1985, 561 = RIW 1985, 72 (Vorauszahlungs- und Erfüllungsgarantie deutscher Bank zugunsten belg. Bank im Zusammenhang mit Bauprojekt in Libyen); *Geisler*, S. 329. – S. auch OLG Köln 15.3.1991, IPRspr. 1991 Nr. 36 = RIW 1992, 145 = WM 1991, 1751 Anm. *Schwericke/Regel* (Rückgarantie der deutschen Erstbank gegenüber

Die Beziehung zwischen dem Garantieauftraggeber und der erstbeauftragten Bank richtet sich ebenfalls nach dem Recht am Niederlassungsort dieser Bank[1].

III. Patronatserklärung

Literatur zum Internationalen Privatrecht: *Haß*, Zur internationalen Gerichtsstandsvereinbarung in einer Patronatserklärung, IPRax 2000, 494; *Kindler*, Harte Patronatserklärungen als Kreditsicherheit im deutsch-italienischen Rechtsverkehr, RIW 2007, 488; *Nobel*, Patronatserklärungen und ähnliche Erscheinungen im nationalen und internationalen Recht, in: Wiegand (Hrsg.), Berner Bankrechtstag 1997 (1997), S. 55; *Rümker*, Probleme der Patronatserklärung in der Kreditsicherungspraxis, WM 1974, 990; *I. Seiler*, Patronatserklärung im internationalen Wirtschaftsverkehr (aus bankrechtlicher Sicht, und zwar im Wirtschaftsverkehr mit England, Frankreich und der Schweiz) (Diss. Münster 1982); *C. U. Wolf*, Das Statut der harten Patronatserklärung, IPRax 2000, 477.

Literatur zur Rechtsvergleichung/zum ausländischen Recht: *Dilger*, Patronatserklärungen im englischen Recht, RIW 1988, 908; RIW 1989, 573; *Fleischer*, Gegenwartsprobleme der Patronatserklärung im deutschen und europäischen Privatrecht, WM 1999, 666; *Gerth*, Zur Rechtsentwicklung der französischen Patronatserklärung, RIW 1986, 13; *D. Hoffmann*, Die Patronatserklärung im deutschen und österreichischen Recht (1989); *Jander/Hess*, Die Behandlung von Patronatserklärungen im deutschen und amerikanischen Recht, RIW 1995, 730; *Leitner*, Die Patronatserklärung, ÖBA 2002, 517; *K. Rippert*, Patronatserklärungen im deutschen und französischen Recht (Diss. Mainz 1982); *Røsæg*, Garantier eller fattigmanns trøst? (Oslo 1992); *F. Schneider*, Rechtsprobleme bei Patronatserklärungen, ÖJZ 1983, 546; *Wittuhn*, Patronatserklärungen im anglo-amerikanischen Rechtskreis, RIW 1990, 495.

1208 Die Patronatserklärung (comfort letter; déclaration de patronage) ist eine Erklärung der Muttergesellschaft gegenüber einem Kreditgeber der Tochtergesellschaft, mit der sie zur Förderung oder Erhaltung der Kreditbereitschaft bestimmte Maßnahmen oder Unterlassungen in Aussicht stellt oder zusagt. Bei der sogenannten harten Patronatserklärung verspricht die Muttergesellschaft, ihre Tochtergesellschaft finanziell so auszustatten, dass letztere in der Lage ist, ihren finanziellen Verpflichtungen nachzukommen[2]. Sie wird zT wie in Deutschland als unechter Vertrag zugunsten Dritter[3], aber auch als einseitiges

---

iran. Zweitbank unterlag deutschem Recht. Dieses Recht entschied über Rechtsmissbräuchlichkeit der Inanspruchnahme); LG Frankfurt a.M. 11.12.1979, IPRspr. 1979 Nr. 18 = NJW 1981, 56 Anm. *Hein* = IPRax 1981, 165 (Anm. *Horn*, IPRax 1981, 149) (Rückgarantie der deutschen Erstbank gegenüber iran. Zweitbank deutschem Recht unterstellt); LG Dortmund 9.7.1980, IPRspr. 1980 Nr. 5 = WM 1981, 280 (Rückgarantie der deutschen Erstbank gegenüber iran. Zweitbank deutschem Recht unterstellt); *Bark*, ZIP 1982, 410; *Goerke*, S. 101 f.; *Bögl*, S. 33. Ebenso OG Zürich 1.11.1988, BlZüRspr. 88 (1989), 183 Nr. 60; *Dohm*, Rz. 319 ff.
1 *Bark*, ZIP 1982, 414.
2 Zu den Formen s. ZfgesK 1976, 863 f. Zum französ. Recht s. Cass. com. 23.10.1993, J.C.P. éd. entreprise 1991.II.154 Anm. *Larroumet* u. Anm. *Dilger*, RIW 1991, 342.
3 Zur Schweiz *Weller*, in: Kronke/Melis/Schnyder, Rz. H 536.

Rechtsgeschäft angesehen[1]. Rechtswahl nach Art. 3 Rom I-VO ist zulässig[2]. Bei Fehlen einer Rechtswahl wird regelmäßig das **Recht am Sitz der Muttergesellschaft** anzuwenden sein, da sie nach Art. 4 Abs. 2 Rom I-VO die charakteristische Leistung erbringt[3]. Das Statut der Patronatserklärung bestimmt insbes., wie weit ihr Verpflichtungswirkung zukommt[4]

IV. Formvorschriften

Nach deutschem Recht ist Schriftform der Erklärung des Bürgen erforderlich (§ 766 BGB). Formfrei ist die Bürgschaft nach deutschem Recht jedoch im Handelsverkehr (§ 350 HGB). Nach schweizerischem Recht muss außerdem stets ein bestimmter Höchstbetrag angegeben sein[5]. Außerdem ist bei Bürgschaften natürlicher Personen für Beträge über 2000 Franken öffentliche Beurkundung erforderlich (Art. 493 Abs. 2 OR). Das niederländische Recht verlangt – nach dem Vorbild des Art. 1326 französ. c.c[6]. –, dass der Bürge seine Erklärung entweder ganz eigenhändig niederschreibt oder ihr einen billigenden handschriftlichen Zusatz anfügt[7].

1209

Die Form des Bürgschaftsvertrages wird nach dem **Bürgschaftsstatut** beurteilt. Es genügt aber die Einhaltung der Ortsform (Art. 11 Abs. 1 2. Alt. EGBGB)[8]. Wird der Vertrag zwischen Personen geschlossen, die sich in verschiedenen Staaten befinden, so genügt es, wenn die Formvorschriften eines der Staaten eingehalten werden (Art. 11 Abs. 2 EGBGB). Dies gilt auch hier[9].

Auch nach schweizerischer Auffassung ist die Einhaltung der Vorschriften des Bürgschaftsstatuts oder der Ortsform grundsätzlich ausreichend. Allerdings kann bei Schutzvorschriften die Einhaltung allein der Regeln der lex causae –

---

1 Zur Haftung nach österreich. Recht BGH 30.1.1992, BGHZ 117, 127 = NJW 1992, 2093 = IPRspr. 1992 Nr. 262. – S. auch *Weller*, in: Kronke/Melis/Schnyder, Rz. H 536.
2 So zu Art. 27 EGBGB LG Berlin 18.2.2000, IPRspr. 2000 Nr. 116 = IPRax 2000, 526 (m. Aufs. *Haß*, IPRax 2000, 494); LG Düsseldorf 11.1.2005, RIW 2005, 629 Anm. *Mecklenbrauck*.
3 Zu Art. 28 EGBGB LG Berlin 18.2.2000, IPRax 2000, 526 (m. Aufs. *Haß*, IPRax 2000, 494); *Wolf*, IPRax 2000, 482; *Magnus*, in: Staudinger, Art. 28 EGBGB Rz. 510. – Vgl. *Jander/Hess*, RIW 1995, 735. S. bereits *Rümker*, WM 1974, 996 f.; *Seiler*, S. 150 f.
4 *Weller*, in: Kronke/Melis/Schnyder, Rz. H 558.
5 Ein Verstoß hiergegen führt zur Unwirksamkeit, schweiz. BG 25.9.1991, BGE II 117, 490; *Frick*, IPRax 1994, 243. Dies wird daher als Frage der Wirksamkeit, nicht der Form eingeordnet; *Keller/Kren Kostkiewicz*, in: ZürchKomm, Art. 117 IPRG Rz. 142 mwN.
6 Dazu IPG 1980–81 Nr. 10 (Freiburg), S. 71, 75 f.
7 Vgl. Art. 7: 859 NBW. – Näher zum früheren Art. 1915 Abs. 1 B.W. *Gotzen*, RIW 1981, 631.
8 S. bereits RG 12.10.1905, RGZ 61, 343 (Bürgschaftsstatut war deutsches Recht; die ausdrückliche mündliche Übernahme der Bürgschaft nach luxemburg. Recht genügte); RG 12.2.1906, RGZ 62, 379 (Bürgschaftsstatut war deutsches Recht; Erfordernisse der lex loci actus [schweiz. Recht] nicht gewahrt).
9 BGH 28.1.1993, BGHZ 121, 224 (228) = NJW 1993, 1126 Anm. *Cordes* (NJW 1993, 2427) = ZEuP 1994, 493 Anm. *Bülow* = WuB 1 F 1a Nr. 8.93 Anm. *Thode*.

auch bei der Auslandsbürgschaft – geboten sein (Art. 124 Abs. 3 IPRG)[1]. Liegt der Wohnsitz des Bürgen oder der Abschlussort in der Schweiz, so werden weniger strenge ausländische Formvorschriften nicht durch den schweizerischen ordre public eingeschränkt, da dies die Vorbehaltsklausel überspannen würde und für die Freiheit des Rechtsverkehrs bedenklich wäre[2].

Über besondere Beschränkungen, denen verheiratete Personen bei der Eingehung von Bürgschaften unterliegen können, s. Rz. 5866.

V. Wirtschaftspolitische Vorschriften

1210 Gelegentlich wirken wirtschaftspolitische Vorschriften auf das Bürgschafts-(Garantie-)Verhältnis ein[3]. Vor allem **ausländisches Devisenrecht** kann die Bürgschaft in verschiedener Weise tangieren. Möglich ist, dass dem Schuldner einer Fremdwährungsverbindlichkeit erlaubt wird, gleichwohl in Inlandswährung zu zahlen. Der Bürge ist dann mangels wirksamer Forderung nicht mehr zur Zahlung verpflichtet[4]. Voraussetzung für diese Bewertung der Zahlung als Erfüllung ist allerdings, dass der ausländische Eingriff im Inland anerkannt wird.

Ferner kann dem ausländischen Hauptschuldner die Zahlung devisenrechtlich verboten sein. Dann ist gleichfalls zu bestimmen, ob ein Vorgehen gegen den Bürgen zulässig ist.

Schließlich kann die Bürgschaft selbst devisenrechtlich verboten bzw. genehmigungspflichtig sein. Dann steht die Wirksamkeit dieser Verpflichtung in Frage. Hierbei finden auch ausländische Devisenvorschriften Beachtung, da die Bürgschaft und (jedenfalls im Einzelfall) die Garantie als Devisenkontrakt (exchange contract) iSv. Art. VIII Abschn. 2 (b) Bretton Woods Abk. (dazu Rz. 672 ff.) anzusehen sind[5].

---

1 Für eine Auslegung als Gesamtverweisung (und damit Ausreichen der Ortsform) *Frick*, IPRax 1994, 241 ff.
2 *Keller/Kren Kostkiewicz*, in: ZürchKomm, Art. 117 IPRG Rz. 142. Ebenso bereits *Hanisch*, IPRax 1987, 47 ff. – S. näher schweiz. BG 14.12.1984, BGE 110 II, 484 = IPRax 1987, 34 (Anm. *Hanisch*, IPRax 1987, 47) = RIW 1986, 912 (Zusammenfassung) (In Frankfurt wohnender Wirtschaftsprüfer unterzeichnete in BRD Bürgschaftserklärung auf Formular der Basler Gläubigerbank. Schweiz. Recht und Gerichtsstand Basel-Stadt vereinbart. Die Einhaltung der Form des Abschlussortes (Absendeort Frankfurt) genügte. Die Zustimmungsbedürftigkeit der Bürgschaft durch den Ehegatten wurde nach deutschem Wohnsitzrecht des Bürgen geprüft, aber auch nach schweiz. Recht wegen Kaufmannseigenschaft verneint.); schweiz. BG 3.7.1985, BGE 111 II, 175 (Anerkennung deutschen Urteils, das Bürgen mit schweiz. Wohnsitz zur Zahlung verurteilte. Der Bürge hatte sich in der Schweiz gegenüber deutscher Bank verbürgt. Stillschweigende Vereinbarung deutschen Rechts aufgrund Zuständigkeitsvereinbarung. Die einfache Schriftform des Bürgschaftsstatuts genügte; die strengeren schweiz. Formvorschriften kamen nicht zum Zuge.).
3 Vgl. dazu *Goerke*, S. 120 ff.; *von Westphalen*, Bankgarantie, S. 333 ff.
4 *Bosch*, in: Krümmel, S. 132.
5 BGH 21.5.1964, IPRspr. 1964/65 Nr. 191 = WM 1964, 768 (Garantievertrag, für den deutsches Recht im Prozess vereinbart wurde; Vertrag wurde unter Anwendung fran-

Die Behandlung von Fällen, in denen die **Hauptschuld devisenrechtlich nicht** 1211
genehmigt ist, ist umstritten. Dabei stellen sich zwei Fragen. Zum einen geht
es darum, wieweit die Bürgschaft akzessorisch ist und ob der Bürge auch das
Transfer- bzw. Leistungsverbotsrisiko trägt, dh. in Anspruch genommen werden kann. Für das deutsche Recht wird zT für Selbständigkeit plädiert[1]. Hierfür ist das Bürgschaftsstatut maßgeblich.

Außerdem kommt es darauf an, ob das Bretton Woods Abk. entgegensteht[2].
Teils wird vertreten, lediglich der Hauptschuld fehle die Klagbarkeit, nicht der
Bürgschaft. Auch werde bei inländischer Niederlassung des Bürgen die ausländische Zahlungsbilanz nicht berührt[3]. Nach aA ist dagegen die Bürgschaft wegen ihrer Abhängigkeit von der nicht durchsetzbaren Hauptschuld ebenfalls
nicht einklagbar. Solange das devisenrechtliche Hindernis besteht, wirkt es
sich auch auf den Bürgen aus[4].

Dafür lässt sich vorbringen, dass dem Bürgen solche Einreden zustehen sollten, die auch der Hauptschuldner erheben kann. Es leuchtet daher nicht ein,
wenn von der Unklagbarkeit lediglich Gläubiger und Schuldner profitieren
würden. Ferner würde mit Zahlung des Bürgen die ursprüngliche Forderung gegen den Schuldner übergehen und auch weiterhin die ausländische Zahlungsbilanz berühren. Der Bürge hätte dann eine nicht durchsetzbare Forderung und
wäre um seinen Regressanspruch gebracht[5]. Einer solchen bürgenfreundlichen
Haltung steht jedoch die ältere Rechtsprechung zur Forderungsenteignung entgegen, welche die Bürgschaft wie ein eigenständiges Wirtschaftsgut ansah und

---

zös. Rechts für nicht einklagbar erklärt.); BGH 11.3.1970, IPRspr. 1970 Nr. 100 = NJW 1970, 1002 (Niederländ. Bürge und deutscher Gläubiger vereinbarten deutsches Recht für Bürgschaft, die nach niederländ. Devisenrecht der behördlichen Genehmigung bedurfte. Deutsches Recht entschied auch darüber, ob bei nachträglich erteilter Devisengenehmigung die Bürgschaft rechtswirksam war.); *Nielsen/Schütze*, S. 7; *von Westphalen*, Bankgarantie, S. 331. Für die Kaufpreissicherung auch *Ebke*, Internationales Devisenrecht (1991), S. 230; OLG München 17.10.1986, IPRspr. 1986 Nr. 145 = IPRax 1987, 307 (m. Aufs. *Rehbinder*, IPRax 1987, 289) = RIW 1986, 998 (Werklieferungsvertrag im deutsch-italien. Verhältnis. Garantiezusage für „einwandfreie Funktion" eines Dritten als „eine Art Bankbürgschaft" und daher Devisenkontrakt angesehen.).

1 *Kühn/Rotthege*, NJW 1983, 1233 ff. Hingegen ausdrücklich zugunsten des Bürgen Art. 501 Abs. 4 schweiz. OR.
2 Vgl. *Gold*, The Fund Agreement in the Courts III (Washington D.C. 1986), S. 276 ff., 458 ff. Zu restriktiv *Rüßmann*, WM 1983, 1126 ff.
3 *Mann*, JZ 1970, 714; *Nielsen/Schütze*, S. 8 f.
4 OLG Düsseldorf 16.2.1983, IPRspr. 1983 Nr. 124 = WM 1983, 1366 abl. Anm. *Rutke* = RIW 1984, 397 (Österreich. Hauptschuldner nahm Darlehen von deutschem Gläubiger ohne erforderliche österreich. Devisengenehmigung auf. Der Darlehensvertrag unterstand deutschem Recht. Er wurde eine unvollkommene Verbindlichkeit behandelt. Wegen der Abhängigkeit der Bürgschaft von der Hauptforderung war die Bürgschaft nicht einklagbar. Der deutsche Wohnsitz des Bürgen stand nicht entgegen. Auf eine Beeinträchtigung der österreich. Zahlungsbilanz komme es nicht an. Die Zahlungsklage wurde als unzulässig abgewiesen.). Ebenso *Kegel/Schurig*, S. 1118. – Vgl. auch IPG 1983 Nr. 9 (Köln), S. 75 (Inanspruchnahme des Bürgen für eine Hauptschuld, der die nach venezolan. Recht erforderliche Devisengenehmigung fehlte).
5 Nichtdurchsetzbarkeit nimmt auch an *Ebke*, Internationale Devisen (1991), S. 251, 289 ff., 306.

auf Verselbständigung zielte. Dies erklärt die Tendenz, die **Devisenausfuhrsperre wie eine Teilenteignung zu behandeln**; sie wird nur insoweit anerkannt, als sie sich auf Vermögen bezieht, das in dem Land belegen ist, welches die Devisensperre erlassen hat.

1212 Die ältere Rechtsprechung hat sich hauptsächlich mit den Folgen von **Währungseingriffen und Enteignungen** beschäftigt[1]. Für die Anwendung solcher Vorschriften des eigenen Rechts kommt es auf den Geltungswillen der Vorschrift an; meist wird darauf abgestellt, wo die Forderung „belegen" ist[2]. Auch für die Berücksichtigung fremder Vorschriften dieser Art kommt es auf die Belegenheit der Forderung an. Das Schuldstatut entscheidet jedoch über die eintretenden bürgerlich-rechtlichen Wirkungen. Bei Anwendung dieser Vorschriften wird die Forderung gegen den Bürgen (Garanten) unabhängig von der Forderung gegen den Hauptschuldner lokalisiert[3].

Die Forderung gegen den Bürgen (Garanten) gilt idR als an dessen Wohnsitz (Ort der gewerblichen Niederlassung) belegen. Wird ein anzuerkennender Eingriff in diese Forderung abgelehnt, so bedeutet das praktisch, dass der Bürge das Risiko des Wegfalls von Hauptschuld oder -schuldner zu tragen hat[4].

---

1 Vgl. *Beitzke*, Bürgschaft für totalenteignete Handelsgesellschaften, NJW 1952, 841.
2 S. BGH 12.11.1959, DB 1959, 1437 = NJW 1960, 189 = JZ 1960, 89 abl. Anm. *Beitzke* („Aus dem Untergang der Hauptschuldnerin als Rechtsperson kann noch nicht gefolgert werden, dass auch die Bürgschaftsverpflichtung der Beklagten erloschen ist ... Hier liegt eine hinreichend enge Inlandsbeziehung des von der Enteignungsmaßnahme betroffenen Rechtsverhältnisses ... schon darin, dass die mit der enteigneten Hauptforderung durch den Abhängigkeitsgrundsatz in ihrem rechtlichen Schicksal verknüpfte Bürgschaftsschuld in der Bundesrepublik belegen ist. Die ... entschädigungslose Enteignung der Hauptforderung der Klägerin kann daher im Hinblick auf Art. 30 EGBGB nicht anerkannt werden. Denn sie würde dazu führen, dass die Klägerin im Ergebnis auch ihrer Bürgschaftsforderung beraubt werden würde, ohne dass sie für diesen Rechtsverlust eine Entschädigung erhielte: ... Die Hauptforderung gilt in Ansehung der Bürgschaftsverpflichtung als nicht enteignet.").
3 S. OGHBrZ 4.5.1950, IzRspr. Nr. 371 „Der Bürge haftet aufgrund eigener Verpflichtung, und die Abhängigkeit der Bürgschaft bezieht sich nur auf den Bestand der Hauptschuld. Entscheidend kommt es weder hierauf noch auf die Frage an, ob B. auch für die Bürgschaft als Erfüllungsort vereinbart worden ist oder nicht. Der Anspruch (gegen den Bürgen) befindet sich in der brit. Zone, da, wie dargetan, der Wohnsitz des Schuldners maßgebend ist." (Gläubiger war eine in Ost-Berlin beschlagnahmte Bank, Bürge und Hauptschuldner in Westdeutschland.).
4 S. RG 26.1.1926, IPRspr. 1929 Nr. 30 (Österreich. Versicherungsgesellschaft garantiert Goldfranken-Verbindlichkeit einer rumän. Versicherungsgesellschaft. Rumän. Goldklauselabschaffung wurde nicht berücksichtigt. Die österreich. Gesellschaft wurde zur Zahlung des Goldwerts verurteilt); LG Berlin 13.10.1950, IzRspr. Nr. 372 (Gesellschaft mit Sitz in West-Berlin hatte für die Anleihe einer Gesellschaft mit Sitz im Gebiet östlich der Oder-Neiße-Linie die Bürgschaft übernommen. Bürgschaft der West-Berliner Gesellschaft blieb von den poln. Enteignungsmaßnahmen unberührt); OLG Hamburg 3.6.1953, IzRspr. Nr. 373 (Hamburger bürgt [1942] für Schuld eines Erfurters. Der Hauptschuldner wurde durch Gesetz der DDR von 1950 befreit. „In Ansehung des gegen den Beklagten gerichteten Bürgschaftsanspruchs, der im Währungsgebiet belegen ist, braucht daher die Gläubigerin den Enteignungsvorgang trotz der grundsätzlichen Akzessorietät des Bürgschaftsanspruchs nicht gegen sich gelten zu lassen. Der Beklag-

Sind mehrere Bürgen vorhanden, die in verschiedenen Ländern ihren Wohnsitz haben, so sind die Forderungen gegen die einzelnen Bürgen in verschiedenen Ländern belegen. Daraus kann sich eine durchaus unterschiedliche Anwendung von Eingriffsvorschriften ergeben.

VI. Zusammenfassung mit Handlungsanleitung

1. Rechtswahl und Form

Ausdrückliche und stillschweigende Rechtswahl sind nach Art. 3 Rom I-VO für Bürgschaft, Garantie und Patronatserklärung gleichermaßen zulässig. Es genügt die Einhaltung der Formvorschriften entweder des Bürgschaftsstatuts oder der Ortsform (Art. 11 Abs. 1 Rom I-VO). Die REchtswahl kann unabhängig vom Statut der Hauptschuld erfolgen. Einer zweckmäßigen Rechtswahl ist hier aber besondere Beachtung zu schenken, weil sonst das Risiko besteht, dass die jeweiligen Verpflichtungen isoliert angeknüpft werden und einer anderen Rechtsordnung unterliegen als die sonstigen Beziehungen der Parteien.

1213

2. Objektive Anknüpfung

Mangels Rechtswahl gilt grundsätzlich das Recht am gewöhnlichen Aufenthaltsort des Bürgen oder Garanten (Art. 4 Abs. 1 lit. b oder Abs. 2 Rom I-VO), wenn keine engere Beziehung zu einer anderen Rechtsordnung ersichtlich ist (Art. 4 Abs. 3 Rom I-VO). Entsprechendes gilt für die Patronatserklärung.

3. Zwingende Vorschriften

Als zwingende Normen kommen nach Art. VIII Abschn. 2 (b) Bretton Woods Abk. zu beachtende ausländische Devisenvorschriften in Betracht. Nichtdurchsetzbarkeit auch der Bürgschaftsforderung kann eintreten, wenn die Hauptforderung nicht durchsetzbar ist.

Bei Geschäften von und unter Ehegatten sind auch eherechtliche Beschränkungen des Ehewirkungsstatuts für Bürgschaften zu prüfen (str.).

Frei. 1214–1230

---

te bleibt daher trotz des Gesetzes der DDR vom 8.9.1950 aus der Bürgschaft verpflichtet.").
BGH 25.2.1960, BGHZ 32, 97 = IPRspr. 1960/61 Nr. 74 = NJW 1960, 1052 (Darlehen einer deutschen Bank an elsäss. Firma; 1945 von Frankreich enteignet. Der inländ. Bürge haftet weiter [kann aber Vertragshilfe in Anspruch nehmen].).

F. Bankverträge

	Rz.		Rz.
I. Grundlagen	1231	**II. Kontobeziehung und Einlagengeschäft**	1282
1. Gegenstand der Kommentierung	1231	**III. Depotgeschäft**	1283
2. Rechtsquellen	1232	**IV. Zahlungsverkehr**	1285
a) Gemeinschaftsrecht	1233	1. Überweisung und Lastschrift	1286
aa) Allgemeines	1233	a) Allgemeine Anknüpfungsgrundsätze für vertragliche Ansprüche	1286
bb) Harmonisierungsmaßnahmen	1234	b) Insbesondere: Ansprüche im zwei- und mehrgliedrigen Zahlungsverkehr	1289
(1) Aufsichtsrecht (Überblick)	1234	aa) Rechtstatsächlicher Überblick	1289
(2) Geschäftsbeziehung im Allgemeinen, Einlagengeschäft	1235	bb) Sachrechtliche Problemstellungen	1292
(3) Kreditgeschäft	1237	cc) Kollisionsrechtliche Würdigung	1295
(4) Zahlungsverkehr	1238	(1) Haftung der Auftraggeberbank gegenüber dem Auftraggeber	1295
(5) Wertpapier- und Börsenrecht	1241	(2) Haftung zwischengeschalteter Institute	1297
(6) Allgemeines Verbraucherprivatrecht mit Bedeutung für Bankverträge	1246	(3) Haftung der Empfängerbank	1300
cc) Kollisionsrechtliche Auswirkungen der gemeinschaftsrechtlichen Harmonisierungsmaßnahmen	1247	c) Rückabwicklung fehlgeschlagener Zahlungen, Doppelüberweisungen etc.	1301
b) Völkerrecht	1252	2. Grenzüberschreitender Einsatz von Zahlungskarten	1302
c) Rechtsangleichung durch privatrechtliche Vereinigungen	1255	3. Zahlungen mittels Schecks und Wechsels	1307
3. Allgemeine Grundsätze bei der Bestimmung des auf grenzüberschreitende Bankverträge anwendbaren Rechts	1260	**V. Haftungs- bzw. Avalkreditgeschäft**	1310
a) Subjektive Anknüpfung iRd. Anwendung der Rom I-VO	1260	**VI. Dokumentengeschäft**	1312
b) Objektive Anknüpfung iRd. Rom I-VO	1267	1. Allgemeines	1312
c) Anknüpfung der Haftung aus vorvertraglichen Aufklärungs- und Beratungspflichten	1273	2. Akkreditiv	1313
d) Anknüpfung von Ansprüchen aus Prospekt- und sonstiger Vertrauenshaftung	1275	3. Dokumenteninkasso	1320
e) Eingriffsnormen	1278	**VII. Forfaitierungs-, Diskont- und Factoringgeschäft**	1323
		1. Forfaitierung	1323
		2. Diskontgeschäft	1329
		3. Factoring	1330
		VIII. Wertpapiergeschäfte	1333

Literatur vgl. 6. Aufl. Rz. 1214, 1224, vor 1227, vor 1229, 1234 sowie *Claussen* (Hrsg.), Bank- und Börsenrecht, 4. Aufl. (2008); *Einsele*, Bank- und Kapitalmarktrecht (2006); *Ein-*

sele, Auswirkungen der Rom I-Verordnung auf Finanzdienstleistungen, WM 2009, 289; *Floer*, Internationale Reichweite der Propekthaftung (2002); *Freitag*, Auslandsgeschäfte (§ 62), in: Derleder/Knops/Bamberger (Hrsg.), Handbuch des deutschen und europäischen Bankrechts, 2. Aufl. (2008); *von Hein*, Die Internationale Prospekthaftung im Lichte der Rom II-VO, Festschr. Hopt (2008), S. 371; *Heiss/Loacker*, Die Vergemeinschaftung des Kollisionsrechts der außervertraglichen Schuldverhältnisse durch Rom II, JBl 2007, 613; *Hellner/Steuer* (Hrsg.), Bankrecht und Bankpraxis (Loseblatt); *Hoffmann*, Inhalt und Rechtsfolgen der Verordnung über grenzüberschreitende Zahlungen in Euro, WM 2002, 1517; *Holzwarth*, Einheitliche Richtlinien und Gebräuche für Dokumenten-Akkreditive, IHR 2007, 136; *Kiel*, Internationales Kapitalanlegerschutzrecht (1994); *Kümpel*, Bank- und Kapitalmarktrecht, 3. Aufl. (2004); *Kümpel*, Zur Bankenhaftung nach dem neuen Überweisungsrecht, WM 2002, 797; *Nielsen*, ICC Uniform Customs and Practices for Documentary Credits, ICC Publ Nr 600 ED, TranspR 2008, 269; *Schimansky/Bunte/Lwowski* (Hrsg.), Bankrechtshandbuch, 3. Aufl. (2007); *Schmidt*, Neue Entwicklungen beim regresslosen Forderungskauf, ZGS 2006, 135; *Schwintowski/Schäfer*, Bankrecht, 2. Aufl. (2004); *Wackerbarth*, Die Haftung für zwischengeschaltete Banken im mehrgliedrigen Überweisungsverkehr, ZIP 2000, 1187; *Weber*, Internationale Prospekthaftung nach der Rom II-Verordnung, WM 2008, 1581; *Zahn/Ehrlich/Neumann*, Zahlung und Zahlungssicherung im Außenhandel, 7. Aufl. (2001).

I. Grundlagen

1. Gegenstand der Kommentierung

Aufgrund der gesonderten Behandlung des **Darlehensvertragsrechts** (Rz. 1161 ff.), des Vertragsrechts der **Börsen- und Finanztermingeschäfte** (Rz. 2341 ff.), des Rechts der **Personalsicherheiten** (dazu Rz. 1181 ff.) und der **Anleihe** (Rz. 1351 ff.) ist an dieser Stelle ausschließlich auf die in den genannten Abschnitten nicht thematisierten Materien des Bankvertragsrechts einzugehen, dh. insbesondere auf die Anknüpfung von Verträgen iRd. Einlagengeschäfts, des Zahlungsverkehrs, des Kreditvertragsrechts außerhalb des Darlehensvertrags- und Anleiherechts wie auch auf Verträge im Zusammenhang mit Wertpapiergeschäften. 1231

2. Rechtsquellen

Das grenzüberschreitende Bankgeschäft ist Gegenstand unterschiedlichster **Vereinheitlichungsbestrebungen**, bei denen zwischen der **gemeinschaftsrechtlichen**, der **völkerrechtlichen** und der **privaten Harmonisierung** durch die Kreditwirtschaft bzw. sonstige private Vereinigungen zu unterscheiden ist. 1232

a) Gemeinschaftsrecht

aa) Allgemeines

Kaum ein anderer Rechtsbereich unterliegt ähnlich weitgehender Harmonisierung durch das Recht der Europäischen Gemeinschaften wie das **öffentliche und private Bankrecht**, wobei ratione materiae nachstehend primär auf das private Bankvertragsrecht einzugehen ist. Zu beachten ist, dass das europäische 1233 anders als das deutsche Recht die Tätigkeit von Kreditinstituten getrennt von derjenigen von Wertpapier- und Zahlungsdienstleistern normiert.

bb) Harmonisierungsmaßnahmen

(1) Aufsichtsrecht (Überblick)

1234 Eine umfassende Harmonisierung des **Aufsichtsrechts** haben die für Kreditinstitute geltende „Bankenrichtlinie"[1], die speziell die Tätigkeit von Wertpapierdienstleistern adressierende Finanzmarktrichtlinie „MiFID"[2] und ihre zahlreichen Ausführungsbestimmungen[3], die Finanz-Konglomerate-Richtlinie[4] sowie für Zahlungsdienstleistungsunternehmen die (ab dem 1.11.2009 an die Stelle der bisherigen Überweisungsrichtlinie[5] getretene) Zahlungsdiensterichtlinie[6], ferner die e-Geld-Richtlinie[7] bewirkt. Hinzu kommen zahlreiche, hier nicht umfassend aufzuführende aufsichtsrechtliche Vorgaben etwa hinsichtlich der Bekämpfung des „internationalen Terrorismus"[8], des Erlasses von Finanzsanktionen gegen Staaten, Personen und Organisationen[9], der Bekämpfung der Geldwäsche[10], der Schaffung von Einlagensicherungssystemen[11], sowie des Kapitalmarkt- und Börsenrechts[12].

---

1 Richtlinie 2006/48/EG des Europäischen Parlaments und des Rates vom 14.6.2006 über die Aufnahme und Ausübung der Tätigkeit der Kreditinstitute (Neufassung), ABl. EU 2006 Nr. L 177, S. 1.
2 Richtlinie 2004/39/EG des Europäischen Parlamentes und des Rates vom 21.4.2004 über Märkte für Finanzinstrumente etc., ABl. EU 2004 Nr. L 145, S. 1.
3 Richtlinie 2006/73/EG der Kommission vom 10.8.2006 zur Durchführung der Richtlinie 2004/39/EG etc., ABl. EU 2006 Nr. L 241, S. 26, Verordnung 1287/2006/EG der Kommission vom 10.8.2006 zur Durchführung der Richtlinie 2004/39/EG etc., ABl. EU 2006 Nr. L 241, S. 1.
4 Richtlinie 2002/87 des Europäischen Parlaments und des Rates vom 16.12.2002 über die zusätzliche Beaufsichtigung der Kreditinstitute, Versicherungsunternehmern und Wertpapierfirmen eines Finanzkonglomerats etc., ABl. EU 2003 Nr. L 35, S. 1.
5 Richtlinie 97/5/EG des Europäischen Parlaments und des Rates vom 27.1.1997 über grenzüberschreitende Überweisungen, ABl. EG 1997 Nr. L 43, S. 25.
6 Richtlinie 2007/64/EG des Europäischen Parlaments und des Rates vom 13.11.2007 über Zahlungsdienste im Binnenmarkt etc., ABl. EU Nr. L 319, S. 1.
7 Richtlinie 2000/46/EG des Euroäpischen Parlaments und des Rates vom 18.9.2000 über die Aufnahme, Ausübung und Beaufsichtigung der Tätigkeit von E-Geld-Instituten, ABl. EG Nr. L 275, S. 39.
8 Nachw. oben Rz. 583.
9 Nachw. oben Rz. 583.
10 Richtlinie 2005/60/EG des Europäischen Parlaments und des Rates vom 26.10.2005 zur Verhinderung der Nutzung des Finanzsystems zum Zwecke der Geldwäsche und der Terrorismusfinanzierung, ABl. EU 2005 Nr. L 309, S. 15.
11 Richtlinie 94/14/EG des Europäischen Parlaments und des Rates vom 30.4.1994 über Einlagensicherungssysteme, ABl. EG 1994 Nr. L 135, S. 1.
12 Umfassende Nachw. etwa bei *Bruski*, in: Bankrechtshandbuch, vor § 104 Rz. 63 ff.

(2) Geschäftsbeziehung im Allgemeinen, Einlagengeschäft

Im Hinblick auf das **Einlagengeschäft** macht die **Richtlinie über Einlagensicherungssysteme** wenn auch eher vage Vorgaben über Art und Umfang der Ansprüche von Anlegern gegenüber den in den Mitgliedstaaten zu schaffenden Einlagensicherungssystemen[1]. 1235

Die **Geldwäscherichtlinie**[2] begründet vom Ansatz her primär aufsichtsrechtliche Informationspflichten für Kreditinstitute insbesondere bei bzw. vor der Aufnahme der Geschäftsbeziehung, aber auch iR bestehender Vertragsbeziehungen (vgl. Art. 7 der Richtlinie). Insbesondere soweit die bestehenden Verpflichtungen iR bestehender Geschäftsbeziehungen existieren, ist davon auszugehen, dass das Kreditinstitut auch vertragsrechtlich berechtigt sein muss, den genannten aufsichtsrechtlichen Verpflichtungen nachzukommen. 1236

(3) Kreditgeschäft

Das Recht der durch Kreditinstitute an Verbraucher ausgereichten Kredite vereinheitlichen die beiden **Verbraucherkreditrichtlinien** von 1986 bzw. 2008[3], wobei die Verbraucherkreditrichtlinie idF von 2008 gem. ihrem Art. 29 mit Wirkung vom 15.5.2010 an die Stelle der Richtlinie von 1986 tritt. Demgegenüber ist das Kreditgeschäft außerhalb des Anwendungsbereichs der Verbraucherkreditrichtlinie bislang nicht Gegenstand der Harmonisierung. 1237

(4) Zahlungsverkehr

Für den Bereich des Vertragsrechts des **Zahlungsverkehrs** in all seinen Ausprägungen sind die Art. 30 ff. der **Zahlungsdiensterichtlinie**[4] zu beachten, die mit Wirkung vom 1.11.2009 an die Stelle der Überweisungsrichtlinie tritt. 1238

Sie werden ergänzt durch die **Verordnung über grenzüberschreitende Zahlungen in Euro**[5], die sicherstellt, dass grenzüberschreitende Überweisungen in Euro bis zu einem Betrag von 50 000 Euro nicht anders bepreist werden dürfen als inländische Überweisungen. Der Sache nach handelt es sich insoweit um spezifisches Sachrecht für Sachverhalte mit grenzüberschreitendem Bezug. 1239

Im Hinblick auf **vertragliche Zahlungsansprüche innerhalb oder mit Bezug zur Euro-Zone** sind des Weiteren die Art. 56 ff. EG über die Währungsunion sowie 1240

---

1 Nachw. oben Rz. 1234.
2 Nachw. Rz. 1234.
3 Richtlinie 87/102/EWG des Rates vom 22.12.1986 zur Angleichung der Rechts- und Verwaltungsvorschriften der Mitgliedstaaten über den Verbraucherkredit, ABl. EG 1987 Nr. L 42, S. 84; Richtlinie 2008/48/EG des Europäischen Parlaments und des Rates vom 23.4.2008 über Verbraucherkreditverträge und zur Aufhebung der Richtlinie 87/102/EWG des Rates, ABl. EU 2008 Nr. L 133, S. 66.
4 Nachw. oben Rz. 1234.
5 Verordnung (EG) Nr. 2560/2001 des Europäischen Parlaments und des Rates vom 19.12.2001 über grenzüberschreitende Zahlungen in Euro, ABl. EG 2001 Nr. L 344, S. 13. Dazu *Hoffmann*, WM 2002, 1517 ff.

das in deren Umsetzung ergangene Sekundärrecht zu beachten. Zu nennen ist insbesondere die sachrechtliche Regelung für Geldschulden in Art. 11 der 1. Euro-Einführungs-Verordnung[1], die Gläubiger in der Euro-Zone zur Entgegennahme von höchstens 50 Münzen der Währung Euro verpflichtet.

(5) Wertpapier- und Börsenrecht

1241 Die **Börsenzulassungsrichtlinie** und die diesbezüglichen Ausführungsregelungen regeln unter anderem die Anforderungen an die Börsenzulassung einschließlich derjenigen, einen ordnungsgemäßen Prospekt zu erstellen und für dessen Fehler gegenüber den Teilnehmern des Primärmarktes zu haften[2].

1242 Die **Marktmissbrauchsrichtlinie** nebst Ausführungsbestimmungen harmonisiert zentrale Aspekte der Herstellung ordnungsgem. funktionierender Kapitalmärkte und insoweit auch zivilrechtlich relevante Ge- und Verbote[3].

1243 Wenngleich die Verhaltenspflichten von Wertpapierdienstleistern (sowie Wertpapiernebendienstleistern) bei Begründung und Durchführung von **Verträgen über Anschaffung oder Veräußerung von Wertpapieren** von eminenter vertrags-, namentlich haftungsrechtlicher Bedeutung sind, normieren die „Finanzmarktrichtlinie" **MiFID** (Markets in Financial Instruments Directive) und die hierzu ergangenen Ausführungsbestimmungen[4] **ausschließlich aufsichtsrechtliche Verhaltenspflichten**; sie wirken daher lediglich mittelbar auf das Vertragsrecht ein.

1244 In Bezug auf den **Abrechnungsverkehr zwischen Banken** iRv. Wertpapier- und Zahlungsgeschäften ist die Richtlinie über die Wirksamkeit von Abrechnungen in Zahlungs- sowie Wertapierliefer- und -abrechnungssystemen[5] zu beachten. Für **Sicherungsgeschäfte iRv. Wertpapiertransaktionen** gelten die Vorgaben der Richtlinie über Finanzsicherheiten[6].

---

1 Verordnung (EG) Nr. 974/98 des Rates vom 3.5.1998 über die Einführung des Euro, ABl. EG 1998 Nr. L 139, S. 1.
2 Richtlinie 2003/71/EG des Europäischen Parlaments und des Rates vom 4.11.2003 betreffend den Prospekt, der beim öffentlichen Angebot von Wertpapieren oder bei deren Zulassung zum Handel zu veröffentlichen ist etc., ABl. EU 2003 Nr. L 345, S. 64; Verordnung (EG) Nr. 809/2004 der Kommission vom 29.4.2004 zur Umsetzung der Richtlinie 2003/71/EG etc., ABl. EU 2004 Nr. L 186, S. 3.
3 Richtlinie 2003/6/EG des Europäischen Parlaments und des Rates vom 28.1.2003 über Insider-Geschäfte und Marktmanipulation (Marktmissbrauch), ABl. EU 2003 Nr. L 96, S. 16; Richtlinie 2003/124/EG der Kommission vom 22.12.2003 zur Durchführung der Richtlinie 2003/6/EG, ABl. EU 2003 Nr. L 339, S. 70; Richtlinie 2003/125/EG der Kommission vom 22.12.2003 zur Durchführung der Richtlinie 2003/6/EG etc., ABl. EU 2003 Nr. L 339, S. 73; Verordnung (EG) Nr. 2273/2003 der Kommission vom 22.12.2003 zur Durchführung der Richtlinie 2003/6/EG etc., ABl. EU 2003 Nr. L 336, S. 33.
4 Näher oben Rz. 1234 mwN.
5 Richtlinie 98/26/EG des Europäischen Parlaments und des Rates vom 19.5.1998 über die Wirksamkeit von Abrechnungen in Zahlungs- sowie Wertpapierliefer- und -abrechnungssystemen, ABl. EG 1998 Nr. L 166, S. 45.
6 Richtlinie 2002/47/EG des Europäischen Parlaments und des Rates vom 6.6.2002 über Finanzsicherheiten, ABl. EG 2002 Nr. L 168, S. 43.

Für das Börsenrecht ist insbesondere die Prospektrichtlinie[1] zu nennen. Auf **sonstige Vorschriften des europäischen Kapitalmarktrechts**, insbesondere solche, die in den zahlreichen gesellschaftsrechtlichen Rechtsakten enthalten sind, ist hier **nicht näher einzugehen**[2].

1245

(6) Allgemeines Verbraucherprivatrecht mit Bedeutung für Bankverträge

Hinzu kommt das allgemeine Verbraucherprivatrecht der Gemeinschaft. Speziell für den **Vertrieb von Finanzdienstleistungen** an Verbraucher gewähren die Richtlinien über den Fernabsatz von Finanzdienstleistungen[3] sowie die Haustürgeschäfte-Richtlinie[4] den Verbrauchern Widerrufsrechte. Von eminenter Bedeutung ist zudem die **AGB-Richtlinie**[5]. Derzeit wird über den Vorschlag der Kommission vom 8.10.2008 für eine Richtlinie des Europäischen Parlaments und des Rates über Rechte der Verbraucher[6] diskutiert, die Teile des europäischen Verbraucherrechts zusammenführen und unter anderem die AGB-Richtlinie und die Haustürgeschäfte-Richtlinie (ebenso wie die „allgemeine" Fernabsatzrichtlinie und die Verbrauchsgüterkauf-Richtlinie) ersetzen soll.

1246

cc) Kollisionsrechtliche Auswirkungen der gemeinschaftsrechtlichen Harmonisierungsmaßnahmen

Soweit das materielle Recht der Bankverträge in der Gemeinschaft durch **Verordnungen** normiert ist, kommt es auf die kollisionsrechtliche Frage nach dem anwendbaren Recht jedenfalls dann nicht an, soweit nur die Anwendung des Rechts von Staaten in Rede steht, in denen die betreffende Verordnung gilt und sich die konkrete Fragestellung im harmonisierten Bereich bewegt.

1247

Ist der Anwendungsbereich **privatrechtsangleichender Richtlinien** eröffnet, ist kollisionsrechtlich zunächst danach **zu unterscheiden,** ob der betreffende Sekundärrechtsakt eine **Mindest- oder Vollharmonisierung** enthält: Bewirkt die betreffende Richtlinie **lediglich** die **Mindestharmonisierung** der nationalen Rechte (so etwa die Verbraucherkreditrichtlinie 1986, die AGB-Richtlinie und die Haustürgeschäfte-Richtlinie), bedarf es stets der Ermittlung des anwendbaren Rechts nach Maßgabe der Anknüpfungsregeln der Rom I-VO, wobei ins-

1248

---

1 Richtlinie 2003/71/EG des Europäischen Parlaments und des Rates vom 4.11.2003 betreffend den Prospekt, der beim öffentlichen Angebot von Wertpapieren oder bei deren Zulassung zum Handel zu veröffentlichen ist etc., ABl. EU 2003 Nr. L 345, S. 64.
2 Näher dazu *Bruski*, in: Bankrechtshandbuch, vor § 104 Rz. 64 ff.
3 Richtlinie 2002/65/EG des Europäischen Parlaments und des Rates vom 23.9.2002 über den Fernabsatz von Finanzdienstleistungen an Verbraucher etc., ABl. EG 2002 Nr. L 271, S. 16.
4 Richtlinie 85/577/EWG des Rates vom 20.12.1985 betreffend den Verbraucherschutz im Falle von außerhalb von Geschäftsräumen geschlossenen Verträgen, ABl. EG 1985 Nr. L 372, S. 31.
5 Richtlinie 93/13/EWG des Rates vom 5.4.1993 über missbräuchliche Klauseln in Verbraucherverträgen, ABl. EG 1993 Nr. L 95, S. 29.
6 KOM(2008) 614 endg.

besondere Art. 6 Rom I-VO über den kollisionsrechtlichen Verbraucherschutz zu beachten ist (dazu unten Rz. 4141 ff.).

1249 Demgegenüber folgen die neueren **Richtlinien** materiell-rechtlich häufig dem **Prinzip der Maximalharmonisierung**, das jedenfalls im Verbrauchergeschäft die Schaffung eines einheitlichen Binnenmarktes für Finanzdienstleistungen fördern und für die Anbieter Skaleneffekte ermöglichen soll. Das gilt namentlich für die Richtlinie über den Fernabsatz von Finanzdienstleistungen (vgl. deren 13. Erwägungsgrund, die Zahlungsdiensterichtlinie (vgl. deren Art. 86) und die Neufassung der Verbraucherkreditrichtlinie (vgl. deren Art. 22), soll aber auch für die vorgeschlagene Richtlinie über Verbraucherrechte gelten. Vor diesem Hintergrund ist im (jeweils exakt zu klärenden) Anwendungsbereich der betreffenden Richtlinien die **Frage des anwendbaren Rechts insoweit irrelevant**, als nur die Anwendung mitgliedstaatlicher Rechtsordnungen in Betracht kommt und die einschlägige Richtlinie nicht – was ebenfalls in jedem Einzelfall sehr sorgfältig zu klären ist – einen Vorbehalt zu Gunsten abweichenden nationalen Rechts enthält.

1250 Ferner gestaltet bei **Binnenmarktsachverhalten Art. 3 Abs. 4 Rom I-VO** die Richtlinienstandards **gegenüber** einem gewählten **drittstaatlichen Recht rechtswahlfest** aus, dh. die Parteien können im Wege der Rechtswahl nicht von den (sachrechtlich) zwingenden Bestimmungen der Richtlinien abweichen.

1251 Schließlich ist zu beachten, dass Art. 6 Abs. 2 der AGB-Richtlinie, Art. 12 Abs. 2 der Richtlinie über den Fernabsatz von Finanzdienstleistungen sowie Art. 22 Abs. 4 der Verbraucherkreditrichtlinie idF von 2008 spezifische Kollisionsnormen enthalten, die die **verbraucherschützenden Richtlinienstandards gegenüber einem gewählten drittstaatlichen Recht durchsetzen**, falls der Sachverhalt einen engen Bezug zum Gebiet der Gemeinschaft oder des EWR aufweist. Diese gem. **Art. 23 Rom I-VO** auch nach Inkrafttreten der Rom I-VO fortgeltenden speziellen Richtlinienkollisionsnormen sind im deutschen Recht in **Art. 46b EGBGB** (früher Art. 29a EGBGB) umgesetzt (dazu ausf. Rz. 526 ff.).

b) Völkerrecht

1252 International sehr verbreitete und frühe Produkte der Sach- und Kollisionsrechtsvereinheitlichung auf völkerrechtlicher Ebene sind die vier **Genfer Abkommen zum Sach- und Kollisionsrecht des Wechsel- und Scheckrechts**, die auch von Deutschland ratifiziert worden sind[1]. Diese Abkommen gelten auf-

---

1 Genfer Abkommen über das Einheitliche Wechselgesetz vom 7.6.1930, RGBl. II 1933, 378; Genfer Abkommen über Bestimmungen auf dem Gebiet des internationalen Wechselprivatrechts vom 7.6.1930, RGBl. II 1933, 444; Genfer Abkommen über das Einheitliche Scheckgesetz vom 19.3.1931, RGBl. II 1933, 538; Genfer Abkommen über Bestimmungen auf dem Gebiet des internationalen Scheckprivatrechts vom 19.3.1931, RGBl. II 1933, 594.

grund ihrer Umsetzung im WechselG und im ScheckG für die Bundesrepublik Deutschland auch im Verhältnis zu Nicht-Vertragsstaaten.

Privatrechtsangleichende Aktivitäten auf klassisch völkerrechtlicher Ebene entfaltet im Bereich des privaten Bankrechts heutzutage namentlich die **UN-CITRAL**. Sie hat insbesondere das **UN-Übereinkommen über unabhängige Garantien und Stand-By Letters of Credit** (United Nations Convention on Independent Guarantees and Stand-By-Letters of Credit) von 1995 erarbeitet[1]. Das Übereinkommen ist zwar mittlerweile in Kraft getreten, hat allerdings international nur geringe Verbreitung insbesondere in Amerika und Afrika gefunden und wurde von keinem einzigen europäischen Staat ratifiziert[2]. Das **UN-Übereinkommen von 2004 über die Abtretung von Zahlungsansprüchen** (United Nations Convention on the Assignment of Receivables in International Trade)[3] ist mangels hinreichender Zahl von Ratifikationen bisher noch nicht in Kraft getreten; auch die Bundesrepublik hat das Übereink. bisher nicht ratifiziert[4]. Gleiches gilt für das **UNCITRAL-Übereinkommen über internationale gezogene Wechsel und internationale eigene Wechsel** von 1988, das gleichfalls mangels hinreichender Zahl von Ratifikationen noch nicht in Kraft getreten ist[5]. 1253

Für Deutschland in Kraft getreten ist dagegen das **UNIDROIT-Übereinkommen von Ottawa über das Internationale Factoring** vom 28.5.1988[6] (vgl. Rz. 1331). 1254

c) Rechtsangleichung durch privatrechtliche Vereinigungen

Auf einer anderen Ebene angesiedelt sind privatrechtliche **Aktivitäten der Kreditwirtschaft bzw. sonstiger wirtschaftlicher Interessenvertretungen** bei der Schaffung einheitlicher Vertragsbedingungen für internationale Bankgeschäfte, namentlich iRd. Internationalen Handelskammer (ICC). Die ICC hat ua. für das **Akkreditivgeschäft** die Einheitlichen Richtlinien und Gebräuche für Dokumentenakkreditive (Uniform Customs and Practices for Documentary Credits) idF der ICC-Publikationen Nr. 500 und Nr. 600 (**ERA 500 bw. ERA 600** bzw. UCP 500 bzw. UCP 600)[7], für das **Dokumenteninkasso** die Einheitlichen 1255

---

1 Text unter http://www.uncitral.org/pdf/english/texts/payments/guarantees/guarantees.pdf.
2 Nachw. zum Ratifkationsstand unter http://www.uncitral.org/uncitral/en/uncitral_texts/payments/1995Convention_guarantees_status.html.
3 Text unter http://www.uncitral.org/pdf/english/texts/payments/receivables/ctc-assignment-convention-e.pdf.
4 Nachw. zum Ratifikationsstand unter http://www.uncitral.org/uncitral/en/uncitral_texts/payments/2001Convention_receivables_status.html.
5 Vgl. http://www.uncitral.org/uncitral/en/uncitral_texts/payments/1988Convention_bills_status.html.
6 BGBl. II 1998, 172. Text in engl., span. und italien. Sprache sowie aktueller Stand der Mitgliedstaaten unter http://www.unidroit.org/english/conventions/1988factoring/main.htm.
7 Dazu *Holzwarth*, IHR 2007, 136; *Nielsen*, TranspR 2008, 269.

Richtlinien für Inkassi (Uniform Rules for Collections) idF der ICC-Publikation 522 (ERI bzw. URC) und für das **Garantiegeschäft** die Einheitlichen Richtlinien für auf Anfordern zahlbare Garantien (Uniform Rules for Demand Guarantees) idF der ICC-Publikation Nr. 458 sowie die International Standby Practices idF der ICC-Publikation Nr. 590 (ISP98) erarbeitet.

1256 Hinzu kommen zahlreiche sonstige privatrechtlichen Standardisierungen von Vertragsbedingungen im Bankvertragsrecht. So hat etwa im Bereich des Darlehensvertragsrechts die „**Loan Market Association**" (LMA) **Standard-Kreditverträge** für Unternehmensfinanzierungen erarbeitet, während das Recht der **Finanzderivate** durch Standardverträge der **International Swap and Derivative Association** (ISDA) geprägt ist und die **International Forfaiting Association** (IFA) das internationale Forfaitierungsgeschäft durch Standardisierung von Vertragsbedingungen zu prägen sucht.

1257 Die **rechtliche, insbesondere kollisionsrechtliche Behandlung** privatrechtlich erarbeiteter Normwerke beurteilt sich wie folgt: Weithin unbestritten ist, dass es sich insoweit **nicht** um echtes, dh. völkerrechtliches **Internationales Einheitsrecht** handelt, da die genannten Normtexte nicht im Wege der Ratifikation staatlich bestätigt wurden. Daran ändert auch der Umstand nichts, dass die UNCITRAL mehrere der genanten Regelwerke (etwa die UCP 500, URDG und ISP 98) offiziell „bestätigt" („endorsed") hat[1], da es sich bei diesen „endorsements" lediglich um Empfehlungen handelt, die betreffenden Regelwerke zu verwenden.

1258 Im Hinblick auf die **Behandlung privater Normwerke iRd. Rom I-VO** gilt: Noch Art. 3 Abs. 2 des Kommissionsvorschlags für die Rom I-VO[2] wollte den Parteien ermöglichen, nicht nur staatliche Rechtsordnungen, sondern auch „auf internationaler oder Gemeinschaftsebene anerkannte Grundsätze und Regeln des materiellen Vertragsrechts" iS einer echten Rechtswahl zu wählen. Dieser Vorschlag wurde jedoch nicht in die Endfassung der Rom I-VO übernommen, deren Erwägungsgrund 13 nunmehr festhält, dass die Rom I-VO „die Parteien nicht daran hindert, in ihrem Vertrag auf ein nichtstaatliches Regelwerk oder ein internationales Übereinkommen Bezug nehmen"[3]. Demzufolge bestimmt sich die Art und Weise der Geltung dieser privaten Regelwerke nach der in Anwendung der **allgemeinen kollisionsrechtlichen Grundsätzen der Rom I-VO** bestimmten lex causae.

1259 **Innerhalb des** nach der Rom I-VO bestimmten **Vertragsstatuts** ist zu beachten, dass die genannten Regelwerke idR nur dann Geltung beanspruchen, wenn sie aufgrund Parteivereinbarung in den Vertrag einbezogen werden (vgl. Art. 1 ERA 600, Art. 1 ERI, Art. 1 URDG). Aufgrund ihrer Vorformulierung handelt es sich bei den Regelwerken daher grundsätzlich um **Allgemeine Geschäftsbedingungen**, deren Einbeziehung und Wirksamkeit sich grundsätzlich nach

---

1 Nachw. unter http://www.uncitral.org/uncitral/en/other_organizations_texts.html.
2 KOM(2005) 650 endg.
3 Ausf. hierzu oben Rz. 100 ff.

der gem. den **Anknüpfungsregeln der Rom I-VO** bestimmten lex causae richtet. Allerdings ist stets zu klären, ob die genannten Klauselwerke tatsächlich der AGB-Inhaltskontrolle unterliegen, was aufgrund des neutralen Ursprungs etwa der von der ICC erarbeiteten Regelwerke im deutschen Sachrecht äußerst streitig ist[1]. Hinzu kommt, dass manche der von der ICC erarbeiteten Klauseln mittlerweile zu **Handelsbräuchen** erstarkt sind, die über den Hebel zivilrechtlicher Generalklauseln oder von Öffnungsklauseln zu Gunsten von Handelsbräuchen, etwa § 346 HGB, dem dispositiven Recht der lex causae vorgehen und nicht individuell vereinbart werden müssen. Inwieweit in den Regelwerken enthaltene Vertragsbestimmungen darüber hinaus gar mittlerweile zu **Gewohnheitsrecht** erstarkt sind, das iRd. lex causae anzuwenden ist, muss ebenfalls jeweils im Einzelfall geprüft werden[2].

3. Allgemeine Grundsätze bei der Bestimmung des auf grenzüberschreitende Bankverträge anwendbaren Rechts

a) Subjektive Anknüpfung iRd. Anwendung der Rom I-VO

Bei der **subjektiven Anknüpfung** bestehen für Bankverträge grundsätzlich keine spezifischen Besonderheiten gegenüber sonstigen Verträgen. Allerdings ist aufgrund der umfassenden Harmonisierung des Sachrechts in der Gemeinschaft (oben Rz. 1232 ff.) den hieraus folgenden kollisionsrechtlichen Spezifika vermehrte Beachtung zu schenken. 1260

Rechtstatsächlich zu beachten ist ferner, dass die Kreditinstitute der erstmaligen Begründung der Geschäftsverbindung idR ihre AGB zugrundelegen, die fast durchgängig vorformulierte Rechtswahlklauseln enthalten, die das Recht des Staates berufen, in der die betreffende Niederlassung bzw. Filiale belegen ist. An der Wirksamkeit der **Rechtswahl in den AGB-Banken** bestehen auch vor dem Hintergrund des Art. 3 Abs. 1 Rom I-VO, der eine hinreichende Klarheit über die Rechtswahlvereinbarung verlangt, keine Zweifel[3]. Derartige Rechtswahlklauseln in den AGB-Banken **gelten idR für die gesamte Geschäftsverbindung**, dh. die AGB zumindest der deutschen Kreditinstitute sind als Rahmenvereinbarung ausgestaltet, deren Bestimmungen auf sämtliche Einzelgeschäfte Anwendung finden sollen, die nach Begründung der Geschäftsverbindung vorgenommen werden. Demzufolge unterliegen Verträge über einzelne Bankgeschäfte idR bereits aufgrund der bei Begründung der Geschäftsverbindung wirksam einbezogenen AGB-Banken dem in den AGB-Banken gewählten Recht. 1261

---

1 Ausf. dazu *Nielsen*, in: MünchKomm HGB, 2. Aufl. (2009), Anhang I (Recht des Zahlungsverkehrs), Rz. H 37 ff.; *Hakenberg*, in: Ebenroth/Boujong/Joost, HGB, 1. Aufl. 2001, Bank- und Börsenrecht Rz. II 461 ff. (beide zu den ERA bzw. UCP).
2 Ausf. zur Rechtsnatur der UCP 600 zuletzt *Holzwarth*, IHR 2007, 136 ff.) sowie *Nielsen*, in: MünchKomm HGB, 2. Aufl. (2009), Anhang I (Recht des Zahlungsverkehrs), Rz. H 37 ff.
3 *Einsele*, WM 2009, 289 (290).

1262 Wirksamkeit und Folgen der Rechtswahl **im unternehmerischen Verkehr** beurteilen sich nach Art. 3 Rom I-VO, Besonderheiten bestehen insoweit nicht.

1263 Im **Verbrauchergeschäft** sind die Vorgaben des mittlerweile unzweifelhaft auch auf Darlehensverträge anwendbaren (dazu bereits oben Rz. 516) **Art. 6 Abs. 2 Rom I-VO** zu beachten. Diese Bestimmung ordnet iSd. Günstigkeitsprinzips (dazu Rz. 4238) an, dass bei Vorliegen der situativen Voraussetzungen der Norm (dazu sogleich Rz. 1264) die Rechtswahl nicht bewirkt, dass der Verbraucher den Schutz des Rechts des Staates, in dem er seinen gewöhnlichen Aufenthalt hat, verliert. **Keine praktische Bedeutung** kommt richtiger Ansicht nach der **Ausnahmeregelung des Art. 6 Abs. 4 lit. a Rom I-VO** zu, die solche Verträge über Dienstleistungen vom Anwendungsbereich des Art. 6 Rom I-VO ausnimmt, bei denen die Dienstleistungen ausschließlich in einem anderen Staat als demjenigen erbracht werden, in dem der Verbraucher seinen gewöhnlichen Aufenthalt hat. Selbst bei Verträgen über Dienstleistungen iRd. Tele- bzw. Internet-Banking bzw. -Brokerage, die ein Verbraucher mit einem in einem anderen Staat ansässigen Finanzdienstleister schließt, ist trotz Ansässigkeit des Dienstleisters im Ausland und der dortigen Belegenheit der einschlägigen Server davon auszugehen, dass die bloße Abrufbarkeit der Leistungen im Heimatstaat des Verbrauchers nicht genügt, um Art. 6 Abs. 4 lit. a Rom I-VO für einschlägig zu halten[1]. Andernfalls würde der kollisionsrechtliche Verbraucherschutz gerade in denjenigen Konstellationen unangemessen eingeschränkt, in denen die Rom I-VO ihn gegenüber dem zu engen Art. 5 EVÜ durch Ausweitung der situativen Voraussetzungen der Norm auf Fälle des bloßen „Ausrichtens" der Tätigkeit auf den Heimatstaat des Verbrauchers gerade erweitern will.

1264 Eine **„Ausrichtung" der Tätigkeit des Kreditinstituts auf den „Heimatstaat" des Verbrauchers** insbesondere im **Internet-Banking** liegt in Entsprechung zu den zu Art. 15 Abs. 1 lit. c EuGVO (Brüssel I-VO) entwickelten Grundsätzen bereits vor, wenn der Finanzdienstleister Kunden aus dem betreffenden Mitgliedstaat als Vertragspartner akzeptiert. Die Anwendung des Art. 6 Rom I-VO kann der Finanzdienstleister nur vermeiden, wenn er Kunden aus dem betreffenden Mitgliedstaat wegen des von ihnen angegebenen Domizils vom Vertragsschluss ausschließt. Die Anwendung dieser Grundsätze dürfte gerade im Bankgeschäft idR keine Schwierigkeiten bereiten, da Kreditinstitute und zT auch andere Finanzdienstleister bereits nach den einschlägigen Bestimmungen der in nationales Recht umgesetzten Geldwäsche-Richtlinie[2] wie auch häufig aufgrund steuerrechtlicher Vorgaben ohnedies zur sorgfältigen Prüfung der Identität ihrer Vertragspartner einschließlich ihres Wohnsitzes (der allerdings nicht zwingend mit dem gewöhnlichen Aufenthalt übereinstimmen muss) verpflichtet sind.

1265 Die **Binnenmarktklausel** des **Art. 3 Abs. 4 Rom I-VO** schränkt die Wirkungen der Wahl eines drittstaatlichen Rechts bei grenzüberschreitenden Bankverträ-

---

1 Im Ergebnis ebenso *Einsele*, WM 2009, 289 (294).
2 Nachw. Rz. 1236.

gen, die objektive Bezüge allein zu Mitgliedsaaten der EU aufweisen, dergestalt ein, dass nicht von den im Bankvertragsrecht sehr zahlreichen (ausf. oben Rz. 1250) einfach zwingenden Vorschriften des Gemeinschaftsprivatrechts derogiert werden kann.

Ferner ist **Art. 23 Rom I-VO** iVm. den einschlägigen **Richtlinienkollisionsnormen** der **AGB-Richtlinie**[1], der **Richtlinie über den Fernabsatz von Finanzdienstleistungen** und der **Verbraucherkreditrichtlinie** idF von 2008 sowie iVm. **Art. 46b EGBGB** (früher Art. 29a EGBGB) zu beachten. Diese Bestimmungen führen dazu, dass die Parteien im Anwendungsbereich der genannten Richtlinien durch die Wahl eines drittstaatlichen Rechts nicht von den Bestimmungen der genannten Richtlinien abweichen dürfen, falls der Vertrag einen engen Bezug zur Gemeinschaft aufweist (ausf. oben Rz. 1251).   1266

b) Objektive Anknüpfung iRd. Rom I-VO

Soweit im Bankvertragsrecht ausnahmsweise keine oder keine wirksame Rechtswahl vorliegt (zur Rechtswahl insbesondere in den AGB-Banken oben Rz. 1261), sind Bankverträge objektiv gem. Art. 4 Rom I-VO anzuknüpfen. Danach unterliegen die allermeisten Bankverträge, die ein Kreditinstitut, Wertpapier- oder Zahlungsdiensteunternehmen zur Erbringung von Leistungen verpflichten, grundsätzlich als **Verträge über Dienstleistungen iSd. Art. 4 Abs. 1 lit. b Rom I-VO** dem Recht des Staates, in dem die Bank als Dienstleistungserbringerin ihren gewöhnlichen Aufenthalt iSd. Art. 19 Rom I-VO (dazu sogleich Rz. 1268) hat[2]. Das folgt schon daraus, dass nach Erwägungsgrund 17 zur Rom I-VO der Begriff der Dienstleistung iSd. Art. 4 Rom I-VO mit dem Verständnis des Dienstleistungsbegriffs nach Art. 5 EuGVO (Brüssel I-VO) übereinstimmen soll und für Art. 5 Nr. 1 lit. b, Spiegelstr. 2 EuGVO (Brüssel I-VO) allgemein anerkannt ist, dass der Begriff der Dienstleistung grundsätzlich weit zu verstehen ist und daher alle Arten auch der Finanzdienstleistungen umfasst, soweit für diese nicht wie für Versicherungsverträge Sonderregelungen bestehen[3]. Einzig hinsichtlich von **Kreditverträgen jeder Art** (dh. sowohl hinsichtlich von Darlehensverträgen wie auch von Verpflichtungen aus Garantien, Bürgschaften, Akkreditiven und sonstigen abstrakten oder kausalen Schuldversprechen) ist die Anwendung des Art. 5 Nr. 1 EuGVO (Brüssel I-VO) aufgrund der unklaren Entstehungsgeschichte der Norm zwar nicht gänzlich unzweifelhaft[4]; doch zu bejahen[5]. So geht ua. etwa der Bundesgerichtshof zu Recht davon aus, dass Darlehensverträge zu den Dienstleistungsverträgen iSd. Art. 5 Nr. 1 lit. b EuGVO (Brüssel I-VO) zählen[6].   1267

---

1 Anders hingegen auch im Hinblick auf das AGB-Recht der Vorschlag der Kommission über eine Richtlinie über Verbraucherrechte, dazu oben Rz. 1246.
2 Etwa *Einsele*, WM 2009, 289 (291).
3 Statt aller *Leible*, in: Rauscher, Art. 5 Brüssel I-VO Rz. 49.
4 Zur Problematik etwa *Kropholler*, Art. 5 EuGVVO Rz. 44; *Leible*, in: Rauscher, Art. 5 Brüssel I-VO Rz. 50.
5 Wie hier *Einsele*, WM 2009, 289 (291).
6 BGH 7.12.2004, NJW-RR 2005, 581 (582) (implizit); ebenso OLG Naumburg 20.12.2002 – 2 W 5/02.

1268 Der **gewöhnliche Aufenthalt des Dienstleistungserbringers** iSd. Art. 4 Rom I-VO bestimmt sich nach Art. 19 Rom I-VO. Demzufolge kommt es gem. Art. 19 Abs. 1, Abs. 2 Rom I-VO grundsätzlich auf die Belegenheit derjenigen (Haupt- oder Zweig-)**Niederlassung, Filiale, Agentur oder sonstigen Niederlassung** an, von der aus das betreffende Geschäft getätigt wurde bzw. durch die der Vertrag zu erfüllen ist (näher zu Art. 19 Rom I-VO oben Rz. 208 ff.).

1269 Für die Ermittlung der **Hauptniederlassung** iSd. Art. 19 Abs. 1 Rom I-VO hat der rein satzungsmäßige Sitz des Dienstleistungsanbieters keine Bedeutung. Erwägungsgrund 39 zur Rom I-VO stellt insoweit klar, dass es für die Rom I-VO anders als in Art. 60 [Abs. 1 lit. a] EuGVO (Brüssel I-VO) ausschließlich auf die Belegenheit tatsächlicher Geschäftseinheiten ankommt.

1270 Eine Anknüpfung an den Ort der Belegenheit einer **Filiale, Agentur** oder **sonstigen Niederlassung** kommt unter der Voraussetzung in Betracht, dass die betreffende Geschäftseinheit eine gewisse organisatorische und personelle Mindestverfestigung aufweist. Die Formulierung des Art. 19 Rom I-VO legt nahe, dass der Begriff möglichst weit auszulegen ist (oben Rz. 215) und daher auch **bloße Repräsentanzen genügen**.

1271 Kommt der Vertrag unter **Einschaltung** von Niederlassungen, Filialen oder sonstigen Niederlassungen rechtlich selbständiger **Absatzmittler** zustande, ist dies für die Zwecke der Art. 4, 19 Rom I-VO unbeachtlich, dh. der Vertrag unterliegt dem Recht des Staates, in dem der Finanzdienstleister selbst iSd. Art. 19 Rom I-VO domiziliert. In Bezug auf das in derartigen Konstellationen relevante Stellvertretungsrecht ist auf die Ausführungen Rz. 5031 ff. zu verweisen.

1272 Mangels Rechtswahl **objektiv anzuknüpfende Verbraucherverträge** unterliegen abweichend von Art. 4 Rom I-VO gem. Art. 6 Abs. 1 Rom I-VO dem Recht des Staates, in dem der Verbraucher domiziliert, falls das Kreditinstitut seine Tätigkeit iSd. Art. 6 Abs. 1 Rom I-VO auf diesen Staat ausrichtet (hierzu ausf. oben Rz. 1284).

c) Anknüpfung der Haftung aus vorvertraglichen Aufklärungs- und Beratungspflichten

1273 Im privaten Bankrecht kommt vorvertraglichen Aufklärungs- und Beratungspflichten aufgrund der häufig im Verhältnis zu ihren Kunden überlegenen Sachkenntnis der Finanzdienstleister eine zentrale haftungsrechtliche Bedeutung zu. Die kollisionsrechtliche Anknüpfung der Haftung wegen vorvertraglicher Beratungs- und Aufklärungspflichtverletzung richtet sich nicht nach der Rom I-VO, da diese gem. Art. 1 Abs. 2 lit. i Rom I-VO keine Anwendung auf „Schuldverhältnisse vor Abschluss eines Vertrages" findet. Maßgeblich ist vielmehr **Art. 12 Rom II-VO**, der das **(gegebenenfalls hypothetische) Vertragsstatut** beruft. Letzteres ist wiederum idR nach den Anknüpfungsgrundsätzen der Rom I-VO zu bestimmen, soweit nicht ausnahmsweise ratione materiae (etwa im Wertpapierrecht in Bezug auf originär wertpapierrechtliche Fragen) deren sachlicher Anwendungsbereich nicht eröffnet und daher nach sonstigen Grundsätzen anzuknüpfen ist.

Bei der Anknüpfung vorvertraglicher Aufklärungspflichten ist dann, **wenn zwischen den Parteien noch keine Geschäftsverbindung** besteht, das objektiv zu ermittelnde hypothetische Vertragsstatut iSd. Art. 4 Rom I-VO maßgeblich. Auf ein später wirksam gewähltes Recht kann es hingegen nicht ankommen, da das Institut andernfalls den Umfang der ihm obliegenden Pflichten im Zeitpunkt der Beratungssituation nicht beurteilen könnte. Demgegenüber ist dann, wenn die Parteien iR einer bereits existierenden Geschäftsverbindung ein neues Einzelgeschäft abschließen wollen und in diesem Zusammenhang eine Aufklärungspflicht verletzt wird, an das bei erstmaliger Begründung der Geschäftsverbindung idR in den AGB-Banken gewählte Recht (dazu oben Rz. 1261) anzuknüpfen. Der in Art. 12 Abs. 2 Rom II-VO angesprochene Fall, dass sich ein hypothetisches Vertragsstatut nicht bestimmen lässt, ist wohl ohne praktische Bedeutung[1]. 1274

d) Anknüpfung von Ansprüchen aus Prospekt- und sonstiger Vertrauenshaftung

Im Bereich des Kapitalmarkt- bzw. Börsenrechts kommt der Prospekthaftung erhebliche Bedeutung zu. Unzweifelhaft ist davon auszugehen, dass die Prospekthaftung mangels unmittelbarer vertraglicher Beziehungen zwischen Anleger und Prospektverantwortlichen jedenfalls iSd. Rom I-VO und der Rom II-VO **nicht nach der Rom I-VO anzuknüpfen ist.** Maßgeblich ist vielmehr die für außervertragliche Schuldverhältnisse geltende **Rom II-VO**. Die Anwendung der Rom II-VO ist nicht wegen Vorliegens einer Bereichsausnahme bzw. ratione materiae ausgeschlossen. So handelt es sich bei der Prospektverantwortlichkeit trotz des Umstandes, dass Prospekte idR wenn auch nicht zwingend bei der Emission von Wertpapieren erstellt werden, nicht um wertpapierrechtliche Ansprüche iSd. Art. 1 Abs. 2 lit. c Rom II-VO, da dem Prospekt selbst und der Haftung daraus keinerlei wertpapierrechtliches Element innewohnt[2]. Ebenso wenig liegt bei Prospekten, die iRd. Emission von Aktien erstellt werden, eine gesellschaftsrechtliche Haftung iSd. Bereichsausnahme des Art. 1 Abs. 2 lit. d Rom II-VO vor, da sich der Prospekt zwar auf das organisationsrechtliche Geschäft des Aktienerwerbs bezieht, mit diesem jedoch nicht identisch ist[3]. 1275

Ansprüche aus Prospekthaftung sind an das **Recht des** jeweiligen **Platzierungsortes** anzuknüpfen, für den der betreffende Prospekt erstellt wurde[4]. Insbeson- 1276

---

1 Ebenso *Heiss/Loacker*, JBl. 2007, 613 (640); zweifelnd *Einsele*, WM 2009, 289.
2 Wie hier *Weber*, WM 2008, 1581 (1584); *von Hein*, Festschr. Hopt (2008), S. 371 (379 ff.).
3 Zutreffend *Weber*, WM 2008, 1581 (1584); *von Hein*, Festschr. Hopt (2008), S. 371 (381 ff.).
4 Wie hier *Weber*, WM 2008, 1581 (1585 ff.); zum autonomen deutschen IPR *Floer*, Internationale Reichweite der Prospekthaftung, S. 153 f.; *Kiel*, Internationales Kapitalanlegerschutzrecht, S. 297 ff.; *Grundmann*, RabelsZ 54 (1990), 283 (305 ff.). AA *von Hein*,

dere kommt keine Anknüpfung nach der deliktischen Grundregel des Art. 4 Abs. 1 Rom II-VO in Betracht. Art. 4 Abs. 1 Rom II-VO knüpft an den Ort des Schadenseintritts an, so dass in Bezug auf die bei Prospekthaftungsfällen allein denkbaren Vermögensschäden wohl davon auszugehen sein dürfte, dass insoweit der Sitz des geschädigten Vermögensträgers maßgeblich ist[1], falls man den Schadens- bei Erwerbsgeschäften nicht als den Marktort ansieht, was freilich außerordentlich ungewiss ist[2]. Jedenfalls stünde die Abhängigkeit des auf den Prospekthaftungsanspruch anwendbaren Rechts vom gewöhnlichen Aufenthalt des Geschädigten auch dem Anlegerinteresse am wünschenswerten Gleichlauf zwischen börsen- bzw. kapitalmarktrechtlichen Vorgaben an den Inhalt des Prospekts entgegen[3], führte zu einer kapitalmarktrechtlich inakzeptablen Ungleichbehandlung der Anleger in Abhängigkeit von ihrer Herkunft und hätte für die Prospektverantwortlichen eine unerträgliche Unvorhersehbarkeit der Haftung zur Folge.

1277 Die Anknüpfung an den Platzierungsort gilt **auch** in Bezug auf fehlerhafte Prospekte, die aufgrund des **innerhalb des Europäischen Wirtschaftsraums** nach den Vorgaben des Wertpapierprospektrechts eines Staates des EWR erstellt wurden, aufgrund des in Art. 17 der Prospektrichtlinie[4] bzw. dem nationalen Umsetzungsrecht (vgl. §§ 17, 18 WertpapierprospektG) normierten „Europapasses" indes auch für die Zulassung zum Handel in einem anderen Platzierungsstaat verwendet werden. Insoweit besteht zwar das Problem, dass die Prospektrichtlinie in ihren Art. 5 ff. weder die öffentlich-rechtlichen Vorgaben an den Inhalt des Prospekts noch die Prospekthaftung abschließend einheitlich harmonisiert. Demzufolge kann eine Anknüpfung an den jeweiligen Platzierungsort dazu führen, dass die Prospektverantwortlichen in unterschiedlichen Platzierungsmitgliedstaaten unterschiedlich haften, was dem Herkunftslandprinzip der Prospektrichtlinie in der Tat nicht entspricht. Doch lässt sich dem teilweise dadurch abhelfen, dass man den Umfang der erforderlichen inhaltlichen Angaben auch zivilrechtlich zwingend dem Recht des Staates unterstellt, nach dessen öffentlichem Wertpapierprospektrecht der Prospekt erstellt und gebilligt wurde. Eine derartige Herauslösung der inhaltlichen Prospektanforderungen aus dem an sich maßgeblichen Haftungsstatut ist ohne Weiteres gem. Art. 17 Rom II-VO möglich, da die öffentlich-rechtlichen Vorgaben an den Prospektinhalt lokale Verhaltensregeln iSd. Norm darstellen. Demzufolge kommt dem eigentlichen Haftungsstatut lediglich Bedeutung in Bezug auf die sonstigen, nicht den Prospektinhalt betreffenden Fragestellungen zu, insbeson-

---

Festschr. Hopt (2008), S. 371 (392 ff.) (akzessorische Anknüpfung an die Prospektpflicht).
1 Etwa *von Hoffmann*, in: Staudinger, Art. 40 EGBGB Rz. 282.
2 Etwa *Schnyder*, in: MünchKommHGB, IntKapMarktR Rz. 100 ff.
3 Bei Anknüpfung gem. Art. 4 Abs. 1 Rom II-VO ließe sich ein derartiger Gleichlauf allenfalls teilweise über Art. 17 Rom II-VO sicherstellen. Doch verlangt diese Regelung allein, dass die Verhaltensregeln des Rechts des Handlungsortes „zu beachten sind". Dabei geht es allein um eine „faktische" Beachtung, die zudem nur „soweit angemessen" in Betracht kommt, dh. wohl im Ermessen des Gerichts steht.
4 Oben Rz. 1245.

dere den erforderlichen Verschuldensgrad und den Umfang der Haftung. Das ist im Interesse des Anlegerschutzes auch geboten, da die Anleger regelmäßig nicht erkennen können, nach welchem Recht der Prospekt überhaupt erstellt wurde.

e) Eingriffsnormen

Das europäische Sekundärrecht enthält im Bereich der **Finanzsanktionen** gegen natürliche Personen, Staaten sowie private und öffentliche Organisationen wie auch zur **Bekämpfung von Terrorismus** sowie der **Geldwäsche** zahlreiche öffentlich-rechtliche Ge- und Verbote, die sich auf die vertraglichen Rechte und Pflichten der Parteien auswirken (ausf. Nachw. oben Rz. 1234 ff.). Bei den betreffenden Vorschriften bzw. den diese in nationales Recht umsetzenden Bestimmungen handelt es sich (selbstverständlich) um **Eingriffsnormen** iSd. Art. 9 Rom I-VO, Art. 16 Rom II-VO.

1278

Nicht zu den Eingriffsnormen zählen diejenigen Bestimmungen des europäischen Aufsichtsrechts, die die Ausübung bestimmter Tätigkeiten von der Erfüllung des **Erfordernisses einer aufsichtsrechtlichen Erlaubnis** abhängig machen. Der Bundesgerichtshof geht bereits für rein innerstaatliche Sachverhalte in ständiger Rechtsprechung davon aus, dass das Fehlen einer nach § 32 KWG erforderlichen Banklizenz nicht die Nichtigkeit gleichwohl mit Kunden geschlossener Darlehensverträge wegen Verstoßes gegen § 134 BGB zur Folge hat[1]. Damit kommt eine international-zwingende Durchsetzung der betreffenden Erlaubnisvorbehalte erst Recht nicht in Betracht.

1279

Bei der kollisionsrechtlichen Beurteilung von **Eingriffsnormen im Anwendungsbereich der Rom I-VO** gelten im Bankvertragsrecht grundsätzlich keine Besonderheiten. In **Verordnungen** enthaltene Eingriffsnormen sind stets als solche der lex fori zu qualifizieren und daher gem. Art. 9 Abs. 2 Rom I-VO gegen das Vertragsstatut durchzusetzen[2]. Verpflichtet hingegen eine **Richtlinie** die Mitgliedstaaten zur Schaffung von Eingriffsrecht, so ist das nationale Umsetzungsrecht der lex fori gem. Art. 9 Abs. 2 Rom I-VO, dasjenige anderer Mitgliedstaaten gem. Art. 9 Abs. 3 Rom I-VO durchzusetzen; in letzterem Fall (gemeinschaftsrechtlich determinierte Eingriffsnormen anderer Mitgliedstaaten) ist den betreffenden ausländischen Vorschriften von den inländischen Gerichten unabhängig von den engen Voraussetzungen des Art. 9 Abs. 3 Rom I-VO Wirkung zu verleihen, ein Ermessen besteht insoweit nicht[3].

1280

Denkbar ist insbesondere im vorvertraglichen Bereich sowie hinsichtlich der Beurteilung von Ansprüchen aus vorvertraglicher Aufklärungspflichtverletzung und aus Prospekthaftung, dass es auf die Behandlung von **Eingriffsnormen iRd. Anwendungsbereichs der Rom II-VO** ankommt. Insoweit beurteilt sich die Behandlung von Eingriffsnormen nach Art. 16 Rom II-VO. Danach

1281

---

1 BGH 18.10.1978, WM 1978, 1268 (1269); BGH 23.1.1980, BGHZ 76, 119 (126 f.).
2 Ausf. Rz. 536.
3 Ausf. Rz. 537.

können anders als nach Art. 9 Rom I-VO ausschließlich Eingriffsnormen der lex fori angewandt werden, während eine Wirkungsverleihung zu Gunsten forumfremder Eingriffsnormen nach der Entstehungsgeschichte der Norm ausgeschlossen ist[1], soweit nicht ausnahmsweise eine gemeinschaftsrechtliche Verpflichtung zur Anwendung der Eingriffsnormen anderer Mitgliedstaaten besteht (dazu Rz. 535 ff.).

II. Kontobeziehung und Einlagengeschäft

1282 Die vertragliche Kontobeziehung zwischen Kunde und Bank und die aus dieser folgenden wechselseitigen Rechte und Ansprüche unterliegen primär dem von den Parteien **gewählten Recht**. Soweit die Vertragsbeziehung **objektiv anzuknüpfen** ist beruft **Art. 4 Abs. 1 lit. b Rom I-VO** das Recht am **gewöhnlichen Aufenthalt des Kreditinstituts** iSd. Art. 19 Rom I-VO (dazu oben Rz. 1268), da unabhängig davon, ob man Einlagen sachrechtlich als Verträge über unregelmäßige Verwahrung oder als Darlehen der Kunden an das Institut qualifiziert, die Bank jeweils mit Kontoführung und (soweit vereinbart) zinstragender Anlage der Gelder die vertragscharakteristische (Finanz-)Dienstleistung erbringt[2]. Bei **Verbrauchern** sind hinsichtlich der subjektiven und objektiven Anknüpfung Art. 6 Abs. 2 und Abs. 1 Rom I-VO maßgeblich; Besonderheiten bestehen insoweit nicht.

III. Depotgeschäft

1283 Mangels Inkrafttretens[3] der Haager Konvention über die auf bestimmte Rechte in Bezug auf durch Intermediäre verwahrte Wertpapiere anzuwendende Rechtsordnung von 2006[4] beurteilt sich das auf das Depotgeschäft anwendbare Recht nach allgemeinen kollisionsrechtlichen Grundsätzen. Der **schuldrechtliche Depotvertrag** zwischen dem Kunden und dem verwahrenden Kreditinstitut unterliegt als vertragliches Schuldverhältnis iSd. Rom I-VO nach deren Art. 3 primär dem von den Parteien gewählten Recht. Bei Fehlen einer Rechtswahl ist gem. Art. 4 Abs. 1 lit. b Rom I-VO an das Recht des verwahrenden Instituts anzuknüpfen, da dieses mit der Verwahrung die vertragscharakteristische Dienstleistung erbringt[5].

---

1 Wie hier etwa *Spickhoff*, in: Bamberger/Roth, Art. 16 Rom II-VO Rz. 117.
2 *Einsele*, WM 2009, 289 (291).
3 Derzeit liegen nur drei Paraphierungen (Vereinigte Staaten, Schweiz und Mauritius), aber keine einzige Ratifikation vor, zum Ratifikationsstand vgl. http://hcch.e-vision.nl/index_en.php?act=conventions.text&cid=72.
4 Volltext der Konvention vgl. http://hcch.e-vision.nl/index_en.php?act=conventions.text&cid=72.
5 Das war bereits zum alten Recht unstr., vgl. 6. Aufl. Rz. 1231; *Martiny*, in: MünchKomm, Art. 28 EGBGB Rz. 373; *von Hoffmann*, in: Soergel, Art. 28 EGBGB Rz. 355; *Magnus*, in: Staudinger, Art. 28 EGBGB Rz. 571.

In Bezug auf die **sachenrechtlichen Aspekte** des Depotgeschäfts, dh. die Begründung, Aufhebung oder Inhaltsänderung von Eigentums- bzw. Inhaberrechten an den verwahrten Gegenständen (namentlich von Wertpapieren), ist die Rom I-VO ratione materiae nicht anwendbar, was für Wertpapiere aus Art. 1 Abs. 2 lit. d Rom I-VO folgt. Maßgeblich sind insoweit die nationalen Kollisionsnormen des internationalen Sachenrechts, die in Bezug auf die Verwahrung von Wertpapieren weitgehend durch Sonderregeln verdrängt werden, auf die an dieser Stelle nicht weiter einzugehen ist[1].

1284

IV. Zahlungsverkehr

Auch im Kollisionsrecht ist aufgrund der gänzlich unterschiedlichen sachrechtlichen Ausgestaltung zwischen den einzelnen Zahlungsarten zu unterscheiden, wobei im Folgenden ausschließlich auf den **unbaren Zahlungsverkehr** einzugehen ist (zur Zahlung mittels Dokumentenakkreditivs vgl. Rz. 1238). Zu beachten sind insbesondere im Bereich der Zahlung mittels Überweisung, Lastschrift sowie derjenigen unter Einsatz von Zahlungskarten die **Vorgaben der Zahlungsdiensterichtlinie** (oben Rz. 1238), die gem. Art. 3 Abs. 4 Rom I-VO im Binnenmarkt weitgehend international zwingend sind.

1285

1. Überweisung und Lastschrift

a) Allgemeine Anknüpfungsgrundsätze für vertragliche Ansprüche

Hinsichtlich der **subjektiven Anknüpfung** von Verträgen über Zahlungsverkehrsdienstleistungen bestehen keine Besonderheiten, dh. es gilt gem. Art. 3 Rom I-VO grundsätzliche (zu den Einschränkungen sogleich) Rechtswahlfreiheit, im Verbraucherverkehr ist Art. 6 Rom I-VO zu beachten (dazu oben Rz. 1272). Da Verträge über Zahlungsdienstleistungen sehr häufig (wenn auch nicht zwingend) iR einer bestehenden Geschäfts-, insbesondere Kontobeziehung geschlossen werden und die AGB-Banken, falls sie bei Begründung der Geschäfts- bzw. Kontobeziehung wirksam einbezogen wurden, regelmäßig das anwendbare Recht für die gesamte Geschäftsverbindung regeln, wirkt eine derartige Rechtswahl auch für Verträge über Zahlungsdienstleistungen (dazu oben Rz. 1261).

1286

Für Sachverhalte, die objektive Bezüge ausschließlich zum Gemeinschaftsgebiet aufweisen und die in die Anwendungsbereiche der Überweisungsrichtlinie bzw. der Zahlungsdiensterichtlinie (Nachw. oben Rz. 1238) fallen, beschränkt **Art. 3 Abs. 4 Rom I-VO** die Wirkungen der Wahl des Rechts eines Drittstaates dergestalt, dass von den zwingenden Standards der Zahlungsdiensterichtlinie nicht abgewichen werden kann (dazu oben Rz. 1250).

1287

---

1 Ausf. dazu mit Nachw. auch zu den einschlägigen gemeinschaftsrechtlichen Rechtsakten bei *Einsele*, in: MünchKomm HGB, 2. Aufl. (2009), Anhang I, Depotgeschäft Rz. 183 ff.

1288 Soweit ein Vertrag über Dienstleistungen im Zahlungsverkehr ausnahmsweise **objektiv anzuknüpfen** sein sollte, folgt aus Art. 4 Abs. 1 lit. d Rom I-VO die Geltung des **Rechts des Staates, in dem der Zahlungsdienstleister** iSd. Art. 19 Rom I-VO **domiziliert** (dazu oben Rz. 1268).

b) Insbesondere: Ansprüche im zwei- und mehrgliedrigen Zahlungsverkehr

aa) Rechtstatsächlicher Überblick

1289 Erhebliche Schwierigkeiten bereitet die Anknüpfung von Ansprüchen im sog. **mehrgliedrigen Zahlungsverkehr.** Dieser ist begrifflich dadurch gekennzeichnet, dass das Kreditinstitut des Auftraggebers der Zahlung (Auftraggeberbank) und dasjenige des Empfängers (Empfängerbank) nicht in direkten vertraglichen Beziehungen stehen und die Zahlung (sei es im Wege der Überweisung oder des Einzugs von Lastschriften, Schecks oder Wechseln) daher über sog. **zwischengeschaltete Kreditinstitute** geleitet werden muss[1]. Unmittelbare Vertragsbeziehungen (im deutschen Recht handelt es sich iRd. Überweisungsverkehrs um „Zahlungsverträge" (vgl. § 676d BGB, außerhalb des Überweisungsrechts ist von Geschäftsbesorgungsverträgen mit werkvertraglichem Charakter auszugehen) bestehen nur zwischen zwei in der Kette unmittelbar aufeinanderfolgenden Instituten. Inhalt der jeweiligen Verträge ist die Verpflichtung der beauftragten Bank, die Zahlung vollständig, unverzüglich und unter Übermittlung korrekter Zahlungsinstruktionen an die Empfänger- oder eine weitere, zuverlässige und sorgfältig ausgesuchte Zwischenbank zu leiten[2].

1290 Sach- wie kollisionsrechtlich im Vordergrund steht die **Haftung zwischengeschalteter Institute** im Falle der Pflichtverletzung, dh. ob und wenn ja nach welchen Grundsätzen, wem gegenüber und nach welchem Recht sie gegenüber dem Auftraggeber und bzw. oder seinem unmittelbaren Vertragspartner verantwortlich sind. Denkbar ist ferner eine **Haftung der Auftraggeberbank** gegenüber dem Auftraggeber nicht nur für eigene Pflichtverletzungen, sondern auch für solche zwischengeschalteter Institute. Zu klären ist ferner, ob (bzw. nach welchem Recht) die für die Haftung zwischengeschalteter Institute geltenden Grundsätze auch für die **Haftung der Empfängerbank** gelten, falls diese die ihr auf einem Zahlungsverkehrskonto zur Verfügung gestellten Mittel nicht, nicht rechtzeitig oder nicht vollständig dem Konto des Empfängers gutschreibt.

1291 Im **zweigliedrigen Zahlungsverkehr** schließlich stellt sich die in der vorigen Rz. 1291 aufgeworfene Frage nach der **Verantwortlichkeit von Auftraggeber- und/oder Empfängerbank.**

bb) Sachrechtliche Problemstellungen

1292 Nach bisherigem Verständnis im deutschen Sachrecht liegt[3] (mit Ausnahme des Überweisungsrechts, dazu unten (Rz. 1293) im mehrgliedrigen Zahlungs-

---

1 *Wackerbarth*, ZIP 2000, 1187.
2 *Schimansky*, in: Bankrechtshandbuch, § 49 Rz. 131 ff.
3 Statt aller dazu *Einsele*, Rz. 136 ff.

verkehr ein sog. **„weitergeleiteter Auftrag"** iS einer Vertragskette vor[1]. Danach ist jedes Institut gegenüber dem vorgehenden Kettenglied (lediglich) dazu verpflichtet, die Gelder vollständig und unverzüglich und unter Angabe korrekter Instruktionen weiterzuleiten und soweit die Einschaltung einer weiteren Zwischenbank erforderlich ist diese sorgfältig auszuwählen[2]. Dagegen handelt es sich bei den zwischengeschalteten Instituten nicht um Erfüllungsgehilfen iSd. § 278 BGB der Auftraggeberbank, so dass letztere allein für ihre Pflichten aus dem mit dem Auftraggeber geschlossenen Überweisungsvertrag einzustehen hat[3]. Da originär vertragliche Beziehungen nur zwischen unmittelbar aufeinander folgenden „Kettengliedern" bestehen, ist das schadensverursachende Institut lediglich gegenüber dem ihm vorgeschalteten Kettenglied für etwaige Verstöße gegen die genannten Pflichten verantwortlich. Demzufolge können dem Auftraggeber gegen das schadensverursachende zwischengeschaltete Institut vertragliche Ansprüche nur unter der Annahme zustehen, dass der Zahlungsvertrag Schutzwirkung für den Auftraggeber entfaltet[4], oder – so die neuere Rechtsprechung des Bundesgerichtshofs[5] – die Grundsätze der Drittschadensliquidation eingreifen. Folgt man der letztgenannten Ansicht, kann das vorgeschaltete Institut beim Schadensverursacher den beim Auftraggeber eingetretenen Schadens geltend machen, während der Auftraggeber (gegebenenfalls in der Kette) Anspruch auf Abtretung dieser Schadensersatzansprüche hat. Rechtsvergleichend dürfte die Drittschadensliquidation keineswegs notwendig existieren, während eine Verpflichtung der in der Kette vorgeschalteten Institute zur Abtretung des Anspruchs als vertragliche Nebenpflicht wohl von den meisten Rechtsordnungen anerkannt sein dürfte.

Speziell für das **Überweisungsrecht** gibt § 676c Abs. 1 S. 3 BGB das Institut des weitergeleiteten Auftrags auf und stuft zwischengeschaltete Institute als Erfüllungsgehilfen der Auftraggeberbank iSd. § 278 BGB ein. Demzufolge ordnet die Bestimmung eine **Haftung der Auftraggeberbank für das Verschulden der ihr in der Kette nachfolgenden Institute**[6] an, die jedoch gem. § 676c Abs. 1 S. 4 BGB der Höhe nach beschränkt werden kann und eine weitergehende Haftung nach allgemeinen Grundsätzen nicht ausschließt[7]. Ausnahmsweise sieht ferner § 676b Abs. 3 S. 7 BGB einen **Direktanspruch des Auftraggebers** gegen das schadensverursachende Institut vor und schließt zugleich die Haftung der Auftraggeberbank aus, falls der Auftraggeber seiner Bank die Leitung der Zahlung über das zwischengeschaltete Institut vorgegeben hat und die Schadensursache primär im Verschulden des zwischengeschalteten Instituts liegt. Beide Bestimmungen beruhen auf der **Überweisungsrichtlinie**[8], die für das gesamte

1293

---

1 BGH 19.3.1991, ZIP 1991, 862; *Wackerbarth*, ZIP 2000, 1187 (1188); *Kümpel*, WM 1996, 1893; *Kümpel*, WM 2002, 797 ff.
2 *Kümpel*, WM 2000, 797 (799) mwN.
3 *Kümpel*, WM 2000, 797; *Schimansky*, in: Bankrechtshandbuch, § 49 Rz. 142 f.
4 So noch BGH 28.2.1977, BGHZ 69, 82 (85 ff.); BGH 23.9.1985, BGHZ 96, 9 (17); BGH 21.12.1987, WM 1988, 246 (247).
5 BGH 6.5.2008, BGHZ 176, 281 Rz. 22 ff.
6 *Hoffmann*, WM 2001, 881 (885); *Kümpel*, WM 2000, 797 (801).
7 *Schimansky*, in: Bankrechtshandbuch, § 49 Rz. 145.
8 Nachw. oben Rz. 1234.

Gemeinschaftsgebiet inhaltsgleiche Regelungen vorschreibt, allerdings im Gegensatz zum deutschen Recht ausschließlich auf **grenzüberschreitende Überweisungen** beschränkt ist. Hintergrund der betreffenden Vorgaben der Überweisungsrichtlinie ist der Wunsch, dem Auftraggeber im grenzüberschreitenden mehrgliedrigen Überweisungsverkehr die Rechtsverfolgung zu erleichtern. Dem § 676b Abs. 3 S. 7 BGB entsprechende Bestimmungen sind daher – wenn auch idR nur für grenzüberschreitende Überweisungen – in den Rechtsordnungen sämtlicher EG-Mitgliedstaaten enthalten.

1294 Umstritten ist die **Haftung der Empfängerbank**, falls sie Gelder, die auf einem ihrer Zahlungskonten zum Zwecke der Gutschrift auf dem Konto des Empfängers eingehen, nicht, nicht vollständig bzw. nicht unverzüglich dem Konto des Zahlungsempfängers gutschreibt[1]. Unbestritten ist die Empfängerbank **gegenüber dem Empfänger** aufgrund des mit diesem geschlossenen Giroverhältnisses zur unverzüglichen und ungekürzten Gutschrift der Gelder auf dem Konto des Empfängers **verpflichtet** und hat diesem für etwaige Pflichtverletzungen einzustehen (vgl. § 676b Abs. 1 S. 3 BGB). Darüber hinaus fragt sich indes, ob eine **Haftung gegenüber dem Auftraggeber bzw. seiner Bank** (im zweigliedrigen Zahlungsverkehr) **bzw. dem letzten zwischengeschalteten Institut** (im mehrgliedrigen Zahlungsverkehr) besteht. Einer derartigen Haftung bedarf es jedenfalls dann, wenn man mit der ganz herrschenden Auffassung in Deutschland davon ausgeht, dass der Auftraggeber der Zahlung gegenüber dem Empfänger idR zur Zahlung verpflichtet ist und seiner Zahlungspflicht bei unbarer Zahlung erst dann ordnungsgemäß iSd. § 362 Abs. 1 BGB nachkommt, wenn dem Empfänger die Mittel aufgrund entsprechender Gutschrift auf seinem Konto zur freien Verfügung stehen[2]. Denn in diesem Fall führt die Bewirkung der Zahlung an die Empfängerbank noch nicht zur Leistungsbefreiung des Auftraggebers, der damit das Verlustrisiko der Mittel bei der Empfängerbank insbesondere aufgrund Unterschlagung oder Insolvenz zu tragen hätte (allerdings gem. § 270 Abs. 1, Abs. 4 BGB nicht für bloße Verspätungen). Nach richtiger Auffassung endet im deutschen Recht die Verantwortlichkeit des Auftraggebers freilich bei dem letzten zwischengeschalteten Institut bzw. bei der Auftraggeberbank. Es geht nicht an, dem Auftraggeber die Risiken der Empfängerbank aufzubürden, die vom Empfänger ausgesucht wurde, dessen Sphäre zuzurechnen ist und dem Auftraggeber vom Empfänger auch vorgegeben wird. Letztlich handelt es sich bei der Empfängerbank um eine Empfangsbotin bzw. -vertreterin des Gläubigers, deren Vertretenmüssen selbstverständlich dem Empfänger zuzurechnen ist, der im Übrigen aufgrund der Existenz eigener Ansprüche gegen die Empfängerbank auch nicht darauf angewiesen ist, gegen den Auftraggeber der Zahlung vorzugehen.

---

1 Zum Folgenden etwa *Einsele*, Rz. 146 ff.
2 BGH 15.5.1952, BGHZ 6, 121 (125) = NJW 1952, 929.

cc) Kollisionsrechtliche Würdigung
(1) Haftung der Auftraggeberbank gegenüber dem Auftraggeber

Ob die Auftraggeberbank dem Auftraggeber aus dem mit diesem geschlossenen Überweisungsvertrag nicht nur für eigenes Verschulden, sondern stets oder nur unter bestimmten Umständen (zu § 676c Abs. 1 S. 3 BGB oben Rz. 1293) auch für Pflichtverletzungen zwischengeschalteter Institute einzustehen hat, bestimmt das nach allgemeinen Anknüpfungsgrundsätzen (oben Rz. 1260 ff. **auf den Überweisungsvertrag anwendbare Recht.** 1295

Über etwaige **Regressansprüche der Auftraggeberbank** gegen das schadensverursachende Institut entscheidet bei einer direkten vertraglichen Beziehung zwischen beiden Instituten das auf diesen Zahlungsvertrag gem. Art. 3, 4 Rom I-VO anwendbare Recht, dh. in aller Regel die am Ort der Niederlassung der zwischengeschalteten Bank geltende Rechtsordnung[1]. Soweit die Pflichtverletzung nicht durch das erste, sondern ein späteres zwischengeschaltetes Institut begangen wurde, richten sich etwaige Regressansprüche der Auftraggeberbank nach den gleichen Grundsätzen wie die Haftung zwischengeschalteter Banken gegenüber dem Auftraggeber (dazu sogleich Rz. 1297 ff.). 1296

(2) Haftung zwischengeschalteter Institute

Eine vertragliche Haftung des pflichtwidrig handelnden zwischengeschalteten Instituts gegenüber dem Auftraggeber folgt nach dem zum deutschen Recht Gesagten aus **Drittschadensliquidation**. Derartige Ansprüche zählen aufgrund der schadensrechtlichen Natur des Instituts zu den schuldvertraglichen iSd. Rom I-VO, so dass sich Existenz und Umfang der Haftung des zwischengeschalteten Instituts nach dem (nach allgemeinen Grundsätzen der Art. 3, 4 Rom I-VO ermittelten) **Statut des verletzten Zahlungsvertrages** zwischen dem schadensverursachenden Institut und dem in der Kette vorstehenden bestimmt. Ob bzw. in welchem Umfang eine vertragliche (Neben-)Pflicht der am Zahlungsvorgang beteiligten Institute zur Zession des Anspruchs bzw. zur Weiterleitung eingezogener Gelder an den Auftraggeber besteht, bestimmt sich wiederum nach dem auf den jeweiligen Zahlungsvertrag, im Verhältnis zwischen Auftraggeber und seiner Bank nach dem auf den Überweisungsvertrag anwendbaren Recht. Die Abtretung des Anspruchs auf Drittschadensliquidation wiederum richtet sich nach Art. 14 Rom I-VO, näher dazu Rz. 380 ff. 1297

Denkbar ist auch, dass das Statut des verletzten Zahlungsvertrages die Haftung des schadensverursachenden Instituts als solche aus **Vertrag mit Schutzwirkung für Dritte** qualifiziert und dem Auftraggeber daher einen Direktanspruch gegen das schadensverursachende Institut gibt. Insoweit ist der Anwendungsbereich der Rom I-VO nicht eröffnet, da es sich bei dem Vertrag mit Schutzwirkung für Dritte ähnlich der culpa in contrahendo um ein vom Willen der Parteien unabhängigen gesetzliches Begleitschuldverhältnis handelt. Demzufolge 1298

---

[1] So noch zu Art. 28 Abs. 2 EGBGB *Hoffmann*, ZBB 2000, 391 (396); BGH 9.3.1987, NJW 1987, 1825 (1826) = IPRax 1987, 372 (Anm. *Schlechtriem*, IPRax 1987, 356).

kommt nur eine Anknüpfung nach der Rom II-VO in Betracht. Hier führt **Art. 4 Abs. 3 S. 2 Rom II-VO** in Entsprechung zu dem für die culpa in contrahendo geltenden Art. 12 Rom II-VO zur **vertragsakzessorischen Anknüpfung** an das Statut des verletzten Zahlungsvertrags, das seinerseits gem. Art. 3, 4 Rom I-VO zu bestimmen ist[1].

1299 Entsprechendes wie für die Haftung aufgrund Vertrags mit Schutzwirkung für Dritte gilt, soweit etwa § 676b Abs. 3 S. 7 BGB oder vergleichbare Vorschriften ausländischer Rechtsordnungen dem Auftraggeber kraft Gesetzes einen **gesetzlichen Direktanspruch gegen das schadensverursachende Institut** einräumen. Auch insoweit handelt es sich um einen Anspruch aus einem gesetzlichen Schuldverhältnis, der gem. Art. 4 Abs. 3 S. 2 Rom II-VO akzessorisch an das Statut des verletzten Zahlungsvertrages anzuknüpfen ist.

(3) Haftung der Empfängerbank

1300 **Ob auch die Empfängerbank**, die die bei ihr eingangenen Gelder nicht, nicht vollständig oder nicht rechtzeitig dem Konto des Empfängers gutschreibt, eine **Haftung gegenüber dem Auftraggeber** der Zahlung (bzw. den von ihm in der Kette eingeschalteten Instituten) nach den oben für die Haftung zwischengeschalteter Banken dargestellten Grundsätzen trifft, hängt davon ab, ob dem Auftraggeber aus dieser Pflichtverletzung überhaupt ein Schaden entsteht oder er wie im deutschen Recht unabhängig vom Vorliegen eines Schadens Anspruch etwa auf einen Strafzins (vgl. § 676b Abs. 1 BGB) bzw. eine money back-Garantie (§ 676b Abs. 3 BGB) hat. Insoweit entscheidet, ob im **Valutaverhältnis** der Auftraggeber der Zahlung gegenüber dem Zahlungsempfänger für die Pflichtverletzung der Empfängerbank einzustehen hat oder ob deren Nicht-, Spät- oder Schlechtleistung zu Lasten des Empfängers geht, weil der Auftraggeber mit Bewirkung der Zahlung zu Gunsten des Zahlungsverkehrskontos der Empfängerbank bereits erfüllt hat bzw. jdenfalls nicht die in der Person der Empfängerbank liegenden Risiken zu tragen hat (dazu bereits oben Rz. 1294). Über diese Frage entscheidet das **auf das Valutaverhältnis** zwischen Auftraggeber und Empfänger **anzuwendende Recht**, das nach allgemeinen kollisionsrechtlichen Grundsätzen zu bestimmen ist.

c) Rückabwicklung fehlgeschlagener Zahlungen, Doppelüberweisungen etc.

1301 Das auf die Rückforderung fehlgeschlagener Zahlungen, insbesondere auf Bereicherungsansprüche wegen von einem Kreditinstitut verursachter versehentlicher Doppel- oder Zuvielzahlungen oder Zahlungen an falsche Empfänger anwendbare Recht bestimmt sich nach der Rom II-VO. Insoweit ist davon auszugehen, dass entgegen der bereits für das deutsche Sachrecht abzulehnenden Auffassung des Bundesgerichtshofs[2] eine Nichtleistungskondiktion iSd. **Art. 10 Abs. 3 Rom II-VO** vorliegt. Demzufolge unterliegt der Rückforderungs-

---

1 Ebenso zum alten Recht *Einsele*, Rz. 32.
2 BGH 29.4.2008, BGHZ 176, 234 = NJW 2008, 2331 ff.

anspruch dem **Recht des Staates, in dem die ungerechtfertigte Bereicherung eingetreten** ist.

2. Grenzüberschreitender Einsatz von Zahlungskarten

Selbstverständlich bestimmt das auf das **Valutaverhältnis** zwischen Karteninhaber und Akzeptanzstelle anwendbare Recht über die Bedeutung der Abrede der Kartenzahlung, dh. insbesondere darüber, ob der Einsatz der Karte als Erfüllung bzw. Leistung an Erfüllungs statt oder lediglich als Leistung erfüllungshalber anzusehen ist. 1302

Im Fall der „garantierten" Zahlung mittels **Kreditkarte** bzw. **ec-Karte im POS-System** (unter Eingabe der PIN) erwirbt die kartenannehmende Stelle (Gläubiger) einen abstrakten Zahlungsanspruch gegen das kartenausgebende Institut[1]. Die genaue Ausgestaltung des Anspruchs unterliegt vorrangig der im jeweiligen Kartensystem getroffenen Vereinbarung und dem dort in aller Regel gewählten Recht. Sollte die betreffende Rechtswahlvereinbarung ausnahmsweise unwirksam sein oder gar eine Rechtswahl fehlen, kommt es iRd. objektiven Anknüpfung gem. Art. 4 Abs. 2 Rom I-VO zur Geltung des Heimatrechts (iSd. Art. 19 Rom I-VO) des versprechenden Instituts, weil dieses die vertragscharakteristische Leistung in Bezug auf das in der von ihm erklärten „Garantie" liegende Zahlungsversprechen erbringt. Für die Abwicklung der Zahlung selbst gelten die oben Rz. 1289 ff. dargestellten Grundsätze, für die betreffenden Giroverhältnisse die allgemeinen Anknüpfungsregeln (oben Rz. 1260 ff.). 1303

Bei der Zahlung unter Einsatz der **ec-Karte im POZ-System ohne Zahlungsgarantie** handelt es sich um ein elektronisches Lastschriftverfahren, das nach den oben Rz. 1289 ff. dargestellten Grundsätzen anzuknüpfen ist. 1304

Im Hinblick auf die **Risiken des Missbrauchs von Zahlungskarten** ist zwischen den einzelnen Vertragsverhältnissen zu unterscheiden: Ob der Akzeptanzstelle im Fall des Missbrauchs ein Zahlungsanspruch gegen den Emittenten zusteht, bestimmt sich nach dem gem. den in Rz. 1302 dargestellten Grundsätzen. Demgegenüber beurteilt sich die Berechtigung des Emittenten, den berechtigten Karteninhaber mit etwaigen Beträgen zu belasten, nach dem auf den Kartenvertrag anwendbaren Recht. Dieses wird in aller Regel ausdrücklich iSd. Art. 3 Rom I-VO gewählt worden sein, iR einer objektiven Anknüpfung führt Art. 4 Abs. 1 lit. b Rom I-VO zum Heimatrecht (iSd. Art. 19 Rom I-VO) des emittierenden Instituts. 1305

Der grenzüberschreitende Einsatz von **Geldkarten** verschafft der Akzeptanzstelle ebenfalls einen garantierten Zahlungsanspruch gegen das bezogene Institut, der nach den Rz. 1303 dargestellten Grundsätzen anzuknüpfen ist. Anderes gilt aufgrund der Bargeldähnlichkeit der Geldkarte im Hinblick auf Missbrauchs- und Verlustrisiken, die nach international-wertpapierrechtlichen Grundsätzen zu beurteilen sind. 1306

---

[1] Näher dazu *Gößmann*, in: Bankrechtshandbuch, § 68 Rz. 1 ff.

3. Zahlungen mittels Schecks und Wechsels

1307 Das internationale Wechsel- und Scheckrecht ist durch die weltweit verbreiteten **Genfer Abkommen über das Internationale Wechsel- bzw. Scheckrecht** (Nachw. oben Rz. 1252) in weiten Teilen harmonisiert worden; das deutsche Umsetzungsrecht findet sich in den Art. 91–98 WG bzw. den weitgehend inhaltsgleichen Art. 60–66 ScheckG. Bei der Geltung der Abkommen und des jeweiligen nationalen Umsetzungsrechts **bleibt es auch nach Inkrafttreten der Rom I-VO**, da Art. 25 Abs. 1 Rom I-VO frühere völkerrechtliche Verpflichtungen der Mitgliedstaaten unberührt lässt (und aufgrund der globalen Verbreitung der Genfer Abkommen auch die Ausnahmeregelung des Art. 25 Abs. 2 Rom I-VO nicht eingreift). Das UNCITRAL-Abkommen von 1988 über internationale gezogene Wechsel und internationale eigene Wechsel ist noch nicht in Kraft getreten[1]. Auf die Einzelheiten der scheck- und wechselrechtlichen Kollisionsnormen von WG und ScheckG ist an dieser Stelle nicht näher einzugehen[2].

1308 **Soweit das internationale Wechsel- und Scheckrecht nicht in den Genfer Abkommen harmonisiert** ist, greift der Vorbehalt des Art. 25 Abs. 1 Rom I-VO nicht ein. Auch insoweit ist indes der sachliche **Anwendungsbereich** der **Rom I-VO** nach deren Art. 1 Abs. 2 lit. d Rom I-VO **nicht eröffnet**. Art. 1 Abs. 2 lit. d Rom I-VO nimmt solche Verpflichtungen aus Wechseln, Schecks und anderen handelbaren Wertpapieren vom Anwendungsbereich der Rom I-VO aus, die „aus deren Handelbarkeit" entstehen. Richtiger Auffassung nach ist diese Formulierung ebenso wie diejenige des wortlautgleichen Art. 1 Abs. 2 lit. c EVÜ nicht etwa nur dahingehend zu verstehen, dass lediglich diejenigen rechtlichen Aspekte, die wie insbesondere die Möglichkeit des gutgläubigen Erwerbs vom Nichtberechtigten an die Wertpapiereigenschaft anknüpfen, sondern sämtliche, die verbrieften Forderungen oder Recht betreffenden Fragestellungen den Anknüpfungsregeln der Rom I-VO entzogen sind. Andernfalls könnte aufgrund dépeçage gegebenenfalls ein unerträglicher „Normmix" entstehen[3]. Insoweit ist daher nach autonomem Recht anzuknüpfen, näher dazu das oben Rz. 1307 nachgewiesene Schrifttum.

1309 Demgegenüber sind die Anknüpfungsregeln der **Rom I-VO** maßgeblich für die **schuldrechtlichen Beziehungen zwischen Aussteller und Begünstigtem**, einschließlich der Bedeutung der Wechselabrede, für das **Rechtsverhältnis zwischen Aussteller und Bezogenem**, insbes. aufgrund Girovertrags, für Rechtsfragen im Zusammenhang mit dem **Inkasso** von Wechseln und Schecks und die nicht wertpapierrechtliche Haftung eines Beteiligten für die Bezahlung eines Wechsels. Insoweit gelten bei der Anwendung der Rom I-VO keine Besonderheiten.

---

1 Nachw. oben Rz. 1253.
2 Dazu insbes. *Freitag*, in: AnwK Bd. I, Internationales Wechselrecht, sowie die Erläuterungen der einschlägigen Artikel von WG und ScheckG in der wechsel- und scheckrechtlichen Kommentarliteratur.
3 Wie hier *Freitag*, in: AnwK, Anh. Art. 46 EGBGB Rz. 3 mwN.

V. Haftungs- bzw. Avalkreditgeschäft

Bei der kollisionsrechtlichen Beurteilung der von Kreditinstituten im Kundenauftrag gegenüber Dritten eingegangenen Verpflichtungen aus der Übernahme von Bürgschaften, Garantien und Akkreditiven ist sowohl auf der Ebene des Sach- wie des Kollisionsrechts **nach den Rechtsverhältnissen** zwischen den unterschiedlichen Beteiligten **zu unterscheiden**: Zwischen Auftraggeber und Kreditinstitut wird ein Avalkreditvertrag geschlossen, der die Verpflichtung der Bank zur Übernahme der Verpflichtung gegenüber dem Begünstigten und sämtliche die Kreditgewährung betreffenden Regelungen enthält. Dieser Avalkreditvertrag ist nach deutsch-rechtlichem Verständnis als Geschäftsbesorgungsvertrag mit werkvertraglichem Charakter einzustufen[1]. Demgegenüber kommt im Verhältnis zwischen Kreditinstitut und Begünstigtem ein einseitig verpflichtender Vertrag zustande, der je nach Ausgestaltung im Einzelfall als Bürgschaft, Garantie oder Akkreditiv etc. zu qualifizieren ist. Im Weiteren ist nur auf die kollisionsrechtlichen Besonderheiten des zwischen Bank und Auftraggeber bestehenden Kreditverhältnisses einzugehen, während die kollisionsrechtlichen Fragen der zwischen Bank und Begünstigtem bestehenden Verträge aus Akkrediteröffnung oder Garantie- bzw. Bürgschaftsstellung an anderer Stelle (Rz. 1312 ff., Rz. 1181 ff. bzw. Rz. 1192 ff.) erörtert werden.

1310

Das **Avalkreditverhältnis zwischen Auftraggeber und Kreditinstitut** ist nach allgemeinen Grundsätzen anzuknüpfen. Die Parteien können daher das anwendbare Recht gem. Art. 3, Art. 6 Rom-VO frei wählen. Im Falle der objektiven Anknüpfung ist gem. Art. 1 Abs. 1 lit. b Rom I-VO das Recht des Kreditinstituts maßgeblich, da dieses gegenüber seinem Kunden mit Eingehung der Verpflichtung gegenüber dem Begünstigten Kredit gewährt und damit eine Dienstleistung erbringt[2].

1311

VI. Dokumentengeschäft

1. Allgemeines

Zum Dokumentengeschäft der Banken zählen das **Akkreditiv- und Garantiegeschäft** der Banken (einschließlich der Erstellung von Bürgschaften auf erstes Anfordern) sowie das **Dokumenteninkasso**. Im Folgenden ist ausschließlich auf das Akkreditiv- und Dokumentengeschäft einzugehen, da das Kollisionsrecht der Garantie- und Bürgschaftsverträge an anderer Stelle dargestellt wird (zur Garantie ausf. Rz. 1181 ff., Nachw. zu den im Garantiegeschäft einschlägigen Regelwerken oben Rz. 1255; zur Bürgschaft Rz. 1192 ff.). Zur Anknüpfung des der Übernahme von Akkreditiven zugrundliegenden, zwischen Akkreditivauftraggeber und Bank geschlossenen **Avalkrediverhältnisses** oben Rz. 1310 f.

1312

---

1 Statt aller BGH 3.5.1984, NJW 1984, 2088 f.; *Peters*, in: Bankrechtshandbuch, § 65 Rz. 29; *Früh/Müller-Arends*, in: BuB, Rz. 3/274.
2 So zum bisherigen Recht etwa österreich. OGH 16.12.2003, ZfRV 2004, 107 (109).

2. Akkreditiv

1313 Das nach den folgenden Rz. für die Rechtsverhältnisse der an einer Zahlung mittels Akkreditivs beteiligten Parteien ermittelte Statut wird in der Praxis weitgehend durch die **UCP 500 (ERA 500)** bzw. die **UCP 600 (ERA 600)** überlagert (Nachw. oben Rz. 1255). Diese Regelwerke kommen als nichtstaatliches Recht zwar nur iRd. jeweiligen Vertragsstatuts und grundsätzlich auch nur dann zur Anwendung, wenn ihre Geltung im Einzelfall vereinbart ist. Einzelne der in den genannten Regelwerken enthaltenen Grundsätze sind indes mittlerweile gewohnheitsrechtlich anerkannt oder aber als Handelsbräuche beachtlich. Im Übrigen unterliegen die Regelwerke nach richtiger Auffassung der AGB-Kontrolle des berufenen Rechts[1].

1314 Auf das **Verhältnis zwischen Kreditinstitut und Begünstigtem** aus dem einseitigen Zahlungsversprechen der Bank findet primär das gem. Art. 3, Art. 6 Rom I-VO für diesen Vertrag gewählte Recht Anwendung. Soweit es mangels Rechtswahl auf die objektive Anknüpfung ankommen sollte, führt Art. 4 Abs. 2 Rom I-VO unabhängig von der Art der vom Kreditinstitut übernommenen Zahlungsverpflichtung zu dessen Heimatrecht iSd. Art. 19 Rom I-VO, da das Kreditinstitut mit Eingehung der Zahlungsverpflichtung die charakteristische Leistung erbringt[2].

1315 In Bezug auf die Rechtsbeziehungen bei Einschaltung von **Zweitbanken** ist in zweifacher Hinsicht zu differenzieren. Erstens ist gänzlich unbestritten, dass unabhängig von der Funktion der Zweitbank iRd. Abwicklung des Akkreditivs (dazu sogleich) das Verhältnis zwischen Eröffnungs- und Zweitbank primär dem gewählten Recht, bei objektiver Anknüpfung hingegen dem am Ort der Niederlassung der Zweitbank geltenden Recht unterliegt (Art. 4 Abs. 1 lit. b Rom I-VO)[3].

1316 Zweitens kommt es im Verhältnis zwischen Zweitbank und Begünstigtem entscheidend darauf an, welche Funktion die Zweitbank iRd. Akkreditivabwicklung übernimmt. Soweit die Zweitbank das Akkreditiv bestätigt und damit ihrerseits gegenüber dem Begünstigten eine eigenständige Zahlungsverpflichtung übernimmt, folgt dies bereits aus Art. 4 Abs. 2 Rom I-VO, da die

---

1 Ausf. *Freitag*, in: Derleder/Knops/Bamberger, § 62 Rz. 12 ff. mwN.; zur Qualifikation der UCP 600 ausf. *Holzwarth*, IHR 2007, 136 (148 ff.). Näher Rz. 1257 ff.
2 Dagegen liegt im Verhältnis zum Begünstigten keine Dienstleistung iSd. Art. 4 Abs. 1 lit. b Rom I-VO, da das Kreditinstitut allenfalls im Verhältnis zu seinem Auftraggeber eine Dienstleistung erbringt. Zum Akkreditiv im bisherigen Recht statt aller BGH 1.4.1955, WM 1955, 765; österreich. OGH 16.12.2003, ZfRV 2004, 107 (108); 6. Aufl. Rz. 1073 ff.; *Nielsen*, in: Bankrechtshandbuch, § 120 Rz. 420; *Freitag*, in: Derleder/Knops/Bamberger, § 62 Rz. 30; *Martiny*, in: MünchKomm, Art. 28 EGBGB Rz. 356; *Spickhoff*, in: Bamberger/Roth, Art. 28 EGBGB Rz. 39.
3 LG Frankfurt a.M. 2.12.1975, NJW 1976, 1044; *Magnus*, in: Staudinger, Art. 28 EGBGB Rz. 563; *Nielsen*, in: Bankrechtshandbuch, § 120 Rz. 122.

Haftung der **Bestätigungsbank** die vertragscharakteristische Leistung der Zweitbank gegenüber dem Begünstigten darstellt[1].

Wird die Zweitbank lediglich als **Zahlstelle** tätig, ist sie zur Entgegennahme und Prüfung der Dokumente und zur Auszahlung des Akkreditivbetrags im Namen und zu Lasten der eröffnenden Bank (als deren Stellvertreterin) berechtigt[2], zugleich wahrt der Begünstigte die Einreichungsfrist durch Vorlage der Dokumente bei der Zahlstelle. Insoweit ist davon auszugehen, dass das Verhältnis zwischen Zahlstelle und Begünstigtem soweit nicht gem. Art. 3 Rom I-VO etwas anderes vereinbart sein sollte, gem. Art. 4 Abs. 2 Rom I-VO dem Recht der Zahlstelle unterliegt, da diese die vertragscharakteristische Leistung erbringt. Geht man zu Recht davon aus, dass die Zahlstelle als Stellvertreter der eröffnenden Bank handelt[3], geht es nicht an, aus der Einschaltung der Zahlstelle abzuleiten, dass auch die Verpflichtung der eröffnenden Bank nicht etwa dem Recht an deren Sitz, sondern demjenigen der Niederlassung der Zahlstelle unterliege[4]. 1317

Hat die Zweitbank lediglich die Funktion einer **Avisbank**, dh. zeigt sie dem Begünstigten die Eröffnung des Akkreditivs an und berät sie diesen allenfalls im Hinblick auf die Echtheit der Dokumente[5], ist bei objektiver Anknüpfung im Bezug auf die Rechte und Pflichten der Avisbank gegenüber dem Begünstigten das Recht am Ort der Niederlassung der Avisbank gem. Art. 4 Abs. 2 Rom I-VO anzuwenden[6]. Dagegen bleibt es im Hinblick auf die Verpflichtung der eröffnenden Bank aufgrund der untergeordneten Funktion der Avisbank bei der Geltung des am Ort der eröffnenden Niederlassung herrschenden Rechts[7]. 1318

Für **Abtretungen** von Ansprüchen aus Akkreditiven, Garantien und Bürgschaften iRv. Ankaufszusagen und Forfaitierungen gelten die allgemeinen Regeln der Art. 3 ff. (in Bezug auf die schuldrechtlichen Beziehungen der Parteien, die der Abtretung zugrundeliegen) und des Art. 14 Rom I-VO (in Bezug auf die Abtretung), dazu ausf. Rz. 380 ff. 1319

---

1 Im bisherigen Recht weitgehend unstr., wie hier etwa *Martiny*, in: MünchKomm, Art. 28 EGBGB Rz. 358; *Magnus*, in: Staudinger, Art. 28 EGBGB Rz. 555; *von Hoffmann*, in: Soergel, Art. 28 Rz. 348; *Freitag*, in: Derleder/Knops/Bamberger, § 62 Rz. 50.
2 *Zahn/Ehrlich/Neumann*, Rz. 1/42, Rz. 2/183 ff.
3 Nachw. vorherige Fn.
4 So aber etwa OLG Köln 25.5.1994, IPRax 1996, 270 (271) (Anm. *Thorn*, IPRax 1996, 257); OLG Frankfurt a.M. 22.9.1987, NJW-RR 1988, 682 (683) = IPRax 1990, 43 (Anm. *Schefold*, IPRax 1990, 20); LG Frankfurt a.M. 2.12.1975, AG 1976, 47 (49). Wie hier *Nielsen*, IPRax 1982, 93; *Schefold*, IPrax 1990, 24; *von Hoffmann*, in: Soergel, Art. 28 EGBGB Rz. 347; *Zahn/Ehrlich/Neumann*, Rz. 1/42; *Magnus*, in: Staudinger, Art. 28 EGBGB Rz. 559 ff., 562.
5 Zur Funktion der Avisbank *Nielsen*, in: Bankrechtshandbuch, § 120 Rz. 124.
6 So zum alten Recht etwa *Nielsen*, in: Bankrechtshandbuch, § 120 Rz. 427 mwN. auch zum ausländ. Recht.
7 Statt aller OLG Frankfurt a.M. 12.11.1991, NJW-RR 1992, 684.

3. Dokumenteninkasso

1320 **Im Rahmen des Dokumenteninkasso** übernehmen Kreditinstitute im Auftrag von Kunden die Weiterleitung von Transport- bzw. Lagerdokumenten an den Erwerber von Waren zur Zahlung dergestalt, dass sie zur Überlassung der verbrieften Ansprüche auf Herausgabe der Ware nur gegen Zahlung des Erwerbspreises berechtigt sind[1].

1321 Nach deutschrechtlichem Verständnis handelt es sich beim Dokumenteninkasso um eine Geschäftsbesorgung mit werkvertraglichem Charakter[2]. In aller Regel werden Inkassoaufträge im Rahmen bestehender girovertraglicher oder sonstiger bankmäßiger Geschäftsbeziehungen geschlossen, so dass sich eine für diese Geschäftsbeziehung getroffene Rechtswahl auch auf das Inkassoverhältnis erstreckt (dazu oben Rz. 1261). Sollte es an einer Rechtswahl fehlen, unterliegt das Verhältnis zwischen Auftraggeber und erster Inkassostelle dem Recht der Bank, die die vertragscharakteristische Dienstleistung iSd. Art. 4 Abs. 1 lit. b Rom I-VO erbringt[3]. Das Interbankenverhältnis schließlich beruht ebenso wie im mehrgliedrigen Zahlungsverkehr auf weitergeleiteten Aufträgen, dh. auf einer Kette selbständiger Geschäftsbesorgungsverträge, auf die im Zweifel das Recht des in der Kette folgenden Gliedes Anwendung findet (ausf. zum weitergeleiteten Auftrag oben Rz. 1289 ff.).

1322 Die kollisionsrechtliche Problematik ist weitgehend bedeutungslos, da die **Einheitlichen Richtlinien für Inkassi** (ERI) der ICC[4] die zentralen Rechte und Pflichten der beteiligten Parteien detailliert normieren.

VII. Forfaitierungs-, Diskont- und Factoringgeschäft

1. Forfaitierung

1323 Im Rahmen von Forfaitierungstransaktionen erwerben Kreditinstitute (als Forfaiteur) im Wege des **Forderungskaufs** von ihren Kunden, idR von inländischen Exporteuren (den Forfaitisten) noch nicht fällige Zahlungsansprüche, die letzteren gegen im Ausland ansässige Schuldner zustehen und lassen sich die betreffenden Forderungen abtreten. Zentrale wirtschaftliche Beweggründe der Forfaitierung sind zum einen die **Risikoübernahme** (Versicherung) durch die Bank, da diese idR das Bonitätsrisiko des Forderungsschuldners, gegebenenfalls aber auch Währungs-, Transfer- und und sonstige Länderrisiken übernimmt,

---

1 Dazu etwa *Zahn/Ehrlich/Neumann*, Rz. 3/1 ff.
2 Zum bisherigen Recht statt aller BGH 14.3.1995, IPRax 1997, 45 (Anm. *Grundmann*, IPRax 1997, 34); 6. Aufl. Rz. 1077; *Magnus*, in: Staudinger, Art. 28 EGBGB Rz. 569; *Martiny*, in: MünchKomm, Art. 28 EGBGB Rz. 247.
3 Vgl. zum alten Recht statt aller 6. Aufl. Rz. 1230; *Magnus*, in: Staudinger, Art. 28 EGBGB Rz. 569.
4 Nachw. oben Rz. 1255.

zum anderen die mit dem Ankauf verbundene **Kreditierungsfunktion**, da der Veräußerer sofort Liquidität für eine noch nicht fällige Forderung erhält[1].

Für die insoweit auftretenden kollisionsrechtlichen Fragestellungen ist zwischen dem auf den Forderungskaufvertrag anwendbaren Recht (Zessionsgrundstatut) sowie den dinglichen Wirkungen der Zession zu unterscheiden. Zu den **Rechtsvereinheitlichungsbestrebungen** durch die **UNCITRAL** im Hinblick auf die Forderungsabtretung und die **IFA** im Hinblick auf das Forfaitierungsgeschäft und den hieraus folgenden kollisionsrechtlichen Implikationen oben Rz. 1253 und Rz. 1256. 1324

Die **schuldrechtlichen Beziehungen** zwischen Forfaiteur und Forfaitist **aus dem Forderungskaufvertrag** (sog. **Zessionsgrundstatut**) sind, was Art. 14 Abs. 1 Rom I-VO klarstellt, trotz des Umstandes, dass der Vertrag eine Zession zum Gegenstand hat, nach allgemeinen Grundsätzen anzuknüpfen. Dabei bestehen hinsichtlich einer etwaigen **Rechtswahl** keine Besonderheiten. Problematischer gestaltet sich die **objektive Anknüpfung**. Nicht einschlägig ist jedenfalls die Regelung der objektiven Anknüpfung von Kaufverträgen in Art. 4 Abs. 1 lit. a Rom I-VO, da es sich bei Forderungen nicht um bewegliche „Sachen" handelt. Damit fragt sich, ob gem. Art. 4 Abs. 1 lit. b an die Niederlassung der Bank anzuknüpfen ist, weil diese eine (Finanz-)Dienstleistung erbringt oder ob gem. Art. 4 Abs. 2 Rom I-VO das „Heimatrecht" (iSd. Art. 19 Rom I-VO) des Veräußerers gilt, da dieser mit der Zession die vertragsprägende Leistung schuldet. Richtiger Auffassung nach ist jedenfalls dann, wenn der Forfaiteur das **Bonitätsrisiko des Schuldners** übernimmt, aufgrund der Kreditierungs- und Risikoübernahmefunktion der Forfaitierung gem. **Art. 4 Abs. 1 lit. b Rom I-VO** an die **Niederlassung der Bank** anzuknüpfen, die mit Kreditierung und Einzug der Forderung eine Dienstleistung erbringt[2]. 1325

Bei der Anknüpfung an das Recht des gewöhnlichen Aufenthalts des Forfaiteurs bleibt es auch, wenn die angekaufte **Forderung** dinglich oder mit Wechseln **besichert** ist (zum Diskont unten Rz. 1329). Die bloße Existenz einer Sicherheit rechtfertigt nicht über Art. 4 Abs. 3 Rom I-VO eine akzessorische Anknüpfung an das auf die Sicherheit anwendbare Recht. Das folgt erstens daraus, dass die Ausweichklausel des Art. 4 Abs. 3 Rom I-VO eng auszulegen ist, da sie das Vorliegen einer „offensichtlich engeren Verbindung" verlangt und die Sicherheit nichts daran ändert, dass der Forfaiteur die vertragscharakteristische Leistung erbringt. Zweitens spricht auch Art. 14 Rom I-VO für die hier 1326

---

1 Zu den wirtschaftlichen Hintergründen *von Westphalen*, Rechtsprobleme der Exportfinanzierung, 3. Aufl. (1987), S. 482 ff.; *Martinek/Oechsler*, in: Bankrechtshandbuch, § 103 Rz. 1 ff.; *Freitag*, in: Derleder/Knops/Bamberger, § 62 Rz. 96.
2 In diese Richtung auch *Einsele*, WM 2009, 289 (291). Zum früheren Recht ebenso 6. Aufl. Rz. 1229; *Martinek/Oechsler*, in: Bankrechtshandbuch, § 103 Rz. 28; *Spickhoff*, in: Bamberger/Roth, Art. 28 EGBGB Rz. 41; *Martiny*, in: MünchKomm, Art. 28 EGBGB Rz. 369; *Magnus*, in: Staudinger, Art. 28 EGBGB Rz. 540; *Leible*, in: AnwK, Art. 28 EGBGB Rz. 127. AA *Hakenberg*, RIW 1998, 909 sowie *Heldrich*, in: Palandt (bis zur 65. Aufl. 2006), Art. 28 EGBGB Rz. 22. Unklar *Nielsen*, in: BuB, Rz. 5/225 f.

vertretene Sichtweise, da er den Forderungskaufvertrag gerade unabhängig von dem auf die Forderung anwendbaren Recht beurteilt.

1327 **Gleiches** muss entgegen zum bisherigen Recht zum Teil vertretener Auffassung[1] iÜ auch gelten, wenn das Kreditinstitut ausnahmsweise **nicht das Bonitätsrisiko** übernimmt (sog. „unechte Forfaitierung" oder Diskontierung) und nach dem Inhalt des Forfaitierungsvertrages bei Ausfall des Schuldners Anspruch auf Rückerstattung des Kaufpreises hat[2]. In diesen Fällen besteht die vertragstypische Leistung unzweifelhaft in der Kreditierung des Werts der forfaitierten Forderung durch die Bank, so dass an deren Heimatrecht anzuknüpfen ist. Ob dieses Ergebnis auf der Qualifikation der unechten Forfaitierung als Darlehensvertrag[3] iSd. Art. 4 Abs. 1 lit. b Rom I-VO oder auf der Anwendung von Art. 4 Abs. 2 Rom I-VO beruht, kann letztlich dahinstehen[4].

1328 Im Hinblick auf die Voraussetzungen und Wirkungen der **Abtretung als dingliches Rechtsgeschäft** gilt Art. 14 Abs. 1 Rom I-VO, ausf. hierzu oben Rz. 380 ff.

2. Diskontgeschäft

1329 Das Diskontgeschäft (vgl. § 1 Abs. 1 S. 2 Nr. 3 KWG) ist durch die Vorfinanzierung von Forderungen aus Wechseln (gelegentlich auch von Schecks) charakterisiert[5]. Unabhängig von der umstrittenen sachrechtlichen Qualifikation der Diskontierung als Darlehens- oder Geschäftsbesorgungsvertrag[6] handelt es sich jedenfalls um eine Kreditgewährung, so dass das Kreditinstitut ebenso wie bei der Forfaitierung (dazu oben Rz. 1323 ff.) die vertragscharakteristische Leistung erbringt. Der Vertrag zwischen Kreditinstitut und Veräußerer unterliegt daher gem. Art. 4 Abs. 2 Rom I-VO dem „Heimatrecht" des Instituts. Die Übertragung des Wechsels bzw. Schecks richtet sich nach international-wertpapierrechtlichen Grundsätzen (dazu unten Rz. 2341 ff.).

3. Factoring

1330 Beim Factoring übernimmt der „Factor" für seinen Vertragspartner den Einzug (inklusive der Debitorenbuchhaltung) und die Vorfinanzierung von (an den Faktor zedierten) Forderungen, beim „echten Factoring" versichert er den Zedenten zudem gegen den Forderungsausfall durch Übernahme des Bonitätsrisikos der

---

1 *von Hoffmann*, in: Soergel, Art. 28 EGBGB Rz. 331.
2 Hierzu etwa *Beckmann*, in: Staudinger (2004), vor § 433 Rz. 132.
3 So etwa BGH 3.5.1972, BGHZ 58, 364; BGH 14.10.1981, BGHZ 82, 50 (61) (jew. zum unechten Factoring). Ausf. zur sachrechtlichen Qualifikation im deutschen Recht *Hopt/Mülbert*, in: Staudinger (12. Aufl. 1989), vor § 607 BGB aF Rz. 693 ff. mwN.
4 Nachw. Rz. 1325 Fn. 2.
5 Statt aller *Hopt*, in: Baumbach/Hopt, HGB, 33. Aufl. (2008), Bankgeschäfte (7) Rz. J/1.; *Häuser*, in: MünchKomm HGB, 2. Aufl. (2009), Anh. I Rz. D 264; *Einsele*, § 6 Rz. 5.
6 Nachw. vorherige Fn.

Schuldner (Delkredere)[1]. Die hM in Deutschland qualifiziert das echte Factoring sachrechtlich als Forderungskauf, das unechte hingegen als Kreditgeschäft[2].

Aus kollisionsrechtlicher Sicht ist vorrangig das sachrechtliche Regime des **UNIDROIT-Übereinkommens von Ottawa über das Internationale Factoring** vom 28.5.1988[3] zu beachten. Voraussetzung für das Eingreifen des Übereinkommens ist zunächst die Eröffnung seines internationalen Anwendungsbereichs. Dies setzt gem. Art. 2 Abs. 1, HS 1 in jedem Fall voraus, dass Gläubiger und Schuldner der verkauften Forderung in unterschiedlichen Vertragsstaaten ansässig sind. Liegt ein derartiger grenzüberschreitender Bezug hinsichtlich der einzuziehenden Forderung vor, so greift das Übereinkommen entweder ein, wenn sowohl Forderungskäufer als auch -verkäufer als auch -schuldner in Vertragsstaaten des Übereinkommens ansässig sind (Art. 2 Abs. 1 lit. a), oder sowohl die verkaufte Forderung wie auch der Factoringvertrag nach dem Recht eines (oder zweier) Vertragsstaaten zu beurteilen sind (Art. 2 Abs. 1 lit. b). Letzteres wiederum erfordert, dass ein Gericht eines Vertragsstaates mit der Sache befasst wird, da die Gerichte von Nicht-Vertragsstaaten nicht an das Übereinkommen gebunden sind. Der sachliche Anwendungsbereich des Übereinkommens wird durch seinen Art. 1 Abs. 2 definiert und eingeschränkt[4]. Danach unterfallen nur Factoringverträge über Ansprüchen des Zedenten gegen nicht zu privaten Zwecken handelnde Schuldner dem Übereink., zudem muss die Zession offen gelegt werden. Schließlich können sowohl die Parteien das Factoringvertrages wie auch diejenigen der einzuziehenden Forderung gem. Art. 3 die Anwendung des Übereinkommens vertraglich abbedingen. Soweit nach dem Gesagten der Anwendungsbereich des Übereinkommens eröffnet ist, enthält es einheitliche sachrechtliche Regelungen sowohl für den Factoringvertrag wie auch in Bezug auf die Zession der einzuziehenden Forderung.

1331

Soweit das UNIDROIT-Übereink. nicht einschlägig und daher die Rom I-VO anzuwenden ist, gelten die zur Forfaitierung entwickelten Grundsätze entsprechend: Der Factoring-Vertrag unterliegt primär dem gewählten Recht, in Ermangelung einer Rechtswahl hingegen dem **Recht des Factors**, der mit Einzug und Vorfinanzierung der Forderungen die **vertragscharakteristische Dienstleistung** iSd. Art. 4 Abs. 1 lit. b Rom I-VO erbringt. Das gilt auch im Falle des unechten Factoring, das ganz im Zeichen der Kreditierungsfunktion steht[5].

1332

---

1 Darstellung der wirtschaftlichen Hintergründe etwa bei *Martinek/Oechsler*, in: Bankrechtshandbuch, § 102 Rz. 1 ff.; *Beckmann*, in: Staudinger (2004), vor § 433 BGB Rz. 133 ff.
2 Insbes. BGH 3.5.1972, BGHZ 58, 364 (367); BGH 6.11.1973, BGHZ 61, 317 (324 f.); BGH 15.4.1987, BGHZ 100, 353 (358). Weitere Nachw. etwa bei *Hopt*, in: Baumbach/Hopt, HGB, 33. Aufl. (2008), Bankgeschäfte (7) Rz. O 1 ff.; *Martinek/Oechsler*, in: Bankrechtshandbuch, § 102 Rz. 44 ff.; *Rohe*, in: Bamberger/Roth, § 398 BGB Rz. 99 ff.
3 Nachw. oben Rz. 1254.
4 Dazu insbes. *Ferrari*, RIW 1996, 181 ff.
5 Vgl. oben Rz. 1330 sowie (zum alten Recht) etwa 6. Aufl. Rz. 1228; *Magnus*, in: Staudinger, Art. 28 EGBGB Rz. 536; *Martiny*, in: MünchKomm, Art. 28 EGBGB Rz. 367; *Spickhoff*, in: Bamberger/Roth, Art. 28 EGBGB Rz. 40.

VIII. Wertpapiergeschäfte

1333 Für schuldrechtliche Verträge, die Wertpapiergeschäfte zum Gegenstand haben, ist die Rom I-VO anwendbar. Insoweit gelten keine grundsätzlichen Besonderheiten, allerdings sind im Binnenmarkt die zahlreichen, gem. **Art. 3 Abs. 4 Rom I-VO** unabdingbaren **Vorgaben der einschlägigen Richtlinien und Verordnungen** (oben Rz. 1243) zu beachten.

1334 Die Anknüpfung der im Wertpapiergeschäft besonders relevanten **vorvertraglichen Aufklärungs- und Beratungspflichten** beurteilt sich nach den oben Rz. 1273 f. dargestellten Grundsätzen gem. Art. 12 Abs. 1 Rom II-VO, dh. es gilt das Recht, das auf den in Aussicht genommenen Vertrag im Falle der objektiven Anknüpfung anwendbar wäre. Auf die **sachenrechtliche Abwicklung** von Wertpapiertransaktionen ist an dieser Stelle nicht näher einzugehen[1].

1335–1350 Frei.

---

[1] Dazu insbes. *Einsele*, in: MünchKomm HGB, 2. Aufl. (2009), Depotgeschäft Rz. 183 ff.

G. Anleihe

	Rz.		Rz.
I. Grundlagen	1351	2. Anknüpfung von Übertragungsvorgängen	1363
1. Einführung	1351	3. Anknüpfung der Zahlungsansprüche gegen den Emittenten aus dem der Anleihe zugrundeliegenden Vertrag	1368
2. Anleihe als Wertpapier und Internationales Sachenrecht	1352		
3. Anwendbarkeit der Rom I-VO auf das verbriefte Recht?	1354		
4. Anwendung der Rom I-VO auf schuldrechtliche Verträge über Anleihen	1360	4. Einwirkungen des Personalstatuts des Emittenten	1369
II. Anknüpfung	1361	5. Kapitalmarktrechtliche Fragestellungen, Prospekthaftung	1371
1. Anknüpfung der Zahlungsansprüche gegen den Emittenten aus der Anleihe	1361	**III. Besonderheiten von Staatsanleihen**	1372
		IV. Eingriffsrecht	1376

I. Grundlagen

Literatur: *von Bar,* Wertpapiere im deutschen Internationalen Privatrecht, Festschr. W. Lorenz (1991), S. 273; *Böse,* Der Einfluss des zwingenden Rechts auf internationale Anleihen (1963); *Cranshaw,* Fragen der gerichtlichen Durchsetzung von Forderungen aus ausländischen Staatsanleihen in der Krise des Schuldners, DZWiR 2007, 133; *Einsele,* Kollisionsrechtliche Behandlung von Wertpapieren und Reichweite der Eigentumsvermutung des § 1006 BGB, IPRax 1995, 163; *Einsele,* Wertpapierrecht als Schuldrecht (1995); *Einsele,* Bank- und Kapitalmarktrecht (2006); *Einsele,* Auswirkungen der Rom I-Verordnung auf Finanzdienstleistungen, WM 2009, 289; *Freitag,* Die Golddollaranleihe der Stadt Dresden von 1925 vor dem BGH, IPRax 2007, 24; *Hartwig-Jacob,* Die Vertragsbeziehungen und die Rechte der Anleger bei internationalen Anleiheemissionen (2001); *von Hein,* Voraussetzungen und Umfang des Immunitätsverzichts in Staatsanleihen, IPRax 2007, 399; *von Hein,* Die Internationale Prospekthaftung im Lichte der Rom II-VO, Festschr. Hopt (2008), S. 371; *Heitmann,* High-Yield-Anleihen: eine Untersuchung der Rechtsfragen von High-Yield Anleihen (Junk Bonds) deutscher Unternehmensemittenten (2007); *Horn,* Die Stellung der Anleihegläubiger nach dem neuen Schuldverschreibungsgesetz und allgemeinem Privatrecht im Licht aktueller Marktentwicklungen, ZHR 173 (2009), 12; *Kegel,* Bankgeschäfte im deutschen internationalen Privatrecht, Gedächtnisschr. R. Schmidt (1966), S. 215; *Keller/Kolling,* Neuere Entwicklungen im Bereich der emerging-markets-Staatsanleihen, BKR 2003, 313; *Keller/Kolling,* Neuere Entwicklungen im Zusammenhang mit Klagen aus Argentinien-Anleihen, BKR 2005, 1; *Kleinlein,* Zur fehlenden Berufung auf Staatsnotstand gegenüber privaten Gläubigern im Fall argentinischer Staatsanleihen, RIW 2007, 695; *Kleinlein,* Anforderungen an den Verzicht auf diplomatische Immunität, NJW 2007, 2591; *Kolling,* Aktuelle Entwicklungen in Sachen „Argentinien-Anleihen-Klagen deutscher Gläubiger", BKR 2007, 481; *Kronke,* Capital Markets and the Conflict of Laws, Rec. des Cours 286 (2000), 245; *Kronke/Berger,* Wertpapierstatut, Schadensersatzpflichten der Inkassobank, Schuldnerschutz in der Zession Schweizer Orderschecks auf Abwegen, IPRax 1991, 316; *Kronke/Melis/Schnyder* (Hrsg.), Handbuch Internationales Wirtschaftsrecht (2005); *Lochner,* Darlehen und Anleihe im internationalen Privatrecht (1954); *Lorenz,* Die Unterscheidung zwischen Wertpapierrechtsstatut und Wertpapiersachstatut, NJW 1995, 176; *Mankowski,* Neue international-privatrechtliche Probleme des Konnossements, TranspR 1988, 410; *Mankowski,* Konnossemente und die Rom I-VO, TranspR 2008, 417; *Mayer*, Staateninsolvenz nach dem Argentinien-Beschluss des Bundesverfassungsgerichts – Eine Chance für den Finanzplatz Deutschland?, WM 2008, 425; *Pfeiffer*, Zahlungsrisiken ausländischer Staaten im deutschen und internationalen Rechtsverkehr, ZvglRW 102 (2003), 141; *Pfeiffer/Kopp*, Der Immunitätsverzicht in Staatsanleihen und seine Reichweite, ZvglRW 102 (2003), 563; *Siebel*, Rechtsfragen internationaler Anleihen, 1997; *Stadler*, Pacta sunt servanda – auch im Falle argentinischer Staatsanleihen, IPRax 2008, 405; *Weber*, Internationale Prospekthaftung nach der Rom II-Verordnung, WM 2008, 1581. – Zum allgemeinen bankrechtlichen Schrifttum vgl. Nachw. vor Rz. 1231.

1. Einführung

1351 Das kollisionsrechtliche Schicksal der Inhaberschuldverschreibung ("Anleihe" bzw. "bond") als darlehensähnliches, kapitalmarktfähiges **Mittel der Fremdfinanzierung von Unternehmen und Staaten**[1] wird durch deren sachrechtliche **Doppelnatur als Schuldverhältnis und echtes Wertpapier (Inhaberpapier)** bestimmt. So verbrieft die Anleihe einerseits einen schuldrechtlichen Zahlungsanspruch des Anleihegläubigers gegen den Anleiheschuldner (Emittenten)[2], der andererseits zur Erhöhung seiner Verkehrsfähigkeit, insbesondere im Hinblick auf seine Entstehung (Erfordernis eines Begebungsvertrages), Übertragung (Anwendung sachenrechtlicher Grundsätze) und Belastung (ebenfalls Anwendung sachenrechtlicher Grundsätze), zum Teil aber auch im Hinblick auf sein Erlöschen (iRd. Aufgebotsverfahrens oder gem. § 801 BGB) und seine Abstraktheit bzw. Einwendungsfreiheit (§ 796 BGB), spezifisch wertpapier- und sachenrechtlichen Grundsätzen unterliegt[3]. Diese Doppelnatur wirft (zumindest theoretisch) insbes. Fragen nach der Statutenabgrenzung zwischen Internationalem Vertrags- und Wertpapierrecht wie auch nach dem Anwendungsbereich der Rom I-VO auf. Zu beachten sind in Bezug auf die Anknüpfung der Anleihe weiterhin die Einflüsse und Besonderheiten des Internationalen Gesellschafts- und Kapitalmarktrechts.

---

1 Ausf. zur Neuorientierung von Begriff und Funktion der Anleihe im deutschen Recht *Horn*, ZHR 173 (2009), 12 ff.
2 Die genaue Einordnung des Anspruchs ist im deutschen Recht umstritten. Während *Kegel* (Gedächtnisschr. R. Schmidt, 1966, S. 215 [224]) von der Verbriefung eines darlehensvertraglichen Anspruchs ausgeht, wird mehrheitlich zu Recht angenommen, dass der Anleihe ein abstraktes Schuldversprechen iSd. § 781 BGB zugrundeliegt, das einen zeitgleich mit der Begebung der Anleihe konkludent geschlossenen Darlehensvertrages besichert, vgl. OLG München 22.1.1997, NJW-RR 1999, 557 f.; *Sprau*, in: Palandt, § 793 BGB Rz. 2; *Marburger*, in: Staudinger (2002), § 793 BGB Rz. 6; *Hüffer*, in: MünchKomm, § 793 BGB Rz. 21.
3 Nach hM wird der schuldrechtliche Vertrag im Zuge der Begebung der Anleihe geschlossen, dh. die Begebung dient sowohl der erstmaligen dinglichen Übertragung des Wertpapiers als auch der Begründung der verbrieften Forderung, vgl. *Marburger*, in: Staudinger (2002), vor § 793 BGB Rz. 15 ff.; *Hüffer*, in: MünchKomm, vor § 793 BGB Rz. 22 ff., jew. mwN.

2. Anleihe als Wertpapier und Internationales Sachenrecht

Denklogisch an erster Stelle ist zu klären, **ob** eine Urkunde über eine Geldforderung **überhaupt** als **Wertpapier** (Inhaberschuldverschreibung) oder als reines Beweismittel für ein schuldrechtliches Geschäft (wie etwa beim Schuldscheindarlehen) zu behandeln ist. Diese Frage wird nach einhelliger Auffassung von dem sog. **Wertpapierrechtsstatut** beantwortet, dh. derjenigen Rechtsordnung, die auf den in der Urkunde verbrieften Zahlungsanspruch anzuwenden ist (zu dessen Bestimmung sogleich)[1].

1352

Liegt danach ein Wertpapier vor, so ist gänzlich unbestritten und versteht sich von selbst, dass **sämtliche sachenrechtlichen Fragen**, die sich auf die dingliche Rechtslage an der Anleihe als bewegliche Sache beziehen, ratione materiae nicht der Rom I-VO unterliegen[2]. Maßgeblich für die international-sachenrechtlichen Aspekte der Anleihe ist das sog. **Wertpapiersachstatut**, das nach den unvereinheitlichten Grundsätzen des Internationalen Sachenrechts des Forums zu ermitteln ist[3]. In Deutschland gelten insoweit die Art. 43 ff. EGBGB, die in Bezug auf sämtliche sachenrechtliche Aspekte zum Ort der Belegenheit der Urkunde führen (lex cartae sitae). Das Belegenheitsrecht gilt namentlich für den Erwerb und Verlust des Eigentums und sonstiger dinglicher Rechte am Papier (zur Abgrenzung vom Wertpapierrechtsstatut sogleich unten Rz. 1354 ff.).

1353

3. Anwendbarkeit der Rom I-VO auf das verbriefte Recht?

In Bezug auf den im Wertpapier **verbrieften** schuldrechtlichen **Zahlungsanspruch** ist der **Anwendungsbereich der Rom I-VO** aufgrund der Bereichsausnahme des Art. 1 Abs. 2 lit. d Rom I-VO ebenso unklar wie im bisherigen Recht. Art. 1 Abs. 2 lit. d Rom I-VO nimmt in wörtlicher Übereinstimmung mit Art. 1 Abs. 2 lit. c EVÜ (der in Art. 37 Nr. 1 EGBGB leicht modifiziert umgesetzt worden ist) „Verpflichtungen aus Wertpapieren, die aus deren Handelbarkeit entstehen", vom Anwendungsbereich der Rom I-VO aus. Diese Bereichsausnahme erklärt sich daraus, dass das Wertpapierrecht namentlich in Bezug auf Begründung, Übertragung, Auslegung, Abstraktheit (Einwendungsfreiheit) und Erlöschen des Anspruchs so weitgehende Abweichungen von allgemeinen schuldrechtlichen Grundsätzen verlangt, dass eine kollisionsrecht-

1354

---

1 So zum bisherigen Recht etwa RG 8.12.1927, RGZ 119, 215 (216); BGH 19.1.1994, NJW 1994, 939 (940) = IPRax 1995, 163 (Anm. *Einsele*, IPRax 1995, 173); *Einsele*, Wertpapierrecht, S. 397 f.; *von Bar*, Festschr. W. Lorenz (1991), S. 273; *Lorenz*, NJW 1995, 176 (177); *von Hoffmann*, in: Soergel, Art. 37 EGBGB Rz. 35 aE; *Wendehorst*, in: MünchKomm, Art. 43 EGBGB Rz. 195 f.; *Stoll*, in: Staudinger, IntSachenR Rz. 412; *Thorn*, in: Palandt, Art. 37 EGBGB Rz. 2.

2 Statt aller zum alten Recht *Martiny*, in: MünchKomm, Art. 37 EGBGB Rz. 40; *von Hoffmann*, in: Soergel, Art. 37 EGBGB Rz. 36; *Magnus*, in: Staudinger, Art. 37 EGBGB Rz. 45.

3 Statt aller BGH 26.9.1989, BGHZ 108, 353 (356) = IPRax 1991, 338 (Anm. *Kronke/Berger*, IPRax 1991, 316); OLG Düsseldorf 30.7.2003, IPRspr. 2003 Nr. 53, S. 154 f.; *Einsele*, Wertpapierrecht, S. 399 ff.

liche Gleichsetzung verbriefter Ansprüche mit sonstigen schuldvertragsrechtlichen Forderungen zu Verwerfungen mit dem Internationalen Wertpapierrecht führte und daher unangemessen wäre[1].

1355 Aufgrund dieser Formulierung ist der Umfang der Anwendbarkeit der Rom I-VO auf Inhaber-, Order- und Rektapapiere **umstritten**. Zum Teil wird von einer **umfassenden Bereichsausnahme zu Gunsten des Internationalen Wertpapierrechts** ausgegangen[2]. Demgegenüber wird wohl **überwiegend** angenommen, dass es zu einer **Statutenspaltung** kommt[3]. Danach sind solche Rechtsfragen, die die „Handelbarkeit" der in der Anleihe verbrieften Forderung betreffen, nach den ungeschriebenen Grundsätzen des Internationalen Wertpapierrechts anzuknüpfen, alle sonstigen Fragen hingegen nach den Bestimmungen der Rom I-VO. Zu den von der Rom I-VO ausgenommenen wertpapierrechtlichen Sonderregelungen sollen insoweit nach herkömmlichem Verständnis zählen: Die Möglichkeit des gutgläubigen Erwerbs der verbrieften Forderung, die dinglichen Voraussetzungen der Begründung des Anspruchs, die Beschränkung von Einwendungen und Besonderheiten des Erlöschens der Forderung etwa gem. § 801 BGB (bzw. vergleichbarer ausländischer Regelungen) oder aufgrund Aufgebotsverfahrens[4]. Dagegen wäre das Erlöschen des Anspruchs etwa aufgrund Erlasses nach der Rom I-VO anzuknüpfen.

1356 Die aufgeworfene **Streitfrage** spielt **in der Praxis eine gänzlich untergeordnete Rolle**. Denn sowohl in Bezug auf schuldvertragliche Forderungen iSd. Art. 1 Abs. 1 Rom I-VO[5] wie auch im Internationalen Wertpapierrecht[6] ist die Zulässigkeit der Rechtswahl allgemein anerkannt. In der Praxis aber kommen Anleihen ohne Rechtswahlklausel nicht (mehr) vor, so dass selbst bei einer gespaltenen Anwendung der Rom I-VO stets dasselbe Recht berufen wird. Im Übrigen ist auch dann, wenn man der Gegenansicht folgt, jedenfalls iRd. von der Rom I-VO berufenen Vertragsstatuts dem wertpapierrechtlichen Charakter der Anleihe Rechnung zu tragen, so dass sich die wertpapierrechtlichen Beson-

---

1 So der Bericht von *Giuliano/Lagarde* zu Art. 1 Abs. 2 lit. c EVÜ, BT-Drucks. 10/503, S. 43. Vgl. *Magnus*, in: Staudinger, Art. 37 EGBGB Rz. 47.
2 Ebenso *Mankowski*, TranspR 2008, 417 ff. (zum Konossement). Ebenso zum bisherigen Recht *von Bar*, Festschr. W. Lorenz (1991), S. 273 (285 f.); *Mankowski*, TranspR 1988, 410 (412); *von Hoffmann*, in: Soergel, Art. 37 EGBGB Rz. 37; *Freitag*, IPRax 2007, 24 (26 f.).
3 So zum bisherigen Recht BGH 15.12.1986, BGHZ 99, 207 (209) = IPRax 1988, 26 (Anm. *Basedow*, IPRax 1988, 15); *Leible*, in: AnwK, Art. 37 EGBGB Rz. 33; *Heitmann*, S. 88 ff.; *Martiny*, in: MünchKomm, Art. 37 EGBGB Rz. 40 ff.; *Magnus*, in: Staudinger, Art. 37 EGBGB Rz. 44 ff.
4 Insbes. BGH 15.12.1986, BGHZ 99, 207 = IPRax 1988, 26 (Anm. *Basedow*, IPRax 1988, 15); *Magnus*, in: Staudinger, Art. 37 EGBGB Rz. 44 ff.
5 Vgl. Art. 3 Rom I-VO.
6 BGH 15.12.1986, BGHZ 99, 207 (210) = NJW 1987, 1145 = IPRax 1988, 26 (Anm. *Basedow*, IPRax 1988, 15); BGH 25.10.2005, BGHZ 164, 361 (365) = IPRax 2007, 43 (Anm. *Freitag*, IPRax 2007, 24); *Böse*, S. 15 ff. (m. Nachw. zur älteren Rechtsprechung); *von Bar*, Festschr. W. Lorenz (1991), S. 273 (286 ff.); *von Hoffmann*, in: Soergel, Art. 37 EGBGB Rz. 39 aE; *Leible*, in: AnwK, Art. 37 EGBGB Rz. 34; *Magnus*, in: Staudinger, Art. 37 EGBGB Rz. 50.

derheiten des Papiers stets gegen das auf die verbriefte Forderung anwendbare Recht durchsetzen.

Wortlaut und Systematik des Art. 1 Abs. 2 lit. d Rom I-VO legen an sich nahe, dass die Rom I-VO jedenfalls im Grundsatz auf den verbrieften Zahlungsanspruch anwendbar ist, soweit dieser wie im Fall der Anleihe auf einer privatautonomen Willenseinigung der Parteien beruht und damit zu den schuldrechtlichen Verpflichtungen iSd. Art. 1 Abs. 1 UAbs. 2 Rom I-VO zählt. So nimmt der Wortlaut des Art. 1 Abs. 2 lit. d Rom I-VO Verpflichtungen aus Wechseln und Schecks insgesamt und umfassend vom Anwendungsbereich der Rom I-VO aus, während die Ausnahme für „andere Wertpapiere" auf diejenigen Verpflichtungen beschränkt ist, die aus der Handelbarkeit dieser Papiere folgen. Die grundsätzliche Anwendbarkeit der Rom I-VO auf den in der Anleihe verbrieften Anspruch scheint ferner aus der Systematik der Rom I-VO zu folgen[1]: Anleihen zählen zu den „übertragbaren Wertpapieren" iSd. Art. 4 Abs. 1 Nr. 18 lit. b der MiFID (Markets in Financial Instruments Directive)[2] und gem. Art. 4 Abs. 1 Nr. 17 iVm. Anh. I C MiFID damit auch zu den „Finanzinstrumenten" iSd. MiFID. Finanzinstrumente in diesem Sinne aber scheinen soweit sie vertragliche Ansprüche zum Gegenstand haben im Grundsatz der Rom I-VO zu unterliegen. Denn andernfalls scheint Art. 6 Abs. 4 lit. d Rom I-VO, der Verbraucherverträge über „Finanzinstrumente" vom Anwendungsbereich des kollisionsrechtlichen Verbraucherschutzregimes des Art. 6 Rom I-VO ausnimmt, überflüssig zu sein.

1357

Dennoch ist eine **Anwendung der Rom I-VO auf den verbrieften Anspruch insgesamt abzulehnen**. Hierfür wurde zum bisherigen Recht zT angeführt, dass der wertpapierrechtlich verbriefte Anspruch gerade im Interesse seiner Handelbarkeit abstrakt ausgestaltet sei[3]. Dieses Argument überzeugt nur begrenzt, da die Anwendbarkeit der Rom I-VO auf abstrakte Forderungen wie etwa Schuldversprechen oder Garantien gänzlich unbestritten ist. Überzeugender ist es, auf die aus der Gegenauffassung drohende Statutenspaltung abzustellen und anzunehmen, dass es dem **Telos des Art. 1 Abs. 2 lit. d Rom I-VO** widerspräche, Schuldvertrags- und Wertpapierrechtsstatut gegebenenfalls unterschiedlichen Rechten zu unterstellen. Auch Art. 6 Abs. 4 lit. d Rom I-VO steht dem nicht entgegen. Zum einen lässt sich die Bestimmung bereits ihrem Wortlaut nach auch rein deklaratorisch als Bestätigung der wertpapierrechtlichen Besonderheiten verstehen. Zum anderen nimmt Art. 6 Abs. 4 lit. d Rom I-VO auch Finanzinstrumente mit gesellschaftsrechtlichem Hintergrund (namentlich Aktien) vom Anwendungsbereich des Internationalen Verbraucherschutzrechts aus, obwohl gesellschaftsrechtliche Fragestellungen gem. Art. 1 Abs. 2 lit. f

1358

---

1 Dazu *von Hein*, Festschr. Hopt (2008), S. 371 (380); *Mankowski*, TranspR 2008, 417 (420 f.).
2 Richtlinie 2004/39/EG des Europäischen Parlamentes und des Rates vom 21.4.2004 über Märkte für Finanzinstrumente etc., ABl. EU 2004 Nr. L 145, S. 1.
3 *von Bar*, Festschr. W. Lorenz (1991), S. 273 (285 f.); *Mankowski*, TranspR 1988, 410 (412); *von Hoffmann*, in: Soergel, Art. 37 EGBGB Rz. 37.

Rom I-VO ebenfalls bereits nicht dem Anwendungsbereich der Rom I-VO unterliegen, dh. Art. 6 Abs. 4 Rom I-VO auch insoweit deklaratorisch wirkt[1].

1359 **Im Ergebnis** sind auf Anleihen gleichwohl insbes. im Hinblick auf eine etwaige Rechtswahl und die objektive Anknüpfung maßgebliche Bestimmungen des **Internationalen Vertragsrechts entsprechend anzuwenden**. Mit Aufhebung der Art. 27 ff. EGBGB ist insoweit aufgrund autonomen deutschen Rechts im Interesse der Rechtseinheit in Deutschland nicht etwa das bisherige Internationale Vertragsrecht, sondern die Rom I-VO entsprechend heranzuziehen.

4. Anwendung der Rom I-VO auf schuldrechtliche Verträge über Anleihen

1360 Unproblematisch anwendbar ist die **Rom I-VO** dagegen **auf den der Begebung der Anleihe zugrundeliegenden Darlehensvertrag** zwischen Emittent und Anleihegläubiger ebenso wie auf schuldrechtliche **Verträge über die Anleihe**, insbesondere deren Kauf.

II. Anknüpfung

1. Anknüpfung der Zahlungsansprüche gegen den Emittenten aus der Anleihe

1361 **In der Praxis** wird das auf die Leistungspflichten des Emittenten anwendbare Recht in den Anleihebedingungen durchgängig im Wege der **Rechtswahl** bestimmt, an deren Zulässigkeit unabhängig davon, ob man die Anleihe nach der Rom I-VO oder sonstigen kollisionsrechtlichen Grundsätzen anknüpft, keine Zweifel bestehen[2]. Für **Voraussetzungen und Rechtsfolgen der Rechtswahl** bei der Anleihe gelten gleich ob man die Rom I-VO direkt oder iRd. Wertpapierstatuts analog anwendet **keine Besonderheiten**.

1362 Nur ganz ausnahmsweise kommt es, insbesondere in Bezug auf einige wenige „Altfälle" aus dem letzten Jahrhundert, auf die die Rom I-VO nach ihrem Art. 28 intertemporal keine Anwendung findet, auf eine **objektive Anknüpfung** des Zahlungsanspruchs aus der Anleihe an. Im insoweit maßgeblichen bisherigen Recht war die Ermittlung des anwendbaren Rechts umstritten. Nach wohl vorherrschender Auffassung sollte die Anleihe gem. Art. 4 Abs. 2 EVÜ, Art. 28 Abs. 2 EGBGB dem Recht des Staates unterliegen, in dem der Anleiheschuldner seinen gewöhnlichen Aufenthalt hat[3], während andere Autoren

---

1 Ebenso *von Hein*, Festschr. Hopt (2008), S. 371 (380).
2 Oben Rz. 1356.
3 RG 23.6.1927, RGZ 118, 370 (372 ff.); RG 14.11.1929, RGZ 128, 196 (200 f.); BGH 15.12.1986, BGHZ 99, 207 (209 f.) = IPRax 1988, 26 f. (Anm. *Basedow*, IPRax 1988, 15) (zum Orderkonnossement); BGH 25.10.2005, BGHZ 164, 361 (365 f.) = IPRax 2007, 43 (Anm. *Freitag*, IPRax 2007, 24); *Duden*, RabelsZ 9 (1935), 615 (631); *Freitag*, IPRax 2007, 24 ff.; *Magnus*, in: Staudinger, Art. 28 EGBGB Rz. 241; *Grundmann*, in: Bankrechtshandbuch, § 112 Rz. 121; *Leible*, in: AnwK, Art. 28 EGBGB Rz. 142; *Martiny*, in: MünchKomm, Art. 28 EGBGB Rz. 185; *Spickhoff*, in: Bamberger/Roth, Art. 28 EGBGB Rz. 30; *Mankowski*, AG 1998, 11 (20); *Lochner*, S. 52 ff.; *Kegel*, Gedächtnisschr. R. Schmidt (1966), S. 215 (224 f.).

das Recht am Ort der Platzierung der Anleihe (Emissionsort) für maßgeblich hielten[1]. Vertreten wurde auch, dass es einer umfassenden Betrachtung aller im konkreten Fall relevanten Anknüpfungsmerkmale (Emittentensitz, Platzierungsort, verwendete Sprache, erkennbare Ausrichtung der Anleihe an einem bestimmten Recht, Einschaltung von Emissions- oder Garantiebanken) bedürfe[2] oder dass trotz grundsätzlicher Anknüpfung an den Sitz des Anleiheschuldners das Recht des ausländischen Kapitalmarktes maßgeblich sei, falls entweder die gesamte Anleihe oder einzelne ihrer Tranchen auf diesen ausgerichtet waren[3]. Schließlich gingen Bundesgerichtshof[4] und Teile des Schrifttums[5] jedenfalls dann von einer konkludenten Wahl des Rechts des Platzierungsortes aus, wenn sich dort eine Zahlstelle befindet.

2. Anknüpfung von Übertragungsvorgängen

Im Hinblick auf **Änderungen der Rechtsinhaberschaft** an der Anleihe bzw. der in ihr verbrieften Forderung aufgrund von Verfügungen (insbesondere Übertragungen und Belastungen) und gesetzlichen Tatbeständen (etwa Ersitzungen) ist zwischen Tatbeständen, die an das Eigentum an der Urkunde anknüpfen und solchen, die die Forderung unabhängig von der Urkunde adressieren, **zu differenzieren**: 1363

Schuldrechtliche **Rechtsgeschäfte über Anleihen**, etwa Kaufverträge, unterliegen selbstverständlich dem nach der **Rom I-VO** bestimmten Recht[6]. 1364

Im Hinblick auf den **Übergang der Forderung als wertpapierrechtliche Folge des Wechsels der Eigentümerstellung an der Urkunde** bestimmt das Wertpapierrechtsstatut darüber, welche sachenrechtlichen Rechtsänderungen in Bezug auf die Urkunde zugleich die Rechtslage an der Forderung beeinflussen. 1365

Sodann beurteilt das **Recht am Lageort der Urkunde**, dh. das gem. Art. 43 ff. EGBGB zu ermittelnde Wertpapiersachstatut, ob eine derartige **dingliche** 1366

---

1 *Duden*, RabelsZ 9 (1935), 615 (631); *Böse*, S. 57 ff.; *Kronke/Haubold*, in: Kronke/Melis/Schnyder, Rz. L 96, 334; *Kronke*, Rec. des Cours 286 (2000), 245 (349 f.); *Grundmann*, in: Bankrechtshandbuch, § 112 Rz. 121; ebenso das Schweizer Recht, vgl. schweiz. BGE 54 II, 257; schweiz. BGE 88 II, 283, und dasjenige von Liechtenstein, Art. 43 liechtenstein. IPRG.
2 So *Ebenroth*, Festschr. Keller (1989), S. 391 (406 f.), wohl auch *Lochner*, S. 154.
3 OLG Köln 13.9.1935, JW 1936, 203; *Rabel*, RabelsZ 10 (1936), 491 (496 f.); *Böse*, S. 59 f.; *Duden*, RabelsZ 9 (1935), 615 (631); *Kegel*, Gedächtnisschr. R. Schmidt (1966), S. 215 (222 ff.); *Martiny*, in: MünchKomm, Art. 28 EGBGB Rz. 186; *Magnus*, in: Staudinger, Art. 28 EGBGB Rz. 241 aE; *von Hoffmann*, in: Soergel, Art. 28 EGBGB Rz. 190. Die von *Mankowski* (AG 1998, 11 [20]; WuB IV B Art. 37 EGBGB 1.06) vertretene Auffassung, wonach in derartigen Fällen eine konkludente Teilrechtswahl vorliege, dürfte unter Geltung des Art. 3 Abs. 1 Rom I-VO nicht mehr in Betracht kommen.
4 BGH 25.10.2005, BGHZ 164, 361 (366) = IPRax 2007, 43 (Anm. *Freitag*, IPRax 2007, 24).
5 *Mankowski*, WuB IV B Art. 37 EGBGB 2.06.
6 Bereits oben Rz. 1360.

Rechtsänderung eingetreten ist[1]. Demzufolge kann es zu einem **gutgläubigen Anleiheerwerb** nach der lex cartae sitae auch kommen, wenn das auf die verbriefte Forderung anwendbare Recht einen solchen nicht vorsieht und umgekehrt[2]. Auch Eigentumswechsel als Folge **gesetzlicher Erwerbs- bzw. Verlusttatbestände** sind nach dem Belegenheitsrecht zu beurteilen, da ein Auseinanderfallen der Rechtsinhaberschaft an Papier und Forderung mit der unstreitig dem Wertpapierrechtsstatut unterliegenden Frage nach der Qualifikation der Urkunde als Wertpapier (oben Rz. 1352) unvereinbar wäre.

1367 Jedenfalls nach deutsch-rechtlichem Verständnis kann über die verbriefte Forderung auch außerhalb der Urkunde im Wege der **schuldrechtlichen Abtretung des verbrieften Anspruchs** verfügt werden. In einem solchen Fall folgt gem. § 952 BGB das Recht am Papier dem Recht aus dem Papier. Darüber, ob eine derartige isolierte Zession überhaupt gestattet ist, kann richtiger Auffassung nach nur das Wertpapierrechtsstatut, nicht aber das am Lageort der Urkunde geltende Recht entscheiden. Denn die Untrennbarkeit von Forderung und Urkunde zählt zu den für die Wertpapiereigenschaft zentralen Rechtsgrundsätzen und darf daher nicht den Wechselfällen der Belegenheit überlassen bleiben[3]. Demzufolge entscheidet das Wertpapierrechtsstatut auch darüber, ob die Zession gem. § 952 BGB bzw. vergleichbarer Vorschriften ausländischer Rechte den Übergang des Eigentums an der Urkunde auf den Zessionar zur Folge hat.

3. Anknüpfung der Zahlungsansprüche gegen den Emittenten aus dem der Anleihe zugrundeliegenden Vertrag

1368 Soweit eine Rechtsordnung wie die deutsche (oben Rz. 1351) davon ausgeht, dass die Anleihe lediglich einen abstrakten Zahlungsanspruch verbrieft, der einen zeitgleich besicherten darlehensvertraglichen Zahlungsanspruch verstärkt, so gelten für den besicherten Anspruch die allgemeinen internationalvertragsrechtlichen Anknüpfungsregeln der Rom I-VO.

4. Einwirkungen des Personalstatuts des Emittenten

1369 Welches **Organ** eines Emittenten zur Begebung einer Anleihe befugt ist und die betreffenden Rechtsgeschäfte mit Außenwirkung gegenüber den Anleihegläubigern wirksam und mit **Vertretungsmacht** vornehmen kann, bestimmt sich für **privatrechtlich konstituierte Emittenten** nach dem für diese maßgeblichen **Gesellschaftsstatut**. Im deutschen Aktienrecht wird darüber diskutiert, ob die Emission bestimmter Anleihetypen oder die Eingehung eines besonders hohen Verschuldungsgrades nach den „**Holzmüller-Grundsätzen**" der Zustimmung der Hauptversammlung der Aktiengesellschaft bedürfe[4]. Insoweit han-

---

1 Statt aller *Lorenz*, NJW 1995, 176 (177).
2 Näher *Einsele*, Wertpapierrecht, S. 399 ff., mwN. auch zur ausländ. Rechtsprechung.
3 BGH 11.4.1988, BGHZ 104, 145 (149); BGH 26.9.1989, IPRax 1991, 338 (Anm. *Kronke/Berger*, IPRax 1991, 316); *von Bar*, Festschr. W. Lorenz (1991), S. 273 (292 f.).
4 Dazu *Heitmann*, S. 80 ff. mwN.

delt es sich indes bereits sachrechtlich um ein rein internes Zustimmungserfordernis, das vorbehaltlich der Anwendung der Grundsätze des Missbrauchs der Vertretungsmacht, die bei Anleiheemissionen wohl keine Relevanz haben dürften die Wirksamkeit der Emission im Außenverhältnis nicht berührt.

Bei **öffentlich-rechtlichen Emittenten** entscheidet das für diese einschlägige öffentliche Organisationsrecht ihres Heimatstaates über Zulässigkeit und Wirksamkeitsvoraussetzungen der Emission. 1370

5. Kapitalmarktrechtliche Fragestellungen, Prospekthaftung

Bei der Emission börsengehandelter Anleihen sind selbstverständlich die Bestimmungen des am Platzierungsort geltenden Kapitalmarktrechts zu beachten. Soweit diese international zwingend ausgestaltet sind, sind Art. 9 Abs. 2 Rom I-VO (bei inländischer Platzierung) bzw. Art. 9 Abs. 3 Rom I-VO (bei Platzierung im Ausland) anzuwenden, ausf. dazu Rz. 657 f. Ansprüche aus **Prospekthaftung** gegen die Prospektverantwortlichen iRd. Begebung von Anleihen richten sich richtiger Auffassung nach nach dem Recht des Platzierungsortes, ausf. dazu Rz. 1276 f. 1371

III. Besonderheiten von Staatsanleihen

Juristische Personen des öffentlichen Rechts handeln bei Aufnahme von Mitteln am Kapitalmarkt durch **Emission von Anleihen** nicht hoheitlich (acta iure imperii), sondern lediglich **fiskalisch** (acta iure gestionis). Sie stehen daher Personen des Privatrechts rechtlich weitgehend gleich und können sich nicht auf die völkergewohnheitsrechtlich anerkannte Staatenimmunität nach dem Grundsatz „par in parem non habet iudicium" berufen, sondern unterliegen der inländischen Gerichtsbarkeit. Ein in die Anleihedingungen aufgenommener Immunitätsverzicht hat demzufolge lediglich deklaratorische Bedeutung[1]. 1372

Staatliche Emittenten, die Devisenkontrollvorschriften zu ihren eigenen Gunsten erlassen, die die Ausfuhr der zur Begleichung der Anleiheverbindlichkeit erforderlichen Geldmittel in der vereinbarten Währung untersagen, können sich auf derartige Regelungen gegenüber Anleihegläubigern **nicht** gem. **Art. VIII Abschn. 2 (b) S. 1 des IWF-Abkommens** berufen. Denn die genannte Bestimmung des IWF-Abk. ist ausschließlich auf „Devisenkontrakte" anwend- 1373

---

1 BVerfG 6.12.2006, BVerfGE 117, 141 Rz. 23 ff., 35 = IPRax 2007, 438 (Anm. *von Hein*, IPRax 2007, 399) = NJW 2007, 2605 (Anm. *Kleinlein*, NJW 2007, 2591). (Implizit) OLG Frankfurt a.M. 13.6.2006, NJW 2006, 2931 = IPRax 2007, 331 (Anm. *Schefold*, IPRax 2007, 313); LG Frankfurt a.M. 14.3.2003, WM 2003, 783 = IPRspr. 2003 Nr. 111, S. 323; Näher *Lochner*, S. 68 ff.; *Böse*, S. 54 f.; *Pfeiffer/Kopp*, ZvglRW 102 (2003), 563 (573); *Cranshaw*, DZWiR 2007, 133 (unter III.1.a) ff.).

bar, während es sich bei der Anleihe um ein Instrument der Kapitalbeschaffung und damit des Kapitalverkehrs handelt[1].

1374 **Unzulässig** ist auch eine **Berufung** des emittierenden Staates **auf „Staatsnotstand"** wegen seiner angeblichen oder tatsächlichen Zahlungsunfähigkeit, da das Völkergewohnheitsrecht kein entsprechendes Leistungsverweigerungsrecht kennt[2].

1375 Auf die Frage nach der Reichweite eines in den Anleihebedingungen enthaltenen Immunitätsverzichts des Emittenten im Hinblick auf die Möglichkeiten der Gläubiger, im Wege der **Zwangsvollstreckung** auf Auslandsvermögen des Emittenten (einschließlich derjenigen Gegenstände, die seinen diplomatischen und konsularischen Vertretungen dienen) zuzugreifen, ist an dieser Stelle nicht einzugehen.

IV. Eingriffsrecht

1376 Zahlungsansprüche aus Anleihen unterliegen den allgemeinen Grundsätzen über die Anwendung inländischer und die Wirkungsverleihung ausländischer Eingriffsnormen gem. Art. 9 Abs. 2 bzw. Abs. 3 Rom I-VO (dazu ausf. oben Rz. 571 ff.). Hinzu kommen die Besonderheiten in Bezug auf Devisentransferbeschränkungen nach dem IWF-Abkommen; insoweit ist auf die oben Rz. 1373 sowie ausf. Rz. 671 ff. gemachten Ausführungen zu verweisen.

1377–1390 Frei.

---

1 OLG Frankfurt a.M. 29.9.2006 – 8 U 60/03 (Ablehnung der Nichtzulassungsbeschwerde durch BGH 25.9.2007 – XI ZR 346/06); LG Frankfurt a.M. 14.3.2003, WM 2003, 783 ff. = IPRspr. 2003 Nr. 111, S. 323.
2 BVerfG 8.5.2007, BVerfGE 118, 124 = IPRax 2008, 427 (Anm. *Stadler*, IPRax 2008, 405) = RIW 2007, 690 (Anm. *Kleinlein*, RIW 2007, 695). Ausf. *Pfeiffer*, ZvglRW 102 (2003), 141 ff.

H. Makler- und Kommissionsvertrag

	Rz.		Rz.
I. Maklervertrag	1391	II. Kommissionsvertrag	1396
1. Ausländisches Recht	1391	1. Ausländisches Recht	1396
2. Vertragsstatut	1392	2. Anknüpfung	1397
3. Zwingende Vorschriften	1395		

I. Maklervertrag

Literatur: *Ebenroth*, Kollisionsrechtliche Anknüpfung der Vertragsverhältnisse von Handelsvertretern, Kommissionsagenten, Vertragshändlern und Handelsmaklern, RIW 1984, 165; *Jayme*, Zum Anspruch auf Zahlung eines Maklerhonorars nach italienischem Recht, JbItalR 9 (1996), 89; *Kienle*, Der Maklervertrag im europäischen Zuständigkeitsrecht, IPRax 2006, 614; *Klingmann*, Maklerverträge im Internationalen Privatrecht (1999); *Lierow*, Der Provisionsanspruch des Grundstücksmaklers bei Nichtzustandekommen oder Fehlschlagen des Hauptvertrages im deutschen und englischen Recht (1979); *Zaccaria*, Zur Neuregelung des Maklerrechts in Italien, RIW 1995, 106; *Zaccaria*, Besondere Vertragstypen am Beispiel des Maklerrechts, in: Schmidt-Kessel (Hrsg.), Der gemeinsame Referenzrahmen (2009), S. 113.

1. Ausländisches Recht

Der Maklervertrag ist ausländischen Rechten ebenfalls bekannt (zB mediazione nach Art. 1754 ff. ital. c.c.; Handelsmakler [courtier] nach Art. L 131–1 ff. französ. c.com)[1]. Die Tätigkeit des Immobilienmaklers (agent immobiler) in ist Frankreich gesetzlich geregelt (Loi Hoguet vom 2.1.1970; dazu Dekr. Nr. 72–678 vom 20.7.1972)[2]. Der Maklervertrag (mandat) muss schriftlich geschlossen werden. In anderen Rechtsordnungen (zB Spanien) ist keine Form vorgeschrieben. Im englischen Recht entsprechen dem Makler agent und broker (vgl. Rz. 2481 ff.). 1391

2. Vertragsstatut

Im Rahmen von Maklerverträgen werden **Geschäfte mit Dritten vermittelt**, ohne dass eine ständige Beauftragung vorliegt (vgl. §§ 652 ff. BGB; §§ 93 ff. HGB). Auch für diesen Vermittlungsvertrag gelten die allgemeinen Grundsätze[3]. Bei fehlender Rechtswahl ist im Allgemeinen das Recht am gewöhnlichen 1392

---

1 *Sonnenberger/Dammann*, Franz. Handels- und Wirtschaftsrecht, 3. Aufl. (2008), Rz. II 104.
2 Näher IPG 1982 Nr. 2 (Freiburg); IPG 2002 Nr. 6 (Hamburg); IPG 2002 Nr. 7 (Hamburg).
3 Zur Vereinbarung deutschen Rechts s. etwa BGH 16.1.1991, IPRspr. 1991 Nr. 31 (LS) = NJW-RR 1991, 1073; OLG München 24.3.2000, IPRspr. 2000 Nr. 22 = VersR 2001, 459 (Versicherungsmakler).

Aufenthalt des Maklers anzuwenden (Art. 4 Abs. 1 lit. b Rom I-VO). Es handelt sich um eine Dienstleistung. Dies führt für eine Gesellschaft zum **Recht der Hauptverwaltung**, für eine natürliche Person zum Recht der **Hauptniederlassung** (Art. 19 Abs. 1 Rom I-VO). Schon bislang war das Recht der gewerblichen Niederlassung des Zivil- oder Handelsmaklers anzuwenden (Art. 28 Abs. 2 S. 2 EGBGB), da dieser die charakteristische Leistung erbringt[1]. Entsprechendes gilt für Verträge mit Schiffsmaklern und Schiffsagenten[2]. An das Recht am Sitz des Maklers knüpfen auch andere Rechtsordnungen an (vgl. Art. 20 Nr. 4 jugoslaw. IPRG von 1982; allgemein für „Dienstleistungsverträge" Art. 117 Abs. 3 lit. c schweiz. IPRG)[3].

1393 Besondere Umstände können zur Maßgeblichkeit eines anderen Rechts führen, insbesondere dann, wenn sich aus der Gesamtheit der Umstände ergibt, dass der Vertrag **engere Verbindungen** mit einem anderen Staat aufweist (Art. 4 Abs. 3 Rom I-VO)[4]. Die deutsche Rechtsprechung hat – was heute wegen der gesunkenen Bedeutung dieses Gesichtspunkts zweifelhaft erscheint – zuweilen auch auf die gemeinsame Staatsangehörigkeit abgestellt[5].

Auf die Niederlassung des Maklers kommt es auch für **Immobilienmaklerverträge** an; es handelt sich um keinen Grundstücksvertrag iSd. Art. 4 Abs. 1 lit. c Rom I-VO[6]. Der Maklervertrag hat eine Dienstleistung, aber kein dingliches Recht zum Gegenstand. Dagegen ist beim **Börsenmakler** zweifelhaft, ob statt auf die Niederlassung[7] wegen der besonderen Verhältnisse an der Börse auf den Börsenort abgestellt werden sollte[8]. – Näher zu Brokerverträgen Rz. 2481 ff.

Wird vom (Haupt-)Makler ein **Untermakler** eingeschaltet, so ist das Verhältnis zwischen Haupt- und Untermakler durch die Leistung des Letzteren gekenn-

---

1 So nach Art. 28 Abs. 2 EGBGB (Art. 4 Abs. 2 EVÜ) LG Frankfurt a.M. 12.1.1994, IPRspr. 1994 Nr. 22 = RIW 1994, 778 (dän. Makler); *Ebenroth*, RIW 1984, 169; *Klingmann*, S. 35; *von Bar*, II Rz. 498; *Hohloch*, in: Erman, Art. 28 EGBGB Rz. 48, 53; *Thorn*, in: Palandt, Art. 28 EGBGB Rz. 16; IPG 1987/88 Nr. 19 (Osnabrück) (französ. Makler). S. auch *Schütze*, in: Assmann/Schütze, Handbuch des Kapitalanlagerechts, 2. Aufl. (1997), § 10 Rz. 11.
2 *Mankowski*, Seerechtliche Vertragsverhältnisse (1995), S. 453 ff.
3 *Keller/Kren Kostkiewicz*, in: ZürchKomm, Art. 117 IPRG Rz. 107. – Zu den USA *Weitnauer*, Vertragsschwerpunkt (1981), S. 108 ff.
4 Ebenso schon OLG Koblenz 10.10.1972, IPRspr. 1974 Nr. 1a = OLGZ 1975, 379 (Vermittlung von Waffenkäufen durch Deutschen mit Wohnsitz in Frankreich an die Republik Portugal. Portugies. Recht angewendet).
5 OLG Frankfurt a.M. 4.4.1973, IPRspr. 1973 Nr. 6 = AWD 1973, 558 (Charterflugvertrag zwischen deutscher Gesellschaft und deutscher Zweigniederlassung einer amerikan. Gesellschaft vermittelt durch einen US-Amerikaner mit deutscher Niederlassung. Da Vertrag zwischen zwei US-Amerikanern, amerikan. Recht angewendet. Auch, dass für den Hauptvertrag deutsches Recht galt, war nicht entscheidend).
6 So zu Art. 28 Abs. 3 EGBGB *Magnus*, in: Staudinger, Art. 28 EGBGB Rz. 264. Ebenso *Czernich*, in: Czernich/Heiss, Art. 4 EVÜ Rz. 128.
7 So für Freiverkehrsmakler *von Hoffmann*, in: Soergel, Art. 28 EGBGB Rz. 246.
8 *Vischer/Huber/Oser*, Rz. 452. – Wohl auch *Magnus*, in: Staudinger, Art. 28 EGBGB Rz. 264.

zeichnet[1]. Eine akzessorische Anknüpfung an das Recht des Hauptmaklervertrages findet hingegen nicht statt[2].

Die für den Maklervertrag geltende Rechtsordnung wird grundsätzlich **unabhängig** davon bestimmt, welchem Recht der **vermittelte Vertrag** untersteht[3]. Nur gelegentlich hat man das Recht des vermittelten Vertrages für maßgeblich gehalten[4]. Auf das Statut des vermittelten Vertrages kommt es jedoch insofern an, als es um die Vorfrage geht, ob der Makler einen wirksamen Vertrag vermittelt hat[5]. Dies ist für die Erfüllung seiner eigenen Vertragspflichten von Bedeutung[6].

1394

Das Vertragsstatut entscheidet vor allem darüber, wann ein Anspruch auf **Maklerprovision** entstanden ist[7]. Das ist im Allgemeinen der Fall, wenn die Maklertätigkeit zum Vertragsabschluss geführt hat[8].

3. Zwingende Vorschriften

Als inländische international zwingende Norm kommt die Anordnung der Unwirksamkeit bestimmter Vereinbarungen der Arbeitsvermittlung (§ 297 SGB III) in Betracht, die nach Art. 9 Abs. 2 Rom I-VO durchzusetzen ist[9].

1395

II. Kommissionsvertrag

Literatur: *Ebenroth*, Kollisionsrechtliche Anknüpfung der Vertragsverhältnisse von Handelsvertretern, Kommissionsagenten, Vertragshändlern und Handelsmaklern, RIW 1984, 165; *Einsele*, Wertpapierrecht als Schuldrecht (1995); *Mankowski*, Internationales Privatrecht, in: Spindler/Wiebe (Hrsg), Internet-Auktionen und Elektronische Marktplätze, 2. Aufl. (2005), S. 435; *Stoll*, Kollisionsrechtliche Fragen beim Kommissionsgeschäft unter Berücksichtigung des internationalen Börsenrechts, RabelsZ 24 (1959), 601.

---

1 *Magnus*, in: Staudinger, Art. 28 EGBGB Rz. 264.
2 Anders OLG Düsseldorf 20.6.1997, IPRspr. 1997 Nr. 40 = RIW 1997, 780.
3 *Magnus*, in: Staudinger, Art. 27 EGBGB Rz. 81, Art. 28 EGBGB Rz. 265.
4 BGH 17.4.1956, IPRspr. 1956/57 Nr. 55 = Hansa 1956, 1711 (Niederländ. und deutscher Makler vermitteln Frachtvertrag, der deutschem Recht unterlag. Einheitlich deutsches Recht angewendet); LG Hamburg 3.7.1973, IPRspr. 1973 Nr. 9 (Hamburger Schiffsmakler vermittelte Chartervertrag, der dän. Recht unterstellt wurde und Provisionsanspruch regelte. Stillschweigende Wahl dän. Rechts). Vgl. auch *Kegel/Schurig*, S. 665.
5 *von Hoffmann*, in: Soergel, Art. 28 EGBGB Rz. 248.
6 S. BGH 16.1.1991, IPRspr. 1991 Nr. 31 (LS) = NJW-RR 1991, 1073 (behördliche Genehmigung nach brasilian. Recht); LG Oldenburg 14.11.1983, RIW 1985, 576 (Schadensersatzanspruch gegen Grundstücksmakler nach deutschem Recht, der unter Verletzung von Aufklärungspflichten einen span. Recht unterliegenden Kaufvertrag mit einem Nichtberechtigten vermittelte, so dass der Kunde kein Eigentum erwerben konnte.).
7 Zum italien. Recht LG Stuttgart 29.1.1996, IPRspr. 1996 Nr. 27 = JbItalR 9 (1996), 200 (m. Gutachten *Jayme*, JbItalR 9 [1996], 89).
8 LG Essen 10.3.1983, IPRspr. 1983 Nr. 21 (Provisionsanspruch irak. Maklers, der die Lieferung von Gasturbinen in den Irak vermittelt hatte, irak. Recht unterstellt). – Zum dän. Maklerrecht s. IPG 1973 Nr. 4 (Hamburg).
9 Zum alten Recht *Magnus*, in: Staudinger, Art. 28 EGBGB Rz. 269.

1. Ausländisches Recht

1396 Nach deutschem Recht kauft oder verkauft der Kommissionär im eigenen Namen gewerbsmäßig Waren oder Wertpapiere des Kommittenten (§ 383 Abs. 1 HGB). Abgesehen von Bestrebungen in Art. 3:301 ff. PECL sowie in Art. IV.D.1:101 ff. DCFR, auch die mittelbare Vertretung zu erfassen, gibt es keine Vereinheitlichung des Rechts der Kommission. Auch andere Rechtsordnungen kennen vielfach den Kommissionär (zB den „commissionaire" des französ. Rechts[1], Art. 765–773 poln. ZGB). Auch das tschechische HGB kennt als handelsrechtlichen Vertriebsvertrag den Kommissionsvertrag. Im englischen Recht stellt sich die Problematik anders wegen der Zulässigkeit der verdeckten Stellvertretung (undisclosed agency).

2. Anknüpfung

1397 Auf den Kommissionsvertrag findet mangels anderer Vereinbarung (Art. 3 Rom I-VO) das Recht am gewöhnlichen Aufenthalt des Kommissionärs Anwendung (Art. 4 Abs. 1 lit. b Rom I-VO). Dies führt für eine Gesellschaft zum Recht der Hauptverwaltung, für eine natürliche Person zum Recht der gewerblichen **Niederlassung** (Art. 19 Abs. 1 Rom I-VO)[2]. Auf das Recht am Sitz des Kommissionärs stellen auch andere Rechtsordnungen ab (vgl. allgemein für „Dienstleistungsverträge" Art. 117 Abs. 3 lit. c schweiz. IPRG)[3]. Der Kommissionär erbringt eine Dienstleistung, so dass ein Verbrauchervertrag iSd. Art. 6 Rom I-VO vorliegen kann[4] (dazu näher Rz. 4181 ff.). – Zu Finanzmarktverträgen s. Rz. 2356.

Besitzt der Kommissionär eine ausländische Zweigniederlassung, so gilt das dortige Recht nicht schon deshalb, weil dort lediglich der Auftrag eingegangen ist[5]. Vielmehr muss der Vertrag im Rahmen des Betriebs der Zweigstelle oder -niederlassung geschlossen worden sein oder letztere muss für die Erfüllung des Vertrages verantwortlich gewesen sein (Art. 19 Abs. 2 Rom I-VO).

1398 Entsprechend den allgemeinen Regeln unterliegen die einzelnen Rechte und Pflichten der Parteien dem Vertragsstatut (Art. 12 Rom I-VO). Dieses entscheidet auch über die Zulässigkeit und die Voraussetzungen eines Selbsteintrittsrechts des Kommissionärs (vgl. § 400 HGB)[6].

---

1 S. *Sonnenberger/Dammann*, Franz. Handels- und Wirtschaftsrecht, 3. Aufl. (2008), Rz. II 101 ff.
2 Zu Art. 28 Abs. 2 EGBGB BGH 30.4.2003, NJW-RR 2003, 1582 (Verwertung von Gurken in den Niederlanden); *Mankowski*, in: Spindler/Wiebe, Rz. 91; *Einsele*, S. 393 f.; *Hohloch*, in: Erman, Art. 28 EGBGB Rz. 53; *Magnus*, in: Staudinger, Art. 28 EGBGB Rz. 270. – Vgl. schon *Stoll*, RabelsZ 24 (1959), 614; *Ebenroth*, RIW 1984, 168.
3 S. *Keller/Kren Kostkiewicz*, in: ZürchKomm, Art. 117 IPRG Rz. 78, 110 (Kommissionär). – S. auch Art. 1211 Abs. 3 Nr. 7, 14 russ. ZGB.
4 Zum alten Recht *Mankowski*, in: Spindler/Wiebe, Rz. 91, 97.
5 *Einsele*, S. 394 – Vgl. bereits *Stoll*, RabelsZ 24 (1959), 616 f.
6 *Einsele*, S. 394 f. – Ebenso bereits *Stoll*, RabelsZ 24 (1959), 608 ff., 614 ff.

Das Vertragsverhältnis des Kommissionärs mit dem Abnehmer oder Veräußerer (**Ausführungsgeschäft**) ist selbständig nach den Art. 3 ff. Rom I-VO anzuknüpfen. Dafür kann also ein anderes Recht maßgeblich sein als für den Kommissionsvertrag[1].

Frei.   1399–1410

---

1 *Einsele*, S. 393.

J. Anwaltsvertrag

	Rz.		Rz.
I. Anwendbares Recht	1411	a) Anerkennung von Quota litis-Vereinbarungen mit ausländischen Anwälten	1441
1. Anknüpfung kraft Rechtswahl	1411	b) Höhe des Erfolgshonorars und deutscher ordre public	1446
a) Rechtswahl	1411	5. Sonderanknüpfung deutschen Eingriffsrechts	1448
b) Internationales Verbrauchervertragsrecht	1414	a) Sonderanknüpfung von Vorschriften der BRAO	1448
aa) Persönlicher Anwendungsbereich	1414	b) Sonderanknüpfung von Vorschriften des RDG	1449
bb) Situativer Anwendungsbereich	1417	**II. Besonderheiten bei der auslandsbezogenen Tätigkeit deutscher Rechtsanwälte**	1452
cc) Ausnahme nach Art. 6 Abs. 4 lit. a Rom I-VO	1422	1. Haftungsrecht	1452
2. Objektive Anknüpfung	1423	2. Kosten- und Gebührenrecht	1458
a) Grundsatz	1423	3. Anwaltswerbung	1463
b) Mehrere Niederlassungen einer Sozietät	1425	4. Durchsetzung von Honoraren im Ausland	1469
c) Internationale Anwaltskooperationen	1431	5. Berufshaftpflichtversicherungsdeckung	1472
d) Mehrere unverbundene Anwaltssozietäten	1433	**III. Zusammenfassung mit Handlungsanleitung**	1473
e) Widerlegung der Vermutung über Art. 4 Abs. 3 Rom I-VO	1434		
3. Third Party Legal Opinions	1436		
4. Erfolgshonorare (Quota litis-Vereinbarungen) und Eingreifen des deutschen ordre public	1441		

Literatur bis 2003 s. 6. Aufl. Rz. 2088.

Danach: *Bettinger*, Englische LLP und Anwaltshaftung in Deutschland (2009); *Bormann*, Die Deregulierung des Rechtsberatungsmarktes und die Gefährdung der anwaltlichen Unabhängigkeit, ZZPInt 8 (2003), 3; *Buyle*, Honoraires d'un avocat intervenant à la requête d'un correspondant étranger: droit applicable, compétence et détermination du débiteur de l'état litigieux, Rev.gén.dr.civil belge 2003, 333; *Henssler*, Die Zulassung ausländischer Anwaltsgesellschaften in Deutschland, Festschr. Felix Busse (2005), S. 127; *Henssler*, Anwaltliche Berufspflichten bei grnezüberschreitender Tätigkeit, NJW 2009, 1556; *Henssler/Mansel*, Internationalrechtliche Haftungsfragen beim Auftreten einer anwaltlich tätigen Limited Liability Partnership (LLP) englischen Rechts in Deutschland, Festschr. Horn (2006), S. 403; *Henssler/Mansel*, Die Limited Liability Partnership als Organisationsform anwaltlicher Berufsausübung, NJW 2007, 1393; *M. Kilian*, Erlaubnisfreie Rechtsdienstleistungen im grenzüberschreitenden Dienstleistungsverkehr?, RIW 2008, 373; *M. Kilian*, Vorübergehende grenzüberschreitende Rechtsdienstleistungen, AnwBl. 2008, 394; *Kilger*, Freie Advokatur international, Festschr. Busse (2005), S. 203; *Knöfel*, Grundfragen der internationalen Berufsausübung von Rechtsanwälten (2005); *Knöfel*, Elektronische Rechtsberatung – Internationalrechtliche Aspekte und österreichisches Berufsrecht, MR-Int 2005, 140; *Knöfel*, Neues Anwalts-Kollisionsrecht: Berufspflichten ausländischer Anwälte am US-Kapitalmarkt, AnwBl. 2005, 669; *Knöfel*, Der Anwaltsvertrag mit der internationalen Sozietät, BRAK-Mitt. 2006, 156; *Knöfel*, Internationales Sozietätsrecht, RIW 2006, 87; *Knöfel*, Unerlaubte Rechtsberatung nach Deutschland hinein!, AnwBl. 2007, 264; *Knöfel*, Zulassung einer „Anwalts-Ltd." als Rechtsanwaltsgesellschaft?, AnwBl. 2007, 742; *Knöfel*, Internationales Lauterkeitsrecht contra

Sonderrecht der Dienstleistungsaufsicht – Disharmonien im Recht der grenzüberschreitenden Berufstätigkeit, RIW 2008, 552; *Knöfel*, Internationales Privat- und Verfahrensrecht: Der nachlässige Rechtsanwalt, JuS 2008, 708; *Krystinik*, The Complex Web of Conflicting Disciplinary Standards in International Litigation, 38 Tex. Int'l L. J. 815 (2003); *Mankowski*, Der europäische Erfüllungsortsgerichtsstand bei grenzüberschreitenden Anwaltsverträgen, AnwBl. 2006, 806; *Mankowski*, Rechts- und Steuerberatung mit Auslandsberührung, ZErb 2007, 406; *Mankowski*, Honorarklagen bei Privatmandaten aus dem EU-Ausland, AnwBl. 2008, 358; *Mankowski*, Vergütungsfestsetzung bei Mandaten aus dem EU- und Nicht-EU-Ausland, AnwBl. 2008, 124; *Martiny*, Inländische gewerbe-, berufs- und preisrechtliche Vorschriften als international zwingende Normen, Festschr. Heldrich (2005), S. 907; *McComish*, Foreign Legal Professional Privilege: A New Problem For Australian Private International Law, 28 Sydney L. Rev. 297 (2006); *Moore*, Regulating Law Firm Conflicts in the 21st Century: Implications of the Globalization of Legal Services and the Growth of the „Mega Firm", 18 Geo. J. Legal Ethics 521 (2005); *Needham*, Practising Non-U.S. Law in the United States: Multijurisdictional Practice, Foreign Legal Consultants and Other Aspects of Cross-Border Legal Practice, 15 Mich. St. J. Int'l L. 605 (2007); *Pott/Schons*, Rechtsprechung zur Frage des internationalen Gerichtsstands für eine Honorarklage eines deutschen Rechtsanwalts, AGS 2008, 313; *R. Römermann*, Der Anwalt in Deutschland und anderswo – Eine grenzüberschreitende Darstellung der Anwaltstätigkeit in europäischen Ländern, Festschr. Hartung (2008), S. 145; *Schmidt-Kessel/Kopp*, Zur berufsrechtlichen Behandlung von Zweigniederlassungen ausländischer Rechtsanwaltsgesellschaften, GPR 2008, 221; *Schmidt-Kessel/Kopp*, Entscheidungsanmerkung, EWiR Art. 43 EG 3/08, 587; *O. Sieg*, Haftpflicht der Anwälte bei internationalen Tätigkeiten, SZIER 2004, 395; *Spickhoff*, Zwingendes Gebührenrecht und Internationales Vertragsrecht, IPRax 2005, 125; *A. Staudinger*, Erfolgshonorare und quota litis-Vereinbarungen im Internationalen Privatrecht, IPRax 2005, 129; *R. Stürner/Bormann*, Der Anwalt – vom freien Beruf zum dienstleistenden Gewerbe?, NJW 2004, 1481; *Triebel/Silny*, Die persönliche Haftung der Gesellschafter einer in Deutschland tätigen englischen Rechtsanwalts-LLP, NJW 2008, 1034; *Wild*, Die anwaltliche Verschwiegenheitspflicht in Deutschland und Frankreich unter besonderer Beachtung der sich aus dem grenzüberschreitenden Rechtsverkehr ergebenden Kollisionsfälle (2008); *Yeowart*, Principles for Giving Opinion Letters on English Law in Financing Transactions, (2003) 18 JIBFL, 164.

I. Anwendbares Recht

1. Anknüpfung kraft Rechtswahl

a) Rechtswahl

Die Parteien des Rechtsanwaltsvertrages, Rechtsanwalt und Mandant, können grundsätzlich das auf ihren Vertrag anwendbare Recht nach Art. 3 Abs. 1 Rom I-VO wählen[1]. Es gelten die allgemeinen Regeln (vgl. Rz. 85 ff.)[2]. Eine Rechtswahl ist insbesondere bei Beteiligung mehrerer Niederlassungen am konkreten

1411

---

1 S. nur OLG Frankfurt a.M. 1.3.2000, RIW 2001, 374 = NJW-RR 2000, 1369 = IPRax 2002, 399 (Aufs. *Krapfl*, IPRax 2002, 380); *Bendref*, AnwBl. 1998, 309; *O. Sieg*, in: Zugehör (Hrsg.), Handbuch der Anwaltshaftung (1999), Rz. 171; *Pisani*, IPRax 2001, 293 (295); *Buyle*, Rev.gén.dr.civil belge 2003, 333 f.; *Knöfel*, Grundfragen der internationalen Berufsausübung von Rechtsanwälten (2005), S. 248 ff.
2 S. nur *Eisenberg*, Das Internationale Privatrecht der Anwaltshaftung (1998), S. 39; *M. Kilian*, in: Henssler/Streck (Hrsg.), Handbuch des Sozietätsrechts (2001), Rz. H 156.

Mandat – jedenfalls bei Nicht-Verbrauchermandaten[1] – anzuraten, um allen Anknüpfungsunsicherheiten aus dem Wege zu gehen[2]. Wichtig ist das Treffen einer Rechtswahlabrede ex ante: Eine nachträgliche, lediglich aus prozesstaktischen Erwägungen getroffene Rechtswahlvereinbarung wird sich nicht gegen die Bestimmung des Vertragsstatutes nach Art. 4 Rom I-VO durchsetzen[3].

1412 Anwaltsverträge, insbesondere solche im internationalen Geschäft, werden grundsätzlich individuell ausgehandelt; ihnen liegen in der Regel keine AGB zugrunde[4]. Existieren solche **Geschäftsbedingungen**, so enthalten sie zudem keine ausdrücklichen Rechtswahlklauseln. Ein typisches Beispiel bieten die Mandatsbedingungen für Rechtsanwälte der Hans-Soldan-Stiftung[5]. Sie enthalten nur eine Gerichtsstandsklausel (Nr. 8), die darüber hinaus durch die ausdrückliche Bezugnahme auf den *gesetzlichen* Gerichtsstand des Erfüllungsortes in § 29 ZPO ihre Wirkung als Indiz für eine stillschweigende Wahl deutschen Rechts abschwächt.

1413 Das Statut des Anwaltsvertrages ist streng getrennt zu sehen von dem Statut einer eventuell erteilten Vollmacht für den Anwalt, vor allem einer Prozessvollmacht. Letztere unterliegt zwingend dem Recht des Prozessortes, wenngleich dieses – wie zB in Russland[6] – der effektiven anwaltlichen Vertretung im Schieds- und zivilprozessualen Streitverfahren sehr abträglich sein kann. Der Anwaltsvertrag ist **unabhängig von der Vollmacht**[7]. Die Erteilung einer Prozessvollmacht begründet äußerstenfalls ein Indiz für eine stillschweigende Wahl des Rechts des Prozessortes auch für den Anwaltsvertrag, wenn weitere in diese Richtung weisende Indizien vorhanden sind.

b) Internationales Verbrauchervertragsrecht

aa) Persönlicher Anwendungsbereich

1414 Handelt der Mandant als privater Verbraucher, dh. erbringt der Rechtsanwalt seine anwaltlichen Dienstleistungen zu einem Zweck, der nicht der beruflichen oder gewerblichen Sphäre des Mandanten zuzurechnen ist, setzt **Art. 6 Abs. 2 Rom I-VO** der Rechtswahlfreiheit eine gewisse Schranke: Der private Zweck des zu besorgenden oder betreuenden Geschäfts des Mandanten färbt

---

1 S. zur Rechtswahl bei Verbrauchermandaten *Mankowski*, AnwBl. 2001, 249 (257).
2 S. nur *O. Sieg/Holtmann*, ZAP 1999, 471 (473) = ZAP Fach 23, S. 387, 389 (12.5.1999); *Mankowski*, AnwBl. 2001, 249 (256).
3 *Knöfel*, Grundfragen der internationalen Berufsausübung von Rechtsanwälten (2005), S. 250; für den Steuerberatervertrag LG Essen 20.6.2001, RIW 2001, 943 = IPRax 2002, 396 (Aufs. *Krapfl*, IPRax 2002, 380).
4 *Bendref*, AnwBl. 1998, 309 (310).
5 Abgedr. bei: *Locher*, in: Langenfeld (Hrsg.), Münchener Vertragshandbuch IV/1: Bürgerliches Recht, 4. Aufl. (1998), Abschn. VI.8., S. 1235.
6 *Peterson/Wedde*, WiRO 2002, 12 (13 f.).
7 S. nur *M. Kilian*, in: Henssler/Streck (Hrsg.), Handbuch des Sozietätsrechts (2001), Rz. H 156.

auf den Charakter des Anwaltsvertrages ab[1]. Anwaltsverträge über Beratung beim Erwerb einer privaten Yacht oder Betreuung einer Scheidung zB fallen in den persönlichen Anwendungsbereich des Art. 6 Rom I-VO[2], ebenso Unterhaltssachen[3]. Die einkommensteuerrechtliche Betreung zählt zum Privatbereich des Mandanten, soweit nicht Einkünfte aus selbständiger oder einzelunternehmerischer Tätigkeit in Rede stehen; entsprechendes gilt für Strafverteidigungsmandate[4]. Eine Erbschaftsangelegenheit ist ebenfalls in aller Regel Privatsache; daher fällt ihre anwaltliche Betreuung sachlich unter Art. 6 Rom I-VO[5]. Der Mandant muss in privater Kapazität handeln. Umfang der befangenen Summe oder Umfang und Komplexität des Mandats spielen keine Rolle[6]. Als persönliche Angelegenheiten des Mandanten lassen sich darüber hinaus zB denken: Grundstückserwerb; Grundstücksverkauf; Ordnungswidrigkeiten; Erwerb oder Verkauf von Kunstgegenständen; Wohnungsmiete[7].

Der Anwalt ist unproblematisch „Unternehmer", denn er agiert im Rahmen seiner selbständigen beruflichen Tätigkeit. Der Begriff des „Unternehmers" ist funktionell und verlangt keine Gewerblichkeit im Sinne des deutschen Rechts. Er meint eigentlich „eigentätig professionell"[8]. 1415

Allerdings ist bei Mandaten, die sich auf Organpersonen, leitende Angestellte oder Arbeitnehmer von Unternehmen beziehen, genau zu untersuchen, wer Vertragspartner des Anwalts ist; Mandat kann dann die betreffende Person selbst sein, das Mandat kann aber auch von dem Unternehmen erteilt sein[9]. Wer Vertragspartner ist, bestimmt sich gem. Art. 10 Abs. 1 Rom I-VO als Frage des Zustandekommens nach dem prospektiven Vertragsstatut, also dem Recht, das anzuwenden wäre, wenn die Person, deren Mandanteneigenschaft geprüft wird, Mandant wäre[10]. Ob ein Vertrag ein Verbrauchervertrag ist, beurteilt sich ebenso nach dem Recht, das anwendbar wäre, wenn der Mandat Verbraucher wäre[11]. Ob Art. 6 Rom I-VO persönlich eingreift, ist vorrangig zu prüfen[12]. 1416

bb) Situativer Anwendungsbereich

Der sachliche Anwendungsbereich des Art. 6 Rom I-VO ist unproblematisch gegeben, da Anwaltsverträge Verträge über das Erbringen von Dienstleistungen 1417

---

1 *Mankowski*, AnwBl. 2001, 249 (251); *Mankowski*, AnwBl. 2008, 358; vgl. auch *Klingmann*, Maklerverträge im Internationalen Privatrecht (1999), S. 108 zum insoweit parallel gelagerten Maklervertrag.
2 *Mankowski*, AnwBl. 2001, 249 (251).
3 *C. Berger*, NJW 2001, 1530 (1533).
4 *Mankowski*, AnwBl. 2001, 249 (251).
5 OLG Frankfurt a.M. 1.3.2000, RIW 2001, 374 (375 f.) = NJW-RR 2000, 1369 (1370) (dazu *Hohloch*, JuS 2000, 818); *Jayme/C. Kohler*, IPRax 2001, 501 (512).
6 *Mankowski*, AnwBl. 2008, 358.
7 *Mankowski*, AnwBl. 2004, 63; *Mankowski*, AnwBl. 2008, 358.
8 *Mankowski*, AnwBl. 2008, 358.
9 *Mankowski*, AnwBl. 2001, 249 (251).
10 S. *Mankowski*, EWiR Art. 28 EGBGB 1/2000, 333 (334).
11 *Mankowski*, RIW 1995, 1034 (1035); *Mankowski*, AnwBl. 2001, 249 (250 f.).
12 S. *Jayme/C. Kohler*, IPRax 2000, 454 (463 f.).

sind[1]. Neben diesem und dem persönlichen Anwendungsbereich des Art. 6 Rom I-VO muss auch dessen situativer Anwendungsbereich eröffnet sein. Wenn einer der (disjunktiven) Tatbestände der Buchstabe n a oder b des Art. 6 Abs. 1 Rom I-VO erfüllt ist, kann eine Rechtswahlvereinbarung laut Art. 6 Abs. 2 S. 2 Rom I-VO nicht zu einem für den Mandanten ungünstigeren Ergebnis führen, als es nach dem ohne Rechtswahl gem. Art. 6 Abs. 1 Rom I-VO anwendbaren Recht des gewöhnlichen Aufenthalts des Mandanten gegeben wäre. Wegen der Notwendigkeit eines Auftretens des Rechtsanwalts auf dem Vertragsabschlussmarkt des Aufenthaltsstaats des Verbrauchers durch Angebote, Werbung oder Entgegennahme von Aufträgen kommt ein Eingreifen des Internationalen Verbraucherschutzes zunächst in Betracht, wenn der Rechtsanwalt das Mandat während einer Auslandsreise in diesen Staat entgegengenommen hat[2].

1418 Daneben gibt es indes noch drei weitere mögliche Konstellationen[3]: Zum einen kann das Mandat darin bestehen, dass ein Verbraucher den **in seinem Aufenthaltsstaat ansässigen Anwalt beauftragt, Interessen im Ausland** (oder Interessen mit Auslandsbezug) **wahrzunehmen**. Zu denken ist hier etwa an Streitigkeiten um die Finca auf Mallorca oder um die angeblich verdorbene Urlaubsreise nach Kenia. Dabei ist es unerheblich, ob der Anwalt dann seinerseits einen zweiten Anwalt im betreffenden Ausland beauftragt.

1419 Eine zweite Konstellation betrifft **internationale Sozietäten**. In ihr hat die Teilsozietät aus dem einen Staat einen dort ansässigen Privatmann als Mandanten an die Teilsozietät in einem anderen Staat vermittelt. Die Scheidung des Schweizer Geschäftsführers soll zB in Deutschland stattfinden, und die Züricher Teilsozietät hat dieses (Teil-)Mandat an die Frankfurter Teilsozietät weitergegeben. Dabei sind die Aktivitäten der einzelnen Teilsozietäten jeweils dem Anbieter Gesamtsozietät zuzurechnen[4]. In Art. 6 Abs. 1 Rom I-VO kommt es nicht mehr darauf an, wo der Mandant seine Vertragserklärung abgegeben hat. Daher ist nicht mehr zu fragen, ob die Teilsozietät im Aufenthaltsstaat des Verbrauchers dessen Mandatierungserklärung entgegengenommen und weitergeleitet hat oder ob der Verbraucher-Mandant zum Mandatsabschluss zur konkret tätig werdenden Teilsozietät gereist ist, die nicht im Aufenthaltsstaat des Verbrauchers liegt.

1420 Zum Dritten kann sich der im Ausland ansässige Privatmann an eine Sozietät wenden, weil er deren Website im **Internet** abgerufen hat[5]. Websites waren be-

---

1 S. *Mankowski*, AnwBl. 2001, 249 (251) mwN.; *Magnus*, in: Staudinger, Art. 28 EGBGB Rz. 254; *Mankowski*, AnwBl. 2008, 358 sowie LG Hamburg 18.3.1999, IPRspr. 1999 Nr. 175 = RIW 1999, 466 = NJW-RR 2000, 510.
2 *G. Raiser*, NJW 1991, 2049 (2057); *G. Raiser*, AnwBl. 1991, 487 (495); *Henssler*, JZ 1994, 178 (185); *O. Sieg*, Internationale Anwaltshaftung (1996), S. 197.
3 *Mankowski*, AnwBl. 2001, 249 (251 f.).
4 Allgemein *Mankowski*, RIW 1997, 990 (991); *Kropholler*, Europäisches Zivilprozessrecht, 6. Aufl. (1998), Art. 13 EuGVÜ Rz. 25 (nicht mehr erwähnt in 8. Aufl. [2005]).
5 Zu den Streitigkeiten um die situative Anwendbarkeit des Art. 29 Abs. 1 Nr. 1 Var. 2 EGBGB auf Websites eingehend *Mankowski*, RabelsZ 63 (1999), 203 (234–250); *Mankowski*, MMR-Beilage 7/2000, 22 (24–36).

reits Werbemittel im Sinne des Art. 29 Abs. 1 Nr. 1 Var. 2 EGBGB[1]. Sie machen auf Existenz und Angebot der Sozietät aufmerksam[2]. Für Art. 29 Abs. 1 Nr. 1 Var. 2 EGBGB ließ sich Werbung definieren als Information, die ein Unternehmer in Umlauf setzt, um potentielle Kunden auf sein Angebot an Waren und Dienstleistungen aufmerksam zu machen und dadurch den Absatz seiner Produkte zu fördern[3]. Ob und inwieweit echte Werbung um einzelne Mandate Anwälten nach deren Berufs- und Standesrecht erlaubt ist, spielt hier keine entscheidende Rolle[4], weil der kollisionsrechtliche Werbungsbegriff weiter ist als jener zumindest des deutschen Standesrechts.

Wendet sich ein im Ausland ansässiger prospektiver Mandant dagegen an die örtliche Anwaltskammer und lässt sich von dieser eine Liste möglicherweise einschlägiger Anwälte zuschicken, aus der er dann den Anwalt auswählt, fehlt es, selbst wenn der Anwalt eine auch im Aufenthaltsstaat des Mandanten abrufbare Website unterhält, an dem nach Art. 6 Abs. 1 und insbesondere Erwägungsgrund 25 Rom I-VO zusätzlich erforderlichen kausalen Verknüpfung zwischen Werbemaßnahme und konkretem Mandatsvertrag[5].

1421

Erst recht fehlt es am nötigen Kausalzusammenhang, wenn der Anwalt nicht einmal eine eigene (passive) Website unterhält, sondern lediglich auf Websites Dritter als mögliche Kontaktperson für Rechtsbesorgung in seinem Niederlassungsstaat genannt wird, der Mandatsvertrag aber ganz unabhängig davon zustande kommt.

cc) Ausnahme nach Art. 6 Abs. 4 lit. a Rom I-VO

Die Ausnahme vom internationalen Verbraucherschutz in Art. 6 Abs. 4 lit. a Rom I-VO (ausschließliche Erbringung der Dienstleistung in einem anderen Staat als jenem des gewöhnlichen Aufenthalts des Verbrauchers) hat für Rechtsanwaltsverträge besondere Bedeutung. Sie greift, wenn ein Rechtsanwalt von einer ausländischen Privatperson mit gewöhnlichem Aufenthalt in

1422

---

1 *Jaburek/Wölfl*, Cyber-Recht (Wien 1997), S. 97; *Mehrings*, CR 1998, 613 (618); *Mankowski*, RabelsZ 63 (1999), 203 (234).
2 Im Ergebnis ebenso *Eisenberg*, Das Internationale Privatrecht der Anwaltshaftung (1998), S. 52.
3 *Mankowski*, RabelsZ 63 (1999), 203 (234) sowie *Trzaskowski*, Legal Aspects of the Internet (Aalborg 1997), S. 35.
4 Tendenziell anders *Eisenberg*, Das Internationale Privatrecht der Anwaltshaftung (1998), S. 50 f.
5 Näher *Mankowski*, IPRax 2008, 333. OLG Karlsruhe 24.8.2007, IPRax 2008, 348 (*Mankowski*, IPRax 2008, 333) (In Spanien ansässige Mandantin lässt sich Liste von der Offenburger Anwaltskammer zuschicken und mandatiert den daraus ausgewählten Offenburger Anwalt für einer Erbschaftsstreitigkeit. Erst danach entdeckt sie den Internetauftritt des Anwalts.). BGH 17.9.2008, IPRax 2009, 258 (*Mankowski*, IPRAX 2009, 238) (Deutscher Mandant will in Griechenland belegene Immobilien erwerben und kontrahiert hierzu mit einem vor Ort ansässigen Anwalt. Name und Anschrift des griech. Anwalts wurden in den Internetauftritten der deutschen Botschaft in Athen und verschiedener deutscher Rechtsschutzversicherer genannt. Die Mandatierung erfolgte aber in Griechenland.).

ihrem Heimatstaat beauftragt wird, juristische Dienstleistungen ausschließlich in seinem Niederlassungsstaat zu erbringen[1], zB dort ein Vollstreckbarerklärungsverfahren zu betreiben, einen Prozess zu führen oder eine Forderung beizutreiben[2]. Allerdings sind an Art. 6 Abs. 4 lit. a Rom I-VO strenge Anforderungen zu stellen: Schon das kleinste Dienstleistungselement, das im Aufenthaltsstaat des Verbrauchers erbracht wird, ist schädlich[3]. Berichterstatten und Information seitens des Anwalts an den Verbraucher sollten insoweit aber unschädlich sein[4]. Die Information in den Verbraucherstaat hinein bei Aktivität ausschließlich außerhalb des Verbraucherstaates schadet nicht. Insoweit ist im Verbraucherstaat nur die Passivseite der Kommunikation[5].

2. Objektive Anknüpfung

a) Grundsatz

1423 Haben die Parteien keine Rechtswahl getroffen, so ist das Statut des Anwaltsvertrages durch objektive Anknüpfung zu ermitteln. Der Anwaltsvertrag ist ein Dienstleistungsvertrag. Die berufstypische Dienstleistung des Anwalts charakterisiert den Vertragstyp. Die objektive Anknüpfung nach Art. 4 Abs. 1 lit. b Rom I-VO führt deshalb zum **Recht der Niederlassung des Rechtsanwalts**, dh. im Prinzip zum Recht des Kanzlei- oder Praxisortes des Anwalts[6].

1424 Wo der konkret das Mandat bearbeitende Anwalt behördlich, berufs- oder standesrechtlich nieder- oder zugelassen ist, spielt dagegen keine Rolle[7]. Kollisionsrechtliche und berufsrechtliche Niederlassung sind zweierlei. Der in München tätige kanadische barrister hat seine Niederlassung für die Zwecke des Art. 4 Abs. 1 lit. b Rom I-VO in München, der in Hong Kong tätige deutsche

---

1 *O. Sieg*, Internationale Anwaltshaftung (1996), S. 197; *Eisenberg*, Das Internationale Privatrecht der Anwaltshaftung (1998), S. 53; *Mankowski*, AnwBl. 2001, 249 (252).
2 S. *C. Berger*, NJW 2001, 1530 (1533).
3 *E. Lorenz*, Festschr. Kegel (1987), S. 303 (320); *Schu*, (1997) 5 Int. J. L. & Info. Tech. 192, 218; *Mankowski*, RabelsZ 63 (1999), 203 (255); *Mankowski*, AnwBl. 2001, 249 (252).
4 *Mankowski*, AnwBl. 2004, 63. Strenger noch *Eisenberg*, Das Internationale Privatrecht der Anwaltshaftung (1998), S. 53; *Mankowski*, AnwBl. 2001, 249 (252).
5 *Mankowski*, AnwBl. 2004, 63.
6 S. nur Rb Rotterdam 23.12.1999, NIPR 2000 Nr. 120 S. 194 nr. 5.1; *Zuck*, NJW 1987, 3033; *G. Raiser*, NJW 1991, 2049 (2057); *G. Raiser*, AnwBl. 1991, 487 (495); *Henssler*, JZ 1994, 178 (185); *Hök*, JurBüro 1990 Sp. 155, 156; *von Bar*, II Rz. 496; *O. Sieg*, Internationale Anwaltshaftung (1996), S. 191 f.; *Louven*, in: E. Fedtke (Hrsg.), Anwaltsmarkt Europa (1999), S. 177 f.; *Martiny*, in: MünchKomm, Art. 28 EGBGB Rz. 149; *Hohloch*, in: Erman, Art. 28 EGBGB Rz. 38; *Mankowski*, AnwBl. 2001, 249 (253); *C. Berger*, NJW 2001, 1530 (1533); *M. Kilian*, in: Henssler/Streck (Hrsg.), Handbuch des Sozietätsrechts (2001), Rz. H 157; *Magnus*, in: Staudinger, Art. 28 EGBGB Rz. 250; *von Westphalen*, Festschr. Geimer (2002), S. 1485 (1491); Spickhoff, in: Bamberger/Roth, Art. 28 EGBGB Rz. 31; *Buyle*, Rev.gén.dr.civil belge 2003, 333 (334); *Knöfel*, Grundfragen der internationalen Berufsausübung von Rechtsanwälten (2005), S. 254 f. sowie Hof Antwerpen 30.3.1998, Rev.gén.dr.civil belge 2003, 328.
7 *Bendref*, AnwBl. 1998, 309.

Anwalt in Hong Kong[1]. Erst recht sind die beliebten Werbemaßnahmen in Deutschland tätiger Anwälte mit dem Titel des Attorney at Law (New York) als (vorgeblicher) Zweitqualifikation hier ohne jeden Belang.

b) Mehrere Niederlassungen einer Sozietät

Wird ein Anwaltsvertrag mit einer Anwaltssozietät geschlossen, die mehrere Niederlassungen hat, ist nach Art. 19 Abs. 2 Rom I-VO diejenige Niederlassung maßgeblich, welche die Anwaltsleistungen erbringt[2]. Vorgelagert ist aber in jedem Fall die Frage, wer überhaupt Vertragspartner des Mandanten ist[3]. Sind die einzelnen Teilsozietäten bei einer mehrstöckigen Sozietät rechtlich selbständige Gebilde, so könnte einerseits eine Teilsozietät, andererseits die Gesamtsozietät Vertragspartner sein. Ob Teilsozietät oder Gesamtsozietät Vertragspartner ist, entscheidet sich gem. Art. 10 Abs. 1 Rom I-VO nach dem Recht, das anwendbar wäre, wenn Teilsozietät bzw. Gesamtsozietät Vertragspartner wäre, je nachdem, wessen potentielle Vertragspartnerposition man prüft. 1425

Sind mehrere Niederlassungen ein und derselben Anwaltssozietät in **voneinander abgrenzbaren Bereichen tätig** (zB die Düsseldorfer Niederlassung in steuer- und arbeitsrechtlichen Fragen, die Pariser Niederlassung in kartellrechtlichen Fragen oder die Hamburger Niederlassung forensisch, die Londoner Niederlassung im laufenden Beratungsmandat), sollte dies in der Regel zu einer getrennten Anknüpfung der einzelnen Teile an das **Recht der jeweils tätigen Niederlassung** führen[4]. Rechtstechnisch kann man dies allerdings nicht mehr auf eine ausdrückliche Gestattung der objektiven dépeçage stützen, denn ein Pendant zu Art. 28 Abs. 1 S. 2 EGBGB besteht nicht mehr. Allerdings bieten die Anknüpfung an die jeweils vertragsbetreuende Niederlassung und hilfsweise die Ausweichklausel hinreichenden Spielraum. Insbesondere wird sich eine forensische Tätigkeit isolieren lassen[5], es sei denn, die Prozessanwälte würden eigentlich nur als Boten fungieren. Faustformel dafür, ob eine Aufspaltung anzunehmen ist, mag die Frage sein, ob ein eigenständiger Vertrag über die Tätigkeit der betreffenden Teilsozietät sinnvoll wäre, insbesondere unter Berück- 1426

---

1 *Louven*, VersR 1997, 1050; *Bendref*, AnwBl. 1998, 309; *Mankowski*, AnwBl. 2001, 249 (253).
2 *Knöfel*, Grundfragen der internationalen Berufsausübung von Rechtsanwälten (2005), S. 280 ff.; ungenau W. *Lüke*, Festschr. Geimer (2002), S. 583 (601), der immer auf die Hauptniederlassung abstellen zu wollen scheint.
3 Vgl. W. *Lüke*, Festschr. Geimer (2002), S. 583 (601–607) sowie auch M. *Kilian*, in: Henssler/Streck (Hrsg.), Handbuch des Sozietätsrechts (2001), Rz. H. 159; *Knöfel*, Grundfragen der internationalen Berufsausübung von Rechtsanwälten (2005), S. 282.
4 *Mankowski*, AnwBl. 2001, 249 (255); *Eisenberg*, Das Internationale Privatrecht der Anwaltshaftung (1998), S. 57; *Knöfel*, Grundfragen der internationalen Berufsausübung von Rechtsanwälten (2005), S. 286 f.
5 *Mankowski*, EWiR Art. 28 EGBGB 1/2000, 333 (334); *Mankowski*, AnwBl. 2001, 249 (255); *Knöfel*, Grundfragen der internationalen Berufsausübung von Rechtsanwälten (2005), S. 287; vgl. auch KG 12.10.1999, IPRspr. 1999 Nr. 177 = MDR 2000, 669 = RPfleger 2000, 85 = AnwBl. 2001, 301.

sichtigung der Erwartungshaltung des Mandanten[1]. Eine Teilung hat den Vorteil, dass jede Teilsozietät nach ihrem Recht arbeiten kann[2].

1427 Werden mehrere Niederlassungen tätig, **ohne dass sich die einzelnen Leistungen voneinander separieren ließen** (zB Bearbeitung eines europarechtlichen Mandats durch das Hamburger Stammhaus und die Dependance in Brüssel), so ist zu differenzieren. Erfüllt eine Niederlassung bloße Hilfsfunktionen für eine andere, so ist letztere maßgebend; dies wird insbesondere der Fall sein, wenn die Zusammenarbeit nur intern erfolgt und gegenüber dem Mandanten gar nicht in Erscheinung tritt. Dies gilt auch dann, wenn intern der Anteil der zuarbeitenden Teilsozietäten eigentlich größeres Gewicht hat[3]. Gleich liegt der Fall, dass die Gesamtsozietät eine Teilsozietät als die für das Mandat federführende bestimmt hat. Ob diese Bestimmung zentralisiert oder dezentral erfolgt, hat auf die Anknüpfung im Außenverhältnis keinen Einfluss. Unter Art. 19 Abs. 2 Rom I-VO kommt es für das Außenverhältnis vielmehr sicher auf die federführende Teilsozietät an[4].

1428 Bedeutung kann auch haben, wenn **eine der beteiligten Teilsozietäten als Hauptniederlassung angesehen werden kann**. Der Hauptniederlassung könnte dann letztendlich das relativ größte Gewicht zu kommen[5]. Man muss indes aufpassen, dass man die Hauptniederlassung nicht unbesehen mit dem Sitz der Sozietät verwechselt. Ort der internen Entscheidungsfindung und -umsetzung oder gar satzungsmäßiger Sitz sind unter Art. 9 Abs. 2 Rom I-VO als eben rein interne Merkmale nicht entscheidend; entscheidend ist vielmehr das Erscheinungsbild im Außenverhältnis. Dass bei internationalen Sozietäten mit englischer oder US-Beteiligung die großen Entscheidungen im Zweifel in London, New York, Chicago oder Washington D.C. am Sitz des englischen oder US-Stammhauses getroffen werden, prägt deren Sitz. Es bedeutet aber nicht automatisch, dass sich dort auch deren Hauptniederlassung befände[6]. Die größere Kopfzahl der dort tätigen Berufsträger und das Zahlenverhältnis zu den Berufsträgerzahlen der anderen Niederlassung können jene Standorte freilich zur Hauptniederlassung machen, insbesondere wenn dort nach außen sichtbar mandatskoordinierende oder supervidierende Maßnahmen getroffen werden[7]. Vor allem ist das Stammhaus Hauptniederlassung, wenn die deutsche Niederlassung nur eine Brückenkopffunktion hat[8].

---

1 *Vischer/Huber/Oser*, Rz. 441; *Mankowski*, AnwBl. 2001, 249 (255).
2 *Mankowski*, AnwBl. 2001, 249 (255); vgl. *Quay*, Der Consulting-Vertrag im Internationalen Privatrecht (2000), S. 71.
3 *Mankowski*, AnwBl, 2001, 249 (254); vgl. *Martiny*, in: MünchKomm, Art. 28 EGBGB Rz. 49; *Quay*, Der Consulting-Vertrag im Internationalen Privatrecht (2000), S. 72.
4 *Mankowski*, AnwBl. 2001, 249 (254).
5 So besonders *Knöfel*, Grundfragen der internationalen Berufsausübung von Rechtsanwälten (2005), S. 288 ff.
6 *Mankowski*, AnwBl. 2001, 249 (254).
7 Insoweit kritischer noch *Mankowski*, AnwBl. 2001, 249 (254).
8 *Mankowski*, AnwBl. 2001, 249 (254).

Liegt **keine klare Unterordnung der Niederlassungen** im Verhältnis zueinander vor und lassen sich die einzelnen Teilleistungen auch nicht voneinander trennen, so lässt sich keine für die Anknüpfung per se ausschlaggebende Niederlassung bestimmen. Nach Art. 4 Abs. 4 Rom I-VO ist eine offene Schwerpunktanknüpfung vorzunehmen[1]. Für die Bestimmung des relativen Schwerpunkts sind dann insbesondere das Verhältnis zwischen den Beteiligten der einzelnen Niederlassungen an der Gesamtarbeit, der Umfang der nach außen (dh. gegenüber Dritten) erkennbaren Dienstleistungen und der Umfang des eigentlichen Mandantenkontakts zu berücksichtigen. Werden Leistungen von mehreren Niederlassungen in ein und demselben Staat erbracht (zB in Hamburg und Düsseldorf neben Paris), verstärken die Beiträge dieser Niederlassungen einander im Anknüpfungsgewicht. 1429

Eine Sonderrolle spielen **Brüsseler Dependancen**, die in europarechtlichen Mandatsteilen tätig werden. Die Anwendung belgischen Rechts ist dann nur sinnvoll, sofern es sich um eine echte Brüsseler Teilsozietät mit in Belgien zugelassenen Anwälten handelt. Sofern es sich dagegen um entsandte Anwälte mit berufsrechtlicher Zulassung in anderen EU-Staaten handelt, besteht eigentlich gar kein Bezug zu Belgien; die Mandatsmaterie ist supranational, und die Lokalisierung Brüssels in Belgien wirkt nicht prägend. Solche Dependancen sind gleichsam delokalisiert. Hier sollte eine offene Schwerpunktanknüpfung über Art. 4 Abs. 4 Rom I-VO erfolgen, in deren Rahmen von Bedeutung sein kann, über welche nationale Teilsozietät das Mandat nach Brüssel gelangt ist, wo die Anwälte standesrechtlich zugelassen sind und wo der Mandant sitzt[2]. Anders verhält es sich im Übrigen mit Teilsozietäten an anderen strategisch interessanten Orten, zB den Schiedszentren in Genf, Zürich oder London; diese sind durchaus lokal verankert und zudem in aller Regel keine bloßen Dependancen, sondern am Ort gewachsen[3]. 1430

c) Internationale Anwaltskooperationen

Die eben aufgeführten Grundsätze gelten mit gewissen Modifikationen auch für Kooperationen vor allem in Form einer **Europäischen Wirtschaftlichen Interessenvereinigung (EWIV)** mit Partnern in mehreren Staaten. Es kann nämlich keinen einheitlichen Anwaltsvertrag mit einer EWIV geben[4]. Die eingetragene EWIV kann zwar nach Art. 1 Abs. 2 EWIV-VO[5] Träger von Rechten und Pflichten sein; auf Verträge mit der EWIV findet nach Erwägungsgrund 15 EWIV-VO das jeweilige nationale Recht für Verträge mit Gesellschaften An- 1431

---

1 Ebenso *M. Kilian*, in: Henssler/Streck (Hrsg.), Handbuch des Sozietätsrechts (2001), Rz. H 157; kritisch *Knöfel*, Grundfragen der internationalen Berufsausübung von Rechtsanwälten (2005), S. 294 f.
2 *Mankowski*, AnwBl. 2001, 249 (256) sowie *O. Sieg*, Internationale Anwaltshaftung (1996), S. 195; kritisch *Knöfel*, Grundfragen der internationalen Berufsausübung von Rechtsanwälten (2005), S. 297.
3 *Mankowski*, AnwBl. 2001, 249 (256). Tendenziell anders *Eisenberg*, Das Internationale Privatrecht der Anwaltshaftung (1998), S. 56.
4 *M. Kilian*, in: Henssler/Streck (Hrsg.), Handbuch des Sozietätsrechts (2001), Rz. H 158.
5 VO (EWG) Nr. 2137/85 vom 25.7.1985, ABl. EG 1985 Nr. L 199, S. 1.

wendung[1], und für eine EWIV mit Sitz in der Bundesrepublik verweist § 1 EWIV-AusfG[2] insoweit auf OHG-Recht. Jedoch darf die EWIV nicht als Berufsausübungsgesellschaft tätig werden, also nicht als solche Mandatsverträge abschließen[3].

1432 Der Mandant schließt daher jeweils **einzelne Anwaltsverträge mit den einzelnen Sozietäten**. Diese sind getrennt anzuknüpfen[4]. Wird nur ein Anwaltsvertrag mit einer der Sozietäten geschlossen, erfolgt die Anknüpfung an die Hauptniederlassung bzw. die jeweils tätige Niederlassung dieser Sozietät. Die Tätigkeit weiterer Partnersozietäten der EWIV ist primär eine interne Kooperation, welche im Verhältnis zwischen den Sozietäten eine Rolle spielt; für die externe Anknüpfung kann sie nur in Ausnahmefällen zur Anwendung des Art. 4 Abs. 3 Rom I-VO führen, wenn der faktische Tätigkeitsschwerpunkt eindeutig und überwiegend bei der ausländischen Sozietät liegt.

d) Mehrere unverbundene Anwaltssozietäten

1433 Werden mehrere unverbundene Anwaltssozietäten in derselben Sache für einen Mandanten tätig, sind zwei Konstellationen zu unterscheiden. Erstens kann der Mandant selbst **gesonderte Anwaltsverträge** mit jeder der Sozietäten schließen. Dann sind diese auch unabhängig voneinander anzuknüpfen. Zweitens kann ein **Anwalt**, meist der eigentliche Hausanwalt des Mandanten, seinerseits als **Auftraggeber** eines ausländischen Kollegen fungieren. Auch hier sind die einzelnen Verträge jeweils unabhängig voneinander anzuknüpfen[5]. Für die Anknüpfung des Vertrages zwischen dem Mandanten und seinem Anwalt kann der zweite Anwaltsvertrag, an dem der Mandant selbst gar nicht beteiligt ist, nur im Rahmen der Ausnahmeklausel des Art. 4 Abs. 3 Rom I-VO Bedeutung haben. Sein Statut kann ein Faktor im Rahmen der Abwägung sein, aber nur, wenn die Tätigkeit des ersten Anwalts im Wesentlichen darin besteht, den Kontakt zum zweiten Anwalt zu halten und diesem die nötigen Weisungen zu erteilen.

e) Widerlegung der Vermutung über Art. 4 Abs. 3 Rom I-VO

1434 Wie immer ist Vorsicht geboten, bevor man über Art. 4 Abs. 3 Rom I-VO die Regelvermutung des Art. 4 Abs. 1 lit. b Rom I-VO als widerlegt ansieht und zur Anwendung eines anderen Rechts kommt. Dafür reicht es nicht auto-

---

1 Näher zB *Lentner*, Das Gesellschaftsrecht der Europäischen Wirtschaftlichen Interessenvereinigung (EWIV) (1994), S. 148 f.
2 Gesetz vom 14.4.1988, BGBl. I 1988, 514.
3 *Manz*, in: Selbherr/Manz, Kommentar zur EWIV (1995), S. 61 Rz. 27; *Passauer*, in: E. Fedtke (Hrsg.), Anwaltsmarkt Europa (1999), S. 108, 120; *M. Kilian*, in: Henssler/Streck (Hrsg.), Handbuch des Sozietätsrechts (2001), Rz. H 73; *Graf von Westphalen*, in: Henssler/Streck (Hrsg.), Handbuch des Sozietätsrechts (2001), Rz. B 656, 758.
4 Ebenso *M. Kilian*, in: Henssler/Streck (Hrsg.), Handbuch des Sozietätsrechts (2001), Rz. H 158.
5 *O. Sieg*, Internationale Anwaltshaftung (1996), S. 194 sowie *M. Kilian*, in: Henssler/Streck (Hrsg.), Handbuch des Sozietätsrechts (2001), Rz. H 158.

matisch, wenn der Anwalt in Wahrnehmung des Mandats an einem anderen Ort als seinem Niederlassungsort tätig geworden ist[1].

ZB wird der deutsche Anwalt, der für einen deutschen Mandanten Verhandlungen in den USA führt, dies in aller Regel im Rahmen eines laufenden Beratungsmandats tun. Reist umgekehrt ein deutscher Anwalt zu einem in den USA ansässigen Mandanten, um ihn dort über rechtliche Rahmenbedingungen für ein Engagement in Deutschland oder in der EU zu beraten, so prägt der Ort der faktischen Beratung die Beziehung ebenfalls nicht. Vielmehr geht es doch gerade um die Bezüge zum deutschen oder europäischen Markt[2]. Persönliche Begegnung und Reisen lassen sich heutzutage sehr weitgehend durch Telekommunikation, zB Videokonferenz oder Webcam-Übertragungen im Internet ersetzen; schon daher können sie keine ausschlaggebende Bedeutung haben[3].

Art. 4 Abs. 3 Rom I-VO kann unter Umständen eine Rolle spielen, sofern ausnahmsweise ein rein vollstreckungsbezogenes Mandat im Ausland wahrgenommen wird[4]. Selbst dann aber wird häufig die eigentliche organisatorische und juristische Tätigkeit am Niederlassungsort entfaltet.

3. Third Party Legal Opinions

Die so genannten Third Party Legal Opinions[5] werden regelmäßig im Auftrag des Mandanten erstellt[6]. Gleiches gilt für von Anwälten erstellte so genannte **Fairness Opinions**[7], mit denen testiert wird, dass der Preis für eine bestimmte Transaktion ökonomisch fair und angemessen sei. Jede von beiden ist dann Teil der anwaltlichen Dienstleistung gegenüber dem Mandanten und unterliegt deshalb dem Statut des Anwaltsvertrages mit dem Mandanten[8]. Eine gegebenenfalls über Art. 4 Abs. 3 Rom I-VO ins Werk zu setzende akzessorische Anlehnung an das Statut des zu begutachtenden Rechtsverhältnisses ist abzu-

---

1 *G. Raiser*, NJW 1991, 2049 (2057); *G. Raiser*, AnwBl. 1991, 487 (495); *von Hoffmann*, in: Soergel, Art. 28 EGBGB Rz. 235; *Eisenberg*, Das Internationale Privatrecht der Anwaltshaftung (1998), S. 55; *Mankowski*, AnwBl. 2001, 249 (253). OLG Frankfurt a.M. 8.9.2004, RIW 2004, 864 (Deutscher beauftragt finn. Anwalt mit Beratertätigkeit für eine Privatisierungsagentur in Bosnien-Herzegowina, wo der Anwalt kurze Zeit arbeitet. Finn. Recht für anwendbar gehalten.).
2 *Mankowski*, AnwBl. 2001, 249 (253). Die Beispiele stammen von *Pera*, Anwaltshonorare in Deutschland und den USA (1995), S. 58, der selber zur Anwendung des Art. 4 Abs. 3 Rom I-VO tendiert.
3 *Mankowski*, AnwBl. 2001, 249 (253 f.).
4 So *C. Berger*, NJW 2001, 1530 (1533).
5 Zu Erscheinungsformen und Funktionen eingehend *Adolff*, Die zivilrechtliche Verantwortlichkeit deutscher Anwälte bei der Abgabe von Third Party Legal Opinions (1997), S. 5–35, 56–62. Gestaltungsempfehlungen für englische Anwälte gibt *Yeowart*, (2003) 18 JIBFL, 164.
6 Näher *Döser*, Festschr. Nirk (1992), S. 151.
7 Zu Erscheinungsformen und Funktionen eingehend *Davidoff*, 55 Am. U. L. Rev. 1557 (2006); *Essler/Lobe/Röder*, Fairness Opinions (2008); *Harrer/Devlin*, (2008) 23 JIBLR, 603.
8 Ebenso *Adolff*, Die zivilrechtliche Verantwortlichkeit deutscher Anwälte bei der Abgabe von Third Party Legal Opinions (1997), S. 197; *Knöfel*, JuS 2008, 708 (710).

lehnen[1]. Eine eigene Rechtswahl für die Third Party Legal Opinion ist im vertraglichen Bereich über Art. 3 Abs. 1 S. 3 Rom I-VO möglich. Sie liegt aber nicht bereits in einer Klausel der Third Party Legal Opinion, derzufolge der Anwalt nur nach seinem Niederlassungsrecht hafte oder dass die Third Party Legal Opinion dem Niederlassungsrecht des Anwalts unterliege. Solche nur einseitigen Festlegungen sind keine Rechtswahl. Rechtswahl verlangt unter Art. 3 Abs. 1 Rom I-VO Konsens, hier zwischen Mandant und Anwalt. Die üblichen Schlussklauseln von Third Party Legal Opinions bieten dem Anwalt also schon auf dieser Ebene keinen verlässlichen kollisionsrechtlichen Schutz.

1437 Eine eventuelle **vertragliche Haftung gegenüber dem Adressaten**, der Gegenpartei des Mandanten, richtet sich ebenfalls nach dem Statut des Auftrages. Insoweit steht in Frage, ob ein Vertrag zu Gunsten Dritter oder ein Vertrag mit Schutzwirkung für Dritte vorliegt. Der Vertrag zu Gunsten Dritter begründet Ansprüche des Dritten nur nach Maßgabe des Vertragsstatuts, denn er kann in keinem anderen Recht als dem Vertragsstatut wurzeln[2]. Dies wird zusätzlich durch den Vergleich mit der Konstellation bestätigt, dass der Dritte selbst den Auftrag direkt erteilt: Dann gilt im Verhältnis zwischen ihm und dem Anwalt ohne Rechtswahl auch das Recht am Niederlassungsort des Anwalts nach Art. 4 Abs. 1 lit. b Rom I-VO. Es wäre ein Wertungswiderspruch, wenn bei bloßer Drittbegünstigung aus einem Vertrag ein dem Dritten günstigeres Statut zur Anwendung kommen würde als bei direktem Kontakt. Beide Situationen sind funktionell und wirtschaftlich gleichwertig. Sie sollten daher auch rechtlich, soweit möglich, gleich behandelt werden. Das Statut des Auftrages entscheidet darüber, in welchem Umfang der Auftrag drittbegünstigend wirkt, also einen Vertrag zu Gunsten des Dritten begründet[3] oder ob, wenn schon nicht ein Vertrag zu Gunsten Dritter, so doch ein Vertrag mit Schutzwirkung für Dritte[4] vorliegt. Ein eigener Auftragsvertrag zwischen Anwalt und Gegenpartei des Mandanten liegt nur vor, wenn dies nach dem Recht zu bejahen ist, das anwendbar wäre, wenn ein solcher eigenständiger Vertrag bestünde. Auf das Statut eines hypothetischen Vertrages dieser Art darf man dagegen nicht generell abstellen[5].

1438 Das größte Haftungsrisiko droht dem Anwalt aber aus der **nicht-vertraglichen Haftung gegenüber dem Dritten**[6]. Eine Dritt- oder Testathaftung folgt im IPR

---

1 Vgl. *Döser*, Festschr. Nirk (1992), S. 151 (157); *Adolff*, Die zivilrechtliche Verantwortlichkeit deutscher Anwälte bei der Abgabe von Third Party Legal Opinions (1997), S. 199 f.; *Knöfel*, JuS 2008, 708 (710).
2 S. nur *Mankowski*, IPRax 1996, 427 (429) mwN.
3 Allgemein *Mankowski*, IPRax 1996, 427 (429) mwN.
4 S. *Zugehör* (Hrsg.), Handbuch der Anwaltshaftung (1999), Rz. 1406.
5 Entgegen *Gruson*, RIW 2002, 596 (603).
6 Dazu unter engl. Recht und dem Recht der US-Bundesstaaten zB *Greycas, Inc.* v. *Proud* 826 F. 2d 1560 (7th Cir. 1987), cert. denied 484 U.S. 1043 (1987); *Lucas* v. *Hamm* 364 P. 2d 685 (Cal. 1961); *Rush Factors, Inc.* v. *Levin* 284 F. Supp. 85 (D. R.I. 1968); *Vereins- und Westbank AG* v. *Carter* F. Supp. 704 (S.D.N.Y. 1988); *Crossland Savings FSB* v. *Rockwood Insurance Co.* 700 F. Supp. 1274 (S.D.N.Y. 1988); *Bily* v. *Arthur Young & Co.* 834 P. 2d 745 (Cal. 1992); *Jander/du Mesnil de Rochemont*, RIW 1976, 332 (339);

den Anknüpfungsregeln des Internationalen Deliktsrechts[1]. Eine akzessorische Anknüpfung an das Auftragsstatut[2] über Art. 4 Abs. 3 S. 2 Rom II-VO würde zwar einerseits den Gleichklang mit vertraglichen Ansprüchen zu Gunsten des Dritten wahren, aber andererseits die Möglichkeit einer (mittelbaren) Rechtswahl zu Lasten des Dritten eröffnen[3]. Diese Gefahr ist freilich geringer zu achten, wenn – wie häufig – der Adressat detaillierte Anforderungskataloge an Form und Gehalt der von ihm verlangten Third Party Legal Opinion aufgestellt hat[4]. In Betracht kommen könnte des Weiteren über Art. 4 Abs. 3 S. 2 Rom II-VO eine akzessorische Anknüpfung an das Statut des Transaktionsverhältnisses, also des zu begutachtenden Geschäfts zwischen dem Mandanten und dem Dritten[5]. Dabei müsste man allerdings die Hürde der Personenverschiedenheit überwinden, dass der Anwalt an dem dann herrschenden Rechtsverhältnis gar nicht beteiligt wäre[6].

Knüpft man nicht akzessorisch an, so verbleibt es bei der primären Anknüpfung des Deliktsstatuts an den Erfolgsort nach Art. 4 Abs. 1 Rom II-VO. Erfolgsort ist der Ort, an welchem das primär geschützte Rechtsgut verletzt wird. Verletztes Rechtsgut ist bei Legal Opinions das Vermögen. Daher liegt der Erfolgsort dort, wo das betroffene Vermögen des Dritten beeinträchtigt wurde[7]. Der Geschädigte hat keine Option, sich stattdessen auf das Recht des Handlungsortes zu berufen.

Der Versuch des Anwalts, das Haftungsstatut im Opinion Letter durch ausdrückliche Benennung einseitig festzuschreiben, muss bei deliktischer Qualifikation der Haftung die Schleuse des Art. 14 Rom II-VO passieren[8]. Art. 14 Abs. 1 S. 1 Rom II-VO erlaubt eine **Rechtswahl für außervertragliche Schuldverhältnisse** nur unter einschränkenden Voraussetzungen: Entweder muss die

---

Graf von Bernstorff, RIW 1988, 680 (681); *Gruson*, RIW 2002, 596; umfassend *Fitzgerald/Glazer/Weise*, Glazer and Fitzgerald on Legal Opinions, 2. Aufl. (New York 2001).
1 *Nickl*, Die Qualifikation der culpa in contrahendo im Internationalen Privatrecht (1992), S. 224 f.; *Egerer*, Konsensprobleme im internationalen Schuldvertragsrecht (St. Gallen 1994), S. 237; *Bertschinger*, in: Nobel (Hrsg.), Aktuelle rechtspolitische Probleme des Finanz- und Börsenplatzes Schweiz (Bern 1999), S. 87 (114); *Mankowski*, CR 1999, 512, 520 sowie Hof 's-Hertogenbosch 16.2.1998, NIPR 1998 Nr. 225 S. 267 nr. 3.7; *Reder*, Die Eigenhaftung vertragsfremder Dritter im internationalen Privatrecht (1989), S. 149–176; *Adolff*, Die zivilrechtliche Verantwortlichkeit deutscher Anwälte bei der Abgabe von Third Party Legal Opinions (1997), S. 203.
2 Abgelehnt von *Gruson*, RIW 2002, 596 (602).
3 S. *Mankowski*, CR 1999, 512 (520).
4 Vgl. *Jander/du Mesnil de Rochemont*, RIW 1976, 332 (333–336); *Graf von Bernstorff*, RIW 1988, 680.
5 *Mankowski*, CR 1999, 512 (520 f.) sowie *Harries*, 1985 Int.Bus.Lawyer, 480 (481). Ablehnend *Gruson*, RIW 2002, 596 (602).
6 S. *Mankowski*, TranspR 1996, 10 (12); *Mankowski*, CR 1999, 512 (521); *Knöfel*, JuS 2008, 708 (711).
7 *Gruson*, RIW 2002, 596 (602); *Knöfel*, JuS 2008, 708 (710).
8 Eine internationaldeliktsrechtliche „Rechtswahl" für den Opinion Letter wollen *Adolff*, Die zivilrechtliche Verantwortlichkeit deutscher Anwälte bei der Abgabe von Third Party Legal Opinions (1997), S. 201–203; *Kuster*, SZW 1998, 274 (283) dagegen regelmäßig anerkennen.

Rechtswahlvereinbarung nach Eintritt des schadensbegründenden Ereignisses erfolgen (lit. a), oder alle beteiligten Parteien müssen einer kommerziellen Tätigkeit nachgehen (lit. b). Wenn alle Parteien einer kommerziellen Tätigkeit nachgehen, kann die Vereinbarung auch vor dem schadensbegründenden Ereignis erfolgen, sofern sie frei ausgehandelt ist. Mit den Einschränkungen möchte man ausweislich Erwägungsgrund 31 S. 4 Rom II-VO die schwächere Partei schützen. Außerdem besteht die gern übersehene Hürde der nur einseitigen Festlegung, ohne dass ein konsentierender Akt des potentiellen Gläubigers ersichtlich wäre[1]. In der Entgegennahme des Opinion Letter wird regelmäßig ebenso wenig eine Rechtswahlerklärung liegen wie in der Feststellung, dass der Opinion Letter zumindest formell den aufgestellten Anforderungen entspreche[2]. Ob und inwieweit darin ein Akt der Zustimmung zur (versuchten) Festlegung des anwendbaren Rechts liegt, beurteilt sich gem. Art. 3 Abs. 5 iVm. Art. 10 Abs. 1 Rom I-VO nach dem Recht, das anwendbar wäre, wenn eine Rechtswahl erfolgt wäre, also nach dem in der Festlegung benannten Recht. Die übliche Schlussklausel von Opinion Letters bietet dem Anwalt daher keinen verlässlichen kollisionsrechtlichen Schutz. Dringende Empfehlungen, sie aufzunehmen[3], blenden dies leider weitgehend aus.

4. Erfolgshonorare (Quota litis-Vereinbarungen) und Eingreifen des deutschen ordre public

a) Anerkennung von Quota litis-Vereinbarungen mit ausländischen Anwälten

1441 Das deutsche Anwaltsgebührenrecht verbietet Rechtsanwälten die Vereinbarung von **Erfolgshonoraren**, dh. der Auskehrung einer vereinbarten Quote des erstrittenen (Streit-)Werts an den Anwalt im Erfolgsfall, während der Anwalt bei negativem Ausgang kein Honorar erhält. Seit 1994 ist dieses Verbot in § 49b Abs. 2 BRAO ausdrücklich gesetzlich festgeschrieben. Zum 1.7.2008 ist das Verbot in entfernten Randbereichen freilich gelockert worden[4]. § 49b Abs. 2 BRAO iVm. § 4a RVG gestatten seither Erfolgshonorarvereinbarungen, wenn der Auftraggeber aufgrund seiner wirtschaftlichen Verhältnisse bei verständiger Betrachtung ohne die Vereinbarung eines Erfolgshonorars von der Rechtsverfolgung abgehalten würde. Außerhalb dieses engen Ausnahmebereichs besteht das Verbot aber weiter und gilt für alle im Inland zugelassenen Rechtsanwälte, unabhängig vom Ort der Tätigkeitsausübung, soweit sie nur als deutsche Anwälte und im Zusammenhang mit der Rechtspflege tätig werden[5]. Es gilt dagegen nicht für im Ausland zugelassene Anwälte. Dogma-

---

1 Treffend *Gruson*, RIW 2002, 596 (601).
2 *Gruson*, RIW 2002, 596 (601). Anders wohl *Adolff*, Die zivilrechtliche Verantwortlichkeit deutscher Anwälte bei der Abgabe von Third Party Legal Opinions (1997), S. 202.
3 ZB *Kuster*, SZW 1998, 274 (283).
4 Gesetz zur Neuregelung des Verbots der Vereinbarung von Erfolgshonoraren vom 12.6.2008, BGBl. I 2008, 1000.
5 Vgl. *Cohn*, NJW 1966, 772 (773); *Deutsch*, Festschr. Ferid (1978), S. 117 (121); *Sandrock/Steinschulte*, in: Sandrock, (Hrsg.), Handbuch der internationalen Vertragsgestaltung (1980), Rz. A 178; *Spickhoff*, Der ordre public im internationalen Privatrecht (1989), S. 195; *Wenner*, BauR 1993, 257 (264 Fn. 71); *Kronenbitter*, BRAGO '94 (1994),

tisch ist die Anwendung der deutschen BRAO bei ausländischem Vertragsstatut als Sonderanknüpfung über Art. 9 Abs. 2 Rom I-VO zu qualifizieren[1]. § 49b Abs. 2 BRAO verfolgt überindividuelle Interessen[2], nämlich an Strukturen des deutschen Justizwesens und an der Ausrichtung des deutschen Anwaltsstandes. Die Differenzierung, dass nur in Deutschland niedergelassene Anwälte erfasst sind, ergibt sich aus dem eigenen Anwendungswillen der sonderanzuknüpfenden Norm. Eventuelle Trends hin zum Erfolgshonorar auch in europäischen Partnerstaaten[3] vermögen die klare gesetzliche Regel des § 49b Abs. 2 BRAO weder aufzuweichen noch zu diskreditieren[4]. Unverständnis des Mandanten, der aus seiner heimischen Rechtsordnung Erfolgshonorarvereinbarungen gewohnt ist, oder ein Tätigwerden im Ausland bilden keine Rechtfertigung, die Regel zu ignorieren[5].

Ausländische Anwälte können grundsätzlich mit ihren Mandanten **Erfolgshonorare vereinbaren**, wenn das Recht ihres Niederlassungsortes oder ein davon abweichendes gewähltes Statut des Anwaltsvertrages dies zulässt[6]. Eine Ausnahme von diesem Grundsatz gilt dann, wenn **ausländische Anwälte im Inland** auftreten und für bestimmte Verfahren spezialgesetzlich deutschen Anwälten gleichgestellt sind. Diese Ausnahme hatte Bedeutung insbesondere für Entschädigungssachen nach dem Bundesentschädigungsgesetz (BEG), in denen § 183 Abs. 1 BEG nur solchen ausländischen Anwälten die Vertretung gestatte-

1442

Rz. 85. Allgemein zu Erfolgshonoraren im deutschen Recht *Undritz*, Anwaltsgebühren – Tradition und Wettbewerb (1994), S. 132–167; *Schepke*, Das Erfolgshonorar des Rechtsanwalts (1998), dort S. 103–146 zu § 49b Abs. 2 BRAO und S. 147–160 zu allgemeinen Verbraucher/Mandantenschutzüberlegungen; für das österreich. Recht *E. Wagner*, JBl. 2001, 416.

1 OLG Frankfurt a.M. 1.3.2000, RIW 2001, 374 (376) = NJW-RR 2000, 1369 (1370) = IPRax 2002, 399 (400); *Martiny*, in: MünchKomm, Art. 28 EGBGB Rz. 150; *Krapfl*, IPRax 2002, 380 (382); *Obergfell*, K & R 2003, 118 (122); vgl. auch *Spickhoff*, Der ordre public im internationalen Privatrecht (1989), S. 195; *Wenner*, BauR 1993, 257 (264 Fn. 71). Eingehend *Pera*, Anwaltshonorare in Deutschland und den USA (1995), S. 58–69.

2 OLG Frankfurt a.M. 1.3.2000, RIW 2001, 374 (376) = NJW-RR 2000, 1369 (1370) = IPRax 2002, 399 (400) (Aufs. *Krapfl*, IPRax 2002, 380).

3 Jedenfalls nicht in Frankreich: Art. 10-3 Loi 71-1130 idF durch Loi 91-647 vom 10.7.1991 verbietet weiterhin ein Erfolgshonorar; dazu Cass. 7.12.1999, JCP, éd. G, 2000 II 10246 rapp. *Sainte-Rose*; *J. Gruber*, BRAK-Mitt. 2000, 171 (172 f.).

4 Entgegen *Bendref*, AnwBl. 1998, 309 (311).

5 Dafür aber (wenn auch wohl mehr de lege ferenda) *Bendref*, AnwBl. 1998, 309 (311 f.). Keines der dort aufgeführten Beispiele bildet im Übrigen einen schlagenden Gegenbeweis gegen § 49b Abs. 2 BRAO.

6 BGH 25.11.1956, BGHZ 22, 162 = LM Art. 30 EGBGB Nr. 3 Anm. *Rietschel* = IPRspr. 1960/61 Nr. 1 1956/57 Nr. 3; BGH 24.1.1957, IPRspr. 1956/57 Nr. 4; BGH 28.10.1965, BGHZ 44, 183 = NJW 1966, 296 (Anm. *Cohn*, NJW 1966, 772) = IPRspr. 1964/65 Nr. 49; BGH 4.6.1992, BGHZ 118, 312 (322 f.) = NJW 1992, 3096 (Aufs. *H. Koch*, NJW 1992, 3073) = ZIP 1992, 1256 (Aufs. *Bungert*, ZIP 1992, 1707 und ZIP 1993, 815) = JZ 1993, 261 Anm. *Deutsch* = IPRax 1993, 310 (Aufs. *H. Koch/Zekoll*, IPRax 1993, 288) = IPRspr. 1992 Nr. 218b (Anerkennung eines kaliforn. Urteils, das 40 % aller eingehenden Gelder als Erfolgshonorar zusprach); OLG Hamm 26.1.2000, IPRspr. 2000 Nr. 102; *Madert*, in: Gerold/Herb. Schmidt/Madert, RVG, 18. Aufl. (2008), § 1 RVG Rz. 278.

te, welche verfolgungsbedingt eine frühere deutsche Zulassung verloren hatten[1].

1443 Wichtig für ein Eingreifen des deutschen ordre public ist der Inlandsbezug des Anwaltsvertrages. Eine im Ausland geschlossene Vereinbarung eines Ausländers mit einem ausländischen Anwalt über die Führung eines Prozesses im Ausland wird wegen der vollständigen Abwicklung des Vertrages im Ausland in aller Regel nicht gegen den deutschen ordre public verstoßen[2].

1444 Ist ein Anwalt in mehreren Staaten zugelassen (zB in Hamburg und als Attorney-at-law in New York), so richtet sich die Zulässigkeit von Quota-Litis-Vereinbarungen danach, in welcher Funktion er tätig werden soll. Für eine Tätigkeit, für die er als deutscher Rechtsanwalt mandatiert worden ist, kann ein solcher Anwalt deshalb kein Erfolgshonorar vereinbaren, selbst wenn er überwiegend in dem Staat seiner Zweitzulassung tätig werden sollte und das Recht dieses Staates oder das Vertragsstatut Quota-Litis-Vereinbarungen erlaubt[3].

1445 Bis zu einem gewissen Grade lässt sich diese Rechtsprechungspraxis auch auf **wettbewerbsrechtliche Überlegungen** stützen. Die Anerkennung der Zulässigkeit von Erfolgshonoraren am Niederlassungsort des ausländischen Anwalts stellt eine Gleichheit der dort tätigen Anwälte her und berücksichtigt den betroffenen Anwaltsmarkt[4]. Dagegen betrifft ein Auftreten als Rechtsanwalt im Inland den deutschen Markt und berührt das deutsche öffentliche Interesse am Schutz der Rechtspflege durch unabhängige inländische Anwälte[5].

b) Höhe des Erfolgshonorars und deutscher ordre public

1446 Ein vereinbartes Streitwerthonorar kann zwar dem Grunde nach anerkannt sein, der Höhe nach jedoch teilweise gegen den deutschen ordre public (im vertragsrechtlichen Bereich über Art. 21 Rom I-VO) verstoßen. Die Höhe des vereinbarten Honorars kann selbst gegen die äußersten Maßstäbe des deutschen

---

1 BGH 9.1.1969, BGHZ 51, 290 = LM Art. 30 EGBGB Nr. 21 Anm. *Rietschel*; LG Düsseldorf 28.11.1963, IPRspr. 1962/63 Nr. 209 = RzW 1964, 182.
2 BGH 4.6.1992, BGHZ 118, 312 (332 f.) (verfahrensrechtlicher ordre public nach § 328 Abs. 1 Nr. 4 ZPO im Verfahren auf Vollstreckbarerklärung eines kaliforn. Urteils).
3 KG 19.5.1960, IPRspr. 1960/61 Nr. 211a = RzW 1961, 237; KG 21.4.1961, IPRspr. 1960/61 Nr. 211b = RzW 1961, 423; OLG Frankfurt a.M. 1.3.2000, RIW 2001, 374 (376) = NJW-RR 2000, 1369 (1370) = IPRax 2002, 399 (400) (Aufs. *Krapfl*, IPRax 2002, 380); anders wohl OLG München 20.2.1958, IPRspr. 1960/61 Nr. 208. KG 12.7.1958, IPRspr. 1958/59 Nr. 40 = RzW 1958, 374 (Erfolgshonorar von 20 % nach israel. Recht, anwaltliche Tätigkeit in Entschädigungssachen im üblichen Rahmen; Reduzierung auf 10 %). LG Berlin 15.12.1959, IPRspr. 1958/59 Nr. 8 = RzW 1960, 273.
S. aber auch BGH 4.6.1992, BGHZ 118, 312, 333 f. (In kaliforn. Urteil tituliertes Erfolgshonorar von 40 % anerkannt wegen Komplexität und Schwierigkeit der Rechtsverfolgung im konkreten Fall, Üblichkeit der Quote nach amerikan. Verhältnissen und Risiko des Anwalts bei rechtlichem Misserfolg infolge Verpflichtung, die Kosten der Rechtsverfolgung vorzuschießen.).
4 Vgl. *Deutsch*, Wettbewerbstatbestände mit Auslandsbeziehung (1962), S. 36.
5 Vgl. *Spickhoff*, Der ordre public im internationalen Privatrecht (1989), S. 194 f.

Rechts verstoßen, wenn und soweit dem Mandanten trotz eines Erfolgs gegen seinen eigentlichen Gegner infolge des Honoraranspruchs seines eigenen Anwalts eigentlich nur ein geringer Bruchteil des Erstrittenen zufließt. Das Anwaltshonorar kann außerhalb jedes Verhältnisses zum Wert des Erstrittenen stehen und so den Mandanten durch ein **grobes Missverhältnis von anwaltlicher Leistung und Gegenleistung** unbillig benachteiligen. Dies gilt vor allem in Fällen, in denen der Honoraranspruch im Endeffekt den Streiterfolg übersteigt. Die Vereinbarung eines Erfolgshonorars darf nicht zu einer übermäßigen Ausbeutung des Berechtigten führen. Honorarvereinbarungen, deren Höhe die äußersten Grenzen der Vorstellungen des deutschen Rechts übersteigt, sind aber nicht insgesamt nichtig. Sie sind vielmehr auf das gebotene, dh. nach deutschen Maßstäben berechnete Maß zu reduzieren.

Bei der Beurteilung der Angemessenheit der Höhe ist vor allem der **Schwierigkeitsgrad der anwaltlichen Tätigkeit** zu berücksichtigen, denn er konstituiert ganz wesentlich das Gewicht der Leistung. Je schwieriger oder umfangreicher die anwaltliche Tätigkeit ist, desto höher darf auch das Honorar sein. Von Bedeutung ist auch, ob der Anwalt verpflichtet ist, die Kosten der Rechtsverfolgung vorzuschießen[1]. Insoweit könnte man einen Gedanken der Verzinsung von Risikokapital einführen[2]. Eine Staffelung nach Quoten im Verhältnis zur Höhe des Streitwerts (je höher der Streitwert, desto kleiner die Quote)[3] erscheint dagegen nicht sinnvoll, weil sie gerade kleinere Mandate, die meist von Privaten stammen werden, besonders belastet und größere Mandate privilegiert.

1447

5. Sonderanknüpfung deutschen Eingriffsrechts

a) Sonderanknüpfung von Vorschriften der BRAO

Einzelne Vorschriften der BRAO sind einer Sonderanknüpfung nach Art. 9 Abs. 2 Rom I-VO fähig[4], soweit sie der Definition von Eingriffsrecht aus Art. 9 Abs. 1 Rom I-VO genügen, also im Kern öffentlichen, überindividuellen Interessen dienen. Vorschriften der BRAO können jedoch in keinem Fall Anwendung auf Verträge mit ausländischen Anwälten finden, denn der (persönliche und internationale) Anwendungsbereich der BRAO beschränkt sich auf in der Bundesrepublik niedergelassene Anwälte.

1448

---

1 Vgl. BGH 4.6.1992, BGHZ 118, 312 (333 f.).
2 Vgl. *Bungert*, ZIP 1992, 1707 (1723).
3 Dafür *Stiefel/Stürner*, VersR 1987, 829 (842); *Stiefel/Stürner/Stadler*, 39 Am.J.Comp.L. 779 (796 f.) (1991).
4 O. *Sieg*, Internationale Anwaltshaftung (1996), S. 189 f.
Eine allgemeine theoretische Grundlegung für die Sonderanknüpfung berufsrechtlicher Regeln bietet eingehend *Knöfel*, AnwBl. 2003, 3; *Knöfel*, Grundfragen der internationalen Berufsausübung von Rechtsanwälten (2005), S. 442 ff.; s. auch *Krystinik*, 38 Tex. Int'l. L. J. 815 (2003); *Wild*, Die anwaltliche Verschwiegenheitspflicht in Deutschland und Frankreich unter besonderer Beachtung der sich aus dem grenzüberschreitenden Rechtsverkehr ergebenden Kollisionsfälle (2008), S. 199 ff., 220 ff.; *Henssler*, NJW 2009, 1556.

b) Sonderanknüpfung von Vorschriften des RDG

1449 Bedauerlicherweise hat der Gesetzgeber des RDG den Fehler des RBerG wiederholt und keine Norm geschaffen, welche sich ausdrücklich des internationalen Anwendungsbereichs annehmen würde. Dies ist angesichts der vielfältigen auslandsbezogenen Sachverhalte und der bekannten Probleme mit im Ausland ansässigen Beratern misslich und sogar verwunderlich[1]. Die Gesetzgebungskunst zeigt sich in diesem Punkt nicht auf der Höhe der Zeit. Sie verharrt nachgerade bei der „steinzeitlichen" Gesetzgebungstechnik des RBerG[2]. Das ist schade und dürfte der Praxis noch manches Kopfzerbrechen bereiten. Generell darf man davon ausgehen, dass man die zum RBerG vertretenen Ansätze fortschreiben kann[3]. Ihrer Übertragung steht jedenfalls nichts im Wege. Gleich welchem Ansatz man also für das RBerG gefolgt ist, man kann ihn unter dem RDG zukünftig weiterverfolgen. Dies ist kaum verwunderlich, denn die grundlegende Struktur des Regulierungsgegenstandes hat sich nicht geändert.

1450 Das RDG findet Anwendung, wenn ein Rechtsberater sich **dauerhaft auf dem deutschen Beratungsmarkt betätigt**[4]. Dies ist jedenfalls bei **Rechtsberatern** gegeben, die sich in der Bundesrepublik niedergelassen haben oder hier eine Zweigstelle unterhalten[5]. Die inländische Niederlassung ist aber keine zwingende Anwendungsvoraussetzung für das RDG[6]. Ansonsten öffnete man Umgehungsgestaltungen Tor und Tür und minderte die Effektivität der Rechtsdurchsetzung[7]. Der Handlungs- und Tätigkeitsort des Beraters ist nicht entscheidend[8]. Vom Schutzgut des RDG her muss nämlich der Erfolgsort und damit der deutsche Rechtsberatungsmarkt in den Vordergrund treten[9]. Keine Rolle spielt auch beim Forderungseinzug, wo der Schuldner der einzutreibenden Forderung oder generell der Gegner ansässig ist[10]. Vielmehr kommt es zen-

---

1 *Knöfel*, AnwBl. 2007, 264 (265); *Mankowski*, ZErb 2007, 406 (409).
2 *Knöfel*, AnwBl. 2007, 264 (265); *Mankowski*, ZErb 2007, 406 (409).
3 *Knöfel*, AnwBl. 2007, 264 (265); *Mankowski*, ZErb 2007, 406 (409).
4 *Mankowski*, AnwBl. 2001, 73 (75 f.); *Mankowski*, MDR 2001, 1310 f.
5 *Friedlaender*, AnwBl. 1954, 1 (4); *Altenhoff/H. Busch/Chemnitz*, RBerG, 10. Aufl. (1993), Art. 1 § 1 RBerG Rz. 261, Art. 1 § 3 RBerG Rz. 380; *Nerlich*, WiB 1996, 186 f.; *Mankowski*, AnwBl. 2001, 73 (76); *Mankowski*, MDR 2001, 1310 (1311).
6 Entgegen OLG Stuttgart 18.9.1996, NStZ-RR 1997, 117; LG Dortmund 3.11.1998, AnwBl. 1999, 617 f.
7 *Armbrüster*, RIW 2000, 583 (586); *Mankowski*, AnwBl. 2001, 73 (75); *Mankowski*, MDR 2001, 1310 (1311); *Rennen/Caliebe*, RBerG, 3. Aufl. (2001), Art. 1 § 1 RBerG Rz. 5; *Budzikiewicz*, IPRax 2001, 218 (222); auch OLG Hamm 24.11.1998, NJW-RR 1999, 1367 f.; *Caliebe*, BB 2000, 2369 (2379).
8 Entgegen LG München I 11.2.1965, IPRspr. 1964/65 Nr. 43, S. 149; VG Schleswig 14.9.1988, NJW 1989, 1178; *Senge*, in: Erbs/Kohlhaas, Strafrechtliche Nebengesetze (Losebl.), R 55 Art. 1 § 3 RBerG Rz. 11 (März 1999); *Rennen/Caliebe*, RBerG, 3. Aufl. (2001), Art. 1 § 1 RBerG Rz. 5.
9 OLG Hamm 15.6.1999, RIW 2000, 58 = NJW-RR 2000, 509 f. = IPRax 2001, 249 f.; *Mankowski*, AnwBl. 2001, 73 (75).
10 *Budzikiewicz*, IPRax 2001, 218 (224); *Mankowski*, MDR 2001, 1310 f. gegen OLG Oldenburg 29.5.2001, MDR 2001, 1309 f.

tral auf die Ansässigkeit des Mandanten an[1]. Sitzt der Mandant in Deutschland, so ist dies ein starkes Indiz dafür, dass der Berater auf dem deutschen Markt tätig ist[2]. Eine dauerhafte Betätigung auf dem deutschen Markt liegt aber auch vor, wenn ein Berater für mehrere ausländische Mandanten oder regelmäßig, zumindest mehrfach für einen ausländischen Mandanten Geschäfte in Deutschland besorgt[3].

Das RDG findet auch im Wege der Sonderanknüpfung keine Anwendung auf die **nur vorübergehende, außergerichtliche Tätigkeit** ausländischer Anwälte in der Bundesrepublik, unabhängig davon, wo die eigentliche Rechtsbesorgungsleistung erbracht wird[4]. Der ausländische Rechtsanwalt bedarf aber einer Registrierung nach §§ 10–15 RDG, wenn er in der Bundesrepublik nicht eine nach § 15 RDG nur vorübergehende Tätigkeit ausübt und nicht gem. § 206 BRAO in die örtlich zuständige Rechtsanwaltskammer aufgenommen worden ist[5]. Setzt er sich darüber hinweg, wird die Rechtsberatung zur verbotenen Rechtsberatung. Dies ist über Art. 9 Abs. 2 Rom I-VO auch dann mit den entsprechenden Konsequenzen durchzusetzen, wenn der Beratungsvertrag ausländischem Recht unterliegt. Ein Verstoß gegen die gemeinschaftsrechtliche Dienstleistungsfreiheit liegt nicht vor, da die Schutzzwecke des RDG eine Einschränkung rechtfertigen[6]. Der EuGH hat dies bereits für die gleich gelagerten Schutzzwecke des RBerG prinzipiell anerkannt[7].

II. Besonderheiten bei der auslandsbezogenen Tätigkeit deutscher Rechtsanwälte

1. Haftungsrecht

Die Auslandsbeziehung des Sachverhalts erweitert den Pflichtenkreis des Anwalts. Der Anwalt ist nicht verpflichtet, ein auslandsbezogenes Mandat anzunehmen. Nimmt er es aber an, muss er sich die notwendige Kenntnis der anwendbaren Rechtsnormen verschaffen. In jedem Fall haftet ein deutscher Rechtsanwalt für die **Kenntnis der Normen des deutschen Internationalen Privatrechts** und der von der Bundesrepublik Deutschland ratifizierten Staatsver-

---

1 *Armbrüster*, RIW 2000, 583 (588); *Budzikiewicz*, IPRax 2001, 218 (223 f.).
2 *Mankowski*, AnwBl. 2001, 73 (76); *Mankowski*, EWiR Art. 1 § 1 RBerG 2/2000, 189 (190); vgl. OLG Dresden 6.7.1999, IStR 2000, 189 (191) = DStRE 2000, 328 f.
3 *Mankowski*, MDR 2001, 1310 (1311); vgl. auch OLG Stuttgart 13.12.2000, OLG-Report Karlsruhe/Stuttgart 2001, 204.
4 *Rennen/Caliebe*, RBerG, 2. Aufl. (1992), Art. 1 § 3 RBerG Rz. 26; auch *Altenhoff/H. Busch/Chemnitz*, RBerG, 10. Aufl. (1993), Art. 1 § 1 RBerG Rz. 273. AA *Henssler*, AnwBl. 2001, 525 (531).
5 *Rennen/Caliebe*, RBerG, 3. Aufl. (2001), Art. 1 § 3 RBerG Rz. 29.
6 *Huglo*, Rev.trim.dr.europ. 1997, 449 (451); *Armbrüster*, RIW 2000, 583 (589); *Mankowski*, AnwBl. 2001, 73 (78); *Budzikiewicz*, IPRax 2001, 218 (225).
7 EuGH 12.12.1996 – Rs. C-3/95 (Reisebüro Broede/Gerd Sandker), Slg. 1996, I-6511, I-6538 – I-6540 Rz. 31–41; dazu *Deckert*, EWiR Art. 59 EGV 1/97, 453; *Emmerich*, WuB VIII D. § 1 RBerG 1.98, 109.

träge, denn diese sind Teil des deutschen Rechts[1]. Insbesondere muss der deutsche Anwalt das europäische Internationale Privat- und Prozessrecht, also Rom I-VO, Rom II-VO, EuGVO, EuEheGVVO, EuInsVO, EuZustVO, EuBeweisVO, EuVTVO, EuMahnVO, EuBagatellVO, EuGVÜ und LugÜ, kennen und richtig anwenden[2]. Insoweit tun sich vielfältige Fehlerquellen von der Wahl des richtigen Gerichtsstands über die ordnungsgemäße Zustellung bis hin zur Beurteilung der Rechtsanwendungsfrage auf[3]. ZB macht sich der Anwalt dem Grunde nach schadensersatzpflichtig, wenn er die Anwendbarkeit eines anderen Rechts übersieht und dergestalt in die Falle der stillschweigenden nachträglichen Rechtswahl läuft, das ein für seinen Mandanten nachteiliges Ergebnis herauskommt[4]. Fehlerhaft ist auch der Rat, unter Übersehen einer ins Ausland weisenden Gerichtsstandsklausel für den eigenen Anspruch dem Mandanten zur rügelosen Einlassung zu raten, um so im Prozess aufrechnen zu können, wenn dadurch der Gegner einen in Deutschland durchsetzbaren Titel erhält, was er sonst nicht gehabt hätte[5]. In zweierlei Hinsicht fehlerträchtig ist die Zustellung: Zum einen können Formen in nicht heilbarer Art und Weise missachtet werden, und zum anderen können Verfristungen eintreten[6].

1453 Ein deutscher Rechtsanwalt muss keine präsente **Kenntnis eines anwendbaren ausländischen Rechts** haben. Er muss sich diese Kenntnis aber aneignen, soweit sie zur Ausführung des von ihm übernommenen Auftrags notwendig ist[7]. Dafür ist ihm ein angemessener Zeitraum zuzubilligen. Der Rechtsanwalt muss die ihm erreichbaren Rechtsquellen heranziehen, um sich den Inhalt des anwendbaren ausländischen Rechts zu erarbeiten. Dies schließt je nach Schwierigkeit und Komplexität des übernommenen Auftrags insbesondere die einschlägige Rechtsprechung und rechtswissenschaftliche Literatur ein[8]. Ermittlungsgegenstand ist wie bei § 293 ZPO das ausländische Recht in der

---

1 S. nur *G. Raiser*, NJW 1991, 2049 (2051 f.); *G. Raiser*, AnwBl. 1991, 487 (489 f.); *Henssler*, JZ 1994, 178 (185); *O. Sieg*, Internationale Anwaltshaftung (1996), S. 80, 84; *J. Gruber*, DZWir 1997, 461; *Rinsche*, Die Haftung des Rechtsanwalts und Notars, 6. Aufl. (1998), Rz. I 106; *Graf von Westphalen*, Festschr. Geimer (2002), S. 1485 (1488). Abzulehnen OLG Hamburg 14.12.1959, NJW 1960, 1207.
2 OLG Koblenz 9.6.1989, IPRspr. 1989 Nr. 237 = NJW 1989, 2699 = IPRax 1991, 116 (Aufs. *Tepper*, IPRax 1991, 98).
3 Eingehend *H. Linke*, IJVO 8 (1998/99), 35–61 mit instruktiver Auflistung von Beispielen für haftungsrelevante Fehler auf S. 59–61.
4 *O. Sieg*, Internationale Anwaltshaftung (1996), S. 139–141; *H. Linke*, IJVO 8 (1998/99), 35, 60.
5 BGH 31.10.1985, NJW-RR 1986, 1281; *Geimer*, EWiR § 675 BGB 2/86, 139; *H. Linke*, IJVO 8 (1998/99), 35, 60.
6 Näher *H. Linke*, IJVO 8 (1998/99), 35 (41–44).
7 BGH 22.2.1972, IPRspr. 1972 Nr. 167 = NJW 1972, 1044; OLG Bamberg 7.11.1988, IPRspr. 1988 Nr. 215 = MDR 1989, 452; OLG Hamm 14.3.1995, IPRspr. 1996 Nr. 201 = OLG-Report Hamm 1995, 290 (291) = DZWir 1997, 460 (461) Anm. *J. Gruber*. Eingehend und differenzierend *O. Sieg*, Internationale Anwaltshaftung (1996), S. 118–144; außerdem *Hök*, JurBüro 1990 Sp. 155, 157 f.
8 Vgl. milde für einen einfachen Fall OLG Hamm 14.3.1995, IPRspr. 1996 Nr. 201 = OLG-Report Hamm 1995, 290, 291 = DZWir 1997, 460, 461; *J. Gruber*, DZWir 1997, 461 (463): Aufsuchen und Übersetzung des ausländ. Gesetzestextes könne genügen.

Gestalt, in der es im betroffenen Ausland tatsächlich praktiziert wird. Übernimmt der Anwalt eine Prüfung nach ausländischem Recht und gelangt er an die Grenze seiner Möglichkeiten, ohne zu einem eindeutigen Ergebnis gekommen zu sein, so muss er seinen **Mandanten über** die bestehenden Unsicherheiten und **Risiken voll aufklären.** Für jeden Rechtsirrtum auch im ausländischen Recht hat der deutsche Anwalt nach Maßgabe des Mandatsstatuts, bei deutschem Mandatsstatut nach § 276 BGB, einzustehen[1].

Bei völliger Fremdheit des ausländischen Rechts genügt der Anwalt seiner Prüfungspflicht am besten, indem er **mit einem ausländischen Kollegen** in dem betreffenden Staat **zusammenarbeitet.** Dies entspricht **Nr. 3.1.3 der Standesregeln der Anwälte der EG (CCBE)**[2]: 1454

> Der Rechtsanwalt hat ein Mandat abzulehnen, wenn er weiß oder wissen muss, dass es ihm an den erforderlichen Kenntnissen fehlt, es sei denn, er arbeitet mit einem Rechtsanwalt zusammen, der diese Kenntnisse besitzt.

In § 29 Abs. 1 S. 1 BerufsO der Rechtsanwälte (BORA)[3] wurden die Standesregeln nur in jenen Fällen für verbindlich erklärt, in denen eine grenzüberschreitende Tätigkeit nach Nr. 1.5 der Standesregeln vorliegt, in denen der Anwalt also gegenüber Anwälten aus anderen Mitgliedstaaten oder in einem anderen Mitgliedstaat als seinem Herkunftsstaat tätig wird[4]. Die bloße Anwendung eines ausländischen Rechts reicht dafür nicht[5]. Die Standesregeln haben zwar darüberhinaus keine unmittelbare Bindungswirkung[6], können aber trotzdem helfen, die anzuwendenden Standards unter § 276 BGB zu konkretisieren[7]. Nr. 3.1.3 der Standesregeln ist nicht dahin zu verstehen, dass der Anwalt den Fall ohne weitere Literaturrecherche lösen können müsste; vielmehr sind Basiswissen des Anwalts in dem betreffenden Gebiet, die persönliche Fähigkeit zur vertiefenden Einarbeitung und die dafür notwendigen Sprachkenntnisse gemeint[8].

Kann der deutsche Anwalt auf Ergebnisse der **Arbeit eines ausländischen Anwalts** zurückgreifen, der in der betreffenden Rechtsordnung heimisch ist, so darf er grundsätzlich darauf vertrauen, dass der ausländische Kollege korrekt gearbeitet hat. Dies gilt jedenfalls dann, wenn es sich für den ausländischen Kollegen um eine häufiger vorkommende Arbeit ohne besondere Schwierigkeiten (zB den Entwurf einer Sicherungsvereinbarung) handelt[9]. Allerdings hat ein Prozessanwalt die nur ihm obliegende Pflicht zur sachgerechten Prozess- 1455

---

1 *Graf von Westphalen*, Festschr. Geimer (2002), S. 1485 (1489 f.).
2 Neufassung vom 19.5.2006. Veröff. ua. bei *Hartung/Römermann*, Anwaltliche Berufsordnung, 4. Aufl. (2008).
3 Neue Fassung vom 1.7.2008. Abrufbar unter http://www.brak.de.
4 *J. Gruber*, MDR 1998, 1399 (1401).
5 *H. Lörcher*, in: Hartung/Holl, Anwaltliche BerufsO, 2. Aufl. (2001), § 29 BerufsO Rz. 55.
6 *J. Gruber*, DZWir 1997, 461 (463).
7 Vgl. *J. Gruber*, MDR 1998, 1399 (1400).
8 *J. Gruber*, MDR 1998, 1399 (1401).
9 BGH 22.2.1972, IPRspr. 1972 Nr. 167 = NJW 1972, 1044; s. auch *Hök*, JurBüro 1990 Sp. 155, 160.

führung. Dieser Aufgabenbereich wird ihm auch durch die Zusammenarbeit mit einem ausländischen Verkehrsanwalt nicht abgenommen. Auf der anderen Seite haftet ein deutscher Verkehrsanwalt grundsätzlich nicht für Versäumnisse eines ausländischen Prozessanwalts in dessen eigenem Aufgabenbereich[1]. In aller Regel schließt der Mandant einen eigenen, zweiten Anwaltsvertrag mit dem ausländischen Anwalt, sei es auch unter Stellvertretung durch den deutschen Anwalt. Dies separiert die Verantwortlichkeitsbereiche der beiden Anwälte voneinander[2].

1456 Allerdings bliebe ein eventuelles **Auswahlverschulden** zu diskutieren, wenn der deutsche Anwalt bei der Auswahl des ausländischen Anwalts mitgewirkt hat[3]. Grundlage dafür ist bei deutschem Mandatsstatut § 664 Abs. 1 S. 2 BGB[4]. Hat der deutsche Rechtsanwalt den ausländischen Anwalt nur intern eingeschaltet, dh. ohne dass der Mandant selbst einen gesonderten, eigenständigen Anwaltsvertrag mit dem ausländischen Anwalt geschlossen hätte, so haftet der deutsche Anwalt für Fehler des ausländischen Anwalts (unterstellt, deutsches Recht ist Statut des Anwaltsvertrages zwischen deutschem Anwalt und Mandant) nach § 278 BGB[5].

1457 Den Anwalt trifft eine Pflicht, für die gerichtliche Durchsetzung von Ansprüchen seines Mandanten das Forum auszuwählen, in welchem die Chancen dafür am besten stehen. Ihn trifft also gleichsam eine Pflicht zum **forum shopping**[6]. Einzubeziehende Faktoren bei der Auswahlentscheidung sind etwa Dauer eines Verfahrens, Höhe und Erstattungsfähigkeit der Kosten, im jeweiligen Forum angewendetes materielles Recht, Beweisregeln (Beweislast und Beweismaß), eventuelle Zwangsaufklärungsbefugnisse (insbesondere pre trial discovery) gegen den Gegner, forum oder alien bias der Streitentscheider, professionelle oder Laien-Gerichtsbarkeit (Juries), Höhe des Vergleichsdrucks auf den Gegner[7]. Ein gewichtiger Faktor ist insbesondere, was der Mandant mit einem in einem bestimmten Forum erstrittenen Urteil anfangen könnte, ins-

---

1 OLG Bamberg 7.11.1988, IPRspr. 1988 Nr. 215 = MDR 1989, 452.
2 *J. Gruber*, MDR 1998, 1399 (1400).
3 Dazu *O. Sieg*, Internationale Anwaltshaftung (1996), S. 171; *Louven*, VersR 1997, 1050 (1055); *J. Gruber*, MDR 1998, 1399 (1400).
4 Eingehend *Graf von Westphalen*, Festschr. Geimer (2002), S. 1485 (1491–1499).
5 RG 2.10.1925, JW 1926, 246 zust. Anm. *M. Friedlaender*; RG 19.4.1940, RGZ 163, 377 (379); *J. Gruber*, MDR 1998, 1399 (1400); *Graf von Westphalen*, Festschr. Geimer (2002), S. 1485 (1491). Abweichend *O. Sieg*, Internationale Anwaltshaftung (1996), S. 167–173 (kritisch dazu *Mankowski*, NJW 1996, 2218).
6 S. nur *Siehr*, ZfRV 1984, 124 (141); *H. Linke*, IJVO 8 (1998/99), 35 (39); *Schack*, MMR 2000, 135 (139); *Schack*, IJVO 9 (1999/2000), 18 (40); *Schack*, Rz. 223; *Geimer*, Rz. 1096; *Nagel/Gottwald*, § 5 Rz. 401; *Knöfel*, Grundfragen der internationalen Berufsausübung von Rechtsanwälten (2005), S. 181 f.
7 S. nur Note, 103 Harv.L.Rev. 1677 (1678) (1990); *Hau*, Positive Kompetenzkonflikte im Internationalen Zivilprozessrecht (1996), S. 30 f.; *Kieninger*, JNPÖ 18 (1999), S. 372 (377); *Kieninger*, Wettbewerb der Privatrechtsordnungen im Europäischen Binnenmarkt (2002), S. 170; *Mankowski*, in: C. Ott/H. B. Schäfer (Hrsg.), Vereinheitlichung und Diversität des Zivilrechts in transnationalen Wirtschaftsräumen (2002), S. 118 (120); *Schack*, Rz. 224–226.

besondere ob ein solches Urteil auch in anderen Staaten für vollstreckbar erklärt werden könnte, wenn dies nötig werden sollte[1]. Die **effektive Rechtsdurchsetzung** muss im Vordergrund stehen.

2. Kosten- und Gebührenrecht

Prozesse mit Auslandsbezug können gewisse Besonderheiten gegenüber Verfahren ohne Auslandsbezug aufweisen. Einige Verfahrensarten sind in reinen Inlandsprozessen überhaupt nicht denkbar, an der Spitze das **Vollstreckbarerklärungsverfahren** für ausländische Entscheidungen. Entsprechende Besonderheiten können auch kosten- und gebührenrechtliche Konsequenzen haben. Soweit diese bereits die Rechtsprechung beschäftigt haben, sollen die entsprechenden Fälle hier kurz Erwähnung finden. 1458

Die Tätigkeit eines deutschen Rechtsanwalts im **Exequaturverfahren** auf Vollstreckbarerklärung eines deutschen Vollstreckungstitels im Ausland ist gebührenrechtlich nach den Nrn. 3100 ff. VV RVG zu beurteilen[2]. Ebenso sind für Tätigkeiten deutscher Anwälte in anderen ausländischen Verfahren der deutsche Begriff der Angelegenheit aus § 15 RVG und die deutschen Beurteilungsmaßstäbe über den Schwierigkeitsgrad der einzelnen Angelegenheit maßgeblich[3]. 1459

Der **Gegenstandswert** der anwaltlichen Tätigkeit im inländischen Vollstreckbarerklärungsverfahren sowohl nach EuGVVO, EuEheGVVO, EuGVÜ, LugÜ oder einem bilateralen Übereinkommen wie nach ZPO oder Art. 7 § 1 FamRÄndG bemisst sich nach dem Hauptanspruch, hinsichtlich dessen die Vollstreckbarerklärung begehrt wird. Forderungen, die nach dem Inhalt des ausländischen Titels bloße Nebenforderungen sind, vor allem Zinsen, bleiben für die Bemessung des Gegenstandswerts unberücksichtigt[4]. Wie in anderen Rechtsmittelverfahren erhält der deutsche Rechtsanwalt für die Vertretung im Rechtsbeschwerdeverfahren nach Art. 44 iVm. Anh. IV EuGVO; Art. 27 iVm. Anh. III EuEheGVVO; Art. 37 Abs. 2; 41 EuGVÜ/LugÜ gem. Vorbem. 3.2.1 Abs. 1 Nr. 3 VV RVG den erhöhten Satz der Gebühr nach § 13 RVG[5]. 1460

Im Prozess ist die notwendige Einholung einer **Rechtsauskunft** über ausländisches Recht eine Beweisaufnahme. Sie löst deshalb die Beweisgebühr aus. Die Besonderheit, dass Rechtsnormen Objekt eines Beweises sind, ergibt sich aus § 293 ZPO[6]. Andererseits stellt eine eigene Nachforschung des Gerichts über den Inhalt eines ausländischen Rechts keine Beweisaufnahme dar, son- 1461

---

1 H. Linke, IJVO 8 (1998/99), 35 (40); Schack, Rz. 227.
2 OLG Düsseldorf 9.11.1989, IPRspr. 1989 Nr. 239 = RIW 1990, 500.
3 Vgl. LG Hannover 8.6.1995, IPRspr. 1995 Nr. 184 = NdsRPflege 1995, 249.
4 BGH 8.10.1956, IPRspr. 1956/57 Nr. 194 = WM 1956, 1606 = RPfleger 1957, 15 Anm. Lappe (ZPO); OLG Frankfurt a.M. 11.2.1993, RIW 1993, 944 (EuGVÜ).
5 BGH 26.1.1983, NJW 1983, 1270; OLG Frankfurt a.M. 24.3.1981, IPRspr. 1981 Nr. 198 = RIW 1981, 714 = AnwBl. 1981, 443.
6 KG 25.4.1936, JW 1936, 1686 = IPRspr. 1935–44 Nr. 3; OLG Schleswig 7.10.1982, IPRspr. 1982 Nr. 190 = SchlHA 1984, 16.

dern nur eine Wahrnehmung einer eigenen Aufgabe des Gerichts. Die Differenzierung folgt wiederum aus § 293 ZPO, der ausländisches Recht nur insoweit für beweisbedürftig erklärt, als es dem Gericht unbekannt ist[1]. Keine Beweisgebühr fällt dagegen durch das bloße Einreichen einer fremdsprachigen Urkunde an, auch wenn eine zuvorige Einsichtnahme erforderlich war; darin liegt kein Beweis durch Augenscheinseinnahme iSv. § 371 ZPO[2].

1462 Leistet der verfahrensbevollmächtigte Rechtsanwalt für seinen ausländischen Auftraggeber, welcher der deutschen Sprache nicht mächtig ist, **Übersetzungs- und Dolmetscherdienste**, kann dies eine durch die Prozessgebühr nicht abgegoltene Leistung sein. Ausgenommen sind aber solche Dienste, die zur Wahrnehmung der rechtlichen Interessen des Mandanten erforderlich sind und deshalb dem Anwalt als anwaltliche Leistung sowieso obliegen, insbesondere ein Informationsgespräch in der Fremdsprache. Nach diesen Grundsätzen zusätzliche Übersetzungsdienste sind nach einem Maßstab zu entgelten, der sich an § 8 JVEG und damit an die Vergütungen für professionelle Dolmetscher anlehnt[3]. Der ausländische Verkehrsanwalt, dessen Leistungen nicht als echte Verkehrsanwaltskosten erstattungsfähig sind, kann eine Vergütung für von ihm erbrachte Dolmetscherleistungen verlangen. Diese ist zumindest insoweit erstattungsfähig, als sie die Einschaltung eines professionellen Dolmetschers überflüssig gemacht hat[4].

3. Anwaltswerbung

1463 Die Zulässigkeit der grenzüberschreitenden Werbung von Rechtsanwälten beurteilt sich entsprechend dem **Internationalen Wettbewerbsrecht** des Art. 6 Abs. 1 Rom II-VO[5] nach dem Recht desjenigen Ortes, an welchem die wettbewerblichen Interessen der Mitbewerber aufeinander treffen.

1464 Der **Hinweis auf eine internationale Sozietät** wie der **Hinweis auf eine Kooperation** einer deutschen mit einer oder mehreren ausländischen Anwaltssozietäten im Briefkopf der deutschen Sozietät betrifft die Interessen deutscher Mitbewerber und ist deshalb nach deutschem Wettbewerbsrecht zu beurteilen. Für den rechtsuchenden (potentiellen) Mandanten ist es insbesondere dann wichtig zu wissen, dass zumindest die Vermittlung des Kontaktes zu kompetenten ausländischen Anwälten in Fällen mit Bezug zu bestimmten auslän-

---

[1] BGH 14.3.1966, IPRspr. 1966/67 Nr. 2 = NJW 1966, 1364.
[2] VGH Baden-Württemberg 9.10.1996, IPRspr. 1996 Nr. 210 = VBlBW 1997, 73.
[3] OLG Köln 20.3.1986 – 17 W 168/85 und 184/85 (unveröff.); LG Mannheim 15.8.1977, IPRspr. 1977 Nr. 172 = AnwBl. 1978, 61.
[4] OLG Düsseldorf 23.6.1987, IPRspr. 1987 Nr. 177 = RIW 1988, 227. S. auch OLG München 29.5.1998, IPRspr. 1998 Nr. 206 = RIW 1999, 389 = NJW-RR 1998, 1692 = AnwBl. 1999, 352 (Übersetzungskosten konkret ablehnend, weil nicht dargelegt war, welche Schriftstücke übersetzt wurden und warum dies notwendig war).
[5] Dazu umfassend *Mankowski*, in: Münchener Kommentar zum Lauterkeitsrecht, 2006, IntWettbR Rz. 133–236; außerdem zB *Knöfel*, RIW 2008, 552. OLG Düsseldorf 19.10.1993, NJW 1994, 869 (Rundschreiben deutscher Anwälte in den Niederlanden an niederländ. Adressaten nach niederländ. Recht beurteilt.).

dischen Rechten möglich ist, wenn dieser (potentielle) Mandant im Grenzgebiet zu dem betreffenden ausländischen Staat ansässig ist oder wenn es sich um ein international tätiges Unternehmen handelt. Wenn die deutschen Anwälte mit ausländischen Anwälten in der Weise zusammenarbeiten, dass sie in Fällen mit Bezug zu dem betreffenden ausländischen Staat ständig bei den ausländischen Kollegen Rat einholen und deren Gutachten zur Grundlage der eigenen Beratung machen, klärt der Kooperationshinweis sachlich zutreffend über den raschen Informationsaustausch mit kundigen Anwälten aus dem fremden Rechtskreis als Qualifizierung der in Deutschland angebotenen Rechtsberatung auf. Insoweit tritt der Informationsaspekt gegenüber dem Werbungsaspekt in den Vordergrund. Der Hinweis im Briefkopf ist daher durch ein entsprechendes Informationsinteresse der (auch potentiellen) Mandanten gerechtfertigt und verletzt keine für die Aufrechterhaltung einer geordneten Rechtspflege unerlässlichen Wesensmerkmale. Er ist nach deutschem Recht sowohl standes- als auch wettbewerbsrechtlich zulässig[1]. Zutreffende Hinweise auf eine lockerere Kooperation im Rahmen einer best friends relationship oder eines referential system sind also nicht zu beanstanden.

Dasselbe gilt für Hinweise auf die **Partnerschaft mit ausländischen Anwälten** in einer EWIV. Dann dürfen zumindest auf der Rückseite des Briefbogens auch die übrigen Mitglieder der EWIV mit ihren jeweiligen Kanzleiorten aufgeführt werden[2]. Wettbewerbsrechtlich zulässig ist auch der Hinweis auf ein **Auslandsbüro** einer deutschen Sozietät, das dieser aufgrund eines gegenseitigen Kooperationsvertrages mit einer ausländischen Sozietät zur Verfügung steht und zu dessen Unterhaltung die deutschen Anwälte beitragen[3]. 1465

Eine andere Beurteilung ist allerdings für weitergehende Beschreibungen (zB in Broschüren zur Selbstdarstellung der deutschen Sozietät) geboten, wenn diese den unzutreffenden Eindruck erwecken, die deutsche Sozietät sei selbst zu einer kompetenten Beratung in Fragen des ausländischen Rechts in der Lage. Solche Beschreibungen sind wegen Verstoßes gegen § 5 UWG unzulässig[4]. Irreführend im Sinne von § 5 UWG sind auch Hinweise, die als Hinweis auf das Bestehen einer (tatsächlich nicht existierenden) Sozietätsgemeinschaft mit den ausländischen Anwälten missverstanden werden können, sowie Vollmachtsformulare, welche ausländische Anwälte einbeziehen, ohne die ihnen vom deutschen Gesetzgeber auferlegten Beschränkungen erkennen zu lassen[5]. 1466

---

[1] BGH 21.1.1993, NJW 1993, 1331 = IPRax 1994, 300 = LM H. 3/1993 § 18 BRAO Nr. 3 Anm. *Lauda* = IPRspr. 1993 Nr. 190 (dazu *Henssler*, EWiR § 1 UWG 11/93, 499); OLG Karlsruhe 21.6.1990, NJW 1990, 3093; OLG Hamm 11.12.1990, IPRspr. 1990 Nr. 235 = NJW 1991, 2093; *Commichau*, IPRax 1994, 277.
[2] BGH 17.12.2001, BRAK-Mitt. 2002, 92; OLG Hamm 6.10.1992, NJW 1993, 1339; LG Bielefeld 12.2.1992, Stbg 1992, 254; *Knöfel*, Grundfragen der internationalen Berufsausübung von Rechtsanwälten (2005), S. 593 f.
[3] OLG Hamm 1.12.1992, NJW 1993, 1338.
[4] OLG Hamm 11.12.1990, IPRspr. 1990 Nr. 235 = NJW 1991, 2093.
[5] OLG Karlsruhe 21.6.1990, NJW 1990, 3063. OLG Hamm 6.10.1992, NJW 1993, 1339 (Angabe der Mitgliedschaft in einer EWIV unter dem Kürzel „IASW" ["Internationaal Advocaaten Samenwerking"] mit zweiter Zeile „Internationale Anwälte Steuerberater

Gegen § 5 UWG verstoßen die missverständliche Bezeichnung als **"internationale Anwälte"**, wenn die deutschen Anwälte selbst kein nennenswertes internationales Geschäft abwickeln, die scheinbare Aufschlüsselung verwendeter Abkürzungen in diese Richtung und die Angabe von bestimmten Partnern einer EWIV für räumlich genau bezeichnete, so genannte Bezirke, wenn die angegebenen Anwälte ihren Kanzleiort tatsächlich gar nicht in dem genannten Bezirk haben.

1467 Der Hinweis auf eine internationale Sozietät von deutschen mit ausländischen Anwälten soll laut dem BGH nur dann wettbewerbsrechtlich zulässig sein, wenn mehrere der angeführten deutschen Anwälte der Sozietät als Partner angehören, denn der Verkehr erwartet von einer Sozietät die gegenseitige Vertretungsberechtigung und eine auch haftungsrechtlich relevante gesellschaftsrechtliche Verbindung.

Der heutigen Bedeutung der associates wie der Zahl der Berufsträger als relevanter Bezugsgröße im Rahmen einer Sozietät wird diese strenge Auffassung nicht gerecht[1].

1468 Im Einzelfall mögen besonders **auffällig aufgemachte Anzeigen** gegen § 5 UWG verstoßen, wenn in ihnen Selbstverständlichkeiten als besondere Leistungen und Vorteile herausgehoben werden[2]. Im internen Anwaltsrecht wäre eine solche Selbstverständlichkeit zB der gelegentlich besonders hervorstechende Hinweis: „Zugelassen bei allen ordentlichen Gerichten in der Bundesrepublik Deutschland mit Ausnahme der Zivilabteilungen des Bundesgerichtshofs"[3]. Dies kann man jedoch nicht verallgemeinern. Der Hinweis auf eine neu begründete Kooperation mit ausländischen Partnern und die dadurch eröffnete Möglichkeit zur umfassenden Beratung auf den Gebieten des betreffenden ausländischen Rechts drücken keine solche Selbstverständlichkeit aus. Eine qualifizierte Beratung zB im niederländischen Rechts kann der Rechtsuchende auch im deutsch-niederländischen Grenzgebiet bei einem deutschen Anwalt nicht als selbstverständlich voraussetzen[4].

4. Durchsetzung von Honoraren im Ausland

1469 Die Durchsetzung von Honoraren im Ausland kann mit erheblichen Schwierigkeiten verbunden sein. Dies gilt sogar innerhalb Europas. Selbst Festsetzungen aus **Kostenfestsetzungsverfahren** und ihren ausländischen Äquivalenten

---

Wirtschaftsprüfer" irreführend.); BGH 25.4.1996, ZIP 1996, 1314 = WiB 1996, 1018 krit. Anm. *Mankowski* (dazu *Taupitz*, EWiR § 43b BRAO 1/96); OLG Düsseldorf 28.4.1994, WRP 1995, 119 (dazu *Ring*, EWiR § 1 UWG 28/94, 1037) („Internationale Sozietät von Rechtsanwälten und Attorneys-at-Law" im Briefkopf unzulässig, wenn nur einer der deutschen Anwälte Partner der Sozietät ist).

1 *Mankowski*, WiB 1996, 1019 (1020); *Knöfel*, Grundfragen der internationalen Berufsausübung von Rechtsanwälten (2005), S. 574 ff. sowie aus der Sicht der internationalen Anwaltspraxis *de Lousanoff*, ZZP 115 (2002), 357 (371).
2 S. OLG Oldenburg 5.7.1990, NJW 1991, 48.
3 Entgegen OLG Düsseldorf 16.4.2002, NJW 2003, 595.
4 Entgegen OLG Oldenburg 5.7.1990, NJW 1991, 48.

zB werfen die Frage auf, inwieweit es sich bei ihnen um der Anerkennung und Vollstreckbarerklärung fähige Entscheidungen handelt. Sicherlich sind sie Zivilsachen iSv. Art. 1 EuGVO/EuGVÜ/LugÜ, da insoweit – unabhängig von der Gerichtsbarkeit, vor der eventuell das Honorar verdient wurde – der zivilrechtliche Charakter des zugrundeliegenden Anwaltsvertrages durchschlägt[1]. Eine Entscheidung iSv. Art. 32 EuGVO; Art. 25 EuGVÜ/LugÜ setzt grundsätzlich voraus, dass eine staatliche Instanz den Akt erlassen hat und dass er in einem justizförmigen Verfahren unter Wahrung des rechtlichen Gehörs ergangen sein muss[2]. Festsetzungen des Honorars durch den Vorstand der Anwaltskammer auf Antrag des Anwalts, wie sie zB in den Niederlanden möglich sind, wahren diese Voraussetzungen, soweit der Mandant zuvor die Forderung zumindest dem Umfang nach bestritten hat oder eine Einspruchsmöglichkeit hat[3].

Im Übrigen darf man nicht zu wörtlich auf Bezeichnungen sehen. Eine ordonnance exécutoire des Präsidenten eines Tribunal de Grande Instance etwa ist kein Exequatur[4], keine bloße Bestätigung, sondern eine eigenständige Entscheidung[5]. Erst diese Entscheidung schafft übrigens in Frankreich einen Titel, die vorangegangene Anordnung des batônnier, des Vorsitzenden der Anwaltskammer, hat diesen Charakter noch nicht[6]. 1470

Eine weitere Hürde bilden die **Anerkennungsversagungsgründe** nach Art. 34 Nr. 2 EuGVO; Art. 27 Nr. 2; Art. 46 Nr. 2 EuGVÜ/LugÜ[7]. Im Vollstreckbarerklärungsverfahren unter der EuGVO spielen sie allerdings in der strikt einseitigen ersten Instanz keine Rolle; dort untersagt Art. 41 S. 1 EuGVO dem Richter, die Anerkennungsversagungsgründe des Art. 34 EuGVO zu prüfen. Drohte die Vollstreckbarerklärung einer Kostenfestsetzung nach § 11 RVG im Ausland an Art. 34 Nr. 2 EuGVO; Art. 27 Nr. 2 EuGVÜ/LugÜ zu scheitern, so besteht nach Auffassung des OLG Hamm ein hinreichendes Rechtsschutzbedürfnis, um das Festsetzungsverfahren in Deutschland zu wiederholen und nicht wegen der Rechtskraft der ersten Festsetzung zu versagen[8]. 1471

---

1 OLG Düsseldorf 23.8.1995, IPRspr. 1995 Nr. 168 = RIW 1996, 67 = IPRax 1996, 415; LG Karlsruhe 7.12.1990, IPRspr. 1990 Nr. 204 = RIW 1991, 156 (157); *M. J. Schmidt*, Die internationale Durchsetzung von Rechtsanwaltshonoraren (1991), S. 88 f., 210 f.; *M. J. Schmidt*, RIW 1991, 626 (634); *Tepper*, IPRax 1996, 398.
2 S. nur *Kropholler*, Art. 32 EuGVVO Rz. 9.
3 *Tepper*, IPRax 1996, 398, 401 f. sowie zumindest im Ergebnis LG Hamburg 4.9.1978, IPRspr. 1978 Nr. 165; dazu *M. J. Schmidt*, Die internationale Durchsetzung von Rechtsanwaltshonoraren (1991), S. 97 f.
4 So aber LG Hamburg 31.8.1987, IPRspr. 1987 Nr. 156A = IPRax 1989, 162.
5 OLG München 22.6.1992, IPRspr. 1992 Nr. 223; LG Karlsruhe 7.12.1990, IPRspr. 1990 Nr. 204 = RIW 1991, 156 (157) = IPRax 1992, 92 (93); *Reinmüller*, IPRax 1989, 142 (143); *Reinmüller*, IPRax 1992, 73 f.
6 OLG Koblenz 5.11.1985, IPRspr. 1985 Nr. 183 = IPRax 1987, 24 (25); *Reinmüller*, IPRax 1987, 10 (11); dazu krit. *M. J. Schmidt*, Die internationale Durchsetzung von Rechtsanwaltshonoraren (1991), S. 90 f., 94 ff., der Qualifikationsfehler erkennen will.
7 OLG Düsseldorf 23.8.1995, IPRspr. 1995 Nr. 168 = RIW 1996, 67 = IPRax 1996, 415; Rb. Almelo 25.11.1977, Ned. Jur. 1979 Nr. 371, S. 1168 nrs. 7 f.
8 OLG Hamm 12.12.1994, IPRspr. 1994 Nr. 182 = IPRax 1996, 414, 415 = RPfleger 1995, 382. Dagegen mit guten Gründen *Tepper*, IPRax 1996, 398 (399 f.).

5. Berufshaftpflichtversicherungsdeckung

1472 Die Berufshaftpflichtversicherung kann jede Haftung und Deckung für Anwaltstätigkeiten ausschließen, die über im Ausland geführte Büros (§ 51 Abs. 3 Nr. 2 BRAO), in Verbindung mit einer Rechtsbesorgung nach außereuropäischem Recht (§ 51 Abs. 3 Nr. 3 BRAO) oder vor außereuropäischen Gerichten (§ 51 Abs. 3 Nr. 4 BRAO) ausgeübt worden sind[1]. Von dieser Gestattung hat die Versicherungswirtschaft in § 4 Abs. 1 Nrn. 1–3 AVB-A[2] Gebrauch gemacht. Grundsätzlich versichert bleiben aber Haftpflichtansprüche bei Rechtsbesorgung nach europäischen Rechtsordnungen[3].

III. Zusammenfassung mit Handlungsanleitung

1473 1. **Kollisionsrechtlich** weist der **Anwaltsvertrag** keine Besonderheiten auf. Die objektive Anknüpfung führt regelmäßig zum Recht am Niederlassungsort des Anwalts. Das Internationale Verbraucherschutzrecht findet in der Regel keine Anwendung.

2. Bei **Third Party Legal Opinions** muss man unterscheiden: Die vertragliche Haftung gegenüber dem Dritten richtet sich nach dem Statut des Auftrags. Für die deliktische Haftung könnte eine akzessorische Anknüpfung an das Transaktionsstatut in Betracht kommen. Eine einseitige Festlegung, welches Recht anzuwenden sei, im Opinion Letter ist keine gültige Rechtswahl.

3. Über die **Zulässigkeit von Erfolgshonoraren** entscheidet bis zur Grenze des deutschen ordre public das Statut des Anwaltsvertrages. Das im deutschen Recht enthaltene Verbot von Erfolgshonoraren gilt für alle in der Bundesrepublik niedergelassenen Rechtsanwälte und setzt sich gegebenenfalls auch im Wege der Sonderanknüpfung durch.

4. Ob einer ausländischen Partei die **Kosten eines Verkehrsanwalts** erstattet werden, richtet sich nach dem Prozessrecht des jeweils angerufenen Gerichts, bei einem Prozess in Deutschland also nach deutschem Recht. Bei der Entscheidung über die Erstattungsfähigkeit solcher Kosten kommen die Oberlandesgerichte trotz unterschiedlicher Ausgangspunkte zu weitgehend übereinstimmenden Ergebnissen. Im Zweifel sind die Verkehrsanwaltskosten einer im Ausland ansässigen Partei erstattungsfähig, wenn ihr eine sachgemäße Information ihres deutschen Prozessanwalts nur aufgrund qualifizierter Beratung durch einen anderen Anwalt möglich ist. Beurteilungskriterien sind vor allem die Komplexität des Sachverhalts und der einschlägigen Rechtsfragen einerseits und die Vertrautheit der Partei mit dem

---

1 Näher zB *M. Kilian*, in: Henssler/Streck (Hrsg.), Handbuch des Sozietätsrechts (2001), H Rz. 173; *Stobbe*, in: Henssler/Prütting, BRAO, 2. Aufl. (2004), § 51 BRAO Rz. 97; *Jungk*, in: Borgmann/Jungk/Grams, Anwaltshaftung, 4. Aufl. (2005), Kap. VIII Rz. 12–14.
2 Allgemeine Versicherungsbedingungen für die Vermögensschaden-Haftpflichtversicherung von Rechtsanwälten und Patentanwälten.
3 *Bierske*, AnwBl. 1995, 225 (229).

deutschen Rechtsverkehr andererseits. Die Höhe zu erstattender Kosten bestimmt das Statut des Anwaltsvertrages.

5. Bei **auslandsbezogenen Mandaten** haften deutsche Anwälte für die Kenntnis aller einschlägigen Normen des deutschen Rechts. Kenntnis ausländischen Rechts müssen sie sich, soweit erforderlich, aneignen. Sie kann ein Auswahlverschulden hinsichtlich der Tätigkeit von ihnen eingeschalteter ausländischer Kollegen treffen.

6. **Anwaltliche Werbung** beurteilt sich nach dem Wettbewerbsstatut. Nach deutschem Wettbewerbsrecht sind zutreffende Hinweise auf Kooperation mit ausländischen Anwälten zulässig.

Frei. 1474–1490

Kapitel 3: Verträge über unbewegliche Sachen

Übersicht

	Rz.		Rz.
A. Allgemeines zu Verträgen über unbewegliche Sachen	1491	C. Grundstücksmiete und Grundstückspacht	1661
B. Grundstückskauf, Bauträgervertrag	1501		

A. Allgemeines zu Verträgen über unbewegliche Sachen

Immobilien sind in mehrfacher Weise besonders gelagert: Erstens vermittelt ihre Belegenheit besondere Stabilität. Sie ist eben immobil und unveränderlich. Dies führt zu einer permanenten Lokalisierung am Belegenheitsort. Zweitens besteht häufig eine Überlagerung durch öffentlich-rechtliche Regulierung einschließlich Grunderwerb- und Grundsteuerrecht und Verkehrsgenehmigungen für Geschäfte mit Ausländern. Drittens sind Immobilienrechte oft in örtlichen Registern registriert, namentlich in Grundbüchern. 1491

Aus alledem folgt eine besondere Verbundenheit mit dem Belegenheitsstaat. Dort sind zudem faktisch alle unmittelbar auf die Immobilie bezogenen Akte auszuführen (zB Instandhaltung und Reparaturen, Bau, Übergabe von Bauten, Grundstücken oder Wohnungen). Was am Vertragsgegenstand Immobilie zu tun ist, ist dort und nur dort zu tun. Organisatorische Vorleistungen treten hier stärker in den Hintergrund als bei anderen Verträgen. Die Sache rückt in den Vordergrund, nicht die Person. An die charakteristische Leistung und deren personale Lokalisierung anzuknüpfen, verliert bei Immobilienverträgen an Berechtigung. Vielmehr dominiert die objektive Anknüpfung an den Belegenheitsort. Art. 4 Abs. 1 lit. c Rom I-VO zieht diese richtige Konsequenz wie zuvor Art. 28 Abs. 3 EGBGB; Art. 4 Abs. 3 EVÜ. Sie führt zum Gleichlauf von öffentlichem Recht und Privatrecht. Die Belegenheitsanknüpfung ist die natürliche, sachgerechte und gleichsam aus der Sache fließende Anknüpfung an die engste Verbindung. 1492

Dies schließt allerdings nicht aus, vorrangig den Parteien das Wort zu erteilen und ihnen Rechtswahlfreiheit einzuräumen. Art. 4 Abs. 1 lit. c Rom I-VO weicht Art. 3 Rom I-VO. Eine zwingende, nicht dispositive Anknüpfung an die Grundstücksbelegenheit findet also grundsätzlich nicht statt. Sofern der Belegenheitsstaat besondere staatliche Eigeninteressen verfolgt, mag er diesen in Eingriffsrecht oder besonders zwingenden Vorschriften Ausdruck verleihen (vgl. dazu Rz. 491 ff.). 1493

Eine weitere Überlagerung bewirkt die Ausweichklausel aus Art. 4 Abs. 3 Rom I-VO (vgl. dazu Rz. 185 ff.). Allerdings wird es nur vergleichsweise selten ei- 1494 ne stärkere Verbindung eines Immobilienvertrages geben als jene zum Belegenheitsstaat. Dies erscheint im Ansatz am ehesten denkbar, wenn die Beteiligten allesamt in demselben, mit dem Belegenheitsstaat nicht identischen Staat ansässig sind.

1495–1500   Frei.

B. Grundstückskauf, Bauträgervertrag

	Rz.
I. Vertragsstatut des Grundstückskaufs nach der Rom I-VO	1501
1. Allgemeines	1501
2. Rechtswahl beim Grundstückskaufvertrag	1503
a) Ausdrückliche Rechtswahl	1503
b) Stillschweigende Rechtswahl	1505
3. Objektive Anknüpfung (Art. 4 Rom I-VO)	1507
4. Verbraucherverträge (Bauträgerverträge)	1513
5. Gesondert anzuknüpfende Fragen	1514
a) Reichweite des Schuldstatuts	1514
b) Rechts- und Geschäftsfähigkeit, gesetzliche Vertretung, Vormundschaft	1515
II. Eingriffsnormen	1521
1. Inländische Eingriffsnormen	1521
2. Ausländische zwingende Vorschriften	1523
III. Dinglicher Vollzug des Grundstückskaufvertrages und Registerfragen	1531
1. Vertragsstatut und Sachenrechtsstatut	1531
2. Eigentumsübertragung an Grundstücken	1532
3. Grundstücksbelastungen und sonstige dingliche Rechte	1533
a) Übernahme von Grundstücksbelastungen	1533
b) Sonstige dingliche Rechte	1535
4. Vollzug im Grundbuch	1536
IV. Formvorschriften	1551
1. Inländische Grundstücke	1551
2. Auflassung	1555
3. Ausländische Grundstücke	1558
a) Kaufvertrag	1558
b) Eigentumsübergang	1562
4. Zuständigkeit zur öffentlichen Beurkundung	1563
a) Inländische Grundstücke	1563
b) Ausländische Grundstücke	1564
V. Vertragsgestaltung bei ausländischen Grundstücken	1571
1. Grundstückskaufvertrag	1571
2. Vollzug im ausländischen Grundbuch oder Register	1573
3. Vollzugsvollmacht	1575
VI. Güterrechtliche Fragen beim Grundstückskauf	1591
1. Güterrecht und Grundstückskauf	1591
a) Allgemeines	1591
b) Abgrenzung zwischen Sach- und Güterrechtsstatut	1592
c) Anknüpfung des Güterstatuts	1593
d) Rechtswahl	1594
2. Ausländer als Erwerber eines Grundstücks	1595
a) Erwerbsbeschränkungen	1596
b) Auflassung an Ausländer	1598
c) Ausländisches Güterstatut im Grundbuchverfahren	1601
3. Ausländer als Veräußerer eines Grundstücks	1607
a) Eintragung der Verfügungsbeschränkungen im Grundbuch	1608
b) Ausländische Verfügungsbeschränkungen im Grundbuchverfahren	1609
VII. Zusammenfassung mit Handlungsanleitung	1621
1. Rechtswahl beim Grundstückskaufvertrag	1621
2. Güterrecht	1622
a) Ausländer als Käufer	1622
b) Ausländer als Grundstücksverkäufer	1625
VIII. Grundstückskauf – Länderübersicht	1631
1. Belgien	1631
2. Brasilien	1632
3. Dänemark	1633
4. Frankreich	1634
5. Griechenland	1635
6. Großbritannien	1636
7. Italien	1637
8. Niederlande	1638
9. Österreich	1639
10. Polen	1640

	Rz.		Rz.
11. Portugal	1641	15. Türkei	1645
12. Schweiz	1642	16. Ungarn	1646
13. Spanien	1643	17. USA	1647
14. Tschechien und Slowakei	1644		

Literatur: *Bauer/von Oefele,* Grundbuchordnung, 2. Aufl. (2006); *Böhner,* Erwerb und Besitz von Auslandsimmobilien aus deutscher Sicht, in: Schönhofer/Böhner (Hrsg.), Haus und Grundbesitz im Ausland, 2. Aufl. (3. Erg.Lfg. 1999) Gruppe 3, 1; *Böhringer,* Grundstückserwerb mit Auslandsberührung aus der Sicht des Notars und Grundbuchamts, BWNotZ 1988, 49; *Cornut,* Der Grundstückskauf im IPR (1987); *Demharter,* Grundbuchordnung, 26. Aufl. (2008); *Döbereiner,* Rechtsgeschäfte über inländische Grundstücke mit Auslandsberührung, ZNotP 2001, 465; *Eickmann,* Die Beteiligung von Ausländern am Grundbuchverfahren, Rpfleger 1983, 465; *Frank,* Probleme des internationalen Grundstücksrechts, BWNotZ 1978, 95; *Hegmanns,* Probleme mit Kaufverträgen über im Ausland gelegene Grundstücke, MittRhNotK 1987, 1; *Hofmeister/Auer,* Das moderne Grundbuch (Wien 1992); *Kuntze/Ertl/Herrmann/Eickmann,* Grundbuchordnung, 6. Aufl. (2006); *Küppers,* Grunderwerb im Ausland, DNotZ 1973, 645; *Lichtenberger,* Einige Bemerkungen zur praktischen Behandlung des Grundstückserwerbs bei Auslandsberührung, MittBayNot 1986, 111; *Löber,* Kaufverträge über Spanien-Immobilien zwischen Ausländern, NJW 1980, 496; *Meikel,* Grundbuchrecht, 10. Aufl. (2009); *Reithmann,* Bauträgervertrag und Bauherren-Modell im IPR, Festschr. Ferid (1988), S. 381; *Schöner/Stöber,* Grundbuchrecht, 14. Aufl. (2008); *Schönhofer/Böhner* (Hrsg.), Haus- und Grundbesitz im Ausland, 2 Bde. (Loseblatt 1983 ff.); *Schröder,* Zur Anziehungskraft der Grundstücksbelegenheit im internationalen Privat- und Verfahrensrecht, IPRax 1985, 145; *Schwander,* Das IPR des Grundstückskaufs/Grundstückserwerbs durch Personen im Ausland, in: A. Koller (Hrsg.), Der Grundstückskauf, 2. Aufl. (2001), S. 435; *Spellenberg,* Atypischer Grundstücksvertrag, Teilrechtswahl und nicht ausgeübte Vollmacht, IPRax 1990, 295.

I. Vertragsstatut des Grundstückskaufs nach der Rom I-VO

1. Allgemeines

1501 Auch beim Grundstückskauf bestimmt sich das Schuldstatut nach den allgemeinen Regeln der Art. 3 ff. Rom I-VO (früher Art. 27 ff. EGBGB) (s. oben Rz. 85 ff.). Der bisher in Art. 3 Abs. 1 EVÜ (Art. 27 EGBGB), jetzt in Art. 3 Abs. 1 Rom I-VO enthaltene Vorrang der Parteiautonomie gilt daher auch hier. Für die **objektive Anknüpfung** von Grundstücksverträgen enthält die Rom I-VO in Art. 4 Abs. 1 lit. c eine eigene Bestimmung. Danach unterliegen **Verträge, die ein dingliches Recht an einem Grundstück** oder die Miete oder Pacht unbeweglicher Sachen zum Gegenstand haben, dem Recht des Staates, in dem die unbewegliche Sache belegen ist (s. oben Rz. 147). Dies entspricht im Ergebnis der Vermutungsregelung des bisherigen Art. 4 Abs. 3 EVÜ (Art. 28 Abs. 3 EGBGB). Art. 6 Rom I-VO beschränkt allerdings bei **Verbraucherverträgen** die Möglichkeit einer Rechtswahl (s. unten Rz. 4203). Art. 6 Abs. 4 lit. c Rom I-VO nimmt hiervon aber Verträge aus, die ein dingliches Recht an einem Grundstück oder ein die Miete oder Pacht unbeweglicher Sachen zum Gegenstand haben, mit Ausnahme der Verträge über Teilzeitnutzungsrechte an Immobilien im Sinne der Richtlinie 94/47/EG. Beim Grundstückskauf bleibt daher in diesem Rahmen die Wahlmöglichkeit auch bei Verbraucherverträgen erhalten. Die Literatur hat dies kritisiert[1].

Weiter ist zu berücksichtigen, dass Urkunden, die die Übertragung eines Grundstücks zum Gegenstand haben, neben dem eigentlichen schuldrechtlichen Grundstückskauf oft eine Reihe von Bestimmungen enthalten, die nicht zum schuldrechtlichen Teil im engeren Sinne zu zählen sind: zB sachenrechtliche Bestimmungen wie Auflassung, verfahrensrechtliche Erklärungen zur Grundbucheintragung etc. Darüber hinaus kann die Urkunde weitergehende Vereinbarungen enthalten: etwa die Bestellung eines Nießbrauchs, eines Grundpfandrechts etc. Schließlich sind auch zusammengesetzte Verträge denkbar, etwa wenn ein Grundstückskaufvertrag mit einem Bauerrichtungsvertrag verbunden wird. Ferner ist das auf den Schuldvertrag anwendbare Recht (das Vertragsstatut) vom Sachstatut abzugrenzen, das für die Beurteilung der sachenrechtlichen Bestimmungen maßgeblich ist. Die grundbuchrechtlichen Erklärungen und Bestimmungen der Urkunde richten sich stets nach dem Recht, in dem das maßgebliche Register geführt wird. Das Verfahren vor dem deutschen Grundbuchamt folgt bei Auslandsberührung daher stets deutschem Recht[2]. **Gemischte Verträge**, dh. Verträge, bei denen die von einer Partei geschuldete Leistung verschiedenen Vertragstypen zuzuordnen ist, wurden bisher einheitlich angeknüpft[3]. Nunmehr stellt Art. 4 Abs. 2 Rom I-VO allerdings klar, dass dann, wenn die Bestandteile des Vertrags durch mehr als einen der Buchstaben a bis h des Absatzes 1 abgedeckt sind, der Vertrag dem Recht des Staates unterliegt, in dem die Partei, welche die für den Vertrag charakteristische Leistung zu erbringen hat, ihren gewöhnlichen Aufenthalt hat.

Die nicht immer einfache **Qualifikationsfrage**, was unter einem Grundstück zu verstehen ist, wird man wie bisher grundsätzlich nach dem Recht am Lageort beurteilen müssen. Der Begriff des Grundstücks ist daher nach der lex rei sitae zu beurteilen[4]. Für die Anknüpfung des Schuldstatuts ist diese Problematik allerdings dadurch entschärft, dass Art. 4 Abs. 1 lit. c Rom I-VO wie bisher Art. 4 Abs. 3 EVÜ (Art. 28 Abs. 3 EGBGB) nicht nur Verträge erfasst, die ein dingliches Recht an einem Grundstück zum Gegenstand haben, sondern auch Verträge, die die Miete oder Pacht unbeweglicher Sachen zum Gegenstand haben. Dadurch wird insbesondere die schwierige Frage der Qualifikation, welches Recht bei einem Timesharing-Vertrag veräußert wird, vereinfacht. Die unterschiedlichsten Modelle des Timesharings sind denkbar: Übertragung eines dinglichen Rechts (Miteigentumsanteil mit Benutzungsregelung, Dauernutzungsrecht etc.), schuldrechtliche Lösung (dauerhafter Mietvertrag, obligatorische Nutzungsrechte) oder vereins- oder gesellschaftsrechtliche Regelungen[5] (zum Timesharing s. Rz. 4281 ff.).

1502

---

1 Vgl. *Mankowski*, IPRax 2006, 105; *Mankowski*, ZvglRW 105 (2006), 127.
2 Vgl. *Eickmann*, Rpfleger 1983, 466; *Böhringer*, BWNotZ 1988, 51.
3 Vgl. *Martiny*, in: MünchKomm, Art. 28 EGBGB Rz. 125 ff.
4 Vgl. *Martiny*, in: MünchKomm, Art. 28 EGBGB Rz. 150 ff.
5 Vgl. *Martiny*, in: MünchKomm, Art. 28 EGBGB Rz. 161 ff.; *Gralka*, Timesharing bei Ferienhäusern und Ferienwohnungen (1986); *Edmonds*, International Timesharing, 2. Aufl. (London 1986).

2. Rechtswahl beim Grundstückskaufvertrag

a) Ausdrückliche Rechtswahl

1503 Der Grundstückskaufvertrag untersteht nach Art. 3 Abs. 1 Rom I-VO (bisher in Art. 3 Abs. 1 EVÜ; Art. 27 Abs. 1 EGBGB) primär dem **von den Vertragsparteien gewählten Recht**. Auch schon vor der IPR-Reform war die Möglichkeit der parteiautonomen Rechtswahl – auch der stillschweigenden – im Grundstückskaufvertrag anerkannt[1].

Die **Rechtswahl** wird nach Art. 3 Abs. 5 Rom I-VO durch einen vom Hauptvertrag zu trennenden kollisionsrechtlichen **Verweisungsvertrag** vorgenommen (s. oben Rz. 88). Für den Grundstückskaufvertrag ist von Bedeutung, dass auf Grund dieser rechtlichen Selbständigkeit für die Rechtswahlvereinbarung keine Form vorgeschrieben ist und insbesondere selbst dann formlos geschlossen werden kann, wenn für den Hauptvertrag, etwa wie im deutschen Recht, beim Grundstückskaufvertrag die notarielle Form vorgeschrieben ist (s. oben Rz. 91)[2].

1504 Art. 3 Abs. 1 S. 3 Rom I-VO sieht wie bisher Art. 3 Abs. 1 S. 3 EVÜ (= Art. 27 Abs. 1 S. 3 EGBGB) vor, dass die Parteien die Rechtswahl nicht nur für den ganzen Vertrag, sondern auch nur für einen Teil davon treffen können (s. oben Rz. 94). Eine solche **Teilverweisung** bezieht sich auf einzelne Teile oder bestimmte Fragen eines Vertrages. Voraussetzung ist allerdings, dass die Teilfrage abspaltbar ist und durch die Teilverweisung keine widersprüchlichen Ergebnisse eintreten[3]. Eine Aufspaltung allein hinsichtlich der Formvorschriften, etwa dergestalt, dass die Parteien allein für die Form ein Recht wählen, das etwa die Form des Schuldstatuts nicht kennt, wurde von der Rechtsprechung abgelehnt (s. oben Rz. 757)[4], bei stillschweigender Rechtswahl wird dies kaum gewollt sein[5]. Art. 11 Rom I-VO ermöglicht bereits die Anwendung zweier verschiedener Formstatute, so dass die gesonderte Rechtswahl eines dritten, hiervon unabhängigen Formstatutes auch im Rahmen von Art. 11 Rom I-VO abzulehnen

---

1 BGH 23.6.1967, IPRspr. 1967/68 Nr. 28; BGH 4.7.1969, BGHZ 52, 239 = IPRspr. 1968/69 Nr. 24 = NJW 1969, 1760 (Anm. *Wengler*, NJW 1969, 2237; *Samtleben*, NJW 1970, 378); BGH 6.2.1970, BGHZ 53, 189 = IPRspr. 1970 Nr. 10 = NJW 1970, 999; BGH 9.3.1979, NJW 1979, 1773 = DB 1979, 1982; BGH 10.5.1996, NJW-RR.
2 Vgl. die Rechtsprechung zum EVÜ BGH 6.2.1970, BGHZ 53, 189 (191) = MDR 1970, 404 = IPRspr. 1970 Nr. 10; BGH 3.12.1971, BGHZ 57, 337 (338 f.) = MDR 1972, 403 = IPRspr. 1971 Nr. 11; BGH 9.9.1979, BGH 73, 391 = NJW 1979, 1773 = IPRspr. 1979 Nr. 7; BGH 31.1.1996, IPRax 1998, 462 (Anm. *Spickhoff*, IPRax 1998, 464) = DB 1997, 773; OLG Nürnberg 22.2.1996, NJW-RR 1997, 1484.
3 Vgl. *Martiny*, in: MünchKomm, Art. 27 EGBGB Rz. 70; *Hohloch*, in: Erman, Art. 27 EGBGB Rz. 21; *Thorn*, in: Palandt, Art. 27 EGBGB Rz. 9.
4 BGH 4.7.1969, BGHZ 52, 239 = NJW 1969, 1760 (Anm. *Samtleben*, NJW 1970, 378): Der BGH ließ die Frage offen, ob die Parteien, auch wenn sie ihre Rechtsbeziehung allgemein dem deutschen Recht unterwerfen, die Form abbedingen können; vgl. auch BGH 3.12.1971, BGHZ 57, 337 = IPRspr. 1971 Nr. 11 = NJW 1972, 385 (Anm. *Jayme*, NJW 1972, 1618); LG Aurich 11.7.1973, IPRspr. 1973 Nr. 10 = AWD 1974, 282; OLG Hamm 13.11.1995, DNotI-Report 1996, 55 = OLGR Hamm 1996, 74.
5 *Martiny*, in: MünchKomm, Art. 27 EGBGB Rz. 76.

ist. Darüber hinaus sollte der Gedanke der Einheit des Rechtsgeschäfts zum Tragen kommen, der auch eine Trennung von Form und Inhalt über die von Art. 11 Rom I-VO zugelassene Trennung hinaus verbietet[1]. Art. 11 Abs. 1 Rom I-VO lässt lediglich als gesetzliche Folge der tatsächlichen Vornahme an einem bestimmten Ort die Trennung von Wirkungs- und Formstatut eintreten, darüber hinaus ist die Vereinbarung eines gesonderten Formstatus unwirksam[2].

b) Stillschweigende Rechtswahl

Haben die Parteien keine ausdrückliche Rechtswahl, die sich im Regelfall bei Auslandsbezug empfiehlt, getroffen, so ist auch nach der Regelung in Art. 3 Abs. 1 S. 2 Rom I-VO zu prüfen, ob nicht **stillschweigend** ein bestimmtes Recht gewählt wurde. Art. 3 Abs. 1 S. 2 Rom I-VO bestimmt ähnlich wie Art. 3 Abs. 1 EVÜ, dass die Rechtswahl sich eindeutig aus den Bestimmungen des Vertrages oder den Umständen des Falles ergeben muss. Das EVÜ stellte allerdings noch darauf ab, dass sich die Rechtswahl mit „hinreichender Sicherheit aus den Bestimmungen des Vertrages" ergibt. Jetzt muss sich diese „eindeutig" aus den Bestimmungen ergeben. Insofern verlangt der Verordnungsgeber einen klaren Hinweis. Die deutsche Rechtsprechung hat bisher bestätigt, dass etwa eine Bezugnahme auf deutsche Vorschriften für eine stillschweigende Rechtswahl deutschen Rechts spricht[3]. Die für ein bestimmtes Recht sprechenden **Indizien** müssen nach der bisherigen hM soviel Gewicht haben, dass aus ihnen auf ein Erklärungsbewusstsein der Parteien für die Anwendung dieser Rechtsordnung geschlossen werden kann[4]. Der Normtext enthält keine Konkretisierung über die Anforderungen für eine konkludente Rechtswahl[5]. In der Tendenz wird man unter der Regelung nach Rom I-VO keine geringeren Anforderungen beim Grundstückskauf stellen können. In der Literatur wurden zu Art. 3 EVÜ eine Reihe von Indizien herangezogen: Gerichtsstandsklausel, Schiedsklausel, Verhalten im Rechtsstreit, Vertragssprache etc. (s. oben Rz. 113 ff.). Erwägungsgrund 12 der Verordnung erhebt immerhin die Vereinbarung eines ausschließlichen Gerichtsstandes zu einem wichtigen Faktor. 1505

Allein die Tatsache, dass das stillschweigend gewählte Recht zu einem **unwirksamen Vertrag** führt, wenn die Beteiligten die dort geforderte Form nicht eingehalten hatten, stellt kein Indiz dar, wenn im Übrigen die Gesamtbetrachtung der Umstände für die stillschweigende Wahl dieses Rechts spricht (s. 1506

---

1 Vgl. *Winkler von Mohrenfels*, in: Staudinger, Art. 11 EGBGB Rz. 207.
2 *Serick*, Sonderanknüpfung von Teilfragen im IPR, RabelsZ 18 (1953), 633 (644 ff.); *Winkler von Mohrenfels*, in: Staudinger, Art. 11 EGBGB Rz. 72; aA allerdings *Thorn*, in: Palandt, Art. 11 EGBGB Rz. 2; *Spellenberg*, in: MünchKomm, Art. 11 EGBGB Rz. 3.
3 Vgl. *Martiny*, ZEuP 2006, 70.
4 Vgl. zur Regelung im EVÜ: BGH 12.12.1990, NJW 1991, 1292, 1293; *Martiny*, in: MünchKomm, Art. 27 EGBGB Rz. 45 ff.
5 Vgl. dazu *Mankowski*, in: *Leible* (Hrsg.) Das Grünbuch zum Internationalen Vertragsrecht, 2004, S. 63 ff.

oben Rz. 114)[1]. Im Grundstückskauf kann unter Umständen die Verwendung juristischer Klauseln oder die Bezugnahme auf Rechtsvorschriften eines Landes Indizwirkung für die stillschweigende Rechtswahl dieses Rechtes haben[2]. In Grundstückskaufverträgen findet sich häufig der Hinweis auf Vorschriften des BGB, so dass dies ein starkes Indiz für die stillschweigende Rechtswahl des deutschen Rechts ist. Die Rechtsprechung hat eine Reihe von Fällen zu diesem Thema entschieden[3].

3. Objektive Anknüpfung (Art. 4 Rom I-VO)

1507 Für die objektive Anknüpfung von Grundstücksverträgen enthält die Rom I-VO in Art. 4 Abs. 1 lit. c eine eigene Bestimmung. Danach unterliegen **Verträge, die ein dingliches Recht an einem Grundstück** oder ein die Miete oder Pacht unbeweglicher Sachen zum Gegenstand haben, dem Recht des Staates, in dem die unbewegliche Sache belegen ist (s. oben Rz. 147). Im Ergebnis entspricht diese Lösung regelmäßig der Anknüpfung an die charakteristische Leistung nach der Vermutungsregel des bisherigen Art. 4 Abs. 3 EVÜ (Art. 28 Abs. 3 EGBGB)[4]. Art. 4 Abs. 3 EVÜ (Art. 28 Abs. 3 EGBGB) normierte den auch schon früher in der Rechtsprechung anerkannten Grundsatz, dass mangels einer Parteivereinbarung die Vermutung besteht, dass der Vertrag zu dem Ort die engste Verbindung hat, **an dem das verkaufte Grundstück belegen** ist[5].

1508 Eine Abweichung von diesem Grundsatz ermöglicht die **Ausweichklausel** des Art. 4 Abs. 3 Rom I-VO. Ergibt sich nämlich aus der Gesamtheit der Umstände, dass der Vertrag eine offensichtlich engere Verbindung zu einem anderen als dem nach Absatz 1 bestimmten Staat aufweist, so ist das Recht dieses anderen Staates anzuwenden (s. Rz. 169 ff.). Großzügiger war dies in der bisheri-

---

1 BGH 4.7.1969, BGHZ 52, 239 (241) = NJW 1969, 1760; BGH 6.2.1970, BGHZ 53, 189 (191) = NJW 1970, 99; BGH 9.3.1979, BGHZ 73, 391 = NJW 1979, 1773; OLG Frankfurt a.M. 30.11.1994, OLGR Frankfurt 1995, 15.
2 Vgl. BGH 10.6.1968, DNotZ 1969, 300 f.; BAG 20.7.1970, NJW 1970, 2180 f.; OLG Köln 23.2.1983, RIW 1984, 314 (315); LG München 25.11.1982, IPRax 1984, 318; kritisch *Schröder*, IPRax 1985, 131; *Hohloch*, in: Erman, Art. 27 EGBGB Rz. 16; *Martiny*, in: MünchKomm, Art. 27 EGBGB Rz. 57 ff.; vgl. oben Rz. 125 ff.
3 BGH 25.9.1997, RIW 1998, 318 = ZfIR 1998, 171 = NJW 1998, 1321 = IPRax 1999, 45 (Kaufvertrag über Miteigentumsanteil an span. Ferienanlage, Abschluss in span. Sprache vor deutschem Notar. Die Abfassung in span. Sprache deutet darauf hin, dass dessen Parteien ihn span. Recht unterstellen wollten.). Vgl. ferner LG Waldshut-Tiengen, 27.1.1983, IPRspr. 1983 Nr. 22 = IPRax 1984, 100 Anm. *Jayme*; OLG Hamm 23.11.1995, OLGR Hamm 1996, 7 = NJW-RR 1996, 1144; OLG Nürnberg 22.2.1996, NJW-RR 1997, 1484; KG Berlin 16.1.1996, IPRax 1998, 280 (m. Anm. *Leible*, IPRax 1998, 285); OLG Brandenburg 22.2.1996, OLG-NL 1996, 233 = RIW 1997, 424; OLG Köln 12.9.2000, OLGR Köln 2001, 69.
4 Dazu näher *Säcker*, Festschr. Raue, S. 639 ff.
5 Vgl. zum alten Recht BGH 23.6.1967, IRPsr. 1967/68 Nr. 28; BGH 4.5.1976, IRPspr. 1976 Nr. 16 = WM 1976, 792; OLG Köln 23.4.1974, IPRspr. 1974 Nr. 15 = RIW 1975, 350; BGH 10.5.1996, NJW-RR 1996, 1034; OLG Hamm 15.4.1985, IPRspr. 1985 Nr. 28; OLG Celle 31.3.1987, RIW 1988, 137 = IPRspr. 1987 Nr. 17; OLG Frankfurt a.M. 24.6.1992, NJW-RR 1993, 182 = IPRspr. 1992 Nr. 40.

gen Regelung in Art. 4 Abs. 5 EVÜ (28 Abs. 5 EGBGB) geregelt. Aus der Formulierung, dass der Vertrag eine „offensichtlich" engere Verbindung haben muss, kann man schließen, dass die Ausweichklausel enger gefasst werden sollte. Es braucht ein deutliches Überwiegen der gegenläufigen Momente[1]. Eine Reihe von Indizien spielten hierbei bisher eine Rolle (s. oben Rz. 170 ff., 190 ff.). Für den Grundstückskaufvertrag waren bisher insbesondere die Mitwirkung des Notars und die Staatsangehörigkeit der Beteiligten in der Rechtsprechung als Kriterien anerkannt, die die Vermutung des früheren Art. 28 Abs. 3 EGBGB widerlegen konnten[2]. Es bleibt abzuwarten, ob die Rechtsprechung an diese Indizien anknüpft oder der Regelung in Art. 4 Abs. 1 lit c Rom I-VO einen größeren Vorrang einräumt.

Wurde der Grundstückskaufvertrag von einem **Notar** beurkundet oder kommt er unter Mitwirkung einer sonstigen amtlichen Stelle zustande, so bestand bisher ein starkes Indiz für die Anknüpfung des Rechts des Staates, dem der Notar bzw. die amtliche Stelle unterliegt (s. oben Rz. 201). Im Einzelfall konnte sich allerdings unter Abwägung aller Gesichtspunkte etwas anderes ergeben[3]. ME spricht einiges dafür, in diesem Fällen auch weiterhin eine Ausweichung zuzulassen, wenn dies eine Gesamtwürdigung zulässt. 1509

Auch die **Staatsangehörigkeit der Beteiligten** hatte dann große Bedeutung, wenn sie auf beiden Seiten übereinstimmte (s. oben Rz. 194); Entsprechendes galt auch für den gemeinsamen gewöhnlichen Aufenthalt. Insbesondere bei Grundstückskaufverträgen nahm die Rechtsprechung bisher bei im Inland zwischen deutschen Parteien geschlossenen Kaufverträgen über ausländische Grundstücke und Wohnungen häufig an, dass deutsches Recht Schuldstatut sein soll[4]. ME sollte auch in diesem Fällen eine Ausweichung zugelassen werden. 1510

Umfasste ein Vertrag **Grundstücke in verschiedenen Ländern**, so war nach der alten Regelung nach Möglichkeit ein einheitliches Schuldstatut auf Grund der 1511

---

1 *Mankowski*, IHR 2008, 133 (137).
2 OLG Frankfurt a.M. 9.7.1998, OLGR Frankfurt 2000, 112; OLG Brandenburg 22.2.1996, OLG-NL 1996, 233 = RIW 1997, 424; OLG Köln 12.9.2000, OLGR Köln 2001, 69.
3 LG Hamburg 20.4.1977, RIW 1977, 787; IPG 1976 Nr. 10 (München); LG Amberg 17.3.1980, IPRax 1982, 29 (LS) Anm. *Jayme*; OLG Köln 8.1.1993, RIW 1993, 415 = MDR 1993, 315 = IPRspr. 1993 Nr. 29.
4 Vgl. allgemein BGH 28.1.1997, NJW-RR 1997, 686 = RIW 1997, 426; OLG Düsseldorf 8.2.1990, NJW-RR 1991, 55; OLG Karlsruhe 24.1.2001, NZG 2001, 748; und zum Immobilienrecht *Löber*, NJW 1980, 497 (zu Grundstücken in Spanien); *Meyer*, Erwerb spanischer Immobilien durch Deutsche oder Schweizer, ZvglRW 83 (1984), 78; *Martiny*, in: MünchKomm, Art. 28 EGBGB Rz. 98; zur Rechtsprechung vgl. BGH 4.7.1969, BGHZ 52, 239 = NJW 1969, 1760; BGH 6.2.1970, BGHZ 53, 189 = NJW 1970, 999; BGH 9.3.1979, BGHZ 73, 391 = NJW 1979, 1773; OLG München 10.3.1988, NJW-RR 1989, 663; OLG Celle 31.3.1987, RIW 1988, 137; OLG Frankfurt a.M. 30.11.1994, OLG Report 2/1995, 15; OLG Köln 12.9.2000, OLGR Köln 2001, 69.

engsten Verbindung nach dem früheren Art. 28 Abs. 1 EGBGB zu ermitteln[1]. Die Belegenheit eines der Grundstücke konnte nur dann die Vermutung des Art. 28 Abs. 3 EGBGB begründen, wenn eines der Grundstücke wirtschaftlich bei weitem überwog, wenn etwa ein landwirtschaftliches Anwesen verkauft wurde, zu dem auch ein jenseits der Landesgrenze belegenes Einzelgrundstück gehörte. War dieses Übergewicht nicht gegeben, so musste die Anknüpfung nach anderen Indizien im Wege der Gesamtabwägung bestimmt werden. Auch bei der Anwendung des Art. 4 Rom I-VO wird man mE an einem einheitlichen Vertragsstatut festhalten müssen und keine Aufspaltung vornehmen. Dieser Weg kann über die Ausweichklausel gegangen werden[2].

1512 Beim **Grundstückstausch** stehen sich zwar gleichartige Leistungen gegenüber, so dass die Anknüpfung am Belegenheitsort bei Grundstücken in verschiedenen Ländern zwangsläufig zu einer Aufspaltung führen müsste. Die frühere Rechtsprechung nahm dies tatsächlich an[3]. Auch hier sollte aber ebenso wie beim Kaufvertrag über mehrere Grundstücke in verschiedenen Ländern möglichst ein einheitliches Schuldstatut unter Bestimmung der engsten Verbindung und unter Heranziehung der allgemeinen Kriterien zu finden[4]. Insbesondere die gemeinsame Staatsangehörigkeit der Vertragsschließenden oder das Land, in dem der Grundstückstausch beurkundet wurde, stellen auch weiterhin bei derartigen Fällen wichtige Indizien bei der Bestimmung des Schuldstatuts dar[5].

4. Verbraucherverträge (Bauträgerverträge)

1513 Verbraucherverträge **können Grundstücke betreffen**. Sie werden aber nicht von Art. 4 Abs. 1 Rom I-VO erfasst, da sie **gesondert geregelt** sind (**Art. 6 Rom I-VO**). Art. 6 Rom I-VO beschränkt bei Verbraucherverträgen die Möglichkeit einer Rechtswahl (s. oben Rz. 4171 ff.). Art. 6 Abs. 4 lit. c Rom I-VO nimmt hiervon aber Verträge aus, die ein dingliches Recht an einem Grundstück oder ein die Miete oder Pacht unbeweglicher Sachen zum Gegenstand haben, mit Ausnahme der Verträge über Teilzeitnutzungsrechte an Immobilien im Sinne der Richtlinie 94/47/EG (zum Timesharing vgl. Rz. 4292 ff.). Beim Grundstückskauf bleibt daher in diesem Rahmen die Wahlmöglichkeit auch bei Verbraucherverträgen erhalten. Die Literatur hat dies kritisiert[6].

---

1 *Martiny*, in: MünchKomm, Art. 28 EGBGB Rz. 150; anders *Windmöller*, Die Vertragsspaltung im Internationalen Privatrecht des EGBGB und des EGVVG (2003), S. 119 ff. für objektbezogene Vertragsspaltung.
2 Wohl auch *Martiny*, ZEuP 2008, 79 (92 f.); *Mankowski*, IHR 2008, 133 (137).
3 LG Berlin 1.6.1929, IPRspr. 1929 Nr. 27.
4 So auch *Martiny*, in: MünchKomm, Art. 28 EGBGB Rz. 150; anders *Windmöller*, Die Vertragsspaltung im Internationalen Privatrecht des EGBGB und des EGVVG (2003), S. 119 ff. für objektbezogene Vertragsspaltung.
5 LG Amberg 17.3.1980, IPRax 1982, 29 Anm. *Jayme*: Tauschvertrag zwischen Deutschem und Brasilianer vor deutschem Notar in deutscher Sprache geschlossen, mit dem ein in Deutschland gelegenes Grundstück gegen Ländereien in Brasilien getauscht wurde. Deutsches Recht wegen der Beurkundung durch deutschen Notar angewendet.
6 Vgl. *Mankowski*, IPRax 2006, 105; *Mankowski*, ZvglRW 105 (2006), 127.

Auch unter der Geltung des EVÜ war nach Art. 5 Abs. 1 (Art. 29 EGBGB Verbraucherverträge) die Sondervorschrift für Verbraucherverträge bei unbeweglichen Sachen nicht anwendbar ist. Auch insoweit konnten bisher zwingende **Vorschriften des Verbraucherschutzrechtes** bei Grundstückskaufverträgen nur über die allgemeinen Normen wie Art. 27 Abs. 3, Art. 34 EGBGB angewendet werden. Ist deutsches Recht Schuldstatut, dann finden ohne Weiteres diese zwingenden Vorschriften Anwendung. Ist demgegenüber ein ausländisches Recht Vertragsstatut, so stellte sich bisher die Frage der Sonderanknüpfung (vgl. oben Rz. 491 ff., 512 ff.).

Schwierig ist dabei die Anwendung von zwingenden **Sondervorschriften des Gewerberechts**[1] für den Kauf von Bauträgern, wie sie im inländischen Recht die Makler- und Bauträgerverordnung enthält[2] (vgl. oben Rz. 579 ff.).

Das OLG Hamm hat in einer Entscheidung aus dem Jahre 1977 hat die MaBV auf einen Vertrag zwischen Deutschen über die Errichtung eines Appartements in Spanien angewendet, bei dem spanisches Recht Vertragsstatut war.

Diese Entscheidung hat lebhaften Widerspruch gefunden[3]. Für eine Sonderanknüpfung der Vorschriften der MaBV sprach nach altem Recht, dass diese nicht nur gewerberechtlichen Inhalt, sondern auch verbraucherschützende Funktion haben. Es ist allerdings fraglich, ob die Vorschriften der MaBV vom Geltungswillen her tatsächlich für ausländische Bauträger gelten sollen. Man muss hierbei berücksichtigen, dass wegen der Rechtsgrundlage des § 34a GewO für die MaBV der gewerberechtliche Ansatz des Schutzes im Vordergrund steht und der verbraucherschützende lediglich ein Reflex ist. Maßgeblicher Anknüpfungspunkt für die Sonderanknüpfung sollte daher wie bei allen anderen gewerberechtlichen Vorschriften die gewerbliche Niederlassung des Bauträgers sein (vgl. oben Rz. 579 ff.). Umstritten ist allerdings, ob kumulativ weitere Voraussetzung ist, dass das Bauvorhaben im Inland durchgeführt wird, oder ob die MaBV auch für Bauträger mit gewerblicher Niederlassung im Inland anwendbar ist, die ein Bauvorhaben im Ausland durchführen. Auch hierbei wird man wohl auf den Schwerpunkt des inländischen Bauvorhabens für die Sonderanknüpfung abstellen müssen. ME gelten diese Erwägungen auch unter der Geltung des Art. 9 Rom I-VO, so dass die MaBV als Sozialschutznorm iSd. Art. 9 Abs. 1 Rom I-VO für alle Bauvorhaben im Inland gilt. Demgemäß sind umgekehrt ausländische gewerberechtliche Vorschriften auf Verträge im Wege der Sonderanknüpfung anwendbar, die deutschem Schuldstatut unterliegen, wenn der Gewerbetreibende seinen gewöhnlichen Aufenthalt im Ausland hat und das Bauvorhaben im Ausland durchgeführt werden soll.

---

1 Vgl. auch die Übersicht von *Frank*, Bauträgerrecht in Europa, MittBayNot 2001, 113 ff.
2 Vgl. OLG Hamm 7.2.1977, RIW 1977, 781 Anm. *Ahrens* = NJW 1977, 1594, 2032 Anm. *Dörner* = MittBayNot 1977, 182 Anm. *Lichtenberger*.
3 Vgl. *Ahrens*, RIW 1977, 781; *Dörner*, NJW 1977, 2032; *Lichtenberger*, MittBayNot 1977, 182; *Hegmanns*, MittRhNotK 1987, 8; *Reithmann*, Festschr. Ferid, S. 363 (368); zust. allerdings *Kothe*, Verbraucherschutz im Licht des europäischen Wirtschaftsrechts, EuZW 1990, 150 (154).

5. Gesondert anzuknüpfende Fragen
a) Reichweite des Schuldstatuts

1514 Nach dem Schuldstatut beurteilt sich das schuldrechtliche Vertragsverhältnis. Vom Schuldstatut wird das gesamte Vertragsverhältnis geregelt. Art. 12 Rom I-VO definiert den Geltungsbereich des anzuwendenden Rechts, insbesondere das Zustandekommen des Vertrages, die materielle Wirksamkeit, die Vertragsauslegung, Vertragsinhalt und Nebenansprüche, Erfüllung und Nichterfüllung des Vertrages, Verzugsfolgen, Gefahrübergang, Gewährleistung und sonstige Leistungsstörungen und Erlöschen der vertraglichen Ansprüche (vgl. oben Rz. 261 ff.). Vom Schuldvertrag abzugrenzen ist die dingliche Seite des Grundstückskaufvertrages; diese wird durch das Sachstatut bestimmt. Ebenfalls vom Vertragsstatut losgelöst sind die gesondert zu bestimmenden Teilfragen der Rechts- und Geschäftsfähigkeit, der Form, der Vertretungsmacht und die zwingenden Normen.

b) Rechts- und Geschäftsfähigkeit, gesetzliche Vertretung, Vormundschaft

1515 Die **Rechtsfähigkeit und die Geschäftsfähigkeit der Vertragsparteien** beurteilen sich gem. Art. 7 EGBGB nach dem Personalstatut, dh. nach dem Heimatrecht der Beteiligten. Da Art. 7 EGBGB sowohl für die Rechts- als auch die Geschäftsfähigkeit eine Gesamtverweisung ausspricht, können Rück- und Weiterverweisungen in Frage kommen, dies insbesondere bei Rechten, die auf dem Domizilprinzip beruhen (vgl. unten Rz. 6121 ff.). Nicht nach Art. 7 EGBGB richtet sich aber die Frage, nach welchem Recht sich die **gesetzliche Vertretung des nicht voll Geschäftsfähigen** richtet. Das Statut der gesetzlichen Vertretung, das auch über vormundschaftsgerichtliche Genehmigungen und Fragen der Ergänzungspflegschaft entscheidet, bestimmt sich nach Art. 21 EGBGB bzw. vorgehenden Staatsverträgen (vgl. unten Rz. 6181 ff.).

Die Frage der **Rechtsfähigkeit ausländischer juristischer Personen** beurteilt sich nach ihrem Personalstatut (vgl. unten Rz. 5162 ff.).

Im Grundstücksverkehr bedeutsam ist die Frage der **Erwerbsfähigkeit** (im Hinblick auf Grundstücke) bei den handelsrechtlichen Gesellschaften ohne Rechtsfähigkeit (vgl. allgemein unten Rz. 5162 ff.). Grundsätzlich richten sich die Rechtsverhältnisse dieser nicht rechtsfähigen Handelsgesellschaften ebenfalls nach dem Recht, das am Ort ihres Sitzes gilt[1]. Es ist aber auch anerkannt, dass bei bestimmten Vermögensgegenständen eine besondere Rechtsfähigkeit notwendig sein kann[2]. Insbesondere für die Gesellschaft bürgerlichen Rechts war umstritten, ob sie grundbuchfähig ist[3]. Der BGH ha jetzt die Grundbuch-

---

1 BGH 26.9.1966, NJW 1967, 36; OLG Frankfurt a.M. 11.7.1985, IPRax 1986, 373; *Thorn*, in: Palandt, Anhang zu Art. 12 EGBGB Rz. 20; *Großfeld*, in: Staudinger, IntGesR, Rz. 534.
2 Vgl. oben insb. zur Frage der Beteiligungsfähigkeit bei anderen Gesellschaften Rz. 5171.
3 Vgl. BayObLG 30.10.2002, NJW 2003, 70 = DB 2002, 2481; BayObLG 31.10.2002, Rechtspfleger 2003, 78 ff.; BayObLG 4.9.2003, Rechtspfleger 2004, 93 ff.; OLG Celle

fähigkeit anerkannt[1]. Bei der Frage der Erwerbsfähigkeit bezüglich von Grundstücken und der **Grundbuchfähigkeit von Gesellschaften ohne Rechtsfähigkeit** wird man wohl die inländischen Grundsätze über die Grundbuchfähigkeit heranziehen müssen, wobei insbesondere eine tragende Rolle die Frage spielen dürfte, ob die Gesellschaft nach ihrem Recht Grundstücke im eigenen Namen erwerben kann[2].

Auch die **Vertretungsmacht** wird durch das Gesellschaftsstatut geregelt, dh. die Frage, welche Organe die Gesellschaft gesetzlich vertreten (s. unten Rz. 5031 ff.). Um die Eintragung der Gesellschaft im Grundbuch zu erreichen, muss der Nachweis der Vertretungsmacht der Form des § 29 GBO genügen[3]. Unter Umständen kann allerdings das Grundbuchamt nach eigenem Ermessen andere Nachweise, die nicht der Form des § 29 GBO genügen, ausreichen lassen.

Frei. 1516–1520

II. Eingriffsnormen

1. Inländische Eingriffsnormen

Inländische Vorschriften können trotz anwendbarem ausländischen Recht über Art. 9 Abs. 2 Rom I-VO zur Anwendung gelangen, sofern sie für die Wahrung öffentlicher Interessen zwingend zu beachten sind (Art. 9 Abs. 1 Rom I-VO). Allerdings spricht Art. 9 nicht mehr von den zwingenden Vorschriften, sondern einschränkend von „Eingriffsnormen" und definiert diese in Anlehnung an die Rechtsprechung des EuGH[4] (vgl. dazu Rz. 491 ff., 542 ff.). Schon bisher war die Einschränkung zu beachten, dass es in manchen Fällen, insbesondere bei Grundstückskaufverträgen, keinen Sinn macht, öffentlich-rechtliche zwingende Normen des deutschen Rechts auf Kaufverträge über Grundstücke anzuwenden, die im Ausland belegen sind. So ist etwa der Schutzzweck einer Grundstücksverkehrsgenehmigung nach dem Grundstücksverkehrsgesetz, zu verhindern, dass eine ungesunde Verteilung des Grund und Bodens in der Bundesrepublik Deutschland entsteht[5]. Solche, insbesondere wirtschaftspolitisch motivierten zwingenden Vorschriften, die meist dem öffentlichen Recht entstammen, können selbst dann, wenn deutsches Recht als Vertragsstatut vereinbart ist, nur angewendet werden, soweit der eigene Geltungswille der Vorschrift reicht (s. oben Rz. 566). Insbesondere die Vorschriften des Bodenverkehrs wollen nur den inländischen, nicht aber den ausländischen Grundstücksverkehr schützen, so dass sie selbst bei deut- 1521

13.3.2006, NJW 2006, 2194; *Demharter*, Rechtspfleger 2001, S. 321 ff.; *Ott*, NJW 2003, 1223.
1 BGH 4.12.2008, NJW 2009, 594.
2 *Hertel*, in: Meikel, GBO, Einl. L Rz. 73 ff.; BayObLG, DNotz 2004, 295 = Rechtspfleger 2004, 241.
3 Vgl. zum Nachweis der Vertretungsmacht im ausländ. Recht oben Rz. 5241.
4 *Martiny*, ZEuP 2008, 103.
5 Vgl. § 9 Abs. 1 Grundstücksverkehrsgesetz.

schem Vertragsstatut keine Anwendung finden[1]. Daran wird sich auch unter der Geltung der Rom I-VO nichts ändern (s. oben Rz. 566).

1522 Demgegenüber fand unabhängig vom Schuldstatut nach Art. 7 Abs. 2 EVÜ bzw. Art. 34 EGBGB eine Sonderanknüpfung der sog. **international zwingenden Normen** statt (s. oben Rz. 497, 548 f.). Inländische zwingende Vorschriften über den Grundstücksverkehr hatten bisher Geltungswillen für im Inland belegene Grundstücke, auch wenn ein ausländisches Recht als Schuldstatut vereinbart wurde. Trotz der Wahl ausländischen Rechts wurden daher bisher insbesondere die bodenverkehrsrechtlichen Genehmigungen oder öffentlich-rechtlichen Verfügungsverbote des Baurechts, die Genehmigungstatbestände des Grundstücksverkehrs und auch die einigungsbedingten Sondervorschriften für Grundstücke in den neuen Bundesländern auf Grundstücksverträge über inländische Grundstücke angewendet. Gleiches galt für die gesetzlichen öffentlich-rechtlichen Vorkaufsrechte[2] (s. oben Rz. 566). Auch die zwingenden Vorschriften deutschen Wohnraummietrechts für Grundstücksverträge über im Inland belegenen Wohnraum waren nach dem EVÜ einer Sonderanknüpfung zugänglich[3]. Diese Vorschriften wird man auch als Eingriffsnormen iSd. Art. 9 Abs. 1 Rom I-VO ansehen können, da sie öffentlichen Interessen der Bodenordnung dienen (s. oben Rz. 568).

2. Ausländische zwingende Vorschriften

1523 Die umstrittene Problematik der Berücksichtigung ausländischer Eingriffsnormen wird jetzt in Art. 9 Abs. 3 Rom I-VO geregelt. Den Eingriffsnormen des Staates, in dem die durch den Vertrag begründeten Verpflichtungen erfüllt werden sollen oder erfüllt worden sind, kann danach Wirkung verliehen werden, soweit diese Eingriffsnormen die Erfüllung des Vertrags unrechtmäßig werden lassen (wegen der Einzelheiten vgl. oben Rz. 631 ff.).

1524–1530 Frei.

III. Dinglicher Vollzug des Grundstückskaufvertrages und Registerfragen

1. Vertragsstatut und Sachenrechtsstatut

1531 Das auf den Grundstückskaufvertrag anwendbare Recht ist abzugrenzen von den sachenrechtlichen Fragen, die sich allein nach dem **Sachenrechtsstatut** be-

---

1 *Martiny*, in: MünchKomm, Art. 34 EGBGB Rz. 115; *Magnus*, in: Staudinger, Art. 34 EGBGB Rz. 19; *Kreuzer*, Ausländisches Wirtschaftsrecht vor deutschen Gerichten (1985), S. 84 ff.
2 Vgl. die eingehende Übersicht über öffentlich-rechtliche Verfügungsbeschränkungen und Vorkaufsrechte des deutschen Rechts: *Schöner/Stöber*, Rz. 3800 ff., sowie über die öffentlich-rechtlichen Besonderheiten des Grundstücksverkehrs in den neuen Bundesländern, Rz. 4200 ff.
3 *Martiny*, in: MünchKomm, Art. 34 EGBGB Rz. 115.

stimmen. Im internationalen Liegenschaftsrecht gilt weltweit der Grundsatz der **lex rei sitae**. Dieser gewohnheitsrechtliche Grundsatz wurde durch das IPRG für außervertragliche Schuldverhältnisse und für Sachen vom 21.5.1999[1] in Art. 43 Abs. 1 EGBGB kodifiziert. Die dinglichen Rechtsverhältnisse an einem Grundstück, die Fragen des Eigentumsübergangs regeln sich nach dem Recht des Landes, in dem das Grundstück belegen ist[2]. Zwar sieht Art. 46 EGBGB eine Ausnahme von diesem Grundsatz vor, wenn eine wesentlich engere Verbindung zum Recht eines anderen Staates besteht. Dies kann bei einem Grundstück allerdings kaum gegeben sein[3].

Nach dem Recht des Lageortes richten sich alle sachenrechtlichen Tatbestände. Dieses Recht entscheidet, ob und welche dinglichen Rechte an einem Grundstück bestehen können, ob und welche Arten von Eigentum bestehen, wie das Eigentum erworben und verloren werden kann, welche Belastungen des Grundeigentums zulässig sind. Das Lagerecht bestimmt insbesondere auch über die Wirksamkeitsvoraussetzungen von Verfügungen, zB ob sie abstrakt oder kausal ausgestaltet sind[4]. Auch die Einzelfragen von Registerwirkungen beurteilen sich nach dem Liegenschaftsstatut, zB ob ihnen öffentlicher Glaube zukommt, wie ein schuldrechtlicher Anspruch dinglich gesichert werden kann etc. Das Recht des Lageortes ist ferner maßgebend für die Fähigkeit, Grundeigentum zu erwerben. Eine vom Belegenheitsort abweichende Rechtswahl ist im Internationalen Sachenrecht nicht möglich.

2. Eigentumsübertragung an Grundstücken

Anders als im deutschen Recht führt nach einer Reihe von Rechten ausländischer Staaten bereits der **Abschluss des Kaufvertrages zum Eigentumswechsel**. Auch diese Wirkung richtet sich nach dem Sachstatut, das allein darüber entscheidet, ob neben der schuldrechtlichen Einigung eine dingliche Einigung notwendig ist, ob eine Grundbucheintragung erforderlich ist bzw. ob dem schuldrechtlichen Grundgeschäft Übereignungswirkung direkt zukommt[5]. Fallen Vertragsstatut und Sachstatut etwa wegen einer Rechtswahl auseinander, stellen sich gewisse Abgrenzungsprobleme. Auch hier gilt der Vorrang des Sachenrechtsstatuts, das allein über die dinglichen Wirkungen des unter Umständen einem anderen Recht unterfallenden Vertrages entscheidet. Bei Rech-

1532

---

1 BGBl. I 1999, 1026.
2 Vgl. BGH 4.7.1969, BGHZ 52, 239; BGH 9.3.1979, BGHZ 73, 391; *Stoll*, in: Staudinger, IntSachR Rz. 123 ff.; *Wendehorst*, in: MünchKomm, Art. 43 EGBGB Rz. 3 ff.; *Thorn*, in: Palandt, Art. 43 EGBGB Rz. 1 ff.
3 *Thorn*, in: Palandt, Art. 43 EGBGB Rz. 3; *Döbereiner*, ZNotP 2001, 465 (467).
4 BGH 23.10.1980, IPRspr. 1980 Nr. 3; BGH 25.9.1997, NJW 1998, 1321 = RIW 1998, 318 = IPRax 1999, 45; BGH 25.9.1996, NJW 1997, 461 = IPRax 1997, 422; OLG Celle 25.10.1989, IPRax 1991, 115; vgl. zur Abgrenzung des Sachenrechtsstatuts: *Thorn*, in: Palandt, Art. 43 EGBGB Rz. 3; *Wendehorst*, in: MünchKomm, Art. 43 EGBGB Rz. 74 ff. 79; *Hohloch*, in: Erman, Anh. Art. 43 EGBGB Rz. 1 ff.; *Stoll*, IPRax 1999, 29; IPRax 2000, 260.
5 *Wendehorst*, in: MünchKomm, Art. 43 EGBGB Rz. 74 ff., 79; *Hohloch*, in: Erman, Art. 43 EGBGB Rz. 12; *Stoll*, in: Staudinger, IntSachR Rz. 222 ff.

ten, die die dingliche Verfügung kausal ausgestaltet haben, ist die Vorfrage der Wirksamkeit des Grundstückskaufvertrages selbständig anzuknüpfen[1]. Folglich ist etwa ein in der Bundesrepublik Deutschland abgeschlossener Grundstückskaufvertrag über ein Grundstück, das in einem Land belegen ist, das den Eigentumsübergang an den wirksamen Kaufvertrag anknüpft, in einen verpflichtenden und einen dinglichen Teil aufzuspalten. Das Vertragsstatut entscheidet über Zustandekommen und Wirksamkeit des schuldrechtlichen Teils, das Sachstatut über die Auswirkungen hinsichtlich der dinglichen Rechtswirkungen[2]. Wurde umgekehrt der Vertrag in einem Land geschlossen, das dem Kausalprinzip folgt, bei dem der Grundstückskaufvertrag aber ein Grundstück in einem Land betrifft, bei dem noch eine dingliche Einigung notwendig ist, dann sind die Parteien verpflichtet, die dinglichen Rechtsfolgen des Sachstatutes noch durch gesonderte Erklärung dinglicher Art entsprechend den Bestimmungen des Sachstatutes herbeizuführen[3].

3. Grundstücksbelastungen und sonstige dingliche Rechte

a) Übernahme von Grundstücksbelastungen

Literatur: *Bernstorff*, Das Hypothekenrecht in den EU-Staaten, RIW 1997, 181; *Dutta*, Objektive Anknüpfung eines Kaufvertrages über eine im Ausland hypothekarisch gesicherte Forderung, ZBB 2006, 144; *Freitag*, Verkauf und Zession hypothekarisch gesicherter Forderungen im Internationalen Privatrecht, RIW 2005, 25; *Reichmann*, Die einseitige Hypothek (Hipoteca Unilateral) des spanischen Rechts, Notarius International, 3/1997, 106; *Schäfer*, Grenzüberschreitende Kreditsicherung an Grundstücken (1993).

1533 Häufig übernimmt der Grundstückskäufer die auf dem Grundstück dinglich gesicherten Forderungen auch als persönlicher Schuldner und verpflichtet sich, den bisherigen Schuldner freizustellen. Auch hier gilt hinsichtlich des **Grundpfandrechtes** der Grundsatz der lex rei sitae; das Recht des Lageortes des belasteten Grundstücks ist maßgebend für die Begründung und den Inhalt des Grundpfandrechts[4]. Das Forderungsstatut ist für das Grundpfandrecht auch dann unerheblich, wenn es sich wie bei einer Hypothek um ein akzessorisches Sicherungsrecht handelt[5]. Die durch das Grundpfandrecht gesicherte Forderung ihrerseits untersteht ihrem eigenen Recht, das sich grundsätzlich von dem des Lageortes unterscheiden kann. Das Forderungsstatut wird bestimmt durch das Vertragsstatut, das die Forderung begründet hat. Das Forderungsstatut bestimmt auch die Voraussetzungen, unter denen der Erwerber des mit der Hypothek belasteten Grundstücks zugleich die persönliche Schuld über-

---

1 *Stoll*, in: Staudinger, IntSachR Rz. 224; *Hohloch*, in: Erman, Anh. Art. 43 EGBGB Rz. 11 f.
2 So *Wendehorst*, in: MünchKomm, Art. 43 Rz. 82; *Thorn*, in: Palandt, Art. 43 EGBGB Rz. 4; *Hohloch*, in: Erman, Art. 43 EGBGB Rz. 11 f.
3 *Wendehorst*, in: MünchKomm, Art. 43 EGBGB Rz. 79.
4 BGH 26.1.1951, BGHZ 1, 109 = NJW 1951, 400; *Stoll*, in: Staudinger, IntSachR Rz. 243; *Freitag*, RIW 2005, 26.
5 *Kreuzer*, in: MünchKomm, 3. Aufl. (1998), nach Art. 38 EGBGB Anh. I Rz. 46; *Stoll*, in: Staudinger, IntSachR Rz. 245; FG Münster IPRspr 1997 Nr. 59 = IStR 1998, 20 m. Anm. *Müller*.

nimmt[1]. Umstritten ist allerdings, ob bei akzessorischen Rechten das schuldrechtliche Geschäft (zB Darlehen) an das Belegenheitsrecht der Immobilie anzuknüpfen ist[2]. Ob der Verkäufer in seiner Schuld dem Gläubiger gegenüber frei wird, ist ebenfalls nach dem Schuldstatut der übernommenen Forderung zu beurteilen. Nach § 416 BGB wird der Veräußerer frei, wenn die Schuldübernahme dem Gläubiger nach Eintragen des Eigentumswechsels im Grundbuch mitgeteilt wird und dieser sechs Monate verstreichen lässt, ohne sich zu äußern. Diese Bestimmung kann allerdings nur Anwendung finden, wenn deutsches Recht Schuldstatut der gesicherten Forderung ist. Dies ist bei an deutschen Grundstücken hypothekarisch gesicherten Forderungen häufig, doch durchaus nicht immer der Fall.

Was der Übernehmer der Schuld zu leisten hat, bestimmt sich ebenfalls nach dem Schuldstatut der übernommenen Forderung. Das Schuldstatut der Forderung bleibt durch die Übernahme unverändert.

1534

Der Sicherungsvertrag, der über das die Verwertbarkeit und die gesicherten Forderungen bei deutschen Grundschulden und sonstigen abstrakten Grundpfandrechten entscheidet, richtet sich nach Art. 4 Abs. 1 Lit. c Rom I-VO mangels abweichender Rechtswahl nach dem Recht des Lageortes des belasteten Grundstücks[3].

b) Sonstige dingliche Rechte

Häufig werden im Rahmen von Grundstückskaufverträgen auch **sonstige dingliche Rechte**, etwa **Nießbrauch, Dienstbarkeiten** etc. vereinbart und bewilligt. Auch diesbezüglich richtet sich die Zulässigkeit, die Art der dinglichen Rechte, der Inhalt, die Entstehung und alle sonstigen Fragen der Wirksamkeit der beschränkt dinglichen Rechte nach dem Recht des Lageorts[4]. Bei Grunddienstbarkeiten richten sich die Rechtsfragen allein nach dem Recht des dienenden Grundstücks und nicht nach dem Recht des herrschenden Grundstücks. Auch das Recht des Lageortes entscheidet, welche schuldrechtlichen Rechtsfolgen mit der Ausführung eines Vorkaufsrechts an einem Grundstück verbunden sind. Probleme kann es geben, wenn Vertragsstatut und Sachstatut auseinander fallen und im Kaufvertrag ein beschränkt dingliches Recht vereinbart wird, das die Rechtsordnung des Lageortes nicht kennt. In diesen Fällen stellt sich die Frage der **Anpassung**. Es ist also zu prüfen, ob das Recht des Lageortes ein funktionell vergleichbares dingliches Recht kennt.

1535

---

1 *Kreuzer*, in: MünchKomm, 3. Aufl. (1998), nach Art. 38 EGBGB Anh. 1 Rz. 46; *Stoll*, in: Staudinger, IntSachR Rz. 245.
2 *Thorn*, in: Palandt, Art. 28 EGBGB Rz. 13; vgl. auch *Martiny*, in: MünchKomm, Art. 28 EGBGB Rz. 179; *Freitag*, RIW 2005, 26.
3 Vgl. *Magnus*, in: Staudinger, Art. 28 EGBGB Rz. 493; *Thorn*, in: Palandt, Art. 43 EGBGB Rz. 3; *Geimer*, IPRax 1999, 152 ff.
4 *Stoll*, in: Staudinger, IntSachR Rz. 241; *Wendehorst*, in: MünchKomm, Art. 43 EGBGB Rz. 38 ff.

4. Vollzug im Grundbuch

Literatur: *Arnold*, Die Beglaubigungsvermerke mit Frankreich und Italien, DNotZ 1975, 581; *Bindseil*, Internationaler Urkundenverkehr, DNotZ 1992, 275; *Bindseil*, Konsularisches Beurkundungswesen, DNotZ 1993, 5; *Böhringer*, Comparison of the Land Registry System in Central Europe with other Forms of Property Law, Notarius International, 4/1997, 166; *Döbereiner*, Rechtsgeschäfte über inländische Grundstücke mit Auslandsberührung, ZNotP 2001, 465; *Langhein*, Kollisionsrecht der Registerurkunden, Rpfleger 1996, 45; *Roth*, Legalisation und Apostille im Grundbuchverfahren, IPRax 1994, 86.

1536 Im deutschen Recht ist für den **Eigentumserwerb** an einem Grundstück neben der Auflassung nach § 873 BGB die Eintragung der Auflassung im Grundbuch erforderlich. In den meisten anderen Staaten ist die Grundbucheintragung allerdings nicht Wirksamkeitsvoraussetzung für den Eigentumsübergang, wenngleich viele Staaten dennoch die Möglichkeit der Eintragung in einem öffentlichen Register vorsehen[1]. Diese nicht konstitutiven Eintragungen in öffentlichen Registern haben meist spezifische Publikationswirkungen, insbesondere die Wirkung des dinglichen Rechtserwerbs gegenüber Dritten[2].

Das Verfahren vor dem jeweiligen Register, in das die Eintragung erfolgen soll, richtet sich nach dem Recht der lex fori; bei der Eintragung in das deutsche Grundbuch ist also stets deutsches Grundbuchrecht anwendbar[3].

1537 Nach § 29 GBO soll eine Eintragung in das deutsche Grundbuch nur vorgenommen werden, wenn die Eintragungsbewilligung oder die sonstigen zu der Eintragung erforderlichen Erklärungen durch **öffentliche oder öffentlich beglaubigte Urkunden** nachgewiesen werden. Grundsätzlich können auch ausländische Urkunden der Form des § 29 GBO genügen. Die Verwendung ausländischer Urkunden im Inland wie auch inländischer Urkunden im Ausland bedarf dagegen in der Regel der Legalisation (vgl. oben Rz. 835)[4]. Der **Legalisation** inländischer Urkunden hat eine Zwischenbeglaubigung durch eine deutsche Dienststelle vorauszugehen. Für notarielle Urkunden ist meist der Landgerichtspräsident zuständig. Im Anwendungsbereich des Haager Übereinkommens vom 5.10.1961 zur Befreiung ausländischer öffentlicher Urkunden von der Legalisation (BGBl. II 1965, 876) genügt ein vereinfachtes Verfahren.

---

1 Vgl. im Einzelnen unten und eine Übersicht über die verschiedenen Grundbuchsysteme *Hofmeister/Auer*, S. 13 ff.; *von Hoffmann*, Das Recht des Grundstückskaufs (1982), S. 15 ff.; *Küppers*, DNotZ 1973, 645 ff.; vgl. auch *Hertel*, in: Staudinger, Vorbem. zu §§ 127a, 128 (BeurkG), Rz. 754 ff.
2 Vgl. zum französ. Publikationssystem *Hofmeister/Auer*, S. 16 f.
3 Vgl. *Eickmann*, Rpfleger 1983, 465 (467); *Böhringer*, BWNotZ 1988, 51; *Kuntze/Ertl Herrmann/Eickmann/Erber-Faller/Munzig*, § 19 GBO Rz. 154; *Stoll*, in: Staudinger, IntSachR Rz. 230; *Schaub*, in: Bauer/von Oefele, GBO, Rz. 455 f.; *Pfeifer*, in: Staudinger, § 925a BGB, Rz. 9; vgl. allgemein zum Grundsatz des Prinzips der lex fori im Prozessrecht *Geimer*, in: Zöller, ZPO, IZPR Rz. 1; *Winkler*, BeurKG, 16. Aufl. (2008) Einl. BeurkG Rz. 81 ff.
4 Vgl. zum internationalen Urkundenverkehr und zum konsularischen Notariat *Bindseil*, DNotZ 1992, 275 ff.; *Roth*, IPRax 1994, 86 ff.; *Winkler*, BeurKG, 16. Aufl. (2008) Einl. BeurkG Rz. 48 ff.; *Armbrüster/Preuß/Renner*, BeurkG, 5. Aufl. (2008), § 1 Rz. 87 ff.

An die Stelle der Legalisation tritt die Bestätigung in der Form der **Apostille** durch eine Behörde des Errichtungsstaates. Sie bestätigt die Echtheit der Unterschrift der Urkundsperson, deren Eigenschaft, gegebenenfalls die Echtheit des beigedruckten Siegels. Auch hier sind in Deutschland nach den Ausführungsbestimmungen der einzelnen Länder meist die Landgerichtspräsidenten für die Bestätigung der in ihrem Bezirk errichteten notariellen Urkunden zuständig[1]. Auf Grund bilateraler Vereinbarungen wird bei einigen Staaten auf jede Förmlichkeit bei der Verwendung ausländischer öffentlicher Urkunden verzichtet (vgl. oben Rz. 835). Im Übrigen kann auch auf Legalisation oder Apostille verzichtet werden, wenn nach dem Ermessen des Grundbuchamtes auf Grund besonderer Umstände des Einzelfalls der Echtheitsnachweis auch ohne Förmlichkeit als erbracht angesehen werden kann[2].

Weitere Voraussetzung für die Eintragung ist allerdings, dass die Beurkundung durch einen ausländischen Notar der inländischen gleichsteht und der Formvorschrift des inländischen Rechts entspricht. Für die Eintragung in ausländische Register ist häufig ebenfalls eine öffentliche, meist eine notarielle Kaufvertragsurkunde notwendig. Auch hier gelten grundsätzlich die Vorschriften über Legalisation und Apostille, so dass grundsätzlich ausländische öffentliche Urkunden in diesen Staaten verwendet werden können. Auch hier ist allerdings im Einzelfall zu überprüfen, ob die Beurkundung durch einen deutschen Notar als gleichwertig erachtet wird (s. oben Rz. 809 ff.). 1538

Frei. 1539–1550

IV. Formvorschriften

Literatur (vgl. auch oben vor Rz. 732): *Berger/Keissl*, Neue Unsicherheiten bei der Auslandsbeurkundung von GmbH-Geschäftsanteilen, DB 2008, 2235; *Benecke*, Auslandsbeurkundung im GmbH-Recht: Anknüpfung und Substitution, RIW 2002, 280; *Dignas*, Die Auslandsbeurkundung im deutschen GmbH-Recht, GmbHR 2005, 764; *Döbereiner*, Rechtsgeschäfte über inländische Grundstücke mit Auslandsberührung, ZNotP 2001, 465; *Goette*, Auslandsbeurkundung im Kapitalgesellschaftsrecht, MittRhNotK 1997, 1; *Heckschen*, Auslandsbeurkundung und Richtigkeitsgewähr, DB 1990, 161; *Löber*, Übertragung spanischen Immobilieneigentums vor ausländischen Notaren?, DNotZ 1993, 789; *Randenborgh/Kallmeyer*, Pro und Contra – Beurkundung gesellschaftsrechtlicher Rechtsgeschäfte durch ausländische Notare?, GmbHR 1996, 908; *Reithmann*, Beurkundung, Beglaubigung, Bescheinigung durch inländische und durch ausländische Notare, DNotZ 1995, 360; *Reithmann*, Formerfordernisse bei Verträgen über Beteiligungen an ausländischen Gesellschaften und über Grundstücke im Ausland, NZG 2005, 873; *Riedel*, Erklärung der Auflassung vor einem ausländischen Notar, DNotZ 1955, 521; *Riering*, Zur Gebührenermäßigung nach KostO § 38 Abs. 2 Nr. 6 Buchst. a bei Beurkundung eines Grundstücksgeschäfts im Ausland, DNotZ 1997, 246; *Riering*, Die Auslandsbeurkundung des deutschen Notars, IPRax 2000, 16; *Spellenberg*, Zur Ersetzbarkeit deut-

---

[1] Vgl. zB für Bayern VO vom 7.3.1966 (GVBl. 106); *Bindseil*, DNotZ 1992, 275 ff.
[2] BayObLG 18.7.1989, MittBayNot 1989, 273 (275); BayObLG 19.11.1992, IPRax 1994, 122 (Anm. *Roth*, IPRax 1994, 86) = MittBayNot 1993, 80; OLG Zweibrücken 22.1.1999, FGPrax 1999, 86 = Rpfleger 1999, 326 = MittBayNot 1999, 480; *Demharter*, GBO, § 29 Anm. 14a.

scher notarieller Formen im Ausland, Festschr. Schütze (1999), S. 897; *Stauch*, Die Gestaltung ausländischer notarieller Urkunden in der Bundesrepublik Deutschland (1983); *Stürner*, Die notarielle Urkunde im europäischen Rechtsverkehr, DNotZ 1995, 360.

1. Inländische Grundstücke

1551 Die Frage, welche **Form auf ein schuldrechtliches Geschäft** anzuwenden ist, wird grundsätzlich nach Art. 11 Abs. 1 EGBGB gesondert angeknüpft (s. allgemein zur Form oben Rz. 733 ff.). Im Bereich der von der Rom I-VO erfassten Schuldverträge geht allerdings die Regelung in Art. 11 Rom I-VO vor. Auch insoweit bleibt es bei der Alternativanknüpfung, wie sie auch Art. 11 Abs. 1 EGBGB vorsieht. Allerdings wird diese um eine Variante bei Distanzverträgen erweitert: Ein Vertrag soll bei einem Distanzgeschäft auch dann formgültig sein, wenn er den Formerfordernissen des Rechts entspricht, in dem eine der Vertragsparteien bei Vertragsschluss ihren gewöhnlichen Aufenthalt hat. Bei Grundstückskaufverträgen wird diese Regelung wohl keine allzu große praktische Rolle spielen (s. oben Rz. 765 ff.). In erster Linie entscheidet das Geschäftsstatut über die Form des Rechtsgeschäfts; das Rechtsgeschäft ist allerdings auch wirksam, wenn es der Ortsform genügt. Ist etwa deutsches Recht Geschäftsstatut, so gilt nach Art. 11 Abs. 1 Rom I-VO bzw. Art. 11 Abs. 1 EGBGB grundsätzlich § 311b BGB, so dass nach deutschem Recht eine notarielle Beurkundung erforderlich ist. Für den Kaufvertrag und seine Wirksamkeit genügt aber auch die Einhaltung der Ortsform, also auch die Beurkundung durch einen ausländischen Notar und sogar ein privatschriftlicher Vertrag, wenn dies nach der Ortsform für Grundstückskaufverträge genügend ist. Ein deutsches Grundstück kann also im Ausland grundsätzlich in ausländischer Form verkauft werden[1] (s. oben Rz. 762 ff.).

Auch durch die Wahl ausländischen Rechts als Vertragsstatut kann die ausländische Form Geltung erlangen. Grundsätzlich besteht – wie dargelegt – die Möglichkeit der freien Rechtswahl des Vertragsstatuts mit der Folge, dass auch die ausländischen Formvorschriften für ein deutsches Grundstück gelten. Allerdings ist auch hier Art. 3 Abs. 3 Rom I-VO und die damit verbundene Beschränkung der freien Rechtswahl zu beachten. Wenn ein reiner Inlandsfall nur durch die Wahl des ausländischen Rechts Auslandsberührung hat, bleiben die inländischen zwingenden Vorschriften, zu denen auch § 311b BGB gehört, anwendbar (vgl. oben Rz. 753 ff.). Um einen solchen Fall handelt es sich etwa bei einem Kaufvertrag über ein inländisches Grundstück zwischen inländischen Vertragspartnern bei Abschluss im Inland[2].

1552 Bei schuldrechtlichen Verträgen über Grundstücke bestimmt Art. 11 Abs. 5 Rom I-VO ähnlich wie früher Art. 9 Abs. 6 EVÜ bzw. Art. 11 Abs. 4 EGBGB,

---

[1] Vgl. die frühere Rechtsprechung zum EGBGB: RG 16.5.1928, RGZ 121, 154 = IPRspr. 1928 Nr. 24; RG 20.11.1930, IPRspr. 1931, Nr. 20; BGH 30.10.1970, IPRspr. 1970 Nr. 17 = AWD 1970, 564.
[2] Vgl. zu Art. 27 EGBGB *Hohloch*, in: Erman, Art. 27 EGBGB Rz. 30; *Martiny*, in: MünchKomm, Art. 27 EGBGB Rz. 95.

dass abweichend von den Art. 11 Abs. 1 bis 4 Rom I-VO Verträge, die ein dingliches Recht an einer unbeweglichen Sache zum Gegenstand haben, den Formvorschriften des Staates, in dem die unbewegliche Sache belegen ist, unterliegen, sofern diese Vorschriften nach dem Recht dieses Staates unabhängig davon gelten, in welchem Staat der Vertrag geschlossen wird oder welchem Recht dieser Vertrag unterliegt, und von ihnen nicht durch Vereinbarung abgewichen werden darf (vgl. oben Rz. 771). Die Vorschrift trägt wie bisher Art. 9 Abs. 6 EVÜ bzw. Art. 11 Abs. 4 EGBGB der Tatsache Rechnung, dass sich ein ausländisches Recht gegen den Geltungswillen der lex rei sitae bei Geschäften über Grundstücke kaum durchsetzen kann. Wenn der Belegenheitsstaat für die Form ausschließlich und zwingend sein Recht beruft, dann hat dies bei Grundstückskaufverträgen Vorrang. § 311b Abs. 1 BGB wurde allerdings nach der herrschenden Meinung nicht als eine derartige Formvorschrift, die unbedingten Geltungswillen hat, angesehen[1]. Demgegenüber werden die Schutzvorschriften des Mietrechts und Pachtrechts als zwingend iSd. Vorschrift angesehen[2].

Im Schrifttum wurde darüber hinaus zu Art. 9 EVÜ bzw. Art. 11 EGBGB die Auffassung vertreten, dass der grundsätzlichen Maßgeblichkeit der Ortsform dann Grenzen zu setzen sind, wenn sich diese als missbräuchlich oder als erschlichen herausstellt. Zum Teil wurde der Gedanke des ordre public[3] oder eine teleologische Auslegung herangezogen[4]. Generell konnten sich diese Ansätze bisher nicht durchsetzen[5]. Auch die Rechtsprechung hat dies bisher nicht aufgegriffen. Anerkannt ist insbesondere, dass das Motiv, Kosten zu sparen oder den Vertragsschluss hinsichtlich der Form zu vereinfachen, nicht gegen die Formgültigkeit einer Vereinbarung, die dem Ortsrecht genügt, spricht[6].

Grundsätzlich ist es auch denkbar, § 311b BGB als international zwingende Vorschrift oder Eingriffsnorm iSd. Art. 9 Rom I-VO anzusehen, die sich gegen die übliche Anknüpfung durchsetzt[7]. Denn mit der Formvorschrift werden zumindest bei Vorgängen, die im Grundbuch eingetragen werden, auch öffentliche Interessen des Forumstaates (zB die Richtigkeit des öffentlichen Regis-

1553

---

[1] Vgl. RegBegr. BT-Drucks. 10/504, S. 49; *Spellenberg*, in: MünchKomm, Art. 11 EGBGB Rz. 124; *Thorn*, in: Palandt, Art. 11 EGBGB Rz. 20; *Winkler von Mohrenfels*, in: Staudinger, Art. 11 EGBGB Rz. 323.
[2] Vgl. *Spellenberg*, in: MünchKomm, Art. 11 EGBGB Rz. 124; *Winkler von Mohrenfels*, in: Staudinger, Art. 11 EGBGB Rz. 323 ff.; *Hohloch*, in: Erman, Art. 11 EGBGB Rz. 32.
[3] *Winkler von Mohrenfels*, in: Staudinger, Art. 11 EGBGB Rz. 323 ff.
[4] Vgl. *Kropholler*, ZHR 144 (1976), 397; *Wolfsteiner*, DNotZ 1978, 532; *Geimer*, DNotZ 1981, 4110; vgl. auch *Winkler*, NJW 1972, 891 (894) und NJW 1974, 1032 (1033); *Reithmann*, DNotZ 1956, 469 (476).
[5] Vgl. *Spellenberg*, in: MünchKomm, Art. 11 EGBGB Rz. 84; *Thorn*, in: Palandt, Art. 11 EGBGB Rz. 16; *Hohloch*, in: Erman, Art. 11 EGBGB Rz. 25.
[6] Vgl. OLG Frankfurt a.M. 26.5.1967, OLGZ 1967, 374 (377); OLG Stuttgart 28.12.1981, Rpfleger 1982, 137; OLG Düsseldorf 25.1.1989, RIW 1989, 225; BayObLG 26.8.1982, IPRspr. 1982, Nr. 99; OLG Köln 8.1.1993, RIW 1993, 414 = MDR 1993, 315.
[7] Vgl. zu Art. 34 EGBGB *Martiny*, Internationales Vertragsrecht zwischen Rechtsgefälle und Vereinheitlichung, ZEuP 1995, 67 (73).

ters) geschützt. Im Bericht von *Giuliano/Lagarde*[1] wurde zu Art. 7 Abs. 2 EVÜ darauf hingewiesen, dass auch Formvorschriften als international zwingende Normen durchgesetzt werden können. Der BGH ist diesen Überlegungen bei dem Schriftformerfordernis für Bürgschaftsverträge in § 766 S. 1 BGB nicht gefolgt[2]. Art. 34 EGBGB beziehe sich allein auf die Art. 27 ff. EGBGB und damit nicht auf Art. 11 EGBGB. Auch das OLG Köln[3] verneinte den international zwingenden Charakter der Formvorschrift für Grundstücksgeschäfte. *Martiny*[4] weist zu Recht darauf hin, dass in diesen Urteilen inhaltliche Erwägungen fehlen und der Versuch gar nicht unternommen werde, eine einheitliche Auslegung dieser auf das EVÜ zurückgehenden Vorschrift zu erreichen. Es sprechen daher gute Gründe für eine Sonderanknüpfung der Formvorschrift des § 311b BGB.

1554 Unabhängig von der Frage der Sonderanknüpfung bestand bisher in der Literatur Einigkeit, dass in Einzelfällen der **Einwand der missbräuchlichen Berufung auf die Formgültigkeit nach dem Ortsrecht** durchgreifen kann[5]. Man wird hier den Gedanken fruchtbar machen können, dass die Berufung auf die Formnichtigkeit nach den deutschen Vorschriften unter Umständen durch Treu und Glauben ausgeschlossen sein kann[6]. In Fällen also, in denen die eine Partei durch die Berufung auf die Ortsform und damit die Wirksamkeit des Rechtsgeschäftes gegen Treu und Glauben verstößt, lässt sich ein solcher Missbrauchseinwand annehmen. In Fällen, in denen eine besondere Schutzsituation gegeben ist, wie dies etwa der Fall ist bei Bauträgerverträgen oder Bauherrenmodellen, ist die Form sozialschützende Eingriffsnorm iSd. Art. 9 Rom I-VO. Denn in diesen Fällen hat die Formvorschrift, insbesondere die notarielle Beurkundung nach § 311b BGB durch die Belehrungspflicht des Notars nach § 17 BeurkG eine sozialschützende Wirkung. Dies wurde nochmals von Gesetzgeber deutlich gemacht durch die Einführung des § 17 Abs. 2a BeurkG. Hierdurch wurden neue und bedeutende Amtspflichten des Notars zur Gestaltung des Beurkundungsverfahrens bei Verbraucherverträgen begründet. Nach § 17 Abs. 2a S. 2 BeurkG „soll" der Notar bei Verbraucherverträgen darauf hinwirken, dass die rechtsgeschäftlichen Erklärungen des Verbrauchers von diesem persönlich oder durch eine Vertrauensperson abgegeben werden (Nr. 1) und der Verbraucher ausreichend Gelegenheit erhält, sich vorab mit dem Gegenstand der Beurkundung auseinander zu setzen (Nr. 2). Damit wird ein erheblicher Sozialschutz im Vorfeld des Vertragsschlusses erreicht[7]. Es ist nicht

---

[1] Bericht über das Übereinkommen über das auf vertragliche Schuldverhältnisse anzuwendende Recht, ABl. EG 1980 Nr. C 282, S. 1, 31 = BT-Drucks. 10/503, S. 33 (63).
[2] BGH 28.1.1993, BGHZ 121, 224 (235) = NJW 1993, 1126 (1128) = ZEuP 1994, 493 (496) Anm. *Bülow*.
[3] OLG Köln 8.1.1993, RIW 1993, 414.
[4] ZEuP 1995, 73 f.
[5] Vgl. *Spellenberg*, in: MünchKomm, Art. 11 EGBGB Rz. 83 ff.; *Hohloch*, in: Erman, Art. 11 EGBGB Rz. 25.
[6] Vgl. zu dieser st. Rspr. BGH 30.4.1982, BGHZ 83, 401; BGH 5.11.1982, BGHZ 85, 251; BGH 26.11.1982, BGHZ 85, 381.
[7] Vgl. dazu *Bohrer*, DNotZ 2002, 579; *Brambring*, ZfIR 2002, 597; *Hertel*, ZNotP 2002, 286; *Litzenburger*, NotBZ 2002, 280; *Schmucker*, DNotZ 2002, 510; *Solveen*, RNotZ 2002, 318.

einzusehen, dass dieser Schutz durch Wahl eines Rechtes außer Kraft gesetzt wird, das die Formvorschrift nicht kennt[1].

2. Auflassung

Über die dingliche Rechtslage entscheidet nach Art. 43 EGBGB allein die lex rei sitae. Das gilt auch für die **Übertragung des Eigentums an Grundstücken.** Eine Rechtsvereinbarung ist zwar für den schuldrechtlichen Kaufvertrag, nicht aber für das dingliche Rechtsgeschäft möglich. Bei deutschen Grundstücken ist zum Eigentumsübergang zweierlei erforderlich, nämlich die Erklärung der dinglichen Einigung (Auflassung) bei gleichzeitiger Anwesenheit der Vertragsteile vor einem Notar (§ 925 BGB) und die Eintragung des Erwerbers im Grundbuch. Die zum Eigentumsübergang erforderlichen Erklärungen der Beteiligten müssen, um die Übereinstimmung des übereigneten Grundstücks mit dem Grundbuch zu sichern, bei gleichzeitiger Anwesenheit beider Vertragsteile vor einem Notar abgegeben werden (§ 925 BGB).

1555

Art. 11 Abs. 4 EGBGB nF bestimmt, dass über die Formgültigkeit von Verfügungsgeschäften bezüglich Sachen, also auch den Eigentumsübergang, allein das Geschäftsrecht entscheidet, dh. die lex rei sitae. Die Ortsform ist damit ausgeschlossen. Deutsche Grundstücke können daher nur durch eine notariell beurkundete Auflassung übereignet werden. Darüber hinaus ist bezüglich der Auflassung der materiell-rechtlichen Vorschrift des § 925 Abs. 1 S. 2 BGB und dem hiermit verbundenen Zweck zu entnehmen, dass die **Auflassung deutscher Grundstücke nur von deutschen Notaren** beurkundet werden kann[2]. Hierfür sprechen nicht nur historische Gründe, die aus der Entstehungsgeschichte der Norm abzuleiten sind, sondern vor allem auch sachliche Erwägungen[3]: Der Notar hat bei der Beurkundung der Auflassung nicht nur Pflichten den Beteiligten gegenüber, sondern auch eine Verantwortung für die Richtigkeit des Grundbuches (s. oben Rz. 743 ff. zu den Funktionen notarieller Beurkundung). So ist zB nach § 11 BeurkG der Notar zur Feststellung der Geschäftsfähigkeit verpflichtet. Das Grundbuchamt kann diese Voraussetzung, die für die Richtigkeit des Grundbuches erhebliche Bedeutung hat, nicht nachprüfen. Darüber hinaus ist für die Auflassung Voraussetzung, dass dem Notar bei Beurkundung der Auflassung der schuldrechtliche Veräußerungsvertrag in

---

1 Vgl *Spellenberg*, in: MünchKomm, Art. 11 EGBGB Rz. 83 ff.
2 S. oben Rz. 771. BGH 10.6.1968, WM 1968, 1171; OLG Köln 29.11.1971, DNotZ 1972, 489 = IPRspr. 1971, Nr. 171; KG 27.5.1986, OLGZ 1986, 319 = NJW-RR 1986, 1462 = MittRhNotK 1986, 262; LG Ellwangen 26.11.1999, BWNotZ 2000, 45 = RIW 2001, 945 und eingehend aus der Literatur *Hertel*, in: Staudinger, Vorbem zu §§ 127a, 128 (BeurkG), Rz. 723 ff.; *Kanzleiter*, in: MünchKomm, § 925 Rz. 13; *Spellenberg*, in: MünchKomm, Art. 11 EGBGB Rz. 126; *Thorn*, in: Palandt, Art. 11 EGBGB Rz. 9; *Döbereiner*, ZNotP 2001, 465 ff.; *Jansen*, FGG, 3. Bd. (1971), Einl. BeurkG, Rz. 31; *Kuntze/Ertl Herrmann/Eickmann*, Grundbuchrecht, § 20 Rz. 115; *Winkler*, NJW 1972, 985; *Demharter*, § 20 Anm. 6a; zweifelnd *Hohloch*, in: Erman, Art. 11 EGBGB Rz. 34; *Kropholler*, ZHR 140 (1976), 394 (410); *Riedel*, DNotZ 1955, 521; *Blumenwitz*, DNotZ 1968, 712; *Schöner/Stöber*, Rz. 3337; *Bausback*, DNotZ 1996, 254; aA *Heinz*, RIW 2001, 928.
3 S. eingehend *Döbereiner*, ZNotP 2001, 465 ff.

beurkundeter Form vorgelegen hat (§ 925a BGB), dies ist ebenfalls vom Grundbuchamt nicht zu prüfen, da allein der Notar die Einhaltung dieser Vorschrift gewährleistet. Schließlich obliegen dem Notar eine Reihe von Mitteilungspflichten steuer- oder öffentlich-rechtlicher Art (zB gegenüber Grunderwerbsteuerstelle, Gutachterausschuss etc.), die nur durch einen inländischen Notar eingehalten werden können. Auch andere Länder, die die spezifische dingliche Verfügung kennen, wie zB Spanien die escritura, lassen die Beurkundung durch ausländische Notare nicht zu[1], so zB auch die Schweiz[2] oder die Niederlande, wo nach Art. 3:29 B.W. Eigentumsübertragungen an niederländischen Grundstücken nur vor einem niederländischen Notar vorgenommen werden können. Diese Zuständigkeitsbeschränkung ist auch angesichts der Einbindung des sachenrechtlichen Transformationsaktes in das mit öffentlichem Glauben ausgestattete Grundbuchwesen sachgerecht. Der Notar ist Teil des Registrierungsverfahrens und damit für die Richtigkeit des Grundbuches verantwortlich. Er prüft vielfältige Wirksamkeitselemente, die das Grundbuchamt nicht prüfen kann.

1556 Soll die Auflassung im Ausland erfolgen, muss sie vor einem **deutschen Konsularbeamten** vorgenommen werden. Alle Konsularbeamten können Auflassungen wirksam entgegennehmen (§ 12 Nr. 1 KonsG); von Berufskonsularbeamten, die nicht die Befähigung zum Richteramt besitzen, und von Honorarkonsularbeamten soll die Auflassung aber nur entgegengenommen werden, wenn ihnen diese Befugnis besonders übertragen wurde (§§ 19 Abs. 2, 24 KonsG)[3].

1557 Fraglich ist die **Anwendung des § 925a BGB**, wenn der Kaufvertrag im Ausland geschlossen wurde, dies insbesondere, wenn er nach dem dortigen Ortsstatut lediglich der Schriftform bedarf. § 925a BGB bestimmt, dass die Erklärung einer Auflassung nur entgegengenommen werden soll, wenn die nach § 311b Abs. 1 S. 1 BGB erforderliche Urkunde über den Vertrag vorgelegt oder gleichzeitig errichtet wird. Bei dieser Vorschrift handelt es sich zwar lediglich um eine Ordnungsvorschrift, die nicht Gültigkeitsvoraussetzung der Auflassung ist, sie begründet aber eine Amtspflicht für den die Auflassung beurkundenden Notar[4]. Zwar lässt sich aus § 925a BGB eine Pflicht zur Prüfung der Wirksamkeit des Grundgeschäftes nicht ableiten, der Notar ist allerdings verpflichtet, bei Zweifel an der Wirksamkeit des Grundgeschäftes die Beteiligten hierauf hinzuweisen und uU die Mitwirkung an der Auflassung zu verweigern, wenn nicht eine formgültige Grundurkunde geschaffen wird[5]. Wurde die Urkunde vor einem ausländischen Notar errichtet, so wird die Vorlage dieser Urkunde ausreichend sein. Ist der Kaufvertrag nach dem Ortsstatut des Vornahmeortes

---

[1] *Löber*, DNotZ 1993, 789.
[2] S. *Wachter*, RNotZ 2001, 65 (73).
[3] Vgl. hierzu *Kanzleiter*, in: MünchKomm, § 925 BGB Rz. 13; *Bindseil*, DNotZ 1992, 275; *Bindseil*, DNotZ 1993, 5.
[4] Vgl. *Pfeifer*, in: Staudinger, § 925a BGB Rz. 7; *Hagen*, in: Erman, § 925a Rz. 2.
[5] Vgl. *Pfeifer*, in: Staudinger, § 925a BGB Rz. 8; *Kanzleiter*, in: MünchKomm, § 925a BGB Rz. 3.

lediglich der Schriftform bedürftig, so ist die Vorlage des schriftlichen Vertrages erforderlich und genügt aber auch der Ordnungsvorschrift des § 925a BGB. Ist das schuldrechtliche Geschäft in fremder Sprache geschlossen worden und der zuständige Notar dieser Sprache nicht hinreichend mächtig, kann er eine deutsche Übersetzung verlangen (§ 5 Abs. 2 BeurkG, § 15 Abs. 2 BNotO)[1]. Lässt die Ortsform sogar einen mündlich geschlossenen Vertrag zu, dann wird man aus § 925a BGB folgern müssen, dass in die Auflassungsurkunde die Darstellung der Beteiligten über den mündlichen Inhalt des Vertrages aufgenommen wird. In Zweifelsfällen wird der Notar die Auflassung nur vornehmen, wenn die Beteiligten eine Beurkundung des zugrunde liegenden Geschäfts vornehmen, die notfalls als „Bestätigung" iSd. § 141 BGB die Form des § 311b Abs. 1 S. 1 BGB erfüllt. Diese Pflicht wird man wohl aus § 925a BGB folgern müssen[2].

Ist das einer Auflassung zugrunde liegende Rechtsgeschäft (Kaufvertrag) von einem ausländischen Notar beurkundet worden, so ist umstritten, ob für die Beurkundung einer Auflassung durch einen deutschen Notar die Ermäßigung nach § 38 Abs. 2 KostO eintritt. Die besondere Verantwortung des Notars bei einer Auslandsbeurkundung im Hinblick auf das deutsche Grundbuch und auch die durch § 925a BGB begründeten Prüfungspflichten des Notars sprechen gegen die Anwendung dieser Ermäßigungsvorschrift. Der Notar hat weitgehend dieselben öffentlich-rechtlichen und besonders steuerrechtlichen Verpflichtungen wie bei der Beurkundung des schuldrechtlichen Grundgeschäftes[3]. Die Rechtsprechung ist sehr uneinheitlich[4].

3. Ausländische Grundstücke

a) Kaufvertrag

Aus Sicht des deutschen IPR genügt die **Form des Abschlussortes**, also die Einhaltung des § 311b BGB auch bei ausländischen Grundstücken. Darüber hinaus kann über die Wahl des Vertragsstatuts auch bei ausländischen Grundstücken eine Formerleichterung erreicht werden. Wegen der engen Verknüpfung des Grundstückskaufvertrages mit dem Belegenheitsort verlangen aber die Rechte einiger ausländischer Staaten, dass Kaufverträge über dort belegene Grundstücke **zwingend der Form des Belegenheitsstatutes** unterliegen, selbst wenn im Übrigen auf den Kaufvertrag ausländisches Recht anwendbar ist (zB

1558

---

1 Vgl. *Pfeifer*, in: Staudinger, § 925a BGB Rz. 9.
2 So *Pfeifer*, in: Staudinger, § 925a BGB Rz. 9; *Pfeifer*, Diskussionsbeitrag in Sonderheft DNotZ zum 22. Deutschen Notartag 1985, S. 46 ff.
3 So auch *Korintenberg/Bengel*, KostO, § 38 Rz. 50; *Rohs/Wedewer*, KostO (Stand 2008), § 38 Rz. 44.
4 BayObLG 1.8.1977, DNotZ 1978, 63 = Rpfleger 1977, OLG Düsseldorf 15.2.1990, DNotZ 1991, 410 Anm. *Lappe* = Rpfleger 1990, 392 = DB 1990, 730; OLG Stuttgart 28.5.1990, DNotZ 1991, 411 Anm. *Lappe* = Rpfleger 1990, 481; OLG Karlsruhe, 14.7.1997, JurBüro 1998, 155; OLG Jena 12.2.1997, NJW-RR 1998, 645; OLG Hamm 24.2.1998, MittBayNot 1998, 20 = FGPrax 1998, 114; OLG Köln 2.1.2002, FGPrax 2002, 88 = ZNotP 2002, 411.

Art. 119 Abs. 3 S. 2 schweiz. IPRG). Art. 11 Abs. 5 Rom I-VO trägt diesem Vorrang des Belegenheitsrechts Rechnung. Ob die Formvorschriften des Belegenheitsrechtes zwingend sind, ist eine Auslegungsfrage[1]. Darüber hinaus ist zu prüfen, ob die Belegenheitsform auch von einer ausländischen Urkundsperson erfüllt werden kann.

1559 Lässt das ausländische IPR der Belegenheit des Grundstücks als Vertragsstatut und demgem. Formstatut die Anwendung deutschen Rechts zu, dann kommt bei Verträgen über den Kauf oder Verkauf eines ausländischen Grundstücks und der Vereinbarung deutschen Rechts als Vertragsstatut auch § 311b BGB zur Anwendung[2].

1560 Auch bei Verträgen über den Kauf oder Verkauf eines ausländischen Grundstücks kommt bei deutschem Vertragsstatut die **Heilungsvorschrift des § 311b Abs. 1 S. 2 BGB** in Betracht. § 311b Abs. 1 S. 2 BGB hat den Zweck, sachenrechtlich abgeschlossene Rechtsverhältnisse im Interesse der Rechtssicherheit aufrechtzuerhalten[3]. Berücksichtigt man diesen Zweck, dann kommt es für die Heilung bei einem ausländischen Grundstück darauf an, wann der sachenrechtliche Übereignungstatbestand nach der ausländischen lex rei sitae vollendet ist[4].

1561 Von diesen Grundsätzen der Heilung ist allerdings bei **Bauträgerverträgen und Bauherrenmodellen** eine Einschränkung zu machen. Hier verlangen die von der notariellen Praxis entwickelten Sicherungsgrundsätze mindestens dann Durchsetzung auch beim Erwerb ausländischer Grundstücke, wenn der Erwerb im Inland von einem inländischen Bauträger erfolgt. In solchen Fällen vertrauen die Erwerber darauf, dass die ihnen bekannten Sicherungen vorliegen. Soll die inländische Formvorschrift durchgesetzt werden, so darf dies nicht dadurch vereitelt werden, dass eine nach ausländischem Recht mit Vertragsschluss sofort eintretende Heilung angenommen wird. Dies muss mindestens dann gelten, wenn der Vertrag noch nicht abgewickelt ist, also das Bauwerk noch nicht errichtet ist[5].

---

1 *Winkler von Mohrenfels*, in: Staudinger, Art. 11 EGBGB Rz. 234; *Hohloch*, in: Erman, Art. 11 EGBGB Rz. 32.
2 BGH 6.2.1970, BGHZ 53, 189 = NJW 1970, 999; BGH 3.12.1971, BGHZ 57, 337 = NJW 1969, 1760; BGH 22.12.1971, NJW 1972, 715 (Anm. *Löwe*); OLG Düsseldorf 14.8.1980, NJW 1981, 529; OLG München 10.3.1989, NJW-RR 1989, 663 = IPRax 1990, 320 (Anm. *Spellenberg*, IPRax 1990, 295); OLG Nürnberg 22.2.1996, NJW-RR 1997, 1484; OLG Köln 12.9.2000, OLGR Köln 2001, 69.
3 BGH 9.3.1979, BGHZ 73, 397; BGH 18.12.1981, BGHZ 82, 405.
4 Vgl. BGH 9.3.1979, BGHZ 73, 391 = NJW 1979, 1773 (Anm. *Löber*, NJW 1980, 496); OLG Düsseldorf 14.8.1980, NJW 1981, 529; OLG München 10.3.1988, NJW-RR 1989, 663 = IPRax 1990, 320 (Anm. *Spellenberg*, IPRax 1990, 295); OLG Frankfurt a.M. 30.11.1994, OLGR Frankfurt 1995, 17; *Spellenberg*, in: MünchKomm, Art. 11 EGBGB Rz. 47 ff.; *Hohloch*, in: Erman, Art. 11 EGBGB Rz. 17; *Stoll*, in: Staudinger, IntSachR Rz. 186; *Löber*, NJW 1980, 496.
5 *Reithmann*, Festschr. Ferid (1988), S. 363 = ZfBR 1988, 168.

b) Eigentumsübergang

Das Eigentum an einem ausländischen Grundstück kann nur nach den Regeln der lex rei sitae übertragen werden. Das Sachstatut entscheidet allein darüber, ob neben der schuldrechtlichen Einigung eine dingliche Einigung notwendig ist, ob eine Grundbucheintragung erforderlich ist bzw. ob dem schuldrechtlichen Grundgeschäft Übereignungswirkung direkt zukommt.

1562

4. Zuständigkeit zur öffentlichen Beurkundung

a) Inländische Grundstücke

Von der Frage, welcher Form der Grundstückskaufvertrag unterliegt, ist grundsätzlich die Frage zu trennen, ob die **inländische Form der notariellen Beurkundung**, wie sie nach deutschem Recht nach § 311b Abs. 1 BGB bei Grundstückskaufverträgen vorgeschrieben ist, durch einen ausländischen Notar erfüllt werden kann (vgl. zur Gleichwertigkeit oben Rz. 805 ff.). Dieses Problem stellt sich überhaupt nur, wenn entweder das deutsche Recht als Geschäftsformrecht die Form des Grundstückskaufvertrages regelt oder die Ortsform nicht eingehalten oder ausgeschlossen ist. Es geht aber nicht darum, welches Recht die Form bestimmt, sondern um die Frage, welche Anforderungen das deutsche Recht an den Begriff der notariellen Beurkundung als Formvoraussetzung stellt und ob diese Form des Geschäftsrechts auch von ausländischen Urkundspersonen erfüllt werden kann[1]. Es kommt dabei auf die Funktion der einzelnen Formvorschrift an (im Einzelnen Rz. 805 ff.). Die herrschende Lehre stellt auf „Gleichwertigkeit" ab (dazu Rz. 814 ff.). Ist diese gegeben, kann nach der herrschenden Meinung die Auslandsbeurkundung die Formanforderungen des deutschen Geschäftsrechts erfüllen. Die entschiedenen Fälle betreffen vor allem gesellschaftsrechtliche Beurkundungen[2].

1563

Entscheidend ist, ob die ausländische Urkundsperson nach der Vorbildung und der Stellung im Rechtsleben einem deutschen Notar entspricht. Darüber hinaus ist aber auch hinsichtlich des Beurkundungsvorgangs, d.h des Beurkundungsverfahrens **Gleichwertigkeit** zu fordern. Dies setzt nicht nur voraus, dass der ausländische Notar entsprechenden **Belehrungspflichten** unterworfen ist, sondern auch die **Haftung** für seine notarielle Tätigkeit übernimmt[3]. Darüber

---

1 Vgl. zu diesem Anerkennungsproblem: *Kropholler*, ZHR 140 (1976), 394 ff.; *Bredthauer*, BB 1986, 1464; *Meyer-Reimer*, BB 1974, 1280; *Winkler*, NJW 1974, 1032 ff.; *Wolfsteiner*, DNotZ 1978, 532 ff.; *Schervier*, NJW 1992, 593.
2 BGH 16.2.1987, BGHZ 80, 76; OLG Stuttgart 3.11.1980, IPRspr. 1981, Nr. 10a; OLG Düsseldorf 25.1.1989, RIW 1989, 225; OLG Hamm 1.2.1974, NJW 1974, 1057; OLG Karlsruhe 10.4.1979, RIW 1979, 567; AG Köln 14.8.1989, RIW 1989, 990; OLG Düsseldorf 25.1.1989, NJW 1989, 2200; OLG Stuttgart 17.5.2000, RIW 2000, 629 = MittRhNotK 2000, 350; OLG München 19.11.1997, RIW 1998, 147 = ZNotP 1998, 120 = DB 1998, 125.
3 So *Schervier*, NJW 1992, 593; *Großfeld*, in: Staudinger, IntGesR Rz. 341 ff.; ähnlich auch der österrreich. OGH IPRax 1990, 252 Anm. *Kralik*; aA allerdings BGH 16.2.1981, BGHZ 80, 76, der die Belehrung für verzichtbar hält. Zweifelhaft ist, ob der BGH dieser Entscheidung ohne Einschränkung auch heute noch folgen würde, da die durch die Belehrung gesicherte Vertragsgerechtigkeit und der Schutz der Beteiligten in

hinaus ist zu berücksichtigen, dass durch die notarielle Beurkundung zumindest mittelbar auch öffentlich-rechtliche Aufgaben gesichert werden: zB durch Mitteilungspflichten des Notars gegenüber dem Finanzamt und baurechtlichen Behörden. Diese werden durch einen ausländischen Notar nicht eingehalten.

b) Ausländische Grundstücke

1564 Soll vor einem deutschen Notar der Kaufvertrag über ein im Ausland belegenes Grundstück beurkundet werden, so stellt sich umgekehrt die Frage, inwieweit diese **Beurkundungen im Ausland** anerkannt werden, wo unter Umständen der weitere Vollzug des Vertrages in dortige Register notwendig ist[1]. Für diese Frage kommt es entscheidend zunächst auf die Kollisionsregeln des Belegenheitsstaates hinsichtlich der Form des Grundstückskaufvertrages an, da das dortige öffentliche Register die Wirksamkeitsfrage zunächst nach dem eigenen IPR entscheiden wird. Die meisten ausländischen Staaten unterscheiden aber bei der Kollisionsnorm grundsätzlich zwischen dem Schuld- und dem Sachstatut, wobei sich die Frage des Eigentumsüberganges und der Eintragung im Grundbuch einheitlich nach der lex rei sitae richtet[2]. Hinsichtlich des schuldrechtlichen Kaufvertrages erkennen die meisten ausländischen Rechtsordnungen zumindest die Form des Ortsrechtes an. In den meisten Ländern, gilt der Grundsatz: locus regit actum. Dies gilt idR auch für die Kaufverträge, die das Eigentum übergehen lassen. Darüber hinaus erkennen eine Reihe von ausländischen Kollisionsrechten die Form des Vertragsstatuts an (Italien, Holland, Portugal, Österreich)[3]. Die Frage der Anerkennung der Einhaltung der Form des Belegenheitslandes durch einen ausländischen, hier den deutschen Notar, stellt sich bei diesen Fällen wie im umgekehrten Fall beim deutschen Recht nicht, da der Kaufvertrag, der in Deutschland beurkundet ist, aber ein ausländisches Grundstück betrifft, zumindest der Ortsform des deutschen Rechts genügt.

1565 Die Frage der Anerkennung ausländischer Urkundshandlungen stellt sich aber häufig doch auf der **Ebene der Registrierung**. Die meisten Rechte verlangen für die aus Publizitätsgründen meist gebotene Eintragung im öffentlichen Register die Vorlage eines Notarvertrages. Da es sich hierbei dann um eine Frage des Sachstatutes handelt, richtet sich auch die Form nach der lex rei sitae. Es stellt sich also dann auch hier die Frage, ob wie bei der deutschen Auflassung der Notarvertrag, der Grundlage für eine Eintragung im öffentlichen Register oder Grundbuch sein soll, auch vor einem ausländischen Notar errichtet werden

---

den letzten Jahren auch in der Rechtsprechung erheblich an Bedeutung gewonnen hat; strenger jetzt *Goette*, MittRhNotK 1997, 1; zur Diskussion vgl. *Randenborgh/Kallmeyer*, GmbHR 1996, 908.

1 Vgl. die Übersicht über ausländische Beurkundungserfordernisse bei *Hertel*, in: Staudinger, Vorbem zu §§ 127a, 128 (BeurkG) Rz. 754 ff.
2 Vgl. *Küppers*, DNotZ 1973, 645 (666 ff.).
3 Vgl. *Küppers*, DNotZ 1973, 666.

kann[1]. Nach einigen Rechtsordnungen ist vorgesehen, dass nur eine von Urkundspersonen des Landes oder gar des Amtsbezirkes am Lageort vorgenommene Beurkundung Grundlage für eine Eintragung im Grundbuch bilden kann[2]. Andere Länder erkennen Beurkundungen durch einen ausländischen Notar grundsätzlich an, sofern die Urkunde legalisiert bzw. im Anwendungsbereich des Haager Übereinkommens mit der Apostille versehen ist[3]. Andere Länder wiederum erkennen die Beurkundung an, sofern die ausländische Beurkundung der Beurkundung des eigenen Landes gleichwertig ist[4].

Frei. 1566–1570

V. Vertragsgestaltung bei ausländischen Grundstücken

Literatur: *Bardy*, Belehrungspflicht und Haftung des Notars in Fällen mit Auslandsberührung, MittRhNotK 1993, 305; *Hegmanns*, Beteiligung eines deutschen Notars bei Erwerb und Veräußerung von Auslandsgrundbesitz, in: Schönhofer/Böhner (Hrsg.), Haus- und Grundbesitz im Ausland, Gruppe 3, S. 201; *Kaufhold*, Checklisten zum internationalen Immobilienrecht, in: Weise, Beck'sches Formularbuch Immobilienrecht (2001), S. 765 und 786; *Lichtenberger*, Grundbesitz und ausländisches Rechte, Festschr. Hagen (1999), S. 145.

1. Grundstückskaufvertrag

Will der Notar im Inland einen Grundstückskaufvertrag über ein Grundstück im Ausland beurkunden, so wird er zunächst prüfen müssen, ob nach dem Internationalen Privatrecht des Belegenheitsstaates die Ortsform anerkannt ist. Darüber hinaus sollte in den Kaufvertrag eine **ausdrückliche Rechtswahlklausel** aufgenommen werden, welchem Recht der Vertrag unterliegt. 1571

Zu beachten ist, dass nach dem Recht vieler Staaten das Eigentum bereits bei Abschluss des Kaufvertrages auf den Käufer übergeht und dadurch der Verkäufer seine gesicherte Rechtsposition bereits bei Abschluss des Kaufvertrages verliert. Zur **Sicherung von Leistung und Gegenleistung**[5] ist in solchen Fällen die Einschaltung des Notars zweckmäßig. Es empfiehlt sich, den Kaufpreis bereits vor Vertragsabschluss beim beurkundenen Notar zu hinterlegen. Die bei inländischen Grundstücken mögliche Sicherung durch Fälligkeitsmitteilung des Notars nach Lastenfreistellung und Eintragung der Vormerkung ist schon deshalb nicht möglich, weil die meisten ausländischen Rechte die Vormer- 1572

---

1 Vgl. zu diesem Problem *Küppers*, DNotZ 1973, 667; *Meyer*, ZvglRW 83 (1994), 72 (83); *Löber*, DNotZ 1993, 789; *Hegmanns*, MittRhNotK 1987, 1 (9 f.); *Schwander*, in: Koller, S. 450.
2 So in einigen Schweizer Kantonen, vgl. *Schwander*, in: Koller, S. 450.
3 So etwa Italien, Polen.
4 Vgl. die Übersicht bei *Hertel*, in: Staudinger, Vorbem zu §§ 127a, 128 (BeurkG) Rz. 780 ff.
5 Vgl. *Hegmanns*, MittRhNotK 1987, 1 ff.; *Hegmanns*, in: Schönhofer/Böhner, Gruppe 3, S. 206.

kung nicht kennen oder ihr jedenfalls geringere Wirkung beilegen[1]. So ist bei spanischen Grundstücken die Kaufpreishinterlegung die einzige Sicherungsmöglichkeit[2]. Besonderheiten gelten auch für die Auszahlung des hinterlegten Kaufpreises. Viele Staaten kennen kein Grundstücksregister oder legen ihm jedenfalls geringere Folgen bei. Es bleibt dann kein anderer Weg, als die Auszahlung hinterlegter Kaufpreisbeträge an andere Voraussetzungen zu knüpfen, die in der Regel eine geringere Sicherheit hinsichtlich des Grundstückserwerbs bieten als die Eintragung im deutschen Grundbuch, zB an den Besitz von ausländischen Grundbesitzurkunden. Die Sicherheit kann nicht besser sein, als es die ausländische Rechtsordnung zulässt. Nach manchen Rechten steht es den Parteien offen, den Eigentumsübergang hinauszuschieben, wenn es nach der lex rei sitae zulässig ist, so etwa mithilfe einer Bedingung oder Befristung im französischen Recht. Ähnliches ist auch nach italienischem Recht möglich.

Die **Festlegung sachgerechter Voraussetzungen** für die Fälligkeit bzw. Auszahlung des Kaufpreises vom Notaranderkonto beim Kauf über ein Grundstück, das im Ausland belegen ist, ist häufig nicht einfach, da der inländische Notar die Sicherungsmöglichkeiten des ausländischen Rechts nicht kennt. In diesen Fällen empfiehlt es sich, mit einem **Notar des Belegenheitslandes zusammenzuarbeiten** und sich die dort üblichen Sicherungsmittel erläutern zu lassen, die dann auch für die Auszahlung vom Anderkonto bestimmt werden könnten. In der Bundesnotarordnung ist diese notarielle Zusammenarbeit in § 11a BNotO geregelt werden; die Vorschrift lehnt sich an das Amtshilfeverfahren der Gerichte an und wahrt so den öffentlich-rechtlichen Charakter der Zusammenarbeit. Die europäischen Notariate haben darüber hinausgehend einen „Europäischen Kodex des notariellen Standesrechts" beschlossen, in dem auch Fragen der grenzüberschreitenden Zusammenarbeit geregelt sind[3]. Eine andere Möglichkeit besteht darin, wie es in den anglo-amerikanischen Staaten üblich ist, neben den eigentlichen Vertragsunterlagen die Vorlage einer Versicherungspolice (title insurance) oder einer Bankbürgschaft als Auszahlungsvoraussetzung vorzusehen[4].

2. Vollzug im ausländischen Grundbuch oder Register

1573 Wie dargelegt, werden grundsätzlich die Urkunden eines deutschen Notars in vielen Rechtsordnungen als gleichwertig anerkannt und können als Grundlage

---

1 Vgl. zu den verschiedenen Sicherungsmechanismen des Erfüllungsanspruchs *von Hoffmann*, Das Recht des Grundstückskaufs (1982), 156 ff. In Spanien wurde auf Grund Dekret Nr. 2537/94 vom 1.3.1995 eine Art Vormerkung geschaffen, vgl. *Löber*, In Spanien ist der Immobilienerwerb sicherer geworden, DNotI-Report 1996, 35 f.; auch Italien hat durch Gesetz Nr. 39/1997 eine Registereintragung von Vorverträgen neu geschaffen, die eine vormerkungsähnliche Wirkung hat, die Praxis macht von diesem Instrument aber kaum Gebrauch, vgl. *Kindler*, MittBayNot 2000, 265 (269).
2 Vgl. *Gantzer*, MittBayNot 1984, 15.
3 Die deutsche Fassung ist veröffentlicht in DNotZ 1995, 329; hierzu *Schippel*, Der europäische Kodex des notariellen Standesrechts, DNotZ 1995, 334.
4 Vgl. zu dieser Überlegung *Hegmanns*, MittRhNotK 1987, 12.

für die Eintragung im Grundbuch oder Register dienen[1]. Trotz dieser rechtlichen Anerkennung zeigt die Praxis, dass in vielen Ländern die Eintragung im Grundbuch oft an **praktischen Problemen** scheitert. So weist auch *Schwander*[2] darauf hin, dass die Chancen, dass eine im Ausland nach schweizerischer Form vorgenommene Beurkundung eines Kaufvertrages über ein Grundstück in der Schweiz als ausreichende Grundlage für eine Eintragung ins Grundbuch anerkannt würde, äußerst minimal sind. Auch Frankreich, das grundsätzlich die deutsche Urkunde als Eintragungsgrundlage anerkennt, verlangt, dass ausländische öffentliche Urkunden, um im Grundbuchregister publiziert werden zu können, der Legalisation bedürfen und bei einem französischen Notar hinterlegt werden müssen[3]. Dabei fällt für die Hinterlegung eine Gebühr an, die derjenigen, die für die Beurkundung durch den französischen Notar entsteht, entspricht[4]. Auch in Spanien wird von einigen Grundbuchregistratoren aus verschiedenen Gründen verlangt, dass für die Eintragung im registro de la propriedad die Urkunde vor einem spanischen Notar errichtet worden war[5]. Schließlich kann die Eintragung auf der Grundlage einer im Grundsatz anerkannten Beurkundung durch einen deutschen Notar im ausländischen Register auch daran scheitern, dass ähnlich wie im deutschen Recht eine Vielzahl von steuerrechtlichen Bestimmungen beachtet und deren Beachtung dem Grundbuchamt nachgewiesen werden muss bzw. öffentlich-rechtliche Genehmigungen vorgelegt werden müssen, die oft von Region zu Region verschieden sein können[6]. Die Nichtbeachtung kann auch zur Unwirksamkeit des Vertrages führen. So genügt zwar zB in Frankreich die Beurkundung durch einen ausländischen Notar, wenn der Vertrag legalisiert, bei einem französischen Notar hinterlegt und vollstreckbar gestellt worden ist. Die vielfältigen öffentlich-rechtlichen und steuerrechtlichen Vollzugsvoraussetzungen können aber in der Regel von einem deutschen Notar kaum erfüllt werden[7].

Aus diesen Gründen wird selbst dann, wenn bereits in Deutschland der Kaufvertrag beurkundet wurde, zum Vollzug bzw. der Vornahme weiterer dinglicher Übertragungsakte die **Einschaltung eines Notars am Belegenheitsort** notwendig sein. Häufig wird auch die Wiederholung einer Beurkundung erforderlich sein, um die notwendigen Formalien und letztendlich auch die dem Grundbuchamt gewohnte Form einer Eintragungsgrundlage zu erreichen. Hierdurch können unter Umständen auch doppelte Beurkundungsgebühren anfallen. Deshalb sollte darauf hingewiesen werden, dass entsprechende Anpas-

1574

---

1 Vgl. *Hertel*, in: Staudinger, Vorbem zu §§ 127a, 128 (BeurkG) Rz. 780 ff.
2 In *Schwander*, in: Koller, S. 450.
3 Art. 4 des Dekrets vom 4.1.1955 idF des Dekrets vom 7.1.1959; vgl. *Wehrens/Gresser*, Der Kauf von Grundeigentum in Frankreich, Festschr. Schippel (1996), S. 961 ff.; *Hertel*, in: Staudinger, Vorbem zu §§ 127a, 128 (BeurkG) Rz. 785.
4 Vgl. *Küppers*, DNotZ 1973, 672.
5 Vgl. *Löber*, DNotZ 1993, 789; *Hertel*, in: Staudinger, Vorbem zu §§ 127a, 128 (BeurkG) Rz. 795; *Gantzer*, Spanisches Immobilienrecht, 6. Aufl. (2000), S. 103; *Eberl*, MittBayNot 2000, 516.
6 Vgl. zu dem Aspekt: *Küppers*, DNotZ 1973, 676, bzw. *Gantzer*, MittBayNot 1984, 15; vgl. auch *Hegmanns*, MittRhNotK 1987, 10.
7 Vgl. *Frank*, MittBayNot 2001, 39 (40 ff.).

sungsurkunden im Belegenheitsstaat notwendig sind, und vereinbart werden, dass die Beteiligten zur Mitwirkung diesbezüglich auch verpflichtet sind[1]. Die Beurkundung vor einem inländischen Notar kann allerdings den Vorteil haben, dass die Beteiligten bereits schuldrechtlich gebunden sind und die Urkunde die Grundlage schafft, um den Eigentumsübergang im ausländischen Staat zu erreichen. Ein **Muster eines derartigen Kaufvertrages über Auslandsgrundbesitz** findet sich bei *Hegmanns*[2].

3. Vollzugsvollmacht

1575 Darüber hinaus kann die Eigentumsumschreibung für die Beteiligten auch dadurch gesichert werden, dass bereits in der Kaufvertragsurkunde vor dem deutschen Notar beide Parteien **Vollmachten** erteilen, die dazu berechtigen, die Protokollierung des Immobilienkaufvertrages bzw. der notwendigen Vollzugsakte vor einem Notar des Belegenheitsortes zu wiederholen bzw. vorzunehmen[3]. Es ist daher in der Regel zweckmäßig, dem Käufer eine beurkundete (und in der Regel überbeglaubigte oder legalisierte) Vollmacht zu geben, um bei einem Notar am Ort des belegenen Grundstücks alle noch erforderlichen Rechtshandlungen vorzunehmen, um die Eintragung in die notwendigen Bücher und Register zu beantragen und die erforderlichen Steuerformalitäten zu bewirken. Zu beachten ist, das manche Länder – zB Spanien – eine Beurkundung der Vollmacht verlangt, eine Beglaubigung genügt nicht.

1576 Zur Verwendung in den Staaten der EU hat die Internationale Union des Lateinischen Notariats **Formulare für Vollmachten zum Verkauf eines Grundstücks** vorgeschlagen und in die Sprachen der EG übersetzt. Diese Formulare entsprechen dem Recht eines jeden dieser Staaten[4]. Auch *Hegmanns*[5] hat in Anlehnung an diese UINL-Vollmachten ein Muster einer Verkaufsvollmacht entwickelt. Im Einzelfall kann es sich auch empfehlen, eine auf den konkreten Fall zugeschnittene Vollmacht eines Notars des Belegenheitsortes zu verwenden, die alle Formalien, insbesondere steuerrechtlicher, öffentlich-rechtlicher oder registerrechtlicher Art, berücksichtigt.

Im deutschen Recht bedarf die Erteilung einer Vollmacht grundsätzlich keiner Form (§ 167 Abs. 2 BGB). Ist dagegen, wie oben angesprochen, die Vollmacht zum Grundstücksverkauf oder -erwerb unwiderruflich, dann bedarf sie der notariellen Beurkundung[6]. Soll die Vollmacht im Ausland verwendet werden, ist

---

1 So zu Recht *Hegmanns*, MittRhNotK 1987, 10; *Frank*, MittBayNot 2001, 39 (40).
2 Hegmanns, in: Schönhofer/Böhner, Haus- und Grundbesitz im Ausland, Gruppe 3, S. 208 ff.
3 Dies empfiehlt *Löber*, DNotZ 1994, 70; *Hegmanns*, MittRhNotK 1987, 10; *Hegmanns*, in: Schönhofer/Böhner, Gruppe 3, S. 213.
4 Vgl. DNotZ 1964, 674; DNotZ 1967, 546; vgl. *Rawert*, in: Hoffmann-Becking/Rawert (Hrsg.), Beck'sches Formularbuch zum Bürgerlichen, Handels- und Wirtschaftsrecht, 9. Aufl. (2006), S. 88.
5 *Hegmanns*, in: Schönhofer/Böhner, Gruppe 3, S. 220 ff.
6 Vgl. *Heinrichs*, in: Palandt, § 167 BGB Rz. 1; BGH 11.11.1964, DNotZ 1965, 549; OLG Karlsruhe 28.10.1985, NJW-RR 1986, 101.

allerdings auch zu beachten, welche Formvorschriften das ausländische Internationale Privatrecht zur Anwendung gelangen lässt. Im Regelfall empfiehlt es sich, die strengere Form der Beurkundung einzuhalten, um möglichst dem strengsten Recht zu genügen (s. unten Rz. 5464 ff.). Die im deutschen Recht häufige Lösung der Beurkundung durch einen Vertreter ohne Vertretungsrecht mit anschließender Genehmigung kann im ausländischen Rechtsverkehr Probleme bereiten, wenn dieses Rechtsinstitut im Belegenheitsstaat nicht anerkannt wird[1].

Muster einer Verkaufsvollmacht: 1577

Ich, [Vollmachtgeber:] erkläre, hierdurch,

Vollmachtnehmer

– nachstehend kurz „Bevollmächtigter" genannt –

zu meinem

Sonderbevollmächtigten

zu bestellen. Diesem gebe ich Vollmacht, für mich und in meinem Namen ganz oder geteilt den folgenden Grundbesitz zu verkaufen und zu übertragen:

[Bezeichnung des Grundbesitzes:],

und zwar entweder freihändig oder im Wege der öffentlichen Versteigerung, sei es der freiwilligen oder der Zwangsversteigerung, und mich bei der ganzen oder teilweisen Veräußerung des unter Ziffer I. genannten Grundbesitzes vor allen Privaten, Behörden, Gerichten und bei notariellen Beurkundungen zu vertreten, soweit eine Vertretung gesetzlich zulässig ist. Der Bevollmächtigte ist insbesondere berechtigt nach eigenem Ermessen, die Veräußerungsbedingungen zu vereinbaren, den Kaufpreis in Empfang zu nehmen und hierüber Quittung zu erteilen, die Auflassung zu erklären, Grundbuchbewilligungen und Anträge und alle in diesem Zusammenhang erforderlichen und zweckdienlichen Erklärungen abzugeben und entgegenzunehmen.

Der Bevollmächtigte wird weiter bevollmächtigt, Grundpfandrechte samt der dinglichen Zwangsvollstreckungsunterwerfung gem. § 800 ZPO in beliebiger Höhe für den Käufer zu bestellen und im Grundbuch eintragen zu lassen und auch sonst alle im Rahmen einer Finanzierung erforderlichen oder zweckdienlichen Erklärungen nach eigenem Ermessen abzugeben.

Der Bevollmächtigte ist insbesondere zu folgenden Handlungen berechtigt:

– die Bezeichnung der Immobilien zu berichtigen und zu vervollständigen;

– alle Erklärungen abzugeben und entgegenzunehmen, um das Eigentum am zu veräußernden Vertragsgegenstand zu übertragen;

– alle erforderlichen vom Gesetz vorgeschriebenen Bewilligungen und Anträge abzugeben;

---

1 Vgl. *Hegmanns*, MittRhNotK 1987, 11.

- Dienstbarkeiten aller Art zu begründen, abzuändern und auf sie zu verzichten;
- den Kaufpreis und die Bedingungen festzulegen;
- den Verkaufserlös samt Zinsen und Nebenleistungen für den Verkäufer entgegenzunehmen;
- die Zahlung des Verkaufserlöses ganz oder zum Teil zugunsten von Gläubigern anzuweisen zum Ausgleich von fälligen oder fällig werdenden Schulden; Vereinbarungen jeder Art mit dem besagten Gläubiger zu treffen;
- von den Erwerbern oder Erstehern jede Mobiliar- oder Grundstückssicherheit anzunehmen;
- jede Erklärung zur Übertragung des Eigentums abzugeben und anzunehmen;
- alle Eintragungen, Übertragungen oder Löschungen in den Grund- oder Hypothekenbüchern und Registern zu bewilligen und zu beantragen, auch auf Eintragungen jeder Art zu verzichten, selbst wenn sie von Amts wegen zu bewirken sind;
- jede Maßnahme gegen den in Verzug befindlichen Erwerber zu vereinbaren und anzuwenden;
- Abkommen jeder Art zu treffen, sich zu vergleichen und Schiedsverfahren zu vereinbaren;
- jede Bescheinigung über den Personenstand und alle anderen Belege, die für die Formalitäten der Eintragung, der Übertragung oder der Löschung in Grundbüchern und Hypothekenregistern gefordert werden, zu erteilen und vorzulegen, auszuhändigen oder auszustellen;
- den Vollmachtgeber in seiner Eigenschaft als Eigentümer der verkauften Sache der sofortigen Zwangsvollstreckung zu unterwerfen.

Diese Vollmacht darf ganz oder teilweise auf Dritte übertragen werden. Die Vollmacht soll durch den Tod oder die Geschäftsunfähigkeit des Vollmachtgebers nicht erlöschen. Der Bevollmächtigte ist berechtigt, auch mit sich selbst Rechtsgeschäfte abzuschließen und auf sich selbst das Eigentum an der Immobilie zu übertragen und sich selbst im Grundbuch oder Eigentumsregister eintragen zu lassen. Er ist von dem Verbot des Insichgeschäftes befreit.

Für diese Vollmacht soll deutsches Recht der Bundesrepublik Deutschland gelten.

1578–1590 Frei.

VI. Güterrechtliche Fragen beim Grundstückskauf

Literatur: *Amann*, Eigentumserwerb unabhängig vom ausländischen Güterrecht?, MittBayNot 1986, 222; *Deimann*, Die Bedeutung eines ausländischen Güterstandes im Grundbuchverfahren, BWNotZ 1979, 3; *Lichtenberger/Gebhard*, Hinweise zum Ehegüterrecht in Fällen mit Auslandsberührung, MittBayNot 1978, 188; MittBayNot 1979,

58 f. = MittRheinNotK 1980, 177; *Mankowski,* Ehegüterrechtliche Regelungen ausländischer Ehegatten über ein einzelnes Grundstück, FamRZ 1994, 1457; *Panz,* Gütergemeinschaft und Auflassung, BWNotZ 1979, 88; *Rehle,* Grundstückserwerb durch Ehegatten, DNotZ 1979, 219; *Reithmann,* Schutz des Rechtsverkehrs bei Geschäften mit verheirateten Personen, DNotZ 1961, 3; *Roth,* Grundbuchverfahren und ausländisches Güterrecht, IPRax 1991, 320; *Schotten,* Gestattet Art. 15 Abs. 2 Nr. 3 EGBGB eine auf einen Gegenstand des unbeweglichen Vermögens beschränkte objektbezogene Rechtswahl, DNotZ 1994, 556; *Schotten,* Die Konstituierung des neuen sowie die Beendigung des alten Güterstandes nach einer Rechtswahl, DNotZ 1999, 326; *Süß,* Die Wahl deutschen Güterrechts für inländische Grundstücke, ZNotP 1999, 385; *Süß,* Ausländer im Grundbuch und Registerverfahren, RPfleger 2003, 53; *Süß/Ring,* Eherecht in Europa (2006); *Tiedtke,* Grundstückserwerb von Ehegatten in Gütergemeinschaft, FamRZ 1979, 371; *Wegmann,* Rechtswahlmöglichkeiten im internationalen Familienrecht, NJW 1987, 179.

1. Güterrecht und Grundstückskauf

a) Allgemeines

In der Praxis spielen güterrechtliche Fragen beim Erwerb von Grundstücken durch Ausländer eine erhebliche, oft sogar die wichtigste Rolle bei der Abwicklung des Grundstückskaufvertrages (s. eingehend unten Rz. 5851 ff.). Das Ehegüterrecht hat in vielen Fällen **sachenrechtliche Auswirkungen,** die bei der Urkundsgestaltung zu berücksichtigen sind. Die Ehe lässt nach den meisten Rechten die vermögensrechtlichen Verhältnisse der Ehegatten nicht unberührt. Nur selten werden die vermögensrechtlichen Verhältnisse so behandelt, wie wenn die Personen nicht verheiratet wären. Meist hat die Ehe nicht nur Auswirkungen auf die Tragung der gemeinschaftlichen Kosten (Unterhalt) und die Verteilung des in der Ehe erzielten Einkommens- und des Vermögenszuwachses. Häufig findet auch eine Verschiebung in der Eigentumsordnung statt (es entsteht ein Gesamtgut) oder es wird die Verfügungsmacht beschränkt. Da die Beschränkungen des Güterrechts bei verheirateten Personen unten ausführlich behandelt werden[1], soll nachfolgend nur ein Überblick über die spezifischen Besonderheiten beim Grundstücksverkehr gegeben werden.

1591

b) Abgrenzung zwischen Sach- und Güterrechtsstatut

Die Wirkungen des gesetzlichen Güterstands werden durch das Ehegüterstatut bestimmt, dessen Anknüpfung in Art. 15 EGBGB geregelt ist (vgl. unten Rz. 5851 ff.). Beim Grundstückskauf und Immobilienerwerb spielt daher die **Abgrenzung des Güterrechts** zu den sachenrechtlichen Vorschriften eine große Rolle.

1592

Hierfür gilt, dass das Recht des Lageortes bestimmt, unter welchen Voraussetzungen der Eigentumswechsel zwischen Veräußerer und Erwerber stattfindet; das Güterrechtsstatut knüpft an diese Vorfrage an und entscheidet dann die

---

1 Vgl. unten Rz. 5930 ff., vgl. auch eingehend *Süß,* Rpfleger 2003, 53 ff.; *Hertel,* in: Meikel, GBO, Einl. L Rz. 176 ff.

weitere Frage, welches Schicksal das Grundstück in seiner Eigentumszuordnung beim Erwerb von Ehegatten hat[1].

c) Anknüpfung des Güterstatuts

1593 Das eheliche Güterrecht unterliegt dem bei der Güterschließung für die allgemeinen Wirkungen der Ehe maßgebenden Recht (vgl. eingehend zur Anknüpfung des Güterrechts unten Rz. 5942 ff.). Die Vorschrift geht damit von der sog. **Unwandelbarkeit des Güterrechtsstatuts** aus. Das über die Anknüpfung nach Art. 15 Abs. 1 iVm. Art. 14 EGBGB gefundene Recht kann allerdings nach seinem eigenen internationalen Privatrecht eine **Rück- oder Weiterverweisung** aussprechen (vgl. unten Rz. 5950 ff.). Eine besondere Rolle beim Grundstücksverkehr spielen die Rück- und Weiterverweisungen auf das Recht des Lageortes (vgl. unten Rz. 5954 ff.).

d) Rechtswahl

1594 In der Praxis spielt die durch Art. 15 Abs. 2 EGBGB eröffnete **Rechtswahl des Güterstatuts** bei Erwerb von Immobilien im Inland eine große Rolle (zur Rechtswahl vgl. unten Rz. 5967 ff.). Beim Grundstückserwerb ist insbesondere die Rechtswahlmöglichkeit nach Art. 15 Abs. 2 Nr. 3 EGBGB von Bedeutung. Danach können die Ehegatten hinsichtlich ihres unbeweglichen Vermögens auch das **Recht des Lageortes wählen** (vgl. unten Rz. 5967 ff.)[2].

2. Ausländer als Erwerber eines Grundstücks

1595 Das eheliche Güterrecht im Grundstücksverkehr spielt nicht nur eine Rolle, wenn die Eheleute ein Grundstück veräußern wollen und die Frage der Verfügungsmacht zu klären ist, sondern auch, wenn Eheleute mit ausländischem Güterstatut ein Grundstück erwerben wollen. Auch in diesen Fällen kann sich das ausländische Güterrecht auf die sachenrechtliche Eigentumszuordnung auswirken.

a) Erwerbsbeschränkungen

1596 Den größten Einfluss auf den Erwerb eines Grundstücks können sog. Erwerbsbeschränkungen haben. In den meisten Rechten wird die natürliche Person als rechtsfähig und auch als erwerbsfähig anerkannt. Der inzwischen aufgehobene

---

[1] Vgl. zur Abgrenzung KG 12.12.1972, NJW 1973, 428 = DNotZ 1973, 620; LG Frankfurt a.M. 9.7.1975, IPRspr. 1975 Nr. 53; OLG Nürnberg 21.9.1978, IPRspr. 1978 Nr. 16; LG Heilbronn 16.12.1980, BWNotZ 1981, 138; *Siehr*, in: MünchKomm, Art. 15 EGBGB Rz. 105 f.; *Mankowski*, in: Staudinger, Art. 15 EGBGB Rz. 386 f.; *Deimann*, BWNotZ 1979, 3 ff.

[2] Vgl. *Jayme*, IPRax 1986, 270; *Lichtenberger*, DNotZ 1986, 644 (659); *Kühne*, IPRax 1987, 69 (73); *Wegmann*, NJW 1987, 1741; *Langefeld*, FamRZ 1987, 13; *Mankowski/Osterhaus*, DNotZ 1997, 10 (16); *Schotten*, DNotZ 1999, 326; *Süß*, ZNotP 1999, 385; *Süß*, Rpfleger 2003, 59 ff. mit Länderübersicht.

Art. 88 EGBGB ließ landesgesetzliche Vorschriften zu, welche den Erwerb von Grundstücken durch Ausländer von staatlichen Genehmigungen abhängig machen. Es gibt aber auch fremde Rechtsordnungen, die die Fähigkeit eines Ehegatten beschränken, ohne Mitwirkungen des anderen Ehegatten Grundstücke erwerben zu können[1].

Vereinzelt finden sich auch noch Rechtsordnungen, in denen eine allgemeine Minderung der Rechtsfähigkeit der Frau durch die Eheschließung eintritt (vgl. unten Rz. 5862 ff.). 1597

b) Auflassung an Ausländer

In zahlreichen Güterständen findet ein **gesetzlicher Übergang von Vermögenswerten** des einen Ehegatten auf den anderen statt, der vergleichbar ist mit Wirkungen der deutschen Gütergemeinschaft (vgl. unten Rz. 5911 ff.). Diese sachenrechtlichen Auswirkungen des Ehegüterrechts können zum einen bei der Frage der **Auflassung** nach § 925 BGB, als auch bei der **Eintragung der Ehegatten im Grundbuch** eine Rolle spielen. § 47 GBO schreibt für den Erwerb eines Grundstücks vor, „dass entweder die Anteile der Berechtigten in Bruchteilen angegeben werden, oder das für die Gemeinschaft maßgebende Rechtsverhältnis bezeichnet wird". Dabei kommt es darauf an, welcher Güterstand gilt. 1598

Auch bei der Auflassung, dh. der dinglichen Einigung über den Eigentumsübergang, an mehrere ist die **Angabe des Anteils oder des Gemeinschaftsverhältnisses der Erwerber** grundsätzlich notwendiger Inhalt der Einigung[2]. Dieser Grundsatz, nach dem zur Wirksamkeit der Auflassung grundsätzlich auch das Gemeinschaftsverhältnis gehört, kann allerdings bei Beteiligung von Ausländern auf Erwerberseite dann Probleme mit sich bringen, wenn den Beteiligten die Wirkungen des Güterstandes nicht bewusst sind. So kann etwa der Fall eintreten, dass die Auflassung an die Erwerber als Bruchteilseigentümer erfolgt, obwohl deren ausländischer Güterstand vorsieht, dass Vermögensgegenstände grundsätzlich in das Eigentum beider Ehegatten zum Gesamtgut übergehen. Das Gleiche gilt in den Fällen der sog. Errungenschaftsgemeinschaft, in denen das Vermögen gemeinschaftlich wird, das während der Ehe erworben wird (vgl. unten Rz. 5915). Die herrschende Meinung hat die hieraus resultierenden Probleme mittlerweile durch Auslegung oder Umdeutung der Einigungserklärung gelöst. Es genügt danach, wenn durch Auslegung oder Umdeutung das gewollte Gemeinschaftsverhältnis ermittelt und ein nach dem Güterrecht unzulässiges in ein zulässiges Gemeinschaftsverhältnis umgedeutet werden kann[3]. Diese zur Gütergemeinschaft entwickelte Rechtsprechung 1599

---

1 Vgl. *Amann*, MittBayNot 1986, 227; *Böhringer*, BWNotZ 1988, 49 (52); *Süß*, Rpfleger 2003, 53 ff. und unten Rz. 5861 ff., 5911 ff.
2 OLG Düsseldorf 11.10.1978, DNotZ 1979, 219; BayObLG 12.6.1975, BayObLGZ 75, 209; *Kanzleiter*, in: MünchKomm, § 925 BGB Rz. 21; *Meikel*, § 20 GBO Rz. 228; *Bassenge*, in: Palandt, § 925 BGB Rz. 16 ff.; *Kuntze/Ertl ua.*, § 20 GBO Rz. 97.
3 Vgl. BGH 10.12.1981, BGHZ 82, 346; OLG Köln 22.8.1979, Rpfleger 1980, 16; BayObLG 5.5.1983, BayObLGZ 83, 118; *Schöner/Stöber*, Rz. 761 ff.; *Rehle*, DNotZ 1979,

ist bei ausländischen Formen der Güter- und Errungenschaftsgemeinschaft entsprechend anzuwenden.

Sieht das Heimatrecht der Beteiligten wie das deutsche Recht keine Güter- oder Errungenschaftsgemeinschaft vor, so können die Beteiligten als Bruchteilseigentümer erwerben. Bei der Auflassung an mehrere Bruchteilsgemeinschafter muss sich dann die Einigung auch auf die Größe aller Miteigentumsanteile beziehen. Findet hingegen auf Grund des Güterstatuts eine Verschiebung in der Eigentumszuordnung statt, was in der Regel bei Gütergemeinschaft und Errungenschaftsgemeinschaft der Fall ist, so können Auslegungs- und Umdeutungsprobleme entstehen.

1600 Zunächst ist der Fall zu unterscheiden, dass die **Auflassung an einen Ehegatten allein** erfolgt, der im Güterstand der Gütergemeinschaft lebt. Nach herrschender Meinung ist diese Auflassung wirksam. Das Recht, die Eigentumsübertragung zum Gesamtgut zu beantragen, steht beiden Ehegatten gemeinsam zu[1]. Das Gleiche gilt, wenn ein Grundstück an Ehegatten als Berechtigte zu Bruchteilen aufgelassen ist, diese aber in Wirklichkeit in Güter- oder Errungenschaftsgemeinschaft leben[2]. Wird umgekehrt die Auflassung an Ehegatten zum Gesamtgut einer Güter- oder Errungenschaftsgemeinschaft erklärt, obwohl sie nach ihrem Heimatrecht nicht in diesem Güterstand leben, so findet im Interesse der Rechtssicherheit hier regelmäßig eine Umdeutung statt. Die Auflassung ist materiell wirksam; bei einem solchen Irrtum über den Güterstand ist eine Auflassung an die Erwerber als Miteigentümer zu gleichen Bruchteilen gewollt und durch Umdeutung zu ermitteln. Die Ehegatten erwerben dann Miteigentum je zur Hälfte, auch wenn im Grundbuch unrichtigerweise Gütergemeinschaft eingetragen wird[3]. Das wirklich gewollte Bruchteilsverhältnis ist durch Antrag der Erwerber in der Form des § 29 GBO darzustellen oder zu berichtigen. Im Grundsatz gilt also, dass die fehlerhafte Angabe des Gemeinschaftsverhältnisses die Auflassung nicht unrichtig macht, allenfalls zur Unrichtigkeit des Grundbuches führen kann. Die Grundbuchberichtigung kann durch jeden Erwerber allein erfolgen[4].

c) Ausländisches Güterstatut im Grundbuchverfahren

1601 Wenn die Auflassung, die das Gemeinschaftsverhältnis falsch bezeichnet, wirksam ist, so erwerben die Beteiligten grundsätzlich materiell-rechtlich in

---

196; *Tiedtke*, FamRZ 1979, 370; *Kuntze/Ertl ua.*, § 20 GBO Rz. 97; *Hertel*, in: Meikel, GBO, Einl. L Rz. 226 ff.; *Ertl*, Rpfleger 1980, 50; alle zur Gütergemeinschaft.
1 Vgl. *Schöner/Stöber*, Rz. 761; *Kuntze/Ertl ua.*, § 20 GBO Rz. 99; *Hertel*, in: Meikel, GBO, Einl. L Rz. 222 ff.
2 Vgl. BGH 10.12.1981, BGHZ 82, 346 = DNotZ 1982, 692 = NJW 1982, 1097; BayObLG 5.5.1983, BayObLGZ 83, 118 (125); *Schöner/Stöber*, Rz. 761; *Kuntze/Ertl ua.*, § 20 GBO Rz. 100; *Kanzleiter*, in: MünchKomm, § 925 BGB, Rz. 21; *Hertel*, in: Meikel, GBO, Einl. L Rz. 225 ff.
3 BayObLG 5.5.1983, BayObLGZ 1983, 118 = Rpfleger 1983, 346; *Kuntze/Ertl ua.*, § 20 GBO Rz. 103; *Böhringer*, BWNotZ 1988, 102; *Süß*, Rpfleger 2003, 53 ff.; *Hertel*, in: Meikel, GBO, Einl. L Rz. 226 f.
4 BayObLG 12.6.1975, DNotZ 1976, 174.

dem Erwerbsverhältnis, das ihr Güterstand vorsieht. Grundsätzlich ist dieser **Güterstand auch nach § 47 GBO im Grundbuch** zum Ausdruck zu bringen. Solche Gesamthandsverhältnisse nach ausländischem Güterrecht müssen in das Grundbuch eingetragen werden[1]. Als Bruchteilseigentümer können verheiratete Eigentümer nur eingetragen werden, wenn das maßgebende Güterrecht die Eigentumszuordnung unberührt lässt. Gilt für die Ehe allgemeine oder partielle Gütergemeinschaft, so können die Ehegatten nicht als Bruchteilseigentümer eingetragen werden[2].

Eine Ausnahme gilt nur dann, wenn das Grundstück im Einzelfall von der gemeinschaftlichen Bindung ausgenommen ist, etwa als Vorbehaltsgut. Dies hat das Grundbuchamt aber von sich aus nur zu prüfen, wenn besondere Anhaltspunkte bestehen. 1602

Bei der **Grundbucheintragung** darf nicht übersehen werden, dass die Bindung des gemeinschaftlichen Vermögens auch bei Gütergemeinschaft nicht unbedingt mit der deutschen Gütergemeinschaft vergleichbar ist. So entsteht durch die Gütergemeinschaft niederländischen Rechts zwar gemeinschaftliches Eigentum beider Ehegatten, aber nicht wie im deutschen Recht als Gesamthandseigentum, sondern als qualifiziertes Eigentum sui generis[3], das derart gebunden ist, dass die Ehegatten während des Bestehens der Gütergemeinschaft nur einen nicht übertragbaren, ziffernmäßig nicht definitiv ausgedrückten Anteil am Gesamtgut besitzen. Diese Gemeinschaft nach niederländischem Recht ist eher als Bruchteilsgemeinschaft als als Gesamthandsgemeinschaft zu qualifizieren[4]. Es hat daher wenig Sinn, als Gemeinschaftsverhältnis etwa „Errungenschaftsgemeinschaft" einzutragen, aber auch die Angabe der fremdsprachigen Bezeichnung nützt in der Regel dem deutschen Grundbuchverkehr wenig. Nach der überwiegenden Meinung soll die Formulierung auf terminologische Eindeutschungen verzichten und stattdessen die Natur des ausländischen Rechtsverhältnisses genau beschreiben oder aus dem deutschen Rechts- und Sprachgebrauch bekannte Begriffe zur schlagwortartigen Kennzeichnung unter Hinweis auf das jeweilige ausländische Recht verwenden. Für die Eintragung im Grundbuch genügt es, wenn der Güterstand „möglichst hinreichend be- 1603

---

1 So *Schöner/Stöber*, Rz. 3422; *Reithmann*, DNotZ 1985, 540 (546); *Böhringer*, BWNotZ 1985, 73 (75); *Kuntze/Ertl ua.*, § 20 GBO Rz. 105; *Hertel*, in: Meikel, GBO, Einl. L Rz. 226.
2 LG Bamberg 20.11.1975, MittBayNot 1975, 260; OLG Düsseldorf 5.1.1977, IPRspr. 1977 Nr. 189a; OLG Köln 22.8.1979, Rpfleger 1980, 16; OLG Oldenburg 18.12.1984, Rpfleger 1985, 188; OLG Oldenburg 22.5.1991, Rpfleger 1991, 412; OLG Düsseldorf 3.11.1999, FamRZ 2000, 1574 = MittBayNot 2000, 125 = NJW-RR 2000, 542 = Rpfleger 2000, 107 = IPRspr 1999, Nr. 56; BayObLG 6.12.2000, DNotZ 2001, 391 = Rpfleger 2001, 173 = NJW-RR 2001, 879.
3 Vgl. OLG Oldenburg 22.5.1991, Rpfleger 1991, 412; *Sielemann*, MittRhNotK 1971, 1; *Süß*, Rpfleger 2003, 53 (59 ff.).
4 So *Bergmann/Ferid/Lichtenberger*, Internationales Ehe- und Kindschaftsrecht, Niederlande, S. 35 Fn. 93; *Hertel*, in: Meikel, GBO, Einl. L Rz. 212; *Schotten/Schmellenkamp*, Das Internationale Privatrecht in der notariellen Praxis, 2. Aufl. (2007), S. 533 ff.; *Süß*, Rpfleger 2003, 60.

stimmt oder bestimmbar bezeichnet wird"[1]. Allgemein ist zu empfehlen, das Gemeinschaftsverhältnis nicht zu sehr zu konkretisieren, vor allem nicht deutsche Begriffe wie „Gütergemeinschaft" oder „Errungenschaftsgemeinschaft" zu verwenden, sondern Begriffe, wie „gemeinschaftliches Vermögen im gesetzlichen Güterstand des niederländischen Rechts", oder Ähnliches[2].

1604 Wenn auch das Grundbuchamt die Aufgabe hat, das Grundbuch richtig zu halten, so ist nach hM die **Aufklärungspflicht des Grundbuchamts** im Hinblick auf den ausländischen Güterstand stark eingeschränkt (vgl. oben Rz. 1600). Das Grundbuchamt ist nicht zur Ermittlung des Güterstands verpflichtet und nur dann zur Aufklärung, wenn es auf Grund konkreter Umstände des Einzelfalls berechtigte Zweifel an der Richtigkeit der gemachten Angaben hat. Nachdem nach der hM die dem Grundbuchamt nachgewiesene Auflassung unabhängig davon wirksam ist, ob sie letztlich zum Erwerb von Bruchteilseigentum oder Gesamthandseigentum auf Grund Gütergemeinschaft führt, darf das Grundbuchamt die Eintragung eines Ehegatten als Alleineigentümer nur ablehnen, wenn es sichere Kenntnis davon hat, dass durch die Eintragung das Grundbuch unrichtig werden würde, weil nach dem maßgebenden Güterrecht das Grundstück gemeinschaftliches Eigentum der Ehegatten wird. Besteht auf Grund der gemachten Angaben und des sonstigen Kenntnisstandes des Grundbuchamtes bezüglich des anwendbaren Rechts die nicht nur theoretische Möglichkeit, dass ein Ehegatte Alleineigentum erwerben kann, hat das Grundbuchamt die Eintragung vorzunehmen. Daraus folgt, dass das Grundbuchamt die Eintragung nur dann ablehnen kann, wenn ihm konkrete Tatsachen vorliegen, aus denen sich ergibt, dass für den Verfügenden ausländisches Güterrecht gilt und er auf Grund dieses Güterrechts nicht allein erwerben kann. Bloße Zweifel erlauben keine Zwischenverfügung, insbesondere nicht zu dem Zweck, erstmals Aufklärung zu betreiben, ob überhaupt ausländisches Güterrecht einschlägig ist[3]. Geht es darum, ob der Erwerber das Recht im beantragten Erwerbsverhältnis erwerben kann, so geht es nicht um eine Frage der nachzuweisenden Eintragungsvoraussetzungen, sondern darum, ob trotz deren Vorliegen durch Eintragung des beantragten Erwerbsverhältnisses das Grundbuch unrichtig würde[4].

1605 Noch mehr gelten die Gesichtspunkte für die **Eintragung einer Auflassungsvormerkung.** Eine Auflassungvormerkung kann für den Erwerber als Allein-

---

[1] *Pfeifer*, in: Staudinger, § 925 BGB Rz. 57; *Schöner/Stöber*, Rz. 3422.
[2] So *Hertel*, in: Meikel, GBO, Einl. L Rz. 223; *Süß*, Rpfleger 2003, 53 ff.
[3] BayObLG 17.4.1986, BayObLGZ 1986, 81 = DNotZ 1987, 98; BayObLG 2.4.1992, IPRspr. 1992 Nr. 87 = DNotZ 1992, 575 = Rpfleger 1992, 341 = NJW-RR 1992, 1235 = FamRZ 1992, 1204; BayObLG 6.12.2000, DNotZ 2001, 391 = MittBayNot 2001, 221 m. Anm. *Riering*; OLG Karlsruhe 4.11.1993, Rpfleger 1994, 248; OLG Hamm 5.10.1995, DNotI-Report 1996, 32; OLG Düsseldorf 3.11.1999, MittRhNotK 1999, 384 = MittBayNot 2000, 125 = Rpfleger 2000, 107.
[4] So *Schöner/Stöber*, Rz. 3421b; *Wolfsteiner*, DNotZ 1987, 67; *Böhringer*, BWNotZ 1988, 49; *Kuntze/Ertl ua.*, § 20 GBO Rz. 105; *Böhringer*, Rpfleger 1990, 337 (342); *Amann*, MittBayNot 1986, 222.

berechtigter auch dann eingetragen werden, wenn das Grundbuchamt weiß, dass das Grundstück in das eheliche Gesamtgut fällt[1].

Die notarielle Praxis empfiehlt in Fällen der Auslandsberührung auf der Erwerberseite beim Erwerb von Grundbesitz auf jeden Fall, die Erklärung der Beteiligten über die für die Anknüpfung maßgeblichen Punkte in die Urkunde aufzunehmen und dabei klarzustellen, dass es sich um Erklärungen der Beteiligten handelt, nicht um Feststellungen des Notars[2].

3. Ausländer als Veräußerer eines Grundstücks

Sind auf der Veräußererseite Ausländer beteiligt, so kann ausländisches Güterrecht die **Verfügungsbefugnis** beschränken. In zahlreichen Rechten tritt eine Beschränkung der Verfügungsmacht ein, auch wenn die Eigentumszuordnung unberührt bleibt (vgl. hierzu eingehend unten Rz. 5869 ff., 5911 ff.). Auch diese Beschränkungen der Verfügungsmacht, die entweder direkt aus der Bindung des Vermögensgegenstandes im Gesamtgut folgen oder bei unveränderter Eigentumszuordnung, etwa wie bei § 1365 BGB, bestehen können, gehören in den Bereich des Art. 15 EGBGB und werden im Inland anerkannt. Hierunter fallen sämtliche Beschränkungen des Verwaltungsrechts durch Verfügungsverbote, Zustimmungserfordernisse oder die Notwendigkeit gerichtlicher Genehmigungen[3]. Die Toleranzgrenze des deutschen Sachenrechts wird jedoch dann überschritten, wenn das ausländische Güterrechtsstatut die zum Vermögen gehörenden Gegenstände schlechthin der Verfügung entzieht. Der gänzliche Ausschluss der Verfügungsmacht schafft gebundenes Vermögen nach Art eines fidei commisses. Dies kann hinsichtlich inländischer Grundstücke nicht anerkannt werden[4].

a) Eintragung der Verfügungsbeschränkungen im Grundbuch

Wichtiger noch als die Eintragung des Gemeinschaftsverhältnisses im Grundbuch erscheint die von Verfügungsbeschränkungen, was aber in § 47 GBO nicht vorgeschrieben ist. Solche Verfügungsbeschränkungen können in Abteilung I des Grundbuchs nicht zum Ausdruck gebracht werden. Es dürften aber keine Bedenken bestehen, sie in der II. Abteilung ersichtlich zu machen. Allerdings können nur relative Verfügungsbeschränkungen im Grundbuch eingetragen werden. Es handelt sich hierbei um solche, die „nur den Schutz

---

1 BayObLG 9.1.1986, IPRax 1986, 301 = MittBayNot 1986, 74 = Rpfleger 1986, 127; *Schöner/Stöber*, Rz. 1498; *Amann*, Rpfleger 1986, 117; *Ertl*, Rpfleger 1983, 430; aA *Jayme*, IPRax 1986, 290; *Rauscher*, Rpfleger 1985, 53; *Rauscher*, Rpfleger 1986, 119.
2 So *Lichtenberger*, MittBayNot 1986, 811; ähnlich auch *Böhringer*, BWNotZ 1988, 49 (50).
3 Vgl. KG 12.12.1972, NJW 1973, 428; OLG Düsseldorf 14.6.1978, IPRspr. 1978 Nr. 55; *Reithmann*, DNotZ 1961, 3 (10); *Reithmann*, DNotZ 1967, 232 (246); *Siehr*, in: MünchKomm, Art. 15 EGBGB Rz. 73; *Mankowski*, in: Staudinger, Art. 15 EGBGB Rz. 257 ff.; *Hertel*, in: Meikel, GBO, Einl. L Rz. 194 ff.
4 *Dopffel*, FamRZ 1978, 575; *Mankowski*, in: Staudinger, Art. 15 EGBGB Rz. 258; *Jayme/von Ohlshausen*, FamRZ 1973, 281.

bestimmter Personen bezwecken" (§ 135 BGB). Dass ehegüterrechtliche Beschränkungen den Schutz einer bestimmten Person, nämlich des anderen Ehegatten, bezwecken, kann nicht zweifelhaft sein. Trotzdem werden solche Verfügungsbeschränkungen seit In-Kraft-Treten des BGB nicht als relativ betrachtet. Dies hat seinen Grund darin, dass die Ehefrau durch den gesetzlichen Güterstand des BGB als Verfassung regelmäßig in der Verfügung beschränkt war. Verfügungsbeschränkungen ausländischen Rechts sind im inländischen Rechtsverkehr stets singulär. Sie sollten auf Antrag im Grundbuch eingetragen werden. Damit ist der Schutz des Rechtsverkehrs besser gewährleistet als durch das Güterrechtsregister, das praktisch seine Bedeutung verloren hat. Eintragungen im Güterrechtsregister finden kaum mehr statt[1].

Die Eintragung einer solchen konkreten Verfügungsbeschränkung in der II. Abteilung des Grundbuchs kann nur auf Antrag erfolgen und wird wegen des schwer zu führenden Nachweises vom Güterstand unter Verfügungsbeschränkung kaum je beantragt. Für die Sicherheit des Rechtsverkehrs genügen würde aber ein allgemeiner Hinweis, dass die Eigentümer (Ehegatten) im gesetzlichen Güterstand eines ausländischen Rechts leben. Ein Vertragspartner kann dann nähere Auskunft anfordern.

b) Ausländische Verfügungsbeschränkungen im Grundbuchverfahren

1609 Das Verfahren vor dem deutschen Grundbuchamt richtet sich auch bei Auslandsberührung stets nach der deutschen GBO[2]. Die Rechte und Pflichten des Grundbuchamtes werden nicht dadurch erweitert, dass eine Unrichtigkeit des Grundbuchs in Betracht kommt, die nicht kraft deutschen, sondern ausländischen Güterrechts eintritt[3]; anders als beim Erwerb eines Grundstücks durch Ausländer handelt es sich bei der Verfügungsbefugnis um eine Eintragungsvoraussetzung, da diese für die nach § 20 GBO dem Grundbuchamt für die Eintragung vorzulegende Einigung Wirksamkeitsvoraussetzung ist. Eine Zwischenverfügung ist daher zulässig, wenn auf Grund konkreter Umstände berechtigte Zweifel an der Verfügungsbefugnis nach dem anwendbaren ausländischen Güterrecht bestehen (vgl. oben Rz. 1604).

1610 Bei deutschen Ehegatten gilt aber auch im Hinblick auf § 1365 BGB der Grundsatz, dass das Grundbuchamt nur dann einen Nachweis fordern darf, wenn konkrete Anhaltspunkte für die Anwendbarkeit des § 1365 BGB gegeben sind, der Grundbuchrichter also begründete Zweifel an der Richtigkeit hat, die sich auf bestimmte Anhaltspunkte stützen und sich nicht nur aus den Eintragungsunterlagen zu ergeben brauchen[4]. Dieser Grundsatz gilt auch bei der Anwen-

---

1 Vgl. im Einzelnen *Reithmann*, DNotZ 1979, 67 (75); *Reithmann*, DNotZ 1961, 3.
2 Vgl. BayObLG 17.4.1986, BayObLGZ 1986, 81 = DNotZ 1987, 98 = IPRspr. 1986 Nr. 205; OLG Karlsruhe 4.11.1983, Rpfleger 1994, 248; *Roth*, IPRax 1991, 320 (321); *Eickmann*, Rpfleger 1983, 465 (466); *Kuntze/Ertl ua.*, § 19 GBO Rz. 154.
3 BayObLG 17.4.1986, BayObLGZ 1986, 81 = DNotZ 1987, 98; BayObLG 2.4.1992, DNotZ 1992, 575 = Rpfleger 1992, 341; OLG Karlsruhe 4.11.1993, Rpfleger 1994, 248.
4 BGHZ 35, 135; BayObLGZ 1987, 435; OLG Zweibrücken 13.7.1988, Rpfleger 1989, 95; *Diederichsen*, in: Palandt, § 1365 BGB Rz. 28; *Schöner/Stöber*, Rz. 1745c.

dung ausländischen Güterrechts für den inländischen Grundbuchverkehr. Das bedeutet, dass dann, wenn Verfügungsbeschränkungen an das Vorliegen spezieller Voraussetzungen geknüpft sind (so zB die Zustimmungsbedürftigkeit bei Verfügungen über Grundstücke, auf denen sich Familienwohnungen befinden, wie sie das dänische, französische und niederländische Recht vorsehen), das Grundbuchamt diese Verfügungsbeschränkungen nur dann zu beachten hat, wenn sich für das Vorliegen des Tatbestandes konkrete Anhaltspunkte ergeben. Sieht das anzuwendende Güterrecht lediglich vor, dass Verfügungsbeschränkungen vereinbart werden können, so gilt zugunsten des Eingetragenen die Vermutung des § 891 BGB, dh. Es ist von einer uneingeschränkten Verfügungsbefugnis auszugehen, solange die Verfügungsbeschränkungen nicht bekannt sind[1].

Frei.   1611–1620

VII. Zusammenfassung mit Handlungsanleitung

1. Rechtswahl beim Grundstückskaufvertrag

Der Grundstückskaufvertrag untersteht primär dem von den Vertragsparteien gewählten Recht. Bei Abschluss eines Grundstückskaufvertrages mit Bezügen zum Ausland sollten daher die Parteien eine ausdrückliche Rechtswahl treffen. 1621

Hierbei ist allerdings zu berücksichtigen, dass das auf den schuldrechtlichen Grundstückskaufvertrag anwendbare Recht nicht die sachenrechtlichen Fragen regelt, die sich allein nach dem Sachenrechtsstatut bestimmen. Es gilt hier der **Grundsatz der lex rei sitae.** Dies gilt auch dann, wenn nach dem ausländischen Recht bereits der Abschluss des Kaufvertrages zum Eigentumswechsel führt. Hier sollte bei der Rechtswahlklausel klargestellt werden, dass die Rechtswahl nicht die dinglichen Rechte erfasst.

Formulierungsvorschlag:

„Die Parteien wählen für den in dieser Urkunde enthaltenen Kaufvertrag deutsches Recht. Für die Übertragung des Eigentums und die sonstigen in dieser Urkunde enthaltenen dinglichen Rechte gilt das Recht des Belegenheitsstaates."

Beim Kaufvertrag über ein im Ausland belegenes Grundstück sollte auf die Festlegung sachgerechter Voraussetzungen für die Fälligkeit bzw. Auszahlung

---

[1] OLG Köln 10.9.1971, IPRspr. 1971, Nr. 52 = OLGZ 1972, 171 = DNotZ 1972, 182; LG Aachen 24.11.1971, IPRspr. 1972, Nr. 53 = FamRZ 1973, 311 = MittRhNotK 1972, 720; KG 12.12.1972, IPRspr. 1972, Nr. 55 = NJW 1973, 428 = FamRZ 1973, 307 = DNotZ 1973, 620; LG Aurich 23.2.1990, IPRax 1991, 341 (Anm. *Roth*, IPRax 1991, 320) = IPRspr. 1990 Nr. 75 = MittRhNotK 1990, 220 = NJW 1991, 642 = FamRZ 1990, 776; *Mankowski*, in: Staudinger, Art. 15 EGBGB Rz. 259; *Eickmann*, Rpfleger 1983, 465 (473); *Deimann*, BWNotZ 1979, 3; *Schöner/Stöber*, Rz. 3421a; *Wolfsteiner*, DNotZ 1987, 67; *Kuntze/Ertl ua.*, § 19 GBO Rz. 154; *Hertel*, in: Meikel, GBO, Einl. L Rz. 195 ff.

des Kaufpreises vom Notaranderkonto geachtet werden. Hier kommt es auf die Sicherungsmöglichkeiten nach dem Sachenrecht der lex rei sitae an.

Für den **Vollzug im ausländischen Grundbuch** oder Register ist in den meisten Fällen die Einschaltung eines ausländischen Notars unumgänglich. Hier empfiehlt sich die Aufnahme einer Vollzugsvollmacht[1] (vgl. Rz. 1575).

2. Güterrecht

a) Ausländer als Käufer

1622 In der Praxis ist zu beachten, dass ausländisches Ehegüterrecht in vielen Fällen sachenrechtliche Auswirkungen hat. Häufig findet eine Verschiebung in der Eigentumsordnung statt (es entsteht etwa ein Gesamtgut vergleichbar mit der deutschen Gütergemeinschaft). Bei der Auflassung an mehrere Ehegatten ist daher die Angabe des Anteils oder des Gemeinschaftsverhältnisses der Erwerber grundsätzlich notwendiger Inhalt der Einigung. Darüber hinaus ist der **ausländische Güterstand** auch nach § 47 GBO im Grundbuch zum Ausdruck zu bringen. Hier sollte schlagwortartig der Güterstand ausländischen Rechts bezeichnet werden (zB „Errungenschaft gem. dem ...-Recht" oder „Gemeinschaftliches Vermögen im gesetzlichen Güterstand des niederländischen Rechts" etc.).

In der Praxis wird empfohlen, wenn keine Rechtswahl vorgenommen werden soll, die **Erklärung der Beteiligten** über die für die Anknüpfung maßgeblichen Punkte in die Urkunde aufzunehmen und dabei klarzustellen, dass es sich um Erklärungen der Beteiligten handelt, nicht um Feststellungen des Notars[2].

1623 **Formulierungsvorschlag (nach Lichtenberger):**

„Die Beteiligten erklären: Wir haben am ... in ... die Ehe geschlossen. Zur Zeit dieser Eheschließung war der Ehemann ausschließlich ... Staatsangehöriger und die Ehefrau ausschließlich ... Staatsangehörige (bei mehreren Rechtsstaaten müssen die Teilrechtsgebiete beachtet werden). Zur Zeit der Eheschließung hatte der Ehemann seinen gewöhnlichen Aufenthalt in ..., zur Zeit der Eheschließung hatte die Ehefrau ihren gewöhnlichen Aufenthalt in ... Die Beteiligten sind der Überzeugung, dass das Recht, zu dem sie beide zur Zeit der Eheschließung die engste Beziehung hatten, das Recht des Staates ... ist, der erstehelicher Wohnsitz war in ...".

In der Praxis sollte mit den Beteiligten erörtert werden, ob nicht eine **Rechtswahl nach Art. 15 Abs. 2 Nr. 3 EGBGB**, die gleich mit dem Kaufvertrag beurkundet werden kann, getroffen werden sollte. Die Beteiligten müssten über diese Wirkungen belehrt werden, weiter müsste erörtert werden, ob es beim

---

1 Union International du Notariat Latin, Texte uniforme de procurations (Mailand 1991); *Hegmanns*, in: Schönhofer/Böhner, Gruppe 3, S. 220 ff.; *Rawert*, in: Hoffmann-Becking/Anschütz (Hrsg.), Beck'sches Formularbuch zum Bürgerlichen, Handels- und Wirtschaftsrecht, 9. Aufl. (2008), Muster 1 I 45.
2 So *Lichtenberger*, MittBayNot 1986, 811; *Böhringer*, BWNotZ 1988, 49 (50).

Güterstand der Zugewinngemeinschaft bleiben soll oder Gütertrennung vereinbart werden soll[1].

Formulierungsvorschlag[2]: 1624

„Wir wählen für die güterrechtlichen Wirkungen unserer Ehe hinsichtlich unseres gesamten, im Inland belegenen jetzigen und zukünftigen unbeweglichen Vermögens das deutsche Recht in Form der Gütertrennung nach § 1414 BGB. Wir beantragen die Eintragung der Rechtswahl in das Güterrechtsregister des zuständigen deutschen Amtsgerichts."

b) Ausländer als Grundstücksverkäufer

Hier ist zu beachten, dass das ausländische Güterrecht die Verfügungsbefugnis beschränken kann. 1625

Frei. 1626–1630

VIII. Grundstückskauf – Länderübersicht

Literatur: *Böhringer*, Comparison of the Land Registry System in Central Europe with other Forms of Property Law, Notarius International, 4/1997, 166; *Böhringer*, Grundstückserwerb mit Auslandsberührung aus der Sicht des Notars und Grundbuchamts, BWNotZ 1988, 49; Deutsches Notarinstitut (Hrsg.), Notarielle Fragen des internationalen Rechtsverkehrs (1995); *Heinl*, Immobilien kaufen im Ausland, 3. Aufl. (1998); *Frank*, Bauträgerrecht in Europa, MittBayNot 2001, 113; *Frank/Wachter*, Handbuch Immobilienrecht in Europa (2004); *Gantzer*, Kauf von ausländischen Grundstücken über eine Off-shore-Gesellschaft, MittBayNot 1991, 105; *von Hoffmann*, Das Recht des Grundstückskaufs (1982); *Herfurth*, Immobilienerwerb in Europa (1998); *Kälin*, Internationales Immobilienhandbuch. Recht und Praxis, 2. Aufl. (2003); *Kälin*, Internationales Immobilienhandbuch, 3. Aufl. (2009); *Kaufhold*, Checklisten zum internationalen Immobilienrecht, in: Weise, Beck'sches Formularbuch Immobilienrecht (2001), S. 786; *Merryman*, Toward a Comparative Study of the Sale of Land, Festschr. Reinstein II (1969), S. 737; *von Metzler*, Das anglo-amerikanische Grundbuchwesen. Eine rechtsvergleichende Untersuchung unter besonderer Berücksichtigung Englands, Australiens und der USA (1966); *Pikalo*, Land- und forstwirtschaftliches Grundstücksverkehrs- und Erbrecht im westlichen Europa (1961); *Schönhofer/Böhner* (Hrsg.), Haus- und Grundbesitz im Ausland (Loseblatt); *Schöttler*, Verbraucherschutz durch Verfahren, Ein Vergleich verschiedener Konzepte der vorsorgende Rechtspflege im Grundstücksrecht (2003); Union International du Notariat Latin (Hrsg.), Transactions Immobilières Transfrontalières (Fondation pour la Promotion de la Science Notariale, Amsterdam 1993); *Wagemann*, Funktion und

---

1 *Langenfeld*, Handbuch der Eheverträge und Scheidungsvereinbarungen, 5. Aufl. (2005), Rz. 825 empfiehlt die Gütertrennung, Formulierungsvorschlag bei Rz. 828; zust. *Böhringer*, BWNotZ 1987, 104 (111); *Röll*, Das Gesetz zur Neuregelung des internationalen Privatrechts in der notariellen Praxis, MittBayNot 1989, 1 (3).

2 Vgl. auch *Langenfeld*, Handbuch der Eheverträge, 5. Aufl. (2005), Rz. 825; *Schotten/Schmellenkamp*, Das Internationale Privatrecht in der notariellen Praxis, 2. Aufl. (2007), der es beim gesetzlichen Güterstand nach deutschem Recht belässt; ebenso *Brambring*, Der Ehevertrag, 2. Aufl. (1993), S. 104; vgl. auch *Kanzleiter/Wegmann*, Vereinbarungen unter Ehegatten, 6. Aufl. (2001), Rz. 376.

Bedeutung von Grundstücksregistern: eine rechtsvergleichende Studie zum Liegenschaftsrecht von Deutschland, England und Frankreich (2002); *Wehrens*, Das Grundbuch als Finanzierungsinstrument, ÖstNZ 1993, 64.

1. Belgien

Literatur: *Daniels/Schöfer*, Erwerb und Besitz einer Immobilie in Belgien, in: Schönhofer/Böhner (Hrsg.), DNotI, Notarielle Fragen des internationalen Rechtsverkehrs (1995), S. 29 ff.; Haus- und Grundbesitz im Ausland, Gruppe 4 Q (1991); *van de Wiele*, Vente d'immeubles et agents immobilièrs (1993).

1631 Da der belgische Code civil auf dem Code civil Frankreichs beruht, kennt das belgische Recht keine Trennung zwischen obligatorischem Verpflichtungsgeschäft und dinglichem Erfüllungsgeschäft. Das Eigentum geht schon mit dem Abschluss des Kaufvertrages auf den Käufer über (Art. 1138, 1583 cc.). Das belgische Recht kennt für die Wirksamkeit des Kaufvertrages auch kein Formerfordernis. Dennoch erfordert in der Praxis der Verkauf eines Grundstücks die notarielle Beurkundung. Durch die loi hypothéquaire vom 16.12.1851 wurde bestimmt, dass Rechtsübertragungsakte bezüglich Immobilien im Register eingetragen werden müssen, damit der Erwerb einem Dritterwerber gegenüber rechtssicher ist. Art. 2 dieser loi hypothéquaire sieht vor, dass nur notariell beurkundete Rechtsübergänge im Register eingetragen werden können. Die Problematik dieses Verfahrens liegt allerdings darin, dass eine schuldrechtliche Bindung bereits vor der notariellen Beurkundung eintritt und insbesondere notarielle Sicherungen in diesen Vorverträgen in der Regel zum Schutz der Beteiligten nicht vorliegen. Der Notar prüft bei der notariellen Beurkundung in der Regel, welche Vorbelastungen vorliegen, und legt die notwendigen steuerlichen Maßnahmen fest. In der Regel teilt sich in Belgien der Erwerb von Immobilien daher in zwei Stufen: der Abschluss eines Vorvertrages (compromis de vente), welcher die Hauptpunkte des Vertrages festlegt. Bereits dieser Vorvertrag bindet die Beteiligten und wäre gegebenenfalls auch einklagbar. In einer zweiten Stufe wird dann die notarielle Beurkundung durchgeführt, bei der der Notar erstmals die Vorbelastungen und Steuerrückstände klärt und in dessen Vollzug die notwendigen Registereintragungen vornimmt. Die notarielle Urkunde muss innerhalb von vier Monaten nach der Unterzeichnung der Vorurkunde ausgestellt werden, da innerhalb dieses Termins die Registrierungsgebühren unter Androhung von steuerlichen Strafmaßnahmen gezahlt werden müssen.

Belgien kennt bezüglich Ausländern keine Erwerbsbeschränkung.

2. Brasilien

Literatur: *Bechtsteiner*, Beschränkungen des Grundstückserwerbs durch Ausländer in Brasilien, RIW 1985, 31; *Figueiredo Ferreira/Weinzenmann*, Das Notariat in Brasilien, Notarius International 1-2/2006, 87; *Schimmelpfeng-Pimentel*, Erwerb von landwirtschaftlichem Grundbesitz in Brasilien durch Ausländer, ZvglRW 84 (1985), 137; *Schwarz*, Erwerb und Besitz einer Immobilie in Brasilien, in: Schönhofer/Böhner (Hrsg.), Haus- und Grundbesitz im Ausland, Gruppe 5 B II (1985).

Nach brasilianischem internationalen Privatrecht gilt bezüglich der Formvorschriften, dass brasilianische Formerfordernisse vorgehen, wenn ein im Ausland geschlossener Vertrag in Brasilien erfüllt werden soll[1]. Eine **öffentliche Beurkundung** ist für die Wirksamkeitvon Rechtsgeschäften erforderlich, die die Begründung, die Übertragung, die Änderung oder die Aufhebung von **dinglichen Rechten an Grundstücken** betreffen, deren Wert das 30-fache des geltenden höchsten Mindestlohns übersteigt (9000 Real oder 3462 US-$). Das brasilianische Recht kennt wie die meisten romanischen Rechte keine Unterscheidung zwischen schuldrechtlichem und dinglichem Vertrag. Rechtstitel für den Eigentumserwerb ist der Kaufvertrag selbst. Nach Art. 530 c.c. muss allerdings neben dem Abschluss des Kaufvertrages für den Eigentumserwerb die sog. „transcrição" hinzukommen, dh. die Eintragung des Kaufvertrages in das Grundbuch. Voraussetzung für den Eigentumserwerb ist damit ein Kaufvertrag und die Grundbucheintragung. Die Literatur weist darauf hin, dass beim Grundstückserwerb die Mitwirkung eines brasilianischen Notars in Brasilien unverzichtbar ist. Da sich die Übereignung eines Grundstücks durch die Eintragung des Erwerbstitels im Grundbuch vollzieht und der rechtsgeschäftliche Erwerbstitel notariell beurkundet sein muss, ist ein Notariat einzuschalten[2]. Das brasilianische Recht kennt zwar keine Auflassungsvormerkung, sieht allerdings ein vergleichbares Rechtsinstitut mit schwächerer Sicherungswirkung vor: die „prenotação". Hierbei handelt es sich um einen Vermerk, der sofort bei Vorlage des zur Eigentumsumschreibung berechtigten Titels in ein besonderes Buch des Grundstücksregisters eingetragen wird[3]. Das brasilianische Recht kennt eine Reihe von Erwerbsbeschränkungen für den Erwerb von landwirtschaftlichem Grundbesitz durch Ausländer. Diese Vorschriften betreffen allerdings nur den Erwerb von ländlichem Grundbesitz (imovel rural)[4]. Dessen Fläche darf nicht kleiner als die Mindestfläche sein, die durch Verordnung der jeweiligen Gemeinde festgelegt ist.

1632

3. Dänemark

Literatur: *Berning*, Property law, in: Danish law, a general survey (1982), S. 177; *Ehricke*, Das Recht des Vertragsabschlusses nach dänischem Recht, RIW 1989, 178; *Hammerl/Sippel*, Der Erwerb von Sommerhäusern in Dänemark durch EG-Ausländer und das Recht der Europäischen Gemeinschaften, RIW 1992, 883; *Marcus*, Erwerb von Grundeigentum in Dänemark, AWD 1960, 127; *Nielsen*, Immobilienerwerbsbeschränkungen für Ausländer in Dänemark, NJW 1995, 1945; *Raudszus*, Urkundswesen, Grundbuch, Handelsregister und Notariat in Dänemark, DNotZ 1977, 516; *Schmahl*, Der Grunderwerb in Dänemark und seine Beschränkungen (1977); *Seidel*, Wohnungseigentum nach dänischem Recht (Diss. Kiel 1975).

Ähnlich dem deutschen Recht kennt das dänische Recht auch die Unterscheidung zwischen schuldrechtlichem Verpflichtungsgeschäft und sachenrecht-

1633

---

1 Vgl. *Schwarz*, Geldwertberichtigung und internationale Verträge nach deutschem und brasilianischem Recht, RIW 1977, 153 (154).
2 So *Schwarz*, in: Schönhofer/Böhner, S. 18.
3 Vgl. *Schwarz*, in: Schönhofer/Bühner, S. 18.
4 Vgl. *Bechsteiner*, RIW 1985, 81; *Schimmelpfeng-Pimentel*, ZvglRW 84 (1985), 137.

lichem Übertragungsgeschäft. Für das Verpflichtungsgeschäft genügt auch beim Grundstückskauf die formlose Einigung der Parteien. In der Praxis wird jedoch meist ein „Schlussschein" (slutseddel) über den Grundstückskauf errichtet, dies ist eine Urkunde, in der die Vertragsbedingungen oft anhand eines gedruckten Formulars angegeben sind[1]. In dieser Urkunde werden nur die Hauptpunkte des abgeschlossenen Vertrages festgelegt. Vordrucke können in der Regel im Papierwarenhandel bezogen und von den Parteien selbst ausgefüllt werden. Diese Urkunde bindet die Parteien.

Für den Eigentumsübergang bestimmt das sog. „Grundbuchgesetz" (tinglysningslov), dass für die Eigentumsübertragung eine förmliche Übertragungsurkunde (skøde) und deren gerichtliche Eintragung und Bekanntmachung erforderlich ist. Für die Form der „skøde" ist im „Grundbuchgesetz" vorgesehen, dass neben der Unterschrift des Ausstellers die Übertragungsurkunde von einem Rechtsanwalt oder zwei anderen Personen als Zeugen mit unterzeichnet sein soll. Die Zeugen sollen ausdrücklich die Echtheit der Unterschrift, die Richtigkeit der Datierung und die Mündigkeit des Ausstellers bezeugen. Stellung und Wohnsitz der Zeugen sind anzugeben. Diese Bekräftigung ist jedoch nicht nötig, wenn die Urkunde von einer öffentlichen Behörde ausgestellt ist. Die Eintragung ist zwar für den Rechtsübergang nicht erforderlich, § 1 Abs. 1 „Grundbuchgesetz" bestimmt jedoch, dass ein Recht an einem Grundstück im Grundbuch einzutragen ist, um gegenüber Verträgen bezüglich des Grundstücks und gegenüber Zwangsvollstreckungen Gültigkeit zu besitzen. Die Grundbucheintragung begründet also eine besondere Publizitätswirkung[2]. Das Grundbuchamt ist eine besondere Abteilung der ersten richterlichen Instanz.

Nach dem Liegenschaftsgesetz können Grundstücke, Gebäude, Sommerhäuser etc. nur von folgenden Personengruppen genehmigungsfrei erworben werden:

– Personen, die zum Zeitpunkt des Erwerbs des Grundstückes ihren festen Wohnsitz in Dänemark haben,
– Personen, die zwar keinen Wohnsitz mehr in Dänemark haben, aber früher für einen Zeitraum von insgesamt mindestens 5 Jahren ihren Wohnsitz in Dänemark gehabt haben;
– Gesellschaften, die ihren Sitz in Dänemark haben.

Diese Regeln haben jedoch keine Bedeutung für Staatsbürger und Gesellschaften aus Ländern, die Mitglied der EU sind, oder die dem Europäischen Wirtschaftsraum beigetreten sind, da diese ohne Genehmigung Immobilien erwerben können, sofern eine Reihe von Bedingungen erfüllt sind, die in den jeweiligen Gesetzen aufgeführt sind. EU-Bürger und EU-Gesellschaften, die weder Wohnsitz in Dänemark haben, noch früher fünf Jahre lang in Dänemark gewohnt haben, können ohne Genehmigung des Justizministeriums Immobilien (mit Ausnahme von Sommerhäusern) erwerben: Voraussetzung für die Ge-

---
1 Vgl. IPG 1987–1988, Nr. 8, S. 67; *Raudszus*, DNotZ 1977, 510.
2 Vgl. hierzu *Raudszus*, DNotZ 1977, 520 ff.

nehmigungsfreiheit ist, dass der Grundbesitz vom Erwerbenden ganzjährig zu Wohnzwecken oder als Betriebsgrundstück genutzt wird.

4. Frankreich

Literatur: *Bärmann,* Neues französisches Grundbuchrecht, AcP 155 (1956), 440; *Böhner,* Erwerb und Besitz einer Immobilie in Frankreich, in: Schönhofer/Böhner (Hrsg.), Haus- und Grundbesitz im Ausland, Gruppe 4 G (1990); *Frank,* Grundlagen zum Immobilienerwerb in Frankreich, MittBayNot 2001, 39; *Gresser,* Das französische Bauträgerrecht in der notariellen Praxis, ÖstNZ 1994, 146; *Hök,* Das französische Grundstücksrecht im Überblick, GuG 2000, 349; *Kaufhold,* Kaufvertragsmuster Frankreich, in: Weise, Beck'sches Formularbuch Immobilienrecht (2001), S. 821 und 830; *Nolting,* Die wichtigsten Grundsätze zum Erwerb von Rechten an Grundstücken in Spanien, Frankreich und der Bundesrepublik Deutschland, ZfRV 1986, 263; *Pfleiderer,* Einführung in das französische Immobilienrecht (2003); *Pfleiderer,* Erwerb und Errichtung von Gewerbe- und Ferienimmobilien in Frankreich, ZfIR 2000, 908; *Tillmanns,* Frankreich-Dossier, 8. Aufl. (Deutsch-schweizerische Schutzgemeinschaft für Auslandsgrundbesitz 1997); *Tillmanns,* Rechtsfragen zum französischen Grundbesitz, IWB vom 13.4.1994, Fach 5, Frankreich, Gruppe 3, S. 455; *Wehrens/Gresser,* Der Kauf von Grundeigentum in Frankreich, Festschr. Schippel (1996), S. 961; *Wietek,* Wohnungseigentum in Frankreich (1976).

Das französische Recht kennt für den Immobilienkaufvertrag keine besonderen Formvorschriften. Gem. Art. 1582 c.c. (Code Civil) kann ein Kauf notariell oder privatschriftlich geschlossen werden. Er kann auch mündlich geschlossen werden. Allerdings führt die Beweisvorschrift des Art. 1341 c.c. (décret No 2001-476 vom 30.5.2001) zu einem indirekten Formzwang. Danach sind alle Urkunden mit einem Geschäftswert von mehr als 800,– Euro notariell oder privatschriftlich auszufertigen. Die notarielle Beurkundung ist für den Immobilienkauf nicht notwendig, so dass für den Kaufvertrag auch die Beurkundung durch einen deutschen Notar möglich ist. Etwas anderes gilt allerdings für den Kauf künftig zu errichtender Gebäude, bei denen der Verkäufer neben der Verpflichtung zur Lieferung eine Herstellungspflicht trifft. Vergleichbar sind diese Verträge mit dem Bauträgervertrag. Diese Verträge bedürfen der notariellen Beurkundung[1]. 1634

Zu beachten ist, dass das französische Recht dem Konsensprinzip (Art. 711, 1198, 1583 c.c.) auch für den Eigentumsübergang bei Immobilien folgt: Der Übergang des Eigentums vollzieht sich allein auf Grund des Kaufvertrages, ohne dass ein dinglicher Vollzugsakt neben dem Kaufvertrag notwendig ist. Die schuldrechtliche Einigung, die automatisch zum Eigentumsübergang führt, kann auch bedingt erfolgen[2]. Wegen des sofortigen Eigentumsübergangs wird in der Praxis häufig ein Vorvertrag (l'avant-contrat en matière de vente) abgeschlossen, nach dessen Abschluss der Notar alle notwendigen Auskünfte und

---

[1] Vgl. *Frank,* MittBayNot, 2001, 116f.; *Frank,* MittBayNot 2001, 44; *Ferid/Sonnenberger,* Das französische Zivilrecht, 2. Aufl. (1994), S. 167.
[2] Vgl. *Ferid/Sonnenberger,* Das französische Zivilrecht, 2. Aufl. (1994), S. 45 ff., 643 f.; *Hübner/Constantinesco,* Einführung in das französische Recht, 3. Aufl. (1994), S. 167 ff.

Genehmigungen für den Hauptvertrag einholt[1]. Allerdings wird auch in Frankreich der Eigentumsübergang von Grundstücken in das Grundbuch (fichier immobilier) eingetragen. In Frankreich gibt es allerdings kein einheitliches Grundstücksregister, das mit dem deutschen Grundbuch vergleichbar wäre. Es gibt vielmehr verschiedene Register mit unterschiedlichen Funktionen[2]. Die Eintragung im Grundbuch hat keine rechtsbegründende Wirkung, sondern nur Publikationswirkungen. Die wesentliche Sanktion für die Nichteintragung besteht darin, dass nicht eingetragene Rechte Dritten nicht entgegengehalten werden können (inopposabilité des actes). Aus Gründen der Sicherheit und der Klarheit des Registerverkehrs sieht das französische Recht vor, dass alle Rechtsgeschäfte, die in den Grundstücksregistern publiziert werden sollen, gem. Art. 4 Abs. 1 des Dekret vom 4.1.1955 notariell beurkundet werden durch Erstellung eines „acte authentique". Voraussetzung ist die Errichtung einer Urkunde durch einen französischen Notar[3]. In der Praxis wird häufig vor der Beurkundung ein sog. Kaufversprechen (compromis de vente) privatschriftlich abgeschlossen, wodurch bereits die gegenseitige Bindung eintritt. Erwerbsbeschränkungen für den Ausländererwerb bestehen in Frankreich nicht mehr. Das Gleiche gilt für Devisenkontrollvorschriften.

5. Griechenland

Literatur: *Funck*, Erwerb von Grundeigentum in Griechenland, IWB, Fach 5, Griechenland, Gruppe 3, S. 45 (10.4.1984); *Mouratidou*, Länderbericht Griechenland, Notarius International, 2/2001, S. 94; *Papacharalambous/Lintz*, Grunderwerb in Griechenland durch Ausländer, MittBayNot 1986, 151; *Papacharalambous/Lintz*, Immobilien in Griechenland, MittBayNot 2002, 464; *Papacharalambous*, Erwerb und Besitz einer Immobilie in Griechenland, in: Schönhofer/Böhner (Hrsg.), Haus- und Grundbesitz im Ausland, Gruppe 4 H (1988); *Polycronis*, Griechenland, in: DNotI (Hrsg.), Notarielle Fragen des internationalen Rechtsverkehrs, (1995), S. 147 ff.; *Vlassopoulou*, Immobilienerwerb in Griechenland, RIW 1995, 894 ff.

1635 Nach § 369 des griechischen ZGB bedürfen Verträge, deren Inhalt die Entstehung, die Übertragung, die Änderung oder die Abschaffung von dinglichen Rechten an Immobilien ist, der notariellen Beurkundung. Ein Vertrag, der eine Übertragung einer in Griechenland belegenen Immobilie betrifft und im Ausland vor einem ausländischen Notar geschlossen wird, ist wirksam, wenn er die Anforderungen des griechischen Rechts beachtet und den ordentlichen Nachweis einer ausländischen Urkunde erbringt. Nach § 1033 des griechischen ZGB ist zur Übertragung des Eigentums an einer Immobilie die Übereinstimmung zwischen dem Eigentümer und der anderen Partei notwendig. Die Einigung erfolgt in einem Vertrag vor einem Notar und muss ins Grundbuch eingetragen werden. Die Eintragung im Grundbuch ist nach Art. 1198

---

[1] Vgl. *Wehrens/Gresser*, Festschr. Schippel, S. 961 unter II.
[2] Vgl. *Böhner*, in: Schönhofer/Böhner, S. 22; *Ferid/Sonnenberger*, Das französische Zivilrecht, 2. Aufl. (1986), S. 584 ff.
[3] Vgl. *Ferid/Sonnenberger*, Das französische Zivilrecht, 2. Aufl. (1994), S. 587; *Böhner*, in: Schönhofer/Böhner, S. 25; *Tillmanns*, IWB, S. 455 (456); *Wehrens/Gresser*, Festschr. Schippel (1996), S. 961 (963 f.).

ZGB konstitutiv. Das griechische Recht kennt also auch die Trennung zwischen dem schuldrechtlichen Kausalgeschäft und der dinglichen Einigung über den Eigentumswechsel[1]. In der Praxis werden schuldrechtlicher Vertrag und dinglicher Vertrag regelmäßig in einer Urkunde gleichzeitig beurkundet. Da nach § 217 Abs. 2 des griechischen ZGB die Vollmacht der Form bedarf, welche für das Rechtsgeschäft erforderlich ist, muss auch die Vollmacht zu Rechtsgeschäften, bei denen dingliche Rechte an Immobilien entstehen, übertragen, verändert oder abgeschafft werden und beurkundet werden. Ursprünglich kannte Griechenland eine Reihe von Erwerbsbeschränkungen auch für EU-Ausländer. Die Beschränkungen betreffen vor allem Grenzgebiete und die meisten Inseln[2]. Diese Beschränkungen durch Ausländer in Grenzgebieten wurden 1990 für EU-Bürger aufgehoben, im Übrigen gelten sie noch[3].

6. Großbritannien

Literatur: *Erdel*, Übertragung des Eigentums von Grundstücken nach englischem Recht (Diss. Kiel 1968); *Gray*, Elements of Land Law, 4. Aufl. (London 2005); *Kopp*, Immobilienerwerb und -vererbung in England, MittBayNot 2001, 287; *Havergal von Rehm*, Gewerbliche Immobilien in England (2002); *Langdohn-Davis*, Die Registrierung von Commonland und Weiderechte in England und Wales, Agrarrecht 1987, 307; *Kessel*, Erwerb und Besitz einer Immobilie in England und Wales, in: Schönhofer/Böhner (Hrsg.), Haus- und Grundbesitz im Ausland, Gruppe 4 L (2000); *Kopp*, Immobilienerwerb und -vererbung in England, MittBayNot 2001, 287; *Pitchford*, Muster zum Immobilienrecht England, in: Weise, Beck'sches Formularbuch Immobilienrecht (2001), S. 1061; *Silverman*, The Law Society's Conveyancing Handbook, 10. Aufl. (London 2007); *Spellenberg*, Sicherheit im Grundstücksverkehr – Publicité foncière, Grundbuch- und Publizitätssysteme, Festschr. Lorenz (1991), S. 779; *Storey*, Conveyancing, 5. Aufl. (London 2001).

In Großbritannien ist der Grunderwerb durch Ausländer keinerlei Erwerbsbeschränkungen unterworfen. Das britische Grundstücksrecht weist allerdings erhebliche Unterschiede im Vergleich zu den kontinental-europäischen Regelungen auf, die insbesondere durch die unterschiedliche Ausbildung des Eigentumsrechts mit zahlreichen Abstufungen in der Eigentümerposition bedingt sind[4]. Für die Übertragung von Grundstückseigentum ist entscheidend, ob es sich um ein registriertes oder um ein unregistriertes Grundstück handelt. Ein Großteil der Grundstücke ist allerdings auf Grund des Land Registration Act 1925 im Register eingetragen. Handelt es sich um ein registriertes Grundstück, erfolgt der endgültige Rechtserwerb mit der Registrierung. Handelt es sich um ein nicht registriertes Grundstück, so erfolgt die Übertragung nach Common law[5]. Bis zum eigentlichen Eigentumsübergang sind hiernach drei

1636

---

1 Vgl. *Papacharalambous/Lintz*, MittBayNot 1986, 151 (152); *Papacharalambous/Lintz*, MittBayNot 2002, 464 (466).
2 Vgl. *Papacharalambous/Lintz*, MittBayNot 1986, 155; *Papacharalambous/Lintz*, MittBayNot 2002, 464 (466).
3 *Papacharalambous/Lintz*, MittBayNot 1986, 155; *Papacharalambous/Lintz*, MittBayNot 2002, 464 (466); vgl. *Papacharalambous/Lintz*, MittBayNot 2002, 464 (471 ff.).
4 Vgl. *Magnus*, in: Schönhofer/Böhner, S. 4 ff.
5 Vgl. im Einzelnen *Henrich/Huber*, Einführung in das englische Privatrecht, 3. Aufl. (2003), S. 96 ff.

Schritte erforderlich. Der erste Schritt besteht im Abschluss eines Kaufvertrages (contract of sale). Eine notarielle Beurkundung ist nach britischem Recht nicht erforderlich. Dieser Kaufvertrag hat bei Immobilien noch keinen Übergang eines Rechtstitels zur Folge. Der Käufer erlangt noch nicht den „legal title", sondern lediglich ein Billigkeitsrecht (equitable interest) an dem Grundstück. Der Abschluss des Kaufvertrages hat bereits haftungsrechtliche Folgewirkung. Im Anschluss daran erfolgt bei nicht registriertem Land die Nachprüfung der Rechtsinhaberschaft des Verkäufers (investigation of title). Der Verkäufer muss den Nachweis erbringen, dass er zur Veräußerung befugt ist. Zu diesem Zweck muss der Veräußerer eine Urkunde vorlegen, aus der in Form eines Verzeichnisses (abstracts of title) alle Ereignisse der letzten 30 Jahre hervorgehen, die über die Verfügungen dieser Zeit Aufschluss ergeben. Nach Abschluss dieser Untersuchung erfolgt die eigentliche Eigentumsübertragung (conveyance). Hierbei handelt es sich um eine Urkunde (deed), sie wird unterzeichnet, gesiegelt und übergeben. Die Übergabe erfolgt mit den Worten: „I deliver this as my deed".

Handelt es sich um ein Grundstück, das im Register eingetragen ist, wird der Eigentumsübergang statt an die „conveyance" an die Eintragung in ein Register geknüpft. Ein Nachweis der Berechtigung erfolgt durch einfachen Auszug aus dem Register.

7. Italien

Literatur: *Frank*, Zivilrechtliche und steuerrechtliche Fragen des Erwerbs, des Verkaufs und der Vererbung von Immobilien in Italien, IWB 2003, Gruppe 2, 503 ff. (Teil I) und 517 ff. (Teil II); *Kindler*, Immobilienerwerb in Italien, MittBayNot 2000, 265; *Reichel*, Immobilienerwerb in Italien, 2. Aufl. (Mailand 1994); *Reichel*, Ferienimmobilien in Italien, 4. Aufl. (2006); *Reichel/Psaier*, Ferienimmobilien in Italien, IWB Heft 20/2007 F. 5 Italien Gr. 3, S. 137; *Reiss*, Immobilienerwerb in Italien (2006), *Steuber/Ziernhöld*, Italien-Dossier (Deutsch-schweizerische Schutzgemeinschaft für Auslandsgrundbesitz, 8. Aufl. 1997); *Steege*, Der Immobilienerwerb in Italien, praktische Hinweise für den deutschen Käufer (Deutsch-italienische Handelskammer 1973); *Trabucchi*, Erwerb und Besitz einer Immobilie in Italien, in: Schönhofer/Böhner (Hrsg.), Haus- und Grundbesitz im Ausland, Gruppe 4 C, S. 1 (1994).

1637 Italien sieht keine Erwerbsbeschränkungen oder Genehmigungspflichten für einen Erwerb durch Ausländer vor. Der schuldrechtliche Kaufvertrag bedarf der Schriftform. Daher kann auch in Deutschland vom deutschen Notar der schuldrechtliche Kaufvertrag abgeschlossen werden.

Das italienische Recht folgt dem Konsensualprinzip, so dass Verträge, die die Übertragung des Eigentums an einer bestimmten Sache zum Gegenstand haben, unmittelbar dinglich den Rechtsübergang herbeiführen[1]. Auch Art. 1350 c.c. (Codice civile) bestimmt, dass Verträge zur Übertragung von Grundeigentum privatschriftlich oder öffentlich beurkundet sein müssen. Für die Eintra-

---

1 Vgl. *Kindler*, Einführung in das italienische Recht, 2. Aufl. (2008), S. 265 ff.; *Jayme*, Konsensualprinzip und obligatorischer Kaufvertrag im italienischen Zivilrecht, Festschr. Mühl (1981), S. 339.

gung im Register verlangt allerdings das italienische Recht, dass die Urkunde entweder öffentlich beurkundet oder zumindest die Unterschriften beglaubigt wurden (Art. 2657 c.c.). Erst mit der Eintragung im Register erlangt der Erwerber einen wirksamen Schutz des Eigentums, insbesondere gegen gutgläubige Dritterwerber. Daher wird in der Praxis der Vertrag regelmäßig in das Immobilienregister aufgenommen. Die Publizität hinsichtlich der dinglichen Grundstücksrechte erfolgt in Italien über eine Reihe von Registern und Dokumenten, die beim Registeramt geführt werden. Die Eintragung im Register ist allerdings nicht konstitutiv, da das Eigentum auch ohne Eintragung im Grundbuch übergeht. Sie garantiert dem Erwerber nur einen Drittschutz, wenn mehrere Veräußerungen stattgefunden haben. Der Notar oder ein anderer Beamter, der die der Eintragung unterliegende Urkunde aufgenommen und beglaubigt hat, hat dafür Sorge zu tragen, dass die Eintragung innerhalb kürzester möglicher Frist erfolgt. Im Verzögerungsfalle wird er schadensersatzpflichtig und kann unter Umständen sogar bußgeldpflichtig werden, wenn er seit dem Datum der aufgenommenen oder beglaubigten Urkunde 30 Tage verstreichen lässt[1].

8. Niederlande

Literatur: *Gotzen/Venemanns*, Grunderwerb und -besitz in den Niederlanden, IWB, Fach 5, Niederlande, Gruppe 3, S. 159 (10.9.1988); *Kappers/Brandse*, Erwerb und Besitz einer Immobilie in den Niederlanden, in: Schönhofer/Böhner (Hrsg.), Haus- und Grundbesitz im Ausland, Gruppe 4 N (1996); *Mourik*, Der niederländische Notar und das Agrarrecht in den Niederlanden, Agrarrecht 1987, 323; *Van Mourik/Schols/Schmellenkamp/Tomlow/Weber*, Deutsch-Niederländischer Rechtsverkehr in der Notarpraxis, 1997.

Das niederländische Recht kennt weder Erwerbsbeschränkungen noch Genehmigungspflichten für ausländische Käufer. Der Kaufvertrag über ein Grundstück ist nach niederländischem Recht formlos gültig, er kann also auch mündlich geschlossen sein. Dementsprechend wäre auch eine Beurkundung durch den ausländischen Notar hinsichtlich des Kaufvertrages wirksam. Ähnlich wie im deutschen Recht bedarf der schuldrechtliche Kaufvertrag der dinglichen Erfüllung durch die sog. juristische Lieferung. Notwendig ist eine dingliche Übertragungsurkunde, in dem die Eigentumsübertragung zum Ausdruck kommt. Diese Übertragungsurkunde kann nur durch einen Notar mit Amtssitz in den Niederlanden errichtet werden. In dieser Urkunde werden ua. bestehende und neu zu bestellende Grunddienstbarkeiten sowie die Kaufpreise und Übergabemodalitäten aufgenommen. Weiterhin ist für den Eigentumserwerb die Umschreibung des Eigentumsübergangs in den öffentlichen Registern erforderlich. Hierbei ist zu beachten, dass die öffentlichen Immobilienregister nicht mit dem deutschen Grundbuch zu vergleichen sind. Es bestehen zwei Hauptregister, und zwar das Register zur Eintragung des Eigentumsübergangs sowie das Hypothekenregister, wo die Hypotheken anzuzeigen sind. Die Eintragung ist konstitutiv für den Eigentumswechsel.

1638

---

1 Vgl. zum Grundbuchregister *Trabucchi*, in: Schönhofer/Böhner, S. 22 ff.

9. Österreich

Literatur: *Exner/Feil*, Österreichisches Hypothekarrecht, 2. Aufl. (Wien 1999); *Feil*, Österreichisches Grundbuchrecht, 3. Aufl. (1998); *Feil/Marent/Preisl*, Grundbuchsrecht (2005); *Grötsch*, Immobilienerwerb in Österreich, MittBayNot 2001, 175; Gutachten Deutsches Notarinstitut, Miteigentumsanteil an einer österreichischen Eigentumswohnung, DNotI-Report 1993, 12, S. 1; *Heizmann*, Tirol: Ferienwohnsitzmeldung nur noch bis 31.12.1994, NJW 1994, 3336; *Hofmeister*, Die Grundsätze des Liegenschaftserwerbs (Wien 1977); *Hofmeister*, Das moderne Grundbuch, eine rechtsvergleichende Studie unter besonderer Berücksichtigung des österreichischen Beispiels (Wien 1992); *Hörtenhuber*, (Ausländer-)Grundverkehr nach dem EU-Beitritt, ZfRV 1995, 221; *König*, Ausländergrunderwerb in Österreich, AnwBl. 1993, 365; *Küenberg*, Kaufvertragsmuster Österreich, in: Weise, Beck'sches Formularbuch Immobilienrecht (2001), S. 958; *Meyer*, Erwerb und Besitz einer Immobilie in Österreich, in Schönhofer/Böhner (Hrsg.), Haus- und Grundbesitz im Ausland, Gruppe 4 B (1996); *Prack*, Reform des zivilen Bauträgerrechts in Österreich, ÖstNZ 1994, 154; *Staufer*, Das Österreichische Ausländergrunderwerbgesetz, ÖNotZ 1967, 51; *Zingher*, Das gemeinsame Wohnungseigentum von Ehegatten, ÖJZ 1976, 225.

1639 Das österreichische Recht kennt für Grundstückskaufverträge keine Formvorschriften. Der Kaufvertrag kann daher sogar mündlich abgeschlossen werden, so dass auch jeder im Ausland abgeschlossene Vertrag formwirksam ist (§ 423 ABGB). Zur Übertragung des Eigentums am Grundstück ist gem. § 431 ABGB erforderlich, dass das Erwerbsgeschäft in die dazu bestimmten öffentlichen Bücher eingetragen wird. Diese Eintragung nennt man Einverleibung. Das österreichische Recht verlangt die Einigung des bisherigen Berechtigten und des anderen Teils über den Eintritt der Rechtsänderung und die Eintragung dieser Rechtsänderung im Grundbuch. Nur beide zusammen bewirken die Rechtsänderung. § 26 GBG (Grundbuchgesetz) bestimmt, dass die Einverleibung nur auf Grund von Urkunden bewilligt wird, die zu ihrer Gültigkeit in der vorgeschriebenen Form ausgefertigt sind. § 31 Abs. 1 GBG bestimmt, dass die Einverleibung nur auf Grund öffentlicher Urkunde oder solcher Privaturkunden geschehen kann, auf denen die Unterschriften der Parteien rechtlich und notariell beglaubigt sind und der Beglaubigungsvermerk bei natürlichen Personen auch das Geburtsdatum enthält. Darüber hinaus gilt nach § 32 GBG, dass in Privaturkunden, auf Grund derer eine Einverleibung stattfinden soll, neben der genauen Angabe der Liegenschaft die ausdrückliche Erklärung desjenigen enthalten sein muss, dessen Rechte übertragen werden sollen, dass er in die Einverleibung einwilligt. Unter dieser Erklärung gem. § 32 Abs. 1 GBG versteht man die sog. Aufsandungserklärung. Diese Erklärung kann entweder im Vertragstext enthalten sein oder in einer Aufsandungsurkunde abgegeben werden. Das äußerst formstrenge österreichische Grundbuchrecht verlangt bei der Aufsandungserklärung genaue Angaben über die vorzunehmenden Eintragungen, so dass eine umfassende Kenntnis des Grundbuchs erforderlich ist, da fehlerhafte Verträge oder auch fehlerhafte Anträge an das Grundbuchgericht zur Versagung der Eintragung durch Abweisung des Antrags führen.

Die österreichischen Bundesländer kennen eine Reihe von Gesetzen, nach denen der Erwerb von Grundbesitz durch Ausländer bewilligungspflichtig ist, und zwar in der Regelung auf Grund Befürwortung der Gemeinde und der

Grundverkehrskommission des jeweiligen Bundeslandes[1]. Die Versagung der Zustimmung führt zur Nichtigkeit des Rechtsgeschäftes. Aufgrund EU-rechtlicher Vorgaben sind jetzt Staatsangehörige eines Mitgliedstaates der Europäischen Union oder eines Vertragsstaates des Abkommens über den Europäischen Wirtschaftsraum und juristische Personen, österreichischen Staatsbürgern bzw. österreichischen juristischen Personen gleichgestellt und bedürfen keiner Genehmigung, wenn der Rechtserwerb im Rahmen des Vertrages über die Europäische Union oder des Abkommens über den Europäischen Wirtschaftsraum und den danach geltenden Vorschriften (zB in Ausübung der Freizügigkeit der Arbeitnehmer oder Niederlassungsfreiheit) erfolgt[2].

10. Polen

Literatur: Bundesstelle für Außenhandelsinformation, Polen-Grundstückserwerb (1994); Bundesstelle für Außenhandelsinformation, Grundstücksrecht Polen (2005); *Bystrzycka*, Der Erwerb von Immobilien durch Ausländer, In Deutsch-polnisches Notartreffen des brandenburgischen Notarbunds (November 1993); *Cierpial*, Polnisches Immobilienrecht (2006); *Franek*, Immobilienerwerb in Polen, RIW 2000, 121; *Gralla*, Der Erwerb von Grundeigentum durch Ausländer in Polen, IWB, Fach 5, Polen, Gruppe 3, S. 57 (10.7.1992); *Gralla*, Gesetz über den Erwerb von Grundstücken durch Ausländer in Polen, IWB Gruppe 1, S. 1; *Gralla*, Polen: Gesetz über Grundstückserwerb durch Ausländer, WiRO 1992, 42; *Gralla*, Polen: Kauf- und Eigentumsübertragung im polnischen Zivilgesetzbuch, WIRO 1995, 59; *Hartwich*, Der Erwerb landwirtschaftlicher Grundstücke durch Ausländer und der bevorstehende EU-Beitritt Polens, WGO 2002, 342; *Hartwich*, Die Grundsätze des Grundstückserwerbs durch Ausländer in Polen nach der EU-Erweiterung, OstEuR 2004, 363; *Hohloch*, Erwerb und Besitz einer Immobilie in Polen, in: Schönhofer/Böhner (Hrsg.), Haus- und Grundbesitz im Ausland, Gruppe 4 P (1996); *Lowitzsch/Herrmann*, Eigentumserwerb und Privatisierung in Polen, ROW 1995, 1; *Pietrzak*, Kaufvertragsmuster Polen, in: Weise, Beck'sches Formularbuch Immobilienrecht (2001), S. 857; *Pusylewitsch*, Der Erwerb von Eigentum und anderen Sachenrechten an Grundstücken in Polen durch Ausländer, WiRO 1992, 36; *Pusylewitsch*, Ausländische Investitionen im Rahmen der Privatisierung der polnischen Volkswirtschaft, WiRO 1993, 118; *Teich*, Überblick über das Investitions- und Steuerrecht in Polen, Ost-Spezial 16/93, 1; *Tigges*, Polnisches Grundstücksrecht, WIRO 1996, 1.

Gem. Art. 24 des IPRG 1965 unterliegen in Polen belegene Grundstücke dem polnischen Recht. Das polnische Recht regelt bei Immobilien auch die Form, in der der Kaufvertrag abgeschlossen werden muss. Ob ein zu einer Rechtsänderung an einem in Polen belegenen Grundstück schuldrechtlicher Vertrag einem anderen Recht unterstellt werden kann, wird im Hinblick auf Art. 24 IPRG angezweifelt[3]. Anders als das BGB lässt das ZGB bei Zuwendungsgeschäften Verpflichtungs- und Verfügungsgeschäft zusammenfallen (Art. 155, 510, 1052 ZGB) und macht dort, wo diese beiden Geschäfte auseinander fallen, die Wirksamkeit des Verfügungsgeschäfts vom Bestehen des Verpflichtungsgeschäftes abhängig. Der Kaufvertrag, der zur Übertragung des Eigentums-

1640

---

1 Vgl. die Übersicht bei *Meyer*, in: Schönhofer/Böhner, S. 7 (Mai 1993); *Heizmann*, NJW 1994, 336.
2 Vgl. zB § 7 Kärntner Grundverkehrsgesetz 2002; § 3 Vorarlberger Grundverkehrsgesetz 2004.
3 Vgl. *Hohloch*, in: Schönhofer/Böhner, S. 20.

rechts an einer Liegenschaft verpflichtet, bedarf gem. Art. 158 ZGB der notariell beurkundeten Form. Das Eigentum an genau bestimmten Sachen wird allein durch den Vertrag übertragen, eine Grundbucheintragung ist hierzu nicht erforderlich (Art. 155 § 1 ZGB). Nach Art. 35 Abs. 1 des Gesetzes über die Grundbücher und Hypothek von 1892 ist der Eigentümer eines Grundstücks jedoch verpflichtet, sein Recht im Grundbuch eintragen zu lassen. Er kann hierzu durch eine Geldbuße gezwungen werden. Außerdem können die Parteien eine Grundbucheintragung vereinbaren, jedoch hiervon den Eigentumsübergang nicht abhängig machen, da Grundstücksübereignungsverträge bedingungsfeindlich sind (Art. 157 § 2 ZGB)[1]. Allerdings ist zu berücksichtigen, dass aus Sicherheitsgründen eine Grundbucheintragung erforderlich ist, darüber hinaus ist die Grundbucheintragung konstitutiv für die Begründung von Wohnungs- und Teileigentum. Das polnische Recht kennt darüber hinaus die Unterscheidung zwischen schuldrechtlichem Vertrag und dinglichem Rechtsgeschäft. Art. 155 § 1 ZGB bestimmt, dass durch einen Kaufvertrag, der zur Übertragung eines Eigentums an einer bestimmten Sache verpflichtet, das Eigentum auf den Erwerber übertragen wird. Das Gesetz lässt jedoch Ausnahmen von diesem Grundsatz zu. Die Parteien können nämlich den Verpflichtungsvertrag vom Verfügungsgeschäft, dh. vom Übertragungsvertrag trennen (vgl. Art. 155 § 1 HS. 2, Art. 156 ZGB). In diesem Fall erfolgt der Eigentumsübergang erst auf Grund des zur Erfüllung des schuldrechtlichen Verpflichtungsvertrages geschlossenen dinglichen Übertragungsvertrages[2].

Bezüglich der Beurkundung eines Kaufvertrages durch einen ausländischen Notar bestimmt der Art. 1138 ZPO, dass ausländische Amtsunterlagen die gleiche Beweiskraft wie polnische besitzen.

Für den Erwerb von Grundstücken durch Ausländer aus Nicht-EU-Staaten sieht das Gesetz über den Erwerb von Immobilien durch Ausländer vom 24.3.1920 (EGA) ein Genehmigungserfordernis vor[3]. Bei der Entscheidung handelt es sich um eine Ermessensentscheidung, die das polnische Innenministerium trifft. Im Rahmen des EU-Beitritts Polens wurde – in der Fassung des EGA vom 19.7.2004 – die Genehmigungspflicht beim Grundstückserwerb für Ausländer aus der EU abgeschafft. Für ausländische (natürliche oder juristische) Personen aus der EU gilt jetzt, dass der Grundstückserwerb in Polen grundsätzlich genehmigungsfrei ist. Diese Regelung findet sich in Art. 1 Abs. 2 EGA. Danach bedarf der Erwerb von Grundstücken durch Ausländer der EU grundsätzlich nicht der Genehmigung. Es gibt aber folgende Ausnahmen: Genehmigungspflicht besteht bis 1.5.2016 beim Erwerb von land- und forstwirtschaftlichen Grundstücken und bis 1.5.2009 beim Erwerb von Zweitwohnsitzen.

---

1 Vgl. *Gralla*, IWB, S. 59.
2 Vgl. *Hohloch*, in: Schönhofer/Böhner, S. 21; *Gralla*, IWB, S. 60.
3 Vgl. Text in deutscher Übersetzung bei *Gralla*, WiRO 1992, 42 und bei *Breidenbach* (Hrsg.), Handbuch für Wirtschaft und Recht in Osteuropa, PL 205 (Stand 2008); vgl. hierzu *Pusylewitsch*, WiRO 1992, 36 (39); *Hohloch*, in: Schönhofer/Böhner, S. 8; *Gralla*, IWB S. 62 ff.; *Tiggs*, WiRO 1996, 7.

11. Portugal

Literatur: *Abreo*, The mortgage and real estate market in Portugal (Hypothekenverband 1991); Deutsch-Portugiesische Industrie- und Handelskammer, Immobilienerwerb in Portugal, 6. Aufl. (2004); *Müller-Bromley*, Immobilienerwerb in Portugal (2005); *Müller-Bromley*, Kaufvorvertrag, ZfIR 2004, 1038; *Plácido Santos*, Portugal-Dossier (Deutsch und schweizerische Schutzgemeinschaft; 2006); *Reichmann/Heininger*, Immobilienerwerb durch Ausländer in Portugal, RIW 1992, 458; *Schwarz*, Portugiesisches Grundstücksrecht, AWD 1973, 448; *Schwarz*, Erwerb und Besitz einer Immobilie in Portugal in: Schönhofer/Böhner (Hrsg.), Haus- und Grundbesitz im Ausland, Gruppe 4 K (1991).

Das portugiesische Recht kennt wie die meisten romanischen Rechte keine Unterscheidung zwischen schuldrechtlichem Verpflichtungsgeschäft und dinglichem Verfügungsgeschäft. Der Eigentumsübergang erfolgt nach Art. 874 Código Civil mit Abschluss des Kaufvertrages[1]. Nach Art. 875 c.c. müssen Kaufverträge über unbewegliche Sachen notariell beurkundet werden. In der Praxis wird wegen der unmittelbaren dinglich verfügenden Wirkung des Kaufvertrages ein Vorvertrag abgeschlossen[2]. Die Parteien können diesem Vorvertrag dingliche Wirkung verleihen, indem sie dies ausdrücklich erklären und den Vorvertrag im Grundbuch eintragen lassen (Art. 413 Nr. 1 c.c.). In diesem Fall muss der Vorvertrag notariell beurkundet werden (Art. 413 Nr. 2 c.c.). Hierdurch können ähnliche Wirkungen wie bei einer Vormerkung erreicht werden[3]. Die Grundbucheintragung des Hauptvertrages hat keine konstitutive Wirkung, da das Eigentum an dem Grundstück bereits mit dem Abschluss dieses Vertrages auf den Erwerber übergeht. Dennoch hat die Grundbucheintragung Publizitätswirkungen, in dem die Eigentumsübertragung durch Eintragung Dritten gegenüber wirksam und gutgläubiger Erwerb verhindert wird. In Portugal wurde das Programm *Simplificação do Registo Predial e actos conexos para o mercado imobiliário* Anfang 2008 veröffentlicht, das tiefgreifende Änderungen des portugiesischen Immobiliarsachenrecht und der Grundbuchordnung vorsieht. Das am 4.7.2008 ergangene Decreto-Lei 116/2008 setzt bereits einen Teil der Vorschläge um.

1641

12. Schweiz

Literatur: *Brüesch*, Der unrechtmäßige Erwerb von Liegenschaften in der Schweiz durch Ausländer, Schweizerische Zeitschrift für Beurkundungs- und Grundbuchrecht 1988, 351; *Dagon*, Der Erwerb von Grundstücken durch Ausländer in der Schweiz, RIW 1985, 930; *Dubler*, Neuerungen beim Erwerb von Grundstücken in der Schweiz durch Personen im Ausland, IPRax 1986, 355; *Henggeler*, Grundstückserwerb und Grundstücksveräußerung durch Ausländer, in: Weigell/Brand/Safarik, Investitions- und Steuerstandort Schweiz, 2007, S. 241; *Hottinger*, Über den Zeitpunkt der Entstehung dinglicher Rechte an Grundstücken und zur Frage der Rückbeziehbarkeit der Grundbuchanmeldung (Zürich 1973); *Koller* (Hrsg.), Der Grundstückskauf, 2. Aufl. (St. Gallen 2001); *Krapp*, Der Erwerb Schweizer Grundstücke durch Ausländer, NJW 1985, 2869; *Paetzold*, Immobilienerwerb durch Ausländer in der Schweiz, 2. Aufl. (2005); *Rechsteiner*, Beschränkungen des Grundstückserwerbs durch Ausländer (Diss. Zürich 1985); *Reize*, Das

---

1 Vgl. *Reichmann/Heininger*, RIW 1992, 458.
2 Vgl. Deutsch-Portugiesische Industrie- und Handelskammer, S. 11 ff.
3 Vgl. *Schwarz*, in: Schönhofer/Böhner, S. 10 f.

Bundesgesetz über den Erwerb von Grundstücken durch Personen im Ausland vom 16. Dezember 1983, Schweizerische Zeitschrift für Beurkundungs- und Grundbuchrecht 1986, 321; *Steuber*, Schweiz-Dossier (Deutsche und schweizerische Schutzgemeinschaft für Auslandsgrundbesitz, Stand 2006); *Steuber*, Erwerb und Besitz einer Immobilie in der Schweiz, in: Schönhofer/Böhner (Hrsg.), Haus- und Grundbesitz im Ausland, Gruppe 4 A (1994).

1642 Nach Art. 216 OR bedarf der Abschluss eines Grundstückskaufvertrages in der Schweiz der öffentlichen Beurkundung. Wie im deutschen Recht wird zwischen dem Kausalgeschäft und dem Verfügungsgeschäft unterschieden. Allerdings kennt das schweizerische Recht nicht das Abstraktionsprinzip. Die Eigentumsübertragung ist vom gültigen Rechtsgrund abhängig. Es gilt das sog. Kausalitätsprinzip[1]. Im Gegensatz zum deutschen Recht, in dem neben dem Kausalgeschäft die Auflassung als gegenseitiges dingliches Rechtsgeschäft erforderlich ist, erfolgt die dingliche Verfügung der Eigentumsübertragung in der Schweiz auf der Grundlage einer einseitigen schriftlichen Erklärung des Veräußerers, der sog. Anmeldung. Mit dieser Anmeldung im Hinblick auf die Eintragung des neuen Eigentümers erfüllt der Verkäufer seine Eigentumsverschaffungspflicht. Die Anmeldung beim Grundbuchamt ist das auf das Verpflichtungsgeschäft folgende Verfügungsgeschäft. Es handelt sich hierbei um ein einseitiges Rechtsgeschäft[2]. Die Anmeldung ist vom Kausalgeschäft abhängig (Art. 965 Abs. 3 ZGB).

Zu beachten ist, dass nach einer Entscheidung des Bundesgerichtes das Kantonalrecht vorschreiben kann, dass die Beurkundung des Grundstückskaufvertrages zwingend bei einem Notar dieses Kantons zu erfolgen hat[3]. Darüber hinaus ist zu berücksichtigen, dass Art. 119 Abs. 3 IPRG für in der Schweiz gelegene Grundstücke zwingend die schweizerische Form vorschreibt, selbst wenn im Übrigen auf den Kaufvertrag ausländisches Recht anwendbar ist.

Das Bundesgesetz über den Erwerb von Grundstücken durch Personen im Ausland vom 16.12.1983 (Bewilligungsgesetz)[4] beschränkt den Erwerb von in der Schweiz gelegenen Grundstücken insofern, als Personen im Ausland für den Erwerb eines Grundstücks einer Bewilligung der zuständigen kantonalen Behörde bedürfen. Die Bewilligung wird nur im Rahmen der gesetzlich umschriebenen Bewilligungsgründe erteilt. Das Gesetz ist allerdings im Jahre 2002 und im Jahre 2004 liberalisiert worden[5]. Eingeschränkt werden insbesondere: der Erwerb als Ferienwohnung/Ferienhaus und der Erwerb als Kapitalanlage. Nicht eingeschränkt ist ein Grundstückserwerb hingegen, wenn „das Grundstück dem Erwerber als natürlicher Person als Hauptwohnung am Ort seines rechtmässigen und tatsächlichen Wohnsitzes dient". Ebenfalls nicht eingeschränkt

---

1 Vgl. *Schnyder*, in: Koller, S. 163.
2 Vgl. *Schnyder*, in: Koller, S. 164 f.
3 Vgl. BGE 113 II, 501; *Leuenberger*, in: Koller, S. 61.
4 Vgl. hierzu *Schwander*, in: Koller, S. 435 ff.; *Reize*, Schweizerische Zeitschrift für Besteuerungs- und Grundbuchrecht 1985, 321 ff.; *Henggeler*, Grundstückserwerb und Grundstücksveräußerung durch Ausländer, in: Weigell/Brand/Safarik, Investitions- und Steuerstandort Schweiz (2007), S. 241 ff.
5 Vgl. *Henggeler*, S. 243 ff.

ist ein Grundstückserwerb, wenn „das Grundstück als ständige Betriebsstätte eines Handels-, Fabrikations- oder eines anderen nach kaufmännischer Art geführten Gewerbes, eines Handwerksbetriebes oder eines freien Berufes dient". Derzeit wird sogar die vollständige Abschaffung diskutiert. Zuständig als Bewilligungsbehörde sind gemäss der Verordnung zum Einführungsgesetz zum Bundesgesetz über den Erwerb von Grundstücken durch Personen im Ausland „die Bezirksräte", (§ 1a der kantonalen Verordnung zum Einführungsgesetz zum Bundesgesetz über den Erwerb von Grundstücken durch Personen im Ausland).

13. Spanien

Literatur: *W. Bayer*, Rechtstradition auf dem Immobilienmarkt Andalusiens und ihre Auswirkung auf die Praxis der modernen Vertragsgestaltung (Diss. Tübingen 1975); *Bendref*, Typische Probleme des spanischen Immobilienrechts, AnwBl. 1986, 11; *Bondzio*, Zum Erwerb von Wohnungseigentum, Eigentumsappartements, Propriedad horizontal in Spanien, MDR 1973, 376; *Boos*, Die Immobiliarhypothek im spanischen Recht unter Berücksichtigung des notariellen Beurkundungs-, des Grundbuchs- und des summarischen Zwangsversteigerungsverfahrens (Diss. Saarbrücken 1970); *Boos*, Spanisches formelles und materielles Grundbuchrecht (Übertragung und Belastung von Grundbesitz in Spanien), MittRhNotK 1973, 289; *Borngräber*, Immobilien in Spanien (2001); *Bungert*, Auswirkungen des EG-Beitritts Spaniens auf Grundstückserwerbsbeschränkungen für Ausländer im spanischen Recht, RIW 1990, 461; *Bungert*, Aufhebung von Grundstückserwerbsbeschränkungen für EG-Angehörige in Spanien, RIW 1992, 366; *Eberl*, Immobilienerwerb in Spanien, MittBayNot 2000, 515; *Fischer*, Die Neuregelung des spanischen Rechts über ausländische Investitionen, RIW 1975, 18; *Frankenheim*, Das deutsche Grundbuch und das spanische Eigentumsregister (Diss. Frankfurt 1985); *Gantzer*, Beurkundungen über spanische Grundstücke, MittBayNot 1984, 15; *Gantzer*, Spanisches Immobilienrecht, 9. Aufl. (2003); *Gimmy*, Kaufvertragsmuster Spanien, in: Weise, Beck'sches Formularbuch Immobilienrecht (2001), S. 795; *Grube*, Sicherungsübereignung in Spanien, RIW 1992, 887; *Haring*, Das Wohnungseigentum nach spanischem und deutschem Recht (1976); *Jacoiste*, Traditio und Grundbuch im spanischen System der Übertragung von Grundstücken, NJW 1966, 1009; *Jochem*, Der rechtsgeschäftliche Erwerb von Grundstücken und Wohnungseigentum nach spanischem Recht, MDR 1973, 642; *Kneipp/Löber/Penedo del Rio*, Erwerb und Besitz einer Immobilie in Spanien, in: Schönhofer/Böhner (Hrsg.), Haus- und Grundbesitz im Ausland, Gruppe 4 D (1996); *Löber*, Grundeigentum in Spanien, 6. Aufl. (2000); *Löber*, Übertragung spanischen Immobilieneigentums vor ausländischen Notaren?, DNotZ 1993, 789; *Löber*, In Spanien ist der Immobilienerwerb sicherer geworden, DNotI-Report 1996, 35; *Löber*, Wohnungseigentum in Spanien (1995); *Meyer*, Erwerb spanischer Immobilien durch Deutsche oder Schweizer, ZvglRW 83 (1984), 72; *Niengelgen*, Formvorschriften im spanischen Recht (1992); *Prinz von Sachsen-Gessaphe*, Der Grundstückserwerb im spanischen Recht, RIW 1991, 299; *Prinz von Sachsen-Gessaphe*, Aspekte der Sicherung des Verkäufers und Drittfinanzierers beim Immobilienerwerb nach spanischem Recht, RIW 1991, 474; *Reckhorn-Hengemühle*, Grundstückskauf in Spanien, ZvglRW 90 (1991), 155; *Schwarz*, Grundstücksveräußerung in Spanien auf Grund Testamentsvollstreckung oder Nachlasspflegschaft, RIW 1977, 757; *Steuber*, Spanien-Dossier (Deutsche und schweizerische Schutzgemeinschaft für Auslandsgrundbesitz, Stand 2007).

Der Grundstückskaufvertrag ist grundsätzlich formlos gültig. Zwar sieht Art. 1280 c.c. (Código civil) vor, dass in öffentlicher Urkunde Verträge abgefasst werden müssen, die das Entstehen oder die Übertragung von dinglichen

1643

Rechten an Grundstücken zum Gegenstand haben. Nach Art. 1279 c.c. gilt allerdings, dass, wenn zwischen den Beteiligten eine Willensübereinstimmung zustande gekommen ist und wenn die übrigen Voraussetzungen außer der Form für die Wirksamkeit des Vertrages gegeben sind, die Parteien sich gegenseitig zwingen können, die geforderte Form einzuhalten. Der Vertrag ist also trotz des Formmangels wirksam und die Vorschrift gewährt den Parteien den Anspruch auf Formerfüllung[1]. Für den Eigentumsübergang gilt allerdings das Prinzip von „Einigung und Übergabe". Nach Art. 1462 Abs. 1 c.c. ist die Inbesitznahme der Sache die Übergabe. Allerdings regelt Art. 1462 Abs. 2 c.c., dass die Übergabe durch die Errichtung einer notariellen Urkunde zugunsten des Verkäufers ersetzt wird. Diese notarielle Urkunde wird in Spanien „escritura publica" genannt[2]. Die „escritura" führt also automatisch zum Eigentumsübergang des veräußerten Grundbesitzes. In der Praxis wird daher die „escritura" erst errichtet, wenn alle Verbindlichkeiten zwischen den Parteien erledigt sind. Darüber hinaus ist die Escritura Voraussetzung für die Eintragung des Eigentumswechsels im Eigentumsregister[3]. Die „escritura" kann nur von einem spanischen Notar beurkundet werden[4].

Das spanische Recht kennt zwar ein „Registro de la Propriedad", die Eintragung des Eigentumsübergangs ist allerdings nicht konstitutiv, sondern nur deklaratorischer Natur[5]. Das Eigentumsregister ist auch kein Grundbuch, in ihm werden vielmehr nur Verträge veröffentlicht, also im Wortlaut eingetragen. Registriert werden nur notarielle Verträge. Das Register dient dem Zweck, die Eigentumsverhältnisse und die Rechte an dem Grundstück klarzustellen. Die Funktionen des Registers ergeben sich aus den Art. 605–608 c.c. Es genießt insoweit öffentlichen Glauben, als nicht eingetragene dingliche Rechte Dritten nicht zum Nachteil gereichen können. Ein Dritterwerber, der im guten Glauben entgeltlich ein Recht von einer im Grundbuch eingetragenen Person erwirbt, wird in seinem Erwerb geschützt, sobald sein Recht nicht eingetragen ist, selbst wenn sich später das Recht des Verkäufers als nichtig darstellt[6]. In der Praxis wird daher regelmäßig eine Eintragung im Register vorgenommen. Früher wurde dieser Vollzug im Eigentumsregister nicht durch den Notar, sondern durch spezielle Vollzugsbüros, sog. Gestor vorgenommen. Durch Dekret Nr. 2537/94 vom 1.3.1995 wurden die Schutzfunktionen des Notars vor (Pflicht zur Grundbucheinsicht) und nach Beurkundung des Immobiliengeschäfts erheblich erweitert. Außerdem wurde eine Art Vormerkung (Asiento de Presentación) neu geschaffen[7]. Mit Wirkung zum 6.8.1993 ist durch königliches Dekret vom 6.2.1993 und durch die Instrucción vom 2.12.1996 (B.O.E. vom18.12.1996,Nr. 304) eine wesentliche Änderung der Pflichten des Notars beim Abschluss von Grundstückskaufverträgen eingetreten. Den Notar trifft

---

1 Vgl. *Niengelgen*, S. 11.
2 Vgl. *Gantzer*, Immobilienrecht, S. 14.
3 Vgl. zur Funktion der „escritura publica" *Niengelgen*, S. 29 ff.
4 Vgl. hierzu *Löber*, DNotZ 1993, 789; *Gantzer*, Immobilienrecht, S. 18 f.
5 Vgl. *Löber*, NJW 1980, 496, 497; *von Sachsen-Gessaphe*, RIW 1991, 299 (301).
6 Vgl. *Gantzer*, Immobilienrecht, S. 40.
7 Vgl. *Löber*, DNotI-Report 1996, 35.

danach die Pflicht, außer in noch zu erörternden Ausnahmefällen, vor der Genehmigung des Grundstücksüberganges bzw. dessen dinglicher Belastung einen höchstens 4 Tage alten Grundbuchauszug einzuholen und zu überprüfen sowie auf der Vertragsurkunde zu vermerken, welche dinglichen Belastungen auf dem betroffenen Grundstück lasten, sowie ob der Übertragende mit dem im Grundbuch Eingetragenen personenidentisch ist. Der Grundbuchrichter ist spätestens drei Tage nach Erhalt der notariellen Anfrage zur Auskunft verpflichtet; er hat zudem eine neun Tage nachwirkende Informationsverpflichtung gegenüber dem Auskunft suchenden Notar überzwischenzeitlich eingegangene Urkunden aus denen sich eine veränderte Grundbuchsituation ergeben könnte. Auf Antrag (idR des Käufers) hat der Notar dem Grundbuchamt per Fax die Beurkundung eines Kaufvertrages anzuzeigen, damit eine **rangwahrende Eintragung** im Grundbuch erfolgt. Wird binnen 10 Tagen die Originalurkunde nachgereicht, so ist der Erwerber 60 Tage ranggeschützt. Binnen dieser Frist muss der Kauf v.a. steuerlich abgewickelt werden, sonst verfällt die rangwahrende Eintragung. Musterverträge für den Immobilieneinkauf in Spanien finden sich bei *Löber*[1] und *Gimmy*[2].

Für den Erwerb von Immobilien durch Ausländer außerhalb der EI sieht das spanische Recht eine Reihe von Erwerbsbeschränkungen vor. Die militärrechtlichen Erwerbsbeschränkungen sind in einem Gesetz vom 12.3.1975 über Zonen und Einrichtungen, die für die nationale Verteidigung von Interesse sind, niedergelegt[3]. Seit dem EG-Beitritt Spaniens war allerdings die Vereinbarkeit der militärrechtlichen Erwerbsbeschränkungen für Ausländer als Verstoß gegen den EG-Vertrag angesehen. Durch Gesetz vom 27.12.1990 wurden die militärrechtlichen Beschränkungen und die besonderen Formerfordernisse bei Immobilienerwerb in Spanien für EG-Bürger aufgehoben[4]. Durch das Investitionsgesetz vom 2.7.1992 Nr. 671 wurden alle Investitionen in Spanien liberalisiert. Genehmigungen sind nur noch in Ausnahmefällen notwendig[5].

14. Tschechien und Slowakei

Literatur: *Dedic/Baumgartner*, Tschechisches und slowakisches Wirtschaftsrecht (Wien 1994); *Denyer/Wilson*, Legal Aspects of Doing Business in the Czech and Slowac Republic (London 1993); *Ebner*, Grundeigentum und Sicherheiten in Tschechien (2006); *Fiala/Hurdik*, Lockerung des tschechischen Devisengesetzes, WiRO 2003, 37; *Geiling*, Investieren in der tschechischen Republik, 3. Aufl. (Prag 1994); *Geiling*, Erwerb und Besitz einer Immobilie in der tschechischen Republik, in: Schönhofer/Böhner (Hrsg.), Haus- und Grundbesitz im Ausland/Gruppe 4 R (1994); *Jähnke/Cechticka*, Kaufvertragsmuster Tschechien, in: Weise, Beck'sches Formularbuch Immobilienrecht (2001), S. 1015; *Möller/Melzer*, Aktuelles Wirtschaftsrecht in der tschechischen Republik (Deutsch-tschechische Industrie- und Handelskammer 1993); *Preslmayr*, Investieren in Tschechien und

---

1 Grundeigentum in Spanien, S. 141.
2 *Gimmy*, Kaufvertragsmuster Spanien, in: Weise, Beck'sches Formularbuch Immobilienrecht (2001), S. 795.
3 Vgl. hierzu *Kneipp/Löber/Penelo del Rio*, in: Schönhofer/Böhner, S. 3 ff.; *Gantzer*, Immobilienrecht, S. 65 ff.
4 Vgl. *Bungert*, RIW 1992, 366.
5 Vgl. eingehend *Gantzer*, Immobilienrecht, S. 67 ff.

in der Slowakei, 3. Aufl. (Wien 1993); *Rombach,* Der Immobilienerwerb in Tschechien, MittBayNot 2000, 400; *Scheifele/Thaeter,* Unternehmenskauf, Joint Venture und Firmengründung der Tschechischen Republik, 2. Aufl. (1994); *Schmid/Braun,* Wirtschaftsrecht der Tschechischen Republik, 3. Aufl. (1998); *Sparfeld,* Tschechische Republik: Devisengesetz, WIRO 1996, 22; *Ziebe,* Der Grundstückserwerb in der tschechischen Republik und in der Slowakei nach neuem Recht, WiRO 1993, 124.

1644 Im Zuge einer Novellierung des Zivilgesetzbuches wurden in der Tschechischen Republik und in der Slowakei sowohl Kastralämter – in unserem Sinne Grundbuchämter – als auch so genannte „Evidenzen" oder „Kataster" – vergleichbar unseren Grundbüchern – mit Wirkung zum 1.1.1993 wieder eingeführt. Diese Neuerung stellt im Wesentlichen die bis nach dem 2. Weltkrieg bestehenden Situation wieder her. Bis Ende 1950 wurde das Eigentum an einem Grundstück durch Eintragung in ein Grundbuch vorgenommen, das dem österreichischen sehr ähnlich war[1]. Die vor 1950 geltende Rechtslage, dass Grundstücke erst durch Eintragung in das Grundbuch übertragen werden, wurde mit Einführung des tschechoslowakischen Zivilgesetzbuches am 1.1.1951 dahin gehend geändert, dass der Eigentumsübergang an Grundstücken bereits durch den Abschluss des Kaufvertrages erfolgte. Die Grundbucheintragung hatte lediglich deklaratorische Natur. Der Wegfall der konstitutiven Wirkung der Grundbucheintragung führte seit 1964 dazu, dass die Grundbücher nicht fortgeführt wurden. Das Grundbuch wurde 1964 vielmehr durch die so genannten Liegenschaftsevidenzen ersetzt. Diese wurden von den „Bezirksorganen der Geodäsie und Kartografie" geführt. Das Vertrauen auf die Eintragung in die Liegenschaftsevidenz war allerdings nicht geschützt. Darüber hinaus wurden die Liegenschaftsevidenzen oft nachlässig und unvollständig geführt, so dass die Eintragungen in der Regel unvollständig sind. In der Praxis wurden neben den Auszügen aus der Liegenschaftsevidenz auch die Eintragung im Grundbuch herangezogen. Am 1.1.1993 wurden schließlich die Immobilienkataster wieder eingeführt, die die bisherigen Liegenschaftsevidenzen ersetzen. Die Immobilienkataster werden von den Katasterämtern geführt. Wie bereits vor 1950 hat seit 1.1.1993 die Eintragung des Eigentumswechsels im Kataster konstitutive Wirkung. Darüber hinaus ist der gute Glaube in die Eintragung im Immobilienkataster geschützt. Dies gilt jedoch nur für Eintragungen, die nach dem 1.1.1993 erfolgt sind.

Dem tschechischen und slowakischen Recht ist allerdings auch weiterhin das Trennungs- und Abstraktionsprinzip des deutschen BGB fremd. Die vertragliche Vereinbarung über die Übertragung des Eigentums an Immobilien bedarf nur der Schriftform. Voraussetzung für den Eigentumserwerb ist allerdings die Eintragung im Grundbuch. Hierfür muss ein Vertrag vorgelegt werden, dessen Unterschriften notariell beglaubigt sind.

Sowohl in der Tschechischen Republik als auch in der Slowakischen Republik sind Devisenvorschriften in Kraft[2]. Die Tschechische Republik hatte am

---

[1] Vgl. zur grundbuchgeschichtlichen Situation in der Tschechoslowakei *Ziebe,* WiRO 1993, 124; *Schleifle/Thaeter,* S. 14 ff.
[2] Vgl. hierzu *Dedic/Baumgartner,* S. 55; *Geiling,* in: Schönhofer/Böhner, S. 5 ff.

1.10.1995 ein neues Devisengesetz in Kraft gesetzt[1], das nur noch die Begriffe „Inländer" und „Ausländer" kennt. Bis zum EU-Beitritt Tschechiens waren ausländische Staatsbürger lediglich in den durch das Devisengesetz gesondert geregelten Fällen berechtigt, Immobilien zu erwerben. Durch die Gesetzesnovelle Nr. 354/2004 zum Devisengesetz wird der Immobilienerwerb in Tschechien nun wie folgt geregelt: Der Erwerb von land- und forstwirtschaftlichen Flächen ist möglich für: tschechische Staatsbürger; natürliche Personen mit ständigem Wohnsitz in Tschechien und/oder juristische Personen mit Sitz in Tschechien; EU-Bürger, falls sie einen Aufenthaltsausweis für Tschechien erhalten, in der jeweiligen durch die Gemeinden geführten Liste der Landwirte registriert sind und ihr Daueraufenthalt in Tschechien mindestens drei Jahre beträgt. Der Erwerb von anderen Immobilien ist möglich für: tschechische Staatsbürger; natürliche Personen mit ständigem Wohnsitz in Tschechien und/oder juristische Personen mit Sitz in Tschechien; juristische Personen mit Sitz im Ausland, wenn sie in Tschechien einen Betriebsteil oder eine Zweigniederlassung unterhalten und berechtigt sind, hier unternehmerisch tätig zu sein; oben nicht aufgeführte natürliche Personen, falls sie im Besitz einer tschechischen Aufenthaltserlaubnis für EU-Bürger sind.

15. Türkei

Literatur: *Durall/Nomer/Kaneti*, Erwerb und Besitz einer Immobilie in der Türkei, in: Schönhofer/Böhner (Hrsg.), Haus- und Grundbesitz im Ausland, Gruppe 4 (1996); *Lau*, Die rechtsgeschäftliche Grundstücksübertragung nach türkischem Recht (Diss. Münster 1971).

Das türkische Recht kennt die Unterscheidung zwischen dinglichem und schuldrechtlichem Geschäft. Erwerbsgrund für den Grundstückserwerb ist ein obligatorischer Kaufvertrag. Nach Art. 634 Abs. 1 türk. ZGB bedarf der Vertrag über die Eigentumsübertragung der öffentlichen Beurkundung. Zuständig für die öffentliche Beurkundung ist nach Art. 26 des Grundbuchgesetzes der Grundbuchbeamte. Notare sind für die Beurkundung des dinglichen Eigentumsübertragungsaktes nicht zuständig. In der Praxis werden in der Regel Vorverträge geschlossen, die ebenfalls der öffentlichen Beurkundung bedürfen. Diese Vorverträge können sowohl von dem Grundbuchbeamten als auch von dem Notar (Art. 60 Ziff. 3 des Notariatsgesetzes) geschlossen werden. Weitere Voraussetzung für den Erwerb des Grundstückseigentums ist die Eintragung in das Grundbuch. Der Grundstückskaufvertrag begründet nur die schuldrechtliche Verpflichtung und hat keine dinglichen Wirkungen. Durch den Abschluss des Rechtsgeschäfts wird allerdings der Eigentümer verpflichtet, das Eigentum auf den Käufer zu übertragen. Die hierzu notwendige dingliche Erklärung wird als Anmeldung bezeichnet. Art. 29 türk. ZGB bestimmt, dass die Eintragungen auf Grund einer schriftlichen Erklärung des Eigentümers des Grundstücks erfolgen, auf die sich die Verfügung bezieht. Bei der Anmeldung muss neben der Verfügungsmacht auch der Rechtsgrund nachgewiesen wer-

1645

---

1 Vgl. *Sparfeld*, WiRO 1996, 22 mit Übersetzung des Devisengesetzes.

den, in der Regel durch Vorlage des beurkundeten Kaufvertrages (Art. 924 Abs. 2 türk. ZGB).

Grundsätzlich können ausländische natürliche Personen unter der Bedingung der Gegenseitigkeit in der Türkei Grundstücke erwerben (Art. 35 des Grundbuchgesetzes Gesetz Nr. 2644 vom 22.11.1934 in der Fassung vom 3.7.2008, in Kraft getreten am 15.7.2008). Das türkische Recht kennt allerdings eine Reihe von gesetzlichen Erwerbsbeschränkungen, die in erster Linie Dörfer, Landgüter und den Erwerb von Grundstücken in militärischen Verbotszonen und Sicherheitsgebieten betreffen[1].

16. Ungarn

Literatur: *Ballantine/Goddard*, Legal Aspects of Doing Business in Hungaria (London 1994); *Bokodi/Pallos*, Privatisierung und ausländische Investitionsmöglichkeiten in Ungarn, RIW 1993, 467; *Bönsch*, Rechtliche Möglichkeiten privatwirtschaftlicher Erwerbstätigkeit in Ungarn (1992); *Brunner*, Einführung in das ungarische Wirtschaftsrecht (1991); *David*, Tendenzen der ungarischen Gesetzgebung im Zivil- und Wirtschaftsrecht, ÖstNZ 1993, 49; *Deme*, Das ungarische Kataster- und Grundbuchkonzept, ÖstNZ 1993, 50; *Gobert*, Erwerb von Grundeigentum und Bodennutzungsrechten in Ungarn nach dem Bodengesetz über den fruchtbaren Boden, ROW 1995, 216; *Hidasi*, Ungarn – Regelung des Immobilienerwerbs, Ost-Spezial 23/93, 1; Hypothekenverband bei der EG (Hrsg.), Der Hypotheken- und Immobilienmarkt in Ungarn (1992); *Meszaros/Rozgonyi-Toth*, Kaufvertragsmuster Ungarn, in: Weise, Beck'sches Formularbuch Immobilienrecht (2001), S. 909; *Pfeffer*, Ungarn – Rechtliche Rahmenbedingungen für ausländische Investitionen, Ost-Spezial 6/92, 3; *Szücs*, Auslandsinvestitionen in Ungarn (Wien 1991).

1646 In Ungarn bedarf der Immobilienkaufvertrag der Schriftform. Eine notarielle Beurkundung ist nicht vorgesehen. Der nicht von einem Notar beurkundete Kaufvertrag muss allerdings entweder firmenmäßig oder vor zwei Zeugen unterzeichnet werden. Der Kaufvertrag hat die Personalien der Parteien, die Nummer des Personalausweises oder die Registrierungsnummer einer beteiligten Firma zu enthalten[2]. Voraussetzung für den Eigentumserwerb ist die Eintragung in das Grundbuch.

Früher konnten Ausländer Immobilien in Ungarn nur erwerben, wenn ihr Daueraufenthalt in Ungarn genehmigt worden war oder sie als Heimatlose eigenständigen Wohnsitz in Ungarn hatten. Diese Einschränkung wurde durch die Ministerratsverordnung aufgehoben. Seit 1.1.1992 war ein Erwerb von Immobilien in Ungarn durch ausländische Privatpersonen und Gesellschaften nur noch von der Genehmigung durch das Finanzministerium abhängig[3]. Für den Kauf waren darüber hinaus zwei Genehmigungen erforderlich: Eine sog. devisenbehördliche Genehmigung und die Stellungnahme der zuständigen Kommunalverwaltung[4]. Allerdings hat das ungarische Parlament am 6.4.1994

---

1 Vgl. *Dural/Nomer/Kaneti*, Erwerb und Besitz einer Immobilie in der Türkei, in: Schönhofer/Böhner, S. 7 ff.
2 Vgl. *Hidasi*, Ost-Spezial 23/93, 1, 4.
3 Vgl. *Kerschner*, Neuregelung des Immobilienerwerbs von Ausländern in Ungarn, WiRO 1992, 26.
4 Vgl. *Hidasi*, Ost-Spezial 23/93, 3.

ein Gesetz über landwirtschaftliche Nutzflächen beschlossen, worin geregelt wird, dass ausländische Personen Eigentum an landwirtschaftlichen Grundstücken nicht erwerben dürfen[1].

Durch den EU-Beitritt gab es für EU-Bürger einige Erleichterungen: Die Staatsbürger der Mitgliedstaaten des EWR und die juristischen Personen und Organisationen ohne juristische Personalität mit Sitz im EWR dürfen die nicht für landwirtschaftliche Grundstücke geltenden Immobilien seit dem 1.5.2004 unter denselben Bedingungen wie die ungarischen Personen (ohne Genehmigung) erwerben, mit Ausnahme der als sekundäre Wohnsitze dienenden Immobilien. Diese dürfen bis 30.4.2009 mit der Genehmigung der Verwaltungsbehörde des Komitats erworben werden. Wenn der Staatsbürger des Mitgliedstaates mindestens seit vier Jahren stetig und rechtmäßig in Ungarn wohnt, darf er ohne Genehmigung erwerben.

17. USA

Literatur: *Fassbender*, Rechtliche und steuerliche Aspekte bei Immobilieninvestitionen in den USA, RIW 1979, 20; *Flink*, Meldepflicht für USA-Immobilien; Fristverlängerung, RIW 1983, 305; *Göbel*, Die Sicherung eines Kredits aus dem unbeweglichen Vermögen des Schuldners im Recht der USA (1974); *Herrmann*, Handbuch Immobilien-Investitionen in USA (1992); *Knight*, Jüngste rechtliche Entwicklungen hinsichtlich ausländischer Investitionen in US-amerikanischem Grundvermögen, RIW 1980, 46; *Mitch*, Das Hypothekenkreditgeschäft – eine rechtsvergleichende Arbeit über die Vereinigten Staaten von Amerika und die Bundesrepublik Deutschland (Diss. Köln 1988); *Mühl*, Immobiliarsicherheiten und persönliche Sicherheiten, in: Hadding/Schneider (Hrsg.), Recht der Kreditsicherheit in den Vereinigten Staaten von Amerika II (1985); *Seemann*, ABC der Immobilientransaktionen in den USA, IWB, Fach 8, USA, Gruppe 3, S. 211 (26.6.1989); *Theurer*, Rechtsfragen beim Grundstückserwerb in den USA (New York, Bonn, German-American Chamber of Commerce, 2. Aufl. 1981); *Theurer*, Grundstückserwerb durch Ausländer in den USA, IWB, Fach 8, USA, Gruppe 3, S. 171 (10.7.1982); *Vogel*, USA-Immobilienkauf (Deutsch-schweizerische Schutzgemeinschaft Stand 2000).

Das Immobiliensachenrecht gehört zur Gesetzgebungskompetenz der einzelnen Bundesstaaten und ist dementsprechend unterschiedlich geregelt. Das Eigentum an einem Grundstück wird in den USA durch Übergabe einer Vertragsurkunde beim sog. „Closing" übertragen. Vorher wird in der Regel ein Kaufvertrag abgeschlossen, der die Vertragsbedingungen enthält und der Schriftform bedarf. In der Regel wird ein standardisierter Formularvertrag benutzt. In diesem Vertrag wird auch der Termin für den dinglichen Vollzug des Grundstückskaufvertrages durch „Closing" festgelegt. Beim Abschluss des Kaufvertrages wird üblicherweise eine Anzahlung auf den Kaufpreis von ca. 10 % des Gesamtkaufpreises fällig. Beim dinglichen Vollzug des Grundstückskaufvertrages durch das „Closing" werden Zug um Zug gegen Zahlung des Kaufpreises dem Käufer die Dokumente übergeben, welche das Eigentum an dem Grundstück verbriefen (sog. deed). Mit der Übergabe des ausgefertigten „deed" wird der Eigentumsübergang vollzogen[2]. Die „deed" muss vom Verkäu-

1647

---

1 Vgl. Ost-Spezial 9/94, 7; *Gobert*, ROW 1995, 216 ff.
2 Vgl. im Einzelnen zum Ablauf *Seemann*, S. 211, 221 ff.

fer ausgefertigt und unterschrieben sein. In den meisten Staaten muss die Ausfertigung von einem „notary public" beurkundet werden, der im Wesentlichen hierbei eine Beglaubigungsfunktion wahrnimmt.

Generelle Beschränkungen für den Immobilienerwerb durch Ausländer gibt es in den USA keine. Die vorhandenen Reglementierungen beschränken sich fast ausschließlich auf bestimmte Sektoren und schreiben häufig eine Registrierung vor.

1648–1660   Frei.

C. Grundstücksmiete und Grundstückspacht

	Rz.		Rz.
I. Grundsatz der Parteiautonomie	1661	**III. Anwendbarkeit des Internationalen Verbrauchervertragsrechts**	1701
II. Objektive Anknüpfung	1671	1. Grundsätzliches	1701
1. Regel: Objektive Anknüpfung an das Recht der belegenen Sache nach Art. 4 Abs. 1 lit. c Rom I-VO	1671	2. Ferienhaus- und Ferienwohnungsmiete in Abgrenzung zu Reiseveranstaltungsverträgen	1704
2. Ergänzung für kurzfristige Mietverträge durch Art. 4 Abs. 1 lit. d Rom I-VO	1673	3. Abgrenzung zu Vermittlungs- und Verwaltungsverträgen	1713
a) Partiell systemfremder Import aus Art. 22 Nr. 1 UAbs. 2 EuGVO	1674	**IV. Anknüpfung dinglicher und quasi-dinglicher Wirkungen der Miete**	1721
b) Reichweite	1675	**V. Formvorschriften**	1731
c) Rechtsfolge	1681	**VI. Sonderanknüpfung zwingender Bestimmungen**	1741
d) Verhältnis zur Belegenheitsanknüpfung	1682	**VII. Zusammenfassung mit Handlungsanleitung**	1751
3. Ausnahme nach Art. 4 Abs. 3 Rom I-VO	1684		

Literatur: Für Literatur **bis 2004** s. 6. Aufl. Rz. 1030.

Danach: *S. Frank/Wachter* (Hrsg.), Handbuch Immobilienrecht in Europa (2004); *Vlas*, Over ‚Rome I' en onroerende Zaken, WPNR 6781 (2009), 29.

I. Grundsatz der Parteiautonomie

Grundstücksmiete und Grundstückspacht liegt nach kontinentaler Auffassung und für die Zwecke des IPR ein schuldrechtlicher Vertrag zugrunde[1]. Daher sind zur Bestimmung des Vertragsstatuts die Art. 3 ff. Rom I-VO anwendbar. Da die kollisionsrechtsautonome Qualifikation sich unter der Rom I-VO nach europäisch-autonomen Maßstäben richtet, gilt dies auch, wenn etwa der Belegenheitsstaat des Grundstücks die Miete, wie etwa die anglo-amerikanischen Staaten, dinglich einordnet[2]. Es ist eine **europäisch-autonome Qualifikation** vorzunehmen[3], keine Qualifikation nach der lex rei sitae (dem Belegenheitsrecht)[4] oder dem materiellen Recht des Forumstaates. Dafür spricht auch die vergleichende Berücksichtigung der Qualifikation unter den insoweit methodisch parallelen Art. 22 Nr. 1 S. 1 EuGVO; Art. 16 Nr. 1 lit. a EuGVÜ/ LugÜ[5]. Dort ist ebenfalls eine autonome, europäisch-einheitliche Qualifikati-

1661

---

[1] Ebenso OLG Celle 26.5.1999, IPRspr. 1999 Nr. 31.
[2] Vgl. *Trenk-Hinterberger*, ZMR 1973, 1.
[3] Treffend *Endler*, IPRax 1992, 212 (213 f.).
[4] Dafür aber *Hüßtege*, NJW 1990, 622.
[5] S. allgemein *Kropholler*, Festschr. 75 Jahre MPI (2001), S. 583 (589 f., 591).

on vorgegeben[1]. Keine Mietverträge sind Beherbergungsverträge mit Hotels; dies gilt selbst dann, wenn der Gastpartei ein Zimmerkontingent samt Konferenzräumen zur Verfügung gestellt wird[2].

1662 Ein Mietvertrag unterliegt nach Art. 3 Abs. 1 Rom I-VO – wie schon zuvor[3] – in erster Linie dem von den Parteien gewählten Recht[4]. Es herrscht **Rechtswahlfreiheit**. Die Parteien können damit grundsätzlich auch ein Recht wählen, zu dem keine objektive Beziehung besteht. Auch eine stillschweigende Rechtswahl nach Art. 3 Abs. 1 S. 2 Var. 2 Rom I-VO ist denkbar[5].

1663 Es gilt allerdings der Vorbehalt des Art. 3 Abs. 3 Rom I-VO, wonach die zwingenden Vorschriften hier des Belegenheitsrechts eine sachrechtliche Grenze ziehen und keine echte kollisionsrechtliche Rechtswahl möglich ist, wenn der Sachverhalt, abgesehen von der (vorgeblichen) Rechtswahl und eventuell einer jener (vorgeblichen) Rechtswahl korrespondierenden Gerichtsstandsvereinbarung, nur zu dieser Rechtsordnung Beziehungen aufweist. Ein in Deutschland ansässiger deutscher Vermieter kann in einem Mietvertrag mit einem in Deutschland ansässigen deutschen Mieter sich nicht dadurch aus dem strengen, mietergünstigen Schutzregime des deutschen Mietrechts zu flüchten versuchen, dass er in den Vertrag eine Rechtswahlklausel zB zu Gunsten des Rechts von Mali oder der Philippinen aufnimmt. Schon die Ansässigkeit des Vermieters in einem anderen Staat würde freilich über diese Hürde hinweghelfen.

1664 Nach allgemeinen Maßstäben, wonach die ausländische Staatsangehörigkeit einer Partei schon ein internationalitätsbegründendes Moment ist (s. Rz. 138), müsste Art. 3 Abs. 3 Rom I-VO auch bei ausländischer Nationalität des Mieters nicht anwendbar sein. Allerdings wirft es erhebliche Wertungsprobleme auf, wenn man einem deutschen Vermieter bei einem Mietvertrag über eine in Deutschland belegene Wohnung erlaubte, einem Mieter türkischer Nationalität durch die Wahl eines vermietergünstigen Rechts den Schutz des

---

1 EuGH 15.1.1985 – Rs. 241/83 (Erich Rösler/Horst Rottwinkel), Slg. 1985, 99, 126–128 Rz. 19–29 = NJW 1985, 905 (Aufs. *Rauscher*, NJW 1985, 892) = IPRax 1986, 97 (Aufs. *Kreuzer*, IPRax 1986, 75); GA *Sir Gordon Slynn*, Schlussanträge vom 23.10.1984 in der Rs. 241/83, Slg. 1985, 100 (103 f.); *Rauscher*, NJW 1985, 892 (897); *Hußtege*, IPRax 2001, 31 (33).
2 OLG Karlsruhe 14.1.1999, OLG-Report Karlsruhe/Stuttgart 1999, 180; *Mansel*, IPRax 2000, 31.
3 S. dort nur OLG Schleswig 20.7.1989, IPRspr. 1989 Nr. 77; *Rauscher*, NJW 1985, 892 (895) und in den Niederlanden Rb. Arnhem 11.11.1993, NIPR 1994 Nr. 266 S. 335 nr. 7.
4 S. nur KG 22.6.1994, IPRspr. 1994 Nr. 21b = VuR 1995, 35; OLG Celle 26.5.1999, IPRspr. 1999 Nr. 31; AG Rostock 4.2.1997, IPRspr. 1997 Nr. 30 = RRa 1997, 163; *Lagarde*, Études offertes à Pierre Bellet (Paris 1991), S. 281 (297); *Knoepfler*, Festschr. Anton Heini (Zürich 1995), S. 239 (252); *Lurger*, IPRax 2001, 52 (55) sowie (zu § 42 österreich. IPRG) österreich. OGH 10.11.1998, IPRax 2001, 47 (49).
5 KG 22.6.1994, IPRspr. 1994 Nr. 21b = VuR 1995, 35; OLG Celle 26.5.1999, IPRspr. 1999 Nr. 31; LG Hamburg 29.8.1991, IPRspr. 1991 Nr. 40; AG Rostock 4.2.1997, IPRspr. 1997 Nr. 30 = RRa 1997, 163.

deutschen Mietrechts zu nehmen. Insofern ist eine Präzisierung der an einen relevanten Auslandsbezug zu stellenden Anforderungen geboten: Im Vertragsrecht prägt die Nationalität nicht; vielmehr kommt es auf ihre Ansässigkeit an. Der türkische Mieter ist aber in Deutschland ansässig, und daher liegt kein relevanter Auslandsbezug vor.

Frei. 1665–1670

II. Objektive Anknüpfung

1. Regel: Objektive Anknüpfung an das Recht der belegenen Sache nach Art. 4 Abs. 1 lit. c Rom I-VO

Rechtswahlvereinbarungen in Miet- und Pachtverträgen sind allerdings – zumindest jenseits der Gewerberaummietverträge – selten. Fehlt eine ausdrückliche oder stillschweigende Rechtswahl, so wird nach Art. 4 Abs. 1 lit. c Rom I-VO wie zuvor nach Art. 28 Abs. 3 EGBGB vermutet, dass Miet- und Pachtverträge über Grundstücke dem **Recht der belegenen Sache** unterliegen[1]. Das Gleiche gilt für Miet- und Pachtverträge über Geschäfts- und Wohnräume[2]. **Mietgarantien** sind prinzipiell Gegenstand einer eigenständigen Anknüpfung über Art. 3; 4 Abs. 2 Rom I-VO[3]. Jedenfalls kein eigenständiger Mietvertrag liegt in einer alleinigen Verpflichtung, einen Mieter beizubringen; diese kann deshalb bei der objektiven Anknüpfung nur Art. 4 Abs. 2 Rom I-VO unterfallen[4]. Indes gilt dies nicht für Verpflichtungen des Mieters aus seinem Mietvertrag, einen Nachmieter zu stellen. Insoweit ist die **Nachmietergestellung** keine charakteristische Vertragspflicht, sondern nur Nebenpflicht.

1671

Werden mehrere Immobilien in verschiedenen Staaten unter einem formell einheitlichen Vertrag gemietet, wird also ein Immobilienbestand insgesamt gemietet, so erscheint eine Aufspaltung über Art. 4 Abs. 3 Rom I-VO im Fortführung des Gedankens aus Art. 4 Abs. 1 S. 2 EVÜ; Art. 28 Abs. 1 S. 2 EGBGB dergestalt denkbar, dass gedanklich Teil-Mietverträge über einzelne Immobilien

1672

---

1 S. nur BGH 12.10.1989, BGHZ 109, 29 (35) = IPRspr. 1989 Nr. 195; OLG Frankfurt a.M. 24.6.1992, IPRspr. 1992 Nr. 40 = NJW-RR 1993, 182 (183); OLG München 14.3.1997, ZMR 1997, 411 (412); OLG Düsseldorf 20.3.1997, IPRspr. 1997 Nr. 35 = NJW-RR 1998, 1159; OLG Celle 26.5.1999, IPRspr. 1999 Nr. 31; LG Hamburg 29.8.1991, IPRspr. 1991 Nr. 40; Rb. Arnhem 31.12.1991, NIPR 1992 Nr. 440, S. 744 nr. 5; Rb. Amsterdam 11.3.1998, NIPR 1998 Nr. 248 S. 323 nr. 5; *Heldrich*, Festschr. Gerhard Kegel (1987), S. 175 (185); *W. Lorenz*, IPRax 1990, 292 (294); *Lagarde*, Études offertes à Pierre Bellet (Paris 1991), S. 281 (297); *Lurger*, ZfRV 1992, 348 (351); *Kartzke*, NJW 1994, 823 (825); *Martiny*, in: MünchKomm, Art. 28 EGBGB Rz. 121; *Hohloch*, in: Erman, Art. 28 EGBGB Rz. 35; *Buch*, NZM 2000, 367 (368); *Audit*, Droit international privé, 3. Aufl. (Paris 2000), no. 804; *Lurger*, IPRax 2001, 52 (55); *Magnus*, in: Staudinger, Art. 28 EGBGB Rz. 211; *Spickhoff*, in: Bamberger/Roth, Art. 28 EGBGB Rz. 18.
2 S. nur *Trenk-Hinterberger*, ZMR 1973, 1 (3); *Magnus*, in: Staudinger, Art. 28 EGBGB Rz. 213.
3 Hof Amsterdam 30.12.1999, NIPR 2001 Nr. 262 S. 443 nr. 4.3.
4 S. Rb. Arnhem 26.10.2000, NIPR 2001 Nr. 50 S. 116 nr. 8.

deren jeweiligem Belegenheitsrecht unterfallen. Ist dies nicht angängig, weil dadurch übergreifende Vertragsstrukturen gesprengt und insbesondere die Gesamtkalkulation gestört würde, so ist eine Suche nach dem relativen Schwerpunkt unter Art. 4 Abs. 4 Rom I-VO erforderlich. Faktoren bei der Schwerpunktbestimmung können insbesondere die Zahl der in einem Staat belegenen Mietobjekte und die Größe der einzelnen Mietobjekte sein. Je größer die Zahl und je flächengrößer oder wertvoller die Objekte, desto größer ist deren relatives Anknüpfungsgewicht. Weitere Abwägungsfaktoren sind die jeweils vertragsbetreuenden Niederlassungen der Vertragsparteien, wo Vorbereitungs- und Koordinierungsleistungen erbracht werden[1]. Liegen von vornherein einzelne Mietverträge über die einzelnen Mietobjekte vor, so ergeben sich keine Probleme und findet jeweils die normale Anknüpfung über Art. 4 Abs. 1 lit. c Rom I-VO statt.

2. Ergänzung für kurzfristige Mietverträge durch Art. 4 Abs. 1 lit. d Rom I-VO

1673 Art. 4 Abs. 1 lit. d Rom I-VO stellt eine zusätzliche Regel auf: Die Miete oder Pacht unbeweglicher Sachen für höchstens sechs aufeinander folgende Monate zum vorübergehenden privaten Gebrauch unterliegt dem Recht des Staates, in dem der Vermieter oder Verpächter seinen gewöhnlichen Aufenthalt hat, sofern der Mieter oder Pächter eine natürliche Person ist und seinen gewöhnlichen Aufenthalt in demselben Staat hat. Dies versucht, Art. 22 Nr. 1 UAbs. 2 EuGVO in das IPR zu importieren. Außerdem führt es ein Stück weit von der Durchbrechung des Prinzips, an die charakteristische Leistung anzuknüpfen, durch Art. 4 Abs. 1 lit. c Rom I-VO wieder zurück zum Grundprinzip[2].

a) Partiell systemfremder Import aus Art. 22 Nr. 1 UAbs. 2 EuGVO

1674 Art. 4 Abs. 1 lit. d Rom I-VO ist partiell überflüssig und systemfremd[3]. Denn das Rigiditätsproblem des Art. 22 Nr. 1 UAbs. 1 EuGVO, welches der zweite Unterabsatz mildern soll, erwächst aus der Ausschließlichkeit des Gerichtsstands. Die Anknüpfung an den Belegenheitsort für Mietverträge in Art. 4 Abs. 1 lit. c Var. 2 Rom I-VO ist aber keineswegs ausschließlich, sondern weicht ihrerseits einer Rechtswahl, während eine Gerichtsstandsvereinbarung bei Art. 22 Nr. 1 EuGVO nicht möglich ist. Art. 22 Nr. 1 UAbs. 2 EuGVO erfüllt eine sinnvolle Aufgabe, indem er die übermäßige Rigidität des dortigen ersten Unterabsatzes aufbricht. Bei Art. 4 Abs. 1 lit. c Rom I-VO fehlt es jedoch an solcher Rigidität[4]. Die Zuständigkeitsnorm ist eine fakultative Zuständigkeit im Bereich ausschließlicher Zuständigkeiten, die IPR-Normen dagegen gänzlich anders gelagert als objektive und dispositive Anknüpfung[5]. Allerdings

---

1 Vgl. (in etwas anderem Zusammenhang) *W. Lorenz*, IPRax 1990, 292 (294).
2 *Ubertazzi*, Il regolamento Roma I sulla legge applicabile alle obbligazioni contrattuali (Milano 2008), S. 73.
3 *Magnus/Mankowski*, ZvglRW 103 (2004), 131 (161 f.).
4 *Magnus/Mankowski*, ZvglRW 103 (2004), 131 (161 f.).
5 *Mankowski*, IHR 2008, 133 (139); *Garcimartín Alférez*, EuLF 2008, I-61, I-68 no. (39) (d).

sei zugestanden, dass eine Regel wie Art. 4 Abs. 1 lit. d Rom I-VO mehr Sinn ergeben würde, wenn es – wie in Art. 4 Vorschlag Rom I-VO noch vorgesehen – an einer Ausweichklausel fehlt und die einschlägige Regel fix und starr, weil nicht widerleglich ist[1]. Mit Art. 4 Abs. 3 Rom I-VO ist jedoch eine Ausweichklausel zurückgekehrt, so dass eine eigene Spezialregel wie Art. 4 Abs. 1 lit. d Rom I-VO eigentlich entbehrlich wäre. Art. 4 Abs. 1 lit. d Rom I-VO hat durch die Veränderung der Rahmenbedingungen, unter denen er wirkt, seinen Charakter und seine Schlagrichtung teilweise verändert. Man könnte sogar in Art. 4 Abs. 1 lit. d Rom I-VO jetzt eine so gar nicht gewollte Hürde sehen, weil man darüber nachzudenken veranlasst werden könnte, inwieweit und in welchem Umfang aus ihm ein Umkehrschluss gezogen werden könnte. Ein solcher Umkehrschluss ist schon aus systematischen Gründen abzulehnen, weil schon Art. 4 Abs. 1 lit. d Rom I-VO selbst unter dem Vorbehalt der allgemeinen Ausweichklausel steht und diese daher umso weniger sperren kann.

b) Reichweite

Besondere Bedeutung kann Art. 4 Abs. 1 lit. d Rom I-VO für die Vermietung von im Ausland belegenen Ferienhäusern durch einen Inländer an den anderen gewinnen[2]. Vermietet zB ein in Deutschland lebender deutscher Privatmann einem anderen in Deutschland lebenden Deutschen seine Finca auf Mallorca für drei Wochen im Mai, so liegt die Anwendung deutschen Rechts über Art. 4 Abs. 1 lit. d Rom I-VO nahe, insbesondere wenn die Miete in Deutschland zu entrichten, also auf ein in Deutschland geführtes Bankkonto des Vermieters zu zahlen ist[3]. Das Immobilienmietrecht des BGB ist nicht etwa dergestalt territorial beschränkt, dass es nur zur Anwendung käme, wenn das Mietobjekt in Deutschland belegen ist[4].

Je kürzer die Mietdauer ist, desto gewichtiger wird unter dem Aspekt nachlaufender Regulierungsstreitigkeiten die gemeinsame Ansässigkeit in einem Staat; die beidseitige Ermittlung von Auslandsrecht wäre dann kostentechnisch ungünstig[5]. Die Sechsmonatsfrist der Art. 22 Nr. 1 UAbs. 2 EuGVO; Art. 16 Nr. 1 lit. b EuGVÜ/LugÜ wird nun übernommen[6], sogar als starre

---

1 *Mankowski*, IPRax 2006, 101 (105).
2 BGH 12.10.1989, BGHZ 109, 29 (36) = IPRspr. 1989 Nr. 195; LG Köln 22.1.1992, IPRspr. 1992 Nr. 29 = VuR 1992, 156, 157; *Lindacher*, BB 1990, 661; *Lagarde*, Études offertes à Pierre Bellet (Paris 1991), S. 281 (298, 299 f.); *Martiny*, in: MünchKomm, Art. 28 EGBGB Rz. 121; *Hohloch*, in: Erman, Art. 28 EGBGB Rz. 35; *Vischer/Oser*, in: Vischer/Huber/Oser, Rz. 429; *S. Geisler*, Die engste Verbindung im Internationalen Privatrecht (2001), S. 269; *Magnus*, in: Staudinger, Art. 28 EGBGB Rz. 211; *Thorn*, in: Palandt, Art. 28 EGBGB Rz. 12; s. auch Trib. Marche-en-Famenne 26.2.1986, Ann. dr. Liège 1988, 100. Vgl. auch OLG Düsseldorf 30.1.1997, IPRspr. 1997 Nr. 29 = TranspR 1998, 214.
3 S. bereits LG Hamburg 19.12.1972, IPRspr. 1972 Nr. 15; LG Bonn 4.10.1973, IPRspr. 1973 Nr. 135 = NJW 1974, 427.
4 So aber *K. Tonner*, NJW 1981, 1921 (1925).
5 S. *Mankowski*, IPRax 2003, 464 (471).
6 Dafür zuvor *Vischer/Oser*, in: Vischer/Huber/Oser, Rz. 429.

Grenze. Nicht übernommen wird dagegen, dass der Vermieter eine natürliche Person sein müsste. Vermieter kann vielmehr auch eine Gesellschaft sein[1]. Beide Parteien müssen ihren jeweiligen Wohnsitz in demselben Staat haben. Den Wohnsitzbegriff füllt hier wie allgemein Art. 19 Rom I-VO auf. Haben die Parteien ihre Wohnsitze in verschiedenen Staaten, so kommt Art. 4 Abs. 1 lit. d Rom I-VO ebenso wenig zur Anwendung wie Art. 22 Nr. 1 UAbs. 2 EuGVO[2]. Keine der Parteien darf im Belegenheitsstaat der Immobilie ansässig sein[3].

1677 Art. 4 Abs. 1 lit. d Rom I-VO versteht man am Besten als spezielle Ausprägung der Ausweichklausel[4]: Soweit die beiden Parteien in demselben Staat ansässig sind, wird regelmäßig eine engere Verbindung zu diesem Staat als zum Belegenheitsstaat bestehen. Typischerweise werden Rechtsstreitigkeiten auch in diesem Staat ausgefochten oder angedacht; Art. 4 Abs. 1 lit. d Rom I-VO erlaubt, dies auf der Basis von Forumrecht zu tun.

1678 Der **Mieter** muss eine **natürliche Person** sein, darf also keine Gesellschaft oder juristische Person sein[5]. Dies ist tel quel aus Art. 22 Nr. 1 UAbs. 2 EuGVO übernommen. Damit wollte man eine Umgehung durch Zwischenschalten von Mietgesellschaften verhindern[6]. Indes wäre selbst dann eine Stufe später doch wieder eine Belegenheitsanknüpfung auf Grund externen Umsatzgeschäftes gegeben. Da die Regelung nichts mit Verbraucherschutz als solchem zu tun hat, vermag auch die weitere Begründung[7] nicht einzuleuchten, dass bei Gesellschaften als Mietern gewerbliche Nutzung zu vermuten sei. Überzeugender ist der Blick auf die zweite Voraussetzung, dass der Mieter zu privaten Zwecken agieren muss. Bei Gesellschaften steht nämlich zu vermuten, dass sie aus gewerblich-kommerziellen Motiven handeln[8]. Die Abgrenzung zwischen privatem und berufsbezogenem oder gewerblichem Handeln erfolgt wie generell im europäischen Verbraucherschutzrecht[9] konkret-funktionell auf den einzelnen Vertrag bezogen, nicht an Hand eines Quasi-Status'[10]. Anmieten spezifisch in Verfolg einer unselbständigen beruflichen Tätigkeit ist nicht privat. Mietet der Arbeitnehmer dagegen eine Wohnung für die Dauer einer Entsendung, so fällt dieses Organisieren seiner Unterbringung in seinen Privat-

---

1 *Leible/M. Lehmann*, RIW 2008, 528 (535).
2 S. dort nur OLG Frankfurt a.M. 1.8.2007, MDR 2008, 336.
3 OLG Frankfurt a.M. 1.8.2007, MDR 2008, 336.
4 Ähnlich *Azzi*, D. 2008, 2169 (2170).
5 S. nur *Mankowski*, in: Rauscher, EuZPR, 2. Aufl. (2006), Art. 22 Brüssel I-VO Rz. 26.
6 *Trunk*, Die Erweiterung des EuGVÜ-Systems am Vorabend des Europäischen Binnenmarkts (1991), S. 44 f.; *Tiefenthaler*, in: Czernich/Tiefenthaler/Kodek, Europäisches Gerichtsstands- und Vollstreckungsrecht, 2. Aufl. (Wien 2003), Art. 22 EuGVO Rz. 28.
7 *Thiel/Tschauner*, in: Geimer/Schütze, IRV, Art. 22 EuGVO Rz. 30 (2005); *Mankowski*, in: Rauscher, Art. 22 Brüssel I-VO Rz. 26.
8 Bericht *Jenard/Möller*, OJ 1990 C 189/57 Nr. 52; *Tiefenthaler*, in: Czernich/Tiefenthaler/Kodek, Europäisches Gerichtsstands- und Vollstreckungsrecht, 2. Aufl. (Wien 2003), Art. 22 EuGVO Rz. 28.
9 Eingehend dazu *Mankowski*, Beseitigungsrechte (2003), S. 243–262.
10 *Mankowski*, in: Rauscher, Art. 22 Brüssel I-VO Rz. 26.

bereich. Ob eine interne Kostenerstattung oder Kostenübernahme seitens des Arbeitgebers erfolgt, ist ohne Belang.

Der Mietvertrag darf eine **Maximallänge von kontinuierlich sechs Monaten** 1679 haben. Eine Umgehung durch zeitlich einander folgende Kettenmietverträge von jeweils höchstens sechs Monaten ist nicht möglich, da es dadurch am nur vorübergehenden Gebrauch der Mietsache fehlt[1]. Denn bei unmittelbarer Abfolge addieren sich die Zeiten. Der Gebrauch verlässt das transitorische Stadium und wechselt in das permanente über. Wie stets zählt nicht das formale Gewand, sondern der materiale Gehalt[2].

Rechtspolitisch wäre eine Erweiterung zu bedenken. Zumindest sollte die Beschränkung auf natürliche Personen als Mieter entfallen. Streitigkeiten zwischen Vermieter und Mieter, die beide außerhalb des Belegenheitsstaates leben, über Ferienhäuser oä. sollte man generell nicht strikt dem Belegenheitsrecht unterwerfen[3]. Indes lassen sich Aufweichungen über die Ausweichklausel des Art. 4 Abs. 3 Rom I-VO ins Werk setzen; dabei ist zuzugestehen, dass die Ausweichklausel mit Vorsicht zu handhaben ist und dass die Immobilienbelegenheit schwer wiegt, dies aber insbesondere, wenn die Parteien in verschiedenen Staaten ansässig sind. 1680

c) Rechtsfolge

Art. 4 Abs. 1 lit. d Rom I-VO beruft das Recht des gemeinsamen gewöhnlichen Aufenthalts von Vermieter und Mieter. Er bewirkt eine personale Anknüpfung, keine gegenständlich, dh. durch die Immobilienbelegenheit konditionierte. Kombiniert mit dem Gerichtsstand des Art. 22 Nr. 1 UAbs. 2 EuGVO führt dies zur Anwendung forumeigenen Rechts in einem für beide Parteien nahen Gerichtsstand, also zum materiellen Heimspiel bei gleichzeitigem prozessualem Heimspiel für beide Parteien zugleich. So werden komparative Rechtsanwendungsvorteile des Vermieters vermieden, der anderenfalls typischerweise besser vertraut wäre mit dem Belegenheitsrecht. 1681

d) Verhältnis zur Belegenheitsanknüpfung

Art. 4 Abs. 1 lit. d Rom I-VO entzieht keineswegs alle erfassten Mietverträge unter sechs Monaten Mietdauer mehr oder weniger automatisch dem Belegenheitsrecht. Dies wäre zu schematisch. Eine generelle teleologische Reduktion des Art. 4 Abs. 1 lit. c Rom I-VO für kurzfristige Mietverträge erfolgt dementsprechend nicht[4]. Art. 4 Abs. 1 lit. d Rom I-VO schließt Art. 4 Abs. 1 lit. c Ro- 1682

---

1 *Trunk*, Die Erweiterung des EuGVÜ-Systems am Vorabend des Europäischen Binnenmarkts (1991), S. 43; *Tiefenthaler*, in: Czernich/Tiefenthaler/Kodek, Europäisches Gerichtsstands- und Vollstreckungsrecht, 2. Aufl. (Wien 2003), Art. 22 EuGVO Rz. 30.
2 *Mankowski*, in: Rauscher, Art. 22 Brüssel I-VO Rz. 27.
3 Ähnlich MPI, RabelsZ 68 (2004), 1 (46 f.); *Leible*, in: AnwKomm, Art. 28 EGBGB Rz. 134.
4 Anders im Ergebnis R. *Wagner*, IPRax 2008, 377 (383); *Clausnitzer/Woopen*, BB 2008, 1798 (1800).

m I-VO nicht eindeutig aus, sondern operiert „ungeachtet" („notwithstanding") seiner. Daher ist im konkreten Fall jeweils eine **Auswahlentscheidung** zu treffen, ob man der Belegenheitsanknüpfung nach Art. 4 Abs. 1 lit. c Rom I-VO oder der Anknüpfung an den gemeinsamen gewöhnlichen Aufenthalt nach Art. 4 Abs. 1 lit. d Rom I-VO folgen will. Auswahlkriterium muss jedenfalls die **relativ stärkste Verbindung** im konkreten Fall sein.

1683 Angesichts der engen Fassung und der klaren ratio des Art. 4 Abs. 1 lit. d Rom I-VO wird man **im Zweifel** diesem folgen. Er verwirklicht dann eher das Prinzip, an die stärkste Verbindung anzuknüpfen. Wenn man Art. 4 Abs. 1 lit. d Rom I-VO als eine spezielle Ausprägung der Ausweichklausel versteht (oben Rz. 1674), führt dies ebenfalls dazu, typischerweise der Anknüpfung an den gemeinsamen gewöhnlichen Aufenthalt den Vorzug zu geben. Andererseits können zu Gunsten des Belegenheitsrechts die Dauer des Ferienaufenthalts (zB Vermietung für eine „Winterübersiedlung" von vier bis sechs Monaten) und der Ort des Vertragsschlusses (zwei Deutsche lernen sich zufällig auf Mallorca kennen, und der Vertrag wird passenderweise in der Finca geschlossen) verstärkend zu Buche schlagen.

3. Ausnahme nach Art. 4 Abs. 3 Rom I-VO

1684 Die Vermutung, dass im Zweifel das Recht der belegenen Sache gelten soll, kann allerdings nach Art. 4 Abs. 3 Rom I-VO dann widerlegt werden, wenn sich aus **der Gesamtheit der Umstände ergibt**, dass der Vertrag eine engere Verbindung mit einem anderen Staat aufweist. Bei dieser Gesamtabwägung sind zunächst die allgemeinen Kriterien heranzuziehen, die eine andere Anknüpfung rechtfertigen können, wie etwa der gemeinsame gewöhnliche Aufenthalt oder die gemeinsame Staatsangehörigkeit der Vertragsparteien oder die Vereinbarung eines deutschen Gerichtsstandes oder die Benutzung eines Formulars, das auf Vorschriften des BGB verweist[1]. Von Bedeutung kann auch die Ansässigkeit eines mit der Vertragsabwicklung betrauten Drittunternehmens sein[2].

1685–1700 Frei.

III. Anwendbarkeit des Internationalen Verbrauchervertragsrechts

1. Grundsätzliches

1701 Art. 6 Abs. 1 Rom I-VO hat den sachlichen Anwendungsbereich des Internationalen Verbrauchvertragsrechts auf prinzipiell alle Vertragstypen erweitert. Jedoch verdienen die ausdrücklichen Ausnahmen in Art. 6 Abs. 4 Rom I-VO be-

---

[1] S. nur BGH 12.10.1989, BGHZ 109, 29 (36) = IPRspr. 1989 Nr. 195; OLG Celle 26.5.1999, IPRspr. 1999 Nr. 31; LG Hamburg 29.8.1991, IPRspr. 1991 Nr. 40; *Trenk-Hinterberger*, ZMR 1973, 1 (4); *Martiny*, in: MünchKomm, Art. 28 EGBGB Rz. 121; *Audit*, Droit international privé, 3. Aufl. (Paris 2000), no. 804; *Hohloch*, in: Erman, Art. 28 EGBGB Rz. 35.
[2] KG 22.6.1994, IPRspr. 1994 Nr. 21b = VuR 1995, 35.

sondere Beachtung. Deren wichtigste betrifft gerade die Immobilienmiete: Nach Art. 6 Abs. 4 lit. c Rom I-VO sind vom Internationalen Verbrauchervertragsrecht ausgenommen Verträge, die ein dingliches Recht an einem Grundstück oder ein Recht zur Nutzung eines Grundstücks zum Gegenstand haben, mit Ausnahme von Timesharingverträgen. Die reine Immobilienmiete fällt also aus dem sachlichen Anwendungsbereich des Internationalen Verbrauchervertragsrechts heraus. Bisher tat sie dies, weil sie nicht in den begrenzten Katalog der von Art. 5 EVÜ grundsätzlich erfassten Vertragstypen fiel[1]; unter der Rom I-VO fällt sie kraft einer ausdrücklichen Ausnahme heraus. Mit anderer Begründung bleibt das sachliche Ergebnis gleich.

Art. 6 Abs. 4 lit. c Rom I-VO ist rechtspolitisch fragwürdig[2]. Denn Wohnraummiete berührt Verbraucher existenziell[3]. Es gibt wenig, das wichtiger wäre als das Dach über dem Kopf. Mietverträge begründen laufende Belastungen des Verbrauchers von erheblicher Höhe[4]. Man mag einwenden, Art. 4 Abs. 1 lit. c Rom I-VO führe doch zum Belegenheitsort der Immobilie, und bei der selbstgenutzten Mietwohnung habe der Verbraucher genau dort auch seinen gewöhnlichen Aufenthalt[5]. Die Gefahr ist die Eröffnung von Rechtswahlfreiheit[6]. Hier liegt ein großer Unterschied: Im Internationalen Verbrauchervertragsrecht fällt die Rechtswahl als Gestaltungsinstrument fort, gegenüber Art. 4 Rom I-VO setzt sie sich als vorrangig durch[7]. Mit einer Einbeziehung des Wohnraummietrechts in Art. 6 Rom I-VO würde man außerdem eine Parallele zu Art. 22 Nr. 1 UAbs. 1 Var. 2 EuGVO erzielen, gerade weil gewöhnlicher Aufenthalt des Verbrauchers und Belegenheitsort der selbstgenutzten Mietwohnung zusammenfallen. Von einer Störung des Grundstücksverkehrs im Belegenheitsstaat[8] kann man bei Miete sowieso nicht spechen. Um einer vermietergünstigen Rechtswahl entgegenzutreten, müsste man zu einer Aus-

1702

---

1 *E. Lorenz*, RIW 1987, 569 (576); *W. Lorenz*, IPRax 1990, 292 (294); *Lagarde*, Rev.crit.d.i.p. 80 (1991), 287 (314); *von Bar*, II Rz. 431; *Mankowski*, DZWiR 1996, 273 (277); *Martiny*, in: MünchKomm, Art. 29 EGBGB Rz. 9; *Heiss*, in: Czernich/Heiss, EVÜ (Wien 1999), Art. 5 EVÜ Rz. 20; *Vischer/Oser*, in: Vischer/Huber/Oser, Rz. 429; *Magnus*, in: Staudinger, Art. 29 EGBGB Rz. 50; *Thorn*, in: Palandt, Art. 29 EGBGB Rz. 2.
2 *Stoll*, Festschr. 75 Jahre Max-Planck-Institut für Privatrecht (2001), S. 463 (468); *Magnus/Mankowski*, ZvglRW 103 (2004), 131 (167); *Mankowski*, ZglRW 105 (2006), 120 (127 f.); *Mankowski*, IPRax 2006, 101 (105); *Mankowski*, IHR 2008, 133 (143); *Leible*, IPRax 2006, 365 (368); *Leible*, AEDIPr 2006, 541 (561); *Lein*, (2005) 7 Yb. PIL 391 (405); *Solomon*, in: Ferrari/Leible (Hrsg.), Ein neues Internationales Vertragsrecht für Europa (2007), S. 89 (99) sowie *Vlas*, WPNR 6781 (2009), 29 (34).
3 *Mankowski*, ZvglRW 105 (2006), 120 (127 f.); *Mankowski*, IPRax 2006, 101 (105); *Mankowski*, IHR 2008, 133 (143); *Leible*, IPRax 2006, 365 (368).
4 *Mankowski*, ZvglRW 105 (2006), 120 (127 f.); *Mankowski*, IPRax 2006, 101 (105); *Mankowski*, IHR 2008, 133 (143).
5 Vgl. bereits *Mankowski*, IPRax 2006, 101 (105).
  Der Ansatz findet sich jetzt bei *Pellegrini*, Rev.Lamy dr.aff. N° 29, Juillet/Août 2008, 71 (73).
6 *Mankowski*, ZvglRWiss 105 (2006), 120 (127 f.); *Leible*, IPRax 2006, 365 (368).
7 *Mankowski*, IPRax 2006, 101 (105).
8 Vgl. *Basedow*, Festschr. Jayme (2004), S. 3 (18) mit Blick auf Grundstückskaufverträge.

weichstategie greifen, nämlich – systematisch wenig überzeugend (unten Rz. 1741 f.) – zwingendes Wohnraummietrecht zum Eingriffsrecht zu erheben und über Art. 9 Rom I-VO durchzusetzen (dazu unten Rz. 1743). Geht man so vor, so unterscheiden sich die Ergebnisse bei beiden Ansätzen nicht sonderlich[1], obwohl die Wege gedanklich stark divergieren.

1703 Ein anderer Weg, über den man gegebenenfalls zum Internationalen Verbrauchervertragsrecht gelangen kann, führt über die Qualifikation. Der konkrete Vertrag ist jeweils genau darauf zu prüfen, ob es sich wirklich um Immobilienmiete handelt oder ob ihn wesentlich Dienstleistungselemente prägen. Die Überlassung von Immobilienraum enthält als solche kein Tätigkeitselement. Daher fehlt es ihr an der Grundvoraussetzung eines Vertrages über das Erbringen von Dienstleistungen (dazu Rz. 1041 ff.). Auch Instandhaltung und Verwaltung machen Wohnraummietverträge nicht zu Dienstleistungsverträgen[2]. Verwaltungsleistungen sind Nebenleistungen, welche den Charakter des Vertrages nicht prägen. Die Instandhaltung dagegen ist schon aus Gewährleistungsgründen Vermieterpflicht und damit Kernbestand des mietrechtlichen Pflichtenregimes[3]. Ein Mietvertrag ohne Instandhaltungspflicht des Vermieters für die Dauer der Mietzeit wäre atypisch und bedürfte jedenfalls besonderer ausdrücklicher Gestaltung. Alle Punkte betreffend Nebenkosten aus Strom-, Wasser- oder Gasverbrauch zählen ebenfalls zum mietvertraglichen Kernbereich[4].

2. Ferienhaus- und Ferienwohnungsmiete in Abgrenzung zu Reiseveranstaltungsverträgen

1704 Besonders unter dem Aspekt der internationalen Zuständigkeit ist die Abgrenzung zwischen der Vermietung von Ferienhäusern einerseits und **Reiseveranstaltungsverträgen** andererseits relevant geworden. Denn für die Miete von Immobilien, die in der EU belegen sind, eröffnen Art. 22 Nr. 1 S. 1 EuGVO; Art. 16 Nr. 1 lit. a EuGVÜ/LugÜ einen ausschließlichen Gerichtsstand am Belegenheitsort[5], nur für enge Sonderkonstellationen partiell durchbrochen in Art. 22 Nr. 1 S. 2 EuGVO; Art. 16 Nr. 1 lit. b EuGVÜ/LugÜ. Dort verläuft die Grenze also zwischen erstens dem – gegenüber allen anderen Gerichtsständen vorrangigen – ausschließlichen Regime für Immobiliensachen und zweitens dem ebenfalls ausschließlichen Regime für Verbrauchersachen sowie subsidiär den allgemeinen Regelungen. Im Internationalen Vertragsrecht ist die Abgren-

---

1 *Leible*, IPRax, 2006, 365 (368) sowie *Leible/M. Lehmann*, RIW 2008, 528 (537).
2 LG Bielefeld 27.5.1999, IPRspr. 1999 Nr. 32 = NJW-RR 1999, 1282 (1283) = NZM 1999, 721; *Mankowski*, RIW 1995, 364 (367) sowie BGH 19.3.1997, BGHZ 135, 124 (131) = IPRspr. 1997 Nr. 34.
3 EuGH 15.1.1985 – Rs. 241/83 (Erich Rösler/Horst Rottwinkel), Slg. 1985, 99, 127 Rz. 27 = NJW 1985, 905 (Aufs. *Rauscher*, NJW 1985, 892).
4 EuGH 15.1.1985 – Rs. 241/83 (Erich Rösler/Horst Rottwinkel), Slg. 1985, 99, 127 Rz. 27 = NJW 1985, 905 (Aufs. *Rauscher*, NJW 1985, 892); GA *Sir Gordon Slynn*, Schlussanträge vom 23.10.1984 in der Rs. 241/83, Slg. 1985, 100 (106 f.).
5 Für Art. 16 Nr. 1 lit. a LugÜ vgl. AG Pinneberg 16.2.2000, NZM 2001, 648; im Übrigen *André Huet*, Clunet 127 (2000), 550 (552); *Bruneau*, JCP, éd. G, 2000, II 10432 (S. 2201); *Hausmann*, EuLF 2000, 60 (61).

zung gleichermaßen bedeutsam. Denn sie markiert eine Grenze zwischen Art. 3, 4 Abs. 1 lit. c, d Rom I-VO einerseits und Art. 6 Rom I-VO andererseits. Die weithin fehlende Sympathie für den zu weit geratenen Anwendungsbereich der Art. 22 Nr. 1 S. 1 EuGVO; Art. 16 Nr. 1 lit. a EuGVÜ/LugÜ bei kurzfristigen Mietverhältnissen ist ein Faktor, der im IZPR geneigt sein lässt, den Begriff der Grundstücksmiete eng zu verstehen und nach Auswegen durch andere Qualifikation des Vertrages zu suchen[1]. Solche Hintergründe bestehen im IPR selbst dagegen nicht mit gleicher Stärke. Trotzdem ist ein paralleles Verständnis des Begriffs der Grundstücksmiete im europäischen IPR und IZPR geboten.

Keine Grundstücksmiete sind jedenfalls **Pauschalreisen**, bei denen der Reiseveranstalter dem Kunden ein Leistungspaket anbietet, das Vermittlung eines Hotelzimmers oder einer Ferienwohnung, Verpflegungsleistung, Transport und Transfer umfasst[2]. Hier tritt eine eventuelle Vermietung der Ferienunterkunft nur als Teil eines Gesamtpakets auf und prägt den Gesamtvertrag nicht entscheidend[3]. Man würde den Gesamtvertrag wesentlicher Elemente berauben, wenn man ihn als Mietvertrag einordnen würde. Eine Segmentierung und Aufspaltung des Vertrages in einen immobilienbezogenen und einen anderen Teil ist nicht angezeigt[4]. Dies gilt selbst dann, wenn der Reiseveranstalter selbst die Ferienunterkunft vermieten sollte[5]. Die gedanklich fortzuführenden Art. 4 Abs. 1 S. 2 EVÜ; Art. 28 Abs. 1 S. 2 EGBGB erlaubten eine Aufspaltung nur, wenn die einzelnen Teile nach einer Aufspaltung jeweils eigenständigen Gehalt haben und eigenständigen Bestand haben könnten (anders oben Rz. 189). Dies wäre hier nicht der Fall[6]. Vielmehr macht gerade die Verbindung der Leistungen miteinander zu einem Gesamtpaket das Besondere an der Pauschalreise aus. Dass der Reiseveranstalter für bestimmte Leistungsteile eigene Bezeichnungen verwendet (zB „Mietanmeldung" oder „Fremdleistungen"), ändert hieran grundsätzlich nichts[7]. Wenn man eine Pauschalreise in ihre Einzelteile aufgliederte, wäre sie eben keine *Pauschal*reise mehr und würde ihren Charakter verlieren. Dies schlägt sich zudem bei der Gegenleistung nieder: Die Leistungskombination als solche ist regelmäßig weit billiger, als es die Summe der

1705

---

1 S. zB *Mansel*, IPRax 2000, 31.
2 EuGH 26.2.1992 – Rs. C-280/90 (Elisabeth Hacker/Euro-Relais GmbH), Slg. 1992, I-1111, I-1132 Rz. 14; GA *Marco Darmon*, Schlussanträge vom 10.12.1991 in der Rs. C-280/90, Slg. 1992, I-1119, I-1123 Nr. 26 f.; GA *Antonio La Pergola*, Schlussanträge vom 9.9.1999 in der Rs. C-8/98, Slg. 2000, I-395, I-399 Nr. 9; OLG Frankfurt a.M. 1.8.2007, MDR 2008, 336; AG Hechingen 29.12.2000, RRa 2002, 93; AG Ahrensburg 28.3.2002, RRa 2002, 127 (128); *Lindacher*, IPRax 1993, 228 (229); *Hüßtege*, IPRax 2001, 31 (32).
3 *Hüßtege*, IPRax 2001, 31 (32); *Droz*, Rev.crit.d.i.p. 75 (1986), 135 (136 f.); *Hausmann*, EuLF 2000, 60 (62).
4 So aber AG Pinneberg 16.2.2000, NZM 2001, 648, wonach das mietvertragliche Element andere, isolierte Teilleistungen (Erwerb von Club-Mitgliedschaft) überwiegen soll.
5 Entgegen AG München 30.1.2002, RRa 2002, 129.
6 Vgl. *Dicey/Morris/Morse*, Conflict of Laws (14. Aufl. London 2006), Rz. 33–219.
7 Entgegen AG München 30.1.2002, RRa 2002, 129.

Preise für die hypothetisch isolierten Einzelleistungen wäre. Der Pauschalreisevertrag mit dem Reiseveranstalter fällt jedenfalls in den sachlichen Anwendungsbereich des Art. 6 Rom I-VO wie zuvor des Art. 29 EGBGB[1]. Art. 6 Abs. 4 lit. b Rom I-VO bestätigt dies ausdrücklich[2].

1706 Kein Mietvertrag mit dem Reiseveranstalter liegt erst recht vor, wenn **im Rahmen des Pauschalreisepakets nur die Vermittlung einer Ferienunterkunft** erfolgt[3]. Dann liegt allerdings ein separater Mietvertrag mit dem Vermieter der Ferienunterkunft vor[4]. Dieser ist prinzipiell nicht über Art. 4 Abs. 3 Rom I-VO akzessorisch an das Statut des Pauschalreisevertrages anzuknüpfen. Es geht um eine von einem Dritten gesondert erbrachte Leistung. Allerdings gibt es auch Momente, die für eine akzessorische Anknüpfung sprechen: Eventuelle nachlaufende Streitigkeiten wird der Kunde im Zweifel über den Reiseveranstalter zu regulieren versuchen; der Reiseveranstalter wird häufig auch als Inkassostelle für den Vermieter fungieren oder zumindest die Kundengelder an diesen weiterleiten[5], und der Kunde wird dann nur eine Summe auf ein Konto des Reiseveranstalters einzahlen; der Vermieter wird häufig Vertragspartner des Reiseveranstalters sein oder zumindest Teil eines von diesem organisierten Netzwerkes; der Vermieter nimmt teil an der Reputation des Reiseveranstalters im Verhältnis zum Kunden; der Reiseveranstalter hat sich Ansprüche des Vermieters abtreten lassen[6]. Die immobilienbezogenen Interessen treten dann in den Hintergrund[7]. Eine akzessorische Anknüpfung scheidet aber jedenfalls aus, wenn im Mietvertrag zwischen Vermieter und Kunden eine Rechtswahl getroffen ist.

1707 **Vermietet der Reiseveranstalter allein das Ferienhaus**, allerdings im Rahmen einer Veranstalterroutine, so wäre es falsch, die interndeutschrechtliche Einordnung solcher Verträge unter § 651a BGB[8] in das IPR zu übertragen und solche Verträge als Reiseveranstaltungsverträge zu qualifizieren[9]. Die Perspektive des Verbraucher-Laien ändert nichts an der erkennbaren Vertragsstruktur. Auch etwas eigentlich so Reisetypisches wie eine Reiserücktrittsversicherung oder Versicherung gegen Insolvenz des Reiseveranstalters ändert daran nichts: Handelt es sich ansonsten um einen Immobilienmietvertrag, so liegt in jener Versicherung bestenfalls eine Nebenleistung, welche den Gesamtvertrag we-

---

1 S. nur *Hüßtege*, IPRax 2001, 31 (32).
2 Zu Art. 6 Abs. 4 lit. b Rom I-VO und dem dortigen Begriff der Pauschalreise Rz. 2673–2677.
3 LG Berlin 1.10.1991, IPRax 1992, 243; *Endler*, IPRax 1992, 212 (213); *Jayme*, IPRax 1993, 18 (19); *Muir Watt*, Rev.crit.d.i.p. 89 (2000), 271 (272); *Rauscher*, ZZP Int. 5 (2000), 245 (247).
4 S. *Droz*, Rev.crit.d.i.p. 82 (1993), 78 (80).
5 Vgl. GA *Marco Darmon*, Schlussanträge vom 10.12.1991 in der Rs. C-280/90, Slg. 1992, I-1119, I-1123 Nr. 26.
6 Vgl. *Muir Watt*, Rev.crit.d.i.p. 89 (2000), 271 (272); *Hausmann*, EuLF 2000, 60 (62).
7 Vgl. *André Huet*, Clunet 119 (1992), 505 (507); *André Huet*, Clunet 127 (2000), 550 (553 f.).
8 S. dafür *Ingo Schulze*, RRa 2000, 127 (128).
9 So aber OLG Düsseldorf 30.1.1997, IPRspr. 1997 Nr. 29 = TranspR 1998, 214. Wie hier *André Huet*, Clunet 119 (1992), 505 (506).

der prägt noch mitprägt[1]. Eine Reiserücktrittsversicherung wird zudem in der Regel nicht mit dem Reiseveranstalter, sondern mit einer Versicherungsgesellschaft abgeschlossen, sodass es sich sogar um zwei verschiedene Vertragsverhältnisse handelt.

Keine Dienstleistung ist die **Gebrauchsüberlassung** an sich. Ihr fehlt das für eine Dienstleistung begrifflich notwendige Tätigkeitselement. Ein Leistungselement des Bereitstellens der Immobilie, das unabhängig von der Gebrauchsüberlassung wäre und am Ort der vertragsbetreuenden Niederlassung des Anbieters erbracht würde[2], gibt es nicht[3]. Wer so argumentiert, vermengt die Anknüpfung mit der Qualifikationsfrage[4]. Ganz plastisch gefragt: An welchem anderen Ort als an ihrem Belegenheitsort soll man eine Immobilie bereit stellen können? Was sollte „Bereitstellen" dann, wenn dies möglich wäre, überhaupt heißen? Wenn Bereitstellen bedeutet, dass der nicht vermietende Reiseveranstalter die Gebrauchsüberlassung durch den Vermieter organisiert, so liegt jedenfalls kein Mietvertrag zwischen Kunden und Reiseveranstalter vor. Ebenso wenig vermag im Übrigen, wenn der Reiseveranstalter Vermieter ist, eine Reservierung der Ferienimmobilie für den ins Auge gefassten Zeitraum eine eigenständige Leistung zu sein[5].

1708

Dienstleistungselemente, welche den Charakter des Gesamtvertrages mitprägen würden, liegen in der Regel ebenfalls nicht vor[6]. Bestimmte **Dienstleistungselemente**, namentlich Instandhaltung der Immobilie und eventuell Reinigung der Unterkunft, bleiben untergeordnete Nebenleistungen zur Gebrauchsüberlassung[7]. Gleiches gilt im Prinzip auch für Handtuch- oder Wäschewechsel[8]. Nur ausnahmsweise werden sie den Gesamtvertrag dem Bild eines Hotelvertrages annähern und ihn prägen. Eine Abstufung nach Intensität und Umfang von Nebenleistungen bleibt aber generell problematisch[9]. Die abschließende Reinigung kann jedenfalls Gegenstand eines besonderen und ge-

1709

---

1 EuGH 27.1.2000 – Rs. C-8/98 (Dansommer A/S/Andreas Götz), Slg. 2000, I-393, I-414 Rz. 34 f.; GA *Antonio La Pergola*, Schlussanträge vom 9.9.1999 in der Rs. C-8/98, Slg. 2000, I-395, I-399 Nr. 9; *Muir Watt*, Rev.crit.d.i.p. 89 (2000), 271 (272). Tendenziell anders EuGH 26.2.1992 – Rs. C-280/90 (Elisabeth Hacker/Euro-Relais GmbH), Slg. 1992, I-1111, I-1132 Rz. 14.
2 Dafür aber BGH 12.10.1989, BGHZ 109, 29 (36) = IPRspr. 1989 Nr. 195; LG Köln 22.1.1992, IPRspr. 1992 Nr. 29 = VuR 1992, 156 (157); *Kartzke*, NJW 1994, 823 (825).
3 Vgl. auch *W. Lorenz*, IPRax 1990, 292, 294.
4 Vgl. *Lagarde*, Études offertes à Pierre Bellet (Paris 1991), S. 281 (299); *Bruneau*, JCP, éd. G, 2000 II 10432 (S. 2202).
5 Zumindest missverständlich EuGH 26.2.1992 – Rs. C-280/90 (Elisabeth Hacker/Euro-Relais GmbH), Slg. 1992, I-1111, I-1132 Rz. 14.
6 S. nur – zum parallel gelagerten schuldrechtlichen Timesharing – Rz. 4323 ff. mit umfangreichen Nachweisen.
7 Deutlich LG Darmstadt 23.8.1995, IPRspr. 1995 Nr. 149 = EuZW 1996, 191 (Aufsatz *Mankowski*, EuZW 1996, 177) = IPRax 1996, 121 (Aufs. *Jayme*, IPRax 1996, 87); s. auch EuGH 15.1.1985 – Rs. 241/83 (Erich Rösler/Horst Rottwinkel), Slg. 1985, 99, 127 Rz. 27 = NJW 1985, 905 (Aufs. *Rauscher*, NJW 1985, 892).
8 S. OLG Düsseldorf 30.1.1997, IPRspr. 1997 Nr. 29 = TranspR 1998, 214.
9 *Rauscher*, ZZP Int. 5 (2000), 245 (248).

sonderten Einzelvertrages sein, soweit eigentlich dem Mieter die Endreinigung des Objekts obliegt und der Vermieter ihm dies auf besonderen Wunsch gegen eine zusätzliche Vergütung abnimmt. Betreuung vor Ort durch Ansprechpartner und Repräsentanten kann indes ein zusätzliches Element sein. Zu verlangen sind jedenfalls Serviceleistungen, die auch gegenüber der schwerwiegenden Gebrauchsüberlassung höheres, zumindest aber gleiches Gewicht haben[1].

1710 Keine relevante Serviceleistung kann jedenfalls eine **Beratungsleistung** sein[2]. Zum einen wäre fraglich, wie hoch deren Intensität sein müsste, bevor man ihr ein für den Vertrag mitprägendes Gewicht zusprechen könnte[3]. Gewichtiger ist aber zum anderen, dass solche Beratung typischerweise der Leistungsauswahl dient und im Vorfeld des Vertragsschlusses erfolgt, während sie kein Bestandteil des eigentlichen vertraglichen Leistungsprogramms ist. Bester Beleg dafür: Sie wäre in gleicher Weise erfolgt, wenn der Kunde sich in letzter Sekunde vor dem Vertragsschluss zurückgezogen und seine Urlaubspläne aufgegeben hätte. Dass der Veranstalter mehrere Optionen zur Auswahl hat, spielt ebenfalls keine (mit)entscheidende Rolle[4]. Wieder geht es dabei nur um das Vorfeld des Vertragsschlusses.

1711 Keine Bedeutung darf – jedenfalls als isoliertes Faktum – gewinnen, **ob der potenzielle Vermieter Eigentümer der in Rede stehenden Immobilie ist** oder nicht[5]. Vermietung setzt eben kein Eigentum voraus, wie schon die Existenz der Untervermietung als Rechtsinstitut erweist. Eine fehlende Eigentümerposition deutet nur dann in Richtung einer Vermittlung, wenn auch der Eigentümer in Kontakt mit dem Kunden steht, also eine zweite Person neben den Vermittler tritt. Wird dagegen die Zwischenperson selbst Mieter und vermietet dann ihrerseits an ihre Kunden weiter, so schadet dies insoweit, als keine Vermittlung mehr vorliegen kann[6].

1712 Wertet man anders und misst den Nebenleistungen eines selbst als Vermieter auftretenden Reiseveranstalters in der Regel mitprägendes Gewicht zu, so muss man Art. 6 Rom I-VO für sachlich anwendbar halten. Bei Vertrags-

---

1 M. Böhmer, Das deutsche Internationale Privatrecht des timesharing (1993), S. 156; Mäsch, EuZW 1995, 8 (13); Mankowski, RIW 1995, 364 (367); Mäsch, in: Hildenbrand/Kappus/Mäsch, Time-Sharing und Teilzeit-Wohnrechtegesetz (TzWrG) (1997), § 8 TzWrG Rz. 10.
2 Anders aber EuGH 26.2.1992 – Rs. C-280/90 (Elisabeth Hacker/Euro-Relais GmbH), Slg. 1992, I-1111, I-1132 Rz. 14; GA Marco Darmon, Schlussanträge vom 10.12.1991 in der Rs. C-280/90, Slg. 1992, I-1119, I-1123 Nr. 26; 5. Aufl. Rz. 944 (Limmer).
3 Rauscher, ZZP Int. 5 (2000), 245, 246.
4 Entgegen EuGH 26.2.1992 – Rs. C-280/90 (Elisabeth Hacker/Euro-Relais GmbH), Slg. 1992, I-1111, I-1132 Rz. 14; GA Marco Darmon, Schlussanträge vom 10.12.1991 in der Rs. C-280/90, Slg. 1992, I-1119, I-1123 Nr. 26; 5. Aufl. Rz. 944 (Limmer).
5 André Huet, Clunet 127 (2000), 550 (553) sowie LG Hannover 26.7.1990, EuZW 1990, 452. Vgl. aber Lagarde, Études offertes à Pierre Bellet (Paris 1991), S. 281 (291 f.). Unklar die Position von EuGH 27.1.2000 – Rs. C-8/98 (Dansommer A/S/Andreas Götz), Slg. 2000, I-393, I-414 f. Rz. 36 f.
6 André Huet, Clunet 127 (2000), 550 (553) gegen Lagarde, Études offertes à Pierre Bellet (Paris 1991), S. 281 (292).

abschluss über ein inländisches Reisebüro sind dann auch die situativen Voraussetzungen für eine Anwendung deutschen Rechts über Art. 6 Abs. 1 lit. a oder b Rom I-VO gegeben. Da die dann für relevant erklärten Nebenleistungen nicht ausschließlich im Ausland, sondern als Organisationsleistungen im Inland erbracht werden, ist die Ausnahmevorschrift des Art. 6 Abs. 4 lit. a Rom I-VO nicht einschlägig[1].

3. Abgrenzung zu Vermittlungs- und Verwaltungsverträgen

Ein Vertrag, in welchem sich die eine Partei nur verpflichtet, Mieter oder zumindest Mietinteressenten für Haus oder Grundstück der anderen Partei zu vermitteln, ist kein Mietvertrag, sondern ein **Vermittlungsvertrag** und damit ein reiner Dienstleistungsvertrag[2]. Ein Dienstleistungs- oder Werkvertrag, jedenfalls kein Mietvertrag liegt auch in der umgekehrten Konstellation vor, dass der Vermittler für den Mietinteressenten Mietgelegenheiten suchen soll[3]. Ob ein Vertrag einen solchen (begrenzten) Vertragsinhalt haben soll, ist eine Frage der Vertragsauslegung. Diese richtet sich gem. Art. 12 Abs. 1 lit. a Rom I-VO nach dem Vertragsstatut.   1713

Geschäftsbesorgungsverträge sind erst recht reine **Verwaltungs- und Instandhaltungsverträge**[4]. Typischerweise wird solche Verträge auch der Vermieter abschließen, um seine mietvertraglichen Pflichten zwar nicht zu delegieren, sich aber fremder Ressourcen zu ihrer Erfüllung wie zur Erhaltung seines Wertobjekts Immobilie zu bedienen.   1714

Frei.   1715–1720

IV. Anknüpfung dinglicher und quasi-dinglicher Wirkungen der Miete

Dem Schuldstatut unterliegen die schuldrechtlichen Fragen der Miete, dh. ob der Mietzins (Pachtzins) im Voraus zu bezahlen ist, ob Untervermietung zulässig ist, wie lange der Vertrag läuft, wie der Vertrag gekündigt werden kann,   1721

---

1 *Kartzke*, NJW 1994, 823 (825); *Reithmann/Martiny*, 5. Aufl. Rz. 944 *(Limmer)*; *Thorn*, in: Palandt, Art. 29 EGBGB Rz. 2.
2 OLG Frankfurt a.M. 10.6.1992, IPRspr. 1992 Nr. 183b. Vgl. auch zum parallelen Vermittlungsvertrag bei Immobilienkäufen CA Dijon 28.3.2002, JCP 2002, éd. E, S. 1552; *Mourre/Lahlou*, Rev.dr.aff.int. 2002, 935. Unzutreffend LG Frankfurt a.M. 6.9.1991, IPRax 1992, 241.
3 BGH 17.1.1985, NJW 1985, 906; LG Frankfurt a.M. 10.5.1982, IPRspr. 1982 Nr. 138 = NJW 1982, 1949 f.; LG Offenburg 16.11.1982, IPRspr. 1982 Nr. 148 = NJW 1983, 1273 f.; LG München I 18.5.1983, IPRspr. 1983 Nr. 135A = NJW 1985, 331; LG Berlin 1.10.1991, IPRspr. 1991 Nr. 179 = IPRax 1992, 243 (Aufs. *Endler*, IPRax 1992, 212); *von Bar*, Rz. 515.
4 *von Bar*, Rz. 515; *von Hoffmann*, in: Soergel, Art. 28 EGBGB Rz. 240; *Magnus*, in: Staudinger, Art. 28 EGBGB Rz. 103; *Spickhoff*, in: Bamberger/Roth, Art. 28 EGBGB Rz. 18 und altrechtlich BGH 16.10.1958, IPRspr. 1958/59 Nr. 41 = WuM 1959, 354.

ebenso die Frage, wann rückständige Mietzinsen verjähren. Miet- oder Pachtverträge haben jedoch nach den meisten Rechtsordnungen über die schuldrechtlichen Wirkungen hinaus auch dingliche Wirkungen: zB das **Vermieterpfandrecht** nach § 562 BGB oder die **Grundbucheintragung** nach Art. 260 OR im Schweizer Recht, die für den Mietvertrag Drittwirkung begründet. Darüber hinaus sind an Mietverträge häufig auch quasi-dingliche Wirkungen geknüpft, etwa der Grundsatz des § 566 BGB: „Kauf bricht nicht Miete".

1722 In welcher Weise diese dinglichen und quasidinglichen Wirkungen angeknüpft werden sollen, ist durchaus umstritten. Nach einer Auffassung soll das Belegenheitsrecht abstrakt darüber entscheiden, ob und mit welchem Inhalt der Miete die Wirkung zukommen kann, dass auf ihrer Grundlage ein beschränkt dingliches Recht entsteht. Ob der Schuldvertrag im konkreten Fall ein dingliches Recht zur Entstehung bringt, soll aber dem Vertragsstatut unterliegen[1]. Nach dieser Auffassung entschieden also Schuldstatut und lex rei sitae gemeinsam über das Entstehen der dinglichen Rechte. Demgegenüber geht die wohl überwiegende Meinung davon aus, dass allein sachenrechtlich zu qualifizieren ist und über Art. 43 Abs. 1 EGBGB die **lex rei sitae** über **Eintritt und Umfang dinglicher Wirkungen** der Miete oder Pacht entscheidet[2]. Dies gilt sogar dann, wenn nur das Belegenheitsrecht, nicht aber das Vertragsstatut die Entstehung dinglicher Rechte vorsieht. In diesen Fällen setzt sich die lex rei sitae durch[3]. Der Vorrang der lex rei sitae ist vorzugswürdig, da ansonsten dem Schuldstatut Wirkungen auf das Sachenrecht des Belegenheitsstaates zugebilligt und damit die Einheitlichkeit der dinglichen Rechte beeinträchtigt würde[4].

1723 Dingliche und quasidingliche Wirkungen der Miete bzw. Pacht müssen daher über Art. 43 Abs. 1 EGBGB stets nach der lex rei sitae beurteilt werden. Dazu gehört insbesondere auch die Frage, ob der Miet- bzw. Pachtvertrag auch einen Käufer des vermieteten Grundstücks bindet. Das deutsche Recht bejaht diese Frage (§ 566 BGB), das französische Recht nur bei Mietverträgen auf bestimmte Zeit und bei notariell beurkundeten Mietverträgen (Art. 1743 c.c.). Nach italienischem Recht bindet der Mietvertrag den Erwerber des Grundstücks nur bis zu höchstens neun Jahren, längere Bindung kann aber durch Registereintragung erreicht werden (Art. 1599 C.C.).

1724–1730 Frei.

---

1 So *Trenk-Hinterberger*, Internationales Wohnungsmietrecht (1977), S. 158.
2 LG Hamburg 29.8.1991, IPRspr. 1991 Nr. 40.
3 LG Hamburg 29.8.1991, IPRspr. 1991 Nr. 40; 5. Aufl. Rz. 945 f. *(Limmer)*; von Hoffmann, in: Soergel, Art. 28 EGBGB Rz. 166.
4 Ebenso *M. Böhmer*, Das deutsche Internationale Privatrecht des timesharing (1993), S. 160 f.

V. Formvorschriften

Die Form des Mietvertrages[1] richtet sich nach Art. 11 Rom I-VO. Nach Art. 11 Abs. 1 Var. 1 Rom I-VO entscheidet grundsätzlich das Geschäftsrecht, das **Vertragsstatut**, über die Form des Mietvertrages. Im Falle der Nichteinhaltung entscheidet das Vertragsstatut über die Folgen der Formverletzung. Ist deutsches Recht Schuldstatut, so bedarf zB ein Mietvertrag über ein Grundstück, der für eine längere Zeit als ein Jahr geschlossen wird, der schriftlichen Form. Wird die Form nicht beachtet, so gilt der Vertrag nach § 550 BGB als für unbestimmte Zeit geschlossen. 1731

Alternativ genügt allerdings nach Art. 11 Abs. 1 Var. 2 Rom I-VO die **Form des Rechts am Abschlussort** des Vertrages. Schließen zB ein Deutscher und ein Schweizer mündlich in der Schweiz einen Mietvertrag über ein deutsches Grundstück auf sechs Jahre und vereinbaren die Geltung deutschen Rechts, so ist dieser Vertrag trotz Nichtbeachtung des § 550 BGB formgültig und nur für sechs Jahre bindend, da nach schweizerischem Recht auch langfristige Mietverträge mündlich wirksam abgeschlossen werden können[2]. 1732

Eine **Ausnahme** gilt aber nach Art. 11 Abs. 5 Rom I-VO: Immobilienmietverträge sind danach ausschließlich den Formvorschriften des Belegenheitsrechts unterworfen, wenn diese Formvorschriften nach dem Recht des Belegenheitsstaates unabhängig davon gelten, in welchem Staat der Vertrag geschlossen wird oder welchem Recht der Vertrag unterliegt (lit. a) und von ihnen nicht durch Vereinbarung abgewichen werden kann (lit. b). Nicht gefordert ist, dass die betreffende Formvorschrift Publizitätsfunktion hätte oder dass der Mietvertrag nach dem Recht der belegenen Sache ein dingliches Recht erzeugte. Quasi-dingliche Wirkungen (also namentlich „Kauf bricht nicht Miete") genügen ebenfalls nicht, um Art. 11 Abs. 5 Rom I-VO anwenden zu können. Vielmehr ist eine Anwendung sowohl gegen das Vertragsstatut als auch gegen das Recht des Abschlussortes gefordert. Entscheidend ist der eigene Anwendungswille der betreffenden Formvorschrift. Ob eine Norm einen solchen Anwendungswillen hat, ist der betreffenden Norm selbst zu entnehmen. Insoweit gibt Art. 11 Abs. 5 lit. a Rom I-VO nur den Rahmenbegriff des Obersatzes vor, und für den Untersatz ist das Belegenheitsrecht zuständig. Art. 11 Abs. 5 lit. b Rom I-VO verlangt nur internrechtlich zwingenden Charakter. Er macht zugleich deutlich, dass keine Einengung auf Eingriffsnormen international zwingenden Charakters bezweckt ist (zumal sowieso zweifelhaft ist, ob Formvorschriften jemals eingriffsrechtlichen Charakter haben könnten). 1733

Frei. 1734–1740

---

[1] Und nur diese; übersehen von AG Hanau 2.2.1995, IPRspr. 1995 Nr. 72 = FamRZ 1995, 887.
[2] Vgl. *Trenk-Hinterberger*, ZMR 1973, 1 (5).

VI. Sonderanknüpfung zwingender Bestimmungen

1741 Inländische Vorschriften über Mieter- und Pächterschutz sollen nach Art. 9 Abs. 2 Rom I-VO im Wege der Sonderanknüpfung anzuwenden sein, wenn das Grundstück oder die Wohn- oder Geschäftsräume im Inland belegen sind[1]. Gesetzesgenetisch hatte dies bei der nationalen Vorgängerregelung des Art. 34 EGBGB eine erhebliche Stütze in den Materialien: Die Begründung zum Regierungsentwurf des IPR-Neuregelungsgesetzes von 1986 nannte **Mieterschutzvorschriften** als spezifischen Beispielsfall für zwingende Vorschriften im Sinne des Art. 34 EGBGB[2]. Liegt daher das Grundstück oder die Wohnung in Deutschland, dann kommen nach diesem Ansatz die deutschen Mieterschutzvorschriften wie der soziale Kündigungsschutz, das Vorkaufsrecht des Mieters, die Regulierung von Miethöhe und Mieterhöhungen usw. zwingend und unabhängig vom Mietvertragsstatut zur Anwendung. Darüber hinaus wären diesem Ansatz zufolge nach Art. 9 Abs. 2 Rom I-VO zB auch die Vorschriften des Wohnungsbindungsgesetzes, das Vorkaufsrecht nach § 20 VermG und die Schutzvorschriften des Schuldrechtsanpassungsgesetzes sonderanzuknüpfen[3].

1742 Unter dem Gesichtspunkt der Geltungskraft wurde bisher an eine Sonderanknüpfung auch der ausländischen zwingenden Vorschriften des Mieter- und Pächterschutzes gedacht, wenn das Vertragsgrundstück oder die Vertragsimmobilie sich in dem betreffenden Land befänden, da dieses sich ohne weiteres Geltung verschaffen könne[4]. Im Belegenheitsstaat sind zumindest wesentliche Verpflichtungen aus dem Mietvertrag zu erfüllen. Dort findet jedenfalls die Nutzungsüberlassung statt, außerdem die Instandhaltung. Damit wäre den strengen und einengenden Voraussetzungen des Art. 9 Abs. 3 Rom I-VO genügt, sofern man Mieterschutzrecht als Eingriffsrecht anerkennt. Konkret würde dafür immerhin die vergleichbare Wertung des Art. 3 Abs. 3 EGBGB streiten: Dem Belegenheitsrecht von Immobilien wird dort (für sachenrechtliche Fragen insbesondere gegenüber Gesamtvermögensstatuten wie Erb- oder Ehegüterrechtsstatut) ein weites Mitspracherecht mit Vorrang vor

---

1 S. nur *Trenk-Hinterberger*, Internationales Wohnungsmietrecht (1977), S. 143 f.; *Kropholler*, RabelsZ 42 (1978), 634 (642); *Beitzke*, RabelsZ 48 (1984), 623 (643 f.); *E. Lorenz*, RIW 1987, 569 (580); *von Hoffmann*, IPRax 1989, 261 (266); *W. Lorenz*, IPRax 1990, 292 (294); *Voser*, Die Theorie der lois d'application immédiate im Internationalen Privatrecht (Basel/Frankfurt 1993), S. 261; *Knoepfler*, Festschr. Heini (Zürich 1995), S. 239 (253); 5. Aufl. Rz. 947 *(Limmer)*; *Magnus*, in: Staudinger, Art. 28 EGBGB Rz. 214, Art. 34 EGBGB Rz. 88; *Heiss*, in: Czernich/Heiss, Art. 7 EVÜ Rz. 32; 6. Aufl. Rz. 422 *(Freitag)*; *Wulf-Henning Roth*, Festschr. Immenga (2004), S. 331 (341); *Martiny*, in: MünchKomm, Art. 28 EGBGB Rz. 158, Art. 34 EGBGB Rz. 115; *Hohloch*, in: Erman Art. 28 EGBGB Rz. 35, Art. 34 EGBGB Rz. 16.
2 Begründung der Bundesregierung zum Entwurf eines Gesetzes zur Neuregelung des Internationalen Privatrechts, BT-Drucks. 10/504, 83.
3 Konsequent 4. Aufl. Rz. 947 *(Limmer)*.
4 Zu diesem Gesichtspunkt *E. Lorenz*, RIW 1987, 579 (580 f.); ebenso im Speziellen *Trenk-Hinterberger*, ZMR 1973, 1 (2); 5. Aufl. Rz. 947 *(Limmer)*; *Lurger*, IPRax 2001, 52 (55 f.); *Magnus*, in: Staudinger, Art. 34 EGBGB Rz. 68; 6. Aufl. Rz. 422 *(Freitag)*; *W.-H. Roth*, Festschr. Immenga (2004), S. 331 (341); *Hohloch*, in: Erman, Art. 34 EGBGB Rz. 16.

der lex causae eingeräumt. Dahinter steht der Gedanke, dass man andere Regelungen gegen den Willen des Belegenheitsrechts nur schwerlich durchsetzen könnte und es in der Regel für eine effektive Durchsetzung auf Maßnahmen und die Mithilfe des Belegenheitsstaates ankommen wird[1].

Stellt man jedoch **strengere Anforderungen** an die Qualifikation von Normen als Eingriffsnormen und verlangt, dass die betreffende Norm ein überwiegendes öffentliches Interesse verwirklicht, nicht nur einen Ausgleich zwischen den Interessen der privaten Vertragsparteien, so ist Mieterschutzrecht kein Gegenstand einer Sonderanknüpfung. Mieterschutzrecht dient nämlich wesentlich dem Ausgleich zwischen Mieter und Vermieter und soll die Vertragsposition des Mieters stärken. Natürlich gestaltet Mieterschutzrecht Marktverhältnisse und ist staatliches Steuerungsinstrument für Verhältnisse und Umfang des nationalen Wohnungsmarktes. Marktgestaltende Wirkung allein macht eine Vorschrift aber noch nicht zur Eingriffsnorm, denn jede Privatrechtsnorm vermittelt Anreize, ist Ausdruck eines gesetzgeberischen Gestaltungswillens und beeinflusst so Marktverhältnisse[2]. Eingriffsrecht möchte kein immanentes, sondern ein systemisches Marktversagen korrigieren und kollektive Interessen gegen eigennützige Transktionen durchsetzen[3]. Nach diesen strengeren Anforderungen ist Mieterschutzrecht – allen mit ihm verbundenen staatlichen Eingriffen in die Vertragsfreiheit zum Trotz – kein Eingriffsrecht und daher nicht sonderanzuknüpfen. Darüber vermöchten die insoweit weder begründeten noch näher reflektierten Gesetzesmaterialien nicht hinwegzuhelfen. Deren Aufzählungen, was möglicher Gegenstand einer Sonderanknüpfung sein könnte, sind nicht bindend. Vielmehr sind sie unstrukturiert und merkwürdig konzeptionslos, außerdem weisen sie innere Unerklärlichkeiten auf; dies vermindert ihre Signifikanz und Aussagekraft[4].

1743

Frei.

1744–1750

VII. Zusammenfassung mit Handlungsanleitung

1. Grundstücksmiete und -pacht fallen als solche kraft der rechtspolitisch zweifelhaften Ausnahme in Art. 6 Abs. 4 lit. b Rom I-VO nicht in den sachlichen Anwendungsbereich des Internationalen Verbrauchervertragsrechts.

1751

2. Für Grundstücksmiete und -pacht ist Rechtswahlfreiheit nach Art. 3 Abs. 1 Rom I-VO eröffnet.

---

1 *Zitelmann*, Bd. II S. 695; *Zitelmann*, Festschr. Otto v. Gierke (1911), S. 255 (261); *A. Tiedemann*, Internationales Erbrecht in Deutschland und Lateinamerika (1993), S. 41 (52); *Dörner*, in: Staudinger, Art. 25, 26 EGBGB (Neubearb. 2007), Art. 25 EGBGB Rz. 522; *Mankowski*, in: von Bar/Mankowski, I § 7 Rz. 48.
2 Näher *Mankowski*, DZWir 1996, 273 (276); *Mankowski*, in: von Bar/Mankowski, I § 4 Rz. 92.
3 *Behrens*, Festschr. 75 Jahre MPI (2001), S. 381 (387).
4 *Mankowski*, DZWir 1996, 273 (277) zu Bericht *Giuliano/Lagarde*, ABl. EG 1980 Nr. C 282 Art. 7 EVÜ Bem. (4).

3. Die objektive Anknüpfung erfolgt nach Art. 4 Abs. 1 lit. c Rom I-VO und führt zum Recht des Belegenheitsortes. Ausnahmsweise wird die Vermutung über Art. 4 Abs. 3 Rom I-VO durchbrochen. Kurzfristige Vermietung ausländischer Ferienimmobilien von Inländern an Inländer kann schon über Art. 4 Abs. 1 lit. d Rom I-VO inländischem Recht unterliegen.

4. Pauschalreiseverträge, bloße Vermittlungsverträge und reine Verwaltungsverträge sind keine Miet- oder Pachtverträge.

5. Dingliche und quasi-dingliche Wirkungen einer Grundstücksmiete oder -pacht (zB, ob Kauf Miete bricht) richten sich sachenrechtlich über Art. 43 Abs. 1 EGBGB nach dem Recht der Grundstücksbelegenheit. Eine Rechtswahl ist insoweit nicht möglich.

6. Die Form eines Miet- oder Pachtvertrages ist ein eigenständiger Anknüpfungsgegenstand und unterfällt grundsätzlich Art. 11 Abs. 1, 2 Rom I-VO. Allerdings kommt Art. 11 Abs. 5 Rom I-VO zum Einsatz, wenn die Form sich gegen Vertragsstatut und Belegenheitsrecht durchsetzen will und internrechtlich zwingend ist.

7. Von der herrschenden Meinung wird eine eingriffsrechtliche Sonderanknüpfung von Mieterschutzrecht befürwortet. Dies gilt auch für ausländisches Mieterschutzrecht, soweit das Mietobjekt im betreffenden Ausland liegt.

1752–1770   Frei.

Kapitel 4: Verträge über Rechte am Geistigen Eigentum

Übersicht

	Rz.		Rz.
A. Allgemeines zu Verträgen über Rechte am Geistigen Eigentum	1771	C. Urheberrechtsverträge, insbes. Verlags- und Filmverträge	1941
B. Lizenzverträge/gewerbliche Schutzrechte	1831		

A. Allgemeines zu Verträgen über Rechte am Geistigen Eigentum

	Rz.		Rz.
I. Besonderheiten von Verträgen über Rechte am Geistigen Eigentum	1771	3. Reichweite der Schutzlandanknüpfung	1795
1. Begriff und Abgrenzung des Geistigen Eigentums	1771	a) Abgrenzungsproblematik vor dem Hintergrund der Rom II-VO	1795
2. Rechtsquellen	1773	b) Territorialität der Rechte des Geistigen Eigentums	1796
3. Trennungsprinzip, Abstraktion und Qualifikationsfragen	1774	c) Bisherige kollisionsrechtliche Anknüpfung von Gewerblichen Schutzrechten	1798
II. Kollisionsrechtliche Anknüpfung von Verträgen über Rechte am Geistigen Eigentum nach der Rom I-VO	1781	d) Meinungsstreit um die kollisionsrechtliche Anknüpfung von Urheberrechten	1799
1. Fehlende Vorgabe durch die Rom I-VO	1781	aa) Territoriale Schutzlandanknüpfung	1799
2. Konsequenzen für die Anknüpfung von Verträgen über Rechte am Geistigen Eigentum	1782	bb) Universale Anknüpfung	1800
a) Anwendung der subsidiären Anknüpfung nach Art. 4 Abs. 2 Rom I-VO	1782	e) Kritische Würdigung und Bestimmung der Reichweite der Schutzlandanknüpfung	1801
b) Engere Verbindung zu einem anderen Staat und Prinzip der engsten Verbindung	1783	IV. Abgrenzung des Vertragsstatuts vom Immaterialgüterrechtsstatut	1811
c) Verbraucher- und Arbeitsvertragsstatut	1784	1. Gewerbliche Schutzrechte	1811
III. Kollisionsrechtliche Anknüpfung nach Art. 8 Rom II-VO	1791	2. Urheberrecht	1812
1. Verletzung von Rechten des Geistigen Eigentums	1792	a) Einheitstheorie	1812
2. Verletzung von gemeinschaftsweit einheitlichen Rechten des Geistigen Eigentums	1794	b) Territoriale Spaltungstheorie	1813
		c) Universale Spaltungstheorie	1814
		d) Kritische Würdigung	1815
		V. Behandlung von Altfällen	1821

I. Besonderheiten von Verträgen über Rechte am Geistigen Eigentum

Literatur zum Internationalen Privatrecht: *Basedow/Drexl/Kur/Metzger*, Intellectual Property in the Conflict of Laws (2005); *Beier*, Die internationalprivatrechtliche Beurteilung von Verträgen über gewerbliche Schutzrechte, in: Holl/Klinke (Hrsg.), Internationales Privatrecht, Internationales Wirtschaftsrecht (1985), S. 287; *Beier*, Territorialität des Markenrechts und internationaler Wirtschaftsverkehr, GRUR Int. 1968, 8; *Braun*, Die internationale Coproduktion von Filmen im internationalen Privatrecht (1996); *Buchner*, Rom II und das Internationale Immaterialgüter- und Wettbewerbsrecht, GRUR Int. 2005, 1004; *Cigoj*, Internationalprivatrechtliche Aspekte der Urheberrechte, Festschr. Firsching (1985), S. 53; *Dessemontet*, Copyright contracts and choice of law, Festschr. Nordemann (2004), S. 415; *Drexl*, Lex americana ante portas – Zur extraterritorialen Anwendung nationalen Urheberrechts, Festschr. Nordemann (2004), S. 429; *Drexl*, The Proposed Rome II Regulation: European Choice of Law in the Field of Intellectual Property, in: Drexl/Kur (Hrsg.), Intellectual Property and Private International Law – Heading for the Future (Oxford 2005), S. 151; *Dreyfuss/Ginsburg*, Principles Governing Jurisdiction, Choice of Law and Judgments in Transnational Disputes, Aim, scope and approach of the American Law Institute project on intellectual property, CRi 2003, 33; *Drobnig*, Originärer Erwerb und Übertragung von Immaterialgüterrechten im Kollisionsrecht, RabelsZ 40 (1976), 195; *van Eechoud*, Alternatives to the lex protectionis as the Choice-of-Law Rule for Initial Ownership of Copyright, in: Drexl/Kur (Hrsg.), Intellectual Property and Private International Law – Heading for the Future (Oxford 2005), S. 289; European Max-Planck Group for Conflict of Laws in Intellectual Property (CLIP), Intellectual Property and the Reform of Private International Law – Sparks from a Difficult Relationship, IPRax 2007, 284; *Fallenböck*, Zur kollisionsrechtlichen Anknüpfung von Immaterialgüterrechtsverträgen nach dem Europäischen Vertragsrechtsübereinkommen (EVÜ), ZfRV 1999, 98; *Fentiman*, Choice of Law and Intellectual Property, in: Drexl/Kur (Hrsg.), Intellectual Property and Private International Law – Heading for the Future (Oxford 2005), S. 129; *Gaster*, Das urheberrechtliche Territorialitätsprinzip aus Sicht des Europäischen Gemeinschaftsrechts, ZUM 2006, 8; *Geller*, Internationales Immaterialgüterrecht, Kollisionsrecht und gerichtliche Sanktionen im Internet, GRUR Int. 2000, 659; *Grünberger*, Das Urheberrechtsstatut nach der Rom II-VO, ZVglRWiss 108 (2009), 134; *Haupt*, Territorialitätsprinzip im Patent- und Gebrauchsmusterrecht bei grenzüberschreitenden Fallgestaltungen, GRUR 2007, 187; *Hausmann*, Möglichkeiten und Grenzen der Rechtswahl in internationalen Urheberrechtsverträgen, in: Rehbinder (Hrsg.), Beiträge zum Film- und Medienrecht, Festschr. Wolf Schwarz (1988), S. 47; *Hausmann/Obergfell*, Einleitung I, in: Fezer (Hrsg.), Lauterkeitsrecht, 2. Aufl. (2009); *Hiestand*, Die Anknüpfung internationaler Lizenzverträge (1993); *von Hoffmann*, Verträge über gewerbliche Schutzrechte im Internationalen Privatrecht, RabelsZ 40 (1976), 208; *Hoppe*, Lizenz- und Know-how-Verträge im internationalen Privatrecht (1994); *Katzenberger*, Urheberrechtsverträge im Internationalen Privatrecht und Konventionsrecht, in: Beier/Götting/Lehmann/Moufang (Hrsg.), Urhebervertragsrecht, Festschr. Schricker (1995), S. 225; *Klass*, Ein interessen- und prinzipienorientierter Ansatz für die urheberkollisionsrechtliche Normenbildung: Die Bestimmung geeigneter Anknüpfungspunkte für die erste Inhaberschaft, GRUR Int. 2008, 546; *Klass*, Das Urheberkollisionsrecht der ersten Inhaberschaft – Plädoyer für einen universalen Ansatz, GRUR Int. 2007, 373; *Knörzer*, Das Urheberrecht im deutschen Internationalen Privatrecht (1992); *Koumantos*, Le droit international privé et la Convention de Berne, DdA 1988, 439; *Kur*, Principles Governing Jurisdiction, Choice of Law and Judgments in Transnational Disputes: A European Perspective, CRi 2003, 65; *Leible*, Internationales Vertragsrecht, die Arbeit an einer Rom I-Verordnung und der Europäische Vertragsgerichtsstand, IPRax 2006, 365; *Leible*, Rechtswahl im IPR der außervertraglichen Schuldverhältnisse nach der Rom II-Verordnung, RIW 2008, 257; *Leible/Lehmann*, Die neue EG-Verordnung über das auf außervertragliche Schuldverhältnisse anzuwendende Recht, RIW 2007, 721; *Leible/Lehmann*, Die Verordnung über das auf vertragliche Schuldverhältnisse anzuwendende Recht („Rom I"), RIW 2008, 528; *Leistner*, The Law Applicable to Non-Contractual Obligations Arising from an Infringement of National or Community IP Rights, in: Leible/Ohly (Hrsg.), Intellectual Property and Private International Law (2009), S. 97; *Loewenheim*, Rechtswahl bei Filmlizenzverträgen, ZUM 1999, 923; *Mackensen*, Der Verlagsvertrag im internationalen Privatrecht (1965); *Mäger*, Der Schutz des Urhebers im internationalen Vertragsrecht: zur Anknüpfung zwingenden deutschen Urheberrechts (1995); *Martiny*, Verletzung von Immaterialgüterrechten im internationalen Privatrecht, RabelsZ 40 (1976), 218; *de Miguel Asensio*, Applicable Law in the Absence of Choice to Contracts Relating to Intellectual or Industrial Property Right, Yearbook of Private International Law 2008, 199; *Neuhaus*, Freiheit und Gleichheit im internationalen Immaterialgüterrecht, RabelsZ 40 (1976), 191; *Obergfell*, Filmverträge im deutschen materiellen und internationalen Privatrecht (2001); *Obergfell*, Das Schutzlandprinzip und „Rom II" – Bedeutung und Konsequenzen für das Internationale Urheberrecht, IPRax 2005, 9; *Peifer*, Das Territorialitätsprinzip im Europäischen Gemeinschaftsrecht vor dem Hintergrund der technischen Entwicklungen, ZUM 2006, 1; *Peukert*, Contractual Jurisdiction Clauses and Intellectual Property, in: Drexl/Kur (Hrsg.), Intellectual Property and Private International Law – Heading for the Future (Oxford 2005), S. 55; *Pütz*, Zum Anwendungsbereich des § 32b UrhG: Internationales Urhebervertragsrecht und angestellte Urheber, IPRax 2005, 13; *Regelin*, Das Kollisionsrecht der Immaterialgüterrechte an der Schwelle zum 21. Jahrhundert (2000); *Ropohl*, Zur Anknüpfung der formlosen Markenrechte im Internationalen Privatrecht (2003); *Sack*, Das IPR des geistigen Eigentums nach der Rom II-VO, WRP 2008, 1405; *Schack*, Zur Anknüpfung des Urheberrechts im internationalen Privatrecht (1979); *Schack*, Das auf (formlose) Immaterialgüterrechte anwendbare Recht nach Rom II, in: Die richtige Ordnung – Festschr. Kropholler (2008), S: 651. *Schack*, The Law Applicable to (Unregistered) IP Rights after Rome II, in: Leible/Ohly (Hrsg.), Intellectual Property and Private International Law (2009), S. 79; *Schack*, International zwingende Normen im Urhebervertragsrecht, in: Festschr. Heldrich (2005), S. 997; *Schack*, Zum auf grenzüberschreitende Sendevorgänge anwendbaren Urheberrecht, IPRax 2003, 141; *Schack*, Internationale Urheber-, Marken- und Wettbewerbsrechtsverletzungen im Internet, Internationales Zivilprozessrecht, MMR 2000, 135; *Schricker*, Einleitung, in: Jacobs/Lindacher/Teplitzky (Hrsg.), UWG-Großkommentar, 9. Lieferung (1994); *Spoendlin*, Der internationale Schutz des Urhebers, UFITA 107 (1988) 11; *Ulmer*, Fremdenrecht und IPR im gewerblichen Rechtsschutz und Urheberrecht, in: Holl/Klinke (Hrsg.), Internationales Privatrecht, Internationales Wirtschaftsrecht (1985), S. 257; *Ulmer*, Gewerbliche Schutzrechte und Urheberrechte im Internationalen Privatrecht, RabelsZ 41 (1977), 479; *Ulmer*, Immaterialgüterrechte im internationalen Privatrecht, Rechtsvergleichende Untersuchung mit Vorschlägen für die Vereinheitlichung in der Europäischen Wirtschaftsgemeinschaft, Gutachten im Auftrag des Bundesministers der Justiz (1975); *von Welser*, Zum Urheberkollisionsrecht bei grenzüberschreitenden Sendungen, IPRax 2003, 440; *Wille*, Die Verfügung im internationalen Urheberrecht: Zur kollisionsrechtlichen Beurteilung von Inhalt, Umfang und Form der Verfügung unter besonderer Berücksichtigung deutschen, spanischen sowie französischen Urheberrechts (1997); *Zimmer*, Urheberrechtliche Verpflichtungen und Verfügungen im Internationalen Privatrecht (2006).

Literatur zum materiellen Recht: *Benkard*, Patentgesetz, Gebrauchsmustergesetz, 10. Aufl. (2006); *A. Brandi-Dohrn/M. Brandi-Dohrn*, Teil F: Handel mit geistigem Eigentum, in: Kronke/Melis/Schnyder (Hrsg.), Handbuch Internationales Wirtschaftsrecht (2005); *Bühring*, Gebrauchsmustergesetz, 7. Aufl. (2007); *Büscher/Dittmer/Schiwy*, Kommentar Gewerblicher Rechtsschutz Urheberrecht Medienrecht (2008); *Busse*, Patentgesetz, 6. Aufl. (2003); *Dreier/Schulze*, UrhG, 3. Aufl. (2008); *Eichmann/von Falckenstein*, Geschmacksmustergesetz, 3. Aufl. (2005); *Fezer*, Markenrecht, 4. Aufl. (2009); *Fromm/Nordemann*, Urheberrecht, 10. Aufl. (2008); *von Gamm*, Urheberrechtsgesetz (1968), *Götting*, Gewerblicher Rechtsschutz, 8. Aufl. (2007); *Haberstumpf*, Handbuch des Urheberrechts, 2. Aufl. (2001); *Hausmann*, Insolvenzklauseln und Rechtefortfall nach der neuen Insolvenzordnung, ZUM 1999, 914; *Ingerl/Rohnke*, Markengesetz, 2. Aufl. (2003); *Jänich*, Geistiges Eigentum – eine Komplementärerscheinung zum Sacheigentum? (2002); *Kraßer*, Patentrecht, 6. Aufl. (2009); *Kraßer*, Verpflichtung und Verfügung im Immaterialgüterrecht, GRUR Int. 1973, 230; *Lange*, Marken- und Kennzeichenrecht (2006); *Loewenheim*, Handbuch des Urheberrechts (2003); *Mes*, Patentgesetz, Gebrauchsmustergesetz, 2. Aufl. (2005); *Mestmäcker/Schulze*, Kommentar zum deutschen Urheberrecht, Bd. I-IV (Stand: August 2009); *Möhring/Nicolini*, Urheberrechtsgesetz, 2. Aufl. (2000); *Nolden*, Das Abstraktionsprinzip im urheberrechtlichen Lizenzverkehr (2005); *Osterrieth*, Patentrecht, 3. Aufl. (2007); *Pahlow*, Lizenz und Lizenzvertragsrecht im Recht des geistigen Eigentums (2006); *Picot*, Abstraktion und Kausalabhängigkeit im deutschen Immaterialgüterrecht (2007); *Rehbinder*, Urheberrecht, 15. Aufl. (2008); *Schack*, Urheber- und Urhebervertragsrecht, 4. Aufl. (2007); *Ruhl*, Gemeinschaftsgeschmacksmuster (2007); *Schricker*, Urheberrecht, 3. Aufl. (2006); *Schricker*, Verlagsrecht, 3. Aufl. (2001); *Schulte*, Patentgesetz mit EPÜ, 8. Aufl. (2008); *Schwarz/Klingner*, Rechtsfolgen der Beendigung von Filmlizenzverträgen, GRUR 1998, 103; *Ströbele/Hacker*, Markengesetz, 8. Aufl. (2006); *Ulmer*, Urheber- und Verlagsrecht, 3. Aufl. (1980); *Wandtke/Bullinger*, Praxiskommentar zum Urheberrecht, 3. Aufl. (2009); *Wente/Härle*, Rechtsfolgen einer außerordentlichen Vertragsbeendigung auf die Verfügungen in einer „Rechtekette" im Filmlizenzgeschäft und ihre Konsequenzen für die Vertragsgestaltung – Zum Abstraktionsprinzip im Urheberrecht, GRUR 1997, 96.

1. Begriff und Abgrenzung des Geistigen Eigentums

1771 Ungeachtet seines naturrechtlichen und heute nicht mehr treffenden Hintergrundes[1] hat sich in jüngerer Zeit wieder die Verwendung des Begriffs vom Geistigen Eigentum eingebürgert[2]. Dies entspricht dem Sprachgebrauch auf internationaler und europäischer Ebene. Hier wird vielfach die Bezeichnung „Intellectual Property" verwendet, wie zB das TRIPs-Übereinkommen vom 15.4.1994 (Agreement on Trade Related Aspects of Intellectual Property Rights) und die Richtlinie 2004/48/EG zur Durchsetzung der Rechte des geistigen Eigentums vom 29.4.2004[3] zeigen. Mit dem Begriff des Geistigen Eigentums werden auf der einen Seite die verschiedenen **gewerblichen Schutzrechte** (also insbesondere das Patent-, Gebrauchsmuster-, Arbeitnehmererfindungsrecht, das Recht des Sorten- und Topographieschutzes und das Marken- und Kennzeichenrecht) sowie auf der anderen Seite das **Urheberrecht** und die **Leistungsschutzrechte** oder **verwandten Schutzrechte** bezeichnet. Im Zwischenfeld ist das Geschmacksmusterrecht anzusiedeln. Wenngleich der **Schutz gegen unlauteren Wettbewerb**, also das im deutschen Recht durch das UWG geregelte Lauterkeitsrecht, von Art. 1 Abs. 1 und Art. 10bis PVÜ[4] ebenfalls unter den Begriff des „gewerblichen Eigentums" gefasst wird und eine Subsumtion unter die zum Geistigen Eigentum zu rechnenden gewerblichen Schutzrechte nahe liegen könnte, folgt das Internationale Wettbewerbsrecht als

---

1 Kritisch daher zB *Rehbinder*, Urheberrecht, Rz. 97 u. 31 aE, der im Begriff des Geistigen Eigentums einen „ideologischen Kampfbegriff" sieht und für das Urheberrecht hierauf zugunsten der Bezeichnung „Werkherrschaft" verzichten will; anders dagegen *Götting*, Gewerblicher Rechtsschutz, § 1 Rz. 2 f.; *Ohly*, Geistiges Eigentum?, JZ 2003, 545 ff.; *Schack*, Urheberrecht, Rz. 23.
2 *Götting*, Gewerblicher Rechtsschutz, § 1 Rz. 3; *Schack*, Urheberrecht, Rz. 23.
3 ABl. EU 2004 Nr. L 195, S. 16.
4 Pariser Verbandsübereinkunft zum Schutz des gewerblichen Eigentums vom 20.3.1883, BGBl. II 1970, 391.

gesonderte Materie einem eigenen **Wettbewerbsrechtsstatut**[1]. Und auch die sachrechtlichen Überschneidungen im Bereich des sog. ergänzenden wettbewerbsrechtlichen Leistungsschutzes oder des Know-how-Schutzes als wettbewerbsrechtlicher Geheimnisschutz können nicht über die Trennlinie hinweghelfen, die neuerdings das europäische Kollisionsrecht zwischen Immaterialgüterrechts- und Wettbewerbsrechtsstatut zieht. Beides ist nicht als Geistiges Eigentum, sondern wettbewerbsrechtlich zu qualifizieren[2]. So behält die Rom II-VO[3] in ihren Art. 6 und 8 dem Bereich des unlauteren Wettbewerbs auf der einen und dem Schutz des Geistigen Eigentums auf der anderen Seite je eine gesonderte, eigene Kollisionsnorm vor. Im Erwägungsgrund 26 der Rom II-VO werden Rechte des Geistigen Eigentums dementsprechend beispielhaft als Urheberrechte, verwandte Schutzrechte, das *sui generis*-Datenbankschutzrecht sowie gewerbliche Schutzrechte beschrieben. Beim Schutz des Geistigen Eigentums geht es – und dies erlaubt eine weitere Grenzziehung zum verhaltensbezogenen Wettbewerbsrecht – um Schutzrechte, die der Gesetzgeber unter den jeweiligen gesetzlichen Voraussetzungen für die Arbeitsergebnisse aus – im allgemeinen Sinne – geistigem Schaffen zuerkennt. In diesem Sinne ist der Begriff des Geistigen Eigentums weit zu verstehen[4]. Die Qualifikation hat autonom gemeinschaftsrechtlich zu erfolgen. (s. unten Rz. 1775).

Trotz einheitlicher Einordnung unter den Begriff des Geistigen Eigentums zeigen sich erhebliche **Unterschiede zwischen den gewerblichen Schutzrechten einerseits und dem Urheberrecht und den Leistungsschutzrechten andererseits**. Im Gegensatz zu den gewerblichen Schutzrechten weisen das Urheberrecht und auch bestimmte Leistungsschutzrechte einen stark **persönlichkeitsrechtlichen Einschlag** auf. Gerade des Urheberrecht ist nach der herrschenden monistischen Theorie des deutschen Urheberrechtsgesetzes ein einheitliches, aus vermögens- und persönlichkeitsrechtlichen Aspekten bestehendes Schutzrecht, das die **individuelle Schöpfung** des Urhebers im Bereich der Literatur, Wissenschaft und Kunst schützt, und sich dadurch als – oftmals mit „Kulturrecht" beschriebenes – immaterielles Recht deutlich von den im Bereich der Technik oder im kaufmännischen Bereich gewährten gewerblichen Schutzrechten unterscheidet, denen diese persönlichkeitsrechtliche Komponente

1772

---

1 Nach st. Rspr. und hM im Schrifttum, die in der Normierung der Marktortanknüpfung durch Art. 6 Abs. 1 Rom II-Verordnung (dazu Rz. 1773) ihre Bestätigung findet, ist eine wettbewerbsspezifische Anknüpfung an das Recht des Marktortes vorzunehmen, also des Ortes der wettbewerblichen Interessenkollision; vgl. BGH 13.5.2004, GRUR 2004, 1035 (1036) = IPRspr. 2004 Nr. 86 „Rotpreis-Revolution"; *Hausmann/Obergfell*, in: Fezer, Einl. I UWG Rz. 188, 206 u. 237 ff. sowie 158.
2 So zum ergänzenden wettbewerbsrechtlichen Leistungsschutz auch *Grünberger*, ZVglRWiss 108 (2009), 134 (141 f.).
3 Verordnung (EG) Nr. 864/2007 des Europäischen Parlaments und des Rates vom 11.7.2007 über das auf außervertragliche Schuldverhältnisse anzuwendende Recht („Rom II"), ABl. EG 2007 Nr. L 199, S. 40 ff.
4 So auch zur Rom-VO *Leible/Lehmann*, RIW 2007, 721 (731). Zu der schwierigen Zuordnung geographischer Herkunftsangaben s. *Sack*, WRP 2008, 1405 (1406 f.); sowie unten Rz. 1798.

fehlt[1]. Demgegenüber schützen die gewerblichen Schutzrechte – wie es der Name anzeigt – die **gewerbliche Leistung**[2]. Auch auf kollisionsrechtlicher Ebene spiegelt sich die Sonderstellung des Urheberrechts wider (s. unten Rz. 1941 ff.). Die gewerblichen Schutzrechte einerseits und das Urheberrecht andererseits werden bisweilen auch unter dem Oberbegriff des Immaterialgüterrechts zusammengefasst[3], doch soll für die Zwecke der internationalprivatrechtlichen Anknüpfung im Folgenden zwischen dem Immaterialgüterrechtsstatut der gewerblichen Schutzrechte und dem speziellen Urheberrechtsstatut unterschieden werden.

2. Rechtsquellen

1773 Rechtsquellen des deutschen **Sachrechts**[4] im Bereich der gewerblichen Schutzrechte sind insbesondere das Patent- (PatG), Gebrauchsmuster- (GebrMG) und Geschmacksmustergesetz (GeschmMG) sowie das Gesetz über Arbeitnehmererfindungen (ArbNErfG), das Sortenschutzgesetz (SortSchG), das Halbleiterschutzgesetz (HalblSchG) und das Markengesetz (MarkenG). Einschlägige Rechtsquellen im Urheberrechtsbereich sind auf nationaler Ebene das Urheberrechtsgesetz (UrhG) und das Verlagsgesetz (VerlG). Rechtsquellen des **Kollisionsrechts** finden sich nach neuem Recht vornehmlich in der Rom I-VO[5] und der Rom II-VO[6]. Während die **Rom II-VO** mit ihrem **Art. 8** erstmals eine explizite Kollisionsnorm für die Verletzung der Rechte des Geistigen Eigentums festschreibt (s. dazu unten Rz. 1791 ff.), schweigt die **Rom I-VO** zur Anknüpfung von Verträgen über Rechte des Geistigen Eigentums, so dass auf die allgemeinen vertraglichen Anknüpfungsregeln zurückgegriffen werden muss (dazu sogleich Rz. 1781 ff.). Das Kollisionsrecht ist auf dem Gebiet des Geistigen Eigentums mithin durch ein komplexes Zusammenspiel von vertraglichen Kollisionsnormen nach der Rom I-VO und spezieller Kollisionsnorm in Art. 8 Rom II-VO gekennzeichnet, welches noch dadurch kompliziert wird, dass die **intertemporelle Anwendbarkeit** der beiden Verordnungen differiert. So ist die Rom II-VO auf schadensbegründende Ereignisse anzuwenden, die seit dem **11.1.2009** eingetreten sind[7]. Die Rom I-VO findet hingegen erst auf Verträge

---

1 Vgl. *Schack*, Urheberrecht, Rz. 22 u. 60; *Schricker*, in: Schricker, Einl UrhG Rz. 21 u. 32; s.a. *Götting*, Gewerblicher Rechtsschutz, § 1 Rz. 7 f.
2 *Götting*, Gewerblicher Rechtsschutz, § 1 Rz. 4 u. 6; *Schack*, Urheberrecht, Rz. 60.
3 *Schack*, Urheberrecht, Rz. 23; *Fezer/Koos*, in: Staudinger, IntWirtschR Rz. 814.
4 Hinzu kommen zahlreiche Rechtsquellen des internationalen oder europäischen Rechts. S. zu dem hierdurch geschaffenen Einheitsrecht im Bereich des Urheberrechts und der verwandten Schutzrechte unten Rz. 1941 ff.
5 Verordnung (EG) Nr. 593/2008 des Europäischen Parlaments und des Rates vom 17.6.2008 über das auf vertragliche Schuldverhältnisse anzuwendende Recht („Rom I"), ABl. EU 2008 Nr. L 177, S. 6 ff. (im Folgenden „Rom I-VO"); Text abgedruckt auf S. 1.
6 Verordnung (EG) Nr. 864/2007 des Europäischen Parlaments und des Rates vom 11.7.2007 über das auf außervertragliche Schuldverhältnisse anzuwendende Recht („Rom II"), ABl. EG 2007 Nr. L 199, S. 40 ff. (im Folgenden „Rom II-VO").
7 Vgl. Art. 31 und 32 Rom II-VO. Die Formulierung „gilt ab dem 11.1.2009" in Art. 32 Rom II-VO lässt es zwar als zweifelhaft erscheinen, ob dieses Datum als Zeitpunkt des

Anwendung, die nach dem **17.12.2009** abgeschlossen werden[1]. Beide Verordnungen genießen nach Art. 3 Nr. 1 EGBGB nF[2] Vorrang vor dem deutschen autonomen Kollisionsrecht.

3. Trennungsprinzip, Abstraktion und Qualifikationsfragen

Ein Charakteristikum von Verträgen über Rechte am Geistigen Eigentum im Vergleich zu sonstigen Verträgen im Bereich des internationalen Wirtschaftsverkehrs liegt darin, dass regelmäßig mit ein- und derselben Vertragsurkunde Verpflichtungs- und Verfügungsgeschäft abgeschlossen werden, es aber dennoch bei der Geltung des Trennungsprinzips auch im Bereich der Vertragswerke über Rechte am Geistigen Eigentum bleibt. Oder anders ausgedrückt: Wenngleich in einem einheitlichen Marken- oder Patentlizenzvertrag, einem Verlags- oder Filmvertrag die jeweilige Lizenzierung bzw. Nutzungsrechtseinräumung mittels Rechteklausel unmittelbar bewirkt wird, sind der Komplex der schuldrechtlichen **Verpflichtung** und die gegenständliche **Verfügung** über das Recht am Geistigen Eigentum gedanklich zu **trennen**[3]. Hinsichtlich der Anwendung des Abstraktionsprinzips auf Verträge über Rechte am Geistigen Eigentum ist die Situation auf materiellrechtlicher Ebene des deutschen Rechts nur für Verlagsverträge eindeutig. Hier ordnet § 9 VerlG die Geltung des **Kausalitätsprinzips** an. Weniger eindeutig stellt sich die Problematik mangels gesetzlicher Regelung im Bereich aller sonstigen Urheber- und Immaterialgüterrechtsverträge dar. Im urheberrechtlichen Schrifttum[4] wird größtenteils gegen die Geltung des Abstraktionsprinzips plädiert. Aus der Rechtsprechung kommen widersprüchliche Signale[5]. Die besseren – hier aus Platzgründen nicht näher darzulegenden – Argumente, insbesondere das schlagkräftige Argument der Rechts- und Verkehrssicherheit, sprechen aber im Ergebnis für die

1774

Inkrafttretens im Sinne von Art. 31 Rom II-VO verstanden werden kann, doch ist aus Praktikabilitätsgründen und auch mit Blick auf das ausländische Schrifttum (s. etwa *Audit*, Droit International Privé, 5. Aufl. (2008), Rz. 797; *Cheshire/North/Fawcett*, Private International Law, 14. Aufl. (2008), S. 810 f.) von diesem Datum als Stichtag für die zeitliche Anwendbarkeit der Rom II-VO auszugehen. So auch *von Hein*, ZEuP 2009, 6 (10 f.).

1 Vgl. Art. 28 und 29 Rom I-VO.
2 Art. 3 Nr. 1 lit. a EGBGB nF wurde eingefügt durch das Gesetz zur Anpassung der Vorschriften des Internationalen Privatrechts an die Verordnung (EG) Nr. 864/2007 vom 10.12.2008, BGBl. I 2008, S. 2401; Art. 3 Nr. 1 lit. b EGBGB nF durch das Gesetz zur Anpassung der Vorschriften des Internationalen Privatrechts an die Verordnung (EG) Nr. 593/2008 vom 25.6.2009, BGBl. I 2009, S. 1574.
3 *Picot*, S. 53; *Fezer/Koos*, in: Staudinger, IntWirtschR Rz. 905.
4 Vgl. *Hertin*, in: Fromm/Nordemann, 9. Aufl. (1998), vor § 31 UrhG Rz. 10; *Kraßer*, GRUR Int. 1973, 230 (237); *Pahlow*, S. 210; *Schricker*, in: Schricker, vor §§ 28 ff. UrhG Rz. 61; *Picot*, S. 104 ff. u. 135 f.; *Wente/Härle*, GRUR 1997, 96 (98 f.).
5 Gegen die Geltung des Abstraktionsprinzips: OLG Hamburg 15.3.2001 (Sesamstraße), GRUR 2002, 335; OLG Hamburg 18.6.1998 (Lepo Sumera), GRUR Int. 1999, 76 (81) = IPRspr. 1998 Nr. 124; für die Geltung des Abstraktionsprinzips im Fall des Wiederverfilmungsvertrags dagegen BGH 15.4.1958 (Privatsekretärin), BGHZ 27, 91.

Geltung des **Abstraktionsprinzips** auch im Urhebervertragsrecht[1]. Für die gewerblichen Schutzrechte wird zu Recht überwiegend von der Geltung des Abstraktionsprinzips ausgegangen[2]. Dieses Ergebnis lässt allerdings noch keinen unmittelbaren Rückschluss auf eine unterschiedliche Anknüpfung von Verpflichtung und Verfügung in Verträgen über Rechte am Geistigen Eigentum zu, sondern die Frage der **getrennten oder einheitlichen Anknüpfung von Verpflichtung und Verfügung** ist nach eigenen kollisionsrechtlichen Wertungen zu entscheiden (s. dazu näher Rz. 1811 ff.).

1775 Es stellt sich weiterhin die Frage, welches Recht darüber befinden soll, ob die **immaterialgüterrechtliche Verfügung abstrakt ist oder nicht**. Sie wird durch das sog. **Qualifikationsstatut** beantwortet. Im allgemeinen Internationalen Privatrecht bewegen sich die Lösungsansätze im Wesentlichen zwischen der **lex fori**-Qualifikation[3] und – wenn es sich um eine Kollisionsnorm des internationalen oder europäischen Rechts handelt – der autonomen Qualifikation[4]. Für den immaterialgüterrechtlichen Bereich wurde bisher eine Qualifikation nach dem Recht des Schutzlandes befürwortet[5]. Generell gilt, dass Qualifikationsprobleme geleitet durch die kollisionsrechtlichen Interessen, die durch eine Kollisionsnorm geschützt werden, und den Zweck dieser Kollisionsnorm zu lösen sind[6]. Angesichts des gemeinschaftsrechtlichen Ursprungs der einschlägigen Kollisionsnormen der Rom I-VO und der Rom II-VO ist nunmehr eine **autonom gemeinschaftsrechtliche Qualifikation** vorzunehmen[7].

1776 Für den **vertraglichen Bereich** wird das Qualifikationsproblem dadurch entschärft, dass in den Art. 10, 12 und 18 Rom I-VO **spezielle Qualifikationsnormen** vorgegeben werden. So ist nach der ausdrücklichen Anordnung von Art. 10 Rom I-VO das nach der Verordnung ermittelte Vertragsstatut maßgeblich für Zustandekommen und Wirksamkeit des Vertrages. Art. 12 Rom I-VO definiert den Geltungsbereich des nach der Verordnung ermittelten Rechts, welcher Auslegungsfragen, die Erfüllung vertraglicher Verpflichtungen, die Folgen der Nichterfüllung dieser Verpflichtungen, die Arten des Erlöschens der Verpflichtungen sowie die Vertragsnichtigkeitsfolgen umfasst. Schließlich sollen nach Art. 18 Rom I-VO auch Beweisfragen dem Vertragsstatut unterfallen[8].

1777 Die **Reichweite des Immaterialgüterrechtsstatuts** gem. Art. 8 Rom II-VO lässt sich mit Hilfe von Art. 2, 13 und 15 Rom II-VO bestimmen. Das aufgrund der

---

1 Vgl. *Jänich*, S. 266 f.; *Nolden*, S. 67 ff.; *Schack*, Urheberrecht, Rz. 525 ff. Eingehend im filmvertragsrechtlichen Kontext *Obergfell*, S. 81 ff. In diesem Sinne auch *Hausmann*, ZUM 1999, 914 (920); *Schwarz/Klingner*, GRUR 1998, 103 (109).
2 *Götting*, Gewerblicher Rechtsschutz, § 26 Rz. 3; *Hiestand*, S. 108; *Picot*, S. 176 f.
3 So zB *Kropholler*, IPR, § 16 I.
4 Vgl. insgesamt *von Bar/Mankowski*, I § 7 Rz. 139 ff.; *Kegel/Schurig*, § 7 III; s. zur autonomen Qualifikation auch *Kropholler*, IPR, § 16 II 2 u. 3.
5 So zum alten Recht *Fezer/Koos*, in: Staudinger, IntWirtschR Rz. 905; *Schack*, Anknüpfung, Nr. 115. Im filmvertragsrechtlichen Kontext *Obergfell*, S. 293 f.
6 *Kegel/Schurig*, § 7 IV.
7 *Grünberger*, ZVglRWiss 208 (2009), 134 (135 ff.); *Leible/Lehmann*, RIW 2007, 721 (723); *Leible/Lehmann*, RIW 2008, 528 (529 f. und 535).
8 S. insgesamt zum Geltungsbereich des Vertragsstatuts oben Rz. 261 ff.

Rom II-VO ermittelte Recht ist nach Art. 15 Rom II-VO insbesondere maßgeblich für Haftungsgrund und -umfang, etwaige Haftungsausschlussgründe und -beschränkungen, sämtliche Schadens- und Wiedergutmachungsfragen, einschließlich gerichtlicher Maßnahmen zur Vorbeugung, zur Beendigung oder zum Ersatz des Schadens sowie Fragen der Übertragbarkeit des Schadensersatzanspruchs, der wegen eines persönlich erlittenen Schadens anspruchsberechtigten Personen, der Haftung für Dritte, der Bedingungen für das Erlöschen von Verpflichtungen und der Verjährung[1].

Frei. 1778–1780

II. Kollisionsrechtliche Anknüpfung von Verträgen über Rechte am Geistigen Eigentum nach der Rom I-VO

1. Fehlende Vorgabe durch die Rom I-VO

Obwohl anfangs an eine gesonderte Kollisionsregel für Verträge über Geistiges Eigentum gedacht wurde, hat man im Verlaufe der Reformierungsarbeiten zur Überführung des EVÜ in die Rom I-VO hiervon wieder Abstand genommen. Der **Vorschlag** für eine Verordnung des Europäischen Parlaments und des Rates über das auf vertragliche Schuldverhältnisse anzuwendende Recht (Rom I) vom 15.12.2005[2] enthielt noch einen Art. 4 Abs. 1 lit. f., der eine Anknüpfung an das Recht des Lizenzgebers vorsah: „Für Verträge über Rechte an geistigem Eigentum oder gewerbliche Schutzrechte [sollte] das Recht des Staates maßgebend [sein], in dem die Person, die diese Rechte überträgt oder zur Nutzung überlässt, ihren gewöhnlichen Aufenthalt hat". Diese Klausel wurde heftig kritisiert[3] und fiel dieser Kritik schließlich zu Recht durch ersatzlose Streichung zum Opfer. Denn das alleinige Abstellen auf den Rechtsinhaber bzw. Lizenzgeber, der Nutzungsrechte bzw. Lizenzen einräumt, wird den verschiedenen Vertragskonstellationen in der Praxis nicht gerecht. Es sei allein an die weithin einhellige Meinung erinnert, die zutreffend den Verlagsvertrag wegen der vertragscharakteristischen Verlegerpflicht zur Auswertung an dessen Recht anknüpft[4]. Hier an das Recht des Autors anzuknüpfen, wäre weder sach- noch interessengerecht. Auch die Umformulierung der vorgeschlagenen Kollisionsnorm für Verträge über Rechte an Geistigem Eigentum konnte die komplette Streichung der Spezialkollisionsnorm nicht verhindern. Nach dem abgeänderten Wortlaut des Art. 4 Abs. 1 lit. f Rom I-VO-Vorschlag sollten „Verträge, mit denen Rechte an geistigem Eigentum oder gewerbliche Schutzrechte übertragen oder in Lizenz vergeben werden, [...] dem Recht des Staates [unterliegen], in dem die Person, die diese Rechte überträgt oder in Lizenz vergibt, ih-

1781

---
1 Zur Bestimmung der Reichweite des Immaterialgüter- und Urheberrechtsstatuts s. unten Rz. 1795 ff.
2 KOM(2005) 650 endg. 2005/0261 (COD), abgedr. in IPRax 2006, 193 ff.
3 Vgl. etwa European Max-Planck Group for Conflict of Laws in Intellectual Property (CLIP), IPRax 2007, 284 (288 ff.). S. auch *de Miguel Asensio*, Yearbook of Private International Law 2008, 199 (205 f.).
4 S. die Nachweise unten Rz. 1989 f.

ren gewöhnlichen Aufenthalt hat; wenn der Übernehmer oder der Lizenznehmer in eine Pflicht zur Nutzung der Rechte eingewilligt hat oder wenn dem Übernehmer oder dem Lizenznehmer ein ausschließliches Nutzungsrecht eingeräumt worden ist, [sollte] jedoch das Recht des Staates [gelten], in dem der Übernehmer bzw. der Lizenznehmer seinen gewöhnlichen Aufenthalt hat"[1]. Diese Kompromisslösung des Rates sollte geprüft und weitere von der Kommission und Schweden eingebrachte Vorschläge sollten bedacht werden, doch auch mit Absetzung des Kompromissvorschlages hatte man bereits an die Streichung des Buchstabens gedacht[2].

2. Konsequenzen für die Anknüpfung von Verträgen über Rechte am Geistigen Eigentum

a) Anwendung der subsidiären Anknüpfung nach Art. 4 Abs. 2 Rom I-VO

1782 Als Konsequenz aus der Kontroverse um den nicht in die Verordnung aufgenommenen Art. 4 Abs. 1 lit. f Rom I-VO-Vorschlag fehlt in der verabschiedeten und am 24.7.2008 in Kraft getretenen Fassung der Rom I-VO eine spezielle Kollisionsnorm für Verträge über Geistiges Eigentum, so dass für Verträge über gewerbliche Schutzrechte wie auch Urheberrechtsverträge auf die **bisher entwickelten Grundsätze** zur Ermittlung des jeweils anwendbaren Rechts zurückgegriffen werden muss. Es ist daher wie bisher mangels Rechtswahl (jetzt Art. 3 Rom I-VO)[3] eine objektive Anknüpfung nach der charakteristischen Leistung bzw. der engsten Verbindung vorzunehmen und an das Recht des Staates anzuknüpfen, in dem der Vertragspartner, der die für den Vertrag **charakteristische Leistung** erbringt, seinen gewöhnlichen Aufenthalt hat[4]. Denn Art. 4 Abs. 2 Rom I-VO stellt als **subsidiäre Anknüpfungsregel** die objektive Anknüpfung an die charakteristische Leistung für den Fall auf, dass sich ein fraglicher Vertragstyp nicht in dem Katalog des Art. 4 Abs. 1 Rom I-VO wieder findet. Nach Art. 19 Abs. 1 Rom I-VO gilt als **Ort des gewöhnlichen Aufenthalts** einer in Ausübung ihrer beruflichen Tätigkeit handelnden natürlichen Person ihre Hauptniederlassung, als gewöhnlicher Aufenthalt einer Gesellschaft, eines Vereins oder einer juristischen Person der Ort, an dem sich die Hauptverwaltung der Gesellschaft, des Vereins oder der juristischen Person befindet[5]. Damit bleibt es bei der für jeden einzelnen Vertrag über Rechte am Geistigen Eigentum zu beantwortenden Frage, welche Vertragspartei jeweils die für den Vertrag charakteristische Leistung erbringt. Auf Grundlage von Art. 4 Abs. 2 Rom I-VO kann grundsätzlich auf die **bisherige Rechtsprechung und Literatur** zur vertragskollisionsrechtlichen Anknüpfung von Immaterialgüter- und Urheberrechtsverträgen zurückgegriffen werden[6].

---

1 Vgl. das Ratsdokument Nr. 6935/07 JUSTCIV 44 CODEC 168 vom 2.3.2007, S. 8.
2 Vgl. das Ratsdokument Nr. 6935/07 JUSTCIV 44 CODEC 168 vom 2.3.2007, S. 8 dortige Fn. 1.
3 Dazu eingehend oben Rz. 85 ff.
4 S. auch *de Miguel Asensio*, Yearbook of International Law 2008, 199 (206 f.).
5 Vgl. *Leible/Lehmann*, RIW 2008, 528 (535); *Mankowski*, IPRax 2006, 101 (104); sowie oben Rz. 208 ff.
6 S. im Einzelnen zu Verträgen über gewerbliche Schutzrechte unten Rz. 1861 ff. und zu Urheberrechtsverträgen unten Rz. 1983 ff.

b) Engere Verbindung zu einem anderen Staat und Prinzip der engsten Verbindung

In manchen Vertragskonstellationen führt die Anknüpfung an die charakteristische Leistung nicht zu sachgerechten Ergebnissen, weil die besonderen Vertragsumstände gesamtheitlich auf eine engere Verbindung zu einem anderen als dem Staat hinweisen, in dem sich der die charakteristische Leistung erbringende Vertragspartner aufhält. Dem alten Recht entsprechend ist in einem solchen Fall auf eine **Ausweichklausel** zurückzugreifen, die nun in Art. 4 Abs. 3 Rom I-VO verankert ist. Danach ist für den Fall, dass sich aus der Gesamtheit der Umstände eine **offensichtlich engere Verbindung** des Vertrags zu einem anderen als dem nach Abs. 1 oder 2 bestimmten Staat aufweist, das Recht dieses anderen Staates anzuwenden[1]. Dieser Regelungssystematik liegt das Prinzip der engsten Verbindung zugrunde, welches auch die Anordnung des Art. 4 Abs. 4 Rom I-VO leitet. Danach soll für den Fall, dass sich das anzuwendende Recht weder nach dem Katalog des Abs. 1 noch nach der Anknüpfungsregel des Abs. 2 bestimmen lässt, der betreffende Vertrag dem Recht des Staates unterliegen, zu dem er die **engste Verbindung** aufweist. Im Bereich der Verträge über Rechte am Geistigen Eigentum lässt sich jedoch regelmäßig (wenn es sich nicht um wechselseitig gewährte Lizenzen handelt)[2] die vertragscharakteristische Leistung im Sinne von Art. 4 Abs. 2 Rom I-VO ausmachen, so dass die Anwendung von Art. 4 Abs. 4 Rom I-VO hier nicht in Betracht kommt.

1783

c) Verbraucher- und Arbeitsvertragsstatut

Wegen der im Allgemeinen tendenziell schwächeren Position gerade des Urhebers, aber auch anderer Immaterialgüterrechtsinhaber gegenüber den Verwertern wurde immer wieder eine Anknüpfung nach dem Verbrauchervertragsstatut in Erwägung gezogen. Diese Stimmen sind auch auf Grundlage der Rom I-VO nicht verstummt, sondern hier wird für eine Anwendung der Verbrauchervertragsanknüpfung nach Art. 6 Rom I-VO auch auf Verträge über Immaterialgüterrechte plädiert[3]. Ob allerdings eine entsprechende Heranziehung des Verbrauchervertragsstatuts für Verträge über Rechte am Geistigen Eigentum statthaft ist, bleibt nach wie vor zweifelhaft. Hingegen wird eine Anwendung des Arbeitsvertragsstatuts gem. Art. 8 Rom I-VO im entsprechenden Einzelfall in Betracht kommen[4].

1784

Frei.

1785–1790

III. Kollisionsrechtliche Anknüpfung nach Art. 8 Rom II-VO

Immaterialgüterrechtliche Lizenzerteilung und urheberrechtliche Nutzungsrechtseinräumung sind Kern eines jeden Vertrags über Rechte am Geistigen

1791

---

1 S. *de Miguel Asensio*, Yearbook of Private International Law 2008, 199 (214 f.). S. allgemein zur Ausweichklausel oben Rz. 169 ff.
2 Dazu *de Miguel Asensio*, Yearbook of Private International Law 2008, 199 (217 f.).
3 So zur entsprechenden Entwurfsnorm des Art. 5 Rom I-Verordnungsvorschlag *Leible*, IPRax 2006, 365 (367). S. auch *Leible/Lehmann*, RIW 2008, 528 (537).
4 S. *Grünberger*, ZVglRWiss 108 (2009), 134 (170).

Eigentum. Für Verträge über gewerbliche Schutzrechte wird einmütig die getrennte kollisionsrechtliche Anknüpfung der Verfügung nach dem Immaterialgüterrechtsstatut angenommen[1]. Für Urheberrechtsverträge ist die gesonderte kollisionsrechtliche Anknüpfung der urheberrechtlichen Verfügung nach dem Urheberrechtsstatut umstritten, aber gleichwohl zu befürworten[2]. Aus dieser Rechtslage ergibt sich auch im Kollisionsrecht der Verträge über Rechte am Geistigen Eigentum die Notwendigkeit der Bestimmung des Verfügungs- oder (allgemein) **Immaterialgüterrechts- bzw. Urheberrechtsstatuts**. Sowohl bei der Ermittlung des für gewerbliche Schutzrechte maßgeblichen Statuts als auch bei der Ermittlung des Urheberrechtsstatuts ist die **Territorialität** der Rechte am Geistigen Eigentum das dominierende Element, aus dem zumeist Rückschlüsse für das Kollisionsrecht gezogen wurden (s. unten Rz. 1798 u. 1799). Das Territorialitätsprinzip liegt auch der kollisionsrechtlichen Anknüpfungsregel in **Art. 8 Abs. 1 Rom II-VO** zugrunde.

1. Verletzung von Rechten des Geistigen Eigentums

1792 Auf Ebene des europäischen Gemeinschaftsrechts fehlten bisher für den gesamten Bereich des Geistigen Eigentums allgemeine kollisionsrechtliche Grundsätze zur Ermittlung des jeweils anwendbaren Rechts. Das gemeinschaftsrechtliche Richtlinienrecht hat zudem das Territorialitätsprinzip im Immaterialgüterrechtsbereich grundsätzlich unberührt gelassen[3]. Neuerdings steht mit der Verordnung (EG) Nr. 864/2007 des Europäischen Parlaments und des Rates vom 11.7.2007 über das auf außervertragliche Schuldverhältnisse anzuwendende Recht („Rom II")[4] ein gemeinschaftsrechtlicher Rahmen für das außervertragliche Kollisionsrecht zur Verfügung, der auch das Geistige Eigentum umfasst. Denn der Gemeinschaftsrechtsakt enthält in **Art. 8 Rom II-VO** eine eigene Kollisionsnorm für **Verletzungen von Rechten des Geistigen Eigentums**, die gem. Art. 3 Nr. 1 lit. a EGBGB nF dem deutschen autonomen IPR vorgeht. Als Rechte des Geistigen Eigentums sollen dabei insbesondere Urheberrechte, verwandte Schutzrechte, das *sui generis*-Datenbankschutzrecht und gewerbliche Schutzrechte verstanden werden[5]. Im Anwendungsbereich der Rom II-VO ist der Begriff der Rechte des Geistigen Eigentums damit weit auszulegen[6]. Die Kollisionsnorm des Art. 8 Abs. 1 Rom II-VO soll zudem nicht nur für den Bereich der unerlaubten Handlung gelten, sondern auch außervertragliche Schuldverhältnisse im Bereich der ungerechtfertigten Bereicherung, der Geschäftsführung ohne Auftrag und des Verschuldens bei Vertragsverhandlungen betreffen. Denn Art. 13 Rom II-VO verweist für sämtliche außervertragliche Schuldverhältnisse aus einer Verletzung von Rechten des Geistigen Eigentums auf Art. 8 Rom II-VO[7].

---

1 S. unten die Nachw. in Rz. 1811.
2 S. näher zum Streitstand unten Rz. 1812 ff.
3 Vgl. zum Urheberrecht *Gaster*, ZUM 2006, 8.
4 ABl. EG 2007 Nr. L 199, S. 40 ff.
5 Vgl. Erwägungsgrund 26 der Rom II-VO.
6 *Leible/Lehmann*, RIW 2007, 721 (731).
7 Kritisch hierzu *Schack*, Festschr. Kropholler, S. 651 (656).

In inhaltlich-sachlicher Hinsicht bedeutet die erstmalige Festschreibung einer Kollisionsregel für das Internationale Immaterialgüterrecht allerdings keine Wendung. Denn Art. 8 Abs. 1 Rom II-VO macht die bereits zuvor gewohnheitsrechtlich anerkannte Kollisionsregel der **Schutzlandanknüpfung** zum nunmehr gemeinschaftsrechtlich normierten Grundprinzip für das Kollisionsrecht im Bereich des Geistigen Eigentums[1]. Danach ist „auf außervertragliche Schuldverhältnisse aus einer Verletzung von Rechten des geistigen Eigentums [...] das Recht des Staates anzuwenden, für den der Schutz beansprucht wird". Hinsichtlich der **Verletzung von Rechten am Geistigen Eigentum** ist das Schutzlandprinzip nach Art. 8 Rom II-VO zwingend anzuwenden. Mit Art. 8 Abs. 3 Rom II-VO wird zudem klargestellt, dass es sich hierbei nicht um die Anwendung des Deliktsstatuts[2] handelt und entsprechend eine Rechtswahl ausscheidet. Nach Art. 8 Abs. 3 Rom II-VO ist eine Rechtswahl ausgeschlossen. Dieser Ausschluss der Rechtswahl betrifft – wie Art. 13 Rom II-VO zeigt – alle außervertraglichen Ansprüche, die aus der Verletzung von Rechten am Geistigen Eigentum resultieren, und ist nicht auf deliktische Ansprüche beschränkt[3].

1793

2. Verletzung von gemeinschaftsweit einheitlichen Rechten des Geistigen Eigentums

Im Bereich des gewerblichen Rechtsschutzes wurden mittlerweile einzelne Gemeinschaftsrechtsinstrumente geschaffen, wie insbesondere die **Gemeinschaftsmarke** nach der Gemeinschaftsmarkenverordnung (GMVO)[4] und das **Gemeinschaftsgeschmacksmuster** nach der Gemeinschaftsgeschmacksmusterverordnung (GGVO)[5]. Für diese Gemeinschaftsrechtsinstrumente gilt naturgemäß und primär der jeweilige Gemeinschaftsrechtsakt. Hinsichtlich der nicht geregelten Fragen muss wiederum das anzuwendende Recht bestimmt werden. Hier setzt Art. 8 Abs. 2 Rom II-VO an. Danach soll zur Lösung der betreffenden Rechtsfrage aus dem außervertraglichen Schuldverhältnis – soweit nicht vom einschlägigen Rechtsakt der Gemeinschaft selbst geregelt – „das Recht des Staates anzuwenden [sein], in dem die Verletzung begangen wurde". Art. 8 Abs. 2 Rom II-VO ordnet für außervertragliche Schuldverhältnisse aus einer Verletzung von gemeinschaftsweit einheitlichen Rechten des Geistigen Eigentums bezüglich dieser Fragen also das Recht des Handlungs-

1794

---

[1] S. Erwägungsgrund 26 der Rom II-VO. Vgl. auch *Leible/Lehmann*, RIW 2007, 721 (731); *Junker*, in: MünchKomm, Art. 42 EGBGB Anh. Rz. 61 u. 63; *Thorn*, in: Palandt, Anh. zu EGBGB 38–42 Art. 8 Rom II Rz. 1 u. 7.
[2] Zur Unanwendbarkeit im Internationalen Urheberrecht bereits bisher BGH 24.5.2007 (Staatsgeschenk), GRUR 2007, 691 (692); BGH 2.10.1997 (Spielbankaffaire), BGHZ 136, 380 (386) = IPRspr. 1997 Nr. 125; *Obergfell*, in: Büscher/Dittmer/Schiwy, vor §§ 120 ff. UrhG Rz. 4; *Drexl*, in: MünchKomm, IntImmGR Rz. 12 u. 121 ff.
[3] S. auch *Leible*, RIW 2008, 257 (259). Kritisch *Schack*, Festschr. Kropholler, S. 651 (656).
[4] Verordnung (EG) Nr. 40/94 vom 20.12.1993 über die Gemeinschaftsmarke (GMVO), ABl. EG 1994 Nr. L 11, S. 1.
[5] Verordnung (EG) Nr. 6/2002 vom 12.12.2001 über das Gemeinschaftsgeschmacksmuster (GGVO), ABl. EG 2002 Nr. L 3, S. 1.

ortes an[1]. Hieran ändert auch Art. 97 GMVO wenig, der für die Gemeinschaftsmarke neben der in Abs. 1 erwähnten Selbstverständlichkeit der Anwendung des Verordnungsrechts in seinem Abs. 2 anordnet, dass in allen Fragen außerhalb des Anwendungsbereichs der GMVO die Gemeinschaftsmarkengerichte ihr nationales Recht einschließlich ihres IPR und damit Art. 8 Abs. 2 Rom II-Verordnung anzuwenden haben[2]. Auch hinsichtlich der Sanktionen sind nach Art. 98 Abs. 2 GMVO alle sonstigen, nicht das Verbot der gemeinschaftsmarkenverletzenden Handlung nach Abs. 1 der Vorschrift betreffenden Fragen dem Recht des Mitgliedstaats zu unterstellen, „in dem die Verletzungshandlungen begangen worden sind oder drohen". Der Wortlaut schließt wiederum das Internationale Privatrecht des betreffenden Mitgliedstaats mit ein, so dass erneut Art. 8 Abs. 2 Rom II-VO greift. Ganz ähnlich verfährt der Gemeinschaftsgesetzgeber im Bereich des Gemeinschaftsgeschmacksmusters. Hier ordnet Art. 88 Abs. 2 GGVO die Anwendung des nationalen Rechts unter Einschluss des Internationalen Privatrechts an. Und schließlich findet sich eine derartige Verweisungsregelung in Art. 97 der Verordnung (EG) Nr. 2100/94 vom 27.7.1994 über den gemeinschaftlichen Sortenschutz[3].

3. Reichweite der Schutzlandanknüpfung

a) Abgrenzungsproblematik vor dem Hintergrund der Rom II-VO

1795   Die Schutzlandanknüpfung war schon zuvor für die Frage der **Verletzung von Rechten am Geistigen Eigentum** allgemein anerkannt (vgl. Rz. 1798 u. 1799). Die Kollisionsnorm in Art. 8 Abs. 1 Rom II-VO baut auf diesem allgemein anerkannten Grundsatz der lex loci protectionis auf und will diesen ausweislich ihres Erwägungsgrunds 26 wahren. Die für Rechte am Geistigen Eigentum einschlägige Kollisionsnorm in Art. 8 Abs. 1 Rom II-VO spricht aber ausdrücklich nur von der „Verletzung" von solchen Rechten. Dies provoziert die **Frage**, inwieweit die Anknüpfung an das Schutzlandrecht **auch für andere Bereiche des Immaterialgüter- und Urheberrechts** angeordnet ist. Hier können zwei Positionen vertreten werden. Ein weites Verständnis würde zur Unterstellung aller immaterialgüterrechtlichen und urheberrechtlichen Sachverhalte unter das Schutzlandprinzip führen[4]. Es erscheint aber zweifelhaft, ob ein solch weites Verständnis von der Verordnung und der Motivation des Verordnungsgebers gedeckt ist. Denn allgemein anerkannt war der Grundsatz der lex loci protectionis lediglich für die Verletzung, den Inhalt und Bestand des jeweiligen Rechts am Geistigen Eigentum[5]. Es liegt daher eher ein streng am Wortlaut des Art. 8 Abs. 1 Rom II-VO orientiertes enges Verständnis nahe, wonach lediglich die Verletzung und die Verletzungsfolgen an das Recht des Schutzlandes an-

---

1   *Spickhoff*, in: Bamberger/Roth, EGBGB Anh. Art. 42 – Rom II-VO Rz. 66; *Leible/Lehmann*, RIW 2007, 721 (731); *Junker*, in: MünchKomm, Art. 42 EGBGB Anh. Rz. 63; *Schack*, Festschr. Kropholler, S. 651 (657); *Thorn*, in: Palandt, Anh. zu EGBGB 38–42 Art. 8 Rom II Rz. 8.
2   *Sack*, WRP 2008, 1405 (1408).
3   ABl. EG 1994 Nr. L 227, S. 1.
4   So etwa *Sack*, WRP 2008, 1405 (1408 f.).
5   S. insbesondere zum Meinungsstreit im Urheberrecht unten Rz. 1799 f.

zuknüpfen sind[1]. Für die außerhalb des engen Bereichs der Verletzung und Verletzungsfolgen liegenden Fragen der **ersten Inhaberschaft**, der **Verfügung** und **Übertragbarkeit** der Rechte am Geistigen Eigentum würde Art. 8 Abs. 1 Rom II-VO demnach **keine Vorgabe** zur kollisionsrechtlichen Anknüpfung bereithalten. Alle diese Anknüpfungsfragen waren bereits vor Schaffung der speziellen immaterialgüterrechtlichen Kollisionsnorm in Art. 8 Rom II-VO und vor Verabschiedung der Rom I-VO äußerst umstritten. Der im Folgenden skizzierte Streit setzt sich nun im Rahmen der Abgrenzung des Anwendungsbereichs von Art. 8 Rom II-VO fort.

b) Territorialität der Rechte des Geistigen Eigentums

Das Internationale Immaterialgüterrecht der gewerblichen Schutzrechte ist beherrscht vom Territorialitätsprinzip, also dem Grundsatz, dass die immateriellen Schutzrechte in ihrer Wirkung auf das Territorium desjenigen Staates begrenzt sind, in dem sie vom Staat erteilt und anerkannt werden[2]. Historisch erklärt sich das Territorialitätsprinzip aus der fürstlichen Privilegienerteilung[3] und noch heute kann zumindest bei den Registerrechten wie dem Patent aus dem staatlichen Verleihungsakt die territoriale Wirkung des Schutzrechts gedanklich abgeleitet werden. Doch mit einiger Berechtigung wird das Territorialitätsprinzip angesichts zusammenwachsender Märkte zunehmend kritisch gesehen[4]. Praktische Konsequenz der Territorialität Geistigen Eigentums ist der zu erwerbende Strauß **einzelner nationaler Schutzrechte**, um einen flächendeckenden Schutz im internationalen Raum zu gewährleisten. Denn zB das in Deutschland gewährte Patent oder die in Frankreich eingetragene Marke werden nicht automatisch auch in Indien oder einem sonstigen fremden Staat geschützt. **Ausnahmen** von der strengen Territorialität bilden die auf EU-Ebene geschaffenen Gemeinschaftsrechtsinstrumente im Bereich des gewerblichen Rechtsschutzes, die zwar noch immer nicht für das Patentrecht erreicht wurden[5], dafür aber in Form der **Gemeinschaftsmarke** nach der Gemeinschaftsmarkenverordnung[6], des **Gemeinschaftsgeschmacksmusters** nach der

1796

---

[1] In diesem Sinne auch *Leible/Lehmann*, RIW 2007, 721 (731); *Schack*, Festschr. Kropholler, S. 651 (655 f.). Im Ausgangspunkt ebenso *Thorn*, in: Palandt, Anh. zu EGBGB 38–42 Art. 8 Rom II Rz. 9, der über das autonome IPR insgesamt zur Schutzlandanknüpfung gelangt.

[2] Ganz hM; vgl. aus der st. Rspr. zum alten Recht zB BGH 13.10.2004 (Hotel Maritime), JZ 2005, 736 (737) = IPRspr. 2004 Nr. 126; BGH 2.5.2002 (Frommia), GRUR 2002, 972 (973) = IPRspr. 2002 Nr. 122; BGH 29.6.1979 (Contifex), BGHZ 75, 150 (152); OLG München 16.6.2005 (800-Flowers), MMR 2005, 608 (609) = IPRspr. 2005 Nr. 81; sowie aus der hM in der Literatur: *Wagner*, in: AnwK, Art. 40 EGBGB Rz. 74; *Beier*, GRUR Int. 1968, 8 (12); *Fezer*, Einl. H MarkenG Rz. 7 ff. *Haupt*, GRUR 2007, 187 (188); *Hiestand*, S. 86 ff.; *Ingerl/Rohnke*, Einl. MarkenG Rz. 15; *Junker*, in: MünchKomm, Art. 42 EGBGB Anh. Rz. 61; *Thorn*, in: Palandt, Anh. zu EGBGB 38–42 Art. 8 Rom II Rz. 2.

[3] *Peifer*, ZUM 2006, 1 (2).

[4] Vgl. zum Urheberrecht *Peifer*, ZUM 2006, 1 (3 ff.).

[5] Vgl. *Sack*, WRP 2008, 1405 (1407).

[6] Verordnung (EG) Nr. 40/94 über die Gemeinschaftsmarke (GMVO), ABl. EG 1994 Nr. L 11, S. 1.

Gemeinschaftsgeschmacksmusterverordnung[1] oder auch der **eingetragenen geographischen Angabe und Ursprungsbezeichnung** nach der Verordnung (EG) Nr. 510/2006 des Rates vom 20.3.2006 zum Schutz von geographischen Angaben und Ursprungsbezeichnungen für Agrarerzeugnisse und Lebensmittel[2] sowie mit dem gemeinschaftlichen Sortenschutzrecht nach der Verordnung (EG) Nr. 2100/94 vom 27.7.1994[3] in Kraft getreten sind. Diese immaterialgüterrechtlichen Schutzrechte gelten nach den jeweiligen Voraussetzungen gemeinschaftsweit und setzen den Territorialitätsgrundsatz innerhalb der EU außer Kraft.

1797 Ausgangspunkt ist auch im Bereich des **Urheberrechts und des Rechts der verwandten Schutzrechte** der Territorialitätsgedanke[4]. Obwohl es an einem staatlichen Verleihungsakt fehlt, gilt für das Internationale Urheberrecht ebenso wie im Internationalen Immaterialgüterrecht der gewerblichen Schutzrechte das gewohnheitsrechtlich anerkannte Territorialitätsprinzip[5]. Dieses Prinzip ist Ausdruck staatlicher Souveränität und ihrer Grenzen[6]. Es beschreibt das Urheberrecht als ein ubiquitäres Rechtsgut, dessen Lokalisierung im Gegensatz zum Sacheigentum erhebliche Schwierigkeiten[7] bereitet. Mangels körperlicher Festlegung fingiert das Territorialitätsprinzip daher die Belegenheit des immateriellen Urheberrechts durch räumliche Begrenzung seiner rechtlichen Wirkung[8]. Ob dem primär materiellrechtlichen Territorialitätsprinzip allerdings ein kollisionsrechtlicher Gehalt innewohnt, ist indes zu bezweifeln[9].

c) Bisherige kollisionsrechtliche Anknüpfung von Gewerblichen Schutzrechten

1798 Von der Geltung des Territorialitätsgrundsatzes im Immaterialgüterrecht wurde nach allgemeiner Auffassung bislang auf die kollisionsrechtliche Anknüp-

---

1 Verordnung (EG) Nr. 6/2002 vom 12.12.2001 über das Gemeinschaftsgeschmacksmuster (GGVO), ABl. EG 2002 Nr. L 3, S. 1.
2 ABl. EU 2006 Nr. L 93, S. 12.
3 ABl. EG 1994 Nr. L 227, S. 1.
4 Zur Territorialität verwandter Schutzrechte s.a. EuGH 14.7.2005 (Lagardère./.SPRE), IPRax 2006, 275 (279).
5 Grundlegend BGH 16.4.1975 (August Vierzehn), BGHZ 64, 183 (191) = GRUR 1975, 561 = IPRspr. 1975 Nr. 118; BGH 7.11.2002 (Sender Felsberg), GRUR 2003, 328 (329) = IPRspr. 2002 Nr. 125; *von Gamm*, Einf. UrhG Rz. 29; vgl. aus der jüngeren Literatur zB *Buchner*, GRUR Int. 2005, 1004 (1005); *Grünberger*, ZVglRWiss 108 (2009), 134 (146); *Thorn*, in: Palandt, Anh. zu EGBGB 38–42 Art. 8 Rom II Rz. 2.
6 *Peifer*, ZUM 2006, 1.
7 Zur problematischen Lokalisierung von Verletzungshandlungen vgl. *Geller*, GRUR Int. 2000, 659 (660 ff.).
8 Vgl. BGH 16.4.1975 (August Vierzehn), BGHZ 64, 183 (191) = GRUR 1975, 561 = IPRspr. 1975 Nr. 118; *Obergfell*, S. 217 f. mwN.; *von Welser*, in: Wandtke/Bullinger, vor §§ 120 ff. UrhG Rz. 5; s. auch *Walter*, in: Loewenheim, Urheberrecht, § 58 Rz. 7 ff.
9 So aber *Rehbinder*, Urheberrecht, Rz. 977; *Katzenberger*, in: Schricker, vor §§ 120 ff. UrhG Rz. 124. Ablehnend wie hier *Drexl*, in: MünchKomm, IntImmGR Rz. 13; *Grünberger*, ZVglRWiss 108 (2009), 134 (145); *Obergfell*, S. 206 ff. u. 221 ff.; *von Welser*, in: Wandtke/Bullinger, vor §§ 120 ff. UrhG Rz. 5.

fung immaterialgüterrechtlicher Streitigkeiten an das **Recht des Schutzlandes** (lex loci protectionis) geschlossen[1]. Wenngleich der zwingende Zusammenhang zwischen (sachrechtlichem) Territorialitätsprinzip und Kollisionsregel der Schutzlandanknüpfung zutreffenderweise zu verneinen ist[2], wird dennoch von der gewohnheitsrechtlichen Geltung des Schutzlandprinzips für das Immaterialgüterrechtsstatut auszugehen sein[3]. Die lex loci protectionis ist dabei maßgeblich für das Entstehen und Erlöschen sowie den Bestand des Immaterialgüterrechts und dessen Verletzung[4]. Diesen Konsens greift nun Art. 8 Abs. 1 Rom II-VO auf. Auch für Kennzeichenrechte, die wettbewerbsrechtlichen Ursprungs sind, wie zB Unternehmenskennzeichen und Werktitel iSd. § 5 MarkenG wird die Anwendung der lex loci protectionis befürwortet[5]. Bei der Verletzung geographischer Herkunftsangaben iSv. § 126 MarkenG fallen letztlich immaterialgüterrechtliche lex loci protectionis und wettbewerbsrechtliche lex loci competitionis am Marktort, an dem der kennzeichenrechtliche oder ergänzende wettbewerbsrechtliche Schutz in Anspruch genommen wird, zusammen[6]. Die Rechtsprechung knüpft geographische Herkunftsangaben nach dem Schutzlandprinzip an[7]. Für Kennzeichenrechtsverletzungen im Internet wird von der Rechtsprechung ein hinreichender Inlandsbezug gefordert[8].

---

1 So die st. Rspr. zum alten Recht; vgl. zB BGH 28.6.2007 (Cambridge Institute), GRUR 2007, 884 (886); BGH 13.10.2004 (Hotel Maritime), JZ 2005, 736 (737) = IPRspr. 2004 Nr. 126; BGH 2.5.2002 (Frommia), GRUR 2002, 972 (973) = IPRspr. 2002 Nr. 122; OLG München 12.1.2006 (UltraMind), GRUR-RR 2006, 130 f. = IPRspr. 2006 Nr. 92; wie auch die ganz hM im Schrifttum; vgl. etwa *Wagner*, in: AnwK, Art. 40 EGBGB Rz. 74; *Beier*, GRUR Int. 1968, 8 (12); *Fezer*, Einl. H MarkenG Rz. 14 ff., 17 und 23 ff.; *Hiestand*, S. 86 ff.; *Junker*, in: MünchKomm, Art. 42 EGBGB Anh. Rz. 61; *Martiny*, in: MünchKomm, Art. 28 EGBGB Rz. 386; 6. Aufl. Rz. 1740 (*Hiestand*); *Fezer/Koos*, in: Staudinger, IntWirtschR Rz. 851, 853 ff. u. 869 ff.; *Ulmer*, Immaterialgüterrechte, S. 9. Ebenso für formgebundene Markenrechte nach altem Recht *Ropohl*, S. 55. Eine Übertragung der für das Urheberrecht vertretenen Ursprungslandanknüpfung auf andere formlose Immaterialgüterrechte erwägt *Schack*, Festschr. Heldrich (2005), S. 997 (1003); ähnlich für formlose Markenrechte *Ropohl*, S. 56 ff., 69 ff. u. 77 ff.
2 *Drexl*, in: MünchKomm, IntImmGR Rz. 13; anders aber *Fezer*, Einl. H MarkenG Rz. 14 ff.
3 So auch *Drexl*, in: MünchKomm, IntImmGR Rz. 15.
4 *Fezer*, Einl. H MarkenG Rz. 25 ff.; s. auch *Sack*, WRP 2008, 1405 (1406).
5 Vgl. BGH 13.10.2004 (Hotel Maritime), JZ 2005, 736 (737) = IPRspr. 2004 Nr. 126; OLG Karlsruhe 10.7.2002 (Intel), CR 2003, 375 = IPRspr. 2002 Nr. 124; *Hausmann/Obergfell*, in: Fezer, Einl. I UWG Rz. 345; *Schricker*, in: Großkomm, Einl. UWG 1994, Rz. F 198 f. u. 201; *Drexl*, in: MünchKomm, IntImmGR Rz. 2 u. 15; aA *Ulmer*, Immaterialgüterrechte, S. 25.
6 Vgl. *Hausmann/Obergfell*, in: Fezer, Einl. I UWG Rz. 346; s. auch *Sack*, WRP 2008, 1405 (1406).
7 BGH 28.6.2007 (Cambridge Institute), GRUR 2007, 884 (886).
8 BGH 13.10.2004 (Hotel Maritime), JZ 2005, 736 (737 f.) = IPRspr. 2004 Nr. 126; BGH 5.10.2006 (Pietra di Soln), RIW 2006, 942 (943); OLG München 16.6.2005 (800-Flowers), MMR 2005, 608 (609) = IPRspr. 2005 Nr. 81; OLG Hamm 31.7.2003, MMR 2004, 177 = IPRspr. 2003 Nr. 106; OLG Karlsruhe 10.7.2002 (Intel), CR 2003, 375 (376) = IPRspr. 2002 Nr. 124.

d) **Meinungsstreit um die kollisionsrechtliche Anknüpfung von Urheberrechten**

aa) **Territoriale Schutzlandanknüpfung**

1799 Die im Schrifttum vor Inkrafttreten der Rom II-VO vorherrschende Meinung[1] folgerte aus der weltweiten Anerkennung des Territorialitätsprinzips (zumeist iVm. dem Inländerbehandlungsgrundsatz aus Art. 5 Abs. 1 und 2 RBÜ[2]) die Urheberkollisionsregel der lex loci protectionis, mithin die Geltung des **Schutzlandprinzips**. Auf urheberrechtliche Sachverhalte sei demnach das Recht des Staates anwendbar, für den der Schutz begehrt wird. Der hM im Schrifttum folgend befürwortete auch die ständige **Rechtsprechung**[3] für die Anknüpfung des Urheberrechts die Geltung des Schutzlandprinzips. Die Anwendung des Schutzlandprinzips führt zur Aufspaltung in verschiedene Urheberrechte, je nach Ort der Verletzung, weshalb auch von einem Bündel nationaler Urheberrechte[4] gesprochen wird. Schon bisher war geklärt, dass das deliktsrechtliche

---

1 S. zum alten Recht zB *Obergfell*, in: Büscher/Dittmer/Schiwy, vor §§ 120 ff. UrhG Rz. 4; *Dreier*, in: Dreier/Schulze, vor §§ 120 ff. UrhG Rz. 28; *Nordemann-Schiffel*, in: Fromm/Nordemann, vor §§ 120 ff. UrhG Rz. 59; *Haberstumpf*, Urheberrecht, Rz. 576; *Walter*, in: Loewenheim, Urheberrecht, § 58 Rz. 20; *Hartmann*, in: Möhring/Nicolini, vor §§ 120 ff. UrhG Rz. 4; *Drexl*, in: MünchKomm, IntImmGR Rz. 14 ff.; *Pütz*, S. 37 ff.; *Obergfell*, in: Reithmann/Martiny, Voraufl. Rz. 1779; *Katzenberger*, in: Schricker, vor §§ 120 ff. UrhG Rz. 124 f.; *Schricker*, Einl. VerlG Rz. 37; *Lüderitz*, in: Soergel, Art. 38 EGBGB Rz. 21; *von Hoffmann*, in: Staudinger, Art. 40 EGBGB Rz. 388; *Ulmer*, Immaterialgüterrechte, Nr. 14 u. 50. Auch die „Principles" des American Law Institute sehen grundsätzlich eine Anknüpfung an das Recht des Schutzlandes vor, vgl. *Dreyfuss/Ginsburg*, CRi 2003, 33 (37 f.). Krit. hierzu *Kur*, CRi 2003, 65 (71 f.).
2 S. unten Rz. 1942 f.
3 Grundlegend BGH 2.10.1997 (Spielbankaffaire), BGHZ 136, 380 (385 ff.). = NJW 1998, 1395 (1396) = IPRspr. 1997 Nr. 125; s. weiterhin BGH 15.2.2007 (Wagenfeld-Leuchte), GRUR 2007, 871 (873); BGH 24.5.2007 (Staatsgeschenk), GRUR 2007, 691 (692); BGH 8.7.2004 (Hundefigur), GRUR 2004, 855 (856) = IPRspr. 2004 Nr. 87; BGH 3.3.2004 (Tonträgerpiraterie durch CD-Export), GRUR 2004, 421 (422); BGH 26.6.2003 (Sendeformat), GRUR 2003, 876 (877) = IPRspr. 2003 Nr. 105; BGH 5.6.2003 (Hundertwasser-Haus), NJW 2004, 594 f. = IPRspr. 2003 Nr. 104; BGH 7.11.2002 (Sender Felsberg), GRUR 2003, 328 (329) = IPRspr. 2002 Nr. 125 (hierzu *von Welser*, IPRax 2003, 440 ff.); Vorinstanz: OLG Saarbrücken 28.6.2000, IPRax 2003, 150 (151) = IPRspr. 2000 Nr. 100 (krit. dazu *Schack*, IPRax 2003, 141 ff.); BGH 19.4.2001 (Barfuß ins Bett), GRUR Int. 2001, 873 (877); BGH 29.4.1999 (Laras Tochter), ZUM 1999, 644 (645) = IPRspr. 1999 Nr. 100; BGH 16.6.1994 (Joseph Beuys), BGHZ 126, 252 (256) = IPRspr. 1994 Nr. 128; BGH 17.6.1992 (Alf), BGHZ 118, 394 (397 f.) = IPRspr. 1992 Nr. 168; OLG München 21.9.2006, IPRax 2007, 531 (532); OLG Düsseldorf 24.1.2006 (Bauhaushocker), ZUM 2006, 326, 328 = IPRspr. 2006 Nr. 93; OLG München 28.7.2005, IPRax 2006, 280 (283) = IPRspr. 2005 Nr. 82; OLG Karlsruhe 10.11.1999, ZUM 2000, 327 = IPRspr. 1999 Nr. 102; OLG München 22.4.1999 (M – Eine Stadt sucht einen Mörder), ZUM 1999, 653 (655) = IPRspr. 1999 Nr. 99.
4 *Kegel*, in: Soergel, Anh. nach Art. 12 EGBGB Rz. 22. Ebenso BGH 24.5.2007 (Staatsgeschenk), GRUR 2007, 691; BGH 8.7.2004 (Hundefigur), GRUR 2004, 855 (856) = IPRspr. 2004 Nr. 87; BGH 7.11.2002 (Sender Felsberg), GRUR 2003, 328 (329) = IPRspr. 2002 Nr. 125; *Peifer*, ZUM 2006, 1.

Tatortprinzip bei Urheberrechtsverletzungen nicht anwendbar war und auch die Möglichkeit einer Rechtswahl des Verletzten ausscheiden musste[1]. Einigkeit bestand und besteht darüber, dass das so bestimmte Urheberrechtsstatut die Fragen von Entstehung, Inhalt, Schranken und Wirkung sowie insbesondere der Folgen einer Verletzung des Urheberrechts erfasst[2]. Wegen der misslichen Konsequenz einer weltweiten Abrufbarkeit und damit ebenso weltweiten Belegenheit wird vorgeschlagen, in Anlehnung an das Internationale Wettbewerbsprivatrecht bei der Lokalisierung der Urheberrechtsverletzung im **Internet** an den **Ort der bestimmungsgemäßen Abrufbarkeit** und Auswirkung der inkriminierten Internetseite anzuknüpfen[3]. Die Fragen der kollisionsrechtlichen Anknüpfung der ersten Inhaberschaft wie auch der urheberrechtlichen Verfügung (dazu unten Rz. 1811 ff.) waren streitig.

bb) Universale Anknüpfung

Andere Stimmen forderten grundsätzlich die Anwendung des **Universalitätsprinzips**[4]. Als Hauptargument wurde die zur Rechtsunsicherheit führende Zersplitterung des Urheberrechtsstatuts angeführt. Als unerträglich empfinden die Vertreter dieser Ansicht, dass das Urheberrecht bei jedem Grenzübertritt gewissermaßen neu entstehe oder sogar ganz entfalle, wenn das Schutzland keinen Urheberrechtsschutz gewähre[5]. Schließlich sei die Territorialität als Ausdruck von Nationalstaatlichkeit und Protektionismus mit dem Gemeinschaftsrecht nicht vereinbar[6]. Statt der kollisionsrechtlichen Anknüpfung nach dem Schutzlandprinzip will die Gegenansicht daher universal an die sog. lex loci originis, also das **Ursprungslandrecht**, anknüpfen[7]. Das Ursprungsland soll dabei am **Ort der ersten Veröffentlichung** und bei unveröffentlichten Wer-

1800

---

1 S. BGH 2.10.1997 (Spielbankaffaire), BGHZ 136, 380 (385 ff.) = NJW 1998, 1395 (1396) = IPRspr. 1997 Nr. 125; *Drexl*, in: MünchKomm, IntImmGR Rz. 12 u. 121 ff.; *Buchner*, GRUR Int. 2005, 1004 (1007 f.). S. jetzt auch Art. 8 Abs. 3 Rom II-VO; dazu unten Rz. 1981.
2 Vgl. zB BGH 26.6.2003 (Sendeformat), GRUR 2003, 876 (877) = IPRspr. 2003 Nr. 105; *Katzenberger*, in: Schricker, vor §§ 120 ff. UrhG Rz. 127; *Ulmer*, Immaterialgüterrechte, Nr. 37 ff., 50 f.
3 *Buchner*, GRUR Int. 2005, 1004 (1007); ablehnend *Sack*, WRP 2008, 1405 (1417).
4 So zum alten Recht insbesondere *Schack*, Anknüpfung, Nr. 17 ff. u. 66; *Schack*, Festschr. Heldrich (2005), S. 997 (1003); *Schack*, UFITA 108 (1988), 51 (67). Ebenso *Braun*, S. 90 ff., 137 ff. u. 180 ff.; *Cigoj*, Festschr. Firsching (1985), S. 53 (73 ff.); *Drobnig*, RabelsZ 40 (1976), 195 (197); *Klass*, GRUR Int. 2007, 373 (380 ff.); *Neuhaus*, RabelsZ 40 (1976), 191 (193 ff.); *Kegel*, in: Soergel, Anh. nach Art. 12 EGBGB Rz. 28; *Wille*, S. 94; sowie zum neuen Recht *Schack*, Festschr. Kropholler, S. 651 (666). Krit. zum Schutzlandprinzip auch *Peinze*, S. 15 ff. u. 168 ff.; s. auch *van Eechoud*, in: Drexl/Kur, S. 289 (290 ff.).
5 Vgl. *Schack*, Festschr. Kropholler, S. 651 (666).
6 Vgl. hierzu etwa *Neuhaus*, RabelsZ 40 (1976), 191 (195); *Schack*, Anknüpfung, Nr. 20.
7 S. *Schack*, Urheberrecht, Rz. 900 ff.; *Schack*, Festschr. Heldrich (2005), S. 997 (1003); *Schack*, Festschr. Kropholler, S. 651 (666).

ken im Heimatstaat des Urhebers zu lokalisieren sein[1]. Dagegen hat sich in jüngster Zeit verschiedentlich Kritik formiert[2].

e) Kritische Würdigung und Bestimmung der Reichweite der Schutzlandanknüpfung

1801 Anhaltspunkte für die Eingrenzung der Reichweite von Art. 8 Rom II-VO finden sich in Art. 2, 13 und 15 Rom II-VO. Ganz allgemein grenzt Art. 2 Abs. 1 Rom II-VO zunächst den **Begriff des Schadens** als „sämtliche Folgen einer unerlaubten Handlung, einer ungerechtfertigten Bereicherung, einer Geschäftsführung ohne Auftrag („Negotiorum gestio") oder eines Verschuldens bei Vertragsverhandlungen („Culpa in contrahendo")" umfassend ab. Dies bedeutet jedoch nicht, dass die Anknüpfungsregel für Rechte am Geistigen Eigentum in Art. 8 Rom II-VO nur den Fall der unerlaubten Handlung betrifft und dort die allgemeine Anknüpfungsregel in Art. 4 Rom II-VO ersetzt, sondern Art. 8 Rom II-VO greift weiter[3]. Denn nach Art. 13 Rom II-VO verdrängt im Bereich der außervertraglichen Schuldverhältnisse aus einer Verletzung von Rechten des Geistigen Eigentums die nach Art. 8 Rom II-VO angeordnete Schutzlandanknüpfung die jeweilige Anknüpfung der Rechtsinstitute der ungerechtfertigten Bereicherung, Geschäftsführung ohne Auftrag und des Verschuldens bei Vertragsverhandlungen. Art. 2 Abs. 2 und 3 Rom II-VO bezieht zudem außervertragliche Schuldverhältnisse, schadensbegründende Ereignisse und Schäden mit ein, deren Eintritt nicht sicher, sondern nur wahrscheinlich ist.

1802 Ein weiterer Anhaltspunkt zur Bestimmung der Reichweite der Schutzlandanknüpfung ergibt sich aus Art. 15 Rom II-VO. Danach ist das nach der Rom II-VO auf außervertragliche Schuldverhältnisse anzuwendende Recht insbesondere maßgebend für die deliktstypischen Fragen wie insbesondere den Grund und den Umfang der Haftung einschließlich der Bestimmung der Personen, die für die Handlungen haftbar gemacht werden können (lit. a), die Haftungsausschlussgründe sowie jede Beschränkung oder Teilung der Haftung (lit. b), das Vorliegen, die Art und die Bemessung des Schadens oder der geforderten Wiedergutmachung (lit. c) und die Maßnahmen, die ein Gericht innerhalb der Grenzen seiner verfahrensrechtlichen Befugnisse zur Vorbeugung, zur Beendigung oder zum Ersatz des Schadens anordnen kann (lit. d). Ferner werden von dem nach der Rom II-VO ermittelten Recht auch geregelt die Übertragbarkeit des Schadensersatzanspruchs (lit. e), die anspruchsberechtigten, persönlich geschädigten Personen (lit. f), die Haftung für Dritte (lit. g) sowie die Bedingungen für das Erlöschen von Verpflichtungen und die Verjährung (lit. h). Allein aus dem in lit. a genannten Grund der Haftung ließe sich ein Einbeziehen der immaterialgüter- und urheberrechtlichen Grundfragen des **Inhalts und der Schranken der Rechte am Geistigen Eigentum** in den Anwendungsbereich der

---

1 So insbesondere *Schack*, Anknüpfung, Nr. 84 ff. u. 76 ff.; *Schack*, Urheberrecht, Rz. 901 f.; *Schack*, Festschr. Kropholler, S. 651 (666).
2 *Klass*, GRUR Int. 2008, 546 (548 ff.); *Klass*, GRUR Int. 2007, 373 (378); *Wille*, S. 111 ff.
3 *Sack*, WRP 2008, 1405 (1408 f.); aA *Schack*, Festschr. Kropholler, S. 651 (656).

Kollisionsnorm des Art. 8 Rom II-VO ableiten[1]. Ob die Frage der ersten Inhaberschaft am Immaterialgüterrecht bzw. Urheberrecht unter dieses Statut fällt, ist damit nicht geklärt und lässt sich auch nicht aus Art. 15 lit. f Rom II-VO herauslesen[2]. Auch die Frage einer einheitlichen oder getrennten Anknüpfung der immaterialgüterrechtlichen Verfügung wird durch die Rom II-VO nicht beantwortet[3].

Bei näherer Betrachtung überzeugt Vieles an der Argumentation derjenigen, die für die Geltung des Universalitätsprinzips plädieren. So ist im Zeitalter globalisierter Märkte und weltweiter Internetkommunikation das Argument überkommener Nationalstaatlichkeit auf den ersten Blick nicht von der Hand zu weisen[4]. Auf der anderen Seite kam man schon vor Inkrafttreten der Rom II-VO in der Praxis – trotz gegenläufiger ausländischer Tendenzen[5] – an der weit überwiegenden hM in Rechtsprechung und Literatur nicht vorbei. Dies galt umso mehr, als auch die Vertreter der Gegenmeinung insbesondere die Voraussetzungen und Folgen einer Urheberrechtsverletzung dem Schutzlandprinzip unterstellten[6]. Mit Inkrafttreten der Rom II-VO enthält Art. 8 Abs. 1 Rom II-VO nun eine Kollisionsregel, die für die **Urheberrechtsverletzung** mit der **lex loci protectionis** eine eindeutige Vorgabe macht, die auch für die urheberrechtlichen Kernfragen der **Entstehung**, des **Inhalts** (samt **Schranken**), der **Wirkung** und des **Erlöschens** des Urheberrechts herangezogen werden muss[7]. Diese Anknüpfung dient dem Interesse der kommerziellen wie auch privaten Nutzer eines urheberrechtlichen Werkes. Die schwierige Erforschung eines fremden Rechts darf ihnen bezüglich der im eigenen Heimatstaat erlaubten Nutzung nicht aufgebürdet werden. Für den Urheber ist dagegen wegen des konventionsrechtlich verbürgten Mindestschutzes eine Regelung durch das Recht des Schutzlandes zumutbar. Eine Lücke verbleibt auch nach Inkrafttreten der Rom II-VO für die Anknüpfung der Verfügung und der ersten Inhaber-

1803

---

1 In diesem Sinne etwa *Sack*, WRP 2008, 1405 (1408 f.).
2 So auch *Schack*, Festschr. Kropholler, S. 651 (656); aA *Sack*, WRP 2008, 1405 (1409).
3 *Schack*, Festschr. Kropholler, S. 651 (667), spricht sich daher generell für eine Anknüpfung von Verfügungen über formlose Schutzrechte an das Recht des Ursprungslandes aus.
4 Zur Auseinandersetzung mit dem Territorialitätsprinzip ausführlich *Obergfell*, S. 221 ff.
5 So wird nach hM im französ. Recht die Vorfrage der ersten Inhaberschaft am Urheberrecht an das Recht im Ursprungsland angeknüpft; vgl. Cass. 7.4.1998 (SAAB), Rev.crit.d.i.p. 88 (1999), 76; *Colombet*, Nr. 454 f. Ebenso aus amerikanischer Sicht US C.A. 27.8.1998 (Itar-Tass), GRUR Int. 1999, 639 (642 f.) (m. Anm. *Schack*, GRUR Int. 1999, 645 ff.). MwN. zur Rechtsvergleichung s. *Obergfell*, S. 257 ff. Nach den vom American Law Institute aufgestellten „Principles" soll die Anknüpfung der ersten Inhaberschaft am Urheberrecht getrennt vom allgemeinen Schutzlandprinzip zu beurteilen sein und dem Ursprungslandprinzip folgen; vgl. *Dreyfuss/Ginsburg*, CRi 2003, 33 (37 f.).
6 Vgl. etwa *Drobnig*, RabelsZ 40 (1976), 195 (198 ff.); *Neuhaus*, RabelsZ 40 (1976), 191 (192 ff.); *Schack*, Anknüpfung, Nr. 131 f.; *Schack*, Urheberrecht, Rz. 924.
7 *Grünberger*, ZVglRWiss 108 (2009), 134 (170 ff.); *Sack*, WRP 2008, 1405 (1408 f.); im Ergebnis ebenso *Thorn*, in: Palandt, Anh. zu EGBGB 38–42 Art. 8 Rom II Rz. 9. Dies entspricht der bereits zum alten Recht hM; vgl. näher *Obergfell*, S. 270 ff. mwN.

schaft. Hier sprechen beispielsweise gute Gründe dafür, die urheberrechtliche **Verfügung** wie auch die Frage der **ersten Inhaberschaft des Urheberrechts** abweichend von der im urheberrechtlichen Schrifttum bisher vorherrschenden Auffassung – zumindest im Filmbereich – einem eigenen Statut zu unterstellen[1]. Wegen der Besonderheit des Filmwerks als vielgestaltiges Gemeinschaftswerk und aus Gründen der Rechtssicherheit ist hier eine Anknüpfung an das **Recht am Sitz des Filmproduzenten** zu befürworten[2].

1804–1810 Frei.

IV. Abgrenzung des Vertragsstatuts vom Immaterialgüterrechtsstatut

1. Gewerbliche Schutzrechte

1811 Für den Bereich der gewerblichen Schutzrechte wurde vor Inkrafttreten der Rom II-VO von der ganz überwiegenden Meinung in Rechtsprechung und Literatur bislang eine **getrennte kollisionsrechtliche Anknüpfung** von verpflichtenden und verfügenden Elementen des Vertrags über Rechte am Geistigen Eigentum praktiziert[3]. Die kollisionsrechtliche Trennung von Verpflichtung und Verfügung führte dazu, dass die verfügenden Vertragsbestandteile nach dem Immaterialgüterrechtsstatut[4] und der übrige (schuldrechtliche) Vertragsteil nach den Regeln des Internationalen Vertragsrechts angeknüpft werden mussten[5]. Dabei sollten zB Formfragen bei Markenrechtsübertragungen als zum Rechtserwerb gehörig ebenfalls dem Verfügungsstatut und damit dem Schutzlandprinzip unterstellt werden[6]. Die im Internationalen Urheberrecht bevorzugte einheitliche und unterschiedslose Anknüpfung von Verpflichtung und Verfügung wurde jedoch zum Teil auch für das Internationale Immaterialgüterrecht im Bereich der gewerblichen Schutzrechte vertreten[7]. Die Praxis

---

1 Vgl. *Schack*, Festschr. Kropholler, S. 651 (666 f.). Kritisch aber *Grünberger*, ZVglRWiss 108 (2009), 134 (158 ff.).
2 Eingehend hierzu *Obergfell*, S. 273 ff.; s.a. *Obergfell*, IPRax 2005, 9 (13). So jetzt auch *von Welser*, in: Wandtke/Bullinger, vor §§ 120 ff. UrhG Rz. 11; aA *Walter*, in: Loewenheim, Urheberrecht, § 58 Rz. 18.
3 Vgl. aus der st. Rspr. (noch zum alten Recht) zB BGH 2.5.2002 (Frommia), GRUR 2002, 972 (973) = IPRspr. 2002 Nr. 122; BGH 21.10.1964 (Carla), GRUR Int. 1965, 504 (506) = IPRspr. 1964–1965 Nr. 180; OLG München 12.1.2006 (UltraMind), GRUR-RR 2006, 130 (132) = IPRspr. 2006 Nr. 92; OLG Karlsruhe 9.6.1999 (badwildbad.com), CR 1999, 783 (784); zur hM im Schrifttum vgl. zB *Martiny*, in: MünchKomm, Art. 28 EGBGB Rz. 386; *Fezer/Koos*, in: Staudinger, IntWirtschR Rz. 905; sowie aus dem Markenrecht *Fezer*, Einl. H MarkenG, Rz. 58 ff. und 61 ff.; *Ingerl/Rohnke*, Einl. MarkenG Rz. 15; *Ropohl*, S. 85.
4 Zur Bestimmung des Immaterialgüterrechtsstatuts s. oben Rz. 1793 f. u. 1798.
5 S. noch zum alten Recht *Martiny*, MünchKomm, Art. 28 EGBGB Rz. 386; sowie zum Markenrecht *Fezer*, Einl. H MarkenG, Rz. 58 und 61 ff.
6 *Fezer*, Einl. H MarkenG Rz. 59.
7 So *Drexl*, in: MünchKomm, IntImmGR Rz. 133 mit alleinigem Verweis auf die urheberrechtliche Spruchpraxis und Literatur.

der bisher herrschenden Meinung ist auch unter der Geltung von Art. 8 Rom II-VO und Art. 4 Rom I-VO fortzuführen.

2. Urheberrecht

a) Einheitstheorie

Weniger einheitlich war das Meinungsbild für das Urheberkollisionsrecht. Zur Frage, ob urheberrechtliches Verpflichtungs- und Verfügungsgeschäft gesondert anzuknüpfen seien oder beide Rechtsgeschäfte einem einheitlichen Statut unterliegen, wurden im Wesentlichen drei Ansichten vertreten. Die Vertreter der sog. Einheitstheorie[1] betrachteten verfügende und verpflichtende Elemente des Urhebervertrags als derart eng miteinander verflochten, dass konsequenterweise eine **einheitliche Anknüpfung** vorzunehmen sei. Verpflichtungs- wie auch Verfügungsgeschäft unterliegen nach dieser Ansicht einheitlich dem **Vertragsstatut**. Begründet wurde dies hauptsächlich damit, dass durch die einheitliche Anknüpfung eine Aufspaltung bzw. Zersplitterung der verschiedenen Statute bei kollisionsrechtlicher Behandlung eines Urhebervertrags (zugunsten materiellrechtlichen Gleichlaufs zB iSd. § 31 Abs. 5 UrhG) vermieden wird. Dennoch sind auch nach dieser Auffassung die Fragen der ersten Inhaberschaft am Urheberrecht, der Werkeigenschaft und des Inhalts des Urheberrechts, der Urheberrechtsverletzung sowie der Übertragbarkeit des Urheberrechts dem Urheberrechtsstatut vorbehalten[2], so dass eine Aufspaltung des Statuts nicht ausbleibt. Die bisherige Rechtsprechung[3] scheint eher der Einheitstheorie zuzuneigen.

1812

b) Territoriale Spaltungstheorie

Die Befürworter einer materiellrechtlichen Abstraktion der urheberrechtlichen Verfügung setzten diese Trennung von Verfügung und Verpflichtung auch auf kollisionsrechtlicher Ebene fort und folgten größtenteils der sog. territorialen Spaltungstheorie[4], der zufolge eine **gesonderte Anknüpfung von urheberrechtlicher Verfügung und Verpflichtung** stattfinden soll. Es finden sich

1813

---

1 *Dreier*, in: Dreier/Schulze, vor §§ 120 ff. UrhG Rz. 50; *Haberstumpf*, Urheberrecht, Rz. 581; *Katzenberger*, Festschr. Schricker (1995), S. 225 (249 ff.); *Loewenheim*, ZUM 1999, 923 (925); *Walter*, in: Loewenheim, Urheberrecht, § 57 Rz. 190 f.; *Hartmann*, in: Möhring/Nicolini, vor §§ 120 ff. UrhG Rz. 42; *Drexl*, in: MünchKomm, IntImmGR Rz. 133; *Regelin*, S. 197 ff.; *Katzenberger*, in: Schricker, vor §§ 120 ff. UrhG Rz. 149; *Schricker*, Einl. VerlG Rz. 38; *Spoendlin*, UFITA 107 (1988), 11 (25); *Ulmer*, Immaterialgüterrechte, Nr. 67.
2 Vgl. zB *Loewenheim*, ZUM 1999, 923 (925); *Schricker*, Einl. VerlG Rz. 38.
3 So zB OLG Frankfurt a.M. 3.12.1996 (Macintoshmodelle), GRUR 1998, 141 (142) = IPRspr. 1996 Nr. 122; LG München I 24.8.2000 (Aguilera), ZUM-RD 2002, 21 (24 f.) (rkr.); und aus der älteren Rspr. BGH 19.12.1958 (Dreigroschenroman), GRUR 1959, 331 (333) = IPRspr. 1958/59 Nr. 44.
4 *Obergfell*, in: Büscher/Dittmer/Schiwy, vor §§ 120 ff. UrhG Rz. 10; *Obergfell*, 6. Aufl., Rz. 1786; *Hausmann*, Festschr. Schwarz (1988), S. 47 (51 u. 62 f.); *Kegel/Schurig*, § 17 VII; *Kleine*, S. 97 ff.; *Knörzer*, S. 120 ff.; *Mackensen*, S. 67 ff.; *Mäger*, S. 52 ff.; *Martiny*, RabelsZ 40 (1976), 218 (229); *Pütz*, IPRax 2005, 13 (14); *Rehbinder*, Urheberrecht,

auch Beispiele aus der Rechtsprechung, die diese Auffassung stützen[1]. Wie aus dem Internationalen Sachenrecht bekannt, dürfe auch im Urheberrecht die Frage der Verfügung und Verfügbarkeit nicht dem Vertragsstatut überlassen bleiben. Angesichts der auch nach der Einheitstheorie zwingend dem Urheberrechtsstatut vorbehaltenen Fragen sei eine Aufspaltung der kollisionsrechtlichen Anknüpfung im Internationalen Urhebervertragsrecht ohnehin nicht zu vermeiden. Urheberrechtliche Verfügungen unterliegen nach dieser Auffassung dem **Urheberrechtsstatut** und damit dem **Recht des Schutzlandes**, während die verpflichtenden Teile eines Urheberrechtsvertrages dem Vertragsstatut unterfallen, also nach neuem Recht gem. Art. 3 ff. Rom II-VO anzuknüpfen sind.

c) Universale Spaltungstheorie

1814 Die nachteilige Aufspaltung des Verfügungsstatuts bei Verfügung über Weltrechte versuchten die Vertreter der sog. universellen Spaltungstheorie dadurch aufzufangen, dass sie zwar Verfügung und Verpflichtung gesondert nach Urheberrechts- einerseits und Urhebervertragsstatut andererseits anknüpfen, das Urheberrechtsstatut aber universal bestimmen[2]. **Verfügungsstatut** sollte nach dieser Auffassung das **Recht des Ursprungslandes** sein[3]. Hiervon sollte nicht nur die Verfügung selbst umfasst sein, sondern auch die Frage der Übertragbarkeit des Urheberrechts bzw. deren Grenzen sowie etwa die dinglichen Wirkungen eines Rückrufs von Nutzungsrechten oder die den Umfang der Rechtseinräumung betreffenden Auslegungsregeln der §§ 88 Abs. 1, 89 Abs. 1 und 92 UrhG[4]. Die Unterscheidung zwischen territorialer und universeller Spaltungstheorie liegt damit allein in der unterschiedlichen Votierung zum einen für die Unterstellung der Verfügung unter das Schutzlandprinzip und zum anderen für deren Unterstellung unter das Universalitätsprinzip.

d) Kritische Würdigung

1815 Weder die Rom II-VO noch die Rom I-VO löst letztlich die Frage, unter welches Statut die Verfügung über Rechte des Geistigen Eigentums fällt. Der zu-

---

Rz. 982; *Magnus*, in: Staudinger, Art. 28 EGBGB Rz. 608; *von Welser*, in: Wandtke/Bullinger, vor §§ 120 ff. UrhG Rz. 22; *Zimmer*, S. 185.
1 Offensichtlich ebenso zB OLG München 22.4.1999 (M – Eine Stadt sucht einen Mörder), ZUM 1999, 653 (655) = IPRspr. 1999 Nr. 99; LG Hamburg 4.9.2001 (Der Pilger), ZUM 2002, 156 (157 f.) = IPRspr. 2001 Nr. 120 (jeweils ohne nähere Begründung). S. auch OLG München 14.6.2007, ZUM 2007, 751 (752), das im Zusammenhang mit der Rechtswahl der Parteien darauf abhebt, dass Verlagsverträge „jedenfalls hinsichtlich der schuldrechtlichen Aspekte einheitlich einer bestimmten Rechtsordnung unterstellt werden [können]".
2 So v.a. *Schack*, Urheberrecht, Rz. 914 u. 1147; *Schack*, Anknüpfung, Nr. 115; *Schack*, Festschr. Heldrich (2005), S. 997 (1002 ff.); sowie *Schack*, Festschr. Kropholler, S. 651 (667); s. auch *Koumantos*, DdA 1988, 439 (452); *Kegel*, in: Soergel, Anh. nach Art. 12 EGBGB Rz. 30 u. 33 f. Die Anknüpfung der Verfügung an das Recht des gewöhnlichen Aufenthalts des Urhebers fordert *Wille*, S. 100, 103 u. 113 ff.
3 *Schack*, Festschr. Heldrich (2005), S. 997 (1003).
4 *Schack*, Festschr. Heldrich (2005), S. 997 (1002 ff.).

vor nachgezeichnete Meinungsstreit über die getrennte oder einheitliche Anknüpfung von Verpflichtung und Verfügung bleibt damit virulent und bedarf einer Entscheidung. Trotz der für die Einheitstheorie sprechenden Praktikabilitätserwägungen sowie des wichtigen Arguments der Erzielung äußeren Entscheidungseinklangs ist im Ergebnis der **Spaltungstheorie** zu folgen. Die Situation im autonomen internationalen Sachenrecht zeigt, dass eine gesonderte Anknüpfung von Verpflichtung und Verfügung dem deutschen internationalen Privatrecht nicht fremd ist. Auch im internationalen Sachenrecht wird eine aus dem Abstraktionsprinzip resultierende Differenzierung nach schuldrechtlichem und dinglichem Geschäft vorgenommen und dementsprechend auf die dingliche Verfügung die lex rei sitae gem. Art. 43 Abs. 1 EGBGB als Sachstatut angewendet[1]. Eine weitere argumentative Anleihe erlaubte das in Art. 33 EGBGB aF geregelte Forderungsstatut. Die auf Art. 12 EVÜ beruhende Vorschrift des Art. 33 EGBGB aF differenzierte für die kollisionsrechtliche Anknüpfung zwischen dem Verpflichtungs- und dem Verfügungsgeschäft. Ersteres sollte nach Abs. 1 der Norm dem Vertragsstatut unterliegen, während nach Abs. 2 das Recht der abgetretenen Forderung auch ihre Übertragbarkeit, mithin das Verfügungsgeschäft, beherrschen sollte[2]. Nach Erwägungsgrund 38 der Rom I-VO soll das Vertragsstatut nach neuem Recht gem. Art. 14 Abs. 1 Rom I-VO auch den dinglichen Vertrag erfassen. Ein argumentativer Rückgriff auf das Forderungsstatut scheint damit zwar nicht mehr möglich[3]. Doch ändert die gewandelte Situation im Bereich der Zession[4] nichts an den Anknüpfungserwägungen für den Bereich des Urheberrechts. Die Frage der einheitlichen oder getrennten Anknüpfung von Verpflichtung und Verfügung in Verträgen über Rechte des Geistigen Eigentums wurde mit Normierung des Art. 8 Rom II-VO und Absehen von der Festschreibung einer Kollisionsregel für Verträge über Rechte am geistigen Eigentum nicht gelöst. Gerade die Streichung des ursprünglich geplanten Art. 4 Abs. 1 lit. f Rom I-VO-Entwurf spricht jedoch dafür, keine Abweichung von der bisherigen rechtlichen Bewertung herbeiführen zu wollen. Ebenso wie mit der Rom I-VO das Internationale Sachenrecht nicht berührt wird[5], kann auch keine Veränderung des Internationalen Immaterialgüterrechts angenommen werden. Aus Verkehrsschutzgesichtspunkten ist daher wie bisher eine kollisionsrechtliche Trennung von

---

1 Vgl. *Wendehorst*, in: MünchKomm, Art. 43 EGBGB Rz. 79; *Spickhoff*, in: Bamberger/Roth, Art. 43 EGBGB Rz. 8; ebenso vor der Kodifizierung der lex rei sitae-Regel *Kreuzer*, in: MünchKomm, 3. Aufl. (1998), nach Art. 38 EGBGB Anh. I Rz. 28; *Lüderitz*, in: Soergel, Anh. II nach Art. 38 EGBGB Rz. 49.
2 So *Martiny*, in: MünchKomm, Art. 33 EGBGB Rz. 11 u. 15; *Spickhoff*, in: Bamberger/Roth, Art. 33 EGBGB Rz. 5; *Thorn*, in: Palandt, Art. 33 EGBGB Rz. 2; aA *Hausmann*, in: Staudinger, Art. 33 EGBGB Rz. 26 ff., der angesichts der konventionsrechtlichen Vorgabe des Art. 36 EGBGB aF eine Einschränkung der Reichweite des Abstraktionsprinzips im internationalen Vertragsrecht forderte.
3 Daher zugunsten der einheitlichen Anknüpfung argumentierend *Grünberger*, ZVglRWiss 108 (2009), 134 (168 ff.).
4 Es ist allerdings durchaus zweifelhaft, ob Art. 14 Abs. 1 Rom I-VO tatsächlich eine Aussage über die Anknüpfung der dinglichen Abtretungswirkung treffen soll (s. zum Streit oben Rz. 384).
5 Vgl. oben Rz. 42.

Verpflichtung und Verfügung[1] iSd. Spaltungstheorie vorzunehmen[2]. Denn letztlich bleibt auch auf dem Boden der Einheitstheorie der Gedanke, eine Rechtszersplitterung durch die einheitliche Anwendung des Vertragsstatuts auf Verpflichtungs- wie Verfügungsgeschäft vermeiden zu können, reine Illusion. Der Gleichlauf von Urheberrechts- und Vertragsstatut ist nicht erreichbar. Beide Anknüpfungsentscheidungen folgen unterschiedlichen Zielen. Die dinglich-gegenständliche Situation des Urheberrechts kann nicht dem Vertragsstatut und der Parteiautonomie überantwortet werden, sondern unterfällt zwingend dem Urheberrechtsstatut.

1816 Auch die Ausweichklausel in Art. 4 Abs. 3 S. 2 Rom II-VO kann nicht als Argument für die Einheitstheorie herangezogen werden. Denn schon bei systematischer Auslegung ergibt sich kein Argumentationsspielraum für die Anknüpfung im Bereich der Rechte am Geistigen Eigentum. Art. 4 Rom II-VO ist eine allgemeine Kollisionsregel für den deliktischen Bereich, von der durch eine spezielle Kollisionsnorm für die Verletzung der Rechte am Geistigen Eigentum in Art. 8 Rom II-VO abgewichen wird[3]. Anders als beispielsweise in Art. 5 Abs. 1 Rom II-VO, der durch die Formulierung „unbeschadet des Artikels 4 Absatz 2" konkret Bezug nimmt und zudem selbst eine Ausweichklausel in Abs. 2 enthält, findet sich in Art. 8 Rom II-VO nichts dergleichen. Das bedeutet, Art. 8 Rom II-VO stellt eine eigene Kollisionsnorm für die Verletzung der Rechte am Geistigen Eigentum auf und ersetzt damit vollständig die allgemeine Regelung in Art. 4 Rom II-VO. Für den Bereich der Verletzung der Rechte am Geistigen Eigentum greift damit keine Ausweichklausel, die eine kollisionsrechtliche Gleichbehandlung von Verfügung und Verpflichtung nahe legen könnte.

1817–1820 Frei.

V. Behandlung von Altfällen

1821 Altfälle, bei denen der Vertragsabschluss und/oder das schadensbegründende Ereignis in einen Zeitraum fällt, der noch nicht von der Rom I- bzw. Rom II-VO erfasst wird, sind nach altem (autonomen) Kollisionsrecht zu behandeln. Das bedeutet, dass für die Ermittlung des **Vertragsstatuts** die aufgehobenen[4] Art. 27 ff. EGBGB aF weiterhin greifen[5]. Aus Perspektive der Rom I-VO, die

---

1 Für eine Anknüpfung der filmrechtlichen Verfügung an das Recht des Filmproduzenten bzw. Rechtserwerbers anstelle des Schutzlandrechts sprechen gute Gründe. S. näher *Obergfell*, S. 287 ff.
2 So auch *Schack*, Festschr. Kropholler, S. 651 (667). Ähnlich argumentiert noch vor Verabschiedung der Rom I-VO *Wille*, S. 101; s.a. *Schack*, Urheberrecht, Rz. 1147. Zur Abwägung der kollisionsrechtlichen Interessen s. ausführlich *Obergfell*, S. 283 ff.
3 Zur Anwendung von Art. 8 Abs. 1 Rom II-VO s. oben Rz. 1792 ff.
4 Vgl. das Gesetz zur Anpassung der Vorschriften des Internationalen Privatrechts an die Verordnung (EG) Nr. 593/2008 vom 25.6.2009, BGBl. I 2009, 1574.
5 S. zur Anknüpfung von Verträgen über gewerbliche Schutzrechte 6. Aufl. Rz. 1731 ff. (*Hiestand*); sowie zur Anknüpfung von Urheberrechtsverträgen 6. Aufl. Rz. 1801 ff. (Verlagsverträge) u. 1827 ff. (Filmverträge) (*Obergfell*).

zwar am 24.7.2008 in Kraft getreten ist, die jedoch gem. Art. 29 Rom I-VO erst auf Verträge Anwendung findet, die ab dem **17.12.2009** abgeschlossen wurden, sind als Altfälle alle diejenigen Verträge zu behandeln, die vor dem 17.12.2009 vereinbart wurden. Aus Perspektive der Rom II-VO sind bei der Ermittlung des **Immaterialgüterrechts- und Urheberrechtsstatuts** als Altfälle diejenigen Sachverhaltskonstellationen zu behandeln, in denen das schadensbegründende Ereignis in einen Zeitraum ab dem **11.1.2009** fällt[1]. Inhaltlich ändert sich für das Immaterialgüterrechts- und Urheberrechtsstatut dadurch nichts, da das durch Art. 8 Abs. 1 Rom II-VO kodifizierte Schutzlandprinzip bereits zuvor nach weit überwiegender Meinung als ungeschriebene Kollisionsregel Geltung beanspruchte (s. oben Rz. 1798 u. 1799).

Frei. 1822–1830

---

1 Vgl. Art. 31 u. 32 Rom II-VO sowie oben Rz. 1773.

B. Lizenzverträge/gewerbliche Schutzrechte

	Rz.		Rz.
I. Materielle Grundlagen des Lizenzvertrags	1831	a) Bestimmung des Immaterialgüterstatuts	1872
1. Rechtliche Grundlagen	1831	b) Auswirkungen des Immaterialgüterstatuts auf das	
2. Definition und Rechtsnatur des Lizenzvertrags	1832	Schuldstatut	1875
3. Gegenstand des Lizenzvertrags .	1834	c) Weitere Abgrenzungsfragen ..	1882
4. Vertragsinhalt	1836	aa) Übertragbarkeit/Lizenzierbarkeit des Schutzrechts .	1882
5. Form und Registrierung	1839	bb) Art und Weise der Erfüllung	1883
6. Der Lizenzvertrag in der Insolvenz	1840	cc) Form des Lizenzvertrags .	1884
II. Rechtsvergleichender Überblick	1851	3. Zwingende wirtschaftspolitische Vorschriften	1885
III. Regelung der Rom I-VO	1861	a) Inländische Eingriffsnormen .	1885
1. Bestimmung des Vertragsstatuts	1863	aa) Außenwirtschaftsrecht ..	1886
a) Rechtswahl	1863	bb) Kartellrecht	1889
b) Objektive Anknüpfung bei Fehlen einer Rechtswahl	1864	b) Ausländische Eingriffsnormen	1898
aa) Streitstand	1865	aa) Kartellrecht	1899
bb) Stellungnahme	1869	bb) Außenwirtschaftsrecht/Technologietransferrecht	1900
cc) Gesetzliche Regelungen außerhalb des Geltungsbereichs der Rom I-VO ..	1871	**IV. Zusammenfassung mit Handlungsanleitung**	1921
2. Einschränkungen des Vertragsstatuts durch das Immaterialgüterstatut	1872		

Literatur zum Internationalen Privatrecht: *Beier*, Das auf internationale Markenlizenzverträge anwendbare Recht, GRUR Int. 1981, 299 ff.; *Beier*, Die internationalprivatrechtliche Beurteilung von Verträgen über gewerbliche Schutzrechte, in: Holl/Klinke (Hrsg.), Internationales Privatrecht/Internationales Wirtschaftsrecht (1985), S. 287 ff.; *Blaise/Stenger*, Propriété Industrielle, Juris-Classeur droit international, Fasc. 563-A, 1. Heft – B (1981), Nr. 137 ff.; *de Miguel Asensio*, Applicable Law in the Absence of Choice to Contracts Relating to Industrial Intellectual or Property Rights, Yb. PIL 10 (2008), 199 ff.; *Dessemontet*, Les contrats de licence en droit international privé, Mélanges Guy Flattet (1985), S. 435 ff.; *Dessemontet*, L'harmonisation du droit applicable aux contrats de licences, Mélanges en l'honneur d'Alfred Overbeck (1990), S. 725 ff.; *Fallenböck*, Zur kollisionsrechtlichen Anknüpfung von Immaterialgüterrechtsverträgen nach dem Europäischen Vertragsrechtsübereinkommen (EVÜ), ZfRV 1999, 98 ff.; *Godenhielm*, Fragen des internationalen Privatrechts auf dem Gebiet des Patentrechts, GRUR Ausl. 1957, 149; *Hiestand*, Die Anknüpfung internationaler Lizenzverträge (1993); *Hoeren*, IPR und EDV-Recht – Kollisionsrechtliche Anknüpfungen bei internationalen Lizenzverträgen, CR 1993, 129 ff.; *von Hoffmann*, Verträge über gewerbliche Schutzrechte im Internationalen Privatrecht, RabelsZ 40 (1976), 208 (214 f.); *Hoppe*, Lizenz- und Know-how-Verträge im internationalen Privatrecht (1994); *Kreuzer*, Know-how-Verträge im deutschen Internationalen Privatrecht, Festschr. für Caemmerer (1978), S. 705 ff.; *Lejeune*, Anwendbares Recht, Rechtswahl- und Schiedsgerichtsklauseln in internationalen Software-Lizenzverträgen, ITRB 2003, 247; *Lichtenstein*, Der Lizenzvertrag mit dem Ausland, NJW

1964, 1345 ff.; *Merz*, in: Reithmann/Martiny (Hrsg.), Internationales Vertragsrecht, 4. Aufl. (1988), Rz. 670 ff.; *Mousseron*, Traité des brevets (Paris 1984), Nr. 81; *Osterrieth*, Die Neuordnung des Rechts des internationalen Technologietransfers (1986), S. 141 ff.; *Pfaff*, Das Internationale Privatrecht des Ausstattungsschutzes, in Schricker/Stauder (Hrsg.), Handbuch des Ausstattungsrechts (1986), S. 1109 ff.; *Plaisant*, Marques, Régime international, Regles françaises, Juris-Classeur Commercial, Annexes, Marques/Dess Fasc. 34 (1983), Nr. 18 ff.; *Schnitzer*, Handbuch des internationalen Privatrechts, Bd. 2, 4. Aufl. (Basel 1958), S. 597; *Stoll*, Technologietransfer: Internationalisierungs- und Normalisierungstendenzen (1994); *Troller*, Internationale Lizenzverträge, GRUR Ausl. 1952, 108; *Ullmann*, in: Benkard, Patentgesetz/Gebrauchsmustergesetz, 10. Aufl. (2006), § 15 PatG Rz. 221 ff.; *Ullrich/Körner* (Hrsg.), der internationale Softwarevertrag (1995); *Ulmer*, Die Immaterialgüterrechte im internationalen Privatrecht (1975); *Vida*, Les contrats de licence en droit international privé, Rev.crit.d.i.p. 1964, 209 ff.; *Vivant*, Régime international, Juris-Classeur Commercial, Annexes, Brevets 2, Fasc. 560 (1992), Nr. 49 ff.; *Zenhäusern*, Der internationale Lizenzvertrag (1991).

Literatur zum Lizenzvertragsrecht: *Bartenbach*, Patentlizenz- und Know-how-Vertrag, 6. Aufl. (2007); *Büscher/Dittmer/Schiwy*, Gewerblicher Rechtsschutz, Urheberrecht, Medienrecht (2008), Kapitel 12; *Groß*, Der Lizenzvertrag, 9. Aufl. (2007); *Groß/Rohrer*, Lizenzgebühren, 2. Aufl. (2008); *Grützmacher/Laier/May*, Der internationale Lizenzverkehr, 8. Aufl. (1997); *Henn*, Patent- und Know-how-Lizenzvertrag, 5. Aufl. (2003); *Kronke/Melis/Schnyder*, Handbuch Internationales Wirtschaftsrecht (2005), Teil F; Münchener Vertragshandbuch, Bd. 3 – Wirtschaftsrecht II, 5. Aufl. (2004), Kapitel IV.; *Pagenberg/Geissler*, Lizenzverträge, 5. Aufl. (2003); *Pahlow*, Lizenz und Lizenzvertrag im Recht des Geistigen Eigentums (2006); *Pfaff/Osterrieth*, Lizenzverträge, 3. Aufl. (2010); *Ulmer-Eilfort/Schmoll*, Technologietransfer (2006).

Literatur zum Lizenzverkehr mit einigen ausgewählten Ländern: *Heide*, Harmonisierungsaufgaben im internationalen Technologietransfer – Zum Schutz von Herstellungstechnologien in der Volksrepublik China, GRUR Int 2008, 12; *Heim*, Investitionen in Indien: Rechtliche Rahmenbedingungen für Technologiekooperationen, RIW 2008, 743; *Kuss*, Der Lizenzvertrag im Recht der USA (2005); *Linsmeier*, Lizenzverträge im Technologietransfer nach tschechischem Recht (2000); *Shan*, Technologietransferverträge im neuen chinesischen Vertragsgesetz, GRUR Int. 2000, 506.

I. Materielle Grundlagen des Lizenzvertrags

1. Rechtliche Grundlagen

Die wirtschaftliche Bedeutung des internationalen Lizenzverkehrs ist erheblich; die daraus resultierenden grenzüberschreitenden Einnahmen und Ausgaben werden von der Deutschen Bundesbank in monatlichen Statistiken erfasst[1]. Im deutlichen Gegensatz zu der wirtschaftlichen Bedeutung steht die rechtliche Ausgestaltung des Lizenzvertrags in der deutschen Rechtsordnung sowie im Gemeinschaftsrecht. Im deutschen Recht gibt es weder eine Definition des Lizenzvertrags noch eine Regelung als eigenständiger schuldrechtlicher Vertragstyp. Teilregelungen hat der Lizenzvertrag in den Spezialgesetzen zum gewerblichen Rechtsschutz erfahren, so im Patentgesetz (§ 15 Abs. 2 und 3 PatG), Gebrauchsmustergesetz (§ 22 Abs. 2 und 3 GebrMG), Halbleiterschutz-

1831

---

[1] Zahlungsbilanzstatistik der Deutschen Bundesbank, unter 4. Dienstleistungsverkehr mit dem Ausland, Spalten 25–27.

gesetz (§ 11 Abs. 2 HalblSchG, der auf die Regelungen des § 22 GebrMG verweist), Geschmackmustergesetz (§ 31 GeschmMG) sowie Markengesetz (§ 30 MarkenG). Das Sortenschutzgesetz spricht in § 11 Abs. 2 gleichbedeutend mit dem Begriff der Lizenz schlicht von Nutzungsrechten. Auf gemeinschaftsrechtlicher Ebene geregelt ist der Lizenzvertrag in der Gemeinschaftsmarkenverordnung (Art. 22 und 23 GMV), der Gemeinschaftsgeschmacksmusterverordnung (Art. 32 und 33 GGV) sowie der Gemeinschaftssortenschutzverordnung (Art. 27 GSV). Schließlich hat die EG mit der Gruppenfreistellungsverordnung für Technologietransfer-Vereinbarungen[1] auf dem Gebiet des Kartellrechts eine umfassende Regelung über Technologietransfervereinbarungen erlassen, worunter insbesondere Patentlizenzvereinbarungen[2], Know-how-Vereinbarungen, Softwarelizenz-Vereinbarungen oder gemischte Patentlizenz-, Know-how- oder Softwarelizenzvereinbarungen fallen[3].

2. Definition und Rechtsnatur des Lizenzvertrags

1832   Auch wenn es weder eine gesetzliche noch eine allgemeingültige Definition des Lizenzvertrags gibt versteht man darunter eine Vereinbarung, mit der der Schutzrechtsinhaber (Lizenzgeber) dem Lizenznehmer die Benutzung bzw. Auswertung des Schutzrechts gestattet. Durchgesetzt hat sich damit die Betrachtung der Lizenz als positives Benutzungsrecht[4]. Die Deutung als negative Lizenz, dh. als Verzicht des Schutzrechtsinhabers auf Einspruch gegen die Nutzung des Schutzrechts, hat sich weitgehend überholt. Den Vertragsparteien steht es allerdings frei, den Lizenzvertrag als negative Lizenz auszugestalten.

1833   Die **Rechtsnatur** des Lizenzvertrags ist umstritten. Da sich der Gesetzgeber einer Regelung dieses Vertragstyps enthalten hat ist vielfach der Versuch gemacht worden, den Lizenzvertrag einem der im BGB geregelten Vertragstypen zuzuordnen. Weder die Einordnung als Rechtskauf, Rechtspacht[5] oder Gesellschaftsvertrag hat sich durchsetzen können. Rechtsprechung[6] sowie überwiegende Auffassung in der Literatur[7] bewerten den Lizenzvertrag als Vertrag sui generis. Der Lizenzvertrag wird allgemein als ein Dauerschuldverhältnis angesehen[8].

---

1   Vgl. dazu unten Rz. 1892 ff.
2   Unter dem Begriff „Patent" versteht die TT-GVO (vgl. dort Art. 1 Abs. 1 lit. h) „Patente, Patentanmeldungen, Gebrauchsmuster, Gebrauchmusteranmeldungen, Geschmacksmuster, Topografien von Halbleitererzeugnissen, ergänzende Schutzzertifikate für Arzneimittel oder andere Produkte, für die solche Zertifikate erlangst werden können, und Sortenschutzrechte".
3   Vgl. Art. 1 Abs. 1 lit. b TT-GVO.
4   Vgl. nur *Pahlow*, S. 78, 293.
5   So aber immer noch ein beachtlicher Teil der Literatur, vgl. zB *Pahlow*, S. 264 ff.
6   BGH 15.6.1951, BGHZ 2, 331 (335); BGH 11.6.1970 (Kleinfilter), GRUR 1970, 547 (548); BGH 3.11.1988 (Präsentbücher), GRUR 1989, 68 (70) (betreffend Urheberrecht).
7   *Schmoll*, in: Büscher/Dittmer/Schiwy, Gewerblicher Rechtsschutz, Urheberrecht, Medienrecht, Kapitel 12 Rz. 41.
8   BGH 29.4.1997 (Tinnitus-Masker), GRUR 1997, 610.

3. Gegenstand des Lizenzvertrags

Als Gegenstand eines Lizenzvertrags kommen alle **gewerblichen Schutzrechte** in Betracht. Nach § 15 Abs. 2 S. 1 PatG können das Recht auf das Patent, der Anspruch auf Erteilung des Patents und das Recht aus dem Patent ganz oder teilweise Gegenstand von ausschließlichen Lizenzen für den Geltungsbereich dieses Gesetzes oder ein Teil desselben sein. Auch die europäische Patentanmeldung kann nach Art. 73 EPÜ Gegenstand einer Lizenz sein. Nach § 16a Abs. 3 PatG erstreckt sich die Lizenz auch auf ein ergänzendes Schutzzertifikat, das für ein Patent erteilt werden kann, wenn der Schutzbereich des lizenzierten Patents Wirkstoffe oder Wirkstoffzusammensetzungen eines Arzneimittels oder Pflanzenschutzmittels umfasst. Die mit § 15 Abs. 2 S. 1 PatG weitgehend gleich lautende Regelung in § 22 Abs. 2 S. 1 GebrMG benennt als Lizenzgegenstand das Recht auf das Gebrauchsmuster, den Anspruch auf seine Eintragung und das durch die Eintragung begründete Recht. Auch die geschützte Marke sowie die Markenanmeldung können nach §§ 30 und 31 MarkenG Gegenstand einer Lizenz sein; entsprechendes gilt für die Gemeinschaftsmarke nach Art. 22 Abs. 1 GMV. Weitere mögliche Gegenstände sind Halbleiterschutzrechte, Geschmacksmusterrechte (einschließlich der Rechte am Gemeinschaftsgeschmacksmuster) und Sortenschutzrechte (einschließlich Gemeinschaftssortenschutzrechte). 1834

Materiellrechtlich gilt für diese Immaterialgüterrechte das **Territorialitätsprinzip**[1]. Dies bedeutet, dass Immaterialgüterrechte in ihrer Geltung räumlich auf das Territorium des Staates begrenzt sind, der sie individuell verleiht oder unter bestimmten Voraussetzungen generell anerkennt[2]. Der Lizenznehmer kann somit kein einheitliches Recht für mehrere Schutzländer erwerben, sondern lediglich ein Bündel von Rechten für die jeweiligen Schutzstaaten, deren jedes Einzelne nur nach Maßgabe jener Rechtsordnung gilt und wirkt, in welcher es rechtlich anerkannt und geschützt ist[3]. Vertragsgegenstand kann demzufolge ein deutsches, ein ausländisches oder ein ganzes Bündel nationaler Schutzrechte sein.

Gegenstand eines Lizenzvertrags können auch rechtlich nicht geschützte Erfindungsleistungen, Fabrikationsverfahren oder sonstiges für die Ausnutzung der Erfindung nützliches bzw. sogar erforderliches Wissen – kurz: „**Know-how**" sein[4]. Weder der Vertragsgegenstand noch der Know-how-Vertrag selbst 1835

---

1 BGH 2.10.1997 (Spielbankaffaire), BGHZ 136, 390 = NJW 1998, 1395; BGH 16.6.1994 (Folgerecht bei Auslandsbezug), GRUR Int. 1994, 1044 (1045) = NJW 1994, 2888; EuGH 22.6.1994, Rs. C-9/93 (IHT & Danzinger/Ideal Standard & Wabco Standard), GRUR Int. 1994, 614 (615 f.) – „Ideal Standard II" = EUZW 1994, 467 m. Anm. *Hackbarth*. Vgl. im Übrigen *Fezer/Koos*, in: Staudinger, IntWirtschR Rz. 839 ff.
2 *Kreuzer*, in: MünchKomm, 3. Aufl., nach Art. 38 Anh. II Rz. 13.
3 Sog. „Bündeltheorie", vgl. *Kegel*, in: Soergel, Art. 12 EGBGB Anh. Rz. 16.
4 Die Gruppenfreistellungsverordnung für Technologietransfer-Vereinbarungen definiert in Art. 1 Abs. 1 lit. i den Begriff „Know-how" als eine Gesamtheit nicht patentierter praktischer Kenntnisse, die durch Erfahrungen und Versuche gewonnen werden und die geheim, dh. nicht allgemein bekannt und nicht leicht zugänglich sind, wesentlich, dh. die für die Produktion der Vertragsprodukte von Bedeutung und nützlich sind, und

sind im deutschen Recht geregelt. Know-how verleiht im Gegensatz zu den Immaterialgüterrechten kein Ausschließlichkeitsrecht. Daher gilt für Know-how auch das Territorialitätsprinzip nicht. Know-how genießt lediglich einen beschränkten Schutz durch Strafvorschriften der §§ 17 ff. UWG. In der Praxis üblich sind gemischte Patent- und Know-how-Lizenzverträge, da die Auswertung des lizenzierten Schutzrechts erst durch Vermittlung des dazu erforderlichen Begleitwissens ermöglicht wird.

4. Vertragsinhalt

1836   Vertraglich kann dem Lizenznehmer eine ausschließliche oder einfache Lizenz eingeräumt werden. Die **ausschließliche** Lizenz ist dadurch gekennzeichnet, dass sie dem Lizenznehmer im Rahmen des Vertrages ein gegenüber jedermann wirkendes Ausschlussrecht verleiht. Der Lizenznehmer erhält somit das Nutzungsrecht am Schutzrecht zur alleinigen Verwertung unter Ausschluss Dritter und auch unter Ausschluss des Lizenzgebers selbst. Der auschließliche Lizenznehmer ist berechtigt, alle sich aus dem Schutzrecht ergebenden Rechte selbständig geltend zu machen und kann Unterlizenzen vergeben. Demgegenüber fehlt bei der **einfachen** Lizenz die Ausschlusswirkung. Der Lizenznehmer ist lediglich gegenüber dem Lizenzgeber zur Benutzung des Schutzrechts berechtigt. Der Lizenzgeber behält das Recht, das Schutzrecht selbst zu benutzen und weitere Lizenzen an Dritte zu vergeben. Die Abwehrrechte aus dem Schutzrecht kann der Lizenznehmer nicht selbständig wahrnehmen, stattdessen muss er sich an den dazu allein berechtigten Lizenzgeber wenden.

Sowohl die ausschließliche als auch die einfache Lizenz genießt Sukzessionsschutz, wie § 15 Abs. 3 PatG, § 22 Abs. 3 GebrMG und § 30 Abs. 5 MarkenG deutlich machen. Danach berührt ein Rechtsübergang oder die Erteilung einer Lizenz nicht Lizenzen, die Dritten vorher erteilt worden sind. Anzumerken ist allerdings, dass sich der Sukzessionsschutz nicht auf die vertraglichen Beziehungen zwischen veräußerndem Lizenzgeber und Lizenznehmer erstreckt; die Schuldübernahme bedarf der Zustimmung durch den Lizenznehmer[1].

1837   Die vertragliche **Hauptpflicht des Lizenzgebers** besteht in der Einräumung der Nutzungsrechts an den vertragsgegenständlichen Schutzrechten. Hierzu gehört auch die Pflicht zur Aufrechterhaltung und Verteidigung der lizenzierten Rechte. Gegen die Schutzrechtsverletzungen Dritter muss der Lizenzgeber nach hM hingegen weder im Fall einer ausschließlichen noch im Fall einer einfachen Lizenz einschreiten. Vertraglich kann der Lizenzgeber auch Weiterentwicklungsverpflichtungen übernehmen. Bei gemischten Patentrechts-/Know-how-Lizenzverträgen hat der Lizenzgeber weitreichende Verpflichtungen zur Vermittlung weiteren Zusatzwissens, ohne die das Patent insbesondere bei komplizierten Technologien gar nicht genutzt werden könn-

---

identifiziert sind, dh. umfassend genug beschrieben sind, so dass überprüft werden kann, ob die Merkmale „geheim" und „wesentlich" erfüllt sind.
1 Vgl. *Schmoll*, in: Büscher/Dittmer/Schiwy, Rz. 45.

te. Hierzu zählt die Verpflichtung, den Lizenznehmer in die Technologie einzuweisen, Schulungen abzuhalten und technische Unterstützung zu leisten.

Zu den vertraglichen **Hauptpflichten des Lizenznehmers** gehören die Verpflichtung zur Entrichtung von Lizenzgebühren sowie ggf. eine Ausübungspflicht. Hinzu können weitere Nebenpflichten treten. Bei der Vereinbarung der Lizenzgebühren[1] können die Parteien die Zahlung einer umsatzunabhängigen Festlizenzgebühr, auch Einmalgebühr, vereinbaren, bei der das Risiko der wirtschaftlichen Verwertbarkeit auf den Lizenznehmer übergeht, oder Umsatzlizenzgebühren. Bei der Umsatzlizenzgebühr sollte der Lizenzgeber dem Lizenznehmer eine Ausübungspflicht auferlegen, da der Lizenznehmer ansonsten die Zahlungen durch Einstellung der Produktion umgehen könnte. Auch ohne vertragliche Vereinbarung leitet die Rechtsprechung der bei ausschließlichen Lizenzen eine Ausübungspflicht aus den Grundsätzen von Treu und Glauben her, wenn Umsatzlizenzgebühren vereinbart werden[2]. Nebenpflichten des Lizenznehmers können sein bei der Umsatzlizenzgebühr Rechnungslegungspflichten, ansonsten Bezugspflichten, Weiterentwicklungspflichten, Verpflichtung zum Erfahrungsaustausch, Verpflichtung zur Rückübertragung oder Rücklizenzierung von Verbesserungen, Nichtangriffspflichten, Geheimhaltung des lizenzierten Wissens.

1838

5. Form und Registrierung

Der Abschluss des Lizenzvertrags bedarf im deutschen Recht keiner Form. Das ehemalige Schriftformerfordernis des § 34 GWB für Lizenzverträge, die Beschränkungen im Sinne der damaligen §§ 18, 20, 21 GWB enthalten, ist zum 31.12.1998 aufgehoben worden, bleibt aber für die bis zu diesem Zeitpunkt geschlossenen Verträge weiter bestehen. Allerdings ist der formlose Abschluss von Lizenzverträgen weder üblich noch im Hinblick auf die fehlende gesetzliche Ausgestaltung anzuraten. Keine materiellrechtliche Bedeutung hat die nach § 30 Abs. 4 PatG mögliche Eintragung der ausschließlichen Lizenz in die Patentrolle. Eine Eintragung ist daher nicht üblich, insbesondere auch deswegen, weil die Lizenz auch ohne Eintragung Sukzessionsschutz genießt. Die Eintragung einer Markenlizenz ist nach deutschem Recht nicht möglich. Demgegenüber sieht Art. 22 Abs. 5 GMV die Möglichkeit vor, die Erteilung oder den Übergang einer Lizenz an einer Gemeinschaftsmarke in das Register einzutragen. Eine entsprechende Regelung gibt es für das Gemeinschaftsgeschmacksmuster in Art. 32 Abs. 5 GGV. Da nur eingetragene Gemeinschaftsmarkenlizenzen sowie Gemeinschaftsgeschmacksmusterlizenzen gegenüber Dritten Wirkung entfalten (vgl. Art. 23 Abs. 1 GMV, Art. 33 Abs. 2 GGV), hat diese Eintragung auch materiellrechtliche Bedeutung.

1839

---

1 Vgl. hierzu *Brandi-Dohrn*, in: Kronke/Melis/Schnyder, Teil F, Rz. 249 ff.
2 BGH 20.7.1999 (Knopflochnähmaschine), GRUR 2000, 138.

6. Der Lizenzvertrag in der Insolvenz

1840 Nach bisheriger Rechtslage sind Lizenzen nicht **insolvenzfest**[1]. Dies sollte sich in der 16. Legislaturperiode durch die Einfügung eines § 108a in die Insolvenzordnung ändern[2]. Danach wäre der Lizenzvertrag nicht mehr dem Wahlrecht des Verwalters unterlegen. Allerdings hätte die Masse nur diejenigen Nebenpflichten zu erfüllen gehabt, die für eine Nutzung des geschützten Rechts unumgänglich sind. Bei einem krassen Missverhältnis zwischen der vereinbarten und einer marktgerechten Vergütung hätte der Verwalter eine Anpassung verlangen können. In diesem Fall hätte der Lizenznehmer ein Recht zur außerordentlichen Kündigung. Der Gesetzentwurf der Bundesregierung ist allerdings gescheitert.

1841–1850 Frei.

II. Rechtsvergleichender Überblick

1851 Die oben genannten Grundlagen gelten weitgehend auch für die **Schweiz**[3]. Dort wird der Lizenzvertrag als (gesetzlich nicht geregelter) Innominatkontrakt angesehen[4]. Lizenzverträge sind ebenso wie in Deutschland formfrei möglich[5]. Deutlich anders als in Deutschland ist der Sukzessionsschutz geregelt. Zwar müssen auch hier Lizenzverträge nicht in das Patentregister eingetragen werden, jedoch sind nach Art. 34 Abs. 3 Patentgesetz (PatG) entgegenstehende Lizenzen gegenüber einem gutgläubigen Erwerber von Rechten am Patent unwirksam, die im Patentregister nicht eingetragen sind[6]. Entsprechende Regelungen gibt es für das Sortenschutzrecht in Art. 21 Abs. 2 Sortenschutzgesetz (SoSchG), für das Design in Art. 15 Abs. 2 S. 2 Designgesetz (DesG) und für das Markenrecht in Art. 18 Abs. 2 Markenschutzgesetz (MSchG). Ob eine Eintragung im Register Voraussetzung dafür ist, dass der Lizenznehmer gegenüber einem Schutzrechtsverletzter aktiv legitimiert ist, ist umstritten. Nach Art. 35 Abs. 4 S. 1 DesG ist derjenige, der über eine ausschließliche Lizenz verfügt, unabhängig von der Eintragung der Lizenz im Register selbständig zur Klage berechtigt, sofern dies im Lizenzvertrag nicht ausdrücklich ausgeschlossen worden ist. Dies wird zT als verallgemeinerungsfähige Grundsatznorm verstanden[7].

---

1 BGH 17.11.2005, GRUR 2006, 435.
2 Gesetzentwurf der Bundesregierung, BT-Drucks. 16/7416.
3 *von Büren*, Schweizerisches Immaterialgüter- und Wettbewerbsrecht, Band I/1, 2. Aufl. (2002), S. 293 ff.
4 *von Büren*, Schweizerisches Immaterialgüter- und Wettbewerbsrecht, Band I/1, 2. Aufl. (2002), S. 300 ff.
5 *von Büren*, Schweizerisches Immaterialgüter- und Wettbewerbsrecht, Band I/1, 2. Aufl. (2002), S. 332 ff.
6 Vgl. hierzu *von Büren*, Schweizerisches Immaterialgüter- und Wettbewerbsrecht, Band I/1, 2. Aufl. (2002), S. 334 ff.
7 *von Büren*, Schweizerisches Immaterialgüter- und Wettbewerbsrecht, Band I/1, 2. Aufl. (2002), S. 427.

Auch in **Österreich** wird der Lizenzvertrag als ein Vertrag sui generis angesehen[1]. Wie in der Schweiz hängt die Wirkung der Lizenz gegen gutgläubige Dritte von deren Eintragung ab, § 43 Abs. 2 Patentegesetz (PatG). Die Eintragung ist jedoch keine Voraussetzung für ein Klagerecht gegenüber Dritten[2].   1852

Frei.   1853–1860

III. Regelung der Rom I-VO

Der Lizenzvertrag ist in der Liste einzelner Vertragstypen des Art. 4 Abs. 1 der Rom I-VO nicht aufgeführt. Damit wird das Vertragsstatut bei Fehlen einer Rechtswahl weiterhin grundsätzlich nach dem Recht des Staates bestimmt, in dem die Partei, welche die für den Vertrag charakteristische Leistung zu erbringen hat, ihren gewöhnlichen Aufenthalt hat (Art. 4 Abs. 2 Rom I-Verordnung). Wenn sich aus der Gesamtheit der Umstände ergibt, dass der Vertrag eine offensichtlich engere Verbindung zu einem anderen Staat aufweist, so ist das Recht dieses anderen Staates anzuwenden (Art. 4 Abs. 3 Rom I-Verordnung). Lässt sich eine charakteristische Leistung nicht bestimmen, unterliegt der Vertrag dem Recht des Staates, zu dem er die engste Verbindung aufweist (Art. 4 Abs. 4 Rom I-Verordnung).   1861

Gegenüber dem Rechtszustand unter dem Europäischen Schuldvertragsübereinkommen (Art. 28 EGBGB) hat sich somit wenig geändert. Rechtsprechung und Literatur zur Bestimmung des Lizenzvertragsstatuts unter Art. 28 EGBGB kann daher unverändert herangezogen werden.   1862

1. Bestimmung des Vertragsstatuts

a) Rechtswahl

Nach Art. 3 Abs. 1 S. 1 Rom I-VO unterliegt der Vertrag dem von den Parteien gewählten Recht. Insoweit gilt für den Lizenzvertrag nichts anderes als für andere Verträge auf dem Gebiet des Schuldrechts (vgl. oben Rz. 85 ff.). Die Vornahme einer Rechtswahl ist den Parteien dringend anzuraten, da die Frage der objektiven Anknüpfung des Lizenzvertrags äußerst umstritten ist. Hierzu genügt der schlichte Satz: „Der Vertrag unterliegt deutschem (bzw. dem gewünschten ausländischen) Recht". Zu berücksichtigen ist allerdings, dass die Rechtswahlfreiheit den unter 2. und 3. dargestellten Einschränkungen unterliegt.   1863

b) Objektive Anknüpfung bei Fehlen einer Rechtswahl

Fehlt es an einer Rechtswahl, ist nach Art. 4 Rom I-VO hilfsweise eine objektive Anknüpfung vorzunehmen. Welche Anknüpfungspunkte dabei maßgeblich   1864

---
1 OGH 28.11.1978 (Guhl), GRUR Int. 1980, 242.
2 OGH 12.2.1991 (Duschtrennwand), GRUR Int 1992, 131.

sind, ist in der Literatur und der spärlichen Rechtsprechung umstritten. Da in der Literatur meist nach den verschiedenen Lizenzvertragstypen unterschieden wird, soll der Streitstand daran kurz dargestellt werden, bevor zu der Frage Stellung genommen wird.

aa) Streitstand

1865 (1) Bei **reinen Lizenzverträgen** über gewerbliche Schutzrechte differenziert die wohl hM danach, ob die Auswertung des Schutzrechts in einem oder mehreren Schutzländern erfolgt. Erfolgt die Auswertung in nur einem Schutzland, so soll das Recht des Schutzlandes Anwendung finden[1]. In diesem Sinne hatte auch das OLG Düsseldorf in seiner Entscheidung vom 4.8.1961 einen Patentlizenzvertrag zwischen einem französischen Lizenzgeber und einem deutschen Lizenznehmer über ein Patent für die Bundesrepublik Deutschland beurteilt und den Schwerpunkt des Vertragsverhältnisses im Schutzland gesehen[2].

1866 Ein Teil der Literatur bevorzugt dagegen – auch bei nur einem Schutzland – das Niederlassungsrecht des Lizenzgebers[3]; vertreten wird auch die Ansicht, dass stattdessen das Niederlassungsrecht des Lizenznehmers[4] oder zwar grundsätzlich das Niederlassungsrecht des Lizenzgebers, jedoch bei ausschließlichen Lizenzen bzw. Ausübungspflicht des Lizenznehmers das Recht des letzteren[5] Anwendung finde.

1867 Umfasst der Lizenzvertrag dagegen mehrere Schutzländer, so ist hM, dass das Niederlassungsrecht des Lizenzgebers (hilfsweise) Anwendung findet, um eine Vertragsspaltung in die Rechtsordnungen sämtlicher Schutzländer zu vermeiden[6]. Es wird jedoch auch die Auffassung vertreten, dass das Niederlassungs-

---

1 *von Bar*, II S. 266; *Beier*, in: Holl/Klinke, S. 287 (297); *Beier*, GRUR Int. 1981, 299 (305); *Ullmann*, in: Benkard, § 15 Rz. 230; *Blaise/Stenger*, Nr. 144; *Lichtenstein*, NJW 1964, 1345 (1350); *Martiny*, in: MünchKomm, Art. 28 EGBGB Rz. 407, 411; 4. Aufl. Rz. 673 (Merz); *Pfaff*, in: Schricker/Stauder, S. 1147, 1150 f.; *Plaisant*, Nr. 25; *Rabel*, Bd. III, S. 573; *Firsching*, in: Staudinger, 10./11. Aufl. 1978, vor Art. 12 EGBGB Rz. 440; *Fezer/Koos*, in: Staudinger, IntWirtschR Rz. 917 f.; *Troller*, GRUR Ausl. 1952, 108 (120); *Vida*, Rev.crit.d.i.p. 1964, 209 (221 ff.).
2 OLG Düsseldorf, (Tubenverschluss) GRUR Ausl. 1962, 256 – = AWD 1961, 295 „Denn der Schutzbereich des Patents ... beschränkt sich auf das Gebiet der Bundesrepublik, die Lizenz hat nur dort Wirkung, und vor allem hat auch der ausschließliche Lizenznehmer ... daselbst seinen Sitz."
3 Schweiz. BG 22.4.1975, BGE 101, 293 (298); *Spickhoff*, in: Bamberger/Roth, Art. 28 EGBGB Rz. 66; *von Bar*, II Rz. 498; *Dessemontet*, Mélanges Guy Flattet, S. 435 (450 ff.); *Dessemontet*, Mélanges Overbeck, S. 725 (740 ff.); *Godenhielm*, GRUR Ausl. 1957, 149 (154); *Hohloch*, in: Erman, Art. 28 EGBGB Rz. 54; *Magnus*, in: Staudinger, Art. 28 EGBGB Rz. 610; *Vivant*, Nr. 56.
4 Vgl. zB *Osterrieth*, S. 141 ff., 149.
5 *Ulmer*, Nr. 146 f.; *von Hoffmann*, RabelsZ 40 (1976), 208 (214 f.); *von Hoffmann*, in: Soergel, Art. 28 EGBGB Rz. 502; *Fezer/Koos*, in: Staudinger, IntWirtschR Rz. 919 ff., 923.
6 *Ullmann*, in: Benkard, § 15 PatG Rz. 229; *Blaise/Stenger*, Nr. 145; *Merz*, Rz. 673; *Mousseron*, Nr. 81; *Martiny*, in: MünchKomm, Art. 28 EGBGB Rz. 408; *Osterrieth*, S. 150; *Fezer/Koos*, in: Staudinger, IntWirtschR Rz. 924 f.; mit gewissen Einschrän-

recht des Lizenznehmers[1] oder aber das primäre Schutzland[2] maßgeblich sei. Eine Anknüpfung an das primäre Schutzland nimmt auch das LG Düsseldorf im Fall „Virusinaktiviertes Blutplasma" vor[3].

(2) Bei Lizenzverträgen über gewerbliche Schutzrechte mit **wesentlichen Know-how-Elementen** wird dagegen nach ganz hM an die Niederlassung des Lizenzgebers angeknüpft[4]. Dies gilt auch für reine Know-how[5] sowie Technologietransferverträge[6]. 1868

bb) Stellungnahme

Bei Fehlen einer Rechtswahl ist dem **Niederlassungsrecht des Lizenzgebers** der Vorzug zu geben. Dies folgt bereits aus der konsequenten Anwendung von Art. 4 Abs. 2 Rom I-Verordnung. Der Lizenzgeber erbringt die charakteristische Leistung des Lizenzvertrags. Bei Lizenzverträgen ohne Ausübungspflicht ist dies auch ohne Weiteres einsehbar. Der Sachleistung des Lizenzgebers, der Lizenzgewährung, steht lediglich eine weitere Hauptleistungspflicht des Lizenznehmers zur Zahlung der Lizenzgebühren gegenüber. Die Geldleistungspflicht kann den Vertrag jedoch nicht charakterisieren[7]. Schwieriger zu beurteilen sind **Lizenzverträge mit Ausübungspflicht**, da letztere gleichfalls als Haupt- 1869

---

kungen auch *Troller*, GRUR Ausl. 1952, 108 (120 f.) sowie *Vida*, Rev.crit.d.i.p. 1964, 209 (224).
1 *Henn*, Problematik und Systematik des internationalen Patentlizenzvertrages (1967), S. 90.
2 *Beier*, in: Holl/Klinke, S. 287 (298).
3 „Je nach Ausgestaltung des Lizenzvertrages und den ihm zu Grunde liegenden tatsächlichen Verhältnissen können die Verbindungen zum Sitz des Lizenzgebers, zum Sitz des Lizenznehmers und zum Schutzland unterschiedlich stark ausgeprägt sein. Deshalb verbietet sich eine allgemeine Aussage über das Vertragsstatut ... Jedoch ergibt sich aus der Vielzahl der auf den europäischen Markt bezogenen Regelungen ..., dass sämtliche Regelungen letztlich der gemeinsamen Verwertung und Durchsetzung der Vertragsprodukte auf dem durch die geografische Definition des Vertragsgebiets umschriebenen Markt dienen. Auf Grund dieser Gegebenheit ist die Verbindung zur Schweiz als einem Teil dieses Marktes und gleichzeitig dem Sitzland der Vertragspartei, der diese Vermarktung oblag, (als primäres Schutzland im Sinne Beiers) enger als die Verbindung zum Staat New York als dem Sitz der Kl."; LG Düsseldorf 10.1.1999 (Virusinaktiviertes Blutplasma), GRUR Int. 1999, 772.
4 So wohl zuerst *Vida*, Rev.crit.d.i.p. 1964, 209 (223); *Blaise/Stenger*, Nr. 146; *Dessemontet*, Mélanges Guy Flattet, S. 435 (451); *von Hoffmann*, RabelsZ 40 (1976), 208 (214); *Kreuzer*, Festschr. von Caemmerer, S. 705 (730 ff.); *Zenhäusern*, S. 122; aA *Ulmer*, Nr. 148 iVm. 146 f., der bei ausschließlichen Lizenzen bzw. bei Ausübungspflicht des Lizenznehmers von der Regelanknüpfung an die Niederlassung des Lizenzgebers abweichen und das Recht des Lizenznehmers zur Anwendung bringen will.
5 *Kreuzer*, Festschr. von Caemmerer, S. 705 (723); *Blaise/Stenger*, Nr. 146; *Dessemontet*, Mélanges Overbeck, S. 725 (740 f.); *Martiny*, in: MünchKomm, Art. 28 EGBGB Rz. 413; *Vivant*, Nr. 56; *Zenhäusern*, S. 130; aA *Troller*, GRUR Ausl. 1952, 108 (120): Schutzlandrecht; *Osterrieth*, S. 137 ff.: Know-how-Nehmerrecht; differenzierend: *Stumpf*, Der Know-how-Vertrag, 3. Aufl. (1977), S. 156.
6 *Beier*, in: Holl/Klinke, S. 287 (302); *Dessemontet*, Mélanges Overbeck, S. 725 (740 f.).
7 So bereits *Schnitzer*, S. 643 f.

pflicht einzuordnen ist. Der regelmäßige Hauptzweck der Ausübungspflicht, dass der Lizenzgeber Einfluss auf die wirtschaftliche Verwertung des Lizenzgegenstands und damit die ihm zustehenden Erlösanteile nehmen kann, rückt diese in die Stellung einer Hilfsfunktion für die Geldleistungspflicht und ist damit genauso wenig charakteristisch wie die Geldleistungspflicht[1].

Verstärkt wird dieses Ergebnis noch, wenn zur Verpflichtung zur Schutzrechtsübertragung noch weitere charakteristische – **Verpflichtungen zur Erfahrungsmitteilung** treten. Dies ist bei Lizenzverträgen über technische Schutzrechte eher die Regel, weil der Lizenznehmer mit der Beschreibung der abstrakten Erfindung meist nicht viel anfangen kann[2].

1870 Ein anderes Ergebnis folgt auch nicht durch Heranziehung der **Ausweichklausel des Art. 4 Abs. 3 Rom I-Verordnung**. In diesem Rahmen wäre eine Berücksichtigung des Schutzlandes möglich, wie es die wohl hM im Ergebnis auch für Lizenzverträge über ein Schutzland vertritt. Bestechender Vorteil dieser Lösung wäre ein Gleichlauf von Vertragsstatut und Immaterialgüterstatut, so dass sich sowohl die mit dem Schutzrecht wie auch mit den Vertragspflichten zusammenhängenden Fragen einheitlich nach einer Rechtsordnung beurteilen lassen[3]. Dennoch wäre eine Abweichung von dem auf Grund von Art. 4 Abs. 2 Rom I-VO gefundenen Ergebnis – Niederlassungsrecht des Lizenzgebers – nicht gerechtfertigt. Zum einen[4] muss die hM diese Einheit für den multinationalen Lizenzvertrag wieder aufgeben und stellt diesen Vorteil damit selbst wieder in Frage. Macht man die Anknüpfung von der Zahl der Schutzländer abhängig, begründet man die Gefahr eines Statutenwechsels, wenn sich das Vertragsgebiet erweitert bzw. verengt. Eine solche Differenzierung wäre sachlich auch nicht gerechtfertigt, da allein durch das Hinzutreten eines weiteren Schutzlandes der Lizenzvertrag nicht seine vorher nicht gegebene Verankerung in der Rechtsordnung des Lizenzgebers erhält. Zum anderen[5] sind in der Rechtswirklichkeit gemischte Lizenz-/Know-how-Verträge eher die Regel. Der Know-how-Vertrag kennt jedoch kein „Schutzland". Damit tritt das Anknüpfungsmerkmal Schutzland stark in den Hintergrund. Insbesondere kann eine einheitliche Anknüpfung dieser vertraglichen Mischform lediglich über die Niederlassung des Lizenzgebers erreicht werden.

cc) Gesetzliche Regelungen außerhalb des Geltungsbereichs der Rom I-VO

1871 In einer Reihe von Ländern außerhalb des Geltungsbereichs der Rom I-VO ist die Anknüpfung internationaler Lizenzverträge ausdrücklich geregelt worden. Eine Anknüpfung an das Sitzrecht des Lizenzgebers wurde in der Schweiz mit Art. 122 Abs. 1 des Bundesgesetzes über das Internationale Privatrecht vom

---

1 Vgl. *Hiestand*, S. 186 ff. unter Auseinandersetzung mit der Gegenauffassung.
2 Vgl. hierzu sehr instruktiv *Schultz-Süchting* im Münchener Vertragshandbuch, IV.2 Anm. 5, S. 524 ff.
3 Vgl. zu den weiteren Begründungsmöglichkeiten für die Anknüpfung an das Schutzland *Hiestand*, S. 277–287.
4 Vgl. *Hiestand*, S. 291.
5 Vgl. *Hiestand*, S. 297 ff.

18.12.1987[1] gewählt. Ebenfalls das Recht des Lizenzgebers wird in Russland mit Art. 1211 Abs. 3 Nr. 19 des Zivilgesetzbuchs der Russischen Föderation vom 26.11.2001[2] bevorzugt. Liechtenstein hat sich dagegen mit Art. 47 Abs. 1 des Gesetzes vom 19.9.1996 über das Internationale Privatrecht[3] für das Recht des Lizenznehmers entschieden.

2. Einschränkungen des Vertragsstatuts durch das Immaterialgüterstatut

a) Bestimmung des Immaterialgüterstatuts

Maßgebliche Kollisionsregel zur Bestimmung des Immaterialgüterstatuts ist nach hM die **lex loci protectionis** (Schutzlandprinzip)[4]. Unter der lex locis protectionis versteht man das Recht des Staates, für dessen Gebiet Immaterialgüterschutz in Anspruch genommen wird[5]. Diese Kollisionsregel baut zum einen auf dem weltweit geltenden immaterialgüterrechtlichen Territorialitätsprinzip auf[6]. Da Immaterialgüterrechte nur national existieren, kann auch kollisionsrechtlich Rechtsschutz für ein bestimmtes Gebiet nur nach dem dort geltenden Recht gewährt werden. Zum anderen beinhalten die internationalen Konventionen auf dem Gebiet des gewerblichen Rechtsschutzes sowie des Urheberrechts nach hM eine Verweisung auf das Schutzlandprinzip[7].

1872

Das Schutzlandprinzip hat inzwischen auch in Art. 8 Abs. 1 der Rom II-VO seine Ausprägung erfahren. Auf außervertragliche Schuldverhältnisse aus einer Verletzung von Rechten des geistigen Eigentums ist danach das Recht des Staates anzuwenden, für den Schutz beansprucht wird. Nach Erwägungsgrund 26 dieser Verordnung soll damit bei Verletzung von Rechten des Geistigen Eigentums der allgemein anerkannte Grundsatz der lex loci protectionis gewahrt werden. Eine Sonderregelung trifft Art. 8 Abs. 2 der Rom II-VO für „gemeinschaftsweit einheitliche Rechte des geistigen Eigentums". Dies sind derzeit Gemeinschaftsmarke, Gemeinschaftsgeschmackmuster und Gemeinschaftssorte. Für diese Rechte ist auf Fragen, die nicht unter den einschlägigen Rechtsakt der Gemeinschaft fallen, das Recht des Staates anzuwenden, in dem die Verletzung begangen wurde. Vorrangig anzuwenden sind somit die einschlägigen Bestimmungen der GMV, GGV und GSV (Gesamtrechtsverweisung), einschließlich der kollisionsrechtlichen Vorschriften der Art. 97 und 98

1873

---

1 Abgedr. in IPRax 1988, 376 ff.
2 In dt. Übersetzung abgedruckt in IPRax 2002, 327 (330).
3 Abgedr. in IPRax 1997, 364 (368).
4 Vgl. BGH 2.10.1997 (Spielbankaffaire), BGHZ 136, 390 = NJW 1998, 1395; BGH 16.6.1994 (Folgerecht bei Auslandsbezug), GRUR Int. 1994, 1044 f. = NJW 1994, 2888; im Übrigen *Kreuzer*, MünchKomm, 3. Aufl. (1998), nach Art. 38 Anh. II Rz. 7 mwN.
5 *Kreuzer*, MünchKomm, 3. Aufl. (1998), nach Art. 38 Anh. II Rz. 8 mwN. in Fn. 16. Zu der im Urheberrecht von einem Teil der Literatur vertretenen Anknüpfung an das Ursprungsland (lex originis), vgl. *Drexl*, in: MünchKomm, IntImmGR Rz. 9 mwN. in Fn 12.
6 Vgl. *Fezer/Koos*, in: Staudinger, IntWirtschR Rz. 835, 843.
7 Vgl. *Fezer/Koos*, in: Staudinger, IntWirtschR Rz. 844.

GMV, Art. 88 und 89 GGV und Art. 97 GSV, lediglich subsidiär das Recht des Staates, in dem die Verletzung begangen wurde.

1874 Soweit es sich nicht um Verletzungsfälle im Sinne des Art. 8 Rom II-VO handelt, muss in Deutschland allerdings weiter auf den gesetzlich nicht geregelten allgemeinen Grundsatz der lex loci protectionis zurück gegriffen werden. Demgegenüber ist das Schutzlandprinzip in der Schweiz in Art. 110 Abs. 1 IPRG, in Österreich in § 34 Abs. IPRG und in Liechtenstein in Art. 38 Abs. 1 IPRG ausdrücklich normiert[1].

b) Auswirkungen des Immaterialgüterstatuts auf das Schuldstatut

1875 (1) Alle dem Immaterialgüterstatut unterliegenden Fragen sind zwingend und dem Schuldstatut entzogen. **Nach dem Schutzlandrecht zu beurteilen** sind daher:

– Die für den internationalen Lizenzvertrag bedeutsame Vorfrage, ob das **Schutzrecht**, das den Vertragsgegenstand bildet, überhaupt **existiert**. Alle formellen und materiellen Schutzvoraussetzungen unterfallen dem Schutzlandrecht. Darunter fällt die Frage, ob das Immaterialgüterrecht entstehen kann, unter welchen Voraussetzungen dies der Fall ist und nach welchem Rechtstyp das Schutzrecht zu beurteilen ist. So gibt es das Patentrecht nahezu weltweit, nicht jedoch zB das Gebrauchsmusterrecht; Pflanzenzüchtungen können dem Patent- oder aber dem Sortenschutz unterliegen. Die Anforderungen an Anmeldung, Hinterlegung oder Registrierung des Schutzrechts, die international voneinander abweichen, werden durch das Schutzlandrecht festgelegt.

1876 – Die Frage, wer **erster Rechtsinhaber** des entstandenen Schutzrechts ist[2]. Dies kann insbesondere bei Schöpfungen im Rahmen eines Arbeitsverhältnisses problematisch sein[3], da hier entweder der Arbeitnehmer oder der Arbeitgeber als (erster) Rechtsinhaber in Betracht kommt.

1877 – Alle Fragen, die den **Inhalt** und den **Umfang** des Schutzes, die **Schutzdauer** sowie das **Erlöschen** des Schutzrechts betreffen[4]. Für diese Fragen haben die internationalen Konventionen wie die Pariser Verbandsübereinkunft zum Schutz des gewerblichen Eigentums (PVÜ), das Madrider Abkommen über die internationale Registrierung von Marken (MMA), das Protokoll zum MMA, das Haager Musterabkommen (HMA) sowie das Internationale Übereinkommen zum Schutz von Pflanzenzüchtungen (UPOV) gewisse Min-

---

1 Vgl. hierzu *Fezer/Koos*, in: Staudinger, IntWirtschR Rz. 837 mwN.
2 BGH 2.10.1997 (Spielbankaffaire), BGHZ 136, 390 = NJW 1998, 1395.
3 Vgl. dazu *Sack*, Kollisions- und europarechtliche Probleme des Arbeitnehmererfinderrechts, Festschr. Steindorff (1990), S. 1333 ff., wonach zwar über diese Frage grundsätzlich das Arbeitsstatut entscheide, sich jedoch das insoweit abweichende Recht des Schutzlandes durchsetze.
4 Vgl. *Pfaff*, S. 1125, 1134.

deststandards gesetzt[1]. Ergänzt wurden diese Konventionen durch das Übereinkommen über handelsbezogene Aspekte der Rechte des geistigen Eigentums (TRIPS), das insbesondere die Mitgliedstaaten auf allen Gebieten des Immaterialgüterrechts einschließlich des Geheimnisschutzes zu Inländerbehandlung und Meistbegünstigung verpflichtet (vgl. Art. 3 und 4). Auch die Frage, ob durch das Inverkehrbringen einer Ware im Ausland durch oder mit Zustimmung des Schutzrechtsinhabers eine **Erschöpfung** des Schutzrechts bewirkt wird, ist nach dem Schutzlandrecht zu beurteilen[2].

– Dem Schutzlandrecht unterfallen nach Art. 8 Abs. 1 der Rom II-VO auch die Ansprüche, die sich im **Verletzungsfall** aus den Nutzungsrechten ergeben, so zB, ob Ansprüche auf Schadensersatz, Beseitigung, Unterlassung oder Vernichtung oder ob ein Anspruch auf Rechnungslegung oder Auskunft besteht[3] oder ob ein eigenes Klagerecht des Lizenznehmers gegen Dritte bzw. den Lizenzgeber besteht[4]. Daher kann grundsätzlich die Verletzung eines inländischen Schutzrechts durch reine Auslandshandlungen ebenso wenig in Betracht kommen wie ein ausländisches Schutzrecht nicht durch reine Inlandshandlungen verletzt werden kann[5]. Im Markenrecht werden aber traditionell auch Auslandssachverhalte für die Frage der Benutzung einer inländischen Marke herangezogen[6]. 1878

– Dies gilt auch für die Frage, ob der Lizenznehmer bei Verfügung des Lizenzgebers über das Schutzrecht – wie zB in § 15 Abs. 3 PatG geregelt – **Sukzessionsschutz** bzw. Drittwirkung[7] besitzt. 1879

– Weitere Fragen können nach der für das nationale Schutzrecht maßgeblichen Rechtsordnung als dem Schutzrecht unterfallende Fragen angesehen werden. In Großbritannien wird zB eine unzulässige Koppelungsvereinbarung in Patentlizenzverträgen als patentrechtliche Frage angesehen, die trotz abweichender Rechtswahl zur Undurchsetzbarkeit des betroffenen Patents auch gegenüber Dritten führt[8]. 1880

(2) Dem **Vertragsstatut unterliegt** dagegen 1881

– Die Frage von **Zustandekommen** und **Wirksamkeit** des Lizenzvertrags (Art. 10 Abs. 1 Rom I-Verordnung).

---

1 Vgl. zum völkerrechtlichen Rahmen *Brandi-Dohrn*, in: Kronke/Melis/Schnyder, Teil F, Kapitel 1.
2 *Drexl*, in: MünchKomm, IntImmGR Rz. 130.
3 Vgl. den österreich. OGH 18.9.1990 (Gleichgewicht des Schreckens), Medien und Recht 1991, 112 (113).
4 Vgl. BGH 17.6.1992 (Alf), NJW 1992, 2824 = GRUR 1992, 697.
5 BGH 13.10.2004 (Hotel Maritime), GRUR 2005, 431.
6 Vgl. BGH 13.10.2004 (Hotel Maritime), GRUR 2005, 431, der hierfür hinreichende wirtschaftliche Auswirkungen im Inland verlangt.
7 Vgl. OLG Karlsruhe 25.2.1987 (Offenendspinnmaschinen), GRUR Int. 1987, 788 (789).
8 Vgl. das Urteil des C.A. vom 25.2.1993 (Hepatitis C Virus), GRUR Int. 1994, 851 (852) m. Anm. *Moufang*.

– Die in Art. 12 Abs. 1 Rom I-VO angesprochenen Fragen wie die Auslegung des Vertrags, dessen Erfüllung und die Folgen der Nichterfüllung, der Verjährung, Kündigung des Vertrags und die Folgen seiner Nichtigkeit. Insbesondere wenn nach dem Schutzlandrecht sich ergeben hat, dass das Vertragsschutzrecht nicht zur Entstehung gelangt ist bzw. vorzeitig erloschen ist, ist nach dem Vertragsstatut zu beurteilen, ob der Lizenzvertrag unwirksam ist, die Geschäftsgrundlage entfallen oder sonstige **Leistungsstörungen** eingetreten sind.

– Auch die Frage, ob der Lizenznehmer eine Ausübungspflicht innehat, ob er zur Vergabe von Unterlizenzen berechtigt ist, ob der Lizenzgeber für die technische Ausführbarkeit des Schutzrechts haftet und welche vertraglichen Pflichten sonst noch bestehen, richtet sich nach dem Recht des Vertragsstatuts. Darunter fällt auch, welche Handlungen der Lizenznehmer erbringen muss, um seine vertraglichen Verpflichtungen zu erfüllen, so zB welche Unterlagen er dem Lizenznehmer zur Verfügung zu stellen hat, damit dieser Zugang zur Erfindung und dem ungeschützten Wissen erhält.

c) Weitere Abgrenzungsfragen

aa) Übertragbarkeit/Lizenzierbarkeit des Schutzrechts

1882 Die Frage, ob der Schutzrechtsinhaber überhaupt eine Lizenz einräumen kann, unterfällt der lex locis protectionis. Begründen kann man dieses Ergebnis mit dem in Art. 14 Abs. 2 Rom I-VO niedergelegten Grundsatz, dass die für das übertragene Recht maßgebliche Rechtsordnung auch darüber entscheidet, ob das Recht **übertragbar** ist[1]. Auch wenn man – wie international üblich –, der Lizenz keine dingliche (Übertragungs-)Wirkung zumisst, kann man dieses Ergebnis aus dem Schutzzweck der lex loci protectionis begründen: welche Verwertungsmöglichkeiten der Rechtsinhaber hat, bestimmt der nationale Gesetzgeber, der Inhalt und Umfang des Schutzrechts festlegt.

bb) Art und Weise der Erfüllung

1883 Nach Art. 12 Abs. 2 Rom I-VO ist für die Art und Weise der Erfüllung das Recht des Staates, in dem die Erfüllung erfolgt, zu berücksichtigen. Der Erfüllungsort schutzrechtsbezogener Handlungen liegt stets im Schutzland, so dass im Rahmen des Vertragsstatuts die lex locis protectionis zu berücksichtigen ist. So unterliegt die Frage, ob der Lizenzvertrag zu seiner Gültigkeit oder Wirksamkeit gegenüber Dritten der Eintragung in ein öffentliches Register bedarf, dem Recht des Schutzlandes. Dies gilt auch für Handlungen, die der Lizenzgeber zur Erlangung und Aufrechterhaltung des Vertragsschutzrechts vorzunehmen hat. Zwar unterfällt die Frage, ob der Lizenzgeber zu derartigen Erfüllungshandlungen verpflichtet ist, dem Vertragsstatut (Art. 12 Abs. 1 lit. b

---

1 So bereits vor In-Kraft-Treten von Art. 14 Abs. 2 der Rom I-VO und des gleich lautenden Art. 33 Abs. 2 EGBGB der BGH 21.10.1964 (Carla), GRUR Ausl. 1964, 504 (506) = AWD 1965, 455.

Rom I-Verordnung); die Frage, wie diese Erfüllungshandlungen vorzunehmen sind, unterliegt dagegen dem Schutzlandrecht.

cc) Form des Lizenzvertrags

Zwar ist in der **Bundesrepublik** der Abschluss eines Lizenzvertrages **formfrei** möglich und bedarf auch nicht der Eintragung in ein Register. Im Ausland gibt es dagegen zahlreiche Formvorschriften, die bei Abschluss des Lizenzvertrags eingehalten werden müssen. So bedürfen zB in **Frankreich** Patentlizenzverträge der Schriftform und der Eintragung in das nationale Patentregister. Ohne diesen Publizitätsakt haben diese Verträge Dritten gegenüber keine Rechtskraft[1]. Diese Fragen der Form von Lizenzeinräumungen bestimmt sich nach dem Recht des Schutzstaates[2].

1884

3. Zwingende wirtschaftspolitische Vorschriften

a) Inländische Eingriffsnormen

Die Durchsetzung von Eingriffsnormen des deutschen Forumstaates gewährleistet Art. 9 Abs. 2 Rom I-Verordnung. Art. 9 Abs. 1 Rom I-VO definiert den Begriff „Eingriffsnorm" als eine zwingende Vorschrift, deren Einhaltung von einem Staat als so entscheidend für die Wahrung seines öffentlichen Interesses, insbesondere seiner politischen, sozialen oder wirtschaftlichen Organisation angesehen wird, dass sie ungeachtet des nach Maßgabe dieser Verordnung auf den Vertrag anzuwendenden Rechts auf alle Sachverhalte anzuwenden ist, die in ihren Anwendungsbereich fallen. Als zwingende Vorschriften im Sinne dieser Bestimmung, die sich auch gegen ein abweichendes Vertragsstatut durchsetzen, kommen für den Lizenzverkehr mit dem Ausland zwei Vorschriftengruppen mit wirtschaftspolitischer Zielsetzung in Betracht, nämlich die Vorschriften des Außenwirtschaftsrechts und die des Kartellrechts.

1885

aa) Außenwirtschaftsrecht

Zu den zwingenden Vorschriften mit wirtschaftspolitischer Zielsetzung, die sich gegen ein abweichendes Vertragsstatut durchsetzen, gehören insbesondere die Vorschriften des **Außenwirtschaftsrechts**[3], die in der Bundesrepublik im Außenwirtschaftsgesetz (AWG) sowie in der Verordnung zur Durchführung des Außenwirtschaftsgesetzes (AWV) niedergelegt sind. Für den Lizenzverkehr mit **Drittstaaten** bedeutsam ist, dass nach § 45 Abs. 2 iVm. Abs. 1 der Außenwirtschaftsverordnung (AWV) die technische Unterstützung außerhalb des Gemeinschaftsgebiets durch Gebietsansässige, die in Zusammenhang mit der Entwicklung, Herstellung der Handhabung etc. von Waffen bestimmt ist, der

1886

---

1 Vgl. *Schmidt-Szalewski*, Die Entwicklung des französischen Patentrechts in den Jahren 1997 und 1998, GRUR Int. 1999, 848 ff.
2 Vgl. *Kreuzer*, in: MünchKomm, 3. Aufl. (1998), nach Art. 38 Anh. II Rz. 25 mwN. in Fn. 85.
3 Vgl. oben Rz. 583 f.

Genehmigung durch das Bundesamt für Wirtschaft und Ausfuhrkontrolle bedarf. Allerdings ergibt sich aus dieser Formulierung, dass nicht bereits der Abschluss des Lizenzvertrages über derartige Technologien gegen die AWV verstößt, sondern erst die faktische Erfüllung des Vertrages[1].

1887 Für die Ausfuhrpolitik hat die Europäische Union gem. Art. 133 Abs. 1 EG die ausschließliche Kompetenz[2]. Vorrangig anwendbar gegenüber dem AWG ist daher die Verordnung (EG) Nr. 428/2009 des Rates vom 5.5.2009 über eine Gemeinschaftsregelung für die Kontrolle der Ausfuhr, der Verbringung, der Vermittlung und der Durchfuhr von Gütern mit doppeltem Verwendungszweck[3]. Diese sog. „**Dual-Use-Verordnung**" bezweckt, dass Güter, einschließlich Datenverarbeitungsprogrammen und Technologien, die sowohl für zivile als auch für militärische Zwecke verwendet werden können[4], bei ihrer Ausfuhr aus der Gemeinschaft wirksam kontrolliert werden können. Da nahezu jedes zivile Gut auch militärisch genutzt werden kann, hat diese Verordnung erhebliche Bedeutung für den Lizenzverkehr, da uU die Erfüllbarkeit der Lizenzverträge eingeschränkt wird. Da der Technologietransfer als Dienstleistung nicht unter EU-Kompetenz fällt, haben sich die EU-Mitgliedstaaten in einer gemeinsamen Aktion[5] darauf verpflichtet, nationale Regelungen für die technische Unterstützung bei Rüstungsvorhaben zu schaffen. § 45a AWV setzt in seiner jetzigen Fassung den Beschluss um.

1888 Für den Lizenzverkehr bedeutsam werden können auch **Embargobestimmungen**, die mit den Regelungen der §§ 69a ff. AWV zwar sanktioniert werden, die jedoch letztlich unmittelbar geltendes EU-Recht darstellen[6].

bb) Kartellrecht

1889 Auch das **Kartellrecht** gehört zu den Eingriffsnormen iSd. Art. 9 Abs. 2 Rom I-Verordnung[7]. Für den Lizenzverkehr haben die Vorschriften des Kartellrechts eine ganz erhebliche praktische Bedeutung. Dies rührt daher, dass gewerbliche Schutzrechte dem Schutzrechtsinhaber eine **Monopolstellung** bei der Verwertung des Rechts gewähren, wogegen das Wettbewerbsrecht im Gegensatz dazu die Gefahren einer missbräuchlichen Ausnutzung dieser Monopolstellung verhindern will. Zwischen Immaterialgüterrechten und Wettbewerbsfreiheit be-

---

1 Vgl. *Groß*, Rz. 435.
2 Vgl. *Herdegen*, Internationales Wirtschaftsrecht, 7. Aufl. (2008), § 2 Rz. 47.
3 ABl. EU 2009 Nr. L 134, S. 1; vgl. hierzu *Hölscher*, Die Neufassung der Dual Use-Verordnung, RIW 2009, 524 ff.
4 Die der Ausfuhrkontrolle unterliegenden Güter ergeben sich aus einer der Verordnung als Anlage I beigefügten Liste.
5 Gemeinsame Aktion des Rates vom 22.6.2000, ABl. EG 2000 Nr. L 159, S. 216.
6 Vgl. für das Irak-Embargo der BGH 27.1.1994, NJW 1994, 858 = EuZW 1994, 219 m. Anm. *Ress*.
7 Vgl. oben Rz. 610 ff.

steht somit ein natürliches Spannungsverhältnis[1]. Grundsätzlich lässt sich sagen, dass Beschränkungen des Wettbewerbs insoweit zulässig sind, als sie durch den spezifischen Gegenstand des Schutzrechts gerechtfertigt sind[2].

§ 130 Abs. 2 GWB enthält für das deutsche internationale Kartellrecht eine eigenständige Kollisionsnorm, die man als dem allgemeinen Kollisionsrecht vorgehende Sonderkollisionsnorm auffassen kann[3]. Nach § 130 Abs. 2 GWB findet das GWB Anwendung auf alle **Wettbewerbsbeschränkungen**, die sich im Geltungsbereich dieses Gesetzes auswirken, auch wenn sie außerhalb des Geltungsbereichs dieses Gesetzes veranlasst werden. Eine Inlandsauswirkung kann nicht nur bei Lizenzverträgen über inländische Schutzrechte, sondern auch bei Lizenzverträgen, die auch oder ausschließlich ausländische Schutzrechte umfassen, in Betracht kommen[4]. Das Verbot wettbewerbsbeschränkenden Verhaltens des § 1 GWB wirkt sich bei einem Lizenzvertrag zwischen in- und ausländischen oder ausländischen Unternehmen nur dann aus im Sinne des § 130 Abs. 2 GWB, wenn der Lizenzvertrag geeignet ist, den Wettbewerb oder die Betätigungsfreiheit von Dritten im Inland spürbar zu beeinträchtigen (zB bei Bezugsverpflichtungen oder Preisbindungen des inländischen Lizenznehmers); auslandsmarktbezogene Beschränkungen wirken sich nur ausnahmsweise im Inland aus[5]. Die Angleichung des GWB an das EG-Kartellrecht im Bereich der vertraglichen Wettbewerbsbeschränkungen hat allerdings zu einem faktischen Bedeutungsverlust des § 130 Abs. 2 GWB geführt. Als Kollisionsnorm ist aber auch im EG-Kartellrecht von der Rechtsprechung des EuGH das Auswirkungsprinzip anerkannt[6].

1890

Das Kartellverbot des **Art. 81 Abs. 1 EG-Vertrag** ist unmittelbar anwendbar, wenn die lizenzvertragliche Vereinbarung geeignet ist, den Handel zwischen den Mitgliedsstaaten zu beeinträchtigen und eine spürbare Wettbewerbsbeschränkung bezweckt oder bewirkt. Sowohl zur Frage der Spürbarkeit von Wettbewerbsbeschränkungen als auch zur Frage der Beeinträchtigung des zwischenstaatlichen Handels hat die Kommission Bekanntmachungen erlassen, die allerdings keine Bindungswirkung für nationale Gerichte oder Kartellbehörden entfalten[7]. Für Wettbewerbsbeschränkungen iS von Art. 81 Abs. 1 EG-Vertrag sieht Art. 81 Abs. 3 EG-Vertrag eine Legalausnahme vom Kartellverbot vor, wenn die dort genannten Voraussetzungen erfüllt sind. Eine automatische Erfüllung der Ausnahmevoraussetzungen des Art. 81 Abs. 3 EG-Ver-

1891

---

1 *Schmoll*, in: Büscher/Dittmer/Schiwy, Rz. 49 mwN.
2 *Sack*, Zur Vereinbarkeit wettbewerbsbeschränkender Abreden in Lizenz- und Knowhow-Verträgen mit europäischem und deutschem Kartellrecht, WRP 1999, 592 (594); kritisch *Röhling*, in: MünchKommEuWettbR (2007), GVO Nr. 772/2004 Einl. Rz. 12.
3 Vgl. zu den früheren Art. 34 EGBGB *Martiny*, in: MünchKomm, Art. 34 EGBGB Rz. 94; *Rehbinder*, in: Immenga/Mestmäcker, GWB, 4. Aufl. (2007), § 130 Rz. 125.
4 Vgl. *Rehbinder*, in: Immenga/Mestmäcker, GWB, 4. Aufl. (2007), § 130 Rz. 234.
5 *Rehbinder*, in: Immenga/Mestmäcker, GWB, 4. Aufl. (2007), § 130 Rz. 235 ff.
6 Vgl. EuGH 27.9.1988 – Rs. 89/85 ua. (Ahlström ua./Kommission), Slg. 1988, 5193 =WuW/EWG/MuV 829 (Zellstoffhersteller) = RIW 1988, 989 = NJW 1988, 3086; *Schnyder*, in: MünchKommEuWettbR (2007), Einl. Rz. 846 ff.
7 Vgl. hierzu *Schmoll*, in: Büscher//Dittmer/Schiwy, Rz. 52 ff.

trag liegt vor, wenn die lizenzvertragliche Wettbewerbsbeschränkung unter die **Gruppenfreistellungsverordnung für Technologietransfer-Vereinbarungen** (TT-GVO) fällt[1]. Die TT-GVO ist damit für die kartellrechtliche Beurteilung von Lizenzverträgen von erheblicher Bedeutung. Die Kommission hat zur Erläuterung der TT-GVO und zur Erleichterung deren Anwendung im Einzelfall Leitlinien erlassen, die allerdings für die Gerichte nicht bindend sind. Die TT-GVO ist nach § 2 Abs. 2 GWB auch für rein nationale Wettbewerbsbeschränkungen unmittelbar anwendbar.

1892 Art. 2 TT-GVO enthält eine **Freistellung** von wettbewerbsbeschränkenden Vereinbarungen vom Kartellverbot des Art. 81 Abs. 1 EG-Vertrag für Technologietransfer-Vereinbarungen zwischen zwei Unternehmen, die die Produktion der Vertragsprodukte ermöglichen, sofern die in dieser Verordnung genannten Voraussetzungen vorliegen. Die Dauer der Freistellung gilt für die Laufzeit des vertragsgegenständlichen Schutzrechts, bei Know-how solange das Know-how geheim bleibt. Wird das Know-how infolge des Verhaltens des Lizenznehmers offenkundig, gilt die Freistellung für die gesamte Vertragslaufzeit.

1893 Der **sachliche Anwendungsbereich** der TT-GVO erstreckt sich auf Technologietransfer-Vereinbarungen. Darunter fallen[2] Patentlizenzvereinbarungen (wobei nach Art. 1 lit. h TT-GVO unter den Begriff Patent nicht nur Patente, sondern auch Patentanmeldungen, Gebrauchsmuster, Gebrauchsmusteranmeldungen, Geschmacksmuster, Topografien von Halbleitererzeugnissen, ergänzende Schutzzertifikate für Arzneimittel oder andere Produkte, für die solche Zertifikate erlangt werden können, und Sortenschutzrechte fallen), Know-how-Vereinbarungen[3], Softwarelizenz-Vereinbarungen sowie gemischte Vereinbarungen. Nicht erfasst werden Markenlizenzvereinbarungen. Der Hauptzweck der Technologietransfer-Vereinbarung muss in der Lizenzierung eines der genannten Schutzrechte liegen. Erfasst werden nur Vereinbarungen zwischen zwei Unternehmen. Bei Vereinbarungen zwischen mehr als zwei Unternehmen können die Grundsätze der TT-GVO allerdings entsprechend angewandt werden[4].

1894 Die TT-GVO findet nur dann Anwendung, wenn die in Art. 3 TT-GVO genannten **Marktanteilsschwellen** nicht überschritten werden. Handelt es sich bei den Vertragsparteien um konkurrierende Unternehmen, greift die Freistellung des Art. 2 TT-GVO nur unter der Voraussetzung ein, dass der der gemeinsame Marktanteil der Parteien auf dem betroffenen relevanten Technologie- und Produktmarkt 20 % nicht überschreitet. Bei nicht konkurrierenden Unter-

---

1 Vgl. hierzu *Lehr*, Die neue EU-Gruppenfreistellungsverordnung für Technologietransfer-Vereinbarungen sowie deren Auswirkungen auf Lizenzverträge, europablätter, 2005, 47; *Lubitz*, Die neue Technologietransfer-Gruppenfreistellungsverordnung, EuZW 2004, 652; *Röhling*, in: MünchKommEuWettbR (2007), GVO Nr. 772/2006; *Schumacher/Schmid*, Die neue Gruppenfreistellungsverordnung für Technologietransfer-Vereinbarungen, GRUR 2006, 1.
2 Vgl. die Definition der Technologietransfer-Vereinbarungen in Art. 1 lit. b TT-GVO.
3 Der Begriff Know-how wird definiert in Art. 1 lit. i TT-GVO.
4 Vgl. *Lubitz*, EuZW 2004, 652 (653).

nehmen beträgt die Marktanteilsschwelle 30 %. Bei der Marktanteilsberechnung sind die Marktanteile verbundener Unternehmen der Partei hinzuzurechnen.

Art. 4 TT-GVO enthält so genannte **Kernbeschränkungen**. Die Vereinbarung einer Kernbeschränkung hat zur Folge, dass nicht nur diese Kernbeschränkung, sondern auch alle anderen vereinbarten Wettbewerbsbeschränkungen nicht mehr unter die Freistellung von Art. 2 TT-GVO fallen und sämtliche Beschränkungen an Art. 81 Abs. 3 EG-Vertrag zu messen sind[1]. Im Ergebnis führt somit die Vereinbarung einer Kernbeschränkung dazu, dass die gesamte Lizenzvereinbarung aus dem Anwendungsbereich der TT-GVO fällt. Art. 4 TT-GVO unterscheidet Kernbeschränkungen in Lizenzvereinbarungen zwischen konkurrierenden sowie in Lizenzvereinbarungen zwischen nicht konkurrierenden Unternehmen. Bei **konkurrierenden Unternehmen** sind Beschränkungen bei der Preisfestsetzung nicht freigestellt. Darunter fallen Festpreise, Mindestpreise, Höchstpreise, Preisempfehlungen oder die Vereinbarung einer festen Gewinnmarge, nicht jedoch die Festlegung einer Mindestlizenzgebühr. Nicht freigestellt ist die Beschränkung des Outputs (zB durch Quotenvereinbarung), mit Ausnahme von Output-Beschränkungen, die dem Lizenznehmer in einer nicht wechselseitigen Vereinbarung oder einem der Lizenznehmer in einer wechselseitigen Vereinbarung in Bezug auf die Vertragsprodukte auferlegt werden. Kernbeschränkung ist die Zuweisung von Märkten oder Kunden, wobei die TT-GVO hiervon allerdings zahlreiche Ausnahmen zulässt, sowie die Beschränkung von eigener Verwertung, Forschung und Entwicklung; Beschränkungen bei der Überlassung von Know-how ist allerdings zulässig, soweit diese Beschränkungen unerlässlich sind, um die Preisgabe des lizenzierten Know-hows an Dritte zu verhindern. Kernbeschränkungen in Lizenzverträgen zwischen **nicht konkurrierenden Unternehmen** sind Preisvorgaben. Unzulässig ist demnach die Festlegung von Fest- oder Mindestverkaufspreisen; zulässig hingegen die Festlegung von Höchstverkaufspreisen oder die bloße Preisempfehlung, sofern diese nicht die Wirkung von Fest- oder Mindestverkaufspreisen hat. Kernbeschränkung ist grundsätzlich auch die Beschränkung des Gebiets- oder des Kundenkreises, in das oder an den der Lizenznehmer Vertragsprodukte passiv verkaufen darf. Allerdings sieht die Regelung zahlreiche Ausnahmen vor, in denen die Beschränkung zulässig ist. In einem selektiven Vertriebssystem dürfen dem Lizenznehmer aktive und passive Verkäufe an Endverbraucher oder andere Mitglieder des Systems grundsätzlich nicht verboten werden.

Art. 5 TT-GVO enthält schließlich so genannte **nicht freigestellte Beschränkungen**. Im Gegensatz zu den Kernbeschränkungen führt ein Verstoß gegen diese Beschränkungen lediglich dazu, dass die fragliche Beschränkung nicht mehr von der TT-GVO freigestellt ist, ohne dass dies Auswirkungen auf die übrigen Wettbewerbsbeschränkungen hat, die somit weiterhin der TT-GVO unterfallen[2]. Nicht freigestellte Beschränkungen sind Verpflichtungen des Li-

1 Vgl. *Schmoll*, in: Büscher/Dittmer/Schiwy, Rz. 70.
2 Vgl. *Lehr*, europablätter 2005, 47 (52).

zenznehmers, dem Lizenzgeber oder oder einem von diesem benannten Dritten eine Exklusivlizenz für seine eigenen abtrennbaren Verbesserungen der lizenzierten Technologie oder seine eigenen neuen Anwendungen dieser Technologie zu erteilen (Rücklizenz) oder diese Rechte an den Lizenzgeber bzw. den Dritten zu übertragen (Rückübertragung). Nicht freigestellt sind ferner Nichtangriffsabreden; zulässig ist allerdings die Vereinbarung einer Kündigungsmöglichkeit für den Fall, dass der Lizenznehmer das Schutzrecht angreift. Bei nicht konkurrierenden Unternehmen sind Beschränkungen des Lizenznehmers unzulässig, seine eigene Technologie zu verwerten, oder die Beschränkung der Vertragsparteien, Forschungs- und Entwicklungsarbeiten durchzuführen, sofern die Beschränkung nicht unerlässlich ist, die Preisgabe des lizenzierten Know-hows an Dritte zu verhindern.

1897 Wettbewerbsbeschränkende Bestimmungen des Lizenzvertrags, bei denen weder die Legalausnahme des Art. 81 Abs. 3 EG-Vertrag noch die Freistellung nach Art. 2 TT-GVO eingreift, sind nach Art. 81 Abs. 2 EG-Vertrag **nichtig**. Findet auf den Lizenzvertrag deutsches Recht Anwendung, ist der Bestand des restlichen Vertrags an § 139 BGB zu messen. Kartellrechtsverstöße können darüber hinaus von der EU-Kommission mit einem Bußgeld von bis zu 10 % des Konzern-Jahresumsatzes belegt werden.

b) Ausländische Eingriffsnormen

1898 Nach Art. 9 Abs. 3 Rom I-VO kann den Eingriffsnormen des Staates, in dem die durch den Vertrag begründeten Verpflichtungen erfüllt werden sollen oder erfüllt worden sind, Wirkung verliehen werden, soweit diese Eingriffsnormen die Erfüllung des Vertrags unrechtmäßig werden lassen. Bei der Entscheidung über die Wirkung werden Art und Zweck dieser Normen sowie die Folgen berücksichtigt, die sich aus ihrer Anwendung oder Nichtanwendung ergeben.

aa) Kartellrecht

1899 Grundsätzlich kann auch ausländisches Kartellrecht im deutschen Forumstaat zur Anwendung gelangen, da auch das ausländische Kartellverbot regelmäßig die Erfüllung des Vertrages unrechtmäßig werden lässt. Erst recht wird der deutsche Lizenzvertragspartner damit rechnen müssen, dass der ausländische Forumstaat sein eigenes Kartellrecht zur Durchsetzung bringt. Das Übereinkommen über handelsbezogene Aspekte der Rechte des geistigen Eigentums **(TRIPS)** erlaubt in seinem Art. 40 ausdrücklich nationale Rechtsvorschriften zur Kontrolle wettbewerbswidriger Praktiken in vertraglichen Lizenzen[1]. Das Auswirkungsprinzip ist auch im Kartellrecht der meisten anderen Länder anerkannt[2].

---

1 BGBl. II 1994, 1438, 1730 (1740); vgl. dazu *Heinemann*, Das Kartellrecht des geistigen Eigentums im TRIPS-Übereinkommen der Welthandelsorganisation, GRUR Int. 1995, 535 (537 ff.).
2 Vgl. *Schnyder*, in: MünchKommEuWettbR (2007), Einl. Rz. 849.

bb) Außenwirtschaftsrecht/Technologietransferrecht

Die Bedingungen, unter denen Lizenzverträge abgeschlossen werden können, unterliegen insbesondere in den Entwicklungs-, aber auch in den Schwellenländern Restriktionen. Beweggrund dieser Regelungen ist meist die Furcht dieser Länder vor zu starkem wirtschaftlichem Einfluss des Technologiegebers sowie davor, dass dieser sein überlegenes Wissen zum Nachteil des Technologienehmers und des Empfängerlandes ausübt. Zum Ausgleich dieses vermuteten Machtgefälles bedarf häufig der Vertrag der **Genehmigung des Außenwirtschaftsministeriums** oder einer sonstigen Behörde. Die Genehmigungsbehörde erhält so die Gelegenheit, die Vereinbarkeit des Vertrages mit den nationalen Technologietransfergesetzen zu überprüfen und den Vertrag gegebenenfalls zu untersagen. Die Technologietransferregelungen der einzelnen Staaten sind vielfältig und können an dieser Stelle nicht dargestellt werden. Ob und inwieweit es sich insoweit um Eingriffsnormen iS von Art. 9 Abs. 3 Rom I-VO handelt, ist im Einzelfall danach zu beurteilen, ob es sich um Normen des Erfüllungsstaates handelt, die dort die Erfüllung des Vertrags unrechtmäßig werden lassen. Der Richter des Technologienehmerlandes wird diese Regelungen jedoch auch bei einem abweichenden Vertragsstatut anwenden.

1900

Frei. 1901–1920

IV. Zusammenfassung mit Handlungsanleitung

1. Rechtswahl

1921

Die Parteien eines internationalen Lizenzvertrages sollten eine **ausdrückliche Rechtswahl** treffen. Nur so können sie vermeiden, dass das anwendbare Vertragsrecht durch objektive Anknüpfung bestimmt werden muss; die Kriterien hierfür sind äußerst umstritten.

2. Zwingende Wirkungen des Schutzlandrechts

Die Wirkungen einer Rechtswahl sind allerdings begrenzt. Bestimmte, mit dem Schutzrecht zusammenhängende Fragen unterliegen zwingend dem **Recht des Schutzlandes:**

a) Dies gilt für das Bestehen des Schutzrechts, das den Vertragsgegenstand bildet, die Rechtsinhaberschaft, den Inhalt und den Umfang des Schutzes;

b) darüber hinaus für die Lizenzierbarkeit des Schutzrechts, die Form des Lizenzvertrags, das Klagerecht des Lizenznehmers und die Drittwirkung der Lizenz.

3. Zwingende wirtschaftspolitische Vorschriften

Zwingende wirtschaftspolitische Vorschriften sind zu beachten:

a) Einzuhalten sind die Vorschriften des deutschen und europäischen **Außenwirtschaftsrechts:**

aa) Dies wirkt sich insbesondere aus bei der Genehmigungsbedürftigkeit der technischen Unterstützung in bestimmte Staaten (§ 45 AWV) oder

bb) bei der Beachtung der Dual-Use-Verordnung der EU oder

cc) bei der Beachtung von Embargobestimmungen (§§ 69a ff. AWV).

b) Maßgebliche Beschränkungen des internationalen Lizenzverkehrs ergeben sich weiterhin aus den Vorschriften des europäischen **Kartellrechts**. Dies gilt für:

das EU-Kartellverbot (Art. 81 EG iVm. der Gruppenfreistellungsverordnung für Technologietransfer-Vereinbarungen).

c) Zuletzt ist zu beachten, dass auch das Kartell- und das Außenwirtschafts-/Technologietransferrecht des ausländischen Vertragspartners zur Anwendung gelangen kann.

1922–1940 Frei.

C. Urheberrechtsverträge, insbes. Verlags- und Filmverträge

I. **Einheitsrecht auf dem Gebiet des Urheber- und Urhebervertragsrechts** 1941
1. Urheberrechtskonventionen ... 1941
2. Konventionen auf dem Gebiet der Leistungsschutzrechte 1943
3. Europäische Rechtsangleichung 1944

II. **Ausländisches Sachrecht** 1951
1. England 1951
2. Frankreich 1952
3. Österreich 1953
4. Schweiz 1954

III. **Einheitliches Kollisionsrecht auf dem Gebiet des Urheber- und Urhebervertragsrechts** 1961
1. Charakteristika von Urheberrechtsverträgen im Kollisionsrecht 1961
2. Urheberrechtsstatut 1963
   a) Kollisionsnormen im Konventionsrecht 1963
   b) Kollisionsnormen im Gemeinschaftsrecht 1966
      aa) Schutzlandprinzip nach der Rom II-VO 1966
      bb) Sendelandprinzip im Bereich audiovisueller Medien 1967
3. Urhebervertragsstatut 1969
   a) Maßgebliche Anknüpfungsgrundsätze der Rom I-VO ... 1969
   b) Reichweite des Urhebervertragsstatuts 1970
4. Formstatut................. 1973
   a) Sachrechtliche und konventionsrechtliche Vorgaben ... 1973
   b) Konsequenzen aus Einheits- und Spaltungstheorie 1974

IV. **Anknüpfung nach der Rom I-VO** 1981
1. Subjektive Anknüpfung....... 1981
2. Objektive Anknüpfung von Urheberrechtsverträgen 1982
   a) Materiellrechtliche Differenzierung verschiedener Urheberrechtsverträge...... 1982

b) Grundsätze für die objektive Anknüpfung............. 1983
3. Objektive Anknüpfung von Verlagsverträgen............. 1985
   a) Materiellrechtliche Differenzierung verlagsrechtlicher Vertragstypen............. 1985
   b) Objektive Anknüpfung des Verlagsvertrags 1989
   c) Objektive Anknüpfung des verlagsrechtlichen Lizenzvertrags.................. 1993
   d) Objektive Anknüpfung des Bestellvertrags............ 1997
4. Objektive Anknüpfung von Filmverträgen................ 1998
   a) Materiellrechtliche Differenzierung verschiedener Filmvertragstypen............. 1998
      aa) Filmproduktionsverträge . 1999
      bb) Filmverwertungsverträge 2003
   b) Objektive Anknüpfung von Filmproduktionsverträgen ... 2006
      aa) Verfilmungsvertrag...... 2007
      bb) Drehbuch- und Filmmusikvertrag.......... 2012
      cc) Regievertrag und filmrechtliche Arbeitsverträge 2014
      dd) Coproduktions- und Auftragsproduktionsvertrag.. 2016
   c) Objektive Anknüpfung von Filmverwertungsverträgen... 2018
      aa) Filmverleihvertrag 2018
      bb) Filmvorführungsvertrag.. 2022
      cc) Sonstige Filmverwertungsverträge 2024
5. Objektive Anknüpfung von Softwareverträgen 2026
   a) Materiellrechtliche Einordnung von Softwareverträgen . 2026
   b) Kollisionsrechtliche Bewertung..................... 2027
      aa) Bestimmung der charakteristischen Leistung nach Art. 4 Rom I-VO ... 2027
      bb) Verbraucherschutz 2029

	Rz.		Rz.
6. Objektive Anknüpfung von Verträgen mit ausübenden Künstlern	2030	7. Eingriffsnormen	2033
		a) Urhebervertragsrecht	2033
		b) Buchpreisbindung	2037
a) Materiellrechtliche Einordnung von Künstlerverträgen	2030	c) Kartellrecht	2038
		d) Kulturgüterschutz	2041
b) Kollisionsrechtliche Bewertung	2031	V. Zusammenfassung mit Handlungsanleitung	2061

Literatur zum Internationalen Urheberrecht allgemein: *Bappert/Wagner*, Internationales Urheberrecht (1956); *von Bar*, Kollisionsrecht, Fremdenrecht und Sachrecht für internationale Sachverhalte im Internationalen Urheberrecht, UFITA 108 (1988), 27; *Bergé*, La protection international et communautaire du droit d'auteur, essai d'une analyse conflictuelle (Paris 1996); *Bergsma*, Das Prinzip der Inländerbehandlung im internationalen und schweizerischen Urheberrecht (1990); *Bollacher*, Internationales Privatrecht, Urheberrecht und Internet (2005); *Boytha*, Le droit international privé et la protection des droits d'auteur: analyse de certains points spécifiques, DdA 1988, 422; *Braun*, Der Schutz ausübender Künstler durch TRIPS, GRUR Int. 1997, 427; *Busche/Stoll*, TRIPs, Internationales und europäisches Recht des geistigen Eigentums (2007); *Cigoj*, Internationalprivatrechtliche Aspekte der Urheberrechte, Festschr. Firsching (1985), S. 53; *Drexl*, Lex americana ante portas – Zur extraterritorialen Anwendung nationalen Urheberrechts, Festschr. Nordemann (2004), S. 429; *Duggal*, Die unmittelbare Anwendbarkeit der Konventionen des internationalen Urheberrechts am Beispiel des TRIPs-Übereinkommens, IPRax 2002, 101; *Duggal*, TRIPS-Übereinkommen und internationales Urheberrecht (2001); *van Eechoud*, Choice of Law in Copyright and Related Rights (2003); *van Eechoud*, Alternatives to the lex protectionis as the Choice-of-Law Rule for Initial Ownership of Copyright, in: Drexl/Kur, Intellectual Property and Private International Law – Heading for the Future (Oxford 2005), 289; *Ginsburg*, Die Rolle des nationalen Urheberrechts im Zeitalter der internationalen Urheberrechtsnormen, GRUR Int. 2000, 97; *Gottschalk*, Grenzüberschreitende Werbung als eigenständiger urheberrechtlicher Verletzungstatbestand, IPRax 2006, 135; *Katzenberger*, TRIPS und das Urheberrecht, GRUR Int. 1995, 447; *Knörzer*, Das Urheberrecht im deutschen Internationalen Privatrecht (1992); *Koumantos*, Le droit international privé et la Convention de Berne, DdA 1988, 439; *von Lewinski*, Die diplomatische Konferenz der WIPO 1996 zum Urheberrecht und zu verwandten Schutzrechten, GRUR Int. 1997, 667; *Locher*, Das Internationale Privat- und Zivilprozessrecht der Immaterialgüterrechte aus urheberrechtlicher Sicht (Zürich 1993); *Masouyé*, Kommentar zur Berner Übereinkunft zum Schutz von Werken der Literatur und Kunst (1981); *Nimmer/Geller*, International Copyright Law and Practice, 2. Bde. (New York/Oakland, Stand: 2000); *Nordemann/Vinck/Hertin/Meyer*, International Copyright and Neighboring Rights Law (1990); *Obergfell*, Das Schutzlandprinzip und „Rom II" – Bedeutung und Konsequenzen für das Internationale Urheberrecht, IPRax 2005, 9; *Raynard*, Droit d'auteur et conflits de lois (Paris 1990); *Reinbothe*, TRIPS und die Folgen für das Urheberrecht, ZUM 1996, 735; *Ricketson*, The Berne Convention for the Protection of Literary and Artistic Works: 1886–1986 (London 1987); *Ricketson/Ginsburg*, International Copyright and Neighbouring Rights – The Berne Convention an Beyond, 2. Aufl. (Oxford 2006); *Riesenhuber*, Der Einfluss der RBÜ auf die Auslegung des deutschen Urheberrechtsgesetzes, ZUM 2003, 333; *Schack*, Zur Anknüpfung des Urheberrechts im internationalen Privatrecht (1979); *Schack*, Urheberrechtsverletzung im internationalen Privatrecht – Aus der Sicht des Kollisionsrechts, GRUR Int. 1985, 523; *Schack*, Die grenzüberschreitende Verletzung allgemeiner und Urheberpersönlichkeitsrechte, UFITA 108 (1988), 51; *Spindler*, Die kollisionsrechtliche Behandlung von Urheberrechtsverletzungen im Internet, IPRax 2003, 412; *Spoendlin*, Der internationale Schutz des Urhebers, UFITA 107 (1988), 11; *Stewart*, International Copyright and

Neighbouring Rights, 2. Aufl., Bd. 1 (London 1989), Bd. 2 (London 1993); *Thum*, Internationalprivatrechtliche Aspekte der Verwertung urheberrechtlich geschützter Werke im Internet, Zugleich Bericht über eine WIPO-Expertensitzung in Genf, GRUR Int. 2001, 9; *Torremans*, Copyright in English Private International Law in the Light of Recent Cases and Developments, IPRax 1998, 495; *Vaver*, Die Inländerbehandlung nach der Berner Übereinkunft und dem Welturheberrechtsabkommen, GRUR Int. 1988, 191.

Literatur zum Kollisionsrecht der Urheberrechtsverträge: *Birk*, Der angestellte Urheber im Kollisionsrecht, UFITA 108 (1988), 101; *Dessemontet*, Copyright contracts and choice of law, Festschr. Nordemann (2004), S. 415; *Fabiani*, Conflicts of Law in International Copyright Assignment Contracts, Ent.L.R. 1998, 157; *Farokhmanesh*, Der Schutz des Urhebers im internationalen Vertragsrecht (2007); *Hausmann*, Möglichkeiten und Grenzen der Rechtswahl in internationalen Urheberrechtsverträgen, in: Rehbinder (Hrsg.), Beiträge zum Film- und Medienrecht, Festschr. Wolf Schwarz (1988), S. 47; *Hilty/Peukert*, Das neue deutsche Urhebervertragsrecht im internationalen Kontext, GRUR Int. 2002, 643; *Katzenberger*, Urheberrechtsverträge im Internationalen Privatrecht und Konventionsrecht, in: Beier/Götting/Lehmann/Moufang (Hrsg.), Urhebervertragsrecht, Festschr. Schricker (1995), S. 225; *Kleine*, Urheberrechtsverträge im Internationalen Privatrecht (1986); *Mäger*, Der Schutz des Urhebers im internationalen Vertragsrecht: zur Anknüpfung zwingenden deutschen Urheberrechts (1995); *Obergfell*, Deutscher Urheberschutz auf internationalem Kollisionskurs – Zur zwingenden Geltung der §§ 32, 32a UrhG im Internationalen Vertragsrecht, K&R 2003, 118; *Pütz*, Zum Anwendungsbereich des § 32b UrhG: Internationales Urhebervertragsrecht und angestellte Urheber, IPRax 2005, 13; *Pütz*, Parteiautonomie im internationalen Urhebervertragsrecht (2005); *Schack*, International zwingende Normen im Urhebervertragsrecht, Festschr. Heldrich (2005), S. 997; *Schack*, Internationally Mandatory Rules in Copyright Licensing Agreements, in: Basedow/Drexl/Kur/Metzger, Intellectual Property in the Conflict of Laws (2005), S. 107; *Strömholm*, Urheberrechtsverträge und internationales Privatrecht, in: Holl/Klinke (Hrsg.), Internationales Privatrecht, Internationales Wirtschaftsrecht (1985), S. 269; *Walter*, Die Vertragsfreiheit im Urheberrecht aus der Sicht des Internationalen Privatrechts, in: Reimer (Hrsg.), Vertragsfreiheit im Urheberrecht (1977), S. 137; *von Welser*, Neue Eingriffsnormen im internationalen Urhebervertragsrecht, IPRax 2002, 364; *Wille*, Die kollisionsrechtliche Geltung der urheberrechtlichen Neuregelungen zu den unbekannten Nutzungsarten – §§ 31a, 32c UrhG im Lichte des Internationalen Privatrechts, GRUR Int. 2008, 389; *Wille*, Die Verfügung im internationalen Urheberrecht: Zur kollisionsrechtlichen Beurteilung von Inhalt, Umfang und Form der Verfügung unter besonderer Berücksichtigung deutschen, spanischen sowie französischen Urheberrechts (1997); *Zimmer*, Urheberrechtliche Verpflichtungen und Verfügungen im Internationalen Privatrecht (2006).

Literatur zum Kollisionsrecht der Verlagsverträge: *Mackensen*, Der Verlagsvertrag im internationalen Privatrecht (1965).

Literatur zum Kollisionsrecht der Filmverträge: *Braun*, Die internationale Coproduktion von Filmen im internationalen Privatrecht (1996); *Castendyk*, Rechtswahl bei Filmlizenzverträgen – Statement aus der Praxis –, ZUM 1999, 934; *Edelman*, Das anwendbare Recht bei der Verwertung nachkolorierter amerikanischer Filme in Frankreich, Zur Entscheidung der Cour de Cassation im Falle „John Houston", GRUR Int. 1992, 260; *Loewenheim*, Rechtswahl bei Filmlizenzverträgen, ZUM 1999, 923–927; *Obergfell*, Filmverträge im deutschen materiellen und internationalen Privatrecht (2001); *Schack*, Kolorierung von Spielfilmen: Das Persönlichkeitsrecht des Filmregisseurs im IPR, IPRax 1993, 46.

Literatur zum materiellen Verlagsvertragsrecht: *Beck*, Der Lizenzvertrag im Verlagswesen mit Vorschlägen für die Vertragsgestaltung (1961); *Delp*, Der Verlagsvertrag, 8. Aufl. (2008); *Haberstumpf*, Verfügungen über urheberrechtliche Nutzungsrechte im Verlagsrecht, in: Forkel/Kraft, Beiträge zum Schutz der Persönlichkeit und ihrer schöpferischen Leistungen, Festschr. Hubmann (1985), S. 127; *Haberstumpf/Hintermeier*, Einführung in das Verlagsrecht (1985); *von Hase*, Der Musikverlagsvertrag (1961); *Hemler*, Die Stellung des Autors beim Verlagsverkauf, GRUR 1994, 578; *Hemler*, Bestehen Verlagsrechte nach dem Beitritt der DDR fort?, GRUR 1993, 371; *Kitz*, Verlagsrecht, in: Wandtke (Hrsg.), Medienrecht (2008), S. 643; *Knaak*, Der Verlagsvertrag im Bereich der Belletristik, Festschr. Schricker (1995), S. 263; *Lößl*, Rechtsnachfolge in Verlagsverträge (1997); *Müller von der Heide* (Hrsg.), Recht im Verlag (1995); *von Olenhusen*, Das Recht am Manuskript und sonstigen Werkstücken im Urheber- und Verlagsrecht, ZUM 2000, 1056; *Rehbinder*, Rechtsfragen beim E-Book-Verlagsvertrag, ZUM 2002, 167; *Rossbach/Joos*, Vertragsbeziehungen im Bereich der Musikverwertung, Festschr. Schricker (1995), S. 333; *Schmaus*, Der E-Book-Verlagsvertrag (2002); *Schricker*, Verlagsrecht, 3. Aufl. (2001); *Straus*, Verlagsvertrag bei wissenschaftlichen Werken, Festschr. Schricker (1995), S. 291.

Literatur zum materiellen Filmvertragsrecht: *Brehm*, Filmrecht, Handbuch für die Praxis (2001); *Deringer*, „Sperrklauseln" in Filmlizenzverträgen, WuW 1985, 546–558; *Ditzen*, Filmverwertungsverträge (1965); *von Frentz/Becker*, Die nachträgliche Bestimmung der Leistungszeit bei Filmlizenzverträgen, ZUM 2001, 382; *von Frentz/Marrder*, Filmrechtehandel mit Unternehmen in der Krise, ZUM 2003, 94; *von Gamm*, Grundfragen des Filmrechts (1957); *von Hartlieb/Schwarz*, Handbuch des Film-, Fernseh- und Videorechts, 4. Aufl. (2004); *Hausmann*, Auswirkungen der Insolvenz des Lizenznehmers auf Filmlizenzverträge nach geltendem und künftigem Insolvenzrecht, in: Becker/Schwarz (Hrsg.), Aktuelle Rechtsprobleme der Filmproduktion und Filmlizenz, Festschr. Wolf Schwarz (1999), S. 81; *Hausmann*, Insolvenzklauseln und Rechtefortfall nach der neuen Insolvenzordnung, ZUM 1999, 914; *Henning-Bodewig*, Urhebervertragsrecht auf dem Gebiet der Filmherstellung und -verwertung, Festschr. Schricker (1995), S. 389; *Homann*, Praxishandbuch Filmrecht, 3. Aufl. (2008); *Katzenberger*, Vom Kinofilm zum Videogramm, in: Beier/Kraft/Schricker/Wadle (Hrsg.), Gewerblicher Rechtsschutz und Urheberrecht in Deutschland, Festschr. zum hundertjährigen Bestehen der Deutschen Vereinigung für gewerblichen Rechtsschutz und ihrer Zeitschrift, Bd. II (1991), S. 1401; *Obergfell*, Zur Auswertungspflicht des Filmverleihers, ZUM 2003, 292–296; *Obergfell*, Filmverträge im deutschen materiellen und internationalen Privatrecht (2001); *Oeter/Ruttig*, Filmrechteverwertung in der Insolvenz, ZUM 2003, 611–630; *Poll* (Hrsg.), Filmurheberrecht, Rechtsprechungssammlung mit Kurzkommentar (1998); *Poll*, Urheberschaft und Verwertungsrechte am Filmwerk, ZUM 1999, 29; *Reber*, Die Beteiligung von Urhebern und ausübenden Künstlern an der Verwertung von Filmwerken in Deutschland und den USA (1998); *Reber*, Die Redlichkeit der Vergütung (§ 32 UrhG) im Film- und Fernsehbereich, GRUR 2003, 393; *Rehbinder* (Hrsg.), Beiträge zum Film- und Medienrecht, Festschr. Wolf Schwarz (1988); *Reupert*, Der Film im Urheberrecht (1995); *Schack*, Der Vergütungsanspruch der in- und ausländischen Filmhersteller aus § 54 I UrhG, ZUM 1989, 267; *Schwarz/Klingner*, Rechtsfolgen der Beendigung von Filmlizenzverträgen, GRUR 1998, 103; *Straßer/Stumpf*, Neue Nutzungsarten in Filmverwertungsverträgen nach deutschem und US-amerikanischem Urheberrecht, GRUR Int. 1997, 801; *Wente/Härle*, Rechtsfolgen einer außerordentlichen Vertragsbeendigung auf die Verfügungen in einer „Rechtekette" im Filmlizenzgeschäft und ihre Konsequenzen für die Vertragsgestaltung – Zum Abstraktionsprinzip im Urheberrecht –, GRUR 1997, 96; *von Westerholt/Joppich*, Insolvenz des Lizenznehmers bei Film- und Fernsehlizenzen, ZUM 2003, 262. – Ergänzend ist auf die vor Rz. 1771 genannten Kommentare und Lehrbücher hinzuweisen.

Vertragsmuster: *Delp*, Der Verlagsvertrag, 8. Aufl. (2008), S. 46 ff.; *Fette*, in: Müller von der Heide (Hrsg.), Recht im Verlag (1995), S. 268 ff.; *Hertin*, in: Münchener Vertragshandbuch, Bd. 3, Wirtschaftsrecht, II, 5. Aufl. (2004); *Schwarz*, Aktuelle Probleme der Vertragsgestaltung bei der Produktion von Filmen und Fernsehfilmen „Internationale Co-Produktionen", ZUM 1991, 381; *Schwarz*, Der Options- und Verfilmungsvertrag, in: Becker/Schwarz (Hrsg.), Aktuelle Rechtsprobleme der Filmproduktion und Filmlizenz,

Festschr. Wolf Schwarz (1999), S. 201; *Straßer*, Gestaltung internationaler Film-/Fernsehlizenzverträge, ZUM 1999, 928.

Literatur zu ausgewählten Sachrechten/zur Rechtsvergleichung:

Belgien: *Vanhees*, Die neue belgische Regelung des Urhebervertragsrechts, GRUR Int. 1996, 779.

Frankreich:

Urheber- und Urhebervertragsrecht: *Colombet*, Propriété littéraire et artistique et droits voisins, 9. Aufl. (Paris 1999); *Dietz*, Französischer Dualismus und deutscher Monismus im Urheberrecht – ein Scheingegensatz?, Festschr. Erdmann (2002), S. 63; *Edelman*, Droits d'auteurs, droits voisins, droits d'auteur et marché (Paris 1993); *Gautier*, Propriété littéraire et artistique, 5. Aufl. (Paris 2004); *von Lewinski*, Urhebervertragsrecht – Frankreich, Festschr. Schricker (1995), S. 685; *Lucas*, Eine kritische Bilanz des französischen Urhebervertragsrechts, Festschr. Nordemann (2004), S. 539; *Lucas*, Traité de la propriété littéraire et artistique, 3. Aufl. (Paris 2006); *Lucas-Schloetter*, Das französische Gesetz über Urheberrecht und verwandte Schutzrechte in der Informationsgesellschaft vom 1. August 2006, GRUR Int. 2007, 638; *Pollaud-Dulian*, Die neuere Entwicklung des Urheberrechts in Frankreich, GRUR Int. 1995, 361; *Raynard*, Droit d'auteur et conflits de lois (Paris 1990); *Schadel*, Das französische Urhebervertragsrecht (1966).

Verlagsverträge: *Speith*, Der Verlagsvertrag über Werke der Literatur im französischen Recht (2003).

Filmverträge: *Françon*, Le contrat de production audiovisuelle, RIDA 131 (1986), 71; *Françon*, Les droits sur les films en droit international privé, RIDA 74 (1972), 3; *Würtenberger*, Der Schutz der Filmurheber und Filmhersteller im französischen und europäischen Recht (1999).

Großbritannien:

Urheber- und Urhebervertragsrecht: *Adams*, An Outline of the Copyright Law of the United Kingdom, UFITA 120 (1992), 5–17; *Black*, Author's Rights and the UK Law of Copyright Contracts – a case of practical evolution?, Festschr. Nordemann (2004), S. 557; *Cornish/Llewelyn*, Intellectual Property: Patents, Copyright, Trade Marks and Allied Rights, 5. Aufl. (London 2003); *Cornish*, Urhebervertragsrecht – Großbritannien, Festschr. Schricker (1995), S. 643; *Durie*, Der englische Copyright, Designs and Patents Act von 1988, GRUR Int. 1990, 832; *Torremans*, Copyright in English Private International Law in the Light of Recent Cases and Developments, IPRax 1998, 495.

Verlagsverträge: *Hegemann*, Neue Vertragsnormen im britischen Buchverlagswesen, Die Minimum Terms Agreement vom 4. Februar 1987, UFITA 108 (1988), 131; *Pilny*, Der englische Verlagsvertrag (1989).

Filmverträge: *Jackson*, Das neue britische Urheberrecht und die internationale Filmindustrie – im Dickicht der Paragraphen, ZUM 1993, 125; *Probst*, Filmurheberrecht in Großbritannien (1999).

Italien:

Urheber- und Urhebervertragsrecht: *de Sanctis/Fabiani*, I contratti di diritto di autore (Mailand 2000).

Verlagsverträge: *von Münchhausen*, Der Verlagsvertrag im italienischen Recht (1988); *Pedriali*, Die Abgrenzung zwischen Verlagsvertrag und Musikverlag im italienischen Recht, GRUR Int. 1994, 211.

Filmverträge: *Padovani*, Die Rechte des Filmproduzenten im italienischen Urheberrecht, GRUR Int. 1988, 664.

Österreich:

Urheber- und Urhebervertragsrecht: *Dillenz/Gutmann*, Praxiskommentar zum österreichischen Urheberrecht und Verwertungsgesellschaftenrecht, 2. Aufl. (Wien 2004); *Ditt-*

rich, Österreichisches und internationales Urheberrecht, 5. Aufl. (Wien 2007); *Walter*, Die vier Säulen des Urheberrechts, zugleich eine Standortbestimmung der österreichischen Urheberrechtsreform nach der UrhGNov 1997, ZfRV 1999, 88; *Walter*, Österreichisches Urheberrecht (Wien 2008); *Walter*, Urheberrechtsgesetz (Wien 2007).

Verlagsverträge: *Dittrich*, Das österreichische Verlagsrecht (Wien 1969); *Dittrich*, Die Übertragung der Rechte des Verlegers nach österreichischem Recht, UFITA 50 (1967), 72; *Koziol/Faber*, Zivilrechtliche Gedanken zum Verlagsvertrag, JBl. 2004, 545.

Filmverträge: *Dittrich*, Gedanken zum österreichischen Filmurheberrecht, UFITA 59 (1971), 103; *Karl*, Filmurheberrecht (Wien 2005); *Michel*, Die Verwertungsrechte des Filmproduzenten und die Urheberrechte des Regisseurs, Medien und Recht 1998, 70.

Portugal: *Dietz*, Das Urheberrecht in Spanien und Portugal (1990).

Schweiz:

Urheber- und Urhebervertragsrecht: *Barrelet/Egloff*, Das neue Urheberrecht, 2. Aufl. (Bern 2000); *von Büren/David*, Schweizerisches Immaterialgüter- und Wettbewerbsrecht, Bd. II/1: Urheberrecht und verwandte Schutzrechte (Basel 1995), Bd. II/2: Urheberrecht im EDV-Bereich (Basel 1998); *Grossenbacher*, Schweizerisches Urhebervertragsrecht (1979); *Kummer*, Das urheberrechtlich schützbare Werk (Bern 1968); *Muttenzer*, Der urheberrechtliche Lizenzvertrag (Basel 1970); *Rehbinder*, Schweizerisches Urheberrecht, 3. Aufl. (Bern 2000); *Uhl*, Die rechtsgeschäftliche Verfügung im schweizerischen Urheberrecht (Zürich 1987).

Verlagsverträge: *Hilty*, Der Verlagsvertrag, in: von Büren/David (Hrsg.), Schweizerisches Immaterialgüter- und Wettbewerbsrecht, Bd. II/1: Urheberrecht und verwandte Schutzrechte (Basel 1995), 517; *Lange*, Der Lizenzvertrag im Verlagswesen (Bern 1979).

Filmverträge: *Frehner*, Der Vertrag zwischen Filmverleiher und Kinobesitzer nach schweizerischem Recht (Diss. Zürich 1975).

Spanien:

Urheber- und Urhebervertragsrecht: *Dietz*, Das Urheberrecht in Spanien und Portugal (1990); *Müller*, Das neue spanische Urheberrecht (1997); *Schlatter/Götz*, Urhebervertragsrecht – Spanien, Festschr. Schricker (1995), S. 771.

Verlagsverträge: *Hernández Rodriguez*, Los contratos de edición en Derecho internacional privado español (Granada 2002); *Lacruz Mantecón*, Las obligaciones del editor en el contrato de edición literaria, (Madrid 2000).

Filmverträge: *Saiz García*, Die Urheber des Filmwerks nach spanischem Recht, GRUR Int. 2000, 989.

USA:

Urheber- und Urhebervertragsrecht: *Bodewig*, Urhebervertragsrecht – USA, Festschr. Schricker (1995), S. 833; *Goldstein*, On Copyright, 3. Aufl. (New York 2005); *Nordemann/Roeber*, Das neue U.S.-Copyright Law (1978); *Peukert*, USA: Ende der Expansion des Copyright?, GRUR Int. 2002, 1012; *Spindler*, Das neue amerikanische Urheberrechtsgesetz, GRUR Int. 1977, 421; *Weiche*, US-amerikanisches Urhebervertragsrecht (2002).

Verlagsverträge: *Pleister*, Buchverlagsverträge in den Vereinigten Staaten – ein Vergleich zu Recht und Praxis Deutschlands, GRUR Int. 2000, 673; *Pleister*, US-amerikanische Buchverlagsverträge: Autor – Agent – Verleger (2000).

Filmverträge: *Ginsburg*, Colors in Conflicts: Moral Rights and the Foreign Exploitation of colorized U.S. Motion Pictures, 36 J.Copyright Society (1988), 81; *Pitta*, Economic and moral rights under United States copyright law for the protection of authors and producers in the motion-picture industry, Copyright bulletin 1995, 5; *Reber*, Film Copyright, Contracts and Profit Participation (2000); *Rumphorst*, Das Filmurheberrecht in den USA, GRUR Int. 1973, 10; *Siefarth*, US-amerikanisches Filmurheberrecht (1991);

Straßer/Stumpf, Neue Nutzungsarten in Filmverwertungsverträgen nach deutschem und US-amerikanischem Urheberrecht, GRUR Int. 1997, 801.

Rechtsvergleichung:

Urheber- und Urhebervertragsrecht: *Dietz*, Das Urheberrecht in der Europäischen Gemeinschaft (1978); *Dietz*, Das primäre Urhebervertragsrecht in der Bundesrepublik Deutschland und in den anderen Mitgliedstaaten der Europäischen Gemeinschaft (1984); *Ellins*, Copyright Law, Urheberrecht und ihre Harmonisierung in der Europäischen Gemeinschaft, 1997; *Firsching*, Der Schutz der ausübenden Künstler aus europäischer Perspektive, UFITA 133 (1997), 131; *de Freitas*, Les contrats de droit d'auteur, Etude des clauses des contrats d'exploitation d'oeuvres protégées par le droit d'auteur dans le cadre du régime juridique des pays de common law, DdA 1991, 232; *Ginsburg*, Urheberpersönlichkeitsrechte im Rechtssystem des Common Law, GRUR Int. 1991, 593; *Josselin-Gall*, Les contrats d'exploitation du droit de propriété littéraire et artistique, Étude de droit comparé et de droit international privé (Diss. Paris 1994); *Möhring/Schulze/Ulmer/Zweigert*, Quellen des Urheberrechts, (Stand 2005); *Peinze*, Internationales Urheberrecht in Deutschland und England (2002); *Siehr*, Das Urheberrecht in neueren IPR-Kodifikationen, UFITA 108 (1988), 9; *Steinhaus*, Urhebervertragsrecht in Spanien im Vergleich zum deutschen Recht (2005).

Filmverträge: *Deckert/Lilienthal*, Der europäische Film in rechtsvergleichender Sicht, ZUM 1996, 26; *Ginsburg*, L'exploitation internationale de l'oeuvre audiovisuelle: France/États-Unis, JCP 1994, I 3734, 49; *Kamina*, Film Copyright in the European Union (Cambridge 2002); *Katzenberger*, Die rechtliche Stellung des Filmproduzenten im internationalen Vergleich, ZUM 2003, 712; *Manthey*, Die Filmrechtsregelungen in den wichtigsten filmproduzierenden Ländern Europas und den USA (1993); *Möllering*, Die internationale Coproduktion von Filmen. Eine vergleichende Darstellung nach deutschem, französischem und italienischem Zivil-, Urheber- und Internationalen Privatrecht (1970); *Obergfell*, Kein Harmonisierungsbedarf im europäischen Filmurheberrecht?, EuLF 2003 (D), 200; *Poll*, Die Harmonisierung des europäischen Filmurheberrechts aus deutscher Sicht, GRUR Int. 2003, 290.

I. Einheitsrecht auf dem Gebiet des Urheber- und Urhebervertragsrechts

1. Urheberrechtskonventionen

Angesichts weltumspannender Datentransfer- sowie digitalisierter Kopier- und Speichermöglichkeiten wird aus den Reihen der Urheber, aber auch Musik- und Filmproduzenten der Ruf nach einem international effektiven Urheberrechtsschutz immer lauter. Trotz unermüdlicher und intensiver Bemühungen, ein universelles, weltweit gültiges Urheberrecht zumindest in sachlichen Teilbereichen zu schaffen, ist die internationale Rechtsgemeinschaft selbst in kleineren geographischen Einheiten, wie zB Europa[1], von diesem (bisweilen auch als „ferne Utopie" bezeichneten[2]) Ziel eines universellen Urheberein-

1941

---

1 Die urheberrechtlichen Richtlinien bewirken zwar eine Rechtsangleichung in wichtigen Bereichen, schaffen aber kein umfassendes Urhebereinheitsrecht; vgl. *Ginsburg*, GRUR Int. 2000, 97 (100), sowie unten Rz. 1944.
2 So noch im Jahr 2000 *Schricker*, Einl. VerlG Rz. 37 aE.

heitsrechts auch heute noch weit entfernt[1]. Fortschritte brachten zunächst die großen Urheberrechtskonventionen[2] in der Hinsicht, dass sie die beträchtliche Zahl bilateraler Staatsverträge ablösten und ausgehend vom Prinzip der Inländerbehandlung wie auch der Normierung bestimmter Mindestrechte eine allerdings nur punktuelle Sachrechtsharmonisierung in den Vertragsstaaten herbeiführten (s. sogleich Rz. 1942 f.). In jüngerer Zeit wurde zudem auf europäischer Ebene ein gewisser Grad an Harmonisierung auch im Bereich des Urheberrechts und der Leistungsschutzrechte erreicht (dazu Rz. 1944).

1942 Von großer Bedeutung ist noch heute die aus dem Jahre 1886 stammende **Berner Übereinkunft zum Schutz von Werken der Literatur und Kunst (RBÜ)**[3], die dem Urheber eines verbandseigenen[4] Werkes in einem vom Ursprungsland verschiedenen Verbandsland zum einen bestimmten Mindestrechte (wie zB das Urheberpersönlichkeitsrecht gem. Art. 6bis, das Vervielfältigungsrecht gem. Art. 9, das Übersetzungs- und Bearbeitungsrecht gem. Art. 8, 12 oder das Verfilmungsrecht gem. Art. 14 f.)[5] und zum anderen die gleichen Rechte gewährt, die für Inländer vorgesehen sind (sog. Inländerbehandlungsprinzip). Die wichtigsten Abkommen aus jüngerer Zeit sind das **TRIPs-Übereinkommen**[6] von 1994 und der **WIPO-Urheberrechtsvertrag (WCT)**[7] von 1996. Beide Staatsverträge haben die RBÜ in ihrer Bedeutung durch komplette Übernahme der Art. 1–21 RBÜ (sog. „Bern Plus"-Ansatz) unangetastet gelassen[8]. Weniger be-

---

1 Bereits in den Vorarbeiten zur RBÜ (s. sogleich Rz. 1942) wurde ohne Erfolg vorgeschlagen, ein einheitliches internationales Urheberrecht zu schaffen; vgl. eingehend *Ginsburg*, GRUR Int. 2000, 97 (98 ff.). S. aber auch *Drexl*, Festschr. Nordemann (2004), S. 429 ff., der für Urheberrechtsverletzungen im Internet ein Welturheberrecht iSe. „lex americana" für möglich hält.
2 Ihre innerstaatliche Anwendung wird über § 121 Abs. 4 S. 1 UrhG sichergestellt; vgl. *Obergfell*, in: Büscher/Dittmer/Schiwy, § 121 UrhG Rz. 7 ff. Zur Ableitung privater Rechte aus Urheberrechtskonventionen s. *Duggal*, IPRax 2002, 101 ff.
3 Die am 5.12.1887 in Kraft getretene Konvention wurde zuletzt am 24.7.1971 in Paris revidiert, vgl. BGBl. II 1973, 1069 (164 Vertragsstaaten, s. www.wipo.int/treaties/en/ip/berne/, abgerufen am 21.6.2009).
4 Verbandseigen ist gem. Art. 3 Abs. 1 RBÜ ein veröffentlichtes oder unveröffentlichtes Werk, das entweder von dem Angehörigen eines Verbandsstaates oder einem Urheber geschaffen wurde, der seinen gewöhnlichen Aufenthalt in einem Verbandsstaat hat. Ferner sind auch Werke verbandseigen, die zum ersten Mal in einem Verbandsland veröffentlicht worden sind. Vgl. insgesamt *Masouyé*, Art. 3 RBÜ Anm. 3.2 ff.; s. auch *Obergfell*, in: Büscher/Dittmer/Schiwy, § 121 UrhG Rz. 8.
5 S. *Bappert/Wagner*, Einl. RBÜ Rz. 11 f.; *Bergé*, Nr. 152 ff.; *Nordemann/Vinck/Hertin/Meyer*, BC Art. 5 Rz. 4.
6 Übereinkommen über handelsbezogene Aspekte der Rechte des geistigen Eigentums (Trade Related Aspects of Intellectual Property Rights) vom 15.4.1994, BGBl. II 1994, 1730; für die BRD am 1.1.1995 in Kraft getreten, vgl. BGBl. II 1995, 456. Zur Struktur des Übereinkommens vgl. *Katzenberger*, GRUR Int. 1995, 447 (456 f.); *Reinbothe*, ZUM 1996, 735 (736 ff.).
7 WIPO Copyright Treaty vom 20.12.1996; deutsche Fassung: ABl. EG 1998 Nr. C 165, S. 9. Zu Entstehungsgeschichte und Konzeption vgl. *von Lewinski*, GRUR Int. 1997, (667 ff.); *von Lewinski*, in: Loewenheim, Urheberrecht, § 57 Rz. 77 ff.
8 Vgl. Art. 9 TRIPs; Art. 1 Abs. 4 u. Art. 3 WCT.

deutsam sind die **Übereinkunft von Montevideo**[1] und das **Welturheberrechtsabkommen (WUA)**[2]. Eine gesonderte Frage ist, ob das **Übereinkommen der Vereinten Nationen über den internationalen Warenkauf (Convention on International Sales of Goods, CISG)**[3] auch auf Softwareverträge Anwendung findet. Einordnungsschwierigkeiten ergeben sich bei Verträgen über Standardsoftware[4] daraus, dass Art. 1 CISG den sachlichen Anwendungsbereich nur für „Kaufverträge über Waren" festschreibt, aber fraglich ist, ob Software als körperliche Sache unter den Warenbegriff des CISG fällt. Für die Überlassung von auf einem Datenträger verkörperten Softwarekopien wird dies zu Recht angenommen und das CISG anwendet[5]. Die Literatur spricht sich teilweise auch für eine Anwendung des CISG auf den Online-Download aus[6].

2. Konventionen auf dem Gebiet der Leistungsschutzrechte

Wichtig ist im Bereich der Leistungsschutzrechte das **Rom-Abkommen**[7], welches ausübende Künstler, Hersteller von Tonträgern und Sendeunternehmen durch Gewährung von Mindestrechten und Inländerbehandlung (Art. 2 iVm. Art. 4–6) schützt[8]. Gleichzeitig mit dem WCT wurde der **WIPO-Vertrag über Darbietungen und Tonträger (WPPT)**[9] aus dem Jahre 1996 geschaffen, welcher ebenfalls auf dem Inländerbehandlungsgrundsatz beruht und gewisse Mindestrechte normiert[10]. Das Rom-Abkommen lässt der WPPT unberührt, doch dies nicht etwa durch Übernahme der Vorschriften aus dem Rom-Abkommen, sondern der WIPO-Vertrag existiert unabhängig vom Rom-Abkommen und geht über dieses in bestimmten Punkten hinaus. So wird beispielsweise ein Persönlichkeitsrecht ausübender Künstler durch Art. 5 WPPT anerkannt[11]. Auch das

1943

---

1 Die Übereinkunft von Montevideo vom 11.1.1889 betreffend den Schutz von Werken der Literatur und Kunst (RGBl. II 1927, 95) ist für die BRD nur im Verhältnis zu Argentinien, Paraguay und Bolivien in Kraft getreten.
2 Das WUA vom 6.9.1952 trat am 10.7.1974 in der BRD in Kraft; vgl. BGBl. II 1973, 1111 u. II 1974, 1309.
3 BGBl. II 1989, 588.
4 Verträge über Individualsoftware unterfallen ohnehin werkvertragsrechtlichen Vorschriften, so dass das CISG nicht einschlägig ist; vgl. *A. Brandi-Dohrn/M. Brandi-Dohrn*, in: Kronke/Melis/Schnyder, Rz. F 456; sowie zur materiellrechtlichen Einordnung unten Rz. 2026.
5 *Lehmann*, in: Loewenheim, § 76 Rz. 32 u. 41; *Ferrari/Saenger*, Int. VertragsR Art. 1 CISG Rz. 7; weitergehend *H. P. Westermann*, in: MünchKomm, vor Art. 1 CISG Rz. 4.
6 *Ferrari/Saenger*, Int. VertragsR Art. 1 CISG Rz. 7; *Schmitt*, „Intangible Goods" in Online-Kaufverträgen und der Anwendungsbereich des CISG, CR 2001, 145 (151).
7 Internationales Abkommen über den Schutz der ausübenden Künstler, der Hersteller von Tonträgern und der Sendeunternehmen vom 26.10.1961, für die BRD am 26.10.1966 in Kraft getreten; vgl. BGBl. II 1965, 1243; BGBl. II 1966, 1473.
8 S. näher *Katzenberger*, in: Schricker, vor §§ 120 ff. UrhG Rz. 79 ff.
9 WIPO Performances and Phonograms Treaty vom 20.12.1996; deutsche Fassung: ABl. EG 1998 Nr. C 165, S. 13.
10 S. *Katzenberger*, in: Schricker, vor §§ 120 ff. UrhG Rz. 86 ff.
11 Vgl. *Katzenberger*, in: Schricker, vor §§ 120 ff. UrhG Rz. 87.

TRIPs-Übereinkommen[1] findet Anwendung im Bereich der Leistungsschutzrechte und verweist auf den Schutz durch das Rom-Abkommen[2]. Daneben sind das **Genfer Tonträger-Abkommen**[3] und das **Europäische Fernsehabkommen**[4] zu nennen sowie ferner das Europäische Übereinkommen zur Verhütung von Rundfunksendungen, die von Sendestellen außerhalb der staatlichen Hoheitsgebiete gesendet werden, vom 22.1.1965[5] und das von Deutschland noch nicht ratifizierte Brüsseler Satelliten-Abkommen[6].

3. Europäische Rechtsangleichung

1944 Das gemeinschaftsrechtliche Sekundärrecht enthält eine Fülle zumeist nur punktueller Harmonisierungszeugnisse, wie zB im Film- und Fernsehbereich. Zu erwähnen sind v.a. die auf der Fernsehrichtlinie von 1989/1997[7] beruhende Richtlinie über audiovisuelle Mediendienste[8] und die Richtlinie zur Satellitensendung und Kabelweiterleitung von 1993[9]. Daneben wurden im Bereich des Urheberrechts die Richtlinie über den Rechtsschutz von Computerprogrammen" von 1991[10], die Richtlinie über das Vermiet- und Verleihrecht von 2006[11],

---

1 Übereinkommen über handelsbezogene Aspekte der Rechte des geistigen Eigentums (Trade Related Aspects of Intellectual Property Rights) vom 15.4.1994, BGBl. II 1994, 1730; für die BRD am 1.1.1995 in Kraft getreten, vgl. BGBl. II 1995, 456.
2 Vgl. Art. 2 Abs. 2 TRIPs.
3 Übereinkommen zum Schutz der Hersteller von Tonträgern gegen die unerlaubte Vervielfältigung ihrer Tonträger vom 29.10.1971, für die BRD am 18.5.1974 in Kraft getreten; vgl. BGBl II 1973, 1669; BGBl. II 1974, 336.
4 Europäisches Abkommen zum Schutz von Fernsehsendungen vom 22.6.1960, für die BRD inklusive eines Protokolls am 9.10.1967 in Kraft getreten; vgl. BGBl. II 1965, 1234; BGBl. II 1967, 1785; BGBl. II 1968, 134 f.; s. näher *Katzenberger*, in: Schricker, vor §§ 120 ff. UrhG Rz. 100 ff.
5 Für die BRD am 28.2.1970 in Kraft getreten; vgl. BGBl II 1970, 258.
6 Europäische Konvention über urheber- und leistungsschutzrechtliche Fragen im Bereich des grenzüberschreitenden Satellitenrundfunks vom 11.4.1994.
7 RL 89/552/EWG des Rates vom 3.10.1989 zur Koordinierung bestimmter Rechts- und Verwaltungsvorschriften der Mitgliedstaaten über die Ausübung der Fernsehtätigkeit, ABl. EG 1989 Nr. L 298, S. 23 ff. „Fernsehen ohne Grenzen", reformiert durch RL 97/36/EG vom 30.6.1997, ABl. EG 1997 Nr. L 202, S. 60 ff.
8 RL 2007/65/EG des Europäischen Parlaments und des Rates vom 11.12.2007 zur Änderung der Richtlinie 89/552/EWG des Rates zur Koordinierung bestimmter Rechts- und Verwaltungsvorschriften der Mitgliedstaaten über die Ausübung der Fernsehtätigkeit, ABl. EU 2007 Nr. L 332, S. 27. Die Richtlinie über audiovisuelle Mediendienste ist am 19.12.2007 in Kraft getreten.
9 RL 93/83/EWG des Rates vom 27.9.1993 zur Koordinierung bestimmter urheber- und leistungsschutzrechtlicher Vorschriften betreffend Satellitenrundfunk und Kabelweiterleitung, ABl. EG 1993 Nr. L 248, S. 15, abgedr. in GRUR Int. 1993, 936.
10 Richtlinie 91/250/EWG vom 14.5.1991 über den Rechtsschutz von Computerprogrammen, ABl. EG 1991 Nr. L 122, S. 42, abgedr. in GRUR Int. 1991, 545.
11 RL 2006/115/EG vom 12.12.2006 zum Vermiet- und Verleihrecht sowie zu bestimmten dem Urheberrecht verwandten Schutzrechten im Bereich des Geistigen Eigentums, ABl. EU 2006 Nr. L 376, S. 28, kodifizierte Fassung, ersetzt RL 92/100/EWG des Rates vom 19.11.1992 zum Vermiet- und Verleihrecht sowie zu bestimmten dem Urheberrecht verwandten Schutzrechten im Bereich des Geistigen Eigentums, ABl. EG 1992 Nr. L 346, S. 61, abgedr. in GRUR Int. 1993, 144.

die Schutzdauerrichtlinie von 2006[1], die Richtlinie über den rechtlichen Schutz von Datenbanken von 1996[2] sowie die Folgerechtsrichtlinie[3] in Kraft gesetzt. Diese Richtlinien betreffen jeweils einzelne Probleme in Bereichen, in denen die mitgliedstaatlichen Urheberrechte besonders stark differierten, und führten zu einer gemeinschaftsweiten, allerdings nur punktuellen Angleichung. In Anwendungsbereich und Zielsetzung erheblich weiter geht die ebenfalls in dieser Reihe urheberrechtlich relevanter Sekundärrechtsakte verabschiedete **Richtlinie zur Harmonisierung des Urheberrechts und verwandter Schutzrechte in der Informationsgesellschaft von 2001 (Informationsrichtlinie)**[4]. Die letztgenannte Richtlinie verfolgt ein übergreifendes Konzept zur generellen Anpassung des Urheberrechts an die Erfordernisse der modernen Informations- und Kommunikationstechnologie, kurz: der Informationsgesellschaft. Sie bringt wichtige Neuerungen insbesondere im Bereich der Online-Nutzungen (hier wird ein neues Recht der öffentlichen Zugänglichmachung geschaffen) und setzt die Verpflichtungen aus den WIPO-Verträgen[5] auf Gemeinschaftsebene um. Darüber hinaus werden neben der Aufstellung eines abschließenden fakultativen Katalogs der Urheberrechtsschranken auch die Definition des Rechts der Vervielfältigung sowie des Rechts der öffentlichen Wiedergabe harmonisiert und Regeln zu technischen Schutzmaßnahmen normiert[6]. Ziel der Informationsrichtlinie ist es aber dennoch nicht, ein Urhebereinheitsrecht zu schaffen, sondern getreu dem Subsidiaritätsprinzip gemeinsame Regeln für den Urheber- und Leistungsrechtsschutz dort zu schaffen, wo nationale Verschiedenheiten das Funktionieren des europäischen Binnenmarktes gefährden[7]. Die Informationsrichtlinie wurde in Deutschland durch das „Gesetz zur Regelung des Urhe-

---

1 RL 2006/116/EG vom 12.12.2006 über die Schutzdauer des Urheberrechts und bestimmter verwandter Schutzrechte, ABl. EU 2006 Nr. L 372, S. 12, kodifizierte Fassung, ersetzt RL 93/98/EWG des Rates vom 29.10.1993 zur Harmonisierung der Schutzdauer des Urheberrechts und bestimmter verwandter Schutzrechte, ABl. EG 1993 Nr. L 290, S. 9.
2 RL 96/9/EG vom 11.3.1996 über den rechtlichen Schutz von Datenbanken, ABl. EG 1996 Nr. L 77, S. 20, abgedr. in GRUR Int. 1996, 806.
3 Richtlinie 2001/84/EG zur Harmonisierung des Folgerechts des Urhebers des Originals eines Kunstwerks vom 27.9.2001, ABl. EG 2001 Nr. L 272, S. 32.
4 RL 2001/29/EG des Europäischen Parlaments und des Rates vom 22.5.2001 zur Harmonisierung bestimmter Aspekte des Urheberrechts und der verwandten Schutzrechte in der Informationsgesellschaft, ABl. EG 2001 Nr. L 167, S. 10; seit dem 22.6.2001 in Kraft.
5 Mit Beschluss vom 16.3.2000 über die Zustimmung – im Namen der Europäischen Gemeinschaft – zum WIPO-Urheberrechtsvertrag und zum WIPO-Vertrag über Darbietungen und Tonträger (2000/278/EG), ABl. EG 2000 Nr. L 89, S. 6 hat der Rat den Beitritt der EG zu WCT und WPPT bestimmt.
6 Zur RL s. insgesamt *Flechsig*, Grundlagen des Europäischen Urheberrechts – Die Richtlinie zur Harmonisierung des Urheberrechtsschutzes in Europa und die Anforderungen an ihre Umsetzung in deutsches Recht, ZUM 2002, 1, 2 ff. (mit Literaturübersicht zum Richtlinienvorschlag in dortiger Fn. 11); *Reinbothe*, Die EG-Richtlinie zum Urheberrecht in der Informationsgesellschaft, GRUR Int. 2001, 733 (735 ff.).
7 S. Erwägungsgrund 6 u. 7 der RL sowie *Ginsburg*, GRUR Int. 2000, 97, 100; *Reinbothe*, GRUR Int. 2001, 733 (734).

berrechts in der Informationsgesellschaft" vom 10.9.2003 umgesetzt[1]. Schließlich ist die in Deutschland[2] kürzlich umgesetzte **Richtlinie zur Durchsetzung der Rechte des geistigen Eigentums** vom 29.4.2004[3] nennen, die wesentliche Fortschritte im Bereich der Geltendmachung von Ansprüchen aus Urheberrechtsverletzungen bringt. Trotz dieser weitgehenden Harmonisierung zentraler urheberrechtlicher Regelungen bleiben zahlreiche **Unterschiede** zB im Bereich des Urhebervertragsrechts oder hinsichtlich der Frage der ersten Inhaberschaft des Urheberrechts (so insbesondere bei Filmwerken[4]). Angesichts der sonst offenbarten Harmonisierungsfreude der Kommission sowie der in Europa stark differierenden nationalen Regelungen zum Filmrecht ist die von der Kommission geäußerte Auffassung, es bestehe kein unmittelbarer Harmonisierungsbedarf für das Filmurheberrecht[5], überraschend und mehr als unverständlich[6].

1945–1950 Frei.

II. Ausländisches Sachrecht

1. England

1951 Rechtsquelle des englischen Urheberrechts ist in erster Linie der **Copyright, Designs and Patents Act von 1988 (CDPA)**[7]. Das englische Urheberrecht folgt in der Tradition der Common Law-Rechtsordnungen dem **copyright-Konzept** und betrachtet das Urheberrecht **primär** als **Vermögensrecht**, obwohl es aufgrund internationaler Vorgabe durch die RBÜ und im Zuge der europäischen Harmonisierung gewisse Urheberpersönlichkeitrechte („moral rights") anerkennen musste[8]. Anders als in den Urheberrechtsordnungen, die wie Deutsch-

---

1 BGBl. I 2003, 1774 (seit 13.9.2003 in Kraft); s. dazu *Obergfell*, in: Mestmäcker/Schulze, Bd. 1, Teil 1, Einführung UrhG Rz. 1–28; sowie noch zum Gesetzentwurf zB *Schippan*, Urheberrecht goes digital – Das Gesetz zur Regelung des Urheberrechts in der Informationsgesellschaft, ZUM 2003, 378 ff.
2 Vgl. das „Gesetz zur Verbesserung der Durchsetzung von Rechten des geistigen Eigentums" vom 7.7.2008, BGBl. I 2008, 1191; in Kraft getreten am 1.9.2008.
3 RL 2004/48/EG zur Durchsetzung der Rechte des geistigen Eigentums vom 29.4.2004, ABl. EU 2004 Nr. L 195, S. 16.
4 Zur Problematik nach deutschem Recht ausführlich *Obergfell*, S. 33 ff. m. rechtsvergl. Nachw. S. 50 f.
5 S. den Bericht der Kommission an den Rat, das Europäische Parlament und den Wirtschafts- und Sozialausschuss über die Frage der Urheberschaft von Filmwerken oder audiovisuellen Werken in der Gemeinschaft vom 6.12.2002, abrufbar unter http://www.europa.eu.int/comm/internalmarket/en/intprop/news/index.htm.
6 So auch *Poll*, GRUR Int. 2003, 290 ff.; *Obergfell*, EuLF 2003 (D), 200 ff.
7 Der CDPA hat seither zahlreiche Änderungen erfahren; s. insbesondere die letzten wichtigen Änderungen durch die Copyright and Related Rights Regulations 2003, SI (statutory instrument) 2003 No. 2498, zur Umsetzung der Informationsrichtlinie (RL 2001/29/EG) sowie Performances (Moral Rights etc) Regulations 2006, SI 2006 No. 18.
8 Vgl. s. 77–84 CDPA. Im Vergleich zum Urheberrecht in Droit d'auteur-Systemen gehen die Urheberpersönlichkeitsrechte im englischen Recht nicht sehr weit. So steht zB nach s. 78 CDPA das Recht auf Anerkennung der Urheberschaft unter dem Vor-

land dem Droit d'auteur-System zuzuordnen sind, gilt nach englischem Urheberrecht nicht ausschließlich das Schöpferprinzip, sondern es kann neben dem Schöpfer („'author' [...] means the person who creates it", s. 9 (1) CDPA) auch eine andere, auch juristische Person, nämlich jeder erste Inhaber des Copyrights („first owner of any copyright", s. 11 (1) CDPA), das originäre Urheberrecht erwerben. Nach s. 11 (2) CDPA entsteht bei einem Arbeitnehmerurheber das **Urheberrecht originär in der Person des Arbeitgebers**, der als erster Inhaber des Copyrights gilt. Zudem wird in der für den Filmbereich relevanten Vorschrift in s. 9 (2a) CDPA als Person, die das Werk schafft, nicht die natürliche werkschöpfende Person angesehen, sondern für den Fall einer Ton- oder Filmaufnahme soll dies die Person sein, die die für die Tonaufnahme oder Filmherstellung erforderlichen Vorkehrungen („arrangements necessary for the making of the recording or film") trifft. Als Folge wurde bisher angenommen, dass nach englischem Recht regelmäßig nicht Filmregisseur, Kameramann oder Cutter Filmurheber sind, sondern der Filmproduzent bzw. das Produktionsunternehmen alleiniger Inhaber des Urheberrechts am Filmwerk ist[1]. Seit der „Norowzian"-Entscheidung des Court of Appeal wird allerdings anerkannt, dass Filmwerke unter dem CDPA auch als dramatische Werke Urheberrechtsschutz genießen können[2]. Dies führt bei Anwendung der allgemeinen Grundsätze zur Urheberschaft insbesondere des Filmregisseurs und des Drehbuchautors[3]. Das Urhebervertragsrecht ist in s. 90 ff. CDPA geregelt. Der wesentliche Unterschied zu den meisten kontinentaleuropäischen Urheberrechtsordnungen besteht darin, dass das **Copyright komplett übertragen** werden kann[4]. Nicht übertragbar sind hingegen gem. s. 94 CDPA die Urheberpersönlichkeitsrechte. Nach s. 1 (1c), 8 u. 9 (2d) CDPA billigt das englische Recht auch dem Verleger ein Copyright[5] hinsichtlich der typographischen Gestaltung seiner Verlagserzeugnisse zu. Gleiches gilt für Tonträgerhersteller und Sendeunternehmen[6]. Verwandte Schutzrechte („rights in performances") werden den ausübenden Künstlern in s. 180 ff. CDPA zuerkannt.

2. Frankreich

Das französische Urheberrecht ist als ein Teilbereich des Geistigen Eigentums im **Code de la Propriété Intellectuelle (CPI)**[7] geregelt. Anders als das deutsche

1952

---

behalt seiner Geltendmachung und es kann relativ leicht hierauf verzichtet werden. Zu den urheberpersönlichkeitsrechtlichen Ergänzungen, durch den CDPA s. *Black*, Festschr. Nordemann (2004), S. 557 (563 f.); *Ginsburg*, GRUR Int. 1991, 593 (602); *Jackson*, ZUM 1993, 125 (129).

1 *Kamina*, S. 132.
2 *Norowzian v. Arks Ltd* (No. 2) [2000] EMLR 67; [2000] FSR 363.
3 Vgl. *Kamina*, S. 141 ff. u. 152.
4 Vgl. s. 90 (1) CDPA: „Copyright is transmissible by assignment, by testamentary disposition or by operation of law, as a personal or moveable property".
5 Aus deutscher Sicht ist dies ein eigenes Leistungsschutzrecht zu qualifizieren; vgl. *Schack*, Urheberrecht, Rz. 1007.
6 Vgl. s. 1 (1b), s. 5–7 CDPA.
7 Vgl. Gesetz Nr. 92–597 vom 1.7.1992; zweisprachige Textausgabe bei *Dreier/Krasser*, Das französische Gesetzbuch des Geistigen Eigentums, 1994; zuletzt geändert durch

Recht folgt das französische Urheberrecht der **dualistischen Theorie**, dh., es betrachtet die vermögensrechtliche und persönlichkeitsrechtliche Komponente als zwei getrennte Elemente des Urheberrechts[1]. Daher kann auch nach Ablauf der Schutzfrist das Urheberpersönlichkeitsrecht (droit moral) ewig weiter bestehen[2]. Das Urheberrecht wird nach dem **Droit d'auteur-Konzept** als ein Schutzrecht verstanden, das allein dem Schöpfer eines originellen Werkes zuerkannt wird. Es herrscht das **Schöpferprinzip**, doch lässt das französische Recht Ausnahmen bei Kollektivwerken („oeuvres collectives") zu[3]. Spezialgesetzliche Vorschriften über den Verlagsvertrag („contrat d'édition") finden sich in Art. L 132-1 bis Art. L 132-17 CPI. Das französische Filmrecht enthält – ausgehend vom Schöpferprinzip – eine Vermutung der Filmurheberschaft für den Drehbuchautor, den Urheber der Adaptation und des gesprochenen Textes sowie für den Komponisten der eigens für das audiovisuelle Werk geschaffenen Musik und den Filmregisseur[4]. Obwohl der französische Urheberrechtsschutz grundsätzlich nicht von der Erfüllung bestimmter Formalitäten abhängig ist, müssen insbesondere Filmtitel und Titel audiovisueller Werke sowie bestimmte Übertragungsakte bei audiovisuellen Werken in ein öffentliches Register eingetragen werden, damit sie einem Dritten gegenüber geltend gemacht werden können[5]. Der Filmherstellungsvertrag („contrat de production audiovisuelle") ist in den Vorschriften der Art. L 132-23 bis L 132-30 CPI näher geregelt. Das französische Urheberrechtsgesetz enthält zudem Bestimmungen über die Leistungsschutzrechte der ausübenden Künstler („artistes-interprètes"), Tonträgerhersteller („producteurs de phonogrammes"), Hersteller von Bildtonträgern („producteurs de vidéogrammes") und Sendeunternehmen („entreprises de communication audiovisuelle")[6].

3. Österreich

Rechtsquelle des österreichischen Urheberrechts ist das **Urheberrechtsgesetz von 1936**, welches zahlreiche Reformierungen durchlaufen hat[7]. Das österreichische Urheberrechtsgesetz ist geprägt von der monistischen Vorstellung eines Urheberrechts, das als **einheitliches Schutzrecht** vermögens- und persönlichkeitsrechtliche Elemente untrennbar vereint, und diente damit dem deut-

---

Gesetz vom 22.12.2007. S. auch das Reformgesetz Nr. 2006–261 vom 1.8.2006 über Urheberrecht und verwandte Schutzrechte in der Informationsgesellschaft in der Übersetzung von *Dietz*, GRUR Int. 2007, 692 ff.
1 S. *Dietz*, Festschr. Erdmann (2002), S. 63 ff.
2 S. Art. L 121-1 CPI.
3 Vgl. Art. L 113-5 CPI.
4 Vgl. Art. L 113-7 Abs. 1 und 2 CPI.
5 Vgl. Art. 32, 33 Abs. 1 Code de l'industrie cinématographique, Dekret Nr. 56–158 vom 27.1.1956.
6 S. insgesamt Art. L 211-1 bis L 216-1 CPI.
7 Bundesgesetz über das Urheberrecht an Werken der Literatur und der Kunst und über verwandte Schutzrechte vom 9.4.1936, österreich. BGBl. 1936 Nr. 111, zuletzt geändert durch österreich. BGBl. 2006 I Nr. 81.

schen UrhG, das die **monistische Theorie** übernommen hat, als Vorbild[1]. Konsequenz ist insbesondere die Unübertragbarkeit der Verwertungsrechte und des Urheberrechts insgesamt[2]. Das österreichische Urheberrecht lässt sich in die Gruppe der Urheberrechtsordnungen eingliedern, die dem **Droit d'auteur-Prinzip** folgen. Denn es basiert auf dem **Schöpferprinzip** und schützt nur Werke, die eine eigentümliche geistige Schöpfung ihres Urhebers darstellen; dh. das Urheberrecht entsteht allein bei der werkschöpfenden natürlichen Person[3]. Wegen der Verfolgung der monistischen Theorie steht das österreichische Urheberrecht dem deutschen noch näher als das französische Urheberrecht, welches der dualistischen Theorie folgt[4]. Das ABGB enthält in den §§ 1172 f. eine besondere Regelung des Verlagsvertrags. Für das Filmrecht besteht nach § 38 Abs. 1 österreich. Urheberrechtsgesetz die Besonderheit, dass der Gesetzgeber zugunsten des gewerbsmäßigen Filmherstellers und zulasten der (allgemein nach dem Schöpferprinzip zu bestimmenden)[5] Filmurheber eine cessio legis anordnet, so dass der Filmhersteller die „Verwertungsrechte" (wie es im Widerspruch zur monistischen Theorie im Gesetzeswortlaut heißt) ex lege originär erwirbt[6]. Die „Sondervorschriften für gewerbsmäßig hergestellte Filmwerke" in den §§ 38 bis 40 österreich. Urheberrechtsgesetz drehen sich um diese cessio legis und die beim Filmurheber verbleibenden Urheberpersönlichkeitsrechte. Vertragsrechtliche Auslegungsregeln wie sie im deutschen Recht (§§ 88 ff. UrhG) vorliegen, finden sich nicht und sind angesichts der gesetzlichen Zuweisung der Rechte an den Filmhersteller weitgehend[7] entbehrlich. In den §§ 40a bis 40e österreich. Urheberrechtsgesetz werden „Sondervorschriften für Computerprogramme" aufgestellt. Das „II. Hauptstück" des österreich. Urheberrechtsgesetzes enthält mit den §§ 66 ff. außerdem Bestimmungen zu den verwandten Schutzrechten (insbesondere I. Abschnitt: „Schutz der Vorträge und Aufführungen von Werken der Literatur und Tonkunst", II. Abschnitt: „Schutz von Lichtbildern, Schallträgern und Rundfunksendungen und nachgelassenen Werken" und IIa. Abschnitt: „Geschützte Datenbanken").

---

1 Vgl. *Rehbinder*, Urheberrecht, Rz. 31.
2 Vgl. § 23 Abs. 3 österreich. Urheberrechtsgesetz.
3 Vgl. § 1 Abs. 1 und § 10 Abs. 1 österreich. Urheberrechtsgesetz.
4 Zum französ. Recht s. oben Rz. 1952.
5 Vgl. § 39 Abs. 1 österreich. Urheberrechtsgesetz; dazu *Karl*, S. 132 ff. Als Filmurheber kommen wie im deutschen Urheberrecht in erster Linie Filmregisseur, Kameramann und Cutter in Betracht, nicht dagegen der Filmproduzent; vgl. *Karl*, S. 138 ff. Bezüglich der Filmurheberschaft des Drehbuchautors ist das österreich. Schrifttum ebenso disparat wie das deutsche; s. zum österreich. Urheberrecht *Karl*, S. 176 ff.; zum deutschen Filmurheberrecht *Obergfell*, in: Mestmäcker/Schulze, vor §§ 88 ff. UrhG Rz. 28 ff.
6 S. dazu näher *Karl*, S. 116 ff.
7 Für Verträge des Filmherstellers mit Urhebern vorbestehender Werke, also dem Drehbuchautor, gilt die cessio legis nicht. Hier greifen mangels speziell filmvertraglicher Regelungen die allgemeinen Grundsätze des Urhebervertragsrechts; vgl. *Karl*, S. 183 ff.

4. Schweiz

1954 Das schweizerische Urheberrecht ist im **Urheberrechtsgesetz von 1992 (URG)** geregelt[1]. Anders als das deutsche und österreichische Urheberrecht wird das schweizerische Urheberrecht von der **dualistischen Theorie** beherrscht[2]. Im Gegensatz zum deutschen und österreichischen Recht ist das Urheberrecht daher im schweizerischen Recht nach Art. 16 Abs. 1 URG übertragbar. Zwar geht Art. 11 Abs. 2 URG von der grundsätzlichen Übertragbarkeit des Änderungs- und Bearbeitungsrechts aus, doch zieht das Persönlichkeitsrecht eine Grenzlinie: Auch im Fall der vertraglichen oder gesetzlichen Änderungs- oder Bearbeitungsbefugnis eines Dritten verbleibt dem Urheber die Möglichkeit, sich „jeder Entstellung des Werks (zu) widersetzen, die ihn oder sie in der Persönlichkeit verletzt". Zusätzlich greift der allgemeine zivilrechtliche Persönlichkeitsrechtsschutz gem. Art. 27 ff. ZGB. Wie auch die sonstigen Droit d'auteur-Staaten (Frankreich, Deutschland, Österreich, etc.) fußt das schweizerische Urheberrecht auf dem **Schöpferprinzip** und schützt als Urheber eines individuellen Werkes nur die natürliche Person, die es geschaffen hat[3]. Der Verlagsvertrag ist außerhalb des URG in Art. 380–393 OR eigens geregelt. Das Filmrecht hat – abgesehen von der Nennung der „filmische[n] und andere[n] visuelle[n] oder audiovisuelle[n] Werke[n]" im Katalog der Werkarten in Art. 2 Abs. 2 lit. g URG sowie im Bereich der Schutzdauer durch den auf den Filmregisseur abstellenden Art. 30 Abs. 3 URG – keine besondere Regelung erfahren. Es gelten daher die allgemeinen Grundsätze wie etwa zur Ermittlung der Filmurheberschaft Art. 6 und 7 URG. Im „3. Titel Verwandte Schutzrechte" werden die Rechte der ausübenden Künstler (Art. 33–35 u. 38 f. URG), der Hersteller von Ton- und Tonbildträgern (Art. 36 u. 38 f. URG) und der Sendeunternehmen (Art. 37–39 URG) näher geregelt.

1955–1960 Frei.

III. Einheitliches Kollisionsrecht auf dem Gebiet des Urheber- und Urhebervertragsrechts

1. Charakteristika von Urheberrechtsverträgen im Kollisionsrecht

1961 Urheberrechtliche Verträge werden in sämtlichen Bereichen der Kulturproduktion und Kulturvermittlung bzw. -verwertung abgeschlossen. Neben Verlagsverträgen (unten Rz. 1985 ff.), Filmverträgen (unten Rz. 1998 ff.) und Sendeverträgen, Softwareverträgen (unten Rz. 2026 ff.) und Verträgen mit ausübenden Künstlern (unten Rz. 2030 ff.) sind weiterhin etwa Bühnenverträge, Verträge über Lichtbildwerke sowie Verträge über Baukunst bzw. Architektenverträge und Verträge über Werke der Bildenden Kunst zu nennen. Das Internationale

---

[1] Bundesgesetz über das Urheberrecht und verwandte Schutzrechte (URG) vom 9.10.1992, AS 1993, 1798; zuletzt geändert durch Gesetz vom 5.10.2007, BBl. 2007, 7149, welches am 1.7.2008 in Kraft getreten ist.
[2] Vgl. *Rehbinder*, Schweizerisches Urheberrecht, Rz. 21.
[3] Vgl. Art. 2 Abs. 1 und Art. 6 URG.

Vertragsrecht begegnet im Urheberrechtsbereich der Schwierigkeit, dass die rechtsgeschäftliche Verpflichtung zur Nutzungsrechtseinräumung regelmäßig mit der urheberrechtlichen Verfügung verflochten, aber gedanklich von dieser zu trennen ist (s. bereits oben allgemein zu Rechten am Geistigen Eigentum Rz. 1774). Die Vertragsgestalter betreten damit – nicht nur im deutschen Recht[1] – den sensiblen Boden im **Spannungsfeld von unübertragbaren Urheberpersönlichkeits- wie Urheberverwertungsrechten** und der gem. **§ 29 Abs. 2 UrhG** gestatteten **Einräumung von Nutzungsrechten**[2]. Auch im Urhebervertragsrecht gilt nach hier vertretener Auffassung das Abstraktionsprinzip[3], welches zudem Fernwirkung auf das Urheberkollisionsrecht zeitigt. Eine Anwendung des Vertragsstatuts auf den *gesamten* urheberrechtlichen Nutzungsvertrag scheidet aus[4]. Die folgende allgemeine Darstellung des Internationalen Urhebervertragsrechts beinhaltet somit konsequenterweise die Bestimmung des Urheberrechtsstatuts einerseits sowie seiner Reichweite in Abgrenzung zum Urhebervertragsstatut andererseits.

Eine weitere Schwierigkeit ergibt sich aus dem Umstand, dass im materiellen Recht als alleiniger Urhebervertragstyp der Verlagsvertrag einer umfassenden gesetzlichen Regelung zugeführt wurde. Insbesondere für den Filmbereich existieren auch nach der deutschen Urhebervertragsrechtsreform vom Frühjahr 2002 mit den §§ 88 ff. UrhG lediglich rudimentäre Regelungen. Des Weiteren fehlten bislang für den gesamten Immaterialgüter-, inklusive Urheberrechtsbereich kodifizierte Kollisionsregeln, so dass der Rechtsanwender bei der Suche nach dem anwendbaren Recht auf die Hilfe von Rechtsprechung und Wissenschaft angewiesen war. Weder im staatsvertraglichen[5] noch im autonomen Privatrecht fanden sich allgemeingültige Kollisionsnormen für das Urhebervertragsrecht. Das UrhG selbst bietet mit seinen **§§ 120 ff. UrhG** ebenfalls nur **fremdenrechtliche Vorschriften**, die über den räumlichen Geltungsbereich von Sachnormen keine Aussage enthalten, sondern lediglich die Anwendung des inländischen Urheberrechts auf Ausländer regeln[6]. Mit Art. 8 Abs. 1 Rom II-VO ist jedenfalls für die Verletzung von Urheber- und Leistungs-

1962

---

1 Die Unübertragbarkeit des Urheberrechts insgesamt oder zumindest des Urheberpersönlichkeitsrechts ist keine Eigenheit des deutschen Urheberrecht, sondern kennzeichnet alle Rechtsordnungen, die in der Droit d'auteur-Tradition stehen; s. oben im Abschnitt II zB die Ausführungen zum österreich. (Rz. 1953) oder französ. Recht (Rz. 1952).
2 Nach § 29 Abs. 1 UrhG ist das Urheberrecht selbst (als Ganzes wie in Teilen) grundsätzlich unübertragbar und folglich nicht verkehrsfähig; hierzu grundlegend *Ulmer*, Urheberrecht, § 18 II 4, § 89 I. Zur dogmatischen Konzeption von Urheberrechtsverträgen s. *Schricker*, in: Schricker, vor §§ 28 ff. UrhG Rz. 43 ff. mwN.
3 Str., vgl. die Auseinandersetzung bei *Obergfell*, S. 75 ff. mwN. sowie oben Rz. 1774.
4 Zur äußerst kontrovers diskutierten Problematik der unterschiedlichen Anknüpfung von Verpflichtung und Verfügung s. bereits oben Rz. 1812 ff.
5 Ebenfalls str. in Bezug auf den Inländerbehandlungsgrundsatz; vgl. unten Rz. 1963 f.
6 So die hM; vgl. zB *Hausmann*, Festschr. Schwarz (1988), S. 47 (49); *Kleine*, S. 12; *Knörzer*, S. 26; *Mäger*, S. 27; *Kreuzer*, in: MünchKomm, 3. Aufl. (1998), nach Art. 38 EGBGB Anh. II Rz. 109; *Obergfell*, S. 199 f.; *Peinze*, S. 117; *Schack*, Anknüpfung, Nr. 8 f.; *Katzenberger*, in: Schricker, vor §§ 120 ff. UrhG Rz. 2 ff. u. 125; *von Welser*, in: Wandtke/Bullinger, vor §§ 120 ff. UrhG Rz. 3.

schutzrechten eine explizite Kollisionsnorm geschaffen worden (s. näher oben Rz. 1792 f. und unten 1966).

2. Urheberrechtsstatut

a) Kollisionsnormen im Konventionsrecht

1963 Das urheberrechtliche Konventionsrecht enthält überwiegend Sachnormen. Bezüglich einzelner Klauseln wird jedoch die Ableitung von Kollisionsnormen diskutiert. So ist vor allem umstritten, ob das sog. **Inländerbehandlungsprinzip**[1], welches in Art. 5 Abs. 1 und 2 RBÜ[2] normiert wird, einen kollisionsrechtlichen Gehalt aufweist. Die Formulierung des Art. 5 Abs. 2 S. 2 RBÜ („Infolgedessen richten sich der Umfang des Schutzes sowie die dem Urheber zur Wahrung seiner Rechte zustehenden Rechtsbehelfe ausschließlich nach den Rechtsvorschriften des Landes, in dem der Schutz beansprucht wird [...]") will der überwiegende Teil des Schrifttums[3] wie auch die Rechtsprechung[4] als **kollisionsrechtliche Verweisung auf das Recht des Schutzlandes**, die sog. lex loci protectionis, verstanden wissen (zum Schutzlandprinzip als Urheberrechtsstatut ausführlich oben Rz. 1793 und 1798 ff.). Die starke Gegenposition lehnt eine zusätzliche kollisionsrechtliche Interpretation des fremdenrechtlichen Inländerbehandlungsgrundsatzes generell ab[5]. Teilweise wird Art. 5 Abs. 2 S. 2 RBÜ als Verweisung auf die lex fori gedeutet, die zur Anwendung des autonomen Kollisionsrechts führt[6].

---

1 Hierzu *Bergé*, Nr. 149 f.; *Bergsma*, S. 75 ff.; *Katzenberger*, in: Schricker, vor §§ 120 ff. UrhG Rz. 47.
2 Revidierte Berner Übereinkunft zum Schutz von Werken der Literatur und Kunst; am 5.12.1887 in Kraft getreten, zuletzt am 24.7.1971 in Paris revidiert, vgl. BGBl. II 1973, 1069.
3 So mit unterschiedlicher Begründung etwa *Boytha*, DdA 1988, 422 (432 f.); *A. Brandi-Dohrn/M. Brandi-Dohrn*, in: Kronke/Melis/Schnyder, Rz. F 670 f.; *Fabiani*, Ent LR 1998, 157 (158 f.); *Haberstumpf*, Urheberrecht, Rz. 576; *Katzenberger*, Festschr. Schricker (1995), S. 225 (243); *Mackensen*, S. 41 f.; *Drexl*, in: MünchKomm, IntImmGR Rz. 53 u. 56; *Katzenberger*, in: Schricker, vor §§ 120 ff. UrhG Rz. 125; *Siefarth*, S. 90 f.; *Stewart*, Ch. 3.17; *Strömholm*, in: Holl/Klinke, 269 (270 f.); *Ulmer*, Immaterialgüterrechte, Nr. 1 u. 16; *Ulmer*, in: Holl/Klinke, S. 257 (258 ff.); *Wille*, S. 69 u. 75. Einschränkend *von Welser*, in: Wandtke/Bullinger, vor §§ 120 ff. UrhG Rz. 9 ff.
4 Vgl. zB BGH 7.11.2002 (Sender Felsberg), GRUR 2003, 328 (329) = IPRspr. 2002 Nr. 125; BGH 17.6.1992 (Alf), BGHZ 118, 394 (397) = GRUR 1992, 697 = IPRspr. 1992 Nr. 168; ebenso französ. Cass. 5.3.2000 (Sisro), GRUR Int. 2003, 75 m. Anm. *Bouche*; französ. Cass. 7.4.1998 (Saab), Rev.crit.d.i.p. 88 (1999), 76; Schweiz. BG 13.1.1998 (Schutzdauerverlängerung), GRUR Int. 1998, 1009 (1010); Corte di Appello di Milano 4.2.1997 (Stiftung Seebüll Ada und Emil Nolde), GRUR Int. 1998, 503 (504).
5 S. zB *Bollacher*, S. 11 ff.; *Brand*, in: Busche/Stoll, Art. 9 Rz. 44; *Braun*, S. 122 ff.; *Drobnig*, RabelsZ 40 (1976), 195 (199 f.); *Koumantos*, DdA 1988, 439 (448); *Neuhaus*, RabelsZ 40 (1976), 191 (193); *Obergfell*, S. 204 ff.; *Schack*, Anknüpfung, Nr. 37 u. 40; *Schack*, Urheberrecht, Rz. 891; *Schack*, GRUR Int. 1985, 523; *Kegel*, in: Soergel, Anh. nach Art. 12 EGBGB Rz. 26.
6 In diesem Sinne *Peinze*, S. 136 u. 169. Ablehnend zu Recht etwa *Katzenberger*, Festschr. Schricker (1995), S. 225 (244).

Obwohl der Wortlaut des Art. 5 Abs. 2 S. 2 RBÜ bei unbefangenem Blick zugunsten der herrschenden Meinung spricht, gilt es zu bedenken, dass die Formulierungen „Umfang des Schutzes" und „Rechtsbehelfe" auch in die andere Richtung dehnbar sein könnten, nämlich dergestalt, dass nicht auf das Sachrecht verwiesen, sondern dieses gerade vorausgesetzt wird. Mangels genauerer Anhaltspunkte aus Wortlaut oder Entstehungsgeschichte wird Art. 5 Abs. 2 S. 2 RBÜ lediglich als **materiellrechtliches Diskriminierungsverbot** zu deuten sein, da eine Kollisionsnorm der Systematik der RBÜ generell fremd ist[1]. Der Sinn der Vorschrift, nämlich Verbandsurheber in den Genuss der Rechte kommen zu lassen, die für Inländer gelten, wird durch dieses Verständnis keinesfalls vereitelt. Denn die kollisionsrechtlichen Regeln gelten gleichfalls für Inländer, so dass von einer Schlechterstellung eines – dem autonomen Kollisionsrecht unterliegenden – Verbandsurhebers nicht gesprochen werden kann.

1964

Abgesehen von der weitgehend von Bedeutungslosigkeit gezeichneten **Übereinkunft von Montevideo**[2], die das Ursprungslandprinzip als echte Kollisionsregel festschreibt[3], finden sich auch in allen sonstigen urheberrechtlichen Konventionen keine Kollisionsregeln. Entweder wird dem Vorbild der RBÜ folgend ein Inländerbehandlungsgrundsatz normiert, wie es bei dem im Jahr 1952 ins Leben gerufenen **Welturheberrechtsabkommen (WUA)**[4] und dem **WIPO-Vertrag über Darbietungen und Tonträger (WPPT)**[5] aus dem Jahre 1996 der Fall ist, oder die Bedeutung der RBÜ wird nicht angetastet, indem – wie durch das **TRIPs-Übereinkommen**[6] von 1994 und den **WIPO-Urheberrechtsvertrag (WCT)**[7] von 1996 – die Art. 1–21 RBÜ (und damit auch das Inländerbehandlungsprinzip aus Art. 5 RBÜ) komplett übernommen werden (sog. „Bern Plus"-Ansatz). Die kollisionsrechtliche Deutung des Inländerbehandlungs-

1965

---

1 So insbes. auch *Schack*, Urheberrecht, Rz. 893. Zur näheren Begründung s. insgesamt *Obergfell*, S. 206 ff. Zust., über das Territorialitätsprinzip jedoch zur Geltung der lex loci protectionis gelangend *Hausmann*, Festschr. Schwarz (1988), S. 47 (48 ff.); *Kleine*, S. 16 f., 27; *Hartmann*, in: Möhring/Nicolini, vor §§ 120 ff. UrhG Rz. 7.
2 Die Übereinkunft von Montevideo vom 11.1.1889 betreffend den Schutz von Werken der Literatur und Kunst (RGBl. II 1927, 95) ist für die BRD nur im Verhältnis zu Argentinien, Paraguay und Bolivien in Kraft getreten.
3 Vgl. *Bappert/Wagner*, Montevideo Rz. 2 (S. 295); *Schack*, Anknüpfung, Nr. 34.
4 Vgl. Art. II WUA. Das WUA vom 6.9.1952 trat am 10.7.1974 in der BRD in Kraft; vgl. BGBl. II 1973, 1111 u. II 1974, 1309.
5 Vgl. Art. 4 WPPT (WIPO Performances and Phonograms Treaty vom 20.12.1996). Deutsche Fassung: ABl. EG 1998 Nr. C 165, S. 13.
6 Vgl. Art. 9 Übereinkommen über handelsbezogene Aspekte der Rechte des geistigen Eigentums (Trade Related Aspects of Intellectual Property Rights) vom 15.4.1994, BGBl. II 1994, 1730; für die BRD am 1.1.1995 in Kraft getreten, vgl. BGBl. II 1995, 456. Zur Struktur des Übereinkommens vgl. *Katzenberger*, GRUR Int. 1995, 447 (456 f.); *Reinbothe*, TRIPS und die Folgen für das Urheberrecht, ZUM 1996, 735 (736 ff.).
7 Vgl. Art. 1 Abs. 4 u. Art. 3 WCT (WIPO Copyright Treaty vom 20.12.1996). Deutsche Fassung: ABl. EG 1998 Nr. C 165, S. 9. Zu Entstehungsgeschichte und Konzeption vgl. *von Lewinski*, Die diplomatische Konferenz der WIPO 1996 zum Urheberrecht und zu verwandten Schutzrechten, GRUR Int. 1997, 667 ff.; *von Lewinski*, in: Loewenheim, Urheberrecht, § 57 Rz. 77 ff.

grundsatzes scheidet im Zusammenhang mit den hier genannten Urheberrechtskonventionen ebenso aus wie im Zusammenhang mit der RBÜ[1].

b) Kollisionsnormen im Gemeinschaftsrecht

aa) Schutzlandprinzip nach der Rom II-VO

1966 Neuerdings enthält das europäische Sekundärrecht mit der Verordnung (EG) Nr. 864/2007 des Europäischen Parlaments und des Rates vom 11.7.2007 über das auf außervertragliche Schuldverhältnisse anzuwendende Recht („Rom II")[2] einen eigenen Regelungskanon für die kollisionsrechtliche Anknüpfung von außervertraglichen Schuldverhältnissen sowie mit **Art. 8 Rom II-VO** eine explizite Kollisionsregel für die Verletzung von Rechten an Geistigem Eigentum. Erwägungsgrund 26 der Rom II-VO nennt beispielhaft für Rechte des Geistigen Eigentums Urheberrechte, verwandte Schutzrechte, das *sui generis*-Datenbankschutzrecht sowie gewerbliche Schutzrechte. Nach Art. 8 Abs. 1 Rom II-VO ist „auf außervertragliche Schuldverhältnisse aus einer Verletzung von Rechten des geistigen Eigentums [...] das Recht des Staates anzuwenden, für den der Schutz beansprucht wird". Diese Formulierung in Art. 8 Abs. 1 Rom II-VO bedeutet die Festschreibung der schon bisher gewohnheitsrechtlich anerkannten Kollisionsregel der **lex loci protectionis** (s. näher oben Rz. 1793). Dass es sich dabei nicht um das Deliktsstatut handelt, macht Art. 8 Abs. 3 Rom II-VO deutlich. Eine Rechtswahl kommt hier nicht in Betracht[3].

bb) Sendelandprinzip im Bereich audiovisueller Medien

1967 Mit Ausnahme der Kabel- und Satellitenrichtlinie[4], die ebenso wie die auf der ursprünglichen Fernsehrichtlinie beruhende Richtlinie über audiovisuelle Mediendienste[5] das **Sendelandprinzip** im Sinne einer echten Kollisionsregel normiert[6], verzichten die sekundärrechtlichen Regelungswerke im Bereich des

---

1 *Obergfell*, S. 215 f.; aA *Katzenberger*, GRUR Int. 1995, 447 (459 f.).
2 ABl. EG 2007 Nr. L 199, S. 40 ff.
3 So bereits bisher BGH 24.5.2007 (Staatsgeschenk), GRUR 2007, 691 (692); BGH 2.10.1997 (Spielbankaffaire), BGHZ 136, 380 (386) = IPRspr. 1997 Nr. 125; *Obergfell*, in: Büscher/Dittmer/Schiwy, vor §§ 120 ff. UrhG Rz. 4; *Drexl*, in: MünchKomm, IntImmGR Rz. 12 u. 121 ff.
4 RL 93/83/EWG des Rates vom 27.9.1993 zur Koordinierung bestimmter urheber- und leistungsschutzrechtlicher Vorschriften betreffend Satellitenrundfunk und Kabelweiterleitung, ABl. EG 1993 Nr. L 248, S. 15, abgedr. in GRUR Int. 1993, 936.
5 Vgl. Art. 2 Abs. 1 der RL 2007/65/EG des Europäischen Parlaments und des Rates vom 11.12.2007 zur Änderung der Richtlinie 89/552/EWG des Rates zur Koordinierung bestimmter Rechts- und Verwaltungsvorschriften der Mitgliedstaaten über die Ausübung der Fernsehtätigkeit, ABl. EU 2007 Nr. L 332, S. 27. Zum kollisionsrechtlichen Gehalt der früheren Fernsehrichtlinie s. auch *von Hoffmann*, in: Staudinger, Art. 40 EGBGB Rz. 300.
6 Vgl. Art. 1 Abs. 2 lit. a u. b der Kabel- und Satelliten-Richtlinie; umgesetzt durch § 20a UrhG. S. zur kollisionsrechtlichen Deutung *Obergfell*, S. 234 f., sowie aus der jüngeren Rspr. LG Stuttgart 30.10.2001, ZUM 2002, 241 (242 f.) Anders dagegen *von Welser*, in: Wandtke/Bullinger, vor §§ 120 ff. UrhG Rz. 18.

Urheberrechts auf die Normierung einer allgemeinen Urheberkollisionsnorm. So enthält die Informationsrichtlinie gerade keine Definition des Ortes der öffentlichen Zugänglichmachung. Einer solchen Lokalisierung wäre möglicherweise wie im Fall der Kabel- und Satellitenrichtlinie kollisionsrechtliche Bedeutung iSd. (nach dortiger Terminologie) „Sende- oder Empfangslandprinzips" (bzw. hier: Serverstandort- oder Abruf- und Downloadstaatprinzips) zugekommen. Da der europäische Gesetzgeber hier jedoch die Schaffung einer gemeinschaftsrechtlichen Kollisionsregel ausgeschlossen hatte[1], scheidet eine derartige Interpretation der Informationsrichtlinie schon bei historischer Auslegung aus[2].

Das europäische Richtlinienrecht berührt das Territorialitätsprinzip und die gewohnheitsrechtliche Geltung des Schutzlandprinzips für die Frage der Urheberrechtsverletzung nicht[3], sondern scheint im Gegenteil sogar hierauf zu beruhen. Indirekt wird nämlich in **Art. 8 der Informationsrichtlinie** von der Geltung des Schutzlandprinzips, also der lex loci protectionis, ausgegangen. So fordert Art. 8 Abs. 1 S. 1 der Richtlinie, dass die Mitgliedstaaten „bei Verletzung der in dieser Richtlinie festgelegten Rechte und Pflichten angemessene Sanktionen und Rechtsbehelfe" vorsehen und „alle notwendigen Maßnahmen [treffen], um deren Anwendung sicherzustellen". Abs. 2 der Vorschrift spricht davon, dass „Jeder Mitgliedstaat [...] die erforderlichen Maßnahmen [trifft], um sicherzustellen, dass Rechtsinhaber, deren Interessen durch eine in seinem Hoheitsgebiet begangene Rechtsverletzung beeinträchtigt werden, Klage auf Schadensersatz erheben [...] können". Bleibt es also den Mitgliedstaaten überlassen, die Konsequenzen einer Urheberrechtsverletzung zu bestimmen, so bedeutet dies in kollisionsrechtlicher Hinsicht, dass das Recht des Staates anwendbar ist, in dem das Urheberrecht geschützt ist. Diese territoriale Grundkonzeption wurde bereits bei den Vorarbeiten zur Richtlinie erkennbar[4]. 1968

3. Urhebervertragsstatut

a) Maßgebliche Anknüpfungsgrundsätze der Rom I-VO

Für das Vertragsrecht im Bereich des Geistigen Eigentums sollte ebenfalls eine gemeinschaftsweit gültige Kollisionsregel geschaffen werden. Es wurde im Rahmen der Rom I-VO daher ein Art. 4 Abs. 1 lit. f vorgeschlagen, der allerdings keine Zustimmung fand und schließlich wieder gestrichen wurde (s. oben Rz. 1781). Mangels spezieller Kollisionsregel ist für Urheberrechtsverträge daher auf die zuvor entwickelten Grundsätze zur Ermittlung des jeweils anwendbaren Rechts zurückzugreifen und gem. Art. 4 Abs. 2 Rom I-VO nach der **charakteristischen Leistung** zu fragen. Das anwendbare Recht ist wie bisher das Recht des Staates, in dem der Vertragspartner, der die für den Vertrag cha- 1969

---

1 Vgl. den Richtlinienvorschlag der Kommission: KOM(97) 628 endg., S. 11 f.
2 So im Ergebnis auch *Spindler*, Europäisches Urheberrecht in der Informationsgesellschaft, GRUR 2002, 105 (109 u. 120), demzufolge allerdings vieles darauf hindeute, dass in Art. 3 Abs. 2 RL der Ort der Abrufbarkeit gemeint sei.
3 *Gaster*, ZUM 2006, 8; *Spindler*, GRUR 2002, 105 (120).
4 S. hierzu *Obergfell*, S. 233.

rakteristische Leistung erbringt, seinen gewöhnlichen Aufenthalt hat. Als **Ort des gewöhnlichen Aufenthalts** einer in Ausübung ihrer beruflichen Tätigkeit handelnden natürlichen Person gilt nach Art. 19 Abs. 1 Rom I-VO ihre Hauptniederlassung, als gewöhnlicher Aufenthalt einer Gesellschaft, eines Vereins oder einer juristischen Person der Ort, an dem sich die Hauptverwaltung der Gesellschaft, des Vereins oder der juristischen Person befindet[1].

b) Reichweite des Urhebervertragsstatuts

1970 Nach der hier vertretenen Auffassung umfasst das Vertragsstatut lediglich das **Verpflichtungsgeschäft** des Urheberrechtsvertrags[2]. Es regelt Inhalt und Umfang der rechtsgeschäftlichen Verpflichtungen, gem. Art. 10 Abs. 1 Rom I-VO damit zunächst die Fragen des **Zustandekommens** und der materiellen **Wirksamkeit** des Urheberrechtsvertrages. Fragen der Rechts- und Geschäftsfähigkeit werden gem. Art. 1 Abs. 2 lit. a Rom I-VO ausgeklammert und in Art. 13 Rom I-VO gesondert geregelt.

1971 Nach der beispielhaften Aufzählung in Art. 12 Abs. 1 Rom I-VO erstreckt sich der Geltungsbereich des Vertragsstatuts ferner auf die **Auslegung** des Urheberrechtsvertrages, die **Erfüllung** bzw. **Folgen der Nichterfüllung** der vertraglichen Verpflichtungen (einschließlich der Schadensbemessung) sowie deren **Erlöschen** (wegen Fristablaufs oder aus sonstigen Gründen), die **Verjährung** und auch die **Folgen der Nichtigkeit** des Urheberrechtsvertrages.

1972 Maßgeblich für die **Art und Weise der Erfüllung** sowie die Maßnahmen, die der Gläubiger bei **mangelhafter Erfüllung** zu treffen hat, ist gem. Art. 12 Abs. 2 Rom I-VO das Recht am Erfüllungsort. Geht es beispielsweise in einem Verlags- oder Filmvertrag um die Modalitäten der reinen Materiallieferungspflicht (druckfertiges Manuskript gem. § 10 VerlG, vertragsmäßige Anzahl von Filmkopien), so ist gem. Art. 12 Abs. 2 Rom I-VO das Recht des Staates zu berücksichtigen, in dem die Erfüllung erfolgt. Wegen der gesonderten Anknüpfung der Verfügung betrifft dies jedoch nicht die korrespondierende Nutzungsrechtseinräumung[3]. Ein wichtiger Regelungskomplex der zum Geltungsbereich des Vertragsstatuts bzw. des Art. 12 Abs. 2 Rom I-VO zählenden schuldrechtlichen Verpflichtung ist im Verlags- wie im Filmvertrag gleichermaßen der gesamte Komplex der Werbung (Pflichten zur Herstellung oder Benutzung von Filmwerbematerial, Verlegerpflicht zur angemessenen Bewerbung eines Schriftwerkes, etc.).

---

1 Vgl. *Mankowski*, IPRax 2006, 101 (104); sowie oben Rz. 208 ff.
2 S. näher oben Rz. 1815 f.
3 Zu den Erfüllungsmodalitäten wird das Verfügungsgeschäft grundsätzlich nicht gerechnet, sondern es unterliegt seinem eigenen Statut; vgl. zum alten Recht *Spellenberg*, in: MünchKomm, Art. 32 EGBGB Rz. 35. S. zu den Erfüllungsmodalitäten nach Art. 12 Abs. 2 Rom I-VO oben Rz. 360 ff.

4. Formstatut

a) Sachrechtliche und konventionsrechtliche Vorgaben

Das urheberrechtliche Konventionsrecht enthält keine Vorschriften, die den Konventionsschutz von der Einhaltung einer bestimmten Form abhängig machen[1]. Die Verbandsländer können jedoch selbst Formvorschriften für urheberrechtliche Verfügungen erlassen. Im **deutschen Sachrecht** hat man hierauf, abgesehen von der in § 40 UrhG vorgesehenen Schriftform für Urheberverträge über künftige Werke, verzichtet. Dieses sieht weder eine generelle Formvorschrift für Urheberrechtsverträge vor noch wird die Wirksamkeit eines Verlags- oder Filmvertrags von der Erfüllung einer bestimmten Form abhängig gemacht[2]. Ausländische Rechtsordnungen schreiben dagegen oftmals für den Abschluss von Urheberrechtsverträgen eine bestimmte Form vor. Insbesondere nach französischem und italienischem Recht ist für Filmverträge die Schriftform zu beachten[3].

1973

b) Konsequenzen aus Einheits- und Spaltungstheorie

Das Formstatut richtet sich bei Urheberrechtsverträgen in Ermangelung spezieller Regelungen nach **Art. 11 Rom I-VO**. Um das materiellrechtliche Ergebnis der Formgültigkeit zu begünstigen (sog. favor negotii), lässt Art. 11 Abs. 1 Rom I-VO eine alternative Anknüpfung zu, bei der es genügt, wenn der Vertrag die Formerfordernisse des Vertragsstatuts (also der lex causae) oder alternativ die am Ort des Vertragsschlusses geltenden Formvorschriften (lex loci actus) beachtet[4]. Bezüglich der Frage, ob Art. 11 Rom I-VO einheitlich für Verpflichtungs- wie auch Verfügungsgeschäft anzuwenden ist, oder sich lediglich auf das Verpflichtungsgeschäft bezieht, wirkt sich der Streit um die einheitliche Anknüpfung von Urheberrechtsverträgen letztlich auch auf das Formstatut aus. So wenden die Vertreter der Einheitstheorie größtenteils das Formstatut ohne Unterscheidung zwischen Verpflichtung und Verfügung auf den **gesamten Urheberrechtsvertrag** an[5].

1974

Demgegenüber wendet die Gegenansicht zutreffenderweise das Formstatut nur auf das **Verpflichtungsgeschäft** an[6]. Auf Formfragen des Verfügungsge-

1975

---

1 Zum Prinzip der Formfreiheit s. *Bappert/Wagner*, Art. 4 RBÜ Rz. 21; *Nordemann/Vinck/Hertin*, Art. 5 RBÜ Rz. 7.
2 Vgl. zum Verlagsvertrag: *Delp*, Rz. 26; *Schack*, Urheberrecht, Rz. 1010; *Schricker*, § 1 VerlG Rz. 13; zum Filmvertrag: *Obergfell*, S. 294 f.
3 S. den Überblick bei *Kleine*, S. 117 ff.
4 So bereits das alte Recht; vgl. zu Art. 11 EGBGB 5. Aufl. Rz. 548 ff. (*Reithmann*).
5 So zu Art. 11 EGBGB etwa *Katzenberger*, in: Schricker, vor §§ 120 ff. UrhG Rz. 169; *Schricker*, Einl. VerlG Rz. 45; *Ulmer*, Immaterialgüterrechte, Nr. 82. Gleicher Ansicht aber auch als Vertreter der Spaltungstheorie *Hausmann*, Festschr. Schwarz (1988), S. 47 (70 f.); *Knörzer*, S. 126 f.; *Mäger*, S. 56 ff.; *Schack*, Anknüpfung, Nr. 117; *Schack*, Urheberrecht, Rz. 1150; *Kegel*, in: Soergel, Anh. nach Art. 12 EGBGB Rz. 30; *von Welser*, in: Wandtke/Bullinger, vor §§ 120 ff. UrhG Rz. 21.
6 In diesem Sinne noch zu Art. 11 EGBGB *Kleine*, S. 116 f.; *Kreuzer*, in: MünchKomm, 3. Aufl., nach Art. 38 EGBGB Anh. II Rz. 21; ebenso *Drobnig*, RabelsZ 40 (1976), 195

schäfts soll hiernach das Recht des Schutzlandes Anwendung finden. Dieser Auffassung folgt offensichtlich auch die Rechtsprechung[1]. Aus systemimmanenten Gründen ist die Beherrschung der Verfügung und ihrer Form nach einem eigenen einheitlichen Statut vorzuziehen[2]. Das Formstatut ist daher nach Verpflichtung und Verfügung gesondert zu bestimmen. Dies (also die Möglichkeit der Aufspaltung des Formstatuts nach Verpflichtungs- und Verfügungsgeschäft) bestätigt im Grundsatz die Sonderregelung in Art. 11 Abs. 5 Rom I-VO für dingliche Rechte an Sachen, die darauf hindeutet, dass für die Form des Verfügungsgeschäfts ein eigenes Formstatut gilt. Eine entsprechende geschriebene Sonderregelung für Urheberrechte existiert zwar nicht. Doch enthält auch die Rom II-VO in Art. 21 eine eigene Formkollisionsvorschrift für einseitige Rechtshandlungen, die ein außervertragliches Schuldverhältnis betreffen. Formgültigkeit ist hier gegeben, wenn die Formerfordernisse des für das betreffende außervertragliche Schuldverhältnis maßgebenden Rechts oder des Rechts des Staates erfüllt sind, in dem die Rechtshandlung vorgenommen wurde. Bei Urheberrechtsverträgen wird es auch künftig hinsichtlich der Anknüpfung von Formfragen des Verfügungsgeschäfts nach hier vertretener Meinung bei der Anwendung des Schutzlandprinzips als Wirkungsstatut verbleiben[3].

1976–1980 Frei.

IV. Anknüpfung nach der Rom I-VO

1. Subjektive Anknüpfung

1981 Art. 3 Rom I-VO erlaubt grundsätzlich eine Rechtswahl durch die Parteien des Urheberrechtsvertrags[4]. Dieser Rechtswahlfreiheit zieht allerdings das Urheberrechtsstatut Grenzen. Die auch nach der Rom II-VO prinzipiell vorgesehene Möglichkeit der **Rechtswahl** gem. Art. 14 Rom II-VO ist für den Bereich der **Verletzung von Rechten des geistigen Eigentums ausgeschlossen**. So ordnet Art. 8 Abs. 3 Rom II-VO ausdrücklich an, dass von dem nach Art. 8 Abs. 1 und 2 Rom II-VO ermittelten Recht nicht durch privatautonome Vereinbarung nach Art. 14 Rom II-VO abgewichen werden kann. Die vom Urheberrechtsstatut umfassten Bereiche sind damit einer subjektiven Anknüpfung entzogen. Grenzen ergeben sich in vertragsrechtlicher Hinsicht zudem aus Verbraucherschutzgesichtspunkten (s. allgemein unten Rz. 4171 ff.) oder im Bereich des Arbeitsvertragsstatuts (s. allgemein Rz. 4831 ff.). Der Rechtswahlfreiheit sind schließlich gem. Art. 3 Abs. 3 Rom I-VO immanente Schranken gesetzt (s. näher oben Rz. 135 ff.).

---

(204). *Wille*, S. 124, knüpft die Form der Verfügung konsequent an das von ihm befürwortete Urheberrechtsstatut (den gewöhnlichen Aufenthalt des Urhebers) an.
1 So ohne nähere Begründung OLG München 22.4.1999 (M – Eine Stadt sucht einen Mörder), ZUM 1999, 653 (655 f.) = IPRspr. 1999 Nr. 99.
2 Zur näheren Begründung im Filmvertragsbereich s. *Obergfell*, S. 296 f.
3 S. auch oben Rz. 777 f.
4 OLG München 14.6.2007, ZUM 2007, 751 (752).

2. Objektive Anknüpfung von Urheberrechtsverträgen
a) Materiellrechtliche Differenzierung verschiedener Urheberrechtsverträge

Die Gegenstände urheberrechtlicher Verträge sind so zahlreich wie die Gestaltungsmöglichkeiten individuellen Schaffens. Es werden etwa Verlagsverträge, Bühnenverträge, Verträge über Lichtbildwerke, Verträge über Werke der Bildenden Kunst, Verträge über Baukunst und Filmverträge geschlossen. Grundsätzlich können die für die kollisionsrechtliche Bewertung dieser verschiedenen Urheberrechtsverträge prägenden Gemeinsamkeiten herausgegriffen werden, die sich im Typus des urheberrechtlichen Nutzungsvertrags zusammenfassen lassen. Kern des urheberrechtlichen Nutzungsvertrags ist die **Einräumung von** einfachen oder ausschließlichen **Nutzungsrechten gegen Entgelt**. Abgesehen von Open Source und Open Content-Verträgen, für die die Sonderregelung des § 32 Abs. 3 S. 3 UrhG gilt, hat der Urheber grundsätzlich einen Anspruch auf angemessene Vergütung gem. § 32 Abs. 1 UrhG, auf den er gem. § 32 Abs. 3 UrhG auch nicht verzichten kann. Besonders herausgebildet haben sich als Vertragstypen im Bereich des Urheberrechts Verlagsverträge (unten Rz. 1985 ff.) und Filmverträge (unten Rz. 1998 ff.), aber auch Softwareverträge (unten Rz. 2026 ff.) und Verträge mit ausübenden Künstlern (unten Rz. 2030 ff.), für die auch in kollisionsrechtlicher Hinsicht Besonderheiten gelten.

b) Grundsätze für die objektive Anknüpfung

Da Art. 4 Abs. 1 lit. f Rom I-VO-Vorschlag nicht in die Verordnung aufgenommen wurde, fehlt in der nun geltenden Fassung der Rom I-VO eine spezielle Kollisionsnorm für Verträge über Geistiges Eigentum und damit auch für Urheberrechtsverträge. Zur Ermittlung des jeweils anwendbaren Rechts ist daher bei Urheberrechtsverträgen auf die zum alten Recht entwickelten Grundsätze zurückzugreifen und wie bisher eine Anknüpfung nach der charakteristischen Leistung bzw. der engsten Verbindung vorzunehmen (s. oben Rz. 1782). Nach der **subsidiären Anknüpfungsregel** in Art. 4 Abs. 2 Rom I-VO ist maßgeblicher Anknüpfungspunkt die charakteristische Leistung, wenn sich ein bestimmter Vertragstyp nicht in dem Katalog des Art. 4 Abs. 1 Rom I-VO findet. Es ist danach an das Recht des Staates anzuknüpfen, in dem der Vertragspartner, der die für den Vertrag **charakteristische Leistung** erbringt, seinen gewöhnlichen Aufenthalt hat. Als **Ort des gewöhnlichen Aufenthalts** gilt gem. Art. 19 Abs. 1 Rom I-VO bei einer in Ausübung ihrer beruflichen Tätigkeit handelnden natürlichen Person ihre Hauptniederlassung, als gewöhnlicher Aufenthalt einer Gesellschaft, eines Vereins oder einer juristischen Person der Ort, an dem sich die Hauptverwaltung der Gesellschaft, des Vereins oder der juristischen Person befindet[1]. Damit bleibt es bei der für jeden einzelnen Vertrag über Rechte am Geistigen Eigentum zu beantwortenden Frage, welche Vertragspartei jeweils die für den Vertrag charakteristische Leistung erbringt[2]. Zudem kann die Si-

---

[1] Vgl. *Mankowski*, IPRax 2006, 101 (104); sowie oben Rz. 208 ff.
[2] S. im Einzelnen zu Verträgen über gewerbliche Schutzrechte unten Rz. 1861 und 1864 ff. und zu Urheberrechtsverträgen unten Rz. 1989 ff., 2006 ff., 2027 f. und 2031 f.

tuation eintreten, dass sich aus der Gesamtheit der Umstände eine offensichtlich engere Verbindung des Vertrags zu einem anderen als dem nach Art. 4 Abs. 1 oder 2 Rom I-VO bestimmten Staat aufweist. In diesem Fall ist auf die **Ausweichklausel** des Art. 4 Abs. 3 Rom I-VO zurückzugreifen und das Recht dieses anderen Staates anzuwenden (s. bereits oben Rz. 1783, sowie allgemein dazu Rz. 169 ff.).

1984 Bei der Ermittlung der vertragscharakteristischen Leistung innerhalb eines urheberrechtlichen Vertragsverhältnisses ist von dem allgemeinen Grundsatz auszugehen, dass der **Urheber** mit seiner **Nutzungsrechtseinräumung** die für den Urheberrechtsvertrag **charakteristische Leistung** erbringt, wenn der von ihm vorgenommenen Rechtseinräumung allein die Geldleistung gegenübersteht[1]. Das Recht des **Rechtserwerbers** ist danach nur für den Fall maßgeblich, dass dieser ein **ausschließliches Recht** erwirbt oder sich **zur Auswertung verpflichtet** hat[2].

3. Objektive Anknüpfung von Verlagsverträgen

a) Materiellrechtliche Differenzierung verlagsrechtlicher Vertragstypen

1985 Der Verlagsvertrag ist als alleiniger Urhebervertragstyp in einem gesonderten Gesetz, dem Verlagsgesetz von 1901, umfassend geregelt. Die Praxis ist gekennzeichnet durch die Verwendung einer Vielzahl von Formularverträgen, die auf zwischen den Verbänden der Verfasser und den Verlegern geschlossene Vereinbarungen über Vertragsrichtlinien zurückgehen[3]. Gegenstand des Verlagsvertrags ist nach § 1 VerlG einerseits die Überlassung eines Werkes[4] der Literatur oder Tonkunst durch den Verfasser[5] und andererseits dessen Verviel-

---

1 Vgl. zB *Hausmann*, Festschr. Schwarz (1988), S. 47 (55); *Katzenberger*, Festschr. Schricker (1995), S. 225 (253); *Kleine*, S. 74 ff.; *Hartmann*, in: Möhring/Nicolini, vor §§ 120 ff. UrhG Rz. 40; *Martiny*, in: MünchKomm, Art. 28 EGBGB Rz. 404; *Schack*, Urheberrecht, Rz. 1144; *Katzenberger*, in: Schricker, vor §§ 120 ff. UrhG Rz. 156; *von Welser*, in: Wandtke/Bullinger, vor §§ 120 ff. UrhG Rz. 24; aA *Zimmer*, S. 96 (Recht des Lizenznehmers).
2 OLG München 29.4.1954 (Papaveri e Papere), Schulze OLGZ 8, 7; OLG Frankfurt a.M. 3.3.1977 (Das Millionenspiel), Schulze OLGZ 183, 12; *Dreier*, in: Dreier/Schulze, vor §§ 120 ff. UrhG Rz. 52.
3 S. näher *Schricker*, Einl. VerlG Rz. 9 ff. Für die Praxis bedeutsam sind insbesondere die Vereinbarung zwischen dem Börsenverein des Deutschen Buchhandels und dem Deutschen Hochschulverband über Vertragsnormen bei wissenschaftlichen Verlagswerken idF vom 24.3.2000 sowie im nichtwissenschaftlichen Bereich der zwischen dem Verband der deutschen Schriftsteller und dem Börsenverein vereinbarte Normvertrag für den Abschluss von Verlagsverträgen idF vom 1.4.1999; beide abgedruckt bei *Schricker*, VerlG, Anh. 2 (S. 776 ff.) und 3 (S. 825 ff.).
4 Auch ein noch nicht existentes, künftiges Werk kann Gegenstand des Verlagsvertrags sein; vgl. § 11 Abs. 2 VerlG. Der Verfasser ist hier zur Einräumung des Verlagsrechts verpflichtet, während er bei dem hiervon zu unterscheidenden Optionsvertrag lediglich zur Anbietung verpflichtet ist. Vgl. *Delp*, Rz. 129; *Rehbinder*, Urheberrecht, Rz. 665; *Schricker*, § 1 VerlG Rz. 40.
5 Anstelle des Verfassers kann auch ein Dritter (§ 48 VerlG) oder der Rechtsnachfolger (§ 30 UrhG) Vertragspartner sein.

fältigung und Verbreitung durch den Verleger, wobei diese Pflichten im Austauschverhältnis stehen. Für Werke der bildenden Kunst und Photographie gilt das VerlG dagegen nicht[1]. Wesentliches Charakteristikum des Verlagsvertrages ist gem. § 1 S. 1 VerlG, dass der Verleger die Vervielfältigungs- und Verbreitungsverpflichtung auf eigene Rechnung übernimmt[2]. Das Verlagsrecht, dh. das Recht zur ausschließlichen Vervielfältigung und Verbreitung des Werkes, gelangt gem. § 9 Abs. 1 VerlG erst mit der Ablieferung des Manuskriptes zur Entstehung. § 8 VerlG verpflichtet den Verfasser, seinem Vertragspartner dieses Verlagsrecht[3] einzuräumen. Ebenso wie die Rechtsverschaffungspflicht steht auch die regelmäßig gem. § 22 VerlG entstehende Honorarzahlungspflicht des Verlegers außerhalb des Synallagmas[4]. Der zwischen Verfasser und Verlag abgeschlossene Vertrag stellt den eigentlichen Verlagsvertrag iSd. Verlagsgesetzes dar. Er kann – in Abgrenzung zu den im Folgenden skizzierten nachgeschalteten oder unechten Verlagsvertragstypen – als **primärer** oder **echter Verlagsvertrag** bezeichnet werden.

Nach der Aufbereitung des Werkes für die Verbreitung im Geschäftsverkehr, der originären Verlegertätigkeit, schließen sich oftmals weitere Vertragsverhältnisse mit nachgeschalteten Verwertern, zB dem Erwerber einer Taschenbuchlizenz, an. Hier räumt der Verleger seinerseits Dritten bestimmte einfache oder ausschließliche Nutzungsrechte ein. Diese Verträge sind als **urheberrechtliche Lizenzverträge** zu qualifizieren[5].

Die Verwertungskette eines Schrift- oder Tonkunstwerks kann jedoch auch mit einem anderen Vertragstypus, dem **Bestellvertrag**, beginnen. Hier initiiert der Verleger als Besteller die Schaffung eines noch nicht existierenden Werkes und legt dabei Inhalt und Form bzw. Art und Weise der Behandlung des Stoffes genau fest (§ 47 VerlG)[6]. Da die typische Verlegerverpflichtung zur Vervielfältigung und Verbreitung des Werkes gem. § 47 Abs. 1 VerlG im Zweifel entfällt, ist der Bestellvertrag nicht als Verlagsvertrag zu qualifizieren, sondern vielmehr als bürgerlichrechtlicher **Werkvertrag** mit der Konsequenz, dass die Be-

---

1 Vgl. *Rehbinder*, Urheberrecht, Rz. 665; *Schack*, Urheberrecht, Rz. 995 u. 1062 ff. Zum Kunstverlagsvertrag *Delp*, Rz. 114; *Schricker*, § 1 VerlG Rz. 89 ff.
2 Erfolgt die Vervielfältigung und Verbreitung auf Rechnung des Verfassers, so wird kein Verlagsvertrag, sondern ein Kommissionsvertrag gem. §§ 383 ff. HGB abgeschlossen. S. zum Ganzen *Kitz*, in: Wandtke, 6. Kap. Rz. 18 u. 21; *Rehbinder*, Urheberrecht, Rz. 663; *Schack*, Urheberrecht, Rz. 996; *Schricker*, § 1 VerlG Rz. 74.
3 Bei einem Musikwerk bezieht sich das Verlagsrecht allein auf die *graphischen* Aufzeichnungen. Die Rechte zur Herstellung, Vervielfältigung und Verbreitung von Tonträgern stellen – ungeachtet ihrer viel größeren wirtschaftlichen Bedeutung – Nebenrechte dar, die üblicherweise im Voraus der GEMA eingeräumt werden. Vgl. *Czychowski*, in: Loewenheim, § 68 Rz. 25 ff.; *Schack*, Urheberrecht, Rz. 1066 f.; *Schricker*, § 1 VerlG Rz. 82 f.
4 Sie kann aber auch als Hauptpflicht vereinbart werden; vgl. *Schack*, Urheberrecht, Rz. 994.
5 S. *Delp*, Rz. 154 ff.; *Rehbinder*, Urheberrecht, Rz. 706.
6 Zu den einzelnen Fallgestaltungen und Abgrenzungsfragen s. *Schricker*, § 47 VerlG Rz. 1, 2 ff. und 7 ff.

stimmungen des VerlG keine Anwendung finden, sondern auf die §§ 631 ff. BGB zurückzugreifen ist[1].

1988 Der **Herausgebervertrag** ist im Verlagsgesetz nicht geregelt. Er kann als Verlagsvertrag über ein Sammelwerk gem. § 4 UrhG auftreten oder aber als **Kommissionsverlagsvertrag**[2]. Letzteres ist etwa der Fall bei Festschriften, die der Sphäre des Herausgebers zuzurechnen sind. Hier übernimmt der Verleger die Vervielfältigung und Verbreitung des Sammelwerkes nur *für Rechnung* des Herausgebers. Ein solcher Kommissionsverlagsvertrag ist wegen der in § 1 S. 1 VerlG normierten Verlegerpflicht, für eigene Rechnung zu handeln, kein Verlagsvertrag. Ein **echter Verlagsvertrag** liegt hingegen nur bei Werkvervielfältigung und -verbreitung *für verlegereigene Rechnung* vor. Hier tritt der Herausgeber dem Verleger als Urheber eines Sammelwerkes gegenüber und es werden die verlagsvertragstypischen Pflichten vereinbart. Handelt es sich bei Zurechnung des Herausgebersammelwerkes zur Verlegersphäre, mithin bei wirtschaftlicher Verantwortung des Verlegers, um einen angestellten Herausgeber, kann insgesamt ein Arbeitsvertrag vorliegen[3]. Die einzelnen Verfasser treten in der Regel direkt in Vertragsbeziehungen zum Verlag und schließen dabei eigene (echte) Verlagsverträge ab. Bestehen jedoch nutzungsrechtliche Vertragsbeziehungen zwischen den einzelnen Autoren und dem Herausgeber, so sind diese Autorenverträge wegen der fehlenden Verlegereigenschaft des Herausgebers gem. § 1 S. 1 VerlG lediglich als verlagsrechtliche Nutzungsverträge zu qualifizieren.

b) Objektive Anknüpfung des Verlagsvertrags

1989 Soweit keine Rechtswahl (s. dazu unten Rz. 2061 f.) getroffen wird, ist die objektive Anknüpfung des Verlagsvertrages anhand von Art. 4 Rom I-VO vorzunehmen. Abs. 1 der Vorschrift enthält einen Katalog von speziellen Kollisionsnormen für bestimmte Vertragstypen, allerdings nicht für den Verlagsvertrag. Nach Abs. 2 der Vorschrift soll für den Fall, dass der Vertragstyp nicht unter den Katalogstypen nach Abs. 1 zu finden ist, das Recht des Staates anzuwenden sein, in dem die Partei, welche die charakteristische Leistung zu erbringen hat, ihren gewöhnlichen Aufenthalt hat. Weist der anzuknüpfende Vertrag nach der Gesamtheit seiner Umstände allerdings eine offensichtlich engere Verbindung zu einem anderen Staat auf, so ist nach der Ausweichklausel des Art. 4 Abs. 3 Rom I-VO das Recht dieses Staates anwendbar. Höchstrichterliche Entscheidungen zur objektiven Anknüpfung des echten Verlagsvertrages waren schon immer rar – sei es unter dem seit der IPR-Reform von 1986 geltenden Recht, sei es nach dem vor jener Reform geltenden Internationalen Vertragsrecht. Deshalb wurde bisher allenthalben auch auf die ältere Spruchpraxis zurückgegriffen. Die **Rechtsprechung** verfolgt über alle Reformen hinweg seit jeher eine recht konstante Linie und geht grundsätzlich von der

---

[1] *Kitz*, in: Wandtke, 6. Kap. Rz. 57 f.; *Rehbinder*, Urheberrecht, Rz. 663; *Schack*, Urheberrecht, Rz. 996 u. 1056 f.; *Schricker*, § 47 VerlG Rz. 7.
[2] Zum Kommissionsverlag s. *Delp*, Rz. 173 ff.
[3] S. zum Ganzen *Delp*, Rz. 132 ff.; *Schack*, Urheberrecht, Rz. 1052.

Anknüpfung des Verlagsvertrags an das Recht des Staates aus, in dem der **Verleger** seinen **Sitz** hat[1].

Der Bewertung durch die Rechtsprechung, die der einhelligen Auffassung im Schrifttum[2] entspricht, kann im Ergebnis gefolgt werden. Die Bestimmung der **charakteristischen Leistung** iSd. Art. 4 Abs. 2 Rom I-VO hat sich beim primären, mithin dem zwischen Verfasser und Verlag geschlossenen Verlagsvertrag an der **Vervielfältigungs- und Verbreitungsverpflichtung** des Verlegers (§ 1 S. 2 VerlG) zu orientieren. Trotz Ähnlichkeiten des Verlagsvertrages mit dem Kauf- oder Pachtvertrag steht hier gerade nicht die „farblose" Geldleistung im Gegenseitigkeitsverhältnis zu der Überlassungspflicht des Verfassers, sondern der Verfasserpflicht zur Überlassung des Werkes steht die Vervielfältigungs- und Verbreitungspflicht synallagmatisch gegenüber. Die Verpflichtung des Verfassers gem. § 1 S. 1 VerlG, dem Verleger das Werk zur Verfügung zu stellen, schafft lediglich die Voraussetzung für die dem Verlagsvertrag das typische Gepräge gebende Vervielfältigungs- und Verbreitungspflicht[3]. Entscheidend für die Qualifizierung als Verlagsvertrag ist hingegen die Verpflichtung des Verlegers, das Werk auf eigene Rechnung, also mit vollem wirtschaftlichem Risiko, zu vermarkten. Auch die Rechtsverschaffungspflicht des Verfassers kann den Verlagsvertrag nicht charakterisieren[4]. Folglich ist in Übereinstimmung mit der hM in Literatur und Spruchpraxis der primäre Verlagsvertrag an das Recht des Staates anzuknüpfen, in dem der **Verleger** seine **Hauptniederlassung**[5] hat.

1990

---

1 BGH 29.3.2001 (Lepo Sumera), GRUR Int. 2002, 170 = IPRspr. 2001 Nr. 5; hinsichtlich der objektiven Anknüpfung ebenso bereits das Berufungsgericht: OLG Hamburg 18.6.1998 (Lepo Sumera), GRUR Int. 1999, 76 (77 f.) = IPRspr. 1998 Nr. 124; ähnlich auch OLG Hamburg 23.10.1997 (Feliksas Bajoras), GRUR Int. 1998, 431 (432); aus der alten Rspr. vgl. BGH 22.11.1955 (Sorrell and Son), BGHZ 19, 110 (113) = GRUR 1956, 135 (137) = IPRspr. 1954/55 Nr. 22; BGH 19.12.1958 (Dreigroschenroman), GRUR 1959, 331 (333) = IPRspr. 1958/59 Nr. 44; BGH 7.12.1979 (Monumenta Germaniae Historica), GRUR 1980, 227 (230) = IPRspr. 1979 Nr. 175.
2 Für eine Anwendung des Sitzrechts des Verlegers noch unter altem Recht votieren zB *Leible*, in: AnwK, Art. 28 EGBGB Rz. 158; *Spickhoff*, in: Bamberger/Roth, Art. 28 EGBGB Rz. 85; *Obergfell*, in: Büscher/Dittmer/Schiwy, vor §§ 120 ff. UrhG Rz. 12; *Hohloch*, in: Erman, Art. 28 EGBGB Rz. 54; *Fallenböck*, ZfRV 1999, 98 (102); *Hausmann*, Festschr. Schwarz (1988), S. 47 (54 f.); *Kleine*, S. 67 ff.; *Hartmann*, in: Möhring/Nicolini, vor §§ 120 ff. UrhG Rz. 40; *Martiny*, in: MünchKomm, Art. 28 EGBGB Rz. 394; *Schack*, Urheberrecht, Rz. 1143; *Schricker*, Einl. VerlG Rz. 43; *Katzenberger*, in: Schricker, vor §§ 120 ff. UrhG Rz. 157; *von Hoffmann*, in: Soergel, Art. 28 EGBGB Rz. 511; *Magnus*, in: Staudinger, Art. 28 EGBGB Rz. 607; *Ulmer*, Immaterialgüterrechte, Nr. 76; *von Welser*, in: Wandtke/Bullinger, vor §§ 120 ff. UrhG Rz. 24; *Zimmer*, S. 96 f.; ähnlich *Mackensen*, S. 83 ff.; aA *Mäger*, S. 196 ff., der an das Recht am gewöhnlichen Aufenthaltsort des Verfassers anknüpfen will. *Walter*, in: Loewenheim, Urheberrecht, § 57 Rz. 155 ff. u. 169, fordert hingegen für sämtliche Urheberrechtsverträge eine einheitliche Anknüpfung an das Recht am gewöhnlichen Aufenthaltsort bzw. der Hauptniederlassung des Rechtsnehmers.
3 *Schricker*, Einl. VerlG Rz. 43.
4 So aber *Joch*, 5. Aufl. Rz. 1310, der erst über die Ausweichklausel des Art. 28 Abs. 5 EGBGB zum Ergebnis der hM gelangt.
5 Da der Verleger in Ausübung seiner beruflichen Tätigkeit handelt, ist gem. Art. 19 Rom I-VO dessen Hauptniederlassung maßgeblich. Hat der Verlag die Rechtsform ei-

1991 Auch wenn die Honorarzahlungspflicht als Hauptpflicht vereinbart wurde, was regelmäßig der Fall sein dürfte, ergibt sich aus der **Ausweichklausel** des **Art. 4 Abs. 3 Rom I-VO** keine andere Bewertung. Denn selbst wenn man wegen der wenig charakterisierenden – als Hauptleistungspflicht geschuldeten – Geldleistung[1] nun die Verpflichtung des Verfassers zur Überlassung seines Werkes an den Verleger mehr ins Blickfeld rücken und eine engere Verbindung mit seinem Recht annehmen möchte, ändert sich die prägende Bedeutung der verlegerischen Ausübungspflicht nicht. Die Anwendung der Ausweichklausel gem. Art. 4 Abs. 3 Rom I-VO kann lediglich dann in Frage kommen, wenn eine spätere **Sitzverlegung**, die für sich allein genommen das Vertragsstatut noch nicht ändert[2], den gesamten Umständen nach zu einer deutlich engeren Verbindung zu einem anderen Recht führt[3].

1992 Gleiches gilt für den zwischen dem selbständigen Herausgeber über ein Sammelwerk und dem Verlag abgeschlossenen **Herausgebervertrag**, der wegen der Übernahme der Vervielfältigungs- und Verbreitungspflicht auf verlegereigene Rechnung als echter Verlagsvertrag im oben beschriebenen Sinne zu qualifizieren ist (s. oben Rz. 1988). Diese Form des Herausgebervertrags unterfällt dem soeben dargestellten Vertragsstatut des primären Verlagsvertrags. Bei der kollisionsrechtlichen Beurteilung ergeben sich insoweit keine Besonderheiten. Für die Anwendung der Ausweichklausel bleibt ebenfalls kaum Raum. Die typische Vertragsgestaltung zwischen Herausgeber, Verlag und einzelnen Autoren führt auch nicht über Art. 4 Abs. 3 Rom I-VO zur engeren Anbindung an das Recht des Herausgebers, sondern es bleibt bei der Anknüpfung an das Recht am Niederlassungsort des Verlegers[4]. Denn die Vervielfältigung und Verbreitung durch den Verleger stellt für den Herausgeber wie die unmittelbar mit dem Verleger (durch eigene echte Verlagsverträge) kontrahierenden Autoren gleichermaßen die vertragscharakteristische Leistung dar. Ein besonderes Interesse des Herausgebers, welches eine engere Verbindung zu seinem Recht rechtfertigte, existiert nicht. Gerade umgekehrt besteht auch ein Interesse des Verlegers am Gleichlauf der einzelnen Autorenverträge untereinander und mit dem Herausgebervertrag, welches durch Anwendung des Rechts am Verlegersitz befriedigt wird. Die Unterstellung der zwischen den einzelnen Autoren und dem Verlag abgeschlossenen Verträge unter das Recht des Herausgebers scheidet aus. Etwas anderes gilt nur dann, wenn der Herausgeber mit den Autoren direkt Vertragsbeziehungen unterhält, die dem Statut des verlagsrecht-

---

ner Gesellschaft, eines Vereins oder einer juristischen Person, so ist auf den Ort der Hauptverwaltung abzustellen.

1 Nach allgemeiner Ansicht vermag die Geldleistung bei gegenseitigen entgeltlichen Verträgen den Vertrag nicht zu charakterisieren. S. zum alten Recht die Begr., BT-Drucks. 10/504, S. 78; *Giuliano/Lagarde*, BR-Drucks. 224/83, S. 52 f.; *Magnus*, in: Staudinger, Art. 28 EGBGB Rz. 75.
2 S. BGH 7.12.1979 (Monumenta Germaniae Historica), GRUR 1980, 227 (230) = IPRspr. 1979 Nr. 175; *Katzenberger*, in: Schricker, vor §§ 120 ff. UrhG Rz. 157.
3 So noch zu Art. 28 Abs. 5 EGBGB *Magnus*, in: Staudinger, Art. 28 EGBGB Rz. 607.
4 Ebenso nach altem Recht *Martiny*, in: MünchKomm, Art. 28 EGBGB Rz. 395; sowie – entgegen der 6. Aufl. – jetzt auch *Spickhoff*, in: Bamberger/Roth, Art. 28 EGBGB Rz. 23 aE.

lichen Lizenzvertrages (idR dem Recht des Herausgebers als Lizenznehmer mit Ausübungspflicht)[1] untersteht. Bei dem Vertrag zwischen Herausgeber und Verleger wird es sich dann regelmäßig um einen Kommissionsvertrag handeln (s. oben Rz. 1988), für den das Kommissionsvertragsstatut (dazu unten Rz. 1397) maßgeblich ist. Dieses verweist auf das Recht des Verlegers als Kommissionär[2].

c) Objektive Anknüpfung des verlagsrechtlichen Lizenzvertrags

Der verlagsrechtliche Lizenzvertrag ist ein urheberrechtlicher Nutzungsvertrag eigener Art, für dessen kollisionsrechtliche Beurteilung die konkrete Art der Nutzungsrechtseinräumung Bedeutung erlangt. Entscheidend ist insbesondere, ob eine ausschließliche oder nur eine einfache Lizenz eingeräumt, ob eine Verpflichtung des Rechtserwerbers zur Rechtsverwertung vereinbart oder hierauf verzichtet wird. Nach ganz herrschender, zutreffender Auffassung in der Literatur[3] ist der verlagsrechtliche Lizenzvertrag an das **Recht des Lizenznehmers** anzuknüpfen, wenn diesen eine **Ausübungspflicht** trifft. Hier wird der Verlagslizenzvertrag durch die obligatorische Verwertungstätigkeit des Lizenznehmers charakterisiert. Ob hierbei die Ausweichklausel des Art. 4 Abs. 3 Rom I-VO bemüht oder die obligatorische Auswertungsleistung des Lizenznehmers als charakteristische Leistung iSd. Art. 4 Abs. 2 Rom I-VO betrachtet wird, kann dahinstehen[4]. Das Anknüpfungsergebnis der Verweisung auf das Recht des Lizenznehmers ist dasselbe. 1993

Gleiches (also die Anwendung des **Rechts des Lizenznehmers**) soll nach überwiegender Ansicht im Schrifttum[5] gelten für den Fall der **ausschließlichen Lizenz**, da diese über das Rückrufsrecht gem. § 41 UrhG[6] eine Ausübungs*last* impliziere. Dieselbe Differenzierung nimmt die Rechtsprechung vor[7]. 1994

Bei der Anknüpfung eines verlagsrechtlichen Lizenzvertrages ist jedoch zu berücksichtigen, dass als Vertragspartner auf der lizenzgebenden Seite der Verleger oder auch eine Verwertungsgesellschaft steht, mithin eine Person, die 1995

---

1 Hierzu sogleich unter der folgenden Rz. 1993.
2 So zum bisherigen Recht *Martiny*, in: MünchKomm, Art. 28 EGBGB Rz. 395.
3 S. *Obergfell*, in: Büscher/Dittmer/Schiwy, vor §§ 120 ff. UrhG Rz. 12; *Hartmann*, in: Möhring/Nicolini, vor §§ 120 ff. UrhG Rz. 40; *Schack*, Urheberrecht, Rz. 1144; *Schricker*, Einl. VerlG Rz. 44; *von Welser*, in: Wandtke/Bullinger, vor §§ 120 ff. UrhG Rz. 24; sowie aus der älteren Literatur *Mackensen*, S. 126.
4 Es wird wohl davon auszugehen sein, dass die Auswertungsverpflichtung bereits den rechtlichen Schwerpunkt auf die Verwerterseite verlagert, so dass ein Rückgriff auf die Ausweichklausel des Art. 4 Abs. 3 Rom I-VO entbehrlich ist. In diesem Sinne nach altem Recht bereits *Hausmann*, Festschr. Schwarz (1988), S. 47 (56) (insb. dortige Fn. 40).
5 S. etwa *Martiny*, in: MünchKomm, Art. 28 EGBGB Rz. 394; *Katzenberger*, in: Schricker, vor §§ 120 ff. UrhG Rz. 157; *Schricker*, Einl. VerlG Rz. 44.
6 Diese Vorschrift ist auch im Verlagsrecht anwendbar; vgl. *Schricker*, in: Schricker, § 41 UrhG Rz. 7.
7 In diesem Sinne liest sich etwa BGH 29.3.1960 (Comics), GRUR 1960, 447 (448).

selbst weder Urheber noch Rechtsnachfolger iSd. § 30 UrhG[1] ist. Allein diese Personengruppen sind aber berechtigt, das Rückrufsrecht gem. § 41 UrhG auszuüben, nicht dagegen der Inhaber eines Nutzungsrechts[2]. Denn der Urheber und sein Rechtsnachfolger können das Werk vom Lizenznehmer unabhängig davon zurückrufen, auf welcher Lizenzstufe es sich befindet, also auch vom Sublizenznehmer. Als Konsequenz hieraus kann mit dem Bestehen einer Ausübungslast des Lizenznehmers gegenüber seinem Vertragspartner gerade nicht argumentiert werden. Die Vereinbarung eines verlagsrechtlichen Lizenzvertrags wird allerdings in der Regel eine inhaltliche (wie etwa bei der Taschenbuchlizenz), zeitliche und/oder räumliche Beschränkung enthalten, die in ihrer Regelungsgesamtheit auf eine **Auswertungspflicht** hindeutet, so dass an das Recht des Lizenznehmers anzuknüpfen ist. Eine offensichtlich engere Verbindung zum **Recht des Lizenznehmers** kann gem. Art. 4 Abs. 3 Rom I-VO zudem dann angenommen werden, wenn zu der räumlichen Begrenzung der verlagsrechtlichen Lizenz für ein bestimmtes Land besondere weitere Bezugspunkte zu diesem Land hinzukommen[3].

1996 Lediglich im Fall der Einräumung eines **einfachen Nutzungsrechts**, die mangels Rückrufmöglichkeit[4] generell nicht zu einer Ausübungslast für den Rechtserwerber führt[5], weist das Statut eindeutig auf das **Recht am Ort des Lizenzgebers**[6]. Die dem Vertrag sein eigentümliches Gepräge gebende Verpflichtung ist naturgemäß nicht in der wenig differenzierenden Geldleistungspflicht des Lizenznehmers zu sehen, sondern in der Nutzungsrechtseinräumung durch den Rechteinhaber, Verleger oder zB die Verwertungsgesellschaft. Diese Anknüpfung erscheint besonders dann zweckmäßig, wenn der Verleger beabsichtigt, das Werk über die Grenzen seines Sitzstaates hinaus zu verbreiten, und daher Nutzungsrechte für mehrere Staaten einräumt. Sämtliche Lizenzvergaben richten sich dabei nach seinem Recht.

d) Objektive Anknüpfung des Bestellvertrags

1997 Die vertragliche Pflichtenverteilung stellt sich bei dem in § 47 VerlG geregelten Bestellvertrag dergestalt dar, dass der Verfasser das Manuskript abliefert

---

1 Dies sind zB Erbe, Miterbe oder Vermächtnisnehmer; vgl. *Schricker*, in: Schricker, § 30 UrhG Rz. 1.
2 *J. B. Nordemann*, in: Fromm/Nordemann, § 41 UrhG Rz. 7; *Schricker*, in: Schricker, § 41 UrhG Rz. 7.
3 So auch zum alten Recht *Magnus*, in: Staudinger, Art. 28 EGBGB Rz. 604.
4 Vgl. *J. B. Nordemann*, in: Fromm/Nordemann, § 41 UrhG Rz. 7; *Schricker*, in: Schricker, § 41 UrhG Rz. 11.
5 Denkbar ist hier beispielsweise auch die oben beschriebene Nutzungsrechtsvergabe durch den Einzelautor eines Sammelwerkbeitrages an den Herausgeber, der selbst nicht Verleger ist, wenn der Einzelbeitrag auch anderweitig, zB in einer Zeitschrift, publiziert werden soll.
6 HM; vgl. *Obergfell*, in: Büscher/Dittmer/Schiwy, vor §§ 120 ff. UrhG Rz. 12; *Mackensen*, S. 129; *Schack*, Urheberrecht, Rz. 1144; *Schricker*, Einl. VerlG Rz. 44; *Ulmer*, Immaterialgüterrechte, Nr. 77. AA *Walter*, in: Reimer (1977), S. 137 (145 f.). Gegen diese Differenzierung zwischen einfachen und ausschließlichen Lizenzen generell *Hoppe*, S. 197 ff. u. 202.

und die Nutzungsrechte einräumt. Der Besteller ist hier im Unterschied zum Verlagsvertrag lediglich zur Bezahlung eines Honorars verpflichtet. Eine Ausübungspflicht besteht gem. § 47 VerlG im Zweifel nicht. Üblicherweise werden **ausschließliche Nutzungsrechte** eingeräumt. Die Vereinbarung ausschließlicher Lizenzen führt hier iSd. hM[1] trotz Fehlens einer Ausübungs*pflicht* zumindest zu einer den Verleger treffenden **Ausübungs*last***. Denn am Abschluss eines Bestellvertrages ist der Urheber selbst beteiligt, der gem. § 41 UrhG sein Werk bei Nichtausübung zurückrufen kann. Dieser Umstand unterscheidet den Bestellvertrag – unabhängig von der materiellrechtlichen Anwendung der §§ 631 ff. BGB – in kollisionsrechtlicher Hinsicht vom Werkvertrag und dessen Statut. Das Vertragsverhältnis wird nunmehr durch die Nutzungsrechtsverwertung des Bestellers charakterisiert, so dass an das Recht des Staates anzuknüpfen ist, in dem der **Besteller seinen Sitz** hat[2]. Werden nur **einfache Nutzungsrechte** eingeräumt, fehlt es hingegen an dieser Ausübungslast des Bestellers. Das Vertragsverhältnis wird nicht durch die Nutzungsrechtsverwertung charakterisiert, sondern durch die Verfasserleistung, ähnlich der Unternehmerleistung beim Werkvertrag[3], und dessen Nutzungsrechtseinräumung. Es ist folglich an das **Recht am Ort des Verfassers** anzuknüpfen[4].

4. Objektive Anknüpfung von Filmverträgen
a) Materiellrechtliche Differenzierung verschiedener Filmvertragstypen

Die Filmproduktion und -verwertung erfordert ein umfangreiches, auf die individuellen Bedürfnisse der Vertragsparteien abgestimmtes Vertragswerk, welches sich nicht in ein allgemeingültiges Schema zwängen lässt. **Zwingende gesetzliche Vorgaben** für die Gestaltung von Filmverträgen **fehlen** bisher. Die filmrechtlichen Bestimmungen der §§ 88 ff. UrhG enthalten lediglich Auslegungsregeln für den Umfang der vertraglichen Rechtseinräumung durch den Urheber[5]. Abgesehen von den nun in den §§ 32, 32a UrhG normierten Korrekturansprüchen, die über § 32b UrhG sogar international zwingende Geltung beanspruchen, hat sich an dieser gesetzlichen Ausgangslage durch die Urhebervertragsrechtsreform von 2002 grundsätzlich wenig geändert. Denn Anpassungen gab es zwar beispielsweise hinsichtlich des Rechtserwerbs an vorbestehenden Werken, dies aber, ohne die Grundkonzeption der filmrechtlichen Regelung insgesamt in Frage zu stellen[6]. Die Gelegenheit, zugunsten des Filmproduzenten die bereits mehrfach geforderte *cessio legis*, also den automatischen Übergang der filmischen Rechte, zu normieren[7], hat der Gesetzgeber

1998

---

[1] Vgl. zB *Katzenberger*, Festschr. Schricker (1995), S. 225 (253); *Hartmann*, in: Möhring/Nicolini, vor §§ 120 ff. UrhG Rz. 40.
[2] Ebenso zum alten Recht *Martiny*, in: MünchKomm, Art. 28 EGBGB Rz. 396; *Schricker*, Einl. VerlG Rz. 45.
[3] Zum Werkvertragsstatut s. oben Rz. 1081 ff.
[4] So auch nach bisheriger Rechtslage *Schricker*, Einl. VerlG Rz. 45.
[5] S. hierzu eingehend *Obergfell*, in: Mestmäcker/Schulze, § 88 UrhG Rz. 13 ff. u. § 89 UrhG Rz. 9 ff.; *Obergfell*, S. 91 ff. mwN.
[6] Vgl. Begr., BT-Drucks. 14/8058, S. 21 f.
[7] S. die Vorschläge bei *Obergfell*, S. 189 ff.; *Poll*, ZUM 1999, 29 (35); *Reupert*, S. 302 ff.

bisher nicht genutzt. Doch umfassen die Vermutungen nach §§ 88, 89 UrhG seit der Urheberrechtsreform von 2007[1] auch Nutzungsrechte bezüglich unbekannter Nutzungsarten[2]. Um für die kollisionsrechtliche Bewertung der verschiedenen, in der Praxis verwendeten Filmverträge eine Leitlinie herauszuarbeiten, sollen im Vorfeld einzelne **grundlegende Vertragstypen** skizziert werden, auch wenn die dabei gezogenen Grenzen in der Praxis häufig verwischen. Eine erste deutliche Differenzierungslinie lässt sich zwischen den Verträgen zur Filmproduktion und denen zur Filmauswertung ziehen.

aa) Filmproduktionsverträge

1999 Im Bereich der Filmproduktionsverträge können zunächst Verfilmungsverträge, Drehbuch- und Filmmusikverträge unterschieden werden. **Verfilmungsverträge**[3] betreffen die Verfilmung eines vom Filmprojekt unabhängigen, sog. vorbestehenden Werkes, wie etwa eines Romans, aber auch eines Theaterstückes oder einer Oper. Sie werden zwischen dem Urheber des vorbestehenden Werkes und dem Filmproduzenten[4] mit dem Zweck der entgeltlichen Einräumung des Verfilmungsrechts abgeschlossen. Eine mit §§ 1, 14 VerlG vergleichbare gesetzlich normierte Ausübungspflicht existiert für den Verfilmungsvertrag nicht und wird auch nicht generell vermutet[5]. Die verlagsrechtlichen Vorschriften sind – im Gegensatz zu den kaufrechtlichen Bestimmungen des BGB – auf den als urheberrechtlichen Nutzungsvertrag eigener Art zu qualifizierenden Verfilmungsvertrag auch nicht entsprechend anzuwenden[6].

2000 Ein **Drehbuchvertrag**[7] wird demgegenüber abgeschlossen, wenn die literarische Grundlage des Filmwerks bereits filmspezifischen Charakter haben soll, wie es beim Drehbuch, aber auch bei dessen Vorläufern Treatment und Filmexposé der Fall ist. Auf der Seite des Drehbuchverfassers[8] entsteht die Pflicht, ein derartiges Auftragswerk zu schaffen sowie dem Filmproduzenten die filmischen Nutzungsrechte einzuräumen. Auf der Seite des Filmproduzenten entsteht ei-

---

1 BGBl. 2007 I, 2513. Die Neuregelung ist am 1.1.2008 in Kraft getreten.
2 S. dazu *Obergfell*, in: Mestmäcker/Schulze, vor §§ 88 ff. UrhG Rz. 8, § 88 UrhG Rz. 17 u. § 89 UrhG Rz. 12.
3 Zu Vertragszweck, Vertragspflichten und rechtlicher Qualifizierung umfassend und jeweils mwN. *Schwarz/Reber*, in: Loewenheim, Urheberrecht, § 74 Rz. 12 ff.; *Obergfell*, S. 111 ff.
4 Der Filmproduzent/Filmhersteller iSd. § 94 UrhG trägt die organisatorische und wirtschaftliche Gesamtverantwortung für das Filmvorhaben; vgl. BGH 22.10.1992 (Filmhersteller), BGHZ 120, 67 (70 f.); *Obergfell*, in: Mestmäcker/Schulze, vor §§ 88 ff. UrhG Rz. 34; *Pense*, ZUM 1999, 121 (122).
5 BGH 15.4.1958 (Privatsekretärin), BGHZ 27, 91 (96 ff.); *Lütje*, in: Möhring/Nicolini, § 88 UrhG Rz. 35.
6 S. insgesamt *Obergfell*, S. 123 f.; *Reupert*, S. 246 f.
7 Hierzu näher *Obergfell*, S. 125 ff. mwN.
8 Zur str., letztlich zu bejahenden Frage, ob der Drehbuchverfasser zu den unmittelbaren Filmurhebern zu rechnen ist, vgl. *Obergfell*, in: Mestmäcker/Schulze, vor §§ 88 ff. UrhG Rz. 30 u. 32; *Obergfell*, S. 47 ff.; *Reupert*, S. 116 f.; *Katzenberger*, in: Schricker, vor §§ 88 ff. UrhG Rz. 70; aA *Lütje*, in: Möhring/Nicolini, § 88 UrhG Rz. 8 f.; *Manegold*, in: Wandtke/Bullinger, vor §§ 88 ff. UrhG Rz. 30.

ne Vergütungspflicht. Mit dem Drehbuchvertrag verwandt ist der zur Komposition der Filmmusik vereinbarte **Filmmusikvertrag**. Zur Werkerstellung und Rechtseinräumung kommt auf Urheberseite regelmäßig die Verpflichtung zur Interpretation des Musikwerkes hinzu[1]. Drehbuch- und Filmmusikvertrag werden wegen ihres Bestellcharakters regelmäßig an der entsprechend anwendbaren werkvertraglichen Regelung der §§ 631 ff. BGB zu messen sein[2].

In die Phase der Filmproduktion fallen des Weiteren Verträge mit den unmittelbaren Filmschaffenden wie insbesondere dem Regisseur, der regelmäßig als Filmurheber zu qualifizieren ist[3]. Der **Regievertrag** verpflichtet den Regisseur nach § 89 Abs. 1 UrhG im Zweifel dazu, neben der Mitwirkung an den Filmarbeiten dem Filmhersteller die ausschließlichen Nutzungsrechte bezüglicher aller Nutzungsarten einzuräumen[4]. Die vertraglich vereinbarte Mitwirkungsverpflichtung des Regisseurs führt in der Regel zur entsprechenden Anwendbarkeit werk- oder dienstvertraglicher Bestimmungen[5]. Ähnliches gilt für die **Verträge mit ausübenden Künstlern**, wie zB Schauspielern, Musikern, Sängern oder Tänzern, den sog. Leistungsschutzberechtigten. Im Zuge der Umsetzung der Informationsrichtlinie[6] wurden ausübende Künstler mit Urhebern rechtlich weitgehend gleichgestellt[7].

Schließlich werden zur Kapitalzuführung bzw. Risikoverteilung bestimmte Formen der Zusammenarbeit zwischen Filmproduzenten und oftmals auch Fernsehsendern durch Coproduktions- oder Auftragsproduktionsverträge vereinbart. Der **Coproduktionsvertrag** ist ein urheberrechtlicher Nutzungsvertrag eigener Art mit gesellschaftsrechtlichem Charakter[8]. Um eine unechte Coproduktion handelt es sich, wenn ein Produktionspartner lediglich finanziell beteiligt ist, aber keine organisatorische Verantwortung übernimmt[9]. Bei der

---

1 Vgl. *Obergfell*, S. 129 f. Zu den rechtlichen Besonderheiten der Filmmusik s. insgesamt *Manegold*, in: Wandtke/Bullinger, § 88 Rz. 34 ff.
2 S. *Hertin*, in: MünchVertragshandbuch, 5. Aufl. (2004), Band 3, Wirtschaftsrecht II, Nr. VII 29 Anm. 3 u. VII 30 Anm. 4; *Obergfell*, S. 127 f.; *Schricker*, in: Schricker, vor §§ 28 ff. UrhG Rz. 100.
3 Ganz hM; vgl. nur *Dobberstein/Schwarz*, in: von Hartlieb/Schwarz, 37. Kap. Rz. 5 f.; *Henning-Bodewig*, Festschr. Schricker (1995), S. 389 (407); *Obergfell*, in: Mestmäcker/Schulze, vor §§ 88 ff. UrhG Rz. 28 u. 31; *Lütje*, in: Möhring/Nicolini, § 89 UrhG Rz. 11; *Reupert*, S. 81; *Katzenberger*, in: Schricker, vor §§ 88 ff. UrhG Rz. 61 u. 70.
4 Für eine Beschränkung der Vermutung der Rechtseinräumung auf das übliche Maß der tatsächlichen Filmverwertung *Katzenberger*, in: Schricker, § 89 UrhG Rz. 10.
5 Dies trifft auch auf die Verträge mit Kameramann, Filmarchitekt, etc. zu; s. insgesamt *Obergfell*, S. 132 f.
6 S. oben Rz. 1944. Die Umsetzung erfolgte durch das Gesetz zur Regelung des Urheberrechts in der Informationsgesellschaft vom 10.9.2003 (BGBl. 2003 I, S. 1774), welches seit dem 13.9.2003 in Kraft ist.
7 Vgl. *Obergfell*, in: Mestmäcker/Schulze, Bd. 1, Teil 1, Einführung UrhG Rz. 29 ff. Die neue Vorschrift des § 79 S. 2 UrhG ordnet demgemäß die entsprechende Anwendbarkeit der §§ 32 bis 43 UrhG, also auch der Sonderkollisionsnorm des § 32b UrhG, für ausübende Künstler an.
8 S. eingehend *Braun*, S. 49 ff.; *Möllering*, S. 71 ff.
9 Hierzu *Möllering*, S. 32 f.; *Schwarz*, ZUM 1991, 381 (382 f.); *Straßer*, ZUM 1999, 928 (929).

Auftragsproduktion wird der Filmproduzent verpflichtet, ein bestimmtes Filmwerk herzustellen sowie die erworbenen Nutzungs- und Leistungsschutzrechte zur Auswertung des Filmwerkes an den Auftraggeber weiterzuübertragen[1]. Arbeitet der Produzent selbständig (sog. echte Auftragsproduktion), so sind wegen der Nähe zum Werkvertrag die Bestimmungen der §§ 631 ff. BGB anzuwenden[2].

bb) Filmverwertungsverträge

2003 Die deutsche Filmwirtschaft ist dadurch gekennzeichnet, dass zwischen Filmproduzent und Filmtheater der sog. Filmverleih als organisatorische Einheit zwischengeschaltet ist[3]. Dementsprechend wird der Bereich der Filmverwertungsverträge üblicherweise unterteilt in Filmverleih- oder Filmvertriebsverträge und Filmvorführungsverträge. Der **Filmverleihvertrag**[4] wird im Verhältnis zwischen Filmproduzent und Filmverleiher mit dem Zweck geschlossen, die zur Auswertung des Filmwerks notwendigen Rechtebündel auf den als Vermittler fungierenden Filmverleiher zu übertragen, so dass dieser schließlich den verschiedenen Filmtheaterbetreibern die Filmvorführung gestatten kann. Generell trifft den Filmverleih keine Ausübungspflicht[5]. Im Ergebnis kann jedoch die Auslegung einer Klausel, die eine umfangreiche Erlösbeteiligung des Filmproduzenten regelt, zu einer Ausübungspflicht des Rechtserwerbers führen[6]. Zur rechtlichen Bewertung des Filmverleihvertrags können kauf- und pachtrechtliche Vorschriften herangezogen werden[7].

2004 In der nächsten Stufe der Filmverwertungskette werden zwischen Filmverleiher und Filmtheaterbetreibern **Filmvorführungsverträge**[8] abgeschlossen. Vertragsgegenstand ist die Überlassung einer Filmkopie verbunden mit der Nutzungsrechtseinräumung zur öffentlichen Vorführung iSd. § 19 Abs. 4 UrhG. Der Kinoinhaber ist zur ordnungsgemäßen Auswertung iSe. schuldrechtlichen Vorführungsverpflichtung sowie zur Abführung eines Anteils seiner Einspiel-

---

1 S. auch *Henning-Bodewig*, Festschr. Schricker (1995), S. 389 (414 f.).
2 Bei der unechten Auftragsproduktion arbeitet der Produzent in Abhängigkeit vom Auftraggeber; vgl. *Obergfell*, S. 141 f.
3 Der Film*vertrieb* ist für den internationalen Filmlizenzhandel zuständig. Zur Organisation der Filmwirtschaft s. näher *Schwarz*, in: von Hartlieb/Schwarz, 153. Kap.; *Obergfell*, S. 145 ff.; *Reupert*, S. 248 ff.
4 Der Abschluss dieses (häufig schlicht „Filmlizenzvertrag" genannten) Vertragstyps ist auf sämtlichen Stufen in der Verwertungskette denkbar. Vgl. insgesamt *Ditzen*, S. 50; *von Gamm*, S. 60; *Schwarz/Reber*, in: Loewenheim, Urheberrecht, § 74 Rz. 214 ff.; *Obergfell*, S. 149 ff.
5 Typischerweise fehlt eine ausdrückliche Klausel, mit der der Filmverleih zur Auswertung verpflichtet wird; vgl. *Obergfell*, ZUM 2003, 292 (293 f.).
6 So BGH 10.10.2002 (Filmauswertungspflicht), ZUM 2003, 135 (136 f.); hierzu *Obergfell*, ZUM 2003, 292 ff.; ebenso bereits BGH 15.6.1951 (Filmverleihvertrag), BGHZ 2, 331 (335); s. auch *Reber*, in: von Hartlieb/Schwarz, 165. Kap. Rz. 2.
7 S. BGH 15.6.1951 (Filmverleihvertrag), BGHZ 2, 331 (335); *Obergfell*, S. 156 f.
8 Der Filmvorführungsvertrag wird häufig auch als Filmbestellvertrag bezeichnet. Hierzu *Klingner*, in: von Hartlieb/Schwarz, 178.–204. Kap.; *Obergfell*, S. 158 ff.; *Reupert*, S. 249 f.

erlöse verpflichtet[1]. Die Überlassung der Filmkopie fällt unproblematisch in den Bereich des Mietrechts, wohingegen die mietrechtlichen Vorschriften auf den nutzungsrechtlichen Teil des Filmvorführungsvertrags nur entsprechend anwendbar sind[2].

Schließlich werden heutzutage eine Fülle **sonstiger Filmverwertungsformen** gesucht und gefunden. Zu nennen sind neben der klassischen Fernseh- und Videoauswertung wie auch dem Merchandising die Verwertung über neue Medien wie zB DVD, Internet sowie mobile Endgeräte[3]. Diese Verträge weichen in ihrem Kern, der urheberrechtlichen Nutzungsrechtseinräumung, nicht wesentlich von den beschriebenen Filmverwertungsverträgen ab, so dass eine nähere Betrachtung hier unterbleiben kann[4]. 2005

b) Objektive Anknüpfung von Filmproduktionsverträgen

Mangels Rechtswahl (s. dazu unten Rz. 2061 f.) ist gem. Art. 4 Abs. 2 Rom I-VO bei der objektiven Anknüpfung von Filmproduktionsverträgen nach der **charakteristische Leistung** zu fragen. Die Bestimmung der charakteristischen Leistung stößt im Filmvertragsrecht auf die Schwierigkeit, dass in der Praxis eine Fülle von Filmverträgen mit den unterschiedlichsten Mitwirkenden abgeschlossen werden, das Gesetz über die entsprechenden Haupt- und Nebenleistungspflichten der Vertragsparteien aber schweigt. Die im Vorangehenden herausgearbeitete materiellrechtliche Typisierung der verschiedenen Filmvertragsarten kann nun iSd. Vertragstypenformel fruchtbar gemacht werden, indem das dortige Ergebnis, etwa die Ähnlichkeit zum Mietvertrag, vergleichend an das für den bürgerlichrechtlichen Vertragstyp in Rechtsprechung und Lehre entwickelte Vertragsstatut angelehnt wird. Filmspezifische Besonderheiten können dabei über die **Ausweichklausel** gem. Art. 4 Abs. 3 Rom I-VO Beachtung finden. 2006

aa) Verfilmungsvertrag

Auch für das internationale Filmvertragsrecht ist weitgehend auf die ältere Spruchpraxis zurückzugreifen, da schon zu dem seit der IPR-Reform von 1986 geltenden Recht kaum höchstrichterliche Rechtsprechung vorliegt. Dieser Rückgriff ist auch nach Inkrafttreten der Rom I-VO statthaft (s. oben Rz. 1969). Auf den Verfilmungsvertrag wendet die **Rechtsprechung** den allgemeinen Grundsatz[5] an, dass der Urheber die für den Urheberrechtsvertrag charakteris- 2007

---

1 Vgl. *Ditzen*, S. 115 ff.; *von Gamm*, S. 73; *Klingner*, von Hartlieb/Schwarz, 193. u. 194. Kap.; *Hertin*, in: MünchVertragshandbuch, 5. Aufl. (2004), Band 3, Wirtschaftsrecht II, Nr. VII 35 Anm. 6 u. 13.
2 So *Ditzen*, S. 128 ff.; *Obergfell*, S. 163 f.
3 Vgl. auch die Übersicht der üblichen Filmauswertungsformen bei *Manegold*, in: Wandtke/Bullinger, vor §§ 88 ff. UrhG Rz. 36 ff.
4 Zur vertragsrechtlichen Bewertung derartiger Zweit- und Weiterverwertungen vgl. *Obergfell*, S. 164 ff.
5 Dieser wird gemeinhin als Ausgangspunkt der kollisionsrechtlichen Bewertung von Urheberrechtsverträgen genommen; vgl. zB *Hausmann*, Festschr. Schwarz (1988), S. 47

tische Leistung erbringt, wenn der von ihm vorgenommenen Rechtseinräumung allein die Geldleistung gegenübersteht. Das Recht des Rechtserwerbers soll danach nur für den Fall maßgeblich sein, dass dieser ein ausschließliches Recht erwirbt oder sich zur Auswertung verpflichtet hat[1].

2008 Die **Literatur** betrachtet in Anlehnung an den Rechtskauf die **Einräumung des Verfilmungsrechts** grundsätzlich als die den Verfilmungsvertrag prägende, charakteristische Leistung[2]. Übernimmt der Filmproduzent eine **Ausübungsverpflichtung**, wofür allerdings deutliche Anhaltspunkte gegeben sein müssen, so wird nun seine umfangreiche organisatorische und wirtschaftliche Leistung als charakteristische Leistung gewertet und an das **Recht am Sitz des Filmproduzenten** angeknüpft[3]. Nach anderer Ansicht ist auch bei fehlender Ausübungsverpflichtung generell an das Recht am Sitz des Filmproduzenten anzuknüpfen, was mit dem Prinzip der geringsten Störung begründet wird[4]. Danach dominiere angesichts der Vielzahl der vom Produzenten abzuschließenden Filmverträge dessen Interesse an der Anwendung eines einheitlichen Rechts auf diese Vertragsverhältnisse[5].

2009 Rechtsprechung und Literatur ist zunächst hinsichtlich ihres Ausgangspunktes zuzustimmen. Die materiellrechtliche Einordnung des Verfilmungsvertrags hat eine Ähnlichkeit mit dem Rechtskauf offenbart (s. oben Rz. 1999). Hierfür spricht im Wesentlichen die Verwendung der in der Filmvertragspraxis typischen Buy-out-Klauseln, die – in den urheberrechtlichen Grenzen – zur ausschließlichen Nutzungsrechtseinräumung gegen eine einzige Vergütungsleistung führen. Demgegenüber ist angesichts nur geringer Voraussehbarkeit der Verwertungschancen eines Filmwerks die Übernahme einer Auswertungspflicht durch den Filmproduzenten eher selten. In kollisionsrechtlicher Hinsicht ist der Verfilmungsvertrag daher nicht mit dem Verlagsvertrag vergleichbar, es überzeugt vielmehr die Anlehnung an den Rechtskauf. Folglich gilt nach der allgemeinen Leitlinie, dass nicht die „farblose" Geldleistung das Vertragsverhältnis charakterisiert, sondern die ihr gegenüberstehende Verpflich-

---

(55); *Kleine*, S. 74 ff.; *Martiny*, in: MünchKomm, Art. 28 EGBGB Rz. 389 u. 404; *Joch*, in: Reithmann/Martiny, 5. Aufl. (1996), Rz. 1316; *Schack*, Urheberrecht, Rz. 1144; *Katzenberger*, in: Schricker, vor §§ 120 ff. UrhG Rz. 156.

1 OLG München 29.4.1954 (Papaveri e Papere), Schulze OLGZ 8, 7; OLG Frankfurt a.M. 3.3.1977 (Das Millionenspiel), Schulze OLGZ 183, 12.
2 So nach bisherigem Recht zB *Hausmann*, Festschr. Schwarz (1988), S. 47 (55); *Kleine*, S. 74; *Martiny*, in: MünchKomm, Art. 28 EGBGB Rz. 397. Allgemein zum Urheberrechtsvertrag *Katzenberger*, Festschr. Schricker (1995), S. 225 (253); *Hartmann*, in: Möhring/Nicolini, vor §§ 120 ff. UrhG Rz. 40; *Katzenberger*, in: Schricker, vor §§ 120 ff. UrhG Rz. 156; *Ulmer*, Immaterialgüterrechte, Nr. 75.
3 S. *Hausmann*, Festschr. Schwarz (1988), S. 47 (56); *Katzenberger*, in: Schricker, vor §§ 120 ff. UrhG Rz. 158; so wohl auch *Martiny*, in: MünchKomm, Art. 28 EGBGB Rz. 397; *von Hoffmann*, in: Soergel, Art. 28 EGBGB Rz. 514. Im allgemeinen urhebervertragsrechtlichen Sinne ebenso *Katzenberger*, Festschr. Schricker (1995), S. 225 (253); *Hartmann*, in: Möhring/Nicolini, vor §§ 120 ff. UrhG Rz. 40; *Ulmer*, Immaterialgüterrechte, Nr. 76.
4 *Braun*, S. 81; ebenso *Magnus*, in: Staudinger, Art. 28 EGBGB Rz. 617.
5 Ähnlich argumentierte über Art. 28 Abs. 5 EGBGB *Joch*, 5. Aufl. Rz. 1316.

tung[1], die **Einräumung des Verfilmungsrechts** durch den Urheber als die den Verfilmungsvertrag prägende Leistung[2].

Obgleich die **Ausweichklausel des Art. 4 Abs. 3 Rom I-VO** als Ausnahmevorschrift nicht bei jeglicher Verbindung zu einer bestimmten Rechtsordnung greift[3], ist ihre Anwendung zutreffenderweise dann zu befürworten, wenn der Filmproduzent zusätzlich zu seiner Zahlungspflicht eine **Auswertungspflicht** vertraglich übernimmt. Dies kann aus der Motivation des von den Erfolgschancen eines Filmstoffs überzeugten Produzenten herrühren, sich die Rechte möglichst schnell zu sichern. Vor diesem Hintergrund erscheint auch das Wagnis, sich zur Verfilmung eines vorbestehenden Werkes ausdrücklich zu verpflichten, als „überschaubares" Risiko. Bei vertraglicher Vereinbarung einer derartigen Auswertungspflicht prägt nicht mehr die Rechtsverschaffungspflicht des Inhabers der Stoffrechte das Vertragsverhältnis, sondern die organisatorischen und wirtschaftlichen Produzentenleistungen zur filmischen Stoffverwertung charakterisieren nun den Verfilmungsvertrag. Bestehen also Anhaltspunkte für die Übernahme einer Verwertungspflicht, so deuten gem. Art. 4 Abs. 3 Rom I-VO die gesamten Umstände auf eine engere Verbindung mit dem Sitzstaat des Filmproduzenten[4]. Es ist demzufolge an das **Recht am Sitz des Filmproduzenten** anzuknüpfen.

2010

Übernimmt der Filmproduzent keine Auswertungspflicht, so bleibt es bei der den Vertrag grundsätzlich prägenden Urheberleistung der Rechtseinräumung. Hiergegen tritt die wirtschaftlich-organisatorische Tätigkeit des Produzenten zurück. Ein Indiz für die Anknüpfung an den Sitz des Filmproduzenten kann sich aber auch bei Fehlen einer vertraglich vereinbarten Auswertungsverpflichtung aus der Einräumung **ausschließlicher Lizenzen** und der daraus resultierenden Rückrufmöglichkeit des Urhebers verbunden mit wirtschaftlichen Aspekten ergeben. Das Rückrufsrecht wegen Nichtausübung gem. § 41 UrhG steht dem Urheber eines vorbestehenden Werkes wie bisher im Gegensatz zu den Filmurhebern bis zu Beginn der Dreharbeiten zu[5]. Hieraus folgt eine faktische **Ausübungslast** des Filmproduzenten, die im Zusammenhang mit dem von diesem übernommenen wirtschaftlichen Risiko der Filmproduktion letztlich ebenfalls auf das **Recht am Sitz des Filmproduzenten** verweist[6]. Gem.

2011

---

1 Vgl. so schon zum alten Recht *Giuliano/Lagarde*, BR-Drucks. 224/83, S. 52; *Martiny*, in: MünchKomm, Art. 28 EGBGB Rz. 33.
2 S. *Hausmann*, Festschr. Schwarz (1988), S. 47 (55); *Kleine*, S. 74 ff.; *Obergfell*, S. 312 f.
3 Es genügt beispielsweise nicht, dass die Verkaufsverhandlungen in deutscher Sprache geführt oder der Kaufpreis in deutscher Währung entrichtet wurde; vgl. LG Baden-Baden 14.2.1997, IPRspr. 1997 Nr. 31. S. insgesamt oben Rz. 169 ff.
4 Ebenso zu Art. 28 Abs. 5 EGBGB *Obergfell*, in: Büscher/Dittmer/Schiwy, vor §§ 120 ff. UrhG Rz. 12; *Hausmann*, Festschr. Schwarz (1988), S. 47 (56); *Obergfell*, S. 313. In diesem Sinne generell für Urheberrechtsverträge *Kleine* S. 73 und 81; *Strömholm*, in: Holl/Klinke (1985), S. 269 (277); *Ulmer*, Immaterialgüterrechte, Nr. 76.
5 Vgl. § 90 S. 2 UrhG; Begr., BT-Drucks. 14/8058, S. 22; *Obergfell*, in: Mestmäcker/Schulze, § 90 UrhG Rz. 7 ff.
6 Vgl. *Obergfell*, S. 313 f.; sowie generell zum Urhebervertragsrecht *Hausmann*, Festschr. Schwarz (1988), S. 47 (57); *Kleine*, S. 76 u. 83 ff.; *Katzenberger*, Festschr. Schricker (1995), S. 225 (253); *Katzenberger*, in: Schricker, vor §§ 120 ff. UrhG Rz. 156.

Art. 4 Abs. 3 Rom I-VO führen – eingedenk der Tatsache, dass der Filmproduzent zur Realisierung seines Projektes eine Vielzahl verschiedenster Filmproduktionsverträge abschließen muss und deshalb ein besonders großes Interesse an einer einheitlichen rechtlichen Bewertung hat, – die gesamten Umstände bei der Vereinbarung eines Verfilmungsvertrages zur Anwendung des Rechts, welches am Sitz des Filmproduzenten gilt.

bb) Drehbuch- und Filmmusikvertrag

2012 Die mit den unmittelbar am Filmwerk mitwirkenden Urhebern geschlossenen Filmverträge werden nicht allein durch die Nutzungsrechtseinräumung, sondern insbesondere auch durch die Schöpfungsleistung selbst geprägt[1]. So sind der Drehbuchvertrag wie auch der Filmmusikvertrag gleichermaßen als werkvertragsähnliche Filmverträge zu qualifizieren. Die vertragscharakteristische Leistung ist – vergleichbar mit der Herstellung des Werkes iSd. § 631 BGB – die **urheberrechtliche Schöpfungsleistung**. Diese unterscheidet in spezifischer Weise Drehbuch- oder Filmmusikvertrag von sonstigen Verträgen zur urheberrechtlichen Nutzungsrechtseinräumung.

2013 Drehbuch- und Filmmusikvertrag sind jedoch gem. Art. 4 Abs. 3 Rom I-VO nicht an das Recht des Drehbuchverfassers bzw. Komponisten anzuknüpfen[2], sondern werden regelmäßig dem **Recht am Sitz des Filmproduzenten** zu unterstellen sein[3]. Im Gegensatz zur Situation beim Verfilmungsvertrag vermag bei den Filmgestaltungsverträgen, die bereits unmittelbar die Filmherstellung betreffen und nicht lediglich im Vorfeld abgeschlossen werden, die organisatorisch-koordinierende Produzentenleistung iVm. der wirtschaftlichen Risikoübernahme für das Gesamtprojekt diese Vertragsverhältnisse deutlicher zu charakterisieren. Aus der Gesamtheit der Umstände folgt daher beim Drehbuch- wie auch beim Filmmusikvertrag eine engere Verbindung an das Recht des Staates, in dem der Filmproduzent seinen Sitz hat. Denn es liegt nicht nur im Interesse des Filmproduzenten, die zur Filmherstellung benötigten Vertragswerke nach möglichst einheitlichen Regeln rechtlich zu bewerten, sondern letztlich entspricht dies auch dem Interesse der Filmurheber an der Realisierung der Filmproduktion samt ihres Werkbeitrags. Stehen Drehbuchverfasser oder Komponist in einem Arbeitsverhältnis zum Filmproduzenten, so greift das **Arbeitsvertragsstatut**[4].

---

1 S. oben Rz. 2000 f.
2 Bei Werken, die eigens für die Filmproduktion bestellt werden, wendet *Joch*, 5. Aufl. Rz. 1318, das Recht des Werkherstellers, also des Urhebers, an.
3 Vgl. zum bisherigen Recht *Obergfell*, S. 314 f.; so auch *Martiny*, in: MünchKomm, Art. 28 EGBGB Rz. 398. Ähnlich über Art. 30 Abs. 2 EGBGB 5. Aufl. Rz. 1318 (*Joch*). AA generell bzgl. Verträgen mit „Künstlern" *Magnus*, in: Staudinger, Art. 28 EGBGB Rz. 618, demzufolge das Dienst- bzw. Werkvertragsstatut gelte.
4 5. Aufl. Rz. 1318 (*Joch*); allg. zum Arbeitsvertragsstatut unten Rz. 4831 ff.

cc) Regievertrag und filmrechtliche Arbeitsverträge

Regieverträge und sonstige Mitwirkungsverträge mit Filmschaffenden, wie etwa Kameramann oder Cutter, haben tendenziell dienstvertraglichen Charakter (s. oben Rz. 2001). Auch hier ist die **urheberrechtliche Schöpfungsleistung** grundsätzlich die den Regie- oder Mitwirkungsvertrag von sonstigen urheberrechtlichen Nutzungsrechtsverträgen spezifisch unterscheidende Hauptleistungspflicht. Die umfangreiche Koordinations- und Organisationsleistung des Filmproduzenten sowie dessen Übernahme des wirtschaftlichen Risikos für die Filmproduktion erlangen jedoch wie im Bereich von Drehbuch- und Filmmusikvertrag kollisionsrechtliche Bedeutung und werden (im Fall selbständig arbeitender Künstler) ebenfalls auf das **Recht am Sitz des Filmproduzenten** verweisen[1]. 2014

Häufig werden die mit den Filmschaffenden abgeschlossenen Verträge allerdings als **Filmarbeitsverträge** zu qualifizieren sein mit der Konsequenz, dass die Sonderregel des Art. 8 Rom I-VO greift. Danach findet auf Filmarbeitsverträge das **Recht am Arbeitsort** Anwendung (Art. 8 Abs. 2 S. 1 Rom I-VO) bzw. das **Recht der einstellenden Niederlassung**, wenn gewöhnlich nicht nur an einem Ort gearbeitet wird (Art. 8 Abs. 3 Rom I-VO)[2]. Auch hier kann sich aber nach der Ausweichklausel des Art. 8 Abs. 4 Rom I-VO aus den Umständen – hier also den genannten Spezifika der Filmproduktion – eine engere Verbindung mit dem **Recht des Filmproduzenten** ergeben[3]. 2015

dd) Coproduktions- und Auftragsproduktionsvertrag

Der Coproduktionsvertrag nimmt ebenso wie der Filmarbeitsvertrag eine Sonderstellung im Kollisionsrecht der Filmverträge ein. Denn während beim Filmarbeitsvertrag der arbeitsrechtliche Aspekt in den Vordergrund tritt, besitzt der Coproduktionsvertrag gesellschaftsrechtliche Prägung (s. zum Coproduktionsvertrag oben Rz. 2002). Nach allgemeiner Ansicht ist die Bestimmung des Vertragsstatuts eines Coproduktionsvertrags demzufolge am Gesellschaftsstatut zu orientieren, welches bisher stets zur Anwendbarkeit des **Rechts am Sitz des federführenden Coproduzenten** führte[4]. Zu diesem Ergebnis wird man auch auf der neuen Grundlage von Art. 4 Abs. 2 und 3 Rom I-VO gelangen. 2016

Der Bestellcharakter (s. oben Rz. 2002) des Auftragsproduktionsvertrags prägt das Vertragsverhältnis und weist unproblematisch auf die **Leistung des auftrag-** 2017

---

1 *Obergfell*, S. 315; zustimmend *Martiny*, in: MünchKomm, Art. 28 EGBGB Rz. 399. Ähnlich 5. Aufl. Rz. 1316 (*Joch*); aA *Magnus*, in: Staudinger, Art. 28 EGBGB Rz. 618.
2 So zum alten Recht auch *Braun*, S. 81 f.; 5. Aufl. Rz. 1318 (*Joch*); allgemein zum Urhebervertragsstatut *Katzenberger*, Festschr. Schricker (1995), S. 225 (254); zur Anknüpfung des Arbeitsvertrags unten Rz. 4847 ff.
3 S. zum alten Recht 5. Aufl. Rz. 1318 (*Joch*).
4 Vgl. *Braun*, S. 73 u. 79; *Möllering*, S. 72 ff.; *Martiny*, in: MünchKomm, Art. 28 EGBGB Rz. 400; *Obergfell*, S. 315.

nehmenden Produzenten sowie dessen Recht[1]. Es ist gerade diese organisatorisch-wirtschaftliche Gesamtleistung des Filmproduzenten, die den Auftragsproduktionsvertrag iSd. Art. 4 Abs. 2 Rom I-VO charakterisiert.

c) Objektive Anknüpfung von Filmverwertungsverträgen
aa) Filmverleihvertrag

2018 Der Grundsatz von der den Urheberrechtsvertrag kollisionsrechtlich prägenden Nutzungsrechtseinräumung (s. hierzu oben Rz. 1984 und 2007) kann auch bei der objektiven Anknüpfung des Filmverleihvertrages zum generellen Ausgangspunkt genommen werden[2]. Ein Großteil der **Literatur** wendet für den Filmverleihvertrag jedoch die Ausweichklausel des bisherigen Art. 28 Abs. 5 EGBGB, jetzt Art. 4 Abs. 3 Rom I-VO, an. Demnach sei das **Recht am Sitz des Filmverleihs**, mithin des **Nutzungsrechtserwerbers**, maßgeblich, wenn dieser sich vertraglich zur Auswertung verpflichte oder ihm ausschließliche Nutzungsrechte eingeräumt werden[3]. Teilweise wird argumentiert, bei vertraglicher Übernahme einer Verwertungspflicht (sowie des damit gekoppelten wirtschaftlichen Risikos) durch den Verleiher kennzeichne nicht mehr die Rechtsverschaffungspflicht, sondern bereits die Verwertungspflicht den Filmverleihvertrag iSd. charakteristischen Leistung[4]. Ein Rückgriff auf die Ausweichklausel sei hingegen entbehrlich. Zudem wird die zentrale Abwicklung der Filmlizenzen durch den Filmverleih als Kriterium für die Anknüpfung an dessen Recht berücksichtigt[5]. Alle diese Ansichten differieren lediglich hinsichtlich ihrer Begründung. Sie führen in der Regel – nach neuem Recht über Art. 4 Abs. 2 Rom I-VO wie auch Art. 4 Abs. 3 Rom I-VO – zur Anknüpfung an das Recht des Filmverleihers[6].

2019 Auch die **Rechtsprechung** bewertet die Nutzungsrechtseinräumung des Filmlizenzgebers grundsätzlich als die charakteristische Leistung, lässt das Recht des Filmverleihers aber dann zur Anwendung kommen, wenn dieser ein ausschließliches Recht erwirbt oder zur Auswertung verpflichtet wird[7].

---

1 *Braun*, S. 83; *Obergfell*, S. 315. Ebenso *Martiny*, in: MünchKomm, Art. 28 EGBGB Rz. 400.
2 Daher im Zweifel auf das Recht am Sitz des Produzenten abstellend *Magnus*, in: Staudinger, Art. 28 EGBGB Rz. 619.
3 In diesem Sinne *Braun*, S. 83; *Kleine*, S. 77 ff.; *Loewenheim*, ZUM 1999, 923 (924); *Obergfell*, S. 317; 5. Aufl. Rz. 1316 (*Joch*); *von Welser*, in: Wandtke/Bullinger, vor §§ 120 ff. UrhG Rz. 24. Im allgemein urhebervertragsrechtlichen Sinne ebenso *Ulmer*, Immaterialgüterrechte, Nr. 76.
4 Vgl. *Hausmann*, Festschr. Schwarz (1988), S. 47 (56); *Schack*, Urheberrecht, Rz. 1144; ohne nähere Begründung ebenso *von Welser*, in: Wandtke/Bullinger, vor §§ 120 ff. UrhG Rz. 24.
5 *Fallenböck*, ZfRV 1999, 98 (102); 5. Aufl. Rz. 1316 (*Joch*). So auch *Obergfell*, S. 317.
6 Offen lassend auch *Martiny*, in: MünchKomm, Art. 28 EGBGB Rz. 401.
7 S. zum alten Recht zB BGH 3.7.1959 (Die Rache des schwarzen Adlers), UFITA 32 (1960), 186 (187) = IPRspr. 1958/59 Nr. 53. Hier wendete der BGH das Recht des Filmverleihers an, da dieser sich zur Auswertung verpflichtet hatte. S. auch OLG München 25.1.2001 (Murder) (rkr.), ZUM 2001, 439 = IPRspr. 2001 Nr. 25: Die Parteien stritten

Bei Ermittlung der **vertragscharakteristischen Leistung** ist vor dem Hintergrund dieses Meinungsstands in Literatur und Rechtsprechung in der Tat zunächst zu berücksichtigen, dass der Filmverleihvertrag ein primär kaufvertragsähnlicher Filmvertragstyp ist, der zum Teil auch pachtähnliche Züge trägt. Die charakteristische Leistung ist damit zutreffend in der Nutzungsrechtseinräumung zu verorten. Für die Vertragsanknüpfung sind allerdings weitere aus der Filmvertragspraxis stammende Indizien nach der **Ausweichklausel gem. Art. 4 Abs. 3 Rom I-VO** zu berücksichtigen. Eine Anknüpfung an das Recht des Schutzlandes, die beispielsweise für den immaterialgüterrechtlichen Lizenzvertrag über gewerbliche Schutzrechte diskutiert wird[1], scheidet im Filmlizenzbereich allerdings wegen der unzumutbaren Zersplitterung des Vertragsstatuts bei Vergabe der Weltrechte aus[2]. Aus Gründen der Vorhersehbarkeit der Rechtsverhältnisse ist eine generelle Anknüpfung an das Schutzlandrecht abzulehnen.

Kollisionsrechtlich beachtenswerte Konsequenzen ergeben sich hingegen aus der Übernahme einer **Auswertungspflicht** durch den Filmverleiher. Zutreffend gehen Rechtsprechung wie Literatur davon aus, dass sich hierdurch eine engere Verbindung zum Recht des Filmverleihers rechtfertigt. In diesem Fall verlagert sich nämlich der Vertragsschwerpunkt von der Rechtseinräumung auf die Verwertungstätigkeit. Die den Filmverleihvertrag kennzeichnende Leistung besteht nun darin, die vom Filmproduzent erworbenen Nutzungsrechte zur öffentlichen Vorführung nachfolgend den einzelnen Kinobetreibern einzuräumen. Die *ausdrückliche* Vereinbarung einer Auswertungspflicht des Filmverleihers ist allerdings nicht unbedingt üblich. Eine Auswertungspflicht lässt sich unter Umständen jedoch mittels *Vertragsauslegung* aus umfangrei-

---

hier über das Zustandekommen eines Filmlizenzvertrages über die Auswertung eines in den USA produzierten Films im deutschsprachigen Raum. Der Sachverhalt gestaltete sich in der Weise, dass eine sog. „Quick note" abgeschlossen wurde, es zu dem vorgesehenen Abschluss der sog. „long form" aber nicht mehr kam. Die Klägerin, eine die Filmherstellung und den Filmlizenzhandel betreibende US-amerikan. Kapitalgesellschaft, machte gegen die Beklagte, die mit Sitz in Deutschland den Verleih und Vertrieb von Filmnutzungsrechten im deutschsprachigen Raum betrieb, Schadensersatz wegen Nichterfüllung des Filmlizenzvertrags geltend. Die Frage, ob zwischen den Parteien überhaupt ein Filmlizenzvertrag abgeschlossen wurde, beantworteten die Richter nach dem Recht des US-amerikan. Staates Kaliforniens, also dem Recht des Lizenzgebers. Zur Begründung führten sie an, die Nutzungsrechtseinräumung stelle die charakteristische Leistung gem. Art. 28 Abs. 2 EGBGB dar. Der Umstand, dass die Beklagte ihren Sitz in Deutschland habe und hier der Film auch ausgewertet werden sollte, entkräfte diese Vermutung iSv. Art. 28 Abs. 5 EGBGB aber nicht. Die Gesamtheit der Umstände deute vielmehr auf Kalifornien. Hier befinde sich der Sitz der Klägerin, hier werde der mit einem englischsprachigen Titel versehene Film produziert und von hier werden die Rechte zur Verfügung gestellt. Da zudem die „Vertrags"sprache Englisch sei und ein Teil der Gegenleistung in US-Dollar zu entrichten sei, befürwortete das Gericht die Anwendung des kaliforn. Rechts.
1 Vgl. oben Rz. 1865 ff. mwN.
2 Ebenso *Hausmann*, Festschr. Schwarz (1988), S. 47 (58); *Kleine*, S. 63; *von Hoffmann*, in: Soergel, Art. 28 EGBGB Rz. 499; *Ulmer*, Immaterialgüterrechte, Nr. 74.

chen Beteiligungsklauseln herauslesen[1]. Zudem spricht die mit der Vereinbarung einer Minimumgarantie erzielte Überwälzung eines Teils des **Verwertungsrisikos** auf den Filmverleiher für eine engere Beziehung zum Recht des Verleihers. Als weiteres Argument kommt hinzu, dass der Verleiher die **Organisation** der endgültigen Kinoauswertung (insbesondere die Einziehung der Leihmieten) übernimmt. Aufgrund der Erlösbeteiligung des Filmproduzenten liegt dies auch in seinem Interesse. Im Ergebnis ist daher die umfassende, mit wirtschaftlichem Wagnis verbundene Organisationstätigkeit des Filmverleihers in der Weise zu berücksichtigen, dass gem. Art. 4 Abs. 3 Rom I-VO eine engere Verbindung zum **Recht am Sitz des Filmverleihers** anzunehmen ist[2].

bb) Filmvorführungsvertrag

2022 Die zum Filmverleihvertrag entwickelte Anknüpfungsmethode kann auch für die Anknüpfung des Filmvorführungsvertrags nutzbar gemacht werden. Auch bei diesem auf der vorerst letzten Verwertungsstufe zwischen Filmverleih und Kinobetreiber geschlossenen Filmvertrag ist nach der im Schrifttum vorherrschenden Auffassung[3] grundsätzlich an das Recht derjenigen Vertragspartei anzuknüpfen, die die Nutzungsrechte einräumt. Etwas anderes gelte, soweit die andere Partei besondere Pflichten, wie insbesondere eine Verwertungspflicht, übernimmt. Die Anknüpfung des Filmvorführungsvertrages an das Recht des Einspiellandes[4] wird heute wegen der unzumutbaren Vertragszersplitterung allgemein abgelehnt[5].

2023 Wegen der Nähe des Filmvorführungsvertrags zum Mietvertrag ist die der Gebrauchsüberlassung vergleichbare Weiterübertragung der Filmlizenzen durch den Filmverleiher zwar zunächst als die das Vertragsverhältnis charakterisierende Leistung zu betrachten. Zu beachten sind aber die für den Filmvorführungsvertrag **spezifischen Vertragspflichten des Kinobesitzers**. So schreiben die häufig verwendeten Bezugsbedingungen[6] dem Kinobesitzer beispielsweise genau vor, wie die Eintrittsgelder einzuziehen sind, aber auch in welcher Reihenfolge die gebuchten Filme zu zeigen sind und welche Mindestspielzeit ein-

---

1 BGH 10.10.2002 (Filmauswertungspflicht), ZUM 2003, 135 (136 f.); BGH 15.6.1951 (Filmverleihvertrag), BGHZ 2, 331 (335); *Obergfell*, ZUM 2003, 292 (293 ff.); *Schack*, Urheberrecht, Rz. 1100.
2 S. zum bisherigen Recht *Obergfell*, S. 317; 5. Aufl. Rz. 1316 (*Joch*).
3 Vgl. etwa *von Hoffmann*, in: Soergel, Art. 28 EGBGB Rz. 515. Ebenso *Braun*, S. 83. Ohne nähere Differenzierung ebenso zum allgemeinen Urheberrechtsvertrag *Katzenberger*, Festschr. Schricker (1995), S. 225 (253); *Hartmann*, in: Möhring/Nicolini, vor §§ 120 ff. UrhG Rz. 40; *Katzenberger*, in: Schricker, vor §§ 120 ff. UrhG Rz. 156; *Ulmer*, Immaterialgüterrechte, Nr. 75 f.
4 So *Gamillscheg*, Rechtswahl, Schwerpunkt und mutmaßlicher Parteiwille im internationalen Vertragsrecht, AcP 157 (1958–59), 303 (333); 4. Aufl. Rz. 502 (*Merz*).
5 S. *Hausmann*, Festschr. Schwarz (1988), S. 47 (58); *Kleine*, S. 72; *Martiny*, in: MünchKomm, Art. 28 EGBGB Rz. 401; *von Hoffmann*, in: Soergel, Art. 28 EGBGB Rz. 515.
6 Bei dem in der Praxis typischen Blockbuchungssystem werden dem Kinobesitzer mittels Bestellschein samt spezieller Bezugsbedingungen komplette Filmpakete angeboten, vgl. *Klingner*, in: von Hartlieb/Schwarz, 177. Kap. Rz. 11 u. 182. Kap.

zuhalten ist. Zudem verpflichtet der Filmvorführungsvertrag den Kinobesitzer zur Auswertung[1] der bestellten Filme sowie zur Verwendung des mitgelieferten Werbematerials. Insbesondere die Auswertungsverpflichtung, aber auch die genannten weiteren Verpflichtungen, die die Art und Weise der Auswertung näher bestimmen, führen im Ergebnis dazu, dass an das **Recht am Sitz des Kinobetreibers** anzuknüpfen ist[2].

cc) Sonstige Filmverwertungsverträge

Angesichts der kostspieligen Filmproduktion wird eine möglichst weitreichende Wertschöpfung aus dem fertig gestellten Kinofilmwerk angestrebt. Üblich sind heute nicht nur die Zweitauswertung über Fernsehen und Video bzw. DVD, sondern zudem eine stetig wachsende Anzahl von neuen Auswertungsformen (s. oben Rz. 2005). Bei den hierzu erforderlichen urheberrechtlichen Nutzungsverträgen ist – wie am Beispiel des Filmverleih- und Filmvorführungsvertrages gezeigt – in jedem Einzelfall zu prüfen, ob von der grundsätzlich vertragscharakteristischen Nutzungsrechtseinräumung abweichend eine andere Leistungspflicht dem Vertrag das besondere Gepräge gibt. Bei einem **Fernsehlizenzvertrag** wird beispielsweise wegen seiner Ähnlichkeit zum Filmvorführungsvertrag[3] (eine entsprechende Auswertungspflicht vorausgesetzt) das Recht am Sitz der Rundfunkanstalt bzw. des Senders maßgeblich sein[4]. Für die europäische Satellitensendung gilt überdies das Sendelandprinzip gem. § 20a UrhG[5]. Dieser Anknüpfungsgrundsatz ist hingegen nicht auf die der Satellitenübertragung nachgeschaltete erdgebundene Rundfunksendung anzuwenden, sondern die terrestrische Sendung unterliegt kollisionsrechtlich dem Schutzlandprinzip[6]. Der zwischen dem Filmhersteller oder einem Lizenznehmer und dem Videogrammhersteller geschlossene **Videolizenzvertrag** bzw. DVD-Lizenzvertrag kommt in seiner rechtlichen Bewertung dem Filmverleihvertrag nahe[7]. Aus dieser Anlehnung des Video-/DVD-Lizenzvertrages an den Filmverleihvertrag rechtfertigt sich bei entsprechender Übernahme einer Auswertungspflicht die kollisionsrechtliche Anknüpfung an das Recht am Sitz des Videogramm- bzw. DVD-Herstellers[8].

2024

---

1 HM; vgl. zB *Ditzen*, S. 115 ff.; *Obergfell*, S. 161; *Reupert*, S. 250; *Schack*, Urheberrecht, Rz. 1104.
2 Im Ergebnis ebenso *Braun*, S. 83; *Hausmann*, Festschr. Schwarz (1988), S. 47 (57 f.); *Martiny*, in: MünchKomm, Art. 28 EGBGB Rz. 402; *Obergfell*, S. 317; *von Hoffmann*, in: Soergel, Art. 28 EGBGB Rz. 515.
3 Vgl. *Ditzen*, S. 157 u. 161; *Obergfell*, S. 165.
4 So jetzt auch *Martiny*, in: MünchKomm, Art. 28 EGBGB Rz. 403.
5 Die Vorschrift geht auf die Kabel- und Satellitenrichtlinie (oben Rz. 1944) zurück.
6 So expressis verbis BGH 7.11.2002 (Sender Felsberg), GRUR 2003, 328 (331) = IPRspr. 2002 Nr. 125; in diesem Sinne bereits die Vorinstanz: OLG Saarbrücken 28.6.2000, IPRax 2003, 150; dazu *Schack*, Zum auf grenzüberschreitende Sendevorgänge anwendbaren Urheberrecht, IPRax 2003, 141 ff.
7 S. *Hertin*, in: Fromm/Nordemann, 9. Aufl. (1998), vor § 31 UrhG Rz. 57; *Obergfell*, S. 166; aA *Schack*, Urheberrecht, Rz. 1106, der eine Nähe zum Verlagsvertrag annimmt.
8 Zustimmend *Martiny*, in: MünchKomm, Art. 28 EGBGB Rz. 403.

2025 Im Bereich der Rechteverwertung sind schließlich die **Verträge mit den Verwertungsgesellschaften** zu erwähnen. Hier ist wegen der gesetzlichen Wahrnehmungspflicht der Verwertungsgesellschaft gem. § 6 Abs. 1 UrhWG der zwischen Verwertungsgesellschaft und Urheber geschlossene Wahrnehmungsvertrag an das **Recht am Sitz der Verwertungsgesellschaft** anzuknüpfen[1]. Die Verwertungsgesellschaft erbringt auch im Vertragsverhältnis mit den Werknutzern die vertragstypische Leistung, nämlich die regelmäßige Einräumung einfacher Nutzungsrechte. Die Verträge zwischen Verwertungsgesellschaft und Werknutzern unterliegen damit gleichfalls dem Recht am Sitz der Verwertungsgesellschaft[2].

5. Objektive Anknüpfung von Softwareverträgen

a) Materiellrechtliche Einordnung von Softwareverträgen

2026 Verträge über Software sind zum Teil ebenfalls als urheberrechtliche Nutzungsverträge zu qualifizieren. Nach §§ 2 Abs. 1 Nr. 1, 69a ff. UrhG können **Computerprogramme** – was regelmäßig der Fall ist[3] – als technische Sprachwerke Urheberrechtsschutz erlangen. Bei **Datenbanken** ist zu unterscheiden zwischen dem Datenbankwerk, welches nach § 4 Abs. 2 iVm. § 2 Abs. 2 UrhG urheberrechtliche Werkqualität aufweist, und dem *sui generis*-Datenbankherstellerschutz gem. §§ 87a ff. UrhG[4]. Daneben wird zunehmend ein Schutz als Softwarepatent anerkannt[5]. Die Vertragspraxis ist vielfältig. So sind zum einen die Verträge über die Überlassung von Standard- oder Individualsoftware zu unterscheiden, wobei in materiellrechtlicher Hinsicht bei Überlassung der Software auf Dauer und gegen ein einmaliges Entgelt im ersteren Fall die Vorschriften des Kaufrechts entsprechende Anwendung finden[6] und im zweiten Fall auf werkvertragliche Vorschriften rekurriert werden kann[7]. Zum anderen sind Mischformen hiervon und auch mietähnliche Vertragskonstellationen,

---

1 So zum alten Recht auch *Kleine*, S. 88; *Martiny*, in: MünchKomm, Art. 28 EGBGB Rz. 405; 5. Aufl. Rz. 1317 (*Joch*); *von Hoffmann*, in: Soergel, Art. 28 EGBGB Rz. 516; *Magnus*, in: Staudinger, Art. 28 EGBGB Rz. 620.
2 Vgl. *Kleine*, S. 89; *Martiny*, in: MünchKomm, Art. 28 EGBGB Rz. 405; *Joch*, in: Reithmann/Martiny, 5. Aufl. (1996), Rz. 1317.
3 Die Schutzschwelle ist denkbar niedrig: So soll es genügen, wenn ein Computerprogramm nicht bloß trivial ist und nicht allein auf vorgegebener Sachlogik beruht, wobei im Falle komplexer Programme eine Vermutung für hinreichende Individualität besteht; vgl. BGH 3.3.2005 (Fash 2000) GRUR 2005, 860; s.a. aus der Literatur *Lehmann*, in: Loewenheim, § 76 Rz. 3 f.
4 S. näher *Lehmann*, in: Loewenheim, § 77 Rz. 7 ff. u. 39 ff. sowie zur vertragstypologischen Einordnung Rz. 139 u. 144 ff.
5 BGH 11.5.2000 (Sprachanalyseeinrichtung), CR 2000, 500 (501 f.).
6 BGH 24.10.2002 (CPU-Klausel), GRUR 2003, 416 (418); BGH 22.12.1999, NJW 2000, 1415; *A. Brandi-Dohrn/M. Brandi-Dohrn*, in: Kronke/Melis/Schnyder, Rz. F 317; *Lehmann*, in: Loewenheim, § 76 Rz. 42.
7 So bereits BGH 11.2.1971, WM 1971, 615; ferner BGH 14.7.1993 CR 1993, 681 (682 f.); s.a. *Lehmann*, in: Loewenheim, § 76 Rz. 32 u. 48.

wie zB beim Application Service Providing (ASP), denkbar[1]. Die Lizenzierung von **Open Source Software** wird als eine (durch Nichteinhaltung der Lizenzbedingungen) auflösend bedingte Schenkung zu bewerten sein[2]. Ist nicht lediglich der Erwerb einer Programmkopie Gegenstand des Vertrags, sondern die **Einräumung des ausschließlichen Nutzungsrechts** am Computerprogramm, so handelt es sich um einen urheberrechtlichen Nutzungsvertrag. Allerdings kann eine Weiterverbreitung von Computerprogrammen, soweit sie einmal mit Zustimmung des Rechtsinhabers in Verkehr gebracht wurden, nicht mehr in urheberrechtlicher Hinsicht untersagt werden. Dieser sog. **Erschöpfungsgrundsatz** gilt gemeinschaftsweit, jedoch nur für den Programmverkauf in Form endgültiger Überlassung an den Erwerber, nicht aber bei der zeitweiligen Überlassung iRv. Dauerschuldverhältnissen[3].

b) Kollisionsrechtliche Bewertung

aa) Bestimmung der charakteristischen Leistung nach Art. 4 Rom I-VO

Soweit der Anwendungsbereich des CISG eröffnet ist, also insbesondere bei Verträgen über Standardsoftware (s. oben Rz. 1942), greifen vorrangig dessen Regeln und verdrängen das nationale Kollisionsrecht gem. Art. 3 Nr. 2 EGBGB[4]. Vor allem bei Verträgen über Individualsoftware, aber auch im Verhältnis zu Nichtvertragsstaaten ist jedoch auf das nationale Kollisionsrecht abzustellen bzw. seit Inkrafttreten der Rom I-VO auf dessen Art. 4 und die **vertragscharakteristische Leistung** zu ermitteln. Die Nähe zum Kaufvertrag und Bewertung der Überlassung der Software als charakteristische Leistung führt beim Vertrag über den Erwerb von **Standardsoftware** zur Anwendung des Rechts des Staates, in dem der **Veräußerer** der Software seinen gewöhnlichen Aufenthalt hat[5]. Im Falle von Auftrags- bzw. **Individualsoftware** ist regelmäßig die **Leistung des Softwareentwicklers** die den Softwarevertrag charakterisierende Leistung, so dass dessen Recht anzuwenden ist. Ähnliches gilt bei der Lizenzierung von Software. Hier wird nach den allgemeinen Grundsätzen bei der einfachen Lizenz auf das Recht des Lizenzgebers abzustellen sein[6], während es bei ausschließlicher Lizenzerteilung oder im Falle der Übernahme einer Ausübungsverpflichtung durch den Lizenznehmer auf dessen Recht ankommen soll[7].

2027

---

1 S. insgesamt zu den Erscheinungsformen von Softwareverträgen und ihrer materiellrechtlichen Einordnung *A. Brandi-Dohrn/M. Brandi-Dohrn*, in: Kronke/Melis/Schnyder, Rz. F 317 ff.
2 *Metzger/Jaeger*, Open Source Software und deutsches Urheberrecht, GRUR Int. 1999, 839 (847); aA (Schenkung unter Auflage) *Spindler/Wiebe*, Open Source-Vertrieb, CR 2003, 873 (876 u. 879).
3 *Lehmann*, in: Loewenheim, § 76 Rz. 12.
4 S. zum Verhältnis von CISG und nationalem Kollisionsrecht auch *Martiny*, in: MünchKomm, Art. 28 EGBGB Anh. Rz. 13.
5 So auch *A. Brandi-Dohrn/M. Brandi-Dohrn*, in: Kronke/Melis/Schnyder, Rz. F 447.
6 *A. Brandi-Dohrn/M. Brandi-Dohrn*, in: Kronke/Melis/Schnyder, Rz. F 447.
7 *A. Brandi-Dohrn/M. Brandi-Dohrn*, in: Kronke/Melis/Schnyder, Rz. F 447.

2028 Bei Verträgen über **Creative Commons** oder sonstige **Open Content- oder Open Source Softeware-Vereinbarungen** ist die vertragscharakteristische Leistung diejenige des Urhebers als Lizenzgeber der kostenlosen Lizenz[1]. Soweit es also an einer Rechtswahlklausel fehlt, ist das Recht des Staates anzuwenden, in dem der Urheber seinen gewöhnlichen Aufenthalt hat. Die Anwendung der Ausweichklausel nach Art. 4 Abs. 3 Rom I-VO kommt auch dann nicht in Betracht, wenn sich der Erwerber einer „Share Alike"-Lizenz verpflichtet, bei einer Bearbeitung diese selbst nur unter den Lizenzbedingungen der Creative Commons weiterzuverbreiten[2].

bb) Verbraucherschutz

2029 Beim Softwarekauf setzt der Verbraucherschutz der Rechtswahlmöglichkeit Grenzen. Nach Art. 6 Abs. 2 Rom I-VO können die Parteien hier zwar grundsätzlich das auf den Vertrag anzuwendende Recht wählen, doch darf dadurch nicht dem Verbraucher der Schutz entzogen werden, der ihm durch die zwingenden Bestimmungen des Verbraucherstatuts nach Art. 6 Abs. 1 Rom I-VO gewährt wird. Art. 6 Abs. 1 Rom I-VO bestimmt für den Fall, dass bei einem Verbrauchervertrag der „Unternehmer a) in dem Staat, in dem der Verbraucher seinen gewöhnlichen Aufenthalt hat, eine berufliche oder gewerbliche Tätigkeit ausübt oder b) eine solche Tätigkeit auf irgend einem Wege auf diesen Staat oder auf mehrere Staaten, einschließlich dieses Staates, ausrichtet und der Vertrag in den Bereich dieser Tätigkeit fällt", als anwendbares Recht das „Recht des Staates, in dem der Verbraucher seinen gewöhnlichen Aufenthalt hat". Ist dies nicht der Fall greift wiederum Art. 4 Rom I-VO[3].

6. Objektive Anknüpfung von Verträgen mit ausübenden Künstlern

a) Materiellrechtliche Einordnung von Künstlerverträgen

2030 Ausübenden Künstlern kommen bestimmte **Leistungsschutzrechte** oder auch „verwandte Schutzrechte" zu, die vom Urheberrecht grundsätzlich zu differenzieren sind. Als ausübender Künstler bezeichnet § 73 UrhG in Anlehnung an Art. 2a WPPT (s. Rz. 1943) eine Person, die „ein Werk oder eine Ausdrucksform der Volkskunst aufführt, singt, spielt oder auf eine andere Weise darbietet oder an einer solchen Darbietung künstlerisch mitwirkt", gemeint sind also in erster Linie Schauspieler, Sänger, Tänzer, Musiker sowie Dirigenten und Regisseure[4]. Die Rechtsstellung der ausübenden Künstler wurde durch die Urhe-

---

1 *Dreier*, Creative Commons, Science Commons – Ein Paradigmenwechsel im Urheberrecht?, Festschr. Schricker (1995), S. 283 (288 dortige Fn. 22); ebenso. *A. Brandi-Dohrn/M. Brandi-Dohrn*, in: Kronke/Melis/Schnyder, Rz. F 449 f.
2 So zum alten Recht *Dreier*, Creative Commons, Science Commons – Ein Paradigmenwechsel im Urheberrecht?, Festschr. Schricker (1995), S. 283 (288 dortige Fn. 22).
3 S. näher zu Verbraucherverträgen Rz. 4171 ff.
4 S. näher *Dreier*, in: Dreier/Schulze, § 73 UrhG Rz. 7 ff.; *Hertin*, in: Mestmäcker/Schulze, § 73 UrhG Rz. 1 u. 4 ff.

berrechtsreform von 2003 (sog. „Erster Korb")[1] wesentlich verbessert. Seither sind ausübende Künstler mit Urhebern urhebervertragsrechtlich weitgehend gleichgestellt[2]. Während ausübende Künstler nach altem Recht keine eigenen Ausschließlichkeitsrechte besaßen, sondern lediglich sog. Einwilligungsrechte gekoppelt mit gesetzlichen Vergütungsansprüchen, gilt für sie nach neuem Recht das Urhebervertragsrecht entsprechend, so dass ihnen nunmehr vertragliche Vergütungsansprüche aus eigenen Verwertungsrechten gem. §§ 77, 78 UrhG zugute kommen[3]. Die Vorschrift des § 79 Abs. 2 S. 2 UrhG ordnet die entsprechende Anwendbarkeit der §§ 31, 32 bis 32b sowie der §§ 33 bis 42 und 43 UrhG, an. Das bedeutet, dass nach geltendem Recht auch ausübende Künstler einfache oder ausschließliche Nutzungsrechte nach allgemeinem Urhebervertragsrecht einräumen können allerdings mit der Einschränkung, dass die Vorschriften über unbekannte Nutzungsarten (jetzt in §§ 31a, 32c UrhG geregelt) nicht anwendbar sind[4]. Zudem findet die Sonderkollisionsnorm des § 32b UrhG auch für ausübende Künstler Anwendung (s. dazu Rz. 2035 f.). Die mit ausübenden Künstlern geschlossenen Verträge sind daher grundsätzlich als **urheberrechtliche Nutzungsverträge eigener Art** zu qualifizieren. Je nachdem, ob der ausübende Künstler in einem Arbeitsverhältnis zum Nutzungsrechtserwerber steht oder als freischaffender Künstler den Auftrag für eine künstlerische Darbietung annimmt, weist der Künstlervertrag arbeits- bzw. dienstrechtliche oder werkvertragsrechtliche Züge auf. Keine urheberrechtliche Relevanz besitzt der Managementvertrag zwischen einem Künstler und seinem Manager; dieser ist vielmehr als Dienstleistungsvertrag mit Geschäftsbesorgungscharakter einzustufen[5].

b) Kollisionsrechtliche Bewertung

Durch den Wandel vom Einwilligungsrecht und gesetzlichen Vergütungsanspruch, der einer Anwendung des internationalen Vertragsrechts nicht zugänglich war, zum Neukonzept von Verwertungs- und Nutzungsrecht mit vertraglichem Vergütungsanspruch rückt der Künstlervertrag verstärkt ins Blickfeld des Internationalen Urhebervertragsrechts. Als „verwandtes Schutzrecht" steht das Recht der ausübenden Künstler dem Urheberrecht so nahe, dass sich Parallelitäten nicht nur für das Verpflichtungsstatut, sondern auch für das Verfügungsstatut ergeben. Es wiederholt sich demnach auch im Bereich der Künstlerverträge die Kontroverse[6] um eine gesonderte oder einheitliche

2031

---

1 S. das Gesetz zur Regelung des Urheberrechts in der Informationsgesellschaft vom 10.9.2003, BGBl. 2003 I, S. 1774, welches seit dem 13.9.2003 in Kraft ist und die Informationsrichtlinie (dazu oben Rz. 1944) sowie den WPPT (dazu oben Rz. 1943) in deutsches Recht umsetzt.
2 S. *Dreier*, in: Dreier/Schulze, § 73 UrhG Rz. 3.
3 Vgl. *Dreier*, in: Dreier/Schulze, § 77 UrhG Rz. 1 u. § 79 UrhG Rz. 1.
4 *Dreier*, in: Dreier/Schulze, § 79 UrhG Rz. 7 f.; s. auch *Hertin*, in: Mestmäcker/Schulze, vor §§ 73 ff. UrhG Rz. 13.
5 OLG Hamburg 30.7.2007, ZUM 2008, 144 (146).
6 S. die Nachweise oben unter Rz. 1812 ff.

Anknüpfung von urheberrechtlicher Verfügung in Bezug auf die Nutzungsrechtseinräumung im Vertrag mit ausübenden Künstlern.

2032 Lenkt man den Blick auf das Verpflichtungsstatut, so fällt eine Nähe zum filmrechtlichen Regievertrag (dazu oben Rz. 2001) auf. Unabhängig davon, dass es sich beim Filmregisseur um die urheberrechtliche und beim ausübenden Künstler um die leistungsschutzrechtliche Nutzungsrechtseinräumung dreht, zeigen beide Vertragstypen die Gemeinsamkeit einer Koppelung von **Nutzungsrechtseinräumung** und persönlicher **Mitwirkungsverpflichtung**. Denn im Kern von Künstlerverträgen stehen zum einen die Einräumung der für eine Aufführung oder sonstigen Veranstaltung künstlerischer Darbietungen notwendigen Nutzungsrechte und zum anderen die persönliche Mitwirkungsverpflichtung des Künstlers an der Veranstaltung. So sind in beiden Fällen die Leistungen von Filmregisseur und ausübendem Künstler als die vertragsspezifische Leistung zu betrachten. Wenn beim Regievertrag grundsätzlich die urheberrechtliche Schöpfungsleistung die charakteristische Leistung ist, so ist es beim Künstlervertrag die darbietende Leistung und entsprechende Rechtseinräumung. Gerade beim Solokünstler wird daher an das Recht des ausübenden Künstlers als derjenigen Vertragspartei anzuknüpfen sein, die diese vertragscharakteristische Leistung erbringt. Im Bereich der Künstlerverträge kann aber auch – wie bei den filmrechtlichen Regieverträgen – die umfangreiche Koordinations- und Organisationsleistung des (Film-) Produzenten sowie dessen Übernahme des wirtschaftlichen Risikos zur Anknüpfung an dessen Recht führen[1].

Steht der ausübende Künstler, wie etwa ein Tänzer eines Ballett-Ensembles im Rahmen eines festen Engagements zB an einer städtischen Bühne in einem **Arbeitsverhältnis**, so greift das Arbeitsvertragsstatut. Gem. Art. 8 Abs. 2 S. 1 Rom I-VO findet das **Recht am Arbeitsort** Anwendung, mithin beim festen Engagement das Recht des Ortes, an dem die Aufführungen und Veranstaltungen stattfinden. Werden auswärtige Gastspiele in einem anderen Staat gegeben, so verändert sich dadurch nicht das Arbeitsvertragsstatut mit Anwendung des Rechts am Arbeitsort (Art. 8 Abs. 2 S. 2 Rom I-VO). Kann der Arbeitsort jedoch mangels gewöhnlicher Spielstätte nicht ermittelt werden, wie zB bei internationalen Konzerttourneen, die ein Sänger oder Musiker (soweit diese Arbeitnehmerqualität besitzen) über seine Konzertagentur absolviert, so gilt gem. Art. 8 Abs. 3 Rom I-VO das **Recht der einstellenden Niederlassung des Arbeitgebers**[2].

---

1 S. die ähnlichen Überlegungen bei *Zweigert/Puttfarten*, GRUR Int. 1973, 573 (577 f.).
2 Zur Anknüpfung des Arbeitsvertrags unten Rz. 4847 ff.

7. Eingriffsnormen
a) Urhebervertragsrecht

Die Frage, ob es im deutschen[1] Urhebervertragsrecht bzw. für das Filmvertragsrecht[2] oder Verlagsvertragsrecht[3] international zwingende Normen, sog. Eingriffsnormen iSv. Art. 9 Rom I-VO[4] gibt, die unbedingten Geltungswillen haben und sich damit auch gegenüber einer abweichenden Rechtswahl durchsetzen, ist im Schrifttum seit jeher umstritten. Die urheberrechtliche Literatur[5] befürwortete bisher weitgehend eine international zwingende Geltung der urhebervertragsrechtlichen Vorschriften des **§ 31 Abs. 4 (aF) und 5 sowie der §§ 36 (aF), 41 und 42 UrhG**. Ähnliche Tendenzen lassen sich in der Rechtsprechung[6] ausmachen. Nach der Reform des Urhebervertragsrechts von 2002 wurde diese Liste um die Vorschrift des **§ 32** ergänzt und § 36 UrhG aF durch **§ 32a UrhG** ersetzt. Schon materiellrechtlich ist strittig, ob §§ 32, 32a UrhG überhaupt trotz § 69b UrhG für den Softwareentwickler gilt[7]. Die internationalprivatrechtliche Literatur[8] tendiert freilich in die andere Richtung und plädiert für den sparsamen Gebrauch des ehemaligen Art. 34 EGBGB aF auch im Urheber- und Verlagsrecht, schon allein deshalb, um dem ausländischen Recht den gebührenden Respekt zu zollen.

2033

---

1 Sehr kontrovers diskutiert wurde bisher die – hier aus Platzgründen nicht näher behandelte – Frage der Sonderanknüpfung zwingender *ausländischer* Normen; vgl. etwa *Junker*, Empfiehlt es sich, Art. 7 EVÜ zu revidieren oder aufgrund der bisherigen Erfahrungen zu präzisieren?, IPRax 2000, 65 (72 ff.) mwN. Zur Anwendung ausländischer Eingriffsnormen nach Art. 9 Abs. 3 Rom I-VO s. oben Rz. 631 ff.
2 Zur international zwingenden Geltung der §§ 103, 112, 119 InsO bei Insolvenz des Filmlizenznehmers s. *von Frentz/Marrder*, Insolvenz des Filmrechtehändlers, ZUM 2001, 761 (763 ff.).
3 Das Verlagsrecht enthält bereits in materiellrechtlicher Hinsicht lediglich dispositives Recht; vgl. *Schack*, Urheberrecht, Rz. 994.
4 Auch für die Anknüpfung außervertraglicher Schuldverhältnisse sind Eingriffsnormen gem. Art. 16 Rom II-VO zwingend zu beachten.
5 S. *Nordemann*, in: Fromm/Nordemann, 9. Aufl. (1998), vor § 120 UrhG Rz. 8; *Katzenberger*, Festschr. Schricker (1995), S. 225 (255 f.); *Loewenheim*, ZUM 1999, 923 (926); *Hartmann*, in: Möhring/Nicolini, vor §§ 120 ff. UrhG Rz. 45; *Katzenberger*, in: Schricker, vor §§ 120 ff. UrhG Rz. 166 ff.; *Schricker*, Einl. VerlG Rz. 47. Zust. bzgl. § 36 UrhG aF auch *Kleine*, S. 146 ff.
6 Zu § 31 Abs. 4 UrhG aF andeutend etwa BGH 2.10.1997 (Spielbankaffaire), BGHZ 136, 380 = NJW 1998, 1395, 1397 = IPRspr. 1997 Nr. 125; zu § 31 Abs. 5 UrhG vgl. LG München I 24.8.2000, ZUM-RD 2002, 21 (25 ff.) (Aguilera); offen gelassen dagegen BGH 19.4.2001 (Barfuß ins Bett), GRUR Int. 2001, 873 (876); s. hierzu *Wagner/Obergfell*, ZUM 2001, 973 (979).
7 Dafür BGH 23.10.2001 (Wetterführungspläne II), GRUR 2002, 149 (152 f.) (zu § 36 UrhG aF); *Dreier*, in: Dreier/Schulze, § 69b UrhG Rz. 10; *Grützmacher*, in: Wandtke/Bullinger, § 69b UrhG Rz. 22 ff.; aA *Bayreuther*, Zum Verhältnis zwischen Arbeits-, Urheber- und Arbeitnehmererfindungsrecht, GRUR 2003, 570 (574 f.).
8 So etwa *Hausmann*, Festschr. Schwarz (1988), S. 47 (74); *Hilty/Peukert*, GRUR Int. 2002, 643 (649); *Martiny*, in: MünchKomm, Art. 28 EGBGB Rz. 390; *Obergfell*, S. 321 f.; *Schack*, Urheberrecht, Rz. 1148; *Schack*, Festschr. Heldrich, S. 997 (1001 u. 1005); *von Welser*, in: Wandtke/Bullinger, § 32b UrhG Rz. 2; *von Welser*, IPRax 2002, 364 (365). Krit. auch *Sonnenberger*, Eingriffsrecht – Das trojanische Pferd im IPR oder notwendige Ergänzung?, IPRax 2003, 104 (105 ff.) (insbesondere dortige Fn. 7).

2034 Macht man sich die **Konzeption von Eingriffsnormen iSd. Art. 9 Rom I-VO** bewusst – diese sollen unabhängig von ihrer öffentlichrechtlichen oder privatrechtlichen Natur *überindividuelle* Interessen betreffen und dürfen sich nicht auf den Ausgleich beispielsweise einer gestörten Vertragsparität allein im Verhältnis der Parteien selbst beschränken[1] –, so sprechen die besseren Argumente *gegen* die Qualifizierung der bisher diskutierten Vorschriften des Urhebervertragsrechts als international zwingende Normen[2]. Fruchtbar ist in diesem Zusammenhang auch der Seitenblick auf die Diskussion im Bereich der Verbraucherschutzgesetze. Hier wird größtenteils – gerade auch wegen der Spezialvorschrift des Art. 6 Rom I-VO bzw. früher Art. 29 EGBGB – eine Anwendung von Art. 9 Rom I-VO abgelehnt[3]. Da für Urheberrechtsverträge eine vergleichbare Spezialvorschrift fehlt und dieser Vertragstypus sich auch nicht generell unter Art. 6 Rom I-VO subsumieren lässt[4], müsste die Konsequenz lauten, die urhebervertragsrechtlichen Bestimmungen setzen sich gerade nicht als international zwingend gegenüber einem ausländischen Statut durch. Denn Bestimmungen wie etwa die des mittlerweile aufgehobenen § 31 Abs. 4 UrhG aF sind weder einem Gemeininteresse noch einem sozialpolitischen Anliegen verpflichtet, sondern sollen strukturell Verhandlungsgleichheit und damit Austauschgerechtigkeit zwischen den kontrahierenden Parteien herstellen[5]. Die Konstruktion einer zwingenden Geltung über Art. 9 Rom I-VO erscheint in diesem Licht als allzu offensichtlicher „Rettungsversuch" zur Durchsetzung deutschen Urhebervertragsrechts gegenüber einem ausländischen Vertragsstatut. Dies birgt die Gefahr der Rechtszersplitterung und lässt eine unzeitgemäße wie auch IPR-fremde Tendenz zur Abschottung gegen die Einwirkung ausländischen Rechts durchblicken. Denn das IPR geht von der grundsätzlichen Gleichwertigkeit aller Rechtsordnungen aus, wobei das Durchgreifen von Eingriffsnormen als Sonderfall des ordre public gerade den Ausnahmefall darstellt[6]. Daher ist der Ansicht, die eine Subsumtion sämtlicher der bisher diskutierten urhebervertragsrechtlichen Vorschriften unter Art. 34 EGBGB aF bzw. jetzt Art. 9 Rom I-VO ablehnt[7], auch auf der neuen rechtlichen Grundlage der Rom I-VO der Vorzug zu geben.

---

1 Vgl. noch zu Art. 34 EGBGB aF BGH 13.12.2005, JZ 2006, 673 (675) = IPRspr. 2005 Nr. 13b; *Spickhoff*, in: Bamberger/Roth, Art. 34 EGBGB Rz. 11 ff.; *Junker*, IPRax 2000, 65 (70); *Kropholler*, IPR, § 3 II 3, § 52 IX 1; *Martiny*, in: MünchKomm, Art. 34 EGBGB Rz. 12 ff. mwN.; *Sonnenberger*, in: MünchKomm, Einl. IPR Rz. 49 ff.; *Sonnenberger*, IPRax 2003, 104 (106 ff.); im urheberrechtlichen Zusammenhang *Obergfell*, S. 321 f.; *Obergfell*, K&R 2003, 118 (121 f.).
2 S. näher *Obergfell*, K&R 2003, 118 (122 f.). Gleichfalls ausscheiden musste eine analoge Anwendung des Art. 34 EGBGB aF. So aber *Mäger*, S. 255 ff.
3 Vgl. noch zum alten Recht BGH 13.12.2005, JZ 2006, 673 (675) = IPRspr. 2005 Nr. 13b; *Felke*, Internationale Konsumentenkredite: Sonderanknüpfung des VerbrKrG über Art. 34 EGBGB?, RIW 2001, 33 f. Ebenso *Spickhoff*, in: Bamberger/Roth, Art. 34 EGBGB Rz. 13. Eingehend hierzu auch *Sonnenberger*, IPRax 2003, 104 (107 ff.).
4 Eine Analogie nach altem Recht letztlich ebenfalls verneinend *Mäger*, S. 252 f.
5 So allgemein zu Schuld- und Verbraucherverträgen *Sonnenberger*, IPRax 2003, 104 (107 ff.).
6 *Schack*, Festschr. Heldrich (2005), S. 997 (1001).
7 S. oben die Nachweise in Fn. 9 zu Rz. 2033.

Allein der Neuregelung in den §§ 32 und 32a UrhG zur angemessenen Vergütung und Nachvergütung kommt wegen des ausdrücklichen Willens des Gesetzgebers[1] eine **international zwingende Geltung iSv. Art. 9 Rom I-VO bzw. ehemals Art. 34 EGBGB aF** zu. Eine Übertragung dieser gesetzgeberischen Wertentscheidung auf andere Bestimmungen des Urhebervertragsrechts kommt nicht in Betracht[2]. Auch der mit der Urheberrechtsreform 2008 neu eingefügte vertragliche[3] Vergütungsanspruch des § 32c UrhG ist in § 32b UrhG nicht genannt, so dass dessen Qualifizierung als Eingriffsnorm iSd. Art. 9 Rom I-VO ausscheiden muss. Für den gesetzlichen Haftungsanspruch aus § 32a Abs. 2 UrhG, der den Durchgriff auf nachfolgende Lizenznehmer erlaubt, gilt hingegen das Urheberrechtsstatut[4]. Die Regelung in **§ 32b Nr. 1 UrhG** schreibt explizit den zwingenden internationalen Durchgriff der §§ 32 und 32a UrhG für den Fall vor, dass „auf den Nutzungsvertrag mangels einer Rechtswahl **deutsches Recht anzuwenden** wäre". Der Gesetzgeber will hiermit die Umgehung bzw. „Abwahl" der deutschen Urhebervergütungsregelung verhindern. Voraussetzung für die zwingende Anwendung der §§ 32 und 32a UrhG ist allerdings ein Bezug zum deutschen Rechtssystem, der über die fingierte objektive Anknüpfung iSv. Art. 4 Rom I-VO erreicht wird. Weist sie auf deutsches Recht, so greift § 32b Nr. 1 UrhG. Für die Wahl eines ausländischen Rechts bei ansonsten reiner Inlandsberührung gilt bereits Art. 3 Abs. 3 Rom I-VO, der die Umgehung zwingender inländischer Vorschriften ausschließt. Die Regelung in § 32b Nr. 1 UrhG ist insoweit überflüssig. Die Bedeutung der Vorschrift liegt vielmehr darin, die trotz Rechtswahl fingierte Geltung des deutschen Vertragsstatuts als hinreichenden Inlandsbezug festzusetzen[5]. Damit erfasst die Norm anders als § 32b Nr. 2 UrhG auch Auslandsnutzungen[6].

2035

---

[1] S. die Begr. zu § 32b, BT-Drucks. 14/8058, S. 20. Ob eine Norm international zwingenden Charakter besitzt, fällt primär unter die Definitionshoheit des Gesetzgebers; vgl. *Sonnenberger*, IPRax 2003, 104 (106 f.).

[2] So auch *Hilty/Peukert*, GRUR Int. 2002, 643 (649 f.); *Obergfell*, K&R 2003, 118 (123 ff.); *Schack*, Festschr. Heldrich (2005), S. 997 (1001); *von Welser*, in: Wandtke/Bullinger, § 32b UrhG Rz. 2; *von Welser*, IPRax 2002, 364 (365). Zustimmend *Nordemann-Schiffel*, in: Fromm/Nordemann, vor §§ 120 ff. UrhG Rz. 88; *Walter*, in: Loewenheim, Urheberrecht, § 57 Rz. 180; s.a. oben Rz. 622.

[3] Die Bundesregierung ging in ihrem Entwurf ursprünglich zwar von einem gesetzlichen Vergütungsanspruch aus (BT-Drucks. 16/1828, S. 25). Doch schien die Bundesregierung auf die Stellungnahme des Bundesrats zum Regierungsentwurf (BR-Drucks. 16/1828, S. 38), der sich für eine Qualifizierung von § 32c UrhG als vertragsrechtlichen Anspruch aussprach, einzulenken. Denn in ihrer Gegenäußerung ging die Bundesregierung auf die Streitfrage nicht mehr ein. Es handelt sich bei § 32c UrhG in der Tat um einen vertragsrechtlichen Anspruch, der gerade nicht wie ein gesetzlicher Vergütungsanspruch zur Kompensation gesetzlicher Lizenzen dient, sondern – vergleichbar mit § 632 BGB – eine Art „Reservordnung" oder „Reserveregelung" für den Fall aufstellen soll, dass eine privatautonome Regelung der Parteien fehlt.

[4] S. *Obergfell*, K&R 2003, 118 (124); aA *Martiny*, in: MünchKomm, Art. 28 EGBGB Rz. 392.

[5] *Obergfell*, K&R 2003, 118 (124).

[6] *Martiny*, in: MünchKomm, Art. 28 EGBGB Rz. 393; *Nordemann*, Das neue Urhebervertragsrecht (2002), § 32b Rz. 4; *Obergfell*, K&R 2003, 118 (124).

2036 Der für die Praxis wichtigere Fall wird in **§ 32b Nr. 2 UrhG** geregelt. Danach sind die §§ 32 und 32a UrhG auf Urheberrechtsverträge zwingend anzuwenden, wenn der „Gegenstand des Vertrages maßgebliche Nutzungshandlungen im räumlichen Geltungsbereich dieses Gesetzes sind." Ähnlich dem in § 130 Abs. 2 GWB niedergelegten sog. Auswirkungsprinzip aus dem Kartellrecht genügt auch bei Vertragsschluss im Ausland mit ausländischen Vertragspartnern die Vereinbarung einer **Verwertungshandlung in Deutschland**, um §§ 32 und 32a UrhG zur Anwendung zu bringen. Nach dem Wortlaut der Vorschrift muss die urheberrechtliche Nutzungshandlung allerdings „maßgeblich" sein[1]. Erfasst sind damit die Fälle, in denen das Vertragsstatut auf ein fremdes Recht verweist, etwa bei einem Verlagsvertrag zwischen einem deutschen Urheber und einem Verleger mit Sitz in der Schweiz bei einer vereinbarten Werknutzung in Deutschland. Die neu geschaffenen §§ 32 und 32a UrhG sind hier zwingend zu beachten. Trotz der fast wortgleichen Formulierung in der Spezialnorm des § 22 Abs. 2 VerlG[2] behält die Bestimmung des § 32 Abs. 1 UrhG ihre Bedeutung auch für den Verlagsvertrag. Mit ihrem Korrekturanspruch geht sie nämlich insofern über die verlagsrechtliche Spezialnorm hinaus, als der neue Anspruch auf Vertragsanpassung gem. § 32 Abs. 1 UrhG nicht nur bei Fehlen einer Vergütungsvereinbarung greift (S. 2), sondern auch bei Vereinbarung einer *unangemessenen* Vergütung (S. 3)[3].

b) Buchpreisbindung

2037 Bisher in diesem Zusammenhang nicht diskutiert wird die international zwingende Geltung der Bestimmungen über die Buchpreisbindung. Nach § 1 des Gesetzes über die Preisbindung für Bücher vom 2.9.2002[4] dient das Gesetz dem Schutz des Kulturgutes Buch. Der Erhalt eines breiten Buchangebots, zugänglich für eine breite Öffentlichkeit, soll mittels Festsetzung verbindlicher Preise für den Verkauf an den Letztabnehmer gesichert werden. Die Preisbindungsvorschriften der §§ 3 und 5 des Buchpreisbindungsgesetzes dienen nach gesetzgeberischem Willen rein überindividuellen Interessen und beanspruchen international zwingende Geltung. Der Verleger eines Werkes, welches in Deutschland veröffentlicht und verbreitet werden soll, hat demzufolge trotz Wahl eines ausländischen Rechts im Verlagsvertrag mit einem ausländischen Autor die deutschen Preisbindungsregeln zu beachten. Er darf zB nicht dem Autor einen außerhalb seines Eigenbedarfs liegenden „Nebenvertrieb" des Buches unter Umgehung des vom Verleger festzusetzenden Ladenpreises er-

---

[1] Zur Auslegung des Begriffs vgl. *von Welser*, IPRax 2002, 364 (365 f.). Krit. *Obergfell*, K&R 2003, 118 (125).

[2] Nach *Leible*, in: AnwK, Art. 28 EGBGB Rz. 158; soll die Norm ebenfalls international zwingenden Charakter haben. Aus den genannten Gründen und mangels eines ausdrücklich geäußerten gesetzgeberischen Willens wird man hier jedoch vom Gegenteil ausgehen müssen.

[3] Zu Korrekturansprüchen in den §§ 32 und § 32a UrhG s. zB *Schricker*, Zum neuen deutschen Urhebervertragsrecht, GRUR Int. 2002, 797 (800 ff.). Zur Bestimmung der Redlichkeit der Vergütung s. *Reber*, GRUR 2003, 393 ff.

[4] BGBl. I 2002, 3448, am 1.10.2002 in Kraft getreten, zuletzt geändert durch Gesetz vom 14.7.2006, BGBl. I 2006, 1530.

lauben[1]. Für grenzüberschreitende Verkäufe innerhalb des Europäischen Wirtschaftsraumes gilt die Preisbindung allerdings nur für den Fall, dass ein Umgehungsgeschäft vorliegt[2].

c) Kartellrecht

Bedeutung erlangen auch im Bereich des Urhebervertragsrechts die kartellrechtlichen Vorschriften des GWB, die bislang allgemein zu den Eingriffsnormen iSd. Art. 34 EGBGB aF (jetzt Art. 9 Rom I-VO) gezählt werden (s. oben Rz. 610 ff.). Gem. **§ 130 Abs. 2 GWB** wurde nach der hM die Anwendung des GWB auf im Ausland veranlasste **Wettbewerbsbeschränkungen mit Auswirkungen in Deutschland**, etwa die Fusion zweier ausländischer Unternehmen nach ausländischem Recht, von Art. 34 EGBGB aF erfasst[3]. Das Kartellrechtsstatut ist mittlerweile in Art. 6 Abs. 3 Rom II-VO geregelt. Obgleich für den Urheber- und Verlagsbereich einige Ausnahmen von den kartellrechtlichen Verboten gelten (so das Preisbindungsprivileg für Zeitungen und Zeitschschriften gem. § 30 GWB und die Bereichsausnahme für Urheberrechtsverwertungsgesellschaften, die früher § 30 GWB aF zu entnehmen war und sich heute aus einer teleologischen Reduktion der Art. 81, 82 EG ergibt[4]), sind doch die Vorschriften des GWB grundsätzlich im Bereich der Verwertung von Urheber- und Verlagsrechten anwendbar[5]. Insbesondere bei verlagsrechtlichen Lizenzverträgen zwischen Verleger und nachgeordneten Verwerterunternehmen bzw. zwischen Verwerterunternehmen untereinander (zB im Fall des „cross-licensing") ist eine Anwendung von § 1 GWB (Kartellverbot), aber auch § 19 GWB (Missbrauch einer marktbeherrschenden Stellung) oder § 20 GWB (Diskriminierungsverbot) zu erwägen[6]. 2038

Unmittelbar anwendbar auf Verlagsverträge ist das **gemeinschaftsrechtliche Kartellverbot des Art. 81 EG** sowie das **Verbot des Missbrauchs einer marktbeherrschenden Stellung iSv. Art. 82 EG**[7]. Das europäische Kartellrecht verdrängt in dem Moment das nationale Kartellrecht, in dem der Gemeinschafts- 2039

---

1 Auch derjenige, der nicht Normadressat der Buchpreisbindungsregeln ist, kann als Störer nach den deliktsrechtlichen Teilnahmeregeln in Anspruch genommen werden; vgl. jüngst BGH 24.6.2003, NJW 2003, 2525 – Buchpreisbindung.
2 Vgl. § 4 Buchpreisbindungsgesetz. S. zum räumlichen Anwendungsbereich auch *Kitz*, in: Wandtke, Medienrecht, Kap. 6 Rz. 338 ff.
3 Vgl. *Spickhoff*, in: Bamberger/Roth, Art. 34 EGBGB Rz. 19; *Thorn*, in: Palandt, Art. 34 EGBGB Rz. 3; *von Hoffmann*, in: Staudinger, Art. 40 EGBGB Rz. 353 ff. Die Regelung in § 130 Abs. 2 GWB konnte als Konkretisierung des Art. 34 EGBGB aF betrachtet werden; vgl. (noch zu § 98 Abs. 2 GWB aF) *Martiny*, in: MünchKomm, Art. 34 EGBGB Rz. 75.
4 S. *Schulze*, in: Dreier/Schulze, vor § 1 UrhWG Rz. 13.
5 Vgl. insgesamt *Schricker*, Einl. VerlG Rz. 50; s. auch *Mees*, in: Loewenheim, Urheberrecht, § 3 Rz. 32 ff.
6 S. insgesamt und mit Verweis auf die zur Patentlizenz entwickelten Grundsätze *Schricker*, Einl. VerlG Rz. 60; vgl. außerdem *Mees*, in: Loewenheim, Urheberrecht, § 3 Rz. 32 ff.
7 Eingehend *Schricker*, Einl. VerlG Rz. 69 ff. (zu Art. 81 EG) u. Rz. 68 (zu Art. 82 EG) sowie *von Welser*, in: Wandtke/Bullinger, vor §§ 120 ff. UrhG Rz. 49 ff. (zu Art. 81 EG) u.

markt spürbar berührt ist. Zu beachten ist bei Anwendung der Art. 81 und 82 EG, dass allein durch die Geltendmachung des *spezifischen Gegenstandes* eines Verlagsrechts bzw. einer Lizenz weder eine marktbeherrschende Stellung missbräuchlich ausgenutzt wird noch das Kontrollsystem des Art. 81 EG greift[1]. Hinzukommen müssen besondere Umstände bei der Ausübung wie beispielsweise eine missbräuchliche Preisgestaltung oder besondere, aufeinander abgestimmte Verhaltensweisen[2].

2040 Bei den von Filmproduktions- und Filmverwertungsunternehmen geschlossenen Urheberrechtsverträgen können die **kartellrechtlichen Verbote der §§ 1, 19 oder 20 GWB** greifen. Sie wurden früher gem. § 130 Abs. 2 GWB und Art. 34 EGBGB aF ungeachtet der Geltung eines ausländischen Vertragsstatuts zwingend angewendet. Heute ergibt sich die zwingende Anwendung dieser kartellrechtlichen Verbote aus Art. 9 Rom I-VO. Ebenso verhält es sich mit dem **Kartellverbot des Art. 81 EG** wie auch dem **Verbot des Missbrauchs einer marktbeherrschenden Stellung gem. Art. 82 EG**. Die gemeinschaftsrechtlichen Verbotsnormen können sich grundsätzlich bei sämtlichen filmverwertungsrechtlichen Vertragsverhältnissen gegenüber einem ausländischen Vertragsstatut durchsetzen. Voraussetzung für die Kontrolle gem. Art. 81 f. EG ist allerdings, dass die zu beanstandende Filmvertragsklausel nicht lediglich den *Bestand* bzw. *spezifischen Gegenstand* des urheberrechtlichen Nutzungsrechts betrifft, sondern dessen *Ausübung*[3]. Denn die Verwirklichung eines Nutzungsrechts im gesetzlichen Sinne allein genügt weder zur Annahme eines Missbrauchs iSv. Art. 82 EG, noch ruft es die Kommission gem. Art. 85 iVm. Art. 81 EG wegen eines wettbewerbsbeschränkenden Verhaltens auf den Plan. Kartellrechtliche Relevanz haben beispielsweise Filmlizenzverträge, die zwischen amerikanischen Filmproduzenten als Lizenzgebern und deutschen wie französischen Rundfunkanstalten bzw. Fernsehgesellschaften als Lizenznehmern geschlossen werden, wenn sie Sperrklauseln vorsehen, die den Lizenzgebern Beschränkungen hinsichtlich der Wahl ihrer Lizenznehmer auferlegen[4]. Denn dies führt dazu, dass anderen Rundfunkanstalten die Möglichkeit des Lizenzerwerbs versagt bleibt.

Rz. 44 ff. (zu Art. 82 EG). Vgl. auch oben Rz. 1891 ff.; *Magnus*, in: Staudinger, Art. 34 EGBGB Rz. 106.

1 So die st. Rspr. des EuGH; vgl. zB EuGH 29.2.1968 – Rs. 24/67 (Parke Davis), Slg. 1968, 85 = GRUR Int. 1968, 99 f.; EuGH 15.6.1976 – Rs. 96/75 (EMI Records/CBS Schallplatten), Slg. 1976, 811 = GRUR Int. 1976, 398 (401); s. auch EuGH 6.4.1995 – Rs. 241/91 u. 242/91 (Magill), Slg. 1995, 808 = GRUR Int. 1995, 490 (492 f.); vgl. aus der Literatur zB *Loewenheim*, in: Loewenheim, Urheberrecht, § 56 Rz. 4 f. u. 8 f.
2 S. im Einzelnen *Sack*, Der „spezifische Gegenstand" von Immaterialgüterrechten als immanente Schranke des Art. 85 Abs. 1 EG-Vertrag bei Wettbewerbsbeschränkungen in Lizenzverträgen, RIW 1997, 449 (450 ff.); *Schricker*, Einl. VerlG Rz. 70 ff.
3 Zur klassischen Unterscheidung zwischen „Bestand" bzw. „spezifischen Gegenstand" und „Ausübung" des Urheberrechts vgl. die Nachw. oben Rz. 2039 Fn. 4.
4 Vgl. dazu *Deringer*, WuW 1985, 546 ff.

d) Kulturgüterschutz

Der Schutz nationaler Kulturgüter ist ein klassisches Beispiel überindividueller Interessen, deren Regelung in den Anwendungsbereich des Art. 9 Rom I-VO fällt[1]. Für die Ausfuhr eingetragener Kulturgüter ist im deutschen materiellen Recht nach **§ 1 Abs. 4 KultgSchG**[2] eine **Ausfuhrgenehmigung** einzuholen[3]. Die Vorschrift beansprucht international zwingende Geltung, soweit nicht entsprechende Bestimmungen des Gemeinschaftsrechts vorgehen. Der Kulturgüterschutz umfasst Kunstwerke wie auch sonstige Kulturgüter und soll dessen Abwanderung aus Deutschland vermeiden. Den Begriff „Kunstwerk" definiert das Gesetz ebenso wenig wie dessen Oberbegriff „Kulturgut"[4]. Das gem. § 6 Abs. 2 KultgSchG beim Bundesbeauftragten für Angelegenheiten der Kultur und Medien geführte „Gesamtverzeichnis national wertvollen Kulturgutes" enthält aber beispielsweise auch Handschriften, mithin (potentiell) verlagsrechtlich relevante Schriftwerke. Die gleichfalls international zwingende Vorschrift des **§ 10 KultgSchG** stellt Archive, Briefsammlungen und Schriftstücke aller Art sowie Bild-, Film- und Tonmaterial ebenfalls unter einen **Genehmigungsvorbehalt**. Dieser Kulturgüterschutz betrifft zwar allein die sachenrechtliche Situation eines Gegenstandes von hoher kultureller Bedeutung, wie beispielsweise die handschriftliche Originalpartitur eines berühmten Komponisten oder die kulturell bedeutsamen Briefe eines Schriftstellers. Verlagsverträge betreffen dagegen mit der Einräumung der Verlagsrechte primär die urheberrechtliche Situation, sekundär regeln sie aber auch das – davon unabhängige – sachenrechtliche Schicksal des Werkstückes[5]. Daher haben beispielsweise grenzüberschreitende Musikverlagsverträge oder verlagsrechtliche Lizenzverträge, die zugleich mit einer Eigentumsübertragung an einer kulturgüterrechtlich geschützten Originalpartitur gekoppelt sind, trotz Beherrschung durch ein ausländisches Vertragsstatut die zwingend anwendbaren deutschen[6] Kulturgüterschutzregeln zu berücksichtigen. Zu beachten sind ferner eine

2041

---

1 S. oben Rz. 585 ff. Vgl. zum alten Recht *Spickhoff*, in: Bamberger/Roth, Art. 34 EGBGB Rz. 19; *Martiny*, in: MünchKomm, Art. 34 EGBGB Rz. 86 f.; *Magnus*, in: Staudinger, Art. 34 EGBGB Rz. 108.
2 Gesetz zum Schutz deutschen Kulturgutes gegen Abwanderung vom 6.8.1955, BGBl. 1955 I, S. 501; neu gefasst am 8.7.1999, BGBl. 1999 I, S. 1754. S. auch *Fuchs*, Kulturgüterschutz im Kulturgutsicherungsgesetz, IPRax 2000, 281; *Müller-Katzenburg*, Internationale Standards im Kulturgüterverkehr und ihre Bedeutung für das Sach- und Kollisionsrecht (1996), S. 287 ff.
3 Ähnlich jetzt auch das Gesetz zum UNESCO-Kulturschutzübereinkommen, BGBl. II 2007, S. 626; am 29.2.2008 für Deutschland in Kraft getreten.
4 Zur Bestimmung der Begrifflichkeit vgl. *Müller-Katzenburg*, Internationale Standards im Kulturgüterverkehr und ihre Bedeutung für das Sach- und Kollisionsrecht (1996), S. 131 ff.
5 Vgl. § 44 Abs. 1 UrhG, § 27 VerlG. Eine Übereignung des Manuskripts ist beim Buchverlag selten, beim Musikverlag dagegen üblich; vgl. insgesamt *Schack*, Urheberrecht, Rz. 998.
6 Zur Sonderanknüpfung *ausländischer* zwingender Normen vgl. *Weidner*, Kulturgüter als res extra commercium im internationalen Sachenrecht (2001), S. 152 ff.

Reihe staatsvertraglicher[1] und gemeinschaftsrechtlicher[2] Regelungen zum Kulturgüterschutz. Während das Gemeinschaftsverordnungsrecht kraft genuin gemeinschaftsrechtlichen Ursprungs unabhängig von Art. 9 Rom I-VO unmittelbar gilt, ist bei gemeinschaftsrechtlichem Richtlinienrecht zu differenzieren[3]. Richtlinieneigene Sonderkollisionsnormen überlagern Art. 9 Rom I-VO. Fehlt in der Richtlinie eine eigene Sonderkollisionsnorm, so ist durch Auslegung zu ermitteln, ob die betreffende Richtlinienbestimmung als international zwingende Bestimmung iSv. Art. 9 Rom I-VO anzusehen ist[4].

2042 Prinzipiell denkbar ist auch das Eingreifen kulturgutschützender Vorschriften im Bereich der Filmkunst. Filme werden als potentielle Kulturgüter sowohl in der VO 3911/92 vom 9.12.1992 über die Ausfuhr von Kulturgütern[5] als auch in § 10 Abs. 2 KultgSchG erwähnt[6].

2043–2060 Frei.

V. Zusammenfassung mit Handlungsanleitung

1. Vertragliche Gestaltungsmöglichkeiten

2061 Wegen der im Vorangehenden dargestellten Unwägbarkeiten bei der Bestimmung von Urheberrechts- und Urhebervertragsstatut sowie deren Abgrenzung ist grundsätzlich die Aufnahme einer **ausdrücklichen Rechtswahlklausel**[7] in den gewünschten Urheberrechts-, Verlags- oder Filmvertrag zu empfehlen. Wurde dies bei Vertragsschluss versäumt, so kann eine Rechtswahl zulässigerweise auch nachträglich vereinbart werden[8]. Rechtswahlklauseln in Allgemei-

---

1 S. den Überblick bei *Kreuzer*, in: MünchKomm, 3. Aufl. (1998), nach Art. 38 EGBGB Anh. I Rz. 176 ff.
2 Die VO 3911/92/EWG des Rates über die Ausfuhr von Kulturgütern vom 9.12.1992, ABl. EG 1992 Nr. L 395, S. 1, sieht in Art. 2 Abs. 1 unter bestimmten Umständen zB für Filme und dazugehörige Negative, Handschriften und Partituren, die von einem Mitgliedstaat als nationales Kulturgut eingestuft wurden, eine Ausfuhrgenehmigung vor. Die Kulturgüterrichtlinie, RL 93/7/EWG des Rates vom 15.3.1993 über die Rückgabe von unrechtmäßig aus dem Hoheitsgebiet eines Mitgliedstaates verbrachten Kulturgütern, ABl. EG 1993 Nr. L 74, S. 74, umgesetzt durch das Kulturgutsicherungsgesetz vom 15.10.1998, BGBl. I 1998, 3162, seit 22.10.1998 in Kraft, betrifft dagegen die Rückgabe von Kulturgütern und enthält hierfür Sonderkollisionsnormen; vgl. ausführlich *Fuchs*, IPRax 2000, 281 (284 f.).
3 *Magnus*, in: Staudinger, Art. 34 EGBGB Rz. 41 f.
4 EuGH 9.11.2000 – Rs C-381/98 (Ingmar GB Ltd. ./. Eaton Leonard Technologies Inc.), RIW 2001, 133.
5 ABl. EG 1992 Nr. L 395, S. 1.
6 Das beim Bundesbeauftragten für Angelegenheiten der Kultur und Medien geführte „Gesamtverzeichnis national wertvollen Kulturgutes" enthält zwar bisher noch keine Filmkunstwerke, eine Eintragung ist aber grundsätzlich nicht ausgeschlossen.
7 Zu dem hiermit gleichzeitig abgeschlossenen Verweisungsvertrag s. oben Rz. 88.
8 Dies kann sogar noch im Prozess geschehen; s. zum alten Recht *Spickhoff*, in: Bamberger/Roth, Art. 27 EGBGB Rz. 34.

nen Geschäftsbedingungen sind üblich und zulässig[1]. Zudem erlaubt Art. 3 Abs. 1 S. 3 Rom I-VO die Beschränkung der Rechtswahl nur auf einen Teil des Vertrags. Auch inhaltlich sind die Parteien bei der Wahl des anwendbaren Rechts grundsätzlich frei. Es wird weder eine besondere Verbindung des Vertrags bzw. zu regelnden Sachverhalts zum gewählten Recht gefordert noch ein Auslandsbezug des Vertragsverhältnisses[2]. Wählbar ist jedoch allein staatliches Recht (s. näher oben Rz. 100 ff.). Bei der Wahl eines ausländischen Rechts ist wie stets zu beachten, dass dies zu nicht zu vernachlässigenden Folgeproblemen bei der Ermittlung und Auslegung dieses unbekannten Rechts und damit zu erhöhten Kosten führen kann[3]. Der Vertragspartner, der „sein" Recht durchsetzen kann, wird in der Regel einen gewissen „Heimvorteil" besitzen. Vereinbaren inländische Parteien die Anwendbarkeit eines ausländischen Rechts, stehen zwar beide Seiten vor dem gleichen Problem der Anwendung eines unbekannten Rechts und es besteht insoweit Waffengleichheit, doch setzt Art. 3 Abs. 3 Rom I-VO Grenzen, so dass es im Einzelfall wiederum zur Anwendung deutschen Rechts kommen kann (s. sogleich Rz. 2064). Soll der Urheberrechtsvertrag insgesamt einer bestimmten Rechtsordnung unterstellt werden, ist beispielsweise die einfache **Formulierung**

„Dieser Vertrag unterliegt – mit Ausnahme der vom Urheberrechtsstatut erfassten Bestandteile – dem Recht des Staates X."

denkbar. Diese Rechtswahlklausel kann für jede Form des Verlags- oder Filmvertrags und alle sonstigen Urheberrechtsverträge verwendet werden. Der das Urheberrechtsstatut ansprechende Einschub ist streng genommen nicht notwendig (aber auch nicht unschädlich), da sich die Geltung des Urheberrechtsstatuts ebenso wie die international zwingende Geltung bestimmter nationaler Bestimmungen gem. Art. 9 Rom I-VO aus sich selbst heraus ergibt (s. bereits oben Rz. 1793 u. 1966 sowie unten Rz. 2063 und 2065). Der Normvertrag für den Abschluss von Verlagsverträgen, der zwischen dem Verband deutscher Schriftsteller und dem Börsenverein des Deutschen Buchhandels am 1.4.1999 vereinbart wurde[4], sieht in § 14 Abs. 1 eine **Rechtswahlklausel** mit folgendem Wortlaut vor:

„Soweit dieser Vertrag keine Regelungen enthält, gelten die allgemeinen gesetzlichen Bestimmungen der Bundesrepublik Deutschland und der Europäischen Union".

Der pauschale Verweis auf die Anwendbarkeit des Gemeinschaftsrechts erübrigt sich freilich. Gleich welche Formulierung die Vertragsparteien auch wählen: Die aufgezeigten Abgrenzungsschwierigkeiten zwischen Urheberrechts-

---

1 So die einhellige Meinung; s. nur zum alten Recht *Spickhoff*, in: Bamberger/Roth, Art. 27 EGBGB Rz. 34; *Mäger*, S. 95 ff.; sowie oben Rz. 127 f.
2 Vgl. *Spickhoff*, in: Bamberger/Roth, Art. 27 EGBGB Rz. 25; s. auch oben Rz. 93.
3 Anschaulich zu solchen „Unsicherheitskosten", zum Konfliktpotential jeder Rechtswahl sowie zu den hierbei tunlichst zu beachtenden Faktoren *Mankowski*, Überlegungen zur sach- und interessengerechten Rechtswahl für Verträge des internationalen Wirtschaftsverkehrs, RIW 2003, 2 (3 ff.).
4 Abgedr. bei *Schricker*, VerlG, Anh. 3.

und Urhebervertragsstatut können mittels Rechtswahl letztlich nicht beseitigt werden. Doch sollte die Chance, innerhalb der kollisionsrechtlichen Grenzen ein Stück Rechtsklarheit und Vorhersehbarkeit hinsichtlich der Lösung eventueller Streitfälle zu schaffen, nicht vergeben werden[1].

2062 Ebenfalls wirksam ist eine nur **konkludente Rechtswahl** (s. oben Rz. 113 ff.). Die Rechtsprechung stellt hier allerdings strenge Anforderungen. So sah das OLG München[2] in der (nach deutschem Recht nicht erforderlichen) notariellen Beurkundung des Vertrages zur Übertragung der Wiederverfilmungsrechte gerade kein Indiz für die Wahl des eine solche Form vorschreibenden ausländischen (hier kalifornischen) Rechts. Die Einhaltung dieser ausländischen Form sowie die Fassung des Vertrages in englischer Sprache ließe sich nach Auffassung der Richter „zwanglos" dadurch erklären, dass die Vereinbarung „offenbar dem in den Vereinigten Staaten zu führenden Rechtenachweis dienen sollte". Großzügiger zeigt sich der BGH[3], der für zwei Verlagsverträge aus den Jahren 1972 und 1974 trotz fehlender Rechtswahlklausel mit Blick auf einen zwischenzeitlich von den Parteien geschlossenen Verlagsvertrag aus dem Jahre 1973, der eine ausdrückliche Regelung zugunsten des deutschen Rechts enthielt, eine konkludente Rechtswahl zugunsten des deutschen Rechts bejahte. Die Vertragsparteien seien nach den Umständen des Vertragsabschlusses auch hier von der Geltung deutschen Rechts ausgegangen, da sie ihren Wohnsitz bzw. ihre Niederlassung in Deutschland hatten und die Verträge in deutscher Sprache über Werke eines deutschen Schriftstellers abgeschlossen wurden.

Für das Vorliegen einer konkludenten Rechtswahl können bestimmte Indizien sprechen. Vor allem Gerichtsstands- und Schiedsklauseln, aber auch die Bezugnahme auf ein bestimmtes Recht werden gemeinhin als Hinweis auf einen dahingehenden Parteiwillen gewertet[4]. Demgegenüber kann allein die Verwendung einer bestimmten Vertragssprache ebenso wenig ein Indiz für eine entsprechende Rechtswahl begründen wie es allein die Vereinbarung eines bestimmten Erfüllungsortes vermag[5].

2. Grenzen der Gestaltungsmöglichkeit

2063 Die stärkste Grenze vertraglicher Gestaltungsmöglichkeit zieht das **Urheberrechtsstatut**, welches unbedingten Anwendungswillen besitzt (s. oben Rz. 1793 u. 1966). Das bedeutet, dass die vom Urheberrechtsstatut erfassten Bereiche, wie zB die Rechtsverletzung und die urheberrechtliche Verfügung[6],

---

1 In diesem Sinne generell für die Ausübung der Rechtswahlfreiheit plädierend *Mankowski*, Überlegungen zur sach- und interessengerechten Rechtswahl für Verträge des internationalen Wirtschaftsverkehrs, RIW 2003, 2 ff.
2 OLG München 22.4.1999 (M – Eine Stadt sucht einen Mörder), ZUM 1999, 653 (656) = IPRspr. 1999 Nr. 99.
3 BGH 14.11.1996 (Verlagsverträge), GRUR 1997, 236 (237).
4 S. zum alten Recht *Spickhoff*, in: Bamberger/Roth, Art. 27 EGBGB Rz. 38 ff.
5 *Spickhoff*, in: Bamberger/Roth, Art. 27 EGBGB Rz. 42.
6 Zum Streit s. oben Rz. 1812 ff. Zu den Argumenten für eine Anknüpfung der filmrechtlichen Verfügung an das Recht des Filmproduzenten bzw. Rechtserwerbers s. näher *Obergfell*, S. 287 ff.

nicht mittels Rechtswahl einem anderen Recht unterworfen werden können. Auch wenn der Urheberrechts-, Verlags- oder Filmvertrag also einheitlich einem bestimmten ausländischen Recht unterstellt wird, gilt für die in Deutschland begangene Urheberrechtsverletzung nach dem Schutzlandprinzip[1] deutsches Urheberrecht.

Eine weitere klare Grenze der Gestaltungsmöglichkeit ergibt sich aus dem in **Art. 3 Abs. 3 Rom I-VO** normierten **Umgehungsverbot** gegenüber zwingenden inländischen Vorschriften. Bei einem reinen Inlandsfall, also einem Vertragsschluss zwischen ausschließlich deutschen Parteien, darf die Parteiautonomie nicht dazu missbraucht werden, die der Dispositionsfreiheit entzogenen Vorschriften des deutschen Urheberrechts „abzuwählen". Die frühere (nun aufgehobene) Regelung zur sog. unbekannten Nutzungsart in § 31 Abs. 4 UrhG aF konnte als materiellrechtlich zwingende Norm beispielsweise nicht durch die Wahl eines US-amerikanischen Rechts umgangen werden, wenn ein Verlag, dessen Sitz in Deutschland liegt, mit einem deutschen Autor einen Verlagsvertrag über die Vervielfältigung und Verbreitung seines Schriftwerkes in Deutschland schloss. Gleiches wird heute für § 32c UrhG gelten[2]. Ebenso wenig zulässig – wenn auch nicht dem Regelungsbereich des Art. 3 Abs. 3 Rom I-VO unterfallend – ist der Versuch, unliebsames nationales Sachrecht durch Abwahl jeglichen staatlichen Rechts zu umgehen. Dass ein Vertrag „rechtsordnungslos" wird, verbietet sich schon nach allgemeinen kollisionsrechtlichen Grundsätzen[3]. Die eine bestimmte Einzelrechtsordnung negierende Rechtswahl ist hingegen grundsätzlich zulässig und führt – wenn sonstige Verweise fehlen – zur Anwendung der Art. 4 ff. Rom I-VO, mithin der Regeln über die objektive Anknüpfung (s. oben Rz. 105). 2064

Normen, die nicht nur national zwingend, sondern sogar international zwingend sind, setzen sich als Eingriffsnormen gem. **Art. 9 Rom I-VO** gegenüber einem anders lautenden Vertragsstatut ebenfalls durch. Hierzu zählen seit der Urhebervertragsrechtsreform aus dem Jahre 2002 die neuen Bestimmungen der **§§ 32 und 32a UrhG** (s. oben ausführlich Rz. 2035 f.). Durch die Unterstellung des Urheberrechtsvertrages unter ein ausländisches Recht kann die auf die §§ 32, 32a UrhG gestützte Geltendmachung von Vergütungskorrekturansprüchen folglich nicht ausgeschlossen werden. Für Nutzungshandlungen außerhalb Deutschlands bleibt allerdings ein gewisser Gestaltungsraum. *Hertin*[4] schlägt daher folgende **Rechtswahlklausel** vor: 2065

„Soweit der Urheber/ausübende Künstler durch diesen Vertrag Nutzungsrechte einräumt oder überträgt, die der Verwerterseite Nutzungs- und Verwertungsmöglichkeiten außerhalb des Geltungsbereichs des Urheberrechtsgesetzes eröffnen,

---

1 HM, s. oben Rz. 1793 u. 1966.
2 Die Vorschrift ist in § 32b UrhG nicht genannt, so dass von ihrer international zwingenden Geltung nicht ausgegangen werden kann.
3 Vgl. noch zum alten Recht *Spickhoff*, in: Bamberger/Roth, Art. 27 EGBGB Rz. 28; sowie zum neuen Recht oben Rz. 104.
4 Urhebervertragsnovelle 2002: Up-Date von Urheberrechtsverträgen, MMR 2003, 16 (19 f.).

unterliegt dieser Vertrag dem Recht des Staates ..., insbesondere der Urheberrechtsordnung dieses Staates. Dies gilt unabhängig davon, ob der Verwertungserfolg unmittelbar durch den Vertragspartner des Urhebers/ausübenden Künstlers erzielt wird oder durch dessen Lizenznehmer oder Unterlizenznehmer."

Die international zwingende Geltung der §§ 32, 32a UrhG anordnende Regelung in § 32b UrhG ist jedoch so engmaschig gestrickt, dass der Gestaltungsraum auf die Fälle zurückschmilzt, bei denen weder nach Maßgabe der Art. 4 ff. Rom I-VO und unabhängig von einer etwaigen Rechtswahl das deutsche Vertragsstatut anzuwenden wäre (§ 32b Nr. 1 UrhG) noch „maßgebliche Nutzungshandlungen" in Deutschland den Gegenstand des Urheberrechtsvertrages bilden (§ 32b Nr. 2 UrhG). Insofern wird die von *Hertin* vorgeschlagene Vertragsklausel einzugrenzen sein. Sie greift insbesondere dann nicht, wenn zwar Nutzungsmöglichkeiten außerhalb Deutschlands eröffnet werden und bei Unterstellung einer objektiven Anknüpfung auch kein deutsches Vertragsstatut greift, aber die „maßgebliche Nutzung"[1] im Geltungsbereich des deutschen Urheberrechtsgesetzes erfolgen soll. Für den Fall, dass bei fingierter objektiver Anknüpfung das deutsche Vertragsstatut anwendbar wäre (also etwa beim Abschluss eines Verlagsvertrages zwischen einem in Deutschland ansässigen Verlag und einem ausländischen Verfasser), beanspruchen die §§ 32, 32a UrhG ohnehin gem. § 32b Nr. 1 UrhG international zwingende Geltung unabhängig davon, ob Nutzungshandlungen in Deutschland vorgenommen werden (also auch bei vereinbarter Vervielfältigung und Verbreitung in der Schweiz). Der zweite Satz des Klauselvorschlags zielt auf die Durchgriffshaftung nach § 32a Abs. 2 UrhG ab. Diese ist jedoch der Parteiautonomie entzogen und unterliegt dem Urheberrechtsstatut[2], so dass eine abweichende Rechtswahl ins Leere laufen muss.

2066 Insbesondere im Filmvertragsbereich, aber ebenso im Bereich der verlagsrechtlichen Herausgeberverträge sowie im Bereich der Verträge mit Softwareprogrammierern, kann es zum Abschluss von **Arbeitsverträgen** kommen. Diese Verträge unterliegen der Sonderregelung des **Art. 8 Rom I-VO**, welche der Gestaltungsmöglichkeit zum Schutz des Arbeitnehmers gleichfalls Grenzen setzt. Im Sinne eines Günstigkeitsvergleichs erlaubt Art. 8 Abs. 1 Rom I-VO eine Rechtswahl nur insoweit, als dem Arbeitnehmer nicht der Schutz der zwingenden Bestimmungen, die bei objektiver Anknüpfung gem. Art. 8 Abs. 2–4 Rom I-VO anwendbar wären, entzogen werden[3].

2067 Eine Begrenzung der Gestaltungsmöglichkeit durch Rechtswahl findet sich schließlich durch Art. 21 Rom I-VO, der einen ordre public-Vorbehalt enthält und aus deutscher Perspektive die Anwendung einer ausländischen Rechts-

---

1 Dies wird aber nicht schon dann der Fall sein, wenn die standardmäßige Weltrechtevergabe auch die Nutzung in Deutschland umfasst. Vgl. zur problematischen Bestimmung dieses Begriffs in § 32b Nr. 2 UrhG *Obergfell*, K&R 2003, 118 (125). Anders *von Welser*, IPRax 2002, 364 (365), der schon die vertragliche Regelung einer Nutzungshandlung genügen lässt.
2 S. *Obergfell*, K&R 2003, 118 (124).
3 Zum Arbeitsvertragsstatut s. näher unten Rz. 4831 ff.

norm untersagt, die gegen den deutschen **ordre public** verstößt. Dies ist nach Art. 6 EGBGB der Fall, wenn die Anwendung der fremden Rechtsnorm zu einem Ergebnis führt, welches „mit wesentlichen Grundsätzen des deutschen Rechts offensichtlich unvereinbar ist". Die Rechtsprechung wendete bereits in der Vergangenheit die Bestimmung des Art. 6 EGBGB äußerst sparsam an. Es ist davon auszugehen, dass diese zurückhaltende Linie in Bezug auf den ordre public-Vorbehalt auch unter Geltung der Rom I-VO fortgeführt wird.

In einem Fall der Übertragung von Verlagsrechten an verschiedenen Kompositionen des estnischen Komponisten Lepo Sumera, die während der Geltung des staatlichen Außenhandelsmonopols in der Sowjetunion zwischen der staatlichen Agentur VAAP („Allunions-Agentur für Urheberrecht") und der beklagten Musikverlegerin vereinbart wurde, verneinte der BGH[1] einen Verstoß gegen den deutschen ordre public gem. Art. 6 EGBGB, obwohl das staatliche Vermittlungsmonopol dazu führte, dass der Urheber nicht selbst bestimmen konnte, ob und wem er Nutzungsrechte an seinen Werken einräumen wolle, und dies den wesentlichen Grundsätzen des deutschen Urheberrechts widerspricht. Nach der Begründung der Bundesrichter sei zu beachten, dass zu den damaligen Gegebenheiten die Anerkennung des Vermittlungsmonopols im Interesse des Urhebers lag und andernfalls eine Werknutzung im Ausland völlig ausgeschlossen gewesen wäre. Entscheidendes Argument des BGH war jedoch, dass eine Anwendung des ordre public-Vorbehalts der völkerrechtlichen Verpflichtung der BRD zuwidergelaufen wäre, die sich aus dem Abkommen über „Allgemeine Fragen des Handels und der Seeschifffahrt zwischen der Bundesrepublik Deutschland und der Union der Sozialistischen Sowjetrepubliken" vom 25.4.1958[2] ergab.

3. Formfragen

Nach deutschem Recht unterliegt die Rechtswirksamkeit eines Urheberrechts-, eines Verlags- oder Filmvertrags grundsätzlich keiner besonderen Form. Dies gilt auch für den Verweisungsvertrag, der das Vertragsverhältnis einer bestimmten Rechtsordnung unterstellen soll. Dennoch ist schon aus Gründen der Beweisbarkeit naturgemäß eine **schriftliche Fixierung des Vertragsinhalts**, vor allem der Rechteübertragung, sinnvoll. Diese sollte zudem nicht, wie häufig im Filmgeschäft zu beobachten, bei „quick note", „short

2068

---

1 BGH 29.3.2001 (Lepo Sumera), GRUR Int. 2002, 170 = IPRspr. 2001 Nr. 5. Hinsichtlich der Anwendbarkeit des ordre public-Vorbehaltes ebenso bereits das Berufungsgericht: OLG Hamburg 18.6.1998 (Lepo Sumera), GRUR Int. 1999, 76 (80) = IPRspr. 1998 Nr. 124. Ähnlich OLG Hamburg 23.10.1997 (Feliksas Bajoras), GRUR Int. 1998, 431 (434).
2 BGBl. II 1959, 22. Danach war die BRD verpflichtet, das staatliche Außenhandelsmonopol der Sowjetunion zu beachten. Insbesondere wenn die Gültigkeit eines Rechtsgeschäfts in Frage stehe, sei bei der Prüfung des ordre public-Vorbehaltes zudem auf den Zeitpunkt der Vornahme des Rechtsgeschäfts und nicht auf den Entscheidungszeitpunkt abzustellen. Denn es sei „mit dem Gebot der Rechtssicherheit nicht vereinbar (…), wenn ein Rechtsgeschäft, das zum Zeitpunkt seines Abschlusses den damals geltenden Vorschriften entsprochen hat, aufgrund einer Änderung der Rechtslage unwirksam würde (…)".

form" oder „deal memo" verharren[1]. Des Weiteren ist insbesondere auch die schriftliche Vereinbarung einer Rechtswahlklausel zu empfehlen. Schließlich erlangen die beim Abschluss internationaler Filmverträge nach einigen ausländischen Rechtsordnungen einzuhaltenden Formvorschriften[2] gem. Art. 11 Abs. 1 Rom I-VO Bedeutung, sobald ein dementsprechendes ausländisches Vertragsstatut gilt. Alternativ lässt Art. 11 Abs. 1 Rom I-VO auch die Einhaltung der am Abschlussort vorgeschriebenen Form genügen[3]. Hierbei ist allerdings zu beachten, dass Art. 11 Rom I-VO (nach hier vertretener Auffassung) lediglich das Verpflichtungsgeschäft betrifft (s. oben Rz. 1975), nicht aber das Verfügungsgeschäft. Für dieses gelten in einigen Rechtsordnungen filmspezifische Registrierungspflichten[4].

4. Ermittlung des anwendbaren Rechts bei Fehlen einer Rechtswahl

2069 Wurde die Möglichkeit zur Rechtswahl durch eine ausdrückliche Klausel nicht genutzt und lässt sich eine parteiautonome (konkludente) Wahl des auf den Urheberrechtsvertrag anwendbaren Rechts auch nicht anhand von Indizien wie zB einer Gerichtsstandsvereinbarung entnehmen, so ist das Vertragsstatut nach Art. 4 Abs. 2 und 3 Rom I-VO zu ermitteln. Die subsidiäre, aber für Urheberrechtsverträge einschlägige Anknüpfungsregel des Art. 4 Abs. 2 Rom I-VO stellt wie das frühere Recht auf die charakteristische Leistung ab. Derjenige Vertragspartner, der die **vertragscharakteristische Leistung** erbringt, kommt in den Genuss der Anwendung des an seinem gewöhnlichen Aufenthalt geltenden Rechts. Praktisch bedeutet dies, dass wie bisher die jeweilige charakteristische Leistung des betreffenden Urheberrechtsvertrags bestimmt werden muss. Leitlinie ist dabei der Gedanke, dass die Rechtseinräumung den Urheberrechtsvertrag grundsätzlich charakterisiert, soweit sie nur einer bloßen (nichtcharakteristischen) Geldleistung gegenübersteht, nicht aber wenn eine echte Verwertungsverpflichtung des Vertragspartners besteht (s. insgesamt oben Rz. 1984). Es kann auch zur Anwendung der Ausweichklausel nach Art. 4 Abs. 3 Rom I-VO kommen. Eine Anwendung von Art. 4 Abs. 4 Rom I-VO kommt hingegen nicht in Betracht. Wegen der unverändert geltenden Anknüpfungsregel nach der charakteristischen Leistung kann im Bereich der Urheberrechtsverträge grundsätzlich auf die bisher zu Art. 28 EGBGB aF entwickelte Rechtsprechung und Literatur zurückgegriffen werden.

2070–2080 Frei.

---

1 Allen diesen Vorvertragsformen kommt Bindungswirkung zu, wenn sie bereits die essentialia negotii enthalten. Vgl. *Bischoff*, Vorfeldvereinbarungen im deutsch-amerikanischen Rechtsverkehr, RIW 2002, 609 ff. Das OLG München 25.1.2001 (Murder), ZUM 2001, 439, hat letztlich offen gelassen, ob die streitgegenständliche „quick note" vertragliche Bindungswirkung besaß. Zu den Fallstricken dieser Praxis im Filmbereich s. auch *Brehm*, S. 87 ff.
2 Vgl. *Kleine*, S. 117 ff.
3 S. näher zu dem auf Formfragen anzuwendenden Recht nach Art. 11 Rom I-VO oben Rz. 762 ff.
4 Zur Registereintragung, die zumeist deklaratorischen Charakter besitzt, s. zB *Manthey*, S. 68 (Frankreich), 76 (Italien), 92 (Spanien) und 167 f. (USA).

Kapitel 5: Franchiseverträge

Übersicht

	Rz.		Rz.
I. Begriff	2081	3. Umfang der Verweisung	2106
II. Einheitsrecht	2083	a) Vorvertragliche Aufklärungs- und Offenlegungspflichten	2107
III. Schuldvertragsstatut	2088	b) Akzessorische Anknüpfung von Einzelverträgen	2110
1. Freie Rechtswahl	2088		
2. Objektive Anknüpfung	2091	c) Abgrenzung zu anderen Gebieten	2112
a) Altfälle	2093		
b) Die neue Regelung des Art. 4 Abs. 1 lit. e Rom I-VO	2098	**IV. Zwingende Bestimmungen**	2116
		1. Kartellrecht	2117
c) Ausweichklausel des Art. 4 Abs. 3 Rom I-VO	2103	2. Schutz des Franchisenehmers	2120
d) Verbraucherverträge, Individualarbeitsverträge	2104	**V. Zusammenfassung mit Handlungsanleitung**	2123

Literatur zum Internationalen Privatrecht: *Abell*, Franchising and the Convention on the Law Applicable to Contractual Obligations, in: Abell (Hrsg.), European Franchising, Bd. I (1991), 194; *Bräutigam*, Franchise-Verträge im deutschen internationalen Privatrecht, WiB 1997, 897; *Carpinello*, Testing the limits of choice of law clauses: Franchise contracts on a case study, Marq. L. Rev. 74 (1990), 57; *Ferrier*, La franchise internationale, Clunet 115 (1988), 625; *Flohr*, Der Master-Franchise-Vertrag – Grundsätze des internationalen Franchise-Rechts und Hinweise zur Vertragsgestaltung, IHR 2005, 45; *García Gutiérrez*, Franchise contracts and the Rome I Regulation on the law applicable to international contracts, Yb.Priv.Int'l.L. 10 (2008), 233; *Gastinel*, La franchise internationale, Gaz.Pal. 1994 Doctr. 696; *Giesler*, Franchisevertrag, in: Kronke/Melis/Schnyder (Hrsg.), Handbuch Internationales Wirtschaftsrecht (2005), S. 638; *Haag*, Vertragsgestaltung beim grenzüberschreitenden Franchising (2004); *Hiestand*, Die international-privatrechtliche Beurteilung von Franchiseverträgen ohne Rechtswahlklausel, RIW 1993, 173; *Jayme*, Rechtswahlklausel und zwingendes ausländisches Recht beim Franchise-Vertrag, IPRax 1983, 105; *Kleinschmidt*, Zur Anwendbarkeit zwingenden Rechts im internationalen Vertragsrecht unter besonderer Berücksichtigung von Absatzmittlerverträgen (1985); *Krümmel*, Franchising und internationales Privat- und Prozessrecht, in: Giesler/Nauschütt (Hrsg.), Franchiserecht, 2. Aufl. (2007), S. 1089; *Oechsler*, Internationales Vertriebsrecht, in: Martinek/Semler/Habermeier (Hrsg.), Handbuch des Vertriebsrechts, 2. Aufl. (2003), S. 1405; *Pitegoff*, Choice of law in franchise relationships – Staying within bounds, Franchise L.J. 1995, 89; *Plaßmeier*, Kollisionsrechtliche Probleme internationaler Franchisesysteme (1999); *Reif*, Internationale Franchiseverträge (2002); *Schacherreiter*, Das Franchise-Paradox (2006); *Schlemmer*, Der Franchisevertrag, RdW 1984, 298; *Schlemmer*, Kollisions- und sachrechtliche Fragen bei Franchising, IPRax 1988, 252; *Vischer*, Haftung des Kartenunternehmens gegenüber den Vertragsunternehmen: Überlegungen zu einigen materiell- und kollisionsrechtlichen Aspekten des Kreditfranchising, Festgabe Walter Schluep (1988), S. 515; *F. D. Wagner*, Vorvertragliche Aufklärungspflichten im internationalen Franchising (2005); *Wildhaber*, Franchising im internationalen Privatrecht (1991).

Literatur zum ausländischen Recht/zur Rechtsvergleichung: *Bak/Besiekierska*, Franchising in Polen – rechtliche Rahmenbedingungen, WiRO 2007, 76; *Behr*, Der Franchisevertrag – Eine Untersuchung zum Recht der USA mit vergleichenden Hinweisen zum deutschen Recht (1976); *Boksányi*, Franchising im ungarischen Recht (1998); *Catania*, Der

Franchisevertrag in Italien, RIW 2005, 285; *Enghusen*, Rechtliche Probleme der Franchiseverträge in den Vereinigten Staaten von Amerika und in Europa unter besonderer Berücksichtigung des Kartellrechts (1977); *Feuerriegel*, Die vorvertragliche Phase im Franchising – Eine rechtsvergleichende Untersuchung des deutschen und spanischen Rechts (2004); *Frank*, Franchising in Russland (2000); *Gast/Erdmann*, Offenlegungspflichten bei Franchiseverträgen im deutsch-französischen Vergleich, RIW 1997, 822; *Habe*, Der Kündigungsschutz des Franchise-Nehmers im kanadischen Recht (1998); *Hesselink/Rutgers/Bueno Díaz/Scotton/Veldman* (Hrsg.), Principles of European Law: Commercial Agency, Franchise and Distribution Contracts (2006); *Joerges* (Hrsg.), Franchising and the Law – Theoretical and Comparative Approaches in Europe and USA (1991); *Konigsberg*, International franchising (2008); *Licari*, La protection du distributeur intégré en droit français et allemand (Paris 2002); *Martinek*, Franchising (1987); *Martínez Sanz*, Franchising in Spanien – über Scheinselbständigkeit, Registrierung und vorvertragliche Informationspflichten, ZEuP 1999, 91; *Netzer* (Hrsg.), International franchising (2008); *Pißler*, Franchising, in: Basedow/Hopt/Zimmermann (Hrsg.), Handwörterbuch des Europäischen Privatrechts (2009), 619; *Scheil* , Neue Vertriebsformen, insbesondere Franchising, im Einzelhandel der VR China, GRUR Int 1998, 782; *Schimansky*, Der Franchisevertrag nach deutschem und niederländischem Recht (2003); *Schulze* (Hrsg.), Franchising im Europäischen Privatrecht (2001); *Skrdlik*, Franchising in der tschechischen Praxis, WiRO 2005, 367; *Sommer*, Vertragsgestaltung bei Vertriebssystemen im internationalen Vergleich (2000); *Tabastajewa/Stauber*, Russisches Franchiserecht – gesetzliche Regelungen und aktuelle Rechtsprechung, WiRO 2006, 38.

Länderberichte zum Franchising finden sich in *Giesler/d'Avis*, Internationales Franchising, in: Giesler/Nauschütt (Hrsg.), Franchiserecht, 2. Aufl. (2007), S. 1128 ff.; *Mendelsohn* (Hrsg.), Franchising in Europe (1993); *Martinek/Semler/Habermeier*, Handbuch des Vertriebsrechts, 2. Aufl. (2003), S. 1197 ff. sowie auf der Website von UNIDROIT www.unidroit.org. S. auch die rechtsvergleichenden notes in: *Hesselink/Rutgers/Bueno Díaz/Scotton/Veldman* (Hrsg.), Principles of European Law: Commercial Agency, Franchise and Distribution Contracts (2006).

I. Begriff

2081 Der Begriff des Franchisevertrages bezeichnet in den meisten Rechtsordnungen eine besondere Form des Vertriebsvertrages, der als typengemischtes Dauerschuldverhältniss je nach Ausgestaltung Elemente der Pacht, der Lizenz, der Dienstleistung, der Geschäftsbesorgung, der Handelsvertretung, des Finanzierungsgeschäfts, der Miete und des Kaufs enthalten kann[1].

2082 Die Parteien treffen beim Franchisevertrag regelmäßig mehrere **Hauptleistungspflichten**: Der **Franchisegeber** stellt dem Franchisenehmer das von ihm entwickelte Systemkonzept zur Herstellung oder zum Vertrieb eines Produktes zur Verfügung, insbesondere indem er dem Franchisenehmer Know-how überträgt und Nutzungsrechte an Immaterialgüterrechten einräumt, vor allem an Markenrechten, Urheberrechten und verwandten Schutzrechten, teilweise aber auch an Patenten sowie Gebrauchs- und Geschmacksmustern. Zudem ist der Franchisegeber dem Franchisenehmer gegenüber regelmäßig zur Beratung und Unterstützung bei der Betriebsführung und zur Überwachung (vor allem auch der anderen Franchisenehmer) durch Kontrollmaßnahmen verpflichtet.

---

1 S. etwa für das deutsche Recht BGH 13.1.2000, NJW-RR 2000, 1159 (1160).

Im Gegenzug entrichtet der **Franchisenehmer** ein Entgelt, das sich meistens aus einer Eintrittsgebühr sowie einer laufenden – oftmals umsatzabhängigen – Franchisegebühr zusammensetzt. Zudem trifft den Franchisenehmer eine Absatzförderungspflicht; der Franchisenehmer ist verpflichtet, die Herstellung und den Vertrieb nach den Vorgaben des Franchisegebers durchzuführen.

Franchiseverträge treten in der Praxis in sehr **unterschiedlicher Gestalt** auf. Nicht nur variieren die genannten Pflichten der Parteien und deren Gewichtung. Auch kann je nach Gegenstand des Vertrages das Franchisesystem als **Vertriebsfranchising** (Verkauf bestimmter Waren unter der Geschäftsbezeichnung des Franchisegebers), als **Dienstleistungsfranchising** (Anbieten von Dienstleistungen unter der Geschäftsbezeichnung und in Übereinstimmung mit den Richtlinien des Franchisegebers) oder als **Produktionsfranchising** (Herstellung nach den Anweisungen des Franchisegebers und Vertrieb der Produkte) ausgestaltet sein[1]. Zudem kann auch je nach Grad der Eingliederung des Franchisenehmers sowie seiner Abhängigkeit und Weisungsgebundenheit vom Franchisegeber zwischen dem häufiger anzutreffenden **Subordinationsfranchising** und dem selteneren **Partnerschaftsfranchising** unterschieden werden[2].

II. Einheitsrecht

Praktisch für den Franchisevertrag von größter Bedeutung auf der Ebene des Einheitsrechts ist – jedenfalls in Europa – das **europäische Kartellrecht** der Art. 81 ff. EG, die als international zwingende Vorschriften Einfluss auf die Wirksamkeit des Franchisevertrages haben und deshalb auch die Vertragsgestaltung beeinflussen (näher unten Rz. 2117 f.). 2083

Bemühungen um eine Rechtsvereinheitlichung sind aber auch im privaten Franchisevertragsrecht zu beobachten. Auf der internationalen Ebene war bisher vor allem das International Institute for the Unification of Private Law (UNIDROIT) aktiv. So liegt neben dem **UNIDROIT Guide to International Master Franchise Arrangements**[3] seit 2002 ein **UNIDROIT Model Franchise Disclosure Law**[4] vor. Das UNIDROIT-Modellgesetz, das sich als Empfehlung an die nationalen Gesetzgeber versteht, möchte den Franchisenehmer vor einer falschen vorvertraglichen Aufklärung schützen (Präambel) – eine Gefahr, 2084

---

1 S. etwa für das europäische Kartellrecht EuGH 28.1.1986 – Rs. 161/84 (Pronuptia), Slg. 1986, 353, Rz. 13.
2 S. etwa für das deutsche Recht OLG Hamm 13.3.2000, NZG 2000, 1169 (1169 f.).
3 UNIDROIT, Guide to International Master Franchise Arrangements, 2. Aufl. (2007).
4 Abgedruckt mit Explanatory Report in Unif.L.Rev. 2002, 1066. Dazu *Binder*, Les initiatives d'UNIDROIT en matière de franchisage, Unif.L.Rev. 2000, 707; *Czerwenka*, UNIDROIT Modellgesetz über die Offenlegung beim Franchising, IHR 2003, 53; *Gast*, UNIDROIT – Vers une loi mondiale sur la franchise?, in: Gedächtnisschr. Walther Skaupy (2003), S. 111; *Giesler*, in: Kronke/Melis/Schnyder, S. 643 ff.; *Konigsberg*, S. 45 ff.; *Mendelsohn*, The UNIDROIT Model Law, Gedächtnisschr. Walther Skaupy (2003), S. 293; *Peters*, The draft UNIDROIT Model Law – Genesis and Contents, in: Schulze, S. 255.

die angesichts des regelmäßigen Informationsvorsprungs des Franchisegebers hinsichtlich des von ihm konzipierten Systems nicht von der Hand zu weisen ist und auch in einigen Staaten zu Gesetzgebungsaktivitäten geführt hat (s. Rz. 2107). Das Modellgesetz findet nach Art. 1 Abs. 1 auf erstmalig abzuschließende oder zu erneuernde Franchiseverträge Anwendung. Es enthält zahlreiche Definitionen der für den Franchisevertrag wichtigen Begriffe (Art. 2). Art. 3 des Modellgesetzes sieht vor, dass der Franchisegeber dem Franchisenehmer spätestens 14 Tage vor Abschluss des Franchisevertrages oder vor der Zahlung der ersten Franchisegebühr eine Offenlegungsschrift (*disclosure document*) vorlegen muss. Art. 4 Abs. 1 des Modellgesetzes enthält eine Formvorschrift für die Offenlegungsschrift. Herzstück des Modellgesetzes ist sein Art. 6, der im Detail den Inhalt der Offenlegungsschrift regelt. Die Offenlegungsschrift muss Informationen über den Franchisegeber und das Franchisekonzept enthalten. Nach Art. 5 des Modellgesetzes ist eine Offenlegungsschrift in einigen Fällen entbehrlich, in denen der Franchisenehmer nicht schutzbedürftig ist. Das ist etwa der Fall, wenn der Franchisenehmer bereits über die notwendigen Informationen verfügt, kein Verhandlungsübergewicht des Franchisegebers droht oder weil die Begründung einer Offenlegungspflicht für den Franchisegeber wirtschaftlich nachteilig wäre. So besteht zB keine Aufklärungspflicht, wenn der Franchisenehmer ein leitender Angestellter oder Geschäftsführer des Franchisegebers ist (lit. a). Bei Verletzung seiner Offenlegungspflichten kann der Franchisenehmer nach Art. 8 des Modellgesetzes den Vertrag beenden sowie Schadensersatz verlangen. Das Modellgesetz ist zwingendes Recht (Art. 10). Allerdings enthält das Modellgesetz keine eindeutigen kollisionsrechtlichen Aussagen; vielmehr geht es davon aus, dass es als Teil des Schuldvertragsstatuts bzw. – je nach Umsetzung – auch als international zwingendes Recht Anwendung findet[1]. Nach Art. 1 Abs. 1 soll das Modellgesetz aber räumlich nur für Franchisegeschäfte im Inland gelten.

2085 Ein Harmonisierungsprojekt für das Franchisevertragsrecht, das über die Vereinheitlichung der Aufklärungspflichten des Franchisegebers hinausgeht, bahnt sich auch auf der europäischen Ebene an. Die Study Group on a European Civil Code hat im Jahr 2006 **Principles of European Law on Commercial Agency, Franchise and Distribution Contracts** (PEL CAFDC) vorgelegt[2], die das Franchisevertragsrecht als Teil des Rechts der Vertriebsverträge kodifizieren und mittlerweile auch in das vierte Buch Abschnitt E (IV.E) des **Draft Common Frame of Reference** (DCFR)[3] aufgenommen wurden. Die PEL CAFDC verfügen über einen allgemeinen Teil der Vertriebsverträge, in dem die allgemeinen Pflichten (Art. 1:201 ff.) und die Beendigung des Vertrages geregelt werden (Art. 1:301 ff.). Die besonderen Vorschriften über Franchiseverträge in den Art. 3:101 ff. konkretisieren die vertraglichen Pflichten des

---

1 *Czerwenka*, IHR 2003, 53, (54 f.). S. auch Explanatory Report, Unif.L.Rev. 2002, 1066 (Rz. 38).
2 Abgedruckt mit *comments* und (rechtvergleichenden) *notes* in Hesselink/Rutgers/Bueno Díaz/Scotton/Veldman.
3 *von Bar/Clive/Schulte-Nölke* (Hrsg.), Principles, Definitions and Model Rules of European Private Law (2009).

Franchisegebers (Art. 3:201 ff.) und des Franchisenehmers (Art. 3:301 ff.). Neben einer Definition des Franchisevertrages (Art. 3:101) legen diese Normen aber auch die vorvertraglichen Aufklärungs- und Offenlegungspflichten genauer fest (Art. 3:102), die nach Art. 3:102 Abs. 3 PEL CAFDC zwingend ausgestaltet sind. Bei Verletzung dieser Aufklärungs- und Offenlegungspflichten kann der Franchisenehmer nach Art. 4:103 der allgemeinen Principles of European Contract Law (PECL)[1] (= II.–7:201 DCFR) den Franchisevertrag anfechten oder nach Art. 4:117 PECL (= II.–7:214 DCFR) Schadensersatz verlangen, Art. 3:102 Abs. 2 PEL CAFDC.

Vereinheitlichende Wirkung als nichtstaatliches Recht hat auch der **European Code of Ethics for Franchising** von 1972 (idF vom 5.12.2003)[2], der von der European Franchise Federation (EFF) erarbeitet wurde und die Mitglieder des Verbandes bindet. Der Code regelt neben der Definition des Franchisings auch die Pflichten der Vertragsparteien. 2086

Nicht berührt wird das Franchisevertragsrecht durch die europäische **Handelsvertreterrichtlinie**[3], die nur auf Handelsvertreter Anwendung findet. Allerdings werden die mitgliedstaatlichen Umsetzungsvorschriften zum Teil analog auf bestimmte Franchisenehmer angewendet, die Handelsvertretern ähneln. Hier stellt sich die Frage, ob das Handelsvertreterrecht auch zugunsten der Franchisenehmer international zwingend wirkt (näher Rz. 2120). Auch wenn Franchiseverträge **kaufrechtliche** Elemente aufweisen, etwa bereits bestimmte Waren festlegen, die vom Franchisenehmer zu bestimmten Preisen abzunehmen sind, ist das **UN-Kaufrecht** auf den Franchisevertrag sachlich nicht anwendbar[4]. Es handelt sich bei solchen Franchiseverträgen nicht um Warenkaufverträge iSd. Art. 1 Abs. 1 CISG: Angesichts der weiteren Pflichten des Franchisegebers besteht der überwiegende Teil der Pflichten der Partei, welche die Ware liefert, in der Ausführung von Arbeiten oder anderen Dienstleistungen. Der sachliche Anwendungsbereich des UN-Kaufrechts ist deshalb nach Art. 3 Abs. 2 CISG nicht eröffnet. Allerdings kann das UN-Kaufrecht auf Einzelverträge zur Ausführung des Franchisevertrages anwendbar sein (näher Rz. 2111). 2087

III. Schuldvertragsstatut

1. Freie Rechtswahl

Die Parteien des Franchisevertrages können ausdrücklich und konkludent das auf ihren Franchisevertrag anwendbare Recht nach Art. 3 Rom I-VO wählen[5]. 2088

---

1 Abgedruckt in *Lando/Beale*, Principles of European contract law – Parts I and II (2000).
2 Abrufbar im Internet unter www.eff-franchise.com.
3 Richtlinie 86/653/EWG des Rates vom 18.12.1986 zur Koordinierung der Rechtsvorschriften der Mitgliedstaaten betreffend die selbständigen Handelsvertreter, ABl. EG 1986 Nr. L 382, S. 17.
4 *Giesler*, in: Kronke/Melis/Schnyder, S. 661; *Reif*, S. 15.
5 Zu Art. 27 EGBGB LG Karlsruhe 8.6.1999, IPRax 2002, 532 = IPRspr. 1999 Nr. 32A; LG Düsseldorf 31.7.2002, IPRspr. 2002 Nr. 31; *Baudenbacher*, in: Kramer, S. 222; *Bräu-*

Hinsichtlich der Zulässigkeit, des Zustandkommens und der Wirksamkeit der Rechtswahl finden die allgemeinen Grundsätze Anwendung (Rz. 88 ff., 263 ff.). Insbesondere ist die Wahl nichtsstaatlichen Rechts, etwa des UNIDROIT-Modellgesetzes (oben Rz. 2084), des PEL CAFDC (oben Rz. 2085) oder des European Code of Ethics for Franchising (oben Rz. 2086), als Schuldvertragsstatut nicht möglich[1]. Der Franchisevertrag wird als Teil eines standardisierten Vertriebssystems oftmals vom Franchisegeber gestellte allgemeine Geschäftsbedingungen (AGB) enthalten; möglich ist insbesondere eine **Rechtswahlklausel** in AGB[2]. Soweit wegen Art. 3 Abs. 5 und Art. 10 Rom I-VO auf eine solche Rechtswahlklausel deutsches Recht Anwendung findet, ist eine solche Klausel regelmäßig weder überraschend (§ 305c Abs. 1 BGB) noch benachteiligt sie den Vertragspartner unangemessen (§ 307 BGB)[3]. Eine Rechtswahl empfiehlt sich beim Franchisevertrag[4], um Unsicherheiten hinsichtlich des mangels Rechtswahl anwendbaren Rechts zu vermeiden – Unsicherheiten, die jedoch durch die neue objektive Anknüpfung des Franchisevertrages in Art. 4 Abs. 1 lit. e Rom I-VO etwas verringert wurden (Rz. 2092, 2098 ff.). Außerdem spricht für eine Rechtswahl beim Franchisevertrag kollisionsrechtlich ein **Uniformitätsinteresse** der Parteien[5]: Nicht nur wird der Franchisegeber regelmäßig ein Interesse daran haben, dass innerhalb eines internationalen Franchisesystems ein einziges Recht Anwendung findet, vor allem um Transaktionskosten niedrig zu halten. Auch der Franchisenehmer, der ggf. in Konkurrenz mit den anderen Franchisenehmern des Systems steht, hat ein Interesse an kollisionsrechtlicher Gleichbehandlung der Franchisenehmer, um Wettbewerbsverzerrungen und ungleiche Chancengewichtung zu verhüten.

2089 Nicht eingeschränkt wird die Rechtwahlfreiheit des Art. 3 Rom I-VO durch das **internationale Verbraucherschutzrecht** nach Art. 6 Rom I-VO (allgemein Rz. 4141 ff. Ein Franchisevertrag ist niemals ein Verbrauchervertrag iSd. Art. 6 Abs. 1 Rom I-VO[6], da der Franchisenehmer den Vertrag nicht zu einem Zweck abschließt, der nicht seiner „beruflichen oder gewerblichen Tätigkeit zugerechnet werden kann". Das gilt selbst für Franchisenehmer, die den Vertrag zur Existenzgründung abschließen, wie der EuGH in „Benincasa" bereits für

---

tigam, WiB 1997, 897 (898); *Ferrier*, Clunet 115 (1988), 625 (648); *Giesler*, in: Kronke/Melis/Schnyder, S. 661 f.; *von Hoffmann*, in: Soergel, Art. 28 EGBGB Rz. 274; *Magnus*, in: Staudinger, Art. 28 EGBGB Rz. 297; *Martiny*, in: MünchKomm, Art. 28 EGBGB Rz. 230; *Oechsler*, in: Martinek/Semler/Habermeier, S. 1406; *Plaßmeier*, S. 77 ff.; *Reif*, S. 16; *Schlemmer*, RdW 1984, 298 (304); *Siehr*, S. 213; *Wildhaber*, S. 198 ff. Im Ergebnis (inzidenter) auch BGH 12.11.2003, NJW-RR 2004, 308 = IPRspr. 2003 Nr. 3; BGH 22.2.2006, GRUR 2006, 610 = NJW-RR 2006, 776.
1 S. auch Erwägungsgrund 13 zur Rom I-VO.
2 S. *Krümmel*, in: Giesler/Nauschütt, S. 1093 f.; *Oechsler*, in: Martinek/Semler/Habermeier, S. 1407 f.
3 S. zum AGBG LG Düsseldorf 31.7.2002, IPRspr. 2002 Nr. 31, S. 81.
4 S. *Feick*, in: Beck'sches Formularbuch Bürgerliches, Handels- und Wirtschaftsrecht, 9. Aufl. 2006, VII 13, § 18 Abs. 2; *Heil/Wagner*, in: Münchener Vertragshandbuch, Bd. II/1, 5. Aufl. (2004), II 1 § 23 Abs. 4 sowie II 1 § 16 Abs. 3.
5 Dazu ausführlich *Plaßmeier*, S. 113 ff.
6 Zu Art. 29 EGBGB LG Düsseldorf 31.7.2002, IPRspr. 2002 Nr. 31, S. 81; *Giesler*, in: Kronke/Melis/Schnyder, S. 664; *Plaßmeier*, S. 85 f.; *Reif*, S. 60.

den insoweit gleich lautenden Art. 13 EuGVÜ (= Art. 15 EuGVO) entschieden hat: Der internationale Verbraucherschutz besteht auch dann nicht, wenn die berufliche oder gewerbliche Tätigkeit erst für die Zukunft vorgesehen ist; die Tatsache, dass es sich um eine erst künftig aufzunehmende Tätigkeit handelt, ändert nichts an ihrer beruflichen oder gewerblichen Natur[1]. Diese Rechtsprechung zum europäischen internationalen Zuständigkeitsrecht kann auch zur Auslegung des Verbraucherbegriffs in Art. 6 Abs. 1 Rom I-VO herangezogen werden. Insbesondere geht Erwägungsgrund 24 zur Rom I-VO von einem einheitlichen Verbraucherbegriff im europäischen Kollisionsrecht und Zuständigkeitsrecht aus[2]. Auch eine **analoge** Anwendung des internationalen Verbraucherschutzrechtes auf den Franchisenehmer ist ausgeschlossen[3].

Daneben beschränken auch die besonderen Vorschriften über **Individualarbeitsverträge** in Art. 8 Rom I-VO (allgemein Rz. 4801 ff.) die Rechtswahlfreiheit beim Franchisevertrag zumindest nicht regelmäßig. Der Franchisenehmer ist wie der Handelsvertreter meist nicht Arbeitnehmer des Franchisegebers, sondern selbständiger Unternehmer. Wäre der Franchisenehmer für Zwecke des europäischen Kollisionsrechts im Regelfall Arbeitnehmer, so wäre die Anknüpfungsregel des Art. 4 Abs. 1 lit. e Rom I-VO unverständlich, die davon ausgeht, dass der Franchisevertrag regelmäßig kein Individualarbeitsvertrag nach Art. 8 Rom I-VO ist. Dennoch sind Fälle denkbar, in denen die Eingliederung in den Betrieb des Franchisegebers und die Weisungsgebundenheit des Franchisenehmers so weitgehend ist, dass der anzuknüpfende Franchisevertrag nicht nur nach nationalem Recht[4], sondern auch bei autonomer Qualifikation des Art. 8 Rom I-VO als Individualarbeitsvertrag anzusehen ist[5]. Orientiert man sich bei der Auslegung des Arbeitnehmerbegriffs in Art. 8 Rom I-VO an der Rechtsprechung des EuGH zu Art. 39 EG, so ist Arbeitnehmer, wer während einer bestimmten Zeit für einen anderen nach dessen Weisungen eine tatsächliche und echte Tätigkeit erbringt, für die er als Gegenleistung eine Vergütung erhält[6]. Das Kriterium der Eingliederung in den Betrieb des Arbeitgebers findet sich auch in der Rechtsprechung des Europäischen Gerichtshofs zum EuGVÜ[7].

2090

---

[1] EuGH 3.7.1997 – Rs. C-269/95 (Benincasa), Slg. 1997, I-3767, Rz. 17. S. auch OLG Nürnberg 20.7.2004, IPRax 2005, 248.
[2] S. auch Erwägungsgrund 7 zur Rom I-VO.
[3] *Plaßmeier*, S. 88 f.
[4] S. für das deutsche Recht nur den „Eismann-Beschluss" des BAG 16.7.1997, AP Nr. 37 zu § 5 ArbGG 1979 = NJW 1997, 2973, und des BGH 4.11.1998, BGHZ 140, 11 = NJW 1999, 218, sowie BGH 16.10.2002, BGHZ 152, 213–217 = NJW-RR 2003, 277.
[5] S. *Bräutigam*, WiB 1997, 897 (899 f.); *Czernich*, in: Czernich/Heiss, Art. 4 EVÜ Rz. 93 *Magnus*, in: Staudinger, Art. 28 EGBGB Rz. 298; *Schacherreiter*, S. 70 ff.; *Schlemmer*, RdW 1984, 298 (304); *Schlemmer*, IPRax 1988, 252 (253). S. auch *Wildhaber*, S. 201, 205 ff. Zurückhaltender *Giesler*, in: Kronke/Melis/Schnyder, S. 664; *Plaßmeier*, S. 86 ff.; *Reif*, S. 71. S. für den Handelsvertreter BAG 17.4.1996, AP Nr. 5 zu EGBGB Art. 30 EGBGB nF = NZA-RR 1997, 107.
[6] S. etwa EuGH 15.12.2005 – verb. Rs. C-151/04 und C-152/04 (Nadin), Slg. 2005, I-11203, Rz. 31.
[7] S. EuGH 15.1.1987 – Rs. 266/85 (Shenavai), Slg. 1987, 239, Rz. 16.

2. Objektive Anknüpfung

2091 Durch Art. 4 Rom I-VO wird die objektive Anknüpfung eines Vertrages nach Art. 28 EGBGB/Art. 4 EVÜ neu gefasst (allgemein Rz. 143 ff.): Bestimmen die Parteien des anzuknüpfenden Vertrages kein Recht im Wege der Rechtswahl nach Art. 3 Rom I-VO, so enthält Art. 4 Abs. 1 Rom I-VO nunmehr für eine Vielzahl von Vertragstypen einen Katalog mit **Spezialtatbeständen**, die eine bestimmte objektive Anknüpfung vorsehen. Fällt ein Vertrag nicht unter diese Spezialtatbestände oder fallen Bestandteile des Vertrages in mehr als einen der Spezialtatbestände, so bleibt es bei der **allgemeinen Regel** des Art. 4 Abs. 2 Rom I-VO, wonach der Vertrag grundsätzlich dem Recht des Staates unterliegt, in dem der Schuldner der vertragscharakteristischen Leistung seinen gewöhnlichen Aufenthalt hat. Allerdings wird die starre Anknüpfung in den Spezialtatbeständen und in der allgemeinen Regel durch eine **Ausweichklausel** in Art. 4 Abs. 3 Rom I-VO abgefedert: Ergibt sich aus der Gesamtheit der Umstände, dass der Vertrag eine offensichtlich engere Verbindung zu einem anderen Staat aufweist, so ist das Recht dieses anderen Staates anzuwenden. Lässt sich das Recht nicht nach den Spezialtatbeständen oder der allgemeinen Regel bestimmen, sieht die **Auffangregel** des Art. 4 Abs. 4 Rom I-VO vor, dass der Vertrag dem Recht des Staates unterliegt, zu dem er die engste Verbindung aufweist.

2092 Die Rom I-VO sieht für Franchiseverträge einen **Spezialtatbestand** vor. Mangels Rechtswahl findet nach Art. 4 Abs. 1 lit. e Rom I-VO auf den Franchisevertrag das Recht des Staates Anwendung, in dem der Franchisenehmer seinen gewöhnlichen Aufenthalt hat. Da die Rechte und Pflichten der Parteien des Franchisevertrages je nach Ausgestaltung stark variieren (Rz. 2082), ist diese starre gesetzgeberische Entscheidung zugunsten des Rechts des Franchisenehmers nicht unumstritten[1]. Rechtspolitisch ging es dem europäischen Gesetzgeber wohl weniger darum, den Schwerpunkt des Franchisevertrages zu bestimmen. Vielmehr scheint **Sinn und Zweck** des Spezialtatbestandes für Franchiseverträge zu sein, den Franchisenehmer als schwächere Partei durch die Anwendung des ihm vertrauten Rechts zu schützen[2] – ein Anliegen, das eingedenk der im Einzelfall starken wirtschaftlichen Stellung des Franchisenehmers nicht immer berechtigt sein mag[3] und vor allem aber bei der objektiven Anknüpfung nach Art. 4 Rom I-VO falsch aufgehoben ist[4]. Ein weiterer Grund für die An-

---

1 S. etwa *Ferrari*, Objektive Anknüpfung, in: Ferrari/Leible (Hrsg.), Ein neues Internationales Vertragsrecht für Europa (2007), S. 57 (87).
2 S. Vorschlag für eine Verordnung des Europäischen Parlaments und des Rates über das auf vertragliche Schuldverhältnis anzuwendende Recht (Rom I), KOM(2005) 650 endg. vom 15.12.2005, S. 7.
3 *Ferrari*, Objektive Anknüpfung, in: Ferrari/Leible (Hrsg.), Ein neues Internationales Vertragsrecht für Europa (2007), S. 87; *Kessedjian*, Party Autonomy and Characteristic Performance in the Rome Convention and the Rome I Proposal, in: Basedow/Baum/Nishitani (Hrsg.), Japanese and European Private International Law in Comparative Perspective (2008), S. 105 (124 in Fn. 45); *Lagarde*, Remarques sur la proposition de règlement de la Commission européenne sur la loi applicable aux obligations contractuelles (Rome I), Rev. crit.d.i.p. 2006, 331 (339).
4 *Leible/Lehmann*, Die Verordnung über das auf vertragliche Schuldverhältnisse anzuwendende Recht („Rom I"), RIW 2008, 528 (535): „Klammheimlich wurde dadurch in

knüpfung an den Franchisenehmer ist sicherlich auch, dass das Franchisesystem beim Franchisenehmer ausgeführt wird und dessen Markt betrifft[1], was auch für das anwendbare Kartellrecht von Bedeutung sein kann (unten Rz. 2117).

a) Altfälle

Mit der objektiven Anknüpfung des Franchisevertrages an das Recht des Franchisenehmers in Art. 4 Abs. 1 lit. e Rom I-VO entscheidet der europäische Gesetzgeber den **alten Streit**[2] um die richtige objektive Anknüpfung des Franchisevertrages. Jedenfalls aus diesem Grund ist die Neuregelung zu begrüßen[3]. Da die Rom I-VO nach ihrem Art. 28 nur auf Verträge Anwendung findet, die nach dem 17.12.2009 geschlossen werden, hat die Diskussion noch Relevanz für **Altfälle**, die bei Dauerschuldverhältnissen wie Franchiseverträgen die Gerichte noch längere Zeit beschäftigen können.

2093

Umstritten war **unter der Geltung des EGBGB/EVÜ** insbesondere die Frage, ob beim Franchisevertrag eine Partei und – wenn ja – welche der Parteien die **vertragscharakteristische Leistung** nach Art. 28 Abs. 2 S. 1 EGBGB/Art. 4 Abs. 2 S. 1 EVÜ erbringt. Diese Frage war angesichts der beim Franchisevertrag regelmäßig anzutreffenden Leistungsbündel auf beiden Seiten des Vertrages (Rz. 2082) schwer zu beantworten. Soweit eine vertragscharakteristische Leistung beim Franchisevertrag verneint wurde, war zudem umstritten, zu welchem Staat der Franchisevertrag die **engste Verbindung** nach Art. 28 Abs. 1 S. 1 EGBGB/Art. 4 Abs. 1 S. 1 EVÜ aufweist, dessen Recht mangels vertragscharakteristischer Leistung zum Zuge kommt. Vor diesem Hintergrund ergab sich folgendes Meinungsbild:

Zum Teil wurde vertreten, dass mangels Rechtswahl der Franchisevertrag dem Recht des Aufenthaltsstaates des **Franchisegebers** zu unterstellen sei[4]: Die Hauptleistungspflichten des Franchisegebers (oben Rz. 2082) seien beim Franchisevertrag die vertragscharakteristische Leistung nach Art. 28 Abs. 2 S. 1

2094

Art. 4 der Schwächerenschutz als neuer Gedanke eingeführt. Mit der Suche nach dem Sitz des Rechtsverhältnisses im *Savigny'schen* Sinn hat dies nichts zu tun". S. aber auch *Schacherreiter*, S. 70 ff., 130 f.

1 *García Gutiérrez*, Yb.Priv.Int'l.L. 10 (2008), 233 (238).
2 Eine ausführliche Darstellung des Streites findet sich bei *Plaßmeier*, S. 89 ff.
3 *Ferrari*, Objektive Anknüpfung, in: Ferrari/Leible (Hrsg.), Ein neues Internationales Vertragsrecht für Europa (2007), S. 86; *Mankowski*, Der Vorschlag für die Rom I-Verordnung, IPRax 2006, 101 (103).
4 LG Düsseldorf 31.7.2002, IPRspr. 2002 Nr. 31, S. 81; *von Bar*, II, S. 369; *Beier*, Die internationalprivatrechtliche Beurteilung von Verträgen über gewerbliche Schutzrechte, in: Holl/Klinke (Hrsg.), Internationales Privatrecht, internationales Wirtschaftsrecht (1985), S. 287 (303); *Bräutigam*, WiB 1997, 897 (899); *Ferrari*, Objektive Anknüpfung, in: Ferrari/Leible (Hrsg.), Ein neues Internationales Vertragsrecht für Europa (2007), S. 86 f.; *Hiestand*, RIW 1993, 173 (178); *Hohloch*, in: Erman, Art. 28 EGBGB Rz. 36; *Krümmel*, in: Giesler/Nauschütt, S. 1096; *Oechsler*, in: Martinek/Semler/Habermeier, S. 1416; *Plaßmeier*, S. 118 f.; *Thorn*, in: Palandt, Art. 28 EGBGB Rz. 12; *Vischer*, Festgabe Walter Schluep (1988), S. 515 (531); *Vischer/Huber/Oser*, Rz. 672; *Wagner*, S. 108; im Grundsatz mit Differenzierungen so auch *Martinek*, S. 660.

EGBGB/Art. 4 Abs. 2 S. 1 EVÜ. Jedenfalls bestehe – sollte man angesichts der Absatzförderungspflicht des Franchisenehmers (oben Rz. 2082) eine vertragscharakteristische Leistung ablehnen – nach Art. 28 Abs. 1 S. 1 EGBGB/Art. 4 Abs. 1 S. 1 EVÜ die engste Verbindung zu dem Staat, in dem sich der gewöhnliche Aufenthalt des Franchisegebers befindet. Zudem spreche für eine Anknüpfung an den Franchisegeber das kollisionsrechtliche Uniformitätsinteresse der Parteien (oben Rz. 2088): Alle Franchiseverträge innerhalb des System sollten demselben Recht unterliegen, auch wenn der Franchisegeber dies freilich durch eine Rechtswahl in seinen oftmals standardisierten Franchiseverträgen erreichen kann.

2095 **Andere Autoren**, wie nunmehr auch der europäische Gesetzgeber, wollten den Franchisevertrag umgekehrt an das Recht des Staates objektiv anknüpfen, in dem der **Franchisenehmer** seine Hauptniederlassung hat[1], entweder weil die Absatzförderungspflicht des **Franchisenehmers** (oben Rz. 2082) vertragscharakteristisch nach Art. 28 Abs. 2 S. 1 EGBGB/Art. 4 Abs. 2 S. 1 EVÜ sei oder zumindest zum Aufenthaltsstaat des Franchisenehmers nach Art. 28 Abs. 1 S. 1 EGBGB/Art. 4 Abs. 1 S. 1 EVÜ die engste Beziehung bestünde: Bei allen Gestaltungen von Franchiseverträgen müsse der Franchisenehmer die Herstellung oder den Vertrieb des Produktes nach den Vorgaben des Franchisenehmers durchführen. Die Pflichten des Franchisegebers (oben Rz. 2082) dienten allein der Unterstützung der Absatzförderungspflicht des Franchisenehmers.

2096 Angesichts der vielfältigen Gestaltungsmöglichkeiten beim Franchisevertrag wurde aber auch diskutiert, bei jedem objektiv anzuknüpfenden Vertrag **individuell** eine engste Verbindung des Vertrages nach Art. 28 Abs. 1 S. 1 EGBGB/Art. 4 Abs. 1 S. 1 EVÜ festzustellen[2]. Eine **aufspaltende Anknüpfung** der verschiedenen Elemente des Franchisevertrages nach Art. 28 Abs. 1 S. 2 EGBGB/Art. 4 Abs. 1 S. 2 EVÜ kam aber regelmäßig nicht in Betracht[3]; eine solche Aufspaltung würde zu einem komplizierten „law mix" führen, da die

---

1 *Laudenbacher*, Die Behandlung des Franchisevertrages im schweizerischen Recht, in: Kramer (Hrsg.), Neue Vertragsformen der Wirtschaft: Leasing, Factoring, Franchising (1985), S. 205 (223); *Abell*, in: Abell, S. 194; *Emde*, Handelsvertreterrecht – Relevante Vorschriften bei nationalen und internationalen Verträgen, MDR 2002, 190 (194); *Giesler*, in: Kronke/Melis/Schnyder, S. 662 f.; *Haag*, S. 199; *Keller/Kren Kostkiewicz*, in: ZürchKomm, Art. 117 IPRG Rz. 193; *Krümmel*, in: Giesler/Nauschütt, S. 1096; *Looschelders*, Art. 28 EGBGB Rz. 38; *Magnus*, in: Staudinger, Art. 28 EGBGB Rz. 297, 300; *Heil/Wagner*, Münchener Vertragshandbuch, Bd. II/1, 5. Aufl. (2004), II 1 Anm. 65; *Schlemmer*, RdW 1984, 298 (304); *Schlemmer*, IPrax 1988, 252 (253); *Schnyder*, in: Honsell/Vogt/Schnyder/Berti, Art. 117 IPRG Rz. 62; *Schwander*, Die Behandlung der Innominatverträge im internationalen Privatrecht, Festgabe Walter Schluep (1988), S. 501 (510); *Siehr* S. 213; *Spickhoff*, in: Bamberger/Roth, Art. 28 EGBGB Rz. 54; *Verschraegen*, in: Rummel, Art. 4 EVÜ Rz. 76; *Wildhaber*, S. 252.

2 *Czernich*, in: Czernich/Heiss, Art. 4 EVÜ Rz. 91, 93; *von Hoffmann*, in: Soergel, Art. 28 EGBGB Rz. 275; *von Hoffmann/Thorn*, S. 444; *Leible*, in: AnwKomm, Art. 28 EGBGB Rz. 111; *Reif*, S. 49 ff. S. auch *Magnus*, in: Staudinger, Art. 28 EGBG Rz. 93.

3 *Giesler*, in: Kronke/Melis/Schnyder, S. 663; *Hiestand*, RIW 1993, 173 (175); *Plaßmeier*, S. 127 f.; *Reif*, S. 33 f.; *Wildhaber*, S. 255. Anders aber für den Einzelfall *von Hoffmann*, in: Soergel, Art. 28 EGBGB Rz. 276.

verschiedenen Pflichten des Franchisevertrages in jedem Recht aufeinander abgestimmt sein werden, und wäre zudem mit dem kollisionsrechtlichen Uniformitätsinteresse der Parteien (oben Rz. 2088) unvereinbar.

Schließlich wurde auch vertreten, dass Statut des Franchisevertrages das **Schutzlandsrecht** derjenigen Immaterialgüterrechte (lex loci protectionis) ist, für die der Franchisegeber dem Franchisenehmer Nutzungsrechte einräumt[1]. 2097

b) Die neue Regelung des Art. 4 Abs. 1 lit. e Rom I-VO

Der **neue Spezialtatbestand des Art. 4 Abs. 1 lit. e Rom I-VO**, der an den gewöhnlichen Aufenthalt des Franchisenehmers anknüpft (Überblick oben Rz. 2091 f.), gilt nur für **Franchiseverträge**. Da dieser Begriff autonom auszulegen ist[2], bedeutet Franchiseverträge für Zwecke der Rom I-VO nicht zwingend dasselbe wie im nationalen Recht. Erwägungsgrund 17 S. 2 zur Rom I-VO stellt nur klar, dass es sich bei Franchiseverträgen um Dienstleistungsverträge handelt, die besonderen Regelungen unterliegen – eine Qualifikation, die vor allem auch für das europäische internationale Zuständigkeitsrecht und Art. 5 Nr. 1 lit. b 2. Spiegelstrich EuGVO (besondere Zuständigkeit bei Verträgen über Dienstleistungen) bedeutsam sein könnte[3]. Jedenfalls eine Abgrenzung des Franchisevertrages iSd. Art. 4 Abs. 1 lit. e Rom I-VO zum **Vertriebsvertrag** iSd. Art. 4 Abs. 1 lit. f Rom I-VO ist nicht notwendig: Zwar sind Franchiseverträge besondere Vertriebsverträge. Aber beide Vorschriften führen zu dem Recht des Franchisenehmers bzw. Vertriebshändlers. 2098

Ein erster Anhaltspunkt für die autonomen Konturen des Franchisevertrages könnte sich – mangels einer Definition in der Rom I-VO[4] – aus einer **Legaldefinition** des Franchisevertrages im europäischen Kartellrecht ergeben: aus der Gruppenfreistellungsverordnung für Franchisevereinbarungen (Franchise-GVO)[5], die mittlerweile durch die Gruppenfreistellungsverordnung für vertikale Vereinbarungen (Vertikal-GVO)[6] abgelöst wurde. Zwar bedeutet eine autonome Auslegung nicht zwingend eine *einheitliche* Auslegung aller 2099

---

1 S. österreich. OGH 5.5.1987, GRUR Int. 1988, 72 = IPRax 1988, 242 m. Aufs *Schlemmer*, IPRax 1988, 252 (253), der allerdings nur das Schutzlandrecht anwenden möchte, wenn der Schwerpunkt des Franchisevertrages in der Einräumung von Nutzungsrechten an Immaterialgüterrechten liegt; s. auch bereits *Schlemmer*, RdW 1984, 298 (304).
2 Zum Erfordernis einer autonomen Auslegung *im Allgemeinen* für alle wie die Rom I-VO auf Art. 61 lit. c, 65 EG basierenden Rechtsakte EuGH 8.11.2005 – Rs. C-443/03 (Leffler), Slg. 2005, I-9611, Rz. 45, sowie *im Besonderen* für die Rom I-VO Erwägungsgrund 6 zur Rom I-VO.
3 *García Gutiérrez*, Yb.Priv.Int'l.L. 10 (2008), 233 (236 f.).
4 *Magnus*, Article 4 Rome I Regulation: The Applicable Law in the Absence of Choice, in: Ferrari/Leible (Hrsg.), Rome I Regulation (2009), 27 (41).
5 Verordnung (EWG) Nr. 4087/88 der Kommission vom 30.11.1988 über die Anwendung von Artikel 85 Absatz 3 des Vertrags auf Gruppen von Franchisevereinbarungen, ABl. EG 1988 Nr. L 359, S. 46.
6 Verordnung (EG) Nr. 2790/1999 der Kommission vom 22.12.1999 über die Anwendung von Artikel 81 Absatz 3 des Vertrages auf Gruppen von vertikalen Vereinbarungen und aufeinander abgestimmten Verhaltensweisen, ABl. EG 1999 Nr. L 336, S. 21.

europäischer Rechtsakte[1]. Dennoch kann – solange entgegenstehende Rechtsprechung des EuGH noch nicht vorliegt – zumindest als Ausgangspunkt im Wege der rechtsaktübergreifenden Auslegung auch auf außerhalb des europäischen internationalen Privatrechts befindliche Rechtsakte zurückgegriffen werden[2].

Nach **Art. 1 Abs. 3 lit. b S. 1 Franchise-GVO** sind **Franchisevereinbarungen** Verträge,

„in denen ein Unternehmen, der Franchisegeber, es einem anderen Unternehmen, dem Franchisenehmer, gegen unmittelbare oder mittelbare finanzielle Vergütung gestattet, eine Franchise zum Zwecke der Vermarktung bestimmter Waren und/oder Dienstleistungen zu nutzen"

Der Begriff „**Franchise**" steht nach **Art. 1 Abs. 3 lit. a Franchise-GVO** für eine

„Gesamtheit von Rechten an gewerblichem oder geistigem Eigentum wie Warenzeichen, Handelsnamen, Ladenschilder, Gebrauchsmuster, Geschmacksmuster, Urheberrechte, Know-how oder Patente, die zum Zwecke des Weiterverkaufs von Waren oder der Erbringung von Dienstleistungen an Endverbraucher genutzt wird."

Art. 1 Abs. 3 lit. b S. 2 Franchise-GVO legt fest, dass die Franchisevereinbarungen den folgenden **Inhalt** haben:

– „die Benutzung eines gemeinsamen Namens oder Zeichens sowie die einheitliche Aufmachung der vertraglich bezeichneten Geschäftslokale und/oder Transportmittel;

– die Mitteilung von Know-how durch den Franchisegeber an den Franchisenehmer;

– eine fortlaufende kommerzielle oder technische Unterstützung des Franchisenehmers durch den Franchisegeber während der Laufzeit der Vereinbarung."

Diese Definition erfasst – entsprechend der Typologie des EuGH im europäischen Kartellrecht[3] – nur das Vertriebsfranchising und das Dienstleistungsfranchising. Sie umschreibt aber auch das Produktionsfranchising mit der Maßgabe, dass der Franchisenehmer dort nicht Waren oder Dienstleistung vertreibt, sondern Waren herstellt und vertreibt (Rz. 2082).

2100 Ein grenzüberschreitendes Franchisesystem lässt sich auf unterschiedlichem Wege organisieren[4]. Von Art. 4 Abs. 1 lit. e Rom I-VO wird jedenfalls ein **direktes** internationales Franchising erfasst, bei dem Franchisegeber und Franchisenehmer in unterschiedlichen Staaten ihre Niederlassungen haben. Jedoch nicht jede Form insbesondere des **indirekten** internationalen Franchising fällt unter Art. 4 Abs. 1 lit. e Rom I-VO. **Nicht** unter den Spezialtatbestand des Art. 4 Abs. 1 lit. e Rom I-VO fallen etwa **Joint-Venture-Verträge** zum Zwecke des Aufbaus eines Franchisesystems im Zielland (zur objektiven Anknüpfung Rz. 4561 ff.). Gleiches gilt für **Area-Development-Verträge** zwischen einem Franchisegeber und einem Gebietsentwickler, welcher dem Franchisegeber Franchisenehmer im Zielland vermitteln soll. Area-Development-Verträge

---

[1] Vgl. etwa Schlussanträge der GA *Kokott* vom 20.9.2007 – Rs. C-435/06, *C*, Slg. 2007, I-10141, Rz. 38.
[2] Vgl. etwa EuGH 21.4.1993 – Rs. C-172/91 (Sonntag), Slg. 1993, I-1963, Rz. 24.
[3] EuGH 28.1.1986 – Rs. 161/84 (Pronuptia), Slg. 1986, 353, Rz. 13.
[4] S. zu den Methoden des internationalen Franchising nur *Plaßmeier*, S. 71 ff.

sind je nach Ausgestaltung als Handelsvertreterverträge (dazu Rz. 2131 ff., 2161 ff.), Maklerverträge (dazu Rz. 1391 ff.) oder Dienstleistungsverträge (Art. 4 Abs. 1 lit. b Rom I-VO – dazu Rz. 1041 ff.) objektiv anzuknüpfen. Auch ein etwaig zwischen dem Gebietsentwickler und dem Franchisenehmer bestehender **Beratungsvertrag** unterfällt nicht Art. 4 Abs. 1 lit. e Rom I-VO, sondern ist als Dienstleistungsvertrag zu qualifizieren[1].

Das Recht des Hauptfranchisenehmers findet mangels Rechtswahl allerdings auch bei **Masterfranchiseverträgen** bzw. Hauptfranchisevereinbarungen Anwendung. Diese sind nach **Art. 1 Abs. 3 lit. c Franchise-GVO** von Franchiseverträgen zu unterscheiden und bezeichnen   2101

„Vereinbarungen, in denen ein Unternehmen, der Franchisegeber, es einem anderen Unternehmen, dem Hauptfranchisenehmer, gegen unmittelbare oder mittelbare finanzielle Vergütung gestattet, eine Franchise zum Zwecke des Abschlusses von Franchisevereinbarungen mit dritten Unternehmen, den Franchisenehmern, zu nutzen."

Denkbar wäre es zwar, Art. 4 Abs. 1 lit. e Rom I-VO auf Franchiseverträge mit dem Endfranchisenehmer zu beschränken, zumal der gesetzgeberische Zweck, den Franchisenehmer zu schützen (oben Rz. 2092), beim Masterfranchisevertrag kaum Berechtigung hat[2]; eine Verhandlungsübermacht des Franchisegebers wird jedenfalls beim Masterfranchisenehmer regelmäßig nicht bestehen. In diesem Fall müsste der Masterfranchisevertrag nach der allgemeinen Regel des Art. 4 Abs. 2 Rom I-VO angeknüpft werden[3]. Es wäre also die vertragscharakteristische Leistung zu ermitteln; die alte Diskussion um die richtige Anknüpfung des Franchisevertrages (s. soeben Rz. 2093 ff.) behielte hier ihre Relevanz. Richtig ist es aber, Masterfranchiseverträge, falls man sie nicht auch als Franchiseverträge nach Art. 4 Abs. 1 lit. e Rom I-VO qualifizieren möchte[4], zumindest als **Vertriebsverträge** iSd. Spezialtatbestandes des Art. 4 Abs. 1 lit. f Rom I-VO anzusehen und an das Recht des Staates anzuknüpfen, in dem der Vertriebshändler – hier also der Masterfranchisenehmer – seinen gewöhnlichen Aufenthalt hat. Franchiseverträge sind besondere Vertriebsverträge, so dass – soweit Art. 4 Abs. 1 lit. e Rom I-VO als *lex specialis* nicht anwendbar ist – Art. 4 Abs. 1 lit. f Rom I-VO als *lex generalis* eingreift. Auch eine Qualifikation als Dienstleistungsvertrag (Art. 4 Abs. 1 lit. b Rom I-VO) würde zum Recht

---

[1] Vgl. zu Art. 28 EGBGB OLG Düsseldorf 6.9.2002, Az. I-17 U 222/01 (unveröffentlicht), unter A I 2: „Nichts anderes gilt auch, soweit die Klägerin ihren Schadensersatzanspruch darauf stützt, dass die Beklagte ihre Pflichten aus einem angeblich konkludent geschlossenen Auskunfts- und Beratungsvertrag verletzt habe. Auch insoweit gelangt man unter Anwendung des Vertragsstatuts (Art. 28 Abs. 1 u. 2 EGBGB) zur Anwendung deutschen Rechts, da gegebenenfalls die vertragscharakteristische Leistung insoweit von der Beklagten als mit der Beratung Beauftragte zu erbringen war und diese zum Zeitpunkt der in Rede stehenden Verhandlungen ihren Sitz in der Bundesrepublik Deutschland hatte".
[2] *García Gutiérrez*, Yb.Priv.Int'l.L. 10 (2008), 233 (244) (für eine Anwendung der Ausweichklausel des Art. 4 Abs. 3 Rom I-VO).
[3] In diese Richtung *Bonomi*, The Rome I Regulation on the law applicable to contractual obligations, Yb.Priv.Int'l.L. 10 (2008), 165 (175).
[4] So *de Miguel Asensio*, Applicable law in the absence of choice to contracts relating to intellectual or industrial property rights, Yb.Priv.Int'l.L. 10 (2008), 199 (207).

des Masterfranchisenehmers als Dienstleister führen. Die Anknüpfung an den gewöhnlichen Aufenthalt des Masterfranchisenehmers ist beim Masterfranchisevertrag auch **sachgerecht**[1], da dieser ein klares Übergewicht der vertragscharakteristischen Leistungsanteile erbringt: Der Masterfranchisenehmers erschließt dem Masterfranchisegeber im Zielland einen neuen Markt.

2102 Art. 4 Abs. 1 lit. e Rom I-VO verweist auf das Recht des Staates, in dem der Franchisenehmer seinen **gewöhnlichen Aufenthalt** (allgemein Rz. 208 ff.) hat. Art. 19 Abs. 3 Rom I-VO legt fest, dass für die Bestimmung des gewöhnlichen Aufenthaltes der Zeitpunkt des Vertragsschlusses maßgeblich ist. Darüber hinaus finden sich jedoch nur wenig Anhaltspunkte für die Auslegung des Begriffs des gewöhnlichen Aufenthaltes: Nach Art. 19 Abs. 1 S. 1 Rom I-VO ist der Ort des gewöhnlichen Aufenthalts von Gesellschaften, Vereinen und juristischen Personen der Ort ihrer Hauptverwaltung. Art. 19 Abs. 1 S. 2 Rom I-VO bestimmt, dass bei einer natürlichen Person, die im Rahmen der Ausübung ihrer beruflichen Tätigkeit handelt – was bei Franchiseverträgen stets der Fall ist –, der gewöhnliche Aufenthalt der Ort ihrer **Hauptniederlassung** ist. Zudem steht nach Art. 19 Abs. 2 Rom I-VO dem Ort des gewöhnlichen Aufenthalts der Ort gleich, an dem sich die Zweigniederlassung, Agentur oder sonstige Niederlassung befindet, soweit der Vertrag im Rahmen des Betriebs einer Zweigniederlassung, Agentur oder sonstigen Niederlassung geschlossen wird oder für die Erfüllung des Vertrages eine solche Zweigniederlassung, Agentur oder sonstigen Niederlassung verantwortlich ist.

c) Ausweichklausel des Art. 4 Abs. 3 Rom I-VO

2103 Angesichts der verschiedenen Ausgestaltungsmöglichkeiten von Franchiseverträgen kann die **Ausweichklausel** des Art. 4 Abs. 3 Rom I-VO zum Recht eines anderen Staates führen. Dies kommt insbesondere in Betracht, wenn die Hauptleistungspflichten des Franchisegebers (oben Rz. 2082) im Einzelfall so stark ausgeprägt ist, sodass die Pflichten des Franchisenehmers, insbesondere seine Absatzförderungspflicht, in den Hintergrund rücken. Die Pflicht des Franchisegebers, dem Franchisenehmer Nutzungsrechte an Immaterialgüterrechten einzuräumen, führt jedoch nicht über die Ausweichklausel zum **Schutzlandrecht**, für welches das Immaterialgüterrecht eingeräumt wurde[2]. Denn die Einräumung von Immaterialgüterrechten ist regelmäßig Teil der Pflichten des Franchisegebers, damit vom Spezialtatbestand des Art. 4 Abs. 1 lit. e Rom I-VO gedeckt und rechtfertigt folglich keine Anwendung der Ausweichklausel des Art. 4 Abs. 3 Rom I-VO als Ausnahmeregel.

---

1 *Plaßmeier*, S. 125 f.
2 S. *Nishitani*, Contracts Concerning Intellectual Property Rights, in: Ferrari/Leible (Hrsg.), Rome I Regulation (2009), 51 (62, 65, 83 f.). S. zu Art. 28 EGBGB *Bräutigam*, WiB 1997, 897 (899); *Hiestand*, RIW 1993, 173 (177); *Krümmel*, in: Giesler/Nauschütt, S. 1097; *Martiny*, in: MünchKomm, Art. 28 EGBGB Rz. 230; *Oechsler*, in: Martinek/Semler/Habermeier, S. 1421. Für eine Berücksichtigung des Schutzlandes im Rahmen der Ausweichklausel *Magnus*, in: Staudinger, Art. 28 EGBGB Rz. 300. S. auch die Nachweise oben Rz. 2097 in Fn. 1.

d) Verbraucherverträge, Individualarbeitsverträge

Franchiseverträge sind keine **Verbraucherverträge** (näher oben Rz. 2089), sodass eine vorrangige objektive Anknüpfung nach Art. 6 Abs. 1 Rom I-VO nicht in Betracht kommt. Eine solche Anknüpfung würde ohnehin wie der Spezialtatbestand des Art. 4 Abs. 1 lit. e Rom I-VO zum Aufenthaltsrecht des Franchisenehmers führen. 2104

Auch handelt es sich bei Franchiseverträgen regelmäßig nicht um objektiv nach Art. 8 Abs. 2 Rom I-VO anzuknüpfende **Individualarbeitsverträge** (näher oben Rz. 2090). 2105

3. Umfang der Verweisung

Das auf den Franchisevertrag nach der Rom I-VO anwendbare Recht entscheidet über alle dem Schuldvertragsstatut unterstehende Fragen (dazu allgemein Rz. 261 ff.). 2106

a) Vorvertragliche Aufklärungs- und Offenlegungspflichten

Jedoch fallen nicht alle im Zusammenhang mit dem Franchisevertrag auftauchende Rechtsfragen unter das nach der Rom I-VO zu ermittelnde Schuldvertragsstatut. Den Franchisegeber treffen in zahlreichen Rechtsordnungen **vorvertragliche Aufklärungs- und Offenlegungspflichten**, deren Verletzung eine Haftung des Franchisegebers auslöst. In *Deutschland* werden diese Aufklärungspflichten aus dem vorvertraglichen Schuldverhältnis zwischen Franchisenehmer und Franchisegeber abgeleitet[1]. In anderen europäischen Ländern ist der Gesetzgeber aktiv geworden und hat dem Franchisegeber gesetzliche vorvertragliche Pflichten auferlegt. In *Frankreich* sieht etwa die so genannte *Loi Doubin*[2] von 1989 vor, dass ein Vertragsentwurf und weitere Informationen dem Franchisenehmer zwanzig Tage vor dem Vertragsschluss zur Verfügung zu stellen sind. Eine Verletzung dieser Aufklärungs- und Offenlegungspflichten führt zivilrechtlich zur Nichtigkeit des Franchisevertrages und zu Schadensersatzansprüchen. Eine ähnliche Regelung findet sich auch in *Belgien*[3], *Italien*[4] und *Spanien*[5]. Auch auf der *internationalen* und *europäischen* 2107

---

1 S. etwa OLG Brandenburg 28.9.2005, NJW-RR 2006, 51.
2 Gesetz Nr. 89-1008 vom 31.12.1989 dite Loi Doubin relative au développement des entreprises commerciales et artisanales et à l'amélioration de leur environnement économique, juridique et social, Journal Officiel vom 2.1.1990, S. 9. S. auch Dekret Nr. 91-337 vom 4.4.1991 portant application de l'article 1er de la loi Nr. 89-1008 du 31.12.1989 relative au développement des entreprises commerciales et artisanales et à l'amélioration de leur environnement économique, juridique et social, Journal Officiel vom 6.4.1991, S. 4644.
3 Gesetz vom 19.12.2005 relative à l'information précontractuelle dans le cadre d'accords de partenariat commercial, Belgisch Staatsblad vom 18.1.2006, S. 2732.
4 Gesetz Nr. 129 vom 6.5.2004 zu norme per la disciplina dell'affiliazione commerciale, Gazzetta Ufficiale Nr. 120 vom 24.5.2004. S. auch Regolamento recante norme per la disciplina dell'affiliazione commerciale di cui all'articolo 4, comma 2, della legge 6.5.2004, n. 129, Gazzetta Ufficiale Nr. 204 vom 4.10.2005.
5 Gesetz Nr. 7/1996 vom 15.1.1996 de Ordenación del Comercio Minorista, Boletín Oficial del Estado Nr. 15 vom 17.1.1996, S. 1243.

Ebene (UNIDROIT-Modellgesetz, PEL CAFDC) werden vorvertragliche Aufklärungs- und Offenlegungspflichten des Franchisegebers statuiert (näher oben Rz. 2084 f.).

2108 Die Haftung wegen Verletzung dieser Aufklärungspflichten ist kollisionsrechtlich als eine Haftung wegen culpa in contrahendo (c.i.c.) zu qualifizieren[1], die im Hinblick auf Aufklärungs- und Offenlegungspflichtverletzungen vorrangig dem späteren oder hypothetischen Schuldvertragsstatut unterliegt (allgemein zur Anknüpfung der c.i.c. Rz. 470 ff.). Maßgeblich ist also das Recht, das auf den späteren Franchisevertrag anwendbar ist oder anwendbar gewesen wäre. Dies ergibt sich aus folgender Überlegung: Zwar unterstellen Art. 1 Abs. 2 lit. i Rom I-VO sowie Art. 2 Abs. 1 und Art. 12 Rom II-VO die Haftung für c.i.c. den Kollisionsnormen der Rom II-VO für außervertragliche Schuldverhältnisse[2] – eine Qualifikation, die sich für das europäische Zuständigkeitsrecht bereits in der „Tacconi"-Entscheidung des EuGH angedeutet hatte[3]. Aber während die Verletzung vorvertraglicher Schutzpflichten in Bezug auf die in Deutschland in § 823 Abs. 1 BGB geschützten Rechte und Rechtsgüter dem nach Art. 4 ff. Rom II-VO zu ermittelnden Deliktsstatut unterliegen[4], findet nach der Sonderregel des Art. 12 Abs. 1 Rom II-VO bei Schutzpflichtverletzungen in Bezug auf das übrige Vermögen das spätere oder hypothetische Vertragsstatut Anwendung. Hierunter fällt insbesondere die in den Erwägungsgründen genannte Verletzung von Offenlegungspflichten[5]. – Zur Anknüpfung vorvertraglicher Aufklärungs- und Offenlegungspflichten als international zwingende Normen s. unten Rz. 2122.

2109 Aufklärungs- und Offenlegungspflichten treffen neben dem Franchisegeber oftmals auch den Gebietsentwickler des Franchisegebers, der dem Franchisegeber im Rahmen eines Area-Development-Vertrages Franchisenehmer im Zielland vermittelt[6]. Bei der Verletzung dieser Pflichten haftet der Gebietsentwickler ggf. dem Franchisenehmer gegenüber als **Sachwalter** (etwa nach § 311 Abs. 3 BGB). Die Anknüpfung dieser Sachwalterhaftung des Gebietsentwicklers ist sowohl nach altem Recht als auch unter der Rom I-VO und Rom II-VO umstritten (dazu allgemein Rz. 473). Eine jüngere Entscheidung des BGH hat die Anknüpfung der Sachwalterhaftung beim Franchisevertrag offen gelassen[7]. Richtigerweise unterliegt sie nicht dem Statut des Franchisevertrages als

---

1 *Wagner*, S. 159 f.
2 S. auch Erwägungsgrund 10 zur Rom I-VO.
3 EuGH 17.9.2002 – Rs. C-334/00 (Tacconi), Slg. 2002, I-7357, Rz. 25 ff.
4 S. Erwägungsgrund 30 S. 3 und S. 4 zur Rom II-VO: „Artikel 12 gilt nur für außervertragliche Schuldverhältnisse, die in unmittelbarem Zusammenhang mit den Verhandlungen vor Abschluss eines Vertrags stehen. So sollten in den Fällen, in denen einer Person während der Vertragsverhandlungen ein Personenschaden zugefügt wird, Artikel 4 oder andere einschlägige Bestimmungen dieser Verordnung zur Anwendung gelangen".
5 S. Erwägungsgrund 30 S. 2 zur Rom II-VO.
6 S. für Deutschland etwa BGH 12.11.2003, NJW-RR 2004, 308 = IPRspr. 2003 Nr. 3.
7 BGH 12.11.2003, NJW-RR 2004, 308 = IPRspr. 2003 Nr. 3.

Hauptvertrag, sondern wird gesondert außervertraglich und deliktisch angeknüpft[1].

b) Akzessorische Anknüpfung von Einzelverträgen

Der Franchisevertrag bildet in der Regel den Rahmen für zahlreiche **Einzelverträge** zwischen Franchisegeber und Franchisenehmer, die der Durchführung des Franchisekonzeptes dienen. Meist ist der Franchisenehmer beim Vertriebsfranchising zur Abnahme von Waren des Franchisegebers verpflichtet, die der Franchisenehmer sodann auf dem Endkundenmarkt vertreibt. Diese Einzelverträge unterstehen ihrem eigenen Statut[2]. Fraglich ist, ob diese Einzelverträge **akzessorisch** an das Statut des Franchisevertrages angeknüpft werden können. Zunächst kann der Einzelvertrag freilich mittels einer **Rechtswahl** demselben Recht wie der Franchisevertrag unterstellt werden. Enthält der Franchisevertrag eine Rechtswahl nach Art. 3 Rom I-VO, so kann diese Klausel je nach Formulierung ggf. auch dahingehend ausgelegt werden, dass sie auch diese Einzelverträge erfasst. Aber auch eine isolierte Rechtswahl im Franchisevertrag kann eine konkludente Rechtswahl für den Einzelvertrag bedeuten[3]. Fehlt es gänzlich an einer ausdrücklichen Rechtswahl im Franchisevertrag oder Einzelvertrag, so wird man dem Einzelvertrag allein aufgrund seiner objektiven Beziehung zum Franchisevertrag keine konkludente Rechtswahl zugunsten des objektiv auf den Franchisevertrag anwendbaren Rechts entnehmen können. Lässt sich eine Rechtswahl hinsichtlich des Einzelvertrages nicht feststellen, so können die Einzelverträge dennoch über die **Ausweichklausel** des Art. 4 Abs. 3 Rom I-VO akzessorisch an den Franchisevertrag angeknüpft werden (s. zur akzessorischen Anknüpfung allgemein Rz. 174 ff. sowie auch Erwägungsgrund 20 und 21 zur Rom I-VO, jeweils S. 2). Voraussetzung ist jedoch, dass der Einzelvertrag eine offensichtlich engere Verbindung zum Statut des Franchisevertrages aufweist als zu dem nach der Art. 4 Abs. 1 und Abs. 2 Rom I-VO eigentlich maßgeblichen Recht. Dies wird man im Regelfall annehmen können[4].

2110

Problematisch ist eine akzessorische Anknüpfung freilich, wenn es sich bei dem Einzelvertrag um einen Kaufvertrag handelt, der eigentlich dem **UN-Kaufrecht** unterliegt[5]. Räumlich ist das CISG auf einen solchen Einzelkaufvertrag anwendbar, wenn gem. Art. 1 Abs. 1 lit. a CISG Franchisenehmer und Franchisegeber ihre Niederlassung in verschiedenen CISG-Vertragsstaaten haben oder nach Art. 1 Abs. 1 lit. b CISG nach dem Forumskollisionsrecht das Recht

2111

---

1 Ausführlich zur Diskussion *Mansel*, Zum Kollisionsrecht der Eigenhaftung des Vertreters und des Vertragsabschlusshelfers wegen Verletzung von Informationspflichten, Festschr. Peter Schlosser (2005), S. 545.
2 *Krümmel*, in: Giesler/Nauschütt, S. 1096 f.; *Oechsler*, in: Martinek/Semler/Habermeier, S. 1420; *Plaßmeier*, S. 128 ff.; *Siehr*, S. 213. Vgl. auch BGH 23.7.1997, NJW 1997, 3309 (3310). S. für den Vertriebsvertrag zu Art. 28 EGBGB OLG Düsseldorf 11.7.1996, NJW-RR 1997, 822 = RIW 1996, 959.
3 S. *Plaßmeier*, S. 129 f. S. für den Vertriebsvertrag zu Art. 27 EGBGB OLG Hamburg 5.10.1998, IPRspr. 1998 Nr. 34 = TranspR-IHR 1999, 37.
4 Zurückhaltender *Plaßmeier*, S. 132 f.
5 S. BGH 23.7.1997, NJW 1997, 3309 (3310).

eines CISG-Vertragsstaates Kaufvertragsstatut ist. Eine akzessorische Anknüpfung, vorliegend an den Franchisevertrag, ist im CISG nicht vorgesehen. Eine Rechtswahl im Franchisevertrag oder Einzelkaufvertrag kann aber als konkludenter Ausschluss des UN-Kaufrechts nach Art. 6 CISG ausgelegt werden, wenn nach den Kriterien des Art. 8 CISG ein entsprechender Ausschlusswille vorliegt und deutlich wird, dass das innerstaatliche Sachrecht gewählt wurde. Findet sich aber keine Rechtswahl im Franchisevertrag, so wird man den bloßen Bezug im Einzelkaufvertrag auf den Franchisevertrag nur schwerlich als konkludenten Ausschluss nach Art. 6 CISG auslegen können[1].

c) Abgrenzung zu anderen Gebieten

2112 Franchising berührt zahlreiche Rechtsgebiete außerhalb des Schuldvertragsrechts. Im Sachrecht muss der Franchisevertrag teilweise vom **Gesellschaftsvertrag** abgegrenzt werden[2]: Ähnlich kann deshalb auch auf der kollisionsrechtlichen Ebene die Frage auftreten, ob ein Vertrag nach dem Schuldvertragsstatut oder dem Gesellschaftsstatut zu beurteilen ist. Diese Qualifikationsfrage ist allerdings europäisch-autonom zu entscheiden. Soweit die potentielle Gesellschaft ihren tatsächlichen oder satzungsmäßigen Sitz in der Gemeinschaft oder dem EWR hat, ist auch der Umfang des Gesellschaftsstatuts durch die europäische Niederlassungsfreiheit nach Art. 43, 48 EG vorgegeben, die nach der Rechtsprechung des EuGH[3] einen Übergang von der sog. Sitz- zur Gründungstheorie für europäische Gesellschaften erfordert[4]. Nach autonomen Kriterien kann unter Umständen ein Partnerschaftsfranchisevertrag als dem Gesellschaftsstatut unterliegender Gesellschaftsvertrag zu qualifizieren sein[5].

2113 Soweit der Franchisegeber dem Franchisenehmer, wie regelmäßig, auch Nutzungsrechte an seinen **Immaterialgüterrechten** einräumt, stellt sich die Frage der Abgrenzung des Schuldvertragsstatuts zum Immaterialgüterrechtsstatut. Hier gelten die Grundsätze über die Abgrenzung von Schuldvertragsstatut zum Immaterialgüterrechtsstatut bei Verträgen über Rechte am geistigen Eigentum entsprechend (dazu Rz. 1811 ff.).

2114 Auf Wettbewerbsverstöße gegen **Lauterkeitsrecht** findet das nach Art. 6 Abs. 1 und Abs. 2 Rom II-VO maßgebliche Recht Anwendung.

2115 Über die Frage, ob der Franchisegeber oder der Franchisenehmer einem Dritten gegenüber wegen der **Fehlerhaftigkeit des vertriebenen Produkts** haftet[6], ent-

---

1 S. auch BGH 23.7.1997, NJW 1997, 3309 (3310) und *Plaßmeier*, S. 133 f.
2 S. etwa für das deutsche Recht OLG Hamm 13.3.2000, NZG 2000, 1169.
3 EuGH 9.3.1999 – Rs. C-212/97 (Centros), Slg. 1999, I-1459; EuGH 5.11.2002 – Rs. C-208/00 (Überseering), Slg. 2002, I-9919; EuGH 30.9.2003 – Rs. C-167/01 (Inspire Art), Slg. 2003, I-10155.
4 BGH 13.3.2003, BGHZ 154, 185 = NJW 2003, 1461; BGH 19.9.2005, BGHZ 164, 148 = NJW 2005, 3351.
5 S. *Schacherreiter*, S. 127 ff.
6 Zur Produzentenhaftung des Franchisenehmers nach deutschem Recht vgl. BGH 7.3.1978, VersR 1978, 550.

scheidet das nach Art. 5 Rom II-VO zu ermittelnde Deliktsstatut bzw. im Verhältnis Verbraucher-Franchisenehmer ggf. das nach Art. 3 ff. Rom I-VO zu bestimmende Schuldvertragsstatut.

IV. Zwingende Bestimmungen

Da Franchiseverträge niemals Verbraucherverträge iSd. Art. 6 Rom I-VO sind (Rz. 2089) und nur selten Individualarbeitsverträge iSd. Art. 8 Rom I-VO sein werden (Rz. 2090), kommt eine Sonderanknüpfung zwingender Bestimmungen beim Franchisevertrag nur nach den **allgemeinen Regeln** in Betracht.   2116

Hat der Sachverhalt nur Bezugspunkte zu einem Staat, so kann nach Art. 3 Abs. 3 Rom I-VO im Wege der Rechtswahl nicht von den **intern zwingenden** Bestimmungen dieses Staates abgewichen werden (allgemein Rz. 135 ff.).

Daneben können aber auch bei Sachverhalten mit Auslandsberührung bestimmte Vorschriften **international zwingend** iSd. Art. 9 Abs. 1 Rom I-VO sein und neben dem Schuldvertragsstatut als eigene Eingriffsnormen des Forumstaates (Art. 9 Abs. 2 Rom I-VO) sowie auch – unter gewissen Voraussetzungen – als ausländische Eingriffsnormen (Art. 9 Abs. 3 Rom I-VO) zur Anwendung gelangen (allgemein Rz. 491 ff. Eingriffsnormen tauchen beim Franchisevertrag vor allem in zwei Bereichen auf: im Kartellrecht und zum Schutz des Franchisenehmers.

1. Kartellrecht

Grenzüberschreitende Franchiseverträge sind zunächst am **europäischen Kartellrecht** und insbesondere an den Art. 81, 82 EG (= Art. 101, 102 des Vertrags über die Arbeitsweise der Europäischen Union) zu messen. Auch wenn die Definition der Eingriffsnorm in Art. 9 Abs. 1 Rom I-VO nur zwingende Vorschriften *eines Staates* erwähnt, können auch *gemeinschaftsrechtliche* Vorschriften Eingriffsnormen iSd. Vorschrift sein[1]. Allerdings kommt bei Art. 81, 82 EG hinzu, dass diese als europäisches Primärrecht ohnehin normenhierarchisch über den sekundärrechtlichen Kollisionsnormen der Rom I-VO stehen und diese in ihrem Anwendungsbereich verdrängen. Art. 9 Rom I-VO hat insoweit nur deklaratorische Funktion.   2117

Franchiseverträge können **nach Art. 81 Abs. 1 EG verboten** sein, wenn sie geeignet sind, den Handel zwischen Mitgliedstaaten zu beeinträchtigen, und eine Verhinderung, Einschränkung oder Verfälschung des Wettbewerbs innerhalb des gemeinsamen Marktes bezwecken oder bewirken[2]. Eine gegen Art. 81

---

1 S. zu Art. 34 EGBGB BGH 13.12.2005, BGHZ 165, 248 (258 f.) = NJW 2006, 762. Vgl. zum ordre public auch EuGH 1.6.1999 – Rs. C-126/97 (Eco Swiss), Slg. 1999, I-3055, Rz. 39.
2 Dazu ausführlich *Gerstner*, in: Giesler/Nauschütt, S. 175 ff.; *Zimmer*, in: Immenga/Mestmäcker, Wettbewerbsrecht: EG, Bd. I, 4. Aufl. (2007), Art. 81 Abs. 1 EG Rz. 368 ff.; *Mestmäcker/Schweitzer*, Europäisches Wettbewerbsrecht, 2. Aufl. (2004), § 12 Rz. 39 ff.

Abs. 1 EG verstoßende Franchisevereinbarung ist nach Art. 81 Abs. 2 EG nichtig. Zu beachten ist allerdings, dass der EuGH in der „Pronuptia"-Entscheidung[1] zu einer sehr großzügigen Beurteilung jedenfalls des Vertriebsfranchising gekommen ist; Bestimmungen, die zum Schutz des Systems des Franchisegebers, insbesondere des Know-how, unerlässlich sind, stellen keine Wettbewerbsbeschränkungen nach Art. 81 Abs. 1 EG dar. Zudem kann eine Franchisevereinbarung von Art. 81 Abs. 1 EG nach Art. 81 Abs. 3 EG und der Vertikal-GVO[2], welche die alte Franchise-GVO[3] ersetzt, freigestellt werden[4]. Auch die Kommission beurteilt Franchisevereinbarungen grundsätzlich wohlwollend; nach Rz. 203 **der Leitlinien für vertikale Verpflichtungen**[5] kann bei

„den meisten der in den Franchisevereinbarungen enthaltenen Verpflichtungen [...] darauf geschlossen werden, dass sie notwendig sind, um geistiges Eigentum zu schützen bzw. die Einheitlichkeit und den Ruf des Franchisenetzes zu erhalten, so dass sie nicht unter das Verbot des Artikels 81 Absatz 1 fallen".

In seltenen Fällen kann ein Franchisevertrag auch mit **Art. 82 EG kollidieren**, wenn eine der Parteien durch den Franchisevertrag missbräuchlich eine beherrschende Stellung auf dem gemeinsamen Markt oder auf einem wesentlichen Teil desselben ausnutzt, soweit dies dazu führen kann, den Handel zwischen Mitgliedstaaten zu beeinträchtigen[6].

Ihren **internationalen Anwendungsbereich** bestimmen Art. 81, 82 EG weitgehend selbst[7]: Da beide Vorschriften einen Bezug der vertraglichen Wettbewerbsbeschränkung zum Gemeinsamen Markt voraussetzen, beanspruchen sie keine Anwendung auf Franchiseverträge, die ausschließlich den Wettbewerb außerhalb der Gemeinschaft beschränken, selbst wenn Franchisegeber und/oder Franchisenehmer in der Gemeinschaft ihren Sitz haben. Nach dem **Auswirkungsprinzip**, das vor allem von der Kommission[8], teilweise aber auch vom EuGH[9] und vom EuG[10] herangezogen wird, erfassen Art. 81, 82 EG international alle Wettbewerbsbeschränkungen, die sich auf den Wettbewerb im Gemeinsamen Markt auswirken. Für Franchiseverträge kann im Hinblick auf

---

1 EuGH 28.1.1986 – Rs. 161/84 (Pronuptia), Slg. 1986, 353.
2 Verordnung (EG) Nr. 2790/1999 der Kommission vom 22.12.1999 über die Anwendung von Artikel 81 Absatz 3 des Vertrages auf Gruppen von vertikalen Vereinbarungen und aufeinander abgestimmten Verhaltensweisen, ABl. EG 1999 Nr. L 336, S. 21.
3 Verordnung (EWG) Nr. 4087/88 der Kommission vom 30.11.1988 über die Anwendung von Artikel 85 Absatz 3 des Vertrages auf Gruppen von Franchisevereinbarungen, ABl. EG 1988 Nr. L 359, S. 46.
4 Näheres bei *Fritzemeyer*, Auswirkungen der EU-Gruppenfreistellungsverordnung auf die Gestaltung von Franchiseverträgen, BB 2002, 1658.
5 Mitteilung der Kommission über Leitlinien für vertikale Beschränkungen, ABl. EG 2000 Nr. C 291, S. 1.
6 Dazu ausführlich *Gerstner*, in: Giesler/Nauschütt S. 191 ff.
7 Dazu ausführlich *Rehbinder*, in: Immenga/Mestmäcker, Wettbewerbsrecht: EG, Bd. I, 4. Aufl. (2007), IntWbR Rz. 1 ff.
8 S. etwa KOMM. 19.12.1984, ABl. EG 1985 Nr. L 85, S. 1, 14 f. (Zellstoff).
9 Vgl. etwa EuGH 14.7.1972 – Rs. 48–69 (Imperial Chemical Industries), Slg. 1972, 619, Rz. 125 ff. S. auch EuGH 27.9.1988 – verb. Rs. 89, 104, 114, 116, 117 und 125 bis 129/85 (Zellstoff), Slg. 1988, 5913.
10 EuG 25.3.1999 – Rs. T-102/96 (Gencor), Slg. 1999, II-753, Rz. 50 ff.

den internationalen Anwendungsbereich des europäischen Kartellrechts auf die Praxis der Kommission und des EuGH zu Vertriebsverträgen (Rz. 2201 ff., 2281 ff.) zurückgegriffen werden[1].

Regelmäßig werden freilich nur einzelne Abreden eines Franchisevertrages kartellrechtswidrig sein; es stellt sich sodann die vom Schuldvertragsstatut zu beantwortende Frage, ob eine solche **Teilnichtigkeit** die Gesamtnichtigkeit des Franchisevertrages nach sich zieht (etwa § 139 BGB). 2118

Ein Franchisevertrag kann auch gegen **deutsches Kartellrecht** verstoßen[2]. Auch das nationale Kartellrecht wird regelmäßig als Eingriffsnorm iSd. Art. 9 Abs. 1 Rom I-VO zu qualifizieren sein (allgemein Rz. 610 ff.). Eine Franchisevereinbarung kann nach deutschem Kartellrecht vor allem entgegen § 1 GWB eine Verhinderung, Einschränkung oder Verfälschung des Wettbewerbs bezwecken oder bewirken. Auch der Missbrauch einer marktbeherrschenden Stellung nach § 19 GWB oder ein Verstoß gegen das Diskriminierungsverbot und das Verbot unbilliger Behinderung nach § 20 GWB ist denkbar. Bis 1.1.1999 bestand nach § 34 GWB aF ein Schriftformerfordernis für den Franchisevertrag, das nicht dem Formstatut nach Art. 11 Rom I-VO unterlag, sondern als international zwingende Norm ohne Rücksicht auf das Formstatut Anwendung fand[3]. Das deutsche Kartellrecht erfasst **international** nach dem Auswirkungsprinzip des § 130 Abs. 2 GWB Franchisevereinbarungen, die sich im Inland auswirken, auch wenn sie im Ausland veranlasst werden. 2119

2. Schutz des Franchisenehmers

Fraglich ist allerdings, ob auch **Schutzvorschriften** zugunsten des Franchisenehmers als Eingriffsnormen international zwingend sein können. Das gilt insbesondere für einen **Ausgleichsanspruch** des Franchisenehmers nach Beendigung des Franchisevertrages. Nach der europäischen Handelsvertreterrichtlinie[4] und den nationalen Umsetzungsvorschriften (etwa für Deutschland § 89b HGB) steht dem Handelsvertreter nach Beendigung des Handelsvertretervertrages ein Ausgleichsanspruch zu. Die Richtlinie sieht aber einen entsprechenden Anspruch für *Franchisenehmer* nicht vor. Vor allem die deutschen[5] und die österreichischen[6] Gerichte gewähren aber, wie auch von der Literatur gefordert[7], dem Franchisenehmer einen solchen Ausgleichsanspruch 2120

---

1 *Rehbinder*, in: Immenga/Mestmäcker, Wettbewerbsrecht: EG, Bd. I, 4. Aufl. (2007), IntWbR Rz. 47.
2 *Rosenfeld*, in: Giesler/Nauschütt S. 208 ff.
3 *Bräutigam*, WiB 1997, 897 (901).
4 Art. 17 ff. der Richtlinie 86/653/EWG des Rates vom 18.12.1986 zur Koordinierung der Rechtsvorschriften der Mitgliedstaaten betreffend die selbständigen Handelsvertreter, ABl. EG 1986 Nr. L382, S. 17.
5 LG Frankfurt a.M. 19.11.1999, EWiR 2004, 69; LG Hanau 28.5.2002 – Az. 6 O 106/2001 (unveröffentlicht); LG Berlin 6.9.2004 – Az. 101 O 23/04 (unveröffentlicht); OLG Dresden 27.9.2001, OLGR 2003, 298; OLG Celle 19.4.2007, BB 2007, 1862.
6 Österreich. OGH 10.4.1991, WBl. 1991, 332.
7 S. nur *Hopt*, in: Baumbach/Hopt, 33. Aufl. (2008), § 89b HGB Rz. 4.

in analoger Anwendung der Handelsvertretervorschriften, jedenfalls soweit der Franchisenehmer ähnlich einem Handelsvertreter in die Absatzorganisation des Franchisegebers eingegliedert ist und diesem bei Beendigung des Vertragsverhältnisses den Kundenstamm überlassen muss. Nachdem der EuGH in „Ingmar"[1] festgestellt hat, dass die Handelsvertreterrichtlinie hinsichtlich des Ausgleichsanspruchs international zwingend ist (Rz. 542 ff. und Rz. 2177, 2222 ff.), stellt sich nun die Frage, ob dies auch für Ausgleichsansprüche gilt, die auf einer analogen Anwendung der nationalen Umsetzungsvorschriften beruhen. Das ist nicht der Fall[2]. „Ingmar" erfordert zunächst nicht direkt eine international zwingende (analoge) Durchsetzung der nationalen Vorschriften über Handelsvertreter. Das europäische Recht kann nur in hinsichtlich seiner eigenen Mindeststandards international zwingend sein[3]. Eine andere Beurteilung wäre allenfalls möglich, wenn bereits die Handelsvertreterrichtlinie aus gemeinschaftsrechtlicher Perspektive analog auf den Franchisenehmer anzuwenden wäre. Hierfür besteht jedoch kein Anhaltspunkt. Es ist daher allein eine Frage der Auslegung des nationalen Rechts, ob die Handelsvertretervorschriften in ihrer analogen Anwendung Eingriffsnormen iSd. Art. 9 Abs. 1 Rom I-VO sind. Einen solchen international zwingenden Charakter des Handelsvertreterrechts haben jedenfalls die deutschen Gerichte vor „Ingmar" in seinem direkten Anwendungsbereich abgelehnt[4]. Diese Entscheidung sollte nunmehr auch für die analogen Anwendungsbereich gelten. – Zum entsprechenden Problem der international zwingenden (analogen) Anwendung der Handelsvertretervorschriften nach „Ingmar" beim Vertriebsvertrag: Rz. 2307 ff.

2121 Ähnlich wie mit dem Ausgleichsanspruch nach Vertragsbeendigung steht es mit dem Schutz des Franchisenehmers, soweit der Franchisevertrag kreditvertragliche Elemente aufweist. Nach deutschem Verbraucherschutzrecht können insbesondere auch die **Verbraucherkreditvorschriften** nach § 491 ff. BGB auf den Franchisenehmer Anwendung finden, soweit dieser als Existenzgründer nach § 507 BGB ausnahmsweise in den Genuss des Verbraucherschutzrechtes kommt[5]. Diese Schutzvorschriften sind intern zwingend. Sie kommen allerdings nicht über Art. 6 Rom I-VO zur Anwendung, weil der Franchisevertrag kein Verbrauchervertrag iSd. Vorschrift ist (Rz. 2089). Auch handelt es sich bei den Verbraucherkreditvorschriften für Existenzgründer nicht um Eingriffsnormen iSd. Art. 9 Abs. 1 Rom I-VO, wie auch der BGH zu Art. 34 EGBGB entschieden hat[6]. Die Schutzvorschriften dienen dem einzelnen Verbraucher. Belange der Allgemeinheit werden nur reflexartig mitgeschützt. Auch aus dem

---

[1] EuGH 9.11.2000 – Rs. C-381/98 (Ingmar), Slg. 2000, I-9305.
[2] *Krümmel*, in: Giesler/Nauschütt, S. 1092; *Oechsler*, in: Martinek/Semler/Habermeier, S. 1412. So wohl zu Art. 34 EGBGB auch LG Düsseldorf 31.7.2002, IPRspr. 2002 Nr. 31, S. 81. Vor Ingmar (EuGH 9.11.2000 – Rs. C-381/98, Slg. 2000, I-9305) so auch *Bräutigam*, WiB 1997, 897 (900); *Plaßmeier*, S. 136; *Reif*, S. 81.
[3] Zu Art. 34 EGBGB BGH 13.12.2005, BGHZ 165, 248 (259) = NJW 2006, 762.
[4] BGH 30.1.1961, NJW 1961, 1061 = MDR 1961, 496.
[5] S. (zum alten Recht) BGH 14.12.1994, BGHZ 128, 156 = NJW 1995, 722.
[6] BGH 13.12.2005, BGHZ 165, 248 (255 ff.) = NJW 2006, 762. S. auch *Plaßmeier*, S. 136. Anders aber für Franchiseverträge *Reif*, S. 17, 78 ff.

gemeinschaftsrechtlichen Ursprung[1] und der „Ingmar"-Rechtsprechung ergibt sich nichts anderes[2], da die Ausdehnung der Verbraucherschutzvorschriften auf Existenzgründer über die Mindeststandards der Verbraucherkreditrichtlinie hinausgeht[3].

Auch die Vorschriften über besondere vorvertragliche **Aufklärungs- und Offenlegungspflichten** des Franchisegebers (oben Rz. 2107) wird man regelmäßig nicht als Eingriffsnormen qualifizieren können[4]. Zwar geht der Explanatory Report zum UNIDROIT-Modellgesetz (Rz. 2084) davon aus, dass der nationale Gesetzgeber die Aufklärungs- und Offenlegungspflichten des Franchisegebers rechtswahlfest ausgestalten kann[5]. Dennoch dienen diese Pflichten allein dem Schutz des Franchisenehmers und nur mittelbar dem öffentlichen Interesse. Wenn diese Vorschriften ausnahmsweise Eingriffsnormen sein sollten, ist jedoch zu beachten, dass sie jedenfalls nicht ohne Weiteres nach Art. 9 Rom I-VO angeknüpft werden können. Art. 9 Rom I-VO gilt nur für Eingriffsnormen bei vertraglichen Schuldverhältnissen. Vielmehr ist die Verletzung vorvertraglicher Aufklärungspflichten kollisionsrechtlich als c.i.c. und damit nach europäischem Kollisionsrecht als außervertraglich zu qualifizieren (Rz. 2108). Eine Anknüpfung solcher vorvertraglicher Eingriffsnormen kann damit allenfalls nach Art. 16 Rom II-VO erfolgen. Dies hat die praktische Konsequenz, dass nur forumstaatliche Eingriffsnormen angewendet werden dürfen. Eine Sonderanknüpfung ausländischer Eingriffsnormen ist in der Rom II-VO, anders als in Art. 9 Abs. 3 Rom I-VO, nicht vorgesehen.

2122

V. Zusammenfassung mit Handlungsanleitung

Der Franchisegeber sollte in jedem Fall eine einheitliche **Rechtswahl** für sein gesamtes Franchisesystem anstreben, um Transaktionskosten zu senken und eine Gleichbehandlung aller Franchisenehmer zu gewährleisten (oben Rz. 2088). Eine solche Rechtswahl verhindert jedoch nicht die Anwendung des international zwingenden Kartellrechts, auf dessen Einhaltung deshalb stets zu achten ist (oben Rz. 2117 ff.).

2123

Mangels Rechtswahl unterliegt der Franchisevertrag regelmäßig dem Recht der Hauptniederlassung des Franchisenehmers (oben Rz. 2091 ff.).

Die Parteien sollten beachten, dass die **Einzelverträge** zur Durchführung des Franchisevertrages nicht zwingend dem Recht des Franchisevertrages unterlie-

---

[1] Richtlinie 87/102/EWG des Rates vom 22.12.1986 zur Angleichung der Rechts- und Verwaltungsvorschriften der Mitgliedstaaten über den Verbraucherkredit, ABl. EG 1987 Nr. L 42, S. 48. S. nunmehr Richtlinie 2008/48/EG des Europäischen Parlaments und des Rates vom 23.4.2008 über Verbraucherkreditverträge und zur Aufhebung der Richtlinie 87/102/EWG des Rates, ABl. EU 2008 L 133, S. 66.
[2] Zu Art. 34 EGBGB BGH 13.12.2005, BGHZ 165, 248 (258 f.) = NJW 2006, 762.
[3] S. Art. 1 Abs. 2 lit. a der Richtlinie 87/102/EWG.
[4] *García Gutiérrez*, Yb.Priv.Int'l.L. 10 (2008), 233 (241 f.).
[5] Vgl. Explanatory Report, Unif.L.Rev. 2002, 1066 (Rz. 38).

gen (oben Rz. 2110 ff.). Es sollte deshalb bereits im Franchisevertrag eine Rechtswahl auch im Hinblick auf die zukünftigen Einzelverträge getroffen werden, um die vertraglichen Beziehungen einem einheitlichen Recht zu unterstellen.

Der Franchisenehmer kann nicht darauf vertrauen, dass die ihn **schützenden Bestimmungen**, etwa zu vorvertraglichen Aufklärungs- und Offenlegungspflichten und zu nachvertraglichen Ausgleichsansprüchen, als international zwingende Normen stets zur Anwendung kommen (oben Rz. 2120 ff.).

2124–2130   Frei.

Kapitel 6: Handelsvertreter- und Vertriebsverträge

Übersicht

	Rz.		Rz.
A. Allgemeines zu Handelsvertreter- und Vertriebsverträgen	2131	B. Handelsvertretervertrag	2161
		C. Vertragshändlervertrag	2251

A. Allgemeines zu Handelsvertreter- und Vertriebsverträgen

Literatur: *Clausnitzer/Woopen*, Internationale Vertragsgestaltung – Die neue EG-Verordnung für grenzüberschreitende Verträge (Rom I-VO), BB 2008, 1798; *Leible/Lehmann*, Die Verordnung über das auf vertragliche Schuldverhältnisse anzuwendende Recht („Rom I"), RIW 2008, 528; *Mankowski*, Der Vorschlag für die Rom I-Verordnung, IPRax 2006, 101; *Martiny*, Internationales Vertragsrecht im Schatten des Europäischen Gemeinschaftsrechts, ZEuP 2001, 308; *Martiny*, Europäisches Internationales Vertragsrecht in Erwartung der Rom I-Verordnung, ZEuP 2008, 79; *Wagner*, Der Grundsatz der Rechtswahl und das mangels Rechtswahl anwendbare Recht (Rom I-Verordnung), IPRax 2008, 377. – S. auch die Literatur vor Rz. 2161 und vor Rz. 2251.

Die Rom I-VO regelt das auf internationale Verträge anwendbare Recht. Sie 2131 vereinheitlicht das Kollisionsrecht im Verordnungswege und macht es so für Änderungen flexibler. Sie ersetzt das Übereinkommen von Rom über das auf Schuldverhältnisse anzuwendende Recht aus 1980, das in Deutschland durch Art. 27 ff. EGBGB umgesetzt wurde. Der Text der Verordung ist auf S. 1 ff. abgedruckt. Die Rom I-VO gilt unmittelbar in Deutschland und sämtlichen anderen Mitgliedstaaten der EU – auch in Irland und dem Vereinigten Königreich – außer in Dänemark. Irland und das Vereinigte Königreich[1] haben eine **Opt-in-Möglichkeit**, von der Irland und das Vereinigte Königreich mit einer entsprechenden Mitteilung Gebrauch machten[2]. Für **Dänemark**[3] bleibt es bei der Anwendbarkeit des EVÜ, dh. dänische Richter wenden weiterhin das EVÜ an: Dänemark ist kein Mitgliedstaat iSd. Rom I-VO (vgl. Rz. 39).

Die Rom I-VO ist auf Handelsvertreter- und Vertragshändlerverträge anwend- 2132 bar, die **nach dem 17.12.2009** geschlossen werden[4]. Auf Verträge, die vor die-

---

[1] Art. 3 des Protokolls über die Position des Vereinigten Königreichs und Irlands im Anhang zum Vertrag über die Europäische Union und zum Vertrag zur Gründung der Europäischen Gemeinschaft.
[2] Art. 69 EG in Verbindung mit dem Protokoll über die Position des Vereinigten Königreichs und Irlands zum Amsterdamer Vertrag.
[3] Art. 1 und 2 des dem Vertrag über die Europäische Union und dem Vertrag zur Gründung der Europäischen Gemeinschaft beigefügten Protokolls über die Position Dänemarks.
[4] Art. 28 Rom I-VO.

sem Zeitpunkt geschlossen wurden, bleiben für Deutschland wie bisher die Art. 27–37 EGBGB anwendbar.

2133 Deutschland hat ein **Gesetz zur Anpassung der Vorschriften des Internationalen Privatrechts an die Verordnung (EG) Nr. 593/2008** erlassen, das am 17.12.2009 in Kraft getreten ist. Das Gesetz fügt einen neuen Art. 3 ins EGBGB ein, in dem der Anwendungsbereich des im EGBGB kodifizierten Internationalen Privatrechts im Verhältnis zu unmittelbar anwendbaren Rechtsakten der Europäischen Gemeinschaft und des Völkerrechts aufgezeigt und klargestellt wird, dass zum vorrangigen Gemeinschaftsrecht auch die Rom I-Verordnung gehört. Dies soll der Rechtsklarheit und -einfachheit dienen sowie vermeiden, dass die Anwendbarkeit eines EG-Rechtsakts übersehen wird.

2134 Die Rom I-VO enthält in Art. 4 Abs. 1 lit. f Rom I-VO eine eigene Bestimmung für Vertriebsverträge. Danach unterliegen Vertriebsverträge dem Recht des Landes, in dem der Vertriebshändler seinen gewöhnlichen Aufenthalt hat. Der gewöhnliche Aufenthalt definiert sich gem. Art. 19 Rom I-VO.

2135 Die **objektive Anknüpfung** nach Vertragskategorien ist – jedenfalls für bundesdeutsches Recht – neu. Gem. Art. 28 Abs. 2 EGBGB bzw. Art. 4 Abs. 2 EVÜ wurde bislang an die sog. charakteristische Leistung angeknüpft. Die Bestimmung der charakteristischen Leistung ist bei Vertriebsverträgen jedoch nicht immer leicht. So bestand unter dem EVÜ Streit, wie Vertriebsverträge anzuknüpfen sind. Letztendlich ist die an Vertragsarten orientierte Neuregelung jedoch nichts anderes als die Ausgestaltung des Prinzips der charakteristischen Leistung[1]. Allerdings gab es innerhalb Europas – namentlich in Frankreich – einige Fehlentwicklungen in der Rechtsprechung die Frage des auf Vertriebshändler anwendbaren Rechts betreffend (vgl. Rz. 1056 und 2297). Das will die besondere Regelung für Vertriebsverträge korrigieren. So ist nunmehr klargestellt, dass der Vertriebshändler in der Regel die charakteristische Vertragsleistung erbringt. Mit Erwägungsgrund 23 wird jedoch gleichzeitig ein **Schutz der schwächeren Vertragspartei** eingeführt, welches als kollisionsrechtliches Kriterium fragwürdig erscheint. Aus den Begründungen früherer Verordnungsentwürfe ergibt sich, dass Vertriebshändler als die schützenswerte schwächere Vertragspartei wahrgenommen werden, somit durch Kollisionsnormen zu schützen sind, die für sie günstiger sind als die allgemeinen Regeln. Die allgemeinere Regel in diesem Zusammenhang wäre zunächst Art. 4 Abs. 1 lit. b Rom I-VO, da der Vertriebshändlervertrag als Dienstleistungsvertrag zu qualifizieren ist (vgl. Rz. 2217). Dies geht auch aus Erwägungsgrund 17 der Rom I-VO hervor. Danach wäre das Recht des Staates anwendbar, in dem der Dienstleister seinen gewöhnlichen Aufenthalt hat. Im Ergebnis also dasselbe Recht wie gem. Art. 4 Abs. 1 lit. f Rom I-VO, wenn vielleicht auch nicht nach französischem Verständnis. Nach der noch allgemeineren Regel des Art. 4 Abs. 2 Rom I-VO wäre das Recht des Staates anwendbar, in dem die Partei ihren gewöhnlichen Aufenthalt hat, die die charakteristische Leistung zu erbringen

---

[1] *Mankowski*, IPRax 2006, 101.

hat. Auch hier käme man letztendlich wieder zum gleichen Ergebnis, nämlich zum Recht des Landes, in dem der Vertragshändler seine Niederlassung hat. Jedoch nicht ohne Zweifel. Somit besteht der Schwächerenvorteil gem. Erwägungsgrund 23 für den Vertriebshändler mit Art. 4 Abs. 1 lit. f Rom I-VO insbesondere darin, dass hiermit die charakteristische Leistung des Vertriebsvertrages dem Vertriebshändler eindeutig zugeordnet wird.

Eines der Ziele der Anknüpfung nach Vertragskategorien war, mehr Rechtsklarheit zu schaffen. Dies gelingt vielleicht teilweise, führt aber neue Schwierigkeiten ein[1]. So müssen die in Frage stehenden Verträge zunächst der jeweiligen Vertragsart des Katalogs von Art. 4 Abs. 1 Rom I-VO zugeordnet werden. Dies erscheint auf den ersten Blick nicht so schwer, kann aber durchaus seine Tücken aufweisen. Bei der **Qualifikation** des Vertrages kann nicht auf mitgliedstaatliches Recht zurückgegriffen werden, es ist vielmehr eine **autonome Auslegung** vorzunehmen. 2136

So stellt sich die Frage, ob sowohl **Handelsvertreterverträge** als auch Vertragshändlerverträge unter Art. 4 Abs. 1 lit. f Rom I-VO fallen. Ziffer f spricht vom Vertriebshändler, im englischen Text „distributor", im französischen „distributeur". Darunter ist recht problemlos der Vertragshändler zu subsumieren. Aber auch der Handelsvertreter? Handelsvertreterverträge kann man unter den Begriff der Vertriebshändlerverträge schon noch subsumieren, schließlich ist auch der Handelsvertreter ständig damit betraut, den Absatz der Waren (und Dienstleistungen) des Unternehmers zu fördern, er übernimmt funktionale Aufgaben des Vertriebs des ihn in Anspruch nehmenden Unternehmers. Allerdings ist der Handelsvertreter nicht Vertriebshändler. Der Handelsvertreter treibt nicht Handel im eigentlichen Sinne. Er vermittelt im Wesentlichen. Sofern er Verträge abschließt, schließt er sie nicht in eigenem Namen sondern in fremdem Namen, nämlich dem des Unternehmers. Der Wortlaut „Händler" des Art. 4 Abs. 1 lit. f Rom I-VO passt auf ihn nicht. Der Handelsvertreter steht nicht auf einer selbständigen Stufe im Absatzgefüge, er trägt kein eigenes Absatzrisiko, sondern ist als Vertriebsmittler auf der Stufe des Unternehmers zugeordnet lediglich Absatzhelfer, mithin kaufmännische Hilfsperson[2]. Sowohl Kommission[3] als auch EuGH sehen den Handelsvertreter als ein in das Unternehmen des Geschäftsherrn eingegliedertes Hilfsorgan an und nehmen eine von beiden gemeinsam gebildete wirtschaftliche Einheit an[4]. Dem könnte man entgegenhalten, dass dies nur die kartellrechtliche Betrachtungsweise von Kommission und EuGH darstellt. Aber auch der Rückgriff auf die Han- 2137

---

[1] *Leible/Lehmann*, RIW 2008, 528.
[2] Vgl. *Martinek*, in: Martinek/Semler/Habermeier, § 3 Rz. 13 f.
[3] So ist der Handelsvertreter in Ziff. 12 der Leitlinien für vertikale Beschränkungen – ABl. EG 2000 Nr. 291, S. 1 – als eine juristische oder natürliche Person definiert, die Vollmacht erhält, im Auftrag einer anderen Person entweder im eigenen Namen oder im Namen des Auftraggebers Verträge auszuhandeln und/oder zu schließen, die den Erwerb oder den Verkauf von Waren oder Dienstleistungen durch den Auftraggeber zum Gegenstand haben.
[4] *Stockenhuber*, in: Grabitz/Hilf, zu Art. 81 EGV Rz. 170, 171.

delsvertreterrichtlinie von 1986 (vgl. Rz. 2164) macht deutlich, dass der Handelvertreter mit dem Begriff distributor nicht gemeint sein kann.

Somit ist auf den Handelsvertretervertrag nicht Art. 4 Abs. 1 lit. f Rom I-VO, sondern Art. 4 Abs. 1 lit. b Rom I-VO anwendbar. Der Handelsvertreter ist unter den autonom und weit auszulegenden Dienstleistungsbegriff zu fassen, da es sich bei der Leistung des Handelsvertreters um eine tätigkeitsbezogene Leistung handelt (vgl. Rz. 1048). Gem. Art. 4 Abs. 1 lit. b Rom I-VO unterliegen Dienstleistungsverträge dem Recht des Staates, in dem der Dienstleister seinen gewöhnlichen Aufenthalt hat. Dienstleister ist der Handelsvertreter.

2138 Die praktisch häufig vorkommenden **gemischten Handelsvertreter-/Vertragshändlerverträge** sind zwar als Dienstleistungsverträge (Erwägungsgrund 17 Rom I-VO) ein Unterfall zu Art. 4 Abs. 1 lit. b Rom I-VO, sie werden jedoch weder Art. 4 Abs. 1 lit. b Rom I-VO zugeordnet noch Art. 4 Abs. 1 lit. f Rom I-VO, sondern Art. 4 Abs. 2 Rom I-VO. Letzterer stellt diesbezüglich klar, dass in Fällen, in denen der Vertrag oder seine Bestandteile unter mehr als eine der im ersten Absatz katalogisierten Vertragsarten zu subsumieren ist, der Vertrag dem Recht des Staates unterliegt, in dem die Partei ihren gewöhnlichen Aufenthalt hat, welche die für den Vertrag charakteristische Leistung zu erbringen hat.

2139 Der **gewöhnliche Aufenthalt** ist in Art. 19 Rom I-VO näher bestimmt. Er ist sowohl für den Handelsvertreter als auch für den Vertragshändler maßgeblich. Für juristische Personen, die als Handelsvertreter oder Vertragshändler agieren, bestimmt Art. 19 Abs. 1 Rom I-VO, dass der Ort der Hauptverwaltung relevant ist. Wird der Vertrag aber im Rahmen des Betriebs einer Zweigniederlassung, einer Agentur oder einer sonstigen Niederlassung geschlossen oder ist eine solche Niederlassung für den Vertrag verantwortlich, gilt gem. Art. 19 Abs. 2 Rom I-VO der Ort dieser Niederlassung als Ort des gewöhnlichen Aufenthalts. Als Aufenthaltsort einer natürlichen Person, die im Rahmen der Ausübung ihrer beruflichen Tätigkeit handelt, gilt ihre Hauptniederlassung als gewöhnlicher Aufenthaltsort. Maßgeblicher Zeitpunkt für die Bestimmung des gewöhnlichen Aufenthaltsorts ist der **Zeitpunkt** des Vertragsschlusses, so Art. 19 Abs. 3 Rom I-VO.

2140–2160 Frei.

B. Handelsvertretervertrag

	Rz.		Rz.
I. Sachrecht	2161	c) Einstandszahlung, Vorauserfüllung	2186
1. Einheitsrecht, Rechtsangleichung	2161	d) Handelsvertretervertrag und AGB	2187
a) EU-Handelsvertreterrichtlinie	2161	e) Verjährung	2188
aa) Umsetzung und geltende Gesetze	2161	3. Ausländisches Sachrecht	2189
bb) Wesentliche Regelungsinhalte und Umsetzungsunterschiede	2164	II. Europäisches Kartellrecht	2201
		III. Kollisionsrecht	2211
		1. Vereinheitlichung	2211
(1) Gelegenheitsvertreter/nebenberufliche Tätigkeit	2165	2. Regelung der Rom I-VO	2213
		3. Vertragsstatut	2214
(2) Schriftform	2166	a) Rechtswahl	2214
(3) Registereintragung	2167	b) Objektive Anknüpfung	2217
(4) Pflichten des Handelsvertreters, Wettbewerbsverbot	2168	c) Zwingende Vorschriften	2219
		aa) Ordre public	2220
		bb) Eingriffsnormen	2221
(5) Pflichten des Unternehmers	2169	cc) Zwingendes Inlandsrecht bei reinen Binnensachverhalten	2228
(6) Provision	2170		
(7) Vertragsbeendigung	2171	dd) Zwingendes EU-Gemeinschaftsrecht bei reinen Binnenmarktsachverhalten	2229
(8) Ausgleich/Entschädigung	2172		
(9) Nachvertragliche Wettbewerbsabrede	2178	d) Berufsausübung/Administrativrecht	2230
(10) Einheitliche Auslegung; Vorlageverfahren	2179	IV. Zusammenfassung mit Handlungsanleitung	2231
2. Deutsches Sachrecht	2181	V. Checkliste zur Vertragsgestaltung	2241
a) Ausgleichsanspruch	2184		
b) Berechnung	2185		

Literatur zum deutschen Sachrecht: *Abrahamczik*, Handelsvertretervertrag (2007); *Bälz*, Der Ausschluss des Ausgleichsanspruchs in internationalen Handelsvertreterverträgen, NJW 2003, 1559; *Baumbach/Hopt*, Handelsgesetzbuch, 33. Aufl. (2008); *Emde*, Die Entwicklung des Vertriebsrechts im Zeitraum Oktober 2002 bis Dezember 2003, VersR 2004, 1499; *Emde*, Rechtsprechungs- und Literaturübersicht zum Vertriebsrecht im Jahre 2004, BB 2005, 389; *Emde*, Rechtsprechungs- und Literaturübersicht zum Vertriebsrecht im Jahre 2005 – Teil I, BB 2006, 1061; – Teil II, BB 2006, 1121; *Emde*, Rechtsprechungs- und Literaturübersicht zum Vertriebsrecht im Jahre 2006, BB-Special 3/2007, 3 ff.; *Emde*, Das Handelsvertreterausgleichsrecht muss neu geschrieben werden – Folgen des EuGH-Urteils vom 26.3.2009, C-348/07, DStR 2009, 759; *Hagemeister*, Die Abdingbarkeit des Ausgleichsanspruchs bei ausländischen Handelsvertretern und Vertragshändlern, RIW 2006, 498; *Küstner/Thume*, Handbuch des gesamten Außendienstrechts, Band 1 (2000), Band 2 (2003); *Mankowski*, Der Ausgleichsanspruch des international tätigen Handelsvertreters, MDR 2002, 1354; *Martinek/Semler/Habermeier*, Handbuch des Vertriebsrechts (2003); *Thume*, Der Ausgleichsanspruch des Handelsvertreters gem. § 89b HGB im Lichte der Europäischen Union, BB 2004, 2473; *Ulmer/Brandner/Hensen*, AGB-Recht, 10. Aufl. (2006).

Literatur zum ausländischen Sachrecht/zur Rechtsvergleichung:

Mehrere Länder: *Ben Abderrahmane*, Handelsvertreterrecht in den Ländern des „Arab Gulf Cooperation Council", RIW 1990, 365; *Breidenbach* (Hrsg.), Handbuch Wirtschaft und Recht in Osteuropa, München (Loseblatt); *Detzer/Zwernemann*, Ausländisches Recht der Handelsvertreter und Vertragshändler (1997); *Kiethe/Fuhrmann*, Probleme des Ausgleichsanspruchs bei Verträgen mit osteuropäischen Handelsvertretern und Vertragshändlern, WiRO 1993, 418; *Kronke/Melis/Schnyder*, Handbuch Internationales Wirtschaftsrecht (2005); *Krüger*, Handelsvertreterrecht auf der Arabischen Halbinsel, Festschr. Kegel (1987), S. 269; *Krüger*, Anmerkungen zum Recht der Handelsvertreter und Eigenhändler in den arabischen Golfstaaten (1990); *Krüger*, Handelsvertreterrecht in den arabischen Golfstaaten, RIW 1993, 993; *Krüger*, Entwicklungen im Handelsvertreterrecht der arabischen Staaten, RIW 1997, 833; *Lange*, Zur gemeinschaftlichen Zulässigkeit einer Eintragungspflicht, JZ 1998, 1113; *Martinek/Semler/Habermeier* (Hrsg.), Handbuch des Vertriebsrechts (2003); *Graf von Westphalen* (Hrsg.), Handbuch des Handelsvertreterrechts in den EU-Staaten und der Schweiz (1995); *Westphal*, Die Handelsvertreterrichtlinie und deren Umsetzung in den Mitgliedstaaten der Europäischen Union (Diss. Münster 1994); *Westphal*, Neues Handelsvertreterrecht in der Europäischen Union, EWS 1996, 43.

Einzelne Länder:

Ägypten: *Elwan*, Das Recht des „Handelsvertreters" (Vermittlungsvertreters) im arabisch-deutschen Wirtschaftsverkehr unter besonderer Berücksichtigung der Rechtslage in Ägypten, ZvglRW 80 (1981), 89; IPG 1977 Nr. 8 (Köln).

Algerien: *Ben Abderrahmane*, Handelsvertreterrecht in Algerien – ein Überblick, RIW 1999, 772.

Belgien: *Ledoux*, Der Vertriebsvertrag nach belgischem Recht (1987); *Herring*, Das künftige belgische Handelsvertreterrecht, RIW 1994, 629.

Brasilien: *Câmara de Comércio e Indústria Brasil-Alemanha Sao Paulo*, Handelsvertreter in Brasilien (Sao Paulo 1981); *Gutbrod*, Die Neufassung des brasilianischen Handelsvertretergesetzes, RIW 1993, 472.

China: *Scheil*, Neue Vertriebsformen, insbesondere Franchising, im Einzelhandel in der VR China, GRUR Int 1998, 782.

Frankreich: *Celestine/Felsner*, Die rechtliche Gestaltung des Vertriebswegs in Frankreich, WiB 1997, 966; *Herzfelder*, Schiedsverfahren mit Handelsvertretern in Frankreich, AWD 1973, 300; *Hurstel*, Umsetzung der Handelsvertreterrichtlinie in Frankreich, DB 1992, 826; *Kiene*, Vertriebsrecht in Frankreich, RIW 2007, 287; *Kiene*, Das Recht des Handelsvertreters in Deutschland und Frankreich, RIW 2006, 344; *Klima*, Rechtsstellung des „Agent Commercial" des nicht in Frankreich ansässigen Handelsvertreters, RIW 1991, 69; *Klima*, Die Umsetzung der Richtlinie des Rats der EG über das Recht der Handelsvertreter in das nationale französische Recht, RIW 1991, 712; *Köhler*, Der Handelsvertreter im französischen Arbeitsrecht (Diss. Göttingen 1971); *Langer*, Das französische Vertreter- und Vertragshändlerrecht (1990); *Ostler/Junillon*, Der V.R.P. als besondere Erscheinungsform des französischen Handelsvertreters, AWD 1971, 577; *Rühl*, Der nachvertragliche Entschädigungsanspruch des französischen Handelsvertreters, RIW 2007, 742; *Sonnenberger/Damman*, Französisches Handels- und Wirtschaftsrecht, 3. Aufl. (2008); *Storp*, Das französische Handelsvertreterrecht, IWB 5 Frankreich Gr. 3, S. 473.

Italien: *Kindler*, Italienische Gesetzgebung zum Handels- und Wirtschaftsrecht in den Jahren 1990–1993, RIW 1994, 692; *Kindler*, Nachbesserung im italienischen Handelsvertreterrecht – Gesetzesverordnung zur erneuten Umsetzung der Richtlinie Nr. 86/653/EWG,

RIW 2000, 161; *Kindler*, Italienisches Handels- und Wirtschaftsrecht (2002); *Lange*, Zur gemeinschaftlichen Zulässigkeit einer Eintragungspflicht, JZ 1998, 1113; *Lauser/Reifenrath*, Der Ausgleichsanspruch des Handelsvertreters nach italienischem Recht im Lichte der EU-Richtlinie 653/86, RIW 2002, 746; *Luther*, Die Auswirkungen der Registrierungspflicht für Handelsvertreter in den deutsch-italienischen Rechtsbeziehungen, JbItalR 1 (1987), 137.

Niederlande: *Gotzen*, Das Handelsvertreterrecht in den Niederlanden, IWB 5 Niederlande Gr. 3, S. 127; *Gotzen*, Niederländisches Handels- und Wirtschaftsrecht, 2. Aufl. (2000), S. 104; *Nieuwenhuis/Stolker/Valk*, Burgerlijk Wetboek, Tekst & Commentaar, 1994.

Österreich: *Andreewitsch*, EDV-Vertriebsverträge nach österreichischem Recht, CR 1997, 53; *Hofmann*, Zum Ausschluss des Ausgleichsanspruchs beim deutsch-österreichischen Handelsvertreter, in: Aktuelle Probleme des Unternehmensrechts – Festschr. Frotz (Wien 1993), S. 45.

Polen: *Franek*, Polnisches Handelsvertreterrecht – erste Praxiserfahrungen, RIW 2002, 359.

Portugal: *Stieb*, Das portugiesische Handelsvertretergesetz von 1986, RIW 1988, 357.

Saudi-Arabien: *Ben Abderrahmane*, Aktuelle Rechtsfragen auf dem Gebiet des saudi-arabischen Handelsvertreterrechts, RIW 1986, 516; *Krüger*, Probleme des saudi-arabischen internationalen Vertrags- und Schiedsrechts, in: Böckstiegel, Vertragspraxis und Streiterledigung im Wirtschaftsverkehr mit arabischen Staaten; *Langefeld-Wirth*, Das Recht der Handelsvertreter in Saudi-Arabien, IWB 6 Saudi-Arabien Gr. 3, S. 15 (1984); *Nerz*, Die Schiedsfähigkeit von Rechtsstreitigkeiten zwischen einem Agenten und seinem Prinzipal in Saudi-Arabien, RIW 1985, 465.

Schweden: *Freyer*, Das neue schwedische Handelsvertretergesetz, RIW 1992, 718; *Frisch*, Der Ausgleichanspruch des Handelsvertreters nach altem und neuem schwedischen Recht, in: Ipso iure – Festg. Sandrock (1995), S. 107.

Schweiz: *Baudenbacher*, Zum Kundschaftsentschädigungsanspruch des Agenten im schweizerischen Recht, JZ 1989, 919; *Maier/Meyer-Marsilius*, Agenturvertrag (Handelsvertretervertrag) zwischen Lieferant in Deutschland und Agent in der Schweiz (Handelskammer Deutschland-Schweiz, 11. Aufl. 1988); *Müller-Feldhammer*, Der Ausgleichsanspruch des Vertragshändlers im deutsch-schweizerischen Handelsverkehr, RIW 1994, 926; *Wettenschwiller*, in: Honsell/Vogt/Wiegand, Basler Kommentar, Obligationenrecht I, 3. Aufl. (2003).

Spanien: *Fischer/Fischer*, Spanisches Handels- und Wirtschaftsrecht, 2. Aufl. (1995), S. 62; *Fröhlingsdorf*, Das neue spanische Handelsvertreterrecht, RIW 1993, 895; *Frühbeck*, Die Neuregelung des Agenturvertrages in Spanien, in: Lebendiges Recht – Festschr. Trinkner (1995), S. 549; *Habersack/Martinez Sanz*, Die Kontogoergas-Entscheidung des EuGH und ihre Auswirkungen auf das deutsche und das spanische Handelsvertreterrecht, EWS 1997, 289; *von Schiller/Arizti*, Das neue spanische Handelsvertretergesetz, EuZW 1993, 444.

Tschechische Republik: *Altmann*, Neue Rechtsprechung zum tschechischen Handelsvertreterrecht, WiRO 2008, 81; *Bohata*, Tschechische Republik: Gesetzliche Bestimmungen über die Handelsvertretung, WiRO 2001, 275; *Braun/Podlesak*, Das neue tschechische Handelsvertreterrecht, WiRO 2001, 271; *Piltz/Jäger*, Handelsvertreterrecht in der Tschechischen Republik, RIW 1997, 1006; *Weiß/Weigl*, Handelsvertretung in der Tschechischen Republik, WiRO 1998, 1.

Türkei: *Tekinalp*, Der „Portefeuille-Schadensersatzanspruch" des Handelsvertreters im türkischen Recht, RIW 1999, 342.

Ungarn: *Pajor-Bytomski*, Neues Handelsvertreterrecht in Ungarn, RIW 2005, 263.

Vereinigte Arabische Emirate: *Klaiber*, Das Vertriebsrecht der Vereinigten Arabischen Emirate unter Berücksichtigung der jüngsten Gesetzesänderungen, in: Ebert/Hanstein (Hrsg.), Beiträge zum Islamischen Recht VI (2007), S. 135.

Vereinigtes Königreich: *Kessel*, Probleme des neuen Handelsvertreterrechts in Großbritannien, RIW 1994, 562; *Triebel/Hodgson/Kellenter/Müller*, Englisches Handels- und Wirtschaftsrecht (1995); *Wilhelm*, Britisches Handelsvertreterrecht nach der Umsetzung der Handelsvertreter-Richtlinie, EuZW 1994, 178; *Witthoff*, Das neue Handelsvertreterrecht in Großbritannien, RIW 1994, 246.

Vereinigte Staaten: IPG 1972 Nr. 8 (Hamburg); IPG 1978 Nr. 14 (Heidelberg); *Kränzlin*, Das Handelsvertreterrecht im deutsch-amerikanischen Wirtschaftsverkehr (Diss. Augsburg 1983); *Röhm*, Recht des Handelsvertreters in den USA, in: von Boehmer (Hrsg.), Deutsche Unternehmen auf dem amerikanischen Markt (1988), S. 23; *Schurtmann/Detjen*, Das Handelsvertreter- und Eigenhändlerrecht in den USA (Deutsch-Amerikanische Handelskammer 1983).

Literatur zum Kartellrecht: *Bauer/de Bronett*, Die EU-Gruppenfreistellungsverordnung für vertikale Wettbewerbsbeschränkungen (2001); *Emde*, Das Handelsvertreter-Kartellrecht nach den Leitlinien zur GVO 2790/90, BB 2002, 949; *Ernsthaler*, Konsequenzen des EuG-Urteils in Sachen „Daimler/Chrysler" für Wirtschaft und Rechtsprechung, BB-Special 3/2007, 31; *Emmerich* in: Immenga/Mestmäcker, Kommentar zum Europäischen Kartellrecht (2007); *Freund*, Handelsvertreterverträge und EG-Kartellrecht, EuZW 1992, 408; *Kapp*, Der Mehrfirmen-Handelsvertreter in der neuen Handelsvertreterbekanntmachung der EG-Kommission, RIW 1992, 235; *Kapp*, Das Wettbewerbsverbot des Handelsvertreters: Korrekturbedarf bei den Vertikal-Leitlinien?, WuW 2007, 1218; *Kapp/Andresen*, Der Handelsvertreter im Strudel des Kartellrechts, BB 2006, 2253; *Nolte*, Renaissance des Handelsvertretervertriebs?, WuW 2006, 252; *O'Brien/Sellhorst*, Britische Entscheidung zum Handelsvertretervertrag richtungsweisend für Art. 81 EG-Vertrag und die neue GVO, WuW 2000, 1089; *Rittner*, Die EG-Kommission und das Handelsvertreterrecht – Zum geplanten EG-Recht über Vertikalverträge, DB 1999, 2097; *Rittner*, Die Handelsvertreterpraxis nach dem neuen EG-Kartellrecht für Vertikalvereinbarungen, DB 2000, 1211; *Schultze/Pautke/Wagener*, Vertikal-GVO, 2. Aufl. (2008); *Stockenhuber*, in: Grabitz/Hilf, Das Recht der Europäischen Union, Band II (2009), zu Art. 81 EGV; *Ulmer/Habersack*, Zur Beurteilung des Handelsvertreter- und Kommissionsagenturvertriebs nach Art. 85 Abs. 1 EGV, ZHR 159 (1995), 109; *Völcker*, Handelsvertretervertrieb und EG-Kartellrecht (1994).

Literatur zum Kollisionsrecht: *Beitzke*, Das anwendbare Recht beim Handelsvertreter, DB 1961, 528; *Clausnitzer/Woopen*, Internationale Vertragsgestaltung – Die neue EG-Verordnung für grenzüberschreitende Verträge (Rom I-VO), BB 2008, 1798; *Ebenroth*, Kollisionsrechtliche Anknüpfung der Vertragsverhältnisse von Handelsvertretern, Kommissionsagenten, Vertragshändlern und Handelsmaklern, RIW 1984, 165; *Ferid*, Internationales Handelsvertreterrecht im Lichte deutsch-österreichischer Rechtsbeziehungen, AWD 1964, 197; *Ferry*, Contrat international d'agent commercial et lois de police, Clunet 120 (1993), 299; *Hepting/Detzer*, Die Abdingbarkeit des Ausgleichsanspruchs ausländischer Handelsvertreter und Vertragshändler, insbesondere durch Allgemeine Geschäftsbedingungen, RIW 1989, 337; *Jayme*, Zum internationalen Geltungsbereich der europäischen Regeln über den Handelsvertreterausgleich, IPRax 2001, 190; *Kindler*, Der Ausgleichsanspruch des Handelsvertreters im deutsch-italienischen Warenverkehr (1987); *Kindler*, Zur Anknüpfung von Handelsvertreter- und Vertragshändlerverträgen im neuen bundesdeutschen IPR, RIW 1987, 660; *Klima*, Zur Frage der Vereinbarkeit von § 92c HGB mit Art. 30 des Gesetzes zur Neuregelung des Internationalen Privatrechts, RIW 1987, 796; *Küstner/Thume*, Handbuch des gesamten Außendienstrechts, Band 1: Das Recht des Handelsvertreters, 3. Aufl. (2000); *Leible/Lehmann*, Die Verordnung über das auf vertragliche Schuldverhältnisse anzuwendende Recht („Rom I"), RIW 2008, 528; *Mankowski*, Der Vorschlag für die Rom I-Verordnung, IPRax 2006, 101; *Martinek/Semler/Habermeier*, Handbuch des Vertriebsrechts, 2. Aufl. (2003); *Martiny*, in: MünchKomm, 4. Aufl. (2006), Art. 34 EGBGB;

Martiny, Internationales Vertragsrecht im Schatten des Europäischen Gemeinschaftsrechts, ZEuP 2001, 308; *Martiny*, Europäisches Internationales Vertragsrecht in Erwartung der Rom I-Verordnung, ZEuP 2008, 79; *Martiny*, Zum Provisions- und Ausgleichsanspruch des New Yorker Agenten, IPRax 1981, 118; *Michaels/Kamann*, Grundlagen des allgemeinen gemeinschaftlichen Richtlinienkollisionsrechts – „Amerikanisierung" des Gemeinschafts-IPR?, EWS 2001, 301; *Rühl*, Die Wirksamkeit von Gerichtsstands- und Schiedsvereinbarungen im Lichte der Ingmar-Entscheidung des EuGH, IPRax 2007, 294; *Saenger/Schulze* (Hrsg.), Der Ausgleichsanspruch des Handelsvertreters – Beispiele für die Fortentwicklung angeglichenen europäischen Rechts (2000); *Schellenberg*, Zwingendes Arbeits- und (EG-) Handelsvertreterrecht im deutsch-italienischen Rechtsverkehr, mittelbare Direktwirkung einer nicht umgesetzten EG-Richtlinie, IPRax 1990, 348; *Sonnenberger*, Eingriffsrecht – Das trojanische Pferd im IPR oder notwendige Ergänzung?, IPRax 2003, 104; *Staudinger*, Die ungeschriebenen kollisionsrechtlichen Regelungsgebote der Handelsvertreter-, Haustürwiderrufs- und Produkthaftungsrichtlinie, NJW 2001, 1974; *Wagner*, Der Grundsatz der Rechtswahl und das mangels Rechtswahl anwendbare Recht (Rom I-Verordnung), IPRax 2008, 377; *Wegen*, Fallstudie zur Vereinbarung eines Drittstaatenrechts mit Unternehmenssitz, WiB 1994, 255.

I. Sachrecht

1. Einheitsrecht, Rechtsangleichung

a) EU-Handelsvertreterrichtlinie

aa) Umsetzung und geltende Gesetze

In der Europäischen Union und dem Europäischen Wirtschaftsraum ist das materielle Handelsvertreterrecht mit der Richtlinie zur Koordinierung der Rechtsvorschriften der Mitgliedstaaten betreffend die selbständigen Handelsvertreter vom 18.12.1986[1] **weitgehend vereinheitlicht**. Diese Richtlinie sollte Wettbewerbsverzerrungen beseitigen und gleichzeitig die Rechtsstellung des Handelsvertreters stärken. Sie hat die Rechte und Pflichten der Parteien (Art. 3 ff.), die Vorschriften über die Vergütung (Art. 6 ff.) sowie Abschluss und Beendigung des Handelsvertretervertrages (Art. 13 ff.) angeglichen. 2161

EG-Richtlinien sind nicht unmittelbar anwendbar sondern müssen in das nationale Recht der Mitgliedstaaten umgesetzt werden. Die **Umsetzung** der Handelsvertreterrichtlinie ist in allen EU-Mitgliedstaaten erfolgt: 2162

– Deutschland: Neufassung der §§ 84 ff. HGB, seit 1.1.1994 auch auf Altverträge anwendbar.

– Belgien: Gesetz über den Handelsvertretervertrag von 1995[2].

– Bulgarien: Art. 32–48 Handelsgesetzbuch[3].

---

1 Richtlinie 86/653/EWG, ABl. EG 1986 Nr. L 382, S. 17.
2 Loi relative au contrat d'agence commerciale vom 13.4.1995, Moniteur belge 1995, 15 621. Dazu *Kocks*, in: Graf von Westphalen, Belgien, Rz. 1 ff. Vgl. auch *Westphal*, S. 214; *Zwernemann*, in: Detzer/Zwernemann, Belgien, S. 60 ff.
3 Deutsche Übersetzung des HGB in *Breidenbach*, Handbuch Wirtschaft und Recht in Osteuropa.

- Dänemark: Nr. 272 über Handelsvertreter und Handelsreisende von 1990[1].
- Finnland: Gesetz Nr. 417/1992[2].
- Frankreich: Umsetzung in zwei Gesetzen, dem Gesetz Nr. 91-593 vom 25.6.1991[3] und dem Gesetz Nr. 92-506 vom 10.6.1992[4], integriert in den Code de Commerce, dort Art. L. 134-12.
- Griechenland: Präsidialverordnung Nr. 219 über die Anpassung des Handelsvertreterrechts vom 18.5.1991[5], geändert durch die Präsidialverordnung Nr. 249 vom 28.6.1993.
- Irland: statuory instrument Nr. 33 vom 21.2.1994[6].
- Italien: Art. 1742 ff. c.c.[7], Umsetzung in zwei Anläufen: Gesetzesverordnung Nr. 303 vom 10.9.1991, nachgebessert durch Gesetzesverordnung Nr. 65 vom 15.2.1999[8].
- Litauen: Aufnahme in das Kapitel XII des Bürgerlichen Gesetzbuches durch Gesetz Nr. 74 vom 6.9.2004.
- Luxemburg: Gesetz vom 3.3.1994 über die Gestaltung der Rechtsbeziehungen zwischen unabhängigen Handelsvertretern und ihren Geschäftsherren[9].
- Niederlanden: Buch 7: Art. 428–445 B.W.[10]
- Norwegen: Agenturgesetz (Nr. 58) vom 19.6.1992[11].
- Österreich: Handelsvertretergesetz vom 11.2.1993[12].

---

1 Dazu *Steinrücke*, in: Graf von Westphalen, Dänemark, Rz. 1 ff.; *Westphal*, S. 121 ff. m. deutscher Übersetzung S. 257 ff. Engl. [1995] 1 C.L.E. 245; *Zwernemann*, in: Detzer/Zwernemann, Dänemark, S. 101 ff.
2 *Zwernemann*, in: Detzer/Zwernemann, Finnland, S. 134 ff.
3 J.O. vom 27.6.1991, S. 8271 ff.
4 J.O. vom 12.6.1992, S. 7720 ff.; zum Thema *Klima*, in: Graf von Westphalen, Frankreich, Rz. 1 ff.; *Westphal*, S. 133 ff. m. deutscher Übersetzung S. 263 ff.; *Zwernemann*, in: Detzer/Zwernemann, S. 141 ff.
5 S. *Chaldoupis*, in: Graf von Westphalen, Griechenland, Rz. 1 ff.; *Westphal*, S. 173 ff. m. deutscher Übersetzung S. 278 ff.; *Zwernemann*, in: Detzer/Zwernemann, Griechenland, S. 154 ff.
6 *Zwernemann*, in: Detzer/Zwernemann, Irland, S. 188 ff.
7 Dazu *Baldi*, in: Graf von Westphalen, Italien, Rz. 1 ff.; *Westphal*, S. 144 ff. m. deutscher Übersetzung S. 269 ff. S. auch *Kindler*, Italienische Gesetzgebung zum Handels- und Wirtschaftsrecht in den Jahren 1990–1993, RIW 1994, 692 (693 f.); *Lauser*, in: Saenger/Schulze, S. 143; *Zwernemann*, in: Detzer/Zwernemann, S. 199 ff.
8 *Kindler*, RIW 2000, 161; *Lauser/Reifenrath*, RIW 2002, 746.
9 *Zwernemann*, in: Detzer/Zwernemann, Luxemburg, S. 265 ff.
10 Dazu *Bitter*, in: Graf von Westphalen, Niederlande, Rz. 1 ff.; *Westphal*, S. 108 ff. m. deutscher Übersetzung S. 252 ff.; *Zwernemann*, in: Detzer/Zwernemann, Niederlande, S. 303 ff.; *Nieuwenhuis/Stolker/Valk*, zu Art. 428 ff.
11 *Zwernemann*, in: Detzer/Zwernemann, Norwegen, S. 312 ff.
12 BGBl. 1993 Nr. 88. Dazu *Bacovsky*, in: Graf von Westphalen, Österreich, Rz. 1 ff.; *Zwernemann*, in: Detzer/Zwernemann, Österreich, S. 318 ff.

- Polen: Anpassung der Art. 758–764 des Zivilgesetzbuches durch Gesetz vom 26.7.2000[1].
- Portugal: Anpassung des Gesetzes über den Agentur- oder Handelsvertretervertrag von 1986[2] durch Gesetzesdekret Nr. 118/93 vom 13.4.1994.
- Rumänien: Gesetz Nr. 509 vom 12.7.2002 über ständige Handelsvertreter.
- Schweden: Gesetz vom 1.5.1991 über die Handelsagentur[3].
- Slowenien: Kapitel XIX Obligationengesetz.
- Spanien: Gesetz über den Handelsvertretungsvertrag vom 27.5.1992[4].
- Tschechische Republik: Änderung des HGB (§§ 652–672a)[5] durch Gesetz Nr. 370/2000 Sbírka zákonů (Amtliche Sammlung).
- Ungarn: Gesetz Nr. CXVII/2000 über den Vertrag mit selbständigen Handelsvertretern.
- Vereinigtes Königreich: Verordnung Nr. 3053 vom 8.12.1993[6].

Die Richtlinie wurde weitgehend dem damals geltenden deutschen Recht nachgebildet, so dass im deutschen Recht nur verhältnismäßig wenige Anpassungen erforderlich waren.

Das **Schweizer Recht** – die Schweiz gehört weder zur EU noch zum EWR – über den Agenturvertrag in Art. 418a ff. OR ist seit den 1950'er Jahren dem deutschen Recht sehr verwandt, so dass das Schweizer Recht zwar nicht auf der EG-Handelsvertreterrichtlinie beruht, jedoch als „europaverträglich" bezeichnet werden kann[7].

---

1 Dz. U. 00.74.857; deutsche Übersetzung des Zivilgesetzbuches in *Breidenbach* (Hrsg.), Handbuch und Recht in Osteuropa; dazu *Franek*, RIW 2002, 359.
2 Dazu *Stock*, in: Graf von Westphalen, Portugal, Rz. 1 ff.; *Westphal*, S. 188 ff. m. deutscher Übersetzung S. 283 ff.; *Zwernemann*, in: Detzer/Zwernemann, Portugal, S. 352 ff.
3 SFS 1991: 351. Näher *Frisch*, Festg. Sandrock, S. 107 ff.; *Zwernemann*, in: Detzer/Zwernemann, Schweden, S. 381 ff.
4 Dazu *Hernández-Martí*, in: Graf von Westphalen, Spanien, Rz. 1 ff.; *Westphal*, S. 160 ff. m. deutscher Übersetzung S. 272 ff.; *Zwernemann*, in: Detzer/Zwernemann, Spanien, S. 405 ff.
5 Krit. zur ersten Umsetzung: *Piltz/Jäger*, RIW 1997, 1006; *Weiß/Weigl*, WiRO 1998, 1; zur jüngsten Änderung: *Braun/Podlesak*, WiRO 2001, 271; Gesetzestext mit Anm. *Bohata*, WiRO 2001, 275; zur aktuellen tschechischen Rspr. *Altmann*, WiRO 2008, 81.
6 S. *Wade/Meyer-Witting*, in: Graf von Westphalen, England, Rz. 1 ff.; *Westphal*, S. 202 ff. m. deutscher Übersetzung S. 289 ff.; *Triebel/Hodgson/Kellenter/Müller*, S. 169 ff.; *Zwernemann*, in: Detzer/Zwernemann, Vereinigtes Königreich von Großbritannien und Nordirland, S. 482 ff.
7 So *Wettenschwiller*, in: Basler Kommentar, Vorbem. zu Art. 418a OR Rz. 6. Zu den Abweichungen des Schweizer Rechts vgl. *Thume*, in: Kronke/Melis/Schnyder, S. 610 ff.

bb) Wesentliche Regelungsinhalte und Umsetzungsunterschiede

2164 Trotz der Angleichung in der Europäischen Union und im Europäischen Wirtschaftsraum sind nicht zuletzt aufgrund des von der Richtlinie selbst eingeräumten Umsetzungsermessens in vielen Details Rechtsunterschiede geblieben oder neue entstanden[1].

Handelsvertreter ist, wer als selbständiger Gewerbetreibender ständig damit betraut ist, für eine andere Person (Unternehmer) den Verkauf oder den Ankauf von Waren zu vermitteln oder diese Geschäfte im Namen und für Rechnung des Unternehmers abzuschließen, Art. 1 Abs. 2 Handelsvertreterrichtlinie.

Die Richtlinie bezieht sich damit lediglich auf **Warenvertreter**. Eine Beschränkung auf den Warenvertreter findet sich in Dänemark, Finnland, Griechenland, Luxemburg, Schweden und im Vereinigten Königreich[2]. Die meisten Mitgliedstaaten haben ihr Handelsvertreterrecht jedoch auch auf andere Vermittlungsgeschäfte (zB Dienstleistungen, Wertpapiere, Versicherungen) erstreckt. So ist beispielsweise das deutsche Handelsvertreterrecht nicht auf den Warenvertreter beschränkt[3].

(1) Gelegenheitsvertreter/nebenberufliche Tätigkeit

2165 Die Mitgliedstaaten können Vertreter im Nebenberuf von den Umsetzungsbestimmungen der Richtlinie ausnehmen. Davon haben Belgien, Deutschland und Liechtenstein Gebrauch gemacht[4]. Portugal schließt den Gelegenheitsvermittler von der Anwendbarkeit des Handelsvertreterrechts aus, ebenso das Vereinigte Königreich.

Das französische Recht differenziert: reine Gelegenheitsvermittler sind vom Anwendungsbereich ausgenommen, Vertreter im Nebenberuf idR nicht.

Irland schließt die Anwendbarkeit nur bei nebenberuflicher Tätigkeit bestimmter Sparten (Katalogversand, Verbraucherkredit) aus.

Italienisches Recht nimmt Gelegenheitsvermittler aus. Dänisches Recht setzt eine dauernde Vermittlungstätigkeit voraus[5], ebenso finnisches Recht[6]. Auch luxemburgisches Recht verlangt dauernde Vermittlung, ebenso wie norwegisches, österreichisches, polnisches, rumänisches, tschechisches und ungarisches Recht.

---

1 Überblick bei *Westphal*, S. 215 ff.; *Westphal*, Neues Handelsvertreterrecht in der Europäischen Union, EWS 1996, 43; *Thume*, in: Küstner, Band 1, S. 796 f.
2 *Thume*, in: Kronke/Melis/Schnyder, S. 611.
3 *Hopt*, in: Baumbach/Hopt, § 84 HGB Rz. 26; für Frankreich ausführlich: *Kiene*, RIW 2007, 287 (293).
4 *Thume*, in: Kronke/Melis/Schnyder, S. 611.
5 *Detzer/Zwernemann*, S. 102.
6 *Detzer/Zwernemann*, S. 136.

(2) Schriftform

Gem. Art. 13 Abs. 2 Handelsvertreterrichtlinie können die Mitgliedstaaten ein Schriftformerfordernis einführen. Davon hat Ungarn Gebrauch gemacht[1]. Rechtsfolge bei Nichteinhaltung ist gem. § 217 Abs. 1 des ungarischen Zivilgesetzbuches Nichtigkeit des Vertrages. Auch nach bulgarischem Recht gilt ein zwingendes Schriftformerfordernis, Art. 32 Abs. 2 des bulgarischen Handelsgesetzbuches, mit der Rechtsfolge der Nichtigkeit bei Nichtbeachtung. Das Schriftformerfordernis nach tschechischem Recht ist in § 652 Abs. 4 des tschechischen Handelsgesetzbuches[2] normiert. Ebenso sieht irisches Recht die Schriftform vor, Art. 5 statutory instrument Nr. 33 und italienisches Recht, 1742 c.c. Luxemburgisches Recht kennt ein zwingendes Schriftformerfordernis, bei dessen Nichteinhaltung nur der Handelsvertreter, nicht aber der Unternehmer die Möglichkeit erhält, Vertrag und Inhalt nachzuweisen. Rumänisches Recht verlangt Schriftform für den Nachweis eines befristeten Vertrages in Art. 18 des Gesetzes 509 vom 12.7.2002, nicht jedoch als Gültigkeitsvoraussetzung für den Vertrag.

2166

(3) Registereintragung

Neben der Schriftform dürfen die Mitgliedstaaten keine weiteren Wirksamkeitsvoraussetzungen aufstellen. Die Eintragung des Vertreters in ein Handelsvertreterregister darf keinen Einfluss auf die Gültigkeit des Vertrages haben[3]. Eine Eintragung, die keine Wirksamkeitsvoraussetzung ist, darf weiterhin verlangt werden[4]. So muss sich zB der französische Handelsvertreter in ein Register eintragen lassen[5].

2167

(4) Pflichten des Handelsvertreters, Wettbewerbsverbot

Während der Vertragsdauer hat der Handelsvertreter die Interessen des Unternehmers zu wahren und sich nach Treu und Glauben zu verhalten. Der Interessenwahrungspflicht ist – jedenfalls im deutschen Recht – ein gesetzliches Wettbewerbsverbot für die Vertragsdauer nach einhelliger Auffassung imma-

2168

---

1 § 4 des ungarischen Handelsvertretergesetzes; dazu: *Pajor-Bytomski*, RIW 2005, 263 (265).
2 Deutsche Übersetzung in *Breidenbach*, CS 300.
3 Die Nichtigkeitsfolge der Registrierung nach den italien. Registrierungsvorschriften waren mit der Richtlinie 86/653/EWG unvereinbar, da die Handelsvertreterrichtlinie außer der Schriftform kein solches Erfordernis für die Vertragsgültigkeit aufstellt. EuGH 30.4.1998 – Rs. C-215/97 (Bellone/Yokohama), Slg. 1998, I-2191 = JZ 1998, 1112 = EuZW 1998, 409; EuGH 13.7.2000 – Rs. C-456/98 (Centrosteel Sr./Adipol GmbH), Tenor: RIW 2000, 790; EuZW 2000, 671 = NJW 2000, 3267; vgl. auch *Kindler*, RIW 2000, 161; *Lange*, Zur gemeinschaftlichen Zulässigkeit einer Eintragungspflicht, JZ 1998, 1113 f.; *Baldi*, in: Graf von Westphalen, Italien, Rz. 87 ff.; vgl. auch *Luther*, Die Auswirkungen der Registrierungspflicht für Handelsvertreter in den deutsch-italienischen Rechtsbeziehungen, JbItalR 1 (1987), 137; *Kindler*, S. 177 ff.
4 EuGH 6.3.2003 – Rs. C 485/01, Slg. 2003, I-2371 (Caprini) = EWS 2003, 187; *Martiny*, in: MünchKomm, Art. 28 EGBGB Rz. 217.
5 Vgl. *Anstett-Gardea*, in: Martinek/Semler/Habermeier, S. 1250.

nent[1]. Insbesondere muss sich der Handelsvertreter für die Vermittlung und – bei entsprechender Vereinbarung – für den Abschluss der ihm anvertrauten Geschäfte einsetzen, dem Unternehmer die erforderlichen Informationen zur Verfügung stellen und den angemessenen Weisungen des Unternehmers nachkommen, Art. 3 Abs. 2 der Handelsvertreterrichtlinie.

Dem steht Art. 5 GVO Nr. 2790/1999 (Vertikalverordnung) im Rahmen des Anwendungsbereichs der Vertikalverordnung (s. Rz. 2201) dahin gehend entgegen, dass sie ein Wettbewerbsverbot nur für fünf Jahre freistellt, längere oder unbestimmte jedoch nicht.

Ob ein Wettbewerbsverbot über fünf Jahre hinaus unproblematisch ist, wird kontrovers diskutiert[2]. Die Kommission geht in ihren Leitlinien davon aus, dass Wettbewerbsverbote, die zur Abschottung des relevanten Marktes führen, sowohl für unechte wie echte Handelsvertreter an Art. 81 Abs. 1 EG zu messen sind.

(5) Pflichten des Unternehmers

2169 Der Unternehmer hat ebenso wie der Handelsvertreter die Gebote von Treu und Glauben zu beachten. Zu seinen Pflichten gehört insbesondere, dem Handelsvertreter die Unterlagen, die die Waren betreffen, zur Verfügung zu stellen, sowie ihm ggf. weitere, zur Ausführung der Tätigkeit erforderliche Informationen zu überlassen. Außerdem ist der Handelsvertreter in angemessener Frist zu benachrichtigen, falls das Geschäft in geringerem Umfang ausgeführt wird als berechtigterweise erwartet. Der Unternehmer hat den Handelsvertreter überdies von Annahme, Ablehnung oder Nichtdurchführung des Geschäfts in Kenntnis zu setzen.

Die Pflichten des Handelsvertreters und des Unternehmers sind in der Richtlinie zwingend ausgestaltet.

---

1 Vgl. *Thume*, WRP 2000, 1033 (1034); *Thume*, in: Küstner/Thume, S. 171 mit weiteren Verweisen.
2 *Emmerich*, in: Immenga/Mestmäcker, Art. 81 Abs. 1 EG Rz. 258 geht davon aus, dass Wettbewerbsverbote an Art. 81 Abs. 1 EG zu messen sind; *Kapp/Andresen* sprechen sich für eine an Art. 82 EG orientierte Beurteilung von Wettbewerbsverboten aus; *Nolte*, WuW 2006, 252 (261) argumentiert mit der ggf. fehlenden Vereinbarung zwischen Unternehmen wegen der Eingliederung des Handelsvertreters in die Absatzorganisation des Unternehmers (wirtschaftliche Einheit) und plädiert zumindest für Allein- und Einfirmenvertreter für die Immanenz des Wettbewerbsverbots im Handelsvertretervertrag und damit für die Unanwendbarkeit von Art. 81 Abs. 1 EG für die Vertragsdauer; *Emde*, BB-Special 3/2007, 2 (17) führt aus, ein über fünf Jahre hinausgehendes Wettbewerbsverbot sei nur bei echten Handelsvertreterverträgen unproblematisch, die nicht unter Art. 81 Abs. 1 EG fallen und keiner Freistellung nach der Vertikalverordnung bedürfen; *Schultze/Pautke/Wagener*, S. 89 führen aus, Wettbewerbsverbote auch für echte Handelsvertreter könnten dann problematisch sein, wenn der Wettbewerb zwischen unterschiedlichen Marken betroffen ist und das Wettbewerbsverbot in der Praxis zu einer Abschottung des Marktes führt, dies ginge auch aus EuGH, Slg. 1995, I-3477 (Volkswagen AG/VAG Leasing) hervor.

(6) Provision

Art. 6–12 der Handelsvertreterrichtlinie regeln die Vergütung des Handelsvertreters. Der Handelsvertreter erhält Provision für alle Geschäfte, die während des Vertragsverhältnisses abgeschlossen wurden und die entweder auf die Tätigkeit des Vertreters zurückzuführen sind oder mit einem Dritten geschlossen wurden, der vom Vertreter bereits vorher für Geschäfte gleicher Art als Kunde geworben worden war. Der Handelsvertreter erhält Provision des Weiteren für Geschäfte, die ohne sein Zutun abgeschlossen wurden, sofern ihm ein bestimmter Bezirk oder Kundenkreis zugewiesen wurde oder er die Alleinvertretung für ein bestimmtes Gebiet übernommen hat und die Geschäfte innerhalb dieses Bezirks oder Kundenkreises geschlossen wurden.

2170

Mit Abschluss des Geschäftes erhält der Vertreter zunächst nur eine Anwartschaft auf die Provision, die mit Ausführung des Vertrages durch einen der Beteiligten oder zum Zeitpunkt, in dem der Unternehmer das Geschäft laut Handelsvertretervertrag hätte ausführen müssen, zum vollen Provisionsanspruch erstarkt. Wird das Geschäft nicht ausgeführt, erhält der Handelsvertreter nur dann keine Provision, wenn die Gründe für die Nichtausführung nicht vom Unternehmer zu vertreten sind.

Die Provision ist spätestens am letzten Tag des Monats zu zahlen, der auf das Quartal folgt, in dem der Provisionsanspruch entstanden ist. Zu diesem Zeitpunkt hat auch die Abrechnung spätestens zu erfolgen. Gem. Art. 12 Abs. 2 der Handelsvertreterrichtlinie hat der Handelsvertreter Anspruch auf alle Auskünfte, über die der Unternehmer verfügt und die der Vertreter zur Nachprüfung seiner Provisionsansprüche benötigt. Er kann insbesondere einen Buchauszug verlangen. Die Regelungen über die Fälligkeit, die Abrechnung, die Auskünfte und den Buchauszug sind zwingend ausgestaltet.

(7) Vertragsbeendigung

Die Mindestkündigungsfrist unbefristeter Verträge beträgt gem. Art. 15 Abs. 2 der Handelsvertreterrichtlinie im ersten Vertragsjahr einen Monat, ab dem zweiten Jahr zwei Monate und ab dem dritten und die folgenden Vertragsjahre mindestens drei Monate. Die Regelung ist zwingend ausgestaltet. Für die Kündigungsfristen ab dem vierten Vertragsjahr können die Mitgliedstaaten längere Kündigungsfristen – auch zwingend – vorsehen, Art. 15 Abs. 3 Handelsvertreterrichtlinie.

2171

So erhöht sich die Mindestkündigungsfrist in Belgien, Dänemark, Finnland, Griechenland, Italien, Luxemburg und Norwegen sowie Österreich, Rumänien, Schweden und Spanien jedes Jahr um einen Monat, bis schließlich sechs Monate erreicht sind. So auch niederländisches Recht, mit der Besonderheit, dass bei Fehlen einer Vereinbarung über die Kündigungsfrist, bereits ab dem Vertragsschluss eine viermonatige Frist greift. Das deutsche Recht weicht ebenfalls ab: Im ersten Jahr beträgt die Kündigungsfrist einen Monat, im zweiten zwei Monate, ab dem dritten bis zum fünften Jahr drei Monate und ab dem sechsten Jahr sechs Monate[1].

Das französische, das irische, das polnische und das portugiesische Recht sowie das Recht des Vereinigten Königreiches machen von Art. 15 Abs. 3 der Handelsvertretrrichtlinie keinen Gebrauch, es bleibt auch für die Folgejahre bei einer Mindestkündigungsfrist von drei Monaten.

(8) Ausgleich/Entschädigung

2172 Die Handelsvertreterrichtlinie gibt den Mitgliedstaaten gem. Art. 17 Abs. 1 Handelsvertreterrichtlinie zwei Optionen für einen Anspruch des Handelsvertreters bei Vertragsbeendigung: entweder auf **Ausgleich** (Art. 17 Abs. 2 Handelsvertreterrichtlinie) oder auf **Schadensersatz** (Art. 17 Abs. 3 Handelsvertreterrichtlinie). Nur Frankreich folgt dem Schadensersatzmodell. Irland[2] und das Vereinigte Königreich[3] überlassen den Parteien die Wahl zwischen einem Ausgleich und einer Entschädigung.

Alle anderen Mitgliedstaaten haben sich für das Ausgleichsmodell entschieden[4].

Das Ausgleichsmodell gewährt dem Handelsvertreter bei Vertragsbeendigung einen Anspruch gegen den Unternehmer, wenn und soweit er Neukunden geworben hat oder die Geschäftsverbindungen mit bereits vorhandenen Kunden wesentlich erweitert hat und der Unternehmer aus den Geschäftsverbindungen nach Ende des Handelsvertretervertrages noch erheblich Vorteile zieht. Außerdem muss die Zahlung des Ausgleichs unter Berücksichtigung aller Umstände der Billigkeit entsprechen.

2173 Mit dem **Schadensersatzmodell** soll dem Handelsvertreter der Schaden ersetzt werden, den er durch die Beendigung des Vertragsverhältnisses mit dem Unternehmer dadurch erleidet, dass ihm Provisionen entgehen und/oder eine Amortisierung von Kosten und Aufwendungen nicht erfolgt, er zum Zeitpunkt der Vertragsbeendigung Marktanteile verliert. Es erfolgt keine Differenzierung von Alt- und Neukunden. Der Schadensersatzanspruch unterliegt grundsätzlich keiner Höchstgrenze. Die französische Rechtsprechung billigt dem agent commercial regelmäßig Schadensersatzzahlungen in Höhe von

---

1 Die Kündigungsfristen im Schweizer Recht – die Schweiz ist weder Mitgliedstaat der EU noch des EWR, hat aber weitgehend ähnliche Regelungen – sind andere: Ein Monat zum Monatsende im ersten Vertragsjahr, die Vereinbarung einer kürzere Frist ist bei Einhaltung der Schriftlichkeit zulässig. Ab dem zweiten Jahr zwei Monate zum Quartalsende.
2 *Zwernemann*, in: Detzer/Zwernemann, S. 191.
3 *Taylor/Smith*, in: Martinek/Semler/Habermeier, § 59 Rz. 21 (S. 1389).
4 *Rühl*, RIW 2007, 743. Zu Unterschieden zwischen Richtlinie und deutscher Umsetzung vgl. *Thume*, BB 2004, 2473, sowie Rz. 2184 und EuGH 26.3.2009 – Rs. C 348/07, BB 2009, 1607.

zwei Jahresprovisionen zu. Abweichungen sind möglich, stellen aber Ausnahmen dar[1].

In *Frankreich* ist zu unterscheiden, welchem Vertragstyp die Vereinbarung mit dem Unternehmer zuzuordnen ist. Dies bestimmt das französische Recht, wenn es Vertragsstatut ist[2]. Die französische Rechtsprechung wendet das Handelsvertreterrecht nur auf den agent commercial an, nicht jedoch auf die sehr verbreitete Berufsgruppe[3] der sog. V.R.P. (Voyageurs-Représentants-Placiers) und den Représentant non statutaire[4].

2174

Der Vertrag mit unselbständigen V.R.P. stellt einen Arbeitsvertrag nach Art. L 751-1 ff. C.trav[5] dar. V.R.P. unterliegen wie Angestellte der Sozialgesetzgebung, während die *agents* als Selbständige behandelt werden. Der ebenfalls existierende Ausgleichsanspruch der französischen V.R.P. ist nicht durch Rechtswahl abdingbar, da nach Auffassung des Kassationshofs die entsprechenden Bestimmungen des C.trav. zum ordre public gehören[6].

Das Recht des *Vereinigten Königreichs* lässt den Vertragsparteien die Wahl, ob sie einen Ausgleich oder einen Schadensersatzanspruch vertraglich vereinbaren. Treffen sie keine Wahl, geht der Zahlungsanspruch des Handelsvertreters bei Vertragsbeendigung auf Schadensersatz. Feste Beurteilungskriterien für die Berechnung der Höhe des Entschädigungsanspruches fehlen. Englische Gerichte orientierten sich zunächst an der französischen Rechtsprechung. Seit 2001 werden eigene Berechnungsmodalitäten entwickelt: Der Schadensersatz orientiert sich an den künftigen Einnahmemöglichkeiten des Handelsvertreters, wäre der Vertrag nicht beendet worden. Es wird der hypothetisch zu erzie-

2175

---

1 *Kiene*, RIW 2007, 288 f.; *Rühl*, RIW 2007, 742 (749) mit weiteren Verweisen auf die Rechtsprechung.
2 LG Karlsruhe 28.5.1982, IPRspr. 1982 Nr. 15A = RIW 1982, 668.
3 Vgl. *Kiene*, RIW 2007, 287 (289).
4 Zur Abgrenzung des französ. Handelsvertreters (agent commercial) von anderen französ. Vertriebsleuten *Kiene*, RIW 2007, 287: V.R.P. ist eine Person, die für Rechnung eines oder mehrerer Arbeitgeber ständig damit betraut ist, Handelsgeschäfte abzuschließen. Ziel der Kundenwerbung ist die Auftragserteilung, die an den V.R.P. selbst erfolgen muss und die dieser an den Unternehmer weiterleitet. Auf V.R.P. findet kraft gesetzlicher Fiktion zwingend Arbeitsrecht Anwendung. Ihre wirtschaftliche Abhängigkeit bildet das Hauptabgrenzungskriterium zum agent commercial.
5 Dazu *Klima*, in: Graf von Westphalen, Frankreich, Rz. 34 ff. Dagegen qualifiziert einen französ. Handelsreisenden – in Anwendung deutschen Rechts – als selbständigen Handelsvertreter und versagt das Konkursvorrecht des § 61 Abs. 1 KO BAG 24.3.1992, IPRspr. 1992 Nr. 261b = RIW 1994, 160 abl. Anm. *Langer/Lentföhr* = AP Nr. 28 IPR-ArbR Anm. *Junker* = EWiR § 237 KO 2/92, 1011 *(Hanisch)*.
6 Cass.soc. 9.12.1960, J.C.P. 1961 II 12 029 abl. Anm. *Simon-Depitre* (Handelsreisender in Frankreich; französ. Recht trotz Vereinbarung tschechoslowak. Rechts angewendet); Cass.soc. 25.5.1977, Rev.crit.d.i.p. 67 (1978), 701 Anm. *A. Lyon-Caen* = RIW 1977, 786 Anm. *Klima* (Belg. Handelsreisender mit französ. Wohnsitz schloss Vertrag mit engl. Unternehmen; französ. Arbeitsrecht über den ordre public angewendet). AA *Ribettes-Tillhet*, Clunet 1964, 50 f.

lende Preis für den Verkauf der Handelsvertretung zum Zeitpunkt der Vertragsbeendigung ermittelt[1].

2176 Gem. Art. 19 der Handelsvertreterrichtlinie darf keine vertragliche Vereinbarung bezüglich des Ausgleichsanspruchs des Handelsvertreters zu seinem Nachteil vor Ablauf des Vertrages geschlossen werden. Für den Handelsvertreter vorteilhafte Vereinbarungen sind jedoch zulässig. Mit seinem Urteil vom 23.3.2003 – Rs. C-465/04[2] stellt der EuGH klar, dass vertragliche Abweichungen auch dann unzulässig sind, wenn die Parteien offen lassen, ob sie sich bei Vertragsende als für den Handelsvertreter positiv oder negativ auswirken. Anders gewendet: Es muss sicher sein, dass die vertragliche Vereinbarung sich für den Handelsvertreter bei Vertragsbeendigung als vorteilhaft erweist. Die Entscheidung hält zudem fest, dass der Ausgleichsanspruch zwar zwingend ist und mit Art. 17 Abs. 2 Handelsvertreterrichtlinie einen Rahmen vorgibt, insbesondere hinsichtlich der Berechnung, aber einen Gestaltungsspielraum für die Mitgliedstaaten mittels der Billigkeitskriterien belässt[3].

2177 Das Urteil des EuGH vom 9.11.2000 – Rs. C-381/98 (Ingmar)[4] hat die Rechtsstellung von in der Europäischen Union tätigen Handelsvertretern dahingehend verbessert, dass die **zwingenden Vorschriften** der EG-Richtlinie von 1986 für sie **rechtswahlfest** sind (s. Rz. 2222). Gegenüber außerhalb der Europäischen Union oder des Europäischen Wirtschaftsraums tätigen Handelsvertretern, greift nach hM dieser Schutz nicht[5]. Hier ist eine für den Vertreter „ungünstige" Rechtswahl zulässig. Bei Anwendbarkeit deutschen Rechts kann in diesen Fällen gem. § 92c HGB von zwingenden Vorschriften abgewichen werden (s. Rz. 2182).

(9) Nachvertragliche Wettbewerbsabrede

2178 Nachvertragliche Wettbewerbsabreden unterliegen einem Schriftformerfordernis, sind hinsichtlich des Bezirks, des Kundenkreises oder der Warengattung auf die vertragliche Entsprechung beschränkt und dürfen maximal zwei Jahre dauern. Engere Vorschriften sind den Mitgliedstaaten gestattet. Eine zwingende Karenzentschädigung – wie im deutschen Recht – sieht die Richtlinie nicht vor. Das österreichische Recht verbietet ein nachvertragliches Wettbewerbsverbot ganz[6].

---

1 *Lonsdale (t/a Lonsdale Agencies)* v. *Howard and Hallam Ltd; Tigana Ltd.* V. *Decoro Ltd.*, beide: http://www.bailii.org/.
2 RIW 2006, 459: Italien. Ersatzausgleich gem. Tarifvertrag, der sich nach anderen Kriterien als den in der Richtlinie festgelegten bestimmt, ersetzt den Ausgleichsanspruch nicht, es sei denn, es ist nachgewiesen, dass der Handelsvertreter mindestens einen dem Ausgleichsanspruch entsprechenden Betrag erhält.
3 Vgl. auch Rz. 2184.
4 EuGH 9.11.2000 – Rs. C-381/98 (Ingmar GB Ltd./Eaton Leonard Technologies Inc.), Slg. 2000, I-09305 = ZIP 2000, 2108 = EWS 2000, 550 = RIW 2001, 133 = DB 2001, 36 = BB 2001, 10 = EuZW 2001, 50 Anm. *Reich* = IStR 2001, 327 = VersR 2001, 617 = NJW 2001, 2007.
5 *Emde*, MDR 2002, 190 (193).
6 *Thume*, in: Kronke/Melis/Schnyder, S. 620.

(10) Einheitliche Auslegung; Vorlageverfahren

Die nationalen Gerichte sind dazu verpflichtet, ihre landesspezifischen Gesetze, die die Richtlinie umsetzen, richtlinienkonform auszulegen. Der EuGH hat aufgrund des Vorabentscheidungsverfahrens gem. Art. 234 EG ein Auslegungsmonopol[1]. 2179

Praktischer Hinweis: Trotz der Vereinheitlichung durch die Handelsvertreterrichtlinie und ihre Umsetzung verbleiben in den europäischen Rechtsordnungen Unterschiede. Eine Rechtswahl bleibt demzufolge auch in Binnenverträgen innerhalb EU/EWR sinnvoll. Bei der Wahl des Rechts sollten sich die Vertragsparteien sorgfältig mit den Unterschieden auseinandersetzen und die vertraglichen Gestaltungsmöglichkeiten nutzen. 2180

2. Deutsches Sachrecht

Bei Anwendbarkeit deutschen Rechts[2] gelten zum Schutz des Handelsvertreters als wirtschaftlich schwächerem Vertragsteil **zwingende Vorschriften** über: 2181

- die Voraussetzungen der Provision (§ 87a HGB),
- die Provisionsabrechnung (§ 87c HGB),
- die Kündigung (§§ 89, 89a HGB),
- das Zurückbehaltungsrecht des Handelsvertreters (§ 88a HGB),
- den Ausgleichsanspruch des Vertreters (§ 89b HGB) und
- Wettbewerbsabreden (§ 90a HGB).

Das HGB beschränkt selbst den Geltungswillen dieser Bestimmungen bei Auslandsberührung in § 92c Abs. 1 HGB: 2182

Hat der Handelsvertreter seine Tätigkeit für den Unternehmer nach dem Vertrag nicht innerhalb des Gebietes der Europäischen Gemeinschaft oder der anderen Vertragsstaaten des Abkommens über den Europäischen Wirtschaftsraum auszuüben, so kann hinsichtlich aller Vorschriften dieses Abschnittes etwas anderes vereinbart werden.

Die Vorschrift des § 92c Abs. 1 HGB erklärt bei einem nach den Regeln des internationalen Schuldrechts dem deutschen Recht unterliegenden Handelsvertretervertrag die an sich zwingenden Vorschriften des HGB für abdingbar[3]. So entschieden von OLG München[4]: Kolumbianischer Handelsvertreter eines deutschen Unternehmers klagte nach Vertragsbeendigung auf Ausgleich, obwohl der Anspruch bei Rechtswahl zugunsten deutschen Rechts vertraglich ausgeschlossen war, mit der Begründung, der Ausschluss sei unwirksam, da

---

1 *Thume*, in: Küstner, S. 796.
2 Überblick über Rechtsprechung und Literatur vgl. *Emde*, VersR 2004, 1499; *Emde*, BB 2005, 389; *Emde*, BB 2006, 1061; *Emde*, BB 2006, 1121; *Emde*, BB-Special 3/2007, 3.
3 *Hopt*, in: Baumbach/Hopt, § 92c HGB Rz. 1; IPG 1965/66 Nr. 8 (München).
4 OLG München 11.1.2002, RIW 2002, 319 (Anm. *Eberl*, RIW 2002, 305).

das Recht Kolumbiens einen zwingenden Ausgleichsanspruch vorsehe. Zudem sei ein Ausschluss bei Verwendung eines Formularvertrages ungültig.

Das OLG München stellt klar, dass der Ausgleichsanspruch nach § 92c HGB auch dann ausgeschlossen werden kann, wenn das Heimatrecht des Handelsvertreters einen entsprechenden Anspruch zwingend vorsieht, da der deutsche Gesetzgeber mit § 92c HGB keinesfalls einer ausländischen Rechtsordnung Vorrang geben wolle, wenn vertraglich deutsches Recht vereinbart sei[1]. Der Ausschluss ist nach Ansicht des OLG München nicht nur individualvertraglich möglich, sondern auch in formularmäßigen Handelsvertreterverträgen[2]: Da § 92c HGB ausdrücklich anderweitige Regelungen zulasse, sei eine Unvereinbarkeit mit wesentlichen Grundgedanken der gesetzlichen Regelung iSv. § 9 AGBG (jetzt: § 307 BGB) nicht gegeben.

Vorausgesetzt wird jedoch, dass die Tätigkeit nicht im Gebiet der EU oder des Europäischen Wirtschaftsraums (Norwegen, Island und Liechtenstein) ausgeübt wird.

§ 92c HGB ist **keine Kollisionsnorm**, aus der etwa der Umkehrschluss gezogen werden könnte, bei inländischer Niederlassung des Handelsvertreters sei stets deutsches Recht anzuwenden[3]. Diese Bestimmung gilt vielmehr nur dann, wenn deutsches Recht überhaupt Vertragsstatut ist[4].

§ 92c HGB stellt auf das **Tätigkeitsgebiet** ab. Teilweise wird argumentiert, die EG-Handelsvertreterrichtlinie sei insoweit nicht richtlinienkonform umgesetzt[5], da die Richtlinie auf die Niederlassung des Handelsvertreters abstellt. Eine richtlinienkonforme Auslegung führe daher nur zur Anwendbarkeit des § 92c HGB, wenn der Handelsvertreter weder sein Tätigkeitsgebiet noch seine Niederlassung innerhalb EU/EWR habe[6].

Wird der Handelsvertreter sowohl innerhalb als auch außerhalb des genannten Gebietes tätig, so kann von den zwingenden Vorschriften auch hinsichtlich seiner Tätigkeit außerhalb EU/EWR nach hM nicht abgewichen werden. Begründet wird dies damit, dass die nach deutschem Recht maßgeblichen Grundsätze für das Gesamtvertragsverhältnis einheitlich gelten[7].

---

1 AA *Thume*, in: Küstner/Thume, Band 1, Rz. 2424; *Thume*, in: Kronke/Melis/Schnyder, S. 631 f.
2 So auch *Emde*, MDR 2002, 200; *Mankowski*, MDR 2002, 1354; aA *H. Schmidt*, in: Ulmer/Brandner/Hensen, S. 1434 f. Rz. 415; *Hepting/Detzer*, RIW 1989, 344; *Thume*, BB 2004, 2476.
3 *Gamillscheg*, JZ 1958, 747; *Beitzke*, DB 1961, 528; *Ferid*, AWD 1964, 197; *Hopt*, in: Baumbach/Hopt, § 92c HGB Rz. 1; aA *Semler*, in: Martinek/Semler/Habermeier, § 15 Rz. 55; *Müller*, NJW 1998, 17.
4 *Ebenroth*, RIW 1984, 167; *Wegen*, WiB 1994, 256. Nach *Kegel*, S. 234 f. eine „selbstgerechte Sachnorm".
5 *Thume*, in: Küstner/Thume, Band 1, Rz. 2420; *Kindler*, RIW 1990, 358; aA *Hagemeister*, RIW 2006, 498.
6 AA überwiegende Lit., *Hopt*, in: Baumbach/Hopt, § 92c HGB Rz. 1.
7 *Thume*, in: Küstner/Thume, Band 1, Rz. 2422; aA *Müller*, NJW 1998, 17; *Semler*, in: Martinek/Semler/Habermeier, § 15, Rz. 55; sowie *Hagemeister*, RIW 2006, 498, die

Andere Rechtsordnungen kennen eine dem § 92c HGB vergleichbare Regelung nicht.

Praktischer Hinweis: Bei Verträgen mit Handelsvertretern außerhalb EU/EWR ist die Rechtswahl zugunsten deutschen Rechts für den Unternehmer besonders vorteilhaft, da ihm § 92c HGB gestattet, von den zwingenden Vorschriften deutschen Rechts abzuweichen, also beispielsweise den Ausgleichsanspruch abzubedingen.

2183

a) Ausgleichsanspruch

Anders als in der Handelsvertreterrichtlinie setzt nach deutschem Recht in § 89b Abs. 1 Nr. 2 HGB der Ausgleichsanspruch zwingend voraus, dass der Handelsvertreter wegen der Vertragsbeendigung Provisionsansprüche verliert. Bei europarechtskonformer Auslegung, die jedenfalls beim Warenvertreter zu erfolgen hat, kann der Provisionsverlust jedoch nur im Rahmen der Billigkeit Berücksichtigung finden, nicht jedoch als eigene zwingende Anspruchsvoraussetzung[1].

2184

Diese Auffassung widerspricht der bisherigen deutschen Rechtsprechung, wird aber durch das EuGH-Urteil vom 26. 3. 2009 – Rs. C-348/07 (Turgay gegen Deutsche Tamoil GmbH) verbindlich. Bis dahin ging die deutsche Rechtsprechung davon aus, dass die Tatbestandsmerkmale des § 89b Abs. 1 Nr. 1–3 HGB kumulativ vorliegen müssten und sich gegenseitig begrenzen[2], so dass der Ausgleich nicht höher sein konnte als der niedrigste Betrag, der sich aus der Ausgleichsberechnung unter einer der drei Nummern ergab. Waren beispielsweise die Unternehmervorteile nach Vertragsende groß, die zu erwartenden Provisionsverluste des Handelsvertreters aber niedrig, führte dies zu einem geringen Ausgleichsanspruch.

Die deutsche Rechtsprechung widerspricht laut EuGH Art. 17 Abs. 2 lit. a der Handelsvertreterrichtlinie, der die Ausgleichsberechnung zwingend dreistufig regelt. Der Gesetzgeber hat mit der Änderung des § 89b Abs. 1 S. 1 HGB[3]

---

nach Tätigkeitsgebiet differenzieren: Bei Tätigkeit innerhalb EU/EWR keine Abweichung möglich, bei Tätigkeit außerhalb wird Abweichungsmöglichkeit bejaht.

1 *Thume*, BB 2004, 2473; *Thume*, in: Kronke/Melis/Schnyder, S. 616; *Hopt*, in: Baumbach/Hopt, § 89b HGB Rz. 32.
2 Wortlaut des § 89b Abs. 1 HGB „wenn und soweit", vgl. *Emde*, DStR 2009, 1478.
3 § 89b Abs. 1 S. 1 HGB lautet nunmehr: Der Handelsvertreter kann von dem Unternehmer nach Beendigung des Vertragsverhältnisses einen angemessenen Ausgleich verlangen, wenn und soweit
 1. der Unternehmer aus der Geschäftsverbindung mit neuen Kunden, die der Handelsvertreter geworben hat, auch nach Beendigung des Vertragsverhältnisses erhebliche Vorteile hat und
 2. die Zahlung eines Ausgleichs unter Berücksichtigung aller Umstände, insbesondere der dem Handelsvertreter aus Geschäften mit diesen Kunden entgehenden Provisionen, der Billigkeit entspricht.

Die gesetzliche Änderung hat zur Folge, dass die EuGH-Rechtsprechung nicht auf den Warenvertreter (Anwendungsbereich der Richtlinie) beschränkt bleibt, sondern sich auf alle Handelsvertreter des deutschen Rechts bezieht.

schnell reagiert[1], s. Rz. 2185. Dabei betont der EuGH, dass im Rahmen des nach der Richtlinie Vertretbaren immer die handelsvertreterfreundlichste Auslegung vorzunehmen ist[2]. Da die EuGH-Rechtsprechung sich nur auf den Anwendungsbereich der Richtlinie beziehen kann, wird künftig – jedenfalls bis zu einer einheitlichen gesetzlichen Regelung – zu differenzieren sein zwischen Warenvertretern, die unter die Handelsvertreterrichtlinie fallen, und den Dienstleistungsvertretern, wie zB Versicherungsvertretern, auf die die Richtlinie und damit die EuGH-Rechtsprechung keine Anwendung findet.

EuGH 26.3.2009 – Rs. C-348/07, BB 2009, 1607
1. Art. 17 Abs. 2 Buchstabe a der Richtlinie 86/653/EWG des Rates vom 18. Dezember 1986 zur Koordinierung der Rechtsvorschriften der Mitgliedstaaten betreffend die selbständigen Handelsvertreter ist dahin auszulegen, dass er nicht erlaubt, dass der Ausgleichsanspruch des Handelsvertreters von vornherein durch seine Provisionsverluste in Folge der Beendigung des Vertragsverhältnisses begrenzt wird, auch wenn die dem Unternehmer verbleibenden Vorteile höher zu bewerten sind.
2. Art. 17 Abs. 2 Buchstabe a der Richtlinie ist dahin auszulegen, dass, falls der Unternehmer einem Konzern angehört, die den Konzerngesellschaften zufließenden Vorteile grundsätzlich nicht zu den Vorteilen des Unternehmers gehören und damit bei der Berechnung des Ausgleichsanspruchs des Handelsvertreters nicht notwendig zu berücksichtigen sind.

Das nach § 89b HGB selbständige Tatbestandsmerkmal der Provisionsverluste wird mit dem EuGH-Urteil zum – wenn auch bedeutsamen – Unterfall der Billigkeitsprüfung. Somit kann dem Handelsvertreter nunmehr auch ein Ausgleich zustehen, wenn er keine Provisionsverluste hat. Hat er Provisionsverluste und der Unternehmer gleichzeitig große Unternehmervorteile, wird sich sein Anspruch erhöhen können, sind die Unternehmensvorteile groß, die Provisionsverluste aber niedrig, hat dies nicht unbedingt eine Verringerung des Ausgleichs zur Folge.

Weitere europarechtskonforme Auslegung hat in Bezug auf § 89b Abs. 3 Nr. 2 HGB zu erfolgen: Nach der bisherigen Interpretation der deutschen Rechtsprechung zu § 89b Abs. 3 Nr. 2 HGB genügt die Kündigung und das Vorliegen eines wichtigen Kündigungsgrundes wegen schuldhaften Verhaltens des Handelsvertreters, um die Entstehung des Ausgleichsanspruchs zu verhindern. Ein Kausalzusammenhang zwischen Kündigungserklärung und -grund sei nicht erforderlich. Anders die Handelsvertreterrichtlinie, die nach ihrem Wortlaut einen Kausalzusammenhang fordert[3]. Nachgeschobene wichtige Kündigungsgründe, die bei Kündigungserklärung nicht bekannt waren, können damit nur

---

1 Art. 6a Gesetz zur Neuregelung der Rechtsverhältnisse bei Schuldverschreibungen aus Gesamtemissionen und zur verbesserten Durchsetzbarkeit von Ansprüchen von Anlegern aus Falschberatung vom 31.7.2009, BGBl. I 2009, 2512 (2519); vgl. auch *Eckhoff*, BB 2009, 1606 (1610).
2 Hier nimmt der EuGH – wie schon im Ingmar-Urteil, EuGH 9.11.2000 – Rs. C-381/98, NJW 2001, 2007 – Bezug auf den Bericht über die Anwendung des Art. 17 der Handelsvertreterrichtlinie, COM (96) 364 final.
3 *Thume*, BB 2004, 2473; *Thume*, in: Kronke/Melis/Schnyder, S. 617; OGH (Österreich) 26.5.2004 – 9 Ob A 2/04s, www.ris.bka.gv.at.

im Rahmen der Billigkeitsprüfung Berücksichtigung finden[1]. Das Urteil des OLG Koblenz[2] folgt der bisherigen deutschen Rechtsprechung nicht: Der Ausgleichsanspruch sei nicht bereits dann gem. § 89b Abs. 3 Nr. 2 HGB ausgeschlossen, wenn ein schuldhaftes Verhalten des Handelsvertreters gegeben war, das eine Kündigung aus wichtigem Grund rechtfertige. Vielmehr greife § 89b Abs. 3 Nr. 2 HGB nur dann ein, wenn die Kündigung tatsächlich auf diesen wichtigen Grund gestützt werde.

b) Berechnung[3]

Grundlage für die Berechnung des Ausgleichsanspruchs sind die Provisionen, die der Handelsvertreter in den letzten zwölf Monaten mit den von ihm geworbenen Neukunden verdient hat. Herangezogen werden nur die Vermittlungs- bzw. Abschlussprovisionen, nicht die Vergütungen für Verwaltungstätigkeiten. Auf dieser Basis wird eine Prognose hinsichtlich der zu erwartenden Provisionsverluste der kommenden Jahre[4] erstellt (Rohausgleich). Dabei ist eine jährliche Kundenabwanderungsquote aufgrund der durchschnittlich während der letzten Jahre der Vertragslaufzeit anfallenden Kundenfluktuation zu berücksichtigen. Die vorzunehmende Billigkeitsprüfung kann zu einer Ausgleichsminderung führen[5]. Ferner erfolgt eine Abzinsung, da die Provisionen im Prognosezeitraum verteilt über die Abrechnungsperioden ausgezahlt worden wären.

2185

Beträgt der so ermittelte Ausgleichsanspruch mehr als eine nach dem Durchschnitt der letzten fünf Jahre errechnete Jahresprovision oder sonstige Jahresvergütung, wird der Betrag gem. § 89b Abs. 2 HGB gekappt. Beträgt die Vertragsdauer weniger als fünf Jahre, bemisst sich die Jahresdurchschnittsprovision an der Gesamtvertragsdauer. § 89b Abs. 2 HGB stellt also eine Höchstbegrenzung dar, nicht etwa die Berechnungsgrundlage.

Die Berechnung des Ausgleichsanspruchs für Handelsvertreter wird sich aufgrund des EuGH-Urteils vom 26.3.2009 und der daraufhin erfolgten Änderung

---

[1] *Emde*, BB 2006, 1121 (1124) mit Verweis auf unveröffentlichte Verfügung des OLG München 29.11.2005 – Az. 23 U 4612/05.

[2] OLG Koblenz 22.3.2007 – 6 U 1313/06, NJW-RR 2007, 1044.

[3] Beispiele BGH 6.8.1997 – VIII ZR 92/96, NJW 1998, 71 (75); *Küstner/Thume*, Bd. 3, Rz. 1789 ff.; *Abrahamczik*, Handelsvertretervertrag, 3. Aufl. (2007); *Emde*, BB-Special 3/2007, 2 (21).

[4] Der Prognosezeitraum bestimmt sich nach der voraussichtlichen Dauer der Geschäftsverbindung zu den geworbenen Neukunden in der mit Folgeaufträgen zu rechnen ist. Dabei werden Branchenbesonderheiten und Marktgegebenheiten berücksichtigt; vgl. BGH 20.11.1969 – VII ZR 175/67, BB 1970, 101; BGH 15.10.1992 – I ZR 173/91, BB 1992, 2385 sowie BGH 6.8.1997 – VIII ZR 150/96, BB 1997, 2607 und BGH 25.10.1984 – I ZR 104/82, NJW 1985, 859; BGH 31.1.1991 – I ZR 142/89, BB 1991, 1210. Überwiegend wird ein Zeitraum von drei bis fünf Jahren veranschlagt, bei Investitionsgütern eher ein längerer Zeitraum.

[5] ZB eine zusätzliche Altersversorgungszusage durch den Unternehmer (vgl. *Emde*, BB 2006, 1121 [1123]) und BB-Special 3/2007, 1 (25) (mit Rechtsprechungshinweisen) oder ein schuldhaftes Verhalten des Handelsvertreters, das den Vertrag beeinträchtigte, aber nicht zu einer Kündigung führte.

von § 89b Abs. 1 S. 1 HGB (s. Rz. 2184) ändern müssen, da Art. 17 Abs. 2 lit. a der Handelsvertreterrichtlinie die Ausgleichsberechnung zwingend dreistufig regelt:

In der ersten Stufe werden die Vorteile des Unternehmers aus den Geschäften mit den vom Handelsvertreter geworbenen Kunden quantifiziert. Dann wird geprüft, ob der Betrag, der sich aus den in Art. 17 Abs. 2 lit. a zweiter Spiegelstrich genannten Kriterien[1] ergibt, der Billigkeit entspricht. Hier sind alle Umstände des Einzelfalls zu berücksichtigen, insbes. die dem Handelsvertreter entgangene Provision. Auf Stufe drei greift die Kappungsgrenze von einer Jahresdurchschnittsprovision, gerechnet aus dem Durchschnitt der letzten fünf Vertragsjahre oder der Gesamtvertragsdauer, falls diese kürzer war.

An der Grundlage für die Berechnung des Ausgleichsanspruchs (Provisionsverdienst der letzten zwölf Monate) wird sich nicht unbedingt etwas ändern müssen, zumal der EuGH dies als Berechnungsgrundlage bereits akzeptierte[2]. Fraglich ist, ob es bei der alleinigen Berücksichtigung der Vermittlungs- und Abschlussprovisionen bleibt oder ob nunmehr auch Vergütungen für Verwaltungstätigkeiten einbezogen werden müssten. Die geforderte handelsvertreterfreundliche Auslegung spricht zumindest dann dafür, soweit die Verwaltungsaufwendungen für die Kundenbetreuung bzw. Neukundenwerbung erforderlich sind[3]. Die Festlegung eines Prognosezeitraums, einer Abwanderungsquote und einer Abzinsung hatte die Kommission bereits im Bericht über die Anwendung des Art. 17 der Handelsvertreterrichtlinie, COM (96) 364, final anerkannt.

---

[1] Art. 17 Handelsvertreterrichtlinie:
(1) Mitgliedstaaten treffen die erforderlichen Maßnahmen dafür, dass der Handelsvertreter nach Beendigung des Vertragsverhältnisses Anspruch auf Ausgleich nach Abs. 2 oder Schadensersatz nach Abs. 3 hat.
(2) a) Der Handelsvertreter hat Anspruch auf einen Ausgleich, wenn und soweit
– er für den Unternehmer neue Kunden geworben oder die Geschäftsverbindungen mit vorhandenen Kunden wesentlich erweitert hat und der Unternehmer aus den Geschäften mit diesen Kunden noch erhebliche Vorteile zieht und
– die Zahlung eines solchen Ausgleichs unter Berücksichtigung aller Umstände, insbesondere der dem Handelsvertreter aus Geschäften mit diesen Kunden entgehenden Provisionen, der Billigkeit entspricht. Die Mitgliedstaaten können vorsehen, dass zu diesen Umständen auch die Anwendung oder Nichtanwendung einer Wettbewerbsabrede im Sinne des Artikels 20 gehört.
b) Der Ausgleich darf einen Betrag nicht überschreiten, der einem jährlichen Ausgleich entspricht, der aus dem Jahresdurchschnittsbetrag der Vergütungen, die der Handelsvertreter während der letzten fünf Jahre erhalten hat, errechnet wird; ist der Vertrag vor weniger als fünf Jahren geschlossen worden, wird der Ausgleich nach dem Durchschnittsbetrag des entsprechenden Zeitraums ermittelt.
c) Die Gewährung dieses Ausgleichs schließt nicht das Recht des Handelsvertreters aus, Schadensersatzansprüche geltend zu machen.
[2] Bericht über die Anwendung des Art. 17 der Handelsvertreterrichtlinie, COM (96) 364 final; so im Ergebnis auch *Emde*, DStR 2009, 1478 (1485), der dies aus dogmatischen Erwägungen auf den Prüfstand stellt.
[3] Sehr weitgehend hier *Emde*, DStR 2009, 1478 (1482).

c) Einstandszahlung, Vorauserfüllung

Vereinbarungen über die **Vorauserfüllung** können wirksam vereinbart werden, zB durch laufende Bezahlung einer besonderen Vergütung, die dem Handelsvertreter neben der Provision gewährt wird. Dazu muss der Unternehmer in der Lage sein, nachzuweisen, dass die vereinbarte Gesamtvergütung deutlich über der in der Branche üblichen Provision liegt, keine höhere Provision vereinbart worden wäre, wenn die Abrede nicht getroffen worden wäre und der Handelsvertreter vertraglich zur Rückzahlung der Sondervergütung verpflichtet ist, für den Fall, dass der Ausgleichsanspruch nicht entsteht[1]. Es empfiehlt sich, die Sonderzahlungen im Vertrag als Vorauszahlung auf den Ausgleich zu kennzeichnen.

2186

Einstandszahlungen, die der Unternehmer für die Übernahme der Vertretung durch den neuen Vertreter verlangt, sind prinzipiell zulässig, es sei denn, sie sind so hoch, dass eine Umgehung des Ausgleichsanspruchs vorliegt[2]. Das OLG Celle[3] sieht eine unangemessene Höhe und damit eine Umgehung des Ausgleichsanspruchs in einem Betrag, der einer Jahresprovision entspricht. Jedenfalls sei eine derartig hohe Einstandssumme dann unangemessen hoch, wenn der vom Vorgänger geworbene Kundenstamm bei der Bemessung des späteren Ausgleichs ausdrücklich nicht als vom Handelsvertreter geworben gelten soll, so OLG München[4]. Die genannten Entscheidungen beziehen sich auf Formularverträge.

d) Handelsvertretervertrag und AGB

Auf Handelsvertreterverträge ist bei Vereinbarung deutschen Rechts regelmäßig **AGB-Recht** (§§ 305–310 BGB) **anwendbar**, da idR vorformulierte Verträge verwendet werden, der Unternehmer meist ein Interesse an der Einheitlichkeit seines Vertriebssystems hat[5]. Da in den meisten Fällen beide Vertragsparteien Unternehmer gem. § 310 Abs. 1 BGB sind, richtet sich die Inhaltskontrolle nicht nach §§ 308, 309 BGB, sondern nach § 307 BGB. Dabei sind der Gestaltungsfreiheit durch die zwingenden Schutzbestimmungen der §§ 84 ff. HGB (vgl. Rz. 2181) ohnehin relativ enge Grenzen gesetzt. Der Vorbehalt des Unternehmers, Aufträge willkürlich abzulehnen, führt ebenso zu einer unangemessenen Benachteiligung des Handelsvertreters, wie die zu weit gehende Einschränkung seiner Selbständigkeit[6]. Klauseln, die vertraglich Gründe spezi-

2187

---

1 *Thume*, in: Kronke/Melis/Schnyder, S. 618; BGH 13.1.1972 – VII ZR 81/70, NJW 1972, 477.
2 BGH 24.2.1983 – I ZR 14/81, MDR 1983, 727; dazu *Westphal*, MDR 2005, 421.
3 OLG Celle 14.12.2000 – 11 U 61/00, HVR-Nr. 940 und OLG Celle 12.12.2001 – U 90/01, HVR-Nr. 1038.
4 OLG München 20.10.2004 – 7 U 3194/04, HVR-Nr. 1124 = BB 2005, 630 m. Anm. *Semler*, BB 2005, 965 = NJW-RR 2005, 1062 = DB 2005, 2189 m. Anm. *Budde*, DB 2005, 2177.
5 Anders dürfte dies insbesondere bei Vereinbarungen über zu erreichende Mindestumsatzziele aussehen, da diese – jedenfalls im Maschinenbau – meist individuell und marktspezifisch ausgehandelt werden.
6 *H. Schmidt*, in: Ulmer/Brandner/Hensen, S. 1427 Rz. 406 mwN.

fizieren, die eine außerordentliche Kündigung rechtfertigen, sind jeweils sorgfältig auf ihre Angemessenheit zu prüfen. Unwirksam sind vorformulierte Klauseln, die für das Nichterreichen von Mindestumsätzen Schadensersatz, Rückzahlung eines Fixums oder fristlose Kündigung vorsehen[1].

e) Verjährung

2188 Für Ansprüche aus dem Handelsvertretervertrag gilt die regelmäßige Verjährungsfrist von **drei Jahren** gem. § 195 BGB. Die früher geltende vierjährige Verjährungsfrist des § 88 HGB aF wurde mit dem Gesetz zur Anpassung von Verjährungsvorschriften an das Gesetz zur Modernisierung des Schuldrechts vom 9.12.2004 aufgehoben.

3. Ausländisches Sachrecht

2189 Zu den Rechtsordnungen der europäischen Union, vgl. Rz. 2161 ff.

2190 **Arabische Staaten:** Das Vertriebsrecht der arabischen Staaten wird von Protektionismus geprägt. So dürfen in aller Regel nur Staatsbürger oder Unternehmen, die sich zu 100 % im Eigentum von Staatsbürgern befinden, als Handelsvertreter oder Vertragshändler agieren[2]. Jedenfalls für die Vereinigten Arabischen Emirate gilt, dass auch Angehörige der übrigen Staaten des Golfkooperationsrates[3] (GCC) in den Vereinigten Arabischen Emiraten den übrigen Ausländern gleichgestellt sind, also keine Handelsvertreter- oder Vertragshändlertätigkeiten aufnehmen dürfen[4]. Die Beteiligungsverhältnisse an Gesellschaften, die eine Vertretertätigkeit ausüben dürfen, variieren etwas, müssen sich aber zumindest mehrheitlich in der Hand von Staatsbürgern befinden. Ausländern ist die Vertriebstätigkeit unter Strafandrohung verboten. Das Vertriebsrecht ist ausgesprochen vertreterfreundlich. So sieht beispielsweise das Handelsvertretergesetz der Vereinigten Arabischen Emirate die Exklusivität von Gesetzes wegen vor[5]. Die Vertriebsverträge müssen behördlich registriert werden[6]. Solche ausländischen administrativen Vorschriften sind, wenn die Vermittlungstätigkeit im Ausland erfolgt, gegebenenfalls im Wege der Sonderanknüpfung zu berücksichtigen[7].

---

1 Vgl. Rechtsprechungsübersicht bei *H. Schmidt*, in: Ulmer/Brandner/Hensen, S. 1429 ff.; *Emde*, BB-Special 3/2007, 3 (6).
2 Vereinigte Arabische Emirate: Art. 2 Handelsvertretergesetz, vgl. *Klaiber*, S. 136.
3 Bahrain, Kuwait, Oman, Qatar, Saudi-Arabien und VAE.
4 *Klaiber*, S. 137, der des Weiteren klarstellt, dass Einzelexportgeschäfte keinen lokalen Absatzmittler benötigen, dann jedoch eine Importlizenz des Abnehmers vorliegen muss.
5 Näher dazu *Klaiber*, S. 139 f.
6 Algerien: Eintragung ins Handelsregister erforderlich gem. Verordnung 97-41 vom 18.1.1997, RIW 1999, 772.
7 *Elwan*, ZvglRW 80 (1981), 145 f. (zu Ägypten); *Krüger*, Festschr. Kegel, S. 281 ff. mwN. Anders IPG 1977 Nr. 7 (Köln), S. 58 f. (zu Ägypten); *Noetzel*, DB 1986, 212. Vgl. auch LG Essen 10.1.1983, IPRspr. 1983 Nr. 21 = RIW 1983, 619 (Irak).

In der Regel wird nicht zwischen Handelsvertretern und Vertraghändlern unterschieden. Dies gilt beispielsweise für Bahrain, Jordanien, Kuwait, Libanon, Oman, Qatar und Saudi-Arabien sowie die Vereinigten Arabischen Emirate.

Äußerst problematisch ist es in der Regel, sich **wieder von dem einmal gewählten Vertreter zu trennen**. Eine Kündigung eines unbefristeten Vertrages oder auch die Nichtverlängerung eines befristeten ist in der Praxis kaum möglich. Befristete Verträge mit automatischer Verlängerungsklausel werden in aller Regel als unbefristete Verträge gewertet. Zudem ist es nicht möglich, einen neuen Vertreter zu bestellen, bevor die Registrierung des Altvertrages gelöscht wurde. Die einvernehmliche Vertragsaufhebung ist entsprechend teuer.

Lediglich, wenn ein gerechtfertigter Grund vorliegt, können Vertreterverträge gekündigt werden, zB wenn der Vertreter dauerhaft vertraglich vereinbarte Umsatzziele nicht einhält und eine Abmahnung nicht fruchtete. Fehlt es an einem die Kündigung rechtfertigenden Grund, macht sich der Unternehmer schadensersatzpflichtig. Der Schadensersatzanspruch kann mehrere Jahresprovisionen betragen.

In den Vereinigten Arabischen Emiraten wurde das Handelsvertretergesetz durch die 2006 im Gesetz Nr. 13/2006 erfolgte Änderung gelockert. So wird die Nichtverlängerung eines befristeten Vertrages nicht mehr automatisch als unzulässige Rechtsausübung gewertet. Auch das Administrativrecht wurde entsprechend angepasst: Nach der Verordnung Nr. 168/2006 darf die Registrierung nur mit ausdrücklicher Zustimmung des Unternehmers erfolgen. Die Verordnung Nr. 281/2006 zählt nunmehr Löschungsgründe auf.

Praktischer Hinweis: Zumal eine Rechtswahl allenfalls theoretisch möglich ist, sind Verträge mit Vertretern in den arabischen Staaten besonders sorgfältig abzuwägen. Sie sollten nach Möglichkeit nur befristet abgeschlossen werden. Es empfiehlt sich bei Abschluss des Vertrages vertraglich festzulegen, welche Gründe einen Vertragsbruch durch den Vertreter darstellen, zB Verletzung des vertraglichen Wettbewerbsverbots, Unterschreiten vertraglicher Ziele, maßgeblicher Personalwechsel. Ebenso sollte versucht werden, die vorhandenen vertraglichen Gestaltungsmöglichkeiten hinsichtlich der vertraglichen Festlegung der Höhe des Beendigungsanspruchs zu nutzen. 2191

Frei. 2192–2200

II. Europäisches Kartellrecht

Wettbewerbsbeschränkungen in Handelsvertreterverträgen können zwingende Vorschriften des Wettbewerbs- und Kartellrechts berühren. Hier kommt vor allem Art. 81 Abs. 1 EG in Frage. Diese Bestimmung verbietet Vereinbarungen, die „den Handel zwischen Mitgliedstaaten zu beeinträchtigen geeignet sind und eine Verhinderung, Einschränkung oder Verfälschung des Wettbewerbs innerhalb des Gemeinsamen Marktes bezwecken oder bewirken". 2201

Art. 81 Abs. 1 EG ist jedoch nur dann anwendbar, wenn der Binnenhandel der EU spürbar beeinträchtigt ist. Für die Beurteilung der **Spürbarkeit** ist die **Bagatellbekanntmachung**[1] der Kommission in der Fassung aus dem Jahr 2001 maßgeblich. Diese verneint die Spürbarkeit bei vertikalen Vereinbarungen zwischen Nicht-Wettbewerbern, wenn der von jedem der beteiligten Unternehmen gehaltene Marktanteil auf keinem der betroffenen Märkte 15 % überschreitet.

Die Europäische Kommission hat bereits früh in ständiger Praxis anerkannt, dass die in Handelsvertreterverträgen typischen Wettbewerbsbeschränkungen (zB Wettbewerbsverbote, Gebietsschutzabreden, Kundenkreisbeschränkungen, Preisvorgaben) nicht unter das Verbot des Art. 81 Abs. 1 EG fallen[2]. Dies resultiere daraus, dass der Handelsvertreter vollständig in die Absatzorganisation des Unternehmens, für das er tätig werde, eingegliedert sei[3] und demzufolge weisungsgebunden sei, er außerdem nicht im eigenen Namen auf dem Markt auftrete, sondern für einen Dritten Geschäfte vermittele oder abschließe[4]. Hierzu galt die Bekanntmachung über Alleinvertriebsverträge mit Handelsvertretern vom 24.12.1962 (sog. Weihnachtsbekanntmachung)[5].

2202 Die Weihnachtsbekanntmachung wurde im Jahr 2000 durch die Tz. 12–20 der **Leitlinien über vertikale Beschränkungen**[6] zur Gruppenfreistellungsverordnung Nr. 2790/99[7] abgelöst.

Die **Gruppenfreistellungsverordnung für vertikale Wettbewerbsbeschränkungen** trat am 1.1.2000 in Kraft und wird am 31.5.2010 außer Kraft treten[8]. In ihr werden die Rechtsverhältnisse der Handelsvertreter nicht ausdrücklich geregelt. In den hierzu ergangenen Leitlinien unterscheidet die Europäische Kommission zwischen „echten" und „unechten" Handelsvertretern (Tz. 16 der Leitlinien)[9]. Danach sollen Verträge mit „**echten**" Handelsvertretern iSd. Leit-

---

1 Bekanntm. der Kommission über Vereinbarungen von geringer Bedeutung, die den Wettbewerb gem. Art. 81 Absatz 1 des Vertrages zur Gründung der Europäischen Gemeinschaft nicht spürbar beschränken (de minimis), ABl. EG 2001 Nr. C 368, S. 13.
2 *Bauer*, in: Bauer/Bronett, S. 433.
3 Vgl. bereits EuGH 13.7.1966, Slg. 1966, 429 und EuGH 13.7.1966 (Italien/Rat und Kommission), Slg. 1966, 457.
4 *Thume*, in: Küstner, S. 798.
5 ABl. EG 1962 Nr. 139, S. 2921.
6 Leitlinien über vertikale Beschränkungen, ABl. EG 2000 Nr. C 291, S. 1.
7 Verordnung (EG) Nr. 2790/1999 der Kommission vom 22.12.1999 über die Anwendung von Art. 81 Abs. 3 des Vertrages auf Gruppen von vertikalen Vereinbarungen und aufeinander abgestimmten Verhaltensweisen, ABl. EG 1999 Nr. L 336, S. 21.
8 Eine nachfolgende Verordnung sowie die nachfolgenden Leitlinien liegen im Entwurf vor: http://ec.europa.eu/competition/consultations/2009_vertical_agreements/index.html.
9 Vgl. auch OLG Hamburg 13.4.2000, WuW/E DE-R 506; *O'Brien/Sellhorst*, WuW 2000, 1089; EuGH 1.10.1987, Slg. 1987, 3801; ausführlich zum Thema: *Emde*, BB 2002, 949; *Rittner*, DB 2000, 1211.
In dem derzeitigen (Stand Juli 2009) Entwurf der nachfolgenden Leitlinien (vgl. vorherige Fn.) wird auf die Verwendung der Begriffe „echter/unechter" Handelsvertreter verzichtet. Inhaltlich bleibt es bei den Abgrenzungen der bisherigen Leitlinie.

linien vom Verbot des Art. 81 Abs. 1 EG freigestellt sein (Handelsvertreterprivileg). Die **„unechten"** Handelsvertreterverträge werden wie Vertragshändlerverträge behandelt (s. Rz. 2281). Maßgebliches Unterscheidungskriterium ist dabei, ob und inwieweit der Handelsvertreter das finanzielle und geschäftliche Risiko der Handelsaktivitäten, für die er beauftragt wurde, trägt[1]. In Tz. 16 der Leitlinien werden – nicht abschließende – Tätigkeitskriterien für die Risikoverteilung aufgeführt. Ein echtes Handelsvertreterverhältnis liegt danach nur vor, wenn der Handelsvertreter

– nicht an den Kosten der Lieferung der betreffenden Waren einschließlich der Transportkosten beteiligt ist,

– nicht verpflichtet ist, Investitionen in die Verkaufsförderung (zB Werbeaufwendungen) zu tätigen,

– nicht auf eigenes Risiko ein Vorratslager für die Waren unterhält,

– keine Kundendienst-, Reparatur- oder Garantieleistungen auf eigene Rechnung erbringt,

– keine marktspezifischen Investitionen in Ausrüstungen, Gebäude oder Mitarbeiterschulungen tätigt,

– nicht die Produkthaftung gegenüber Dritten übernimmt und

– nicht die Haftung für die Nichterfüllung durch den Kunden übernimmt, ausgenommen den Verlust seiner Provision.

Bereits die Kosten- oder Risikoübernahme für eine der genannten Tätigkeiten durch den Handelsvertreter soll zu der Anwendbarkeit Art. 81 Abs. 1 EG führen können. Alleinvertretervereinbarungen sind nach der Beurteilung der Kommission idR unbedenklich. Wettbewerbsverbote, die zur Abschottung des relevanten Marktes führen, sind an Art. 81 Abs. 1 EG zu messen[2].

Die Leitlinien haben dabei allerdings lediglich den **Charakter einer Gesetzesbegründung** zu der Gruppenfreistellungsverordnung Nr. 2790/99. Sie binden somit nur die Kommission im Rahmen ihrer eigenen Ermessensentscheidungen, entfalten aber keine direkte Wirkung gegenüber Mitgliedstaaten, Behörden und Gerichten der Mitgliedstaaten[3].

Die Abgrenzung zwischen kartellrechtlich unproblematischen „echten" Handelsvertreterverträgen und kartellrechtlich relevanten Verträgen mit „unechten" Handelsvertretern, wird von Kommission und Rechtsprechung nach unterschiedlichen Maßstäben vorgenommen. Die in den Leitlinien der Kommission getroffene Abgrenzung stellt eine Abkehr von dem bis dahin geltenden Erfordernis der Eingliederung des Handelsvertreters in die Absatzorganisation des Unternehmers dar. Die Rechtsprechung folgt dem bisher nicht. Sie

2203

---

1 *Bauer*, in: Bauer/Bronett, S. 33 ff.
2 *Kapp/Andresen* sprechen sich für eine an Art. 82 EG orientierte Beurteilung von Wettbewerbsverboten aus.
3 *Bauer*, in: Bauer/Bronett, S. 132.

hatte das Handelsvertreterprivileg unter den Voraussetzungen anerkannt, dass der Vertreter in die Absatzorganisation des Unternehmers eingegliedert sei und er Vermittlungs- und Vertretungstätigkeiten ausübe[1]. An dieser Rechtsprechung hält[2] das EuG mit der „DaimlerChrysler"-Entscheidung fest[3]. Es komme neben den vom Vertreter zu tragenden Risiken entscheidend auf die Eingliederung des Handelsvertreters als Hilfsorgan in das Unternehmen an[4] und der daraus folgenden Weisungsabhängigkeit[5].

2204–2210 Frei.

III. Kollisionsrecht

1. Vereinheitlichung

2211 Das Kollisionsrecht erfährt zunehmende Vereinheitlichung und Europäisierung. Zunächst wurde das Kollisionsrecht auf europäischer Ebene durch das EG-Übereinkommen über das auf vertragliche Schuldverhältnisse anzuwendende Recht vom 19.6.1980 (EVÜ) teilweise vereinheitlicht (s. Rz. 4 ff.). Deutschland übernahm das EVÜ in das nationale Recht durch eine Änderung der Art. 27–37 EGBGB. Das EVÜ wird nunmehr durch die Rom I-VO abgelöst. Sie ersetzt somit die entsprechenden Vorschriften des EGBGB.

2212 Der Handelsvertretervertrag fällt in den Anwendungsbereich des *Haager Übereinkommens über das auf die Stellvertretung anzuwendende Recht* vom 14.3.1978 (dazu unten Rz. 5561). Dieser Staatsvertrag gilt seit dem 1.5.1992 für Argentinien, Frankreich und Portugal, seit dem 1.10.1992 auch für die Niederlande[6]. Nach Art. 5 des Übk. kann das Vertragsstatut ausdrücklich oder stillschweigend vereinbart werden. Fehlt eine Rechtswahl, so kommt es in erster Linie auf die gewerbliche Niederlassung (hilfsweise den gewöhnlichen Aufenthalt) des Vertreters an. Hat der Vertreter seine Tätigkeit hauptsächlich in dem Staat zu erbringen, in dem der Unternehmer seine Niederlassung besitzt, so ist

---

1 EuGH 13.7.1966 – Rs. C-56-64 (Grundig/Consten), Slg. 1966, 321; EuGH 13.7.1966 – Rs. C-32/65 (Italienische Klage), Slg. 1966, 457; EuGH 16.12.1975 – Rs. C 40/73 (Suiker Unie), Slg. 1975, 1663; EuGH 24.10.1995 – Rs. C-266/93 (VW VAG Leasing), Slg. 1995 I 3508; EuG 15.9.2005 – T-325/01 (DaimlerChrysler), WuW 2005, 1061, DB 2005, 2127; OLG Hamburg 13.4.2000, WuW/E DER 506 (Tankstellenverwalter).
2 EuG 15.9.2005 – T-325/01 (DaimlerChrysler), WuW 2005, 1061 = DB 2005, 2127.
3 *Kapp/Andresen*, BB 2006, 2253; *Nolte*, WuW 2006, 252.
4 Zu den Diskrepanzen in den Ansichten von Kommission und Rechtsprechung vgl. *Kapp/Andresen*, BB 2006, 2253; *Emde*, BB-Special 3/2007, 3; *Nolte*, WuW 2006, 252.
5 *Emmerich*, in: Immenga/Mestmäcker, Art. 81 Abs. 1 EG Rz. 255.
6 Da das EVÜ keinen Vorrang beansprucht (Art. 21 EVÜ), wird allgemein angenommen, dass das Haager Übk. als das speziellere Vorrang genießt, so *Lagarde*, Rev.crit.d.i.p. 80 (1991), 287 (337 ff.); *Ferry*, Convention de Rome du 19 juin 1980 sur la loi applicable aux obligations contractuelles, Convention de la Haye du 14 mars 1978 sur la loi applicable aux contrats d'intermédiaires et à la représentation et la loi n. 91-593 du 25 juin 1991 relative aux rapports entre les agents commerciaux et leurs mandants, J.C.P. 1993. I. 233.

das Recht dieses Landes anzuwenden. Bei mehreren Niederlassungen von Unternehmer bzw. Vertreter kommt es auf die engste Beziehung an (Art. 6 Übk.).

2. Regelung der Rom I-VO

Die Rom I-VO[1] regelt das auf internationale Verträge anwendbare Recht. Sie vereinheitlicht das Kollisionsrecht im Verordnungswege und macht es so für Änderungen flexibler. Sie ersetzt das Übereinkommen von Rom über das auf Schuldverhältnisse anzuwendende Recht aus 1980 (EVÜ). Die Rom I-VO gilt unmittelbar in Deutschland und sämtlichen anderen Mitgliedstaaten der EU – auch in Irland und dem Vereinigten Königreich – außer in Dänemark. Die Rom I-VO ist auf Handelsvertreterverträge anwendbar, die nach dem 17.12.2009 geschlossen werden[2]. Auf Verträge, die vor diesem Zeitpunkt geschlossen wurden, bleiben für Deutschland wie bisher die Art. 27–37 EGBGB anwendbar[3].

2213

3. Vertragsstatut

a) Rechtswahl

Art. 3 der Rom I-VO erlaubt die freie Rechtswahl. Eine Teilrechtswahl ist zulässig. Auch ein „neutrales" Recht kann vereinbart werden[4]. Die Rechtswahl muss entweder ausdrücklich erfolgen oder sich eindeutig aus den Bestimmungen des Vertrages oder den Umständen des Falles ergeben. Dabei kann eine Rechtswahl auch in Allgemeinen Geschäftsbedingungen vorgenommen werden.

2214

Die Rechtswahl kann auch **stillschweigend** erfolgen. Allerdings hat sich hier eine Änderung ergeben: Nach Art. 27 EGBGB reichte es, wenn sich das anwendbare Recht „mit hinreichender Sicherheit" aus den Bestimmungen des Vertrages oder den Umständen des Falles ergibt. Gem. Art. 3 Abs. 1 S. 2 Rom I-VO ist nunmehr **Eindeutigkeit** erforderlich. Dies ist deutlich stärker[5].

2215

Gem. Erwägungsgrund 12 der Rom I-VO ist eine Vereinbarung zwischen den Parteien, dass ausschließlich ein Gericht oder mehrere Gerichte eines Mitgliedstaats für Streitigkeiten aus einem Vertrag zuständig sein sollen, ein zu berücksichtigender Faktor bei der Feststellung, ob eine Rechtswahl eindeutig getroffen wurde.

Die bisherige deutsche Rechtsprechung bewertete die Vereinbarung eines einheitlichen und ausschließlichen Gerichtsstands ebenfalls als ein sehr starkes Indiz für eine stillschweigende Rechtswahl (vgl. Rz. 116). Die weiteren Um-

---

1 Verordnung (EG) Nr. 593/2008 des Europäischen Parlaments und des Rates vom 17.6.2008 über das auf vertragliche Schuldverhältnisse anzuwendende Recht (Rom I), ABl. EU 2008 Nr. L 177, S. 6. (Text oben S. 1 ff.).
2 Art. 28 Rom I-VO.
3 Näher dazu unter Rz. 2131.
4 Vgl. *Kränzlin*, ZvglRW 83 (1984), 265 ff.
5 *Leible/Lehmann*, RIW 2008, 528 (532).

stände des Vertrages müssten jedoch in dieselbe Richtung weisen. Insbesondere fakultative oder optionale Gerichtsstandsvereinbarungen[1] eigneten sich schon bisher als Kriterium nicht.

Hervorzuheben ist, dass Erwägungsgrund 12 die Indizwirkung für eine stillschweigende Rechtswahl nur bei Wahl eines Gerichtsstands in einem Mitgliedstaat erwähnt.

Nach bisheriger deutscher Rechtsprechung gibt die Vereinbarung über den „Erfüllungsort" allein noch keinen entscheidenden Hinweis auf das Schuldstatut des Handelsvertretervertrages[2], stellt jedoch ein Indiz für eine stillschweigende Rechtswahl dar[3]. Die ausdrückliche Bezugnahme auf bestimmte Rechtsvorschriften oder -vorstellungen spricht für eine stillschweigende Rechtswahl[4]. Zwar wird man auf die bisherige Beurteilung der Indizwirkung der vorliegenden Rechtsprechung zurückgreifen können, jedoch dürfte eine stillschweigende Rechtswahl aufgrund der nunmehr geforderten Eindeutigkeit insgesamt strengeren Maßstäben unterliegen als bislang.

2216 Trotz der weitgehenden Angleichung des Handelsvertreterrechts innerhalb der Europäischen Union und des Europäischen Wirtschaftsraums, bleiben weiterhin Unterschiede. Die Rechtsordnungen außerhalb EU/EWR sind sehr verschieden. Da zudem ein Interesse des Unternehmers an der Gleichbehandlung aller seiner Vertreter besteht und es weiterhin möglich ist, bestimmte Auslandsvertreter einer ungünstigeren Regelung als Inlandsvertreter zu unterwerfen (dazu Rz. 2181), wird von Rechtswahlvereinbarungen weitgehend Gebrauch gemacht.

Das Urteil des EuGH vom 9.11.2000 – Rs. C-381/98 (Ingmar)[5] hat die Rechtsstellung von in der Europäischen Union tätigen Handelsvertretern dahingehend verbessert, dass die zwingenden Vorschriften der EG-Richtlinie von 1986 für sie rechtswahlfest sind (s. Rz. 2222). Gegenüber außerhalb der Europäischen Union oder des Europäischen Wirtschaftsraums tätigen Handelsvertretern, greift nach hM dieser Schutz nicht[6]. Hier ist eine für den Vertreter „ungünstige" Rechtswahl zulässig. Bei Anwendbarkeit deutschen Rechts kann in diesen Fällen gem. § 92c HGB von zwingenden Vorschriften abgewichen werden (s. Rz. 2182 f.).

b) Objektive Anknüpfung

2217 Anders als nach Art. 28 EGBGB (vgl. 6. Aufl. für vor dem 17.12.2009 geschlossene Handelsvertreterverträge) bestimmt sich das mangels Rechtswahl anzu-

---

1 *Leible/Lehmann*, RIW 2008, 528 (532).
2 *Beitzke*, DB 1961, 529; *Landfermann*, AWD 1971, 118.
3 S. schon *Ferid*, AWD 1964, 199; *Kränzlin*, ZvglRW 83 (1984), 261 f.
4 *Martiny*, ZEuP 2001, 308 (315).
5 EuGH 9.11.2000 – Rs. C-381/98 (Ingmar GB Ltd./Eaton Leonard Technologies Inc.), Slg. 2000, I-09305 = ZIP 2000, 2108 = EWS 2000, 550 = RIW 2001, 133 = DB 2001, 36 = BB 2001, 10 = EuZW 2001, 50 Anm. *Reich* = IStR 2001, 327 = VersR 2001, 617 = NJW 2001, 2007.
6 *Emde*, MDR 2002, 190 (193).

wendende Recht zunächst nach gelisteten Vertragsarten. Lässt sich der in Frage stehende Vertrag nicht oder nicht eindeutig zuordnen, so stellt die charakteristische Leistung das Zuordnungskriterium dar: Es ist das Recht des Staates anwendbar, in dem die Partei ihren gewöhnlichen Aufenthalt hat, die die charakteristische Vertragsleistung, also die den Vertragstyp bestimmende Leistung, erbringt. Führt auch dies nicht zu einem eindeutigen Ergebnis, weil sich der Vertrag nicht spezifizieren lässt, ist der Schwerpunkt der charakteristischen Leistung maßgebend, Erwägungsgrund 19 Rom I-VO.

Eine allgemeine Zuordnung für **Dienstverträge** findet sich in Art. 4 Abs. 1 lit. b Rom I-VO. Dabei ist der Begriff des Dienstvertrages weit zu fassen, er orientiert sich gem. Erwägungsgrund 17 an der Auslegung des Art. 5 EuGVO, soweit die Erbringung der Dienstleistungen unter die EuGVVO fällt. Zurückgegriffen werden kann auch auf die Auslegung des Art. 5 EVÜ, die zumindest weitere Anhaltspunkte geben kann[1]. Die Dienstleistung des Handelsvertreters besteht in der selbständigen Vermittlung von Verträgen oder in deren Abschluss im Namen des Unternehmers.

Haben die Parteien keine Rechtswahl getroffen, so bestimmt sich das anwendbare Recht gem. Art. 4 Abs. 1 lit. b Rom I-VO nach dem Recht des Staates, in dem der Handelsvertreter als Erbringer der Dienstleistung[2] seinen gewöhnlichen Aufenthalt hat. Die Begriffe Vertriebsvertrag und Vertriebshändler sind autonom anzuknüpfen. Art. 4 Abs. 1 lit. f Rom I-VO bezieht sich nur auf Vertriebsverträge mit Vertriebshändlern, also den Vertragshändlervertrag (vgl. Rz. 2137). Der Handelsvertreter ist nicht Vertriebshändler, er steht nicht auf einer selbständigen Stufe im Absatzgefüge, trägt kein eigenes Absatzrisiko, sondern ist als Vertriebsmittler auf der Stufe des Unternehmers zugeordnet lediglich Absatzhelfer, mithin kaufmännische Hilfsperson[3]. Klarer wird dies in der englischen Fassung, die von „distribution contract" spricht und in der französischen, hier „contrat de distribution". Der Handelsvertreter ist im englischen Sprachgebrauch „agent", im französischen „agent commercial"[4].

Der **gewöhnliche Aufenthalt** des Erbringers der charakteristischen Leistung, der gem. Art. 4 Abs. 2 EVÜ (Art. 28 Abs. 2 EGBGB) die entscheidende Rolle spielt, ist nach Art. 4 Abs. 2 Rom I-VO nur noch dann bedeutsam, wenn ein Vertrag keinem der in Art. 4 Abs. 1 Rom I-VO genannten Typ unterfällt oder er aus verschiedenen solchen Typen zusammengesetzt ist[5]. 2218

Der Begriff des gewöhnlichen Aufenthalts wird in Art. 19 der Verordnung näher definiert. Für juristische Personen ist der Ort der Hauptverwaltung (place of central administration) maßgeblich, für natürliche Personen, die im Rahmen ihrer beruflichen Tätigkeit handeln, der Ort ihrer Hauptniederlassung (principal place of business). Wurde der Handelsvertretervertrag im Rahmen

---

1 *Leible/Lehmann*, RIW 2008, 528 ff.
2 *Mankowski*, IPRax 2006, 101 (104).
3 Vgl. *Martinek*, in: Martinek/Semler/Habermeier, § 3 Rz. 13 f.
4 Richtlinie 86/653/EWG, ABl. EG 1986 Nr. L 382, S. 17.
5 *Leible/Lehmann*, RIW 2008, 528 ff.

des Betriebs einer (Zweig-) Niederlassung des Handelsvertreters geschlossen oder ist diese Niederlassung für die Erfüllung des Handelsvertretervertrags verantwortlich, so ist das Recht des Ortes dieser Niederlassung auf den Vertrag anzuwenden, Art. 19 Abs. 2 Rom I-VO.

Zeitpunkt für die Bestimmung des gewöhnlichen Aufenthalts ist gem. Art. 19 Abs. 3 Rom I-VO der Zeitpunkt des Vertragsschlusses.

c) Zwingende Vorschriften

2219 Die Rechtswahl ist Ausdruck der Parteiautonomie. Die Parteiautonomie erlaubt es den Parteien, sich über eine gesamte Rechtsordnung hinwegzusetzen[1]. Dies gilt im Prinzip auch für deren zwingende Vorschriften – jedenfalls für einfach zwingendes Recht. Die Grenzen der Rechtswahl sind nicht abschließend diskutiert[2] (s. Rz. 491 ff.). Grenzen gibt das Kollisionsrecht mit der Regelung zu den sog. Eingriffsnormen vor und mit dem ordre public-Vorbehalt.

aa) Ordre public

2220 Der ordre public-Vorbehalt ist in Art. 21 Rom I-VO geregelt. Die Anwendung des Vertragsstatuts steht unter dem Vorbehalt, den ordre public des angerufenen Gerichts nicht zu verletzen. Unter dem Begriff des ordre public sind nationale Vorschriften zu verstehen, deren Einhaltung als entscheidend für die Wahrung der politischen, sozialen oder wirtschaftlichen Ordnung des betreffenden Mitgliedstaates angesehen wird. Verletzungen des ordre public im Bereich des Handelsvertreterrechts sind selten. Es kann diesbezüglich auf die Ausführungen unter Rz. 225 verwiesen werden.

bb) Eingriffsnormen

2221 Art. 9 Rom I-VO enthält eine Regelung für Eingriffsnormen. In Abs. 1 der Vorschrift wird der Begriff der Eingriffsnorm als zwingende Vorschrift definiert, deren Einhaltung von einem Staat als so entscheidend für die Wahrung seines öffentlichen Interesses angesehen wird, dass sie ungeachtet des anzuwendenden Rechts auf alle Sachverhalte anzuwenden ist, die in ihren Anwendungsbereich fallen. Das öffentliche Interesse wird präzisiert als insbesondere die politische, soziale oder wirtschaftliche Organisation betreffend. Die Anwendung der Eingriffsnormen der lex fori ist immer möglich, Art. 9 Abs. 2 Rom I-VO. Dies entspricht Art. 7 Abs. 2 EVÜ bzw. Art. 34 EGBGB. Neu ist die Regelung des Art. 9 Abs. 3 Rom I-VO. Sie erlaubt es den Gerichten, Eingriffsnormen anderer Staaten Wirkung zu verleihen. Dies gilt jedoch nicht umfassend, ist vielmehr an zwei Voraussetzungen geknüpft: es finden nur die Eingriffsnormen des Staates Berücksichtigung, in dem die durch den Vertrag begründeten Ver-

---

[1] *Martiny*, in: MünchKomm, Art. 27 EGBGB Rz. 9.
[2] *Emde*, MDR 2002, 190 (195); *Thume*, in: Küstner, S. 806 ff.; *Martiny*, ZEuP 2001, 309 ff.; zum Stand der Diskussion: *Martiny*, in: MünchKomm, Art. 34 EGBGB Rz. 24.

pflichtungen erfüllt werden sollen oder erfüllt worden sind und die die Erfüllung des Vertrages unrechtmäßig werden lassen.

Hinsichtlich der **Eingriffsnormen der lex fori** kann zurückgegriffen werden auf die bisherige Rechtsprechung. 2222

Hier ist insbesondere das Urteil des EuGH vom 9.11.2000 – Rs. C-381/98 (**Ingmar**)[1] hervorzuheben, das die Grenzen der Rechtswahl in Handelsvertreterverträgen einschränkt. Entgegen der bis dahin hM in Deutschland[2] und der kurz davor ergangenen Entscheidung der Cour des Cassation[3] – entschied der EuGH, dass es nicht zulässig ist, mit dem innerhalb der Europäischen Union tätigen Handelsvertreter ein von den zwingenden Vorschriften der Handelsvertreterrichtlinie 1986 abweichendes Recht (das zB den **Ausgleichsanspruch** bei Vertragsbeendigung nicht kennt) zu vereinbaren: „Art. 17 und 18 der Richtlinie 86/653/EWG des Rates vom 18.12.1986 zur Koordinierung der Rechtsvorschriften der Mitgliedstaaten betreffend die selbständigen Handelsvertreter, die dem Handelsvertreter nach Vertragsbeendigung gewisse Ansprüche gewähren, sind auch anzuwenden, wenn der Handelsvertreter seine Tätigkeit in einem Mitgliedstaat ausgeübt hat, der Unternehmer seinen Sitz aber in einem Drittland hat und der Vertrag vereinbarungsgem. dem Recht dieses Landes unterliegt."

Zwischen einem britischen Handelsvertreter und einem kalifornischen Unternehmen war die Geltung des kalifornischen Rechts vereinbart worden, das einen Ausgleichsanspruch bei Beendigung von Handelsvertreterverträgen nicht kennt. Nach Vertragsende beanspruchte der in Großbritannien tätige Handelsvertreter unter Berufung auf s. 1 der britischen Commercial Agents Regulations 1993[4], die Art. 17 und 18 der Handelsvertreterrichtlinie umgesetzt hat, einen Ausgleich.

Das Gericht begründet sein Urteil nur sparsam: Art. 17 iVm. Art. 19 der Handelsvertreterrichtlinie bezweckten den Schutz des Handelsvertreters und stellten zwingendes Recht dar. Außerdem diene die Richtlinie dem Schutz der Niederlassungsfreiheit der Handelsvertreter und dem Schutz eines unverfälschten Wettbewerbs im Binnenmarkt. Somit sei die Einhaltung der Art. 17 bis 19 der Handelsvertreterrichtlinie für die Verwirklichung dieser Ziele des EG-Vertrags unerlässlich. Sofern der Sachverhalt einen **starken Gemeinschaftsbezug** aufweise (zB Tätigkeit des Handelsvertreters in einem Mitgliedstaat), sei es für die gemeinschaftliche Rechtsordnung von grundlegender Bedeutung, dass diese Bestimmungen auch in Verträgen mit Angehörigen von Drittstaaten nicht durch eine Rechtswahl umgangen werden können.

---

1 EuGH 9.11.2000 – Rs. C-381/98 (Ingmar GB Ltd./Eaton Leonard Technologies Inc.), Slg. 2000, I-09305 = ZIP 2000, 2108 = EWS 2000, 550 = RIW 2001, 133 = DB 2001, 36 = BB 2001, 10 = EuZW 2001, 50 Anm. *Reich* = IStR 2001, 327 = VersR 2001, 617 = NJW 2001, 2007.
2 Vgl. auch *Martiny*, in: Reithmann/Martiny, 5. Aufl. (1996), Rz. 1414 ff.
3 *Großerichter/Rageade*, in: RIW 2001, 771 (780) mit Verweis auf Cour de Cassation (Frankreich) (Ch. Com.) 28.11.2000, Bull. Civ. 2000 IV Nr. 183.
4 Vgl. *Vorpeil*, RIW 1999, 866 (870).

Nach der Entscheidung des EuGH müssen die Mitgliedstaaten bei der Umsetzung der Art. 17 und 18 der Handelsvertreterrichtlinie gewährleisten, dass dem Handelsvertreter der Ausgleichs- bzw. Schadensersatzanspruch nicht durch die Wahl eines Drittstaatrechts entzogen wird, sofern der Sachverhalt hinreichend eng mit dem Binnenmarkt verknüpft ist[1].

In Deutschland bedeutet dies eine Abkehr von der bis dahin hM[2], die § 89b HGB nicht als international zwingend iSv. Art. 34 EGBGB bzw. Art. 9 Abs. 2 Rom I-VO eingestuft hat.

Entsprechend kritisch setzt sich die deutsche Literatur mit dem Urteil auseinander[3]. Als problematisch wird insbesondere empfunden, dass allein aus der das Sachrecht harmonisierenden Richtlinie kollisionsrechtliche Beschränkungen abgeleitet wurden[4]. So behandelt das Urteil ohne einleuchtende Begründung einfach zwingende Normen wie international zwingende[5]. Vorgeschlagen wurde, den internationalen Anwendungsbereich der §§ 84 ff. HGB durch eine Änderung von § 92c HGB[6] oder eine Änderung von § 89b HGB[7] zu regeln oder – weitergehend – eine kollisionsrechtliche Lösung auf Gemeinschaftsebene zu finden, zB durch eine Revision des EVÜ[8].

2223 Mit der Rom I-VO liegt zwar eine Revision des gemeinschaftlichen Kollisionsrechts vor, auch wird der Begriff der Eingriffsnorm erstmals gesetzlich definiert; ausreichende Kriterien für die Einordnung einer Norm als Eingriffsnorm liegen damit aber nicht vor. Insbesondere dürfte damit nicht wesentlich deutlicher geworden sein, worin sich einfach zwingendes Recht von international zwingendem unterscheidet. In Erwägungsgrund 37 wird lediglich ausgeführt, dass die Eingriffsnormen im Vergleich zu „Bestimmungen, von denen nicht durch Vereinbarung abgewichen werden kann" zu unterscheiden sind und erstere enger ausgelegt werden müssen. Insbesondere bleibt unklar, inwieweit mit Art. 9 Abs. 2 der Rom I-VO hinsichtlich des Normzwecks von Eingriffsnormen eine Regelung von Gemeininteressen erfordert oder die Verletzung des Privatinteresses[9] durch ein vertragliches Ungleichgewicht im Sinne eines Schwächerenschutzes genügen lässt. Es bleibt die diesbezügliche Rechtsprechung des EuGH mit Spannung abzuwarten.

2224 Im Ergebnis ist der Mindeststandard der Handelsvertreterrichtlinie anzuwenden, wenn der Handelsvertreter sein (zumindest überwiegendes) Tätigkeits-

---

1 *Staudinger*, NJW 2001, 1974.
2 Vgl. auch *Martiny*, in: Reithmann/Martiny, 5. Aufl. (1996), Rz. 1414 ff.
3 *Michaels/Kamann*, EWS 2001, 301; *Martiny*, ZEuP 2001, 308; *Jayme*, IPRax 2001, 190; *Freitag*, EWiR 2000, 1061; *Kindler*, BB 2001, 11; *Reich*, EuZW 2001, 51; *Käbisch*, IStR 2001, 325; *Freitag/Leible*, RIW 2001, 291.
4 So *Martiny*, ZEuP 2001, 308; *Michaels/Kamann*, EWS 2001, 301; *Staudinger*, NJW 2001, 1974.
5 *Martiny*, in: MünchKomm, Art. 34 EGBGB Rz. 15.
6 *Freitag/Leible*, RIW 2001, 291.
7 *Staudinger*, NJW 2001, 1974.
8 *Michaels/Kamann*, EWS 2001, 301.
9 *Sonnenberger*, IPRax 2003, 104; *Martiny*, in: MünchKomm, Art. 34 EGBGB Rz. 20 ff.

gebiet in einem Mitgliedstaat hat, eine entgegenstehende Rechtswahl ist insoweit unbeachtlich.

Das OLG München führte die „Ingmar"-Entscheidung des EuGH in seiner Entscheidung vom 17.5.2006[1] dahingehend fort[2], dass die über die Rechtswahl hinausgehende Derogation deutscher Gerichte und die Vereinbarung eines ausschließlichen Gerichtsstandes eines Drittstaates unzulässig ist, wenn dadurch die Anwendung der Eingriffsnormen der Art. 17–19 der Handelsvertreterrichtlinie vereitelt wird. Angesichts des Schutzzwecks der Eingriffsnormen reiche es für die Annahme eines Derogationsverbotes aus, „wenn die nahe liegende Gefahr besteht, dass das Gericht des Drittstaats in aus seiner Sicht vertretbarer Rechtsauslegung zwingendes deutsches Recht nicht zur Anwendung bringt". Einer positiven Feststellung, dass das Gericht des Drittstaats das deutsche Recht nicht anwendet, bedarf es dabei nicht[3]. 2225

Auch **andere Rechtsordnungen** kennen solch zwingende Vorschriften, die durch eine Rechtswahl nicht abdingbar sind. **Art. 9 Abs. 3 Rom I-VO** ermöglicht es den Gerichten, Eingriffsnormen anderer Staaten Wirkung zu verleihen. Dies gilt allerdings nicht für Eingriffsnormen eines beliebigen Staates, sondern nur für Eingriffsnormen des Staates, in dem die vertraglichen Verpflichtungen erfüllt werden sollen oder erfüllt worden sind. Es darf auch nicht jeder Eingriffsnorm dieses Staates Wirkung verliehen werden, sondern nur solchen Eingriffsnormen, die die Erfüllung des Vertrages unrechtmäßig werden lassen. 2226

Mit dem **Kartellrecht** wird die Marktordnung und der Wettbewerb geschützt. Der Schutz dient wirtschafts- und ordnungspolitischen Zwecken und wird in aller Regel als so entscheidend für die Wahrung des öffentlichen Interesses angesehen, dass sie dort, wo sie sich auswirken, zwingend Anwendung finden, unabhängig davon, wo die fraglichen Handlungen vorgenommen werden. Dies gilt sowohl für deutsches Kartellrecht gem. § 130 Abs. 2 GWB als auch für europäisches Kartellrecht gem. Art. 81, 82 EG. 2227

cc) Zwingendes Inlandsrecht bei reinen Binnensachverhalten

Die Parteiautonomie erlaubt es auch Inländern, die einen Vertrag schließen, für diesen ausländisches Recht zu wählen, wenn kein Auslandsbezug gegeben ist. Allerdings ist die Parteiautonomie in derartigen Fällen eingeschränkt. So ist gem. Art. 3 Abs. 3 Rom I-VO auf Verträge, die nur Bezug zu einer Rechtsordnung haben, das – einfach – zwingende Recht dieser Rechtsordnung durch eine Rechtswahl nicht abdingbar. Schließt beispielsweise ein deutsches Unternehmen einen Handelsvertretervertrag mit einem in Deutschland ansässigen Handelsvertreter für ein Tätigkeitsgebiet in Deutschland und treffen die Parteien eine Rechtswahl zugunsten brasilianischen Rechts, so bleiben die zwingenden Vorschriften der §§ 84 ff. des deutschen HGB anwendbar – und zwar 2228

---

1 OLG München 17.5.2006 – 7 U 1781/06, IPRax 2007, 322.
2 *Martiny*, ZEuP 2008, 79 (104).
3 Mit dem Urteil setzt sich *Rühl*, IPRax 2007, 294 kritisch auseinander.

auch die einfach zwingenden. Lediglich die Bestimmungen, die auch bei Anwendbarkeit deutschen Rechts abdingbar wären, würden sich nach brasilianischem Recht richten. Die zwingenden Vorschriften des deutschen Handelsvertreterrechts sind aufgeführt in Rz. 2181.

Erwägungsgrund 15 der Rom I-VO stellt klar, dass der Tatbestand des reinen Binnensachverhalts nicht durch eine Gerichtsstandsvereinbarung überwunden wird. Gleiches muss für eine Schiedsabrede mit Verfahrensort außerhalb der EU gelten.

dd) Zwingendes EU-Gemeinschaftsrecht bei reinen Binnenmarktsachverhalten

2229 Mit Art. 3 Abs. 4 Rom I-VO wird eine Binnenmarktklausel eingeführt, die ein Pendant zur Inlandsklausel des Art. 3 Abs. 3 Rom I-VO darstellt. Dabei bezieht sich Art. 3 Abs. 4 Rom I-VO auf die Geltung einfach zwingenden Gemeinschaftsrechts bei reinem Binnenbezug zur EU: Sind alle Elemente des Sachverhalts im Zeitpunkt der Rechtswahl in einem oder mehreren Mitgliedstaaten belegen, kann mittels der Rechtswahl zugunsten eines Drittstaatenrechts nicht von den zwingenden Vorschriften des Gemeinschaftsrechts abgewichen werden, von denen durch Vereinbarung nicht abgewichen werden kann, also einfach zwingendes Recht. Maßgeblich ist dabei das Recht in der von dem Mitgliedstaat des angerufenen Gerichts[1] umgesetzten Form, sofern es sich nicht um unmittelbar geltendes Gemeinschaftsrecht handelt, wie dies bei Richtlinien der Fall ist.

Nach der Definition des Art. 1 Abs. 4 S. 1 Rom I-VO wären unter Mitgliedstaaten nur die Mitgliedstaaten der Gemeinschaft zu verstehen, auf die die Rom I-VO anwendbar ist, also nicht Dänemark. Für dänische Handelsvertreter, die mit Unternehmern eines anderen EU-Mitgliedstaates einen Handelsvertretervertrag schlössen, in dem eine Rechtswahl zugunsten eines Rechts getroffen würde, die einen Ausgleichsanspruch nicht kennt, müsste der Ingmar-Rechtsprechung des EuGH über Art. 9 Rom I-VO Geltung verschafft werden. Daher wurde mit Art. 1 Abs. 4 S. 2 Rom I-VO ein Korrektiv eingeführt, so dass mit „Mitgliedstaat" in Art. 3 Abs. 4 Rom I-VO alle Mitgliedstaaten der EU gemeint sind, mithin auch Dänemark.

Gemäß dieser Vorschrift müssen außer der Rechtswahl **alle Elemente des Sachverhalts** in einem oder mehreren Mitgliedstaaten belegen sein. Die Frage ist, wie die Elemente beschaffen sein müssen, die die Hürde des reinen Binnenbezugs zur EU überwinden. Die Vereinbarung eines Gerichtsstands bzw. eines Schiedsverfahrensortes außerhalb der EU reichen aufgrund des Erwägungsgrundes 15 der Rom I-VO nicht aus. Hat jedoch eine der Vertragsparteien ihren Sitz außerhalb der EU, müsste damit jedenfalls ein ausreichender Auslands-

---

1 Kritisch hierzu *Leible/Lehmann*, RIW 2008, 528 (534), die einen Verweis auf die Umsetzungsnormen des Staates bevorzugt hätten, die mittels objektiver Anknüpfung oder die Anknüpfung an die engste Verbindung des Vertrages zu dieser Rechtsordnung zum Zuge gekommen wären.

bezug vorliegen. In diesen Fällen wäre die Anwendung zwingenden EU-Rechts – wie in der Ingmar-Entscheidung – wiederum auf Eingriffsnormen, wie zB Art. 17–19 der Handelsvertreterrichtlinie, beschränkt.

d) Berufsausübung/Administrativrecht

Manche ausländische Rechtsordnungen verlangen als Voraussetzung der Berufsausübung eine Registereintragung[1] und ordnen bei Nichteintragung Nichtigkeit des Vertrages an, zB Bahrain, Kuwait, Vereinigte Arabische Emirate und früher: Italien[2]. Solche ausländischen administrativen Vorschriften sind dann, wenn die Vermittlungstätigkeit im Ausland erfolgt, gegebenenfalls im Wege einer Sonderanknüpfung zu berücksichtigen[3]. Zu beachten ist jedoch, dass in anderen Rechtsordnungen der Verstoß gegen die Registrierungsvorschriften die privatrechtlichen Wirkungen des Vertretervertrages unberührt lässt[4]. 2230

IV. Zusammenfassung mit Handlungsanleitung

1. Fehlt die Rechtswahl im Vertrag, findet auf Handelsvertreterverträge das Recht Anwendung, das am Ort der Niederlassung des Handelsvertreters gilt. Trotz der relativen Vereinheitlichung innerhalb der Europäischen Union und des Europäischen Wirtschaftsraums bestehen immer noch deutliche Unterschiede. Somit ist eine vertragliche **Rechtswahl** generell zu empfehlen. Diese sollte möglichst ausdrücklich erfolgen, da die Hürden für die Annahme einer stillschweigenden Rechtswahl durch das Kriterium der Eindeutigkeit deutlich gestiegen sind. 2231

---

1 Etwa eine Registrierung bei der Geschäftsstelle des Handelsgerichts, so der französ. Erlass vom 8.1.1993, ohne zivilrechtliche Folgen, aber mit strafrechtlichen Konsequenzen, so *Anstett-Gardea*, in: Martinek/Semler/Habermeier, § 49 Rz. 5 (S. 1250); Algerien: Eintragung ins Handelsregister erforderlich gem. Verordnung 97-41 vom 18.1.1997, RIW 1999, 772.
2 *Lange*, Zur gemeinschaftlichen Zulässigkeit einer Eintragungspflicht für Handelsvertreter, JZ 1998, 1113 f.; *Zwernemann*, in: Detzer/Zwernemann, S. 201. Die Nichtigkeitsfolge der Registrierung nach den italien. Registrierungsvorschriften sind mit der Richtlinie 86/653/EWG unvereinbar, da die Handelsvertreterrichtlinie außer der Schriftform kein solches Erfordernis für die Vertragsgültigkeit aufstelle. Vgl. dazu Näher *Baldi*, in: Graf von Westphalen, Italien, Rz. 87 ff. Vgl. auch *Luther*, Die Auswirkungen der Registrierungspflicht für Handelsvertreter in den deutsch-italienischen Rechtsbeziehungen, JbItalR 1 (1987), 137; *Kindler*, S. 171 ff. und EuGH 30.4.1998 – Rs. C-215/97 (Bellone/Yokohama), Slg. 1998, I-2191 = JZ 1998, 1112 = EuZW 1998, 409; EuGH 13.7.2000 – Rs. C-456/98 (Centrosteel Srl gegen Adipol GmbH), Tenor: RIW 2000, 790; EuZW 2000, 671 = NJW 2000, 3267; vgl. auch *Kindler*, RIW 2000, 161.
3 So *Birk*, ZvglRW 79 (1980), 283 (zur früheren Rechtslage in Italien); *Elwan*, ZvglRW 80 (1981), 145 f. (zu Ägypten); *Krüger*, Festschr. Kegel, S. 281 ff. mwN. Anders IPG 1977 Nr. 7 (Köln), S. 58 f. (zu Ägypten); *Noetzel*, DB 1986, 212. Vgl. auch LG Essen 10.1.1983, IPRspr. 1983 Nr. 21 = RIW 1983, 619 (Irak).
4 Zu Jordanien, Libyen und Saudi-Arabien s. *Krüger*, Festschr. Kegel, S. 286 ff.

2. Aufgrund der unterschiedlichen Konzeption von Ausgleichsanspruch und Schadensersatzleistung bei Vertragsbeendigung und der zum französischen **Schadensersatzanspruch** ergangenen Rechtsprechung, fällt die zu leistende Summe nach **französischem Recht** meist deutlich höher aus, als nach deutschem. Somit ist dem deutschen Unternehmer bei Vertragsabschluss mit einem französischen Handelsvertreter zu empfehlen, eine vertragliche Rechtswahl zugunsten einer anderen Rechtsordnung, zB des deutschen Rechts vorzunehmen und so französisches Recht zu meiden.

3. Zwingendes Vorschriften: International zwingendes Recht ist unabhängig von der Rechtswahl zu beachten. Dies betrifft zB das Kartellrecht und den Ausgleichsanspruch von Vertretern mit Tätigkeitsgebiet in der EU.

4. Manche Staaten lassen im Bereich der Vertriebsverträge **keine freie Rechtswahl** zu. Zu prüfen ist dies va. bei arabischen Staaten und Staatshandelsländern.

5. Administrativrecht/Registrierungspflichten: In manchen Staaten müssen Vertreterverträge behördlich registriert werden. Hier sind die örtlichen Gegebenheiten zu beachten.

6. Bei Verträgen mit Handelsvertretern im **arabischen Raum** ist zu beachten, dass eine Rechtswahl idR nicht anerkannt wird. Es empfiehlt sich, die Verträge ohne Verlängerungsoption zu befristen und vertragliche Gründe für die Beendigung des Vertrages festzulegen, sowie die Höhe des Beendigungsanspruchs vertraglich festzulegen, s. Rz. 2190.

2232–2240 Frei.

V. Checkliste zur Vertragsgestaltung

2241 1. Vertragsparteien (Name, Anschrift)

2. Vertragsgegenstand (gesamte – aktuelle oder auch künftige – Produktpalette des Herstellers; Beschränkung auf bestimmte Produkte oder Sparten)

3. Vertragsgebiet (Alleinvertretung, Bezirks- oder Kundenzuweisung; Ausnahmen, die sich Unternehmer vorbehält)

4. Pflichten des Handelsvertreters

   a) Absatzförderung (ggf. Mindestumsatzziele, Messeteilnahme, Kundenbesuche, Werbung)

   b) Umfang der Tätigkeit (Vermittlung oder Abschlussvollmacht)

      (1) Bei Vermittlungstätigkeit: Klarstellung, dass Handelsvertreter nicht zum Vertragsabschluss berechtigt ist

      (2) Bei Abschlussvertreter im Innenverhältnis klären, zu welchen Vertragsmodalitäten die Lieferverträge im Außenverhältnis abgeschlossen werden

c) Übersetzung des vom Unternehmer zur Verfügung gestellten Werbe- und Katalogmaterials, Vertragsunterlagen
   d) Berichterstattung (Umfang, Frequenz, Sprache)
   e) Geheimhaltung
   f) Wettbewerbsverbot (während der Vertragsdauer, nachvertraglich)
   g) Weitere Verpflichtungen, wie zB Unterhaltung eines Konsignations- oder Ersatzteillagers, Kundendienst oder die Übernahme von Reparaturen (ggf. Bezugnahme auf Regelungen in gesondertem Vertrag oder Anhang)
5. Pflichten des Unternehmers
   a) Provisionszahlung
      (1) Anspruchsvoraussetzungen
      (2) Fälligkeit
      (3) Provisionshöhe und Berechnungsmodalitäten
      (4) Unterlagen (Mitteilung über Annahme oder Ablehnung des Geschäfts, Buchauszug oder vergleichbare Informationen)
      (5) Auszahlung
   b) Weitere Vergütung
      ZB Fixum oder Kostenübernahme für die Anfangszeit (Markteinführung)
   c) Information des Handelsvertreters (zB Kataloge und Werbematerial, Sprache, Allgemeine Geschäftsbedingungen, Preislisten sowie diesbzgl. Änderungen)
   d) Ggf. Schulung des Handelsvertreters (zB bei technisch anspruchsvollen Produkten, Investitionsgütern): Dauer, Häufigkeit, Sprache, Mindestanforderungen an Vorkenntnisse der zu Schulenden, Ort, Unterbringung, Kostentragung
6. Vertragsbeendigung
   a) Dauer des Vertrages („Probezeit", Befristung, Befristung mit Verlängerungsoption, unbefristeter Vertrag)
   b) Außerordentliche Kündigung (Nichterreichung bestimmter Ziele, Untätigkeit, Ausscheiden bestimmter Personen, Änderung der Beteiligungsverhältnisse, Verstoß gegen Wettbewerbsverbote oder Geheimhaltungsverpflichtungen)
   c) Ordentliche Kündigung
      (1) Form- und Zustellungserfordernisse
      (2) Kündigungsfrist
   d) Nachvertragliches Wettbewerbsverbot

7. Rechtswahl (zwingende Vorschriften)
8. Gerichtsstand/Schiedsabrede (insbes. Anerkennung und Vollstreckbarkeit von Urteilen prüfen); (außerhalb der EU/des EWR Schiedsvereinbarung; innerhalb der EU/des EWR evtl. Gerichtsstandsvereinbarung)

2242–2250   Frei.

C. Vertragshändlervertrag

	Rz.		Rz.
I. Sachrecht	2251	a) Rechtswahl	2292
1. Einheitsrecht, Rechtsangleichung	2251	b) Objektive Anknüpfung	2296
2. Deutsches Sachrecht	2252	aa) Regelung der Rom I-VO	2296
a) Pflichten der Vertragsparteien	2255	bb) Vertragsschluss vor dem 17.12.2009	2298
b) AGB	2256	(1) Charakteristische Leistung	2299
c) Vertragsbeendigung	2257	(2) Maßgebliche Niederlassung	2301
aa) Befristung	2258	(3) Verlegung der Niederlassung nach Vertragsabschluss	2302
bb) Ordentliche Kündigung	2259	3. Zwingende Vorschriften	2303
cc) Außerordentliche Kündigung	2260	a) Ordre public	2303
dd) Ausgleichsanspruch	2261	b) Inlandsverträge ohne Auslandsbezug, Art. 3 Abs. 3 Rom I-VO	2304
ee) Analoge Anwendbarkeit von § 92c HGB	2262	c) Binnenmarktverträge ohne Bezug zu Drittstaaten, Art. 3 Abs. 4 Rom I-VO	2305
ff) Abbedingung durch AGB	2263	d) Eingriffsnormen	2306
gg) Berechnung des Ausgleichsanspruchs	2264	e) Kollisionsrechtliche Abdingbarkeit des Ausgleichsanspruchs analog § 89b HGB?	2307
hh) Rücknahme des Waren- und Ersatzteillagers	2265	aa) Meinungsstand	2308
3. Ausländisches Sachrecht	2266	bb) Stellungnahme	2309
a) Belgien	2266	f) Kartellrecht	2310
b) Schweiz	2267	**IV. Zusammenfassung mit Handlungsanleitung**	2321
II. Kartellrecht	2281		
1. EU-Kartellrecht	2281		
2. EWR-Kartellrecht	2285	**V. Checkliste zur Vertragsgestaltung**	2331
3. Deutsches Kartellrecht	2286		
III. Kollisionsrecht	2291		
1. Vereinheitlichung	2291		
2. Bestimmung des Vertragsstatus nach der Rom I-VO	2292		

Literatur zum deutschen Sachrecht: *Ankele,* Das deutsche Handelsvertreterrecht nach der Umsetzung der EG-Richtlinie, DB 1989, 2211; *Baumbach/Hopt,* Handelsgesetzbuch, 33. Aufl. (2008); *Eckert,* Das neue Recht der Handelsvertreter, NZA 1990, 384; *Eckert,* Die analoge Anwendung des Ausgleichsanspruchs nach § 89b HGB, WM 1991, 1237; *Emde,* Die Entwicklung des Vertriebsrechts im Zeitraum Oktober 2002 bis Dezember 2003, VersR 2004, 1499; *Emde,* Rechtsprechungs- und Literaturübersicht zum Vertriebsrecht im Jahre 2004, BB 2005, 389; *Emde,* Rechtsprechungs- und Literaturübersicht zum Vertriebsrecht im Jahre 2005 – Teil I, BB 2006, 1061; – Teil II, BB 2006, 1121; *Emde,* Rechtsprechungs- und Literaturübersicht zum Vertriebsrecht im Jahre 2006, BB-Special 3/2007, 3; *Hagemeister,* Die Abdingbarkeit des Ausgleichsanspruchs bei ausländischen Handelsvertretern und Vertragshändlern, RIW 2006, 498; *Hepting/Detzer,* Die Abdingbarkeit des Ausgleichsanspruchs ausländischer Handelsvertreter und Vertragshändler, insbesondere durch Allgemeine Geschäftsbedingungen, RIW 1989, 337; *Herber/Czerwenka,* Kommentar zum Einheitlichen Kaufrecht (1991); *Holthausen,* Vertraglicher Ausschluss des UN-Übereinkommens über internationale Warenkaufverträge, RIW 1989, 513; *Horn,* Zum Ausgleichsanspruch des Eigenhändlers: Kundenstamm und werbende Tätigkeit, ZIP 1988, 137; *Kainz/Lieber/Puszkajler,* Die „Münchner Formel" – oder: Berechnung des Vertragshändlerausgleichs in der Autobranche, BB 1999, 434; *Kümmel*, Der Ausgleichsanspruch des Kfz-Vertragshändlers – Berechnung nach der „Münchner Formel", DB 1998, 2407; *Küstner/Thume*, Handbuch des gesamten Außendienstrechts, Band 1, 3. Aufl. (2000), Band 2, 7. Aufl. (2003); *Magnus*, Zum räumlich-internationalen Anwendungsbereich des UN-Kaufrechts und zur Mängelrüge, IPRax 1993, 390; *Martinek/Semler/Habermeier*, Handbuch des Vertriebsrechts, 2. Aufl. (2003); *Piltz*, Internationales Kaufrecht (1993); *Reufels/Lorenz*, „Pauschalierung" des Ausgleichsanspruchs für Kfz-Vertragshändler – ein Plädoyer gegen die „Münchner Formel", BB 2000, 1586; *Schultze/Wauschkuhn/Spenner/Dan*, Der Vertragshändlervertrag, 4. Aufl. (2008); *Schwenzer*, Das UN-Abkommen zum internationalen Warenkauf, NJW 1990, 602; *Stumpf/Jaletzke/Schultze*, Der Vertragshändlervertrag (1997); *Thume*, Der Ausgleichsanspruch des Handelsvertreters gem. § 89b HGB im Lichte der Europäischen Union, BB 2004, 2473; *Ulmer*, Der Vertragshändlervertrag (1969); *Ulmer/Brandner/Hensen*, AGB-Recht, 10. Aufl. (2006); *von Caemmerer/Schlechtriem*, Kommentar zum Einheitlichen UN-Kaufrecht, 4. Aufl. (2004); *Schlechtriem/Schwenzer*, Kommentar zum Einheitlichen UN-Kaufrecht – CISG –, 5. Aufl. 2008.

Literatur zum ausländischen Sachrecht/zur Rechtsvergleichung:

Mehrere Länder: *Baldi*, Distributorship, Franchising, Agency: Community and National Laws and Practice in the EEC (1987); *Baldi*, Das Recht des Warenvertriebs in der Europäischen Gemeinschaft (1988); *Ben Abderrahmane*, Handelsvertreterrecht in den Ländern des „Arab Gulf Cooperation Council", RIW 1990, 365; *Breidenbach* (Hrsg.), Handbuch Wirtschaft und Recht in Osteuropa, (München, Loseblatt); *Crahay*, Guide des Contrats Internationaux d'Agence et de Concession de Vente (1989); *Crahay*, Les Contrats Internationaux d'Agence et de Concession de Vente (1991); *Detzer/Ullrich*, Gestaltung von Verträgen mit ausländischen Handelsvertretern und Vertragshändlern (2000); *Detzer/Zwernemann*, Ausländisches Recht der Handelsvertreter und Vertragshändler (1997); *Hagemeister*, Die Abdingbarkeit des Ausgleichsanspruchs bei ausländischen Handelsvertretern und Vertragshändlern, RIW 2006, 498; *Kiethe/Fuhrmann*, Probleme des Ausgleichsanspruchs bei Verträgen mit osteuropäischen Handelsvertretern und Vertragshändlern, WiRO 1993, 418; *Kronke/Melis/Schnyder*, Handbuch Internationales Wirtschaftsrecht (2005); *Krüger*, Handelsvertreterrecht auf der Arabischen Halbinsel, Festschr. Kegel (1987); *Krüger*, Anmerkungen zum Recht der Handelsvertreter und Eigenhändler in den arabischen Golfstaaten (1990); *Krüger*, Handelsvertreterrecht in den arabischen Golfstaaten, RIW 1993, 993; *Krüger*, Entwicklungen im Handelsvertreterrecht der arabischen Staaten, RIW 1997, 833; *Graf von Westphalen* (Hrsg.), Handbuch des Handelsvertreterrechts in den EU-Staaten und der Schweiz (1995).

Einzelne Länder:

Ägypten: *Elwan*, Das Recht des „Handelsvertreters" (Vermittlungsvertreters) im arabisch-deutschen Wirtschaftsverkehr unter besonderer Berücksichtigung der Rechtslage in Ägypten, ZvglRW 80 (1981), 89; IPG 1977 Nr. 8 (Köln).

Algerien: *Ben Abderrahmane*, Handelsvertreterrecht in Algerien – ein Überblick, RIW 1999, 772.

Belgien: *de Cannart d'Hamale*, Die Kündigung von Vertragshändlerverträgen nach belgischem Recht, Festschr. Deringer (1993); *Hoffmann*, Die Vertragsbeendigung durch den Hersteller gegenüber seinem in- und ausländischen Vertriebshändler (1987); *Ledoux*, Der Vertriebsvertrag nach belgischem Recht (1987); *Simons*, Termination of Sales Agents and Distributors in Belgium, Int. Lawyer 17 (1983), 752; *Stumpf*, Fallstricke beim Abschluss von Verträgen mit belgischen Vertragshändlern, RIW 1993, 542.

China: *Scheil*, Neue Vertriebsformen, insbesondere Franchising, im Einzelhandel in der VR China, GRUR Int 1998, 782.

Frankreich: *Celestine/Felsner*, Die rechtliche Gestaltung des Vertriebswegs in Frankreich, WiB 1997, 966; *Herzfelder*, Schiedsverfahren mit Handelsvertretern in Frankreich,

AWD 1973, 300; *Hurstel,* Umsetzung der Handelsvertreterrichtlinie in Frankreich, DB 1992, 826; *Langer,* Das französische Vertreter- und Vertragshändlerrecht (1990); *Lob,* Exklusive und selektive Vertriebssysteme im französischen Wettbewerbsrecht, WuW 35 (1985), 277; *Ulmer,* Die Stellung des Vertragshändlers im französischen Recht (1968); *Vogel/Vogel,* Neue Verpflichtungen für deutsche Vertriebsfirmen in Frankreich, RIW 1991, 801; *Vogel/Vogel,* Risiko für den Vertrieb in Frankreich: Unlösbare Vertragsbeziehungen, RIW 1992, 795.

Griechenland: *Papadiamantis/Brissier,* La Distribution en Grèce, D.P.C.I. 19 (1993), 244.

Großbritannien: *Ebenroth/Durach,* Vertriebswegegestaltung und Beendigung von Absatzmittlungsverhältnissen aus britischer Sicht, RIW Beilage 4 zu Heft 11/1993.

Italien: *Bortolotti/Zimmermann,* Der Vertragshändlervertrag nach italienischem Recht, RIW 1980, 315; *Schneider,* Das Recht des Handelsvertreters und des Vertragshändlers in Italien, in: von Boehmer (Hrsg.), Deutsche Unternehmen in Italien (1993); *Zillich,* Der Vertragshändler im italienischen Zivilrecht (1990).

Kanada: *Margolis/Beise,* Kündigung von Vertriebsverträgen in Kanada, RIW 1984, 360.

Niederlande: *Hermes,* Beendigung des Vertragshändlervertrages im deutschen und niederländischen Recht, RIW 1999, 81; *Nieuwenhuis/Stolker/Valk,* Burgerlijk Wetboek, Tekst & Commentaar, 1994.

Österreich: *Andreewitsch,* EDV-Vertriebsverträge nach österreichischem Recht, CR 1997, 53; *Huber,* Der Ausgleichsanspruch des Vertragshändlers nach österreichischem Recht (1988); *Huber,* Der Ausgleichsanspruch des Vertragshändlers, RdW 1989, 294; *Koppensteiner,* Anwendbares Recht, Vertragsverletzung und immaterialgüterrechtliche Fragen im Rahmen eines Vertriebsvertrags, IPRax 1986, 251; *Schwank,* Der österreichische Alleinvertriebsvertrag im Europäischen Gemeinschaftsrecht, WBl. 1988, 345.

Saudi-Arabien: *Ben Abderrahmane,* Aktuelle Rechtsfragen auf dem Gebiet des saudi-arabischen Handelsvertreterrechts, RIW 1986, 516; *Krüger,* Probleme des saudi-arabischen internationalen Vertrags- und Schiedsrechts, in: Böckstiegel, Vertragspraxis und Streiterledigung im Wirtschaftsverkehr mit arabischen Staaten; *Langefeld-Wirth,* Das Recht der Handelsvertreter in Saudi-Arabien, IWB 6 Saudi-Arabien Gr. 3, S. 15 (1984); *Nerz,* Die Schiedsfähigkeit von Rechtsstreitigkeiten zwischen einem Agenten und seinem Prinzipal in Saudi-Arabien, RIW 1985, 465.

Schweiz: *Kuhn,* Der Alleinvertriebsvertrag (AVV) im Verhältnis zum Agenturvertrag, Festschr. Keller (1989), S. 187; *Meyer,* Der Alleinvertrieb – Typus, Vertragsrechtliche Probleme und Qualifikation im IPR (Diss. St. Gallen 1990); *Müller-Feldhammer,* Der Ausgleichsanspruch des Vertragshändlers im deutsch-schweizerischen Handelsverkehr, RIW 1994, 926;

Spanien: *Lindner/Ramírez,* Beendigungsansprüche des Vertragshändlers aus der Kündigung eines Vertragshändlervertrags nach spanischem Recht, RIW 2006, 418; *Meyer/Koesling,* Die neuere Rechtsprechung des Spanischen Tribunal Supremo zur Beendigung von Vertragshändlerverträgen, RIW 1998, 22.

Vereinigte Arabische Emirate: *Klaiber,* Das Vertriebsrecht der Vereinigten Arabischen Emirate unter Berücksichtigung der jüngsten Gesetzesänderungen, in: Ebert/Hanstein (Hrsg.), Beiträge zum Islamischen Recht VI (2007), S. 135.

Vereinigte Staaten: *Birkwald,* Gebietsschutz für Exklusivvertreter in den USA, RIW 1981, 824; *Jacobs,* Distribution Agreements under US Antitrust Laws, Bus.L.Rev. 2 (1981), 329; *Kleinschmidt,* Zur Anwendbarkeit zwingenden Rechts im internationalen Vertragsrecht unter besonderer Berücksichtigung von Absatzmittlungsverhältnissen (1985); *W. Lorenz,* Die Beendigung von Vertriebsverträgen europäischer Produzenten mit Vertragshändlern in den Vereinigten von Amerika, Festschr. Lipstein (1980), S. 157; *Ma-*

caulay, Long-Term Continuing Relations: The American Experience Regulating Dealerships and Franchises, in: Joerges (Hrsg.), Franchising and the Law (1991), S. 179; *Ornstein,* Exclusive Dealing and Antirust, The Antitrust Bulletin, Volume XXXIV (1989), 65; *Osborne,* Wechsel der US-Vertragshändler durch ausländische Hersteller, RIW 1981, 819; *A. Reuter,* Amerikanische Distributorship-Verträge, ZvglRW 85 (1986), 63; *A. Reuter,* Amerikanische Distributorship-Verträge – Brückenkopf des Exports, RIW 1986, 241; *Schurtmann/Detjen,* Das Handelsvertreter- und Eigenhändlerrecht in den USA (1983); *Stiefel/Hechl,* Diskriminierung von Vertragshändlern durch Nichtlieferung von Ersatzteilen, RIW 1992, 591.

Literatur zum Kartellrecht: *Bauer/de Bronett,* Die EU-Gruppenfreistellungsverordnung für vertikale Wettbewerbsbeschränkungen (2001); *Bayreuther,* Absoluter Gebietsschutz und quantitativ-selektiver Vertrieb im Kfz-Handel, WuW 1998, 820; *Bayreuther,* Die Reform der EG-Wettbewerbspolitik gegenüber vertikalen Wettbewerbsbeschränkungen, EWS 2000, 106; *Emde,* Das Handelsvertreter-Kartellrecht nach den Leitlinien zur GVO 2790/90, BB 2002, 949; *Ernsthaler,* Konsequenzen des EuG-Urteils in Sachen „Daimler/ Chrysler" für Wirtschaft und Rechtsprechung, BB-Special 3/2007, 31; *Emmerich,* in: Immenga/Mestmäcker, Kommentar zum Europäischen Kartellrecht (2007); *Freund,* Handelsvertreterverträge und EG-Kartellrecht, EuZW 1992, 408; *Grams,* Zur Bedeutung der neuen Gruppenfreistellungsverordnung für die Automobilzulieferindustrie, RIW 2003, 327; *Gugerbauer,* Das EWR-Kartellrecht (1993); *Haager,* Die neue Gruppenfreistellungsverordnung, DStR 2000, 387; *Immenga/Kessel/Schwedler,* Die kartellrechtliche Beurteilung von Vereinbarungen in der Automobil-Zulieferindustrie – Ein praktischer Leitfaden, BB 2008, 902; *Kapp,* Der Mehrfirmen-Handelsvertreter in der neuen Handelsvertreterbekanntmachung der EG-Kommission, RIW 1992, 235; *Kapp,* Das Wettbewerbsverbot des Handelsvertreters: Korrekturbedarf bei den Vertikal-Leitlinien?, WuW 2007, 1218; *Kapp/Andresen,* Der Handelsvertreter im Strudel des Kartellrechts, BB 2006, 2253; *Langen/Bunte,* Kommentar zum deutschen und europäischen Kartellrecht, 10. Aufl. (2006); *Liebscher/Flohr/Petsche,* Handbuch der EU-Gruppenfreistellungsverordnungen (2003); *Niebling,* Der Schutz selektiver Vertriebssysteme gegen Außenseiter am Beispiel der Automobilindustrie, RIW 1995, 881; *Niebling,* Vertragshändlerrecht (2003); *Nolte,* Renaissance des Handelsvertretervertriebs?, WuW 2006, 252; *O'Brien/Sellhorst,* Britische Entscheidung zum Handelsvertreterrecht richtungsweisend für Art. 81 EG-Vertrag und die neue GVO, WuW 2000, 1089; *Pfeffer,* Die neue Gruppenfreistellungsverordnung Nr. 1400/2002 für die Automobilbranche, NJW 2002, 2910; *Putkall,* Neue EU-Gruppenfreistellungsverordnung für Vertriebsbindungen, NJW 2000, 1375; *Reekmann,* Die neuen Gruppenfreistellungsverordnungen für vertikale Vereinbarungen, WuW 7 u. 8/2005, S. 752; *Rittner,* Die EG-Kommission und das Handelsvertreterrecht – Zum geplanten EG-Recht über Vertikalverträge, DB 1999, 2097; *Rittner,* Die Handelsvertreterpraxis nach dem neuen EG-Kartellrecht für Vertikalvereinbarungen, DB 2000, 1211; *Schultze/ Pautke/Wagener,* Vertikal-GVO, 2. Aufl. (2008); *Stockenhuber,* in: Grabitz/Hilf, Das Recht der Europäischen Union (Loseblatt), zu Art. 81 EG; *Ulmer/Habersack,* Zur Beurteilung des Handelsvertreter- und Kommissionsagenturvertriebs nach Art. 85 Abs. 1 EGV, ZHR 159 (1995), 109; *Völcker,* Handelsvertretervertrieb und EG-Kartellrecht (1994); Wendel, Bewertungsbericht der EU-Kommission – Steht die Kfz-GVO vor dem Aus?, BB 2008, 1294.

Literatur zum Kollisionsrecht: *Clausnitzer/Woopen,* Internationale Vertragsgestaltung – Die neue EG-Verordnung für grenzüberschreitende Verträge (Rom I-VO), BB 2008, 1798; *Ebenroth,* Kollisionsrechtliche Anknüpfung der Vertragsverhältnisse von Handelsvertretern, Kommissionsagenten, Vertragshändlern und Handelsmaklern, RIW 1984, 165; *Hepting/Detzer,* Die Abdingbarkeit des Ausgleichsanspruchs ausländischer Handelsvertreter und Vertragshändler, insbesondere durch Allgemeine Geschäftsbedingungen, RIW 1989, 337; *Kindler,* Zur Anknüpfung von Handelsvertreter- und Vertragshändlerverträgen im neuen bundesdeutschen IPR, RIW 1987, 660; *Leible/Lehmann,* Die Verordnung über das auf vertragliche Schuldverhältnisse anzuwendende Recht („Rom I"), RIW 2008, 528;

Mankowski, Der Vorschlag für die Rom I-Verordnung, IPRax 2006, 101; *Martiny*, in: MünchKomm, 4. Aufl. (2006), Art. 34 EGBGB; *Martiny*, Internationales Vertragsrecht im Schatten des Europäischen Gemeinschaftsrechts, ZEuP 2001, 308; *Martiny*, Europäisches Internationales Vertragsrecht in Erwartung der Rom I-Verordnung, ZEuP 2008, 79; *Sonnenberger*, Eingriffsrecht – Das trojanische Pferd im IPR oder notwendige Ergänzung?, IPRax 2003, 104; *Wagner*, Der Grundsatz der Rechtswahl und das mangels Rechtswahl anwendbare Recht (Rom I-Verordnung), IPRax 2008, 377.

I. Sachrecht

1. Einheitsrecht, Rechtsangleichung

Das Vertragshändlerrecht ist in der Europäischen Union nicht einheitlich geregelt. In den europäischen Staaten findet sich eine gesetzliche Kodifizierung überhaupt nur in Belgien[1], vgl. Rz. 2267. Die rechtliche Beurteilung kann demgem. in den einzelnen Rechtsordnungen unterschiedlich ausfallen. Das UN-Kaufrecht ist auf den Vertragshändlervertrag nicht anwendbar, näher dazu Rz. 2293. Europäisches Kartellrecht ist anwendbar, wenn der Handel zwischen den Mitgliedstaaten spürbar beeinträchtigt ist, näher dazu Rz. 2281.

2251

2. Deutsches Sachrecht

Das deutsche Recht regelt das Vertraghändlerrecht nicht gesetzlich, es ist vielmehr durch Rechtsprechung geprägt. Eine **Definition des Begriffs des Vertragshändlers** bzw. Eigenhändlers[2] nimmt der BGH[3] vor: „Unter einem Eigenhändlervertrag wird ein **auf gewisse Dauer** gerichteter Rahmenvertrag eigener Art verstanden, durch den sich der eine Teil (Eigenhändler oder Vertragshändler) verpflichtet, Waren des anderen Teils (des Herstellers oder Lieferanten) **im eigenen Namen und auf eigene Rechnung** zu vertreiben, und durch der der Eigenhändler in die Verkaufsorganisation des Herstellers **eingegliedert** wird."

2252

Der Vertragshändler ist selbständiges Absatzorgan und – anders als der Handelsvertreter – auf einer anderen Handelsstufe als der Unternehmer/Lieferant. Da er den Absatzinteressen des Unternehmers/Lieferanten dient und seine Handelstätigkeit daran ausrichtet, dem Unternehmer/Lieferanten weder als gleichberechtigter Kooperationspartner noch als Nachfrager der Marktgegenseite gegenübertritt, gilt er als in die Absatzorganisation[4] des Unternehmers/

---

1 Loi du 27 juillet 1961 relative à la résiliation unilatérale des concessions de vente exclusive à durée indéterminée, telle qu'elle a été modifiée par la loi du 13 avril 1971 relative à la résiliation unilatérale des concessions de vente, Moniteur belge du 21 avril 1971.
2 Der Vertragshändler oder Eigenhändler wird auch als Händler, Alleinvertreter, Generalvertreter, Vertriebshändler, Direkthändler, Distributor oder Werksvertreter bezeichnet.
3 BGH 21.10.1970, BGHZ 54, 338 (340 f.) = BB 1970, 1458. Zum Begriff bereits *Ulmer*, Der Vertragshändlervertrag, S. 210. Ausführlich: *Wauschkuhn*, in: Schultze/Wauschkuhn/Spenner/Dau, S. 1 ff.
4 Vgl. BGH 13.6.2007, NJW-RR 2007, 1327 = BB 2007, 1586 = WM 2007, 1983.

Lieferanten eingegliedert bzw. als dessen verlängerter Arm[1]. Wobei er, anders als beispielsweise der Handelsvertreter ein eigenes Absatz- und Kreditrisiko trägt. Daneben übernimmt er häufig zusätzliche Service- und Lagerrisiken und unterliegt ggf. Mindestabnahmeverpflichtungen.

2253 Für den Lieferanten ist es vorteilhaft, mit marktkundigen Vertragspartnern im Ausland zusammenzuarbeiten, die sich allein auf die Förderung des Absatzes seiner Waren konzentrieren. Dem Vertragshändler wird daher häufig ein **Alleinvertriebsrecht** eingeräumt[2]. Der Unternehmer/Lieferant verpflichtet sich darin, keine anderen Personen als den Alleinvertriebshändler in einem bestimmten Gebiet mit seinen Waren zu beliefern. Dieses als Alleinvertriebsrecht bezeichnete Recht des Händlers kann ua. mit den diesem auferlegten Beschränkungen verbunden sein, keine anderen Waren als die des Lieferanten in dem betreffenden Gebiet zu vertreiben und solche Waren nicht von jemand anderem als dem Lieferanten zu beziehen[3]. Alleinvertriebsverträge sind besonders im **Exportgeschäft** zu einem klassischen Instrument der Vertriebspolitik geworden.

2254 Nach hM ist der Vertragshändlervertrag ein **gemischttypischer Vertrag eigener Art**, der vorherrschend geschäftsbesorgungsrechtlichen Charakter hat, sowohl kaufvertragliche Elemente als auch dem Handelsvertreter ähnliche Dienstleistungselemente aufweist. So regelt der **Rahmenvertrag** die Modalitäten der Kooperation zwischen Unternehmer und Vertragshändler, der durch die einzelnen Kaufverträge, über den Bezug der weiter zu veräußernden Waren ergänzt wird. Der Vertragshändlervertrag ist **abzugrenzen vom Sukzessivlieferungsvertrag**, der die fortlaufende Lieferung vertretbarer Sachen in zeitlich getrennten Teilleistungen zum Gegenstand hat[4]. Dabei kann insbesondere die Abgrenzung zum Sukzessivlieferungsvertrag über unbestimmte Mengen schwierig sein. Der Sukzessivlieferungsvertrag legt dabei die kaufvertraglichen Pflichten weitgehend fest, insbesondere die Lieferpflicht des Verkäufers und die Zahlungsmodalitäten. Der Vertriebsvertrag enthält demgegenüber hinsichtlich der einzelnen Kaufverträge nur allgemeine Bedingungen. Liefer- und Zahlungspflichten werden noch nicht begründet, sondern den späteren einzelnen Kaufverträgen überlassen.

a) Pflichten der Vertragsparteien

2255 Hauptpflicht des Vertragshändlers ist die Absatzförderung der Waren des Herstellers/Lieferanten. Diese Verpflichtung kann vertraglich untermauert werden durch die Vereinbarung von Mindestabnahmeverpflichtungen, Mitteilungspflichten über die allgemeine Marktentwicklung hinsichtlich Kunden und

---

1 *Martinek*, in: Martinek/Semler/Habermeier, § 3 Rz. 6 f., § 18 Rz. 5; *Killias*, in: Kronke/Melis/Schnyder, S. 678.
2 Vgl. *Semler*, S. 91; *Manderla*, in: Martinek/Semler/Habermeier, § 18 Rz. 6, S. 388.
3 Vgl. *Ulmer*, Der Vertragshändlervertrag S. 77 f., 166 ff.; *Ebenroth*, Absatzmittlungsverhältnisse, S. 138.
4 *Martinek*, in: Martinek/Semler/Habermeier, § 4 Rz. 2.

Wettbewerbern und Werbeverpflichtungen, Kundendienst- und Serviceleistungen.

Häufig, vor allem um im Ausland neue Märkte zu erschließen, wird dem Vertragshändler ein Alleinvertriebsrecht eingeräumt, mit dem ihm ein Vertragsgebiet ausschließlich zugewiesen wird. Der Hersteller/Lieferant ist dann gehindert, weitere Vertriebshändler in diesem Gebiet einzusetzen. Er ist, sofern er sich dies nicht vertraglich vorbehält, auch selbst nicht berechtigt, Direktverkäufe vorzunehmen. Für die Direktverkäufe durch den Hersteller/Lieferanten wird dem Vertragshändler meist eine Provision zugebilligt, da er dadurch in seiner Vertriebstätigkeit eingeschränkt wird und er nach Vollzug der Kaufverträge den Kunden gegenüber oft weitere Verpflichtungen hat. Soweit das Alleinvertriebsrecht des Vertraghändlers mit weiteren Abschottungsmaßnahmen verbunden ist, wie zB einer Gebietsschutzklausel dahingehend, dass dem Hersteller/Lieferanten auferlegt wird, seinen anderen Vertragshändlern zu verbieten, in das Gebiet hinein zu liefern, oder einer Konkurrenzklausel, die es dem Händler verbietet, Wettbewerbsware zu vertreiben, oder Export- bzw. Reimportverboten, die es dem Händler untersagen, in das Vertragsgebiet eines anderen Vertragshändlers oder des Herstellers/Lieferanten zu liefern, sind diese wettbewerbsrelevanten Vereinbarungen immer am Kartellrecht zu messen (vgl. Rz. 2281 ff.).

b) AGB

Die Gestaltung von Vertragshändlerverträgen erfolgt überwiegend mittels Allgemeiner Geschäftsbedingungen, da es im Interesse des Herstellers/Lieferanten ist, seine Vertriebsverträge möglichst einheitlich zu gestalten. Dem entspricht das Interesse der Vertragshändler auf Gleichbehandlung[1]. Zwar muss der Hersteller bei Auslandsvertretern Rücksichten auf die Marktgegebenheiten und uU die rechtlichen Bedingungen vor Ort nehmen, so dass ihm eine einheitliche Gestaltung nicht durchgängig gelingen wird. Auch ist es nicht in allen Fällen der Hersteller/Lieferant, der die Vertragsgestaltung dominiert, auch wenn dies der Regelfall sein dürfte. In manchen Branchen ist die Stellung der Händler stark. Dennoch wird der Abschluss als Formularvertrag die Regel sein. Derartige Vertraghändlerverträge sind – soweit sie deutschem Recht unterliegen – an §§ 305 ff. BGB zu messen. Gem. § 307 BGB sind vorformulierte Klauseln unwirksam, die den Vertragspartner des Verwenders der Allgemeinen Geschäftsbedingungen unangemessen benachteiligen, mithin die Verfolgung eigener Interessen auf Kosten des Vertragspartners, ohne ihm hierfür einen angemessen Ausgleich zuzugestehen[2]. So sind Klauseln, die mit dem wesentlichem Grundgedanken der gesetzlichen Regelung, von der abgewichen wird, nicht zu vereinbaren sind, oder wesentliche Rechte oder Pflichten, die sich aus der Natur des Vertrages ergeben, so einschränken, dass die Erreichung des Vertragszwecks gefährdet ist, unangemessen benachteiligend.

2256

---

1 *Ulmer*, in: Ulmer/Brandner/Hensen, S. 1691.
2 BGH 21.6.1990 (Daihatsu), BB 1990, 1932.

Die Rechtsprechung hat sich in einer Reihe von Grundsatzentscheidungen mit der Angemessenheit von Klauseln in Vertragshändlerverträgen auseinander gesetzt[1]. So entschied der BGH[2], dass der Vorbehalt des Direktvertriebs des Herstellers/Lieferanten in Allgemeinen Geschäftsbedingungen unzulässig ist, wenn es sich um einen Alleinvertriebshändler handelt oder der Händler in die Vertriebsorganisation des Herstellers/Lieferanten weitgehend eingebunden ist. Je stärker der Händler in die Absatzorganisation des Herstellers eingebunden ist und je mehr er verpflichtet ist, den Hersteller mit Kapital und Personal zu unterstützen, desto eher unterliegt der Hersteller einem Verbot von Eigenvertriebsaktivitäten[3]. Einseitige Änderungsrechte des Herstellers sind in ihrer Ausgestaltung in Allgemeinen Geschäftsbedingungen oftmals kritisch. Sie sind nur dann zulässig, wenn die Klausel schwerwiegende Änderungsgründe nennt und in ihren Voraussetzungen und Folgen, in der Klausel selbst erkennbar, die Interessen der Vertragspartner angemessen berücksichtigt werden[4]. Sofern der Vertragshändler vertraglich verpflichtet ist, für den Hersteller Gewährleistungsarbeiten durchzuführen, steht ihm Aufwendungsersatz einschließlich eines angemessenen kalkulatorischen Gewinns zu[5].

c) Vertragsbeendigung

2257 Vertragshändlerverträge werden auf unbestimmte Dauer mit Kündigungsfrist oder befristet abgeschlossen.

aa) Befristung

2258 Wurde der Vertrag mit einer echten Befristung – ohne Verlängerungsoption – abgeschlossen, endet der Vertrag mit Ablauf der Frist, ohne dass es einer Kündigung bedarf. Der Hersteller muss dem Händler vor Vertragsende die Nichtverlängerung des Vertrages jedoch so rechtzeitig mitteilen, dass der Händler sich auf das endgültige Ende des Vertrages einstellen kann[6]. Eine zu kurz bemessene Befristung kann problematisch sein, falls es dem Händler dadurch nicht ermöglicht wird, die Vorteile des Vertrags in ein ausgewogenes Verhältnis zu seinen Investitionen und Aufwendungen zu stellen. Bei befristeten Verträgen mit Verlängerungsklausel (unechte Befristung), ist eine ordentliche Kündigung erstmals mit Ende der fest bestimmten Laufzeit möglich. De facto handelt es sich um einen unbefristeten Vertrag mit Mindestlaufzeit[7].

---

1 *Ulmer*, in: Ulmer/Brandner/Hensen, S. 1691 mwN. und S. 1699 ff.
2 BGH 12.1.1994, BB 1994, 2399.
3 *Manderla*, in: Martinek/Semler/Habermeier, § 18 Rz. 50.
4 Vgl. *Ulmer*, in: Ulmer/Brandner/Hensen, S. 1700 mwN.
5 BGH 12.1.1994 – VIII ZR 165/92, NJW 1994, 1060 (Daihatsu); BGH 20.7.2005 – VIII ZR 121/04, ZIP 2005, 1785 (Honda) = NJW-RR 2005, 1496; *Ulmer*, in: Ulmer/Brandner/Hensen, S. 1710.
6 *Ullrich*, in: Martinek/Semler/Habermeier, § 19 Rz. 13 ff.
7 *Ullrich*, in: Martinek/Semler/Habermeier, § 19 Rz. 10.

bb) Ordentliche Kündigung

Gesetzliche Kündigungsfristen für unbefristete Vertragshändlerverträge fehlen, da das Vertraghändlerrecht gesetzlich nicht geregelt ist. Die analoge Anwendung der Handelsvertretervorschriften des § 89 HGB würde hier insbesondere bei kurzer Vertragslaufzeit zu unbilligen Ergebnissen führen. Vertragshändlerverträge unterscheiden sich von Handelsvertreterverträgen insbesondere dadurch, dass Vertraghändler ein eigenes Absatzrisiko tragen und in der Regel erheblich höhere Investitionen – gerade zu Beginn des Vertrages – auf sich nehmen, die sich über die Vertragsdauer erst amortisieren werden. Zwar kann der Vertraghändler nicht erwarten, dass sich seine Investitionen voll amortisieren, da die Investitionen seinem unternehmerischen Risiko unterliegen, er muss jedoch die Möglichkeit erhalten, seine Investitionen im Wesentlichen zu erwirtschaften. Diese Besonderheiten rechtfertigen die analoge Anwendung der recht kurzen gesetzlichen Fristen des Handelsvertreterrechts nicht. Die damit bestehende Rechtslücke wird durch ergänzende Vertragsauslegung gem. §§ 133, 157 BGB geschlossen[1]. Die Rechtsprechung geht überwiegend von Kündigungsfristen von einem Jahr zum Monatsende aus[2]. Die Rechtsprechung betrifft v.a. den Kfz-Bereich. Je nach Branche können längere oder kürzere Fristen gerechtfertigt sein. Die Kündigungsfristen können nach Vertragsdauer gestaffelt werden[3]. Vertraglich vereinbarte Kündigungsfristen unterliegen, sofern sie in Allgemeinen Geschäftsbedingungen getroffen werden, der Inhaltskontrolle. Eine Klausel mit einer Frist von drei Monaten zum Jahresende ist unzulässig[4], eine einjährige Frist kann angemessen sein[5].

2259

cc) Außerordentliche Kündigung

Sowohl der unbefristete als auch der befristete Vertrag kann aus wichtigem Grund ohne Einhaltung einer Frist von jeder Partei jederzeit gekündigt werden. Nach deutscher Rechtsprechung ist insoweit § 89a HGB analog anwendbar[6]. Ein wichtiger Grund[7] liegt vor, wenn das Abwarten der ordentlichen Kündigungsfrist unzumutbar wäre. Dabei kommt es für die Beurteilung wesentlich auf die Umstände des Einzelfalles an. Der Vertrag kann Gründe vorsehen, die für die Vertragsparteien eine sofortige Kündigung rechtfertigen[8]. Den Belangen beider Vertragsparteien muss dabei ausreichend Rechnung getragen werden[9]. Findet sich die Vereinbarung in Klauseln, die als Allgemeine Geschäftsbedin-

2260

---

1 *Thume*, in: Küstner/Thume, Rz. 1402; *Ullrich*, in: Martinek/Semler/Habermeier, § 19 Rz. 25; OLG Stuttgart 15.9.1989, BB 1990, 1015.
2 BGH 21.2.1995, BB 1995, 1657; BGH 7.3.1989, ZIP 1989, 939.
3 *Thume*, in: Küstner/Thume, Rz. 1403; *Ullrich*, in: Martinek/Semler/Habermeier, § 19 Rz. 26.
4 OLG Stuttgart 15.9.1989, BB 1990, 1015.
5 BGH 21.2.1995, BB 1995.
6 BGH 15.12.1993, BB 1994, 815; *Thume*, in: Küstner/Thume, Rz. 1410; *Ullrich*, in: Martinek/Semler/Habermeier, § 19 Rz. 27.
7 Beispiele bei *Ullrich*, in: Martinek/Semler/Habermeier, § 19 Rz. 43.
8 BGH 12.3.1992, BB 1992, 1162.
9 *Ullrich*, in: Martinek/Semler/Habermeier, § 19 Rz. 45.

gungen zu werten sind, unterliegen diese wiederum der Inhaltskontrolle nach § 307 BGB. Das außerordentliche Kündigungsrecht muss nach Kenntnis des Kündigungsgrundes innerhalb angemessener Frist ausgeübt werden. Ansonsten droht die Verwirkung des Kündigungsgrundes. Unter besonderen Umständen kann sich aus der Treuepflicht der Vertragsparteien ergeben, dass der außerordentlichen Kündigung eine Abmahnung voranzugehen hat. Dies dürfte insbesondere dann gegeben sein, wenn der bisherige Vertragsverlauf reibungslos war und der Vertrag bereits länger andauert. Mit der außerordentlichen Kündigung ist der Vertragshändlervertrag beendet. Eine unwirksame außerordentliche Kündigung wird im Zweifel in eine ordentliche Kündigung umgedeutet.

dd) Ausgleichsanspruch

2261 Nach ständiger Rechtsprechung des BGH steht einem Vertragshändler in analoger Anwendung von § 89b HGB ein Ausgleichsanspruch[1] zu, wenn das Rechtsverhältnis zwischen ihm und dem Lieferanten derart ausgestaltet ist, dass es sich nicht in einer bloßen Verkäufer-Käufer-Beziehung erschöpft, sondern ihn so in die **Absatzorganisation** des Herstellers oder Lieferanten **eingliedert**, dass er wirtschaftlich in erheblichem Umfang einem Handelsvertreter vergleichbare Aufgaben zu erfüllen hat, und wenn er verpflichtet ist, dem Hersteller oder Lieferanten **bei Vertragsende seinen Kundenstamm zu übertragen**, so dass dieser sich die Vorteile des Kundenstamms sofort und ohne Weiteres nutzbar machen kann[2]. Wird dem Vertragshändler ein Alleinvertriebsrecht eingeräumt, kann je nach den Umständen des Einzelfalles eine Eingliederung in die Absatzorganisation des Herstellers oder Lieferanten gegeben sein[3], ebenso bei einer ins Einzelne gehenden Berichtspflicht[4]. Unter Vorliegen der genannten Voraussetzungen ist der Ausgleichsanspruch zwingend. Die Anspruchsvoraussetzungen – wie zB die Verpflichtung zur Benennung des Kundenstammes – können jedoch vertraglich beeinflusst werden[5]. Eine Abwei-

---

1 Zur Berechnung des Ausgleichsanspruchs vgl. *Kümmel*, DB 1998, 2407; *Kainz/Lieber/Puszkajler*, BB 1999, 434; *Reufels/Lorenz*, BB 2000, 1586; *Ulmer*, in: Ulmer/Brandner/Hensen, S. 1715 mwN.
2 Vgl. BGH 6.10.1999, BB 2000, 60; BGH 26.2.1997, BB 1997, 852; BGH 1.12.1993, ZIP 1994, 126; BGH 6.10.1993, WM 1994, 243; BGH 10.2.1993, WM 1993, 1464; BGH 7.11.1991, WM 1992, 825; BGH 31.1.1991, BB 1991, 1210; BGH 8.6.1988, WM 1988, 1642; BGH 2.7.1987, WM 1987, 1462; aus der Literatur vgl. *Ullrich*, in: Martinek/Semler/Habermeier, § 20 Rz. 1; *Eckert*, WM 1991, 1237; *Horn*, ZIP 1988, 137; *Thume*, BB 1994, 2359.
3 Vgl. BGH 7.11.1991, WM 1992, 825 (827 f.) einerseits (Eingliederung des Alleinvertriebshändlers in die Absatzorganisation des Lieferanten) und BGH 8.6.1988, WM 1988, 1642 (1644 f.) andererseits (keine Eingliederung des Alleinvertriebshändlers in die Absatzorganisation des Lieferanten).
4 BGH 10.2.1993, BB 1993, 2399.
5 Ausführlich dazu *Ullrich*, in: Martinek/Semler/Habermeier, § 20 Rz. 14 ff.: Die Anforderungen des BGH an das Kriterium der vertraglichen Überlassung des Kundenstammes sind gering (Rz. 20); Sofern die tatsächliche Vertragsdurchführung zur Bekanntgabe des Kundenstammes führt, entfaltet eine Vereinbarung, dass Kundendaten nicht weitergegeben werden sollen, keine Wirksamkeit (Rz. 29).

chung vom zwingenden Recht ist zum einen bei Anwendbarkeit deutschen Rechts möglich über § 92c Abs. 1 HGB und kann zum anderen erreicht werden mittels Derogation deutschen Rechts und Wahl einer Rechtsordnung, die keinen Ausgleichsanspruch kennt. Bei der erstgenannten Möglichkeit ist die analoge Anwendbarkeit und deren Reichweite zu prüfen (vgl. Rz. 2262). Die zweitgenannte Möglichkeit wird unter Rz. 2307 ff. behandelt.

ee) Analoge Anwendbarkeit von § 92c HGB

Sind die vorstehend genannten Voraussetzungen gegeben, so können auch andere Vorschriften des Handelsvertreterrechts auf den Vertragshändler analog anwendbar sein, von Interesse ist vor allem § 92c Abs. 1 HGB: 2262

§ 92c Abs. 1 HGB erklärt die handelsvertreterrechtlichen Vorschriften der §§ 84 ff. HGB für insgesamt abdingbar, wenn der Handelsvertreter seine Tätigkeit nach dem Vertrag nicht innerhalb des Gebiets der Europäischen Union oder des Europäischen Wirtschaftsraums auszuüben hat. Bei dieser Vorschrift handelt es sich nicht um eine Kollisionsnorm, sondern um eine **Sachnorm für Auslandssachverhalte**.

Ist dem Handelsvertreter bereits eine Abweichung von den zwingenden Vorschriften der §§ 84 ff. HGB gestattet, muss dem Vertragshändler die Abweichung von zwingenden Vorschriften mindestens in gleichem Maße erst recht erlaubt sein[1], da auf ihn die Handelsvertretervorschriften nur analog anzuwenden sind. In Vertragshändlerverträgen mit Tätigkeitsgebiet des Vertragshändlers außerhalb der EU/EWR[2] kann der Ausgleichsanspruch demzufolge vertraglich ausgeschlossen werden.

Hat der Vertragshändler sein Tätigkeitsgebiet innerhalb EU/EWR, wird die Abdingbarkeit ebenfalls überwiegend bejaht[3], eine Analogie zu § 92c HGB insoweit abgelehnt[4]: Denn mit seiner heutigen Fassung wurde § 92c Abs. 1 HGB an die Handelsvertreterrichtlinie angepasst, mit der Richtlinie sollte die Harmonisierung des Handelsvertreterrechts innerhalb EU und EWR erreicht werden, nicht jedoch des Vertragshändlerrechts. Da das Vertragshändlerrecht in EU/ EWR nicht harmonisiert ist, ist die für Handelsvertreter erforderliche Anpassung für Vertragshändler nicht nötig. Insoweit ist eine Analogie zu § 92c Abs. 1 HGB in der heutigen Fassung nicht gegeben. Es verbleibt für Vertragshändlerverträge mit Vertragshändlern mit Tätigkeitsgebiet innerhalb der EU/ des EWR ebenfalls die Möglichkeit, von den zwingenden Vorschriften des deutschen Rechts abzuweichen. § 92c Abs. 1 HGB ist demnach nur insoweit auf Vertragshändlerverträge analog anwendbar, als von den zwingenden Vorschriften der §§ 84 ff. HGB in Vertragshändlerverträgen abgewichen werden

---

1 *Dau*, in: Schultze/Wauschkuhn/Spenner/Dau, Rz. 1036 (S. 311).
2 Vgl. *Ankele*, DB 1989, 2213; *Eckert*, NZA 1990, 386; *Kindler*, RIW 1990, 363; *Wegen*, WiB 1994, 256; *Hopt*, in: Baumbach/Hopt, § 92c HBG Rz. 1, 6.
3 Vgl. *Kilias*, in: Kronke/Melis/Schnyder, Teil G, Rz. 362 (S. 705); *Dau*, in: Schultze/ Wauschkuhn/Spenner/Dau, Rz. 1037 (S. 311).
4 *Hagemeister*, RIW 2006, 498 (502).

kann, die ihr Tätigkeitsgebiet außerhalb Deutschlands haben. Die analog anwendbaren zwingenden Vorschriften des HGB sind nur für Vertragshändler mit Tätigkeitsgebiet innerhalb Deutschlands unabdingbar gem. § 92c Abs. 1 HGB.

Hat der Lieferant seinen Sitz im Ausland (oder der Vertragshändler), liegt das Tätigkeitsgebiet des Vertragshändlers aber innerhalb Deutschlands, so kann zwingendes deutsches Recht insbesondere der Ausgleichsanspruch nur dadurch vermieden werden, dass eine Rechtswahl zugunsten eines Rechts getroffen wird, das keine zwingenden Regelungen vorsieht, jedenfalls keinen Ausgleichsanspruch (vgl. Rz. 2307). Da eine gesetzliche Regelung des Vertragshändlerrechts selten ist, lassen viele Rechtsordnungen im hohen Maße flexible vertragliche Lösungen zu. Allerdings besteht innerhalb der EU/des EWR die zunehmende Tendenz der Rechtsprechung, den Ausgleichsanspruch des Handelsvertreters auf Vertragshändler analog anzuwenden.

ff) Abbedingung durch AGB

2263 Ist deutsches Recht als Vertragsstatut eines Vertragshändlervertrags berufen, sind danach die Voraussetzungen für eine analoge Anwendung von Handelsvertreterrecht gegeben und hat der Vertragshändler sein vertragliches Tätigkeitsgebiet im Ausland, so können die §§ 84 ff. HGB jedenfalls durch Individualvertrag abbedungen werden[1]. Insbesondere kann unter diesen Voraussetzungen der Ausgleichsanspruch analog § 89b Abs. 1 HGB durch Individualvertrag im Voraus ausgeschlossen werden. Erfolgt ein derartiger Ausschluss des Ausgleichsanspruchs indes durch Vereinbarung Allgemeiner Geschäftsbedingungen, die der Lieferant gestellt hat, so ist zu differenzieren. Der **formularmäßige Ausschluss** hält der nach § 307 BGB gebotenen Inhaltskontrolle stand, wenn das Recht des Niederlassungsstaats überhaupt keinen, keinen eindeutigen oder zumindest keinen zwingenden Ausgleichsanspruch kennt[2]. Denn Aufgabe des deutschen AGB-Rechts kann es nicht sein, ausländischen Händlern einen Schutz zu gewähren, den sie nach dem Recht am Ort ihrer Niederlassung nicht genießen[3]. Der formularmäßige Ausschluss des Ausgleichsanspruchs ist dagegen nach § 307 BGB unwirksam, wenn das Recht des Niederlassungsstaats einen Ausgleichsanspruch zwingend vorsieht[4]. Dies

---

1 AM *Kindler*, RIW 1987, 664 (662) sowie *Kindler*, RIW 1990, 363 f., der eine teleologische Reduktion von § 92c Abs. 1 HGB befürwortet und eine Abbedingung der §§ 84 ff. HGB nur dann für zulässig erachtet, wenn die zwingenden Vorschriften des deutschen Rechts im Recht des zu bearbeitenden Markts bzw. im Recht der Niederlassungsstaats keine Entsprechung haben.
2 Vgl. *Hepting/Detzer*, RIW 1989, 346. Weitergehend *Reich*, NJW 1994, 2130 f., der es als Verstoß gegen das Grundrecht der Berufsfreiheit erachtet, wenn ein im Ausland tätiger Handelsvertreter trotz Schutzbedürftigkeit gezwungen wird, im Vorweg auf seinen Ausgleichsanspruch zu verzichten.
3 Vgl. *Hepting/Detzer*, RIW 1989, 346.
4 Vgl. *Hepting/Detzer*, RIW 1989, 346; ebenso *Detzer/Thamm*, S. 17 (für Vertragshändler außerhalb der EG).

ist in nur wenigen Ländern der Fall, beispielsweise in Belgien[1] (vgl. Rz. 2267) und unter bestimmten Voraussetzungen in der Schweiz (vgl. Rz. 2268).

gg) Berechnung des Ausgleichsanspruchs[2]

Die Berechnung des Ausgleichsanspruchs ist in der Praxis in der Regel schwierig, da die Vergütungssysteme sich bei Handelsvertreter und Vertragshändler deutlich unterscheiden. So erhält der Handelsvertreter meist eine Provision, der Vertragshändler idR einen Rabatt. Auch der Umfang der Tätigkeit unterscheidet sich deutlich. Zur Berechnung des Ausgleichsanspruchs muss zunächst die Berechnungsgrundlage ermittelt werden, dazu vergütungsbezogene Vergleichbarkeit des Vertragshändlerrabatts mit der Handelsvertreterprovision hergestellt werden. Dabei kann zur Berechnung des Ausgleichsanspruchs nur der Teil des Rabatts zugrunde gelegt werden, der die üblicherweise von Handelsvertretern erbrachten Leistungen vergütet. Händlertypische Vergütungsbestandteile finden keine Berücksichtigung, wie zB die Risikotragung für Preisschwankungen, die Lagerung, das Risiko des Warenabsatzes, das Kreditrisiko[3]. 2264

hh) Rücknahme des Waren- und Ersatzteillagers

Bei Beendigung des Vertrages hat der Vertragshändler die noch im Eigentum des Herstellers befindliche Ware zurückzugeben. Nach Vertragsbeendigung hat der Vertragshändler meist ein Interesse daran, auch die sich in seinem Eigentum befindliche Lagerware an den Hersteller/Lieferanten zurückzugeben. Ein gesetzliches Rückgaberecht gibt es nicht. Jedoch ergibt sich nach BGH-Rechtsprechung eine derartige Rücknahmeverpflichtung von im Eigentum des Händlers stehender Vertragsware und Ersatzteilen, die der Vertragshändler vorzuhalten hat, auch ohne vertragliche Vereinbarung aus der nachvertraglichen Treuepflicht des Herstellers/Lieferanten[4]. Eine Einschränkung oder der Ausschluss der Rücknahmepflicht kann daher in Allgemeinen Geschäftsbedingungen nicht ohne Weiteres erfolgen[5]. Der Hersteller/Lieferant ist jedoch nicht verpflichtet, beschädigte oder veraltete Ware bzw. Ware aus Fehldispositionen des Händlers zurückzunehmen. 2265

Daneben kann sich die Rücknahmepflicht auch aus einem Schadensersatzanspruch ergeben, den der Vertragshändler gegen den Hersteller/Lieferanten

---

1 Gesetz vom 27.7.1961 betreffend die einseitige Beendigung von exklusiven Vertragshändlerverträgen, geändert durch das Gesetz vom 13.4.1971; *Stumpf*, RIW 1993, 542; *Hanotiau/Lefebvre*, in: Martinek/Semler/Habermeier, § 46 Rz. 50; *Zwernemann*, in: Detzer/Zwernemann, Belgien, S. 66.
2 Zur Berechnung des Handelsvertreterausgleichs vgl. Rz. 2185.
3 Vgl. *Wauschkuhn*, in: Schultze/Wauschkuhn/Spenner/Dau, Rz. 838 ff. (S. 265 f.); *Kilias*, in: Kronke/Melis/Schnyder, Teil G, Rz. 358 (S. 704).
4 BGH 23.11.1994, BB 1995, 113.
5 *Ulmer*, in: Ulmer/Brandner/Hensen, S. 1716 mwN.; *Ullrich*, in: Martinek/Semler/Habermeier, § 21 Rz. 13 ff.

geltend machen kann, falls dieser zu einer Kündigung aus wichtigem Grund Anlass gegeben hatte.

3. Ausländisches Sachrecht

2266 **a) Belgien**

Belgien ist eines der wenigen Länder überhaupt, jedenfalls das einzige europäische Land, welches das Vertragshändlerrecht gesetzlich geregelt[1] hat. Das belgische Vertragshändlergesetz ist jedoch nur auf Alleinvertriebsverträge mit unbestimmter Dauer anwendbar. Auf befristete Verträge findet es keine Anwendung. Art. 3 bis Abs. 2 des belgischen Vertragshändlergesetzes bestimmt, dass ein befristeter Vertrag, der zweimal verlängert wurde, mit einer weiteren Verlängerung als unbefristet gilt. Fällt der Vertrag nicht unter das Vertragshändlergesetz, gelten allgemeine Grundsätze belgischen Vertragsrechts[2].

Verträge, die unter das belgische Vertragshändlergesetz fallen, können nur unter Einhaltung einer angemessenen Frist oder Zahlung einer Entschädigung gekündigt werden, Art. 2 des belgischen Vertragshändlergesetzes. Hält der Hersteller/Lieferant also keine angemessene Frist ein, hat er dem Vertragshändler hierfür eine Entschädigung zu zahlen. Die Folgen der Kündigung für den Vertreter, die Dauer des Vertragsverhältnisses und die Zeit, die der Vertreter benötigt, sich den neuen Gegebenheiten adäquat anzupassen, finden Eingang in die Bewertung der Angemessenheit der Frist bzw. der Höhe der Entschädigung. Besondere Berücksichtigung finden die Größe des Vertragsgebiets, die getätigten Investitionen und der Marktanteil sowie die Dauer der gesamten Geschäftsbeziehung. Die Angemessenheit der Kündigungsfrist liegt nach der bisher ergangenen Rechtsprechung in einer einzelfallbezogenen Bandbreite von drei Monaten bis über drei Jahren.

Neben der vorgenannten Entschädigung wegen Nichteinhaltung einer angemessenen Kündigungsfrist gem. Art. 2 des belgischen Vertragshändlergesetzes hat der Vertragshändler einen nicht abdingbaren Anspruch auf Ausgleich gem. Art. 3 des Gesetzes. Der Ausgleich entfällt nur, wenn der Vertragshändler eine schwerwiegende Vertragsverletzung begeht. Händlern wird abhängig vom Einzelfall oft eine Ausgleichzahlung in Höhe eines Jahresgewinns gerichtlich zugesprochen.

2267 **b) Schweiz**

Im Schweizer Recht war lange Zeit unklar, ob dem Vertragshändler in analoger Anwendung des Handelsvertreterrechts, des Art. 418u des schweizerischen Obligationenrechts, bei Vertragsbeendigung eine sog. Kundschaftsentschädi-

---

1 Loi du 27 juillet 1961 relative à la résiliation unilatérale des concessions de vente exclusive à durée indéterminée, telle qu'elle a été modifiée par la loi du 13 avril 1971 relative à la résiliation unilatérale des concessions de vente, Moniteur belge du 21 avril 1971.

2 *Hanotiau/Lefebvre*, in: Martinek/Semler/Habermeier, § 46 Rz. 50.

gung – das schweizer Pendant zum Ausgleichsanspruch – zusteht. In der einzigen, bereits aus 1962 stammenden höchstrichterlichen Entscheidung des Bundesgerichts[1] hatte dieses bislang lediglich signalisiert, dass auch dem Vertragshändler ausnahmsweise, nicht jedoch grundsätzlich, eine Kundschaftsentschädigung zustehen könnte. Diese Entscheidung führte in der Folge nicht dazu, dass die Kantonsgerichte den Vertragshändlern Ausgleichsansprüche zusprachen. Die analoge Anwendung von Art. 418u Obligationenrecht wurde von den kantonalen Gerichten vielmehr abgelehnt. In der Literatur wurde die Frage der analogen Anwendung des Art. 418u Obligationenrecht streitig diskutiert. Überwiegend wurde die analoge Anwendung abgelehnt.

Mit dem neuen Urteil[2] stellt das Bundesgericht klar, dass es an die Rechtsprechung aus 1962 anknüpft und an ihr festhält, präzisiert aber die Voraussetzungen für den Ausgleichsanspruch des Vertragshändlers: Dem Vertragshändler steht dann ein Ausgleichsanspruch zu, wenn der Unternehmer sich sehr weitgehende Kontrollrechte vorbehält und den Vertragshändler verpflichtet, sich in seine Verkaufsorganisation einzugliedern, ihm Informationspflichten abverlangt oder ihn verpflichtet, bei Vertragsende seinen Kundenstamm zu benennen. Im entschiedenen Fall genossen zwei Vertragshändler Exklusivität, unterlagen dabei aber einer ganzen Reihe von Verpflichtungen: Sie mussten Vertriebsstellen vom Unternehmer genehmigen lassen, Änderungen bei Preisen und Lieferbedingungen zustimmen, hatten festgelegte Marketingaufwendungen zu tragen, waren zu Mindestabnahmen verpflichtet, mussten definierte Lagerbestände vorhalten und hatten ausführliche Informationspflichten sowie die Verpflichtung, ihren Kundenstamm an den Unternehmer bekanntzugeben. Ein vertraglicher Ausschluss der Kundschaftsentschädigung ist unzulässig, da der zwingende Charakter von Art. 418u Obligationenrecht auch bei analoger Anwendung auf Vertragshändler erhalten bleibt.

Frei. 2268–2280

II. Kartellrecht

1. EU-Kartellrecht

Vereinbarungen zwischen Unternehmen, Beschlüsse von Unternehmensvereinigungen und aufeinander abgestimmte Verhaltensweisen, die den Handel zwischen den Mitgliedstaaten spürbar beeinträchtigen und eine Verhinderung, Einschränkung oder Verfälschung des Wettbewerbs innerhalb des Gemeinsamen Marktes bezwecken oder bewirken, sind gem. Art. 81 Abs. 1 EG mit dem Gemeinsamen Markt unvereinbar. Wettbewerbsbeschränkende Vereinbarungen oder Beschlüsse iSv. Art. 81 Abs. 1 EG sind nichtig. 2281

---

[1] BGE 88 II 169.
[2] BGE 134 III 497 22.5.2008 4 A_61/2008, www.bger.ch/index/jurisdiction/jurisdiction-inherit-template/jurisdiction-rech/jurisdiction-recht-leitentscheide1954-direct.htm.

Die so genannte **Bagatellbekanntmachung** (auch: De-minimis-Bekanntmachung) der EG-Kommission vom 22.12.2001[1] über Vereinbarungen von geringerer Bedeutung, die nicht unter Art. 81 Abs. 1 EG fallen, gibt eine Orientierungshilfe dafür, wo das Mindestmaß der Spürbarkeit liegt. Danach ist Spürbarkeit nicht gegeben, wenn bei Vereinbarungen zwischen Wettbewerbern der Marktanteil aller Vertragsparteien 10 % auf dem relevanten Markt nicht übersteigt oder bei Vereinbarungen zwischen Nicht-Wettbewerbern der Marktanteil jeder Vertragspartei 15 % auf einem relevanten Markt nicht übersteigt und in beiden Fällen die sog. Kernbeschränkungen (Ziff. 11 der De-minimis-Bekanntmachung, zB Verbot der Preisbindung oder der Marktaufteilung) eingehalten sind. Die Bagatellbekanntmachung bindet direkt nur die Kommission, nicht die Gerichte oder nationalen Kartellbehörden. Die Gerichte orientieren sich in der Praxis jedoch häufig an den Vorgaben der Bekanntmachungen[2].

2282 **Gruppenfreistellungsverordnungen:** Auch wenn Spürbarkeit gegeben ist, muss eine wettbewerbsbeschränkende Vereinbarung nicht automatisch kartellrechtlich zu beanstanden sein. Freistellungen sind möglich. Mit der Kartellverfahrensverordnung 1/2003[3] wurde das sog. Legalausnahmesystem eingeführt, sodass es einerseits zur Freistellung keiner Behörden- oder Gerichtsentscheidung bedarf, andererseits eine Anmeldung zur Einzelfreistellung mittels comfort letter, der für Unternehmen eine weitgehende Rechtssicherheit schaffte, der Kommission aber auch nicht mehr möglich ist. Unternehmen müssen nunmehr alle Vereinbarungen eigenverantwortlich auf ihre kartellrechtliche Zulässigkeit prüfen. Deren Selbsteinschätzung kann jederzeit durch die Kommission sowie durch die Kartellbehörden der Mitgliedstaaten und die Gerichte überprüft werden. Wird ein Verstoß gegen Kartellrecht festgestellt, drohen uU hohe Geldbußen. Vertikale Wettbewerbsvereinbarungen, die unter das Verbot des Art. 81 Abs. 1 EG fallen, können somit gem. Art. 81 Abs. 3 EG freigestellt sein, ohne dass es eines weiteren Anmeldeverfahrens bedarf. In so genannten Gruppenfreistellungsverordnungen hat die Kommission in abstrakter Weise Gruppen von Sachverhalten und Kooperationsformen zusammengestellt, bei denen sie davon ausgeht, dass die enthaltenden Beschränkungen durch die wettbewerbsfördernden Auswirkungen des Vertrages überwiegen, die eine Freistellung gem. Art. 81 Abs. 3 EG rechtfertigt[4].

Auf **Alleinvertriebsverträge im Kfz-Bereich** findet seit 1.10.2003 die Gruppenfreistellungsverordnung für vertikale Vereinbarungen und abgestimmte Ver-

---

[1] Bek. der Kommission über Vereinbarungen von geringer Bedeutung, die den Wettbewerb gem. Art. 81 Absatz 1 des Vertrages zur Gründung der Europäischen Gemeinschaft nicht spürbar beschränken, ABl. EG 2001 Nr. C 368, S. 7, die die Vorfassung der De-minimis-Bekanntmachung (ABl. EG 1997 Nr. C 372, S. 4) ersetzt.
[2] Vgl. *Bauer*, in: Bauer/de Bronett, Rz. 72.
[3] Verordnung (EG) Nr. 1/2003 des Rates vom 16.12.2002 zur Durchführung der in den Art. 81 und 82 des Vertrags niedergelegten Wettbewerbsregeln, ABl. EG 2003 Nr. L 1, S. 1.
[4] *Immenga/Kessel/Schwedler*, Die kartellrechtliche Beurteilung von Vereinbarungen in der Automobil-Zulieferindustrie – Ein praktischer Leitfaden, BB 2008, 902.

haltensweisen im Kraftfahrzeugsektor Nr. 1400/2002[1] Anwendung, die jedoch am 31.5.2010 ausläuft[2].

Auf andere Vertriebsvereinbarungen ist seit dem 1.6.2000 die Verordnung über vertikale Vereinbarungen Nr. 2790/99[3] anwendbar[4], Vertikal-GVO. Die Vertikal-GVO gilt ebenfalls bis zum 31.5.2010[5].

Die Vertikal-GVO umfasst, im Gegensatz zu den bisherigen, Vereinbarungen aller Wirtschaftsbereiche (außer Kfz) über Bezug, Verkauf, Weiterverkauf von Waren oder Dienstleistungen zwischen Unternehmen auf verschiedenen Produktions- und Vertriebsstufen.

Freigestellt sind wettbewerbsbeschränkende Vereinbarungen in Vertriebsverträgen nur dann, wenn eine Marktanteilsschwelle von 30 % nicht überschritten ist. Die Verordnung stellt dabei grundsätzlich auf den Marktanteil des Lieferanten ab (Art. 3 Abs. 1 GVO Nr. 2790/99)[6]. Der Marktanteil des Käufers ist nur bei Alleinbelieferungsverpflichtungen relevant, Art. 3 Abs. 2 GVO Nr. 2790/99. Enthält eine vertikale Vereinbarung sog. Kernbeschränkungen (Art. 4 GVO Nr. 2790/99), entfällt die Freistellung nicht nur für diese „Schwarze Klausel", sondern für sämtliche wettbewerbsbeschränkenden Vereinbarungen des betreffenden Vertrages[7] mit der regelmäßigen Folge der Nichtigkeit des Vertrages[8]. Dies sind nach der Verordnung insbesondere alle Formen der Preis-

---

1 ABl. EG 2002 Nr. L 203, S. 37 = EuZW 2002, 563; *Niebling*, Vertragshändlerrecht, S. 1; *Reekmann*, Die neuen Gruppenfreistellungsverordnungen für vertikale Vereinbarungen, WuW 7 u. 8/2005, S. 752. Die Verordnung ersetzt die GVO für Vertriebs- und Kundenvereinbarungen über Kraftfahrzeuge Nr. 1475/95.
2 *Wendel*, Bewertungsbericht der EU-Kommission – Steht die Kfz-GVO vor dem Aus?, BB 2008, 1294. Nach derzeitigem Stand (August 2009) soll die Kfz-GVO hinsichtlich des Vertriebs von Neuwagen (sog. Primärmarkt) zunächst um drei Jahre bis zum 31.5.2013 verlängert werden. Anschließend soll die Vertikal-VO Anwendung finden; ergänzende Leitlinien sind beabsichtigt. Auf den Anschlussmarkt sollen ab dem 1.6.2010 die allgemeinen Wettbewerbsregeln der Vertikal-GVO gelten, die um einige spezielle Regelungen ergänzt werden soll. Flankiert werden soll dies durch sektorenspezifische Leitlinien.
3 ABl. EG 1999 Nr. L 336, S. 21 = EWS 2000, 116; *Semler/Bauer*, DB 2000, 193; *Haager*, DStR 2000, 387; *Bayreuther*, EWS 2000, 106; *Putkall*, NJW 2000, 1375. Die Verordnung ersetzt die GVO über Alleinvertrieb Nr. 1983/83, die GVO über Alleinbezug Nr. 1984/83 sowie über die GVO über Franchisevereinbarungen Nr. 4087/88.
4 Für Verträge, die den alten GVO entsprachen, galt eine Übergangsfrist bis zum 31.12.2001.
5 Derzeit wird die Verlängerung der Vertikal-GVO und ihrer Leitlinien von der Kommission geprüft. Dabei ist die Kommission der Auffassung, dass sich die Vorschriften insgesamt bewährt haben und sie daher nicht grundlegend geändert werden müssen. Pressemitteilung der Kommission IP/09/1197 vom 28.7.2009.
6 In ihrem Entwurf schlägt die Kommission vor, dass nicht nur der Marktanteil des Anbieters, sondern auch der des Abnehmers 30 % nicht überschreiten darf (Art. 3 des Entwurfs).
7 Ziff. 66 der Leitlinien für vertikale Beschränkungen, Mitteilung der Kommission, ABl. EG 2000 Nr. C 291, S. 1.
8 *Bayreuther*, EWS 2000, 106 (113).

bindung (Ausnahmen: Preisempfehlung und Festsetzung von Maximalpreisen) und Beschränkungen des Weiterverkaufs. Eine Einzelfreistellung wird hier ebenfalls nicht in Betracht kommen. Möglich bleibt, dem Händler den aktiven Weiterverkauf in Gebiete oder an Kunden, die sich der Lieferant selbst vorbehalten oder anderen Händlern zugewiesen hat, zu verbieten[1].

Wettbewerbsverbote (keine Kernbeschränkung), zB Konkurrenzverbote, dürfen eine Laufzeit von fünf Jahren nicht überschreiten[2], Art. 5a GVO Nr. 2790/99. Andernfalls sind sie unwirksam, lassen die Anwendbarkeit der GVO Nr. 2790/99 im Übrigen aber unberührt. Eine Einzelfreistellung kommt hier in Betracht.

2283 **Praktischer Hinweis:** Die Vertragspraxis verknüpft ein Ende der Fünfjahresfrist gelegentlich mit einer gleichzeitigen Beendigung der Exklusivität des Vertriebsrechts des Händlers.

Ein über fünf Jahre hinaus gehendes Wettbewerbsverbot ist dann unproblematisch, wenn der Händler seine Tätigkeit in Geschäftsräumen des Herstellers/Lieferanten ausübt, die er von diesem lediglich mietet oder pachtet, da der Verkauf konkurrierender Produkte in eigenen Räumen nicht zumutbar ist, Art. 5a GVO Nr. 2790/00.

Nachvertragliche Wettbewerbsverbote dürfen nur aus Gründen des Knowhow-Schutzes für die Dauer von einem Jahr ab Vertragsbeendigung vereinbart werden, Art. 5b GVO Nr. 2790/99.

2284 Vereinbarungen, die nicht unter die Gruppenfreistellung fallen, sind automatisch rechtswidrig. Hier kann mittels der **Leitlinien für vertikale Beschränkungen**[3], die die Kommission zur leichteren Beurteilung vertikaler Vereinbarungen bekannt machte, die kartellrechtliche Relevanz durch das Unternehmen geprüft werden.

Die Leitlinien haben keine unmittelbare Rechtswirkung, sie haben lediglich den Charakter einer Gesetzesbegründung zu der Gruppenfreistellungsverordnung 2790/99. Sie binden somit nur die Kommission im Rahmen ihrer eigenen Ermessensentscheidungen, entfalten aber keine direkte Wirkung gegenüber Mitgliedstaaten, Behörden und Gerichten der Mitgliedstaaten[4].

---

1 Zur Abgrenzung aktiven/passiven Verkaufs vgl. *Bauer*, in: Bauer/de Bronett, Rz. 105 ff.
2 Darunter fallen auch Wettbewerbsverbote mit unbestimmter Dauer oder Wettbewerbsverbote, deren Dauer sich über den Zeitraum von fünf Jahren hinaus stillschweigend verlängert.
3 Leitlinien über vertikale Beschränkungen, ABl. EG 2000 Nr. C 291, S. 1.
4 *Bauer*, in: Bauer/Bronett, S. 132.

2. EWR-Kartellrecht

Das EWR-Abkommen[1] enthält in Art. 53 eine Art. 81 EG entsprechende Regelung[2]. **Art. 53 EWR-Abk.** verbietet Vereinbarungen, Beschlüsse von Unternehmensvereinigungen oder abgestimmte Verhaltensweisen von mindestens zwei Unternehmen, wenn dadurch der Handel zwischen einem EG- und einem EFTA-Staat oder zwischen mindestens zwei EFTA-Staaten beeinträchtigt und eine Beschränkung des Wettbewerbs bezweckt oder bewirkt wird[3]. Der Anhang XIV des EWR-Abkommens übernimmt die EG-Gruppenfreistellungsverordnungen in den Rechtsbestand des EWR-Abkommens. Die obigen Ausführungen zum EG-Kartellrecht gelten daher für das EWR-Kartellrecht im Wesentlichen entsprechend[4].

2285

3. Deutsches Kartellrecht

Ist EG-Kartellrecht anwendbar, weil der Handel zwischen den Mitgliedstaaten spürbar beeinträchtigt ist, hat die europarechtliche Regelung grundsätzlich Vorrang vor nationalem Recht[5]. Ist europäisches Recht nicht anwendbar, so ergibt sich nach deutschem Recht kein Unterschied, da mit der 7. GWB-Novelle, die im Juli 2005 in Kraft trat, das System der Legalausnahme in deutsches Recht übernommen wurde. Die europäischen Gruppenfreistellungsverordnungen sind gem. § 2 Abs. 2 GWB auf rein nationale Sachverhalte entsprechend anwendbar[6].

2286

Frei.

2287–2290

---

1 Vgl. Gesetz vom 31.3.1993 zu dem Abk. vom 2.5.1992 über den Europäischen Wirtschaftsraum (EWR-Abk.), BGBl. II 1993, 265, sowie Gesetz vom 25.8.1993 zu dem Anpassungsprotokoll vom 17.3.1993 zum Abk. über den Europäischen Wirtschaftsraum (EWR-Abk.), BGBl. II 1993, 1294. Zu den Vertragsstaaten des EWR-Abk. zählen außer den seinerzeitigen EG-Staaten Finnland, Island, Liechtenstein, Norwegen, Österreich und Schweden. Das EWR-Abk. und das Anpassungsprotokoll sind am 1.1.1994 in Kraft getreten, vgl. Bek. vom 16.12.1993, BGBl. I 1993, 2436. Der Beitritt Liechtensteins wurde am 1.5.1995 wirksam; vgl. Bundesminister der Wirtschaft, ZfZ 1995, 222. Finnland, Österreich und Schweden sind mit Wirkung vom 1.1.1995 der EU beigetreten; vgl. Zustimmungsgesetz vom 2.9.1994 zum Beitrittsvertrag vom 24.6.1994, BGBl. II 1994, 2022.
2 Vgl. *Gugerbauer*, S. 11; *Langen/Bunte/Jestaedt*, EWRA, Rz. 9.
3 Vgl. *Gugerbauer*, S. 11.
4 Zur Zuständigkeitsverteilung zwischen der EG-Kommission und der EFTA-Überwachungsbehörde sowie zu den Übergangsbestimmungen vgl. Protokoll 21 zum EWR-Abk. über die Durchführung der Wettbewerbsregeln für Unternehmen sowie *Gugerbauer*, S. 18 ff.
5 Art. 3 Abs. 2 Verordnung (EG) Nr. 1/2003 des Rates vom 16.12.2002 zur Durchführung der in den Art. 81 und 82 des Vertrags niedergelegten Wettbewerbsregeln, ABl. EG 2003 Nr. L 1, S. 1.
6 Vgl. *Immenga/Kessel/Schwedler*, BB 2008, 902.

III. Kollisionsrecht

1. Vereinheitlichung

2291 Das Kollisionsrecht erfährt zunehmende Vereinheitlichung und Europäisierung. Zunächst wurde das Kollisionsrecht auf europäischer Ebene durch das EG-Übereinkommen über das auf vertragliche Schuldverhältnisse anzuwendende Recht vom 19.6.1980 (EVÜ) teilweise vereinheitlicht (s. Rz. 4 ff.). Deutschland übernahm das EVÜ in das nationale Recht durch eine Änderung der Art. 27–37 EGBGB.

Das EVÜ ist nunmehr durch eine europäische Verordnung abgelöst worden: Auf Verträge, mithin auch Vertragshändlerverträge, die nach dem Inkrafttreten der Rom I-VO[1] geschlossen werden, also nach dem 17.12.2009[2], ist die Rom I-VO unmittelbar anwendbar (s. Rz. 40). Die Rom I-VO ersetzt somit die entsprechenden Vorschriften des EGBGB.

2. Bestimmung des Vertragsstatus nach der Rom I-VO

a) Rechtswahl

2292 Vertragshändler und Hersteller/Lieferant können gem. Art. 3 Abs. 1 Rom I-VO frei wählen, welches Recht auf ihren Vertrag anzuwenden ist. Grundsätzlich ist das auf den Rahmenvertrag anwendbare Recht und das auf die einzelnen Lieferverträge anzuwendende Recht gesondert anzuknüpfen, da es sich um rechtlich selbständige Verträge handelt[3].

2293 Auf den Vertragshändlervertrag als **Rahmenvertrag** findet das UN-Kaufrecht der Sache nach keine Anwendung, da es an den typischen Verkäufer- und Käuferpflichten fehlt[4]. Eine ausdrückliche Rechtswahlvereinbarung bezüglich des Vertragshändlervertrages bezieht sich auf das unvereinheitlichte Sachrecht der gewählten Rechtsordnung[5]. Die Parteien können vereinbaren, dass der Ver-

---

[1] Verordnung (EG) Nr. 593/2008 des Europäischen Parlaments und des Rates vom 17.6.2008 über das auf vertragliche Schuldverhältnisse anzuwendende Recht (Rom I), ABl. EU 2008 Nr. L 177, S. 6. (Text abgedruckt hier auf S. 1 ff.).
[2] Art. 28 Rom I-VO.
[3] OLG Düsseldorf 11.7.1996 – Az. 6 U 152/95, IPTsrp. 1996 Nr. 37 = NJW-RR 1997, 822 = RIW 1996, 958 = WiB 1997, 149 Anm. *Kiel* = DZWir 1997, 77 Anm. *Aden* = EWiR 1996, 843 Anm. *Schlechtriem* = DB 1997, 323; aA OLG München 22.9.1995, RIW 1996, 1035 mit zu Recht ablehnenden Anm. von *Klima*.
[4] Vgl. OLG Hamburg 5.10.1998, IPRspr. 1998 Nr. 34 = TranspR-IHR 1999, 37; *von Caemmerer/Schlechtriem*, vor Art. 14–24 Rz. 7 (Vertragshändlerverträge können nur dann im Wesentlichen als Kaufverträge beurteilt werden, wenn mit ihrem Abschluss bereits Liefer- und Abnahmepflichten zwischen den Parteien begründet wurden); aM *Thieffry*, D.P.C.I. 19 (1993), 67 f.
[5] Vgl. BGH 15.12.1993, ZIP 1994, 293 (Alleinvertriebsvertrag zwischen Lieferant mit Sitz in Deutschland und Alleinvertriebshändler mit Sitz in Italien, der eine Rechtswahlvereinbarung des deutschen Rechts enthielt, nach deutschem Vertragshändlerrecht beurteilt).

tragshändlervertrag und die in dessen Ausführung geschlossenen Einzellieferverträge demselben unvereinheitlichten Sachrecht unterliegen[1].

Fallen die **Einzelverträge** in den sachlich-räumlichen Anwendungsbereich des UN-Kaufübereinkommens, so ist das darin geregelte **Einheitskaufrecht** für die Einzelverträge maßgeblich (vgl. Rz. 894 ff.), wenn die Parteien nicht die Anwendung dieses Übereinkommens durch ausdrückliche oder stillschweigende Vereinbarung ausschließen[2]. Vereinbaren die Parteien bezüglich eines Einzelvertrags das Recht eines Vertragsstaats des UN-Kaufübereinkommens und geben sie nicht zugleich an, dass dessen unvereinheitlichtes Recht gemeint ist, so ist eine derartige Rechtswahlvereinbarung regelmäßig kein stillschweigender Ausschluss der Anwendung des UN-Kaufübereinkommens, da auch dieses Bestandteil der Rechtsordnung des betreffenden Vertragsstaats ist[3]. 2294

Die Rechtswahl in einem Rahmenvertrag kann aber ein starkes Indiz für eine entsprechende stillschweigende Rechtswahl hinsichtlich der Einzelgeschäfte, die in Ausfüllung des Vertrages geschlossen werden[4], sein.

Eine ausdrückliche Rechtswahlvereinbarung bezüglich des Rahmenvertrags ist grundsätzlich nicht zugleich als stillschweigender Ausschluss der Anwendung des UN-Kaufübereinkommens bezüglich der Einzelverträge zu werten[5]. Ein solcher Ausschluss ist dann anzunehmen, wenn sich aus den Umständen des Einzelfalls ergibt, dass die Parteien für Rahmenvertrag und Einzelverträge dasselbe Sachrecht gewollt haben[6].

Die Rechtswahl kann individualvertraglich oder in Allgemeinen Geschäftsbedingungen vereinbart werden. Sie kann ausdrücklich oder konkludent erfolgen. Die stillschweigende Rechtswahl muss sich, anders als nach der bisher anwendbaren Vorschrift des Art. 27 Abs. 1 S. 2 EGBGB, gem. Art. 3 Abs. 1 S. 2 Rom I-VO **eindeutig** aus den Bestimmungen des Vertrages oder den Umständen des Falles ergeben. Die nunmehr geforderte Eindeutigkeit stellt eine deutlich höhere Hürde[7] dar, als die bisher geforderte „hinreichende Sicherheit" (vgl. dazu näher Rz. 114). 2295

---

1 Vgl. BGH 29.5.1991, ZIP 1991, 960 (961) (Einzelverträge nach dem im Alleinvertriebsvertrag gewählten Recht der ehemaligen DDR beurteilt).
2 Vgl. *Piltz*, Rz. 41.
3 Vgl. *Magnus*, IPRax 1993, 390 (391); *Holthausen*, RIW 1989, 515 ff.; *Schwenzer*, NJW 1990, 603; *Ferrari*, in: Schlechtriem/Schwenzer, Art. 6 Rz. 16; *Herber/Czerwenka*, Art. 6 Rz. 16; ebenso zum EKG BGH 4.12.1985, BGHZ 96, 313 (322 f.).
4 OLG Hamburg 5.10.1998 – 12 U 62/97, IPRspr. 1998 Nr. 34 = TranspR-IHR 1999, 37.
5 Vgl. OLG Koblenz 17.9.1993, RIW 1993, 934 (935 f.) (Rechtswahlvereinbarung im Alleinvertriebsvertrag zugunsten des französ. Rechts; Einzelverträge nach dem UN-Kaufübereinkommen beurteilt); *Schurig*, IPRax 1994, 30; zur parallelen Problematik beim EKG vgl. BGH 4.4.1979, BGHZ 74, 136 (139 f.) (Vertragshändlervertrag von den in seiner Ausführung abgeschlossenen einzelnen und rechtlich selbständigen Kaufverträgen zu trennen).
6 Vgl. *Rehbinder*, IPRax 1982, 8 (zum EKG).
7 *Leible/Lehmann*, RIW 2008, 528 (532).

Zu den Besonderheiten der konkludenten Rechtswahl, gehört beim Vertragshändlervertrag das **Zusammenspiel von Rahmenvertrag und Einzelverträgen**. Wenn die Parteien bezüglich des Rahmenvertrags keine ausdrückliche Rechtswahl treffen und dieser Vertrag auch keine auf die Wahl eines bestimmten Rechts hindeutende Bestimmung enthält, können die Einzelverträge Umstände bilden, aus denen auf Indizien für eine Rechtswahl bezüglich des Rahmenvertrags geschlossen werden kann. Enthalten die Einzelverträge, etwa in einbezogenen allgemeinen Einkaufs- oder Verkaufsbedingungen, Rechtswahlklauseln, die alle dasselbe unvereinheitlichte Recht bestimmen, dann kann darin konkludent der Wille der Parteien zum Ausdruck kommen, dieses Recht auch für den Rahmenvertrag maßgeblich sein zu lassen.

b) Objektive Anknüpfung

aa) Regelung der Rom I-VO

2296 Mit der Rom I-VO hat sich die Systematik des objektiv zu ermittelnden Vertragsstatuts geändert: In Art. 4 Rom I-VO werden einzelne Vertragsarten gelistet, die gesonderten Regeln zur objektiven Bestimmung des anwendbaren Rechts unterliegen.

So findet sich eine allgemeine Zuordnung für Dienstleistungsverträge in Art. 4 Abs. 1 lit. b Rom I-VO (vgl. Rz. 1041), unter die auch Vertragshändlerverträge nach dem autonom zu bestimmenden, weit zu fassenden Begriff fallen, wie Erwägungsgrund 17 der Rom I-VO festhält. Der Erwägungsgrund hält jedoch gleichzeitig fest, dass Franchise- und Vertriebsverträge besonderen Regeln unterliegen. So greift für Vertriebsverträge die speziellere Regelung des Art. 4 Abs. 1 lit. f Rom I-VO. Danach unterliegen Vertriebsverträge dem Recht des Staates, in dem der Vertriebshändler seinen gewöhnlichen Aufenthalt hat.

Der **gewöhnliche Aufenthalt** bestimmt sich nach Art. 19 Rom I-VO: Für juristische Personen ist der Ort der Hauptverwaltung (place of central administration) maßgeblich, für natürliche Personen, die im Rahmen ihrer beruflichen Tätigkeit handeln, der Ort ihrer Hauptniederlassung (principal place of business). Wurde der Vertriebsvertrag im Rahmen des Betriebs einer (Zweig-) Niederlassung des Vertragshändlers geschlossen oder ist diese Niederlassung für die Erfüllung des Vertriebsvertrags verantwortlich, so ist das Recht des Ortes dieser Niederlassung auf den Vertrag anzuwenden, Art. 19 Abs. 2 Rom I-VO. Zeitpunkt für die Bestimmung des gewöhnlichen Aufenthalts ist gem. Art. 19 Abs. 3 Rom I-VO der Zeitpunkt des Vertragsschlusses.

2297 Die **besondere Anknüpfung für Vertriebsverträge** entscheidet den unter dem EVÜ entstandenen Streit der Anknüpfung von Vertriebsverträgen[1]. Somit wird klargestellt, einerseits dass die charakteristische Leistung vom Vertragshändler erbracht wird. Andererseits wird mit Erwägungsgrund 23 der Schutz der schwächeren Vertragspartei eingeführt, die durch Kollisionsnormen geschützt

---

1 Vgl. unten Rz. 2298 zum alten Recht.

werden soll, die für sie günstiger sind als die allgemeinen Regeln[1]. Insbesondere in der französischen Rechtsprechung hatte es im Hinblick auf die Anknüpfung von Vertriebsverträgen Fehlentwicklungen[2] gegeben, denen es entgegenzuwirken galt. Die französische Rechtsprechung knüpfte Rahmenvertrag und Einzelliefervertrag einheitlich an. Dabei stellte sie auf die Einzellieferung und die Verpflichtung des Herstellers ab. Der Hersteller erbringe die charakteristische Leistung, damit sei das Recht am Niederlassungsort des Herstellers auf den Vertriebsvertrag anzuwenden[3].

bb) Vertragsschluss vor dem 17.12.2009

Für Verträge, die vor dem 17.12.2009 abgeschlossen wurden, ist das mangels Rechtswahl objektiv zu ermittelnde Vertragsstatut gem. **Art. 28 Abs. 1 S. 1 EGBGB** anwendbar. Hier wird an die engsten Verbindungen des Vertrags mit einem Staat angeknüpft. Enge Verbindungen eines Alleinvertriebsvertrags mit einem Staat werden begründet durch: 2298

– den Niederlassungsort des Alleinvertriebshändlers,

– das ihm zur ausschließlichen Vertriebstätigkeit zugewiesene Gebiet,

– den Niederlassungsort des Lieferanten.

Die Entscheidung, welche von diesen drei Verbindungen die engste ist, hat sich an der in Art. 28 Abs. 2 EGBGB aufgestellten Vermutung zu orientieren.

(1) Charakteristische Leistung

Die für den Alleinvertriebsvertrag charakteristische Leistung ist die **Leistung des Alleinvertriebshändlers**, den Vertrieb der Vertragswaren im Vertragsgebiet zu fördern oder zumindest durchzuführen. Gem. Art. 28 Abs. 2 S. 2 EGBGB besteht die Vermutung, dass der Staat, in dem sich die Hauptniederlassung des Alleinvertriebshändlers befindet, oder, wenn der Vertrieb nach dem Vertrag von einer anderen Niederlassung aus erfolgen soll, der Staat, in dem sich diese andere Niederlassung befindet, die engsten Verbindungen zu dem Alleinvertriebsvertrag aufweist. Aus Art. 28 Abs. 1 S. 1 iVm. Abs. 2 S. 2 EGBGB ergibt sich als objektiv bestimmtes Vertragsstatut das Recht des Staates, in dem der Alleinvertriebshändler die maßgebliche Niederlassung hat[4]. 2299

---

1 Vgl. *Leible/Lehmann*, RIW 2008, 528: „Klammheimlich wurde dadurch in Art. 4 der Schwächerenschutz als neuer Gedanke eingeführt.".
2 *Martiny*, in: MünchKomm, Art. 28 EGBGB Rz. 227 mwN.; *Mankowski*, IPRax 2006, 101 (103) mwN.
3 *Martiny*, in: MünchKomm, Art. 28 EGBGB Rz. 227 mwN.
4 OLG Düsseldorf 4.6.1993, RIW 1993, 761 (762): Ein österreich. Alleinvertriebshändler beantragte, seinem deutschen Lieferanten zu untersagen, Waren an andere Abnehmer als ihn, den Alleinvertriebshändler, zu liefern. Der zwischen den Parteien geschlossene Liefer- und Agenturvertrag enthielt keine Rechtswahlvereinbarung. Das Gericht wandte gem. Art. 28 Abs. 1 iVm. Abs. 2 EGBGB österreich. Recht an. Es erachtete die Pflicht des Alleinvertriebshändlers, den Vertrieb der Vertragswaren durchzuführen und zu fördern, als vertragscharakteristisch und ließ offen, ob beim Alleinvertriebsver-

2300 Die Anwendung des Rechts am Ort der **Niederlassung des (Allein-)Vertriebshändlers** wird von der herrschenden Meinung für den Regelfall befürwortet[1]. Diese Anknüpfung gewährleistet die Anwendung ein und desselben Rechts, wenn sich das Tätigkeitsgebiet des Alleinvertriebshändlers auf mehrere Staaten erstreckt[2].

Eine abweichende Meinung befürwortet dagegen die Anknüpfung an das Tätigkeitsgebiet des Alleinvertriebshändlers[3]. Diese Meinung kann auf die Ausweichklausel in Art. 28 Abs. 5 EGBGB gestützt werden, wenn ausnahmsweise der Niederlassungsort des Alleinvertriebshändlers und dessen Tätigkeitsgebiet in verschiedenen Staaten liegen. Eine solche Konstellation hatte der Gesetzgeber in anderem Zusammenhang im Auge, als er bei der Neufassung der handelsvertreterrechtlichen Vorschrift des § 92c Abs. 1 HGB im Jahr 1989[4] nicht auf die Niederlassung, sondern auf das Tätigkeitsgebiet des Handelsvertreters im Gebiet der Europäischen Gemeinschaft abstellte[5].

Eine dritte Meinung will das Recht am Niederlassungsort des Lieferanten anwenden[6]. Diese Meinung kann selbst bei Alleinvertriebsverträgen ohne Absatzförderungspflicht, die untypisch sind, schwer begründen, dass der Lieferant

---

trag die Hauptniederlassung des Alleinvertriebshändlers oder dessen Tätigkeitsgebiet entscheidet, da beide Merkmale in Österreich lagen.
OLG Koblenz 16.1.1992, RIW 1992, 1019 (1020 f.), IPRspr. 1992, Nr. 72 = IPRax 1994, 46 (47 f.) Anm. *Schurig*, IPRax 1994, 27 (29 f.): Eine niederländ. Herstellerin klagte gegen den stillen Gesellschafter einer deutschen KG auf Herausgabe eines Motorkreuzers. Die Klägerin und die KG hatten einen Händlervertrag geschlossen, der den Alleinvertrieb derartiger Motorkreuzer zum Gegenstand hatte und keine Rechtswahlvereinbarung enthielt. Das Gericht prüfte, ob die von der Klägerin gestellten Allgemeinen Geschäftsbedingungen, die einen Eigentumsvorbehalt enthielten, Vertragsbestandteil geworden waren und führte zum Schuldvertragsstatut aus: „Hier ergibt die Vertragsauslegung ..., dass die charakteristische Vertragsleistung vom deutschen Vertragshändler zu erbringen war und deshalb deutsches Recht anzuwenden ist ... [Der] Gesichtspunkt der Absatzförderung, der unabhängig neben den Verpflichtungen zur Lieferung und Kaufpreiszahlung steht, gibt dem Vertrag ... seine charakteristische Prägung".
1 Vgl. *Müller-Feldhammer*, RIW 1994, 928; *Schurig*, IPRax 1994, 29 f. (zweifelnd); *Kindler*, RIW 1987, 664 f.; *Hohloch*, in: Erman, Art. 28 EGBGB Rz. 53; *Martiny*, in: MünchKomm, Art. 28 EGBGB Rz. 159; vgl. ferner BGH 12.5.1993, IPRax 1994, 115 (charakteristische Leistung beim Handelsvertretervertrag).
2 Vgl. *Schütze/Weipert/Semler*, S. 31.
3 Vgl. OLG Hamburg 9.7.1976, IPRspr. 1976, Nr. 125b, S. 368 (369) (jeweils zum alten IPR); LG München I 24.5.1982, IPRspr. 1982, Nr. 141, S. 344, 345 = IPRax 1983, 44 (45) Anm. *Jayme*; vgl. ferner BGH 7.11.1991, WM 1992, 825 (Alleinvertriebsvertrag aus dem Jahr 1978 zwischen Lieferant mit Niederlassung in Frankreich und Alleinvertriebshändler mit vertraglichem Tätigkeitsgebiet im Inland nach deutschem Recht beurteilt).
4 Vgl. Gesetz zur Durchführung der EG-Richtlinie zur Koordinierung des Rechts der Handelsvertreter vom 23.10.1989, Art. 1 Nr. 8 (BGBl. I 1989, 1910 [1911]).
5 Vgl. BT-Drucks. 11/4559, S. 10.
6 Vgl. RG 8.1.1929, IPRspr. 1929, Nr. 34, S. 53 = JW 1929, 1291 (1292) Anm. der Schriftleitung; LG Freiburg 6.12.1966, IPRspr. 1966/67, Nr. 34 A, S. 109 (114 f.) (jeweils zum alten IPR); vgl. auch *Müller-Feldhammer*, RIW 1994, 928 (Anwendung des Lieferantenrechts gem. Art. 28 Abs. 5 EGBGB in bestimmten Ausnahmefällen).

die charakterische Leistung erbringt[1]. Selbst wenn ausnahmsweise keine Absatzförderungspflicht des Alleinvertriebshändlers vereinbart sein sollte, hat dieser doch immer die Verpflichtung, den Vertrieb abzuwickeln, dh. Bestellungen von Kunden im Vertragsgebiet anzunehmen und auszuführen (sog. passiver Vertrieb). Die Belieferungspflicht des Lieferanten entsteht dagegen erst durch Abschluss der Einzelverträge.

(2) Maßgebliche Niederlassung

Die Anknüpfung nach Art. 28 Abs. 2 S. 2 EGBGB bestimmt nicht eindeutig eine Rechtsordnung, wenn der Alleinvertriebshändler *mehrere Niederlassungen* in verschiedenen Staaten unterhält und der Vertrieb nach dem Vertrag in diesen Staaten von der jeweiligen Niederlassung aus erfolgen soll. Bei der Anknüpfung an den jeweiligen Niederlassungsort würden in solchen Fällen mehrere Schuldrechtsordnungen nebeneinander für das jeweilige Gebiet Anwendung finden. Diese Folge wäre nicht iSd. Art. 28 Abs. 2 S. 2 EGBGB, der durch die alternative Anknüpfung an die Hauptniederlassung oder eine andere Niederlassung sicherstellen will, dass ein mehrere Staaten berührender Vertrag einheitlich einem nationalen Recht unterstellt wird. Im Falle der vom Vertrag vorgesehenen Leistung von verschiedenen Niederlassungen aus muss deshalb auf die Anknüpfung an die **Hauptniederlassung** zurückgegriffen werden. Welche Niederlassung als Hauptniederlassung anzusehen ist, ergibt sich daraus, wo umsatz- und organisationsmäßig der Mittelpunkt des die verschiedenen Staaten umfassenden Vertriebsnetzes liegt.

2301

(3) Verlegung der Niederlassung nach Vertragsabschluss

Das objektiv bestimmte Vertragsstatut ist grundsätzlich unwandelbar[2]. Das aufgrund objektiver Anknüpfung geltende Recht wird grundsätzlich für den Zeitpunkt des Vertragsabschlusses ermittelt (vgl. Art. 28 Abs. 2 S. 1 EGBGB). Das gilt auch für die Anknüpfung nach Art. 28 Abs. S. 2 EGBGB[3]. Verlegt der Alleinvertriebshändler seine Niederlassung während der Vertragsdauer in einen anderen Staat, so führt das in der Regel nicht zu einem Statutenwechsel[4]. In seltenen Fällen können Veränderungen nach Vertragsabschluss dazu führen, dass die Vermutung nach Art. 28 Abs. 2 EGBGB widerlegt wird[5]. Ausnahmsweise kann ein Statutenwechsel eintreten, wenn der Alleinvertriebshändler seine Niederlassung in den Staat verlegt, in dem der Lieferant seine Niederlassung hat[6].

2302

---

1 Vgl. *A. Reuter*, ZvglRW 85 (1986), 72.
2 Vgl. *Hohloch*, in: Erman, Art. 28 EGBGB Rz. 7; *Martiny*, in: MünchKomm, Art. 28 EGBGB Rz. 37.
3 Vgl. *Martiny*, in: MünchKomm, Art. 28 EGBGB Rz. 37; aM 4. Aufl. Rz. 790 (Kleinschmidt).
4 4. Aufl. Rz. 790 (Kleinschmidt).
5 Vgl. *Martiny*, in: MünchKomm, Art. 28 EGBGB Rz. 37.
6 Vgl. *Lüderitz*, Festschr. Keller, S. 469.

3. Zwingende Vorschriften

a) Ordre public

2303 Der ordre public-Vorbehalt ist in Art. 21 Rom I-VO geregelt. Die Anwendung des Vertragsstatuts steht unter dem Vorbehalt, den ordre public des angerufenen Gerichts nicht zu verletzen. Unter dem Begriff des ordre public sind nationale Vorschriften zu verstehen, deren Einhaltung als entscheidend für die Wahrung der politischen, sozialen oder wirtschaftlichen Ordnung des betreffenden Mitgliedstaates angesehen wird. Verletzungen des ordre public im Bereich des Handelsvertreterrechts sind selten. Es kann diesbezüglich auf die Ausführungen unter Rz. 225 verwiesen werden.

b) Inlandsverträge ohne Auslandsbezug, Art. 3 Abs. 3 Rom I-VO

2304 Bei reinen Inlandsverträgen zwischen einem in der Bundesrepublik Deutschland ansässigen Lieferanten und einem ebenfalls dort ansässigen Vertragshändler, der seine Tätigkeit vertragsgemäß im Inland ausübt, ist eine Rechtswahl zugunsten ausländischen Rechts zwar möglich[1]. In solchen Fällen werden jedoch die innerstaatlich zwingenden Bestimmungen des deutschen Rechts gem. Art. 3 Abs. 3 Rom I-VO nicht berührt. Die sachrechtliche Unabdingbarkeit analog §§ 89b Abs. 4 S. 1, 92c Abs. 1 HGB hat in solchen Fällen zur Folge, dass dem Vertragshändler ein Ausgleichsanspruch nach deutschem Recht zusteht, der durch die Wahl ausländischen Rechts nicht ausgeschlossen werden kann[2]. Gleiches gilt für Verträge, die vor dem 17.12.2009 geschlossen wurden, nach altem Recht gem. Art. 27 Abs. 2 EGBGB.

c) Binnenmarktsverträge ohne Bezug zu Drittstaaten, Art. 3 Abs. 4 Rom I-VO

2305 Art. 3 Abs. 4 Rom I-VO führt eine Binnenmarktklausel ein, die ein Pendant zur Inlandsklausel des Art. 3 Abs. 3 Rom I-VO darstellt. Dabei bezieht sich Art. 3 Abs. 4 Rom I-VO auf die Geltung einfach zwingenden Gemeinschaftsrechts bei reinem Binnenbezug zur EU: Sind alle Elemente des Sachverhalts im Zeitpunkt der Rechtswahl in einem oder mehreren Mitgliedstaaten belegen, kann mittels der Rechtswahl zugunsten eines Drittstaatenrechts nicht von den zwingenden Vorschriften des Gemeinschaftsrechts abgewichen werden, von denen durch Vereinbarung nicht abgewichen werden kann, also einfach zwingendes Recht. Maßgeblich ist dabei das Recht in der von dem Mitgliedstaat des angerufenen Gerichts[3] umgesetzten Form, sofern es sich nicht um unmittelbar geltendes Gemeinschaftsrecht handelt, wie dies bei Richtlinien der Fall ist.

---

[1] HM, vgl. statt aller *Heldrich*, in: Palandt, Art. 27 EGBGB Rz. 3; aM *Kindler*, RIW 1987, 664 (661).
[2] Vgl. *von Bar*, II Rz. 419 (für Handelsvertreter).
[3] Kritisch hierzu *Leible/Lehmann*, RIW 2008, 528 (534), die einen Verweis auf die Umsetzungsnormen des Staates bevorzugt hätten, die mittels objektiver Anknüpfung oder die Anknüpfung an die engste Verbindung des Vertrages zu dieser Rechtsordnung zum Zuge gekommen wären.

Gem. Art. 1 Abs. 4 S. 2 Rom I-VO meint „Mitgliedstaat" in Art. 3 Abs. 4 Rom I-VO alle Mitgliedstaaten der EU, auch Dänemark. Art. 1 Abs. 4 S. 2 Rom I-VO stellt damit ein Korrektiv zu Art. 1 Abs. 4 S. 1 Rom I-VO dar.

Gemäß dieser Vorschrift müssen außer der Rechtswahl **alle Elemente des Sachverhalts** in einem oder mehreren Mitgliedstaaten belegen sein. Die Frage ist, wie die Elemente beschaffen sein müssen, die die Hürde des reinen Binnenbezugs zur EU überwinden. Die Vereinbarung eines Gerichtsstands bzw. eines Schiedsverfahrensortes außerhalb der EU reichen aufgrund des Erwägungsgrundes 15 nicht aus. Hat jedoch eine der Vertragsparteien ihren Sitz außerhalb der EU, müsste damit jedenfalls ein ausreichender Auslandsbezug vorliegen. In diesen Fällen wäre die Anwendung zwingenden EU-Rechts auf Eingriffsnormen beschränkt.

d) Eingriffsnormen

Art. 9 Rom I-VO enthält eine Regelung für **Eingriffsnormen**. In Abs. 1 der Vorschrift wird der Begriff der Eingriffsnorm als zwingende Vorschrift definiert, deren Einhaltung von einem Staat als so entscheidend für die Wahrung seines öffentlichen Interesses angesehen wird, dass sie ungeachtet des anzuwendenden Rechts auf alle Sachverhalte anzuwenden ist, die in ihren Anwendungsbereich fallen. Das öffentliche Interesse wird präzisiert als insbesondere die politische, soziale oder wirtschaftliche Organisation betreffend. Die Anwendung der Eingriffsnormen der lex fori ist immer möglich, Art. 9 Abs. 2 Rom I-VO. Dies entspricht Art. 7 Abs. 2 EVÜ bzw. Art. 34 EGBGB. Neu ist die Regelung des **Art. 9 Abs. 3 Rom I-VO**. Er erlaubt es den Gerichten, **Eingriffsnormen anderer Staaten** Wirkung zu verleihen. Dies gilt jedoch nicht umfassend, ist vielmehr an zwei Voraussetzungen geknüpft: es finden nur die Eingriffsnormen des Staates Berücksichtigung, in dem die durch den Vertrag begründeten Verpflichtungen erfüllt werden sollen oder erfüllt worden sind und die die Erfüllung des Vertrages unrechtmäßig werden lassen.

2306

e) Kollisionsrechtliche Abdingbarkeit des Ausgleichsanspruchs analog § 89b HGB?

Weitgehend ungeklärt ist die praktisch bedeutsame Frage, ob ein Lieferant bei einem grenzüberschreitenden Vertragshändlervertrag einem Ausgleichsanspruch des Vertragshändlers analog § 89b HGB durch die Wahl eines ausländischen Rechts, das keinen Ausgleichsanspruch kennt, entgehen kann, wenn der Vertragshändler seine Niederlassung oder sein vertragliches Tätigkeitsgebiet im Inland hat[1]. Rechtsprechung liegt zu dieser Frage unter der Geltung des neuen Internationalen Privatrechts soweit ersichtlich nicht vor. Die EuGH-Rechtsprechung zur Rechtswahlfestigkeit des Handelsvertreter-Ausgleichsanspruchs bei Tätigkeit des Handelsvertreters innerhalb der EU (vgl. Rz. 2222); ist hier nicht

2307

---

1 Vgl. *Maier/Paetzold*, Ausgleichsanspruch, S. 24.

anwendbar. Das Urteil bezieht sich, entsprechend der Befugnis des Gerichts, nur auf die Auslegung der EG-Handelsvertreterrichtlinie. Für eine analoge Anwendung auf das nicht vereinheitlichte Vertragshändlerrecht ist kein Raum.

Die Stellungnahmen in der Literatur, die sich auf Verträge vor dem 17.12.2009 beziehen, differieren.

aa) Meinungsstand

2308 Nach einer Auffassung war § 92c Abs. 1 HGB in der ursprünglichen Fassung, die auf eine Niederlassung im Inland abstellte[1], als zwingende wirtschaftspolitische Vorschrift iSd. Art. 34 EGBGB mit der Folge anzusehen, dass Vertragshändler mit Niederlassung im Inland davor geschützt waren, den Ausgleichsanspruch analog § 89b HGB durch kollisionrechtliche, vom Lieferanten wirtschaftlich durchgesetzte Rechtswahl[2] zu verlieren[3].

Nach anderer Auffassung ist eine Rechtswahl unter dem Gesichtspunkt der Umgehung unzulässig, wenn bei einem grenzüberschreitenden Vertragshändlervertrag eine dritte Rechtsordnung zum Vertragsstatut berufen wird, um Ausgleichsansprüche, die nach den sachlich beteiligten Rechtsordnungen bestehen, auszuschließen[4]. Als sachlich beteiligt werden die beiden Rechtsordnungen am jeweiligen Niederlassungsort von Lieferant und Vertragshändler angesehen[5].

Nach einer dritten Auffassung ist außerhalb des Bereichs, in dem eine Rechtsharmonisierung aufgrund der Handelsvertreterrichtlinie erfolgt ist, eine Rechtswahl zugunsten eines Drittstaatrechts auch dann zulässig, wenn dadurch der Minimalstandard der sachlich beteiligten Rechtsordnungen, darunter etwa der deutschen, ausgeschaltet wird[6].

bb) Stellungnahme

2309 Der zuerst genannten Auffassung kann nach der jetzigen Rechtslage nicht beigetreten werden. § 92c Abs. 1 HGB in der jetzigen Fassung kann bei grenzüber-

---

1 § 92c Abs. 1 HGB (BGBl. I 1953, 771 [775]) hatte folgenden Wortlaut: Hat der Handelsvertreter keine Niederlassung im Inland, so kann hinsichtlich aller Vorschriften dieses Abschnitts etwas anderes vereinbart werden.
2 Wird eine Rechtswahlvereinbarung zugunsten eines ausländischen Rechts, das keinen Ausgleichsanspruch kennt, in Allgemeinen Geschäftsbedingungen getroffen, so findet eine Inhaltskontrolle dieser Rechtswahl nicht statt; vgl. *Jayme*, Festschr. Lorenz, S. 435; *Grundmann*, IPRax 1992, 2.
3 Vgl. *Kleinschmidt*, in: Reithmann/Martiny, 4. Aufl. (1988), Rz. 793; vgl. auch *Reich*, NJW 1994, 2130, der bei Handelsvertretern mit Niederlassung im Inland, deren Vertragsbeziehungen zum Prinzipal kraft Rechtswahl ausländischem Recht unterliegen, den Schutz des deutschen Rechts durch eine grundrechtsbezogene Sonderanknüpfung gem. Art. 34 EGBGB sicherstellen will.
4 Vgl. *Kindler*, RIW 1987, 664 (661 f.).
5 Vgl. *Kindler*, RIW 1987, 664 (661 f.).
6 Vgl. *Küstner/von Manteuffel/Meeser*, Rz. 2391–2393 (zum internationalen Handelsvertreterrecht).

schreitenden Vertragshändlerverträgen weder als zwingende wirtschaftspolitische Vorschrift des Art. 34 EGBGB noch als Eingriffsnorm iSd. Art. 9 Abs. 1 Rom I-VO mit der Folge eingestuft werden, dass Vertragshändlern, die ihre Niederlassung oder ihr vertragliches Tätigkeitsgebiet im Inland haben, ein durch Rechtswahl unverlierbarer Ausgleichsanspruch analog § 89b HGB zusteht. Die ursprüngliche Fassung von § 92c Abs. 1 HGB wurde von der Rechtsprechung nicht als eine derartige, international zwingende Vorschrift eingestuft[1]. Die Neufassungen von § 92c Abs. 1 HGB in den Jahren 1989 und 1993 haben daran bei grenzüberschreitenden Vertragshändlerverträgen nichts geändert. § 92c Abs. 1 HGB kann, wie erörtert, auf Vertragshändlerverträge wegen der fehlenden Harmonisierung des Vertragshändlerrechts in der Europäischen Gemeinschaft und im Europäischen Wirtschaftsraum nicht insgesamt analog angewendet werden. Ein Anwendungswille bei grenzüberschreitenden Vertragshändlerverträgen, die kraft Rechtswahl ausländischem Recht unterliegen, kann § 92c Abs. 1 HGB nicht entnommen werden.

Der an zweiter Stelle genannten Auffassung, die die Wahl eines Drittstaatrechts unter dem Gesichtspunkt der Umgehung für unzulässig hält, wenn dadurch der Minimalstandard der sachlich beteiligten Rechtsordnungen ausgeschaltet wird, kann für grenzüberschreitende Vertragshändlerverträge ebenfalls nicht beigetreten werden. Sowohl die in der Rom I-VO als auch die im EGBGB statuierten Einschränkungen der Rechtswahl bei Schuldverträgen zugunsten der Anwendung zwingenden Rechts sind abschließend[2]. Keine dieser Einschränkungen greift bei der genannten Fallkonstellation ein.

Als **Ergebnis** ist festzuhalten, dass ein Lieferant bei einem grenzüberschreitenden Vertragshändlervertrag einem Ausgleichsanspruch des Vertragshändlers analog § 89b HGB durch die Wahl eines ausländischen Rechts, das keinen Ausgleichsanspruch kennt, entgehen kann.

f) Kartellrecht

Mit dem Kartellrecht wird die Marktordnung und der Wettbewerb geschützt. Der Schutz dient wirtschafts- und ordnungspolitischen Zwecken und wird in aller Regel als so entscheidend für die Wahrung des öffentlichen Interesses angesehen, dass sie dort, wo sie sich auswirken, zwingend Anwendung finden, unabhängig davon, wo die fraglichen Handlungen vorgenommen werden. Dies gilt sowohl für deutsches Kartellrecht gem. § 130 Abs. 2 GWB als auch für europäisches Kartellrecht gem. Art. 81, 82 EG. 2310

Frei. 2311–2320

---

1 Vgl. BGH 30.1.1961, NJW 1961, 1061 (1062).
2 Vgl. *Küstner/von Manteuffel/Meeser*, Rz. 2393.

IV. Zusammenfassung mit Handlungsanleitung

2321   1. Das Vertraghändlerrecht ist in aller Regel nicht gesetzlich kodifiziert. Verträge sollten die Rechte und Pflichten der Vertragsparteien daher ausführlich regeln.

2. **Rechtswahl; objektive Anknüpfung**
Bei Abschluss eines grenzüberschreitenden Vertriebsvertrags sollten die Parteien eine Rechtswahl treffen, um das anwendbare Recht soweit wie möglich berechenbar zu machen[1].

3. Aus der Sicht eines Lieferanten mit Niederlassung in Deutschland kann die Wahl eines ausländischen Rechts am Niederlassungsort des Händlers oder in dessen Tätigkeitsgebiet der Wahl deutschen Rechts vorzuziehen sein, etwa wenn **das ausländische Recht** im Gegensatz zum deutschen Recht **keinen Ausgleichsanspruch kennt**[2]. Durch die Wahl eines solchen ausländischen Rechts kann der Lieferant nach der hier vertretenen Auffassung einem Ausgleichsanspruch des Händlers analog § 89b HGB entgehen (vgl. Rz. 2309). Aus der Sicht eines Händlers mit Niederlassung oder Tätigkeitsgebiet im Ausland kann bei einem derartigen Rechtsgefälle umgekehrt die Wahl deutschen Rechts der des betreffenden ausländischen Rechts vorzuziehen sein.

4. Aus der **Sicht eines Händlers mit Niederlassung oder Tätigkeitsgebiet im Inland** kann die Wahl deutschen Rechts derjenigen des ausländischen Rechts am Niederlassungsort des Lieferanten vorzuziehen sein, wenn das deutsche Recht den Händler stärker schützt als das betreffende ausländische Recht. Aus der Sicht eines Lieferanten mit Niederlassungsort im Ausland kann bei einer solchen Konstellation umgekehrt die Wahl des betreffenden ausländischen Rechts derjenigen des deutschen Rechts vorzuziehen sein.

Ist deutsches Recht als Vertragsstatut eines Vertragshändlervertrages berufen, sind danach die Voraussetzungen für eine **analoge Anwendung von Handelsvertreterrecht**[3] gegeben und hat der Händler sein vertragliches Tätigkeitsgebiet im Inland, so ist § 92c Abs. 1 HGB analog mit der Folge anzuwenden, dass insbesondere der Ausgleichsanspruch analog § 89b HGB nicht abdingbar ist (vgl. Rz. 2261).

Ist deutsches Recht als Vertragsstatut eines Vertriebvertrags berufen, sind danach die Voraussetzungen für eine analoge Anwendung von Handelsvertreterrecht gegeben und hat der Alleinvertriebshändler sein vertragliches Tätigkeitsgebiet im Ausland, so können die **§§ 84 ff. HGB** nach der hier vertretenen Auffassung **durch Individualvertrag abbedungen werden** (vgl. Rz. 2262). Der formularmäßige Ausschluss des Ausgleichspruchs in All-

---

1 Zu Vertragsmustern s. *Detzer/Thamm*, S. 24–43; VDMA, S. 5–15; *Schütze/Weipert/Semler*, S. 32–47; *Schütze/Weipert/Lutz*, S. 527–532.
2 AM *Detzer/Thamm*, S. 4, die bei Verträgen mit ausländischen Vertragshändlern die Vereinbarung deutschen Zivilrechts empfehlen.
3 Nämlich Eingliederung des Vertragshändlers in die Absatzorganisation des Lieferanten und Verpflichtung des Vertragshändlers zur Übertragung des Kundenstamms bei Vertragsende; vgl. Rz. 2261.

gemeinen Geschäftsbedingungen, die der Lieferant gestellt hat, ist dagegen gem. § 307 BGB unwirksam, wenn das Recht des Niederlassungsstaats einen Ausgleichsanspruch zwingend vorsieht (vgl. Rz. 2265).

5. **Kartellrechtliche Aspekte**
Das Kartellrecht ist stets zu beachten. Es empfiehlt sich, zwischen Vertragshändlerverträgen mit Vertragsgebiet außerhalb der EG und solchen mit Vertragsgebiet innerhalb der EG zu unterscheiden.

Bei Anwendbarkeit des EG-Kartellrechts ist zu prüfen, ob die Vereinbarung der Gruppenfreistellung unterfällt. Ist dies nicht der Fall, müssen Unternehmen auf die kartellrechtsrelevanten vertraglichen Beschränkungen verzichten.

Im Rahmen des Anwendungsbereichs der GVO 2790/99 führen insbesondere Preisbindungen und Verbote des Weiterverkaufs (Kernbeschränkungen) zur Nichtigkeit des Vertrages. Zulässig ist es aber, dem Vertragshändler den aktiven Weiterverkauf außerhalb seines Vertragsgebietes zu untersagen.

Soll dem Händler für die Vertragsdauer untersagt werden, auch für Konkurrenzunternehmen tätig zu sein, ist zu beachten, dass dies nur für fünf Jahre vereinbart werden kann, Art. 5a GVO Nr. 2790/99. Gegebenenfalls kann es für den Unternehmer von Interesse sein, den Ablauf der Fünfjahresfrist mit der gleichzeitigen Beendigung der Exklusivität des Vertriebsrechts des Händlers zu verbinden.

Frei. 2322–2330

V. Checkliste zur Vertragsgestaltung

1. Vertragsparteien (Name, Anschrift)   2331
2. Vertragsgegenstand (gesamte – aktuelle oder auch künftige – Produktpalette des Herstellers; Beschränkung auf bestimmte Produkte oder Sparten)
3. Vertragsgebiet (Alleinvertrieb, Bezirks- oder Kundenzuweisung; Ausnahmen, die sich Unternehmer vorbehält)
4. Pflichten des Vertragshändlers

    a) Pflicht zur Absatzförderung, Handlung als selbständiger Kaufmann in eigenem Namen für eigene Rechnung; Interessenwahrung des Unternehmers

    b) Werbung (Kostentragung durch Vertragshändler oder Beteiligung des Unternehmers); Messeteilnahme

    c) Informationspflichten (Tätigkeit, Marktentwicklung)

    d) Mindestabnahme

    e) Klarstellung, dass Vertragshändler in der Preis- und Vertragsgestaltung seinen Kunden gegenüber frei ist

f) Verwendung der Schutzrechte des Unternehmers

g) Unterstützung des Unternehmers bei Wettbewerbsverstößen und Schutzrechtsverletzungen Dritter

h) Kundendienstpflichten; Serviceeinrichtungen; Lager des Vertraghändlers (oder Konsignationslager? s.u.); Ersatzteilbevorratung

i) Geheimhaltung

j) Wettbewerbsverbot (EG-Kartellrecht beachten!)

k) Verkaufsverbot außerhalb des Vertragsgebiets (EG-Kartellrecht beachten!)

l) Ernennung von Unter-Vertragshändlern und Handelsvertretern

5. Pflichten des Unternehmers

   a) Unterstützung des Vertragshändlers (Werbematerial, Personalschulung)

   b) Mindestliefermenge

   c) Konsignationslager

6. Direktgeschäfte des Unternehmers im Vertragsgebiet?

7. Provision des Vertragshändlers für Direktgeschäfte des Unternehmers (Höhe, Berechnung, Entstehung, Zahlung)

8. Rabatte des Vertragshändlers (Vertragserzeugnisse, Ersatzteile)

9. Liefer- und Zahlungsbedingungen für Verkäufe des Unternehmers an Vertragshändler (Rahmenvertrag, AGB; Haftung für Mängel, Verspätung, Haftungsbegrenzung)

10. Vertragsdauer (Befristung?)

    a) Ordentliche Kündigung (Frist, Form)

    b) Außerordentliche Kündigung (vertragliche Gründe, die vorzeitige Kündigung rechtfertigen)

    c) Rückgabe von Informationsmaterial an Unternehmer

    d) Abwicklung des Lagers

    e) Abwicklung laufender Aufträge

    f) Ausgleichs- und Entschädigungsansprüche (ggf. Ausschluss)

11. Rechtswahl (zwingende Vorschriften)

12. Gerichtsstand/Schiedsabrede (insb. Anerkennung und Vollstreckbarkeit von Urteilen prüfen); (außerhalb der EU/des EWR Schiedsvereinbarung; innerhalb der EU/des EWR evtl. Gerichtsstandsvereinbarung)

2332–2340 Frei.

Kapitel 7: Finanzmarktverträge

Übersicht

I. **Finanzinstrumente** 2341

II. **Persönlicher Anwendungsbereich für Verbraucherverträge** 2351
  1. Anlage von Privatvermögen als Privatgeschäft 2351
  2. Option für Professionellenstatus unter Anh. II MiFID 2353
  3. Kommissionsgeschäft 2356

III. **Sachlicher Anwendungsbereich für Verbraucherverträge, insbes. Ausnahmen nach Art. 6 Abs. 4 lit. d und e Rom I-VO** 2371
  1. Anleihebedingungen, öffentliche Angebote und Übernahmeangebote 2371
  2. Wertpapiere 2376
  3. Zeichnung und Rückkauf von OGAW-Anteilen 2377
  4. „Rechte und Pflichten, die Bedingungen festlegen" 2378
  5. Rückausnahme für Finanzdienstleistungen in Art. 6 Abs. 4 lit. d Rom I-VO 2380
  6. Geschäfte innerhalb eines Multilateralen Systems (Art. 6 Abs. 4 lit. e Rom I-VO) 2387
    a) Grundsätzliches 2387
    b) Verbraucher und Teilnahme an multilateralen Systemen . 2388

IV. **Anwendbares Recht für einzelne Transaktionstypen** ... 2401
  1. Devisentermin- und Devisenoptionsgeschäfte 2401
  2. Aktienkaufvertrag 2404
  3. Erwerb von Optionsrechten.... 2409
  4. Anleihenerwerb 2411
  5. Qualifikation als Börsentermin- oder als Kassageschäft oder als sonstige Transaktion mit besonderem Schutzregime.......... 2412
  6. Grenzüberschreitende Wertpapierübertragungen 2414
    a) Grundsätzliches 2414
    b) Bedeutung des § 17a DepotG 2415

  c) Haager Übereinkommen 2419
  d) Europäische Richtlinie über Finanzsicherheiten 2421

V. **Anwendbares Recht für Geschäfte innerhalb eines multilateralen Systems** 2431
  1. Begriff und Verweisung in Art. 4 Abs. 1 lit. h Rom I-VO 2432
    a) Nur partielle Ausfüllung durch Art. 4 Abs. 1 Nr. 17 iVm. Anhang I Abschnitt C MiFID 2432
    b) Multilaterales System....... 2434
  2. Rechtswahl für den einzelnen Vertrag.................... 2439
  3. Rechtswahl für das „Recht des Systems" 2440
  4. Objektive Anknüpfung für das „Recht des Systems" 2442
    a) Differenzierung nach Organisationsgrad, insbes. nach Zentralstelle oder Clearingstelle 2443
    b) Herkunftslandprinzip entsprechend Art. 31 Abs. 1; 36 Abs. 4 MiFID? 2446

VI. **Anwendbares Recht für Fondskonstruktionen** 2461
  1. Investment Privater in Fondsanteile 2462
  2. Investition durch den Fonds 2463
  3. Angemessenheit kollisionsrechtlichen Anlegerschutzes? .. 2464
  4. Internationales Verbrauchervertragsrecht für Rechte und Pflichten der Anleger innerhalb des Fonds? 2467

VII. **Anknüpfung für Brokerverträge**. 2481
  1. Brokervertrag 2481
    a) Internationales Verbrauchervertragsrecht 2482
    b) Rechtswahl 2485
    c) Objektive Anknüpfung über Art. 4 Rom I-VO 2486

Rz.		Rz.
d) Art. 46b Abs. 4 Nr. 5 EGBGB als Umsetzung von Art. 12 Abs. 2 RL 2002/65/EG 2492	ee) Herkunftslandprinzip bei Anbietern aus dem EU/EWR-Raum	2511
2. Erwerbs- oder Veräußerungsgeschäft 2494	2. Termin- und Differenzeinwand .	2512
VIII. Besondere Anknüpfung von Schutzvorschriften des deutschen Rechts 2501	**IX. Nichtvertragliche Haftung** ..... 1. Deliktische Haftung des Brokers	2521 2521
1. Informationspflichten aus § 31 WpHG 2501	2. Haftung des Brokers aus culpa in contrahendo nach Art. 12 Abs. 1 Rom II-VO iVm.	
a) Mehrfache Reformierung des deutschen Sachrechts 2501	Art. 6 Rom I-VO.............	2522
b) Besondere Anknüpfungsnorm in § 31 Abs. 10 WpHG. 2503	3. Haftung von Organpersonen einer Brokergesellschaft .... 4. Vermittlerhaftung	2526 2527
aa) Grundsätzliche Einordnung 2504	5. Deliktische Haftung von Hilfspersonen des Brokers	2528
bb) Ausnahmetatbestand bei ausschließlich in einem Drittstaat erbrachten Dienstleistungen....... 2505	6. Prospekthaftung............. **X. Internationalverfahrensrechtliche Probleme bei Schiedsklauseln**	2530 2541
cc) Kein strikter Umkehrschluss 2507	**XI. Zusammenfassung mit Handlungsanleitung**	2551
dd) Anknüpfungspunkt..... 2508		

Literatur: Für Literatur bis 2004 s. 6. Aufl. Rz. 1239. Danach: *Einsele*, Bank- und Kapitalmarktrecht (2006); *Einsele*, Auswirkungen der Rom I-Verordnung auf Finanzdienstleistungen, WM 2009, 289; *Garcimartín Alférez*, New Issues in the Rome I Regulation: The Special Provisions on Financial Market Contracts, in: Cashin Ritaine/Bonomi (Hrsg.), Le nouveau règlement européen „Rome I" relatif à la loi applicable aux obligations contractuelles (Zürich 2008), S. 161; *Garcimartín Alférez*, New Issues in the Rome I Regulation: The Special Provisions on Financial Market Contracts, Yb. PIL 10 (2008), 245; *Garcimartín Alférez*, The Rome I Regulation: Exceptions to the Rule on Consumer Contracts and Financial Instruments, (2009) 5 J. PIL 85; *M. Lehmann*, Financial Instruments, in: *Ferrari/Leible* (Hrsg.), Rome I Regulation (München 2009), S. 85; *Mankowski*, Finanzverträge und das neue Internationale Verbrauchervertragsrecht des Art. 6 Rom I-VO, RIW 2009, 98; *Villata*, La legge applicabile ai „contratti dei mercati regolamenti" rel Regolamento Roma I, in: Liber Fausto Pocar (2009), S. 967; *Wood*, Conflict of Laws and International Finance (London 2007).

I. Finanzinstrumente

2341 **Finanzinstrumente** werden in Art. 6 Abs. 4 lit. d Var. 1 Rom I-VO zur eigenständigen Kategorie des europäischen IPR. Für Finanzinstrumente als solche enthält Art. 6 Abs. 4 lit. d Var. 1 Rom I-VO eine eingeschränkte Ausnahme vom Internationalen Verbrauchervertragsrecht: „d) Rechte und Pflichten im Zusammenhang mit einem Finanzinstrument sowie Rechte und Pflichten, durch die die Bedingungen für die Ausgabe oder das öffentliche Angebot und öffentliche Übernahmeangebote bezüglich übertragbarer Wertpapiere und die Zeichnung oder den Rückkauf von Anteilen an Organismen für gemeinsame

Anlagen in Wertpapieren festgelegt werden, sofern es sich dabei nicht um die Erbringung von Finanzdienstleistungen handelt".

„**Finanzinstrumente**" ist ein terminus technicus des gemeinschaftsrechtlichen Finanzmarktrechts. Nach Erwägungsgrund 30 Rom I-VO ist „Finanzinstrumente" in der Rom I-VO immer im Sinne der MiFID und – noch genauer – in dem Sinne zu verstehen ist, wie ihn Art. 4 Abs. 1 Nr. 17 iVm. Anh. I Abschn. C MiFID umschreiben[1]. Der Katalog des Anh. I Abschn. C MiFID ist im Prinzip umfassend und detailliert angelegt. Er lehnt sich an im Markt gebräuchliche Terminologie an[2], zB **Terminkontrakte, Futures, Swaps** und **Optionen**[3]. Er arbeitet allerdings häufig mit einem komplizierten und seinerseits ausfüllungsbedürftigen System von eher weiten Definitionen oder Umschreibungen und konditionierenden Einschränkungen. Häufig bleibt zu fragen, was sich hinter einzelnen Begriffen des Katalogs verbergen soll. Zudem gilt es, den Katalog auch ohne Wortlautveränderung an die fortschreitenden und stetigen Entwicklungen auf den Finanzmärkten dynamisch anzupassen. 2342

Finanzinstrumente stehen im Grundsatz umfassend für Securities Transactions und entfernen sich damit vom bisherigen deutschrechtlichen Verständnis, das stärker nach einzelnen Transaktionstypen zu geneigt war, zB Warenterminkontrakten, Devisenterminkontrakten oder Devisenoptionsgeschäften in Abgrenzung zu Geschäften über Aktien, Optionsscheine, Call- oder Put-Optionen. Allerdings gibt es keine umfassende und einheitliche Kollisionsnorm für die Anknüpfung aller Arten von Finanzinstrumenten, so dass es auf der Anknüpfungsebene doch wieder zu Differenzierungen kommen kann. 2343

Frei. 2344–2350

II. Persönlicher Anwendungsbereich für Verbraucherverträge

1. Anlage von Privatvermögen als Privatgeschäft

Der persönliche Anwendungsbereich des Internationalen Verbrauchervertragsrechts aus Art. 6 Rom I-VO ist in der Regel eröffnet, soweit privates Vermögen angelegt wird. Denn die **Anlage privaten Vermögens** gehört grundsätzlich zum **Privatbereich**, solange sie keinen zeitlichen und sachlichen Umfang annimmt, der eine professionelle Organisation erforderlich macht[4]. Ebenso wenig ist Ge- 2351

---

1 *Garcimartín Alférez*, EuLF 2008, I-61, I-72 Nr. 57 (d) (i).
2 Note from the United Kingdom Delegation to the Committee on Civil Law Matters (Rome I) of 31 January 2007, 5857/07 JUSTCIV 16 CODEC 81, S. 4 para. 9.
3 *Garcimartín Alférez*, Yb. PIL 10 (2008), 245 (252); *Villata*, Liber Fausto Pocar (2009), S. 967 (970 f.).
4 S. nur EuGH 19.1.1993 – Rs. C-89/91 (Shearson Lehmann Hutton Inc./TVB Treuhandgesellschaft für Vermögensverwaltung und Beteiligungen mbH), Slg. 1993, I-139, I-189 Rz. 22; OLG Düsseldorf 14.1.1994, IPRspr. 1994 Nr. 23 = RIW 1994, 420 Anm. *Mankowski*; OLG Köln 15.12.1997, IPRspr. 1997 Nr. 55 = OLG-Report Köln 1998, 166 (dazu *Mankowski*, EWiR Art. 29 EGBGB 1/98, 455); *Standard Bank London Ltd.* v. *Dimitrios and Styllani Apostolakis* [2000] I.L.Pr. 766, 771 para. 15 (Q.B.D., *Longmore* J.);

winnerzielung durch in größerem Umfang getätigte Wertpapiergeschäfte für sich allein eine berufliche oder gewerbliche Tätigkeit[1]. Auch Privatleute haben Vermögen und können an dessen Mehrung arbeiten. Mit dessen Anlage bieten sie keine Dienstleistung am Markt an, sondern fragen vielmehr genau umgekehrt Leistungen anderer (nämlich von Beratern und Anlageinstitutionen) nach. Privatsache ist eben nicht nur der Konsum (dh. der Erwerb zum Verbrauch), sondern auch jedes Arbeiten mit Gegenständen des Privatvermögens für private Zwecke und jede Fruchtziehung wie jeder Fruchtgenuss aus dem Privatvermögen[2].

2352 Der Ansatz des Art. 6 Rom I-VO ist hinsichtlich des persönlichen Anwendungsbereichs ein abstrakter Ansatz. Es kommt nicht darauf an, ob ausnahmsweise der konkrete Private kein typischer Verbraucher ist, sondern Markt- und Branchenkenntnisse hat, die denen eines gewerblich Agierenden nahe kommen. Konkrete subjektive Rechts- oder Tatsachenunkenntnis ist nicht verlangt. Richter, Steuerprüfer und Student der Betriebswirtschaft werden geschützt, sofern sie nur in privater Kapazität agieren. Die Informationsasymmetrie wird unwiderleglich vermutet. Damit vermeidet man langwierige und aufwändige Streitigkeiten um konkrete Widerlegungen, die angesichts der immer dem Unternehmer aufzuerlegenden Beweislast für die fehlende Verbrauchereigenschaft zumeist nur zu frustrierten Kosten führen würden.

2. Option für Professionellenstatus unter Anh. II MiFID

2353 Anh. II MiFID erlaubt Kunden von Investmentfirmen, die anderenfalls als Endkunden angesehen würden, unter bestimmten Voraussetzungen für einen professionellen Status optieren zu können. Jene Voraussetzungen heben prinzipiell auf erhöhte Erfahrung des Kunden mit Finanzgeschäften ab. Wird die Option erklärt, so nimmt dies dem Kunden bestimmte, ansonsten sachrechtlich zwingende Schutzrechte. Eine Ausnahme von Art. 6 Rom I-VO, falls diese Option erklärt würde, wurde zwar erwogen[3], sogar in Gestalt eines eigenen Er-

---

Standard Bank London Ltd. v. *Dimitrios and Styllani Apostolakis* [2001] Lloyd's Rep. Bank. 240, 250 para. 51 (Q.B.D., *Steel* J.); *Wach/Weberpals*, AG 1989, 193 (196); *P. Schlosser*, Festschr. Ernst Steindorff (1990), S. 1379 (1383); *Dannhoff*, Das Recht der Warentermingeschäfte (1993), S. 195; *Samtleben*, in: Hopt/Baum/Rudolph (Hrsg.), Börsenreform (1997), S. 469 (513); *Mankowski*, AG 1998, 11 (13 f.); *Floer*, Internationale Reichweite der Prospekthaftung (2002), S. 69; *Krammer*, Internet Brokerage (2002), S. 201–203; *Magnus*, in: Staudinger, Art. 29 EGBGB Rz. 33.
AA *R. Schütze*, JbPraxSch 1 (1987), 94 (101); *R. Schütze*, EWiR § 61 BörsG 1/89, 681 (682); *Triebel/Peglow*, ZIP 1987, 613 (616); *Raeschke-Kessler*, EuZW 1990, 145 (150); *Kowalke*, Die Zulässigkeit von internationalen Gerichtsstands-, Schiedsgerichts- und Rechtswahlklauseln bei Börsentermingeschäften (2002), S. 72 mit S. 54–72.
1 OLG Frankfurt 26.11.2008, WM 2009, 718.
2 S. *Standard Bank London Ltd.* v. *Dimitrios and Styllani Apostolakis* [2000] I.L.Pr. 766, 773 para. 21 (Q.B.D., *Longmore* J.).
3 Vermerk der Kommissionsdienststellen für den Ausschuss für Zivilrecht (Rom I) vom 15.3.2007, 7418/07 JUSTCIV 55 CODEC 228, S. 6.

wägungsgrundes[1], aber letztlich wegen befürchteter Handhabungsprobleme doch nicht umgesetzt[2].

Daher sind auch solche Kunden, welche die Option erklärt haben, in das generelle Schema des Art. 6 Rom I-VO einzufügen. Auch für sie ist der private, nicht-professionelle Charakter des Investments festzustellen, unabhängig von dessen Höhe[3]. Jedoch hat die erklärte Option Auswirkungen auf das Schutzniveau, die sich auch im IPR niederschlagen: Im Fall einer Rechtswahl stehen solche Verbraucherschutzvorschriften des Aufenthaltsrechts nicht mehr zu Gebote, denen durch die Option auf legale Weise derogiert wurde, denn sie sind dann nicht mehr sachrechtlich zwingend. Sie scheiden im Ergebnis auch aus dem objektiven Verbrauchervertragsrecht insgesamt aus[4]. 2354

Bei partieller Option für den **Professionellenstatus** wird entscheidend, dass die Verbrauchereigenschaft kein Status ist, sondern sich nach der Rolle in der konkreten Transaktion bestimmt. Daraus kann im Grundsatz nur folgen: Soweit es sich um Geschäfte mit Wertpapieren handelt, hinsichtlich derer eine Option für den Professionellenstatus erfolgt ist, hat man es nicht in vollem Umfang mit einem Verbraucher zu tun; soweit es sich aber um Geschäfte mit Wertpapieren handelt, hinsichtlich derer keine Option für den Professionellenstatus erfolgt ist, hat man es dagegen mit einem Verbraucher zu tun[5]. 2355

3. Kommissionsgeschäft

Beim **Kommissionsgeschäft** wird der private Anleger nicht selbst Vertragspartei des Ausführungsgeschäfts. Auf die von ihm verfolgten Zwecke kann es daher nicht ankommen. In diesem Fall kommen – ebenso wie bei eigener Vertragspartnerposition des Anlegers, aber Nichtanwendbarkeit des Art. 6 Rom I-VO – die allgemeinen Regeln zum Zuge: Art. 3 Rom I-VO eröffnet die Möglichkeit zur Rechtswahl. Bei Fehlen einer Rechtswahl führt Art. 4 Abs. 1 lit. a iVm. Art. 19 Abs. 2 Rom I-VO zum Recht am Ort der vertragsbetreuenden Niederlassung des Veräußerers, wenn dieser gewerblich handelt. Ist ausnahmsweise der private Anleger selbst Veräußerer, so führt Art. 4 Abs. 1 lit. a iVm. Art. 19 Abs. 1 Rom I-VO zum Recht seines gewöhnlichen Aufenthalts. 2356

Frei. 2357–2370

---

1 Vermerk der Kommissionsdienststellen für den Ausschuss für Zivilrecht (Rom I) vom 15.3.2007, 7418/07 JUSTCIV 55 CODEC 228, S. 6.
2 *Garcimartín Alférez*, EuLF 2008, I-61, I-73 Nr. 58; *Garcimartín Alférez*, Yb. PIL 10 (2008), 245 (256).
3 *Mankowski*, RIW 2009, 98 (113).
4 *Mankowski*, RIW 2009, 98 (113).
5 *Mankowski*, RIW 2009, 98 (113).

III. Sachlicher Anwendungsbereich für Verbraucherverträge, insbes. Ausnahmen nach Art. 6 Abs. 4 lit. d und e Rom I-VO

1. Anleihebedingungen, öffentliche Angebote und Übernahmeangebote

2371 Bei **öffentlichen Angeboten** – also zuvörderst **Initial Public Offerings** (IPOs)[1] –, Bankgeschäften und strukturierten Finanztransaktionen ist das Interesse an der Anwendung nur *eines* Rechts[2] und der Möglichkeit zu einer einheitlichen Gestaltung durch einheitliche Rechtswahl. Dieses würde einerseits durch eine Überlagerung durch Eingriffsrecht gestört[3] und zum anderen durch das Günstigkeitsprinzip des Verbrauchervertrags-IPR wie durch eine objektive Anknüpfung jeweils an den gewöhnlichen Aufenthalt der Verbraucher[4]. Die potenzielle Anwendung mehrerer Rechtsordnungen und die planende Rücksichtnahme darauf würden geeignet sein, das grenzüberschreitende Anbieten von Aktien, Schuldverschreibungen und ähnlichem an Endkunden zu verhindern[5], zumindest aber einzuschränken. Insoweit ist es konsequent, das Interesse an Einheitlichkeit und Gestaltungspotenzial zu schützen, indem man das Verbraucherschutzrecht zurückdrängt. Erwägungsgrund 29 S. 1 Rom I-VO betont diese Motivation. Anderenfalls sieht er die Fungibilität und damit die Existenz eines Marktes an sich bedroht[6].

2372 Art. 6 Abs. 4 lit. d Rom I-VO greift nur, sofern die Rom I-VO überhaupt anwendbar ist. Dies ist nicht der Fall, soweit Inhaberpapiere als handelbare Wertpapiere bereits durch Art. 1 Abs. 2 lit. d Var. 3 Rom I-VO vom Anwendungsbereich der Rom I-VO insgesamt ausgenommen sind[7]. Insoweit garantiert Art. 6 Abs. 4 lit. d Rom I-VO keine Befreiung von nationalen Verbraucherschutzregeln. Es lässt sich nicht argumentieren, dass er jedenfalls befreie[8], denn er kann nur von den europäischen Regeln befreien.

---

1 Zu IPOs und internationaler Anwendbarkeit des deutschen Finanzmarktrechts grundlegend *Assmann*, Festschr. Schütze (1999), S. 17.
2 Note from the United Kingdom Delegation to the Committee on Civil Law Matters (Rome I) of 31 January 2007, 5857/07 JUSTCIV 16 CODEC 81, S. 2 para. 4.
3 Näher *Dutson*, (2006) 122 L.Q.R. 374 (377); *Dutson*, [2006] JIBFL 300 (301 f.); *Dickinson*, (2007) 3 JPrIL 53.
4 Note from the United Kingdom Delegation to the Committee on Civil Law Matters (Rome I) of 31 January 2007, 5857/07 JUSTCIV 16 CODEC 81, S. 2 para. 3; *Dickinson*, [2006] JIBFL 171 (173). Aufgenommen in: Vermerk der Kommissionsdienststellen für den Ausschuss für Zivilrecht (Rom I) vom 15.3.2007, 7418/07 JUSTCIV 55 CODEC 228, S. 5.
5 So Vermerk der Kommissionsdienststellen für den Ausschuss für Zivilrecht (Rom I) vom 15.3.2007, 7418/07 JUSTCIV 55 CODEC 228, S. 5.
6 Näher zB *M. Lehmann*, in: Ferrari/Leible (Hrsg.), The Rome I Regulation (2009), sub III 2 B.
7 Eingehend *M. Lehmann*, in: Ferrari/Leible (Hrsg.), The Rome I Regulation (2009), sub III 2 A. Verunklarend *Einsele*, WM 2009, 289 (294 f.).
8 So aber *Garcimartín Alférez*, Yb. PIL 10 (2008), 245 (252).

Öffentliche Angebote beschränken sich nicht auf *Initial* Public Offerings. Sie 2373
beschränken sich nicht auf Neuemissionen[1]. Vielmehr erfassen sie auch öffentliche Angebote bereits existierender Wertpapiere im Zusammenhang mit so genannten private to public operations[2]. Generell sind öffentliche Angebote für Primär- wie Sekundärmärkte gleichermaßen gemeint[3].

Bei Beziehungen zwischen den so genannten Underwriters und den Investoren, 2374
wenn die Vermarktung über ein **firm commitment underwriting** ausgeführt wird[4], ist nach den Modalitäten zu differenzieren, wie die Investoren gewonnen werden: Wenn etwa eine Bank zeichnet und über Beratungsgespräche an ihre Privatkunden weiter vertreibt, fehlt es diesem Vertriebsweg am Öffentlichen. Die Kommunikation wählt dann einen individuellen Weg, auch wenn sie mit Prospekten und Drucksachen arbeitet. Sie erfolgt aber nicht über ein Medium der Massenkommunikation. Dagegen dürften Massenversendungen der Bank an ihre Privatkunden als Massenkommunikation hinreichend unpersönlich und nicht individualisiert sein.

Öffentliche Angebote und erst recht öffentliche Übernahmeangebote begegnen 2375
auch noch in anderen Rechtsakten des Gemeinschaftsrechts. Dies gilt namentlich für die ProspektRL[5] und die ÜbernahmeRL[6]. Es wurde erwogen, beide in einem Erwägungsgrund – gedacht war an eine Nummer 27 – der Rom I-VO ergänzend in Bezug zu nehmen. Davon nahm man jedoch wegen des engeren Anwendungsbereichs, der sich insbesondere auf Vorgänge im Gemeinsamen Markt beschränkte und so mit einer allseitigen loi uniforme wie Art. 6 Abs. 4 lit. d Rom I-VO gewisse Spannungen aufweisen würde, wieder Abstand[7]. Trotzdem kann man, soweit sie passen und soweit dies angemessen ist, beide als argumentative Stützen noch heranziehen[8].

---

1 *Garcimartín Alférez*, EuLF 2008, I-61, I-72 f. Nr. 57 (d) (ii); *Garcimartín Alférez*, Yb. PIL 10 (2008), 245 (253).
2 *Garcimartín Alférez*, EuLF 2008, I-61, I-72 f. Nr. 57 (d) (ii); *Garcimartín Alférez*, Yb. PIL 10 (2008), 245 (253).
3 *Garcimartín Alférez*, EuLF 2008, I-61, I-72 f. Nr. 57 (d) (ii); *Garcimartín Alférez*, Yb. PIL 10 (2008), 245 (253).
4 Dafür *Garcimartín Alférez*, EuLF 2008, I-61, I-72 f. Nr. 57 (d) (ii); *Garcimartín Alférez*, Yb. PIL 10 (2008), 245 (253).
5 Richtlinie 2003/71/EG des Europäischen Parlaments und des Rates vom 4.11.2003 betreffend den Prospekt, der beim öffentlichen Angebot von Wertpapieren oder bei deren Zulassung zum Handel zu veröffentlichen ist, und zur Änderung der Richtlinie 2001/34/EG, ABl. EU 2003 Nr. L 345, S. 64.
6 Richtlinie 2004/25/EG des Europäischen Parlaments und des Rates vom 21.4.2004 über Übernahmeangebote, ABl. EU 2004 Nr. L 142, S. 12.
7 Vermerk der Kommissionsdienststellen für den Ausschuss für Zivilrecht (Rom I) vom 15.3.2007, 7418/07 JUSTCIV 55 CODEC 228, S. 5; *Garcimartín Alférez*, EuLF 2008, I-61, I-72 f. Nr. 57 (d) (ii); *Garcimartín Alférez*, Yb. PIL 10 (2008), 245 (253).
8 *Garcimartín Alférez*, EuLF 2008, I-61, I-72 f. Nr. 57 (d) (ii); *Garcimartín Alférez*, Yb. PIL 10 (2008), 245 (253); *Villata*, Liber Fausto Pocar (2009), S. 967 (973–975).

2. Wertpapiere

2376 Der Begriff des Wertpapiers im europäischen IPR ist nicht traditionell-papiergebunden zu verstehen, sondern modern und den Gegebenheiten elektronischer Transaktionen entsprechend. Er umfasst Bestände auch an entmaterialisierten Wertrechten. Sinnvoll erscheint ein Rekurs auf den gemeinschaftsrechtlichen Begriff des Wertpapiers. Die implizite Verweisung geht auf Anh. I Abschn. C MiFID[1]. Erwägungsgrund 30 Rom I-VO verweist sogar für den Terminus „übertragbares Wertpapier" wie für „Finanzinstrument" explizit auf die MiFID, beides zudem im spezifischen Erläuterungskontext zu Art. 6 Abs. 4 Rom I-VO. Allerdings wenden sich Art. 4 Abs. 1 Nr. 18 wie Anh. I Abschn. C Nr. 1 MiFID ebenfalls nur den „übertragbaren Wertpapieren" zu und versucht sich nicht an einer übergreifenden Definition des Begriffs **„Wertpapier"**.

3. Zeichnung und Rückkauf von OGAW-Anteilen

2377 Für Zeichnung und Rückkauf von Anteilen an **Organismen für gemeinsame Anlagen in Wertpapieren (OGAW)** macht Art. 6 Abs. 4 lit. d Var. 2 Rom I-VO eine Ausnahme vom Internationalen Verbrauchervertragsrecht. Der Begriff jener Organismen stammt aus der OGAW-Richtlinie[2], auf die Erwägungsgrund 29 Rom I-VO ausdrücklich Bezug nimmt. Die Bezugnahme erfolgt allerdings nur für die Einschränkung in Art. 6 Abs. 4 lit. d Rom I-VO, zudem mit der Maßgabe, dass es letztendlich unerheblich sei, ob ein Sachverhalt von der OGAW-Richtlinie erfasst werde oder nicht, weil die kollisionsrechtliche Aussage sowohl für Sachverhalte innerhalb wie für Sachverhalte außerhalb der OGAW-Richtlinie gleichermaßen gelte[3]. Letztlich werden OGAW erwähnt, um Zeichnung und Rückkauf von OGAW-Anteilen auch hinsichtlich solcher Aspekte zu erfassen, die sich nicht automatisch aus dem Begriff des Finanzinstruments ergeben[4]. Andererseits indizieren OGAW eine zentrale Richtung, indem sie Strukturierungen jenseits der einzelnen Verträge und kollektive Momente ins Spiel bringen. Insoweit stehen sie gleichsam *pars pro toto* für die zentrale Schlagrichtung der Ausnahme.

4. „Rechte und Pflichten, die Bedingungen festlegen"

2378 Art. 6 Abs. 4 lit. d Rom I-VO nimmt „Rechte und Pflichten, die Bedingungen festlegen", aus. Dies kann man nicht wörtlich verstehen[5]. Wörtlich genommen müsste es dann nämlich Rechte und Pflichten geben, durch die Bedingungen für die Ausgabe oder das öffentliche Angebot und öffentliche Übernahmeangebote bezüglich übertragbarer Wertpapiere und die Zeichnung oder den

---

1 Ebenso *Garcimartín Alférez*, EuLF 2008, I-61, I-72 f. Nr. 57 (d) (ii).
2 Richtlinie 85/611/EWG des Rates vom 20.12.1985 zur Koordinierung der Rechts- und Verwaltungsvorschriften betreffend bestimmte Organismen für gemeinsame Anlagen in Wertpapieren, ABl. EG 1985 Nr. L 375, S. 3.
3 *Mankowski*, RIW 2009, 98 (101).
4 *Garcimartín Alférez*, EuLF 2008, I-61, I-73 Nr. 57 (d) (iii).
5 Ebenso *M. Lehmann*, in: Ferrari/Leible (Hrsg.), S. 85 (95).

Rückkauf von Anteilen an Organismen für gemeinsame Anlagen in Wertpapieren festgelegt werden – also Rechte und Pflichten, die Bedingungen festlegen, namentlich für IPOs. Es geht laut den Materialien um „die eigentliche Natur eines Finanzinstruments – die ihm innewohnenden Rechte und Pflichten"[1]: Rechtlich gesehen bestehe ein Finanzinstrument aus einem Bündel von vertraglichen Rechten und Pflichten, die in den einfachsten Fällen zwischen dem Emittenten und dem Inhaber des Instruments zur Anwendung kämen[2]. Im Fall einer einfachen Schuldverschreibung etwa bestehe das Wesen jener Schuldverschreibung, die vom Emittenten direkt an den Endkunden begeben werde, in einem Vertrag zwischen dem Emittenten und diesem Kunden, wonach der Emittent ua. zur Zahlung verpflichtet sei und der Kunde parallel dazu das Recht habe, den Kapitalbetrag und die Zinsen gem. den Bedingungen der Schuldverschreibung zu erhalten[3].

Damit wird immerhin klar, dass die im Finanzinstrument enthaltenen Rechte und Pflichten ausgenommen sein sollen. Diese werden ihrerseits definiert durch die Anleihebedingungen[4]. Sprachlich hat man dies missglückt ausgedrückt, nachgerade umgedreht: Nicht die Rechte und Pflichten konstituieren die Bedingungen, sondern umgekehrt konstituieren die Bedingungen die Rechte und Pflichten. Erwägungsgrund 26 S. 2 Rom I-VO spricht treffender von allen Aspekten, „durch sie sich der Emittent bzw. Anbieter gegenüber dem Verbraucher verpflichtet". 2379

5. Rückausnahme für Finanzdienstleistungen in Art. 6 Abs. 4 lit. d Rom I-VO

Am Ende des Art. 6 Abs. 4 lit. d Rom I-VO befindet sich eine Rückausnahme für **Finanzdienstleistungen**, die wieder zur Anwendung der Art. 6 Abs. 1–3 Rom I-VO zurückführt. Sachlich bezieht sie sich nach der Entstehungsgeschichte nur auf Art. 6 Abs. 4 lit. d Var. 1, aber nicht Var. 2 Rom I-VO[5]. Die Verweisung auf Anhang I Teile A und B MiFID in Erwägungsgrund 26 Rom I-VO nimmt nur begrenzt Bezug auf den Bereich der Ausnahme[6]. 2380

Kollektive Aspekte unterfallen der Ausnahme, individuelle Aspekte der Rückausnahme[7]. Die Ausnahme regiert gleichsam die Aktionen des Anbieters gegenüber der Gesamtheit der Kunden, die Rückausnahme dagegen die Aktionen 2381

---

1 Vermerk der Kommissionsdienststellen für den Ausschuss für Zivilrecht (Rom I) vom 15.3.2007, 7418/07 JUSTCIV 55 CODEC 228, S. 5.
2 Vermerk der Kommissionsdienststellen für den Ausschuss für Zivilrecht (Rom I) vom 15.3.2007, 7418/07 JUSTCIV 55 CODEC 228, S. 5.
3 Vermerk der Kommissionsdienststellen für den Ausschuss für Zivilrecht (Rom I) vom 15.3.2007, 7418/07 JUSTCIV 55 CODEC 228, S. 5.
4 *Mankowski*, RIW 2009, 98 (106) sowie *M. Lehmann*, in: Ferrari/Leible (Hrsg.), Rome I Regulation (2009), S. 85 (95).
5 Eingehend *Mankowski*, RIW 2009, 98 (104 f.).
6 Kritisch *M. Lehmann*, in: Ferrari/Leible (Hrsg.), Rome I Regulation (2009), S. 85 (97).
7 *Garcimartín Alférez*, EuLF 2008, I-61, I-73 Nr. 57 (d) (iii); *Mankowski*, RIW 2009, 98 (105).

des Anbieters (oder Dritter) spezifisch gegenüber dem individuellen Kunden[1]. Die Ausnahme bezieht sich auf die für alle Kunden geltenden Bedingungen und öffentlichen Angebote. Sie bezieht sich auf die Organisation der Kundengemeinschaft. Sie bezieht sich auf die Massenaspekte. Insoweit soll es den Anbietern nicht zugemutet werden, sich auf das Aufenthaltsrecht der einzelnen Kunden einstellen zu müssen. Die Kapitalanlage durch Investition entfernt sich vom traditionellen Normalfall des Austauschvertrages zwischen zwei Personen. Denn ein einfacher Austauschvertrag bleibt weitgehend unberührt von Kollektivhandlungsproblemen und den möglichen Konflikten innerhalb einer Gläubigermehrheit. Ein Käufer steht nicht in fortdauernder Konkurrenz oder unter einer latenten Kooperationsnotwendigkeit im Verhältnis zu anderen Käufern desselben Verkäufers. Bei Investoren verhält sich dies anders oder kann sich zumindest anders verhalten. Das Investment verbindet über das gemeinsame Objekt und lässt einerseits Interessendivergenzen, andererseits Trittbrettfahrerstrukturen mit suboptimalen Geschwindigkeiten für erste Aktionen aufbrechen. In der Folge entwickelt sich auch das Kapitalanlagerecht ein Stück weit weg vom bipolaren Vertragsrecht hin zur Berücksichtigung einer ausgedehnten Parteistruktur[2].

2382 Trotzdem gibt es individuelle Aspekte, die sich nur im Verhältnis gegenüber dem einzelnen Anleger abspielen: Dazu zählen jedenfalls die Übermittlung von Weisungen und die individuelle Anlageberatung[3], außerdem Verwahrung und Verwaltung von Anlageobjekten[4]. Auch der Abschluss des einzelnen Vertrages ist eine individuelle Angelegenheit[5]. Er vollzieht sich über Individualkommunikation und nicht über Massenkommunikation. Der Anbieter kommuniziert insoweit nicht mit einer amorphen Masse ihm bekannter oder unbekannter Interessenten, sondern vielmehr mit einem konkreten Gegenüber. Er kann dessen Bonität klären, und ihm stehen alle Mittel vertraglichen Selbstschutzes zu Gebote.

2383 Die Ausnahme soll eine einheitliche Anbahnung und Gestaltung einheitlicher Verträge erlauben. Sie betrifft allein die Vertragsabschlussphase und deren Vorfeld[6]. Dagegen betrifft sie jedenfalls nicht die nachfolgende Erfüllungsphase als solche. Was sich in der Erfüllungsphase abspielt, spielt sich unter einem zuvor abgeschlossenen, individuellen Vertrag ab. Die Erfüllung des einzelnen Vertrages hat keinen unmittelbaren Bezug zur Erfüllung anderer Verträge. Das Schicksal des einzelnen Vertrages in der Erfüllungsphase weist kein Junktim mit dem Schicksal anderer Verträge auf. Daher fallen die Finanzdienstleistungen, die in Erfüllung des einzelnen Vertrages erbracht werden, unter die Rückausnahme, denn ihr Bezugsgegenstand ist der einzelne Vertrag und kann nur

---

1 *Mankowski*, RIW 2009, 98 (105).
2 *Bagheri/Nakajima*, (2002) 23 Comp. Lawyer 14 (15); *Mankowski*, RIW 2009, 98 (105).
3 *Garcimartín Alférez*, EuLF 2008, I-61, I-73 Nr. 57 (d) (iii).
4 *Villata*, Liber Fausto Pocar (2009) S. 967, 976.
5 *Garcimartín Alférez*, EuLF 2008, I-61, I-73 Nr. 57 (d) (iii).
6 *Mankowski*, RIW 2009, 98 (105).

der einzelne Vertrag sein. Insoweit hat der Anbieter seinen einzelnen Kunden vor Augen und kann das Rechtsanwendungsrisiko kalkulieren[1].

Die Rückausnahme umfasst nur die unter dem Vertrag erbrachten Finanzdienstleistungen. Diese Finanzdienstleistungen vollziehen sich aber auf der Grundlage der einheitlichen Bedingungen, wie sie im Rahmen des Vertragsschlusses zur Vertragsgrundlage und zum Vertragsinhalt geworden sind. Die Rückausnahme kann nicht zu einer Inhaltskontrolle von Vertragsbedingungen des Investments führen, auch soweit sich einzelne Vertragsbedingungen mit der Erfüllungsphase befassen. Alles, was die Vertragsbedingungen des Investments als solchen betrifft, gehört zur Ausnahme und nicht zur Rückausnahme[2]. 2384

Die Rückausnahme setzt die anderweitige Begründung der Verpflichtungen voraus. Wie die zu erfüllenden Verpflichtungen aussehen, ist dann eine Vorfrage. Hauptfrage ist die Erfüllung. Ihr Statut ist wegen der Rückausnahme nach den Regeln des Internationalen Verbrauchervertragsrechts zu ermitteln. Vorfrage ist, welche Verpflichtungen bestehen. Das Statut dieser Vorfrage ist wegen der Ausnahme nach Art. 3; 4 Rom I-VO zu ermitteln[3]. 2385

Eine weitere denkbare Trennlinie ließe sich an der Person desjenigen ausrichten, welcher dem Anleger das Wertpapier verkauft: Man könnte daran denken, den **Direktverkauf** durch den Emittenten selbst nicht als Finanzdienstleistung anzusehen, wohl aber den Verkauf durch dritte Anbieter (zB Banken)[4]. Indes würde eine solche Trennlinie sich ein Stück weit daran stoßen, dass sie in der RL 2002/65/EG so nicht begegnet. Deren Schutzniveau müsste man aber im Fernabsatz von Finanzdienstleistungen allemal achten. Man mag vielleicht einzuwenden geneigt sein, dass sich die RL 2002/65/EG rechtstechnisch über Art. 23 Rom I-VO sowieso durchsetze, soweit sie IPR enthalte, und jenseits dessen nicht interessiere. Darum geht es hier aber nicht. Es geht nicht darum, eine Kollision zwischen verschiedenen IPR-Normen aufzulösen. Vielmehr geht es um interpretatorische Konsistenz und systematische Auslegung. Systematische Auslegung aber schert sich nicht um Regeln wie Art. 23 Rom I-VO. Art. 23 Rom I-VO zieht ihr keine Grenze. Wertungskonsistenz ist keine Konkurrenzregel. Aber jedenfalls ist festzuhalten, dass die Veräußerung durch Drittveräußerer sicher unter die Rückausnahme fällt[5]. 2386

---

1 *Mankowski*, RIW 2009, 98 (105).
2 *Mankowski*, RIW 2009, 98 (106).
3 *Mankowski*, RIW 2009, 98 (106).
4 Dafür *Garcimartín Alférez*, EuLF 2008, I-61, I-73 Nr. 57 (d) (iii). Vgl. auch die Ansätze in: Vermerk der Kommissionsdienststellen für den Ausschuss für Zivilrecht (Rom I) vom 15.3.2007, 7418/07 JUSTCIV 55 CODEC 228, S. 5.
5 *Mankowski*, RIW 2009, 98 (107).

6. Geschäfte innerhalb eines Multilateralen Systems (Art. 6 Abs. 4 lit. e Rom I-VO)

a) Grundsätzliches

2387 Art. 6 Abs. 4 lit. e Rom I-VO nimmt Verträge innerhalb eines **Multilateralen Systems** (zum Begriff unten Rz. 2434–2438) vom Internationalen Verbrauchervertragsrecht aus. Das einheitliche Recht im System soll nicht gestört werden. Das System soll eine einheitliche Grundlage bekommen. Dem würde es zuwiderlaufen, wenn jeder Vertrag sein eigenes Statut mitbringen würde und wenn Verträge mit Kunden in unterschiedlichen Staaten jeweils unterschiedlichen Rechten unterliegen würden[1]. Erwägungsgrund 28 S. 3 Rom I-VO betont dies nochmals. Die quasi-kollektive Einbindung spielt die entscheidende Rolle. Der Blick weitet sich und geht über den einzelnen Vertrag hinaus. Der einzelne Vertrag steht nicht isoliert, sondern ist eingebunden in den Gesamtzusammenhang des Systems. Das „Recht des Systems" soll ungestört und ohne Überlagerung gelten.

b) Verbraucher und Teilnahme an multilateralen Systemen

2388 Art. 6 Abs. 4 lit. e Rom I-VO entfaltet nur insoweit Bedeutung, als der Anwendungsbereich des Art. 6 Abs. 1 Rom I-VO überhaupt eröffnet ist. Wirkliche Bedeutung hat er nur für Privatpersonen, die an multilateralen Systemen unmittelbar teilnehmen. Dies mindert seine Anwendungshäufigkeit erheblich, denn in der Regel werden an solchen Systemen beruflich oder gewerblich tätige Personen teilnehmen[2]. Allerdings können vermögende Direktanleger erheblicher Summen aus ihrem Privatvermögen durchaus Teilnehmer sein[3]. Ob sie dies sind, hängt von den Zulassungsvoraussetzungen ab, welche der jeweils regulierende Staat für die Teilnahme an einem solchen System aufstellt. Das deutsche Recht stellt sie in § 31f Abs. 1 Nr. 1 WpHG für die Teilnahme an multilateralen Handelsplattformen auf.

2389 Eine weitere Teilnahmemöglichkeit wäre die indirekte Teilnahme über Intermediäre, die ihrerseits zugelassen sind. Art. 6 Abs. 4 lit. e Rom I-VO soll anwendbar sein, unabhängig davon, ob ein Intermediär als Agent für seinen Kunden oder zwar unter eigenem Namen, aber für Rechnung des Kunden agiert[4].

2390–2400 Frei.

---

1 *Garcimartín Alférez*, EuLF 2008, I-61, I-73 Nr. 57 (e); *Garcimartín Alférez*, Yb. PIL 10 (2008), 245 (255); *Leible/M. Lehmann*, RIW 2008, 528 (537); *Ubertazzi*, Il regolamento Roma I sulla legge applicabile alle obbligazioni contrattuali (Milano 2008), S. 76; *Azzi, D.* 2008, 2160 (2171); *Mankowski*, RIW 2009, 98 (108).
2 *Leible/M. Lehmann*, RIW 2008, 528 (537); *Einsele*, WM 2009, 289 (295).
3 *Mankowski*, RIW 2009, 98 (111).
4 *Garcimartín Alférez*, Yb. PIL 10 (2008), 245 (255).

IV. Anwendbares Recht für einzelne Transaktionstypen

1. Devisentermin- und Devisenoptionsgeschäfte

Devisentermingeschäfte und **Devisenoptionsgeschäfte** fallen ebenfalls grundsätzlich in den erweiterten und jetzt prinzipiell umfassenden sachlichen Anwendungsbereich des Art. 6 Rom I-VO. Wenn ausnahmsweise ein privater Anleger selbst Partner eines Devisenkontrakts wird, kommt Art. 6 Rom I-VO also zur Anwendung. Weder Art. 6 Abs. 4 lit. d noch Art. 6 Abs. 4 lit. e Rom I-VO sind bei einem einfachen, nicht systemgebundenen Devisenkontrakt einschlägig. Allenfalls die Einbindung in ein besonderes Clearing-System könnte mit Blick auf Art. 6 Abs. 4 lit. d Rom I-VO anderes bewirken. Allerdings ist hochgradig unwahrscheinlich, dass ein Privater Mitglied eines solchen Systems wird.

2401

Für Devisentermin- wie für **Devisenoptionsgeschäfte** eröffnet Art. 3 Rom I-VO in allen Konstruktionen Rechtswahlfreiheit. Bei Devisenoptionsgeschäften erbringt die optionsverpflichtete Partei die charakteristische Leistung, so dass Art. 4 Abs. 2 Rom I-VO zum Recht am Ort ihrer vertragsbetreuenden Niederlassung bzw. zum Recht am gewöhnlichen Aufenthalt des privaten Anlegers führt[1].

2402

Devisenterminkontrakte könnte man als Geldtauschverträge ansehen, mit der Folge, dass sich keine vertragscharakteristische Leistung bestimmen ließe und man über Art. 4 Abs. 4 Rom I-VO nach der relativ engsten Verbindung suchen müsste[2]. Ihrer wirtschaftlichen Funktion würde dies indes nur begrenzt gerecht. Bei Termingeschäften gibt es „Verkäufer" und „Käufer". Die eine Währung steht im Vordergrund, während die andere nur Gegenleistungsgröße, Größe der Tauschleistung allein im ökonomischen Sinn ist. Spekuliert ein deutscher Anleger zB in südafrikanischen Rand, so erbringt der „Verkäufer" der südafrikanischen Rand die für den Vertrag charakteristische Leistung. Eine Vertragsspaltung in die einzelnen Verpflichtungen[3] ließe sich nur schwer mit den Grundsätzen der dépeçage in Einklang bringen, da sie Leistung und Gegenleistung voneinander trennen und keine sinnvoll isolierbaren Teile entstehen lassen würde[4].

2403

---

1 S. *Schücking*, Festschr. Hans Hanisch (1994), S. 231 (236); *Giesberts*, Anlegerschutz und anwendbares Recht bei ausländischen Börsentermingeschäften (1998), S. 207.
2 So *Schücking*, Festschr. Hans Hanisch (1994), S. 231 (234); *R. Schütze*, in: Assmann/Schütze, Handbuch des Kapitalanlagerechts, 3. Aufl. (2007), § 8 Rz. 78; *Giesberts*, Anlegerschutz und anwendbares Recht bei ausländischen Börsentermingeschäften (1998), S. 207; vgl. auch *Ebenroth*, Festschr. Max Keller (Zürich 1989), S. 391 (420 f.).
3 Dafür *Schücking*, Festschr. Hans Hanisch (1994), S. 231 (234 f.); *R. Schütze*, in: Assmann/Schütze, Handbuch des Kapitalanlagerechts, 3. Aufl. (2007), § 8 Rz. 79; *Giesberts*, Anlegerschutz und anwendbares Recht bei ausländischen Börsentermingeschäften (1998), S. 207 f.
4 Für eine einheitliche Anknüpfung ebenfalls *Ebenroth*, Festschr. Max Keller (Zürich 1989), S. 391 (420 f.).

2. Aktienkaufvertrag

2404 Das Verhältnis zwischen Emittent, genauer: Veräußerer und einzelnem Erwerber ist bei einer Aktienemission die Verpflichtung zum Transfer von Aktien und damit ein Aktienkaufvertrag. Ein **Aktienkaufvertrag** unterfällt der Rom I-VO; für ihn gilt weder die Ausnahme nach Art. 1 Abs. 2 lit. d Rom I-VO noch jene nach Art. 1 Abs. 2 lit. f Rom I-VO[1]. Nur die Aktie als Objekt unterliegt, gleichsam als Vorfrage, was denn inhaltlich übertragen werde, dem Gesellschaftsstatut. Das Gesellschaftsstatut entscheidet auch darüber, ob und wie eine Aktie überhaupt übertragen werden kann oder darf[2]. Die eigentliche Übertragung der Aktie, das spätere Verfügungs- und Erfüllungsgeschäft, unterliegt dem Gesellschaftsstatut[3]. Dies entspricht und entspringt dem Gedanken des Art. 14 Abs. 2 Rom I-VO.

2405 Nach der Erweiterung des sachlichen Anwendungsbereichs und der Erstreckung des Internationalen Verbrauchervertragsrechts auf grundsätzlich alle Vertragstypen fällt für Art. 6 Abs. 1 Rom I-VO nicht mehr ins Gewicht, dass ein Aktienkauf weder ein Kauf einer beweglichen Sache noch eine Dienstleistung ist. Daher fällt er grundsätzlich in den sachlichen Anwendungsbereich des Art. 6 Abs. 1 Rom I-VO, wenn der Kunde selber und nicht der Broker Aktienkäufer ist. Allerdings steht dies unter dem Vorbehalt der Ausnahme nach Art. 6 Abs. 4 lit. e Rom I-VO.

2406 Für den Aktienkauf eröffnet Art. 3 Abs. 1 Rom I-VO die Möglichkeit zur Rechtswahl[4]. Erfolgt keine Rechtswahl, so führt Art. 4 Abs. 2 iVm. Art. 19 Abs. 2 Rom I-VO zum Recht an der vertragsbetreuenden Niederlassung des Verkäufers[5] bzw. Art. 4 Abs. 2 iVm. Art. 19 Abs. 1 Rom I-VO zum Recht am

---

1 S. nur App. Milano 18.7.2000, Banca, borsa e titoli di credito 2001 II 678 (683) = Giur. comm. 2002 II 61 (65 f.); *Merkt*, Festg. Sandrock (1995), S. 135 (140); *Merkt*, Internationaler Unternehmenskauf (1997), Rz. 39 f.; *Geyrhalter*, ZIP 1999, 647 (649); *Geyrhalter*, RIW 2002, 386 (388); *Gardella*, Banca, borsa e titoli di credito 2001 II 689 (691) mwN.; *G. Pescatore*, Giur. comm. 2002 II 71 (75). Vgl. aber *M. Lehmann*, in: Ferrari/Leible (Hrsg.), Rome I Regulation (2009), sub III 2 A.
2 S. nur *Bagheri/Nakajima*, (2002) 23 Comp. Lawyer 14 (17); *R. Schütze*, in: Assmann/Schütze, Handbuch des Kapitalanlagerechts, 3. Aufl. (2007), § 8 Rz. 40.
3 BGH 19.1.1994, IPRspr. 1994 Nr. 54 = NJW 1994, 939 (940) = ZEV 1994, 113 Anm. *Ebenroth/Lorz*; *von Bar*, II Rz. 573, 644; *Behr*, Festg. Sandrock (1995), S. 159 (160); *M. Dürig*, Der grenzüberschreitende Unternehmenskauf (1998), S. 50; *R. Schütze*, in: Assmann/Schütze, Handbuch des Kapitalanlagerechts, 3. Aufl. (2007), § 8 Rz. 40.
4 *Ebenroth/Wilken*, ZvglRW 90 (1991), 235 (241); *Merkt*, Festg. Sandrock (1995), S. 135 (138); *Meyer-Sparenberg*, WiB 1995, 849.
5 App. Milano 18.7.2000, Banca, borsa e titoli di credito 2001 II 678 (683 f.) = Giur. comm. 2002 II 61 (65 f.); *Schnyder*, in: Centre d'études juridiques européennes de la Faculté de droit de Genève (Hrsg.), Les prises de participations – L'exemple des offres publiques d'achat (Genève 1989), S. 624 (631); *Ebenroth/Wilken*, ZvglRW 90 (1991), 235 (242); *Hopt*, Festschr. Werner Lorenz (1991), S. 413 (414); *Merkt*, Festg. Sandrock (1995), S. 135 (141 f.); *M. Dürig*, Der grenzüberschreitende Unternehmenskauf (1998), S. 48; *R. Schütze*, in: Assmann/Schütze, Handbuch des Kapitalanlagerechts, 3. Aufl. (2007), § 8 Rz. 40.

gewöhnlichen Aufenthalt des privaten Veräußerers. Das Objekt Aktie färbt auch über Art. 4 Abs. 3 Rom I-VO nicht auf den Kaufvertrag ab[1]. Art. 4 Abs. 1 lit. a Rom I-VO ist nicht anwendbar, da Aktien keine beweglichen Sachen sind.

Wer Veräußerer-Verkäufer im Verhältnis zum (Letzt-)Erwerber ist, bestimmt das Statut des betreffenden Vertrages. Zwischen welchen Parteien ein Vertrag zustandekommt, ist eine Frage des Zustandekommens des Vertrages und unterfällt daher nach Art. 10 Abs. 1 Rom I-VO dem Vertragsstatut. Anwendbar ist für die Antwort auf die Frage, ob eine bestimmte Person Verkäufer ist, das Recht, das anwendbar wäre, wenn jene Person Verkäufer wäre. Dies ist kein Zirkel, sondern eine konsequente Anwendung des Art. 10 Abs. 1 Rom I-VO. Praktisch werden sich allerdings kaum Personenprobleme ergeben. Denn im Grundmodell tritt entweder der Emittent direkt ein. Oder der Emittent verkauft die Aktien zuerst im Paket an die Banken des Emissionskonsortiums, und diese verkaufen die Aktien dann weiter. Auch zwischengeschaltete Gesellschaften werden meist kenntlich sein. Im Verhältnis zum Erwerber erfolgt dann, wenn der Vertrag mit einem Effektenhändler zustande kommt, unter Art. 4 Abs. 2 iVm. Art. 19 Abs. 2 Rom I-VO eine Anknüpfung an die vertragsbetreuende Niederlassung dieses Effektenhändlers[2]. 2407

Beim Handel von **Anteilen an börsennotierten Gesellschaften** wird nicht selten eine Anknüpfung an den Sitz der betreffenden Börse[3] oder eine Marktortanknüpfung an den Ort eines Übernahmeangebots[4] vorgeschlagen. Dafür soll namentlich der darüber erzielbare Gleichlauf von Zivil- und Aufsichtsrecht sprechen[5]. Indes würde schon eine abweichende Rechtswahl diesen Gleichlauf zerstören. Sie müsste aber möglich sein, da keine Anordnung einer zwingenden Anknüpfung an den Börsenort existiert. Zum anderen kann eine Anknüpfung an einen Börsenort nur eine Rolle spielen, soweit der Anteilshandel tatsächlich über jene Börse stattfindet. Die Börsennotierung der Aktie als solche ist keine Qualität, welche dem einzelnen Aktienkauf anhaften würde. Vielmehr beschreibt sie nur eine Eigenschaft des Kaufobjekts. Hinzu kommen methodische Bedenken, dass man mit einer regelhaften Abweichung von 2408

---

1 Entgegen Überlegungen bei *M. Dürig*, Der grenzüberschreitende Unternehmenskauf (1998), S. 49 f.
2 *Merkt*, Festg. Sandrock (1995), S. 135 (143).
3 Dafür *Ebenroth/Wilken*, ZvglRW 90 (1991), 235 (242); *Samtleben*, in: Hopt/Baum/Rudolph (Hrsg.), Börsenreform (1997), S. 469 (509); *Giesberts*, Anlegerschutz und anwendbares Recht bei ausländischen Börsentermingeschäften (1998), S. 206 sowie *Spindler*, IPRax 2001, 400 (404).
Für konkludente Wahl des Rechts am Börsenort *von Hoffmann*, in: Soergel, Art. 28 EGBGB Rz. 366.
4 Dafür *Schnyder*, in: Centre d'études juridiques européennes de la Faculté de droit de Genève (Hrsg.), Les prises de participations – L'exemple des offres publiques d'achat (Genève 1989), S. 624 (631); *Grundmann*, RabelsZ 54 (1990), 283 (292); *Hopt*, Festschr. Werner Lorenz (1991), S. 413 (414); *Magnus*, in: Staudinger, Art. 28 EGBGB Rz. 184.
5 Insbesondere *Schnyder*, in: Centre d'études juridiques européennes de la Faculté de droit de Genève (Hrsg.), Les prises de participations – L'exemple des offres publiques d'achat (Genève 1989), S. 624 (632 f.).

Art. 4 Abs. 2 Rom I-VO den allein als Instrument in Betracht kommenden Art. 4 Abs. 3 Rom I-VO missbrauchen würde[1]. Zum dritten verwirklicht Art. 4 Abs. 1 lit. g Rom I-VO ja einen Platzgedanken, aber eben nur für Versteigerungen und gerade nicht für Börsen. Schließlich vermögen alle Anknüpfungen an eine Börse speziell für den Aktienhandel über das Internet nicht recht zu überzeugen. Denn damit löst man sich doch gezielt von jener Börse und vertraut sich bewusst einem anderen, grenzüberschreitend-internationalen Medium an.

3. Erwerb von Optionsrechten

2409 Der Erwerb von Optionsrechten unterscheidet sich in seiner Anknüpfungsstruktur nicht von der Aktienemission. Das Erwerbsgeschäft im Außenverhältnis ist nach Art. 3; 4 Rom I-VO bei Verbrauchergeschäften (dh. bei Erwerb zu Zwecken der privaten Vermögensanlage) nach Art. 6 Rom I-VO anzuknüpfen[2]. Unter Art. 4 Abs. 2 Rom I-VO ist das Recht an der vertragsbetreuenden Niederlassung des Optionsverkäufers maßgeblich.

2410 Eine **Option** ist nur ein bedingtes oder befristetes schuldrechtliches Recht auf Bezug eines Gesellschaftsanteils. Sie begründet für sich kein Mitgliedschaftsrecht. Daher untersteht sie nicht dem Gesellschaftsstatut[3]. Auch besondere Erfordernisse der Zustimmung von Gesellschaftsorganen zur Emission werden im hier relevanten Außenverhältnis nur zu vertretungsrechtlichen Fragen. Wie das Optionsrecht als solches (dh. als Objekt) anzuknüpfen ist, entscheidet sich rechtstechnisch danach, ob die Option in einem handelbaren Papier, insbesondere einem Inhaberpapier, verbrieft ist und deshalb in den Ausnahmebereich des Art. 1 Abs. 2 lit. d Var. 3 Rom I-VO fällt oder nicht. Im Ergebnis gilt für das Optionsrecht aber in beiden Bereichen Rechtswahlfreiheit, bei Fehlen einer Rechtswahl das Recht am Sitz der bezogenen Gesellschaft[4]. Wird eine **Optionsanleihe** emittiert, so richtet sich das Erwerbsgeschäft nach den allgemeinen Anknüpfungsregeln. Beim Objekt sind die Options- und die Anleihekomponente zu trennen[5].

4. Anleihenerwerb

2411 Für das **Anleiheverhältnis** zwischen Anleihegläubiger und Anleiheschuldner stellt sich zunächst die Frage, ob die Anleihe in einem handelbaren Papier, insbesondere einem Inhaberpapier, verbrieft ist (zB als Inhaberschuldverschreibung in einem so genannten Zertifikat). Ist sie handelbares Papier, so greift die Ausnahme nach Art. 1 Abs. 2 lit. d Var. 3 Rom I-VO, und es gelten die altrechtlichen Anknüpfungsregeln, in Deutschland die ungeschriebenen Kollisionsnormen aus der Zeit vor dem 1.9.1986. Diesen zufolge ist eine Rechtswahl

---

1 Vgl. *Merkt*, Festg. Sandrock (1995), S. 135 (145 f.).
2 Näher *Mankowski*, AG 1998, 11 (13 f.).
3 Eingehend *Mankowski*, AG 1998, 11 (17 f.).
4 Näher *Mankowski*, AG 1998, 11 (18 f.); außerdem *Mankowski*, LAGE § 611 BGB Mitarbeiterbeteiligung Nr. 2, S. 7, 10 (Aug. 2002).
5 *Mankowski*, AG 1998, 11 (12).

zulässig[1]. Fehlt eine Rechtswahl, so gilt das Recht am Sitz der Anleiheschuldnerin[2]. Der Emissionsort der Anleihe ist keine reale Alternative[3], insbesondere wenn eine Aufteilung in mehrere Tranchen erfolgt[4]. Bei einer Internet-Emission versagte dieses Anknüpfungskriterium zudem völlig. Wird kein Inhaberpapier emittiert, so gilt zunächst Rechtswahlfreiheit nach Art. 3 Abs. 1 Rom I-VO, bei Fehlen einer Rechtswahl ebenfalls das Recht am Sitz der Anleiheschuldnerin[5].

5. Qualifikation als Börsentermin- oder als Kassageschäft oder als sonstige Transaktion mit besonderem Schutzregime

Einen eigenen kollisionsrechtlichen Begriff des Börsentermingeschäfts gibt es nicht, ebenso wenig eine besondere allseitige Kollisionsnorm für **Börsentermingeschäfte**[6]. Vielmehr ist die Frage, ob und in welcher Weise besonderer Schutz für Börsentermingeschäfte besteht und in welcher Weise die Kategorie der geschützten Verträge abzugrenzen ist, eine sachrechtliche Frage. Sie muss das Statut des in Rede stehenden Vertrages beantworten. Es entscheidet insbesondere darüber, ob ein Börsentermin- oder ein Kassageschäft vorliegt und ob dies überhaupt von Relevanz ist (zB nicht mehr im deutschen Recht seit dem FRUG[7]). Die Entscheidung des Statuts ist für die grundsätzliche Anknüpfung auch dann zu akzeptieren, wenn das betreffende Recht – wie inzwischen das deutsche Recht (unten Rz. 2501) – nur eingeschränkte oder überhaupt keine Sonderregeln für Börsentermingeschäfte kennt[8]. Stellt das Statut des Börsenaußengeschäfts auf bestimmte Eigenschaften des ins Auge gefassten Geschäftsgegenstands ab, so kommt das Statut dieses Gegenstandes (zB ein Optionsstatut) im Wege der Vorfrage zur Anwendung[9].

2412

---

1 S. nur RG 23.6.1927, RGZ 118, 370; RG 14.11.1929, RGZ 126, 196 (201); RG 28.5.1936, JW 1936, 2058 Anm. *Mügel*; *N. Horn*, Das Recht der internationalen Anleihen (1972), S. 482; *Stucke*, Die Rechte der Gläubiger bei DM-Auslandsanleihen (1988), S. 10; *Gruson/Harrer*, ZBB 1996, 37 (39).
2 S. nur RG 23.6.1927, RGZ 118, 370; RG 14.11.1929, RGZ 126, 196 (200); RG 18.11.1937, RGZ 152, 158 (160); *Lochner*, Darlehen und Anleihe im internationalen Privatrecht (1954), S. 52; *Kegel*, Gedächtnisschr. Rudolf Schmidt (1962), S. 215 (216, 224); *Ebenroth*, Festschr. Max Keller (Zürich 1989), S. 391 (406 f.); *Mankowski*, AG 1998, 11 (20) mwN.
3 Entgegen *Böse*, Der Einfluss des zwingenden Rechts auf internationale Anleihen (1963), S. 59 f.; 5. Auflage Rz. 1069; *von Hoffmann*, in: Soergel, Art. 28 EGBGB Rz. 190.
4 *Mankowski*, AG 1998, 11 (20).
5 S. nur *Mankowski*, AG 1998, 11 (20 f.).
6 *Mankowski*, AG 1998, 11 (15).
7 *Mülbert/Assmann*, in: Assmann/Uwe H. Schneider, WpHG, 5. Aufl. (2009), vor § 37e WpHG Rz. 31.
8 OLG Frankfurt a.M. 25.7.1996, IPRspr. 1996 Nr. 152 = WM 1996, 2107, 2108 f.; *Mankowski*, AG 1998, 11 (15).
9 *Mankowski*, AG 1998, 11 (23 f.). Ungenau insoweit BGH 9.7.1996, BGHZ 133, 200 (206 f.) = ZIP 1996, 1459 = NJW 1996, 2795 = LM H. 12/1996 BörsG Nr. 42 Anm. *Koller* = JZ 1997, 94 Anm. *T. Drygala* = IPRspr. 1996 Nr. 45 (dazu *Tilp*, EWiR § 53 BörsG 5/96, 879; *Jaskulla*, WuB I G 7. – 11.96, 1270).

2413 Bei Verbraucherverträgen mit Rechtswahl müssen sowohl das gewählte Recht als eigentliches Statut wie auch das Recht am gewöhnlichen Aufenthalt des Verbrauchers jeweils für sich entscheiden, ob sie Sonderregeln kennen; eine einheitliche Qualifikationsentscheidung beider Rechte ist nicht verlangt[1]. Lässt das eine Recht das konkrete Geschäft unter ein Schutzregime fallen, das andere aber nicht, so kommt das Schutzregime des erstgenannten zur Anwendung.

6. Grenzüberschreitende Wertpapierübertragungen

a) Grundsätzliches

2414 Zur bisher behandelten schuldrechtlichen Ebene kommt die verfügungsrechtliche Ebene hinzu. **Bei effektiv verbrieften Wertpapieren** herrscht nach Art. 43 Abs. 1 EGBGB prinzipiell die **lex cartae sitae**, also das Belegenheitsrecht des zu übertragenden Wertpapiers zum Zeitpunkt der Übertragung (ganz präzise: zum Zeitpunkt der Vollendung der Übertragung)[2]. Mit der Elektronisierung und Entkörperlichung des Effektenverkehrs, beginnend schon mit der Globalurkunde, passt diese Anknüpfung mangels effektiver Verbriefung zunehmend weniger[3]. Wertrechte treten an die Stelle von Wertpapieren und werden nicht mehr verbrieft[4]. Verwahrungen von Teilbeständen an verschiedenen Orten in verschiedenen Staaten tun das Ihre hinzu, um die Anknüpfung an das Belegenheitsrecht komplizierter zu machen[5]. ZB kann bei einer Globalurkunde deren Verwahrungsort zufällig sein und in keiner echten Beziehung zu den umfassten Werten stehen[6].

b) Bedeutung des § 17a DepotG

2415 Grenzüberschreitenden Wertpapierübertragungen hat der deutsche Gesetzgeber im Rahmen der Umsetzung der FinalitätsRL in **§ 17a DepotG** eine eigene Kollisionsnorm gewidmet[7]:

„Verfügungen über Wertpapiere oder Sammelbestandanteile, die mit rechtsbegründender Wirkung in ein Register eingetragen oder auf einem Konto verbucht werden, unterliegen dem Recht des Staates, unter dessen Aufsicht das Register geführt wird, in dem unmittelbar zugunsten des Verfügungsempfängers die rechtsbegründende Eintragung vorgenommen wird, oder in dem sich die kontoführende Haupt- oder Zweigstelle des Ver-

---

1 *Mankowski*, AG 1998, 11 (15).
2 S. nur *Stoll*, in: Staudinger, Int SachenR Rz. 414; *Schefold*, IPRax 2000, 468 (469); *Dittrich*, Effektengiroverkehr mit Auslandsberührung (2002), S. 167; *Than*, Festschr. Kümpel (2003), S. 543 (548).
3 Grundlegend *Einsele*, Wertpapierrecht als Schuldrecht (1995), S. 456 ff.
4 Unter deutschem Sachrecht namentlich *Einsele*, Wertpapierrecht als Schuldrecht (1995), S. 172 ff.; *Than*, Festschr. Schimansky (1998), S. 821.
5 *J. Benjamin*, The Law of Global Custody (London usw. 1996), S. 84; *Rogers*, JIBFL Spec. Supp. 1998, 47 (51); *Schefold*, IPRax 2000, 468 (469 f.); *Dittrich*, Effektengiroverkehr mit Auslandsberührung (2002), S. 170–175.
6 *Schefold*, IPRax 2000, 468 (470).
7 Eingefügt durch Art. 4 Gesetz zur Änderung insolvenzrechtlicher und kreditwesenrechtlicher Vorschriften vom 8.12.1999, BGBl. I 1999, 2384.

wahrers befindet, die dem Verfügungsempfänger die rechtsbegründende Gutschrift erteilt."

Die Norm ist nicht auf Wertpapiere beschränkt, sondern erfasst als allgemeine Geltung beanspruchende Kollisionsnorm für Sammelverwahrungsbestände auch Wertrechte[1]. Im Gegenteil gilt er für Verfügungen über bestimmte effektive Stücke gerade nicht[2], § 17a DepotG begründet eine Sachnormverweisung[3].

§ 17a DepotG untergliedert sich in zwei Kollisionsnormen: Bei Verfügungen über staatlich registrierte Wertpapiere oder Sammelbestandanteile gilt die lex libri siti, das Recht des Registerortes. Bei Verfügungen über Wertpapiere oder Sammelbestandanteile, die nicht staatlich registriert, aber auf einem Konto verbucht sind, gilt das Recht am Ort der kontoführenden Haupt- oder Zweigstelle des Verwahrers. Übergreifender Gedanke ist, dass auf Verfügungen über Effekten das Recht des Staates zur Anwendung kommt, in welchem die Rechtsstellung des (erwerbenden) Anlegers unmittelbar festgehalten ist, sei es durch Registrierung, sei es durch Kontenführung[4]. Es gilt gleichsam die „lex continis siti"[5]. Die verwendeten Anknüpfungspunkte können für sich vergleichsweise gute und leichte Erkennbarkeit reklamieren und so zur Reduktion von Unsicherheit beitragen[6].

2416

Die erste der beiden genannten Kollisionsnormen geht zurück auf Art. 9 Abs. 2 Var. 1 FinalitätsRL, der seinerseits Rücksicht auf jene mitgliedstaatlichen Rechtsordnungen (insbesondere die spanische) nahm, die Registereintragungen als zusätzliches rechtsbegründendes Merkmal fordern[7]. Im Hinblick auf deutsche Sammelbestände läuft sie leer, weil in Deutschland keine konstitutive Registrierung vorgeschrieben ist[8]. Die sachrechtsinduzierte Herleitung ist im Kern problematisch, wirkt sich aber auf die Ausgestaltung nicht aus, weil der Anknüpfungspunkt im Registrierungsfall gut erkennbar und klar ist. Die deutsche Umsetzung reicht sachlich indes entscheidend weiter als Art. 9 Abs. 2 FinalitätsRL, der sich nicht allgemein mit Verfügungen, sondern nur mit dinglichen Sicherheiten an Wertpapieren befasst und generell in einem insolvenzbezogenen Kontext steht[9].

2417

An die Kontobuchung anzuknüpfen ist sinnvoll, weil Kontenbuchungen der Modus sind, in dem sich der Effektengiroverkehr ohne Wertpapiere vollzieht.

2418

---

1 C. *Keller* WM 2000, 1269 (1281); *Schefold*, IPRax 2000, 468 (475).
2 C. *Keller* WM 2000, 1269 (1281); *Einsele*, WM 2001, 7 (15).
3 C. *Keller* WM 2000, 1269 (1282); *Dittrich*, Effektengiroverkehr mit Auslandsberührung (2002), S. 185.
4 S. *Dittrich*, Effektengiroverkehr mit Auslandsberührung (2002), S. 185.
5 C. *Keller* WM 2000, 1269 (1274).
6 *Dittrich*, Effektengiroverkehr mit Auslandsberührung (2002), S. 189 f. sowie *Sealy*, CFILR 2 (2000), 221 (227).
7 *Schefold*, IPRax 2000, 468 (472; *Einsele*, WM 2001, 7 (15).
8 *Schefold*, IPRax 2000, 468 (475); *Than*, Festschr. Kümpel (2003), S. 543 (553).
9 *Schefold*, IPRax 2000, 468 (474); *Schefold*, Festschr. Kümpel (2003), S. 463 (467); C. *Keller*, BKR 2002, 347 (352); *Than*, Festschr. Kümpel (2003), S. 543 (553).

Ein Konto aber existiert wiederum nicht als eigenständige Einheit, sondern ist der entsprechenden Niederlassung des Kontoführenden zuzuordnen. Dadurch ergibt sich allerdings das ungewohnte Ergebnis, das es nicht auf ein Merkmal einer der Parteien des Verfügungsgeschäfts ankommt, sondern auf ein Merkmal eines Intermediärs. Dies lässt sich indes dadurch rechtfertigen, dass man hier eine normative Lokalisierung vornehmen muss. Bei einem gestreckten Vorgang, der zugleich einen Wechsel des kontoführenden Intermediärs bedingt, kommt es auf den letzten Teilakt an, welcher die Rechtsübertragung zustandebringt. Daher ist bei einem solchen Wechsel der Intermediär auf Seiten des Verfügungsempfängers die für § 17a Var. 2 DepotG entscheidende Anknüpfungsperson, nicht der Intermediär auf Seiten des Verfügenden[1]. Hinzu kommen die Rechtsermittlungsvorteile daraus, dass ein Einkaufskommissionär die einkommende Verfügung auf der Basis seines eigenen Rechts abwickeln kann[2]. Allerdings muss man – für die deutsche Praxis ein Stück weit ungewohnt – für die Anknüpfung insgesamt den Blick vom deutschen Sachrecht lösen, das keine eigentlich konstitutiven Buchungen kennt[3].

c) Haager Übereinkommen

2419 Die Haager Konferenz für Internationales Privatrecht hat eine **Convention on the Law Applicable to Certain Rights in Respect of Securities Held with an Intermediary**[4] aufgelegt. Die großen Hoffnungen und Erwartungen, die in sie angesichts angeblich dringender Nöte der internationalen Finanzwirtschaft gesteckt wurde, hat sie bisher nicht zu erfüllen vermocht[5]. Kein Staat hat sie bisher ratifiziert oder ist ihr beigetreten, und nur die USA, die Schweiz und Mauritius haben überhaupt gezeichnet (alles Stand Juli 2009). Es steht nicht zu erwarten, dass sich der zeichnungs- wie der Ratifikationsstand in naher Zukunft signifikant erhöhen werden. Mit einem Inkrafttreten des Übereinkommens ist auch in den nächsten Jahren nicht zu rechnen, da ein Inkrafttreten drei Ratifikationen oder Beitritte voraussetzt.

2420 Broking ist von diesem Übereinkommen erfasst[6]. Nach dem so genannten PRIMA[7]-Konzept (eigentlich genauer: AAA[8]-Konzept) knüpft es an eine rechts-

---

1 Im Ergebnis übereinstimmend *C. Keller*, WM 2000, 1269 (1274); *Schefold*, IPRax 2000, 468 (476); *Einsele*, WM 2001, 7 (15).
2 *Dittrich*, Effektengiroverkehr mit Auslandsberührung (2002), S. 180.
3 Vgl. aber *Schefold*, IPRax 2000, 468 (475); *Dittrich*, Effektengiroverkehr mit Auslandsberührung (2002), S. 178.
4 Vom 5.7.2006, http://www.hcch.net/e/coentions/text36e.html.
 Vollständige Dokumentation der Vorgeschichte abrufbar unter http://www.hcch.net/e/workprog/securities.html.
5 *Mankowski*, Jap. Yb. Int. L. 51 (2008), 241 (266).
6 Vorüberlegungen und rechtsvergleichende Grundlage liefert der Sammelband *Potok* (Hrsg.), Cross Border Collateral – Legal Risk and the Conflict of Laws (London 2002) (besprochen von *Schwarcz*, Can. Bus. L.J. 38 [2003], 150; *Mankowski*, ZBB 2003, 258.
7 PRIMA = **P**lace of **R**elevant **I**ntermediary.
8 **A**ccount **A**greement **A**pproach; vgl. auch *Crawford*, Can. Bus. L.J. 38 (2003), 157 (184): „modified version of PRIMA".

wahlbasierte Kombination verschiedener Momente an. Nach Art. 4 Abs. 1[1] kommt es auf das zwischen Depot/Kontoinhaber und relevantem Intermediär vereinbarte Recht an, wenn jener Intermediär im Staat des gewählten Rechts eine Niederlassung (office) hat und diese zumindest einzelne Funktionen aus einem Katalog mit Blick auf Depot/Konto erfüllt[2]. Dem Ort des unmittelbar konto- bzw. depotführenden Intermediärs kommt also realistischerweise besondere Bedeutung zu[3]. Einer umfassenden objektiven Anknüpfungsregel jenseits des vermutlich nur geringe praktische Relevanz erlangenden[4] Art. 5 enthält sich das Übereinkommen jedoch bewusst, weil darüber keine Einigkeit erzielt werden konnte[5]. Grundlegend ist indes die Entscheidung gegen einen look-through approach, der auf die lex cartae sitae abstellte[6]. Sachlich erfasst das Übereinkommen die verfügungsrechtlichen Aspekte der Transaktion[7] und beschränkt sich auf sammel-, nicht streifbandverwahrte Effekten[8]. Die rein vertraglichen Aspekte soll dagegen nicht erfasst und der freien Rechtswahl überantwortet sein[9], obwohl dies Qualifikationsprobleme und Anpassungsnotwendigkeiten innerhalb eines eigentlich zusammengehörenden Vorgangs aufwerfen kann[10]. Ob und, wenn ja, wann die Bundesrepublik Deutschland das Übereinkommen ratifizieren wird, ist noch offen. Man kann indes eine positive Prognose stellen, es sei denn, europäische Entwicklungen würden kollidieren.

d) Europäische Richtlinie über Finanzsicherheiten

Auf der europäischen Ebene gibt es des Weiteren die **Richtlinie über Finanzsicherheiten**[11]. Deren Art. 9 Abs. 1 schreibt Art. 9 Abs. 2 FinalitätsRL fort[12] und knüpft an den Ort der Kontoführung im Effektengiroverkehr an. Nach der Qualifikationsnorm des Art. 9 Abs. 2 geht es um die verfügungsrechtlichen und dinglichen Aspekte von Sicherheiten, wiederum in bewusster Entschei-

---

1 Dazu *Merkt/Rossbach*, ZvglRW 102 (2003), 33 (44–48); *Crawford*, Can. Bus. L.J. 38 (2003) 157 (183–188).
2 Entwickelt in Proposal for a Redraft of Articles 4 and 4 bis, submitted by the Permanent Bureau, Prel. Doc. No. 13 (May 2002).
3 S. nur im Vorfeld *Goode*, (1998) 7 JIBL Spec. Supp. 27; *J.S. Rogers*, (1998) 7 JIBFL Spec. Supp. 48; *Potok*, IFLR 12/1999, 12.
4 *Merkt/Rossbach*, ZvglRW 102 (2003), 33 (49).
5 *Alexander*, (2003) 12 JIBFL, 56 (60) sowie *Bernasconi/Potok*, IFLR 1/2003, 11, 13. Ungenau leider *Boele-Woelki*, Ars Aequi Katern 87 (2003), 4716.
6 S. nur *Bernasconi/Potok*, IFLR 1/2003, 11 f.; *Merkt/Rossbach*, ZvglRW 102 (2003), 33 (43); *Millqvist*, JT 2002/03, 855 (865).
7 S. nur *Alexander*, (2003) 12 JIBFL, 56 (62); *Merkt/Rossbach*, ZvglRW 102 (2003), 33 (40); *Crawford*, Can. Bus. L.J. 38 (2003), 157 (179 f.).
8 S. nur *Merkt/Rossbach*, ZvglRW 102 (2003), 33 (41).
9 *Bernasconi*, Yb. PIL 3 (2001), 63 (74); *van Beek/van Bruggen*, De afwikkeling van grenzoverschrijdende effectentransacties (Deventer 2002), S. 76 sowie *Merkt/Rossbach*, ZvglRW 102 (2003), 33 (40); *Crawford*, Can. Bus. L.J. 38 (2003), 157 (179 f.).
10 *Alexander*, (2003) 12 JIBFL, 56 (62).
11 Richtlinie 2002/47/EG des Europäischen Parlaments und des Rates vom 6.6.2002 über Finanzsicherheiten, ABl. EG 2002 Nr. L 168, S. 43; dazu *Eder/Zwitter-Tehovnik*, ÖBA 2003, 345; *Annunziata*, Banca borsa tit. cred. 2003 I, 177 (193–223).
12 Erwägungsgrund 7 FinanzsicherheitenRL.

dung gegen eine vollständige Anknüpfung an die lex rei sitae[1]. In gedanklicher Fortsetzung des Art. 10 Abs. 2 Richtlinienvorschlag über Finanzsicherheiten[2] ist Ort der Kontoführung die im Kontovertrag genannte Zweigstelle oder Niederlassung des maßgeblichen Intermediärs[3]. In einfacherer Form als im Haager Übereinkommen und ohne Scheu vor einer objektiven Anknüpfungsregel begegnet hier ein echtes PRIMA-Konzept[4].

2422–2430 Frei.

V. Anwendbares Recht für Geschäfte innerhalb eines multilateralen Systems

2431 Eine Neukategorisierung und eigene Kategoriebildung macht Art. 4 Abs. 1 lit. h Rom I-VO erforderlich[5]. Er schafft eine eigene Kollisionsnorm für die objektive Anknüpfung von Verträgen, „die innerhalb eines multilateralen Systems geschlossen werden, das die Interessen einer Vielzahl Dritter am Kauf und Verkauf von Finanzinstrumenten im Sinne von Art. 4 Abs. 1 Nummer 17 der Richtlinie 2004/39/EG nach nicht diskretionären Regeln und nach Maßgabe eines einzigen Rechts zusammenführt oder das Zusammenführen fördert". Art. 6 Abs. 4 lit. e Rom I-VO verweist seinerseits zur Sachumschreibung auf Art. 4 Abs. 1 lit. h Rom I-VO.

1. Begriff und Verweisung in Art. 4 Abs. 1 lit. h Rom I-VO

a) Nur partielle Ausfüllung durch Art. 4 Abs. 1 Nr. 17 iVm. Anhang I Abschnitt C MiFID

2432 Art. 4 Abs. 1 lit. h Rom I-VO verweist auf Art. 4 Abs. 1 Nr. 17 MiFID. Art. 4 Abs. 1 Nr. 17 MiFID aber verweist seinerseits auf Anhang I Abschnitt C MiFID, letzteres aber nur für den Begriff der „Finanzinstrumente", der im verwiesenen Anhang in einer detailreichen Aufzählung ausgefüllt wird (oben Rz. 2342). Von Art. 4 Abs. 1 lit. h Rom I-VO erfasst sind dagegen Verträge innerhalb eines multilateralen Systems über den Kauf und Verkauf von Finanzinstrumenten[6]. Finanzinstrumente sind also nur Teil des Vertragsgegenstands, während der Anknüpfungsbegriff komplexer ist[7].

---

1 Erwägungsgrund 8 FinanzsicherheitenRL.
2 Vorschlag für eine Richtlinie des Europäischen Parlaments und des Rates über Finanzsicherheiten, von der Kommission vorgelegt am 27.3.2001, Dok. KOM (2001) 168 endg.; dazu *K. Löber*, BKR 2001, 118.
3 Näher *Dittrich*, Effektengiroverkehr mit Auslandsberührung (2002), S. 191 f. Anders allerdings *Than*, Festschr. Kümpel (2003), S. 543 (555).
4 S. *Merkt/Rossbach*, ZvglRW 102 (2003), 33 (43); *Eder/Zwitter-Tehovnik*, ÖBA 2003, 345 (348).
5 Zur rechtspolitischen Sinnhaftigkeit der Norm *M. Lehmann*, in: Ferrari/Leible (Hrsg.), The Rome I Regulation (2009), sub II.
6 Rechtspolitisch kritisch zum engen Zuschnitt *M. Lehmann*, in: Ferrari/Leible (Hrsg.), The Rome I Regulation (2009), sub II 4.
7 *Mankowski*, RIW 2009, 98 (107 f.).

Den Begriff **„nicht diskretionär"**, wie Art. 4 Abs. 1 lit. h Rom I-VO ihn verwendet, umschreibt Erwägungsgrund 6 S. 8 MiFID dahin, dass die vom Betreiber des Systems festgelegten Regeln der Wertpapierfirma, die ein multilaterales Handelssystem betreibt, keinerlei Ermessensspielraum in Bezug auf die möglichen Wechselwirkungen zwischen Interessen einräumen. Erfasst sind Fälle gebundener und festgelegter Maßstäbe. Fälle ermessensgeleiteter, einzelfallabhängiger und nicht im Grundsatz a priori festgelegter Lenkung sind dagegen ausgegrenzt[1]. 2433

b) Multilaterales System

Der eigentliche Zentralbegriff, das **„multilaterale System"**, wird nicht definiert[2]. Art. 4 Abs. 1 Nr. 15 MiFID definiert nur ein **„multilaterales Handelssystem (MTF)"**[3] als: „ein von einer Wertpapierfirma oder einem Marktbetreiber betriebenes multilaterales System, das die Interessen einer Vielzahl Dritter an Kauf und Verkauf von Finanzinstrumenten innerhalb des Systems und nach nichtdiskretionären Regeln in einer Weise zusammenführt, die zu einem Vertrag gem. den Bestimmungen des Titels II führen". Zu erheblichen Teilen gibt Art. 4 Abs. 1 lit. h Rom I-VO dies wieder, allerdings nicht die Betreibervoraussetzungen[4]. Da Art. 4 Abs. 1 Nr. 15 MiFID selber das multilaterale *Handels*system definiert, indem man das multilaterale System als Oberbegriff heranzieht, zeigt sich, dass eine Differenzierung zwischen beiden Begriffen durchaus gewollt ist. Nicht jedes multilaterale System ist automatisch ein multilaterales *Handels*system. Das MTF sollte vielmehr qualifizierter Unterfall des multilateralen Systems sein[5]. Dies ergibt sich auch aus Erwägungsgrund 18 Rom I-VO. 2434

Ein multilateraler Charakter verlangt nach einer potenziellen Mehrzahl Beteiligter. Rein bilaterale und rein auf Bilateralität angelegte Beziehungen reichen nicht, wie auch Erwägungsgrund 6 S. 2 MiFID zeigt[6]. Daher muss es einen überspannenden, zumindest organisatorischen Rahmen geben. In klassischen back-to-back-Geschäften darf sich das System ebenfalls nicht erschöpfen[7]. Beispielsfall sind Computerbörsen wie Eurex[8]. 2435

Ein Systembetreiber, also ein zentraler Organisator, ist nicht erforderlich, denn mit einem solchen Erfordernis wären nur Systeme mit Betreiber schutzwürdig, dezentral organisierte Systeme dagegen nicht[9]. Erwägungsgrund 18 Rom I-VO will richtigerweise nicht danach differenzieren, ob das System sich auf eine 2436

---

1 *Mankowski*, RIW 2009, 98 (108).
2 Ungenau *Leible/M. Lehmann*, RIW 2008, 528 (537); *M. Lehmann*, in: Ferrari/Leible (Hrsg.), S. 85 (88), die hier „multilaterales Handelssystem" lesen.
3 MTF ist die Abkürzung für das englische „Multilateral Trading Facility".
4 „Wertpapierfirma" wird in Art. 4 Abs. 1 Nr. 1 MiFID, „Marktbetreiber" wird in Art. 4 Abs. 1 Nr. 13 MiFID definiert.
5 *Mankowski*, IHR 2008, 133 (139).
6 *Mankowski*, RIW 2009, 98 (108).
7 *Mankowski*, RIW 2009, 98 (108).
8 *Einsele*, WM 2009, 289 (292).
9 *Mankowski*, RIW 2009, 98 (108).

zentrale Gegenpartei stützt oder nicht. In der Praxis werden Clearing-Stellen sich von selbst entwickeln und einschalten, wo die Natur und der Zweck des betreffenden Systems es erfordern. Manche Systeme aber mögen auch ohne Clearing-Stelle auskommen. Zudem ist eine Clearing-Stelle nicht automatisch gleichzusetzen mit einem zentralen Organisator oder Systembetreiber. Normativ ist ein zentralisierendes Element jedenfalls nicht notwendig[1].

2437 Nicht erfasst sind jedoch **Securities Settlements Systems**[2]. Bei diesen soll sich eine Lösung bereits über Art. 2 lit. a RL 98/26/EG ergeben[3]. Für den Begriff „System" besagt Erwägungsgrund 6 S. 3 MiFID immerhin, dass er sowohl die Märkte umfasse, die aus einem Regelwerk und einer Handelsplattform bestehen, als auch solche, die ausschließlich auf der Basis eines Regelwerks bestehen. Daraus lässt sich zuverlässig schließen, dass eine organisierte Plattform keine Voraussetzung ist. Ein gewisser Mindestzusammenhalt ist freilich erforderlich, weil es sonst an dem verbindenden Band fehlt und man es nicht mit einem System, sondern nur noch mit einander berührenden Einzeltransaktionen zu tun hat[4]. Weitergehende Umschreibungen und Ausfüllungen für den Begriff „System" lassen sich nicht finden[5].

2438 Das Multilaterale System geht aber sicherlich über das MTF hinaus und erfasst zumindest auch regulierte Märkte im Sinne von Art. 4 Abs. 1 Nr. 7 MiFID[6]. Dies besagt Erwägungsgrund 18 Rom I-VO ausdrücklich.

2. Rechtswahl für den einzelnen Vertrag

2439 Art. 4 Abs. 1 lit. h Rom I-VO ist nur eine einfache, nicht zwingende Regel für die objektive Anknüpfung. Er ist subsidiär und greift nur, wenn für den einzelnen Vertrag keine eigene Rechtswahl getroffen wurde. Vorrangig besteht aber Rechtswahlfreiheit nach Art. 3 Abs. 1 Rom I-VO. Die Parteien könnten dabei theoretisch auch ein anderes Recht als das „Recht des Systems" wählen. Allerdings stünde dann im Raum, inwieweit eine solche Rechtswahl den Vertrag nicht außerhalb des Systems stellt, weil sie den einheitlichen Rahmen des Systems sprengt[7]. In der Praxis vollziehen sich Verträge hier auf der Basis der AGB der Börse oder Plattform, so dass über diese eine Rechtswahl vorliegt[8].

3. Rechtswahl für das „Recht des Systems"

2440 Für das „Recht des Systems" im Sinne von Art. 4 Abs. 1 lit. h Rom I-VO ist zuerst nach einer Rechtswahl der Beteiligten zu suchen, zumal wenn man eine

---

1 *Garcimartín Alférez*, Yb. PIL 10 (2008), 245 (255).
2 *Garcimartín Alférez*, Yb. PIL 10 (2008), 245 (250).
3 *Garcimartín Alférez*, Yb. PIL 10 (2008), 245 (250).
4 Ähnlich *Cavalier*, Rev. Lamy dr.aff. 2008 no. 1753, 65 (66).
5 *Pellegrini*, Rev. Lamy dr.aff. 2008 no. 1756, 71 (73).
6 *Garcimartín Alférez*, EuLF 2008, I-61, I-68 f. no. 40; *Mankowski*, IHR 2008, 133 (139).
7 Vgl. *Mankowski*, RIW 2009, 98 (109).
8 *M. Lehmann*, in: Ferrari/Leible (Hrsg.), S. 85 (89 f.) unter Hinweis zB auf Nr. 5.1 AGB Eurex Deutschland und Eurex Zürich.

gewisse Orientierung an der FinalitätsRL[1] walten lässt. Eine Rechtswahl sollte sich in einer Art Grundvereinbarung, einem Systemkonstitut, finden, und jeder, der sich dem System nach dessen Gründung anschließt, muss sie akzeptieren. Bilaterale oder multilaterale Abreden unter einzelnen Marktteilnehmern reichen insoweit nicht aus. CREST etwa ist in England ansässig, über dieses System aber werden auch 80 % aller Aktientransaktionen in Irland abgewickelt[2]. Die CREST Rules sehen vor, dass anwendbares Recht das Recht jeweils desjenigen Staates sei, aus welchem die gehandelten securities stammten[3]. Nr. 5.1 der Bedingungen für den Handel an der Eurex Deutschland und der Eurex Zürich[4] berufen das deutsche Recht.

Eine objektive Einschränkung, dass nur die Wahl des Rechts eines Staates, in dem einer der Systemteilnehmer seinen Sitz hat, statthaft wäre, ist nicht ersichtlich[5]. Sie würde zu einem Grundansatz über Art. 3 Rom I-VO nicht passen, der eine freie Rechtswahl ohne Beschränkung des Kreises wählbarer Rechtsordnungen zulässt. Allerdings erscheint Art. 4 Abs. 1 lit. h Rom I-VO paradox: Denn er will eine objektive Anknüpfung verwirklichen – und sucht primär nach einer Rechtswahl. Eine Rechtswahl aber findet ihren Platz eigentlich in Art. 3 Rom I-VO. Sofern es eine auch den einzelnen Vertrag erfassende Rechtswahl gibt, ist bereits Art. 3 Rom I-VO einschlägig, und Art. 4 Abs. 1 lit. h Rom I-VO ist gar nicht anwendbar[6]. 2441

4. Objektive Anknüpfung für das „Recht des Systems"

Wenn es kein Systemkonstitut gibt, dem man eine Rechtswahl entnehmen kann, ist das „Recht des Systems" per objektiver Anknüpfung zu ermitteln. Will man der Besonderheit des Verbundes und der überwölbenden Verbindung über eine Vielzahl von Einzeltransaktionen gerecht werden, so darf man sich dabei jedenfalls nicht zu sehr auf die Statuten der einzelnen Transaktionen fixieren. Denn diese Statuten können divergieren. Vielmehr ist eine offene Schwerpunktsuche veranlasst[7]. Das Prinzip der charakteristischen Leistung im Einzelvertrag gilt nicht[8]. 2442

---

1 Richtlinie 98/26/EG des Europäischen Parlaments und des Rates vom 19.5.1998 über die Wirksamkeit von Abrechnungen in Zahlungs- sowie Wertpapierliefer- und -abrechnungssystemen, ABl. EG 1998 Nr. L 166, S. 45.
2 Note from the Irish Delegation to the Committee on Civil Law Matters (Rome I) of 5 June 2007, 10 365/07 JUSTCIV 156 CODEC 630, S. 2 paras. 4, 7.
3 Note from the Irish Delegation to the Committee on Civil Law Matters (Rome I) of 5 June 2007, 10 365/07 JUSTCIV 156 CODEC 630, S. 3 para. 8.
4 In der Fassung vom 2.1.2009.
5 Insoweit für Art. 9 Abs. 1 EuInsVO entgegen *Duursma-Kepplinger*, in: *Duursma-Kepplinger/Duursma/Chalupsky*, EuInsVO (Wien 2002), Art. 9 EuInsVO Rz. 8; *Ehricke*, WM 2006, 2109 (2113).
6 *Mankowski*, RIW 2009, 98 (109) sowie *Einsele*, WM 2009, 289 (292).
7 *Mankowski*, RIW 2009, 98 (109); vgl. auch *M. Lehmann*, in: Ferrari/Leible (Hrsg.), S. 85 (90 f.).
8 *Einsele*, WM 2009, 289 (292).

a) Differenzierung nach Organisationsgrad, insbes. nach Zentralstelle oder Clearingstelle

2443 Wenn es im System eine **Zentralstelle** oder eine **Clearingstelle** gibt, die nach einem bestimmten Recht organisiert ist, ist Recht des Systems ist dann dasjenige Recht, nach welchem jene Zentral- oder Clearingstelle organisiert ist[1]. Besonders deutlich wird dies, wenn die Zentralstelle sogar Leitungs- oder Organisationskompetenzen haben sollte. Bei regulierten Märkten im Sinne von Art. 4 Abs. 1 Nr. 7 MiFID kann man das „Recht des Systems" in jedem Fall deutlicher erkennen, nämlich das Recht des regulierenden Staates, und so (allerdings immer vorbehaltlich einer Rechtswahl) einen Gleichlauf zwischen öffentlichem und Privatrecht erzielen[2].

2444 Ab einem bestimmten Verfestigungs- und Organisationsgrad steht sogar eine gesellschaftsrechtliche Qualifikation des Systems in Rede mit der Folge, dass dann die Kollisionsnormen des Internationalen Gesellschaftsrechts, also innerhalb der EU die Gründungstheorie, zum Zuge kämen. Ein System, das in so starkem Maße organisiert ist, wird im Zweifel ein Systemkonstitut haben. Diesem lassen sich unter Umständen ein Satzungssitz oder ein Äquivalent zu einem Satzungssitz entnehmen[3]. Geschäfte im Rahmen einer bestimmten Börse unterliegen nach Art. 4 Abs. 1 lit. h Rom I-VO dem Recht am Sitz genau dieser Börse[4].

2445 Am anderen Ende der Bandbreite denkbarer Gestaltungen wird der Schwerpunkt bei einem System ohne eine Zentral- oder Clearingstelle immer schwieriger zu ermitteln. Ausweislich Erwägungsgrund 18 sind dezentral organisierte Systeme miterfasst. Auch insofern ist allerdings mindestens eine Konstellation denkbar, die eine vergleichsweise leichte und einleuchtende Bestimmung erlaubt: Das System ist lokal, regional oder national konzentriert. An ihm nehmen zuvörderst Teilnehmer aus einem bestimmten Staat teil. Dann wird der Schwerpunkt im Zweifel in jenem Staat liegen, in welchem die überwiegende Zahl der Systemteilnehmer ansässig ist[5].

b) Herkunftslandprinzip entsprechend Art. 31 Abs. 1; 36 Abs. 4 MiFID?

2446 Angesichts der engen Verzahnung mit der MiFID und deren zentraler Rolle mag der Blick schließlich auf Art. 31 Abs. 1 MiFID fallen. Dort wird das **Herkunftslandprinzip** für die Aufsicht über Finanzmärkte verfügt. Art. 36 Abs. 4 MiFID sekundiert, indem er das öffentliche Recht des Herkunftsmitgliedstates des geregelten Marktes für anwendbar erklärt. Das Herkunftslandprinzip wird doch also über Wertpapierfirmen hinaus auf geregelte Märkte erstreckt. Ziel ist beide Male die Anwendung eines einzigen Rechts auf das betreffende System. Dann liegt es nahe, einen Gleichlauf zwischen Aufsichtsrecht und

---

1 *Mankowski*, IHR 2008, 133 (139); *Mankowski*, RIW 2009, 98 (109).
2 *Garcimartín Alférez* Yb. PIL 10 (2008), 245 (249); *Mankowski*, IHR 2008, 133 (139); *Mankowski*, RIW 2009, 98 (109).
3 *Mankowski*, RIW 2009, 98 (110).
4 *Einsele*, WM 2009, 289 (292).
5 *Mankowski*, RIW 2009, 98 (110).

Privatrecht zu fördern[1]. Jedenfalls erscheint es sinnvoll, den für das Aufsichtsrecht verwendeten Anknüpfungspunkt daraufhin zu betrachten, ob er sich zur vermittelnden Übernahme in das Vertragsrecht eignet[2]. Immerhin hätte man dann wenigstens einen gesetzlichen Anhaltspunkt. Methodisch würde man dann der vom europäischen Gesetzgeber weithin gewollten Zentral- und Führungsrolle der MiFID gerecht. Beide Rechtsmaterien sollten aufeinander abgestimmt sein und einander beim Anlegerschutz ergänzen. Soweit eine staatliche Zulassung erforderlich ist, könnte man daher mit keineswegs schlechten Gründen daran denken, das Recht des Staates, in welchem die Zulassung und die nachfolgende Aufsicht erfolgen, zum „Recht des Systems" erheben[3]. Nach den Maßgaben dieses Rechts wird das System organisiert sein, und so wird jenes Recht auch seinen prägenden Niederschlag gefunden haben[4].

Sich selbst in diesem reduzierten Maße an Art. 31 Abs. 1; 36 Abs. 4 MiFID anzulehnen hätte allerdings eine weitere gewichtige Konsequenz: Sowohl Art. 4 Abs. 1 lit. h als auch Art. 6 Abs. 4 lit. e würden dann voraussetzen, dass es sich um wirklich von der MiFID erfasste Systeme handelt, die in Mitgliedstaaten der EU zugelassen wurden. Für drittstaatliche Systeme würde das Herkunftslandprinzip kaum passen. In der MiFID beruht es auf dem verordneten, dekretierten Vertrauen der Mitgliedstaaten zueinander. Solches Vertrauen lässt sich Drittstaaten nicht per se entgegenbringen[5]. Zudem bestünde nur im Verhältnis zu Mitgliedstaaten eine Parallele zum Aufsichtsrecht, nicht aber im Verhältnis zu Drittstaaten. Des Weiteren bliebe zu fragen, ob die Anknüpfung sich auch für Multilaterale Handelssysteme jenseits der regulierten Märkte so einfach anlehnen ließe, da es dann an einer deutlichen Regulierungsautorität und an einer eindeutigen Zulassung fehlt[6]. 2447

Um dem Rechnung zu tragen und die Beschränkung auf Mitgliedstaaten abzubilden, müsste man in der Konsequenz die Verweisung in Art. 4 Abs. 1 lit. h Rom I-VO auf Art. 4 Abs. 1 Nr. 17 MiFID als eine echte rechtstechnische Bezugnahme, nicht als eine bloße Phänomenbeschreibung begreifen. Eine so enge Anlehnung an Sekundärrechtsakte aus dem Binnenmarktrecht würde nicht befriedigen, zumal wenn sie empfindliche Lücken risse[7]. Außerdem würde sie systematisch sehr stören, denn alle anderen Spezialtatbestände in Art. 4 Abs. 1 sind echte allseitige Kollisionsnormen[8]. Im Wortlaut gibt es jedenfalls keine Beschränkung auf Binnenmarktsachverhalte. 2448

Frei. 2449–2460

---

1 S. *Garcimartín Alférez*, Yb. PIL 10 (2008), 245 (247, 249); *Mankowski*, IHR 2008, 133 (139).
2 Vgl. optimistischer *Garcimartín Alférez*, Yb. PIL 10 (2008), 245 (249). Ähnlich wie hier dagegen M. *Lehmann*, in: Ferrari/Leible (Hrsg.), The Rome I Regulation (2009), sub II 3.
3 *Mankowski*, IHR 2008, 133 (139); R. *Wagner*, IPRax 2008, 377 (385).
4 Ähnlich M. *Lehmann*, in: Ferrari/Leible (Hrsg.), The Rome I Regulation (2009), sub II 3.
5 *Mankowski*, RIW 2009, 98 (110).
6 M. *Lehmann*, in: Ferrari/Leible (Hrsg.), The Rome I Regulation (2009), sub II 3.
7 *Mankowski*, RIW 2009, 98 (110).
8 *Mankowski*, RIW 2009, 98 (110).

VI. Anwendbares Recht für Fondskonstruktionen

2461 Häufig investiert ein Anleger nicht persönlich in bestimmte Anlagen und bestimmte Zielgesellschaften. Vielmehr zeichnet er Anteile an einem **Fonds**. Die eigentliche Anlage der eingesammelten Anlegergelder tätigen dann bei verwalteten Fonds die Fonds-Manager. Zwischen den Anleger und das effektive Investment schiebt sich der Fonds. Auch kollisionsrechtlich muss man zwischen dem Investments Privater in Fondsanteile einerseits und dem Investment der Anlagegelder durch die gezeichneten Fonds andererseits unterscheiden.

1. Investment Privater in Fondsanteile

2462 Für die Zeichnung der Fondsanteile gelten grundsätzlich die Regeln des Internationalen Kapitalanlegerschutzrechts einschließlich des kollisionsrechtlichen Verbraucherschutzes[1]. Denn an dieser Transaktion sind die zu schützenden privaten Anleger unmittelbar beteiligt. Hier ist der persönliche Anwendungsbereich unproblematisch eröffnet.

2. Investition durch den Fonds

2463 Für die **Anlage durch den Fonds** ist Art. 6 Rom I-VO dagegen persönlich nicht anwendbar[2]. Zwar repräsentiert der Fonds mittelbar seine privaten Anteilseigner und Anleger. Jedoch ist der Fonds selbst ein institutioneller Anleger mit entsprechender Marktmacht und agiert professionell. Er kann sich selber vertraglich schützen. Daran ändert sich auch dadurch nichts, dass an den Ergebnissen der Fonds mittelbar Privatleute partizipieren und dass mittelbar Privatleute von den Aktivitäten der Fonds profitieren[3]. Generell sind Gesellschaften, an denen Private beteiligt sind, von diesen Privaten unabhängig und als gesonderte Rechtssubjekte zu betrachten; dies gilt auch für Fondsgesellschaften. Außerdem wäre eine Anknüpfung an den Sitz des Fonds kaum geeignet, den Schutz der Privaten durch ein ihnen vermutlich vertrautes Recht zu gewährleisten. Den Privaten wäre nicht damit gedient, wenn sie ein aus ihrer Sicht fremdes Recht am Sitz des Fonds ermitteln müssten. Hinzu käme die Systemwidrigkeit, den Anknüpfungspunkt für den Schutz Privater auf ein Merkmal eines Professionellen auszurichten[4].

---

1 *Mankowski*, RIW 2009, 98 (111).
2 *Wood*, Conflict of Laws and International Finance (London 2007), Rz. 2–075; vgl. auch *de Lima Pinheiro*, Rev. Ord. Advog. 67 (2007), 573 (617) (generell für Intermediäre).
3 *Wood*, Conflict of Laws and International Finance (London 2007), Rz. 2–075.
4 *Mankowski*, RIW 2009, 98 (111).

3. Angemessenheit kollisionsrechtlichen Anlegerschutzes?

Echter kollisionsrechtlicher Anlegerschutz mit einer Anknüpfung an ein Merkmal der privaten Anleger würde aus der Sicht der Zielgesellschaften ebenso wenig passen. Den Geschäftspartnern des Fonds tritt nicht eine verwaltete Gesamtheit der Anteilseigner und Anleger gegenüber, sondern der Fonds. Ihnen ist gar nicht ersichtlich, wo denn die einzelnen Anteilseigner und Anleger ansässig sind. Diese sind ihnen weder namentlich bekannt, noch geraten diese überhaupt in ihr Blickfeld. Eine Anknüpfung an die gewöhnlichen Aufenthalte der einzelnen Anteilseigner und Anleger auch, soweit das externe Investment durch den Fonds in Rede steht, würde daher eine Grundregel des Internationalen Privatrechts verletzen: Der Anknüpfungspunkt wäre relevanten Beteiligten schlichtweg nicht erkennbar[1].

2464

Darüber müsste man sich allerdings hinwegsetzen, wenn nur so ein berechtigter Schutz der Anleger erzielt würde. Indes ist gerade die Rechtfertigung eines Schutzes sehr fraglich. Die Anleger investieren eben nicht direkt in die Zielgesellschaften. Vielmehr investieren sie nur in den Fonds. In welche Zielgesellschaften der Fonds investiert, wird den einzelnen Anlegern häufig kaum bekannt sein oder erst nachträglich bekannt werden. Die Zielgesellschaften liegen dann aus ihrer Sicht gleichsam unter dem Wahrnehmungshorizont. Dies gilt etwas weniger bei branchenspezifischen Fonds, denn dort sind immerhin das grundlegende Spezifikum und die grundlegende Gemeinsamkeit der Zielgesellschaften bekannt. Jedoch trifft auch dort nicht der Anleger die Entscheidung, ob aus einer potentiellen eine aktuelle Zielgesellschaft wird[2]. Zudem ist für die Anleger ist wirtschaftlich immer nur ihre Beteiligung am Fonds relevant[3].

2465

Das Internationale Verbrauchervertragsrecht wird den Anlegern gegen die Zielgesellschaften von der Konstruktion her schon deshalb keinen Schutz gewähren, weil es insoweit an vertraglichen Beziehungen fehlt. Das Internationale Verbrauchervertragsrecht gewährt Schutz nämlich nur gegen den Vertragspartner des Verbrauchers, gegen denjenigen Anbieter, welcher dem Verbraucher seine Leistungen zu verkaufen beabsichtigt[4]. Auch soweit die Anlagemärkte in den Aufenthaltsstaaten der einzelnen Fondsanleger von Prospekten der Zielgesellschaften angesprochen werden, ergibt sich nichts anderes. Insoweit agieren die Fondsanleger nicht als relevante Marktteilnehmer. Vielmehr bewegen sie sich nur in einem anderen Marktsegment, jenem der Fonds. Sie wollen gerade Mediatisierung und zumindest partiell integriertes Hedging der Risiken, nicht das unmittelbare Risiko durch Engagement in einer Gesellschaft. Eine Analogie zu Art. 6 Rom I-VO scheitert im Ergebnis deutlich[5].

2466

---

1 *Mankowski*, RIW 2009, 98 (111).
2 *Mankowski*, RIW 2009, 98 (111).
3 *Mankowski*, RIW 2009, 98 (111).
4 S. nur ObG Basel-Stadt 12.12.1996, BJM 1998, 31 (32).
5 Vgl. *de Lima Pinheiro*, Rev. Ord. Advog. 67 (2007), 573 (617) (generell für Intermediäre).

4. Internationales Verbraucherverragsrecht für Rechte und Pflichten der Anleger innerhalb des Fonds?

2467 Die interne Wahrnahme von Rechten aus den Fondsanteilen, also Informationsrechte und Rechenschaftspflichten, Thesaurierungsgrenzen, Verwaltungskosten, Kontrolle des Fondsmanagement sind allesamt Fragen, deren Relevanz für die Anleger unmittelbar ins Auge springt. Wenn und soweit der **Fonds** als Gesellschaft organisiert ist, sollte man für die Antwort auf die aufgeworfenen Fragen in einem ersten Schritt Art. 1 Abs. 2 lit. f Var. 1 Rom I-VO einbeziehen[1]: Fragen des Gesellschaftsrechts sind aus der gesamten Rom I-VO ausgeklammert. Dies gilt auch für Mitgliedschaftsrechte und die Teilhabe von Gesellschaftern an Ergebnissen der Gesellschaft.

2468 Kollisionsrechtliche Qualifikation sieht indes auf die Essenz und auf die Substanz. Insbesondere Punkte wie die Verwaltungskosten bilateralisieren und führen doch wieder weg vom Gesellschaftsgewand. Mit den anderen Anlegern im Fonds verbindet den einzelnen Anleger typischerweise wenig. Es geht ihm um die individuelle Nutzen- und Vermögensmehrung. Je nach Gesellschaftsform finden nicht einmal formell Versammlungen statt. Kollektive Elemente typischer mitgliedschaftlicher Beteiligung sind Fonds auch dann typischerweise fremd, wenn sie sich in das Gewand bestimmter Gesellschaftsformen kleiden. Dies legt nahe, vom Gewand abzusehen[2].

2469–2480 Frei.

VII. Anknüpfung für Brokerverträge

1. Brokervertrag

2481 Für die Anknüpfung von Börsengeschäften steht das **Börsenaußengeschäft** zwischen dem Kunden und seinem Vertragspartner ganz im Vordergrund, nicht das eigentliche Börseninnengeschäft. Vertragspartner des Kunden ist bei einem Börsenaußengeschäft ein Broker oder allgemeiner: ein Intermediär. **Broker** kann einerseits eine Bank (zB die Hausbank des Kunden oder eine ihrer Tochtergesellschaften) sein, andererseits ein selbständiger Broker.

---

1 Vgl. bereits Note from the United Kingdom Delegation to the Committee on Civil Law Matters (Rome I) of 31 January 2007, 5857/07 JUSTCIV 16 CODEC 81, S. 2 para. 4.
2 *Mankowski*, RIW 2009, 98 (112).

a) Internationales Verbraucherkvertragsrecht

Brokerdienste waren bereits **Dienstleistungen** im Sinne von Art. 29 Abs. 1 EGBGB[1] und sind heute klar Finanzdienstleistungen[2]. Denn der Broker wird für den Kunden in dessen Interesse tätig. Der Broker leistet die Dienste, die nötig sind, damit der Kunde über ihn an der Börse agieren kann. In aller Regel berät er und schlägt mögliche Transaktionen vor. Er führt akzeptierte Transaktionen aus, platziert Orders und verwaltet Depots (letzteres gegebenenfalls unter Einschaltung Dritter). Nicht anderes gilt, wenn das Verhältnis zwischen Broker und Kunden nicht als Kommissionsgeschäft, sondern vordergründig als Rechtskauf ausgestaltet ist[3], denn auch dort erbringt der Broker mit Depoteinrichtung und -verwaltung sowie insbesondere der Abwicklung von Transaktionen einschließlich des Wiederverkaufs wesentlich Dienstleistungen[4]. Eine Differenzierung nach der Art des auszuführenden Börseninnengeschäfts ist nicht angezeigt, da das Schutzbedürfnis beim Börsenaußengeschäft für alle Formen gleichermaßen besteht[5]. Eine Dienstleistung liegt jedenfalls auch in der Depotführung durch ein Kreditinstitut[6]. Der sachliche Anwendungsbereich des Art. 6 Rom I-VO ist eröffnet.

2482

Eine Ausnahme kann sich über Art. 6 Abs. 4 lit. b Rom I-VO ergeben, wenn der Broker seine Dienstleistungen ausschließlich außerhalb des Verbraucherstaates erbringt[7]. Dafür kommt es aber nicht nur auf den Markt der Ausfüh-

2483

---

1 S. nur BGH 29.1.1991, IPRspr. 1991 Nr. 169 = NJW 1991, 1632; BGH 25.5.1993, IPRspr. 1993 Nr. 142 = NJW 1993, 2640; OLG Düsseldorf 26.1.1988, IPRspr. 1988 Nr. 152 = WM 1989, 50 (54); OLG Düsseldorf 14.1.1994, IPRspr. 1994 Nr. 23 = WM 1994, 376 (377) = RIW 1994, 420 Anm. *Mankowski* (dazu *Steiner*, EWiR Art. 3 Rom I-VO 1/94, 255; *Rauscher*, WuB I G 5. – 4.94, 592; *T. Lenz*, WiB 1994, 651; *J.M. Schmidt*, [1995] JBL 308); OLG Düsseldorf 26.5.1995, IPRspr. 1995 Nr. 145 = WM 1995, 1349 (1351) = RIW 1995, 769 (dazu *U. Schäfer*, WuB VII A. Art. 5 EuGVÜ 1.95, 1220; *R. Geimer*, EWiR Art. 5 EuGVÜ 1/96, 939; *Mankowski*, RIW 1996, 1001); *Thorn*, IPRax 1995, 294 (298); *Spindler*, IPRax 2001, 400 (406); *Kowalke*, Die Zulässigkeit von internationalen Gerichtsstands-, Schiedsgerichts- und Rechtswahlklauseln bei Börsentermingeschäften (2002), S. 80–83; *Krammer*, Internet Brokerage (2002), S. 204 f.; *Kronke/Haubold*, in: Kronke/Melis/Schnyder, Rz. 115; *Schnyder*, in: MünchKomm, IntKapMarktR Rz. 62; *de Lima Pinheiro*, Rev. Ord. Advog. 67 (2007), 573 (616).
2 S. nur *Mankowski*, RIW 2009, 98 (107).
3 Entgegen *von Gronau*, Die Börsentermingeschäfte mit Auslandsberührung nach der Kodifizierung des Internationalen Vertragsrechts im IPR-Gesetz vom 25.7.1986 (1990), S. 63.
4 *Mankowski*, AG 1998, 11 (13); *Schnyder*, in: MünchKomm, IntKapMarktR Rz. 62; *de Lima Pinheiro*, Rev. Ord. Advog. 67 (2007), 573 (616).
5 *Kiel*, Internationales Kapitalanlegerschutzrecht (1994), S. 240; *Giesberts*, Anlegerschutz und anwendbares Recht bei ausländischen Börsentermingeschäften (1998), S. 263; *Spindler*, IPRax 2001, 400 (406) sowie *Hartung*, ZIP 1991, 1185 (1192).
6 *Welter*, in: Schimansky/Lwowski/Bunte (Hrsg.), Bankrechts-Handbuch, Bd. I, 3. Aufl. (2007), § 28 Rz. 40.
7 *von Gronau*, Die Börsentermingeschäfte mit Auslandsberührung nach der Kodifizierung des Internationalen Vertragsrechts im IPR-Gesetz vom 25.7.1986 (1990), S. 70 f.; *de Lousanoff*, Festschr. Nirk (1992), S. 607 (629 f.); *Kiel*, Internationales Kapitalanlegerschutzrecht (1994), S. 251; *Thorn*, IPRax 1997, 98 (104); *Samtleben*, in: Hopt/Baum/Rudolph (Hrsg.), Börsenreform (1997), S. 469 (513 f.); *Mankowski*, AG 1998, 11 (14); *Gies-*

rungsgeschäfte an[1]. Die Ausnahme greift nämlich schon dann nicht mehr, wenn der Broker Beratungsleistungen im Verbraucherstaat oder in den Verbraucherstaat hinein erbringt, also den bei sich zu Hause befindlichen Verbraucher per Telefon, E-Mail oder Internet berät[2] oder Tochtergesellschaften, Kooperationspartner, Vertreter, Mittelspersonen und andere Intermediäre des Brokers im Verbraucherstaat aktiv tätig werden[3]. Leistungsbeiträge im Inland können die Entgegennahme von Einschusszahlungen, die Ausbezahlung von Gewinnen und das Erteilen von Informationen sein[4]. Beratung in das Inland hinein ist ein Dienstleistungselement mit Inlandsbezug[5]. Eine nur als Bote eingeschaltete Repräsentanz einer ausländischen Bank schadet aber nicht[6]. Ebenso wenig schadet die bloße Zahlung des Brokerhonorars aus dem Inland heraus[7].

2484 Dagegen gilt für Brokerverträge nicht die Ausnahme nach Art. 6 Abs. 4 lit. d Rom I-VO. Vielmehr hat für Brokerverträge die Rückausnahme nach Art. 6 Abs. 4 lit. d aE Rom I-VO überragende Konsequenzen[8]. Denn diese Rückausnahme für Verträge über Finanzdienstleistungen erfasst gezielt die Verträge von Privatanlegern mit Brokern und anderen Intermediären. Diese Verträge sind kein Teil des Finanzinstruments, sondern gehören rein zur Vermarktung[9]. Sie lassen sich vom Finanzinstrument als solchem ohne weiteres trennen. Sie

---

berts, Anlegerschutz und anwendbares Recht bei ausländischen Börsentermingeschäften (1998), S. 271 f. sowie *Dannhoff*, Das Recht der Warentermingeschäfte (1993), S. 193 f.; *F.M. Hess*, Anlegerschutz bei Termingeschäften (Diss. Frankfurt/M. 1995), S. 133.
1 In diese Richtung aber *Kronke*, LM § 1025 ZPO Nr. 45 Bl. 3, 3R (Nov. 1991). Wie hier *Krammer*, Internet Brokerage (2002), S. 225 f.
2 *Spindler*, IPRax 2001, 400 (408).
3 *Dannhoff*, Das Recht der Warentermingeschäfte (1993), S. 193 f.; vgl. (für den insoweit parallelen Art. 29 Abs. 1 Nr. 1 EGBGB) eingehend *Mankowski*, RIW 1997, 990; außerdem *Kronke*, LM § 1025 ZPO Nr. 45 Bl. 3, 3R (Nov. 1991).
4 OLG Düsseldorf 14.1.1994, IPRspr. 1994 Nr. 23 = WM 1994, 376 (377) = RIW 1994, 420 Anm. *Mankowski*; *von Gronau*, Die Börsentermingeschäfte mit Auslandsberührung nach der Kodifizierung des Internationalen Vertragsrechts im IPR-Gesetz vom 25.7.1986 (1990), S. 71; *Giesberts*, Anlegerschutz und anwendbares Recht bei ausländischen Börsentermingeschäften (1998), S. 271; *Florian*, Rechtsfragen des Wertpapierhandels im Internet (2001), S. 21; *Spindler*, IPRax 2001, 400 (408); *Krammer*, Internet Brokerage (2002), S. 226; *Einsele*, Bank- und Kapitalmarktrecht (2006), § 8 Rz. 77. Kritisch *Kowalke*, Die Zulässigkeit von internationalen Gerichtsstands-, Schiedsgerichts- und Rechtswahlklauseln bei Börsentermingeschäften (2002), S. 94.
5 *Mock*, WuB I G 1. – 3.00, 1231 (1232).
6 *de Lousanoff*, Festschr. Nirk (1992), S. 607 (630); *Mankowski*, AG 1998, 11 (14); *Kowalke*, Die Zulässigkeit von internationalen Gerichtsstands-, Schiedsgerichts- und Rechtswahlklauseln bei Börsentermingeschäften (2002), S. 93 f. Insoweit anders *Dannhoff*, Das Recht der Warentermingeschäfte (1993), S. 193 f.
7 Entgegen *Einsele*, Bank- und Kapitalmarktrecht (2006), § 7 Rz. 70; vgl. auch OLG Düsseldorf 14.1.1994, IPRspr. 1994 Nr. 23 = WM 1994, 376 (377) = RIW 1994, 420 Anm. *Mankowski*.
8 S. nur *Mankowski*, RIW 2009, 98 (107).
9 *Mankowski*, RIW 2009, 98 (107).

haben Einfluss weder auf die Ausgestaltung des Finanzinstruments noch auf die Kollektivbeziehungen unter dem Finanzinstrument[1]. Das einzelne Finanzinstrument ist für sie nur Gegenstand und Objekt, das sie hinnehmen. Es könnte genauso gut ein anderes Finanzinstrument sein. Das einzelne Finanzinstrument ist für sie nicht spezifisch und macht nicht ihren Kern aus[2]. Zudem vollziehen sie sich typischerweise nicht über IPOs[3]. Auch genetisch sollten Verträge über Finanzberatung oder die Verwahrung von Finanzinstrumenten dem kollisionsrechtlichen Verbraucherschutz unterfallen[4].

b) Rechtswahl

Bei einem Brokervertrag besteht grundsätzlich Rechtswahlfreiheit nach Art. 3 Abs. 1 Rom I-VO[5]. Häufig finden sich Rechtswahlklauseln in Musterverträgen zB für Swap-Geschäfte[6]. Auch Nr. 6 Nr. 1 AGB Banken enthält eine entsprechende Wahl deutschen Rechts für Dienstleistungen deutscher Banken[7]. Londoner Broker vereinbaren mit ihren Kunden üblicherweise ein Schiedsgericht in London und die Anwendung englischen Rechts. Eine solche Rechtswahlklausel ist wegen der deutlich ersichtlich Auslandsbezüge, zumal wenn es um Aufträge geht, die an der Londoner Börse zu platzieren sind, nicht überraschend im Sinne von § 305c Abs. 1 BGB[8], auch soweit deutsches Recht über Art. 3 Abs. 5 iVm. Art. 12 Abs. 2 Rom I-VO für Konsensfragen zusätzlich berufen ist[9]. Eine Überraschung kann sich auch nie aus dem Inhalt des kollisions- 2485

---

1 *Mankowski*, RIW 2009, 98 (107).
2 *Mankowski*, RIW 2009, 98 (107).
3 *Garcimartín Alférez*, Yb. PIL 10 (2008), 245 (255).
4 Vermerk der Kommissionsdienststellen für den Ausschuss für Zivilrecht (Rom I) vom 15.3.2007, 7418/07 JUSTCIV 55 CODEC 228 S. 6.
5 S. nur KG 7.5.2002, BKR 2002, 961; LG Wuppertal 2.6.1992, IPRspr. 1992 Nr. 34 = WM 1993, 103 (107); LG Düsseldorf 23.2.2000, WM 2000, 1191 (1193); *Samtleben*, in: Hopt/Baum/Rudolph (Hrsg.), Börsenreform (1997), S. 469 (510); *Aden*, RIW 1997, 723 (724).
6 *Jahn*, Die Bank 1989, 395 (399); *Ebenroth*, Festschr. Keller (Zürich 1989), S. 391 (419 f.).
7 Näher *Florian*, Rechtsfragen des Wertpapierhandels im Internet (2001), S. 17.
8 *Rauscher*, WuB I G 5. – 4.94, 592 (593 f.); *U.Schäfer*, WuB VII B. Art. 5 EuGVÜ 1.95, 1220 (1222); *Mankowski*, EWiR § 3 AGBG 1/96, 577 (578); *Mankowski*, RIW 1996, 1001 f., 1004; *Mankowski*, EWiR Art. 29 EGBGB 1/98, 455 (456); *Thorn*, IPRax 1997, 98 (105); *Samtleben*, in: Hopt/Baum/Rudolph (Hrsg.), Börsenreform (1997), S. 469 (510); *Giesberts*, Anlegerschutz und anwendbares Recht bei ausländischen Börsentermingeschäften (1998), S. 274; *N. Reich*, ZEuP 1998, 984 (986 f.); *Kowalke*, Die Zulässigkeit von internationalen Gerichtsstands-, Schiedsgerichts- und Rechtswahlklauseln bei Börsentermingeschäften (2002), S. 106 f.
Unzutreffend OLG Düsseldorf 14.1.1994, IPRspr. 1994 Nr. 23 = RIW 1994, 420; OLG Düsseldorf 26.5.1995, IPRspr. 1995 Nr. 152 = WM 1995, 1349 (1351); OLG Düsseldorf 8.3.1996, IPRspr. 1996 Nr. 144 = WM 1996, 1489 (1492); LG Krefeld 29.4.1996, [1997] I.L.Pr., 716 (723 f.).
9 Dazu *Mankowski*, RIW 1994, 421 (422).

rechtlich gewählten ausländischen Rechts ergeben[1]. Eine Inhaltskontrolle der Rechtswahl schließlich findet hier ebenso wenig statt wie allgemein[2].

c) Objektive Anknüpfung über Art. 4 Rom I-VO

2486 Erfolgt keine Rechtswahl und sind die Voraussetzungen des Internationalen Verbrauchervertragsrechts nicht erfüllt (zB bei Hedge-Geschäften von Im/Export-Unternehmen[3]), so gelangt man über Art. 4 Abs. 1 lit. b iVm. Art. 19 Rom I-VO zum Recht an der vertragsbetreuenden Niederlassung des Brokers[4]. Der Broker erbringt die für den Vertrag charakteristische Leistung. Die Tätigkeit des Brokers prägt das Vertragsverhältnis. Diese ist aber mit dem jeweiligen Entscheidungszentrum des Brokers verbunden. Daher vermöchte auch nicht zu überzeugen, wenn man über Art. 4 Abs. 3 Rom I-VO an den Ort der Bankfiliale anknüpfen wollte, bei welcher der Broker im Rahmen des Finanzkommissionsvertrages[5] eventuell Depots und Konten für den Kunden halten lässt.

2487 Über Art. 4 Abs. 3 Rom I-VO an den **Markt** oder die Börse anzuknüpfen, auf welchem bzw. an welcher der Broker die Zielgeschäfte platziert oder ausführt[6], würde das Vertragsverhältnis regelmäßig aufspalten, wenn nicht nur eine Zielbörse, sondern mehrere anvisiert sind. Bei **länderübergreifenden Märkten** ist eine bestimmte Lokalisierung gar nicht ins Auge gefasst, zB wenn Geschäfte auf dem EuroSTOXX-Markt platziert werden sollen. Zudem wäre jede lokalisierende Anknüpfung für Online-Broker, die theoretisch weltweit die Zielmärkte beobachten und auf diesen arbeiten, wenig passend. Es muss eben nicht zwingend eine Verbindung mit einem bestimmten Börsenplatz bestehen[7]. Hinzu würde eine Spaltung zwischen börslichen und außerbörslichen Geschäften treten, denn eine Börsenanknüpfung passt natürlich nicht für letztere, insbesondere für **OTC-Geschäfte**[8].

2488 Art. 4 Abs. 1 lit. g Rom I-VO erfasst nur Versteigerungskäufe, aber keine Börsenkäufe. Selbst wenn man hier eine weite Auslegung oder gar eine entsprechende Anwendung walten lassen wollte, würde diese nur den Börsenkauf als solchen, erfassen, also das Börseninnengeschäft, nicht aber das Börsenaußengeschäft, und wäre deshalb für Brokerverträge nicht einschlägig. Man bräuchte

---

1 *Aden*, RIW 1997, 723 (724 f.); *Mankowski*, EWiR Art. 29 EGBGB 1/98, 455 (456).
2 Näher *Mankowski*, RIW 1994, 421 (422 f.) mwN.; *Mankowski*, RIW 1996, 1001 (1002).
3 *Dannhoff*, Das Recht der Warentermingeschäfte (1993), S. 195.
4 S. nur *Kiel*, Internationales Kapitalanlegerschutzrecht (1994), S. 263; *Samtleben*, in: Hopt/Baum/Rudolph (Hrsg.), Börsenreform (1997), S. 469 (511); *Mankowski*, AG 1998, 11 (14); *Giesberts*, Anlegerschutz und anwendbares Recht bei ausländischen Börsentermingeschäften (1998), S. 208 f.; *Spindler*, IPRax 2001, 400 (406).
5 S. nur *Mai*, CR 2002, 200 (201).
6 Dafür *Roth*, IPRax 1987, 147; *Dannhoff*, Das Recht der Warentermingeschäfte (1993), S. 202; *Magnus*, in: Staudinger, Art. 28 EGBGB Rz. 583.
7 *T. Bauer*, Börsenmäßige Termingeschäfte und Differenzeinwand im schweizerischen und deutschen internationalen Privatrecht (Basel/Frankfurt a.M. 1988), S. 295; *Mankowski*, AG 1998, 11 (14).
8 *Giesberts*, Anlegerschutz und anwendbares Recht bei ausländischen Börsentermingeschäften (1998), S. 206 f.

eine weitere, zweite, also insgesamt eine doppelte Analogie, um auch diese Hürde noch zu überwinden. Der Grad der dafür zu schulternden Argumentationslast ist hoch.

Generell dürfte dem Vorschlag der Börsen- oder Kapitalmarktanknüpfung eine Vermengung des Brokergeschäfts, eines Börsenaußengeschäfts, einerseits und der Ausführungsgeschäfte, der eigentlichen Börseninnengeschäfte, zugrunde liegen[1]. Beide sind aber rechtlich selbständig; eine akzessorische Anlehnung des Statuts des Börsenaußengeschäfts an jenes des Börseninnengeschäfts ist abzulehnen[2], insbesondere wenn eine potenziell unbegrenzte Vielzahl von Börseninnengeschäften an verschiedenen Plätzen in Rede steht. Bei einem räumlich gebundenen Broker, der nur Geschäfte an einer bestimmten Börse ausführt und seine Niederlassung am Sitz dieser Börse hat, kommt man im übrigen schon über Art. 4 Abs. 1 lit. b iVm. Art. 19 Abs. 1 Rom I-VO im Ergebnis zum Recht am Sitz der Börse, allerdings methodisch korrekter und ohne die Ausweichklausel strapazieren zu müssen[3]. 2489

Parallelität mit der börsenplatzbezogenen Sonderanknüpfung von Börsenaufsichts- und sonstigem Börsenregulierungsrecht kann hier kein Argument sein. Börsenaufsichts- und Börsenregulierungsrecht ist Börsenorganisationsrecht und betrifft daher allenfalls Börseninnen-, nicht Börsenaußengeschäfte[4]. Besondere Verbindlichkeitsbeschränkungen[5] unterliegen entweder schon per se besonderen Anknüpfungsregeln oder verwirklichen individuellen Anleger-, nicht institutionellen Börsenschutz[6]. 2490

Nicht zu überzeugen vermögen auch Überlegungen, generell auf den Vertragsanbahnungsmarkt und damit auf die Vertriebstätigkeit des Brokers abzustellen[7]. Diesen Gedanken berücksichtigt Art. 6 Rom I-VO, aber eben nur im Rahmen besonderer Schutzbedürftigkeit. Darüber hinaus trägt er nicht[8], zumal man auch Art. 4 Abs. 1 lit. b wie Abs. 2 Rom I-VO als funktionelle, marktbezogene Anknüpfung sehen kann, indes bezogen auf den Abwicklungsmarkt[9]. 2491

---

1 *Giesberts*, Anlegerschutz und anwendbares Recht bei ausländischen Börsenterminsgeschäften (1998), S. 214.
2 *Hans Stoll*, RabelsZ 24 (1959), 601 (617 f.); *Starp*, Die Börsentermingeschäfte an Auslandsbörsen (1985), S. 67, 215; *Giesberts*, Anlegerschutz und anwendbares Recht bei ausländischen Börsentermingeschäften (1998), S. 214.
3 *Mankowski*, AG 1998, 11 (14).
4 *Mankowski*, AG 1998, 11 (15).
5 Diese wollen *Brändl*, Internationales Börsenprivatrecht (1925), S. 68 ff., 125 ff.; *Hans Stoll*, RabelsZ 24 (1959), 601 (634 f.) dem Recht des Börsenplatzes unterstellen.
6 *Giesberts*, Anlegerschutz und anwendbares Recht bei ausländischen Börsenterminsgeschäften (1998), S. 215 f.
7 In diese Richtung *Kiel*, Internationales Kapitalanlegerschutzrecht (1994), S. 304 ff.; *Zimmer*, Internationales Gesellschaftsrecht (1996), S. 65 f.
8 *Giesberts*, Anlegerschutz und anwendbares Recht bei ausländischen Börsenterminsgeschäften (1998), S. 217–219.
9 *Mankowski*, RabelsZ 62 (1998), 142 (145).

d) Art. 46b Abs. 4 Nr. 5 EGBGB als Umsetzung von Art. 12 Abs. 2 RL 2002/65/EG

2492 Art. 12 Abs. 2 der Richtlinie über den Fernabsatz von Finanzdienstleistungen[1] verpflichtet die Mitgliedstaaten, angemessene Maßnahmen zu ergreifen, damit Verbrauchern der Schutz des Richtlinienregimes nicht durch die Wahl eines drittstaatlichen Rechts entzogen werden kann, wenn der Vertrag eine enge Verbindung mit dem Gebiet eines oder mehrerer EU-Mitgliedstaaten aufweist. Er folgt bis in die Formulierung hinein Art. 12 Abs. 2 FernabsRL. Dem kommt in Deutschland Art. 46b Abs. 4 Nr. 5 EGBGB nach.

2493 Diesseits des kollisionsrechtlichen Rechtssetzungsauftrages entschärft die FD-FernabsRL aus der Sicht der Wirtschaft im Übrigen innerhalb des Binnenmarktes die kollisionsrechtliche Lage[2]: Sie setzt nicht nur Minimal-, sondern auch Maximalstandards, bewirkt also eine Vollharmonisierung. Die Rechte aller EU-Mitgliedstaaten sollten nach erfolgter Umsetzung denselben Inhalt haben. Über Art. 6 Rom I-VO öffnet sich dann gegenüber im Binnenmarkt ansässigen Verbrauchern keine kollisionsrechtliche Schere mehr. Ein Herkunftslandprinzip, demzufolge das Recht des Anbieterstaates anzuwenden wäre, führt die FD-FernabsatzRL aber nicht ein[3], sondern belässt es ausweislich ihres Erwägungsgrundes 8 kollisionsrechtlich grundsätzlich bei der Anwendung des EVÜ, heute also der Rom I-VO.

2. Erwerbs- oder Veräußerungsgeschäft

2494 Das eigentliche Erwerbs- oder Veräußerungsgeschäft ist ein Innengeschäft des Kapitalmarktes. Es kann in zweierlei Grundgestaltungen auftreten, je nachdem, in welcher Kapazität der Broker (oder allgemeiner: der beauftragte Intermediär) tätig wird: Zum einen kann der Broker das Erwerbsgeschäft im Namen des Kunden als dessen Stellvertreter abschließen (sog. Direktgeschäft). Zum anderen kann der Broker im eigenen Namen als Kommissionär auftreten. Rechtstatsächlich ist das Kommissionsgeschäft der Normalfall.

2495–2500 Frei.

---

[1] Richtlinie 2002/65/EG des Europäischen Parlaments und des Rates vom 23.9.2002 über den Fernabsatz von Finanzdienstleistungen an Verbraucher und zur Änderung der Richtlinie 90/619/EWG des Rates und der Richtlinien 97/7/EG und 98/27/EG, ABl. EG 2002 Nr. L 271, S. 16.
[2] *Prüm*, Rev. dr. banc. fin. 2002, 111 (112).
[3] *Gourio*, JCP, éd. E, 2002 Act. 234 = JCP, éd. E, 2002, 1593 (1595).

VIII. Besondere Anknüpfung von Schutzvorschriften des deutschen Rechts

1. Informationspflichten aus § 31 WpHG

a) Mehrfache Reformierung des deutschen Sachrechts

Das deutsche Sachrecht wurde im Bereich des Anlegerschutzes mehrfach umgestaltet. Zunächst wurde zum 1.7.2002 mit dem Vierten Finanzmarktförderungsgesetz[1] der **Termineinwand** zwar nicht insgesamt abgeschafft[2], aber grundlegend verändert[3]. Insbesondere erfasste er börsliche wie außerbörsliche Termingeschäfte gleichermaßen[4], die statusbezogene Termingeschäftsfähigkeit entfiel als Konzept und wurde durch vertriebsbezogene, der Aufsicht unterworfene und haftungsbewehrte Informationspflichten ersetzt[5]. Zudem wechselte der Gesetzgeber zu Schadensersatzpflichten als Mittel der Wahl über[6]. § 37d Abs. 6 WpHG aF sicherte als besondere einseitige Kollisionsnorm ab (dazu 6. Aufl. Rz. 1282–1288).

2501

In einem zweiten Schritt wurde zum 1.11.2007 § 37d WpHG durch das Finanzmarktrichtlinie-Umsetzungsgesetz (FRUG) ganz aufgehoben. Die vor der Finanz- und Kreditkrise obwaltende Liberalität erreichte ihren Höhepunkt. Man bezweckte Bürokratieabbau und Flexibilisierung bei der Anlageberatung und sah den Schutzzweck bereits durch die Informationspflichten der §§ 31 ff. WpHG abgedeckt[7].

2502

b) Besondere Anknüpfungsnorm in § 31 Abs. 10 WpHG

§ 31 Abs. 10 WpHG schafft – in Nachfolge zu § 31 Abs. 3 WpHG aF in der vor 2007 geltenden Fassung – eine eigene Kollisionsnorm für die Anknüpfung vieler wertpapierrechtlicher Pflichten. Er lautet:

2503

„Absatz 1 Nr. 1 und die Absätze 2 bis 9 sowie die §§ 31a, 31b, 31d und 31e gelten entsprechend auch für Unternehmen mit Sitz in einem Drittstaat, die Wertpapierdienstleistungen oder Wertpapiernebendienstleistungen gegenüber Kunden erbringen, die ihren gewöhnlichen Aufenthalt oder ihre Geschäftsleitung im Inland haben, sofern nicht die Wertpapierdienstleistung oder Wertpapiernebendienstleistung einschließlich der damit in Zusammenhang stehenden Nebendienstleistungen ausschließlich in einem Drittstaat erbracht wird."

---

1 Gesetz zur weiteren Fortentwicklung des Finanzplatzes Deutschland (Viertes Finanzmarktförderungsgesetz) vom 21.6.2002, BGBl. I 2002, 2010.
2 Dafür (unter gleichzeitiger Aufwertung des Spieleinwandes aus § 762 BGB) *Reiner*, Derivative Finanzinstrumente im Recht (2002), S. 167.
3 *A. Möller*, WM 2001, 2405 (2406).
4 *A. Möller*, WM 2001, 2405 (2407).
5 *F. Schäfer/V. Lang*, BKR 2002, 197 (202 f.); *Fleischer*, NJW 2002, 2977 (2981). Eingehend insbesondere aus einer anreizökonomischen Perspektive *Zimmer*, JZ 2003, 22.
6 *Müller-Deku*, WuB I G 7. – 1.02, 425; *F. Schäfer/V. Lang*, BKR 2002, 197 (208); *Ph. Melzer*, BKR 2003, 366.
7 Begründung der Bundesregierung zum Entwurf eines Gesetzes zur Umsetzung der Richtlinie über Märkte für Finanzinstrumente und der Durchführungsrichtlinie der Kommission (Finanzmarktrichtlinie-Umsetzungsgesetz), BT-Drucks. 16/14028, S. 78.

aa) Grundsätzliche Einordnung

2504 § 31 Abs. 3 WpHG aF wurde teilweise als unerlaubte Handlung qualifiziert und deshalb nach den Regeln des Internationalen Deliktsrechts angeknüpft[1]. Andererseits wurden die mit § 31 Abs. 3 WpHG aF in engem Zusammenhang stehenden Wohlverhaltensregeln des § 31 Abs. 2 WpHG aF zum eingriffsrechtlichen Bereich gezählt (mit der Folge, dass man die eigentlichen Anknüpfungsmaßstäbe noch hätte entwickeln müssen)[2]. Gleiches galt für die Insiderregeln des § 12 WpHG aF[3]. Richtig ist jedenfalls heute, § 31 Abs. 10 WpHG selbst als eigenständige Kollisionsnorm zu begreifen. Seine Stellung im Rahmen des kollisionsrechtlichen Gesamtgefüges namentlich neben der Rom I- und der Rom II-VO ist dabei noch zu klären. Er fügt sich am besten in Art. 27 Rom II-VO; Art. 23 Rom I-VO, wenn man ihn als deutsche Umsetzung von Vorgaben der MiFID begreift.

bb) Ausnahmetatbestand bei ausschließlich in einem Drittstaat erbrachten Dienstleistungen

2505 Bereits ein teilweiser **Inlandsbezug**, dass also die Dienstleistung, sei es auch nur zu einem Teil, in Deutschland erbracht wird, schadet und unterwirft den deutschen Regeln[4]. Ob die Anschaffung von Wertpapieren deutscher Emittenten und Gesellschaften in einem Drittstaat unter den Ausnahmetatbestand fällt, lässt sich auflösen, wenn man sich an den zu Art. 6 Abs. 4 lit. b Rom I-VO entwickelten Maßstäben (oben Rz. 4192–4194) orientiert. Abzustellen ist auf Inlandskontakte während der gesamten Vertragsbeziehung nach ihrem wirtschaftlichen Ablauf von der Kontaktaufnahme über Lieferung der Wertpapiere oder Bucheintrag papierloser Rechte[5] bis zur Auflösung des Kontos. Einen hinreichenden Inlandsbezug stellt indes schon eine Beratung her, ebenso die Lieferung von Wertpapieren oder eine Überweisung von Anlagegeldern[6]. Die Beratung reicht selbst dann aus, wenn sie vom Ausland her in das Inland hi-

---

1 *Samtleben*, in: Hopt/Baum/Rudolph (Hrsg.), Börsenreform (1997), S. 469 (512) (513 aber zugleich für vertragliche Anknüpfung); *Florian*, Rechtsfragen des Wertpapierhandels im Internet (2001), S. 19.
2 *Samtleben*, in: Hopt/Baum/Rudolph (Hrsg.), Börsenreform (1997), S. 469 (512 f.); *Florian*, Rechtsfragen des Wertpapierhandels im Internet (2001), S. 24.
3 *von Hoffmann*, in: Soergel, Art. 34 EGBGB Rz. 70; *Florian*, Rechtsfragen des Wertpapierhandels im Internet (2001), S. 24.
4 S. nur *Möllers*, in: Kölner Kommentar zum WpHG (2007), § 31 WpHG Rz. 310.
5 *Bliesener*, Aufsichtsrechtliche Verhaltenspflichten beim Wertpapierhandel (1998), S. 37.
6 Beschlussempfehlung und Bericht des Finanzausschusses zum Entwurf eines Gesetzes über den Wertpapierhandel und zur Änderung börsenrechtlicher und wertpapierrechtlicher Vorschriften (Zweites Finanzmarktförderungsgesetz), BT-Drucks. 12/7918, S. 104 zu § 30a Absatz 3 Bem. 2. Abs.; *J. Becker*, Das neue Wertpapierhandelsgesetz (1995), S. 107; *M. Schön*, Verhaltensregeln für Wertpapierdienstleistungsunternehmen nach dem Zweiten Finanzmarktförderungsgesetz (1998), S. 68; *Siller*, Rechtsfragen des Discount-Broking (1999), S. 23; *Spindler*, WM 2001, 1689 (1699); *C. Koch*, Discount Broker (2002), S. 49.

nein erfolgt[1]. Insofern ist es ungenau, davon zu sprechen, dass eine Emission ohne Inlandsbezug unter die Ausnahmeregelung falle[2]: Die Emission als solche mag zwar isoliert betrachtet nicht auf da Inland zielen, jedoch können Beratungsleistungen und Geldflüsse aus dem Inland einen Inlandsbezug herstellen. Ein bloßer Internetauftritt begründet als solcher noch kein Dienstleistungselement im Inland[3]. Die Überweisung der verbliebenen Anlagesumme und eventueller Erträge auf ein inländisches Konto nach Abschluss der Transaktionen, also die Glattstellung des Anlagekontos, vermittelt dagegen wiederum Inlandsbezug, da sie eine ins Inland gerichtete Tätigkeit des Dienstleisters ist[4].

Der **Ausführungsmarkt** ist jedenfalls nicht allein ausschlaggebendes Kriterium[5]. Allerdings ist jede Abwicklung von Orders über eine inländische Börse ausreichend[6]. Auf der anderen Seite ginge es zu weit, wenn man die Ausnahme bereits dann eingreifen ließe, wenn ein Direktkontakt mit dem Londoner Broker besteht und das Konto in London geführt wird[7]. Unerheblich muss auch sein, ob der Kontakt ursprünglich vom Kunden ausgegangen ist. Wollte man eine solche Einschränkung machen[8], so implementierte man ein Schutzkonzept nur für den passiven, aber nicht für den aktiven Verbraucher. Ein solcherart beschränktes Schutzkonzept ist schon in Art. 6 Rom I-VO nicht mehr so stark angelegt, wie es dies in Art. 29 Abs. 1 Nr. 1, 2 EGBGB war, umso weniger aber im WpHG, wo § 37d Abs. 6 S. 2 WpHG aF eben kein Pendant zu den weiteren situativen Voraussetzungen kennt[9].

2506

cc) Kein strikter Umkehrschluss

Voraussetzung für die Anwendung des § 31 Abs. 10 WpHG ist, dass der Broker seinen Sitz in einem Drittstaat hat. Daraus ist jedoch kein Umkehrschluss zu ziehen, dass die in § 31 Abs. 10 WpHG genannten Normen anderweitig nicht berufen sein könnten. Denn es heißt, dass die in § 31 Abs. 10 WpHG *auch* bei Unternehmen mit Sitz in einem Drittstaat zur Anwendung kämen. Dies schließt eben nicht aus, dass die in § 31 Abs. 10 WpHG genannten Normen auch gelten, wenn der Broker seinen Sitz im Inland hat. Denn § 31 Abs. 3

2507

---

1 S. nur *Sabine Mock*, WuB I G 1. – 3.00, 1231 (1234); *Florian*, Rechtsfragen des Wertpapierhandels im Internet (2001), S. 31; *Möllers*, in: Kölner Kommentar zum WpHG (2007), § 31 WpHG Rz. 310.
2 So *Assmann*, Festschr. Schütze (1999), S. 15 (35 f.); *Spindler*, WM 2001, 1689 (1699).
3 *Assmann*, Festschr. Schütze (1999), S. 15 (35); *Florian*, Rechtsfragen des Wertpapierhandels im Internet (2001), S. 31.
4 *Möllers*, in: Kölner Kommentar zum WpHG (2007), § 31 WpHG Rz. 310.
5 *Bliesener*, Aufsichtsrechtliche Verhaltenspflichten beim Wertpapierhandel (1998), S. 37 f.
6 *Siller*, Rechtsfragen des Discount-Broking (1999), S. 23; *Florian*, Rechtsfragen des Wertpapierhandels im Internet (2001), S. 30 f.
7 *Bliesener*, Aufsichtsrechtliche Verhaltenspflichten beim Wertpapierhandel (1998), S. 38.
8 Dafür *Bliesener*, Aufsichtsrechtliche Verhaltenspflichten beim Wertpapierhandel (1998), S. 38 sowie *Dassese*, 5 Journal of Financial Regulation and Compliance (JFRC) 107, 109 (1997).
9 5. Aufl. Rz. 1282.

WpHG aF ging auf Art. 11 Abs. 1 WertpapierdienstleistungsRL[1] zurück und gab – in Durchbrechung des ansonsten geltenden Herkunftslandprinzips – dem Empfangsstaat das Recht zur Marktaufsicht[2]. Heute findet man das fortgeschriebene Herkunftslandprinzip in Art. 31; 36 Abs. 4 MiFID. Mit dem Herkunftslandprinzip im Hintergrund ist aber klar, dass jede Regelung zuvörderst die einheimischen Anbieter erfasst. Orientiert man sich für den Sitzbegriff an Art. 4 Nr. 20 MiFID, so ist in Abweichung von den sonst üblichen Maßstäben primär der satzungsmäßige Sitz, subsidiär die Hauptverwaltung gemeint[3].

dd) Anknüpfungspunkt

2508 Die in § 31 Abs. 10 WpHG genannten Normen sind anzuwenden, wenn der Kunde seinen gewöhnlichen Aufenthalt im Inland hat. Der Begriff des gewöhnlichen Aufenthalts ist ebenso zu verstehen wie in Art. 6 Abs. 1, 2 Rom I-VO[4].

2509 Neben dem gewöhnlichen Aufenthalt wird auch die **Geschäftsleitung** eines Kunden als Anknüpfungspunkt verwendet. Bei Verbraucher-Kunden kann dies kaum je Bedeutung haben: Denn ein Verbraucher agiert per definitionem privat, während eine Geschäftsleitung sich nach dem üblichen Sprachverständnis auf Geschäfte und unternehmerische Aktivitäten bezieht. Generell ist Verbraucher eine natürliche Person. Auf eine Geschäftsleitung abzustellen macht nur ausnahmsweise für die seltenen Fälle Sinn, in denen der Kunde keine natürliche Person ist. Der Begriff des Kunden ist insoweit weiter als jener des Verbrauchers. Der andere Begriff setzt sich nicht der Gefahr aus, wegen der Beschränkung des Verbraucherbegriffs auf natürliche Personen im sekundären Gemeinschaftsrecht[5] eng ausgelegt zu werden. Insgesamt erscheint es sinnvoll, bei natürlichen Personen nur den gewöhnlichen Aufenthalt, bei Gesellschaften oder Gemeinschaften hingegen die Geschäftsleitung, also der Sache nach den effektiven Verwaltungssitz, als Anknüpfungspunkt zu verwenden.

2510 Für diese Auslegung spricht auch die Entstehungsgeschichte der Norm. Die Anknüpfung an gewöhnlichen Aufenthalt oder Geschäftsleitung wurde aus § 31 Abs. 3 WpHG übernommen. Dort beziehen sich die Merkmale nicht auf einen Verbraucher, sondern auf einen Kunden. In den Materialien zu § 31

---

1 Richtlinie 93/22/EWG des Rates vom 10.5.1993 über Wertpapierdienstleistungen, ABl. EG 1993 Nr. L 141, S. 27.
2 *Ruffner/Strupp*, Festschr. Beat Kleiner (Zürich 1993), S. 395 (422–424); *Bliesener*, Aufsichtsrechtliche Verhaltenspflichten beim Wertpapierhandel (1998), S. 35; *Cruickshank*, in: Ferrarini (Hrsg.), European Securities Markets (London 1998), S. 131 (132); *C. Koch*, Discount Broker (2002), S. 47.
3 *J. Becker*, Das neue Wertpapierhandelsgesetz (1995), S. 107; *M. Schön*, Verhaltensregeln für Wertpapierdienstleistungsunternehmen nach dem Zweiten Finanzmarktförderungsgesetz (1998), S. 68; *Einsele*, Bank- und Kapitalmarktrecht (2006), § 7 Rz. 78; *Koller*, in: Assmann/Uwe H. Schneider, WpHG, 5. Aufl. (2009), § 31 WpHG Rz. 67.
4 Dazu oben Rz. 4208.
5 EuGH 22.11.2001 – verb. Rs. C-541/99, C-542/99 (Cape Snc/Idealservice Srl; Idealservice MN RE Sas/OMAI Srl), Slg. 2002, I-9049, I-9063 f. = NJW 2002, 205, jeweils Rz. 15–17.

Abs. 3 WpHG aF wurde ausgeführt, dass der gewöhnliche Aufenthalt der Anknüpfungspunkt bei natürlichen Personen, die Geschäftsleitung dagegen der Anknüpfungspunkt für juristische Personen (und Gesellschaften) ist[1]. Der Ort der Geschäftsleitung meint den effektiven Verwaltungssitz[2].

ee) Herkunftslandprinzip bei Anbietern aus dem EU/EWR-Raum

Ist das Wertpapierdienstleistungsunternehmen im EU- oder EWR-Ausland ansässig, so gilt das Herkunftslandprinzip. Das Herkunftslandprinzip greift auch für Verhaltenspflichten des Wertpapierhandelsrechts[3], zudem, wenn man diese nicht vertragsrechtlich qualifiziert, für § 127 InvG[4]. Der Aufnahmestaat hat nach Art. 62 MiFID allenfalls eine subsidiäre Zuständigkeit[5]. Bei Online-Prospekten von Anbietern, die im EU/EWR-Raum ansässig sind, gilt nach § 5 Abs. 2 TMG auch für alle Formen der Prospekthaftung das Herkunftslandprinzip[6].

2511

2. Termin- und Differenzeinwand

Art. 9 Nr. 2 Viertes Finanzmarktförderungsgesetz hat den **Differenzeinwand** des § 764 BGB mit Wirkung ab 1.7.2002 ersatzlos aufgehoben, weil der moderne Gesetzgeber dessen Sinnhaftigkeit neben dem Termingeschäftsrecht bezweifelte[7]. Hinreichender Anlegerschutz sei durch die Aufklärungspflichten nach dem seinerzeitigen § 37d WpHG gewährleistet[8]. Der **Termineinwand** kommt kollisionsrechtlich nur bei Berufung deutschen Rechts über die allgemeinen Kollisionsnormen. Ordre public-Wertigkeit hat der Termineinwand darüber hinaus nicht.

2512

§ 37e WpHG schließt des Weiteren den **Spieleinwand** des § 762 BGB für Finanztermingeschäfte aus, an denen wenigstens auf einer Vertragsseite ein gewerblich Finanztermingeschäfte tätigendes oder vermittelndes Unternehmen beteiligt ist. Es reicht also für einen Ausschluss des Spieleinwandes aus, wenn der Broker ein solches Unternehmen ist. Der Gesetzgeber bezweckt mit dieser Regelung ausdrücklich, den Gedanken einer sicheren Rechtssphäre im Bereich

2513

---

[1] Beschlussempfehlung und Bericht des Finanzausschusses zum Entwurf eines Gesetzes über den Wertpapierhandel und zur Änderung börsenrechtlicher und wertpapierrechtlicher Vorschriften (Zweites Finanzmarktförderungsgesetz), BT-Drucks. 12/7918, S. 104 zu § 30a Abs. 3 Bem. 1. Abs.
[2] *Koller*, in: Assmann/Uwe H. Schneider, WpHG, 5. Aufl. (2009), § 31 WpHG Rz. 67.
[3] *Spindler*, WM 2001, 1689 (1700); *Mankowski*, IPRax 2002, 257 (265).
[4] *Spindler*, ZHR 165 (2001), 324 (355) f.; *Mankowski*, IPRax 2002, 257 (265).
[5] *Einsele*, Bank- und Kapitalmarktrecht (2006), § 7 Rz. 78.
[6] *Spindler*, ZHR 165 (2001), 324 (353 f., 360); *Mankowski*, IPRax 2002, 257 (265).
[7] Begründung der Bundesregierung zum Entwurf eines Gesetzes zur weiteren Fortentwicklung des Finanzplatzes Deutschland (Viertes Finanzmarktförderungsgesetz), BT-Drucks. 14/8017, S. 131 zu Art. 9.
[8] Begründung der Bundesregierung zum Entwurf eines Gesetzes zur weiteren Fortentwicklung des Finanzplatzes Deutschland (Viertes Finanzmarktförderungsgesetz), BT-Drucks. 14/8017, S. 131 zu Art. 9 Bem. 3. Abs.; *A. Möller*, WM 2001, 2405 (2415).

der Termingeschäfte fortzuführen[1]. Den nötigen Anlegerschutz stellten seinerzeit die schadensersatzbewehrten Informationspflichten nach § 37d WpHG sicher[2]. Der Spieleinwand existiert weiter bei Finanzgeschäften zwischen Privaten und solchen Geschäften, die nicht als Finanztermingeschäfte einzuordnen sind[3].

2514–2520 Frei.

IX. Nichtvertragliche Haftung

1. Deliktische Haftung des Brokers

2521 Broker können in Versuchung geraten, **Kundengelder** zu **veruntreuen** oder ihre Kunden zu betrügen, sei es, dass sie Kundengelder nicht weisungsgem. platzieren, sondern für eigene Zwecke verwenden, sei es, dass sie durch churning immer größere Teile der Anlagesumme als Provisionen in ihre eigene Kasse umlenken[4]. Die deliktische Haftung des Brokers gegenüber seinem Kunden ist kollisionsrechtlich nach Art. 4 Abs. 1 Rom II-VO zu beurteilen[5]. In der Regel ist sie kraft akzessorischer Anknüpfung über Art. 4 Abs. 3 Rom II-VO dem Recht zu unterstellen, welches das Statut des Brokervertrages stellt.

2. Haftung des Brokers aus culpa in contrahendo nach Art. 12 Abs. 1 Rom II-VO iVm. Art. 6 Rom I-VO

2522 Der Broker kann außerdem **Beratungs- und Aufklärungspflichten** im Umfeld eines konkreten Vertragsschlusses verletzen. Die Haftung des Brokers aus culpa in contrahendo qualifiziert Art. 12 Rom II-VO prinzipiell deliktisch[6]. Art. 1 Abs. 2 lit. i Rom I-VO sekundiert dem. Alternative Ansätze bestünden in einer vertraglichen Qualifikation[7] zumindest vertragsbezogener Informations- und

---

[1] Begründung der Bundesregierung zum Entwurf eines Gesetzes zur weiteren Fortentwicklung des Finanzplatzes Deutschland (Viertes Finanzmarktförderungsgesetz), BT-Drucks. 14/8017, S. 96 zu § 37e Bem. 2. Abs.

[2] Begründung der Bundesregierung zum Entwurf eines Gesetzes zur weiteren Fortentwicklung des Finanzplatzes Deutschland (Viertes Finanzmarktförderungsgesetz), BT-Drucks. 14/8017, S. 96 zu § 37e Bem. 4. Abs.

[3] *A. Möller*, WM 2001, 2405 (2415).

[4] Zur deliktischen Qualifikation des churning s. nur BGH 22.11.1994, IPRspr. 1994 Nr. 145 = WM 1995, 100 = IPRax 1995, 316; *Rauscher*, IPRax 1995, 289 (293); *Brunkow*, JuS 1996, 294 (296).

[5] S. nur BGH 28.2.1989, IPRspr. 1989 Nr. 184 = WM 1989, 1047 (1049); BGH 6.2.1990, IPRspr. 1990 Nr. 165 = WM 1990, 462 (463); OLG Düsseldorf 26.1.1988, IPRspr. 1988 Nr. 151 = WM 1989, 45 (47); *Dannhoff*, Das Recht der Warentermingeschäfte (1993), S. 205.

[6] *Mankowski*, RIW 2009, 98 (113 f.).

[7] S. dafür vor der Rom II-VO nur *Scheffler*, IPRax 1995, 20 (21); *Spellenberg*, in: MünchKomm, Art. 32 EGBGB Rz. 44 mwN.; *Magnus*, in: Staudinger, Art. 32 EGBGB Rz. 117 mwN.; *Mankowski*, IPRax 2002, 257 (265); vgl. auch OLG Düsseldorf 8.3.1996, IPRspr. 1996 Nr. 144 = WM 1996, 1489 (1491).

Beratungspflichten[1]. Sie könnten sich auf einen Anknüpfungsgleichklang mit den Anfechtungsgründen stützen[2], lassen sich aber nur schwer mit Wortlaut und Systematik vereinbaren[3].

Die objektive Anknüpfung über Art. 12 Abs. 1 Rom II-VO iVm. Art. 6 Abs. 1 Rom I-VO führt zum Recht am Wohnsitz des Verbrauchers[4]. Bei einer Rechtswahl ist über Art. 12 Abs. 1 Rom II-VO der Günstigkeitsvergleich des Art. 6 Abs. 2 Rom I-VO für die culpa in contrahendo ebenfalls durchzuführen[5]. Denn die akzessorische Anknüpfung soll gerade einen Gleichlauf zwischen Vertrags- und Deliktsanknüpfung bewirken. Deshalb darf sich die Deliktsanknüpfung nicht abkoppeln und letztlich doch „herauspicken", was sie angewendet sehen möchte[6]. 2523

Bei einem **Günstigkeitsvergleich** kommt es darauf an, ob und, wenn ja, in welchem Umfang das Recht im Aufenthaltsstaat des Verbraucher-Kunden die Regeln der culpa in contrahendo über Aufklärung und Information internrechtlich zwingend stellt. Denn ohne internrechtlich zwingenden Charakter nehmen sie bei Wahl eines anderen Rechts nicht am Günstigkeitsvergleich teil[7]. Soweit culpa in contrahendo im verwiesenen Recht „nur" Richterrecht sein und keine gesetzliche Anbindung haben sollte, würde dies nicht stören. Denn „zwingende Vorschriften" können auch solche richterrechtlicher Natur sein[8]. Jedoch ist jeweils gesondert für die konkret berufene Rechtsordnung nach deren Methodik zu untersuchen, ob dies wirklich stattfindet und ob jene richterlich gesetzten Marken zwingendes Recht sind[9]. 2524

Direkte internationaldeliktsrechtliche Rechtswahl einerseits und Rechtswahl für das dominierende Vertragsstatut andererseits sind zwei verschiedene Dinge. Die Rechtswahlbeschränkung aus Art. 14 Abs. 1 S. 1 lit. b Rom II-VO zieht der internationalverbrauchervertragsrechtlichen Rechtswahl auch für die culpa in contrahendo keine zusätzliche Grenze[10]. Die indirekte Parteiautonomie kraft akzessorischer Anknüpfung[11] gilt so, wie sie für das herrschende Statut gilt[12]. 2525

---

1 Dafür *Leible*, EuZ 2006, 78 (79); *M. Lehmann*, in: Ferrari/Leible (Hrsg.), Ein neues Internationales Vertragsrecht für Europa (2007), S. 17 (37–39); *Leible/M. Lehmann*, RIW 2007, 721 (733); s. auch *Moura Vicente*, RabelsZ 67 (2003), 699 (711).
2 Eingehend *M. Lehmann*, in: Ferrari/Leible (Hrsg.), Ein neues Internationales Vertragsrecht für Europa (2007), S. 17 (37 f.).
3 Näher *Mankowski*, RIW 2009, 98 (114 f.).
4 *Mankowski*, RIW 2009, 98 (115).
5 *Mankowski*, RIW 2009, 98 (115).
6 *Mankowski*, RIW 2009, 98 (115).
7 *Mankowski*, RIW 2009, 98 (115).
8 BGH 13.12.2005, BGHZ 165, 248 (252) = RIW 2006, 331; *Martiny*, in: MünchKomm, Art. 29 EGBGB Rz. 56; *Mörsdorf-Schulte*, JR 2006, 309 (311).
9 *Mörsdorf-Schulte*, JR 2006, 309 (311).
10 *Mankowski*, RIW 2009, 98 (116).
11 Zum Institut *Mankowski*, in: von Bar/Mankowski, I § 7 Rz. 73.
12 *Mankowski*, RIW 2009, 98 (116); vgl. auch *de Boer*, (2007) 9 Yb. PIL 19 (27).

3. Haftung von Organpersonen einer Brokergesellschaft

2526 Wesentlichen Drohwert und erhebliche Abschöpfungsfunktion hat eine persönliche **Haftung der Organpersonen von Brokergesellschaften**. Sie kann helfen, zu verhindern, dass Kundengelder in die Taschen solcher Organmitglieder fließen. Persönliche Haftung vermindert die Anreize, sich hinter einem gesellschaftsrechtlichen Mantel zu verstecken. Eine solche persönliche Haftung ist deliktsrechtlich zu qualifizieren[1] und grundsätzlich nach Art. 4 Abs. 1 Rom II-VO anzuknüpfen. Eine akzessorische Anlehnung an das Statut des Brokervertrages über Art. 4 Abs. 3 Rom II-VO ist jeweils in Erwägung zu ziehen.

4. Vermittlerhaftung

2527 Von besonderem Interesse kann die **Haftung von Vermittlern** sein. Wiederum steht dabei im Vordergrund, Verschiebungen und Verflechtungen durch persönliche Haftung aufzubrechen. Vermittler sind Zwischenpersonen zwischen dem Broker und dem Kunden. Dabei kann es sich namentlich um inländische Repräsentanten oder Kooperationspartner des Brokers handeln. Deren Haftung kann sich aus culpa in contrahendo ergeben. Culpa in contrahendo seitens nicht an einem Vertrag formell Beteiligter ist seit jeher deliktisch zu qualifizieren[2] und erst recht unter Art. 12 Rom II-VO[3]. Richtigerweise sollte man wiederum Art. 12 Abs. 1, nicht Abs. 2 Rom II-VO anwenden[4], und die Haftung letztlich demselben Recht unterstellen wie den Vertrag, obwohl der potenziell Haftende keine Vertragspartei ist. Denn er bewegt sich im Umfeld des Vertrages und klar auf den Vertrag bezogen. Der Vertrag ist ihm nicht fremd, obwohl er an ihm formell nicht beteiligt ist. Dass Erwägungsgrund 30 S. 3 Rom II-VO Personenschäden sowieso nicht dem Art. 12, sondern dem Art. 4 Rom II-VO unterfallen lässt, ist für Finanzverträge jedenfalls irrelevant, denn Finanzverträge können direkt nur Vermögensschäden verursachen[5].

5. Deliktische Haftung von Hilfspersonen des Brokers

2528 Eine deliktische Haftung von Personen, derer sich der Broker im weiteren Verlauf bedient, um Orders zu platzieren oder Konten zu verwalten, unterfällt der Rom II-VO[6]. Primär ist dabei gem. Art. 4 Abs. 1 Rom II-VO an den Ort anzuknüpfen, an welchem das primär geschützte Rechtsgut verletzt wird. Erfolgs-

---

1 OLG Düsseldorf 8.3.1996, IPRspr. 1996 Nr. 144 = WM 1996, 1489 (1494).
2 Näher *Mankowski*, RIW 1994, 421 (424); *Mankowski*, VuR 1999, 219 (223 f.) mwN. auch zu den vielen Gegenauffassungen in dieser umstrittenen Frage.
Anderer Ansicht zB *Spindler*, IPRax 2001, 400 (407) mwN.
3 *Mankowski*, RIW 2009, 98 (115).
4 Versuch einer Abgrenzung zwischen den beiden Absätzen bei *Mankowski*, RIW 2009, 98 (114).
5 *G. Wagner*, IPRax 2008, 1 (12); *Volders*, (2007) 9 Yb. PIL 127 (131 f.); *Calvo Caravaca/ Carrascosa González*, Las obligaciones extracontractuales en Derecho internacional privado – El Reglamento „Roma II" (2008), S. 150; *Mankowski*, RIW 2009, 98 (114).
6 S. OLG Bremen 21.11.1997, IPRspr. 1997 Nr. 49 = OLG Report Bremen/Hamburg/ Schleswig 1998, 276 (277).

ort ist bei Vermögensdelikten der Ort, an welchem das geschädigte Vermögen des Anlegers belegen ist[1], nicht etwa der Terminmarkt, auf dem Orders platziert wurden[2].

Eine akzessorische Anlehnung an das Statut des Brokervertrages über Art. 4 Abs. 3 Rom II-VO dürfte in der Regel nicht sinnvoll sein. Im Ergebnis wird eine deliktische Haftung der Hilfspersonen nur ausnahmsweise zu bejahen sein, unter deutschem Deliktsrecht zB selbst dann nicht, wenn jene Hilfspersonen um eine unzureichende Aufklärung des Kunden wussten[3]. Wirkten die Hilfspersonen dagegen bewusst an Unterschlagungs- oder Veruntreuungshandlungen des Brokers mit, so kommt ihre Haftung nach Maßgabe des anwendbaren Deliktsrechts sehr wohl in Betracht. 2529

6. Prospekthaftung

Prospekthaftung, wie sich namentlich im Umfeld der ProspektRL ergeben kann[4], ist deliktisch zu qualifizieren[5] und dementsprechend grundsätzlich nach der Rom II-VO anzuknüpfen. Weder die Bereichsausnahme des Art. 1 Abs. 2 lit. d Rom II-VO für gesellschaftsrechtliche Fragen erfasst sie noch jene des Art. 1 Abs. 2 lit. c Rom II-VO für genuin wertpapierrechtliche Aspekte[6]. Ein eigenständiger kollisionsrechtlicher Gehalt des Art. 6 Abs. 2 UAbs. 1, Abs. 1 S. 1 ProspektRL ist ebenso abzulehnen[7] wie eine eingriffsrechtliche Qualifikation der Prospekthaftung[8]. Die Prospektpflicht will eine Informationsasymmetrie gegenüber dem gesamten Anlagepublikum und damit auch gegenüber bloßen Interessenten, die später keine Vertragspartner des Emittenten 2530

---

1 S. nur *Ahrens*, IPRax 1990, 128 (132); *Kiethe*, NJW 1994, 222 (225 f.); *Hohloch*, IPRax 1997, 312 (314); *Mankowski*, EWiR Art. 5 EuGVÜ 3/98, 1085 (1086) und zur Ermittlung dieses Ortes zB *von Hoffmann*, in: Staudinger, Art. 38–42 EGBGB, Art. 40 EGBGB Rz. 282 mwN.
2 So aber Rb. Middelburg 18.10.1995, NIPR 1996 Nr. 133, S. 204 f. nr. 4.3.
3 OLG Bremen 21.11.1997, IPRspr. 1997 Nr. 49 = OLG Report Bremen/Hamburg/Schleswig 1998, 276 (277 f.).
4 Dazu zB *Ferran*, ECFLR 2007, 461 (473–489).
5 Dafür *Köstlin*, Anlegerschutz und Auslandsbeziehung (1985), S. 127 f. (ebenso *Hopt*, Vorwort, ebd., S. 4, 5); *Grundmann*, RabelsZ 54 (1990), 283 (310); *G. Schuster*, Der internationale Anwendungsbereich des Börsenrechts, 1996, S. 560 f.; *J. Schneider*, Kapitalmarktrechtlicher Anlegerschutz und Internationales Privatrecht (1998), S. 253; *Kronke*, Rec. des Cours 286 (2000), 245 (309 f.); *Spindler*, ZHR 165 (2001), 324 (351 f.); *Bischoff*, AG 2002, 489 (491); *Floer*, Internationale Reichweite der Prospekthaftung (2002), S. 148; *Benicke*, Festschr. Jayme (2004), S. 1 (33 f.); *Einsele*, Bank- und Kapitalmarktrecht (2006), § 7 Rz. 93; *Kuntz*, WM 2007, 432 (435); *Tschäpe/R. Kramer/Glück*, RIW 2008, 657 (662); *von Hein*, in: Perspektiven des Wirtschaftsrechts – Beiträge für Klaus J. Hopt (2008), S. 371 (384 f.).
6 Eingehend *von Hein*, in: Perspektiven des Wirtschaftsrechts – Beiträge für Klaus J. Hopt (2008), S. 371 (379–384).
7 *Benicke*, Festschr. Jayme (2004), S. 1 (36); *Kuntz*, WM 2007, 432 (433); *von Hein*, in: Perspektiven des Wirtschaftsrechts – Beiträge für Klaus J. Hopt (2008), S. 371 (385). Vgl. aber auch *Schnyder*, in: MünchKomm, IntKapMarktR Rz. 123.
8 *von Hein*, in: Perspektiven des Wirtschaftsrechts – Beiträge für Klaus J. Hopt (2008), S. 371 (388 f.).

werden, ausgleichen[1]. Als Marktdelikt folgt für sie daraus eine Anknüpfung an den Marktort als Erfolgsort[2], heute unter Art. 4 Abs. 1 Rom II-VO. Dafür ist nicht die Ausweichklausel des Art. 4 Abs. 3 Rom II-VO zu bemühen[3].

2531 Verfehlt ist es, einem angeblichen primärrechtlichen Herkunftslandprinzip über Art. 27 Rom II-VO den Weg ebnen zu wollen[4]. Erstens gibt es kein primärrechtliches Herkunftslandprinzip[5], wie der EuGH selber eindeutig ausgesprochen hat[6]. Zweitens bräuchte es, wenn es denn existierte, keinen Art. 27 Rom II-VO, sondern würde sich über normhierarchischen Vorrang Bahn brechen. Drittens ist nicht ersichtlich, woher ein umfassendes Binnenmarktkollisionsrecht erwachsen sollte, das sich ebenso umfassend im Herkunftslandprinzip äußern sollte[7]. Wo der Gemeinschaftsgesetzgeber jenes Prinzip wollte, hat er es ausdrücklich verwirklicht. Wo er dies nicht getan hat, regieren die allgemeinen Kollisionsnormen, denen ein Herkunftslandprinzip fremd ist und die als lois uniformes nicht zwischen Binnenmarkt- und Drittstaatensachverhalten differenzieren.

2532 Neben eine Prospekthaftung kann gegebenenfalls eine deliktisch anzuknüpfende Haftung aus § 823 Abs. 2 BGB iVm. **§ 127 InvG** treten, unter Umständen verstärkt durch eine ebenfalls deliktisch anzuknüpfende **Handelndenhaftung** bei Auftreten auf dem deutschen Inlandsmarkt[8].

2533 Spezifische **Börsenzulassungsprospekte** sind dem Recht der Börse zu unterstellen, für welche die Zulassung erfolgen soll[9]. Zumindest für die deutschrechtliche Haftung nach §§ 44; 45 BörsG ist allein dies sachgerecht, eben weil sie ei-

---

1 *Floer*, Internationale Reichweite der Prospekthaftung (2002), S. 134.
2 S. nur *Grundmann*, RabelsZ 54 (1990), 283 (304 f.); *Grundmann*, in: Schimansky/Bunte/Lwowski (Hrsg.), Bankrechts-Handbuch, 3. Aufl. (2007), § 112 Rz. 65; *G. Fischer*, JZ 1991, 168 (174); *Hopt*, in: Festschr. Werner Lorenz (1991), S. 413 (421 f.); *J. Schneider*, Kapitalmarktrechtlicher Anlegerschutz und Internationales Privatrecht (1998), S. 269–272; *Assmann*, Festschr. Schütze (1999), S. 15 (28 f.); *Spindler*, ZHR 165 (2001), 324 (352, 359); *K.M. Bischoff*, AG 2002, 489 (492–494); *G. Bachmann*, IPRax 2007, 77 (79).
3 Dahin aber *von Hein*, in: Perspektiven des Wirtschaftsrechts – Beiträge für Klaus J. Hopt (2008), S. 371 (390–392).
4 Dafür aber *Tschäpe/R. Kramer/Glück*, RIW 2008, 657 (663–665, 667).
5 Eingehend *Mankowski*, in: Münchener Kommentar zum UWG (2006), IntWettbR Rz. 78–83.
6 EuGH 13.5.1997 – C-233/94, Slg. 1997, I-2405, 2464 Rz. 64 – Bundesrepublik Deutschland/Parlament und Rat (Einlagensicherungsurteil); zustimmend *Roth*, in: Grundmann/Medicus/Rolland (Hrsg.), Europäisches Kaufgewährleistungsrecht (2000), S. 113 (125); *Roth*, in: Mansel/J.F. Baur (Hrsg.), Systemwechsel im europäischen Kollisionsrecht (2002), S. 47 (54 f.); *von Wilmowsky*, RabelsZ 64 (2000), 157 (159); *Leible*, in: Nordhausen (Hrsg.), Neue Entwicklungen in der Dienstleistungs- und Warenverkehrsfreiheit (2002), S. 71 (75 f.); *Drexl*, in: MünchKomm, IntUnlWettbR, Rz. 39. Panorama der EuGH-Entscheidungen, aus denen sich die Aussage implizit ergibt, bei *Sack*, WRP 2001, 1408 (1413 f.).
7 Dies behaupten *Tschäpe/R. Kramer/Glück*, RIW 2008, 657 (664 f.).
8 Eingehend OLG Celle 14.8.2002, WM 2003, 325.
9 Dafür *Floer*, Internationale Reichweite der Prospekthaftung (2002), S. 153.

ne inländische Börsenzulassung voraussetzt. Darin treffen sich im Übrigen auch die Auffassungen, die deliktisch qualifizieren[1] und an den – hier notwendig inländischen – Marktort anknüpfen[2]. Eine Anknüpfung nach Internationalem Schuldvertragsrecht[3] scheidet ebenso aus wie eine eingriffsrechtliche Sonderanknüpfung[4].

Frei. 2534–2540

X. Internationalverfahrensrechtliche Probleme bei Schiedsklauseln

§ 37h WpHG erklärt **Schiedsvereinbarungen** für zukünftige Streitigkeiten über Wertpapierdienstleistungen, Wertpapiernebendienstleistungen und Finanztermingeschäfte nur dann für verbindlich, wenn beide Vertragsparteien Kaufleute oder juristische Personen des öffentlichen Rechts sind. Der Gesetzgeber wollte damit bewusst und gezielt klarstellen, dass man die Schutzvorschriften des deutschen Rechts nicht durch Vereinbarung eines ausländischen Schiedsgerichts ausschalten kann[5]. Zur Verbesserung des Anlegerschutzes wird klargestellt, dass auch Schiedsvereinbarungen zu Gunsten anderer Schiedsgerichte als Börsenschiedsgerichte unzulässig sind[6]. Dies füllt die zuvor bestehende Schutzlücke[7]. Den Vorwurf überschießenden Anlegerschutzes sollte man angesichts des bekannt großen Gefahrenpotentials für private Anleger nicht erheben[8]. § 37h WpHG beschränkt die subjektive Schiedsfähigkeit[9]. Er setzt sich bei vereinbartem Schiedsverfahren im Ausland über Art. V (1) lit. a UNÜ durch[10]. Er verstößt daher nicht gegen Art. II (1) UNÜ[11]. Ebenso wenig ist er

2541

---

1 *E. Rehbinder*, Festschr. Kronstein (1967), S. 203 (220); *Assmann*, Prospekthaftung (1985), S. 252 f.; *Grundmann*, RabelsZ 54 (1990), 283 (308 f.); *Hopt*, Die Verantwortlichkeit der Banken bei Emissionen (1991), Rz. 420.
2 *Spindler*, NZG 2000, 1058 (1060); *Spindler*, ZHR 165 (2001), 324 (352).
3 Dafür aber wohl *Schwark*, Kapitalmarktrechts-Kommentar, 3. Aufl. (2004), §§ 45, 46 BörsG Rz. 33; *W. Groß*, Kapitalmarktrecht, 3. Aufl. (2008), §§ 44, 45 BörsG Rz. 4.
4 Dafür aber *Ebenroth*, Festschr. Keller (Zürich 1989), S. 391 (407 f.); *Kiel*, Internationales Kapitalanlegerschutzrecht (1994), S. 245 (257).
5 S. Begründung der Bundesregierung zum Entwurf eines Gesetzes zur weiteren Fortentwicklung des Finanzplatzes Deutschland (Viertes Finanzmarktförderungsgesetz), BT-Drucks. 14/8017, S. 96 zu § 37h Bem. 2. Abs.
6 Begründung der Bundesregierung zum Entwurf eines Gesetzes zur weiteren Fortentwicklung des Finanzplatzes Deutschland (Viertes Finanzmarktförderungsgesetz), BT-Drucks. 14/8017, S. 96 zu § 37h Bem. 3. Abs.; *F. Schäfer/V. Lang*, BKR 2002, 197 (211).
7 *Samtleben*, ZBB 2003, 69 (77).
8 Entgegen *K.P. Berger*, ZBB 2003, 77 (85–92).
9 *Samtleben*, ZBB 2003, 69 (77); *K.P. Berger*, ZBB 2003, 77, 82; *Zimmer*, in: Schwark, Kapitalmarktrechts-Kommentar, 3. Aufl. (2004), § 37h WpHG Rz. 2, 3; *Sethe*, in: Assmann/Uwe H. Schneider, WpHG, 5. Aufl. (2009), § 37h WpHG Rz. 13, 36, 42.
10 *K.P. Berger*, ZBB 2003, 77 (82); *Hirte*, in: Kölner Kommentar zum WpHG (2007), § 37h WpHG Rz. 34; *Sethe*, in: Assmann/Uwe H. Schneider, WpHG, 5. Aufl. (2009), § 37h WpHG Rz. 49.
11 *Zimmer*, in: Schwark, Kapitalmarktrechts-Kommentar, 3. Aufl. (2004), § 37h WpHG Rz. 5; *Sethe*, in: Assmann/Uwe H. Schneider, WpHG, 5. Aufl. (2009), § 37h WpHG

abhängig von der Anwendbarkeit deutschen Schiedsverfahrensrechts und damit von einem Schiedsort im Inland[1].

2542 Eine Einschränkung auf Anleger mit gewöhnlichem Aufenthalt oder Wohnsitz enthält § 37h WpHG entgegen vorangegangenen Vorschlägen[2] nicht[3]. Besonders hinzuweisen ist darauf, dass § 37h WpHG an den Status als Kaufmann anknüpft und nicht an den Typusbegriff des Unternehmers. Legt man den Kaufmannsbegriff des HGB zugrunde, so hat dies die Konsequenz, dass Freiberufler Anlegerschutz genießen können. Freiberufler sind nämlich auch nach der HGB-Reform von 1998 keine Kaufleute iSv. § 1 HGB[4]. Schiedsvereinbarungen zwischen Brokern einerseits und Rechtsanwälten, Steuerberatern, Wirtschaftsprüfern, Ärzten oder Zahnärzten andererseits sind daher nach § 37h WpHG unverbindlich, wenn man den Kaufmannsbegriff des HGB heranzieht. Knüpft man die Kaufmannseigenschaft selbständig und allseitig an und beurteilt sie nach dem Recht am Ort der gewerblichen oder beruflichen Niederlassung[5], so kommt man jedenfalls für in Deutschland niedergelassene Freiberufler zu demselben Ergebnis. Da § 37h WpHG nur im Inland ansässige Personen schützen will, führen die verschiedenen Anknüpfungsvarianten durch die Bank zum selben Ergebnis[6]. Leider hängt § 37h WpHG mit dem Kaufmannsbegriff einem veralteten subjektiven und quasi-statusbezogenen Abgrenzungsmodell an und verwendet nicht die moderne objektive und konkret geschäftsbezogene Abgrenzung Unternehmer-Verbraucher[7].

2543 Keine Beschränkung besteht für Schiedsvereinbarungen, die nach Entstehung einer Streitigkeit geschlossen werden. Dann ist der Interessenkonflikt offenbar, und die schwächere Partei sollte hinreichend alterisiert sein[8]. Dieser Gedanke führt in Art. 17 Nr. 1 EuGVO parallel zur Wirksamkeit nachträglicher Gerichtsstandsvereinbarungen mit Verbrauchern. Eine Streitigkeit ist entstanden, wenn eine konkrete Meinungsverschiedenheit über eine rechtliche Sachfrage besteht und ein Rechtsstreit mit einer gewissen Wahrscheinlichkeit absehbar bevorsteht[9].

2544–2550 Frei.

Rz. 36 Fn. 6 gegen *M. Lehmann*, SchiedsVZ 2003, 219 (224 f.); *Iffland*, Börsenschiedsgerichtsbarkeit in Deutschland und Russland (2008), S. 183 f.
1 AA *Hirte*, in: Kölner Kommentar zum WpHG (2007), § 37h WpHG Rz. 33.
2 *Samtleben*, in: Hopt/Baum/Rudolph (Hrsg.), Börsenreform (1997), S. 469 (525).
3 *K.P. Berger*, ZBB 2003, 77 (83).
4 S. nur *K. Schmidt*, in: MünchKomm HGB, Bd. I, 2. Aufl. (2005), § 1 HGB Rz. 32 mwN.
5 Zum allgemeinen Streitstand oben Rz. 315.
6 Zu kompliziert *Zimmer*, in: Schwark, Kapitalmarktrechts-Kommentar, 3. Aufl. (2004), § 37h WpHG Rz. 9.
7 Ebenso *Samtleben*, ZBB 2003, 69 (77).
8 An der Sinnhaftigkeit dieser ratio zweifelnd *Quinke*, Börsenschiedsvereinbarungen und prozessualer Anlegerschutz (2005), S. 385 f.
9 *Sethe*, in: Assmann/Uwe H. Schneider, WpHG, 5. Aufl. (2009), § 37h WpHG Rz. 37. Auf die zweite Voraussetzung verzichtet *Zimmer*, in: Schwark, Kapitalmarktrechts-Kommentar, 3. Aufl. (2004), § 37h WpHG Rz. 7.

XI. Zusammenfassung mit Handlungsanleitung

1. Finanzinstrumente werden durch Art. 4 Abs. 1 lit. h Rom I-VO zur Kategorie des europäischen IPR. Für einzelne Finanzmarktgeschäfte finden sich partielle Sonderregeln in Art. 4 Abs. 1 lit. h; 6 Abs. 4 lit. d, e Rom I-VO.

2. Innengeschäfte des Finanzmarktes sind isoliert anzuknüpfen. Ausführungsgeschäfte mit dem Broker als Kommissionär fallen jedenfalls in den persönlichen Anwendungsbereich des Art. 6 Rom I-VO.

3. Die Ausnahmen nach Art. 6 Abs. 4 lit. d und e Rom I-VO betreffen im Kern systemische und kollektive Aspekte. Ihr Zweck liegt darin, einem System eine einheitliche Rechtsgrundlage zu bewahren.

4. Art. 4 Abs. 1 lit. h Rom I-VO führt zum „Recht des Systems". Dessen Bestimmung kann eine Rechtswahl involvieren, aber im Detail auch vom Organisationsgrad des Systems abhängen.

5. Für Verfügungen über Wertpapiere oder Sammelbestandsanteile (auch Wertrechte und nicht verbriefte Effekten) gilt nach § 17a DepotG, wenn sie einer konstitutiven Registrierung unterliegen, dem Recht am Ort der Registrierung, ansonsten dem Recht am Ort der kontoführenden Haupt- oder Zweigstelle des Verwahrers auf Seiten des Verfügungsempfängers.

6. § 31 Abs. 10 WpHG gewährleistet eine überlagernde Anknüpfung der Pflichten nach § 31 Abs. 1 Nr. 1, Abs. 2–9 WpHG. Anknüpfungspunkt ist der gewöhnliche Aufenthalt des Verbrauchers im Inland, wenn der Verbraucher eine natürliche, und ausnahmsweise die Geschäftsleitung des Verbrauchers im Inland, wenn der Verbraucher keine natürliche Person ist.

7. Der Broker wie seine Organ- oder seine Hilfspersonen können deliktisch haften. Dies steht insbesondere bei churning oder Veruntreuung von Geldern in Rede. Insoweit ist die Rom II-VO anzuwenden. Bei culpa in contrahendo des Brokers führt der Hauptansatz über Art. 12 Abs. 1 Rom II-VO zu Art. 6 Rom I-VO.

8. Weiterer möglicher Haftungsgrund ist Prospekthaftung. Sie ist ebenfalls deliktisch zu qualifizieren und über Art. 4 Abs. 1 Rom II-VO marktbezogen anzuknüpfen.

9. § 37h WpHG erklärt Schiedsklauseln nur zwischen Kaufleuten für verbindlich. Er ist eine Regelung der subjektiven Schiedsfähigkeit und nach Art. V Abs. 1 lit. a UNÜ an das Personalstatut anzuknüpfen.

Frei.

Kapitel 8: Beförderungsverträge

Übersicht

	Rz.		Rz.
A. Allgemeines zu Beförderungsverträgen	2571	B. Einzelne Beförderungsverträge	2711
		C. Speditionsvertrag	4071

Literatur: Für Literatur bis 2004 s. grundsätzlich 6. Aufl., insbesondere: *Mankowski*, Kollisionsrechtsanwendung bei Güterbeförderungsverträgen, TranspR 1993, 213; *Mankowski*, Seerechtliche Vertragsverhältnisse im Internationalen Privatrecht (1995) (zitiert: *Mankowski*); Münchener Kommentar zum HGB, Bd. 7: §§ 407–475h HGB; TranspR, 2. Aufl. (2009).

Danach: *d'Avout*, Article 5 – Contrats de transport, Rev. Lamy dr.aff. N° 29, juillet/août 2008, S. 69; *Boonk*, De betekeris van Rome I voor het zeevervoer, TV&R 2009, 95; *Cachard*, De Genève à Rome!, Clunet 136 (2009), 190; *Delebecque*, Le nouveau droit international des transports, Mélanges Jacques Béguin (2005), S. 269; *Contaldi*, Il contratto internazionale di trasporto di persone, in: Boschiero (a cura di), La nuova disciplina comunitaria della legge applicabi ai contratti (Roma I) (2009), S. 359; *Hartenstein*, Grenzüberschreitende Transporte in der Binnenschifffahrt, TranspR 2007, 385; *Hartenstein*, Rom I-Entwurf und Rom II-Verordnung: Zur Bedeutung zukünftiger Änderungen im IPR für das Seerecht, TranspR 2008, 143; *Koller*, Transportrecht, 6. Aufl. (2007); *Legros*, Compétence juridictionelle: les conflits des normes en matière de contrats de transport internationaux, Clunet 134 (2007), 799; *Legros*, Droit applicable au contrat de transport: commentaire du règlement du 17 juin 2008 sur la loi applicable aux obligations contractuelles dit „Rome I", Rev. dr. transp. Février 2009, 12; *Mankowski*, Der europäische Erfüllungsortsgerichtsstand nach Art. 5 Nr. 1 lit. b EuGVO und Transportverträge, TranspR 2008, 67; *Mankowski*, Entwicklungen im Internationalen Privat- und Prozessrecht für Transportverträge in Abkommen und speziellen EG-Verordnungen, TranspR 2008, 177; *Mankowski*, Neues aus Europa zum Internationalen Privatrecht der Transportverträge, Art. 5 Rom I-VO, TranspR 2008, 339; *Mankowski*, Consumer Contracts under Article 6 of the Rome I Regulation, in: Cashin Ritaine/Bonomi (Hrsg.), Le nouveau règlement européen „Rome I" relatif à la loi applicable aux obligations contractuelles (Zürich 2008), S. 121; *Mankowski*, Konnossemente und die Rom I-VO, TranspR 2008, 417; *Nielsen*, The Rome I Regulation and Contracts of Carriage, in: Ferrari/Leible (Hrsg.), Rome I Regulation (München 2009), S. 99; *Rammeloo*, Prejudiciële vraag HR aan HvJ EG – Eenvormige interpretatie van artikel 4 EVO, NIPR 2008, 242; *Rammeloo*, Treatment of Charter Parties relating to the Transport of Goods under the 1980 Rome Convention on the Law Applicable to Contractual Obligations, EuLF 2008, I-241; *Ramming*, Fixkostenspedition – CMR – FBL, TranspR 2006, 95; *Ramming*, Internationalprivatrechtliche Fragen des Multimodal-Frachtvertrages und des Multimodal-Ladescheins, TranspR 2007, 279; *Ramming*, Die neue Rom I-VO und die Rechtsverhältnisse der Schifffahrt, HmbSchRZ 2009, 21; *Tonolo*, La legge applicabile ai contratti di transporto nel regolamento Roma I, Riv.dit.int.priv.proc. 2009, 309; *R. Wagner*, Neue transportrechtliche Vorschriften für Beförderungsverträge in der Rom I-Verordnung, TranspR 2008, 221; *R. Wagner*, Normenkonflikte zwischen den EG-Verordnungen Brüssel I, Rom I und Rom II und transportrechtlichen Rechtsinstrumenten, TranspR 2009, 103.

A. Allgemeines zu Beförderungsverträgen

	Rz.		Rz.
I. Allgemeine Anknüpfung von Güterbeförderungsverträgen	2571	a) Kombinierte Anknüpfung rund um eine Schutzperson in Art. 5 Abs. 2 UAbs. 1 S. 1 Rom I-VO	2624
1. Güterbeförderungsvertrag	2571	b) Vertragliche Bestimmung des Reisenden	2626
2. Rechtswahl bei Güterbeförderungsverträgen	2574	c) Gewöhnlicher Aufenthalt des Reisenden	2633
3. Objektive Anknüpfung von Güterbeförderungsverträgen bei Fehlen einer Rechtswahl	2576	d) Vertragliche Bestimmung des Beförderers	2634
a) Anknüpfungssystem des Art. 5 Abs. 1 S. 1 Rom I-VO	2576	e) Ausgangsort	2635
b) Definition des Beförderers	2577	f) Bestimmungsort	2636
c) Gewöhnlicher Aufenthalt des Verfrachters (Beförderers)	2578	3. Auffangregel nach Art. 5 Abs. 2 UAbs. 1 S. 2 Rom I-VO: Recht des Beförderers	2638
d) Definition des Absenders	2580	4. Rechtswahlregel für Personenbeförderungsverträge in Art. 5 Abs. 2 UAbs. 2 Rom I-VO	2640
aa) Absender = Befrachter	2580	a) Beschränkte Rechtswahl	2640
bb) Abgrenzung zum Ablader	2583	b) Kreis der wählbaren Rechtsordnungen	2641
e) Gewöhnlicher Aufenthalt des Befrachters	2586	c) Internationalität	2645
f) Übernahmeort und Ablieferungsort = vertraglicher Ausgangsort und vertraglicher Bestimmungsort	2587	5. Haftung bloßer ausführender Beförderer	2646
g) Ausgangsort (Verladeort)	2589	**III. Ausweichklausel des Art. 5 Abs. 3 Rom I-VO**	2661
h) Entladeort (Bestimmungsort)	2592	1. Grundsätzliches	2661
aa) Vereinbarter Bestimmungsort	2592	2. Handhabung	2663
bb) Teilladungen	2596	**IV. Internationales Verbrauchervertragsrecht**	2671
i) Mehrere Beförderungen unter einem einheitlichen Vertrag	2599	1. Nichtanwendbarkeit bei reinen Beförderungsverträgen	2671
4. Subsidiäre Anknüpfungsregel in Art. 5 Abs. 1 S. 2 Rom I-VO	2602	2. Rückausnahme für Pauschalreisen	2672
II. Allgemeine Anknüpfung von Personenförderungsverträgen	2621	a) Pauschalreise	2673
1. Personenbeförderungsvertrag	2621	b) Anwendung bei Buchung über Reisebüro	2678
2. Objektive Anknüpfung für Personenbeförderungsverträge in Art. 5 Abs. 2 UAbs. 1 S. 1 Rom I-VO	2624	**V. Zusammenfassung**	2691

I. Allgemeine Anknüpfung von Güterbeförderungsverträgen

1. Güterbeförderungsvertrag

2571 Unter einem Güterbeförderungsvertrag muss eine Partei die Verpflichtung übernehmen, physische Güter von einem Ort zu einem anderen zu verbringen[1]. Es geht um den physischen Transport, die Bewegung und Ortsveränderung in der realen Welt. Güterbeförderungsverträge über immaterielle Güter kann es nicht geben. Wie lang die Transportstrecke ist, ist unerheblich. Auch ein kurzer Transport von einem Kilometer von einer Seite einer Grenze auf die andere ist ein grenzüberschreitender Güterbeförderungsvertrag. Sogar Bewegungen innerhalb desselben Gebäudes oder Gebäudekomplexes oder auf demselben Grundstück könnten theoretisch Güterbeförderungen in diesem Sinne sein. Allerdings müssten sie sich einer Abgrenzung zum reinen Stapelvertrag und zum Lagervertrag stellen. Soweit eine solche Bewegung innerhalb eines Gebäudes oder Gebäudekomplexes Neben- oder Teilleistung eines Vertrages mit anders geartetem Hauptzweck ist, prägt sie den Vertrag nicht und steht hinter jener anderen Hauptleistung zurück. Genuin hybride Verträge, die ein handling der Güter an einem Ort umfassen, sind keine Transportverträge[2].

Für **Umzugstransporte** kann im Ergebnis dahingestellt bleiben, ob Art. 5 Abs. 1 Rom I-VO direkt anwendbar ist[3] oder ob man wegen der eventuellen weiteren Leistungen (Ein- und Ausbau, Zusammenbau) über Erwägungsgrund 22 S. 3 Rom I-VO (der den bisherigen Art. 4 Abs. 4 S. 2 EVÜ aufnimmt) zu Art. 5 Abs. 1 Rom I-VO gelangt[4]. 2572

Die Beförderung des **Gepäcks** von Reisenden zusammen mit den Reisenden ist keine Güterbeförderung, sondern Nebenleistung zur Personenbeförderung; daher ist sie nicht etwa gesondert über Art. 5 Abs. 1 Rom I-VO anzuknüpfen, sondern als integrierter Teil der Personenbeförderung[5]. Dies sollte auch bei getrennter Beförderung des Gepäcks (namentlich als vorab aufgegebenes Gepäck) gelten[6], sofern es sich um einen einheitlichen Vertrag handelt. Wird Gepäck unter einem gesonderten Vertrag verschickt (zB als nachgeschicktes Gepäck), so handelt es sich bei diesem gesonderten Vertrag um einen Güterbeförderungsvertrag. Ein als solcher bezeichneter Nebenvertrag zur Personenbeförderung ist kein in diesem Sinne gesonderter Vertrag und unterwirft die Gepäckbeförderung der Personenbeförderung. 2573

---

1 Zur Auslegung der sachlichen Reichweite von Art. 4 Abs. 4 EVÜ, die jener des Art. 5 Abs. 1 Rom I-VO entspricht, s. die Vorlage Hoge Raad 28.3.2008, Ned. Jur. 2008 Nr. 191 = NIPR 2008 Nr. 93 = EuLF 2008, I-106, anhängig als Rs. C-133/08 (Intercontainer Interfrigo (ICF) SC/Balenende Oosthuizen BV u. MIC Operations BV) sowie *Rammeloo*, EuLF 2008, I-241 (I-244 f.); *Rammeloo*, NIPR 2008, 242 (245 f.).
2 *Cachard*, Clunet 136 (2009), 190 f.
3 So LG Bonn 24.7.1990, TranspR 1991, 25 (26) sowie OLG Düsseldorf 21.4.1994, TranspR 1995, 350 (351) = IPRspr. 1995 Nr. 46.
4 *F. Fischer*, TranspR 1996, 407 (416).
5 Im Ergebnis übereinstimmend *Martiny*, in: MünchKomm, Art. 28 EGBGB Rz. 62; *Magnus*, in: Staudinger, Art. 28 EGBGB Rz. 115.
6 Vgl. *Basedow*, in: MünchKomm HGB (1997), Art. 1 CMR Rz. 12. AA *Thume/de la Motte/Temme*, CMR, 2. Aufl. (2007), Art. 1 CMR Rz. 3.

2. Rechtswahl bei Güterbeförderungsverträgen

2574 Für Güterbeförderungsverträge besteht Rechtswahlfreiheit nach Art. 3 Abs. 1 S. 1 Rom-I-VO[1]. Insoweit ändert sich die Rechtslage gegenüber Art. 27 Abs. 1 S. 1 EGBGB; 3 Abs. 1 S. 1 EVÜ[2] nicht. Die Rechtswahl hat auch Bedeutung für die Restfragen, die von Einheitsrecht nicht geregelt, sondern dem nationalen Recht überlassen werden[3]. Der erste Blick im praktischen Fall muss einer Rechtswahlklausel im Vertrag gelten. Diese kann sich auch in AGB befinden.

2575 Das deutsche Recht kommt qua Rechtswahl zur Anwendung, wenn die Parteien ausdrücklich in der mündlichen Verhandlung eine dahin gehende Erklärung abgegeben haben oder sich bewusst nur auf deutsche Rechtsnormen bezogen haben[4]. Eine Rechtswahl kann auch wirksam nachträglich getroffen werden (Art. 3 Abs. 2 S. 1 Rom I-VO)[5], zB durch Prozessverhalten[6]. Eine stillschweigende Rechtswahl deutschen Rechts kann aus der Bezugnahme auf spezifische Regelungen des deutschen Rechts im Vertrag folgen[7].

3. Objektive Anknüpfung von Güterbeförderungsverträgen bei Fehlen einer Rechtswahl

a) Anknüpfungssystem des Art. 5 Abs. 1 S. 1 Rom I-VO

2576 Für Güterbeförderungsverträge wird die engste Verbindung in Art. 5 Abs. 1 S. 1 Rom I-VO konkretisiert: „Soweit die Parteien in Bezug auf einen Vertrag über die Beförderung von Gütern keine Rechtswahl nach Artikel 3 getroffen haben, ist das Recht des Staates anzuwenden in dem der Beförderer seinen gewöhnlichen Aufenthalt hat, sofern sich in diesem Staat auch der Übernahmeort oder der Ablieferungsort oder der gewöhnliche Aufenthalt des Absenders befindet."

Art. 5 Abs. 1 S. 1 Rom I-VO führt also zum Recht des Staates, in welchem der Beförderer zum Zeitpunkt des Vertragsabschlusses im Staat des anzuwendenden Rechts seinen gewöhnlichen Aufenthalt (dh. im Angesicht von Art. 19 Abs. 2 Rom I-VO: seine vertragsbetreuende Niederlassung) hat, wenn zusätzlich mindestens eines von drei disjunktiven Momenten auf diesen Staat weist: der Verladeort, der Entladeort oder der gewöhnliche Aufenthalt (also die ver-

---

[1] S. nur *R. Wagner*, TranspR 2008, 221 (223); *Mankowski*, TranspR 2008, 339 (341); *Lagarde/Tenenbaum*, Rev.crit.d.i.p. 97 (2008), 727 (760 f.); *Legros*, Rev. dr. transp. Février 2009, 12 (15); *Tonolo*, Riv. dir. int. priv. proc. 2009, 309 (317); *Nielsen*, in: Ferrari/Leible (Hrsg.), S. 99 (105).

[2] S. dort nur BGH 30.10.2008, TranspR 2009, 130 (131); Hof Amsterdam 2.8.2007, NIPR 2008 Nr. 36 S. 62 nr. 4.6; *Thume*, TranspR 1995, 1; *Magnus*, in: Staudinger, Art. 28 EGBGB Rz. 365.

[3] BGH 9.6.2004, IPRspr. 2004 Nr. 44 = TranspR 2004, 369.

[4] OLG Düsseldorf 23.1.1992, IPRspr. 1992 Nr. 65 = TranspR 1992, 218; OLG Düsseldorf 1.6.1995, IPRspr. 1995 Nr. 50 = TranspR 1996, 109; OLG Düsseldorf 26.10.1995, IPRspr. 1995 Nr. 54 = TranspR 1996, 152.

[5] S. nur BGH 25.10.1995, RIW 1996, 602.

[6] S. BGH 3.7.2008, RIW 2008, 873 (Luftbeförderungsvertrag).

[7] OLG Düsseldorf 11.11.1993, TranspR 1994, 441; LG Bonn 24.7.1990, IPRspr. 1990 Nr. 54 = TranspR 1991, 25.

tragsbetreuende Niederlassung) des Absenders[1]. Gefordert ist für Art. 5 Abs. 1 S. 1 Rom I-VO eine Kumulation mehrerer Anknüpfungsmomente[2]. Es handelt sich um eine widerlegliche Vermutung. Sie ist nach Art. 5 Abs. 3 Rom I-VO widerlegt, wenn sich aus der Gesamtheit der Umstände ergibt, dass der Vertrag engere Verbindungen mit einem anderen Staat aufweist.

b) Definition des Beförderers

Beförderer iSd. Art. 5 Abs. 1 S. 1 Rom I-VO ist der **Verfrachter**. Verfrachter ist derjenige, der sich verpflichtet, die Beförderung der Güter im eigenen Namen durchzuführen. Verfrachter und Eigentümer des Transportmittels, zB der Reeder als Eigentümer des Schiffes (§ 484 HGB), brauchen nicht identisch zu sein. Der Verfrachter kann auch ein fremdes Transportmittel, zB ein fremdes Schiff oder einen fremden Lkw, für den Transport verwenden[3]. Der Verfrachter kann sich, um seine eigene Transportverpflichtung zu erfüllen, ausführender Unterfrachter bedienen. Im Verhältnis zum (Haupt-)Befrachter sind diese bloße Erfüllungsgehilfen, aber nicht Vertragspartei und daher keine für Art. 5 Rom I-VO relevanten Anknüpfungspersonen. Art. 5 Abs. 1 S. 1 Rom I-VO folgt dem contractual carrier-Prinzip; maßgeblich ist also, wer nach dem Vertrag die Beförderungsleistung erbringen soll[4]. Wer actual carrier ist, ist dagegen unerheblich. Beförderer iSd. Art. 5 Abs. 1 S. 1 Rom I-VO ist bei Auseinanderfallen der Rechtspersonen im Seeverkehr also der vertragliche Verfrachter, nicht der Reeder als solcher.

2577

c) Gewöhnlicher Aufenthalt des Verfrachters (Beförderers)

Zentraler Anknüpfungspunkt des Art. 5 Abs. 1 S. 1 Rom I-VO ist der gewöhnliche Aufenthalt des Beförderers. Nach Art. 19 Abs. 1 Rom I-VO ist gewöhnlicher Aufenthalt bei Gesellschaften deren Hauptverwaltungssitz, bei natürlichen Personen (Einzelunternehmern) deren Hauptniederlassung. Art. 4 Abs. 4 S. 1 EVÜ; Art. 28 Abs. 4 S. 1 EGBGB stellten noch durchgängig auf die Hauptniederlassung ab und damit auf Merkmale für den unternehmensexternen Rechtsverkehr, nicht auf interne Merkmale wie den Sitz als solchen[5]. Dagegen

2578

---

1 Als Anwendungsbeispiele für die Vorgängerregelung Art. 4 Abs. 4 EVÜ; 28 Abs. 4 EGBGB s. nur BGH 29.6.2006, TranspR 2006, 466; BGH 3.5.2007, TranspR 2007, 405 (406); BGH 25.10.2007, IPRax 2008, 535 (536); BGH 30.10.2008, TranspR 2009, 130.
2 S. nur OLG Frankfurt a.M. 18.4.2007, TranspR 2007, 367 (371) Anm. *Müller-Rostin*; *Mankowski*, TranspR 1993, 213 (219) mwN.; *Legros*, Rev. dr. transp. Février 2009, 12 (14).
3 *Schaps/Abraham*, vor § 556 HGB Rz. 3; *D. Rabe*, vor § 556 HGB Rz. 9; *Mankowski*, S. 47 f.
4 S. nur *Mengozzi*, in: Treves (Hrsg.), Verso una disciplina comunitaria della legge applicabile ai contratti (Padova 1983), S. 225 (226); *Mankowski*, TranspR 1993, 213 (221, 222); *Mankowski*, S. 13, 47; *J. Cooke/T. Young/A. Taylor/Kimball/Martowski/Lambert*, Rz. 1.45.
5 Das übersehen *Plender/Wilderspin*, European Contracs Convention, 2. Aufl. (London 2007), Rz. 6–31, wenn sie unbesehen die Hauptniederlassung mit dem real seat gleichsetzen.

zielt Art. 19 Abs. 1 UAbs. 1 Rom I-VO für Gesellschaften mit der Hauptverwaltung auf ein internes Merkmal, nämlich auf den effektiven Verwaltungssitz. Indes schwenkt man mit Art. 19 Abs. 2 Rom I-VO wieder auf eine Niederlassungsanknüpfung um, indem als gewöhnlicher Aufenthalt eine Niederlassung fingiert wird, sobald diese Niederlassung den Vertrag abschließt oder für die Erfüllung des Vertrages verantwortlich ist. Im Ergebnis liegt die Abkehr vom Anknüpfungspunkt Hauptniederlassung also weniger in einem Übergang zum Hauptverwaltungssitz als vielmehr in der Öffnung zur vertragsbetreuenden Niederlassung als Anknüpfungspunkt. Denn soweit ein Unternehmen keine weiteren Niederlassungen hat, fallen Hauptverwaltung und Hauptniederlassung zusammen. Verlangt sind hinreichende personelle Kapazität (handling-Kapazität) und sachliche Ausstattung[1].

2579 Im **Konzern** kommt es auf die jeweils tätige Niederlassung der konkret als Verfrachter auftretenden Gesellschaft an; ein Durchgriff auf eine Niederlassung der Muttergesellschaft erscheint nicht angezeigt. Wenn dies trotzdem für Einschiffgesellschaften befürwortet wird[2], so wird dabei verkannt, dass Einschiffgesellschaften regelmäßig nur property holding companies sind und das eigentlich operative Geschäft als Verfrachter von Gesellschaften betrieben wird, an welche die Schiffe langfristig verchartert sind.

d) Definition des Absenders

aa) Absender = Befrachter

2580 Absender iSd. Art. 5 Abs. 1 S. 1 Rom I-VO ist der **Befrachter** als die andere Partei des Frachtvertrages. Dies gebietet schon die Parallele zum Beförderer-Verfrachter. Maßgeblich ist auch hier allein die vertragliche Position. Für wessen Rechnung gehandelt wird und wer wirtschaftlich der Hauptintressierte ist, ist irrelevant. Ebenso ist es ohne Bedeutung, ob der abgeschlossene Frachtvertrag in seiner Ausgestaltung vertraglichen Anforderungen und Vorgaben eines dahinter stehenden Warenveräußerungsgeschäfts (zB eines cif- oder fob-Kaufvertrages) entspricht.

2581 Wer Befrachter ist, beurteilt sich nach dem Statut des Frachtvertrags. Art. 10 Abs. 1 Rom I-VO enthält mit dem bootstrap principle einen allgemeinen Rechtsgedanken. Wer Partei ist, ist eine Kernfrage aus dem Bereich Zustandekommen des Vertrages, nämlich: Zwischen welchen Parteien kommt der Vertrag zustande[3]? In wessen Namen gehandelt wird, bestimmt sich nach dem Statut des Frachtvertrages. Ob im Namen einer bestimmten Partei gehandelt wird, bestimmt sich nach dem Frachtvertragsstatut, das insoweit so ange-

---

1 *Mankowski*, TranspR 1993, 213 (223).
2 So namentlich *Schultsz*, S. 185, 196; *Magnus*, in: Staudinger, Art. 28 EGBGB Rz. 120.
3 Rb. Rotterdam 16.3.2005, NIPR 2006 Nr. 60, S. 93 nr. 3.4; *Mankowski*, TranspR 1991, 253 (256); *Mankowski*, IPRax 1991, 305 (308); *Mankowski*, RIW 1993, 453 (454); *Mankowski*, S. 246; *Mankowski*, IPRax 1996, 427 (428); *Mankowski*, CR 1999, 512 (515); *von Bar*, II Rz. 492; *Muir Watt*, Rev.crit.d.i.p. 82 (1993), 637 (640); auch BGH 15.6.1994, RIW 1994, 878 (879); OLG Saarbrücken 2.10.1991, NJW 1992, 987 f.

knüpft wird, als wäre die in Rede stehende Person Partei des Vertrages. Je nach Maßgabe des anzuwendenden Sachrechts kann es ein Indiz dafür, in wessen Namen gehandelt wird, sein, wie der wirtschaftlich verbundene Kaufvertrag ausgestaltet ist und wer unter diesem im Verhältnis der Kaufvertragsparteien zueinander für die Beförderung zu sorgen hat.

Kontrahiert der Verkäufer im Namen des Käufers (wie namentlich beim fob-Geschäft denkbar), also im fremden Namen, so ist der Käufer Befrachter. Nur ob er wirksam gebunden ist, ist eine Frage nach der wirksamen Vertretung durch den Verkäufer. Kollisionsrechtlich stellt sich dann die Teilfrage nach dem Bestehen einer hinreichenden Vertretungsmacht des Verkäufers. 2582

bb) Abgrenzung zum Ablader

Neben dem Befrachter gibt es insbesondere beim Seefrachtgeschäft noch den **Ablader**. Dieser muss nicht mit dem Befrachter identisch sein. Es kann sich auch um einen Drittablader handeln. Ablader ist derjenige, der die Güter aufgrund des Frachtvertrages dem Schiff oder dem Verfrachter oder dessen Beauftragten (Lagerhausgesellschaft) übergibt. Ablader ist häufig der Seehafenspediteur. Nur wenn er im eigenen Namen (sei es auch für Rechnung eines anderen) handelt und mit dem Verfrachter selbst kontrahiert, ist er Absender iSv. Art. 5 Abs. 1 S. 1 Rom I-VO. Maßgeblich ist aber immer die Stellung als Vertragspartei gegenüber dem Verfrachter, nicht die tatsächliche Übergabe der Güter[1]. Erwägungsgrund 22 S. 3 Rom I-VO besagt dies ausdrücklich: Ihm zufolge ist für die Parteibestimmung nur die vertragliche Position maßgeblich. 2583

Dass der Drittablader im Auftrag und für Zwecke des Befrachters handeln kann, ändert nichts. Parallelen zu Art. 19 Abs. 2 Rom I-VO[2] bestehen nicht, weil es sich dort um eine eigene Niederlassung der Vertragspartei handeln muss und dort keine Drittzurechnung erfolgt. Ein zurechenbarer Anschein reicht nicht[3]. Im Übrigen sind für die anderen Anknüpfungspunkte (Stellung als Verfrachter, Beladeort, Bestimmungsort) nur die vertraglich fixierten Momente maßgeblich. Es würde Widersprüchlichkeit und Inkonsistenz in Art. 5 Abs. 1 S. 1 Rom I-VO hineinbringen, wenn man für die Stellung als Absender anders entscheiden wollte. 2584

Bei **Vertragsketten** ist sorgfältig zwischen den einzelnen Gliedern der Kette zu trennen. Jeder Vertrag ist gesondert für sich anzuknüpfen. Hauptfrachtvertrag und Unterfrachtvertrag sind zwei selbständige Rechtsverhältnisse und auch kollisionsrechtlich so zu behandeln. Dass der Unterfrachtvertrag wirtschaft- 2585

---

[1] *Mankowski*, S. 63–65; *Scrutton/Boyd/Burrows/Foxton*, S. 14 Fn. 5, Rz. 19.63; *Dicey/Morris/Morse*, Rz. 33–267; *J. Cooke/T. Young/A. Taylor/Kimball/Martowski/Lambert*, Rz. 1.47; *Plender/Wilderspin*, European Contracts Convention, 2. Aufl. (London 2001), Rz. 6–31; *Magnus*, in: Staudinger, Art. 28 EGBGB Rz. 124; *Ramming*, HmbSchRZ 2009, 21 (24). AA *W.E. Haak*, WPNR 5544 (1980), 897 (900); *von Hoffmann*, in: Soergel, Art. 28 EGBGB Rz. 94.
[2] Wie *von Hoffmann*, in: Soergel, Art. 28 EGBGB Rz. 94 sie reklamiert.
[3] AA *von Hoffmann*, in: Soergel, Art. 28 EGBGB Rz. 94.

lich dazu dient, der Beförderungsverpflichtung des Hauptverfrachters aus dem Hauptfrachtvertrag nachzukommen, verschlägt nicht. Für den Unterfrachtvertrag interessiert nur die Rollenverteilung unter diesem Vertrag. Dass der Unterbefrachter unter einem anderen Vertrag Verfrachter ist, hat keine Bedeutung für die Rollenverteilung im Unterfrachtvertrag. Dies gilt in gleicher Weise für das Verhältnis zwischen allen Gliedern einer Vertragskette. Bei einem Zeitfrachtvertrag zwischen Zeitbefrachter (Charterer) und Zeitverfrachter (Reeder) und einem Unterfrachtvertrag zwischen Befrachter und Charter aus dem Zeitfrachtvertrag als Verfrachter zB handelt es sich also um zwei selbständige Verträge. Der Charterer ist unter jenem zweiten Frachtvertrag Verfrachter auch für die Zwecke des Art. 5 Abs. 1 S. 1 Rom I-VO[1].

e) Gewöhnlicher Aufenthalt des Befrachters

2586 Der gewöhnliche Aufenthalt des Befrachters ist der letzte der disjunktiven Anknüpfungspunkte, die unter Art. 5 Abs. 1 S. 1 Rom I-VO den gewöhnlichen Aufenthalt des Verfrachters verstärken müssen[2]. Als Anknüpfungspunkt hat er ansonsten kein besonderes Gewicht, ist aber natürlich einer der unter Art. 5 Abs. 3 Rom I-VO abzuwägenden Faktoren. Handelt der Befrachter als Privatperson und hat er daher keine gewerbliche Niederlassung, so ist unter Art. 19 Abs. 1 UAbs. 1 Rom I-VO sein nach allgemeinen Maßstäben ermittelter gewöhnlicher Aufenthalt maßgeblich[3].

f) Übernahmeort und Ablieferungsort = vertraglicher Ausgangsort und vertraglicher Bestimmungsort

2587 „Übernahmeort" und „Ablieferungsort" im Wortlaut des Art. 5 Abs. 1 Rom I-VO sollte man richtigerweise als Ausgangs- und Bestimmungsort verstehen. Die Terminologie des Abs. 2 ist präziser und entspricht mehr der gewohnten Terminologie des deutschen Transportrechts. „Übernahmeort" und „Ablieferungsort" sind zu wörtliche Übersetzungen aus dem Englischen, wo in Art. 5 Abs. 1 Rom I-VO von „place of receipt" und „place of delivery" die Rede ist. Diese beiden Begriffe führte man bewusst an Stelle der früheren „place of loading" und „place of discharge" ein, weil sie (angeblich) von einem rechtlichen Standpunkt aus angemessener und geeigneter erschienen[4]. Das Gegenteil ist richtig[5]. Man weicht mit ihnen von einer für den Transportsektor spezifischen Terminologie ab und geht über zu einer Terminologie, die größere Gefahren einer Verwechslung und Vermengung mit kaufrechtlichen Begrifflichkeiten birgt[6].

---

1 S. nur *J. Cooke/T. Young/A. Taylor/Kimball/Martowski/Lambert* Rz. 1.45.
2 Anwendungsbeispiel: Rb. Rotterdam 28.1.1999 (Rabat), S & S 1999 Nr. 61 S. 308 nr. 5.4.
3 Vgl. unter dem EVÜ bereits *Kaye*, The New Private International Law of Contract of the European Community (Aldershot usw. 1993), S. 201; *Mankowski*, S. 65.
4 *Garcimartín Alférez*, EuLF 2008, I-61, I-70 no. 52.
5 Anders allerdings für die französische Fassung *Legros*, Rev. dr. transp. Février 2009, 12 (15).
6 *Mankowski*, TranspR 2008, 339 (346).

Wenn man die Auslegung des bisherigen Anknüpfungstatbestands aus Art. 4 2588
Abs. 4 S. 1 EVÜ; Art. 28 Abs. 4 S. 1 EGBGB fortführen will, dann geht es beide
Male um den vereinbarten Ort. Maßgeblich sind der vertraglich vereinbarte
Ausgangsort und der vertraglich vereinbarte Bestimmungsort[1], vorbehaltlich
konkretisierter Optionsrechte oder einverständlicher Änderungen[2]. Für die
Fortführung dieser schon bisher geltenden Maßstäbe spricht die Orientierung
an Art. 4 Abs. 4 S. 1 EVÜ bis in den insoweit unveränderten Wortlaut hinein.
Hätte man abweichen wollen, so hätte dies eines Ausdrucks zumindest in den
Materialien bedurft[3]. Daran fehlt es aber. Im Gegenteil sekundiert Erwägungs-
grund 22 S. 1 Rom I-VO: „Was die Auslegung von Güterbeförderungsverträgen
betrifft, so ist nicht beabsichtigt, inhaltlich von Artikel 4 Absatz 4 Satz 3 des
Übereinkommens von 1980 über das auf vertragliche Schuldverhältnisse anzuwendende Recht abzuweichen." Indirekt erfährt das Abstellen auf vertragliche
Momente eine Stützung durch Erwägungsgrund 22 S. 2 Rom I-VO, demzufolge
für die Parteibestimmung nur die vertragliche Position maßgeblich sein soll.
Wenn man für die Parteiposition auf den Vertrag abhebt, ist es nur konsequent,
auch für andere Momente auf den Vertrag und nicht auf die tatsächliche Ausführung abzuheben. Zudem verwendet Art. 5 Abs. 1 S. 2 Rom I-VO ausdrücklich den von den Parteien *vereinbarten* Ablieferungsort als Anknüpfungspunkt[4]. Es würde der Rechtfertigung harren, wenn der Ablieferungsort in den
beiden Sätzen des ersten Absätzes konzeptionell unterschiedlich zu verstehen
wäre. Schließlich streitet für die vereinbarten Orte, dass sie in aller Regel in
den Transportdokumenten aufgeführt sind und sich daher leicht bestimmen
lassen[5]. Maßgeblich ist die Gesamtbeförderung ohne Parzellierung und Aufspaltung in einzelne Beförderungsabschnitte[6].

g) Ausgangsort (Verladeort)

Der Ausgangs- oder Verladeort (im Seegüterverkehr der Ladehafen) ist einer der 2589
disjunktiven Anknüpfungspunkte, die unter Art. 5 Abs. 1 S. 1 Rom I-VO verstärkend zur Hauptniederlassung des Verfrachters hinzukommen müssen[7].
Verladeort ist derjenige Ort, an welchem die zu transportierenden Güter in die
Obhut und Verantwortlichkeit des Verfrachters übergehen sollen[8]. Maßgebend

---

1 S. nur Bericht *Giuliano/Lagarde*, ABl. EG 1980 C 282 Art. 4 EVÜ Anm. (5); *Schultsz*, in: North (Hrsg.), Contract Conflicts, 1982, S. 185 (196); *Ebenroth/Rafael Fischer/Sorek*, ZvglRW 88 (1989), 124 (129 Fn. 36); *Mankowski*, TranspR 1993, 213 (223); *Mankowski*, S. 56 (57); *Mankowski*, TranspR 2008, 339 (346 f.); *Asariotis*, 26 JMLC 293, 311 (1995); *Ferrari*, in: Ferrari/Saenger, IntVertragsR, Art. 28 EGBGB Rz. 63; *Ramming*, HmbSchRZ 2009, 21 (25).
2 Eingehend dazu *Mankowski*, S. 57–63.
3 *Mankowski*, TranspR 2008, 339 (346).
4 *Mankowski*, TranspR 2008, 339 (346).
5 Vgl. *Legros*, Rev. dr. transp. Février 2009, 12 (15).
6 *Ramming*, HmbSchRZ 2009, 21 (25 f.).
7 Anwendungsbeispiele: Rb. Rotterdam 3.12.1998, S & S 1999 Nr. 93 S. 431 nr. 4.3; Rb. Rotterdam 25.11.1999, NIPR 2000 Nr. 119 S. 194 nr. 5.8.
8 *Mankowski*, TranspR 1993, 213 (225); *Mankowski*, S. 56; *D. Rabe*, vor § 556 HGB Rz. 115; *Magnus*, in: Staudinger, Art. 28 EGBGB Rz. 122.

ist also grundsätzlich der vertraglich vereinbarte, nicht der tatsächliche Verladeort[1]. Übernimmt beim Containerverkehr der Verfrachter auch den Vorlauf, so kann der Verladeort auch in einem anderen Land liegen als der Ausgangshafen spezifisch der Seebeförderung. Hat der carrier im Containerverkehr die pre-carriage übernommen, so ist nämlich der binnenländische Übernahmeort der maßgebliche Verladeort[2]. Verladeort und vertragsbetreuende Niederlassung des Verfrachters fallen häufig zusammen, weil Transporte von einem im Exportstaat ansässigen Verfrachter versprochen sind[3]. Sofern der Verladeort nach dem Vertrag zunächst offen gelassen wird und erst durch eine Weisung des Befrachters oder die Ausübung eines Optionsrechts seitens des Verfrachters zu konkretisieren ist, gibt der konkretisierte Verladeort maß[4]. Erfolgt keine Konkretisierung (und wird der Vertrag in der Folge auch nicht durchgeführt), so ist der Zusatzfaktor Verladeort nicht zu ermitteln.

2590 Muss der Verfrachter unter einem einheitlichen Vertrag mehrere **Teilladungen** an verschiedenen Orten einsammeln, so ist zu berücksichtigen, dass der Verladeort unter Art. 5 Abs. 1 S. 1 Rom I-VO nur eines unter mehreren möglichen verstärkenden Moment ist, das zur vertragsbetreuenden Niederlassung des Verfrachters hinzutreten kann. Daher können mehrere Verladeorte von Teilladungen jedenfalls dann verstärkend wirken, wenn sie in demselben Staat liegen (wenn also zB Ladung bei einem Straßengütertransportvertrag in Hamburg, Hannover und Kassel abzuholen wäre). Bei Verladeorten in mehreren Staaten unter einem einheitlichen Vertrag erscheint es methodengerecht, im Rahmen eines grouping of contacts zu fragen, ob diejenigen Verladeorte, welche im selben Staat liegen wie die vertragsbetreuende Niederlassung des Verfrachters, hinreichendes Gewicht haben, um zusammen mit der vertragsbetreuenden Niederlassung des Verfrachters den Schwerpunkt des Vertrages in jenen Staat zu ziehen. Voreilig wäre jedenfalls, den Singular im Gesetzeswortlaut zu wörtlich zu nehmen und den Verladeort als nicht ermittelbar anzusehen[5]. Bei Verladeorten in mehreren Staaten unter jeweils gesonderten Verträgen ergibt sich keine Zusatzfrage; dann zählt jeweils der Verladeort unter dem einzelnen Vertrag.

2591 Das Recht des Verladeortes war nach früherer deutscher Rechtsprechung zum Seefrachtverkehr anwendbares Recht für die Fälle, bei denen es sich um Rechtsverhältnisse handelte, die mit der **Beladung** des Schiffes zusammenhingen[6].

---

1 Bericht *Giuliano/Lagarde*, ABl. EG 1980 Nr. C 282, Art. 4 EVÜ Bem. (5) 4. Abs.; *Schultsz*, S. 185 (196); *Ebenroth/R. Fischer/Sorek*, ZVglRW 88 (1989), 124, 129; *Mankowski*, S. 56 mwN.; *Asariotis*, 26 JMLC 293, 311 (1995); *Magnus*, in: Staudinger, Art. 28 EGBGB Rz. 122.
2 *Mankowski*, S. 56.
3 Beispiele: Rb. Rotterdam 12.8.1999, NIPR 2000 Nr. 45, S. 106 nr. 3.1; Rb. Rotterdam 25.11.1999, NIPR 2000 Nr. 119 S. 194 nr. 5.8.
4 *Ramming*, HmbSchRZ 2009, 21 (25).
5 So aber *Ramming*, HmbSchRZ 2009, 21 (25).
6 S. nur RG 3.11.1937, IPRspr. 1935-1944 Nr. 130; BGH 20.5.1952, BGHZ 6, 127 = IPRspr. 1952/53 Nr. 42.

OLG Hamburg 4.4.1974, IPRspr. 1974 Nr. 36 = VersR 1974, 1174 = RIW 1975, 292 Griechischer Reeder als Vercharterer; in Hamburg ansässige Scheinfirma eines Ägypters als Charterer; Hamburger Makler als Charterers Agent; Ladehafen Hamburg; Nichtbefolgung einer Anweisung des Kapitäns gegenüber dem Agenten, eine Incorporation Clause in das Konnossement aufzunehmen; deutsches Recht.

Theoretisch wäre es möglich, diese Teilfragenanknüpfung auch unter der Rom I-VO fortzuführen. Sie vermag jedoch in der Sache nicht zu überzeugen, weil sie auf eine Anknüpfung an den Erfüllungsort der einzelnen Verpflichtung hinausläuft[1]. Eine Erfüllungsortanknüpfung ist Art. 4; 5 Rom I-VO im Prinzip fremd. Insbesondere kollidiert sie aber mit dem Prinzip, nicht einzelne Verpflichtungen, sondern den Vertrag insgesamt anzuknüpfen. Sofern ausnahmsweise der Erfüllungsort doch durchbricht, entscheidet sich Art. 5 Abs. 1 S. 2 Rom I-VO gerade für den Bestimmungs- und nicht für den Ausgangsort. Eine Aufspaltung des Leistungspakets ist zu vermeiden[2]. Den richtigen Grundgedanken, örtliche Gegebenheiten und Gebräuche am Ausgangsort nicht unberücksichtigt zu lassen[3], kann man über Art. 12 Abs. 2 Rom I-VO und das Institut der Substitution umsetzen[4].

h) Entladeort (Bestimmungsort)

aa) Vereinbarter Bestimmungsort

Entladeort[5] ist der **vertraglich vereinbarte, nicht der spätere tatsächliche Bestimmungsort**[6]. Bestimmung meint die Endstation des vereinbarten Transports, an welcher die transportierten Güter aus der Obhut des Verfrachters in die Obhut anderer, sei es des Befrachters, sei es vom Befrachter benannter und ihm deshalb zuzurechnender Dritter (insbes. Lagerhalter) übergehen[7]. Maßgeblich ist, was der Verfrachter unter dem Vertrag tun muss. Die Güter zur Verfügung zu stellen reicht aus, wenn der Vertrag dies vorsieht oder erlaubt. Eine reale Übergabe ist dann nicht erforderlich[8].

2592

Ein Ort, in dem eine simple **Umladung** erfolgt und von dem aus der Transport unter demselben Vertrag weitergeht, ist daher kein Bestimmungsort[9]. Ein **Not**-

2593

---

1 *Mankowski*, S. 86.
2 *Ramming*, HmbSchRZ 2009, 21 (25 f.).
3 S. OLG Hamburg 11.11.1889, HansGZ 1889 Hptbl. 299 (300).
4 *Mankowski*, S. 86.
5 Anwendungsbeispiel unter Art. 4 Abs. 4 EVÜ: CA Paris 9.9.1999, DMF 1999, 829 (832) zust Anm. *Tassel*.
6 S. nur Bericht *Giuliano/Lagarde*, ABl. EG 1980 Nr. C 282, Art. 4 EVÜ Bem. (5) 4. Abs.; *Schultsz*, in: North (ed.), Contract conflicts (1982), S. 185, 196; *Ebenroth/R. Fischer/Sorek*, ZVglRW 88 (1989), 124 (129); *Mankowski*, S. 57 mwN.; *Asariotis*, 26 JMLC 293, 311 (1995); *Dicey/Morris/Morse*, Rz. 33–265; *J. Cooke/T. Young/A. Taylor/Kimball/Martowski/Lambert*, Rz. 1.46; *Magnus*, in: Staudinger, Art. 28 EGBGB Rz. 123.
7 Ebenso *Legros*, Rev. dr. transp. Février 2009, 12 (15).
8 Offen *Lagarde/Tenenbaum*, Rev.crit.d.i.p. 97 (2008), 727 (762).
9 *Bonassies*, DMF Hors série 2001, 62 no. 71.

Löschhafen oder Not-Entladeort ist für Art. 5 Abs. 1 S. 1 Rom I-VO unbeachtlich, weil er eben nicht vertraglich vorgesehen ist[1].

2594 Bei einer **Optionsladung** ist das Recht des später gewählten Bestimmungsortes maßgeblich, insoweit in gewisser Durchbrechung des Prinzips, dass der effektive Transportweg unerheblich ist und dass man möglichst keine ex post-Überlegungen anstellen sollte[2]. Jedoch hat der Optionsort (insbesondere ein Optionshafen) bereits seinen Niederschlag im Vertrag gefunden. Die Alternative wäre, alle Optionsorte als gleichberechtigte Bestimmungsorte zu behandeln und damit eine Arbeit mit dem Anknüpfungspunkt Bestimmungsort praktisch unmöglich zu machen, will man nicht als Hilfsregel einführen, dass dann jeder Optionsort für sich bereits zähle. Wird das Optionsrecht nicht ausgeübt, so ist vielmehr Art. 4 Abs. 4 Rom I-VO analog anzuwenden[3] und eine Schwerpunktsuche durchzuführen.

2595 Erfolgt nach Vertragsabschluss eine einvernehmliche **Änderung** des Bestimmungsortes, so ist der neue vereinbarte Bestimmungsort maßgeblich[4]. Eine einseitige Änderung des Bestimmungsortes durch den Verfrachter ist dagegen kollisionsrechtlich unbeachtlich[5].

bb) Teilladungen

2596 Werden Teilladungen vereinbart, die nach dem Vertrag jeweils an verschiedenen Bestimmungsorten abzuliefern sind, hat man anders als bei optionalen Bestimmungsorten kein Konkretisierungsproblem. Unter Art. 5 Abs. 1 S. 1 Rom I-VO geht es um ein grouping of contacts. Der Bestimmungsort hat dort nur verstärkendes Gewicht zur vertragsbetreuenden Niederlassung des Verfrachters. Insoweit verhält es sich anders als bei Art. 5 Nr. 1 lit. b EuGVO, wo der Erfüllungsort alleiniger Anknüpfungspunkt für die Zuständigkeit ist. Daher erscheint es fragwürdig, in diesem Detail dem IZPR Hilfsüberlegungen entlehnen zu wollen[6]. Bei Bestimmungsorten in mehreren Staaten unter einem einheitlichen Vertrag erschiene es methodengerecht, im Rahmen eines grouping of contacts zu fragen, ob diejenigen Bestimmungsorte, welche im selben Staat liegen wie die vertragsbetreuende Niederlassung des Verfrachters, hinreichendes Gewicht haben, um zusammen mit der vertragsbetreuenden Niederlassung des Verfrachters den Schwerpunkt des Vertrages in jenen Staat zu ziehen. Dies wäre dieselbe Lösung wie bei mehreren Verladeorten (oben Rz. 2590).

---

1 *Mankowski*, S. 57 und altrechtlich RG 21.2.1881, HansGZ 1883 Hptbl. 27; OLG Hamburg 8.11.1893, HansGZ 1894 Hptbl. 28, 29.
2 *Mankowski*, S. 58 f.; *Ramming*, HmbSchRZ 2009, 21 (25); vgl. auch *Ebenroth/R. Fischer/Sorek*, ZVglRW 88 (1989), 124 (130).
3 *Mankowski*, S. 61 (mit der Entsprechung im EVÜ-System: Art. 28 Abs. 2 S. 3 EGBGB analog und Art. 28 Abs. 1 S. 1 EGBGB); *Ramming*, HmbSchRZ 2009, 21 (25).
4 *Mankowski*, S. 61.
5 *Mankowski*, S. 61; vgl. *Schultsz*, in: North, S. 185 (196).
6 Tendenziell dahin aber *Lagarde/Tenenbaum*, Rev.crit.d.i.p. 97 (2008), 727 (762).

Allerdings könnte man sich so nur unter Art. 5 Abs. 1 S. 1 Rom I-VO aus der 2597
Verlegenheit helfen. Unter Art. 5 Abs. 1 S. 2 Rom I-VO, wo der Bestimmungsort wiederkehrt, dort aber als alleiniger Anknüpfungsort, vermöchte der skizzierte Ansatz nicht zu helfen. Daher würde er eine Detaildivergenz zwischen den beiden Sätzen in Art. 5 Abs. 1 Rom I-VO mit sich bringen. Wenn man eine einheitliche Auslegung des Bestimmungsortsbegriffs in beiden Sätzen erreichen will, muss man sich bei Teilladungen unter S. 1 ebenso entscheiden wie unter S. 2 (unten Rz. 2604). Die Notwendigkeiten des S. 2 würden die Auslegung des S. 1 leiten.

Bei Bestimmungsorten in mehreren Staaten unter jeweils gesonderten Verträ- 2598
gen ergibt sich von vornherein keine Zusatzfrage; dann zählt jeweils der Bestimmungsort unter dem einzelnen Vertrag. Es handelt sich dann nicht im eigentlichen Sinne um Teilladungen.

i) Mehrere Beförderungen unter einem einheitlichen Vertrag

Mehrere Beförderungen unter einem einheitlichen Vertrag sind bei der Bestim- 2599
mung von Verlade- und Bestimmungsort unproblematisch, wenn sie sich auf einer festgelegten Route abspielen und der Verlade- und der Bestimmungsort bei allen Einzelbeförderungen identisch sind[1].

Divergieren die Verlade- oder die Bestimmungsorte jedoch zwischen einzelnen 2600
Beförderungen, so bilden sie kein gemeinsames Band. Für die Anknüpfung des Gesamtvertrages liegt es dann wegen der Gesamtstruktur als grouping of contacts unter Art. 5 Abs. 1 S. 1 Rom I-VO nahe, trotzdem einen einzelnen Verlade- oder Bestimmungsort als möglicherweise verstärkenden Faktor heranzuziehen, insbesondere wenn er der gewichtigste ist und mehr Gewicht entfaltet als alle anderen Orte zusammen. In letzterem Fall ist ein betreffender Bestimmungsort auch Bestimmungsort im Sinne von Art. 5 Abs. 1 S. 2 Rom I-VO. Verlade- oder Bestimmungsort von vornherein als nicht ermittelbar anzusehen[2] wäre jedenfalls für die Zwecke des Art. 5 Abs. 1 S. 1 Rom I-VO zu pauschal. Unter Art. 5 Abs. 1 S. 2 Rom I-VO vermag ein einzelner, nicht überwiegender Bestimmungsort den Vertrag nicht zu prägen. Dann bleibt letztlich nur ein Rückfall auf eine Anknüpfung nach der relativ engsten Verbindung über Art. 4 Abs. 4 Rom I-VO als letzter Ausweg[3].

Eine dépeçage vorzunehmen und jeden einzelnen ausfüllenden Transport, 2601
wenn er stattfindet, wie einen eigenständigen Frachtvertrag zu behandeln[4] erscheint zwar zunächst als elegante Lösung, würde aber bei den übergreifenden Vertragselementen Probleme bereiten.

---

1 *Ramming*, HmbSchRZ 2009, 21, 26.
2 Dahin 6. Aufl. Rz. 1623 (*Mankowski*); *Ramming*, HmbSchRZ 2009, 21 (26).
3 *Ramming*, HmbSchRZ 2009, 21 (26).
4 Dahin 6. Aufl. Rz. 1623 (*Mankowski*).

4. Subsidiäre Anknüpfungsregel in Art. 5 Abs. 1 S. 2 Rom I-VO

2602 Nach Art. 5 Abs. 1 S. 2 Rom I-VO ist die Anknüpfung an den vereinbarten **Bestimmungsort** die subsidiäre Anknüpfung und Auffangregel für den Fall, dass sich die für Art. 5 Abs. 1 S. 1 erforderliche Kombination mehrerer Momente nicht ergibt und dass deshalb eine Anknüpfung nach Art. 5 Abs. 1 S. 1 Rom I-VO nicht möglich ist. Methodisch ist dies eine zu begrüßende[1] deutliche Abkehr von einer offenen Schwerpunktsuche mit Tendenz zum Recht der vertragsbetreuenden Niederlassung des Verfrachters, wie sie unter Art. 4 Abs. 4 S. 1, Abs. 1 S. 1 EVÜ; 28 Abs. 1 S. 1 EGBGB obwaltete[2]. Rechtssicherheit durch eine klare Regel steht im Vordergrund[3]. Ein Rückgriff auf Art. 4 Rom I-VO (und dies meint sowohl dessen Abs. 2 wie dessen Abs. 4) ist durch Art. 5 Abs. 1 S. 2 Rom I-VO versperrt[4]. Der Verfrachterniederlassung wird für sich kein ausschlaggebendes Gewicht zugesprochen[5].

2603 Für den Bestimmungsort als maßgeblichen Anknüpfungspunkt kann man Gesichtspunkte ins Feld führen, die auch bei der Erfüllungsortsuche im IZPR unter Art. 5 Nr. 1 lit. b Spiegelstr. 2 EuGVO eine Rolle spielen[6]: Die transportierte Ware ist jetzt dort, und nur dort kann sie untersucht werden, namentlich auf transportbedingte Beschädigungen. Typischerweise wird auch dort prozessiert[7]. Dies ist günstig für Importeure. Allerdings können deren Interessen allenfalls dann wirklich tragend sein, wenn die Importeure überhaupt Partei des Frachtvertrages sind[8]. Dies kann der Fall sein, wenn der Importeur unter dem Kaufvertrag verpflichtet ist, für den Transport zu sorgen, also – deutschrechtlich gesprochen – im Wesentlichen eine Holschuld (sei es auch von einem Ort oder Hafen im Exportstaat) vorliegt, also bei E-Klauseln (insbesondere ex works) oder F-Klauseln (insbesondere fob, fca oder fas) im Kaufvertrag[9]. Unter C-Klauseln (insbesondere cif) oder D-Klauseln ist dagegen der Exporteur Befrachter und Partei des Frachtvertrages. Für die Exportwirtschaft bedeutet die Anwendung des Bestimmungsortsrechts dann Auslandsrechtsanwendung[10].

2604 Bei **Teilladungen** muss man sich zwischen mehreren Alternativen entscheiden: Erstens könnte man eine dépéçage vornehmen und die einzelne Teilladung je nach ihrem eigenen Bestimmungsort anknüpfen. Zweitens könnte man nach dem schwerpunktmäßigen Bestimmungsort fragen und diesen do-

---

1 *Mankowski*, IHR 2008, 133 (140); *Mankowski*, TranspR 2008, 339 (347); *d'Avout*, Rev. Lamy Dr. aff. N° 29, juillet/août 2008, S. 69 (70).
2 Eingehend 6. Aufl. Rz. 1429–1431 (*Mankowski*). Das beste praktische Anwendungsbeispiel bot OLG Hamburg 28.2.2008, IPRax 2008, 537 (539).
3 *d'Avout*, Rev. Lamy Dr. aff. N° 29, juillet/août 2008, S. 69 (70); *Legros*, Rev. dr. transp. Février 2009, 12 (14).
4 Ebenso *Legros*, Rev. dr. transp. Février 2009, 12 (14).
5 *Lagarde/Tenenbaum*, Rev.crit.d.i.p. 97 (2008), 727 (761).
6 Vgl. *Legros*, Rev. dr. transp. Février 2009, 12 (15). Eingehend zur Lage im IZPR *Mankowski*, TranspR 2008, 67.
7 *Garcimartín Alférez*, EuLF 2008, I-61, I-70; *Mankowski*, TranspR 2008, 339 (347).
8 *Mankowski*, TranspR 2008, 339 (347).
9 *Mankowski*, TranspR 2008, 339 (347).
10 *Mankowski*, TranspR 2008, 339 (348).

minieren lassen. Freilich wäre eine Hilfslösung erforderlich, weil sich kein solcher schwerpunktmäßiger Bestimmungsort finden ließe. Drittens könnte man den relativ bedeutsamsten Bestimmungsort immer als maßgeblich ansehen, auch wenn er nur ganz knapp wichtiger ist als andere und unwichtiger als die anderen in ihrer Summe. Viertens könnte man den möglichen Anknüpfungspunkt Bestimmungsort dann als letztlich nicht ermittelbar bewerten. Ein Wahl oder besser: Nominierungsrecht für eine der Vertragsparteien fände jedenfalls nirgends eine tragfähige Grundlage.

Frei.   2605–2620

II. Allgemeine Anknüpfung von Personenförderungsverträgen

1. Personenbeförderungsvertrag

Ein Personenbeförderungsvertrag ist ein Vertrag, in dem sich eine Vertragspartei der anderen gegenüber zur physischen Verbringung natürlicher Personen von einem Ort an einen anderen Ort verpflichtet. Die Beförderung des **Gepäcks** von Reisenden zusammen mit den Reisenden oder zumindest auf demselben Vertrag (zB bei vorausgeschicktem Gepäck für eine Skireise von Hamburg nach Lech am Arlberg oder Gargellen im Montafon, Vorarlberg) ist nicht prägende Nebenleistung zur Personenbeförderung. Dasselbe gilt für die Beförderung mitreisender **Tiere**. Sofern über die Beförderung eines Tiers ein eigenständiger Vertrag abgeschlossen wird, handelt es sich dabei um einen Güterbeförderungsvertrag. 2621

Ein **Reisebüro** verpflichtet sich in aller Regel nicht selber zur Beförderung, sondern vermittelt nur Reiseleistungen. Der Vertrag zwischen Kunden und Reisebüro ist dann im Kern ein **Reisevermittlungsvertrag** und damit ein Vertrag über Dienstleistungen. Diese Dienstleistungen sind keine Transportdienstleistungen. 2622

Theoretisch könnten auch **Inter Carrier Agreements** für die Ausführung zB von Flügen Personenbeförderungsverträge sein. Der vertragliche Beförderer im Außenverhältnis zu den Passagieren erkontrahiert sich mit ihnen die aktuelle Transportausführung. Aus der Sicht des Passagiers handelt es sich um einen Vertrag zwischen vertraglichem und ausführendem Beförderer. Zentraler Leistungsgegenstand ist die Durchführung des Fluges oder der betreffenden Flüge. Dies umfasst die Beförderung der Passagiere, aber darüber hinausgehend insbesondere das Gestellen eines funktionsfähigen Beförderungsmittels. Das vertragliche Leistungsprofil weicht erheblich vom Normalfall eines Beförderungsvertrages ab. Dies gilt insbesondere, wenn das Agreement sich auf mehrere Routen oder eine Vielzahl von Ausführungen betrifft. Im Zweifel wird kein Vertrag über die Ausführung nur eines Fluges geschlossen, sondern eine Abrede, derzufolge der actual carrier den bezeichneten Flug regelmäßig über einen bestimmten Zeitraum hindurch ausführt. 2623

2. Objektive Anknüpfung für Personenbeförderungsverträge in Art. 5 Abs. 2 UAbs. 1 S. 1 Rom I-VO

a) Kombinierte Anknüpfung rund um eine Schutzperson in Art. 5 Abs. 2 UAbs. 1 S. 1 Rom I-VO

2624 Für Personenbeförderungsverträge orientiert sich Art. 5 Abs. 2 UAbs. 1 S. 1 Rom I-VO am kombinierten Anknüpfungsmodell der Güterbeförderungsverträge, verändert dieses aber gerade im zentralen Punkt: Er kombiniert den gewöhnlichen Aufenthalt der zu befördernden Person zum einen mit dem Ausgangs- oder dem Endpunkt der Beförderung zum anderen. Voraussetzungskumulation und zusätzliche, sekundäre Momente sind Art. 4 Abs. 4 S. 1 EVÜ und Art. 5 Abs. 1 Rom I-VO abgeschaut. Das Grundmodell einer kombinierten Anknüpfung und eines grouping of contacts kehrt wieder. Die verwendete Terminologie stimmt allerdings nicht überein: Im Abs. 1 ist von „Übernahmeort" und „Ablieferungsort" die Rede, in Abs. 2 von „Ausgangsort" und „Bestimmungsort". Die terminologische Divergenz ist keine Besonderheit der deutschen Fassung, sondern zieht sich durch alle Sprachfassungen. Die gebotene Vereinheitlichung der Terminologie sollte indes dazu veranlassen, von den in Abs. 2 UAbs. 1 verwendeten Begriffen auszugehen und diese gedanklich in Abs. 1 zu übernehmen (oben Rz. 2587).

2625 Zentraler, notwendiger Muss-Anknüpfungspunkt ist der gewöhnliche Aufenthalt *der zu befördernden Person*. Man rückt damit vom Prinzip der charakteristischen Leistung ab. Nicht mehr derjenige, welcher die charakteristische Leistung erbringt (das wäre bei der Personenbeförderung unbestreitbar der Beförderer), rückt in den Mittelpunkt, sondern die andere Partei[1]. Schutzgedanken zu Gunsten typischerweise schwächerer Parteien gewinnen hier die Oberhand. Insoweit steht Art. 5 Abs. 2 UAbs. 1 Rom I-VO in engem Zusammenhang mit Art. 6 Abs. 1 Rom I-VO, der Anknüpfungsnorm für Verbraucherverträge. Andererseits bewirkt die Erforderlichkeit eines grouping of contracts eine gewisse Kontrolle[2].

b) Vertragliche Bestimmung des Reisenden

2626 Wer „**Reisender**" ist, bestimmt sich nach dem Vertrag. „Reisender" ist nicht die real, aktuell zu befördernde Person, sondern die vertragliche Gegenpartei des Beförderers. Die aktuell zu befördernde Person muss nicht Partei des Beförderungsvertrages sein. Wenn Vertragspartei gar nicht der Reisende als solcher, sondern jemand anderes ist, würde man prinzipwidrig auf ein Merkmal einer Nicht-Vertragspartei abheben, wenn man die zu befördernde Person gleichsam naturalistisch verstünde und tatsächlich immer auf den aktuell Reisenden als solche abstellte[3].

---

1 *Tonolo*, Riv. dir. int. priv. proc. 2009, 309 (321).
2 *Contaldi*, in: Boschiero, S. 359 (377).
3 *Mankowski*, TranspR 2008, 339 (348).

Wenn und soweit der **aktuell Reisende** nicht Partei des Vertrages ist, kann er 2627
vertragliche Ansprüche allein dann haben, falls er begünstigter Dritter des Beförderungsvertrages sein sollte. Dadurch mögen Detaildiskrepanzen zu Art. 33 MÜ (Montrealer Übereinkommen) aufbrechen. Denn beim „fünften Gerichtsstand" aus Art. 33 Abs. 2 MÜ ist der aktuell Reisende gemeint. Dort gibt es jedoch eine sachliche Beschränkung auf Ansprüche wegen Tod oder Körperverletzung – und damit deutlich auf Ansprüche, die sich nur bei Delikten gegen die Person des Reisenden ergeben[1]. Man möchte ersichtlich dem aktuell Reisenden oder, wenn dieser getötet wurde, dessen Angehörigen (genauer: dessen Erben) die Geltendmachung von Ansprüchen erleichtern[2].

Geschäftsreisende reisen auf Unternehmenskosten. Das anstellende Unter- 2628
nehmen, der Arbeitgeber, kann Partei des Beförderungsvertrages sein[3]. Dies ist insbesondere bei Rahmenvereinbarungen zwischen Unternehmen und Beförderern der Fall. Man denke nur an das **Großkundenabonnement** und ähnliche Gestaltungen. „**Meilen-Konten**" des anstellenden Unternehmens bei Fluggesellschaften, deren Meilen zwar alle konkret gemeldeten Personen nutzen können, die aber rechtlich nur dem Unternehmen gehören, sind ein weiteres alltägliches Phänomen. Außerdem können Reisende eingeladen sein und „auf dem Ticket" eines einladenden Unternehmens reisen[4]. Dasselbe wie für angestellte Geschäftsreisende aus der privaten Wirtschaft gilt sachlich für die Angehörigen von Institutionen, zB vielreisende Universitätsprofessoren im internationalen Wissenschafts- und Kongressbetrieb, die ausnahmsweise im Namen ihrer Institution abschließen.

Geschäftsreisende und Angehörige von Institutionen werfen ein weiteres Wer- 2629
tungsproblem auf. Hinter der zentralen Anknüpfung an den Wohnsitz des Passagiers dürfte der Wunsch nach Verbraucherschutz stecken. Verbraucherschutz steht bei Geschäftsreisenden zumindest dann nicht in Rede, wenn bereits der Arbeitgeber nach außen Partei des Beförderungsvertrages ist[5]. Im Übrigen steht man vor der altbekannten Streitfrage, ob nur die selbständige berufliche Tätigkeit aus dem Verbraucherschutz ausgegrenzt ist (dann wird der im eigenen Namen kontrahierende Arbeitnehmer nach außen als Verbraucher geschützt) oder auch die unselbständige berufliche Tätigkeit. Der Wortlaut des Art. 5 Abs. 2 UAbs. 1 Rom I-VO differenziert nicht danach. Das zentrale Moment der Verbraucherdefinition aus Art. 6 Abs. 1 Rom I-VO, dass die Gegenpartei zu privaten Zwecken, zumindest zu nicht beruflichen Zwecken gehandelt haben müsste, greift er nicht auf[6].

Wer vertragliche Gegenpartei des Beförderers ist, ist eine Frage aus dem Be- 2630
reich Zustandekommen des Vertrages und bestimmt sich gem. dem bootstrap principle des Art. 10 Abs. 1 Rom I-VO nach dem Vertragsstatut: Ob eine be-

---

1 *Mankowski*, TranspR 2008, 339 (348).
2 S. *Reuschle*, Montrealer Übereinkommen (2005), Art. 33 MÜ Rz. 29.
3 *Mankowski*, TranspR 2008, 339 (348).
4 *Mankowski*, TranspR 2008, 339 (348).
5 *Mankowski*, TranspR 2008, 339 (348).
6 *Mankowski*, TranspR 2008, 339 (348).

stimmte Person Vertragspartei ist, beurteilt sich nach dem Recht, das anwendbar wäre, wenn jene Person Vertragspartei wäre. Insbesondere erfasst dies, in wessen Namen der Vertrag geschlossen wurde. Bei einem angestellten aktuell Reisenden auf beruflich bedingter Reise wird es sich im Zweifel um ein unternehmensbezogenes Geschäft im Namen des anstellenden Unternehmens handeln. Entscheidend ist allein, in wessen Namen nach außen gehandelt wird. Ob bei einem Abschluss nach außen im Namen des aktuell Reisenden intern Kosten erstattet werden, ist dagegen unerheblich. Der Beförderer hat keinen Einblick in solche Interna wie **Kostenerstattung**; er darf und muss sich an das halten, was im Außenverhältnis zu ihm geschieht.

2631 Reisen aktuell mehrere Personen, zB ein Ehepaar, ein Paar, eine mehrköpfige **Familie** oder eine **Gruppe**, ist ebenfalls nach Maßgabe des jeweils über Art. 10 Abs. 1 Rom I-VO maßgeblichen Rechts zu ermitteln, wer Vertragspartei ist. Dabei dürften sich in der Regel zwei Konstellationen ergeben: Entweder schließt jeder aktuell Reisende mit dem Beförderer einen eigenen, rechtlich für sich stehenden Vertrag ab. Oder eine Person aus der Personenmehrheit ist alleinige vertragliche Gegenpartei des Beförderers, und die anderen Personen sind auf dessen Ticket und unter dessen Vertrag Mitreisende, die nicht Vertragspartei werden. Sie mögen dann begünstigte Dritte mit eigenem Beförderungsanspruch sein, oder nur die alleinige Vertragspartei hat einen Anspruch gegen den Beförderer, dass sie mitzubefördern sind.

2632 Nur in seltenen Ausnahmekonstellationen wird bei einer **Gruppenreise** die Personenmehrheit als solche Vertragspartei sein. Dann ist zu fragen, inwieweit die Personenmehrheit als Gesellschaft, gegebenenfalls als ad hoc-Gesellschaft, oder als gesellschaftsähnliches Gebilde organisiert ist. Indes lässt sich auch dies nicht selten vergleichsweise leicht beantworten: Reist ein Kegelklub oder sonstiger **Verein** als solcher und wird im Namen des rechtsfähigen Vereins abgeschlossen, so ist der Verein Vertragspartei, sofern er rechtsfähig ist. Die Frage, ob ein Gebilde rechtsfähig ist, ist eine gesondert über Art. 7 EGBGB anzuknüpfende Teilfrage. Bei einem nicht rechtsfähigen Verein werden im Zweifel einzelne Beförderungsverträge mit den einzelnen reisenden Mitgliedern abgeschlossen. Dies wird zB auch bei einer Reisegruppe der Fall sein, die von einer Pfarrgemeinde organisiert wird etwa für eine Pilger- oder Bildungsreise nach Rom oder Betlehem).

c) Gewöhnlicher Aufenthalt des Reisenden

2633 Wo der Reisende seinen gewöhnlichen Aufenthalt hat, beurteilt sich nach Art. 19 Rom I-VO. Bei Privatreisenden ist dies deren faktischer, natürlicher gewöhnlicher Aufenthalt. Ist „Reisender", also Vertragspartei ein Unternehmen oder eine Institution, so gibt Art. 19 Abs. 1 UAbs. 1 Rom I-VO maß.

d) Vertragliche Bestimmung des Beförderers

2634 Beförderer ist bei Personenbeförderungsverträgen der **vertragliche Beförderer**, nicht der ausführende Beförderer. Es gilt das Prinzip des contractual carrier, nicht dasjenige des actual carrier. Der **ausführende Beförderer** ist im Verhältnis zum Reisenden bloßer Erfüllungsgehilfe des vertraglichen Beförderers, keine Vertragspartei[1]. Hat der Reisende bei Lufthansa einen Flug von München nach Verona gebucht und wird dieser „operated by Air Dolomiti", so ist Air Dolomiti kein Vertragspartner des Reisenden; Vertragspartner und Beförderer ist dann allein Lufthansa. Die Person des ausführenden Beförderers kann im Übrigen auch eine reine Inlandsbeförderung mit einem im Inland ansässigen vertraglichen Beförderer nicht zu einer Beförderung mit Auslandsbezug machen. Sofern also ein Inlandsflug ausgeführt wird von einem im Ausland ansässigen Unterbeförderer, bleibt es zwischen Reisendem und vertraglichem Beförderer bei einem Inlandsvertrag, für den in der Regel bei der Rechtswahl Art. 3 Abs. 3 Rom I-VO zu beachten ist.

e) Ausgangsort

Ausgangsort ist der vertragliche Ausgangsort der vereinbarten Beförderung. Abzustellen ist auf den Vertrag, nicht auf die tatsächliche Ausführung als solche. Allerdings wird man in aller Regel eine vertragliche Abänderung für den Ausgangsort sehen können, wenn die Reise einvernehmlich an einem anderen Ort begonnen wird als zuvor vereinbart. Änderungsabreden haben natürlich Einfluss darauf, wo nach dem Vertrag die Reise beginnen soll. 2635

f) Bestimmungsort

Bestimmungsort ist der vertraglich vereinbarte Schlusspunkt der Beförderung. Dies entspricht dem Modell sowohl bei Güterbeförderungsverträgen als auch unter den Übereinkommen für die einzelnen Transportarten. Gemeint ist der finale Schluss- und Endpunkt der gesamten Beförderung[2]. Zwischenstopps zählen hier nicht. Es gibt keine „Zwischenbestimmungsorte", die für Art. 5 Abs. 2 UAbs. 1 Rom I-VO relevant wären. Auch insoweit gilt das Gleiche wie unter dem Regime zB des MÜ. 2636

Der Bestimmungsort kann bei einer **Rundreise** (round trip) identisch sein mit dem Ausgangsort. Allerdings muss dann die Reise als Gesamtheit von Beförderungsleistungen vereinbart sein. Sofern mehrere einzelne Verträge über die einzelnen Strecken, insbesondere aber über die Hinbeförderung einerseits und die Rückbeförderung andererseits, geschlossen sind, ist der Bestimmungsort unter jedem dieser Verträge gesondert zu bestimmen. 2637

3. Auffangregel nach Art. 5 Abs. 2 UAbs. 1 S. 2 Rom I-VO: Recht des Beförderers

Wenn die Kombination nicht gegeben ist, wenn also das geforderte grouping of contacts nicht vorliegt, greift die Auffangregel des Art. 5 Abs. 2 UAbs. 1 S. 2 2638

---

[1] Ähnlich *Contaldi*, in: Boschiero, S. 359 (376). Übersehen von LG Frankfurt a.M. 16.12.2005, NJW-RR 2006, 704.
[2] *Lagarde/Tenenbaum*, Rev.crit.d.i.p. 97 (2008), 727 (764).

Rom I-VO. Mit ihm vollzieht sich ein gedanklicher Schwenk, denn er geht weg vom Passagier als der zentralen Anknüpfungsperson und wechselt über zum Beförderer[1]. Anzuknüpfen ist zentral an den gewöhnlichen Aufenthalt des Beförderers. Vom Verbraucherschutz schwenkt man hin zum Marketer. Der erste Satz folgt einem verbraucherschützenden Grundgedanken, der zweite schwenkt um auf das nicht verbraucherfreundliche Prinzip der charakteristischen Leistung. Erwägungsgrund 32 S. 1 Rom I-VO bleibt ein bloßer Programmsatz. Mit einer dem Unternehmer günstigen Anknüpfungsregel etabliert man kein angemessenes Schutzniveau für Passagiere auf der Ebene des IPR[2].

2639 Der Anwendungsbereich der Auffangregel ist bei Privatreisenden allerdings eher klein: Der private Reisende reist normalerweise aus dem Land ab, in dem er lebt, oder er reist zurück in das Land, in dem er lebt[3]. Diese beiden typischen Konstellationen deckt die Grundanknüpfung des Art. 5 Abs. 2 UAbs. 1 S. 1 Rom I-VO ab. In ihnen fällt entweder der Ausgangs- oder der Endpunkt der Reise mit dem gewöhnlichen Aufenthalt des privaten Reisenden zusammen. Für die Auffangregel bleiben damit nur Fälle, in denen der Reisende zwischen Ländern reist, in denen er nicht lebt. Zudem fallen Pauschalreisen wegen Art. 6 Abs. 4 lit. b Var. 2 Rom I-VO in den sachlichen Anwendungsbereich des Internationalen Verbrauchervertragsrechts. Indes bleiben immer noch Fälle, in denen außerhalb einer Pauschalreise die reine Beförderung zwischen zwei – aus der Sicht des Privatreisenden – ausländischen Staaten stattfindet[4].

4. Rechtswahlregel für Personenbeförderungsverträge in Art. 5 Abs. 2 UAbs. 2 Rom I-VO

a) Beschränkte Rechtswahl

2640 Eine erhebliche Neuerung ist die beschränkte Rechtswahl nach Art. 5 Abs. 2 UAbs. 2 Rom I-VO. Eine Rechtswahl ist zwar bei Personenbeförderungsverträgen im Prinzip noch gestattet. Es soll jedoch keine freie Rechtswahl mehr sein. Vielmehr soll es sich um eine beschränkte Rechtswahl handeln. Den Parteien wird nicht erlaubt, frei unter allen Rechtsordnungen dieser Erde auszuwählen. Vielmehr wird der Kreis der wählbaren Rechtsordnungen auf eine Auswahl beschränkt, die objektive Verbindungen mit dem Vertrag oder den Parteien aufweisen. Art. 5 Abs. 2 UAbs. 2 Rom I-VO realisiert das seltene Modell einer beschränkten Rechtswahl.

b) Kreis der wählbaren Rechtsordnungen

2641 Art. 5 Abs. 2 UAbs. 2 Rom I-VO stellt zur Wahl: das Recht am gewöhnlichen Aufenthalt der zu befördernden Person (lit. a), das Recht am gewöhnlichen

---

1 Kritische Auseinandersetzung bei *Mankowski*, TranspR 2008, 339 (348 f.).
2 Ebenso *Legros*, Rev. dr. transp. Février 2009, 12 (16) sowie *Contaldi*, in: Boschiero, S. 359 (378).
3 *Mankowski*, TranspR 2008, 339 (349); *Lagarde/Tenenbaum*, Rev.crit.d.i.p. 97 (2008), 727 (764).
4 *Mankowski*, TranspR 2008, 339 (349).

Aufenthalt des Beförderers (lit. b), das Recht an der Hauptverwaltung des Beförderers (lit. c), das Recht des Abgangsortes (lit. d) und das Recht des Bestimmungsortes (lit. e). Bei der zweiten Option (lit. b) wurde lange darüber nachgedacht, den gewöhnlichen Aufenthalt durch Hauptverwaltung oder Hauptniederlassung des Beförderers zu ersetzen oder vielleicht sogar zu ergänzen (als lit. b1 bezeichnet). Das Europäische Parlament nahm letzteres als neuen lit. c auf, so dass sich die nachfolgenden Buchstaben in der Bezeichnung um einen Buchstaben nach hinten verschoben. Allerdings war die Erweiterung nicht groß, denn als gewöhnlicher Aufenthalt gilt bei Gesellschaften nach Art. 19 Abs. 1 UAbs. 1 Rom I-VO sowieso im Grundansatz die Hauptverwaltung[1]. Der Unterschied ergibt sich nur aus Art. 19 Abs. 2 Rom I-VO, demzufolge die jeweils vertragsbetreuende Niederlassung zum gewöhnlichen Aufenthalt avanciert.

Für die Personenbeförderungsindustrie sind die zweite und die dritte Option (lit. b und c) von überragender Bedeutung. Denn nach ihnen kann der Beförderer sein eigenes Recht wählen lassen[2]. Der Beförderer kann sich sein rechtliches „Heimspiel" erkontrahieren. Auf diesem Wege kann er Rationalisierung durch Vereinbarung immer desselben, ihm und seinem Rechtsstab vertrauten Rechts erzielen. Eine Änderung der bisher gebräuchlichen AGB ist nicht veranlasst. Vielmehr lassen sich die Rechtswahlklauseln „Es gilt das Recht am Sitz des Beförderers" fortführen[3]. 2642

Eine Rechtswahlklausel zu Gunsten des Beförderrechts muss sich **keiner Inhaltskontrolle**, sei es nach dem gewählten Recht, sei es nach dem ohne Rechtswahl anwendbaren Recht, sei es nach dem Sachrecht der lex fori (in Deutschland wäre dies § 307 BGB), stellen. Denn für eine Inhaltskontrolle von Rechtswahlklauseln ist nicht das Sachrecht, sondern das IPR zuständig. Das IPR entscheidet, in welchem Umfang es die Rechtswahl zulässt. Das ist seine spezifische Art von Inhaltskontrolle. Lässt das IPR nur eine beschränkte Rechtswahl zu, so heißt dies zugleich, dass die Wahl eines erlaubten Rechts zulässig ist. Das IPR hat dann durch seine Vorauswahl abgesegnet, dass jede zur Auswahl gestellte Rechtsordnung eine hinreichende enge Verbindung zum Vertrag hat und in räumlicher Hinsicht nicht unfair oder überraschend ist. Das IPR hat zugleich abgewogen, was es einer eventuell schwächeren Partei zuzumuten erlaubt. Ein Günstigkeitsvergleich nach Art des Art. 6 Abs. 2 Rom I-VO findet nicht statt[4]. 2643

Die zur Wahl gestellten Optionen bezeichnen zum einen die Rechtsordnungen, mit denen die einzelnen Parteien am engsten verbunden sind, und zum 2644

---

1 Ähnlich *d'Avout*, Rev. Lamy Dr. aff. N° 29, juillet/août 2008, 69 (70).
2 *Mankowski*, TranspR 2008, 339 (350); *Nielsen*, in: Ferrari/Leible (Hrsg.), S. 99 (107) sowie *Contaldi*, in: Boschiero, S. 359 (363–366).
3 *Mankowski*, IHR 2008, 133 (140); *Mankowski*, TranspR 2008, 339 (350); *R. Wagner*, TranspR 2008, 221 (222 f.).
4 *Contaldi*, in: Boschiero, S. 359 (366); *Nielsen*, in: Ferrari/Leible (Hrsg.), S. 99 (107).

anderen mit Ausgangs- und Bestimmungsort Rechtsordnungen, mit denen der Transport als solcher eng verbunden ist[1].

c) Internationalität

2645 Dem Anwendungsbereich des Art. 3 Abs. 3 Rom I-VO sind Personenbeförderungsverträge bereits dann entzogen, wenn während der Beförderung ein zweites Land berührt wird[2]. Einer Beförderung aus dem Aufenthaltsstaat des Verbrauchers in ein anderes Land liegt ebenso ein internationaler Vertrag zugrunde wie einer Beförderung aus dem Ausland in jenen Aufenthaltsstaat und sogar einer Beförderung zwischen zwei Punkten in jenem Aufenthaltsstaat über das Territorium eines zweiten Staates.

5. Haftung bloßer ausführender Beförderer

2646 Bloße ausführende Beförderer sind Erfüllungsgehilfen des Beförderers und dem Passagier nicht vertraglich verbunden[3]. Sie haften dem Passagier nicht aus Vertrag, sondern nur aus Gesetz. Ihre Haftung kann sich, namentlich bei Luftbeförderung, aus den Bestimmungen eines internationalen Übereinkommens ergeben. Ansonsten haften sie aus Delikt. Ob ein im Prinzip anwendbares transportrechtliches Übereinkommen Sperrwirkung entfaltet und neben sich keine ergänzenden Ansprüche auf der Grundlage nationalen Rechts zulässt, auch wenn unter ihm konkret keine Haftung besteht, ist durch Auslegung des betreffenden Übereinkommens zu ermitteln[4].

2647–2660 Frei.

III. Ausweichklausel des Art. 5 Abs. 3 Rom I-VO

1. Grundsätzliches

2661 Art. 5 Abs. 3 Rom I-VO enthält eine **Ausweichklausel** speziell für Transportverträge, die inhaltlich Art. 4 Abs. 3 Rom I-VO entspricht und ebenfalls verlangt, dass die engere Verbindung zu einem anderen Staat *offensichtlich* enger sein müsse. Das „offensichtlich" ist der Versuch, die Schwelle zu erhöhen. Um von der Regel abzuweichen, braucht es ein deutliches Überwiegen der gegenläufigen Momente. „Offensichtlich", manifest, evident muss jenes Überwiegen sein. Konkretes Vorbild war Art. 4 Abs. 3 Rom II-VO[5]. Eine Alternative

---

1 *Azzi*, D. 2008, 2169 (2172); *Mankowski*, TranspR 2008, 339 (350).
2 Skeptisch insoweit *D. Rabe*, Vor § 664 HGB Rz. 33.
3 Übersehen von LG Frankfurt a.M. 16.12.2005, NJW-RR 2006, 704.
4 S. zum WA, insbes. dessen Art. 17, zB OLG Hamm ZLW 2002, 111; LG Frankfurt a.M. 16.12.2005, NJW-RR 2006, 704; AG Hannover 13.5.2002, RRa 2003, 181 Anm. *Schmid*; *Müller-Rostin*, NZV 2002, 182; *Schmid/Müller-Rostin*, ZLW 2004, 395.
5 *Lando/P.A. Nielsen*, UfR 2008 B 234 (238 f.); *Mankowski*, IHR 2008, 133 (137).

wäre „wesentlich" gewesen[1]. Die schon zuvor unter Art. 4 Abs. 5 EVÜ gewichtige restriktive Auffassung[2] wird kodifiziert. Es wird schwerer, von der jeweiligen Vermutung abzuweichen, denn jetzt macht schon der Wortlaut deutlich, dass ein hohes Maß an Überwiegen abweichender Umstände vorliegen muss[3]. Die inhaltliche Wiederholung des Art. 4 Abs. 3 Rom I-VO ist unschädlich und angesichts der jetzigen systematischen Struktur sinnvoll. Ihr Fehlen würde nämlich einen – seinerseits fehlgehenden – Umkehrschluss zu begründen, dass es sich bei Art. 5 Rom I-VO um eine strikte und unbeugsame Regel handelte[4].

Art. 5 Abs. 3 Rom I-VO gilt für Güterbeförderungs- wie Personenbeförderungsverträge gleichermaßen. Bei Güterbeförderungsverträgen liefert Art. 5 Abs. 1 Rom I-VO die Grundlage, gegen die abzuwägen ist, bei Personenbeförderungsverträgen Art. 5 Abs. 2 UAbs. 1 Rom I-VO. Ein Gericht muss deutlich machen, dass es die Notwendigkeit einer Abwägung gesehen und in deren Rahmen die Regelanknüpfung angemessen berücksichtigt hat[5]. Richtigerweise bezieht sich Art. 5 Abs. 3 Rom I-VO nicht auf eine beschränkte Rechtswahl nach Art. 5 Abs. 2 UAbs. 2 Rom I-VO[6]; vielmehr geht dann die Rechtswahl vor, weil man gar nicht zu einer objektiven Anknüpfung gelangt. 2662

2. Handhabung

Eine *noch* engere Verbindung zu einem anderen Staat kann sich also über Art. 5 Abs. 3 Rom I-VO durchsetzen[7]. Dies ist jedoch angesichts der dort verlangten starken Verbindung bei Art. 5 Abs. 1 S. 1 oder Abs. 2 UAbs. S. 1 Rom I-VO nur in ganz seltenen Ausnahmefällen denkbar[8]. Bedeutsamer kann die Ausnahmeklausel gegenüber den subsidiären Anknüpfungen an den Bestimmungsort unter Art. 5 Abs. 1 S. 2 Rom I-VO bzw. an die vertragsbetreuende Niederlassung des Beförderers unter Art. 5 Abs. 2 UAbs. 1 S. 2 Rom I-VO werden. Beide enthalten keine Kombinationen von Anknüpfungspunkten für die Regelanknüpfung und haben deshalb geringeres Eigengewicht als die primären Anknüpfungen. 2663

---

1 *Magnus/Mankowski*, ZvglRW 103 (2004), 131 (160).
2 Hoge Raad 25.9.1992, Ned. Jur. 1992 Nr. 750, S. 3263 nr. 3.8; *Samcrete Egypt Engineers and Contractors SAE* v. *Land Rover Exports Ltd.* [2002] CLC 533 [45] (C.A.); *Ennstone Building Products Ltd.* v. *Stanger Ltd.* [2002] 2 All ER (Comm) 479, 489 [41] f. (C.A., per *Keene* L.J.) sowie BGH 25.2.1999, NJW 1999, 2442 (2443); OLG Brandenburg 25.5.2000, IPRspr. 2000 Nr. 23A, S. 58.
3 *Mankowski*, IHR 2008, 133 (137).
4 *Mankowski*, TranspR 2008, 339 (351).
5 Cass. com. 19.12.2006, Rev.crit.d.i.p. 96 (2007), 592 (594) m. Anm. *Lagarde*.
6 Dies missversteht *d'Avout*, Rev. Lamy Dr. aff. N° 29, juillet/août 2008, 69 (70 f.).
7 Vgl. die Vorlage Hoge Raad 28.3.2008, Ned. Jur. 2008 Nr. 191 = NIPR 2008 Nr. 93, S. 154 nr. 5 sub e sowie A-G *Strikwerda*, Ned. Jur. 2008 Nr. 191 = NIPR 2008 Nr. 93, S. 155, 157 nrs. 37–40.
8 *Mankowski*, TranspR 1993, 213 (224); *Mankowski*, S. 66. Rb. Rotterdam 13.3.1997, NIPR 1999 Nr. 252 S. 328 nr. 8.5 beließ es bei Art. 4 Abs. 4 S. 2 EVÜ für einen Vertrag zwischen niederländ. Parteien über einen Straßentransport von Moskau nach St. Petersburg (also der reinen Transportstrecke nach einen innerrussischen Vertrag).

2664 Andere **Faktoren in der Abwägung** sind[1]: Sitz oder abwickelnde Niederlassung des Befrachters (Absenders); Sitz oder abwickelnde Niederlassung eines personenverschiedenen Empfängers[2] oder von Hilfspersonen[3]; Nationalität oder Registrierungsstaat des Transportmittels[4]; Abschlussort des Vertrages; Vertragswährung für die Fracht[5]. Bloße Transitländer haben jedenfalls geringeres Gewicht.

2665 Der Ausgangsort hat, isoliert betrachtet, nicht das Gewicht eines primären Anknüpfungspunktes, der letztendlich den Ausschlag gäbe[6]. Auch ein Zusammenfallen mit der Hauptniederlassung des Befrachters dürfte sein Gewicht nicht so verstärken, dass man eine engere Verbindung anzunehmen hätte[7].

2666 Führt ein ausländisches Unternehmen einen Transport innerhalb Deutschlands unter einem in Deutschland abgeschlossenen Vertrag für einen in Deutschland ansässigen Kunden durch, so kommt richtigerweise deutsches Recht über Art. 5 Abs. 3 Rom I-VO zur Anwendung[8]; dabei spielt es keine Rolle, ob dem Kunden bekannt war, dass es sich um ein ausländisches Unternehmen handelte[9].

2667 In dieselbe Richtung wie die jeweilige Grundanknüpfung weisende Momente verstärken das Gewicht auf der betreffenden Waagschale. Weisen andere Momente, die zwar in ihrer Gesamtheit stärker wären als das Moment der Regelanknüpfung, in verschiedene Richtungen und schwächen sich damit wechselseitig, so ist die Regelvermutung im Zweifel nicht widerlegt. Bei der Abwägung für Personenbeförderungsverträge können der Vertragsschlussort und die Ansässigkeit eventueller Vermittler (in fremdem Namen abschließender Reisebüros) eine besondere Rolle spielen.

2668–2670 Frei.

---

1 Hof Leeuwaarden 2.12.1981, Ned. Jur. 1983 Nr. 564, S. 1791 f. Anm. *Schultsz*; *Mankowski*, TranspR 1993, 213 (226); *Mankowski*, S. 71.
2 *Basedow*, ZHR 156 (1992), 413 (433).
3 Vgl. BGH 2.12.1991, TranspR 1992, 103 (104).
4 Vgl. BGH 2.12.1991, TranspR 1992, 103 (104); *Kadletz*, ZLW 1998, 480; altrechtlich *Frese*, Fragen des IPR der Luftfahrt (Diss. Köln 1940), S. 31.
5 Vgl. OLG Hamburg 26.3.1987 (Südwind), TranspR 1987, 285 (286).
6 Entgegen Rb. Rotterdam 26.8.1999, NIPR 2000 Nr. 27 S. 88 = S & S 2000 Nr. 12 S. 50, jeweils nr. 5.2; Rb. Rotterdam 23.3.2000, NIPR 2000 Nr. 123 S. 198 nr. 4.2 sowie Rb. Rotterdam 10.6.1999, NIPR 2000 Nr. 196, S. 328 nr. 4.4. Dies dürfte eine Fortschreibung der Anknüpfung an den Ausgangshafen im alten niederländ. IPR sein; s. dort zB Hoge Raad 19.2.1971, Ned. Jur. 1971 Nr. 299 zust. Anm. *Lemaire*.
7 S. aber Rb. Rotterdam 20.6.1996, S & S 1997 Nr. 75, S. 270 nr. 4.4.
8 Insoweit zutreffend OLG Düsseldorf 21.4.1994, TranspR 1995, 350 (351) = VersR 1996, 1040 = IPRspr. 1995 Nr. 46.
9 Insoweit entgegen OLG Düsseldorf 21.4.1994, TranspR 1995, 350 (351) = VersR 1996, 1040 = IPRspr. 1995 Nr. 46.

IV. Internationales Verbrauchervertragsrecht

1. Nichtanwendbarkeit bei reinen Beförderungsverträgen

Das Internationale Verbrauchervertragsrecht gilt nach Art. 6 Abs. 4 lit. a Rom I-VO sachlich nicht für Beförderungsverträge. Dies schließt Personenbeförderungsverträge ein. Die Ausnahme vermag rechtspolitisch nicht zu überzeugen[1]. Begründet wird sie damit, dass sich die besonderen Schutzvorschriften nicht zur Regelung von Beförderungsverträgen eigneten[2]. Diese Begründung ist zu schlank, aussagelos und unbefriedigend[3]. Ebenso wenig vermag ein Begründungsansatz über den Massengeschäftscharakter von Personenbeförderungen zu überzeugen[4]. Verbrauchergeschäft ist regelmäßig Massengeschäft. Dann dürfte es überhaupt kein Internationales Verbrauchervertragsrecht geben[5]. Ebenso wenig vermag der Hinweis auf die weitgehende Überlagerung durch Internationales Einheitsrecht[6] zu überzeugen. Indes schlägt ein solcher Vorrang über Art. 25 Rom I-VO gegenüber Art. 3; 5 Rom I-VO gleichermaßen durch und kann daher kein Argument gegen eine Anwendung des Art. 6 Rom I-VO sein[7]. Noch die relativ beste Erklärung dürfte in einer zu unterstellenden Transnationalität des Marktes für grenzüberschreitende Beförderungen liegen[8].

2671

2. Rückausnahme für Pauschalreisen

Eine Rückausnahme, die zur sachlichen Anwendbarkeit des Internationalen Verbrauchervertragsrechts führt, enthält Art. 6 Abs. 4 lit. b aE Rom I-VO für sog. Pauschalreisen. Rechtstatsächlich haben Pauschalreisen nationale Zielmärkte für den Vertragsabschluss[9]. Zudem operieren bei ihnen spezialisierte

2672

---

1 Näher *Mankowski*, S. 393 f.; *Mankowski*, ZvglRW 105 (2006), 120 (124 f.); *Mankowski*, IPRax 2006, 101 (105); *Mankowski*, in: Cashin Ritaine/Bonomi (Hrsg.), S. 121 (153–155); *A. Staudinger*, RRa 2008, 98 (110 f.).
2 Bericht *Giuliano/Lagarde*, ABl. EG 1980 Nr. C 282 Art. 5 EVÜ Bem. (5).
3 *Ferid*, Internationales Privatrecht, 3. Aufl. (1986), Rz. 6–30; *G. Ott*, Die Luftfrachtbeförderung im nationalen und internationalen Bereich (1990), S. 20; *Morse*, (1992) 41 ICLQ 1, 5; *Mankowski*, S. 393 mwN.
4 Dafür aber *Ferid*, Rz. 6–30.114; *G. Ott*, Die Luftfrachtbeförderung im nationalen und internationalen Bereich (1990), S. 20; *H. Mohrbutter/C. Mohrbutter*, ZAP Fach 2, S. 59, 71 (Sept. 1990); *Kaye*, The New Private International Law of Contract of the European Community (Aldershot usw. 1993), S. 138; *B. Böhm*, Verbraucherschutz im Internationalen Privatrecht (Diss. Bayreuth 1993), S. 156; *Martiny*, in: MünchKomm, Art. 29 EGBGB Rz. 20.
5 *Mankowski*, S. 394.
6 *Hartley*, in: North (Hrsg.), Contract Conflicts (Amsterdam/New York/Oxford 1982), S. 111 (129); *Ferid*, Rz. 6–30.13; *Salvadori*, in: Salvadori/Frigo (Hrsg.), La Convenzione di Roma sul legge applicabile ai contratti internazionali (Milano 1993), S. 43 (56); *B. Böhm*, Verbraucherschutz im Internationalen Privatrecht (Diss. Bayreuth 1992), S. 156; *Martiny*, in: MünchKomm, Art. 29 EGBGB Rz. 20.
7 *Mankowski*, S. 395.
8 *Mankowski*, S. 395.
9 *Mankowski*, S. 398–400; *Mankowski*, in: Cashin Ritaine/Bonomi (Hrsg.), Le nouveau règlement européen „Rome I" relatif à la loi applicable aux obligations contractuelles (Zürich 2008), S. 121 (155).

Anbieter, keine Beförderungsunternehmen[1]. Maßgeblich für den Begriff der Pauschalreise sind kraft ausdrücklicher Verweisung in Art. 6 Abs. 4 lit. b aE Rom I-VO jetzt die Maßstäbe der PauschalreiseRL[2]. Nur die sachlichen Maßstäbe werden importiert; dagegen ist nicht notwendig, dass die PauschalreiseRL oder eine ihrer nationalen Umsetzungen wirklich im eigentlichen Sinn anwendbar wäre[3].

a) Pauschalreise

2673 Eine **Pauschalreise** ist nach Art. 2 Nr. 1 UAbs. 1 PauschalreiseRL eine im Voraus festgelegte Verbindung von mindestens zwei Dienstleistungen, die zu einem Gesamtpreis verkauft oder zum Verkauf angeboten wird, wenn die Leistung länger als 24 Stunden dauert oder eine Übernachtung einschließt. Den Kreis relevanter Dienstleistungen konstituieren Beförderung (lit. a), Unterbringung (lit. b) oder sonstige touristische Dienstleistungen, die keine bloßen Nebenleistungen von Beförderung oder Unterbringung sind oder – selbst als Nebenleistungen – einen beträchtlichen Teil der Gesamtleistung ausmachen (lit. c). Zu den sonstigen touristischen Leistungen des lit. c zählen etwa: Sportkurse, Hobbykurse, Sprachkurse, Ausflüge, Mietwagengestellung, Gestellung eines Segelboots[4]. Die einzelnen Leistungen je getrennt zu berechnen, ist eine Umgehungsgestaltung, die Art. 2 Nr. 1 UAbs. 2 PauschalreiseRL trotzdem zur Pauschalreise erhebt.

2674 Eine Pauschalreise setzt also funktionell im Kern eine Kombination von Beförderungs- und Unterbringungsleistungen voraus, die jeweils funktionellen Eigenwert haben müssen[5]. Es müssen mehrere Elemente vorliegen, die sich prinzipiell auch voneinander trennen lassen könnten. Verbindendes Band ist die einheitliche Zahlungspflicht des Kunden für den Gesamtpreis des Leistungspakets. Es kommt nicht darauf an, dass die Einzelleistungen in der Rechnung aufgeschlüsselt und mit Einzelpreisen versehen sind[6]. Der funktionelle Eigenwert bemisst sich nicht nach dem gebotenen Luxus[7]. Entscheidend ist, dass Beförderung und Unterbringung sowie Unterhaltung und sonstiges Programm

---

1 *Mankowski*, in: Cashin Ritaine/Bonomi (Hrsg.), Le nouveau règlement européen „Rome I" relatif à la loi applicable aux obligations contractuelles (Zürich 2008), S. 121 (155).
2 Richtlinie 90/314/EWG des Rates vom 13.6.1990 über Pauschalreisen, ABl. EG 1990 Nr. L 158, S. 59.
3 *Mankowski*, in: Cashin Ritaine/Bonomi (Hrsg.), Le nouveau règlement européen „Rome I" relatif à la loi applicable aux obligations contractuelles (Zürich 2008), S. 121 (155).
4 S. nur Grabitz/Hilf/*Tonner*, in: Das Recht der EU (Loseibl. 1993 ff.), A 12 Art. 2 RL 90/314/EWG Rz. 6 (Mai 1999).
5 *Mankowski*, S. 401; *Magnus*, in: Staudinger, Art. 28 EGBGB Rz. 368 sowie *C. Hasche*, Grenzfragen zwischen See- und Reiserecht (1990), S. 5; *Kaye*, The New Private International Law of Contract of the European Community (1993) S. 207.
6 *C. Hasche*, Grenzfragen zwischen See- und Reiserecht (1990), S. 6; *Mankowski* S. 401.
7 *C. Hasche*, Grenzfragen zwischen See- und Reiserecht (1990), S. 6; *Mankowski* S. 401.

sich insgesamt zu einer Vergnügungsreise, einer pleasure tour, zusammenfinden. Eine Anknüpfung als Beförderung wäre unangemessen und von den Anknüpfungspunkten her unpassend[1].

Keinen funktionellen Eigenwert haben Aufenthaltsräume auf Fähren oder Butterschiffen sowie Kabinen auf Fährfahrten (zB Travemünde-Trelleborg) über Nacht. Sie sind bloße Nebenleistungen zur Beförderungsleistung[2]. Fährfahrten unterfallen Art. 5 Abs. 2 Rom I-VO[3]. Typisches Beispiel für pleasure tours und Pauschalreisen sind dagegen **Kreuzfahrten**[4]. In Betracht kommen ausnahmsweise auch auf Fährschiffen unternommene längere Fahrten, bei denen der Zweck nicht in der Beförderung zu einem bestimmten Ort, sondern in dem Aufenthalt an Bord selbst samt Unterbringung liegt; dies mag sich etwa darin indiziell zeigen, dass die Rückfahrt zum Ausgangsort unmittelbar an die Hinreise anschließt[5]. Gleiches gilt etwa für Nostalgiefahrten mit dem Orientexpress, bei denen das Ziel der Hinreise eigentlich gleichgültig ist. 2675

Butterfahrten erfüllen ebenfalls keinen eigentlichen Beförderungszweck, sondern stellen andere Elemente in den Vordergrund. Die Unterbringung in Aufenthaltsräumen oÄ mag zwar Nebenleistung sein, Unterhaltungsprogramm und Veranstaltungen an Bord haben aber jedenfalls funktionellen Eigenwert, denn wesentlich ihretwegen wird die Fahrt unternommen[6]. Eine Butterfahrt ist dann international, wenn der Anbieter in einem anderen Staat sitzt als die Teilnehmer oder wenn sie die Gewässer zweier Staaten berührt. Kommen Anbieter und Teilnehmer aus demselben Staat und erfolgt die Fahrt nur aus den Gewässern dieses Staates auf die Hohe See, so ist der Vertrag richtigerweise als reiner Inlandsvertrag zu behandeln. 2676

Für die Antwort auf die Frage, ob ein Vertrag eine Pauschalreise, eine pleasure tour, beinhaltet, lässt sich ein Katalog von Hilfsfragen entwickeln. Solche Hilfsfragen sind etwa[7]: 2677

– Wie wichtig ist das konkrete Reiseziel? Könnte die Reise genauso gut zu einem anderen Ort führen, und hätte der Passagier sie dann ebenso gebucht? Je wichtiger der Zielort ist, desto gewichtiger wird auch die Leistung des Transports zu genau diesem Zielort.

---

1 *Tonolo*, Riv.dir.int.priv.proc. 2009, 309 (323).
2 *C. Hasche*, Grenzfragen zwischen See- und Reiserecht (1990), S. 5; *Mankowski*, S. 401 f.; *von Hoffmann*, in: Soergel, Art. 28 EGBGB Rz. 461; *Magnus*, in: Staudinger, Art. 28 EGBGB Rz. 368.
3 S. nur *Flessner*, Reform des Internationalen Privatrechts: Was bringt sie dem Seehandelsrecht? (1987), S. 11; *Basedow*, IPRax 1987, 333 (341); *C. Hasche*, Grenzfragen zwischen See- und Reiserecht (1990), S. 5; *Mankowski*, S. 401 f.; *von Hoffmann*, in: Soergel, Art. 28 EGBGB Rz. 461; *D. Rabe*, vor § 664 HGB Rz. 34; *Magnus*, in: Staudinger, Art. 28 EGBGB Rz. 368.
4 *Mankowski*, S. 402; *D. Rabe*, vor § 664 HGB Rz. 34; *Magnus*, in: Staudinger, Art. 28 EGBGB Rz. 368.
5 *Mankowski*, S. 402.
6 Zu undifferenziert insoweit *Mankowski*, S. 401 f.
7 *Mankowski*, S. 403.

- Hat bei abstrakt-objektiver Betrachtung der Aufenthalt in den berührten Orten nur die Bedeutung einer Besichtigung oder eines bloßen Zwischenstops? Dies kann auch für Zwischenziele zutreffen, deren Attraktivität die Attraktivität des Gesamtangebots mitbestimmt. Gerade für Kreuzfahrten sind attraktive Zwischenziele typisch. Dies gilt auch für die zunehmen aufkommenden Flusskreuzfahrten.

- Wird die Reise wesentlich auch wegen der Unterbringung, der Verpflegung oder des sonstigen Programms an Bord des Verkehrsmittels unternommen?

- Findet ein Betreuungs- oder Unterhaltungsprogramm von erheblichem Eigenwert statt?

b) Anwendung bei Buchung über Reisebüro

2678 Ein praktisch sehr wichtiger Fall ist bei einer Pauschalreise der Verrtragsabschluss über ein Reisebüro. Findet der Vertragsabschluss über ein Reisebüro im Aufenthaltsstaat des Verbrauchers statt, so ist dies ein Anwendungsfall des Art. 6 Abs. 1 lit. a wie lit. b Rom I-VO[1]. Wirbt ein russischer Reiseveranstalter in Deutschland und buchen in Deutschland lebende Kunden die Nordmeerkreuzfahrt über ein deutsches Reisebüro, so ist Art. 6 Rom I-VO daher situativ einschlägig[2].

2679–2690 Frei.

V. Zusammenfassung

2691 1. Bei Güterbeförderungsverträgen ist die freie Rechtswahl nach Art. 3 Abs. 1 Rom I-VO primäre Anknüpfung.

2. Güterbeförderungsverträge unterliegen bei Fehlen einer Rechtswahl zunächst der Anknüpfung nach Art. 5 Abs. 1 S. 1 Rom I-VO. Diese erfordert eine Kombination mehrerer Anknüpfungspunkte. Zu diesen muss die vertragsbetreuende Niederlassung des Befrachters zählen. Ansonsten sind der vertragliche Ausgangsort und der vertragliche Bestimmungsort der Beförderung und die vertragsbetreuende Niederlassung des Befrachters (nicht des Abladers) relevant.

3. Fehlt es an der Kombination, so wird nach Art. 5 Abs. 1 S. 2 Rom I-VO an den Bestimmungsort angeknüpft.

4. Reine Personenbeförderungsverträge unterfallen wegen der Ausnahme nach Art. 6 Abs. 4 lit. b Rom I-VO nicht dem Internationalen Verbrauchervertragsrecht. Vielmehr herrscht für sie die beschränkte Rechtswahlfreiheit nach Art. 5 Abs. 2 UAbs. 2 Rom I-VO. Diese wird gewöhnlich in den AGB der Beförderer zu Gunsten des Sitzrechts des Beförderers ausgeübt. Die ob-

---

1 LG Konstanz 24.8.1992, NJW-RR 1993, 638.
2 *Klatt/Wahl/Nöll*, Recht der Touristik (Loseblatt 1992 ff.), Kap. 6 Rz. 22 (Dez. 2001).

jektive Anknüpfung fragt gem. Art. 5 Abs. 2 UAbs. 1 S. 1 Rom I-VO zunächst, ob im Staat des gewöhnlichen Aufenthalts des Reisenden (des Vertragspartners des Beförderers) auch der Ausgangs- oder der Bestimmungsort der Beförderung oder die vertragsbetreuende Niederlassung des Beförderers liegen. Ist dies nicht der Fall, so gilt nach Art. 5 Abs. 2 UAbs. 1 S. 2 Rom I-VO das Recht am Ort der vertragsbetreuenden Niederlassung des Beförderers.

5. Für Güter- und Personenbeförderungsverträge gleichermaßen gilt bei objektiver Anknüpfung die Ausweichklausel des Art. 5 Abs. 3 Rom I-VO. Sie verhilft einer noch engeren Verbindung zu einem anderen Staat zum Durchbruch.

6. Pauschalreisen unterstehen nach der Rückausnahme des Art. 6 Abs. 4 lit. b aE Rom I-VO dem Internationalen Verbrauchervertragsrecht. Sie bestehen aus kombinierten Reise-, Unterbringungs- oder Programmleistungen, die jeweils unterscheidbaren Eigenwert haben. Ein typisches Beispiel für Pauschalreisen sind Kreuzfahrten. Den situativen Anforderungen des Art. 6 Abs. 1 Rom I-VO genügt insbesondere der Vertragsabschluss über ein Reisebüro im Aufenthaltsstaat des Verbrauchers. Die objektive Anknüpfung führt dann nach Art. 6 Abs. 3 Rom I-VO zum Recht am gewöhnlichen Aufenthalt des Verbrauchers, eine eventuelle Rechtswahl unterliegt den Einschränkungen aus Art. 6 Abs. 2 Rom I-VO.

Frei.   2692–2710

B. Einzelne Beförderungsverträge

	Rz.		Rz.
I. Straßengütertransport	2711	6. Zusammenfassung	2850
1. Übereinkommen über den Beförderungsvertrag im internationalen Straßenverkehr (CMR)	2711	**IV. Seefrachtverträge**	2871
		1. Allgemeines	2871
		2. Konnossement	2873
a) Internationaler Anwendungsbereich kraft Art. 1 CMR	2713	a) Ausnahmebereich des Art. 1 Abs. 2 lit. d Var. 3 Rom I-VO	2873
aa) Internationale Beförderung aus oder in Vertragsstaat	2713	aa) Qualifikation als Konnossement	2873
bb) Sachliche Ausnahmebereiche nach Art. 1 Abs. 4 CMR	2718	bb) Behandlung von Rektakonnossementen	2878
b) Verhältnis der CMR zum nationalen Recht	2720	cc) Umfang des Ausnahmebereichs	2881
aa) Grundsätzliches	2720	dd) Erfasste Ansprüche im Einzelnen	2888
bb) Spezielle Kollisionsnormen in der CMR	2723	b) Rechtswahl	2891
		aa) Grundsätzliches	2891
cc) Lücken in der CMR und Ausfüllung durch nationales Recht	2724	bb) Rechtswahl „carrier's principal place of business" und Identity of Carrier (IoC) Clause	2893
2. Vertragsstatut	2726		
3. Kabotageverkehr	2727	cc) Rechtswahl und Dokumente außerhalb des Konnossements	2897
4. Überlagernde Anknüpfung des § 449 Abs. 3 HGB	2728	c) Paramount Clause	2899
		aa) Grundsätzliches	2899
5. Überlagernde Anknüpfung des § 451h Abs. 3 HGB für Umzugstransporte	2733	bb) Konditionierte Paramount Clause zugunsten von VR-Recht	2902
6. Zusammenfassung	2734	cc) Paramount-Klausel zugunsten der Hamburg Rules	2903
II. Eisenbahngütertransport	2801		
1. Übereinkommen über den internationalen Eisenbahnverkehr (COTIF)	2801	d) Objektive Anknüpfung	2906
a) COTIF und ER/CIM	2801	e) Formfragen	2909
b) Anwendungsvoraussetzungen	2802	f) Warenübereignung durch Konnossementsübertragung	2910
c) Verhältnis der ER/CIM zum nationalen Recht	2808	g) Akzessorische Anknüpfung konkurrierender Deliktsansprüche	2912
2. Nationales Recht (Landesrecht)	2810	h) Seefrachtbrief	2913
III. Luftfrachtvertrag	2831	i) Sogenanntes „elektronisches Konnossement"	2916
1. Montrealer Übereinkommen	2831	3. Stückgutfrachtvertrag	2917
a) Allgemeines	2831	4. Einheitsrecht	2919
b) Internationale Beförderung	2833	a) Haager Regeln (HR)	2919
2. Fortgeltung des WA und seiner Modifikationen neben dem MÜ	2838	b) Visby Rules (VR)	2921
		c) Rotterdam Rules	2922a
3. Besondere Kollisionsnormen in WA und MÜ zu Gunsten der lex fori	2843	5. Art. 6 EGHGB als Anwendungsnorm des deutschen VR- und HR-Rechts	2923
4. Vertragsstatut im Übrigen	2845		
5. Luftcharterverträge	2847		

	Rz.
a) Einseitige Kollisionsnorm...	2925
b) Anwendbarkeit deutschen VR-Rechts...	2928
aa) Konnossementsausstellung in einem VR-Staat (Art. 6 Abs. 1 S. 1 Nr. 1 EGHGB)...	2928
bb) Parteiwille zur Anwendung von VR-Recht als objektiver Anknüpfungspunkt (Art. 6 Abs. 1 S. 1 Nr. 2 EGHGB)...	2930
(1) Konstruktion als objektiver Anknüpfungspunkt, nicht als Rechtswahltatbestand...	2930
(2) Parteiwille zur Anwendung der VR...	2931
(3) Parteiwille zur Anwendung eines nationalen VR-Rechts...	2935
(4) Ausdrücklichkeitserfordernis...	2938
cc) Beförderung aus einem VR-Staat oder aus Deutschland (Art. 6 Abs. 1 S. 2 Var. 1, 3 EGHGB)...	2939
dd) Beförderung nach einem VR-Staat oder nach Deutschland (Art. 6 Abs. 1 S. 2 Var. 2, 4 EGHGB)...	2941
c) Anwendbarkeit deutschen HR-Rechts (Art. 6 Abs. 2 EGHGB)...	2942
d) Kabotage innerhalb Deutschlands...	2946
e) Tabellarische Zusammenfassung der verschiedenen Fälle	2947
6. Charterverträge...	2949
a) Rechtswahl über Standardformulare...	2949
b) Objektive Anknüpfung und Qualifikation bei den einzelnen Chartervertragsarten...	2952
aa) Voyage Charter (Reisechartervertrag)...	2952
bb) Slot Charter...	2955
cc) Cross Charter (X C/P)...	2956
dd) Time Charter (Zeitchartervertrag)...	2957

	Rz.
ee) Time Charter mit Employment Clause...	2960
ff) Demise Charter...	2961
gg) Bareboat Charter...	2962
hh) Mengenvertrag (Volume Contract, Quantity Contract, Contract of Affreightment)...	2963
ii) Mögliche sekundäre Anknüpfungsmomente...	2964
(1) Flagge und Heimathafen...	2964
(2) Abschlussort...	2966
(3) Ausstellungsort von Konnossementen...	2967
c) Bedeutung des Chartervertrags für das Konnossement...	2968
d) Internationales Verbrauchervertragsrecht...	2972
7. Zusammenfassung...	2973
V. Binnenschifffrachtverträge	3021
1. CMNI...	3021
a) Internationaler Anwendungsbereich: Art. 2 CMNI...	3021
b) Spezielle Kollisionsnormen	3024
c) Kollisionsnorm für Restfragen: Art. 29 CMNI...	3025
2. EU-Kabotagetransporte...	3030
3. Rechtswahl...	3031
4. Ladescheinstatut...	3032
5. Zusammenfassung...	3033
VI. Multimodaler Gütertransport	3051
1. Allgemeines...	3051
a) Begriffe...	3053
b) Abgrenzung zu anderen Vertragstypen bei der Beförderung...	3054
2. Sachrechtlicher Hintergrund...	3058
3. Vertragsstatut...	3060
a) Rechtswahl...	3060
b) Objektive Anknüpfung...	3061
c) Überlagerung durch zwingendes Teilstreckenrecht...	3063
d) Hypothetische Ermittlung des Statuts eines Vertrages über die betreffende Teilstrecke...	3068
aa) Grundsätzliches...	3068
bb) Ermittlung des Statuts für den hypothetischen Teilstreckenvertrag...	3070

	Rz.		Rz.
cc) Vorgehen bei Parallelnormen zu § 452a S. 1 HGB in einem ausländischen Statut des Multimodalvertrags	3073	5. Art. 10 Abs. 1 VO (EG) Nr. 2111/2005	4015
		6. Zusammenfassung	4017
		VIII. Eisenbahnpersonenbeförderungsverträge	4031
4. Zusammenfassung	3074	1. ER/CIV	4031
VII. Luftpersonenbeförderungsverträge	4001	2. VO (EG) Nr. 1371/2007	4032
1. Montrealer Übereinkommen und Warschauer Abkommen	4001	a) Beförderung in der Gemeinschaft	4032
2. IATA Intercarrier Agreement	4002	b) Abgrenzung gegenüber Drittstaaten	4036
3. VO (EG) Nr. 2027/97	4003	IX. Seepersonenbeförderungsverträge	4051
4. Art. 3 Abs. 1 VO (EG) Nr. 261/2004	4008	1. Athener Übereinkommen	4051
a) Abflüge aus der Gemeinschaft	4010	a) Kupierte autonome Übernahme als Anlage zu § 664 HGB	4051
b) Flüge in die Gemeinschaft durch EU-Carrier	4011	b) Ratifikation samt Ratifikation des Protokolls von 2002 durch die EU	4053
c) Flüge in die Gemeinschaft durch Nicht-EU-Carrier	4012		
d) Rundflüge	4013	2. Sogenannte Athens Regulation	4054

I. Straßengütertransport

Literatur (für Literatur bis 2004 s. grundsätzlich 6. Aufl. Rz. 1394): *Clarke*, International Carriage of Goods by Road; CMR (London 1991); *Decker*, Das Übereinkommen über den Beförderungsvertrag im internationalen Straßengüterverkehr (1985); *F. Fischer*, Ergänzung der CMR durch unvereinheitlichtes deutsches Recht nach der Transportrechtsreform, TranspR 1999, 261; *Hein/Eichhoff/Pukall/Krien*, Güterkraftverkehrsrecht (Loseblatt); *Herber/Piper*, CMR (1996); *Hill/Messent/Glass*, CMR: Contracts for the International Carriage of Goods by Road, 3. Aufl. (London 2000); *Koller*, Transportrecht, 6. Aufl. (2007); *Lieser*, Ergänzung der CMR durch unvereinheitlichtes deutsches Recht (1991); *R. Rodière*, The Convention on Road Transport, ETR 1970, 620; ETR 1971, 2, 306, 574; *Helm*, in: Staub, HGB, Bd. 7/2: Anh. VI nach § 452 HGB: CMR, 4. Aufl. (2002); *A. Staudinger*, Das Transportrechtsreformgesetz und seine Bedeutung für das Internationale Privatrecht, IPRax 2001, 183.

1. Übereinkommen über den Beförderungsvertrag im internationalen Straßenverkehr (CMR)

2711 Am 19.5.1956 wurde das internationale Übereinkommen über den Beförderungsvertrag im internationalen Straßenverkehr, die Convention relative au Contrat de transport international de Marchandises par Route (CMR)[1], unterzeichnet. Mit dem Übereinkommen wurde eine **Rechtsvereinheitlichung** in wichtigen Fragen des grenzüberschreitenden Güterfernverkehrs erreicht. Besonderer Wert wurde dabei auf die Vereinheitlichung der Beförderungspapiere, der Haftung und der Durchsetzung der Schadenersatzansprüche gelegt. Die Bestimmungen der CMR sind zwingend (Art. 41 CMR). Soweit die CMR eine Re-

---

1 BGBl. II 1961, 1119; BGBl. II 1962, 12.

gelung getroffen hat, tritt sie an die Stelle der nationalen Normen. Für den Lkw-Verkehr innerhalb Europas ist sie gleichsam das „Grundgesetz", da fast alle Staaten Europas Mitgliedstaaten der CMR sind[1].

Die CMR wird von einigen Staaten qua. autonomer legislativer Entscheidung auch auf den innerstaatlichen Güterstraßentransport übertragen, insbesondere von Österreich in § 439a HGB[2]. In vielen anderen Staaten war die CMR zumindest Vorbild für die Ausgestaltung des innerstaatlichen Straßengütertransportrechts[3]. Die Transportrechtsreform in Deutschland hat die CMR gar zum prinzipiellen Vorbild für das gesamte Gütertransportrecht (mit Ausnahme des Seefrachtrechts) erhoben.   2712

a) Internationaler Anwendungsbereich kraft Art. 1 CMR

aa) Internationale Beförderung aus oder in Vertragsstaat

Die CMR gilt nach Art. 1 Abs. 1 S. 1 CMR für jeden Vertrag über die entgeltliche Beförderung von Gütern auf der Straße mittels Kraftfahrzeugen, Sattelfahrzeuge, Anhänger und Sattelanhänger, wenn der **Ort der Übernahme des Gutes und der für die Ablieferung vorgesehene Ort, wie sie im Vertrag angegeben sind, in zwei verschiedenen Staaten** liegen, von denen mindestens einer Vertragsstaat ist. Dies gilt, wie Art. 1 Abs. 1 S. 2 CMR ausdrücklich besagt, ohne Rücksicht auf den Wohnsitz und die Staatsangehörigkeit der Parteien; dies gilt auch bei Beteiligung von Parteien aus Nichtmitgliedstaaten[4].   2713

Ebenso wenig müssen die Parteien Kaufleute oder Unternehmer sein[5]. Entgeltlichkeit meint nicht Gewerbsmäßigkeit[6]. Entgelt ist jede geldwerte Gegenleistung, es muss sich nicht um Geld handeln[7]. Leerrücktransport eines Containers ist von der Gegenleistung für den entgeltlichen Hintransport insoweit mitabgedeckt, dass der Gesamtvertrag sachlich unter die CMR fällt[8]. Güter meint grundsätzlich alle beweglichen Sachen mit Ausnahme der in Art. 1 Abs. 4 CMR ausdrücklich exkludierten. Es muss nicht um Handelsware gehen; das „marchandises" des französischen Originaltextes ist nicht wörtlich   2714

---

1 Zum Status Russlands *Rogov*, TranspR 2002, 62.
2 Österreich. BGBl. 1990 Nr. 459; *Seltmann*, TranspR 1990, 405; österreich. OGH Wien 14.7.1993, TranspR 1994, 189.
3 S. nur *F. Fischer*, TranspR 1994, 365 (369-375) und für Boek 8 Titel 13 NBW in den Niederlanden *Wulfmeyer*, TranspR 1993, 261 (264 f. und 405).
4 Richtig OLG Nürnberg 14.6.1965, AWD 1965, 339; Rb. Rotterdam 27.4.1971, ETR 1971, 830 (834 f.); *Kropholler*, AWD 1973, 402. Unzutreffend OLG Düsseldorf 18.11.1971, VersR 1973, 177 = AWD 1973, 401 abl. Anm. *Kropholler*; CA Paris 22.6.1977, Bull.transp. 1977, 468 f.
5 S. nur *Piper*, VersR 1988, 201 (205); *Magnus*, in: Staudinger, Art. 28 EGBGB Rz. 376.
6 *Herber/Piper*, CMR (1996), Art. 1 CMR Rz. 11; *Ferrari*, in: Ferrari, Art. 1 CMR Rz. 10.
7 *Loewe*, ETR 1976, 503 (512); *Thume/de la Motte*, CMR (1994), Art. 1 CMR Rz. 7; *Herber/Piper*, Art. 1 CMR Rz. 12; *Ferrari*, in: Ferrari, Art. 1 CMR Rz. 11.
8 OLG Düsseldorf 27.2.1987, TranspR 1987, 183.

zu verstehen[1]. Reisegepäck ist nicht generell ausgeschlossen[2], sondern nur, soweit es Nebengegenstand eines Personenbeförderungsvertrages ist[3]. Maßgeblich ist nur der jeweils in Rede stehende Beförderungsvertrag und nicht etwa ein Unterfrachtvertrag[4]. Ist Straßenbeförderung optional und wird sie danach vom Berechtigten gewählt, so ist die CMR anwendbar[5].

2715 Ein Vertrag über einen Transport von einem Ort zu einem anderen Ort in demselben Staat über das Gebiet eines anderen Staates (sog. **Schlenkerverkehr**) ist von der CMR nicht erfasst[6], ebenso wenig der bloß bis zur Grenze vereinbarte Transport[7]. Erfolgt ein **Kreisverkehr** unter zwei verschiedenen Verträgen, so sind beide Verträge international[8]. Maßgeblich sind der vertraglich vereinbarte Abgangs- und Bestimmungsort, **nicht die tatsächliche Ausführung**[9]. Umladung oder das Einschalten von Unterfrachtführern ändern nichts[10]. Das tatsächliche Ende des Transports schon im Ausgangsstaat (zB infolge Diebstahls, Feuer, Unfall usw.) ist unerheblich[11]. Bei einem grenzüberschreitend vereinbarten Transport schadet die nachträgliche Weisung des Absenders, den Transport vor der Grenze anzuhalten, nicht[12]. Selbst wenn der Vertrag überhaupt nicht durchgeführt wird, macht dies die CMR nicht unanwendbar[13]. Ebenso wenig schadet die Verlegung des Übernahmeortes ins Inland[14]. Konsequenterweise darf man aber auch umgekehrt nicht die **Weisung**, einen ursprünglich rein national angelegten Transport nun zu einem ausländischen Bestimmungsort durch-

---

1 S. nur *Thume/de la Motte/Temme*, Art. 1 CMR Rz. 3; *Herber/Piper*, Art. 1 CMR Rz. 13; *Ferrari*, in: Ferrari, Art. 1 CMR Rz. 20 und eingehend *F.O. Fischer*, TranspR 1995, 326.
2 So aber ohne Begründung *Loewe*, ETR 1976, 503 (512).
3 *Thume/de la Motte/Temme*, Art. 1 CMR Rz. 3; *Herber/Piper*, Art. 1 CMR Rz. 13; *Ferrari*, in: Ferrari, Art. 1 CMR Rz. 23.
4 BGH 20.11.2008, TranspR 2009, 26 (27).
5 *Datec Electronic Holdings Ltd. v. UPS Ltd.* [2007] 2 Lloyd's Rep. 114, 120 [22] (H.L., per Lord *Mance*); Rb. Rotterdam 11.4.2007, NIPR 2007 Nr. 231, S. 312 nr. 4.3.
6 *Thume/de la Motte/Temme*, Art. 1 CMR Rz. 21; *Th. Pfeiffer/Kadletz*, Handbuch der Handelsgeschäfte (1999) § 18 Rz. 11; *Koller*, Transportrecht, 6. Aufl. (2007), Art. 1 CMR Rz. 6.
7 S. nur OLG Hamburg 18.5.1989, TranspR 1990, 188 (189); *Koller*, Art. 1 CMR Rz. 6 mwN.
8 AppG Basel-Stadt 12.5.2000, TranspR 2000, 372 (374).
9 S. nur Hof Antwerpen 23.3.1983, ETR 1983, 518 (525); CA Poitiers 18.1.1989, Bull. Transp. 1990, 101; *Mankowski*, TranspR 1993, 213 (216) mwN.; *Tilche*, Bull. Transp. 1996, 168 (169); *Jesser-Huß*, in: MünchKomm HGB, Art. 1 CMR Rz. 33; *Koller*, Art. 1 CMR Rz. 6; *Helm*, in: Staub, Art. 1 CMR Rz. 41 f.
10 *von Hoffmann*, in: Soergel, Art. 28 EGBGB Rz. 377; *Magnus*, in: Staudinger, Art. 28 EGBGB Rz. 375.
11 Hof Brussels 2.2.1968, Jur. Anv. 1968, 133; OLG Düsseldorf 18.11.1971, ETR 1973, 510; CA Aix en Provence 31.5.1985, Bull. Transp. 1986, 740; KG 11.1.1995, TranspR 1995, 342, 343; Rb. Kh. Antwerpen 4.3.1969, ETR 1969, 1030; *Ferrari*, in: Ferrari, Art. 1 CMR Rz. 26; *Jesser-Huß*, in: MünchKomm HGB, Art. 1 CMR Rz. 34 mwN.
12 KG 11.1.1995, TranspR 1995, 342 (343); *Mankowski*, TranspR 1993, 213 (216); *Koller*, Art. 1 CMR Rz. 6.
13 OLG Oldenburg 5.1.2000, TranspR 2000, 128 mwN.
14 *Jesser-Huß*, in: MünchKomm HGB, Art. 1 CMR Rz. 33.

zuführen, immer und automatisch zu einer Vertragsänderung erheben[1]. Eine entsprechende Vertragsänderung ist möglich, muss aber zweiseitig-konsensual erfolgen. Nach der Änderung ist dann der geänderte Vertrag maßgeblich dafür, ob die CMR anwendbar ist[2].

Es reicht aus, dass der Abgangs- oder der Bestimmungsort in einem Mitgliedstaat liegt. Nicht erforderlich ist, dass beide Orte in einem Mitgliedstaat liegen. Die CMR erfasst also sowohl den **aus- als auch den eingehenden Verkehr aller ihrer Vertragsstaaten**, unabhängig davon, ob der Verkehr in einen Nichtmitgliedstaat geht oder aus einem Nichtmitgliedstaat kommt[3]. Damit verfolgt die CMR einen sehr expansiven und aggressiven Ansatz[4]. Aus deutscher Sicht beherrscht die CMR also den gesamten eingehenden und den gesamten ausgehenden Straßengütertransport, da Deutschland Vertragsstaat ist[5]. Dagegen gelangt die CMR als Rechtskorpus für einen rein innerstaatlich vereinbarten Transport auch dann nicht zur Anwendung, wenn darüber ein CMR-Frachtbrief ausgestellt wird[6]; dann kann allerdings eine materiellrechtliche Verweisung vorliegen und die CMR letztlich den Rang von Vertragsbedingungen haben. 2716

Die italienische Corte di Cassazione verlangt zu Unrecht für eine Anwendung der CMR, dass die Parteien des konkreten Vertrages die Geltung der CMR vertraglich vereinbart haben müssten[7]. Diese Auffassung ist mit Art. 41 CMR schlechterdings nicht in Einklang zu bringen[8], widerspricht jedweder Zielsetzung internationalen Einheitsrechts und ist als völkerrechtswidrige Verletzung des Art. 1 Abs. 5 CMR abzulehnen[9], Sie beruht auf einem vollständigen Missverständnis des Art. 6 Abs. 1 lit. k CMR. Dieser verfolgt zwei Ziele: Zum einen soll den Parteien klar werden, in welcher juristischen Umgebung sie sich bewegen; zum anderen soll die Paramount Clause zur Anwendung der CMR 2717

---

1 *G. Müller/Hök*, RIW 1988, 773; *Jesser-Huß*, in: MünchKomm HGB, Art. 1 CMR Rz. 34. AA *Herber/Piper*, Art. 1 CMR Rz. 53; *Koller*, Art. 1 CMR Rz. 6.
2 *Basedow*, in: MünchKomm HGB, Art. 1 CMR Rz. 34.
3 S. nur CA Montpellier 1.10.1987, Bull.transp. 1988, 559; OLG Hamburg 29.7.1994, RIW 1994, 775; *Jesser-Huß*, in: MünchKomm HGB, Art. 1 CMR Rz. 29.
4 S. nur *R. Rodière*, Bull.transp. 1974, 182 (184); *Pesce*, Il contratto di trasporto internazionale di merci su strada (Padova 1984), S. 55; *K.F. Haak*, De aansprakelijkheid van de vervoerder involge de CMR (Deventer 1984) S. 44; *Ivaldi*, Diritto uniforme di trasporti e diritto internazionale pivato (Padova 1990), S. 108 f.
5 S. nur *Helm*, VersR 1988, 548 (549); *U. Lenz*, Straßengütertransportrecht (1988), Rz. 75.
6 OLG München 22.12.1995, TranspR 1996, 346 (347).
7 Insbes. Cass. 28.11.1975, Trasporti 1976, 96 = Riv.dir.comm. 1976 II 101 = Foro pad. 1975 I 265; Cass. 26.11.1980, ETR 1983, 70 (73 f.); Cass. 8.3.1983, Riv.dir.int.priv.proc. 1984, 159; Cass. 10.4.1986, Dir.comm.int. 1987, 613; Cass. 24.3.1991, Riv.dir.int.priv. proc. 1993, 189; Cass. 6.7.1991, Foro it. Mass. 1991, 658; Cass. 23.2.1998, Foro it. 1999 I 258 = Dir.mar. 102 (2000), 132 krit. Anm. *Boggio*.
8 Treffend App. Milano 11.7.1983, TranspR 1984, 133 zust. Anm. *Pesce*; App. Brescia 1.6.2001, Dir. mar. 104 (2002), 566 (578) Anm. *Rossello* sowie App. Firenze 2.2.1981, Foro pad. 1981 I 106 = Giur. it. 1981, 415; Trib. Biella 15.5.1998, Giur. it. 1998, 833; *Boggio*, Dir. mar. 104 (2002), 978 f. mwN.
9 Deutlich zB *Helm*, in: Staub, Art. 1 CMR Rz. 2, 63.

durch Gerichte von Nichtvertragsstaaten führen[1]. Er kann als Norm aus der CMR doch aber erst gelten, wenn die CMR überhaupt gilt. Weitere Gegenargumente ergeben sich aus Art. 4, 7 Abs. 3 CMR[2].

bb) Sachliche Ausnahmebereiche nach Art. 1 Abs. 4 CMR

2718 Nach Art. 1 Abs. 4 lit. a CMR sind von internationalen Postübereinkommen[3] erfasste **Postsendungen** von der Anwendung der CMR ausgenommen. Die Beförderung muss durch Postanstalten, also Monopolisten für den betreffenden Staat, erfolgen. Die Deutsche Post ist nur noch bei Teilen der Briefbeförderung Monopolist und nach § 51 PostG nationale Postanstalt. Im Übrigen ist sie aber ein privatrechtliches Transportunternehmen, so dass auf sie insbesondere bei grenzüberschreitendem Transport von Paketen auf der Straße die CMR Anwendung findet[4].

2719 Nach Art. 1 Abs. 4 lit. c CMR gilt die CMR nicht für die Beförderung von **Umzugsgut**. Darin liegt ein ausklammernder Kompromiss, weil man sich seinerzeit nicht auf die notwendigen Sonderregeln verständigen konnte und diese einem Sonderübereinkommen überlassen wollte[5]. Ein Umzug verlangt eine Verlegung des Wohnsitzes bzw. eine lokale Veränderung im sozialen Umfeld[6]. Daher scheidet ein Transport in eine Ferienwohnung ebenso aus wie ein reiner Transport von Haushaltsgegenständen an einen anderen Ort[7]. Umzugsgut sind nicht nur Möbel, sondern auch sonstige Haushaltsgegenstände, wie sie üblicherweise bei einem Wohnungswechsel mitgenommen werden[8]. Kein Transport von Umzugsgut ist der grenzüberschreitende Transport neu gekaufter Möbel zu einer Wohnung[9]. Dass Umzugsgut in einen Container verpackt wird, ändert nichts an seinem Charakter als Umzugsgut; es kommt dann nicht etwa die CMR zur Anwendung, weil zu transportierendes Gut nur noch der Container wäre[10].

---

1 Prägnant *Boggio*, Dir. mar. 101 (1999), 833 (837).
2 S. nur Trib. Biella 15.5.1998, Dir. mar. 101 (1999), 833 (845-848) zust. Anm. *Boggio*.
3 Namentlich Weltpostvertrag und Postpaketübereinkommen vom 14.9.1994 (BGBl. II 1998, 2172; BGBl. II 1999, 12). Zu deren Anwendung bei Empfänger in einem anderen Mitgliedstaat BGH 3.3.2005, RIW 2005, 626.
4 LG Düsseldorf 23.11.2001, TranspR 2002, 28.
5 *Loewe*, ETR 1976, 503 (517); *Herber/Piper*, Art. 1 CMR Rz. 60.
6 *F. Fischer*, TranspR 1996, 407 (410) sowie *Loewe*, ETR 1976, 503 (516 f.); *Thume/de la Motte/Temme*, Art. 1 CMR Rz. 53.
7 *Thonfeld*, Haftung und Versicherung beim Gütertransport (1991), S. 51; *F. Fischer*, TranspR 1996, 407 (411).
8 *Bischof*, VersR 1981, 708; *Herber/Piper*, Art. 1 CMR Rz. 63; *F. Fischer*, TranspR 1996, 407 (409); *Koller*, Art. 1 CMR Rz. 10.
9 OLG Hamburg 28.2.1985, TranspR 1985, 188 = RIW 1986, 911; *U. Lenz*, Rz. 76; *F. Fischer*, TranspR 1996, 407 (411) mwN.; *Widmann*, Kommentar zum Transportrecht, 3. Aufl. (1999), Anh. 8 zu § 450 HGB Art. 1 CMR Rz. 3.
10 OLG Düsseldorf 3.5.1984, TranspR 1984, 198 (199); *Herber/Piper*, Art. 1 CMR Rz. 61.

b) Verhältnis der CMR zum nationalen Recht

aa) Grundsätzliches

Die CMR ist internationales Einheitsrecht. Im Verhältnis zur Rom I-VO ist Art. 1 CMR lex specialis[1] und genießt nach Art. 25 Rom I-VO Vorrang[2]. Als Einheitsrecht gilt die CMR für den Beförderungsvertrag, ohne dass zuvor das Vertragsstatut bestimmt werden müsste[3]. Die in der CMR geltenden Haftungstatbestände stellen gegenüber nationalen Rechtsvorschriften eine allgemeinverbindliche und unabdingbare Sonderregelung dar (Art. 41 CMR). Für die Haftung des Frachtführers aus nicht in der CMR geregelten Tatbeständen gilt dagegen nationales Recht, das über IPR zu ermitteln ist[4].

2720

Kommt die CMR nicht kraft ihres Art. 1 CMR von Gesetzes wegen zur Anwendung, so steht es den Parteien doch frei, die materiellen Maßstäbe der CMR durch Vereinbarung zur Anwendung zu bringen[5]. Dabei handelt es sich aber nicht um eine kollisionsrechtliche Rechtswahl, sondern nur um eine materiellrechtliche Verweisung, die unter dem Vorbehalt der internrechtlich zwingenden Vorschriften des Vertragsstatuts steht.

2721

Die CMR regelt einige, aber nicht alle Bereiche des Transportvertrages im grenzüberschreitenden Straßengüterverkehr[6]. Abschließend geregelt sind Form und Inhalt des Frachtbriefes (Art. 4–6), ferner die Grundhaftung des Frachtführers (Art. 17–19), die Lieferfrist (Art. 19), die zugelassenen Gerichtsstände (Art. 31) und die Ausschluss- und Verjährungsfristen (Art. 30, 32).

2722

bb) Spezielle Kollisionsnormen in der CMR

In einigen besonderen Fällen enthält die CMR selber spezielle Kollisionsnormen: Art. 5 Abs. 1 S. 2 CMR verweist für die Unterschrift unter dem Frachtbrief auf das Recht des Ausstellungslandes, Art. 16 Abs. 5 CMR für den Notverkauf auf die lex rei sitae, Art. 20 Abs. 4 CMR für die Verfügung des Frachtführers über das wieder gefundene Gut ebenfalls auf die lex rei sitae, Art. 29 Abs. 1, 32 Abs. 1 S. 2, Abs. 3 CMR verweisen für Vorsatz und das diesem gleichstehende Verschulden auf die lex fori, ebenso Art. 32 Abs. 3 CMR für Hemmung und Unterbrechung der Verjährung. Eine (versteckte) Verweisung auf die lex causae liegt in Art. 11 Abs. 3 CMR für die Haftung gleich ei-

2723

---

[1] OLG München 22.1.1997, IPRspr. 1997 Nr. 55 = RIW 1997, 507; *Lenz*, Rz. 52; *Thume/Teutsch*, Art. 4 CMR Rz. 6; *Demuth*, Festg. Rolf Herber (1999), S. 326 (327); *Koller*, vor Art. 1 CMR Rz. 3; *Thorn*, in: Palandt, Art. 28 EGBGB Rz. 6.
[2] AA im Weg, aber nicht im Ergebnis *R. Wagner*, TranspR 2009, 103 (107) unter Bezugnahme auf *Kreuzer*, RabelsZ 70 (2006), 1 (46).
[3] *Martiny*, in: MünchKomm, Art. 28 EGBGB Rz. 165. Verfehlt OLG Karlsruhe 17.10.2008, TranspR 2008, 471.
[4] S. nur OLG Stuttgart 24.1.1967, NJW 1968, 1054; Rb. Breda 28.10.1999, S & S 2002 Nr. 100 S. 425 nr. 3.3.
[5] S. nur Rb. Rotterdam 8.2.1991, S & S 1992 Nr. 45, S. 155 nr. 2.
[6] S. nur Denkschrift der Bundesregierung zur CMR, BT-Drucks. III/1144, S. 34; *Thume*, TranspR 1995, 1 (2).

nem Kommissionär[1]. Die Verweisungen auf nationales Recht sind als Sachnormverweisungen zu verstehen[2], nicht als Gesamtverweisungen unter Einschluss des IPR[3]. Die Kollisionsnormen der CMR sind ebenso nach Art. 41 CMR zwingendes Recht wie die Sachnormen der CMR[4].

cc) Lücken in der CMR und Ausfüllung durch nationales Recht

2724 Insgesamt weist die CMR bei den Leistungsstörungen kein abschließendes System auf[5]. Ersatzansprüche aus positiver Vertragsverletzung zB sind in diesen Fällen nach nationalem Recht nicht ausgeschlossen[6]. Zu den von der CMR nicht geregelten Fragen zählen außerdem[7]: allgemeine Fragen der Rechtsgeschäftslehre (zB Nichtigkeit wegen Gesetzesverstoßes[8]; Konsens, Dissens, Irrtum, Anfechtung, Einbeziehungs- und Inhaltskontrollstrukturen von AGB usw.)[9]; culpa in contrahendo[10], insbesondere fehlerhafte Beratung[11]; Stellvertretung; Aufrechnung einschließlich Aufrechnungsverboten[12]; Erfüllungsort[13]; Frachtanspruch[14]; Schuldnerverzug bei noch nicht ausgeführtem Vertrag[15]; Zahlungsmodalitäten (zB ob Schecks zulässig sind)[16]; Haftpflichtversicherungspflicht[17]; Nebenpflichten außerhalb der CMR; Ladepflicht[18]; Kontrollpflicht bei fehlendem Frachtbrief; Pfand- und Zurückbehaltungsrechte[19]; Pflicht zum Verstauen[20]; Vergütung[21]; weitere Rechtsfolgen eines Rücktritts[22];

---

1 *Basedow*, in: MünchKomm HGB, Art. 11 CMR Rz. 11; *Helm*, in: Staub, Art. 11 CMR Rz. 13.
2 CA Paris 28.10.1969, Bull.transp. 1970, 7 f.; *Helm*, in: Staub, Art. 1 CMR Rz. 77.
3 AA *Basedow*, in: MünchKomm HGB, Art. 32 CMR Rz. 4, 47.
4 *Sadikov*, Rec. des Cours 190 (1985 I), 189 (202); *F. Fischer*, TranspR 1995, 424 (426).
5 S. nur *F. Fischer*, TranspR 1991, 321 (324); *Thume/Schmid*, Anh. I Rz. 7–65; *Koller*, vor Art. 1 CMR Rz. 22.
6 S. nur BGH 14.7.1993, BGHZ 123, 200 (207); OLG Düsseldorf 21.4.1994, TranspR 1994, 391 Anm. *Thume*; OLG Bremen 1.5.1995, VersR 1996, 868 = IPRspr. 1995 Nr. 49; *Thume*, TranspR 1993, 365 (366); *Thume*, TranspR 1995, 1.
7 *Helm*, in: Staub, Art. 1 CMR Rz. 80.
8 *F. Fischer*, TranspR 1995, 326 (331).
9 S. zB OLG Hamburg 20.11.1985, VersR 1986, 304; OLG München 22.1.1997, IPRspr. 1997 Nr. 55 = RIW 1997, 507.
10 *Schmid/Kehl*, TranspR 1996, 89 (91).
11 OLG Hamm 28.4.1983, TranspR 1983, 151.
12 S. nur BGH 7.3.1985, TranspR 1986, 68 = VersR 1985, 684; OLG München 5.7.1989, TranspR 1990, 16, 17; *Csoklich*, VersR 1985, 909 (912); *Koller*, VersR 1988, 556 (559); *J. Braun*, VersR 1988, 878 (882 f.).
13 *Koller*, VersR 1988, 556 (559); *Th. Pfeiffer/Kadletz*, § 18 Rz. 16.
14 BG 30.5.2001, BGE 127 III, 365 (366) = SZIER 2002, 386 (387) Anm. *Schwander*.
15 BGH 9.2.1979, NJW 1979, 2470; LG Bremen 6.5.1965, ETR 1966, 691 (697).
16 Rb. Breda 28.9.1999, S & S 2002 Nr. 100, S. 425 nr. 3.3.
17 *de la Motte*, VersR 1988, 317 (323).
18 Österreich. OGH 18.12.1984, TranspR 1986, 372 (373).
19 OLG Hamburg 3.11.1983, TranspR 1984, 235 (236).
20 BGH 27.10.1978, VersR 1979, 417 (418); BGH 28.3.1985, TranspR 1985, 261 (264).
21 *Th. Pfeiffer/Kadletz*, § 18 Rz. 26.
22 S. nur *Herber/Piper*, Art. 16 CMR Rz. 7; *Basedow*, in: MünchKomm HGB, Art. 16 CMR Rz. 16.

Haftung des Absenders für Schäden am Fahrzeug[1]; Rückgriff des Transportversicherers[2]; Ergänzung der Regeln über Schadensvorbehalt des Empfängers und gemeinsame Schadensfeststellung; Haftungsumfang bei Haftung nach Art. 7, 26, 29 CMR[3]; schadensausfüllende Kausalität; Haftung gegenüber Dritten[4]; Ergänzung der Verjährungsregeln hinsichtlich Verjährungswirkung und Fristenberechnung, soweit Art. 32 Abs. 3 CMR nicht eingreift.

Bei den Fragen, in denen die CMR nicht greift, bleibt für Verträge, die der CMR unterliegen, ergänzend und lückenfüllend das nationale Recht anwendbar[5]. Welches **nationale Sachrecht** zur Anwendung kommt, richtet sich nach den jeweiligen Regeln des IPR des Forums[6]. 2725

2. Vertragsstatut

Die Frage nach dem Vertragsstatut eines Straßengüterbeförderungsvertrags stellt sich nur noch, wenn (1) die CMR auf den Beförderungsvertrag nicht anwendbar ist, weil die Voraussetzungen des Art. 1 Abs. 1 CMR nicht erfüllt sind, (2) die Ausnahmeregel des Art. 1 Abs. 4 CMR zum Zuge kommt[7], (3) die Unterwerfungsklausel im Frachtbrief nach Art. 6 Abs. 1 lit. k CMR nicht greift oder (4) Fragen zu entscheiden sind, die in der CMR nicht geregelt sind. In diesen Fällen ist das nach den Grundsätzen des Internationalen Privatrechts des angerufenen Gerichts maßgebende nationale Recht ergänzend heranzuziehen[8]. Bei abschließender Regelung der gegenständlichen Frage durch die CMR erfolgt kein Rückgriff auf nationales Recht[9]. 2726

---

1 Österreich. OGH 18.12.1984, TranspR 1986, 372 (373); LG Bremen 6.5.1965, ETR 1966, 691 (697).
2 LG Freiburg i.Br. 20.11.1998, RIW 1999, 222.
3 BGH 15.10.1998, TranspR 1999, 102 (105); BGH 20.1.2005, RIW 2005, 705 (707) = TranspR 2005, 311; BGH 3.3.2005, TranspR 2005, 253 (*Rinkler*, TranspR 2005, 305).
4 OLG Frankfurt a.M. 20.4.2007, TranspR 2008, 472; *Boettge*, TranspR 2008, 477.
5 S. nur *F. Fischer*, TranspR 1995, 424; *Schmid/Kehl*, TranspR 1996, 89; *Boettge*, TranspR 2008, 477.
6 S. nur OLG Hamburg 7.5.1987, TranspR 1987, 457; OLG Stuttgart 24.1.1967, NJW 1968, 1054; Hof Arnhem 4.11.1997, NIPR 1998 Nr. 290, S. 346 nr. 3.1; *F. Fischer*, TranspR 1995, 424 (431).
7 Beispiel: LG Bonn 24.7.1990, IPRspr. 1990 Nr. 54 = TranspR 1991, 25.
8 S. nur BGH 25.10.1995, RIW 1996, 602 = TranspR 1996, 118 = LM H. 5/1996 § 412 HGB Nr. 7 Anm. *Koller*; OLG Koblenz 6.10.1989, IPRspr. 1989 Nr. 64 = RIW 1990, 931 = TranspR 1991, 93; OLG München 3.5.1989, IPRspr. 1990 Nr. 51 = TranspR 1991, 61; OLG Düsseldorf 11.11.1993, IPRspr. 1993 Nr. 46 = RIW 1994, 774 = TranspR 1994, 441; OLG Hamm 6.12.1993, IPRspr. 1993 Nr. 47 = TranspR 1994, 62; OLG Düsseldorf 1.6.1995, IPRspr. 1995 Nr. 50 = TranspR 1996, 109; OLG Düsseldorf 26.10.1995, IPRspr. 1995 Nr. 54 = TranspR 1996, 152; OLG München 22.1.1997, IPRspr. 1997 Nr. 55 = RIW 1997, 507.
9 S. nur BGH 10.5.1990, IPRspr. 1990 Nr. 53 = RIW 1990, 929 = TranspR 1990, 418; OLG Frankfurt a.M. 30.5.1996, IPRspr. 1996 Nr. 46 = TranspR 1997, 427 mwN.; AG München 27.6.1996, IPRspr. 1996 Nr. 48 = TranspR 1997, 341.

3. Kabotageverkehr

2727 Gebietsfremde Unternehmer aus einem EG-Mitgliedsland können eine sog. Kabotage-Genehmigung nach der VO (EWG) Nr. 3118/93[1] für den innerstaatlichen Verkehr in Deutschland erhalten. Die VO unterstellt die Durchführung der Kabotagefahrten nach Art. 6 Abs. 1 den Rechts- und Verwaltungsvorschriften des Aufnahmemitgliedsstaats. Bestehen in dem Staat, in dem Kabotageverkehr betrieben wird, zwingende Rechtsvorschriften für die transportvertraglichen Beziehungen, so verdrängt Art. 6 Abs. 1 VO (EWG) Nr. 3118/93 als siebenundzwanzigseitige Kollisionsnorm[2] über Art. 23 Rom I-VO die Rom I-VO als allgemeines IPR der Schuldverträge[3]. Zu prüfen ist für den jeweiligen Transport, ob in Abhängigkeit vom Transportmittel oder Transportweg zwingendes Recht zur Anwendung kommt oder ob Vertragsfreiheit besteht. Genau diesen Rahmen füllen §§ 449 Abs. 3, 451h Abs. 3 HGB aus[4].

4. Überlagernde Anknüpfung des § 449 Abs. 3 HGB

2728 § 449 Abs. 3 HGB erklärt, dass trotz grundsätzlicher Anwendbarkeit ausländischen Rechts auf den Frachtvertrag § 449 Abs. 1, 2 HGB nebst den darin in Bezug genommenen Vorschriften gleichwohl anzuwenden sind, wenn nach dem Frachtvertrag der Ort der Übernahme und der Ort der Ablieferung der Güter in Deutschland liegen. Der Gesetzgeber wollte dies als eingriffsrechtliche Sonderanknüpfung, gedeckt durch Art. 34 EGBGB (heute Art. 9 Abs. 2 Rom I-VO), verstanden wissen[5]. Diese Einordnung ist zweifelhaft, denn es geht nur um zwingendes Vertragsrecht zum Ausgleich widerstreitender Interessen zwischen den Vertragsparteien, nicht um vertragsexogene staatliche Interessen und damit nicht um Eingriffsrecht[6]. § 449 Abs. 3 HGB als Ausfüllung eines von den Kollisionsnormen in den EG-Kabotageverordnungen (soeben Rz. 2727) eröffneten Spielraums, der sich im Rom I-System über Art. 23 Rom I-VO nieder-

---

[1] VO (EWG) Nr. 3118/93 des Rates vom 25.10.1993 zur Festlegung der Bedingungen für die Zulassung von Verkehrsunternehmen zum Güterkraftverkehr innerhalb eines Mitgliedstaates, in dem sie nicht ansässig sind, ABl. EG Nr. L 278, S. 1; dazu *Gronemeyer*, TranspR 1994, 267.

[2] *Basedow*, ZHR 156 (1992), 413 (425 f.); *Gröhe*, Kabotage im Güterkraftverkehr in Italien (1996), S. 34; *Seyffert*, Die Haftung des ausführenden Frachtführers im neuen deutschen Frachtrecht (2000), S. 157; *Ramming*, TranspR 2007, 279 (281); auch *Knorre*, Festg. Herber (1999), S. 209 (214).

[3] *Basedow*, TranspR 1994, 85 (89); *Schindler*, Festschr. Piper (1996), S. 979 (993).

[4] *Seyffert*, S. 157.

[5] Begründung der Bundesregierung zum Entwurf eines Gesetzes zur Reform des Transportrechts, BT-Drucks. 13/8445, S. 85; ebenso OLG Köln 18.5.2004, IPRspr. 2004 Nr. 43 = TranspR 2005, 263; *Herber*, NJW 1998, 3297, 3303; *Müglich*, Das neue Transportrecht (1999), § 449 HGB Rz. 17; *Dubischar*, in: MünchKomm HGB, Bd. 7a/ErgBd. zu Bd. 7 (2000), § 449 HGB Rz. 18; *Fremuth*, in: Fremuth/Thume, vor § 407 HGB Rz. 55, § 449 HGB Rz. 46; *Seyffert*, S. 158; *A. Staudinger*, IPRax 2001, 183 (184); *Schaffert*, in: Ebenroth/Boujong/Joost/Strohn, § 449 HGB Rz. 41; *Magnus*, in: Staudinger, Art. 28 EGBGB Rz. 379; *Ramming*, HmbSchRZ 2009, 21 (35).

[6] Entgegen *A. Staudinger*, IPRax 2001, 183 (184).

schlägt[1], zu verstehen ist jedenfalls eleganter. Es erklärt auch besser als ein Ansatz über Art. 9 Abs. 1, 2 Rom I-VO, warum die anderen Mitgliedstaaten verpflichtet sind, solche Gestaltungen zu respektieren und, wenn einschlägig, ohne Ermessen anzuwenden[2]. § 449 Abs. 3 HGB selber ist natürlich abbedingungsfest, auch wenn dies nicht ausdrücklich im Normtext besagt wird[3].

§ 449 Abs. 3 HGB meint zuvörderst[4] innerdeutsche Kabotagetransporte durch ausländische Unternehmen, bei denen die Ware Deutschland nie verlässt[5]. Ohne Rechtswahl käme hier über Art. 5 Abs. 1 S. 2 Rom I-VO deutsches Recht zur Anwendung[6]. Sofern auch noch Kunde und Beförderer in Deutschland ansässig sind, wäre sowieso deutsches Recht berufen und eine Wahl ausländischen Rechts mutierte zur materiellrechtlichen Verweisung unter Art. 3 Abs. 3 Rom I-VO[7]. Art. 3 Abs. 3 Rom I-VO ist bei einem ausländischen Unternehmer nicht anwendbar[8], da dann ein objektiver Auslandsbezug besteht[9]. § 449 Abs. 3 HGB aber findet selbst dann Anwendung, wenn sowohl der Beförderer als auch der Absender im Ausland ansässig sind[10]. Insgesamt sollen ausländische Beförderer nicht besser stehen als inländische und im selben Umfang deutschem Recht unterworfen sein wie diese, ohne weitergehende Ausweich- und Abbedingungsmöglichkeiten durch eine Vereinbarung ausländischen Rechts zu haben[11]. § 449 Abs. 3 HGB ist eine aus Wettbewerbsgründen erfolgte direkte Reaktion auf die seit 1.7.1998 kraft Gemeinschaftsrechts geltende Kabotagefreiheit in Europa[12]. 2729

§ 449 Abs. 3 HGB setzt sich auch (und gerade) gegen die Wahl des Rechts eines anderen EU-Mitgliedstaats durch, ohne dass systematische Überlegungen daran 2730

---

1 S. *A. Staudinger*, IPRax 2001, 183 (184).
2 S. *A. Staudinger*, IPRax 2001, 183 (184). Vgl. *Rogert*, S. 156–158.
3 *Basedow*, TranspR 1998, 58 (62); *Koller*, § 449 HGB Rz. 69.
4 Denkbar sind auch Transporte von Deutschland nach Deutschland im Transit über das Territorium eines anderen Staates (zB von Bayern über die Tschechische Republik ins östliche Sachsen).
5 *Müglich*, § 449 HGB Rz. 17; *Schaffert*, in: Ebenroth/Boujong/Joost/Strohn, § 449 HGB Rz. 41.
6 *Basedow*, ZHR 156 (1992), 413 (434); *Basedow*, in: MünchKomm HGB, Einl. CMR Rz. 50; *A. Staudinger*, IPRax 2001, 183 (189).
7 *Basedow*, TranspR 1998, 58 (62); *A. Staudinger*, IPRax 2001, 183 (184); *Schaffert*, in: Ebenroth/Boujong/Joost/Strohn, § 449 HGB Rz. 41.
8 *Schaffert*, in: Ebenroth/Boujong/Joost/Strohn, § 449 HGB Rz. 41.
9 *A. Staudinger*, IPRax 2001, 183 (184).
10 *Widmann*, § 449 HGB Rz. 7.
11 Begründung der Bundesregierung zum Entwurf eines Gesetzes zur Reform des Transportrechts, BT-Drucks. 13/8445, S. 85; *Müglich*, § 449 HGB Rz. 17; *Schaffert*, in: Ebenroth/Boujong/Joost/Strohn, § 449 HGB Rz. 39.
12 Begründung der Bundesregierung zum Entwurf eines Gesetzes zur Reform des Transportrechts, BT-Drucks. 13/8445, S. 85; Beschlussempfehlung und Bericht des Rechtsausschusses zum Entwurf eines Gesetzes zur Reform des Transportrechts, BT-Drucks. 13/10014, S. 62; *Müglich*, § 449 HGB Rz. 17; *Fremuth*, in: Fremuth/Thume, vor § 407 HGB Rz. 55, § 449 HGB Rz. 46; *Seyffert*, S. 157 f.; *A. Staudinger*, IPRax 2001, 183 (184); *Schaffert*, in: Ebenroth/Boujong/Joost/Strohn, § 449 HGB Rz. 41.

etwas ändern würden[1]. Ein Gemeinschaftsrechtsverstoß ist darin nicht zu sehen, weil § 449 Abs. 3 HGB nationale Ausfüllung einer Art sekundärrechtlicher Öffnungsklausel ist[2]. Bei Wahl eines drittstaatlichen Rechts in AGB ist § 449 Abs. 3 HGB neben Art. 3 Abs. 4 Rom I-VO; 46a Abs. 1 EGBGB anwendbar. Art. 3 Abs. 4 Rom I-VO; 46a Abs. 1 EGBGB werden nicht etwa verdrängt[3]. Vielmehr bezweckte der Gesetzgeber ein Nebeneinander; die Materialien besagen dies ausdrücklich für den seinerzeitigen § 12 AGBG[4]. Dies erscheint auch wegen des begrenzten sachlichen Anwendungsbereichs des § 449 Abs. 3 HGB, nämlich der Beschränkung auf die in § 449 Abs. 1, 2 HGB genannten Fragen, sinnvoll[5].

2731 Unter § 449 Abs. 3 HGB fallen jedenfalls nicht echte grenzüberschreitende Transporte. Der Gesetzgeber sah davon ab, diese zwingend deutschem Frachtrecht zu unterwerfen, um Normenkonflikte mit Rechtsordnungen anderer Staaten zu vermeiden und den Eingriff in die Vertragsfreiheit auf das unbedingt erforderliche Maß zu begrenzen[6]. Daraus ist im Umkehrschluss zu entnehmen, dass deutsches Recht auf echte grenzüberschreitende Transporte nicht zwingend anwendbar sein soll und insoweit keine deutschrechtlichen Grenzen für die Vertragsfreiheit gelten[7]. Umso weniger lässt sich aus § 449 Abs. 3 HGB, direkt oder analog, eine zwingende Anwendung ausländischen Rechts ableiten[8].

2732 Maßgeblich sind der vereinbarte Übernahme- und der vereinbarte Ablieferungsort[9]. Nachträgliche Veränderungen durch Weisung sind im Prinzip unbeachtlich, es sei denn, ein ursprünglich ausländischer Ablieferungsort sei nur zu Umgehungszwecken vereinbart worden, während in Wahrheit immer eine Beförderung zu einem deutschen Ablieferungsort geplant war. Bei einer einverständlichen Vertragsänderung dagegen kommt es dann auf den neuen vereinbarten Ablieferungsort an[10].

5. Überlagernde Anknüpfung des § 451h Abs. 3 HGB für Umzugstransporte

2733 Eine § 449 Abs. 3 HGB parallele Regelung enthält § 451h Abs. 3 HGB für **Umzugstransporte**. Er unterwirft den innerdeutschen Umzug unter ausländischem Recht ausdrücklich den Gestaltungszwängen nach § 451h Abs. 1, 2 HGB[11].

---

1 Entgegen *A. Staudinger*, IPRax 2001, 183 (188 f.).
2 Anders *A. Staudinger*, IPRax 2001, 183 (189).
3 *A. Staudinger*, IPRax 2001, 183 (186 f.).
4 Bericht des Rechtsausschusses, BT-Drucks. 13/10014, S. 50.
5 Vgl. *Fremuth*, in: Fremuth/Thume, § 449 HGB Rz. 48.
6 Begründung der Bundesregierung zum Entwurf eines Gesetzes zur Reform des Transportrechts, BT-Drucks. 13/8445, S. 85.
7 *Korioth*, TranspR 1998, 92 (96); *Trost*, Die Haftung des Frachtführers in der Donauschifffahrt (1999), S. 107.
8 OLG Köln 18.5.2004, IPRspr. 2004 Nr. 43 = TranspR 2005, 263.
9 *Fremuth*, in: Fremuth/Thume, § 449 HGB Rz. 47.
10 *Basedow*, TranspR 1998, 58 (63); *Koller*, § 449 HGB Rz. 69.
11 *Schaffert*, in: Ebenroth/Boujong/Joost/Strohn, § 451h HGB Rz. 10.

6. Zusammenfassung

1. Den internationalen Straßengütertransport in Europa beherrscht die CMR. Sie ist anwendbar, wenn der vereinbarte Ausgangs- *oder* der vereinbarte Endpunkt der Beförderung in einem Mitgliedstaat liegt. Art. 2 CMR erstreckt das CMR-System unter Modifikationen auch auf RoRo- und Huckepackbeförderungen von beladenen Lkw mit anderen Transportmitteln.

2. Für einige Tatbestände enthält die CMR selber spezielle Kollisionsnormen.

3. Soweit die CMR Lücken hat (insbesondere im Bereich der Nebenpflichten) oder gar nicht anwendbar ist (zB bei Umzugstransporten), ist das anwendbare Recht nach nationalem IPR, in Deutschland nach Artt. 3; 5 Rom I-VO zu ermitteln.

4. Führen ausländische Unternehmer Kabotagetransporte innerhalb Deutschlands durch, so ordnet § 449 Abs. 3 HGB eine zwingende Anwendung bestimmter, insbesondere verbraucherschützender Vorschriften des deutschen Rechts an. Gemeinschaftsrechtlich ist dies zulässig.

Frei. 2735–2800

II. Eisenbahngütertransport

Literatur (für Literatur bis 2004 s. 6. Aufl. Rz. 1442): *Finger*, Eisenbahnverkehrsordnung, 6. Aufl. (Loseblatt), fortgeführt als *Finger/Eiermann*, Eisenbahntransportrecht (Losebl. 1999 ff.); *Freise*, Das neue internationale Eisenbahnfrachtrecht (CIM 1999), TranspR 1999, 417; *Freise*, Die Reform des internationalen Eisenbahn-Personenverkehrsrechts – CIV 1999, Gedächtnisschr. Johann Georg Helm (2001), S. 59; *Freise*, Gedanken zur Reform des internationalen Eisenbahnverkehrsrechts, Festschr. Henning Piper (1996), S. 829; *Freise*, Neue Entwicklungen im Eisenbahnrecht anlässlich des Inkrafttretens des Übereinkommens COTIF 1999, TranspR 2007, 45; *Goltermann/Konow*, Eisenbahn-Verkehrsordnung (Loseblatt), fortgeführt als *Czerwenka/Heidersdorf/Schönbeck*, Eisenbahn-Beförderungsrecht (Losebl. 2001 ff.); *W. Kunz*, Das neue Übereinkommen über den internationalen Eisenbahnverkehr, TranspR 2005, 329; *Mutz*, Die Reform des internationalen Eisenbahntransportrechts im Lichte der CMR, Festg. Rolf Herber (1999), S. 302; *Mutz*, Schwerpunkte der COTIF-Reform, Gedächtnisschr. Johann Georg Helm (2001), S. 243.

1. Übereinkommen über den internationalen Eisenbahnverkehr (COTIF)

a) COTIF und ER/CIM

Der internationale Eisenbahnverkehr war in Europa schon 1890 mit dem Berner Übereinkommen über den Eisenbahnfrachtverkehr Gegenstand internationaler Regelungen. Das internationale Übereinkommen vom 7.2.1970[1], abgekürzt CIM, wurde 1985 abgelöst durch das Übereinkommen über den internationalen Eisenbahnverkehr (COTIF) vom 9.5.1980[2]. Diese wurde wiederum

2801

---
1 BGBl. II 1974, 381.
2 BGBl. II 1985, 129.

novelliert durch ein Änderungsprotokoll vom 9.3.1999[1]. Inhaltlich bewegt sich die Änderung der ER/CIM[2] damit hin zur CMR bzw. erfolgt in stetem Abgleich mit und teilweise bewusster Abgrenzung gegenüber der CMR[3]. Die einheitlichen Rechtsvorschriften für den Vertrag über die internationale Eisenbahnbeförderung von Gütern (ER/CIM) befinden sich nunmehr im Anhang B[4]: Sie sind Bestandteil der COTIF (Art. 3 § 4 COTIF).

b) Anwendungsvoraussetzungen

2802 Das Recht für grenzüberschreitende Eisenbahntransporte nahm traditionell eine Sonderstellung ein. Die Transportträger waren typischerweise Staatsunternehmen. Dies beeinflusste die Interessen der beteiligten Staaten stark. Daraus erwuchs das System der eingetragenen Linien. Die COTIF fand traditionell nur Anwendung, wenn der Transport komplett auf Linien stattfand, die im Eisenbahnzentralamt in Bern eingetragen waren (und damit eigentlich nur dann, wenn der Transport vollständig in Mitgliedstaaten stattfand).

2803 Die Novelle der COTIF 1999[5], der CIM 1999 und der CIV 1999 revolutioniert dieses Anwendungssystem: Art. 1 § 1 CIM 1999; 1 § 1 CIV 1999 geben das Liniensystem auf und übernehmen das von Art. 1 WA her geläufige Modell[6]. Die CIM 1999 und die CIV 1999 sind anwendbar, wenn der **Ort der Güterübernahme** und **der zur Ablieferung vorgesehene Ort** in zwei verschiedenen Mitgliedstaaten liegen. Dies reflektiert die wirtschaftliche Entwicklung weg vom Staatsbahnensystem[7] und hin zur Trennung von Infrastruktur und Beförderungsträger[8]. So weit wie Art. 1 CMR, nämlich genügen zu lassen, dass nur einer der Orte in einem Mitgliedstaat liegen muss, wollte man andererseits wegen der trotzdem verbliebenen Staatsnähe vieler Bahnträger nicht gehen[9].

2804 Trotzdem schadet der **Transit** durch einen Nichtmitgliedstaat nicht mehr[10]. Nicht erfasst sind indes so genannte **Korridorverkehre** von einem Bahnhof in

---

1 Protokoll vom 3.6.1999 betreffend die Änderung des Übereinkommens vom 9.5.1980 über den internationalen Eisenbahnverkehr (COTIF), BGBl. II 2002, 2142. Integrierte Fassung der novellierten COTIF in BGBl. II 2002, 2149; auch abgedr. in: TranspR 1999, 464 und in: *Czerwenka/Heidersdorf/Schönbeck*, Nr. 35.
2 Zu den ER/CIV 1999 *Freise*, Gedächtnisschr. Helm (2001), S. 59.
3 S. *Freise*, Festschr. Piper (1996), S. 829; *Freise*, TranspR 1998, 89 (92); *Mutz*, Festg. Herber (1999), S. 301; *Mutz*, Gedächtnisschr. Helm (2001), S. 243.
4 BGBl. II 1985, 224.
5 Protokoll vom 3.6.1999 betreffend die Änderung des Übereinkommens über den internationalen Eisenbahnverkehr (COTIF) vom 9.5.1980, BGBl. II 2002, 2140, II 2006, 827.
6 S. nur eindringlich *Freise*, TranspR 2007, 45 (46); außerdem zB OLG Hamburg, TranspR 2002, 355 (356).
7 *Freise*, Festschr. Piper, 1996, S. 829 (835 f.); *Freise*, TranspR 1999, 417 (421); *Freise*, TranspR 2007, 45 (46).
8 *Mutz*, Festg. Herber (1999), S. 302 (303).
9 *Freise*, Festschr. Piper (1996), S. 829 (836); *Freise*, TranspR 1999, 417 (421) sowie *Malcolm Clarke*, [1999] Lloyd's MCLQ 36, 37.
    Dies übersieht W. Kunz, TranspR 2005, 329 (337).
10 *Freise*, TranspR 1999, 417 (421); *W. Kunz*, TranspR 2005, 329 (337).

einem Mitgliedstaat zu einem anderen Bahnhof in demselben Mitgliedstaat über das Territorium eines anderen Mitgliedstaates, zB von Salzburg über Deutschland nach Innsbruck[1]. Ausgangs- und Endpunkt dürfen eben nicht in demselben Mitgliedstaat liegen[2]. Grundvoraussetzung ist allerdings, dass der Transport unter der Verantwortung der Eisenbahn geschieht[3].

Art. 1 § 2 CIM 1999; 1 § 2 CIV 1999 erklären die CIM 1999 bzw. die CIV 1999 außerdem für anwendbar, wenn nur einer der beiden Orte in einem Mitgliedstaat liegt, die Parteien aber die Geltung der CIM 1999 bzw. der CIV 1999 vereinbaren. Durch diese optionale Vereinbarungslösung soll insbesondere eine Anwendung im Verhältnis zu den Nachfolgestaaten der Sowjetunion möglich werden[4]. Dies ist ein Kompromiss mit Blick auf Art. 1 CMR[5].

2805

Das Erfordernis des **Eisenbahnfrachtbriefs** entfällt ebenfalls; der internationale Eisenbahnvertrag wird als normaler Konsensualvertrag behandelt[6]. Soweit die Voraussetzungen des Art. 1 § 2 CIM 1999 bzw. CIV 1999 vorliegen, kommen die CIM 1999 bzw. CIV 1999 kraft Gesetzes zur Anwendung. Es findet keine eigentlich vertraglich Ausweitung statt[7], sondern eine Ausweitung von Konventions wegen in Anknüpfung an einen vertraglichen Tatbestand.

2806

Art. 1 § 2 CIM 1999 bzw. CIV 1999 ist spezielle einseitige Kollisionsnorm mit Anwendungsvorrang vor dem allgemeinen IPR[8]. Dagegen findet nur eine materiellrechtliche Verweisung auf die CIM 1999 bzw. CIV 1999 unter dem Vorbehalt zwingenden Rechts des Vertragsstatuts statt, soweit die Parteien die CIM 1999 bzw. CIV 1999 vereinbaren, aber weder Ausgangs- noch Endort der Beförderung in einem Mitgliedstaat liegen[9].

2807

c) **Verhältnis der ER/CIM zum nationalen Recht**

Sind die Voraussetzungen der Art. 2, 3 COTIF, 1 § 1 ER/CIM erfüllt, so werden die Rechtsverhältnisse von der einheitlichen Rechtsordnung erfasst. Dabei gelten grundsätzlich die ER/CIM für den Beförderungsvertrag unter Ausschluss anderer Gesetzgebung, soweit nicht auf landesrechtliche Vorschriften ausdrücklich Bezug genommen wird[10].

2808

---

1 Denkschrift der Bundesregierung, BT-Drucks. 14/8172, S. 182 Zu Art. 4 § 1.
2 Denkschrift der Bundesregierung, BT-Drucks. 14/8172, S. 181 Zu Art. 1 § 1.
3 Dazu OLG Hamburg, TranspR 2002, 355 (356).
4 *Freise*, TranspR 1999, 417 (421); *Mutz*, Gedächtnisschr. Helm (2001), S. 243 (252).
5 *Mutz*, Festg. Herber (1999), S. 302 (304) (303 f. zur Entstehungsgeschichte).
6 *Mutz*, Festg. Herber (1999), S. 302 (304 f.); *Mutz*, Gedächtnisschr. Helm (2001), S. 243 (252).
7 So aber Denkschrift der Bundesregierung, BT-Drucks. 14/8172, S. 166 sub 4.3.
8 *Mankowski*, TranspR 2008, 177 (178).
  Nur im Weg, aber nicht im Ergebnis anders *R. Wagner*, TranspR 2009, 103 (107).
9 *Mankowski*, TranspR 2008, 177 (178).
10 S. nur Trib. comm Bruxelles 27.12.1976, IZ 1979, 134; LG Hildesheim 13.2.2003, TranspR 2003, 196 (197 f.) m. zust. Anm. *Grau*; *Goltermann/Konow*, Art. 1 ER/CIM Anm. 1a (2/95).

2809 Spezielle Verweisungsvorschriften enthalten die ER/CIM 1999 für: Verjährungs- und Ausschlussfristen (Art. 48 § 5); Schadensfeststellung (Art. 42 § 3); Verfügung über wieder aufgefundenes Gut (Art. 29 § 4); Verkauf des Gutes (Art. 22 § 5); Ablieferung (Art. 17 §§ 2, 5, ähnlich Art. 12 Abs. 2 Rom I-VO[1]). Außerdem ist Art. 9 § 3 COTIF 1999 für die Umrechnung des Sonderziehungsrechts in Landeswährung zu beachten.

2. Nationales Recht (Landesrecht)

2810 Sind in den ER/CIM, in den Zusatzbestimmungen und in den internationalen Tarifen keine Bestimmungen getroffen, so gilt das Landesrecht (Art. 10 ER/CIM). Anders als die speziellen Verweisungen, welche auf die jeweiligen Vorschriften des Staates verweisen, auf dessen Gebiet das Ereignis eintritt oder eintreten soll (Versandbahnhof), versteht die allgemeine Verweisung nach Art. 10 unter Landesrecht das Recht des Staates, in dem der Berechtigte seinen Anspruch geltend macht, einschließlich der Kollisionsnormen (Art. 10 § 2 ER/CIM). Diese Regelung ist Ausfluss des allgemeinen Rechtsgrundsatzes, dass jedes Gericht mangels anderweitiger Bestimmungen von seinem forumeigenen (Kollisions-)Recht auszugehen hat[2]. Der Begriff Landesrecht schließt Gesetze, Verordnungen, aber auch Tarife mit ein[3]. Eine Lücke besteht etwa (mit Ausnahme des Art. 58 § 4 ER/CIM) für Fragen der Aufrechnung[4], außerdem für die Verletzung von Nebenpflichten, soweit diese nicht besonders in die ER/CIM einbezogen wurden[5].

2811 Wenn die ER/CIM überhaupt nicht anwendbar sind, weil konkret der internationale oder sachliche Anwendungsbereich der ER/CIM nicht eröffnet ist (zB weil der Transport in einem Nichtmitgliedstaat wie Russland oder der Ukraine beginnt oder weil es an einem durchgehenden Frachtbrief fehlt), so erfolgt ebenfalls ein Rückgriff auf das nationale Recht über das IPR[6].

2812 Die überlagernde Anknüpfung des § 449 Abs. 3 HGB für Kabotagetransporte innerhalb Deutschlands (dazu Rz. 2728–2732) ist zu beachten. Praktische Bedeutung kann sie nur haben, soweit ausländische Eisenbahntransporteure wirklich in Deutschland tätig werden.

2813–2830 Frei.

---

1 *Ramming*, TranspR 2007, 279 (287).
2 *Goltermann/Konow*, Art. 10 ER/CIM Anm. 2 (3/91); Zentralamt, IZ 1978, 158.
3 *Goltermann/Konow*, Art. 10 ER/CIM Anm. 1c aa (3/91).
4 *Goltermann/Konow*, Art. 10 ER/CIM Anm. 1c aa (3/91).
5 *Konow*, IZ 1986, 103 (104 f.); *Goltermann/Konow*, Art. 10 ER/CIM Anm. 1c aa (3/91).
6 OLG Düsseldorf 4.7.1996, IPRspr. 1996 Nr. 49 = TranspR 1997, 198 = VersR 1997, 602; *Finger/Eiermann*, Art. 1 CIM Anm. 2 (Jan. 1999); *Vischer/Huber/Oser*, Rz. 484 mwN.

III. Luftfrachtvertrag

Literatur: (für Literatur bis 2004 s. 6. Aufl. Rz. 1464): *Bollweg*, Das Montrealer Übereinkommen – Rückblick, Überblick, Ausblick, ZLW 2000, 439; *Bollweg/Schnellenbach*, Die Neuordnung der Luftverkehrshaftung, ZEuP 2007, 798; *Cheng*, The 1999 Montreal Convention on International Carriage by Air, ZLW 2000, 287; *Clarke*, Will the Montreal Convention Be Able to Replace the Warsaw System and What Will Be the Changes?, TranspR 2004, 436; *Dettling-Ott*, Internationales und schweizerisches Lufttransportrecht (Zürich 1993); *Diederiks-Verschoor*, Current Practice and Developments in Air Cargo: Comparison Warsaw Convention 1929 and Montreal Convention 1999, Liber amicorum Böckstiegel (2001), S. 26; *Giemulla/Schmid*, Frankfurter Kommentar zum Luftverkehrsrecht (Loseblatt); *Kadletz*, Das neue Montrealer Übereinkommen vom 28.5.1999 über den internationalen Luftbeförderungsvertrag, VersR 2000, 927; *N. Kretschmer*, Das Internationale Privatrecht der zivilen Luftfahrt (2003); *Müller-Rostin*, Das „neue Warschauer Abkommen" im Überblick, TranspR 1999, 291; *Reuschle*, Montrealer Übereinkommen (2005); *Ruhwedel*, Das Montrealer Übereinkommen zur Vereinheitlichung bestimmter Vorschriften über die Beförderung im internationalen Luftverkehr vom 28.5.1989, TranspR 2001, 189; *Saenger*, Harmonisierung des internationalen Luftprivatrechts, NJW 2000, 169; *K. Schiller*, Vom Warschauer zum Montrealer Abkommen, SchwJZ 2000, 184; *Shawcross/Beaumont*, Air Law (London Loseblatt).

1. Montrealer Übereinkommen

a) Allgemeines

Für den internationalen Luftverkehr gelten internationale Abkommen, die insbesondere in den Fragen der Haftung und der Beförderungsdokumente zu einer Vereinheitlichung des materiellen Rechts geführt haben. Die kollisionsrechtlichen Probleme reduzieren sich dabei auf die Fälle, die außerhalb des räumlichen oder sachlichen Geltungsbereichs dieser Abkommen liegen oder die nicht von den Abkommen erfasst werden. Als völkerrechtliche Vereinbarungen, die unmittelbar anwendbares innerstaatliches Recht geworden sind, gehen sie (genauer: ihre internationalen Anwendungsbestimmungen) den Vorschriften des nationalen IPR gem. Art. 23 Rom I-VO vor, sofern die Mitgliedstaaten der Rom I-VO sie vor dem Inkrafttreten der Rom I-VO ratifiziert haben[1]. 2831

Am 28.5.1999 wurde in Montreal das Nachfolgeabkommen für das Warschauer Abkommen aufgelegt. Dieses Montrealer Übereinkommen (MÜ)[2] ist völkerrechtlich am 4.11.2003 in Kraft getreten[3]. Die Bundesrepublik hat es mit Wirkung vom 28.6.2004 ratifiziert. Generell kann man in dem MÜ eine Konsolidierung aller Rechtsakte des MÜ-Systems einschließlich des Montrealer Protokolls Nr. 4 sehen[4]. 2832

---

1 S. nur *Martiny*, in: MünchKomm, Art. 28 EGBGB Rz. 169; *Koller*, Transportrecht, 6. Aufl. (2007), vor Art. 1 WA 1955 Rz. 4; *Thorn*, in: Palandt, Art. 3 EGBGB Rz. 6.
2 Montrealer Übereinkommen zur Vereinheitlichung bestimmter Vorschriften über die Beförderung im internationalen Luftverkehr vom 28.5.1999, BGBl. II 2004, 458. Dazu allein in Deutschland *Cheng*, ZLW 2000, 287 u. 437; *Bollweg*, ZLW 2000, 439; *Kadletz*, VersR 2000, 937; *Müller-Rostin*, TranspR 1999, 291; *Müller-Rostin*, TranspR 2000, 234; *Saenger*, NJW 2000, 169; *K. Schiller*, SchwJZ 2000, 184; *Ruhwedel*, TranspR 2001, 189.
3 Der Ratifikationsstand ist abrufbar unter http://www.icao.int.
4 *Müller-Rostin*, TranspR 2000, 234 (235).

b) **Internationale Beförderung**

2833 Art. 1 MÜ ist bis auf wenige redaktionelle Änderungen und den Abs. 4 mit Art. 1 Warschauer Abkommen (WA) identisch[1]. Das MÜ gilt für jede internationale Beförderung von Gütern, die durch Luftfahrzeuge gegen Entgelt erfolgt (Art. 1 Abs. 1 MÜ). Die Beförderung als solche muss vertraglich gegen Entgelt vereinbart sein. Nicht darunter fallen Beförderungen nur aus Gefälligkeit[2]. Eine internationale Beförderung liegt nach Art. 1 Abs. 2 MÜ dann vor, wenn nach den Vereinbarungen der Parteien **Abgangs- und Bestimmungsort** jeweils auf dem Gebiet eines Vertragsstaates liegen. Maßgeblich sind die Orte, an denen nach dem Vertrag die Beförderung beginnen und enden soll, nicht tatsächliche Start- und Zielorte[3]. Vereinbarter erster Start und vereinbarte letzte Landung sind maßgeblich[4]. Ausschlaggebend sind allein die vertraglich manifestierten Intentionen der Parteien[5]. Nicht vertraglich fixierte Intentionen einer eventuellen Weiterbeförderung sind unbeachtlich[6]. Umgekehrt ist unbeachtlich, ob die letzte vereinbarte Beförderungstranche gar nicht angetreten werden soll und seitens des Kunden nur auf dem Papier steht[7]. Das MÜ kommt auch bei außerplanmäßigem Abbruch in einem anderen Land als Folge zB von Unwetter oder Luftraumsperrung zur Anwendung[8] oder dann, wenn der Flug die Grenze überhaupt nicht überschreitet, sondern vorzeitig im Ausgangsstaat endet[9]. Vollendung der Vertragsausführung ist nicht verlangt, nur entsprechender Vertragsabschluss[10].

2834 Befinden sich Abgangs- und Bestimmungsort in demselben Vertragsstaat, so muss eine **Zwischenlandung** in einem anderen Staat vorgesehen sein, um gem. Art. 1 Abs. 2 Var. 2 MÜ das MÜ anwendbar zu machen. Der Staat dieser Zwi-

---

1 S. nur *Reuschle*, Montrealer Übereinkommen (2005), Art. 1 MÜ Rz. 5; *Giemulla*, in: Giemulla/Schmid, Frankfurter Kommentar zum Luftverkehrsrecht, Bd. III: Montrealer Übereinkommen (Losebl. 2000 ff.), Art. 1 MÜ Rz. 1 (Okt. 2006).
2 BGH 24.6.1969, BGHZ 52, 194 = NJW 1969, 2008; *Giemulla*, in: Giemulla/Schmid, Art. 1 WA Rz. 31 (Jan. 1995); *Ruhwedel*, Der Luftbeförderungsvertrag, 3. Aufl. (1998), Rz. 52.
3 *Grein* v. *Imperial Airways* [1937] 1 K.B. 50 = 1 Avi 622 = 1936 USAviR 211 (C.A.); *Lee* v. *China Airlines* 669 F. Supp. 979 (C.D. Cal. 1987); *Giemulla*, in: Giemulla/Schmid, Art. 1 WA Rz. 5 (Jan. 1995); *Shawcross/Beaumont*, Air Law (London Losebl.), para. VII (345) (April 2001).
4 S. nur OLG Hamm 24.10.2002, TranspR 2003, 201 (202); *Dettling-Ott*, Internationales und schweizerisches Lufttransportrecht (Zürich 1993), S. 10.
5 Cass. 16.4.1975, Rev. fr. dr. aérien 1975, 293; CA Paris 8.12.1973, Rev. fr. dr. aérien 1974, 287; *Shawcross/Beaumont*, para. VII (345) (April 2001).
6 *Kapar* v. *Kuwait Airways* 663 F. Supp. 1065 (D. Colo. 1987); *Dettling-Ott*, in: Giemulla/Schmid, Art. 28 WA Rz. 23 (April 2001).
7 S. *Klos* v. *Polskie Linie Lotnicze* 26 Avi 15,215 = AirLaw 1999, 169 (2nd Cir. 1998). Anders *In re Air Crash near Warsaw on May 9, 1987* 23 Avi 14, 42 = AirLaw 1992, 316 (E.D.N.Y. 1992), 25 Avi 17, 165 = AirLaw 1998, 83 (E.D.N.Y. 1994).
8 *Giemulla*, in: Giemulla/Schmid, Art. 1 WA Rz. 5 (Jan. 1995); *N. Kretschmer*, Das Internationale Privatrecht der zivilen Luftfahrt (2003), S. 58.
9 OLG Düsseldorf 21.1.1993, TranspR 1993, 246 (247); *Koller*, Art. 1 WA 1955 Rz. 12.
10 *Herd* v. *Clyde Helicopters Ltd.* [1997] 1 All E.R. 775 (H.L.); *Shawcross/Beaumont*, para. VII (343) (April 2001).

schenlandung braucht kein Vertragsstaat zu sein[1]. Art. 1 Abs. 2 S. 2 MÜ hat erhebliche Bedeutung für sog. Rundflüge[2]. Die **Länge der Unterbrechung ist ohne Bedeutung**, sofern Hin- und Rückflug nur einheitlich vereinbart sind und die Aufenthaltsdauer von vornherein bestimmt ist[3]; ein Rücktransport nach einer Urlaubsreise oder nach einer Messeausstellung reichen also hin. Dass zwei Flugscheine (einer für den Hin-, einer für den Rückflug) ausgestellt werden, schadet nicht[4]. Nachträglich eingetretene Verzögerungen ändern nichts[5], ebenso wenig eine vorbehaltene Routenänderung durch den Beförderer[6]. Dass ganz konkretes Datum und Flugnummer des abstrakt fest verabredeten Rückfluges offen gelassen werden, macht das MÜ nicht unanwendbar[7]. Eine unvorhergesehene, so im Vertrag nicht angelegte Zwischenlandung (zB wegen Unwetters oder zum Auftanken bei exorbitant hohem Verbrauch) reicht dagegen nicht[8], ebenso wenig eine bloß aus den Flugplänen ersichtliche oder technisch selbstverständliche Zwischenlandung[9]. Ein Rundflug über Gebiete anderer Staaten ohne geplanten Zwischenstopp reicht in keinem Fall[10].

Art. 1 Abs. 3 MÜ stellt darüber hinaus klar, dass eine Beförderung durch mehrere aufeinander folgende Luftfrachtführer als eine einzige Beförderung iSd. Abkommens gilt, wenn sie von den Parteien als einheitliche Leistung vereinbart worden ist[11]. Hierbei macht es keinen Unterschied, ob der Beförderungsvertrag in der Form eines einzigen Vertrages oder einer Reihe von Verträgen geschlossen ist. Wiederum kommt es auf die vereinbarten Orte der ersten Beladung und der letzten Entladung an[12]. 2835

---

1 S. nur *Holmes* v. *Bangladesh Birman Corp.* [1989] 1 All E.R. 852, 859 (H.L., per Lord Bridge of Harwich); *Goldman* v. *Thai Airways International Ltd.* [1983] 3 All E.R. 693 = [1983] 1 W.L.R. 1186 (C.A.); *Alexander* v. *Pan American World Airways* 757 F. 362 (D.C. Cir. 1975); *Carey* v. *United Airlines, Inc.* 77 F. Supp. 2d 1165 (D. Ore. 1999); *Dettling-Ott*, S. 10; *Giemulla*, in: Giemulla/Schmid, Art. 1 WA Rz. 6, 7 (Jan. 1995); *Koller*, Art. 1 WA Rz. 13.
2 *Robertson* v. *American Airlines* 401 F. 3d 499 (D.C. Cir. 2005); LG Düsseldorf 3.2.1971, ZLW 1971, 290 (292); LG Berlin 28.6.1973, ZLW 1973, 304, 305; *Lee* v. *China Airlines* 669 F. Supp. 979 (C.D. Cal. 1987); *Chagnon* v. *Japan Airlines* 21 Avi 17,607 = AirLaw 1989, 151 (C.D. Cal. 1988); *Giemulla*, in: Giemulla/Schmid, Art. 1 WA Rz. 7 (Jan. 1995).
3 BGH 23.3.1976, NJW 1976, 1586 = ZLW 1976, 255; *Dettling-Ott*, S. 11.
4 *In re Air Crash Disaster at Malaga* 18 Avi 17, 593 (E.D.N.Y. 1984).
5 *Schmoldt Importing Co.* v. *Pan American World Airways, Inc.* 767 P. 2d 411 = 21 Avi 17,974 (Okla. Sup. Ct. 1989); *Shawcross/Beaumont*, para. VII (346) (April 2001).
6 *Grein* v. *Imperial Airways* [1937] 1 K.B. 50, 80 = 1 Avi 622 = 1936 USAviR 211 (C.A., per Greene L.J.); *Shawcross/Beaumont*, para. VII (348) (April 2001).
7 Vgl. *Swaminathan* v. *Swissair* 23 Avi 18,392 = AirLaw 1994, 97 (5th Cir. 1993); *Mougouie* v. *Air France* 24 Avi 18,197 = AirLaw 1996, 93 (C.D. Cal. 1995); *Dettling-Ott*, in: Giemulla/Schmid, Art. 28 WA Rz. 21 mwN. (April 2001).
8 *Giemulla*, in: Giemulla/Schmid, Art. 1 WA Rz. 5 (Jan. 1995).
9 *Rotterdamsche Bank* v. *BOAC* 1953 USAvR 163 (Q.B.D.); *Giemulla*, in: Giemulla/Schmid, Art. 1 WA Rz. 7 (Jan. 1995).
10 *Mahon* v. *Air New Zealand* [1984] A.C. 808 = [1984] 3 All E.R. 201 (P.C.).
11 *Giemulla*, in: Giemulla/Schmid, Art. 1 WA Rz. 19 (Jan. 1995).
12 *Al-Zamil* v. *British Airways* 770 F. 2d 3 = 19 Avi 17,646 (2nd Cir. 1985); *Esa* v. *Olympic Airways* 24 Avi 18102 = AirLaw 1995, 169 (C.D. Cal. 1994); *Gasca* v. *Empresa de*

2836 Beschränkt sich die gesamte Beförderung nur auf den Transport innerhalb des Gebiets eines Vertragsstaates (zB München-Frankfurt), so handelt es sich nicht um eine internationale Beförderung. Zubringerflüge zu einer von vornherein so geplanten internationalen Beförderung unter einem einheitlichen Vertrag fallen dagegen unter das MÜ. In diesem Fall ist unerheblich, dass sich einzelne Teilverträge nur auf den Binnenverkehr beziehen[1].

Weiß der Beförderer nichts von den Anschlussflügen, so fehlt es schon am einheitlichen Vertrag[2].

2837 Eine zwischenstaatliche Beförderung fällt dann nicht unter das MÜ, wenn zwar der Abgangs-, nicht aber gleichzeitig der Bestimmungsflughafen im Gebiet eines Vertragsstaates liegt (oder umgekehrt)[3]. Ist einer der beteiligten Staaten dem MÜ nicht beigetreten, kommen das MÜ nicht zur Anwendung.

2. Fortgeltung des WA und seiner Modifikationen neben dem MÜ

2838 Das MÜ gilt nur für Beförderungen zwischen Mitgliedstaaten. Neben ihm besteht das Warschauer Abkommen (WA) samt dem Zusatzabkommen von Guadalajara (ZAG) fort. Das MÜ geht dem WA nach Art. 55 Abs. 1 MÜ *nur* und ausschließlich für den Verkehr zwischen Mitgliedstaaten des MÜ vor[4]. Weder denunziert das MÜ das WA, noch zwingt das MÜ seine Mitgliedstaaten nicht dazu, das WA zu kündigen. Das WA behält also Bedeutung für den Verkehr mit Nichtmitgliedstaaten des MÜ[5]. Führt eine Beförderung von einem Mitgliedstaat des MÜ in einen Staat, der zwar kein Mitgliedstaat des MÜ, aber Mitgliedstaat des WA ist, so gilt das WA in derjenigen Fassung, welcher der Nicht-Mitgliedstaat des MÜ angehört[6].

2839 Ein von den Mitgliedstaaten des WA unterschiedlich behandelter, aber praktisch sehr wichtiger Sonderfall ist Taiwan. Deutsche Gerichte behandeln es als

---

Trasporte Aéreo del Peru 26 Avi 15454 = AirLaw 1999, 169 (S.D. Fla. 1998); *Dettling-Ott,* in: Giemulla/Schmid, Art. 28 WA Rz. 25 mwN. (April 2001).

1 *Haldimann* v. *Delta Airlines, Inc.* 168 F. 3d 1324 (D.C. Cir. 1999); *Collins* v. *British Airways Board* [1982] Q.B. 734 = [1982] 1 All E.R. 302 (C.A.); *Duff* v. *Trans World Airlines* 527 N.E. 2d 498 = 21 Avi 17,795 = AirLaw 1989, 269 (Ill. App. 1988); *Re Aircrash Disaster near Roselawn, Indiana, on October 31, 1994* 948 F. Supp. 747 (N.D. Ill. 1996); *Dettling-Ott* S. 11; *Shawcross/Beaumont,* para. VII (344) (April 2001); *N. Kretschmer,* S. 58.
2 S. *Huxley* v. *Aquila Air Ltd.* (1995) 30 CCLI (2d) 52 (British Columbia Sup. Ct.).
3 S. nur *Clarke,* TranspR 2003, 436 (438); *Ruhwedel,* TranspR 3/2004 SdBeil. XXV, XXVII; *Koller,* Art. 1 MÜ Rz. 3; und für das parallele WA BGH 1.10.1986, TranspR 1987, 187 (188); OLG Frankfurt a.M. 10.7.1979, ZLW 1980, 77; OLG Köln 5.5.1982, IPRspr. 1982 Nr. 36 = VersR 1982, 985 = ZLW 1982, 401.
4 S. nur *Cheng,* ZLW 2001, 155 (167); *Koller,* Art. 55 MÜ Rz. 1.
5 S. nur *Ruhwedel,* TranspR 2008, 89 (97); *R. Wagner,* TranspR 2009, 103 (105 Fn. 22).
6 *Whalen,* AirLaw 2000, 12 (25); *Ruhwedel,* TranspR 2001, 289 (202); *Schmid,* NJW 2003, 3516 (3520); *Weber,* AirLaw 2004, 280 (285); *Koller,* vor Art. 1 MÜ Rz. 7. AA *Littger/Kirsch,* ZLW 2003, 563 (565).

Nichtmitgliedstaat und wenden nationales Recht an[1]. US-Gerichte behandeln Taiwan dagegen als Mitgliedstaat, da China das WA ratifiziert habe[2]. Darin schlägt sich die unterschiedliche geopolitische Handhabung nieder, inwieweit Taiwan als Rechtsnachfolger Chinas angesehen wird.

Ferner ist zu berücksichtigen, dass das WA in unterschiedlichen Fassungen gilt[3]. Die Bundesrepublik Deutschland hat sowohl das MÜ als auch das WA in dessen ursprünglichen Fassung vom 12.10.1929 (RGBl. II 1933, 1039) wie in der novellierten Fassung des Haager Protokolls vom 28.9.1955 (BGBl. II 1958, 291) ratifiziert. Einige andere Staaten haben das Haager Protokoll nicht ratifiziert. Bei Luftbeförderungen in solche Staaten oder von dort in die Bundesrepublik Deutschland gilt somit nur das WA in der Fassung von 1929[4].   2840

Auch für die Anwendung des ZAG gilt, dass sowohl der vertragliche Ausgangs- als auch der vertragliche Bestimmungsort jeweils in einem Staat liegen müssen, welcher erstens das WA[5] und zweitens das ZAG ratifiziert hat[6]. Der tatsächliche Luftfrachtführer unterliegt danach nicht den Regeln des WA, wenn der Empfängerstaat das ZAG nicht ratifiziert hat. Dagegen kommt das ZAG bei Hin- und Rückreise von und nach Deutschland zur Anwendung, selbst wenn das besuchte Reiseland kein Vertragsstaat ist[7]. § 51 LuftVG steht dem nicht entgegen, da er insoweit nur eine Voraussetzungsverweisung enthält[8]. Es kommt auf Ausgangs- und Endpunkt der gesamten Beförderung an, nicht nur auf den Abschnitt, welchen der Dritte auszuführen hatte[9]. Mit dem gesamten WA/MÜ-System nicht vereinbar ist eine kollisionsrechtliche Lösung, derzufolge das ZAG nur anwendbar ist, wenn der Staat des Luftvertragsstatuts es ratifiziert hat[10].   2841

---

1 OLG Düsseldorf 2.11.2006, TranspR 2007, 30 (31); OLG Köln 16.1.2007, VersR 2007, 1149 = OLGR Köln 2007, 553; LG Mönchengladbach 24.2.1988, TranspR 1988, 283 = AirLaw 1989, 213. Zust. *Giemulla*, in: Giemulla/Schmid, Art. 1 WA Rz. 25 (Jan. 1995); 5. Aufl. Rz. 1198 (*van Dieken*); *Lu*, AirLaw 1997, 175 (181). Krit. dagegen *Kadletz*, AirLaw 1998, 143.
2 *Atlantic Mutual Insurance Co.* v. *Northwest Airlines* 96 F. Supp. 2d 18 = 24 Avi 17,122 (E.D. Wis. 1996) sowie *Lee* v. *China Airlines* 669 F. Supp. 979 (C.D. Cal. 1987).
3 Die dadurch bewirkte Rechtszersplitterung beklagen mit Recht zB *Müller-Rostin/Schmid*, Festschr. Werner Guldimann (1997), S. 169 (175, 197).
4 S. nur LG Frankfurt a.M. 27.1.1997, TranspR 1997, 236 (237). Beispiele bei *Giemulla*, in: Giemulla/Schmid, Art. 1 WA Rz. 25 (Sept. 2001).
5 *Schmid*, Rechtsprechung zum Charterflug (1997), S. 7 f.; *Vischer/Huber/Oser*, Rz. 472.
6 OLG Hamburg 18.2.1988, ZLW 1988, 362 (364); LG Offenburg 14.1.1986, TranspR 1986, 151 Anm. *Moeser*; LG Berlin 18.1.1990, NJW-RR 1990, 1018 (1019); LG Bonn 14.1.1998, ZLW 2000, 124 (126); *P.N. Ehlers*, in: Giemulla/Schmid, Einl. ZAG Rz. 6 (Juli 1989); *Zapp*, TranspR 2000, 239 (240); *Koller*, TranspR 2000, 355 (357); *Koller*, Vor Art. I ZAG Rz. 4.
7 Übersehen von LG Bonn 14.1.1998, ZLW 2000, 124 (126) für Flug Frankfurt a.M.-Honolulu-Frankfurt a.M.
8 LG Offenburg 14.1.1986, TranspR 1986, 151 Anm. *Moeser*.
9 *P.N. Ehlers*, in: Giemulla/Schmid, Einl. ZAG Rz. 6 (Juli 1989); *Koller*, Vor Art. I ZAG Rz. 4.
10 Dafür aber *Dettling-Ott*, S. 41 f.; *L. Schneider*, Haftung und Haftungsbeschränkung bei Personenschäden im internationalen Lufttransport (Basel/Frankfurt a.M. 1999), S. 28.

2842 Das MÜ wie das WA werden vom nationalen **Prozessrecht** ergänzt, dem auch Grundsätze über eine so genannte **sekundäre Darlegungslast** des Frachtführers zu entnehmen sind (wenn Schäden nachweisbar in der Sphäre des Frachtführers entstanden sind, muss dieser sein Verhalten darlegen, weil der Geschädigte in jene Sphäre keinen Einblick hat)[1]. Sofern eine Ergänzung in materiellrechtlichen Fragen nötig ist, kann man weder dem MÜ noch dem WA eine Kollisionsnorm entnehmen, dass immer das Sachrecht der lex fori anzuwenden wäre[2]. Vielmehr sind Lücken über das nach dem IPR des Forums ermittelte Statut des Luftfrachtvertrages zu schließen.

3. Besondere Kollisionsnormen in WA und MÜ zu Gunsten der lex fori

2843 Innerhalb des Anwendungsbereichs des MÜ treten kollisionsrechtliche Probleme nur dort auf, wo das Abkommen den Beförderungsvertrag nicht materiellrechtlich regelt. An verschiedenen Stellen kennen das MÜ und das WA Kollisionsnormen, die dann stets auf die lex fori verweisen, so in den Fällen des Art. 21 WA (Mitverschulden des Geschädigten), Art. 22 Abs. 1 WA (Entschädigung in Form einer Geldrente), Art. 25 WA 1929 (dem Vorsatz gleichstehende Fahrlässigkeit), Art. 28 Abs. 2 WA; 33 Abs. 4; 45 S. 2 HS 2 MÜ; VII S. 2 ZAG (Verfahrensgrundsätze bei Schadensersatzklagen gegen den Luftfrachtführer)[3] und Art. 29 Abs. 2 WA; 35 Abs. 2 MÜ (Berechnung der Ausschlussfrist für Klagen gegen den Luftfrachtführer)[4]. Daraus ist abgeleitet worden, dass bei den dem WA oder MÜ unterliegenden Beförderungsverträgen auch für die nicht im Abkommen behandelten Komplexe die lex fori Vertragsstatut sei[5]. Dieser Schluss ist jedoch sachlich unbefriedigend und auch logisch nicht zwingend. Es kann auch der Umkehrschluss gezogen werden[6]. Der Rechtsvereinheitlichung wäre eine einheitliche Kollisionsnorm hier auch nur bedingt förderlich, da angesichts der Gerichtsstände aus Artt. 33 MÜ; 28 WA und Art. VIII ZAG

---

1 Österreich. OGH 29.11.2001, ZfRV 2003, 39 (40); OLG Köln 27.6.1995, VersR 1996, 1567; OLG Frankfurt a.M. 14.9.1999, TranspR 2000, 260 (261); OLG Köln 26.3.2002, TranspR 2003, 111 (113); *K. Otte*, Gedächtnisschr. Alexander Lüderitz (2000), S. 523 (533, 540) sowie OLG München 1.4.1998, TranspR 1998, 473; OLG München 7.5.1999, TranspR 1999, 301 (303); OLG Frankfurt a.M. 21.4.1998, TranspR 1999, 24 (26); LG Frankfurt a.M. 16.1.2003, TranspR 2003, 203 (204).
2 *Peterhoff*, TranspR 2007, 103 (104).
3 ZB die Beweisführung; OLG Köln 27.6.1995, TranspR 1996, 26 = NJW-RR 1997, 98; *Ruhwedel*, TranspR 1998, 13 (16).
4 *Giemulla*, in: Giemulla/Schmid, Einl. WA Rz. 21 (Jan. 1995).
5 LG Hamburg 6.4.1955, ZLW 1955, 226 (230) abl. Anm. *A. Meyer*; *de Visscher*, Rec. des Cours 48 (1934 II), 279 (331 ff.); *Riese*, Luftrecht (1949), S. 397 sowie die bei *Sand*, ZLW 1969, 205 (206) angeführte Literatur.
6 *Sand*, ZLW 1969, 205 (206 f.); 6. Aufl. Rz. 1201 (*van Dieken*); *Kadletz*, Conflicts of Laws in Private International Air Law (Montréal 1996), S. 77–82; *von Hoffmann*, in: Soergel, Art. 28 EGBGB Rz. 405; *Th. Pfeiffer/Kadletz*, Handbuch der Handelsgeschäfte (1999), § 18 Rz. 56.

mehrere leges fororum zur Auswahl stünden und jedes Gericht den Fall dann nach einem anderen Recht beurteilen würde[1].

In den aufgeführten Fällen handelt es sich um spezielle Einzelfragen, die entweder mit dem Gerichtsverfahren zusammenhängen oder besondere Aspekte des Schadensersatzes betreffen. Als Spezialvorschriften sind sie letztlich eng auszulegen und stellen keine Generalverweisung, keine allgemeine Anknüpfungsregel, dar[2]. Richtig ist natürlich, dass zur Ermittlung des Vertragsstatuts das IPR des angerufenen Gerichts maßgeblich ist[3].

4. Vertragsstatut im Übrigen

In den Fällen, in denen das MÜ das nationale Recht nicht vollständig verdrängt, gilt das vom IPR des Forums bestimmte Vertragsstatut, in Deutschland über Art. 3; 5 Rom I-VO[4], zB in Fällen der Nichtdurchführung einer vereinbarten Luftbeförderung[5] oder einer Überbuchung[6]. Nicht im MÜ geregelt sind ferner Fragen der Geschäftsfähigkeit der Parteien, Form, Rechtswirksamkeit, Anfechtung des Beförderungsvertrages, Übertragbarkeit des Luftfrachtbriefs, Rechtsstellung des Luftfrachtführers und seiner Leute sowie des Grundes ihrer Haftung, verschuldensunabhängige vertragliche Ansprüche[7], Organisationsverschulden[8], Schäden aus anderen als luftfahrtspezifischen Gefahren[9] und die unentgeltliche Beförderung, die nicht von einem Luftfrachtunternehmen durchgeführt wurde[10]. Soweit das MÜ sachlich reicht und konkret anwendbar ist, verdrängt es dagegen das nationale Recht einschließlich des IPR[11].

In der Praxis werden AGB verwandt. Internationale Bedeutung haben **die IATA**[12]**-Beförderungsbedingungen**, für die Luftfrachtbeförderung die IATA Condi-

---

1 *Kronke*, in: MünchKomm HGB, Bd. 7: §§ 407–457 HGB (1997), Art. 1 WA 1955 Rz. 13. Vgl. zu forum shopping unter dem WA insbesondere *Villeneuve*, Rev. gén. air 1967, 221; *Brymer*, Rev. fr. dr. aérien 1992, 9.
2 S. nur OLG Düsseldorf 12.1.1978, IPRspr. 1978 Nr. 34 = VersR 1978, 964; LG München I 15.7.1975, ZLW 1977, 155, bestätigt durch OLG München 3.2.1977, IPRspr. 1977 Nr. 31; *Giemulla*, in: Giemulla/Schmid, Einl. WA Rz. 19 (Jan. 1995); *Ruhwedel*, Rz. 63.
3 OLG Düsseldorf 12.1.1978, IPRspr. 1978 Nr. 34 = VersR 1978, 694; *Ruhwedel*, in: MünchKomm HGB, Art. 1 Mü Rz. 60.
4 *Martiny*, in: MünchKomm, Art. 28 EGBGB Rz. 172; *Koller*, Vor Art. 1 WA 1955 Rz. 6.
5 AG Düsseldorf 12.8.1999, TranspR 2000, 263.
6 OLG Frankfurt a.M. 31.1.1984, TranspR 1984, 297 = IPRspr. 1984 Nr. 41; *Giemulla/Brautlacht*, TranspR 1988, 360.
7 LG Frankfurt a.M. 9.8.1993, NJW-RR 1993, 1270 (1271); AG Frankfurt a.M. 28.6.1995, TranspR 1996, 347 (348).
8 LG Bonn 14.1.1998, ZLW 2000, 124 (125); *Leffers*, TranspR 1997, 93 (94).
9 *Walker* v. *United Airlines* 23 Avi 17,904 (E.D.N.Y. 1990); LG Bonn 14.1.1998, ZLW 2000, 124 (125).
10 *Giemulla*, in: Giemulla/Schmid, Einl. WA Rz. 20 (Jan. 1995).
11 Nachdrücklich BGH 24.3.2005, TranspR 2005, 317 (Verjährung).
12 Alle führenden Gesellschafter des internationalen Luftlinienverkehrs sind in der International Air Transport Association (IATA) zusammengeschlossen. Die IATA ist eine privatrechtliche Vereinigung, sie sieht eine wesentliche Aufgabe darin, AGB für

tions of Carriage for Cargo – Recommended Practice 1601[1]. Die Beförderungsbedingungen für Beförderungen im gewerblichen Bedarfsluftverkehr gelten ebenfalls weltweit für bestimmte Luftfrachtführer, für den USA-Verkehr gelten die Besonderen Beförderungsbedingungen für den USA-Verkehr. National gelten die Beförderungsbedingungen der Deutschen Lufthansa für Fluggäste und Gepäck und die Allgemeinen Beförderungsbedingungen für Fracht (ABB-Fracht) der Deutschen Lufthansa[2]. Art. 1 ABB-Fracht verweist zur Rechtsanwendung wieder auf das MÜ und die maßgebenden Gesetze, einschließlich der nationalen Gesetze zur Durchführung des MÜ oder derjenigen Gesetze, welche die Anwendung des Abkommens auf nicht „internationale Beförderungen" ausdehnen, für den Bereich der Bundesrepublik Deutschland, insbesondere das LuftVG, die Luftverkehrsordnung, sowie sonstigen Regierungsverordnungen, Anordnungen und Auflagen. Der verbleibende Freiraum wird durch die Beförderungsbedingungen geregelt. Die ABB-Fracht entspricht den von der IATA ausgearbeiteten Beförderungsbedingungen[3]. Die IATA-Bedingungen enthalten aber keine Rechtswahlklausel[4].

5. Luftchartervertäge

2847 Bei den Luftchartervertägen ist zwischen den Verträgen des Charterers mit dem Vercharterer und dem eigentlichen Luftbeförderungsvertrag zwischen dem Charterer und dessen Kunden zu unterscheiden[5]. Bei der **Transportcharter** gilt für das Vertragsverhältnis zwischen dem ausführenden Luftfrachtführer und dem Charterer kein internationales Übereinkommen[6]. Eine objektive Anknüpfung führt über Art. 4 Abs. 2 Rom I-VO zum Recht der vertragsbetreuenden Niederlassung des Vercharterers[7], da es wesentlich um das Zur-Verfügung-Stellen der Produktionskraft und höchtens sekundär um eine Transportleistung geht[8]. Handelt es sich bei diesen Verträgen jedoch um Verträge für

---

die Beförderungsverträge ihrer Mitglieder auszuarbeiten und Tarife einheitlich zu gestalten. Diese Tarife werden den betreffenden Staaten zur Genehmigung vorgelegt (§ 21 LuftVG).
1 Text bei *Giemulla/Schmid*, Anh. III 1a.
2 Text bei *Giemulla/Schmid*, Anh. III 2.1 bzw. III 3.
3 Zur Frage der Wirksamkeit der AGB im Lufttransport *Gran*, TranspR 1999, 173 (177-188).
4 *Ruhwedel*, Rz. 63; *Gran*, TranspR 1999, 173 (177).
5 *Giemulla*, in: Giemulla/Schmid, Art. 1 WA Rz. 30 (Jan. 1995); *Martiny*, in: MünchKomm, Art. 28 EGBGB Rz. 179; *Koller*, Art. 1 WA Rz. 3.
6 *Martiny*, in: MünchKomm, Art. 28 EGBGB Rz. 182; *Magnus*, in: Staudinger, Art. 28 EGBGB Rz. 465.
7 OLG Frankfurt a.M. 17.10.1995, IPRspr. 1996 Nr. 137 = IPRax 1998, 35 (36) (Aufs. *Th. Pfeiffer*, IPRax 1998, 17); *Scheuch*, Luftbeförderungs- und Charterverträge unter besonderer Berücksichtigung des internationalen Privatrechts (Winterthur 1979), S. 65; *von Hoffmann*, in: Soergel, Art. 28 EGBGB Rz. 412; *Martiny*, in: MünchKomm, Art. 28 EGBGB Rz. 182; *Magnus*, in: Staudinger, Art. 28 EGBGB Rz. 465 will Art. 28 Abs. 4 EGBGB anwenden.
8 *Schweickhart*, ZLW 1964, 9 (15 f.); *W. Müller*, Festschr. Walter Schluep (Zürich 1988), S. 215 (216). AA *Schwenk*, Handbuch des Luftverkehrsrechts, 2. Aufl. (1996), S. 462 f.; *Magnus*, in: Staudinger, Art. 28 EGBGB Rz. 465.

eine einzige Reise, gilt im Prinzip wegen Erwägungsgrund 22 S. 2 Rom I-VO Art. 5 Rom I-VO[1]. Die Beziehungen von Charterer und Vercharterer zu den Passagieren regelt das Zusatzabkommen von Guadalajara (s. Rz. 2838–2841). Als ausführender Frachtführer unterliegt er während der Beförderung nach Art. 2 ZAG dem MÜ.

Bei der **Mietcharter** (oder wet lease[2]) verpflichtet sich der Charterer auch, die Dienste der Besatzung zu verschaffen[3]; dies gilt auch für Teile bei der **Poolcharter**. In diesen Fällen gelten zwischen Charterer und Vercharterer weder MÜ noch IATA-Beförderungsbedingungen[4]. Die objektive Anknüpfung führt auch hier über Art. 4 Abs. 2 Rom I-VO zum Recht der vertragsbetreuenden Niederlassung des Vercharterers[5], es sei denn, es handelt sich um eine Charter nur für eine Reise. In letzterem Fall kommt Art. 5 Rom I-VO zur Anwendung; am Anknüpfungsergebnis wird sich dadurch aber im Zweifel nichts ändern. Eine Anknüpfung an den Registrierungsort des vercharterten Flugzeugs[6] über Art. 5 Abs. 3 Rom I-VO analog Art. 4 Abs. 1 lit. c Rom I-VO ist abzulehnen. 2848

Bei der **bare hull charter** wird das Flugzeug ohne Besatzung gemietet (geleast). In diesem Fall handelt es sich nicht um einen Beförderungsvertrag. Weder MÜ noch WA noch IATA-Beförderungsbedingungen kommen zur Anwendung. Auch Art. 5 Abs. 1 S. 1 Rom I-VO gilt nicht. Maßgeblich ist mangels Rechtswahl gem. Art. 4 Abs. 2 Rom I-VO das Recht am Ort der vertragsbetreuenden Niederlassung des Vermieters[7]. Wiederum schlägt der Registrierungsort des Flugzeugs nicht durch[8]. 2849

6. Zusammenfassung

1. Im internationalen Luftverkehr hat das **Abkommen zur Vereinheitlichung von Regeln über die Beförderung im internationalen Luftverkehr (Montrealer Übereinkommen – MÜ)** überragende Bedeutung. Neben ihm gilt sein Vorgänger, das **Warschauer Abkommen**, entweder in dessen Ursprungsfassung von 1929 oder in der Fassung des **Haager Protokolls** von 1955 sowie ge- 2850

---

1 *von Hoffmann*, in: Soergel, Art. 28 EGBGB Rz. 412; *Ruhwedel*, Rz. 66; *N. Kretschmer*, S. 71.
2 S. *F. Thomas*, TranspR 1997, 313 (317).
3 *Mankiewicz*, RabelsZ 27 (1962/63), 38.
4 S. nur *Magnus*, in: Staudinger, Art. 28 EGBGB Rz. 466 mwN.
5 *Scheuch* Luftbeförderungs- und Charterverträge unter besonderer Berücksichtigung des internationalen Privatrechts (Winterthur 1979), S. 61; *von Hoffmann*, in: Soergel, Art. 28 EGBGB Rz. 411; *Martiny*, in: MünchKomm, Art. 28 EGBGB Rz. 181; *Magnus*, in: Staudinger, Art. 28 EGBGB Rz. 466; *N. Kretschmer*, S. 72.
6 Dafür Institut de droit international, Ann. Inst. dr. int. 50-II (1963), 366 (374).
7 *Scheuch* Luftbeförderungs- und Charterverträge unter besonderer Berücksichtigung des internationalen Privatrechts (Winterthur 1979), S. 57; *von Hoffmann*, in: Soergel, Art. 28 EGBGB Rz. 410; *Martiny*, in: MünchKomm, Art. 28 EGBGB Rz. 180; *Magnus*, in: Staudinger, Art. 28 EGBGB Rz. 467.
8 *Scheuch* Luftbeförderungs- und Charterverträge unter besonderer Berücksichtigung des internationalen Privatrechts (Winterthur 1979), S. 57 gegen Institut de droit international, Ann. Inst. dr. int. 50-II (1963), 366 (374).

benenfalls dem **Zusatzabkommen von Guadalajara (ZAG)**. Damit das MÜ oder eine bestimmte Fassung des WA gilt, müssen Ausgangs- und Endpunkt der vertraglich vorgesehenen Beförderung in Vertragsstaaten dieser Fassung liegen. Dies gilt auch für das ZAG.

2. Für Fragen, die weder vom MÜ noch vom WA sachlich selbst geregelt noch einer besonderen Kollisionsnorm des MÜ oder des WA überantwortet sind, gelten die allgemeinen Kollisionsregeln der Art. 3; 5 Rom I-VO, uU überlagert durch § 449 Abs. 3 HGB.

3. Für Luftcharterverträge besteht primär Rechtswahlfreiheit nach Art. 3 Abs. 1 Rom I-VO. Die objektive Anknüpfung erfolgt grundsätzlich nach Art. 4 Abs. 2 Rom I-VO und führt zum Recht am Ort der vertragsbetreuenden Niederlassung des Vercharterers. Nur bei Vercharterungen über eine Reise kann ausnahmsweise Erwägungsgrund 22 S. 2 Var. 2 Rom I-VO und darüber Art. 5 Rom I-VO eingreifen.

2851–2870 Frei.

IV. Seefrachtverträge

Literatur (für weitere Literatur bis 2004 s. 6. Aufl. Rz. 1495): *Aikens/Lord/Bools*, Bills of Lading (2006); *Asariotis*, Contracts for the Carriage of Goods by Sea and Conflict of Laws: Some Questions Regarding the Contracts (Applicable Law) Act 1990, 26 JMLC 293 (1995); *Asariotis*, Die Anwendungs- und Zuständigkeitsvorschriften der Hamburg-Regeln und ihre Auswirkungen in Nichtvertragsstaaten (1999) (*Asariotis*, Hamburg-Regeln); *Basedow*, Rechtswahl und Gerichtsstandvereinbarungen nach neuem Recht (1987); *Basedow*, Kollisionsrechtliche Aspekte der Seerechtsreform von 1986, IPRax 1987, 333; *Bonassies/Scapel*, Droit maritime (2006); *Branellec*, La coexistence des règles applicables au contrat de transport international de marchandises par mer (thèse Université de Bretagne 2007); *Boonk*, Aspects of Private International Law Relating to Questions of Carriage under Bills of Lading and Cargo, in: Hendrikse/N.H. Margetson/H.J. Margetson, Aspects of Maritime Law (Alpen aan den Rijn 2008), S. 319; *Carbone/Celle/Lopez di Gonzalo*, Diritto marittimo, 3. Aufl. (2006); *Carver* on Bills of Lading, 2. Aufl. (2005); *Cooke/T. Young/A. Taylor/Kimball/Martowski/Lambert*, Voyage Charters, 3. Aufl. (2005); *M. Davis*, Bareboat Charters (London/Hong Kong 2000); *Debattista*, Bills of Lading in Export Trade, 3. Aufl. (2008); *Espinosa Calabuig*, Problemas de identificación del porteador marítimo: Especial referencía a las demise clauses y su repercusión sobre el Convenio de Roma de 1980, Dir.mar. 100 (1998), 340; *Ebenroth/Sorek*, Der Geltungsbereich des zwingenden deutschen Konnossementrechts im internationalen Seetransport, RIW 1989, 165; *Espinosa Calabuig*, La regulación de los contratos internacionales de transporte marítimo de meracnacías en el Convenio de Roma de 1980, Dir.mar. 102 (2000), 64; *Flessner*, Reform des Internationalen Privatrechts: Was bringt sie dem Seehandelsrecht? (1987); *Gaskell/Asariotis/Baatz*, Bills of Lading: Law and Contracts (Losebl. London/Hong Kong 2000 ff.); *Girvin*, Carriage of Goods by Sea (2007); *H.N. Götz*, Zum neuen deutschen Seefrachtrecht, NJW 1987, 1671; *Hartenstein*, Rom I-Entwurf und Rom II-Verordnung: Zur Bedeutung zukünftiger Änderungen im IPR für das Seerecht, TranspR 2008, 143; *Herber*, Das neue Haftungsrecht der Schifffahrt (1989) (*Herber*, HaftungsR); *Herber*, Das internationale Seefrachtrecht der neunziger Jahre, TranspR 1990, 173; *Herber*, Gedanken zum Inkrafttreten der Hamburg-Regeln, TranspR 1992, 381; *Herber*, Konnossement und Frachtvertrag, Festschr. Peter Raisch (1995), S. 67; *Herber*, Haftung nach den Haager Regeln, Haag/Visby-Regeln und Hamburg-Regeln, TranspR 1995, 261; *Herber*, Seehandelsrecht (1999) (*Herber*, SHR); *A. Hoffmann*, Die Haftung des Verfrachters nach deutschem Seefrachtrecht (1996); *Klingsporn*, Zum international zwingenden Anwendungsbereich des neuen Seefrachtrechts, NJW 1987, 3042; *Kopper*, Der multimodale Ladeschein im internationalen Transportrecht (2007); *Mankowski*, Neue internationalprivatrechtliche Probleme des Konnossements, TranspR 1988, 410; *Mankowski*, Internationalprivatrechtliche Aspekte der IoC-Problematik, TranspR 1991, 253; *Mankowski*, Jurisdiction Clauses und Paramount Clauses nach dem Inkrafttreten der Hamburg Rules, TranspR 1992, 301; *Mankowski*, Seerechtliche Vertragsverhältnisse im Internationalen Privatrecht (1995); *Mankowski*, Himalaya Clause, independent contractor und Internationales Privatrecht, TranspR 1996, 10; *Mankowski*, Warenübereignung durch Dokumentenübertragung und Internationales Privatrecht, Festschr. Rolf Herber (1999), S. 147; *Mankowski*, Konnossemente und die Rom I-VO, TranspR 2008, 417; *Mann*, Zum Anwendungsbereich des neuen Seefrachtrechts, NJW 1988, 3074; *Okuda*, Zur Anwendungsnorm der Haager, Visby und Hamburg Rules (1983); *Puttfarken*, Seehandelsrecht (1997); *D. Rabe*, Seehandelsrecht, 4. Aufl. (2000); *Rammeloo*, Prejudiciële vraag HR aan HvJ EG – Eenvormige interpretatie van artikel 4 EVO, NIPR 2008, 242; *Rammeloo*, Treatment of Charter Parties relating to the Transport of Goods under the 1980 Rome Convention on the Law Applicable to Contractual Obligations, EuLF 2008, I-241; *Ramming*, Die Regelung des Art. 6 Abs. 1 Satz 1 Nr. 2 EGHGB, TranspR 1998, 381; *Ramming*, Die neue Rom I-Verordnung und die Rechtsverhältnisse der Schifffahrt, HmbZSchR 2009, 21; *Richter-Hannes*, Die Hamburger Regeln 1978 (Berlin [DDR] 1982); *Röhreke*, Die X C/P – Hintergrund und Funktion – (1985); *Sana-Chaillé de Néré*, L'article 16 aliné 1er de la Loi du 18 juin 1966: charnière ou verrou pour la détermination de la loi applicable au contrat international de transport maritime?, Mélanges Yves Tassel (2008), S. 505; *Schultsz*, The Concept of Characteristic Performance and the Effect of The E.E.C. Convention on Carriage of Goods, in: North (Hrsg.), Contract Conflicts (Amsterdam/New York/Oxford 1982), S. 189; *Scrutton*, Charterparties and Bills of Lading, 20. Aufl. (London 1996); *Tetley*, International Conflict of Laws – Common, Civil and Maritime (Montreal 1994); *Todd*, Bills of Lading and Bankers' Documentary Credits, 4. Aufl. (2008); *Tullio*, Contratto di noleggio (2006); *Wilford/Coghlin/Kimball*, Time Charters, 4. Aufl. (1995); *Yiannopoulos* (Hrsg.), Ocean Bills of Lading: Traditional Form, Substitutes and EDI Systems (1995); *von Ziegler*, Schadensersatz im internationalen Seefrachtrecht (1990); *von Ziegler*, Haftungsgrundlage im internationalen Seefrachtrecht (2002) (*von Ziegler*).

1. Allgemeines

Der Frachtvertrag zur Beförderung von Gütern über See kann sich entweder auf das Schiff im Ganzen bzw. einen verhältnismäßigen Teil oder einen bestimmt bezeichneten Raum des Schiffes beziehen oder auf einzelne Güter (§ 556 HGB). Im ersteren Fall führt er die Bezeichnung Chartervertrag. Der andere Typ wird Stückgutvertrag genannt. Beide Vertragstypen unterscheiden sich rechtlich und tatsächlich in mehreren Punkten. Sie erfahren auch kollisionsrechtlich eine unterschiedliche Behandlung.

2871

Die Parteien des *Chartervertrages* werden als wirtschaftlich gleich stark angesehen; deshalb herrscht Vertragsfreiheit, die nur durch das Gebot der guten Sitten und den Grundsatz von Treu und Glauben begrenzt wird. Dies gilt auch, wenn ein Konnossement ausgestellt wird, solange das Konnossement nicht an einen Dritten begeben wird (§ 663a HGB). Ist ein Konnossement ausgestellt und wird dieses an einen Dritten begeben, gelten im Verhältnis des Verfrachters (= Vercharterer) zum (dritten) Empfänger die zwingenden Konnossementsregeln. Das Verhältnis des Verfrachters zum Befrachter (= Charterer) bleibt aber

2872

unberührt. Anders verhält es sich beim *Stückgutvertrag.* Hier stehen sich idR nicht zwei wirtschaftlich adäquate Partner gegenüber, sondern auf der einen Seite der zu Konferenzraten fahrende Verfrachter und auf der anderen Seite eine Unzahl verschiedener Befrachter. Den Stückgutverträgen liegen vom Verfrachter einseitig aufgestellte AGB zugrunde, der Befrachter hat kaum Einfluss auf die Ausgestaltung des individuellen Vertrages. Deshalb unterliegen die Konnossemente des Stückgutverkehrs den zwingenden Vorschriften des Internationalen Abkommens zur Vereinheitlichung von Regeln über Konnossemente vom 25.8.1924 (**Haager Regeln, HR**) oder in der Fassung des Änderungsprotokolls vom 23.2.1968 (**Visby Regeln, VR**). Danach haftet der Verfrachter bis zu einer bestimmten Höhe zwingend für die See- und Ladungstüchtigkeit des Schiffes sowie für gehöriges Einladen, Stauen, Beförderung, Behandeln und Ausladen der Güter (§ 662 HGB).

2. Konnossement

a) Ausnahmebereich des Art. 1 Abs. 2 lit. d Var. 3 Rom I-VO

aa) Qualifikation als Konnossement

2873 Bei der Stückgutbeförderung steht das Konnossement im Vordergrund des Interesses. Nach Art. 1 Abs. 2 lit. d Var. 3 EVÜ, aufgenommen in Art. 1 Abs. 2 lit. d Var. 3 Rom I-VO, findet die ROM I-VO keine Anwendung auf Verpflichtungen aus Wechseln, Schecks und anderen Wertpapieren, sofern die Verpflichtungen aus diesen anderen Wertpapieren aus deren Handelbarkeit entstehen.

2874 Laut Erwägungsgrund (9) Rom I-VO sollen ausdrücklich auch Konnossemente unter die Ausnahme fallen, soweit die Schuldverhältnisse aus dem Konnossement aus dessen Handelbarkeit entstehen. Damit wird der zuvor bestehende Streit, ob Konnossemente von der Ausnahme des Art. 1 Abs. 2 lit. c Var. 3 EVÜ erfasst seien (also dem EVÜ nicht unterfielen)[1] oder nicht (also grundsätzlich dem EVÜ unterfielen)[2], für die Rom I-VO positiv geklärt. Das europäische IPR anwenden zu wollen ist jetzt definitiv überholt[3]. Damit wird die Rechtssicherheit erhöht[4]. Ein Erwägungsgrund von solcher Eindeutigkeit ist eine eindeutige, gute und stabile Grundlage für die Auslegung. Es bedürfte sehr überzeugender Gründe, um nicht von ihm auszugehen. Solche Gründe sind hier nicht ersichtlich.

---

1 S. nur BGHZ 99, 207 (210); *Mankowski,* TranspR 1988, 410 (411 f.); *Mankowski,* S. 134–148 mwN.
2 So in England selber *North/Fawcett,* Private International Law, 13. Aufl. (1999), S. 548; *Gaskell,* in: Gaskell/Asariotis/Baatz, Bills of Lading: Law and Contracts (2000), Rz. 19.8; *Harris,* in: Fawcett/Harris/Bridge, International Sale of Goods in the Conflict of Laws (2005), Rz. 14.07 und in Deutschland *Herber,* Festschr. Thume (2008), S. 177 (184).
  Korrekt danach differenzierend, in welchem Umfang bills of lading netogiable seien, allerdings *Dicey/Morris/Morse,* Rz. 33/331.
3 *Mankowski,* TranspR 2008, 339 (352).
4 *Mankowski,* IHR 2008, 133 (134); *Mankowski,* TranspR 2008, 339 (352).

Methodisch hat – anders als zu Art. 1 Abs. 2 lit. c Var. 3 EVÜ nicht mehr der nationale Gesetzgeber eine Ausfüllungsprärogative[1], sondern es geht um eine gemeinschaftsrechtlich-autonome Begriffsbildung[2]. Kein nationaler Gesetzgeber kann mehr Kategorien des eigenen Wertpapierrechts heranziehen. Der deutsche Gesetzgeber kann sich mehr auf Inhaber- und Orderpapiere beziehen und damit zumindest Rekta- oder Namenspapiere aus der Ausnahme ausgrenzen[3]. 2875

Art. 1 (7) HR versucht sich an einer Definition des Konnossements, übernommen in s. 1 (6) (b) Carriage of Goods b Sea Act 1971. Eine Definition der negotiable bill of lading findet man auch in § 80 103 (a) (1) Federal Bill of Lading Act 1994[4]. Erwägungsgrund (9) Rom I-VO ist wesentlich englischen Interventionen und den Interessen der maritimen Wirtschaft Englands geschuldet. Dies legt eine Übernahme des seehandelsrechtlichen Vorverständnisses nahe, solange es kein davon abweichendes eigenständiges Verständnis für „Konnossement" gerade im Gemeinschaftsrecht gibt. Dafür streitet auch die weitere ratio des Art. 1 Abs. 2 lit. d Rom I-VO: indirekte Konventionskonflikte mit Einheitsrecht, dessen nationalen Umsetzungen und Adaptionen aufzulösen[5]. Diese ratio stellt einen weiteren Zusammenhang mit dem sachlich einschlägigen Einheitsrecht her. Umso näher liegt es dann, sich für die Begriffsausfüllung von Begriffen in den Abgrenzungstatbeständen an das Begriffsverständnis des jeweils sachlich einschlägigen Einheitsrechts anzulehnen. Das Gemeinschaftsrecht verweist implizit auf das seehandelsrechtliche Verständnis, soweit es „Konnossement" sagt[6]. 2876

Das seehandelsrechtliche Verständnis beruht im Wesentlichen auf der Drei-Funktionen-Lehre des englischen Rechts, inzwischen des gesamten angloamerikanischen Rechtskreises, denn dessen Denken dominiert die Schifffahrtswelt[7]. Das Konnossement ist danach erstens Empfangsbekenntnis (und begründet damit den Herausgabeanspruch gegen den Verfrachter), zweitens Beweisurkunde für den Seefrachtvertrag[8] und drittens document of title to the 2877

---

1 S. dort Bericht *Giuliano/Lagarde*, ABl. EG 1980 Nr. C 282, Art. 1 EVÜ Bem. (4).
2 *Garcimartín Alférez*, EuLF 2008, I-61, I-63 Fn. 16; *Mankowski*, IHR 2008, 133 (134); *Mankowski*, TranspR 2008, 339 (352); *Kopper*, S. 122; *Ramming*, HmbSchRZ 2009, 21 (29).
3 Dies übersehen *Rugullis*, TranspR 2008, 102 (106); *Olaf Hartenstein*, TranspR 2008, 143 (155).
4 P.L. 103-429, § 6 (7a), 108 Stat. 4388 = 49 USCS § 321: „A bill of lading is negotiable if the bill (A) states that the goods are to be delivered to the order of a consignee and (B) does not contain on its face an agreement with the shipper that the bill is not negotiable."
5 Für diese ratio BGHZ 99, 207 (210); *Basedow*, IPRax 1987, 333 (338); *Mankowski*, TranspR 1988, 410 (411 f.); *Mankowski*, S. 317; 6. Aufl. Rz. 1507.
6 *Mankowski*, TranspR 2008, 417 (418); zustimmend *Ramming*, HmbSchRZ 2009, 21 (29).
7 So die (dort bedauernde) Feststellung bei *Herber*, Festschr. Raisch (1995), S. 67.
8 Speziell dazu: *J. Sewell* v. *James Burdick* (1884) 10 App. Cas. 105 (H.L.); *Moss Steamship Co. Ltd.* v. *S. Whinney* [1912] AC 254, 261, 264, 270 (H.L.) und im deutschen

goods (dh. es vermittelt einen Eigentumsanspruch auf die transportierte Ware)[1]. Entsprechende Funktionen schreibt auch der deutsche Rechtskreis dem Konnossement zu[2], gleichermaßen der romanische, zB im italienischen Recht[3]. Das Konnossement ist nicht der Frachtvertrag[4]. Konnossement und eigentlicher Seefrachtvertrag sind vielmehr zwei voneinander getrennte, jeweils eigenständige Rechtsverhältnisse[5]. Im deutschen Recht macht der Kontrast zwischen § 656 Abs. 1 HGB und § 656 Abs. 4 HGB dies unmissverständlich klar. Der eigentliche Frachtvertrag ist in aller Regel zustandegekommen, bevor

---

Recht 13.2.1904, RGZ 57, 62 (64); 3.1.1917, RGZ 89, 285 (288); OLG Hamburg 16.8.1973, VersR 1973, 1138 (1139) („Reinbek") m. Anm. *Trappe.*

1 S. nur *J.I. MacWilliam Co. Inc.* v. *Mediterranean Shipping Co. SA (The „Rafaela S")* [2005] UKHL 11 [38], [2005] 2 WLR 554, [2005] 1 Lloyd's Rep. 347 (H.L., per Lord Steyn); *Berisford Metals Inc.* v. *S/S „Salvador"* 779 F.2d 841, 845 (2d Cir. 1985); *Evergreen Marine Corp.* v. *Six Consignments of Frozen Scallops* 4 F.3d 90, 92 Fn. 1 (1st Cir. 1993); *Carrington Slipways Pty. Ltd.* v. *Patrick Operations Pty. Ltd.* (1991) 24 NSWLR 745, 751D-752E (New South Wales Ct. App., per *Handley* J.A.); *Gaskell/Asariotis/Baatz,* Bills of Lading: Law and Contracts, 2000, Rz. 1.1–1.4; *Giermann,* Die Haftung des Verfrachters für Konnossementsangaben (2000), S. 60–98; The Evidentiary Value of Bills of Lading and Estoppel (2004), S. 10–12; *McMeel,* [2005] LMCLQ 273 (274); *Carver/Treitel,* Bills of Lading, 2. Aufl. (2005), Rz. 1-002, 2-001, 6-008; *Aikens/Lord/Bools,* Bills of Lading (2006), Rz. 1.7-1.26; *Girvin,* Carriage of Goods by Sea (2007), Rz. 61–98; *John F. Wilson,* Carriage of Goods by Sea, 6. Aufl. (2008), S. 5 f.
Ebenso zB *Scutenaire,* in: Putzeys (Hrsg.), Les ventes internationales et les transports (Louvain-la-Neuve 1992), S. 9; *Alexandropoulos,* Les ventes internationales et les transports (Louvain-la-Neuve 1992), S. 19; *Lopez de Gonzalo,* Dir.comm.int. 1993, 29 (42 f. no. 9, 47 f. no. 10, 55 f. no. 13).

2 S. nur *Schmidt-Scharff,* Das Warenpapier beim See- und Binnen-Transport (1884), S. 16–18; *Schminke,* Das Konnossement (Diss. Heidelberg 1912), S. 3 f.; *Eberhard Henke,* Der Rechtserwerb durch Konnossement (Diss. Erlangen 1912), S. 10 f.; *Carlos Meyer,* Das Orderkonnossement als Traditionspapier (Diss. Jena 1912), S. 35; *Mannschatz,* Die dingliche Wirkung des Konnossements (Diss. Leipzig 1913, S. 1); *Liesecke,* in: Schlegelberger/Liesecke, Seehandelsrecht, 2. Aufl. (1964), vor § 642 HGB Rz. 3; *Dumke,* Das Konnossement als Wertpapier (Diss. Hamburg 1970), S. 2; *Dierk Ernst,* Der Ablader im deutschen Seerecht (Diss. Hamburg 1971), S. 26 f.; *Abraham,* Das Seerecht, 4. Aufl. (1974), S. 165; *Norf,* Das Konnossement im gemischten Warenverkehr (1976), S. 8; *Radisch,* Die Beschränkung der Verfrachterhaftung beim Überseetransport von Containern (Diss. Hamburg 1986), S. 202 f.; *Ingelmann,* Dokumentäre Sicherungsübereignung bei kombinierten Transporten (1992), S. 47 f.

3 S. zB Trib. Milano 12.12.2007, Dir. mar. 110 (2008), 1003 (1004); Trib. Salerno 21.11.2007, Dir. mar. 110 (2008), 1000 (1001).

4 Besonders deutlich Rb. Rotterdam 12.5.2004, NIPR 2005 Nr. 66, S. 109: Eine Gerichtsstandsklausel für „disputes under B/L" erfasse nicht Ansprüche aus Frachtvertrag.

5 S. nur BGH 23.11.1978, BGHZ 73, 4 (6 f.); BGH 9.12.1991, TranspR 1992, 106 (108); OLG Hamburg 13.1.1977, VersR 1977, 814; OLG Hamburg 11.6.1981, VersR 1982, 65; OLG Hamburg 27.10.1988, TranspR 1989, 438 (439); OLG Hamburg 31.12.1991, TranspR 1992, 141 (142); OLG Hamburg 28.2.2008, TranspR 2008, 125 (127); italien. Cass. 7.7.1999, Dir.mar. 103 (2001), 1072 = Foro it. 2001 I col. 686; *Pyrene Co. Ltd.* v. *Scindia Navigation Co. Ltd.* [1954] 2 QB 402, 414 (Q.B.D., *Devlin* J.); *Mankowski,* S. 124 mwN.; *Mankowski,* TranspR 2008, 417, 418; *Mankowski,* in: Handwörterbuch zum Europäischen Privatrecht (2009), Stichwort „Transportdokumente" Anm. 2c; *Herber,* Festschr. Peter Raisch (1995), S. 67 (72–74); *Herber,* SHR, S. 283 (294).

das Konnossement ausgestellt wird; schon deshalb kann das Konnossement mit ihm nicht identisch sein[1].

bb) Behandlung von Rektakonnossementen

Erwägungsgrund (9) Rom I-VO differenziert nicht zwischen Order-, Inhaber- und Rektakonnossementen[2]. Er spricht schlechterdings von Konnossementen. **Rektakonnossemente** sind in der Rechtspraxis weitaus häufiger, als man denkt[3]. Typischerweise nennen sie einen Berechtigten ohne Zusatz „or bearer" und ohne Order-Klausel. Ein Konnossement, das nur einen consignee (Empfänger) benennt und keine Orderklausel enthält, ist jedenfalls nach den wesentlichen Rechtsordnungen kein Orderpapier[4].

2878

Rekta*konnossemente* sind dem Namen nach Konnossemente[5]. Nicht außer Zweifel stehen freilich in den einzelnen Rechtsordnungen ihre Traditionsfunktion und ihr Charakter als document of title[6]. Sie tragen indes weitgehend als Titel Verfügungen über die Ware[7]. Sie sind ebenso zu präsentieren[8], will man die Ware heraus, wie Order- und Inhaberkonnossemente[9]. Jedoch unterliegen sie keinem besonderen wertpapierrechtlichen Übertragungsmodus, und immerhin gilt für sie nicht „Das Recht aus dem Papier folgt dem Recht am Papier", sondern genau umgekehrt „Das Recht am Papier folgt dem Recht aus dem Papier". Dies ist ein Unterscheidungskriterium[10]. Es nimmt Rektakonnossementen andererseits nicht die Grundqualität als Konnossement. Denn jedes Rektakonnossement verkörpert ebenso einen eigenständigen Herausgabeanspruch neben dem Frachtvertrag wie ein Orderkonnossement. Auch jedes Rektakonnossement begründet ein eigenes Konnossementsrechtsverhältnis.

2879

---

1 *Hansson v. Hamel and Horley Ltd.* [1922] 2 A.C. 36, 47 (H.L.); *J.I. MacWilliam Co. Inc. v. Mediterranean Shipping Co. SA (The „Rafaela S")* [2005] UKHL 11 [38], [2005] 2 WLR 554, [2005] 1 Lloyd's Rep. 347 (H.L., per Lord *Steyn*); *Pyrene Co. Ltd. v. Scindia Navigation Co. Ltd.* [1954] 2 QB 402, 414 (Q.B.D., *Devlin* J.); *Carver/Treitel*, Bills of Lading (2001) Rz. 3-001.
2 *Mankowski*, TranspR 2008, 339 (352).
3 *Mankowski*, Festschr. Herber (1999), S. 147 (177); *Hartenstein*, TranspR 2008, 143 (159).
4 S. nur für das deutsche Recht BGH 9.12.1991, TranspR 1992, 106 (108); OLG Hamburg TranspR 1991, 109 (111); OLG Hamburg 17.1.1991, TranspR 1991, 185 (187) und für das engl. Recht sec. 2 Carriage of Goods by Sea Act 1992 sowie *Henderson & Co. v. The Comptoir d'Escompte de Paris* (1873) L.R. 5 P.C. 253, 260 (P.C.); *Soproma SpA v. Marine and Animal By-Products Corp.* [1966] 1 Lloyd's Rep. 367, 388 (Q.B.D., *McNair* J.).
5 Vgl. aber s. 1 (2) (a) COGSA 1992.
6 S. nur *Maes*, ETR 2008, 559 (573-576) einerseits und *Carver/Treitel*, Bills of Lading (2001) Rz. 6.015–6.027 (document of title in common law sense?) andererseits.
7 S. nur *Maes*, ETR 2008, 559 (585-587).
8 Zweifelnd allerdings *Benjamin*'s Sale of Goods, 7. Aufl. (2006), Rz. 18.069–18.072; *Debattista*, Rz. 2.34.
9 S. nur *Maes*, ETR 2008, 559 (581–585).
10 *Mankowski*, TranspR 2008, 417 (419).

Auch jedes Rektakonnossement lässt spätere Rechtsinhaber keineswegs rechtlos und ohne Auslieferungsanspruch[1].

2880 Den unterschiedlichen Übertragungsmodus sollte man erst bei der weiteren Voraussetzung des Art. 1 Abs. 2 lit. d Var. 3 Rom I-VO berücksichtigen, dass die Ausnahme nur greift, soweit Verpflichtungen gerade auf der Handelbarkeit des Papiers beruhen[2]. Die Ausgrenzung von Rektapapieren, wie Art. 37 Nr. 1 EGBGB sie in delegierter nationaler Kompetenz vollzog, existiert so unter Art. 1 Abs. 2 lit. d Rom I-VO nicht mehr[3]. Eine straight bill of lading dürfte zudem unter das spezifische Konnossementshaftungsregime der Haager und Visby-Regeln fallen[4]. Art. 15 Abs. 1 lit. c HbgR und Art. 13 CMNI nennen Rektakonnossemente, und zumindest Art. 3 § 4 S. 2 VR und Art. 16 Abs. 3 lit. b HbgR differenzieren nicht nach den verschiedenen Konnossementsarten. Dies könnte man als Indiz für die tendenzielle Gleichstellung von Rektakonnossementen werten[5]. Indes sind Argumente aus den Hamburg Rules schwach, weil kein EU-Mitgliedstaat diese ratifiziert hat. Dass die Vermutung des § 656 Abs. 2 S. 1 HGB auch für Rektakonnossemente gilt, ist in sich richtig, aber als Argument aus dem nationalen Recht für die europäische Begriffsbildung nicht von Bedeutung[6].

cc) Umfang des Ausnahmebereichs

2881 Ausgegrenzt sind nur solche Verpflichtungen, die sich aus der **Handelbarkeit** von Konnossementen ergeben. Dies ist wortlautgleich mit dem entsprechenden Erfordernis in Art. 1 Abs. 2 lit. c Var. 3 EVÜ. Deshalb sollte im Prinzip inhaltliche Kontinuität obwalten[7]. Jedenfalls geht es um die Handelbarkeit des Papiers, nicht um jene der Verpflichtung an sich[8]. Aus der Handelbarkeit als solcher folgen – wörtlich verstanden – keine Verpflichtungen, sondern erst aus dem tatsächlichen Handel; insoweit ist die deutsche Formulierung ungenau[9]. Die französische Fassung besagt genauer, worum es eigentlich geht[10]: „dérivent de leur caractère négociable". Erwägungsgrund 30 Rom I-VO gibt kein weitergehende systematische Hilfestellung[11]. Auch Art. 6 Abs. 4 lit. d Rom I-VO lässt sich nur entnehmen, dass Wertpapiere nicht schlechterdings aus der

---

1 *Debattista*, Rz. 2.1; *Mankowski*, TranspR 2008, 417 (419).
2 Insoweit richtig *Rugullis*, TranspR 2008, 102 (104).
3 Auch insoweit richtig *Rugullis*, TranspR 2008, 102 (104); *Kopper*, S. 122.
4 *J.I. MacWilliam Co. Inc.* v. *Mediterranean Shipping Co. SA (The „Rafaela S")* [2005] UKHL 11, [2005] 2 WLR 554, [2005] 1 Lloyd's Rep. 347 (H.L.); Rb. Rotterdam 10.4.1997, S&S 1999 Nr. 19; *S.W. Margetson*, in: Hendrikse/N.H. Margetson/H.J. Margetson, Aspects of Maritime Law (2008), S. 19, 25.
5 Deutlich dahin *Ramming*, HmbSchRZ 2009, 21 (30).
6 Gegen *Ramming*, HmbSchRZ 2009, 21 (30).
7 *Rugullis*, TranspR 2008, 102 (106); *Mankowski*, TranspR 2008, 417 (420).
8 *Rugullis*, TranspR 2008, 102 (103).
9 Treffend *von Bar*, Festschr. Lorenz (1991), S. 273 (285); dem zustimmend *Kopper*, S. 109.
10 *Kopper*, S. 113.
11 *Mankowski*, TranspR 2008, 417 (420 f.).

Rom I-VO ausgegrenzt sein sollen[1]. Handelbarkeit meint Umlauffähigkeit[2]. Rechtstechnisch drückt sich dies darin aus, dass ein Recht verbrieft wird, welches erst mit der Übertragung des Papiers auf den Erwerber übergeht[3]. Handelbarkeit überwand traditionell-historisch in England die Missliebigkeit vertraglicher Drittberechtigungen (doctrine of privity of contract) und die Abneigung gegen eine Übertragung von choses in action[4].

Aus der Handelbarkeit des Konnossements erwachsen jedenfalls die spezifisch wertpapierrechtlichen Wirkungen, dass ein gutgläubiger Erwerb möglich wird und dass ein Einwendungsausschluss stattfindet. Diese spezifisch wertpapierrechtlichen Wirkungen fallen jedenfalls in den Ausnahmebereich nach Art. 1 Abs. 2 lit. d Var. 3 Rom I-VO[5]. Würde man es dabei belassen[6], so gelangte man zu einer relativen Anknüpfung von Ansprüchen aus dem Konnossement, je nachdem, wer Konnossementsberechtigter ist, der erste Berechtigte oder ein derivativer Erwerber. Anknüpfungsgegenstand würde nur die Besserberechtigung des späteren Inhabers[7]. Das kann nicht überzeugen, weil es mit dem Prinzip des einheitlichen Anknüpfungsgegenstands im Internationalen Wertpapierrecht kollidiert[8]. Außerdem ist die besondere Ausgestaltung nicht vom attsächlichen Dritterwerb abhängig, sondern erfolgt auf die Möglichkeit des Dritterwerbs hin[9]. 2882

Sich an der Auslegung in anderen Mitgliedstaaten zu orientieren, insbesondere an dem angloamerikanischen Verständnis, dass das Konnossement in der Regel kein negotiable instrument sei[10], würde zwar zu einem sehr eng begrenzten 2883

---

1 *Mankowski*, TranspR 2008, 417 (420).
2 *Leible*, in: AnwKomm, Art. 37 EGBGB Rz. 32.
3 *von Hoffmann*, in: Soergel, Art. 37 EGBGB Rz. 35; *Nemeth*, in: Czernich/Heiss, Art. 1 EVÜ Rz. 33; *Magnus*, in: Staudinger, Art. 37 EGBGB Rz. 44; *Looschelders*, Art. 37 EGBGB Rz. 12; *Leible*, in: AnwKomm, Art. 37 EGBGB Rz. 32.
4 *McMeel*, [2005] LMCLQ 273 (278).
5 Insoweit übereinstimmend Begründung der Bundesregierung zum Entwurf eines Gesetzes zur Neuregelung des Internationalen Privatrechts, BT-Drucks. 10/504, S. 84; *Schultsz*, in: North (Hrsg.), Contract Conflicts (1982), S. 185 (189 f.); *Flessner*, S. 21; *Tetley*, International Conflict of Laws (Montreal 1994) S. 312; *Herber*, Festschr. Raisch (1995), S. 67 (78); *Herber*, SHR, S. 409; *Herber*, Festschr. Thume (2008), S. 177 (183 f. Fn. 20); *Asariotis*, Hamburg-Regeln, S. 44 f.; *von Ziegler*, S. 55; *Looschelders*, Art. 37 EGBGB Rz. 12; *Martiny*, in: MünchKomm, Art. 37 EGBGB Rz. 37; *Ramming*, TranspR 2007, 279 (296); *Hohloch*, in: Erman, Art. 37 EGBGB Rz. 3.
6 Dafür, wenn auch mit unterschiedlichen Nuancierungen, so doch in der generellen Linie übereinstimmend die in der vorigen Fn. zitierten Autoren (aber nicht die Regierungsbegründung und *Ramming*) sowie *Boonk*, in: Hendrikse/N.H. Margetson/H.J. Margetson, Aspects of Maritime Law (Alpen aan den Rijn 2008), S. 319 (325); *Boonk*, TV&R 2009, 95 (97 f.).
7 So konsequent *Schultsz*, in: North (ed.), Contract Conflicts (1982), S. 185 (190).
8 *Mankowski*, TranspR 1988, 410 (412); *Mankowski*, S. 138 sowie *von Hoffmann*, in: Soergel, Art. 37 EGBGB Rz. 36; *Nemeth*, in: Czernich/Heiss, Art. 1 EVÜ Rz. 35; *Magnus*, in: Staudinger, Art. 37 EGBGB Rz. 47.
9 *Mankowski*, S. 139; *Kopper*, S. 112.
10 ZB *Gurney* v. *Behrend* (1854) 3 E.&B. 622 (633 f.), 188 E.R. 1275 (1279); *Tetley*, Marine Cargo Claims, 3. Aufl. (Montreal 1988), S. 220.

Anwendungsbereich des Art. 1 Abs. 2 lit. d Var. 3 Rom I-VO führen[1]. Die Teilfragen der Konnossementsübertragung als solcher und des Einwendungsausschlusses gegenüber dem gutgläubigen Erwerber abzuspalten und einem eigenen Anknüpfungsregime zu unterwerfen machte aber wenig Sinn[2]. Man sollte das Wertpapier Konnossement auch in seinem übergreifenden Charakter als Verbriefung von Ansprüchen sehen und die spezifisch wertpapierrechtlichen Funktionen nicht zu eng ziehen. Außerdem ist die Basis des Schlusses angreifbar[3]: Jene enge angloamerikanische Ansicht greift nur, soweit das Konnossement kein Orderkonnossement ist[4]; Art. 1 Abs. 2 lit. d Var. 3 Rom I-VO meint aber gerade Orderkonnossemente. Der deutsche Gesetzgeber konkretisierte den von Art. 1 Abs. 2 lit. c EVÜ[5] bewusst eingeräumten Spielraum[6] gezielt durch einen Rekurs auf Inhaber- und Orderpapiere. Den Begriff des negotiable instruments verwendete er gerade nicht. Vielmehr stellte er einen auslegungsrelevanten Zusammenhang mit den Prinzipien des deutschen Wertpapierrechts her[7]. Vom seinerzeit allein maßgeblichen deutschen Verständnis her waren Order- und Inhaberkonnossemente also umfasst[8].

2884 Es wäre im Übrigen methodisch zweifelhaft, ob man schon Art. 1 Abs. 2 lit. c EVÜ selbst in seiner englischen Fassung durch Rückgriff auf das nationale Verständnis eines Begriffs speziell im englischen Recht auslegen durfte[9]. Hinzu tritt schließlich, dass selbst in englischen Entscheidungen oft von negotiable bills of ladings die Rede ist[10] und der kommerzielle Sprachgebrauch ebenfalls

---

1 Dafür *Bonomi*, Banca, borsa e titoli di credito 1992 I 36, 49 no. 6; *Herber*, Festschr. Peter Raisch (1995), S. 67 (78); *Herber*, S. 406; vgl. auch *Puttfarken* Rz. 316; *Asariotis*, Hamburg-Regeln, S. 44.
2 Das sieht *Puttfarken*, Rz. 316 richtig.
3 Zu pauschal *Tetley*, S. 309; *Gaskell/Asariotis/Baatz*, Rz. 19.8, die jedes Konnossement nicht von Art. 1 Abs. 2 lit. c EVÜ erfasst sehen.
4 *Lickbarrow* v. *Mason* (1794) 5 T.R. 683; *Henderson* v. *Comptoir d'Escompte de Paris* (1873) L.R. 5 P.C. 253, 260; *Scrutton/Boyd/Burrows/Foxton*, Charterparties and Bills of Lading, 20. Aufl. (London 1996), S. 184 (185).
5 Diese Norm übersehen zB CA Paris 9.9.1999 (Bonastar II), DMF 1999, 829 Anm. Nicolas; East West Corp. v. DKBS 1912 and AKTS Svendborg [2002] 2 Lloyd's Rep. 182, 194 para. 62 (Q.B.D., *Thomas* J.); Rb. Rotterdam 1.2.2001, NIPR 2003 Nr. 34 S. 75 nr. 7; Rb. Amsterdam 5.2.2003 (Leliegracht); TVR 2003, 106; *A. Huet*, Clunet 127 (2000), 85 (87).
6 Bericht *Giuliano/Lagarde*, ABl. EG 1980 Nr. C 282, Art. 1 EVÜ Bem. (4).
7 *Mankowski*, TranspR 1988, 410 (412); *Mankwoski*, S. 129.
8 Dies gesteht *Herber*, in: Tetley, S. 915 sogar ausdrücklich zu; ebenso *Asariotis*, 26 JMLC 293, 297 (1995).
9 *Mankowski*, S. 137 f. sowie *Malatesta*, Riv.dir.int.priv.proc. 1992, 887 (891).
10 Zuletzt The „Federal Bulker" [1989] 1 Lloyd's Rep. 103, 105 (C.A., per *Bingham* L.J.); The „Mobil Courage" [1987] 2 Lloyd's Rep. 655, 658; The „Houda" [1994] 2 Lloyd's Rep. 541, 556 (C.A., per *Millett* L.J.); Motis Exports Ltd. v. Dampskibsselskabet AF 1912 [2000] 1 Lloyd's Rep. 211, 216 (C.A., per *Stuart-Smith* L.J.); O.K. Petroleum AB v. Vitol Energy SA [1995] 2 Lloyd's Rep. 160, 162 (Q.B.D., *Colman* J.); Excess Insurance Co.Ltd. v. Mander [1997] 2 Lloyd's Rep. 119, 125 (Q.B.D., *Colman* J.); The „Hector" [1998] 2 Lloyd's Rep. 287, 293 (Q.B.D., *Rix* J.); The „Chitral" [2001] 1 All ER (Comm) 932, 937 f. (Q.B.D., *David Steel* J.).

dahin geht. Insoweit mag negotiable mit transferable verwechselt werden[1] – aber wer vermöchte mit Sicherheit zu sagen, dass sich Art. 1 Abs. 2 lit. c Rom I-VO nicht am eingebürgerten, sondern am rechtspräzisen Sprachgebrauch spezifisch des englischen Rechts orientiert hat[2]? Erschwerend tritt hinzu, dass selbst für die Zwecke der sec. 1 (4) COGSA 1971 negotiable und transferable gerade mit Blick auf Konnossemente auf der gleichen Stufe stehen und die Abgrenzung gegenüber straight consigned bills of lading (Rektakonnossementen) das Entscheidende ist[3]. Sec. 1 (6) (b) COGSA 1971 verwendet übrigens selber den Terminus „non-negotiable document" mit Blick auf mögliche Extensionen über Konnossemente hinaus.

Zudem ist ein Einwendungsausschluss keine Verpflichtung. Vielmehr befasst er sich nur mit Gegenrechten zu einem bestehenden Anspruch. Man müsste also schon den Wortlaut der Norm korrigieren, wenn man sie auf gutgläubigen Erwerb und Einwendungsausschluss reduzieren wollte[4]. Vielmehr muss der Anknüpfungsgegenstand weiter sein, weil die verkehrsschützende Ausrichtung des Wertpapierrechts schon auf die bloße Möglichkeit eines Erwerbs durch Dritte hin ausgerichtet ist[5]. 2885

Richtigerweise unterfallen der Bereichsausnahme des Art. 1 Abs. 2 lit. d Var. 3 Rom I-VO alle im Konnossement verkörperten Ansprüche, also alle Primär- und Sekundäransprüche aus dem Konnossement[6]. Denn dabei handelt es sich um Verpflichtungen, die im Interesse der Verkehrsfähigkeit besonders ausgestaltet sind. Die Ausnahme solcher Verpflichtungen wollen aber schon die Gesetzesmaterialien[7]. 2886

---

1 So *Asariotis*, 26 JMLC 293, 296 (1995); *Carver/Treitel/Reynolds*, Bills of Lading (London 2001) Rz. 6-014.
2 S. *Anton*, Private International Law (Edinburgh 1991), S. 321; *Merkin*, 1991 JBL 205 (208); *Plender*, The European Contracts Convention (London 1991) S. 65. Offen auch G. *Zekos*, Dir. mar. 104 (2002), 161 (169). M. *Clarke*, (2002) Lloyd's MCLQ 356, 364 bezeichnet Konnossemente als quasi-negotiable; s. auch *Kum* v. *Wah Tat Bank* [1971] 1 Lloyd's Rep. 439, 446 (P.C., per Lord *Devlin*).
3 S. The „Happy Ranger" [2001] 2 Lloyd's Rep. 530, 539 (Q.B.D., *Tomlinson* J.); The „Rafaela S" [2002] 2 Lloyd's Rep. 403, 406 f. (Q.B.D., *Langley* J.) sowie The „Captain Gregos" [1990] 1 Lloyd's Rep. 310, 317 f. (C.A., per *Bingham* L.J.).
4 *Mankowski*, S. 138 f.
5 *Mankowski*, TranspR 1988, 410 (412); *Mankowski*, S. 139.
6 *Mankowski*, TranspR 1988, 410 (412); *Mankowski*, S. 140; *von Bar*, Festschr. Werner Lorenz (1991), S. 273 (285 f.); *Thode*, WuB IV A. § 817 BGB 2.94, 312 (313); *von Hoffmann*, in: Soergel, Art. 37 EGBGB Rz. 36; D. *Rabe*, vor § 556 HGB Rz. 124; *Kopper*, S. 112 f.; *Hartenstein*, TranspR 2008, 143 (155); ähnlich BGH 15.12.1986 (Lanka Abhaya), BGHZ 99, 207 (209) = IPRspr. 1986 Nr. 128; Trib. Livorno 2.4.1996, Dir. mar. 99 (1997), 166 (168); K. *Abraham*, WuB VII C. § 38 ZPO 1.87, 641 (642); *Malatesta*, Riv.dir.int.priv.proc. 1992, 887 (896 f.); *Ballarino/Bonomi*, Riv.dir.int. 1993, 939 (953); *Nemeth*, in: Czernich/Heiss, Art. 1 EVÜ Rz. 35; *Fremuth*, in: Fremuth/Thume, § 452a HGB Rz. 18; *Magnus*, in: Staudinger, Art. 37 EGBGB Rz. 47; *Ramming*, TranspR 2007, 279 (296); *Mankowski*, TranspR 2008, 417 (422); *Thorn*, in: Palandt, Art. 37 EGBGB Rz. 1; vgl. auch *Celle*, Dir.mar. 98 (1996), 975 (985). Offen *Martiny*, in: MünchKomm, Art. 37 EGBGB Rz. 41.
7 Begründung der Bundesregierung zum Entwurf eines Gesetzes zur Neuregelung des Internationalen Privatrechts, BT-Drucks. 10/504, S. 84.

BGH 15.12.1986, BGHZ 99, 207 (209) = IPRspr. 1986 Nr. 128 = NJW 1987, 1145 = IPRax 1988, 26 (Aufs. *Basedow*, IPrax 1988, 15) = TranspR 1987, 98 = WM 1987, 273; dazu *K. Abraham*, WuB VII A § 38 ZPO 1.87, 641 Transport von Bombay nach Hamburg; Schadensersatzforderung wegen eines Ladungsschadens; Gerichtsstandsklausel Sri Lanka; die Frage der Wirksamkeit der Klausel sei unter Berücksichtigung des Rechtsgedankens des Art. 1 Abs. 2 lit. c EVÜ nach dem Recht des Staates Sri Lanka zu prüfen; eine direkte Anwendung wurde auch für Orderpapiere nicht ausgeschlossen.

2887 Eine engere Auslegung lässt sich auch nicht darauf stützen, dass das Konnossement Beweisurkunde für den eigentlichen Seefrachtvertrag ist[1]. Zwar ist sowohl richtig, dass das Konnossement unter anderem diese Funktion hat[2], als auch, dass der Seefrachtvertrag als solcher nicht unter Art. 1 Abs. 2 lit. d Var. 3 Rom I-VO fällt[3]. Man darf aber den Vertrag und das Beweismittel für den Vertrag nicht miteinander vermengen[4]. Ein Beweismittel ist nicht mit dem Beweisgegenstand identisch. Insoweit erfüllt das Konnossement vielmehr nur eine Hilfsfunktion für ein anderes Rechtsverhältnis. Dies macht aber keineswegs seinen ganzen Inhalt aus. Würde man jene Beweismittelfunktion als maßgebend durchschlagen lassen, so beraubte man das Konnossement seiner wesentlichen Inhalte. Konnossement und eigentlicher Seefrachtvertrag sind vielmehr zwei voneinander getrennte, jeweils eigenständige Rechtsverhältnisse[5]. Diese Trennung muss man auch kollisionsrechtlich beachten[6]. In diesem Sinne kann man die Nichtakzessorietät gegenüber dem Frachtvertrag und in-

---

1 Dafür aber *Flessner*, S. 21; 5. Auflage Rz. 1223 (*van Dieken*).
2 *Mankowski*, S. 125 mit umfangreichen Nachw., zB RG 13.2.1904, RGZ 57, 62 (64); RG 3.1.1917 (Etruria), RGZ 89, 285 (288); OLG Hamburg 16.8.1973 (Reinbek), VersR 1973, 1138 (1139) Anm. *Trappe*; *J. Sewell* v. *James Burdick* (1884) 10 App. Cas. 105 (H.L.); *Moss Steamship Co. Ltd.* v. *S. Whinney* [1912] AC 254, 261, 264, 270 (H.L.).
3 S. nur *Mankowski*, S. 134–136; *Herber*, Das neue Haftungsrecht der Schifffahrt (1989), S. 221; *Herber*, SHR, S. 406. AA nur *Basedow*, IPRax 1987, 333 (340); *Basedow*, in: Transportrecht und Gesetz über Allgemeine Geschäftsbedingungen (1988), S. 239 (255); *Basedow*, ZHR 155 (1991), 486 (489) sowie *Ballarino/Bonomi*, Riv.dir.int. 1993, 939 (953 f.).
4 Dies gilt schon wegen der unterschiedlichen Verpflichtungsrichtungen: Konnossement einseitig gegen den Verfrachter, Frachtvertrag zweiseitig; s. *La Mattina*, Dir.mar. 104 (2002), 441 (455).
5 S. nur BGH 23.11.1978 (Pia Vesta), BGHZ 73, 4 (6 f.); BGH 9.12.1991, TranspR 1992, 106 (108); OLG Hamburg 13.1.1977 (Pia Vesta), VersR 1977, 814; OLG Hamburg 11.6.1981 (Gudrun Danielsen), VersR 1982, 65; OLG Hamburg 27.10.1988 (Iguazu), TranspR 1989, 438 (439); OLG Hamburg 31.12.1991 (Gogo Regal), TranspR 1992, 141 (142); Cass. 7.7.1999, Dir.mar. 103 (2001), 1072 = Foro it. 2001 I col. 686; *Pyrene Co. Ltd.* v. *Scindia Navigation Co. Ltd.* [1954] 2 QB 402, 414 (Q.B.D., Devlin J.); *Mankowski*, S. 124 mwN.; *Mankowski*, in: Handwörterbuch zum Europäischen Privatrecht (2009), Stichwort „Transportdokumente" Anm. 2c; *Herber*, Festschr. Raisch (1995), S. 67 (72–74); *Herber*, SHR, S. 283 (294).
6 In diesem Sinne auch Memorie van Toelichting, Stukken Tweede Kamer 1988–1989 Nr. 21059 nr. 3; *W.E. Haak*, WPNR 5544 (1980), 865 (868); *Bertrams/van der Velden*, Overeenkomsten in het internationaal privaatrecht en het Weense Koopverdrag (Deventer 1994), S. 9; *Prisse*, Conflictenrecht met betrekking to het zee- en binnenvaartrecht (Zwolle 1995), S. 22; *Boonk*, Zeerecht en IPR (Deventer 1998), S. 184 f.

soweit die Abstraktheit zum Abgrenzungskriterium machen[1]. Die Beweisfunktion des Konnossements mit Blick auf den Frachtvertrag unterfällt dem Frachtvertragsstatut[2].

dd) Erfasste Ansprüche im Einzelnen

Unter Art. 1 Abs. 2 lit. d Var. 3 Rom I-VO fallen jedenfalls der **Herausgabeanspruch** gegen den Verfrachter und Schadensersatzansprüche gegen den Verfrachter[3]. Erfasst sind **Schadensersatzansprüche** wegen Beschädigung der Güter (Ladungsschäden)[4], wegen See- oder Ladungsuntüchtigkeit des Schiffes und aus eingeschränkter Skripturhaftung[5]. Verspätungsschäden wegen Überschreitung der Liegefrist dürften dagegen nicht erfasst sein[6]. Jedenfalls nicht erfasst sind Schadensersatzansprüche wegen der Verletzung von Schutz und Rücksichtnahmepflichten[7].

2888

Problematisch ist, inwieweit auch Ansprüche gegen den Empfänger unter die Bereichsausnahme in Art. 1 Abs. 2 lit. d Var. 3 Rom I-VO fallen, namentlich der Anspruch auf **Frachtzahlung** oder **Liegegeld**[8]. Auf den ersten Blick scheint dafür in der Tat zu sprechen, dass sie Gegenrechte gegen den Herausgabeanspruch begründen können und man Rechte und Gegenrechte nicht trennen sollte[9]. Indes entstehen diese Ansprüche nicht aus dem Konnossement, sondern aus dem Frachtvertrag. Die Verpflichtung zur Frachtzahlung ist die Hauptverpflichtung des Befrachters aus dem Frachtvertrag. Vorschriften wie § 614 HGB ordnen nur einen gesetzlichen Übergang der Verpflichtung auf den Empfänger an, ändern aber nichts an der Zuordnung zum Frachtvertrag[10]. Den Fall, dass kein Frachtvertrag, wohl aber ein Konnossement existiere[11], kann es so gar nicht geben. Denn aus der Konnossementsbegebung ließe sich dann indiziell ein stillschweigender Frachtvertrag auf Basis der Konnossementsbedingungen ableiten. Das Konnossement verbrieft keine Ansprüche gegen den Empfänger, sondern nur Ansprüche gegen den konnossementsmäßigen Verfrachter; es ist insoweit strikt einseitig[12]. Zudem bedingt sachrechtliche Kon-

2889

---

1 *Mankowski*, TranspR 1988, 410 (412) sowie *Boonk*, S. 186; vgl. auch *D. Rabe*, vor § 556 HGB Rz. 123.
2 *Celle*, Dir.mar. 98 (1996), 975 (988).
3 BGH 15.12.1986 (Lanka Abhaya), BGHZ 99, 207 (209) = IPRspr. 1986 Nr. 128; *Ramming*, TranspR 2007, 279 (296).
4 Insoweit zustimmend auch *Ramming*, HmbSchRZ 2009, 21 (29).
5 *Mankowski*, TranspR 1988, 410 (412); *Mankowski*, TranspR 2008, 417 (422).
6 *Mankowski*, TranspR 2008, 417 (423). AA *Ramming*, TranspR 2007, 279 (296); *Ramming*, HmbSchRZ 2009, 21 (29).
7 *Ramming*, TranspR 2007, 279 (296); *Mankowski*, TranspR 2008, 417 (423).
8 Dafür *D. Rabe*, vor § 556 HGB Rz. 124, 126. Dagegen *Mankowski*, RabelsZ 58 (1994), 772 (777); *Mankowski*, S. 143 f.
9 *D. Rabe*, vor § 556 HGB Rz. 124.
10 *Mankowski*, RabelsZ 58 (1994), 772 (777); *Mankowski*, S. 143 f.
11 Auf diesen Fall stützt sich *D. Rabe*, vor § 556 HGB Rz. 126 maßgeblich.
12 *Schmidt-Scharff*, Das Warenpapier beim See- und Binnen-Transport (1887), S. 19; *Bosdas*, Das Konnossement nach griechischem Recht im Vergleich mit dem deutschen Recht (Diss. Leipzig 1927), S. 45; *Radisch*, Die Beschränkung der Verfrachterhaftung

nexität keine kollisionsrechtliche Konnexität. Das Statut des Anspruchs, der ein Gegenrecht begründen kann, lässt sich vielmehr vollkommen systemkonform im Wege der Vorfragenanknüpfung ermitteln[1].

2890 Für die Ausgrenzung der Verfrachterrechte gegen den Empfänger aus Art. 1 Abs. 2 lit. d Var. 3 Rom I-VO streitet auch, dass insoweit die zweite ratio des Art. 1 Abs. 2 lit. c EVÜ nicht greifen kann[2]: Jene Vorschrift will auch, wie aus Art. 37 Nr. 1 Var. 1, 2 EVÜ erhellt, direkte oder indirekte Konflikte zwischen internationalen Konventionen vermeiden[3]. Die Verfrachterhaftung aus Konnossement ist seit den Haager Regeln Gegenstand besonderer Konventionen. Dagegen sind Ansprüche gegen die Ladungsinteressenten nicht international vereinheitlicht.

b) Rechtswahl

aa) Grundsätzliches

2891 Die Parteien haben nach deutschem IPR seit jeher das Recht zur freien Wahl des Konnossementsstatuts[4]. Diese Rechtswahlfreiheit bestand neben EVÜ und EGBGB fort[5], und sie besteht gleichermaßen neben der Rom I-VO fort[6]. Eine Änderung des Alt-IPR war nie bezweckt, und deshalb hat sie jetzt im Schutzreservat der Ausnahme auch die zweite Novelle des allgemeinen Internationalen Schuldvertragsrechts überdauert.

2892 Die Rechtswahlfreiheit kann freilich durch zwingende Anknüpfung des § 662 HGB über Art. 6 EGHGB (dazu Rz. 2923 ff.) überlagert und dadurch in ihren Wirkungen eingeschränkt werden. Die Rechtswahl führt ihrerseits auch zur Anwendung der internrechtlich zwingenden Vorschriften des gewählten Rechts. Die Wahl deutschen Rechts führt also zur Anwendung des § 662 HGB[7], demzufolge die Verpflichtungen des Verfrachters aus See- und Ladungstüchtigkeit, Schadensersatzpflicht, Schadensermittlung, Beweisvermutung des Konnossements, Wertersatz bei Verlust oder Beschädigung der Güter und Haftungssumme nicht ausgeschlossen werden können, wenn ein Konnossement ausgestellt worden ist; Ausnahmen bestehen für die Zeit vor der Beladung oder nach der Auslandung, bei nicht handelsüblichen Verschiffungen, soweit die Konnossemente nicht an Order ausgestellt wurden (§ 663 HGB), ferner bei

---

beim Überseetransport von Containern (Diss. Hamburg I 1986), S. 189; *Mankowski*, RabelsZ 58 (1994), 772 (777); *Mankowski*, S. 143 f.
1 *Mankowski*, S. 145.
2 Dies gesteht *D. Rabe*, vor § 556 HGB Rz. 124 zu.
3 BGH 15.12.1986, BGHZ 99, 207 (210) = IPRspr. 1986 Nr. 128; *Basedow*, IPRax 1987, 333 (338); *Mankowski*, TranspR 1988, 410 (411 f.).
4 S. nur OLG Hamburg 23.3.1989, TranspR 1990, 109; OLG Hamburg 2.11.2000, TranspR 2001, 87 (89) Anm. *Herber*; *Magnus*, in: Staudinger, Art. 28 EGBGB Rz. 416.
5 S. nur BGH 15.12.1986 (Lanka Abhaya), BGHZ 99, 207 (210); BGH 26.10.2006, TranspR 2007, 36 (37).
6 *Kopper*, S. 114; *Mankowski*, TranspR 2008, 417 (423); *Ramming*, HmbSchRZ 2009, 21 (31).
7 Hamburger Schiedsspruch 22.8.1988, IPRspr. 1988 Nr. 48 = TranspR 1989, 33.

Charterpartien, bevor das Konnossement an einen Dritten begeben wird (§ 663a HGB). Eine Rechtswahl durch (bewusstes) Prozessverhalten ist möglich[1], auch zB für Ansprüche wegen schuldhaft unrichtiger Konnossementsausstellung[2]. Ein Problem, ob eine Rechtswahl fortgelten soll, kann sich ergeben, wenn in einer Law and Jurisdiction Clause gewähltes Recht und vereinbartes Gericht aufeinander abgestimmt sind, die Parteien aber übereinstimmend vor einem anderen als dem vereinbarten Gericht prozessieren[3].

bb) Rechtswahl „carrier's principal place of business" und Identity of Carrier (IoC) Clause

Üblicherweise wird das Recht am Ort der Hauptniederlassung des Verfrachters („**carrier's principal place of business**") gewählt. Unklarheiten provoziert in diesem Zusammenhang namentlich die in fast allen Konnossementsformularen verwendete **Identity of Carrier (IoC) Clause**. Sie besagt, dass im Fall der bare boat charter oder demise charter der Reeder als Verfrachter gelten solle. Dies steht regelmäßig damit in Konflikt, dass der Charterer, nicht der Reeder das operative Geschäft betreiben wird. Bei verwirrenden Vertretungsverhältnissen und verschleiernden Benennungen mehrerer Beteiligter mit ähnlichen Namen, vor allem aber bei wechselnder Zuordnung einzelner handelnder Personen (Unterschriftsleistungen für wechselnde Prinzipale) potenzieren sich die Probleme[4].

2893

Die Wirksamkeit der IoC Clause beurteilt sich jedenfalls nicht pauschal nach der lex fori[5]. Vielmehr unterliegt die Klausel als Konnossementsklausel der Einbeziehungs- und der Inhaltskontrolle nach dem Konnossementsstatut. Das Konnossementsstatut aber bestimmt sich gerade nach der Rechtswahlklausel, deren Gehalt wiederum von der Wirksamkeit der IoC Clause abhängt. Diesen scheinbaren Zirkel muss man über den allgemeinen Rechtsgedanken des Art. 10 Abs. 1 Rom I-VO auflösen[6]: Ob die IoC Clause wirksam ist, beurteilt sich nach dem Recht, das anwendbar wäre, wenn die IoC Clause wirksam wäre. Dieses Recht ist das Recht am principal place of business des Reeders. Hält die IoC Clause der Kontrolle nach diesem Recht stand, so ist das Recht am

2894

---

1 S. Hof Amsterdam 18.3.1999, NIPR 2001 Nr. 12, S. 70 nr. 4.8.
2 LG Duisburg 1.8.1990, IPRspr. 1990 Nr. 58 (LS) = TranspR 1990, 433.
3 Rb. Rotterdam 30.12.1999 (Hua. Feng), NIPR 2001 Nr. 123, S. 245 nr. 4.2; vgl. auch Rb. Rotterdam 26.11.1998 (Contship New Zealand), NIPR 2000 Nr. 115, S. 189 nr. 5.1.
4 Zu faktisch, nicht normativ genug ansetzend GA *Alber*, Schlussanträge in der Rs. C-387/98 vom 23.3.2000, Slg. 2000, I-9340, I-9351 Nr. 35. Vgl. aber auch die elegante Lösung in der Klausel, die Hoge Raad 14.2.2003, NIPR 2003 Nr. 109, S. 192 zu behandeln hatte: „principal place of business as indicated below that Carrier's name on the face of this bill of lading".
5 So aber *Schultsz*, in: North, S. 185 (195); *Asariotis*, 26 JMLC 293, 311 (1995); *Cooke/T. Young/A. Taylor/Kimball/Martowski/Lambert*, Voyage Charters, 2. Aufl. (London/Hong Kong 2001), Rz. 1.45.
6 *Mankowski*, RabelsZ 58 (1994), 772 (774); *Mankowski*, S. 160 f.; *D. Rabe*, vor § 556 HGB Rz. 156. Vgl. auch Rb. Rotterdam 3.10.1996, NIPR 2004 Nr. 350, S. 465 nr. 4.4. Art. 8 Abs. 1 EVÜ missachtet *Espinosa Calabuig*, Dir.mar. 100 (1998), 340 (355 f.).

principal place of business des Reeders gewähltes Konnossementsstatut[1]. Scheitert die IoC Clause nach diesem Recht an der Kontrolle, so ist das Recht am principal place of business des Charterers gewähltes Konnossementsstatut[2] (ohne weitere Kontrolle der IoC Clause, die ja schon aus dem Konnossement gleichsam ausgeschieden ist[3]). Ein sachrechtlicher Ansatz, der carrier als actual carrier verstehen will, scheidet jedenfalls aus[4]. Vorschnell und nicht methodengerecht wäre es im Übrigen, eine Rechtswahl abzulehnen, weil diese nicht auf den ersten Blick deutlich und damit unklar sei[5].

2895 Principal place of business ist nicht der Sitz (oder „Hauptsitz"[6]), sondern die Hauptniederlassung[7]. Dies erweist schon der vergleichende Blick auf den englischen Text des Art. 4 Abs. 2 S. 2, Abs. 4 S. 2 EVÜ. Hauptniederlassung ist das relative Zentrum der nach außen gerichteten, unternehmensexternen Aktivität im operativen Geschäft[8], nicht das interne Zentrum der Entscheidungsfindung. Vorausgesetzt sind eine entsprechende personelle Ausstattung (handling-Kapazität) und funktionsgerechte Sachmittel[9]. In Problemkonstellationen mit Briefkastengesellschaften oder Gesellschaften, deren gesamtes Geschäft ein nomineller general agent tätigt und abwickelt, fehlt es an einem principal place of business[10]. Im Konzern kommt es auf die Hauptniederlassung der konkret als Verfrachter auftretenden Gesellschaft an; ein Durchgriff auf die Hauptniederlassung der Muttergesellschaft erscheint nicht angezeigt. Wenn dies trotzdem für Einschiffgesellschaften befürwortet wird[11], so wird dabei verkannt, dass Einschiffgesellschaften regelmäßig nur property holding companies sind und das eigentlich operative Geschäft als Verfrachter von Gesellschaften betrieben wird, an welche die Schiffe langfristig verchartert sind.

2896 Unter deutschem Recht kann die IoC Clause namentlich am Vorrang der Individualabrede nach § 305b BGB scheitern[12]. In anderen Rechtsordnun-

---

1 Ebenso Rb. Rotterdam 13.1.1989, S & S 1989 Nr. 80, S. 241 nr. 4.8.
2 Ebenso Hof 's-Gravenhage 6.11.1981, S & S 1982 Nr. 46, S. 126 nr. 6.
3 *Mankowski*, S. 160 f.
4 Gegen *Espinosa Calabuig*, Dir.mar. 100 (1998), 340 (356-360) (dort allerdings in Bereich der objektiven Anknüpfung).
5 So aber Rb. Rotterdam 10.6.1999, NIPR 2000 Nr. 196, S. 328 nr. 4.4.
6 So aber GA *Alber*, Schlussanträge in der Rs. C-387/98 vom 23.3.2000, Slg. 2000, I-9340, I-9350 Nr. 34.
7 *Mankowski*, S. 50, 161.
8 *Carbone*, Riv.dir.int.priv.proc. 1983, 13 (21); *Mankowski*, TranspR 1993, 213 (223); *Mankwoski*, S. 50.
9 *Martiny*, in: MünchKomm, Art. 28 EGBGB Rz. 46; *Mankowski*, S. 51.
10 Eingehend *Mankowski*, S. 51-54; zumindest ähnlich *Asariotis*, 26 JMLC 293, 311 (1995).
11 So namentlich *Schultsz*, S. 185, 196; *Dicey/Morris/Morse*, Conflict of Laws, 13. Aufl. (London 2000), Rz. 33-264; *Magnus*, in: Staudinger, Art. 28 EGBGB Rz. 120.
12 BGH 5.2.1990 (Planet), VersR 1990, 503 = WM 1990, 679 = TranspR 1990, 163 krit. Anm. *Herber*; BGH 3.2.1991 (Happy Chance), TranspR 1991, 243 = NJW 1991, 1420 = WM 1991, 1124; OLG Düsseldorf 29.4.1993, TranspR 1994, 396; *D. Rabe*, TranspR 1989, 81 (86); *Strube*, Hansa 1990, 1184 sowie *K. Schmidt*, TranspR 1989, 41; *K. Schmidt*, TranspR 1991, 217.

gen[1] kann sie wirksam sein, sofern der Charterer oder seine Agenten Vertretungsmacht zur entsprechenden Vertretung des Reeders hatte[2]. Dann ist in selbständiger Vorfrageanknüpfung das Vollmachtsstatut zu ermitteln. Vollmachtsstatut ist primär ein vom potentiellen Prinzipal (dem Reeder) im Konnossement erkennbar bestimmtes Recht, ansonsten das Recht am Ausstellungsort des Konnossements[3].

cc) Rechtswahl und Dokumente außerhalb des Konnossements

Konnossemente unter Charterparties inkorporieren in aller Regel die Bedingungen der Charter Party. Eine Rechtswahlklausel aus der Charter Party gilt dann auch für das Konnossement[4]. Allgemeine Bezugnahmen ohne spezifische Erwähnung der Rechtswahlklausel reichen aus. Es fehlt für die Rechtswahl an einer Norm wie § 1031 Abs. 4 ZPO, der verschärfte Anforderungen für die Einbeziehung von Schiedsklauseln stellt.

2897

Eine Rechtswahl in einem nachfolgenden Schreiben des P & I (Protection and Indemnity) Club, des Haftpflichtversicherers des Verfrachters, begründet keine (auch keine konkludente nachträgliche) Rechtswahl für die Ansprüche aus dem Ausgangsrechtsverhältnis, sondern betrifft nur das Verhältnis des Ladungsinteressenten zum P & I Club[5]. Anders kann es sich allein dann verhalten, wenn der P & I Club zugleich in Namen und in Vollmacht des Verfrachters ausdrücklich mit Bezug auf das Konnossementsverhältnis agiert und die Gegenpartei das Angebot einer Rechtswahl auch für das Konnossementsverhältnis akzeptiert[6].

2898

---

1 Zur Rechtslage in Canada, Frankreich und Italien *Mankowski*, TranspR 1991, 253 (254 f.); CA Versailles 31.5.2001, Bull.transp. 2001, 728, in Canada *Union Carbide Corp. v. Fednav Ltd.* 1998 AMC 429 (Fed. Ct. Can. 1997); *Tetley*, (1999) 44 McGill L.J. 807; *Marler*, 26 Tul. Mar. L.J. 597 (2002), in den USA *Pritchett*, (1980) Lloyd's MCLQ 387, in Japan *Margolis*, (1993) Lloyd's MCLQ 164; *Satori*, (1998) Lloyd's MCLQ 489, in Spanien Trib. Supremo 30.6.1987, An. der. mar. VII (1989), 674.
2 S. als neuen leading case *Homburg Houtimport BV v. Agrosin Private Ltd.* (The „Starsia") [2003] 2 W.L.R. 711 = [2003] 1 All ER (Comm) 625 (H.L.) und zuvor The „Berkshire" [1974] 1 Lloyds' Rep. 185, 188 f. (Q.B.D., Brandon J.); The „Vikfrost" [1980] 1 Lloyd's Rep. 560, 562-569 (C.A., per *Browne* bzw. *Megan* L.JJ.); The „Henrik Sif" [1982] 1 Lloyd's Rep. 456, 458 (Q.B.D., Webster J.); The „Jalamohan" [1988] 1 Lloyd's Rep. 443, 450 (Q.B.D., Hirst J.); The „Ines" [1995] 2 Lloyd's Rep. 144, 149 f. (Q.B.D., Clarke J.); The „Fletcha" [1999] 1 Lloyd's Rep. 612, 618 f. (Q.B.D., Moore-Bick J.) sowie *Kaleej Int. Pty. Ltd. v. Gulf Shipping Lines Ltd.* (1986) 6 N.S.W.L.R. 569, 574 f. (New South Wales Ct. App., per *Samuels* J.A.). Zu Ausnahmen *Homburg Houtimport BV v. Agrosin Private Ltd.* [2003] 2 W.L.R. 711 (H.L.); The „Hector" [1998] 2 Lloyd's Rep. 287 (Q.B.D., Rix J.); *Waldron*, (1999) Lloyd's MCLQ 1.
3 Eingehend *Mankowski*, TranspR 1991, 253 (258-260); außerdem *Mankowski*, S. 270.
4 S. The „Nerano" [1996] 1 Lloyd's Rep. 1 (C.A.); *Gaskell/Asariotis/Baatz*, Rz. 19, 20.
5 *Aeolian Shipping SA v. ISS Machinery Services Ltd.* [2001] 2 Lloyd's Rep. 641 (C.A.); *Mankowski*, S. 197; *Andrewartha/Riley*, 33 JMLC 329, 350 f. (2002).
6 *Mankowski*, S. 197.

c) Paramount Clause
aa) Grundsätzliches

2899 Die Paramount Clause besagt, dass unabhängig von den übrigen Bedingungen des Vertrages die **Haager Regeln** selbst oder in der in einem bestimmten Staat eingeführten bzw. geltenden Fassung (zB bei der Conlinebill 1978: „in the country of shipment") zur Anwendung kommen sollen[1]. Durch einen Zusatz wird häufig berücksichtigt, dass bestimmte Staaten auch die Änderungen und Ergänzungen der HR durch die Visby Rules ratifiziert haben.

2900 Eine Reihe nationaler HR-Gesetze schreibt die Inkorporation ausdrücklich vor (so zB der US Carriage of Goods by Sea Act [US COGSA]). Diese Länder wenden ihre HR-Gesetze auf den ausgehenden Verkehr an. Es besteht daher die Gefahr, dass die Gerichte der Bestimmungsländer angerufen werden, die dann das Konnossement möglicherweise nicht nach dem HR-Gesetz beurteilen. Eine Paramount-Klausel bewirkt, dass die HR dann als Parteivereinbarung gelten. Es handelt sich bei einer Paramount Clause zu Gunsten eines nationalen Gesetzes um eine Teilverweisung[2], die klarstellen soll, wie der Vertrag im Einzelnen materiell-rechtlich ausgestaltet werden soll[3]. Bei Staaten, die die Visby-Regeln ratifiziert haben, gilt dies kraft Gesetzes, so dass der eigentliche Grund dort weggefallen ist[4].

2901 Die Rechtsnatur der Paramount Clause differiert je nachdem, ob die Klausel sich auf ein Übereinkommen selbst oder auf ein nationales Umsetzungsrecht bezieht[5]: Bezieht sie sich auf ein Übereinkommen selbst, so handelt es sich nur um eine materiellrechtliche Verweisung[6]. Ein Übereinkommen ist keine vollständige Rechtsordnung. Bezieht sie sich dagegen auf ein bestimmtes nationales (Umsetzungs-)Recht, so handelt es sich um eine kollisionsrechtliche Teilrechtswahl. Stufenfolgen und Reihenfolgen, welche die Parteien selbst in

---

1 In manchen Staaten kann ein Bindungsproblem mit Blick auf den Empfänger bestehen; s. CA Paris 12.9.2002 (Catharina), DMF 2003, 665 (667); kritisch dazu *Tassel*, DMF 2003, 668 (669).
2 OLG Hamburg 12.2.1936, IPRspr. 1935-1944 Nr. 125 = HansRGZ 1936 B Sp. 243, 247; OLG Hamburg 4.6.1970 (Elisabeth Bornhofen), VersR 1970, 1128 (1129); OLG Hamburg 9.1.1975, IPRspr. 1975 Nr. 27 = VersR 1975, 826 (827); *Sonnenberger*, Festschr. Karl Firsching (1985), S. 295 (299); *Mankowski*, S. 214 f. mwN.; *D. Rabe*, vor § 556 HGB Rz. 127.
3 *Mankowski*, TranspR 1993, 213 (218); *Mankwoski*, S. 215.
4 *D. Rabe*, vor § 556 HGB Rz. 128; *Scrutton/Boyd/Burrows/Foxton*, S. 414. Vgl. auch Rb. Amsterdam 5.2.2003, S&S 2003 Nr. 86, S. 425 nr. 8.
5 Mustergültig ZivG Basel-Stadt 30.6.1998, TranspR 1999, 405 (406). Eingehend *Mankowski*, S. 212–231 mwN.; außerdem zB *von Hoffmann*, in: Soergel, Art. 28 EGBGB Rz. 434; *Martiny*, in: MünchKomm, Art. 28 EGBGB Rz. 203; *Magnus*, in: Staudinger, Art. 28 EGBGB Rz. 391.
6 Ebenso OLG Hamburg 4.3.1930, IPRspr. 1930 Nr. 57 = HansRGZ 1930 B Sp. 598, 600; OLG Hamburg 10.6.1982, IPRspr. 1982 Nr. 38 = VersR 1982, 1096; *Sonnenberger*, Festschr. Firsching (1985), S. 295 (299); *Ramming*, HmbSchRZ 2009, 21 (23); s. auch Rb. Amsterdam 5.2.2003, S&S 2003 Nr. 86, S. 426 nr. 10.
AA *Vischer/Huber/Oser*, Rz. 498.

der Paramount Clause aufstellen, sind zu beachten. Es geht um Rechtswahl und materiellrechtliche Verweisung. Für beide ist im Ausgangspunkt primär der Parteiwille maßgeblich. Ebenso ist zu beachten, wenn die Parteien die allgemeine Rechtswahlklausel für subsidiär gegenüber der Regelung durch die Paramount Clause erklären[1]. Die deutschen Gerichte beachten die Paramount Clause, soweit sie auf ein bestimmtes nationales HR-Gesetz verweist[2].

bb) Konditionierte Paramount Clause zugunsten von VR-Recht

2902 Üblicherweise enthält eine Paramount Clause zu Gunsten eines VR-Rechts nur eine konditionierte Verweisung. Sie beruft das VR-Recht im Staat des Ladehafens (zum Teil auch ersatzweise des Bestimmungshafens) nur dann zur Anwendung, wenn und soweit die VR zwingend anwendbar („compulsorily applicable") sind. Für ihre Wirkung setzt sie also voraus, dass das Konnossement in einem VR-Staat ausgestellt wurde oder der Transport aus einem VR-Staat erfolgt[3]. Ist dies nicht der Fall, so will sie gar nicht effektiv werden[4]. Die konditionierte Paramount Clause will nicht konstitutiv wirken, sondern ist deklaratorisch[5]. Geht die Paramount Clause auf ein bestimmtes nationales VR- oder HR-Recht, so handelt es sich um eine bedingte Teilverweisung, bei welcher der Bedingungseintritt nach dem angezogenen Recht zu beurteilen ist[6]. Dies ergibt sich aus Art. 3 Abs. 5 iVm. Art. 10 Abs. 1 Rom I-VO[7]. Die zwingende Anwendbarkeit nach dem IPR der lex fori zu beurteilen[8] ist nicht richtig[9].

---

1 Hof's-Gravenhage 25.1.2000, NIPR 2000 Nr. 300, S. 456 nr. 4; Hof Amsterdam 2.8.2007, S&S 2008 Nr. 114 S. 547 nr. 4.6. Tendenziell anders OLG Hamburg 2.2.1989, TranspR 1989, 279 (280 f.); OLG Hamburg 23.3.1989, TranspR 1990, 109 (111 f.); krit. dazu *Mankowski*, S. 200–204.
2 S. nur BGH 28.1.1980, VersR 1980, 376; OLG Hamburg 6.7.1961, IPRspr. 1960/61 Nr. 54; OLG Hamburg 8.2.1968, IPRspr. 1968/69 Nr. 44; OLG Hamburg 30.5.1968, IPRspr. 1968/69 Nr. 45; OLG Hamburg 7.1.1971, AWD 1971, 411; OLG Hamburg 4.3.1971, IPRspr. 1971 Nr. 28 = VersR 1972, 763; OLG Hamburg 10.6.1982, VersR 1982, 1096; OLG Hamburg 23.3.1989, TranspR 1990, 109.
3 *Parson Corp.* v. *CV Scheepvaartonderneming „Happy Ranger"* [2002] 2 All ER (Comm) 24, 38 para. 47 (C.A., per *Rix* L.J.); Hof Amsterdam 2.8.2007, NIPR 2008 Nr. 36 S. 62 nr. 4.6; Rb. Middelburg 26.4.2000, NIPR 2002 Nr. 196, S. 333 nr. 3.3.
4 Rb. Rotterdam 20.5.1999 (Tetien), NIPR 1999 Nr. 260, S. 338 nr. 5.2; Rb. Rotterdam 9.12.1999, NIPR 2001 Nr. 122, S. 244 nr. 2.2; Rb. Rotterdam 16.3.2000 (Amaranta), NIPR 2001 Nr. 199, S. 340 nr. 5.8; Rb. Middelburg 26.4.2000 (N Ocean), S & S 2002 Nr. 36, S. 169 nr. 3.3; Rb. Middelburg 28.7.2004, NIPR 2004 Nr. 349, S. 463 f. nr. 4.2.1.
5 Rapport *Rémery*, DMF 1996, 383 (387).
6 Cassaz. 10.8.1988, Dir.mar. 91 (1989), 754 (756 f.); Cassaz. 28.12.1990, Riv.dir.int.priv. proc. 1992, 599; OLG Hamburg 12.2.1936, IPRspr. 1935-44 Nr. 125 = HansRGZ 1936 B Sp. 243, 247; *Celle*, Dir.mar. 90 (1988), 11 (26 f.); *Mankowski*, S. 217 f. Ungenau OLG Hamburg 4.6.1970, VersR 1970, 1128 (1129); OLG Hamburg 9.1.1975, IPRspr. 1975 Nr. 27 = VersR 1975, 826 (827); OLG Bremen 5.12.1985, IPRspr. 1985 Nr. 46 = TranspR 1986, 153 (154).
7 *Mankowski*, S. 217 f.
8 So aber OLG Hamburg 2.2.1989, TranspR 1989, 279 (280 f.) sowie OLG Hamburg 23.3.1989, TranspR 1990, 109 (111 f.).
9 *Mankowski*, S. 201 f.

cc) Paramount-Klausel zugunsten der Hamburg Rules

2903 Am 1.11.1992 traten die Hamburg Rules völkerrechtlich in Kraft. Die Hamburg Rules (HbgR) bergen zusätzliche Haftungsrisiken für den Beförderer in sich. Sie sind in ihren Mitgliedsstaaten auch dann zwingendes Recht, wenn kein Konnossement ausgestellt wird, da sie auf alle Arten von Seefrachtverträgen sachlich anwendbar sind. Besondere Brisanz ergibt sich aus Art. 23 Abs. 3 iVm. Art. 15 Abs 1 lit. l HbgR. Dieser schreibt – bei Schadensersatzsanktion nach Art. 23 Abs. 4 HbgR – ausdrücklich vor, dass der Vertrag eine Paramount Clause zu Gunsten der HbgR enthalten muss. Aus der Sicht der Vertragsstaaten ist der Verfrachter also zu einer solchen Klausel gezwungen. Will er andererseits in Nichtmitgliedstaaten der HbgR nicht (also auch nicht qua. materiellrechtlicher Verweisung) den HbgR unterliegen, so muss er die Klausel sehr sorgfältig formulieren[1]. Man kann ihm aber keinen Vorwurf machen, wenn er die Klausel konditioniert und die Vereinbarung der HbgR unter den Vorbehalt der zwingenden Anwendbarkeit kraft objektiver Gegebenheit stellt[2]. Daher empfiehlt sich folgende **Formulierung der Paramount Clause im Verkehr mit Mitgliedstaaten der HbgR**[3]:

„This Contract of Carriage shall have effect subject to the provisions of the UN Convention on the Carriage of Goods by Sea, signed at Hamburg on March 31, 1978 (Hamburg Rules) whenever they are to be applied compulsorily by the court seized to this contract pursuant to Art. 2 para. 1 litt. a to d of the said Convention."[4]

2904 Dieser Klausel kann man nicht den Vorwurf machen, sie sei nur deklaratorisch, auch aus der Sicht von Nichtmitgliedstaaten, und genüge Art. 23 Abs. 3 iVm. Art. 15 Abs 1 lit. l HbgR deshalb nicht[5]. Die HbgR selber können keine konstitutive Klausel vorschreiben. Die Anordnung des Art. 23 Abs. 3 HbgR greift nur, soweit die HbgR überhaupt anwendbar sind[6]. Der Verfrachter kann aber nicht zu einer konstitutiven Paramount Clause zu Gunsten der HbgR gezwungen werden, die aus Sicht der HbgR-Mitgliedstaaten nach Art. 2 Abs. 1 lit. e HbgR die HbgR erst anwendbar machen würde. Das wäre ein Zirkel[7]. Die von Art. 23 Abs. 3 HbgR geforderte Klausel kann nur deklaratorisch sein. Art. 23 Abs. 3 HbgR ist genügt, wenn die HbgR im Vertrag durch Signal verankert ist, wenn und soweit die HbgR anwendbar sind. Genau dem genügt die vorgeschlagene Klausel. Man kann Gerichten in Nicht-Mitgliedstaaten eben nichts vorschreiben, auch nicht auf dem Umweg über nur vorgeblich privat-

---

1 *Mankowski*, TranspR 1992, 301 (311).
2 Ebenso *Asariotis*, Hamburg-Regeln, S. 55.
3 *Mankowski*, TranspR 1992, 301 (310).
4 Ähnlich der Vorschlag von *Asariotis*, Hamburg-Regeln, S. 50: „The Hamburg Rules shall apply whenever their application is compulsory by virtue of Art. (1) a-d of the said Convention. If any term of this bill of lading (or contract of carriage) be repugnant to the Hamburg Rules to any extent, such term shall be null and void to that extent, but no further." Zu den Unterschieden zu der hier vorgeschlagenen Klausel *Asariotis*, Hamburg-Regeln, S. 54.
5 So aber *Asariotis*, Hamburg-Regeln, S. 16 Fn. 60.
6 Ebenso *Asariotis*, Hamburg-Regeln, S. 16.
7 Ähnlich sogar *Asariotis*, Hamburg-Regeln, S. 53.

autonome Vertragsbestimmungen[1]. In Nichtmitgliedstaaten kann die Anwendung der HbgR über eine Klausel nur im Wege der Privatautonomie erfolgen, und die Konditionen, wie und unter welchen Umständen sie eine Abrede treffen, liegen in der Hand der Parteien[2]. Dass entsprechende Paramount Clauses, die sich auf Fälle der zwingenden Anwendbarkeit beschränken, den einheitsrechtlichen Insertionserfordernissen genügen, ist für MÜ 1929 und MÜ/HP 1955 übrigens schon lange anerkannt[3].

Die P & I Clubs versagen ihren Mitgliedern Deckung, wenn diese freiwillig die HbgR vereinbaren[4]. Sie schlagen – allerdings empfohlen nur für den **Verkehr mit Mitgliedstaaten der HbgR**[5] – folgende **Klausel** vor, um Art. 23 Abs. 3 HbgR zu genügen[6]:

2905

„This Bill of Lading shall have effect subject to any legislation making the United Nations Convention on the Carriage of Goods by Sea 1978 (the Hamburg Rules) compulsorily applicable to this Bill of Lading and in such circumstances the said Rules nullify any stipulation derogating therefrom to the detriment of the shipper or consignee."

Das Problem dieser Klausel liegt in dem ungezielten Verweis auf „any legislation"[7]. Als Rechtswahlklausel ist dies untauglich[8]. Vielmehr kommt die objektive Anknüpfung ins Spiel, und es ergeben sich Fälle, in denen die HbgR anwendbar wären, die Klausel dies aber nicht abdeckt[9].

d) Objektive Anknüpfung

Bei Fehlen einer Rechtswahl unterliegt das Konnossement dem Recht des Bestimmungshafens[10]. Diese altrechtliche Regel[11] hatte schon vor 1986 gewohn-

2906

---

1 Vgl. *Loewe*, ETR 1976, 503 (531); *Asariotis*, Hamburg-Regeln, S. 15.
2 *Mankowski*, TranspR 1992, 301 (310). S. die erfolgreiche Anwendung in Rb. Rotterdam 30.5.2002 (Maipo), S & S 2003 Nr. 15, S. 79 nr. 5.5.
3 *Seth v. British Overseas Airways Corp.* 329 F. 2d 302, 305 (1st Cir. 1963); *Samuel Montagu & Co. Ltd. v. Swiss Air Transport Ltd.* [1966] 2 Q.B. 306, 314-316, 317 (C.A., per Lord Denning M.R. bzw. Salmon L.J.).
4 *Hazelwood*, P & I Clubs – Law and Practice, 3. Aufl. (London/Hong Kong 2000), S. 167.
5 *Hazelwood*, P & I Clubs – Law and Practice, 3. Aufl. (London/Hong Kong 2000), S. 168.
6 Abgedr. bei *Hazelwood*, P & I Clubs – Law and Practice, 3. Aufl. (London/Hong Kong 2000), S. 414 Appendix II (i) Form B Nr. 1.
7 *Asariotis*, Hamburg-Regeln, S. 56 f.
8 S. *Mankowski*, S. 216 f.
9 *Asariotis*, Hamburg-Regeln, S. 57 f.
10 S. nur *Mankowski*, TranspR 1988, 410 (413); *Mankowski*, TranspR 1991, 253 (257); *Mankowski*, S. 175–181; *von Hoffmann*, in: Soergel, Art. 37 EGBGB Rz. 39; *Magnus*, in: Staudinger, Art. 28 EGBGB Rz. 417; *Martiny*, in: MünchKomm, Art. 28 EGBGB Rz. 300; *Ramming*, TranspR 2007, 279 (297); *Ramming*, HmbSchRZ 2009, 21, 31; aus der Rechtsprechung OLG Schleswig 3.12.1998, IPRspr. 1998 Nr. 51 = TranspR 1999, 69. Vgl. BGH 22.1.1990, IPRspr. 1990 Nr. 56 = RIW 1990, 397 = TranspR 1990, 163 (contact weighing; unter dem zum maßgeblichen Recht führenden Aspekte war indes auch der Bestimmungsort).
11 ZB BGH 20.5.1952, BGHZ 6, 127 (134); BGH 14.4.1953, BGHZ 9, 221 (224); BGH 20.3.1956, VRS 11, 351 (355); BGH 26.9.1957, BGHZ 25, 250 (254); BGH 10.10.1957,

heitsrechtlichen Rang gewonnen[1]. Diesem Gewohnheitsrecht wurde nicht derogiert[2]. Zudem lässt sie sich mit dem wertpapierrechtlichen Spezifikum rechtfertigen, dass Dritte (Empfänger, Drittinhaber, Banken usw.) über den Kreis einer Zweierbeziehung hinaus dazu kommen und sich deren Interessen im Bestimmungshafen in der Auslieferung der transportierten Güter materialisieren[3]. Das Konnossement verbrieft primär den einseitigen Herausgabeanspruch des Berechtigten gegen den Verfrachter; dieser Anspruch entfaltet seinen Wert und materialisiert sich erst im Bestimmungshafen[4]. Daran bricht sich letztlich auch der Versuch, die Statuten von Seefrachtvertrag und Konnossement zu harmonisieren, indem man direkt oder mittelbar Art. 5 Rom I-VO auch auf das Konnossement anwendet[5]. Ein zusätzlicher Vorteil einer von der Verfrachterniederlassung abweichenden Anknüpfung erweist sich in den (seltenen) Fällen, in denen es mehrere Verfrachter gibt[6]. Auch das objektive Konnossementsstatut ist im Übrigen maßgeblich für die Wirksamkeit oder Unwirksamkeit einzelner sachrechtlicher Konnossementsklauseln[7].

2907 **Bestimmungshafen** ist der vereinbarte, nicht der tatsächliche Bestimmungshafen[8]. Das Konnossementsstatut muss ex ante kalkulierbar und für Dritte ersichtlich sein. Dem entspricht ein Rekurs auf die Dokumentation im Konnossement selbst. Das Löschen in einem Nothafen ist zufallsbedingt, nicht vorhersehbar und daher unbeachtlich[9]. Ein hypothetischer Parteiwille für den Notfall[10] muss dahinter zurücktreten, dass das Konnossement seine Wirkungen eben im vereinbarten Bestimmungshafen zeitigen soll[11]. Unter mehreren optionalen Bestimmungshäfen ist der aktualisierte und gewählte Bestimmungshafen maßgeblich[12]. Dass es im Ergebnis unüberwindbare Schwierigkei-

---

IPRspr. 1956/57 Nr. 57b; BGH 18.12.1958, IPRspr. 1958/59 Nr. 71b; BGH 5.12.1966, AWD 1967, 107 (108); BGH 21.12.1970, NJW 1971, 325; BGH 30.5.1983, NJW 1983, 2772 (2773).
1 *Wüstendörfer*, MDR 1948, 2; *Krusch*, Giur.comp.dir.int.priv. XII (1956), 270 (274); *Firsching*, in: Staudinger, Internationales Vertragsrecht I, 10./11. Aufl. (1978), vor Art. 12 EGBGB [aF] Rz. 566; *D. Rabe*, RIW 1984, 589.
2 *Mankowski*, S. 177 f.; *Mankowski*, TranspR 2008, 417 (423 f.). AA *Herber*, Festschr. Raisch (1995), S. 67 (80), der wesentlich veränderte Bedingungen sieht.
3 *Mankowski*, TranspR 1988, 410 (412); *Mankowski*, S. 180; *Mankowski*, TranspR 2008, 417 (425).
4 *von Hoffmann*, in: Soergel, Art. 28 EGBGB Rz. 457; *Martiny*, in: MünchKomm, Art. 28 EGBGB Rz. 207.
5 Dafür in sich konsequent *Herber*, Festschr. Raisch (1995), S. 67 (80); *Herber*, SHR, S. 407.
6 S. *Boonk*, S. 186.
7 S. nur OLG Schleswig 3.12.1998, IPRspr. 1998 Nr. 51 = TranspR 1999, 69.
8 *Mankowski*, S. 182.
9 RG 29.4.1903, HansGZ 1903 Hptbl. 233; ObG Hamburg 16.7.1874, HmbHGZ 1875, 69 f.; ObG Hamburg 19.2.1875, HambHGZ 1875, 392; *Mankowski*, S. 182 f. mwN.
10 S. OLG Hamburg 27.2.1896, HansGZ 1896 Hptbl. 216, 217.
11 *Mankowski*, S. 183 f.
12 RG 21.3.1883, RGZ 9, 51; *Reithmann*, AWD 1959, 245 (247); *Mankowski*, S. 184.

ten bereite, den Anknüpfungspunkt Bestimmungsort in solchen besonderen Konstellationen auszufüllen[1], trifft nicht zu[2].

Die oft apostrophierte Gefahr einer Statutenspaltung zwischen Frachtvertrag 2908 und Konnossement[3] vermag kein anderes Ergebnis zu tragen[4]. Sie würde man zuverlässig nur durch eine akzessorische Anknüpfung des Konnossementsstatuts and das Frachtvertragsstatut ausschalten[5], nicht aber durch durch eine direkte Anwendung der Artt. 3; 5 Rom I-VO auf das Konnossement[6]. Letzteres stößt sich an Art. 1 Abs. 2 lit. d Var. 3; Erwägungsgrund 9 Rom I-VO. Die angebliche Gefahr einer Statutenspaltung versuchte ihrerseits die Personenverschiedenheit zwischen Frachtvertrag und Konnosemente zu überspielen; namentlich nach einem Indossament stehen beim Konnossement die Interessen anderer Personen als beim Frachtvertrag in Rede[7]. Wer echte Sorge um eine Statutenspaltung hegt, kann diese durch eine parallele Rechtswahl für Frachtvertrag und Konnossement leicht vermeiden.

e) Formfragen

Formfragen (zB ob eine Unterschrift des Verfrachters oder gar zusätzlich noch 2909 des Abladers oder des ersten Konnossementsgläubigers notwendig ist) unterliegen Art. 11 Abs. 1 Rom I-VO. Zur Anwendung kommen im Wege der alternativen Anknüpfung das Rechts des Ortes, an welchem das Konnossement ausgestellt wird, und das Konnossementsstatut[8].

f) Warenübereignung durch Konnossementsübertragung

Ob ein Konnossement **Traditionspapier** ist (also mit seiner Übertragung zu- 2910 gleich die Rechte an der Ware übergehen), richtet sich nach dem **Konnossementsstatut**[9], nicht wie vorherrschend angenommen nach dem Warensachstatut[10]. Das Konnossementsstatut steht für Erkennbarkeit und Kontinuität der

---

1 So *Rugullis*, TranspR 2008, 102 (105).
2 S. bereits zu Art. 5 Abs. 1 Rom I-VO oben Rz. 2594 f.
3 *Rugullis*, TranspR 2008, 102 (106); *Herber*, Festschr. Thume (2008), S. 177 (184); vgl. auch *Hartenstein*, TranspR 2008, 143 (160).
4 *Mankowski*, TranspR 2008, 417 (424).
5 *Mankowski*, TranspR 2008, 417 (425).
6 *Rugullis*, TranspR 2008, 102 (106).
7 *Mankowski*, TranspR 2008, 417 (424 f.).
8 *Mankowski*, S. 190; *D. Rabe*, § 642 HGB Rz. 35; *Winkler von Mohrenfels*, in: Staudinger, Art. 7–12 EGBGB, 13. Bearb. (2000), Art. 11 EGBGB Rz. 257. AA *Ramming*, TranspR 2002, 193 (197) (alleinige Anwendung des Konnossementsstatuts, da das Konnossement kein Rechtsgeschäft sei).
9 Eingehend *Mankowski*, Festschr. Herber (1999), S. 147 (150–163); außerdem *M. Wolff*, Das internationale Privatrecht Deutschlands, 3. Aufl. (1954), S. 174 sowie *K. Mittelstein*, JW 1928, 1732; *Pikart*, RGRK BGB, Bd. III/1: §§ 854–1011 BGB, 12. Aufl. (1979), § 929 BGB Rz. 127 (Mai 1975); *Ferid*, Rz. 7–95; *Mankowski*, TranspR 1988, 410 (414); *Stahl*, TranspR 2000, 479 (481).
10 Dafür aber zB RG 8.12.1927, RGZ 119, 215 (216); *Abraham*, ZHR 116 (1954), 1 (2 f.); *Markianos*, RabelsZ 23 (1958), 21 (30); *Kassaye*, Neuere Entwicklungen im interna-

Anknüpfungsmomente[1]. Eine Qualifikation nach dem Warensachstatut wäre entweder unwandelbar und würde damit dem eigenen Grundgedanken widersprechen oder geriete bei Nach- und Ersatzkonnossementen in erhebliche Probleme[2]. Die Möglichkeit der Rechtswahl für das Konnossement ist kein Gegenargument[3], weil es hier nicht um genuines Sachen-, sondern um spezifisches Wertpapierrecht geht[4]. Art. 43–46 EGBGB stehen dem nicht entgegen, weil sie sich der hier angesprochenen Frage gar nicht widmen[5].

2911 Hat das Konnossement Traditionswirkung, so richtet sich die **Übereignung der Ware durch Übertragung des Konnossements nach dem Wertpapiersachstatut**, nicht nach dem Wertpapierrechtsstatut[6]. Denn das Recht an der Ware folgt dann dem Recht am Papier, und das Recht am Papier wird nach dem Wertpapiersachstatut übertragen. Wertpapiersachstatut ist bei Order- und Inhaberkonnossementen die **jeweilige lex cartae sitae**[7], im Indossamentsfall spezifisch lex loci indossamenti genannt[8]. Maßgeblicher Zeitpunkt ist jener, zu welchem der potentielle Übertragungsakt vollendet wird[9]. Bei **Namens- und Rektakonnossementen** kommt nicht diese quasi-sachenrechtliche Regel zur Anwendung, sondern das **Internationale Zessionsrecht**. Im Verhältnis zwischen Zedent und Zessionar zieht Erwägungsgrund (38) Rom I-VO die verfügungsrechtlichen Wirkungen inter partes zum Zessionsgrundstatut des Art. 14 Abs. 1 Rom I-VO. Für die Form der Zession gilt Art. 11 Abs. 1–3 Rom I-VO, für jene des Indossaments oder der sonstigen Übertragung von Order- und Inhaberkonnossementen die lex cartae sitae[10].

g) Akzessorische Anknüpfung konkurrierender Deliktsansprüche

2912 Ladungsschäden können und werden häufig **deliktische Ansprüche wegen Verletzung des Eigentums an der Ware** auslösen, die mit den Haftungsansprüchen aus dem Konnossement konkurrieren. Richtigerweise sind solche deliktischen

---

tionalen Mobilarsachenrecht (Diss. Hamburg I 1983), S. 199–206, 264; *Stoll*, in: Staudinger, Int SachR Rz. 370, 415.
1 *Mankowski*, Festschr. Herber (1999), S. 147 (151–153).
2 *Mankowski*, Festschr. Herber (1999), S. 147 (155 f.).
3 So aber *Kassaye*, S. 203.
4 *Mankowski*, Festschr. Herber (1999), S. 147 (161 f.).
5 Dies wird bei *Stahl*, TranspR 2000, 479 (481) nicht so deutlich.
6 Art. 106 Abs. 2 schweiz. IPRG; *Mankowski*, Festschr. Herber (1999), S. 147 (165–167).
7 S. nur RG 15.2.1884, RGZ 11, 52; RG 14.11.1891, RGZ 28, 109; RG 27.4.1895, JW 1895, 302 f.; RG 6.10.1897, JW 1897, 573; OLG Köln 9.6.1994, ZIP 1994, 1459, 1460 = RIW 1994, 968 (969); *Mankowski*, TranspR 1988, 410 (414); *Einsele*, Wertpapierrecht als Schuldrecht (1995), S. 399; *K. Otte*, IPRax 1996, 327 (328 f.); w. Nachw. bei *Mankowski*, Festschr. Herber (1999), S. 147 (171 Fn. 64).
8 *Mankowski*, S. 269 f.; *Mankowski*, Festschr. Herber (1999), S. 147 (173); 6. Aufl. Rz. 2167 (*Hausmann*).
9 *Kronke/G. Berger*, IPRax 1991, 316 (317); *S. Lorenz*, NJW 1995, 176 (177); *Kieninger*, IPRax 1997, 449 (457); *Kreuzer*, in: MünchKomm, nach Art. 38 EGBGB Anh. I Rz. 122; *Mankowski*, Festschr. Herber (1999), S. 147 (171 f.).
10 *Mankowski*, Festschr. Herber (1999), S. 147 (184 f.).

Ansprüche nach Art. 4 Abs. 3 Rom I-VO im Wege der **akzessorischen Anknüpfung** dem Recht zu unterstellen, welches das Konnossementsstatut stellt[1]. Dies gilt auch für die **deliktische Haftung eines Dritten**, der nicht konnossementsmäßiger Verfrachter ist, wenn dessen Haftung – sei es auch im Regresswege – die Haftung des Verfrachters beeinflusst[2]. Eine eigene **internationaldeliktsrechtliche Rechtswahl** unter Art. 14 Rom II-VO geht vor, wenn sie den dort aufgestellten Voraussetzungen (entweder nach dem Schadensfall oder zwischen unternehmerisch tätigen Parteien) genügt[3]. Im Seefrachtverkehr begegnen sich gemeinhin Unternehmen, so dass Art. 14 Abs. 1 lit. b Rom II-VO persönlich erfüllt ist.

h) Seefrachtbrief

In der Praxis, besonders beim schnellen Containerverkehr über den Nordatlantik, werden die Dokumente bei bestimmten Schifffahrtsunternehmen – besonders auch unter Berücksichtigung moderner Kommunikationsmittel – nicht mehr als Wertpapier ausgestellt, es tritt an dessen Stelle ein sog. **Sea Waybill**, auch als Short Term Bill of Lading oder Express Bill of Lading bezeichnet, welches die Bedingungen des Stückgutvertrages einbezieht[4]. Rechtlich sind diese Dokumente Seefrachtbriefe[5]. Seefrachtbriefe sind keine Wertpapiere und fallen nicht unter die Bereichsausnahme des Art. 1 Abs. 2 lit. d Var. 3 Rom I-VO[6]. Es handelt sich um nichtbegebbare Seefrachtbriefe (Non-Negotiable Sea Waybill) iSv. Art. 24 der Einheitlichen Richtlinien und Gebräuche für Dokumenten-Akkreditive (ERA 600[7])[8]. Sea Waybills sind in Erwägungsgrund 9 Rom I-VO jedenfalls nicht erwähnt, auch nicht, soweit sie ausnahmsweise gekorene Orderpapiere sein sollten[9]. Könnten sie aber trotzdem Wertpapiere und von der Ausnahme des Art. 1 Abs. 2 lit. d Rom I-VO erfasst sein? Immerhin gewinnen Sea Waybills im Containerzeitalter immer mehr an Bedeutung, da man sie zu-

2913

---

1 AG Bremerhaven 7.12.1994, TranspR 1996, 31 (32); *Mankowski*, TranspR 1996, 10 (11 f.); *Ramming*, HmbSchRZ 2009, 21 (35) sowie Hof 's-Gravenhage 21.12.1999, NIPR 2001 Nr. 110, S. 231 nr. 4.
2 Näher *Mankowski*, TranspR 1996, 10 (12).
3 Vgl. altrechtlich AG Bremerhaven 7.12.1994, TranspR 1996, 31, 32; *Mankowski*, TranspR 1996, 10 (11) mwN.
4 Mit dem Carriage of Goods by Sea Act 1992, in Kraft seit dem 16.2.1992, wurde in Großbritannien auch für die Inhaber von sea waybills und ship's delivery orders ein klagbarer Anspruch geschaffen, *Asariotis*, Der englische Carriage of Goods by Sea Act 1992 (1994), S. 9; *Stangenberg*, Die Entwicklung des Bill of Lading in England bis zum Carriage of Goods by Sea Act 1992 (1999), S. 159-170.
5 *Herber*, TranspR 1986, 169 (171); *Herber*, TranspR 1991, 361; *Schinzing*, Der Seefrachtbrief und andere Ansätze zu neuen Formen der Dokumentation im Seefrachtrecht (1991), S. 65.
6 *Mankowski*, S. 129 f.
7 ICC-Publikation Nr. 600.
8 *J. Nielsen*, Die Aufgaben von Transportdokumenten unter Berücksichtigung der Revision 1993 der Einheitlichen Richtlinien und Gebräuche für Dokumentenakkreditive (1993), S. 27.
9 *Mankowski*, IHR 2008, 133 (134); *Mankowski*, TranspR 2008, 339 (352).

verlässig elektronisch handeln kann[1]. Maßgeblich sollten die Vorstellung des Verkehrs und die Funktionen des jeweiligen Papiers sein. Dabei helfen gerade Vergleich und Gegenüberstellung von Sea Waybills und Konnossementen.

2914 Sea Waybills sind nach der Verkehrsvorstellung jedenfalls keine Konnossemente. Sie sind von jenen nicht nur terminologisch, sondern auch funktionell geschieden. Ihnen fehlt es gerade an entscheidenden Merkmalen und Charakteristika des Konnossements. Sie verbriefen keinen eigenständigen Herausgabeanspruch[2]. Man muss sie nicht im Bestimmungshafen vorlegen, um die Ware herausverlangen zu können[3] – während genau dies für Konnossemente charakteristisch ist[4]. Ihre Begebung begründet kein zweites, zusätzliches und eigenständiges Rechtsverhältnis neben dem eigentlichen Frachtvertrag. Sie gesellen sich den Frachtbriefen der anderen Transportmodi zu, die ebenfalls nur deklaratorisch, aber nicht konstitutiv wirken. Sie dokumentieren, aber sie generieren nicht. Zudem haben sie keine Traditionsfunktion[5]. Sie sind kein document of title[6]. Nur ausnahmsweise wird daher unter einem Dokumentenakkreditiv ein Sea Waybill andienungsfähiges Dokument sein. Sea Waybills sind sicher ausgegrenzt, sofern sie sich selber in ihrem Text ausdrücklich als „non-negotiable" kennzeichnen[7], wie es Art. 21 ERA 600 nahe legt[8].

2915 Allerdings trägt Erwägungsgrund 9 Rom I-VO keinen strikten Umkehrschluss auf die Ausgrenzung von Sea Waybills, denn er befasst sich nur mit Konnossementen, nicht mit allen denkbaren Wertpapieren. Außerdem liegt Rücksicht auf solche Rechtsordnungen nahe, die in nationaler Ausfüllungskompetenz zunächst alle Orderpapiere in Art. 1 Abs. 2 lit. c EVÜ einbezogen, also auch Sea Waybills, soweit diese gekorene Orderpapiere sind. Denn die Qualität als gekorenes Orderpapier verlangt eben nur die Orderklausel, einen rein formellen Akt des Ausstellers ohne weitere inhaltliche Anforderungen[9].

i) Sogenanntes „elektronisches Konnossement"

2916 Art. 1 Abs. 2 lit. d wie Erwägungsgrund (9) Rom I-VO operieren ersichtlich auf der Grundlage des Internationalen Wertpapierrechts. Dies belegt schon die Aufzählung anderer Wertpapiere in einer Reihe mit Wechseln und Schecks.

---

1 *S.W. Margetson*, in: Hendrikse/N.H. Margetson/H.J. Margetson, Aspects of Maritime Law (Alphen aan den Rijn 2008), S. 19, 26.
2 *Herber* (Fn. 9), S. 170; *Jens Nielsen*, TranspR 2008, 269 (283).
3 *J.I. MacWilliam Co. Inc.* v. *Mediterranean Shipping Co. SA (The „Rafaela S")* [2003] EWCA Civ 556 [145], [2004] QB 702, [2003] 2 Lloyd's Rep. 113 (C.A., per *Rix* L.J.); *S.W. Margetson*, in: Hendrikse/N.H. Margetson/H.J. Margetson, Aspects of Maritime Law (Alphen aan den Rijn 2008), S. 19, 26; *Debattista*, Rz. 2.28.
4 *J.I. MacWilliam Co. Inc.* v. *Mediterranean Shipping Co. SA(The „Rafaela S")* [2005] UKHL 11 [20], [2005] 2 WLR 554, [2005] 1 Lloyd's Rep. 347 (H.L., per Lord *Bingham of Cornhill*).
5 *Jens Nielsen*, TranspR 2008, 269 (283).
6 *Gaskell/Asariotis/Baatz*, Rz. 1.47 f.; *Aikens/Lord/Bools*, Rz. 2.16.
7 *Gaskell/Asariotis/Baatz*, Rz. 19.7; *Debattista*, Rz. 2.23.
8 Näher *Jens Nielsen*, TranspR 2008, 269 (283).
9 *Mankowski*, TranspR 2008, 417 (420).

Unausgesprochen liegt ein traditionelles, papiergebundenes Grundverständnis zugrunde. Elektronische Konnossemente sollte man nicht von vornherein ausgrenzen. Gewollt ist ein funktionsbezogener Ansatz, kein rigider und formalistischer. Es wäre weder gut noch sachgerecht, wenn man weite Teile des heutigen Dokumentenverkehrs ausgrenzte[1]. Freilich muss die Funktionalität gewahrt bleiben. Nicht jeglicher elektronische Datensatz kann ausreichen. Vielmehr müssen dieselben Charakteristika und Funktionen wie bei traditionellen Papierkonnossementen erfüllt sein[2], bevor man elektronische Konnossemente als echte Konnossemente anerkennen kann[3]. Auch ein so genanntes elektronisches „Konnossement" muss die Konnossementsfunktionen erfüllen, eben um Konnossement zu sein. An den Konnossementsfunktionen aber wird es in der Regel fehlen[4], beurteilt entsprechend den bootstrap principle aus Art. 10 Abs. 1 Rom I-VO nach dem Recht, das anwendbar wäre, wenn es sich um ein Konnossement handeln würde.

3. Stückgutfrachtvertrag

Der Seestückgutfrachtvertrag steht der Rechtswahl offen[5]. Eine Rechtswahl findet sich zumeist im Konnossement (oben Rz. 2891 f.). Sie ist für den Stückgutfrachtvertrag maßgeblich, soweit das **Konnossement** zugleich **Beweisurkunde** für diesen ist. Dies ist beim üblichen Vertragsschluss per **booking note**[6] der Fall[7]. Die Standardformulare für booking notes, zB die Conlinebooking oder die Visconbooking[8], verweisen ihrerseits ausdrücklich auf die Bedingungen des noch auszustellenden Konnossements und inkorporieren diese daher in den Seefrachtvertrag. Enthält das Konnossement eine Rechtswahlklausel, so besteht dann auch eine ausdrückliche Rechtswahl für den Seefrachtvertrag[9].

2917

---

1 Zu den Gründen für das Scheitern ambitionierterer Ausgestaltungen des papierlosen Verkehrs *Girvin*, Rz. 157–166.
2 Insoweit zweifelnd *Gaskell/Asariotis/Baatz*, Rz. 1.61 f.; *Aikens/Lord/Bools*, Rz. 2119–2122.
3 Ebenso prinzipiell *Martius*, in: Hendrikse/N.H. Margetson/H.J. Margetson, Aspects of Maritime Law (Alphen aan den Rijn 2008), S. 311 (317 f.).
4 *Martius*, in: Hendrikse/N.H. Margetson/H.J. Margetson, Aspects of Maritime Law (Alphen aan den Rijn 2008), S. 311 (317 f.).
5 S. nur BGH 26.10.2006 (Cita), TranspR 2007, 36 (37); CA Aix-en-Provence 7.5.1997 (Klim Voroshilov), DMF 1998, 29 (34) Anm. *Nicolas*; CA Paris 29.11.2000 (Nuevo Leon), DMF 2001, 684 (688) Anm. *Nicolas* = Dir.mar. 104 (2002), 670 (674); Rapport *Ghislain de Monteynard*, DMF 2002, 613 (614).
6 S. nur BGH 23.11.1978, BGHZ 73, 4 (5 f.) = NJW 1979, 1102 Anm. *K. Schmidt*; Dansk Hojesteret 13.1.1989, UfR 1989 A 189 f.; OLG Hamburg 11.6.1981 (Gudrun Danielsen), VersR 1982, 65 f.; OLG Hamburg 18.12.1986, IPRspr. 1987 Nr. 31 = VersR 1988, 799 (800).
7 S. nur OLG Hamburg 30.7.1992, TranspR 1993, 25 (27).
8 BIMCO (Hrsg.), Forms of Approved Documents, Nr. 80-0 und Nr. 81-0.
9 *Mankowski* S. 44; *Magnus*, in: Staudinger, Art. 28 EGBGB Rz. 390, 393 sowie OLG Hamburg 30.7.1992, TranspR 1993, 25 (27); Rb. Rotterdam 23.5.1996, NIPR 1999 Nr. 70, S. 86 nr. 5.2; vgl. auch OLG Bremen 10.1.2002, TranspR 2002, 405 (407) (Aufs. *Ramming*, TranspR 2002, 392) (Schiedsklausel).

2918 Beim Stückgutfrachtvertrag können die Konnossementsbedingungen kraft Handelsbrauchs auch dann Vertragsbestandteil werden, wenn dies bei Vertragsschluss nicht besonders vereinbart worden ist. Sie gelten in diesem Fall auch dann, wenn die zunächst geplante Ausstellung des Konnossements aufgrund veränderter Umstände ausnahmsweise unterbleibt. Dagegen kommt eine akzessorische Anknüpfung des Frachtvertragsstatuts an das Konnossementsstatut nicht in Betracht, wenn das Konnossementsstatut nicht auf einer Konnossementsbedingung beruht, sondern über eine objektive Anknüpfung (dazu Rz. 2906–2908) ermittelt wird[1]. Inkorporiert oder in Bezug genommen werden die Konnossementsbedingungen, nicht das Konnossement als solches. Kollisionsrechtlich kommen beim Konnossement andere Interessen, nämlich die Interessen potentieller Konnossementserwerber, ins Spiel als beim Frachtvertrag[2].

4. Einheitsrecht

a) Haager Regeln (HR)

2919 Wesentliche Teile des Seefrachtvertrages unter einem Konnossement sind in dem Internationalen Abkommen vom 25.8.1924 zur Vereinheitlichung von Regeln über Konnossemente (IÜK) den sog. **Haager Regeln** (HR) festgelegt worden. Vorrangige Bedeutung haben sie für den Stückgutvertrag, sie stellen keine vollständige Regelung des Seefrachtvertrages dar[3]. Anders als die entsprechenden internationalen Abkommen der übrigen Verkehrsträger und im Gegensatz zur Überschrift hat dieses Übereinkommen gerade nicht zu einer Vereinheitlichung des materiellen Rechts bei der Verwendung eines Konnossements, sondern nur zu einer Rechtsangleichung geführt.

Nach Abs. 2 des Zeichnungsprotokolls[4] ist es den Vertragsparteien freigestellt, entweder dem Abkommen selber Gesetzeskraft beizulegen oder es in einer dem jeweiligen nationalen Landesrecht angepassten Form wirksam werden zu lassen. Viele Vertragsparteien haben von dieser Möglichkeit Gebrauch gemacht. Dabei haben die meisten Länder die HR wörtlich oder mit unerheblichen Unterschieden übernommen[5]. Besonders die Höchsthaftungssumme variiert dabei erheblich[6]. Andere Länder haben die Gedanken und Prinzipien des Übereinkommens in eigenen nationalen Gesetzen niedergelegt[7]. Hinzu kom-

---

1 *Mankowski*, S. 86 f.; *Magnus*, in: Staudinger, Art. 28 EGBGB Rz. 390.
2 *Mankowski*, S. 86 f.
3 S. nur *D. Rabe*, vor § 556 HGB Rz. 5.
4 RGBl. II 1939, 1065.
5 Immer noch grundlegend *Markianos*, Die Übernahme der Haager Regeln in die nationalen Gesetze über die Verfrachterhaftung (1960); außerdem zB *Schaps/Abraham*, Anh. III § 663b HGB E, A Rz. 7–13.
6 Vgl. die Zusammenstellungen bei *Ebenroth/Sorek*, RIW 1989, 165 (167 Fn. 36); *Tetley*, 26 JMLC 133 (1995).
7 *Markianos*, S. 44; *Schaps/Abraham*, Anh. III § 663b HGB A Rz. 12.

men einige Staaten, welche dem Abkommen formell nicht beigetreten sind, die Regeln aber gleichwohl in ihr nationales Recht übernommen haben[1].

Nach Art. 10 HR gelten die HR für jedes Konnossement, das in einem Vertragsstaat ausgestellt worden ist. Die Vertragsstaaten haben jedoch teilweise von ihrem Recht Gebrauch gemacht, auch den internationalen Anwendungsbereich ihres nationalen HR-Gesetzes abweichend von Art. 10 HR festzulegen. Insbesondere gilt in den USA das eigene HR-Gesetz **(US COGSA)** für alle ein- und ausgehenden Transporte, während der Ausstellungsort des Konnossements unerheblich ist. 2920

b) Visby Rules (VR)

In den sechziger Jahren setzte eine zunehmende Kritik an den Haager Regeln ein, die sich insbesondere an der Höhe und der Berechnung der Haftungssumme entzündete. Dies führte im Juni 1963 zu einem Änderungsentwurf des Comité Maritime International, der in Visby verabschiedet und im Februar 1968 in Brüssel auf der XII. Diplomatischen Seerechtskonferenz unter dem Namen „Protocol to amend the International Convention for the unification of certain rules of law relating to Bills of Lading, signed at Brussels on 25. April 1924", die sog. Visby-Rules (VR)[2]. Deutschland hat die Visby-Rules nicht ratifiziert. Mit dem Zweiten Seerechtsänderungsgesetz werden nach Art. 6 Abs. 3 EGHGB die Liste der Vertragsstaaten des Internationalen Abkommens vom 25.8.1924 (HR) in der Fassung des Änderungsprotokolls vom 23.2.1968 sowie jede Änderung dieser Liste durch den Bundesminister der Justiz im BGBl. bekannt gegeben[3]. 2921

Nach Art. 5 VP = Art. 10 VR (HR nF) gilt das Übereinkommen für **jedes Konnossement**, das sich auf die Beförderung von Gütern zwischen Häfen in zwei verschiedenen Staaten bezieht, wenn 2922

---

1 Die HR sind in folgenden Ländern völkerrechtlich in Kraft: Ägypten, Algerien, Argentinien, Australien, Belgien, Bolivien, Deutschland, Elfenbeinküste, Ecuador, Fidschi, Frankreich, Iran, Irland, Israel, Japan, Jugoslawien (ehemaliges), Demokratische Republik Kongo (vormals Zaire), Kroatien, Kuba, Kuwait, Libanon, Luxemburg, Madagaskar, Mauritius, Monaco, Paraguay, Peru, Polen, Portugal, Rumänien, Salomonen, Schweiz, Senegal, Singapur, Spanien, Sri Lanka, Syrien, Tansania, Tonga, Türkei, Ungarn, Vereinigte Staaten.
2 Text abgedr. ua. in: *D. Rabe*, Anh. II § 663b HGB Rz. 7 (Französ. und Engl.), 10 (Deutsch) sowie bei *Schaps/Abraham*, Anh. III § 663b HGB C (Deutsch).
3 Die VR ratifiziert haben oder den VR beigetreten sind folgende Staaten (BGBl. I 1986, 1162, letzte Bekanntmachung vom 30.5.1996, BGBl. I 1996, 791): Australien, Ägypten, Belgien, Dänemark (ohne Faröer Inseln), DDR, Ecuador, Finnland, Frankreich, Georgien, Griechenland, Italien, Demokratische Republik Kongo (Zaire), Kroatien, Libanon, Liberia, Luxemburg, Mexiko, Niederlande (mit Aruba), Norwegen, Polen, Russland, Schweden, Schweiz, Singapur, Spanien, Sri Lanka (Ceylon), Syrien, Tonga, Vereinigtes Königreich (mit Bermuda, Britisches Antarktis-Territorium, British Virgin Islands, Falklandinseln und Nebengebiete, Gibraltar, Hongkong, Kaimaninseln, den Inseln Man, Montserrat, Turks- und Caicoinseln).

a) das Konnossement in einem Vertragsstaat ausgestellt ist oder

b) die Beförderung von einem Hafen in einem Vertragsstaat ausgeht oder

c) das Konnossement vorsieht, dass der Vertrag den Bestimmungen dieses Übereinkommens oder dem Recht des Staates unterliegt, auf Grund dessen sie anzuwenden sind,

gleich, welche Staatszugehörigkeit das Schiff hat oder welche Staatszugehörigkeit der Unternehmer, der Befrachter, der Empfänger oder andere Beteiligte haben[1].

Sowohl die Anwendungsnormen der nationalen VR-Gesetze als auch Art. 10 VR lassen es genügen, wenn einer der drei disjunktiven Anknüpfungspunkte vorliegt, um die VR bzw. das nationale VR-Gesetz zwingend anzuwenden. Dadurch tritt bei Beförderungen zwischen Häfen eines HR-Vertragsstaates und eines Protokoll-Vertragsstaates das Problem der Doppelzuordnung auf. Soweit der betreffende Protokoll-Vertragsstaat die HR nicht gekündigt hat, steht zu erwarten, dass in solchen Fällen auch dessen Gerichte die HR-Regeln und nicht das Protokoll anwenden.

c) Rotterdam Rules

2922a UNCITRAL hat die **Rotterdam Rules** entwickelt[2]. Sie wurden am 23.9.2009 in Rotterdam zur Zeichnung aufgelegt. Sie regulieren nicht nur das Konnossement, sondern den gesamten Seefrachtvertrag[3]. Zudem greifen sie in den multimodalen Bereich über und erfassen auch die anderen Transportabschnitte bei einem Transport unter Einschluss einer Seestrecke (Rz. 3052). Im internationalen Anwendungsbereich erfassen die Rotterdam Rules nach ihrem Art. 5 Abs. 1 den gesamten eingehenden und ausgehenden Verkehr der Vertragsstaaten. Sie kommen bei einer internationalen Beförderung zur Anwendung, wenn einer der folgenden Anknüpfungspunkte in einem Vertragsstaat liegt: Ladehafen; Löschhafen; Ausgangspunkt der Beförderung; Endpunkt der Beförderung. Maßgeblich sind jeweils die vertraglichen Abreden, nicht die rein faktische Ausführung[4]. Bei multimodaler Beförderung besteht ein doppeltes Internationalitätserfordernis[5]: Dann müssen sowohl die Gesamtbeförderung als auch, isoliert betrachtet, die Seestrecke grenzüberschreitend sein. Letzteres dürfte

---

1 Eingehend zu Art. 10 VR *Mankowski*, S. 321–370; zum über weite Strecken parallelen Art. 6 EGHGB unten Rz. 2923 ff.
2 UN Convention on Contracts for the International Carriage of Goods Wholly or Partly by Sea, UN Doc. A/RES/63/122 (11.12.2008) = UN G.A.O.R. 63d Session, Supp. No. 17, Annex I, UN Doc. A/63.17 (2008); abgedr. auch in: ETR 2009, 367.
3 Ein Panorama von aufschlussreichen Beiträgen findet man in den Sonderheften (2008) 14 JIML 459; 44 Texas J. Int'l. L. 269 (2009); EJCCL voraussichtlich 4/2009.
4 Näher *Mankowski*, EJCCL voraussichtlich 4/2009 sub II 1-3.
5 *Diamond*, [2008] LMCLQ 135 (145); *F. Berlingieri/Zunarelli/Alvisi*, Dir. mar. 2008, 1161 (1167 f.); *Rubens*, TV&R 2009, 103 (104); *Mankowski*, EJCCL voraussichtlich 4/2009 sub II 4.

bei echter Seebeförderung der absolute Regelfall sein und daher keine echte Einschränkung mit sich bringen[1].

5. Art. 6 EGHGB als Anwendungsnorm des deutschen VR- und HR-Rechts

Das Seefrachtrecht des HGB beruhte bis 1986 im Wesentlichen auf den Haager Regeln (HR) (oben Rz. 2919 f.). Die Änderung der HR durch die Visby-Rules (VR) (oben Rz. 2921) wurde von der Bundesrepublik Deutschland bisher, primär aus Rücksicht auf die Gastgeberrolle Deutschlands bei der Entstehung der Hamburg Rules, nicht ratifiziert[2]. Mit dem Zweiten Seerechtsänderungsgesetz[3] wurden die wesentlichen Regelungen der VR jedoch autonom in das HGB aufgenommen. Wird ein Konnossement ausgestellt, so können die entsprechenden Regeln zu Lasten des Verfrachters nach § 662 HGB grundsätzlich nicht ausgeschlossen werden. 2923

Den internationalen Anwendungsbereich des zwingenden deutschen Konnossementsrechts steckt der Gesetzgeber mit Art. 6 EGHGB ab: 2924

Art. 6 EGHGB

(1) ¹§ 662 des Handelsgesetzbuchs und die darin genannten Vorschriften gelten für jedes Konnossement, das sich auf die Beförderung von Gütern zwischen Häfen in zwei verschiedenen Staaten oder zwischen Häfen im Geltungsbereich dieses Gesetzes bezieht, sofern das Konnossement

1. in einem Vertragsstaat des Internationalen Abkommens vom 25. August 1924 zur Vereinheitlichung von Regeln über Konnossemente (Abkommen von 1924) in der Fassung des Änderungsprotokolls vom 23. Februar 1968 (Protokoll von 1968) ausgestellt ist oder

2. vorsieht, dass der Vertrag den Bestimmungen des Abkommens von 1924 in der Fassung des Protokolls von 1968 oder dem Recht eines Staates, auf Grund dessen die genannten Bestimmungen anzuwenden sind, unterliegt.

²§ 662 des Handelsgesetzbuchs und die darin genannten Vorschriften gelten auch für ein Konnossement, das in einem anderen als einem in Satz 1 Nr. 1 bezeichneten Staat ausgestellt ist, sofern das Konnossement sich auf die Beförderung von Gütern von und nach einem Hafen in einem in Satz 1 Nr. 1 bezeichneten Staat oder einem Hafen im Geltungsbereich dieses Gesetzes bezieht; dies gilt nicht, soweit sich aus Absatz 2 etwas anderes ergibt.

(2) ¹Ist das Konnossement in einem Staat ausgestellt, der Vertragsstaat des Abkommens von 1924, jedoch nicht Vertragsstaat des Protokolls von 1968 ist, und bezieht sich das Konnossement auf die Beförderung von Gütern nach einem Hafen in einem solchen Staat, so gelten § 662 des Handelsgesetzbuchs und die darin genannten Vorschriften mit der Maßgabe, dass § 612 Abs. 2 sowie § 660 Abs. 1 des Handelsgesetzbuches, soweit darin bestimmt ist, dass der Verfrachter bis zu einem Betrag von 2 Rechnungseinheiten für

---

[1] *Sturley* (2004), 10 JIML 138 (153 Fn. 121); *Mankowski*, EJCCL voraussichtlich 4/2009 sub II 4.

[2] Beschlussempfehlung und Bericht des Rechtsausschusses zum Entwurf eines Gesetzes zur Änderung des Handelsgesetzbuches und anderer Gesetze (Zweites Seerechtsänderungsgesetz), BT-Drucks. 10/3852, S. 22. Plastisch wie meist *Puttfarken*, Rz. 298.

[3] Gesetz zur Änderung des Handelsgesetzbuches und anderer Gesetze (Zweites Seerechtsänderungsgesetz) vom 25.7.1986, BGBl. I 1986, 1120.

das Kilogramm der verlorenen oder beschädigten Güter haftet, außer Betracht bleiben; Absatz 1 Satz 1 Nr. 2 bleibt unberührt. ²Satz 1 gilt nicht, wenn das Konnossement eine Beförderung zwischen Häfen im Geltungsbereich dieses Gesetzes durch ein Schiff, dass die Flagge der Bundesrepublik Deutschland führt, betrifft.

(3) [...]

a) Einseitige Kollisionsnorm

2925 Art. 6 EGHGB hat dieselben Funktionen wie die internationalen Anwendungsregeln einheitsrechtlicher Konventionen. Er ist also zuvörderst einseitige Kollisionsnorm des Internationalen Privatrechts[1]; sekundär ist er internsachrechtliche Kollisionsnorm[2], tertiär Rangkollisionsregel sowohl im Rahmen des IPR wie im Rahmen des Sachrechts[3]. Aus seiner internationalprivatrechtlichen Funktion folgt, dass er nicht von der anderweitig erfolgten internationalprivatrechtlichen Berufung deutschen Rechts abhängig ist[4]. Er unterliegt keiner kollisionsrechtlichen Vorschaltlösung[5]. Im Gegenteil geht er kraft seiner rangkollisionsrechtlichen Funktion den allgemeinen Anknüpfungsregeln des IPR vor. Im konkreten Fall sollte man ihn prinzipiell vor der Ermittlung des Konnossementsstatuts anwenden[6]. Damit steht jedenfalls fest, dass der Verfrachter nicht milder als nach deutschem VR- oder HR-Recht haftet.

2926 Konnossementshaftungsrecht bezweckt einen fairen und angemessenen Ausgleich zwischen den Interessen der Parteien des Konnossementsverhältnisses. Es stellt eine zwingende Mindesthaftung auf, damit die Interessen der Ladungsseite nicht missachtet werden. Es vermittelt Anreize zu einer angemessenen Reaktion auf vertragliche Haftung. Dagegen verfolgt Konnossementshaftungsrecht keine marktsteuernden Ansätze auf einer makroökonomischen Ebene oder übergeordnete politische Interessen. Daher gehört Konnossementshaftungsrecht nicht zum eingriffsrechtlichen Bereich[7]. Eine eingriffsrechtliche

---

1 Ebenso *Herber*, TranspR 1986, 249 (254); *Herber*, HaftungsR, S. 216; *Basedow*, S. 12; *Basedow*, IPRax 1987, 333 (338); *Klingsporn*, NJW 1987, 3042 (3043); *Ebenroth/Sorek*, RIW 1989, 165 (167); *Ebenroth/R. Fischer/Sorek*, ZVglRW 88 (1989), 124 (131 f.); *Mankowski*, S. 301–315; *Mankowski*, TranspR 1996, 10 (13); *A. Hoffmann*, Die Haftung des Verfrachters nach deutschem Seerecht (1996), S. 236–242; *von Hoffmann*, in: Soergel, Art. 28 EGBGB Rz. 450; *Martiny*, in: MünchKomm, Art. 28 EGBGB Rz. 201; *Ramming*, TranspR 1998, 381; *D. Rabe*, § 662 HGB Rz. 11; *Magnus*, in: Staudinger, Art. 28 EGBGB Rz. 405 sowie OLG Hamburg 15.10.1992 (Bencomo), TranspR 1993, 111 (112); GMAA-Schiedsspruch 12.12.1991 (Chiara), TranspR 1992, 74 (78).
2 S. auch LG Hamburg 18.10.1990, TranspR 1991, 353 (355).
3 Eingehend *Mankowski*, S. 301–307; außerdem zB *Ramming*, TranspR 1998, 381 (397); *D. Rabe*, § 662 HGB Rz. 11.
4 Eingehend *Mankowski*, S. 308–315 sowie *Mankowski*, TranspR 1988, 410 (414-417).
5 Entgegen *Flessner*, S. 25 f.; *H.N. Götz*, NJW 1987, 1671 (1673 f.); *Mann*, NJW 1988, 3074 f. Bewusst offen lassend AG Bremerhaven 7.12.1994, TranspR 1996, 31 (32). Unverständlich *Puttfarken*, Rz. 308.
6 OLG Hamburg 15.10.1992 (Bencomo), TranspR 1993, 111 (112); *Mankowski*, TranspR 1996, 10 (13) sowie *Ramming*, TranspR 1998, 381 (397).
7 Ähnlich *Flessner*, S. 26; *Lagarde*, Droit international privé: les clauses limitatives ou exonératoires de responsabilité en Europe (1990), S. 29; *Rémery*, Rev.crit.d.i.p. 88

Sonderanknüpfung über Art. 9 Abs. 2 Rom I-VO ist nicht möglich[1]. Sie sind auch unnötig, da Art. 6 EGHGB als überlagernde besondere Anknüpfung ähnliche Ergebnisse erzielt. Ein Konflikt mit Art. 3 ff. Rom I-VO besteht schon wegen Art. 1 Abs. 2 lit. d Var. 3 Rom I-VO nicht.

Kommt auf Grund Rechtswahl oder objektiver Anknüpfung auf das Konnossement das Recht eines Staates zur Anwendung, welches den Verfrachter (zB nach den HbgR) strenger haften lässt als das deutsche VR-Recht, so sollte man Art. 6 EGHGB als nur einseitig zwingend ansehen und die höhere Haftung nach dem Konnossementsstatut durchschlagen lassen[2]. Gewolltes Ziel ist, eine Mindesthaftung des Verfrachters sicherzustellen. Diesem Ziel ist erst recht bei einer noch strengeren Haftung genügt. Eine gleichzeitige Festlegung der Maximalhaftung ist dagegen nicht bezweckt.

2927

b) Anwendbarkeit deutschen VR-Rechts

aa) Konnossementsausstellung in einem VR-Staat (Art. 6 Abs. 1 S. 1 Nr. 1 EGHGB)

Erster Anknüpfungspunkt für die Anwendung des deutschen VR-Rechts ist nach Art. 6 Abs. 1 S. 1 Nr. 1 EGHGB die **Ausstellung des Konnossements** in einem VR-Mitgliedstaat. Dies nimmt den Anknüpfungspunkt aus Art. 10 HR; 10 Abs. 1 lit. a VR auf. Gemeint ist der **tatsächliche Herstellungsort**, nicht der Begebungsort des Konnossements[3]. Entscheidend ist der faktische Unterzeichnungsort, nicht der angegebene Ausstellungsort[4]; Letzterer begründet aber eine widerlegliche Vermutung, dass an ihm auch faktisch Unterzeichnung und Herstellung erfolgt seien[5].

2928

(1999), 300. AA CA Orléans 9.9.2004, BTL 2005 n° 3076, S. 23; CA Rouen 9.9.2004, DMF 2005, 851 zust. Anm. *Sana-Chaillé de Néré*; Hof Antwerpen 7.4.2008, Jurisprudence du Port d'Anvers 2008, 112 (130 f.); *Herber*, SHR, S. 219 (220); 5. Aufl. Rz. 1242 (*van Dieken*); *Sana-Chaillé de Néré*, Mélanges Yves Tassel (2008), S. 505; *Sana-Chaillé de Néré*, DMF 2009, 37 (40 f.) sowie TGI Péronne 8.8.2008, BTL 2008 n° 3238, S. 574; *Delebecque*, Mélanges Bruno Mercadal (2002), S. 441.
Vgl. aber auch Cass. com. 4.3.2003, Rev.crit.d.i.p. 92 (2003), 285 Anm. *Lagarde* = DMF 2003, 556 Anm. *Delebecque*.

1 Ebenso im Ergebnis, wenn auch mit gänzlich anderer Begründung, *Magnus*, in: Staudinger, Art. 28 EGBGB Rz. 406; vgl. auch (allerdings wohl nur für einen Sonderfall) CA Paris 2.12.1999 (World Apollo), DMF 2001, 308 (310 f.) Anm. *Nicolas*.
2 *Mankowski*, TranspR 1992, 301 (312); *Herber*, SHR, S. 404; *Nicolas*, DMF 1999, 735 (736); *Nicolas*, DMF 2001, 311 (312); *Asariotis*, S. 48–50; *Gaskell/Asariotis/Baatz*, Rz. 19.58. Für einen Vorrang der HR CA Paris 5.5.1999 (Aton), DMF 2000, 345 Anm. *Nicolas*.
3 *Mankowski*, S. 323 f.; vgl. auch (im parallelen Scheckrecht) BGH 1.10.1991, BGHZ 115, 247 (250 f.).
4 *Mankowski*, S. 324 f. AA *Carbone*, Dir.comm.int. 1987, 453 (464); *Carbone*, Studi in memoria di Mario Giuliano (Padova 1989), S. 255 (268).
5 *Mankowski*, S. 325 m. Nachw. zur Parallele im Scheckrecht.

2929 Der so bestimmte Ausstellungsort des Konnossements muss in einem Staat liegen, der völkerrechtlich Mitgliedstaat der VR ist. Es ist keine ausdrückliche Gleichstellung anderer Staaten, namentlich solcher, welche die VR ohne völkerrechtliche Bindung autonom übernommen haben, mit den Mitgliedstaaten der VR erfolgt. Daraus ist iVm. der ausdrücklichen Gleichstellung in Art. 6 Abs. 1 S. 1 Nr. 2 Var. 2 EGHGB ein Umkehrschluss zu ziehen. Dieser hat besondere Bedeutung für Konnossemente, die in Deutschland ausgestellt werden. Denn Deutschland hat zwar die VR autonom übernommen, sie aber völkerrechtlich nicht ratifiziert. Für Deutschland ist ein weiterer Umkehrschluss aus den ausdrücklichen Gleichstellungen in Art. 6 Abs. 1 S. 1 vor Nr. 1, Abs. 1 S. 2 EGHGB zu ziehen[1]. Ein **in Deutschland ausgestelltes Konnossement** erfüllt Art. 6 Abs. 1 Nr. 1 Nr. 1 EGHGB also **nicht**[2].

bb) Parteiwille zur Anwendung von VR-Recht als objektiver Anknüpfungspunkt (Art. 6 Abs. 1 S. 1 Nr. 2 EGHGB)

(1) Konstruktion als objektiver Anknüpfungspunkt, nicht als Rechtswahltatbestand

2930 Bei Art. 6 Abs. 1 S. 1 Nr. 2 EGHGB ist ein bestimmter Parteiwille Anknüpfungspunkt. Diesem Parteiwillen wird aber nicht (wie allgemein bei einer statthaften Rechtswahl) dergestalt Folge geleistet, dass das gewählte Recht mit seinen Rechtsfolgen zur Anwendung käme. Vielmehr kommt das deutsche VR-Recht zur Anwendung, auch wenn die Parteien zB englisches Recht gewählt haben[3]. Der Gesetzgeber unterstellt, dass den Parteien kein Unrecht geschieht, wenn VR-Recht angewendet wird, da sie ja VR-Recht gewollt haben. Die Unterschiede zwischen den einzelnen VR-Rechten[4] ignoriert er bewusst. Art. 6 Abs. 1 S. 1 Nr. 2 EGHGB ist also kein Rechtswahltatbestand, sondern verwendet den Parteiwillen (genauer: das Faktum eines bestimmten Parteiwillens) als objektiven Anknüpfungspunkt[5]. Das deutsche VR-Recht kommt aus eigener Kraft und aus eigenem Anwendungsanspruch zur Anwendung, nicht kraft Parteiwillens[6]. Rechtfertigungen dafür liefern die Unmöglichkeit einer

---

1 *Mankowski*, TranspR 1988, 410 (418); *Mankowski*, RabelsZ 56 (1994), 772 (781); *Mankowski*, S. 381 f.

2 *Mankowski*, TranspR 1988, 410 (418); *Mankowski*, RabelsZ 56 (1994), 772 (781); *Mankwski*, S. 381 f.; *D. Rabe*, § 662 HGB Rz. 13 sowie OLG Hamburg 15.10.1992 (Bencomo), TranspR 1993, 111 (112).

3 *Mankowski* S. 331 mwN. sowie (zum parallelen Art. 10 Abs. 1 lit. c VR) *Asser*, 5 JMLC 355 (399 f.) (1974); *Anthony Diamond*, (1978) Lloyd's MCLQ 225 (259); *Jaffey*, (1984) 100 L.Q.Rev. 198 (199); *van Weeghel*, De Visby Rules (Zwolle 1984), S. 11; *Staniland* (1987) Lloyd's MCLQ 305 (307); *Celle*, Dir.mar. 90 (1988), 11 (32); *Vischer/Huber/Oser*, Rz. 492.

4 Insbesondere bei den Haftungssummen; s. dazu *Tetley*, 26 JMLC 133 (1995).

5 *Mankowski*, S. 331. Zweifelhaft *Ramming*, TranspR 1998, 381 (384), demzufolge der Wille der Parteien unerheblich sei; sein Beispiel, dass eine Klausel ohne oder gegen den Willen der Parteien im Konnossement stehe, kollidiert aber mit allgemeinen Ansätzen für den Konnossementsinhalt.

6 *Mankowski*, S. 331 mwN., insbesondere (zum parallelen Art. 10 Abs. 1 lit. c VR) CA Paris 13.10.1986 (Anna-Oden), DMF 1988, 101; CA Montpellier 4.12.1986 (Zambezy),

allseitigen Kollisionsnorm, um den internationalen Anwendungsbereich zwingenden Forumrechts festzulegen, und die Gewährung und Festlegung von Parteiautonomie durch das IPR der lex fori[1].

(2) Parteiwille zur Anwendung der VR

Art. 6 Abs. 1 S. 1 Nr. 2 EGHGB setzt voraus, dass die Parteien entweder die VR oder ein nationales VR-Recht angewendet sehen wollen. Eine eindeutige, unkonditionierte Paramount Clause zu Gunsten der VR genügt dem. Musterbeispiel ist die Paramount Clause der Visconbill[2], spezifisch entworfen, um die VR zur Anwendung zu bringen. Eine Erweiterung unter zusätzlicher Bezugnahme auf das SZR-Protokoll von 1979 zu den VR schadet nicht[3]. 2931

Ebenso eindeutig reicht eine Paramount Clause nur zu Gunsten der HR nicht[4]. Nicht ausreichend sind auch Paramount Clauses, welche das HR-Recht des Ausgangsstaates (bzw. subsidiär des Bestimmungsstaates) berufen, ohne die VR einbeziehenden Zusatz. Von den Parteien gewollt ist dann HR-, nicht VR-Recht. HR und VR sind im Bewusstsein der beteiligten Verkehrskreise zweierlei[5]. Dies findet auch und gerade in der Klauselpraxis deutlichen Niederschlag. Für Art. 6 Abs. 1 S. 1 Nr. 2 EGHGB erforderlich wären Zusätze wie „the [HR] or any rules, thereto annexed" oder „the [HR] or any subsequent amendment"[6]. 2932

Ebenso wenig kann eine Paramount Clause zu Gunsten der HbgR reichen. Es wäre ein merkwürdiges Ergebnis, VR-Recht anzuwenden, weil die Parteien HbgR-Recht wollen. HbgR und VR sind erst recht zweierlei[7]. Im Zweifel löst sich der drohende Konflikt aber, indem man die HbgR anwendet und die strengere Verfrachterhaftung nach den HbgR durchschlagen lässt. In keinem Fall ist 2933

DMF 1988, 376 (381); CA Paris 23.3.1988 (Radbod), DMF 1989, 229 (237); The „Leni" [1992] 2 Lloyd's Rep. 48, 51 (Q.B.D., Judge *Anthony Diamond* Q.C.); The „Fiona" [1993] 1 Lloyd's Rep. 257, 267 (Q.B.D., Judge *Anthony Diamond* Q.C.).

1 *Mankowski*, S. 332–334.
2 Liner Bill of Lading (Liner Terms Approved by BIMCO Incorporating the Hague-Visby Rules), abgedr. in: BIMCO (Hrsg.), Forms of Approved Documents, Nr. 63-0.
3 *Ramming*, TranspR 1998, 381 (386).
4 *Mankowski*, RabelsZ 58 (1994), 772 (781); *Mankowski*, S. 349 mwN.; *Mankowski*, TranspR 1996, 10 (14); *Ramming*, TranspR 1998, 381 (385 f.) sowie (zum parallelen Art. 10 Abs. 1 lit. c VR) App. Genova 17.11.1990, Riv.dir.int.priv.proc. 1992, 92 (98); *Poupard*, DMF 1984, 421 (427); *Gauthier*, Yb. Mar. L. IV (1987/88), 3 (46); *Lagarde*, Rev.crit.d.i.p. 81 (1992), 497 (499, 501).
5 *Mankowski*, S. 350 f.
6 *Mankowski*, S. 350 f.; *Ramming*, TranspR 1998, 381 (386) sowie The „Benarty" [198] Q.B. 325, 333, 334 (C.A., per *Ackner* L.J.); The „Vechscroon" [1982] 1 Lloyd's Rep. 301, 305 (Q.B.D., *Lloyd* J.); *Daval Street Products v. M/V „Acadia Forest"* 1988 AMC 1669, 1672 f. = 683 F. Supp. 444, 446 (S.D.N.Y. 1988); *Insurance Co. of North America v. S/S „Sealand Developer"* 1990 AMC 2967, 2969 f. (S.D.N.Y. 1989).
7 *Ramming*, TranspR 1998, 381 (386); *Bonassies*, DMF Hors série 2001, 61 no. 70 sowie Cass. com. 28.5.2002 (World Apollo), DMF 2002, 613 (617); Rapport *Ghislain de Monteynard*, DMF 2002, 613 (616); *Nicolas*, DMF 2002, 618 (619) und eingehend *Glenn Bauer*, 24 JMLC 53 (1993); *Sturley*, 24 JMLC 119 (1993).

für die Gültigkeit der Paramount Clause erforderlich, dass der Ablader sie oder das Konnossement unterzeichnet hätte[1].

2934 Erklärt die Paramount Clause des Konnossements die VR nur für anwendbar, soweit diese „compulsorily applicable" sind, so ist dies allein an Hand von Art. 10 Abs. 1 lit. a, b VR zu beurteilen. Für ihre Wirkung setzt sie also voraus, dass das Konnossement in einem VR-Staat ausgestellt wurde oder der Transport aus einem VR-Staat erfolgt[2]. Eine solcherart konditionierte Paramount Clause will nur dann Wirkung entfalten, sonst nicht[3]. Vorbildlich und von klarer Eindeutigkeit ist die Gestaltung in Art. 1 der von P & O Nedlloyd verwendeten Konnossementsformulare: Dort wird ausdrücklich besagt, dass nichts im Konnossement Art. 10 Abs. 1 lit. c VR implementieren oder in Bezug nehmen solle.

(3) Parteiwille zur Anwendung eines nationalen VR-Rechts

2935 Nach Art. 6 Abs. 1 S. 1 Nr. 2 Var. 2 EGHGB steht die Vereinbarung, dass das Konnossementsverhältnis dem Recht eines Staates, auf Grund dessen VR-Recht anzuwenden ist, der Vereinbarung der VR gleich und löst gleichermaßen die Anwendung des deutschen VR-Rechts aus. Die einfache Wahl einer nationalen Rechtsordnung mit VR-Recht reicht indes nicht aus[4]. Dann ist der Parteiwille nämlich nicht spezifisch genug auf die Anwendung von VR-Recht gerichtet. Eine solche einfache Rechtswahl ist der ausdrücklichen Unterwerfung unter die VR selber nicht aequivalent[5]. Hinzu kämen Probleme mit der Funktion des Art. 10 Abs. 1 lit. c VR als internrechtlicher Abgrenzungsnorm[6]. Unterstützend kann man auf grammatische Argumente aus dem Wortlaut des Art. 10 Abs. 1 lit. c Var. 2 VR verweisen[7]. Widersprüche zwischen allgemeiner Rechtswahl- und Paramount-Klausel sind dagegen kein überzeugendes Argument, weil sie sich über einen Vorrang der Paramount Clause auflösen ließen[8]. Historisch steht die Paramount Clause-Konstruktion Pate für Art. 6 Abs. 1 S. 1

---

1 *Tassel*, DMF 2001, 316 f. gegen CA Aix-en-Provence 10.1.2002 (An He), DMF 2001, 313 (315); *Deturmeny Mosnier*, Bull.transp. 2001, 120.
2 *Parson Corp. v. CV Scheepvaartonderneming „Happy Ranger"* [2002] 2 All ER (Comm) 24, 38 para. 47 (C.A., per *Rix* L.J.); Rb. Middelburg 26.4.2000 (N Ocean), NIPR 2002 Nr. 196, S. 333 nr. 3.3.
3 Zum parallelen Art. 10 Abs. 1 lit. c VR bzw. dessen niederländ. Umsetzung Art. 8:371 Abs. 3 lit. c NBW Rb. Rotterdam 20.5.1999 (Tetien), NIPR 1999 Nr. 260, S. 338 nr. 5.2; Rb. Rotterdam 9.12.1999, NIPR 2001 Nr. 122, S. 244 nr. 2.2; Rb. Rotterdam 16.3.2000 (Amaranta), NIPR 2001 Nr. 199, S. 340 nr. 5.8; Rb. Middelburg 26.4.2000 (N Ocean), S & S 2002 Nr. 36, S. 169 nr. 3.3.
4 *Mankowski*, S. 340–346; *Vischer/Huber/Oser*, Rz. 493; vgl. auch The „*Happy Ranger*" [2001] 2 Lloyd's Rep. 530, 539 (Q.B.D., *Tomlinson* J.). AA *Asariotis*, (1992) JBL 321, 324; *Tetley*, (1992) 37 McGill L.J. 292, 312; *Ramming*, TranspR 1998, 381 (389-393).
5 *Mankowski*, S. 346. Dagegen *Ramming*, TranspR 1998, 381 (391).
6 *Mankowski*, S. 342–344; *Carver/Treitel/Reynolds*, Bills of Lading (2001) Rz. 9-083.
7 *Mankowski*, S. 345 f. Dagegen *Ramming*, TranspR 1998, 381 (389 f.).
8 *Ramming*, TranspR 1998, 381 (391 f.).

Nr. 2 EGHGB[1]. Paramount Clauses beziehen sich aber spezifisch auf Konnossementshaftungsregimes. Diese historische Perspektive spricht ebenfalls gegen das Ausreichen einer allgemeinen Rechtswahlklausel[2].

Art. 6 Abs. 1 S. 1 Nr. 2 Var. 2 EGHGB erfasst nicht nur die Wahl der nationalen VR-Gesetzgebung eines Staates, der völkerrechtlich Mitgliedstaat der VR ist, sondern auch die Wahl der nationalen Konnossementshaftungsgesetzgebung eines Staates, der zwar völkerrechtlich kein Mitgliedstaat der VR ist, aber die VR inhaltlich in sein nationales Recht übernommen hat[3]. Solche Staaten gibt es in nicht zu unterschätzender Zahl und mit nicht zu unterschätzender Bedeutung; insbesondere handelt es sich um Finnland, Portugal, die Nachfolgestaaten des ehemaligen Jugoslawiens, Argentinien und Südafrika. Schon Art. 10 Abs. 1 lit. c Var. 2 VR verlangt nicht die völkerrechtliche Mitgliedschaft des betreffenden Staates („State", nicht „Contracting State")[4], wie sich zusätzlich aus dem französischen Wortlaut untermauern lässt, der zwei Untervarianten enthält[5]. 2936

Auch auf eine entsprechend qualifizierte Rechtswahl deutschen VR-Rechts ist Art. 6 Abs. 1 S. 1 Nr. 2 Var. 2 EGHGB anwendbar[6]. Wegen des Vorrangs in der Prüfungsreihenfolge vor den allgemeinen Kollisionsnormen (oben Rz. 2925) ergibt sich die Rechtsfolge nicht etwa über Art. 4 Abs. 2 EGBGB[7]. 2937

(4) Ausdrücklichkeitserfordernis

Die Wahl eines nationalen VR-Rechts muss ausdrücklich erfolgen. Eine stillschweigende Wahl einer solchen Rechtsordnung zB über eine entsprechende Gerichtsstand- oder Schiedsklausel reicht nicht aus[8]. Gefordert ist als Anknüpfungspunkt ein eindeutig geäußerter Parteiwille zur Anwendung von VR-Recht, der auch der Dokumentationsfunktion des Konnossements genügt[9]. In 2938

---

1 S. zu Art. 10 Abs. 1 lit. c VR Comité Maritime International (ed.), The Travaux Préparatoires of the International Convention for the Unification of Certain Rules of Law Relating to Bills of Lading of 25 August 1924 – Hague Rules – and of the Protocols of 23 February 1968 and 21 December 1979 – The Hague-Visby Rules (1997) S. 720, 721, 724, 726, 727, 728, 729.
2 Anders *Ramming*, TranspR 1998, 381 (392).
3 *Mankowski*, TranspR 1988, 410 (416); *Mankowski*, S. 337 f.
4 The „Benarty" [1985] Q.B. 325, 341 (C.A., per *Ackner* L.J.); *Anthony Diamond*, (1978) Lloyd's MCLQ 225, 259; *van Weeghel* S. 10; *Mankowski*, S. 337 f.; s. auch *Carver/Treitel/Reynolds*, Rz. 9-083.
5 *Mankowski*, S. 338.
6 *Mankowski*, S. 388; *A. Hoffmann*, S. 245 f.; *Ramming*, TranspR 1998, 381 (397); wohl auch (allerdings nicht völlig klar) *D. Rabe*, § 662 HGB Rz. 15.
7 So aber noch *Mankowski*, TranspR 1988, 410 (416) sowie GMAA-Schiedsspruch 12.12.1991 (Chiara), TranspR 1992, 74 (79).
8 The „Komninos S" [1991] 1 Lloyd's Rep. 370 (376-378) (C.A., per *Bingham* L.J.); *Asariotis*, (1992) J.B.L. 321; *Reynolds*, (1992) 108 L.Q.Rev. 395 (397); *Mankowski*, S. 339 f.; *Ramming*, TranspR 1998, 381 (383 f.).
9 The „Komninos S" [1991] 1 Lloyd's Rep. 370 (376-378) (C.A., per *Bingham* L.J.); *Reynolds*, (1992) 108 L.Q.Rev. 395 (397); *Mankowski*, S. 339 f.

der Vorbildnorm des Art. 10 Abs. 1 lit. c VR gibt es ein unterstützendes Wortlautargument[1].

2938a Die Inkorporation einer entsprechenden ausdrücklichen Rechtswahlklausel aus einer Charter Party reicht dagegen aus[2]. Hier ist keine Implikation nötig. Konnossemente unter Charter Parties enthalten nicht in der einen Urkunde eine vollständige Vertragsregelung, sondern vervollständigen sich ersichtlich und deutlich kenntlich aus einer zweiten Urkunde. Die Dokumentenklarheit ist durch die ausdrückliche Incorporation Clause im Konnossement gewahrt.

cc) Beförderung aus einem VR-Staat oder aus Deutschland (Art. 6 Abs. 1 S. 2 Var. 1, 3 EGHGB)

2939 Wie Art. 10 Abs. 1 lit. b VR erfasst das deutsche VR-Recht nach Art. 6 Abs. 1 S. 2 Var. 1 EGHGB auch den **ausgehenden Verkehr** von VR-Staaten. Den VR-Staaten wird die Bundesrepublik (die völkerrechtlich gesehen ja kein VR-Staat ist) ausdrücklich gleichgestellt[3], soweit sich aus Art. 6 Abs. 2 EGHGB nichts anderes ergibt. Erforderlich ist, dass das Konnossement sich auf einen aus einem VR-Staat ausgehenden Transport bezieht, also einen Transport dokumentiert, der in einem Ladehafen in einem VR-Staat beginnt. In Art. 10 Abs. 1 lit. b VR wird – wie sich aus systematischen und genetischen Argumenten ergibt[4] – auf den tatsächlichen, nicht den angegebenen Ausgangshafen[5] abgestellt[6]. Art. 6 Abs. 1 S. 2 Var. 1, 3 EGHGB soll davon wohl nicht abweichen, obwohl die in ihm gebrauchte Formulierung weniger eindeutig ist[7] und auf den tatsächlichen, nicht den vereinbarten Ausgangshafen abzustellen ein gewisser Bruch mit den Anknüpfungsprinzipien der anderen transportrechtlichen Konventionen ist[8]. Um den Einklang mit der Vorbildfunktion zu wahren, muss man einen solchen Bruch wohl akzeptieren.

2940 Ausgangshafen muss ein echter Hafen für Seebeförderung sein, nicht ein Ausgangspunkt für einen kombinierten Transport, denn VR wie Art. 6 EGHGB erfassen nur Seebeförderungen[9]. Der Ausgangshafen wird zwar in der Regel mit dem Ausstellungsort des Konnossements zusammenfallen. Dies ist jedoch

---

1 The „Komninos S" [1990] 1 Lloyd's Rep. 541, 545 (Q.B.D., *Leggatt* J.); *Mustill*, AfS 11 (1971-72), 684, 697; *Mankowski* S. 340. AA *Assariotis*, (1992) J.B.L. 321 (323).
2 AA *Ramming*, TranspR 1998, 381 (384).
3 *Mankowski*, S. 381; *D. Rabe*, § 662 HGB Rz. 13.
4 Dargelegt bei *Mankowski*, S. 328 f.
5 Für eine Anknüpfung an den angegebenen Ausgangshafen aber *Carbone*, Dir.mar. 88 (1986), 530 (537 f.); *Carbone*, Dir.comm.int. 1987, 453 (468); *Carbone*, Studi in memoria di Mario Giuliano (Padova 1989), S. 255 (272 f.); *Ivaldi*, Diritto uniforme di trasporti e diritto internazionale privato (Milano 1990), S. 110; vgl. auch Cass. 9.10.1984, Riv.dir.int.priv.proc. 1985, 625 (627).
6 Cass. com. 12.10.1990, Bull.transp. 1991, 242; CA Montpellier 1.12.1987 (Mercandia Transporter), DMF 1988, 250 (252); *Achard*, DMF 1988, 254 (255); *Bonassies*, DMF 1989, 147 (148); *Carbone*, Dir.mar. 94 (1992), 919 (925); *Mankowski*, S. 328–330.
7 Vgl. *Herber*, HaftungsR, S. 222.
8 S. für letzteres *Mankowski*, S. 329 f.
9 *Mankowski*, S. 327; vgl. *Hasche/S. Schubert*, Hansa 1992, 1254 (1257).

nicht notwendig¹. Ersatz- und zentrale Agenturkonnossemente werden in Unternehmenszentralen ausgestellt, nicht mehr im Seehafen vom Kapitän².

dd) Beförderung nach einem VR-Staat oder nach Deutschland (Art. 6 Abs. 1 S. 2 Var. 2, 4 EGHGB)

In Erweiterung der VR kommt § 662 HGB auch beim **einkommenden Verkehr** zur Anwendung. Die VR kennen diesen Tatbestand nicht. Er befindet sich indes in einer Linie mit Art. 2 Abs. 1 lit. b HbgR und der objektiven Anknüpfung des Konnossementsstatuts an den Bestimmungshafen im deutschen IPR³. Er macht auch Sinn, weil Streitigkeiten um Ladungsschäden häufig im Bestimmungsland ausgefochten werden. Es ist auf den tatsächlichen, nicht den angegebenen Bestimmungshafen abzustellen, wenn man nicht eine divergierende Auslegung im Vergleich mit der Lage beim ausgehenden Verkehr (soeben Rz. 2939) riskieren will. Sieht man dagegen auf die nationale Wurzel und orientiert sich am deutschen Internationalen Konnossementprivatrecht (dazu Rz. 2906), liegt es näher, auf den angegebenen Bestimmungshafen abzustellen. Ladungsstreitigkeiten werden wiederum dort entstehen, wo die Ware tatsächlich anlandet.

2941

c) Anwendbarkeit deutschen HR-Rechts (Art. 6 Abs. 2 EGHGB)

Eine Einschränkung gilt nach Art. 6 Abs. 2 S. 1 Hs. 1 EGHGB mit Blick für die Vertragsstaaten, welche die HR, aber nicht das Protokoll von 1968 unterzeichnet haben, also für reine HR-Staaten. Die Bundesrepublik ist insoweit gezwungen, auf ihre völkerrechtliche Position Rücksicht zu nehmen: Sie ist kein Vertragsstaat der VR, wohl aber der HR und daher in gewissem Umfang durch die HR gebunden. Dieser Bindung versucht Art. 6 Abs. 2 S. 1 Hs. 1 EGHGB gerecht zu werden, indem er das deutsche VR-Recht in bestimmten Fällen zu Gunsten einer Art deutschen HR-Rechts zurücknimmt⁴: Wenn das **Konnossement in einem reinen HR-Staat ausgestellt** worden ist **und** sich auf die **Beförderung nach einem Hafen in einem reinen HR-Staat** bezieht, bleiben die Regelung über die alternative Haftungsbegrenzung pro Kilogramm (§ 660 Abs. 1 HGB) und die Ausdehnung der Ausschlussfrist für Regressklagen (§ 612 Abs. 2 HGB) außer Betracht, weil diese Vorschriften der VR nicht mit den HR von 1924 vereinbar sind⁵.

2942

Der deutsche Gesetzgeber möchte im Prinzip das modernere VR-, nicht das veraltete HR-Recht zur Anwendung bringen und deshalb den Anwendungs-

2943

---

1 Beispiel ist etwa der Sachverhalt in Rb. Rotterdam 31.1.2002 (Abbay Wonz), S & S 2002 Nr. 83, S. 334 nr. 3.8: Das Konnossement wurde in Kopenhagen ausgestellt, der Seetransport ging ab Middlesborough.
2 *Mankowski*, S. 327 f.
3 *Mankowski*, S. 372.
4 S. nur *Herber*, TranspR 1986, 249 (254); *Herber*, HaftungsR, S. 219; *Mankowski*, TranspR 1988, 410 (416); *Mankowski*, S. 373; *A. Hoffmann*, S. 223; *D. Rabe*, § 662 HGB Rz. 22.
5 S. nur *Herber*, TranspR 1986, 249 (254, 255).

bereich des HR-Rechts auf das unabdingbare Mindestmaß beschränken, das gerade noch vertretbar ist, wenn man die völkerrechtlichen Pflichten der Bundesrepublik aus den HR wahren will[1]. Ein Konflikt, der letztlich über den Wortlaut des Gesetzes zu Gunsten des deutschen VR-Rechts zu lösen ist, ergibt sich etwa auch bei § 660 Abs. 3 HGB, einer in den HR nicht angelegten Regelung[2]. Zugleich schafft Art. 6 Abs. 2 S. 1 EGHGB eine eigene Kollisionsnorm für Fälle, die nicht von Art. 6 Abs. 1 EGHGB erfasst sind und verschafft dem deutschen HR-Recht so einen eigenen internationalen Anwendungsbereich[3].

2944 Den Ausstellungsort des Konnossements verwendet Art. 10 HR als Anknüpfungspunkt. Das zusätzliche Erfordernis des Bestimmungshafens in einem HR-Staat ist dagegen eine Hinzufügung des deutschen Gesetzgebers, die durch die HR nicht gerechtfertigt wird[4]. Reinen HR-Staaten sind, um die völkerrechtlichen Pflichten der Bundesrepublik aus den HR so ernst wie möglich zu nehmen, im Wege der analogen Anwendung des Art. 6 Abs. 2 S. 1 Hs. 1 EGHGB solche Staaten gleichstellen, die Mitgliedstaaten sowohl der VR als auch der HR sind, also die VR ratifiziert haben, ohne die HR zu kündigen[5]. Paramount Clauses zu Gunsten der HR sind kein für Art. 6 Abs. 2 S. 1 HS. 1 EGHGB relevantes Anknüpfungsmoment[6].

2945 Eine **Rückausnahme** mit Anwendbarkeit des deutschen VR-, nicht HR-Rechts gilt nach Art. 6 Abs. 2 S. 1 HS. 2 EGHGB, wenn im Konnossement eine **unkonditionierte Paramount Clause zu Gunsten der VR** oder eines nationalen VR-Rechts enthalten ist[7]. Die Anknüpfung an diese Rechtswahl setzt sich gegenüber der Rücksicht auf die HR durch. Wenn die Parteieren selber für das strengere Haftungsregime optiert haben, stehen dem die HR nicht im Wege[8], die eben nur eine Mindest-, aber nicht zugleich eine Maximalhaftung festlegen. Eine konditionierte Paramount Clause, welche die VR nur beruft, wenn diese selber compulsorily applicable sind, reicht aber nicht aus (s. oben Rz. 2902). Ebenso wenig reicht eine Paramount Clause nur zu Gunsten der HR[9] oder zu Gunsten der HbgR (oben Rz. 2903 f.). Eine Paramount Clause zu Gunsten der HR fällt ebenfalls nicht unter Art. 6 Abs. 2 S. 1 HS. 2 EGHGB[10].

---

1 *Mankowski*, S. 373.
2 *Mankowski*, S. 375; *D. Rabe*, § 662 HGB Rz. 24; vgl. auch *Puttfarken*, Rz. 305.
3 *Herber*, HaftungsR, S. 223; *Mankowski*, S. 380.
4 *Mankowski*, S. 374 f.; *Puttfarken*, Rz. 304; s. auch *Herber*, HaftungsR, S. 223.
5 Näher *Mankowski*, S. 375–379; außerdem *Mankowski*, TranspR 1988, 410 (418) sowie *Ebenroth/Sorek*, RIW 1989, 165 (170); *Ebenroth/R. Fischer/Sorek*, ZvglRW 88 (1989), 124 (132 f.). AA wohl *Herber*, HaftungsR, S. 193.
6 *Mankowski*, S. 380 f.
7 *Mankowski*, TranspR 1988, 410 (418); *A. Hoffmann*, S. 246 f. sowie im Ergebnis *Basedow*, IPRax 1987, 333 (339); *Ebenroth/Sorek*, RIW 1989, 165 (170), die allerdings Art. 6 Abs. 2 S. 1 Hs. 2 EGHGB übersehen.
8 *A. Hoffmann*, S. 247.
9 *A. Hoffmann*, S. 247.
10 *Mankowski*, TranspR 1996, 10 (14); *D. Rabe*, § 662 HGB Rz. 25.

d) Kabotage innerhalb Deutschlands

Die Kabotage betrifft den Seeverkehr zwischen deutschen Häfen, von einem deutschen Hafen ausgehend und von einem deutschen Hafen ausgehend. Daher wäre eigentlich nach Art. 6 Abs. 1 S. 2 Hs. 1 Var. 3 wie Var. 4 EGHGB das deutsche VR-Recht anwendbar[1]. Indes ist in einem zweiten Schritt der Vorbehalt des Art. 6 Abs. 1 S. 2 Hs. 2 EGHGB zu beachten. Die Bundesrepublik ist kein VR-, sondern ein HR-Staat. In Deutschland ausgestellte Konnossemente sind in einem reinen HR-Staat ausgestellt. Die Rücksicht auf die HR zwingt daher zur Anwendung des Art. 6 Abs. 2 S. 1 EGHGB. In einem weiteren, dritten Schritt ordnet Art. 6 Abs. 2 S. 2 EGHGB jedoch eine Differenzierung an: **deutsches VR-Recht für Kabotage auf Schiffen unter deutscher Flagge, deutsches HR-Recht für Kabotage auf Schiffen unter fremder (EU-ausländischer) Flagge**. Diese Differenzierung zeigt deutlich, dass der Gesetzgeber die Kabotage einem zwingenden Haftungsregime (sei es VR-, sei es HR-basiert) unterwerfen wollte. Anderenfalls wäre Art. 6 Abs. 2 S. 2 EGHGB nämlich nicht erklärlich[2]. Bei innerdeutscher Kabotage ist andererseits die überlagernde Anknüpfung des § 449 Abs. 3 HGB (dazu Rz. 2728–2732) ausnahmsweise mitzubeachten.

2946

e) Tabellarische Zusammenfassung der verschiedenen Fälle

Der Deutsche Verein für Internationales Seerecht hat den Versuch unternommen, eine Tabelle der Fallgruppen zu erstellen, in denen das zwingende deutsche Seefrachtrecht (§ 662) auf der Grundlage der VR oder auf der Grundlage der HR anwendbar ist[3]. Diese Tabelle war aber noch nicht differenziert genug. Insgesamt müsste man theoretisch 126 verschiedene Fälle unterscheiden. Eine entsprechende Tabelle habe ich auf der Basis der DVIS-Tabelle erstellt[4]. In Anlehnung an die DVIS-Tabelle werden dabei folgende Abkürzungen verwendet: VR-St. = Mitgliedstaat *allein* der VR; HR/VR-St. = Mitgliedstaat der VR *und* der HR; HR-St. = Mitgliedstaat *nur* der HR (außer BRep.); BRep. = Bundesrepublik Deutschland; Drittst. = Drittstaat, Nichtmitgliedstaat sowohl der VR als auch der HR; bel. = beliebig; bel.* = beliebig außer BRep.; HR = § 662 HGB ohne kg-Haftung und Regressregelung; VR = § 662 HGB; [IPR] = kein durch Art. 6 EGHGB geregelter Fall, Anwendung einer Paramount Clause oder Bestimmung des Haftungsstatuts nach IPR-Grundsätzen.

2947

---

1 *Mankowski*, TranspR 1988, 410 (419); *Mankowski*, S. 383; *A. Hoffmann* S. 248 f. AA *H.N. Götz*, NJW 1987, 1671 (1674).
2 *Mankowski*, TranspR 1988, 410 (419); *Mankowski*, S. 383 f.; *Herber*, S. 224; *Fan-Respondek*, Die Haager/Visby-Regeln im Seefrachtrecht Singapurs im Vergleich mit der Bundesrepublik Deutschland (Diss. Hamburg 1992), S. 87; *A. Hoffmann*, S. 248 f.; *D. Rabe*, § 662 HGB Rz. 26. AA *Puttfarken*, Rz. 309 sowie *Basedow*, IPRax 1987, 333 (339).
3 Deutscher Verein für Internationales Seerecht, TranspR 1988, 452; *Prüßmann/D. Rabe*, Seehandelsrecht, 3. Aufl. (1992), § 662 HGB Anm. E 4.
4 *Mankowski*, S. 390; übernommen und ebenfalls abgedr. in: *D. Rabe*, § 662 HGB Rz. 29.

Ausstellungsort Konnossement	Ausgangshafen	Bestimmungshafen	Ergebnis	Art. EGHGB
I. VR-St.	bel.	bel.	VR	6 Abs. 1 S. 1 Nr. 1
II. HR/VR-St	1. bel. 2. bel. 3. bel. 4. bel. 5. bel.* 6. BRep. 7. BRep.	VR-St. Drittst. HR/VR-St. HR-St. BRep. BRep. (dt. Flagge) BRep./ausländ. Flagge)	VR VR HR HR HR VR HR	6 Abs. 1 S. 1 Nr. 1 6 Abs. 1 S. 1 Nr. 1 6 Abs. 2 S. 1 analog 6 Abs. 2 S. 1 analog 6 Abs. 2 S. 1 analog 6 Abs. 1 S. 2 Nr. 1 Var. 3, 4 iVm. Abs. 1 S. 2 6 Abs. 2 S. 1 analog
III. HR-St.	1. bel. 2. bel. 3. bel. 4. bel.* 5. BRep. 6. BRep. 7. HR-St. 8. Drittst.	VR-St. HR/VR-St. HR-St. BRep. BRep. (dt. Flagge) BRep./ausländ. Flagge) Drittst. Drittst.	VR HR HR HR VR HR – –	6 Abs. 1 S. 2 Var. 2 6 Abs. 2 S. 1 analog 6 Abs. 2 S. 1 6 Abs. 2 S. 1 6 Abs. 1 S. 2 Var. 3, 4 iVm. Abs. 2 S. 2 6 Abs. 2 S. 1 [IPR] [IPR]
IV. BRep.	1. bel. 2. bel. 3. bel. 4. bel.* 5. BRep. 6. BRep. 7. bel.	VR-St. HR/VR-St. HR-St. BRep. (dt. Flagge) BRep./ausländ. Flagge) Drittst.	VR HR HR VR VR HR VR	6 Abs. 1 S. 2 Var. 2 6 Abs. 2 S. 1 analog 6 Abs. 2 S. 1 analog 6 Abs. 1 S. 2 Var. 4 6 Abs. 1 S. 2 Var. 3, 4 iVm. Abs. 2 S. 2 6 Abs. 2 S. 1 6 Abs. 1 S. 2 Var. 3
V. Drittst.	1. VR-St. 2. bel. 3. HR/VR-St. 4. bel.* 5. BRep. 6. bel. 7. HR-St. 8. HR-St. 9. Drittst. 10. Drittst.	bel. VR-St. bel. HR/VR-St. bel. BRep. HR-St. Drittst. HR-St. Drittst.	VR VR VR VR VR VR – – – –	6 Abs. 1 S. 2 Var. 1 6 Abs. 1 S. 2 Var. 2 6 Abs. 1 S. 2 Var. 2 6 Abs. 1 S. 2 Var. 2 6 Abs. 1 S. 2 Var. 3 6 Abs. 1 S. 2 Var. 4 [IPR] [IPR] [IPR] [IPR]
VI. bel.	1. VR-St. 2. HR/VR-St. 3. BRep. 4. Drittst.	1. Drittst. 2. Drittst. 3. Drittst. 4. Drittst.	VR VR VR VR	6 Abs. 1 S. 2 Var. 1 6 Abs. 1 S. 2 Var. 1 6 Abs. 1 S. 2 Var. 3 6 Abs. 1 S. 2 Var. 2

2948 Vereinfacht lassen sich die internationalen Anwendungsbereiche der einzelnen Regelungen so skizzieren:

Anwendungsfälle des § 662 HGB

a) Vereinbarung der Geltung der VR-Regeln oder qualifiziert des Rechts eines VR-Staates,

b) Ausstellung der Konnossemente in einem VR-Staat,

c) Lade- und Bestimmungshafen in einem VR-Staat,

d) Lade- und Bestimmungshafen in Deutschland für Schiffe unter deutscher Flagge,

e) Lade- oder Bestimmungshafen in Deutschland, wenn das Konnossement in einem Staat ausgestellt worden ist, der weder HR- noch VR-Staat ist.

Anwendungsfälle des § 662 HGB mit Ausnahme der Kilogramm-Haftung und des § 612 Abs. 2 HGB

a) Ladehafen in einem VR-Staat, Bestimmungshafen in einem HR-Staat,

b) Ladehafen in einem HR-Staat einschließlich Deutschland, Bestimmungshafen in einem HR-Staat,

c) Lade- und Löschhafen in Deutschland für Schiffe unter fremder Flagge,

d) Ladehafen in einem Drittstaat, Bestimmungshafen in einem HR-Staat.

Anwendungsfälle für die Bestimmung des anwendbaren Rechts allein nach allgemeinem IPR

a) Ladehafen in einem HR-Staat, Bestimmungshafen in einem Drittstaat,

b) Ladehafen und Bestimmungshafen in einem Drittstaat.

6. Charterverträge

a) Rechtswahl über Standardformulare

Für die nach Art. 3 Abs. 1 Rom I-VO zulässige[1] Rechtswahl bei Charterverträgen werden Standardformulare, meist in englischer Sprache, benutzt, die von den anerkannten Schifffahrtsorganisationen oder beteiligten marktmächtigen Unternehmen aufgestellt worden sind[2]. In der Praxis werden die Formulare durch Änderungen und Zusatzklauseln den speziellen Bedingungen des jeweiligen Vertrages angepasst. Das anzuwendende Recht wird in vielen Fällen formularmäßig oder durch zusätzliche Eintragung, häufig auch im Zusammenhang mit einer Schiedsgerichtsklausel vereinbart. In vielen Bereichen dominiert eine Wahl englischen Rechts oder des Rechts von New York[3]. Die Wahl des Rechts jenes Staates, dessen Flagge das transportierende Schiff führt, birgt

2949

---

1 S. nur Cass. com. 20.5.1997, Rev.jur.com. 1999, 14 Anm. *Ammar*; CA Rouen 14.3.2000 (Nobility), DMF 2000, 1006 (1008) Anm. *Tassel*.
2 Übersicht über die Formulare bei *D. Rabe*, Anh. § 557 HGB Rz. 1 ff. Die umfangreichste Sammlung ist BIMCO (Hrsg.), Forms of Approved Documents (FAD). Die jeweils revidierten Fassungen werden im BIMCO Bulletin veröffentlicht.
3 *Klemme*, TranspR 2002, 182 (186).

Probleme bei mehreren vercharterten Schiffen, unterschiedlichen Gestellungsmöglichkeiten und Ersetzungsoptionen[1].

2950 In vielen Formularen, zB in der Gencon 1994[2] oder der Boxtime[3], stehen mehrere vorformulierte Rechtswahloptionen zur Auswahl, gegebenenfalls eine weitere Option mit einer auszufüllenden Lücke, während bei fehlender konkreter Auswahl einer Option durch die Parteien eine Auffangklausel eine der Optionen als gewähltes Recht festlegt[4]. Weniger geglückt sind mehrere vorformulierte Rechtswahloptionen ohne Auffangklausel, wie sie zB in der Norgrain 89[5] und in der Grainvoy[6] begegnen. Wenn die Parteien keine konkrete Auswahl treffen, fehlt es bei ihnen nämlich an einer Rechtswahl, und sie drohen ihren primären Zweck zu verfehlen[7]. Gleiches gilt für ganz offene Rechtswahlklauseln, die bei fehlender Ausfüllung ebenfalls keine Rechtswahl begründen[8]. Auf universale Akzeptanz ausgerichtete Formulare sehen teilweise auch ganz von vorformulierten Klauseln ab. Dies gilt insbesondere für die Gencon in ihrer alten Fassung[9]. Bei dieser ist problematisch, dass nirgends besonders auf die Lücke im Bedingungsprogramm hingewiesen wird[10].

2951 Auch in Charterverträgen wird mit Rücksicht auf Güterbeförderung und Konnossement unter dem Chartervertrag häufig eine sog. **Paramount Clause** aufgenommen, die für die Beteiligten des Konnossements besagt, dass die HR oder die VR oder ein nationales HR- oder VR-Recht Anwendung finden soll. Paramount Clauses zu Gunsten der Übereinkommen selbst sind in schon deshalb keine keine kollisionsrechtliche Teilverweisung, sondern nur eine materiellrechtliche Verweisung, weil die Übereinkommen selber auf Charterparties gar nicht anwendbar sein wollen[11].

---

1 *Mankowski*, S. 93.
2 Uniform General Charter, Revised November 1994 (Gencon 1994), BIMCO Bull. 1995 No. 1, S. 6.
3 BIMCO Uniform Time Charter Party for Container Vessels, abgedr. als FAD Nr. 48-1; zu diesem Formular *Glass*, (1992) Lloyd's MCLQ 514.
4 Clause 19 Gencon 1994 stellt drei Alternativen zur Wahl: Englisches Recht und Schiedsgericht London, New Yorker Recht und Schiedsgericht New York oder Recht zum Schiedsgericht des Ortes, welcher in der Box 25 eingetragen wird. Die entsprechende Festlegung erfolgt im sog. box layout. Die auf Containertransporte zugeschnittene Boxtime verfährt ähnlich und erklärt Schiedsort London nebst engl. Recht für gewählt, wenn nicht ausdrücklich eine andere Option gewählt wird. Näher dazu *Mankowski*, S. 92 f.
5 North American Grain Charterparty 1973, issued by the Association of Ship Brokers and Agents (USA), Inc., abgedr. als FAD Nr. 27-0.
6 Grain Voyage Charter Party 1966 (Revised and Recommended 1974), issued by Alfred C. Toepfer International, abgedr. als FAD Nr. 28-0.
7 *Mankowski*, S. 100 f.
8 *Mankowski*, S. 94.
9 BIMCO Uniform General Charter (as Revised 1922 and 1976), abgedr. als FAD Nr. 19-0 und in: *D. Rabe*, § 557 HGB Rz. 1.
10 *Mankowski*, S. 105.
11 *Mankowski*, S. 218 f.; *Ramming*, Speed und Consumption Claims (2000), S. 171 sowie Cass. 20.12.1995 (Iver Swann), Dir.mar. 99 (1997), 1010 (1025) Anm. *Berlingieri*.

b) Objektive Anknüpfung und Qualifikation bei den einzelnen Chartervertragsarten

aa) Voyage Charter (Reisechartervertrag)

Die Voyage Charter ist ein Raumfrachtvertrag für eine oder mehrere bestimmte Reisen. Leistungserfolg ist die Verbringung der Güter zum Bestimmungshafen. „Durch den Reisefrachtvertrag verpflichtet sich der Verfrachter, für den Befrachter gegen Zahlung einer nach der Ladungsmenge oder pauschal berechneten Fracht Güter als Voll- oder Teilladung mit einem Schiff auf einer bestimmten Reise zu befördern."[1]

Die single voyage charter stellt Erwägungsgrund 22 S. 2 Var. 1 Rom I-VO ausdrücklich den Güterbeförderungsverträgen gleich. Eine single voyage charter kann man auch annehmen, wenn eine Rückreise in Ballast erfolgt[2]. Bei einer round voyage charter oder combined voyage charter können sich auf Hin- und Rückreise zwei verschiedene Beförderungen ergeben. Auch hier steht der Güterbeförderungszweck im Vordergrund. Will man keine einheitliche Reise annehmen, so muss man zumindest unter Erwägungsgrund 22 S. 2 Var. 2 Rom I-VO subsumieren; dasselbe gilt bei einer sog. voyage à rotation mit einer Rundreise A-B-C-A[3]. Für Reisevollcharter und Reiseteilcharter über einzelne Reisen gleichermaßen ist über Art. 3, subsidiär über Art. 5 Abs. 1, 3 Rom I-VO anzuknüpfen[4].

Bei consecutive voyage charters oder multi voyage charters scheint sich dagegen ein Umkehrschluss aus Erwägungsgrund 22 S. 2 Var. 1 Rom I-VO anzubieten, weil sie eben keine Chartern über eine einzige Reise sind[5]. Damit würde man indes nicht hinreichend beachten, dass Erwägungsgrund (22) S. 2 Var. 2 Rom I-VO nur ein offener Obertatbestand ist[6]. Der Gegenschluss ist methodisch nicht tragfähig, weil er aus einem Beispiel heraus den Obertatbestand begrenzen will[7]. Letztlich sollte den Ausschlag geben, dass die Gemeinsamkeiten von single und consecutive voyage charters überwiegen. Dies wird besonders deutlich, wenn eine Menge allein wegen der Schiffsgröße auf mehrere Reisen aufgeteilt wird. Dann könnte die Beförderung theoretisch auch auf einer Reise erfolgen, wenn das Schiff größer wäre. Ein ähnliches Vergleichs-

---

1 So der Formulierungsvorschlag des Arbeitskreises III des Deutschen Vereins für Internationales Seerecht, in: Reform des Seehandelsrechts (1985), S. 8; *Mankowski*, S. 98; *D. Rabe*, § 556 HGB Rz. 4.
2 *Mankowski*, S. 107.
3 *Mankowski*, S. 106 f.
4 Ebenso *Ramming*, HmbSchRZ 2009, 21 (27).
5 So *Schultsz*, in: North, S. 185 (192); *Berlingieri*, Dir.mar. 84 (1982), 3 (4); *Berlingieri*, Riv.dir.int.priv.proc. 1982, 60 (61); *Carbone*, La disciplina giuridica del traffico marittimo internazionale (Bologna 1982), S. 229; *Herber*, HaftungsR, S. 221; *Tetley*, S. 257; 5. Aufl. Rz. 1217 (*van Dieken*) sowie A-G *Strikwerda*, Ned. Jur. 2008 Nr. 191 = NIPR 2008 Nr. 93, S. 155, 156 nr. 30.
6 Vgl. auch EuGH 6.10.2009 – Rs. C-133/08 Rz. 35–37 – Intercontainer Interfrigo SC (ICF)/Balkenende Oosthuizen BV.
7 *Mankowski*, S. 108; vgl. auch *Carbone*, Dir.mar. 94 (1992), 310 (320); *Cooke/T. Young/A. Taylor/Kimball/Martowski/Lambert*, Rz. 1.44.

argument lässt sich gewinnen, wenn die Verteilung auf mehrere Reise durch Produktionskapazitäten auf der Exporteur/Befrachterseite oder Abnahmetermine auf der Empfänger/Abnehmerseite bedingt ist. Funktionell kann man die überwiegende Mehrzahl aller consecutive voyage charters durch eine Reihe von single voyage charters ersetzen. Indiziell tritt hinzu, dass es keine Formulare speziell für consecutive voyage charters gibt, sondern die voyage charter-Formulare single, consecutive und multi voyage charters gleichermaßen erfassen[1]. Auch die Sachrechte der wichtigsten Staaten machen keine Unterscheidung und sehen damit die funktionelle Gleichwertigkeit[2]. Die Möglichkeiten, unterzuverchartern und dadurch ein eigenes kommerzielles Unternehmen ohne Frachtenrisiko zu betreiben, fällt weniger ins Gewicht. Sie wäre im Übrigen auch schon bei einer single voyage charter gegeben. Im Ergebnis fallen consecutive und multi voyage charters daher sachlich unter Erwägungsgrund 22 S. 2 Var. 2 Rom I-VO[3].

bb) Slot Charter

2955 Bei einer Slot Charter oder Space Charter stellen Verfrachter bei einem Liniendienst mit Containerschiffen sich untereinander Stellplätze auf jedem Containerschiff zur Verfügung. Ein Schiff dient dadurch mehreren Verfrachtern als Beförderungsmittel[4]. Kollisionsrechtlich ist die Slot Charter wie eine Voyage Charter zu behandeln[5].

cc) Cross Charter (X C/P)

2956 Bei einer gegenseitigen Verpflichtung unter Mitgliedern in einem Container-Konsortium[6] zum anteilmäßigen Austausch von Containerstellplätzen spricht man von einer sog. Cross Charter (X C/P)[7]. Sie ist weder Reise- noch Zeitcharter, vielmehr ein Vertrag sui generis[8]. Die X-C/P ist gesellschaftrechtlich zu

---

1 *Mankowski*, S. 109 (zugleich mit möglichen abschwächenden Erklärungen für dieses Phänomen).
2 *Berlingieri*, Dir.mar. 94 (1992), 1104 (1129-1133).
3 *Carbone/Maresca*, in: Enciclopedia del diritto, Bd. XLIV (Milano 1992), S. 1222 (1245); *Kaye*, S. 200; *Mankowski*, S. 110; *Dicey/Morris/Morse*, Rz. 33–258; *Cooke/T. Young/A. Taylor/Kimball/Martowski/Lambert*, Rz. 1.44; *Magnus*, in: Staudinger, Art. 28 EGBGB Rz. 400 sowie *Ramming*, HmbSchRZ 2009, 21 (27, 33).
4 *Trappe*, Entwicklungen im Charterrecht (1985), S. 25–27; *Mankowski*, S. 106; *D. Rabe*, § 556 HGB Rz. 2.
5 *Mankowski*, S. 106; *Magnus*, in: Staudinger, Art. 28 EGBGB Rz. 400.
6 Näher zu Konsortien zB *Herman*, Shipping Conferences (London 1983), S. 140; *Hootz*, Seeschifffahrt im deutschen und im EWG-Kartellrecht (1988), S. 36; *Dolfen*, Der Verkehr im europäischen Wettbewerbsrecht (1991), S. 203; *Kreis*, ETR 1992, 155 (164); *Power*, EC Shipping Law (London usw. 1993), S. 391.
7 *Röhreke*, Die X C/P – Hintergrund und Funktion (1985), S. 2–4; *A. Jacobs*, Zur Vereinbarkeit von Kartellabsprachen der internationalen Linienschifffahrt mit Art. 85 EWG-Vertrag (1991), S. 32; *Th. Brinkmann*, Der UNCTAD-Verhaltenskodex für Linienkonferenzen (1993), S. 10; *Mankowski*, S. 114 f.; *J. Richardson*, Combined Transport Documents (London/Hong Kong 2000), S. 121.
8 *Röhreke*, Die X C/P – Hintergrund und Funktion (1985), S. 1, 2.

qualifizieren[1] und unterfällt daher nicht den Art. 3; 4 Rom I-VO, sondern dem Internationalen Gesellschaftsrecht, dessen Anknüpfung zum Satzungssitz bzw. bei drittstaatsansässigen Gebilden zum effektiven Verwaltungssitz des Konsortialführers führt, wenn keine eigenständige Organisation besteht[2]. Die Rechtswahlklauseln[3] in Operating Agreements und den darunter ausgestellten X C/Ps sind daher aus Sicht des deutschen IPR prinzipiell unbeachtlich.

dd) Time Charter (Zeitchartervertrag)

Anders als bei der Reisecharter steht bei der normalen Zeitcharter nicht die einzelne Reise im Vordergrund, sondern ein bestimmter Zeitraum, während dessen das Schiff zur Beförderung von Gütern zur Verfügung gestellt wird. Zusätzlich enthält die Zeitcharter Dienstverschaffungselemente[4]. Lang- und mittelfristige Zeitcharter fallen daher nicht unter Art. 5 Abs. 1 S. 1 Rom I-VO, sondern unter Art. 4 Abs. 2 Rom I-VO[5]. Auch wenn in Vertragsformularen die Güterbeförderung erwähnt wird, stehen bei der längerfristigen Zeitcharter die Schiffsüberlassung und das kommerzielle Unternehmen im Vordergrund[6]. Dies erhellt schon daraus, dass der Zeitchartervertrag unabhängig davon läuft, ob überhaupt Güter zur Beförderung vorhanden sind oder nicht. Dem Vercharterer ist es auch gleichgültig, wieviele Reisen der Charterer durchführen will und ob der Charterer überhaupt genügend Ladung für Reisen hat[7].

2957

Die allgemeine Vermutung des Art. 4 Abs. 2 Rom I-VO und die Anwendung des Rechts am Ort der vertragsbetreuenden Niederlassung des Vercharterers sind den tatsächlichen Verhältnissen durchaus angemessen, auch dann, wenn das Schiff aus Kostengründen unter einer Billigflagge, einer flag of convenience, fährt[8]. Bei einer Ausflaggung ist nämlich nur selten der Schiffseigentümer operativer Vercharterer. Vielmehr wird das Schiff zunächst gruppen- oder konzernintern an die eigentlich operative Gesellschaft verchartert. Sale and

2958

---

1 So auch *Devescovi*, Les conferences marittimo come strumento di collaborazione tra imprese (Milano 1986), S. 142 (166 f.); *A. Jacobs*, Zur Vereinbarkeit von Kartellabsprachen der internationalen Linienschiffahrt mit Art. 85 EWG-Vertrag (1991), S. 31.
2 *Mankowski*, S. 116; *Magnus*, in: Staudinger, Art. 28 EGBGB Rz. 401.
3 Zu ihnen *J. Richardson*, Combined Transport Documents (2000), S. 119 (142 f.).
4 *Mankowski*, S. 90 f.
5 *Mankowski*, S. 95; *Tetley*, International Conflict of Laws (Montreal 1994), S. 257 (259); *von Hoffmann*, in: Soergel, Art. 28 EGBGB Rz. 438; *Czernich*, in: Czernich/Heiss, Art. 4 EVÜ Rz. 199; *Herber*, SHR, S. 405; *D. Rabe*, vor § 556 HGB Rz. 110; *Magnus*, in: Staudinger, Art. 28 EGBGB Rz. 397; *Ramming*, HmbSchRZ 2009, 21 (27); *Nielsen*, in: Ferrari/Leible (Hrsg.), S. 99 (106); s. auch Rb. Rotterdam 25.5.2000, NIPR 2000 Nr. 310, S. 467 nr. 4.8. Übersehen von Rb. Rotterdam 13.2.1997 (Norlandia), NIPR 1997 Nr. 227, S. 281 nr. 7.5; Rb. Rotterdam 26.2.2003, NIPR 2004 Nr. 56, S. 114 nr. 3.7.; *Boonk*, TV&R 2009, 95 (100).
6 *Mankowski*, S. 95. Entgegen *Dicey/Morris/Morse*, Rz. 33–258 und wohl auch *Espinosa Calabuig*, Dir.mar. 102 (2000), 64 (72 f.).
7 *D. Rabe*, vor § 556 HGB Rz. 110.
8 Gegen *Flessner*, S. 27 f.; Begründung der Bundesregierung zum Entwurf eines Gesetzes zur Neuregelung des Internationalen Privatrechts, BT-Drucks. 10/504, S. 79.

lease back-Verfahren sind an der Tagesordnung. Die eingetragenen Eigentümer sind zumeist bloße property holding companies, insbesondere wenn es sich um one ship companies handelt. Operativ sind vor allem im Zeitcharterbereich nur die gruppenexternen Vercharterungen. Bei diesen sitzt der Vercharterer aber regelmäßig nicht im Billigflaggenstaat und hat dort erst recht keine Niederlassung für den unternehmensexternen Rechtsverkehr.

2959 Unter Art. 5 Abs. 1 S. 1 Rom I-VO fällt nur die kurzfristige Zeitcharter, die funktionell einer single voyage charter entspricht, insbesondere die trip chartered time charter[1]. Mit deren Einbeziehung trägt man zugleich sachgerechterweise ihrer wirtschaftlichen Austauschbarkeit mit einer single voyage charter Rechnung[2].

ee) Time Charter mit Employment Clause

2960 Das Schiff, die Ausrüstung und die Besatzung werden bei der Time Charter mit Employment Clause dem Charterer zur Verfügung gestellt. Die Charter dient dazu, Transportverpflichtungen des Charterers gegenüber Dritten zu erfüllen[3]. Hier könnte die Abgrenzung zur reinen Schiffsmiete problematisch sein. Die gebräuchlichen Vertragstypen, die in der Praxis Anwendung finden, insbesondere die Baltime, machen jedoch deutlich, dass generell auch hier eine Zeitcharter vereinbart wird[4]. Kollisionsrechtlich sind keine Besonderheiten angezeigt; im Gegenteil werden die Dienstverschaffungselemente gegenüber einer klassischen Time Charter ohne Employment Clause noch verstärkt und mit ihnen die Anwendung des Art. 4 Abs. 2 Rom I-VO[5].

ff) Demise Charter

2961 Bei der sog. Demise Charter bleibt zwar die Besatzung an Bord, die Besitzrechte und die direkten Anordnungsbefugnisse aber gehen auf den Charterer über. Insoweit erfolgt noch ein weiterer Schritt weg von der Güterbeförderung hin zur Schiffsüberlassung samt Dienstverschaffung. Anwendbar ist Art. 4 Abs. 2 Rom I-VO, der zum Recht am Ort der vertragsbetreuenden Niederlassung des Vercharterers führt[6].

---

1 *Mankowski*, S. 96; *Herber*, SHR, S. 405; *Espinosa Calabuig*, Dir.mar. 102 (2000), 64 (73); *D. Rabe*, vor § 556 HGB Rz. 109.
2 Vgl. insoweit *Dicey/Morris/Morse*, Rz. 33–258.
3 Eingehend *Ramming*, TranspR 1993, 267; außerdem *D. Rabe*, § 556 HGB Rz. 10.
4 *Trappe*, Entwicklungen im Charterrecht (1985), S. 12.
5 *Mankowski*, S. 96; *Magnus*, in: Staudinger, Art. 28 EGBGB Rz. 398 sowie *Ramming*, HmbSchRZ 2009, 21 (27).
6 *Schultsz*, in: North (ed.), Contract Conflicts (1982), S. 185 (192); *Kaye*, S. 200; *Tetley*, International Conflict of Laws (Montreal 1994), S. 257 (259); *Mankowski*, S. 119; *von Hoffmann*, in: Soergel, Art. 28 EGBGB Rz. 440; *Dicey/Morris/Morse*, Rz. 33–258; *Magnus*, in: Staudinger, Art. 28 EGBGB Rz. 402.

gg) Bareboat Charter

Bei der Bareboat Charter handelt es sich nicht um einen Beförderungsvertrag. Kern ist ein Mietvertrag[1]. Der unmittelbare Besitz am Schiff, die Schiffsführung und die nautische Kontrolle gehen auf den Charterer über[2]. Kollisionsrechtlich ist nur Art. 4 Abs. 2, nicht Art. 5 Rom I-VO anwendbar, weil es sich definitiv nicht um einen Güterbeförderungsvertrag handelt; anwendbar ist über Art. 4 Abs. 2 Rom I-VO das Recht am Ort der vertragsbetreuenden Niederlassung des Vercharterers[3]. Eine regelhafte Anwendung des Art. 5 Abs. 3 Rom I-VO, um analog der Wertung des Art. 4 Abs. 1 lit. c Rom I-VO zum Recht am Registrierungsort zu gelangen, ist abzulehnen[4]. Eventuelle Ankaufs- und Andienungsrechte ändern als kaufrechtliche Vorvertragselemente nichts an der prinzipiellen Anknüpfung und verdienen keine eigene Teilfragenanknüpfung[5].

2962

hh) Mengenvertrag (Volume Contract, Quantity Contract, Contract of Affreightment)

Sollen Massengüter über einen längeren Zeitraum in größeren Mengen befördert werden, kommt es zum Abschluss eines so genannten Mengenvertrages (Volume Contract, Quantity Contract, Contract of Affreightment) als Sonderform des Raumfrachtvertrages. Die Abgrenzung zum Stückgutvertrag ist strittig. Soll eine genau bezeichnete Menge einer bestimmten Art von Gütern befördert werden, so könnten diese Güter auch Gegenstand von einzelnen Stückgutverträgen sein[6]. Der Mengenvertrag bezieht sich auf Güterbeförderung. In ihm steht die Transportverpflichtung ganz im Vordergrund, auch wenn sie jeweils erst noch aktualisiert werden muss. Er ersetzt gleichsam eine Serie von einzelnen Stückguttransprtverträgen. Funktionell ähnelt er einem

2963

---

1 Arbeitskreis III des Deutschen Vereins für Internationales Seerecht, in: Reform des Seehandelsrechts (1985), S. 15: „Auf die Überlassung eines Schiffes ohne Mannschaft finden die Vorschriften der § 535 ff. HGB sinngemäß Anwendung. Die Verjährung richtet sich nach den Vorschriften des Seefrachtvertrages."
2 App. Roma 20.6.1974, Dir.mar. 76 (1974), 554; App. Lecce 4.6.1991, Dir.mar. 94 (1992), 430; *Mankowski*, S. 116 mwN.
3 S. nur *Schultsz*, in: North, S. 185 (192); *Flessner*, S. 26 f.; *Lando*, (1987) 24 C.M.L.Rev. 159 (198); *Achard*, DMF 1991, 452 (454); *Tetley*, Dir.mar. 94 (1992), 1146 (1170); *Mankowski*, S. 119 mwN.; *von Hoffmann*, in: Soergel, Art. 28 EGBGB Rz. 440; *D. Rabe*, vor § 556 HGB Rz. 110; *Magnus*, in: Staudinger, Art. 28 EGBGB Rz. 402 mwN.; *Ramming*, HmbSchRZ 2009, 21 (27) sowie Rb. Rotterdam 13.6.2002, NIPR 2004 Nr. 31, S. 59 nr. 5.1; *M. Davis*, Bareboat Charters (London/Hong Kong 2000), Rz. 20.3.
4 *Mankowski*, S. 119 f.
5 *Mankowski*, S. 120 f.
6 BGH 2.12.1991, TranspR 1992, 103 = VersR 1992, 595; OLG Hamburg 5.5.1994, TranspR 1994, 398; *D. Rabe*, § 556 HGB Rz. 14. Der Formulierungsvorschlag des Arbeitskreises III des Deutschen Vereins für Internationales Seerecht, in: Reform des Seehandelsrechts (1985), S. 22 für den Mengenvertrag lautet: „Durch den Mengenvertrag verpflichtet sich der Verfrachter, für den Befrachter gegen Zahlung einer nach Ladungsmenge oder pauschal bestimmten Fracht eine bestimmte Menge bestimmter Güter mit einem oder mit mehreren Schiffen innerhalb eines bestimmten Zeitraums oder mit bestimmten Abfahrten zu befördern."

Rahmenvertrag, geht aber über diesen hinaus, weil die Pflichten schon bestehen und einseitig aktualisiert werden können. Es handelt sich jedenfalls nicht um eine mietähnliche Bereitstellung von Schiffsraum oder die Überlassung des Schiffes zu kommerziellen Zwecken. Daher sollte über Erwägungsgrund 22 S. 2 Var. 2 Rom I-VO Art. 5 Rom I-VO sachlich anwendbar sein[1]. Freilich können sich massive Probleme ergeben, wenn die ausfüllenden Transporte nicht nur auf einer einzigen Route erfolgen, so dass die Ausgangs- oder Bestimmungsorte für die einzelnen ausfüllenden Transporte divergieren (oben Rz. 2591, Rz. 2596 f., 2600 f.).

ii) Mögliche sekundäre Anknüpfungsmomente

(1) Flagge und Heimathafen

2964 Die Flagge ist von untergeordneter Bedeutung[2], besonders weil die Möglichkeit der „Ausflaggung" dazu führen kann, dass Staat des Ortes der Hauptniederlassung des Schifffahrtsunternehmens, Flaggenstaat und Staat des Heimathafens häufig nicht übereinstimmen. Zudem ist das Transportmittel nur Instrument und Objekt der Vertragserfüllung. Es entfaltet keine an sich prägende Kraft. Zum Konzept des Art. 4 wie des Art. 5 Rom I-VO, der eben nicht auf eine Sache oder ein Objekt abstellt, passt die Flagge als Anknüpfungspunkt nicht recht[3]. In Betracht käme, wenn überhaupt, primär die Flagge des vertraglich vorgesehenen und erst sekundär jene des tatsächlich den Transport ausführenden Schiffes[4].

2965 Gleiches gilt für den Heimathafen[5]. Der Heimathafen ist kein gewöhnlicher Aufenthalt des Schiffes oder dessen fester Standort[6]. Selbst wenn es sich anders verhielte, hätte es für den einzelnen Transportvertrag keine wirkliche Bedeutung, erstens weil das Schiff eben nur Erfüllungsinstrument ist und zweitens weil der Transport als solcher überhaupt keine Verbindungen und Berührungspunkte mit dem Heimathafen des Schiffes haben muss. Der Heimathafen ist nicht Quasi-Erfüllungsort der Schiffsgestellungspflicht[7]. Auf den Heimathafen abzustellen könnte allenfalls eine absolute Verlegenheitslösung

---

1 *Achard*, J.-Cl. Comm. fasc. 1215 S. 7 (Juni 1991); *Carbone*, Dir.mar. 94 (1992), 310 (320); *Carbone/Maresca*, in: Enciclopedia del diritto, Bd. XLIV (Milano 1992) S. 1222 (1245); *Kaye*, The New Private International Law of Contract of the European Community (Aldershot usw. 1993), S. 200; *Mankowski*, S. 114 mwN.; *Espinosa Calabuig*, Dir.mar. 102 (2000), 64 (72); *Magnus*, in: Staudinger, Art. 28 EGBGB Rz. 399; *Ramming*, HmbSchRZ 2009, 21 (27). AA *Berlingieri*, Dir.mar. 84 (1982), 3 (6); *Berlingieri*, Riv.dir.int.priv.proc. 1982, 60 (63); 4. Aufl. Rz. 1217 (*van Dieken*); *von Hoffmann*, in: Soergel, Art. 28 EGBGB Rz. 438; *Martiny*, in: MünchKomm, Art. 28 EGBGB Rz. 209; *Ramming*, HmbSchRZ 2009, 21 (34).
2 *Mankowski*, S. 80.
3 *Mankowski*, S. 580.
4 *Mankowski*, S. 80; vgl. BGH 2.12.1991, TranspR 1992, 103 (104).
5 Tendenziell anders wohl *Ebenroth/R. Fischer/Sorek*, ZvglRW 88 (1989), 124 (131).
6 *Mankowski*, S. 579; *Mankowski*, TranspR 1996, 228 (231 f.).
7 *Mankowski*, S. 60.

sein[1]. Bei Charterverträgen über mehrere Schiffe mit verschiedenen Heimathäfen, Ersetzungsbefugnissen oder Nominierungsklauseln zu Gunsten des Vercharterers schüfe aber selbst dies kaum zu überwindende Probleme.

(2) Abschlussort

Der Abschlussort alleine ist kein hinreichender Hinweis. Er taugt überhaupt nur dann, wenn angenommen werden kann, dass die Parteien von den wirtschaftlichen Gegebenheiten und Voraussetzungen eines lokalen Frachtmarktes am Abschlussort ausgingen. Bei Distanzabschlüssen vermindert sich das anknüpfungstechnische Gewicht des Abschlussortes weiter, weil er dann – unter Berücksichtigung der Wertung aus Art. 11 Abs. 2 Rom I-VO – nicht einmal zur Gänze einem einzigen Ort zugewiesen werden kann[2].

2966

(3) Ausstellungsort von Konnossementen

Teilweise wird auch dem Ausstellungsort von Konnossementen eine gewisse Bedeutung zugesprochen[3]. Dies erscheint zweifelhaft[4]. Insbesondere bei länger laufenden Charterverträgen dürfte es divergierende Ausstellungsorte für die verschiedenen Konnossemente unter der Charter geben.

2967

c) Bedeutung des Chartervertrags für das Konnossement

Bei kurzfristigen Charterverträgen und insbesondere bei single voyage charters ist indes das Zusammenspiel von Charter Party und Konnossement von Bedeutung. Regelmäßig enthalten Konnossemente, die unter Charter Parties ausgestellt werden, **Inkorporationsklauseln**, die auf die Bedingungen der Charter Party Bezug nehmen und diese zum Inhalt auch des Konnossementsrechtsverhältnisses machen wollen. Die Wirksamkeit solcher Klauseln beurteilt sich gem. Art. 10 Abs. 1 Rom I-VO (ggf. iVm. Art. 3 Abs. 5 Rom I-VO) grundsätzlich nach dem Recht, das anwendbar wäre, wenn die Klausel wirksam wäre. Zunächst muss man also durchspielen, welchen Effekt die Klausel haben soll und die Wirksamkeit dann nach dem für dieses Setting anwendbaren Recht bestimmen.

2968

In der Praxis steht im Vordergrund, ob die Incorporation Clause die Schiedsklausel der Charter Party wirksam zum Teil des Konnossements macht, also auch Ansprüche aus dem Konnossement dieser Schiedsklausel unterworfen sind. Nach deutschem Recht war dies vor der zum 1.1.1998 erfolgten Schiedsrechtsreform zu bejahen, wenn eine eindeutige Inbezugnahme möglichst unter

2969

---

1 S. HG Hamburg 17.6.1872 (Königin Augusta), HmbHGZ 1872, 215 (216); OLG Hamburg 4.10.1872 (Königin Augusta), HmbHGZ 1872, 335 (336); *Mankowski*, S. 60.
2 *Mankowski*, S. 81.
3 The „Heidberg" [1994] 2 Lloyd's Rep. 287, 308 (Q.B.D., Judge *Anthony Diamond* Q.C.); *Berlingieri*, in: Treves (Hrsg.), Verso una disciplina comunitaria della legge applicabile ai contratti (Padova 1983), S. 249 (258).
4 S. *Mankowski*, S. 80.

Nennung des Datums der Charter Party erfolgt[1]. § 1031 Abs. 4 ZPO hat die Anforderungen verschärft. Verlangt ist nun eine ausdrückliche Bezugnahme im Konnossement auf die Schiedsklausel. Die Inkorporationsklausel muss also spezifisch sein[2]. Eine allgemeine Bezugnahme auf die Charter Party reicht nicht mehr[3]. Im Hintergrund könnte eine Anlehnung an Art. 22 Abs. 2 HbgR stehen[4]. Nicht erforderlich ist andererseits, dass die Schiedsklausel der Charter Party ausdrücklich Konnossementsstreitigkeiten als solche erwähnen müsste[5]. § 1031 Abs. 4 ZPO ist als prozessuale Formvorschrift zu qualifizieren und kommt damit wie alle Formvorschriften für Schiedsklauseln als Teil der deutschen lex fori zur Anwendung, soweit Forum oder Schiedsgericht in Deutschland liegen[6]. Insoweit kommt der Rechtsgedanke des Art. 10 Abs. 1 Rom I-VO nicht zur Anwendung. Darüberhinaus ist seine Anwendung denkbar, wenn deutsches Recht für die Form über Art. 13 Rom I-VO anwendbar ist[7].

2970 Nach englischem Recht bestehen vergleichbare Anforderungen wie nach § 1031 Abs. 4 ZPO. Dort ist die Inkorporation der Schiedsklausel häufig gescheitert. Verlangt ist grundsätzlich eine ausdrückliche spezielle Incorporation Clause mit Hinweis auf die besondere Relevanz für Schiedsabreden[8]. In den

---

1 BGH 18.12.1958, BGHZ 29, 120 (122 f.); OLG Hamburg 4.11.1971, IPRspr. 1971 Nr. 31 = VersR 1972, 782; OLG Hamburg 15.5.1975, VersR 1976, 538; OLG Hamburg 10.2.1983, VersR 1983, 1079; GMAA-Schiedsspruch 20.7.1987, TranspR 1988, 39. GMAA-Schiedsspruch 26.8.1987, TranspR 1988, 42: „Die Vereinbarung einer Schiedsgerichtsklausel durch Inbezugnahme eines generellen Vertragstextes in einer Individualvereinbarung ist nur dann wirksam, wenn der in Bezug genommenen generellen Vertragsform eine eindeutige und keine weitere Individualisierung erfordernde Schiedsgerichtsklausel enthalten ist."
2 Begründung der Bundesregierung zum Entwurf eines Gesetzes zur Neuregelung des Schiedsverfahrensrechts, BT-Drucks. 13/5274, S. 37; *Geimer*, in: Zöller, ZPO, 27. Aufl. (2009), § 1031 ZPO Rz. 34.
3 *Herber*, SHR, S. 298; *K. Schmidt*, Festschr. Herber (1999), S. 281 (285); *Trappe*, Festschr. Herber (1999), S. 305 (308); *J. Münch*, in: MünchKomm ZPO, Bd. III: §§ 803–1086 ZPO usw., 3. Aufl. 2008, § 1031 ZPO Rz. 20; *Voit*, in: Musielak, ZPO, 6. Aufl. (2008), § 1031 ZPO Rz. 7.
4 *Trappe*, Festschr. Herber (1999), 305 (309); *Trappe*, (1999) Lloyd's MCLQ 337 (341).
5 *P. Schlosser*, in: Stein/Jonas, ZPO, Bd. IX: §§ 916–1068 ZPO usw., 22. Aufl. (2002), § 1031 ZPO Rz. 6.
6 *P. Schlosser*, in: Stein/Jonas, § 1031 ZPO Rz. 8.
7 *P. Schlosser*, in: Stein/Jonas, ZPO, Bd. IX: §§ 916–1068 ZPO usw., 22. Aufl. (2002), § 1031 ZPO Rz. 8.
8 The „Merak" [1965] P. 223 = [1964] 2 Lloyd's Rep. 527 (C.A.); The „Annefield" [1971] 1 Lloyd's Rep. 1 (C.A.); The „Varenna" [1983] 2 Lloyd's Rep. 592 (C.A.); The „Federal Bulker" [1989] 1 Lloyd's Rep. 103 (C.A.); The „Nerano" [1996] 1 Lloyd's Rep. 1 (C.A.); The „Epsilon Rosa" [2003] 2 Lloyd's Rep. 509, 514-516 (C. A., per *Tuckey* L.J.); The „Rena K" [1978] 1 Lloyd's Rep. 545 (Q.B.D., *Brandon* J.); The „Nai Matteini" [1988] 1 Lloyd's Rep. 452 (Q.B.D., *Gatehouse* J.); Excess Insurance Co. Ltd. v. Mander [1997] 2 Lloyd's Rep. 119 (Q.B.D., *Colman* J.); The „Epsilon Rosa" [2002] 2 Lloyd's Rep. 81 (Q.B.D., *Steel* J.); The „Epsilon Rosa" (No. 2) [2002] 2 Lloyd's Rep. 701 (Q.B.D., *Steel* J.). Aus der Literatur *Todd* (1996) JBL 331; *K. Schmidt*, Festschr. Rolf Herber (1999), S. 281 (292-303).

USA wird darüber hinaus[1] zusätzlich noch verlangt, dass die Schiedsklausel in der Charter Party nicht nur Streitigkeiten zwischen owner und charterer, sondern alle Streitigkeiten unter der Charter Party erfassen wolle[2]. Auch im italienischen Recht ist eine spezifische Inbezugnahme (relatio perfecta) der Schiedsklausel verlangt[3], während eine allgemeine Inbezugnahme (relation imperfecta) der Charter Party nicht ausreicht[4]. Das französische Recht verlangt ebenfalls eine référence précise[5] und außerdem, dass die Charter Party-Bedingungen dem Konnossement beigefügt sind[6]. Gegenüber Drittempfängern soll die Schiedsklausel nur bei dessen Einverständnis Wirkung entfalten, das allerdings in der Entgegennahme der Güter liegen kann[7].

OLG Hamburg 21.5.1981, IPRspr. 1981 Nr. 202 = VersR 1982, 894 (Anm. *Riehmer*, VersR 1983, 31 u. krit. Anm. *Rabe*, VersR 1983, 335): Die in einem Konnossement enthaltene Klausel, „all terms, conditions, liberties, and exceptions of the Charter Party (C/P) are herewith incorporated" sei nach englischem Recht nicht ausreichend, um die in der C/P getroffene Schiedsabrede zum Bestandteil des Konnossements zu machen. Die Inkorporationsklausel, die auf ein Schiedsgericht in London verwies, wurde nach dem Recht, welches das Schiedsgericht heranzuziehen hätte (englisches Recht), für unwirksam erachtet.

In einem Rechtsstreit über die Einrede der Schiedsgerichtsbarkeit soll nach dem Recht zu entscheiden sein, welches das Schiedsgericht anwenden würde, wenn es über seine Zuständigkeit zu entscheiden hätte[8]. Kollisionsrechtlich stehen dahinter eine Qualifikation als Frage des Zustandekommens, also als Frage des materiellen Konsenses, und eine Anwendung des allgemeinen Rechtsgedankens aus Art. 10 Abs. 1 Rom I-VO. Qualifiziert man § 1031 Abs. 4 ZPO als Formvorschrift (oben Rz. 2969), so sollte man entsprechende Anforderungen ausländischer Rechte ebenfalls als Formvorschriften einordnen und deshalb über Art. 11 Rom I-VO anknüpfen. 2971

---

1 Für diese Basisanforderungen s. nur *Import Export Steel Corp.* v. *Mississippi Valley Barge Line Co.* 351 F. 2d 503, 506 (2d Cir. 1965); *Cargill, Inc.* v. *M/V „Golden Chariot"* 31 F. 3d 316, 318 f. (5th Cir. 1994); *Steel Warehouse Co.* v. *Abalone Shipping Ltd.* 141 F. 3d 234, 237 f. (5th Cir. 1998); w. Nachw. bei *Mankowski*, S. 171 Fn. 80.
2 S. nur *Son Shipping Co., Inc.* v. *De Fosse & Tanghe* 199 F. 2d 687, 688 (2nd Cir. 1952); *Otto Wolff Handelsges. mbH* v. *Sheridan Transportation Co.* 800 F. Supp. 1353, 1357 f. (E.D. Va. 1992); w. Nachw. bei *Mankowski*, S. 171 Fn. 81.
3 Cass. 8.4.1975, Dir.mar. 78 (1976), 21; Trib. Napoli 20.11.1982, Dir.mar. 86 (1984), 337.
4 Cass. 13.11.1971, Riv.dir.int.priv.proc. 1972, 563; Cass. 22.4.1976, Dir.mar. 80 (1978), 436; Cass. 14.11.1981, Dir.mar. 84 (1982), 391.
5 Cass. com. 4.6.1985, DMF 1985, 108; Cass. com. 7.1.1992, Rev. arb 1992, 553 (554); CA Paris 13.1.1988, DMF 1988, 395; CA Aix-en-Provence 4.11.1999, DMF 2001, 99 Anm. *Raynaud* sowie CA Rouen 14.10.1993, DMF 1994, 381 (382 f.).
6 S. nur Cass. com. 4.6.1985 (Aspilos), DMF 1986, 106 Anm. *Achard*; CA Paris 6.6.2001, Bull. transp. 2001, 679.
7 Grundlegend Cass. com. 29.11.1994 (Stolt Osprey), DMF 1995, 218 Anm. *Tassel* = Dir.mar. 98 (1996), 1138 Anm. *Burlo*.
8 OLG Hamburg 4.11.1971 (Setas), VersR 1972, 782 (783); OLG Hamburg 21.5.1981, VersR 1982, 894; OLG Hamburg 11.9.1986, TranspR 1987, 69 (72); *D. Rabe*, vor § 556 HGB Rz. 190.

d) Internationales Verbraucherrvertragsrecht

2972 Rechtstatsächlich kommt es nur sehr selten vor, dass eine Privatperson ein Schiff zu privaten Zwecken chartert. In aller Regel wird es daher schon am persönlichen Anwendungsbereich des Art. 6 Abs. 1 Rom I-VO fehlen. Ein Ausnahmefall mag sich ergeben, wenn zB ein größeres Segelboot in der Karibik für eine Urlaubsreise gechartert wird, gegebenenfalls sogar mit Crew. Soweit es sich bei Charterverträgen um Güterbeförderungsverträge iSv. Art. 5 Abs. 1 S. 1 Rom I-VO handelt oder soweit eine Personenbeförderung im Vordergrund steht, nimmt Art. 6 Abs. 4 lit. b Rom I-VO solche Verträge vom sachlichen Anwendungsbereich des Internationalen Verbraucherrvertragsrechts aus (s. Rz. 2671). In dem eben genannten Beispiel liegt indes die Annahme einer Pauschalreise (zum Begriff Rz. 2673 ff.) nahe, die über Art. 6 Abs. 4 lit. b aE Rom I-VO wieder vom Internationalen Verbraucherrvertragsrecht erfasst ist.

7. Zusammenfassung

2973 1. Primär- und Sekundäransprüche aus Konnossementen sind wegen Art. 1 Abs. 2 lit. d Var. 3 Rom I-VO nicht nach den Regeln des allgemeinen Internationalen Schuldvertragsrechts anzuknüpfen. Für sie gilt das altrechtliche IPR aus der Zeit vor 1986 fort. Es herrscht Rechtswahlfreiheit. Für Rechtswahlklauseln, die an den principal place of business des Verfrachters anknüpfen, kommt der allgemeine Rechtsgedanke aus Art. 10 Abs. 1 Rom I-VO (hier iVm. Art. 3 Abs. 5 Rom I-VO) zum Zuge, wenn das Konnossement außerdem eine Identity of Carrier Clause enthält. Bei Fehlen einer Rechtswahl kommt das Recht des (vereinbarten) Bestimmungshafens zur Anwendung. Dagegen fallen Rektakonnossemente (Namenskonnossemente) und Seefrachtbriefe (sea way bills) ebenso wie sog. „elektronische Konnossemente" unter das Internationale Schuldvertragsrecht.

2. Paramount Clauses begründen eine materiellrechtliche Verweisung, soweit sie direkt auf ein völkerrechtliches Übereinkommen gehen, und eine Teilrechtswahl, soweit sie sich auf einzelne Umsetzungs- oder Inkorporationsgesetze bestimmter Staaten beziehen. Eine materiellrechtliche Verweisung begründen sie außerdem, wenn sie ein nationales Recht außerhalb von dessen eigentlichem sachlichem Anwendungsbereich angewendet sehen wollen. Dies gilt insbesondere für Paramount Clauses zugunsten nationalen HR- oder VR-Rechts in Charter Parties.

3. Gerichtsstandsklauseln in Konnossementen sind bei der Prorogation auf europäische Gerichte nach Art. 23 Abs. 1 S. 2 lit. c EuGVO; 17 Abs. 1 S. 2 lit. c LugÜ im Verhältnis zwischen Verfrachter und konnossementsmäßigem Verfrachter gültig. Sie binden (ohne dass man über eine Rechtsnachfolge gehen müsste) auch den Empfänger, soweit dieser nach Maßgabe des Konnossementsstatuts begünstigter Dritter aus dem Konnossement als Rechtsverhältnis zu Gunsten Dritter ist. Spätere Nehmer des Konnossements werden an die Gerichtsstandsklausel dagegen nur gebunden, wenn diese im ur-

sprünglichen Konnossementsverhältnis wirksam ist und er nach dem anwendbaren Recht Rechtsnachfolger des Befrachters oder des drittbegünstigten Empfängers geworden ist.

4. Bei Order- und Inhaberkonnossementen richtet sich der einzelne Übertragungsvorgang nach der jeweiligen lex cartae sitae, dem jeweiligen Belegenheitsort des Konnossements zum Zeitpunkt der Vollendung des Übertragungsvorgangs, bei Indossamenten also nach der jeweiligen lex loci indossamenti. Rechte aus Rektakonnossementen werden über Art. 14 Abs. 1 iVm. Erwägungsgrund (38) Rom I-VO gem. dem Zessionsgrundstatut übertragen. Die Traditionswirkung eines Konnossements richtet sich nach dem Statut der Konnossementsansprüche.

5. Stückgutfrachtvertrag und Konnossement sind zwei prinzipiell getrennte Rechtsverhältnisse. Beruht der Stückgutfrachtvertrag aber – wie in der Regel, vermittelt über die booking note – auf den Konnossementsbedingungen, so gilt eine Rechtswahlklausel im Konnossement auch für den Stückgutfrachtvertrag. Eine generelle akzessorische Anknüpfung des Stückgutfrachtvertragsstatuts an das Konnossementsstatut findet dagegen nicht statt.

6. Stückgutfrachtverträge werden bei Fehlen einer Rechtswahl nach Art. 5 Abs. 1 S. 1 Rom I-VO angeknüpft. Maßgebliche Gegenpartei des Verfrachters ist der Befrachter als vertraglicher Gegenpart, nicht der tatsächliche Ablader. Ausgangs- und Bestimmungshafen bestimmen sich nach der vertraglichen Vereinbarung. Bei optionalen Löschhäfen ist der später tatsächlich aktualisierte maßgeblich. Nothäfen sind dagegen für Art. 5 Abs. 1 S. 1 Rom I-VO ohne Bedeutung. Liegen die Anknüpfungsvoraussetzungen des Art. 5 Abs. 1 S. 1 Rom I-VO nicht kumulativ vor, so gelangt man über Art. 5 Abs. 1 S. 2 Rom I-VO zum Recht des Bestimmmungshafens.

7. Die Hamburg Rules sind aus deutscher Sicht nur soweit beachtlich, wie sie Teil eines kollisionsrechtlich berufenen Rechts sind. Dies gilt aber nicht für die Gerichtsstandsregelung des Art. 21 HbgR. Diese ist als prozessuale Regelung aus deutscher Sicht nie beachtlich. Deutsche Gerichte können ihre Zuständigkeit nicht auf Art. 21 HbgR stützen. Auch Art. 2 HbgR ist keine für deutsche Gerichte verbindliche Kollisionsnorm.

8. Das deutsche zwingende Konnossementshaftungsrecht unterliegt der überlagernden Anknüpfung nach Art. 6 EGHGB. Im konkreten Fall ist diese mit Vorrang zu prüfen. Das deutsche Umsetzungsrecht für die von Deutschland insgesamt nicht ratifizierten Visby Rules (VR) kommt danach immer dann zru Anwendung, wenn im Konnossement eine Verweisung auf die VR oder ein nationales VR-Umsetzungsrecht (auch von Nichtmitgliedstaaten der VR) steht. Prinzipiell kommt das deutsche VR-Recht auch zur Anwendung, wenn das Konnossement in einem VR-Staat ausgestellt wurde oder ein Transport unter Konnossement von oder nach einem VR-Staat oder von und nach Deutschland stattfindet. Indes steht dies unter der Einschränkung, dass das deutsche HR-, nicht das deutsche VR-Recht anzuwenden ist, wenn

das Konnossement in einem HR-Staat ausgestellt wurde und der Transport nach einem HR-Staat stattfindet. Deutschland ist hier ebenso wie Mitgliedstaaten sowohl der HR als auch der VR als HR-Staat zu behandeln. Die innerdeutsche Kabotage unterliegt bei Transport auf einem Schiff unter deutscher Flagge deutschem VR-Recht, bei Transport auf einem Schiff unter ausländischer Flagge deutschem HR-Recht.

9. Single voyage charters sowie time chartered trip charters stehen nach Erwägungsgrund (22) S. 2 Var. 1 Rom I-VO Güterbeförderungsverträgen (also Stückgutfrachtverträgen) gleich, consecutive und multi voyage charters ebenso wie Mengenverträge nach Erwägungsgrund (22) S. 2 Var. 2 Rom I-VO. Mittel und langfristige Zeitcharter (time charter) mit oder ohne Employment Clause, demise charter und bare boat charter unterfallen bei objektiver Anknüpfung dagegen Art. 4 Abs. 2 Rom I-VO. Für alle diese Vertragstypen besteht vorrangig Rechtswahlfreiheit nach Art. 3 Abs. 1 Rom I-VO. Eine Rechtswahl kann sich inbesondere aus einer Schiedsklausel zu Gunsten eines lokal verankerten oder institutionell an eine bestimmte Rechtsordnung gebundenen Schiedsgerichts ergeben. Cross charter parties sind dagegen gesellschaftsrechtlich zu qualifizieren.

10. Für Seegüterbeförderungsverträge ist das Internationale Verbrauchervertragsrecht nach Art. 6 Abs. 4 lit. b Rom I-VO nicht anwendbar. Im Bereich der nicht Art. 5 Abs. 1 S. 1 Rom I-VO unterfallenden Charterverträge spielt es rechtstatsächlich fast keine Rolle. Bei Kabotage ist gegebenenfalls die überlagernde Anknüpfung nach § 449 Abs. 3 HGB zu beachten.

2974–3020 Frei.

V. Binnenschiffsfrachtverträge

Literatur: *Auchter*, La Convention de Budapest (CMNI), ETR 2002, 545; *Czerwenka*, Das Budapester Übereinkommen über den Vertrag über die Güterbeförderung in der Binnenschifffahrt (CMNI), TranspR 2001, 277; *J. Frank*, Die Ausgestaltung des Frachtrechts durch Vertragsbedingungen in der Rheinschifffahrt (1999); *Hartenstein*, Grenzüberschreitende Transporte in der Binnenschifffahrt, TranspR 2007, 385; *Jaegers*, Zum Inkrafttreten der CMNI, TranspR 2007, 141; *Korioth*, Haftung und Haftungsausschlüsse des Binnenschiffsfrachtführers im künftigen internationalen Binnenschifffahrtsrecht, Festg. Herber (1999), S. 292; *Pabst*, Rechtsvereinheitlichung der Schubbedingungen in der Binnenschifffahrt, Festg. Herber (1999), S. 316; *Ramming*, Die CMNI- erste Fragen der Rechtsanwendung, TranspR 2006, 373; *von Waldstein/Holland*, Binnenschifffahrtsrecht, 5. Aufl. (2007).

1. CMNI

a) Internationaler Anwendungsbereich: Art. 2 CMNI

Einheitsrecht für den Binnenschiffsfrachtvertrag ist die CMNI[1]. Inhaltlich übernimmt sie viele Gedanken aus den Hamburg-Regeln[2], bei der Haftung des Verfrachters orientiert sie sich indes an den Visby-Regeln[3]. Bei der Bestimmung ihres internationalen Anwendungsbereichs folgt die CMNI dem Modell des Art. 1 CMR: Nach Art. 2 Abs. 1 S. 1 CMNI setzt die Anwendbarkeit der CMNI erstens eine grenzüberschreitende Beförderung und zweitens Lade- oder Löschhafen, also Übernahme- oder Ablieferungsort in einem Mitgliedstaat voraus[4]. Dies folgt also dem extensiven Modell, dass Lade- *oder* Löschhafen in einem Vertragsstaat für internationale Beförderung in Vertragsstaat ausreichen. Maßgeblich für Lade- und Löschhafen sind die vertraglichen Vereinbarungen[5].

3021

Art. 2 Abs. 1 S. 1 CMNI geht über Häfen hinaus auf Orte, um so sicher auch die Fällen zu erfassen, in denen die Übernahme- oder Ablieferungslokalität der Güter nicht die Qualität eines Hafens hat[6], zB Verladestellen oder Liegeplätze ohne größere Infrastruktur[7]. Dadurch werden aber weder Vorbeförderung zum Ladehafen noch Anschlussbeförderung ab dem Löschhafen miterfasst[8]. Insoweit unterscheidet sich die CMNI von CMR, ER/CIM, WA und MÜ[9].

3022

Allerdings erfolgt eine Einschränkung durch die Vorbehaltsmöglichkeit des Art. 30 Abs. 1 CMNI, derzufolge jeder Vertragsstaat die Anwendung der CMNI für Verträge über Beförderungen ausschließen kann, die über bestimmte Wasserstraßen seines Hoheitsgebietes führen, die keinem internationalen Schifffahrtsregime unterliegen und keine Verbindung zwischen internationalen Wasserstraßen darstellen. Bei Beförderungen teils über ausgenommene Vorbehaltsstrecken, teils über internationale Strecken findet die CMNI gem. Art. 30 Abs. 2 CMNI Anwendung, es sei denn, der Anteil der ausgenommenen Strecken überwiegt. Die Schweiz hat den Vorbehalt nach Art. 30 Abs. 1 CMNI

3023

---

[1] Convention de Budapest relative au contrat de transport des marchandises en navigation interieure – Budapester Übereinkommen über den Vertrag über die Güterbeförderung in der Binnenschifffahrt vom 22.6.2001, BGBl. II 2007, 298, abgedr. in: TranspR 2001, 323; dazu *Czerwenka*, TranspR 2001, 277; *Auchter*, ETR 2002, 545; *C. Hübner*, DMF 2000, 972; *Ramming*, TranspR 2006, 373; *Jaegers*, TranspR 2007, 141 sowie *Walter Müller*, in: Internationale Vereinigung des Rheinschiffsregisters (Hrsg.), IVR-Kolloquium 1997 – Europäische Binnenschifffahrt: Rechtliche Harmonisierung in Ost-West (Rotterdam 1998), S. 43.
[2] *W. Müller*, Festschr. Wiese (1998), S. 313 (329).
[3] *Korioth*, TranspR 1998, 92 (96).
[4] *Czerwenka*, TranspR 2001, 277 (278); *Mankowski*, TranspR 2008, 177 (178).
[5] Denkschrift der Bundesregierung zur CMNI, BR-Drucks. 563/06, S. 33; *Ramming*, TranspR 2006, 373 (374); *von Waldstein/Holland*, Art. 2 CMNI Rz. 3.
[6] *Ramming*, TranspR 2006, 373 (374).
[7] *von Waldstein/Holland*, Art. 2 CMNI Rz. 2.
[8] *Ramming*, TranspR 2006, 373 (374).
[9] *Ramming*, TranspR 2006, 373 (376).

eingelegt, so dass man für Binnenschiffstransporte in die Schweiz oder aus der Schweiz eine Abwägung vornehmen muss, welcher Streckenanteil größer ist[1].

b) Spezielle Kollisionsnormen

3024 Die CMNI enthält eine Reihe spezieller Kollisionsnormen für spezielle Fragen:

– Art. 10 Abs. 2 S. 1 für die Definition der Ablieferung,

– Art. 11 Abs. 3 für die Form der Unterzeichnung von Frachturkunden,

– Art. 16 Abs. 2 für die Haftung des Frachtführers für Landschäden,

– Art. 19 Abs. 5 für den Frachtanspruch des Frachtführers bei eigener Schadensersatzpflicht und

– Art. 24 Abs. 3 S. 1 für die Hemmung und Unterbrechung der Verjährung.

c) Kollisionsnorm für Restfragen: Art. 29 CMNI

3025 Art. 29 CMNI enthält als subsidiäre Norm für Restfragen in bewusster Anlehnung an Art. 3 Abs. 1 S. 1; 4 Abs. 1 S. 1; 4 Abs. 4 S. 2 EVÜ eine mehrstufige Kollisionsregel. Allerdings kann dies nur greifen für Fragen, die grundsätzlich in den Anwendungsbereich der CMNI fallen, aber von dieser nicht geregelt sind; auch Art. 29 CMNI operiert nicht außerhalb des Anwendungsbereichs des Übereinkommens insgesamt[2]. Außerdem geht Art. 29 CMNI als subsidiäre Auffangregel den speziellen Kollisionsnormen der CMNI für Einzelfragen (soeben Rz. 3024) nach[3].

3026 Erste Stufe in Art. 29 CMNI ist die Rechtswahl. Den Parteien ist die freie Rechtswahl eröffnet. Zweite Stufe ist eine objektive Anknüpfung nach der engsten Verbindung, konkretisiert durch eine Vermutung, dass die engste Verbindung mit dem Staat besteht, in dem der Frachtführer zum Zeitpunkt des Vertragsabschlusses seine Hauptniederlassung hat, sofern sich in diesem Staat auch der Ladehafen oder Übernahmeort oder der Löschhafen oder Ablieferungsort oder die Hauptniederlassung des Absenders befindet.

3027 Ohne Vorbild im EVÜ[4] ist Art. 29 Abs. 3 S. 2 CMNI: Wenn sich keine Niederlassung des Frachtführers an Land befindet und der Frachtführer den Frachtvertrag an Bord seines Schiffes geschlossen hat, wird vermutet, dass der Vertrag die engsten Verbindungen mit dem Staat aufweist, in dem das Schiff registriert ist oder dessen Flagge es führt, sofern sich in diesem Staat auch der Ladehafen oder Übernahmeort oder der Löschhafen oder Ablieferungsort oder die Hauptniederlassung des Absenders befindet. Im Auge hat man dabei den Fall, dass

---

1 *Hartenstein*, TranspR 2007, 385 (389).
2 *von Waldstein/Holland*, Art. 29 CMNI Rz. 2; *Hartenstein*, TranspR 2007, 385 (389); s. auch *Mankowski*, TranspR 2008, 177 (179).
3 *von Waldstein/Holland*, Art. 29 CMNI Rz. 3.
4 *Hartenstein*, TranspR 2007, 385 (390).

der Frachtführer an Bord seines Schiffs lebt und gar keine Niederlassung an Land mehr unterhält[1]. Außerdem ist zu denken an Sammelanschriften und an Postadresssen an Schleusen[2].

Art. 29 CMNI ist auf allen Stufen als loi uniforme formuliert, kommt also unabhängig davon zur Anwendung, ob das verwiesene Recht das Recht eines Vertragsstaates oder eines Nichtvertragsstaates ist. Mit dem eingeschränkten, nicht umfassenden internationalen Anwendungsbereich der CMNI ließe sich dies einerseits dahingehend in Einklang bringen, dass Art. 29 CMNI nur innerhalb dieses Anwendungsbereichs zur Anwendung kommen und außerhalb des Anwendungsbereichs das allgemeine IPR soll[3]. Eine Alternative bestünde darin, Art. 29 CMNI, wie es seiner Formulierung entsprechen würde, als universelle Kollisionsnorm anzusprechen, die für alle Verträge über Güterbeförderung per Binnenschiff die allgemeinen Kollisionsnormen verdrängt. 3028

Das Rechtswahlregime ist in Art. 29 CMNI durch Hilfsregln über das Zustandekommen und die rechtsgeschäftliche Wirksamkeit der Rechtswahl[4] oder die Möglichkeit einer Teilrechtswahl zu ergänzen[5]. Bei der objektiven Anknüpfung fehlt es an einer konkretisierenden Hilfestellung für den Fall, dass die Kombination von Anknüpfungsvoraussetzungen in der jeweils einschlägigen Vermutung nicht ergibt[6]. 3029

2. EU-Kabotagetransporte

Die VO (EWG) Nr. 3921/91[7] liberalisiert und reguliert den EU-Kabotagetransport. Nach ihrem Art. 3 Abs. 1a unterliegt die Durchführung der Binnenschiffskabotage (dh. der Transport durch ein ausländisches Binnenschiff zwischen Be- und Entladeort im Inland) den Rechts- und Verwaltungsvorschriften des Aufnahmemitgliedstaats im Bereich der für den Beförderungsvertrag geltenden Preise und Bedingungen sowie Fracht- und Betriebsmodalitäten. Nach Art. 3 Abs. 2 sind solche Vorschriften diskriminierungsfrei auf In- und Ausländer gleichermaßen anzuwenden. Ins Auge gefasst ist nur internrechtlich zwingendes Recht. Das deutsche Binnenschifffahrtsrecht des BinnSchG war aber weitgehend dispositiv und wurde deshalb von Art. 3 Abs. 1a VO (EWG) Nr. 3921/91 grundsätzlich nicht erfasst[8]. Anders verhält es sich heute mit 3030

---

1 *Ramming*, TranspR 2006, 373 (378); *Mankowski*, TranspR 2008, 177 (179).
2 *von Waldstein/Holland*, Art. 29 CMNI Rz. 7.
3 Dahin *Hartenstein*, TranspR 2007, 385 (391).
4 *Hartenstein*, TranspR 2007, 385 (390).
5 *Hartenstein*, TranspR 2007, 385 (390); *von Waldstein/Holland*, Art. 29 CMNI Rz. 4; *Mankowski*, TranspR 2008, 177 (179).
6 *Hartenstein*, TranspR 2007, 385 (391).
7 Verordnung (EWG) Nr. 3921/91 des Rates vom 16.12.1991 über die Beendigung für die Zulassung von Verkehrsunternehmen zum Binnenschiffsgüter- und -personenverkehr innerhalb eines Mitgliedstaates, in dem sie nicht ansässig sind, ABl. EG 1993 Nr. L 373, S. 1.
8 *Basedow*, ZHR 156 (1992), 413 (437); *J. Frank*, S. 91.

§§ 407–450 HGB in den Grenzen des § 449 Abs. 3 HGB[1] und zB bei Kabotage in den Niederlanden mit den zwingenden Vorschriften des niederländischen Rechts[2]. Den grenzüberschreitenden Binnenschiffsverkehr mit Drittstaaten erfasst die VO (EWG) Nr. 3921/91 ebenso wenig wie die VO (EG) Nr. 1356/96[3, 4].

3. Rechtswahl

3031 Die Parteien haben für den grenzüberschreitenden Beförderungsvertrag in der Binnenschifffahrt das **Recht der freien Rechtswahl** entweder nach Art. 29 Abs. 1 CMNI oder subsidiär nach Art. 3 Abs. 1 Rom I-VO[5]. In der Regel kommen die in der Binnenschifffahrt üblichen Verlade- und Transport- oder (in Anlehnung an die Seeschifffahrt) sog. Konnossementsbedingungen zur Anwendung, in denen Rechtswahlklauseln enthalten sind[6]. Deutsche Großbefrachter und Großverfrachter zB verwenden in aller Regel hauseigene Bedingungen, in denen eine Rechtswahlklausel zu Gunsten des deutschen Rechts enthalten ist[7].

4. Ladescheinstatut

3032 Im Binnenschiffsverkehr sind wie im Seefrachtverkehr Warenpapiere weit verbreitet, indes weniger Konnossemente als vielmehr Ladescheine. Insoweit gilt dasselbe wie für Konnossemente im Seefrachtverkehr: Ladeschein und eigentlicher Frachtvertrag sind zwei getrennte und getrennt anzuknüpfende Rechtsverhältnisse[8]. Primär- und Sekundäransprüche aus handelbaren Ladescheinen, insbesondere Order- und Inhaberladescheinen, fallen in den Ausnahmebereich des Art. 1 Abs. 2 lit. d Var. 3 Rom I-VO (eingehend oben Rz. 2873 ff.). Ihre kollisionsrechtliche Anknüpfung untersteht daher nicht der Rom I-VO[9], sondern den altrechtlichen Regeln, wie sie vor dem 1.9.1986 entwickelt wurden (eingehend oben Rz. 2891, 2906): Primäre Anknüpfung ist die Rechtswahl[10]. Objektiv wird nach deutschem IPR an den Bestimmungshafen angeknüpft[11].

---

1 Krit. dazu W. *Müller*, Festschr. Wiese (1998), S. 313; *Trost*, Die Haftung des Frachtführers in der Donauschiffahrt (1999), S. 96.
2 *J. Frank*, S. 91 f.
3 Verordnung (EG) Nr. 1356/96 des Rates vom 8.6.1996 über gemeinsame Regeln zur Verwirklichung der Dienstleistungsfreiheit im Binnenschiffsgüter- und -personenverkehr zwischen Mitgliedstaaten, ABl. EG 1996 Nr. L 175, S. 7.
4 OLG Nürnberg 8.2.2001, TranspR 2002, 170.
5 *Ramming*, TranspR 2006, 373 (378). Vgl. vor der CMNI nur *Vortisch/Bemm*, Einl. Anm. 4; *Trost*, Die Haftung des Frachtführers in der Donauschiffahrt (1999), S. 207 sowie OLG Karlsruhe (Schifffahrtsobergericht) 5.12.2001, TranspR 2002, 348 (350).
6 *Trost*, Die Haftung des Frachtführers in der Donauschiffahrt (1999), S. 217 f.
7 *J. Frank*, Die Ausgestaltung des Frachtrechts durch Vertragsbedingungen in der Rheinschifffahrt (1999), S. 88 f. mit Hinweisen auf die Bedingungswerke zB von Krupp, Harpener, Rhenania, Rhenus und Stinnes.
8 *Ramming*, TranspR 2006, 95 (99).
9 Vgl. auch *Ramming*, TranspR 2007, 279 (296).
AA *J. Frank*, S. 93, da mangels Einheitsrechts für Ladescheine der Binnenschifffahrt kein Konventionskonflikt zu befürchten sei.
10 Ebenso *J. Frank*, S. 93.
11 Spezifisch für Konnossementsansprüche in der Binnenschifffahrt BGH 14.4.1953, BGHZ 9, 221 (224) = IPRspr. 1952/53 Nr. 40; *Benke*, JZ 1954, 226 (227).

5. Zusammenfassung

1. Die CMNI heischt Anwendung auf Transporte zwischen ihren Mitgliedstaaten. 3033

2. Freie Rechtswahl nach Art. 29 Abs. 1 CMNI bzw. außerhalb des Anwendungsbereichs der CMNI nach Art. 3 Rom I-VO ist möglich. In der Regel enthalten die in der Binnenschifffahrt üblichen Verlade-, Transport- oder (in Anlehnung an die Seeschifffahrt) sog. Konnossementsbedingungen eine Rechtswahlklausel.

3. Objektiv sind Binnenschiffsfrachtverträge nach Art. 29 Abs. 2, 3 CMNI bzw. außerhalb des Anwendungsbereichs der CMNI nach Art. 5 Rom I-VO anzuknüpfen. Eine Teilfragenanknüpfung für Liegegeldfragen oÄ findet nicht statt.

4. Primär und Sekundäransprüche gegen den Verfrachter aus handelbaren Ladescheinen fallen in den Ausnahmebereich des Art. 1 Abs. 2 lit. d Var. 3 Rom I-VO und unterstehen nach altrechtlichen Kollisionsregeln primär der Rechtswahl, objektiv dem Recht des Bestimmungshafens.

Frei. 3034–3050

VI. Multimodaler Gütertransport

Literatur: *Basedow*, Internationale multimodale Gütertransporte, Festschr. Herber (1999), S. 15; *Drews*, Zum anwendbaren Recht beim multimodalen Transport, TranspR 2003, 12; *Ebenroth/R. Fischer/Sorek*, Haftungsprobleme im internationalen multimodalen Gütertransport, VersR 1988, 757; *Hartenstein*, Die Bestimmung des Teilstreckenrechts im Multimodaltransportvertrag, TranspR 2005, 9; *Herber*, Haftung beim Ro/Ro-Verkehr – Bemerkungen zu einer ungelösten Auslegungsfrage zur CMR, TranspR 1994, 375; *Herber*, Zur Berücksichtigung des Teilstreckenrechts bei multimodalem Transportvertrag, Festschr. Piper (1996), S. 877; *Herber*, Probleme des Multimodaltransports mit Seestreckeneinschluss nach neuem deutschem Recht, TranspR 2001, 101; *Herber*, Nochmals: Multimodalvertrag, Güterumschlag und anwendbares Recht, TranspR 2005, 59; *Herber*, Neue Entwicklungen im Recht des Multimodaltransports, TranspR 2006, 435; *Herber*, Der Ladeschein – Renaissance eines vergessenen Wertpapiers, Festschr. Thume (2008), S. 177; *Jayme/Nordmeier*, Multimodaler Transport – Zur Anknüpfung an den hypothetischen Teilstreckenvertrag im Internationalen Transportrecht – Ist § 452a HGB Kollisions- oder Sachnorm?, IPRax 2008, 503; *Koller*, Die Haftung des Multimodalbeförderers beim bekannten Schadensort, VersR 2000, 1187; *C. Kopper*, Der multimodale Ladeschein im internationalen Transportrecht (2007); *Larsen*, Die „Multimodalkonvention" von 1980, VersR 1982, 417; *Mast*, Der multimodale Frachtvertrag nach deutschem Recht (Diss. Mannheim 2002); *K. Otte*, Der grenzüberschreitende multimodale Transportvertrag, Liber amicorum Gerhard Kegel (2002), S. 141; *D. Rabe*, Die gesetzliche Regelung des Multimodaltransports unter Einschluss von Seebeförderungen, Gedächtnisschr. Helm (2001), S. 301; *Ramming*, Probleme der Rechtsanwendung im neuen Recht der multimodalen Beförderung, TranspR 1999, 325; *Ramming*, Internationalprivatrechtliche Fragen des Multimodal-Frachtvertrages und des Multimodal-Ladescheins, TranspR 2007, 279; *Richter-Hannes*, Die UN-Konvention über die Internationale Multimodale Güterbeförderung (Wien 1982); *Rogert*, Einheitsrecht und Kollisionsrecht im internationalen multimodalen Gütertransport (2005); *Thume/Fremuth*, Kommentar zum Transportrecht (2000).

1. Allgemeines

3051 Der moderne Transport von Gütern mit den technischen Möglichkeiten der verschiedenen Verkehrsmittel und Transportbehälter, den verbesserten Kommunikationsmitteln und Umschlagmöglichkeiten, sowie besonders auch der Containerverkehr führen dazu, dass ein Transportvorgang häufiger unter Verwendung verschiedener Verkehrsmittel durchgeführt wird. Für diesen sog. **kombinierten Verkehr,** heute **multimodale Beförderung** genannt, fehlt ein einheitliches internationales Recht. Allerdings gab es verschiedene, immerhin bis ins Konventionsstadium gediehene Versuche, Einheitsrecht für den multimodalen Verkehr zu schaffen[1]. Bei den Beratungen der UN Economic Commission for Europe (der UN/ECE) zur Erarbeitung eines einheitlichen Rechts der Beförderungsbedingungen für den Straßenverkehr (CMR) war auch der kombinierte Verkehr Gegenstand der Erörterungen. Es kam zu einer Absichtserklärung (1956), wonach sich die Unterzeichneten verpflichteten, über ein Übereinkommen über den Beförderungsvertrag für den kombinierten Verkehr zu verhandeln. UNIDROIT in Rom legte 1961 einen Entwurf vor, nach einigen Änderungen wurde der UNIDROIT Entwurf 1965 angenommen[2]. 1969 verabschiedete das CMI in Tokio einen Entwurf, die sog. Tokyo Rules[3]. Da beide Entwürfe von privaten Organisationen vorgelegt wurden, kam es unter Beteiligung aller Verkehrsträger zu einer Round Table-Konferenz in Rom. Unter der Federführung von IMCO (später IMO) und der UN/ECE wurde 1970 in Rom der sog. TCM-Entwurf verabschiedet (Transport Combine Marchandises)[4].

3052 Am 24.5.1980 wurde in Genf schließlich die United Nations Convention on International Multimodal Transport of Goods (**MT-Konvention**) von der UNCTAD-Konferenz verabschiedet[5]. Sie tritt in Kraft, sobald sie von 30 Staaten ratifiziert worden ist. Die Chancen dafür stehen aber immer schlechter, je älter die Konvention wird. Bisher haben nur neun Staaten ratifiziert[6], darunter kein für den Welthandel wirklich wichtiger. Die Konvention darf als geschei-

---

1 *Helm,* in: Staub, Anh. V nach § 452 HGB Rz. 1–4; *D. Rabe,* Seehandelsrecht, 4. Aufl. (2000), Anh. § 656 HGB Rz. 17; eingehend insbesondere *Birnbaum,* Vereinheitlichungsbestrebungen auf dem Gebiet des Rechts des kombinierten Verkehrs (Diss. Osnabrück 1985).
2 *Wöhrn,* Die Verantwortlichkeit des Beförderers/Operators im internationalen kombinierten Transport für Schäden durch verspätete Auslieferung der Güter (1980), S. 88.
3 *Ganten,* Die Rechtsstellung des Unternehmers des kombinierten Verkehrs (CTO) (1978), S. 21.
4 *Ganten,* Die Rechtsstellung des Unternehmers des kombinierten Verkehrs (CTO) (1978), S. 18; *Thume/Fremuth,* CMR (1994) Anh. II Rz. 10 ff. u. Rz. 94 ff.; Text der Tokyo Rules und der TCM-Konvention in: Schriften des Deutschen Vereins für Internationales Seerecht, Reihe B, Heft 9 (1971).
5 *Helm,* in: Staub, Anh. V nach § 452 HGB Rz. 52; deutsche Übersetzung TranspR 1981, 67 und IZ 1982, 12.
6 Burundi, Chile, Georgien, Libanon, Malawi, Mexiko, Marokko, Ruanda, Senegal.

tert gelten[1]. Die Internationale Handelskammer in Paris (ICC) hat 1973 „Internationale Regeln für ein Dokument des kombinierten Transports" herausgegeben, die bei der Erstellung und Gestaltung von AGB größte Bedeutung erlangt haben[2]. Regionale Vereinheitlichungsversuche haben insbesondere die südamerikanischen Staaten in MERCOSUR, ALADI und Andenpakt unternommen, indes mit nicht weniger als drei Konventionen (eine davon bisher nicht in Kraft) und begleitender bzw. umsetzender nationaler Gesetzgebung[3] der Rechtszersplitterung nicht wirklich abgeholfen. UNCTAD und UN/ECE bemühten sich nach 2000 auf mehreren Sitzungen ihrer Arbeitsgruppe für kombinierten Transport wieder verstärkt, in der Sache voranzukommen[4].

Die am 23.9.2009 von UN und UNCITRAL zur Zeichnung aufgelegten Rotterdam Rules (oben Rz. 2922a) greifen in den multimodalen Bereich über und erfassen auch die anderen Transportabschnitte bei einem Transport unter Einschluss einer Seestrecke. Sie finden Anwendung nicht nur tackle-to-tackle (vom Be- bis zum Entladen des Schiffs) oder port-to-port (von Anfang bis Ende der *See*strecke), sondern door-to-door (von Anfang bis Ende der Gesamtbeförderung)[5]. Auf die Länge der Seestrecke kommt es nicht an[6]. Eine Seestrecke ist aber unbedingt erforderlich. Die Rotterdam Rules sind kein volles Multimodalübereinkommen[7], sondern verwirklichen einen so genannten „maritime plus"-Ansatz[8]. Ist Seebeförderung optional und zieht der Verfrachter diese Option, so sind die Rotterdam Rules sachlich anwendbar[9].

a) Begriffe
Unter einer multimodalen Beförderung versteht man die Beförderung von Gütern mit zumindest zwei verschiedenen Beförderungsmitteln aufgrund eines einheitlichen (multimodalen) Beförderungsvertrages[10]. Sie ist ein **Frachtver-** 3053

---

1 *Herber*, TranspR 1999, 316; *K. Otte*, Liber amicorum Kegel (2002), S. 141 (177) sowie *D. Rabe*, Anh. § 656 HGB Rz. 17.
2 *Helm*, in: Staub, Anh. V nach § 452 HGB Rz. 62; *Thume/Fremuth*, CMR, 2. Aufl. (2007), Anh. II Rz. 268 ff.
3 Dazu *K. Otte*, Liber amicorum Gerhard Kegel (2002), S. 141, 157–159, 160–166.
4 *K. Otte*, Liber amicorum Kegel (2002), S. 141 (176). Die Sixth Inter-American Specialized Conference on Private International Law (CIDIP-VI) hat am 8.2.2002 in Washington, D.C. ein Musterdokument namens Non-Negotiable Inter-American Through Bill of Lading for the International Carriage of Coods by Road vorgelegt, abgedr. in: Unif.L.Rev. 2002, 864; dazu *Fresnedo de Aguirre*, Unif.L.Rev. 2002, 775; *P. Larsen*, Unif.L.Rev. 2002, 791.
5 Näher *Mankowski*, EJCCL voraussichtlich 4/2009 sub V.
6 *Diamond*, (2008) LMCLQ 135, 140.
7 *Sturley*, 39 Texas Int'l. L.J. 65, 77 (2003); *Glass*, [2006] LMCLQ 307, 313.
8 S. nur *Sturley*, (2005) 11 JIML 22, 30–32; *Diamond*, [2008] LMCLQ 135, 140; *Delebecque*, DMF 2008, 787, 789; *F. Berlingieri*, EJCCL 2009, 49; *Mankowski*, EJCCL voraussichtlich 4/2009 sub V.
9 *Sturley*, (2005) 11 JIML 22, 30–32; *Diamond*, [2008] LMCLQ 135, 140; *Mankowski*, EJCCL voraussichtlich 4/2009 sub V 3.
10 *Dubischar*, Grundriß des gesamten Gütertransportrechts (1987), S. 156; *Koller*, VersR 2000, 1187.

trag[1]. Eine internationale multimodale Beförderung liegt dann vor, wenn der Ort der Übernahme des Gutes und der Ort der Ablieferung in zwei verschiedenen Ländern liegen. Die Internationalität des Vertrages kann sich aber auch aus den Niederlassungen der Vertragsparteien ergeben. Die Person, welche den multimodalen Beförderungsvertrag abschließt, ist der sog. **Multimodal Transport Operator (MTO)**. Der MTO verpflichtet sich vertraglich, den multimodalen Transport (in der Regel von Haus zu Haus) durchzuführen. Er ist der vertragliche Frachtführer, der die gesamte Beförderung als eigene Leistung verspricht. Unerheblich ist es, ob er auch der ausführende Frachtführer ist[2].

b) Abgrenzung zu anderen Vertragstypen bei der Beförderung

3054 Die bloße Aufeinanderfolge einzelner und voneinander unabhängiger Beförderungen stellt lediglich einen sog. **zusammengesetzten** oder **gebrochenen Verkehr** dar[3]. Beim multimodalen Transport ist es wesentlich, dass der MTO auf Grund eines einheitlichen Beförderungsvertrages zur Durchführung der Beförderung mit den verschiedenen Verkehrsmitteln als eine Leistung verpflichtet ist[4]. Beweisurkunde ist das einheitliche, multimodale Transportdokument (MTD)[5].

3055 Nach Art. 1 Abs. 1 S. 2 MT-Konvention sind Abhol- und Zubringerdienste, die in Erfüllung eines unimodalen Beförderungsvertrages erfolgen, nicht als multimodale Beförderung anzusehen. Beim „Sammelladungsverkehr der Spediteure" kommt es zur Abgrenzung darauf an, ob ein LKW-, Luft-, Eisenbahn- oder Seetransport im Hauptlauf gewollt und ein entsprechender Frachtbrief ausgestellt wurde. Die Abgrenzung ist im Einzelfall schwierig, da in der Regel der Spediteur die Freiheit der Auswahl der jeweiligen Transportmittel hat und die Abgrenzung sich nach dem jeweiligen Recht des Hauptlaufes richtet.

3056 Beim echten **kombinierten Verkehr (Huckepackverkehr)** erfolgt eine durchgehende Beförderung eines Gutes ohne Umladung im gleichen Transportmittel auf Teilstrecken mittels Trägerfahrzeugen, wie zB Transport eines beladenen Lkws auf Eisenbahnwaggons (kombinierter Bahn-Straßen-Verkehr), auf See- oder Binnenschiffen (Ro/Ro-Verkehr, Fährverkehr)[6]. In diesen Fällen gilt das

---

1 S. nur *Gass*, in: Ebenroth/Boujong/Joost/Strohn, § 452 HGB Rz. 24.
2 Zu dieser Unterscheidung s. beim Lufttransport 6. Aufl. Rz. 1475–1477.
3 *Ganten*, Die Rechtsstellung des Unternehmers des kombinierten Verkehrs (CTO) (1978), S. 9; *Thume/Fremuth*, Anh. II Rz. 50; *Hopt*, in: Baumbach/Hopt, HGB, 33. Aufl. (2008), § 452 HGB Rz. 4.
4 *Koller*, VersR 2000, 1187.
5 Definition in Art. 1 Abs. 4 MT-Konvention: „Multimodal transport document" means a document which evidences a multimodal transport contract, the taking in charge of the goods by the multimodal transport operator, and an undertaking by him to deliver the goods in accordance with the terms of that contract.
6 *Thume/Fremuth*, Anh. II Rz. 37; *Helm*, in: Staub, Anh. VI nach § 452 HGB Art. 2 CMR Rz. 2–5.

für das jeweilige Transportmittel anzuwendende Recht[1]. Auslegungsfragen zur Rechtsanwendung gibt es bei der Haftung beim Ro/Ro-Verkehr mit dem Lkw[2]. Auch eine sog. Wechselpritsche ist als Kraftfahrzeug iSd. Art. 1 CMR anzusehen[3]. Da Art. 2 CMR bei Unfällen auf dem Trägerfahrzeug in bestimmten Fällen auf das Haftungsrecht des Trägerfahrzeugs verweist, muss beim Ro/Ro-Transport (Schiff) die Frage des anwendbaren Rechts über das Recht des Seetransports (für den hypothetischen Vertrag) geprüft werden[4].

Bei den **„aufeinander folgenden Frachtführern"** (zB nach Art. 34 CMR) wird eine Beförderung, die Gegenstand eines einzigen Vertrages[5] ist, von einander sukzessive ablösenden Frachtführern durchgeführt. In diesem Fall ändert sich nicht die Transportart. Daher liegt kein multimodaler Vertrag vor[6]. 3057

2. Sachrechtlicher Hintergrund

Um die spezifischen Aspekte zu erkennen, welche das IPR beim multimodalen Transport berücksichtigen und bewältigen muss, ist es unerlässlich, einen Blick auf die sachrechtliche Ausgangslage zu werfen. Theoretisch konkurrieren zwei große Alternativen[7] für das Haftungssystem beim multimodalen Transport[8]: das sog. **Einheitssystem** und das sog. **Network Liability System.** Beim Einheitssystem besteht ein einheitliches Haftungsregime für den gesamten Transport, unabhängig davon, ob der konkrete Streit einen spezifischen Bezug zu einer Teilstrecke hat, richtet sich die Haftung nach der Haftungsordnung für dasjenige Beförderungsmittel, bei dessen Verwendung der Schaden 3058

---

[1] *Helm*, in: Staub, Anh. V nach § 452 HGB Rz. 53 ff. zählt diese Verkehre mit Recht auch zu den typischen Vertragsbedingungen für multimodale Transporte. Nach Art. 30 MT-Konvention sind allerdings spezielle transportrechtliche Übereinkommen ausdrücklich vorbehalten; *Thume/Fremuth*, Anh. II Rz. 37 ff.; *Herber*, TranspR 1981, 37 (43). International gilt nach Art. 2 CMR das Übereinkommen trotzdem für die gesamte Beförderung; *U. Lenz*, Straßengütertransportrecht (1988), Rz. 68; *Thume*, in: Thume, Art. 2 Rz. 58 ff. Beim Schienenverkehr regelt Art. 48 ER/CIM die Haftung der Eisenbahn beim Eisenbahn-Seeverkehr und geht von einem Eisenbahntransport aus.
[2] Eingehend insbesondere *Herber*, VersR 1988, 645; *Herber*, TranspR 1994, 375. Zum Begriff „Kraftfahrzeug" außerdem *Koller*, Transportrecht, 4. Aufl. (2000), Art. 1 CMR Rz. 5, Art. 2 CMR Rz. 3; *Thume/Fremuth*, Art. 1 CMR Rz. 24 ff.
[3] OLG Hamburg 13.3.1993, TranspR 1994, 193; *Thume/Fremuth*, Art. 1 CMR Rz. 33 ff.; krit. *Basedow*, TranspR 1994, 338; aA LG Regensburg 28.11.1989, TranspR 1990, 194; *Koller*, Art. 2 CMR Rz. 3.
[4] *Herber*, TranspR 1994, 375 (381).
[5] *Thume/Fremuth*, Art. 34 CMR Rz. 2.
[6] S. nur *Runge*, TranspR 1981, 52; *Ramming*, TranspR 1999, 325.
[7] Zu beiden Systemen gibt es Modifikationen, außerdem Mischformen; einen rechtsvergleichenden Überblick über die Regelungen in Mexiko, Chile, den Niederlanden, Indien, Argentinien, Brasilien, der VR China, Kolumbien und Österreich sowie im MERCOSUR (also für Argentinien, Brasilien, Paraguay und Uruguay) und in der Andengemeinschaft (für Bolivien, Ecuador, Kolumbien, Peru und Venezuela) gibt *K. Otte*, Liber amicorum Kegel (2002), S. 141 (154-174) sowie teilweise auch *Basedow*, Festschr. Herber (1999), S. 15 (20-31).
[8] Näher zu den Systemen *de Wit*, Multimodal Transport (London usw. 1995), S. 138 ff. bzw. S. 143 ff.; *van Beelen*, Multimodaal vervoer (Deventer 1996), S. 32 ff. bzw. S. 38 ff.

eingetreten ist. Das Network Liability System entspricht besser der völkerrechtlichen Bindung der Staaten an die von ihnen ratifizierten unimodalen Transportrechtsübereinkommen. Es kämpft aber mit dem Problem des unbekannten Schadensorts. Es benötigt eine zusätzliche Regel für den Fall, dass sich nicht aufklären lässt, auf welcher Teilstrecke der konkrete Schaden eingetreten ist oder verursacht wurde. Dies hat besondere Bedeutung für den multimodalen Container-Verkehr. Denn im Container-Verkehr wird sich häufig nicht zuverlässig aufklären lassen, wo auf der Strecke der Schaden genau eingetreten, weil der Container von ursprünglicher Absendung bis letztlicher Inempfangnahme nicht mehr geöffnet wurde[1].

3059 Die Beweislast hinsichtlich des Schadensortes trug der Frachtführer. War der Schadensort unbekannt, haftete der MTO vor der Transportrechtsreform grundsätzlich nach dem für den Geschädigten günstigsten Teilstreckenrecht[2]. Dieser Günstigkeitsvergleich war indes tendenziell zu aufwändig, weil man, um ihn wirklich methodengerecht durchführen zu können[3], zuerst in jedem Einzelfall die Haftung nach jedem einzelnen Teilstreckenregime ermitteln musste[4]. Dem hat die Transportrechtsreform abgeholfen: Aus §§ 452 S. 1, 452a S. 1 HGB lässt sich die Aussage gewinnen, dass bei unbekanntem Schadensort die allgemeinen Haftungsregeln nach §§ 407 ff. HGB eingreifen sollen. §§ 452 ff. HGB gehen diesen nur insoweit vor, als sie eine eigene Sachregelung enthalten, und dies tun sie wiederum nur für den bekannten Schadensort. Außerhalb der Haftungsregeln ist der Multimodalvertrag sowieso in das allgemeine Frachtrecht integriert[5]. Die Beweislast für den Schadenseintritt auf einer bestimmten Teilstrecke trägt derjenige, der sich auf die Anwendung spezifisch dieses Teilstreckenrechts beruft, also der Absender, wenn er eine ihm besonders günstige, weil strenge, und der Frachtführer, wenn er eine besonders milde Haftungsordnung angewendet sehen will[6].

3. Vertragsstatut

a) Rechtswahl

3060 Kollisionsrechtlich besteht für den multimodalen Transportvertrag als solchen Rechtswahlfreiheit. Die Parteien können nach Art. 3 Abs. 1 Rom I-VO im

---

[1] Konzise *Gass*, in: Ebenroth/Boujong/Joost/Strohn, § 452 HGB Rz. 6. S. Österreich. OGH 19.1.1994, TranspR 1994, 437; OLG Düsseldorf 1.7.1993, TranspR 1995, 77.
[2] BGH 24.6.1987, BGHZ 101, 172 = TranspR 1987, 447 m. Anm. *Herber* = NJW 1988, 640. Einen Alternativvorschlag (Quotelung nach dem Streckenanteil der einzelnen Transportarten an der Gesamtbeförderung) unterbreiteten *Ebenroth/R. Fischer/Sorek*, VersR 1988, 757 (763); *Ebenroth/R. Fischer/Sorek*, DB 1990, 1073. Zutreffend dagegen *Koller*, VersR 1989, 767 (773).
[3] Anwendungsbeispiel aber OLG Hamburg 10.7.1997, TranspR 1998, 243 (245): CMR konkret am günstigsten, da zwingend und damit Verjährungsabrede nach § 64 ADSp aF abschneidend.
[4] *K. Otte*, Liber amicorum Kegel (2002), S. 141 (149 f.).
[5] *Czerwenka*, Festschr. Rolf Herber (1999), S. 45 (48).
[6] S. nur *Gass*, in: Ebenroth/Boujong/Joost/Strohn, § 452a HGB Rz. 15.

Prinzip das von ihnen gewünschte Recht wählen[1]. Die Law and Jurisdiction Clause in den gebräuchlichen Verfrachter-AGB verweist in der Regel auf das Gericht am Ort der Niederlassung des MTO und das Recht dieses Staates[2]. Auch das FIATA Multimodal Transport Bill of Lading enthält in Art. 19 sowohl eine Gerichtsstandsklausel zugunsten der Niederlassung des Spediteurs als auch eine Rechtswahlklausel, welche das dortige Recht für maßgeblich erklärt[3]. Prinzipiell ist diese Rechtswahl anzuerkennen[4]. Arbeitet ein Frachtführer-Spediteur auf Basis der ADSp, so greift deren Rechtswahlklausel[5]. Eine Rechtswahl und insbesondere Rechtswahlklauseln in AGB entfalten natürlich letztlich nur insoweit Wirkungen, als ihnen kein kollisionsrechtlich zwingendes Recht entgegensteht[6]. Die Einbeziehungskontrolle einer AGB-Rechtswahlklausel beurteilt sich – wie allgemein – gem. Art. 3 Abs. 5 iVm. Art. 10 Abs. 1 Rom I-VO nach dem in der Klausel benannten Recht[7]. Dass die Maßstäbe eines bestimmten unimodalen Regimes (zB der CMR) den gesamten multimodalen Transport regieren sollen, ist ebenfalls eine mögliche Vereinbarung[8]. In ihr

---

1 BGH 29.6.2006, TranspR 2006, 466, 467; OLG Düsseldorf 29.9.1988, IPRspr. 1988 Nr. 46 = TranspR 1989, 10; OLG Düsseldorf 12.12.2001, TranspR 2002, 33 (34); OLG Hamburg 19.12.2002, TranspR 2003, 72 (73); OLG Hamburg 19.8.2004, TranspR 2004, 402 (403); Rb. Rotterdam 1.2.1996, S & S 1996 Nr. 73; Rb. Rotterdam 13.4.2000 (Atlantic Herald), NIPR 2000 Nr. 291, S. 447 nr. 4.1; Rb. Haarlem 22.5.2001, NIPR 2002 Nr. 194, S. 331 = S & S 2002 Nr. 42, S. 186, jeweils nr. 5.1; Rb. Maastricht 28.5.2003, NIPR 2004 Nr. 378, S. 502 nr. 3.2; *Mankowski*, Seerechtliche Vertragsverhältnisse im Internationalen Privatrecht (1995), S. 23; *von Hoffmann*, in: Soergel, Art. 28 EGBGB Rz. 478; *Basedow*, Festschr. Herber (1999), S. 15 (36); *Basedow*, TVR 2000, 103 (106); *Fremuth*, in: Fremuth/Thume, § 452a HGB Rz. 11; *Koller*, VersR 2000, 1187 (1188); *Magnus*, in: Staudinger, Art. 28 EGBGB Rz. 475; *Drews*, TranspR 2003, 12 (14); *Rogert*, S. 142; *Ramming*, TranspR 2007, 279 (289).
2 ZB beim EURO-CARIBE SERVICE: „25. Law und Jurisdiction Any claim or dispute arising under this Bill of Lading shall be determined either by (i) the Tribunal de Commerce of Paris if Compagnie Générale Maritime (ii) the Court of Hamburg if Hapag-Lloyd AG or Horn Linie (iii) the High Court of England if Harrison Line (iv) the Court of Rotterdam or Amsterdam if Nedlloyd Lines is the Carrier, or if the plaintiff to the claim or disput shall so select, by the court of the place where the defendant has its principal place of business, and except as herein otherwise provided, in accordance with the law of whichever of those courts is applicable."
3 Clause 19 Standard Conditions FBL: „Actions against the Freight Forwarder may be instituted only in the place where the Freight Forwarder has his place of business as stated on the reverse of this FBL and shall be decided according to the law of the country in which that place of business is situated."
4 *M. Hoffmann*, FIATA Multimodal Bill of Lading und deutsches Recht (2002), S. 34; *M. Hoffmann*, TranspR 2000, 243: gültige Rechtswahl aus Rechtswahlklausel des Durchkonnossements.
5 OLG Frankfurt a.M. 25.6.1996, IPRspr. 1996 Nr. 47 = TranspR 1996, 428 (dort mit Datum 29.6.1996); OLG Düsseldorf 12.12.2001, TranspR 2002, 33 (34); LG Hamburg 2.9.1998, TranspR 1999, 251; *Thume/Fremuth*, Anh. II Rz. 274; *Drews*, TranspR 2003, 12 (14).
6 *Thume/Fremuth*, Anh. II Rz. 275.
7 *Magnus*, in: Staudinger, Art. 28 EGBGB Rz. 477.
8 LG Krefeld 15.12.1987, VersR 1988, 1021; *Martiny*, in: MünchKomm, Art. 28 EGBGB Rz. 216a.

liegt allerdings keine kollisionsrechtliche Rechtswahl, sondern nur eine materiellrechtliche Verweisung[1].

b) Objektive Anknüpfung

3061 Der multimodale Transportvertrag ist ein Güterbeförderungsvertrag. Daher kommt Art. 5 Abs. 1 S. 1 Rom I-VO für ihn sachlich zur Anwendung[2]. Der Vertrag unterliegt also dem Recht am Ort der Hauptniederlassung des MTO, wenn sich in diesem Staat außerdem der Ausgangs- oder der Entladeort der Beförderung oder die Hauptniederlassung der anderen Vertragspartei[3] befindet[4]. Ausgangs- und Entladeort beurteilen sich nach dem Vertrag und sind auf die multimodale Beförderung in ihrer Gesamtheit zu beziehen[5], also nicht auf einzelne Teilstrecken. Art. 5 Abs. 1 S. 1 Rom I-VO kommt also nur dann zur Anwendung, wenn der MTO seine vertragsbetreuende Niederlassung im Anfangs- oder im Endstaat der Beförderung oder in demselben Staat wie der Kunde hat[6]. Wenn die Voraussetzungen des Art. 5 Abs. 1 S. 1 Rom I-VO nicht erfüllt sind, muss man über Art. 5 Abs. 1 S. 2 Rom I-VO anknüpfen.

3062 Der Widerstreit der Haftungssysteme müsste sich bei der objektiven Anknüpfung eigentlich niederschlagen. Dem Einheitssystem würde eine einheitliche kollisionsrechtliche Behandlung des gesamten Vertrages jedenfalls entsprechen. Zum sachrechtlichen Network Liability System würde man dagegen auf den ersten Blick kollisionsrechtlich eine dépeçage nach dem Modell der Art. 4 Abs. 2 EVÜ; 28 Abs. 1 S. 2 EGBGB assoziieren und den Vertrag danach in hypothetische Teilstreckenverträge aufspalten[7]. Jedoch besteht kein Gegensatz

---

1 Näher *Mankowski*, S. 228 f. mwN.; außerdem insbesondere Hoge Raad 26.5.1989, S & S 1989 Nr. 94 S. 289 nr. 3.3 = Ned. Jur. 1992 Nr. 105, S. 358 nr. 3.3; CA Rouen 8.2.1994 (Hilaire Maurel), DMF, 568 (569).
2 BGH 29.6.2006, TranspR 2006, 466; BGH 3.5.2007, TranspR 2007, 405 (406); BGH 25.10.2007, IPRax 2008, 535 (536); OLG Düsseldorf 12.12.2001, TranspR 2002, 33 (34); OLG Köln 30.7.2002, TranspR 2003, 116 (117); OLG Hamburg 28.2.2008, IPRax 2008, 537 (538); OLG Karlsruhe 17.10.2008, TranspR 2008, 471; *Mankowski*, S. 23; *van Beelen*, in: Vervoersrecht in Boek 8 BW – Preadvies van de Vereniging Handelsrecht en de Nederlandse Vereniging voor Zee- en Vervoersrecht (Deventer 1997), S. 101 (107, 113); *Basedow*, Festschr. Herber (1999), 15 (35); *Basedow*, TVR 2000, 103 (106); *M. Hoffmann*, FIATA Multimodal Bill of Lading und deutsches Recht (2002), S. 34; *K. Otte*, Liber amicorum Kegel (2002), S. 139 (148); *Drews*, TranspR 2003, 12 (14); *Herber*, TranspR 2006, 435 (436); *Ramming*, TranspR 2007, 279 (289); *Jayme/Nordmeier*, IPRax 2008, 503 (506).
3 Zu diesen Anknüpfungspunkten eingehend Rz. 2586–2598.
4 Anwendungsbeispiele: OLG Düsseldorf 12.12.2001, TranspR 2002, 33 (34); OLG Hamburg 16.5.2002, TranspR 2002, 355, 356 = OLG-Report Bremen/Hamburg/Schleswig 2003, 46 (47); OLG Köln 30.7.2002, TranspR 2003, 116 (117); OLG Celle 24.10.2002, TranspR 2003, 253 (254); LG Hamburg 9.8.2002, TranspR 2003, 209; Rb. Arnhem 6.1.1995, NIPR 1996 Nr. 83, S. 109 nr. 10.
5 *Mankowski*, S. 23 f.; *von Hoffmann*, in: Soergel, Art. 28 EGBGB Rz. 478; *Magnus*, in: Staudinger, Art. 28 EGBGB Rz. 475 sowie LG Hamburg 9.8.2002, TranspR 2003, 209.
6 *Herber*, Festschr. Piper (1996), S. 877 (893).
7 So *Basedow*, NJW 1986, 2971 (2978); *Basedow*, Diskussionsbeitrag in: Herber (Hrsg.), Haftung beim kombinierten Verkehr (1986), S. 180 (182 f.).

zwischen einer einheitlichen kollisionsrechtlichen und einer gespaltenen sachrechtlichen Behandlung. Den Gesamtvertrag aus den hypothetischen Teilstreckenverträgen in deren Summe zusammensetzen zu müssen wäre kompliziert und fehlerträchtig[1]. Zudem passt das Network Liability System richtig nur im Schadensfall und auch dann nur bei bekanntem Schadensort[2]. Dagegen passt es nicht für eine kalkulierte Planung des anwendbaren Rechts ex ante und nicht richtig für den multimodalen Transport ohne Schadensfall. Die internationale Entscheidungsharmonie spricht ebenfalls für eine einheitliche Beurteilung der Frage, ob Einheitssystem oder Network-System greift, nach Maßgabe des Vertragsstatuts erst auf der sachrechtlichen Ebene[3].

c) Überlagerung durch zwingendes Teilstreckenrecht

Aspekte der Network Liability brechen sich auf der kollisionsrechtlichen Ebene nicht durch eine dépecage Bahn, sondern nur mit Hilfe der Anwendungsnormen unimodaler Transportrechtskonventionen. Soweit (und *nur* soweit[4]) solche Konventionen aus deutscher Sicht selber Anwendung auch auf eine entsprechende Teilstrecke im Rahmen eines multimodalen Transports heischen, ist ihnen Folge zu leisten[5]. Ihre Anwendungsnormen genießen insoweit als lex specialis Vorrang vor der Rom I-VO[6]. Art. 25 Rom I-VO ist darin eindeutig. Nicht gemeint sind ausländische Haftungsregelungen, mögen diese aus der Sicht der betreffenden Rechtsordnung auch zwingend sein. Ausländische Regelungen können deutsche Kollisionsnormen als solche nie überlagern. Mit einer Sonderanknüpfung ausländischen Eingriffsrechts entsprechend Art. 9 Abs. 3 Rom I-VO hat dies alles aber nichts zu tun[7], denn selbst zwingendes Transportrecht ist kein Eingriffsrecht[8]. Auf der anderen Seite wird der Multimodalvertrag nicht zum Vertrag sui generis, der von vornherein jedwede Anwendung unimodalen Einheitsrechts ausschlösse[9].

Die für die Praxis entscheidende Frage ist damit aber noch nicht beantwortet: In welchem Umfang verlangt die einzelne Konvention, angewendet zu wer-

---

1 *Mankowski*, S. 23.
2 Für Recht der lokalen Teilstrecke bei bekanntem Schadensort *Drews*, TranspR 2004, 450 (453).
3 *Basedow*, Festschr. Herber (1999), S. 15 (38 f.).
4 S. OLG Karlsruhe 5.12.1986, TranspR 1987, 184; *Kronke*, IPRax 1993, 109 (110); *von Hoffmann*, in: Soergel, Art. 28 EGBGB Rz. 479; *Koller*, TranspR 2003, 45.
5 OLG Düsseldorf 12.12.2001, TranspR 2002, 33 (34); OLG Köln 30.7.2002, TranspR 2003, 116 (117); *Quantum Corp. Inc.* v. *Plane Trucking Ltd.* [2002] 2 All E.R. (Comm.) 392 = [2002] 2 Lloyd's Rep. 25 (C.A.) (dazu *Koller*, TranspR 2003, 45; *M. Clarke*, [2003] JBL 522); LG Bonn 20.2.2003, TranspR 2003, 170 (171); *Herber*, TranspR 1999, 89 (94); *Herber*, in: Herber/M. Fischer/Korioth/Th. Hartmann, Transport- und Haftungsrecht in der Binnenschifffahrt (2000), S. 13 (34 f.) sowie *Clarke*, (2002) J.B.L. 210; eingehend *Ramming*, TranspR 1999, 325 (327-337).
6 S. nur *Ramming*, TranspR 2007, 279 (284); *Ramming*, TranspR 2007, 409.
7 Entgegen *Herber*, TranspR 2001, 101 (105) sowie *Bonassies*, DMF 2000, 921 (922).
8 *Mankowski*, S. 317–320; im Ergebnis ebenso *Asariotis*, 26 JMLC 293 (302) (1995).
9 *Quantum Corp. Inc.* v. *Plane Trucking Ltd.* [2002] 2 All E.R. (Comm.) 392 = [2002] 2 Lloyd's Rep. 25 (C.A.); *Glass*, [2006] LMCLQ 307 (314).

den? Dabei stößt man auf vielfältige Unterfragen: Will die betreffende Konvention überhaupt angewendet werden, wenn der Transport in ihrem Modus nur Teil einer multimodalen Beförderung ist? Verlangt die Konvention für ihre Anwendung bestimmte Transportdokumente, die beim multimodalen Transport in dieser Art nicht existieren? Die zweite Unterfrage betrifft zuvörderst das Seefrachtrecht der Haager und der Visby-Regeln, das eben ein (See-)Konnossement voraussetzt[1]. Stellt man das Durchkonnossement dem Seekonnossement nicht gleich, so kommen Haager und Visby-Regeln nicht zum Zuge[2].

3065 Multimodale Sachverhalte erfassen nach einer weiten Auffassung Art. 2 CMR, 28, 48 ER/CIM, 2 § 2 COTIF, 18 Abs. 3[3]; 31 WA; 38 MÜ[4]. Nach einer strengen Auffassung gehen nur CMR und ER/CIM vor, da nur Art. 2 CMR und Art. 1 §§ 3; 4 ER/CIM multimodale Sachverhalte regeln sollen[5]. Nach Aufgabe des Liniensystems stellen sich unter ER/CIM 1999 nicht mehr die Probleme um Beförderung nur auf eingetragenen Strecken und unter einem durchgehenden Frachtbrief[6]. Ob und inwieweit die Regelung zwingenden Charakter hat[7], ist entscheidend für die Frage, in welchem Umfang die Parteien eine Vereinbarung nach § 452d Abs. 2 HGB treffen können. Art. 1 §§ 3, 4 ER/CIM 1999 kann man eine eindeutige Lösung der Frage entnehmen[8].

3066 Jenseits von Art. 2 CMR und dem dort geregelten Huckepack-Verkehr ist die CMR nicht auf den – sei es für sich auch den Anforderungen des Art. 1 Abs. 1 CMR genügenden – Straßenteil einer multimodalen Beförderung anzuwenden[9]. Dies nur eingreifen zu lassen, wenn deutsches Recht Vertragsstatut

---

1 Dazu *Herber*, Gedächtnisschr. Helm (2001), S. 99 (115 f.); *Rogert*, S. 195 f. Aus der Rechtsprechung The „Happy Ranger" [2002] 2 Lloyd's Rep. 357, 361 (C.A., per *Tuckey* L.J.).
2 Rb. Rotterdam 1.7.1994, S & S 1995 Nr. 99, S. 401 nr. 4.7; Rb. Rotterdam 10.4.1997, S & S 1999 Nr. 19, S. 62 nr. 4.4; *Ramming*, TranspR 1999, 325 (330); *Herber*, TranspR 2001, 101 (107). Vgl. aber *Rogert*, S. 153 f.
3 Dazu eingehend *Koller*, TranspR 2001, 69.
4 *Quantum Corp. Inc. v. Plane Trucking Ltd.* [2002] 2 Lloyd's Rep. 25 (C.A.); LG Köln 7.10.2003 – 85 O 196/99 (zitiert nach *H. Neumann*, TranspR 3/2004 SdBeil. XXVIII); *Koller*, § 452 HGB Rz. 19; *Koller*, in: Koller/Roth/Morck, HGB, 6. Aufl. (2007), § 452 HGB Rz. 1; *Fremuth*, in: Fremuth/Thume, § 452 HGB Rz. 32; *Ramming*, TranspR 2007, 279 (286); *Ramming*, TranspR 2007, 409.
5 *Herber*, TranspR 2001, 101 (102); *Herber*, Gedächtnisschr. Helm (2001), S. 99 (101). Gestützt auf Art. 41; 30 Abs. 1, 2; 13 Abs. 2 CMR; 12; 15; 16; 32; 31 CMR argumentiert *Koller*, TranspR 2003, 45 (47-49), dass viele CMR-Bestimmungen sich auf echten Multimodalverkehr nicht sinnvoll anwenden ließen.
6 S. dazu Vorauflage Rz. 1677 (*Mankowski*) m.N.
7 Verneinend *Herber*, TranspR 2001, 101 (105).
8 *Herber*, Gedächtnisschr. Helm (2001), S. 99 (101). Vgl. aber *Freise*, TranspR 1999, 417 (421): Inhaltlich brächten Art. 1 §§ 3, 4 ER/CIM 1999 eigentlich keine Veränderung gegenüber Art. 2 ER/CIM.
Gegen eine Anwendung der ER/CIM 1999 auf die Eisenbahnteilstrecke *Ramming*, NJW 2009, 414.
9 BGH 17.7.2008, NJW 2008, 2782 = TranspR 2008, 365; OLG Karlsruhe 17.10.2008, TranspR 2008, 471; *Ramming*, TranspR 1999, 325 (329 f.); *Koller*, TranspR 2003, 45; *Koller*, TranspR 2004, 361 f.; *Erbe/Schlienger*, TranspR 2005, 421 (424); *Rogert*, S. 105 (117); *Ramming*, NJW 2009, 414. AA OLG Düsseldorf 11.10.2006 – 18 U 31/06.

ist[1], wäre mit dem Charakter der CMR nicht vereinbar. Sicher wird die CMR nicht dadurch auf den gesamten Transport anwendbar, dass ein Teil bei isolierter Betrachtung der CMR unterliegen würde[2].

Jedenfalls keine Anwendung auf die betreffende Teilstrecke eines multimodalen Transports heischt die CMNI für den Binnenschiffstransport, denn sie will nach ihren Art. 2 Abs. 1 S. 1; 1 Nr. 1 nur gelten, wenn der Frachtführer *ausschließlich* eine Pflicht zur Beförderung über eine Binnengewässerstrecke übernimmt, und es fehlt ihr an Pendants zu Regeln wie Art. 31 WA; 38 MÜ[3]. 3067

d) Hypothetische Ermittlung des Statuts eines Vertrages über die betreffende Teilstrecke

aa) Grundsätzliches

Kollisionsrecht kann auch dann eine weitere, zusätzliche Rolle spielen, wenn man das Statut des Multimodalvertrages bereits ermittelt hat. Denn Sachnormen können die Haftung bei **bekanntem Schadensort** an der Haftung orientieren, wie sie sich bei einem isolierten Vertrag über die Teilstrecke ergeben würde, auf welcher der Schaden eingetreten ist. § 452a S. 1 HGB zB ordnet eine solche Orientierung an. Man muss dann also ermitteln, welches Recht auf einen solchen hypothetischen Teilstreckenvertrag anwendbar wäre. Der Rechtsanwendungsvorgang weist eine ungewöhnliche Struktur auf: Die eigentliche Rechtsfolge entnimmt man § 452a S. 1 HGB. Sozusagen auf einer Zwischentatbestandsseite muss man aber die Orientierungsmarke dafür gewinnen. Dabei handelt es sich aber nur um eine hypothetische Prüfung. Es kommt nicht etwa das Recht kollisionsrechtlich zur Anwendung, das für den Teilstreckenvertrag gelten würde[4]. Der Teilstreckenvertrag ist nur hypothetisch, nur ein gedankliches Konstrukt. Entsprechend ist auch sein Statut nur hypothetisch. **§ 452a S. 1 HGB ist keine Kollisionsnorm**[5]. § 452a S. 1 HGB verweist nicht dergestalt, dass das verwiesene Recht wirklich anwendbar würde. Daher ist er auch keine verweisende Sachnorm[6] (wenn es ein solches Konstrukt überhaupt geben sollte)[7]. Wäre § 452a S. 1 HGB in irgendeiner Komponente echte Kollisionsnorm, so müsste er in im Übrigen für genau diese Komponente dem Vorrang der Rom I-VO weichen[8]. 3068

---

1 So OLG Karlsruhe 17.10.2008, TranspR 2008, 471.
2 OLG Karlsruhe 17.10.2008, TranspR 2008, 471 (472); *Koller*, Art. 1 CMR Rz. 6.
3 *Ramming*, TranspR 2006, 373 (376 f.); *Ramming*, NJW 2009, 414.
4 Zustimmend *Rogert*, S. 193. Zumindest unglücklich formuliert *Müglich*, Transport- und Logistikrecht (2002), S. 90.
5 Zustimmend *Rogert*, S. 193. Ungenau zB *A. Staudinger*, IPRax 2001, 183 Fn. 2. S. aber bewusst *Jayme/Nordmeier*, IPRax 2008, 503 (505).
6 So aber *Koller*, § 452a HGB Rz. 5.
7 *Hartenstein*, TranspR 2005, 9 (14); *Jayme/Nordmeier*, IPRax 2008, 503 (504).
8 Insoweit zutreffend *Jayme/Nordmeier*, IPRax 2008, 503 (507).

3069 Das Ganze ähnelt einer Vorfrage im kollisionsrechtlichen Sinne, ist es aber streng genommen nicht, weil es sich eben nur um einen hypothetischen, gar nicht existenten Anknüpfungsgegenstand handelt[1]. Es geht – das sei zur Verdeutlichung noch einmal hervorgehoben – nicht um eine Anknüpfung des Statuts des Multimodalvertrages. Dieses Statut ist bereits ermittelt und wird nicht mehr geändert. Von einem „Wiederaufleben" der Rechtsanwendungsfrage zu sprechen[2] ist daher unglücklich. Es geht um verschiedene Gegenstände, und es geht um fundamental verschiedene Konstruktionen[3]. Der Prüfungsaufwand mag doppelt sein[4]. Zu widersprechenden Anknüpfungsergebnissen kann man dagegen nicht gelangen[5]. Ausländisches Recht kann über § 452a HGB nie zu einer *Anwendung* (im richtig verstandenen und eigentlichen Sinn des Begriffs „Anwendung") gelangen[6]. Dies heißt aber nicht, dass man immer und sogleich deutsches Recht auch als Statut des hypothetischen Teilstreckenvertrages zugrundelegen dürfte[7].

bb) Ermittlung des Statuts für den hypothetischen Teilstreckenvertrag

3070 Ist deutsches Recht Statut des Multimodalvertrages, ist außerdem der Schadensort bekannt und damit § 452a S. 1 HGB anwendbar[8], so ist das Statut des hypothetischen Teilstreckenvertrages mit Hilfe des deutschen IPR, also der Rom I-VO, zu ermitteln[9]. Insoweit besteht zunächst die Möglichkeit der Rechtswahl[10]. Unter einem Multimodalvertrag, den sie als kommerzielle Einheit verstehen, werden die Parteien in der Regel keine eigene Rechtswahl für Teilstrecken treffen. Richtigerweise dokumentiert eine für den Multimodalvertrag insgesamt getroffene Rechtswahl aber einen hinreichenden Parteiwil-

---

1 Kritisch hierzu *Jayme/Nordmeier*, IPRax 2008, 503 (505).
2 So *K. Otte*, Liber amicorum Gerhard Kegel (2002), S. 141 (151).
3 Zustimmend *Rogert*, S. 194; *Herber*, TranspR 2006, 435 (436).
4 Vgl. *Basedow*, Festschr. Herber (1999), S. 15 (44): Durch Verdoppelung der Rechtsanwendungsfrage werde eine Komplexität gewonnen, welche die Fähigkeit zur Ordnung von Leistungsbeziehungen in Frage stelle. Dem zust. *Herber*, TranspR 2001, 101 (103 Fn. 10).
5 So aber *K. Otte*, Liber amicorum Kegel (2002), S. 141 (173).
6 Vgl. ansatzweise *Ramming*, TranspR 2002, 336 (337). Unklar *Herber*, in: MünchKomm HGB, § 452a HGB Rz. 34. Völlig falsch *Widmann*, Kommentar zum Transportrecht, 3. Aufl. (1999), § 452a HGB Rz. 1: Die Anwendung ausschließlich deutschen Rechts werde bei bekanntem Schadensort aufgegeben; es gelte das Recht des Ortes, an dem der Schaden oder die Schadensursache sich ereignet habe.
7 Ebenso im Ergebnis *Herber*, TranspR 2005, 59 (61).
AA *Hartenstein*, TranspR 2005, 9 (10); *Ramming*, TranspR 2007, 279 (293 f.); *Ramming*, TranspR 2007, 409 (410).
8 § 452a HGB ist bei unbekanntem Schadensort nicht anwendbar; OLG Stuttgart 21.1.2004, VersR 2006, 289.
9 Vorbildlich OLG Stuttgart 21.1.2004, VersR 2006, 289; außerdem zB OLG Hamburg 28.2.2008, IPRax 2008, 537 (538 f.); *Herber*, Festschr. Henning Piper (1996), S. 877 (892 f.).
Nicht nachzuvollziehen *Jayme/Nordmeier*, IPRax 2008, 503 (507), wo von einem möglichen Widerspruch mit dem Vorrang der Rom I-VO die Rede ist.
10 Ebenso *Jayme/Nordmeier*, IPRax 2008, 503 (505 f.).

len, welches Recht die Parteien für die gesamte Strecke und damit auch für jede eingeschlossene Teilstrecke angewendet sehen wollen[1]. Die Rechtswahl für den realen Gesamtvertrag gilt auch für dessen hypothetisch isolierte Teile. Real bestehende Parteiabreden sind nicht auszublenden, soweit sie auch für den hypothetischen Teilstreckenvertrag geeignet sind[2]. Dass der hypothetische Teilstreckenvertrag gesondert anzuknüpfen sei, stimmt weder als Prämisse (s. oben Rz. 3069) noch kann es ein Argument sein, einen real bestehenden Parteiwillen auszublenden[3]. Anderenfalls enttäuschte man Parteierwartungen und Rechtssicherheit[4]. Erst recht muss eine tatsächlich erfolgte Teilrechtswahl, zB über eine konkret anwendbare Paramount Clause, für die betreffende Teilstrecke beachtlich sein[5]. Allerdings sollte man eine solche Teilrechtswahl nicht in Nr. 7.2 FIATA Multimodal Transport Bill of Lading sehen[6].

§ 452d Abs. 3 HGB steht nicht entgegen[7]. Auch § 452b Abs. 2 Nr. 2 HGB impliziert nichts anderes[8]. Die dortige Möglichkeit wird gewährt, um die Anwendung ausländischen Teilstreckenrechts zu vermeiden[9]. Dies richtet sich aber richtig betrachtet gegen die dépecage, nicht gegen die hypothetische Anknüpfung. Selbst wenn eine gesonderte Anknüpfung stattfände, stünde diese doch der Parteiautonomie offen. Unter Art. 5 Abs. 1 S. 1 Rom I-VO sind Ausgangs- und Entladeort der jeweiligen Teilstrecke maßgebend[10]. 3071

---

1 OLG Düsseldorf 1.7.1993, TranspR 1995, 77 (79); OLG Dresden 14.3.2002, TranspR 2002, 246; OLG Düsseldorf 12.12.2001, TranspR 2002, 33 (34 f.); OLG Hamburg 19.12.2002, TranspR 2003, 72 (73); OLG Hamburg 19.8.2004, TranspR 2004, 402 (403); LG Hamburg TranspR 2003, 209; *Basedow*, Festschr. (1999), S. 15 (43); *Basedow*, TVR 2000, 103 (107); *Ramming*, TranspR 1999, 325 (341); *Fremuth*, in: Fremuth/Thume, § 452a HGB Rz. 11; *D. Rabe*, Anh. § 656 HGB Rz. 26; *K. Otte*, Liber amicorum Kegel (2002), S. 141 (153 f.); *Rogert*, S. 202 f. sowie zumindest im Ergebnis LG Zwickau 19.9.2001, TranspR 2002, 24 (25); *Herber*, TranspR 2001, 90 (91); *Herber*, TranspR 2004, 404 (406) und auch *Herber*, TranspR 2001, 101 (103); *Herber*, Gedächtnisschr. Helm (2001), 99 (104 f.). AA aber *Herber*, Festschr. Piper (1996), S. 877 (894 f.) und wieder *Herber*, TranspR 2005, 59 (62); *Herber*, TranspR 2006, 435 (436).
Vgl. auch OLG Hamburg 28.2.2008, IPRax 2008, 537 (538 f.).
Offen BGH 25.10.2007, IPRax 2008, 535 (536).
2 Anders *Koller*, VersR 2000, 1187 (1188, 1193); *Drews*, TranspR 2003, 12 (15 f.).
3 Entgegen *Koller*, VersR 2000, 1187 (1193) sowie *D. Rabe*, TranspR 2000, 189 (195).
4 Vgl. *D. Rabe*, Anh. § 656 HGB Rz. 26.
5 *Basedow*, TranspR 1998, 58 (61); *Basedow*, Festschr. Herber (1999), S. 15 (43); *Herber*, S. 360; *Ramming*, TranspR 1999, 325 (341); *Fremuth*, in: *Fremuth/Thume*, § 452a HGB Rz. 11; *Koller*, VersR 2000, 1187 (1189, 1193) und selbst *D. Rabe*, TranspR 2000, 189 (194); *D. Rabe*, Gedächtnisschr. Helm (2001), S. 301 (316). AA *Drews*, TranspR 2003, 12 (15) (Wahl eines abweichenden Teilstreckenrechts werde vom deutschen Gesetzgeber abgelehnt und auf Wahl deutschen Rechts beschränkt).
6 *M. Hoffmann*, FIATA Multimodal Bill of Lading und deutsches Recht (2002), S. 33.
7 Anders *D. Rabe*, TranspR 1998, 429 (434).
8 Anders *D. Rabe*, TranspR 2000, 189 (194); *Drews*, TranspR 2003, 12 (15).
9 Begründung der Bundesregierung zum Entwurf eines Gesetzes zur Reform des Transportrechts, BT-Drucks. 13/8445, S. 105.
10 OLG Hamburg 28.2.2008, IPRax 2008, 537 (539); *Herber*, Festschr. Piper (1996), S. 877 (893); *Basedow*, Festschr. Herber (1999), S. 15 (43 f.); *Fremuth*, in: Fremuth/Thume, § 452a HGB Rz. 8; *Koller*, VersR 2000, 1187 (1188); *K. Otte*, Liber amicorum Kegel (2002), S. 141 (152) sowie *Stahl*, TranspR 2000, 479.

3072 Haben die Parteien des Multimodalvertrages ihre Hauptniederlassung in demselben Staat, so schlägt dies auch auf das hypothetische Teilstreckenvertragsstatut durch[1]. Sie sind auch die für den hypothetischen Treilstreckenvertrag maßgeblichen (hypothetischen) Parteien[2]. Es ist nicht etwa ein hypothetischer Teilstreckenvertrag zwischen dem MTO und einem Subunternehmer zugrunde zu legen[3] oder ein Vertrag zwischen dem Absender und einem Unterfrachtführer[4]. Ebenso wenig interessieren für die Zwecke des § 452a S. 1 HGB real bestehende Unterfrachtverträge zwischen dem MTO und einem Unterfrachtführer für die betreffende Teilstrecke. Im Ergebnis dürften bei objektiver Anknüpfung alle hypothetischen Teilstreckenverträge letztlich demselben Recht unterstehen, soweit es auf die vertragsbetreuende Niederlassung des Verfrachters ankommt, da der hypothetische Verfrachter ja immer dieselbe Person, nämlich der MTO, sein muss[5]. Fragen des Regresses zwischen dem MTO und den ausführenden Einzelfrachtführern dürfen keine Rolle spielen, denn der MTO soll ja nach der Anlage des Multimodalvertrages dem Absender gerade jedwede Berücksichtigung von Interessen der ausführenden Frachtführer abnehmen[6].

cc) Vorgehen bei Parallelnormen zu § 452a S. 1 HGB in einem ausländischen Statut des Multimodalvertrags

3073 Enthält ein fremdes Recht als Statut des Multimodalvertrags eine Norm wie § 452a S. 1 HGB, die sich am hypothetischen Teilstreckenvertrag ausrichtet, so stellt sich die Frage, ob nach dem IPR des Multimodalvertragsstatuts[7] oder nach deutschem IPR[8] zu ermitteln ist, welches Recht auf den hypothetischen Teilstreckenvertrag anwendbar wäre. Dies entspricht prinzipiell der Frage nach der unselbständigen oder selbständigen Anknüpfung von Vorfragen. Vorfragen sind grundsätzlich selbständig, also nach deutschem IPR, anzuknüpfen[9]. Indes geht es hier eben nicht um eine echte Vorfrage. Vielmehr geht man hypothe-

---

1 OLG Dresden 14.3.2002, TranspR 2002, 246; OLG Stuttgart 21.1.2004, VersR 2006, 289; LG Zwickau 19.9.2001, TranspR 2002, 24 (25); *Herber*, TranspR 2001, 101 (103); *Herber*, Gedächtnisschr. Helm (2001), S. 99 (105); vgl. LG Hamburg 9.8.2002, TranspR 2003, 209. Eine in ihrer Verankerung unklare Interessenanalyse will *Drews*, TranspR 2003, 12 (17-19) hinzufügen.
2 S. nur BGH 18.10.2007, TranspR 2007, 472 (473); BGH 25.10.2007, IPRax 2008, 535 (536); OLG Dresden 14.3.2002, TranspR 2002, 246; OLG Stuttgart 21.1.2004, VersR 2006, 289.
3 Zutreffend OLG Dresden 14.3.2002, TranspR 2002, 246; *Koller*, VersR 2000, 1187 (1189); *Herber*, TranspR 2001, 101 (102); *Drews*, TranspR 2003, 12 (16). Entgegen *D. Rabe*, TranspR 2000, 189 (194 f.).
4 OLG Düsseldorf 12.12.2001, TranspR 2002, 33 (34); *Drews*, TranspR 2003, 12 (16 f.).
5 Nur im Ergebnis übereinstimmend, aber ohne Begründung, *Fremuth*, in: Fremuth/Thume, § 452a HGB Rz. 16.
6 *Hartenstein*, TranspR 2005, 9 (13); *Herber*, TranspR 2005, 59 (61).
7 Dafür *Basedow*, Festschr. Herber (1999), S. 15 (42); *Basedow*, TVR 2000, 103 (107); *K. Otte*, Liber amicorum Kegel (2002), S. 141 (152).
8 Dafür *Herber*, TranspR 2001, 101 (103); vgl. aber auch *Herber*, TranspR 2001, 90 (91 f.) (unklar).
9 Eingehend *von Bar/Mankowski*, I § 7 Rz. 192–213.

tisch vor[1] und möchte nur einen Orientierungsmaßstab gewinnen. Das hypothetische Statut des hypothetischen Teilstreckenvertrages wird als solches gar nicht angewendet. Vielmehr wird nur das von ihm gewonnene Ergebnis in Bezug genommen und transformiert. Der eigentliche modus operandi liegt im Statut des Multimodalvertrages[2]. Normalerweise sprechen für die selbständige Vorfragenanknüpfung der Gehorsam gegenüber dem eigenen IPR und renvoi-Probleme der unselbständigen Vorfragenanknüpfung[3]. Beides sind hier keine durchschlagenden Argumente[4]. Soweit Deutschland als Forumstaat an unimodale Konventionen gebunden ist und diese bei bekanntem Schadensort anwendbar verlangen, kommen sie eh zum Zuge und überlagern schon das Statut des Multimodalvertrages (soeben Rz. 3063–3067). Das renvoi-Argument verfängt nicht, weil man eben nicht wirklich anknüpft. Man missachtet daher auch keinen eigenen Anwendungsbefehl und ist nicht zu einer Umqualifikation nebst teleologischer Reduktion einer bestehenden Kollisionsnorm gezwungen.

4. Zusammenfassung

1. Unter einer multimodalen Beförderung versteht man die Beförderung von Gütern mit zumindest zwei verschiedenen Beförderungsmitteln aufgrund eines einheitlichen (multimodalen) Beförderungsvertrages. Es gibt noch international keine einheitliche Haftungsordnung. Das einschlägige Übereinkommen von 1980 ist gescheitert und nie in Kraft getreten. Die **Rechte und Pflichten des Frachtführers im multimodalen Transport** sind national in §§ 452–452d HGB samt den darin in Bezug genommenen Vorschriften geregelt. Für die verschiedenen Beförderungsmittel und Transportwege gilt nach § 452a HGB das sog. **Network-Liability-System**, dh. die Haftung richtet sich nach der Haftungsordnung für das Beförderungsmittel, bei dessen Verwendung der Schaden eingetreten ist.

2. **Zwingendes Einheitsrecht für einzelne Teilstrecken**, dh. unimodales Einheitsrecht, geht vor, soweit es diese selber verlangt. Insbesondere erfasst Art. 2 CMR bestimmte Fälle des multimodalen Transports in Form des Huckepack-Verkehrs von Lkw.

3. Ist unter § 452a S. 1 HGB oder einem entsprechenden ausländischen Statut das **hypothetische Statut eines Einzelstreckenvertrages** zu ermitteln, so handelt es sich dabei nicht um eine echte Rechtsanwendungsfrage, da das so ermittelte hypothetische Statut nicht als Recht mit seinen Rechtsfolgen angewendet, sondern nur als Vergleichsmaßstab herangezogen wird. Methodisch ähnelt der Vorgang einer Vorfragenanknüpfung. Eine Rechtswahl für die Gesamtbeförderung beinhaltet eine **Rechtswahl** für alle Teilstrecken

3074

---

1 Vgl. *Basedow*, Festschr. Herber (1999), S. 15 (42).
2 Vgl. *K. Otte*, Liber amicorum Kegel (2002), S. 141 (152), der hier mit der nicht allgemein gebräuchlichen Gedankenfigur der sog. Nachfrage (bei präjudiziellem Rechtsbegriff auf der Rechtsfolgenseite der anwendbaren Sachnorm) arbeitet.
3 *von Bar/Mankowski*, IPR I § 7 Rz. 195–198.
4 Zustimmend *Rogert*, S. 201.

und ist daher auch bei der hypothetischen Einzelstreckenvertragsanknüpfung beachtlich.

3075–4000 Frei.

VII. Luftpersonenbeförderungsverträge

Literatur: *Martín Endrinal,* Overbooking y denegación de embarque en el reglamento (CE) n° 261/2004: un análisis jurídico-económico, in: *Calvo Caravaca/Rodríguez Rodrigo* (Hrsg.), Parmalat y otros casos de derecho internacional privado (Madrid 2007), S. 433; *Peterhoff,* Die Rechte des Flugreisenden im Überblick, TranspR 2007, 103; *A. Staudinger/Schmidt-Bendun,* Neuregelung über Ausgleichs- und Unterstützungsleistungen für Fluggäste, NJW 2004, 1897; *A. Staudinger/Schmidt-Bendun,* Das Zusammenspiel der Verordnung (EG) Nr. 261/2004 über Ausgleichs- und Unterstützungsleistungen für Fluggäste mit völkervertraglichen, europäischen sowie nationalen Vorschriften, VersR 2004, 971; *S. Weise/A. Schubert,* Konkurrenzen der VO (EG) Nr. 261/2004 über Entschädigungsleistungen von Fluggästen bei einer Verspätung, Nichtbeförderung und Annullierung zum deutschen Pauschalreiserecht, TranspR 2006, 340. – Literatur zum Montrealer Übereinkommen oben vor Rz. 2831.

1. Montrealer Übereinkommen und Warschauer Abkommen

4001 Das **Montrealer Übereinkommen** (MÜ) gilt sachlich auch für die Personenbeförderung. Hinsichtlich des internationalen Anwendungsbereichs gilt Art. 1 MÜ ohne Besonderheiten (oben Rz. 2833 ff.). Sind beim Flug in einen Staat, der nur das Warschauer Abkommen (WA) WA, aber nicht das MÜ ratifiziert hat, Hin- und Rückflug gebucht, so liegen Abgangs- und Bestimmungsort in der Bundesrepublik Deutschland; es kommt dann auch das MÜ zur Anwendung[1].

Statt des MÜ kommt das WA zur Anwendung, wenn nur eine Beförderung in einen Nicht-MÜ-Staat oder aus einem Nicht-MÜ-Staat heraus stattfindet, jedoch Ausgangs- wie Endstaat Mitgliedstaat des WA sind (oben Rz. 2838 ff.).

2. IATA Intercarrier Agreement

4002 Bedeutsam sind daneben weitere Rechtsquellen: Zunächst gibt es eine (privatrechtliche) Vereinbarung der in der IATA[2] zusammengeschlossenen Luftfahrtgesellschaften, das **IATA Intercarrier Agreement on Passenger Liability**[3], samt Zusatzvereinbarung[4]. Nach dieser Mustervorlage (umbrella accord) für AGB

---

1 S. nur *Ruhwedel,* Rz. 45 (für WA/HP).
2 Zur IATA (International Air Transport Association) *Specht,* Die IATA (1973); *Kehrberger,* TranspR 1996, 131; *Gran,* Die IATA aus der Sicht des deutschen Rechts (1998) und zu ihrer fehlenden Rechtspersönlichkeit LG Essen 6.10.1995, TranspR 1997, 37.
3 Verabschiedet auf der IATA-Tagung in Kuala Lumpur am 31.10.1995. Abgedr. in: TranspR 1997, 43.
4 IATA-Agreement on Measures to Implement the IATA-Intercarrier Agreement (MIA), ebenfalls verabschiedet auf der IATA-Tagung in Kuala Lumpur am 31.10.1995 und abgedr. in: TranspR 1997, 43.

haften die Luftbeförderer für Personenschäden schlechthin unlimitiert. Außerdem verzichten sie darauf, den Entlastungsbeweis nach Art. 20 MÜ zu führen, solange der geltend gemachte Schaden 100 000 SZR nicht übersteigt[1]. Die Deutsche Lufthansa zB wendet dieses Regime seit dem 15.2.1997, 12.00 h MEZ an.

3. VO (EG) Nr. 2027/97

Zum anderen hat die VO (EG) Nr. 2027/97[2] mit Wirkung ab dem 17.10.1998 ein entsprechend strenges Haftungsregime implementiert. Art. 3 Abs. 1 lit. a VO (EG) Nr. 2027/97 sieht vor, dass die Haftung eines Luftfahrtunternehmens der Gemeinschaft bei **Personenschäden von Fluggästen** keiner durch Rechtsvorschriften, Übereinkünfte oder Verträge festgelegten finanziellen Begrenzung unterliegt. Ein Luftfahrtunternehmern der Gemeinschaft kann sich bei einem Schadensbetrag bis zu 100 000 SZR nach Art. 3 Abs. 2 VO (EG) Nr. 2027/97 auch durch Entlastungsbeweis nicht von seiner Haftung befreien. Art. 5 Abs. 1 VO (EG) Nr. 2027/97 fügt eine Vorschusspflicht hinzu, im Todesfall nach Art. 5 Abs. 2 mindestens 15 000 SZR. Art. 6 Abs. 1 VO (EG) Nr. 2027/97 zwingt die Luftfahrtunternehmen der Gemeinschaft, Art. 3, 5 in ihre AGB aufzunehmen. Art. 3 Abs. 1 lit. b VO (EG) Nr. 2027/97 schließlich erlegt den Luftfahrtunternehmen der Gemeinschaft eine Versicherungspflicht auf.

Art. 3 Abs. 1 lit. a VO (EG) Nr. 2027/97 sieht vor, dass die Haftung eines Luftfahrtunternehmens der Gemeinschaft bei Personenschäden von Fluggästen **keiner** durch Rechtsvorschriften, Übereinkünfte oder Verträge festgelegten finanziellen **Begrenzung** unterliegt. Ein Luftfahrtunternehmen der Gemeinschaft kann sich bei einem Schadensbetrag bis zu 100 000 SZR nach Art. 3 Abs. 2 VO (EG) Nr. 2027/97 auch durch Entlastungsbeweis nicht von seiner Haftung befreien. Art. 5 Abs. 1 VO (EG) Nr. 2027/97 fügt eine **Vorschusspflicht** hinzu, im Todesfall nach Art. 5 Abs. 2 VO (EG) Nr. 2027/97 mindestens 15 000 SZR. Art. 6 Abs. 1 zwingt die Luftfahrtunternehmen der Gemeinschaft, Art. 3; 5 VO (EG) Nr. 2027/97 in ihre AGB aufzunehmen. Art. 3 Abs. 1 lit. b VO (EG) Nr. 2027/97 schließlich erlegt den Luftfahrtunternehmen der Gemeinschaft eine Versicherungspflicht auf.

Luftfahrtunternehmen der Gemeinschaft ist nach Art. 2 Abs. 1 lit. b VO (EG) Nr. 2027/97 jedes Luftfahrtunternehmen mit einer von einem Mitgliedstaat der Gemeinschaft erteilten **Betriebsgenehmigung**. Der zentrale Punkt ist also ein öffentlichrechtlicher, quasi-aufsichtsrechtlicher. Er ist vergleichsweise leicht erkennbar und lässt sich sicher nachprüfen. Denn entweder hat ein Luftfahrtunternehmen eine von einem Mitgliedstaat erteilte Betriebsgenehmigung oder nicht. Der Tatbestand ist formal und eindeutig. Aus internationalprivatrechtlicher Sicht wäre der prinzipielle Anknüpfungstatbestand für die VO (EG) Nr. 2027/97 einfacher zu formulieren: „Diese Verordnung kommt jedenfalls

---

[1] Näher *Ruhwedel*, TranspR 1997, 1; *Ruhwedel*, TranspR 1998, 13 (15).
[2] Verordnung (EG) Nr. 2027/97 des Rates vom 9.10.1997 über die Haftung von Luftfahrtunternehmen für Unfälle, ABl. EG 1997 Nr. L 285, S. 1.

dann zur Anwendung, wenn ein Mitgliedstaat dem betreffenden Luftfahrtunternehmen die Betriebsgenehmigung erteilt hat."[1]

4006 **Luftfahrtunternehmen aus Drittstaaten** müssen ihre Passagiere nach Art. 6 Abs. 3 VO (EG) Nr. 2027/97 wenigstens informieren, wenn sie das Verordnungsregime (oder ein materiell gleichwertiges Regime) nicht freiwillig zugrunde legen. Weitere Informationspflichten erlegt Art. 6 Abs. 1 VO (EG) Nr. 2027/97 auf, soweit es sich um Flüge in die EG, aus der EG oder innerhalb der EG handelt (s. Art. 1 Abs. 3 VO (EG) Nr. 2027/97). Daraus ist aber nicht zu schließen, dass die Anwendbarkeit der Verordnung insgesamt auf Flüge mit EG-Berührung beschränkt wäre[2]. Vielmehr stehen nur jene Informationspflichten für drittstaatliche Unternehmen unter dem Vorbehalt eines EG-Bezugs beim konkreten Flug. Dies ist aber eine deutliche und bewusste Erweiterung des Systems. Generell ist die mitgliedstaatliche Betriebsgenehmigung des Luftfahrtunternehmens (und damit mittelbar dessen Ansässigkeit in der EG) der maßgebliche Anknüpfungspunkt für die Verordnung[3].

4007 Die Vereinbarkeit der VO (EWG) Nr. 2027/97 mit dem MÜ steht zwar nicht außer Zweifel[4], ändert aber bis zu einer gerade nicht erfolgten[5] Verwerfung durch den EuGH nichts an der Wirksamkeit der VO[6]. Das seinerzeit nur erwartete Inkrafttreten des MÜ bewirkte bereits (seinerzeit präventiv) eine Änderungsverordnung[7]. Im Ergebnis will diese eine Art Ausführungsverordnung zum MÜ sein[8]. Die Änderungsverordnung erstreckt sich insbesondere auf die Gepäckbeförderung, was die ursprüngliche Verordnung so nicht tat[9]. Das MÜ wurde von der EG ratifiziert und hat deshalb wegen Art. 300 Abs. 7 EGV Vor-

---

1 *Mankowski*, TranspR 2008, 177 (181).
2 So aber *Giemulla/Schmid*, NZV 1998, 225 (227); *Gansfort*, ZLW 1998, 263 (269-271).
3 *Mankowski*, TranspR 2008, 177 (181).
   Unklar *Kretschmer*, Das Internationale Privatrecht der zivilen Verkehrsluftfahrt (2003), S. 66.
4 Zweifel äußern *R. v. Secretary of State for the Environment, Transport and the Regions, ex parte International Air Transport Association (No. 2)* [1999] 2 C.M.L.Rep. 1385 (Q.B.D., Jowitt J.); *Müller-Rostin*, TranspR 1998, 229, 232 f.; *Müller-Rostin*, Festg. Herber (1999), S. 253 f.; *Müller-Rostin*, TranspR 3/2004 SdBeil. XXV, XXVI; *Giemulla/Schmid*, NZV 1998, 225 (227 f.).
   Für völkerrechtskonform halten die VO *Ruhwedel*, TranspR 1988, 13 (15 f.); *Ruhwedel*, Der Luftbeförderungsvertrag, 3. Aufl. (1997), Rz. 30; *Gansfort*, ZLW 1998, 263 (267 f.); *Klaus Tonner*, RRa 1998, 211 (212 f.).
   Eingehend zu diesem Thema *Stefulla*, TranspR 2000, 399-404.
5 EuGH 10.1.2006 – Rs. C-344/04 (The Queen, ex parte IATA u. ELFAA/Department for Transport), Slg. 2006, I-403.
6 *Ruhwedel*, TranspR 2001, 189 (191 Fn. 16).
7 Verordnung (EG) Nr. 889/2002 des Europäischen Parlaments und des Rates vom 13.5.2002 zur Änderung der VO (EG) Nr. 2027/97 des Rates vom 9.10.1997 über die Haftung von Luftfahrtunternehmen für Unfälle, ABl. EG 2002 Nr. L 140, S. 2.
8 *Ruhwedel*, TranspR 2001, 189 (191).
9 *Bollweg/Schnellenbach*, ZEuP 2007, 798 (805 f.).

rang vor den Bestimmungen des abgeleiteten Gemeinschaftsrechts[1]. Divergenzen gibt es im Detail bei den Haftungsverpflichteten[2].

4. Art. 3 Abs. 1 VO (EG) Nr. 261/2004

Mit Abstand die wichtigste und praktisch bedeutsamste[3] unter den transportrechtlichen EG-Verordnungen ist die VO (EG) Nr. 261/2004, die so genannte FluggastrechteVO[4]. Sie gewährt Ansprüche bei Verspätungen und Annullierungen[5], die im Prinzip außerhalb des sachlichen Anwendungsbereichs des MÜ liegen und daher eine ergänzende Regulierung neben dem MÜ darstellen[6]. Charterflüge sind miterfasst[7], gleichermaßen Nichtlinienflüge und Luftbeförderung im Rahmen von Pauschalreisen[8]. Allerdings liegen Ansprüche gegen Pauschalreiseveranstalter außerhalb des sachlichen und des persönlichen Anwendungsbereichs[9]. 4008

Den internationalen Anwendungsbereich umreißt Art. 3 Abs. 1 VO (EG) Nr. 261/2004: 4009

„Diese Verordnung gilt

a) für Fluggäste, die auf Flughäfen im Gebiet eines Mitgliedstaats, das den Bestimmungen des Vertrags unterliegt, einen Flug antreten;

b) sofern das ausführende Luftfahrtunternehmen ein Luftfahrtunternehmen der Gemeinschaft ist, für Fluggäste, die von einem Flughafen in einem Drittstaat einen Flug zu einem Flughafen im Gebiet eines Mitgliedstaats, das den Bestimmungen des Ver-

---

1 EuGH 10.7.2008 – Rs. C-173/07 (Emirates Airlines – Direktion für Deutschland/Diether Schenkel), NJW 2008, 2697 Rz. 43; EuGH 22.12.2008 – Rs. C-549/07 (Frederike Wallentin-Hermann/Alitalia), TranspR 2009, 80 (82 Rz. 28); EuGH 10.1.2006 – Rs. C-344/04 (The Queen, ex parte IATA u. ELFAA/Department for Transport), Slg. 2006, I-403, I-463 f. Rz. 35 f. unter Hinweis auf EuGH 10.9.1996 – Rs. C-61/94 (Kommission/Deutschland), Slg. 1996, I-3989, I-4020 f. Rz. 52; EuGH 1.4.2004 – Rs. C-286/02 (Bellio F.lli Srl/Prefettura di Treviso), Slg. 2004, I-3465, I-3496 Rz. 33.
2 *Müller-Rostin*, TranspR 3/2004 SdBeil. XXV, XXVI; *Bollweg/Schnellenbach*, ZEuP 2007, 798 (807 f.).
3 S. Mitteilung der Kommission vom 4.4.2007, KOM (2007) 168 endg.
4 Dargestellt und erläutert zB durch *Tonner*, RRa 2004, 59; *A. Staudinger/Schmidt-Bendun*, VersR 2004, 972; *A. Staudinger/Schmidt-Bendun*, NJW 2004, 1896; *Schmid*, ZLW 2005, 373; *Schmid*, ZLW 2006, 81; *Schmid*, NJW 2007, 261; *Müller-Rostin*, NZV 2007, 221; *Führich*, MDR SdBeil. H. 7/2007.
5 Zur Abgrenzung beider voneinander EuGH 22.12.2008 – Rs. C-549/07 (Frederike Wallentin-Hermann/Alitalia), TranspR 2009, 80; BGH 17.7.2007, NJW 2007, 3437; *A. Staudinger*, NJW 2007, 3392.
6 S. EuGH 10.1.2006 – Rs. C-344/04 (The Queen, ex parte IATA u. ELFAA/Department for Transport), Slg. 2006, I-403, I-465-I-467 Rz. 43–47; EuGH 22.12.2008 – Rs. C-549/07 (Frederike Wallentin-Hermann/Alitalia), TranspR 2009, 80 (82 Rz. 32); *Peterhoff*, TranspR 2007, 103 (105 f.).
7 Erwägungsgrund (5) VO (EG) Nr. 261/2004.
8 S. nur *A. Staudinger/Schmidt-Bendun*, NJW 2004, 1896 (1897); *Pohar*, Rechtsbeziehungen zwischen Fahrgast und Eisenbahn (2006), S. 331.
9 AG Oberhausen 11.12.2006, RRa 2007, 91 (92); *Führich*, RRa 2007, 58 f. Eingehend zur Abgrenzung zwischen der VO und dem Pauschalreiserecht S. *Weise/A. Schubert*, TranspR 2006, 340; *Mankowski*, TranspR 2008, 177 (181).

trags unterliegt, antreten, es sei denn, sie haben in diesem Drittstaat Gegen- oder Ausgleichs- oder Unterstützungsleistungen erhalten."

a) Abflüge aus der Gemeinschaft

4010 Art. 3 Abs. 1 Lit. a VO (EG) Nr. 261/2004abstrahiert von der Qualität des Beförderers. Er macht die Verordnung anwendbar unabhängig davon, ob es sich um einen EU- oder um einen Nicht-EU-Carrier handelt, sofern es sich nur um einen Flug von einem Flughafen in der Gemeinschaft handelt[1]. Dies erfasst Abflüge in Drittstaaten gleichermaßen wie rein innergemeinschaftliche Flüge von einem Mitgliedstaat in einen anderen. Schon die VO (EWG) Nr. 295/91 war unabhängig vom Vertragsstatut anzuwenden, wenn ein Linienflug von einem Flughafen in der EG ausging[2]. Ansässigkeit des Luftfahrtunternehmens, Nationalität, Wohnsitz oder Aufenthalt des Fluggastes und Zielort des Fluges waren ohne Belang[3]. Bereits diese Vorgängerverordnung enthielt Mindestregelungen für den zu ersetzenden Überbuchungsschaden[4]. Hinter diesen Standard will die VO (EG) Nr. 261/2004 jedenfalls nicht zurückfallen[5].

b) Flüge in die Gemeinschaft durch EU-Carrier

4011 Für Art. 3 Abs. 1 lit. b VO (EG) Nr. 261/2004 ist die Herkunft des Carriers entscheidend. Er erfasst nur und ausschließlich Flüge in die Gemeinschaft, die von EU-Carriern, von Luftfahrtunternehmen der Gemeinschaft durchgeführt werden. Luftfahrtunternehmen der Gemeinschaft ist ausweislich Art. 2 lit. c VO (EG) Nr. 261/2004 ein Luftfahrtunternehmen, welchem eine Betriebserlaubnis durch einen Mitgliedstaat nach der VO (EG) Nr. 2407/92[6] erteilt wurde. Die Voraussetzungen, unter denen eine solche Betriebsgenehmigung erteilt wird, listet Art. 4 VO (EG) Nr. 2407/92 auf: Nach seinem Abs. 1 lit. a muss das Luftfahrtunternehmen in einem Mitgliedstaat ansässig sein, also dort seinen Sitz haben. Abs. 2 verlangt darüber hinaus, dass das Luftfahrtunternehmen im Eigentum eines Mitgliedstaates oder im Eigentum von Staatsangehörigen eines Mitgliedstaates stehen und von diesen tatsächlich kontrolliert sein muss. Hat ein Luftfahrtunternehmen seinen Sitz nicht in einem Mitgliedstaat, sondern in einem Drittstaat, ist die Erteilung einer Betriebsgenehmigung durch einen Mitgliedstaat also ausgeschlossen und kann es sich folglich nicht

---

1 S. nur OLG Frankfurt a.M. 7.3.2007, NJW 2007, 2339 = RRa 2007, 180; *Schmid*, RRa 2004, 198 (210 mit Fn. 16); *Schmid*, NJW 2007, 261 f.; *Weise/Schubert*, TranspR 2006, 340 (341).
  Unzutreffend daher AG Düsseldorf 25.4.2006 – 36 C 1412/06.
2 LG Frankfurt a.M. 29.4.1998, NJW-RR 1998, 1589 = TranspR 1999, 400; *Antonini*, Dir.mar. 102 (2000), 1180 (1186).
3 LG Frankfurt a.M. 29.4.1998, NJW-RR 1998, 1589 = TranspR 1999, 400.
4 LG Frankfurt a.M. 29.4.1998, NJW-RR 1998, 1589 = TranspR 1999, 400; *Führich*, NJW 1997, 1044.
5 *Mankowski*, TranspR 2008, 177 (182).
6 Verordnung (EWG) Nr. 2407/92 des Rates vom 23.7.1992 über die Erteilung von Betriebsgenehmigungen an Luftfahrtsunternehmen, ABl. EG 1992 Nr. L 240, S. 1.

um ein „Luftfahrtunternehmen der Gemeinschaft" handeln[1]. Es kommt auf die tatsächliche Erteilung der Genehmigung an. Die pauschale Behauptung des Fluggastes, das Luftfahrtunternehmen habe eine Betriebsgenehmigung aus einem Mitgliedstaat, ist zu unsubstantiiert[2].

c) Flüge in die Gemeinschaft durch Nicht-EU-Carrier

Die Verordnung ist jedenfalls nicht anwendbar, wenn ein Nicht-EU-Carrier einen Flug rein von einem Drittstaat in einen Mitgliedstaat durchführt[3]. Der isolierte Flug von Marrakech, Melbourne oder Mumbai in einen Mitgliedstaat durch eine marokkanische, eine australische oder eine indische Fluglinie ist nicht erfasst[4].

4012

d) Rundflüge

Nach Auffassung des EuGH erfasst die VO (EG) Nr. 261/2004 **Rundflüge** durch Nicht-EU-Carrier, also Beförderungen, die aus der EU abgehen, in einen Drittstaat führen und dann von diesem Drittstaat aus wieder in die EU zurück führen, nicht.

4013

EuGH 10.7.2008 – Rs. C-173/07 (Emirates Airlines – Direktion für Deutschland/Diether Schenkel), NJW 2008, 2697 = EuZW 2008, 569 m. Anm. *Tonner* = ZLW 2008, 679 m. Anm. *Giesecke*: Der in Deutschland ansässige Kläger buchte bei Emirates Airlines aus den Vereinigten Arabischen Emiraten eine Flugreise von Düsseldorf über Dubai nach Manila und zurück. Der Rückflug aus Manila wurde wegen technischer Probleme annulliert und erst einen Tag später durchgeführt.

Entgegen der zuvor herrschenden Ansicht[5] in Deutschland[6] und Österreich[7] und entgegen einer Vielzahl guter Argumente[8] hat sich der EuGH für eine restriktive Linie in dieser praktisch überragend wichtigen Frage entschieden. Er

---

1 AG Frankfurt a.M. 17.8.2006, RRa 2006, 270; AG Frankfurt a.M. 21.9.2006, RRa 2006, 273 (274); *Führich*, MDR SdBeil. H. 7/2007, S. 2; *Mankowski*, TranspR 2008, 177 (182).
2 AG Frankfurt a.M. 17.8.2006, RRa 2006, 270 (271).
3 *Schmid*, RRa 2006, 1.
4 *Mankowski*, TranspR 2008, 177 (182).
5 Dagegen allerdings AG Berlin-Mitte 14.12.2005, NJW-RR 2006, 920 (921 f.) = RRa 2006, 89 m. abl. Anm. *Schmid*; AG Frankfurt a.M. 17.8.2006, RRa 2006, 270 m. abl. Anm. *Schmid*; *Müller-Rostin*, NZV 2007, 221 (223); ebenso im Ausland *Speijer*, TCR 2007, 184 (185).
6 LG Frankfurt a.M. 13.10.2006 – 3-2 O 51/06; AG Charlottenburg 15.11.2005 – 218 C 290/05; AG Frankfurt a.M. 21.9.2006, RRa 2006, 273; AG Offenbach, Hinweisbeschl. vom 16.3.2006 – 38 C 61/06; AG Frankfurt a.M. 24.8.2006, RRa 2007, 133; AG Frankfurt a.M. 25.1.2007, RRa 2007, 135; *Schmid*, RRa 2006, 91; *Schmid*, NJW 2006, 1841 f.; *Schmid*, RRa 2006, 271; *Schmid*, NJW 2007, 261 (262); *Schmid*, RRa 2007, 181; *Führich*, MDR SdBeil. H. 7/2007, S. 3 sowie AG Rüsselsheim 6.1.2006, RRa 2006, 92 und OLG Frankfurt a.M. 7.3.2007, NJW 2007, 2339 = RRa 2007, 180 (181).
7 HG Wien 4.8.2006, RRa 2006, 276 m. Anm. *Tonner*.
8 Nachdrücklich *Mankowski*, TranspR 2008, 177 (182 f.). Ebenso noch nach dem Urteil des EuGH *Tonner*, EuZW 2008, 571; *Wukoschitz*, RRa 2008, 242.

hebt nur auf den einzelnen Flug, also die einzelne Teilstrecke, ab und zieht entgegen dem unter WA und MÜ eingeführten Grundansatz des Luftbeförderungsrechts Hin- und Rückflug nicht zu einer einheitlichen Gesamtbeförderung zusammen.

4014 Typische **Ferienflüge** in Drittstaaten fallen nach dem restriktiven Ansatz aus der VO heraus. Denn auf die Länge des Zwischenaufenthalts kommt es nicht an. Wenn der Rundflug nicht erfasst ist, dann meint dies auch einen Zwischenaufenthalt von mehreren Wochen und damit einen Urlaub[1].

5. Art. 10 Abs. 1 VO (EG) Nr. 2111/2005

4015 Privatrechtlichen Inhalt findet man auch in Teilen der VO (EG) Nr. 2111/2005[2], nämlich soweit diese den Luftfahrtunternehmen **Informationspflichten** gegenüber den Fluggästen auferlegt. Dies hat vor allem bei code share-Flügen Bedeutung[3]. Die Verordnung erfasst sachlich Linien- und Charterflüge, auch soweit diese Teile von Pauschalreisen sind[4].

4016 Den internationalen Anwendungsbereich steckt Art. 10 Abs. 1 VO (EG) Nr. 2111/2005 ab: Die Verordnung heischt Anwendung bei Flügen von Hoheitsgebiet eines Mitgliedstaats (lit. a), bei Flügen aus einem Drittstaat, die im Hoheitsgebiet eines Mitgliedstaats ankommen (lit. b), und bei Flügen von einem Drittstaat in einen Drittstaat, wenn die Beförderung insgesamt im Hoheitsgebiet eines Mitgliedstaats begonnen hat (lit. c). Lit. b ist nicht auf Flüge durch EU-Carrier beschränkt, sondern greift auch für Flüge in die EU durch Nicht-EU-Carrier[5]. Insoweit ist er weiter als Art. 3 Abs. 1 lit. b VO (EG) Nr. 261/2004[6]. Lit. c wirkt gleichsam extraterritorial[7] und erfasst zB den Fall, dass eine in einem Mitgliedstaat gebuchte Weltreise ihren Ausgangspunkt in einem Mitgliedstaat genommen hat, auch soweit es sich um im Voraus gebuchte Flüge von einem Drittstaat in einen anderen Drittstaat handelt[8].

6. Zusammenfassung

4017 1. Für Luftbeförderungsverträge gelten das MÜ und das WA (oben Rz. 2831 ff.).

---

1 *Mankowski*, TranspR 2008, 177 (182).
2 Verordnung (EG) Nr. 2111/2005 des Europäischen Parlaments und des Rates über die Erstellung einer gemeinschaftlichen Liste der Luftfahrtunternehmen, gegen die in der Gemeinschaft eine Betriebsuntersagung ergangen ist, sowie über die Unterrichtung von Fluggästen über die Identität des ausführenden Luftfahrtunternehmens und zur Aufhebung der Richtlinie 2004/36/EG, ABl. EU 2005 Nr. L 344, S. 15; dazu *Lindner*, RRa 2006, 58; *Kohlhase*, ZLW 2006, 22.
3 *Tonner*, NJW 2006, 1854 (1855).
4 *Lindner*, RRa 2006, 58 (60).
5 *Kohlhase*, ZLW 2006, 22 (26); *Mankowski*, TranspR 2008, 177 (185).
6 *Kohlhase*, ZLW 2006, 22 (26); *Mankowski*, TranspR 2008, 177 (185).
7 *Kohlhase*, ZLW 2006, 22 (26); *Mankowski*, TranspR 2008, 177 (185).
8 Pressemitteilung des Rates Nr. 7933/05 vom 21.4.2005, S. 13; *Lindner*, RRa 2006, 58 (60).

2. Besondere Bedeutung haben daneben EG-Verordnungen. Deren wichtigste ist die VO (EG) Nr. 261/2004 über den Ersatz von Verspätungs- und Annullierungsschäden. Allerdings gilt sie nicht bei Rundflügen durch Nicht-EU-Carrier.

Frei. 4018–4030

VIII. Eisenbahnpersonenbeförderungsverträge

Literatur: *Delebecque/Calme*, Le règlement communautaire n° 1371/2007 du Parlament européen et du Conseil du 23 octobre 2007 sur les droits et obligations des voyageurs ferroviaires, Rev. dr. transp. Mars 2009, 10; *Hilpert*, Fahrgastrechte im Eisenbahnverkehr nach der neuen Verordnung (EG) Nr. 1371/2007, MDR 2008, 597; *Karsten*, EC Passenger Law Running on Track – The Regulation on Rail Passengers' Rights and Obligations, Yb. Cons. L. 2009, 333; *Pohar*, Rechtsbeziehungen zwischen Fahrgast und Eisenbahn (2006); *Schmidt-Bendun*, Haftung von Eisenbahnverkehrsunternehmen (2006).

1. ER/CIV

Das Liniensystem ist im internationalen Eisenbahnpersonentransportrecht ebenso wie im internationalen Eisenbahngütertransportrecht (s. dort Rz. 2802 ff.) mit dem Inkrafttreten der COTIF-Novelle und damit auch der ER/CIV 1999 entfallen. Die ER/CIV 1999 sind nach ihrem Art. 1 § 1 anwendbar, wenn Abgangs- und Bestimungsort der Beförderung in zwei verschiedenen Mitgliedstaaten liegen, auch wenn Transit durch einen Nichtmitgliedstaat erfolgt[1]. 4031

2. VO (EG) Nr. 1371/2007

a) Beförderung in der Gemeinschaft

Seit dem 3.12.2009 entfaltet als gemeinschaftsrechtlicher Rechtsakt mit dem Anwendungsvorrang jeder EG-Verordnung die EisenbahnfahrgastrechteVO[2] Wirkung. Sie ist bewusst als Gegenstück zu den luftbeförderungsrechtlichen Verordnungen konzipiert[3]. Im Verhältnis zur COTIF bestehen Konkurrenzprobleme[4]. Diese sind in ähnlicher Weise zu beantworten, wie es für das Verhältnis von VO (EG) Nr. 261/2004 und MÜ im Luftbeförderungsrecht schon gelungen ist[5]. Erwägungsgrund (6) S. 1 VO (EG) Nr. 1371/2007 besagt jedenfalls, dass die ER/CIV für die Stärkung der Fahrgastrechte zugrunde gelegt werden sollten. 4032

---

1 *Freise*, Gedächtnisschr. Helm (2001), S. 59 (61 f.).
2 Verordnung (EG) Nr. 1371/2007 des Europäischen Parlaments und des Rates vom 23.10.2007 über die Rechte und Pflichten der Fahrgäste im Eisenbahnverkehr, ABl. EU 2007 Nr. L 315, S. 14.
3 *Freise*, RRa 2004, 242 (243).
4 *Freise*, TranspR 2004, 377 (387 f.); *Freise*, RRa 2004, 242 (243-246); *Pohar*, Rechtsbeziehungen zwischen Fahrgast und Eisenbahn (2006), S. 339 f.
5 *Tonner*, NJW 2006, 1854 (1856).

4033 Der Anwendungsbereich der EisenbahnfahrgastrechteVO ist primär personell definiert: Nach Art. 2 Abs. 1 VO (EG) Nr. 1371/2007 gilt diese gemeinschaftsweit für alle Eisenbahnfahrten und Eisenbahndienstleistungen, die von einem oder mehreren nach der RL 95/18/EG[1] genehmigten Eisenbahnunternehmen erbracht werden. Art. 2 Abs. 2 VO (EG) Nr. 1371/2007 stellt ausdrücklich klar, dass die Verordnung nicht für Eisenbahnunternehmen und Diensteanbieter gilt, die keine Genehmigung gem. der RL 95/18/EG besitzen. Nach Art. 1 Abs. 1 RL 95/18/EG werden Genehmigungen erteilt an Unternehmen, die ihren Sitz in der Gemeinschaft haben oder haben werden. Dem korrespondiert Art. 4 Abs. 1 RL 95/18/EG: Unternehmen können eine Genehmigung in ihrem Niederlassungsstaat beantragen. Niederlassungsstaat ist der Staat der Primärniederlassung, des Sitzes.

4034 Unter die VO (EG) Nr. 1371/2007 fällt eine Beförderung also im Ergebnis, wenn sie zwei Voraussetzungen erfüllt: Erstens muss die Beförderung (auch) im Gebiet eines oder mehrerer Mitgliedstaaten erfolgen. Dies ergibt sich aus „gemeinschaftsweit", „throughout the Community" im Wortlaut des Art. 2 Abs. 1 VO (EG) Nr. Zweitens muss ein in der Gemeinschaft ansässiger, weil dort lizenzierter Beförderer die Beförderung durchführen.

4035 Die Vorschläge sahen ursprünglich vor, dass die zukünftige Verordnung nur grenzüberschreitende Beförderungen erfassen sollte[2]. Das Europäische Parlament erweiterte dies wesentlich[3]. Es bestand darauf, dass das Erfordernis einer Grenzüberschreitung entfallen sollte[4] und hat sich insoweit durchzusetzen gewusst. Ausweislich Erwägungsgrund (6) S. 2 VO (EG) Nr. 1371/2007 wird der Anwendungsbereich der Verordnung ausgeweitet und will man nicht nur die Fahrgäste im grenzüberschreitenden, sondern auch die Fahrgäste im jeweils inländischen Eisenbahnverkehr schützen. Damit erstreckt sich die Verordnung auch auf alle innerstaatlichen Beförderungen innerhalb der EU-Mitgliedstaaten. Ihre Bedeutung dürfte sich dadurch vervielfacht haben.

b) Abgrenzung gegenüber Drittstaaten

4036 Die Abgrenzung des internationalen Anwendungsbereichs nach außen gegenüber Drittstaaten ist durch Auslegung zu ermitteln. Drittstaaten wendet sich nur Art. 2 Abs. 6 VO (EG) Nr. 1371/2007 ausdrücklich zu. Diesem zufolge können einzelne Mitgliedstaaten in transparenter und nicht diskriminierender Weise eine auf höchstens fünf Jahre befristete, aber verlängerbare Ausnahme von der Anwendung der EisenbahnfahrgästeVO auf bestimmte Verkehrsdiens-

---

[1] Richtlinie 95/18/EG des Rates vom 19.6.1995 über die Erteilung von Genehmigungen an Eisenbahnunternehmen, ABl. EG 1995 Nr. L 143, S. 1, zuletzt geändert durch Richtlinie 2004/49/EG, ABl. EU 2004 Nr. L 164, S. 44.
[2] Vorschlag für eine Verordnung des Europäischen Parlaments und des Rates über die Rechte und Pflichten der Fahrgäste im grenzüberschreitenden Eisenbahnverkehr, von der Kommission vorgelegt am 3.3.2004, KOM (2004) 143 endg.
[3] Legislative Entschließung des Europäischen Parlaments P6_TA(2007)0005.
[4] Legislative Entschließung des Europäischen Parlaments P6_TA(2007)0005.

te oder Fahrten gewähren, weil ein erheblicher Teil des Verkehrsdienstes, der mindestens einen planmäßigen Bahnhofshalt umfasst, außerhalb der Gemeinschaft betrieben wird. Diese Ausnahmemöglichkeit wird ausweislich Erwägungsgrund (24) VO (EG) Nr. 1371/2007 eingeräumt, weil in diesen Fällen das Ziel der Verordnung, nämlich die Schienenpersonenverkehrsdienste *in der Gemeinschaft* zu verbessern, nicht betroffen sei.

Im Umkehrschluss lässt sich der Ausnahme entnehmen: Dass ein Teil des Verkehrsdienstes außerhalb der Gemeinschaft erbracht wird, macht die EisenbahnfahrgastrechteVO keineswegs automatisch unanwendbar. Im Gegenteil sind auch solche Dienste erfasst und können nur kraft besonderer, spezieller und ausdrücklicher Ausnahme vom einzelnen Mitgliedstaat wieder herausgenommen werden. Die EisenbahnfahrgastrechteVO deckt also auch solche Fälle ab, wenn nur ein Teil des Dienstes in der Gemeinschaft erbracht wird. Der Verkehrsdienste muss also nicht vollständig innerhalb der Gemeinschaft erbracht sein. Eine Teilleistung innerhalb der Gemeinschaft reicht aus. Dabei ist nicht explizit festgeschrieben, dass notwendig ein Bahnhofshalt innerhalb der Gemeinschaft erforderlich wäre. Dieses Kriterium verwendet vielmehr gespiegelt nur die Ausnahme und zudem nur als einschränkende Voraussetzung, wann die Mitgliedstaaten zu Ausnahmen ermächtigt sind. Daraus ist kein Rückschluss auf die Stärke des Mindestbezugs zur Gemeinschaft zu ziehen. 4037

Frei. 4038–4050

IX. Seepersonenbeförderungsverträge

Literatur: *Czerwenka*, Das Protokoll von 2002 zum Athener Übereinkommen von 1974 über die Beförderung von Reisenden und ihrem Gepäck auf See, RRa 2003, 158; *N. Lagoni*, Die Haftung des Beförderers von Reisenden auf See und im Binnenschiffsverkehr und das Gemeinschaftsrecht, ZEuP 2007, 1079; *Karsten*, European Passenger Law for Sea and Inland Waterway Transport, Yb. Cons. L. 2008, 201; *Erik Røsæg*, The Athens Regulation and International Law, ZEuP 2008, 599; *S. Schubert*, Die Haftung für Reisende und ihr Gepäck auf Schiffen (1981).

1. Athener Übereinkommen

a) Kupierte autonome Übernahme als Anlage zu § 664 HGB

Mit Art. 1 Nr. 11 2. Seerechtsänderungsgesetz wurde 1986 das Athener Übereinkommen von 1974 über die Beförderung von Reisenden und ihrem Gepäck auf See (AÜ)[1] in einer sehr ungewöhnlichen Gesetzgebungstechnik als Anlage zu § 664 HGB in das nationale deutsche Recht übernommen. Das AÜ wurde nicht ratifiziert, weil die dortigen Haftungssummen den deutschen Verant- 4051

---

[1] Athens Convention Relating to the Carriage of Passengers and Their Luggage by Sea, opened for signature at Athens on December 13, 1974, 1463 UNTS 20, abgedr. ua. in: GBl. DDR II, 1989 33; AS 1988, 1144; *Schaps/Abraham*, Seehandelsrecht 2. Teil, 4. Aufl. (1978), § 678 HGB Rz. 4.

wortlichen zu niedrig erschienen[1]. Bewusst nicht übernommen wurde aber Art. 2 AÜ über den internationalen Anwendungsbereich des AÜ[2]. Die Anwendungsfrage ist daher über das IPR zu lösen[3]. Die deutsche autonome Umsetzung des AÜ, verstanden als integraler Bestandteil des HGB und damit des deutschen Sachrechts, kommt also nur zur Anwendung, soweit deutsches Recht überhaupt kollisionsrechtlich berufen ist[4].

4052 Eine echte Sonderanknüpfung[5] kommt schon mangels Eingriffsnormenqualität des nationalen AÜ-Rechts nicht in Betracht[6], jedenfalls aber wegen des entgegenstehenden gesetzgeberischen Willens. Hätte der Gesetzgeber eine Anknüpfung unabhängig von den allgemeinen Kollisionsnormen gewollt, so hätte er eben Art. 2 AÜ übernehmen oder ein deutsches Pendant dazu entwickeln müssen. Art. 2 AÜ spielt auch dann keine direkte Rolle, wenn der Transport in einen Vertragsstaat des AÜ geht, weil er in seiner internationalprivatrechtlichen Funktion von deutschen Gerichten nicht anzuwenden ist[7].

b) Ratifikation samt Ratifikation des Protokolls von 2002 durch die EU

4053 Die EU wird dem Protokoll zum AÜ von 2002 beitreten, nachdem infolge der Fortentwicklung des Gemeinschaftsrechts die Außenkompetenz zum Abschluss völkerrechtlicher Abkommen auf sie übergegangen ist. Dies impliziert den Beitritt zum Athener Regime insgesamt, denn das Protokoll kann nicht ohne das Übereinkommen als Basis angewendet werden.

2. Sogenannte Athens Regulation

4054 Die Personenbeförderung zur See ist jedenfalls auf Fernstrecken kein touristisches Massengeschäft. Auch Verspätungs- und Ausfallschäden halten sich in Grenzen, wenn sie überhaupt relevant werden. Daher hat sich die EG, obwohl es zumeist an einer einheitsrechtlichen Erfassung fehlt, erst spät veranlasst gesehen, eigene Verordnungen über Verbraucher- oder Passagierrechte im Seeverkehr zu schaffen. Das Projekt einer Verordnung, mit welcher – nach dem

---

1 Begründung der Bundesregierung zum Entwurf eines Gesetzes zur Änderung des Handelsgesetzbuches und anderer Gesetze, BT-Drucks. 10/3852, S. 24; Beschlussempfehlung und Bericht des Rechtsauschusses, BT-Drucks. 10/5539, S. 24.
2 *B. Czempiel*, VersR 1987, 1069.
3 S. nur *Martiny*, in: MünchKomm, Art. 28 EGBGB Rz. 210; *Magnus*, in: Staudinger, Art. 28 EGBGB Rz. 380.
4 *B. Czempiel*, VersR 1987, 1069; *Basedow*, IPRax 1987, 333 (341); *Looks*, Liber amicorum Lionel Tricot (Antwerpen 1988), S. 399 (408); *Herber*, Das neue Haftungsrecht der Schifffahrt (1989), § 664 HGB Anm. 1; *Mankowski*, S. 416; *Martiny*, in: MünchKomm, Art. 28 EGBGB Rz. 210; der Sache nach auch *D. Rabe*, Seehandelsrecht, 4. Aufl. (2000), vor § 664 HGB Rz. 34. AA *Puttfarken*, Seehandelsrecht (1997), Rz. 523: Geltung als lex fori für jeden Fall vor deutschen Gerichten.
5 Dafür *Herber*, Haftungsrecht der Schiffahrt (1989), § 664 HGB Anm. 2b, Art. 15 PHB Anm. (S. 186) und im Ergebnis wohl auch *Puttfarken*, Seehandelsrecht (1997), Rz. 523.
6 *Mankowski*, S. 416 f.
7 Entgegen CA Paris 19.5.1999, DMF 2000, 26 (27); *Rohart*, DMF 2000, 31 (Frankreich war ebenfalls kein AÜ-Mitgliedstaat).

Vorbild der luftrechtlichen VO 2027/97, womit man Teile der Haftung von Luftfahrtunternehmen aus dem Warschau-Montrealer Regime in das Gemeinschaftsrecht kopierte – das Protokoll 2002 zum Athener Übereinkommen in das Gemeinschaftsrecht importiert werden sollte, ist lange Zeit nicht über den Status eines Vorschlags[1] hinaus gediehen. Es ist Baustein einer Politik, die Risiken angehen will, denen die Bürger in ihrem Alltagsleben ausgesetzt sind[2]. Resultat ist die VO 392/2009, die sogenannte Athens Regulation[3].

Frei.   4055–4070

---

[1] Vorschlag für eine Verordnung des Europäischen Parlaments und des Rates über die Haftung von Beförderern von Reisenden auf See und im Binnenschiffsverkehr bei Unfällen, KOM (2005) 592 endg.
[2] S. Mitteilung zur Erhöhung der Sicherheit von Fahrgastschiffen in der Gemeinschaft, KOM (2002) 158 endg.
[3] Verordnung (EG) Nr. 392/2009 des Europäischen Parlaments und des Rates vom 23.4.2009 über die Unfallhaftung von Beförderern von Reisenden auf See, ABl. EU 2009 Nr. L 131, S. 24.

C. Speditionsvertrag

	Rz.		Rz.
I. Vertragsstatut	4071	3. Internationales Verbraucher-	
1. Rechtswahl gem. Art. 3 Rom I-VO	4071	vertragsrecht	4085
a) Allgemeines	4071	4. Überlagernde Anknüpfung des § 466 Abs. 4 HGB	4088
b) Einbeziehung der ADSp in den Vertrag	4075	**II. Anwendbarkeit internationalen Einheitsrechts auf Spediteur als Frachtführer**	4102
2. Objektive Anknüpfung	4080	1. CMR	4103
a) Sachliche Anwendbarkeit des Art. 5 Abs. 1 S. 1 Rom I-VO	4080	2. MÜ	4105
b) Anknüpfung unter Art. 4 Abs. 1 lit. b Rom I-VO	4083	3. ER/CIM	4106
c) Anknüpfung unter Art. 5 Abs. 1 S. 1 Rom I-VO	4084	4. Haager Regeln und Visby-Regeln	4108
		III. Zusammenfassung	4121

Literatur: Für Literatur bis 2004 s. 6. Aufl. Rz. 1364, insbesondere: *Fremuth/Thume*, Kommentar zum Frachtrecht (2000); *H.W. Hinz*, Die ADSp 99 nach dem Transportrechtreformgesetz, Gedächtnisschr. Helm (2001), S. 119; *Th. Pfeiffer* (Hrsg.), Handbuch der Handelsgeschäfte (1999).

Danach: *F. Fischer*, Ist der Speditionsvertrag ein Güterbeförderungsvertrag im Sinne des Art. 4 Abs. 4 EVÜ/Art. 28 Abs. 4 EGBGB?, TranspR 2007, 145; *Ramming*, Fixkostenspedition – CMR – FBL, TranspR 2006, 95; *Rugullis*, Die objektive Anknüpfung von internationalen Speditionsverträgen, TranspR 2006, 380; *Rugullis*, Der internationale Speditionsvertrag ist ein Güterbeförderungsvertrag, TranspR 2007, 352.

I. Vertragsstatut

1. Rechtswahl gem. Art. 3 Rom I-VO

a) Allgemeines

4071 Nach Art. 3 Abs. 1 Rom I-VO unterliegt der Speditionsvertrag dem von den Parteien gewählten Recht. In der Praxis legen die Spediteure ihren Verträgen AGB, in vielen Ländern national einheitliche Spediteur-Bedingungen zugrunde, die Rechtswahlklauseln enthalten[1] oder zumindest so spezifisch auf das jeweilige nationale Recht aufbauen, dass man eine stillschweigende Wahl dieses Rechts annehmen kann. Dadurch wird in der Praxis die Rechtsanwendungsfrage schon zumeist entschieden sein[2].

4072 In Deutschland geht es um die ADSp, in Österreich um die AÖSp. Die ADSp wurden in Deutschland erstmals 1927 vom Verein Deutscher Spediteure mit dem Reichsverband der Deutschen Industrie, dem Zentralverband des Deut-

---

1 S. zB § 32 NSAB 2000 (Bedingungswerk der dänischen Spediteure) in OLG Schleswig 20.12.2001, TranspR 2002, 76.
2 S. nur *Rudisch*, RabelsZ 63 (1999), 70 (91 f.).

schen Großhandels, der Hauptgemeinschaft des Deutschen Einzelhandels und werden heute vom Bundesverband der Deutschen Industrie, dem Bundesverband des Deutschen Groß- und Einzelhandels, dem Bundesverband Spedition und Logistik, dem Deutschen Industrie- und Handelstag und dem Hauptverband des Deutschen Einzelhandels ausgehandelt und empfohlen[1].

Die **ADSp** enthalten in **Nr. 30.3** eine ausdrückliche Rechtswahl zu Gunsten des deutschen Rechts: 4073

„30.1. Der Erfüllungsort ist für alle Beteiligten der Ort derjenigen Niederlassung des Spediteurs, an die der Auftrag gerichtet ist.

30.2. Der Gerichtsstand für alle Rechtsstreitigkeiten, die aus dem Auftragsverhältnis oder im Zusammenhang damit entstehen, ist für alle Beteiligten, soweit sie Kaufleute sind, der Ort derjenigen Niederlassung des Spediteurs, an die der Auftrag gerichtet ist; für Ansprüche gegen den Spediteur ist dieser Gerichtsstand ausschließlich.

30.3. Für die Rechtsbeziehungen des Spediteurs zum Auftraggeber oder zu seinen Rechtsnachfolgern gilt deutsches Recht."

Soweit die ADSp nach Maßgabe des deutschen Rechts (wegen Art. 3 Abs. 5 iVm. Art. 10 Abs. 1 Rom I-VO) wirksam in den Vertrag einbezogen sind, trifft Nr. 30.3 ADSp eine zu beachtende Rechtswahl[2].

Nr. 30.2 ADSp ist eine Gerichtsstandsvereinbarung, die im Prinzip den Anforderungen des Art. 23 Abs. 1 EuGVO und des § 38 Abs. 2 ZPO genügen kann. Sie begründet nur halbseitig einen ausschließlichen Gerichtsstand. Dem Spediteur belässt sie die zu dessen Gunsten von Gesetzes wegen bestehenden Gerichtsstände, insbesondere jenen am Sitz des Kunden und den Erfüllungsortsgerichtsstand. Die internationale Zuständigkeit ist mitgeregelt[3]. Ein formularmäßiger Hinweis auf den Geschäftspapieren über Erfüllungsort und Gerichtsstand geht, sofern er Gegenstand des Vertrages wird, den ebenfalls in den Vertrag einbezogenen ADSp einschließlich deren Nr. 30 vor[4]. § 65 Abs. 1 lit. c AÖSp enthält eine Nr. 30.3 ADSp vergleichbare Rechtswahlklausel, natürlich 4074

---

[1] Nach einer Kündigung der Speditionsversicherung durch die Versicherungsunternehmen kam es 1929 zu einer Revision unter Mitwirkung der Speditionsversicherer, dem Zentralverband des Deutschen Bank- und Bankiergewerbes und dem Deutschen Versicherungsschutzverband. 1978 Neufassung unter Berücksichtigung des AGB-Gesetzes von 1976. Dreimalige Revision nach dem Transportrechtsreformgesetz zum 1.7.1998, nach Bedenken des Bundeskartellamts zum 1.1.1999 und zuletzt zum 1.1.2003. Zu den ADSp 2003 *Hector* (Hrsg.), ADSP 2003 (2003) und zu den Problemen nach dem Untergang des bisherigen Speditionsversicherungssystems *Heuer*, TranspR 2003, 1.
[2] S. nur OLG Hamburg 30.3.1989, IPRspr. 1989 Nr. 62 = TranspR 1989, 321; OLG Hamburg 28.9.1989, TranspR 1990, 117; OLG Köln 18.5.2004, IPRspr. 2004 Nr. 43 = TranspR 2005, 263; *Th. Pfeiffer/Kadletz*, Handbuch der Handelsgeschäfte (1999), § 19 Rz. 53; *Helm*, in: Staub, Art. 1 CMR Rz. 84.
Ebenso Hoge Raad 3.5.2002, NIPR 2002 Nr. 202, S. 346 nr. 3.4.3; A-G *Strikwerda*, NIPR 2002 Nr. 202, S. 346, 347 Nr. 16; Rb. Rotterdam 14.11.2002, NIPR 2003 Nr. 124, S. 216 f. nr. 3.2 für die Wahl niederländ. Rechts in den FENEX-Bedingungen.
[3] BGH 17.10.1984, RIW 1985, 148; *Th. Pfeiffer/Kadletz*, Handbuch der Handelsgeschäfte (1999), § 19 Rz. 53.
[4] OLG Bremen 19.5.1994, TranspR 1995, 32 (33).

zu Gunsten des österreichischen Rechts. Art. 33 Abs. 4 AB SSV[1] wählt schweizerisches Recht[2].

b) **Einbeziehung der ADSp in den Vertrag**

4075 Als Allgemeine Geschäftsbedingungen werden die ADSp nur dann zum Vertragsbestandteil, wenn sich der Versender ihnen unterwirft[3]. Andererseits besteht keine generelle Ausnahme, dass die ADSp für Seestrecken nicht vereinbart werden könnten[4]. Eine Unterwerfung unter die ADSp kann auch *stillschweigend* erfolgen. Dies war für das Inland ständige Rechtsprechung, wenn der Vertragspartner wusste oder wissen musste, dass der Spediteur ausschließlich nach ADSp arbeitet[5]. Zu einem entsprechenden Handelsbrauch war dies aber nie erstarkt[6].

4076 Die Transportrechtsreform hat seit 1999 die Frage aufgeworfen, ob die seinerzeitigen Sachgründe für die Annahme einer stillschweigenden Unterwerfung unter die ADSp überhaupt noch bestehen[7]. Stellt man Kontinuität und vorgeblich höhere Wertigkeit wegen Aushandelns durch Vertreter aller Marktseiten in den Vordergrund, so wäre die zuvor geltende Annahme fortzuschreiben[8].

---

1 Allgemeine Bedingungen des Schweizerischen Spediteurs-Verbands; Fassung von 1994 abgedr. in: TranspR 1994, 209.
2 *F. Fischer*, TranspR 1995, 424 (427).
3 S. nur *Helm*, in: Staub, vor § 1 ADSp Rz. 5; *Merkt*, in: Baumbach/Hopt, HGB, 33. Aufl. 2008, ADSp Einl. Rz. 2.
4 BGH 16.10.1995, WM 1996, 194 (195); BGH 15.10.2001, RIW 2002, 400.
5 S. nur die BGH-Rechtsprechung: BGH 19.1.1951, BGHZ 1, 83 (86); BGH 3.2.1953, BGHZ 9, 1; BGH 8.7.1955, BGHZ 18, 98 (99); BGH 4.5.1956, MDR 1956, 664 (665); BGH 29.6.1959, VersR 1959, 659 (661); BGH 10.3.1971, VersR 1971, 619 (620); BGH 13.7.1973, NJW 1973, 2154; BGH 12.7.1974, NJW 1974, 2177; BGH 5.6.1981, VersR 1981, 975 (976); BGH 25.10.1984, NJW 1985, 1036; BGH 13.6.1985, NJW 1985, 2411 (2412) = VersR 1985, 1036; BGH 10.10.1985, NJW 1986, 1434; BGH 14.12.1988, TranspR 1989, 141 = NJW-RR 1989, 481.
6 S. nur LG Passau 5.4.2001, TranspR 2001, 269; *Helm*, in: Staub, vor § 1 ADSp Rz. 5; *Heil/Bayer*, TranspR 1987, 1, 2.
7 Die Fortgeltung der Annahme lehnen ab LG Memmingen 16.1.2002, TranspR 2002, 82 (83); *K. Heuer*, TranspR 1998, 333 (334 f.); *Herber*, TranspR 1999, 89 (91 f.); *Herber*, in: Herber/M. Fischer/Korioth/Th. Hartmann, Transport- und Haftungsrecht in der Binnenschifffahrt (2000), S. 13 (30); *Gass*, in: Ebenroth/Boujong/Joost/Strohn, vor Ziff. 1 ADSp Rz. 16 f. sowie BGH 23.1.2003, TranspR 2003, 119 (120) = ZIP 2003, 576 (577); OLG Hamburg 19.12.2002, TranspR 2003, 72 (73); *H.G. Bästlein/A. Bästlein*, TranspR 2003, 61, während sie bejaht wird von: OLG Brandenburg 15.8.2001, TranspR 2001, 474 (475); LG Passau 5.4.2001, TranspR 2001, 269; LG Hildesheim 13.11.2001, TranspR 2002, 38 (39); AG Hamburg 15.5.2001, TranspR 2001, 411 (412); *J. Philippi*, TranspR 1999, 375-378; *D. Herzog*, TranspR 2001, 244-247 und *Koller*, TranspR 2000, 1; *Koller*, TranspR 2001, 359 f.; *Koller*, EWiR § 449 HGB 1/03, 375 (376) die Geltung der ADSp 99 wie der ADSp 2003 unter weitere Voraussetzungen stellt. Ausdrücklich offen lässt die Frage OLG Nürnberg 5.7.2000, TranspR 2000, 428 (429). Nicht aussagekräftig BGH 15.10.2001, TranspR 2002, 36. Skeptisch *Thume*, in: Fremuth/Thume, Kommentar zum Transportrecht (2000), § 466 HGB Rz. 49.
8 OLG Brandenburg 15.8.2001, TranspR 2001, 474 (475); *Koller*, TranspR 2000, 1; *Koller*, vor Ziff. 1 ADSp Rz. 11; *D. Herzog*, TranspR 2001, 244 (245).

Die ADSp 1999 und die ADSp 2003 seien schließlich kein komplettes aliud zu den zuvor geltenden ADSp, kein novum, sondern eine Fortsetzung[1]. Die Akzeptanz im täglichen Verkehr der beteiligten Wirtschaftskreise sei ungebrochen[2]. Andererseits bringen §§ 466 Abs. 2 S. 2 Nr. 1; 459; 449 Abs. 2 S. 2 HGB eine neue, durchaus gegenläufige Wertung ein[3], und immer mehr konkurrierende Bedingungswerke drängen auf den Markt[4]. Zudem könnte der von der Versicherungswirtschaft erzwungende Fortfall des Versicherungskonzepts gleichsam die Geschäftsgrundlage verändert haben[5]. Zweifel an der inhaltlichen Wirksamkeit der ADSp 2003 tragen zwar gleichsam rechtspolitische Bedenken, können so aber kaum in die Einbeziehungskontrolle durchschlagen[6]. Eine stillschweigende Unterwerfung ist jedenfalls ausgeschlossen, wenn die Partner andere Bedingungen vereinbart haben[7]. Der BGH hat im Ergebnis der früheren ADSp-Freundlichkeit ein Ende bereitet[8]. Denn er verlangt angesichts § 449 Abs. 2 S. 2 Nr. 1 HGB eine qualifizierte Information für den Auftraggeber[9].

Nach Nr. 2.4 ADSp 2003 gelten die ADSp 2003 nicht im Verkehr mit Verbrauchern, also umgekehrt nur im Verkehr mit Kaufleuten, juristischen Personen des öffentlichen Rechts und öffentlich-rechtlichen Sondervermögen. Gegenüber Nichtkaufleuten genügt es nicht, wenn im Versandauftrag ausdrücklich auf sie verwiesen wird[10].

Bei Auftraggebern außerhalb der Bundesrepublik Deutschland kann eine stillschweigende Unterwerfung der Verträge nur in bestimmten Fällen angenommen werden[11]. Die Frage beurteilt sich wegen Nr. 30.3. ADSp 1999 nach Art. 3

---

1 *H.W. Hinz*, Gedächtnisschr. Helm (2001), S. 119 (126 f.); *D. Herzog*, TranspR 2001, 244 (245) sowie OLG Brandenburg 15.8.2001, TranspR 2001, 474 (475).
  AA *Bahnsen*, in: Ebenroth/Boujong/Joost/Strohn, vor Ziff. 1 ADSp Rz. 16 unter zutreffendem Hinweis, dass das Kernstück der alten ADSp, nämlich die Haftungsersetzung durch Versicherungsschutz, gefallen sei.
2 *H.W. Hinz*, Gedächtnisschr. Helm (2001), S. 119 (127).
3 BGH 23.1.2003, TranspR 2003, 119 (120) krit. Anm. *Herber* = ZIP 2003, 576 (577); OLG Hamburg 19.12.2002, TranspR 2003, 72 (73); LG Memmingen 16.1.2002, TranspR 2002, 82 (83); *Bahnsen*, in: Ebenroth/Boujong/Joost/Strohn, vor Ziff. 1 ADSp Rz. 17; *H.G. Bästlein/A. Bästlein*, TranspR 2003, 61 (62 f.).
  Dagegen OLG Brandenburg 15.8.2001, TranspR 2001, 474 (476).
4 *Herber*, TranspR 1999, 89 (91); *Bahnsen*, in: Ebenroth/Boujong/Joost/Strohn, vor Ziff. 1 ADSp Rz. 17 unter Hinweis auf VBGL und AGL.
  Dagegen OLG Brandenburg 15.8.2001, TranspR 2001, 474 (475).
5 *Valder*, TranspR 2004 SdBeil. XLII sowie *Heuer*, TranspR 2003, 1.
6 Anders *Herber*, in: Herber/M. Fischer/Korioth/Th. Hartmann, Transport- und Haftungsrecht in der Binnenschiffahrt (2000), S. 13 (30).
7 BGH 16.1.1981, IPRspr. 1981 Nr. 152 = NJW 1981, 1905; OLG Düsseldorf 6.10.1988, TranspR 1989, 20; *Helm*, in: Staub, vor § 1 ADSp Rz. 5.
8 *Herber*, TranspR 2003, 120; *Heuer*, TranspR 2004, 114 f.
9 BGH 23.1.2003, TranspR 2003, 119 m. Anm. *Herber*; noch strenger OLG Hamburg 19.12.2002, TranspR 2003, 72.
10 S. nur LG Bremen 23.11.1989, TranspR 1990, 166.
11 S. nur BGH 12.7.1974, NJW 1974, 2177; BGH 7.7.1976, NJW 1976, 2075; BGH 5.6.1981, VersR 1981, 975; OLG Dresden 24.11.1998, TranspR 1999, 62 (63) = IPRax

Abs. 5 iVm. Art. 10 Abs. 1 Rom I-VO insoweit nach deutschem Recht. Eine Unterwerfung ist jedenfalls bei positiver Kenntnis des ausländischen Kunden von den ADSp als Grundlage der Tätigkeit deutscher Spediteure zu bejahen[1]. Ist der ausländische Partner ein Spediteur, so ging die deutsche Rechtsprechung davon aus, dass er wissen müsse, dass die deutschen Spediteure nach ADSp arbeiten[2]. Umgekehrt gelten die AÖSp als stillschweigend vereinbart, wenn ein deutscher Spediteur einen österreichischen Spediteur beauftragt[3]. Übernehmen zwei in verschiedenen Staaten ansässige Spediteure laufend voneinander Aufträge, so gelten für den Einzelfall jeweils die Bedingungen des Landes des beauftragten Spediteurs[4], es sei denn, beide AGB-Sätze enthielten wechselseitige Ausschlussklauseln.

4079 Bei ausländischen Kunden, die nicht Spediteure sind, ist im Einzelfall zu prüfen, ob der Auftraggeber mit den Gepflogenheiten der deutschen Spediteure hinreichend vertraut ist. Kennt der ausländische Nicht-Spediteur die ADSp-Praxis der deutschen Spediteure nicht, so bedarf es eines besonderen Hinweises, damit die ADSp Vertragsbestandteil werden[5]. Generell-typische Kenntnisse sind weder zu erwarten noch zu unterstellen[6]. Dass in dem Staat, in welchem der Kunde ansässig ist, die dort heimischen Spediteure ebenfalls auf der Basis festgefügter Bedingungswerke arbeiten, berechtigt nicht zu einem Schluss darauf, dass der Kunde von der Geltung der ADSp 1999 bei einem deutschen Spediteur ausgehen müsse[7]. Dem Vorstellungsbild des Kunden dürfte dann allenfalls, wenn überhaupt, eine Geltung der in seinem Staat gebräuchlichen Spediteurs-AGB entsprechen.

2000, 121, 122; *Merkt*, in: Baumbach/Hopt, Einl. ADSp Rz. 2. Generell für ein Erfordernis qualifizierten Zurverfügungstellens H.G. *Bästlein/A. Bästlein*, TranspR 2003, 61 (63).

1 BGH 2.10.1970, VersR 1971, 123 (124); BGH 10.3.1971, VersR 1971, 619; BGH 13.7.1973, VersR 1974, 80 (81); BGH 5.6.1981, VersR 1981, 975; *Koller*, vor Ziff. 1 ADSp Rz. 13.
2 BGH 13.7.1973, NJW 1973, 2154; BGH 5.6.1981, VersR 1981, 975; OLG Frankfurt a.M. 23.4.1980, VersR 1981, 27 (29); OLG Frankfurt a.M. 16.12.1986, VersR 1988, 36; OLG Schleswig 25.5.1987, NJW-RR 1988, 283; OLG Saarbrücken 31.1.1992, TranspR 1992, 371; OLG Hamburg 23.2.1995, TranspR 1996, 40; OLG Hamburg 11.1.2001, TranspR 2001, 300 (301).
3 OLG Bremen 11.5.1995, VersR 1996, 868 = IPRspr. 1995 Nr. 49 (allerdings inkonsequent; objektive Anknüpfung, obwohl auch die AÖSp eine Rechtswahlklausel enthalten).
4 OLG Frankfurt a.M. 16.12.1986, VersR 1988, 33; OLG Köln 29.10.1993, VersR 1994, 1469.
5 BGH 7.7.1976, VersR 1976, 1056 (1057); BGH 1.6.1981, NJW 1981, 1905 (1906); OLG Dresden 24.11.1998, TranspR 1999, 62 (64); *Heil/Bayer*, TranspR 1987, 1 (3 f.); *Koller*, vor Ziff. 1 ADSp Rz. 13.
6 OLG Köln 19.3.2002, TranspR 2003, 125 (126); *Koller*, vor Ziff. 1 ADSp Rz. 13.
7 Dafür aber *P. Bydlinski*, in: MünchKomm HGB, Bd. 7: §§ 407–457 HGB (1997), vor § 1 ADSp Rz. 36 (so nicht mehr 2. Aufl. [2009] [*Bahnsen*]).

2. Objektive Anknüpfung
a) Sachliche Anwendbarkeit des Art. 5 Abs. 1 S. 1 Rom I-VO

Art. 4 könnte durch die Sonderregelung des Art. 5 Abs. 1 S. 1 Rom I-VO verdrängt sein. Bei Güterbeförderungsverträgen wird danach vermutet, dass sie mit dem Staat die engsten Verbindungen aufweisen, in dem der Beförderer im Zeitpunkt des Vertragsabschlusses seinen gewöhnlichen Aufenthalt (nach Art. 19 Abs. 2 Rom I-VO also seine vertragsbetreuende Niederlassung) hat, sofern sich in diesem Staat auch der Verladeort oder der Entladeort oder die Hauptniederlassung des Absenders befindet. Als Güterbeförderungsverträge gelten neben den klassischen Stückguttransportverträgen auch die Charterverträge für eine einzige Reise und andere Verträge, die in der Hauptsache der Güterbeförderung dienen.

4080

Fraglich ist, ob der Speditionsvertrag ein Güterbeförderungsvertrag iS des Art. 5 Abs. 1 S. 1 Rom I-VO ist. Dazu müsste der Spediteur Beförderer sein. Der Begriff Beförderer bezeichnet den Vertragspartner, der sich im schuldrechtlichen Sinne verpflichtet, die Güter zu befördern, gleichgültig, ob er die Beförderung der Güter selbst durchführt oder von einem Dritten durchführen lässt[1]. Der Spediteur mit den typischen Charakteristika zB des § 453 HGB übernimmt es, Güterversendungen durch den Frachtführer zu besorgen, verpflichtet sich jedoch nicht selber zur Beförderung[2]. Der Versender als Vertragspartner des Spediteurs erteilt den Auftrag, seine Geschäfte (zB die Pflichten des Versenders als Verkäufer bei einem Versendungskauf mit CIF-Klausel gem. Incoterms) zu besorgen. Der Speditionsvertrag ist ein entgeltlicher **Geschäftsbesorgungsvertrag sui generis**. Der Spediteur hat den Frachtführer auszuwählen, mit diesem die nötigen Vereinbarungen zu treffen und ihn angemessen zu überwachen. Eine eigene Transportverpflichtung trifft den Spediteur nicht. Soweit er nur organisieren und die Transportleistungen anderer besorgen soll, liegt daher kein Güterbeförderungsvertrag iSv. Art. 5 Abs. 1 S. 1 Rom I-VO vor[3]. Man kann ihm nicht die Beförderungsleistung der von ihm beauftragten Frachtfüh-

4081

---

1 *Giuliano/Lagarde*, BT-Drucks. 10/503, S. 54; vgl. auch den Begriff des vertraglichen Luftfrachtführers nach Art. 1 ZAG und Art. 2 MÜ, demgegenüber der ausführende Luftfrachtführer die tatsächliche Beförderung durchführt.
2 S. nur *Koller*, § 453 HGB Rz. 3; *Schaffert*, in: Ebenroth/Boujong/Joost/Strohn, § 453 HGB Rz. 27 f.
3 Eingehend *F. Fischer*, in: In memoriam F.M. Sánchez Gamborino (2005), S. 501; *F. Fischer*, TranspR 2007, 145; außerdem *Basedow*, Der Transportvertrag (1987), S. 34; *von Bar*, II Rz. 523; *von Hoffmann*, in: Soergel, Art. 28 EGBGB Rz. 83, 253; *Czernich*, in: Czernich/Heiss, Art. 4 EVÜ Rz. 195; *F.O. Fischer*, TranspR 1999, 261 (263); *A. Staudinger*, IPRax 2001, 183 (189); *Magnus*, in: Staudinger, Art. 28 EGBGB Rz. 113, 478 sowie Rb. Roermond 27.11.1986, NIPR 1988 Nr. 515, S. 527 = S & S 1988 Nr. 97, S. 278. Übersehen von OLG Hamburg 30.3.1989, IPRspr. 1989 Nr. 62 = TranspR 1989, 321; OLG Düsseldorf 21.4.1994, IPRspr. 1994 Nr. 59 = TranspR 1994, 391 Anm. *Thume* = RIW 1994, 597; OLG Hamm 18.5.1998, IPRspr. 1998 Nr. 49A = TranspR 1999, 442; Rb. Rotterdam 28.9.1995, NIPR 1996 Nr. 418 nr. 5.1; *U. Lenz*, Straßengütertransportrecht (1988), Rz. 46; *Hohloch*, in: Erman, Art. 28 EGBGB Rz. 25; *Thorn*, in: Palandt, Art. 28 EGBGB Rz. 6.
AA *Rugullis*, TranspR 2006, 380; *Rugullis*, TranspR 2007, 352.

rer zurechnen, und schon gar nicht kann man Art. 5 Abs. 1 S. 1 Rom I-VO dergestalt anwenden, dass man auf die Hauptniederlassung des beauftragten Frachtführers abstellte[1]. Ein Speditionsvertrag ist nach seinem Pflichtenprofil auch kein Vertrag, der in der Hauptsache unmittelbar und direkt der Güterbeförderung diente[2]. Erst recht liegt keine Güterbeförderung vor, wenn der Spediteur im Kern die Zollabfertigung schuldet[3].

4082 Anders verhält es sich, wenn der Spediteur – wie unter deutschrechtlichen Maßstäben nach §§ 458–460 HGB – durch **Selbsteintritt**, bei der Spedition zu **festen Spesen** oder als **Sammelladungsspediteur** funktionell zum Frachtführer wird[4]. Insoweit schuldet er selber Beförderungsleistungen. Beim Selbsteintritt folgt dies bereits aus dem Vertrag. Ansonsten ist nach Maßgabe des Rechts, das anwendbar wäre, wenn es sich um einen Frachtvertrag handelte, zu ermitteln, ob einer jener Ausnahmefälle vorliegt, bei deren Eingreifen der Spediteur Frachtführer ist. Die Prüfungsreihenfolge ergibt sich aus dem Spezialitätsvorrang des Art. 5 Abs. 1 S. 1 Rom I-VO vor Art. 4 Rom I-VO[5]. Eine lex fori-Qualifikation, dh. dass die Frage aus deutscher Sicht immer durch Anlegen der Maßstäbe aus §§ 458–460 HGB zu beantworten wäre, ist indes unzulässig[6] und bricht sich an der gemeinschaftsrechtlichen Begriffsbildung in der Rom I-VO.

b) Anknüpfung unter Art. 4 Abs. 1 lit. b Rom I-VO

4083 Den wichtigsten Anhaltspunkt für die engsten Verbindungen liefert, sofern Art. 5 Abs. 1 S. 1 Rom I-VO sachlich nicht einschlägig ist (soeben Rz. 4081), Art. 4 Abs. 1 lit. b Rom I-VO. Ist der Vertrag ein Vertrag über Dienstleistungen, so wird vermutet, dass der Vertrag dem Recht des Staates unterliegt, in dem sich der gewöhnliche Aufenthalt (über Art. 19 Abs. 2 Rom I-VO: die vertragsbetreuende Niederlassung) des Dienstleisters befindet. Der Dienstleistungsbegriff ist weit zu verstehen. Er erfasst Werk-, Werklieferungs- und Geschäfts-

---

1 So aber OLG Düsseldorf 21.4.1994, IPRspr. 1994 Nr. 59 = TranspR 1994, 391 Anm. *Thume* = RIW 1994, 597.
2 AA OLG Hamburg 30.3.1989, IPRspr. 1989 Nr. 62 = TranspR 1989, 321.
3 S. OLG Bremen 19.5.1994, TranspR 1995, 32 (33).
4 *von Bar*, II Rz. 523; *von Hoffmann*, in: Soergel, Art. 28 EGBGB Rz. 83, 253; *Martiny*, in: MünchKomm, Art. 28 EGBGB Rz. 162; *Czernich*, in: Czernich/Heiss, Art. 4 EVÜ Rz. 195; *Koller*, § 407 HGB Rz. 127; *Fremuth*, in: Fremuth/Thume, Vor § 407 HGB Rz. 49; *Vischer/Huber/Oser*, Rz. 454; *A. Staudinger*, IPRax 2001, 183 (189 Fn. 92); *Magnus*, in: Staudinger, Art. 28 EGBGB Rz. 113, 478 sowie OLG München 23.7.1996, TranspR 1997, 33 (34); OLG München 31.3.1998, TranspR 1998, 353 (355); vgl. auch Rb. Arnhem 16.5.2002, NIPR 2003 Nr. 100, S. 174 f. nrs. 4.7-4.11.
5 S. Hoge Raad 28.3.2008, Ned. Jur. 2008 Nr. 191 = NIPR 2008 Nr. 93, S. 154 nr. 3.3; vgl. Rb. Roermond 27.11.1986, NIPR 1988 Nr. 515, S. 527 = S & S 1988 Nr. 97, S. 278 sowie *Mankowski*, RIW 1995, 1034 (1035) (zum parallelen Prüfungsvorrang des Art. 28 Abs. 3 EGBGB vor Art. 28 Abs. 2 EGBGB).
6 *Magnus*, in: Staudinger, Art. 28 EGBGB Rz. 478; vgl. auch *Arnade*, TranspR 1992, 341 (342); *Martiny*, in: MünchKomm, Art. 28 EGBGB Rz. 163.

besorgungsverträge sowie solche Dienstverträge, die keine Arbeitsverträge sind[1]. Gemeinsames Merkmal ist, dass eine tätigkeitsbezogene Leistung an den Verbraucher erbracht wird[2]. Darunter fällt der echte Speditionsvertrag als Geschäftsbesorgungsvertrag über Organisationsdienstleistungen allemal. Der Spediteur erbringt eine Dienstleistung. Er wird im Interesse des Auftraggebers tätig, indem er die Beförderung organisiert und ggf. supervidiert. Daher unterliegt der Vertrag nach Art. 4 Abs. 1 lit. b Rom I-VO mangels einer Rechtswahl dem Recht am Ort der vertragsbetreuenden Niederlassung des Spediteurs[3]. Dies gilt auch zB für den Seehafen-Spediteur, welcher die Abfertigung der Güter im Hafen besorgt, oder für den Empfangsspediteur, der vom Versender oder Hauptspediteur beauftragt wird und als Empfänger des versandten Gutes auftritt[4].

c) Anknüpfung unter Art. 5 Abs. 1 S. 1 Rom I-VO

Soweit der Spediteur als Güterbeförderer im Sinne von Art. 5 Abs. 1 S. 1 Rom I-VO anzusehen ist, führt entweder Art. 5 Abs. 1 S. 1 Rom I-VO zum Recht der vertragsbetreuenden Niederlassung des Spediteurs, wenn in demselben Staat auch der Absendeort, der Entladeort oder die vertragsbetreuende Niederlassung des Auftraggebers[5] liegt (eines dieser Merkmale reicht aus). Oder über Art. 5 Abs. 1 S. 2 Rom I-VO kommt man zum Recht des Bestimmungsortes[6]. Wenn nach Art. 5 Abs. 3 Rom I-VO auch die Möglichkeit der anderen Anknüpfung besteht, werden doch bei Güterbeförderungsverträgen die Kriterien nach Art. 5 Abs. 1 S. 1 Rom I-VO, also Hauptniederlassung des Beförderers und Entladeort bzw. Verladeort, stärker sein[7].

4084

---

1 S. nur AG Hamburg 22.5.1997, IPRspr. 1997 Nr. 39 = VuR 1998, 346 (347); *H. Wegner*, Internationaler Verbraucherschutz beim Abschluss von Timesharingverträgen: § 8 TzWrG (1998), S. 104.
2 S. nur BGH 26.10.1993, BGHZ 123, 380 (385) = IPRspr. 1993 Nr. 37; OLG Düsseldorf 8.3.1996, IPRspr. 1996 Nr. 144 = RIW 1996, 681 (683); AG Hamburg 22.5.1997, IPRspr. 1997 Nr. 39 = VuR 1998, 346 (347); *Schoibl*, JBl. 1998, 700 (707); *Martiny*, in: Münch-Komm, Art. 29 EGBGB Rz. 10.
3 S. nur OLG Köln 30.7.2002, TranspR 2003, 116 (117); Rb. Rotterdam 2.9.1994, S & S 1995 Nr. 109, S. 433 nr. 5.2; Rb. Rotterdam 30.9.1999, NIPR 2000 Nr. 28, S. 89 nr. 4.6; *Vischer/Huber/Oser*, Rz. 454.
4 6. Aufl. Rz. 1141 (*van Dieken*).
5 Zu diesen Anknüpfungspunkten näher oben Rz. 2586–2598.
6 OLG Bremen 11.5.1995, VersR 1996, 868 = IPRspr. 1995 Nr. 49; Rb. Amsterdam 5.2.2003, TVR 2003, 106; eingehend *Mankowski*, TranspR 1993, 213 (225 f.); *Mankowski*, Seerechtliche Vertragsverhältnisse im Internationalen Privatrecht (1995), S. 68–70.
7 *Mankowski*, TranspR 1993, 213 (224); *Mankowski*, Seerechtliche Vertragsverhältnisse im Internationalen Privatrecht (1995), S. 66.
Nicht nachzuvollziehen, weil unverständlich, LG Frankfurt a.M. 8.3.2000, TranspR 2001, 35 Anm. *K. Otte*: Anwendung deutschen Rechts nach Art. 28 Abs. 5 EGBGB, da maßgebliche Vertragsleistung im örtlichen Geltungsbereich deutschen Handelsrechts zu erbringen war.

3. Internationales Verbrauchervertragsrecht

4085 Auf Beförderungsverträge findet das Internationale Verbrauchervertragsrecht nach Art. 6 Abs. 4 lit. b Rom I-VO keine Anwendung. Was als Güterbeförderungsvertrag im Sinne von Art. 5 Abs. 1 S. 1 Rom I-VO zu qualifizieren ist, ist auch ein Beförderungsvertrag im Sinne von Art. 6 Abs. 4 lit. b Rom I-VO. Soweit ein Speditionsvertrag wegen effektiver Ausführung der Güterbeförderung durch den Spediteur selbst, sei es auch unter Einschaltung anderer, als Güterbeförderungsvertrag einzuordnen ist (soeben Rz. 4082), fällt er daher auch unter Art. 6 Abs. 4 lit. b Rom I-VO. Für die Güterbeförderung hat die Rückausnahme nach Art. 6 Abs. 4 lit. b aE Rom I-VO, dass Pauschalreisen doch dem Internationalen Verbrauchervertragsrecht unterfallen, keine Bedeutung, da sie sachlich nicht einschlägig sein kann[1]: Güterbeförderung ist reine sachbezogene Transportleistung und umfasst keine personenbezogenen Unterbringungselemente von Eigenwert. Der vom Spediteur selbst ausgeführte Umzug oder Möbeltransport fällt also sachlich nicht unter Art. 6 Rom I-VO.

4086 Für den echten Speditionsvertrag, der kein Güterbeförderungsvertrag ist, begründet Art. 6 Abs. 4 lit. b Rom I-VO dagegen keine Ausnahme. Ihm fehlt die Qualität als Beförderungsvertrag, weil er im Kern einen anderen Gehalt hat. Auf den echten Speditionsvertrag ist das Internationale Verbrauchervertragsrecht sachlich anwendbar.

4087 Der persönliche Anwendungsbereich des Internationalen Verbrauchervertragsrechts ist eröffnet, wenn der Kunde der Spedition erkennbar für private Zwecke handelt. Die Organisation eines grenzüberschreitenden Umzugs oder Möbeltransports oder des Transports im Ausland erworbener Ware zum Wohnort eines Privatmanns fällt daher sachlich und persönlich unter Art. 6 Rom I-VO. Dies gilt auch dann, wenn der Umzug beruflich veranlasst ist; der persönliche Wohnortswechsel ist Privatsache. Ob außerdem die (zusätzlich erforderlichen) situativen Voraussetzungen der Art. 6 Abs. 1 lit. a-c Rom I-VO gegeben sind[2], beurteilt sich nach den Umständen im Einzelfall.

4. Überlagernde Anknüpfung des § 466 Abs. 4 HGB

4088 Parallel zu § 449 Abs. 3 HGB (zu diesem Rz. 2728 ff.) schreibt § 466 Abs. 4 HGB fest, dass § 466 Abs. 1–3 HGB und die darin in Bezug genommenen Normen trotz grundsätzlicher Anwendbarkeit ausländischen Rechts auf den Speditionsvertrag gleichwohl anzuwenden sind, wenn nach dem Vertrag der Ort der Übernahme und der Ort der Ablieferung des Gutes in Deutschland liegen. Im Ergebnis gilt dann überlagernd sehr weitgehend deutsches Recht. Der Vertrag insgesamt aber unterliegt nicht vollständig deutschem Recht[3]. Wie bei § 449 Abs. 3 HGB reklamiert der Gesetzgeber, dass es sich um eine eingriffsrecht-

---

[1] Zum Begriff der Pauschalreise eingehend *Mankowski*, Seerechtliche Vertragsverhältnisse im Internationalen Privatrecht (1995), S. 400–403 und oben Rz. 2673 ff.
[2] Zu ihnen Rz. 4182–4190.
[3] Ungenau *Rinkler*, in: Ebenroth/Boujong/Joost/Strohn, § 466 HGB Rz. 14.

liche Sonderanknüpfung handele[1]. Wiederum bestehen systematische Zweifel an dieser Einordnung (s. Rz. 2728). Bezugspunkte für § 466 Abs. 4 HGB sind projektierter Ausgangs- und projektierter Endpunkt der zu besorgenden Beförderung, die beide ausschließlich in Deutschland liegen müssen[2]. Wie hinter § 449 Abs. 3 HGB (dort Rz. 2728) stehen hinter § 466 Abs. 4 HGB wettbewerbspolitische Überlegungen, dass man eine Benachteiligung deutscher gegenüber ausländischen Unternehmen bei im Inland auszuführenden Verträgen vermeiden möchte.

Frei. 4089–4101

II. Anwendbarkeit internationalen Einheitsrechts auf Spediteur als Frachtführer

Literatur: *Arnade*, Der Frachtführerbegriff der CMR als Problem der internationalen Zuständigkeit, TranspR 1992, 341; *Basedow*, Der Transportvertrag (1987); *Bayer*, Die Haftung des Fixkostenspediteurs gegenüber dem Versender für Ladungsschäden beim Seetransport, VersR 1985, 1110; *Bischof*, Zum Recht des Fixkostenspediteurs im Straßengüterverkehr, VersR 1981, 708; *Groth*, Übersicht über die internationale Rechtsprechung zur CMR (1981); *Helm*, Auswirkungen der MT-Konvention für das Speditionsgewerbe, TranspR 1981, 45; *Merz*, Die Haftungsproblematik im Spediteur- und Frachtrecht, VersR 1982, 213; *Thume*, Keine zwingende CMR-Haftung des Fixkosten- und Sammelladungsspediteurs im grenzüberschreitenden Straßengüterverkehr?, TranspR 1992, 355.

Der Spediteur unterliegt internationalem Einheitsrecht jedenfalls, soweit dieses selber anwendbar sein will. Für jede einzelne Konvention des internationalen Transportrechts ist jeweils gesondert zu prüfen, inwieweit sie den Spediteur erfassen will. Dieser Ansatz gilt grundsätzlich unabhängig davon, worauf die Verweisung der §§ 458–460 HGB bei Anwendbarkeit deutschen Rechts gehen würde. Es ist ureigenste Sache der Konventionen, ihren eigenen sachlich-persönlichen Anwendungsbereich abzustecken[3]. §§ 458–460 HGB kommen nur auf einer nachgelagerten Ebene ins Spiel, wenn deutsches Recht anwendbar ist und eine nationale Erweiterung des Konventionsregimes über dessen eigentlichen Anwendungsbereich hinaus in Rede steht. Darüber hinaus kann man §§ 458–460 HGB nur abstrahierend als Beschreibungen bestimmter Funktionstypen verstehen und fragen, ob jene Funktionstypen Frachtführer im Sinne des jeweiligen Einheitsrechts sind. Für den Spediteur ist es eine wichtige Frage, ob und in welchem Umfang die Konventionen Anwendung auf seine Tätigkeit heischen. Denn das Konventionsrecht ist zwingendes Recht. Soweit die

4102

---

1 Begründung der Bundesregierung zum Entwurf eines Gesetzes zur Reform des Transportrechts, BT-Drucks. 13/8445, S. 116 (Zu § 465 HGB-E); dem folgend *P. Bydlinski*, in: MünchKomm HGB, § 466 HGB Rz. 4.
2 *Widmann*, Kommentar zum Transportrecht, 3. Aufl. (2000), § 466 HGB Rz. 5.
3 Der internationale (räumliche) Anwendungsbereich ist ein anderer Aspekt, hinsichtlich dessen für Spediteure keine Besonderheiten bestehen. Deshalb sei hier auf seine Behandlung bei der jeweiligen Transportart verwiesen (s. Rz. 2713 ff., 2802 ff., 2833 ff., 2923 ff., 3021 ff.).

Konventionen greifen, bestehen daher für den Spediteur keine Spielräume, in denen er seine Haftung durch AGB ausgestalten und reduzieren könnte.

1. CMR

4103 Die deutsche[1] Rechtsprechung sieht Speditionsverträge von der CMR erfasst, soweit der Spediteur nach §§ 458–460 HGB einem Frachtführer gleichgestellt ist[2]. Methodisch ist dieses Vorgehen nicht korrekt, soweit man von Maßstäben des deutschen Rechts ausgeht[3]. Richtigerweise muss man vielmehr von der CMR her fragen[4]. Es ist methodisch nicht richtig, internationalem Einheitsrecht nationales Recht vorzuschalten[5]. Der Begriff „carrier" bzw. „transporteur" ist unter der CMR aber so weit zu fassen, dass entsprechende Fallgestaltungen grundsätzlich von den Regeln der CMR übereinkommensautonom erfasst werden[6]. Fixkostenspedition wird wirtschaftlich in der Regel eine Beförderung sein[7]. Freilich kann es sich bei der Fixkostenspedition anders verhalten, wenn diese sich funktionell auf die Organisationsleistung beschränkt[8].

---

1 Parallel in Österreich OGH 16.5.2002, TranspR 2002, 403 (404) und in der Schweiz über Art. 439 R AppG Basel-Stadt 12.5.2000, TranspR 2000, 372 374).
Zur Rechtsprechungslage in den Niederlanden *Claringbould*, NTHR 2008, 55; *Eckoldt*, TranspR 2009, 117 f. und insbesondere Hof 's-Gravenhage 30.5.2006, S&S 2006 Nr. 131; Rb. Utrecht 27.2.2008 – LJN:BC5052.
2 S. nur BGH 21.11.1975, BGHZ 65, 340; BGH 15.10.1992, TranspR 1993, 137; BGH 25.10.1995, TranspR 1996, 118; BGH 6.2.1997, TranspR 1997, 335 (336); BGH 17.4.1997, TranspR 1998, 25 (26); BGH 17.4.1997, TranspR 1998, 65 (66); BGH 13.11.1997, TranspR 1998, 250 = VersR 1998, 872; BGH 16.7.1998, TranspR 1999, 19 (20 f.) = VersR 1999, 254 (255); BGH 13.4.2000, TranspR 2000, 407 (408); BGH 13.7.2000, TranspR 2000, 409 (410); BGH 4.7.2002, TranspR 2002, 399 (401); BGH 20.1.2005, RIW 2005, 705 (706) = TranspR 2005, 311 (312); BGH 25.1.2007, TranspR 2007, 314 (315).
3 In anderen Staaten wird die Einbeziehung des Spediteurs häufig ebenfalls mit Hilfe der Figuren des jeweiligen nationalen Rechts des Forums beurteilt, etwa des commissionaire de transport und des transitaire bzw. commissionaire expéditeur in Frankreich und Belgien; Rechtsprechungsnachweise bei *Helm*, in: Staub, Art. 1 CMR Rz. 25 Fn. 55.
4 BGH 14.2.2008, IPRax 2008, 541 (542); OLG München 5.7.1989, IPRspr. 1989 Nr. 63 = TranspR 1990, 16 = NJW-RR 1989, 1434; OLG München 23.7.1996, TranspR 1997, 33 (34) = Unif.L.Rev. 1998, 206; OLG München 31.3.1998, TranspR 1998, 353 (355); OLG Karlsruhe 27.6.2002, TranspR 2002, 344 (345) = NJW-RR 2002, 1722 (1723); *Ramming*, TranspR 2006, 95 (96).
5 Eindringlich *Arnade*, TranspR 1992, 341 (342).
6 OLG Hamburg 6.12.1979, VersR 1980, 290; OLG Düsseldorf 11.10.1990, TranspR 1990, 440 (441); OLG München 23.7.1996, TranspR 1997, 33 (34); OLG Hamm 14.6.1999, TranspR 2000, 29; OLG Karlsruhe 27.6.2002, TranspR 2002, 344 (345) = NJW-RR 2002, 1722 (1723); OLG Köln 27.9.2005, TranspR 2007, 316 (319); Hof Amsterdam 6.1.1966, ETR 1966, 151; Hof 's-Gravenhage 17.5.1968, ETR 1968, 1227 (1233); ZivG Basel-Stadt 14.2.1989, TranspR 1989, 428 (430 f.) sowie BGH 10.2.1982, TranspR 1982, 74 = NJW 1982, 1946.
7 BGH 14.2.2008, IPRax 2008, 541 (542).
8 *Ramming*, TranspR 2006, 95 (96 f.).
AA OLG München 23.7.1996, TranspR 1997, 33 (34); OLG München 4.12.1996,

Soweit die CMR gilt, gilt sie zwingend, so dass eine Abbedingung etwa durch die ADSp nicht möglich ist[1].

Die CMR setzt nicht voraus, dass der Verfrachter selbst irgendein Transportelement physisch verwirklicht. Vielmehr kommt es nur darauf an, dass er verspricht, zu transportieren, dh. die Güter zur Beförderung zu übernehmen und die Beförderung zum vereinbarten Zielort auszuführen[2]. Ob er den versprochenen Transport selbst bewirkt oder subkontrahiert und sich Dritter für die tatsächliche Ausführung bedient, ist unerheblich[3]. Dagegen ist der Spediteur kein CMR-Frachtführer, wenn er nur verspricht, den Transport zu organisieren[4]. Ein Abgrenzungskriterium kann auch sein, ob der Vertragspartner des Absenders im Außenverhältnis zu ausführenden Frachtführern auf eigene Rechnung handelt[5]. Kontrahiert der Spediteur auf der Basis der niederländischen FENEX-Bedingungen, so ist grundsätzlich davon auszugehen, dass er kein Beförderer unter der CMR ist, da er sich danach nur verpflichtet, einen Transport zu arrangieren, aber nicht, diesen Transport durchzuführen[6]. Generell sind die autonomen Einbeziehungskriterien funktionell durchaus jenen Kriterien verwandt, die zur Unterwerfung des Spediteurs unter Frachtrecht in §§ 458–460 HGB auftreten[7]. Abgrenzung nach den Kriterien des konkreten Einzelfalls schafft allerdings Rechtsunsicherheit. Dieser Rechtsunsicherheit könnte man abhelfen, indem man sich zu einer Vermutung verstünde, dass ein Beförderungsvertrag vorliegt, solange nicht ausdrücklich nur das Pflichtenprogramm eines organisierenden Spediteurs vereinbart ist[8].

4104

2. MÜ

Wiederum methodisch fehlerhaft unterstellt die deutsche Rechtsprechung in den Fällen der §§ 458–460 HGB; § 412; § 413 HGB aF den Spediteur kraft dieses

4105

TranspR 1997, 193 (195); OLG Karlsruhe 27.6.2002, TranspR 2002, 344 (345) = NJW-RR 2002, 1722 (1723).
1 Eindringlich *Thume*, TranspR 1992, 355 (356) = OLG-Report Bremen/Hamburg/Schleswig 2003, 46 (47); außerdem zB österreich. OGH 17.3.1998, TranspR 1998, 361 (362).
2 Österreich. OGH 26.5.1983, SZ 56/83; österreich. OGH 18.12.1984, SZ 57/205 = TranspR 1986, 372.
3 Cass. com. 13.2.1978, Bull. transp. 1978, 210; österreich. OGH 10.7.1985, TranspR 1986, 377; *Ulster-Swift Ltd. v. Taunton Meat Haulage Ltd.* [1977] 1 Lloyd's Rep. 346, 359 (C.A., per *Megaw* L.J.); CA Paris 17.11.1983, Bull.transp. 1984, 390; *Tetroc Ltd. v. Cross-Con (International) Ltd.* [1981] 1 Lloyd's Rep. 192, 198 (Q.B.D., Deputy Judge Martin); *Elektronska Industrija Oour TVA v. Transped Oour Kontinentalna Spedicna* [1986] 1 Lloyd's Rep. 49, 50 (Q.B.D., *Hobhouse* J.); *Koller*, VersR 1988, 556 (557); *Jesser-Huß*, in: MünchKomm HGB, Art. 1 CMR Rz. 4.
4 Deutlich *Ramming*, TranspR 2006, 95 (96).
5 *Thume*, in: Fremuth/Thume, Art. 1 CMR Rz. 5.
6 *Inco Europe Ltd. v. First Choice Distribution* [1999] 1 All E.R. 820, 830 (C.A., per *Hobhouse* L.J.).
7 OLG München 23.7.1996, TranspR 1997, 33 (34); *Jesser-Huß*, in: MünchKomm HGB, Art. 1 CMR Rz. 8; *Helm*, in: Staub, Art. 1 CMR Rz. 28.
8 Dafür Hof Antwerpen 8.11.1989, ETR 1990, 83; LG Berlin 4.5.1983, TranspR 1985, 134; *Jesser-Huß*, in: MünchKomm HGB, Art. 1 CMR Rz. 5 aE.

deutschen Rechts dem WA[1] und heute dem MÜ. Richtigerweise muss man umgekehrt fragen, ob der Spediteur kraft des MÜ und aus dessen Sicht selber eine Beförderungsleistung oder nur deren Organisation verspricht: Verspricht der Spediteur, selber, sei es auch mit Hilfe Dritter Güter, auf dem Luftweg zu befördern, so wird er zum Luftbeförderer[2]. Verspricht er dagegen nur Organisation der Beförderung und Vermittlung der dafür nötigen Transportdienstleistungen, so wird er in der Regel nicht zum Luftbeförderer[3]. In den Ergebnissen dürfte sich dieser methodisch korrekte Ansatz kaum von jenem über §§ 458–460 HGB unterscheiden[4]. In Zweifelsfällen kann das **Beförderungsdokument** als Beweismittel herangezogen werden. Hat sich ein Spediteur dabei selbst als Luftfrachtführer bezeichnet, so gilt dies als Selbsteintritt und ist der Spediteur bei seinem eigenen Wort zu nehmen[5]. Auch die Ausstellung eines Luftfrachtbriefes im eigenen Namen erzielt diesen Effekt[6]. Dafür streitet schon die Vermutungswirkung des Luftfrachtbriefes nach Art. 11 Abs. 1 MÜ, die sich auch auf die Person des Luftfrachtführers erstreckt[7]. Von Bedeutung kann auch die im eigenen Namen erfolgende Rechnungserstellung für die Beförderung selbst sein[8]. Umgekehrt liegt im Zweifel Spedition vor, wenn der Spediteur im Luftfrachtbrief nicht als Luftfrachtführer, sondern nur in der Rubrik „Carrier's Issuing Agent" genannt wird[9].

3. ER/CIM

4106 Anders als im Luftfrachtrecht sollten sich die Verweisungen der §§ 458–460 HGB; § 412; § 413 HGB aF nach ständiger Rechtsprechung nicht auf die Vor-

---

[1] S. nur BGH 22.4.1982, BGHZ 84, 101; BGH 10.10.1985, BGHZ 96, 136 = VersR 1986, 285 = NJW 1986, 1434 OLG Hamburg 10.9.1974, VersR 1975, 660; OLG Frankfurt a.M. 10.1.1978, NJW 1978, 2457; OLG Düsseldorf 31.5.1979, VersR 1979, 774; OLG Hamburg 27.3.1980, VersR 1980, 827; OLG Frankfurt a.M. 28.4.1981, ZLW 1984, 91; OLG Frankfurt a.M. 27.1.1989, ZLW 1990, 224 (228); OLG Köln 10.7.2001, TranspR 2001, 464 (467); OLG Köln 30.7.2002, TranspR 2003, 116 (117).
[2] *Kronke*, in: MünchKomm HGB, Art. 1 WA 1955 Rz. 34, 35 sowie *Hitachi Data Systems Corp. v. Nippon Cargo Airlines* 24 Avi 18,433 (N.D. Cal. 1995).
[3] S. nur *Boettge*, TranspR 2007, 306 (308 f.).
[4] S. auch *Giemulla*, in: Giemulla/Schmid, Frankfurter Kommentar zum Luftverkehrsrecht (Loseblatt), Art. 1 WA Rz. 39 (Jan. 1995).
[5] BGH 22.4.1982, BGHZ 84, 101; OLG Hamburg 10.9.1974, VersR 1975, 660; OLG Frankfurt a.M. 10.1.1978, NJW 1978, 2457; *Schoner*, AirLaw 1980, 2; *Giemulla*, in: Giemulla/Schmid, Frankfurter Kommentar zum Luftverkehrsrecht (Loseblatt), Art. 1 WA Rz. 41 (Jan. 1995). Nach Art. 30 ERA 500 nehmen die Banken ein Lufttransportdokument eines Spediteurs an, wenn das Dokument seiner äußeren Aufmachung nach den Namen des Frachtführers auszuweisen scheint.
[6] *Koller*, vor Art. 1 WA 1955 Rz. 7 sowie OLG Hamburg 18.2.1988, TranspR 1988, 201 (202).
[7] S. OLG Düsseldorf 11.11.1993, TranspR 1995, 30 (31).
[8] CA Paris 20.10.1981, Bull.transp. 1982, 38; *Hill/Messent/Glass*, CMR: Contracts for the International Carriage of Goods by Road, 3. Aufl. (London/Hong Kong 2000), Rz. 1.54.
[9] OLG München 22.12.1995, TranspR 1996, 346 (347).

schriften des Eisenbahnrechts einschließlich der ER/CIM 1980 beziehen[1]. Im Hintergrund steht dabei ein angenommenes Erfordernis, dass man, um Eisenbahnunternehmen zu sein, selber als Eisenbahn befördern müsse. Das Verkehrsmittel müsse dem Transporteur gehören, damit das eisenbahnrechtliche Regime auf ihn Anwendung finden könne. Die Berechtigung dieser Annahme ist zweifelhaft[2]. Sie wird umso zweifelhafter, je stärker Eigentum an der Infrastruktur und Transportleistung entflochten werden[3] und je mehr Eisenbahnunternehmen damit normale Transportunternehmen werden. Vermeintliche Parallelen zur KVO, die nach § 1 Abs. 5 KVO auf einen Spediteur nur anwendbar war, wenn er mit eigenem Kfz beförderte[4], vermögen seit der Aufhebung der KVO keine Stütze mehr zu bieten.

Schon unter dem Liniensystem der COTIF 1980 war international eigentlich anderes vorgesehen: Die staatlichen Zusatzbestimmungen zur Interpretation der ER/CIM (**DCE**)[5] wurden 1993 von Vertretern der Mitgliedstaaten der COTIF (oben Rz. 2801) in Genf ausgearbeitet und zur Inkraftsetzung zum 1.1.1995 empfohlen. Nach ihrer Nr. 3 ist im Fall der Trennung von Betrieb der Eisenbahninfrastruktur und Erbringung von Verkehrsleistungen durch die Eisenbahnunternehmen unter „Eisenbahn" der Erbringer von Eisenbahnverkehrsleistungen auf ER/CIM-Linien zu verstehen. Eisenbahnverkehrsleistungen erbringt derjenige, welcher einer Verpflichtung zum Transport mit der Eisenbahn nachkommt. Arbeitsteiligkeit ist nicht untersagt. Die Einschaltung Dritter schadet nicht. Nirgends ist verlangt, dass Transportmittel oder gar Infrastruktur im Eigentum des Transportverpflichteten stehen müssten.Diese Wertung ist erst recht unter der COTIF 1999 fortzuschreiben. Sie gibt das Liniensystem auf und zieht damit die fundamentale Konsequenz aus einer Entkoppelung von Netzträger und Verkehrsträger.

4107

4. Haager Regeln und Visby-Regeln

Für die Güterbeförderung über See sollen in den Fällen der §§ 458–460 HGB die zwingenden Vorschriften des Seefrachtvertrages Vorrang vor den ADSp haben[6]. Insoweit soll also auch der Spediteur dem zwingenden Seefrachtrecht unterworfen sein. Voraussetzung dafür ist, dass der Spediteur ein Konnossement als Seeverfrachter ausstellt. Andere Transportdokumente reichen nicht aus,

4108

---

1 BGH 27.5.1957, VersR 1957, 503 (504); BGH 29.10.1969, VersR 1970, 31; OLG Hamburg 26.11.1979, VersR 1980, 277; OLG Karlsruhe 11.11.1983, TranspR 1983, 146 (147). Offener BGH 13.10.1983, TranspR 1984, 172 (173) = VersR 1984, 680 f.; OLG Düsseldorf 4.7.1996, TranspR 1997, 198 (199); Vgl. auch BGH 17.10.1985, TranspR 1986, 117 = VersR 1986, 84; OLG Düsseldorf 18.1.1996, TranspR 1997, 284 (287).
AA für Österreich OGH 28.2.2001, TranspR 2002, 346 (347).
2 *Helm*, in: Staub, §§ 412, 413 HGB Rz. 13.
3 S. in Deutschland Gesetz zur Neuordnung des Eisenbahnwesens, BGBl. I 1993, 2378.
4 Maßgebliches Argument für 6. Aufl. Rz. 1152 (*van Dieken*).
5 Abgedruckt bei *Goltermann/Konow*, Eisenbahnbeförderungsrecht (Losebl.) ER/CIM S. 1.
6 BGH 16.6.1982, VersR 1982, 845; BGH 16.10.1995, TranspR 1996, 28; OLG Düsseldorf 14.7.1986, Hansa 1986, 1895.

selbst wenn es sich nach dem Wertpapierrechtsstatut um Orderpapiere handeln sollte. Insbesondere ist das FIATA Multimodal Transport Bill of Lading kein Konnossement im seerechtlichen Sinn der Haager Regeln, der Visby-Regeln und der §§ 642 ff. HGB[1]. Auch ein Forwarder's Certificate of Transport (FCT) stellt grundsätzlich kein Seekonnossement im Sinne des § 662 HGB dar[2].

4109 Wird indes **kein Konnossement** ausgestellt oder bei einem Chartervertrag das Konnossement nicht an einen Dritten begeben, so kommen die zwingenden Vorschriften des Konnossementsrechts, nämlich die Haager oder die Visby-Regeln bzw. deren deutsche Umsetzung (dazu oben Rz. 2919 ff.), nicht zur Anwendung. In diesen Fällen ist unter deutschem Recht auch eine Abbedingung durch Vereinbarung der ADSp möglich[3]. Der Spediteur haftet auch dann nicht nach zwingendem Seefrachtrecht, wenn nicht er, sondern ein Seebeförderer als konnossementsmäßiger Verfrachter auftritt und das Konnossement im eigenen Namen ausstellt[4].

4110–4120 Frei.

III. Zusammenfassung

4121 1. Der Spediteur übernimmt es, gewerbsmäßig Güterversendungen durch Frachtführer oder durch Verfrachter von Seeschiffen für Rechnung eines anderen (des Versenders) im eigenen Namen zu besorgen. **Freie Rechtswahl nach Art. 3 Rom I-VO ist möglich.** Rechtswahlklauseln finden sich in den nationalen Standardbedingungswerken der Spediteure, zB in Nr. 30.3 ADSp 2003.

2. Für die objektive Anknüpfung kommt es darauf an, ob der Speditionsvertrag Güterbeförderungsvertrag ist oder nicht. Der **normale Speditionsvertrag umfasst keine Güterbeförderung**, sondern nur die Organisation einer Güterbeförderung. Der normale Spediteur verpflichtet sich eben nicht, selber zu befördern oder eine eigene Transportverpflichtung durch Dritte wahrnehmen zu lassen. Daher kommt beim normalen Speditionsvertrag **nicht Art. 5 Abs. 1 S. 1 Rom I-VO, sondern Art. 4 Abs. 1 lit. b Rom I-VO** zur Anwendung. Objektiv ist dann das **Recht am Ort der vertragsbetreuenden Niederlassung des Spediteurs** maßgeblich.

3. Handelt es sich bei dem Auftraggeber um jemanden, der für private Zwecke handelt (zB bei der Organisation eines privaten Umzugs), so ist der persönli-

---

1 *Prüßmann/D. Rabe*, Seehandelsrecht, 3. Aufl. (1992), Anh. § 656 HGB Anm. C 9; *Hopt/J. Nielsen*, Vertrags- und Formularbuch zum Handels-, Gesellschafts-, Bank- und Transportrecht, 2. Aufl. (2000), VII C 3 Anm. 2 (S. 1409).
2 AG Bremen 19.6.1992, TranspR 1992, 418 zust. Anm. *Starosta*.
3 *Helm*, in: Staub, §§ 412, 413 HGB Rz. 14; *D. Rabe*, Seehandelsrecht, 4. Aufl. (2000), § 642 HGB Rz. 14–16; vgl. auch OLG Hamburg 12.1.1984, TranspR 1984, 158 (160).
4 BGH 9.12.1991 (Aquila), TranspR 1992, 106; OLG Köln 15.8.1985, TranspR 1986, 194 (Vorinstanz LG Köln 16.10.1984, TranspR 1986, 120).

che wie sachliche **Anwendungsbereich des Internationalen Verbrauchervertragsrechts nach Art. 6 Rom I-VO EGBGB** beim normalen Speditionsvertrag eröffnet. Ob zusätzlich die situativen Voraussetzungen erfüllt sind, beurteilt sich nach den Gegebenheiten des konkreten Einzelfalls.

4. **Verpflichtet sich der Spediteur ausnahmsweise zu eigenen Transportleistungen**, ist Art. 5 Abs. 1 S. 1 Rom I-VO sachlich anwendbar. Sind dessen Voraussetzungen nicht kumulativ gegeben, so ist Art. 5 Abs. 1 S. 2 Rom I-VO anzuwenden. Das Internationale Verbrauchervertragsrecht ist wegen Art. 6 Abs. 4 lit. b Rom I-VO sachlich nicht anwendbar.

5. Der Spediteur unterliegt dem zwingenden Recht der für die jeweilige Transportart einschlägigen **Einheitsrechtskonvention**, soweit deren **eigene Anwendungsvoraussetzungen** erfüllt sind. Die Grenzlinie verläuft wiederum entlang der Frage, ob der Spediteur selber den Transport verspricht.

6. Ist deutsches Recht anwendbar, so kann in den Fällen der §§ 458–460 HGB zumindest qua. autonomer Entscheidung des deutschen Gesetzgebers auch das für die jeweilige Transportart einschlägige Einheitsrecht Anwendung finden.

7. § 466 Abs. 4 HGB etabliert eine überlagernde besondere Anknüpfung des zwingenden Teils des deutschen Speditionsrechts bei Kabotagespedition zwischen Orten in Deutschland.

Frei. 4122–4140

Kapitel 9: Verträge mit Verbrauchern

Übersicht

A. Anknüpfung von Verbraucherverträgen 4141

B. Timesharingvertrag 4281

A. Anknüpfung von Verbraucherverträgen

I. Verbraucherschutzrecht....... 4141
1. Rechtsangleichung........... 4141
   a) Sachrecht 4141
   b) Kollisionsrecht 4144
2. Ausländisches Verbraucherschutzrecht 4145
II. Kollisionsrechtliche Sonderregelung des Art. 6 Rom I-VO 4171
1. Sonderanknüpfung........... 4171
2. Erfasste Verbraucherverträge... 4176
   a) Verbrauchergeschäfte 4176
      aa) Verbraucher 4177
      bb) Kreis der Geschäfte 4181
   b) Umstände des Vertrags-
      schlusses 4182
      aa) Ausüben der Tätigkeit .. 4183
      bb) Ausrichten der Tätigkeit 4184
      cc) Vertrag im Bereich der
          Tätigkeit 4189
      dd) Vertrag iSd. Art. 6 Abs. 3
          Rom I-VO 4190
   c) Ausnahmen der Art. 5 und 7
      Rom I-VO 4191
   d) Ausnahmen des Art. 4
      Rom I-VO 4192
      aa) Ausländische Dienstleis-
          tungen................ 4192
      bb) Beförderungsverträge ... 4195
      cc) Verträge über unbeweg-
          liche Sachen 4196
      dd) Finanzinstrumente und
          Finanzdienstleistungen . 4197
      ee) Einheitliches System ... 4202
3. Rechtswahlbeschränkung 4203
   a) Zulässigkeit der Rechtswahl 4203
   b) Verbraucherschutznormen .. 4204
   c) Erhaltung des Schutzes 4206
   d) Aufenthaltsstaat des Verbrau-
      chers 4207
4. Anknüpfung an den gewöhnlichen Aufenthalt 4208
5. International zwingende inländische Normen.............. 4209
6. Form 4213
III. Rechtswahlbeschränkung für be-
    sondere Gebiete (Art. 46b
    EGBGB)................... 4231
1. Sonderanknüpfung........... 4231
2. Anwendungsbereich 4233
   a) Persönlicher Anwendungs-
      bereich 4233
   b) Sachlicher Anwendungs-
      bereich 4234
   c) Räumlicher Anwendungs-
      bereich 4235
3. Rechtswahlbeschränkung...... 4236
   a) Beschränkung der Rechtswahl 4236
   b) Wahl drittstaatlichen Rechts . 4237
   c) Günstigkeitsprinzip 4238
4. Enger Zusammenhang 4239
   a) Begriff 4239
   b) Regelbeispiele des
      Art. 46b Abs. 2 EGBGB...... 4241
      aa) Ausübung einer berufli-
          chen oder gewerblichen
          Tätigkeit 4241
      bb) Ausrichten der Tätigkeit . 4242
5. Umsetzung der Verbraucherschutzrichtlinien 4243
   a) Genannte Richtlinien....... 4243
   b) Andere Richtlinien 4245
6. Zwingende Natur............ 4246
   a) Verhältnis zu Art. 6 Rom I-VO 4246
   b) Verhältnis zu Art. 9 Rom I-VO 4247
IV. Zusammenfassung mit Hand-
    lungsanleitung 4261
1. Rechtswahl................. 4261
2. Erfasste Geschäfte 4262
3. Günstigkeitsvergleich 4263
4. Eingriffsnormen............. 4264

5. Teil: Einzelne Vertragstypen (Verbraucherverträge)

Literatur: (s. auch die Literatur vor Rz. 281 [AGB], 961 [Warenkauf])

Kommentare: *Ulmer/Brandner/Hensen*, AGB-Recht, 10. Aufl. (2006); *Wolf/Lindacher/ Pfeiffer*, AGB-Recht, 5. Aufl. (2009).

Monographien und Aufsätze (Auswahl):

Rechtsangleichung: *Grundmann/Medicus/Rolland* (Hrsg.), Europäisches Kaufgewährleistungsrecht (2000); *Herwig*, Der Gestaltungsspielraum des nationalen Gesetzgebers bei der Umsetzung von europäischen Richtlinien zum Verbrauchervertragsrecht (2002); *Heusel* (Hrsg.), Neues europäisches Vertragsrecht und Verbraucherschutz (1999); *Howells*, The right of withdrawal in European Consumer Law, in: Schulte-Nölke (Hrsg.), Europäisches Vertragsrecht im Gemeinschaftsrecht (2002), S. 229; *Howells/Schulze* (Hrsg.), Modernising and harmonising consumer contract law (2009); *Micklitz*, Understanding EU consumer law (Antwerpen 2009); *Micklitz/Radeideh*, CLAB Europa – Die europäische Datenbank missbräuchlicher Klauseln in Verbraucherverträgen, ZEuP 2003, 85; *Micklitz/Reich*, Der Kommissionsvorschlag vom 8.10.2008 für eine Richtlinie über „Rechte der Verbraucher", EuZW 2009; 279; *Reich/Micklitz*, Europäisches Verbraucherrecht, 4. Aufl. (2003); *Schulte-Nölke/Dumollard/Nebbia* (Hrsg.), Europäisches Verbrauchervertragsrecht: eine dreisprachige Darstellung und Einführung (2002); *Schwintowski*, Vertragsschluss für Waren und Dienstleistungen im europäischen Verbraucherrecht, EWS 2001, 201; *Staudenmayer*, Die Richtlinien des Verbraucherprivatrechts – Bausteine für ein europäisches Privatrecht, in: Schulte-Nölke/Schulze (Hrsg.), Europäische Rechtsangleichung und nationales Privatrecht (1999), S. 63.

Internationales Privatrecht: *Boskovic*, La protection de la partie faible dans le règlement Rome I, D. 2008, 2175; *Einsele*, Auswirkungen der Rom I-Verordnung auf Finanzdienstleistungen, WM 2009, 289; *Garcimartín Alférez*, New Issues in the Rome I Regulation: the Special Provisions on Financial Market Contracts, in: Cashin Ritaine/Bonomi (Hrsg.), Le nouveau règlement européen „Rome I" relatif à la loi applicable aux obligations contractuelles (Genf 2008), S. 161 = Yb. PIL 10 (2008), 245; *Garcimartín Alférez*, The Rome I Regulation – Exceptions to the Rule on Consumer Contracts and Financial Instruments, J. PIL 5 (2009), 85; *Kieninger*, Der grenzüberschreitende Verbrauchervertrag zwischen Richtlinienkollisionsrecht und Rom I-Verordnung, in: Die richtige Ordnung – Festschr. Kropholler (2008), S. 499; *Mankowski*, Consumer Contracts under Article 6 of the Rome I Regulation, in: Cashin Ritaine/Bonomi (Hrsg.), Le nouveau règlement européen „Rome I" relatif à la loi applicable aux obligations contractuelles (Zürich 2008), S. 121; *Mankowski*, Finanzverträge und das neue Internationale Verbrauchervertragsrecht des Art. 6 Rom I-VO, RIW 2009, 98.

Zu Grünbuch und VO-Entwurf: *Basedow*, Internationales Verbrauchervertragsrecht, Festschr. Jayme I (2004), S. 3; *Basedow*, Consumer contracts and insurance contracts in a future Rome I regulation, in: Meeusen/Pertegás/Straetmans (Hrsg.), Enforcement of International contracts in the European Union (Antwerpen 2004), S. 269; *Bitterich*, Kollisionsrechtliche Absicherung gemeinschaftsrechtlicher Standards im Bereich des Verbraucherschutzes, RIW 2006, 262; *Bitterich*, Kollisionsrechtlicher Verbraucherschutz, Eingriffsnormen und Binnenmarktstandards, GPR 2006, 161; *Gillies*, Choice-of-Law Rules for Electronic Consumer Contracts: Replacement of The Rome Convention by the Rome I Regulation, J. PIL 3 (2007), 89; *Leible*, Verbesserung des kollisionsrechtlichen Verbraucherschutzes, in: Leible (Hrsg.), Das Grünbuch zum Internationalen Vertragsrecht (2004), S. 133; *Solomon*, Verbraucherverträge, in: Ferrari/Leible (Hrsg.), Ein neues Internationales Vertragsrecht für Europa (2007), S. 89; *Mankowski*, Art. 5 des Vorschlags für eine Rom 1-Verordnung, ZvglRW 105 (2006), 120; *Pizzolante*, I contratti con i consumatori nella proposta di regolamento sulla legge applicabile alle obbligazioni contrattuali, Riv.dir.int.priv.proc. 42 (2006), 987; *Pocar*, Protection of Weaker Parties in the Rome Convention and the Rome I Proposal, in: Basedow/Baum/Nishitani (Hrsg.), Japanese and European Private International Law in Comparative Perspective (2008), S. 127; *Roth*,

Grundfragen im künftigen internationalen Verbrauchervertragsrecht der Gemeinschaft, in: Privatrecht in Europa, Festschr. Sonnenberger (2004), S. 591; *Rühl*, Das neue europäische Kollisionsrecht für Verbraucherverträge, GPR 2006, 196.

Weiteres Schrifttum: *Aden*, Rechtswahl und Schiedsklausel im Verbraucherschutz, RIW 1997, 723; *Backert*, Kollisionsrechtlicher Verbraucherschutz im Mosaik der Sonderanknüpfungen des deutschen Schuldvertragsrechts – eine Darstellung am Beispiel der „Gran-Canaria-Fälle" (1999); *Baumert*, Europäischer ordre public und Sonderanknüpfung zur Durchsetzung von EG-Recht unter besonderer Berücksichtigung der sog. mittelbaren Wirkung von EG-Richtlinien (1994); *Baumert*, Die Umsetzung des Art. 6 Abs. 2 der AGB-Richtlinie im System des europäischen kollisionsrechtlichen Verbraucherschutzes, EWS 1995, 57; *Baumert*, Abschlusskontrolle bei Rechtswahlvereinbarungen, RIW 1997, 805; *Beise*, Rechtswahlklauseln in Time-Sharing-Verträgen, NJW 1995, 1724; *Bitterich*, Die analoge Anwendung des Art. 29a Abs. 1, 2 EGBGB auf Verbraucherschutzrichtlinien ohne kollisionsrechtlichen Rechtsetzungsauftrag, VuR 2002, 155; *Bitterich*, Die kollisionsrechtliche Absicherung der AGB-Richtlinie (Art. 6 Abs. 2), ZfRV 2002, 123; *Boele-Woelki*, Internet und IPR, BerDGesVR 39 (2000), 307; *Boll*, Ausländische AGB und der Schutz des inländischen kaufmännischen Kunden, IPRax 1987, 11; *Borges*, Weltweite Geschäfte per Internet und verbraucher Verbraucherschutz, ZIP 1999, 565; *Bröcker*, Verbraucherschutz im Europäischen Kollisionsrecht (1998); *Brunner*, AGB im IPR (1985); *Bülow*, Zum internationalen Anwendungsbereich des deutschen Verbraucherkreditgesetzes, EuZW 1993, 435; *Calliess*, Transnationales Verbrauchervertragsrecht, RabelsZ 68 (2004), 244; *Calliess*, Kollisionsrecht, Richtlinienrecht oder Einheitsrecht?, ZEuP 2006, 742; *Calliess*, Grenzüberschreitende Verbraucherverträge (2006); *Coester-Waltjen*, Der Eskimo?-Mantel aus Spanien – Ist der kollisionsrechtliche Verbraucherschutz zu kurz gestrickt?, Festschr. W. Lorenz (1991), S. 297; *Downes/Heiss*, Ausschluss des favor offerentis bei Formvorschriften des (europäisierten) Verbrauchervertragsrechts, IPRax 1999, 137; *Dreißigacker*, Sprachenfreiheit im Verbrauchervertragsrecht (2002); *Ebke*, Schuldrechtliche Teilzeitwohnrechte an Immobilien im Ausland und kein Widerrufsrecht, IPRax 1998, 263; *Ehle*, Wege zu einer Kohärenz der Rechtsquellen im Europäischen Kollisionsrecht der Verbraucherverträge (2002); *Fallon/Meeusen*, Le commerce électronique, la directive 2000/31/CE et le droit international privé, Rev.crit.d.i.p. 91 (2002), 435; *Fetsch*, Eingriffsnormen und EG-Vertrag (2002); *G. Fischer*, Das Kollisionsrecht der Verbraucherverträge jenseits von Art. 5 EVÜ, Festschr. Großfeld (1999), S. 277; *Freitag*, Sprachenzwang, Sprachrisiko und Formanforderungen im IPR, IPRax 1999, 142; *Freitag/Leible*, Von den Schwierigkeiten der Umsetzung kollisionsrechtlicher Richtlinienbestimmungen, ZIP 1999, 1296; *Freitag/Leible*, Ergänzung des kollisionsrechtlichen Verbraucherschutzes durch Art. 29a EGBGB, EWS 2000, 342; *Ganssauge*, Internationale Zuständigkeit und anwendbares Recht bei Verbraucherverträgen im Internet (2004); *Grundmann*, Europäisches Vertragsrechtsübereinkommen, EWG-Vertrag und § 12 AGBG, IPRax 1992, 1; *Grundmann/Bianca* (Hrsg.), EU-Kaufrechts-Richtlinie (2002); *Hartley*, Consumer Protection Provisions in the E.E.C. Convention, in: North (Hrsg.), Contract Conflicts – The E.E.C. Convention on the Law Applicable to Contractual Obligations (Amsterdam/New York/Oxford 1982), S. 111; *Heiss*, Die Richtlinie über den Fernabsatz von Finanzdienstleistungen an Verbraucher aus Sicht des IPR und des IZVR, IPRax 2003, 100; *von Hoffmann*, Über den Schutz des Schwächeren bei internationalen Schuldverträgen, RabelsZ 38 (1974), 396; *von Hoffmann*, Inländische Sachnormen mit zwingendem internationalem Anwendungsbereich, IPRax 1989, 261; *von Hoffmann*, Consumer Contracts and the 1980 Rome EC Convention on the Law Applicable to Contractual Obligations, J. Cons. Policy 15 (1992), 365; *Hoffmann/Primaczenko*, Verbraucherschutz beim grenzüberschreitenden Internetkredit, WM 2007, 189; *Hoffmann/Primaczenko*, Die kollisionsrechtliche Absicherung des Verbraucherschutzes in Europa, IPRax 2007, 173; *Jayme*, Haustürgeschäfte deutscher Urlauber in Spanien, IPRax 1990, 220; *Jayme*, „Timesharing-Verträge" im Internationalen Privat- und Verfahrensrecht, IPRax 1995, 234; *Jayme*, Klauselrichtlinie und Internationales Privatrecht, in: Lebendiges Recht – Festschr. Trinker

(1995), S. 575; *Junker*, Die freie Rechtswahl und ihre Grenzen, IPRax 1993, 1; *Junker*, Vom Citoyen zum Consommateur – Entwicklungen des Internationalen Verbraucherschutzrechts, IPRax 1998, 65; *Junker*, Internationales Vertragsrecht im Internet, RIW 1999, 809; *Klauer*, Das Europäische Kollisionsrecht der Verbraucherverträge zwischen Römer EVÜ und EG-Richtlinien (2002); *Kohte*, Verbraucherschutz im Licht des europäischen Wirtschaftsrechts, EuZW 1990, 150; *Kretschmar*, Die Richtlinie 93/13 EWG des Rates vom 5.4.1993 über missbräuchliche Klauseln in Verbraucherverträgen und das deutsche AGB-Gesetz (1998); *Kronke*, Electronic Commerce und Europäisches Verbrauchervertrags-IPR, RIW 1996, 985; *Kropholler*, Das kollisionsrechtliche System des Schutzes der schwächeren Vertragspartei, RabelsZ 42 (1978), 634; *Lagarde*, Le consommateur en droit international privé (Wien 1999); *D. Lange*, Haustürgeschäfte deutscher Spanienurlauber nach spanischem Recht – Verbraucherschutz, internationales Privatrecht und interregionales Zivilrecht (1993); *C. Langenfeld*, Noch einmal – Die EG-Richtlinie zum Haustürwiderrufsgesetz und deutsches IPR, IPRax 1993, 155; *Leible*, Rechtswahlfreiheit und kollisionsrechtlicher Verbraucherschutz, Jb.J.ZivRWiss 1995, 245; *Leible*, Kollisionsrechtlicher Verbraucherschutz im EVÜ und in EG-Richtlinien, in: Schulte-Nölke/Schulze (Hrsg.), Europäische Rechtsangleichung und nationale Privatrechte (1999), S. 353; *Loacker*, Der Verbrauchervertrag im internationalen Privatrecht (2006); *Looschelders*, Der Schutz von Verbrauchern und Versicherungsnehmern im Internationalen Privatrecht, Festschr. E. Lorenz (2004), S. 441; *St. Lorenz*, Gewinnmitteilungen aus dem Ausland: Kollisionsrechtliche und international-zivilprozessuale Aspekte von § 661a BGB, NJW 2000, 3305; *W. Lorenz*, Kollisionsrecht des Verbraucherschutzes, IPRax 1994, 429; *Lüderitz*, Internationaler Verbraucherschutz in Nöten, IPRax 1990, 216; *Maack*, Die Durchsetzung des AGB-rechtlichen Transparenzgebots in internationalen Verbraucherverträgen (2001); *Mäsch*, Rechtswahlfreiheit und Verbraucherschutz (1993); *Mäsch*, Gran Canaria und kein Ende, IPRax 1995, 371; *Magnus*, E-Commerce und Internationales Privatrecht, in: Graf/Paschke/Stober (Hrsg.), Das Wirtschaftsrecht vor den Herausforderungen des E-Commerce (2002), S. 19; *Mankowski*, Zur Analogie im internationalen Schuldvertragsrecht, IPRax 1991, 305; *Mankowski*, Strukturfragen des internationalen Verbrauchervertragsrechts, RIW 1993, 453; *Mankowski*, Timesharingverträge und Internationales Vertragsrecht, RIW 1995, 364; *Mankowski*, Keine Sonderanknüpfung deutschen Verbraucherschutzes über Art. 34 EGBGB, DZWiR 1996, 273; *Mankowski*, Widerrufsrecht und Art. 31 Abs. 2 EGBGB, RIW 1996, 382; *Mankowski*, Strukturfragen des Internationalen Verbrauchervertragsrechts, RIW 1998, 287; *Mankowski*, Das Internet im Internationalen Vertrags- und Deliktsrecht, RabelsZ 63 (1999), 203; *Mankowski*, E-Commerce und Internationales Verbraucherschutzrecht, MMR-Beilage 7/2000, S. 22; *Mankowski*, Internationales Privatrecht, in: Spindler/Wiebe (Hrsg.), Internet-Auktionen und Elektronische Marktplätze, 2. Aufl. (2005), S. 435; (2001), S. 157; *Mankowski*, „Gemischte" Verträge und der persönliche Anwendungsbereich des Internationalen Verbraucherschutzrechts, IPRax 2005, 503; *Mankowski*, Deutsches Recht im türkischen Basar?, Festschr. Ansay (Alphen aan den Rijn 2006), S. 189; *Mankowski*, Verbraucherkreditverträge und europäisches IPR, ZEuP 2008, 845; *Mankowski*, Neues zum „Ausrichten" unternehmerischer Tätigkeit unter Art. 15 Abs. 1 lit. c EuGVVO, IPRax 2009, 238; *Meents*, Verbraucherschutz bei Rechtsgeschäften im Internet (1998); *Meerfeld*, Beschränkung der kollisionsrechtlichen Parteiautonomie durch verbraucherschützende Privatrechtsangleichungsrichtlinien der EG (1999); *Mellwig*, Der Begriff des „engen Zusammenhangs" in Art. 29a EGBGB (2005); *Michaels/Kamann*, Europäisches Verbraucherschutzrecht und IPR, JZ 1997, 601; *Nemeth*, Kollisionsrechtlicher Verbraucherschutz in Europa (Wien 2000); *Nemeth*, Kollisionsrechtlicher Verbraucherschutz in Europa, WBl. 2000, 341; *Paefgen*, Kollisionsrechtlicher Verbraucherschutz im Internationalen Vertragsrecht und europäisches Gemeinschaftsrecht, ZEuP 2003, 266; *Pfeiffer*, Verbraucherrechtliche Eingriffsnormen im Spannungsfeld von EG-Recht und nationaler Rechtssetzung, IPRax 2006, 238; *Pocar*, La protection de la partie faible en droit international privé, Rec. des Cours 188 (1984-V), 339; *Rauscher*, Gran Canaria – Isle of Man – Was kommt danach?, EuZW 1996, 650; *Reich*, EG-Richtlinien und internationales Privatrecht, in: Lagarde/von Hoffmann (Hrsg.), L'européanisation du droit international privé (1996), S. 109; *W.-H. Roth*, Internationales Versicherungsvertragsrecht (1985); *W.-H. Roth*, Verbraucherschutz über die Grenze, RIW 1994, 275; *W.-H. Roth*, Zum Verhältnis von Art. 7 Abs. 2 und Art. 5 der Römer Schuldvertragskonvention, in: Schnyder/Heiss/Rudisch (Hrsg.), Internationales Verbraucherschutzrecht (1995), S. 35; *Roth/Schulze*, Verbraucherschutz im Electronic Commerce, RIW 1999, 924; *Rott*, Bedrohung des Verbraucherschutzes im Internationalen Verfahrens- und Privatrecht durch den Binnenmarkt, EuZW 2005, 167; *von Rumohr*, Grenzübergreifende Fernabsatzverträge im Internationalen Privatrecht (2006); *Rusche*, Der „enge Zusammenhang" iSd. Art. 29a EGBGB, IPRax 2001, 420; *Schlechtriem*, Rechtswahl im europäischen Binnenmarkt und Klauselkontrolle, Festschr. Lorenz '80 (2001), S. 565; *Schnyder/Heiss/Rudisch* (Hrsg.), Internationales Verbraucherschutzrecht (1995); *Sieg*, Allgemeine Geschäftsbedingungen im grenzüberschreitenden Verkehr, RIW 1997, 811; *Sieg*, Internationale Gerichtsstands- und Schiedsklauseln in Allgemeinen Geschäftsbedingungen, RIW 1998, 102; *Sonnenberger*, Die Umsetzung kollisionsrechtlicher Regelungsgebote in EG-Richtlinien, ZEuP 1996, 383; *Staudenmayer*, Europäischer Verbraucherschutz nach Amsterdam, RIW 1999, 733; *Staudinger*, Art. 29a EGBGB des Referentenentwurfs zum Fernabsatzgesetz, IPRax 1999, 414; *Staudinger*, Das Zusammenspiel von HaustürWG, VerbrKrG, TzWrG und AGBG bei verbundfinanzierten Timesharing-Verträgen im Binnenmarkt, RIW 1999, 915; *Staudinger*, Internationales Verbraucherschutzrecht made in Germany, RIW 2000, 416; *Staudinger*, Rom, Brüssel, Berlin und Amsterdam – Chiffren eines Europäischen Kollisionsrechts für Verbraucherverträge, ZfRV 41 (2000), 93; *Staudinger*, Die ungeschriebenen kollisionsrechtlichen Regelungsgebote der Handelsvertreter-, Haustürwiderrufs- und Produkthaftungsrichtlinie, NJW 2001, 1974; *Staudinger*, Reichweite des Verbraucherschutzgerichtsstandes nach Art. 15 Abs. 2 EuGVVO, IPRax 2008, 107; *Stoll*, Zur Neuordnung des internationalen Verbrauchervertragsrechts, in: Aufbruch nach Europa – Festschr. Max-Planck-Institut (2001), S. 463; *Taupitz*, Kaffeefahrten deutscher Urlauber auf Gran Canaria – Deutscher Verbraucherschutz im Urlaubsgepäck?, BB 1990, 642; *Thorn*, Verbraucherschutz bei Verträgen im Fernabsatz, IPRax 1999, 1; *Trapp*, Internationaler Verbraucherschutz durch das Gesetz zur Regelung des Rechts der Allgemeinen Geschäftsbedingungen (1994); *R. Wagner*, Verfahrens- und internationalprivatrechtliche Fragen beim Teleshopping, WM 1995, 1129; *Wagner*, Zusammenführung verbraucherschützender Kollisionsnormen aufgrund EG-Richtlinien in einem neuen Art. 29a EGBGB, IPRax 2000, 249; *Wagner*, Internationale und örtliche Zuständigkeit in Verbrauchersachen im Rahmen des Brüsseler Übereinkommens und der Brüssel-I-Verordnung, WM 2003, 116; *Weber-Stecher*, Internationales Konsumvertragsrecht (Zürich 1997); *Willhelm*, Verbraucherschutz bei internationalen Fernabsatzverträgen (2007); *Wilmowsky*, Der internationale Verbrauchervertrag im EG-Binnenmarkt, ZEuP 1995, 735; *Yeun*, Verbraucherschutz im internationalen Vertragsrecht, IPRax 1994, 257.

Ausländisches Recht:

Rechtsvergleichung/Mehrere Länder: *Büßer*, Das Widerrufsrecht des Verbrauchers (2001); *von Hippel*, Verbraucherschutz, 3. Aufl. (1986); *Hörmann* (Hrsg.), Verbraucherkredit und Verbraucherinsolvenz – Perspektiven für die Rechtspolitik aus Europa und USA (1986); *Micklitz*, Verbraucherschutz West versus Ost, in: Heiss (Hrsg.), Brückenschlag zwischen den Rechtskulturen des Ostseeraums (2001), S. 137; *Micklitz* (Hrsg.), Rechtseinheit oder Rechtsvielfalt in Europa? – Rolle und Funktion des Verbraucherrechts in der EG und den MOE-Staaten (1996); *Micklitz/Rott*, Fernabsatzgeschäfte in Spanien und Portugal, RIW 2000, 490; *Nobis*, Missbräuchliche Vertragsklauseln in Deutschland und Frankreich, (2005); *Rott*, Die Umsetzung der Haustürwiderrufsrichtlinie in den Mitgliedstaaten (2000); *Schmidt-Tedd*, Kaufmann und Verbraucherschutz in der EG – Zum persönlichen Abgrenzungskriterium im Bürgerlichen Recht (1987); *Stauder/Stauder* (Hrsg.), La protection des consommateurs acheteurs à distance (Zürich 1999); *Tangl*, Konsumentenschutz bei Haustürgeschäften: Unterschiede im Anwendungsbereich der einschlägigen Regelungen in Frankreich und in Österreich, ZfRV 38 (1997), 99.

Einzelne Länder:

Belgien: *van den Bergh,* Das neue belgische Gesetz über die Handelspraktiken und die Information und den Schutz des Verbrauchers, GRUR Int. 1992, 803.

Dänemark: *Scherpe,* Haustürgeschäfte in Dänemark, ZEuP 1997, 1078.

England: *Beatson,* The Incorporation of the EC Directive on Unfair Consumer Contracts into English Law, ZEuP 1998, 957; *Triebel,* Das englische Gesetz über unbillige Vertragsklauseln 1977, RIW 1978, 353; *Wagner/Althen,* Umsetzung der Richtlinie des Rates über missbräuchliche Klauseln in Verbraucherverträgen im Vereinigten Königreich, RIW 1995, 546; *Weatherill,* Wichtige Entwicklungen im Verbraucherschutzrecht im Vereinigten Königreich, VuR 1995, 393; *Whincup,* Consumer contracts and the common law, in: Recht und diffuse Interessen – Liber amicorum Reich (1997), S. 569.

Frankreich: *Berger-Walliser,* Missbräuchliche Klauseln in Verbraucherverträgen nach Inkrafttreten des Code de la consommation und Umsetzung der EG-Richtlinie 93/13 in Frankreich, RIW 1996, 459; *Calais-Auloy/Steinmetz,* Droit de la consommation, 5. Aufl. (Paris 2000); *Coßmann,* Klauselrichtlinie und französisches Zivilrecht (2003); *Heuer,* Der Code de la consommation (2002); *Klima,* Frankreich – Missbräuchliche Klauseln in Verträgen, RIW 1992, 98; *Morin,* Unangemessene Vertragsbestimmungen, VuR 1995, 381; *Pfeiffer,* in: Wolf/Lindacher/Pfeiffer, Einl. Rz. 47 ff.; *Sievers,* Verbraucherschutz gegen unlautere Vertragsbedingungen im französischen Recht (1993); *Tangl,* Die Rückabwicklung nichtiger (Haustür-)Geschäfte in Frankreich, ZfRV 39 (1998), 62; *Tilmann,* Die Kontrolle missbräuchlicher Klauseln bei der Erbringung von services publics, ZEuP 2003, 129; *Witz/Wolter,* Das neue französische Verbrauchergesetzbuch, ZEuP 1995, 35; *Witz/Wolter,* Die Umsetzung der EG-Richtlinie über missbräuchliche Klauseln in Verbraucherverträgen, ZEuP 1995, 885.

Griechenland: *Alexandridou,* Neue Entwicklungen in der griechischen Verbraucherschutzgesetzgebung, VuR 1995, 387; *Alexandridou,* Implementation of the EC directive on unfair contract terms in Greece, Eur.Rev.Priv.L. 1997, 173; *Kapnopoulou,* Das Recht der missbräuchlichen Klauseln in der Europäischen Union: das griechische Verbraucherschutzgesetz als Beitrag zum europäischen Privatrecht (1997); *Mentis,* Das neue griechische Verbraucherschutzgesetz von 1994, in: Recht in Europa – Festschr. Fenge (1996), S. 289; *Schinas,* Konsumentenschutz in Griechenland, JBl. 1992, 682.

Italien: *Alpa,* The implementation of the EC Directive on Unfair Contract Terms (93/13) in Italy, in: Recht und diffuse Interessen – Liber amicorum Reich (1997), S. 555; *Alpa,* Clauses abusives et contrats des consommateurs – L'expérience en Italie, Rev.int.dr.comp. 53 (2001), 405; *Alpa/Dassio,* Les contrats de consommateurs et les modifications du Code civil italien, Rev.int.dr.comp. 49 (1997), 629; *Castelli,* Die Umsetzung der Fernabsatzrichtlinie (97/7/EG) in Italien, JbItalR 13 (2000), 147; *Cian,* Europäisches Privatrecht aus italienischer Sicht – Die Umsetzung der EG-Richtlinie 93/13 über Verbraucherverträge in das italienische Recht, in: Müller-Graff (Hrsg.), Perspektiven des Rechts in der Europäischen Union (1998), S. 19; *Cian,* Auslegung und Transparenzgebot in der Regelung der AGB und der Verbraucherverträge nach italienischem und deutschem Recht, ZEuP 1998, 586; *Eccher/Schurr,* Die Umsetzung der Richtlinie 99/44/EG über den Verbrauchsgüterkauf in Italien, ZEuP 2003, 65; *Gebauer,* Das neue italienische Verbrauchergesetzbuch (codice del consumo), JbItalR 2007, 3; *Meßling,* Die Lösung rechtsgeschäftlicher Bindungen im deutschen und italienischen Privatrecht (2003); *Micklitz/d'Usseaux,* Umsetzung der Richtlinie 93/13 in das italienische Recht, ZEuP 1998, 104; *Omodei-Salè,* Der neue italienische Codice del consumo, ZEuP 2007, 785.

Luxemburg: *Bennemann,* Das neue luxemburgische Gesetz über den Rechtsschutz des Verbrauchers vom 25.8.1983, RIW 1986, 594; *Schockweiler,* Das luxemburgische Gesetz vom 25.8.1983 betreffend den rechtlichen Schutz des Verbrauchers und das IPR, IPRax 1984, 337.

Niederlande: *Hondius*, Niederländisches Verbraucherrecht – vom Sonderrecht zum integrierten Zivilrecht, VuR 1996, 295.

Österreich: *Kiendl*, Unfaire Klauseln in Verbraucherverträgen (Wien 1997); *Lehmann*, Die Rezeption des europäischen Verbraucherschutzes im österreichischen Recht (2002); *Lurger*, Österreichisches und europäisches Konsumentenschutzrecht, 2. Aufl. (Wien 2008); *Reindl*, Rechtsprechung zum österreichischen Konsumentenschutzgesetz, RIW 1986, 669.

Polen: *Andrzejewski*, Die Umsetzung der Fernabsatzrichtlinie in Deutschland und in Polen (2008); *Guzenda*, Verbraucherrechte bei Lieferung einer vertragswidrigen Ware nach deutschem und polnischem Recht (2007); *Heidenhain*, Das Verbraucherschutzrecht in Polen und in der Europäischen Union (2001); *Kepinski* (Hrsg), Conference Proceedings – The Evaluation of the New Polish Legislation in the Matter of Consumer Protection from the European Perspective (Poznan 2002); *Lasota*, Verbraucherschutz im Internet nach polnischem Recht unter Berücksichtigung der europäischen Rechtsangleichung (2004); *Trzeciakowska*, Polen: Verbraucherschutz- und Produkthaftungsgesetz, WiRO 2000, 349.

Portugal: *Schwarz*, Schutzkollisionen im internationalen Verbraucherschutz: dargestellt an der Neuregelung des Rechts der Allgemeinen Geschäftsbedingungen in Portugal (1991).

Schweden: *Bälz*, Haustürgeschäfte in Schweden, ZEuP 1997, 1094; *Bernitz*, Das schwedische Gesetz über Verbraucherdienstleistungen, EZVerbrR 1988, 179.

Schweiz: *Rehbinder*, Konsumentenschutz im schweizerischen Recht, RIW 1991, 97; *Stauder*, Neuere Entwicklungen des schweizerischen Konsumentenrechts 1993–1995, VuR 1995, 426.

Spanien: *Blanco Ledesma*, Das spanische Haustürwiderrufsgesetz, RIW 1992, 971; *Bustos Gisbert/Becker*, Verbraucherschutz im Mehrrechtsstaat Spanien, ZEuP 1993, 599; *K. Fischer*, Verbraucherschutz im spanischen Vertragsrecht im Lichte der europäischen Rechtsangleichung (2000); *D. Fuchs*, Verbraucherschutz in Spanien (1990); *Lange*, Haustürgeschäfte deutscher Spanienurlauber nach spanischem Recht (1993); *López Sánchez/Bueso Guillén*, Neuentwicklungen im spanischen Verbraucherschutzrecht, VuR 1995, 437; *Moosmayer*, Das neue spanische Teilzahlungsrecht und seine Bedeutung für den Wirtschaftsverkehr, RIW 1999, 939; *Rauscher*, Neue verbraucherfreundliche „Spielregeln" im spanischen Markt, RIW 1998, 26; *Schlenker*, Haustürgeschäfte in Spanien, ZEuP 1997, 1109; *Trillmich*, Klauselkontrolle nach spanischem Recht im Vergleich mit der Klauselrichtlinie 93/13/EWG (2008); *Vestweber*, Verbraucherschutz in Spanien, RIW 1992, 678.

Tschechien: *Fiala/Hurdík/Telec*, Rechtsregelung der so genannten Verbraucherverträge in Tschechien, WiRO 2002, 102; *Zemánek*, Der Vorentwurf des neuen tschechischen ZGB im Blickwinkel des europäischen Verbraucherschutzrechts, in: Aufbruch nach Europa – Festschr. Max-Planck-Institut (2001), S. 1089.

Vereinigte Staaten: *Jander/Gäbel*, Verbraucherschutz in den Vereinigten Staaten und die Auswirkungen auf deutsche Unternehmen, RIW 1984, 253; *Sadtler*, Neuere Gesetzgebung in den USA zum Schutze des Endabnehmers als Vertragspartner – Der Magnus-Moss-Warranty-Federal Trade Commission Improvement Act, ZfRV 21 (1980), 25; *Sprissler*, Verbraucherschutzrecht in Nordamerika, RIW 1992, 12.

I. Verbraucherschutzrecht

1. Rechtsangleichung

a) Sachrecht

4141 Der Verbraucherschutz betrifft auch das internationale Einheitsrecht und das Europäische Gemeinschaftsrecht. Im Bereich der **Inhaltskontrolle von Geschäftsbedingungen** (§§ 307 ff. BGB) treten allerdings keine Spannungen mit dem Einheitskaufrecht auf. Es handelt sich hierbei nach hM um eine Frage der Vertragsgültigkeit, die dem UN-Kaufrecht nicht unterfällt und daher dem (nach dem Kollisionsrecht der lex fori zu ermittelnden) nationalen Recht überlassen bleibt (Art. 4 lit. a CISG; vgl. Rz. 906. Allerdings ist als Bewertungsmaßstab die Regelung des Einheitsrechts anzusehen[1].

4142 Der Verbraucherschutz gehört zum Tätigkeitsbereich der **Europäischen Union** (Art. 3 lit. t, 153 EG, ex-Art. 129a EGV). Er erlaubt die Einschränkung von Grundfreiheiten des Gemeinschaftsrechts, insbesondere der Warenverkehrs- und Dienstleistungsfreiheiten (Art. 28 ff., 49 ff. EG)[2]. Die Gemeinschaft hat eine ganze Reihe von Richtlinien erlassen, welche in nationales Recht umzusetzen waren. Die Richtlinie betreffend den Verbraucherschutz im Falle von **außerhalb von Geschäftsräumen geschlossenen Verträgen** vom 20.12.1985[3] ist die Grundlage für die §§ 312 ff. BGB[4]. Die Richtlinie zur Angleichung der Rechts- und Verwaltungsvorschriften der Mitgliedstaaten über den **Verbraucherkredit** vom 22.12.1986/22.2.1990[5] wurde in §§ 491 ff. BGB umgesetzt[6]. Inzwischen ist die neue Richtlinie 2008/48/EG vom 23.4.2008 über Verbraucherkreditverträge und zur Aufhebung der älteren Richtlinie ergangen[7]. Die Richtlinie über **missbräuchliche Klauseln in Verbraucherverträgen** vom 5.4.1993[8] ist mitsamt ihrem Klauselkatalog in §§ 305 ff. BGB umgesetzt worden. Der Umsetzung der **Time-Sharing-Richtlinie** von 1994[9] dienen die §§ 481 ff. BGB über Teilzeit-Wohnrechteverträge. An die Stelle dieser Richt-

---

1 *Hau*, in: Wolf/Lindacher/Pfeiffer, IntGV Rz. 76 mwN.
2 Nachw. bei *von Wilmowsky*, ZEuP 1995, 737 ff.; *Paefgen*, ZEuP 2003, 270 ff.
3 RL 85/577/EWG, ABl. EG 1985 Nr. L 372, S. 31.
4 Früher Gesetz über den Widerruf von Haustürgeschäften und ähnlichen Geschäften vom 16.1.1986 (HausTWG). – Zur Umsetzung in den Mitgliedstaaten Übersicht bei *Micklitz*, in: Grabitz/Hilf, IV Nach A 2.
5 RL 87/102/EWG, ABl. EG 1987 Nr. L 42, S. 48 mit Änderungen durch die RL 90/88/EWG, ABl. EG 1990 Nr. L 61, S. 14.
6 Früher Verbraucherkreditgesetz vom 17.12.1990 (VerbrKrG).
7 RL 2008/48/EG des Europäischen Parlaments und des Rates vom 23.4.2008 über Verbraucherkreditverträge und zur Aufhebung der Richtlinie 87/102/EWG des Rates, ABl. EU 2008 Nr. L 133, S. 66.
8 RL 93/13/EWG des Rates vom 5.4.1993 über missbräuchliche Klauseln in Verbraucherverträgen (ABl. EG 1993 Nr. L 95, S. 29).
9 RL 94/47/EG des Europäischen Parlaments und des Rates vom 26.10.1994 zum Schutz der Erwerber im Hinblick auf bestimmte Aspekte von Verträgen über den Erwerb von Teilzeitnutzungsrechten an Immobilien (ABl. EG 1994 Nr. L 280, S. 83).

linie tritt die bis zum 23.2.2011 umzusetzende neue Time-Sharing-Richtlinie vom 14.1.2009[1].

Der Inhalt der Richtlinie über den Verbraucherschutz bei **Vertragsabschlüssen im Fernabsatz** vom 20.5.1997[2] findet sich in den §§ 312b ff. BGB. Die Richtlinie über den **Verbrauchsgüterkauf und die Garantien für Verbrauchsgüter** vom 25.5.1999[3] hat zu einer Änderung des Kaufrechts geführt (§§ 474 ff. BGB). Umgesetzt wurde auch die Richtlinie über den **Fernabsatz von Finanzdienstleistungen** an Verbraucher (eingefügt in §§ 312b ff. BGB)[4]. Ein Richtlinienvorschlag zum Verbraucheracquis von 2008 will vier bestehende EU-Richtlinien vereinfachen und zusammenfassen (Haustürwiderrufs-, Klausel-, Fernabsatz- und Verbrauchsgüterkaufrichtlinie)[5].

4143

b) Kollisionsrecht

Das internationale Verbraucherrecht spiegelt die Entwicklung des Europäischen Verbraucherkollisionsrechts und die unterschiedliche Herkunft einzelner Regeln wider[6]. Während ursprünglich der kollisionsrechtliche Schutz des Verbrauchers vor ungünstigem ausländischen Recht – gleichgültig welcher Herkunft – im Vordergrund stand, geht es mit zunehmender Integration vor allem um die Regelung von Verbrauchergeschäften im Binnenmarkt und die Sicherung des Schutzniveaus nach außen[7]. Art. 6 Rom I-VO ist an die Stelle von Art. 5 EVÜ (in Deutschland Art. 29 EGBGB) getreten[8] (dazu Rz. 4171), Art. 46b EGBGB (früher 29a EGBGB) dient der Umsetzung einzelner Richtlini-

4144

---

1 RL 2008/122/EG des Europäischen Parlaments und des Rates vom 14.1.2009 über den Schutz der Verbraucher im Hinblick auf bestimmte Aspekte von Teilzeitnutzungsverträgen, Verträgen über langfristige Urlaubsprodukte sowie Wiederverkaufs- und Tauschverträgen, ABl. EU 2009 Nr. L 33, S. 10.
2 RL 97/7/EG des Europäischen Parlaments und des Rates vom 20.5.1997 über den Verbraucherschutz bei Vertragsabschlüssen im Fernabsatz (ABl. EG 1997 Nr. L 144, S. 19 = NJW 1998, 212). – Länderübersicht zur Umsetzung in den Mitgliedstaaten bei *Micklitz*, in: Grabitz/Hilf, IV Nach A 3.
3 RL 1999/44/EG des Europäischen Parlaments und des Rates vom 25.5.1999 zu bestimmten Aspekten des Verbrauchsgüterkaufs und der Garantien für Verbrauchsgüter (ABl. EG 1999 Nr. L 171, S. 12). – Länderübersicht zur Umsetzung in den Mitgliedstaaten bei *Magnus*, in: Grabitz/Hilf, IV Anhang A 15.
4 RL 2002/65/EG vom 23.9.2002 über den Fernabsatz von Finanzdienstleistungen an Verbraucher und zur Änderung der Richtlinie 90/619/EWG des Rates und der Richtlinien 97/7/EG und 98/27/EG, ABl. EG 2002 Nr. L 271, S. 16. – Vgl. *Jayme/Kohler*, IPRax 2002, 463 f.; *Heiss*, IPRax 2003, 100 ff.
5 KOM (2008) 614 endg. – Dazu *Micklitz/Reich*, EuZW 2009, 279 ff.; *Tamm*, Das Grünbuch der Kommission zum Verbraucheracquis und das Modell der Vollharmonisierung, EuZW 2007, 756. Vgl. auch *Zimmermann*, EuZW 2009, 319 (321).
6 Vgl. *Jayme/Kohler*, IPRax 1995, 343; *Martiny*, ZEuP 1997, 108 f.; *Martiny*, ZEuP 1999, 249 ff.
7 Näher *Paefgen*, ZEuP 2003, 266 ff.; *Klauer*, S. 140 ff.
8 Zum VO-Entwurf näher *Bitterich*, RIW 2006, 262 ff.; *Bitterich*, GPR 2006, 161 ff.; *Callies*, ZEuP 2006, 742 ff.; *Mankowski*, ZvglRW 105 (2006), 120 ff.; *Rühl*, GPR 2006, 196 ff.; *Solomon*, in: Ferrari/Leible, S. 89 ff.

en (s. Rz. 4231)[1]. Die dort verankerten Rechtswahlbeschränkungen entstammen Art. 6 Abs. 2 der Klauselrichtlinie, Art. 12 Abs. 2 der Fernabsatz-, Art. 7 Abs. 2 der Verbrauchsgüterkaufrichtlinie, Art. 12 Abs. 2 der Finanzdienstleistungsrichtlinie und Art. 22 Abs. 4 der Verbraucherkreditrichtlinie. Eine eigenständige Regelung trifft Art. 9 der Time-Sharing-Richtlinie (dazu Rz. 4337). Keine kollisionsrechtliche Regelung enthält die Haustürwiderrufsrichtlinie. Wegen dieser Mehrspurigkeit und der Restriktionen des Art. 29 EGBGB aF galt die Materie als unübersichtlich und reformbedürftig[2] (vgl. auch oben Rz. 35). Die erhoffte Beseitigung des Richtlinienkollisionsrechts ist allerdings nicht erfolgt; die Reform hat nur zu einer teilweisen Vereinfachung geführt[3]. Bei der Auslegung ist zu beachten, dass zu einzelnen Begriffen bereits EuGH-Rechtsprechung im Rahmen der europäischen Sondervorschrift über die internationale Zuständigkeit (Art. 15 EuGVO, früher Art. 13 GVÜ) vorliegt. Diese ist auch hier von Bedeutung (vgl. Rz. 37 f.).

2. Ausländisches Verbraucherschutzrecht

4145 Das ausländische Verbraucherrecht stimmt vor allem dann mit dem deutschen Recht inhaltlich überein, wenn es ebenso wie dieses auf einer EU-Richtlinie beruht (vgl. Rz. 18 ff.). Im Übrigen können sich jedoch erhebliche Abweichungen ergeben. Auf einige ausländische Verbraucherschutzvorschriften sei hier beispielhaft hingewiesen[4]. – Zur Einbeziehung von AGB s. oben Rz. 281 ff.

4146 **Belgien** verfügt über ein Gesetz über die Handelspraktiken und den Verbraucherschutz vom 14.7.1991, in dem auch der Fernabsatz geregelt und missbräuchliche Vertragsklauseln aufgeführt sind[5].

4147 In **Dänemark** finden sich Vorschriften über den Verbraucherschutz insbesondere im Verbrauchervertragsgesetz von 1987, in §§ 38a ff. des Vertragsgesetzes von 1986, in §§ 72 ff. Kaufgesetz sowie im Konsumentenkreditgesetz von 1990[6].

4148 In **England** gilt neben dem Sale of Goods Act 1979 (c. 54) und dem Consumer Credit Act 1974 (c. 39) insbesondere der Unfair Contract Terms Act 1977 (c.

---

1 Vgl. *Leible*, in: Schulte-Nölke/Schulze, S. 353 ff.
2 Dazu *Basedow*, Festschr. Jayme I, S. 3 ff.; *Callies*, S. 109 ff.; *Callies*, ZEuP 2006, 750 ff.; *Loacker*, S. 177 ff. – S. schon *Staudinger*, ZfRV 41 (2000), 102 ff.; *Stoll*, Festschr. Max-Planck-Institut, S. 463 ff.; *Ehle*, S. 178 ff.; *Klauer*, S. 331 ff.
3 *Kieninger*, Festschr. Kropholler, S. 501 ff.
4 Rechtsvergleichende Übersichten mit Nachw. bei *Pfeiffer*, in: Wolf/Lindacher/Pfeiffer, Einl. Rz. 47 ff.; *Reich/Micklitz* op.cit.; *Kroeger*, S. 28 ff.; *Ulmer*, in: Ulmer/Brandner/Hensen, Einl. Rz. 105 ff. Einen ersten Zugang im Internet eröffnet das Internationale Netzwerk für Konsumentenschutz und Vollzug (ICPEN) unter www.econsumer.gov.
5 Nachw. bei *Ulmer*, in: Ulmer/Brandner/Hensen, Einl. Rz. 111 – Vgl. dazu *Jayme/Kohler*, IPRax 1997, 398; *Bitterich*, ZfRV 2002, 126.
6 Jeweils in der Fassung durch Ges. vom 21.12.1994, engl. Übers. (1995) 1 C.L.E. 296. – W. Nachw. *Ulmer*, in: Ulmer/Brandner/Hensen, Einl. Rz. 113. Vgl. zu den kollisionsrechtlichen Änderungen *Jayme/Kohler*, IPRax 1995, 345; *Bitterich*, ZfRV 2002, 126.

50). Letzterer verbietet vor allem Haftungsausschlüsse, die er teils für ungültig erklärt, teils einem „reasonableness test" unterwirft. Die zwingenden Vorschriften für Verbraucherverträge finden grundsätzlich keine Anwendung auf „international supply contracts" (s. 26). Diese Selbstbegrenzung der Sachnormen hat auch der deutsche Richter zu beachten[1]. Sie gelten gleichfalls nicht, wenn englisches Recht lediglich aufgrund einer Rechtswahl der Parteien zur Anwendung kommt, aufgrund objektiver Anknüpfung aber ausländisches Recht gelten würde (s. 27 [1]). Das Gesetz kommt jedoch dann zur Anwendung, wenn die Rechtswahl lediglich zu Umgehungszwecken erfolgte oder der Verbraucher seinen Aufenthalt in Großbritannien hat und die notwendigen Schritte zum Vertragsschluss dort vorgenommen wurden (s. 27 [2]). Ferner gelten die Unfair Terms in Consumer Contracts Regulations von 1999[2] sowie die Consumer Protection (Distance Selling) Regulations 2000[3].

In **Frankreich** sind viele der bisherigen Einzelvorschriften in einem mehrfach ergänzten Code de la consommation zusammengefasst worden[4]. Als missbräuchlich angesehen werden die in einem nicht erschöpfenden Anhang zum Gesetz aufgeführten Klauseln (Art. L 132-1 C.cons.)[5]. Die Rechtsprechung sieht unabhängig hiervon bestimmte unlautere Vertragsbedingungen (clauses abusives) als unwirksam an[6].

4149

Das **griechische** Verbraucherschutzrecht ist im inzwischen ergänzten Gesetz Nr. 2251/1994 geregelt[7], teilweise auch in das Zivilgesetzbuch aufgenommen worden.

4150

In **Irland** ist der Verbraucherschutz ua. im Consumer Information Act 1978, im Consumer Credit Act 1995, im Sale of Goods and Supply of Services Act 1980 sowie im Consumer Protection Act 2007 (Nr. 19) geregelt[8].

4151

Missbräuchliche Klauseln sind im **italienischen** Recht in den Art. 33 ff. Codice del Consumo geregelt[9]. Der Verbrauchsgüterkauf findet sich in den Art. 128 ff. Codice del Consumo[10].

4152

---

1 Näher *Kroeger*, S. 187 ff.
2 S.I. 1999/2083. Dazu *Bitterich*, ZfRV 2002, 127. Vgl. auch *Weatherill*, VuR 1995, 393 ff.; *Ulmer*, in: Ulmer/Brandner/Hensen, Einl. Rz. 122 ff.
3 S.I. 2000/2334.
4 Gesetz Nr. 93-949 vom 26.7.1993, D.S. 1993 L 411. Zum Gesetz Nr. 78-23 vom 10.1.1978 (Loi Scrivener) über den Schutz und die Information der Verbraucher von Waren und Dienstleistungen s. Text: *von Hippel*, S. 358. Vgl. dazu *Sievers*, S. 75 ff. Zum Gesetz Nr. 78-22 vom 10.1.1978 über die Information und den Schutz des Verbrauchers bei bestimmten Kreditgeschäften s. *Bräunig* op.cit.; *Sievers*, S. 123 ff.
5 Vgl. *Morin*, VuR 1995, 381 ff.; *Schmidt*, in: Ulmer/Brandner/Hensen, Einl Rz. 89 ff.
6 Vgl. *Witz/Wolter*, ZEuP 1995, 43.
7 ABl. 1994 I Nr. 191. S. Übersetzung *Kapnopoulou*, S. 301 ff. Vgl. auch *Alexandridou*, VuR 1995, 387 ff.
8 W. Nachw. *Ulmer*, in: Ulmer/Brandner/Hensen, Einl. Rz. 124 f.
9 Näher zur früheren Umsetzung *Cian*, JbItalR 1997, 55 ff.; *Wurmnest*, ZEuP 2004, 971 ff. mwN.
10 Zur ursprünglichen Umsetzung *Eccher/Schurr*, ZEuP 2003, 65 ff.

4153 In **Luxemburg** ist die Einführung eines Code de la consommation geplant. Bislang gilt das Gesetz über den rechtlichen Schutz des Verbrauchers vom 25.5.1983[1]. Das Gesetz enthält insbesondere das Verbot missbräuchlicher Klauseln (Art. 1), wobei verschiedene Klauselarten einzeln aufgeführt werden (Art. 2)[2]. Ferner wird ein Rücktrittsrecht des Verbrauchers bei im Korrespondenzwege geschlossenen Verträgen (Art. 7) sowie bei Haustürgeschäften gewährt (Art. 8).

4154 Mit dem Schutz vor missbräuchlichen Klauseln beschäftigen sich in den **Niederlanden** Art. 6:231 (6.5.2A.1) – 6:247 (6.5.2A.13) NBW[3].

4155 **Österreich** verfügt über ein mehrfach ergänztes Konsumentenschutzgesetz (KSchG) vom 8.3.1979. Es enthält ua. besondere Bestimmungen für Verträge zwischen Unternehmen und Verbrauchern[4]. Dazu gehören insbesondere Regeln für das Rücktrittsrecht des Verbrauchers (§ 3), unzulässige Vertragsbestandteile (§ 6), Vertragsabschlüsse im Fernabsatz (§§ 5a ff.), die Gewährleistung (§§ 8 f., 23), das Verbot der Gehaltsabtretung (§ 12) sowie Vorschriften für besondere Vertragsarten (wiederkehrende Leistungen; Abzahlungsgeschäfte und gleichgestellte Geschäfte; §§ 16 ff.)[5]. Die dem Richtlinienrecht entstammende Beschränkung der Wahl drittstaatlichen Rechts findet sich in § 13a KSchG[6].

4156 In **Polen** richtet sich die Kontrolle von AGB nach den Art. 384 ff. ZGB[1]. Ferner besteht ein eigenes Verbraucherschutzgesetz sowie ein Gesetz über die besonderen Bedingungen für den Verbrauchsgüterkauf vom 27.7.2002.

4157 **Portugal** verfügt über ein Gesetz über den Schutz des Verbrauchers vom 22.8.1981, das die Rechte des Verbrauchers und die Vermeidung von Risiken regelt[7]. Ferner gilt das Gesetz über die Allgemeinen Vertragsbedingungen vom 25.10.1985[8].

4158 **Schweden** verfügt über ein eigenes Verbrauchervertragsgesetz vom 15.12.1994[9], ein Konsumentenkaufgesetz[10] sowie ein Konsumentendienstegesetz[11].

---

1 Text: *von Hippel*, S. 398; deutsche Übersetzung RIW 1986, 602. S. auch *Schockweiler*, IPRax 1984, 337 ff.
2 Näher *Bennemann*, RIW 1986, 594 ff.
3 Nachw. bei *Klauer*, S. 276.
4 Ursprüngl. Text: österreich. BGBl. 1979 Nr. 140 sowie *von Hippel*, S. 364. Näher *Feil*, Konsumentenschutzgesetz, 4. Aufl. (Wien 2002). – Zu den kollisionsrechtlichen Änderungen *Heiss/Mayer*, IPRax 1999, 305 ff.; *Bitterich*, ZfRV 2002, 126 f.; *Nemeth*, S. 90. Zum Verbrauchsgüterkauf *Jayme/Kohler*, IPRax 2001, 512.
5 Nachw. bei *Kroeger*, S. 28 ff.
6 Näher dazu *Loacker*, S. 165 ff. mwN.
7 Engl. Übersetzung bei *von Hippel*, S. 392.
8 Dazu *Jayme*, IPRax 1987, 44 ff.; *Bitterich*, ZfRV 2002, 127.
9 Avtalsvillkorslagen, SFS 1994:1512.
10 Konsumentköplagen, SFS 1990:932 mit Änderungen.
11 Konsumenttjänstlagen, SFS 1985:716 mit Änderungen. – S. *Jayme/Kohler*, IPRax 1996, 378; *Bitterich* ZfRV 2002, 127.

In **Spanien** gilt das Allgemeine Gesetz zum Schutz der Verbraucher und Benutzer vom 19.7.1984[1]. Es schützt private Endabnehmer von Waren und Dienstleistungen. Das Gesetz Nr. 7/1998 enthält einen Katalog unzulässiger Klauseln. Die entsprechende EU-Richtlinie ist mit dem Haustürwiderrufsgesetz vom 21.11.1991 umgesetzt worden[2]. Ferner gilt das Verbraucherschutzgesetz von 1996[3] sowie das Gesetz Nr. 23/2003 über Garantien beim Verbrauchsgüterkauf. Außerdem bestehen regionale Verbraucherschutzvorschriften. Die Umsetzung der Richtlinie über missbräuchliche Klauseln in Verbraucherverträgen durch Spanien ist vom EuGH beanstandet worden[4].

4159

Frei.

4160–4170

II. Kollisionsrechtliche Sonderregelung des Art. 6 Rom I-VO

1. Sonderanknüpfung

Eine Sonderregelung für Verbraucherverträge trifft Art. 6 Rom I-VO (s. Text oben S. 13), der an die Stelle von Art. 5 EVÜ getreten ist, welcher in Deutschland als Art. 29 EGBGB umgesetzt worden war[5]. Danach unterliegt ein Vertrag, den ein Verbraucher mit einem Unternehmer geschlossen hat, dem Recht des Staates, in dem der **Verbraucher seinen gewöhnlichen Aufenthalt hat**. Vorausgesetzt wird, dass der Unternehmer seine berufliche oder gewerbliche Tätigkeit in dem Staat ausübt, in dem der Verbraucher seinen gewöhnlichen Aufenthalt hat (Art. 6 Abs. 1 lit. a Rom I-VO) oder er eine solche Tätigkeit auf irgendeine Weise auf diesen Staat oder auf mehrere Staaten, einschließlich dieses Staates, ausrichtet und der Vertrag in den Bereich dieser Tätigkeit fällt (Art. 6 Abs. 1 lit. b Rom I-VO).

4171

Art. 6 Abs. 2 Rom I-VO gestattet zwar eine **Rechtswahl**. Sie darf jedoch nicht dazu führen, dass dem Verbraucher der Schutz entzogen wird, der ihm durch diejenigen zwingenden Bestimmungen gewährt wird, die mangels einer Rechtswahl anzuwenden wären (näher Rz. 4203 ff.). Art. 6 Abs. 3 Rom I-VO stellt klar, dass dann, wenn die Anforderungen des Art. 6 Abs. 1 lit. a oder b Rom I-VO nicht erfüllt sind, die allgemeinen Bestimmungen der Art. 3 und 4 Rom I-VO zur Anwendung kommen.

Eine Reihe von **Vertragsverhältnissen** wird von Art. 6 Rom I-VO **nicht erfasst**. Dies gilt für Dienstleistungen, die ausschließlich in einem anderen als dem

---

1 Deutsche Übersetzung bei *von Hippel*, S. 401. Näher *Fröhlingsdorf*, RIW 1985, 99 ff. Zur weiteren Entwicklung *López Sánchez/Bueso Guillén*, VuR 1995, 437 ff.
2 Zum Gesetz Nr. 26/1991 näher *Blanco Ledesma*, RIW 1992, 971 ff.
3 Ley 7/1996, de 15 de enero, de Ordenación del comercio minorista (LOCM), BOE vom 17.1.1996 Nr. 15; vgl. *Rauscher*, RIW 1998, 26 ff.
4 EuGH 9.9.2004 – Rs. C-70/03, Kommission/Spanien, Slg. 2004, I-7999 = GPR 2005, 74 Anm. *Tilmann*. Dazu näher *Jayme/Kohler*, IPRax 2005, 483 f.; *Martiny*, ZEuP 2006, 77.
5 Der EVÜ-Entw. 1972 enthielt noch keine Bestimmung für Verbraucherverträge. Vgl. näher *Kroeger*, S. 46 f.

Staat erbracht werden, in dem der Verbraucher seinen gewöhnlichen Aufenthalt hat (Art. 6 Abs. 4 lit. a Rom I-VO). Ausgenommen sind auch Beförderungsverträge mit Ausnahme von Pauschalreiseverträgen (Art. 6 Abs. 4 lit. b Rom I-VO). Nicht erfasst werden ferner Verträge, die ein dingliches Recht an unbeweglichen Sachen oder die Miete oder Pacht unbeweglicher Sachen zum Gegenstand haben, mit Ausnahme von Timesharing-Verträgen an Immobilien (Art. 6 Abs. 4 lit. c Rom I-VO). Ebenfalls ausgeschlossen sind Verträge über Rechte und Pflichten im Zusammenhang mit Finanzinstrumenten sowie bestimmte Wertpapiergeschäfte, sofern es sich dabei nicht um die Erbringung von Finanzdienstleistungen handelt (Art. 6 Abs. 4 lit. d Rom I-VO). Schließlich sind Verträge in multilateralen Systemen ausgeschlossen (Art. 6 Abs. 4 lit. e Rom I-VO), näher Rz. 4192 ff.

4172 Die Parteiautonomie ist fragwürdig, wenn ein inländischer Verbraucher eine Leistung im Inland von ausländischen Lieferfirmen oder Dienstleistungsbetrieben bezieht, die zwar auf dem Inlandmarkt öffentlich werben, dem Kunden aber die Wahl ausländischen Rechts vorschreiben, obwohl er sich im Regelfall darüber nur schwer Gewissheit verschaffen kann und als wirtschaftlich schwächere sowie häufig auch nur unzureichend informierte Partei keinen Einfluss auf die Vertragsgestaltung hat. Hier besteht eine engere Verbindung zum inländischen Recht, die den Auslandsbezug zurücktreten lässt. Deshalb muss gegebenenfalls das Interesse des Unternehmens an der Vereinbarung seines Rechts und einheitlicher Rechtsanwendung zugunsten des **Schutzes des Verbrauchers zurückstehen**. Hinzu kommt, dass der Verbraucherschutz in Einzelnen ausländischen Rechtsordnungen schwächer ausgestaltet sein kann als in der inländischen und dies den wirtschaftlich Überlegenen zu Manipulationen hinsichtlich des anwendbaren Rechts verleiten kann. Schließlich wirkt sich die Entwicklung des internen Verbraucherschutzrechts aus, die ein Spannungsverhältnis zur Parteiautonomie hat entstehen lassen. Es wäre inkonsequent, die Vertragsfreiheit im Sachrecht einzuschränken, dann aber den Parteien zu gestatten, diese Rechtsordnung zur Gänze abzuwählen und sich einer anderen zuzuwenden[1]. Folglich ist eine Anknüpfung notwendig, die den Zwecken der Sachnormen gerecht wird[2].

4173 Auf der anderen Seite nehmen grenzüberschreitende Transaktionen, die auch im Interesse der Verbraucher liegen, immer mehr zu[3]. Daher ist die **Rechtswahlfreiheit** im Interesse der schwächeren Partei zwar nicht beseitigt, wohl aber **eingeschränkt** worden (vgl. auch oben Rz. 86). Ferner wird eine von der Anknüpfung von Dienstleistungen bzw. vom Grundsatz der charakteristischen Leistung abweichende **Anknüpfung an den gewöhnlichen Aufenthalt** des Verbrauchers angeordnet[4].

---

1 S. *von Wilmowsky*, ZEuP 1995, 738; *Hartley*, S. 112 f.
2 Vgl. *Roth*, S. 151 ff.
3 Dazu *Callies*, RabelsZ 68 (2004), 244 ff.; *Clausnitzer/Woopen*, BB 2008, 1801 f.
4 Vgl. Deutsche Denkschr. zum EVÜ, BT-Drucks. 10/503, S. 26.

Das neue Recht hat den **Anwendungsbereich des Verbraucherschutzes** sowohl bezüglich der erfassten Geschäfte als auch hinsichtlich der Umstände des Vertragsschlusses erweitert. Insofern ist die komplizierte Kasuistik des Art. 5 EVÜ (Art. 29 EGBGB) weitgehend, wenngleich nicht vollständig überwunden worden. Die neue Kollisionsnorm soll es ermöglichen, die Kosten für die Beilegung von Rechtsstreitigkeiten zu senken, die häufig einen geringen Streitwert haben, und der Entwicklung des Fernabsatzes Rechnung zu tragen (Erwägungsgrund 24). Die Parteiautonomie wird für grundsätzlich angemessen, in anderen Fällen aber für ungeeignet gehalten. Obwohl im Binnenmarkt grenzüberschreitende Geschäfte an sich nichts Ungewöhnliches darstellen sollten, wird der Grenzüberschreitung der Transaktion größte Bedeutung eingeräumt[1]. Das Postulat, dass, wer am **Marktgeschehen eines bestimmten Landes teilnimmt**, auch mit dem dort geltenden Recht zu rechnen hat, wird durch Konzessionen an den „passiven", hauptsächlich dem eigenen Land verbundenen Verbraucher abgemildert, der sich in bestimmten Fällen auf das ihm günstigere Recht seines Aufenthaltslandes berufen darf. Schließlich kann man die Schutzbedürftigkeit nach abstrakt formulierten Voraussetzungen oder den konkreten Verhältnissen der Parteien bestimmen. Es gilt dann das nach räumlichen Kriterien bestimmte oder das inhaltlich günstigere Recht. Art. 6 Rom I-VO kombiniert beide Ansätze. Eine genügend enge Verbindung mit dem Aufenthaltsland des Verbrauchers wird nur für bestimmte Absatzformen und Situationen angenommen[2]. Aber auch dann soll es bei den dem Verbraucher günstigeren Regeln bleiben. Die ursprünglich angestrebte Integration auch des Kollisionsrechts der Richtlinien ist nicht erreicht worden[3] (s. unten Rz. 4231 ff.). Nach der **Überprüfungsklausel des** Art. 27 Abs. 1 lit. b Rom I-VO hat die Kommission bis zum 17.6.2013 einen Bericht über die Anwendung der Rom I-VO vorzulegen, der sich auch zur Anwendung von Art. 6 Rom I-VO, insbesondere zur Kohärenz des Gemeinschaftsrechts im Bereich des Verbraucherschutzes äußern soll.

4174

Andere Rechtsordnungen kennen ebenfalls besondere Bestimmungen über den kollisionsrechtlichen Verbraucherschutz[4]. **Art. 120 schweiz. IPRG** geht davon aus, der engste Zusammenhang mit einer Rechtsordnung könne durch das besondere Schutzbedürfnis einer Vertragspartei geschaffen werden. Dementsprechend unterstellt er Verträge über eine Leistung, die für den persönlichen oder familiären Gebrauch des Konsumenten bestimmt ist, unter gewissen Voraussetzungen dem Recht des gewöhnlichen Aufenthalts des Konsumenten und schließt eine Rechtswahl aus[5].

4175

---

1 Vgl. *Kohte*, EuZW 1990, 150 ff.
2 *Mankowski*, in: Cashin Ritaine/Bonomi, S. 123 ff. – Vgl. zum alten Recht *Baumert*, EWS 1995, 59 f.
3 Krit. *Pfeiffer*, EuZW 2008, 626; *Mankowski*, in: Cashine Ritaine/Bonomi, S. 121 ff.
4 Vgl. *von Hoffmann*, J.Cons.Policy 15 (1992), 370 (374); *von Hoffmann*, ZfRV 1995, 45 (52); *Hensen*, Consumers and the Conflict of Laws in Dutch Legal Practice, J.Cons.Policy 15 (1992), 355. Zu den USA *Mankowski*, in: Cashin Ritaine/Bonomi, S. 130 ff. W. Nachw. bei *Kroeger*, S. 57 ff.; *Klauer*, passim.
5 Dazu *Junker*, IPRax 1993, 7.

2. Erfasste Verbraucherverträge

a) Verbrauchergeschäfte

4176 Art. 6 Rom I-VO stellt auf die persönlichen Eigenschaften der Vertragsparteien, den Gegenstand des Geschäfts und die Umstände seines Abschlusses ab. Die Vorschrift gilt nur für bestimmte Verbraucherverträge. Vorausgesetzt wird, dass eine Vertragspartei Verbraucher ist (Rz. 4177 f.), es sich um eine bestimmte Art von Geschäft handelt (Rz. 4181), welches unter besonderen Bedingungen zustande gekommen ist (Rz. 4182 ff.) und nicht unter eine der gesetzlichen Ausnahmen (Rz. 4191 ff.) fällt. Der Anwendungsbereich der Vorschrift ist daher enger, als das zunächst erscheint und wirft eine Reihe von Interpretationsproblemen auf.

aa) Verbraucher

4177 Die Eigenschaft als „Verbraucher" (consumer; consommateur) wird nach dem Zweck, dem das Geschäft dienen soll, bestimmt. Entscheidend ist ebenso wie nach Art. 15 EuGVO, dass der **Vertragszweck** nicht der beruflichen oder gewerblichen Tätigkeit des Berechtigten zugerechnet werden kann („outside his trade or profession"; „un usage pouvant être considéré comme étranger à son activité professionelle"). Das Gesetz beschränkt sich auf diese negative Abgrenzungsformel, bestimmt aber nicht positiv, wer als Verbraucher gelten kann[1]. Das neue Recht hat jedoch klargestellt, dass nur **natürliche Personen** gemeint sind, wie die Rechtsprechung zuvor bereits angenommen hatte[2]. Der Verbraucher braucht keinen gewöhnlichen Aufenthalt in einem Mitgliedstaat zu haben[3].

Für die Feststellung der Verbrauchereigenschaft kommt es darauf an, ob die Entgegennahme der Leistung zum beruflich-gewerblichen oder zum **privaten Lebensbereich** des Verbrauchers gehört (vgl. auch § 13 BGB)[4]. Dazu gehört etwa auch der Kauf von Arbeitskleidung oder -werkzeug durch einen Arbeitnehmer[5]. Die Leistung braucht jedoch nicht vollständig der Privatsphäre zuzuordnen sein. Bei teilweiser Privatbezogenheit entscheidet der überwiegende Zweck[6].

---

1 *Hohloch*, in: Erman, Art. 29 EGBGB Rz. 22.
2 EuGH 22.11.2001 – Rs. C-541/99 (Cape), Slg. 2001, I-9049 = NJW 2002, 205 (Klauselrichtlinie). – Ebenso *Reinhart*, Festschr. Trinkner, S. 662 ff.; *Mankowski*, in: Spindler/Wiebe, Rz. 16; *Klauer*, S. 158; *Magnus*, in: Staudinger, Art. 29 EGBGB Rz. 44 je mwN.
3 *Remien*, in: PWW, Art. 6 Rom I Rz. 2. Anders noch der VO-Entwurf. – Krit. zum Entwurf *Staudinger*, AnwBl. 2008, 11; *Mankowski*, IPRax 2006, 106.
4 Vgl. OLG Düsseldorf 26.5.1995, IPRspr. 1995 Nr. 145 = RIW 1995, 769 (Börsentermingeschäft des Arztes). Dass Verträge von Gewerbetreibenden oder Freiberuflern im Zweifel geschäftlich oder beruflich veranlasst sind, nimmt an *von Bar*, II Rz. 434.
5 Zu Art. 29 EGBGB *Junker*, IPRax 1998, 68; *Magnus*, in: Staudinger, Art. 29 EGBGB Rz. 35.
6 Dt. Denkschr. zum EVÜ, BT-Drucks. 10/503, S. 26; vgl. *Bitterich*, RIW 2006, 262 f.; *Magnus*, in: Staudinger, Art. 29 EGBGB Rz. 39.

Gemeint ist der nicht berufs- oder gewerbebezogen handelnde private Endverbraucher. Erfasst werden Verträge, die eine Einzelperson zur Deckung ihres Eigenbedarfs beim privaten Verbrauch schließt und die nicht in Bezug zu einer gegenwärtigen oder zukünftigen beruflichen oder gewerblichen Tätigkeit stehen[1].

Den Zweck eines Geschäfts kann man nach **subjektiven Kriterien**, insbesondere nach dem Parteiwillen, oder nach objektiven Gesichtspunkten, zB dem erkennbaren Verwendungszweck, bestimmen. Der Wortlaut des Art. 6 Rom I-VO lässt offen, welche Methode einzuschlagen ist. Eine einseitige, subjektive Absicht eines Berechtigten, einen privaten oder beruflichen Zweck anzustreben, ist nicht nach außen hin erkennbar und kann daher nicht genügen. Der innere Wille des Leistungsempfängers allein ist mithin als Unterscheidungsmerkmal ungeeignet[2]. 4178

Beide Parteien gemeinsam können jedoch den Zweck eindeutig bestimmen. Dann kommt es auf die getroffene Vereinbarung an. Ein Gewerbetreibender kann beispielsweise Dinge für seinen privaten Gebrauch erwerben, welche er üblicherweise für seine Erwerbstätigkeit benötigt. Wenn auch für seinen Geschäftspartner ein privater Verwendungszweck erkennbar ist, so handelt es sich um ein Verbrauchergeschäft.

Ist keine solche Festlegung erfolgt, so ist in erster Linie eine objektive Bestimmung vorzunehmen. Sodann ist aber auf die **Erkennbarkeit** aus der Sicht des Leistenden abzustellen. Sie richtet sich nach den für den Schuldner objektiv erkennbaren Umständen des Geschäfts[3]. Keine Verbrauchergeschäfte sind Verträge, welche Freiberufler und Selbständige im Rahmen ihrer freiberuflichen oder gewerblichen Tätigkeit abschließen[4] (zB Kauf von Büromobiliar). Maßgeblich ist insbes. die Verkehrsanschauung. Der Bericht *Giuliano/Lagarde* stellt in erster Linie auf die Kenntnis, das Kennenmüssen und den guten Glauben des anderen Vertragsteils ab[5]. In Zusammenhang mit der internationalen Zuständigkeit hat der EuGH die Anwendung der verbraucherschützenden Vorschriften dann ausgeschlossen, wenn der Verbraucher bei seiner Tätigkeit in nicht geringem Umfang auch berufliche Zwecke verfolgt[6]. 4179

Für reine **Privatgeschäfte unter Nichtgewerbetreibenden**, zB für einen Gebrauchtwagenkauf unter Privaten, bei denen kein strukturelles Machtgefälle 4180

---

1 S. zu Art. 13 EuGVÜ EuGH 20.1.2005 – Rs. C-464/01 (Gruber/BayWa), Slg. 2005, I-439 = NJW 2005, 653 (654); EuGH 20.1.2005 – Rs. C-27/02 (Engler/Janus Versand), Slg. 2005, I-481 = NJW 2005, 811; BGH 30.3.2006, BGHZ 167, 83 = NJW 2006, 1672.
2 Dt. Denkschr. zum EVÜ, BT-Drucks. 10/503, S. 26.
3 Vgl. *Thorn*, in: Palandt, Art. 29 EGBGB Rz. 3; *Magnus*, in: Staudinger, Art. 29 EGBGB Rz. 38. – Die Regelung der fehlenden Erkennbarkeit im VO-Entw. ist wieder gestrichen worden, vgl. *Solomon*, in: Ferrari/Leible, S. 102 f.
4 *Magnus*, in: Staudinger, Art. 29 EGBGB Rz. 34.
5 Bericht *Giuliano/Lagarde*, BT-Drucks. 10/503, S. 55. – Vgl. auch *Garcimartín*, EuLF 2008, I-71.
6 EuGH 20.1.2005 – Rs. C-464/01 (Gruber/BayWa), Slg. 2005, I-439 = NJW 2005, 653 = IPRax 2005, 537 (m. Aufs. *Mankowski*, IPRax 2005, 503).

zwischen den Parteien besteht, greift Art. 6 Rom I-VO nach seinem eindeutigen Wortlaut nicht ein[1].

bb) Kreis der Geschäfte

4181 Der sachliche Anwendungsbereich des Art. 6 Rom I-VO ist weit gefasst. Grundsätzlich werden **alle Vertragstypen und Verbraucherverträge** erfasst[2]. Dagegen galt die Vorschrift des Art. 5 EVÜ (Art. 29 EGBGB) nur für bestimmte Verbraucherverträge. Die dortige Aufzählung von Lieferung, Dienstleistung und Finanzierung war abschließend[3]. Nach neuem Recht kommt der Verbraucherschutz hingegen grundsätzlich allen Verträgen über den Kauf und die Lieferung von Waren und anderen Gütern sowie allen Dienstleistungen zugute[4]. Auch der einfache Konsumentenkredit wird nunmehr erfasst[5]. Gleiches gilt für die Miete beweglicher Sachen[6].

b) Umstände des Vertragsschlusses

4182 Nicht alle Konsumentenverträge unterliegen Sonderregeln, sondern nur solche, welche in den „situativen Anwendungsbereich"[7] des Art. 6 Rom I-VO fallen. Die Vorschrift geht von der Grundannahme aus, dass ein Verbraucher, welcher im Ausland Waren einkauft oder Dienstleistungen in Anspruch nimmt, im Allgemeinen nicht erwarten kann, dass ihn das Verbraucherrecht seines Heimatstaates auch dort schützt[8]. Begibt sich also der inländische Kunde auf den ausländischen Markt, so muss er sich mit dem jeweiligen Schutzstandard dieses Marktes zufrieden geben[9]. Nur in bestimmten Anbahnungssituationen geschlossene Verträge sind genügend eng mit dem Aufenthaltsland des Verbrauchers verbunden und führen zu besonderem kollisionsrechtlichen Schutz. Art. 6 Abs. 1 Rom I-VO hat die komplizierte Kasuistik des Art. 5 EVÜ weitgehend überwunden[10] und nennt in Anlehnung an Art. 15 Abs. 1 lit. c EuGVO nur noch zwei Alternativen. Die Verbraucher sollen dann durch Regelungen ihres Aufenthaltsstaats geschützt werden, von denen nicht durch Vereinbarung abgewichen werden kann, wenn der Vertragsschluss darauf zurückzuführen ist, dass der Unternehmer in diesem bestimmten Staat eine berufliche oder gewerbliche **Tätigkeit ausübt** (Erwägungsgrund 25). Der gleiche Schutz soll gewährleistet sein, wenn ein Unternehmer zwar nicht im Aufent-

---

1 *Remien*, in: PWW, Art. 6 Rom I Rz. 2.
2 *Mankowski*, IHR 2008, 141; *Remien*, in: PWW, Art. 6 Rom I Rz. 3.
3 S. 6. Aufl. Rz. 806 ff.
4 *Mankowski*, IHR 2008, 141.
5 *Mankowski*, IHR 2008, 141; *Mankowski*, ZEuP 2008, 862; *Pfeiffer*, EuZW 2008, 626; *Kieninger*, Festschr. Kropholler, S. 501 f.
6 *Remien*, in: PWW, Art. 6 Rom I Rz. 3.
7 So *Solomon*, in: Ferrari/Leible, S. 101. Ebenso zu Art. 29 EGBGB *Bülow*, EuZW 1993, 436.
8 So die Deutsche Denkschrift zum EVÜ, BT-Drucks. 10/503, S. 26.
9 OLG Düsseldorf 26.10.1999, IPRspr. 1999 Nr. 35 = MDR 2000, 575. – Vgl. *Kroeger*, S. 177.
10 Dazu *Solomon*, in: Ferrari/Leible, S. 101 f.

haltsstaat des Verbrauchers tätig ist, seine Tätigkeiten aber – unabhängig von der Art und Weise, in der dies geschieht – auf diesen Staat oder auf mehrere Staaten, einschließlich dieses Staates, **ausrichtet** und der Vertragsschluss darauf zurückzuführen ist.

aa) Ausüben der Tätigkeit

Erforderlich ist, dass der Unternehmer seine berufliche oder gewerbliche Tätigkeit in dem Staat ausübt, in dem der Verbraucher seinen gewöhnlichen Aufenthalt hat (Art. 6 Abs. 1 lit. a Rom I-VO). Der Verbraucher muss aber seine Erklärung nicht in seinem Aufenthaltsstaat abgegeben haben[1]. 4183

Die Tätigkeit muss im Aufenthaltsstaat des Verbrauchers ausgeübt werden. „Ausüben" („pursues his commercial or professional activities"; „exerce son activité professionnelle") meint, eine Tätigkeit zu entfalten (vgl. Rz. 4308). Regelmäßig wird eine aktive Beteiligung am Wirtschaftsverkehr durch das Angebot und die Abwicklung von Leistungen genügen[2]. Insbesondere der Verkauf von Waren und der Abschluss von Dienstleistungsverträgen werden erfasst. Bloße Produktion und Lagerhaltung genügen hingegen nicht[3].

bb) Ausrichten der Tätigkeit

Es kommt darauf an, dass der Unternehmer seine **Tätigkeit** auf irgendeine Weise auf den Staat des gewöhnlichen Aufenthalts des Verbrauchers oder auf mehrere Staaten, einschließlich dieses Staates, **ausrichtet** (directs such activities; dirige cette activité; Art. 6 Abs. 1 lit. b Rom I-VO). Die Rom I-VO will eine inhaltliche Übereinstimmung mit der EuGVO erreichen. Daher wird zum einen als Voraussetzung für die Anwendung der Verbraucherschutznorm auf das Kriterium der ausgerichteten Tätigkeit abgestellt. Ferner wird die Notwendigkeit betont, dass dieses Kriterium für beide Verordnungen einheitlich ausgelegt wird (Erwägungsgrund 24). 4184

Da es genügt, dass die Tätigkeit „in irgend einer Weise" ausgerichtet ist, wird keine bestimmte Art von Aktivität verlangt (vgl. Rz. 4308). Darunter fällt auch ein **Auftreten im Internet**[4]. Erwägungsgrund 24 weist auf eine gemeinsame Erklärung des Rates und der Kommission zu Art. 15 EuGVO hin. Darin heißt es, „dass es für die Anwendung von Artikel 15 Abs. 1 Buchstabe c nicht ausreicht, dass ein Unternehmen seine Tätigkeiten auf den Mitgliedstaat, in dem der Verbraucher seinen Wohnsitz hat, oder auf mehrere Staaten – einschließlich des betreffenden Mitgliedstaats –, ausrichtet, sondern dass im Rahmen dieser Tätigkeiten auch ein **Vertrag geschlossen worden sein muss.**" Des Weiteren heißt es in dieser Erklärung, „dass die Zugänglichkeit einer Website allein nicht aus- 4185

---

[1] *Mankowski*, IHR 2008, 142; *Remien*, in: PWW, Art. 6 Rom I Rz. 5. – Ebenso zu Art. 15 EuGVO *Ganssauge*, S. 61.
[2] *Mankowski*, IHR 2008, 142. – Vgl. *Remien*, in: PWW, Art. 6 Rom I Rz. 4.
[3] *Mankowski*, IHR 2008, 142.
[4] *Mankowski*, IHR 2008, 142; *Clausnitzer/Woopen*, BB 2008, 1801 f. – Vgl. auch *Ganssauge*, S. 56 ff.

reicht, um die Anwendbarkeit von Artikel 15 zu begründen; vielmehr ist erforderlich, dass diese Website auch den **Vertragsabschluss im Fernabsatz anbietet** und dass **tatsächlich ein Vertragsabschluss im Fernabsatz erfolgt ist**, mit welchem Mittel auch immer". Daher wird verlangt, dass die Webseite mit einem elektronischen Einkaufswagen oder einem „E-Shop" ausgestattet ist, über den unmittelbar eine Bestellung übermittelt wird[1]. Teilweise wird für das Ausrichten eine **interaktive Website** verlangt, eine bloß passive Website soll nicht genügen[2]. Die bloße Angabe einer e-mail-Adresse im Impressum oder unter „Kontakt", über die dann eine Bestellung erfolgen kann, soll nicht ausreichen[3]. Auch die Angabe einer Kontaktadresse auf der Website eines **Dritten** hat man nicht genügen lassen[4]. Ein Unternehmer, der für seine Tätigkeiten die Aktivitäten Dritter nutzt, muss sich diese aber zurechnen lassen. Erwägungsgrund 24 stellt auch klar, dass die auf einer Website benutzte Sprache oder die Währung nicht von Bedeutung sind.

Es genügt auch, dass die Tätigkeit auf **mehrere Staaten**, einschließlich des Aufenthaltsstaates des Verbrauchers ausgerichtet ist.

4186 Ein Fall des Ausrichtens von Tätigkeit ist die Werbung[5]. Darunter fallen **absatzfördernde Handlungen** aller Art, zB Prospekte, Zeitungsanzeigen, Telefonanrufe, Rundfunksendungen und Fernsehspots[6]. Erfasst werden somit Vertragsabschlüsse im Teleshopping[7]. Für telefonisch abgeschlossene Fernabsatzverträge, bei denen der Verbraucher angerufen hat, wird zT kein „Ausrichten" auf das Verbraucherland angenommen[8].

4187 Die **Auslandsreise** (Art. 5 Abs. 2 Spiegelstrich 3; Art. 29 Abs. 1 Nr. 3 EGBGB) wird nicht mehr gesondert genannt, aber gleichwohl erfasst. Bei einer **vom Verkäufer** veranstalteten oder **veranlassten Reise** (zB als Busreise) kommt das Recht des Verbraucherlandes zum Zuge. Der Verkäufer muss also in irgendeiner Weise auf die Reise Einfluss genommen haben. Nicht erforderlich ist aber, dass er selbst für die Beförderung gesorgt hat; es genügt, wenn er zB die Reise durch eine Vereinbarung mit einem Beförderungsunternehmen organi-

---

1 *Clausnitzer/Woopen*, BB 2008, 1802.
2 So zu Art. 15 EuGVO BGH 17.9.2008, NJW 2009, 298 = IPRax 2009, 258 (m. Aufs. *Mankowski* 238) = EuZW 2009, 26 m. insoweit abl. Anm. *Leible/Müller*. – Die Geeignetheit der Unterscheidung von „aktiv" und „passiv" bezweifeln *Mankowski*, IPRax 2009, 239 ff.; *Ganssauge*, S. 57 ff.
3 *Clausnitzer/Woopen*, BB 2008, 1802. – Dagegen lässt bereits Informationen, die einen direkten Kontakt mit dem Verbraucher ermöglichen, genügen *Ganssauge*, S. 59 (zu Art. 15 EuGVO).
4 So zu Art. 15 EuGVO BGH 17.9.2008, NJW 2009, 298 = EuZW 2009, 26 Anm. *Leible/Müller* = IPRax 2009, 258 (m. Aufs. *Mankowski*, IPRax 2009, 238). – Großzügiger dagegen *Pfeiffer*, EuZW 2008, 627.
5 *Mankowski*, IHR 2008, 142; *Mankowski*, IPRax 2009, 238 f.; *Remien*, in: PWW, Art. 6 Rom I Rz. 5.
6 Vgl. *Hohloch*, in: Erman, Art. 29 EGBGB Rz. 11.
7 *Wagner*, WM 1995, 1135.
8 *Clausnitzer/Woopen*, BB 2008, 1802.

siert hat[1]. Erfasst wird daher die typische „Kaffeefahrt", bei der den Teilnehmern die Gelegenheit geboten wird, bestimmte Produkte zu erwerben. Findet hingegen nur eine organisierte Reise ins Ausland statt, bei der es den Teilnehmern völlig frei steht, ob und wo sie am Zielort Waren erwerben wollen, so muss der Käufer mangels Rechtswahl mit der Anwendung des Rechts am Niederlassungsort des Verkäufers rechnen[2]. Aber auch dann, wenn eine längere Pauschalreise ins Ausland organisiert und der Kunde dort dem ausländischen Verkäufer zugeführt wird, greift die Vorschrift grundsätzlich nicht ein[3]. Die Verkaufsförderung muss wesentlicher Zweck der Reise sein; wirtschaftlicher Eigennutz des Veranstalters (Gewinnbeteiligung) am Absatz genügt nicht. Teilweise hat man jedoch das gezielte Zuführen von Touristen zu einem ausländischen Betrieb schon nach altem Recht für ausreichend gehalten[4]; Gleiches wird für Art. 6 Rom I-VO angenommen[5].

Im Rahmen einer **ausländischen Vertragsanbahnung** schließen inländische Verbraucher bei Werbeveranstaltungen häufig Kaufverträge über einen bestimmten Konsumartikel ab, welcher sodann von einem inländischen Unternehmen im Inland zu liefern ist[6]. Letzteres lässt sich auch den Kaufpreisanspruch vom ausländischen Verkäufer abtreten. In diesen Fällen wird zwar im Ausland gekauft, gleichwohl weist das Geschäft einen starken inländischen Bezug auf. Jedenfalls ein Teil solcher als Gran-Canaria-Fälle bekannt gewordenen Gestaltungen fällt unter Art. 6 Rom I-VO[7] (vgl. auch Rz. 4309 ff.). Als Kriterien dafür werden genannt, dass eine Anbindung des Unternehmens an den ausländischen Markt fehlt und die Absatzstrategie allein auf bestimmte Urlaubergruppen abzielt[8]. Gelegentlich wird sogar für den auf deutsche Touristen abzielenden Verkauf durch einen ausländischen Anbieter eine stillschweigende Wahl deutschen Rechts angenommen[9]. 4188

---

1 Zum EVÜ Bericht *Giuliano/Lagarde*, BT-Drucks. 10/503, S. 56. Ebenso etwa *Hohloch*, in: Erman, Art. 29 EGBGB Rz. 13; *Magnus*, in: Staudinger, Art. 29 EGBGB Rz. 80.
2 Zu Art. 29 EGBGB LG Baden-Baden 14.2.1997, IPRspr. 1997 Nr. 31 (Teppichkauf in Türkei).
3 Zu Art. 29 EGBGB LG Düsseldorf 5.12.1990, IPRspr. 1990 Nr. 43 = NJW 1991, 2220 (Teppichkauf in der Türkei); LG Hamburg 18.2.1999, IPRspr. 1999 Nr. 30 = RIW 1999, 391 (Teppichkauf); *Hohloch*, in: Erman, Art. 29 EGBGB Rz. 14; *Thorn*, in: Palandt, Art. 29 EGBGB Rz. 5. Anders LG Limburg/Lahn 2.5.1990, IPRspr. 1990 Nr. 33 = NJW 1990, 2206 (Widerruf nach Teppichkauf in der Türkei).
4 LG Tübingen 30.3.2005, NJW 2005, 1513 (Teppichkauf in der Türkei).
5 *Althammer*, JA 2008, 778 f. – Zweifelnd *Remien*, in: PWW, Art. 6 Rom I Rz. 5.
6 Zum alten Recht s. näher 6. Aufl. Rz. 816 ff.
7 Vgl. *Solomon*, in: Ferrari/Leible, S. 105 f. – Die Anwendung von Art. 9 halten für möglich *Lando/Nielsen* CML Rev. 45 (2008), 1723 f.
8 *Althammer*, JA 2008, 778. – Vgl. auch *Mankowski*, ZvglRW 105 (2006), 140 f.
9 KG 21.2.2008, NJW-RR 2009, 195 (Deutscher Pauschalurlauber kauft in türkischer Teppichknüpferei einen Teppich. Kaufvertrag auf Deutsch mit deutschen Rechtsbegriffen, Zahlbetrag ist in Euro ausgewiesen und der Teppich wird in Deutschland ausgeliefert).

cc) **Vertrag im Bereich der Tätigkeit**

4189 Erforderlich ist, dass der Vertrag in den Bereich der vom Vertragspartner im Aufenthaltsstaat des Verbrauchers ausgeübten oder dahin ausgerichteten beruflichen oder gewerblichen Tätigkeit fällt (Art. 6 Abs. 1 Rom I-VO). Dies entspricht Art. 15 Abs. 1 lit. c EuGVO. Erforderlich ist mithin – anders als nach altem Recht – ein **(kausaler) Zusammenhang** zwischen ausgerichteter Tätigkeit und konkretem Vertrag[1]. Daher kann ein Verbraucher, welcher in einem anderen Land einen Vertrag abgeschlossen hat, nicht nachträglich geltend machen, dass auch Werbung auf den Staat seines Aufenthalts ausgerichtet war[2]. Für Art. 15 EuGVO wurde verlangt, dass der Vertragspartner bereits vor dem Vertragsschluss mit dem Verbraucher und unabhängig von diesem eine berufliche oder gewerbliche Tätigkeit im Wohnsitzstaat des Verbrauchers ausgeübt oder auf diesen Staat ausgerichtet hat[3].

dd) **Vertrag iSd. Art. 6 Abs. 3 Rom I-VO**

4190 Der Klarstellung dient Art. 6 Abs. 3 Rom I-VO. Sind nämlich die Voraussetzungen des Art. 6 Abs. 1 lit. a (Tätigkeit im Verbraucherland) oder lit. b (Ausrichten) Rom I-VO nicht erfüllt, so fehlt es am situativen Anwendungsbereich. Damit scheidet eine Anwendung des Art. 6 Rom I-VO aus. Für den Vertrag zwischen dem Verbraucher und dem Unternehmer gelten vielmehr die **allgemeinen Regeln** über die Rechtswahl (Art. 3 Rom I-VO) und die objektive Anknüpfung (Art. 4 Rom I-VO).

c) **Ausnahmen der Art. 5 und 7 Rom I-VO**

4191 Art. 6 Rom I-VO zielt nicht auf alle Arten von Verträgen ab. Wegen der Besonderheit von **Beförderungs- und Versicherungsverträgen** wollen besondere Vorschriften ein angemessenes Schutzniveau für zu befördernde Personen und Versicherungsnehmer gewährleisten. Deshalb soll Art. 6 nicht im Zusammenhang mit diesen Verträgen gelten (Erwägungsgrund 32). Die Regeln über Verbraucherverträge gelten nicht für Beförderungsverträge[4]. Dies gilt – unabhängig vom Beförderungsmittel – sowohl für Güter-, als auch für Personenbeförderungsverträge[5]. Diese unterliegen vielfach Einheitsrecht; im Übrigen besteht eine Sonderregelung für Beförderungsverträge in Art. 5 Rom I-VO, s.

---

1 *Mankowski*, IHR 2008, 142; *Mankowski*, in: Cashin Ritaine/Bonomi, S. 136. – Zurückhaltend *Remien*, in: PWW, Art. 6 Rom I Rz. 6.
2 *Mankowski*, IHR 2008, 142; *Lando/Tenenbaum*, Rev.crit.d.i.p. 97 (2008), 744 ff. – In diesem Sinne auch für Art. 15 EuGVO BGH 17.9.2008, EuZW 2009, 26 Anm. *Leible/Müller* = IPRax 2009, 258 (m. Aufs. *Mankowski*, IPRax 2009, 238).
3 BGH 30.3.2006, BGHZ 167, 83 = IPRspr. 2006 Nr. 114 = NJW 2006, 1672 = JR 2007, 457 Anm. *Looschelders* = VuR 2006, 322 (m. Aufs. *Mankowski*, VuR 2006, 289).
4 Krit. dazu *Mankowski*, IPRax 2006, 105; *Solomon*, in: Ferrari/Leible, S. 97 f.
5 *Ferid*, Rz. 6–30; *Hohloch*, in: Erman, Art. 29 EGBGB Rz. 26; *Magnus*, in: Staudinger, Art. 29 EGBGB Rz. 58 f. – Krit. *Mankowski*, Seerechtliche Vertragsverhältnisse, S. 393 ff.

Rz. 2621 ff. Für Versicherungsverträge findet sich eine Sonderregelung in Art. 7 Rom I-VO, dazu Rz. 4734 ff.

Bei einer Reihe anderer Verträge wird die Verbindung zum ausländischen Recht höher bewertet als der Zusammenhang mit dem Recht am gewöhnlichen Aufenthaltsort des Verbrauchers. Solche Verträge unterliegen mithin den allgemeinen Vorschriften der Art. 3, 4 Rom I-VO.

d) Ausnahmen des Art. 4 Rom I-VO
aa) Ausländische Dienstleistungen

4192 Die Regeln für Verbraucherverträge über Dienstleistungen erleiden eine weitere wesentliche Einschränkung durch Art. 6 Abs. 4 lit. a Rom I-VO. Sie gelten nämlich nicht für die Erbringung von Dienstleistungen, wenn sie ausschließlich **in einem anderen** als dem **Staat** erbracht werden müssen (are to be supplied; doivent être fournies), in dem der Verbraucher seinen gewöhnlichen Aufenthalt hat[1]. Liegt eine ausländische Dienstleistung vor, so bleibt es bei den allgemeinen Vorschriften des Art. 3 sowie Art. 4 Abs. 1 Rom I-VO[2]. Es kommt darauf an, ob Vertragspflichten grenzüberschreitend zu erfüllen sind[3]. Daran fehlt es, wenn ein Rechtsanwalt seine Leistungen überwiegend in Deutschland erbringt[4]. Wird die Leistung ausschließlich im Internet erbracht, so berührt sie auch das Aufenthaltsland des Verbrauchers, wenn er sie von dort aus dem Netz abruft[5].

Solche Auslandsverträge betreffen etwa die **Unterbringung** (zB Hotelunterkunft im Ausland[6]) oder es handelt sich um **Unterrichtsverträge** (zB Ski- oder Segelkurs)[7]. Kollisionsrechtlicher Schutz wird daher auch dann nicht gewährt, wenn der Vertrag unter den besonderen Umständen des Art. 6 Abs. 1 Rom I-VO (zB Hotelwerbung im Aufenthaltsland des Verbrauchers) zustande gekommen ist[8]. Anderes gilt nur für Pauschalreisen, s. dazu Rz. 2673 ff.

4193 In diesem Zusammenhang entstehen zahlreiche Abgrenzungsfragen bezüglich der Art der ausgeschlossenen Geschäfte, aber auch im Hinblick auf ihre Abwicklung im Einzelfall; zur Dienstleistung vgl. Rz. 1041 ff. Fraglich ist auch,

---

1 Krit. dazu *Leible*, IPRax 2006, 368; *Mankowski*, IHR 2008, 143.
2 *Wagner*, IPRax 2008, 383.
3 W. *Lorenz*, IPRax 1994, 430.
4 So zu Art. 29 EGBGB BGH 24.7.2003, NJW 2003, 3486 = IPRax 2005, 150 (m. Aufs. *Spickhoff*, IPRax 2005, 125; *Staudinger*, IPRax 2005, 129) = IPRspr. 2003 Nr. 200.
5 *Mankowski*, RabelsZ 63 (1999), 254 f.; *Magnus*, in: Graf/Paschke/Stober, S. 28; *Remien*, in: PWW, Art. 6 Rom I Rz. 11.
6 AG Bernkastel-Kues 9.9.1992, IPRspr. 1992 Nr. 28 = IPRax 1994, 141 Bericht *Jayme*; *Remien*, in: PWW, Art. 6 Rom I Rz. 11. – Ebenso für Time-Sharing-Verträge *Beise*, NJW 1995, 1725; *Mankowski*, RIW 1995, 367.
7 *Remien*, in: PWW, Art. 6 Rom I Rz. 11. – Ebenso schon Dt. Denkschr. zum EVÜ, BT-Drucks. 10/503, S. 27.
8 So *Solomon*, in: Ferrari/Leible, S. 103 f. – Ebenso zum EVÜ Bericht *Giuliano/Lagarde*, BT-Drucks. 10/503, S. 57; *Hohloch*, in: Erman, Art. 29 EGBGB Rz. 24.

ob noch von lokaler Tätigkeit gesprochen werden kann, wenn die Tätigkeit auf mehrere Staaten ausgerichtet wird[1].

4194 Verträge mit ausländischen **Ferienhausanbietern**, welche ihre Leistungen ausschließlich im Ausland erbringen, werden nicht erfasst[2]. Die bloße Überlassung zum Gebrauch ist noch nicht als Dienstleistung anzusehen. Hier sind unterschiedliche Gestaltungen möglich. Die Rechtsprechung hat zum einen damit argumentiert, die charakteristische Leistung – die Bereitstellung der Ferienwohnung – werde bereits im Inland erbracht. Ferner bestehe bei inländischer Niederlassung des Veranstalters und Inlandsaufenthalt des Kunden eine engere Verbindung[3]. Teilweise wurde angenommen, es handle sich um Verbraucherverträge über die Erbringung von Dienstleistungen, welche nicht ausschließlich in einem anderen Staat als dem Verbraucherland erbracht würden und deshalb nicht unter die Ausnahmevorschrift des Art. 6 Abs. 4 lit. a Rom I-VO fielen[4]. Welche dieser Begründungen zutrifft, wird wiederum häufig offen gelassen[5].

bb) Beförderungsverträge

4195 Beförderungsverträge sind grundsätzlich ausgenommen (Art. 6 Abs. 4 lit. b Rom I-VO)[6], vgl. oben Rz. 2671 ff. Anderes gilt allerdings für **Pauschalreisen** (dazu oben Rz. 2673 ff.). Für Reiseverträge, die für einen Pauschalpreis kombinierte Beförderungs- und Unterbringungsleistungen vorsehen („package tours"), gelten die allgemeinen Anknüpfungsregeln für Verbraucherverträge. Zu solchen Pauschalreiseverträgen gehören etwa Kreuzfahrten[7]. Die bloße Vermittlung einer Unterkunft wird hingegen nicht erfasst[8]. Voraussetzung für die Anwendung des Rechts des Kunden ist allerdings, dass ein besonderer Abschlusstatbestand vorliegt, dh. die Bedingungen des Art. 6 Abs. 1 Rom I-VO erfüllt sind[9]. Dagegen kommt es nicht darauf an, ob die Reise in dem Staat beginnt, in dem

---

1 *Mankowski*, IHR 2008, 142.
2 Zu Art. 29 EGBGB AG Hamburg 7.7.1999, IPRspr. 1999 Nr. 121 = NJW-RR 2000, 352; *Kartzke*, NJW 1994, 825; *Mankowski*, RIW 1995, 367; *Thorn*, in: Palandt, Art. 29 EGBGB Rz. 2; *Magnus*, in: Staudinger, Art. 29 EGBGB Rz. 61.
3 So früher zu Art. 28 Abs. 5 EGBGB BGH 12.10.1989, BGHZ 109, 29 (36 f.) = BB 1990, 658 Anm. *Lindacher* = IPRax 1990, 318 (m. Aufs. *Lorenz*, IPRax 1990, 292). – Vgl. dazu auch *Schreiber*, Ausweichklauseln im deutschen, österreichischen und schweizerischen IPR (2001), S. 176 f.
4 Vgl. *Remien*, in: PWW, Art. 6 Rom I Rz. 13. – S. zum alten Recht *Lindacher*, BB 1990, 661; *Hohloch*, in: Erman, Art. 29 EGBGB Rz. 24; *Thorn*, in: Palandt, Art. 29 EGBGB Rz. 2.
5 So BGH 9.7.1992, BGHZ 119, 152 (158) = IPRax 1993, 244 (m. Aufs. *Lindacher*, IPRax 1993, 228) = NJW 1992, 3158.
6 Krit. *Mankowski*, IHR 2008, 142 f.
7 *Flessner*, S. 11. – Näher *Mankowski*, Seerechtliche Vertragsverhältnisse, S. 400 ff.
8 *Hohloch*, in: Erman, Art. 29 EGBGB Rz. 27.
9 Zu Art. 29 EGBGB LG Konstanz 24.8.1992, NJW-RR 1993, 638 = IPRax 1994, 448 (m. zust. Aufs. *Thorn*, IPRax 1990, 426); *Hohloch*, in: Erman, Art. 29 EGBGB Rz. 27. Vgl. auch Bericht zum EVÜ *Giuliano/Lagarde*, BT-Drucks. 10/503, S. 57.

der Reisende seinen gewöhnlichen Aufenthalt besitzt[1]. Der Grund für den besonderen Schutz für Pauschalreisen ist wohl, dass diese häufig wie Inlandsreisen angeboten werden und dem Kunden erspart bleiben soll, sich auf die Geltung von Auslandsrecht einstellen zu müssen[2].

cc) Verträge über unbewegliche Sachen

Nach Art. 6 Abs. 4 lit. c Rom I-VO sind Verträge über unbewegliche Sachen ausgenommen; dazu Rz. 1500 ff. 4196

Eine solche Ausnahme, bei der die allgemeinen Regeln für Verbraucherverträge nicht gelten, betrifft Verträge, die ein dingliches Recht an unbeweglichen Sachen oder die Miete oder Pacht unbeweglicher Sachen zum Gegenstand haben. Dazu gehört etwa der Grundstückskauf[3]. Insoweit greifen Art. 3 und Art. 4 Abs. 1 lit. c Rom I-VO ein[4]. Eine parallele Zuständigkeitsvorschrift findet sich in Art. 22 Nr. 1 EuGVO. Dies gilt auch für die Wohnraummiete und die Grundstückspacht[5]. Eine Ausnahme davon sind wiederum **Verträge über Teilzeitnutzungsrechte** an Immobilien im Sinne der Time-Sharing-Richtlinie[6] (Erwägungsgrund 27). Für diese Verträge bleibt es bei Art. 6 Rom I-VO[7].

dd) Finanzinstrumente und Finanzdienstleistungen

Nicht erfasst werden von Art. 6 bestimmte Verträge über **Finanzinstrumente** (financial instruments; instruments financiers), **öffentliche Angebote** (public offers) bezüglich übertragbarer Wertpapiere, ferner **gemeinsame Anlagen** (collective investments; Art. 6 Abs. 4 lit. d Rom I-VO). Hiervon besteht wiederum eine Unterausnahme für die Erbringung von **Finanzdienstleistungen**. 4197

Für die Zwecke der Rom I-VO bezeichnet der Begriff „**Finanzinstrumente**" diejenigen Instrumente, die in Art. 4 der MiFID-Richtlinie 2004/39/EG genannt sind (Erwägungsgrund 30). Ausgeschlossen ist daher zunächst einmal die Entstehung dieser Finanzinstrumente selbst[8], näher dazu Rz. 2371 ff. Die Rom I-VO will sicherstellen, dass Rechte und Verpflichtungen, die ein Finanzinstrument begründen, nicht den allgemeinen Regeln für Verbraucherverträge unterliegen (Erwägungsgrund 28). Dies könnte nämlich dazu führen, dass für jedes der ausgegebenen Instrumente ein anderes Recht anzuwenden wäre, wo- 4198

---

1 S. *von Bar*, II Rz. 433; Dt. Denkschr. zum EVÜ, BT-Drucks. 10/503, S. 27.
2 Krit. *Ferid*, Rz. 6–30, 3.
3 *Remien*, in: PWW, Art. 6 Rom I Rz. 13.
4 *Solomon*, in: Ferrari/Leible, S. 98; *Wagner*, IPRax 2008, 383.
5 *Solomon*, in: Ferrari/Leible, S. 99; *Remien*, in: PWW, Art. 6 Rom I Rz. 13. – Krit. dazu *Mankowski*, IPRax 2006, 105; *Mankowski*, IHR 2008, 143.
6 Richtlinie 94/47/EG vom 26.10.1994 zum Schutz der Erwerber im Hinblick auf bestimmte Aspekte von Verträgen über den Erwerb von Teilnutzungsrechten an Immobilien, ABl. EG 1994 Nr. L 280, S. 83.
7 *Solomon*, in: Ferrari/Leible, S. 98; *Wagner*, IPRax 2008, 383; *Remien*, in: PWW, Art. 6 Rom I Rz. 13.
8 Dazu *Garcimartín Alférez*, in: Cashin Ritaine/Bonomi, S. 167; *Garcimartín Alférez*, J. PIL 5 (2009), 90; *Mankowski*, RIW 2009, 102.

durch ihr Wesen verändert würde und ihr fungibler Handel und ihr fungibles Angebot verhindert würden. Entsprechend soll auf das Vertragsverhältnis zwischen dem Emittenten bzw. dem Anbieter und dem Verbraucher bei Ausgabe oder Angebot solcher Instrumente nicht notwendigerweise die Anwendung des Rechts des Aufenthaltsstaates des Verbrauchers zwingend vorgeschrieben sein. Die Einheitlichkeit der Bedingungen einer Ausgabe oder eines Angebots muss sichergestellt werden. Zur Anwendung kommen mithin Art. 3 und 4 der Rom I-VO[1].

4199 Die **öffentlichen Angebote** erfassen den Erwerb von Wertpapieren und öffentliche Übernahmeangebote[2], näher Rz. 2371 ff. Für die Zwecke der Rom I-VO bezeichnet der Begriff **„übertragbare Wertpapiere"** diejenigen Instrumente, die in Art. 4 der MiFID-Richtlinie 2004/39/EG genannt sind (Erwägungsgrund 30). Erwägungsgrund 29 liefert eine Erläuterung, wenn für die Zwecke der Rom I-VO Rechte und Verpflichtungen, durch die die Bedingungen für die Ausgabe, das öffentliche Angebot oder das öffentliche Übernahmeangebot bezüglich übertragbarer Wertpapiere (public take-over bid of transferable securities) festgelegt werden. Mit den „Rechten und Verpflichtungen" sind die Ausgabe, öffentliche Angebote, Zeichnung oder auch der Rückkauf von Publikumsfondsanteilen gemeint[3].

4200 Auch **gemeinsame Anlagen** („collective investments") sind ausgeschlossen[4], näher Rz. 2377. Hier geht es um die Zeichnung oder den Rückkauf von Anteilen an Organismen für gemeinsame Anlagen in Wertpapieren. Darunter sollen auch die Bedingungen für die Zuteilung von Wertpapieren oder Anteilen, für die Rechte im Falle einer Überzeichnung, für Ziehungsrechte und ähnliche Fälle im Zusammenhang mit dem Angebot sowie die in den Artt. 10, 11, 12 und 13 MiFID-Richtlinie geregelten Fälle fallen, so dass sichergestellt ist, dass alle relevanten Vertragsaspekte eines Angebots, durch das sich der Emittent bzw. Anbieter gegenüber dem Verbraucher verpflichtet, einem einzigen Recht unterliegen.

4201 Es besteht jedoch eine schwer abgrenzbare Rückausnahme für alle diejenigen Aspekte, die mit der **Erbringung von Finanzdienstleistungen** (financial services; fourniture d'un service financier) im Zusammenhang stehen, s. Rz. 2380 ff. Die Erbringung von Finanzdienstleistungen unterliegt dem Art. 6 Abs. 1–3 Rom I-VO[5]. Dies bezieht sich auf die den Geschäften mit Finanzinstrumenten zugrunde liegenden oder sie begleitenden Verträge[6]. Hierzu ge-

---

[1] *Garcimartín Alférez*, J. PIL 5 (2009), 91.
[2] Dazu *Garcimartín Alférez*, in: Cashin Ritaine/Bonomi, S. 168 f.; *Garcimartín Alférez*, J. PIL 5 (2009), 91 ff.; *Mankowski*, RIW 2009, 103.
[3] *Clausnitzer/Woopen*, BB 2008, 1802.
[4] Dazu *Garcimartín Alférez*, in: Cashin Ritaine/Bonomi, S. 168 f.; *Garcimartín Alférez*, J. PIL 5 (2009), 95 ff.; *Mankowski*, RIW 2009, 103.
[5] *Garcimartín Alférez*, J. PIL 5 (2009), 96 f.; *Mankowski*, IHR 2008, 143; *Mankowski*, RIW 2009, 103 ff.; *Remien*, in: PWW, Art. 6 Rom I Rz. 14.
[6] *Clausnitzer/Woopen*, BB 2008, 1802.

hören die Anlageberatung[1] oder Portfolioverwaltung[2], Depotverwahrung[3], Lombardkredite sowie der Verkauf von Fondsanteilen[4].

Finanzdienstleistungen wie Wertpapierdienstleistungen, Anlagetätigkeiten und Nebendienstleistungen nach Anh. I Abschn. A und Abschn. B der Richtlinie 2004/39/EG[5], die ein Unternehmer für einen Verbraucher erbringt, sowie Verträge über den Verkauf von Anteilen an Organismen für gemeinsame Anlagen in Wertpapieren unterliegen – selbst wenn sie nicht unter die Richtlinie 85/611/EWG[6] fallen – Art. 6 der Rom I-VO (Erwägungsgrund 26). Daher sollen, wenn die Bedingungen für die Ausgabe oder das öffentliche Angebot bezüglich übertragbarer Wertpapiere oder die Zeichnung oder der Rückkauf von Anteilen an Organismen für gemeinsame Anlagen in Wertpapieren erwähnt werden, darunter alle Aspekte fallen, durch die sich der Emittent bzw. Anbieter gegenüber dem Verbraucher verpflichtet.

ee) Einheitliches System

Ausgeschlossen sind Verträge, die innerhalb von multilateralen Systemen (multilateral systems) geschlossen werden, auf die Art. 4 Abs. 1 lit. h Anwendung findet (Art. 6 Abs. 4 lit. e Rom I-VO). Für sie soll gewährleistet sein, dass das Recht des Staates des gewöhnlichen Aufenthalts des Verbrauchers nicht die Regeln berührt, die auf innerhalb solcher Systeme oder auf mit dem Betreiber solcher Systeme geschlossene Verträge anzuwenden sind. Die Abwicklung einer förmlichen Vereinbarung, die als System im Sinne von Art. 2 lit. a der Richtlinie 98/26/EG[7] ausgestaltet ist, soll daher von der Sondervorschrift des Art. 6 Rom I-VO unberührt bleiben (Erwägungsgrund 31)[8], vgl. Rz. 2371 ff., 2381 ff.

4202

3. Rechtswahlbeschränkung

a) Zulässigkeit der Rechtswahl

Auch für Verbraucherverträge ist eine ausdrückliche oder stillschweigende Rechtswahl nach Art. 3 Rom I-VO zulässig. Dies galt schon nach altem

4203

---

1 *Clausnitzer/Woopen*, BB 2008, 1802.
2 *Clausnitzer/Woopen*, BB 2008, 1802; *Garcimartín Alférez*, J. PIL 5 (2009) 96.
3 *Clausnitzer/Woopen*, BB 2008, 1802.
4 *Clausnitzer/Woopen*, BB 2008, 1802.
5 Richtlinie 2004/39/EG vom 21.4.2004 über Märkte für Finanzinstrumente (Directive on Markets in Financial Instruments – MiFID), ABl. EU 2004 Nr. L 145, S. 1.
6 Richtlinie 85/611/EWG vom 20.12.1985 zur Koordinierung der Rechts- und Verwaltungsvorschriften betreffend bestimmte Organismen für gemeinsame Anlagen in Wertpapieren (OGAW, ABl. EG 1985 Nr. L 375, S. 3). Zuletzt geändert durch die Richtlinie 2008/18/EG (ABl. EU 2008 Nr. L 76, S. 42).
7 Richtlinie 98/26/EG vom 19.5.1998 über die Wirksamkeit von Abrechnungen in Zahlungs- sowie Wertpapierliefer- und –abrechnungssystemen, ABl. EG 1998 Nr. L 166, S. 45.
8 *Garcimartín Alférez*, in: Cashin Ritaine/Bonomi, S. 171; *Garcimartín Alférez*, J. PIL 5 (2009) 96 ff.; *Mankowski*, RIW 2009, 109 ff. – Vgl. *Mankowski*, IHR 2008, 144; *Lando/Nielsen*, CML Rev. 45 (2008), 1710.

Recht[1], ist aber in Art. 6 Abs. 2 S. 1 Rom I-VO ausdrücklich klargestellt worden. Der VO-Entwurf wollte ursprünglich keine Rechtswahl erlauben[2]. Später wurde jedoch ein den wirtschaftlichen Gegebenheiten besser Rechnung tragender Kompromiss gefunden[3]. Die Wirksamkeit der Rechtswahl unterliegt – wie sonst auch – dem von den Parteien gewählten Recht (Art. 3 Abs. 5 iVm. Art. 10, 11 und 13 Rom I-VO). Die Zulässigkeit einer nachteiligen Rechtswahl darf nicht etwa durch die Berufung auf in- oder ausländisches Sachrecht ausgeschaltet werden[4]. Wird deutsches Recht vereinbart, dann gilt auch deutsches Verbraucherschutzrecht. So kann etwa ein Widerruf nach §§ 312, 355 BGB (früher HTWG) auch dann erfolgen, wenn die Freizeitveranstaltung auf dem Großen Bazar in Istanbul stattgefunden hat[5]. Zur Form s. unten Rz. 4213 ff.

b) Verbraucherschutznormen

4204 Art. 6 Abs. 2 Rom I-VO ordnet an, dass zwingende Vorschriften („provisions that cannot be derogated from"; „dispositions auxquelles il ne peut être dérogé par accord") des Aufenthaltslandes des Verbrauchers nicht ausgeschaltet werden. Die Rechtswahl darf nämlich nicht dazu führen, dass ihm der von den zwingenden **Vorschriften oder Richterrecht**[6] gewährte Schutz entzogen wird („shall not have the result of depriving the consumer of the protection afforded to him by the mandatory rules"; „ne peut avoir pour résultat de priver le consommateur de la protection que lui assurent les dispositions impératives"). Insoweit kommt es zu einer Inhaltskontrolle. Da die Rechtswahl an sich gültig ist, bleibt es im Übrigen bei den durch Rechtswahl vereinbarten Bestimmungen[7].

Art. 6 Abs. 2 Rom I-VO meint speziell solche zwingenden – dh. **nicht durch Parteivereinbarung abdingbaren** – Vorschriften, die den schwächeren Vertragsteil schützen wollen. In diesem Zusammenhang kommt es nicht darauf an, ob die Bestimmung ausdrücklich nur auf „Verbraucher" abstellt oder ob sie auch für andere Vertragsparteien gelten soll[8]. Nicht umfasst werden jedoch solche

---

1 Zu Art. 5 EVÜ KG 21.2.2008, NJW-RR 2009, 195 (stillschweigende Wahl deutschen Rechts bei Teppichkauf in Türkei); *Lagarde*, Rev.crit.d.i.p. 80 (1991), 313 f.; *Kroeger*, S. 162; *Kegel/Schurig*, S. 675; *Thorn*, in: Palandt, Art. 29 EGBGB Rz. 4. Unproblematisch ist die Vereinbarung des Rechts des Kunden, vgl. OLG München 22.6.1990, IPRspr. 1990 Nr. 38 = NJW-RR 1991, 122.
2 Zustimmend etwa *Mankowski*, ZvglRW 105 (2006), 158 f.; *Mankowski*, IPRax 2006, 106 f.; Max-Planck-Institut, RabelsZ 71 (2007), 269 f.; *Solomon*, in: Ferrari/Leible, S. 89 ff. – Vgl. auch *Staudinger*, AnwBl. 2008, 9 ff.
3 Dazu *Clausnitzer/Woopen*, BB 2008, 1801 f.; *Lando/Nielsen*, CML Rev. 45 (2008), 1708 f.
4 *Hausmann*, in: Staudinger, Art. 31 EGBGB Rz. 84, 85.
5 OLG Celle 30.1.1991, OLGZ 1991, 485 = IPRspr. 1991 Nr. 32 (LS); KG 21.2.2008, NJW-RR 2009, 195 (Teppichkauf in Türkei). Vorausgesetzt wird selbstverständlich eine entsprechende Veranstaltung, vgl. OLG Düsseldorf 26.10.1989, IPRspr. 1989 Nr. 49.
6 Zu richterrechtlichen Regeln BGH 25.1.2005, NJW-RR 2005, 1071 = IPRspr. 2005 Nr. 12 (Warentermin- und Optionsgeschäfte).
7 *Lagarde*, Rev.crit.d.i.p. 80 (1991), 313 f.; *Hartley*, in: North, S. 125.
8 Vgl. *Kroeger*, S. 80; *Magnus*, in: Staudinger, Art. 29 EGBGB Rz. 102.

Bestimmungen, die ganz allgemein wirtschaftlichen, sozialen oder außenpolitischen Zwecken dienen (zB Ausfuhrvorschriften). Für diese bleibt es bei den allgemeinen Regeln.

Verbraucherschutznormen treten in **vielfältigen Formen** auf[1]. Der Schutz vor unlauteren Geschäftsbedingungen und Vertragsklauseln umfasst zB das Verbot von Haftungsausschlüssen oder Vertragsstrafen, die Sicherung von Rücktritts- und Widerrufsrechten, ferner Schadensersatzansprüchen des Kunden sowie die Begrenzung des Entgelts des Anbieters oder Unternehmers. Der Schutz vor gefährlichen und defekten Produkten wird im Allgemeinen nicht so sehr vertragsrechtlich als vielmehr verwaltungs- und deliktsrechtlich gewährt[2] (s. auch Rz. 945). Zum Kaufrecht gehören aber der Schutz des Abzahlungskäufers und das Verbot der Einschränkung der Mängelrechte des Käufers. Zugunsten des Kreditnehmers wirken sich ferner Höchstzinsen und Wucherverbot aus. 4205

Zu den zwingenden Verbraucherschutznormen des deutschen Rechts gehören etwa die Bestimmungen über den Reisevertrag (§§ 651a ff. BGB)[3], den Verbrauchsgüterkauf (§§ 474 ff. BGB)[4], den Verbraucherkredit (§§ 491 ff. BGB)[5] sowie Haustürgeschäfte (§§ 312 ff. BGB)[6] und Widerrufsrecht (§§ 355 ff. BGB)[7]. Auch die Bestimmungen über AGB (§§ 305 ff. BGB) kommen über Art. 6 Rom I-VO zur Geltung[8]. Erfasst werden auch allgemeine Zivilrechtsnormen, welche etwa bestimmte Gestaltungen wegen Sittenwidrigkeit unwirksam machen oder sich gegen Haftungsbeschränkungen richten[9]. Vorschriften öffentlich-rechtlicher Natur können ebenfalls zu den Schutzvorschriften gezählt werden[10]. Beispielsweise kann eine im Gewerberecht enthaltene Bestimmung auf diesem Wege durchgesetzt werden. Dies gilt zB für ein Verbot des Abschlusses von Darlehensverträgen im Reisegewerbe[11].

c) Erhaltung des Schutzes

Die Rechtswahl darf nicht dazu führen (may not have the result; ne peut avoir pour résultat), dass dem Verbraucher der Schutz durch das Recht des Landes, in dem er seinen gewöhnlichen Aufenthalt hat, entzogen wird. Die Verbrau- 4206

---

1 Näher *von Hippel*, S. 25 ff.; *Kroeger*, S. 7 ff.
2 Vgl. *von Hippel*, S. 47 ff.
3 AG Waldshut-Tiengen 19.2.1988, IPRspr. 1988 Nr. 20 = NJW-RR 1988, 953; *Kartzke*, NJW 1994, 825; *Thorn*, in: Palandt, Art. 29 EGBGB Rz. 6.
4 *Magnus*, in: Staudinger, Art. 29 EGBGB Rz. 102.
5 *Bülow*, EuZW 1993, 436; *Thorn*, in: Palandt, Art. 29 EGBGB Rz. 6.
6 BGH 26.10.1993, BGHZ 123, 380 = NJW 1994, 262 = IPRax 1994, 449 (m. Aufs. *W. Lorenz*, IPRax 1994, 429) = JZ 1994, 363 Anm. *Fischer; Thorn*, in: Palandt, Art. 29 EGBGB Rz. 6. Vgl. auch OLG München 22.6.1990, IPRspr. 1990 Nr. 38 = NJW-RR 1991, 122.
7 Vgl. *Magnus*, in: Staudinger, Art. 29 EGBGB Rz. 102.
8 Zu Art. 29 EGBGB LG Heilbronn 13.4.2006, IPRspr. 2006 Nr. 10 = NJW-RR 2007, 634; *Wagner*, WM 1995, 1135. – Für die Inhaltskontrolle *Hausmann*, in: Staudinger, Art. 31 EGBGB Rz. 84.
9 *Magnus*, in: Staudinger, Art. 29 EGBGB Rz. 102.
10 *Ferid*, Rz. 6–29.
11 *Kroeger*, S. 99.

cherschutzvorschriften des Aufenthaltslandes sind nicht nur zu „berücksichtigen", sondern kommen uneingeschränkt zur Anwendung. Dieses Recht soll ein Minimum an Schutz gewähren. Es darf kein für den Verbraucher ungünstigeres Ergebnis erzielt werden als nach seinem Aufenthaltsrecht. Gewährt hingegen das von den Parteien vereinbarte Recht dem Verbraucher größeren Schutz, so gilt diese Rechtsordnung[1]. Eine solche Auslegung entspricht dem Gedanken des Verbraucherschutzes am ehesten, da dann kein Grund dafür ersichtlich ist, dem Verbraucher den Schutz des Vertragsstatus zu entziehen.

Es gilt mithin der **Grundsatz des günstigeren Rechts**[2]. Der Inhalt der in Frage kommenden Rechtsordnungen ist miteinander zu vergleichen. Dabei ist kein Gesamtvergleich zwischen der inländischen und der ausländischen Verbraucherschutzgesetzgebung durchzuführen, vielmehr kommt es auf die einzelne Vorschrift an. Entscheidend ist allein ein auf die konkrete Streitfrage beschränkter Ergebnisvergleich[3]. Günstiger für den Verbraucher ist etwa die Unwirksamkeit einer ihn belastenden Vertragsklausel oder eine längere als eine kürzere Widerrufsfrist[4].

d) Aufenthaltsstaat des Verbrauchers

4207 Bei Rechtswahl kommt das Recht des Aufenthaltsstaates des Verbrauchers korrigierend zum Zuge. Es deckt sich regelmäßig mit der Rechtsordnung, die aufgrund objektiver Anknüpfung anwendbar wäre. Auch hier kommt es auf den gewöhnlichen Aufenthalt an; ein einfacher Aufenthalt genügt nicht[5].

4. Anknüpfung an den gewöhnlichen Aufenthalt

4208 Mangels einer ausdrücklichen oder stillschweigenden Rechtswahl unterliegen Verbraucherverträge dem Recht des Staates, in dem der Verbraucher seinen gewöhnlichen Aufenthalt hat (Art. 6 Abs. 1 Rom I-VO). Dies stellt eine **Ausnahme vom Grundsatz der engsten Verbindung** bzw. von der Anknüpfung an den Aufenthaltsort dessen dar, der die maßgebliche Leistung nach Art. 4 Rom I-VO erbringt[6]. Damit soll erreicht werden, dass der Schutz des Verbrauchers durch verbraucherrechtliche Normen zwar nicht größer, aber auch nicht kleiner ist als bei Inlandsgeschäften[7]. Für die Bestimmung des gewöhnlichen Aufenthalts – des Lebensmittelpunkts des Verbrauchers – gelten die gleichen Grundsätze wie nach Art. 4 Rom I-VO (s. Rz. 210 ff.).

---

1 So bereits *Gaudemet-Tallon*, Rev.trim.dr.europ. 17 (1981), 254; *Morse*, Yb.Europ.L. 2 (1982), 136; *von Hofmann/Thorn*, § 10 Rz. 71.
2 *Garcimartín*, EuLF 2008, I-71, 74; *Mankowski*, IHR 2008, 140; *Remien*, in: PWW, Art. 6 Rom I Rz. 8.
3 So zum alten Recht *Magnus*, in: Staudinger, Art. 29 EGBGB Rz. 106. Vgl. *E. Lorenz*, RIW 1987, 576 f.; *W. Lorenz*, IPRax 1994, 431; *Bülow*, EuZW 1993, 435 ff.
4 *Magnus*, in: Staudinger, Art. 29 EGBGB Rz. 106.
5 Krit. *Hartley*, in: North, S. 130; *Kroeger*, S. 178.
6 *von Hofmann/Thorn*, § 10 Rz. 66; *Magnus*, in: Staudinger, Art. 29 EGBGB Rz. 21.
7 Dt. Denkschr. zum EVÜ, BT-Drucks. 10/503, S. 27.

Dem Recht des Aufenthaltsstaates unterliegen grundsätzlich alle mit Abschluss, Wirksamkeit, Inhalt und Abwicklung zusammenhängenden Fragen. Dieses Recht bestimmt insbesondere auch über die Rechte des Verbrauchers sowie über den ihm zustehenden Schutz.

5. International zwingende inländische Normen

Bei **fehlendem Auslandsbezug des Verbrauchervertrages** wird die Rechtswahl bereits durch Art. 3 Abs. 3 Rom I-VO beschränkt (s. Rz. 135 ff.). Der Verbrauchervertrag bleibt von vornherein den zwingenden Vorschriften des Landes, mit dem er allein verbunden ist, unterworfen. Dies kann in- oder ausländisches Recht sein; es braucht sich auch nicht um Schutzbestimmungen zu handeln. Hier kann sonstiges zwingendes inländisches Recht ebenfalls zum Zuge kommen. An sich verschließt die Anwendung von Art. 3 Abs. 3 Rom I-VO bereits den Zugang zu Art. 6 Rom I-VO und damit zu einem durch Rechtswahl bestimmten Vertragsstatut[1]. ZT wird aber für möglich gehalten, dass die Geltung günstigeren ausländischen Rechts über Art. 6 Rom I-VO erhalten bleibt[2].

4209

Eine weitere Beschränkung ergibt sich durch die **Binnenmarktklausel** des Art. 3 Abs. 4 Rom I-VO[3]. Besteht lediglich zu einem anderen Mitgliedstaat eine Beziehung, so kann nicht durch die Vereinbarung drittstaatlichen Rechts von den europäischen Vorschriften abgewichen werden (s. Rz. 139 f.). Der Drittstaatsbezug ist allerdings regelmäßig schon dann gegeben, wenn der Unternehmer seine Niederlassung in dem Drittstaat hat[4]. Vertreten wird, dass Art. 6 Rom I-VO im Verhältnis zu Art. 3 Abs. 4 Rom I-VO lex specialis ist[5]. Nach dieser Auffassung wird dann nicht – wie von der VO verlangt – die lex fori, sondern das Recht des objektiven Vertragsstatuts durchgesetzt.

4210

Wenngleich früher vielfach angenommen wurde, dass auch Verbraucherschutznormen **Eingriffsnormen** bzw. international zwingende Normen sein können, so ist doch das Verhältnis von Art. 5 EVÜ (Art. 29 EGBGB) und Art. 7 Abs. 2 EVÜ (Art. 34 EGBGB) zweifelhaft geblieben (s. Rz. 515 ff.). Auch das Verhältnis von Art. 6 Rom I-VO und Art. 9 Rom I-VO ist zu klären. Würde das gesamte Verbraucherschutzrecht von Art. 9 Rom I-VO erfasst und mithin stets als inländisches zwingendes Recht durchgesetzt, so wäre Art. 6 Rom I-VO weitgehend funktionslos[6]. Würde man dagegen annehmen, dass der gesamte Bereich des Konsumentenschutzes allein von Art. 6 Rom I-VO abgedeckt ist, so wäre wiederum Art. 9 Rom I-VO insoweit bedeutungslos. Der Bericht *Giu-*

4211

---

1 *Thorn*, in: Palandt, Art. 29 EGBGB Rz. 4. – Näher *Mäsch*, S. 95 ff.
2 So für das alte Recht *E. Lorenz*, Festschr. Kegel, S. 337; *Hohloch*, in: Erman, Art. 29 EGBGB Rz. 8; *von Hoffmann*, in: Soergel, Art. 29 EGBGB Rz. 30; *Magnus*, in: Staudinger, Art. 29 EGBGB Rz. 20.
3 *Garcimartín*, EuLF 2008, I-65.
4 *Kieninger*, Festschr. Kropholler, S. 504.
5 *Kieninger*, Festschr. Kropholler, S. 513 ff.
6 S. bereits zum alten Recht *Junker*, IPRax 1993, 9; *Junker*, IPRax 2000, 71; *Paefgen*, ZEuP 2003, 287.

liano/Lagarde ließ erkennen, dass Art. 7 EVÜ auch zu Zwecken des Verbraucherschutzes angewendet werden darf[1]. Kompliziert wurde das Verhältnis noch dadurch, dass die genannten Vorschriften unterschiedlich, nämlich allseitig und einseitig, strukturiert waren[2].

Nach altem Recht wurde vorausgesetzt, dass es sich um Normen handelt, die nicht nur dem Schutz einer Vertragspartei dienen, sondern auch **internationale Geltung** beanspruchen. Dies wurde teilweise bejaht für den Widerruf von Haustürgeschäften[3] sowie für bestimmte Arten von Verbraucherkreditverträgen[4]. Überwiegend nahm man jedoch an, dass derartige Verbraucherschutznormen lediglich privatschützender Natur sind. Da es an einem weitergehenden überindividuellen Gemeinwohlbezug dieser Vorschriften fehlt, kam keine Durchsetzung über Art. 34 EGBGB (Art. 7 Abs. 2 EVÜ) in Betracht[5].

Art. 9 Abs. 1 Rom I-VO stellt nunmehr klar, dass nur eng verstandene Eingriffsnormen im Wege einer Sonderanknüpfung durchgesetzt werden können. Es muss sich um Normen handeln, deren Einhaltung von einem Staat als so entscheidend für die Wahrung seines öffentlichen Interesses, insbesondere seiner politischen, sozialen oder wirtschaftlichen Organisation, angesehen wird, dass sie ungeachtet des nach Maßgabe der Rom I-VO auf den Vertrag anzuwendenden Rechts auf alle Sachverhalte anzuwenden sind, die in ihren Anwendungsbereich fallen[6] (dazu oben Rz. 515 ff.). Erst wenn dies der Fall ist, ist eine Durchsetzung über Art. 9 Abs. 2 Rom I-VO möglich. Für das privatschützende

---

1 Bericht zum EVÜ *Giuliano/Lagarde*, BT-Drucks. 10/503, S. 60. Ebenso *von Hoffmann*, IPRax 1989, 264; *von Wilmowsky*, ZEuP 1995, 753 ff. Zur entsprechenden Tendenz in Frankreich s. Nachw. bei *Klauer*, S. 237 ff.
2 Näher zum alten Recht 6. Aufl. Rz. 829.
3 OLG Celle 13.2.1996, IPRspr. 1996 Nr. 29 = RIW 1996, 963; LG Berlin 9.11.1994, IPRspr. 1994 Nr. 42 = NJW-RR 1995, 754 (Time-Sharing); LG Dresden 23.6.1998, IPRspr. 1998 Nr. 146 = NZM 1998, 825; *von Hoffmann*, IPRax 1989, 268; *Bülow*, EuZW 1993, 437; *Jayme*, IPRax 1995, 236. – Abl. etwa BGH 19.3.1997, BGHZ 135, 124 = IPRspr. 1997 Nr. 34 = NJW 1997, 1697 = Rev.crit.d.i.p. 87 (1998), 610 Anm. *Lagarde*; OLG Düsseldorf 9.6.1994, IPRspr. 1994 Nr. 35A = NJW-RR 1995, 1396 (Teppichkauf während Kreuzfahrt); OLG Naumburg 31.3.1998, IPRspr. 1998 Nr. 30; LG Düsseldorf 12.4.1994, IPRspr. 1994 Nr. 33 = RIW 1995, 415 = VuR 1994, 262 Anm. *Tonner* (Time-Sharing-Vertrag); *Beise*, NJW 1995, 1725; *Mankowski*, RIW 1995, 368. – Unentschieden für § 1 HausTWG (§ 312 BGB) *Kegel/Schurig*, S. 692.
4 S. vor allem für den Verbraucherkredit Cass. civ. 23.5.2006, Rev.crit.d.i.p. 96 (2007), 85 Anm. *Cocteau-Senn* = Clunet 134 (2007), 537 Anm. *Sinay-Cytermann* = ZEuP 2008, 845 abl. Anm. *Mankowski*.- Ebenso *von Hoffmann*, IPRax 1989, 271; *Bülow*, EuZW 1993, 436 f.; *Baller*, S. 195 ff.
5 Zum Verbraucherkreditgesetz BGH 13.12.2005, BGHZ 165, 248 = IPRspr. 2005 Nr. 13b = NJW 2006, 762 (m. Aufs. *Weller, NJW 2006*, 1247) = IPRax 2006, 272 (m. Aufs. *Pfeiffer*, IPRax 2006, 238) = JR 2006, 511 Anm. *Looschelders* = JZ 2006, 676 Anm. *Tamm* = RIW 2006, 389 (m. Aufs. *Mankowski*, RiW 2006, 321) = WM 2006, 373 (m. Aufs. *Hoffmann/Primaczenko*, WM 2006, 189). – S. auch *Junker*, IPRax 1993, 1 (9); *Junker*, IPRax 2000, 65 (70 f.); *Roth/Schulze*, RIW 1999, 932; *Wagner*, IPRax 2000, 251 f.; *Rudisch*, RabelsZ 63 (1999), 97; *Bröcker*, S. 79; *Roth*, in: Schnyder/Heiss/Rudisch, S. 50.
6 Krit. zu dieser Umschreibung *Mankowski*, IPRax 2006, 108 f.

Verbraucherrecht kommt dies jedoch nicht in Betracht[1], während andere hier ausnahmsweise einen Sozialschutzzweck anerkennen wollen[2].

Bei genügender Inlandsbeziehung und einem (vom Standpunkt des deutschen Rechts aus) unerträglichen Resultat kann auch der deutsche **ordre public** (Art. 21 Rom I-VO) entgegenstehen. Der Günstigkeitsvergleich des Art. 6 Rom I-VO bewirkt allerdings, dass dem ordre public nur noch geringe Bedeutung zukommt[3]. Schon früher nahm man an, dass das Widerrufsrecht nach deutschem Verbraucherschutzrecht nicht pauschal über den ordre public durchgesetzt werden kann[4]. 4212

6. Form

Für Verträge, die in den Anwendungsbereich von Art. 6 Rom I-VO fallen, findet sich in Art. 11 Abs. 4 Rom I-VO eine besondere Regelung bezüglich der Form, s. Rz. 770. Danach ist – wie früher nach Art. 29 Abs. 3 S. 2 EGBGB – das Recht des Staates maßgebend, in dem der Verbraucher seinen gewöhnlichen Aufenthalt hat (Art. 11 Abs. 4 S. 2 Rom I-VO). Die Absätze 1, 2 und 3 des Art. 11 gelten nicht (Art. 11 Abs. 4 S. 1 Rom I-VO). Die Art. 3 ff. Rom I-VO ihrerseits schreiben keine besondere Form für die Rechtswahl vor[5]. Nach altem Recht kam es hingegen auf das Recht des Staates an, in dem der Verbraucher seinen gewöhnlichen Aufenthalt hat. 4213

Für Time-Sharing-Verträge ist die Vertrags- und Prospektsprache entsprechend der EG-Richtlinie gesetzlich vorgeschrieben (§§ 483 ff. BGB). Solche Sprachzwänge zum Schutz von Verbrauchern wurden als komplexe Formvorschriften nach oder analog Art. 11 Abs. 4 EGBGB angeknüpft[6]. Andere ordnen derartige Vorschriften allein dem Vertragsstatut zu[7].

Frei. 4214–4230

---

1 *Mankowski*, ZEuP 2008, 862 f. – Die Anwendung von Art. 9 auf nicht von Art. 6 erfasste Verbraucherverträge halten für möglich *Lando/Nielsen*, CML Rev. 45 (2008), 1723 f.
2 *Remien*, in: PWW, Art. 9 Rom I Rz. 3.
3 *Mankowski*, RIW 1995, 364; *Paefgen*, ZEuP 2003, 288 f.; *Hohloch*, in: Erman, Art. 29 EGBGB Rz. 6.
4 OLG Düsseldorf 9.6.1994, IPRspr. 1994 Nr. 35A = NJW-RR 1995, 1396 (Teppichkauf während Kreuzfahrt); OLG Naumburg 31.3.1998, IPRspr. 1998 Nr. 30; LG Bielefeld 27.5.1999, NJW-RR 1999, 1282.
5 S. schon *Magnus*, in: Staudinger, Art. 29 EGBGB Rz. 118. – Vgl. Dt. Denkschr. zum EVÜ, BT-Drucks. 10/503, S. 27.
6 *Clausnitzer/Woopen*, BB 2008, 1805; *Spellenberg*, in: MünchKomm (5. Aufl.), Art. 11 EGBGB Rz. 149. – Zu Art. 29 EGBGB *Downes/Heiss*, IPRax 1999, 137 (138 ff.); *Downes/Heiss*, ZvglRW 98 (1999), 28 (42 f.); *Freitag*, IPRax 1999, 142 (146 ff.); *Winkler von Mohrenfels*, in: Staudinger, Art. 11 EGBGB Rz. 149.
7 *Thorn*, in: Palandt, Art. 11 EGBGB Rz. 3.

III. Rechtswahlbeschränkung für besondere Gebiete (Art. 46b EGBGB)

1. Sonderanknüpfung

4231 Der durch Gesetz vom 25.6.2009 eingeführte Art. 46b EGBGB setzt **gemeinschaftsrechtliche Verbraucherrechtsrichtlinien** in nationales Recht und damit auch in deutsches Kollisionsrecht um[1]. Die Vorschrift ist am 17.12.2009 in Kraft getreten. Sie ersetzt den früheren Art. 29a EGBGB[2].

Artikel 46b
Verbraucherschutz für besondere Gebiete

(1) Unterliegt ein Vertrag auf Grund einer Rechtswahl nicht dem Recht eines Mitgliedstaats der Europäischen Union oder eines anderen Vertragsstaats des Abkommens über den Europäischen Wirtschaftsraum, weist der Vertrag jedoch einen engen Zusammenhang mit dem Gebiet eines dieser Staaten auf, so sind die im Gebiet dieses Staates geltenden Bestimmungen zur Umsetzung der Verbraucherschutzrichtlinien gleichwohl anzuwenden.

(2) Ein enger Zusammenhang ist insbesondere anzunehmen, wenn der Unternehmer

1. in dem Mitgliedstaat der Europäischen Union oder einem anderen Vertragsstaat des Abkommens über den Europäischen Wirtschaftsraum, in dem der Verbraucher seinen gewöhnlichen Aufenthalt hat, eine berufliche oder gewerbliche Tätigkeit ausübt oder

2. eine solche Tätigkeit auf irgendeinem Wege auf diesen Mitgliedstaat der Europäischen Union oder einen anderen Vertragsstaat des Abkommens über den Europäischen Wirtschaftsraum oder auf mehrere Staaten, einschließlich dieses Staates, ausrichtet

und der Vertrag in den Bereich dieser Tätigkeit fällt.

(3) Die Vorschriften des Bürgerlichen Gesetzbuchs über Teilzeit-Wohnrechteverträge sind auf einen Vertrag, der nicht dem Recht eines Mitgliedstaats der Europäischen Union oder eines anderen Vertragsstaats des Abkommens über den Europäischen Wirtschaftsraum unterliegt, auch anzuwenden, wenn das Wohngebäude im Hoheitsgebiet eines dieser Staaten liegt.

(4) Verbraucherschutzrichtlinien im Sinne dieser Vorschrift sind in ihrer jeweils geltenden Fassung:

1. die Richtlinie 93/13/EWG des Rates vom 5. April 1993 über missbräuchliche Klauseln in Verbraucherverträgen (ABl. EG L 95 vom 21.4.1993, S. 29);

2. die Richtlinie 94/47/EG des Europäischen Parlaments und des Rates vom 26. Oktober 1994 zum Schutz der Erwerber im Hinblick auf bestimmte Aspekte von Verträgen über den Erwerb von Teilzeitnutzungsrechten an Immobilien (ABl. EG L 280 vom 29.10.1994, S. 83);

3. die Richtlinie 97/7/EG des Europäischen Parlaments und des Rates vom 20. Mai 1997 über den Verbraucherschutz bei Vertragsabschlüssen im Fernabsatz (ABl. EG L 144 vom 4.7.1997, S. 19);

---

[1] Gesetz zur Anpassung der Vorschriften des Internationalen Privatrechts an die Verordnung (EG) Nr. 593/2008 vom 25.6.2009, BGBl. I 2009, 1574.
[2] Dieser war am 30.6.2000 in Kraft getreten, Art. 12 des Gesetzes vom 27.6.2000, BGBl. I 2000, 897.

4. die Richtlinie 1999/44/EG des Europäischen Parlaments und des Rates vom 25. Mai 1999 zu bestimmten Aspekten des Verbrauchsgüterkaufs und der Garantien für Verbrauchsgüter (ABl. EG L 171 vom 7.7.1999, S. 12);

5. die Richtlinie 2002/65/EG des Europäischen Parlaments und des Rates vom 23. September 2002 über den Fernabsatz von Finanzdienstleistungen an Verbraucher und zur Änderung der Richtlinie 90/619/EWG des Rates und der Richtlinien 97/7/EG und 98/27/EG (ABl. EG L 271 vom 9.10.2002, S. 16);

6. die Richtlinie 2008/48/EG des Europäischen Parlaments und des Rates vom 23. April 2008 über Verbraucherkreditverträge und zur Aufhebung der Richtlinie 87/102/EWG des Rates (AB. EU L 133 vom 22.5.2008, S. 66).

Art. 46b EGBGB dient der Umsetzung von Art. 6 Abs. 2 der Klausel-Richtlinie[1], Art. 9 der Time-Sharing-Richtlinie[2] (dazu Rz. 4337 ff.), Art. 12 Abs. 2 der Fernabsatz-Richtlinie[3], Art. 7 Abs. 2 der Verbrauchsgüterkauf-Richtlinie[4], Art. 12 Abs. 2 der Finanzdienstleistungsrichtlinie[5] sowie Art. 22 Abs. 4 der Verbraucherkreditrichtlinie[6]. Die bisherige Timesharing-Richtlinie ist durch eine bis zum 23.2.2011 umzusetzende neue Richtlinie von 2009 ersetzt worden[7]. Diese Änderung ist beim Erlass des Art. 46b EGBGB noch nicht berücksichtigt worden. 4232

Art. 46b EGBGB ist Nachfolger des Art. 29a EGBGB, der die zuvor verstreuten kollisionsrechtlichen Vorschriften in einer einzigen Kollisionsnorm zusammen geführt hatte[8]. Da das Richtlinienkollisionsrecht nicht beseitigt worden ist (vgl. oben Rz. 4144), sondern sogar noch Vorrang genießt (Art. 23 Rom I-VO), ist es bei der Mehrspurigkeit des internationalen Verbraucherrechts geblieben, s. unten Rz. 4246. Mit Ausnahme der Time-Sharing-Richtlinie heißt es in den anderen Richtlinien nahezu gleich lautend, dass die Mitgliedstaaten

---

1 Richtlinie 93/13/EWG des Rates vom 5.4.1993 über missbräuchliche Klauseln in Verbraucherverträgen (ABl. EG 1993 Nr. L 95, S. 29). – Zur Umsetzung im Ausland *Bitterich*, ZfRV 2002, 123 ff.; *Klauer*, S. 267 ff. mwN.
2 Richtlinie 94/47/EG des Europäischen Parlaments und des Rates vom 26.10.1994 zum Schutz der Erwerber im Hinblick auf bestimmte Aspekte von Verträgen über den Erwerb von Teilzeitnutzungsrechten an Immobilien (ABl. EG 1994 Nr. L 280, S. 83).
3 Richtlinie 97/7/EG des Europäischen Parlaments und des Rates vom 20.5.1997 über den Verbraucherschutz bei Vertragsabschlüssen im Fernabsatz (ABl. EG 1997 Nr. L 144, S. 19). – Zur Umsetzung im Ausland *Klauer*, S. 323 ff. mwN.
4 Richtlinie 1999/44/EG des Europäischen Parlaments und des Rates vom 25.5.1999 zu bestimmten Aspekten des Verbrauchsgüterkaufs und der Garantien für Verbrauchsgüter (ABl. EG 1999 Nr. L 171, S. 12).
5 Richtlinie 2002/65/EG des Europäischen Parlaments und des Rates vom 23.9.2002 über den Fernabsatz von Finanzdienstleistungen an Verbraucher und zur Änderung der Richtlinie 90/619/EWG des Rates und der Richtlinien 97/7/EG und 98/27/EG (ABl. EG 2002 Nr. L 271, S. 16).
6 Richtlinie 2008/48/EG des Europäischen Parlaments und des Rates vom 23.4.2008 über Verbraucherkreditverträge und zur Aufhebung der Richtlinie 87/102/EWG des Rates (ABl. EU 2008 Nr. L 133, S. 66). Vgl. *Siems*, EuZW 2008, 454 ff.
7 Richtlinie 2008/122/EG des Europäischen Parlaments und des Rates vom 14.1.2009 über den Schutz der Verbraucher im Hinblick auf bestimmte Aspekte von Teilzeitnutzungsverträgen, Verträgen über langfristige Urlaubsprodukte sowie Wiederverkaufs- und Tauschverträgen, ABl. EU 2009 Nr. L 33, S. 10.
8 Ersetzt wurden seinerzeit die früheren § 12 AGBG sowie § 8 TzWrG.

die erforderlichen Maßnahmen treffen, damit der Verbraucher den durch die Richtlinien gewährten Schutz nicht verliert, wenn das Recht eines Drittlands als das auf den Vertrag anzuwendende Recht gewählt wurde und der Vertrag einen engen Zusammenhang mit dem Gebiet der Mitgliedstaaten aufweist. Dies gilt auch für Art. 12 Abs. 2 der Richtlinie über den Fernabsatz von Finanzdienstleistungen an Verbraucher[1] (s. Rz. 4144).

2. Anwendungsbereich

a) Persönlicher Anwendungsbereich

4233 Die Vorschrift des Art. 46b EGBGB bezieht sich auf Verbrauchergeschäfte. Gleichwohl setzt ihr Wortlaut nicht voraus, dass der Vertrag von einem Verbraucher geschlossen wurde. Nach einigen ist es zunächst einmal belanglos, ob die Parteien den Vertrag im Rahmen ihrer gewerblichen bzw. beruflichen Tätigkeit schließen oder ob sie Verbraucher sind[2]. Das **Erfordernis der Verbrauchereigenschaft** ergibt sich jedoch daraus, dass die Vorschrift der Durchsetzung verbraucherrechtlichen Richtlinien dient, welche ihrerseits die Verbrauchereigenschaft voraussetzen[3]. Daher ist anzunehmen, dass schon Art. 46b Abs. 1 EGBGB eine Verbrauchereigenschaft verlangt[4]. Da es um die Umsetzung und Durchsetzung der einzelnen Richtlinie geht, ist bezüglich des kollisionsrechtlichen Verbraucherbegriffs im Übrigen auf die jeweilige Richtlinie zurückzugreifen. Aus den Richtlinien ergibt sich im Kern, dass Verbraucher eine Person ist, die zu einem Zweck handelt, welcher nicht ihrer gewerblichen oder beruflichen Tätigkeit zugerechnet werden kann (vgl. die ähnliche Vorschrift des § 13 BGB)[5]. Art. 46b EGBGB erfasst in Einklang mit den Richtlinien auch den „mobilen" Verbraucher, welcher sich aus eigenem Antrieb auf den ausländischen Markt begibt[6].

b) Sachlicher Anwendungsbereich

4234 Eine Beschränkung auf bestimmte Verträge sieht Art. 46b EGBGB nicht vor. Die Vorschrift gilt daher grundsätzlich für **Verbraucherverträge aller Art**[7]. Sie findet im gleichen Umfang wie die entsprechenden Richtlinien Anwendung. Allerdings gilt Art. 46b EGBGB nicht für alle Verträge schlechthin, nur für Ver-

---

1 S. *Jayme/Kohler*, IPRax 2002, 463 f.
2 Zu Art. 29a EGBGB *Schlechtriem*, Festschr. Lorenz '80, S. 567; *Thorn*, in: Palandt, Art. 29a EGBGB Rz. 3; *Staudinger/Magnus*, in: Staudinger, Art. 29a EGBGB Rz. 22, 35.
3 S. Art. 2 lit. b KlauselRL, Art. 2 Time-Sharing-RL, Art. 2 Nr. 2 FernabsatzRL, Art. 1 Abs. 2 lit. a VerbrauchsgüterkaufRL.
4 *Freitag/Leible*, EWS 2000, 344; *Staudinger*, RIW 2000, 419.
5 *Freitag/Leible*, EWS 2000, 344.
6 Zu Art. 29a EGBGB *Roth/Schulze*, RIW 1999, 931; *Ehle*, S. 56 ff.; *Klauer*, S. 328. – Anders offenbar *Mankowski*, in: Spindler/Wiebe, Rz. 103. – Krit. zu diesem Ansatz *Sonnenberger*, ZvglRW 95 (1996), 31; *Junker*, IPRax 1998, 74.
7 *Hohloch*, in: Erman, Art. 29a EGBGB Rz. 10; *Thorn*, in: Palandt, Art. 29a EGBGB Rz. 3.

braucherverträge, die in den Anwendungsbereich der dort genannten Richtlinien fallen[1].

c) Räumlicher Anwendungsbereich

Art. 46b Abs. 1 EGBGB findet dann Anwendung, wenn der Vertrag kraft subjektiver Anknüpfung nicht dem Recht eines EU-Mitgliedstaats oder EWR-Vertragsstaats unterliegt und der Vertrag mit dem Gebiet eines dieser Staaten einen engen Zusammenhang aufweist. Der räumliche Anwendungsbereich setzt daher einen solchen Zusammenhang voraus[2]. Umstritten ist, ob der kollisionsrechtliche Schutz der Richtlinien voraussetzt, dass der **Verbraucher seinen gewöhnlichen Aufenthalt in einem EU/EWR-Staat** hat[3]. In den Erwägungsgründen zu einzelnen Richtlinien heißt es, dass sie den Schutz des in der EG ansässigen Verbrauchers sichern und einen Geschäftsabschluss zu gleichen Bedingungen in den Mitgliedstaaten fördern wollen[4]. Die Herstellung gleicher Marktbedingungen in den Mitgliedstaaten verlangt allerdings keine Diskriminierung von Verbrauchern aus Nichtmitgliedstaaten. Daher wird zT angenommen, dass ein solches Erfordernis nicht besteht[5]. Dem dürfte zu folgen sein.

4235

3. Rechtswahlbeschränkung

a) Beschränkung der Rechtswahl

Die Vorschrift will verhindern, dass das durch Richtlinien angeglichene europäische Verbraucherrecht durch die **Vereinbarung drittstaatlichen Rechts verdrängt** wird. Sie beschäftigt sich daher nur mit dem Verhältnis nach außen. Rechtskollisionen im Binnenmarkt werden weiterhin den Regeln des Art. 6 Rom I-VO überlassen[6]. Die Vorschrift des Art. 46b EGBGB setzt eine wirksame Rechtswahl voraus[7]. Das Zustandekommen und die Wirksamkeit einer solchen Vereinbarung richten sich nach den Art. 3 ff. Rom I-VO, also den allgemeinen Bestimmungen[8]. Auch eine stillschweigende Parteivereinbarung kann dazu führen, dass der Vertrag auf Grund einer Rechtswahl einem anderen Recht untersteht. Fehlt jeglicher Auslandsbezug, so hat die Rechtswahl bereits

4236

---

1 *Freitag/Leible*, EWS 2000, 344; *von Hoffmann/Thorn*, § 10 Rz. 73s.
2 *Magnus*, in: Staudinger, Art. 29a EGBGB Rz. 36 ff.
3 Bejahend *Kronke*, RIW 1996, 993 (FernabsatzRL); *Staudinger*, S. 39; *Staudinger*, IPRax 1999, 416; *Thorn*, IPRax 1999, 8 f. (FernabsatzRL); *Hohloch*, in: Erman, Art. 29a EGBGB Rz. 16. – Vgl. auch *Krebber*, ZvglRW 97 (1998), 146 f.; *Freitag/Leible*, EWS 2000, 345.
4 FernabsatzRL Erwägungsgrund 2 f.; Erw. zur KlauselRL; Time-SharingRL Erw. 2; VerbrauchsgüterkaufRL Erwägungsgrund 2.
5 *Fetsch*, S. 262, 282; *Klauer*, S. 194 ff. – Ebenso für die KlauselRL *Pfeiffer*, in: Grabitz/Hilf, III A 5 Art. 6 Rz. 24.
6 Näher zu Art. 29a EGBGB *Leible*, in: Schulte-Nölke/Schulze, S. 368 ff.; *Nemeth*, S. 97 ff.
7 Zu Art. 29a EGBGB *Freitag/Leible*, EWS 2000, 346; *Magnus*, in: Staudinger, Art. 29a EGBGB Rz. 33.
8 Vgl. *Thorn*, in: Palandt, Art. 29a EGBGB Rz. 7.

nach Art. 3 Abs. 3 bzw. Abs. 4 Rom I-VO keine kollisionsrechtliche Wirkung[1]. Die objektive Anknüpfung (Art. 4 ff. Rom I-VO) wird von den Richtlinien einer Rechtswahl nicht gleichgestellt, also nicht beschränkt[2].

b) Wahl drittstaatlichen Rechts

4237 Die einseitig formulierte Bestimmung des Art. 46b EGBGB geht davon aus, dass innerhalb der EU der gleiche Standard gesichert ist, es aber eines besonderen Schutzes gegen die Vereinbarung des Rechts von Drittstaaten, dh. Nicht-Unionsmitgliedstaaten bedarf. Gemeint ist daher die Wahl eines drittstaatlichen Rechts. Unterliegt ein Vertrag auf Grund einer Rechtswahl dem Recht eines **EU/EWR-Staats**, so findet Art. 46b EGBGB keine Anwendung[3]. Die im Gebiet dieser Staaten geltenden Bestimmungen zur Umsetzung der Verbraucherschutzrichtlinien bilden bereits das Vertragsstatut und sind als Folge der Rechtswahl anzuwenden.

c) Günstigkeitsprinzip

4238 Ist das durch Rechtswahl bestimmte drittstaatliche Sachrecht das für den **Verbraucher günstigere**, so fragt sich, ob das Richtlinienrecht hiergegen gleichwohl angeführt werden darf. Dies ist zwar nicht eindeutig, aber aufgrund seines Wortlauts und seines auf den Erhalt eines bestimmten Schutzniveaus gerichteten Zwecks – der Schutz soll nicht verloren gehen – zu bejahen. Weitgehend wird angenommen, dass die kollisionsrechtlichen Richtlinienbestimmungen Spielraum für einen Günstigkeitsvergleich lassen[4]. Ihnen ist daher im Wege einer teleologischen Auslegung das **Günstigkeitsprinzip zu entnehmen**[5]. Zu prüfen ist stets, ob bereits das vereinbarte Sachrecht einen gleichwertigen oder weitergehenden Schutz gewährt. Damit muss auch die deutsche Umsetzung der Richtlinie einen Günstigkeitsvergleich vorsehen bzw. ermöglichen[6]. Da Art. 46b Abs. 1 EGBGB die nach den allgemeinen Bestimmungen ermittel-

---

1 *Garcimartín Alférez*, EuLF 2008, I-65 f.; *Remien*, in: PWW, Art. 46b EGBGB Rz. 2.
2 *Kretschmar*, S. 268 (Klausel-RL); *Stijns/van Gerven*, in: Grundmann/Bianca, Art. 7 EU-Kaufrechts-RL Rz. 74. – Anders offenbar zur Erhaltung des Schutzstatuts *Klauer*, S. 207 ff., 330 f.
3 Vgl. *Magnus*, in: Staudinger, Art. 29a EGBGB Rz. 31, 34. Vgl. auch *Nemeth*, S. 91.
4 Zu Art. 29a EGBGB *Jayme*, in: Jayme/Mangold, S. 46; *Jayme/Kohler*, IPRax 1995, 345 f.; *Thorn*, IPRax 1999, 8; *Leible*, in: Schulte-Nölke/Schulze, S. 364 f.; *Freitag/Leible*, EWS 2000, 347; *Paefgen*, ZEuP 2003, 278 ff. (zulässig, aber nicht zwingend); *Bröcker*, S. 128; *Mäsch*, S. 13; *Staudinger*, S. 30 f.; *Hohloch*, in: Erman, Art. 29a EGBGB Rz. 21; *Remien*, in: PWW, Art. 29a EGBGB Rz. 7. – Anders *Rauscher*, EuZW 1996, 651; *von Wilmowsky*, ZEuP 1995, 760; *Kapnopoulou*, S. 154 (für die KlauselRL); *Kretschmar*, S. 282 (für die KlauselRL); *Wegner*, S. 180 (für die Time-Sharing-RL); *Leible*, in: AnwKomm, Art. 29a EGBGB Rz. 42.
5 *Jayme*, in: Hommelhoff/Jayme/Mangold, S. 46; *Jayme/Kohler*, IPRax 1995, 345 f.; *Kretschmar*, S. 191 f., 219; *Staudinger*, S. 30 f.; *Ehle*, S. 197 f.; *Klauer*, S. 220 ff.; *von Hoffmann/Thorn*, § 10 Rz. 73d. – Anders *Paefgen*, ZEuP 2003, 278 ff.; *Kapnopoulou*, S. 154. Wohl auch *Kretschmar*, S. 282; *Hohloch*, in: Erman, Art. 29a EGBGB Rz. 21.
6 *Staudinger*, ZfRV 41 (2000), 101; *von Hoffmann/Thorn*, § 10 Rz. 73d; *Remien*, in: PWW, Art. 29a EGBGB Rz. 7.

te Anknüpfung generell korrigiert, ist die Vorschrift als Sonderanknüpfung anzusehen[1]. Entsprechendes gilt für Art. 46b Abs. 3 EGBGB[2]. Dies schließt freilich einen Günstigkeitsvergleich nicht aus.

4. Enger Zusammenhang
a) Begriff

Zu einer Korrektur des gewählten Rechts kommt es dann, wenn der Vertrag einen engen Zusammenhang mit dem Gebiet eines EU- oder EWR-Staats aufweist. Die Richtlinien verlangen hingegen lediglich einen solchen Zusammenhang „mit dem Gebiet der Mitgliedstaaten"[3] bzw. mit dem „Gebiet eines oder mehrerer (Mitglied-)Staaten"[4]. Art. 46b Abs. 1 EGBGB ist daher richtlinienkonform dahin gehend auszulegen, dass ein Zusammenhang mit dem **Gebiet eines oder mehrerer Staaten** ausreicht[5]. Dieser Zusammenhang wird von den Richtlinien nicht näher konkretisiert[6]. Seine Auslegung hat den Regeln des Gemeinschaftsrechts zu entsprechen. Es handelt sich um einen **autonomen, vom jeweiligen nationalen Recht unabhängigen Begriff**[7]. In Bezug auf einzelne Begriffe des Art. 46b EGBGB kann sich die Auslegung an dem ebenfalls dem Verbraucherschutz dienenden Art. 6 Rom I-VO orientieren[8]. Von der „engsten Verbindung" ist in Art. 4 Abs. 4 Rom I-VO die Rede. Gemeint ist ein bestimmtes **Näheverhältnis des Vertrages** mit dem Gebiet eines Mitgliedstaats.

4239

Die Richtlinien, welche ganz allgemein auf einen „engen Zusammenhang" abstellen, sind auch in anderen Staaten der EU – allerdings in recht unterschiedlicher Weise – umgesetzt worden[9]. ZB kommen in Frankreich die zwingenden Bestimmungen über missbräuchliche Klauseln auch gegenüber dem Recht eines nicht zur EU gehörenden Landes zur Anwendung, wenn der Verbraucher seinen Wohnsitz in einem Mitgliedstaat hat und der Vertrag dort angetragen, geschlossen oder erfüllt wurde (Art. L 135-1 C.cons.)[10]. Der britische Gesetzgeber hat es hingegen bei der Voraussetzung einer „close connection" belassen. Bislang besteht keine Einigkeit, wie der enge Zusammenhang zu konkretisieren ist. Man muss sich entscheiden, ob sich der enge Zusammenhang autonom

---

1 Zu Art. 29a EGBGB *Fetsch*, S. 262; *Kropholler*, IPR, S. 463.
2 Vgl. *Magnus*, in: Staudinger, Art. 29a EGBGB Rz. 57 f.
3 Art. 6 Abs. 2 KlauselRL; Art. 7 Abs. 2 VerbrauchsgüterkaufRL. – Vgl. *Staudinger*, S. 32 f.
4 Art. 12 Abs. 2 Fernabsatz RL; Art. 22 Abs. 4 VerbraucherkreditRL 2008.
5 Zu Art. 29a EGBGB *Staudinger*, RIW 2000, 416; *von Hoffmann/Thorn*, § 10 Rz. 73c.
6 Näher *Fallon/Francq*, Liber Amicorum Siehr, S. 161 ff.
7 *Krebber*, ZvglRW 97 (1998), 145; *Freitag/Leible*, EWS 2000, 345; *Magnus*, in: Staudinger, Art. 29a EGBGB Rz. 40. – Anders *Kretschmar*, S. 269 (Mitgliedstaaten).
8 Zu Art. 29a EGBGB *Kretschmar*, S. 269; *Magnus*, in: Staudinger, Art. 29a EGBGB Rz. 40.
9 Näher zur Klauselrichtlinie *Jayme/Kohler*, IPRax 1995, 345 f.; *Bitterich*, ZfRV 2002, 123 ff.
10 Text Rev.crit.d.i.p. 84 (1995), 436. S. *von Hoffmann*, ZfRV 1995, 45 (51 f.).

nach den Maßstäben der Richtlinie oder nach anderen Kriterien richten soll. Außerdem ist festzulegen, ob man den engen Zusammenhang an einem einzigen Kriterium festmachen kann oder aber nach der Gesamtheit der Umstände fragen soll. Ferner kann man den engen Zusammenhang insgesamt für Art. 46b EGBGB bestimmen oder aber mehr oder weniger nach den einzelnen Richtlinien differenzieren.

4240 Nicht ausreichend ist es, einen engen Zusammenhang lediglich im Hinblick auf die nach den **Art. 4, 6 Rom I-VO eingreifenden Regeln** anzunehmen, dh. nur einer Abwahl des danach maßgeblichen Rechts die Beachtung zu versagen. Auf diese Weise würde man Schutzlücken der Rom I-VO auch in das Richtlinienrecht übernehmen[1]. Viele wollten für das bisherige Recht eine **Gesamtbewertung** vornehmen. Danach ist eine Gesamtwürdigung aller Umstände des Einzelfalles erforderlich[2]. Als Anhaltspunkte werden genannt die Staatsangehörigkeit des Verbrauchers[3], sein gewöhnlicher Aufenthalt[4], der Firmensitz oder die Zweigniederlassung der anderen Partei[5], der Abschlussort des Vertrages[6], die Vertragssprache[7], der Erfüllungsort der beiderseitigen Leistungen[8] sowie die Belegenheit des Vertragsgegenstandes[9]. Eine Aneinanderreihung von Umständen kann freilich nicht genügen. Notwendig ist eine inhaltliche Bewertung der Umstände. Bei der Bestimmung des Zusammenhanges ist daher auf das Schutzkonzept der jeweiligen Richtlinie Rücksicht zu nehmen[10]. Auf diese Weise kann dann je nach Richtlinie der Vertragsanbahnung oder dem gewöhnlichen Aufenthalt des Verbrauchers größeres Gewicht gegeben werden. Teilweise wird der **Ort der Vertragsanbahnung** in den Vordergrund gestellt[11]. Argumentiert wird auch, beim „passiven" Verbraucher sei auf das Verbraucherland, beim „aktiven" Verbraucher hingegen auf das Land des Anbahnungsmarkts abzustellen[12].

---

1 Zu Art. 29a EGBGB *Klauer*, S. 179 f.; *Remien*, in: PWW, Art. 29a EGBGB Rz. 5. – Anders aber *Heiss*, IPRax 2003, 104; *Nemeth*, S. 88 ff.; *Leible*, in: AnwK, Art. 29a EGBGB Rz. 31.
2 *Thorn*, in: Palandt, Art. 29a EGBGB Rz. 3. – Vgl. auch *Hohloch*, in: Erman, Art. 29a EGBGB Rz. 13, 14.
3 *Spickhoff*, in: Bamberger/Roth, Art. 29a EGBGB Rz. 10; *Thorn*, in: Palandt, Art. 29a EGBGB Rz. 3.
4 *Thorn*, in: Palandt, Art. 29a EGBGB Rz. 3.
5 *Thorn*, in: Palandt, Art. 29a EGBGB Rz. 3.
6 *Thorn*, in: Palandt, Art. 29a EGBGB Rz. 3; *Magnus*, in: Staudinger, Art. 29a EGBGB Rz. 48.
7 *Thorn*, in: Palandt, Art. 29a EGBGB Rz. 3; *Magnus*, in: Staudinger, Art. 29a EGBGB Rz. 48.
8 *Rusche*, IPRax 2001, 423; *Thorn*, in: Palandt, Art. 29a EGBGB Rz. 3.
9 *Thorn*, in: Palandt, Art. 29a EGBGB Rz. 3; *Magnus*, in: Staudinger, Art. 29a EGBGB Rz. 61.
10 *Fetsch*, S. 275 f.; 280 f.
11 *Paefgen*, ZEuP 2003, 276 ff., 293.
12 *Klauer*, S. 328 f. (FernabsatzRL).

b) Regelbeispiele des Art. 46b Abs. 2 EGBGB
aa) Ausübung einer beruflichen oder gewerblichen Tätigkeit

Der deutsche Gesetzgeber hat den engen Zusammenhang in Art. 46b Abs. 2 Nr. 1 und Nr. 2 EGBGB mit zwei Beispielen konkretisiert. In Abkehr von der Formulierung des früheren Art. 29a Abs. 2 EGBGB wurden sie bewusst den zwei Fallgruppen des Art. 6 Abs. 1 Rom I-VO nachgebildet. Sie stehen in einem Verhältnis der Alternativität[1]. Der enge Zusammenhang kann daher auch dann bestehen, wenn die Voraussetzungen des Art. 46b Abs. 2 EGBGB, der nur bestimmte Vertriebsformen erfasst, nicht erfüllt sind[2]. Art. 46b EGBGB schützt auch den „aktiven" Verbraucher, der von sich aus auf einem ausländischen Markt innerhalb der Gemeinschaft aktiv wird[3]. 4241

Nach Art. 46b Abs. 2 Nr. 1 EGBGB muss in dem Mitgliedstaat der Europäischen Union oder einem anderen Vertragsstaat des EWR, in dem der Verbraucher seinen gewöhnlichen Aufenthalt hat, eine berufliche oder gewerbliche **Tätigkeit ausgeübt** werden. Dies entspricht Art. 6 Abs. 1 lit. a Rom I-VO, s. dazu Rz. 4183.

bb) Ausrichten der Tätigkeit

Nach Art. 46b Abs. 2 Nr. 2 EGBGB ist erforderlich, dass der Unternehmer eine solche Tätigkeit auf irgend einem Wege auf diesen Mitgliedstaat der Europäischen Union oder einen anderen Vertragsstaat EWiR oder auf mehrere Staaten, einschließlich des Staates des gewöhnlichen Aufenthalts des Verbrauchers, **ausrichtet**. Eine entsprechende Regelung findet sich in Art. 6 Abs. 1 lit. b Rom I-VO, s. oben Rz. 4184 ff. 4242

5. Umsetzung der Verbraucherschutzrichtlinien
a) Genannte Richtlinien

Von Art. 46b EGBGB werden die jeweils geltenden nationalen Bestimmungen erfasst. Vorausgesetzt wird daher, dass sie im Staat des Aufenthalts des Verbrauchers **in Kraft gesetzt** worden sind. Geht die Umsetzungsvorschrift über den Mindeststandard der Richtlinie hinaus und gewährt sie einen **höheren Schutz**, zB eine längere Frist, so könnte man sich zwar mit dem Richtlinienniveau begnügen. Einfacher und dem Schutzzweck entsprechend dürfte es jedoch sein, auch hier die nationale Umsetzungsnorm zu befolgen[4]. Umgekehrt bleibt es dann, wenn die Grenzen einer richtlinienkonformen Auslegung des ausländischen Rechts erreicht sind, bei der Anwendung der **unzureichenden na-** 4243

---
1 *Remien*, in: PWW, Art. 46b EGBGB Rz. 3.
2 *Remien*, in: PWW, Art. 46b EGBGB Rz. 3. – Vgl. *Thorn*, in: Palandt, Art. 29a EGBGB Rz. 3.
3 Zu Art. 29a EGBGB *Fetsch*, S. 258 ff. – Vgl. dazu auch *Nemeth*, S. 78 ff.
4 Ebenso zu Art. 29a EGBGB *Freitag/Leible*, EWS 2000, 346; *Magnus*, in: Staudinger, Art. 29a EGBGB Rz. 53.

tionalen Umsetzungsnorm[1]. Auch dann ist es dem Verbraucher unbenommen, Staatshaftungsansprüche gegen den verantwortlichen EU-Mitgliedstaat geltend zu machen[2].

4244 Hat der Aufenthaltsstaat des Verbrauchers die fraglichen Richtlinien (noch) nicht umgesetzt, so fehlt es an entsprechenden staatlichen Bestimmungen. Folglich kann auch **kein nationales Verbraucherrecht** zur Geltung gebracht werden; die Sonderanknüpfung nach Abs. 1 geht ins Leere[3]. Auch hier kann keine horizontale Richtlinienwirkung[4] angenommen werden[5]. Erst recht darf nicht ersatzweise die deutsche Umsetzung angewendet werden[6].

b) Andere Richtlinien

4245 Die Aufzählung der sechs Richtlinien in Art. 46b Abs. 4 EGBGB ist abschließend[7]. Zwar könnte man daran denken, auch die Abwahl von (älteren) verbraucherschützenden Richtlinien **ohne eigene kollisionsrechtliche Regelung** (zB Haustürwiderruf) zu verhindern[8]. Dafür könnte man sich auf eine Analogie zu Art. 46b Abs. 1 und 2 EGBGB[9] oder eine Gesamtanalogie zu den kollisionsrechtlichen Richtlinienbestimmungen stützen[10]. Für diese Lösung spricht zwar, dass bei einem „engen Zusammenhang" mit dem Gebiet der EU der gleiche Schutzstandard gewährleistet werden sollte. Dies könnte im Zuge der „Ingmar"-Rechtsprechung des EuGH (s. Rz. 18, 545) für die Annahme einer versteckten kollisionsrechtlichen Vorgabe im sekundären Gemeinschaftsrecht und damit für eine Analogie angeführt werden[11]. Gleichwohl dürfte sich diese Lösung verbieten, da zum Ersten keine Lücke angenommen werden und zum Zweiten fehlendes Richtlinienrecht nicht auf diese Weise ersetzt werden kann. Die Schaffung eines europäischen Kollisionsrechts kraft Auslegung von Sachnormen übersteigt die Interpretationsmöglichkeiten. Richtlinien ohne Kollisionsnorm werden daher nicht erfasst.

---

1 Zu Art. 29a EGBGB *Freitag/Leible*, EWS 2000, 347; *Staudinger*, RIW 2000, 417.
2 *Freitag/Leible*, EWS 2000, 347; *Staudinger*, RIW 2000, 417; *Magnus*, in: Staudinger, Art. 29a EGBGB Rz. 32.
3 Zu Art. 29a EGBGB *Freitag/Leible*, EWS 2000, 347; *Thorn*, in: Palandt, Art. 29a EGBGB Rz. 5.
4 EuGH 14.7.1994 (Faccini Dori), Slg. 1994, I-3325 = NJW 1994, 2473; EuGH 7.3.1996 (El Corte Inglés), Slg. 1996, I-1281 = NJW 1996, 1401.
5 *Staudinger*, S. 47 ff.; *Nemeth*, S. 107 f.
6 *Thorn*, in: Palandt, Art. 29a EGBGB Rz. 5; *Magnus*, in: Staudinger, Art. 29a EGBGB Rz. 32.
7 Vgl. *Hohloch*, in: Erman, Art. 29a EGBGB Rz. 26; *Thorn*, in: Palandt, Art. 29a EGBGB Rz. 2; *Magnus*, in: Staudinger, Art. 29a EGBGB Rz. 5, 55.
8 Für eine Ergänzung des Art. 29a Abs. 4 EGBGB de lege ferenda *Fetsch*, S. 261, 290 f., 294.
9 So zu Art. 29a EGBGB *Bitterich*, VuR 2002, 155 ff.
10 *Remien*, in: PWW, Art. 29a EGBGB Rz. 10. Vgl. *Nemeth*, S. 111 f.
11 So zu Art. 29a EGBGB *Paefgen*, ZEuP 2003, 291 ff. – S. auch *Pfeiffer*, NJW 1999, 3674 (3683 f.).

6. Zwingende Natur

a) Verhältnis zu Art. 6 Rom I-VO

In welchem genauen Verhältnis die Richtlinien, die allseitige Kollisionsnorm in Art. 6 Rom I-VO und das nationale Verbraucherrecht stehen, ist noch ungeklärt[1]. Bei der Reform hatte der Bundesrat eine Regelung zur Abgrenzung der Anwendungsbereiche des Art. 6 Abs. 1 und 2 S. 2 Rom I-VO sowie des Art. 46b EGBGB angeregt[2]. Dem ist die Bundesregierung erfolgreich entgegengetreten[3]. Eine solche Regelung würde die Abgrenzung des in Art. 46b EGBGB verkörperten Richtlinienrechts vom Verordnungsrecht des Art. 6 Abs. 1, 2 S. 2 Rom I-VO betreffen. Diese Aufgabe obliegt aber nicht dem nationalen, sondern allein dem europäischen Gesetzgeber. Tatsächlich dient Art. 46b EGBGB lediglich der Umsetzung des Richtlinienrechts. Endgültige Klarheit über das Verhältnis beider Normenkomplexe kann nur im Rahmen des europäischen Rechts geschaffen werden.

4246

Für das Verhältnis von Art. 6 Rom I-VO und 46b EGBGB ist von Art. 23 Rom I-VO auszugehen[4] (s. Rz. 67 ff.). Danach bleiben speziellere Vorschriften des Gemeinschaftsrechts unberührt. Gleiches galt schon früher aufgrund von Art. 20 EVÜ. Dementsprechend haben **Rechtsakte des Gemeinschaftsrechts Vorrang** vor den Kollisionsregeln der Rom I-VO; dies gilt auch für umgesetztes Richtlinienrecht[5]. An sich müsste der von Art. 46b EGBGB gewährte Schutz dem des Art. 6 Rom I-VO vorgehen[6]. Allerdings sollte die Vorschrift des Art. 46b EGBGB nicht die Wahl eines drittstaatlichen Rechts unabhängig von der inhaltsorientierten Korrekturmöglichkeit des Art. 6 Rom I-VO durchkreuzen. Auch für das Verhältnis der beiden Vorschriften sollte sich daher das dem Verbraucher günstigere Schutzniveau durchsetzen[7]. Über Art. 46b EGBGB ist lediglich ergänzend kollisionsrechtlicher Verbraucherschutz zu gewähren. Folglich hat zunächst eine Prüfung des Art. 6 Rom I-VO zu erfolgen; diese Vorschrift ist insoweit vorrangig zu prüfen[8].

b) Verhältnis zu Art. 9 Rom I-VO

Das Verhältnis zu Art. 9 Rom I-VO wirft ähnliche Fragen auf wie das von Art. 6 Rom I-VO zu dieser Vorschrift (Rz. 4901 ff.). Zunächst einmal kommt es

4247

---

1 Vgl. *Garcimartín*, EuLF 2008, I-65. – Näher zu Art. 29a EGBGB *Jayme*, Festschr. Trinkner, S. 575 ff.; *Magnus*, in: Staudinger, Art. 29 EGBGB Rz. 22 ff.
2 BT-Drucks. 16/12 104, S. 13.
3 S. BT-Drucks. 16/12 104, S. 14; BT-Drucks. 16/12 463 (Rechtsausschuss).
4 *Remien*, in: PWW, Art. 46b EGBGB Rz. 1.
5 Zum EVÜ *Leible*, in: Schulte-Nölke/Schulze, S. 367 f.; *Magnus*, in: Staudinger, Art. 29a EGBGB Rz. 18, 25.
6 Zum entsprechenden Problem nach altem Recht *von Hoffmann/Thorn*, § 10 Rz. 73c (lex specialis); *Magnus*, in: Staudinger, Art. 29a EGBGB Rz. 25.
7 Vgl. bereits *Staudinger*, RIW 2000, 419; *Magnus*, in: Staudinger, Art. 29a EGBGB Rz. 25.
8 Zu Art. 29a EGBGB RegBegr. BT-Drucks. 14/2658, S. 50; *Freitag/Leible*, EWS 2000, 346; *Hohloch*, in: Erman, Art. 29 EGBGB Rz. 2a. – Im Ergebnis ebenfalls für das günstigere Recht *Magnus*, in: Staudinger, Art. 29 EGBGB Rz. 24 f.

darauf an, ob man das Richtlinienrecht als **Eingriffsnorm** iSd. Art. 9 Rom I-VO einstuft[1]. Das in Deutschland umgesetzte Richtlinienrecht ist nicht als international zwingende Vorschrift iSd. Art. 9 Rom I-VO anzusehen (s. oben Rz.). Nach aA sollten hingegen nach altem Recht erlassene Richtlinien ohne Kollisionsnorm (zB HaustürwiderrufsRiL) als international zwingend durchgesetzt werden. Teilweise wurde zugleich einschränkend angenommen, es müsse – dem Verhältnismäßigkeitsgrundsatz entsprechend – ein Günstigkeitsvergleich stattfinden[2].

Rück- und Weiterverweisung sind – wie stets bei der Anknüpfung vertraglicher Schuldverhältnisse – auch nach Art. 46b EGBGB stets ausgeschlossen[3]. Zwar ist Art. 35 Abs. 1 EGBGB aufgehoben worden; es kann jedoch Art. 20 Rom I-VO entsprechend herangezogen werden.

4248–4260 Frei.

IV. Zusammenfassung mit Handlungsanleitung

1. Rechtswahl

4261 Auch für Verbraucherverträge ist grundsätzlich eine Rechtswahl möglich, welche inländisches Verbraucherrecht ausschaltet. Es darf sich jedoch um keinen reinen Inlandsvertrag iSd. Art. 3 Abs. 3 Rom I-VO handeln. Auch die Binnenmarktklausel des Art. 3 Abs. 4 Rom I-VO ist zu beachten.

Bei der Vereinbarung ausländischen Rechts können Modifikationen aufgrund von Art. 6 Rom I-VO und 46b EGBGB erfolgen. Art. 46b EGBGB enthält eine Rechtswahlbeschränkung und gilt für die Vereinbarung des Rechts von Nicht-EU/EWR-Staaten. Voraussetzung ist ein enger Zusammenhang, der nach den Regelbeispielen des Art. 46b Abs. 2 EGBGB bei beruflicher oder gewerblicher Tätigkeit im Verbraucherland sowie bei einem Ausrichten der Tätigkeit auf einen EU/EWR-Staat gegeben ist. Abgesehen davon schaffen vor allem Vertragsanbahnung und Aufenthalt im Verbraucherland den engen Zusammenhang.

2. Erfasste Geschäfte

4262 **a) Persönlicher Anwendungsbereich:** Nach Art. 6 Rom I-VO, 46b EGBGB muss es sich um das Geschäft eines Verbrauchers handeln; es darf nicht seiner beruflichen oder gewerblichen Tätigkeit dienen.

b) Sachlicher Anwendungsbereich: Art. 46b EGBGB erfasst alle Verträge, welche den Schutz durch die Richtlinien zu Fernabsatz, missbräuchlichen Klau-

---

1 Vgl. *Garcimartín*, EuLF 2008, I-65. – Dagegen noch bejahend nach altem Recht *Roth*, IPRax 1994, 169; *Jayme*, Festschr. Trinkner, S. 577; *Bröcker*, S. 128 (KlauselRL). – Abl. *Mankowski*, RabelsZ 61 (1997), 753.
2 Zu Art. 29a EGBGB *Fetsch*, S. 263 f., 288, 291, 294.
3 Vgl. *Thorn*, in: Palandt, Art. 29a EGBGB Rz. 5; *Magnus*, in: Staudinger, Art. 29a EGBGB Rz. 21.

seln, Fernabsatz von Finanzdienstleistungen, Verbraucherkauf und Garantien, Verbraucherkredit sowie Time-Sharing berühren.

Art. 6 Rom I-VO gilt grundsätzlich für alle Arten von Geschäften:

- die Lieferung beweglicher Sachen;
- Dienstleistungen, welche nicht ausschließlich in einem anderen Staat als dem Aufenthaltsland des Verkäufers erbracht werden;
- Verträge zur Finanzierung solcher Geschäfte und die Erbringung von Finanzdienstleistungen.

Eingeschlossen sind auch Pauschalreisen und Time-Sharing-Verträge; ganz ausgenommen von Art. 6 Rom I-VO sind dagegen Beförderungsverträge. Ausgeschlossen sind auch Grundstückskauf, -miete, und -pacht.

c) Art des Vertragsabschlusses: Von Art. 6 Rom I-VO vorausgesetzt wird weiterhin eine bestimmte Art von beruflicher oder gewerblicher Tätigkeit. Es wird verlangt, dass der Unternehmer

- seine berufliche oder gewerbliche Tätigkeit in dem Staat ausübt, in dem der Verbraucher seinen gewöhnlichen Aufenthalt hat, oder
- eine solche Tätigkeit auf irgendeine Weise auf diesen Staat oder auf mehrere Staaten, einschließlich des Verbraucherlandes, ausrichtet und der Vertrag in den Bereich dieser Tätigkeit fällt.

Entsprechendes gilt für Art. 46b EGBGB.

3. Günstigkeitsvergleich

Bei Vorliegen der Voraussetzungen des Art. 6 Rom I-VO ist ein Günstigkeitsvergleich durchzuführen. Der Verbraucher kann sich auf die ihm günstigere in- oder ausländische Regelung seines Aufenthaltsstaates berufen. Dabei kommt es auf den konkreten Einzelfall an. 4263

4. Eingriffsnormen

Ferner können möglicherweise Eingriffsnormen iSd. Art. 9 Rom I-VO eingreifen. Ob und welche verbraucherschützenden Normen im Einzelnen darunter fallen, ist umstritten. Nach hM gehören lediglich privatschützende Normen nicht dazu. 4264

Frei. 4265–4280

B. Timesharingvertrag

	Rz.		Rz.
I. Typen von Timesharinggestaltungen	4281	3. Anknüpfung vereins- oder gesellschaftsrechtlicher Timesharinggestaltungen	4332
II. Anwendbarkeit des Internationalen Verbrauchervertragsrechts	4291	a) Beitritt zu Verein oder Gesellschaft	4332
1. Sachliche Anwendbarkeit des Art. 6 Rom I-VO	4291	b) Vorgelagerte Qualifikationsebene und Umgehungsfrage	4333
a) Grundsätzliches	4291	c) Derivativer Erwerb von Gesellschaftsanteilen	4335
b) Ausdrückliche Rückausnahme für Timesharingverträge in Art. 6 Abs. 4 lit. c aE Rom I-VO	4292	4. Besondere Anknüpfung von EU- bzw. deutschem Timesharingrecht nach Art. 46b Abs. 1, 3 EGBGB	4337
c) Ausnahme über Art. 6 Abs. 4 lit. a Rom I-VO?	4301	a) Art. 46b Abs. 3 EGBGB	4337
2. Situative Anwendbarkeit des Art. 6 Rom I-VO	4308	b) Anwendung des deutschen Timesharingrechts unter Art. 46b Abs. 3 EGBGB	4339
3. Persönliche Anwendbarkeit des Art. 6 Rom I-VO	4314	c) Anwendungsvorrang des Art. 46b Abs. 1 EGBGB vor Art. 46b Abs. 3 EGBGB	4341
4. Anknüpfung bei Anwendbarkeit des Internationalen Verbrauchervertragsrechts	4315	aa) Begründung	4342
III. Anknüpfung schuldrechtlicher Timesharinggestaltungen	4320	bb) Eigener Anwendungsbereich des Art. 46b Abs. 3 EGBGB	4345
1. Anknüpfung schuldrechtlicher Timesharinggestaltungen	4320	d) Günstigkeitsvergleich zwischen lex causae und Richtlinienregime	4347
a) Rechtswahl	4320	5. Anknüpfung begleitender Verträge	4348
b) Objektive Anknüpfung über Art. 4 Abs. 1 lit. c Var. 2 Rom I-VO	4323	a) Verwaltungs- und Tauschpoolverträge	4349
2. Anknüpfung dinglicher Timesharinggestaltungen	4329	b) Finanzierungsverträge	4350
a) Verpflichtungsgeschäft	4329	IV. Haftung von Vermittlern	4371
b) Erfüllungsgeschäft	4330	V. Zusammenfassung mit Handlungsanleitung	4381
c) Treuhandkonstruktionen	4331		

Literatur: Für Literatur bis 2004 s. 6. Aufl. Rz. 1066; *Capilli*, Brevi note su competenza giurisdizionale esclusiva ex. art. 16 Conv. Bruxelles e multiproprietà, Int'l. Lis 2006, 25; *Downes*, Conflicting Interests in Timeshare Contracts Revisited on the Occasion of the ECJ (First Chamber) Case C-73/04 Judgment 13 October 2005, Brigitte and Marcus Klein v. Rhodos Management Ltd, ERPL 2007, 157; *Gaedtke*, Die Reform der Timesharing-Richtlinie – Lösung aller Probleme?, VuR 2008, 130; *Hüßtege*, Clubmitgliedschaften und Teilzeitwohnrechte im Anwendungsbereich des Art. 16 Nr. 1 EuGVÜ/Art. 22 Nr. 1 S. 1 EuGVVO, IPRax 2006, 124; *Idot*, Compétence en matière de baux d'immeuble et multipropriété, Europe 2005 Décembre n°. 421 comm., S. 26; *Kelp*, Time-Sharing-Verträge (2005); *Mankowski*, Urteilsanmerkung, ZZP Int. 10 (2005), 309; *Mankowski*, Anmerkung zu OLG Hamm 27.1.2004, 29 U 56/03, VuR 2004, 217; Die internationale Zuständigkeit in Timesharingfällen – ein Dauerbrenner, NZM 2007, 671; *Wittwer*, Ist Timesharing Miete?, Eur. L. Rpter 2005, 395.

I. Typen von Timesharinggestaltungen

Grenzüberschreitendes **Timesharing** ist ein nicht zu unterschätzender Markt. Ihn prägen **Marketingmethoden**, mit denen **Urlauber** veranlasst werden sollen, noch in ihrem Urlaub am Urlaubsort Timesharingverträge zu zeichnen. Ansprache und Werbung erfolgen im Straßen- oder sonstigen Direktvertrieb in den Urlaubsländern. Damit waren in der Vergangenheit alle Probleme solcher Formen des Direktvertriebs verbunden. Hinzu traten unlautere Werbemethoden. Insbesondere wurde Urlaubern suggeriert, sie hätten in einer Lotterie oder Tombola gewonnen, müssten aber, um ihren Gewinn abholen und im Empfang nehmen zu können, als eine Art Formalie den Vertrag unterschreiben. Verharmlosung der Folgen, Verschleierung des wirtschaftlichen Gehalts, lange „Bearbeitung" der prospektiven Kunden durch geschulte Vertreter[1] oder subtiler psychologischer Druck durch körperlich imposante Erscheinungen vor dem Ausgang zum Verhandlungsraum waren keine seltenen Fälle, sondern Teil des Konzepts und an der Tagesordnung[2]. Psychologischer Druck durch angeblich nur noch am betreffenden Tag zu erlangende Vorteile war eine weitere Variante[3].   4281

Natürlich begegnen auch mehr oder weniger dubiose **Zwischenpersonen** und **Vermittler**[4], angesiedelt an zum Teil sehr exotischen Plätzen, zB der Isla de Margarita vor der Küste Venezuelas[5]. Die vorgeblichen Konstruktionen sind oftmals verwirrend, ja bewusst auf Verwirrung angelegt[6] und juristisch kaum zu durchschauen, wenn zB ein Vermittler bereits eine Aufnahme in einen Verein auszusprechen scheint[7]. Selbst die Namen der angeblich Beteiligten können changieren oder so kaum möglich sein[8].   4282

Aus deutscher Sicht ist Timesharing nahezu vollständig mit Auslandsobjekten verbunden. In Deutschland existieren nur wenige Timesharingobjekte[9], und einen nationalen Timesharingmarkt gibt es eigentlich nicht. Jedenfalls bis Mitte der 1990er erwarben 93 % aller in Deutschland ansässigen Timesharing-Kunden Timesharinganteile an ausländischen Objekten[10]. Timesharing ist ein   4283

---

1 ZB Mindestdauer des konsentierten Beratungsgesprächs von 90 Minuten, tatsächliche Dauer 160 Minuten in LG Rottweil 31.5.1995, IPRspr. 1995 Nr. 28 = NJW-RR 1996, 1401.
2 *Lagarde*, Rev.crit.d.i.p. 87 (1998), 619 (621 no. 4).
3 S. AG Butzbach 21.12.1999, NZM 2001, 646.
4 S. die deutlichen Worte in LG Hanau 1.10.1999, NZM 2001, 644 (645).
5 S. die Fälle OLG Frankfurt a.M. 30.9.1998, NZM 1999, 48; OLG Frankfurt a.M. 9.11.1998, NZM 1999, 383; LG Hanau 5.11.1997, NZM 1998, 205; LG Hanau 1.10.1999, NZM 2001, 644.
6 Treffend LG Dortmund 31.1.1996, IPRspr. 1996 Nr. 28 = VuR 1996, 208 (209) (Aufs. *Mankowski*, VuR 1996, 392).
7 OLG Köln 29.3.1996, NJW-RR 1997, 308 (309 f.).
8 OLG Köln 29.3.1996, NJW-RR 1997, 308 (310) zu einer angeblichen Ltd. mit Sitz in Malaga.
9 Die größte Berühmtheit erlangte der Todtmooser Hof, ein Objekt im Schwarzwald.
10 *Mäsch*, DNotZ 1997, 180 (205).

reines „Tourismusprodukt"[1]. Hinsichtlich der Streitintensität und -häufigkeit unterscheidet sich Timesharing von anderen Bereichen des Internationalen Verbraucherschutzrechts durch eine einfache Tatsache: Hier stehen entschieden höhere Summen im Raum, und es lohnt sich für den Verbraucher, Streit darum anzufangen[2]. Apathie dagegen wäre gerade nicht rational.

4284 Rechtlich kann man drei Typen von Timesharingverhältnissen unterscheiden: schuldrechtliches, dingliches und vereins- oder gesellschaftsrechtliches Timesharing. Beim schuldrechtlichen Timesharing erwirbt der Kunde ein schuldrechtliches Wohn- oder Nutzungsrecht an einem bestimmten Timesharingobjekt für einen bestimmten Zeitraum pro Jahr (zB die 28. Kalenderwoche); der Vertrag hat eine langjährige Laufzeit (bis zu 99 Jahren[3]). Beim dinglich ausgestalteten Timesharing erwirbt der Kunde eine direkte sachenrechtliche Berechtigung am Timesharingobjekt. Dabei kann es sich, je nach Maßgabe des jeweiligen Belegenheitsrechts, um Bruchteilseigentum, um eine Art Nießbrauch, um ein dingliches Dauerwohnrecht (etwa nach § 31 WEG), um eine Art Dienstbarkeit oder um ein dingliches Recht sui generis handeln.

4285–4290 Frei.

II. Anwendbarkeit des Internationalen Verbrauchervertragsrechts

1. Sachliche Anwendbarkeit des Art. 6 Rom I-VO

a) Grundsätzliches

4291 Im Prinzip wird das Internationale Verbrauchervertragsrecht in Art. 6 Abs. 1 Rom I-VO auf alle Vertragstypen und Vertragskategorien erstreckt[4]. Nur soweit ausdrückliche Ausnahmen normiert werden, nimmt es sich selber zurück[5]. Art. 6 Abs. 4 lit. c Rom I-VO nimmt allerdings Verträge aus, die ein dingliches Recht an einem Grundstück oder ein Recht zur Nutzung eines Grundstücks zum Gegenstand haben. Diese Ausnahme setzt in der Sache nur die alte Rechtslage für Mietverträge fort[6]: Art. 5 EVÜ erfasste allein Verträge über die Lieferung von Waren oder das Erbringen von Dienstleistungen, so dass echte Immobiliennutzungsverträge von vornherein nicht erfasst waren.

---

1 BGH 15.2.2005, NJW-RR 2005, 780 (781).
2 S. auch *Lagarde*, Rev.crit.d.i.p. 87 (1998), 619 (621 no. 4).
3 Beispiel aus OLG Celle 11.9.1996, ZIP 1996, 1874.
4 S. nur Vorschlag für eine Verordnung des Europäischen Parlaments und des Rates über das auf vertragliche Schuldverhältnisse anzuwendende Recht (Rom I), von der Kommission vorgelegt am 15.12.2005, KOM (2005) 650 endg., S. 7; *Bitterich*, RIW 2006, 262 (266 f.); *Heiss*, JBl. 2006, 750 (763); *Solomon*, in: Ferrari/Leible (Hrsg.), Ein neues Internationales Vertragsrecht für Europa (2007), S. 89 (96 f.).
5 Vorschlag für eine Verordnung des Europäischen Parlaments und des Rates über das auf vertragliche Schuldverhältnisse anzuwendende Recht (Rom I), von der Kommission vorgelegt am 15.12.2005, KOM (2005) 650 endg., S. 7.
6 *Mankowski*, IHR 2008, 133 (143).

b) Ausdrückliche Rückausnahme für Timesharingverträge in Art. 6 Abs. 4 lit. c aE Rom I-VO

Art. 6 Abs. 4 lit. c aE Rom I-VO erklärt jedoch eine ausdrückliche **Rückausnahme** für Timesharingverträge. Für Timesharingverträge soll das Internationale Verbrauchervertragsrecht also zur Anwendung kommen. Art. 6 Abs. 4 lit. c aE Rom I-VO selbst verweist zur sachlichen Ausfüllung und Qualifikation auf die TimesharingRL[1]. Erwägungsgrund 27 S. 2 Rom I-VO assistiert dem, ohne Weiteres und Eigenes hinzuzufügen. Nach der Novellierung der TimesharingRL[2] sollte man die Verweisung dynamisch auf die neue TimesharingRL beziehen[3]. Art. 6 Abs. 4 lit. c aE Rom I-VO meint jedenfalls alle Timesharingverträge im Sinne der TimesharingRL. Sie sollen alle dem kollisionsrechtlichen Verbraucherschutz nach Art. 6 Rom I-VO unterworfen sein. Dies gilt unabhängig von ihrer Ausgestaltung, jedenfalls soweit die betreffende Ausgestaltung von der TimesharingRL erfasst ist, die ihrerseits nicht zwischen den drei Grundtypen differenziert. Maßgeblich ist die europäische Umschreibung, das **europäische Begriffsverständnis** von Timesharingverträgen, nicht deren Ausfüllung durch nationale Umsetzungsakte zur TimesharingRL, die insbesondere hinsichtlich der geforderten Mindestdauer stark variieren und Schutzlücken lassen könnten. Es erfolgt auch keine Qualifikationsverweisung auf die Umsetzung im Belegenheitsrecht. Dies kann insbesondere für Mindestlaufzeiterfordernisse von erheblicher Bedeutung sein.

4292

Die Rückausnahme des Art. 6 Abs. 4 lit. c aE Rom I-VO greift im Übrigen auch, wenn die betroffene Timesharingimmobilie nicht in einem Mitgliedstaat liegen sollte. Sie ist Hilfsnorm zu einer allseitigen und einheitlichen Kollisionsnorm. Sie ist Teil einer loi uniforme. Schon daraus ergibt sich, dass keine Qualifikationsverweisung auf das Belegenheitsrecht erfolgen könnte, denn Nichtmitgliedstaaten hätten nie die TimesharingRL umgesetzt.

4293

Bei Timesharingverträgen geht es im Kern um Nutzungsrechte an Immobilien. Ob tatsächlich genutzt wird, ist unerheblich[4]. Der Vertragsinhalt zählt, nicht die nachfolgende Entwicklung. Die **Nutzungsmöglichkeit**, nicht die **Nutzung** ist entscheidend. Ob der Erwerber tatsächlich nutzt oder nicht nutzt, ist ohne Bedeutung[5]. Anderenfalls würde man mit unüberwindlichen Folgefragen über Mindestnutzungen oÄ konfrontiert[6].

4294

---

1 Richtlinie 94/47/EG des europäischen Parlaments und des Rates vom 26.10.1994 zum Schutz der Erwerber im Hinblick auf bestimmte Aspekte von Verträgen über den Erwerb von Teilzeitnutzungsrechten an Immobilien, ABl. EG 1994 Nr. L 280, S. 83.
2 Richtlinie 2008/122/EG des Europäischen Parlaments und des Rates vom 14.1.2009 über den Schutz der Verbraucher im Hinblick auf bestimmte Aspekte von Teilzeitnutzungsverträgen, Verträgen über langfristige Urlaubsprodukte sowie Wiederverkaufs- und Tauschverträgen, ABl. EU 2009 Nr. L 33, S. 10.
3 *Mankowski*, in: Bonomi/Cashin Ritaine (Hrsg.), The Rome I Regulation (Zürich 2009), sub 6.1.4.
4 *Mankowski*, NZM 2007, 671 (674). AA OLG Saarbrücken 14.12.2006, NZM 2007, 703.
5 AA OLG Saarbrücken 14.12.2006, NZM 2007, 703.
6 *Mankowski*, NZM 2007, 671 (674).

4295 Ebenso wenig ist die Motivation ohne Bedeutung, deretwegen der Erwerber sein Timesharingrecht erwirbt[1]. Wenn er das Recht nur erwirbt, um es zu tauschen, so bleibt es doch ein Nutzungsrecht an einer konkreten Immobilie; anderenfalls könnte es ja auch kaum als **Tauschobjekt** eingesetzt werden[2]. Dass den Timesharern es letztlich gar nicht auf das von ihnen erworbene Timesharingrecht ankomme, sondern auf den Erwerb tauschfähiger Urlaubswochen[3], mag richtig sein, schlägt aber nicht durch. Denn es hebt den engen Zusammenhang mit der Timesharingimmobilie nicht auf[4]. Mit dem Timesharingvertrag erwirbt man erst das „Tauschobjekt". Ohne eigenes vertragliches Nutzungsrecht hat man kein „Tauschobjekt", das man in den Tauschpool einbringen könnte. Wer tauschen will, muss selber etwas zum Tausch anbieten können. Er muss ein Tauschobjekt haben. Dieses Tauschobjekt aber muss hinreichend konkret beschrieben sein, um für andere interessant sein zu können und um eine einzutauschende Gegenleistung auslösen zu können[5]. Das eigene Nutzungsrecht ist gleichsam die Eintrittskarte für die Mitgliedschaft im Tauschpool.

4296 Die Bezeichnung „Tauschwochen" darf nicht zu anderen Annahmen verleiten[6], sondern ist auf ihren funktionellen Kern zurückzuführen. Man muss zwischen dem Erwerb des zu tauschenden Rechts einerseits und dem Tausch andererseits als zwei voneinander getrennten Vorgängen unterscheiden. Dies zeigt schon die Konstellation, wenn später gar kein Tausch stattfindet. Die systematische Stellung der Rückausnahme in Art. 6 Abs. 4 lit. c Rom I-VO als Ausnahme von einer Ausnahme, die sich ihrerseits eindeutig auf Immobiliennutzungsrechte durch Miete oder Pacht bezieht, macht die Notwendigkeit einer Trennung nochmals deutlich.

4297 Andererseits ist nur eine Qualifikation als Timesharingvertrag, nicht aber eine Qualifikation als Immobiliennutzungsvertrag verlangt. Daher können eine eventuelle Tauschpoolkomponente und eine bezweckte Tauschmöglichkeit hier anders als bei der Einordnung unter Art. 22 Nr. 1 UAbs. 1 Var. 2 EuGVO nicht schaden[7].

4298 Mit der Rückausnahme gelangt man zum Internationalen Verbrauchervertragsrecht. Dieses setzt personal an einem Merkmal des Verbrauchers an. Es setzt dagegen **nicht** an der **Grundstücksbelegenheit** der betroffenen Immobilie an. Anders als bei Art. 22 Nr. 1 UAbs. 1 Var. 2 EuGVO hat man hier daher **keine Lokalisierungsprobleme**, wenn das eingeräumte Recht erst bei Inanspruch-

---

1 *Mankowski*, NZM 2007, 671 (673). AA BGH 25.6.2008, RIW 2008, 633 (635) [16]; OLG Saarbrücken 14.12.2006, NZM 2007, 703; OLG Jena 6.3.2007, OLGR 2007, 429.
2 AA BGH 25.6.2008, RIW 2008, 633 (635) [16].
3 So bereits LG Bonn 20.11.1995, VuR 1996, 317 (320).
4 *Mankowski*, NZM 2007, 671 (673). AA OLG Saarbrücken 14.12.2006, NZM 2007, 703.
5 *Mankowski*, ZZP Int. 10 (2005), 309 (310).
6 AA BGH 25.6.2008, RIW 2008, 633 (635) [18].
7 Vgl. dort EuGH 13.10.2005 – Rs. C-73/04 (Brigitte u. Marcus Klein/Rhodos Management Ltd.), Slg. 2005, I-8667, I-8689 Rz. 25.

nahme räumlich und örtlich konkretisiert wird[1]. Mangels Anknüpfung an die Grundstücksbelegenheit ergeben sich auch keine Lokalisierungsprobleme bei Vertragsgestaltungen, bei denen die betroffene Immobilie jedes Jahr wechseln kann[2]. Es besteht eine Sonderkonstellation, wenn zwar ein Nutzungsrecht eingeräumt wird, jedoch nicht an einer bestimmten Immobilie, sondern an jeweils jährlich neu festlegenden Immobilien aus dem Kreis der Clubimmobilien. Dann fehlt es vor der Konkretisierung an einem klaren Bezug zu einer bestimmten Immobilie und deshalb auch an einer Immobilienbelegenheit, an die man anknüpfen könnte[3]. Dies ist jedoch eine andere Ebene als die Qualifikationsebene[4]. Das so genannte flexible Timesharing kann nicht dr Belegenheit einer bestimmten Immobilie zugeführt werden[5], aber es bleibt Timesharing.

Zuständigkeitsrecht und Kollisionsrecht gehen hier getrennte Wege, bedingt durch die überragende Bedeutung des ausschließlichen Immobiliengerichtsstands im Zuständigkeitsrecht. Das Kollisionsrecht kennt dazu kein Pendant, sondern wertet hier anders und setzt anders an[6]. Das Zuständigkeitsrecht muss vom **Immobiliengerichtsstand** ausgehen, da dieser alles andere verdrängt, und daher zuerst fragen, ob der sachliche Anwendungsbereich des Immobiliengerichtsstands eröffnet ist. Zu dieser Frage und insbesondere zu dieser Reihenfolge gibt es keine Parallele im Internationalen Vertragsrecht. Im Internationalen Vertragsrecht ist vielmehr genau umgekehrt das Internationale Verbrauchervertragsrecht das potenziell verdrängende Teilregime und damit der notwendige Ausgangspunkt. Daher bewirkt die Einführung des Art. 6 Abs. 4 lit. c aE Rom I-VO auch keine Veränderung in der Auslegung des Immobiliengerichtsstandes[7]. 4299

Wer im Zuständigkeitsrecht einen Nutzungsvertrag verneint, will häufig den Verbrauchern helfen, indem er die Sperre durch den ausschließlichen Immobiliengerichtsstand ausschaltet und so den Weg zum Internationalen Verbraucherprozessrecht frei macht[8]. Solche Gedanken sind im Kollisionsrecht jedoch gar nicht vonnöten. Hier führt die Einordnung als Timesharingvertrag über die Rückausnahme in Art. 6 Abs. 4 lit. c aE Rom I-VO unmittelbar zum Internationalen Verbrauchervertragsrecht. 4300

---

1 S. dort BGH 25.6.2008, RIW 2008, 633 (635) [16]; OLG Saarbrücken 14.12.2006, NZM 2007, 703; OLG Jena 6.3.2007, OLGR 2007, 429.
2 Vgl. zu solchen Problemen im Zuständigkeitsrecht EuGH 13.10.2005 – Rs. C-73/04 (Brigitte u. Marcus Klein/Rhodos Management Ltd.), Slg. 2005, I-8667, I-8688 Rz. 24; BGH 25.6.2008, RIW 2008, 633 [16].
3 *Mankowski*, EuZW 1996, 177 (179); *Mankowski*, VuR 2001, 259 (261); *Mankowski*, VuR 2004, 217 (218).
4 *Mankowski*, ZZP Int. 10 (2005), 309 (310 f.).
5 *Kelp*, Time-Sharing-Verträge (2005), S. 229 f.
6 *Mankowski*, Festschr. Heldrich (2005), S. 867 (888 f.).
7 Vgl. *Mankowski*, ZZP Int. 10 (2005), 309 (317 f.).
8 Paradigmatisch OLG Saarbrücken 14.12.2006, NZM 2007, 703. Vgl. auch *Hüßtege*, IPRax 2006, 124 (125); *Mankowski*, ZZP Int. 10 (2005), 309 (311).

c) **Ausnahme über Art. 6 Abs. 4 lit. a Rom I-VO?**

4301 Art. 6 Abs. 4 lit. c aE Rom I-VO versperrt zugleich den Weg zu einer Ausnahme über Art. 6 Abs. 4 lit. a Rom I-VO. Nach dem gesetzgeberischen Willen sollen Timesharingverträge vom Internationalen Verbrauchervertragsrecht erfasst sein. Dies würde konterkariert, wenn man über die Hintertür des Art. 6 Abs. 4 lit. a Rom I-VO doch wieder aus dem Internationalen Verbrauchervertragsrecht hinaus gelangte, indem man dem Vertrag überwiegenden **Dienstleistungselemente** einschriebe und dieser vollständig außerhalb des Aufenthaltsstaats des Verbrauchers lokalisierte. Die Problemzone Timesharing sollte ersichtlich ausgetrocknet werden, und dies erreicht man nur durch konsequente Umsetzung ohne Hintertüren.

4302 Ein „globaler" Charakter der **Zahlungsverpflichtung**, der sich vom einzelnen Objekt abhöbe, besteht nicht[1]. Der Kunde hätte, um das wirtschaftlich gleiche Ziel zu erreichen, auch einfach ein Ferienhaus für den betreffenden Zeitraum mieten und dies jedes Jahr wiederholen können. Er erwirbt keine bessere Berechtigung, und der Unterschied liegt nur in der von vornherein festgelegten, in der Regel mehrjährigen Bindung; dieser Unterschied ist nicht wesentlich[2]. Zudem wäre eine solche Komponente nicht geeignet, wesentliche Dienstleistungselemente einzuschreiben.

4303 In der Regel weisen Timesharinggestaltungen keine Dienstleistungselemente auf, welche den Charakter des Gesamtvertrages prägen würden[3]. Vorhandene Dienstleistungselemente, zB **Instandhaltung** der Immobilie, **Reinigung** der Wohnungen, **Bewachung**, Betreuung, Bewirtschaftung, Verwaltung, Anlagenmanagement, sind in der Regel Nebenleistungen[4]. Nur ausnahmsweise werden sie den Gesamtvertrag dem Bild eines Hotelvertrages annähern und ihn prägen. Zu verlangen sind jedenfalls Serviceleistungen, die auch gegenüber der schwerwiegenden Gebrauchsüberlassung höheres, zumindest aber gleiches Gewicht haben[5]. Instandhaltung und Verwaltung treten im Übrigen bei den meis-

---

1 Vgl. *Nuyts*, Rev.dr.int.dr.comp. 2000, 143 (166); *Mankowski*, VuR 2004, 217; *Mankowski*, NZM 2007, 671.
2 *Mankowski*, EuZW 1996, 177 (178); *Mankowski*, NZM 2007, 671 f.
3 S. nur OLG Celle 13.2.1996, IPRspr. 1996 Nr. 29 = RIW 1996, 963 = DZWir 1996, 299 (Aufs. *Mankowski*, DZWir 1996, 273); LG Düsseldorf 12.4.1994, IPRspr. 1994 Nr. 33 = RIW 1995, 415 (416) = VuR 1994, 262 Anm. *K. Tonner*; LG Weiden 27.10.1995, IPRspr. 1995 Nr. 35 = NJW-RR 1996, 438; *Lobsiger*, AJP 1994, 556 (563); *Mankowski*, RIW 1995, 364 (367); *Mankowski*, NZM 2007, 671 (672); *Mäsch*, in: Hildenbrand/Kappus/Mäsch, Time-Sharing und Teilzeit-Wohnrechtegesetz (TzWrG) (1997), § 8 TzWrG Rz. 10; *Drasdo*, TzWrG (1997), § 8 TzWrG Rz. 3; *Ebke*, IPRax 1998, 263 (264). *Lagarde*, Rev.crit.d.i.p. 87 (1998), 619 (625 no. 7); *H. Wegner*, Internationaler Verbraucherschutz beim Abschluss von Timesharingverträgen: § 8 Teilzeitwohnrechtegesetz (1998), S. 107 f. AA *Jayme/C. Kohler*, IPRax 1994, 405 (407 f.); *Jayme*, IPRax 1995, 234 (235) sowie AG Hamburg 22.5.1997, IPRspr. 1997 Nr. 39 = VuR 1998, 346 (348); *Beise*, NJW 1995, 1724 (1725); *Rauscher*, EuZW 1996, 650 (652).
4 Deutlich LG Darmstadt 23.8.1995, IPRspr. 1995 Nr. 149 = EuZW 1996, 191 (Aufs. *Mankowski*, EuZW 1996, 177) = IPRax 1996, 121 (Aufs. *Jayme*, IPRax 1996, 87).
5 *M. Böhmer*, Das deutsche Internationale Privatrecht des timesharing (1993), S. 156; *Mäsch*, EuZW 1995, 8 (13); *Mankowski*, RIW 1995, 364 (367); *Mankowski*, NZM 2007,

ten Wohnraummietverträgen auf, ohne dass diese dadurch zu Dienstleistungsverträgen würden[1].

Die Travel Vac-Entscheidung des EuGH[2] zwingt insoweit keineswegs zu einem generellen Umdenken und weckt keine neuen Zweifel[3]. Der EuGH betont ausdrücklich den Charakter des von ihm konkret zu beurteilenden Vertrages und trifft eine Aussage nur für Verträge, bei denen der Dienstleistungsanteil größeren Wert hat (und damit den Vertrag mehr prägt) als der Nutzungsanteil[4]. Er bezieht sich also genau auf die Ausnahmegestaltungen von der Regel, dass die Nutzungsüberlassung charakteristisch[5]. Zudem müsste man kritisch fragen, was Dienstleistung ist. Wenn Anbieter schon das Aufstellen von Nutzungsplänen und die Gestattung der Nutzung (sic!) als Dienstleistungen reklamieren[6], geht dies zu weit.   4304

Zu undifferenziert[7] waren auch Aussagen der EG-Kommission, dass es sich beim Timesharing generell nicht um die Nutzungsüberlassung von Immobilien handele und deshalb kein ausschließlicher Gerichtsstand nach Art. 22 Nr. 1 EuGVO bestehe[8]. Eine autoritative Festlegung vermögen – zudem nicht einmal offiziell publizierte – Materialien nicht zu verfügen[9]. Zudem sind sie durch Art. 6 Abs. 4 lit. c Rom I-VO in der Sache überholt.   4305

Außerdem muss man beachten, ob Dienstleistungen nicht in formell selbständige Verträge, sogar mit anderen Partnern als dem eigentlichen Timesharinganbieter, abgespalten sind. Träger und Organisatoren der wichtigen   4306

---

671 (672); *Mäsch*, in: Hildenbrand/Kappus/Mäsch, Time-Sharing und Teilzeit-Wohnrechtegesetz (TzWrG) (1997), § 8 TzWrG Rz. 10.

1 LG Bielefeld 27.5.1999, IPRspr. 1999 Nr. 32 = NJW-RR 1999, 1282 (1283) = NZM 1999, 721; *Mankowski*, RIW 1995, 364 (367) sowie BGH 19.3.1997, BGHZ 135, 124 (131) = IPRspr. 1997 Nr. 34.
2 EuGH 22.4.1999 – Rs. C-423/97 (Travel Vac SL/Manuel José Antelm Sanchis), Slg. 1999, I-2195.
3 Anders *Jayme/C. Kohler*, IPRax 1999, 401 (402 f.). Wie hier *Kelp*, Time-Sharing-Verträge (2005), S. 214–217.
4 EuGH 22.4.1999 – Rs. C-423/97 (Travel Vac SL/Manuel José Antelm Sanchis), Slg. 1999, I-2195, I-2225 Rz. 25.
5 S. GA *Alber*, Schlussanträge in der Rs. C-423/97 vom 26.11.1998, Slg. 1999, I-2199, I-2208 Nr. 34.
6 So die Stellungnahme des beteiligten Timesharingunternehmens Travel Vac SL, paraphrasiert bei GA *Alber*, Schlussanträge in der Rs. C-423/97 vom 26.11.1998, Slg. 1999, I-2199, I-2207 Nr. 32.
7 Vgl. auch *Micklitz/Rott*, EuZW 2001, 325 (330 f.), die zum Hintergrund auf die differenzierte Travel Vac-Entscheidung (EuGH 22.4.1999 – Rs. C-423/97 [Travel Vac SL/ Manuel José Antelm Sanchis], Slg. 1999, I-2195) rekurrieren.
8 Begründung der Kommission zum Vorschlag einer Verordnung (EG) des Rates über die gerichtliche Zuständigkeit und die Anerkennung und Vollstreckung von Entscheidungen in Zivil- und Handelssachen, Dok. KOM (99) 348 endg., BR-Drucks. 534/99, S. 16, Art. 15 Bem. 2. Abs.
9 *Mankowski*, VuR 2004, 217 (219).

Tauschringe[1] etwa sind formell selbständige Clubs oder Pools, nicht die Timesharinganbieter als solche[2]. Erkennt man dies, so entstehen in der Regel auch keine – in der Tat nur schwer zu rechtfertigende[3] – Unterschiede in der Anknüpfung des Timesharingvertrages zwischen Timesharingverträgen mit und solchen ohne Tauschpoolvereinbarung[4]. Die Vermittlung des Beitritts zur Tauschorganisation durch den Timesharinganbieter, sei es in Stellvertretung oder Botenschaft, ist davon wiederum zu trennen. Sie ist nur eine Nebenleistung, zudem von einmaliger Natur und nur punktuell am Beginn des üblicherweise langfristigen Timesharingvertrages. Die bloße Vermittlung der Mitgliedschaft in einer Tauschorganisation oder die eröffnete Möglichkeit, an einem Tauschring zu partizipieren, können bei keinem Timesharing-Typ relevante Charakteristika des Timesharing-Vertrages selbst begründen[5].

4307 Schließlich könnte Art. 6 Abs. 4 lit. a Rom I-VO selbst bei eigentlich prägenden Dienstleistungsmomenten eines einheitlichen Vertrages nur dann zur Nichtanwendbarkeit des Internationalen Verbrauchervertragsrechts führen, wenn und soweit die Dienstleistungen nur im Belegenheitsstaat der Immobilie und nicht im Aufenthaltsstaat des Verbrauchers erbracht werden[6]. Dies wird wiederum bei Tauschorganisationsleistungen des Timesharinganbieters selbst nur greifen, wenn der Anbieter nicht im Aufenthaltsstaat des Verbrauchers ansässig ist[7]. Bei fremdorganisiertem Tausch ist die Tauschkomponente aber, weil zu einem anderen Vertrag gehörend, auszublenden[8].

2. Situative Anwendbarkeit des Art. 6 Rom I-VO

4308 Neben dem sachlichen muss auch der situative Anwendungsbereich eröffnet sein. Dessen zentrales Kriterium ist das **Ausrichten der professionellen Tätig-**

---

1 In der Tauschmöglichkeit kann für viele Interessenten der wahre Wert eines Timesharingrechts liegen; LG Bonn 20.11.1995, VuR 1996, 317 (320).
2 Treffend *K. Otte*, RabelsZ 62 (1998), 405 (418); *H. Wegner*, Internationaler Verbraucherschutz beim Abschluss von Timesharingverträgen: § 8 Teilzeitwohnrechtegesetz (1998), S. 108.
3 *K. Otte*, RabelsZ 62 (1998), 405 (418); vgl. auch *Naujok*, ZfIR 2008, 623 (624).
4 *Mankowski*, NZM 2007, 671 (673).
5 *Mankowski*, NZM 2007, 671 (673). Tendenziell anders EuGH 13.10.2005 – Rs. C-73/04 (Brigitte u. Marcus Klein/Rhodos Management Ltd.), Slg. 2005, I-8667, I-8689 Rz. 25. Richtig dagegen im Ergebnis GA *L.A. Geelhoed*, Schlussanträge Urt. vom 7.4.2005 in der Rs. C-73/04, Slg. 2005, I-8669, I-8676 Nr. 27.
6 *M. Böhmer*, Das deutsche Internationale Privatrecht des timesharing (1993), S. 156; *Mäsch*, EuZW 1995, 8 (13); *Mäsch*, DNotZ 1997, 180 (206 Fn. 85); *Schomerus*, NJW 1995, 359 (361); *Mankowski*, RIW 1995, 364 (367); *Beise*, NJW 1995, 1724 (1725); *Mäsch*, in: Hildenbrand/Kappus/Mäsch, Time-Sharing und Teilzeit-Wohnrechtegesetz (TzWrG) (1997), § 8 TzWrG Rz. 11; *H. Wegner*, Internationaler Verbraucherschutz beim Abschluss von Timesharingverträgen: § 8 Teilzeitwohnrechtegesetz (1998), S. 111; *Kelp*, Time-Sharing-Verträge (2005), S. 222 f.
7 Mit falscher Schlagrichtung insoweit *H. Wegner*, Internationaler Verbraucherschutz beim Abschluss von Timesharingverträgen: § 8 Teilzeitwohnrechtegesetz (1998), S. 111 f., die auf die Belegenheit der vom Tausch betroffenen Immobilien abstellen zu wollen scheint.
8 Zu undifferenziert noch *Mankowski*, RIW 1995, 364 (367).

keit (auch) auf den Verbraucherstaat. Dies wird im Laufe der Zeit immer stärker konkretisiert werden[1]. Mehrere Momente lassen sich sicher hervorheben: Erstens muss dieses Kriterium mindestens so weit sein wie der vorherige Begriff der „Werbung". Man wollte den situativen Anwendungsbereich vergrößern, und deshalb muss zumindest all' das erfasst sein, was schon zuvor erfasst war[2]. Zweitens ist „Ausrichten" ein allgemeines und kein nur auf Internetsachverhalte zugeschnittenes Kriterium[3]. Drittens ergänzt und erweitert das Ausrichten das Ausüben einer Tätigkeit. Ausüben meint im Kern aktive Beteiligung am Wirtschaftsverkehr durch Angebot und Abwicklung von Leistungen[4], während die bloße Ansiedelung von Teilen des Wertschöpfungsprozesses oder der Unternehmensorganisation als solcher (zB Produktion, Lagerung oder interne Verwaltung) nicht ausreicht[5]. Viertens hat der europäische Gesetzgeber auf eine Legaldefinition des „Ausrichtens" bewusst verzichtet[6]. Der Begriff ist vielmehr flexibel gehalten[7], eben um der Vielzahl denkbarer Gestaltungen Herr zu werden, die vielleicht noch gar nicht bekannt waren, ja vielleicht noch gar nicht praktiziert wurden, als man den Verordnungstext schuf. So wollte man richtigerweise Offenheit für zukünftige Entwicklungen der Vermarktungstechniken bewahren[8].

Trotzdem bleiben Problemzonen. Deren wichtigste hat für Timesharingverträge angesichts der in der Vergangenheit gepflegten Distributions- und Marketingmodi besondere Bedeutung, nämlich die gezielte Ansprache von **Touristen** aus bestimmten Staaten in ihren Urlaubsländern[9]. Timesharingverträge wer- 4309

---

1 S. bereits *Markus*, ZZZ 2004, 181 (189–198); *Mankowski*, VuR 2006, 289; *von Hein*, IPRax 2006, 16; *Gillies*, (2007) 3 J. PIL 89, *Farah*, (2008) 33 E.L.Rev. 257 (263–269) sowie aus der Rechtsprechung OLG Dresden 15.12.2004, IPRax 2006, 44; LandesG Feldkirch, EuLF 2008, II-23 = ZfRV-LS 2008/27, 79 m. Anm. *Ofner* sowie BGH 30.3.2006, NJW 2006, 1672.
2 *Mankowski*, VuR 2006, 289 (292); *Mankowski*, in: Cashin Ritaine/Bonomi (eds.), Le nouveau règlement européen „Rome I" relatif aux obligations contractuelles (Zürich 2008), S. 121 (127 f.).
3 *Mankowski*, VuR 2006, 289 (290 f.); *Mankowski*, in: Cashin Ritaine/Bonomi (eds.), Le nouveau règlement européen „Rome I" relatif aux obligations contractuelles (Zürich 2008), S. 121 (127 f.).
4 *Hüßtege*, in: Thomas/Putzo, ZPO, 29. Aufl. 2008, Art. 15 EuGVVO Rz. 8; *Leible*, IPRax 2006, 365 (369); *A. Staudinger*, in: Rauscher, Art. 15 Brüssel I-VO Rz. 12; *Mankowski*, VuR 2006, 289 (293).
5 *Schoibl*, JBl. 2003, 149 (160 f.); *Auer*, in: Geimer/Schütze, IRV, Art. 15 EuGVVO Rz. 46 (2005); *Hüßtege*, in: Thomas/Putzo, ZPO, 29. Aufl. 2008, Art. 15 EuGVVO Rz. 8; *Mankowski*, VuR 2006, 289 (293).
6 Geänderter Vorschlag der Kommission für eine Verordnung über die gerichtlichen Zuständigkeit und die Anerkennung und Vollstreckung von Entscheidungen in Zivil- und Handelssachen, KOM (2000) 689 endg. S. 6.
7 *Czernich/Tiefenthaler/Kodek-Tiefenthaler*, Europäisches Gerichtsstands- und Vollstreckungsrecht, 2. Aufl. (Wien 2003), Art. 15 EuGVVO Rz. 24.
8 Geänderter Vorschlag der Kommission für eine Verordnung über die gerichtlichen Zuständigkeit und die Anerkennung und Vollstreckung von Entscheidungen in Zivil- und Handelssachen, KOM (2000) 689 endg. S. 6.
9 Näher *Mankowski*, Festschr. Tuğrul Ansay (Alphen aan den Rijn 2006), S. 189 (200–202); s. auch *Mankowski*, ZvglRW 105 (2006), 120 (140 f.); *Kieninger*, EuZ 2007,

den typischerweise in den Urlaubsländern an Urlauber in deren Sprache vertrieben, oft unter dubiosen Gewinnversprechen aus Preisausschreiben, an welchen die Urlauber nicht teilgenommen haben.

4310 Deutschsprachige Angebote und deutschsprachige Verträge indizieren insoweit klar, dass der Anbieter seine Tätigkeit zumindest auch auf Touristen aus Deutschland ausgerichtet hat[1]. Hat er aber damit Geschäftstätigkeit auf Deutschland ausgerichtet? Bei regelmäßigem Geschäft und insbesondere bei einer eingespielten Vertragsabwicklungsorganisation in Deutschland kann man dies durchaus bejahen, wenn man auf die ökonomischen Parameter schaut. Der Anbieter blickt auf Deutschland, weil dort seine potenziellen Kunden herkommen. Insofern ist es zu pauschal, wenn vom Verbraucher auf Auslandsreisen geschlossene Verträge schlechterdings ausgegrenzt würden[2]. Das in Art. 5 Abs. 1 EVÜ noch enthaltene Erfordernis, dass der Verbraucher seine Vertragserklärung in seinem Wohnsitzstaat habe abgeben müssen, ist gerade deshalb entfallen, um jede unternehmerseitige Manipulation zu vermeiden, dass der Verbraucher veranlasst würde, ausgerechnet zum Vertragsabschluss seinen Wohnsitzstaat zu verlassen[3]. Der Abgabeort der Vertragserklärung des Verbrauchers ist anerkanntermaßen relativ zufällig und für den Vertrag nicht prägend[4].

4311 Die ratio des „Ausrichtens" hat einen deutlichen Bezug zum Vertragsabschlussmarkt im Wohnsitzstaat des Verbrauchers: Umgehungssachverhalte und Herauslocken des Verbrauchers sollten erfolglos bleiben[5]. Orientierungsmerkmal bleibt die **Vertriebsstrategie** des Unternehmers[6]. Indes kann man gleichwohl eine Öffnung des Konzepts sehen: vom passiven Verbraucher als geschütztem Subjekt hin zum semi-passiven Verbraucher[7]. In dieser Tendenz läge es, sich vom Vertragsabschlussmarkt als striktem Kriterium ein Stück weit zu lösen.

4312 Zudem liegt bei den beschriebenen Vertriebsmethoden eine Sondersituation vor: Die fremdsprachigen Angebote sind eigentlich nicht auf den Vertragsabschlussmarkt in der Türkei ausgerichtet. Von der Marktgegenseite in dem

---

22 (26); *Solomon*, in: Ferrari/Leible (Hrsg.), Ein neues Internationales Vertragsrecht für Europa (2007), S. 89 (106).

[1] LG Tübingen 30.3.2005, NJW 2005, 1513 (1514).

[2] So aber *Christian Berger*, in: Bauknecht (Hrsg.), Informatik 2001 (Wien 2001), S. 1002 (1005); *Peter Schlosser*, EU-Zivilprozessrecht, 3. Aufl. (2009), Art. 15 EuGVVO Rz. 8a.

[3] Begründung der EG-Kommission zum Entwurf einer Verordnung über die gerichtliche Zuständigkeit und die Anerkennung und Vollstreckung von Entscheidungen in Zivil- und Handelssachen, KOM (1999) 348 endg., S. 17 = BR-Drucks. 534/99, S. 16; *Micklitz/Rott*, EuZW 2001, 325 (331); *Kropholler*, Europäisches Zivilprozessrecht, 8. Aufl. (2005), Art. 15 EuGVVO Rz. 27; *Mankowski*, RIW 2005, 561 (570 f.).

[4] *Senff*, Wer ist Verbraucher im internationalen Zivilprozess? (2001), S. 281; *Mankowski*, RIW 2005, 561 (571).

[5] *Mankowski*, RIW 2005, 561 (571).

[6] S. nur *Wulf-Henning Roth*, Festschr. Sonnenberger (2004), S. 591 (609).

[7] *Fallon/Meeussen*, Rev.crit.d.i.p. 91 (2002), 435 (461); *Sinay-Cytermann*, Mélanges en l'honneur de Lagarde (2005), S. 737 (743).

Staat, in dem sich der Vertrag angebahnt wird, trennt das Angebot eine Sprachbarriere. Der Sprache und der Aufmachung nach ist das Angebot gezielt auf Touristen ausgerichtet. Eine lokale Anbindung findet nicht statt, man lässt den absatzgerichteten Blick auf ferne Länder schweifen. Die Touristen sind eine **atypische Marktgegenseite**, die aber gezielt angesprochen wird. Lokalisierung und Marktausrichtung fallen schon nach der Vertriebsstrategie auseinander.

Speziell für Timesharingverträge lässt sich die klar ersichtliche gesetzgeberische Zielsetzung hinter Art. 6 Abs. 4 lit. c aE Rom I-VO ins Feld führen. Es besteht ein Regulierungsbedürfnis mit Blick auf Marketingstrategien und Vertragsausgestaltung, das es kollisionsrechtlich abzusichern gilt[1]. Der europäische Gesetzgeber wollte die als problematisch empfundenen Timesharingverträge gezielt dem Verbraucherschutzregime des Art. 6 Rom I-VO unterwerfen. Dieses Ziel würde verfehlt, wenn man zwar den sachlichen Anwendungsbereich entsprechend weit ausgestaltete, beim situativen aber so vorgehen würde, dass die typischen Vertriebsmethoden für die problematischen Verträge herausfielen. Es wäre widersinnig, zwar den sachlichen Anwendungsbereich gezielt auf eine bestimmte Schutzrichtung auszurichten, dies aber im situativen Anwendungsbereich sogleich wieder zu entwerten. 4313

3. Persönliche Anwendbarkeit des Art. 6 Rom I-VO

Die persönliche Anwendbarkeit des Art. 6 Rom I-VO wirft keine Probleme auf. Erwerber von Timesharingrechten agieren als Privatpersonen, Timesharinganbieter professionell[2]. Timesharingrechte haben außer Weiterverwertung und Weitervertrieb keinen kommerziellen Verwendungszweck. Typischerweise ergibt sich schon aus der Menge (geringe Anzahl von Kalenderwochen für nur eine Einheit) der private Nutzungszweck. 4314

4. Anknüpfung bei Anwendbarkeit des Internationalen Verbrauchervertragsrechts

Ist das Internationale Verbrauchervertragsrecht anwendbar, so gilt objektiv nach Art. 6 Abs. 1 Rom I-VO das Recht am gewöhnlichen Aufenthalt des Verbraucher-Kunden. Eine Rechtswahl muss sich laut Art. 6 Abs. 2 Rom I-VO einem Günstigkeitsvergleich zwischen dem gewählten Recht und dem Recht am gewöhnlichen Aufenthalt des Verbraucher-Kunden stellen. 4315

Frei. 4316–4319

---

1 *J. Hill*, Cross-Border Consumer Contracts (2008), Rz. 12.62.
2 *Kelp*, Time-Sharing-Verträge (2005), S. 210.

III. Anknüpfung schuldrechtlicher Timesharinggestaltungen

1. Anknüpfung schuldrechtlicher Timesharinggestaltungen

a) Rechtswahl

4320 Ist das Internationale Verbrauchervertragsrecht nicht anwendbar, so besteht zuvörderst Rechtswahlfreiheit nach Art. 3 Abs. 1 S. 1 Rom I-VO[1]. Dies kann zur Konsequenz haben[2], dass seitens des Anbieters gezielt ein Recht ausgewählt und in den Vertrag eingeführt wird, das ein für den Anbieter günstiges sachrechtliches Schutzniveau aufweist. In jedem Fall sind aber wegen Art. 10 Abs. 1 Rom I-VO für einen Abschluss des Hauptvertrages diejenigen Voraussetzungen zu erfüllen, welche das letztlich gewählte Recht aufstellt; zB muss im angloamerikanischen Rechtskreis ein gegenseitiger Vertrag mit consideration vorliegen[3].

4321 In der Vergangenheit wurde häufig das Recht der **Isle of Man** gewählt[4]. In den betreffenden Fällen bestand immerhin insoweit ein gewisser objektiver Bezug zur Isle of Man, als die Anbieter nominell in Douglas, der Hauptstadt der Isle of Man, ansässig waren. Die Welle der Isle of Man-Fälle ist indes abgeebbt. Das dürfte darauf zurückzuführen sein, dass die Isle of Man – obwohl nicht zum EU-Gebiet gehörend – die TimesharingRL wenigstens teilweise umgesetzt wurde und dadurch das sachrechtliche Schutzniveau höher wurde[5]. Nicht statthaft ist jedenfalls, die Rechtswahlklausel einer Inhaltskontrolle nach dem Recht, das ohne die Rechtswahl anwendbar wäre[6], nach dem gewählten Recht[7] oder nach deutschem Recht als lex fori zu unterziehen.

---

1 S. nur BGH 19.3.1997, BGHZ 135, 124 (130) = IPRspr. 1997 Nr. 34; LG Düsseldorf 12.4.1994, IPRspr. 1994 Nr. 33 = RIW 1995, 415 (Aufs. *Mankowski*, RIW 1995, 364) = VuR 1994, 262 Anm. *K. Tonner*; LG Koblenz 6.6.1994 – 10 O 35/93 (unveröff.); AG Euskirchen 16.4.1996 – 4 C 5/96 (unveröff.); AG Velbert 4.6.1996 – 12 C 592/95 (unveröff.); *Magnus*, in: Staudinger, Art. 28 EGBGB Rz. 227; *Kelp*, Time-Sharing-Verträge (2005), S. 204 f.
2 Angesichts der Branchenverhältnisse fast erstaunlicherweise operier(t)en manche Anbieter aber auch mit AGB-Rechtswahlklauseln zu Gunsten des deutschen Rechts; AG Butzbach 21.12.1999, NZM 2001, 646.
3 S. nur OLG Celle 26.7.2001, ZIP 2001, 1724, 1725; *Magnus*, in: Staudinger, Art. 28 EGBGB Rz. 228.
4 ZB in den Fällen BGH 19.3.1997, BGHZ 135 (124) = IPRspr. 1997 Nr. 34; OLG Celle 26.7.2001, ZIP 2001, 1724; LG Düsseldorf 12.4.1994, IPRspr. 1994 Nr. 33 = RIW 1995, 415 (Aufs. *Mankowski*, RIW 1995, 364) = VuR 1994, 262 Anm. *K. Tonner*; LG Duisburg 6.10.1994, IPRspr. 1994 Nr. 40 = NJW-RR 1995, 883; LG Berlin 9.11.1994, IPRspr. 1994 Nr. 42 = NJW-RR 1995, 754; LG Tübingen 8.2.1995, IPRspr. 1995 Nr. 24 = NJW-RR 1995, 1142; LG Rottweil 31.5.1995, IPRspr. 1995 Nr. 28 = NJW-RR 1996, 1401.
5 Zum früheren Timesharingrecht der Isle of Man IPG 1996 Nr. 5, S. 66–77 (Hamburg); *Beise*, RIW 1995, 632.
6 So aber LG Koblenz 6.6.1994 – 10 O 35/93 (unveröff.); AG Euskirchen 16.4.1996 – 4 C 5/96 (unveröff.); AG Velbert 4.6.1996 – 12 C 592/95 (unveröff.), die alle die Wirksamkeit der Rechtswahlklausel zu Gunsten des Rechts der Isle of Man nach span. Recht feststellten.
7 Näher *Mankowski*, VuR 1999, 140 f. gegen KG 21.1.1998, IPRspr. 1998 Nr. 138 = MDR 1998, 760 = VuR 1999, 138.

Widerrufsrechte aus dem Aufenthaltsrecht des Erwerbers kommen auch über Art. 10 Abs. 2 Rom I-VO nicht zum Zuge[1]. Art. 10 Abs. 2 Rom I-VO ist sachlich begrenzt auf Fragen des Zustandekommens, des äußeren Konsenses; Widerrufsrechte gehören dagegen zum Bereich der Wirksamkeit des Vertrages, den Art. 10 Abs. 2 Rom I-VO gerade nicht erfasst[2].

4322

b) Objektive Anknüpfung über Art. 4 Abs. 1 lit. c Var. 2 Rom I-VO

Schuldrechtliche Timesharinggestaltungen sind im Grundsatz Verträge über die Nutzungsüberlassung von Immobilien(rechten). Dies lässt sich daraus schließen, dass der Gesetzgeber in Art. 6 Abs. 4 lit. c Rom I-VO eine ausdrückliche Rückausnahme im unmittelbaren Kontext mit einer Ausnahme für Verträge über Miete oder Pacht unbeweglicher Sachen für nötig gehalten hat. Diese Wertung prägt auch die Einordnung unter Art. 4 Abs. 1 Rom I-VO. Ihr zufolge sind schuldrechtliche Timesharingverträge grundsätzlich unter Art. 4 Abs. 1 lit. c Var. 2 Rom I-VO einzuordnen.

4323

Ohne Rechtswahl unterliegt ein schuldrechtlich ausgestalteter Timesharingvertrag also nach Art. 4 Abs. 1 lit. c Var. 2 Rom I-VO dem Recht am Belegenheitsort der Timesharingimmobilie[3]. Bei in Spanien belegenen Objekten käme man also zum spanischen Recht[4]. Eine Differenzierung nach Kurz- oder Langfristigkeit der Immobiliennutzung ist in Art. 4 Abs. 1 lit. c Var. 2 Rom I-VO nicht angelegt. Bei kurzfristigen Verträgen an den Sitz des Timesharinganbieters anzuknüpfen[5] ginge an der langfristigen Anlage eigentlich aller bekannten Timesharingmodelle vorbei. Gerade die Langfristigkeit macht die Modelle für die Anbieter attraktiv und ist ein wesentlicher Amortisationsfaktor. **Serviceleistungen** sind in der Regel Nebenleistungen (Rz. 4303). Sie machen angesichts des wesentlichen Vertragszwecks den Vertrag in der Regel nicht zu einem gemischten Vertrag[6].

4324

---

1 Entgegen LG Gießen 14.2.1994, IPRspr. 1994 Nr. 28 = IPRax 1995, 395 (Aufsatz *Mäsch*, IPRax 1995, (371) = NJW 1995, 406 (jeweils mit Datum 14.12.1994); LG Rottweil 31.5.1995, IPRspr. 1995 Nr. 28 = NJW-RR 1996, 1401; LG Stuttgart 13.7.1995, IPRspr. 1995 Nr. 30 = RIW 1996, 424 (425) (Aufs. *Mankowski*, RIW 1996, 382).
2 S. nur BGH 19.3.1997, BGHZ 135, 124 (137) = IPRspr. 1997 Nr. 34; *Mäsch*, IPRax 1995, 371; *Mankowski*, RIW 1996, 382 (384 f.) je mwN.
3 S. nur LG Detmold 29.9.1994, IPRspr. 1994 Nr. 39 = NJW 1994, 3301, 3302; *Mankowski*, RIW 1995, 364 (365); *Mankowski*, VuR 1996, 392 (393); *Schomerus*, NJW 1995, 359 (360); *Mäsch*, in: Hildenbrand/Kappus/Mäsch, Time-Sharing und Teilzeit-Wohnrechtegesetz (TzWrG) (1997), § 8 TzWrG Rz. 8; *Martiny*, in: MünchKomm, Art. 28 EGBGB Rz. 125; *H. Wegner*, Internationaler Verbraucherschutz beim Abschluss von Timesharingverträgen: § 8 Teilzeitwohnrechtegesetz (1998), S. 80 f.; *Czernich*, in: Czernich/Heiss, Art. 4 EVÜ Rz. 191; *Magnus*, in: Staudinger, Art. 28 EGBGB Rz. 230.
4 Das Ley 42/1998 de 15 de deciembre sobre derechos de aprovechamiento por turno de bienes immuebles de uso turístico y normas tributarias, BOE Nr. 300 vom 16.12.1998, S. 42 076 ist im Original in NZM 1999, 351 und in einer deutschen Übersetzung in NZM 1999, 344 abgedruckt.
5 Dafür *von Hoffmann*, in: Soergel, Art. 28 EGBGB Rz. 167.
6 *H. Wegner*, Internationaler Verbraucherschutz beim Abschluss von Timesharingverträgen: § 8 Teilzeitwohnrechtegesetz (1998), S. 84 f.

4325 Art. 4 Abs. 1 lit. d Rom I-VO kann rechtstatsächlich keine Rolle spielen. Er setzt nämlich voraus, dass auch der Vermieter (funktionell: derjenige, welcher die Immobilie oder das Immobilienrecht zur Nutzung überlässt) eine natürliche Person ist. Professionelle Timesharinganbieter sind aber kaum je natürliche Personen, sondern sind vielmehr als Gesellschaften organisiert (schon um ihre Hintermänner vor einer eventuellen Haftung zu schützen und Verschleierungen über die eigentlichen Nutznießer zu ermöglichen). Außerdem sind Timesharinganbieter und Timesharingerwerber kaum je in demselben Staat ansässig, so dass es noch an einer weiteren Voraussetzung des Art. 4 Abs. 1 lit. d Rom I-VO fehlen wird.

4326 Ausnahmsweise können durch einen formell einheitlichen Vertrag schuldrechtliche Nutzungsrechte an Timesharingobjekten in mehreren Ländern eingeräumt werden. Diese Konstellation ist zwar rechtspraktisch ausgesprochen selten, aber immerhin vorstellbar. Kollisionsrechtlich lassen sich zwei Wege zu ihrer Bewältigung im Rahmen der objektiven Anknüpfung denken: Entweder könnte man von Art. 4 Abs. 1 lit. c Var. 2 Rom I-VO auf Art. 4 Abs. 2 Rom I-VO umschwenken und das Recht am Ort der vertragsbetreuenden Niederlassung des Timesharingunternehmens anwenden[1]. Oder man käme über Art. 4 Abs. 3 Rom I-VO in Fortführung von Art. 4 Abs. 1 S. 2 EVÜ; Art. 28 Abs. 1 S. 3 EGBGB zu einer Aufspaltung in Vertragsteile, die jeweils die einzelnen Timesharingobjekte betreffen und über Art. 4 Abs. 1 lit. c Var. 2 Rom I-VO zum jeweiligen Belegenheitsrecht führen[2].

4327 Diese zweite Konstruktion ist vorzuziehen. Sie wahrt den wünschenswerten Gleichklang mit der Anknüpfung bei dinglichem Timesharing über mehrere Objekte und behandelt damit wirtschaftlich und funktionell Gleiches auch kollisionsrechtlich im Ergebnis gleich. Außerdem ist nicht ersichtlich, wie man – obwohl klar Gegenstände betroffen sind, die sachlich unter Art. 4 Abs. 1 lit. c Var. 2 Rom I-VO fallen – aus der Spezialregel des Art. 4 Abs. 1 lit. c Var. 2 Rom I-VO heraus und zur allgemeinen, für Grundstücksgeschäfte verdrängten Regel des Art. 4 Abs. 2 Rom I-VO kommen könnte. Dieser Schritt ist erst dann notwendig, wenn man es mit einer vollständig flexiblen Timesharinggestaltung zu tun hat, die keine Objekte konkret benennt und keine Rechte an konkreten Objekten betrifft[3].

4328 Benennt der Vertrag keine konkrete Timesharinganlage oder Immobilie[4], so ist eine Anknüpfung an das Belegenheitsrecht nicht möglich, da dann der Anknüpfungspunkt nicht zu ermitteln. Vielmehr ist dann über die subsidiäre Hilfsklausel des Art. 4 Abs. 4 Rom I-VO die engste Verbindung zu ermitteln.

---

1 Dafür *Stoll*, in: Staudinger, IntSachenR Rz. 169.
2 *Czernich*, in: Czernich/Heiss, Art. 4 EVÜ Rz. 191.
3 Vgl. *Neises*, NZM 1999, 294 (296); *Kelp*, Time-Sharing-Verträge (2005), S. 229 f.
4 Solche Gestaltungen setzen Anbieter gezielt ein, um der TimesharingRL zu entgehen; *J. Hill*, Cross-Border Consumer Contracts (2008), Rz. 12.64.

2. Anknüpfung dinglicher Timesharinggestaltungen
a) Verpflichtungsgeschäft

Bei **dinglichem Timesharing** muss man Verpflichtungs- und Erfüllungsgeschäft auseinanderhalten. Das Verpflichtungsgeschäft ist ein gegenseitiger Vertrag zur Veräußerung des dinglichen Wohnungsanteils oder des dinglichen Wohnrechts gegen Entgelt. Für ihn ist eine Rechtswahl nach Art. 3 Abs. 1 Rom I-VO möglich[1]. Bei Fehlen einer Rechtswahl unterliegt er, sofern das Internationale Verbrauchervertragsrecht nicht anwendbar ist, gem. Art. 4 Abs. 1 lit. c Var. 1 Rom I-VO dem Recht am Belegenheitsort der betroffenen Immobilie[2]. Für Art. 4 Abs. 1 lit. c Var. 1 Rom I-VO ist es unerheblich, ob das vertragsgegenständliche Immobiliarrecht ein Vollrecht oder ein Teilrecht ist und um welche Art von dinglichem Recht es sich handelt. Vollrecht wie Teilrecht sind gleichermaßen erfasst. Alle Arten dinglicher Immobiliarrechte sind tauglicher Gegenstand eines Vertrages, damit dieser unter Art. 4 Abs. 1 lit. c Var. 1 Rom I-VO fällt[3]. Bei Erwerb von Rechten an Immobilien in verschiedenen Staaten sollte eine Aufspaltung stattfinden[4].

4329

b) Erfüllungsgeschäft

Das **Erfüllungsgeschäft**, also der eigentliche **dingliche Übertragungsvorgang**, unterliegt nach Art. 43 Abs. 1 EGBGB dem Recht am Belegenheitsort der betreffenden Immobilie[5]. Sachenrechtlich anzuknüpfen sind auch die Verhältnisse zwischen den einzelnen Timesharingberechtigten. Eine eventuelle Bruchteilsgemeinschaft unterliegt als sachenrechtliches Gemeinschaftsverhältnis Art. 43 Abs. 1 EGBGB[6], ebenso bei der alternativen Gestaltung das Verhältnis mehrerer beschränkt dinglich Berechtigter zum nominellen Eigentümer wie untereinander[7]. Ein irgendwie übergeordneter Zweck, der unter Umständen zu einer gesellschaftsrechtlichen Qualifikation führen könnte, ist nicht ersichtlich.

4330

---

1 S. LG Bielefeld 27.5.1999, IPRspr. 1999 Nr. 32 = NJW-RR 1999, 1282 (Wahl span. Rechts für Erwerb sog. „Ferieneigentums", eines Miteigentumsanteils an Immobilie in Spanien).
2 S. nur BGH 10.5.1996, IPRspr. 1996 Nr. 34 = NJW-RR 1996, 1034 (interlokal); *Mankowski*, RIW 1995, 364 (365); *Thomas Pfeiffer*, NJW 1997, 1207 (1213); *Mäsch*, in: Hildenbrand/Kappus/Mäsch, Time-Sharing und Teilzeit-Wohnrechtegesetz (TzWrG) (1997), § 8 TzWrG Rz. 8; *H. Wegner*, Internationaler Verbraucherschutz beim Abschluss von Timesharingverträgen: § 8 Teilzeitwohnrechtegesetz (1998), S. 86 mwN.; *Czernich*, in: Czernich/Heiss, Art. 4 EVÜ Rz. 190.
3 *von Hoffmann*, in: Soergel, Art. 28 EGBGB Rz. 74.
4 *Czernich*, in: Czernich/Heiss, Art. 4 EVÜ Rz. 190.
5 S. nur *Jayme/Kohler*, Rev.crit.d.i.p. 84 (1995), 1 (29); *Junker*, IPRax 1998, 65 (72); *Kelp*, Time-Sharing-Verträge (2005), S. 231.
6 *Mankowski*, RIW 1995, 364 (365); s. generell BGH 25.9.1997, IPRspr. 1997 Nr. 60 = NJW 1998, 1321 = IPRax 1999, 45 (Aufs. *Stoll*, IPRax 1999, 29).
7 *Mankowski*, RIW 1995, 364 (365).

c) Treuhandkonstruktionen

4331 Beim dinglichen Timesharing gibt es die zusätzliche Variante der **Treuhandkonstruktion**[1]: Der Timesharinganbieter als Eigentümer der Immobilie überträgt seine Rechte auf einen eingetragenen Treuhänder. Dieser bündelt dann die vom Eigentümer erworbenen Rechte der Timesharingkunden. Der Eigentümer überträgt dabei rechtlich seine Treugeberposition jeweils partiell auf den einzelnen Kunden. Der Kunde tritt in ein Treuhandverhältnis zum Treuhänder.

3. Anknüpfung vereins- oder gesellschaftsrechtlicher Timesharinggestaltungen

a) Beitritt zu Verein oder Gesellschaft

4332 **Vereins- oder gesellschaftsrechtliches Timesharing** unterliegt als solches den Anknüpfungsregeln des Internationalen Gesellschaftsrechts[2]. Dies gilt auch für den Beitritt zu einem bereits bestehenden Club oder einer bereits existenten Gesellschaft. Der Beitritt neuer Mitglieder gehört zum Recht des Verbandes und folgt deshalb dem Statut des Verbandes. Die Position als Verbandsmitglied und deren Begründung sind ebenso dem Verbandsstatut zu unterstellen wie die daraus erwachsenden Rechte als Verbandsmitglied[3]. Für die Anknüpfung des Gesellschaftsstatuts greift entweder die Gründungs-, die Sitz- oder die Überlagerungstheorie[4]. Für Vereine gelten dieselben Anknüpfungsregeln wie für Gesellschaften[5]. Bei Ein-Objekt-Gesellschaften könnte man daran denken, sie dem Recht am Belegenheitsort ihres Immobilienobjekts zu unterwerfen[6].

b) Vorgelagerte Qualifikationsebene und Umgehungsfrage

4333 Auf der vorgelagerten Ebene der Qualifikation ist freilich Vorsicht geboten[7]. Das vereins- oder gesellschaftsrechtliche Timesharing darf nicht zu einem zu

---

1 S. nur *Hildenbrand*, NJW 1994, 1992 f.; *Tönnes*, RIW 1996, 124 (126 f.); *H. Wegner*, Internationaler Verbraucherschutz beim Abschluss von Timesharingverträgen: § 8 Teilzeitwohnrechtegesetz (1998), S. 37 f. Diese Variante wurde insbesondere durch die unrühmliche Century-Gruppe mit der Landmark Verwaltungsges. mbH als Treuhänder bekannt; s. zB LG Frankfurt a.M. 9.7.1996, VuR 1997, 66. Seit dem 1997 erfolgten Konkurs der Century-Gruppe hat sich ihre Bedeutung stark vermindert.
2 *Kohlepp*, RIW 1986, 170 (180); *M. Böhmer*, Das deutsche Internationale Privatrecht des timesharing (1993), S. 262; *Mäsch*, in: Hildenbrand/Kappus/Mäsch, Time-Sharing und Teilzeit-Wohnrechtegesetz (TzWrG) (1997), § 8 TzWrG Rz. 25; *Martiny*, in: MünchKomm, Art. 28 EGBGB Rz. 125f; *H. Wegner*, Internationaler Verbraucherschutz beim Abschluss von Timesharingverträgen: § 8 Teilzeitwohnrechtegesetz (1998), S. 95; *Czernich*, in: Czernich/Heiss (Hrsg.), Art. 4 EVÜ Rz. 192.
3 Zu deren Anknüpfung *Mankowski*, AG 1998, 11 (16) mit umfangreichen Nachw. in Fn. 55.
4 Dazu eingehend unten Rz. 5032–5040.
5 S. OLG Düsseldorf 8.12.1994, IPRspr. 1994 Nr. 17= RIW 1996, 155 = IPRax 1996, 423 f. m. Anm. *Kronke*; *Kronke*, in: von Campenhausen (Hrsg.), Stiftungen in Deutschland und Europa (1998), S. 361 (372); *Großfeld*, in: Staudinger, IntGesR Rz. 722–725.
6 *Gralka*, Time-Sharing bei Ferienhäusern und Ferienwohnungen (1986), S. 129 f.
7 Vgl. LG Dresden 23.6.1998, IPRspr. 1998 Nr. 146 = NZM 1998, 825 (826).

attraktiven Gestaltungsinstrument werden, mit dessen rein rechtskonstruktiver Hilfe unseriöse Anbieter ansonsten bestehenden kollisionsrechtlichen Verbraucherschutz aushebeln könnten[1]. Wie der Vertrag betitelt ist, spielt keine Rolle; man muss auf die Substanz sehen, da ansonsten faktisch einseitige Definitionsmacht prämiert würde[2]. Es ist jeweils genau zu prüfen, ob die vorgeblich gesellschaftsrechtliche Konstruktion nicht nur vorgeschoben ist und es sich in Wahrheit nicht nur um einen scheinbar anders gewandeten Austauschvorgang handelt. Allerdings ist wiederum zu berücksichtigen, dass Gesellschafter und insbesondere Genossen mit ihrem Beitritt eigene Zwecke verfolgen, namentlich auch an den Leistungen der Gesellschaft zu partizipieren. Dies ist kein per se illegitimes Ziel. Ansonsten wäre die Genossenschaft als Institut immer eine Umgehung.

Vielmehr muss eine Bemäntelung dem Funktionstyp der Gesellschaft an sich fremder Zwecke stattfinden. Dann kann eine kollisionsrechtliche **fraus legis**[3] dazu führen, dass man den vorgeblichen Gesellschaftsbeitritt als realen Austauschvertrag qualifiziert und dementsprechend die für den betreffenden Vertragstyp geltenden Anknüpfungsregeln zur Anwendung bringt, womit die versuchte Umgehung durchkreuzt wäre[4]. Das sogenannte vereinsrechtliche Timesharing bezweckt im Kern die Überlassung des Gebrauchs an der bezeichneten Immobilie. Eine mitgliedschaftliche Beteiligung am „Vereinsgeschehen" ist nicht bezweckt. Partizipations- und Kontrollrechte spielen für beide Parteien wirtschaftlich wie ideell keine Rolle[5]. Mitgliederversammlungen von Timesharingclubs finden allenfalls auf dem Papier statt. Wirkliche vereinsrechtliche Momente sind allenfalls ganz verkümmert und finden in der Realität kaum je statt; daher ist der gesellschafts- oder vereinsrechtliche Timesharingvertrag in der Regel als Immobiliennutzungsvertrag anzusprechen[6].

4334

c) Derivativer Erwerb von Gesellschaftsanteilen

Vom Vereinsbeitritt zu unterscheiden ist in jedem Fall der Erwerb eines bereits zuvor existierenden **Gesellschaftsanteils**[7]. Der **derivative Erwerb einer**

4335

---

1 *Mankowski*, VuR 2001, 259 (261); *Mankowski*, VuR 2004, 217 (218).
2 *Mankowski*, VuR 2001, 259 (261); *Mankowski*, VuR 2004, 217 (218).
3 Zu diesem Institut und seinen Rechtsfolgen *Schurig*, Kollisionsnorm und Sachrecht (1981), S. 246; *Mebes*, Die Rechtsumgehung im internationalen Privatrecht der Schweiz (Diss. Basel 1986), S. 86 et passim; *Mankowski*, Seerechtliche Vertragsverhältnisse im Internationalen Privatrecht (1995), S. 493 f. sowie *Heeder*, Fraus legis (1998), S. 226–228.
4 *Mankowski*, VuR 1999, 219 (220 f.).
5 AG Hamburg 22.5.1997, IPRspr. 1997 Nr. 39 = VuR 1998, 346 (347 f.); *Mankowski*, EuZW 1996, 177 (179); *Mankowski*, VuR 2001, 259 (261); *Mankowski*, VuR 2004, 217 (218 f.).
6 OLG Brandenburg 2.4.2008, NZM 2008, 660, 661; *Mankowski*, VuR 2001, 259 (261); *Mankowski*, VuR 2004, 217 (218 f.).
7 Als Beispiel möge der Fall LG Ingolstadt 30.6.2000, NZM 2001, 643 dienen (deutsche Reiseveranstaltungsgesellschaft als Vermittler, in Gibraltar ansässige Ltd. überträgt Mitgliedschaftsrechte an österreich. Alpin-, Sport- und Ferienclub mit Objekt „Eichen-

Mitgliedschaft unterscheidet sich vom originären[1]. Hier unterliegt das Verpflichtungsgeschäft als Rechtskauf Art. 3; 4 Abs. 2 Rom I-VO[2]. Die objektive Anknüpfung führt gem. Art. 4 Abs. 2 Rom I-VO zum Recht am Ort der vertragsbetreuenden Niederlassung des Rechtsverkäufers[3]. Ein Grundstücksgeschäft im Sinne von Art. 4 Abs. 1 lit. c Var. 1 Rom I-VO liegt wegen der Mediatisierung des Grundstücksbezugs nicht vor[4], es sei denn, man zerreißt die gesellschaftsrechtliche Konstruktion ganz und qualifiziert von vornherein um. Dienstleistungsanteile über Treuhandkonstruktionen sind bei gesellschaftsrechtlichem Timesharing nicht verbreitet[5]. Die Anteilsübertragung als solche, das Erfüllungsgeschäft, unterliegt dem Statut des übertragenen Objekts, also hier dem Gesellschaftsstatut[6].

4336 Im **Hapimag-Modell** findet man eine so genannte **Darlehensgewährung** seitens des Erwerbers an die Hapimag, deren juristische Einordnung undurchsichtig ist. Solche Darlehensverträge vom Gesellschafter an die Gesellschaft sollte man schon aus Schutzgründen nicht akzessorisch an das Gesellschaftsstatut anknüpfen, sondern es vielmehr bei einer selbständigen Anknüpfung belassen, die ohne Rechtswahl über Art. 4 Abs. 2 Rom I-VO zum Recht des gewöhnlichen Aufenthalts des Darlehensgebers, also des Erwerbers, führt[7].

4. Besondere Anknüpfung von EU- bzw. deutschem Timesharingrecht nach Art. 46b Abs. 1, 3 EGBGB

a) Art. 46b Abs. 3 EGBGB

4337 Nach Art. 46b Abs. 3 EGBGB sind die Vorschriften des BGB über Teilzeit-Wohnrechteverträge auf einen Vertrag, der nicht dem Recht eines EU- oder EWR-Mitgliedstaates unterliegt, auch anzuwenden, wenn das Wohngebäude im Hoheitsgebiet eines EU- oder EWR-Staates liegt. Im Hintergrund dieser Vor-

---

hof 2000" in Zell am See). Das Gericht blendet die internationalrechtliche Dimension leider völlig aus.
1 *Mankowski*, RIW 1995, 364 (365); *H. Wegner*, Internationaler Verbraucherschutz beim Abschluss von Timesharingverträgen: § 8 Teilzeitwohnrechtegesetz (1998), S. 86 f.
2 Vgl. unter altem Recht *Mäsch*, in: Hildenbrand/Kappus/Mäsch, Time-Sharing und Teilzeit-Wohnrechtegesetz (TzWrG) (1997), § 8 TzWrG Rz. 26; *Martiny*, in: MünchKomm, Art. 28 EGBGB Rz. 125 f.
3 *Mäsch*, in: Hildenbrand/Kappus/Mäsch, Time-Sharing und Teilzeit-Wohnrechtegesetz (TzWrG) (1997), § 8 TzWrG Rz. 26; *H. Wegner*, Internationaler Verbraucherschutz beim Abschluss von Timesharingverträgen: § 8 Teilzeitwohnrechtegesetz (1998), S. 87; *G. Fischer*, Festschr. Großfeld (1999), S. 277 (291 Fn. 69).
4 *H. Wegner*, Internationaler Verbraucherschutz beim Abschluss von Timesharingverträgen: § 8 Teilzeitwohnrechtegesetz (1998), S. 87; *Dicey/Morris/Morse*, Conflict of Laws, 14. Aufl. (London 2006), Rz. 33–222.
5 *Mankowski*, RIW 1995, 364 (365 f.).
6 *Staudinger/Stoll*, IntSachenR (1996) Rz. 169 aE; *Mäsch*, in: Hildenbrand/Kappus/Mäsch, Time-Sharing und Teilzeit-Wohnrechtegesetz (TzWrG) (1997), § 8 TzWrG Rz. 26; *H. Wegner*, Internationaler Verbraucherschutz beim Abschluss von Timesharingverträgen: § 8 Teilzeitwohnrechtegesetz (1998), S. 95.
7 Anders *Mäsch*, in: Hildenbrand/Kappus/Mäsch, Time-Sharing und Teilzeit-Wohnrechtegesetz (TzWrG) (1997), § 8 TzWrG Rz. 27.

schrift steht Art. 9 TimesharingRL 94/47/EG. Dieser verpflichtet die EU-Mitgliedstaaten, die erforderlichen Maßnahmen zu ergreifen, damit dem Erwerber unabhängig von dem jeweils anwendbaren Recht der durch die TimesharingRL gewährte Schutz nicht vorenthalten wird, wenn die Immobilie im Hoheitsgebiet eines EU-Mitgliedstaates belegen ist. Die Belegenheit der Immobilie im EU-Raum stellt aus der Perspektive des Richtlinienregimes die idealtypische Konkretisierung eines engen Zusammenhangs mit dem EU-Gebiet dar[1].

Art. 46b EGBGB ist nicht anwendbar, wenn (1) die Immobilie nicht im EU- oder EWR-Raum belegen ist oder (2) die Parteien bei einer im EU/EWR-belegenen Immobilie das Recht eines EU/EWR-Staates gewählt haben[2] oder wenn (3) bei einer im EU/EWR-belegenen Immobilie überhaupt keine Rechtswahl erfolgt ist und deshalb über die objektive Anknüpfung das Recht eines EU/EWR-Staates zur Anwendung kommt. Art. 46b EGBGB kommt in der Prüfungsreihenfolge nach Art. 3; 4; 6 Rom I-VO[3]. Ein Spezialitätsvorrang namentlich vor dem Internationalen Verbrauchervertragsrecht, wie er für § 8 TzWrG teilweise vertreten wurde[4] (wenn auch schon unter altem Recht zu Unrecht[5]), besteht jetzt sicher nicht mehr. Richtigerweise folgte der Prüfungsvorrang der allgemeinen IPR-Regeln schon aus der Voraussetzung, dass Art. 46b Abs. 3 EGBGB nur zum Zuge kommt, wenn das Recht eines Drittstaates anwendbar wäre. Diese Voraussetzung lässt sich nur nach den allgemeinen IPR-Regeln prüfen.

4338

b) Anwendung des deutschen Timesharingrechts unter Art. 46b Abs. 3 EGBGB

Auf der Rechtsfolgenseite ist Art. 46b Abs. 3 EGBGB eine einseitige Kollisionsnorm: Er führt zur Anwendung des deutschen Timesharingrechts, nicht zur Anwendung des Timesharingrechts desjenigen EU-Mitgliedstaats, in welchem die betroffene Immobilie belegen ist[6]. Der Gesetzgeber hat sich in bewusster Abgrenzung zum fünfzehnseitig formulierten Art. 46b Abs. 1, 2 EGBGB für diese Rechtsfolge entschieden. Allerdings mutet es merkwürdig an, deutsches Timesharingrecht anwenden zu müssen, wenn die Immobilie in einem anderen EU-Mitgliedstaat belegen ist und der Sachverhalt auch ansonsten keine prägende Verbindung zu Deutschland aufweist. Aus deutscher Sicht ist deutsches Timesharingrecht zB auch dann anzuwenden, wenn ein in Dänemark le-

4339

---

1 *Junker*, IPRax 1998, 65 (72).
2 *Thorn*, in: Palandt, Art. 29a EGBGB Rz. 6.
3 S. nur Begründung der Bundesregierung zum Entwurf eines Gesetzes über Fernabsatzverträge und andere Fragen des Verbraucherrechts sowie zur Umstellung von Vorschriften auf Euro, BT-Drucks. 14/2658, S. 50 Zu Nummer 1 – Einfügung von Artikel 29a, re. Sp. 3. Abs.
4 ZB *Jayme*, IPRax 1997, 149 (151).
5 Zu den Gründen eingehend *Mankowski*, BB 1999, 1225 (zum Parallelproblem bei § 12 AGBG).
6 S. nur *Thorn*, in: Palandt, Art. 29a EGBGB Rz. 6 sowie (jeweils mit Kritik) *A. Staudinger*, RIW 2000, 416 (418 f.); *Freitag/Leible*, EWS 2000, 342 (349); *H. Wegner*, NJ 2000, 407 (410); *H. Wegner*, VuR 2000, 227 (229 f.); *Bitterich*, Die Neuregelung des Internationalen Verbrauchervertragsrechts in Art. 29a EGBGB (2003), S. 448.

bender Däne Timesharingrechte an einem spanischen Objekt erwirbt und dafür das marokkanische Recht gewählt wird[1].

4340 Die Zahl solcher, theoretisch denkbarer Problemkonstellationen vermindert sich indes rapide, wenn man die Regeln über die internationale Zuständigkeit mitberücksichtigt: In aller Regel besteht nämlich bei Timesharing an Immobilien im EU-Raum ein ausschließlicher Gerichtsstand am Belegenheitsort der Immobilie gem. Art. 22 Nr. 1 UAbs. 1 EuGVO: bei schuldrechtlichem Timesharing gem. dessen Var. 2, weil der darin verwendete Funktionsbegriff der Miete oder Pacht als Überlassung des Gebrauchs an einer Immobilie zu verstehen ist und schuldrechtliches Timesharing funktionell darunter fällt[2]; bei pseudo-gesellschaftsrechtlichem Timesharing ebenso, weil es sich dabei im Wahrheit um schuldrechtliches Timesharing handelt[3].

c) Anwendungsvorrang des Art. 46b Abs. 1 EGBGB vor Art. 46b Abs. 3 EGBGB

4341 Wesentlich um der unglücklichen einseitigen Fassung des Art. 46b Abs. 3 EGBGB zu entgehen, bietet sich noch ein weiterer Weg an, der über Konkurrenzregeln führt. Er versteht Art. 46b Abs. 3 EGBGB nicht als (vorrangige) lex specialis zu Art. 46b Abs. 1 EGBGB[4], sondern billigt umgekehrt Art. 46b Abs. 1 EGBGB[5] Anwendungsvorrang vor Art. 46b Abs. 3 EGBGB zu[6].

aa) Begründung

4342 Dafür lassen sich zumindest fünf gute Argumente finden[7]: Erstens weist das „auch" im Wortlaut des Art. 46b Abs. 3 EGBGB in diese Richtung[8]. Es lässt

---

1 S. *Jayme/C. Kohler*, IPRax 1996, 377 (381).
2 Eingehend *Mankowski*, EuZW 1996, 177 (178 f.); außerdem CA Pau J.C.P. G 2003 IV 2180; LG Darmstadt 23.8.1995, IPRspr. 1995 Nr. 149 = IPRax 1996, 121 = EuZW 1996, 191; Rb. 's-Gravenhage 19.4.1995, NIPR 1995 Nr. 559, S. 792; AG Pinneberg 16.2.2000, NZM 2001, 648; *Jayme*, IPRax 1996, 87 (88); *Mankowski*, VuR 1996, 392 (393); *Mankowski*, VuR 2001, 259 (261); *Mankowski*, VuR 2004, 217; *Drasdo*, in: Hildenbrand/Kappus/Mäsch, Time-Sharing und Teilzeit-Wohnrechtegesetz (TzWrG) (1997), § 8 TzWrG Rz. 10; *Neises*, NZM 1999, 294 (295).
3 *Mankowski*, VuR 2001, 259 (261) sowie OLG Koblenz 8.9.2000, NJW-RR 2001, 490 = NZM 2001, 642 = VuR 2001, 257 (258).
4 Wie es eigentlich nahe liegen würde; s. *Martiny*, ZEuP 2001, 308 (323).
5 Zu dieser Norm eingehend Rz. 4231–4238.
6 Dafür *Freitag/Leible*, EWS 2000, 342 (348); *H. Wegner*, NJ 2000, 407 (410); *H. Wegner*, VuR 2000, 227 (228 f.); *Neises*, NZM 2000, 1033 (1036); *Magnus*, in: Staudinger, Art. 29a EGBGB Rz. 61; *Thorn*, in: Palandt, Art. 29a EGBGB Rz. 6; *Bitterich*, Die Neuregelung des Internationalen Verbrauchervertragsrechts in Art. 29a EGBGB (2003), S. 447 f. sowie *A. Staudinger*, RIW 2000, 416 (418 f.); vgl. auch *Kelp*, Time-Sharing-Verträge (2005), S. 263.
7 Als sechstes ließen sich eventuelle Schutzlücken bei Timesharing über Objekte in verschiedenen Staaten nennen; vgl. *Neises*, NZM 1999, 294 (296). Weitere Argumentationsansätze bei *Bitterich*, Die Neuregelung des Internationalen Verbrauchervertragsrechts in Art. 29a EGBGB (2003), S. 447.
8 *Neises*, NZM 2000, 1033 (1036).

sich gut als „außerdem", „ferner", „zusätzlich" verstehen. Zweitens führt Art. 46b Abs. 4 Nr. 2 die Timesharingrichtlinie unter den Verbraucherschutzrichtlinien auf. Den Begriff der Verbraucherschutzrichtlinien verwendet aber nur Art. 46b Abs. 1 EGBGB. Es wäre kaum zu erklären, warum man die Timesharingrichtlinie in einen Bezug zu Art. 46b Abs. 1 EGBGB setzen sollte, wenn dieser wegen Spezialitätsvorrangs des Art. 46b Abs. 3 EGBGB doch nie auf Timesharingverträge zur Anwendung kommen könnte. Zudem gelangt man so eher zu einem partiellen Anknüpfungsgleichklang mit den anderen Richtlinienregimes und verharrt nicht beim kaum überzeugenden lex fori-Prinzip des Abs. 3[1].

Drittens ist im Wege der historischen Auslegung die Vorgängernorm § 8 TzWrG[2] zu berücksichtigen. Dieser stellte aber in seiner Nr. 2 auf Kriterien ab, wie Art. 46b Abs. 1, 2 EGBGB sie verwenden, und ging insoweit gezielt über Art. 9 TimesharingRL hinaus[3]. Wenn der Gesetzgeber dahinter hätte zurückgehen wollen, hätte dies einer ausdrücklichen Festlegung in den Materialien bedurft. Daran fehlt es aber. Im Gegenteil lehnte sich der Gesetzgeber bei Art. 29a Abs. 1, 2 EGBGB, den Vorläufern des Art. 46b Abs. 1, 2 EGBGB, bewusst an § 12 AGBG; § 8 TzWrG an[4]. Man kann Art. 46b Abs. 1, 2 EGBGB auch als erweiterte Fortführung von § 8 Nr. 2 TzWrG und den Fall des früheren § 8 Nr. 2 TzWrG als Regelbeispiel verstehen[5]. Viertens wäre eine strikt einseitige, nur zum deutschen Forumrecht hinweisende Kollisionsnorm nicht gemeinschaftsrechtskonform[6]. Im EG-Binnenmarkt sind besondere Anknüpfungen zu Gunsten des forumeigenen Rechts jedenfalls nur bei hinreichendem Inlandsbezug zum Forum erlaubt. Daran wird es aber bei Belegenheit des Timesharingobjekts in einem anderen Mitgliedstaat in aller Regel fehlen[7]. Die

4343

---

1 *Bitterich*, Die Neuregelung des Internationalen Verbrauchervertragsrechts in Art. 29a EGBGB (2003), S. 447.
2 § 8 TzWrG lautete: „Unterliegt ein Vertrag über die Teilzeitnutzung von Wohngebäuden oder ein Vertrag zur Finanzierung des Erwerbs eines Teilzeitnutzungsrechts (§ 6) ausländischem Recht, so sind die Vorschriften dieses Gesetzes gleichwohl anzuwenden, wenn
  1. das Wohngebäude im Hoheitsgebiet eines Mitgliedstaates der [EU oder des EWR] belegen ist oder
  2. der Vertrag auf Grund eines öffentlichen Angebots, einer öffentlichen Werbung oder einer ähnlichen geschäftlichen Tätigkeit zustande kommt, die der Veräußerer in einem Mitgliedstaat der [EU oder des EWR] entfaltet, und wenn der Erwerber bei Abgabe seiner auf den Vertragsschluss gerichteten Erklärung seinen Wohnsitz oder gewöhnlichen Aufenthalt in einem Mitgliedstaat der [EU oder des EWR] hat."
3 *Jayme/C. Kohler*, IPRax 1996, 377 (381).
4 S. nur Begründung der Bundesregierung zum Entwurf eines Gesetzes über Fernabsatzverträge und andere Fragen des Verbraucherrechts sowie zur Umstellung von Vorschriften auf Euro, BT-Drucks. 14/2658, S. 50 Zu Nummer 1 – Einfügung von Artikel 29a, li. Sp. 2. Abs.
5 *A. Staudinger*, IPRax 1999, 414 (415); *R. Wagner*, IPRax 2000, 249 (257) sowie *H. Wegner*, VuR 2000, 227 (228).
6 S. *Mäsch*, DNotZ 1997, 180 (208); *K. Otte*, RabelsZ 62 (1998), 405 (426 f.); *A. Staudinger*, RIW 1999, 915 (922); *Th. Pfeiffer*, NJW 1999, 3674 (3678 f.).
7 *A. Staudinger*, IPRax 1999, 414 (415); *Freitag/Leible*, EWS 2000, 342 (348); *Magnus*, in: Staudinger, Art. 29a EGBGB Rz. 58 sowie *Martiny*, ZEuP 2001, 308 (323). Dagegen *R. Wagner*, IPRax 2000, 249 (257).

gemeinschaftsrechtskonforme Auslegung spricht also für den gleichsam korrigierenden Ansatz.

4344 Fünftens ließe die reine Anknüpfung an die Belegenheit der Immobilie im EU-Raum eine empfindliche Schutzlücke: Das Schutzregime des deutschen wie des europäischen Timesharingrechts käme dem Erwerber nicht zugute, wenn die Immobilie nicht im EU-Raum belegen ist und der Vertrag einem drittstaatlichen Recht unterliegt, aber im EU-Raum vermarktet wurde. Der in der EU ansässige private Erwerber von Timesharingrechten an Immobilien in Drittstaaten würde nicht besonders geschützt[1], auch wenn Marketing und Vertrieb in Europa stattgefunden hätten. Der deutsche Gesetzgeber ginge insoweit nicht über Art. 9 TimesharingRL hinaus. Das europäische Regime bliebe auf den europäischen Raum begrenzt. Dies passte nicht recht zum Schutz des Erwerbers durch sein Widerrufsrecht und die Informationspflichten des Veräußerers, die beide auf die Vertragsabschluss-, nicht auf die Erfüllungsphase bezogen sind, während die Immobilienbelegenheit ihre Bedeutung hauptsächlich in der Erfüllungsphase gewinnt[2].

Sechstens knüpft Art. 12 Abs. 2 2. Spiegelstrich RL 2008/122/EG disjunktiv an das Ausrichten unternehmerischer Tätigkeit an und reiht sich damit in die Anknüpfungsmodalität des Internationalen Verbrauchervertragsrechts allgemein ein. Dem kann man auch vor einer ausdrücklichen Umsetzung bereits Rechnung tragen, wenn möglich.

bb) Eigener Anwendungsbereich des Art. 46b Abs. 3 EGBGB

4345 Folgt man dem eben begründeten Ansatz, dass Art. 46b Abs. 1 EGBGB Vorrang vor Art. 46b EGBGB Abs. 3 hat[3], so stellt sich die Frage nach dem verbliebenen eigenen Anwendungsbereich des Art. 46b Abs. 3 EGBGB. Sicherlich ist er bei objektiver Anknüpfung an ein Drittstaatenrecht zur Anwendung zu bringen[4]. Art. 46b Abs. 1 EGBGB kommt dann mangels parteiautonomer Wahl des Drittstaatenrechts nicht zum Zuge. Dass die objektive Anknüpfung zu einem Drittstaatenrecht führt, obwohl das Timesharingobjekt und damit der Regelanknüpfungspunkt des Art. 4 Abs. 1 lit. c Rom I-VO im EU/EWR-Gebiet liegt, dürfte indes sehr selten sein[5]. Möglich ist es einerseits bei einer Anknüpfung über Art. 4 Abs. 3 Rom I-VO[6] und andererseits, wenn man ausnahmsweise

---
1 *Roth*, IPRax 1994, 165 (170); *K. Otte*, RabelsZ 62 (1998), 405 (424).
2 *G. Fischer*, Festschr. Großfeld (1999), S. 277 (291).
3 Das beste Gegenargument ist der problematische Eingriff durch Überlagerung in das Regime des EVÜ, ohne durch Art. 20 EVÜ gedeckt zu sein, da Art. 29a Abs. 1 EGBGB eben nicht durch Art. 9 TimesharingRL gerechtfertigt ist; s. *H. Wegner*, VuR 2000, 227 (230).
4 *Freitag/Leible*, EWS 2000, 342 (348 f.); *A. Staudinger*, RIW 2000, 416 (418 f.); *H. Wegner*, VuR 2000, 227 (229); *Neises*, NZM 2000, 1033 (1036) (der Art. 29a Abs. 3 EGBGB letztlich bei Rechtswahl nicht anwenden will); *Magnus*, in: Staudinger, Art. 29a EGBGB Rz. 64; *Thorn*, in: Palandt, Art. 29a EGBGB Rz. 6.
5 *H. Wegner*, VuR 2000, 227 (229); *Magnus*, in: Staudinger, Art. 29a EGBGB Rz. 64; *Thorn*, in: Palandt, Art. 29a EGBGB Rz. 6.
6 *Magnus*, in: Staudinger, Art. 29a EGBGB Rz. 64.

Dienstleistungselemente als prägend für den Charakter des Vertrages ansieht, es an den situativen Voraussetzungen des Art. 6 Abs. 1 Rom I-VO fehlt und man daher über Art. 4 Abs. 1 lit. b Rom I-VO, nicht über Art. 4 Abs. 1 lit. c Rom I-VO anknüpft.

Art. 46b Abs. 3 EGBGB könnte außerdem einen eigenen Anwendungsbereich haben, wenn die Parteien ein drittstaatliches Recht gewählt haben, das Timesharingobjekt im EU/EWR-Gebiet liegt und trotzdem kein enger Bezug zum EU/EWR-Gebiet im Sinne von Art. 46b Abs. 1 EGBGB besteht[1]. Das soll der Fall sein können, sofern der Erwerber seinen gewöhnlichen Aufenthalt in einem Drittstaat hat und der Vertrag dort geschlossen wurde[2]. Es verschlüge übrigens nicht, wenn man das Richtlinienregime als solches auf den Schutz von Erwerbern mit Wohnsitz in der EU beschränken wollte, da Art. 46b Abs. 3 EGBGB keine entsprechende Einschränkung erhält und Art. 11 Timesharingrichtlinie den Mitgliedstaaten frei stellt, mehr Verbraucherschutz zu gewähren als die Richtlinie selbst[3]. 4346

d) Günstigkeitsvergleich zwischen lex causae und Richtlinienregime

Dem Wortlaut der Norm nach ist weder in Art. 46b Abs. 1 EGBGB noch in Art. 46b Abs. 3 EGBGB ein Günstigkeitsvergleich vorgesehen. Soweit beide reichen, käme bei ganz buchstabengetreuer Anknüpfung das europäische Regime auch dann zur Anwendung, wenn es dem Erwerber weniger Schutz bieten sollte als das an sich anwendbare Drittlandsrecht[4]. Dies wäre ein paradoxes Ergebnis, will man doch mit Art. 46b EGBGB den Verbraucherschutz stärken, nicht schwächen. Auch die Frage nach der Sekundärrechtskonformität einer so rigiden Lösung stünde ernsthaft im Raum[5]. Dies weist in Richtung des Günstigkeitsvergleichs[6]. Der deutsche Gesetzgeber jedenfalls wollte einen Günstigkeitsvergleich nicht kategorisch ausschließen, sondern Art. 46b EGBGB insoweit offen halten[7]. 4347

5. Anknüpfung begleitender Verträge

Ein Timesharingvertrag steht selten allein. Meist ist er in ein ganzes Geflecht begleitender Verträge eingebunden. Insbesondere geht es um Verwaltungs- 4348

---

1 *Thorn*, in: Palandt, Art. 29a EGBGB Rz. 6.
2 So *Magnus*, in: Staudinger Art. 29a EGBGB Rz. 62.
3 *Magnus*, in: Staudinger, Art. 29a EGBGB Rz. 62.
4 So in der Tat *A. Staudinger*, RIW 1999, 915 (922); *A. Staudinger*, ZfRV 2000, 93 (101); *Neises*, NZM 2000, 1033 (1037); *Thorn*, in: Palandt, Art. 29a EGBGB Rz. 6; vgl. auch *Junker*, IPRax 1998, 65 (73).
5 *A. Staudinger*, IPRax 1999, 414 (418); *A. Staudinger*, ZfRV 2000, 93 (101); *Freitag/Leible*, ZIP 1999, 1296 (1299); *Bitterich*, Die Neuregelung des Internationalen Verbrauchervertragsrechts in Art. 29a EGBGB (2003), S. 409 f.
6 *Th. Pfeiffer*, NJW 1999, 3674 (3679); *Bitterich*, Die Neuregelung des Internationalen Verbrauchervertragsrechts in Art. 29a EGBGB (2003), S. 410 f.; *Kelp*, Time-Sharing-Verträge (2005), S. 261.
7 *R. Wagner*, IPRax 2000, 249 (255).

verträge, finanzierende Kreditverträge und Tauschpoolvereinbarungen mit Tauschclubs.

a) Verwaltungs- und Tauschpoolverträge

4349 Sowohl die **Immobilienverwaltung** als auch der **Tauschpool** erbringen Dienstleistungen. Sachlich ist Art. 6 Rom I-VO für diese Vertragstypen eröffnet[1]. Soweit Art. 6 Rom I-VO nicht greift, namentlich weil es an seinen situativen Voraussetzungen fehlt oder weil beim Servicevertrag die Ausnahme nach Art. 6 Abs. 4 lit a Rom I-VO vorliegt[2], führt bei fehlender Rechtswahl Art. 4 Abs. 1 lit. b Rom I-VO zum Recht am Ort der vertragsbetreuenden Niederlassung der Verwaltung[3] bzw. des Tauschclubs[4]. Für den Verwaltungsvertrag ließe sich, insbesondere soweit der Timesharinganbieter selber Verwalter ist, unter Umständen auch an eine akzessorische Anknüpfung an das Statut des Timesharingvertrages über Art. 4 Abs. 3 Rom I-VO denken. Bei der Tauschpoolvereinbarung ist dies nicht möglich, weil dort wegen der Vielzahl der Tauschobjekte eine Vielzahl möglicher Statute zu koordinieren wäre.

b) Finanzierungsverträge

4350 **Finanzierungsgeschäfte** fallen sachlich unter Art. 6 Rom I-VO. Wenn und soweit sie konkret nicht von Art. 6 Rom I-VO erfasst sind, namentlich weil es an den situativen Anwendungsvoraussetzungen des Art. 6 Rom I-VO fehlt, erfolgt ihre Anknüpfung mangels einer Rechtswahl jedenfalls nicht nach Art. 4 Abs. 1 lit. c Rom I-VO, sondern nach Art. 4 Abs. 2 Rom I-VO[5]. Eine über Art. 4 Abs. 3 Rom I-VO ins Werk zu setzende akzessorische Anknüpfung an das Statut des finanzierten Geschäfts ist allerdings denkbar, soweit beide Geschäfte miteinander in höherem Maße wirtschaftlich verbunden sind, also etwa den in § 358 Abs. 3 BGB niedergelegten Nähegrad aufweisen[6].

4351 Da Art. 7 TimesharingRL von den EG-Mitgliedstaaten auch eine bestimmte Regelung der Finanzierungsverträge zu Timesharinggeschäften verlangt, ist Art. 46b EGBGB auf solche Finanzierungsgeschäfte sachlich anwendbar. Rich-

---

[1] Ebenso *Kelp*, Time-Sharing-Verträge (2005), S. 240.
[2] Dazu *Kelp*, Time-Sharing-Verträge (2005), S. 241 f.
[3] *H. Wegner*, Internationaler Verbraucherschutz beim Abschluss von Timesharingverträgen: § 8 Teilzeitwohnrechtegesetz (1998), S. 85; *Kelp*, Time-Sharing-Verträge (2005), S. 229.
[4] *Mäsch*, in: Hildenbrand/Kappus/Mäsch, Time-Sharing und Teilzeit-Wohnrechtegesetz (TzWrG) (1997), § 8 TzWrG Rz. 52; *H. Wegner*, Internationaler Verbraucherschutz beim Abschluss von Timesharingverträgen: § 8 Teilzeitwohnrechtegesetz (1998), S. 96 f.; *Kelp*, Time-Sharing-Verträge (2005), S. 245 f.
[5] S. nur *Dicey/Morris/Morse*, Conflict of Laws, 14. Aufl. (London 2006), Rz. 33–222 sowie *Jarrett* v. *Barclays Bank plc* [1999] Q.B. 1 (C.A.). Im Ergebnis wohl ebenso BGH 3.11.1998, RIW 1999, 965 (Aufs. *A. Staudinger*, RIW 1999, 915) (span. Objekt, deutscher Kunde, deutsche Bank; keine kollisionsrechtlichen Überlegungen ersichtlich).
[6] Dieser Nähegrad wird hier als Funktionstypus herangezogen, nicht als Inhalt einer anzuwendenden Norm. § 358 Abs. 3 BGB selbst kommt natürlich nur zur Anwendung, wenn er kollisionsrechtlich berufen ist.

tigerweise gilt dies nicht nur für Art. 46b Abs. 1 und Abs. 2 EGBGB, sondern auch für Art. 46b Abs. 3 EGBGB. Das Finanzierungsgeschäft ist zwar kein Timesharingvertrag in dem Sinne von Art. 46b Abs. 3 EGBGB gemeinten Sinn. § 8 Nr. 1 TzWrG machte aber keine Ausnahme für Finanzierungsgeschäfte[1], obwohl § 8 TzWrG diese vor Nr. 1 ausdrücklich in seinen sachlichen Anwendungsbereich einbezog. Aus den Materialien ist nicht ersichtlich, dass Art. 29a Abs. 3 EGBGB aF und seine Fortsetzung Art. 46b Abs. 3 EGBGB dahinter zurückgehen wollten. Allerdings erwähnte schon Art. 29a Abs. 3 EGBGB aF Finanzierungsgeschäfte in seinem Wortlaut nicht mehr ausdrücklich.

Frei. 4352–4370

IV. Haftung von Vermittlern

Häufig kann die Inanspruchnahme von Vermittlern der einzige Weg sein, auf dem geprellte Erwerber hoffen können, sich wenigstens teilweise erholen zu können[2]. Die **Haftung von Vermittlern** (also Dritten, die selber nicht Partner des eigentlichen Timesharingvertrages werden) ist als Frage der culpa in contrahendo zu qualifizieren und damit entsprechend den Regeln des Internationalen Deliktsrechts anzuknüpfen[3]. Art. 12 Abs. 1 Rom II-VO mit seiner akzessorischen Anlehnung an das Vertragsstatut passt für die Dritthaftung nicht. Gem. Art. 12 Abs. 2 Rom II-VO unterliegt die Haftung von Vermittlern letztlich primär dem Recht des Erfolgsortes. Erfolgsort ist der Ort, an welchem das primär geschützte Rechtsgut verletzt wird. Bei Vermögensdelikten, wie sie hier in Rede stehen, kommt es damit auf den Belegenheitsort des geschädigten Vermögens an[4]. Haben Vermittler und geschädigter Erwerber ihren gewöhnlichen Aufenthalt bzw. ihren Sitz beide in Deutschland, so gelangt man über Art. 4 Abs. 2 Rom II-VO zum deutschen Recht[5]. 4371

Frei. 4372–4380

V. Zusammenfassung mit Handlungsanleitung

1. Timesharing begegnet in drei Spielarten: schuldrechtlich, dinglich, vereins- oder gesellschaftsrechtlich. 4381

---

1 Vgl. *A. Staudinger*, RIW 1999, 915 (921).
2 Vg. zB den Fall LG Dresden 23.6.1998, IPRspr. 1998 Nr. 146 = NZM 1998, 825.
3 Näher *Mankowski*, VuR 1999, 219 (223 f.) mwN. auch zu den vielen Gegenauffassungen in dieser höchst umstrittenen Frage.
4 S. nur *Ahrens*, IPRax 1990, 128 (132); *Kiethe*, NJW 1994, 222 (225 f.); *Hohloch*, IPRax 1997, 312 (314); *Mankowski*, EWiR Art. 5 EuGVÜ 3/98, 1085 (1086) und zu dessen Ermittlung zB *von Hoffmann*, in: Staudinger, Art. 40 EGBGB Rz. 282 mwN.
5 Ebenso im Ergebnis OLG Köln 29.3.1996, NJW-RR 1997, 308; LG Bonn 20.11.1995, VuR 1996, 317; AG Berlin-Lichtenberg 3.9.1996, VuR 1997, 22, die sich aber nicht mit kollisionsrechtlichen Überlegungen aufhalten.

2. Schuldrechtliche Timesharingverträge fallen sachlich unter das Internationale Verbrauchervertragsrecht.

3. Beim dinglichen Timesharing unterliegt das Verpflichtungsgeschäft der Rechtswahl, ersatzweise dem Belegenheitsrecht der Immobilie. Das Erfüllungsgeschäft unterliegt immer dem Belegenheitsrecht der Immobilie.

4. Beim gesellschafts- oder vereinsrechtlichen Timesharing ist zuerst immer zu fragen, ob es sich wirklich um eine gesellschafts- oder vereinsrechtliche und nicht im Wahrheit um eine schuldrechtliche Gestaltung handelt. Der Beitritt zu Verein oder Gesellschaft unterliegt dem Verbandsstatut, ebenso jedes mitgliedschaftliche Recht. Beim derivativen Erwerb gilt für das Verpflichtungsgeschäft Anteilskauf, soweit vorhanden, eine von den Parteien getroffene Rechtswahl, ersatzweise das Recht am Ort der vertragsbetreuenden Niederlassung des Verkäufers.

5. Abgespaltene oder begleitende Verträge zumal mit anderen Partnern als dem Timesharinganbieter (Verwaltung, Service, Tauschpool usw.) sind eigenständig anzuknüpfen. Sie werden häufig dem Internationalen Verbrauchervertragsrecht unterfallen.

6. Speziell für Timesharinggeschäfte beruft Art. 46b Abs. 3 EGBGB deutsches Timesharingrecht zur Anwendung, wenn ein drittstaatliches Recht anwendbar ist und die Timesharing in einem EU/EWR-Staat belegen ist. Art. 46b Abs. 1 EGBGB hat Prüfungsvorrang vor Art. 46b Abs. 3 EGBGB. Beide stehen unter einem Günstigkeitsvorbehalt.

4382–4390 Frei.

Kapitel 10: Verträge über Unternehmenstransaktionen

Übersicht

	Rz.		Rz.
A. Unternehmenskauf	4391	B. Joint Venture	4561

A. Unternehmenskauf

	Rz.		Rz.
I. Arten	4391	2. Ermittlung des Vertragsstatuts	4463
II. Anteilskauf (Share Deal)	4401	3. Reichweite des Vertragsstatuts	4466
1. UN-Kaufrecht	4401	a) Grundsatz	4466
2. Ermittlung des Vertragsstatuts	4403	b) Nicht erfasste Fragen	4469
a) Grundsatz	4403	4. Form	4481
b) Börsenkauf und öffentliche Erwerbsangebote	4408	a) Verpflichtungsgeschäft	4482
		b) Verfügungsgeschäft	4484
3. Reichweite des Vertragsstatuts	4411	c) Gewerbliche Schutzrechte	4487
a) Grundsatz	4411	5. Haftung aus Vermögensübernahme und Firmenfortführung	4488
b) Nicht erfasste Fragen	4418		
4. Form	4422	6. Mitbestimmung und Betriebsübergang	4492
a) Verpflichtungsgeschäft	4423		
b) Verfügungsgeschäft	4426	IV. Vorvereinbarungen	4501
c) Auslandsbeurkundung	4427	V. Kartellrecht	4511
d) Ausländische Geschäftsanteile	4431	1. Deutsches Recht	4511
		2. Ausländisches Recht	4516
e) Formverstoß	4434	3. Europäisches Recht	4517
5. Haftungsfolgen	4435	VI. Genehmigungserfordernisse, Ausländerrecht	4531
6. Insiderhandeln	4436		
7. Mitbestimmung	4439	VII. Zusammenfassung mit Handlungsanleitung	4551
III. Kauf der Wirtschaftsgüter (Asset Deal)	4460		
1. UN-Kaufrecht	4460		

Literatur zum Einheitskaufrecht: *Merkt*, Internationaler Unternehmenskauf und Einheitskaufrecht, ZvglRW 93 (1994), 353.

Literatur zum Internationalen Privatrecht: *Merkt*, Internationaler Unternehmenskauf, 2. Aufl. (2003); *Schnyder*, Kollisionsrechtliche Fragen zu (grenzüberschreitenden) Übernahmen, in: Institut für Europäisches und Internationales Wirtschafts- und Sozialrecht (Hrsg.), Erwerb von Beteiligungen am Beispiel der öffentlichen Übernahmeangebote, Schweizerische Beiträge zum Europarecht, Band 36 (Lausanne 1989), S. 624; *Schröder/ Wenner*, Internationales Vertragsrecht, Das Kollisionsrecht der transnationalen Wirtschaftsverträge, 2. Aufl. (1998); *Tiedemann*, Die Haftung aus Vermögensübernahme im internationalen Recht (1995).

Literatur zum Internationalen Steuerrecht, Bewertungsrecht: *Cooke*, Effective Tax Strategies for International Corporate Acquisitions (Deventer 1989); *Deloitte* (Hrsg.), Unternehmenskauf im Ausland, 2. Aufl. (2006) (Deutschland, Belgien, Brasilien, Dänemark,

Frankreich, Großbritannien, Niederlande, Österreich, Polen, Russische Föderation, Südafrika, Ungarn, USA); *Fischer* (Hrsg.), Internationaler Unternehmenskauf und -zusammenschluss im Steuerrecht (1992); *Kneip/Jänisch* (Hrsg.), Tax Due Diligence (2005), S. 808 (Großbritannien, USA, Niederlande, Österreich, Schweiz); *Niemeier*, Steuerfragen bei Auslandsakquisitionen – ein Überblick, RIW 2005, 436; *Wassermeyer*, Besteuerung des ausländischen Unternehmenserwerbs durch Anteilstausch (unechte Fusion) und Einbringung von Unternehmensanteilen, DStR 1992, 57; *Weber*, Die Bewertung von ausländischen Unternehmen, DStR 1993, 1270.

Literatur zur Rechtsvergleichung/Mehrere Länder: *Haar*, Piercing the Corporate Veil and Shareholders' Product and Environmental Liability in American Law as Remedies for Capital Market Failures – New Developments and Implications for European and German Law after „Centros", EBOR 2000, 317; *Hummer*, Die Rechte des Arbeitnehmers bei Betriebsübergang in Österreich und Frankreich (Wien 1999); *Morgan/Grenfell*, Handbuch für den internationalen Unternehmenskauf, 2. Aufl. (1989) (Deutschland, Großbritannien, Frankreich, Italien, Belgien, Niederlande, Dänemark, Irland, Spanien, Portugal, Österreich, Schweiz, Schweden, Norwegen, Finnland, USA, Kanada, Japan, Hongkong, Singapur, Malaysia, Thailand, Indonesien, Taiwan, Korea, Australien, Neuseeland); *Papathanassiou*, Die grenzüberschreitende Übernahme einer Aktiengesellschaft im deutschen und griechischen Recht: eine rechtsvergleichende Studie zu feindlichen Übernahmeangeboten (1996); *Wollny*, Unternehmens- und Praxisübertragungen, 6. Aufl. (2005), S. 674 (Belgien, Dänemark, Finnland, Frankreich, Griechenland, Großbritannien, Italien, Japan, Kanada, Luxemburg, Niederlande, Norwegen, Österreich, Portugal, Schweden, Schweiz, Spanien, USA).

Einzelne Länder:

Deutschland: *Beisel/Klumpp* (Hrsg.), Der Unternehmenskauf, 6. Aufl. (2009); *Hettler/Stratz/Hörtnagl* (Hrsg.), Unternehmenskauf (2004); *Hölters* (Hrsg.), Handbuch des Unternehmens- und Beteiligungskaufs, 6. Aufl. (2005); *Holzapfel/Pöllath*, Unternehmenskauf in Recht und Praxis, 13. Aufl. (2008); *Picot* (Hrsg.), Unternehmenskauf und Restrukturierung (2004); *Picot/Mentz/Seydel* (Hrsg.), Die Aktiengesellschaft bei Unternehmenskauf und Restrukturierung (2003); *Rödder/Höltzel/Mueller-Thuns*, Unternehmenskauf, Unternehmensverkauf (2003).

Frankreich: *Fleischer*, Die Haftung des Verkäufers von Gesellschaftsanteilen – Deutsche Probleme und französische Lösungen, WM 1998, 849; *Hurstel*, Juristische Probleme beim Unternehmens- und Beteiligungskauf in Frankreich, RIW 1991, 804; *Klein/Stucki*, Öffentliche Übernahmeangebote (OPA/OPE) in Frankreich, RIW 2001, 488; *Prüfer*, Rechtliche Besonderheiten bei Unternehmenskäufen im deutsch-französischen Kontext, NZG 1998, 4 und 86; *Wietek/Langer/Mohr/Petoin*, Unternehmenskauf, Beteiligungskauf und -verkauf in Frankreich (1985); *Witz/Schmidt/Zierau*, Unternehmenserwerb in Frankreich (1990).

Japan: *Baum*, Marktzugang und Unternehmenserwerb in Japan (1995); *Ishizumi*, Acquiring Japanese Companies (Tokio 1988).

Österreich: *Brugger*, Unternehmenserwerb in Österreich – Acquisition of Business Enterprises (Wien 1990); *Fellner/Schweiger/Wiedenbauer/Winkler*, Unternehmenserwerb in Österreich (Wien 2000); *Puck*, Der Unternehmenskauf, Gewährleistung, Schadenersatz und Irrtum (Wien 1996).

Polen: *Pfeiffer*, Die Gründung und der Erwerb von Gesellschaftsbeteiligungen in Polen, EWS 1992, 121.

Schweiz: *Baumgartner/Hauser*, Erwerb von Beteiligungen an Gesellschaften mit Immobilienbesitz durch Ausländer, SZW/RSDA 1999, 86; *Bessenich*, Die grenzüberschreitende Fusion nach den Bestimmungen des IPRG und des OR (Basel 1991); *von Büren/Kindler*, Der Vorentwurf zu einem neuen Bundesgesetz über die Fusion, Spaltung und Umwandlung von Rechtsträgern (Fusionsgesetz; FusG), SZW/RSDA 1998, 1; *Tschäni*, M&A Transaktionen nach Schweizer Recht (2003).

Tschechische Republik: *Scheifele/Thaeter*, Unternehmenskauf, Joint Venture und Firmengründung in der Tschechischen Republik, 2. Aufl. (1994).

USA: *Hunt*, Structuring Mergers & Acquisitions, 2. Aufl. (New York 2004); *Bainbridge*, Mergers and Acquisitions (2003); *Caginalp*, Erwerb Not leidender Unternehmen in den USA, EWS 1992, 5; *Harbarth*, Abwehr feindlicher Übernahmen in den USA, ZvglRWiss 100 (2001) 275; *Hüttermann*, Der Kauf von Unternehmen oder Unternehmensteilen nach dem Recht von New York (1997); *Jander/McDermott*, Neue Methoden bei Unternehmenskäufen in den USA, RIW 1990, 957; *Merkt*, Due Diligence und Haftung beim Unternehmenskauf, BB 1995, 1041; *Merkt/Göthel*, US-amerikanisches Gesellschaftsrecht, 2. Aufl. (2006); *Schiessl*, Neue Erfahrungen mit Unternehmenskäufen und Unternehmensübernahmen in den USA, RIW 1988, 522; *Sutter*, Erwerb von Unternehmen in den Vereinigten Staaten, in: Turcon/Zimmer (Hrsg.), Grundlagen des US-amerikanischen Gesellschafts-, Wirtschafts-, Steuer- und Fremdenrechts (1994), S. 31.

Volksrepublik China: *Chong*, The Law and Practice of Mergers and Acquisitions in the People's Republic of China (Oxford 2007).

Vertragsmuster:

Deutschland: *Knott/Mielke* (Hrsg.), Unternehmenskauf, 3. Aufl. (2008); *Seibt* (Hrsg.), Beck'sches Formularbuch Mergers & Acquisitions (2008).

Österreich: *Brugger*, Unternehmenserwerb in Österreich – Acquisition of Business Enterprises (Wien 1990), S. 128 und S. 138.

USA: *Lieberman*, Purchase and Sale of Assets, in: West's Legal Forms, Business Organizations, Band 3, 3. Aufl. (St. Paul 2008); *Lieberman*, Mergers, in: West's Legal Forms, Business Organizations, Band 5, 3. Aufl. (St. Paul 2008).

I. Arten

Für die Durchführung eines internationalen Unternehmenskaufs bieten sich grundsätzlich **zwei Möglichkeiten:** Zum einen kann der **Rechtsträger** des Unternehmens erworben werden, im deutschen Recht etwa durch Kauf der Anteile (zB bei AG und GmbH) oder der Beteiligungen (bei Personengesellschaften). International hat sich dafür der Begriff **share deal** eingebürgert. Welcher prozentuale Anteil erforderlich ist, um vom Erwerb des Rechtsträgers sprechen zu können, ergibt sich aus den satzungsmäßigen und gesetzlichen Mehrheitserfordernissen bei den wichtigsten Beschlussgegenständen der Gesellschafterversammlung[1]. 4391

Die zweite Möglichkeit besteht im Kauf des Unternehmens als solchem, und zwar im Wege des Erwerbs aller **Wirtschaftsgüter** des Unternehmens (Grundstücke, Warenlager, Inventar, Geschäftsanteile, Rechte aus Miet-, Pacht- und Leasingverträgen, Forderungen, Warenzeichen, Firma, Organisation, Kundenkreis, Geschäftsbeziehungen, Geschäftschancen, Goodwill, Know-how, Marktanteile, Ressourcen, Geschäftsgeheimnisse, Herstellungsverfahren etc.). Auch 4392

---

1 *Merkt*, Festg. Sandrock, S. 136 f.

hier hat sich inzwischen weltweit der englische Ausdruck **asset deal** eingebürgert. Durch die Veräußerung wird das Unternehmen von seinem alten Rechtsträger getrennt. Die Übertragung folgt beim asset deal dem Prinzip der Einzelrechtsnachfolge: Jeder Bestandteil des Unternehmens wird nach den für ihn maßgeblichen Vorschriften übertragen, wenn das anwendbare Recht – wie zB das deutsche – eine Übertragung des Unternehmens als Ganzes nicht gestattet[1]. Beide Formen können auch miteinander **verbunden** werden[2].

4393–4400   Frei.

II. Anteilskauf (Share Deal)

1. UN-Kaufrecht

4401 Der Kauf von Rechten, insbesondere von Forderungen, Urheberrechten oder gewerblichen Schutzrechten, wird nicht vom sachlichen Anwendungsbereich des UN-Kaufrechts (CISG) erfasst[3]. Erfasst werden nur Waren und damit bewegliche körperliche Sachen[4]. Da der Gesellschaftsanteil (Geschäftsanteil, Aktie) keine Sache, sondern ein Mitgliedschafts- oder Beteiligungsrecht ist, fällt er **nicht unter das UN-Kaufrecht**[5]. Dies gilt auch beim Kauf aller oder nahezu aller Anteile[6].

4402 Soweit die Beteiligung – wie etwa bei der AG möglich – verbrieft ist, unterliegt der **Kauf des verbriefenden Papiers** als einer beweglichen körperlichen Sache ebenfalls nicht dem UN-Kaufrecht, das nach seinem Art. 2 lit. d generell nicht auf den Kauf von Wertpapieren anwendbar ist. Der Begriff Wertpapiere umfasst insbesondere die Aktie[7].

---

1 *Merkt*, Festg. Sandrock, S. 137.
2 Beispiele bei *Merkt*, Internationaler Unternehmenskauf, Rz. 19.
3 *Magnus*, in: Staudinger, Art. 1 CISG Rz. 56; *Westermann*, in: MünchKomm, Art. 1 CISG Rz. 6; *Huber*, in: Huber/Mullis, The CISG (2007), S. 42.
4 *Westermann*, in: MünchKomm, Art. 1 CISG Rz. 6.
5 *Lüderitz/Fenge*, in: Soergel, Art. 1 CISG Rz. 22; *Magnus*, in: Staudinger, Art. 1 CISG Rz. 51; *Ferrari*, in: Schlechtriem/Schwenzer, Kommentar zum Einheitlichen UN-Kaufrecht, 5. Aufl. (2008), Art. 1 Rz. 36; anders – aber ohne Begründung – *Baker*, in: Baker/Jillson, Due Diligence, Disclosures and Warranties in the Corporate Acquisitions Practice, 2. Aufl. (London 1992), S. 126 Fn. 3 sowie *Brugger*, Unternehmenserwerb, S. 74 Fn. 141, der – ebenfalls ohne Begründung – meint, es sei unklar, ob der Beteiligungskauf dem UN-Kaufrecht unterliege.
6 *Westermann*, in: MünchKomm, Art. 1 CISG Rz. 6 mwN.
7 S. *Ferrari*, in: Schlechtriem/Schwenzer, Kommentar zum Einheitlichen UN-Kaufrecht, 5. Aufl. (2008), Art. 2 Rz. 35; *Herber/Czerwenka*, Internationales Kaufrecht (1991), Art. 2 Rz. 11; *Reinhart*, UN-Kaufrecht (1991), Art. 2 Rz. 6; *Piltz*, Internationales Kaufrecht, 2. Aufl. (2008), § 2 Rz. 50; *Martiny*, in: MünchKomm, Art. 28 EGBGB Anh. Rz. 51.

2. Ermittlung des Vertragsstatuts

a) Grundsatz

Der Kauf von Beteiligungen und Mitgliedschaftsrechten an Gesellschaften hat weder auf europäischer Ebene noch im deutschen Internationalen Privatrecht eine eigene Regelung erfahren und folgt daher den **allgemeinen Kollisionsnormen**. Das Vertragsstatut bestimmt sich deshalb nach Art. 3 ff. Rom I-VO (Rz. 85 ff.).[1] Die Rom I-Verordnung gilt für Kaufverträge, die nach dem 17.12.2009 geschlossen wurden. Verträge, die an oder vor diesem Datum geschlossen wurden, unterliegen regelmäßig den in der 6. Aufl. dargestellten Kollisionsregeln[2].

Die Anwendung der Art. 3 ff. Rom I-VO wird in Bezug auf die Verpflichtung zur Übertragung von Urkunden, welche die Beteiligung verbriefen, etwa Aktienzertifikate, nicht durch Art. 1 Abs. 2 lit. d Rom I-VO ausgeschlossen. Ausgenommen sind hierdurch vom Anwendungsbereich der Verordnung nur Verpflichtungen aus Wechseln, Schecks, Eigenwechseln und anderen handelbaren Wertpapieren, soweit die Verpflichtungen aus diesen anderen Wertpapieren aus deren Handelbarkeit entstehen (Rz. 54 f.). Dies ist bei Urkunden, die gesellschaftsrechtliche Mitgliedschaftsrechte verbriefen, regelmäßig nicht der Fall. Auch Art. 1 Abs. 2 lit. f Rom I-VO steht nicht entgegen, denn der Anteilskauf betrifft weder das Gesellschaftsrecht noch das Recht der juristischen Personen.

Durch die gesonderte Unterwerfung des Kaufvertrags unter das Vertragsstatut werden – wie auch im materiellen Recht – **Verpflichtungsgeschäft** (Kauf) und **Erfüllungsgeschäft** (Abtretung der Anteile) voneinander getrennt[3].

Für das Verpflichtungsgeschäft ist das Vertrags- oder Schuldstatut maßgeblich. Daher kann das für den *share deal* maßgebliche Recht insoweit frei gewählt werden (Grundsatz der **Parteiautonomie**), und zwar im Wege der ausdrücklichen wie der eindeutigen stillschweigenden Rechtswahl (Art. 3 Abs. 1 Rom I-VO, Rz. 85 ff.).

Bei fehlender Rechtswahl unterliegt der *share deal* den Anknüpfungsregeln des Art. 4 Rom I-VO. Da der Anteilskaufvertrag kein Kauf beweglicher Sachen

---

[1] Vgl. zum früheren Recht *Lutter/Drygala*, in: KölnKomm AktG, 3. Aufl. (2009), Anh. § 68 AktG Rz. 42; *Hohloch*, in: Erman, Art. 28 EGBGB Rz. 32; *Ebenroth/Wilken*, ZvglRW 90 (1991), 235 (241 f.).
[2] S. dort Rz. 852 ff.
[3] Vgl. zum früheren Recht BGH 9.10.1986 (noch zum EGBGB vor Übernahme des EVÜ), NJW 1987, 1141 = RIW 1987, 148 = WM 1987, 77 = IPRax 1988, 27 Anm. *Hohloch* (beim Verkauf von Aktien an einer belg. AG bestimmt sich das Vertragsstatut unabhängig von dem Recht, das über die Übertragung der Mitgliedschaftsrechte oder der Aktienzertifikate entscheidet); OLG Karlsruhe 18.11.1983, IPRspr. 1983 Nr. 20; *Wiedemann*, Gesellschaftsrecht, Band 1 (1980), S. 816; *Lüderitz*, in: Soergel, Art. 10 EGBGB Anh Rz. 42; *Kegel/Schurig*, § 17 II 2; *Kindler*, in: MünchKomm, IntGesR Rz. 588; *Großfeld*, in: Staudinger, IntGesR Rz. 342 jeweils mwN.; *Beisel*, in: Beisel/Klumpp, Kap. 7 Rz. 30 und 46.

im Sinne des Art. 4 Abs. 1 lit. a ist und auch sonst regelmäßig nicht unter Art. 4 Abs. 1 Rom I-VO fällt (s. aber für den Börsenkauf unten Rz. 4408), unterliegt er dem Recht des Staats, in dem der Verkäufer als Erbringer der charakteristischen Leistung im Zeitpunkt des Vertragsschlusses seinen gewöhnlichen Aufenthalt hat (Art. 4 Abs. 2 iVm. Art. 19 Rom I-VO)[1].

b) Börsenkauf und öffentliche Erwerbsangebote

4408 Der Anteilskauf (Effektenkauf[2], Wertpapierkauf) an der Börse unterlag schon vor der Rom I-Verordnung nach verbreiteter Auffassung wegen der Bedeutung von Börsenusancen dem **Recht am Ort der Börse (Marktrecht)** und nicht dem Verkäuferrecht (Rz. 963)[3]. Diese Ansicht hat nunmehr Einzug gehalten in Art. 4 Abs. 1 lit. h Rom I-VO. Danach unterliegt die Veräußerung von bestimmten Finanzinstrumenten (darunter fallen auch Aktien[4]), die innerhalb eines multilateralen Systems erfolgt, welches die Interessen einer Vielzahl Dritter nach nichtdiskretionären Regeln und nach Maßgabe eines einzigen Rechts zusammenführt oder das Zusammenführen fördert, dem Recht dieses Systems. Berufen ist damit das materielle Recht des Herkunftsstaates des betreffenden Systems[5]. Multilaterale Systeme sind unter anderem die geregelten Märkte im Sinne des Art. 4 Abs. 1 Nr. 14 der Finanzmarktrichtlinie (MiFID)[6] und damit die von Börsen betriebenen Systeme[7]. Hierzu zählt etwa in Deutschland der regulierte Markt im Sinne der §§ 32 ff. BörsG.

Der Maßgeblichkeit des Marktrechts für Börsenkäufe liegt die Überlegung zugrunde, dass die Parteien ihre Geschäfte an der Börse schnell und sicher sollen abschließen können, ohne dass sich der Käufer um die Frage kümmern muss,

---

1 Vgl. BGH 9.10.1986 (noch zum EGBGB vor Übernahme des EVÜ), NJW 1987, 1141 = RIW 1987, 148 = WM 1987, 77 = IPRax 1988, 27 Anm. *Hohloch*; vgl. zum früheren Recht *Martiny*, in: MünchKomm, Art. 28 EGGmbHG Rz. 148; *Wetzler*, in: Hölters, XIII Rz. 42.
2 Der Begriff Effekten bezeichnet Wertpapiere, deren Innehabung zur Geltendmachung des in ihnen verbrieften Rechts erforderlich ist. Dazu gehört etwa die Aktie, nicht jedoch der GmbH-Geschäftsanteilsschein, *Roth*, in: Assmann/Schütze, Handbuch des Kapitalanlagerechts, 3. Aufl. (2007), § 11 Rz. 15.
3 *Hohloch*, in: Erman, Art. 28 EGBGB Rz. 57; *Martiny*, in: MünchKomm, Art. 28 EGBGB Rz. 139 und 377.
4 S. Art. 4 Abs. 1 lit h. Rom I-VO iVm. Art. 4 Abs. 1 Nr. 17 MiFID iVm. Anhang I Abschnitt C Nr. 1 iVm. Art. 4 Abs. 1 Nr. 18 lit. a MiFID.
5 Vgl. dazu Art. 36 Abs 4 MiFID, wonach der nach den Systemen des geregelten Markts betriebene Handel dem öffentlichen Recht des Herkunftsmitgliedstaats des geregelten Markts unterliegt; daraus ergibt sich, das Art. 4 Abs. 1 lit h. Rom I-VO das materielle Recht dieses Mitgliedstaats beruft; s. aber zu den weiteren Möglichkeiten, was das „Recht des Systems" sein kann, *Mankowski*, IHR 2008, 133 (138 f.); s. auch oben Rz. 2446 ff.
6 Richtlinie 2004/39/EG des Europäischen Parlaments und Rates vom 21.4.2004 über Märkte für Finanzinstrumente, ABl. EU 2004 Nr. L 145, S. 1 (Finanzmarktrichtlinie, Markets in Financial Instruments Directive – MiFID), umgesetzt in deutsches Recht durch das Finanzmarkt-Richtlinie-Umsetzungsgesetz vom 16.7.2007, BGBl. I 2007, 1330.
7 S. Erwägungsgrund 18 Rom I-VO und § 2 Abs. 1 BörsG.

wo sich der gewöhnliche Aufenthaltsort des Verkäufers als Erbringer der charakteristischen Leistung (Art. 4 Abs. 2 Rom I-VO) befindet. Überdies ist den Parteien das Recht am Börsenplatz regelmäßig bekannt, und es ist leicht feststellbar. Hinzu kommt die Bedeutung spezieller, am Börsenplatz tätiger Schiedsgerichte für Börsenstreitigkeiten. Schließlich sprechen für die Anknüpfung an den Börsenplatz die dort ohnehin geltenden zwingenden Bestimmungen[1].

Allerdings führt die Anknüpfung des Effektenkaufs über die Börse über das **Verkäuferrecht** regelmäßig ebenfalls zum Marktrecht. Effektengeschäfte werden im Normalfall nicht vom Beteiligungsinhaber unmittelbar und persönlich vorgenommen, sondern von Effektenhändlern, dh. von Kreditinstituten[2]. Nur selten verkauft dabei das Kreditinstitut im Wege einer offenen Stellvertretung als Vertreter im Namen und für Rechnung des Beteiligungsinhabers (Geschäftsbesorgung, §§ 164 ff. BGB). Vielmehr werden Beteiligungsverkäufe durch das Kreditinstitut üblicherweise im Wege des Kommissionsgeschäfts (§§ 383 ff. HGB) für Rechnung des Kunden abgewickelt (vgl. Nr. 1 (1) der Sonderbedingungen für Wertpapiergeschäfte – SBW). Alternativ werden Beteiligungskäufe durch ein Festpreisgeschäft getätigt (vgl. Nr. 9 der SBW). In beiden Fällen tritt das Kreditinstitut im eigenen Namen auf. Nicht der Beteiligungsinhaber, sondern das Kreditinstitut ist mithin Verkäufer[3]. Haben die Parteien das maßgebliche Recht nicht gewählt, würde über Art. 4 Abs. 2 iVm. Art. 19 Rom I-VO das Recht am Ort der Hauptverwaltung oder handelnden Niederlassung des Kreditinstituts angewendet[4]. Dieses Recht würde beim Beteiligungserwerb über die Börse häufig mit dem Recht am Börsenort identisch sein, weil das beauftragte Kreditinstitut dort seine Hauptverwaltung oder seine handelnde Niederlassung hat.

4409

Über den Börsenkauf hinaus wird auch für den (außerbörslichen) Effektenkauf im Wege des **öffentlichen Erwerbs- oder Übernahmeangebots** (tender offer, takeover bid) das an sich anwendbare Verkäuferrecht (Art. 4 Abs. 2 Rom I-VO) zunehmend durch eine Anknüpfung an den Marktort (**Marktrecht**) verdrängt (über Art. 4 Abs. 3 Rom I-VO). Zwar ließe sich daran denken, Kaufverträge, die etwa aufgrund eines vom WpÜG erfassten öffentlichen Übernahmeangebots zustande kommen, nicht der Rom I-Verordnung, sondern dem nach den §§ 1, 2

4410

---

1 Vgl. etwa *Kren Kostkiewicz*, in: IPRG Komm, Art. 117 Rz. 162.
2 *Franke*, in: Assmann/Schütze, Handbuch des Kapitalanlagerechts, 3. Aufl. (2007), § 2 Rz. 47 ff.
3 Im Einzelnen *Roth*, in: Assmann/Schütze, Handbuch des Kapitalanlagerechts, 3. Aufl. (2007), § 10 Rz. 41 ff.
4 Demgegenüber gilt für alle Rechtsbeziehungen zwischen dem (privatrechtlich organisierten) deutschen Kreditinstitut und dem veräußernden Anteilseigner (als dem Kunden des Kreditinstituts) nach der in den Allgemeinen Geschäftsbedingungen der Banken enthaltenen Rechtswahlklausel deutsches Recht, Nr. 6 Abs. 1 AGB-Banken; ausländische Kreditinstitute verwenden vergleichbare Klauseln in ihren Geschäftsbedingungen, näher *Schütze*, in: Assmann/Schütze, Handbuch des Kapitalanlagerechts, 3. Aufl. (2007), § 8 Rz. 23 f.

WpÜG berufenen „kapitalmarktrechtlichen Übernahmestatut"[1] zu unterwerfen. Nach allgemeiner Auffassung sind solche Verträge jedoch autonom und damit nach den Regeln der Rom I-Verordnung anzuknüpfen[2]. Das Marktrecht und damit das **Recht am Ort des Kaufangebots** wird aus Gründen der Funktionalität, der Marktrationalität sowie der Konnexität mit dem Gesellschafts- und Börsenstatut gegenüber dem Verkäuferrecht bevorzugt. Diese Anknüpfung gestattet eine sinnvolle Koordination mit dem gesamten Übernahmerecht (Informations- und Offenlegungspflichten, Behördenzuständigkeit, Kotierungsplatz usw.). Die Anknüpfung an das Marktrecht schützt den veräußernden Beteiligungsinhaber durch sein „Umweltrecht" oder genauer sein „Umweltmarktrecht"[3].

3. Reichweite des Vertragsstatuts

a) Grundsatz

4411 Die sachliche Reichweite des Vertragsstatuts, also der Bereich der Fragen, die dem Vertragsstatut unterliegen, bestimmt sich nach den Art. 10 und 12 Rom I-VO (Rz. 261 ff.).

4412 Nach dem Vertragsstatut ist zunächst zu bestimmen, ob im konkreten Fall die Grundsätze über den share deal oder den asset deal maßgeblich sind (vgl. Rz. 313). Vor allem im Bereich der Form, der Erfüllung und der Gewährleistung ist diese Unterscheidung von großer praktischer Relevanz. Gehört etwa zum Unternehmensvermögen Eigentum an einem Grundstück, unterwirft das deutsche materielle Recht den asset deal – nicht aber den share deal – dem Formzwang des § 311b BGB[4]. Erwirbt der Käufer eine beherrschende Stellung, unterliegt der share deal nach überwiegender Ansicht zum deutschen Recht den Grundsätzen über die Gewährleistung beim Unternehmenskauf und nicht der weniger weitreichenden Gewährleistung beim bloßen Beteiligungskauf[5]. Seit In-Kraft-Treten der Schuldrechtsreform am 1.1.2002 sind die Vorschriften über den Kauf von Sachen auf den Kauf von Rechten und „sonstigen Gegenständen" entsprechend anwendbar (§ 453 Abs. 1 BGB). Gem. der Begründung

---

1 *Schnyder*, in: MünchKomm, IntKapMarktR Rz. 242.
2 Vgl. *Santelmann*, in: Steinmeyer/Häger, WpÜG, 2. Aufl. (2007), § 1 WpÜG Rz. 60; *Schnyder*, in: MünchKomm, IntKapMarktR Rz. 244.
3 *Schnyder*, S. 624, 631 ff.; *Schnyder*, in: MünchKomm, IntKapMarktR Rz. 248; ähnlich *Ebenroth/Wilken*, ZvglRW 90 (1991), 235 (242); eine Anknüpfung an das „Marktrecht" favorisieren ebenso *Hopt*, Festschr. Werner Lorenz (1991), S. 414 ff. und *Grundmann*, RabelsZ 54 (1990), 282 ff.
4 Zum Formzwang beim Unternehmenskauf, wenn ein Grundstück mit übertragen wird und nach dem Parteiwillen die Grundstücksübertragung und der übrige Vertrag ein einheitliches Geschäft bilden sollen, vgl. BGH 19.1.1979, BB 1979, 598.
5 Zum Unterschied *Weidenkaff*, in: Palandt, § 453 BGB Rz. 7 und 23; *Holzapfel/Pöllath* Rz. 772 ff.; allerdings wird unterschiedlich beurteilt, wann eine beherrschende Stellung und damit die Schwelle zum Unternehmenskauf überschritten ist; genannt werden als erforderliche Beteiligungsquoten Werte zwischen 75 % und 100 %, s. *Grunewald*, NZG 2003, 372 (373) mwN., sowie *Holzapfel/Pöllath*, Rz. 774, die jedoch eine einfache Mehrheit genügen lassen, Rz. 774.

des Regierungsentwurfs sind Unternehmen als „sonstige Gegenstände" anzusehen. Damit ist das Gewährleistungsrecht des Sachkaufs entsprechend auf den Unternehmenskauf (sei es im Wege des share deal oder des asset deal) anwendbar[1].

Das Vertragsstatut entscheidet ferner über: das **Zustandekommen** des Vertrags (Art. 10 Abs. 1 Rom I-VO, Rz. 261 ff.) und seine **materielle Wirksamkeit** (Art. 10 Abs. 1 Rom I-VO, Rz. 299 ff.), namentlich die Folgen der (Teil-)Nichtigkeit des Vertrags (Art. 12 Abs. 1 lit. e Rom I-VO); die Voraussetzungen und die Folgen der Anfechtung zB wegen Irrtums oder wegen arglistiger Täuschung (Art. 10 Abs. 1 Rom I-VO, Rz. 301); die **Auslegung** des Vertrags (Art. 12 Abs. 1 lit. a Rom I-VO, Rz. 308 f.); die Bestimmung des Vertragsinhalts und die Nebenansprüche (kauf- und vertragsrechtliche Informations- und Aufklärungspflichten des Verkäufers gegenüber dem Käufer, Rz. 264, 311 ff.); die privatrechtliche Zulässigkeit und die Wirkung von **Wertsicherungsklauseln**[2]; die Folgen der vollständigen oder teilweisen **Nichterfüllung** der vertraglichen Verpflichtungen einschließlich der Schadensbemessung und der Verjährung (Art. 12 Abs. 1 lit. b bis d Rom I-VO, Rz. 320 ff., 372 ff.). 4413

Dem Schuldstatut unterliegt zudem die Verpflichtung zur **Übereignung einer Urkunde**, welche die Beteiligung verbrieft, etwa eines Aktienzertifikats. 4414

Auch **Bewertungsgrundsätze** für die Bewertung der Anteile oder der Wirtschaftsgüter des Unternehmens sind dem Vertragsstatut zu entnehmen. Anders als etwa bei der gesellschaftsrechtlichen Abfindung des ausscheidenden Gesellschafters[3] treten beim Unternehmenskauf Verkehrsschutzinteressen in den Hintergrund, zumal das Gesellschaftsstatut als Alternative zum Vertragsstatut ohnehin nur beim *share deal* in Frage käme. Die Anwendung des Vertragsstatuts und die damit eröffnete Möglichkeit der Teilrechtswahl entspricht im Übrigen der vorkommenden Praxis der Vereinbarung fremder Bewertungsgrundsätze (zB deutsches Vertragsstatut mit Bewertung nach US-amerikanischen Grundsätzen). 4415

Die in der Phase der Vertragsanbahnung zu erfüllenden **Aufklärungs-, Offenlegungs- und Informationspflichten** unterliegen nicht ohne Weiteres dem Vertragsstatut. Sie können zum einen in einer Vorvereinbarung niedergelegt sein und folgen dann deren Anknüpfung (dazu unten Rz. 4501 f.). Im Übrigen sind solche vorvertraglichen Pflichten über Art. 12 Rom II-VO gesondert anzuknüpfen[4]. Die in Art. 12 Abs. 1 Rom II-VO angeordnete akzessorische Anknüpfung 4416

---

1 BT-Drucks. 14/6040, S. 242; *Knott*, in: Knott/Mielke, Rz. 113.
2 Näher *Martiny*, in: MünchKomm, Art. 34 EGBGB Anh. I Rz. 40 f., dort auch zur Anknüpfung von Normen zur währungsrechtlichen Zulässigkeit von Wertsicherungsklauseln.
3 In diesem Fall für die Maßgeblichkeit der Bewertungsgrundsätze des Gesellschaftsstatuts *Großfeld*, in: Staudinger, IntGesR Rz. 369 mit Nachweisen.
4 Näher *Lüttringhaus*, RIW 2008, 193; s. auch Art. 1 Abs. 2 lit. i Rom I-VO, wonach Schuldverhältnisse aus Verhandlungen vor Abschluss eines Vertrags ausdrücklich vom Anwendungsbereich der Rom I-Verordnung ausgenommen sind.

führt freilich zurück zur Rom I-Verordnung und damit zurück zum Vertragsstatut. Schwierigkeiten können sich daraus ergeben, dass es hier einerseits um allgemeine Aufklärungspflichten einander sonst fremder Kaufvertragsparteien geht, die dem Kauf- oder Schuldrecht (culpa in contrahendo) entspringen[1], und andererseits um besondere Aufklärungspflichten, denen in erster Linie Geschäftsführer und Gesellschafter gegenüber den verkaufenden (Mit-)Gesellschaftern unterliegen. Vorgeschlagen wird, die Aufklärungs-, Offenlegungs- und Informationspflichten in toto entweder dem Vertrags-[2] oder dem Gesellschaftsstatut[3] zu unterwerfen. Sachgerechter dürfte es indessen sein, zwischen beiden Pflichtengruppen auch kollisionsrechtlich zu unterscheiden: Die kaufrechtlichen Pflichten beurteilen sich nach dem **akzessorisch angeknüpften Vertragsstatut** (Art. 12 Abs. 1 Rom II-VO), die gesellschaftsrechtlichen Pflichten nach dem **Gesellschaftsstatut**.

4417 Diese differenzierende Lösung führt auch beim **börslichen Beteiligungskauf** zu angemessenen Ergebnissen. Denn es wäre wenig überzeugend, den Verkauf von Anteilen zwischen zwei im eigenen Namen handelnden Kreditinstituten (im Wege des Kommissions- oder Festpreisgeschäfts für die jeweils hinter ihnen stehenden Parteien) hinsichtlich der Beratungs- und Aufklärungspflichten[4] dem Gesellschaftsstatut zu unterwerfen, zu dem die Kreditinstitute im Zweifel keinen Bezug haben.

b) Nicht erfasste Fragen

4418 Gesellschaftsrechtliche Tatbestände, die für den *share deal* relevant sind, beurteilen sich nicht nach dem Vertragsstatut, sondern nach dem **Gesellschaftsstatut**[5]. Dies ist das Recht, dem die Verhältnisse der Gesellschaft (namentlich der Gesellschafter untereinander sowie zwischen der Gesellschaft, ihren Organen und ihren Gesellschaftern) unterliegen (Rz. 4581 ff.])[6]. Nach diesem Recht be-

---

1 Zu den Aufklärungspflichten des Verkäufers *Holzapfel/Pöllath*, Rz. 777 ff.
2 So zum früheren Recht *Jenckel*, Das Insiderproblem im Schnittpunkt von Gesellschafts- und Kapitalmarktrecht in materiell- und kollisionsrechtlicher Sicht (1980), S. 151 ff.
3 So *Großfeld*, in: Staudinger, IntGesR Rz. 342 und *Kindler*, in: MünchKomm, IntGesR Rz. 588, die pauschal die Treue- und Aufklärungspflichten der Gesellschaftsführer und der Gesellschafter gegenüber dem Erwerber dem Gesellschaftsstatut unterwerfen wollen; hingegen sollen nach *Spellenberg*, in: MünchKomm, Art. 32 EGBGB Rz. 22, Nebenpflichten, Schutzpflichten und ähnliches gegenüber Dritten nach dem Geschäftsstatut zu beurteilen sein. Das Geschäftsstatut bestimme alles, was zu dem Rechtsgeschäft gehört.
4 Näher zu diesen Pflichten *Roth*, in: Assmann/Schütze, Handbuch des Kapitalanlagerechts, 3. Aufl. (2007), § 11 Rz. 1 ff.
5 Dabei muss der kollisionsrechtliche Begriff Gesellschafts*statut* streng von dem materiellrechtlichen Begriff Gesellschafts*statuten* (Gesellschaftsvertrag oder Satzung der Gesellschaft) unterschieden werden; unzutreffend daher *Beisel* in: Beisel/Klumpp, Kap. 7 Rz. 10.
6 *Großfeld*, in: Staudinger, IntGesR Rz. 17, zum Regelungsumfang des Personalstatuts vgl. *Michalski*, NZG 1998, 762.

urteilt sich zunächst die **Erfüllung** des Kaufvertrags, also die eigentliche Übertragung oder Abtretung der Beteiligung[1].

Das **Gesellschaftsstatut** entscheidet insbesondere über folgende **Einzelfragen:** ob der Anteil oder das Mitgliedschaftsrecht fungibel ist und welche Voraussetzungen für die Übertragung erfüllt werden müssen[2]; ob die in Ansehung der Anteile ausgestellten Dokumente Wertpapiere darstellen und wie diese Papiere übertragen werden können[3]; und ob die Verfügung über das verbriefte Recht durch Verfügung über das verbriefende Wertpapier erfolgt (Wertpapier*rechts*statut)[4]. Indessen entscheidet über die Wirksamkeit der Übereignung des Wertpapiers selbst nicht das Gesellschaftsstatut, sondern das Recht an jenem Ort, an dem sich das Papier befindet (lex cartae sitae, Wertpapier*sach*statut), soweit eine gesonderte Übereignung auch des Papiers nötig ist[5]. Zu diesem Recht gelangt man allerdings nicht erst im Wege einer (Teil-)Weiter- oder Rückverweisung des Gesellschaftsstatuts[6]. Nach richtiger Auffassung führt die Verweisung der lex fori (Art. 43 Abs. 1 EGBGB) vielmehr direkt auf das Recht am Lageort der Urkunde[7]. Für den gutgläubigen Erwerb ist zu unterscheiden: Der gutgläubige Beteiligungserwerb richtet sich nach dem Gesellschaftsstatut[8], der gutgläubige Erwerb des verbriefenden Papiers nach dem Recht am Ort seiner Belegenheit[9].

4419

Dem Gesellschaftsstatut unterliegen allgemeine **Übertragungsbeschränkungen oder -verbote**, etwa gesellschaftsvertragliche Zustimmungserfordernisse der Gesellschafter. Gleiches gilt für **Mitteilungs- und Bekanntmachungspflichten**

4420

---

1 BGH 19.1.1994, NJW 1994, 939 (940) = ZEV 1994, 113 Anm. *Ebenroth/Lorz* (Die Rechtsverhältnisse einer ausl. Gesellschaft (hier: schweiz. AG) und damit auch der Erwerb und der Verlust der Mitgliedschaft in ihr unterliegen aus der Sicht des deutschen IPR dem Recht am Sitz der Hauptverwaltung.); *Wiedemann*, Gesellschaftsrecht, Band 1 (1980), S. 816; *Wetzler*, in: Hölters, XIII Rz. 82; *Kindler*, in: MünchKomm, IntGesR Rz. 586; *Lüderitz*, in: Soergel, Art. 10 EGBGB Anh. Rz. 42; *Großfeld*, in: Staudinger, IntGesR Rz. 341; *Thorn*, in: Palandt, Anh. zu Art. 12 EGBGB Rz. 16 jeweils mwN.
2 *Lutter/Drygala*, in: KölnKomm, AktG, 3. Aufl. (2009), Anh. § 68 AktG Rz. 41.
3 *Wiedemann*, Gesellschaftsrecht, Band 1 (1980), S. 816; *Kegel/Schurig*, § 17 II 2, § 19 II; *Kegel*, in: Soergel, Art. 38 Anh II Rz. 15.
4 *Wendehorst*, in: MünchKomm, nach Art. 43 EGBGB Rz. 195.
5 BGH 19.1.1994, NJW 1994, 939 (940); RG 10.3.1934, IPRspr. 1934 Nr. 11; *Wiedemann*, Gesellschaftsrecht, Band 1 (1980), S. 816; *Kübler*, WM 1986, 1305; *Kegel/Schurig*, § 17 II 2; *Großfeld*, in: Staudinger, IntGesR Rz. 341.
6 So aber wohl BGH 19.1.1994, NJW 1994, 939 (940) (Ob das Eigentum an Inhaberaktien einer schweiz. und einer liechtenstein. AG übergegangen ist, beurteilt sich aus der Sicht des deutschen IPR nach schweiz. und liechtenstein. Recht (Recht am jeweiligen Hauptverwaltungssitz). „Aber auch dieses Recht behandelt Inhaberaktien internationalprivatrechtlich wie bewegliche Sachen und verweist insoweit auf das [hier: deutsche] Recht der Belegenheit der Inhaberaktien (lex cartae sitae) weiter.").
7 So auch *St. Lorenz*, NJW 1995, 176 (177).
8 *Großfeld*, in: Staudinger, IntGesR Rz. 322.
9 *Lutter/Drygala*, in: KölnKomm, AktG, 3. Aufl. (2009), Anh. § 68 AktG Rz. 39; *St. Lorenz*, NJW 1995, 176 (177).

sowie die Folgen ihrer Verletzung[1]. Eine zulässige Umgehung solcher Beschränkungen durch Wahl eines fremden Vertragsstatuts ist nicht möglich.

4421 Beim Unternehmenskauf im Wege des **öffentlichen Übernahmeangebots** sind die Vorschriften des WpÜG als international zwingendes Recht zu beachten, soweit deren Anwendungsbereich nach den §§ 1, 2 WpÜG eröffnet ist[2]. Vertragsrechtliche Regelungen des WpÜG können daher in das Statut des Kaufvertrags eingreifen[3]. Gesellschaftsrechtliche Fragen, wie etwa die Rechte der Beteiligungsinhaber und die Verhaltenspflichten der Organe der Zielgesellschaft, namentlich mögliche **Abwehrmaßnahmen**, unterliegen ebenfalls nicht dem Vertragsstatut, sondern den Vorschriften des WpÜG oder bei deren fehlender Anwendbarkeit dem Gesellschaftsstatut. Auch besondere Haftungstatbestände, wie etwa die Haftung für Angebotsunterlagen oder die Haftung von Organmitgliedern wegen Verletzung des Verhinderungsverbots aus den §§ 33 ff. WpÜG, unterliegen den Regeln des WpÜG oder, falls dieses nicht anwendbar ist, dem Gesellschaftsstatut[4], nicht jedoch dem Vertragsstatut.

4. Form

4422 Bei der Anknüpfung der Form ist zwischen Verpflichtungs- und Verfügungsgeschäft zu unterscheiden.

a) Verpflichtungsgeschäft

4423 Formfragen unterliegen beim *share deal* – wie auch bei anderen Rechtsgeschäften – dem so genannten **Formstatut**[5]. Das Formstatut ermittelt sich für Verpflichtungsgeschäfte nach Art. 11 Rom I-VO[6]. Maßgeblich ist das auf den Vertrag anwendbare Recht (Vertragsform, **Vertragsstatut**, Wirkungsstatut) oder alternativ das Ortsrecht, dh. das Recht am Ort des Vertragsschlusses (Ortsform, **Ortsstatut**) (Art. 11 Abs. 1 Rom I-VO)[7]. Bei einem **Distanzvertrag** (Parteien sind bei Abschluss in verschiedenen Staaten) gelten neben dem Vertragsstatut alternativ die Rechte eines jeden Staates, in dem sich eine der

---

1 Allerdings vorbehaltlich deliktischer Ansprüche aus der Verletzung, die dem Deliktsstatut unterliegen.
2 S. oben Rz. 4410; *Hahn*, RIW 2002, 741 (741 f.); vgl. *Schuster*, Die internationale Anwendung des Börsenrechts (1996), S. 559 ff.
3 *Santelmann*, in: Steinmeyer/Häger, WpÜG, 2. Aufl. (2007), § 1 WpÜG Rz. 60; näher *Schnyder*, in: MünchKomm, IntKapMarktR Rz. 217 ff.
4 Näher *Schnyder*, in: MünchKomm, IntKapMarktR Rz. 251 ff.
5 Näher *Merkt*, ZIP 1994, 1417.
6 Vgl. zum früheren Recht *Westermann*, in: Scholz, GmbHG, 10. Aufl. (2006), Einl. Rz. 135; *Merkt*, ZIP 1994, 1417 (1418).
7 Vgl. aber *Westermann*, in: Scholz, GmbHG, 10. Aufl. (2006), Einl. Rz. 135, wonach es „dem Parteiwillen gewöhnlich entsprechen wird", dass das Vertragsstatut dem Gesellschaftsstatut entspricht; nach teilweise vertretener Meinung soll sogar ausschließlich das Gesellschaftsstatut über die Form des Anteilskaufs entscheiden, etwa *Winkler*, NJW 1974, 1032; weitere Nachw. bei *Behrens*, in: Ulmer/Habersack/Winter, GmbHG (2005), Einl. Rz. B 134.

Vertragsparteien oder ihr Vertreter zum Zeitpunkt des Vertragsschlusses aufhält (Ortsstatut) oder eine der Vertragsparteien ihren gewöhnlichen Aufenthalt hat (Art. 11 Abs. 2 Rom I-VO).

Aus der Maßgeblichkeit des Vertragsstatuts folgt zugleich, dass die Parteien 4424 dann, wenn sie – wie beim *share deal* – das Vertragsstatut wählen können, das Formstatut ebenfalls **wählen** können. Sie können ein drittes Recht als ausschließliches Formstatut berufen oder die alternative Geltung des Orts- oder des Vertragsstatuts ausschließen, so dass nur das eine allein gilt. Dies folgt aus Art. 3 Abs. 1 S. 3 Rom I-VO[1]. Zulässig ist nach richtiger – allerdings umstrittener – Ansicht insbesondere, dass die Parteien die Form für das Verpflichtungsgeschäft im Wege der **Teilrechtswahl** einem Recht unterstellen, welches für das Rechtsgeschäft im Unterschied zum Vertragsstatut keine oder eine einfachere Form verlangt[2].

Schwierigkeiten ergeben sich regelmäßig, wenn das Vertrags- oder das Ortsstatut besonders formstreng ist. In der Praxis bedeutsam ist die Veräußerung von 4425 **GmbH-Geschäftsanteilen**[3]. Nach deutschem Recht sind hierbei sowohl das Verpflichtungs- wie auch das Verfügungsgeschäft notariell zu beurkunden (§ 15 Abs. 3 und 4 GmbHG). Nach herrschender Ansicht zu Art. 11 Abs. 1 EGBGB, die sich für Art. 11 Abs. 1 Rom I-VO fortsetzen dürfte, gilt die alternative Anknüpfung zwischen Wirkungs- und Ortsstatut uneingeschränkt für das Verpflichtungsgeschäft. Hinreichend ist daher auch in diesem Fall, die Vertrags- oder Ortsform einzuhalten (Rz. 793)[4]. Das Ortsrecht kann aber nur dann gelten, wenn dieses Recht ein vergleichbares Rechtsgeschäft kennt. Denn sonst kann dieses Recht keine Formregel bereithalten, auf welche sich die Parteien berufen können (Normen- oder Formleere)[5]. In diesem Fall gilt das Vertragsstatut. Der Praxis ist allerdings ohnehin zu empfehlen, die Formvorschriften des

---

1 So zu Art. 11 Abs. 1 EGBGB BGH 3.12.1971, BGHZ 57, 337 (340) = NJW 1972, 385 (für Grundstückskauf); *Spellenberg*, in: MünchKomm, Art. 11 EGBGB Rz. 32; aA *Mäsch*, in: Bamberger/Roth, Art. 11 EGBGB Rz. 10.
2 *Thorn*, in: Palandt, Art. 11 EGBGB Rz. 2; *Spellenberg*, in: MünchKomm, Art. 11 EGBGB Rz. 32; *Janßen/Robertz*, GmbHR 2003, 433 (439 f.); BGH 4.11.2004, NZG 2005, 41 (43) (obiter dictum zur Veräußerung von Geschäftsanteilen an einer poln. GmbH); BGH 3.12.1971, BGHZ 57, 337 = NJW 1972, 385 (386) (zum Grundstückskauf); kritisch *Winter/Löbbe*, in: Ulmer/Habersack/Winter, GmbHG (2005), § 15 GmbHG Rz. 89; aA *Winkler von Mohrenfels*, in: Staudinger, Art. 11 Rz. 210.
3 *Merkt*, ZIP 1994, 1417.
4 *Hueck/Fastrich*, in: Baumbach/Hueck, GmbHG, 18. Aufl. (2006), § 15 GmbHG Rz. 22; *Spahlinger/Wegen*, in: Spahlinger/Wegen, Internationales Gesellschaftsrecht in der Praxis (2005), Rz. 673; *Reichert/Weller*, DStR 2005, 250 (292); vgl. BGH 4.11.2004, NZG 2005, 41 (42 f.) (obiter dictum); die Ortsform einschränkend *Großfeld/Berndt*, RIW 1996, 625 (630); *Großfeld*, in: Staudinger, IntGesR Rz. 498; für das österreichische Recht s. dagegen Öst. OGH 23.2.1989, IPRax 1990, 252, (253) (Die in § 76 Abs. 2 S. 1 österreich. GmbHG vorgeschriebene Notariatsform ist als Eingriffsnorm einzuordnen, die ohne Rücksicht auf das Vertragsstatut anzuwenden ist.).
5 BGH 4.11.2004, NZG 2005, 41 (42).

Vertragsstatuts einzuhalten, weil und solange gesicherte Rechtsprechung zur Zulässigkeit der Ortsform fehlt[1].

b) Verfügungsgeschäft

4426 Das Verfügungsgeschäft selbst unterliegt zwar dem Gesellschaftsstatut, allerdings wird die Form nach herrschender Ansicht über **Art. 11 Abs. 1 EGBGB** gesondert angeknüpft[2]. Art. 11 Rom I-VO ist nicht anwendbar, da die Verordnung keine Verfügungsgeschäfte erfasst (vgl. Art. 1 Abs. 1 Rom I-VO). Wirkungs- oder Geschäftsstatut im Sinne des Art. 11 Abs. 1 Fall 1 EGBGB ist das **Gesellschaftsstatut**. Nach überwiegender Ansicht reicht es auch, wenn die Parteien die Ortsform einhalten (Art. 11 Abs. 1 Fall 2 EGBGB), sofern das Ortsrecht ein vergleichbares Rechtsgeschäft kennt[3]. Sonst liegt ein Fall der Normenleere vor (s. oben Rz. 4425)[4]. Manche unterwerfen die Form der Verfügung über die Beteiligung allein dem Gesellschaftsstatut[5]. Dabei stützt man sich bisweilen auf eine analoge Anwendung des Art. 11 Abs. 4 EGBGB nF, der für Verfügungen sowohl über Immobilien als auch über Mobilien die alternative Ortsform ausschließt[6]. Die Rechtsprechung hat die **Ortsform** in der Vergangenheit zugelassen[7]; auch der BGH tendiert in diese Richtung[8]. Der Wunsch, Kosten zu sparen oder sich der Geschäftsform zu entziehen, kann die Versagung der Ortsform grundsätzlich nicht rechtfertigen[9]. Dennoch ist der Praxis aufgrund feh-

---

1 Ebenso *Reichert/Weller*, DStR 2005, 292 (292); *Janssen/Robertz*, GmbHR 2003, 433 (438).
2 Mit umfassender Begründung und Nachweisen aus Rechtsprechung und Literatur *Winter/Seibt*, in: Scholz, GmbHG, 10. Aufl. (2006), § 15 GmbHG Rz. 82.
3 *Reichert/Weller*, DStR 2005, 250 (253 ff.) m. Nachw. zur Gegenansicht.
4 Dazu *Winkler von Mohrenfels*, in: Staudinger, Art. 11 EGBGB Rz. 189 f.
5 *Bredthauer*, BB 1986, 1864; *Großfeld*, in: Staudinger, IntGesR Rz. 492 ff.
6 So beispielsweise *Großfeld*, in: Staudinger, IntGesR Rz. 497; *Schervier*, NJW 1992, 593.
7 OLG Frankfurt a.M. 10.4.1981, RIW 1981, 552 = DB 1981, 1456 = DNotZ 1982, 186 = IPRax 1983, 79 (LS) mit krit. Anm. *Firsching* (Ortsform genügt für eine in der Schweiz vorgenommene Übertragung eines Anteils an einer deutschen GmbH. „Die Abtretung berührt nämlich unmittelbar die Interessen Dritter nicht […]. Im Übrigen könnten, sofern die Übertragung eines Anteils für andere Gesellschafter nachteilig wäre, solche Nachteile auch nicht dadurch verhindert werden, dass die Abtretung vor einem deutschen Notar vorgenommen würde.").
8 BGH 16.2.1981, BGHZ 80, 76 (78).
9 OLG Frankfurt a.M 10.4.1981, RIW 1981, 552 = DB 1981, 1456 = DNotZ 1982, 186 = IPRax 1983, 79 (LS) mit krit. Anm. *Firsching* („Es läge aber auch kein Verstoß gegen die guten Sitten vor, wenn das Rechtsgeschäft [Abtretung eines Anteils an einer deutschen GmbH] allein deshalb in der Schweiz [Notariat Zürich] vorgenommen wäre, weil die nach Schweizer Recht anfallenden Gebühren wesentlich niedriger sind als diejenigen nach deutschem Recht. Der Senat erachtet es für legitim, unter mehreren zulässigen Möglichkeiten die kostengünstigere zu wählen."); OLG Stuttgart 18.12.1981, Rpfleger 1982, 137 (Die Anwendung einer liechtenstein. Sachnorm ist weder eine Gesetzesumgehung noch ein ordre public-Verstoß. Das Gesetz lässt mit Art. 11 Abs. 1 S. 2 EGBGB ausdrücklich auch weniger strenge Formvorschriften zu, die den Zweck deutscher Vorschriften nicht erreichen.); *Hohloch*, in: Erman, Art. 11 EGBGB Rz. 25; *Mörsdorf-Schulte*, in: PWW, Art. 11 EGBGB Rz. 12, jeweils mwN.

lender ausdrücklicher Rechtsprechung des BGH zu empfehlen, die Formvorschriften des Geschäftsstatuts und damit des Gesellschaftsstatuts einzuhalten.

c) **Auslandsbeurkundung**

In der Praxis taucht häufig der Wunsch auf, bei einer dem deutschen Recht unterliegenden Veräußerung über GmbH-Geschäftsanteile die nach dem Wirkungsstatut geforderte Beurkundung durch eine Beurkundung im Ausland zu erfüllen. Hierdurch möchte man die deutschen Beurkundungskosten vermeiden[1]. Im Kern geht es darum, ob die von § 15 Abs. 3 und 4 GmbHG geforderte „notarielle Form" und damit die Beurkundung nach dem Verfahren des Beurkundungsgesetzes durch eine Beurkundung erfüllt werden kann, die außerhalb des räumlichen Geltungsbereichs des deutschen Wirkungsstatuts von einem **ausländischen Notar** vorgenommen wird. Die Frage wird unterschiedlich beantwortet[2]. 4427

Nach der Rechtsprechung des BGH genügt die Auslandsbeurkundung jedenfalls dann, wenn sich im Rahmen der Substitution die **Gleichwertigkeit** sowohl der ausländischen Urkundsperson als auch des Beurkundungsvorgangs ergibt[3]. Gleichwertigkeit ist gegeben, wenn die ausländische Urkundsperson nach Vorbildung und Stellung im Rechtsleben eine der Tätigkeit des deutschen Notars **entsprechende Funktion** ausübt und für die Errichtung der Urkunde ein **Verfahrensrecht** zu beachten hat, das den tragenden Grundsätzen des deutschen Beurkundungsrechts entspricht[4]. Eine der deutschen Form gleichwertige Auslandsbeurkundung setzt insbesondere voraus, dass die ausländische Beurkundungsperson nach Aufgabe, Pflichten und Ausbildung der eines deutschen Notars vergleichbar und dadurch gewährleistet ist, dass der mit den Formvorschriften verfolgte gesetzgeberische Zweck erreicht wird. Dieser Zweck ist bei den Beurkundungspflichten des § 15 Abs. 3 und 4 GmbHG neben der Beweisfunktion besonders in der vom Gesetzgeber gewollten Erschwerung der Übertragung von Gesellschaftsanteilen zu sehen[5]. Der Notar muss weder vertiefte Kenntnisse des deutschen Gesellschaftsrechts haben noch die Parteien belehren (§ 17 BeurkG). Denn die Parteien verzichten durch die Reise in das Aus- 4428

---

1 Zu den Vor- und Nachteilen *Holzapfel/Pöllath*, Rz. 1320. Für große Transaktionen sind Kostengesichtspunkte in den Hintergrund getreten, weil seit Mitte 2004 der Geschäftswert in Deutschland gem. § 18 Abs. 1 S. 2 KostO auf EUR 60 Mio. begrenzt ist; so auch *Schrader*, in: Seibt, C. II. 1 Anm. 2.
2 Meinungsstand bei *Armbrüster*, in: Huhn/von Schuckmann, Beurkundungsgesetz, 4. Aufl. (2003), § 1 Rz. 79; *Thorn*, in: Palandt, Art. 11 EGBGB Rz. 7.
3 *Beisel*, in: Beisel/Klumpp, Kap. 7 Rz. 52 f.; *Behrens*, in: Ulmer/Habersack/Winter, GmbHG (2005), Einl. Rz. B 141; *Holzapfel/Pöllath*, Rz. 1321; *Wetzler*, in: Hölters, Teil XIII Rz. 239; kritisch zur Gleichwertigkeit *Goette*, Festschr. Boujong (1996), S. 131; *Schervier*, NJW 1992, 593 mwN.
4 BGH 16.2.1981, BGHZ 80, 76 (78) = NJW 1981, 1160; ausführlich zur Gleichwertigkeit oben Rz. 809 ff.
5 BGH 16.2.1981, BGHZ 80, 76; OLG Stuttgart 17.5.2000, NZG 2001, 40, 43 (mit Anm. *Bauer*); *Thorn*, in: Palandt, Art. 11 EGBGB Rz. 8.

land auf die Belehrung nach deutschem Recht, und zudem erfüllt § 15 Abs. 3 und 4 GmbHG keine Warnfunktion[1].

4429 In der Literatur wird Gleichwertigkeit – zum Teil speziell für die Abtretung von GmbH-Anteilen, zum Teil für gesellschaftsrechtliche Geschäfte, zum Teil aber auch pauschal – grundsätzlich bejaht für Notare in Österreich und in England, ebenso für Notare im Bereich des sog. lateinischen Notariats der romanischen Länder (strittig allerdings für die lateinamerikanischen Länder)[2] und der Niederlande sowie Israels[3]. Bei der in der Praxis besonders bedeutsamen Auslandsbeurkundung durch **schweizerische Notare** muss die Gleichwertigkeit je nach Kanton geprüft werden[4]. Hier ist unklar, ob der von schweizerischen Notaren bei Beurkundungen mit Bezug zum deutschen Recht üblicherweise verlangte vollständige Ausschluss der Notarhaftung die ansonsten bestehende Gleichwertigkeit beseitigen kann[5]. Unstreitig nicht mit dem deutschen Notar vergleichbar sind hingegen – entgegen der ähnlichen Bezeichnungen – der US-amerikanische *notary public* und das dänische *Notarial Kontoret*[6].

---

1 *Reichert/Weller*, DStR 2005, 250 (252); *H. Winter/Seibt*, in: Scholz, GmbHG, 10. Aufl. (2006), § 15 GmbHG Rz. 85.

2 Gleichwertigkeit bejahend *Jasper*, in: Priester/Mayer, Münchener Handbuch des Gesellschaftsrechts, Bd. 3, 2. Aufl. (2003), § 24 Rz. 99 (speziell für GmbH-Anteile und Satzungsänderungen); anders LG München 5.5.1976, DNotZ 1976, 501 mit Anm. *Brambring* (Die Beurkundung einer Geschäftsanteilsübertragung durch einen österreichischen Notar erfüllt nicht die gem. § 15 Abs. 3 GmbHG erforderliche Form, da die Gleichwertigkeit fehlt.).

3 Nachweise bei *Hohloch*, in: Erman, Art. 11 EGBGB Rz. 20 (speziell für gesellschaftsrechtliche Geschäfte); *H. Winter/Seibt*, in: Scholz, GmbHG, 10. Aufl. (2006), § 15 GmbHG Rz. 86.

4 Anerkannt ist die Gleichwertigkeit namentlich für Zürich-Altstadt und Basel-Stadt: BGH 22.5.1989, ZIP 1989, 1052, 1055 („Unabhängig davon, ob zur Wahrung der Form des § 15 Abs. 3 GmbHG gem. Art. 11 Abs. 1 EGBGB die Ortsform genügt, ist jedenfalls bei der Beurkundung durch einen Schweizer Notar [Notariat Zürich-Altstadt] auch das in deutschen Gesetzesvorschriften aufgestellte Formerfordernis der notariellen Beurkundung erfüllt."); OLG München 19.11.1997, BB 1998, 119 = EWiR 1998, 309 (mit Anm. *Mankowski*) (Die Beurkundung durch einen Notar in Basel-Stadt erfüllt das Formerfordernis des § 15 Abs. 4 GmbHG.); s. auch BGH 29.9.1999, DStR 2000, 601 = EWiR 2000, 487 (mit Anm. *Werner*) (Das Formerfordernis des § 15 Abs. 3 GmbHG kann grundsätzlich auch durch eine von einem Schweizer Notar vorgenommene Beurkundung erfüllt werden.); ältere Entscheidungen, die jedoch vor der Entscheidung des BGH zur Gleichwertigkeit ergingen (s. oben unter Rz. 4428) und damit wenig verlässlich sind, nennen auch Bern, Luzern und Zug; so etwa LG Stuttgart 25.2.1975, IPRspr. 1976 Nr. 5 A (Die Beurkundung eines Vertrags über die Abtretung von Geschäftsanteilen an einer deutschen GmbH durch einen schweiz. Notar (Kanton Zug) genügt dem Erfordernis der notariellen Beurkundung nach deutschem Recht, da Gleichwertigkeit bejaht werden kann.); weit. Nachw. bei *Hohloch*, in: Erman, Art. 11 EGBGB Rz. 20 (speziell für gesellschaftsrechtliche Geschäfte).

5 Bejahend *Kronke/Mazza*, in: Kronke/Melis/Schnyder, Teil K Rz. 147; dahin tendierend *Holzapfel/Pöllath*, Rz. 1325; *Schervier*, NJW 1992, 593.

6 *Spellenberg*, in: MünchKomm, Art. 11 EGBGB Rz. 61; *Hohloch*, in: Erman, Art. 11 EGBGB Rz. 20; zum *notary public* OLG Stuttgart 17.5.2000, GmbHR 2000, 721; *Großfeld*, in: Staudinger, IntGesR Rz. 472; *Müller*, in: Sandrock, Handbuch der internationalen Vertragsgestaltung, Bd. 1 (1980), Rz. 718 ff.

In der Literatur wird diskutiert, ob die **Reform des Schweizer Obligationen-** 4430
rechts die Gleichwertigkeit gefährden kann. Die Reform hat das Erfordernis einer öffentlichen Beurkundung bei der Abtretung von Anteilen an einer Schweizer GmbH abgeschafft und lässt nunmehr die Schriftform genügen (Art. 785 Abs. 1 OR)[1]. Die herrschende Ansicht sieht Beurkundungen in der Schweiz weiterhin als gleichwertig an, auch wenn die dortigen Notare zukünftig die notwendige Übung und Kenntnis für die Veräußerung von deutschen GmbH-Anteilen verlieren könnten[2]. Dem ist zuzustimmen, weil der Notar keine Belehrungsfunktion erfüllen muss, wenn die Parteien durch ihre Reise in die Schweiz konkludent hierauf verzichten, und Kenntnisse des deutschen Gesellschaftsrechts für die Gleichwertigkeit nicht entscheidend sind. Maßgeblich ist, dass der Notar weiterhin ein Verfahren einhält, dass den tragenden Grundsätzen des deutschen Beurkundungsrechts entspricht[3]. Die durch das Gesetz zur Modernisierung des GmbH-Rechts und zur Bekämpfung von Missbräuchen (**MoMiG**)[4] eingeführte Pflicht deutscher Notare, nach der Beurkundung eine aktualisierte Gesellschafterliste beim Handelsregister einzureichen, dürfte dieses Ergebnis ebenfalls unberührt lassen. Denn die Einreichungspflicht betrifft nicht die Beurkundung selbst[5]. Der Praxis ist aufgrund der verbleibenden Rechtsunsicherheit dennoch zu empfehlen, die künftige Rechtsprechung in diesem Bereich zu beobachten[6].

d) Ausländische Geschäftsanteile

Beim Kauf der Anteile an einer **ausländischen Gesellschaft** ist das Formstatut 4431
wie bei deutschen Gesellschaften gesondert anzuknüpfen. Für das **Verpflichtungsgeschäft** gilt daher Art. 11 Rom I-VO, so dass grundsätzlich das **Vertragsstatut** und alternativ das Ortsstatut berufen werden. Unterliegt der Kaufvertrag deutschem Recht, stellt sich die Frage, ob für dessen Form der Grundsatz des deutschen Rechts (Formfreiheit) oder die für die deutsche GmbH geltende Ausnahme (Beurkundung gem. § 15 Abs. 4 S. 1 GmbHG) gilt. Die deutsche Rechtsprechung ist bislang zu unterschiedlichen Ergebnissen gelangt[7]. Richti-

---

1 Obligationenrecht (GmbH-Recht sowie Anpassungen im Aktien-, Genossenschafts-, Handelsregister- und Firmenrecht) vom 16.12.2005, BBl. 2005, 7289.
2 *Böttcher/Blasche*, NZG 2006, 766; *H. Winter/Seibt*, in: Scholz, GmbHG, 10. Aufl. (2006), § 15 GmbHG Rz. 87; *Saenger/Scheuch*, BB 2008, 65; *Schlößler*, GmbHR 2007, 301; aA *Trendelenburg*, GmbHR 2008, 644.
3 Vgl. *Spellenberg*, in: MünchKomm, Art. 11 EGBGB Rz. 63.
4 BGBl. I 2008, 2026 vom 28.10.2008.
5 *Saenger/Scheuch*, BB 2008, 65 (67); *Schlößler*, GmbHR 2007, 301 (303).
6 Näher zu dieser Rechtsunsicherheit *Berger/Kleissl*, DB 2008, 2235 (2239 f.).
7 OLG Celle 20.11.1991, NJW-RR 1992, 1126 (Der Bestimmung des § 15 GmbHG lässt sich nicht entnehmen, dass sie nur in Bezug auf deutsche GmbH-Anteile schützen wolle. Daher ist § 15 GmbHG anwendbar auf GmbH poln. Rechts); OLG München 5.3.1993, ZIP 1993, 508 (Nach dem Normzweck ist § 15 GmbHG nicht auf eine *limited company* kanadischen Rechts anwendbar, denn Schutz vor der Gefahr spekulativen Handels mit GmbH-Anteilen ist nur bei deutschen Gesellschaften geboten.); zu beiden Entscheidungen *Merkt*, ZIP 1994, 1417; der BGH tendiert in einem obiter dictum dazu, § 15 Abs. 4 GmbHG anzuwenden, BGH 4.11.2004, NZG 2005, 41 (43); für das Gesellschaftsstatut *Großfeld*, in: Staudinger, IntGesR Rz. 503.

gerweise wird man im Wege der sog. Substitution für den Einzelfall zu klären haben, welchem Gesellschaftstyp des deutschen Rechts die ausländische Gesellschaft auf Grund ihrer Struktur gleicht[1]. Dabei ist eine gewisse Großzügigkeit angebracht[2]. Nur wenn die Vergleichbarkeit bejaht werden kann, ist § 15 Abs. 4 GmbHG anwendbar[3]. Entsprechendes gilt für die Einhaltung der **Ortsform**, wenn der Vertrag in Deutschland geschlossen wurde. Ist § 15 Abs. 4 GmbHG zwar sowohl nach dem Vertragsstatut als auch nach dem Ortsstatut anwendbar, der Kaufvertrag jedoch nach dem Gesellschaftsstatut formfrei abschließbar, tendiert der BGH richtigerweise dazu, alternativ das mildere Gesellschaftsstatut zu berufen[4].

4432 Das **Verfügungsgeschäft** wird wie bei deutschen Gesellschaften nach Art. 11 Abs. 1 EGBGB angeknüpft (s. oben Rz. 4426). Formstatut kann demnach das Gesellschaftsstatut als Wirkungsstatut und nach herrschender Ansicht alternativ das Ortsstatut sein[5].

4433 Die **Vertragsgestaltung** sollte der Rechtsunsicherheit Rechnung tragen, die aus der widersprüchlichen und durch den BGH nicht abgesicherten Rechtsprechung folgt. Die Parteien können entweder den ganzen Kaufvertrag durch Rechtswahl einem ausländischen Vertragsstatut unterstellen oder – wenngleich umstritten – im Vertrag ausdrücklich regeln, dass sich die Formerfordernisse für den Kaufvertrag ausschließlich nach dem Gesellschaftsstatut und nicht nach dem Vertragsstatut richten (**Teilrechtswahl**, dazu oben Rz. 4424). Kommt dies nicht in Betracht, sollte erwogen werden, den Vertrag von einem deutschen Notar beurkunden zu lassen. Aufgrund der bestehenden Rechtsunsicherheit kann weder für das Verpflichtungs- noch für das Verfügungsgeschäft empfohlen werden, sich grundsätzlich auf die Ortsform zu verlassen.

e) Formverstoß

4434 Dem Formstatut ist nicht nur die maßgebliche Form des Rechtsgeschäfts, sondern auch die Folge der Nichtbeachtung dieser Form (etwa **Formnichtigkeit**)

---

1 Ebenso *Leible*, in: Michalski, GmbHG (2002), Syst. Darst. 2 Rz. 73; *Reichert/Weller*, DStR 2005, 292 (294); *Dutta*, RIW 2005, 98, 99; hingegen kommt es nicht darauf an, ob sich die ausländische Gesellschaft von anderen Gesellschaftsformen des fremden Rechts in gleicher Weise unterscheidet wie die GmbH von der AG; für Beispiele von vergleichbaren Gesellschaftstypen s. *Fetsch*, RNotZ 2007, 11; *Bayer*, in: Lutter/Hommelhoff, GmbHG, 17. Aufl. (2009), Anh. I zu § 4a GmbHG Rz. 9.
2 *Merkt*, ZIP 1994, 1417 (1420).
3 Da etwa die *limited company* kanadischen Rechts der deutschen GmbH in vielfacher Hinsicht (zB Funktion und Struktur, Gläubiger- und Minderheitenschutz, Rechnungslegung, Publizität) gleicht, ist § 15 GmbHG anwendbar, *Merkt*, ZIP 1994, 1417 (1421 f.).
4 BGH 4.11.2004, NZG 2005, 41 (43) (obiter dictum); so schon *Merkt*, ZIP 1994, 1417 (1423 f.); kritisch *Leible*, in: Michalski, GmbHG (2002), Syst. Darst. 2 Rz. 73.
5 So und näher dazu *Reichert/Weller*, DStR 2005, 292 (293 f.); gegen das Ortsstatut *Großfeld*, in: Staudinger, IntGesR Rz. 500; *Reithmann*, NZG 2005, 873; abwägend *Bayer*, in: Lutter/Hommelhoff, GmbHG, 17. Aufl. (2009), § 15 GmbHG Rz. 28.

und die Möglichkeit der Heilung zu entnehmen. Sind die Folgen im Wirkungs- und Ortsrecht unterschiedlich geregelt, gelten nach zutreffender Ansicht die Folgen des milderen Rechts[1]. Ist infolge des Formverstoßes lediglich ein Teil des *share deal* unwirksam, richtet sich allerdings die Folge der Teilnichtigkeit des Verpflichtungsgeschäfts für den Rest des Vertrags nicht nach dem Formstatut, sondern nach dem Schuldstatut.

5. Haftungsfolgen

Nach dem materiellen Recht vieler Staaten löst die Übernahme eines Anteils an einer Gesellschaft unterschiedliche Haftungsfolgen aus. Aus dem deutschen Recht seien beispielhaft genannt die Haftung des eintretenden und des ausscheidenden Gesellschafters einer oHG (§§ 128 und 160 HGB) sowie die Haftung des Veräußerers und des Erwerbers eines GmbH-Geschäftsanteils (§ 16 GmbHG). Solche Haftungsfolgen unterliegen wegen ihres gesellschaftsrechtlichen Charakters dem **Gesellschaftsstatut** der Gesellschaft, deren Anteil veräußert wird. Eine Rechtswahl ist insoweit nicht möglich.   4435

6. Insiderhandeln

Der Kern des deutschen Insiderrechts findet sich in den §§ 12 ff. WpHG. Besonders zu nennen ist das in § 14 WpHG niedergelegte Verbot von Insidergeschäften. Der internationale Anwendungsbereich des deutschen Insiderrechts bestimmt sich nach der allgemeinen Vorschrift des § 1 Abs. 2 WpHG, welche auf Art. 10 der Marktmissbrauchsrichtlinie zurückgeht[2]. Danach sind unter anderem die Vorschriften über die Insiderüberwachung auch anzuwenden „auf Handlungen und Unterlassungen, die im Ausland vorgenommen werden, sofern sie Finanzinstrumente betreffen, die an einer inländischen Börse gehandelt werden." § 1 Abs. 2 WpHG ist eine einseitige Kollisionsnorm, welche die Marktortanknüpfung festschreibt[3]. Der Handlungsort ist insoweit nicht entscheidend. Sind Finanzinstrumente lediglich in einem anderen EU/EWR-Mitgliedstaat zugelassen und liegt der Handlungsort in Deutschland, soll das WpHG ebenfalls anwendbar sein[4]. Die Anordnung ist zwingend und kann nicht durch die Parteien abgewählt werden.   4436

Verstöße gegen Verhaltenspflichten für Insider können darüber hinaus **gesellschafts-, vertrags- oder deliktsrechtliche Ansprüche** gegen den Insider begrün-   4437

---

[1] OLG Celle 20.8.1963, NJW 1963, 2235; *Hohloch*, in: Erman, Art. 11 EGBGB Rz. 10; *Winkler von Mohrenfels*, in: Staudinger, Art. 11 EGBGB Rz. 198.
[2] Richtlinie 2003/6/EG, ABl. EU 2003 Nr. L 96 vom 28.1.2003, S. 16, welche die EG-Insiderrichtlinie (89/592/EWG) ersetzt. Die Richtlinie wurde umgesetzt durch das Anlegerschutzverbesserungsgesetz vom 28.10.2004, BGBl. I 2004, 2630 vom 29.10.2004.
[3] Zur Marktortanknüpfung s. schon *Jenckel*, Das Insiderproblem im Schnittpunkt von Gesellschafts- und Kapitalmarktrecht in materiell- und kollisionsrechtlicher Sicht (1980), S. 159 ff.; *Pfister*, ZGR 10 (1981), 318 (332); *Grundmann*, RabelsZ 54 (1990), 311.
[4] Ausführlich zum Ganzen *Schnyder*, in: MünchKomm, IntKapMarktR Rz. 271 ff.

den[1]. Für solche Ansprüche wird die Anknüpfung an das Gesellschafts-, Vertrags- oder Deliktsstatut vertreten[2]. Eine andere Auffassung will für die Auswirkungen der Verletzung von Insiderregeln (Anfechtbarkeit, Nichtigkeit des *share deal*, Schadensersatz) das Recht des betroffenen Marktes berufen; im Übrigen soll für deliktsrechtliche Ansprüche das Recht am Handlungsort maßgeblich sein[3].

4438 In der **Schweiz** gilt für Ansprüche aus unerlaubter Handlung ähnlich wie nach Art. 4 Abs. 3 Rom II-VO eine **akzessorische Anknüpfung**. „Wird durch eine unerlaubte Handlung ein zwischen Schädiger und Geschädigtem bestehendes Rechtsverhältnis verletzt, so unterstehen Ansprüche aus unerlaubter Handlung [...] dem Recht, dem das vorbestehende Rechtsverhältnis unterstellt ist" (Art. 133 Abs. 3 IPRG)[4]. Ist daher bei verbotenen Insidergeschäften von Organen oder Beauftragten einer Gesellschaft schweizerisches Recht Gesellschafts- oder Vertragsstatut, so hat dieses darüber zu befinden, ob und welche Ansprüche gegen die Betreffenden aus der Verletzung von Insidergesetzgebung bestehen[5]. Entfällt die akzessorische Anknüpfung, so zB bei einem Dritten, der Insiderinformationen erlangt hat und verwendet, bleibt es bei der Regelanknüpfung in Art. 133 Abs. 1 und 2 IPRG: Es gilt das Recht des gemeinsamen gewöhnlichen Aufenthalts, hilfsweise Tatortrecht[6].

7. Mitbestimmung

4439 Die **unternehmerische Mitbestimmung** (MitbestG, Montan-MitbestG, MitbestErgG, DrittelbG) beurteilt sich nach dem **Gesellschaftsstatut**[7], denn sie ist am Gesellschaftsrecht ausgerichtet. Angetrieben durch die jüngste Rechtsprechung des EuGH in Sachen Überseering[8] und Inspire Art[9] werden in Teilen der Literatur Modelle diskutiert, um Auslandsgesellschaften mit inländischem Verwaltungssitz den deutschen Mitbestimmungsregeln zu unterwerfen; das Ziel ist, das für diese Gesellschaften geltende Gründungsrecht zu durchbre-

---

1 Dazu *Hopt*, in: Schimansky/Bunter/Lwowski, Bankrechts-Handbuch, 3. Aufl. (2007), § 107 Rz. 118 ff.
2 *Spahlinger/Wegen*, in: Spahlinger/Wegen, Internationales Gesellschaftsrecht in der Praxis (2005), Rz. 594; für deliktische Ansprüche s. auch *Schnyder*, in: MünchKomm, IntKapMarktR Rz. 286 ff.
3 *Schütze*, in: Assmann/Schütze, Handbuch des Kapitalanlagerechts, 3. Aufl. (2007), § 8 Rz. 41.
4 *Heini*, in: IPRG Komm., Art. 133 IPRG Rz. 13 ff.
5 *Schnyder*, S. 624, 640.
6 Näher *Schnyder*, S. 624, 641.
7 *Behrens*, in: Ulmer/Habersack/Winter, GmbHG (2005), Einl. Rz. B 98; *Westermann*, in: Scholz, GmbHG, 10. Aufl. (2006), Einl. Rz. 111; *Kropholler*, IPR, § 54 II; *Kindler*, in: MünchKomm, IntGesR Rz. 565; *Spahlinger/Wegen*, in: Spahlinger/Wegen, Internationales Gesellschaftsrecht in der Praxis (2005), Rz. 300.
8 EuGH 5.11.2002 – Rs. 208/00 (Überseering BV/Nordic Construction Company Baumanagement GmbH [NCC]), IPRax 2003, 65.
9 EuGH 30.9.2003 – Rs. C-167/01 (Kamer van Koophandel en Fabrieken voor Amsterdam/Inspire Art, Ltd.), IPRax 2004, 46.

chen[1]. Diese Ansichten konnten sich allerdings bislang zu Recht nicht durchsetzen[2]. Dagegen unterliegt die **betriebliche Mitbestimmung** (BetrVG) wegen ihres arbeitsrechtlichen Charakters nicht dem Gesellschaftsstatut, sondern regelmäßig dem Recht am Ort der jeweiligen Betriebsstätte (**Recht des Betriebssitzes**)[3]. Beim *share deal* ergeben sich daher insgesamt in mitbestimmungsrechtlicher Sicht grundsätzlich keine Änderungen, weil das Gesellschaftsstatut regelmäßig erhalten bleibt und die Betriebsstätten üblicherweise auch nicht verlegt werden.

Frei. 4440–4459

III. Kauf der Wirtschaftsgüter (Asset Deal)

1. UN-Kaufrecht

Bei der Frage, ob das UN-Kaufrecht (CISG) auf den Unternehmenskauf im Wege des *asset deal* anwendbar ist, ist zu unterscheiden: Stellen der warenkaufrechtliche Teil (Warenlager) und der andere Teil (Immobilien, Immaterialgüter, Rechte) **getrennte Geschäfte** dar, was selten der Fall sein wird, unterliegt der warenkaufrechtliche Teil dem UN-Kaufrecht. Allerdings reicht es nicht, dass eine Teilung rechtlich wie tatsächlich lediglich möglich ist, und es kommt auch nicht darauf an, dass der andere (nicht warenkaufrechtliche) Teil gemessen am Ganzen von geringem oder geringerem Umfang ist[4]. Voraussetzung ist vielmehr, dass die Parteien tatsächlich eine Teilung vorgenommen haben. 4460

Für **einheitliche Verträge** fehlt eine ausdrückliche Regelung. Nach ganz herrschender Literaturansicht fällt aber auch diese Form des *asset deal* jedenfalls dann nicht unter das UN-Kaufrecht, wenn der warenkaufrechtliche Teil vom sonstigen Teil mengen- oder wertmäßig überwogen wird[5]. Für Parteien, die das UN-Kaufrecht nicht wollen, empfiehlt sich ein klarstellender Ausschluss (vgl. 4461

---

1 Hierzu überblicksartig *Spahlinger/Wegen*, in: Spahlinger/Wegen, Internationales Gesellschaftsrecht in der Praxis (2005), Rz. 301 ff.; dazu auch *Eidenmüller*, ZIP 2002, 2233.
2 Zur Begründung s. *Müller-Bonanni*, in: Hirte/Bücker, Grenzüberschreitende Gesellschaften, 2. Aufl. (2006), § 14 Rz. 17 ff.; *Zimmer*, in: Lutter, Europäische Auslandsgesellschaften in Deutschland (2005), S. 365.
3 *Martiny*, in: MünchKomm, Art. 30 EGBGB Rz. 129; *Lüderitz*, in: Soergel, Art. 10 EGBGB Anh. Rz. 43; *Großfeld*, in: Staudinger, IntGesR Rz. 509; *E. Lorenz*, Festschr. Werner Lorenz (1991), S. 441; *Müller-Bonanni*, in: Hirte/Bücker, Grenzüberschreitende Gesellschaften, 2. Aufl. (2006), § 14 Rz. 45 ff.
4 So aber wohl *Piltz*, Internationales Kaufrecht, 2. Aufl. (2008), § 2 Rz. 56 f.; ebenso wohl *Magnus*, in: Staudinger, Art. 1 CISG Rz. 51 (bei mehr als 50 % Waren im Sinne des CISG ist sachlicher Anwendungsbereich eröffnet).
5 *Magnus*, in: Staudinger, Art. 1 CISG Rz. 51; insgesamt ablehnend wohl *Ferrari*, in: Schlechtriem/Schwenzer, Kommentar zum Einheitlichen UN-Kaufrecht, 5. Aufl. (2008), Art. 1 CISG Rz. 36; zweifelnd *Brugger*, Unternehmenserwerb, S. 74 Fn. 141.

Art. 6 CISG) im Vertrag jedenfalls dann, wenn der warenkaufrechtliche Teil überwiegt[1].

4462 Das UN-Kaufrecht schweigt zu der Frage, ob die Parteien es auch dann durch **Rechtswahl** berufen können, wenn der Vertrag nicht in dessen Anwendungsbereich fällt[2]. Lediglich die Abwahl des UN-Kaufrechts ist geregelt (Art. 6 CISG). Dennoch besteht Einigkeit, dass auch die Wahl des UN-Kaufrechts möglich ist[3]. Allerdings muss das anwendbare Kollisionsrecht den Parteien eine solche Wahl erlauben. Sie ist allerdings nach umstrittener Ansicht nicht als kollisionsrechtliche, sondern lediglich als **materiellrechtliche Rechtswahl** einzuordnen (zum Unterschied vgl. Rz. 87)[4]. Das UN-Kaufrecht gilt dann nur als Bestandteil des eigentlichen Vertragsstatuts, dessen zwingende Normen beachtlich bleiben[5].

2. Ermittlung des Vertragsstatuts

4463 Auch beim Unternehmenskauf durch Übertragung der Wirtschaftsgüter bestimmt sich das für den schuldrechtlichen **Verpflichtungsvertrag** maßgebliche Recht nach den allgemeinen Regeln der Art. 3 ff. Rom I-VO. Diese Bestimmungen gelten generell für Schuldverträge (s. Art. 1 Abs. 1 Rom I-VO)[6], mithin für den Kauf aller Arten von Kaufgegenständen. Daher spielt – anders als beim UN-Kaufrecht – keine Rolle, ob es sich beim Kauf der Wirtschaftsgüter um einen Warenkauf handelt.

4464 Im Fall der einheitlichen Rechtswahl durch die Parteien (Art. 3 Rom I-VO) unterliegt die Verpflichtung zur Übereignung und Übertragung aller Einzelbestandteile, aus denen sich das Unternehmen zusammensetzt, dem gewählten Recht. Auch für den internationalen *asset deal* ist eine ausdrückliche Rechtswahlvereinbarung im Unternehmenskaufvertrag ratsam und üblich.

---

[1] *Merkt*, ZvglRW 93 (1994), 353 (371).

[2] Näher zur Redaktionsgeschichte *Honnold*, Uniform Law for International Sales under the 1980 United Nations Conventions, 3. Aufl. (Deventer 1999), Art. 6 Rz. 79 f.

[3] *Magnus*, in: Staudinger, Art. 6 CISG Rz. 62; *Ferrari*, in: Schlechtriem/Schwenzer, Kommentar zum Einheitlichen UN-Kaufrecht, 5. Aufl. (2008), Art. 6 CISG Rz. 39 ff.; *Schlechtriem/Piltz*, Einheitliches Kaufrecht und nationales Obligationenrecht – Referate und Diskussionen der Fachtagung Einheitliches Kaufrecht am 16./17.2.1987 (1987), S. 47; *Schlechtriem*, Einheitliches UN-Kaufrecht (1981), S. 22; *Reinhart*, UN-Kaufrecht (1991), Art. 6 CISG Rz. 9, der darauf verweist, dass diese Möglichkeit bereits von den Redaktoren gesehen worden ist; *Lüderitz/Fenge*, in: Soergel, Art. 6 CISG Rz. 1.

[4] *Reinhart*, UN-Kaufrecht (1991), Art. 6 CISG Rz. 9; zum Streitstand *Magnus*, in: Staudinger, Art. 6 CISG Rz. 64; *Ferrari*, in: Schlechtriem/Schwenzer, Kommentar zum Einheitlichen UN-Kaufrecht, 5. Aufl. (2008), Art. 6 CISG Rz. 40.

[5] *Magnus*, in: Staudinger, Art. 6 CISG Rz. 62; *Reinhart*, UN-Kaufrecht (1991), Art. 6 CISG Rz. 9; *Ferrari*, in: Schlechtriem/Schwenzer, Kommentar zum Einheitlichen UN-Kaufrecht, 5. Aufl. (2008), Art. 6 CISG Rz. 41; *Herber/Czerwenka*, Internationales Kaufrecht (1991), Art. 6 CISG Rz. 19.

[6] S. oben Rz. 42.

Wird das maßgebliche Recht von den Parteien nicht gewählt, unterliegt der Kaufvertrag gem. Art. 4 Abs. 2 Rom I-VO grundsätzlich dem **Recht am Ort des veräußernden Rechtsträgers** des Unternehmens (Ort der Hauptverwaltung, Art. 19 Abs. 1 Rom I-VO). Der Rechtsträger ist der Verkäufer der Vermögenswerte, aus denen sich das Unternehmen zusammensetzt. Wie bereits beim *share deal* wird also der gesamte Kauf in Bezug auf sämtliche Bestandteile des Unternehmens einem einheitlichen Schuldstatut unterworfen. Eine Anknüpfung nach Art. 4 Abs. 1 Rom I-VO wird ganz überwiegend nicht möglich sein. Der Unternehmenskaufvertrag erfasst häufig alle oder nahezu alle **Wirtschaftsgüter** eines Unternehmens. Daher kann er zum einen nur ganz selten lediglich einem der dort genannten Vertragstypen zugeordnet werden (so beispielsweise nicht beim gleichzeitigen Verkauf von Mobilien und Immobilien), und zum anderen werden sich zahlreiche Bestandteile des Vertrags gar keinem der genannten Vertragsarten zuordnen lassen (beispielsweise der Verkauf von Verträgen, Forderungen, Warenzeichen, Firma, Organisation, Kundenkreis, Geschäftsbeziehungen, Geschäftschancen, Goodwill und Know-how). Aus diesen Gründen greift die nächste Anknüpfungsstufe des Art. 4 Abs. 2 Rom I-VO, wenn nicht ausnahmsweise wegen einer engeren Verbindung nach Art. 4 Abs. 3 Rom I-VO anzuknüpfen ist. 4465

3. Reichweite des Vertragsstatuts

a) Grundsatz

Für die grundsätzliche Reichweite des Vertragsstatuts beim *asset deal* kann auf die Ausführungen zum *share deal* verwiesen werden (oben Rz. 4499 ff.). Nach dem Vertragsstatut beurteilt sich insbesondere, ob der Unternehmenskauf ein *share deal* oder ein *asset deal* ist. 4466

Dem Vertragsstatut unterliegt speziell beim *asset deal* die Verpflichtung zur **Einsetzung des Käufers** in den Tätigkeitsbereich, so dass dieser das Unternehmen fortführen kann (Übertragung des Unternehmens als Wirkungseinheit)[1]. 4467

Für den Verkauf von **Forderungen**, die zum Unternehmensvermögen gehören, bestimmt Art. 14 Abs. 1 Rom I-VO, dass sich das Verhältnis zwischen bisherigem und neuem Gläubiger nach dem Vertragsstatut und damit dem Recht des Unternehmenskaufvertrags richtet. Das Forderungsstatut ist daher insoweit nicht anwendbar. Es greift nur in den in Art. 14 Abs. 2 Rom I-VO genannten Fällen. 4468

b) Nicht erfasste Fragen

Wie beim *share deal* beurteilt sich beim *asset deal* die **Erfüllung** des Kaufvertrags nicht nach dem Schuldstatut des Unternehmenskaufvertrags. Allerdings gibt es beim *asset deal* anders als beim *share deal* kein einheitliches Erfüllungsstatut. Vielmehr ist für die Übertragung eines jeden Bestandteils des Un- 4469

---

1 Dazu *K. Schmidt*, Handelsrecht, 5. Aufl. (1999), S. 148.

ternehmensvermögens (Mobilien, Immobilien, Forderungen etc.) das maßgebliche Recht gesondert zu bestimmen. Wie beim *share deal* ist zu beachten, dass das anwendbare Recht grundsätzlich nicht gewählt werden kann. Denn im Kollisionsrecht der Verfügungen ist – anders als im internationalen Vertragsrecht – der Grundsatz der **Parteiautonomie**, jedenfalls nach ganz herrschender Ansicht, wegen des vorrangigen Interesses an Rechts- und Verkehrssicherheit grundsätzlich **unbekannt**[1].

4470 Im Einzelnen gilt: Das Eigentum an **körperlichen Mobilien** (Warenlager, Inventar, Zubehör) unterliegt gem. Art. 43 Abs. 1 EGBGB dem Recht an ihrem jeweiligen Lageort (kollisionsrechtlicher Grundsatz der lex rei sitae)[2]. Nach diesem Recht beurteilen sich grundsätzlich auch Sicherungsrechte an solchen Mobilien[3].

4471 Auch bei zum Unternehmensvermögen gehörenden **Wertpapieren** (Schecks, Wechsel, Obligationen, Warenpapiere, Aktienzertifikate etc.) unterliegt die Übertragung der Urkunden dem Recht am Lageort (Wertpapier*sach*statut, lex cartae sitae). Hingegen unterliegt die Übertragung des in der Urkunde verbrieften Rechts einem gesonderten Statut (Wertpapier*rechts*statut). Bei verbrieften Forderungen (Schecks, Wechsel, Obligationen) ist Wertpapierrechtsstatut das betreffende Schuldstatut, bei verbrieften Sachenrechten (Warenpapiere) das Belegenheitsrecht und bei Mitgliedschaftsrechten (Aktien) das Gesellschaftsstatut. Nach dem Wertpapierrechtsstatut beurteilt sich auch, ob die Verfügung über das verbriefte Recht durch Verfügung über das verbriefende Wertpapier erfolgt[4].

4472 Besondere Grundsätze gelten für den **Fuhrpark**, weil der Grundsatz des Lagerechts hier als unpassend angesehen wird[5].

4473 **Immobilien** des Unternehmens (einschließlich Immobiliarzubehör, Sicherungs- und Nutzungsrechten sowie Erbbaurechten) werden wiederum gem. Art. 43 Abs. 1 EGBGB nach dem Recht am Belegenheitsort übertragen (Rz. 1531 ff.).

4474 **Forderungen** werden gem. Art. 14 Abs. 1 Rom I-VO nach dem Recht übertragen, dem das zugrundeliegende Verpflichtungsgeschäft unterliegt (s. Erwägungsgrund 38 Rom I-VO). Maßgeblich ist also das Statut des Unternehmenskaufvertrags. Dagegen beurteilen sich beispielsweise die Übertragbarkeit der Forderung sowie das Verhältnis zwischen Zessionar und Schuldner nach dem Recht, dem die übertragene Forderung unterliegt (Forderungsstatut, Art. 14 Abs. 2 Rom I-VO) (s. oben Rz. 387 ff.)[6].

---

1 *Kegel/Schurig*, § 19 I.; *Ferid*, Rz. 7-7; *Wendehorst*, in: MünchKomm, Art. 46 EGBGB Rz. 18 ff.; *Hohloch*, in: Erman, Art. 43 EGBGB Rz. 6 jeweils mwN.; teilweise anders etwa *Kropholler*, IPR, § 54 II (beschränkte Parteiautonomie auch im Sachenrecht).
2 *Wendehorst*, in: MünchKomm, Art. 43 EGBGB Rz. 3 und 5.
3 *Wendehorst*, in: MünchKomm, Art. 43 EGBGB Rz. 56 und 84 ff.
4 *Wendehorst*, in: MünchKomm, Art. 43 EGBGB Rz. 197.
5 Einzelheiten bei *Wendehorst*, in: MünchKomm, Art. 45 EGBGB Rz. 15 ff.
6 Hierzu auch *Flessner*, IPRax 2009, 35.

Besondere Kollisionsregeln sind zu beachten, sofern die Unternehmensübernahme wie häufig **Schuld-** oder **Vertragsübernahmen** (beispielsweise von Miet-, Pacht- oder Leasingverträgen) einschließt (Rz. 414 ff.). 4475

Die **Firma** wird nach dem Gesellschaftsstatut des Firmenträgers übertragen[1]. 4476

Immaterialgüterrechte (Urheberrechte, Patente, Warenzeichen, Lizenzen) werden nach umstrittener Ansicht aufgrund des im Bereich der Schutzrechte geltenden Territorialitätsgrundsatzes nach dem Recht des jeweiligen Schutzlandes (Recht des Staats, für dessen Gebiet Immaterialgüterschutz beansprucht wird, *lex loci protectionis*) übertragen (Spaltungstheorie)[2]. Verwiesen wird auf das jeweilige Recht unter Einschluss der Kollisionsnormen (Gesamtnormverweisung). Eine weitere Verweisung der *lex loci protectionis* auf ein drittes Recht oder zurück auf deutsches Recht ist beachtlich (Art. 4 Abs. 1 EGBGB)[3]. 4477

Sonstige **unkörperliche Vermögenswerte** (Organisation, Goodwill, Kundenstamm, Geschäftsbeziehungen, Geschäftschancen, Know-how, Marktanteile, Ressourcen, Geschäftsgeheimnisse, Herstellungsverfahren etc.) werden nicht selten durch bloßen Realakt übertragen, weshalb sich die Bestimmung eines „maßgeblichen Rechts" erübrigt. Muss gleichwohl ein anwendbares Recht bestimmt werden, sind verschiedene Anknüpfungen in Betracht zu ziehen: Beziehen sich die zu übertragenden Vermögenswerte auf ein bestimmtes Gebiet (Marktanteile, Kundenstamm, Organisation), wird entsprechend dem Territorialitätsgrundsatz eine Anknüpfung an das Immaterialgüterrecht des betreffenden Landes sachgerecht sein. Ist hingegen der jeweilige Vermögenswert eng mit einer körperlichen Sache verbunden (Geschäftsgeheimnisse, Herstellungsverfahren, Karteien), kommt eine Anknüpfung an den Belegenheitsort der Sache in Betracht. Im Übrigen bleibt die Möglichkeit einer akzessorischen Anknüpfung an das Schuldstatut: Übertragen wird in diesem Fall nach dem durch Art. 3 ff. Rom I-VO berufenen Recht, bei fehlender Rechtswahl nach dem Recht am Ort der Hauptverwaltung des Verkäufers. 4478

Das Übertragungsstatut entscheidet auch über die Frage, ob das Unternehmen durch **Universalsukzession** (Gesamtrechtsnachfolge) übertragen werden kann oder ob – wie namentlich im deutschen Recht – jedes einzelne Wirtschaftsgut durch **Singularsukzession** (Einzelrechtsnachfolge, Spezialitätsgrundsatz) übertragen wird. 4479

---

1 *Kegel/Schurig*, § 17 IV 1a; *Großfeld*, in: Staudinger, IntGesR Rz. 319.
2 BGH 21.10.1964, IPRspr. 164/65 Nr. 180 = AWD 1965, 455 (Die Übertragung eines eingetragenen Warenzeichens unterlag in casu französ. Recht, das zugrunde liegende Verpflichtungsgeschäft deutschem Recht.); BGH 16.4.1975, BGHZ 64, 183 (191); *Rehbinder*, Urheberrecht, 15. Aufl. (2008), Rz. 977; *Unteregge*, Festg. Sandrock (1995), S. 167; aA *Drexl*, in: MünchKomm, IntImmGR Rz. 133 mwN, wonach das Verfügungsgeschäft dem Vertragsstatut unterliegt (Einheitstheorie); nur für die Frage der Übertragbarkeit sei das Recht des Schutzlandes maßgeblich; zum Streitstand s. auch oben Rz. 1811 ff.
3 Vgl. *Drexl*, in: MünchKomm, IntImmGR Rz. 135 f.

4480 Nach dem Gesellschaftsstatut beurteilt sich schließlich, ob und welche **Zustimmungserfordernisse** beim Rechtsträger des zu verkaufenden Unternehmens zu beachten sind, etwa im Fall der Veräußerung des wesentlichen Unternehmensvermögens[1]. Dies folgt aus der sachlichen Zugehörigkeit dieser Erfordernisse zum Kreis innergesellschaftlicher Fragen. Nach dem Gesellschaftsstatut richtet sich auch, was unter dem *wesentlichen* Gesellschaftsvermögen zu verstehen ist und was aus dem Fehlen der erforderlichen Zustimmung folgt.

4. Form

4481 Wie beim *share deal* ist auch beim *asset deal* für die gesonderte Anknüpfung der Form der Veräußerung zwischen Verpflichtungs- und Verfügungsgeschäft zu unterscheiden.

a) Verpflichtungsgeschäft

4482 Für das Verpflichtungsgeschäft und damit den eigentlichen Kaufvertrag bestimmt sich das Formstatut nach **Art. 11 Abs. 1 und 2 Rom I-VO**. Damit gilt regelmäßig das auf den Vertrag anwendbare Recht (**Vertragsstatut**, Wirkungsstatut) oder alternativ das Ortsrecht, dh. das Recht am Ort des Vertragsschlusses (**Ortsform, Ortsstatut**). Zulässig ist nach umstrittener Ansicht wiederum, wenn die Parteien durch eine **Teilrechtswahl** ein im Verhältnis zum Vertragsstatut liberaleres Recht berufen[2].

4483 Unterliegt der Kaufvertrag den deutschen Formvorschriften, ist die Beurkundungspflicht des § 311b Abs. 1 BGB zu beachten, wenn im Rahmen des *asset deal* ein **Grundstück** mitveräußert wird (s. im Einzelnen zu den besonderen Formanforderungen beim Grundstückskauf Rz. 1551 ff.). Eine Beurkundung im Ausland kann die deutschen Formerfordernisse erfüllen, wenn das Kriterium der Gleichwertigkeit vorliegt (s. hierzu oben Rz. 4428 f.)[3]. Umstritten ist, ob für einen den deutschen Formvorschriften unterliegenden Kaufvertrag eine Beurkundungspflicht nach § 311b Abs. 3 BGB greifen kann, wenn der Verkäufer durch den *asset deal* seine **gesamten Vermögensgegenstände** veräußert. Dies ist nach richtiger Ansicht zu verneinen, wenn die Vermögensgegenstände wie beim *asset deal* üblich einzeln oder durch Sammelbezeichnungen auf-

---

1 Etwa die für das Außenverhältnis erforderliche Zustimmung der Hauptversammlung nach § 179a Abs. 1 S. 1 AktG bei der Übertragung des ganzen oder wesentlichen Gesellschaftsvermögens einer AG; die Vorschrift gilt analog bei der GmbH, s. dazu *Ulmer*, in: Ulmer/Habersack/Winter, GmbHG (2008), § 53 GmbHG Rz. 165 ff.; *Hoffmann*, in: Michalski, GmbHG (2002), § 53 GmbHG Rz. 159; *Zöllner*, in: Baumbach/Hueck, GmbHG, 18. Aufl. (2006), § 53 GmbHG Rz. 25 jeweils mwN.; auch außerhalb von § 179a AktG kann ein Hauptversammlungsbeschluss im Innenverhältnis erforderlich sein, BGH 25.2.1982, BGHZ 83, 122 (133 f.) (Holzmüller); BGH 26.4.2004, BGHZ 159, 30 und BGH 26.4.2004, ZIP 2004, 993 (Gelatine-Entscheidungen).
2 BGH 3.12.1971, BGHZ 57, 337; *Thorn*, in: Palandt, Art. 11 EGBGB Rz. 2; *Spellenberg*, in: MünchKomm, Art. 11 EGBGB Rz. 32; s. oben Rz. 4424.
3 *Holzapfel/Pöllath*, Rz. 1320.

geführt werden und damit keine pauschale Veräußerung ("in Bausch und Bogen") erfolgt[1].

b) Verfügungsgeschäft

Für die Verfügungsgeschäfte ist das Formstatut über **Art. 11 EGBGB** zu bestimmen. Art. 11 Rom I-VO ist nicht anwendbar, da die Verordnung keine Verfügungsgeschäfte erfasst (vgl. Art. 1 Abs. 1 Rom I-VO). Wird im Rahmen des *asset deal* ein in Deutschland belegenes Grundstück veräußert, gilt Art. 11 Abs. 4 EGBGB nF. Danach unterliegt die Auflassung ausschließlich dem Geschäftsrecht (hier lex rei sitae) und damit der deutschen Vorschrift des § 925 BGB. Ein ausländischer Notar kann die Auflassung nicht wirksam beurkunden[2]. 4484

Umstritten ist, ob eine (günstigere) Beurkundung des Verpflichtungsgeschäfts im Ausland zu einem Kostenvorteil bei der Beurkundung eines Verfügungsgeschäfts in Deutschland führen kann und darf. Dies hängt entscheidend von der Antwort auf die Frage ab, ob die Ermäßigungsregel des § 38 Abs. 2 Nr. 6a KostO bei einer Auslandsbeurkundung des Verpflichtungsgeschäfts anwendbar ist. Nach dieser Regel kann nur die Hälfte der vollen Gebühr, also eine $^{5}/_{10}$ Gebühr, erhoben werden, wenn das zugrunde liegende Rechtsgeschäft bereits beurkundet ist. Verneint man dies, bleibt es bei der $^{20}/_{10}$ Gebühr des § 36 Abs. 2 KostO. 4485

Teile der Literatur und der Rechtsprechung sehen die Auslandsbeurkundung als unzureichend an, weil unter Beurkundung nur die „Beurkundung" nach dem Beurkundungsgesetz zu verstehen sei. Dies soll sich aus dem Normzweck ergeben, nach dem die Gebührenermäßigung deswegen eintreten soll, weil die vorhergehende Beurkundung des Verpflichtungsgeschäfts dem Notar die Arbeit erleichtere. Bei ausländischer Beurkundung erleichtere sich die Arbeit im Allgemeinen jedoch nicht, sondern sei im Gegenteil erschwert[3]. In der neueren Rechtsprechung scheint sich hingegen die Ansicht durchzusetzen, nach der auch bei einer Auslandsbeurkundung die Ermäßigung des § 38 Abs. 2 Nr. 6a KostO eingreift und dementsprechend nur eine $^{5}/_{10}$ Gebühr berechnet werden darf[4]. Weder der Wortsinn noch der Zusammenhang oder der Zweck der Vor- 4486

---

1 Zu diesem Streit s. *Böttcher/Grewe*, NZG 2005, 950; *Heckschen*, NZG 2006, 772; *Kiem*, NJW 2006, 2363; *Klöckner*, DB 2008, 1083; *Werner*, GmbHR 2008, 1135 (1136 ff.).
2 *Holzapfel/Pöllath*, Rz. 1324; *Thorn*, in: Palandt, Art. 11 EGBGB Rz. 21; kritisch *Spellenberg*, Festschr. Schütze (1999), S. 887 (897); *Heinz*, RIW 2001, 928.
3 BayOLG 1.8.1977, DNotZ 1978, 58; OLG Hamm, MittBayNot 1998, 201; *Rohs*, in: Rohs/Wedewer, KostO, 3. Aufl. (2008), § 38 KostO Rz. 44; *Schwarz*, in: Korintenberg, KostO, 17. Aufl. (2008) § 38 KostO Rz. 50a.
4 OLG Köln 2.1.2002, FGPrax 2002, 88; OLG Karlsruhe, JurBüro 1998, 155; OLG Jena, NJW-RR 1998, 645; OLG Celle, JurBüro 1997, 207; OLG Zweibrücken, DNotZ 1997, 245 f.; OLG Düsseldorf 15.2.1990, DNotZ 1991, 410 = DB 1990, 730; OLG Stuttgart, DNotZ 1991, 411; KG, DNotZ 1938, 463; *Hartmann*, Kostengesetze, 38. Aufl. (2008), § 38 KostO Rz. 24.

schrift rechtfertigen es, § 38 Abs. 2 Nr. 6a KostO restriktiv dahin auszulegen, die Ermäßigung nur bei inländischer Vorbeurkundung gelten zu lassen[1].

c) Gewerbliche Schutzrechte

4487 Die Übertragung gewerblicher Schutzrechte (Patente, Geschmacks-, Gebrauchsmuster, Marken) ist nach deutschem Recht zwar nicht formbedürftig[2]. Jedoch kann der Erwerber Rechte aus dem übertragenen Schutzrecht (anders nur beim Geschmacksmuster und bei der Marke) erst geltend machen, wenn die Übertragung dem Patentamt nachgewiesen und in der Patent-, Muster- oder Zeichenrolle vermerkt ist (vgl. § 30 Abs. 3 S. 2 PatG; § 8 Abs. 4 GebrMG)[3]. Für den **Nachweis des Rechtsübergangs** gegenüber dem Patentamt ist es erforderlich, aber auch regelmäßig ausreichend, unbeglaubigte Kopien der relevanten Urkunden vorzulegen, wie etwa der Umschreibungsbewilligung des bisherigen Rechtsinhabers[4].

5. Haftung aus Vermögensübernahme und Firmenfortführung

4488 Die Haftung aus Vermögensübernahme beurteilt sich beim *asset deal* nach dem Recht der Übertragung des Vermögens, also regelmäßig dem Recht am **Ort der Belegenheit des Vermögens** (lex rei sitae) zum Zeitpunkt der Übernahme[5].

4489 Probleme ergeben sich, wenn die einzelnen Bestandteile des **Unternehmensvermögens in verschiedenen Ländern** belegen sind. Nach dem soeben dargelegten Grundsatz würden verschiedene Rechtsordnungen über die Haftung aus Vermögensübernahme entscheiden. Möglich wäre, dass nach einem der betreffenden Belegenheitsrechte eine Haftung bejaht wird, nach einem anderen hingegen nur eingeschränkt gilt oder verneint wird, etwa bei der Veräußerung eines Unternehmens mit Vermögensteilen in Österreich (Haftung bereits für Veräußerung des Einzelunternehmens, § 1409 ABGB), Deutschland (keine Haftung für Vermögensübernahmen nach dem 1.1.1999 aufgrund der Streichung des § 419 BGB[6]) und der Schweiz (Haftung für Übernahme des Vermögens oder eines Geschäfts, Art. 181 OR). Zur Vermeidung widersprüchlicher Ergebnisse werden unterschiedliche Lösungen vorgeschlagen. Verschiedene Stimmen be-

---

1 OLG Köln 2.1.2002, FGPrax 2002, 88 f.
2 Vgl. § 15 Abs. 1 S. 2 PatG; § 29 Abs. 1 GeschmMG; § 22 Abs. 1 GebrMG; § 27 Abs. 1 MarkenG.
3 Einzelne prozessuale Rechte können allerdings schon mit Stellung des ordnungsgemäßen Umschreibungsantrags ausgeübt werden, s. BPatG 17.7.2001, GRUR 2002, 234.
4 Richtlinien des Deutschen Patent- und Markenamts für die Umschreibung von Schutzrechten und Schutzrechtsanmeldungen in der Patentrolle, der Gebrauchsmusterrolle, dem Markenregister, dem Musterregister und der Topographierolle vom 15.11.1996, geändert am 1.1.2002.
5 *Kegel*, in: Soergel, Art. 33 EGBGB Rz. 50 f.; *Martiny*, in: MünchKomm, Art. 33 EGBGB Rz. 66; *von Bar*, II Rz. 616; *Hausmann*, in: Staudinger, Art. 33 EGBGB Rz. 113.
6 S. Art. 33 Nr. 16 Einführungsgesetz zur Insolvenzordnung vom 5.10.1994, BGBl. I 1994, 2911, 2925.

fürworten eine **kollisionsrechtliche Lösung**, dh. eine Änderung der Kollisionsnorm[1]. Danach soll sich die Haftung nicht für jeden Vermögensbestandteil nach dem jeweiligen Übertragungsstatut, sondern für das gesamte Unternehmensvermögen nach einem möglichst einheitlichen Statut beurteilen, etwa dem Schuldstatut der Unternehmens- oder Vermögensübernahme[2], dem Recht am Sitz der übertragenden oder der übernehmenden Partei[3] oder dem Recht am Belegenheitsort des überwiegenden Vermögens[4]. Nach anderer Auffassung soll das Schuldstatut der Gläubigerforderungen maßgeblich sein[5]. Wieder andere wollen an den Sitz der einzelnen Gläubiger oder an die Belegenheit des Vermögensteils anknüpfen, auf den der jeweilige Gläubiger sein Bonitätsvertrauen gestützt hat[6].

Vorzugswürdig erscheint hingegen eine **Lösung auf materiellrechtlicher Grundlage**, dh. unter Beibehaltung der Maßgeblichkeit des Übertragungsstatuts, indem die Übernahmehaftung materiellrechtlich pro rata auf das in dem jeweiligen Land befindliche Vermögen beschränkt wird[7]. Dies verhindert einerseits Widersprüche zwischen unterschiedlichen Haftungsordnungen und hält andererseits die Übernahmehaftung in überschaubaren Grenzen. Überdies werden in angemessenem Umfang die Interessen sowohl des Unternehmenserwerbers als auch der Gläubiger geschützt, die realistischerweise auf eine Vermögensübernahmehaftung nur nach Maßgabe des Belegenheitsrechts vertrauen werden. 4490

Hingegen unterliegt die Haftung aus **Firmen- oder Unternehmensfortführung** (etwa § 25 HGB, § 38 österreich. UGB), die speziell beim *asset deal* eintreten kann, dem **Recht am Sitz des Unternehmens** (Sitz der Hauptverwaltung)[8] oder 4491

---

1 Überblick bei *Brugger*, ZfRV 1993, 94; *Tiedemann*, S. 52 ff.; *Busch/Müller*, ZvglRW 94 (1995), 157.
2 *Vischer*, § 3 III 5; *Vischer/von Planta*, § 53 IV 2.
3 S. auch *von Hoffmann*, IPRax 1989, 175; *von Hoffmann*, Festschr. Firsching, S. 125 (132).
4 *Brugger*, ZfRV 1993, 97 f.; so wohl auch – obiter – BGH 20.5.1981, NJW 1981, 2642 = RIW/AWD 1981, 706 = WM 1981, 1000 („[...] müsste sich eine derartige Einstandspflicht [Haftung aus Vermögensübernahme], da es sich um ein im Ausland vorgenommenes Rechtsgeschäft [dingliche Übertragung] zwischen Ausländern handeln würde, aus den dieses Rechtsgeschäft bestimmenden ausländischen Normen ergeben.").
5 OLG Koblenz 7.4.1988, IPRax 1989, 175 (noch zum alten Recht) mit Anm. *von Hoffmann* (Das Recht, nach dem sich die Haftung aus Vermögensübernahme richtet, kann zwischen dem Gläubiger des ursprünglichen Vermögensinhabers und dem Vermögensübernehmer im Wege der nachträglichen Rechtswahl bestimmt werden.).
6 *Brugger*, ZfRV 1993, 97 f.; zu den verschiedenen Vorschlägen auch *Martiny*, in: MünchKomm, Art. 33 EGBGB Rz. 66 f.; *Hausmann*, in: Staudinger, Art. 33 EGBGB Rz. 114.
7 *Merkt/Dunckel*, RIW 1996, 533 (541 f.); *Kegel*, in: Soergel, Art. 33 EGBGB Rz. 50 f.; *Kegel/Schurig*, § 18 VII 3; *Martiny*, in: MünchKomm, Art. 33 EGBGB Rz. 67; *Hausmann*, in: Staudinger, Art. 33 EGBGB Rz. 114.
8 *Wolff*, S. 154; *Frankenstein*, Bd. II, S. 271; *Nußbaum*, Grundzüge, § 33 II b; *Beemelmans*, RabelsZ 29 (1965), 511 (531); *Hüffer*, in: Staub, Großkomm. HGB, 4. Aufl. (1983), vor § 17 HGB Rz. 13; *Martiny*, in: MünchKomm, Art. 33 EGBGB Rz. 69; aA *Reuter*, Schuldübernahme und Bürgschaft im internationalen Privatrecht (1939), S. 15 (Statut des dinglichen Übernahmevertrags); OLG Koblenz 7.4.1988, RIW 1989, 61 =

dem Recht am Sitz des Betriebs[1]. Diese Haftung knüpft nämlich nicht an die Übertragung des Vermögens, sondern an die Fortführung der auf das Unternehmen als solches bezogenen Firma an. Das Vertrauen des Geschäftsverkehrs bezieht sich also nicht auf ein bestimmtes Haftungssubstrat, sondern auf das Unternehmen als Firmenträger.

6. Mitbestimmung und Betriebsübergang

4492 Haben erwerbende und veräußernde Gesellschaft ein unterschiedliches Gesellschaftsstatut, dann wechselt beim Unternehmenskauf das für die **unternehmerische Mitbestimmung** maßgebliche Recht, weil sich die unternehmerische Mitbestimmung nach dem Gesellschaftsstatut richtet (s. oben Rz. 4439).

4493 Dagegen ergibt sich beim *asset deal* für die **betriebliche Mitbestimmung** kein Wechsel des maßgeblichen Rechts, soweit die Orte der Betriebsstätten des Unternehmens (s. oben Rz. 4439) nicht über die Grenze verlegt werden, anderenfalls gilt das Recht des „neuen" Betriebssitzes; nicht maßgebend ist das Gesellschaftsstatut der Gesellschaft, die das Unternehmen erworben hat.

4494 Ob der mit dem *asset deal* oftmals verbundene Betriebsinhaberwechsel dazu führt, dass die **Arbeitsverhältnisse** mit dem neuen Betriebsinhaber fortgesetzt werden (§ 613a BGB), beurteilt die ganz herrschende Auffassung nach dem Recht, dem der jeweilige Arbeitsvertrag unterliegt (Arbeitsvertragsstatut, Art. 8 Rom I-VO)[2]. Allerdings ist § 613a BGB als zwingende Bestimmung „rechtswahlfest". Dies bedeutet, dass die Vorschrift als Bestandteil der deutschen Rechtsordnung – ungeachtet eines etwa gewählten Arbeitsvertragsstatuts – immer dann anzuwenden ist, wenn der gewöhnliche Arbeitsort in der Bundesrepublik Deutschland liegt (Art. 8 Abs. 1 S. 2, Abs. 2 Rom I-VO). Indessen ist § 613a BGB keine Eingriffsnorm im Sinne des Art. 9 Abs. 1 Rom I-VO[3].

IPRax 1989, 175 (noch zum alten Recht) mit krit. Anm. *von Hoffmann* (Anknüpfung an das für die Forderung des Gläubigers geltende Recht).

1 RG 7.3.1912, ZIR 22 (1912) 558 („Für die Frage [...], ob der § 25 HGB [...] Platz greift, fällt entscheidend ins Gewicht, dass die Beklagte, die ihren Sitz im Gebiet des Deutschen Reiches hat, in das Handelsregister (Gesellschaftsregister) des Kaiserlichen AG zu Metz eingetragen ist. Wie nämlich § 25 Abs. 2 HGB deutlich erkennen lässt, setzt die Anwendung des § 25 HGB das Vorhandensein eines solchen Geschäfts voraus, dessen Firma im Handelsregister (eines deutschen Gerichts) eingetragen werden kann [...]. Ist [...] der Sitz des erworbenen Geschäfts in das Gebiet des Deutschen Reiches verlegt und gleichzeitig die frühere Firma [...] in das Handelsregister eines deutschen Gerichts eingetragen, so sind damit die Bedingungen für die Anwendung des § 25 HGB erfüllt."); s. auch *von Hoffmann*, IPRax 1989, 175.

2 BAG 29.10.1992, ZIP 1993, 850 (853); vgl. auch LAG Köln 6.4.1992, RIW 1992, 933; *Martiny*, in: MünchKomm, Art. 30 EGBGB Rz. 88; *Spickhoff*, in: Bamberger/Roth, Art. 30 EGBGB Rz. 10; *Magnus*, in: Staudinger, Art. 30 EGBGB Rz. 218; anders (Recht am Ort des Betriebssitzes): *Birk*, in: MünchArbR, 2. Aufl. (2000), § 20 Rz. 185; *Birk*, RdA 1984, 133; *Koch*, RIW 1984, 592 (594); *Junker*, Internationales Arbeitsrecht im Konzern (1992), S. 235.

3 Vgl. zum früheren Recht BAG 29.10.1992, ZIP 1993, 850 (853), dazu EWiR 1993, 673 (*Martiny*); *Magnus*, in: Staudinger, Art. 30 EGBGB Rz. 218.

Frei. 4495–4500

IV. Vorvereinbarungen

In der Anfangsphase eines Unternehmenskaufs werden regelmäßig Vorvereinbarungen geschlossen, deren rechtliche Bindungswirkungen vom Einzelfall abhängen. Häufig wünschen die Parteien lediglich, nicht rechtlich, sondern aus psychologischen Gründen nur faktisch ein bereits erreichtes Verhandlungsergebnis festzuhalten. Dies gilt insbesondere beim Abschluss sogenannter Absichtserklärungen (letter of intent, memorandum of understanding). Dagegen entfaltet ein Vorvertrag regelmäßig rechtliche Bindungswirkung[1]. 4501

Das auf solche Vorvereinbarungen anwendbare Recht bestimmt sich nach den allgemeinen Grundsätzen der Art. 3 ff. Rom I-VO. Danach können die Parteien das maßgebliche Recht unabhängig vom beabsichtigten Unternehmenskaufvertrag **wählen**[2]. Eine abweichende Wahl dürfte aber nur ausnahmsweise vorteilhaft sein und sollte vermieden werden, wenn widersprüchliche Ergebnisse der berufenen materiellen Rechte denkbar sind. Wird das Statut der Vorvereinbarung aufgrund fehlender Rechtswahl nach Art. 4 Rom I-VO bestimmt, kann es schwierig werden, eine charakteristische Leistung zu festzustellen (Art. 4 Abs. 2 Rom I-VO), wenn beide Parteien andere als Geldleistungspflichten eingegangen sind. Hier bietet sich an, im Rahmen des Art. 4 Abs. 4 Rom I-VO das auf den beabsichtigten Unternehmenskaufvertrag anwendbare Recht zu berufen und damit auf dessen charakteristische Leistung vorzugreifen. Lässt sich dagegen eine charakteristische Leistung in der Vorvereinbarung ausmachen, ist das Anknüpfungsergebnis an Art. 4 Abs. 3 Rom I-VO zu messen. Insgesamt dürfte aufgrund des häufig bestehenden **engen sachlichen Zusammenhangs** zwischen beiden Vereinbarungen die Vorvereinbarung regelmäßig wie der beabsichtigte Kaufvertrag anzuknüpfen sein (vgl. Rz. 180). 4502

Frei. 4503–4510

V. Kartellrecht

1. Deutsches Recht

Die maßgeblichen Kollisionsnormen des deutschen Kartellrechts ergeben sich aus dem GWB. Zentrale Kollisionsnorm ist § 130 Abs. 2 GWB, welche die allgemeinen Regeln des deutschen Vertrags- und Deliktskollisionsrechts verdrängt[3]. Im Gegensatz zum Kollisionsrecht der Schuldverhältnisse gewährt das internationale Kartellprivatrecht **keine Parteiautonomie**. Es ist also nicht 4511

---

[1] S. überblicksartig *Holzapfel/Pöllath*, Rz. 16 ff.; speziell zum letter of intent *Lutter*, Der Letter of Intent, 3. Aufl. (1998).
[2] Vgl. *Lutter*, Der Letter of Intent, 3. Aufl. (1998), S. 147.
[3] Vgl. *Emmerich/Rehbinder/Markert*, in: Immenga/Mestmäcker, GWB, 4. Aufl. (2007), § 130 GWB Rz. 308; *Immenga*, in: MünchKomm, IntWettbR/IntKartR Rz. 20 und 27.

möglich, kartellrechtlich relevante Absprachen dadurch dem GWB zu entziehen, dass sie einem fremden Recht unterstellt werden[1]. Umgekehrt führt jedoch die Wahl deutschen Rechts nicht zur Anwendung des GWB, sofern sich keine Inlandsauswirkungen einstellen[2].

4512 Nach § 130 Abs. 2 GWB unterliegen dem GWB alle **Wettbewerbsbeschränkungen**, die sich im Geltungsbereich des Gesetzes auswirken, auch wenn sie außerhalb des Geltungsbereichs veranlasst wurden (**Auswirkungsprinzip**). Wettbewerbsbeschränkung kann jeder der materiellrechtlichen Tatbestände des GWB und mithin auch der internationale Zusammenschluss von Unternehmen sein (§ 35 GWB)[3]. Als Zusammenschluss definiert das Gesetz unter anderem den Erwerb des Vermögens eines anderen Unternehmens ganz oder zu einem wesentlichen Teil sowie den Anteilserwerb (§ 37 Abs. 1 S. 1 Nr. 1 und Nr. 3 GWB). Dem GWB kann mithin neben dem internationalen *share deal* auch der internationale *asset deal* unterliegen[4], und zwar gleichviel, ob der Zusammenschluss im In- oder Ausland erfolgt oder ob in- oder ausländische Unternehmen daran beteiligt sind. Entscheidend ist allein, ob Inlandsauswirkungen zu spüren sind[5]. Dies bedeutet zugleich, dass die Untersagungsbefugnis des Bundeskartellamts (BKartA) nach § 36 Abs. 1 GWB bei im Ausland vollzogenen Zusammenschlüssen nicht uneingeschränkt gilt, sondern nur, soweit Inlandsauswirkungen tatsächlich und spürbar eintreten[6]. Deshalb gilt auch das Vollzugsverbot für einen anmeldepflichtigen Zusammenschluss ausschließlich für die im Inland zu vollziehenden Teile des Zusammenschlusses[7].

4513 Wichtigste wettbewerbsrechtliche Folge eines tatbestandsmäßigen Zusammenschlusses ist die Anmelde- und Anzeigepflicht nach § 39 GWB. Seit dem Inkrafttreten der 6. GWB-Novelle am 1.1.1999 gibt es nur noch eine präventive Zusammenschlusskontrolle. Der vor Vollzug des Zusammenschlusses vorzunehmenden Anmeldung folgt jedoch die Pflicht zur späteren Anzeige des Vollzugs (§ 39 Abs. 6 GWB). Durch die Anzeige soll das BKartA über den tatsächlichen Vollzug des Zusammenschlusses unterrichtet werden. Die ur-

---

1 LG Hamburg 29.9.1971, AWD 1972, 132; Tätigkeitsbericht des Bundeskartellamtes 1978, 100 (BT-Drucks. 8/2980); *Stadler*, in: Langen/Bunte, Kommentar zum deutschen und europäischen Kartellrecht, 10. Aufl. (2006), § 130 GWB Rz. 103; *Immenga*, in: MünchKomm, IntWettbR/IntKartR Rz. 21.
2 *Stadler*, in: Langen/Bunte, Kommentar zum deutschen und europäischen Kartellrecht, 10. Aufl. (2006), § 130 GWB Rz. 103.
3 *Emmerich/Rehbinder/Markert*, in: Immenga/Mestmäcker, GWB, 4. Aufl. (2007), § 130 GWB Rz. 304; *Immenga*, in: MünchKomm, IntWettbR/IntKartR Rz. 35.
4 *Mestmäcker/Veelken*, in: Immenga/Mestmäcker, GWB, 4. Aufl. (2007), § 37 GWB Rz. 13 ff.; *Sedemund*, in: Hölters, VIII Rz. 44 ff.
5 BGH 29.5.1979, BGHZ 74, 322 = NJW 1979, 2613 = BB 1979, 1313 (Organische Pigmente); weitere Nachweise bei *Rehbinder*, in: Immenga/Mestmäcker, GWB, 4. Aufl. (2007), § 130 GWB Rz. 138 ff., 172 und 260.
6 KG 1.7.1983, WuW/E OLG 3051, 3055 (Morris/Rothmanns); *Sedemund*, in: Hölters, VIII Rz. 192.
7 *Rehbinder*, in: Immenga/Mestmäcker, GWB, 4. Aufl. (2007), § 130 GWB Rz. 175 ff., 270 ff. und 306.

sprüngliche Funktion, dem BKartA Informationen über die Entwicklung der Unternehmenskonzentration sowie über die der materiellen Fusionskontrolle unterfallenden Zusammenschlüsse zu liefern, wird nunmehr von der Anmeldepflicht erfüllt. Eine Pflicht zur Anmeldung besteht grundsätzlich dann, wenn im letzten Geschäftsjahr vor dem Zusammenschluss die am Zusammenschluss beteiligten Unternehmen weltweit insgesamt Umsatzerlöse von mehr als 500 Millionen Euro erzielt haben und im Inland mindestens ein beteiligtes Unternehmen Umsatzerlöse von mehr als 25 Millionen Euro sowie ein anderes beteiligtes Unternehmen Umsatzerlöse von mehr als 5 Millionen Euro erzielt haben (§ 35 Abs. 1 GWB).

Zulässigkeit und Reichweite vertraglicher **Wettbewerbsverbote** im Unternehmenskaufvertrag (*non competition clauses*) beurteilen sich grundsätzlich nach dem Vertragsstatut[1]. Die spezifische wettbewerbsrechtliche Zulässigkeit solcher Klauseln richtet sich hingegen unabhängig vom Vertragsstatut nach den Vorschriften des deutschen Rechts, sofern die wettbewerbsrechtlich relevante Wirkung im Inland eintritt[2]. Darüber hinaus können Eingriffsnormen der lex fori oder des Erfüllungsstaats über Art. 9 Rom I-VO in das Vertragsstatut eingreifen und eine nach dem Vertragsstatut zulässige Verbotsklausel für unwirksam oder lediglich eingeschränkt wirksam erklären.

4514

Teilweise unterliegen wettbewerbsbeschränkende Absprachen nach § 30 Abs. 2 GWB einem Schriftformerfordernis. Dieses gilt nur noch für Vereinbarungen von Preisbindungen für Verlagserzeugnisse. Die alternative Ortsform des Art. 11 Abs. 1 Fall 2 Rom I-VO wird dadurch zwar nicht ausgeschlossen[3], aber es tritt für inlandswirksame Vereinbarungen ein eigenes Formerfordernis hinzu[4].

4515

2. Ausländisches Recht

Das deutsche internationale Kartellprivatrecht kennt mit § 130 Abs. 2 GWB lediglich eine einseitige Kollisionsnorm, die allein die Anwendbarkeit des deutschen Kartellrechts bestimmt, nicht hingegen die des ausländischen Kartellprivatrechts[5]. Über die Beachtung ausländischen Kartellrechts bei einem internationalen Unternehmenskauf durch die deutsche lex fori herrschte bis zur Rom I-Verordnung erhebliche Unklarheit, wie allgemein bei der Frage, unter welchen Voraussetzungen ausländische Eingriffsnormen anzuwenden

4516

---

1 Zum materiellen deutschen Recht solcher Verbote in Unternehmenskaufverträgen *Holzapfel/Pöllath*, Rz. 1215 ff.
2 *Rehbinder*, in: Immenga/Mestmäcker, GWB, 4. Aufl. (2007), § 130 GWB Rz. 308.
3 So aber *Schwartz*, Deutsches Internationales Kartellrecht, 2. Aufl. (1968), S. 220; *Immenga*, in: MünchKomm, IntWettbR/IntKartR Rz. 27.
4 *Rehbinder*, Extraterritoriale Wirkungen des deutschen Kartellrechts (1965) S. 281; *Emmerich/Rehbinder/Markert*, in: Immenga/Mestmäcker, GWB, 4. Aufl. (2007), § 130 GWB Rz. 308.
5 *Sandrock*, GRUR Int. 1985, 507; *Emmerich/Rehbinder/Markert*, in: Immenga/Mestmäcker, GWB, 4. Aufl. (2007), § 130 GWB Rz. 303.

sind[1]. Nunmehr ist diese Frage jedenfalls teilweise durch **Art. 9 Abs. 3 Rom I-VO** und damit für Eingriffsnormen des Erfüllungsstaats geklärt. Offen ist aber weiterhin, ob und inwieweit beispielsweise auch Eingriffsnormen des Vertragsstatuts anzuwenden sind (s. oben Rz. 646)[2]. Hier wird sich die Praxis damit behelfen müssen, die weitere Rechtsentwicklung zu beobachten, und zwar nicht nur zum Kartellrecht, sondern allgemein zu fremdem Eingriffsrecht. Unabhängig von der Frage, ob und inwieweit ausländisches Kartellrecht von deutschen Gerichten zu beachten ist, müssen die Parteien eines internationalen Unternehmenskaufs prüfen, ob die Transaktion Auswirkungen auf Drittstaaten hat und daher gegebenenfalls bei **ausländischen Behörden anzumelden** ist[3].

3. Europäisches Recht

4517 Die EG-Fusionskontrollverordnung (FKVO)[4] ist auf jeden internationalen Unternehmenskauf (*share deal* wie *asset deal*) anwendbar, der einen Zusammenschluss mit **gemeinschaftsweiter Bedeutung** darstellt. Erforderlich ist grundsätzlich, dass der weltweite Gesamtumsatz aller beteiligten Unternehmen mehr als 5 Milliarden Euro und der gemeinschaftsweite Gesamtumsatz von mindestens zwei beteiligten Unternehmen jeweils mehr als 250 Millionen Euro beträgt. Darüber hinaus kann eine gemeinschaftsweite Bedeutung vorliegen, wenn neben anderen Voraussetzungen bestimmte Umsatzschwellen in mindestens drei Mitgliedstaaten erreicht werden. In keinem Fall liegt jedoch gemeinschaftsweite Bedeutung vor, wenn die beteiligten Unternehmen jeweils mehr als zwei Drittel ihres gemeinschaftsweiten Gesamtumsatzes in ein und demselben Mitgliedstaat erzielen (Art. 1 FKVO).

4518 In ihrem sachlichen Geltungsbereich entfaltet die FKVO **extraterritoriale Wirkung**[5]. Auch ein Zusammenschluss, der außerhalb der EU vollzogen wird, unterliegt daher der Verordnung, sofern eine gemeinschaftsweite Bedeutung im Sinne des Art. 1 FKVO vorliegt. Die Anwendbarkeit der Verordnung hängt demnach nicht vom Personal- oder Gesellschaftsstatut der Parteien des Unternehmenskaufs ab, sondern allein davon, ob die wettbewerbsbeschränkende Vereinbarung im Gemeinsamen Markt durchgeführt wird. Offen ist noch, ob die EU-Kommission ähnlich wie das BKartA nach der „Morris/Roth-

---

1 Beiläufig bejahend LG Freiburg 6.12.1966, IPRspr. 1966/67 Nr. 34 A; wohl auch OLG Frankfurt a.M. 30.8.1979, WuW/E OLG 2195, 2199.
2 Vgl. *Leible/Lehmann*, RIW 2008, 528 (543).
3 Vgl. *Holzapfel/Pöllath*, Rz. 131.
4 Verordnung (EG) Nr. 139/2004 des Rates vom 20.1.2004, ABl. EU 2004 Nr. L 24, S. 1 ff., welche die Verordnung Nr. 4064/89, ABl. EG 1989 Nr. L 395, S. 1 ff., geändert durch Verordnung 1310/97 des Rates vom 30.6.1997, ABl. EG 1997 Nr. L 180, S. 1 (berichtigt in ABl. EG 1998 Nr. L 3, S. 16), abgelöst hat; dazu etwa *Sedemund*, in: Hölters, VIII Rz. 1 ff.
5 Vgl. aber auch Abkommen zwischen den Europäischen Gemeinschaften und der Regierung der Vereinigten Staaten von Amerika über die Anwendung ihrer Wettbewerbsregeln, ABl. EG 1995 Nr. L 95, S. 47–52, sowie den Beschluss des Rates und der Europäischen Kommission hierzu vom 10.4.1995, ABl. EG 1995 Nr. L 95, S. 45–46; dazu *Immenga*, in: MünchKomm, IntWettb/IntKartR Rz. 94 ff.

manns"-Entscheidung des KG (Rz. 4512) grundsätzlich nur die EU-internen Wirkungen eines Zusammenschlusses untersagen wird[1].

Unterliegt ein Zusammenschluss der FKVO, kommt daneben eine (kumulative) Anwendung des nationalen Wettbewerbsrechts nicht in Betracht (Art. 21 Abs. 2 und 3 FKVO, § 35 Abs. 3 GWB). Eine Anmeldung oder Anzeige beim BKartA ist insoweit also nicht erforderlich[2]. 4519

Aber auch nach In-Kraft-Treten der FKVO unterliegen Gemeinschaftsunternehmen noch den **Wettbewerbsbestimmungen des EG-Vertrags** (Art. 81 und 82 EG)[3]. Eine wettbewerbsrechtliche Verhaltenskontrolle nach Art. 81 EG findet statt, soweit ein Zusammenschluss kooperativen Charakter hat. Unzulässig sind danach alle wettbewerbsbehindernden Vereinbarungen, die den Handel zwischen den Mitgliedstaaten beeinträchtigen können und mit dem gemeinsamen Markt unvereinbar sind. Allerdings kann die EG-Kommission eine wettbewerbsbehindernde Vereinbarung im Wege der Freistellung legalisieren. An eine von der EG-Kommission auf Grund von Art. 81 oder 82 EG erlassene Entscheidung ist das BKartA gebunden[4]. 4520

Frei. 4521–4530

VI. Genehmigungserfordernisse, Ausländerrecht

Öffentlichrechtliche und insbesondere verwaltungsrechtliche Voraussetzungen des Unternehmenserwerbs folgen grundsätzlich dem **Territorialitätsprinzip**, so dass sie regelmäßig anerkannt werden, wenn sich der rechtsetzende Staat in den Grenzen seiner Macht, das heißt innerhalb seines Staatsgebiets betätigt hat[5]. Die ihnen zugrundeliegenden Vorschriften können mithin nicht durch Wahl eines anderen Statuts umgangen werden. 4531

Hierher gehört etwa die Bestimmung des deutschen **Außenwirtschaftsrechts**, wonach der Erwerb von mindestens 25 % der Stimmrechtsanteile durch Ausländer an deutschen Unternehmen im Rüstungsbereich untersagt werden kann, um wesentliche nationale Sicherheitsinteressen zu gewährleisten (§ 7 Abs. 2 Nr. 5 AWG, § 52 AWV). Darüber hinausgehend hat der Gesetzgeber ein allgemeines Untersagungsrecht für den Fall eingeführt, dass ein außereuropäi- 4532

---

1 Bejahend *Sedemund*, in: Hölters, VIII Rz. 228.
2 *Mestmäcker/Veelken*, in: Immenga/Mestmäcker, GWB, 4. Aufl. (2007), § 35 GWB Rz. 41.
3 Zum Verhältnis der Wettbewerbsregel in Art. 81 und 82 EG zur FKVO und zum GWB *Mestmäcker/Veelken*, in: Immenga/Mestmäcker, GWB, 4. Aufl. (2007), § 35 GWB Rz. 39 ff.; *Immenga*, in: MünchKomm, IntWettbR/IntKartR Rz. 1 ff.; *Holzapfel/Pöllath*, Rz. 129; *Sedemund*, in: Hölters, VIII Rz. 300 ff.; überblicksartig zu neueren Entwicklungen *Weitbrecht/Mühle*, EuZW 2008, 551.
4 Art. 16 Abs. 2 der Verordnung (EG) Nr. 1/2003 des Rates vom 16.12.2002 zur Durchführung der in den Artikeln 81 und 82 des Vertrags niedergelegten Wettbewerbsregeln, ABl. EG 2003 Nr. L 1, S. 1 ff.
5 Näher *Kegel/Schurig*, § 23 I 2.

scher Investor mindestens 25 % der Stimmrechtsanteile an einem deutschen Unternehmen erwerben will und dieser Erwerb die deutsche öffentliche Ordnung oder Sicherheit gefährdet[1]. Vergleichbare Veräußerungsbeschränkungen gibt es auch in ausländischen Rechten[2]. Verschiedentlich bedarf die Veräußerung eines Unternehmens an Ausländer der behördlichen Genehmigung, soweit zum Unternehmensvermögen Immobiliarvermögen zählt. Beispielsweise schreiben die Grundverkehrsgesetze verschiedener österreichischer Bundesländer vor, dass eine behördliche Genehmigung für den Liegenschaftserwerb erforderlich ist, wenn die Mehrheitsbeteiligung an einer AG oder GmbH an einen Ausländer veräußert wird[3]. Auch andere Rechtsordnungen kennen vergleichbare Beschränkungen oder Erwerbsverbote[4].

4533 **Ausländerrechtliche Schranken** beurteilen sich ebenfalls nach dem Territorialitätsgrundsatz[5].

4534–4550 Frei.

VII. Zusammenfassung mit Handlungsanleitung

1. Anteilskauf (Share Deal)

4551 Der Erwerb eines Unternehmens durch einen *share deal* unterliegt nicht dem UN-Kaufrecht. Das **anwendbare Sachrecht** ist vielmehr über die Rom I-Verordnung zu bestimmen. Danach können (und sollten) die Parteien das auf den Kaufvertrag anwendbare Recht vertraglich festlegen (Art. 3 Rom I-VO). Eine entsprechende **Rechtswahlklausel**, die sicherheitshalber das UN-Kaufrecht abwählt, könnte wie folgt lauten:

„Dieser Vertrag unterliegt deutschem Recht. Das Wiener UN-Übereinkommen über Verträge über den internationalen Warenkauf (CISG) ist unanwendbar."

Bei **fehlender Wahl** unterliegt der Vertrag regelmäßig dem Recht des Staates, in dem der Verkäufer im Zeitpunkt des Vertragsschlusses seinen gewöhnlichen Aufenthalt hat (Art. 4 Abs. 2 Rom I-VO).

---

1 §§ 7 Abs. 2 Nr. 6 AWG, 53 AWV des 13. Gesetzes zur Änderung des Außenwirtschaftsgesetzes und der Außenwirtschaftsverordnung vom 18.4.2009, BGBl. I 2009, 770; dazu von *Rosenberg/Hilf/Klappe*, DB 2009, 831.
2 So etwa in den USA der Defense Production Act 1950 und der Investment and National Security Act 2007; im Vereinigten Königreich Section 11 des Industry Act 1975.
3 *Brugger*, Unternehmenserwerb, S. 66.
4 Bis zur Revision der Lex Friedrich (nunmehr Lex Koller) am 30.4.1997 galten auch im Schweizer Recht vergleichbare Beschränkungen. Nunmehr ist Ausländern der „Erwerb von Betriebsgrundstücken und von Beteiligungen an Gesellschaften, die solche Grundstücke halten", gestattet; vgl. *Baumgartner/Hauser*, SZW/RSDA 1999, 86.
5 *Eschelbach*, MittRheinNotK 1993, 173 (183); *Ulmer*, in: Ulmer/Habersack/Winter, GmbHG (2005), § 1 GmbHG Rz. 42 ff., § 2 GmbHG Rz. 70; näher dazu *Merkt*, Internationaler Unternehmenskauf, Rz. 656 ff.

Das **Vertragsstatut regelt** die Einigung und materielle Wirksamkeit des Vertrags (Art. 10 Rom I-VO) sowie die in Art. 12 Rom I-VO genannten Gegenstände. Danach ist das Vertragsstatut unter anderem maßgebend für die Auslegung des Vertrags sowie die Nichtigkeitsfolgen. Diese Gegenstände werden daher von einer wirksamen Rechtswahl erfasst.

Das **Vertragsstatut regelt** nicht die Erfüllungshandlungen und damit nicht die Übertragung der veräußerten Geschäftsanteile (Verfügungsgeschäft). Auch weitere gesellschaftsrechtliche Fragen unterliegen nicht dem Vertragsstatut, sondern dem Gesellschaftsstatut der veräußerten Gesellschaft. Dies gilt beispielsweise für gesellschaftsinterne Mitteilungs- und Bekanntmachungspflichten sowie etwaige Zustimmungserfordernisse.

Formfragen werden separat angeknüpft. Es ist zu unterscheiden zwischen Verpflichtungs- und Verfügungsgeschäft. Beim Verpflichtungsgeschäft unterliegen Formfragen dem Vertragsstatut oder alternativ dem Ortsstatut (Art. 11 Abs. 1 Rom I-VO). Die Parteien können darüber hinaus das Formstatut vertraglich wählen und nach umstrittener Ansicht durch Teilrechtswahl einem Recht unterstellen, welches für das Rechtsgeschäft im Unterschied zum Vertragsstatut keine oder eine einfachere Form verlangt.

Auch Formfragen des Verfügungsgeschäfts werden nach herrschender Ansicht gesondert angeknüpft, und zwar über Art. 11 Abs. 1 EGBGB. Geschäftsstatut ist das Gesellschaftsstatut.

In der Praxis taucht bei den Parteien häufig der Wunsch auf, bei einer dem deutschen Recht unterliegenden **Veräußerung über GmbH-Geschäftsanteile** die nach dem deutschen Geschäftsstatut geforderte Beurkundung durch einen ausländischen Notar zu erfüllen. Nach der Rechtsprechung des BGH genügt eine Auslandsbeurkundung jedenfalls dann, wenn sich im Rahmen der Substitution die Gleichwertigkeit sowohl der ausländischen Urkundsperson als auch des Beurkundungsvorgangs ergibt. Dies ist stets im Einzelfall zu prüfen. Bei der in der Praxis besonders bedeutsamen Beurkundung durch schweizerische Notare muss die Gleichwertigkeit je nach Kanton geprüft werden.

Werden **Anteile an einer ausländischen Gesellschaft** erworben und unterliegt das Verpflichtungsgeschäft dem deutschen Recht, stellt sich die Frage, ob das für die deutsche GmbH geltende Beurkundungserfordernis aus § 15 Abs. 4 GmbHG greift. Gesicherte Rechtsprechung fehlt. Die Parteien sollten daher entweder den ganzen Kaufvertrag einem ausländischen Vertragsstatut unterstellen oder – wenngleich umstritten – im Vertrag ausdrücklich regeln, dass sich die Formerfordernisse für den Kaufvertrag ausschließlich nach dem ausländischen Gesellschaftsstatut und nicht nach dem Vertragsstatut richten (Teilrechtswahl). Eine entsprechende Teilrechtswahl könnte wie folgt formuliert werden:

„Dieser Vertrag unterliegt deutschem Recht. Dies gilt jedoch nicht für seine Form; insoweit ist das Recht anwendbar, dem die Gesellschaft unterliegt."

Kommt dies nicht in Betracht, sollte der Vertrag sicherheitshalber von einem deutschen Notar beurkundet werden.

2. Kauf der Wirtschaftsgüter (Asset Deal)

4552 Der asset deal unterfällt nach ganz herrschender Ansicht **nicht dem UN-Kaufrecht**. Dies gilt jedenfalls dann, wenn der warenkaufrechtliche Teil vom sonstigen Teil mengen- oder wertmäßig überwogen wird. Sicherheitshalber ist jedoch zu empfehlen, dass UN-Kaufrecht abzuwählen. Eine Formulierung verbunden mit einer **Rechtswahlklausel** könnte lauten:

„Dieser Vertrag unterliegt deutschem Recht. Das Wiener UN-Übereinkommen über Verträge über den internationalen Warenkauf (CISG) ist unanwendbar."

Die Parteien dürfen also wie beim Anteilskauf das **anwendbare Recht** wählen (Art. 3 Rom I-VO). Bei **fehlender Wahl** unterliegt der Kaufvertrag regelmäßig dem Recht am Ort des veräußernden Rechtsträgers des Unternehmens (Art. 4 Abs. 2 Rom I-VO).

Das **Vertragsstatut** entscheidet über das Zustandekommen und die Wirksamkeit des Vertrags (Art. 10 Rom I-VO) sowie insbesondere über seine Auslegung sowie die Folgen der Nichtigkeit (Art. 12 Rom I-VO). Dem **Vertragsstatut unterliegen** dagegen nicht Fragen des Vollzugs des Verpflichtungsgeschäfts (Verfügungsgeschäfte). Vielmehr gelten für den Vollzug (Übereignung, Abtretung, Übertragung) folgende Regeln:

– körperliche Mobilien: Recht am jeweiligen Lageort

– Wertpapiere: Wertpapierrechtsstatut und Wertpapiersachstatut

– Fuhrpark: Belegenheitsrecht mit Modifikationen

– Immobilien: Belegenheitsrecht

– Forderungen: Vertragsstatut

– Schuld- und Vertragsübernahme: besondere Kollisionsregeln

– Firma: Gesellschaftsstatut des Firmenträgers

– Immaterialgüterrechte: Recht des Schutzlandes (streitig)

– unkörperliche Vermögenswerte: häufig bloßer Realakt, im Übrigen verschiedene Anknüpfungen

– Zustimmungserfordernisse des veräußernden Rechtsträgers: Gesellschaftsstatut des veräußernden Rechtsträgers

Formfragen des Verpflichtungsgeschäfts werden selbstständig angeknüpft und unterliegen dem Vertragsstatut oder alternativ dem Ortsstatut (Art. 11 Abs. 1 Rom I-VO). Die Parteien können nach umstrittener Ansicht durch Teilrechtswahl ein liberaleres Formstatut festlegen. Unterliegt der Kaufvertrag den deutschen Formvorschriften, ist § 311b Abs. 1 BGB zu beachten, sofern ein Grundstück mitveräußert wird. § 311b Abs. 3 BGB ist nach richtiger Ansicht unanwendbar.

Formfragen der Verfügungsgeschäfte unterliegen dem jeweiligen Geschäftsstatut oder alternativ dem Ortsstatut (Art. 11 Abs. 1 EGBGB). Bei Veräußerung eines in Deutschland belegenen Grundstücks gilt Art. 11 Abs. 4 EGBGB nF. Damit kann nur ein deutscher Notar die Auflassung beurkunden.

3. Vorvereinbarungen

Vorvereinbarungen (letter of intent, memorandum of understanding und Vorvertrag) sind selbstständig anzuknüpfen. Eine Rechtswahl ist möglich. Bei fehlender Wahl dürfte der enge sachliche Zusammenhang zwischen Vorvereinbarung und beabsichtigtem Kaufvertrag häufig zum Recht des Kaufvertrags führen. 4553

Frei. 4554–4560

B. Joint Venture

	Rz.		Rz.
I. Einleitung	4561	a) Besondere Vertragsarten und charakteristische Leistung	4622
II. Equity Joint Venture	4571	b) Engste Verbindung	4625
III. Projektgesellschaft	4581	aa) Projektgesellschaft	4627
1. Anknüpfung	4581	bb) Aktivitätszentrum	4635
2. Gründungstheorie	4583	cc) Gemeinsamer Sitz	4637
3. Sitztheorie	4584	dd) Überragende Stellung	4638
4. Reichweite	4586	ee) Weitere Hinweise	4639
IV. Joint Venture Vertrag	4591	ff) Kumulation von Sachnormen	4640
1. Qualifikation	4591	c) Engere Verbindung	4642
a) Inhalt und maßgebliches Statut	4591	4. Reichweite	4651
b) Vorgründungsabsprachen	4592	5. Form	4661
c) Gesellschafterabsprachen	4593	6. Eingriffsrecht	4671
aa) Gesellschaftsstatut	4595	**V. Zusatzverträge**	4681
bb) Eigenes Statut	4598	1. Wählbare Rechte	4682
d) Vertragsstatut oder Gesellschaftsstatut	4601	2. Stillschweigende Wahl	4683
aa) Gesellschaftsvertrag	4601	3. Fehlende Wahl	4686
bb) Organisation	4603	a) Akzessorische Anknüpfung	4687
2. Rechtswahl	4611	b) Abwägung	4690
a) Wählbare Rechte	4612	**VI. Contractual Joint Venture**	4701
b) Stillschweigende Wahl	4614	**VII. Zusammenfassung mit Handlungsanleitung**	4711
c) Teilwahl	4617		
3. Fehlende Wahl	4621		

Literatur zum Deutschen Sachrecht: *Ebenroth*, Das Verhältnis zwischen joint venture-Vertrag, Gesellschaftsvertrag und Investitionsvertrag, JZ 1987, 265; *Schulte/Pohl*, Joint Venture-Gesellschaften, 2. Aufl. (2008); *Ropohl/Schulz*, Gestaltungsmöglichkeiten zur Strukturierung eines Joint Venture Unternehmens, GmbHR 2008, 561; *Schäfer/Kahlenberg*, Das Gemeinschaftsunternehmen – Wirtschaft, Recht, Steuern, WiB 1994, 4; *Schulte/Schwindt/Kuhn*, Joint Ventures (2009); *Schulte/Sieger*, „Russian Roulette" und „Texan Shoot Out", NZG 2005, 24; *Sieger/Hasselbach*, Notarielle Beurkundung von Joint Venture Verträgen, NZG 1999, 485; *Wilde*, Joint Venture: Rechtliche Erwägungen für und wider die Errichtung eines Gemeinschaftsunternehmens, DB 2007, 269; *Wortmann*, Durchgriffshaftung im Joint Venture: Zugleich ein Beitrag zu den rechtlichen Grundlagen des Joint Venture (1995) (mit einem Abschnitt zum Internationalen Privatrecht).

Literatur zum Internationalen Privatrecht: *Braun*, Joint Ventures im amerikanischen und deutschen internationalen Privatrecht: Inhalt und Grenzen des Vertragsstatuts (2000); *Fischer-Zernin*, Joint Venture-Strukturen im internationalen Steuerrecht und Gesellschaftsrecht, IWB 1997/9 Fach 10, International, Gruppe 2, 1273; *Göthel*, Internationales Privatrecht des Joint Ventures, RIW 1999, 566; *Göthel*, Joint Ventures im Internationalen Privatrecht – Ein Vergleich der Rechte Deutschlands und der USA (1999); *von der Seipen*, Akzessorische Anknüpfung und engste Verbindung im Kollisionsrecht der komplexen Vertragsverhältnisse (1989); *Terlau*, Das Internationale Privatrecht der Gesellschaft bürgerlichen Rechts (1999); *Walden*, Das Kollisionsrecht der Personengesellschaften im deutschen, europäischen und US-amerikanischen Recht (2001); *Zweigert/von Hoffmann*, Zur internationalen Joint Venture, Festschr. Martin Luther (1976), S. 203.

Literatur zu Internationalen Joint Ventures: *Albach*, Joint Ventures: Praxis internationaler Unternehmenskooperationen (1991); *Altin-Sieber*, Joint Ventures, Technologietransfer und -schutz (1996); *Ehinger*, Vertragsrahmen des industriellen internationalen Equity Joint Venture, in: Nicklisch (Hrsg.), Der komplexe Langzeitvertrag (1987), S. 187–198; *Baptista/Durand-Barthez*, Les associations d'entreprises (Joint Ventures) dans le commerce international, 2. Aufl. (Paris 1991); *Funke*, Technologietransfer in internationalen Corporate Joint Ventures (1998); *Inkpen*, The Management of International Joint Ventures: An Organizational Learning Perspective (London 1995); *Karalis*, International Joint Ventures: A Practical Guide (St. Paul 1992); *Langefeld-Wirth* (Hrsg.), Joint Ventures im internationalen Wirtschaftsverkehr (1990); *Langefeld-Wirth*, Rechtsfragen des Internationalen Gemeinschaftsunternehmens – Joint Venture, RIW 1990, 1; *Rumer*, Internationale Kooperationen und Joint Ventures: Standortvorteile nutzen, neue Märkte und Technologien erschließen (1994); *Schaumburg*, International Joint Ventures: Management, Besteuerung, Vertragsgestaltung (1999); *Sornarajah*, Law of International Joint Ventures (Singapur 1992); *Stinemetz*, International Joint Ventures: A Practical Guide to Legal and Business Considerations, International Quarterly 11 (1999), 179; *Wächtershäuser*, Das Gesellschaftsrecht des internationalen Joint Ventures (1992); *Wolf*, A Guide to International Joint Ventures with Sample Clauses, 2. Aufl. (London 1998).

Europa: *Immenga/Stopper*, Die europäischen und US-amerikanischen Leitlinien zur horizontalen Kooperation, RIW 2001, 241; *Opgenhoff*, Behandlung von Gemeinschaftsunternehmen nach der EG-Fusionskontrollverordnung, EWS 1999, 372; *Vetter*, Konzentrative und kooperative Gemeinschaftsunternehmen nach EG-Kartellrecht (1996).

Rechtsvergleichend/Mehrere Länder: *Clausen*, Ausgewählte Rechtsfragen bei der Gründung von Joint Ventures in Osteuropa (Polen und Ungarn) und Lateinamerika (Brasilien und Mexiko) (1996); *Ellison/Kling* (Hrsg.), Joint Ventures in Europe, 2. Aufl. (London 1997) (Europäische Union, Belgien, Frankreich, Deutschland, Italien, Niederlande, Spanien, Schweden, Schweiz, Vereinigtes Königreich); *Hewitt*, Joint Ventures, 3. Aufl. (London 2005) (Belgien, Brasilien, China, Vereinigtes Königreich, Tschechische Republik, Frankreich, Deutschland, Ungarn, Italien, Niederlande, Russland, Spanien Thailand); *Keller/Knigge*, Joint Ventures in den GUS-Staaten: Vorbereitung – Gründung – Chancen und Perspektiven (1995); *Langefeld-Wirth* (Hrsg.), Joint Ventures im Internationalen Wirtschaftsverkehr (1990) (Ägypten, Belgien, England, Frankreich, Griechenland, Italien, Japan, Niederlande, Polen, Saudi Arabien, Schweiz, Spanien, Tunesien, Türkei, USA, Vereinigte Arabische Emirate, China); *Möller*, Projektmanagement internationaler Joint Ventures: Methoden, Chancen und Risiken mit Beispielen aus Mittel- und Osteuropa (1999); *Paape*, Joint Ventures in Osteuropa unter besonderer Berücksichtigung der Republik Ungarn (1995); *Pilch*, Rechtliche Rahmenbedingungen für Ost-West-Joint Ventures (Ungarn, Polen, Russland, Weißrussland, Litauen, Albanien), OstEuR 1993, 42; *Tegen*, Joint Venture-Vertrag und Projektträgergesellschaft im amerikanischen und deutschen Recht (1998).

Einzelne Länder:

England: *Herzfeld/Wilson*, Joint Ventures, 3. Aufl. (Bristol 1996).

Indien: *Sauer*, Joint Ventures und Lizenzverfahren in Indien, RIW 1995, 993.

Indonesien: *Kilgus/Setiadarma*, Reformansätze im indonesischen Wirtschafts- und Investitionsrecht – Reaktion auf die Wirtschafts- und Währungskrise, RIW 1998, 522.

Japan: *Filliol*, Das internationale Joint Venture als Markterschließungsform in Japan (1994).

Kuba: *Brühl*, Joint Ventures in Kuba (1997).

Russland: *Thiel*, Joint Ventures in der Russländischen Föderation (1995).

Schweiz: *Huber*, Das Joint Venture im internationalen Privatrecht (Basel 1992); *Oertle*, Das Gemeinschaftsunternehmen (Joint Venture) im schweizerischen Recht (Zürich 1990); *Meier-Schatz* (Hrsg.), Kooperations- und Joint Venture-Verträge (Bern 1994).

Spanien: *Bals*, Gemeinschaftsunternehmen in Spanien – Praktische Hinweise, NZG 1998, 973.

Ungarn: *Blei*, Stabilität von Joint Ventures in Transformationsländern – Das Beispiel Ungarn (1998).

USA: *Göthel*, Internationales Gesellschaftsrecht in den USA: Die Internal Affairs Rule wankt nicht, RIW 2000, 904; *Göthel*, Joint Ventures im Internationalen Privatrecht – Ein Vergleich der Rechte Deutschlands und der USA (1999); *Horten/Kageneck*, Joint Venture in den USA (1996).

Vietnam: *Bullinger*, Deutsch-vietnamesische Joint Ventures: Aufbaumöglichkeiten für klein- und mittelständische Unternehmen (1995); *Hannappel/Kom Them Do*, Das neue Gesetz über ausländische Investitionen in Vietnam, RIW 1998, 520; *Hong Phan-Huy*, Das Recht der ausländisch-vietnamesischen Joint Ventures und die Rechtsverfolgung in Vietnam (2001); *Schmitz-Bauerdick*, Investitionen in Vietnam: Überblick über das reformierte Investitions-, Gesellschafts- und Steuerrecht, RIW 2009, 609.

Vereinigte Arabische Emirate: *Seifert*, Joint Ventures und Investitionen in den Vereinigten Arabischen Emiraten, RIW 2003, 537.

Volksrepublik China: *Diem*, Die Umwandlung chinesisch-deutscher Joint Ventures in allein kontrollierte Unternehmen, DB 1997, 2261; *Guo Guang*, Rechtsfragen der Gründung und des Betriebs von Joint Ventures in der Volksrepublik China (1998); *Guo Guang/Gärtner*, Finanzrechtliche Probleme bei Gründung und Betrieb eines Joint Ventures in der VR China, DZWir 1998, 98; *Jung*, Gründung eines Joint Venture-Unternehmens in der Volksrepublik China, RIW 1996, 117; *Küsell*, Handlungsoptionen für den China-Investor, RIW 1999, 362; *Schwartung*, Das Contractual Joint Venture als spezielle Kooperationsform am Beispiel der Erfahrungen westlicher Unternehmen in der Volksrepublik China (1995); *Zahn*, Die rechtliche Ausgestaltung von Joint Ventures als Form der internationalen Unternehmenskooperation mit der Volksrepublik China (1994).

I. Einleitung

4561 Der Begriff Joint Venture bezeichnet im weitesten Sinne jede Zusammenarbeit von Personen, die einen wirtschaftlichen Zweck verfolgen. Hierbei lässt sich zwischen Contractual Joint Venture und Equity Joint Venture unterscheiden. Das **Contractual Joint Venture** gleicht einer Personenvereinigung. Die Rechtsbeziehungen der Parteien erschöpfen sich regelmäßig in einem einzigen Joint Venture Vertrag (auch **Kooperationsvertrag** genannt). Er erfüllt die Merkmale eines einfachen Gesellschaftsvertrags[1].

4562 Bei einem **Equity Joint Venture** oder **Gemeinschaftsunternehmen** arbeiten die Partner durch eine Gesellschaft zusammen, die sie mit eigenem Kapital ausstatten. Diese Gesellschaft nennt man Projektgesellschaft[2]. Ein Joint Venture Vertrag (Kooperationsvertrag) bildet die Grundlage der Zusammenarbeit. Er ist ein alles übergreifender Vertrag, der während der gesamten Lebenszeit der Pro-

---

1 *Göthel*, Joint Ventures, S. 45 f.
2 *Langefeld-Wirth* (Hrsg.), Joint Ventures, S. 126.

jektgesellschaft gilt und ihre Tätigkeit steuert[1]. In sogenannten Zusatzverträgen regeln die Partner üblicherweise ihre Liefer- und Leistungsbeziehungen[2]. Ein Equity Joint Venture ist damit dreistufig aufgebaut:

- Projektgesellschaft
- Joint Venture Vertrag
- Zusatzverträge.

Beide Arten des Joint Venture sind nicht Gegenstand von sachrechtlichem oder kollisionsrechtlichem Einheitsrecht[3]. Das anwendbare Recht ist daher über staatsvertragliche oder autonome Kollisionsregeln zu bestimmen.

4563

Weder im deutschen Recht noch in ausländischen Rechtsordnungen bildet das Joint Venture eine Gesellschaftsform eigenen Typs[4]. Vielmehr sind beim Contractual Joint Venture der aus dem Joint Venture Vertrag fließende gesellschaftsrechtliche Zusammenschluss sowie beim Equity Joint Venture zusätzlich die Projektgesellschaft den jeweiligen Gesellschaftstypen des anwendbaren Rechts zuzuordnen[5]. Allerdings kann einheitliches Gesellschaftsrecht den Rückgriff auf nationales Gesellschaftsrecht für die Projektgesellschaft ersetzen oder zumindest ergänzen, wenn beispielsweise die supranationale Rechtsform einer Europäischen Gesellschaft (Societas Europaea, SE) oder einer Europäischen Wirtschaftlichen Interessenvereinigung (EWIV) gewählt wird[6].

4564

Im Folgenden wird zunächst das Equity Joint Venture und anschließend das Contractual Joint Venture behandelt. Hierbei wird die Anknüpfung nach der Rom I-Verordnung zugrunde gelegt. Die Verordnung gilt für Verträge, die nach dem 17.12.2009 geschlossen wurden. Verträge, die an oder vor diesem Datum geschlossen wurden, unterliegen regelmäßig den in der 6. Aufl. dargestellten Kollisionsregeln[7].

4565

---

1 *Hoffmann-Becking*, ZGR 23 (1994), 442 (444).
2 *Langefeld-Wirth* (Hrsg.), Joint Ventures, S. 73 ff.
3 Hingewiesen werden kann lediglich auf Vertragsmodelle, wie etwa die ITC Contractual Joint Venture Model Agreements, abrufbar unter http://www.jurisint.org/en/con/486.html (Stand: 1. August 2009). Hierbei handelt es sich aber lediglich um einen Mustertext für einen Joint Venture Vertrag. Dieser enthält eine Rechtswahlklausel und untersteht daher dem gewählten anwendbaren Recht.
4 Eine Ausnahme gilt im US-amerikanischen Recht; näher dazu *Merkt/Göthel*, US-amerikanisches Gesellschaftsrecht, 2. Aufl. (2006), Rz. 149 ff.
5 Für einen Überblick über verschiedene Länder s. die oben in den Literaturhinweisen genannten Werke.
6 Zur SE s. *Lutter/Hommelhoff*, SE-Kommentar (2008). *Van Hulle/Maul/Drinhausen*, Handbuch zur Europäischen Gesellschaft (SE) (2007); *Jannott/Frodermann*, Handbuch der Europäischen Aktiengesellschaft (2005); *Waclawlk*, DB 2006, 1827; zur EWIV s. *Salger/Neye*, in: Gummert/Riegger/Weipert, Münchener Handbuch des Gesellschaftsrechts, Bd. 1, 2. Aufl. (2004), § 94 Rz. 13 ff.; künftig könnte auch die Societas Privata Europaea (SPE) als Projektgesellschaft dienen, s. hierzu Entwurf der Europäischen Kommission für eine Verordnung über das Statut einer Societas Privata Europaea vom 25.6.2008, KOM (2008) 396, und dazu *Hommelhoff/Teichmann*, GmbHR 2008, 897; *Hadding/Kießling*, WM 2009, 145.
7 S. dort Rz. 1953 ff.

4566–4570 Frei.

II. Equity Joint Venture

4571 Im deutschen und europäischen Recht gibt es keine Kollisionsregel für Equity Joint Ventures. Vielmehr ist für die Anknüpfung zwischen Projektgesellschaft, Joint Venture Vertrag und Zusatzverträgen zu unterscheiden. Diese Rechtsverhältnisse stehen jedoch nicht beziehungslos nebeneinander. Denn bestimmte vertragliche Absprachen sind gesellschaftsrechtlich einzuordnen und unterstehen damit dem Statut der Projektgesellschaft. Und selbst bei getrennter Anknüpfung ist zu beachten, dass die Rechtsverhältnisse einem rechtlich und wirtschaftlich „größeren Ganzen" angehören und sich gegenseitig bei der Bestimmung des anwendbaren Rechts beeinflussen.

4572–4580 Frei.

III. Projektgesellschaft

1. Anknüpfung

4581 Die Projektgesellschaft unterliegt regelmäßig den Regeln des Internationalen Gesellschaftsrechts. Dies gilt ohne Weiteres, wenn sie als **Kapitalgesellschaft** zu qualifizieren ist. Für **Personengesellschaften** gelten diese Regeln ebenfalls, wenn sie eine **nach außen hervortretende Organisation** haben und am Rechtsverkehr teilnehmen[1]. In diesem Fall wird die Gesellschaft kollisionsrechtlich wie eine juristische Person behandelt. Nur wenn ausnahmsweise keine solche Organisation vorhanden ist, bestimmt sich das Statut nach den Regeln des Internationalen Schuldvertragsrechts[2] und damit nach der Rom I-Verordnung.

4582 Das Internationale Gesellschaftsrecht ist vom Anwendungsbereich der Rom I-Verordnung ausgenommen (Art. 1 Abs. 2 lit. f Rom I-VO) und bislang nicht kodifiziert[3]. Das Bundesministerium der Justiz hat zwar Anfang 2008 einen Entwurf für ein „Gesetz zum Internationalen Privatrecht der Gesellschaften, Vereine und juristischen Personen" vorgelegt, wonach Gesellschaften dem Recht des Staates unterliegen sollen, in dem sie registriert und damit grund-

---

1 BGH 17.12.1953, IPRspr. 1952/53 Nr. 20, S. 56; BGH 17.12.1953, LM § 105 HGB, Nr. 7, 536; OLG Karlsruhe 24.1.2001, NZG 2001, 748 (749); OLG Düsseldorf 15.1.1987, IPRspr. 1987 Nr. 9; *Terlau*, S. 118 ff.; *Thorn*, in: Palandt, Anh zu Art. 12 EGBGB Rz. 22; vgl. auch *Ebke*, Festg. 50 Jahre BGH (2000), S. 799 (813 ff.); näher zum Merkmal der Organisation *Göthel*, Joint Ventures, S. 68 ff.
2 BGH 17.12.1953, IPRspr. 1952/53 Nr. 20, S. 56; BGH 17.12.1953, LM § 105 HGB, Nr. 7, 536; OLG Karlsruhe 16.3.1998, NZG 1998, 500; OLG Düsseldorf 15.1.1987, IPRspr. 1987 Nr. 9; *Großfeld*, in: Staudinger, IntGesR Rz. 746 und 772; *Magnus*, in: Staudinger, Art. 28 EGBGB Rz. 626; *Kindler*, in: MünchKomm, IntGesR Rz. 266 ff.; *Thorn* in: Palandt, Anh. zu Art. 12 EGBGB Rz. 22; ebenso das schweiz. Recht in Art. 150 IPRG; s. dazu *Vischer/Huber/Oser*, Rz. 628 ff.
3 Zur Bedeutung von Staatsverträgen s. *Kindler*, in: MünchKomm, IntGesR Rz. 306 ff.

sätzlich gegründet sind; bei fehlender Registrierung soll das Recht gelten, nach dem die Gesellschaft organisiert ist[1]. Dieser Entwurf ist allerdings bislang nicht Gesetz geworden. Daher bleibt derzeit streitig, wie man die lex societatis ermittelt. Im Wesentlichen stehen sich zwei Ansichten gegenüber: Die eine will an den tatsächlichen Sitz der Gesellschaft anknüpfen (**Sitztheorie**), die andere grundsätzlich an das Recht des Staats, nach dem die Gesellschaft gegründet wurde (**Gründungstheorie**)[2]. Bis zu den grundlegenden Urteilen des EuGH in den Rechtssachen Centros[3], Überseering[4] und Inspire Art[5] herrschte in der deutschen Rechtsprechung und Literatur die Sitztheorie[6]. Nach diesen Entscheidungen ist sie allerdings auf Gesellschaften im Anwendungsbereich der Niederlassungsfreiheit nach Art. 43 und 48 EG innerhalb der Europäischen Gemeinschaft nicht mehr anwendbar[7]. Insoweit ist nunmehr von der Gründungstheorie auszugehen. Die Sitztheorie gilt derzeit allerdings weiterhin bei Gesellschaften aus Drittstaaten[8], sofern keine staatsvertraglichen Kollisionsnormen eingreifen[9]. Die Anknüpfung im deutschen Internationalen Gesellschaftsrecht ist daher derzeit gespalten. Möglich ist aber ein Übergang zur einheitlichen Geltung der Gründungstheorie, wenn sich die Rechtsprechung ändert oder der vorgelegte Referentenentwurf Gesetz werden sollte. Daher ist vor jeder Anknüpfung die zwischenzeitliche Rechtsentwicklung zu prüfen.

2. Gründungstheorie

Nach der Gründungstheorie unterliegt die Gesellschaft dem Recht des Staates, in dem sie gegründet wurde oder – so andere Vertreter – sie ihren **Satzungssitz** hat[10]. Der Referentenentwurf (s. oben Rz. 4582) stellt präzisierend grundsätz-

4583

---

1 Referentenentwurf vom 7. Januar 2008; hierzu etwa *Wagner/Timm*, IPRax 2008, 81.
2 Einen Überblick über weitere Lehren gibt *Kindler*, in: MünchKomm, IntGesR Rz. 367 ff.
3 EuGH 9.3.1999 – Rs. C-212/97 (Centros), NJW 1999, 2027.
4 EuGH 5.11.2002 – Rs. C-208/00 (Überseering), RIW 2002, 945 und dazu BGH 13.3.2003, RIW 2003, 474.
5 EuGH 30.9.2003 – Rs. C-167/01 (Inspire Art), JZ 2004, 37.
6 RG 9.3.1904, JW 1904, 231; BGH 11.7.1957, BGHZ 25, 134 (144); BGH 17.10.1968, BGHZ 51, 27 (28); *Ebke*, ZGR 16 (1987), 245 (246); *Kegel/Schurig*, § 17 II, S. 572 ff.; *Assmann*, in: Hopt/Wiedemann, Großkomm AktG, 4. Aufl. (1992), Einl. Rz. 540 ff.; *Großfeld*, in: Staudinger, IntGesR Rz. 38 ff.
7 S. zu den Urteilen des EuGH etwa *Merkt*, RIW 2003, 458; *Leible/Hoffmann*, ZIP 2003, 925; *Ebke*, JZ 2003, 927; *Zimmer*, NJW 2003, 3585; *Eidenmüller*, JZ 2004, 24; *Behrens*, IPRax 2004, 20; s. aber abweichend für die Vereinbarkeit von Wegzugsbeschränkungen mit der Niederlassungsfreiheit EuGH 16.12.2008 – Rs. C-210/06 (Cartesio), BB 2009, 11.
8 Dies gilt auch für schweiz. Aktiengesellschaften, s. BGH, 27.10.2008, WM 2009, 20, anders noch die Vorinstanz OLG Hamm, 26.5.2006, ZIP 2006, 1822 (Gründungstheorie).
9 So gilt etwa im Verhältnis zu den USA die Gründungstheorie aufgrund von Art. XXV Abs. 5 S. 2 des deutsch-amerikanischen Freundschafts-, Handels- und Schifffahrtsvertrags vom 29.10.1954; s. BGH 29.1.2003, RIW 2003, 473; zur Bedeutung anderer Staatsverträge s. *Kindler*, in: MünchKomm, IntGesR Rz. 306 ff.
10 Vgl. *Zimmer*, in: K. Schmidt/Lutter, AktG (2008), IntGesR Rz. 8; *Kindler*, in: MünchKomm, IntGesR Rz. 407; zur Gründungstheorie s. *Behrens*, Internationales Gesell-

lich auf das Recht am Ort der Registrierung ab. Entscheidend ist damit der Wille der Joint Venture Partner. Der Satzungssitz lässt sich leicht urkundlich nachweisen, beispielsweise durch einen Handelsregisterauszug aus dem betreffenden Staat oder durch die Bescheinigung eines örtlichen Notars[1] (s. näher zur Gründungstheorie unten Rz. 5036 f.).

3. Sitztheorie

4584 Nach der Sitztheorie ist entscheidend, wo der **tatsächliche Verwaltungssitz** liegt (effektiver Sitz, siège réel, centre d'administration, place of central administration). Das Recht des Forumstaates entscheidet, wie der Verwaltungssitz zu definieren ist. Bei Verfahren vor deutschen Gerichten gilt daher deutsches Recht[2]. Nach dem BGH ist der Verwaltungssitz „der Tätigkeitsort der Geschäftsführung und der dazu berufenen Vertretungsorgane, also der Ort, wo die grundlegenden Entscheidungen der Unternehmensleitung effektiv in laufende Geschäftsführungsakte umgesetzt werden"[3]. Sollte der Verwaltungssitz in mehreren Staaten liegen, entscheidet der Sitz des wichtigsten Teils der Hauptverwaltung. Ein doppelter Verwaltungssitz ist ausgeschlossen, weil er das Gesellschaftsstatut spalten und zu Normenhäufungen führen würde[4] (s. näher zur Sitztheorie unten Rz. 5033 ff.).

4585 Regelmäßig nicht entscheidend ist der Ort, von dem aus die Joint Venture Partner die Projektgesellschaft steuern. Denn die Partner legen nur die großen Zielvorgaben fest und stellen die wesentlichen Weichen (Grundsatzentscheidungen). Erst die Organe der Projektgesellschaft setzen diese Beschlüsse um, indem sie selbst organisieren, leiten und finanzieren. Und nur auf diese Tätigkeit kommt es an[5]. Sollten die Joint Venture Partner dagegen nicht nur die „großen" Entscheidungen treffen, sondern auch das Tagesgeschäft organisieren, liegt der effektive Verwaltungssitz nicht am Ort der Projektgesellschaft, sondern an dem Ort, von dem aus die Partner die gemeinsame Gesellschaft lenken[6].

4. Reichweite

4586 In Deutschland herrscht nach wie vor traditionell die **Einheitslehre**. Danach unterfallen alle gesellschaftsrechtlichen Fragen regelmäßig dem durch die Gründungstheorie oder Sitztheorie bestimmten Personalstatut der Gesell-

---

schaftsrecht und Fremdenrecht, in: Behrens (Hrsg.), Die Gesellschaft mit beschränkter Haftung im internationalen und europäischen Recht, 2. Aufl. (1997), Rz. IPR 20 ff.; zur Gründungstheorie in den USA *Göthel*, RIW 2000, 904.

1 *Kindler*, in: MünchKomm, IntGesR Rz. 408.
2 *Kindler*, in: MünchKomm, IntGesR Rz. 436.
3 BGH 21.3.1986, BGHZ 97, 269 (272), im Anschluss an *Sandrock*; so auch BFH 12.6.1995, IPRspr. 1995 Nr. 2, S. 36.
4 *Großfeld*, in: Staudinger, IntGesR Rz. 235.
5 Vgl. *Sandrock*, Festschr. Beitzke (1979), 669 (683).
6 *Göthel*, Joint Ventures S. 118; vgl. auch *Ebenroth*, JZ 1987, 265 (267); *Langefeld-Wirth* (Hrsg.), Joint Ventures, S. 133.

schaft, weil eine Gesellschaft nur gut arbeiten kann, wenn die Einheit ihrer Rechtsstellung gesichert ist[1]. Die lex societatis bestimmt, „unter welchen Voraussetzungen die juristische Person entsteht, lebt und vergeht"[2]. Sie entscheidet daher regelmäßig über alle Fragen, welche die inneren und äußeren Verhältnisse der Projektgesellschaft betreffen. Im Einzelnen gehören dazu die Entstehung der Gesellschaft, ihre Rechtsfähigkeit und innere Verfassung, die internen Beziehungen zwischen der Gesellschaft und ihren Mitgliedern sowie deren Beziehungen untereinander, die Vertretung nach außen und die Haftung, die Rechnungslegung und die Abschlussprüfung, die Auflösung, Abwicklung und Beendigung der Gesellschaft sowie die gesellschaftsrechtlichen Auswirkungen der Eröffnung eines Insolvenzverfahrens[3]. Umstritten ist, inwieweit für die inneren Verhältnisse eine materiellrechtliche Verweisung durch die Parteien möglich ist[4].

Frei. 4587–4590

IV. Joint Venture Vertrag

1. Qualifikation

a) Inhalt und maßgebliches Statut

Ein typischer Joint Venture Vertrag enthält eine Vielzahl von Regelungen, die sich nicht direkt auf die Projektgesellschaft beziehen, sondern lediglich das Verhältnis der Partner untereinander betreffen. Hierzu gehören beispielsweise Regelungen über die Konfliktbewältigung im Fall eines Deadlock, Kündigungsmöglichkeiten sowie Verkaufs- und Ankaufspflichten (Call- und Put-Optionen) der Joint Venture Partner bei Eintritt bestimmter Situationen, etwa eines Kontrollwechsels auf der Gesellschafterebene eines Partners oder einer Konfliktsituation. Gleichzeitig finden sich in einem Joint Venture Vertrag jedoch zahlreiche Absprachen mit direktem Bezug zur gemeinsamen Gesellschaft. Zu denken ist an Abreden über ihre Gründung, ihre Rechtsform, die Besetzung und Abberufung ihrer Organe, ihre Kapitalstruktur, die Arbeitsweise der Geschäftsführungs- und Kontrollorgane, die Personalpolitik, das Rechnungs- und Berichtswesen oder Stimmrechtsbindungen. Für die letztgenannten Vertragspunkte fragt sich, ob sie einem eigenen Statut unterliegen können. Denn aufgrund der Einheitslehre unterfallen alle gesellschaftsrechtlichen Fragen regel- 4591

---

[1] BGH 5.11.1980, BGHZ 78, 318 (334) = NJW 1981, 522 (525); *von Bar*, II Rz. 622; *Großfeld*, in: Staudinger, IntGesR Rz. 16 und 249 f.; hiervon geht auch der Referentenentwurf des Bundesministeriums der Justiz für ein „Gesetz zum Internationalen Privatrecht der Gesellschaften, Vereine und juristischen Personen" aus (s. dessen Art. 10 Abs. 2 EGBGB-E) (vgl. zum Entwurf oben Rz. 4582).

[2] BGH 11.7.1957, BGHZ 25, 134 (144).

[3] RG 27.5.1910, RGZ 73, 366 (367); *Kaligin*, DB 1985, 1449 (1451); zu den Einzelheiten *Kindler*, in: MünchKomm, IntGesR Rz. 520 ff. *Hirte*, in: Hirte/Bücker, Grenzüberschreitende Gesellschaften, 2. Aufl. (2006), Rz. 44 ff.

[4] Näher dazu *Göthel*, RIW 1998, 566 (567 f.); *Großfeld*, in: Staudinger, IntGesR Rz. 758 und 389 ff.

mäßig dem Statut der Projektgesellschaft (Rz. 4587). Für die Beantwortung dieser Frage lässt sich auf die bekannte Unterscheidung zwischen Vorgründungsabsprachen und schuldrechtlichen Gesellschafterabsprachen zurückgreifen.

b) Vorgründungsabsprachen

4592 Bis zur Errichtung der Projektgesellschaft dominieren im Joint Venture Vertrag die Abreden, die sich auf ihre Gründung beziehen. Solche Vereinbarungen unterliegen einem **eigenen Statut**[1]. Dies entschied schon das RG, als es darüber befinden musste, welchem Recht ein Vorgründungsvertrag unterliegt, der sich auf eine brasilianische Aktiengesellschaft bezieht: „Selbstverständlich kann ein Vertrag auf Gründung einer Gesellschaft im Ausland unter Erfüllung der dortigen Vorschriften nach inländischem Recht geschlossen werden [...]"[2]. Diese Einordnung ist richtig, weil der Vorgründungsvertrag keine Voraussetzung für die Wirksamkeit der Gründung ist. Er verpflichtet lediglich dazu, eine Gesellschaft nach den maßgeblichen Vorschriften zu schaffen[3]. Daher gibt es keinen Grund, ihn dem Gesellschaftsstatut zu unterwerfen. Für den Joint Venture Vertrag im Besonderen wird angeführt, es sei zwischen Verpflichtungsgeschäft und Vollzugsgeschäft zu unterscheiden: Der Joint Venture Vertrag sei die Verpflichtung, die Projektgesellschaft zu errichten. Die nachfolgende Errichtung vollziehe einen Teil dieses Vertrags. Beide Geschäfte seien rechtlich selbständig und dürften damit unterschiedlichen Rechten unterfallen[4].

c) Gesellschafterabsprachen

4593 Sobald die Projektgesellschaft besteht, wirkt der Joint Venture Vertrag regelmäßig wie eine schuldrechtliche Nebenabrede zwischen Gesellschaftern (Gesellschaftervereinbarung)[5]. Die Joint Venture Partner sind nun in aller Regel auch Gesellschafter ihrer Projektgesellschaft, und neben deren Gesellschaftsvertrag besteht der Joint Venture Vertrag fort.

4594 Für die Anknüpfung schuldrechtlicher Gesellschafterabsprachen ist nach deren Inhalt zu unterscheiden. Maßgeblich ist, ob sich die Vereinbarung auf die Stellung als Gesellschafter oder allgemein die Struktur der Gesellschaft aus-

---

1 BGH 27.1.1975, IPRspr. 1975 Nr. 6, S. 10 = WM 1975, 387; *Göthel*, Joint Ventures, S. 62 f.; *Großfeld*, in: Staudinger, IntGesR Rz. 257; *Magnus*, in: Staudinger, Art. 28 EGBGB Rz. 625; *Kindler*, in: MünchKomm, IntGesR Rz. 776; *Lüderitz*, in: Soergel, Art. 10 EGBGB Anh. Rz. 25; *Assmann*, in: Hopt/Wiedemann, Großkomm AktG, 4. Aufl. (1992), Einl. Rz. 572; *Thorn*, in: Palandt, Anh. zu Art. 12 EGBGB Rz. 10; *Westermann*, in: Scholz, GmbHG, 10. Aufl. (2006), Bd. 1 Einl. Rz. 126.
2 RG 4.3.1930, IPRspr. 1931 Nr. 11, S. 27.
3 *Kindler*, in: MünchKomm, IntGesR Rz. 524; s. auch BGH 17.12.1952, LM § 705 BGB, Nr. 3.
4 *Zweigert/von Hoffmann*, Festschr. Luther (1976), S. 203 (206); *Großfeld/Kötter*, IPRax 1983, 60 (61); *von Hoffmann*, in: Soergel, Art. 28 EGBGB Rz. 280.
5 *Hoffmann-Becking*, ZGR 23 (1994), 442 (444 f.); *Langefeld-Wirth* (Hrsg.), Joint Ventures, S. 153; *Priester*, in: Priester/Mayer, Münchener Handbuch des Gesellschaftsrechts, Bd. 3, 2. Aufl. (2003), § 21 Rz. 3.

wirkt. Kann man dies verneinen, ist das anwendbare Recht selbständig zu bestimmen. Die Abrede unterliegt damit insoweit einem eigenen Statut. Greift sie hingegen in die Struktur der Gesellschaft ein, unterliegt sie insoweit deren Statut. Denn an solchen Abreden hat das Gesellschaftsstatut ein anerkanntes Interesse[1]. Der BGH hat hierzu vor Inkrafttreten der Rom I-Verordnung ausgeführt: „Sollte die Vereinbarung der Parteien als internationaler Schuldvertrag zu qualifizieren sein, ist nach den bisherigen Feststellungen des Berufungsgerichts das türkische materielle Schuldrecht berufen. [...] Falls die erneute Verhandlung ergeben sollte, dass die Vereinbarung der Parteien gesellschaftsrechtlich zu qualifizieren ist, bestimmt sich das anwendbare Recht gem. Art. 37 Nr. 2 EGBGB grundsätzlich nicht nach dem internationalen Schuldvertragsrecht der Art. 27 ff. EGBGB, sondern nach dem internationalen Gesellschaftsrecht. [...] Soweit Gesellschafter schuldrechtliche Vereinbarungen treffen, die nicht in die Struktur der Gesellschaft eingreifen, ist bei fehlender Rechtswahl für diese Vereinbarung das maßgebliche Recht nach Art. 28 EGBGB zu bestimmen"[2]. Diese Abgrenzung sollte auch unter der Rom I-Verordnung gelten.

aa) Gesellschaftsstatut

Die **Gesellschafterstellung** wird etwa verändert, wenn ein Gesellschafter Sonderrechte (zum Beispiel Informations- oder Einflussrechte) erhält, die ihm nach dem anwendbaren Recht der Projektgesellschaft nicht zustehen oder nicht zugelassen sind. Zu denken ist an Absprachen, in denen ein Mehrheitsgesellschafter sich verpflichtet, nach den Weisungen eines Minderheitsgesellschafters zu handeln. Gleiches gilt, wenn dem Minderheitsgesellschafter Sperrminoritäten oder Vetorechte eingeräumt sind[3].

4595

Die Gesellschafterstellung und die **Struktur der Gesellschaft** sind ebenfalls betroffen, wenn Zuständigkeiten der Gesellschafter oder Organe verschoben werden. Für das deutsche Recht ist das etwa der Fall, wenn bei einer Aktiengesellschaft nicht der Vorstand gewisse Entscheidungen über die Geschäftsführung trifft, sondern die Gesellschafter direkt entscheiden. Denn dies ist gem. den §§ 76 Abs. 1, 119 Abs. 2 AktG grundsätzlich nicht vorgesehen[4]. Zu demselben Ergebnis wird man kommen, wenn gesetzlich nicht vorgesehene Gremien geschaffen werden (beispielsweise „Gesellschafterausschüsse", „Lenkungsaus-

4596

---

1 Einhellige Auffassung: *Großfeld/Berndt*, RIW 1996, 625 (628); *Ebke*, IPRax 1983, 18 (21 f.); *Ebenroth*, JZ 1988, 18 (26); *Mäsch*, NJW 1996, 1453 (1455); *Großfeld*, Internationales und Europäisches Unternehmensrecht, 2. Aufl. (1995), S. 42; *Magnus*, in: Staudinger, Art. 37 EGBGB Rz. 55.
2 BGH 21.9.1995, RIW 1995, 1027 (1028) = NJW 1996, 54 (55).
3 Vgl. *Joussen*, Gesellschafterabsprachen neben Satzung und Gesellschaftsvertrag (1995), S. 12.
4 Zu den Ausnahmen s. BGH 25.2.1982, BGHZ 83, 122 (130 ff.) (Holzmüller); BGH 26.4.2004, BGHZ 159, 30 und BGH 26.4.2004, ZIP 2004, 993 (Gelatine-Entscheidungen); hierzu *Fleischer*, NJW 2004, 2335; *Goette*, DStR 2004, 927; zur fehlenden Zustimmungskompetenz der Anteilseigner bei einer Beteiligungsveräußerung s. BGH 20.11.2006, ZIP 2007, 24 (m. Anm. *von Falkenhausen*).

schüsse" oder „Aktionärsausschüsse") oder Außenstehenden (Nichtgesellschaftern) gewisse Kompetenzen eingeräumt werden. Letzteres ist etwa der Fall, wenn die Joint Venture Partner als Gesellschafter vorsehen, ein Schiedsrichter solle anstelle eines Gesellschafterbeschlusses entscheiden, falls sie sich nicht einigen können[1].

4597 Nach hA unterfallen **Stimmbindungsverträge** dem Gesellschaftsstatut[2]. Denn die Willensbildung der Gesellschaft gehört zum „Kernbereich ihrer inneren Organisation"[3]. Ein Stimmbindungsvertrag beeinflusst gerade die Willensbildung und greift somit in die Struktur der Gesellschaft ein[4]. Teilweise misst man ihm sogar quasi-statutarische Wirkung bei[5]. Zudem belegt aus deutscher Sicht etwa die Schutzvorschrift § 136 Abs. 2 AktG, dass das Gesellschaftsstatut berechtigterweise an Stimmverträgen interessiert ist[6]. **Haftungsvereinbarungen** unterliegen gleichfalls dem Gesellschaftsstatut[7].

bb) Eigenes Statut

4598 Alle Abreden im Joint Venture Vertrag, die nicht die Gesellschafterstellung oder Gesellschaftsstruktur betreffen, unterliegen einem eigenen Statut. Dies gilt beispielsweise für **Wettbewerbsabreden**[8], **Schiedsverträge**[9], **Ausgleichsvereinbarungen**[10], **Veräußerungsbeschränkungen**[11], **Dividendenzusagen**[12] und Vereinbarungen über **Vorkaufsrechte**[13].

4599–4600 Frei.

---

1 Vgl. *Joussen*, Gesellschafterabsprachen neben Satzung und Gesellschaftsvertrag (1995), S. 13 f.
2 *Overrath*, ZGR 3 (1974), 86 (91 ff.); *Braun*, Joint Ventures, S. 120 f.; *Großfeld*, in: Staudinger, IntGesR Rz. 346; *Kindler*, in: MünchKomm, IntGesR Rz. 590; *Lüderitz*, in: Soergel, Art. 10 EGBGB Anh. Rz. 42; anders RG 17.6.1939, RGZ 161, 296 (298).
3 *Koppensteiner*, Internationale Unternehmen im deutschen Gesellschaftsrecht (1971), S. 152.
4 *Wiedemann*, Gesellschaftsrecht, Bd. 1 (1980), § 14 IV, S. 816; *Zöllner*, in: KölnKomm, AktG, Bd. 1 (1985), § 136 AktG Rz. 118.
5 *Kindler*, in: MünchKomm, IntGesR Rz. 590.
6 *Großfeld*, in: Staudinger, IntGesR Rz. 346. Streitig ist, ob dem Gesellschaftsstatut auch die Folgen eines Bruchs der Abreden unterliegen, dafür *Wiedemann*, Gesellschaftsrecht, Bd. 1 (1980), § 14 IV, S. 816; *Großfeld*, in: Staudinger, IntGesR Rz. 346; *Kindler*, in: MünchKomm, IntGesR Rz. 590; dagegen *Zöllner*, in: KölnKomm, AktG, Bd. 1 (1985), § 136 AktG Rz. 118.
7 *Kindler*, in: MünchKomm, IntGesR Rz. 590.
8 *Kindler*, in: MünchKomm, IntGesR Rz. 590; *Jasper*, in: Priester/Mayer, Münchener Handbuch des Gesellschaftsrechts, Bd. 3, 2. Aufl. (2003), § 78 Rz. 99.
9 Vgl. LG Hamburg 16.3.1977, IPRspr. 1977 Nr. 6, S. 20 f. = RIW/AWD 1978, 124 (124 f.).
10 BGH 20.3.1986, IPRspr. 1986 Nr. 130, S. 311.
11 IPG 1976, Nr. 6, 29, 39.
12 BGH 13.6.1996, WM 1996, 1467.
13 IPG 1976, Nr. 6, 29, 39.

d) Vertragsstatut oder Gesellschaftsstatut
aa) Gesellschaftsvertrag

Ein Joint Venture Vertrag ist regelmäßig als Gesellschaftsvertrag einer **Personenvereinigung** zu qualifizieren. Das wird einhellig vertreten[1] und entspricht der Rechtspraxis. Auch ist man sich darüber einig, dass aus deutscher Sicht in der Regel eine Gesellschaft bürgerlichen Rechts in Form einer Innengesellschaft vorliegt[2]. Es können aber auch die Voraussetzungen einer offenen Handelsgesellschaft oder anderen Rechtsform erfüllt sein[3].

4601

Für diese Einordnung spricht, dass die Partner den gemeinsamen Zweck verfolgen, eine Projektgesellschaft zu gründen, zu organisieren und zu steuern[4]. Dies erfüllt die Merkmale eines Gesellschaftsvertrags iSd. § 705 BGB. Soweit die Partner nicht bereits mit dem Joint Venture Vertrag eine eigene Rechtspersönlichkeit schaffen, entsteht eine Personenvereinigung. Zwar enthält der Vertrag auch schuldrechtliche Elemente. So müssen die Partner bestimmte Leistungen erbringen, wie die Einlage von Geld, Sachen, gewerblichen Schutzrechten oder Know-how. Dennoch ist er **kein Austauschvertrag**. Denn die Leistungen sind dem gemeinschaftlichen Zweck untergeordnet. Nicht sie charakterisieren den Vertrag, sondern allein der gemeinsame Zweck tut dies. Daher liegt auch dann kein Austauschverhältnis vor, wenn ein Partner nur einen finanziellen Beitrag leistet, die anderen Partner hingegen Sacheinlagen bewirken. Denn der finanzielle Beitrag erfolgt nicht der anderen Leistungen wegen. Vielmehr leisten alle Beteiligten, um den gemeinsamen Zweck zu fördern.

4602

bb) Organisation

Für die Anknüpfung des Joint Venture Vertrags ist wie vor Geltung der Rom I-Verordnung ausschlaggebend, ob die Partner eine nach außen erkennbare Organisation geschaffen haben und die Gesellschaft am Rechtsverkehr teilnimmt (Rz. 4581)[5]. Der Einzelfall muss entscheiden, ob dies zu bejahen ist. Regelmäßig dürfte aber keine solche Organisation vorliegen. Auf die Projektgesellschaft kann man nicht abstellen. Sie ist nur Instrument des Joint Venture Vertrags. Denn sie steuert diesen Vertrag nicht, sondern umgekehrt: der Joint Venture Vertrag steuert die Projektgesellschaft. Eine Organisation liegt etwa ausnahmsweise vor, wenn die Projektgesellschaft gegründet wird, um eine gemeinsame Produktionsstätte zu errichten. Die Gesellschaft, die durch den Joint Venture Vertrag entsteht, soll die Produkte vertreiben. Hierzu schaffen

4603

---

[1] *Zweigert/von Hoffmann*, Festschr. Luther (1976), S. 203 (206); *Braun*, Joint Ventures, S. 29 ff.; *Assmann*, in: Hopt/Wiedemann, Großkomm AktG, 4. Aufl. (1992), Einl. Rz. 646.
[2] *Ebenroth*, JZ 1987, 265 (266); *Martinek*, Moderne Vertragstypen, Bd. III (1993), § 25 II, S. 226; *Großfeld*, in: Staudinger, IntGesR Rz. 774 mit Verweis auf Rz. 772.
[3] Vgl. *Assmann*, in: Hopt/Wiedemann, Großkomm AktG, 4. Aufl. (1992), Einl. Rz. 646.
[4] *Göthel*, Joint Ventures, S. 49 ff.
[5] Im schweiz. Recht ist die Rechtslage ebenso, s. Art. 150 IPRG und dazu *Vischer/Huber/Oser*, Rz. 710 f.

die Partner eine innere Organisation und lassen die Vertriebsgesellschaft im eigenen Namen Verträge abschließen[1].

4604 Sollte eine **Organisation** vorliegen, unterliegt der Joint Venture Vertrag den Regeln des **Internationalen Gesellschaftsrechts**. Es gelten wiederum die Anknüpfungsregeln, die für die Projektgesellschaft genannt wurden (Rz. 4581 ff.). **Fehlt eine Organisation**, bestimmt sich das Statut nach den Regeln des Internationalen Schuldvertragsrechts und damit nach der **Rom I-Verordnung**[2]. Diese Regeln werden im Folgenden behandelt.

4605–4610 Frei.

2. Rechtswahl

4611 Die Joint Venture Partner dürfen das anwendbare Recht gem. Art. 3 Abs. 1 S. 1 Rom I-VO frei wählen. Eine solche Rechtswahl ist zu empfehlen, damit die Parteien von Anfang an das anwendbare Recht kennen und ihr Verhalten danach ausrichten können. Außerdem vermeidet eine Rechtswahl etwaige Differenzen zwischen den Parteien über das anwendbare Recht, sei es bei friedlicher Zusammenarbeit oder im Fall eines Rechtsstreits. Die Parteien können das gewünschte Recht vor Vertragsschluss, im Vertrag selbst oder nach Vertragsschluss wählen (vgl. Art. 3 Abs. 2 Satz 1 Rom I-VO)[3]. Zudem dürfen sie eine ursprüngliche Wahl ändern. Damit wechselt das Statut[4].

a) Wählbare Rechte

4612 Art. 3 Abs. 1 Rom I-VO beschränkt die Rechtswahl nicht. Die Partner können grundsätzlich jedes Recht vereinbaren[5]. Daher dürfen sie auch ein neutrales Recht wählen, also ein Recht, mit dem weder sie noch der Vertrag verbunden sind[6]. Im Einzelfall mögen sie es als ungeeignet empfinden, ein staatliches Recht zu wählen. Dann fragt sich, ob und inwieweit sie den Joint Venture Vertrag „entnationalisieren", also den Fesseln eines nationalen Rechts entziehen dürfen. Es gibt Rechtswahlklauseln, die allgemeine Rechtsgrundsätze oder das Völkerrecht für anwendbar erklären; andere verweisen auf die lex mercatoria

---

1 Vgl. *Huber*, S. 62. In diesem Fall kann aber bereits eine offene Handelsgesellschaft vorliegen.
2 Die Unterscheidung findet sich auch im Referentenentwurf des Bundesministeriums der Justiz für ein „Gesetz zum Internationalen Privatrecht der Gesellschaften, Vereine und juristischen Personen", S. 9 (vgl. zum Entwurf oben Rz. 4582).
3 Vgl. zum früheren Recht *von Hoffmann*, in: Soergel, Art. 27 EGBGB Rz. 66; *Martiny*, in: MünchKomm, Art. 27 EGBGB Rz. 78; *Hohloch*, in: Erman, Art. 27 EGBGB Rz. 22.
4 So schon zum früheren Recht *von Bar*, II Rz. 479 f.; *Thorn*, in: Palandt, Art. 27 EGBGB Rz. 10.
5 Zum früheren Recht *Kegel/Schurig*, § 18 I, S. 653; *Hohloch*, in: Erman, Art. 27 EGBGB Rz. 8.
6 Zum früheren Recht OLG München 18.12.1985, IPRax 1986, 178, Nr. 38, mit Anm. von *Jayme*; *Lorenz*, RIW/AWD 1987, 569 (570 f.); *von Hoffmann*, in: Soergel, Art. 27 EGBGB Rz. 7; *Diedrich*, RIW 2009, 378 (383 f.).

oder den Vertrag selbst als Rechtsquelle. Nach der Rom I-Verordnung dürfen die Parteien auf nichtstaatliches Recht allerdings nur materiellrechtlich verweisen, es also nur sachrechtlich inkorporieren[1]. Damit ist jedenfalls vor staatlichen Gerichten die kollisionsrechtliche Parteiautonomie auf staatliches Recht beschränkt[2].

Die Rechtswahl ist durch Art. 3 Abs. 3 Rom I-VO eingegrenzt, wenn der Sachverhalt nur mit einem Staat verbunden ist (**Binnensachverhalt**). Die Wahl ist zwar möglich, berührt aber nicht solche Bestimmungen des Rechts dieses Staats, von denen nicht durch Vereinbarung abgewichen werden kann (zwingende Normen). Entsprechendes gilt gem. Art. 3 Abs. 4 Rom I-VO für zwingende Bestimmungen des Gemeinschaftsrechts, wenn alle anderen Elemente des Sachverhalts außer der Rechtswahl in einem oder mehreren Mitgliedstaaten belegen sind (**Binnenmarktklausel**). Des Weiteren kann die Wahl durch andere **rechtliche Umstände** beschränkt sein. So kann das Recht des Staats, in dem die Projektgesellschaft sitzt, vorsehen, dass der Joint Venture Vertrag zwingend seinem Recht unterliegt. Diese Vorschrift kann verschärft sein durch einen Genehmigungsvorbehalt, nach dem dieser Staat das Joint Venture nur genehmigt, wenn der Joint Venture Vertrag eine Rechtswahlklausel zugunsten seines Rechts enthält[3]. 4613

b) Stillschweigende Wahl

Die Joint Venture Partner können das gewünschte Recht gem. Art. 3 Abs. 1 S. 2 Rom I-VO ausdrücklich oder stillschweigend wählen. Eine stillschweigende Wahl ist vertraglicher Natur und erfordert eine **tatsächliche Willensübereinkunft**, einen realen Parteiwillen[4]. Dieser muss sich eindeutig aus den Vertragsbestimmungen oder den Umständen des Einzelfalls ergeben[5]. Kann das Gericht keinen tatsächlichen Parteiwillen feststellen, muss es den Vertrag objektiv anknüpfen[6]. 4614

Eine **Gerichtsstandsklausel** ist ein besonders starker Hinweis, insbesondere wenn sich die Parteien ausschließlich für das Gericht eines Mitgliedsstaats 4615

---

1 Vgl. Erwägungsgrund 13 Rom I-VO; *Wagner*, IPRax 2008, 377 (380); *Pfeiffer*, EuZW 2008, 622 (624).
2 Rz. 100; *Leible/Lehmann*, RIW 2008, 528 (533).
3 So können Joint Venture Verträge mit einem chinesischen Partner unter Umständen zwingend dem chinesischen Recht unterliegen, s. hierzu die „Provisions on Several Issues Concerning the Application of the Law in Trials of Foreign-related Civil and Commercial Contract Disputes" des chinesischen Supreme People's Court in einer Entscheidung vom 23.7.2007; näher zu diesem Themenbereich *Göthel*, Joint Ventures, S. 84 f.
4 Vgl. zum früheren Recht Denkschr. zum EVÜ, BT-Drucks. 10/503, S. 21 (24); *von Bar/Mankowski*, I Rz. 461; *Martiny*, in: MünchKomm, Art. 27 EGBGB Rz. 46.
5 Vgl. zum früheren Recht BGH 6.2.1970, BGHZ 53, 189 (193) = NJW 1970, 999 (1001) = MDR 1970, 404.
6 So schon zum früheren Recht KG 16.8.1956, NJW 1957, 347 = RabelsZ 23 (1958), 280 (281).

aussprechen[1]. Ihr entnimmt man, dass die Partner das Recht am Sitz des Gerichts vereinbart haben. Denn sie gehen normalerweise davon aus, das Gericht werde nach eigenem Recht entscheiden[2]. Häufig vereinbaren sie, dass **Schiedsgerichte** mögliche Streitigkeiten lösen sollen. Ist die Zuständigkeit eines nationalen institutionellen Schiedsgerichts vorgesehen, so ist dies ein starker Hinweis auf das Recht am Sitz dieses Gerichts. Denn die Parteien wissen regelmäßig, dass seine Schiedsrichter häufig das Recht am Tagungsort anwenden[3].

4616 Das auf die **Projektgesellschaft anwendbare Recht** kann auf eine stillschweigende Wahl dieses Rechts hinweisen. Denn im Zweifel spricht der Parteiwille dafür, ein einziges Recht auf die Gesellschaft und die schuldvertraglichen Abreden anzuwenden[4]. Sicher ist dies aber nicht. Entscheidend kann sein, welchem Recht die Projektgesellschaft unterliegt: Ist es das Recht eines kulturell verwandten Landes, kann ein starker Hinweis auf das dortige Recht vorliegen. Wenn es aber das Recht eines kulturell fernen Drittlandes ist, möchten es die Partner kaum für ihren Joint Venture Vertrag[5].

c) Teilwahl

4617 Die Partner müssen den Vertrag nicht einem einzigen Recht unterstellen. Sie können gem. Art. 3 Abs. 1 S. 3 Rom I-VO die Wahl auch nur für einen Teil des Vertrags treffen. Sie dürfen ebenso verschiedene Teile des Vertrags unterschiedlichen Rechtsordnungen unterwerfen[6]. Eine Teilwahl ist aber nur zulässig, wenn die **Teilfrage abspaltbar** ist. Dies erfordert eine gewisse Selbständigkeit[7]. Die Elemente des Vertrags muss man verschiedenen Rechten unterwerfen können, ohne dass widersprüchliche Ergebnisse eintreten[8]. Daher müssen die Joint Venture Partner die Bindungswirkung ihres Vertrags für alle Parteien demselben Recht unterstellen[9]. Hingegen können sie grundsätzlich den **Inhalt ihrer einzelnen Leistungspflichten**, wie etwa die Einlage von Geld, Sachen, ge-

---

1 Vgl. Erwägungsgrund 12 Rom I-VO.
2 Vgl. zum früheren Recht BGH 18.10.1972, AWD/RIW 1973, 101; OLG Frankfurt 16.9.1982, RIW/AWD 1983, 785 (786); OLG Hamburg 30.12.1985, RIW/AWD 1986, 462 (463); *von Hoffmann*, in: Soergel, Art. 27 EGBGB Rz. 47.
3 Vgl. zum früheren Recht BGH 19.12.1968, AWD 1970, 31; OLG Frankfurt 12.1.1961, IPRspr. 1960/61 Nr. 219, S. 660 f. = AWD, 1961, 126; *Thorn*, in: Palandt, Art. 27 EGBGB Rz. 6. Diese Vermutung gilt nicht, wenn die Joint Venture Partner die Zuständigkeit der Internationalen Handelskammer in Paris vereinbaren; s. dazu oben Rz. 119.
4 Vgl. zum früheren Recht *Lüderitz*, in: Soergel, Art. 10 EGBGB Anh. Rz. 42; *Westermann*, in: Scholz, GmbHG, 10. Aufl. (2006), Bd. 1 Einl. Rz. 126.
5 Für weitere Hinweise auf eine stillschweigende Rechtswahl s. oben Rz. 121 ff.; vgl. zum früheren Recht *Kegel/Schurig*, § 18 I, S. 657 f.; *Magnus*, in: Staudinger, Art. 27 EGBGB Rz. 63 ff.
6 Vgl. zum früheren Recht *von Bar*, II Rz. 426; *Thorn*, in: Palandt, Art. 27 EGBGB Rz. 9.
7 S. oben Rz. 95.
8 Vgl. zum früheren Recht *Giuliano/Lagarde*, Bericht über das Übereinkommen über das auf vertragliche Schuldverhältnisse anzuwendende Recht, BT-Drucks. 10/503, S. 33 (49).
9 Vgl. zum früheren Recht *von Hoffmann*, § 10 Rz. 39.

werblichen Schutzrechten oder Know-how, unterschiedlichen Rechten unterwerfen[1]. In der Praxis tauchen solche Rechtsspaltungen allerdings regelmäßig nicht auf. Denn sie erfordern einen höheren Beratungsbedarf, der nur in Einzelfällen durch einen Vorteil aufgewogen werden mag. Die Partner können auch für eine Schiedsvereinbarung und den Hauptvertrag verschiedene Rechte vereinbaren[2].

Frei. 4618–4620

3. Fehlende Wahl

Das anwendbare Recht bestimmt sich nach Art. 4 Rom I-VO, wenn eine wirksame Rechtswahl fehlt. Kann ein Vertrag einer der in Art. 4 Abs. 1 Rom I-VO aufgeführten Vertragsarten zugeordnet werden, unterliegt er dem danach maßgeblichen Recht. Ist eine solche Zuordnung nicht möglich oder sind die Bestandteile eines Vertrags durch mehr als eine der genannten Vertragsarten abgedeckt, unterliegt der Vertrag regelmäßig dem Recht des Staates, in dem die Partei, welche die charakteristische Leistung zu erbringen hat, ihren gewöhnlichen Aufenthalt hat (Art. 4 Abs. 2 iVm. Art. 19 Rom I-VO). Lässt sich auch hiernach das anwendbare Recht nicht bestimmen, gilt gem. Art. 4 Abs. 4 Rom I-VO das Recht des Staates, zu dem der Vertrag die engste Verbindung aufweist. 4621

a) Besondere Vertragsarten und charakteristische Leistung

Ein Joint Venture Vertrag lässt sich **keinem** der in Art. 4 Abs. 1 Rom I-VO **genannten Vertragsarten** zuweisen. Es ist zwar denkbar, dass ein oder mehrere Bestandteile des Joint Venture Vertrags durch einen der genannten Vertragstypen abgedeckt sind, also beispielsweise ein Joint Venture Vertrag Elemente eines Kauf- und Dienstvertrags enthält. Dies lässt jedoch die Einordnung des Joint Venture Vertrags als Gesellschaftsvertrag (s. oben Rz. 4601 f.) unberührt, bei dem im Vordergrund der den Vertrag charakterisierende Zweck steht, gemeinsam die Projektgesellschaft zu gründen, zu organisieren und zu lenken. 4622

Ein Joint Venture Vertrag enthält auch **keine charakteristische Leistung** im Sinne des Art. 4 Abs. 2 Rom I-VO[3]. Charakteristische Leistung ist „die Leis- 4623

---

1 Vgl. zum früheren Recht *von Bar*, II Rz. 426; *Martiny*, in: MünchKomm, Art. 27 EGBGB Rz. 70; *Thorn*, in: Palandt, Art. 27 EGBGB Rz. 9.
2 Vgl. zum früheren Recht BGH 28.11.1963, BGHZ 40, 320 (323) = NJW 1964, 591 (592); zur Anknüpfung von Schiedsvereinbarungen s. unten Rz. 6551 ff.
3 Vgl. zum früheren Recht OLG Frankfurt 9.4.1998, RIW 1998, 807 (808); OLG Hamburg 18.5.2001, NJW-RR 2001, 1012 (1013 f.) (für die Gesellschaft bürgerlichen Rechts); *Göthel*, Joint Ventures, S. 91 ff.; *Juenger*, RabelsZ 46 (1982), 57 (78); *Zweigert/von Hoffmann*, Festschr. Luther (1976), S. 203 (208); *Braun*, Joint Ventures, S. 47 f.; *Großfeld*, in: Staudinger, IntGesR Rz. 775; *Magnus*, in: Staudinger, Art. 28 EGBGB Rz. 634.

tung, für die die Zahlung geschuldet wird"[1]. Allein *Kleinschmidt* meinte in einer Vorauflage dieses Buchs zur Vorgängernorm Art. 28 Abs. 2 EGBGB aF, es ließe sich eine Leistung ausmachen, die den Vertrag prägt: Im Wesentlichen regele ein Joint Venture Vertrag, was die Partner in die Projektgesellschaft einbrächten. Da ein Joint Venture regelmäßig auf einen Technologietransfer angewiesen sei, werde vereinbart, ein Partner habe Technologie oder Know-how zu übertragen. Wenn der andere Partner im Wesentlichen nur Geldeinlagen leiste, kennzeichne der Technologietransfer als Sachleistung den Joint Venture Vertrag. Anzuwenden sei daher gem. Art. 28 Abs. 2 S. 2 EGBGB aF das Recht des Staats, in dem die Hauptniederlassung des Partners liege, der die Technologie übertrage[2].

4624 Dieser Vorschlag überzeugt weder für Art. 4 Abs. 2 Rom I-VO noch für dessen Vorgängerregelung Art. 28 Abs. 2 EGBGB aF. Er führt schon nicht weiter, wenn alle Partner Sachleistungen einbringen. Dann steht einem möglichen Technologietransfer gerade kein finanzieller Beitrag gegenüber. Aber selbst wenn die Einlage eines Partners „nur" aus Geld besteht, sind die Sacheinlagen der übrigen Beteiligten keineswegs charakteristisch für den Joint Venture Vertrag. Denn es stehen nicht die einzelnen Leistungen der Partner im Vordergrund. Den Joint Venture Vertrag kennzeichnet vielmehr die Zweckgemeinschaft, die darauf gerichtet ist, die Projektgesellschaft gemeinsam zu gründen, zu organisieren und zu steuern. Die Leistungen der Partner sind diesem Zweck untergeordnet[3]. Daher kann eine Sachleistung nicht dadurch zu einer charakteristischen Leistung werden, dass ihr lediglich ein finanzieller Beitrag gegenübersteht. Sie kann nur dann zu einer charakteristischen Leistung werden, wenn gerade sie den Vertrag prägt, ihm seinen Namen gibt[4]. Genau dies ist bei einem Joint Venture Vertrag nicht der Fall. Denn ihn prägt stets das Element der Zusammenarbeit (*Joint* Venture) und nicht die Leistung eines Partners (Rz. 4602)[5].

b) Engste Verbindung

4625 Das anwendbare Recht des Joint Venture Vertrags ist damit über Art. 4 Abs. 4 Rom I-VO zu suchen. Die Vorschrift gibt dem Rechtsanwender keine Kriterien für die engste Verbindung an die Hand. Nach allgemeiner Ansicht sind alle Umstände des Einzelfalls heranzuziehen, die auf eine bestimmte Rechtsordnung hinweisen. Es ist der Schwerpunkt des Vertrags zu ermitteln[6]. Deuten al-

---

1 So schon zum früheren Recht *Giuliano/Lagarde*, Bericht über das Übereinkommen über das auf vertragliche Schuldverhältnisse anzuwendende Recht, BT-Drucks. 10/503, S. 33 (52); s. auch *Wagner*, IPRax 2008, 377 (381).
2 *Kleinschmidt*, 4. Aufl. Rz. 816.
3 *Göthel*, Joint Ventures, S. 92 f.; *von Hoffmann*, in: Soergel, Art. 28 EGBGB Rz. 283. Dies gilt unabhängig davon, ob die Partner nur Sacheinlagen oder Sach- und Geldeinlagen leisten.
4 Vgl. *von Bar*, II Rz. 495; *Kropholler*, IPR, § 52 III, S. 467 f.
5 *von Hoffmann*, in: Soergel, Art. 28 EGBGB Rz. 283.
6 Vgl. zum früheren Recht BGH 22.11.1955, BGHZ 19, 110 (112 f.) = NJW 1956, 377; *Thorn*, in: Palandt, Art. 28 EGBGB Rz. 2.

le Hinweise auf ein Recht, ist der Vertrag hiermit offensichtlich am engsten verbunden. Wenn sich die Bezüge aber widersprechen, sind sie zu bewerten und gegeneinander abzuwägen. Hierbei ist zu beachten, dass die Anhaltspunkte unterschiedlich wiegen können: einige stark, andere schwach[1]. Ferner sind die Parteiinteressen zu erforschen und abzuwägen[2]. Gemeint sind allein kollisionsrechtliche, nicht materiellrechtliche Interessen. Das sind die Interessen der Beteiligten an einer bestimmten Rechtsordnung ohne Rücksicht auf deren Inhalt[3].

Im Vordergrund stehen immer die Eigenart des jeweiligen Sachverhalts und der zugrunde liegende Vertragstyp. Sie entscheiden, wie schwer die einzelnen Hinweise und Parteiinteressen wiegen[4]. Daher lassen sich zwar allgemein Anhaltspunkte nennen, die für den Vertragstyp Joint Venture Vertrag zu beachten sind. Es gibt jedoch **keine Rangliste**, die für jeden Fall gilt und mit dem stärksten Hinweis auf der obersten und dem schwächsten Hinweis auf der untersten Stufe aufwartet[5]. Jeder Richter ist sein eigener „Waagemeister". 4626

aa) Projektgesellschaft

Der Joint Venture Vertrag regelt nicht allein die Rechtsbeziehungen der Partner. Denn Gleiches gilt für das Statut der Projektgesellschaft. Daher wird den Parteien oft daran gelegen sein, das anwendbare Recht nicht zu zerreißen, sondern nur ein einziges Recht auf alle Beziehungen anzuwenden. Das führt vorrangig zum Recht der Projektgesellschaft. Deren Recht ist regelmäßig der **stärkste Hinweis**. Er ist der „übereinstimmende Bezugspunkt des erstrebten Rechtsverhältnisses"[6]. Es ist nämlich davon auszugehen, dass die Gesellschafter nur selten eine Statutenspaltung wollen, die zu einer unterschiedlichen Anknüpfung der inneren und äußeren Rechtsverhältnisse führt. 4627

Sicher ist diese Anknüpfung aber nicht. Denn es kann die Interessen der Partner maßgeblich beeinflussen, ob das Recht der Projektgesellschaft einem kulturell fernen oder verwandten Land zuzuordnen ist. Entscheidend ist auch, ob es ein Drittland ist oder das Heimatland zumindest eines Partners. Daher ist nach dem Statut der Projektgesellschaft zu unterscheiden. 4628

---

1 Vgl. zum früheren Recht *von Hoffmann*, in: Soergel, Art. 28 EGBGB Rz. 127 f.; *Martiny*, in: MünchKomm, Art. 28 EGBGB Rz. 7 und 87.
2 Vgl. zum früheren Recht BGH 30.3.1976, VersR 1976, 832 (833 ff.); *Hohloch*, in: Ermann, Art. 28 EGBGB Rz. 11.
3 Näher dazu zum früheren Recht *Weitnauer*, Der Vertragsschwerpunkt (1981), S. 160 f.
4 Oben Rz. 188; vgl. zum früheren Recht BGH 22.11.1955, BGHZ 19, 110 (112 f.) = NJW 1956, 377.
5 *Braun*, Joint Ventures, S. 52 ff., will entgegen einer Abwägung im Einzelfall eine abgestufte Anknüpfung vornehmen. Die von *Braun* formulierten Regeln zeigen jedoch, dass auch er letztlich stets alle Umstände des Einzelfalls berücksichtigen und abwägen muss.
6 So etwa *Kindler*, in: MünchKomm, IntGesR Rz. 776; ebenso BGH 20.3.1986, ZIP 1986, 838.

4629 Unterliegt die **Projektgesellschaft** dem Recht eines **kulturell fernen Drittlandes** (aus deutscher Sicht möglicherweise im Fall des Rechts eines Entwicklungs- oder Schwellenlandes gegeben), ist den Partnern das dortige Recht oft fremd. Sie werden daher lieber ihr Heimatrecht wollen. Denn dieses „Recht wird gelebt, ihm vertraut man, ihm will man im Guten und Bösen folgen"[1]. Dieser Wille wiegt stark, wenn die Parteien aus demselben Land stammen. In diesem Fall kennen sie alle dasselbe Recht, es ist ihnen zumindest leicht zugänglich[2]. Daher spricht einiges dagegen, an das Recht der Projektgesellschaft anzuknüpfen[3].

4630 Die Lage ist ähnlich, wenn die Partner aus unterschiedlichen Ländern stammen. *Zweigert/von Hoffmann* meinen: „Wenn jedoch zwei Partner aus verschiedenen Staaten ein Gemeinschaftsunternehmen in einem dritten Staat gründen, so wird nur eine Art ‚Mut der Verzweiflung' dazu führen können, der an sich schwachen, aber immerhin gemeinsamen Verknüpfung zum Sitz des Gemeinschaftsunternehmens den Ausschlag geben zu lassen"[4].

4631 Dem kann man zwar entgegenhalten, das Recht der Projektgesellschaft verbinde die Beteiligten miteinander. Somit wiege dieser Hinweis stark[5]. Jedoch ist zu bedenken, dass die Partner dieses Recht oft nicht kennen und es daher selten wünschen werden. Insofern sind andere Bezüge aufzuspüren. Vorrangig ist ein Aktivitätszentrum des Joint Venture Vertrags zu suchen (Rz. 4635 f.). Lässt sich ein solches nicht finden, ist auf andere Hinweise zurückzugreifen (Rz. 4637 ff.). „Verzweifelt man", weil auch diese Kriterien nicht weiterhelfen, mag man „mutig" sein und das Recht der Projektgesellschaft anwenden. Dies kann aber nicht gelten, wenn die Partner dieses Recht erkennbar nicht wollen. Dann müssen andere Hinweise den Weg zum Vertragsstatut bahnen.

4632 Unterfällt die **Projektgesellschaft** dem Recht eines **kulturell verwandten Drittlandes**, möglicherweise sogar dem eines Nachbarlandes (Beispiel: zwei deutsche Unternehmen gründen ein Joint Venture in Frankreich), ist den Partnern dieses Recht oft vertraut. Auch mögen sie eher mit diesem Recht rechnen und sich darauf einrichten[6]. Der Parteiwille spricht daher nicht von vornherein gegen dieses Recht. Stammen die Partner jedoch aus demselben Land, besteht auch ein starker Hinweis zum gemeinsamen Heimatrecht[7]. Denn die Partner wollen oft das Recht, das sie umgibt und ihnen bekannt ist. Daher streiten bei dieser Fallgestaltung zwei Bezugspunkte miteinander. Keiner überwiegt von vornherein. Das Recht der Projektgesellschaft kann siegen, wenn die Partner

---

1 *Kegel*, Internationales Privatrecht, 7. Aufl. (1995), § 2 II, S. 108.
2 Vgl. allgemein zur Berücksichtigung dieses Interesses im IPR *Lüderitz*, Festschr. Kegel (1977), S. 31 (36); *Kegel/Schurig*, § 2 II, S. 144.
3 *Göthel*, Joint Ventures, S. 97; vgl. auch *Braun*, Joint Ventures, S. 50; *Großfeld*, in: Staudinger, IntGesR Rz. 775.
4 *Zweigert/von Hoffmann*, Festschr. Luther (1976), S. 203 (208 f.).
5 Daher wohl für das Recht des Gastlandes *Kindler*, in: MünchKomm, IntGesR Rz. 776.
6 Vgl. BGH 19.10.1960, WM 1960, 1360 (1361) = AWD 1960, 329 = NJW 1961, 25.
7 Vorrangig für dieses Recht *von Hoffmann*, in: Soergel, Art. 28 EGBGB Rz. 283.

am Ort dieses Rechts überwiegend tätig sind[1]. Liegt aber das Aktivitätszentrum im Heimatland der Joint Venture Partner, spricht dieser Hinweis für das dortige Recht. Jedoch kann es sein, dass die Parteien nur ein Recht für ihre gesamten Rechtsbeziehungen wollen. Das spricht wiederum für das Recht der Projektgesellschaft.

Unterliegt die Projektgesellschaft dem Recht eines kulturell verwandten Drittlandes und stammen die Beteiligten aus unterschiedlichen Ländern, spricht einiges für das Recht der Projektgesellschaft. Denn dieses Recht verbindet die Beteiligten[2]. Das Recht ist ihnen kulturell vertraut[3]. Auch liegt es nahe, dass die Partner dieses Recht erwarten[4]. Zudem wollen sie oft ein Recht für ihre Beziehungen zueinander[5]. Allerdings muss man auf andere Hinweise zurückgreifen, wenn die Partner dieses Recht erkennbar nicht wollen. 4633

Unterfällt die Projektgesellschaft nicht dem Recht eines Drittlandes, stammt also **ein Partner aus dem Land dieses Rechts**, besteht ein starker Hinweis zu diesem Recht[6]. Dies gilt zumindest dann, wenn nur zwei Partner an dem Joint Venture beteiligt sind[7]. Allerdings können im Einzelfall stärkere Hinweise zu einem anderen Recht führen. Angenommen, der einheimische Partner ist nur beteiligt, weil es die Investitionsgesetze des Gastlandes, dessen Recht die Projektgesellschaft unterliegt, vorschreiben, und die Parteien haben vereinbart, der ausländische, also der andere Partner solle die maßgeblichen Entscheidungen treffen. In diesem Fall hat die ausländische Partei eine überragende Stellung innerhalb des Joint Venture. Daher spricht einiges dafür, dass der Joint Venture Vertrag am engsten mit ihrem Heimatrecht verbunden ist (Rz. 4638). Zudem wird diese Partei meistens in ihrem Heimatland entscheiden, so dass dort zusätzlich das Aktivitätszentrum des Joint Venture Vertrags liegen wird. 4634

bb) Aktivitätszentrum

Ein weiterer wichtiger Hinweis ist der Ort, an dem die Partner den Gesellschaftszweck des Joint Venture Vertrags hauptsächlich verfolgen. Denn dieses Aktivitätszentrum ist das wichtigste Kriterium bei „einfachen" Gesellschaftsverträgen nichtrechtsfähiger Personenvereinigungen[8]. Daher spielt es auch beim Joint Venture Vertrag eine oder sogar die entscheidende Rolle, wenn die Projektgesellschaft ein schwacher Hinweis ist. 4635

---

[1] Vgl. *von Hoffmann*, in: Soergel, Art. 28 EGBGB Rz. 283.
[2] Daher für dieses Recht *Kindler*, in: MünchKomm, IntGesR Rz. 776; ebenso *Braun*, Joint Ventures, S. 47 f.
[3] Daher tendiert zu diesem Recht *Großfeld*, in: Staudinger, IntGesR Rz. 775.
[4] Vgl. BGH 19.10.1960, WM 1960, 1360 (1361) = AWD 1960, 329 = NJW 1961, 25.
[5] *Kindler*, in: MünchKomm, IntGesR Rz. 589; *Großfeld*, in: Staudinger, IntGesR Rz. 345.
[6] *Göthel*, RIW 1999, 566 (573); ebenso *Braun*, Joint Ventures, S. 52.
[7] Vgl. *von Hoffmann*, in: Soergel, Art. 28 EGBGB Rz. 283.
[8] *Großfeld*, in: Staudinger, IntGesR Rz. 773; ähnlich *Magnus*, in: Staudinger, Art. 28 EGBGB Rz. 629; vorrangig für dieses Anknüpfungsmerkmal im schweizerischen Recht *Vischer/Huber/Oser*, Rz. 712.

4636 Das Aktivitätszentrum wird regelmäßig an dem **Ort** liegen, **von dem aus die Partner die Projektgesellschaft steuern**. Das kann der Ort der regelmäßigen Zusammenkünfte sein. Sind die Gesellschafter jedoch hauptsächlich in einem fernen Drittland tätig, liegt also dort das Aktivitätszentrum der Gesellschaft, dann wünschen sie selten dessen Recht als Vertragsstatut. Denn die Normen sind ihnen regelmäßig fremd[1]. Hier müssen zusätzliche Hinweise weiterhelfen. Ähnliches gilt, wenn sich kein Aktivitätszentrum ausmachen lässt, etwa weil die Gesellschafter gleichmäßig verteilt über mehrere Länder aktiv sind. In diesen Fällen können ein gemeinsamer gewöhnlicher Aufenthalt oder Hauptniederlassungen in demselben Staat weiterhelfen. Entscheiden kann auch der gewöhnliche Aufenthaltsort der Partei, welche die überwiegende Leistung erbringt oder die Geschäftsführung übernommen hat[2]. Ausschlaggebend kann ebenso der Ort sein, an dem das Gesellschaftsvermögen belegen ist. Schließlich können sich Hinweise ergeben aus den persönlichen Verhältnissen der Beteiligten oder den Umständen des Vertragsschlusses[3].

cc) Gemeinsamer Sitz

4637 Haben die Partner ihren Sitz in demselben Land, ist dies ein starker Hinweis auf das dortige Recht. Oft wünschen sie dieses Recht, da es ihnen vertraut ist und auch sonst regelmäßig ihre Rechtsbeziehungen regelt. Zudem können sie sich darüber am ehesten und kostengünstigsten informieren. Ausschlaggebend kann ebenso sein, dass sie dieses Recht erwartet haben[4].

dd) Überragende Stellung

4638 Eine unterschiedliche Stellung der Beteiligten im Joint Venture kann ebenfalls ein Hinweis auf das anwendbare Recht sein. Er führt zum Recht des Partners, dessen Position überwiegt. Denkbar ist, dass ein Partner die überragende Leistung erbringt. Dies mag beispielsweise Technologie sein, ohne die das Joint Venture nicht bestehen könnte. Diese Leistung kann man heranziehen, wenn sich sonst kein Schwerpunkt des Vertrags finden lässt[5]. Die herausragende

---

[1] So *von Hoffmann*, in: Soergel, Art. 37 EGBGB Rz. 49, wenn die Gesellschafter ihren gewöhnlichen Aufenthaltsort nicht in dem Staat haben, in dem sie den Gesellschaftszweck verfolgen.

[2] *von Hoffmann*, in: Soergel, Art. 37 EGBGB Rz. 49.

[3] *Ferid*, Festschr. Hueck (1959), S. 343 (349); *Grasmann*, System des Internationalen Gesellschaftsrechts (1970), Rz. 1144.

[4] Vgl. BGH 19.10.1960, WM 1960, 1360 (1361) = AWD 1960, 329 = NJW 1961, 25.

[5] Vgl. *von Hoffmann*, in: Soergel, Art. 37 EGBGB Rz. 49; *Martiny*, in: MünchKomm, Art. 28 EGBGB Rz. 428. Das ist nicht zu verwechseln mit der Einordnung als charakteristische Leistung, wie es *Kleinschmidt* vorgeschlagen hat (Rz. 4623). Sieht man den Technologietransfer als charakteristische Leistung an, führt Art. 4 Abs. 2 Rom I-VO direkt zum Recht des leistenden Partners. Auf eine Abwägung verschiedener Hinweise kommt es nicht mehr an (Ausnahme Art. 4 Abs. 3 Rom I-VO). Im Rahmen des Art. 4 Abs. 4 Rom I-VO ist der Technologietransfer nur ein – zudem subsidiärer – Hinweis auf das anwendbare Recht. Er kann daher nie allein zum Vertragsstatut führen; hierzu sind alle Hinweise zu bewerten und abzuwägen.

Stellung eines Partners kann sich auch aus einer Mehrheitsbeteiligung ergeben. Diese Position kann sich verstärken, wenn der Partner zudem die wesentlichen Entscheidungen überwiegend alleine treffen kann, weil der Joint Venture Vertrag beispielsweise Alleinentscheidungsrechte oder kaum qualifizierte Mehrheitsentscheidungen vorsieht. Gleiches gilt, wenn der Partner die Geschäftsleiter der Projektgesellschaft stellt und im Joint Venture Vertrag kaum qualifizierte Zustimmungsvorbehalte für diese vorgesehen sind.

ee) Weitere Hinweise

Als weitere Hinweise sind zu nennen der **Erfüllungs-** und **Abschlussort** des Vertrags, die Mitwirkung einer **amtlichen Stelle**, die **Vertragssprache** und die vereinbarte **Währung**[1]. Zudem kann die **Beteiligung eines Staats** am Joint Venture auf dessen Recht hinweisen[2]. 4639

ff) Kumulation von Sachnormen

In der Literatur hat man vor Inkrafttreten der Rom I-Verordnung teilweise vorgeschlagen, die Sachnormen kumulativ den Rechtsordnungen der Partner zu entnehmen. Dieser Weg sollte ein „Notanker" sein, wenn sich nicht über Art. 28 Abs. 1 EGBGB aF feststellen ließ, mit welchem Recht der Joint Venture Vertrag am engsten verbunden ist. Etwaige Wertungswidersprüche seien anzupassen[3]. 4640

Dieser Weg war und ist jedoch für einen staatlichen Richter nicht gangbar. Die Rom I-Verordnung kennt keinen Vertrag ohne Statut und keinen Vertrag, der nicht mit einer Rechtsordnung am engsten verbunden ist. Art. 4 Abs. 4 Rom I-VO zwingt den Richter festzustellen, wo die Vereinbarung ihren Schwerpunkt hat. Dies gilt auch dann, wenn sie mit mehreren Rechtsordnungen annähernd gleich eng verbunden ist[4]. Einen weiteren subsidiären Anknüpfungspunkt gibt es nicht. Nur für einen Schiedsrichter bietet sich dieser Weg als „Notanker" an[5]. 4641

c) Engere Verbindung

Art. 28 Abs. 1 S. 2 EGBGB aF erlaubte, ausnahmsweise einen Teil des Vertrags abzutrennen und einem anderen Recht zu unterstellen, wenn er hiermit enger verbunden ist. Dies kam nach dem Bericht zum EVÜ insbesondere in Betracht für Zusammenarbeitsverträge, namentlich Joint Venture Verträge, und sehr 4642

---

1 Ausführlich zu den einzelnen Kriterien s. oben Rz. 196 ff.
2 Näher dazu *Göthel*, Joint Ventures, S. 101 ff.
3 *Großfeld*, in: Staudinger, IntGesR Rz. 776; *Zweigert/von Hoffmann*, Festschr. Luther (1976), S. 203 (209); gegen die Kumulation von Rechtsordnungen *Magnus*, in: Staudinger, Art. 28 EGBGB Rz. 635; *Kindler*, in: MünchKomm, IntGesR Rz. 776.
4 Ebenso oben Rz. 186; vgl. zum früheren Recht *Spellenberg*, in: MünchKomm, vor Art. 11 EGBGB Rz. 29.
5 Nach *Zweigert/von Hoffmann*, Festschr. Luther (1976), S. 203 (209), ist dieser Weg in der Praxis der Schiedsgerichte durchaus üblich.

komplexe Vertragswerke¹. Diese Möglichkeit ist in der Rom I-Verordnung nicht mehr vorgesehen. Ein Joint Venture Vertrag unterliegt daher bei objektiver Anknüpfung zwingend einem einzigen Recht.

4643–4650 Frei.

4. Reichweite

4651 Die gewählte oder objektiv bestimmte lex causae erfasst grundsätzlich den gesamten Joint Venture Vertrag². Sie beherrscht ihn „von der Wiege bis zum Grabe"³. Nur seine Form (dazu unten Rz. 4661 f.) und die Geschäftsfähigkeit der Joint Venture Partner knüpft man gesondert an⁴.

4652–4660 Frei.

5. Form

4661 Formfragen unterliegen – wie auch bei anderen Rechtsgeschäften – dem sogenannten **Formstatut**. Das Formstatut ermittelt sich für Verpflichtungsgeschäfte nach Art. 11 Rom I-VO. Maßgeblich ist das auf den Vertrag anwendbare Recht (Vertragsform, **Vertragsstatut**, Wirkungsstatut) oder alternativ das Ortsrecht, dh. das Recht am Ort des Vertragsschlusses (Ortsform, **Ortsstatut**) (Art. 11 Abs. 1 Rom I-VO). Bei einem **Distanzvertrag** (Parteien sind bei Abschluss in verschiedenen Staaten) gelten neben dem Vertragsstatut alternativ die Rechte eines jeden Staates, in dem sich eine der Vertragsparteien oder ihr Vertreter zum Zeitpunkt des Vertragsschlusses aufhält (Ortsstatut) oder eine der Vertragsparteien ihren gewöhnlichen Aufenthalt hat (Art. 11 Abs. 2 Rom I-VO) (für die Anknüpfung des Formstatuts gelten die unten in Rz. 4422 ff. gemachten Ausführungen zum Unternehmenskaufvertrag entsprechend).

---

1 *Giuliano/Lagarde*, Bericht über das Übereinkommen über das auf vertragliche Schuldverhältnisse anzuwendende Recht, BT-Drucks. 10/503, S. 33 (55); *Martiny*, in: MünchKomm, Art. 28 EGBGB Rz. 23; *von Hoffmann*, in: Soergel, Art. 28 EGBGB Rz. 135.
2 S. im Einzelnen Art. 10 und insbes. Art. 12 Rom I-VO. Die Joint Venture Partner dürfen in einigen Fällen das anwendbare Recht auf einen bestimmten Zeitpunkt fixieren (Stabilisierungs- und Versteinerungsklauseln). Damit erreichen sie, dass das anwendbare Recht gegen spätere Veränderungen immun ist; s. Rz. 106 ff.; *Göthel*, Joint Ventures, S. 85 ff.; grundlegend zum früheren Recht *Merkt*, Investitionsschutz durch Stabilisierungsklauseln (1990).
3 Vgl. *Kegel/Schurig*, § 17 V 1, S. 611.
4 Bei der Geschäftsfähigkeit, die gem. Art. 1 Abs. 2 lit. a (für natürliche Personen) und f (für Gesellschaften) Rom I-VO vom Anwendungsbereich der Verordnung ausgenommen ist, ist zu unterscheiden: Ist ein Joint Venture Partner eine natürliche Person, gilt Art. 7 EGBGB. Ist der Partner eine Gesellschaft, gelten die Regeln des Internationalen Gesellschaftsrechts; näher dazu *Großfeld*, in: Staudinger, IntGesR Rz. 278. Zudem gilt das Vertragsstatut nicht für Absprachen, die sich auswirken auf die Gesellschafterstellung und die Struktur der Projektgesellschaft. Hier gilt das Statut der gemeinsamen Gesellschaft (s. oben Rz. 4593 ff.). Zur Anknüpfung der rechtsgeschäftlichen Vertretung s. unten Rz. 5421 ff.; *Kegel/Schurig*, § 17 V 2, S. 619 ff.

Verpflichten sich die Partner beispielsweise im Joint Venture Vertrag, eine deutsche **GmbH** als Projektgesellschaft zu gründen und ist deutsches Recht Formstatut, ist zu prüfen, ob **§ 2 Abs. 1 S. 1 GmbHG** entsprechend anwendbar ist und der Vertrag damit notariell zu beurkunden ist[1]. Bei deutschem Formstatut ist ebenfalls zu beachten, ob eine notarielle Beurkundung über **§ 15 Abs. 4 GmbHG** erforderlich ist. Diese Frage stellt sich bei einer deutschen GmbH als Projektgesellschaft insbesondere dann, wenn der Joint Venture Vertrag bereits Regelungen über etwaige spätere Übertragungen von Geschäftsanteilen an der Projektgesellschaft enthält (beispielsweise Call- und Put-Optionen)[2]. Gleiches gilt bei einer ausländischen Projektgesellschaft, sofern deren Gesellschaftsform mit der GmbH vergleichbar ist (s. unten Rz. 4431 ff.). Für die Praxis empfiehlt sich, in diesen Fällen den Joint Venture Vertrag entweder vorsichtshalber beurkunden zu lassen (zur Beurkundungsmöglichkeit im Ausland s. unten Rz. 4427 ff.) oder ein abweichendes Formstatut zu wählen (dazu unten Rz. 4424), um nicht dessen Unwirksamkeit zu riskieren. 4662

Frei. 4663–4670

6. Eingriffsrecht

Im Rahmen des Vertragsstatuts kann es notwendig sein, Eingriffsrecht zu beachten. Darunter versteht man nach der Legaldefinition in Art. 9 Abs. 1 Rom I-VO zwingende Vorschriften, deren Einhaltung von einem Staat als so entscheidend für die Wahrung seines öffentlichen Interesses, insbesondere seiner politischen, sozialen oder wirtschaftlichen Organisation angesehen werden, dass sie ungeachtet des anwendbaren Recht anzuwenden sind. Das nationale Recht dieses Staats bestimmt, ob eine Vorschrift diese Kriterien erfüllt[3]. Häufig handelt es sich um Ein- und Ausfuhrbestimmungen, Investitionsvorschriften, Devisen- und Währungsvorschriften, Normen, welche die Marktordnung und den Wettbewerb regeln[4], sowie Bestimmungen über den Kapitalmarkt und den Anlegerschutz[5]. Die Rom I-Verordnung unterscheidet zwischen Eingriffsrecht der lex fori und Eingriffsrecht des Erfüllungsstaats. 4671

Für **Eingriffsrecht der lex fori** bestimmt Art. 9 Abs. 2 Rom I-VO, dass die Verordnung dessen Anwendung und damit bei Anrufung eines deutschen Gerichts 4672

---

[1] Dazu *Hueck/Fastrich*, in: Baumbach/Hueck, GmbHG, 18. Aufl. (2006), § 2 GmbHG Rz. 29 ff.
[2] Näher *Sieger/Hasselbach*, NZG 1999, 485; *Baumanns*, in: Gummert/Riegger/Weipert, Münchener Handbuch des Gesellschaftsrechts, Bd. 1, 2. Aufl. (2004), § 28 Rz. 53 ff.
[3] S. oben Rz. 511.
[4] Das deutsche Internationale Kartellrecht hat in § 130 Abs. 2 GWB eine eigene Kollisionsnorm. Danach ist das deutsche GWB anzuwenden, wenn sich eine Wettbewerbsbeschränkung im Inland auswirkt. Dies gilt auch, wenn diese von außen veranlasst wurde. Vorrang genießt allerdings die europäische Fusionskontrollverordnung, wenn eine Zusammenschluss gemeinschaftsweite Bedeutung hat; näher hierzu *Immenga*, in: MünchKomm, IntWettbR/IntKartR Rz. 1 ff.; s. auch oben Rz. 4511 ff.
[5] *Göthel*, IPRax 2001, 411; ausführlich zum Ganzen *Martiny*, in: MünchKomm, Art. 34 EGBGB Rz. 77 ff.

die Anwendung deutscher Eingriffnormen unberührt lässt. Um eine deutsche Eingriffsnorm anzuwenden, ist es in diesem Fall daher gleichgültig, ob der Joint Venture Vertrag deutschem oder ausländischem Recht unterliegt. Nach Art. 9 Abs. 1 Rom I-VO ist vielmehr entscheidend, ob die Eingriffsnorm den Sachverhalt ohne Rücksicht auf das Vertragsstatut regeln will. Dies ergibt sich entweder ausdrücklich aus ihrem Wortlaut oder ihrem Gesetzeszweck[1].

4673 Für Eingriffsrecht außerhalb der lex fori und damit **ausländisches Eingriffsrecht** kannte das deutsche Internationale Privatrecht bislang keine Norm, welche die Anwendung solchen Eingriffsrechts regelte. Dennoch war ausländisches Eingriffrecht anwendbar, wenngleich unter umstrittenen Voraussetzungen[2]. Nach Art. 9 Abs. 3 Rom I-VO ist ausländisches Eingriffsrecht zwar ebenfalls anwendbar, aber beschränkt auf die Eingriffsnormen des Staates, in dem der Vertrag zu erfüllen ist oder erfüllt worden ist (**Erfüllungsstaat**), und dann auch nur, soweit diese Normen die Vertragserfüllung unrechtmäßig werden lassen. Im Rahmen einer wertenden Betrachtung sind Art und Zweck dieser Normen sowie die Folgen zu berücksichtigen, die sich ergeben, wenn die Norm angewendet wird oder nicht[3].

4674–4680 Frei.

V. Zusatzverträge

4681 Es gibt nicht den typischen Zusatzvertrag. Vielmehr kann die Rechtnatur dieser Verträge sehr verschieden sein. Er kann den klassischen Typen angehören, also etwa Kauf-, Dienst-, Werk-, Miet-, Darlehens- oder Arbeitsvertrag sein. Er kann auch zu den modernen Typen gehören und ein Franchising-, Lizenz-, Know-how-, Technologietransfer- oder Managementvertrag sein. Daher kann für die allgemeine Anknüpfung solcher Verträge auf die entsprechenden Abschnitte dieses Buches verwiesen werden. Im Folgenden geht es um eine Besonderheit dieser Verträge, die sich auch kollisionsrechtlich auswirkt: Sie bilden zusammen mit dem Joint Venture Vertrag und der Projektgesellschaft ein komplexes Vertragswerk. Dessen einzelnen Rechtsverhältnisse sind zwar rechtlich selbständig, aber wirtschaftlich eng miteinander verzahnt. Dies ist bei der Anknüpfung zu beachten.

1. Wählbare Rechte

4682 Die Parteien dürfen für ihre Zusatzverträge das gewünschte Recht in dem Rahmen wählen, der für den Joint Venture Vertrag erörtert wurde (Rz. 4611 f.). Das Kollisionsrecht beachtet eine etwaige Wahl (Parteiautonomie). Eine abweichende objektive Anknüpfung ist nicht möglich, selbst wenn sie die wirt-

---

1 *von Hoffmann*, IPRax 1989, 261 (264); *Kropholler*, IPR, § 52 IX, S. 497 ff.; *Thorn*, in: Palandt, Art. 34 EGBGB Rz. 3.
2 S. für einen Überblick über den Streitstand *Göthel*, IPRax 2001, 411 (416 f.).
3 Dazu näher oben Rz. 631 ff.; *Freitag*, IPRax 2009, 109.

schaftliche Verflechtung im Joint Venture Vertragswerk besser berücksichtigen mag.

2. Stillschweigende Wahl

Eine eindeutige stillschweigende Wahl kann sich aufgrund der oben genannten Hinweise ergeben (Rz. 4614 ff.). Zudem sind die nachfolgenden Umstände zu beachten. Sie deuten auf das Statut des Joint Venture Vertrags. 4683

Verweisen die Partner in einem Zusatzvertrag ausdrücklich auf den **Joint Venture Vertrag** und enthält dieser eine Rechtswahlklausel, so ist das ein Indiz für die Wahl des dort bestimmten Rechts. Denn der Verweis macht die Rechtswahlklausel zu einem Bestandteil des Zusatzvertrags[1]. Es kann auch genügen, wenn die Parteien nur Teile des Joint Venture Vertrags übernehmen – zum Beispiel Klauseln über Kündigung, Vertragsstrafe, Haftung oder Garantien – oder auf solche Teile verweisen und die Rechtswahlklausel nicht ausdrücklich mit ansprechen. In diesem Fall kann man annehmen, das Vertragsstatut des Joint Venture Vertrags, das ja für die inkorporierten Klauseln maßgeblich ist, soll insgesamt für den Zusatzvertrag gelten[2]. Dieser Hinweis verstärkt sich, wenn die Klauseln eindeutig nach dem gewählten Recht ausgestaltet sind, namentlich einzelne Vorschriften hieraus benennen. 4684

Sogar allein der Umstand, dass der Joint Venture Vertrag eine Rechtswahlklausel hat, mag ausreichen, um eine stillschweigende Wahl des dort genannten Rechts zu begründen. So heißt es im Bericht von *Giuliano/Lagarde* zum Vorläufer der Rom I-Verordnung, dem EVÜ: „In anderen Fällen kann die Tatsache, dass bei einem früheren Vertrag zwischen den Vertragsparteien eine ausdrückliche Rechtswahl getroffen worden ist, es dem Richter ermöglichen, sofern die vorliegenden Umstände keine Änderung der Haltung der Parteien erkennen lassen, auch bei Fehlen einer Rechtswahlklausel zweifelsfrei festzustellen, dass der Vertrag dem gleichen wie dem vormals gewählten Recht unterworfen werden soll"[3]. 4685

3. Fehlende Wahl

Bei fehlender Wahl ist Art. 4 Rom I-VO anzuwenden. Danach gilt zunächst Art. 4 Abs. 1 Rom I-VO, sofern sich der Zusatzvertrag einem der **aufgezählten Vertragsarten** zuordnen lässt. Ist eine solche Zuordnung nicht möglich oder sind die Bestandteile eines Zusatzvertrags durch mehr als einen der genannten Vertragstypen abgedeckt, unterliegt die Vereinbarung regelmäßig dem Recht 4686

---

1 Vgl. zum früheren Recht BGH 5.12.1966, AWD 1967, 108 (109); *Thorn*, in: von Hoffmann, § 10 Rz. 35; *von Hoffmann*, in: Soergel, Art. 27 EGBGB Rz. 46. Hierin kann man auch eine ausdrückliche Rechtswahl sehen, so *Vetter*, ZvglRW 87 (1988), 248 (252).
2 Vgl. *Vetter*, ZvglRW 87 (1988), 248 (257 f.).
3 *Giuliano/Lagarde*, Bericht über das Übereinkommen über das auf vertragliche Schuldverhältnisse anzuwendende Recht, BT-Drucks. 10/503, S. 33 (49); vgl. auch LG Hamburg 3.7.1973, IPRspr. 1973 Nr. 9, S. 26.

des Staats, in dem die Partei, welche die **charakteristische Leistung** zu erbringen hat, ihren gewöhnlichen Aufenthalt hat (Art. 4 Abs. 2 iVm. Art. 19 Rom I-VO). Lässt sich auch hiernach das anwendbare Recht nicht bestimmen, unterliegt der Vertrag gem. Art. 4 Abs. 4 Rom I-VO dem Recht des Staats, mit dem er am **engsten verbunden** ist. Das Recht der engsten Verbindung kann allerdings auch über die Ausweichklausel des Art. 4 Abs. 3 Rom I-VO anzuwenden sein. Bei der Suche nach der engsten Verbindung sind über die üblichen Kriterien hinaus zwei Gesichtspunkte zu beachten: Zum einen sind die Zusatzverträge schuldrechtliche Nebenabreden im Verhältnis zum Gesellschaftsvertrag der Projektgesellschaft. Dies kann dazu führen, dass sie am engsten verbunden sind mit dem auf die Gesellschaft anwendbaren Recht[1]. Zum anderen sind sie eng mit dem Joint Venture Vertrag verzahnt. Denn häufig vereinbaren die Partner schon in ihm, unter welchen Bedingungen sie die – zeitlich meist nachfolgenden – Zusatzverträge abschließen werden. Somit kann es schnell zu Spannungen und Anpassungsproblemen kommen, wenn die Verträge unterschiedlichen Rechtsordnungen unterliegen. Es kann also sinnvoll sein, bereits mit Hilfe des Kollisionsrechts die Zahl der anwendbaren Rechte zu verkleinern. Dieses Ziel lässt sich erreichen, indem man die Zusatzverträge **akzessorisch anknüpft** an den Joint Venture Vertrag[2].

a) Akzessorische Anknüpfung

4687 Die Frage einer akzessorischen Anknüpfung stellt sich immer dann, wenn mehrere Verträge inhaltlich oder wirtschaftlich miteinander zusammenhängen und hierdurch eine größere Einheit bilden[3]. Sie kann helfen, Reibungsflächen und Brüche zu verhindern, die fast zwangsläufig entstehen, wenn mehrere Rechte einen wirtschaftlichen Vorgang regeln[4]. Hierzu erstreckt man das **Statut des dominanten Rechtsverhältnisses** auf die übrigen Rechtsverhältnisse[5]. Im Ergebnis regelt nur ein Recht das einheitliche Lebensverhältnis. Das fördert den inneren Entscheidungseinklang und die Rechtssicherheit[6].

4688 Die akzessorische Anknüpfung erfolgt über die Ausweichklausel des Art. 4 Abs. 3 Rom I-VO oder über Art. 4 Abs. 4 Rom I-VO: Lässt sich ein Zusatzver-

---

1 Es gelten die dargestellten Grundsätze zur Schwerpunktermittlung beim Joint Venture Vertrag (Rz. 4625 ff.). Daher ist zu fragen, ob die Parteien für den Zusatzvertrag das Recht wollen, das auch für die Projektgesellschaft gilt. Dies gilt sowohl bei Art. 4 Abs. 3 Rom I-VO wie bei Art. 4 Abs. 4 Rom I-VO.
2 Vgl. zu diesen Gesichtspunkten Erwägungsgrund 21 Rom I-VO, wonach bei der Bestimmung des anwendbaren Rechts über die engste Verbindung unter anderem berücksichtigt werden soll, ob der Vertrag in einer sehr engen Verbindung zu einem oder mehreren anderen Verträgen steht.
3 Vgl. zum früheren Recht *von Hoffmann*, in: Soergel, Art. 28 EGBGB Rz. 115; *Martiny*, in: MünchKomm, Art. 28 EGBGB Rz. 116.
4 So *Jayme*, IPRax 1987, 63 (64); ähnlich *Martiny*, in: MünchKomm, Art. 28 EGBGB Rz. 116.
5 Vgl. zum früheren Recht *von Hoffmann*, in: Soergel, Art. 28 EGBGB Rz. 115.
6 Vgl. *Kreuzer*, Festschr. von Caemmerer (1978), S. 705 (719); *von der Seipen*, S. 55 ff. und S. 162.

trag einem der in Art. 4 Abs. 1 Rom I-VO aufgezählten Vertragsarten zuordnen oder lässt sich eine charakteristische Leistung bestimmen, kann sich über Art. 4 Abs. 3 Rom I-VO ergeben, dass er von dem so gefundenen Anknüpfungsergebnis abweichend akzessorisch an das Statut des Joint Venture Vertrags anzuknüpfen ist. Lässt sich der Zusatzvertrag nicht über Art. 4 Abs. 1 oder 2 Rom I-VO anknüpfen, gilt Art. 4 Abs. 4 Rom I-VO. Bei der dortigen Schwerpunktermittlung ist zu prüfen, ob sich der Zusatzvertrag an den Joint Venture Vertrag anknüpfen lässt.

Diese Grundsätze gelten jedoch nur für Verträge, bei denen die Parteien identisch sind. Verträge mit Dritten sind selbständig anzuknüpfen, wenn sich der Dritte nicht dem Hauptvertrag unterworfen hat[1]. 4689

b) Abwägung

Stets muss der Einzelfall entscheiden, ob sich ein Zusatzvertrag akzessorisch anknüpfen lässt. Ein Richter muss sämtliche Hinweise und Parteiinteressen in die Waagschaale legen und abwägen. Im Folgenden werden die verschiedenen Interessenlagen und mögliche Richtungen aufgezeigt. 4690

Die Parteien möchten regelmäßig, dass die beteiligten Rechte miteinander harmonieren (**Konsistenzinteresse** oder **Interesse am inneren Entscheidungseinklang**)[2]. Dieses Interesse stützt eine akzessorische Anknüpfung. Sie will gerade Brüche vermeiden, die entstehen können, wenn mehrere Rechtsordnungen gelten. Aber das Konsistenzinteresse wiegt nicht immer gleich stark. Es wiegt schwächer, wenn ein Zusatzvertrag in sich abgeschlossen ist und nicht oder kaum auf den Joint Venture Vertrag zurückgreift. So beispielsweise, wenn ein Partner klar abgegrenzte Teilleistungen zu erbringen hat. Denn in diesem Fall ist die Gefahr von Widersprüchen zwischen den verschiedenen Rechtsordnungen klein[3]. Hingegen wiegt das Interesse am inneren Entscheidungseinklang schwerer, wenn die Verträge eng miteinander verzahnt sind. Die Gefahr von Brüchen und Reibungen wächst und mit ihr das Interesse der Parteien an einem einzigen Recht für ihre Rechtsverhältnisse[4]. 4691

Das **Kontinuitätsinteresse** kann ebenfalls dafür sprechen, einen Zusatzvertrag an den Joint Venture Vertrag anzuknüpfen. Dahinter steckt das Anliegen von Parteien einer länger andauernden Geschäftsbeziehung, das anwendbare Recht nicht ständig zu wechseln. Es enthält den Wunsch nach einer verlässlichen Arbeitsbasis für die gesamte Zeit der Zusammenarbeit[5]. Zudem erreicht man, dass nur ein einziges Recht die oft sachlich zusammenhängenden Fragen beurteilt. Auch ein solches Interesse der Parteien ist zu beachten (**Sachzusammen-** 4692

---

1 Vgl. zum früheren Recht *von Hoffmann*, in: Soergel, Art. 28 EGBGB Rz. 116; *Martiny*, in: MünchKomm, Art. 28 EGBGB Rz. 118.
2 *Jayme*, IPRax 1987, 63 (64); *von der Seipen*, S. 163; *Kegel/Schurig*, § 2 II, S. 141 ff.
3 Vgl. *von der Seipen*, S. 277.
4 Vgl. *von der Seipen*, S. 170.
5 Allgemein zum kollisionsrechtlichen Kontinuitätsinteresse *Lüderitz*, Festschr. Kegel (1977), S. 31 (38 ff.).

hangsinteresse). Dies gilt selbst dann, wenn sich die Gefahr von Brüchen und Reibungen zwischen verschiedenen Rechten nicht aufdrängt[1].

4693 Ist ein Zusatzvertrag erkennbar nach einer bestimmten Rechtsordnung ausgerichtet, spricht dies dagegen, ihn an den Joint Venture Vertrag anzuknüpfen. Sollte in diesem Fall nicht schon eine stillschweigende Rechtswahl vorliegen, wird doch deutlich, dass die Interessen schwach wiegen, den Zusatzvertrag akzessorisch anzuknüpfen. Denn den Partnern kommt es ersichtlich nicht darauf an, ein einziges Recht auf die verschiedenen Verträge anzuwenden.

4694 Insgesamt lässt sich aber festhalten, dass Zusatzverträge häufig an den Joint Venture Vertrag anzuknüpfen sind. Das Ziel des Joint Venture Vertrags ist, erfolgreich zusammenzuarbeiten. Die Zusatzverträge dienen dazu, dieses Ziel zu erreichen. Daher ist der Joint Venture Vertrag das dominante Rechtsverhältnis und sein Statut auf die Zusatzverträge zu erstrecken[2]. Dies entspricht regelmäßig den vernünftigen Parteiinteressen. Zudem fördert es das Ziel des Internationalen Privatrechts, Zusammenhängendes nicht zu zerreißen, sondern auf „ein Lebensverhältnis ein Recht" anzuwenden[3].

4695–4700 Frei.

VI. Contractual Joint Venture

4701 Das Contractual Joint Venture begründet regelmäßig eine Personengesellschaft. Für die Anknüpfung ist damit entscheidend, ob es eine nach außen hervortretende Organisation hat. Ist dies gegeben, gelten die Regeln des Internationalen Gesellschaftsrechts (Rz. 4581 ff.). Bei fehlender Organisation greifen die Regeln des Internationalen Schuldvertragsrechts und damit der Rom I-Verordnung (Rz. 4601 ff.). Die Joint Venture Partner dürfen das gewünschte Recht wählen (Rz. 4611 ff.). Bei fehlender Wahl gilt Art. 4 Rom I-VO. Art. 4 Abs. 1 und Abs. 2 Rom I-VO helfen nicht weiter, weil sich der Gesellschaftsvertrag eines Contractual Joint Venture keinem der genannten Vertragsarten zuweisen lässt und keiner der Partner eine charakteristische Leistung erbringt (Rz. 4622 ff.). Nach Art. 4 Abs. 4 Rom I-VO ist der Vertrag häufig mit dem Ort am engsten verbunden, an dem die Partner den Gesellschaftszweck hauptsächlich verfolgen (Aktivitätszentrum) (Rz. 4635 f.).

4702–4710 Frei.

---

1 Vgl. *Kreuzer*, Festschr. von Caemmerer (1978), S. 705 (719); *von der Seipen* S. 195; *Spellenberg*, in: MünchKomm, vor Art. 11 EGBGB Rz. 21.
2 Vgl. zum früheren Recht *von Hoffmann*, in: Soergel, Art. 28 EGBGB Rz. 120, 506 und 519.
3 Vgl. *Kreuzer*, Festschr. von Caemmerer (1978), S. 705 (733) und (719); *Spellenberg*, in: MünchKomm, vor Art. 11 EGBGB Rz. 20.

VII. Zusammenfassung mit Handlungsanleitung

1. Equity Joint Venture

Für die Anknüpfung eines Equity Joint Venture ist regelmäßig zu unterscheiden zwischen Projektgesellschaft, Joint Venture Vertrag und Zusatzverträgen. 4711

Die **Projektgesellschaft** unterliegt den Regeln des Internationalen Gesellschaftsrechts. 4712

Der **Joint Venture Vertrag** ist ein Gesellschaftsvertrag einer Personengesellschaft. Seine Regelungen unterliegen dem Recht der Projektgesellschaft insoweit, als sie sich auf die Struktur dieser Gesellschaft auswirken. Im Übrigen ist er selbständig anzuknüpfen. In diesem Fall gelten die Regeln des Internationalen Gesellschaftsrechts, sofern der Vertrag eine nach außen hervortretende Organisation schafft. Bei fehlender Organisation sind die Vorschriften des Internationalen Schuldvertragsrechts und damit der Rom I-Verordnung anzuwenden. Die Parteien können das anwendbare Recht wählen. Bei fehlender Wahl gilt das Recht, mit dem der Vertrag am engsten verbunden ist. Die engste Verbindung ist unter Beachtung aller Umstände des Einzelfalls zu suchen, weil sich der Vertrag keinem der in der Rom I-Verordnung genannten Vertragstypen zuordnen lässt und auch keiner der Partner eine charakteristische Leistung erbringt. Das Recht der Projektgesellschaft ist ein wichtiger Hinweis. 4713

Als **Zusatzverträge** sind Verträge jeden Typs denkbar. Für die Anknüpfung gelten daher die Besonderheiten der jeweiligen Vertragsart. Jedoch ist zu beachten, dass jeder Zusatzvertrag Teil eines komplexen Vertragswerks ist. Dies führt zu folgenden Hinweisen für die Anknüpfung nach der Rom I-Verordnung: Die Parteien können das anwendbare Recht ausdrücklich oder stillschweigend wählen. Verweisen sie in einem Zusatzvertrag auf den Joint Venture Vertrag, kann dies auf die stillschweigende Wahl seines Rechts hinweisen. Bei fehlender Wahl ist eine akzessorische Anknüpfung an den Joint Venture Vertrag möglich. Sein Statut ist dann auf den Zusatzvertrag zu erstrecken. 4714

2. Contractual Joint Venture

Das Contractual Joint Venture ist regelmäßig als Personengesellschaft zu qualifizieren. Für die Anknüpfung ist damit entscheidend, ob es eine nach außen hervortretende Organisation gibt. Ist dies zu bejahen, gelten die Regeln des Internationalen Gesellschaftsrechts. Bei fehlender Organisation greifen die Regeln der Rom I-Verordnung. Danach dürfen die Parteien das anwendbare Recht ausdrücklich oder stillschweigend wählen. Bei fehlender Wahl ist die engste Verbindung zu suchen. Diese besteht häufig zu dem Ort, an dem die Partner den Gesellschaftszweck hauptsächlich verfolgen (Aktivitätszentrum). 4715

Frei. 4716–4720

Kapitel 11: Versicherungsverträge

Übersicht

	Rz.
I. Rechtsvereinheitlichung	4721
1. Versicherungsrichtlinien der EG	4721
2. Rom I-VO	4725
3. Umsetzung der Versicherungsrichtlinien in Deutschland	4726
4. Internationale Zuständigkeit	4728
II. Schuldstatut der Versicherungsverträge	4729
1. Maßgeblichkeit der Rom I-VO	4729
2. Großrisiken	4731
3. Belegenheit des Risikos	4732
4. Anknüpfungsregeln im Allgemeinen	4734
a) Subjektive Anknüpfung	4734
aa) Verträge über außerhalb der EU belegene Massenrisiken	4734
bb) Verträge über Großrisiken	4737
cc) Verträge über innerhalb der EU belegene Massenrisiken	4738
b) Objektive Anknüpfung	4745
aa) Verträge über außerhalb der EU belegene Massenrisiken	4745
bb) Verträge über Großrisiken	4746
cc) Verträge über innerhalb der EU belegene Massenrisiken	4747
dd) Aufspaltung der Anknüpfung	4748
5. Einzelne Versicherungsverträge im Besonderen	4749
a) Lebensversicherung	4749
b) Rückversicherung	4753
c) Mitversicherung	4754
d) Pflichtversicherung	4755
e) Weitere	4759
III. Zwingende Vorschriften	4762
1. Regelung der Sonderanknüpfung	4762
2. „Zwingendes" deutsches Versicherungsvertrags- und -aufsichtsrecht	4763
3. Allgemeines Verbraucherschutzrecht	4766
4. Weitere zwingende Normen	4767
5. Ausländische, statutsfremde Eingriffsnormen	4768
IV. Zusammenfassung mit praktischen Hinweisen	4769

Literatur: *Armbrüster*, in: Staudinger, Anhang I zu Art. 37 EGBGB (IPR der Versicherungsverträge), 13. Bearb. (2002); *Basedow/Drasch*, Das neue Internationale Versicherungsvertragsrecht, NJW 1991, 785; *Basedow/Scherpe*, Das internationale Versicherungsvertragsrecht und „Rom I", in: Festschr. S Heldrich (2005), S. 511; *Bruck*, Zwischenstaatliches Versicherungsrecht (1924); Comité Européen des Assurances (Hrsg.), L'application du droit du contrat d'assurance dans le marché unique européen (Paris 1992); *Fricke*, Das IPR der Versicherungsverträge ausserhalb des Anwendungsbereichs des EGVVG, VersR 1994, 773; *Fricke*, Das Versicherungs-IPR im Entwurf der Rom-I-Verordnung – ein kurzer Überblick über die Änderungen, VersR 2006, 745; *Fricke*, Das Internationale Privatrecht der Versicherungsverträge nach Inkrafttreten der Rom-I-Verordnung, VersR 2008, 443; *Gross*, Die Anknüpfung des Versicherungsvertrages im Internationalen Privatrecht in rechtsvergleichender Sicht (1987); *Hahn*, Die „europäischen" Kollisionsnormen für Versicherungsverträge (Karlsruhe 1992); *Heiss*, Insurance Contracts in Rome I: Another Recent Failure of the European Legislature, Yb. PIL 2008, 261; *Heiss*, Reform des internationalen Versicherungsvertragsrechts, ZVersWiss. 2007, 503; *Heiss*, Versicherungsverträge in „Rom I": Neuerliches Versagen des europäischen Gesetzgebers, in: Die richtige Ordnung – Festschr. Jan Kropholler (2008), S. 459; *Heiss*, Insurance Contracts in „Rome I": Another Recent Failure of the European Legislature, in: Cashin Ritaine/Bonomi (Hrsg.), Le nouveau règlement européen „Rome I" relatif à la loi applicable aux obligations contractuelles (Zürich 2008), S. 97; *Heiss/B. Lorenz*, Versicherungsvertragsgesetz, 2. Aufl. (Wien 1996); *Honsell* (Hrsg.), Berliner Kommentar zum Versicherungsvertragsgesetz (1999); *Hübner*, Zum Stand der Rechtsvereinheitlichung im internationalen Versicherungsvertragsrecht, in: von Bar (Hrsg.), Europäisches Gemeinschaftsrecht und Internationales Privatrecht (1991), S. 111; *Imbusch*, Das IPR der Versicherungsverträge über innerhalb der EG belegene Risiken, VersR 1993, 1059; *Keller*, Das internationale Versicherungsvertragsrecht der Schweiz (Bern 1962); *Koch*, Kollisions- und versicherungsvertragsrechtliche Probleme bei internationalen D&O-Haftungsfällen, VersR 2009, 141; *Looschelders*, Der Schutz von Verbrauchern und Versicherungsnehmern im Internationalen Privatrecht, in: Kontinuität und Wandel des Versicherungsrechts – Festschr. E. Lorenz (2004), S. 441; *E. Lorenz*, Das auf grenzüberschreitende Lebensversicherungsverträge anwendbare Recht – eine Übersicht über die kollisionsrechtlichen Rechtsgrundlagen, ZVersWiss. 1991, 121; *E. Lorenz/F. Reichert-Facilides*, Stellungnahmen und Gutachten zum Europäischen Internationalen Zivilverfahrens- und Versicherungsrecht (1991); *Mankowski*, Die Rom I-Verordung – Änderungen im europäischen IPR für Schuldverträge, IHR 2008, 133; *Mankowski*, Nationale Erweiterungen der Rechtswahl im neuen Internationalen Versicherungsvertragsrecht, VersR 1993, 154; *Mankowski.*, Internationales Versicherungsvertragsrecht und Internet, VersR 1999, 923; *Mankowski.*, Internationales Rückversicherungsrecht, VersR 2002, 1177; *Mewes*, Internationales Versicherungsvertragsrecht unter besonderer Berücksichtigung der europäischen Dienstleistungsfreiheit im Gemeinsamen Markt (1995); *Perner*, Das Internationale Versicherungsvertragsrecht nach Rom I, IPRax 2009, 218; *Reichert-Facilides*, Zur Kodifikation des deutschen internationalen Versicherungsvertragsrechts, IPRax 1990, 1; *Reichert-Facilides.*, Gesetzesvorschlag zur Neuregelung des deutschen Internationalen Versicherungsvertragsrechts, VersR 1993, 1177; *Reichert-Facilides* (Hrsg.), Aspekte des internationalen Versicherungsvertragsrechts im Europäischen Wirtschaftsraum (1994); *Reichert-Facilides/Jessurun d'Oliveira* (Hrsg.), International Insurance Contract Law in the EC (Deventer 1993); *Roth*, Internationales Versicherungsvertragsrecht in der Europäischen Union – Ein Vorschlag zu seiner Neuordnung, in: Kontinuität und Wandel des Versicherungsrechts – Festschr. Egon Lorenz (2004), S. 631; *Roth*, Internationales Versicherungsvertragsrecht (1985); *Roth*, Das Allgemeininteresse im europäischen Internationalen Versicherungsvertragsrecht, VersR 1993, 129; *Rudisch*, Österreichisches internationales Versicherungsvertragsrecht (Wien 1994); *Schnyder*, Zum Kreis sonderanknüpfungsfähiger „Eingriffsnormen" im Internationalen Privatrecht, in: Festschr. Ansay (Alphen aan den Rijn 2006), S. 389; *Schnyder*, Europäisches Banken- und Versicherungsrecht (2005); *Schnyder*, Internationale Versicherungsverträge auf der Grundlage des neuen schweizerischen IPR-Gesetzes, Schweiz. Vers.-Zeitschr. 1990, 4; *Schnyder*, Internationale Versicherungsaufsicht zwischen Kollisionsrecht und Wirtschaftsrecht (Tübingen 1989); *Schnyder/Schoop*, Das „Allgemeininteresse" im europäischen Versicherungsvertragsrecht und seine Bedeutung für die Motorfahrzeugversicherung, in: Metzler/Fuhrer (Hrsg.), Festschr. des Nationalen Versicherungsbüros Schweiz (NVB) ..., (Basel ua. 2000), S. 469; *A. Staudinger*, Die Kontrolle grenzüberschreitender Versicherungsverträge anhand des AGBG, VersR 1999, 401; *Uebel*, Die deutschen Kollisionsnormen für (Erst-)Versicherungsverträge mit Ausnahme der Lebensversicherung über in der Europäischen Wirtschaftsgemeinschaft belegene Risiken (1994); *Wandt*, Internationales Privatrecht der Versicherungsverträge, in: Reichert-Facilides/Schnyder (Hrsg.), Versicherungsrecht in Europa – Kernperspektiven am Ende des 20. Jahrhunderts (2000), S. 85.

I. Rechtsvereinheitlichung

1. Versicherungsrichtlinien der EG

4721 Eine kollisions- und materiellrechtliche Angleichung des Versicherungsrechts wurde im Rahmen der EG seit Langem angestrebt. Diese Bemühungen konnten zu einem großen Teil insoweit erfolgreich abgeschlossen werden, als es gelang, mittels der so genannten **drei Richtlinien-Generationen** in der Schaden– und in der Lebensversicherung einen europäischen Binnenmarkt für Versicherungen zu etablieren.

Bei den im Vordergrund stehenden Rechtsakten handelt es sich um folgende Richtlinien des Rates[1]:

– Erste Richtlinie zur Koordinierung der Rechts- und Verwaltungsvorschriften betreffend die Aufnahme und Ausübung der Tätigkeit der Direktversicherung (mit Ausnahme der Lebensversicherung): vom 24.7.1973, ABl. EG 1973 Nr. L 228, S. 3;

– Erste Richtlinie zur Koordinierung der Rechts- und Verwaltungsvorschriften über die Aufnahme und Ausübung der Direktversicherung (Lebensversicherung): vom 5.3.1979, ABl. EG 1979 Nr. L 63, S. 1;

– Zweite Richtlinie zur Koordinierung der Rechts- und Verwaltungsvorschriften für die Direktversicherung (mit Ausnahme der Lebensversicherung) und zur Erleichterung der tatsächlichen Ausübung des freien Dienstleistungsverkehrs sowie zur Änderung der [Ersten] Richtlinie: vom 22.6.1988, ABl. EG 1988 Nr. L 172, S. 1;

– Zweite Richtlinie zur Koordinierung der Rechts- und Verwaltungsvorschriften für die Direktversicherung (Lebensversicherung) und zur Erleichterung der tatsächlichen Ausübung des freien Dienstleistungsverkehrs sowie zur Änderung der (Ersten) Richtlinie: vom 8.11.1990, ABl. EG 1990 Nr. L 330, S. 50;

– Richtlinie zur Koordinierung der Rechts- und Verwaltungsvorschriften für die Direktversicherung (mit Ausnahme der Lebensversicherung) sowie zur Änderung der [früheren] Richtlinien (Dritte Richtlinie Schadenversicherung): vom 18.6.1992, ABl. EG 1992 Nr. L 228, S. 1;

– Richtlinie zur Koordinierung der Rechts- und Verwaltungsvorschriften für die Direktversicherung (Lebensversicherung) sowie zur Änderung der (früheren) Richtlinien (Dritte Richtlinie Lebensversicherung): vom 10.11.1992, ABl. EG 1992 Nr. L 360, S. 1.

– Um dem nicht mehr befriedigenden Zustand des zersplitterten Richtlinienrechts Abhilfe zu schaffen, wird angestrebt, die jeweils drei Richtlinien (zusammen mit Erweiterungen und Ergänzungen) in konsolidierte Fassungen einzubringen. Im Bereich Lebensversicherung ist zu diesem Zweck bereits eine neue (Gesamt-)Richtlinie verabschiedet worden:

– Richtlinie 2002/83/EG des Europäischen Parlaments und des Rates vom 5.11.2002 über Lebensversicherungen, ABl. EG 2002 Nr. L 345, S. 1.

---

[1] Ergänzende Richtlinien, namentlich für besondere Versicherungsbranchen, kommen dazu; sie sind vorliegend von geringerer Bedeutung.

Auf dem Gebiet der Schadenversicherung ist in absehbarer Zeit mit einer umfassenden neuen Richtlinie zu rechnen („Solvency II").

Regelungsgegenstand der Richtlinien ist die Verwirklichung der gemeinschaftsrechtlichen Freiheiten in Bezug auf **Niederlassung** und **Dienstleistungsverkehr**. Ordnungsprinzipien sind vor allem die Einheitszulassung für europäische Versicherer, das Herkunftslandprinzip, die Zusammenarbeit der Aufsichtsbehörden, Angleichungen der einzelstaatlichen Aufsichtsvorschriften (namentlich hinsichtlich Solvabilität und Rechnungslegung der Versicherungseinrichtungen) sowie vorbehaltene Regelungskompetenz des Tätigkeitslandes im „Allgemeininteresse"[1]. Bisher gescheitert ist eine Vereinheitlichung des (materiellen) Versicherungsvertragsrechts. Ob es im Rahmen eines zukünftigen CFR – bzw. ergänzend dazu – gelingen wird, vereinheitlichtes europäisches Versicherungsvertragsrecht zu schaffen, ist eine offene Frage. Immerhin liegt mit dem **Restatement of European Insurance Contract Law** bereits der Entwurf für einen Allgemeinen Teil dieses Rechtsgebiets vor; er könnte insbesondere als so genanntes *optionales Instrument* dienen[2].

4722 Die Vorschriften der EG-Versicherungsrichtlinien sind auch im Rahmen des **Europäischen Wirtschaftsraumes** zu beachten; sie bilden Bestandteile des von den Vertragsstaaten, die nicht der EU angehören, zu übernehmenden „acquis communautaire"[3].

4723 **Kollisionsrechtliche Regelungen** enthalten in erster Linie die *Art. 7 und 8* der Zweiten Richtlinie Schadenversicherung und *Art. 4* der Zweiten Richtlinie Lebensversicherung (sowie Art. 32 konsolidierte Richtlinie Leben). Diese Bestimmungen wurden noch ergänzt durch Art. 27 der Dritten Richtlinie Schadenversicherung (welche Vorschrift eine Änderung von Art. 7 Abs. 1 lit. f der Zweiten Richtlinie enthält). Das durch die Richtlinien vereinheitlichte Versicherungskollisionsrecht bezog bzw. bezieht sich auf Versicherungsverträge über *Risiken, die im Geltungsbereich des EG-Vertrages* belegen sind, und schliesst somit die Regelungslücke von Art. 1 Abs. 3 EVÜ (bisheriger Art. 37 Nr. 4 EGBGB). Die gemeinschaftsrechtlichen Verweisungsnormen blicken auf eine bewegte Entstehungsgeschichte zurück und sind bis heute Gegenstand zT heftiger Kritik[4].

4724 Das Richtlinienrecht und die darauf beruhenden Umsetzungsgesetze werden in Zukunft weitgehend durch die Regelungen der **Rom I-VO** abgelöst. Völlig bedeutungslos wird es dadurch aber nicht, weil die VO bekanntlich nicht (direkt) in allen EU- und EWR-Staaten gilt. Zudem hat die Rom I-VO *inhaltlich*

---

1 Vgl. *Roth*, Allgemeininteresse, S. 129 ff.; *Schnyder/Schoop*, S. 470 ff.
2 www.restatement.info.
3 Vgl. Beschlüsse des Rates und der Kommission vom 13.12.1993 über den Abschluss des EWR-Abkommens und den Abschluss des Anpassungsprotokolls zum Abkommen, ABl. EG 1994 Nr. L 1, S. 1–606.
4 Vgl. *Mewes*, S. 115 ff.; *Schnyder*, Internationale Versicherungsaufsicht, S. 78 ff.; *Wandt*, S. 87 ff.; *Heiss*, Versicherungsverträge, S. 460 ff.

vieles von dem übernommen, was seinerzeit in den Richtlinien niedergelegt worden ist.

2. Rom I-VO

Wie ausgeführt, ist das europäische Internationale Versicherungsvertragsrecht nunmehr in der Rom I-VO geregelt, und zwar in erster Linie in dem (umfangreichen) Art. 7 Rom I-VO. Zu begrüssen ist hierbei, dass die bisher „herrschende Zersplitterung der Rechtsquellen des europäischen Versicherungskollisionsrechts in Richtlinienrecht und EVÜ jedenfalls *prima facie* beseitigt" worden ist[1]. Von der Konzeption und vom Regelungsinhalt her wird das an das frühere Recht anknüpfende Regime der VO aber weiterum kritisiert[2].

4725

3. Umsetzung der Versicherungsrichtlinien in Deutschland

Die in den Richtlinien enthaltenen EG-Versicherungskollisionsnormen hatten mittels Gesetz vom 28.6.1990[3] sowie Gesetz vom 21.7.1994[4] in das **Einführungsgesetz zu dem Gesetz über den Versicherungsvertrag** (EGVVG) Eingang gefunden – und zwar unter der neu eingefügten Überschrift „Europäisches Internationales Versicherungsvertragsrecht". Das deutsche Versicherungskollisionsrecht wurde also bisher durch *zwei Erlasse* geregelt: einerseits im EGBGB, andererseits im EGVVG.

4726

Im Zuge der Rom I-VO ist das **deutsche Kollisionsrecht** nunmehr revidiert und an die VO angepasst worden (zu den Einzelheiten hiernach Rz. 4729 ff.). Im Gesetz zur Anpassung der Vorschriften des Internationalen Privatrechts an die Verordnung (EG) Nr. 593/2008 sind die durch die früheren Gesetzesnovellen eingeführten Regelungen weitgehend *aufgehoben* worden. Ergänzt wird die Rom I-VO noch durch einige wenige neue Bestimmungen des autonomen Rechts.

4727

4. Internationale Zuständigkeit

Auf *verfahrensrechtlicher* Ebene enthält die EuGVO (früher das GVÜ) **Sonderbestimmungen** in den Art. 8–14 zur internationalen Zuständigkeit der Gerichte in Versicherungssachen. Für das Verhältnis gegenüber dem gemeinschaftsrechtlichen Versicherungskollisionsrecht ist zu beachten, dass die Regelungswerke nicht aufeinander abgestimmt sind und dass sie namentlich die Grenzen der Parteiautonomie – in Bezug auf Gerichtsstandsklauseln und

4728

---

1 *Heiss*, Versicherungsverträge, S. 459.
2 Vgl. vor allem *Heiss*, Versicherungsverträge, passim; *Mankowski*, Die Rom I-Verordnung, S. 144: „Das alte, überkomplizierte Regime ist inhaltlich ohne wesentliche Korrektur übergegangen, wenn auch sprachlich und systematisch leicht verbessert. Den grossen Schritt hin zur Vereinfachung und zur Anwendung der allgemeinen Regeln aber hat man nicht gewagt.".
3 BGBl. I 1990, 1249.
4 BGBl. I 1994, 1630.

Rechtswahl – *unterschiedlich* ziehen[1]. Dieser Tatsache ist bei der Formulierung konkreter Bedingungs- und Vertragsklauseln Rechnung zu tragen. Immerhin ist die Freiheit zu Gerichtsstandsvereinbarungen mit einer neuen Nr. 5 von Art. 14 EuGVO nicht unerheblich erweitert worden: Sie erstreckt sich nunmehr auch auf sämtliche sog. *Grossrisiken* iSd. Richtlinienwerks.

II. Schuldstatut der Versicherungsverträge

1. Maßgeblichkeit der Rom I-VO

4729 Ausgangspunkt und hauptsächliche Rechtsgrundlage für die *Bestimmung des Versicherungsvertragsstatuts* bildet seit dem 17.12.2009 **Art. 7 der Rom I-VO**. Dessen Anwendungsbereich wird in Art. 7 Abs. 1 Rom I-VO wie folgt umschrieben:

1. Art. 7 der Rom I-VO gilt für Versicherungsverträge über **Großrisiken** (im Sinn von Art. 5 lit. d der Ersten Versicherungsrichtlinie [73/239/EWG]), und zwar *unabhängig davon*, ob das gedeckte Risiko in einem Mitgliedstaat belegen ist oder nicht.

2. Art. 7 der Rom I-VO gilt sodann für alle **anderen Versicherungsverträge**, sofern die gedeckten *Risiken* im **Gebiet der Mitgliedstaaten** belegen sind.

3. Art. 7 der Rom I-VO gilt *nicht* für **Rückversicherungsverträge**.

4730 Soweit die Sonderverweisungsnorm des Art. 7 Rom I-VO nicht zur Anwendung gelangt, gilt das **allgemeine Anknüpfungsregime** der VO[2], also namentlich deren Art. 3 ff. (Einzelheiten hiernach Rz. 4734 ff.).

2. Großrisiken

4731 Wie ausgeführt, verweist Art. 7 Abs. 2 UAbs. 1 der Rom I-VO für die *Definition* eines zu deckenden Großrisikos auf das einschlägige Richtlinienrecht. Für das deutsche Recht werden die Großrisiken nunmehr im (neuen) **§ 210 Abs. 2 VVG** definiert. Die Bestimmung folgt den Vorgaben der Richtlinie sowie den versicherungsaufsichtsrechtlichen Umsetzungen.

3. Belegenheit des Risikos

4732 Da es für die Bestimmung des Versicherungsvertragsstatuts bei Verträgen, die *nicht* Großrisiken, dh. also Massenrisiken decken, gem. Art. 7 Abs. 1 Rom I-VO auf die **Belegenheit des Risikos** – innerhalb oder außerhalb der EU-Mitgliedstaaten – ankommt[3], muss diese im Einzelnen konkretisiert werden.

---

1 Dazu *Schnyder*, in: Reichert-Facilides (Hrsg.), Versicherungsvertragsrecht im Europäischen Wirtschaftsraum, S. 64 f.
2 Vgl. *Heiss*, Versicherungsverträge, S. 477.
3 Zum Begriff der Mitgliedstaaten vgl. Art. 1 Abs. 4 der VO; danach wird in Art. 7 auch Dänemark als Mitgliedstaat bezeichnet.

Art. 7 Abs. 6 Rom I-VO *verweist* dafür auf die einschlägigen Schaden- und Lebensversicherungs-Richtlinien. Deren Definitionen sind in Art. 7 Abs. 2 EG VVG umgesetzt worden, welche Bestimmung indessen mit Inkrafttreten der Rom I-VO wieder aufgehoben wurde.

Art. 2 lit. d der *Zweiten Schaden-Richtlinie* (zuletzt geändert durch Richtlinie 2005/14/EG) lautet:

„d) Mitgliedstaat, in dem das Risiko belegen ist:
- bei der Versicherung entweder von Gebäuden oder von Gebäuden und den darin befindlichen Sachen, sofern diese durch die gleiche Versicherungspolice gedeckt ist, der Mitgliedstaat, in dem die Gegenstände belegen sind,
- bei der Versicherung von zugelassenen Fahrzeugen aller Art der Zulassungsmitgliedstaat,
- bei einem höchstens viermonatigen Vertrag zur Versicherung von Reise – und Ferienrisiken, ungeachtet des betreffenden Zweigs der Mitgliedstaat, in dem der Versicherungsnehmer den Vertrag geschlossen hat,
- in allen Fällen, die nicht ausdrücklich unter den vorstehenden Gedankenstrichen bezeichnet sind, der Mitgliedstaat, in dem der Versicherungsnehmer seinen gewöhnlichen Aufenthalt hat, oder, wenn der Versicherungsnehmer eine juristische Person ist, der Mitgliedstaat, in dem sich die Niederlassung dieser juristischen Person befindet, auf die sich der Vertrag bezieht;"

Art. 1 Abs. 1 lit. g der (konsolidierten) *Lebensversicherungs-Richtlinie* (2002/83/EG) lautet (bei der Lebensversicherung ist der Staat der Risikobelegenheit der *Staat der Verpflichtung*):

„g) Mitgliedstaat der Verpflichtung: der Mitgliedstaat, in dem der Versicherungsnehmer seinen gewöhnlichen Aufenthalt hat, oder, wenn der Versicherungsnehmer eine juristische Person ist, der Mitgliedstaat, in dem sich die Niederlassung dieser juristischen Person befindet, auf die sich der Vertrag bezieht;"

Sind Risiken zum Teil in der EU und zum Teil ausserhalb belegen – etwa im Rahmen eines (zulässigen) zusammengesetzten Vertrages –, so wird man zu einer **Aufspaltung** der anwendbaren Rechte gelangen müssen[1].

4. Anknüpfungsregeln im Allgemeinen

a) Subjektive Anknüpfung

aa) Verträge über außerhalb der EU belegene Massenrisiken

Für Versicherungsverträge über Massenrisiken (andere als Grossrisiken), die *nicht* in einem Mitgliedstaat der EU belegen sind, gelten die allgemeinen vertragskollisionsrechtlichen Bestimmungen der Rom I-VO. Das gilt namentlich mit Bezug auf die Parteiautonomie.

Als **Mitgliedstaat** im Sinne des Art. 7 Rom I-VO gelten alle EU-Staaten, unter Einschluss von Dänemark (Art. 1 Abs. 4 Rom I-VO). Nach dem Wortlaut der VO nicht erfasst sind die EWR-Vertragsstaaten Island, Liechtenstein und Nor-

---

1 Vgl. *Uebel*, S. 92 f.; vgl. unten Rz. 4748.

wegen. Das steht im *Widerspruch* zum bisher geltenden Regime, welches in dem hier interessierenden Zusammenhang EU- und EWR-Staaten gleich behandelt hat. Es gibt denn auch Stimmen, die diese Gleichbehandlung ebenfalls unter der Rom I-VO befürworten[1].

4736 Die soeben erwähnten Verträge sind einer Rechtswahl durch die Parteien grundsätzlich zugänglich. *Vorbehalten* bleiben bei Jedermanngeschäften (Versicherungsnehmer als „Verbraucher") jedoch die für die schwächere Partei **schutzgünstigeren Bestimmungen** ihres Aufenthaltsstaates gem. Art. 6 Abs. 2 Rom I-VO. Gleiches gilt allgemein für qualifiziert zwingende Vorschriften des deutschen Versicherungsrechts, die als sog. Eingriffsnormen stets Vorrang haben[2]. Mit Bezug auf Verträge über außerhalb der EU belegene Risiken ist indessen zu bedenken, dass solche Verträge aufgrund **aufsichtsrechtlicher Überlegungen** – in der Regel keine grenzüberschreitende Dienstleistungsfreiheit – häufig nur die Rückversicherung oder den Großrisikobereich betreffen werden. Individualverträge im Privatbereich, die verbraucherrechtliche Sonderanknüpfungen erforderlich machen könnten, dürften dagegen die Ausnahme bleiben.

bb) Verträge über Großrisiken

4737 Für Verträge über Großrisiken[3] besteht freie Rechtswahl nach **Art. 3 Rom I-VO**: Art. 7 Abs. 2 UAbs. 1 Rom I-VO. Vorbehalten bleiben gegebenenfalls *zwingende Bestimmungen*, die einer Sonderanknüpfung zuzuführen sind[4]. Im Bereich der Großrisiken dürfte ein solcher Fall aber eher selten sein.

cc) Verträge über innerhalb der EU belegene Massenrisiken

4738 In Übereinstimmung mit dem Richtlinienrecht gewährt Art. 7 Abs. 3 UAbs. 1 der Rom I-VO **beschränkte Rechtswahlfreiheit** mit Bezug auf Verträge, die Jedermannrisiken *innerhalb* der Mitgliedstaaten decken. Dazu zählen alle Verträge, die nicht Großrisiken betreffen – also auch Versicherungsverträge mit kleinen und mittleren Unternehmen.

4739 Art. 7 Abs. 3 UAbs. 1 lit. a. lässt die Wahl des Rechts „eines jeden Mitgliedstaats" zu, in welchem *zum Zeitpunkt des Vertragsschlusses* das **Risiko belegen** ist. Zu denken ist beispielsweise an einen Fall, wo in grenzüberschreitend zulässiger Weise die ausländische Betriebsstätte eines Versicherungsnehmers versichert werden soll.

4740 Art. 7 Abs. 3 UAbs. 1 lit. b Rom I-VO erlaubt stets die Wahl des Rechts des Staates, in dem der Versicherungsnehmer seinen **gewöhnlichen Aufenthalt**

---

1 *Heiss*, Versicherungsverträge, S. 478; vgl. etwa auch Art. 46b EGBGB (in der Fassung des Anpassungsgesetzes).
2 Vgl. unten Rz. 4763 ff.
3 Zu deren Definition vgl. oben Rz. 4731.
4 Vgl. Rz. 4762 ff.

hat. Das kann etwa von Bedeutung werden bei der Versicherung von im Ausland belegenen Immobilien oder im Ausland zugelassenen Fahrzeugen.

Art. 7 Abs. 3 UAbs. 1 lit. c Rom I-VO bezieht sich auf *Lebensversicherungen*; vgl. dazu Rz. 4749 ff. 4741

Art. 7 Abs. 3 UAbs. 1 lit. d Rom I-VO eröffnet die Wahl des Rechts am **Ort des Schadenseintritts**, wenn ein Vertrag sich auf die Deckung von Schadensfällen beschränkt, die in einem *anderen* als in dem Staat, in dem das Risiko belegen ist, eintreten können. 4742

Art. 7 Abs. 3 UAbs. 1 lit. e Rom I-VO gewährt erweiterte Freiheiten – wenn auch auf bestimmte Rechtsordnungen begrenzt – für Versicherungsdeckungen bei *gewerblicher, industrieller oder freiberuflicher* Tätigkeit. Werden in diesem Rahmen Risiken versichert, die in **verschiedenen EU-Staaten belegen** sind, so umfasst die freie Rechtswahl einerseits das Sitzrecht des Versicherungsnehmers, andererseits jedes einzelne Risikolandrecht. 4743

Selbst in den Fällen *limitierter* Rechtswahlfreiheit kann sich eine **weitergehende Parteiautonomie** ergeben, soweit das (Kollisions-)Recht der zuständigen ausländischen Rechtsordnung dies vorsieht: Art. 7 Abs. 3 UAbs. 2 Rom I-VO. Die *renvoiähnliche* Regelung kommt dort zum Tragen, wo in den Fällen der Buchstaben a, b oder e von Art. 7 Abs. 3 UAbs. 1 Rom I-VO (Belegenheit des Risikos; Aufenthalts- bzw. Sitzrecht des Versicherungsnehmers) die betreffenden Mitgliedstaaten eine *größere Wahlfreiheit* einräumen. Die Konsultation eines einschlägigen Verweisungsrechts kann ergeben, dass ein Staat – nach der VO in zulässiger Weise – in solchen Fällen sogar unbeschränkte Rechtswahl eröffnet[1]. Der deutsche Gesetzgeber hat – für das deutsche Recht – von einer solchen Erweiterung abgesehen. 4744

b) Objektive Anknüpfung
aa) Verträge über außerhalb der EU belegene Massenrisiken

Soweit Art. 7 Rom I-VO keine Anwendung findet – wie bei den hier interessierenden Verträgen –, ist Art. 4 Rom I-VO zu beachten. Nach der *allgemeinen* (Subsidiär-)Regel von Art. 4 Abs. 2 Rom I-VO untersteht ein solcher Vertrag grundsätzlich dem Recht des Staates, in dem die Partei, die die *charakteristische Leistung erbringt*, im Zeitpunkt des Vertragsabschlusses ihren gewöhnlichen Aufenthalt oder ihre Hauptverwaltung hat. Bei Versicherungsverträgen 4745

---

[1] Kritisch dazu *Heiss*, Versicherungsverträge, S. 471: „Rechtspolitisch ist diese Regelung unhaltbar. Zunächst konterkariert sie ganz weitgehend das eigentliche Ziel der Verordnung, einheitliches internationales Vertragsrecht zu schaffen. Außerdem gibt sie den Versicherungsnehmerschutz des Art. 7 Abs. 3 Rom I-VO der Diskretion mehrerer mitgliedstaatlicher Gesetzgeber anheim. Wenn nur einer von ihnen die freie Rechtswahl bevorzugt, so ist sie eingeräumt. Zuletzt ist die Regelung unbequem: Hat ein deutscher Richter einen Versicherungsvertrag zu beurteilen, der im Ausland belegene Risiken deckt, so müsste er nach ausländischem Kollisionsrecht bestimmen, ob eine freie Rechtswahl zulässig zulässig ist."

ist dies der *Versicherer*, so dass dessen Recht – genauer: das Recht des Staates, in dem sich die kontrahierende **Niederlassung** des Versicherers befindet – zu berufen ist.

bb) Verträge über Großrisiken

4746 Gemäß seinem Abs. 1 findet Art. 7 Rom I-VO auf *alle* Verträge über Grossrisiken Anwendung. Demzufolge ist hier Art. 7 Abs. 2 UAbs. 2 Rom I-VO zu beachten: Wie bei Art. 4 Rom I-VO ist grundsätzlich das **Statut des Versicherers** zu berufen. Ebenfalls in Übereinstimmung mit Art. 4 (Abs. 3) Rom I-VO sieht S. 2 von Art. 7 Abs. 2 UAbs. 2 Rom I-VO vor, dass das Recht eines anderen Staates angewendet werden kann, wenn die „Gesamtheit der Umstände" eine solche (Ausweich-)Anknüpfung nahe legt.

cc) Verträge über innerhalb der EU belegene Massenrisiken

4747 In *Abweichung* von Art. 4 Abs. 2 Rom I-VO beruft Art. 7 Abs. 3 UAbs. 3 Rom I-VO bei objektiver Anknüpfung das **Recht der Risikobelegenheit** auf Verträge, die Massenrisiken innerhalb der EU decken. Auch wenn zwischen den beiden Verweisungen „Wertungswidersprüche" nicht zu übersehen sind[1], verschiebt die VO für solche Fälle aus Gründen des Versichertenschutzes – für EU-Angehörige – die Anknüpfung regelmässig auf das (soziale) Umweltrecht des Versicherungsnehmers[2].

dd) Aufspaltung der Anknüpfung

4748 Weist ein Versicherungsvertrag mehrere **selbständige Vertragsteile** auf – beispielsweise in Bezug auf mehrere, in verschiedenen Staaten belegene Risiken –, so kann ausnahmsweise eine *Aufspaltung* der objektiven Anknüpfung erfolgen. Das sieht nun Art. 7 Abs. 5 Rom I-VO explizit vor[3]. Die Bestimmung bezieht sich auf Art. 7 Abs. 3 UAbs. 3 (objektive Anknüpfung bei Verträgen über in der EU belegene Risiken) und Art. 7 Abs. 4 Rom I-VO (Pflichtversicherungen[4]). Gemäß dem Wortlaut der Vorschrift resultiert eine Aufspaltung als Regel, so dass in solchen Fällen „der Vertrag als aus mehreren Verträgen bestehend anzusehen [ist], von denen sich jeder auf jeweils nur einen Mitgliedstaat bezieht" (Art. 7 Abs. 5 Rom I-VO). Die mögliche Aufspaltung eines (Gesamt-)Vertrags in mehrere Teile ist – was die objektive Anknüpfung betrifft – auch in anderen als den in Art. 7 Abs. 5 Rom I-VO genannten Konstellationen denkbar.

---

1 *Heiss*, Versicherungsverträge, S. 477.
2 Vgl. bisher ebenso Art. 8 und Art. 11 EGVVG.
3 Vgl. auch Art. 7 Abs. 2 UAbs. 3 der Zweiten Richtlinie Nicht-Leben: „Deckt der Vertrag in mehr als einem Mitgliedstaat belegene Risiken, so wird für die Anwendung dieses Absatzes [Anknüpfung zwingenden Rechts; dazu Rz. 4762 ff.] davon ausgegangen, dass der Vertrag mehreren Verträgen entspricht, von denen sich jeder auf jeweils einen Mitgliedstaat bezieht.".
4 Dazu Rz. 4755 ff.

5. Einzelne Versicherungsverträge im Besonderen
a) Lebensversicherung

Besonderheiten für die Anknüpfung von Lebensversicherungsverträgen ergeben sich dort, wo der Versicherungsnehmer als natürliche Person seinen gewöhnlichen **Aufenthalt in einem EU-Mitgliedstaat** hat. Dieser Staat ist gem. Art. 7 Abs. 6 Rom I-VO (Verweisung betreffend Risikobelegenheit[1]) der (europäische) Staat der *Risikobelegenheit*. Letzterer befindet sich bei Unternehmen im Staat der entsprechenden Einrichtung oder der Betriebsstätte, auf welche sich der (Kollektiv-)Vertrag bezieht. Die so bestimmte Risikobelegenheit ist deshalb von Bedeutung, weil bei **objektiver** Anknüpfung das Recht des Belegenheitsstaates (in der Lebensversicherung: Staat der Verpflichtung[2]) zur Anwendung gelangt: Art. 7 Abs. 3 UAbs. 3 Rom I-VO. Soweit in Deutschland Lebensversicherungsverträge mit Personen zu beurteilen sind, die *außerhalb* der EU ihren gewöhnlichen Aufenthalt oder ihre anknüpfungserhebliche Betriebsstätte haben, gelangen die allgemeinen Vertragskollisionsnormen der Rom I-VO zur Anwendung[3].

4749

Für die **subjektive Anknüpfung** betreffend Lebensversicherungsverträge ist wiederum zu unterscheiden. *Umfassende* Rechtswahlfreiheit besteht lediglich dort, wo der Versicherungsnehmer seinen gewöhnlichen Aufenthalt *außerhalb* der EU hat. (Für diesbezügliche Lebensversicherungsverträge mit deutschen Versicherern können sich allerdings aufsichtsrechtliche Hindernisse einstellen.) Befindet sich der Versicherungsnehmer in einem EU-Mitgliedstaat (Belegenheit des Risikos), bestehen lediglich die in Art. 7 Abs. 3 UAbs. 1 Rom I-VO vorgesehenen (limitierten) Rechtswahlmöglichkeiten[4]. Im Vordergrund steht die Wahl des Rechts am gewöhnlichen Aufenthalt des Versicherungsnehmers. Im Unterschied zum bisherigen Recht – Art. 9 Abs. 4 EGVVG – steht es aber einem inländischen Versicherungsnehmer *nicht* mehr zu, sich *eigeninitiativ* ins Ausland zu begeben, dort um Versicherungsschutz nachzusuchen und das Vertragsstatut frei zu vereinbaren (zu einer Ausnahme s. sogleich Rz. 4752)[5]. Gleiches gilt grundsätzlich[6] für den umgekehrten Fall: Versicherungsnehmer mit Aufenthalt oder Hauptverwaltung im Ausland, möglicher Versicherer in Deutschland. Lediglich dann, wenn der *ausländische* Aufenthaltsstaat gestützt auf Art. 7 Abs. 3 UAbs. 2 Rom I-VO eine *erweiterte* Rechtswahlfreiheit gewährte[7], könnte eine Wahl des deutschen Rechts als Statut des Lebensversicherungsvertrags gegebenenfalls gültig sein.

4750

---

1 Vgl. dazu oben Rz. 4732 f.
2 Art. 2 lit. e Zweite Richtlinie Leben; Art. 1 lit. g konsolidierte Richtlinie Leben.
3 Vgl. *Lorenz*, Grenzüberschreitende Lebensversicherungsverträge, S. 125 ff.; auch Rz. 4745.
4 Vgl. Rz. 4738 ff.
5 Kritisch zur Neuregelung *Heiss*, Versicherungsverträge, S. 468 ff.
6 Wie bisher, da Art. 9 Abs. 4 EGVVG eine einseitige Kollisionsnorm darstellte.
7 Dazu Rz. 4744.

4751 Erweiterte Rechtswahlmöglichkeiten ergeben sich für **Unternehmen als Versicherungsnehmer** – im Kollektivgeschäft – gestützt auf die *allgemeinen*, vorne dargestellten Regeln über die subjektive Anknüpfung.

4752 Ist der Versicherungsnehmer eine *natürliche* Person, sieht Art. 7 Abs. 3 UAbs. 1 lit. c Rom I-VO in Übereinstimmung mit dem Richtlinienwerk (nunmehr: Art. 32 Abs. 2 konsolidierte Richtlinie Leben) eine weitere Rechtswahlmöglichkeit vor. Hat danach ein Versicherungsnehmer die **Staatsangehörigkeit** eines anderen Mitgliedstaates als desjenigen, in dem er bei Schließung des Vertrages seinen gewöhnlichen Aufenthalt hat, so können die Parteien auch das Recht des Mitgliedstaates wählen, „dessen Staatsangehörigkeit der Versicherungsnehmer besitzt". Hält sich beispielsweise ein Franzose während längerer Zeit in Hamburg auf, steht es ihm frei, den Lebensversicherungsvertrag mit einem deutschen oder französischen Versicherer dem französischen Recht zu unterstellen. Besitzt jemand *mehrere* (ausländische) Staatsangehörigkeiten, sollte die Wahl jedes der entsprechenden Rechte zulässig sein, soweit es sich um Zugehörigkeiten zu einem EU-Staat handelt.

b) Rückversicherung

4753 Da Art. 7 Rom I-VO gem. dessen Abs. 1 S. 2 auf Rückversicherungsverträge **keine Anwendung** findet, gelten im Bereich der Rückversicherung (und der weiteren Retrozession) die allgemeinen Vertragskollisionsnormen der VO. Im Vordergrund steht die *Rechtswahlmöglichkeit* nach Art. 3 Rom I-VO. Fehlt (ausnahmsweise) eine Rechtswahl, hat bei objektiver Anknüpfung das Recht am Ort (Niederlassung) des **Erstversicherers**, *nicht* des Rückversicherers zu gelten. Die Anknüpfung nach der Dienstleistung bzw. der charakteristischen Leistung (Art. 4 Abs. 1 lit. b und Art. 4 Abs. 2 Rom I-VO) hat hier zurückzutreten und ist – gleichsam in teleologischer Auslegung von Art. 4 Abs. 4 der Rom I-VO („engste Verbindung") – anderweitig auszugestalten. Das Recht des Erst- oder Direktversicherers ist deshalb entscheidend, weil dieses auch über die Leistungspflicht gegenüber dem Versicherungsnehmer befindet. Als „charakteristisch" könnte die Leistung des Erstversicherers im Verhältnis zum Rückversicherer immerhin deshalb bezeichnet werden, weil er der (direkte) Aussteller der Originalpolice und für diese auch im Rückversicherungsverhältnis verantwortlich ist[1].

c) Mitversicherung

4754 Die Mitversicherung stellt **keinen eigenständigen** Versicherungszweig dar. Sie zeichnet sich vielmehr dadurch aus, dass in der Erst- oder auch in der Rückver-

---

[1] Ebenfalls für das Recht am Sitz des Erstversicherers (sowie das Statut des Rückversicherers bei der Retrozession) *Roth*, Internationales Versicherungsvertragsrecht, S. 580 ff., 590 (mit Darlegung auch der abweichenden, vor allem älteren Auffassungen). Die Anknüpfung ist indessen nicht unumstritten; vgl. (mwN.) *Honsell/Dörner*, Anhang zu Art. 7–15 Rz. 20 f.

sicherung *mehrere* Versicherer gemeinsam ein Risiko decken[1]. Kollisionsrechtlich ist ein bezüglicher Vertrag einheitlich, nach den allgemeinen Anknüpfungsregeln für Versicherungsverträge, zu behandeln.

d) Pflichtversicherung

Sonderbestimmungen enthält die Rom I-VO in ihrem Anwendungsbereich für Pflichtversicherungen. Wird das Vertragsstatut nicht durch Art. 7 der VO bestimmt, sind deren allgemeine Normen – unter Einschluss der Rechtswahlfreiheit – zu beachten[2]. 4755

Beruht die *gesetzliche Verpflichtung* zum Abschluss einer Pflichtversicherung auf **deutschem Recht**, so untersteht ein diesbezüglicher Versicherungsvertrag dem *deutschen* Recht: so der neue Art. 46c Abs. 2 EGBGB[3]. Zu denken ist beispielsweise an einen Vertrag über ein in Deutschland immatrikuliertes Flugzeug oder Automobil. Die Vereinbarung eines anderen Rechtes ist dagegen *nicht zulässig*. 4756

Die für deutsche Pflichtversicherungen statuierte Anknüpfung wird in Art. 46c Abs. 1 EGBGB nach dem Prinzip der Bi- bzw. Multilateralisierung auf ausländische *Mitgliedstaaten* der EU *und* des EWR erstreckt. Die Regelung beruft das Recht des Staates, der die Pflichtversicherung statuiert, *„sofern dieser dessen Anwendung vorschreibt"*. Verzichtet eine ausländische Rechtsordnung auf eine insoweit zwingende Anknüpfung, so gelangen wiederum die allgemeinen Bestimmungen zur Anwendung. Allerdings muss die letztere Aussage – zumindest theoretisch – insoweit relativiert werden, als Art. 7 Abs. 4 lit. a Rom I-VO eine besondere **Konfliktregel** für europäische Pflichtversicherungen enthält. Danach hat ein Vertrag betreffend eine Pflichtversicherung „den von dem die Versicherungspflicht auferlegenden Mitgliedstaat vorgeschriebenen besonderen Bestimmungen für diese Versicherung" zu entsprechen. *Widersprechen* sich das Recht des Staates der Risikobelegenheit und dasjenige des Mitgliedstaats, der die Versicherungspflicht vorschreibt, so hat das *Letztere* nach der Rom I-VO Vorrang. Bei Pflichtversicherungen schreiben die Staaten aber häufig die Anwendung ihres Rechts zwingend vor, so dass sich ein Konflikt in Beachtung von Art. 46c Abs. 1 EGBGB gar nicht einstellen sollte[4]. 4757

Deckt ein Versicherungsvertrag Risiken, die in **mehreren Vertragsstaaten** belegen sind (zB Flottengeschäft in der Kfz-Versicherung), und schreibt auch nur *ei-* 4758

---

1 Vgl. etwa *R. Nebel*, Rechtliche Aspekte der Mitversicherung, Schweiz. Vers.-Zeitschr. 69 (1995), 281 (284 f.).
2 S. *Roth*, Internationales Versicherungsvertragsrecht, S. 561 ff., 607 ff.; *Heiss*, Versicherungsverträge, S. 478; zu einer möglichen Eingriffsnormanknüpfung drittstaatlicher Pflichtversicherungen unten Rz. 4768.
3 Die Bestimmung, die sich auf Art. 7 Abs. 4 lit. b der Rom I-VO abstützt, lautet wie folgt: „Ein über eine Pflichtversicherung abgeschlossener Vertrag unterliegt deutschem Recht, wenn die gesetzliche Verpflichtung zu seinem Abschluss auf deutschem Recht beruht.".
4 Dazu auch *Heiss*, Versicherungsverträge, S. 476 f.

ner dieser Staaten eine *Versicherungspflicht* vor, so ist der Vertrag so zu behandeln, als bestünde er aus mehreren Verträgen, „von denen sich jeder auf jeweils nur einen Mitgliedstaat bezieht": Art. 7 Abs. 5 Rom I-VO. Es wird für solche Fälle eine Aufspaltung statuiert, die nicht danach differenziert, ob der eine oder die mehreren eine Versicherungspflicht vorschreibenden Staaten stets auch ihr eigenes Recht angewendet wissen wollen.

e) Weitere

4759 Nebst den genannten Spezialbestimmungen für einzelne Versicherungsbereiche und -verträge enthält die Rom I-VO **keine weiteren Sonderkollisionsnormen**. Es ist daher in jedem anderen Fall zu prüfen, ob nach den generellen Bestimmungen eine Rechtswahl zulässig ist und wie die objektive Anknüpfung zu erfolgen hat. Das gilt beispielsweise für Gruppenversicherungen, die durch die Rom I-VO – wie bereits im Richtlinienkollisionsrecht – keine Regelung erfahren haben[1]. Gänzlich vom Anwendungsbereich der VO *ausgeschlossen* werden sodann Pensions- und sonstige Vorsorgeverträge, die von Unternehmen angeboten werden, welche nicht als Lebensversicherer der Aufsicht unterstehen: Art. 1 Abs. 2 lit. j Rom I-VO. Sie unterliegen (gegebenenfalls) dem besonderen – aufsichtsrechtlichen – Vorsorgerecht, und der deutsche Gesetzgeber sah keine Veranlassung, diesbezüglich eigenständige Kollisionsnormen zu schaffen[2].

4760 Häufig wird sich – im Rahmen einer *objektiven Anknüpfung* – eine Konkretisierung des **Ortes der Risikobelegenheit** aufdrängen (vgl. Art. 7 Abs. 3 UAbs. 3 Rom I-VO), ohne dass sich in der VO eine spezielle Verweisungsnorm für einzelne Versicherungen fände[3]. Diesbezüglich dürfte es statthaft sein, frühere (nunmehr aufzuhebende) explizite Anknüpfungen des EGVVG mit zu berücksichtigen.

4761 So untersteht die *Gebäudeversicherung* bei objektiver Anknüpfung und einer Versicherung in Europa belegener Gebäude der versicherungsrechtlichen lex rei sitae (Art. 7 Abs. 2 Nr. 1 EGVVG); diese ist auch regelungszuständig für die in Gebäuden befindlichen Anlagen und Sachen. Bei der *Fahrzeugversicherung* bestimmt sich die Risikobelegenheit nach dem Zulassungs- bzw. Immatrikulationsstaat (Art. 7 Abs. 2 Nr. 2 EGVVG). Dadurch ergibt sich bei Pflichtversicherungen in der Regel eine Überschneidung mit dem Pflichtversicherungsstatut. In allen übrigen Fällen befindet sich bei natürlichen Personen der Ort der Risikobelegenheit im Staat, wo der Versicherungsnehmer sich gewöhnlich *aufhält*; eigentlicher Wohnsitz ist nicht erforderlich bzw. geht dem Aufenthaltsort nach. Mit Bezug auf Unternehmen und Betriebsstätten ist der Risikoort im Staat zu lokalisieren, wo sich die entsprechende Einrichtung „befindet"[4].

---

1 Dazu ausführlich (mit Kritik) *Heiss*, Versicherungsverträge, S. 475 f.
2 Vgl. Begründung zum Gesetzentwurf der Bundesregierung, S. 11.
3 Zur Bestimmung der Risikobelegenheit aber auch Rz. 4732 f.
4 Vgl. Rz. 4733.

III. Zwingende Vorschriften

1. Regelung der Sonderanknüpfung

Art. 7 Abs. 2 UAbs. 1 u. 2 der Zweiten Richtlinie Nicht-Leben und Art. 4 Abs. 4 UAbs. 1 u. 2 der Zweiten Richtlinie Leben enthielten bzw. enthalten Bestimmungen, welche eine **statutsunabhängige Anwendung** (qualifiziert) zwingender Normen des Versicherungsaufsichts- und -vertragsrechts vorsehen. Der jeweilige Unterabsatz 1 bezieht sich auf sonderanknüpfungswillige zwingende Bestimmungen des **Forumstaates**; Unterabsatz 2 sieht eine Sonderanknüpfung der zwingenden Bestimmungen des **Risiko- bzw. Versicherungsnehmerstaates** vor. Das Konzept der Sonderanknüpfung ist in der Rom I-VO wiederum vorgesehen, und zwar in *genereller* Form in Art. 9 der Rom I-VO (mit der Überschrift „Eingriffsnormen"[1]). Die Neuregelung bringt gegenüber dem früheren Recht allgemein sowie namentlich für das Internationale Versicherungsvertragsrecht insoweit eine Erweiterung, als nunmehr auch *ausländische*, so genannte drittstaatliche Eingriffsnormen – bei den gegebenen Voraussetzungen – sonderanknüpfungsfähig sind. Bekanntlich war der deutsche Gesetzgeber in Bezug auf die Sonderanknüpfung zwingenden Rechts dem Art. 7 des *Römer Schuldvertragsübereinkommens* (EVÜ) nur hinsichtlich des Vorbehalts inländischer Normen gefolgt. Die restriktive Regelung galt ebenfalls für das Internationale Versicherungsvertragsrecht. Durch die Rom I-VO können in Zukunft auch ausländische Schutznormen Beachtung finden, selbst wenn sie nicht Teil des Versicherungsvertragsstatuts sind.

4762

2. „Zwingendes" deutsches Versicherungsvertrags- und -aufsichtsrecht

Nach Zulassung grenzüberschreitender Versicherungstätigkeit in der EU und im EWR sowie nach Wegfall einer systematischen Bedingungskontrolle durch die Aufsichtsbehörden dürfte nur mehr ausnahmsweise eine gesonderte Anknüpfung deutschen *Aufsichtsrechts* (VAG) relevant werden. Hinzu kommt, dass Versicherungsverträge, die gegen aufsichtsrechtliche Bestimmungen verstossen, nach deutschem Recht grundsätzlich *nicht nichtig* sind[2].

4763

Demgegenüber sind die Fälle diskutabel, in denen – etwa bei zulässiger Wahl einer ausländischen Rechtsordnung – über eine gesonderte Anknüpfung zwingender Bestimmungen des *deutschen* VVG zu befinden ist. Die Umschreibung des **Kreises solcher Vorschriften** ist deshalb schwierig – und bis jetzt noch kaum geklärt –, weil das VVG eine ganze Reihe *absolut und halbzwingender* Normen enthält, von denen zumindest nicht zum Nachteil der Versicherungsnehmer abgewichen werden darf. In der europaweiten Diskussion betreffend die Festlegung der sonderanknüpfungswilligen und -zulässigen VVG-Bestimmungen herrscht im Allgemeinen Einigkeit darüber, dass *nicht alle* zwingen-

4764

---

[1] Vgl. dazu allgemein vorne S. 16.
[2] Vgl. *Roth*, Internationales Versicherungsvertragsrecht, S. 181 ff.; allgemein *Schnyder*, Internationale Versicherungsaufsicht, S. 85 ff.

den Vorschriften eines VVG gesondert zu beachten sind[1]. Eine entgegengesetzte Regelung oder Praxis würde nämlich die auch kollisionsrechtlich relevante Öffnung der Märkte wieder in Frage stellen.

4765 Als sonderanknüpfungsrechtlich *„sensitive"* Bereiche sind bisher etwa folgende Fragen und Regelungen benannt worden[2]:

- Bestimmung über die Verwendung der Landessprache in Versicherungsverträgen;

- Bereicherungsverbot bei der Schadenversicherung[3];

- Vertragsnichtigkeit bei betrügerischer Über- und Doppelversicherung[4];

- Verbot des Vorwegverzichts auf Irrtumsanfechtung[5];

- Verbot des Vertragsrücktritts bei Obliegenheitsverletzungen[6];

- Verschuldenserfordernis für die Verwirkung von Versicherungsschutz[7];

- Schutzvorschriften für die Inhaber von Grundpfandrechten[8];

- *Offen*: Formfragen (Schriftlichkeit); Folgen der Nichtzahlung der Prämie; Anzeigepflichten und Rechte des Versicherers bei Verletzung derselben ua.

Wo die Linie zwischen statutszugehörigen und den sonderanknüpfungsfähigen (qualifiziert) zwingenden Bestimmungen der VVG zu ziehen ist, muss wohl letztlich der EuGH entscheiden. Dabei wird das *binnenmarktrechtliche Erfordernis* von Bedeutung sein, nicht mittels Sonderanknüpfungen die Dienstleistungsfreiheit – soweit sie kollisionsrechtlich insbesondere durch Rechtswahlmöglichkeiten gestützt wird – unnötig zu unterminieren; das zwingt zu Zurückhaltung bei der Zulassung von Sonderanknüpfungen versicherungsvertragsrechtlicher Schutzbestimmungen, welche Auffassung sich auch im neueren Schrifttum niederschlägt[9].

---

1 *Schnyder*, Zum Kreis, S. 396 ff.; *Fricke*, Das Versicherungs-IPR, nach Anm. 54; *Looschelders*, S. 451 ff.
2 S. zum Problem auch *Hahn*, S. 91 ff.; *Uebel*, S. 253 ff. Eine Aufzählung möglicher relevanter Fälle findet sich sodann bei *Honsell/Dörner*, Art. 15 Rz. 30 ff.
3 So die österreich. Regierung (zu § 55 österreich. VVG) in ihren Erwägungen zum Bundesgesetz über internationales Versicherungsvertragsrecht für den Europäischen Wirtschaftsraum: Nachdruck vom 24.7.1992, 610 der Beilagen zu den Stenogr. Prot. des Nationalrates XVIII.
4 Vgl. vorstehende Fn. 3 zu §§ 51 Abs. 4, 59 Abs. 3 österreich. VVG.
5 Vgl. vorstehende Fn. 3 zu § 5 Abs. 4 österreich. VVG.
6 Vgl. vorstehende Fn. 3 zu § 6 Abs. 4 österreich. VVG.
7 Nachweise dazu bei *Fricke*, IPR der Versicherungsverträge Anm. 83.
8 Vgl. *Reichert-Facilides*, Zur Kodifikation, S. 12.
9 *Honsell/Dörner*, Art. 15 Rz. 38 f. (mwN.); *Roth*, Allgemeininteresse, S. 132 ff.

3. Allgemeines Verbraucherschutzrecht

In Fällen, in denen (ausnahmsweise) nicht Art. 7 Rom I-VO anwendbar ist[1], mag eine sonderkollisionsrechtliche Anknüpfung von Verbraucherschutznormen gestützt auf **Art. 6 Abs. 2 Rom I-VO** resultieren. Dabei ist dann Art. 46b EGBGB (Verbraucherschutz für besondere Gebiete) zu beachten. Nach diesen Vorschriften kann sich der Versicherungsnehmer in bestimmten Fällen auf das *Recht seines gewöhnlichen Aufenthaltes* – oder das Schutzrecht europäischer Staaten, zu denen der Vertrag anderweitig einen *„engen Zusammenhang"* aufweist (Art. 46b Abs. 2 EGBGB) – berufen, sofern er iSd. Kollisionsnormen als „Verbraucher" zu qualifizieren ist. Der Begriff des *„zwingenden"* (Verbraucher-)Rechts nach Art. 6 Abs. 2 Rom I-VO ist dabei wohl *weiter* zu fassen, als dies bei Art. 9 der VO der Fall ist[2]. Es drängt sich hier auf, zum zwingenden Schutzrecht alle Bestimmungen zu zählen, die *nicht dispositiv* sind[3]. Die praktische Bedeutung einer solchen Qualifizierung dürfte allerdings nicht allzu groß sein, da eine Rechtswahl in Versicherungsverträgen der hier relevanten Art – Versicherungsnehmer als Verbraucher *und* inländische Markttätigkeit des Versicherers – nur *ausnahmsweise zulässig* sein wird. Das gilt vorab bei gewöhnlichem Aufenthalt des Versicherungsnehmers in der EU. Art. 6 Abs. 2 Rom I-VO könnte in solchen Fällen etwa Bedeutung erlangen, wenn ein ausländischer Staatsangehöriger an seinem inländischen Aufenthaltsort eine Lebensversicherung abschließt und der Vertrag dem Heimatrecht unterstellt wird[4]. Oder ein inländischer Versicherungsnehmer ist damit einverstanden, auf die Gebäude- und Hausratversicherung betreffend sein ausländisches Ferienhaus das ausländische VVG zur Anwendung zu bringen[5]. Allemal muss aber beachtet werden, dass eine Anwendung statutsfremden (idR deutschen) Versicherungsnehmer-Schutzrechtes nur dann zulässig ist, wenn es für den Betroffenen „günstiger" ist als vergleichbare Regelungen des gewählten Rechts.

4766

4. Weitere zwingende Normen

Eingriffsnormen aus anderen Rechtsgebieten können im Rahmen von Versicherungsverträgen ebenfalls Bedeutung erlangen. Zu denken ist an (qualifiziert) zwingende Bestimmungen des *Wettbewerbs-* und des *Immaterialgüterrechts*, an Regelungen über die ärztliche Schweigepflicht und den *Schutz der Privatsphäre* sowie an den gesamten *Datenschutz*. Eine etwaige Sonderanknüpfung solcher Bestimmungen richtet sich nach den allgemeinen kollisions- und materiellrechtlichen Anknüpfungsgrundsätzen[6].

4767

---

1 Vgl. Rz. 4729.
2 Ebenso (zum früheren Recht) *Fricke*, IPR der Versicherungsverträge bei Anm. 74; *Uebel*, S. 197.
3 Zum Problem auch *Looschelders*, S. 454 ff.
4 Vgl. Rz. 4752.
5 Vgl. Rz. 4739.
6 Vgl. Rz. 508 ff.

5. Ausländische, statutsfremde Eingriffsnormen

4768 Auch im Rahmen von Versicherungsverträgen kann der **allgemeine Art. 9 Abs. 3 Rom I-VO** Bedeutung erlangen[1]. Dabei sind *mutatis mutandis* die gleichen Schutznormen in Betracht zu ziehen, wie sie ebenfalls im Rahmen von Art. 9 Abs. 2 Rom I-VO mit Bezug auf das inländische Recht relevant werden können. Nach der (umstrittenen) Konzeption von Art. 9 Abs. 3 Rom I-VO kann indessen nur – wenn auch immerhin – den Eingriffsnormen des Staates Rechnung getragen werden, in dem die anknüpfungsrelevante Verpflichtung zu *erfüllen* ist[2]. Des Weiteren verlangt die VO-Vorschrift, dass die zur Diskussion stehende Eingriffsnorm die Vertragserfüllung „*unrechtmäßig*" mache[3]. Rechtswidrigkeit in diesem Sinne wird bei Versicherungsverträgen jeden Verstoß mit umfassen müssen, der zur „Vernachlässigung" des eingriffsrechtlichen Schutzes einer anwendungswilligen (ausländischen) Rechtsordnung führt – vorausgesetzt, das in Art. 9 Abs. 3 S. 2 Rom I-VO statuierte konkrete Rechtsschutzinteresse wird in casu erfüllt[4].

IV. Zusammenfassung mit praktischen Hinweisen

1. Gerichtsstand

4769 Im Geltungsbereich der EuGVO bzw. des Lugano-Übereinkommens ist zu beachten, dass diese Konventionen in Art. 7 bzw. 8 ff. umfassende Gerichtsstandsregeln enthalten. Dabei wird ein weitgehender Schutz für Versicherungsnehmer und Versicherte verwirklicht (Forum des Klägers).

Art. 12 (iVm. Art. 12a) LugÜ und Art. 13 (iVm. Art. 14) EuGVO nennen die Fälle, in denen mittels einer *Gerichtsstandsklausel* vom objektiv vorgesehenen Gerichtsstand abgewichen werden darf. Prorogationsfreiheit zugunsten der Versicherer besteht dabei nur hinsichtlich eines teilweise eng umgrenzten Bereichs von Industrierisiken. Dieser Kreis erstreckt sich nach EuGVO auch auf die kollisionsrechtlich relevante Kategorie sog. Großrisiken, während das LugÜ (bis zum Inkrafttreten seiner Revision) diese letztere Möglichkeit nicht eröffnet.

2. Rechtsanwendung

4770 Mit Bezug auf die verweisungsrechtliche Anknüpfung sind die einzelnen Versicherungsverträge zu *differenzieren*, und es ist für jeden Vertrag das Versicherungsvertragsstatut einzeln zu bestimmen. Das gilt sowohl für die subjektive Anknüpfung (unterschiedliche Zulässigkeit parteiautonomer Rechtswahl) als auch für die objektive Bestimmung des anwendbaren Rechts (typisierte Anknüpfungen nach Art des Vertrages und des versicherten Risikos).

---

1 Vgl. (zum neuen Recht) *Koch*, nach Anm. 52.
2 Vgl. allgemein Rz. 4733.
3 Allgemein dazu Rz. 631 ff.
4 Eher zurückhaltend *Koch*, bei Anm. 59.

Besondere Probleme schaffen die Möglichkeiten einer *Sonderanknüpfung zwingenden Versicherungsvertragsrechts*. Dabei ist vor allem noch nicht geklärt (und bedarf in praxi entsprechender Beachtung), welche absolut und halbzwingenden Vorschriften des VVG auch grenzüberschreitend zur Durchsetzung gelangen sollen.

Frei. 4771–4800

Kapitel 12: Arbeitsverträge

Übersicht

	Rz.
I. Rechtsvereinheitlichung	4801
1. Einheitliches materielles Recht	4801
a) Internationale Arbeitsorganisation	4801
b) Europäische Union	4802
2. Einheitliches Kollisionsrecht	4809
a) Gemeinschaftsrechtliche Regelung	4809
b) Einfluss des Gemeinschaftsrechts	4811
II. Arbeitsvertragsstatut	4831
1. Grundsatz	4831
a) Art. 8 Rom I-VO	4831
b) Arbeitnehmer-Entsendegesetz	4834
2. Parteiautonomie	4837
a) Rechtswahl	4837
b) Auslandsberührung	4843
c) Einschränkung der Rechtswahl	4844
aa) Zwingende Bestimmungen	4845
bb) Günstigkeitsvergleich	4846
3. Objektive Anknüpfung	4847
a) Maßgeblichkeit des Arbeitsortes	4847
aa) Grundsatz	4847
bb) Vorübergehende Entsendung	4852
cc) Konzernarbeitsverhältnis	4855
dd) Leiharbeit	4856
b) Maßgeblichkeit der einstellenden Niederlassung	4857
c) Engere Verbindung	4862
4. Einzelne Fallgruppen	4865
a) Ortskräfte und entsandte Kräfte	4865
b) Flugpersonal	4868
5. Internationales Seearbeitsrecht	4869
a) Anknüpfung des Seearbeitsvertrags	4869
b) Internationales Seeschiffahrtsregister	4871
III. Zwingende Vorschriften	4901
1. In- und ausländische zwingende Vorschriften	4901
a) Beachtung zwingender Vorschriften	4901
b) Rechtswahlbeschränkung	4902
c) Erfüllungsmodalitäten	4904
d) Inländische Eingriffsnormen	4905
aa) Eingrenzung der Eingriffsnormen	4905
bb) Einfaches zwingendes Recht und Eingriffsnormen	4906
cc) Konflikt zwischen in- und ausländischen Normen	4907
e) Ausländische zwingende Vorschriften	4908
f) Ordre public	4913
2. Einzelne zwingende Vorschriften	4914
a) Begründung des Arbeitsverhältnisses	4915
b) Inhalt des Arbeitsverhältnisses	4916
aa) Modifikation von Rechten und Pflichten	4916
bb) Lohnanspruch	4918
cc) Urlaub	4924
dd) Arbeitnehmererfindung und Urheberrecht	4925
c) Bestand des Arbeitsverhältnisses	4927
aa) Ruhen des Arbeitsverhältnisses	4927
bb) Kündigungsschutz	4928
cc) Betriebsübergang	4931
d) Nachwirkungen des Arbeitsverhältnisses	4932
aa) Wettbewerbsverbot	4932
bb) Betriebliche Altersversorgung	4933
e) Schutzvorschriften für Schwerbehinderte	4934
f) Arbeitsschutzbestimmungen	4936
IV. Kollektives Arbeitsrecht	4951
1. Betriebsverfassung	4951
a) Rechtsangleichung	4951
b) Internationale Betriebsverfassung	4952
aa) Grundsatz	4952
bb) Inländische Betriebe ausländischer Unternehmen	4956

Rz.	Rz.
cc) Ausländische Betriebe inländischer Unternehmen 4958	3. Arbeitskampf 4968
2. Tarifverträge 4960	a) Arbeitskampfstatut.......... 4968
a) Internationales Tarifvertragsrecht 4960	b) Grenzen des Arbeitskampfstatuts.................... 4970
aa) Anwendbares Recht 4960	aa) Grenzüberschreitender Arbeitskampf 4970
bb) Reichweite des Tarifvertragsstatuts............. 4962	bb) Einwirkung auf das Individualarbeitsverhältnis 4971
b) Auslandsbezug des Tarifvertrags..................... 4965	V. Ausländische Arbeitnehmer in Deutschland 5001
aa) Allgemeines 4965	VI. Zusammenfassung mit Handlungsanleitung 5011
bb) Ausländisches Vertragsstatut.................. 4966	
cc) Auslandsarbeit......... 4967	

I. Rechtsvereinheitlichung

1. Einheitliches materielles Recht

a) Internationale Arbeitsorganisation

Literatur: *Birk*, § 17 – Arbeitsvölkerrecht, in: Richardi/Wlotzke (Hrsg.), Münchener Handbuch zum Arbeitsrecht Bd. I, 2. Aufl. (2000); *Däubler/Kittner/Lörcher*, Internationale Arbeits- und Sozialrechtsordnung (1990); *Krebber*, Aufgabe, Möglichkeiten und Grenzen des Arbeitsvölkerrechts im liberalisierten Welthandel, JZ 2008, 53; *Lörcher*, Die Normen der Internationalen Arbeitsorganisation und des Europarats, ArbuR 1991, 97; *Morhard*, Die Rechtsnatur der Übereinkommen der Internationalen Arbeitsorganisation (1988); *Muhr*, Die Arbeits- und Sozialrechtsnormen der internationalen Arbeitsorganisation, Festschr. Gnade (1992), S. 699; *Rubin* (Hrsg.), Code of international labour law, 2 Bde. (Cambridge 2005); *Valticos*, Droit international du travail, 2. Aufl. (Paris 1983); *Wood*, International Labour Organisation Conventions – Labour Code or Treaties?, I.C.L.Q. 40 (1991), 649.

4801 Die Vereinheitlichung des Sachrechts durch die Internationale Arbeitsorganisation (International Labour Organisation; ILO) geschieht im Allgemeinen nur durch multilaterale Übereinkommen und Empfehlungen, welche die Mitgliedsländer in ihr nationales Recht umsetzen sollen[1]. Die Übereinkommen werden durch Ratifikation innerstaatlich verbindliches Recht. Sie sind in der Regel aber nicht self-executing, geben dem Einzelnen also keine subjektiven Rechte[2]. Neuerdings verstärkt sich auch die Tendenz zu bloßem soft law[3].

b) Europäische Union

Literatur: *Birk*, § 18 – Grundlagen des Europäischen Arbeitsrechts, in: Richardi/Wlotzke (Hrsg.), Münchener Handbuch zum Arbeitsrecht Bd. I, 2. Aufl. (2000); *Birk*, § 19 – Arbeitsrechtliche Regelungen der Europäischen Union, in: Richardi/Wlotzke (Hrsg.), Mün-

---

1 S. *Krebber*, JZ 2008, 53 ff.; *Simitis*, Festschr. Kegel (1997), S. 153 (159 ff.) mwN.
2 Näher *Birk*, in: MünchArbR, § 17 Rz. 52 ff., 69 ff.
3 Dazu krit. *Birk*, ZIAS 21 (2007), 91 (94 f.).

chener Handbuch zum Arbeitsrecht Bd. I, 2. Aufl. (2000); *Birk*, Die Gesetzgebungszuständigkeit der Europäischen Gemeinschaft im Arbeitsrecht, RdA 1992, 68; *Birk*, Entsendung und Freizügigkeit, Festschr. Wissmann (2005), S. 523; *Egger*, Das Arbeits- und Sozialrecht der EG (1993); *Eichenhofer*, in: Dauses (Hrsg.), Handbuch des EG-Wirtschaftsrechts (Loseblatt 2002), D. III Arbeitsrecht; *Eichenhofer*, Dienstleistungsfreiheit und Arbeitnehmerschutz, JZ 2007, 425; *Eichenhofer*, Dienstleistungsfreiheit und Mindestlohn, ZESAR 2007, 53; *Eichenhofer*, Internationale Zuständigkeit für Beitragsforderungen deutscher tariflicher Sozialkassen gegen Arbeitgeber mit Sitz in anderen EU-Staaten, IPRax 2008, 109; *Franzen*, Rechtsangleichung der Europäischen Union im Arbeitsrecht, ZEuP 1995, 796; *Fuchs/Marhold*, Europäisches Arbeitsrecht, 2. Aufl. (2006); *Hailbronner*, Die Kontrolle der Entsendung ausländischer Arbeitnehmer und die Dienstleistungsfreiheit, EWS 1997, 401; *Hanau/Steinmeyer/Wank*, Handbuch des Europäischen Arbeits- und Sozialrechts (2002); *Junker*, Europäisches Arbeitsrecht 2007/2008, RIW 2008, 824; *Konzen*, Die Entwicklung des europäischen Arbeitsrechts, in: Dörr/Dreher (Hrsg.), Europa als Rechtsgemeinschaft (1997), S. 53; *Konzen*, Europäische Dienstleistungsfreiheit und nationaler Arbeitnehmerschutz, NZA 2002, 781; *Krimphove*, Europäisches Arbeitsrecht, 2. Aufl. (2001); *G. Lyon-Caen/A. Lyon-Caen*, Droit social international et européen, 8. Aufl. (Paris 1993); *Maiß*, Die Entsendung von Arbeitnehmern aus den MOE-Staaten auf Werkvertragsbasis nach der EU-Osterweiterung (2008); *Neumann* (Hrsg.), Europäisches Arbeitsrecht – Richtlinien, Verordnungen, Übereinkommen (2003); *Neumann*, Das europäische Arbeitsrecht in der aktuellen Rechtsprechung des Europäischen Gerichtshofs, EWS 2003 Beil. 1 H. 11 S. 26; *Pompe*, Leistungen der Sozialen Sicherheit bei Alter und Invalidität für Wanderarbeitnehmer nach Europäischem Gemeinschaftsrecht (1986); *Riegel*, Arbeitsplatzschutzgesetz und Europäisches Gemeinschaftsrecht, BB 1978, 1422; *Schiek*, Europäisches Arbeitsrecht, 3. Aufl. (2007); *Schimana*, Arbeitsplatzschutzgesetz und ausländische Arbeitnehmer, BB 1978, 1017; *Schimana*, Deutsches Arbeitsplatzschutzrecht und Europäisches Gemeinschaftsrecht, BB 1978, 1722; *Schmidt*, Das Arbeitsrecht der Europäischen Gemeinschaft, 2. Aufl. (2005); *Thüsing*, Europäisches Arbeitsrecht (2008); *Weiss*, Zur künftigen Rolle der Europäischen Union im Arbeitsrecht, Festschr. Wiese (1998), S. 633.

Das Arbeitsrecht ist bislang erst in geringem Umfang vereinheitlicht bzw. angeglichen worden[1]. Nach Art. 39 EG (ex-Art. 48 EGV) ist die Freizügigkeit der Arbeitnehmer in der Gemeinschaft herzustellen, insbesondere jede auf der Staatsangehörigkeit beruhende unterschiedliche Behandlung in Bezug auf Beschäftigung, Entlohnung und sonstige Arbeitsbedingungen zu beseitigen. Bedeutsam dafür ist die Verordnung Nr. 1612/68 des Rates v. 15.10.1968 über die Freizügigkeit der Arbeitnehmer innerhalb der Gemeinschaft[2]. Art. 8 der Freizügigkeits-VO wurde später dahingehend ergänzt, dass Arbeitnehmern, die Staatsangehörige eines Mitgliedstaates sind und in einem anderen Mitgliedstaat beschäftigt werden, bei der Ausübung der gewerkschaftlichen Rechte auch Anspruch auf gleichen Zugang zu gewerkschaftlichen Verwaltungs- und Leitungsfunktionen haben[3]. Kennzeichnend für den Arbeitnehmerbegriff sind ein Abhängigkeitsverhältnis und die Zahlung einer Vergütung[4].

4802

---

1 Näher *Birk*, in: MünchArbR, § 19 Rz. 23 ff.; *Krimphove*, S. 189 ff.
2 In Kraft getreten am 8.11.1968, ABl. EG 1968 Nr. L 257, S. 2; abgedr. auch in *Sartorius* II Nr. 180. Sie wird ergänzt durch die Verbleibe-VO Nr. 1251/70 vom 29.6.1970, ABl. EG 1970 Nr. L 142, S. 24; vgl. *Birk*, in: MünchArbR, § 19 Rz. 3 ff.
3 Rats-VO Nr. 312/76 vom 9.2.1976, ABl. EG 1976 Nr. L 39, S. 2.
4 S. EuGH 17.7.2008 – Rs. C-94/07 (Raccanelli/Max-Planck-Gesellschaft), EuZW 2008, 529 Anm. *Repasi* = NZA 2008, 995 mwN. (Stipendiat).

VO Nr. 1612/68
Art. 7

4803 (1) Ein Arbeitnehmer, der Staatsangehöriger eines Mitgliedstaats ist, darf auf Grund seiner Staatsangehörigkeit im Hoheitsgebiet der anderen Mitgliedstaaten hinsichtlich der Beschäftigungs- und Arbeitsbedingungen, insbesondere im Hinblick auf Entlohnung, Kündigung und, falls er arbeitslos geworden ist, im Hinblick auf berufliche Wiedereingliederung oder Wiedereinstellung, nicht anders behandelt werden als die inländischen Arbeitnehmer.

(2) Er genießt die gleichen sozialen und steuerlichen Vergünstigungen wie die inländischen Arbeitnehmer.

(3) ...

(4) Alle Bestimmungen in Tarif- oder Einzelarbeitsverträgen oder sonstigen Kollektivvereinbarungen betreffend Zugang zur Beschäftigung, Entlohnung und alle übrigen Arbeits- und Kündigungsbedingungen sind von rechts wegen nichtig, soweit sie für Arbeitnehmer, die Staatsangehörige anderer Mitgliedstaaten sind, diskriminierende Bedingungen vorsehen oder zulassen.

Art. 8

(1) Ein Arbeitnehmer, der die Staatsangehörigkeit eines Mitgliedstaats besitzt und im Hoheitsgebiet eines anderen Mitgliedstaats beschäftigt ist, hat Anspruch auf gleiche Behandlung hinsichtlich der Zugehörigkeit zu Gewerkschaften und der Ausübung gewerkschaftlicher Rechte, einschließlich des Wahlrechts sowie des Zugangs zur Verwaltung oder Leitung von Gewerkschaften. Er kann von der Teilnahme an der Verwaltung von Körperschaften des öffentlichen Rechts und der Ausübung eines öffentlich-rechtlichen Amtes ausgeschlossen werden. Er hat ferner das Recht auf Wählbarkeit zu den Organen der Arbeitnehmervertretungen in den Betrieben.

Diese Bestimmungen berühren nicht die Rechts- und Verwaltungsvorschriften, durch die in einigen Mitgliedstaaten weitergehende Rechte an Arbeitnehmer aus anderen Mitgliedstaaten eingeräumt werden ...

(2) ...

4804 Nach den gemeinschaftsrechtlichen Regelungen genießen Arbeitnehmer innerhalb der Gemeinschaft Bewegungsfreiheit und besitzen einen Anspruch auf die gleiche Behandlung wie Inländer. Folglich sind EU-Arbeitnehmer mit Arbeitsort in Deutschland arbeitsrechtlich grundsätzlich wie Inländer zu behandeln. Auf sie findet auch das ArbPlSchG Anwendung, wenn sie Wehrdienst in ihrem Heimatland ableisten[1].

4805 Nach Art. 42 EG (ex-Art. 51 EGV) hat eine **Vereinheitlichung des Rechts der Sozialen Sicherheit** zu erfolgen. Zu diesem Zweck wurden ua. erlassen:

---

[1] EuGH 15.10.1969, Slg. 1970, 363 = RdA 1970, 58 = AWD 1969, 475; BAG 5.12.1969, AP Nr. 3 zu Art. 177 EWG-Vertrag = RdA 1970, 94 (Ital. Molkereiarbeiter eines deutschen Unternehmens leistete den Wehrdienst in Italien ab. Wehrdienstzeit war auf Betriebszugehörigkeit anzurechnen); *Franzen*, IntArbR AR-Blattei, 920 Rz. 173. AA *Schimana*, BB 1978, 1017 ff.

VO (EWG) Nr. 1408/71 über die Anwendung der Systeme der sozialen Sicherheit auf Arbeitnehmer und Selbstständige sowie deren Familienangehörige, die innerhalb der Gemeinschaft zu- und abwandern[1].

VO (EWG) Nr. 574/72 über die Durchführung der Verordnung (EWG) Nr. 1408/71 über die Anwendung der Systeme der sozialen Sicherheit auf Arbeitnehmer und Selbstständige sowie deren Familienangehörige, die innerhalb der Gemeinschaft zu- und abwandern[2].

Die Verordnungen sichern die Aufrechterhaltung des Versicherungsschutzes bei der vorübergehenden Tätigkeit von Beschäftigten und Selbstständigen in einem anderen Staat. Sie regeln für die einzelnen Versicherungszweige das anzuwendende Recht und die Zuständigkeit der jeweiligen Versicherungsträger.

Zur Durchsetzung des allgemeinen **Diskriminierungsverbots des Art. 13 EG** wurde eine Reihe von Richtlinien erlassen[3]. Nach Art. 141 EG (ex-Art. 119 EGV) ist **Männern und Frauen** für gleiche Arbeit der gleiche Lohn zu zahlen. Diese Vorschrift ist in allen Mitgliedstaaten der EU direkt anwendbar (vgl. auch § 2 Nr. 7 AEntG, § 2 Abs. 1 Nr. 2 AGG). Darüber hinaus verfolgt die EU das Ziel der Herstellung von Chancengleichheit und hat eine Reihe entsprechender Richtlinien erlassen[4].

4806

Eine Reihe anderer Richtlinien befasst sich allgemein mit der **Harmonisierung des Arbeitsrechts**. Auf Art. 95 EG (ex-Art. 100a EGV) gestützt werden können Richtlinien über den technischen Arbeitsschutz[5]. Mit der „Arbeitsumwelt" befasst sich Art. 137 EG (ex-Art. 118a EGV). Andere Richtlinien können nur auf die allgemeine Norm des Art. 95 EG (ex-Art. 100 EGV) gestützt werden.

4807

---

1 Konsolidierte Fassung, ABl. EG 1997 Nr. L 28, S. 1 (seither mehrfach geändert); abgedr. in *Sartorius* II Nr. 185.
2 Konsolidierte Fassung, ABl. EG 1997 Nr. L 28, S. 1.
3 Insbes. Richtlinie 2000/43/EG zur Anwendung des Gleichbehandlungsgrundsatzes ohne Unterschied der Rasse oder der ethnischen Herkunft vom 29.6.2000, ABl. EG 2000 Nr. L 180, S. 22.
4 Vgl. Richtlinie 75/117/EWG vom 10.2.1975 über die Anwendung des Grundsatzes des gleichen Entgelts für Männer und Frauen (ABl. EG 1975 Nr. L 45, S. 19); Richtlinie 76/207/EWG vom 9.2.1976 zur Verwirklichung des Grundsatzes der Gleichbehandlung von Männern und Frauen hinsichtlich des Zugangs zur Beschäftigung, zur Berufsbildung und zum beruflichen Aufstieg sowie in Bezug auf die Arbeitsbedingungen (ABl. EG 1976 Nr. L 39, S. 40); Richtlinie 79/7/EWG vom 19.12.1978 zur schrittweisen Verwirklichung des Grundsatzes der Gleichbehandlung von Männern und Frauen im Bereich der sozialen Sicherheit (ABl. EG 1979 Nr. L 6, S. 24); Richtlinie 86/378/EWG vom 24.7.1986 zur Verwirklichung des Grundsatzes der Gleichbehandlung von Männern und Frauen bei den betrieblichen Systemen der sozialen Sicherheit (ABl. EG 1986 Nr. L 225, S. 40). – Näher dazu *Döse*, Frauenarbeit in Europa und Gemeinschaftsrecht (2000); *Rating*, Mittelbare Diskriminierung nach europäischem Gemeinschaftsrecht (1994); *Zuleeg*, Gleicher Zugang von Mann und Frau zum Arbeitsleben als europarechtliches Problem (1985) sowie *Franzen*, ZEuP 1995, 807 ff.; *Birk*, in: MünchArbR, § 19 Rz. 306 ff.
5 Dazu Arbeitsschutzgesetz vom 7.8.1996, BGBl. I 1996, 1246. Dazu *Vogl*, NJW 1996, 2753. Zu den EG-Richtlinien Nachw. bei *Franzen*, ZEuP 1995, 816 ff.

Dem Arbeitnehmerschutz dient eine Richtlinie über **Massenentlassungen**[1], eine weitere betrifft den **Betriebsübergang**[2] (s. Rz. 4931) und schließlich den Schutz des Arbeitnehmers bei **Zahlungsunfähigkeit des Arbeitgebers** (Insolvenzgeld)[3].

4808 Die Möglichkeit des Abschlusses europäischer **Tarifverträge** wird (vor allem im Zusammenhang mit der Europäischen Aktiengesellschaft) seit Langem diskutiert[4]. Es gibt jedoch noch keine Vereinheitlichung[5], vgl. Rz. 4960 ff.

2. Einheitliches Kollisionsrecht

Literatur: *Birk*, Auf dem Weg zu einem einheitlichen europäischen Arbeitskollisionsrecht, NJW 1978, 1825; *Borgmann*, Die Entsendung von Arbeitnehmern in der Europäischen Gemeinschaft (2001); *Fallon*, Le détachement européen des travailleurs, à la croisée de deux logiques conflictualistes, Rev.crit.dr.i.p. 97 (2008), 781; *Fetsch*, Eingriffsnormen und EG-Vertrag (2002); *Gamillscheg*, Neue Entwicklungen im englischen und europäischen internationalen Arbeitsrecht, RIW 1979, 225; *Kronke*, Europäische Vereinheitlichung des Arbeitskollisionsrechts als Wirtschafts- und Sozialpolitik, RabelsZ 45 (1981), 301; *Morse*, Contracts of Employment and the E.E.C. Contractual Obligations Convention, in: North (Hrsg.), Contract Conflicts – The E.E.C. Convention on the Law Applicable to Contractual Obligations (Amsterdam, New York, Oxford 1982), S. 143; *Philip*, Contracts of Employment in the Law of Conflicts of Laws of the EEC, Festschr. Mann (1977), S. 257; *Wichmann*, Dienstleistungsfreiheit und grenzüberschreitende Entsendung von Arbeitnehmern (1998).

a) Gemeinschaftsrechtliche Regelung

4809 Vereinheitlichtes Kollisionsrecht besteht heute in Art. 8 Rom I-VO. Dieser hat Art. 30 EGBGB und die ihm zu Grunde liegenden Regelung des Art. 6 EVÜ abgelöst (dazu Rz. 4831). Das geltende Recht ist, ebenso wie Art. 6 EVÜ, eine Kombination von Rechtswahlfreiheit und Maßgeblichkeit des Arbeitsorts[6]. Es

---

1 Richtlinie 98/59/EG des Rates zur Angleichung der Rechtsvorschriften der Mitgliedstaaten über Massenentlassungen, ABl. EG 1998 Nr. L 225, S. 16. Vgl. *Birk*, in: MünchArbR, § 19 Rz. 270 ff.
2 Richtlinie 2001/23/EG des Rates zur Angleichung der Rechtsvorschriften der Mitgliedstaaten über die Wahrung von Ansprüchen der Arbeitnehmer beim Übergang von Unternehmen, Betrieben oder Unternehmens- oder Betriebsteilen vom 12.3.2001, ABl. EG 2001 Nr. L 82, S. 16. Vgl. *Franzen*, ZEuP 1995, 818 ff.; *Löw*, Die Betriebsveräußerung im europäischen Arbeitsrecht (1992); *Birk*, in: MünchArbR, § 19 Rz. 213 ff.
3 Richtlinie 80/987/EWG vom 20.10.1980, ABl. EG 1980 Nr. L 283, S. 23. Dazu *Birk*, in: MünchArbR, § 19 Rz. 174 ff.
4 S. *Steinberg*, Der europäische Tarifvertrag, RdA 1971, 18; *Berger*, Grenzüberschreitende Tarifverträge innerhalb der Europäischen Wirtschaftsgemeinschaft (Diss. Köln 1972); *Dubois*, Multinationale Unternehmen und die Möglichkeiten des Abschlusses internationaler Tarifverträge, ArbuR 1975, 129 (172); *Däubler*, Europäische Tarifverträge nach Maastricht, EuZW 1992, 329.
5 S. *Birk*, BerDGesVölkR 18 (1978), 324 ff.; *Birk*, in: MünchArbR, § 19 Rz. 438.
6 Grundlegende Kritik am System bei *Birk*, ZIAS 21 (2007), 96 ff.

wird jedoch zunehmend durch primäres und sekundäres Gemeinschaftsrecht überlagert[1].

Nach der Richtlinie über die **Entsendung von Arbeitnehmern** von 1996 hat der aufnehmende Staat dafür zu sorgen, dass dem Arbeitnehmer nicht die Arbeitsbedingungen versagt werden, welche an dem Ort, an dem die Arbeitsleistung vorübergehend erbracht wird, für Tätigkeiten der gleichen Art gelten[2]. Die gesetzlichen Mindestbedingungen des Ortes der Erbringung der Arbeitsleistung und solche in allgemeinverbindlichen Tarifverträgen – ua. bezüglich Arbeitszeit, Urlaub, Mindestlohn und Leiharbeit – dürfen unabhängig vom Arbeitsvertragsstatut nicht versagt werden; günstigere Bedingungen des anwendbaren Rechts bleiben unberührt (Art. 3 Abs. 7 Entsenderichtlinie)[3]. Anders als nach Art. 8 Abs. 2 und 3 Rom I-VO sollen also die Arbeitsbedingungen des Arbeitsortes durchgesetzt werden[4] (vgl. auch unten Rz. 4835). Diese Richtlinie ist in Deutschland und in den anderen Mitgliedstaaten umgesetzt worden[5]. 4810

b) Einfluss des Gemeinschaftsrechts

Das Gemeinschaftsrecht hat Einfluss durch die Grundfreiheit der Freizügigkeit des Arbeitnehmers (Art. 39 EG, ex-Art. 48 EGV). Die Grundfreiheiten werden aber vor allem dafür herangezogen, um Beschränkungen des Dienstleistungsverkehrs im Binnenmarkt entgegenzuwirken (Art. 49 EG, ex-Art. 59 EGV). Die Dienstleistungsfreiheit umfasst auch die Entsendung der im eigenen Unternehmen beschäftigten Arbeitnehmer in einen anderen Mitgliedstaat[6]. Verstoßen die nationalen Vorschriften gegen die Marktfreiheiten des Gemeinschaftsrechts, so dürfen sie nicht als international zwingende Vorschriften durchgesetzt werden. 4811

Konflikte treten dann auf, wenn das arbeitsrechtliche Schutzniveau im Staate des Arbeitsortes ein anderes als im Herkunftsland des Arbeitnehmers ist und das international-privatrechtlich maßgebende Arbeitsrecht das des Herkunfts-

---

1 *Krebber*, ZEuP 2001, 358 ff.; *von Danwitz*, Die Rechtsprechung des EuGH zum Entsenderecht, EuZW 2002, 237.
2 Art. 3 Richtlinie des Rates über die Entsendung von Arbeitnehmern im Rahmen der Erbringung von Dienstleistungen vom 16.12.1996, ABl. EG 1997 Nr. L 18, S. 1. Dazu *Deinert*, Arbeitnehmerentsendung im Rahmen der Erbringung von Dienstleistungen innerhalb der Europäischen Union, RdA 1996, 339; *Franzen*, Arbeitskollisionsrecht und sekundäres Gemeinschaftsrecht, ZEuP 1997, 1055; *Görres*, Grenzüberschreitende Arbeitnehmerentsendung in der EU (Wien 2003); *Gronert*, Die Entsendung von Arbeitnehmern im Rahmen der grenzüberschreitenden Erbringung von Dienstleistungen (2001); *Birk*, in: MünchArbR, § 19 Rz. 116 ff. – Vgl. auch *Jayme/Kohler*, IPRax 1993, 359; *Jayme/Kohler*, Rev.crit.d.i.p. 84 (1995), 32 ff.; *Roth*, IPRax 1994, 168; *Franzen*, ZEuP 1995, 824 ff.
3 Dazu *Borgmann*, S. 224 ff.
4 *Franzen*, IntArbR AR-Blattei, 920 Rz. 34 ff. – Krit. zum Konzept *Birk*, ZIAS 21 (2007), 99 f.
5 Zu Frankreich *Jayme/Kohler*, IPRax 2000, 464; *Jayme*, IPRax 2000, 562; *Borgmann*, S. 190 ff. Zu Österreich *Jayme/Kohler*, IPRax 2000, 464 f.; *Borgmann*, S. 177 ff.
6 *Franzen*, IntArbR AR-Blattei 920 Rz. 17 ff. – Näher *Konzen*, NZA 2002, 781 ff.

landes ist. Für einen Teil der Konflikte setzt das deutsche Arbeitnehmer-Entsendegesetz (Rz. 4834) das inländische zwingende Tarifrecht und bestimmte Mindestarbeitsbedingungen durch. Gemeinschaftsweit folgt dem gleichen Prinzip die Entsende-Richtlinie (Rz. 4810). Danach gelten unter bestimmten Voraussetzungen die zwingenden Vorschriften des Arbeitsortes (zB für Mindestlohn und Urlaub, Art. 3 Abs. 1 Entsenderichtlinie). Dies ist eine Abweichung der Grundregel des Art. 8 Abs. 2 S. 2 Rom I-VO, wonach eine vorübergehende Entsendung das Arbeitsvertragsstatut nicht ändert.

4812 Nimmt man mit dem EuGH an, dass die **Freizügigkeit** (Art. 39 EG [ex-Art. 48 EGV]) kein bloßes Diskriminierungsverbot, sondern auch ein Beschränkungsverbot enthält[1], so können sachrechtliche Beschränkungen, die nicht durch zwingende Gründe des Allgemeininteresses geboten sind, europarechtswidrig sein. Folglich kann sich das jeweilige nationale Arbeitsrecht nicht mehr durchsetzen, soweit es nicht europarechtskonform ist. Dabei ist freilich zu beachten, dass Arbeitnehmer, die nur vorübergehend zur Erbringung einer Dienstleistung in einen anderen Mitgliedstaat entsandt werden, keinen dauerhaften Zugang zu diesem Arbeitsmarkt verlangen. Das Recht auf Freizügigkeit findet daher keine Anwendung[2]. Im Übrigen sind mehrere Fälle zu unterscheiden[3].

4813 aa) Arbeitet ein ausländischer Arbeitnehmer mit *dauerndem inländischem Arbeitsort im Inland*, so kann es zu Spannungen kommen, wenn deutsches Arbeitsrecht angewendet werden soll. Dann nämlich, wenn die Anwendung des deutschen Rechts nicht mehr gemeinschaftsrechtskonform ist, weil es die Freizügigkeit des Arbeitnehmers einschränkt, dürfen diese Arbeitsrechtsnormen nicht angewendet werden. Hier wird gemeinschaftsrechtswidriges deutsches Sachrecht korrigiert. Eine unmittelbare kollisionsrechtliche Relevanz hat diese Konstellation allerdings nicht. Grund des Zurücktretens des deutschen Arbeitsrechts ist der Verstoß des inländischen Rechts gegen das Gemeinschaftsrecht[4].

4814 bb) Denkbar ist ferner, dass ein *inländischer dauernder Arbeitsort* besteht, aber – was in Einzelfällen auf Grund der Ausweichklausel möglich ist – *ausländisches Arbeitsrecht* gilt. Beansprucht nun ein ausländisches Arbeitsrecht mit niedrigerem Schutzniveau als das inländische Anwendung, so stellt die Anwendung des ausländischen Rechts den Arbeitnehmer ungünstiger als bei einer Anwendung des inländischen Rechts seines Arbeitsortes. Folglich ist auch hier zu beantworten, ob darin eine Diskriminierung liegt. Dies wird verneint, weil ein unterschiedlich intensiver arbeitsrechtlicher Schutz in den na-

---

1 S. EuGH 15.12.1995 – Rs. C-415/93 (Bosman), Slg. 1995-I, 4921 = NJW 1996, 505 (Unzulässigkeit einer Entschädigung für Spielertransfer in Kollektivregelung von Sportverbänden). Vgl. dazu *Kohler*, ZEuP 1996, 461 f.; *Franzen*, IntArbR AR-Blattei, 920 Rz. 8 ff. mwN.
2 EuGH 25.10.2001 – Rs. C-49/98 (Finalarte), Slg. 2001, I-7831 = EuZW 2001, 759 Anm. *Bayreuther* = NZA 2001, 1377. Dazu krit. *Rieble/Lessner*, ZfA 2002, 47; *Konzen*, NZA 2002, 781 f.
3 Dazu *Birk*, RdA 1999, 16 f.
4 *Birk*, RdA 1999, 17.

tionalen Rechten hingenommen wird[1]. Auch hier besteht kein generelles Günstigkeitsprinzip, das eine künftige Rechtsangleichung ersetzen könnte.

cc) Vor allem gibt es Fälle, in denen ein *ausländischer Arbeitnehmer* nur einen *vorübergehenden inländischen Arbeitsort* hat. Der Arbeitnehmer steht in einem Arbeitsverhältnis mit einem Arbeitgeber aus einem anderen Mitgliedstaat, wurde aber ins Inland entsandt. Garantiert nun das ausländische Arbeitsvertragsstatut ein niedrigeres Schutzniveau als das inländische, so führt das zu Spannungen mit dem inländischen Recht. 4815

Praktische Bedeutung hat vor allem die **Dienstleistungsfreiheit** (Art. 49 EG [ex-Art. 59 EGV]). Das Gemeinschaftsrecht begrenzt die Durchsetzung international zwingender Bestimmungen des Arbeitsorts über den Mindestlohn[2] und die Leiharbeit[3]. Nationale Beschränkungen, welche die Tätigkeit des ausländischen Dienstleistenden unterbinden, behindern oder weniger attraktiv machen, müssen durch zwingende Gründe des Allgemeininteresses gerechtfertigt sein. Dazu gehört auch der Schutz des Arbeitnehmers; dieser muss jedoch – nicht diskriminierend – für alle Arbeitnehmer des Aufenthaltsstaates gelten. Das Interesse darf außerdem nicht schon durch gleichwertige Vorschriften des Heimat- bzw. Niederlassungsstaates geschützt werden[4]. Ferner ist eine ungleiche Behandlung in- und ausländischer Arbeitgeber unzulässig. So ist eine nicht gerechtfertigte Beschränkung der Dienstleistungsfreiheit, wenn inländische, nicht aber ausländische Arbeitgeber durch den Abschluss von Firmentarifverträgen die ansonsten geltenden Mindestlohnbestimmungen unterschreiten können[5]. 4816

Frei. 4817–4830

II. Arbeitsvertragsstatut

Literatur zum Internationalen Privatrecht: *Abele,* Entgeltfortzahlung an erkrankte Wanderarbeitnehmer und Anerkennung von EG-ausländischen Attesten – Paletta II, NZA 1996, 631; *Adelmann,* Das Haftungsprivileg bei grenzüberschreitenden Arbeitsverhältnissen im Spannungsfeld zwischen Arbeitskollisions- und Arbeitnehmerentsenderecht, IPRax 2007, 538; *Behr,* Zum österreichischen und deutschen internationalen Arbeitsver-

---

1 *Birk,* RdA 1999, 17.
2 EuGH 23.11.1999 – Rs. C-369/96 und C-376/96 (Arblade und Leloup), Slg. 1999, I-8453 = RIW 2000, 137 = ZEuP 2001, 359 Anm. *Krebber* = Rev.crit.d.i.p. 89 (2000), 710 Anm. *Fallon.* Dazu auch *Jayme/Kohler,* IPRax 2000, 455; *Konzen,* NZA 2002, 782 f.
3 Speziell für eine Grenzregion EuGH 15.3.2001 – Rs. C-165/98 (Mazzoleni/Inter Surveillance Assistance), Slg. 2001, I-2189 = IPRax 2002, 210 (m. Aufs. *Franzen,* IPRax 2002, 186) = Rev.crit.d.i.p. 90 (2001), 495 Anm. *Pataut.*
4 EuGH 15.3.2001 – Rs. C-165/98 (Mazzoleni/Inter Surveillance Assistance), Slg. 2001, I-2189 = IPRax 2002, 210 (m. Aufs. *Franzen,* IPRax 2002, 186) = Rev.crit.d.i.p. 90 (2001), 495 Anm. *Pataut; Franzen,* IntArbR AR-Blattei 920 Rz. 22.
5 EuGH 24.1.2002 – Rs. C-164/99 (Portugaia Construções), Slg. 2002, I-787 = EuZW 2002, 245 = EWS 2002, 141 (zu § 1 Abs. 3a S. 1 AEntG); *Schlachter,* in: ErfK, § 1 AEntG Rz. 3.

tragsrecht, IPRax 1989, 319; *Beitzke,* Zum Schutz von Dienstverhältnissen bei den Stationierungsstreitkräften, RdA 1968, 1; *Benecke,* Anknüpfung und Sonderanknüpfung im Internationalen Arbeitsrecht, IPRax 2001, 449; *Berenz,* Anzeige- und Nachweispflichten bei Erkrankung im Ausland, DB 1995, 1462; *Birk,* Die multinationalen Korporationen im internationalen Arbeitsrecht, BerDGesVölkR Heft 18 (1978), 263; *Birk,* Das internationale Arbeitsrecht der Bundesrepublik Deutschland, RabelsZ 46 (1982), 384; *Birk,* Das Arbeitskollisionsrecht der Bundesrepublik Deutschland, RdA 1984, 129; *Birk,* Die Bedeutung der Parteiautonomie im internationalen Arbeitsrecht, RdA 1989, 201; *Birk,* Internationale private Schiedsgerichtsbarkeit in Arbeitssachen, Erlanger Festschr. K.H. Schwab (1990), S. 305; *Birk,* Betriebliche Regelungen im internationalen Arbeitsrecht, in: Lebendiges Recht – Festschr. Trinkner (1995), S. 461; *Birk,* Deutsches und schweizerisches Arbeitskollisionsrecht, in: Rechtskollisionen – Festschr. Heini (Zürich 1995), S. 15; *Birk,* Arbeitsrecht und internationales Privatrecht, RdA 1999, 13; *Birk,* Internationales und europäisches Arbeitsrecht, in: Richardi/Wlotzke (Hrsg.), Münchener Handbuch zum Arbeitsrecht I, 2. Aufl. (2000), S. 190; *Birk,* Altersdiskriminierung im Arbeitsrecht – kollisionsrechtlich betrachtet, in: Private Law in the International Arena – Liber Amicorum Siehr (The Hague 2000), S. 45; *Birk,* Rechtswahl und Rechtsformzwang im Arbeitskollisionsrecht, Festschr. Ansay (Alphen aan den Rijn 2006), S. 15; *Birk,* Perspektiven des internationalen Arbeitsrechts, ZIAS 21 (2007), 91; *Bittner,* Arbeitsrechtlicher Gleichbehandlungsgrundsatz und ausländisches Arbeitsvertragsstatut, NZA 1993, 161; *Blefgen,* Die Anknüpfung an die einstellende Niederlassung des Arbeitgebers im Internationalen Arbeitsvertragsrecht (2006); *Boemke,* EU-Osterweiterung und grenzüberschreitende Arbeitnehmerüberlassung, BB 2005, 266; *Bolewski,* Diplomatische Vertretungen und Arbeitsrecht, Arch. VölkerR 43 (2005), 345; *Borgmann,* Kollisionsrechtliche Aspekte des Arbeitnehmer-Entsendegesetzes, IPRax 1996, 315; *Däubler,* Grundprobleme des internationalen Arbeitsrechts, dargestellt am Beispiel Deutschlands und Italiens, AWD 1972, 1; *Däubler,* Das neue Internationale Arbeitsrecht, RIW 1987, 249; *Däubler,* Arbeitsrecht und Auslandsbeziehungen, ArbuR 1990, 1; *Däubler,* Italienisches Arbeitsrecht in Bayern, IPRax 1992, 82; *Däubler,* Neue Akzente im Arbeitskollisionsrecht, RIW 2000, 255; *Däubler,* Auslandsarbeit unter deutschem Recht, Festschr. Birk (2008), S. 27; *Deinert,* Reichweite des deutschen Kündigungsschutzgesetzes bei internationalen Sachverhalten, RIW 2008, 148; *Deinert,* Zum Kündigungsschutz der Inlandsbeschäftigten eines Auslandsbetriebes, ArbR 2008, 300; *Ebenroth/Fischer/Sorek,* Das Kollisionsrecht der Fracht-, Passage- und Arbeitsverträge im internationalen Seehandelsrecht, ZvglRW 88 (1989), 124; *Elwan/Ost,* Kollisionsrechtliche Probleme bei Arbeitsstreitigkeiten zwischen einer Internationalen Organisation und ihren Ortskräften, dargestellt am Beispiel der Arabischen Liga, IPRax 1995, 1; *Eser,* Kollisionsrechtliche Probleme bei grenzüberschreitenden Arbeitsverhältnissen, RIW 1992, 1; *Eser,* Das Arbeitsverhältnis im Multinationalen Unternehmen (1996); *Falder,* Geschäftsführer bei Auslandsgesellschaften, NZA 2000, 868; *Franzen,* Internationales Arbeitsrecht, in: Dieterich/Neef/Schwab (Hrsg.), Arbeitsrechts-Blattei SD 920 (2006); *Franzen,* Zuständigkeit, Klagerücknahme und Leistungsverweigerung des Arbeitnehmers im grenzüberschreitenden Fall, IPRax 1995, 257; *Franzen,* „Gleicher Lohn für gleiche Arbeit am gleichen Ort?", DZWir 1996, 89; *Franzen,* Kündigungsschutz im transnational tätigen Konzern, IPRax 2000, 506; *Franzen,* Kurzzeitige Arbeitnehmerentsendung und Dienstleistungsfreiheit, IPRax 2002, 186; *Franzen,* Vertragsstatut und zwingende Bestimmungen im internationalen Arbeitsrecht, IPRax 2003, 239; *E. Führich,* Die Einordnung des Arbeitsschutzrechts in das öffentliche oder private Recht und die internationalrechtlichen Folgen dieser Einordnung (Diss. Würzburg 1979); *Gamillscheg,* Zu einigen Fragen des internationalen Arbeitsrechts, AcP 155 (1956), 49; *Gamillscheg,* Gedanken zu einem System des internationalen Arbeitsrechts, RabelsZ 23 (1958), 819; *Gamillscheg,* Internationales Arbeitsrecht (1959); *Gamillscheg,* Die Entwicklung des internationalen Arbeitsrechts 1959–1964, in: Das Arbeitsrecht der Gegenwart Bd. 2 (1965), 19; *Gamillscheg,* Labour Contracts, in: Int. Encycl. Comp. L. III (1974) Ch. 28 (Stand 1972); *Gamillscheg,* Neue Entwicklungen im englischen und europäischen internationalen Arbeitsrecht, RIW 1979, 225; *Gamillscheg,* Ein Gesetz über das internationale Arbeitsrecht, ZfA 14 (1983), 307; *Gamillscheg*, Rules of Public Order in Private International Labour Law, Rec. des Cours 181 (1983-III) 285; *Geisler*, Die engste Verbindung im Internationalen Privatrecht (2001); *Gentz*, Das Arbeitsrecht im internationalen Konzern, NZA 2000, 3; *Gotthardt*, Einsatz von Arbeitnehmern im Ausland, MDR 2001, 961; *Gragert/Drenckhahn*, „Fliegende Mütter" im internationalen Privatrecht, NZA 2003, 305; *Gravenhorst*, Kündigungsschutz bei Arbeitsverhältnissen mit Auslandsbezug, RdA 2007, 283; *Grosjean*, Kündigungsrechtliche Stellung im Ausland eingesetzter Arbeitnehmer, DB 2004, 2422; *Hanau*, Das Arbeitnehmer-Entsendegesetz, NJW 1996, 1369; *Hänlein*, Die rechtliche Stellung der in Deutschland tätigen Werkvertragsarbeitnehmer aus der Türkei, ZIAS 10 (1996), 21; *Heilmann*, Das Arbeitsvertragsstatut (1991); *von Hein*, Gewerkschaftliche Rechtsschutzgewährung bei Arbeitsunfall im Ausland: „forum shopping" und ordre public, IPRax 2001, 567; *Henrichs*, Zur Anwendbarkeit des deutschen Arbeitnehmerüberlassungsgesetzes auf in der Bundesrepublik tätige internationale Organisationen, RdA 1995, 158; *Hergenröder*, Internationales Arbeitsrecht im Konzern, ZfA 1999, 1; *Heuser/Heidenreich/Fritz*, Auslandsentsendung und Beschäftigung ausländischer Arbeitnehmer, 3. Aufl. (2008); *Hönsch*, Die Neuregelung des IPR aus arbeitsrechtlicher Sicht, NZA 1988, 113; *Hohloch*, Arbeitsverhältnisse mit Auslandsbezug und Vergütungspflicht, RIW 1987, 353; *Hohloch*, Rechtswahl, Günstigkeitsprinzip und Mindeststandards – Kollisionsrechtliche Anmerkungen zum Einsatz entsandter Kräfte im Baugewerbe, Festschr. Heiermann (1995), S. 143; *Hoppe*, Die Entsendung von Arbeitnehmern ins Ausland (1999); *Jayme*, Postmodernes Arbeitsrecht und Internationales Privatrecht, IPRax 2000, 562; *Junker*, Die „zwingenden Bestimmungen" im neuen internationalen Arbeitsrecht, IPRax 1989, 69; *Junker*, Internationales Arbeitsrecht – Vertragsstatut, Haftung, Arbeitnehmervertretung, RdA 1990, 212; *Junker*, Arbeitsstatut und öffentliche Abgaben, IPRax 1990, 303; *Junker*, Internationales Arbeitsrecht im Konzern (1992); *Junker*, Die freie Rechtswahl und ihre Grenzen, IPRax 1993, 1; *Junker*, Arbeitsrecht im grenzüberschreitenden Konzern, ZIAS 9 (1995), 564; *Junker*, Neuere Entwicklungen im Internationalen Arbeitsrecht, RdA 1998, 42; *Junker*, Internationales Arbeitsrecht in der Praxis im Blickpunkt, RIW 2001, 94; *Junker*, Das Internationale Arbeitsrecht im Spiegel der Rechtsprechung, in: Oetker (Hrsg.), 50 Jahre Bundesarbeitsgericht (2004), S. 1197; *Junker*, Gewöhnlicher Arbeitsort und vorübergehende Entsendung im Internationalen Privatrecht, Festschr. Heldrich (2005), S. 719; *Junker*, Internationale Zuständigkeit und anwendbares Recht in Arbeitssachen, NZA 2005, 199; *Junker*, Arbeitnehmerentsendung aus deutscher und europäischer Sicht, JZ 2005, 481; *Junker*, Der so genannte „räumliche Geltungsbereich" des Kündigungsschutzgesetzes, Festschr. Konzen (2006), S. 367; *Junker*, Internationales Arbeitsrecht in der geplanten Rom I-Verordnung, RIW 2006, 401; *Junker*, Arbeitsverträge, in: Ferrari/Leible (Hrsg.), Ein neues Internationales Vertragsrecht für Europa (2007), S. 111; *Junker*, „Lohndumping" und Internationales Privatrecht, IPRax 2007, 469; *Junker*, Arbeitnehmereinsatz im Ausland (2007); *Junker*, Das Internationale Privat- und Verfahrensrecht der Nichtdiskriminierung im Arbeitsverhältnis, in: Antidiskriminierung – quo vadis?, NZA 2008 Beil. S. 59; *Junker*, Internationalprivat- und –prozessrechtliche Fragen von Rumpfarbeitsverhältnissen, in: Die richtige Ordnung – Festschr. Kropholler (2008), S. 481; *K. Kärcher*, Öffentliches Arbeitsrecht in Fällen mit Auslandsberührung (Diss. Marburg 1990); *Kaumanns*, Telearbeit im Internationalen Privatrecht (2004); *Kienle/Koch*, Grenzüberschreitende Arbeitnehmerüberlassung, DB 2001, 922; *Knöfel*, Ausländische Scheinselbständige, Grundfreiheiten und Qualifikation, IPRax 2006, 552; *Knöfel*, Aufhebungsverträge zwischen Arbeitnehmer und Arbeitgeber im Internationalen Privat- und Prozessrecht, ZfA 2006, 397; *Knöfel*, Kommendes Internationales Arbeitsrecht: Der Vorschlag der Kommission der Europäischen Gemeinschaften vom 15.12.2005 für eine „Rom I"-Verordnung, RdA 2006, 269; *Knöfel*, Telearbeitsverhältnisse im Internationalen Arbeitsrecht, in: Taeger/Wiebe (Hrsg.), Aktuelle Rechtsfragen zu IT und Internet (2006), S. 135; *Knöfel*, Selbstbeschränkte Sachnormen im englischen Arbeitsrecht, IPRax 2007, 146; *Knöfel*, Whistleblowing und Sarbanes-Oxley, RIW 2007, 493; *König*, Die Auswirkungen des Antidiskriminierungsgesetzes und der zugrundeliegenden europäischen Richtlinien auf das Personalwesen eines international tätigen Konzerns

(2007); *Krebber*, Internationales Privatrecht des Kündigungsschutzes bei Arbeitsverhältnissen (1997); *Krebber*, Änderungskündigung einer Ortskraft der US-Botschaft in Bonn, IPRax 1999, 164; *Krebber*, Conflict of laws in employment in Europe, Comp. Labor Law & Pol. J. 21 (2000), 501; *Krebber*, Die Bedeutung von Entsenderichtlinie und Arbeitnehmer-Entsendegesetz für das Arbeitskollisionsrecht, IPRax 2001, 22; *Krebber*, Die Anwendung des eigenen Arbeitsrechts auf vorübergehend aus einem anderen Mitgliedstaat entsandte Arbeitnehmer, ZEuP 2001, 358; *Krebber*, Individualarbeitsrecht als Arbeitsmarktrecht und Anknüpfung des Arbeitsverhältnisses, Festschr. Birk (2008), S. 477; *Kronke*, Rechtstatsachen, kollisionsrechtliche Methodenentfaltung und Arbeitnehmerschutz im internationalen Arbeitsrecht (1980); *Kronke*, Betriebsveräußerung und Kündigungsschutz im internationalen Arbeitsrecht, IPRax 1981, 157; *Kronke*, Das Arbeitsrecht im Gesetzentwurf zur Neuregelung des IPR, DB 1984, 404; *Lingemann/Diller*, Aktienoptionen im internationalen Konzern – ein arbeitsrechtsfreier Raum?, NZA 2000, 1191; *E. Lorenz*, Das objektive Arbeitsstatut nach dem Gesetz zur Neuregelung des Internationalen Privatrechts, RdA 1989, 220; *Mahnhold*, „Global Whistle" oder „deutsche Pfeife", NZA 2008, 737; *Mankowski*, Wichtige Klärungen im Internationalen Arbeitsrecht, IPRax 1994, 88; *Mankowski*, Seerechtliche Vertragsverhältnisse im Internationalen Privatrecht (1995); *Mankowski*, Ausländische Scheinselbständige und internationales Privatrecht, BB 1997, 465; *Mankowski*, Der gewöhnliche Arbeitsort im Internationalen Privat- und Prozessrecht, IPRax 1999, 332; *Mankowski*, Internet und Telearbeit im Internationalen Arbeitsvertragsrecht, DB 1999, 1854; *Mankowski*, Arbeitskräfte bei Staaten und staatsnahen Einrichtungen im Internationalen Privat- und Prozessrecht, IPRax 2001, 123; *Mankowski*, Europäisches Internationales Arbeitsprozessrecht – Weiteres zum gewöhnlichen Arbeitsort, IPRax 2003, 21; *Mankowski*, Organpersonen und Internationales Arbeitsrecht, RIW 2004, 167; *Mansel*, Allgemeines Gleichbehandlungsgesetz: persönlicher und internationaler Anwendungsbereich, Festschr. Canaris I (2007), S. 809; *Mauer*, Zum internationalen Geltungsbereich des Kündigungsschutzgesetzes, Festschr. Leinemann (2006), S. 733; *Mauer*, Die Kündigung komplexer grenzüberschreitender Arbeitsverhältnisse nach der EG-Verordnung ROM I, RIW 2007, 92; *Mauer/Sadtler*, Rom I und das internationale Arbeitsrecht, DB 2007, 1586; *Mauer/Sadtler*, Die Vereinheitlichung des internationalen Arbeitsrechts durch die EG-Verordnung Rom I, RIW 2008, 544; *Mook*, Einseitig vorformulierte Rechtswahlklauseln in Arbeitsverträgen, DB 1987, 2252; *Morgenstern*, International Conflicts of Labour Law – A Survey of the Law Applicable to the International Employment Relation, 2. Aufl. (Genf 1986); *Carsten Müller*, International zwingende Normen des deutschen Arbeitsrechts (2006); *Cornelia Müller*, Die internationale Zuständigkeit deutscher Arbeitsgerichte und das auf den Arbeitsvertrag anwendbare Recht (2004); *G. Müller*, Die rechtliche Behandlung abhängiger fremdbestimmter Arbeit bei Berührungen mit Deutschland und Italien, RdA 1973, 137; *Müller-Glöge/Preis/Schmidt* (Hrsg.), Erfurter Kommentar zum Arbeitsrecht, 9. Aufl. (2009); *Peter*, Die Arbeitsunfähigkeitsbescheinigung als europäisches Rechtsproblem, RdA 1999, 374; *Pohl*, Grenzüberschreitender Einsatz von Personal und Führungskräften, NZA 1998, 735; *Rehbinder*, Die Rechtsnatur der Arbeitsverhältnisse deutscher Arbeitnehmer bei den ausländischen Streitkräften (1969); *Reim*, Auf dem Weg nach Europa – Werkvertragsarbeitnehmer aus Mittel- und Osteuropa im Kontext des nationalen, Völker- und Gemeinschaftsrechts (2000); *Reiserer*, Allgemeiner Kündigungsschutz bei Arbeitsverhältnissen mit Auslandsbezug, NZA 1994, 673; *Reiter*, Anwendbare Rechtsnormen bei der Kündigung ins Ausland entsandter Arbeitnehmer, NZA 2004, 1246; *Reiter*, Der Schutz des Whistleblowers nach dem Sarbanes-Oxley Act im Rechtsvergleich und im internationalen Arbeitsrecht, RIW 2005, 168; *Riesenhuber*, Die konkludente Rechtswahl im Arbeitsvertrag, DB 2005, 1571; *Rust/Falke* (Hrsg.), AGG – Allgemeines Gleichbehandlungsgesetz mit weiterführenden Vorschriften (2007); *Sauerzapf*, Ruhendes Arbeitsverhältnis und grenzüberschreitende Arbeitnehmerentsendung im Konzern (2004); *Schaub*, Globalisierung des Arbeitsrechts, in: Europas universale rechtspolitische Aufgabe – Festschr. Söllner (2000), S. 997; *Schlachter*, Grenzüberschreitende Arbeitsverhältnisse, NZA 2000, 57; *Schlachter*, Fortentwicklung des Kollisionsrechts der Arbeitsverträge, in: Leible

(Hrsg.), Das Grünbuch zum Internationalen Vertragsrecht (2004), S. 155; *Schlunck*, Die Grenzen der Parteiautonomie im internationalen Arbeitsrecht (1990); *Schmidt-Hermesdorf*, Internationale Personengesellschaft im internationalen Arbeitsrecht, RIW 1988, 938; *Schnorr v. Carolsfeld*, Probleme des internationalen Arbeitsrechts, RdA 1958, 201; *Schnorr*, Aspekte des IPR der gewerbsmäßigen Arbeitnehmerüberlassung (Zeitarbeit), ZfA 1975, 143; *Schnorr*, Internationales Arbeitsrecht bei künstlerischen Berufen unter Berücksichtigung des Urheber-, Steuer- und Sozialversicherungsrechts, UFITA 74 (1975), 151; *Schrader/Straube*, Ist das AGG international zwingendes (Arbeits-)Recht?, NZA 2007, 184; *Simitis*, Internationales Arbeitsrecht – Standort und Perspektiven, Festschr. Kegel (1977), S. 153; *A. Stoll*, Eingriffsnormen im internationalen Privatrecht: dargestellt am Beispiel des Arbeitsrechts (2002); *Sterzenbach*, Grundfragen grenzüberschreitender Arbeitsverhältnisse im deutsch-italienischen Rechtsverkehr, JbItalR 20 (2007), 263; *Taschner*, Arbeitsvertragsstatut und zwingende Bestimmungen nach dem Europäischen Schuldvertragsübereinkommen (2002); *Vor*, Zeitarbeit im Rechtsvergleich Deutschland-Großbritannien sowie bei Grenzüberschreitung (1992); *Wank*, Internationales Arbeitsrecht, in: Hanau/Steinmeyer/Wank (Hrsg.), Handbuch des europäischen Arbeits- und Sozialrechts (2002), S. 1193; *Wank*, Die Bindungswirkung von Entsendebescheinigungen, EuZW 2007, 300; *Wank/Börgmann*, Die Einbeziehung ausländischer Arbeitnehmer in das deutsche Urlaubskassenverfahren, NZA 2001, 177; *Weber*, Das Zwingende an den zwingenden Vorschriften im neuen internationalen Arbeitsrecht, IPRax 1988, 82; *Werthebach*, Arbeitnehmereinsatz im Ausland – Sozialversicherung und anwendbares Recht bei befristeter Entsendung, NZA 2006, 247; *Wiedenfels*, Kollisionskonflikte bei einseitig zwingendem Arbeitsrecht – am Beispiel des Urlaubsrechts, IPRax 2003, 317; *Wimmer*, Neuere Entwicklungen im internationalen Arbeitsrecht, IPRax 1995, 207; *Winkler von Mohrenfels*, Abschluss des Arbeitsvertrages und anwendbares Recht, in: Oetker/Preis (Hrsg.), Europäisches Arbeits- und Sozialrecht – EAS B 3000 (2007), S. 1; *Wisskirchen/Goebel*, Arbeitsrechtliche Aspekte der Verlagerung von Arbeitsplätzen ins Ausland (Off-Shoring), DB 2004, 937.

Literatur zum Ausländischen Arbeitsrecht:

Rechtsvergleichung/Mehrere Länder: *Aronstein* (Hrsg.), The International Handbook on Contracts of Employment (Deventer 1977); *Birk/Igl/Zacher* (Hrsg.), Arbeitsrechtliche Probleme der Unternehmenskonzentration (1986); *Blanpain* (Hrsg.), Comparative Labour Law and Industrial Relations in Industrialized Market Economies, 3. Aufl. (Deventer 1993); *Blanpain*, (Hrsg.), International Encyclopedia for Labour Law and Industrial Relations, 12 Bde. (Loseblattsammlung); *Coester-Waltjen*, Mutterschutz in Europa. Der Schutz der erwerbstätigen Frau während der Schwangerschaft und Mutterschaft in den Mitgliedstaaten der Europäischen Gemeinschaften (1986); *Henssler/Braun* (Hrsg.), Arbeitsrecht in Europa, 2. Aufl. (2007) (18 Länderberichte); *Junker*, Der Kündigungsschutz leitender Angestellter in rechtsvergleichender Perspektive, Festschr. Birk (2008), S. 265; *Junker*, Ausländisches Arbeitsrecht – Strategie und Praxis der Informationsgewinnung, in: Gegen den Strich – Festschr. Adomeit (2008), S. 319; *Jura Europae*, Das Recht der Länder der Europäischen Wirtschaftsgemeinschaft. Droit du Travail – Arbeitsrecht, 3 Bände (Loseblatt); *Petrovicki*, Amerikanisches und europäisches Arbeitsrecht im Strukturvergleich (2002); *Pottschmidt*, Arbeitnehmerähnliche Personen in Europa (2006); *Schütze*, Probleme der Wettbewerbsvereinbarungen mit kaufmännischen Angestellten im ausländischen und internationalen Arbeitsrecht (betr. Belgien, Frankreich, Italien, Niederlande, Österreich), BB 1968, 1129; *Schütze*, (Fortsetzung betr. England, Schweden, Schweiz, Türkei), AWD 1970, 314; *Schütze*, Internationales Arbeitsrecht in Afrika, AWD 1969, 363; *Schütze*, Probleme der Wettbewerbsvereinbarungen im ausländischen und internationalen Arbeitsrecht (Afrika), AWD 1971, 36; *Sigeman*, Skandinavisches Arbeitsrecht ZIAS 18 (2004), 179.

Einzelne Länder:

Belgien: *Becker*, Auswirkungen des belgischen Zeitarbeitsgesetzes auf die grenzüberschreitende Arbeitnehmerüberlassung, RIW 1977, 101; *Kukat*, Arbeitgeber- und Arbeitnehmerbeziehungen in Belgien, RIW 1980, 197; *Müllender*, Die arbeitsrechtlichen Wettbewerbsverbote in Belgien, RIW 1981, 755; *Müller-Trawinski*, Belgisches Arbeitsrecht (2009); *Schmitt-Schönenberg*, Kündigungsfristen für Angestellte und Handlungsreisende im belgischen Arbeitsrecht, RIW 1987, 677.

England: *Docksey*, Neuere Entwicklungen im britischen Arbeitsrecht, RIW 1991, 722; *Koch*, Auswirkung des Betriebsinhaberwechsels auf Arbeitnehmer im englischen und deutschen Recht, RIW 1984, 592; *Kukat*, Arbeitgeber- und Arbeitnehmerbeziehungen in Großbritannien, RIW 1979, 685; *Waas*, Konzernarbeitsrecht in Großbritannien (1993).

Frankreich: *Bien*, Die betriebsbedingte Kündigung im französischen Recht, NZA 2000, 984; *Jeammaud/Le Friant*, Das System des Arbeitsrechts in Frankreich, NZA 1995, 210; *Kessler*, Das neue französische Kündigungsschutzrecht, RdA 1989, 35; *Kessler*, Der Kündigungsschutz in Frankreich, ZIAS 1991, 391; *Kufer*, Kündigungsrechtliche Entwicklungstendenzen im französischen Arbeitsrecht, RWI 1997, 1011; *Langer*, Die Neuregelung der Arbeitnehmerüberlassungsverträge in Frankreich, RIW 1982, 412; *Langer*, Arbeitsrechtliche Aspekte des Unternehmenserwerbs, in: Witz/Schmidt/Zierau (Hrsg.), Unternehmenserwerb in Frankreich (1989), S. 66; *Langer/Fehrmann*, Praxis des französischen Arbeitsrechts, 11. Aufl. (2002); *Ranke*, Arbeitsrecht in Frankreich (1995); *Reiland*, Die Neuregelung der Kündigung aus wirtschaftlichen Gründen im französischen Recht, ZIAS 3 (1989), 327; *Sonnenberger/Dammann*, Die Reformen des französischen Arbeitsvertragsrechts 1986/87, RIW 1988, 350; *Sterzing*, Das Arbeitszeugnis (certificat de travail) im französischen Recht, RIW 1978, 372; *Sterzing*, Die Betriebsvereinbarung im französischen Arbeitsrecht, RIW 1980, 776; *Sterzing*, Das französische Individualarbeitsrecht, RIW 1989 Beil. 3; *Storp*, Wettbewerbsklauseln im französischen Arbeitsrecht, RIW 1993, 282.

Griechenland: *Funck*, in: Deutsch-Griechische Industrie- und Handelskammer (Hrsg.), Praxis des griechischen Arbeitsrechts (1995).

Italien: *Abele*, Neue Regelungen des arbeitsrechtlichen Kündigungsschutzes in Italien, RIW 1991, 188; *Bovenberg*, Kündigung und Kündigungsschutz im italienischen Arbeitsrecht (2003); *Grunsky*, Grundzüge des italienischen Arbeitsrechts, in: von Boehmer (Hrsg.), Deutsche Unternehmen in Italien (1993), S. 355; *Hausmann*, Arbeitnehmerschutz nach italienischem Recht vor deutschen Arbeitsgerichten, JbItaIR 4 (1991), 49; *Schultze*, Die Neuregelung des Kündigungsschutzes im italienischen Arbeitsrecht, NZA 1991, 974.

Österreich: *Mayer-Maly*, Gemeinsamkeiten und Unterschiede zwischen dem deutschen und dem österreichischen Arbeitsrecht, BB 1988, 1677.

Polen: *Braun*, Polen – Arbeitsrecht (Bundesagentur für Außenwirtschaft, 2004); *Franek*, Abschluss, Änderung, Übergang und Beendigung des Arbeitsvertrages im Vergleich zum deutschen Recht, ZfRV 2000, 161; *Kanderska*, Polnische rechtliche Rahmenbedingungen für die Entsendung deutscher Arbeitnehmer nach Polen, WiRO 2006, 76; *Pörnbacher*, Reform des polnischen Arbeitsrechts, WiRO 2003, 99; *Sieg*, Arbeitsrecht in Polen – Ein Überblick, NZA 1995, 508; *Sieg/Prujszczyk*, Arbeitsrecht in Polen, 2. Aufl. (2005); *Samochowiec*, Massenentlassungen im polnischen Recht, RIW 1997, 122.

Portugal: *Rau*, Kurzarbeit und zeitweilige Suspendierung des Arbeitsvertrages in Portugal, RIW 1984, 785.

Russland: *Gretchichnikova*, Das neue russische Arbeitsrecht und der Arbeitsvertrag, WiRO 2002, 289; *Heger/Weller*, Aktuelle Arbeitsgesetzgebung in Russland, RIW 1993, 463; *Hegewald*, Der Arbeitsvertrag im Recht der Russischen Föderation (2002); *Scharf*, Das russische Arbeitsrecht im Überblick, WiRO 1995, 361; *Sevillano*, Das neue russische Arbeitsgesetzbuch, WiRO 2003, 33; *Wedde*, Das neue russische Arbeitsrecht, Osteuropa R. 48 (2002), 357.

Schweden: *Gotthardt*, Kündigungsschutz im Arbeitsverhältnis im Königreich Schweden und in der BRD (1999).

Schweiz: *M. Rehbinder*, Schweizerisches Arbeitsrecht, 15. Aufl. (Zürich 2002); *M. Rehbinder*, Der neue Kündigungsschutz im schweizerischen Arbeitsrecht, ZIAS 2 (1988), 319.

Spanien: *Cremades*, Arbeitsrecht in Spanien, 2. Aufl. (2004); *Echterhölter*, Arbeitnehmerstatut in Spanien, RdA 1983, 296; *Kasten*, Spanisches Arbeitsrecht im Umbruch (1999); *Marco/Alzaga*, Der neue unbefristete Arbeitsvertrag in Spanien und die Reduzierung der Kündigungskosten, RIW 1997, 1015.

Tschechische Republik: *Gerauer*, Arbeitsrecht in der Tschechischen Republik, 2. Aufl. (2006); *Klikar*, Tschechisches Arbeitsrecht (2001); *Kühl*, Arbeitsrecht der Tschechischen Republik, ZIAS 6 (2007), 419, 468; *Poljaková*, Arbeitsrecht in der Tschechischen Republik, WiRO 2005, 193; *Štangová*, Die Beendigung von Arbeitsverhältnissen im tschechischen Arbeitsrecht, Festschr. Hromadka (2008), S. 453.

Türkei: *Centel*, Arbeitsrecht in der Türkei (2005); *Deutsch-Türkische Industrie- und Handelskammer*, Das türkische Arbeitsrecht (2008); *Hekimler*, Das neue türkische Arbeitsrecht, NZA 2004, 642.

Ungarn: *Gobert*, Grundzüge und Besonderheiten des Arbeitsrechts in Ungarn, WiRO 1995, 371; *Radnay*, Praxis des ungarischen Arbeitsrechts, 2. Aufl. (1999); *Sieg*, Arbeitsrecht in Ungarn, NZA 2004, 1078.

Vereinigte Staaten: *Gould*, Einführung in das Arbeitsrecht der USA (1988); *Jander*, Arbeitsrechtliche Aspekte in den USA, in: von Boehmer (Hrsg.), Deutsche Unternehmen auf dem amerikanischen Markt (1988), S. 311; *Jander/Lorenz*, Kündigungsschutz im amerikanischen Arbeitsrecht, RdA 1990, 97; *Marshall/Ries*, Wettbewerbsverbote in Arbeitsverträgen nach amerikanischem Recht, RIW 1992, 278; *Möllers/Bruschke*, Voraussetzungen eines amerikanischen Arbeitsvertrages, JR 1989, 441; *J. Müller-Lukoschek*, Der Kündigungsschutz im Arbeitsrecht der USA (Diss. Berlin 1989); *Roehm/Albicker*, Neues im Kündigungsschutzrecht der USA, RIW 1993, 721; *Steudter*, Arbeitnehmer und freie Mitarbeiter im US-amerikanischen Arbeitsrecht (2004); *Waas*, Der Entwurf eines Model Uniform Employment-Termination Act in den USA, RIW 1992, 982.

1. Grundsatz

a) Art. 8 Rom I-VO

Die Rom I-VO regelt Individualarbeitsverhältnisse in Art. 8 (Text oben S. 16). Dieser löst in Deutschland Art. 30 EGBGB ab, welcher seinerseits Art. 6 EVÜ entsprach. Nach der Sonderregelung des Art. 8 Abs. 1 Rom I-VO ist eine Rechtswahl zwar möglich, im Hinblick auf zwingende Vorschriften jedoch in ihrer Wirkung eingeschränkt. Die Rechtswahl der Parteien darf nicht dazu führen, dass dem Arbeitnehmer der Schutz entzogen wird, der ihm durch Bestimmungen gewährt wird, von denen nach dem Recht, das bei objektiver Anknüpfung anzuwenden wäre, nicht durch Vereinbarung abgewichen werden darf. Nach Art. 8 Abs. 2 Rom I-VO unterliegt der Arbeitsvertrag dem Recht des Staates, in dem oder andernfalls von dem aus der Arbeitnehmer in Erfüllung des Vertrags gewöhnlich seine Arbeit verrichtet. Hilfsweise kommt das Recht der

4831

einstellenden Niederlassung zur Anwendung Art. 8 Abs. 3 Rom I-VO. Weist der Vertrag allerdings eine engere Verbindung zu einem anderen Staat auf, so ist nach der Ausweichklausel des Art. 8 Abs. 4 Rom I-VO das Recht dieses anderen Landes anzuwenden.

4832 Die Vorschrift gilt für **Individualarbeitsverträge** (individual employment contracts; contrats individuels de travail), ohne dass dieser Begriff näher eingegrenzt würde. Sie erfasst grundsätzlich Arbeitsverträge aller Art. Auch dieser Begriff ist einheitlich auszulegen[1]. Maßgeblich ist also nicht das Rechtsverständnis des deutschen Arbeitsrechts, sondern das des europäischen Kollisionsrechts. Freilich wird sich eine einheitliche und allgemein akzeptierte europäische Definition wohl erst dann entwickeln lassen, wenn der EuGH seine Zuständigkeit zur Auslegung der Rom I-VO nutzt. Auch dann sind Qualifikationsfragen nicht ausgeschlossen. Während zT (richtigerweise) allein auf die autonome und einheitliche Auslegung abgestellt wird[2], wollen andere einstweilen für kollisionsrechtliche Zwecke vom Kollisionsrecht der lex fori ausgehen[3].

Als Arbeitsverträge sind Dienstverträge zwischen Arbeitgeber und Arbeitnehmer anzusehen, die eine **abhängige, weisungsgebundene Tätigkeit gegen Vergütung** zum Gegenstand haben[4]. Sie betreffen Arbeiter, Angestellte, Auszubildende und arbeitnehmerähnliche Personen. Gleiches gilt für nach privatem Arbeitsrecht beschäftigte Mitarbeiter diplomatischer Vertretungen, welche keine hoheitlichen Aufgaben wahrnehmen[5]. Bei Beschäftigten internationaler Organisationen kommt es darauf an, wieweit die Arbeitsbedingungen staatsvertraglich geregelt sind[6]. Auch Beschäftigungsverhältnisse mit leitenden Angestellten werden von Art. 8 Rom I-VO erfasst. Verträge von Gesellschaftsgeschäftsführern sind arbeitsrechtlich zu qualifizieren, soweit es um das Verhältnis zum Arbeitgeber und nicht um die Wirkungen als Organ einer Gesellschaft geht[7]. Gesellschaftsgeschäftsführer können weisungsgebundene Arbeitnehmer sein. Dafür ist das Gesellschaftsstatut zu befragen[8]. Für Verträge

---

1 S. schon *Mankowski*, BB 1997, 466; *Heilmann*, S. 40 ff.; *Junker*, Int. ArbR, S. 171; *Birk*, in: MünchArbR, § 20 Rz. 3, 95; *Magnus*, in: Staudinger, Art. 30 EGBGB Rz. 20 f.
2 *von Hoffmann/Thorn*, § 10 Rz. 75.
3 *Däubler*, RIW 1987, 250; *von Bar*, II Rz. 446. – Dagegen für den sachrechtlichen Begriff der lex fori *Knöfel*, IPRax 2006, 557 f.
4 S. *Mankowski*, BB 1997, 466 ff.; *Bolewski* Arch. VölkerR 43 (2005), 355 f.; *von Hoffmann/Thorn*, § 10 Rz. 75; *Magnus*, in: Staudinger, Art. 30 EGBGB Rz. 35 ff.
5 BAG 23.4.1998, IPRspr. 1998 Nr. 52 = NZA 1998, 995; LAG Berlin 20.7.1998, IPRspr. 1998 Nr. 135 = IPRax 2001, 144 (m. Aufs. *Mankowski*, IPRax 2001, 123).
6 Dazu näher *Henrichs*, RdA 1995, 158 ff.; *Martiny*, in: MünchKomm (5. Aufl.), Art. 8 Rom I-VO Rz. 22 ff. – Zur Europäischen Weltraumorganisation s. BAG 10.11.1993, IPRspr. 1993 Nr. 133 = IPRax 1995, 33 (m. Aufs. *Seidl-Hohenveldern*, IPRax 1995, 14).
7 OLG München 25.6.1999, IPRspr. 1999 Nr. 119 = IPRax 2000, 416 (m. Aufs. *Haubold*, IPRax 2000, 375) = NZG 1999, 1170 Anm. *Hallweger*; *Pohl*, NZA 1998, 735 ff.; *Vischer/Huber/Oser*, Rz. 773; *Magnus*, in: Staudinger, Art. 30 EGBGB Rz. 29.
8 *Mankowski*, RIW 2004, 167; *Spickhoff*, in: Bamberger/Roth, Art. 30 EGBGB Rz. 7. – Vgl. aber OLG Düsseldorf 3.4.2003, RIW 2004, 230 = LAGE Art. 30 EGBGB Nr. 7 m. Anm. *Mankowski*.

über Dienstleistungen in wirtschaftlicher und sozialer Selbstständigkeit und Unabhängigkeit bleibt es bei den allgemeinen Vorschriften der Art. 3, 4 Rom I-VO[1]. Dagegen können in Wirklichkeit abhängig Beschäftigte (Scheinselbstständige) als Arbeitnehmer eingeordnet werden[2]. Ausländische Bescheinigungen, die sozialversicherungsrechtliche Selbständigkeit bescheinigen, binden nicht[3].

Art. 30 EGBGB nannte ebenso wie die deutsche Fassung des Art. 6 EVÜ außer dem Arbeitsvertrag auch das **Arbeitsverhältnis**. Die Vorschrift galt mithin auch für nichtige, aber in Vollzug gesetzte Arbeitsverträge sowie für faktische Arbeitsverhältnisse[4]. Hinsichtlich nichtiger Verträge war eine solche Klarstellung an sich überflüssig, da diese nach Art. 12 Abs. 1 lit. e Rom I-VO ohnehin dem Vertragsstatut unterliegen[5]. Im jetzigen Wortlaut ist diese Klarstellung entfallen. 4833

b) Arbeitnehmer-Entsendegesetz

Literatur: *Boemke*, Handbuch zum Arbeitnehmer-Entsendegesetz (2008); *Borgmann*, Die Entsendung von Arbeitnehmern in der Europäischen Gemeinschaft (2001); *Borgmann*, Kollisionsrechtliche Aspekte des Arbeitnehmer-Entsendegesetzes, IPRax 1996, 315; *Däubler*, Die Entsende-Richtlinie und ihre Umsetzung in das deutsche Recht, EuZW 1997, 613; *Deinert*, Arbeitnehmerentsendung im Rahmen der Erbringung von Dienstleistungen innerhalb der Europäischen Union, RdA 1996, 339; *Deinert*, Posting of Workers to Germany – Previous Evolutions and New Influences throughout EU Legislation Proposals, J. Comp. Lab. L. Ind. Rel. 16 (2000), 217; *Eichenhofer*, Arbeitsbedingungen bei Entsendung von Arbeitnehmern, ZIAS 10 (1996), 55; *Franzen*, Arbeitskollisionsrecht und sekundäres Gemeinschaftsrecht: Die EG-Entsende-Richtlinie, ZEuP 1997, 1055; *Franzen*, „Gleicher Lohn für gleiche Arbeit am gleichen Ort"?, DZWiR 1996, 89; *Fritzsche*, Die Vereinbarkeit des AEntG sowie der erfassten Tarifverträge mit höherrangigem Recht (2001); *Hailbronner*, Die Kontrolle der Entsendung ausländischer Arbeitnehmer und die Dienstleistungsfreiheit, EWS 1997, 401; *Hanau*, Das Arbeitnehmer-Entsendegesetz, NJW 1996, 1369; *Hickl*, Auswirkungen und Probleme des Entsendegesetzes, NZA 1997, 513; *Hoppe*, Die Entsendung von Arbeitnehmern ins Ausland, kollisionsrechtliche Probleme und internationale Zuständigkeit (1999); *Junker/Wichmann*, Das Arbeitnehmer-Entsendegesetz – Doch ein Verstoß gegen Europäisches Recht?, NZA 1996, 505; *Koberski/Asshoff/Hold*, Arbeitnehmer-Entsendegesetz, 2. Aufl. (2002); *Koenigs*, Lohngleichheit am Bau? – Zu einem Arbeitnehmer-Entsendegesetz, DB 1995, 1710; *Koenigs*, Rechtsfragen des Arbeitnehmer-Entsendegesetzes und der EG-Entsenderichtlinie, DB 1997, 225; *Krebber*, Die Anwendung des eigenen Arbeitsrechts auf vorübergehend aus einem Mitgliedstaat entsandte Arbeitnehmer, ZEuP 2001, 358; *Krebber*, Die Bedeutung der Entsenderichtlinie und Arbeitnehmer-Entsendegesetz für das Arbeitskollisionsrecht, IPRax 2001, 22; *F. Lorenz*, Arbeitnehmer-Entsendegesetz (1996); *Lunk/Nehl*, „Export" deutschen Ar-

---

1 *von Bar*, II Rz. 446; *Thorn*, in: Palandt, Art. 30 EGBGB Rz. 2.
2 *Mankowski*, BB 1997, 665 ff.; *Magnus*, in: Staudinger, Art. 30 EGBGB Rz. 44.
3 *Winkler von Mohrenfels*, in: Oetker/Preis, Rz. 32 ff. mwN. – Näher zur sozialrechtlichen Bindungswirkung, die er in Missbrauchsfällen ablehnt *Wank*, EuZW 2007, 300 ff.
4 *Junker*, in: Ferrari/Leible, S. 113. – S. auch *Magnus*, in: Staudinger, Art. 30 EGBGB Rz. 33.
5 *Junker*, RIW 2006, 402. – Krit. dagegen *Knöfel*, RdA 2006, 273 f. S. zu Art. 32 Abs. 1 Nr. 5 EGBGB *Gamillscheg*, ZfA 14 (1983), 332 f.

beitsschutzrechts?, DB 2001, 1934; *Moreau*, Le détachement des travailleurs effectuant une prestation de services dans l'Union européenne, Clunet 123 (1996), 889; *A. Müller*, Die Entsendung von Arbeitnehmern in der Europäischen Union (1997); *Pietras/Thomas*, Die konzerninterne Entsendung von ausländischen Arbeitnehmern nach Deutschland, RIW 2001, 691; *Ulber*, Arbeitnehmerüberlassungsgesetz und Arbeitnehmer-Entsendegesetz, 3. Aufl. (2006); *Webers*, Das Arbeitnehmer-Entsendegesetz, DB 1996, 574.

4834 **Gesetz über zwingende Arbeitsbedingungen bei grenzüberschreitenden Dienstleistungen (Arbeitnehmer-Entsendegesetz – AEntG) vom 20.4.2009[1].**

§ 1 Zielsetzung

Ziele des Gesetzes sind die Schaffung und Durchsetzung angemessener Mindestarbeitsbedingungen für grenzüberschreitend entsandte und für regelmäßig im Inland beschäftigte Arbeitnehmer und Arbeitnehmerinnen sowie die Gewährleistung fairer und funktionierender Wettbewerbsbedingungen. Dadurch sollen zugleich sozialversicherungspflichtige Beschäftigung erhalten und die Ordnungs- und Befriedungsfunktion der Tarifautonomie gewahrt werden.

§ 2 Allgemeine Arbeitsbedingungen

Die in Rechts- oder Verwaltungsvorschriften enthaltenen Regelungen über

1. die Mindestentgeltsätze einschließlich der Überstundensätze,

2. den bezahlten Mindestjahresurlaub,

3. die Höchstarbeitszeiten und Mindestruhezeiten,

4. die Bedingungen für die Überlassung von Arbeitskräften, insbesondere durch Leiharbeitsunternehmen,

5. die Sicherheit, den Gesundheitsschutz und die Hygiene am Arbeitsplatz,

6. die Schutzmaßnahmen im Zusammenhang mit den Arbeits- und Beschäftigungsbedingungen von Schwangeren und Wöchnerinnen, Kindern und Jugendlichen und

7. die Gleichbehandlung von Männern und Frauen sowie andere Nichtdiskriminierungsbestimmungen

finden auch auf Arbeitsverhältnisse zwischen einem im Ausland ansässigen Arbeitgeber und seinen im Inland beschäftigten Arbeitnehmern und Arbeitnehmerinnen zwingend Anwendung.

§ 3 Tarifvertragliche Arbeitsbedingungen

Die Rechtsnormen eines bundesweiten Tarifvertrages finden unter den Voraussetzungen der §§ 4 bis 6 auch auf Arbeitsverhältnisse zwischen einem Arbeitgeber mit Sitz im Ausland und seinen im räumlichen Geltungsbereich dieses Tarifvertrages beschäftigten Arbeitnehmern und Arbeitnehmerinnen zwingend Anwendung, wenn der Tarifvertrag für allgemeinverbindlich erklärt ist oder eine Rechtsverordnung nach § 7 vorliegt. Eines bundesweiten Tarifvertrages bedarf es nicht, soweit Arbeitsbedingungen im Sinne des § 5 Nr. 2 oder 3 Gegenstand tarifvertraglicher Regelungen sind, die zusammengefasst räumlich den gesamten Geltungsbereich dieses Gesetzes abdecken.

§ 4 Einbezogene Branchen

§ 3 gilt für Tarifverträge

1. des Bauhauptgewerbes oder des Baunebengewerbes im Sinne der Baubetriebe-Verordnung vom 28. Oktober 1980 (BGBl. I S. 2033), zuletzt geändert durch die Verordnung

---

1 BGBl. I 2009, 799. Zuvor Gesetz vom 26.2.1996, BGBl. I 1996, 227.

vom 26. April 2006 (BGBl. I S. 1085), in der jeweils geltenden Fassung einschließlich der Erbringung von Montageleistungen auf Baustellen außerhalb des Betriebssitzes,

2. der Gebäudereinigung,

3. für Briefdienstleistungen,

4. für Sicherheitsdienstleistungen,

5. für Bergbauspezialarbeiten auf Steinkohlebergwerken,

6. für Wäschereidienstleistungen im Objektkundengeschäft,

7. der Abfallwirtschaft einschließlich Straßenreinigung und Winterdienst und

8. für Aus- und Weiterbildungsdienstleistungen nach dem Zweiten oder Dritten Buch Sozialgesetzbuch.

§ 5 Arbeitsbedingungen

Gegenstand eines Tarifvertrages nach § 3 können sein

1. Mindestentgeltsätze, die nach Art der Tätigkeit, Qualifikation der Arbeitnehmer und Arbeitnehmerinnen und Regionen differieren können, einschließlich der Überstundensätze,

2. die Dauer des Erholungsurlaubs, das Urlaubsentgelt oder ein zusätzliches Urlaubsgeld,

3. die Einziehung von Beiträgen und die Gewährung von Leistungen im Zusammenhang mit Urlaubsansprüchen nach Nummer 2 durch eine gemeinsame Einrichtung der Tarifvertragsparteien, wenn sichergestellt ist, dass der ausländische Arbeitgeber nicht gleichzeitig zu Beiträgen zu der gemeinsamen Einrichtung der Tarifvertragsparteien und zu einer vergleichbaren Einrichtung im Staat seines Sitzes herangezogen wird und das Verfahren der gemeinsamen Einrichtung der Tarifvertragsparteien eine Anrechnung derjenigen Leistungen vorsieht, die der ausländische Arbeitgeber zur Erfüllung des gesetzlichen, tarifvertraglichen oder einzelvertraglichen Urlaubsanspruchs seines Arbeitnehmers oder seiner Arbeitnehmerin bereits erbracht hat, und

4. Arbeitsbedingungen im Sinne des § 2 Nr. 3 bis 7.

§ 8 Pflichten des Arbeitgebers zur Gewährung von Arbeitsbedingungen

(1) Arbeitgeber mit Sitz im In- oder Ausland, die unter den Geltungsbereich eines für allgemeinverbindlich erklärten Tarifvertrages nach den §§ 4 bis 6 oder einer Rechtsverordnung nach § 7 fallen, sind verpflichtet, ihren Arbeitnehmern und Arbeitnehmerinnen mindestens die in dem Tarifvertrag für den Beschäftigungsort vorgeschriebenen Arbeitsbedingungen zu gewähren sowie einer gemeinsamen Einrichtung der Tarifvertragsparteien die ihr nach § 5 Nr. 3 zustehenden Beiträge zu leisten. Satz 1 gilt unabhängig davon, ob die entsprechende Verpflichtung kraft Tarifbindung nach § 3 des Tarifvertragsgesetzes oder kraft Allgemeinverbindlicherklärung nach § 5 des Tarifvertragsgesetzes oder aufgrund einer Rechtsverordnung nach § 7 besteht.

(2) Ein Tarifvertrag nach den §§ 4 bis 6, der durch Allgemeinverbindlicherklärung oder Rechtsverordnung nach § 7 auf nicht an ihn gebundene Arbeitgeber sowie Arbeitnehmer und Arbeitnehmerinnen erstreckt wird, ist von einem Arbeitgeber auch dann einzuhalten, wenn er nach § 3 des Tarifvertragsgesetzes oder kraft Allgemeinverbindlicherklärung nach § 5 des Tarifvertragsgesetzes an einen anderen Tarifvertrag gebunden ist.

(3) Wird ein Leiharbeitnehmer oder eine Leiharbeitnehmerin vom Entleiher mit Tätigkeiten beschäftigt, die in den Geltungsbereich eines für allgemeinverbindlich erklärten Tarifvertrages nach den §§ 4, 5 Nr. 1 bis 3 und § 6 oder einer Rechtsverordnung nach § 7 fallen, hat der Verleiher zumindest die in diesem Tarifvertrag oder in dieser Rechtsver-

ordnung vorgeschriebenen Arbeitsbedingungen zu gewähren sowie die der gemeinsamen Einrichtung nach diesem Tarifvertrag zustehenden Beiträge zu leisten.

§ 15 Gerichtsstand

Arbeitnehmer und Arbeitnehmerinnen, die in den Geltungsbereich dieses Gesetzes entsandt sind oder waren, können eine auf den Zeitraum der Entsendung bezogene Klage auf Erfüllung der Verpflichtungen nach den §§ 2, 8 oder 14 auch vor einem deutschen Gericht für Arbeitssachen erheben. Diese Klagemöglichkeit besteht auch für eine gemeinsame Einrichtung der Tarifvertragsparteien nach § 5 Nr. 3 in Bezug auf die ihr zustehenden Beiträge.

4835 Im Vorgriff auf die EU-Richtlinie über die Arbeitnehmerentsendung (oben Rz. 4810) wurde ein gesondertes deutsches **Arbeitnehmer-Entsendegesetz** erlassen (AEntG) und später mehrfach angepasst. Dieses Gesetz soll Arbeitsverhältnisse mit ausländischen Arbeitgebern erfassen und über eine (international) zwingende Allgemeinverbindlichkeitserklärung von Tarifverträgen Mindestarbeitsbedingungen in bestimmten Branchen durchsetzen (§ 4 AEntG)[1]. Branchenübergreifend werden auch im Übrigen Mindestarbeitsbedingungen, insbes. bezüglich Mindestentgelt und -urlaub, durchgesetzt (§ 2 [früher § 7 Abs. 1] AEntG). Eine Entsendung, dh. ein vorübergehender Einsatz des Arbeitnehmers am Arbeitsort, wird nicht vorausgesetzt[2]. Das AEntG gilt auch für Unternehmen mit Sitz außerhalb der EU[3]. Die Vorschriften des AEntG gelten unabhängig vom Arbeitsvertragsstatut. Sie stellen Eingriffsnormen iSd. Art. 9 Abs. 1 Rom I-VO dar[4]. In diesem Sinne argumentiert auch Erwägungsgrund 34. Eine Durchsetzung über Art. 23 Rom I-VO dürfte nicht in Betracht kommen, da die Richtlinie selbst keine explizite kollisionsrechtliche Regelung enthält[5].

4836 Das AEntG ist als solches gemeinschaftsrechtskonform[6]. Die sehr weit gehenden früheren Regelungen des AEntG haben allerdings teilweise gegen das Gemeinschaftsrecht (Niederlassungs- und Dienstleistungsfreiheit) verstoßen[7], vgl. oben Rz. 4816. Zwar ist die Vorschrift über den Urlaub und die Urlaubskassen (§ 5 AEntG) im Grundsatz gebilligt worden[8]. Gemeinschaftsrechtswid-

---

1 Zur Anwendung auch auf inländische Arbeitgeber *Schlachter*, in: ErfK, § 1 AEntG Rz. 5.
2 *von Hoffmann/Thorn*, § 10 Rz. 81d.
3 *Thorn*, IPRax 2002, 349, (360).
4 So für das alte Recht BAG 3.5.2006, IPRspr. 2006 Nr. 35 = AP Nr. 25 zu § 1 AEntG; LAG Frankfurt a.M. 10.4.2000, IPRspr. 2000 Nr. 38 = AR-Blattei ES 370.3 Nr. 3 = IPRspr. 2000 Nr. 38 (zu § 1 AEntG); *Borgmann*, IPRax 1996, 318; *Krebber*, IPRax 2001, 26 f.; *Borgmann*, S. 171; *von Hoffmann/Thorn*, § 10 Rz. 81c, 81d; *Magnus*, in: Staudinger, Art. 30 EGBGB Rz. 201, 229.
5 *Clausnitzer/Woopen*, BB 2008, 1804 f. – Anders ebenfalls noch zum VO-Entw. *Junker*, in: Ferrari/Leible, S. 113.
6 *Birk*, RdA 1999, 17; *Stoll*, Eingriffsnormen, S. 84 ff.; *Schlachter*, in: ErfK, § 1 AEntG Rz. 3 f. mwN.
7 EuGH 25.10.2001 – Rs. C-493/99 (Kommission/BRD), Slg. 2001, I-8163 = EWS 2002, 138 (Ausschluss von Arbeitsgemeinschaften für Unternehmen, die nicht an Tarifvertrag des Baugewerbe beteiligt sind und ohne Niederlassung in Deutschland).
8 Noch zu § 1 Abs. 3 aF AEntG EuGH 25.10.2001 – Rs. C-49/98 (Finalarte), Slg. 2001, I-7831 = NZA 2001, 1377 = EuZW 2001, 759. – Vgl. auch *Wank/Börgmann*, NZA 2001, 177 ff.; *von Danwitz*, EuZW 2002, 237 ff.

rig war dagegen die frühere Regelung des Betriebsbegriffs[1]. Das Gesetz ist daher immer wieder in Details geändert worden. Als gemeinschaftsrechtswidrig wird zT auch der Verzicht auf das in Art. 3 Abs. 7 S. 1 der Entsenderichtlinie enthaltene Günstigkeitsprinzip angesehen[2].

2. Parteiautonomie
a) Rechtswahl

Art. 8 Abs. 1 S. 1 Rom I-VO bestimmt ausdrücklich, dass die Arbeitsvertragsparteien in einem Vertrag mit Auslandsberührung das maßgebliche Recht nach Art. 3 Rom I-VO selbst bestimmen dürfen. Dies entspricht der bisherigen Anwendung des Art. 30 Abs. 1 EGBGB[3]. Die Parteiautonomie, die früher bekämpft wurde[4] und auch heute nicht unkritisch hingenommen werden darf[5], ermöglicht es dem Arbeitgeber häufig, sein Recht mithilfe standardisierter Vertragsbedingungen durchzusetzen[6]. Gleichwohl gestattet sie – anders als eine starre Anknüpfung an den Arbeitsort – flexible und vielfach auch angemessene, dh. den Interessen bei der Parteien dienende Lösungen[7]. Sicher spielen bei Arbeitsverträgen zwingende Vorschriften eine wichtige Rolle. Es gibt aber auch hier weite Gebiete dispositiven Rechts, die nach derjenigen Rechtsordnung beurteilt werden müssen, die den Vertragsparteien subjektiv am nächsten steht, also nach dem Vertragsstatut[8]. Darüber hinaus müssen zwingende Vorschriften nach dem Vertragsstatut angewendet werden, wenn sie privatrechtlichen Inhalts sind (zB Form- und Verjährungsvorschriften). Die den Geltungsbereich des Vertragsstatuts umschreibende Vorschrift des Art. 12 Abs. 1 Rom I-VO gilt grundsätzlich auch für Arbeitsverträge[9]. Schließlich erhält Art. 8 Abs. 1 Rom I-VO heute dem Arbeitnehmer den Schutz zwingender Vorschriften seines Arbeitsorts.

4837

Die Rechtswahl kann auch noch **nachträglich** im Prozess erfolgen[10]. Den Parteien steht es auch hier frei, eine ursprüngliche Wahl des anwendbaren Rechts später wieder zu ändern (Art. 3 Abs. 2 S. 1 Rom I-VO)[11].

4838

---

1 Noch zu § 1 Abs. 3 aF AEntG EuGH 25.10.2001 – Rs. C-49/98 (Finalarte), Slg. 2001, I-7831 = NZA 2001, 1377 = EuZW 2001, 759. – Vgl. auch *Wank/Börgmann*, NZA 2001, 177 ff.
2 Vgl. *Jayme/Kohler*, IPRax 2000, 464.
3 S. BAG 13.11.2007, NZA 2008, 761 = RIW 2008, 644.
4 *Schnorr von Carolsfeld*, Arbeitsrecht, 2. Aufl. (1954), S. 52; *Nußbaum*, S. 272.
5 Vgl. *Simitis*, Festschr. Kegel, S. 162 ff.; *Däubler*, RIW 1972, 4 ff.
6 Vgl. *Kronke*, S. 27 ff. (54 ff.).
7 *Junker*, RIW 2006, 402 f.
8 *Gamillscheg*, Internationales Arbeitsrecht, S. 114.
9 Zum alten Recht *Gamillscheg*, ZfA 14 (1983), 358 f.; *Schlachter*, in: ErfK, Art. 27–34 EGBGB Rz. 21.
10 BAG 12.6.1986, IPRspr. 1986 Nr. 134 = NJW-RR 1988, 482 (483); *Birk*, in: MünchArbR, § 20 Rz. 17; *Thorn*, in: Palandt, Art. 30 EGBGB Rz. 4.
11 *Birk*, in: MünchArbR, § 20 Rz. 56 f.; *Schlachter*, in: ErfK, Art. 27–34 EGBGB Rz. 4.

4839 Der ausdrücklichen Vereinbarung, welche auch durch eine Verweisung auf einen eine Rechtswahlklausel enthaltenden Tarifvertrag oder eine Arbeitsordnung erfolgen kann[1], steht die **stillschweigend** erfolgte gleich[2]. Für sie gelten die allgemeinen Grundsätze[3]. Ein gewichtiger Hinweis auf eine konkludente Rechtswahl ist die arbeitsvertragliche Bezugnahme auf Tarifverträge und sonstige Regelungen am Sitz des Arbeitgebers[4]. Ein gewisser Schutz des Arbeitnehmers liegt darin, dass sich die Rechtswahl mit ausreichender Sicherheit aus den Umständen ergeben muss. Findet sich die Rechtswahl für das Arbeitsverhältnis in einem Tarifvertrag oder einer Betriebsvereinbarung, so genügt das[5]. Zur Bezugnahme auf arbeitsrechtliche Vorschriften im Vertrag s. Rz. 125, zur Bedeutung von Gerichtsstands- und Schiedsgerichtsvereinbarung s. Rz. 116 f. und 118 ff.

4840 Eine **teilweise Rechtswahl** (Art. 3 Abs. 1 S. 3 Rom I-VO) wird zur Erhaltung des arbeitsrechtlichen Schutzes zT abgelehnt[6]. Tatsächlich kann sie aber hinsichtlich einzelner, abtrennbarer Komplexe durchaus zweckmäßig sein[7] (betriebliche Altersversorgung[8], Wettbewerbsabreden[9], Abwicklung nach Vertragsende[10]); im Übrigen wird der maßgebliche Schutzstandard auch hier von Art. 8 Abs. 1 S. 2 Rom I-VO gewährleistet[11]. Danach kommt es nicht auf die Art der Rechtswahl, sondern auf ihren Inhalt an. Folglich ist prinzipiell unerheblich, ob der Arbeitsvertrag auf eine oder mehrere Rechtsordnungen Bezug nimmt[12]. Ferner können Spannungen zwischen unterschiedlichen Regelungen materiellrechtlich ausgeglichen werden.

---

1 *Däubler*, NZA 1990, 674 f.; *Franzen*, IntArbR AR-Blattei, 920 Rz. 116; *Birk*, in: MünchArbR, § 20 Rz. 7 f., 38.

2 *Junker*, RIW 2006, 403 f. – Vgl. BAG 9.10.1991, IPRspr. 1991 Nr. 68 (Bezugnahme auf deutsches Arbeitsrecht).

3 *Franzen*, IntArbR AR-Blattei, 920 Rz. 113; *Birk*, in: MünchArbR, § 20 Rz. 10 f. – Krit. insoweit zum EVÜ *Morse*, in: North, S. 151 f.

4 BAG 12.12.2001, IPRspr. 2001 Nr. 52 = NZA 2002, 734 = SAE 2002, 258 Anm. *Junker* = IPRax 2003, 258 (m. insoweit zust. Aufs. *Franzen*, IPRax 2003, 239) (US-amerikan. Recht für Flugbegleiter); BAG 13.11.2007, NZA 2008, 761 = RIW 2008, 644; *Schlachter*, NZA 2000, 58 f.; *Junker*, RIW 2001, 96 f.; *Birk*, in: MünchArbR, § 20 Rz. 11.

5 *Magnus*, in: Staudinger, Art. 30 EGBGB Rz. 60, 63. – Vgl. auch *Heilmann*, S. 50; *Birk*, in: MünchArbR, § 20 Rz. 8, der allerdings die Grundlage der Rechtswahl im Tarifvertragsrecht sucht.

6 *Gamillscheg*, ZfA 14 (1983), 328. – Einschränkend auch *Schlachter*, in: ErfK, Art. 30 EGBGB Rz. 4.

7 Keine Abspaltung für Bonuszahlungen nach IPG 2002 Nr. 29 (Hamburg).

8 S. BAG 20.4.2004, BAGE 110, 182 (185) = IPRax 2006, 254 (m. Aufs. *Franzen*, IPRax 2006, 221) = NZA 2005, 297; *Junker*, Arbeitnehmereinsatz, S. 15 f.

9 LAG Frankfurt a.M. 14.8.2000, IPRspr. 2000 Nr. 40 (Wettbewerbsverbot in Aktienoptionsplan).

10 Vgl. BAG 20.11.1997, IPRspr. 1997 Nr. 58 = NZA 1998, 813 = IPRax 1999, 174 (m. Aufs. *Krebber*, IPRax 1999, 164) (Kündigungsschutz); BAG 23.4.1998, IPRspr. 1998 Nr. 52 = NZA 1998, 995 (Kündigung). – Krit. zur Annahme einer Teilrechtswahl für die Kündigung im BAG-Fall vom 20.11.1997 *Junker*, RIW 2001, 96.

11 *Birk*, in: MünchArbR, § 20 Rz. 14 f. Vgl. auch *Däubler*, RIW 1987, 253; *Morse*, in: North, S. 152.

12 *Knöfel*, RdA 2006, 277; *Lingemann*, in: PWW, Art. 8 Rom I Rz. 6. – So auch *Hohloch*, in: Erman, Art. 30 EGBGB Rz. 9; *Magnus*, in: Staudinger, Art. 30 EGBGB Rz. 59.

Eine besondere Einschränkung oder Günstigkeitsregelung bezüglich der **Form** ist nicht vorgesehen. Daher gelten sowohl für die Rechtswahl (Art. 3 Abs. 5 Rom I-VO) als auch für den Arbeitsvertrag selbst (Art. 11 Rom I-VO) die allgemeinen Grundsätze[1]. Die Rechtswahl ist daher formlos möglich[2]. Früher wurde zT eingewendet, dass die Einhaltung der Ortsform im internationalen Arbeitsrecht nicht ausreiche[3]. Rück- und Weiterverweisung sind, wie sonst auch, stets ausgeschlossen (Art. 20 Rom I-VO)[4].

4841

Eine eigenständige **Einbeziehungskontrolle** analog § 305c BGB, wie sie zT gegenüber formularmäßigen Rechtswahlklauseln verlangt wurde[5], findet nicht statt[6]. Auch in Arbeitssachen muss die Rechtswahl nach Art. 10 Rom I-VO wirksam zustande kommen. Im Übrigen wird aber – abgesehen von den Schranken der Art. 3 Abs. 3, 4 Rom I-VO – keine besondere Verbindung zur gewählten Rechtsordnung verlangt. Der Schutz des Arbeitnehmers wird nach inhaltlichen Gesichtspunkten, nicht nach räumlichen Kriterien verwirklicht[7].

4842

b) Auslandsberührung

Auch für Arbeitsverträge kommt Art. 3 Abs. 3 Rom I-VO zur Anwendung (dazu oben Rz. 135 ff.). Folglich kann im reinen Inlandsfall die Wahl fremden Rechts allein noch keine Auslandsberührung herstellen. Die zwingenden Bestimmungen des Inlandes werden nicht ausgeschaltet; die Rechtswahl ist aber nicht ungültig. Nach vielfach vertretener Auffassung liegt daher gleichwohl eine kollisionsrechtliche Verweisung vor[8]. Nach anderen hat sie – was näher liegen dürfte – insoweit nur die Wirkung einer materiellrechtlichen Verweisung[9].

4843

Für eine Auslandsberührung sind auch die Verhältnisse der Parteien zu berücksichtigen[10]. Genügend ist somit, dass der Arbeitgeber sich im Ausland befindet, und gegebenenfalls auch, dass er oder der Arbeitnehmer Ausländer ist[11]. Beispielsweise kann eine Auslandsberührung schon darin liegen, dass ein in-

---

1 *Junker*, IPRax 1993, 5.
2 *Magnus*, in: Staudinger, Art. 30 EGBGB Rz. 65.
3 *Birk*, RdA 1984, 132 mwN. Dagegen *Hohloch*, in: Erman, Art. 30 EGBGB Rz. 9.
4 Vgl. *Däubler*, RIW 1987, 250; *Franzen*, IntArbR AR-Blattei, 920 Rz. 64.
5 S. *Mook*, DB 1987, 2255: Das gewählte Recht dürfe nicht unvorhersehbar sein; es müsse eine enge Verbindung zwischen gewählter Rechtsordnung und Rechtsverhältnis bestehen.
6 *Junker*, Int.ArbR, S. 205 f.; *Birk*, in: MünchArbR, § 20 Rz. 9; *Magnus*, in: Staudinger, Art. 30 EGBGB Rz. 67.
7 Vgl. *Morse*, in: North, S. 151; *Pocar*, Rec. des Cours 188 (1984-V), 395 ff.; *Magnus*, in: Staudinger, Art. 30 EGBGB Rz. 52.
8 So *E. Lorenz*, RdA 1987, 569; *Birk*, RdA 1989, 204; *Junker*, Int.ArbR, S. 249 f.; *Birk*, in: MünchArbR, § 20 Rz. 5; *Thorn*, in: Palandt, Art. 27 EGBGB Rz. 1.
9 *Gamillscheg*, ZfA 14 (1983), 327; *Däubler*, RIW 1987, 250; *Junker*, Arbeitnehmereinsatz, S. 18; *Schlunck*, S. 34 ff.; *Magnus*, in: Staudinger, Art. 30 EGBGB Rz. 53.
10 *Reiserer*, NZA 1994, 676. Alle tatsächlichen Umstände, die auch im Rahmen des früheren Art. 30 Abs. 2 Hs. 2 EGBGB erheblich sein können, lässt genügen *Junker*, Int.ArbR, S. 253.
11 Eine vom Aufenthaltsrecht überlagerte Staatsangehörigkeit lässt nicht genügen *Magnus*, in: Staudinger, Art. 30 EGBGB Rz. 57.

ländischer Arbeitnehmer in der Tochtergesellschaft eines ausländischen Konzerns Tätigkeiten ausübt, die ihn in regelmäßigen Kontakt mit der ausländischen Zentrale bringen[1].

c) Einschränkung der Rechtswahl

4844 Nach Art. 8 Abs. 1 S. 2 Rom I-VO darf die Rechtswahl nicht dazu führen, dass dem Arbeitnehmer der Schutz entzogen wird, der ihm von den zwingenden Bestimmungen des Rechts gewährt wird, das nach Abs. 2 mangels Rechtswahl anwendbar wäre.

Eine Begrenzung der Rechtswahl erfolgt also insofern nicht durch die lex fori, vielmehr will diese Regelung verhindern, dass die **auf Grund objektiver Anknüpfung** maßgeblichen zwingenden arbeitsrechtlichen Vorschriften ausgeschaltet oder umgangen werden[2]. Verglichen wird aber nicht nur mit dem nach Art. 8 Abs. 2 und 3 Rom I-VO maßgeblichen Sachrecht. Auch das auf Grund einer Gesamtabwägung nach Art. 8 Abs. 4 Rom I-VO (Ausweichklausel) anwendbare Recht gehört, wie nunmehr ausdrücklich klargestellt ist, zur objektiven Anknüpfung und kann die Grundlage bilden[3]. Somit kann trotz ausländischen Arbeitsorts weiterhin inländisches Recht maßgeblich sein[4].

Die Vereinbarung darf nicht zum Ergebnis haben, dass dem Arbeitnehmer Schutz entzogen wird (may not have the result of depriving the employee of the protection; ne peut avoir pour résultat de priver le travailleur de la protection). Insoweit ist also ein bestimmter arbeitsrechtlicher Bereich der Rechtswahl nicht zugänglich. Im Übrigen gelten jedoch die vereinbarten Bestimmungen; die Rechtswahl ist grundsätzlich wirksam[5]. Arbeitsstatut ist das gewählte Recht[6]. Insofern ist der nur bestimmte Optionen gestattende Art. 121 Abs. 3 schweiz. IPRG restriktiver gefasst.

aa) Zwingende Bestimmungen

4845 Welcher Art die zwingenden Bestimmungen (provisions that cannot be derogated from by agreement; dispositions auxquelles il ne peut être dérogé par accord) sein müssen, sagt das Gesetz nicht. Grundvoraussetzung ist, dass sie

---

1 *Däubler*, RIW 1987, 250.
2 *Junker*, RIW 2006, 405. – Vgl. zum EVÜ *Philip*, Festschr. Mann, S. 260.
3 S. schon BAG 24.8.1989, BAGE 63, 17 (25) = IPRax 1991, 407 (m. Aufs. *Magnus*, IPRax 1991, 382) = SAE 1990, 317 Anm. *Junker* = IPRspr. 1989 Nr. 72 (Kündigung einer Kassiererin auf zwischen den Niederlanden und England eingesetztem Fährschiff. Kündigungsschutz allein nach engl. Recht beurteilt); *Thorn*, in: Palandt, Art. 30 EGBGB Rz. 4; *Magnus*, in: Staudinger, Art. 30 EGBGB Rz. 82.
4 *Hohloch*, RIW 1987, 354; *Hohloch*, Festschr. Heiermann, S. 148 ff.
5 Begründung BR-Drucks. 222/83, S. 81; ebenso Dt. Denkschr. zum EVÜ, BT-Drucks. 10/503, S. 27; *Kronke*, DB 1984, 405; *Junker*, IPRax 1993, 5; *Birk*, in: MünchArbR, § 20 Rz. 19.
6 *Gamillscheg*, ZfA 14 (1983), 335; *Schlachter*, in: ErfK, Art. 27–3 EGBGB Rz. 13 f.

nach internem Sachrecht nicht abdingbar sind[1] (vgl. zu letzterem auch Art. 3 Abs. 3 Rom I-VO). Erwägungsgrund 35 erläutert, dass dem Arbeitnehmer nicht der Schutz entzogen werden soll, der ihm durch Bestimmungen gewährt wird, von denen nicht oder nur zu seinem Vorteil durch Vereinbarung abgewichen werden darf. Gemeint sind solche Vorschriften und richterrechtlichen Regeln, welche die Rechtsstellung des schwächeren Vertragsteils, dh. des Arbeitnehmers, gegenüber dem Arbeitgeber schützen wollen. Sie finden sich im allgemeinen Vertragsrecht[2], vor allem aber im gesamten Arbeitsrecht[3] (s. unten Rz. 4901 ff.). Sie sind im Einzelfall schwer abzugrenzen von denjenigen, die ganz allgemein wirtschaftlichen, sozialen oder außenpolitischen Zwecken dienen (vgl. Rz. 508 ff.) und für die es bei den allgemeinen Regeln – insbes. bei der Sonderanknüpfung nach Art. 9 Abs. 1 Rom I-VO – bleibt (s. dazu Rz. 518, 591 ff.).

Art. 8 Rom I-VO unterscheidet nicht danach, ob die Vorschriften dem öffentlichen Recht oder dem Privatrecht angehören. Daher ist im Anschluss an den Bericht *Giuliano/Lagarde*[4] anzunehmen, dass es für Art. 8 Abs. 1 S. 2 Rom I-VO unerheblich ist, ob die zwingenden Vorschriften privatrechtlicher oder öffentlichrechtlicher Natur sind[5]. Es muss sich aber um Bestimmungen handeln, die Auswirkungen auf den Inhalt des Arbeitsvertrages haben, also nicht nur (öffentlichrechtliche) Gebote an den Arbeitgeber richten.

Da der Begriff der Schutzvorschriften weit auszulegen ist, können zwingende Vorschriften auch in einem **Tarifvertrag** enthalten sein, dem eine Vertragspartei – sei es auf Grund Tarifgebundenheit, sei es auf Grund Allgemeinverbindlicherklärung (vgl. Rz. 4964) – unterworfen ist[6]. Umgekehrt entfällt die zwingende Natur der Schutzvorschriften iSd. Art. 8 Rom I-VO, wenn von ihnen durch Tarifvertrag abgewichen werden kann[7].

bb) Günstigkeitsvergleich

Art. 8 Rom I-VO sieht das Recht des objektiv bestimmten Arbeitsvertragsstatuts als Minimum an. Es darf kein dem Arbeitnehmer ungünstigeres Ergebnis erzielt werden als nach dieser Rechtsordnung.

4846

---

1 BAG 29.10.1992, BAGE 71, 297 (309) = IPRax 1994, 123 (m. Aufs. *Magnus*, IPRax 1994, 88) = SAE 1994, 28 Anm. *Junker*; *Schlachter*, in: ErfK, Art. 27–34 EGBGB Rz. 14.
2 *Junker*, IPRax 1989, 72; *Junker*, Arbeitnehmereinsatz, S. 19; *Magnus*, in: Staudinger, Art. 30 EGBGB Rz. 75 f. – Anders *Birk*, in: MünchArbR, § 20 Rz. 22, 78.
3 *Hohloch*, Festschr. Heiermann, S. 147; *Magnus*, in: Staudinger, Art. 30 EGBGB Rz. 70. – Offen gelassen für Lohnwucher nach § 138 BGB ArbG Wesel 3.5.1995, IPRspr. 1995 Nr. 58 = ArbuR 1995, 475 (Portugies. Arbeitnehmer in Deutschland).
4 Bericht *Giuliano/Lagarde*, BT-Drucks. 10/503, S. 57 zum EVÜ. Ebenso Dt. Denkschr. zum EVÜ, BT-Drucks. 10/503, S. 28.
5 *Kronke*, DB 1984, 405; *Hohloch*, RIW 1987, 357 f.; *Birk*, in: MünchArbR, § 20 Rz. 76, 77.
6 *Gamillscheg*, ZfA 4 (1983), 336; *Kronke*, DB 1984, 405; *Birk*, in: MünchArbR, § 20 Rz. 79 (für allgemeinverbindliche Tarifverträge); *von Bar*, II Rz. 448. Ebenso BR-Drucks. 222/83, S. 81. – Anders österreich. OGH 12.7.2006, IPRax 2007, 460 (m. abl. Aufs. *Junker*, IPRax 2007, 469).
7 *Devers*, Rev.Lamy dr.aff. 2008 Nr. 29, S. 81.

Es gilt also das kollisionsrechtliche **Günstigkeitsprinzip**[1]. Der Inhalt der in Frage kommenden Rechtsordnungen ist miteinander zu vergleichen. Die dem Arbeitnehmer günstigere Regelung erhält Vorrang[2]. Kennt das vereinbarte Recht keine zwingenden Schutzvorschriften oder bleibt es hinter dem Standard des nach Art. 8 Abs. 2–4 Rom I-VO maßgeblichen Rechts zurück, so finden die dem Arbeitnehmer günstigeren zwingenden Vorschriften dieser Rechtsordnung Anwendung[3]. Bietet hingegen das von den Parteien gewählte Recht dem Arbeitnehmer genauso viel oder größeren Schutz wie das nach Art. 8 Abs. 2–4 Rom I-VO maßgebliche Recht, so bleibt es beim vereinbarten Recht[4].

Die Abwägung erfolgt in einem **Vergleich der Ergebnisse**, zu denen die betreffenden Rechtsordnungen im Einzelfall führen[5]. Der Vergleich ist nicht auf die gesamte Rechtsordnung auszudehnen, sondern hat sich an der zur Entscheidung stehenden Sachfrage zu orientieren. Ein umfassender Gesamtvergleich findet nicht statt. Auf der anderen Seite beschränkt sich der Vergleich nicht nur auf das in Frage stehende Detail (zB die Länge einer Kündigungsfrist)[6]. Steht die Einzelfrage in unmittelbarem Zusammenhang mit weiteren Rechtsfragen, so sind auch diese in den Vergleich mit einzubeziehen[7]. Regelmäßig wird ein bestimmter Normenkomplex, zB für die Mehrarbeitsvergütung, heranzuziehen sein[8]. Entscheidend für einen solchen Gruppenvergleich ist, welche Normen bei funktionaler Betrachtung für die Lösung heranzuziehen sind[9].

Die **günstigere Lösung** ist diejenige, die den Ansprüchen des Arbeitnehmers aus dem einzelnen Arbeitsverhältnis quantitativ oder qualitativ am meisten entgegenkommt und ihn besser schützt, zB den Bestand seines Arbeitsverhältnisses am besten sichert[10]. Auch der Geldwert der Rechtsposition in den einzelnen Rechtsordnungen kann einander gegenübergestellt werden. Maßgeblicher Zeitpunkt ist derjenige, für den das Arbeitsvertragsstatut bestimmt wird. Dabei sind sowohl Statutenwechsel als auch sachrechtliche Veränderungen, welche sich bei einer objektiven Anknüpfung auswirken würden, zu be-

---

1 *Junker*, RIW 2006, 405. S. bereits *Kronke*, DB 1984, 405; *Junker*, IPRax 1993, 5; *Birk*, in: MünchArbR, § 20 Rz. 19. Ebenso zum EVÜ *Philip*, Festschr. Mann, S. 260; *Morse*, in: North, S. 152 ff. Krit. zum Günstigkeitsprinzip *Gamillscheg*, ZfA 14 (1983), 355 ff.
2 Vgl. BAG 13.11.2007, NZA 2008, 761 = RIW 2008, 644.
3 Dt. Denkschr. zum EVÜ, BT-Drucks. 10/503, S. 27 f.; *Thorn*, in: Palandt, Art. 30 EGBGB Rz. 4.
4 *Gamillscheg*, ZfA 14 (1983), 335; *Thorn*, in: Palandt, Art. 30 EGBGB Rz. 5.
5 *Thorn*, in: Palandt, Art. 30 EGBGB Rz. 5. Für einen „konkreten Gesamtvergleich" von *Hoffmann/Thorn*, § 10 Rz. 77.
6 So aber *Schurig*, RabelsZ 54 (1990), 220; *von Bar*, II Rz. 449.
7 Vgl. *Kronke*, DB 1984, 405.
8 *Hohloch*, RIW 1987, 358. Für einen „Sachgruppenvergleich" *Franzen*, IntArbR AR-Blattei, 920 Rz. 126 f.; *Schlachter*, in: ErfK, Art. 27–34 EGBGB Rz. 14.
9 *Krebber*, S. 330 ff.; *Birk*, in: MünchArbR, § 20 Rz. 24; *Magnus*, in: Staudinger, Art. 30 EGBGB Rz. 84.
10 Vgl. *Hohloch*, Festschr. Heiermann, S. 147 (effektivere Schutzwirkung); *Birk*, in: MünchArbR, § 20 Rz. 25.

rücksichtigen. Allerdings können sich Vorzüge und Nachteile gegenseitig bedingen. Der Arbeitnehmer darf sich daher nicht nur auf die jeweiligen Einzelvorteile mehrerer Rechtsordnungen berufen, wenn deren Addition ein Ergebnis herbeiführen würde, das keiner der Rechtsordnungen bekannt ist. Eine Kumulation der Vorteile mehrerer Rechte ist ausgeschlossen[1]. Die Abwägung führt also zu ähnlichen Problemen wie bei Art. 6 (Rz. 4206).

3. Objektive Anknüpfung

a) Maßgeblichkeit des Arbeitsortes

aa) Grundsatz

Art. 8 Abs. 1 und 2 Rom I-VO sieht mit seinen **zwei Regelanknüpfungen** – die zueinander im Verhältnis der Alternativität stehen[2] – eine von Art. 4 Rom I-VO abweichende Bestimmung des Vertragsstatuts vor. Der Arbeitsvertrag unterliegt in erster Linie dem Recht des Staates, in dem der Arbeitnehmer in Erfüllung des Vertrages gewöhnlich seine Arbeit verrichtet, selbst wenn er vorübergehend in einen anderen Staat entsandt ist (Art. 8 Abs. 2 S. 2 Rom I-VO; ebenso früher Art. 30 Abs. 2 Nr. 1 EGBGB). Andere Rechtsordnungen stellen für Arbeitsverträge ebenfalls auf das Recht des **Arbeitsorts** ab[3]. Unter den möglichen Hinweisen auf das Arbeitsvertragsstatut ist der stärkste der Ort, wo die Arbeit gewöhnlich verrichtet wird, besonders, wenn der Arbeitnehmer in einen Betrieb eingegliedert ist. Man spricht von der Maßgeblichkeit des „Arbeitsortes" (lex loci laboris)[4]. Das ist bei organisatorischer Eingliederung in einen Betrieb der Ort, an dem sich der Betrieb befindet, sonst der Ort, an dem die Tätigkeit ihr zeitliches und inhaltliches Schwergewicht hat[5]. Der EuGH hat den Arbeitsort in verfahrensrechtlichem Zusammenhang als den Ort bezeichnet, an dem der Arbeitnehmer die vereinbarte Tätigkeit tatsächlich ausübt[6] bzw. als den Ort, den der Arbeitnehmer zum **tatsächlichen Mittelpunkt seiner Berufstätigkeit** gemacht hat[7]. Ist er in mehreren Staaten tätig, so ist der-

4847

---

[1] *Schlachter*, in: ErfK, Art. 27–34 EGBGB Rz. 14. – Vgl. *Däubler*, AWD 1972, 10.
[2] *Lingemann*, in: PWW, Art. 8 Rom I Rz. 12. – So schon *Mankowski*, RabelsZ 53 (1989), 490 f.; *Junker*, Arbeitnehmereinsatz, S. 22.
[3] S. zB Art. 20 Nr. 19 jug. IPRG vom 1982; Art. 121 Abs. 1 schweiz. IPRG. W. Nachw. bei *Morgenstern*, S. 24 ff.
[4] *Birk*, RdA 1984, 131; *Gamillscheg*, Internationales Arbeitsrecht, S. 127 (140).
[5] BAG 29.10.1992, IPRspr. 1992 Nr. 69b = IPRax 1994, 123 m. Aufs. *Mankowski*, IPRax 1994, (88). – Ähnlich *Hohloch*, Festschr. Heiermann, S. 150 („Zentrum der arbeitsrechtlichen Beziehungen").
[6] EuGH 13.7.1993 – Rs. C-125/92 (Mulox/Geels), Slg. 1993, I-4075 = IPRax 1997, 110 (m. Aufs. *Holl*, IPRax 1997, 88) (Büro am Wohnsitz).
[7] EuGH 9.1.1997 – Rs. C-383/95 (Rutten/Cross Medical Ltd.), Slg. 1997, I-57 = IPRax 1999, 365 (m. Aufs. *Mankowski*, IPRax 1999, 332) (Büro am Wohnsitz); EuGH 27.2.2002 – Rs C-37/00 (Weber/Universal Ogden Services), Slg. 2002, I-2013 = IPRax 2003, 45 (m. Aufs. *Mankowski*, IPRax 2003, 21) = ZZPInt 7 (2002), 220 Anm. *Junker*.

jenige maßgeblich, von dem aus er seine Tätigkeit für den Arbeitgeber organisiert und wohin er von Auslandsreisen zurückkehrt[1].

4848 Die Verordnung stellt nunmehr ausdrücklich auch auf den Arbeitsort ab, **"von dem aus"** („from which", „à partir duquel") der Arbeitnehmer gewöhnlich tätig wird[2]. Damit wird die Anknüpfung an den Arbeitsort ausgedehnt und die Maßgeblichkeit der einstellenden Niederlassung zurückgedrängt[3]. Erfasst werden sollen insbes. Flugbegleiter, s. Rz. 4868. Aber auch Fälle, in denen der Arbeitnehmer sein Büro an seinem Wohnsitz hat und den Markt in anderen Ländern bearbeitet, sind gemeint[4].

4849 **Wechselt der gewöhnliche Arbeitsort** und ist er einem anderen Staat zuzuordnen, so ändert sich auch das maßgebliche Recht; das Arbeitsverhältnisstatut ist wandelbar[5].

4850 Unterhält ein ausländisches Unternehmen einen **inländischen Betrieb** und soll der Arbeitnehmer nur dort tätig werden, so ist grundsätzlich inländisches Recht anzuwenden[6]. Der inländische Betrieb muss auf eine gewisse Dauer und Organisation angelegt sein. Im Übrigen ist es für die Bestimmung des Schwerpunkts des Arbeitsverhältnisses belanglos, ob es sich um eine im Handelsregister eingetragene Filiale handelt und ob nur ein Betriebsteil oder ein ganzer Betrieb vorhanden ist[7]. Auch auf die innere Organisation kommt es nicht an, obwohl regelmäßig eine gewisse Selbstständigkeit der Arbeitsstätte vorhanden sein wird, insbesondere ein eigenes Lohnbüro. Dies ist jedoch nicht unbedingt erforderlich; es schadet nicht, wenn der Lohn an einem anderen Ort berechnet wird. Entscheidend ist die Ausgestaltung des einzelnen Arbeitsverhältnisses, die Verknüpfung des Arbeitsverhältnisses mit der Arbeitsstätte, die Eingliederung in einen „Betrieb". Sie kann auch gegeben sein, wenn der Arbeitnehmer einen beträchtlichen Teil seiner Tätigkeit in seinem Büro in einem anderen Land erbringt[8].

Häufig beschäftigen inländische Unternehmer ausländische Arbeitnehmer, welche einen ausländischen Markt bearbeiten (etwa den Benelux-Markt) und zu diesem Zweck ein eigenes **Büro in ihrem Heimatland** (zB den Niederlanden) unterhalten, von dem aus sie ihre Tätigkeit organisieren. Dort dürfte auch der

---

1 EuGH 9.1.1997 (vorige Fn.). – Zur Tätigkeit für mehrere Arbeitgeber EuGH 10.4.2003 – Rs. C-437/00 (Pugliese/Finmeccanica), Slg. 2003, I-3573 = EuZW 2003, 412.
2 Dazu *Mankowski*, IPRax 2006, 108; *Junker*, in: Ferrari/Leible, S. 121 f.
3 *Junker*, RIW 2006, 406.
4 *Junker*, RIW 2006, 406 mwN.
5 *Schmidt-Hermesdorf*, RIW 1988, 939 f.; *Mankowski*, IPRax 2003, 23 f.; *Birk*, in: MünchArbR, § 20 Rz. 55; *von Hoffmann*, in: Soergel, Art. 30 EGBGB Rz. 41.
6 Vgl. ArbG Wesel 3.5.1995, IPRspr. 1995 Nr. 58 = ArbuR 1995, 475 (Portugies. Arbeitnehmer in Deutschland; nicht berücksichtigt, dass Arbeitgeber – angeblich – für portugies. Gesellschaft handelte).
7 BAG 9.5.1959, BAGE 7, 357 = IPRspr. 1958/59 Nr. 50.
8 LAG Hannover 20.11.1998, IPRspr. 1999 Nr. 45.

gewöhnliche Arbeitsort liegen[1], die deutsche Rechtsprechung hat jedoch in der Vergangenheit dazu geneigt, auf die einstellende Niederlassung (Art. 8 Abs. 3 Rom I-VO) abzustellen[2].

Bei Arbeitnehmern, die bei **Zweigstellen** beschäftigt sind, kann entweder die Zweigstelle oder die Hauptstelle den Schwerpunkt des Arbeitsverhältnisses bilden. Es kommt darauf an, ob für den Arbeitnehmer das „Zentrum seiner arbeitsrechtlichen Beziehungen"[3] die Zweigstelle oder die Hauptstelle ist. Dies dürfte zu angemesseneren Ergebnissen führen als allein – wie nach Art. 8 Abs. 3 Rom I-VO – danach zu fragen, welche Stelle den Arbeitnehmer eingestellt hat.

Befindet sich der Arbeitsort auf See innerhalb des **Festlandsockels** eines Staates (zB auf einer Bohrinsel), so ist er diesem Staat zuzuordnen[4]. – Zur Arbeit auf hoher See s. Rz. 4858, 4869 ff.

Rück- und Weiterverweisung sind nach Art. 20 Rom I-VO stets ausgeschlossen[5]. 4851

bb) Vorübergehende Entsendung

Das Recht des gewöhnlichen Arbeitsortes gilt auch dann, wenn der Arbeitnehmer vorübergehend im Ausland tätig ist (is temporarily employed in another country; détaché à titre temporaire dans un autre pays). Nach Art. 8 Abs. 2 S. 2 Rom I-VO ist dann nicht der ausländische Arbeitsort maßgeblich, sondern die Verbindung mit dem ursprünglichen Arbeitsort[6]. Der Arbeitnehmer kann auch dann noch dem inländischen Betrieb zugeordnet sein, wenn er im Ausland zwar in eine feste betrieblich Organisation eingegliedert, seine dortige Tätigkeit aber zeitlich beschränkt und seine Rückkehr und spätere Weiterbeschäftigung beabsichtigt ist. Es kommt zu keinem Statutenwechsel. 4852

Was als „**vorübergehend**" anzusehen ist, sagt die VO nicht. Erwägungsgrund 36 erläutert, dass die Erbringung der Arbeitsleistung in einem anderen Staat 4853

---

1 EuGH 9.1.1997 – Rs C-383/95 (Rutten/Cross Medical Ltd.), Slg. 1997, I-57 = IPRax 1999, 365 (m. Aufs. *Mankowski*, IPRax 1999, 332); *Magnus*, in: Staudinger, Art. 30 EGBGB Rz. 105, 110.
2 Zu Art. 30 EGBGB LAG Bremen 17.4.1996, IPRspr. 1996 Nr. 51 = RIW 1996, 1038; LAG Hannover 20.11.1998, IPRspr. 1999 Nr. 45 = AR-Blattei ES 920 Nr. 6 Anm. *Mankowski*. Dazu krit. *Junker*, RIW 2001, 99 (101); *Junker*, Arbeitnehmereinsatz, S. 25; *Mankowski*, RIW 2005, 496.
3 *Beitzke*, AP 1952, Anm. zu Nr. 130. Für tatsächliche Arbeitsleistung *Magnus*, in: Staudinger, Art. 30 EGBGB Rz. 102.
4 EuGH 27.2.2002 – Rs C-37/00 (Weber/Universal Ogden Services), Slg. 2002 I-2023/44 = NJW 2002, 1635; *Junker*, ZZPInt 7 (2002), 231; *Junker*, RIW 2006, 407 f.; *Mankowski*, IPRax 2003, 26 f.
5 *Lingemann*, in: PWW, Art. 8 Rom I Rz. 2. – Ebenso schon *Gamillscheg*, ZfA 14 (1983), 342; *Birk*, in: MünchArbR, § 20 Rz. 97.
6 Art. 6 Abs. 2 VO-Entw. hatte noch eine Konkretisierung der vorübergehenden Entsendung vorgesehen; dazu *Mankowski*, IPRax 2006, 107; *Junker*, in: Ferrari/Leible, S. 122 ff.; *Junker*, RIW 2006, 406 f.; *Mauer/Sadtler*, DB 2007, 1588.

als vorübergehend gelten sollte, wenn von dem Arbeitnehmer erwartet wird, dass er nach seinem Arbeitseinsatz im Ausland seine Arbeit im Herkunftsstaat wieder aufnimmt[1]. Der Abschluss eines neuen Arbeitsvertrags mit dem ursprünglichen Arbeitgeber schließt nicht aus, dass der Arbeitnehmer als seine Arbeit vorübergehend in einem anderen Staat verrichtend gilt. Eine Entsendung ist jedenfalls dann nicht mehr vorübergehend, wenn sie endgültig ist[2]. Eine feste zeitliche Höchstgrenze, wie sie teilweise vorgeschlagen wird[3], besteht nicht[4]. Die Bewertung muss von der Gestaltung der konkreten Arbeitsbeziehungen ausgehen. Die Zeitweiligkeit kann nach objektiven Umständen (insbes. Zeitdauer und übertragene Aufgaben), nach subjektiven Kriterien (insbes. Vorstellungen der Parteien) oder einer Kombination aus beiden beurteilt werden. Bewertet man objektiv, so kann sich auch entgegen den Parteivorstellungen der Schwerpunkt des Arbeitsverhältnisses an einen neuen Arbeitsort verlagert haben, aus der vorübergehenden Entsendung ist eine dauerhafte geworden[5]. Da keine Höchstdauer festgesetzt ist, wird zT als „vorübergehend" jeder als nicht endgültig gewollte Wechsel angesehen[6]. Die Vorstellung der Parteien allein dürfte jedoch noch nicht ausreichen, um eine bestimmte objektive Anknüpfung zu verhindern.

4854 Verlangt wird ferner eine **vorherige inländische Beschäftigung** und beabsichtigte **Weiterbeschäftigung**[7]. Nach unvereinheitlichtem Recht wurde früher eine „Ausstrahlung" verneint, wenn der Arbeitnehmer nur für einen einmaligen befristeten Auslandseinsatz eingestellt wurde, ohne zuvor im inländischen Betrieb tätig gewesen zu sein[8]. In solchen Fällen fehlt es an einem gewöhnlichen Arbeitsort im Inland bzw. an der Absicht der Parteien, die Arbeit in absehbarer Zukunft wieder am Ausgangsort fortzusetzen[9]. Es wird jedoch bezweifelt, dass die Rom I-VO ebenso restriktiv ist[10].

---

1 Vgl. dazu *Mankowski*, IHR 2008, 145 f.
2 *Mankowski*, IPRax 2006, 107.
3 Vgl. *Gamillscheg*, ZfA 14 (1983), 333 (Dreijahresfrist); *Heilmann*, S. 144 (Zweijahresfrist). Für eine Orientierung an den entsprechenden sozialrechtlichen Fristen *Borgmann*, S. 106; *von Hoffmann/Thorn*, § 10 Rz. 81 (idR 12, in Ausnahmefällen 24 Monate).
4 Ebenso schon *E. Lorenz*, RdA 1989, 233; *Junker*, Arbeitnehmereinsatz, S. 24; *Birk*, in: MünchArbR, § 20 Rz. 39; *Magnus*, in: Staudinger, Art. 30 EGBGB Rz. 111.
5 So *Birk*, in: MünchArbR, § 20 Rz. 38. – Vgl. auch *Schlachter*, in: ErfK, Art. 30 EGBGB Rz. 9.
6 *Junker*, Int.ArbR, S. 183; *Geisler*, S. 291 f. Krit. zu starren Fristen auch schon *Simitis*, Festschr. Kegel, S. 168 f.
7 *Franzen*, Int.ArbR AR-Blattei, 920 Rz. 149; *Junker*, Int.ArbR, S. 182 f.; *Borgmann*, S. 105; *von Hoffmann*, in: Soergel, Art. 30 EGBGB Rz. 39.
8 So in einer betriebsverfassungsrechtlichen Frage BAG 21.10.1980, AP IPR Nr. 17 m. zust. Anm. *Beitzke* = ArbuR 1981, 252 Anm. *Corts*.
9 Vgl. österreich. OGH 27.5.1986, ÖJZ 1986, 760 = ZAS 1987, 50 Anm. *Beck-Mannagetta/Mayer-Maly*.
10 So zu Erwägungsgrund 36 *Mauer/Sadtler*, RIW 2008, 546.

cc) Konzernarbeitsverhältnis

Bei der Arbeit im **multinationalen Konzern** bestehen häufig **doppelte Arbeitsverhältnisse**. Zusätzlich zu einem bereits vorhandenen Arbeitsverhältnis mit der Muttergesellschaft (sog. Rumpf- oder Basisarbeitsvertrag)[1] wird mit einem (Tochter-)Unternehmen in einem anderen Staat ein weiterer, ergänzender Arbeitsvertrag (sog. Lokalarbeitsvertrag) abgeschlossen[2]. Für das Rumpfarbeitsverhältnis ist grundsätzlich Rechtswahl zulässig[3]. Das zweite, aktuelle Arbeitsverhältnis bezieht sich inhaltlich idR mehr auf Lohn- und Urlaubsfragen, während dem Rumpfarbeitsverhältnis etwa Betriebsrentenansprüche überlassen bleiben. Eine Klarstellung in Art. 8 Rom I-VO ist nicht erfolgt[4]. Erwägungsgrund 36 beschränkt sich darauf, dass der Abschluss eines neuen Arbeitsvertrags mit einem Arbeitgeber, der zur selben Unternehmensgruppe gehört wie der ursprüngliche Arbeitgeber, nicht ausschließt, dass der Arbeitnehmer als seine Arbeit vorübergehend in einem anderen Staat verrichtend gilt.

4855

Ist die Entsendung des Arbeitnehmers in ein anderes Land nur **vorübergehend**, so ändert sich der gewöhnliche Arbeitsort nicht. Damit steht auch für das zweite Arbeitsverhältnis der Anwendung des Rechtes des gewöhnlichen Arbeitsortes nichts im Wege[5]. Dieses Recht wird häufig die Rechtsordnung am Sitz der Muttergesellschaft sein. Diese Rechtsordnung gilt dann – mangels anders lautender Rechtswahl – auch weiterhin für das Rumpfarbeitsverhältnis.

Kommt es bei doppeltem Arbeitsverhältnis zu einer **dauerhaften Entsendung**, so könnte man an eine akzessorische Anknüpfung des zweiten Arbeitsverhältnisses an das Rumpfarbeitsverhältnis denken. Vorzuziehen ist jedoch eine selbstständige Anknüpfung[6]. Dementsprechend bleibt es für das Rumpfarbeitsverhältnis in der Regel weiterhin bei der Maßgeblichkeit des Rechts am Sitz der Konzernmutter[7]. Aufgrund einer Rückkehroption wird weiterhin ein gewöhnlicher Arbeitsort im Entsendestaat angenommen[8]. Nach anderen lässt sich dies auf Art. 8 Abs. 3 Rom I-VO (einstellende Niederlassung bei Arbeit in mehreren Staaten)[9], sonst auf Art. 8 Abs. 4 Rom I-VO (engere Verbindung) stüt-

---

1 *Junker*, Int.ArbR, S. 207 ff.; *Junker*, ZIAS 9 (1995), 577 ff.; *Oberklus*, S. 68 ff.
2 Näher *Hergenröder*, ZfA 1999, 1 ff.; *Junker*, Festschr. Kropholler, S. 481 ff.
3 BAG 21.1.1999, IPRspr. 1999 Nr. 46 = IPRax 2000, 540 (m. insoweit zust. Aufs. *Franzen*, IPRax 2000, 506); *Junker*, Festschr. Kropholler, S. 493 f.
4 S. dazu *Knöfel*, RdA 2006, 275 f.; *Mankowski*, IPRax 2006, 107 f.; *Mankowski*, IHR 2008, 146.
5 *Franzen*, IPRax 2000, 507 f.; *Junker*, Int.ArbR, S. 219 ff.; *Junker*, ZIAS 9 (1995), 577 ff.; *von Hoffmann*, in: Soergel, Art. 30 EGBGB Rz. 52.
6 *Junker*, Int.ArbR, S. 219 ff.; *Junker*, ZIAS 9 (1995), 577 ff. spricht von „qualifzierter Entsendung". Differenzierend *Schlachter*, in: ErfK, Art. 27–34 EGBGB Rz. 10.
7 *von Hoffmann*, in: Soergel, Art. 30 EGBGB Rz. 52. – Anders App. Paris 7.6.1996, Rev.crit.dr.i.p. 86 (1997), 55 m. insoweit krit. Anm. *Moreau*.
8 *Junker*, Festschr. Kropholler, S. 494 f.
9 S. für Art. 30 EGBGB *Franzen*, IPRax 2000, 507; *Franzen*, IntArbR AR-Blattei, 920 Rz. 109. – Auf den früheren Art. 28 Abs. 2 EGBGB und damit auf die charakteristische Leistung des Arbeitgebers stützte sich ursprünglich *Junker*, Int.ArbR, S. 217.

zen. Der Arbeitsvertrag mit der Tochtergesellschaft unterliegt regelmäßig dem Recht des jeweiligen Arbeitsortes Art. 8 Abs. 2 Rom I-VO[1].

dd) Leiharbeit

4856 Bei der gewerbsmäßigen (unechten) **Leiharbeit** (Arbeitnehmerüberlassung) werden Arbeitnehmer einem Dritten zur Arbeitsleistung überlassen. Für den schuldrechtlichen Überlassungsvertrag zwischen Verleiher und Entleiher gilt mangels Rechtswahl das Recht am Niederlassungsort des Verleihers[2]. Allerdings können gesondert anzuknüpfende gesetzliche Verbote eingreifen[3]; vgl. § 2 Nr. 4 AEntG.

Der Arbeitsvertrag zwischen ihm und dem Leiharbeitnehmer unterliegt dem Recht des gewöhnlichen Arbeitsortes (Einsatzort; Art. 8 Abs. 2 Rom I-VO)[4] und in Ermangelung eines solchen, dh. bei ständig wechselndem Einsatzort, dem der einstellenden Niederlassung des Verleihers (Art. 8 Abs. 3 Rom I-VO)[5]. Doch können zwingende Vorschriften (insbes. Arbeitsschutz) am Arbeitsort anwendbar sein[6]. Die international zwingenden Vorschriften des deutschen Arbeitnehmerüberlassungsrechts werden über Art. 9 Abs. 2 Rom I-VO auch gegen ein ausländisches Arbeitsvertragsstatut durchgesetzt[7]. **Echte Leiharbeit**, bei welcher der Arbeitsvertrag weiterbesteht und ein Arbeitnehmer nur zeitweilig ausgeliehen wird, richtet sich – ebenso wie die vorübergehende Entsendung – weiterhin nach dem für ihn maßgebenden Arbeitsvertragsstatut[8].

b) Maßgeblichkeit der einstellenden Niederlassung

4857 Verrichtet der Arbeitnehmer seine Arbeit gewöhnlich nicht in ein und demselben Staat, so kommt das Recht der Niederlassung zur Anwendung, die den Ar-

---

1 *von Hoffmann*, in: Soergel, Art. 30 EGBGB Rz. 52. Ebenso App. Paris 7.6.1996, ev.crit.dr.int.pr. 86 (1997), 55 m. Anm. *Moreau*. Vgl. auch *Däubler*, RIW 1987, 254.
2 *Schnorr*, ZfA 6 (1975), 164 f.; *Heilmann*, S. 166 f.; *Junker*, Int. ArbR, S. 225. Vgl. IPG 1980/81 Nr. 14 (Freiburg) (Niederlassung des überlassenden Unternehmens Straßburg. Stillschweigende Vereinbarung französ. Rechts. Hilfsweise Schwerpunkt in Frankreich angenommen).
3 Zur Sonderanknüpfung des Arbeitnehmerüberlassungsgesetzes nach Art. 34 EGBGB, s. *Franzen*, IntArbR AR-Blattei 920 Rz. 155 sowie ArbG Wesel 3.5.1995, IPRspr. 1995 Nr. 58 = ArbuR 1995, 475 (Einsatzort); *Junker*, IntArbR, S. 225 ff.; *Mankowski*, Anm. zu LAG Frankfurt a.M. 28.3.1994, AR-Blattei IntArbR ES 920 Nr. 4.
4 Zu Art. 30 EGBGB *Franzen*, Int.ArbR AR-Blattei, 920 Rz. 98; *Heilmann* S. 167. – Für den Ort des vom Entleiher geplanten Einsatzes der Arbeitskräfte, *Birk*, in: MünchArbR, § 20 Rz. 138.
5 So zu Art. 30 EGBGB *Franzen*, IntArbR AR-Blattei 920 Rz. 98; *Magnus*, in: Staudinger, Art. 30 EGBGB Rz. 170.
6 Vgl. *Birk*, RdA 1984, 133. Für eine Kumulation von Einsatzort und Sitz des Verleihunternehmens, *Junker*, Int.ArbR S. 227 f.
7 S. bereits *Junker*, RIW 2001, 102 f.; *Magnus*, in: Staudinger, Art. 30 EGBGB Rz. 171 mwN.
8 *Birk*, RabelsZ 46 (1982), 396; *Junker*, RIW 2001, 102 f.; *Franzen*, IntArbR AR-Blattei, 920 Rz. 96; *Birk*, in: MünchArbR, § 20 Rz. 136.

beitnehmer eingestellt hat (Art. 8 Abs. 3 Rom I-VO)[1]. Dieser dem Interesse an der Stetigkeit der Rechtsbeziehungen der Parteien dienende Grundsatz kompensiert den fehlenden gewöhnlichen Arbeitsort. Die Maßgeblichkeit der Einstellung ist auch anderen Rechtsordnungen bekannt (zB Art. 121 Abs. 2 schweiz. IPRG)[2].

Der Arbeitnehmer verrichtet seine Arbeit gewöhnlich nicht in ein und demselben Staat (carries out his work in any one country; n'accomplit pas habituellement son travail dans un même pays), wenn er ständig in verschiedenen Ländern an **unterschiedlichen Arbeitsstätten** eingesetzt wird. Bei Außendienstmitarbeitern, Arbeitnehmern wie Schlafwagenschaffnern oder Monteuren kann man entweder gar nicht von einem gewöhnlichen Arbeitsort sprechen oder müsste annehmen, dass dieser laufend wechselt. ZT wird die Vorschrift auch schon dann herangezogen, wenn der Arbeitnehmer hauptsächlich in seinem Heimatland, im Übrigen aber für seinen im Ausland niedergelassenen Arbeitgeber tätig wird[3] (vgl. aber Rz. 4850). Art. 8 Abs. 3 Rom I-VO spielt ferner dann eine Rolle, wenn sich der gewöhnliche **Arbeitsort auf hoher See**, dh. auf staatsfreiem Gebiet befindet[4]. 4858

Die **Niederlassung** (place of business; établissement) iSd. Art. 8 Abs. 3 Rom I-VO umfasst den Betrieb, der die Beschäftigung des Arbeitnehmers insgesamt organisiert[5]. Doch dürfte der Begriff weiter auszulegen sein und auch andere organisatorische Einheiten umfassen, welche eine Tätigkeit für den Arbeitgeber entfalten (Betriebsteil, Betriebsstätte)[6]. Es genügt, wenn von dort aus der Arbeitgeber geschäftlich tätig ist und hierzu Arbeitnehmer einsetzt[7]. Die Niederlassung braucht **keine eigene Rechtspersönlichkeit** zu besitzen. Da ein gewisses **Element der Dauer** verlangt wird, reicht aber nicht aus, wenn lediglich ein Beauftragter eines ausländischen Arbeitgebers in regelmäßigen Abständen erscheint, um Arbeitnehmer für einen Auslandseinsatz einzustellen[8]. Auch die Tätigkeit eines Beauftragten begründet noch keine Niederlassung; es ist jedoch die engere Verbindung nach Art. 8 Abs. 4 Rom I-VO zu prüfen[9]. 4859

Es kommt auf die Niederlassung an, welche den Arbeitnehmer **eingestellt hat** (the place of business through which the employee was engaged; l'établissement qui a embauché le travailleur). Der Arbeitnehmer braucht dort nicht zu 4860

---

[1] Ebenso früher Art. 30 Abs. 2 Nr. 2 EGBGB.
[2] W. Nachw. bei *Morgenstern*, S. 24 ff. Krit. *Simitis*, Festschr. Kegel, S. 171 ff.
[3] LAG Hannover 20.11.1998, IPRspr. 1999 Nr. 45 = AR-Blattei ES 920 Nr. 6 Anm. *Mankowski*.
[4] *Mankowski*, IPRax 2003, 26 f.; *Magnus*, in: Staudinger, Art. 30 EGBGB Rz. 115, 119. – Die im VO-Entw. geplante Klarstellung ist wieder entfallen, vgl. *Junker*, in: Ferrari/Leible, S. 124.
[5] *Gamillscheg*, ZfA 14 (1983), 334; *Birk*, in: MünchArbR, § 20 Rz. 46; *Hohloch*, in: Erman, Art. 30 EGBGB Rz. 18.
[6] *Franzen*, IntArbR AR-Blattei, 920 Rz. 70; *Junker*, Int.ArbR, S. 184 f.
[7] *Franzen*, IPRax 1995, 259; *Junker*, Int.ArbR, S. 184; *Geisler*, S. 293.
[8] *Magnus*, in: Staudinger, Art. 30 EGBGB Rz. 122.
[9] Vgl. *Morse*, in: North, S. 160 f.

arbeiten[1]. „Einstellung" deutet auf den **Abschluss des Arbeitsvertrages** bzw. bei einem faktischen Arbeitsverhältnis auf die **Arbeitsaufnahme** hin. Würde man freilich allein auf den Vertragsabschluss abstellen (sog. vertragsschließende Niederlassung)[2], so wäre nicht entscheidend, ob der Arbeitnehmer dort jemals gearbeitet hat. Die ausschließliche Berücksichtigung des Vertragsabschlusses kann daher bei Auseinanderfallen von kontrahierender Niederlassung und Tätigkeitsort, aber auch bei längerer Dauer des Arbeitsverhältnisses und späterer Änderung der tatsächlichen Umstände unzweckmäßig sein. Daher wird bei sofortiger Tätigkeit für eine andere Niederlassung, die sog. „Einsatzniederlassung", auf diese abgestellt[3].

Wird der Arbeitnehmer nämlich, obwohl ursprünglich von der Niederlassung eines Landes eingestellt, später von der eines anderen aus eingesetzt, so liegt es nahe, dort den Schwerpunkt des Arbeitsverhältnisses anzunehmen[4]. Dieses Ergebnis lässt sich über Art. 8 Abs. 4 Rom I-VO erreichen[5]. Darüber hinaus ist fraglich, ob man „Einstellung" nicht nur als den bloßen Vertragsschluss, sondern als Eingliederung bzw. Aufnahme in den vom Arbeitgeber bestimmten Betrieb zu verstehen hat[6]. Vermittelnd wird primär auf den Vertragsschluss, hilfsweise auf die personalverwaltungstechnische Betreuung des Arbeitnehmers abgestellt[7].

4861 Eine spätere **Verlegung der einstellenden Niederlassung** ändert das Arbeitsvertragsstatut nicht[8].

c) Engere Verbindung

4862 Das Arbeitsvertragsstatut wird dann nicht nach Art. 8 Abs. 2 und 3 Rom I-VO bestimmt, wenn sich aus der Gesamtheit der Umstände ergibt, dass der Arbeitsvertrag engere Verbindungen zu einem anderen Staat aufweist. Dann kommt es ausnahmsweise zu einer Korrektur; es ist das Recht dieses anderen Staates anzuwenden[9].

---

1 Zur Betreuung mehrerer Länder durch einen Vertreter LAG Bremen 17.4.1996, IPRspr. 1996 Nr. 51 = RIW 1996, 1038.
2 Dafür LAG Frankfurt a.M. 25.8.2008 (unveröff.); *Schlachter*, NZA 2000, 60; *Benecke*, IPRax 2001, 450; *Gragert/Drenckhahn*, NZA 2003, 307; *Heilmann*, S. 59; *Geisler*, S. 293 f.; *Birk*, in: MünchArbR, § 20 Rz. 49; *Schlachter*, in: ErfK, Art. 27–34 EGBGB Rz. 11.
3 *Hohloch*, in: Erman, Art. 30 EGBGB Rz. 18; *von Hoffmann*, in: Soergel, Art. 30 EGBGB Rz. 44; *Magnus*, in: Staudinger, Art. 30 EGBGB Rz. 123. – Unentschieden BAG 12.12.2001, IPRspr. 2001 Nr. 52 = NZA 2002, 734 = SAE 2002, 258 Anm. *Junker* = IPRax 2003, 258 (m. Aufs. *Franzen*, IPRax 2003, 239); BAG 13.11.2007, NZA 2008, 761 = RIW 2008, 644 (Flugbegleiter mit „Base" Frankfurt a.M.).
4 Vgl. *Gamillscheg*, ZfA 14 (1983), 334 mwN.
5 *Geisler*, S. 294 f.
6 *Däubler*, RIW 1987, 251; *Mankowski*, S. 499. Für die Arbeitsaufnahme auch *Junker*, Int.ArbR S. 185 f. Abl. *Franzen*, IntArbR AR-Blattei, 920 Rz. 75 ff.
7 *Franzen*, Int. ArbR AR-Blattei, 920 Rz. 74. – Ähnlich *Lingemann*, in: PWW, Art. 8 Rom I Rz. 12.
8 *Birk*, in: MünchArbR, § 20 Rz. 56; *Magnus*, in: Staudinger, Art. 30 EGBGB Rz. 176.
9 Ebenso früher Art. 30 Abs. 2 Hs 2 EGBGB bzw. Art. 6 Abs. 2 EVÜ.

Die Bestimmung des Art. 8 Abs. 4 Rom I-VO bewirkt, dass die Anknüpfungen an Arbeitsort und Einstellungsniederlassung nicht starr und unabänderlich sind. Sie ist jedoch keine Auffangklausel; sie bildet keinen selbstständigen Anknüpfungspunkt wie die Regelanknüpfungen nach Art. 8 Abs. 2 Rom I-VO und 3[1] (vgl. Rz. 4870). Sie entspricht der Ausweichklausel des Art. 4 Abs. 3 Rom I-VO (dazu Rz. 169 ff.), der ein Abweichen von der Anknüpfung an die charakteristische Leistung erlaubt[2]. Daher ist die engere Verbindung grundsätzlich nach den gleichen Regeln zu ermitteln wie bei der allgemeinen objektiven Anknüpfung nach Art. 4 Rom I-VO.

Erforderlich ist, dass der Arbeitsvertrag eine engere Verbindung zu einem anderen Land aufweist („is more closely connected with a country other than that indicated in paragraphs 2 or 3"; „présente des liens plus étroits avec un autre pays que celui visé au paragraphe 2 ou 3"). Die Maßgeblichkeit dieses Rechts kann sich aus der **Gesamtheit der Umstände** (the circumstances as a whole; l'ensemble des circonstances) ergeben. Folglich genügt ein isolierter Einzelumstand, welcher in eine andere Richtung als Art. 8 Abs. 2 oder 3 Rom I-VO weist, noch nicht[3]. Das Gesetz lässt offen, ob es im Einzelnen nur auf geografische oder persönliche Kriterien ankommt oder ob auch andere Erwägungen eine Rolle spielen dürfen[4]. Letzteres ist zu bejahen, da ja die Einzelumstände nicht nur aufgezählt, sondern im Hinblick auf die Rechtsanwendung bewertet werden müssen. Zwar wird angenommen, dass auch hier nur kollisionsrechtliche Erwägungen eine Rolle und nicht der Inhalt der Sachrechte maßgebend sein dürften[5]. Richtig ist, dass es auf dieser Ebene nicht um die Ermittlung des für den Arbeitnehmer günstigsten Recht geht. Gleichwohl sind mögliche Gesichtspunkte auch das Interesse des Arbeitnehmers am Erhalt des Schutzes durch seine heimische Rechtsordnung sowie das Interesse des Arbeitgebers an einer gleichmäßigen Behandlung aller Beschäftigten[6]. Dagegen ist auch hier der hypothetische Parteiwille kein Kriterium für die engere Verbindung[7]. Lediglich eine stillschweigende Rechtswahl genießt Vorrang.

Schon früher war anerkannt, dass der durch den Arbeitsort indizierte Schwerpunkt des Arbeitsverhältnisses durch andere Hinweise entkräftet sein kann. 4863

---

1 S. bereits *Mankowski*, RabelsZ 53 (1989), 491; *Geisler*, S. 288 f.; *Junker*, Arbeitnehmereinsatz, S. 22; *Magnus*, in: Staudinger, Art. 30 EGBGB Rz. 94 ff.
2 Vgl. Dt. Denkschr. zum EVÜ, BT-Drucks. 10/503, S. 28; *Hohloch*, Festschr. Heiermann, S. 151; *Junker*, RIW 2001, 99 f.; *Birk*, in: MünchArbR, § 20 Rz. 50; *Kegel/Schurig*, S. 684. Das überwiegend angenommene Regel-Ausnahme-Verhältnis (*Mankowski*, S. 462 mwN.) wird zT bestritten, so von *Birk*, in: MünchArbR, § 20 Rz. 51.
3 So schon BAG 12.12.2001, IPRspr. 2001 Nr. 52 = NZA 2002, 734 = SAE 2002, 258 Anm. *Junker*; ArbG Wesel 3.5.1995, IPRspr. 1995 Nr. 58 = ArbuR 1995, 475 (Portugies. Arbeitnehmer in Deutschland; nicht berücksichtigt, dass Arbeitgeber – angeblich – für portugies. Gesellschaft handelte).
4 Vgl. *Morse*, in: North, S. 161 f.; *Birk*, in: MünchArbR, § 20 Rz. 51.
5 *Junker*, Int.ArbR, S. 190 f.
6 Vgl. auch *Birk*, in: MünchArbR, § 20 Rz. 53; *Magnus*, in: Staudinger, Art. 30 EGBGB Rz. 138.
7 Anders wohl *Gamillscheg*, ZfA 14 (1983), 330 ff., 340 f.

Hierher gehört zB die Vereinbarung eines bestimmten **Tarifvertrags**, die sogar eine stillschweigende Rechtswahl begründen kann[1].

4864 Auch die gemeinsame **Staatsangehörigkeit** kommt als Hinweis auf das Vertragsstatut in Frage[2]. Gerade im Ausland finden sich Partner eines Arbeitsvertrags gelegentlich in einer solchen Verbundenheit zusammen[3]. Der Staatsangehörigkeit kommt jedoch keine ausschlaggebende Bedeutung zu[4]. Für den Arbeitsvertrag mit einer französischen Sprachlehrerin am Berliner Institut Français wurde wegen der besonderen Prägung des Arbeitsverhältnisses und der engen Beziehung zu Frankreich die Geltung französischen Rechts angenommen[5]. Der **Wohnsitz** bzw. der gewöhnliche Aufenthaltsort des Arbeitnehmers dürfte regelmäßig außer Betracht bleiben[6].

4. Einzelne Fallgruppen

a) Ortskräfte und entsandte Kräfte

4865 Für am **Ort einer Zweigstelle** eingestellte Personen – sog. Ortskräfte – ist diese Zweigstelle der Mittelpunkt ihrer arbeitsrechtlichen Beziehungen. Dies gilt gleich, ob der Arbeitgeber ein privater Unternehmer oder eine öffentliche Behörde ist[7]. Wenn nichts anderes vereinbart ist, gilt das Recht dieses „Arbeitsorts" als Schuldstatut für den Arbeitsvertrag. Dementsprechend hat die Rechtsprechung angenommen, dass dann, wenn der Arbeitnehmer ausschließlich für einen deutschen Betrieb eines ausländischen Unternehmens eingestellt

---

1 S. bereits BAG 10.5.1962, BAGE 13, 121 = IPRspr. 1962/63 Nr. 19 = AWD 1962, 209 (Haben die Parteien dem Arbeitsvertrag das „Statut für deutsche Ortskräfte bei den Vertretungen der Bundesrepublik Deutschland im Ausland" zu Grunde gelegt, so gilt für dieses Dienstverhältnis grundsätzlich deutsches Recht).
2 BAG 24.8.1989, NZA 1990, 841 = AP Nr. 28 zu IPR-ArbR = SAE 1990, 317 Anm. *Junker*; BAG 17.7.1997, IPRspr. 1997 Nr. 154 = NZA 1997, 1182; BAG 20.11.1997 Nr. 58 = IPRax 1999, 174 (m. Aufs. *Krebber*, IPRax 1999, 164) = NZA 1998, 813; BAG 12.12.2001, IPRspr. 2001 Nr. 52 = NZA 2002, 734 = SAE 2002, 258 Anm. *Junker*; BAG 13.11.2007, NZA 2008, 761 = RIW 2008, 644; LAG Frankfurt a.M. 3.11.1992, IPRspr. 1992 Nr. 71 (US-amerikanischer Verkaufsrepräsentant in Frankfurt a.M. für kaliforn. Unternehmen. Kaliforn. Recht angewendet); LAG Hamburg 19.10.1995, IPRspr. 1996 Nr. 50a (Seearbeitsverhältnis); *Hohloch*, RIW 1987, 356; *Birk*, in: MünchArbR, § 20 Rz. 53; *von Bar*, II Rz. 530. Ebenso schon *Müller*, RdA 1973, 144 (145).
3 BAG 29.10.1992, IPRspr. 1992 Nr. 69b = IPRax 1994, 123 (m. Aufs. *Mankowski*, IPRax 1994, 88) = AR-Blattei ES 920 Nr. 3 Anm. *Franzen* (US-amerikanische Piloten in Berlin bei einer amerikan. Gesellschaft angestellt. New-Yorker Recht angewendet).
4 *Hohloch*, Festschr. Heiermann, S. 151. – Gegen die alleinige Maßgeblichkeit auch *Magnus*, in: Staudinger, Art. 30 EGBGB Rz. 135.
5 LAG Berlin 20.7.1998, IPRspr. 1998 Nr. 135 = IPRax 2001, 144 (m. Aufs. *Mankowski*, IPRax 2001, 123). – Dazu *Junker*, RIW 2001, 100 (stillschweigende Rechtswahl).
6 Vgl. BAG 12.12.2001, IPRspr. 2001 Nr. 52 = SAE 2002, 258 Anm. *Junker* = IPRax 2003, 258 (m. Aufs. *Franzen*, IPRax 2003, 239) (Flugbegleiter); BAG 13.11.2007, NZA 2008, 761 = RIW 2008, 644 (Flugbegleiter).
7 BAG 20.11.1997, IPRspr. 1997 Nr. 58 = IPRax 1999, 174 (m. Aufs. *Krebber*, IPRax 1999, 164) (Deutsches Recht für Aufzugsmonteur in Bonner US-Botschaft); BAG 15.2.2005, BAGE 113, 327 = IPRspr. 2005 Nr. 90b = NZA 2005, 1117 (Haustechniker in US-Botschaft).

worden ist und nur dort zu arbeiten hat, dieser Betrieb auch eine feste Einrichtung ist und damit organisatorisch eine eigene Größe darstellt, der Schwerpunkt des Arbeitsverhältnisses in Deutschland liegt[1]. Für die Auslandstätigkeit gilt Entsprechendes[2].

Von Ortskräften sind **„entsandte Kräfte"** zu unterscheiden. Das Recht des Staates, in dem der Arbeitnehmer seine Arbeit gewöhnlich verrichtet, kann nämlich auch dann maßgeblich sein, wenn der Arbeitnehmer in einen anderen Staat entsandt wird. Heute kann man sich für die vom Arbeitsort abweichende Anknüpfung auf die engere Verbindung iSd. Art. 8 Abs. 4 Rom I-VO stützen[3]. Bei solchen Personen ist – wie bereits die ältere Rspr. anerkannte – das Arbeitsverhältnis nicht mit der Arbeitsstelle verknüpft, an der sie gerade tätig sind, sondern mit der entsendenden Stelle oder Muttergesellschaft. Dies kann besonders bei leitenden technischen, wissenschaftlichen und kaufmännischen Angestellten zutreffen[4], obwohl ein „allgemeiner Grundsatz, dass die Rechtsverhältnisse von Betriebsleitern ihren Schwerpunkt am Sitz des übergeordneten Unternehmens haben, nicht anzuerkennen ist"[5]. 4866

Die Unterscheidung von „entsandten Kräften" und „Ortskräften" hat auch bei **Bauarbeitern** eine Rolle gespielt. Bei Ortskräften kommt es auf die Baustelle an, für die sie eingestellt sind. Entscheidend ist das Recht am Ort des Baubüros, von wo aus die technische Leitung erfolgt, wo das Material ausgegeben und der Lohn gezahlt wird. Darauf, ob der örtliche Leiter selbstständig einstellen und entlassen kann und ob es sich um einen Betrieb iSd. Betriebsverfassungsgesetzes handelt, kommt es nicht an[6]. Eine „Ortskraft" kann aber zur „entsandten Kraft" werden. So kann ein Arbeiter, der für eine bestimmte Baustelle eingestellt wurde, zum Stammarbeiter werden, wenn er auf andere Bau- 4867

---

1 BAG 9.5.1959, BAGE 7, 357 = IPRspr. 1958/59 Nr. 50 = DB 1959, 835. S. auch BAG 13.5.1959, BAGE 7, 362 = IPRspr. 1958/59 Nr. 51 = NJW 1959, 1893 (Leiter der Regensburger Agentur einer Wiener Firma; deutsches Recht angewendet); BAG 18.12.1967, IPRspr. 1966/67 Nr. 52 = AP Nr. 11 IPR-Arbeitsrecht = DB 1968, 713 (Angestellter der Berliner Niederlassung einer New Yorker Bank; Ruhegeldanspruch mangels Parteivereinbarung dem Recht des deutschen Arbeitsortes unterstellt); IPG 1980/81 Nr. 46 (Köln) (Sekretärin in der brasilian. Botschaft Bonn; deutsches Recht für maßgeblich gehalten).
2 LAG Düsseldorf 12.7.1956, IPRspr. 1956/57 Nr. 26 = AP Nr. 1 IPR-ArbR Anm. *Beitzke* (Deutscher Angestellter bei deutschem Konsulat in den Niederlanden; niederländ. Recht angewendet); LAG Rheinland-Pfalz 16.6.1981, ArbuR 1982, 352 (LS) = IPRspr. 1981 Nr. 44 (Arbeitsvertrag amerikan. Redaktions- und Produktionsassistentin im Washingtoner ZDF-Studio unterlag US-amerikanischem Recht). – Anders ArbG Flensburg 25.5.2000, IPRspr. 2000 Nr. 39 (Enge Bindung des einzigen niederländ. Angestellten an deutschen Betrieb sprach für Geltung deutschen Rechts).
3 *Gamillscheg*, ZfA 14 (1983), 340 ff.; *Däubler*, RIW 1987, 252; *Hohloch*, RIW 1987, 356.
4 *Hohloch*, Festschr. Heiermann, S. 149. Vgl. auch *Müller*, RdA 1973, 141; *Birk*, IPRax 1984, 138 f.
5 BAG 5.5.1955, BAGE 2, 18, 21 = JZ 1955, 512 Anm. *Gamillscheg*.
6 *Gamillscheg*, Internationales Arbeitsrecht, S. 133; Nachw. zum deutschen interlokalen Recht, 3. Aufl. (1980), Rz. 525.

stellen geschickt wird. Dann wird die entsendende Stelle zum Schwerpunkt des Arbeitsverhältnisses[1].

b) Flugpersonal

4868 Mangels Rechtswahl unterliegen Arbeitsverträge mit dem nicht fliegenden **Bodenpersonal** grundsätzlich dem Recht des gewöhnlichen Arbeitsorts (Art. 8 Abs. 2 Rom I-VO)[2]. Schon früher bevorzugte die Rechtsprechung für das ortsgebundene Personal der Fluggesellschaften in Zweigstellen oder ständigen Vertretungen das Recht des Arbeitsortes, jedenfalls soweit es untergeordnete Tätigkeiten ausübt und nicht besonders auf die Hauptniederlassung ausgerichtet ist[3].

Dagegen lässt sich beim **Flugpersonal** ein gewöhnlicher Arbeitsort, auf den es auch hier in erster Linie ankommt, häufig nicht feststellen. Bei Flugbegleitern im internationalen Flugverkehr kommt daher nach bisheriger Auffassung die Regelanknüpfung an den gewöhnlichen Arbeitsort nicht in Betracht[4]. Die bloße Zuordnung zu einer bestimmten Niederlassung und die Eingliederung in die betreffende Organisationsstruktur begründen noch keinen gewöhnlichen Arbeitsort[5].

Daher stellt die Rechtsprechung hinsichtlich des fliegenden Personals im Ergebnis auf das Recht des Heimatlandes der Fluggesellschaft (dh. deren Niederlassung) ab, vor allem wenn ein Pilot dem gleichen Staat angehört wie die Gesellschaft. Das Registrierungsland des Flugzeuges, das zT als – wenn auch nur schwacher Anknüpfungspunkt – genannt wird[6], spielt keine Rolle[7].

Da das Flugzeug letztlich nur das „Arbeitsgerät" des Flugpersonals ist, kann sich das Recht des Registerlandes nicht als engere Verbindung iSd. Art. 8

---

1 LAG Bremen 18.4.1951, IzRspr. Nr. 179 (Bauarbeiter von einer Bremer Firma eingestellt für eine Baustelle in Niedersachsen; nach fünf Wochen wurde er auf eine Baustelle in Bremen, nach abermals fünf Wochen auf eine andere Baustelle in Niedersachsen entsandt. Bremer Urlaubsrecht [entsendende Stelle] angewendet).
2 BAG 19.3.1996, IPRspr. 1996 Nr. 194 = NZA 1997, 334.
3 BAG 9.5.1959, BAGE 7, 357 = AP Nr. 3 IPR-Arbeitsrecht (Kündigung eines Handlungsgehilfen der SAS in Stuttgart. Deutsches Recht angewendet).
4 *Benecke*, IPRax 2001, 450.
5 BAG 12.12.2001, IPRspr. 2001 Nr. 52 = NZA 2002, 734 = AP Nr. 10 zu Art. 30 EGBGB nF Anm. *Schlachter* = SAE 2002, 258 Anm. *Junker* = IPRax 2003, 258 (m. Aufs. *Franzen*, IPRax 2003, 239) (Flugbegleiter auf Interkontinentalflügen bei US-Fluggesellschaft mit Base Frankfurt a.M. hatte keinen deutschen Arbeitsort); BAG 13.11.2007, NZA 2008, 761 = RIW 2008, 644. – Anders *von Hoffmann*, in: Soergel, Art. 30 EGBGB Rz. 36; *Magnus*, in: Staudinger, Art. 30 EGBGB Rz. 100.
6 *Junker*, Int.ArbR. S. 188, 195 und früher auch *Franzen*, IPRax 2003, 240 sehen das Registerland als Arbeitsort an.
7 BAG 29.10.1992, BAGE 71, 297 = IPRax 1994, 123 (m. insoweit zust. Aufs. *Mankowski*, IPRax 1994, 88) = SAE 1994, 28 m. insoweit abl. Anm. *Junker* = AR-Blattei ES 920 Nr. 3 zust. Anm. *Franzen* = EWiR 1993, 673 (*Martiny*) (US-amerikan. Flugzeugpiloten im Berlin-Flugverkehr, deren Arbeitsverhältnis dem Recht von New York unterstellt wurde. Nach Übernahme des Berlin-Verkehrs durch die Lufthansa kein Betriebsübergang).

Abs. 4 Rom I-VO durchsetzen[1]. Vielmehr kommt das Recht der einstellenden Niederlassung (Art. 8 Abs. 3 Rom I-VO) zum Zuge[2], soweit man bei einem Dauereinsatz nicht lieber auf das Recht des Ortes abstellt, von dem aus der Pilot gewöhnlich eingesetzt wird[3]. Ein solches Ergebnis lässt sich nunmehr auf die Erweiterung der Arbeitsortanknüpfung (s. dazu Rz. 4848) stützen[4], wonach auch eine „base of operations" genügt[5]. Allerdings wird argumentiert, diese Stützpunktanknüpfung gelte lediglich für Flugbegleiter, welche auch eine ergänzende Bodentätigkeit (zB Einchecken) ausüben[6]. Für Piloten, welche am Boden keine weiteren arbeitsvertraglichen Pflichten erfüllen, soll sich hingegen nichts geändert haben[7].

5. Internationales Seearbeitsrecht

Literatur: *Basedow*, Billigflaggen, Zweitregister und Kollisionsrecht in der deutschen Schifffahrtspolitik, BerDGesVölkR 31 (1990), 75; *Däubler*, Das zweite Schiffsregister – Völkerrechtliche und verfassungsrechtliche Probleme einer deutschen „Billig-Flagge" (1988); *Drobnig/Puttfarken*, Arbeitskampf auf Schiffen fremder Flaggen (1989); *Drobnig/Puttfarken*, Billige Flaggen im Internationalen Privatrecht, BerDGesVölkR 31 (1990), 31; *Dzida*, Deutsche Mitbestimmung und ausländische Schiffe, RIW 2006, 914; *Erbguth*, Die Zweitregisterentscheidung (1995); *Eßlinger*, Die Anknüpfung des Heuervertrages unter Berücksichtigung von Fragen des internationalen kollektiven Arbeitsrechts (1991); *Kühl*, Das Gesetz zum deutschen „Internationalen Seeschifffahrtsregister", TranspR 1989, 89; *Lagoni*, Koalitionsfreiheit und Arbeitsverträge auf Seeschiffen, JZ 1995, 499; *Leffler*, Das Heuerverhältnis auf ausgeflaggten deutschen Schiffen (1978); *Leffler*, Das Recht der Flagge im internationalen Seearbeitsrecht, RdA 1978, 97; *Magnus*, Zweites Schiffsregister und Heuerstatut, IPRax 1990, 141; *Magnus*, Englisches Kündigungsrecht auf deutschem Schiff, IPRax 1991, 382; *Magnus*, Internationales Seearbeitsrecht, Zweites Schiffsregister und der Europäische Gerichtshof, IPRax 1994, 178; *Mankowski*, Arbeitsverträge von Seeleuten im deutschen Internationalen Privatrecht, RabelsZ 53 (1989), 487; *Mankowski*, Das Internationale Arbeitsrecht und die See, IPRax 2005, 58; *von Petkewitsch*, Grundstrukturen der arbeits-, sozial- und steuerrechtlichen Stellung deutscher Seeleute auf Schiffen unter der Flagge der Republik Zypern (1979); *Puttfarken*, Seearbeitsrecht – Neues im IPR (1988); *Puttfarken*, Grundrechte im internationalen Rechtsraum, RIW 1995, 617; *Seeberg-Elverfeldt*, Die Rückbeförderung von Seeleuten aus dem Ausland, RIW 1985, 942; *Werbke*, Die neue Rechtslage nach Einführung des Internationalen Seeschifffahrtsregisters (1989); *Werbke*, Neue Akzente im Seerecht – Flaggenrecht, Rechtsbereinigung, Rechtsüberleitung, TranspR 1990, 317; *Wimmer*, Minderer Grundrechtsschutz bei internationalen Arbeitssachverhalten?, NZA 1995, 250.

---

1 BAG 12.12.2001, IPRspr. 2001 Nr. 52 = NZA 2002, 734; BAG 13.11.2007, NZA 2008, 761 = RIW 2008, 644; *Benecke*, IPRax 2001, 450. – Anders *Mankowski*, IPRax 2006, 108.
2 *Lagarde*, Rev.crit.d.i.p. 80 (1991), 319; *Geisler*, S. 295 f.; *Hohloch*, in: Erman, Art. 30 EGBGB Rz. 17; *Thorn*, in: Palandt, Art. 30 EGBGB Rz. 7.
3 Vgl. *Gamillscheg*, ZfA 14 (1983), 334; *Däubler*, RIW 1987, 251.
4 *Mauer/Sadtler*, RIW 2008, 546; *Pfeiffer*, EuZW 2008, 627.
5 *Garcimartín Alférez*, EuLF 2008, I-76; *Lingemann*, in: PWW, Art. 8 Rom I Rz. 10.
6 *Knöfel*, RdA 2006, 274.
7 *Knöfel*, RdA 2006, 274.

a) Anknüpfung des Seearbeitsvertrags

4869 Im Seearbeitsrecht ist ebenfalls eine **Rechtswahl** möglich (Art. 8 Abs. 1 S. 1 Rom I-VO)[1]. Eine Grenze bilden auch hier die Schutzbestimmungen des nach objektiven Gesichtspunkten bestimmten Arbeitsvertragsstatuts (Art. 8 Abs. 1 S. 2 Rom I-VO).

4870 Bei der **objektiven Anknüpfung** wurde früher auf Grund der als einseitige Kollisionsnorm angesehenen Vorschrift des § 1 SeemannsG auf Heuerverhältnisse auf Schiffen unter deutscher Flagge stets deutsches Recht angewendet[2]. Man sah diese Bestimmung jedoch schon wegen des auf einem Staatsvertrag beruhenden Art. 30 Abs. 2 EGBGB als überholt an[3] oder gestand ihr jedenfalls nur materiellrechtlichen Gehalt zu, wendete sie also nur bei Geltung deutschen Sachrechts an[4]. Heute kann ihr nur noch entnommen werden, was nach der deutschen Rechtsordnung als zwingendes Recht anzusehen ist.

Aber auch die objektive Anknüpfung nach dem nicht unmittelbar auf internationale Seearbeitsverhältnisse zugeschnittenen Art. 8 Abs. 2–4 Rom I-VO ist umstritten[5]. Vielfach wird als Konkretisierung der Anknüpfung an den Arbeitsort (Art. 8 Abs. 2 S. 1 Rom I-VO) auf das Schiff und insofern grundsätzlich auf die Zuordnung durch das verhältnismäßig einfach zu ermittelnde **Recht der Flagge** abgestellt[6]. Andere leugnen das Übergewicht dieser Verbindung. Sie betonen die Tätigkeit auf hoher See und berufen sich (mangels Tätigkeit in nur einem Staat) auf die **einstellende Niederlassung** (Art. 8 Abs. 3 Rom I-VO)[7]. In diese Richtung weist auch der Bericht *Giuliano/Lagarde* zum EVÜ[8]. Eine dritte Auffassung hielt keinen der genannten Anknüpfungspunkte für geeignet und wollte deshalb stets die Ausweichklausel des damaligen Art. 30 Abs. 2

---

1 Ebenso schon BAG 24.8.1989, BAGE 63, 17 (24) = IPRax 1991, 407 Anm. *Magnus* = SAE 1990, 317 Anm. *Junker*; *Kühl*, TranspR 1989, 90; *Drobnig/Puttfarken*, S. 13 f.; *Werbke*, S. 12 f.; *Mankowski*, S. 503 ff.
2 BAG 15.9.1979, AP Nr. 1 zu § 114 BetrVG. Ebenso *Sorek*, in: Ebenroth/Fischer, ZvglRW 88 (1989), 142 f.; *Eßlinger*, S. 125.
3 So BAG 24.8.1989, IPRax 1991, 407 (m. Aufs. *Magnus*, IPRax 1991, 382) = SAE 1990, 317 Anm. *Junker* = IPRspr. 1989 Nr. 72; *Werbke*, S. 12; *Mankowski*, S. 505; *von Hoffmann/Thorn*, § 10 Rz. 82; *Kegel/Schurig*, S. 685.
4 *Kühl*, TranspR 1989, 90; *Drobnig/Puttfarken*, S. 13 f.; *Puttfarken*, S. 5; *Magnus*, in: Staudinger, Art. 30 EGBGB Rz. 141.
5 Zum VO-Entw. s. *Junker*, in: Ferrari/Leible, S. 124 f.
6 *Junker*, RIW 2006, 407. – Zu Art. 30 EGBGB ArbG Hamburg 25.2.1988, IPRspr. 1988 Nr. 52a; *Gamillscheg*, ZfA 14 (1983), 342; *Däubler*, RIW 1987, 251 f.; *Däubler*, Schiffsregister, S. 22 ff.; *Mankowski*, RabelsZ 53 (1989), 495 ff.; *Mankowski*, IPRax 2003, 26 ff.; *Magnus*, IPRax 1990, 141; *Franzen*, IntArbR AR-Blattei, 920 Rz. 83; *Junker*, Int. ArbR, S. 188; *Mankowski*, S. 494 (510); *Birk*, in: MünchArbR, § 20 Rz. 212; *von Hoffmann/Thorn*, § 10 Rz. 82; *Kegel/Schurig*, S. 685; *Magnus*, in: Staudinger, Art. 30 EGBGB Rz. 149.
7 So zum früheren Art. 30 EGBGB *Sorek*, in: Ebenroth/Fischer, ZvglRW 88 (1989), 140 f.; *Kühl*, TranspR 1989, 94; *Geisler*, S. 301 f.; *Hohloch*, in: Erman, Art. 30 EGBGB Rz. 19; *Thorn*, in: Palandt, Art. 30 EGBGB Rz. 7.
8 Bericht *Giuliano/Lagarde*, BT-Drucks. 10/503, S. 58. Ebenso *Lagarde*, Rev.crit.d.i.p. 80 (1991), 287 (319).

EGBGB heranziehen[1]. Für deren Anwendung werden wiederum verschiedene Umstände – ua. auch die Flagge – herangezogen[2].

Eine besondere Beziehung zwischen Schiff und Flaggenstaat wird zT auch dann angenommen, wenn eine inländische Reederei im Flaggenstaat über eine Tochtergesellschaft verfügt[3]. Dagegen stößt die Maßgeblichkeit einer „billigen Flagge" bei Fehlen anderer Verbindungen zum Flaggenstaat auf Kritik. Sie wird bei deutschen Besatzungsangehörigen zT als Gesetzesumgehung eingestuft[4]. Die objektive Anknüpfung tendiert in solchen Fällen zum Recht des Reedereisitzes. Teilweise wird in Anwendung des Art. 8 Abs. 4 Rom I-VO eine engere Verbindung gesucht[5]. Dafür sind Indizien der Sitz des Arbeitgebers, gewöhnlicher Aufenthalt und Staatsangehörigkeit des Arbeitnehmers sowie die Umstände des Vertragsabschlusses. Ähnlich soll in Anwendung der Kontrolltheorie das Recht am Sitz des ausflaggenden Seeschifffahrtsunternehmens gelten, wenn es weiterhin faktisch Arbeitgeber ist und für die Gestaltung des Heuerverhältnisses verantwortlich ist. So wurde ein Seearbeitsverhältnis mit einem Deutschen deutschem Recht unterworfen, weil die Anteilseigner der ausländischen Schifffahrtsgesellschaft Deutsche waren und in der Bundesrepublik eine Niederlassung unterhielten[6].

b) Internationales Seeschifffahrtsregister

Auf Antrag können zur Führung der Bundesflagge berechtigte Kauffahrteischiffe in das vom Bundesverkehrsministerium geführte Interntionale Seeschifffahrtsregister eingetragen werden (§ 12 FlaggRG[7]). Das Zweite Schiffsregister ermöglicht es, Seeleute mit ausländischem Wohnsitz) zu Heimattarifen zu beschäftigen, die wesentlich niedriger als die deutsche Heuer sind (§ 21 Abs. 4 FlaggRG)[8].

4871

---

1 *Drobnig/Puttfarken*, S. 15; *Puttfarken*, S. 10 f. – Dagegen näher *Geisler*, S. 288 f.
2 BAG 24.8.1989, BAGE 63, 17 = IPRax 1991, 407 (m. Aufs. *Magnus*, IPRax 1991, 382) = SAE 1990, 317 Anm. *Junker* = IPRspr. 1989 Nr. 72 (Kündigung einer Kassiererin auf zwischen den Niederlanden und England eingesetztem Fährschiff. Kündigungsschutz allein nach engl. Recht beurteilt). – S. *Drobnig/Puttfarken*, S. 15, 45 (48 f.); *Puttfarken*, S. 12; *Puttfarken*, RIW 1995, 623 f.
3 So *Drobnig/Puttfarken*, S. 49 ff.
4 *Leffler*, S. 99 ff.
5 So zu Art. 30 EGBGB *Franzen*, IntArbR AR-Blattei, 920 Rz. 86; *Magnus*, in: Staudinger, Art. 30 EGBGB Rz. 150.
6 LAG Baden-Württemberg 17.7.1980, IPRspr. 1980 Nr. 51 = RIW 1981, 272 m. zust. Anm. *Winkler*. – Vgl. dazu *Mankowski*, Seerechtliche Vertragsverhältnisse, S. 501. S. ferner LAG Hamburg 19.10.1995, IPRspr. 1996 Nr. 50a (deutsches Recht für deutschen Schiffsoffizier).
7 Bek. der Neufassung vom 26.10.1994, BGBl. I 1994, 3140. – Zum Entwurf *Hauschka/ Henssler*, Ein „Billigarbeitsrecht" für die deutsche Seeschifffahrt?, NZA 1988, 597; *Geffken*, Internationales Seeschifffahrtsregister verstößt gegen geltendes Recht, NZA 1989, 88; *Herber*, Ist das „Zweitregister" verfassungs- oder völkerrechtswidrig?, Hansa 1989, 645.
8 In der Fassung des Gesetzes zur Anpassung der Vorschriften des Internationalen Privatrechts an die Verordnung (EG) Nr. 593/2008 vom 25.6.2009, BGBl. I 2009, 1574.

§ 21 Abs. 4 FlaggRG

Arbeitsverhältnisse von Besatzungsmitgliedern eines im Internationalen Seeschifffahrtsregister eingetragenen Kauffahrteischiffes, die im Inland keinen Wohnsitz oder ständigen Aufenthalt haben, unterliegen bei der Anwendung des Artikels 8 der Verordnung (EG) Nr. 593/2008 des Europäischen Parlaments und des Rates vom 17. Juni 2008 über das auf vertragliche Schuldverhältnisse anzuwendende Recht (Rom I) (ABl. L 177 vom 4.7.2008, S. 6) vorbehaltlich anderer Rechtsvorschriften der Europäischen Gemeinschaft nicht schon auf Grund der Tatsache, dass das Schiff die Bundesflagge führt, dem deutschen Recht. Werden für die in Satz 1 genannten Arbeitsverhältnisse von ausländischen Gewerkschaften Tarifverträge abgeschlossen, so haben diese nur dann die im Tarifvertragsgesetz genannten Wirkungen, wenn für sie die Anwendung des im Geltungsbereich des Grundgesetzes geltenden Tarifrechts sowie die Zuständigkeit der deutschen Gerichte vereinbart worden ist. Nach Inkrafttreten dieses Absatzes abgeschlossene Tarifverträge beziehen sich auf die in Satz 1 genannten Arbeitsverhältnisse im Zweifel nur, wenn sie dies ausdrücklich vorsehen. Die Vorschriften des deutschen Sozialversicherungsrechts bleiben unberührt.

4872 Die negativ formulierte Vorschrift des § 21 Abs. 4 S. 1 FlaggRG ist als (nationale) Auslegung des Art. 8 Rom I-VO (früher Art. 6 EVÜ bzw. Art. 30 EGBGB) formuliert[1]. Die Vereinbarkeit der früheren Regelung mit Europäischem Gemeinschaftsrecht ist bejaht worden[2]. Auch die Verfassungsmäßigkeit wurde im Wesentlichen bejaht[3]. Allerdings verstieß der Zwang zur ausdrücklichen Vereinbarung des deutschen Tarifvertragsrechts auf Tarifverträge mit ausländischen Gewerkschaften (§ 21 Abs. 4 S. 3 FlaggRG) gegen die Koalitionsfreiheit (Art. 9 Abs. 3 GG)[4].

Eine Anknüpfung an das Recht des gewöhnlichen Aufenthalts des Seemannes wird für sachgerecht gehalten. Als inhaltliche Schranke gegen ein die Schutzinteressen des Seemannes vernachlässigendes ausländisches Recht bleibt nur der ordre public (Art. 21 Rom I-VO)[5].

---

1 Vgl. *Mankowski*, Seerechtliche Vertragsverhältnisse, S. 524 f.; *Magnus*, in: Staudinger, Art. 30 EGBGB Rz. 154. – Einen Verstoß gegen den früheren Art. 6 EVÜ verneinen *Lagoni*, JZ 1995, 502 f.; *Winkler von Mohrenfels*, in: Oetker/Preis, Rz. 86 mwN. – Anders *Geffken*, NZA 1990, 91 f.; *Jayme/Kohler*, IPRax 1995, 343, 353; *Puttfarken*, RIW 1995, 626.
2 EuGH 17.3.1993 – verb. Rs. C 72/91 u. 73/91 (Sloman Neptun/Ziesemer), Slg. 1993, I-887 = EuZW 1993, 288 = IPRax 1994, 199 (m. zust. Aufs. *Magnus*, IPRax 1994, 178) (Einstellung philippin. Seeleute für im deutschen Internationalen Seeschifffahrtsregister eingetragenes Schiff. Die Regelung des FlaggRG bedeutet keine staatliche Beihilfe iSd. Art. 87 EG [ex-Art. 92 Abs 1 EGV]. Auch Art. 136 EG [ex-Art. 118 EGV]. EG steht nicht entgegen). Auf Vorlage des ArbG Bremen 9.10.1990, EuZW 1991, 382.
3 S. *Kühl*, TranspR 1989, 91 f.; *Puttfarken*, RIW 1995, 617 ff.; *Eßlinger*, S. 88 ff.; *Heilmann*, S. 174 ff.; *Erbguth*, (passim). – Anders *Geffken*, NZA 1989, 88 ff.; *Däubler*, S. 43 ff.
4 BVerfG 10.1.1995, BVerfGE 92, 26 = IPRspr. 1995 Nr. 55 = NJW 1995, 2339 m. Aufs. *Höfft* = JZ 1995, 507 (m. Aufs. *Lagoni*, JZ 1995, 499) = IPRax 1996, 115 (m. Aufs. *Tomuschat*, IPRax 1996, 83) = EWiR 1995, 145 (*Mankowski*) = AR-Blattei Tarifvertrag XV Int. TarifvertragsR Nr. 1 Anm. *Franzen*, Die Beschäftigung ausländ. Seeleute zu Heimatheuern verstößt nicht gegen den allgemeinen Gleichheitssatz (Art. 3 GG). Die Berufsfreiheit deutscher Seeleute wird nicht dadurch verletzt, dass auf im Zweitregister eingetragenen Handelsschiffen der Abschluss arbeitsrechtlicher Vereinbarungen unter erleichterten Bedingungen zulässig ist.
5 BVerfG 10.1.1995, NZA 1995, 272.

Eine **Rechtswahl** ist auch hier zulässig (Art. 8 Abs. 1 S. 1 Rom I-VO)[1]. Bezüglich der objektiven Anknüpfung reicht für die Geltung deutschen Rechts das Führen der Bundesflagge allein nicht aus (§ 21 Abs. 4 S. 1 FlaggRG). Welche Auswirkungen dies hat, hängt davon ab, welche Anknüpfung man im Rahmen des Art. 8 Rom I-VO bevorzugt (s. Rz. 4870). Wer sich in erster Linie auf Art. 8 Abs. 2 Rom I-VO bzw. die Flagge stützt, für den wird ein Anknüpfungspunkt beseitigt oder relativiert[2]. Dagegen läuft für diejenigen, welche ohnehin an die einstellende Niederlassung (Art. 8 Abs. 3 Rom I-VO) anknüpfen, die Regelung des FlaggRG leer. Stellt man auf die engste Verbindung nach der Ausweichklausel ab (Art. 8 Abs. 4 Rom I-VO)[3], so kann man auf Grund weiterer Kriterien ebenfalls zur Geltung deutschen Rechts gelangen. Die Gesetzesbegründung betont allerdings vor allem die ausländische Staatsangehörigkeit und den ausländischen Wohnsitz des Seemannes. 4873

Nach Art. 8 Abs. 1 Rom I-VO steht auch bei Rechtswahl stets ein nach objektiven Gesichtspunkten bestimmtes Statut für die dem Arbeitnehmer günstigeren **Schutzbestimmungen** im Hintergrund. Obwohl sich das FlaggRG dazu nicht äußert, existiert ein entsprechendes Statut auch hier und richtet sich nach den gleichen Grundsätzen wie das mangels Rechtswahl bestimmte Statut. Die ausländische Staatsangehörigkeit und der ausländische Wohnsitz des Seemanns, die regelmäßige Route des Schiffs und sogar die Sprache und der ausländische Anwerbe- und Abschlussort des Vertrages werden herangezogen, um eine Abwahl des deutschen Rechts zu rechtfertigen[4].

BAG 3.5.1995, BAGE 80, 84 = IPRspr. 1995 Nr. 57 = DB 1996, 232 = IPRax 1996, 416 (m. Aufs. *Mankowski*, IPRax 1996, 405 = SAE 1997, 31 Anm. *Magnus* = EzA Art. 30 EGBGB Nr. 3 Anm. *Franzen*
In Mumbai (früher Bombay) durch Heueragenten eingestellter indischer Seemann mit ind. Wohnsitz auf im deutschen Internationalen Seeschifffahrtsregister eingetragenem Schiff unter deutscher Flagge. Anspruch auf Zahlung der Differenz zur Tarifheuer dem indischen Recht unterworfen.

Der Vorbehalt zu Gunsten der **Rechtsvorschriften der EU** in § 21 Abs. 4 FlaggRG soll Seeleute mit gewöhnlichem Aufenthalt in den anderen Ländern der EU mit deutschen Arbeitnehmern gleichstellen. Solche Seearbeitsverhältnisse werden von der Sonderregelung des FlaggRG nicht erfasst[5]. 4874

Frei. 4875–4900

---

1 Zu Art. 30 EGBGB *Mankowski*, Seerechtliche Vertragsverhältnisse, S. 517.
2 Eine Anknüpfung an Registerland sowie Heimathafen hält für möglich, *von Hoffmann/Thorn*, § 10 Rz. 83.
3 Dafür BAG 3.5.1995, IPRspr. 1995 Nr. 57 = DB 1996, 231.
4 Vgl. auch *Magnus*, IPRax 1994, 179 f.; *Magnus*, in: Staudinger, Art. 30 EGBGB Rz. 159 (Recht der Flagge, wenn darauf ebenfalls entweder der gewöhnliche Aufenthalt des Arbeitnehmers oder der tatsächliche Sitz des Arbeitgebers hinweist).
5 *Magnus*, in: Staudinger, Art. 30 EGBGB Rz. 157.

III. Zwingende Vorschriften

1. In- und ausländische zwingende Vorschriften

a) Beachtung zwingender Vorschriften

4901 Auf dem Gebiet des Arbeitsrechts sind zwingende Vorschriften recht häufig. Ihre Beachtung ist in den Art. 3 ff. Rom I-VO vorgesehen. Allerdings kann dies in unterschiedlicher Weise geschehen. In- und ausländische Bestimmungen arbeitsrechtlichen Inhalts finden über Art. 8 Abs. 1 S. 2 Rom I-VO dann Durchsetzung, wenn sich der **Schwerpunkt des Arbeitsverhältnisses** im rechtsetzenden Land befindet, auch wenn im Arbeitsvertrag ein anderes Recht als Arbeitsverhältnisstatut vereinbart sein sollte (Rz. 4845). Inländische Eingriffsnormen können ferner über Art. 9 Abs. 2 Rom I-VO im Wege einer Sonderanknüpfung durchgesetzt werden[1]. Ferner kann den Eingriffsnormen des Erfüllungsorts, welche die Vertragserfüllung unrechtmäßig werden lassen, Wirkung verliehen werden (Art. 9 Abs. 3 Rom I-VO).

b) Rechtswahlbeschränkung

4902 Inländische zwingende Vorschriften können auch über Art. 3 Abs. 3 Rom I-VO (dazu Rz. 135 ff.) zum Zuge kommen. Es handelt sich dabei um die nichtdispositiven Vorschriften des Staates, mit dem das Rechtsverhältnis im Zeitpunkt der Rechtswahl ausschließlich verbunden ist[2]. In diesen Fällen **fehlt es an einer Auslandsberührung** (vgl. Rz. 4843). Regelmäßig wird es sich um den gleichen Staat handeln, zu dem die objektive Anknüpfung über Art. 8 Abs. 2 und 3 Rom I-VO ohnehin führt. Daher wird Art. 3 Abs. 3 Rom I-VO in diesem Zusammenhang kaum praktische Bedeutung erlangen[3].

Allerdings ist das **Verhältnis der Vorschriften zueinander umstritten**. Teils wird vertreten, Art. 8 Rom I-VO gehe als die speziellere Schutzvorschrift vor[4]. Nach aA ist Art. 3 Abs. 3 Rom I-VO die weiterreichende Norm[5]. Die Entscheidung hängt von der Interpretation des Art. 3 Abs. 3 Rom I-VO ab. Blockiert diese Vorschrift bereits eine kollisionsrechtliche Rechtswahl, so bleibt kein Raum mehr für eine Korrektur durch die speziellere international-arbeitsrechtliche Vorschrift des Art. 8 Rom I-VO. Gibt man der Bestimmung hingegen geringere Bedeutung, so kann sich Art. 8 Rom I-VO noch auswirken. Vertreten wird insbes., dass sich ein gewähltes Recht durchsetzt, wenn es günstiger ist als das zwingend berufene[6].

4903 Beachtung verlangt auch das zwingende **Gemeinschaftsrecht** nach Art. 3 Abs. 4 Rom I-VO. Sind nämlich alle anderen Elemente des Sachverhalts zum

---

1 Zum alten Recht *Birk*, in: MünchArbR, § 20 Rz. 84 ff. Vgl. auch *Kronke*, DB 1984, 406 sowie zum EVÜ *Philip*, Festschr. Mann, S. 260.
2 Vgl. *Junker*, Int.ArbR, S. 251.
3 Vgl. *Junker*, Int.ArbR, S. 249 f.; *Thorn*, in: Palandt, Art. 30 EGBGB Rz. 4.
4 So zu Art. 30 EGBGB *Schurig*, RabelsZ 54 (1990), 226; *Junker*, Int.ArbR, S. 258.
5 Zu Art. 27 EGBGB *E. Lorenz*, RdA 1987, 574; *Heilmann*, S. 108.
6 So bisher *Magnus*, in: Staudinger, Art. 30 EGBGB Rz. 54 f. mwN.

Zeitpunkt der Rechtswahl in einem oder mehreren Mitgliedstaaten belegen, so berührt die Wahl eines drittstaatlichen Rechts nicht die Anwendung der Bestimmungen des Gemeinschaftsrechts – gegebenenfalls in der von dem Mitgliedstaat des angerufenen Gerichts umgesetzten Form –, von denen nicht durch Vereinbarung abgewichen werden kann (s. oben Rz. 139 ff.). Damit wird nicht nur direkt anwendbares Gemeinschaftsrecht durchgesetzt; auch auf Richtlinien beruhendes nationales Recht wird erfasst. Voraussetzung ist allerdings, dass die Normen nicht dispositiv sind[1].

c) Erfüllungsmodalitäten

Nach Art. 12 Abs. 2 Rom I-VO ist in Bezug auf die „Art und Weise der Erfüllung" das Recht des Staates, in dem die Erfüllung erfolgt, zu berücksichtigen (vgl. Rz. 360 ff.). Auf diese Weise kann eine **Sonderanknüpfung** der Erfüllungsmodalitäten vorgenommen werden. Welche Rolle diese in erster Linie auf die Erfüllung von Kaufverträgen zurechtgeschnittene Vorschrift für Arbeitsverhältnisse (etwa im Hinblick auf **Feiertagsregelungen**[2]) spielt, ist noch ungeklärt[3]. Erreicht wird mit ihr eine Anpassung des auf den Individualarbeitsvertrag anwendbaren Rechts an die unbedingt zwingenden Vorschriften des Arbeitsortes[4]. Insofern können ähnliche Ergebnisse erzielt werden wie über eine Sonderanknüpfung nach Art. 9 Abs. 1 Rom I-VO[5].

4904

d) Inländische Eingriffsnormen

aa) Eingrenzung der Eingriffsnormen

Zwischen den arbeitsrechtlichen Schutzvorschriften des **Art. 8 Rom I-VO** und den Eingriffsnormen (overriding mandatory provisions, lois de police) des **Art. 9 Abs. 1 Rom I-VO** bestehen mehrfache Berührungspunkte[6]. Art 8 Abs. 1 S. 2 Rom I-VO, der im Regelfall die Schutzvorschriften des gewöhnlichen Arbeitsorts gegen das gewählte Recht durchsetzen will, braucht nicht immer zum gleichen Ergebnis zu führen wie Art. 9 Abs. 1 Rom I-VO, der nur bestimmte zwingende Normen der lex fori erfasst.

4905

Eine Überschneidungen vermeidende Abgrenzung ist vor allem im Hinblick auf **Inhalt und Zielrichtung** der Normen denkbar. Art. 8 Rom I-VO erfasst arbeitsrechtliche Bestimmungen, von denen (wie nach Art. 3 Abs. 3 Rom I-VO) nicht durch vertragliche Vereinbarung abgewichen werden kann, während Art. 9 Abs. 1 Rom I-VO ganz allgemein bestimmte Vorschriften – auch nicht spezifisch arbeitsrechtlicher Art – meint, die sich auch gegen eine Rechtswahl

---

1 Zum VO-Entw. *Junker*, in: Ferrari/Leible, S. 118 ff.
2 Vgl. auch *Däubler*, Festschr. Birk, S. 37.
3 *Gamillscheg*, ZfA 14 (1983), 351 f.; *Magnus*, in: Staudinger, Art. 30 EGBGB Rz. 211.
4 Zu Art. 32 EGBGB *Junker*, Int.ArbR, S. 300.
5 Letzteres bevorzugt *Birk*, in: MünchArbR, § 20 Rz. 70.
6 Zu Art. 30 EGBGB *Franzen*, IntArbR AR-Blattei, 920 Rz. 122 ff.; *Hohloch*, Festschr. Heiermann, S. 146 f. Eine genauere Unterscheidung hält für überflüssig *von Bar*, II Rz. 448.

durchsetzten (international zwingendes Recht). Ferner bezieht sich – wie erwähnt – Art. 9 Abs. 2 Rom I-VO nur auf die Normen des Gerichtsorts, während Art. 8 Rom I-VO die Vorschriften des nach objektiven Maßstäben bestimmten Arbeitsvertragsstatuts, also auch ausländisches Recht, durchsetzen will. Die Abgrenzung ist umstritten[1].

Nach einer Auffassung scheiden Überschneidungen aus, da Arbeitnehmerschutzvorschriften nur unter Art. 8 Rom I-VO, nicht aber unter Art. 9 Abs. 1 Rom I-VO fallen könnten[2]. Gleichwohl sind Fälle denkbar, in denen inländische Bestimmungen die Kriterien beider Vorschriften erfüllen, dh. sowohl internrechtlich vereinbarungsfest als auch rechtswahlfest sind[3]. Als Faustregel dürfte gelten, dass Arbeitnehmerschutzvorschriften und **Individualansprüche regelmäßig über Art. 8 Rom I-VO durchgesetzt** werden, so dass es insoweit keines Rückgriffs auf die überindividuellen Belangen dienende Vorschriften des Art. 9 Abs. 1 Rom I-VO bedarf[4]. Nunmehr ist die auf der Arblade-Formel des EuGH beruhende Definition des Art. 9 Abs. 1 Rom I-VO maßgeblich[5] (s. Rz. 510). Danach ist eine Eingriffsnorm eine zwingende Vorschrift, deren Einhaltung von einem Staat als so entscheidend für die Wahrung seines öffentlichen Interesses, insbesondere seiner politischen, sozialen oder wirtschaftlichen Organisation, angesehen wird, dass sie ungeachtet des nach der Rom I-VO auf den Vertrag anzuwendenden Rechts auf alle Sachverhalte anzuwenden ist, die in ihren Anwendungsbereich fallen. Ähnlich sind nach der bisherigen deutschen Rechtsprechung inländische Gesetze nur dann Eingriffsnormen, wenn sie entweder ausdrücklich oder nach ihrem Sinn und Zweck ohne Rücksicht auf das nach den deutschen Kollisionsnormen anwendbare Recht generell gelten sollen[6]. Die Vorschrift darf nicht nur auf den Schutz von Individualinteressen des Arbeitnehmers abzielen, sondern sie muss zumindest auch öffentliche Gemeinwohlinteressen verfolgen[7]. S. die Beispiele in Rz. 4835, 4914 ff.

---

[1] Vgl. *Knöfel*, RdA 2006, 278 f. – Nach *von Hoffmann*, in: Soergel, Art. 30 EGBGB Rz. 18, 22 f. sollen nur allgemein-arbeitnehmerschützende Normen unter den früheren Art. 30 EGBGB fallen; der frühere Art. 34 EGBGB erfasse hingegen Schutzvorschriften für besondere Arbeitnehmergruppen.
[2] So zum EVÜ *Mankowski*, Seerechtliche Vertragsverhältnisse, S. 508 f.; *Mankowski*, IPRax 1994, 94 ff. – Arbeitnehmerschutzvorschriften wollte über den früheren Art. 34 EGBGB nur durchsetzen bei objektiver Anknüpfung; bei subjektiver Anknüpfung reiche der Günstigkeitsvergleich *Franzen*, IntArbR AR-Blattei, 920 Rz. 112 mwN.
[3] *Mauer/Sadtler*, RIW 2008, 547. – Ebenso zum alten Recht *Wimmer*, IPRax 1995, 210 f.; *Winkler von Mohrenfels*, in: Oetker/Preis, Rz. 104; *Magnus*, in: Staudinger, Art. 30 EGBGB Rz. 204.
[4] So auch *Birk*, RdA 1989, 207; *Hohloch*, Festschr. Heiermann, S. 147; *Schlachter*, in: ErfK, Art. 30 EGBGB Rz. 18; *Hohloch*, in: Erman, Art. 30 EGBGB Rz. 13; BR-Drucks. 222/83, S. 83. Offen gelassen für Lohnwucher nach § 138 BGB, ArbG Wesel 3.5.1995, IPRspr. 1995 Nr. 58 = ArbuR 1995, 475 (Portugies. Arbeitnehmer in Deutschland).
[5] Vgl. *Mankowski*, IPRax 2006, 109 f.; *Mankowski*, IHR 2008, 146 f.
[6] BAG 3.5.1995, BAGE 80, 84 (92) = IPRspr. 1995 Nr. 75.
[7] BAG 12.12.2001, IPRspr. 2001 Nr. 52 = NZA 2002, 734 = SAE 2002, 258 Anm. *Junker* = IPRax 2003, 258 (m. Aufs. *Franzen*, IPRax 2003, 239); BAG 13.11.2007, NZA 2008, 761 = RIW 2008, 644 (TzBfG). – S. auch *Magnus*, in: Staudinger, Art. 30 EGBGB Rz. 193.

bb) Einfaches zwingendes Recht und Eingriffsnormen

Da Art. 8 Rom I-VO nicht immer zum gleichen Ergebnis zu führen braucht wie Art. 9 Abs. 1 Rom I-VO, der international **zwingenden Normen der lex fori** zur Geltung verhelfen will, sind Konflikte zwischen solchen **deutschen Vorschriften** und einfach zwingendem deutschem Recht denkbar. Es handelt sich um Fälle, in denen Bestimmungen die Kriterien beider Vorschriften erfüllen, dh. sowohl internrechtlich vereinbarungsfest als auch rechtswahlfest sind. Schutzvorschriften des Individualarbeitsrechts werden aber regelmäßig über Art. 8 Rom I-VO durchgesetzt, so dass es keines Rückgriffs auf Art. 9 Abs. 1 Rom I-VO bedarf[1]. Praktische Folge davon ist, dass der Günstigkeitsvergleich des Art. 8 Rom I-VO im Hinblick auf zu beurteilendes ausländisches Arbeitsrecht durchgeführt werden darf.

4906

cc) Konflikt zwischen in- und ausländischen Normen

Kommt es zu einem Konflikt zu den von Art. 8 Rom I-VO für maßgeblich erklärten **ausländischen** und den von **Art. 9 Abs. 1 Rom I-VO** berufenen international **zwingenden inländischen Normen**, so beanspruchen letztere idR den Vorrang[2]. Allerdings wird dann, wenn die ausländische Arbeitsrechtsnorm die günstigere und nicht erkennbar ist, warum sie zu Gunsten eines inhaltlich zurückbleibenden inländischen Rechts ausgeschaltet werden sollte, das günstigere Recht vorgehen[3].

4907

e) Ausländische zwingende Vorschriften

Auch ausländische Rechte enthalten zahlreiche Gebote und Verbote arbeitsrechtlicher Natur. Diese Vorschriften werden als solche im Inland nicht angewendet; die Befehlsmacht des fremden Staates findet an der Staatsgrenze ihre Begrenzung. Zwangsmaßnahmen eines fremden Staates können im Inland nicht durchgesetzt werden (soweit nicht besondere völkerrechtliche Abkommen bestehen). Anders ist es mit den Einwirkungen fremder Vorschriften auf Vertragsverhältnisse. Das fremde Recht kann unmittelbar die vertraglichen Ansprüche gestalten, zB durch zwingende Festsetzung von Mindestlohnansprüchen, von Ansprüchen auf Bezahlung des Urlaubs, Bezahlung von Feiertagen etc. Solche zwingenden Vorschriften sind uU auch vom inländischen Richter anzuwenden, wenn aus dem Vertrag im Inland geklagt wird[4]. Das ist dann der Fall, wenn die Frage vom Arbeitsvertragsstatut erfasst wird. Das

4908

---

1 S. bereits *Birk*, RdA 1989, 207; *Magnus*, in: Staudinger, Art. 30 EGBGB Rz. 210. Krit. *Droste*, S. 218 zur Amtl. Begr. S. 83. – Vgl. auch *R. Lehmann*, Zwingendes Recht dritter Staaten im internationalen Vertragsrecht (1986), S. 219 ff.
2 Zum alten Recht *E. Lorenz*, RIW 1987, 580; *Droste*, S. 218 f.; *Lüderitz*, IPR, Rz. 276; *Thorn*, in: Palandt, Art. 34 EGBGB Rz. 3; *Magnus*, in: Staudinger, Art. 30 EGBGB Rz. 208 f.
3 So schon *E. Lorenz*, RIW 1987, 580; *Winkler von Mohrenfels*, in: Oetker/Preis, Rz. 104 ff.; *Magnus*, in: Staudinger, Art. 30 EGBGB Rz. 208 f. – Vgl. auch *Junker*, IPRax 1989, 73 f.
4 Vgl. *Birk*, NJW 1978, 1830.

fremde Recht kann aber auch Verträge mit der Sanktion der Nichtigkeit belegen, weil sie gegen ein Verbot, zB das Verbot der Einstellung ohne behördliche Genehmigung, verstoßen. In solchen Fällen kann zwar nicht das Verbot, wohl aber dessen Nichtigkeitssanktion Anwendung finden, wenn der Vertrag im Inland durchgesetzt werden soll.

4909 Die Anwendung fremder zwingender Vertragsvorschriften ist – ebenso wie in anderen Rechtsgebieten – auch auf dem Gebiet des Arbeitsrechts deshalb grundsätzlich geboten, weil die fremden Vorschriften oft die gleichen Ziele verfolgen, die auch durch entsprechende inländische Vorschriften verfolgt werden. Dazu kommt die **Rücksicht auf den Entscheidungseinklang**. Den Vertragspartnern geschieht keine Unbilligkeit, sie hätten das fremde Recht und seine zwingenden Vorschriften berücksichtigen können. Voraussetzung ist freilich, dass der Vertrag eine enge Beziehung zu dem betreffenden Recht hat[1]. Dies ist grundsätzlich dann der Fall, wenn der Schwerpunkt des Arbeitsverhältnisses nach Art. 8 Rom I-VO in dem betreffenden fremden Lande liegt. Klagt zB ein von einer italienischen Firma nach Deutschland entsandter Monteur, dem gekündigt wurde, eine Abfindung ein, so hat das deutsche Gericht der Klage unter Anwendung von Art. 2120 c.c. stattzugeben, da hier das Zentrum der arbeitsrechtlichen Beziehungen in Italien liegt.

4910 Die Anwendung zwingender **drittstaatlicher Eingriffsnormen**, also Vorschriften des Staates, der nicht das Vertragsstatut stellt und in dem auch nicht der Gerichtsort liegt, war früher wegen des deutschen Vorbehalts gegen Art. 7 Abs. 1 EVÜ ungeregelt geblieben. Es galten die allgemeinen von Rechtsprechung und Lehre entwickelten Grundsätze[2]. Heute findet die allgemeine Vorschrift des Art. 9 Abs. 3 Rom I-VO Anwendung[3] (näher Rz. 631 ff.). Danach kommt es auf den Erfüllungsort an. Dies könnte etwa für US-amerikanische Vorschriften, welche den Whistle Blower begünstigen, praktisch werden[4].

Ausnahmsweise kommt es nicht auf den Schwerpunkt des Arbeitsverhältnisses an, sondern auf den Ort, an dem tatsächlich gearbeitet wird, etwa wenn es sich darum handelt, festzustellen, wie lange gearbeitet werden darf oder welche Tage Feiertage sind[5].

4911 Namentlich englische arbeitsrechtliche Vorschriften beanspruchen von vornherein nur Geltung für in Großbritannien geleistete Arbeit, haben also eine **räumlich begrenzte Reichweite**[6]. Der englische Richter würde sie daher auch dann nicht anwenden, wenn im Übrigen englisches Recht gilt (zB bei der Vereinbarung englischen Rechts für Arbeit in Belgien oder in Deutschland). Daher

---

1 Vgl. *Magnus*, in: Staudinger, Art. 30 EGBGB Rz. 213.
2 Vgl. *Gamillscheg*, ZfA 14 (1983), 348 ff.; *Junker*, Int.ArbR, S. 302 ff.
3 *Mauer/Sadtler*, RIW 2008, 547 f.
4 Vgl. *Mahnhold*, NZA 2008, 741 ff.
5 *Birk*, in: MünchArbR, § 20 Rz. 83. Vgl. ArbG Göttingen 5.8.1949, RdA 1950, 117 Anm. *Beitzke* (Lohnfortzahlung an gesetzlichen Feiertagen).
6 Näher *Gamillscheg*, RIW 1979, 225 ff.; *Krebber*, IPR des Kündigungsschutzes, S. 221, 272 ff.

muss der ausländische Richter entscheiden, ob er diesem Ansatz folgen oder die Vorschriften über ihre ursprüngliche Reichweite hinaus anwenden soll. Eine versteckte Rückverweisung auf das inländische Recht scheidet aus (Art. 20 Rom I-VO). Zwar wird vertreten, da die kollisionsrechtliche Verweisung sich nur auf die Sachnormen richte, könnten die selbstbeschränkten ausländischen Sachnormen angewendet werden[1]. Für ihre Nichtanwendung spricht aber der internationale Entscheidungseinklang; ferner würde man das ausländische Recht denaturieren, wenn es auf Sachverhalte angewendet würde, die es gar nicht erfassen will[2]. Die Selbstbegrenzung der ausländischen Sachnormen ist also auch vom inländischen Richter zu beachten[3].

Ergeben sich auf diese Weise in der Anwendung des ausländischen Rechts Lücken, die nicht durch die Anwendung deutscher oder anderer zwingender Normen geschlossen werden können, bleibt nur noch der deutsche ordre public (Art. 21 Rom I-VO). 4912

f) Ordre public

Soll nach Art. 8 Rom I-VO ausländisches materielles Recht zur Anwendung kommen, so kann bei besonders krassen Verstößen gegen die Grundsätze des deutschen Rechts der deutsche ordre public (Art. 21 Rom I-VO) entgegenstehen[4]. Entscheidend dafür ist, ob bei genügender Inlandsbeziehung im Einzelfall untragbare Ergebnisse eintreten würden. Außer einer Unvereinbarkeit mit den Grundrechten kommen vor allem **Verstöße gegen Grundwertungen des deutschen Arbeitsrechts** in Betracht, insbesondere ein fehlender oder erheblich hinter den inländischen Maßstäben zurückbleibender Arbeitnehmerschutz[5]. Wegen des Günstigkeitsvergleichs nach Art. 8 Abs. 1 S. 2 Rom I-VO und der Durchsetzung inländischer Eingriffsnormen gem. Art. 9 Abs. 1 Rom I-VO ist die Rolle des ordre public allerdings reduziert[6]. 4913

2. Einzelne zwingende Vorschriften

Für die Entscheidung, auf welchem Wege die jeweiligen zwingenden Normen zur Anwendung kommen, spielt ihre Rechtsnatur eine entscheidende Rolle. Die Einordnung hat praktische Bedeutung, da das kollisionsrechtliche Resultat unterschiedlich ausfallen kann (s. insbes. den Katalog des § 2 AEntG). Zwar lassen sich einzelne Normgruppen regelmäßig einer der Möglichkeiten zuordnen, doch kann die jeweilige Ausgestaltung im Einzelfall zu anderen Ergebnissen führen. 4914

Erwägungsgrund 34 stellt klar, dass die Kollisionsnorm für Individualarbeitsverträge die Anwendung von Eingriffsnormen des Staates, in den der Arbeit-

---

[1] So zu Art. 30 EGBGB *Junker*, Int.ArbR, S. 177 f.
[2] S. auch *Morse*, in: North, S. 166 f.
[3] *Birk*, in: MünchArbR, § 20 Rz. 77. Vgl. auch *Knöfel*, IPRax 2007, 146 ff.
[4] Dazu *Gamillscheg*, ZfA 14 (1983), 314 ff.
[5] Näher zum alten Recht *Birk*, in: MünchArbR, § 20 Rz. 98 ff.
[6] Vgl. *Junker*, Int.ArbR, S. 315 ff.; *Birk*, in: MünchArbR, § 19 Rz. 96.

nehmer im Einklang mit der Entsenderichtlinie entsandt wird, unberührt lassen sollte.

a) Begründung des Arbeitsverhältnisses

4915 Die Begründung des Arbeitsverhältnisses unterliegt grundsätzlich dem **Arbeitsvertragsstatut**. Es entscheidet auch – vorbehaltlich des deutschen ordre public (Art. 21 Rom I-VO) –, ob ein befristetes Arbeitsverhältnis eingegangen werden kann. Allerdings sind Befristungseinschränkungen als Schutzgesetze iSd. Art. 8 Rom I-VO auch gegen das gewählte Recht durchzusetzen[1].

Für die **Arbeitsvertragsgeschäftsfähigkeit** gelten der auf die Staatsangehörigkeit abstellende Art. 7 EGBGB und die Verkehrsschutzvorschrift des Art. 13 Rom I-VO; das Personalstatut wird durch den Abschlussort beschränkt[2].

Für die rechtsgeschäftliche **Form** fehlt eine besondere Regelung. Daher gilt uneingeschränkt Art. 11 Rom I-VO; es kommt auf Abschlussort oder lex causae an[3]. Da dies die geringsten Anforderungen an die Form begünstigt, wird zT allein auf das Arbeitsvertragsstatut abgestellt[4]. Teilweise will man auf das im Konfliktfall für den Arbeitnehmer günstigere Formstatut abstellen[5]. Nach deutschem Sachrecht besteht an sich Formfreiheit. Doch hat der Arbeitgeber spätestens einen Monat nach dem vereinbarten Beginn des Arbeitsverhältnisses die wesentlichen Vertragsbedingungen schriftlich niederzulegen, zu unterzeichnen und auszuhändigen (§ 2 Abs. 1 Gesetz über den Nachweis der für ein Arbeitsverhältnis geltenden wesentlichen Bedingungen von 1995 [NachwG]).

Ob eine behördliche **Arbeitsgenehmigung** erforderlich ist, ist eine gesondert anzuknüpfende Frage[6]. Fehlt die Arbeitserlaubnis nach § 285 SGB III iVm. der ArbeitsgenehmigungsVO, so ist der Arbeitsvertrag nach st. Rspr. nicht unwirksam[7].

b) Inhalt des Arbeitsverhältnisses

aa) Modifikation von Rechten und Pflichten

4916 Der Inhalt der Rechte und Verpflichtungen von Arbeitgeber und Arbeitnehmer richtet sich grundsätzlich nach dem Arbeitsvertragsstatut (Art. 12 Rom I-VO). Doch kommt es vielfach zu **Modifikationen nach dem Günstigkeitsprinzip**

---

1 *Magnus*, in: Staudinger, Art. 30 EGBGB Rz. 217. Vgl. auch *Birk*, RdA 1984, 132. Zum Verbot von Frauenarbeit in Saudi-Arabien s. LAG Köln 24.3.1982, IPRspr. 1982 Nr. 40.
2 Dazu *Gamillscheg*, ZfA 14 (1983), 353 f.; *Birk*, in: MünchArbR, § 20 Rz. 62 ff.
3 *Schlachter*, in: ErfK, Art. 27–34 EGBGB Rz. 4. – Näher *Gamillscheg*, ZfA 14 (1983), 355 ff.
4 *Birk*, in: MünchArbR, § 20 Rz. 67.
5 *Magnus*, in: Staudinger, Art. 30 EGBGB Rz. 183.
6 *Birk*, in: MünchArbR, § 20 Rz. 126. Näher *Bieback*, Grundprobleme des Arbeitserlaubnisrechts, ZAR 1995, 99; *Hofherr*, Die illegale Beschäftigung ausländischer Arbeitnehmer und ihre arbeitsrechtlichen Folgen (1999); *Núñez-Müller*, Probleme des Arbeitserlaubnisrechts bei Aussiedlern und Vertriebenen, NZA 1990, 130.
7 S. nur BAG, AP AFG § 19 Nr. 4.

oder zu einer **Sonderanknüpfung** zwingender Vorschriften (vgl. insbes. § 2 AEntG). Soweit sich für den allgemeinen Gleichbehandlungsgrundsatz des deutschen Arbeitsrechts eine generelle Feststellung treffen lässt, dürfte er trotz seines kollektivrechtlichen Einschlags seiner Funktion nach zum Arbeitsvertragsstatut des Art. 8 Rom I-VO zu zählen, aber nicht allgemein über Art. 9 Abs. 1 Rom I-VO durchzusetzen sein[1]. Das **Diskriminierungsverbot** des § 2 Nr. 7 AEntG wird als Eingriffsnorm durchgesetzt (vgl. Rz. 4835). Es wird jedoch bezweifelt, ob das auch für das Antidiskriminierungsrecht des AGG gilt[2]. Die **Haftung** und damit eingeschränkte Verantwortlichkeit des Arbeitnehmers für betrieblich veranlasste Arbeit richtet sich auch dann nach dem Vertragsstatut (vgl. Art. 12 Abs. 1 lit. c Rom I-VO), wenn auf deliktische Ansprüche (die ohnehin nach Möglichkeit akzessorisch anzuknüpfen sind; Art. 4 Abs. 3 Rom II-VO bzw. Art. 41 Abs. 2 Nr. 1 EGBGB) ein anderes Recht anwendbar ist. Insoweit dominiert das arbeitsrechtliche Verhältnis[3].

Keine zwingende Wirkung hat § 8 TzBfG, der einen Anspruch auf **Verringerung der Arbeitszeit** einräumt[4]. Diese Vorschrift dient vorrangig den Individualinteressen der Arbeitnehmer und nicht öffentlichen Gemeinwohlinteressen. Sie strebt einen Ausgleich des Interesses des Arbeitnehmers an einer Verringerung der Arbeitszeit gegenüber dem Interesse des Arbeitgebers an einer Beibehaltung der längeren Arbeitszeit an. Die Teilzeitarbeit und die Entlastung des Arbeitsmarkts sind lediglich Reflexe des vorrangig individuellen Zwecken dienenden Anspruchs auf Teilzeitarbeit.

4917

bb) Lohnanspruch

Literatur: *Berenz*, Anzeige- und Nachweispflichten bei Erkrankung im Ausland, DB 1995, 1462; *Birk*, Lohnfortzahlungsgesetz und Auslandsbeziehungen, DB 1973, 1551; *Birk/Abele/Kasel-Seibert/Maurer*, Lohnfortzahlung im Krankheitsfall – Vergleichender Überblick über das Recht der EG-Staaten, Österreichs und der Schweiz, ZIAS 1 (1987), 45, 159; *Franzen*, Die Rechtsprechung des EuGH zum Schutz der Arbeitnehmer bei Zahlungsunfähigkeit des Arbeitgebers, DZWiR 2000, 441; *Hofmann*, Lohnfortzahlung in Fällen mit Auslandsberührung, Festschr. Zajtay (1982), S. 233; *Krause*, Europarechtliche Vorgaben für das Konkursausfallgeld, ZIP 1998, 56; *Kronke*, Konkursausfallgeld und Auslandsbeschäftigung, IPRax 1982, 177; *Monjau*, Mutterschutz bei Ausländerbeschäftigung, DB 1965, 71; *Özcan*, Erkrankung von Arbeitnehmern im Europäischen Ausland (2000); *Peter*, Die Arbeitsunfähigkeitsbescheinigung als europäisches Rechtsproblem: ein Vergleich der nationalen Rechtslage in Deutschland, Frankreich und Großbritannien unter Einbeziehung europarechtlicher Regelungen (1999).

---

1 Vgl. *Thorn*, in: Palandt, Art. 30 EGBGB Rz. 6. Anders *Bittner*, NZA 1993, 161 ff., die ihn nur unter die früheren Art. 27 Abs. 3 EGBGB und Art. 34 EGBGB, nicht aber unter Art. 30 EGBGB aF fallen lässt.
2 Abl. *Schrader/Straube*, NZA 2007, 184 ff. Eher verneinend für §§ 7, 13–15 AGG *Junker*, Arbeitnehmereinsatz, S. 30 f. – Vgl. allgemein *Pfeiffer*, Festschr. Schwerdtner, S. 779 ff.
3 *Birk*, RdA 1984, 133; *Franzen*, IntArbR AR-Blattei 920 Rz. 133; *Birk*, in: MünchArbR, § 20 Rz. 144.
4 BAG 13.11.2007, NZA 2008, 761 = RW 2008, 644.

4918 Der Lohnanspruch untersteht grundsätzlich dem Arbeitsvertragsstatut. Es entscheidet zB, ob der Arbeitnehmer bestimmte Provisionsansprüche besitzt[1]. Dies gilt auch für eine Aktienoptionsvereinbarung mit dem Arbeitgeber[2]. Im Übrigen dienen Vorschriften über die Lohnfortzahlung unterschiedlichen sozialpolitischen Zielen. Daher erscheint es zweckmäßig, bestimmte Schutzvorschriften über den Lohnanspruch ohne Arbeit (Betriebsrisiko, Feiertagsbezahlung) dem Günstigkeitsprinzip zu unterwerfen[3]. Auch Bestimmungen über gesetzliche Mindestlöhne und ähnliche garantierte Leistungen des Arbeitgebers sollten zu den zwingenden Vorschriften des Art. 8 Rom I-VO gezählt, also regelmäßig dem Recht am Ort der Arbeitsleistung unterstellt werden[4]. Ferner ist § 2 Nr. 1 AEntG zu beachten.

Es verstößt nicht gegen die Dienstleistungsfreiheit (Art. 49, 50 EG [ex-Art. 59, 60 EGV]), von einem Unternehmen mit Sitz in einem Mitgliedstaat, das Dienstleistungen in einem anderen Mitgliedstaat erbringt, zu verlangen, dass es den gesetzlichen Mindestlohn des Staates der Dienstleistung zahlt[5]. Allerdings gilt insoweit der Verhältnismäßigkeitsgrundsatz. Die Verpflichtung besteht nicht für Beschäftigte, welche nur einen Teil ihrer Arbeit in Teilzeit und für kurze Zeiträume im Dienstleistungsstaat leisten[6].

4919 Der arbeitsrechtliche **Anspruch auf Fortzahlung des Arbeitsentgelts** nach dem Entgeltfortzahlungsgesetz (EFZG) wird von einigen nach dem Arbeitsvertragsstatut angeknüpft und würde damit allein Art. 8 Rom I-VO unterfallen[7]. Vorgeschlagen wird auch – um eine einheitliche Beurteilung des Sachverhalts zu ermöglichen – entsprechend der Kranken- und Unfallversicherung anzuknüpfen[8]. Regelmäßig das gleiche Ergebnis ergibt sich, wenn man annimmt, dass das EFZG über Art. 9 Abs. 1 und 2 Rom I-VO[9] auch bei ausländischem Arbeits-

---

1 BAG 26.2.1985, IPRspr. 1985 Nr. 48 = AP Nr. 23 zu IPR ArbR Anm. *Beitzke* = WM 1985, 1378.
2 *Mankowski*, Anm. zu LAG Frankfurt a.M. 19.11.2001, LAGE § 611 Mitarbeiterbeteiligung Nr. 2. – Eine Aktienoptionsvereinbarung mit einem anderen Unternehmen ist nicht mehr als Teil des Arbeitsvertrages betrachtet und selbständig angeknüpft worden (OLG München 18.7.2008, OLGR München 2008, 800).
3 *Magnus*, in: Staudinger, Art. 30 EGBGB Rz. 233. – S. demgegenüber *Gamillscheg*, Internationales Arbeitsrecht, S. 312 f.
4 Ebenso schon *Gamillscheg*, ZfA 14 (1983), 361; *von Hoffmann/Thorn*, § 10 Rz. 78. Vgl. auch *Hohloch*, RIW 1987, 358.
5 Für die Festsetzung in einem Tarifvertrag EuGH 23.11.1999 – Rs. C-369/96 und C-376/96 (Arblade), Slg. 1999, I-8453 = NZA 2000, 85 = ZEuP 2001, 358 Anm. *Krebber*.
6 EuGH 15.3.2001 – Rs. C-165/98 (Mazzoleni), Slg. 2001, I-2189 = IPRax 2002, 210 (m. Aufs. *Franzen*, IPRax 2002, 186) (Bewachungsgewerbe im belg.-französis. Grenzgebiet).
7 So für die Vorschriften, die lediglich das Verhältnis von Arbeitgeber und Arbeitnehmer erfassen, zum alten Recht *Däubler*, Festschr. Birk, S. 32 f. Vgl. zum früheren LFZG *Hofmann*, Festschr. Zajtay, S. 244 ff.
8 Näher *Birk*, in: MünchArbR, § 20 Rz. 92, 148; *Winkler von Mohrenfels*, EAS, B 3000 Rz. 140. – Unentschieden *Magnus*, in: Staudinger, Art. 30 EGBGB Rz. 223.
9 So zu Art. 34 EGBGB BAG 12.12.2001, IPRspr. 2001 Nr. 52 = NZA 2002, 734 = SAE 2002, 258 Anm. *Junker* = IPRax 2003, 258 (m. insoweit abl. Aufs. *Franzen*, IPRax 2003, 239) (zu § 3 EFZG; *Gamillscheg*, ZfA 14 (1983), 360; *Benecke*, IPRax 2001, 453; *von Hoffmann/Thorn*, § 10 Rz. 78, 79; *Junker*, Arbeitnehmereinsatz S. 29. – Anders LAG

vertragsstatut Anwendung findet[1], wenn der Beschäftigungsort im Inland liegt. Ist der Beschäftigungsort zeitweilig im Ausland („Ausstrahlung"), so gilt das EFZG grundsätzlich bei bis zu zwölfmonatiger Entsendung. Im Übrigen kann bei Auslandsarbeit eine Lohnfortzahlung entsprechend dem EFZG vereinbart werden.

Unter EU-Staaten ist analog der Verordnung Nr. 1408/71 (oben Rz. 410) zu verfahren: Grundsätzlich gilt das Recht des Beschäftigungsortes (Art. 13 Abs. 2 lit. a VO Nr. 1408/71). Für Entsandte bleiben die Vorschriften des Beschäftigungsortes bis zu 12 Monaten weiter maßgeblich. In Sonderfällen kommt es auf den Staat des Wohnsitzes oder des Unternehmenssitzes an.

Anzeige- und Nachweispflichten bei einer Erkrankung im Ausland richten sich nach § 5 EFZG[2]. Einer von einem ausländischen Arzt ausgestellten Arbeitsunfähigkeitsbescheinigung kommt, wenn sie zwischen bloßer Erkrankung und Arbeitsunfähigkeit unterscheidet, im Allgemeinen der gleiche Beweiswert zu wie einer in Deutschland ausgestellten Bescheinigung[3]. 4920

Der Anspruch auf **Mutterschaftsgeld** nach dem Mutterschutzgesetz (§ 13 Abs. 1 MuSchG) besteht unabhängig vom Arbeitsvertragsstatut[4]. Gewährt das Arbeitsvertragsstatut aber weitere Vergünstigungen, so hat die Arbeitnehmerin auch darauf Anspruch[5]. 4921

Der Lohnausfallersatz in Form des früheren **Schlechtwettergeldes** ist nur für witterungsbedingte Ausfälle von innerhalb der deutschen Grenzen zu erbringenden Arbeiten zuerkannt worden[6]. Entsprechendes galt für die Gewährung des **Winterausfallgelds**, das durch das **Saison-Kurzarbeitergeld** (§ 175 SGB III) ersetzt worden ist[7]. 4922

Frankfurt a.M. 16.11.1999, IPRspr. 1999 Nr. 47 = IPRax 2001, 461 (m. abl. Aufs. *Benecke*, IPRax 2001, 449); *Junker*, RIW 2001, 103 sowie *Birk*, in: MünchArbR, § 20 Rz. 92, der eine „Abweichung aus strukturellen Gründen" annimmt.
1 Vgl. bereits *Birk*, DB 1973, 1552.
2 Näher *Berenz*, DB 1995, 1462 f.
3 BAG 20.2.1985, BAGE 48, 115 = AP Nr. 4 zu § 3 LohnFG. Zur Bindung des deutschen Arbeitgebers an die Feststellungen des ausländischen Sozialversicherungsträgers, EuGH 3.6.1992 – Rs C-45/90 (Paletta), Slg. 1992, I-3423 = NJW 1992, 2687 = DZWiR 1992, 373 Anm. *Reuter* = DB 1992, 1577 (m. Aufs. *Berenz*, DB 1992, 2442). Dazu EuGH 2.5.1996 – Rs C-206/94 (Brennet/Paletta), Slg. 1996, I-2357 = NZA 1996, 635 auf die erneute Vorlage des BAG 27.4.1994, NZA 1994, 683. – Zur Beweislast des Arbeitgebers BAG 19.2.1997 (Paletta), NZA 1997, 705 = EWiR 1997, 767 (*Schlachter*).
4 *Gamillscheg*, ZfA 14 (1983), 360. Für eine Einordnung unter den früheren Art. 34 EGBGB s. BAG 12.12.2001, IPRspr. 2001 Nr. 52 = NZA 2002, 734 = SAE 2002, 258 Anm. *Junker* = IPRax 2003, 258 (m. insoweit zust. Aufs. *Franzen*, IPRax 2003, 239); *Benecke*, IPRax 2001, 453; *von Hoffmann/Thorn*, § 10 Rz. 78. – Anders LAG Frankfurt a.M. 16.11.1999, IPRspr. 1999 Nr. 47 = IPRax 2001, 461 (m. abl. Aufs. *Benecke*, IPRax 2001, 449); *Junker*, RIW 2001, 103.
5 Vgl. auch *Gamillscheg*, S. 267 f.; *Monjau*, DB 1965, 71.
6 BSG 25.7.1985, BSGE 58, 286; *Magnus*, in: Staudinger, Art. 30 EGBGB Rz. 228.
7 Vgl. BSG 20.4.1977, BSGE 43, 255 (zu § 80 AFG aF); s. auch *R. Schmidt*, BB 1978, 1016 ff.

4923 Nach deutschem Recht haben Arbeitnehmer bei Zahlungsunfähigkeit ihres Arbeitgebers einen sozialrechtlichen Anspruch auf Ausgleich ihres ausgefallenen Arbeitsentgelts (**Insolvenzgeld**; §§ 183 ff. SGB III). Dieser Anspruch wird unabhängig vom Arbeitsvertragsstatut angeknüpft[1]. Es genügt aber nicht, dass der Arbeitgeber eine inländische Niederlassung besitzt und ein inländisches Insolvenzverfahren eingeleitet wurde. Weitere Voraussetzung ist eine inländische Beschäftigung des Arbeitnehmers (§ 183 Abs. 1 SGB III)[2]. Ein inländischer Wohnsitz des Arbeitnehmers (vgl. § 30 Abs. 1 SGB I) ist nicht erforderlich[3]. Ferner kommt das deutsche Recht dann zur Anwendung, wenn der Arbeitnehmer für eine gewisse Zeit iSv. § 4 SGB IV ins Ausland entsandt wurde[4].

cc) Urlaub

4924 Urlaubsansprüche unterliegen – als Ansprüche auf bezahlte Freizeit zu Erholungszwecken – nach hM dem Arbeitsvertragsstatut[5].

Vorschriften über den Mindesturlaub können aber als Schutzbestimmungen iSd. Art. 8 Rom I-VO unabhängig vom vereinbarten Recht nach dem Recht am Ort der Arbeitsleistung angewendet werden, wenn sie über den Anspruch auf bezahlten Urlaub nach dem Vertragsstatut hinausgehen[6]. In einzelnen Fällen (Jugend-, Mutter- und Schwerbehindertenschutz) kommt auch eine Sonderan-

---

1 *Franzen*, IntArbR AR-Blattei, 920 Rz. 142 (noch zu §§ 141a ff. AFG aF); *Magnus*, in: Staudinger, Art. 30 EGBGB Rz. 227.
2 S. schon *Kronke*, IPRax 1982, 177 f.
3 LSG München 7.5.1981, IPRax 1982, 191 (Anm. *Kronke*, IPRax 1982, 177 (Brit. Staatsangehöriger mit engl. Wohnsitz leitete in England Verkaufsdirektion einer deutschen Firma, die in Konkurs ging. Anspruch auf Konkursausfallgeld abgelehnt. Da der gleiche räumliche Geltungsbereich des Gesetzes wie bei der Unfallversicherung bestehe, wäre eine inländ. Beschäftigung erforderlich gewesen).
4 BSG 21.9.1983, IPRspr. 1983 Nr. 47 = ZIP 1984, 469 (Deutscher Lehrer betreute Entwicklungsprojekt in Südamerika für deutsche Gesellschaft, die später in Konkurs ging. Arbeitsvertragsstatut war deutsches Recht; ein inländ. Wohnsitz bestand nicht. Anspruch auf Konkursausfallgeld bejaht, da der Arbeitnehmer ins Ausland entsandt wurde bzw. eine „Ausstrahlung" vorlag. Der Schwerpunkt des Entgeltanspruchs bzw. des zugrunde liegenden Arbeitsverhältnisses lag weiterhin im Inland); *Kronke*, IPRax 1982, 178.
5 S. bereits BAG 27.8.1964, BAGE 16, 215 = IzRspr. 1964/65 Nr. 59 = NJW 1965, 319 (Musiker einer Zirkuskapelle. Urlaubsrecht von Nordrhein-Westfalen als am Sitz des Arbeitgebers geltendes Recht angewendet, „da die Kläger während ihres Arbeitsverhältnisses ständig in den Rechtsgebieten verschiedener deutscher Länder gearbeitet haben und sich deshalb im Interesse der Stetigkeit der Rechtsbeziehungen zwischen den Parteien als einziger Anknüpfungspunkt das 'Recht des Arbeitgebers' anbietet"); ArbG Frankfurt a.M. 29.5.1970, IPRspr. 1971 Nr. 32 = ARSt. 1972 Nr. 1053 (Arbeitsverhältnis in Marokko. Wegen Vereinbarung deutschen Rechts auch deutsches Urlaubsrecht angewendet); *Gamillscheg*, Internationales Arbeitsrecht S. 292 ff.; *Gamillscheg*, ZfA 14 (1983), 360; *Birk*, RdA 1984, 134; *Franzen*, IntArbR AR-Blattei, 920 Rz. 133; *Trinkner*, BB 1967, 1293; *Birk*, in: MünchArbR, § 20 Rz. 151.
6 *von Hoffmann/Thorn*, § 10 Rz. 78.

knüpfung nach Art. 9 Abs. 1 Rom I-VO in Betracht (vgl. § 2 Nr. 2, 6 AEntG)[1]. Dies ist auch für den Elternurlaub (§ 15 ff. BEEG) anzunehmen[2].

dd) Arbeitnehmererfindung und Urheberrecht

Literatur: *Bauer*, Die Arbeitnehmererfindung im IPR, AWD 1970, 512; *Birk*, Arbeitnehmer und arbeitnehmerähnliche Person im Urheberrecht bei Auslandsbeziehungen, Festschr. Hubmann (1985), S. 1; *Birk*, Der angestellte Urheber im Kollisionsrecht, UFITA 108 (1988), 101; *H. Koch*, Die Auslandsfreigabe nach dem Arbeitnehmererfindungsgesetz, RIW 1986, 824; *Rive*, Internationales Arbeitnehmererfindungsrecht (2009); *Sack*, Kollisions- und europarechtliche Probleme des Arbeitnehmererfinderrechts, Festschr. Steindorff (1990), S. 1333; *Straus*, Rechtsvergleichende Bemerkungen zum Begriff des Arbeitnehmererfinders, GRUR Int. 1984, 402; *Straus*, Die international-privatrechtliche Beurteilung von Arbeitnehmererfindungen im europäischen Patentrecht, GRUR Int. 1984, 1 = in: Holl/Klinke (Hrsg.), Internationales Privatrecht – Internationales Wirtschaftsrecht (1985), S. 323.

Macht ein Arbeitnehmer Erfindungen, so werden die damit zusammenhängenden arbeitsrechtlichen Fragen (ob eine Diensterfindung oder eine freie Erfindung vorliegt, dem Arbeitgeber die Erfindung zusteht und Entgeltansprüche des Arbeitnehmers entstehen) von der hM nach dem **Arbeitsvertragsstatut**[3] bzw. dem Recht des gewöhnlichen Arbeitsortes[4] beantwortet. Die im Vorfeld des gewerblichen Rechtsschutzes liegende Zuordnung einer Erfindung betrifft das Recht am Arbeitsergebnis und steht damit arbeitsrechtlichen Zusammenhängen näher als dem für Immaterialgüterrechte geltenden Recht des Schutzlandes. Dies sieht zB das österreichische Recht ausdrücklich vor (§ 34 Abs. 2 IPRG). Das Arbeitsvertragsstatut bestimmt auch, ob bei der Entstehung von Urheberrechten in und während eines Arbeitsverhältnisses der Arbeitgeber urheberrechtliche Befugnisse erhält[5]. Die zwingenden Regeln über die Arbeitnehmererfindung sind als Schutzvorschriften iSd. Art. 8 Abs. 1 S. 2 Rom I-VO anzusehen. 4925

Eine besondere Regelung trifft Art. 60 Abs. 1 S. 2 **Europäisches Patentübereinkommen** vom 5.10.1973[6]. Ist der Erfinder ein Arbeitnehmer, so bestimmt sich das Recht auf das europäische Patent nach dem Recht des Staates, in dem der Arbeitnehmer überwiegend beschäftigt ist; ist nicht festzustellen, in welchem Staat die überwiegende Beschäftigung erfolgt, so ist das Recht des Staates an- 4926

---

[1] BAG 20.7.2004, IPRspr. 2004 Nr. 50 (LS) = NZA 2005, 114 (urlaubs- und sozialkassenrechtliche Regelung); *Magnus*, in: Staudinger, Art. 30 EGBGB Rz. 230. – Zur Einordnung des dän. Urlaubsgesetzes als nicht international zwingende Norm *Martiny*, ZEuP 2001, 325.
[2] Noch zum Erziehungsurlaub LAG Frankfurt a.M. 16.11.1999, IPRspr. 1999 Nr. 47 = NZA-RR 2000, 401. – Dazu *Junker*, RIW 2001, 103 f.
[3] *Gamillscheg*, ZfA 14 (1983), 362; *Bauer*, AWD 1970, 513 f.; *Birk*, RabelsZ 46 (1982), 400.
[4] *Ulmer*, Die Immaterialgüterrechte im IPR (1975), S. 79 f.
[5] *Birk*, Festschr. Hubmann, S. 5 f.; *Birk*, in: MünchArbR, § 20 Rz. 168.
[6] BGBl. II 1976, 649 (826).

zuwenden, in dem der Arbeitgeber den Betrieb unterhält, dem der Arbeitnehmer angehört.

Danach gilt, unabhängig von einer Rechtswahl, das Recht des Beschäftigungsortes, hilfsweise das des Betriebes, dem der Arbeitnehmer angehört. Versteht man dies als Sachnormverweisung, so kommt es bei abweichender Rechtswahl zu einer Spaltung zwischen Arbeitsvertragsstatut und anwendbarem Arbeitnehmererfindungsrecht. Zur Harmonisierung wird vorgeschlagen, die Vorschrift als **Gesamtnormverweisung** auszulegen[1]. Demnach bestimmt das Kollisionsrecht des Beschäftigungsortes, welches nationale Recht auf das Arbeitsverhältnis anzuwenden ist. Diese Rechtsordnung wird so dann befragt, wem die Erfindung zusteht.

c) Bestand des Arbeitsverhältnisses

aa) Ruhen des Arbeitsverhältnisses

4927 Ein Arbeitsverhältnis kann aus verschiedenen Gründen ruhen. Für ein Ruhen auf Grund einer Vereinbarung gilt das Arbeitsvertragsstatut[2]. Dagegen unterliegt das Ruhen wegen **Wehrdienstes** gem. § 1 Abs. 1 ArbPlSchG nicht dem Arbeitsvertragsstatut, sondern folgt aus der zwingenden Anwendung des Gesetzes. Es gilt auch für den EU-Arbeitnehmer, der im Heimatstaat Wehrdienst leistet (oben Rz. 4802). Obwohl türkische und andere Arbeitnehmer aus Nicht-EU-Staaten weder unter das ArbPlSchG noch die EU-Vorschriften fallen, führt die Ableistung des verkürzten Wehrdienstes in der Türkei nach Treu und Glauben (bzw. nach aA auf Grund eines Leistungsverweigerungsrechts des Arbeitnehmers) zu einer Suspendierung der Arbeitspflicht, wenn ihr keine vorrangigen betrieblichen Interessen entgegenstehen[3]. Eine Kündigung ist jedenfalls dann nicht gerechtfertigt, wenn der Wehrdienst nicht länger als zwei Monate dauert[4].

bb) Kündigungsschutz

4928 Fragen der Kündigungsfristen und des Kündigungsschutzes (soweit es nicht um die Betriebsverfassung, Massenentlassungen usw. geht) unterstehen dem **Arbeitsvertragsstatut**. Das private Kündigungsschutzrecht wird dem Bereich der Parteiautonomie zugerechnet. – Zur Mitbestimmung bei Kündigungen s. unten Rz. 4952 ff.

---

1 *Straus*, GRUR Int. 1984, 4 ff.
2 *Birk*, RdA 1984, 134.
3 BAG 22.12.1982, BAGE 41, 229 = DB 1983, 1602 = AP Nr. 23 zu § 123 BGB (Grundwehrdienst in der Türkei. Arbeitnehmer focht seine eigene Kündigung wegen rechtswidriger Drohung mit Entlassung erfolgreich an); BAG 7.9.1983, BAGE 43, 263 = DB 1984, 132 = AP Nr. 7 zu § 1 KSchG (Grundwehrdienst in der Türkei. Suspendierung des Arbeitsverhältnisses, aber Hinweispflicht bezüglich Einberufungszeitpunkt).
4 Vgl. BAG 20.5.1988, IPRspr. 1988 Nr. 54 = NZA 1989, 464 = EWiR § 1 KSchG 4/89, 1027 (LS) Anm. *Hanau* (zwölfmonatiger jugoslaw. Wehrdienst).

Daher fällt die Vertragsbeendigung durch rechtsgeschäftliche Kündigung nach geltendem Recht gem. Art. 12 Abs. 1 lit. d Rom I-VO in den Bereich des Vertragsstatuts[1]. Doch handelt es sich beim allgemeinen Kündigungsschutz nach dem KSchG auch um **zwingende Schutzvorschriften** iSd. Art. 8 Rom I-VO[2]. Folglich kann dem Arbeitnehmer der Schutz dieser Vorschriften durch Rechtswahl nicht entzogen werden, soweit sie nach Art. 8 Abs. 2–4 Rom I-VO – insbesondere als Vorschriften des Arbeitsortes – anzuwenden wären[3]. Es gilt beispielsweise die längere Kündigungsfrist. Soweit das Kündigungsschutzrecht eine Mindestbeschäftigtenzahl im Betrieb verlangt, handelt es sich nicht mehr um die internationale Reichweite des Kündigungsschutzrechts[4], sondern um eine sachrechtliche Frage. Für Betriebe im Ausland sind daher die jeweiligen Anforderungen durch Auslegung der einschlägigen Normen zu ermitteln[5]. Die Nichtberücksichtigung ausländischer Betriebsteile für den Grenzwert der notwendigen Betriebsgröße in § 23 KSchG bzw. die Nichtanwendung auf ausländische Betriebe durch die Rechtsprechung[6] stößt vielfach auf Ablehnung[7]. Für eine Selbstbeschränkung des deutschen Kündigungsschutzes auf Inlandssachverhalte besteht kein Anlass.

Hingegen sollte das allgemeine inländische Kündigungsschutzrecht des KSchG grundsätzlich **nicht über Art. 9 Abs. 1 Rom I-VO** durchgesetzt werden, da diese individualschützenden Bestimmungen nicht als Eingriffsnormen iSd. Vorschrift anzusehen sind[8]. Dies gilt auch für die Kündigungsschutzfristen des Seemannsgesetzes.

4929

---

1 So schon *Gamillscheg*, ZfA 14 (1983), 362 f.; *Däubler*, RIW 1987, 254; *Magnus*, in: Staudinger, Art. 30 EGBGB Rz. 235 – Zur Kündigung des Arbeitsvertrags nach dem Recht von New Jersey IPG 2002 Nr. 30 (Köln).
2 Zu Art. 30 EGBGB BAG 26.9.1996, IPRspr. 1996 Nr. 50 = NZA 1997, 202; BAG 20.11.1997, IPRspr. 1997 Nr. 58 = NZA 1998, 813 = IPRax 1999, 174 (m. Aufs. *Krebber*, IPRax 1999, 164) (US-amerikan. Zivilangestellter); *Junker*, Int.ArbR, S. 262; *von Hoffmann/Thorn*, § 10 Rz. 78. Vgl. zum EVÜ Bericht *Giuliano/Lagarde*, BT-Drucks. 10/503, S. 57.
3 Vgl. *Hohloch*, RIW 1987, 358.
4 So aber LAG Düsseldorf 21.5.1996, IPRspr. 1996 Nr. 52 = DZWir 1997, 463 Anm. *Baumann*. – Dazu abl. *Junker*, RIW 2001, 104 f.
5 BAG 9.10.1997, BAGE 86, 374 = IPRspr. 1997 Nr. 57 = NZA 1998, 141 (m. Aufs. *Schmidt*, NZA 1998, 169; BAG 23.4.1998, BAGE 88, 287 = IPRspr. 1998 Nr. 52 = NZA 1998, 995. – Näher *Junker*, RIW 2001, 105; *Magnus*, in: Staudinger, Art. 30 EGBGB Rz. 237.
6 BAG 3.6.2004, NJW 2005, 90 = NZA 2004, 1380; BAG 17.1.2008, NZA 2008, 872 = NJW 2008, 2665; BAG 26.3.2009, NZA 2009, 920 = RIW 2009, 570.
7 So etwa *Junker*, Festschr. Konzen, S. 363 ff.; *Däubler*, Festschr. Birk, S. 38 ff.; *Deinert*, RIW 2008, 148 ff.; *Deinert*, ArbuR 2008, 300 ff.
8 Zu Art. 34 EGBGB BAG 24.8.1989, BAGE 63, 17 = IPRax 1991, 407 (m. Aufs. *Magnus*, IPRax 1991, 382) = SAE 1990, 317 Anm. = IPRspr. 1989 Nr. 72; LAG Frankfurt a.M. 3.11.1992, IPRspr. 1992 Nr. 71; *Franzen*, IntArbR AR-Blattei, 920 Rz. 119, 167; *Reiserer*, NZA 1994, 677 f.; *Heilmann* S. 122; *Kegel/Schurig*, S. 692; *Thorn*, in: Palandt, Art. 34 EGBGB Rz. 3. Zweifelnd *Däubler*, RIW 1987, 255. Anders *Krebber*, Kündigungsschutz im IPR, S. 312 ff.; *Birk*, in: MünchArbR, § 20 Rz. 93, 200 ff. Zweifel an der Einordnung einer behördlichen Genehmigung einer Kündigung als Eingriffsnorm bei *Sauveplanne*, Inländische zwingende Vorschriften und ausländisches Vertragsstatut des Arbeitsvertrages, IPRax 1989, 119 ff.

BAG 24.8.1989, IPRspr. 1989 Nr. 72 = IPRax 1991, 407 (m. Aufs. *Magnus*, IPRax 1991, 382 = SAE 1990, 317 Anm. *Junker*
Kündigung einer Kassiererin auf zwischen den Niederlanden und England eingesetztem Fährschiff. Kündigungsschutz allein nach engl. Recht beurteilt.

Von der Geltung des Arbeitsvertragsstatuts ausgenommen sind als international zwingende Vorschriften allerdings die Kündigungsvorschriften des Mutterschutzgesetzes[1] und für Schwerbehinderte (s. Rz. 4934)[2]. Insoweit hat das europäische Kollisionsrecht nicht am Ergebnis geändert. Auch der Kündigungsschutz während der Elternzeit ist international zwingendes Recht[3].

4930 Ferner kann bei einem ausländischen Arbeitsvertragsstatut der deutsche **ordre public** (Art. 21 Rom I-VO) berührt sein[4]. Ein Ausschluss des Kündigungsschutzes zu Beginn der Beschäftigung ist jedoch nicht untragbar[5]. Selbst das gänzliche Fehlen von Kündigungsschutz kann im Einzelfall hinzunehmen sein[6].

cc) Betriebsübergang

Literatur: *Feudner*, Grenzüberschreitende Anwendung des § 613a BGB, NZA 1999, 1184; *Franzen*, Der Betriebsinhaberwechsel nach § 613a BGB im internationalen Arbeitsrecht (1994); *Hernichel*, Die Neuregelung des Betriebsübergangs und der Arbeitnehmerrechte in Italien, RIW 1992, 712; *Junker* (Hrsg.), Betriebsübergang in Europa (2009); *P. Koch*, Auswirkung des Betriebsinhaberwechsels auf Arbeitnehmer im englischen und deutschen Recht, RIW 1984, 592; *Kronke*, The Impact of International Business Transfers on Employment Contracts, N.I.L.R. 36 (1989) 1; *Reichold*, Neues zum grenzüberschreitenden Betriebsübergang, Festschr. Birk (2008), S. 687.

4931 Nach dem auf die EG-Richtlinie vom 14.2.1977 (oben Rz. 4807) zurückgehenden § 613a BGB tritt der neue Betriebsinhaber kraft Gesetzes in ein bestehendes Arbeitsverhältnis ein. Zwar könnte man daran denken, statt der Anknüpfung an den Individualvertrag noch ein besonderes, einheitliches Regime für betriebsbezogene Fragen zu entwickeln und eine derartige Fortsetzungspflicht für alle Arbeitsverhältnisse dem Recht des Betriebsortes zu unterwerfen[7] oder aber sie stets als international zwingende Eingriffsnorm des Forums über

---

1 *Trinkner*, BB 1967, 1293; *Magnus*, in: Staudinger, Art. 30 EGBGB Rz. 198 mwN.
2 *Gamillscheg*, ZfA 14 (1983), 363.
3 Noch zum Erziehungsurlaub LAG Frankfurt a.M. 16.11.1999, IPRspr. 1999 Nr. 47 = IPRax 2001, 461 (m. Aufs. *Benecke*, IPRax 2001, 449).
4 Bei Fehlen eines Kündigungsschutzes nimmt einen ordre public-Verstoß dann an, wenn auch kein Äquivalent – etwa in Form einer Abfindungsregelung – vorhanden ist: *Birk*, in: MünchArbR, § 20 Rz. 101.
5 BAG 24.8.1989, BAGE 63, 17 (30) = IPRax 1991, 407 (m. insoweit zust. Aufs. *Magnus*, IPRax 1991, 382 = SAE 1990, 317 zust. Anm. *Junker* = IPRspr. 1989 Nr. 72 (England).
6 LAG Frankfurt a.M. 3.11.1992, IPRspr. 1992 Nr. 71 (kalifornischer Verkaufsrepräsentant). – Zum US-amerikan. Recht näher *Krebber*, S. 118 ff.
7 *Birk*, in: MünchArbR, § 20 Rz. 185. Für den räumlichen Schwerpunkt des Betriebes bzw. Betriebsteils unter Berücksichtigung des neuen Rechts bei grenzüberschreitendem Betriebsübergang *Junker*, Int.ArbR, S. 236 ff. Im Hinblick auf Art. 1 Abs. 2 der Richtlinie fordert eine „allein an territoriale Kriterien geknüpfte Durchsetzung", *Wimmer*, IPRax 1995, 208 f.

Art. 9 Abs. 2 Rom I-VO durchzusetzen[1]. Denkbar wäre auch eine Durchsetzung über Art. 3 Abs. 4 Rom I-VO. Ferner wird mit der spezielleren Regelung durch die Richtlinie argumentiert[2]. Nach der Rechtsprechung steht beim Betriebsübergang jedoch nicht der Bezug zum Betrieb und zum kollektiven Arbeitsrecht, sondern der **individuelle Schutz des einzelnen Arbeitnehmers** im Vordergrund. Daher ist diejenige Rechtsordnung maßgeblich, welche das Arbeitsverhältnis im Übrigen beherrscht[3].

BAG 29.10.1992, BAGE 71, 297 = IPRax 1994, 123 (m. insoweit zust. Aufs. *Mankowski*, IPRax 1994, 88 = SAE 1994, 28 m. insoweit abl. Anm. *Junker* = AR-Blattei ES 920 Nr. 3 zust. Anm. *Franzen*
US-amerikanische Flugzeugpiloten im Berlin-Flugverkehr, deren Arbeitsverhältnis dem Recht von New York unterstellt wurde. Nach Übernahme des Berlin-Verkehrs durch die Lufthansa kein Betriebsübergang.

d) Nachwirkungen des Arbeitsverhältnisses

aa) Wettbewerbsverbot

Die Folgen einer Beendigung des Arbeitsverhältnisses (Herausgabeansprüche, Freistellung für Stellensuche) richten sich grundsätzlich nach dem Arbeitsvertragsstatut[4]. Dies gilt auch für die Nachwirkungen. Inhalt und Grenzen der Abreden, die dem Arbeitnehmer nach Ende des Arbeitsverhältnisses den Wettbewerb mit dem früheren Arbeitgeber verbieten, sind in den einzelnen Rechtsordnungen sehr unterschiedlich geregelt. In einigen Ländern ist die Wettbewerbsabrede gesetzlich normiert (Österreich, Schweiz, Italien, Niederlande), in anderen der Rechtsprechung überlassen (Frankreich[5], England); in Belgien hat die Praxis die gesetzliche Regelung stark umgebildet[6]. Zum Teil ist die Gewährung einer Karenzentschädigung Voraussetzung für die Gültigkeit des Verbots[7].

4932

Nach hM gilt für Wettbewerbsvereinbarungen das **Arbeitsvertragsstatut**, das uU durch den ordre public korrigiert wird[8]. Im Übrigen unterliegt das Arbeitsvertragsstatut auch hier dem Günstigkeitsprinzip (vgl. Rz. 4846)[9]. Bei der Erstreckung eines Wettbewerbsverbots auf das Inland sieht man zT auch die §§ 74 ff. HGB als international zwingend iSd. Art. 9 Abs. 1 Rom I-VO an[10].

---

1 So zu Art. 34 EGBGB *Jayme/Kohler*, IPRax 1993, 369 f. Dagegen *Kegel/Schurig*, S. 684, 692.
2 *Reichold*, Festschr. Birk (2008), S. 697 ff.
3 *Winkler von Mohrenfels*, in: Oetker/Preis, Rz. 150 ff.; *von Hoffmann/Thorn*, § 10 Rz. 78; *Kegel/Schurig*, S. 684; *Magnus*, in: Staudinger, Art. 30 EGBGB Rz. 218. – Näher *Franzen*, S. 74 ff. mwN. Anders früher LAG Hamburg 22.10.1979, IPRspr. 1979 Nr. 36 = IPRax 1981, 175 (Anm. *Kronke*, IPRax 1981, 157).
4 *Birk*, in: MünchArbR, § 20 Rz. 206, 207.
5 Vgl. *Storp*, RIW 1993, 282 f.
6 Vgl. *Müllenden*, RIW 1981, 755 ff.
7 *Gamillscheg*, Internationales Arbeitsrecht, S. 240.
8 OLG Celle 13.9.2000, IPRspr. 2000 Nr. 42 = NZG 2001, 131 (Wettbewerbsverbot für Benelux und Deutschland nach niederländ. Recht beachtet); *Müller*, RdA 1973, 142.
9 LAG Frankfurt a.M. 14.8.2000, IPRspr. 2000 Nr. 40; *Winkler von Mohrenfels*, in: Oetker/Preis, Rz. 163.
10 *Birk*, in: MünchArbR, § 20 Rz. 210; *Magnus*, in: Staudinger, Art. 30 EGBGB Rz. 245.

bb) Betriebliche Altersversorgung

Literatur: *Birk*, Die betriebliche Altersversorgung bei Auslandsbeziehungen, Festschr. G. Müller (1981), S. 29; *Birk*, Die Insolvenzsicherung der betrieblichen Altersversorgung im grenzüberschreitenden Konzern, IPRax 1984, 137; *Bittner*, Europäisches und internationales Betriebsrentenrecht (2000); *Böhm*, Die betriebliche Altersversorgung in Deutschland und das Recht der Arbeitnehmer auf Freizügigkeit in Europa (2004); *Bohne*, Kollisions- und Sachnormen der betrieblichen Alterversorgung bei internationalen Personaleinsätzen (2004); *Eichenhofer*, Internationalrechtliche Fragen bei der Insolvenzsicherung von Betriebsrentenansprüchen, IPRax 1992, 74; *Fenge*, Die betriebliche Altersversorgung im IPR, DB 1976, 51; *Rey*, Betriebliche Altersversorgung bei Entsendung eines Mitarbeiters zu einer Auslandstochtergesellschaft, DB 1982, 806.

4933 Ansprüche aus der betrieblichen Altersversorgung werden vielfach dem Arbeitsvertragsstatut unterstellt[1]. Insbesondere die Versorgungszusage hat die Rechtsprechung an das Vertragsstatut angeknüpft; auf an Arbeitsverträge angelehnte Pensionsvereinbarungen ist der Grundsatz der Parteiautonomie angewendet worden[2]. Hierfür spricht die individualrechtliche Grundlage der Versorgungszusage.

Denkbar wäre, auch die Geltung des **BetrAVG** an das Arbeitsvertragsstatut zu koppeln. Dieses Gesetz dürfte jedoch unabhängig davon anzuwenden sein. Im Übrigen genügt die Geltung deutschen Rechts für das Arbeitsverhältnis noch nicht für die Anwendung des BetrAVG[3]. Vielmehr richtet sich die Anwendbarkeit einzelner Bestimmungen des BetrAVG wie Unverfallbarkeit (§ 1 BetrANG) und Anpassung an die Geldentwertung (§ 16 BetrANG) sowie das Auszehrungsverbot (§ 6 BetrANG) nach dem Schwerpunkt des Arbeitsverhältnisses[4]. Entscheidend ist die Zuordnung des Arbeitnehmers zu einem inländischen Betrieb[5]. Auch die Sicherung für den Insolvenzfall (§ 7 BetrAVG) ist als Teil der Insolvenzabwicklung vom Arbeitsstatut unabhängig[6].

e) Schutzvorschriften für Schwerbehinderte

Literatur: *Beitzke*, Zum räumlichen und persönlichen Geltungsbereich des Schwerbeschädigtengesetzes, BB 1953, 684; *Kehrmann*, Gültigkeit des Schwerbeschädigtengesetzes für Gastarbeiter der EWG, ArbuR 1964, 355.

---

1 LAG Frankfurt a.M. 13.9.2000, IPRspr. 2000 Nr. 42 (Pension scheme); *Fenge*, DB 1976, 51; *Gamillscheg*, ZfA 14 (1983), 364; *von Hoffmann/Thorn*, § 10 Rz. 78.
2 S. BAG 13.5.1959, BAGE 7, 362 = IPRspr. 1958/59 Nr. 51 = AP Nr. 4 IPR-ArbR Anm. *Gamillscheg* = NJW 1959, 1893; BAG 18.12.1967, IPRspr. 1966/67 Nr. 52 = AP Nr. 11 IPR-Arbeitsrecht Anm. *Beitzke* = SAE 1969, 33 Anm. *Fikentscher*.
3 *Birk*, IPRax 1984, 139.
4 Vgl. *Birk*, Festschr. Müller, S. 46 ff.; *Birk*, RabelsZ 46 (1982), 403 f.
5 Vgl. BAG 6.8.1985, BAGE 49, 225/233 = BB 1989, 1506 (LS) Anm. *Weyer*.
6 LAG Köln 2.2.1983, IPRax 1984, 150 (Anm. *Birk*, IPRax 1984, 137 (Leitender Angestellter einer südafrikanischen Tochtergesellschaft eines deutschen Konzerns hatte bei Insolvenz der deutschen Konzernmutter – die nicht als Arbeitgeber angesehen wurde – keinen Anspruch gegen den deutschen Träger der Insolvenzsicherung der betrieblichen Altersversorgung). Näher *Junker*, IPRax 1993, 6; *Junker*, RIW 2001, 103.

Die Schutzvorschriften für Schwerbehinderte gelten für alle Arbeitnehmer, die in Deutschland wohnen, sich hier rechtmäßig gewöhnlich aufhalten oder beschäftigt werden (§ 2 Abs. 2 SGB IX). Die Vorschriften insbesondere über die **Mindestkündigungsfrist** (§ 86 SGB IX) und den **Zusatzurlaub** (§ 125 SGB IX) sind daher zwingend anzuwenden, wenn der Schwerpunkt des Arbeitsverhältnisses im Inland liegt. Die Schutzvorschriften können heute über Art. 9 Abs. 1 Rom I-VO gegen das Vertragsstatut durchgesetzt werden[1]. 4934

Diese Vorschriften sind also nicht anwendbar auf im Ausland eingestellte „Ortskräfte" deutscher Firmen, wohl aber auf entsandte Kräfte[2]. Sie kommen auch bei deutschen Ortskräften ausländischer Firmen zum Zuge[3].

Anders ist es dagegen mit der Pflicht, Schwerbehinderte einzustellen. Hier handelt es sich nicht um eine Einwirkung auf Verträge, sondern um ein unmittelbares staatliches Gebot an inländische Arbeitgeber (§ 71 SGB IX). Die **Beschäftigungspflicht** ist an den Betriebssitz geknüpft. Auch die zur Kündigung von Schwerbehinderten vorgeschriebene Mitwirkung des Integrationsamts (§ 85 SGB IX) kommt nur bei inländischen Betrieben in Frage. Dabei ist gleichgültig, ob der Arbeitgeber ausländischer Staatsangehöriger ist oder ob der Betrieb nur eine Zweigstelle eines im Ausland befindlichen Unternehmens bildet. Unerheblich ist ferner, ob ausländisches Recht vereinbart wurde[4]. Handelt es sich nicht um einen inländischen Betrieb, so kommt diese Vorschrift auch dann nicht in Frage, wenn es sich um einen Arbeitsvertrag zwischen deutschen Staatsangehörigen im Ausland handelt oder wenn deutsches Recht für das Arbeitsverhältnis vereinbart wurde[5]. 4935

f) Arbeitsschutzbestimmungen

Neben den Vorschriften über den Inhalt des Arbeitsvertrages stehen Gebote und Verbote, die mit dem Abschluss eines Arbeitsvertrages nichts zu tun haben, zB das Gebot **Sicherheitsvorkehrungen** zu treffen (Bestimmungen zur Verhütung von Arbeitsunfällen, über Arbeitsmedizin und die Einhaltung hygienischer Verhältnisse); das Verbot, Frauen und Jugendliche mit bestimmten 4936

---

1 Zum alten Recht BAG 10.12.1964, BAGE 17, 1 = IPRspr. 1964/65 Nr. 69 (Kündigung eines schwer beschädigten italien. Arbeiters eines deutschen Betriebes. Anwendbarkeit des Schwerbeschädigtengesetzes auf Territorialitätsprinzip gestützt); *Gamillscheg*, ZfA 14 (1983), 358; *Junker*, Int.ArbR, S. 260 f.; *Birk*, in: MünchArbR, § 20 Rz. 177; *Magnus*, in: Staudinger, Art. 30 EGBGB Rz. 198. – Anders *Heilmann*, S. 128 ff. mwN.
2 Näher *Däubler*, Festschr. Birk, S. 40 f.
3 LAG Bremen 2.11.1955, DB 1955, 1169 (deutsche Arbeitnehmer bei den Stationierungsstreitkräften).
4 *Heilmann*, S. 132; *Junker*, Int.ArbR, S. 291.
5 BAG 30.4.1987, BAGE 55, 236 = IPRspr. 1987 Nr. 36 = NJW 1987, 2766 = AP Nr. 15 zu § 12 SchwbG Anm. *Gamillscheg* = SAE 1989, 326 Anm. *Junker* (Arbeitsvertrag mit schwerbehindertem Elektromeister auf saudi-arab. Baustelle unterlag deutschem Recht. Auf die Kündigung das damalige SchwbG nicht angewendet); *Junker*, Int. ArbR, S. 261; *Birk*, in: MünchArbR, § 20 Rz. 177. S. schon RAG 1.7.1931, IPRspr. 1931 Nr. 54 (Reparationsarbeiten in Frankreich).

Arbeiten zu betrauen; **Beschäftigungsverbote** für werdende Mütter[1]; die Regelung der Arbeitszeit einschließlich des Verbots an Feiertagen arbeiten zu lassen und der Anordnung einer täglichen oder wöchentlichen **Höchstarbeitszeit** sowie schließlich das Gebot, Versicherungsbeiträge zu zahlen. Ob diese staatlichen Gebote und Verbote anzuwenden sind, bestimmt das internationale Verwaltungsrecht[2]. Hier kommt es nicht auf die Ausgestaltung des Vertragsverhältnisses an, sondern allein auf den Ort, an dem die Arbeit tatsächlich geleistet wird[3]. Arbeitszeitbestimmungen, Arbeitsschutzbestimmungen etc. gelten für Stammarbeiter wie für Zeitarbeiter, für entsandte Kräfte wie für Ortskräfte[4]. Solche Normen werden über Art. 9 Abs. 1 Rom I-VO auch gegen das Vertragsstatut durchgesetzt[5]; vgl. § 2 AEntG. Teilweise wird eine Berücksichtigung der am in- oder ausländischen Arbeitsort geltenden Arbeitszeit- und Feiertagsregelung auch nach Art. 12 Abs. 2 Rom I-VO vorgenommen[6] (vgl. oben Rz. 4904).

4937–4950 Frei.

IV. Kollektives Arbeitsrecht

1. Betriebsverfassung

Literatur zum Internationalen Privatrecht: *Auffarth*, Betriebsverfassung und Auslandsbeziehungen, Festschr. Hilger u. Stumpf (1983), S. 31; *Birk*, Auslandsbeziehungen und Betriebsverfassungsrecht, Festschr. Schnorr von Carolsfeld (1972), S. 61; *Birk*, Mitbestimmung und Kollisionsrecht, RIW 1975, 589; *Birk*, Betriebszugehörigkeit bei Auslandstätigkeit, in: Sozialpartnerschaft in der Bewährung – Festschr. Molitor (1988), S. 19; *Boemke*, „Ausstrahlungen" des Betriebsverfassungsgesetzes ins Ausland, NZA 1992, 112; *Buchner*, Konzernbetriebsratsbildung trotz Auslandssitz der Obergesellschaft, Festschr. Birk (2008), S. 11; *Däubler*, Mitbestimmung und Betriebsverfassung im Internationalen Privatrecht, RabelsZ 39 (1975), 444; *Däubler*, Betriebsverfassung in globalisierter Wirtschaft (1999); *Diller/Powietzka*, Englisch im Betrieb und Betriebsverfassung, DB 2000, 718; *Dzida/Hohenstatt*, Errichtung und Zusammensetzung eines Konzernbetriebsrats bei ausländischer Konzernspitze, NZA 2007, 945; *Fischer*, Deutsche Betriebsverfassung in Betrieben ausländischer Unternehmen mit Beschäftigten nach ausländischem Recht, ArbuR 1999, 169; *Fischer*, Der internationale Betrieb – Prüf- oder Stolperstein für das Territorialitätsprinzip?, RdA 2002, 160; *Gaul*, Betriebsverfassungsrechtliche Aspekte einer Entsendung von Arbeitnehmern ins Ausland, BB 1990, 697; *Jaeger*, Der Auslandsbezug des Betriebsverfassungsgesetzes (1983); *Lipperheide*, Die Arbeitnehmervertretungen und ihre Bedeutung bei einem deutschen Betrieb eines Unternehmens mit Sitz im Ausland (1980); *E. Lorenz*, Die Grundsätze des deutschen internationalen Betriebsverfassungsrechts, Festschr. W. Lorenz (1991), S. 441; *Richardi*, Mitbestimmung und Auslandsbeschäftigung, IPRax 1983, 217; *Schiek*, Europäische Betriebsvereinbarungen, RdA 2001,

---

1 S. *Monjau*, DB 1965, 72.
2 Vgl. *Birk*, RdA 1984, 135.
3 Vgl. *Müller*, RdA 1973, 141.
4 *Neumeyer*, II S. 284; *Beitzke*, DB 1958, 204; *Gamillscheg*, Int. Arbeitsrecht, S. 185 (211).
5 Zu Art. 34 EGBGB *Hohloch*, Festschr. Heiermann, S. 154. Vgl. *Gamillscheg*, ZfA 14 (1983), 345 ff.
6 So zu Art. 32 EGBGB *Junker*, Int.ArBR, S. 298 ff.

218; *Schlüpers-Oehmen*, Betriebsverfassung bei Auslandstätigkeit (1984); *Schubert*, Unternehmensmitbestimmung und internationale Wirtschaftsverflechtung (1984); *Steinmeyer*, Zum Mitbestimmungsrecht des Betriebsrates bei der Regelung von Arbeitsbedingungen auf Montagebaustellen und in Betrieben im Ausland, DB 1980, 1541.

Literatur zur Rechtsvergleichung zum ausländischen Recht: *Abele*, Formen der betrieblichen Mitbestimmung in Italien, ZIAS 4 (1990), 193; *Barten*, Das System der Arbeitnehmervertretung in Frankreich (2001); *Höland*, Mitbestimmung in Europa: rechtliche und politische Regelungen (2000); *Junker*, Betriebsverfassung im europäischen Vergleich, ZfA 32 (2001), 225; *Junker*, Der Standort der deutschen Betriebsverfassung in Europa, RIW 2002, 81; *Kirschbaum*, Handbuch zum internationalen Betriebsverfassungsrecht (Wien 1994); *Körner*, Das andere Modell: die französische Betriebsverfassung, NZA 2001, 429; *T.A. Lange*, Die betrieblichen Arbeitsbeziehungen in der englischen Privatwirtschaft (1992); *Langer*, Das neue französische Betriebsverfassungsrecht, RIW 1985, 780; *Schulte*, Mitbestimmung der Arbeitnehmer im internationalen Rechtsvergleich, ArbuR 1978, 79.

a) Rechtsangleichung

Bezüglich der Betriebsverfassung erfolgte eine Rechtsangleichung durch die Richtlinie über die Einrichtung **Europäischer Betriebsräte**, die für gemeinschaftsweit operierende größere Unternehmen und Unternehmensgruppen gilt[1]. Sie wurde in Deutschland durch das Gesetz über Europäische Betriebsräte umgesetzt[2]. Hinzugekommen ist eine Rahmen-Richtlinie über die Unterrichtung und Anhörung der Arbeitnehmer[3].   4951

b) Internationale Betriebsverfassung

aa) Grundsatz

Nach überwiegender Meinung bestimmt das **Recht des Betriebssitzes**, ob ein Betriebsrat zu bilden ist, ob Betriebsratsmitglieder besonders geschützt sind (Kündigungsschutz) und zu welchen Akten die Mitwirkung des Betriebsrates erforderlich ist. Das Arbeitsvertragsstatut ist dafür nicht maßgeblich[4]. Dies wurde früher damit begründet, die Normen des BetrVG (die ursprünglich öf-   4952

---

1 Richtlinie 94/45/EG vom 22.9.1994, ABl. EG 1994 Nr. L 254, S. 64. Neu gefasst durch Richtlinie 2009/38/EG vom 6.5.2009, ABl. EU Nr. L 122, S. 28. S. *B. Gaul*, Die Einrichtung Europäischer Betriebsräte, NJW 1995, 228; *Hauß*, Grenzüberschreitende Betriebsverfassung in Europa (1996); *Kolvenbach*, Europäische Betriebsräte – Umsetzung, Anwendung und Vorbildfunktion der Richtlinie 94/45/EG, NZA 2000, 518; *Lecher/Nagel/Platzer*, Die Konstituierung Europäischer Betriebsräte – Vom Informationsforum zum Akteur? (1998); *Mozet*, Beteiligung der Arbeitnehmer auf europäischer Ebene, ZEuP 1995, 552; *Sandmann*, Die Euro-Betriebsrats-Richtlinie 94/45/EG (1996); *M. Schmidt*, Der Europäische Betriebsrat, NZA 1997, 180.
2 Ges. BGBl. I 1996, 1548. Vgl. *Franzen*, IntArbR AR-Blattei, 920 Rz. 37 ff.; *Birk*, in: MünchArbR, § 19 Rz. 455 ff., § 22 Rz. 4.
3 Richtlinie 2002/14/EG vom 11.3.2002 zur Festlegung eines allgemeinen Rahmens für die Unterrichtung und Anhörung der Arbeitnehmer in der Europäischen Gemeinschaft, ABl. EG 2002 Nr. L 80, S. 29. – Dazu *Franzen*, Europarecht und betriebliche Mitbestimmung, Festschr. Birk (2008), S. 97.
4 BAG 21.10.1980, IPRspr. 1980 Nr. 52 = AP Nr. 17 IPR-ArbR Anm. *Beitzke*. Ebenso für den Kündigungsschutz *Franzen*, IntArbR AR-Blattei, 920 Rz. 185; *Magnus*, in: Staudinger, Art. 30 EGBGB Rz. 196, 265. – Anders *Fischer*, RdA 2002, 165 ff.

fentlichrechtlich eingeordnet wurden) seien „territorial begrenzt" und könnten nur für das Gebiet Deutschlands gelten[1]. In Wirklichkeit handelt es sich lediglich um eine zweckmäßige Anknüpfung von die Sozialordnung gestaltendem Privatrecht[2]. Auch insoweit erscheint die Anknüpfung an den Betrieb sinnvoll. Nicht durchgesetzt hat sich die Ansicht, das Betriebsverfassungsrecht sei nicht an den Betriebssitz anzuknüpfen[3]. Vielmehr solle das BetrVG dann gelten, wenn der Betrieb zur Gänze oder überwiegend unter deutschem Arbeitsstatut arbeite. Deutsche Arbeitsgruppen von betriebsverfassungsrechtlichem Umfang könnten also ihre Betriebsverfassung ins Ausland „mitnehmen"[4].

4953 Das deutsche Betriebsverfassungsrecht gilt auch für Auslandsbeziehungen, wenn nämlich der Arbeitnehmer weiterhin **einem Inlandsbetrieb zugeordnet** werden kann[5]. Die Arbeitsverhältnisse der vom Betrieb vorübergehend entsandten Kräfte bleiben dort lokalisiert. Der betriebsverfassungsrechtliche Status dieser Arbeitnehmer soll nicht dadurch verschlechtert werden, dass sie im Interesse des Betriebes vorübergehend im Ausland tätig sind. Der Betriebsrat besitzt also weiterhin ein Mitwirkungsrecht etwa bei Kündigungen[6]. Inländische Arbeitnehmer, die an einen im Ausland liegenden Betrieb verliehen worden sind, können gleichwohl an einer inländischen Betriebsratswahl teilnehmen[7]. An der Geltung des BetrVG ändert sich auch dann nichts, wenn sich eine Gruppe (zB eine Montagegruppe) von Arbeitnehmern oder der ganze Betrieb (zB ein Zirkus) vorübergehend im Ausland befindet. Auch hier sind die im Ausland tätigen Arbeitnehmer weiterhin dem Inlandsbetrieb zuzuordnen[8]. Teilweise wird versucht, die Betriebsangehörigkeit in Anlehnung an Art. 8 Rom I-VO nach dem gewöhnlichen Aufenthalt bzw. dem einstellenden Betrieb zu bestimmen[9]. Eine Ausstrahlungswirkung wurde auch beim Flugbetrieb deutscher Unternehmer angenommen[10].

---

1 S. auch BAG 21.11.1996, IPRspr. 1996 Nr. 53 = NZA 1997, 493 (BPersVG und Generalkonsulat im Ausland); *Schaub*, Festschr. Söllner, S. 1011.
2 Vgl. *E. Lorenz*, Festschr. W. Lorenz, S. 446 ff.; *Junker*, RIW 2001, 105; *Schlüpers-Oehmen*, S. 25 ff.
3 Zusammenfassung der abweichenden Auffassungen bei *Schlüpers-Oehmen*, S. 32 ff.
4 So *Gamillscheg*, Intern. Arbeitsrecht, S. 370; *Gamillscheg*, Arbeitsrecht der Gegenwart, Bd. 2, S. 40.
5 BAG 22.3.2000, BAGE 94, 144 = NZA 2000, 1119; *Franzen*, IntArbR AR-Blattei, 920 Rz. 200 ff. Krit. zum früher verwendeten sozialrechtlichen Begriff der Ausstrahlung, *E. Lorenz*, Festschr. W. Lorenz, S. 444 ff.
6 LAG Berlin 23.5.1977, IPRspr. 1977 Nr. 44 = DB 1977, 1302.
7 BAG 22.3.2000, BAGE 94, 144 = IPRspr. 2000 Nr. 37 = NZA 2000, 1119 zu § 14 AÜG.
8 S. näher BAG 25.4.1978, IPRspr. 1978 Nr. 32 = AP Nr. 16 zu IPR-ArbR = DB 1978, 1840; *Birk*, Festschr. Schnorr vom Carolsfeld, S. 77 ff.; einschränkend LAG Düsseldorf 14.2.1979, DB 1979, 2233. Im Erg. ebenso *E. Lorenz*, Festschr. W. Lorenz, S. 451 f.
9 Zum alten Recht näher *E. Lorenz*, Festschr. W. Lorenz, S. 448 ff.
10 BAG 10.9.1985, IPRspr. 1985 Nr. 51 = DB 1986, 331 = AP § 117 BetrVG 1972 Nr. 3 Anm. *Beitzke* (Einsatz US-amerikan. Bordpersonals als Leiharbeitnehmer auf der Flugstrecke deutschen Luftfahrtunternehmens zwischen San Francisco und Los Angeles bedurfte der Zustimmung der deutschen Personalvertretung).

Die Rechtsprechung unterscheidet regelmäßig zwischen der **organschaftlichen Tätigkeit der Betriebsverfassungsorgane** (Bildung eines Betriebsrates, Betriebsversammlungen) und dem **individuellen Schutzbereich** bzw. den Beteiligungsrechten des **Einzelnen**[1]. Im zuletzt genannten Bereich geht es idR darum, ob der einzelne Arbeitnehmer noch der deutschen Betriebsverfassung unterliegt. Dies wird mit dem Begriff der „Ausstrahlung des Betriebes" zu erfassen versucht. Entscheidend ist meist, ob der Arbeitnehmer noch dem inländischen Betrieb zugeordnet werden kann. Dementsprechend wurde ein Mitbestimmungsrecht des inländischen Betriebsrats bei der Tätigkeit von inländischen Sachverständigen in einer ausländischen Tochtergesellschaft des Arbeitgebers[2] sowie bei der vorübergehenden Entsendung von Arbeitnehmern in das Ausland bejaht[3].

4954

Dagegen ist die Rechtsprechung, soweit es um das Handeln der Organe der Betriebsverfassung geht, recht restriktiv. Die Tätigkeit der betriebsverfassungsrechtlichen Organe wird auf das Inland beschränkt. Daher fehlt dem Betriebsrat die Kompetenz für Betriebsvereinbarungen, deren Anwendungsbereich sich nur auf ausländische Montagebaustellen und Betriebe erstreckt[4]. Das anwendbare Recht für **Betriebsvereinbarungen** folgt nach Auffassung vieler grundsätzlich aus Art. 3, 4 Rom I-VO[5]. Doch sind für betriebsverfassungsrechtliche Fragen die dafür geltenden Grundsätze heranzuziehen[6].

Das deutsche Betriebsverfassungsrecht enthält Sonderregeln für **Seebetriebe** (§§ 114–116 BetrVG) und **Luftfahrtunternehmen** (§ 117 BetrVG). Für die Personalvertretung der Zivilbediensteten bei den **Stationierungsstreitkräften** kommt auf Grund staatsvertraglicher Vereinbarung das BPersVG 1974 zur Anwendung[7].

4955

bb) Inländische Betriebe ausländischer Unternehmen

Im inländischen Betrieb eines ausländischen Unternehmens ist grundsätzlich ein Betriebsrat zu bilden, denn das BetrVG erfasst sämtliche in seinem räum-

4956

---

1 Näher *Schlüpers-Oehmen*, S. 87 ff.
2 BAG 20.2.2001, IPRspr. 2001 Nr. 48 = NZA 2001, 1033.
3 LAG Köln 24.2.1984, DB 1985, 392 (Vorübergehende Entsendung von Arbeitnehmern deutschen Automobilherstellers nach Japan. Mitbestimmungsrecht des Betriebsrats bejaht); *Magnus*, in: Staudinger, Art. 30 EGBGB Rz. 269.
4 LAG Düsseldorf 14.2.1979, IPRspr. 1979 Nr. 35 = DB 1979, 2233.
5 Zum bisherigen Recht *Magnus*, in: Staudinger, Art. 30 EGBGB Rz. 34 mwN.
6 Näher *Birk*, in: MünchArbR, § 22 Rz. 24.
7 Gesetz zur Vereinbarung vom 18.5.1981, BGBl. II 1982, 530. Näher BAG 23.7.1981, BAGE 35, 370 = AP Art. 56 ZA-Nato-Truppenstatut Nr. 5 Anm. *Beitzke* (Bei der Einstellung eines amerikan. Mitglieds des zivilen Gefolges steht der deutschen Betriebsvertetung der zivilen Arbeitnehmer bei den alliierten Streitkräften eine Mitwirkungsbefugnis nicht zu); BAG 12.2.1985, BAGE 48, 81 (Auf „Service Dependants" bei den brit. Streitkräften findet deutsches Personalvertretungsrecht keine Anwendung); *Beitzke*, RdA 1981, 380.

lichen Geltungsbereich befindlichen Betriebe, gleichgültig ob es sich dabei um den Betrieb eines deutschen oder eines ausländischen Unternehmens handelt[1].

Der Betriebsrat ist nach § 102 Abs. 1 BetrVG auch vor der **Kündigung** eines ausländischen Betriebsangehörigen mit ausländischem Arbeitsvertragsstatut anzuhören. Unterbleibt die Anhörung, so ist die Kündigung nichtig[2]. Das Anhörungserfordernis wird ebenso wie das Betriebsverfassungsstatut angeknüpft. Die Durchsetzung inländischen Betriebsverfassungsrechts gegen ein ausländisches Arbeitsvertragsstatut lässt sich jetzt auch auf Art. 9 Abs. 1 Rom I-VO stützen[3]. Entsprechendes gilt für die Zustimmung des Betriebsrats zur Einstellung (vgl. § 99 BetrVG)[4].

4957 Auch ein **Gesamtbetriebsrat** (§ 47 BetrVG) ist einzurichten, wenn die Voraussetzungen nach deutschem Recht erfüllt sind[5]. Die Einrichtung eines Wirtschaftsausschusses (§ 106 BetrVG) für die inländischen Betriebe oder Unternehmensteile ist zulässig, auch wenn die Unternehmensleitung vom Ausland aus erfolgt[6].

Nach der Rechtsprechung kann ein **Konzernbetriebsrat** gem. § 54 Abs. 1. S. 1 BetrVG nur dann errichtet werden, wenn die Konzernobergesellschaft ihren Sitz im Inland hat oder über eine im Inland ansässige Teilkonzernspitze verfügt[7]. Nach anderen kann hingegen ein Konzernbetriebsrat eingerichtet werden, obwohl das herrschende Unternehmen seinen Sitz im Ausland hat. Er erfasst jedoch nur die inländischen Tochtergesellschaften[8].

cc) Ausländische Betriebe inländischer Unternehmen

4958 Das BetrVG gilt nach ganz überwiegender Auffassung nicht für ausländische Betriebe, selbst wenn die Arbeitsverhältnisse der dort Beschäftigten deutschem Recht unterliegen[9]. Entscheidend ist, ob eine eigene feste und dauerhafte betriebliche Organisation besteht, welcher Arbeitnehmer sachlich und organisa-

---

1 BAG 9.11.1977, IPRspr. 1977 Nr. 47 = NJW 1978, 1124 = DB 1978, 451 (Niederlassung amerikan. Juristischer Person mit deutschen und ausländ. Arbeitnehmern in München; betriebsratspflichtig).
2 *Birk*, Festschr. Schnorr vom Carolsfeld, S. 76.
3 Zu Art. 34 EGBGB LAG Berlin 31.8.1992, IPRspr. 1992 Nr. 70 = BB 1993, 141 (LS) (Reparaturbetrieb der sowjet. Streitkräfte); *Gamillscheg*, ZfA 14 (1983), 344. Vgl. auch *Däubler*, RIW 1987, 255. Unentschieden, aber gegen eine Rechtswahl im Betriebsverfassungsrecht, *E. Lorenz*, Festschr. W. Lorenz, S. 457 ff.
4 BAG 9.11.1977, NJW 1978, 1124 = AP IPR-Arbeitsrecht Nr. 13 Anm. *Beitzke* (Kündigung eines US-Amerikaners ohne Anhörung des Betriebsrates für nichtig gehalten).
5 *Däubler*, RabelsZ 39 (1975), 474; *Franzen*, IntArbR AR-Blattei, 920 Rz. 286. – Anders *Röder/Powietzka*, DB 2004, 542 (544); *Schlüpers-Oehmen*, S. 100.
6 BAG 1.10.1974, IPRspr. 1974 Nr. 41b = NJW 1975, 1091 (Wirtschaftsausschuss für die deutschen Teile einer schweizer. Versicherungsgruppe).
7 BAG 14.2.2007, BAGE 121, 212 = NZA 2007, 999 = RIW 2007, 856. – Für die Wirksamkeit bestehender Konzernbetriebsvereinbarungen *Buchner*, Festschr. Birk, S. 25 f.
8 *Birk*, in: MünchArbR, § 22 Rz. 17.
9 *Müller*, RdA 1973, 141 (143); *E. Lorenz*, Festschr. W. Lorenz, S. 446 ff.; *Birk*, in: MünchArbR, § 22 Rz. 6.

torisch zugeordnet sind. Dies können auch unselbstständige Betriebsteile oder Nebenbetriebe sein[1].

In Einzelfällen können im Ausland tätige Arbeitnehmer auch bei fehlender tatsächlicher Betriebsangehörigkeit weiterhin einem sie entsendenden inländischen Betrieb zuzurechnen sein[2].

BAG 7.12.1989, IPRspr. 1989 Nr. 74 = AP Nr. 27 IPR ArbR Anm. *E. Lorenz* = SAE 1990, 248 Anm. *Reiff* = BB 1990, 707 (m. Aufs. B. Gaul, BB 1990, 697
Deutscher Reiseleiterin in Tunesien wurde von Münchener Zentrale fristlos gekündigt. Wegen der Gesamtumstände Zugehörigkeit zum Inlandsbetrieb bejaht.

Andernfalls besteht die Gefahr, dass Arbeitnehmer uU gar keinem Betrieb angehören[3]. So galt deutsches Betriebsverfassungsrecht insbesondere nicht für einen Arbeitnehmer, welcher ausschließlich für einen bestimmten Auslandseinsatz eingestellt worden und nie im inländischen Betrieb tätig war[4].

BAG 21.10.1980, IPRspr. 1980 Nr. 52 = IPRax 1983, 232 Anm. *Richardi* (217) = ArbuR 1981, 124 (Anm. *Corts*, IPRax 1983, 252 = AP Nr. 17 IPR-ArbR Anm. *Beitzke*
Kündigung eines deutschen Projektleiters in Sportförderungsprojekt in Kolumbien. Keine Mitwirkung des deutschen Betriebsrates, obwohl Arbeitsvertrag deutschem Recht unterlag.

Ebenso wurde für Ortskräfte, die nicht von einem Betrieb im Inland entsandt, sondern im Ausland eingestellt wurden, entschieden[5]. Selbst wenn aber dem im Ausland tätigen Arbeitnehmer die Vertretung durch den Betriebsrat erhalten bleibt, so sollen organschaftliche Handlungen des Betriebsrates selbst (zB Betriebsratssitzungen, Betriebsversammlungen) im Ausland nicht vorgenommen werden dürfen[6]. Dies gilt nach der Rspr. selbst dann, wenn das Ortsrecht nicht entgegensteht. Diese strikte Territorialität wird zT kritisiert[7].

---

1 BAG 25.4.1978, IPRspr. 1978 Nr. 38 = DB 1978, 1840 = AP IPR-ArbRr Nr. 16 zust. Anm. *Simitis* = SAE 1979, 221 Anm. *Lorenz* (Für dauernd nach Zürich entsandter Angestellter eines deutschen Vereins besitzt kein aktives und passives Wahlrecht für den an Hauptstelle gebildeten Betriebsrat); LAG Berlin 23.5.1977, IPRspr. 1977 Nr. 44 = BB 1977, 1302 (Keine Geltung des BetrVG für ausländ. Betrieb eines deutschen Unternehmens). Vgl. auch BAG 10.9.1985, IPRspr. 1985 Nr. 51 = AP Nr. 3 § 117 BetrVG 1972 Anm. *Beitzke* = DB 1986, 331.
2 *Däubler*, Festschr. Birk, S. 42. – Von „funktioneller Betriebsangehörigkeit" spricht *E. Lorenz*, Festschr. W. Lorenz, S. 462.
3 Vgl. *Richardi*, IPRax 1983, 219.
4 S. LAG Berlin 14.12.1981, IPRspr. 1981 Nr. 5 = ZIP 1982, 212 (Betriebsratsanhörung nicht notwendig, da Arbeitnehmer nicht in inländ. Betriebsorganisation eingegliedert war).
5 LAG Düsseldorf 2.2.1981, IPRspr. 1982 Nr. 39 (Keine Anwendung des BetrVG auf Auslandsvertretungen in Brüssel und London, da dort ausschließlich Ortskräfte beschäftigt).
6 BAG 27.5.1982, IPRspr. 1982 Nr. 42 = NJW 1983, 413 = AP Nr. 3 zu § 42 BetrVG 1972 Anm. *Beitzke* (Recht des Betriebsrates auf Auslandsbaustellen Teilbetriebs-[Abteilungs-]versammlungen abzuhalten verneint).
7 Vgl. *Jaeger*, S. 151 ff. mwN. – S. aber *Schlüpers-Oehmen*, S. 94 ff.

4959 Im Ausland gelegene Betriebsstätten können jedoch eine Betriebsvertretung nach ausländischem Recht bilden[1]. Die ausländische Arbeitnehmervertretung kann sich auch an einem inländischen Gesamtbetriebs oder Konzernbetriebsrat beteiligen[2].

2. Tarifverträge

Literatur: *Birk*, Tarifverträge über Sozialleistungen in rechtsvergleichender und internationalrechtlicher Sicht, VSSR 5 (1977), 1; *Birk*, Internationales Tarifvertragsrecht, Festschr. Beitzke (1979) S. 831; *Birk*, Die Tarifautonomie in rechtsvergleichender Sicht, RdA 1995, 71; *Däubler*, Wahl des anwendbaren Arbeitsrechts durch Tarifvertrag?, NZA 1990, 673; *Däubler*, Möglichkeiten und Grenzen europäischer Tarifverträge, in: Heinemann (Hrsg.), Das kollektive Arbeitsrecht in der Europäischen Gemeinschaft (1991) S. 16; *Däubler*, Ost-Tarife oder West-Tarife? – Ein kollisionsrechtliches Problem, DB 1991, 1622; *Däubler*, Europäische Tarifverträge nach Maastricht, EuZW 1992, 329; *Deinert*, Der europäische Kollektivvertrag (1999); *Friedrich*, Probleme der Tarifverträge mit Auslandsberührungen, RdA 1980, 109; *Fudickar*, Parteiautonome Anknüpfung grenzüberschreitender Tarifverträge in der Europäischen Union (2004); *Hergenröder*, Internationales Tarifvertragsrecht, AR-Blattei SD 1550.15 (2004); *Junker*, Die Tarifgeltung als Problem der deutschen Integration, RdA 1992, 265; *Junker*, Zwingendes ausländisches Recht und deutscher Tarifvertrag, IPRax 1994, 21; *Kempen*, Zum interlokalen Tarifrecht zwischen den alten und den neuen Bundesländern, ArbuR 1991, 129; *Lohmann*, Grenzüberschreitende Firmentarifverträge (1993); *Thüsing/Müller*, Geklärtes und Ungeklärtes im internationalen Tarifrecht, BB 2004, 1333; *Walz*, Multinationale Unternehmen und internationaler Tarifvertrag (1980); *Weiss*, Transnationale Kollektivvertragsstrukturen in der EG, Festschr. Birk (2008), S. 957; *Wimmer*, Die Gestaltung internationaler Arbeitsverhältnisse durch kollektive Normenverträge (1992).

a) Internationales Tarifvertragsrecht

aa) Anwendbares Recht

4960 Das internationale Tarifvertragsrecht ist (mit Ausnahme des AEntG, vgl. Rz. 4834) gesetzlich nicht geregelt und von nur spärlicher Rechtsprechung sowie einer Vielfalt unterschiedlicher Argumentationsansätze gekennzeichnet. Art. 8 Rom I-VO betrifft nur das auf Einzelarbeitsverträge anwendbare Recht; für Tarifverträge mit Auslandsberührung gilt die Vorschrift nicht[3]. Maßgeblich sind daher die von Rechtsprechung und Lehre entwickelten Grundsätze[4].

---

1 *Birk*, Festschr. Schnorr vom Carolsfeld, S. 81; *Däubler*, RabelsZ 39 (1975), 461.
2 *Birk*, Festschr. Schnorr vom Carolsfeld, S. 82 ff. – Anders *Franzen*, IntArbR AR-Blattei, 920 Rz. 272; *Junker*, Int.ArbR im Konzern, S. 392 f.
3 Zu Art. 30 EGBGB *Gamillscheg*, ZfA 14 (1983), 332 f.; *Lagarde*, Rev.crit.d.i.p. 80 (1991), 287, 320; *Franzen*, IntArbR AR-Blattei, 920 Rz. 307; *Hergenröder*, AR-Blattei Rz. 27; *Junker*, Int.ArbR, S. 417; *Kegel/Schurig*, S. 684; *Birk*, in: MünchArbR, § 20 Rz. 6, § 21 Rz. 20. Für eine analoge Anwendung *Drobnig/Puttfarken*, Nr. 47. Zur Betriebsvereinbarung s. *Birk*, Festschr. Trinkner, S. 461 ff.
4 Für eine weitgehende Analogie zu den früheren Art. 27 ff. EGBGB *Magnus*, in: Staudinger, Art. 30 EGBGB Rz. 251 mwN.

Ob das auf einen Tarifvertrag anwendbare Recht (Tarifvertragsstatut) **vereinbart** werden kann, ist umstritten[1]. Teilweise wird mangels gesetzlicher Zulassung eine Rechtswahlfreiheit der Tarifvertragsparteien ganz abgelehnt[2]. Nach aA kann das anwendbare Recht jedenfalls für den schuldrechtlichen Teil des Tarifvertrages vereinbart werden[3]. Im Übrigen, dh. für den normativen Teil, gilt für ihn das Recht der engsten Verbindung, zB des erfassten Betriebes. Nach einer im Vordringen befindlichen Auffassung ist eine Rechtswahl nach Art. 3 ff. Rom I-VO allgemein möglich[4]. In der Normunterworfenheit wird kein Hindernis gesehen, da sie sich auf rechtsgeschäftlich begründete Mitgliedschaft und vertragliche Vereinbarungen stützen kann.

Fehlt eine Rechtswahl, so ist eine **objektive Anknüpfung** vorzunehmen. Hierfür wird teilweise auf das Recht des Staates abgestellt, in dem der Tarifvertrag seinen Regelungsschwerpunkt hat. Dies soll sich nach dem Schwerpunkt der erfassten Arbeitsverhältnisse richten[5]. Andere wollen hingegen eine Anknüpfung an das Recht vornehmen, mit dem der Tarifvertrag die engsten Verbindungen aufweist (vgl. Art. 4 Abs. 4 Rom I-VO)[6]. Da keine der einzelnen Anknüpfungen des Art. 4 Rom I-VO passt, muss zur Ermittlung der engsten Verbindung eine **Schwerpunktbetrachtung** stattfinden[7]. Für sie soll zu berücksichtigen sein der Verwaltungssitz der Tarifparteien und der Ort der vom Tarifvertrag erfassten Arbeitsverhältnisse[8]. 4961

bb) Reichweite des Tarifvertragsstatuts

Die **Tariffähigkeit** richtet sich nach dem Tarifvertragsstatut, dh. der Rechtsordnung, für die der Tarifvertrag geschlossen werden soll[9]. Das TVG gilt für Ar- 4962

---

1 Bejahend *Basedow*, BerDGesVölkR 31 (1990), 93 ff.; *Wimmer*, S. 51 ff.; *Schlachter*, in: ErfK, Art. 30 EGBGB Rz. 26; *Magnus*, in: Staudinger, Art. 30 EGBGB Rz. 252. – Obiter für eine Rechtswahl auch BAG 11.9.1991, IPRspr. 1991 Nr. 67 = IPRax 1994, 44 (Goethe-Institut II).
2 *Birk*, in: MünchArbR, § 21, Rz. 22, 28 (bezüglich der Anwendbarkeit des TVG). Vgl. *Schaub*, Festschr. Söllner, S. 1008; *Löwisch/Rieble*, TVG, 2. Aufl. (2004), Grundlagen Rz. 91.
3 *Thorn*, in: Palandt, Art. 30 EGBGB Rz. 3.
4 Zu Art. 27 EGBGB *Basedow*, BerDGesVölkR 31 (1990), 93 ff.; *Franzen*, IntArbR AR-Blattei, 920 Rz. 307 ff.; *Hergenröder*, AR-Blattei SD 1550.15 Rz. 79 f.; *Junker*, Int.ArbR, S. 422. Insoweit abl. *Wimmer*, IPRax 1995, 212.
5 *Birk*, in: MünchArbR, § 21 Rz. 24.
6 Zu Art. 28 EGBGB *Junker*, Int.ArbR, S. 423 ff.; *Junker*, IPRax 1994, 23; *Hergenröder*, AR-Blattei Rz. 58 ff.
7 Zu Art. 28 EGBGB BAG 16.2.2000, IPRspr. 2000 Nr. 35 = AP Nr. 54 zu § TVG Anm. *Thüsing/Goertz* (Seeschifffahrt). – Vgl. *Franzen*, IntArbR AR-Blattei, 920 Rz. 313; *Schlachter*, in: ErfK, Art. 30 EGBGB Rz. 26.
8 Vgl. *Junker*, Int.ArbR, S. 425; *Junker*, IPRax 1994, 21; *Magnus*, in: Staudinger, Art. 30 EGBGB Rz. 253. – Teilweise wird angenommen, dass das TVG Arbeitsverhältnisse mit Schwerpunkt im Inland erfasse, *Birk*, in: MünchArbR, § 21 Rz. 22.
9 *Birk*, RabelsZ 46 (1982), 404; *Franzen*, IntArbR AR-Blattei, 920 Rz. 315; *Hergenröder*, AR-Blattei Rz. 82; *Junker*, Int.ArbR, S. 427; *Birk*, in: MünchArbR, § 21 Rz. 32. Nach aA kommt es auf das Heimatrecht des Verbandes bzw. beim Firmentarifvertrag auf den Betriebssitz des Arbeitgebers an, *Eßlinger*, S. 151; *Gamillscheg*, IntArbR, S. 360.

beitsverhältnisse mit Schwerpunkt in Deutschland. Inländische Tarifvertragsparteien können aber auch Auslandssachverhalte bindend regeln.

4963 Die **Tarifbindung**, dh. die Bindung der Mitglieder der Tarifvertragsparteien an den Tarifvertrag (vgl. § 3 TVG) folgt ebenfalls dem Tarifvertragsstatut[1]. Sie unterliegt deutschem Recht, wenn der Regelungsschwerpunkt des Tarifvertrages in Deutschland liegt und grenzüberschreitende Sachverhalte bzw. Auslandssachverhalte nur mitgeregelt werden[2].

BAG 11.9.1991, IPRspr. 1991 Nr. 67 = ArbuR 1992, 125 Anm. *Zachert* = AP IPR-ArbR Nr. 29 Anm. *Arnold, Dütz/Rotter* = IPRax 1994, 44 (m. Aufs. *Junker,* IPRax 1994, 21 = AR-Blattei ES 340 Nr. 14 Anm. *Hergenröder*
Durchführung des Tarifvertrages zwischen der „Gewerkschaft Erziehung und Wissenschaft" und dem Goethe-Institut in Mexico. Selbstständige, mexikan. Recht unterliegende Tochtergesellschaft war nicht tarifgebunden.

4964 Die **Tarifwirkung** der Rechtsnormen des Tarifvertrages auf den Individualarbeitsvertrag (vgl. § 4 TVG) richtet sich nach dem Tarifvertragsstatut, nicht nach dem Arbeitsvertragsstatut[3]. Für die Geltung deutscher Tarifverträge wird aber zT zusätzlich verlangt, dass der Individualarbeitsvertrag deutschem Recht unterliegen müsse[4].

Eine durch Hoheitsakt erfolgende **Allgemeinverbindlicherklärung** ergreift nur solche Arbeitsverhältnisse, die im Geltungsgebiet des Tarifvertrages ihren Schwerpunkt haben[5]. Die Anknüpfung allgemeinverbindlicher Tarifverträge ist umstritten. Da sie lediglich das Erfordernis der Tarifbindung aufhöben, wollen sie manche mit sonstigem Arbeitsrecht gleichsetzen[6]; nach aA kommt es zu einer gesonderten Anknüpfung[7]. Bezüglich der Arbeitsbedingungen ist § 3 (früher § 7 Abs. 2) AEntG zu beachten (s. Rz. 4834).

b) Auslandsbezug des Tarifvertrags

aa) Allgemeines

4965 Von der Rechtsanwendung auf den Tarifvertrag selbst ist die Frage zu unterscheiden, welche Arbeitsverträge den jeweiligen Tarifvertragsnormen unterliegen (zT „internationales Tarifnormenrecht" genannt[8]). Dabei geht es haupt-

---

1 *Franzen*, IntArbR AR-Blattei, 920 Rz. 318 f.; *Birk*, in: MünchArbR, § 21 Rz. 40.
2 *Magnus*, in: Staudinger, Art. 30 EGBGB Rz. 255. – Für das Tarifvertragsstatut auch *Birk*, in: MünchArbR, § 21 Rz. 40.
3 *Franzen*, IntArbR AR-Blattei, 920 Rz. 322; *Junker*, Int.ArbR, S. 443; *Esslinger*, S. 152; *Birk*, in: MünchArbR, § 21 Rz. 41.
4 Gegen das Erfordernis einer Kongruenz von Tarif- und Arbeitsvertragsstatut, *Wimmer*, IPRax 1995, 212 f. mwN.
5 Vgl. auch *Birk*, in: MünchArbR, § 21 Rz. 42.
6 *Junker*, Int.ArbR, S. 432.
7 Vgl. *Birk*, RabelsZ 46 (1982), 404 f.; *Däubler*, ArbuR 1990, 10; *Hergenröder*, AR-Blattei Internationales Tarifvertragsrecht, XV Rz. 128 ff.
8 So *Junker*, IntArbR, S. 413.

sächlich um Fälle, in denen Tarif- und Individualarbeitsvertrag unterschiedlichen Rechtsordnungen unterliegen oder in denen außerhalb des räumlichen Anwendungsbereichs eines Tarifvertrages gearbeitet wird.

bb) Ausländisches Vertragsstatut

Früher hat die Rspr. für die Anwendung eines inländischen Tarifvertrages nicht auf den Arbeitsort, sondern auf das Arbeitsvertragsstatut abgestellt. Dementsprechend hat sie den Ausschluss eines im Inland allgemeinverbindlichen Tarifvertrages durch die Vereinbarung ausländischen Rechts auch bei inländischem Arbeitsort zugelassen[1]. Auch der für allgemein verbindlich erklärte Tarifvertrag sei eine privatrechtliche Norm; eine äußerste Grenze bilde lediglich der deutsche ordre public (Art. 6 EGBGB, heute Art. 21 Rom I-VO)[2].

4966

Heute setzen sich dagegen im Rahmen des Günstigkeitsvergleichs auch Tarifnormen des objektiven Arbeitsvertragsstatuts durch[3]. Zwar wird teilweise angenommen, dass Tarifverträge Arbeitsverhältnisse nur dann erfassen, wenn deren objektiv bestimmtes Arbeitsvertragsstatut zum selben Recht wie das Tarifvertragsstatut führt[4]. Ein solcher Gleichlauf von Arbeitsvertrags- und Tarifvertragsstatut ist jedoch nicht erforderlich[5].

cc) Auslandsarbeit

Inländische Tarifverträge regeln häufig auch eine dauernde oder nur vorübergehende Tätigkeit im Ausland. Jedenfalls bei Geltung deutschen Rechts werden dann – mangels abweichender Vereinbarung – auch die entsprechenden Tarifverträge angewendet[6].

4967

Nach dem Günstigkeitsprinzip des Art. 8 Rom I-VO (vgl. Rz. 4846) kann sich der Arbeitnehmer aber auch auf solche Tarifverträge stützen, die bei objektiver Anknüpfung seines Arbeitsverhältnisses gelten würden[7].

3. Arbeitskampf

Literatur: *Birk*, Zur Haftung einer internationalen Gewerkschaftsvereinigung für Arbeitskampfmaßnahmen nationaler Mitgliedsgewerkschaften, ArbuR 1975, 193; *Birk*, Tarifrechtlicher Vorvertrag und arbeitsrechtlicher Boykott im Ausland, ArbuR 1977, 235; *Birk*, Die Rechtmäßigkeit des Streiks auf ausländischen Schiffen in deutschen Häfen

---

1 Anders *Birk*, Festschr. Beitzke, S. 860; *Franzen*, IntArbR AR-Blattei, 920 Rz. 333 ff.
2 BAG 4.5.1977, IPRspr. 1977 Nr. 43 = NJW 1977, 2039 = AP § 1 TVG Tarifverträge-Bau Nr. 30 zust. Anm. *E. Lorenz* = SAE 1977, 302 Anm. *Beitzke* (Vereinbarung jugoslaw. Rechts für nach Berlin entsandte jugoslaw. Bauarbeiter jugoslaw. Betriebe. Deutsche Sozialtarife des Baugewerbes nicht angewendet).
3 S. *Hergenröder* AR-Blattei, Rz. 86; *Heilmann*, S. 95; *Wimmer*, S. 36.
4 *Junker*, Int.ArbR, S. 430 ff.
5 *Birk*, RabelsZ 46 (1982), 405; *Hergenröder*, AR-Blattei Int. Tarifvertragsrecht, Rz. 86; *Magnus*, in: Staudinger, Art. 30 EGBGB Rz. 258.
6 Vgl. *Junker*, Int.ArbR, S. 414.
7 Zu Art. 30 EGBGB *Magnus*, in: Staudinger, Art. 30 EGBGB Rz. 259.

(1983); *Birk*, Der Streik auf „Billig-Flaggen"-Schiffen in deutschen Häfen, IPRax 1987, 14; *Drobnig/Puttfarken*, Arbeitskampf auf Schiffen fremder Flagge (1989); *Eichenhofer*, Sozialrechtliche Folgen ausländischer Arbeitskämpfe, NZA 2006, Beil. 2 zu H. 20, S. 67; *Evju*, Grenzüberschreitender Arbeitskampf auf Schiffen und Rechtswahl, RIW 2007, 898; *Geffken*, Internationales Recht im Seeleutestreik, NJW 1979, 1739; *Jansen*, Arbeitskampf in Europa und grenzüberschreitende Auswirkungen, NZA 2006, Beil. 2 zu H. 20, 59; *Hergenröder*, Der Arbeitskampf mit Auslandsberührung (1987); *Hergenröder*, Internationales Arbeitskampfrecht, Festschr. Birk (2008), S. 197; *Schlachter*, Die Verhältnismäßigkeit von Arbeitskampfmaßnahmen gegen grenzüberschreitende Standortverlagerungen, Festschr. Birk (2008), S. 809; *Siehr*, Billige Schiffe in teuren Häfen, Festschr. Vischer (Zürich 1983), S. 303; *Zwanziger*, Arbeitskampf- und Tarifrecht nach den EuGH-Entscheidungen „Laval" und „Viking", DB 2008, 294.

a) Arbeitskampfstatut

4968 Die Rechtmäßigkeit des Arbeitskampfes unterliegt nach wohl hM dem **Recht des Arbeitskampfortes**[1]. Dies gilt sowohl für die Rechtmäßigkeit des Streiks (Streikfreiheit u. -ziele), als auch für die eingesetzten Mittel und den Umfang. Auch dann, wenn Kampfmaßnahmen mehrere Staaten umfassen und faktisch eine Einheit bilden, ist es gegenwärtig wohl nicht möglich, sie einer einheitlichen Schwerpunktanknüpfung und damit einer einzigen Rechtsordnung zuzurechnen[2]. Vielmehr bestimmt die Rechtsordnung jedes berührten Staates über die rechtliche Zulässigkeit und die Folgen des Arbeitskampfes. Der **Boykottaufruf** etwa unterliegt dem Recht des Staates, in dem er erfolgt[3].

Die Anknüpfung von **Schadensersatzansprüchen** bei Arbeitskampfmaßnahmen unterliegt den allgemeinen Regeln der Rom II-VO, so dass es primär auf Rechtswahl (Art. 14 Rom II-VO) und gemeinsamen gewöhnlichen Aufenthalt (Art. 4 Abs. 2 Rom II-VO) ankommt[4]. Nach Art. 9 Rom II-VO ist auf außervertragliche Schuldverhältnisse in Bezug auf die Haftung einer Person in ihrer Eigenschaft als Arbeitnehmer oder Arbeitgeber für Schäden, die aus bevorstehenden oder durchgeführten Arbeitskampfmaßnahmen entstanden sind, grundsätzlich das Recht des Staates anzuwenden, in dem die Arbeitskampfmaßnahme erfolgen soll oder erfolgt ist[5]. Der Begriff des Arbeitskampfs wird nach nationalem Recht bestimmt[6].

Ob und wieweit die gemeinschaftsrechtliche Niederlassungsfreiheit dem Arbeitskampf Grenzen setzt, ist umstritten. Der EuGH hat dies bejaht.

---

1 *Franzen*, IntArbR AR-Blattei, 920 Rz. 357; *Magnus*, in: Staudinger, Art. 30 EGBGB Rz. 275 mwN. Vgl. für den Arbeitsort *Gamillscheg*, Int.ArbR, S. 365 f., für den Ort des Interessenkampfes *Birk*, in: MünchArbR, § 21 Rz. 64 f. Für den Schwerpunkt der individuellen und kollektiven Arbeitsbeziehungen *Hergenröder*, Festschr. Birk, S. 206 ff.
2 So aber *Hergenröder*, S. 209 ff., 406.
3 LAG Baden-Württemberg 8.8.1973, IPRspr. 1973 Nr. 31b = ArbuR 1974, 316 (Weltweiten Boykottaufruf zur Unterstützung der Internationalen Transportarbeiter-Föderation gegen Reeder für rechtswidrig gehalten); *Birk*, ArbuR 1977, 239 f.
4 *Thorn*, in: Palandt, Art. 9 Rom II Rz. 3.
5 Vgl. *von Hein*, VersR 2007, 440 (449 f.); *G. Wagner*, IPRax 2008, 1.
6 Für die lex fori *Thorn*, in: Palandt, Art. 9 Rom II-VO Rz. 2.

EuGH 11.12.2007 – Rs. C-438/05 (The International Transport Worker's Federation & The Finnish Seamen's Union/Viking Line ABP & Oü Viking Line Eesti), Slg. 2007, I-10779 = ArbuR 2008, 55 (m. Aufs. *Kocher*, ArbuR 2008, 13) = NZA 2008, 124 (m. Aufs. *Bücker*, NZA 2008, 212) = SAE 2008, 218 Anm. *Junker* = Rev.crit.dr.i.p. 97 (2008), 356 Anm. *Muir Watt*
Das finnische Unternehmen Viking Line, das ein Fährschiff umflaggen wollte, wandte sich in London gegen Aktionen der International Transport Worker's Federation. Der EuGH befand, dass kollektive Maßnahmen, die darauf abzielen, ein ausländisches Unternehmen zum Abschluss eines Tarifvertrags mit einer Gewerkschaft zu veranlassen, der geeignet ist, das Unternehmen davon abzubringen, von seiner Niederlassungsfreiheit Gebrauch zu machen, diese Freiheit beschränken. Diese Beschränkungen könnten durch den Arbeitnehmerschutz gerechtfertigt sein, vorausgesetzt, es sei erwiesen, dass sie geeignet sind, die Erreichung des verfolgten legitimen Ziels zu gewährleisten, und dass sie nicht über das zur Erreichung dieses Ziels Erforderliche hinausgehen.

Für den **Seeleutestreik** gilt grundsätzlich das Recht der Flagge[1]. Doch wird für Schiffe, die unter einer „billigen Flagge" fahren, in fremden Gewässern das Recht des Küsten- oder Hafenstaates für anwendbar gehalten[2]. Auf einen Streik in einem deutschen Hafen, der von Land aus unterstützt wird, ist daher deutsches Recht anzuwenden[3].

4969

b) Grenzen des Arbeitskampfstatuts

aa) Grenzüberschreitender Arbeitskampf

Arbeitskämpfe können in mehreren Ländern stattfinden, sich aber auf das gleiche Arbeitskampfziel richten. Zwar ist es denkbar, einzelne Teile dem gleichen Recht zu unterstellen. Regelmäßig kommen aber verschiedene Arbeitskampfrechte zur Anwendung. Wieweit der Auslandsbezug berücksichtigt werden kann, ist grundsätzlich eine Frage des jeweiligen Sachrechts.

4970

Nach deutschem Recht sind **Sympathiestreiks** zur Unterstützung ausländischer Arbeitskämpfe unter bestimmten Umständen zulässig[4].

Ob **Sympathiestreiks** zur Unterstützung eines ausländischen Arbeitskampfes statthaft sind, richtet sich nach dem Recht des Ortes, an dem die inländischen

---

1 *Siehr*, Festschr. Vischer, S. 315; *Magnus*, in: Staudinger, Art. 30 EGBGB Rz. 277 mwN. Differenzierend *Hergenröder*, Festschr. Birk, S. 208. – Für das Recht des Heimathafens *Looschelders*, Art. 40 EGBGB Rz. 43.
2 *Magnus*, in: Staudinger, Art. 30 EGBGB Rz. 279.
3 *Birk*, IPRax 1987, 16. S. auch ArbG Hamburg 6.4.1983, IPRax 1987, 29 (m. Anm. *Birk*, IPRax 1987, 14) (Von Land aus unterstützter Streik auf Schiff unter der Flagge Panamas im Hamburger Hafen. Charterer [Arbeitgeber] war Gesellschaft nach dem Recht von Hongkong. Für die Heuerverträge galt philippin. Recht. Deutsches Recht als Recht des Hafenstaates angewendet. Danach waren die konkreten Streikmaßnahmen [Schiffsbesetzung] unzulässig).
4 S. *E. Rehbinder*, Das auf multinationale Unternehmen anwendbare Recht, in: Deutsche zivil- und kollisionsrechtliche Beiträge zum IX. Internationalen Kongress für Rechtsvergleichung (1974) S. 122 (139 f.) mwN. – Anders ArbG Wuppertal 24.11.1959, AP Nr. 20 zu Art. 9 GG = BB 1960, 443 m. krit. Anm. *Herschel* (Deutsche Drucker lehnten Ausführung von Aufträgen aus Großbritannien ab, da im dortigen Druckereigewerbe gestreikt wurde. Inländ. Streik für rechtswidrig erklärt).

Unterstützungsmaßnahmen stattfinden[1]. Soweit es danach darauf ankommt, ob der Hauptstreik seinerseits rechtmäßig ist, ist die für den ausländischen Arbeitskampf geltende Rechtsordnung, dh. idR das Recht am Ort des Hauptarbeitskampfes maßgeblich[2]. Die Anwendung ausländischen Rechts unterliegt jedoch dem Vorbehalt des ordre public, so etwa, wenn es Streiks vollständig verbietet.

bb) Einwirkung auf das Individualarbeitsverhältnis

4971 Welche individualarbeitsrechtlichen Wirkungen der Arbeitskampf für das Arbeitsverhältnis (Lohnanspruch, evtl. Kündigung) hat, entscheidet ebenfalls das Arbeitskampfrecht[3]. Diese einheitliche Anknüpfung empfiehlt sich wegen des engen Bezuges dieser Fragen zum Arbeitskampfort, der dort handelnden Arbeitgeber- und Arbeitnehmerorganisationen und des starken verfassungsrechtlichen Einschlages der berührten Fragen.

4972–5000 Frei.

V. Ausländische Arbeitnehmer in Deutschland

Literatur: *Blank*, Gleichbehandlung und Integration ausländischer Arbeitnehmer im Betrieb, ArbuR 1994, 286; *Hambüchen*, Zur Rechtsstellung von Ausländern im Arbeitsrecht der Bundesrepublik Deutschland, ZAR 1986, 107; *Hanau*, Das Verhältnis von Arbeitsvertrag, Arbeitserlaubnis und Aufenthaltserlaubnis ausländischer Arbeitnehmer, in: 25 Jahre Bundesarbeitsgericht (1979), S. 169; *Heinz/Schuhmann/Busemann*, Ausländische Arbeitnehmer: Aufenthalts-, Arbeitsgenehmigungs-, Arbeits-, Steuer- und Sozialversicherungsrecht, 2. Aufl. (2002); *Igl*, Ein neues Instrument zum Schutz der Wanderarbeitnehmer: Das Europäische Übereinkommen über die Rechtsstellung des Wanderarbeitnehmers, RIW 1977, 704; *Jancke*, Das Sprachrisiko des ausländischen Arbeitnehmers im Arbeitsrecht (1987); *Krause*, Beschäftigung ausländischer Arbeitnehmer, 3. Aufl. (1995); *Ladas*, Die Wirksamkeit der Willenserklärungen gegenüber Sprachunkundigen (1993); *Rieble*, Sprache und Sprachrisiko im Arbeitsrecht, Festschr. Löwisch (2007), S. 229.

5001 „Gastarbeiter" (Wanderarbeitnehmer) wurden bis zum Anwerbestopp von 1973 zumeist von Kommissionen der Bundesanstalt für Arbeit angeworben. Diese Kommissionen wurden im Ausland tätig auf Grund zwischenstaatlicher Vereinbarungen über die Anwerbung und Vermittlung von Arbeitskräften in die BRD[4].

---

1 *Birk*, in: MünchArbR, § 21 Rz. 66.
2 Für selbständige Anknüpfung des Hauptstreiks auch *Junker*, Int.ArbR, S. 489 f.; *Birk*, in: MünchArbR, § 21 Rz. 66. – Vgl. ferner *Franzen*, IntArbR AR-Blattei, 920 Rz. 366 ff.; *Siehr*, Festschr. Vischer, S. 317.
3 *Birk*, NJW 1978, 1831; *Franzen*, IntArbR AR-Blattei, 920 Rz. 366; *Hergenröder*, S. 304 ff.; *Junker*, Int.ArbR, S. 491 ff.; *Birk*, in: MünchArbR, § 21 Rz. 67.
4 Vereinbarungen sind mit folgenden Staaten geschlossen worden: Italien: Vereinbarung vom 23.2.1965 idF vom 12.6.1966 (BAnz. Nr. 204/66); Spanien: Vereinbarung vom 29.3.1960 (BAnz. Nr. 219/61); Griechenland: Vereinbarung vom 30.3.1960 idF vom

Diesen – inzwischen weitgehend bedeutungslos gewordenen – Vereinbarungen war ein Musterarbeitsvertrag angefügt, dessen Benutzung für die Anwerbung vorgeschrieben war und der daher als Rechtsquelle für die Einzelarbeitsverträge in Betracht kam. In ihm ist festgelegt, dass für das Arbeitsverhältnis deutsches Recht gilt und deutsche Gerichte für alle aus dem Vertrag sich ergebenden Streitigkeiten zuständig sind. Die in diesen Arbeitsverhältnissen auftauchenden Fragen sind somit solche des deutschen Rechts. Danach darf ein ausländischer Arbeitnehmer nicht diskriminiert werden (s. auch Rz. 4806). Im Übrigen bestehen eine Reihe bilateraler Verträge mit europäischen Staaten zur Erleichterung der Arbeitsaufnahme sowie zur Beschäftigung auf der Grundlage von Werkverträgen[1].

Die Rechtsprechung beschäftigte sich mehrfach mit dem sog. **„Sprachrisiko"**, dh. dem Risiko sprachlicher Missverständnisse[2] (vgl. auch oben Rz. 274 ff.). Hier wurde früher weitgehend der Satz angewendet, jemand, der eine Erklärung bewusst ungelesen unterschreibe, könne sich nicht darauf berufen, er habe sich über den Inhalt der von ihm gebilligten Erklärung geirrt. Der ausländische Arbeitnehmer müsse alle in deutscher Sprache von ihm oder gegen ihn abgegebenen Erklärungen gegen sich gelten lassen, auch wenn er sie nicht verstanden habe; er trage das Sprachrisiko. Eine Pflicht des Arbeitgebers zur Aufklärung bestehe nicht[3]. Diese Meinung übersah, dass es primär nicht um eine besondere Fürsorge geht, sondern um die Wirksamkeit und Auslegung von Willenserklärungen des Ausländers. Sie würde letztlich dazu führen, dass es auf die Willenserklärung des Ausländers gar nicht mehr ankäme[4]. Durch das „Sprachrisiko" darf dem Ausländer nicht ein „Rechtsrisiko" zugeschoben werden, dh. es dürfen keine anderen Grundsätze über die Wirksamkeit der Willenserklärung und die Irrtumsanfechtung gelten als bei einem deutschen Arbeitnehmer[5].

5002

---

3. 4./22.5.1962 (BAnz. Nr. 180/62); Türkei: Vereinbarung vom 30.3.1960 idF vom 30.9.1964 (BAnz. Nr. 22/68); Marokko: Vereinbarung vom 21.5.1963 idF vom 2.7.1971 (BGBl. II 1971, 1366); Portugal: Vereinbarung vom 17.3.1964 (BAnz. Nr. 104/64); Tunesien: Vereinbarung vom 7./18.10.1965 (BAnz. Nr. 57/66); Jugoslawien: Vereinbarung vom 12.10.1968 (BGBl. II 1969, 1107). Vgl. auch *Birk*, in: MünchArbR, § 17 Rz. 113 ff.
1 Näher *Birk*, in: MünchArbR, § 17 Rz. 113 ff.
2 S. *Gola/Hümmerich*, Das Sprachrisiko des ausländischen Arbeitnehmers, BlStSozArbR 1976, 273; *Lepke*, Die Beschäftigung ausländischer Arbeitnehmer (1978), Rz. 265 ff. mwN.
3 S. ArbG Stuttgart 30.4.1964, BB 1965, 788 (Ausgleichsquittung des der deutschen Sprache nicht mächtigen Arbeiters); ArbG Gelsenkirchen 4.1.1967, BB 1967, 999 m. Anm. *Trinkner* (Türk. Arbeitnehmer unterschrieb Ausgleichsquittung nach Kündigung); LAG Düsseldorf/Köln 24.10.1967, BB 1968, 125 m. Anm. *Trinkner* (Deutscher Sprache mächtiger Italiener unterzeichnete Ausgleichsquittung, ohne sie gelesen zu haben). Vgl. *Küster*, BB 1968, 1206; *Stahlhacke*, NJW 1968, 580.
4 *Basedow*, BB 1969, 1318.
5 LAG Baden-Württemberg 8.7.1966, BB 1966, 860 (Spanier unterschrieb als „Quittung" bezeichnete Ausgleichsquittung, die eine Verzichtserklärung enthielt. Zwar sei bei bewusstem Unterschreiben eines ungelesenen Schriftstückes ein Irrtum über den Inhalt der Erklärung nicht möglich. „Etwas anderes gilt aber dann, wenn vom Unterzeichner einer Urkunde erwartet wird, dass sie einen bestimmten Inhalt hat. In einem solchen

Man wird bei der **Unterzeichnung von Auflösungsverträgen** oder **Ausgleichsquittungen** darauf abstellen müssen, ob der Ausländer sprachkundig ist oder nicht. Weiß er nicht, worum es geht, so ist seine Erklärung nicht wirksam, da es auf seiner Seite am erforderlichen Annahme-(Verzicht-)willen fehlt[1]. Entscheidend ist somit, ob der Arbeitnehmer überhaupt die Möglichkeit der Kenntnisnahme hatte. Die Rechtsprechung erlegt daher auch dem Arbeitgeber die Darlegungs- und Beweislast dafür auf, der Arbeitnehmer habe entweder den Inhalt verstanden oder er sei ihm übersetzt und in seiner Sprache verständlich gemacht worden[2]. Ist der Ausländer des Deutschen nicht hinreichend mächtig, so sind Ausgleichsquittungen in der Muttersprache des Arbeitnehmers abzufassen oder vor der Unterzeichnung zu übersetzen[3]. Eine entsprechende Fürsorgepflicht besteht jedoch nicht bei ausreichenden Sprachkenntnissen[4]. Es soll auch für betriebsübliche Vertragsklauseln nicht gelten[5] und ebenfalls nicht, wenn die Ausgleichsquittung dem Arbeitnehmer übersandt wurde und er Gelegenheit hatte, sie zu überprüfen[6]. Wird ein befristeter Arbeitsvertrag angeboten, so kann durch das Nichtverstehen der Befristung und die gleichwohl erfolgte Annahme des Arbeitnehmers ein unbefristeter Arbeitsvertrag nicht zu Stande kommen, sondern nur ein befristeter oder allenfalls gar kein Vertrag[7].

5003–5010 Frei.

VI. Zusammenfassung mit Handlungsanleitung

1. Rechtswahl

5011 Für das Individualarbeitsverhältnis ist eine ausdrückliche oder stillschweigende Rechtswahl zulässig (Art. 8 Abs. 1 S. 1 Rom I-VO)[8]. Eine Rechtswahl ist zu empfehlen. Soweit deutsches Recht vereinbart wird, ist eine Anpassung des

---

Falle liegt sehr wohl ein Irrtum vor, der zur Anfechtung berechtigt."); *Trinkner*, BB 1967, 1000. Vgl. jetzt BGH 27.10.1994, NJW 1995, 190 (Bürgschaft) sowie *Henrich*, Die Unterschrift unter eine nichtgelesene Urkunde, RabelsZ 35 (1971), 55.

1 Vgl. *Henrich*, RabelsZ 35 (1971), 67. S. auch *Marraud/Birk/Kibler*, Die Ausgleichsquittung im deutsch-französischen Rechtsvergleich, ZIAS 1995, 38.
2 LAG Baden-Württemberg 30.12.1970, DB 1971, 245; LAG Hamm 2.1.1976, BB 1976, 553.
3 LAG Frankfurt a.M. 6.2.1974, BB 1975, 562.
4 LAG Köln 24.11.1999, MDR 2000, 528 (Ind. Ingenieur zehn Jahre in Deutschland).
5 LAG Frankfurt a.M. 7.6.1974, BB 1975, 788.
6 ArbG Neumünster 25.4.1979, BB 1979, 784.
7 LAG Baden-Württemberg 12.6.1968, BB 1968, 943 (Griechin unterzeichnete befristeten Arbeitsvertrag und berief sich darauf, dass ein unbefristeter Vertrag zu Stande gekommen sei, weil sie die Befristung nicht verstanden habe. Befristeten Arbeitsvertrag angenommen).
8 Klauselbeispiel bei *Junker*, Arbeitnehmereinsatz, S. 14. Bei einem Einsatz im außereuropäischen Ausland etwa mit folgender Klausel: „Für diesen Vertrag wird deutsches Recht vereinbart, wobei jedoch die deutschen Tarifverträge nicht als deutsches Recht in diesem Sinne gelten." Vgl. *Hohloch*, Festschr. Heiermann, S. 149.

Vertrages an die Besonderheiten der Auslandsarbeit notwendig[1]. Die Rechtswahl unterliegt aber Beschränkungen durch das kollisionsrechtliche Günstigkeitsprinzip. Dem Arbeitnehmer kann nicht der Schutz ihm günstigerer zwingender Bestimmungen entzogen werden, die auf Grund objektiver Anknüpfung gelten würden (Art. 8 Abs. 1 S. 2 Rom I-VO). Für Seearbeitsverhältnisse ist die Sonderregelung nach § 21 Abs. 4 FlaggRG zu beachten.

2. Objektive Anknüpfung

Mangels Rechtswahl kommt es zu einer mehrstufigen Prüfung.

- In erster Linie gilt das Recht des gewöhnlichen Arbeitsortes (Art. 8 Abs. 2 Rom I-VO).
- Wird nicht in ein und demselben Staat gearbeitet, so kommt es bei vorübergehender Entsendung auf die einstellende Niederlassung an (Art. 8 Abs. 3 Rom I-VO).
- Diese Anknüpfung nach Art 8 Abs. 2 und 3 Rom I-VO kann jedoch in einem weiteren Schritt durch eine engere Beziehung zu einer anderen Rechtsordnung korrigiert werden (Art. 8 Abs. 4 Rom I-VO). Insofern ist eine Gesamtabwägung nach den Umständen des Einzelfalls (Art der Tätigkeit, gewöhnlicher Aufenthalt der Parteien) vorzunehmen.

3. Reichweite des Arbeitsvertragsstatuts

Dem Arbeitsvertragsstatut unterliegt grundsätzlich der Inhalt des Arbeitsverhältnisses einschließlich der Begründung und der Auflösung des Arbeitsverhältnisses. Dies gilt nach hM auch für den allgemeinen Kündigungsschutz. Die Anhörung des Betriebsrats unterliegt jedoch dem Statut der Betriebsverfassung.

4. Zwingende Vorschriften

Außerdem kommen inländische zwingende Vorschriften ohne Rücksicht auf das Arbeitsvertragsstatut zur Anwendung (Art. 9 Abs. 1 Rom I-VO). Dies gilt insbes. für Arbeitsschutzbestimmungen sowie die Vorschriften des Arbeitnehmerentsendegesetzes (§§ 1–4 AEntG). Die Geltung des deutschen Betriebsverfassungsrechts kann durch eine Vereinbarung ausländischen Rechts für das Individualarbeitsverhältnis nicht abbedungen werden. Die Mitbestimmungsrechte bei personellen Maßnahmen sind daher zu beachten.

Frei. 5012–5030

---

[1] Näher dazu *Däubler*, Festschr. Birk, S. 27 ff.

6. Teil: Vertretungsmacht und Verfügungsbefugnis

Übersicht

	Rz.
A. Vertretungsmacht bei Handelsgesellschaften	5031
I. Bestimmung des Gesellschaftsstatuts	5031
II. Auswirkungen der Anknüpfung des Gesellschaftsstatuts auf die Mobilität von Gesellschaften	5121
III. Reichweite des Gesellschaftsstatuts	5161
IV. Schutz des Rechtsverkehrs	5201
V. Die gesetzliche Vertretung von Handelsgesellschaften und ihr Nachweis im ausländischen Recht	5238
VI. Zusammenfassung mit Handlungsanleitung	5401
B. Vollmacht	5421
I. Allgemeines	5421
II. Sonderanknüpfung der Vollmacht	5431
III. Bestimmung des Vollmachtsstatuts	5441
IV. Reichweite des Vollmachtsstatuts	5491
V. Abgrenzung zum Geschäftsstatut des Hauptvertrages	5531
VI. Rechtsvereinheitlichung	5561
VII. Zusammenfassung mit Handlungsanleitung	5581
C. Verfügungsbefugnis des Insolvenzverwalters	5601
I. Grundlagen	5601
II. Inländisches Insolvenzverfahren mit Auslandsbezug	5631
III. Ausländisches Insolvenzverfahren mit Inlandsbezug	5691
IV. Reichweite des Insolvenzstatuts	5751
V. Schutz des Rechtsverkehrs	5801
VI. Zusammenfassung mit Handlungsanleitung	5821
D. Beschränkungen bei verheirateten Personen	5851
I. Qualifikation	5851
II. Allgemeine Beschränkungen durch die Ehe	5861
III. Güterrechtliche Beschränkungen	5911
IV. Einfluss des Vertrags- und Belegenheitsstatuts	6031
V. Schutz des Rechtsverkehrs	6061
VI. Zusammenfassung mit Handlungsanleitung	6101
E. Beschränkungen bei jugendlichen Personen	6121
I. Anknüpfung der Geschäftsfähigkeit	6121
II. Reichweite des Geschäftsfähigkeitsstatuts	6141
III. Einfluss des Wirkungsstatuts	6161
IV. Anknüpfung der gesetzlichen Vertretung	6181
V. Schutz des Rechtsverkehrs	6242
VI. Zusammenfassung mit Handlungsanleitung	6261
F. Beschränkungen bei geistig behinderten volljährigen Personen	6281
I. Allgemeines	6281
II. Betreuung	6291
III. Entmündigung	6311
IV. Schutz des Rechtsverkehrs	6321
V. Zusammenfassung mit Handlungsanleitung	6331

A. Vertretungsmacht bei Handelsgesellschaften

Rz.

I. **Bestimmung des Gesellschaftsstatuts** 5031
  1. Anknüpfungstheorien 5032
      a) Sitztheorie 5033
      b) Gründungstheorie 5036
      c) Kombinations- und Differenzierungslehren 5038
      d) Stellungnahme 5039
  2. Einschränkung der Sitztheorie durch die Niederlassungsfreiheit 5041
      a) Inhalt der Niederlassungsfreiheit 5042
      b) Die Entwicklung der EuGH-Rechtsprechung 5043
          aa) Die „Daily-Mail"-Entscheidung von 1988 5043
          bb) Die „Centros"-Entscheidung von 1999 5045
          cc) Die „Überseering"-Entscheidung von 2002 5049
          dd) Die „Inspire Art"-Entscheidung von 2003 5052
          ee) Die „Cartesio"- Entscheidung von 2008 5056
      c) Konsequenzen für das deutsche internationale Gesellschaftsrecht 5059
          aa) Verpflichtung auf eine „europarechtliche Gründungstheorie"? 5060
          bb) Beschränkung auf eine Kontrolle bestimmter Auswirkungen der Sitztheorie 5065
          cc) Fortgeltung der Sitztheorie in Drittstaatsfällen ... 5066
      d) Schranken der Niederlassungsfreiheit 5067
          aa) Öffentliche Ordnung 5068
          bb) Rechtsmissbrauch 5069
          cc) Zwingende Gründe des Gemeinwohls 5070
  3. Vorrang von Staatsverträgen ... 5071
  4. Reformen des deutschen materiellen und internationalen Gesellschaftsrechts 5074
      a) Änderungen durch das MoMiG 5075

Rz.

    b) Referentenentwurf zum internationalen Gesellschaftsrecht 5077
      aa) Gründungsrecht als Grundsatzanknüpfung ... 5077
      bb) Grenzüberschreitende Verlegung des Satzungssitzes 5079
      cc) Kritik 5080
  5. Einzelprobleme der Anknüpfung 5081
      a) Sitztheorie 5081
          aa) Ermittlung des tatsächlichen Verwaltungssitzes . 5081
          bb) Beweislast 5085
          cc) Doppelsitz 5088
          dd) Verbundene Unternehmen 5089
          ee) Rück- oder Weiterverweisung 5090
      b) Gründungstheorie 5094
          aa) Ermittlung des Gründungsstatuts 5094
          bb) Rück- oder Weiterverweisung 5095

II. **Auswirkungen der Anknüpfung des Gesellschaftsstatuts auf die Mobilität von Gesellschaften** ... 5121
  1. Sitztheorie 5122
      a) Anfängliches Auseinanderfallen von Verwaltungssitz und Satzungssitz 5123
          aa) Inländischer Verwaltungssitz 5124
          bb) Ausländischer Verwaltungssitz 5127
      b) Nachträgliches Auseinanderfallen von Verwaltungssitz und Satzungssitz 5129
          aa) Sitzverlegung ins Inland . 5130
          bb) Sitzverlegung ins Ausland 5134
          cc) Sitzverlegung von einem Drittstaat in einen anderen 5141
  2. Gründungstheorie 5142
      a) Problemstellung 5142
      b) Zuzugsfälle 5143
      c) Wegzugsfälle 5145

	Rz.
III. **Reichweite des Gesellschaftsstatuts**	5161
1. Rechtsfähigkeit	5162
a) Allgemeine Rechtsfähigkeit	5162
b) Fähigkeit zur Errichtung von Zweigniederlassungen	5166
aa) Sitztheorie	5166
bb) Gründungstheorie	5167
c) Besondere Rechtsfähigkeiten	5170
aa) Allgemeines	5170
bb) Beteiligung an anderen Gesellschaften	5171
cc) Wechsel-/Scheckfähigkeit	5173
2. Vertretungsmacht	5174
3. Partei- und Prozessfähigkeit	5178
a) Parteifähigkeit	5178
aa) Lex fori	5179
bb) Lex causae	5180
cc) Alternative Anknüpfung	5181
b) Prozessfähigkeit	5182
4. Personengesellschaften	5183
a) Handelsgesellschaften	5183
b) Bürgerlich-rechtliche Gesellschaften	5184
IV. **Schutz des Rechtsverkehrs**	5201
1. Gesetzliche Rechtsschutznormen	5201
a) Art. 13 Rom I-VO	5201
b) §§ 50 Abs. 2, 55 ZPO	5205
2. Persönliche Haftung von Gesellschaftern und Organvertretern	5207
a) Sitztheorie	5208
aa) Gesellschafterhaftung	5208
bb) Handelndenhaftung	5209
cc) Rechtsscheinhaftung	5210
b) Gründungstheorie	5211
aa) Grundsatz	5211
bb) Ausnahmen	5213
(1) Deliktsrecht	5214
(2) Insolvenzrecht	5215
(3) Rechtsscheinhaftung	5216
3. Inländische Zweigniederlassungen	5217
4. Notarielle Bestätigung	5221
V. **Die gesetzliche Vertretung von Handelsgesellschaften und ihr Nachweis im ausländischen Recht**	5238

	Rz.
1. Europäische Rechtsvereinheitlichung	5238
a) Europäische Wirtschaftliche Interessenvereinigung (EWIV)	5238
b) Europäische Gesellschaft (SE)	5240
c) Europäische Privatgesellschaft (SPE)	5243
2. EU-Staaten	5246
a) Belgien	5247
aa) Vertretungsberechtigte Organe	5248
bb) Nachweis der Vertretungsmacht	5252
b) England	5253
aa) Vertretungsberechtigte Organe	5254
bb) Nachweis der Vertretungsmacht	5261
c) Frankreich	5263
aa) Vertretungsberechtigte Organe	5264
bb) Nachweis der Vertretungsmacht	5269
d) Italien	5270
aa) Vertretungsberechtigte Organe	5271
bb) Nachweis der Vertretungsmacht	5278
e) Niederlande	5279
aa) Vertretungsberechtigte Organe	5280
bb) Nachweis der Vertretungsmacht	5284
f) Österreich	5285
aa) Vertretungsberechtigte Organe	5286
bb) Nachweis der Vertretungsmacht	5290
g) Polen	5291
aa) Vertretungsberechtigte Organe	5292
bb) Nachweis der Vertretungsmacht	5298
h) Portugal	5299
aa) Vertretungsberechtigte Organe	5300
bb) Nachweis der Vertretungsmacht	5304
i) Spanien	5305
aa) Vertretungsberechtigte Organe	5306
bb) Nachweis der Vertretungsmacht	5311

	Rz.
j) Tschechische Republik/Slowakische Republik	5312
aa) Vertretungsberechtigte Organe	5313
bb) Nachweis der Vertretungsmacht	5317
k) Ungarn	5318
aa) Vertretungsberechtigte Organe	5319
bb) Nachweis der Vertretungsmacht	5324
3. Sonstige Staaten	5325
a) Japan	5325
aa) Vertretungsberechtigte Organe	5326
bb) Nachweis der Vertretungsmacht	5328
b) Kanada	5329
aa) Vertretungsberechtigte Organe	5330
bb) Nachweis der Vertretungsmacht	5335
c) Liechtenstein	5337
aa) Vertretungsberechtigte Organe	5338
bb) Nachweis der Vertretungsmacht	5343
d) Russische Föderation	5344
aa) Vertretungsberechtigte Organe	5345
bb) Nachweis der Vertretungsmacht	5351
e) Schweiz	5352
aa) Vertretungsberechtigte Organe	5353
bb) Nachweis der Vertretungsmacht	5357
f) USA	5358
aa) Vertretungsberechtigte Organe	5359
bb) Nachweis der Vertretungsmacht	5368
VI. Zusammenfassung mit Handlungsanleitung	5401
1. Sonderanknüpfung	5401
2. Bestimmung des Gesellschaftsstatuts	5402
3. Anwendungsbereich der Gründungstheorie	5403
4. Konsequenzen der Sitztheorie	5404
5. Reichweite des Gesellschaftsstatuts	5405
6. Schutz des Rechtsverkehrs	5406

Literatur zum deutschen IPR/Allgemein (zur älteren Literatur vgl. Vorauflagen): *Balthasar*, Gesellschaftsstatut und Gläubigerschutz: ein Plädoyer für die Gründungstheorie, RIW 2009, 221; *Behme*, Der Weg deutscher Aktiengesellschaften ins Ausland – Goldene Brücke statt Stolperpfad?, BB 2008, 70; *Bechtel*, Grenzüberschreitende Sitzverlegung de lege lata, IPRax 1998, 348; *Bechtel*, Parteifähigkeit trotz Verlegung des Gesellschaftssitzes nach Deutschland, NZG 2001, 21; *Behrens*, Die GmbH im internationalen und europäischen Recht, 2. Aufl. (1997); *Berndt*, Die Rechtsfähigkeit US-amerikanischer Kapitalgesellschaften im Inland, JZ 1996, 187; *Binz/Mayer*, Zur Frage der Bestimmung der Rechtsfähigkeit einer sich in Deutschland niedergelassenen Drittstaatengesellschaft nach der Sitztheorie, BB 2007, 1521; *Bollacher*, Referentenentwurf zur Regelung des internationalen Gesellschaftsrechts, RIW 2008, 200; *Borges*, Anwendbarkeit der Gründungstheorie bei fehlendem tatsächlichen Verwaltungssitz, GmbHR 1999, 1256; *Brombach*, Das internationale Gesellschaftsrecht im Spannungsfeld von Sitztheorie und Niederlassungsfreiheit (2006); *Bungert*, Internationales Gesellschaftsrecht und Europäische Menschenrechtskonvention, EWS 1993, 14; *Bungert*, Das Recht ausländischer Kapitalgesellschaften auf Gleichbehandlung im deutschen und US-amerikanischen Recht (1994); *Bungert*, Deutsch-amerikanisches internationales Gesellschaftsrecht – Staatsvertragliche Festschreibung der Überlagerungstheorie?, ZvglRW 93 (1994), 117; *Bungert*, Rechtsfähigkeit ausländischer Kapitalgesellschaften und Beweislast, DB 1995, 963; *Bungert*, Zur Rechtsfähigkeit US-amerikanischer Kapitalgesellschaften ohne geschäftlichen Schwerpunkt in den USA, WM 1995, 2125; *Bungert*, Zum Nachweis des effektiven Verwaltungssitzes der ausländischen Kapitalgesellschaft: Die Briefkastengesellschaft als Vorurteil, IPRax 1998, 339; *Bungert*, Rechtliche Auswirkungen der „domestication" einer deutschen GmbH in den USA nach deutschem Gesellschaftsrecht, RIW 1999, 109; *Bungert*, Sitzanknüpfung für Rechtsfähigkeit von Gesellschaften gilt auch nicht mehr im Verhältnis zu den USA, DB 2003, 1043; *Dammann*, Amerikanische Gesellschaften mit Sitz in Deutschland, RabelsZ 68 (2004), 607; *Ebenroth*, Konzernkollisionsrecht im Wandel außenwirtschaftlicher Ziele (1978); *Ebenroth/Auer*, Die ausländische Kapitalgesellschaft & Co. KG – ein Beitrag zur Zulässigkeit grenzüberschreitender Typenvermischung, DNotZ 1990, 139; *Ebenroth/Auer*, Grenzüberschreitende Verlagerung von unternehmerischen Leitungsfunktionen im Zivil- und Steuerrecht, RIW 1992, Beil. 1 zu Heft 3; *Ebenroth/Bippus*, Die Sitztheorie als Theorie effektiver Verknüpfungen der Gesellschaft, JZ 1988, 677; *Ebenroth/Bippus*, Die staatsvertragliche Anerkennung ausländischer Gesellschaften in Abkehr von der Sitztheorie, DB 1988, 842; *Ebenroth/Einsele*, Gründungstheorie und Sitztheorie in der Praxis – zwei vergleichbare Theorien?, ZvglRW 87 (1988), 217; *Ebenroth/Eyles*, Die Beteiligung ausländischer Gesellschaften an einer inländischen Kommanditgesellschaft, DB Beil. Nr. 2/88; *Ebenroth/Kemner/Wilburger*, Die Auswirkungen des „genuine link"-Grundsatzes auf die Anerkennung US-amerikanischer Gesellschaften in Deutschland, ZIP 1995, 972; *Ebenroth/Sura*, Das Problem der Anerkennung im internationalen Gesellschaftsrecht, RabelsZ 42 (1979), 315; *Ebke*, Das Internationale Gesellschaftsrecht und der BGH, BGH-Festg. (2000), S. 799; *Ebke*, The „Real Seat" Doctrine in the Conflict of Laws, Int. Lawyer 36 (2002), 1015; *Eidenmüller* (Hrsg.), Ausländische Kapitalgesellschaften im deutschen Recht (2004); *Eidenmüller/Rehm*, Gesellschafts- und zivilrechtliche Folgeprobleme der Sitztheorie, ZGR 1997, 89; *Fingerhuth/Rumpf*, MoMiG und die grenzüberschreitende Sitzverlegung – Die Sitztheorie ein (lebendes) Fossil?, IPRax 2008, 90; *G. Fischer*, Haftung für Scheininlandsgesellschaften, IPRax 1991, 101; *Franz/Laeger*, Die Mobilität deutscher Kapitalgesellschaften nach Umsetzung des MoMiG unter Einbeziehung des Referentenentwurfs zum internationalen Gesellschaftsrecht, BB 2008, 678; *Freitag*, Der Wettbewerb der Rechtsordnungen im Internationalen Gesellschaftsrecht, EuZW 1999, 267; *Freitag*, Zur Ermittlung des Gesellschaftsstatuts bei Nichtexistenz eines effektiven Verwaltungssitzes, NZG 1999, 357; *Grasmann*, System des internationalen Gesellschaftsrechts (1970); *Großfeld*, Internationales und europäisches Unternehmensrecht, 2. Aufl. (1995); *Großfeld/Beckmann*, Rechtskultur und Internationales Gesellschaftsrecht – Die kulturelle Bedingtheit des internationalen Gesellschaftsrechts, ZvglRW 91 (1992), 351; *Großfeld/Wilde*, Die Konzentration des Vertretungsrechts im Gesellschaftsstatut, IPRax 1995, 374; *Grothe*, Die „ausländische Kapitalgesellschaft und Co." (1989); *Haack*, Anwendbarkeit der Gründungstheorie bei fehlendem tatsächlichen Verwaltungssitz, RIW 2000, 56; *Hausmann*, Doppelter Sitz von Kapitalgesellschaften nach deutschem Gesellschaftsrecht und Internationalem Privatrecht, in: Hausmann/Raupach (Hrsg.), Steuergestaltung durch doppelt ansässige Gesellschaften? (1988), S. 13; *Heinrichs*, Die ausländische juristische Person & Co. KG (1996); *Hellgardt/Illmer*, Wiederauferstehung der Sitztheorie?, NZG 2009, 94; *Hirte/Bücker* (Hrsg.), Grenzüberschreitende Gesellschaften, 2. Aufl. (2006); *Hoffmann*, Das Anknüpfungsmoment der Gründungstheorie, ZvglRW 101 (2002), 283; *Hoffmann*, Die stille Bestattung der Sitztheorie durch den Gesetzgeber, ZIP 2007, 1581; *Hofmeister*, Grundlagen und Entwicklungen des internationalen Gesellschaftsrechts, WM 2007, 868; *Höft*, Identitätswahrende Verwaltungssitzverlegung (1992); *Horn*, Internationale Unternehmenszusammenschlüsse, ZIP 2000, 473; *Jung*, Anwendung der Gründungstheorie auf Gesellschaften schweizerischen Rechts?, NZG 2008, 681; *Kaulen*, Zur Bestimmung des Anknüpfungsmoments unter der Gründungstheorie, IPRax 2008, 389; *Kieser*, Die Typenvermischung über die Grenze (1989); *Kindler*, Rechtsfähigkeit und Haftungsverfassung der Scheinauslandsgesellschaft, Festschr. W. Lorenz (2001), S. 343; *Kindler*, GmbH-Reform und internationales gesellschaftsrecht, AG 2007, 721; *Kindler*, Internationales Gesellschaftsrecht 2009: MoMiG, Trabrennbahn, Cartesio und die Folgen, IPRax 2009, 189; *Knobbe-Keuk*, Umzug von Gesellschaften in Europa, ZHR 154 (1990), 325; *Knof/Mock*, Das MoMiG und die Auslandsinsolvenz haftungsbeschränkter Gesellschaften – Herausforderung oder Sisyphismus des modernen Gesetzgebers, GmbHR 2007, 852; *Koch/Eickmann*, Gründungs- oder Sitztheorie? Eine „never ending story"?, AG 2009, 73; *Krause*, Handelsregistereintragung der inländischen Zweigniederlassung einer ausländischen Gesellschaft, RPfleger 1999, 263; *Kronke*, Grenzüberschreitende Personengesellschaftskonzerne, ZGR 1989, 473; *Kußmaul/Richter/Ruiner*, Die Sitztheorie hat endgültig ausgedient!, DB 2008, 451; *Leible/Hoffmann*, Vom „Nullum" zur Personengesellschaft – Die Metamorphose der Scheinauslandsgesellschaft im deutschen Recht, DB 2002, 2203; *Lieder/Kliebisch*, Nichts Neues im Internationalen Gesellschaftsrecht: Anwendbarkeit der Sitztheorie auf Gesellschaften aus Drittstaaten?, BB 2009, 338; *Lüer*, Sitzverlegung einer inländischen Aktiengesellschaft ins Ausland, Liber amicorum Kegel (2002), S. 83; *Lutter* (Hrsg.), Europäische Auslandsgesellschaften in Deutschland (2005); *Mödl*, Die ausländische Kapitalgesellschaft in der notariellen Praxis, RNotZ 2008, 1; *Nappenbach*, Parteiautonomie im internationalen Gesellschaftsrecht (2002); *Niemann*, Die rechtsgeschäftliche und organschaftliche Stellvertretung und deren kollisionsrechtliche Einordnung (2004); *Panthen*, Der „Sitz"-Begriff im internationalen Gesellschaftsrecht (1988); *Peters*, Verlegung des tatsächlichen Verwaltungssitzes der GmbH ins Ausland, GmbHR 2008, 245; *Rinne*, Zweigniederlassungen ausländischer Unternehmen im deutschen Kollisions- und Sachrecht (1998); *Rotheimer*, Referentenentwurf zum internationalen Gesellschaftsrecht, NZG 2008, 181; *Sandrock*, Die multinationalen Korporationen im IPR, BerDGesVölkR 18 (1978), 169; *Sandrock*, Ein amerikanisches Lehrstück für das Kollisionsrecht der Kapitalgesellschaften, RabelsZ 42 (1978), 227; *Sandrock*, Die Konkretisierung der Überlagerungstheorie in einigen zentralen Einzelfragen, Festschr. Beitzke (1979), S. 669; *Sandrock/Wetzler* (Hrsg.), Deutsches Gesellschaftsrecht im Wettbewerb der Rechtsordnungen (2004); *C. Schmidt*, Der Haftungsdurchgriff und seine Umkehrung im IPR (1993); *Schmidt-Hermesdorf*, Ausländische Gesellschaften als Komplementäre deutscher Personenhandelsgesellschaften?, RIW 1990, 707; *Schneider*, Internationales Gesellschaftsrecht vor der Kodifizierung, BB 2008, 566; *Sonnenberger* (Hrsg.), Vorschläge und Berichte zur Reform des europäischen und deutschen internationalen Gesellschaftsrechts (2007); *Spahlinger/Wegen*, Internationales Gesellschaftsrecht in der Praxis (2005); *Steiger*, Identitätswahrende Sitzverlegung von Gesellschaften auf Grund bilateraler Staatsverträge, RIW 1999, 169; *Teichmann*, Die Bestellung eines Ausländers zum Geschäftsführer einer deutschen GmbH, IPRax 2000, 110; *Teipel*, Die Bedeutung der lex fori im internationalen Gesellschaftsrecht, Festschr. Sandrock (1995), S. 125; *Terlau*, Das Internationale Privatrecht der Gesellschaft bürgerlichen Rechts (1999); *Terstegen*, Kollisionsrechtliche Behandlung ausländischer Kapitalgesellschaften im Inland (2002); *Travers*, Der Beweis des Anknüpfungskriteriums „tatsächlicher Sitz der Hauptverwaltung" im Internationalen Gesellschaftsrecht (1998); *M. J. Ulmer*, Die Anerkennung US-amerikanischer Gesellschaften in Deutschland, IPRax 1996, 100; *Wachter*, Ausländer als GmbH-Gesellschafter und -Geschäftsführer, ZIP 1999, 1577; *Wachter*, Bestellung eines ausländischen Staatsangehörigen zum GmbH-Geschäftsführer, RIW 2001, 784; *Wagner/Timm*, Der Referentenentwurf eines Gesetzes zum Internationalen Privatrecht der Gesellschaften, Vereine und juristischen Personen, IPRax 2008, 81; *Walden*, Das Kollisionsrecht der Personengesellschaften im deutschen, europäischen und US-amerikanischen Recht (2001); *Weller*, Die Rechtsquellendogmatik des Gesellschaftskollisionsrechts, IPRax 2009, 202; *Weller*, Niederlassungsfreiheit via völkerrechtlicher EG-Assoziierungsabkommen, ZGR 2006, 748; *Wenckstern*, Inländische Briefkastenfirmen im deutschen Internationalen Gesellschaftsrecht, Festschr. Drobnig (1998), S. 465; *Werlauff*, Ausländische Gesellschaft für inländische Aktivität, ZIP 1999, 867; *Werner*, Der Nachweis des Verwaltungssitzes ausländischer juristischer Personen (1998); *Zimmer*, Internationales Gesellschaftsrecht: das Kollisionsrecht der Gesellschaften und sein Verhältnis zum internationalen Kapitalmarktrecht und zum internationalen Unternehmensrecht (1996).

Literatur zum Einfluss der EU-Niederlassungsfreiheit auf das internationale Gesellschaftsrecht: *Altmeppen*, Parteifähigkeit, Sitztheorie und „Centros", DStR 2000, 1061; *Altmeppen*, Schutz vor „europäischen" Kapitalgesellschaften, NJW 2004, 97; *Altmeppen*, Existenzvernichtungshaftung und Scheinauslandsgesellschaften, Festschr. Röhricht (2005), S. 3; *Ballarino*, Les règles de conflit sur les sociétés commerciales à l'épreuve du droit communautaire d'établissement, Rev.crit.d.i.p. 2003, 373; *Baudenbacher/Buschle*,

Niederlassungsfreiheit für EWR-Gesellschaften nach „Überseering", IPRax 2004, 26; *Bayer*, Die EuGH-Entscheidung „Inspire Art" und die deutsche GmbH im Wettbewerb der europäischen Rechtsordnungen, BB 2003, 2357; *Bayer*, Zulässige und unzulässige Einschränkungen der europäischen Grundfreiheiten im Gesellschaftsrecht, BB 2002, 2289; *Bechtel*, Umzug von Kapitalgesellschaften unter der Sitztheorie: zur europarechtskonformen Fortentwicklung des internationalen Gesellschaftsrechts (1999); *Bechtel*, Parteifähigkeit trotz Verlegung des Gesellschaftssitzes nach Deutschland, NZG 2001, 21; *Behrens*, Das internationale Gesellschaftsrecht nach dem Centros-Urteil des EuGH, IPRax 1999, 323; *Behrens*, Reaktionen mitgliedstaatlicher Gerichte auf das Centros-Urteil des EuGH, IPRax 2000, 384; *Behrens*, Die internationale Sitzverlegung von Gesellschaften vor dem EuGH, EuZW 2002, 129; *Behrens*, Das internationale Gesellschaftsrecht nach dem „Überseering"-Urteil des EuGH und den Schlussanträgen zu „Inspire Art", IPRax 2003, 193; *Behrens*, Gemeinschaftsrechtliche Grenzen der Anwendung inländischen Gesellschaftsrechts auf Auslandsgesellschaften nach „Inspire Art", IPRax 2004, 20; *Binge/Thölke*, „Everything goes!" – Das deutsche Internationale Gesellschaftsrecht nach Inspire Art, DNotZ 2004, 21; *Binz/Mayer*, Die ausländische Kapitalgesellschaft und Co. KG im Aufwind? – Konsequenzen aus dem „Überseering"-Urteil des EuGH vom 5.11.2002, GmbHR 2003, 249; *Bollacher*, Keine Verletzung der Niederlassungsfreiheit durch nationale Beschränkungen des Wegzugs von Gesellschaften, RIW 2009, 150; *Borges*, Die Sitztheorie in der Centros-Ära: Vermeintliche Probleme und unvermeidliche Änderungen, RIW 2000, 167; *Borges*, Gläubigerschutz bei ausländischen Gesellschaften mit inländischem Sitz, ZIP 2004, 733; *Bous*, Vereinbarkeit der Sitztheorie mit der Niederlassungsfreiheit von Gesellschaften, NZG 2000, 1025; *Brand*, Das Kollisionsrecht und die Niederlassungsfreiheit von Gesellschaften, JR 2004, 89; *Bungert*, Konsequenzen der Centros-Entscheidung des EuGH für die Sitzanknüpfung des deutschen internationalen Gesellschaftsrechts, DB 1999, 1841; *Buxbaum*, Back to the Future? From „Centros" to the „Überlagerungstheorie", Festschr. Sandrock (2000), S. 149; *Campos Nave*, Die Liberalisierung der Wegzugsfreiheit in Europa, BB 2008, 1410; *Cascante*, Kommentar zur Centros-Entscheidung des EuGH, RIW 1999, 450; *Däubler/Heuschmid*, Cartesio und MoMiG – Sitzverlagerung und Unternehmensmitbestimmung, NZG 2009, 493; *Ebert*, Die sachrechtliche Behandlung einer GmbH mit ausländischem Verwaltungssitz, NZG 2002, 937; *Ebert/Levedag*, Die zugezogene „private company limited by shares (Ltd.)" nach dem Recht von England und Wales als Rechtsformalternative für in- und ausländische Investoren in Deutschland, GmbHR 2003, 1337; *Ebke*, Das Schicksal der Sitztheorie nach dem Centros-Urteil des EuGH, JZ 1999, 656; *Ebke*, „Überseering": Die wahre Liberalität ist Anerkennung, JZ 2003, 927; *Ebke*, Überseering und Inspire Art: Die Revolution im Internationalen Gesellschaftsrecht und ihre Folgen, Festschr. Thode (2005), S. 593; *Eidenmüller*, Gesellschaftsstatut und Insolvenzstatut, RabelsZ 70 (2000), 474; *Eidenmüller*, Wettbewerb der Gesellschaftsrechte in Europa, ZIP 2002, 2233; *Eidenmüller*, Mobilität und Restrukturierung von Unternehmen im Binnenmarkt, JZ 2004, 24; *Eidenmüller*, Geschäftsleiter- und Gesellschafterhaftung bei europäischen Auslandsgesellschaften mit tatsächlichem Inlandssitz, NJW 2005, 1618; *Eidenmüller*, Europäisches und deutsches Gesellschaftsrecht im europäischen Wettbewerb der Gesellschaftsrechte, Festschr. Heldrich (2005), S. 581; *Eidenmüller/Rehm*, Niederlassungsfreiheit versus Schutz des inländischen Rechtsverkehrs: Konturen des Europäischen Internationalen Gesellschaftsrechts, ZGR 2004, 159; *Emde*, Sitzverlegung einer Gesellschaft ins EU-Ausland ist nach geltendem nationalen Recht nicht eintragungsfähig, BB 2001, 901; *M. Fischer*, die Verlagerung des Gläubigerschutzes vom Gesellschafts- in das Insolvenzrecht nach „Inspire Art", ZIP 2004, 1477; *Forsthoff*, Rechts- und Parteifähigkeit ausländischer Gesellschaften mit Verwaltungssitz in Deutschland? – Die Sitztheorie vor dem EuGH, DB 2000, 1109; *Forsthoff*, Die Tragweite des Rechtfertigungsgrundes aus Art. 46 Abs. 1 EG für die Niederlassungsfreiheit, die Dienstleistungsfreiheit und für Gesellschaften, EWS 2001, 59; *Forsthoff*, Abschied von der Sitztheorie, BB 2002, 318; *Forsthoff*, EuGH fördert Vielfalt im Gesellschaftsrecht, DB 2002, 2471; *Forsthoff*, Internationales Gesellschaftsrecht im Umbruch, DB 2003, 979; *Geyrhalter*, Niederlassungsfreiheit contra Sitztheorie – Good Bye „Daily Mail"? – Die „Centros"-Entscheidung des EuGH, EWS 1999, 201; *Geyrhalter/Gänßler*, Perspektiven nach „Überseering" – wie geht es weiter?, NZG 2003, 409; *Geyrhalter/Gänßler*, „Inspire Art" – Briefkastengesellschaft „on the Move", DStR 2003, 2167; *Görk*, Das EuGH-Urteil in Sachen „Centros": Kein Freibrief für Briefkastengesellschaften, GmbHR 1999, 793; *Goette*, Wo steht der BGH nach „Centros" und „Inspire Art"?, DStR 2005, 197; *Goette*, Zu den Folgen der Anerkennung ausländischer Gesellschaften mit tatsächlichem Verwaltungssitz im Inland für die Haftung ihrer Gesellschafter und Organe, ZIP 2006, 541; *Grohmann/Gruschinske*, Die identitätswahrende grenzüberschreitende Satzungssitzverlegung in Europa – Schein oder Realität?, GmbHR 2008, 27; *Grohmann/Gruschinske*, Beschränkungen des Wegzugs von Gesellschaften innerhalb der EU – die Rechtssache Cartesio, EuZW 2008, 463; *Großerichter*, Ausländische Kapitalgesellschaften im deutschen Rechtsraum: Das deutsche internationale Gesellschaftsrecht und seine Perspektiven nach der Entscheidung „Überseering", DStR 2003, 159; *Großerichter*, Vom Umgang mit ausländischen Zivilrechtslagen im Bereich EG-vertraglicher Grundfreiheiten: Eine Zwischenbilanz der Diskussion um Niederlassungsfreiheit und Sitzanknüpfung, Festschr. Sonnenberger (2004), S. 369; *Halbhuber*, Limited Company statt GmbH? Europarechtlicher Rahmen und deutscher Widerstand (2001); *Halbhuber*, Das Ende der Sitztheorie als Kompetenztheorie – Überseering, ZEuP 2003, 418; *von Halen*, Das Gesellschaftsstatut nach der Centros-Entscheidung des EuGH (2001); *von Halen*, Das internationale Gesellschaftsrecht nach dem „Überseering"-Urteil des EuGH, WM 2003, 571; *Hausmann*, Der Renvoi im deutschen internationalen Gesellschaftsrecht nach „Überseering" und „Inspire Art", Gedächtnisschr. Blomeyer (2004), S. 579; *Heidenhain*, Ausländische Kapitalgesellschaften mit Verwaltungssitz in Deutschland, NZG 2002, 1141; *Hirsch/Britain*, Artfully Inspired – Werden deutsche Gesellschaften englisch?, NZG 2003, 1100; *Hoffmann*, Neue Möglichkeiten zur identitätswahrenden Sitzverlegung in Europa?, ZHR 164 (2000), 43; *Höfling*, Die Centros-Entscheidung des EuGH – auf dem Weg zu einer Überlagerungstheorie für Europa, DB 1999, 1206; *Höfling*, Die Sitztheorie, Centros und der österreichische OGH, EuZW 2000, 145; *Hoor*, Das Centros-Urteil des EuGH und seine Auswirkungen auf die Anknüpfung des Gesellschaftsstatuts, NZG 1999, 984; *Horn*, Deutsches und europäisches Gesellschaftsrecht und die EuGH-Rechtsprechung zur Niederlassungsfreiheit – Inspire Art, NJW 2004, 893; *Jaeger*, Kapitalgesellschaften in der EU – dauerhafte Niederlassungsberechtigte zweiter Klasse?, NZG 2000, 918; *Jestaedt*, Niederlassungsfreiheit und Gesellschafts-Kollisionsrecht (2005); *Kanzleiter*, „Inspire Art": Die Konsequenzen, DNotZ 2003, 885; *Kallmeyer*, Tragweite des „Überseering"-Urteils des EuGH vom 5.11.2002 zur grenzüberschreitenden Sitzverlegung, DB 2002, 2521; *Kern*, Überseering – Rechtsangleichung und gegenseitige Anerkennung (2004); *Kersting*, Rechtswahlfreiheit im Europäischen Gesellschaftsrecht nach „Überseering", NZG 2003, 9; *Kieninger*, Niederlassungsfreiheit als Rechtswahlfreiheit, ZGR 1999, 724; *Kieninger*, Wettbewerb der Privatrechtsordnungen im Europäischen Binnenmarkt (2002); *Kieninger*, Internationales Gesellschaftsrecht nach „Centros", „Überseering" und „Inspire Art": Antworten, Zweifel und offene Fragen, ZEuP 2004, 685; *Kieninger*, Cartesio und die Folgen, EWS 2008, 207; *Kindler*, Niederlassungsfreiheit für Scheinauslandsgesellschaften? – Die „Centros"-Entscheidung des EuGH und das internationale Privatrecht, NJW 1999, 1993; *Kindler*, Internationales Gesellschaftsrecht am Scheideweg, RIW 2000, 649; *Kindler*, Rechtsfähigkeit und Haftungsverfassung der Scheinauslandsgesellschaft, Festschr. W. Lorenz (2001), S. 343; *Kindler*, Auf dem Weg zur Europäischen Briefkastengesellschaft?, NJW 2003, 1073; *Kindler*, „Inspire Art" – Aus Luxemburg nichts Neues zum internationalen Gesellschaftsrecht, NZG 2003, 1086; *Kindler*, Die Begrenzung der Niederlassungsfreiheit durch das Gesellschaftsstatut, NJW 2007, 1785; *Kindler*, Ende der Diskussion über die sog. Wegzugsfreiheit, NZG 2009, 130; *Kleinert/Probst*, Endgültiges Aus für Sonderanknüpfungen bei (Schein-)Auslandsgesellschaften, DB 2003, 2217; *Knapp*, „Überseering": Zwingende Anerkennung von ausländischen Gesellschaften?, DNotZ 2003, 85; *Knof/Mock*, Niederlassungsfreiheit und Wegzugsbeschränkungen, ZIP 2009, 30; *Knop*, Die Wegzugsfreiheit nach dem Cartesio-Urteil des EuGH, DZWiR 2009, 147; *J. Koch*,

Die europäische Niederlassungsfreiheit als Herausforderung für das deutsche Gesellschaftsrecht, JuS 2004, 755; *Kühnle/Otto*, Neues zur kollisionsrechtlichen Qualifikation Gläubiger schützender Materien in der Insolvenz der Scheinauslandsgesellschaft, IPRax 2009, 117; *Kuntz*, Die Insolvenz der Limited mit deutschem Verwaltungssitz, NZI 2005, 424; *Kußmaul/Richter/Ruiner*, Grenzenlose Mobilität?! – Zum Zuzug und Wegzug von Gesellschaften in Europa, EWS 2009, 1; *Lanzius*, Anwendbares Recht und Sonderanknüpfungen unter der Gründungstheorie (2005); *Leible/Hoffmann*, „Überseering" und das (vermeintliche) Ende der Sitztheorie, RIW 2002, 925; *Leible/Hoffmann*, Die Grundbuchfähigkeit der Scheinauslandsgesellschaft, NZG 2003, 259; *Leible/Hoffmann*, Vom „Nullum" zur Personengesellschaft – Die Metamorphose der Scheinauslandsgesellschaft im deutschen Recht, DB 2002, 2203; *Leible/Hoffmann*, Wie inspiriert ist „Inspire Art"?, EuZW 2003, 677; *Leible/Hoffmann*, „Überseering" und das deutsche Gesellschaftskollisionsrecht, ZIP 2003, 925; *Leible/Hoffmann*, Cartesio – fortgeltende Sitztheorie, grenzüberschreitender Formwechsel und Verbot materiellrechtlicher Wegzugsbeschränkungen, BB 2009, 58; *Lurger*, „Centros Revisited": Die österreichische Sitztheorie und die Niederlassungsfreiheit des EG-Vertrages, IPRax 2001, 346; *Lutter*, „Überseering" und die Folgen, BB 2003, 7; *Lutter* (Hrsg.), Europäische Auslandsgesellschaften in Deutschland (2005); *Luttermann*, Rechts- und Parteifähigkeit: Zur Vereinbarkeit der sog. „Sitztheorie" mit der europäischen Niederlassungsfreiheit, EWS 2000, 374; *Maul/Schmidt*, Inspire Art – Quo vadis Sitztheorie?, BB 2003, 2297; *Meilicke*, Unvereinbarkeit der Sitztheorie mit der Europäischen Menschenrechtskonvention, RIW 1992, 578; *Meilicke*, Zur Vereinbarkeit der Sitztheorie mit der Europäischen Menschenrechtskonvention und anderem höherrangigen Recht, BB 1995, Beil. 9 zu Heft 31; *Meilicke*, Sitztheorie versus Niederlassungsfreiheit?, GmbHR 2000, 693; *Meilicke*, Die Niederlassungsfreiheit nach „Überseering" – Rückblick und Ausblick nach Handels- und Steuerrecht, GmbHR 2003, 703; *Micheler*, Recognition of Companies Incorporated in Other EU Member States, I.C.L.Q. 2003, 521; *Mörsdorf*, Beschränkung der Mobilität von EU-Gesellschaften im Binnenmarkt – eine Zwischenbilanz, EuZW 2009, 97; *Mülbert/Schmolke*, Die Reichweite der Niederlassungsfreiheit von Gesellschaften – Anwendungsgrenzen der Art. 43 ff. EGV bei kollisions- und sachrechtlichen Niederlassungshindernissen, ZvglRW 100 (2001), 233; *H.F. Müller*, Insolvenz ausländischer Kapitalgesellschaften mit inländischem Verwaltungssitz, NZG 2003, 414; *Paefgen*, Gezeitenwechsel im Gesellschaftskollisionsrecht, WM 2003, 561; *Paefgen*, Auslandsgesellschaften und Durchsetzung deutscher Schutzinteressen nach „Überseering", WM 2003, 487; *Paefgen*, „Deutsche Corporations" im System des Gesellschaftskollisionsrechts, DZWiR 2003, 441; *Paefgen*, Auslandsgesellschaften und Durchsetzung deutscher Schutzinteressen nach „Überseering", DB 2003, 487; *Priester*, EU-Sitzverlegung – Verfahrensablauf, ZGR 1999, 36; *Puszkajler*, Luxemburg locuta, causa non finita? – Anmerkungen aus der Praxis zu dem Centros-Urteil des EuGH, IPRax 2000, 79; *Ratka/Wolfbauer*, Daily Mail: „I am not dead yet", ZfRV 2009, 57; *Riegger*, Centros – Überseering – Inspire Art: Folgen für die Praxis, ZGR 2004, 510; *G. H. Roth*, Gründungstheorie: Ist der Damm gebrochen?, ZIP 1999, 861; *W.-H. Roth*, „Centros": Viel Lärm um nichts?, ZGR 2000, 311; *W.-H. Roth*, Die Sitzverlegung vor dem EuGH, ZIP 2000, 1597; *W.-H. Roth*, Internationales Gesellschaftsrecht nach „Überseering", IPRax 2003, 117; *W.-H. Roth*, „Das Wandern ist des Müllers Lust ...": Zur Auswanderungsfreiheit für Gesellschaften in Europa, Festschr. Heldrich (2005), S. 973; *Sandrock*, Centros: Ein Etappensieg für die Überlagerungstheorie, BB 1999, 1337; *Sandrock*, Die Schrumpfung der Überlagerungstheorie, ZvglRW 102 (2003), 447; *Sandrock*, Sitzrecht contra Savigny?, BB 2004, 897; *Sandrock*, Niederlassungsfreiheit und internationales Gesellschaftsrecht, EWS 2005, 529; *Sandrock/Austmann*, Das internationale Gesellschaftsrecht nach der Daily Mail-Entscheidung des Europäischen Gerichtshofs: Quo vadis, RIW 1989, 249; *Schanze/Jüttner*, Anerkennung und Kontrolle ausländischer Gesellschaften – Rechtslage und Perspektiven nach der Überseering-Entscheidung des EuGH, AG 2003, 30; *Schanze/Jüttner*, Die Entscheidung für Pluralität: Kollisionsrecht und Gesellschaftsrecht nach der EuGH-Entscheidung „Inspire Art", AG 2003, 661; *Schaub*, Ausländische Handelsgesellschaften und deutsches Registerverfahren, NZG

2000, 953; *Schlenker*, Gestaltungsmodelle einer identitätswahrenden Sitzverlegung von Kapitalgesellschaften über die Grenze (1998); *K. Schmidt*, Sitzverlegungsrichtlinie, Freizügigkeit und Gesellschaftsrechtspraxis, ZGR 1999, 20; *K. Schmidt*, Verlust der Mitte durch „Inspire Art"? ..., ZHR 168 (2004), 493; *Schmidtbleicher*, Verwaltungssitzverlegung deutscher Kapitalgesellschaften in Europa: „Sevic" als Leitlinie für „Cartesio", BB 2007, 613; *Schnichels*, Die Reichweite der Niederlassungsfreiheit: dargestellt am Beispiel des internationalen Gesellschaftsrechts (1995); *Schön*, Die Niederlassungsfreiheit von Kapitalgesellschaften im System der Grundfreiheiten, Festschr. Lutter (2000), S. 685; *Schön*, EU-Auslandsgesellschaften im deutschen Handelsbilanzrecht, Festschr. Heldrich (2005), S. 391; *Schön*, Niederlassungsfreiheit als Gründungsfreiheit, Festschr. Priester (2007), S. 737; *Schulz*, (Schein-)Auslandsgesellschaften in Europa – Ein Schein-Problem?, NJW 2003, 2705; *Schulz/Sester*, Höchstrichterliche Harmonisierung der Kollisionsregeln im Europäischen Gesellschaftsrecht: Durchbruch der Gründungstheorie nach „Überseering", EWS 2002, 545; *Schurig*, Unilateralistische Tendenzen im europäischen Gesellschaftskollisionsrecht oder: Umgehung als Rechtsprinzip, Liber amicorum Kegel (2002), S. 199; *Sedemund/Hausmann*, Niederlassungsfreiheit contra Sitztheorie – Abschied von Daily Mail?, BB 1999, 809; *Sonnenberger/Großerichter*, Konfliktlinien zwischen internationalem Gesellschaftsrecht und Niederlassungsfreiheit, RIW 1999, 721; *Spindler*, Internationales Gesellschaftsrecht in der Zange zwischen Inspire Art und Golden Shares?, RIW 2003, 850; *Spindler/Berner*, „Inspire Art" – Der europäische Wettbewerb um das Gesellschaftsrecht ist endgültig eröffnet, RIW 2003, 949; *Spindler/Berner*, Der Gläubigerschutz im Gesellschaftsrecht nach Inspire Art, RIW 2004, 7; *Steding*, Das Gesellschaftsrecht der EU zwischen Erwartung und Enttäuschung, NZG 2000, 813; *Steindorff*, Centros und das Recht auf die günstigste Rechtsordnung, JZ 1999, 1140; *Stork*, Sitzlegung von Kapitalgesellschaften in der Europäischen Union – zur Reichweite der Niederlassungsfreiheit unter Berücksichtigung der positiven und negativen Integration (2003); *Teichmann*, Cartesio – die Freiheit zum formwechselnden Wegzug, ZIP 2009, 393; *Thorn*, Das Centros-Urteil des EuGH im Spiegel der deutschen Rechtsprechung, IPRax 2001, 102; *Timme/Hülk*, Das Ende der Sitztheorie im internationalen Gesellschaftsrecht?, JuS 1999, 1055; *Triebel/von Hase*, Wegzug und grenzüberschreitende Umwandlungen deutscher Gesellschaften nach „Überseering" und „Inspire Art", BB 2003, 2409; *P. Ulmer*, Schutzinstrumente gegen die Gefahren aus der Geschäftstätigkeit inländischer Zweigniederlassungen von Kapitalgesellschaften mit fiktivem Auslandssitz, JZ 1999, 662; *P. Ulmer*, Gläubigerschutz bei Scheinauslandsgesellschaften, NJW 2004, 1201; *P. Ulmer*, Insolvenzrechtlicher Gläubigerschutz gegenüber Scheinauslandsgesellschaften ohne hinreichende Kapitalausstattung?, KTS 2004, 291; *Unzicker*, Niederlassungsfreiheit der Kapitalgesellschaften in der EU nach der Centros-Entscheidung des EuGH (2004); *Wachter*, Errichtung, Publizität, Haftung und Insolvenz von Zweigniederlassungen ausländischer Kapitalgesellschaften nach „Inspire Art", GmbHR 2003, 1254; *Wachter*, Auswirkungen des EuGH-Urteils in Sachen Inspire Art Ltd. auf Beratungspraxis und Gesetzgebung, GmbHR 2004, 88; *Walden*, Niederlassungsfreiheit, Sitztheorie und der Vorlagebeschluss des VII. Zivilsenats des BGH v. 30.3.2000, EWS 2001, 256; *Weller*, Das internationale Gesellschaftsrecht in der neuesten BGH-Rechtsprechung, IPRax 2003, 324; *Weller*, Einschränkung der Gründungstheorie bei missbräuchlicher Auslandsgründung, IPRax 2003, 520; *Weller*, Weitgehende Freiheiten beim Einsatz ausländischer Briefkastengesellschaften, DStR 2003, 1800; *Weller*, Scheinauslandsgesellschaften nach Centros, Überseering und Inspire Art: Ein neues Anwendungsfeld für die Existenzvernichtungshaftung, IPRax 2003, 207; *Weller*, Zum identitätswahrenden Wegzug deutscher Gesellschaften, DStR 2004, 1218; *Weller*, Europäische Rechtsformwahlfreiheit und Gesellschafterhaftung (2004); *Wertenbruch*, Der Abschluss des „Überseering"-Verfahrens durch den BGH – Folgerungen, NZG 2003, 618; *Wilhelm*, Umgehungsverbote im Recht der Kapitalaufbringung, ZHR 167 (2003), 528; *Wymeersch*, Centros: A Landmark Decision in European Company Law, Festschr. Buxbaum (2000), S. 629; *Wymeersch*, The Transfer of the Company's Seat in European Company Law, C.M.L. Rev. 2003, 661; *Ziemons*, Freie Bahn für den Umzug von Gesellschaften nach „Inspire Art"?, ZIP 2003,

1913; *Zimmer*, Internationales Gesellschaftsrecht und Niederlassungsfreiheit: Das Rätsel vor der Lösung?, BB 2000, 1361; *Zimmer*, Mysterium „Centros", Von der schwierigen Suche nach der Bedeutung eines Urteils des Europäischen Gerichtshofes, ZHR 164 (2000), 23; *Zimmer*, Wie es Euch gefällt? Offene Fragen nach dem „Überseering"-Urteil des EuGH, BB 2003, 1; *Zimmer*, Ein internationales Gesellschaftsrecht für Europa, RabelsZ 67 (2003), 298; *Zimmer*, Nach „Inspire Art": Grenzenlose Gestaltungsfreiheit für deutsche Unternehmen?, NJW 2003, 3585; *Zimmer*, Grenzüberschreitende Rechtspersönlichkeit, ZHR 168 (2004), 355; *Zimmer/Naendrup*, Das Cartesio-Urteil des EuGH: Rück- oder Fortschritt für das internationale Gesellschaftsrecht?, NJW 2009, 545.

Literatur zum ausländischen IPR: *Azzolini*, Problemi relativi alle persone giuridiche nella riforma del diritto internazionale privato, Riv.dir.int.priv.proc. 1993, 893; *Balestra*, Las sociedades en el derecho international privado (Buenos Aires 1992); *Benedettelli*, „Corporate governance", mercati finanzari e diritto internazionale privato, Riv.dir.int.priv.proc. 1998, 713; *Blümcke*, Das Internationale Gesellschaftsrecht von Kanada (2001); *Boltian/ Trockels*, Der Konzern im französischen IPR, RIW 1988, 932; *Bungert*, Deutsch-amerikanisches internationales Gesellschaftsrecht, ZvglRW 93 (1994), 117; *Cheyne*, The Foreign Corporations Act, I.C.L.Q. 40 (1991), 983; *Coscia*, Il riconoscimento delle società straniere (Mailand 1989); *Cohnen*, Spanisches internationales Gesellschaftsrecht, IPRax 2005, 467; *Drury*, The Regulation and Recognition of Foreign Corporations: Responses to the „Delaware Syndrome", 7 Col. L. J. (1998), 165; *Ebenroth/Kaiser*, Die Reform des Internationalen Gesellschaftsrechts in Italien, ZvglRW 91 (1992), 223; *Ebenroth/Messer*, Das Gesellschaftsrecht im neuen IPRG, ZSR 1989, 49; *Gillessen*, Europäische transnationale Sitzverlegung und Fusion im Vereinigten Königreich und Irland (2000); *Großfeld/ König*, Weiterverweisung im schweizerischen Gesellschaftsrecht, IPRax 1991, 379; *Heini*, Zum neuesten Urteil des schweizerischen Bundesgerichts über das Personalstatut ausländischer juristischer Personen, IPRax 1992, 405; *Heini*, Europa und das internationale Gesellschaftsrecht der Schweiz, SchwZWiR 65 (1993), 9; *Höfling*, Das englische internationale Gesellschaftsrecht (2002); *Korner*, Das Kollisionsrecht der Kapitalgesellschaften in den Vereinigten Staaten von Amerika unter besonderer Berücksichtigung der Pseudo-Foreign Corporations (1989); *Kley-Straller*, Die Staatsangehörigkeit juristischer Personen, SZIER 1991, 163; *Lejeune*, „Personal Jurisdiction" über ausländische Firmen nach amerikanischem Zivilprozeßrecht, RIW 1998, 8; *Lainé*, Des personnes morales en droit international privé, Clunet 1993, 273; *Lévy*, La nationalité des sociétés (Paris 1984); *Lurger*, „Centros Revisited": Die österreichische Sitztheorie und die Niederlassungsfreiheit des EG-Vertrages, IPRax 2001, 346; *Mann*, State Corporations in International Relations, Festschr. Lord Wilberforce (Oxford 1987), S. 131; *Mari*, Le imprese internazionali (Mailand 1983); *Meier*, Grenzüberschreitender Durchgriff in der Unternehmensgruppe nach US-amerikanischem Recht (2000); *Menjucq*, Droit international et européen des sociétés (2001); *Moor*, Das italienische internationale Gesellschaftsrecht: ein Vergleich mit dem schweizerischen IPRG und zu Problemen des schweizerisch-italienischen Rechtsverkehrs (Zürich 1997); *Moor*, Italienisches internationales Gesellschaftsrecht (1997); *Mousseron*, Droit du commerce international: droit international de l'entreprise (Paris 1997); *Nobel*, Zum Internationalen Gesellschaftsrecht im IPRGesetz, Festschr. Moser (Zürich 1987), S. 179; *Nobel* (Hrsg.), Internationales Gesellschaftsrecht (Bern 1998); *Pauknerová*, Entwicklungen im tschechischen internationalen Gesellschaftsrecht, IPRax 2007, 162; *Pohlmann*, Das französische internationale Gesellschaftsrecht (1988); *Prast*, Anerkennung liechtensteinischer Gesellschaften im Ausland (St. Gallen 1997); *Rahm*, Das internationale Gesellschaftsrecht Italiens (Diss. Münster 1990); *Rammeloo*, Corporations in Private International Law – A European Perspective (2001); *Richter*, Die Rechtsstellung ausländischer Kapitalgesellschaften in England (1980); *Rindisbacher*, Anerkennung gesellschaftsrechtlicher Gebilde im internationalen Privatrecht (Zürich 1996); *Rohr*, Der Konzern im IPR unter besonderer Berücksichtigung des Schutzes der Minderheitsaktionäre und der Gläubiger (Zürich 1983); *Santa Maria*, Problemi attinenti al diritto internazionale privato e processuale delle società, Gedächtnisschr. Giuliano

(Padua. 1989), S. 805; *Schaedler*, Die grenzüberschreitende Realsitzverlegung und sonstige grenzüberschreitende Restrukturierungsformen von Handelsgesellschaften im Verhältnis von Deutschland und Spanien (1999); *Schwander*, Das Statut der internationalen Gesellschaft, SZIER 2002, 57; *Smart*, Corporate Domicile and Multiple Incorporation in English Private International Law, J.B.L. 1990, 126; *Steiger*, Grenzüberschreitende Fusion und Sitzverlegung von Kapitalgesellschaften innerhalb der EU nach spanischem und portugiesischem Recht (1997); *Stücker*, Das spanische internationale Gesellschaftsrecht (1999); *Timmerman*, Sitzverlegung von Kapitalgesellschaften nach niederländischem Recht und die 14. EU-Richtlinie, ZGR 1999, 126; *Vlas*, Rechtspersonen in het internationaal privatrecht (Deventer 1982); *Walden*, Das Kollisionsrecht der Personengesellschaften im deutschen, europäischen und US-amerikanischen Recht (2001); *Wouters*, Private International Law and Companies' Freedom of Establishment, Eur. Bus. Org. L. Rev. 2001, 101; *Wymeersch*, Die Sitzverlegung nach belgischem Recht, ZGR 1999, 126.

I. Bestimmung des Gesellschaftsstatuts

5031   Es entspricht der herkömmlichen Betrachtungsweise im internationalen Gesellschaftsrecht, die Rechtsverhältnisse von Handelsgesellschaften einem **einheitlichen Statut**, dem Personalstatut der Gesellschaft, zu unterstellen. Dieses Gesellschaftsstatut legt fest, nach welchem nationalen Recht die Gesellschaft „entsteht, lebt und vergeht"[1]. Das internationale Gesellschaftsrecht der Bundesrepublik Deutschland ist nicht kodifiziert. Bereits nach Art. 37 Nr. 2 EGBGB, der Art. 1 Abs. 2 lit. e EVÜ übernommen hatte, fanden die Vorschriften des internationalen Vertragsrechts „auf Fragen betreffend das Gesellschaftsrecht, das Vereinsrecht und das Recht der juristischen Personen" keine Anwendung. Daran hat sich auch mit Inkrafttreten der Rom I-Verordnung nichts geändert; denn Art. 1 Abs. 2 lit. f der Verordnung übernimmt den bisherigen Ausschlusstatbestand in Art. 1 Abs. 2 lit. e EVÜ in vollem Umfang. Gleiches gilt für die Rom II-Verordnung nach deren Art. 1 Abs. 2 lit. d[2]. Das Recht der Handelsgesellschaften und juristischen Personen wird bewusst ausgeklammert, um einer Vereinheitlichung des internationalen Gesellschaftsrechts im Rahmen der EU nicht vorzugreifen[3]. Da eine solche Vereinheitlichung auf europäischer Ebene indessen nicht in Sicht ist, hat das BMJ am 8.1.2008 einen Referentenentwurf zur Reform des deutschen internationalen Gesellschaftsrechts vorgelegt[4]. Wegen politischer Widerstände, vor allem von Seiten der Gewerkschaften, ist allerdings mit einer kurzfristigen Verabschiedung der Reform nicht zu rechnen.

---

1   BGH 11.7.1957, BGHZ 25, 134 (144) = NJW 1957, 1433; *Großfeld*, in: Staudinger, IntGesR Rz. 17 f.; *Kindler*, in: MünchKomm, IntGesR Rz. 331 ff.
2   Vgl. dazu *Kindler*, IPRax 2009, 189 (192).
3   Zu Recht krit. dazu *Ferid*, Rz. 5–53; *Stoll*, IPRax 1984, 4. Vgl. dazu das EWG-Übk. über die gegenseitige Anerkennung von Gesellschaften und juristischen Personen vom 29.2.1968, das aber nie in Kraft getreten ist.
4   Dazu näher unten Rz. 5077 ff.

1. Anknüpfungstheorien

Nicht zuletzt wegen dieser fehlenden nationalen Kodifikation und der noch immer ausstehenden europäischen Regelung bleibt vor dem Hintergrund der nur stellenweise erfolgten Harmonisierung des materiellen Gesellschaftsrechts im Rahmen der Europäischen Gemeinschaft die Bestimmung der für Gesellschaften maßgeblichen Rechtsordnung eine bis heute umstrittene Grundsatzfrage. Durch die Entscheidungen des EuGH in Sachen „Centros", „Überseering" und „Inspire Art" (dazu unten Rz. 5045 ff.) hat diese Diskussion wieder große Aktualität erlangt. Zur Debatte stehen vor allem die Sitztheorie und die Gründungstheorie, sowie einige vermittelnde Varianten.

5032

a) Sitztheorie

Nach der Sitztheorie beurteilen sich die Rechtsverhältnisse einer Gesellschaft nach der an ihrem Verwaltungssitz geltenden Rechtsordnung. Maßgebend ist dabei nicht der Satzungssitz, sondern der **tatsächliche Sitz der Hauptverwaltung** (Rz. 5081 ff.). Der Sitztheorie liegt das zur Erreichung eines internationalen Entscheidungseinklangs entwickelte Prinzip zu Grunde, dass ein Rechtsverhältnis möglichst derjenigen Rechtsordnung unterstehen soll, die an dem Ort gilt, wo es seinen Schwerpunkt, seinen „Sitz" hat.

5033

BGH 26.9.1966, NJW 1967, 36 = IPRspr. 1966/67 Nr. 14
Grundgedanke sei im Wesentlichen „dass sich der Schwerpunkt der gewerblichen Tätigkeit einer Gesellschaft an ihrem Sitz befindet und dass dort regelmäßig zwingende Vorschriften für Rechts- und Parteifähigkeit, Organisation, Haftung, Gläubigerschutz und weitere gesellschaftliche Innen- und Außenwirkungen vorhanden sind, denen sich die Gesellschafter notwendigerweise unterwerfen und anpassen müssen, wenn sie als Personenvereinigung in den Rechtsverkehr eintreten und eine gewerbliche Tätigkeit entfalten wollen".

Vor allem aber trägt die Sitztheorie dem **Schutzinteresse des am meisten betroffenen Staates** Rechnung und gesteht ihm ein Wächteramt darüber zu, welche Gesellschaftsformen in seinem Hoheitsgebiet zugelassen sind. Mit dieser Anknüpfung soll einer Flucht von effektiv im Inland verwalteten Gesellschaften in laxere ausländische Gesellschaftsrechte vorgebeugt, also die Gründung von sog. Scheinauslandsgesellschaften („pseudo-foreign corporations") verhindert werden[1].

5034

BayObLG 7.5.1992, BayObLGZ 1992, 113 (115) = NJW-RR 1993, 43 = DNotZ 1993, 187 m. Anm. Ebenroth/Auer = EWiR 1992, 785 (LS) m. Anm. Thode = EuZW 1992, 548 m. Anm. Behrens = RIW 1992, 674 = IPRspr. 1992 Nr. 13
„Die Sitztheorie gewährleistet, dass regelmäßig das Recht des Staates durchgesetzt wird, der am meisten betroffen ist; sie hat den Vorzug der Sachnähe, ermöglicht eine wirksame staatliche Kontrolle und bewirkt den größtmöglichen Schutz der Gläubigerinteressen. Ein Staat, der in Sorge um seine eigene Volkswirtschaft dem Ineinandergreifen der Interessen von Gründern und Gründungsstaat misstraut, wird grundsätzlich eine vom Sat-

---

[1] Vgl. dazu näher *Ebenroth/Bippus*, JZ 1988, 677 ff.; *Kindler*, NJW 2003, 1073 f.; *Kindler*, in: MünchKomm, IntGesR Rz. 401 ff.; *Großfeld*, in: Staudinger, IntGesR Rz. 21, 41 f.; *Spahlinger/Wegen*, Rz. 35, jeweils mwN.

zungssitz und Registerbelegenheit unabhängige Anknüpfung wählen und auf das Recht des Staates abstellen, von dem aus die Gesellschaft tatsächlich gesteuert wird."

BGH 30.3.2000, RIW 2000, 555 (m. Aufs. *Kindler*, RIW 2000, 649) = IPRax 2000, 423 (m. Aufs. *Behrens*, IPRax 2000, 384) = ZIP 2000, 967 (m. Aufs. *W.-H. Roth*, ZIP 2000, 1597) = DB 2000, 1114 m. (Aufs. *Forsthoff*, DB 2000, 1109) = BB 2000, 1106 (m. Aufs. *Zimmer*, BB 2000, 1361) = GmbHR 2000, 715 (m. Aufs. *Meilicke*, GmbHR 2000, 693) = NZG 2000, 926 (m. Aufs. *Jaeger*, NZG 2000, 918 und *Bechtel*, NZG 2001, 21) = IPRspr. 2000 Nr. 13 (Vorlagebeschluss)
Die Gründungstheorie „vernachlässigt den Umstand, dass die Gründung und Betätigung einer Gesellschaft auch die Interessen dritter Personen und des Sitzstaates berühren. Die Anknüpfung an den tatsächlichen Verwaltungssitz gewährleistet demgegenüber, dass Bestimmungen zum Schutz dieser Interessen nicht durch eine Gründung im Ausland umgangen werden können". Andernfalls stünde „zu befürchten, dass sich im dergestalt eröffneten Wettbewerb der Rechtsordnungen gerade die Rechtsordnung mit dem schwächsten Schutz dritter Interessen durchsetzen würde („race to the bottom")."

5035 Die Sitztheorie war kraft Gewohnheitsrechts bis zum Jahre 2002 vor allem in der deutschen Rechtsprechung[1] und Literatur[2] herrschend, darüber hinaus aber

---

1 Vgl. Rz. 5034; ferner BGH 17.10.1968, BGHZ 51, 27 (28) = NJW 1969, 188 = IPRspr. 1968/69 Nr. 211; BGH 30.1.1970, BGHZ 53, 181 (183) = NJW 1970, 938 m. Anm. *Langen* = IPRspr. 1970 Nr. 7; BGH 5.11.1980, BGHZ 78, 318 (334) = NJW 1981, 522 = IPRspr. 1980 Nr. 41; BGH 21.3.1986, BGHZ 97, 269 (272) = NJW 1986, 2194 = IPRspr. 1986 Nr. 19; BGH 8.10.1991, NJW 1992, 618 = JZ 1992, 579 m. Anm. *von Bar* = IPRspr. 1991 Nr. 28; BGH 1.7.2002, BGHZ 151, 204 (206) = NJW 2002, 3539; BGH 29.1.2003, BGHZ 153, 353 (355) = NJW 2003, 1607 (1608); BFH 13.11.1991, BFHE 166, 238 = RIW 1992, 338 = IPRspr. 1991 Nr. 26; BFH 23.6.1992, IPRax 1993, 248 (m. Anm. *Großfeld/Luttermann*, IPRax 1993, 229) = DB 1992, 2067 m. Anm. *Knobbe-Keuk* = IPRspr. 1992 Nr. 24; BFH 12.6.1995, RIW 1996, 85 m. Anm. *Braun* = BB 1995, 2099 m. Anm. *Schuck* = IPRspr. 1995 Nr. 20; BFH 26.4.2001, NZG 2002, 103 = IPRspr. 2001 Nr. 15; BayObLG 26.8.1998, BayObLGZ 1998, 195 = RIW 1998, 966 = IPRax 1999, 364 (m. Anm. *Behrens*, IPRax 1999, 323) und *Thorn*, IPRax 2001, 102 = IPRspr. 1998 Nr. 24; OLG Frankfurt a.M. 24.4.1990, NJW 1990, 2204 = IPRax 1991, 403 (m. Anm. *Großfeld/König*, IPRax 1991, 379) = RIW 1990, 583 (m. Aufs. *Schütze*, RIW 1990, 674) = EWiR 1990, 827 (LS) m. Anm. *Ebenroth* = IPRspr. 1990 Nr. 21; OLG Hamm 18.8.1994, RIW 1995, 152 (153) = NJW-RR 1995, 469 = DB 1995, 137 (m. Aufs. *Bungert*, DB 1995, 963) = IPRspr. 1994 Nr. 196; OLG Hamm 4.10.1996, RIW 1997, 2326 = IPRax 1998, 358 (m. Anm. *Bungert*, IPRax 1998, 339) = IPRspr. 1996 Nr. 23b; OLG Hamm 30.4.1997, RIW 1997, 874 = IPRax 1998, 363 m. Anm. *Bechtel*, IPRax 1998, 348) = IPRspr. 1997 Nr. 20; OLG Hamm 1.2.2001, NJW 2001, 2183 = RIW 2001, 461 = IPRax 2001, 343 (344 f.) m. Anm. *Mansel* = IPRspr. 2001 Nr. 13; OLG München 31.10.1994, NJW-RR 1995, 703 = IPRspr. 1994 Nr. 16; OLG Düsseldorf 15.12.1994, RIW 1995, 508 (509) = IPRax 1996, 128 (m. Anm. *M. J. Ulmer*, IPRax 1996, 100) = IPRspr. 1994 Nr. 18 und 10.9.1998, JZ 2000, 203 m. Anm. *Ebke* = IPRspr. 1998 Nr. 25; KG 5.10.1995, IPRspr. 1995 Nr. 21 und 11.2.1997, RIW 1997, 597 = IPRax 1998, 360 (m. Anm. *Bungert*, IPRax 1998, 339) = IPRspr. 1997 Nr. 19; OLG Brandenburg 29.7.1998, NJW-RR 1999, 543 = IPRspr. 1998 Nr. 23 und 31.5.2000, RIW 2000, 728 = IPRspr. 2000 Nr. 14; LG Potsdam 30.9.1999, IPRax 2001, 134 (m. Anm. *Thorn*, IPRax 2001, 102) = IPRspr. 1999 Nr. 21.
2 *Ebenroth/Bippus*, JZ 1988, 677 ff.; *Großfeld*, in: Staudinger, IntGesR Rz. 38 ff., 72 ff.; *Kindler*, in: MünchKomm, IntGesR Rz. 5 ff., 344, 433; *Thorn*, in: Palandt, Anh. zu Art. 12 EGBGB Rz. 12; *Lüderitz*, in: Soergel, Anh. zu Art. 10 EGBGB Rz. 8; *Hohloch*, in: Erman, Anh. II zu Art. 37 EGBGB Rz. 32 ff.; *H. P. Westermann*, in: Scholz, GmbHG, 10. Aufl. 2006, Einl. Rz. 94 ff.; *Kegel/Schurig*, § 17 II 1; *von Bar*, II Rz. 619 ff.; *Schotten/Schmellenkamp*, Rz. 71, jeweils mwN.

auch in den meisten kontinentaleuropäischen Staaten, zB in *Belgien* (Art. 110 IPRG 2004), *Frankreich* (Art. L 210-3 c.com.), *Luxemburg* (Art. 159 Gesetz über die Handelsgesellschaften vom 10.8.1975), *Österreich* (§ 10 IPRG), *Polen* (Art. 9 § 2 IPRG 1965), *Portugal* (Art. 3 Gesetzbuch über Handelsgesellschaften vom 2.9.1986) und *Spanien* (Art. 5 Abs. 1 AktG 1989)[1], ferner etwa in *Georgien* (Art. 24 IPRG 1998), *Lettland* (§ 8 Abs. 3 ZGB 1937) und *Slowenien* (Art. 17 Abs. 3 IPRG 1999).

b) Gründungstheorie

Demgegenüber unterwirft die im 18. Jahrhundert in England entwickelte Gründungstheorie Gesellschaften derjenigen Rechtsordnung, nach der sie (erkennbar) gegründet worden sind. Das Gesellschaftsstatut soll vom Willen der Gründer bestimmt und ihre Rechtswahl allgemein anerkannt werden. Die Gründungstheorie erreicht größere Rechtssicherheit, weil das **Anknüpfungsmerkmal**, nämlich der Gründungsort, anhand der Gründungsdokumente sowie der Registrierung der Gesellschaft **leichter feststellbar** ist als der tatsächliche Verwaltungssitz. Ein weiterer Vorzug wird darin gesehen, dass die Gründungstheorie die Entstehung „hinkender" Gesellschaften vermeidet, weil die nach dem Recht irgendeines Staates wirksam gegründete Gesellschaft unabhängig davon rechtsfähig ist, ob sie ihren effektiven Verwaltungssitz im Inkorporationsstaat hat oder beibehält[2]. Die Gründungstheorie fördert die Mobilität international tätiger Unternehmen und entspricht damit vornehmlich den Interessen kapitalstarker und expandierender Investoren. Missbräuchlichen Auswüchsen des ihnen mit der freien Wahl des Gesellschaftsstatuts eingeräumten internationalen Bewegungsspielraums soll mit der **Lehre von der Gesetzesumgehung** oder mit dem **ordre public** begegnet werden[3].

5036

Die Gründungstheorie herrscht in *England* und in den *Vereinigten Staaten von Amerika* sowie in den weiteren Staaten des angelsächsischen Rechtskreises, wird freilich auch dort in vielfacher Hinsicht eingeschränkt[4]. Sie gilt ferner heute grundsätzlich in den *Niederlanden*[5], *Liechtenstein* (§ 232 PGR idF vom 1997)[6], *Rumänien* (Art. 40 Abs. 1 IPRG 1992), *Ungarn* (Art. 18 Abs. 2

5037

---

1 Vgl. die Nachw. bei *Großfeld*, in: Staudinger, IntGesR Rz. 153; *Spahlinger/Wegen*, Rz. 20.
2 *Knobbe-Keuk*, ZHR 154 (1990), 325 (327); krit. dazu *Kindler*, in: MünchKomm, IntGesR Rz. 341.
3 Vgl. zur Kritik an der Gründungstheorie *Kindler*, in: MünchKomm, IntGesR Rz. 348 ff. mwN.
4 Vgl. *Richter*, Die Rechtsstellung ausländischer Kapitalgesellschaften in England (1980); *Korner*, Das Kollisionsrecht der Kapitalgesellschaften in den Vereinigten Staaten von Amerika (1989); *Ebenroth/Einsele*, ZvglRW 87 (1988), 217 ff.; *Eidenmüller/ Rehm*, ZGR 1997, 89 f.; *Hoffmann*, ZvglRW 101 (2002), 283 (287 ff.); *Großfeld*, in: Staudinger, IntGesR Rz. 31, 156, jeweils mwN.
5 Vgl. *Hoffmann*, ZvglRW 101 (2002), 283 (301 ff.); *Großfeld*, in: Staudinger, IntGesR Rz. 157 m. Nachw.
6 Vgl. dazu *Kohler*, IPRax 1997, 309 (310 f.); *Appel*, RabelsZ 61 (1997), 510 (532 ff.).

IPRG 1979) und der *Schweiz* (Art. 154 IPRG)[1]; die Interessen schweizerischer Gläubiger werden allerdings hinsichtlich der Haftung des Handelnden (Art. 159 IPRG) und bei der Sitzverlegung (Art. 162 f. IPRG) geschützt. Auch die *Russische Föderation* (Art. 1202 ZGB 2001) und die meisten Nachfolgestaaten der ehemaligen Sowjetunion gehen von der Gründungstheorie aus; zB *Aserbaidschan* (Art. 12 IPRG 2000), *Kasachstan* (Art. 1100 ZGB 1999), *Usbekistan* (Art. 1175 ZGB 1997) und *Weißrussland* (Art. 1111 ZGB 1999). Nur eingeschränkt gilt die Gründungstheorie hingegen im *italienischen* (Art. 25 IPRG 1995)[2] und *japanischen* Recht[3], sowie in *Estland* (§ 14 IPRG 2002), den Nachfolgestaaten des ehemaligen *Jugoslawien* (Art. 17 IPRG 1982), *Litauen* (Art. 1.19 ZGB 2000) und *Slowenien* (§ 17 IPRG 1999); denn in diesen Ländern wird das eigene Recht gegenüber dem ausländischen Gründungsrecht immer dann durchgesetzt, wenn die Gesellschaft ihren effektiven Verwaltungssitz im Inland hat[4]. Auch in der *deutschen* Literatur hatte die Gründungstheorie schon seit längerem zahlreiche Anhänger gefunden[5]. In der Rechtsprechung ist sie hingegen bis zur „Überseering"-Entscheidung des EuGH (Rz. 5049 ff.) nur für den Fall vertreten worden, dass sich der effektive Verwaltungssitz einer Gesellschaft nicht ermitteln lasse[6].

c) Kombinations- und Differenzierungslehren

5038   In der Literatur wird versucht, die Vorzüge beider Theorien – bei Meidung ihrer Nachteile – zu kombinieren. So will *Grasmann*[7] zwischen dem Innen- und dem Außenverhältnis der Gesellschaft differenzieren. Nur die Beziehungen zwischen den Gesellschaftern sollen dem Gründungsrecht unterliegen; die Beziehungen zu Dritten (zB Vertretungsmacht der Organe, Gläubigerschutz) sol-

---

1 Vgl. BG 17.12.1991, BGE 117 II, 494 f.; dazu *Heini*, IPRax 1992, 405; *Heini*, Europa und das internationale Gesellschaftsrecht der Schweiz, SZWiR 65 (1993), 9; ferner *Ebenroth/Messer*, ZSR 158 (1989), 49 ff.
2 Vgl. dazu *Kindler*, RabelsZ 60 (1997), 227 (281 ff.); *Maglio/Thorn*, ZvglRW 96 (1997), 347 (357).
3 Vgl. *Großfeld/Yamauchi*, Internationales Gesellschaftsrecht in Japan, AG 1985, 22.
4 Weitere Hinweise zur Geltung der Gründungstheorie im Ausland bei *Kindler*, in: MünchKomm, IntGesR Rz. 486 ff.
5 Vgl. etwa *Behrens*, in: Hachenburg, Einl. Rz. 125 ff.; *Behrens*, Niederlassungsfreiheit und internationales Gesellschaftsrecht, RabelsZ 52 (1988), 397 ff.; *Neumayer*, ZvglRW 83 (1984), 129 (139 ff.); *Knobbe-Keuk*, ZHR 154 (1990), 325 (345 f.); *Kropholler*, IPR, § 55 I 4, jeweils mwN. Zur neueren Entwicklung einer „europarechtlichen Gründungstheorie" nach den EuGH-Entscheidungen in Sachen „Centros", „Überseering" und „Inspire Art" vgl. unten Rz. 5045 ff.
6 OLG Frankfurt a.M. 23.6.1999, RIW 1999, 783 = IPRax 2001, 132 (m. Anm. *Thorn*, IPRax 2001, 102) = GmbHR 1999, 1254 = EWiR 1999, 1081 (LS) m. abl. Anm. *Kindler* = NZG 1999, 1097 = IPRspr. 1999 Nr. 18 (Rechts- und Parteifähigkeit einer in England als „Private Ltd. Company" gegründeten Gesellschaft nach dem engl. Gründungsrecht bejaht, weil ein tatsächlicher Verwaltungssitz der Gesellschaft nicht festgestellt werden könne). Zust. *Hallweger*, NZG 1999, 1098 ff.; *Haack*, RIW 2000, 56 ff.; *Freitag*, NZG 2000, 357; aA aber *Borges*, GmbHR 1999, 1256 und RIW 2000, 167 (168); *Bechtel*, NZG 2001, 21.
7 System Rz. 470 ff.

len sich dagegen nach dem Sitzrecht oder dem Vornahme-/Wirkungsstatut (Vertrags-, Deliktsstatut) beurteilen, soweit es dem Dritten günstiger ist. Methodisch ähnlich verfährt *Sandrock*[1], wenn er eine „Überlagerung" des Gründungsrechts durch bestimmte Rechtssätze im Sitzstaat der Gesellschaft befürwortet. Danach könnten sich etwa Gläubiger, Minderheitsgesellschafter oder Arbeitnehmer auf die ihnen günstigeren zwingenden Vorschriften im Sitzstaat berufen. Dieser „Überlagerungstheorie" steht die von *Zimmer*[2] entwickelte „Kombinationstheorie" nahe; danach wird die Anwendung des von den Gründern gewählten Rechts auf Sachverhalte beschränkt, in denen die Gesellschaft eine tatsächliche Verbindung zum Recht des Gründungsstaates hat. Demgegenüber werden „pseudo-foreign corporations" dem Recht ihres effektiven Verwaltungssitzes unterworfen. Teilweise wird auch danach differenziert, ob die Gesellschaft im Inland (bzw. in einem anderen EU-Staat) oder im Ausland gegründet worden ist. Im ersteren Fall gälte Gründungsrecht, im letzteren hingegen Sitzrecht, jedenfalls wenn der Sitz der Gesellschaft in Deutschland liegt[3].

d) Stellungnahme

Trotz ihrer unbezweifelbaren Vorzüge ist die Gründungstheorie in ihrer reinen Form abzulehnen, weil sie **vielfältige Gefahren der Manipulation** in sich birgt, der mithilfe der Vorbehaltsklausel des Art. 6 EGBGB allein nicht Herr zu werden ist. Die Anerkennung einer uneingeschränkten Parteiautonomie der Gründer trägt den berechtigten Verkehrs- und Ordnungsinteressen des Staates, auf dessen Territorium eine Gesellschaft ihre wirtschaftlichen Aktivitäten schwerpunktmäßig entfaltet, nicht hinreichend Rechnung. Den Gründern kann es nicht gestattet sein, die am Ort des effektiven Verwaltungssitzes der Gesellschaft geltenden Vorschriften über den Schutz von Gesellschaftsgläubigern (zB hinreichende Kapitalausstattung), von Arbeitnehmern (Mitbestimmung) oder von abhängigen Gesellschaften und Minderheitsgesellschaftern durch die Wahl eines laxeren fremden Rechts zu unterlaufen, zu dem die Gesellschaft über den Gründungsvorgang hinaus keinerlei Bezug hat (sog. Delaware-Effekt)[4]. 5039

Die genannten Manipulationsgefahren werden zwar abgemildert, wenn man das Gründungsrecht mit den **Differenzierungslehren** in gewissem Umfang 5040

---

1 *Sandrock*, BerDGesVölkR 18 (1978), 169 ff. (191); *Sandrock*, RabelsZ 42 (1988), 227 (258 ff.); *Sandrock*, Festschr. Beitzke (1979), S. 669 ff.; *Sandrock*, RIW 1989, 505 ff.; *Sandrock*, BB 1999, 1337 ff.; ähnlich *Bungert*, AG 1995, 489 (491); *Teipel*, Festschr. Sandrock (1995), S. 125.
2 *Zimmer*, Internationales Gesellschaftsrecht (1996), S. 219 ff.
3 So *Koppensteiner*, Internationale Unternehmen im deutschen Gesellschaftsrecht (1971), S. 105 ff.; *Wiedemann*, Festschr. Kegel (1977), S. 187 (199 ff.). Näher zu den verschiedenen Modifikationen der Gründungstheorie *Kindler*, in: MünchKomm, IntGesR Rz. 367 ff.
4 Vgl. zu den Schwächen der Gründungstheorie *Großfeld*, in: Staudinger, IntGesR Rz. 52 ff.; *Ebenroth/Sura*, RabelsZ 43 (1979), 315 (328 ff.); *Kindler*, in: MünchKomm, IntGesR Rz. 348 ff.

durch zwingende Normen des Sitzrechts überlagert oder seine Geltung auf das Innenverhältnis der Gesellschafter beschränkt. Diese Lehren haben indes den gravierenden Nachteil, dass sie das Prinzip der einheitlichen Anknüpfung des Gesellschaftsstatuts aufgeben und damit schon für den Normalfall eine Normenmischung in Kauf nehmen, die zu schwierigen Anpassungsproblemen führt und die Rechtssicherheit erheblich gefährdet[1]. Den Vorzug verdient daher die in der deutschen Rechtsprechung bisher nahezu einmütig vertretene **Sitztheorie**. Durch die Versagung der Anerkennung wird auf ausländische Gesellschaften, die den Schwerpunkt ihrer Tätigkeit – sei es von Anfang an oder nachträglich – im Inland haben, ein heilsamer Druck ausgeübt, sich den hiesigen Gründungsvorschriften zu unterwerfen. Wird diese Nichtanerkennung durch adäquate Verkehrsschutzregeln ergänzt, die eine Inanspruchnahme der Gesellschaft im Inland trotz ihrer Nichtanerkennung ermöglichen (dazu unten Rz. 5207 ff.), so entfällt jeder Anreiz, in der Grauzone zwischen ausländischer Rechtsfähigkeit und inländischer Nichtanerkennung Geschäfte auf Kosten inländischer Gläubiger zu tätigen[2]. Erst wenn im Wege *materieller Rechtsvereinheitlichung* ein hinreichender Gleichklang der nationalen Gesellschaftsrechte in den Grundfragen des Verkehrsschutzes und der Unternehmensverfassung erreicht sein wird, erscheint eine Erweiterung der Parteiautonomie und damit ein Übergang zur Gründungstheorie vertretbar. An der Fortgeltung der Sitztheorie im deutschen internationalen Gesellschaftsrecht hat sich – vorbehaltlich der Schranken durch die Niederlassungsfreiheit für in der EU bzw. im EWR gegründete Gesellschaften (Rz. 5041 ff.) und der vorrangigen Geltung bilateraler Staatsverträge (Rz. 5071 ff.) – bis heute nichts geändert. Insbesondere hat auch das am 1.11.2008 in Kraft getretene MoMiG (unten Rz. 5075 f.) keinen Übergang zur generellen Anknüpfung an das Gründungsrecht zur Folge[3].

2. Einschränkung der Sitztheorie durch die Niederlassungsfreiheit

5041 Obwohl in der Europäischen Gemeinschaft bereits wichtige Schritte auf dem Weg zu einer solchen Harmonisierung des Gesellschaftsrechts unternommen wurden[4], besteht über die Frage, ob die Zeit für eine vollständige Aufgabe der Sitztheorie zumindest im Verhältnis der Mitgliedstaaten zueinander reif ist, nach wie vor Streit[5]. Allerdings werden der Anknüpfung an den effektiven Verwaltungssitz einer Gesellschaft oder juristischen Person, die wirksam nach dem Recht eines Mitgliedstaats der EG gegründet worden ist, durch die im

---

1 Krit. zu den Differenzierungslehren daher zu Recht BGH 30.3.2000 (Rz. 5034), IPRax 2000, 423; *Kindler*, in: MünchKomm, IntGesR Rz. 369 ff., 379 ff.; *Thorn*, in: Palandt, Anh. zu Art. 12 EGBGB Rz. 2.
2 Krit. zu dieser Schutzfunktion der Sitztheorie aber zuletzt wieder *Behrens*, IPRax 2003, 193 (194 f.).
3 *Kindler*, AG 2007, 721 ff.; *Franz/Laeger*, BB 2008, 678 (681 f.); aA *Hoffmann*, ZIP 2007, 1581 (1584 ff.); *Fingerhuth/Rumpf*, IPRax 2008, 90 (92 ff.); dazu näher Rz. 5076.
4 Vgl. den Überblick über die bisherigen EG-Richtlinien auf dem Gebiet des Gesellschaftsrechts bei *Jayme/Hausmann*, Nr. 132 in Fn. 6.
5 Zum Meinungsstreit unten Rz. 5059 ff. m. ausf. Nachw.

EG-Vertrag gewährleistete Niederlassungsfreiheit jedenfalls enge Schranken gezogen.

a) Inhalt der Niederlassungsfreiheit

Art. 43 Abs. 1 S. 1 EG verbietet Beschränkungen der freien Niederlassung von Staatsangehörigen eines Mitgliedstaats im Hoheitsgebiet eines anderen Mitgliedstaats nach Maßgabe der Art. 44–47 EG[1]. Die Niederlassungsfreiheit umfasst nach Art. 43 Abs. 2 EG auch die Gründung und Leitung von Unternehmen, insbesondere von Gesellschaften iSv. Art. 48 Abs. 2 EG, nach den Bestimmungen des Aufnahmestaates für seine eigenen Angehörigen (*primäre Niederlassungsfreiheit*). Die Niederlassungsfreiheit verbietet ferner nach Art. 43 Abs. 1 S. 2 EG auch Beschränkungen der Gründung von Agenturen, Zweigniederlassungen oder Tochtergesellschaften durch Angehörige eines Mitgliedstaats, die im Hoheitsgebiet eines anderen Mitgliedstaats ansässig sind (*sekundäre Niederlassungsfreiheit*)[2]. Damit richtet sich die Niederlassungsfreiheit zwar in erster Linie an den sog. Aufnahmestaat, in dem sich eine EG-angehörige Person niederlassen will und verbietet diesem Staat, die niederlassungswillige Person gegenüber inländischen Personen zu diskriminieren. Andererseits setzt die Niederlassungsfreiheit aber auch demjenigen Mitgliedstaat Schranken, dessen Gebiet eine Person verlassen will. Sie umfasst also grundsätzlich auch die Freiheit, von einem Mitgliedstaat in einen anderen wegziehen zu können, ohne dadurch die bisherige Identität zu verlieren[3]. Auf die Niederlassungsfreiheit können sich nach Art. 48 Abs. 1 EG Gesellschaften berufen, die nach den Rechtsvorschriften eines Mitgliedstaats gegründet worden sind und die ihren satzungsmäßigen Sitz, ihre Hauptverwaltung oder ihre Hauptniederlassung innerhalb der Gemeinschaft haben.

5042

b) Die Entwicklung der EuGH-Rechtsprechung

aa) Die „Daily-Mail"-Entscheidung von 1988

Zum Einfluss der Niederlassungsfreiheit auf das internationale Gesellschaftsrecht[4] hat sich der EuGH erstmals näher in der Rechtssache „Daily Mail and General Trust PLC" im Jahre 1988 geäußert. Gegenstand des Verfahrens war die Frage, ob es einem Mitgliedstaat durch die Vorschriften des EG-Vertrages

5043

---

1 Vgl. allg. *Haratsch/Koenig/Pechstein*, Europarecht, 5. Aufl. (2006), Rz. 807 ff.
2 Von der Niederlassungsfreiheit umfasst ist auch die grenzüberschreitende Verschmelzung von Gesellschaften, vgl. EuGH 13.12.2005 – Rs. C-411/03 (SEVIC Systems AG), Slg. 2005 I, 10805 = DB 2005, 2804 m. Anm. *Ringe* = NJW 2006, 425.
3 Zur „Wegzugsfreiheit" natürlicher Personen als Teil ihrer Niederlassungsfreiheit vgl. EuGH 16.7.1998 – Rs. C-264/96 (ICI/Kenneth Hall Colmer), EWS 1999, 344 (Nr. 21); EuGH 11.3.2004 – Rs. C-9/02 (de Lasteyrie du Saillant), Slg. 2004 I, 2409 = NJW 2004, 2489 = GmbHR 2004, 504 m. Anm. *Meilicke*; *Sandrock*, BB 1999, 1337. Zur Einschränkung bei Gesellschaften aber unten Rz. 5043 f., 5056 ff., 5145 ff.
4 Vgl. zum Folgenden auch die Darstellung bei *Kindler*, in: MünchKomm, IntGesR Rz. 96 ff.; *Spahlinger/Wegen*, Rz. 143 ff.

über die Niederlassungsfreiheit verwehrt ist, einer juristischen Person, die ihre Geschäftsleitung in diesem Mitgliedstaat hat, zu verbieten, diese ohne vorherige Zustimmung in einen anderen Mitgliedstaat zu verlegen. Der EuGH hat diese Frage im Ergebnis verneint. Zur Begründung hat er darauf hingewiesen, dass Gesellschaften – im Gegensatz zu natürlichen Personen – auf Grund einer nationalen Rechtsordnung gegründet würden und jenseits dieser nationalen Rechtsordnung, die ihre Gründung und ihre Existenz regle, keine Realität hätten. Die Art. 52, 58 EGV (= Art. 43, 48 EG) gewährten den Gesellschaften nationalen Rechts daher „beim gegenwärtigen Stand des Gemeinschaftsrechts" kein Recht, den Sitz ihrer Geschäftsleitung unter Bewahrung ihrer Eigenschaft als Gesellschaft des Mitgliedstaats ihrer Gründung in einen anderen Mitgliedstaat zu verlegen.

EuGH 27.9.1988 – Rs. 81/87 (Daily Mail and General Trust PLC), Slg. 1988, 5483 = NJW 1989, 2186 = RIW 1989, 304 (m. Aufs. *Sandrock/Austmann*, RIW 1989, 249) = JZ 1989, 384 m. Anm. *Großfeld/Luttermann* = IPRax 1989, 381 m. Anm. *Behrens* = DB 1989, 269 (m. Anm. *Ebenroth/Eyles*, DB 1989, 363 und 413)
Nach englischem Recht erforderliche Zustimmung des Finanzministeriums zum Wegzug einer in England gegründeten Gesellschaft ist mit der Niederlassungsfreiheit vereinbar: „Nach alledem betrachtet der EG-Vertrag die Unterschiede, die die Rechtsordnung der Mitgliedstaaten hinsichtlich der für ihre Gesellschaften erforderlichen Anknüpfung sowie der Möglichkeit und ggf. der Modalitäten einer Verlegung des satzungsmäßigen oder wahren Sitzes einer Gesellschaft nationalen Rechts von einem Mitgliedstaat in einen anderen aufweisen, als Probleme, die durch die Bestimmungen über die Niederlassungsfreiheit nicht gelöst sind, sondern einer Lösung im Wege der Rechtssetzung oder des Vertragsschlusses bedürfen; eine solche wurde jedoch noch nicht gefunden".

5044 Die Entscheidung wurde in der deutschen Rechtsprechung[1] und Lehre[2] überwiegend dahin interpretiert, dass der EG-Vertrag die Frage der Anerkennung von Gesellschaften nicht entscheiden wolle. Es sei vielmehr dem Recht der Mitgliedstaaten überlassen, die Anknüpfungsregeln für Gesellschaften festzulegen; Gründungs- und Sitztheorie seien dabei gleichermaßen europarechtskonform. Dem Umstand, dass die „Daily Mail"-Entscheidung den Wegzug einer Gesellschaft aus einem Gründungstheoriestaat (England) in einen anderen (Niederlande) betraf und deshalb die Frage nach der Vereinbarkeit der Sitztheorie mit dem Gemeinschaftsrecht gar nicht aufwarf, wurde dabei keine Bedeutung zugemessen.

---

1 OLG Hamm 30.4.1997, IPRax 1998, 363 f. m. Anm. *Bechtel*; BayObLG 26.8.1998, IPRax 1999, 364 (365) (m. Anm. *Behrens*, IPRax 1999, 323).
2 *Ebenroth/Eyles*, DB 1989, 363 (372), 413 ff.; *Sandrock/Austmann*, RIW 1989, 249 (250); *Großfeld/Luttermann*, JZ 1989, 384 (386 f.); *Großfeld/Erlinghagen*, JZ 1993, 218; *Ebenroth/Wilken*, JZ 1991, 1018; *Ebenroth/Auer*, GmbHR 1994, 16; *Koch*, NJW 1992, 412; *Großfeld*, in: Staudinger, IntGesR Rz. 119 ff., jeweils mwN.; aA (Unvereinbarkeit der Sitztheorie mit Art. 52, 58 EGV) aber schon damals *Behrens*, RabelsZ 52 (1988), 498 ff. und IPRax 1989, 354 ff.; *Wessel/Ziegenhain*, GmbHR 1988, 427 ff.; *Sandrock/Austmann*, RIW 1989, 508 ff.; *Meilicke*, RIW 1990, 489 ff.; *Sack*, JuS 1990, 352 ff.; *Knobbe/Keuk*, DB 1990, 2573 ff. und ZHR 154 (1990), 325 ff.; *Fischer*, IPRax 1991, 103; *Thönnes*, DB 1993, 1025; *Schürmann*, EuZW 1994, 269; *Blaurock*, ZEuP 1998, 482.

bb) Die „Centros"-Entscheidung von 1999

Ein gutes Jahrzehnt später hat sich der EuGH im Fall „Centros" erneut zum Verhältnis von gemeinschaftsrechtlicher Niederlassungsfreiheit und internationalem Gesellschaftsrecht geäußert. Die Vorlage betraf die Weigerung der dänischen Behörden, die Zweigniederlassung der englischen Gesellschaft Centros Ltd. in das dänische Handelsregister einzutragen, weil die nach englischem Recht wirksam errichtete Gesellschaft mithilfe dieser Zweigniederlassung ihre gesamte Geschäftätigkeit in Dänemark ausüben wollte, ohne dort eine Tochtergesellschaft zu errichten. Die dänischen Behörden sahen darin eine Umgehung des dänischen Rechts über die Errichtung von Gesellschaften, das höhere Anforderungen an die Einzahlung des Mindestkapitals stellt als das englische Recht. Der EuGH hat die Vereinbarkeit dieser dänischen Haltung mit Art. 43, 48 EG im Ergebnis verneint. Das Recht, eine Gesellschaft nach dem Recht eines Mitgliedstaats zu errichten und in anderen Mitgliedstaaten Zweigniederlassungen zu gründen, folge nämlich im Binnenmarkt unmittelbar aus der vom EG-Vertrag gewährleisteten (sekundären) Niederlassungsfreiheit. Der bloße Umstand, dass eine Gesellschaft in dem Mitgliedstaat, in dem sie ihren Sitz hat, keine Geschäftätigkeit entfalte und ihre Tätigkeit ausschließlich im Mitgliedstaat ihrer Zweigniederlassung ausübe, stelle noch keinen Missbrauch der Niederlassungsfreiheit dar und erlaube dem Mitgliedstaat, in dem die Gesellschaft ihre Geschäftätigkeit über eine Zweigniederlassung entfalte, nicht, der Gesellschaft das Recht zur Gründung einer Zweigniederlassung abzusprechen.

5045

Auch **zwingende Gründe des Allgemeininteresses** iSv. Art. 46 EG könnten das Vorgehen der dänischen Behörden nicht rechtfertigen. Zwar könne jeder Mitgliedstaat geeignete Maßnahmen treffen, um Betrügereien zu verhindern oder zu verfolgen. Dies gelte sowohl gegenüber der Gesellschaft selbst als auch gegenüber ihren Gesellschaftern, wenn diese sich mittels der Errichtung der Gesellschaft ihren Verpflichtungen gegenüber inländischen privaten oder öffentlichen Gläubigern entziehen möchten. Jedoch könne die Bekämpfung von Betrügereien es nicht rechtfertigen, die Eintragung einer Zweigniederlassung einer in einem anderen Mitgliedstaat wirksam gegründeten Gesellschaft gänzlich zu verweigern. Im Übrigen seien die dänischen Mindestkapitalerfordernisse schon deshalb zum Schutz der dänischen Gläubiger ungeeignet, weil die Gesellschaft sie auch dadurch umgehen könne, dass sie – ebenfalls ohne jede Mindestkapitalausstattung – eine Hauptniederlassung in England unterhalte.

5046

EuGH 9.3.1999 – Rs. C-212/97 (Centros Ltd.), Slg. 1999 I, 1459 = NJW 1999, 2027 (m. Aufs. *Kindler*, NJW 1999, 1993) = IPRax 1999, 360 (m. Anm. *Behrens*, IPRax 1999, 323) = NZG 1999, 298 m. Anm. *Leible* = JZ 1999, 669 (m. Anm. *Ebke*, JZ 1999, 656 und *Ulmer*, JZ 1999, 662) = EuZW 1999, 216 (m. Anm. *Freitag*, EuZW 1999, 267) = RIW 1999, 447 m. Anm. *Cascante* = ZIP 1999, 438 (m. Aufs. *W.-H. Roth*, ZIP 1999, 861 und *Werlauff*, ZIP 1999, 867) = EWS 1999, 140 (m. Anm. *Geyrhalter*, EWS 1999, 201) = BB 1999, 809 (LS) m. Anm. *Sedemund/Hausmann* = DB 1999, 625 m. Anm. *Meilicke* = EWiR 1999, 259 (LS) m. Anm. *Neye* = MittBayNotV 1999, 298 m. Anm. *Görk*.

Mit seinen aus kollisionsrechtlicher Sicht nicht eindeutigen Aussagen hat der EuGH Zweifel an der Fortgeltung der Grundsätze seiner „Daily-Mail"-Ent-

5047

scheidung geweckt und in der deutschen Rechtslehre eine heftige Diskussion über den „richtigen" Anknüpfungspunkt im internationalen Gesellschaftsrecht entfacht. Gestritten wurde insbesondere über die Frage, ob der EuGH überhaupt zu Fragen des internationalen Gesellschaftsrechts Stellung genommen hatte[1] und ob der Niederlassungsfreiheit nach Art. 43, 48 EG Vorgaben für das internationale Gesellschaftsrecht der Mitgliedstaaten zu entnehmen seien. Ein beachtlicher Teil der deutschen Rechtslehre vertrat den Standpunkt, aus der „Centros"-Entscheidung ergäben sich keine Einschränkungen für die Fortgeltung der Sitztheorie im deutschen internationalen Gesellschaftsrecht[2]. Die Entscheidung habe nur für die der Gründungstheorie folgenden Mitgliedstaaten Relevanz, weil beide hier betroffenen Staaten, nämlich England und Dänemark, in ihrem internationalen Gesellschaftsrecht an den Gründungsort anknüpften. Für Mitgliedstaaten, die der Sitztheorie folgten und deshalb in der Verlegung des tatsächlichen Verwaltungssitzes einen Statutenwechsel erblickten, ergäben sich daher keine Abweichungen von den Grundsätzen der „Daily-Mail"-Entscheidung[3].

5048 Nach der Gegenauffassung hat der EuGH der Sitztheorie bereits mit der „Centros"-Entscheidung den „Todesstoß" versetzt[4] oder jedenfalls deren uneingeschränkte Fortgeltung in Frage gestellt[5]. Man verwies insbesondere darauf, dass sich in der Begründung der Entscheidung für eine Differenzierung zwischen Mitgliedstaaten, die der Gründungstheorie folgen, und solchen, die der Sitztheorie folgen, keine Stütze finde[6]. Ferner sei es mit dem Grundsatz der einheitlichen Geltung des Gemeinschaftsrechts in allen Mitgliedstaaten nicht zu vereinbaren, gleich gelagerte Sachverhalte unterschiedlich zu behandeln, je nach dem, welche Mitgliedstaaten betroffen seien[7]. Teilweise wurde die unterschiedliche Beurteilung der Fälle „Daily-Mail" und „Centros" auch damit gerechtfertigt, dass es im ersten Fall um die *primäre* Niederlassungsfreiheit gegangen sei, während die „Centros"-Entscheidung die *sekundäre* Niederlas-

---

1 Verneinend etwa *Flessner*, ZEuP 2000, 1 ff.
2 Vgl. *Kindler*, NJW 1999, 1993 (1997); *W.-H. Roth*, ZGR 2000, 311 (313, 327); *W.-H. Roth*, ZIP 2000, 1597 (1599); *Sonnenberger/Großerichter*, RIW 1999, 721 (726); *Lange*, DNotZ 1999, 599 (606 f.); *Timme/Hülk*, JuS 1999, 1055 (1058); ähnlich – wenn auch mit Einschränkungen – *Bungert*, DB 1999, 1841 (1843 f.); *Ebke*, JZ 1999, 656 (660 f.); *Görk*, GmbHR 1999, 793 (796).
3 *Ebke*, JZ 1999, 656 (660 f.); *Ebke*, Festschr. BGH II (2000), S. 799 (817); *Görk*, MittBayNotV 1999, 300 (302) und GmbHR 1999, 793 ff.; im Erg. auch *W.-H. Roth*, ZGR 2000, 311 (326 f.); *Mülbert/Schmolcke*, ZvglRW 100 (2001), 233 (262); *Sonnenberger/Großerichter*, RIW 1999, 721 (726); *Kindler*, NJW 1999, 1993 (1997).
4 Vgl. *Freitag*, EuZW 1999, 267 (269); *Meilicke*, DB 1999, 625 (627 f.); *Sedemund/Hausmann*, BB 1999, 810; *Werlauff*, ZIP 1999, 867 (875); *Leible*, NZG 1999, 300 (301); *Behrens*, IPRax 1999, 323 (326); *Behrens*, IPRax 2000, 384; *Sandrock*, BB 1999, 1337 (1341); *Buxbaum*, Festschr. Sandrock (2000), S. 149 (158); *Forsthoff*, EuR 2000, 167 (177 f.); *Göttsche*, DStR 1999, 1403 (1405); *Neye*, EWiR 1999, 259 (260).
5 *G. H. Roth*, ZIP 1999, 861 (862 f.); *Cascante*, RIW 1999, 450 (451); *Leible*, NZG 1999, 300 (302); *Geyrhalter*, EWS 1999, 201 (203); *Steindorff*, JZ 1999, 1140 (1141); *Zimmer*, ZHR 164 (2000), 23 (36 f.); *Kieninger*, ZGR 1999, 724 (745 f.).
6 *Zimmer*, ZHR 164 (2000), 23 (32).
7 *Forsthoff*, EuR 2000, 167 (177).

sungsfreiheit zum Gegenstand gehabt habe[1]. Der EuGH habe sich daher in der „Centros"-Entscheidung allein auf die Frage konzentriert, ob der in einem Mitgliedstaat wirksam gegründeten Gesellschaft die Ausübung ihrer wirtschaftlichen Aktivitäten mithilfe einer Zweigniederlassung in einem anderen Mitgliedstaat untersagt werden könne; zum Einfluss des anfänglichen oder nachträglichen Auseinanderfallens von Satzungssitz und tatsächlichem Verwaltungssitz habe er hingegen nicht Stellung genommen[2]. Während der österreichische OGH unter dem Eindruck der „Centros"-Entscheidung des EuGH die Anknüpfung an den Gesellschaftssitz nach § 10 IPRG im Wege der gemeinschaftsrechtskonformen Auslegung eingeschränkt hat[3], hat die deutsche Rechtsprechung zunächst an der Sitztheorie jedenfalls insoweit festgehalten, als es um die Anerkennung der Rechts- und Parteifähigkeit von Gesellschaften ging, die in ihrem Gründungsstaat keinen effektiven Verwaltungssitz hatten[4].

cc) Die „Überseering"-Entscheidung von 2002

Eine weitere Klärung der Frage, in welchem Verhältnis die (primäre) Niederlassungsfreiheit nach Art. 43, 48 EG und die kollisionsrechtliche Anknüpfung an den tatsächlichen Verwaltungssitz stehen, hat der EuGH mit seiner Entscheidung in der Rechtssache „Überseering" auf Vorlage des BGH[5] herbeigeführt. In diesem Fall waren die Geschäftsanteile an einer wirksam in den Niederlanden gegründeten Kapitalgesellschaft (Besloten Vennootschap, B.V.) an zwei deutsche Staatsangehörige abgetreten worden, die ihren Wohnsitz in Düsseldorf hatten und die Gesellschaft von dort aus leiteten. Die deutschen Gerichte hatten darin eine Verlegung des tatsächlichen Verwaltungssitzes der Gesellschaft gesehen und dieser deshalb in einem von ihr angestrengten Prozess die Rechts- und Parteifähigkeit abgesprochen[6]. Der EuGH hat dies als Verstoß gegen Art. 43, 48 EG gewertet.

5049

EuGH 5.11.2002 – Rs. C-208/00 (Überseering BV/NCCB GmbH), Slg. 2002 I, 9919 = NJW 2002, 3614 (m. Aufs. *Kindler*, NJW 2003, 1973) = BB 2002, 2402 (m. Aufs. *Zimmer*, BB 2003, 1 und *Lutter*, BB 2003, 7) = DB 2002, 2425 (m. Anm. *Forsthoff*, DB 2002, 2471 und

---

1 *Zimmer*, ZHR 164 (2000), 23 (33).
2 So *Leible*, NZG 1999, 300 (331); *Steindorff*, JZ 1999, 1140 (1141); *Bungert*, DB 1999, 1841 (1843 f.).
3 Vgl. österreich. OGH 15.7.1999, IPRax 2000, 418 (m. Anm. *Behrens*, IPRax 2000, 384); ferner den Vorlagebeschluss des LG Salzburg vom 27.11.2000, IPRax 2001, 341 (m. Aufs. *Lurger*, IPRax 2001, 346).
4 S. OLG Brandenburg 31.5.2000, NJW-RR 2001, 29 = DStR 2000, 2101 m. Anm. *Hergeth* = IPRspr. 2000 Nr. 14 (Parteifähigkeit einer Ltd. Company des ir. Rechts für Klage auf Maklerhonorar verneint, weil die Klägerin nicht nachgewiesen habe, dass sie ihren effektiven Verwaltungssitz in Dublin/Irland unterhalte); ferner OLG Hamm 1.2.2001, NJW 2001, 2183 = IPRax 2003, 343 m. Anm. *Mansel* = IPRspr. 2001 Nr. 13; OLG Düsseldorf 26.3.2001, NJW 2001, 2184 = IPRax 2003, 343 m. Anm. *Mansel* = IPRspr. 2001 Nr. 14; krit. dazu *Kieninger*, ZEuP 2004, 686, 688; LG Potsdam 30.9.1999, RIW 2000, 145 = IPRax 2001, 134 (m. Anm. *Thorn*, IPRax 2001, 102) = IPRspr. 1999 Nr. 21.
5 BGH 30.3.2002, DB 2000, 2114 m. Anm. *Forsthoff*; dazu *Zimmer*, BB 2000, 1361 ff.; *Kindler*, RIW 2000, 649 ff.; *Behrens*, EuZW 2000, 384 (385).
6 OLG Düsseldorf 10.9.1998, JZ 2000, 203 m. Anm. *Ebke* = IPRspr. 1998 Nr. 25.

Kallmeyer, DB 2002, 2521) = ZIP 2002, 2037 = RIW 2002, 945 (m. Aufs. *Leible/Hoffmann*, RIW 2002, 925) = IPRax 2003, 65 (m. Anm. *W.-H. Roth*, IPRax 2003, 117) = AG 2003, 37 (m. Aufs. *Schanze/Jüttner*, AG 2003, 30) = EuZW 2002, 754 m. Anm. *Wernicke* Nach Ansicht des Gerichts verstößt es „gegen die Art. 43 EG und 48 EG, wenn einer Gesellschaft, die nach dem Recht des Mitgliedstaats, in dessen Hoheitsgebiet sie ihren satzungsmäßigen Sitz hat, gegründet worden ist und von der nach dem Recht eines anderen Mitgliedstaats angenommen wird, dass sie ihren tatsächlichen Verwaltungssitz dorthin verlegt hat, in diesem Mitgliedstaat die Rechtsfähigkeit und damit die Parteifähigkeit vor seinen nationalen Gerichten für das Geltendmachen von Ansprüchen aus einem Vertrag mit einer in diesem Mitgliedstaat ansässigen Gesellschaft abgesprochen wird." Mache eine Gesellschaft, die nach dem Recht des Mitgliedstaats gegründet worden ist, in dessen Hoheitsgebiet sie ihren satzungsmäßigen Sitz hat, in einem anderen Mitgliedstaat von ihrer Niederlassungsfreiheit Gebrauch, so sei dieser andere Mitgliedstaat „nach den Art. 43 und 48 EG verpflichtet, die Rechtsfähigkeit und damit die Parteifähigkeit zu achten, die diese Gesellschaft nach dem Recht ihres Gründungsstaats besitzt".

5050 In seiner Begründung stellt der EuGH in einem ersten Schritt klar, dass die Verwaltungssitzverlegung grundsätzlich in den Anwendungsbereich der Bestimmungen des EG-Vertrags über die Niederlassungsfreiheit fällt. Den ua. von der deutschen Bundesregierung erhobenen Einwand, die Mitgliedstaaten müssten zuerst eine Übereinkunft über die gegenseitige Anerkennung von Gesellschaften nach Art. 293 EG schließen, damit die nach dem Recht eines EG-Mitgliedstaats gegründeten Gesellschaften von der Niederlassungsfreiheit Gebrauch machen könnten[1], weist der Gerichtshof zurück. Diese Bestimmung enthalte nämlich keinen Rechtsetzungsvorbehalt zu Gunsten der Mitgliedstaaten; vielmehr setze – umgekehrt – die Inanspruchnahme der Niederlassungsfreiheit die Anerkennung dieser Gesellschaften durch alle Mitgliedstaaten voraus, in denen sie sich niederlassen wollen (Nr. 59 f.)[2]. Etwas anderes folge auch nicht aus dem „Daily Mail"-Urteil von 1988 (Rz. 5043). Dieses Urteil betreffe nämlich – entgegen einer verbreiteten Fehlinterpretation[3] – nur den Wegzug, nicht hingegen den Zuzug von Gesellschaften aus einem Mitgliedstaat. Nur der vom Wegzug betroffene Staat habe das Recht, die Verlegung des Verwaltungssitzes aus seinem Hoheitsgebiet von einer vorherigen Genehmigung abhängig zu machen oder mit der Auflösung der Gesellschaft zu sanktionieren, weil Gesellschaften – anders als natürliche Personen – ihre Existenz allein der Rechtsordnung ihres Gründungsstaates verdankten. Auf Grund dieser engen Bindung zwischen Gründung und Existenz falle es allein in die Kompetenz des Gründungsstaates, über den Fortbestand einer Gesellschaft nach der Verlegung ihres satzungsmäßigen oder tatsächlichen Verwaltungssitzes zu entscheiden (Nr. 66 ff.). Demgegenüber sei dem „Daily-Mail"-Urteil eine Stellungnahme zu der Frage, ob auch der Zuzugsstaat den Fortbestand der in einem anderen Mitgliedstaat gegründeten Gesellschaften von der Beachtung seines nationalen Gesellschaftsrechts abhängig machen könne, nicht zu entnehmen[4].

---

1 So noch BayObLG 18.7.1985, BayObLGZ 1985, 272 (281).
2 Zust. *Lutter*, BB 2003, 6 (7); *W.-H. Roth*, IPRax 2003, 117 (119); *Behrens*, IPRax 2003, 193 (198).
3 Vgl. die Nachw. oben zu Rz. 5044.
4 So schon zuvor *Schön*, Festschr. Lutter (2000), S. 685 (702).

Die Weigerung der deutschen Gerichte, der nach niederländischem Recht 5051
wirksam gegründeten Gesellschaft Überseering BV die Rechts- und Parteifähigkeit zuzuerkennen, stellt nach Ansicht des EuGH eine gravierende Beschränkung der Niederlassungsfreiheit dar (Nr. 82). Diese sei auch nicht durch **zwingende Gründe des Gemeinwohls** gerechtfertigt. Die von der Bundesregierung für die Anknüpfung an den effektiven Verwaltungssitz einer Gesellschaft vorgetragenen Argumente (Rechtssicherheit, Gläubigerschutz, Festlegung eines bestimmten Mindestkapitals, Minderheiten- und Arbeitnehmerschutz) könnten zwar uU Beschränkungen der Niederlassungsfreiheit rechtfertigen; sie könnten jedoch nicht herangezogen werden, um der in einem anderen Mitgliedstaat ordnungsgemäß gegründeten Gesellschaft die Rechts- und Parteifähigkeit abzusprechen, weil das auf eine vollständige Negierung der Niederlassungsfreiheit hinauslaufe (Nr. 92 f.).

dd) Die „Inspire Art"-Entscheidung von 2003

In der „Inspire Art"-Entscheidung ging es – ähnlich wie schon in der Rechts- 5052
sache „Centros" (Rz. 5045 ff.) – um die Vereinbarkeit nationaler Beschränkungen der sekundären Niederlassungsfreiheit mit dem europäischen Gemeinschaftsrecht. Die „Inspire Art" war im Sommer 2002 als „private company limited by shares" nach englischem Recht gegründet worden. Der in Den Haag/Niederlande wohnhafte einzige Gesellschafter und Geschäftsführer der Gesellschaft hatte die Eintragung einer Zweigniederlassung im niederländischen Handelsregister beantragt. Da diese Zweigniederlassung in Wahrheit als Hauptniederlassung der Gesellschaft fungieren sollte, galt für sie das niederländische Gesetz vom 17.12.1997 über „formal ausländische Gesellschaften". Nach diesem Gesetz unterliegen die von ihm erfassten Gesellschaften zum Teil weitergehenden Offenlegungspflichten als sie in der 11. Richtlinie 89/666/EWG vom 22.12.1989 vorgeschrieben sind. Ferner sieht Art. 4 Abs. 4 dieses Gesetzes vor, dass die Geschäftsführer neben der Gesellschaft persönlich als Gesamtschuldner für die während ihrer Geschäftsführung im Namen der Gesellschaft vorgenommenen Rechtshandlungen haften, solange die für „formal ausländische Gesellschaften" geltenden besonderen Verpflichtungen zur Offenlegung im Handelsregister nicht erfüllt sind.

Der EuGH misst die Vorschriften des niederländischen Gesetzes betreffend Of- 5053
fenlegungspflichten am harmonisierten sekundären Gemeinschaftsrecht. Dieses werde verletzt, soweit es Gesellschaften, die nach dem Recht eines anderen Mitgliedstaates gegründet worden sind, weitergehenden Offenlegungspflichten unterwirft als sie in der Richtlinie vorgesehen sind. Demgegenüber fehlt es hinsichtlich der Anforderungen an das Nennkapital und die Kapitalaufbringung bei Kapitalgesellschaften bisher an einer Harmonisierung des Gesellschaftsrechts in der Europäischen Union. Maßstab für die Vereinbarkeit entsprechender nationaler Vorschriften mit dem Gemeinschaftsrecht sind daher allein die Art. 43, 48 EG, die nach Ansicht des Gerichtshofs durch die Sonderregeln des niederländischen Rechts für „formal ausländische Gesellschaften" verletzt werden.

EuGH 30.9.2003 – Rs. C-167/01 (Inspire Art Ltd.), Slg. 2003 I, 10155 = NJW 2003, 3331 = AG 2003, 680 = GmbHR 2003, 1260 m. Anm. *Meilicke* = IPRax 2004, 46 (m. Anm. *Behrens*, IPRax 2004, 20) = AG 2004, 680 (m. Anm. *Bayer*, AG 2004, 534) = BB 2003, 2219 m. Anm. *Maul/Schmidt* = DStR 2003, 2167 m. Anm. *Geyrhalter/Gänßler* = EuZW 2003, 687 m. Anm. *Leible/Hoffmann* = NZG 2003, 1064 = RIW 2003, 957

Nach Ansicht des EuGH stehen die Art. 43, 48 EG der Regelung eines Mitgliedstaates entgegen, die „die Ausübung der Freiheit zur Errichtung einer Zweigniederlassung in diesem Staat durch eine nach dem Recht eines anderen Mitgliedstats gegründete Gesellschaft von bestimmten Voraussetzungen abhängig macht, die im innerstaatlichen Recht für die Gründung von Gesellschaften bezüglich des Mindestkapitals und der Haftung der Geschäftsführer vorgesehen sind. Die Gründe aus denen die Gesellschaft in dem anderen Mitgliedstaat errichtet wurde, so wie der Umstand, dass sie ihre Tätigkeit ausschließlich oder nahezu ausschließlich im Mitgliedstaat der Niederlassung ausübt, nehmen ihr nicht das Recht, sich auf die durch den EG-Vertrag garantierte Niederlassungsfreiheit zu berufen, es sei denn im konkreten Fall wird ein Missbrauch nachgewiesen".

5054 Zur Begründung weist der EuGH zunächst darauf hin, dass es für die Anwendung der Vorschriften über die Niederlassungsfreiheit ohne Bedeutung ist, dass eine Gesellschaft in einem Mitgliedstaat nur errichtet wird, um sich in einem anderen Mitgliedstaat niederzulassen, in dem die Geschäftätigkeit im Wesentlichen oder ausschließlich ausgeübt werden soll. Die Gründe, aus denen eine Gesellschaft in einem bestimmten Mitgliedstaat errichtet werde, seien nämlich, abgesehen vom Fall des Betruges, für die Anwendung der Vorschriften über die Niederlassungsfreiheit irrelevant. Ferner handle ein Gesellschaftsgründer **nicht rechtsmissbräuchlich**, wenn er die Gesellschaft in einem Mitgliedstaat nur deshalb gründe, um in den Genuss vorteilhafter Rechtsvorschriften zu kommen[1]; dies auch dann nicht, wenn die betreffende Gesellschaft ihre Tätigkeit hauptsächlich oder ausschließlich in einem anderen Mitgliedstaat ausübe. Allein der Umstand, dass die „Inspire Art" in England gegründet wurde, um die Vorschriften des niederländischen Gesellschaftsrechts in Bezug auf das Mindestkapital und die Kapitalaufbringung zu umgehen, nehme der Gesellschaft daher nicht das Recht, sich auf die Niederlassungsfreiheit nach Art. 43, 48 EG zu berufen. Die Niederlassungsfreiheit erfordere somit nicht nur die Anerkennung der Rechtsfähigkeit der in einem Mitgliedstaat gegründeten Gesellschaft durch die übrigen Mitgliedstaaten; diese seien vielmehr auch daran gehindert, im Wege der Sonderanknüpfung ihr eigenes zwingendes Gesellschaftsrecht – zB hinsichtlich des vorgeschriebenen Mindestkapitals oder einer persönlichen Haftung der Geschäftsführer – auf solche Gesellschaften anzuwenden[2].

5055 Auch die von der niederländischen Regierung geltend gemachten **Rechtfertigungsgründe** (Gläubigerschutz, Bekämpfung einer missbräuchlichen Ausnutzung der Niederlassungsfreiheit, Erhaltung der Wirksamkeit von Steuerkontrollen und Lauterkeit des Handelsverkehrs) sind nach Ansicht des EuGH nicht als zwingende Gründe des Allgemeininteresses anzuerkennen. Bzgl. der

---

1 Restriktiver aber EuGH 12.9.2006 – Rs. C-196/04 (Cadbury-Schweppes), Slg. 2006 I, 7995, 8031 [Nr. 35, 37] = EuZW 2006, 633 = NZG 2006, 835.
2 EuGH 30.9.2003, Nr. 95 ff. unter Bezugnahme auf EuGH 9.3.1999 (Centros), Nr. 18 ff.

Vorschriften über das Mindestkapital hat der Gerichtshof bereits Zweifel, ob sie als Schutzmechanismus überhaupt geeignet sind; dieser Schutz sei jedenfalls schon dadurch gewährleistet, dass die potenziellen Gläubiger der Gesellschaft durch das Auftreten der „Inspire Art" als Gesellschaft englischen Rechts darüber unterrichtet würden, dass die Gesellschaft hinsichtlich des Mindestkapitals und der Haftung der Geschäftsführer anderen Vorschriften unterliege als sie das niederländische GmbH-Gesetz vorsehe. Auch für einen Rechtsmissbrauch bietet der Sachverhalt nach Ansicht des EuGH keinen hinreichenden Anhalt. Ein solcher könne insbesondere nicht schon darin gesehen werden, dass die Gründung der Gesellschaft in England ua. den Zweck verfolgt habe, der Anwendung des strengeren niederländischen Gesellschaftsrechts zu entgehen. Denn ein Gesellschaftsgründer, der seine Gesellschaft in dem Mitgliedstaat errichte, dessen Gesellschaftsrecht ihm die größte Freiheit lässt, um anschließend in anderen Mitgliedstaaten Zweigniederlassungen zu gründen, übe damit lediglich die ihm durch den EG-Vertrag garantierte Niederlassungsfreiheit im Binnenmarkt aus[1].

ee) Die „Cartesio"- Entscheidung von 2008

Die Rechtsprechung des EuGH zur Niederlassungsfreiheit seit 1999 betraf freilich jeweils nur Konstellationen, in denen der in einem Mitgliedstaat wirksam gegründeten Gesellschaft entweder das Recht zur Gründung einer Zweigniederlassung in einem anderen Mitgliedstaat („Centros", Rz. 5045 ff.; „Inspire Art", Rz. 5052 ff.) oder die Verlegung des effektiven Verwaltungssitzes in einen anderen Mitgliedstaat („Überseering", Rz. 5049 ff.) verweigert wurde. Nur in diesen „Zuzugsfällen" hat der EuGH in der Diskriminierung von wirksam in einem anderen Mitgliedstaat gegründeten Gesellschaften einen Verstoß gegen die primäre bzw. sekundäre Niederlassungsfreiheit gesehen. Mit Spannung war daher die EuGH-Entscheidung im Fall „Cartesio" erwartet worden, in dem es erstmals seit der „Daily-Mail"- Entscheidung von 1988 (Rz. 5043 f.) wieder um die Frage ging, ob sich aus der Niederlassungsfreiheit auch ein Recht zum identitätswahrendem Wegzug von Gesellschaften aus ihrem Gründungsstaat ableiten lässt. In diesem Fall hatte eine seit 2004 im ungarischen Handelsregister eingetragene Kommanditgesellschaft bei dem für sie zuständigen Registergericht den Antrag gestellt, als neuen operativen Geschäftssitz eine Adresse in Italien ins ungarische Handelsregister einzutragen. Dieser Antrag war mit der Begründung abgelehnt worden, dass wegen der in Ungarn befolgten Sitztheorie eine dort gegründete Gesellschaft ihren Status als ungarische Gesellschaft nicht beibehalten könne, wenn sie ihren effektiven Verwaltungssitz ins Ausland verlege. In diesem Fall sei vielmehr eine Neugründung nach italienischem Recht erforderlich.

5056

Generalanwalt Maduro sah darin eine Verletzung der Niederlassungsfreiheit. Denn nationale Vorschriften, die die Verlegung des operativen Geschäftssitzes einer Gesellschaft nur innerhalb des nationalen Hoheitsgebiets erlauben, be-

---

1 EuGH 30.9.2003, Nr. 134 ff. unter Hinweis auf EuGH 9.3.1999 (Centros), Nr. 24 ff.

handelten grenzüberschreitende Sachverhalte eindeutig ungünstiger als rein nationale Sachverhalte (Nr. 25). Beim derzeitigen Stand des Gemeinschaftsrechts könnten die Mitgliedstaaten daher keineswegs frei über „Leben und Tod" der nach ihrem nationalen Recht gegründeten Gesellschaften entscheiden, ohne die Auswirkungen auf die Niederlassungsfreiheit zu berücksichtigen (Nr. 31). Zwar könnten zwingende Gründe des Gemeinwohls es rechtfertigen, dass der bisherige Sitzstaat die Verlegung des operativen Geschäftssitzes „seiner" Gesellschaften in einen anderen Mitgliedstaat von der Erfüllung bestimmter Voraussetzungen (zB einer Satzungsänderung) abhängig mache. Ein Totalverbot der identitätswahrenden Verlegung des effektiven Verwaltungssitzes, der die Gesellschaft zwinge, sich in diesem Fall aufzulösen und sich im neuen Sitzstaat als dortige Gesellschaft neu zu gründen, verstoße jedoch gegen Art. 43, 48 EG (Nr. 33 ff.). Diese Einschätzung des Generalanwalts ist auch in der deutschen Literatur auf positive Resonanz gestoßen[1].

5057 Der EuGH ist dieser Auffassung des Generalanwaltes indessen nicht gefolgt, sondern hat im Ergebnis – wie schon in der „Überseering"- Entscheidung (Rz. 5050) angedeutet – an der in der „Daily Mail"- Entscheidung vertretenen Rechtsauffassung festgehalten, dass „eine aufgrund der nationalen Rechtsordnung gegründete Gesellschaft jenseits der nationalen Rechtsordnung, die ihre Gründung und ihre Existenz regelt, keine Realität hat" (Nr. 104). Zur Begründung wiederholt der EuGH im Wesentlichen die Argumente, mit denen er eine aus der Niederlassungsfreiheit abgeleitete Wegzugsfreiheit von Gesellschaften aus ihrem Gründungsstaat bereits in der „Daily Mail"- Entscheidung (dort Nr. 20 ff.) ausgeschlossen hatte. Er verweist namentlich auf die nach wie vor erheblichen Unterschiede im Recht der Mitgliedstaaten bezüglich der Anknüpfung des Gesellschaftsstatuts im Allgemeinen und der Zulässigkeit einer Verlegung des Verwaltungs- und/oder Satzungssitzes ins Ausland im Besonderen (Nr. 105 ff.).

EuGH 16.12.2008 – Rs. C-210/06 (Cartesio), BB 2009, 11 = NZG 2009, 61 (m. Anm. *Kindler*, NZG 2009, 130) = ZIP 2009, 24 (m. Anm. *Knof/Mock*, ZIP 2004, 30 und *Teichmann*, ZIP 2004, 393) = JZ 2009, 409 m. Anm. *Wilhelmi* = RIW 2009, 70
„In Ermangelung einer einheitlichen gemeinschaftsrechtlichen Definition der Gesellschaften, denen die Niederlassungsfreiheit zukommt, anhand einer einheitlichen Anknüpfung, nach der sich das auf eine Gesellschaft verwendbare Recht bestimmt, ist die Frage, ob Art. 43 EG auf eine Gesellschaft anwendbar ist, die sich auf die dort verankerte Niederlassungsfreiheit beruft. ... gemäß Art. 48 EG eine Vorfrage, die beim gegenwärtigen Stand des Gemeinschaftsrechts nur nach dem geltenden nationalen Recht beantwortet werden kann".

5058 Der einzelne Mitgliedstaat könne daher sowohl die Anknüpfung bestimmen, die eine Gesellschaft aufweisen muss, um als nach seinem innerstaatlichen Recht gegründet angesehen zu werden und damit in den Genuss der Niederlassungsfreiheit gelangen zu können, als auch die Anknüpfung, die für die Beibehaltung dieser Eigenschaft verlangt werde. Diese Befugnis umfasse aber auch

---

[1] Vgl. etwa *Campos Nave*, BB 2008, 1410 (1413 f.); *Grohmann/Gruschinske*, EuZW 2008, 463 (464).

die Möglichkeit für diesen Mitgliedstaat, es einer Gesellschaft seines nationalen Rechts nicht zu gestatten, diese Eigenschaft zu behalten, wenn sie sich durch Verlegung ihres Sitzes in einen anderen Mitgliedstaat dort neu organisieren möchte und damit die Anknüpfung löst, die das nationale Recht des Gründungsmitgliedstaats vorsieht. Mit der Niederlassungsfreiheit nach Art. 43, 48 EG sind also Rechtsvorschriften eines Mitgliedstaats durchaus vereinbar, die es einer nach dem nationalen Recht dieses Mitgliedstaats gegründeten Gesellschaft verwehren, ihren Sitz – unter Wahrung ihrer bisherigen Identität – in einen anderen Mitgliedstaat zu verlegen. Etwas anderes folge insbesondere nicht aus den Verordnungen über die Europäische Wirtschaftliche Interessenvereinigung (EWIV), die Europäische Gesellschaft (SE) und die Europäische Genossenschaft (SCE)[1]. Denn diese könnten zwar ihren Satzungs- und Verwaltungssitz in einen anderen Mitgliedstaat verlegen, ohne zur Liquidation und Neugründung gezwungen zu sein, jedoch ändere sich durch die Sitzverlegung zwangsläufig das auf sie anwendbare Recht (vgl. Art. 7–9 Abs. 1 lit. c ii SE-VO).

c) Konsequenzen für das deutsche internationale Gesellschaftsrecht

Die Frage, ob und gegebenenfalls wie sich die Rechtsprechung des EuGH zur Niederlassungsfreiheit auf das nationale Gesellschaftskollisionsrecht der Mitgliedstaaten auswirkt, ist in Rechtsprechung und Literatur nach wie vor umstritten.

aa) Verpflichtung auf eine „europarechtliche Gründungstheorie"?

Nach überwiegender Interpretation der Entscheidungsgründe in der Rechtssache „Überseering" hat der EuGH die Beschränkung der Niederlassungsfreiheit der Überseering BV nicht erst in der Verweigerung der aktiven Parteifähigkeit vor deutschen Gerichten gesehen, sondern bereits in der Nichtanerkennung der vom niederländischen Recht verliehenen und nach diesem Recht auch nach der Sitzverlegung fortbestehenden Rechtspersönlichkeit. Die Art. 43, 48 EG verpflichteten danach die Mitgliedstaaten nicht nur dazu, auf der sachrechtlichen Ebene die Rechts- und Parteifähigkeit der zugezogenen Gesellschaft sicherzustellen, sondern erforderten die Anerkennung der Gesellschaft auf der Ebene des Kollisionsrechts. Das nationale Kollisionsrecht der Mitgliedstaaten sei mithin daran gehindert, einen Statutenwechsel anzuordnen; es habe vielmehr die Auslandsgesellschaft als solche im Inland zu akzeptieren und damit die **Anknüpfung des Gesellschaftsstatuts an das Gründungsrecht** vorzunehmen[2]. Dies ergebe sich zum einen daraus, dass der EuGH für die Inan-

---

1 Verordnungen (EG) Nr. 2137/85, Nr. 2157/2001 und Nr. 1435/2003.
2 Für einen kollisionsrechtlichen Gehalt der Niederlassungsfreiheit *Leible/Hoffmann*, RIW 2002, 925 (930 f.); *Leible/Hoffmann*, ZIP 2003, 925 (926); *Forsthoff*, BB 2002, 318 (321); *Forsthoff*, DB 2002, 2471 (2476); *Lutter*, BB 2003, 7 (9); *Eidenmüller*, ZIP 2002, 2233 (2238 ff.); *Heidenhain*, NZG 2002, 1141 (1142); *Großerichter*, DStR 2003 1 (15) und 159 (166 f.); *von Halen*, WM 2003, 571 (575 f.); *Behrens*, IPRax 2003, 193 (200 f.); *Horn*, NJW 2004, 893 (896); *Campos Nave*, BB 2008, 1410 (1411); *Weller*, IPRax 2009, 201 (204 f.); *Thorn*, in: Palandt, Anh. zu Art. 12 EGBGB Rz. 6.

spruchnahme der Niederlassungsfreiheit „zwingend die Anerkennung dieser Gesellschaften durch alle Mitgliedstaaten" voraussetzt, in denen sie sich niederlassen wollen (Nr. 59). Ferner habe er an anderer Stelle ausdrücklich betont, die Überseering BV habe „auf Grund der Art. 43 und 48 EG das Recht, als Gesellschaft niederländischen Rechts in Deutschland von ihrer Niederlassungsfreiheit Gebrauch zu machen" (Nr. 80) und ihre Existenz hänge „untrennbar mit ihrer Eigenschaft als Gesellschaft niederländischen Rechts" zusammen, so dass die Anordnung eines Statutenwechsels und die Verpflichtung zur Neugründung im Zuzugstaat „der Negierung der Niederlassungsfreiheit" gleich käme (Nr. 81). Mit diesen Aussagen habe der EuGH daher die Sitztheorie selbst, nicht nur ihre Auswirkungen für unvereinbar mit der Niederlassungsfreiheit erklärt.

5061 Dieser Interpretation hat sich auch der VII. Zivilsenat des BGH in seiner Abschlussentscheidung in der Rechtssache „Überseering" angeschlossen. Nach Ansicht des Senats ist die Auslegung der Art. 43, 48 EG durch den EuGH für die nationalen Gerichte bindend und zwinge zu einer Rechtsanwendung, die nicht zu der beanstandeten Beschränkung der Niederlassungsfreiheit führt. Dieses Ziel lasse sich aber nicht damit erreichen, dass die Überseering BV nach der Verlegung ihres Verwaltungssitzes ins Inland nach ihrem nunmehrigen Sitzrecht jedenfalls als rechtsfähige Personengesellschaft behandelt werde, die als solche aktiv und passiv parteifähig sei. Denn die Gesellschaft habe ihre Rechte nicht als Personengesellschaft geltend gemacht und eingeklagt, sondern als niederländische BV. Sie habe damit als solche von ihrer durch den EG-Vertrag garantierten Niederlassungsfreiheit Gebrauch gemacht und könne deshalb nicht auf ihre Möglichkeiten als nach deutschem Recht anerkannte Personengesellschaft verwiesen werden, weil sie damit in eine mindere Gesellschaftsform mit besonderen Haftungsrisiken gedrängt werde[1].

BGH 13.3.2003, BGHZ 154, 185 (188 ff.) = NJW 2003, 1461 (m. Aufs. *Schulz*, NJW 2003, 2705) = IPRax 2003, 344 (m. zust. Anm. *Weller*, IPRax 2003, 324) = RIW 2003, 474 (m. Aufs. *Merkt*, RIW 2003, 458) = JZ 2003, 525 m. Anm. *Eidenmüller* = AG 2003, 386 = NZG 2003, 431 = DB 2003, 986 (m. Anm. *Forsthoff*, DB 2003, 979) = RIW 2003, 474 (m. Anm. *Merkt*, RIW 2003, 458) = ZIP 2003, 718 (m. Anm. *Leible/Hoffmann*, ZIP 2003, 925) = IPRspr. 2003 Nr. 13
In den Niederlanden gegründete Kapitalgesellschaft (BV) ist auch nach Verlegung ihres effektiven Verwaltungssitzes nach Deutschland als juristische Person des niederländischen Rechts parteifähig.

Dieses Verständnis der Niederlassungsfreiheit im Sinne einer Verpflichtung, das Personalstatut der in einem Mitgliedstaat der EG gegründeten Gesellschaften insgesamt nach deren Gründungsrecht zu beurteilen, wird auch von dem

---

1 Zust. außer den in der vorigen Fn. Genannten etwa *Binz/Mayer*, GmbHR 2003, 249 (255); *Ebke*, JZ 2003, 925 (928); *Bayer*, BB 2003, 2357 (2362); *Schulz*, NJW 2003, 2705 (2706); *Weller*, IPRax 2003, 324 (326); *Meilicke*, GmbHR 2003, 793 (799 ff.); *Wertenbruch*, NZG 2003, 618 ff.; *Kersting* NZG 2003, 9 ff.; *Schanze/Jüttner*, AG 2003, 30 (32 f.); *W.-H. Roth*, IPRax 2003, 117 (123); *Wernicke*, EuZW 2002, 758 (761); *Zimmer*, BB 2003, 1 (4 f.).

für das Gesellschaftsrecht zuständigen II. Zivilsenat des BGH[1] und der seitherigen Rechtsprechung der Oberlandesgerichte[2] geteilt.

Für diejenigen Mitgliedstaaten, die – wie die Bundesrepublik Deutschland – in ihrem autonomen internationalen Gesellschaftsrecht bisher der Sitztheorie folgten, führt die hM daher zu einer **Spaltung des Gesellschaftskollisionsrechts**. Neben die fortgeltende Anknüpfung an den effektiven Verwaltungssitz in Drittstaatsfällen (dazu unten Rz. 5066) und die Anknüpfung an das Gründungsrecht kraft staatsvertraglicher Verpflichtung (dazu unten Rz. 5071 ff.) tritt die sog. „europarechtliche Gründungstheorie"[3]. Danach ist die Gründung und die Existenz von Gesellschaften, die in einem Mitgliedstaat der EG gegründet wurden, von Gerichten und Behörden anderer Mitgliedstaaten nach dem Recht des Gründungsstaates zu beurteilen[4]. Diese Anknüpfung gilt nicht nur für Gesellschaften, die sowohl ihren Satzungssitz als auch ihren effektiven Verwaltungssitz in der Gemeinschaft haben; auf die Niederlassungsfreiheit – und damit auf die Anknüpfung an den Gründungsort – können sich vielmehr gem. Art. 48 EG alle Gesellschaften berufen, die entweder ihren satzungsmäßigen Sitz oder ihre Hauptverwaltung oder ihre Hauptniederlassung in einem Mitgliedstaat der Gemeinschaft haben. Erfasst werden damit auch Gesellschaften, die lediglich in einem Mitgliedstaat gegründet wurden, ihren effektiven Verwaltungssitz aber in einem Drittstaat haben („pseudo EU corporations")[5]. 5062

Die europarechtliche Verpflichtung zur Anknüpfung an das Gründungsrecht gilt darüber hinaus auch für Gesellschaften, die in einem Mitgliedstaat des **Europäischen Wirtschaftsraums** (Norwegen, Island, Liechtenstein) gegründet wurden. Auch sie sind im Inland selbst dann anzuerkennen, wenn sie ihren tatsächlichen Verwaltungssitz von Anfang an hier hatten und auf diese Weise die deutschen Gründungsvorschriften bewusst umgangen haben[6]. 5063

---

1 BGH 14.3.2005 (Rz. 5211), NJW 2005, 1648 = RIW 2005, 542 m. Anm. *Leible/Hoffmann*. Vgl. dazu auch unten Rz. 5211 mwN.
2 Vgl. etwa OLG Hamm 27.1.2006, NJW-RR 2006, 1631 = IPRspr. 2006 Nr. 2; OLG München 7.3.2007, DB 2007, 2032; OLG Thüringen 22.8.2007, RIW 2007, 864; OLG Nürnberg 10.8.2007, NZG 2008, 76.
3 Zu diesem Begriff *Leible/Hoffmann*, RIW 2002, 925 (930); krit. *Schanze/Jüttner*, AG 2003, 661 (665), die den Begriff „europarechtlich moderierte Kontrolltheorie" vorziehen.
4 *Eidenmüller*, ZIP 2002, 2233 (2244); *Forsthoff*, DB 2002, 2471 (2472 f.); *Leible/Hoffmann*, RIW 2002, 925 (930 ff.); *Schanze/Jüttner*, AG 2003, 30 (33 f.); *Knapp* DNotZ 2003, 85 (92); *Paefgen*, WM 2003, 561 (567); *Weller*, IPRax 2003, 324 (328); *Weller*, DStR 2003, 1800 (1803); *Geyrhalter/Gänßler*, NZG 2003, 409 (411).
5 *Leible/Hoffmann*, RIW 2002, 925 (932) unter Hinweis auf die Centros-Entscheidung des EuGH (Rz. 5045 ff.) Nr. 20. Voraussetzung ist freilich, dass der Gründungsstaat auch in seinem nationalen Kollisionsrecht die Gründungstheorie befolgt; vgl. unten Rz. 5095.
6 Vgl. Art. 32, 34 des EWR-Vertrages (ABl. EG 1994 Nr. L 1, S. 3); zust. OLG Frankfurt a.M. 28.5.2003, IPRax 2004, 56 (m. Anm. *Baudenbacher/Buschle*, IPRax 2004, 26) = IPRspr. 2003 Nr. 16; FG Rheinland-Pfalz 14.3.2005, ZEV 2005, 450 m. Anm. *Werkmüller* = IPRspr. 2005 Nr. 3; *Weller*, IPRax, 2003, 324 (328); *Meilicke*, GmbHR 2003, 793 (798); *Franz/Laeger*, BB 2008, 678 (680); *Thorn*, in: Palandt, Anh. zu Art. 12 EGBGB

BGH 19.9.2005, BGHZ 164, 148 (151) = NJW 2005, 3351 = RIW 2005, 945 m. Anm. *Leible/Hoffmann* = BB 2005, 2373 (m. Aufs. *Binz/Sorg*, BB 2005, 2361) = GmbHR 2005, 1483 m. Anm. *Wachter* = IPRspr. 2005 Nr. 7
Zur Anerkennung der Rechts- und Parteifähigkeit einer liechtenstein. AG trotz effektiven Verwaltungssitzes in Deutschland.

5064 Auf die Niederlassungsfreiheit nach Art. 43, 48 EG können sich auch nicht nur Kapitalgesellschaften, sondern in gleicher Weise **Personenhandelsgesellschaften** berufen[1]. Auch die in anderen Mitgliedstaaten der EU gegründete Personengesellschaften sind daher nach den Grundsätzen des „Überseering"-Entscheidung (Rz. 5049 ff.) im Inland anzuerkennen, weil der Rechtsform der Gesellschaft aus der Sicht des europäischen Gemeinschaftsrechts keine Bedeutung zukommt[2]. Hingegen kann sich ein im EU-Ausland gegründeter *Idealverein* im Falle der Verlegung seines Verwaltungssitzes in die Bundesrepublik Deutschland nicht auf die Niederlassungsfreiheit berufen[3].

bb) Beschränkung auf eine Kontrolle bestimmter Auswirkungen der Sitztheorie

5065 Dieses Verständnis der Niederlassungsfreiheit im Sinne einer „eigenständigen europäischen Kollisionsnorm" beruht indessen auf einer zu einseitig an gewissen Formulierungen der „Überseering"-Entscheidung (Rz. 5049 ff.) ausgerichteten Interpretation der EuGH-Rechtsprechung. Der EuGH war weder in dieser Entscheidung noch in seiner sonstigen bisherigen Rechtsprechung zur Niederlassungsfreiheit aufgefordert, grundsätzliche Aussagen zum internationalen Gesellschaftsrecht einzelner Mitgliedstaaten zu treffen; dies ist auch nicht seine Aufgabe[4]. Der EuGH hat daher nicht die Sitztheorie schlechthin verworfen, sondern nur gewisse Auswirkungen der Anknüpfung an den effektiven Verwaltungssitz für unvereinbar mit der Niederlassungsfreiheit nach Art. 43, 48 EG erklärt[5]. Wie Generalanwalt Maduro in seinen Schlussanträgen in der Rechtssache „Cartesio" (Rz. 5056 ff.) zutreffend formuliert hat, steht es „den Mitgliedstaaten nach derzeitigem Stand des Gemeinschaftsrechts frei, ob sie ihr Regelungssystem auf die Theorie des tatsächlichen Sitzes oder auf die Gründungstheorie stützen". Die wirksame Ausübung der Niederlassungsfreiheit er-

---

Rz. 9. Vgl. auch BFH 26.4.2001, NZG 2002, 103 = IPRspr. 2001 Nr. 15.; aA LG Nürnberg-Fürth 6.11.2003, DB 2003, 2765 = IPRspr. 2003 Nr. 21.
1 Unstreitig, vgl. *Wertenbruch*, NZG 2003, 618 (619); *Leible/Hoffmann*, BB 2009, 58 f.; *Zimmer/Naendrup*, BB 2009, 545 (548), jeweils mwN.
2 *Wertenbruch*, NZG 2003, 618 (619); *Schanze/Jüttner*, AG 2003, 661 (665); *Thorn*, in: Palandt, Anh. zu Art. 12 EGBGB Rz. 22. Vgl. auch die Rechtssache „Cartesio" (Rz. 5056 ff.), bei der es um die Wegzugsfreiheit einer ungarischen KG ging; aA noch *Leible/Hoffmann*, RIW 2002, 925 (933 f.) mit dem Argument, die Anknüpfung an das Gründungsrecht sei im IPR der Personengesellschaften ein „Fremdkörper".
3 OLG Zweibrücken 27.9.2005, NZG 2005, 1019 = ZEuP 2007, 324 m. Anm. *Behrens*.
4 *Kindler*, in: MünchKomm, IntGesR Rz. 117; krit. auch *Eidenmüller/Rehm*, § 2 Rz. 66 ff.
5 Vgl. *Schanze/Jüttner*, AG 2003, 665; *Ulmer*, NJW 2004, 1201 (1205); *Mansel*, RabelsZ 70 (2006), 651 (671 ff.); dazu näher *Kindler*, in: MünchKomm, IntGesR Rz. 116 ff. mit weiteren Argumenten.

fordere jedoch „einen gewissen Grad gegenseitiger Anerkennung und Koordinierung der unterschiedlichen Rechtssysteme". Deshalb könne „keine Theorie bis in die letzte Konsequenz angewandt werden"[1]. In diesem Punkt ist auch der EuGH in seiner „Cartesio"- Entscheidung dem Generalanwalt ausdrücklich gefolgt. Denn die tragende Begründung des Gerichtshofs zur Ablehnung einer Wegzugsfreiheit von Gesellschaften unter Wahrung ihrer Identität beruht gerade auf den noch bestehenden Rechtsunterschieden zwischen den Mitgliedstaaten hinsichtlich der Anknüpfung des Gesellschaftsstatuts und der Möglichkeiten einer nachträglichen Änderung dieser Anknüpfung (Nr. 105). Die Mitgliedstaaten sind also – wie der EuGH ausdrücklich klarstellt (Nr. 110) – völlig frei in ihrer Entscheidung, ob sie das Gesellschaftstatut der auf ihrem Territorium gegründeten Gesellschaften mit Hilfe der Sitz- oder der Gründungstheorie bestimmen wollen und welche Anforderungen sie an die Verlegung des Satzungs- und/oder Verwaltungssitzes „ihrer" Gesellschaften in einen anderen Mitgliedstaat stellen wollen[2]. Damit entscheidet also allein der Gründungsstaat einer Gesellschaft darüber, unter welchen Voraussetzungen diese Gesellschaft iSv. Art. 48 EG einer natürlichen Person gleich steht und damit überhaupt in den Genuss der Niederlassungsfreiheit nach Art. 43 EG kommt[3]; gleichermaßen steht es dem Gründungsstaat frei, den auf seinem Territorium gegründeten Gesellschaften die Rechtsfähigkeit und damit den Schutz durch Art. 43, 48 EG wieder zu entziehen, wenn sie ihren Verwaltungs- oder Satzungssitz ins Ausland verlegen. Die Niederlassungsfreiheit schränkt damit nur das Kollisionsrecht des Zuzugsstaates ein[4]. Insoweit läuft die vom EuGH in der Entscheidung „Überseering" (Rz. 5049 ff.) betonte Verpflichtung des Zuzugsstaates, die Rechts- und Parteifähigkeit sowie die Haftungsverfassung einer in einem anderen Mitgliedstaat der EG wirksam gegründeten Gesellschaft nach Maßgabe ihres Gründunsgrechts anzuerkennen, freilich im Ergebnis auf eine Verpflichtung zur kollisionsrechtlichen Anknüpfung an das Gründungsrecht hinaus.

cc) Fortgeltung der Sitztheorie in Drittstaatsfällen

Die vom EuGH errichteten Schranken für die Anknüpfung an das Recht des effektiven Verwaltungssitzes von Gesellschaften in Zuzugsfällen dienen der Verwirklichung der Niederlassungsfreiheit nach Art. 43, 48 EG. Die hiernach uU gebotene Anwendung des Gründungsrechts für bestimmte das Personalstatut der Gesellschaft betreffenden Aspekte beschränkt sich deshalb auf den Geltungsbereich des EG-Vertrages und des EWR-Abkommens. Zwar wird im Anschluss an die Entscheidungen des EuGH in Sachen „Überseering" und „Inspire Art" im Interesse einer einheitlichen Anknüpfung und zur Vermeidung der mit einer gespaltenen Anknüpfung verbundenen Abgrenzungsprobleme zum Teil für eine gänzliche Aufgabe der Sitztheorie und den Übergang zur

5066

---

1 Schlussanträge vom 22.5.2005, C-210/06 Rz. 30.
2 Zutr. *Kindler*, IPRax 2009, 189 (191).
3 *Weller*, IPRax 2009, 201 (205 f.).
4 Zur erforderlichen Unterscheidung zwischen Zuzug und Wegzug unten Rz. 5142 ff.

Gründungstheorie auch in Drittstaatsfällen plädiert[1]. Die unterschiedliche kollisionsrechtliche Beurteilung von Binnenmarkt- und Drittstaatsfällen ist indessen sachlich gerechtfertigt, weil den Gefahren der Gründungstheorie – Flucht in das Gesellschaftsrecht mit den laxesten Anforderungen („Delaware-Effekt") – innerhalb der EG durch eine Harmonisierung des materiellen Gesellschaftsrechts gesteuert werden kann, die Missbräuchen der Niederlassungsfreiheit vorbeugt[2]. Entsprechende Instrumente fehlen in Drittstaatsfällen. Besondere Rechtsanwendungsprobleme wirft die für das gesamte Europarecht charakteristische Differenzierung zwischen Binnenmarktsachverhalten und Drittstaatsfällen nicht auf; zudem wäre ein durch höherrangiges Recht nicht geforderter Übergang der Rechtsprechung von der gewohnheitsrechtlich verfestigten Sitz- zur Gründungstheorie auch im Hinblick auf Art. 20 Abs. 3 GG bedenklich[3]. Deshalb muss der Abschied von der Sitztheorie im Verhältnis zu Drittstaaten dem – nationalen oder europäischen – Gesetzgeber vorbehalten bleiben und sollte erst dann erfolgen, wenn über die erforderlichen Schranken zum Schutz des inländischen Rechtsverkehrs Klarheit besteht[4]. Damit gilt die Sitztheorie für die Beurteilung der Rechtsverhältnisse von außerhalb der EU bzw. des EWR gegründete Gesellschaften fort[5]. Dem zwingenden Richtlini-

---

1 Vgl. idS. etwa *Eidenmüller*, ZIP 2002, 2233 (2244); *Eidenmüller*, JZ 2003, 526 ff.; *Forsthoff*, DB 2002, 2471 (2476); *Leible/Hoffmann*, RIW 2002, 925 (935 f.); *Leible/Hoffmann*, ZIP 2003, 925 (930); *Paefgen*, WM 2003, 561 (570); *Paefgen*, DZWiR 2003, 441 (446); *Behrens*, IPRax 2003, 193 (205 f.); *Schulz*, NJW 2003, 2705 (2706 f.); *Kieninger*, ZEuP 2004, 685 (702 f.) und *Kieninger*, NJW 2009, 292 f.; *Zimmer*, ZHR 168 (2004), 355 (365); *Jung*, NZG 2008, 681 (684); *Lieder/Kliebisch*, BB 2009, 938 (340); *Balthasar*, RIW 2009, 221 (223 ff.); zust. AG Ludwigsburg 20.7.2006, ZIP 2006, 1507 = IPRspr. 2006 Nr. 206; OLG Hamm 26.5.2006, BB 2006, 2487. Dazu auch den Reformvorschlag des BMJ unten Rz. 5077 ff.
2 Vgl. den Aktionsplan der EG-Kommission zur Modernisierung des Gesellschaftsrechts und Verbesserung der Corporate Governance vom 21.5.2003, Beil. zu NZG 2003, Heft 13; *Kersting*, NZG 2003, 9 ff.; *Zimmer*, RabelsZ 67 (2003), 298 (310).
3 *Weller*, IPRax 2009, 201 (206 f.); aA *Koch/Eickmann*, AG 2009, 73 (74); *Lieder/Kliebisch*, BB 2009, 338 (343); *Balthasar*, RIW 2009, 221 ff.
4 So auch *Bayer*, BB 2003, 2357 (2363 f.); *Ebke*, JZ 2003, 927 (929 f.); *Horn*, NJW 2004, 893 (897); *Wachter*, GmbHR 2005, 1484 (1485); *Weller*, ZGR 2006, 748 (765); *Kindler*, AG 2007, 721 (726); *Kindler*, in: MünchKomm, IntGesR Rz. 9 f., 407; *Thorn*, in: Palandt, Anh. zu Art. 12 EGBGB Rz. 9; *Weller*, IPRax 2003, 324 (328). Zum Reformvorschlag des BMJ unten Rz. 5077 ff.
5 So ausdrücklich BGH 27.10.2008 („Trabrennbahn"), NJW 2009, 289 (290) m. Anm. *Kieninger* = DNotZ 2009, 385 m. Anm. *Thölke* = IPRax 2009, 259 (m. Anm. *Kindler*, IPRax 2009, 189 und *Weller*, IPRax 2009, 202) (Schweiz) gegen Vorinstanz OLG Hamm 26.5.2006, BB 2006, 2487 (2488 f.) m. Anm. *Wachter* = ZIP 2006, 1822; BGH 29.1.2003 (Rz. 5072), BGHZ 153, 353 (355) = IPRax 2003, 265 (m. Anm. *Weller*, IPRax 2003, 324) (USA); OLG Zweibrücken 20.10.2000, RIW 2001, 373 = IPRspr. 2000 Nr. 15 (Costa Rica); BayObLG 20.2.2003, DB 2003, 819 = IPRspr. 2003 Nr. 1552 (Sambia); KG 11.2.2005, NJW-RR 2005, 758 = IPRspr. 2005 Nr. 2 (Isle of Man); OLG Köln 31.1.2006, ZIP 2007, 735 (Südafrika); OLG Hamburg 30.3.2007, NZG 2007, 597 = DB 2007, 1245 (Isle of Man); *Weller*, DStR 2003, 1800 (1803); *Meilicke*, GmbHR 2003, 793 (798); *Ebke*, JZ 2003, 927 (930); *Leible/Hoffmann*, RIW 2002, 925 (933); *Horn*, NJW 2004, 893 (897); *Mankowski*, RIW 2005, 481 (486); *Wachter*, BB 2006, 2489 (2490); *Thorn*, in: Palandt, Anh. zu Art. 12 EGBGB Rz. 9; *Mäsch*, in: Bamberger/Roth, Anh. zu Art. 12 EGBGB

enrecht der EG ist bei hinreichend starkem Gemeinschaftsbezug des Sachverhalts – entsprechend der sog. „Ingmar-Doktrin" des EuGH[1] – auch im Falle der Betätigung drittstaatlicher Gesellschaften innerhalb der EG Rechnung zu tragen[2]. In Drittstaatsfällen verstößt die gewohnheitsrechtliche Anknüpfung an den effektiven Verwaltungssitz der Gesellschaft auch nicht gegen die Grundsätze der **Europäischen Menschenrechtskonvention (EMRK)**[3].

d) Schranken der Niederlassungsfreiheit

Wie andere Grundfreiheiten wird auch die Niederlassungsfreiheit nicht schrankenlos gewährt. Als Grundlage für eine zulässige Beschränkung kommen Art. 46 EG, das Verbot des Rechtsmissbrauchs sowie zwingende Gründe des Gemeinwohls in Betracht[4]. Darüber hinaus wird die Niederlassungsfreiheit nicht durch die Anwendung solcher Vorschriften des nationalen Rechts der Mitgliedstaaten tangiert, die nicht dem Gesellschaftsstatut unterstehen und deshalb im Staat des effektiven Verwaltungssitzes der Gesellschaft für alle dort tätigen Gesellschaften gelten[5]. 5067

aa) Öffentliche Ordnung

Nach Art. 46 EG ist eine Beschränkung der Niederlassungsfreiheit „aus Gründen der öffentlichen Ordnung" gerechtfertigt. Dieser Rechtfertigungsgrund wird vom EuGH allerdings sehr restriktiv ausgelegt und hat deshalb nur geringe praktische Bedeutung[6]. Danach lassen sich insbesondere Eingriffe in die Niederlassungsfreiheit zum Schutze öffentlicher oder privater Gläubiger sowie zum Schutz von Minderheitsgesellschaftern, abhängigen Gesellschaften oder Arbeitnehmerinteressen nicht auf Art. 46 EG stützen[7]. 5068

Rz. 58; *Kindler*, in: MünchKomm, IntGesR Rz. 127, 389 f., 433 ff.; aA *Sandrock*, BB 1999, 1337 (1344); auch dazu näher unten Rz. 5121 ff.
1 EuGH 9.11.2000 – Rs. 381/98 (Ingmar), Slg. 2000 I, 9325 = IPRax, 2001, 225 (m. Anm. *Jayme*, IPRax 2001, 190) = BB 2001, 9 m. Anm. *Kindler*.
2 *Kindler*, IPRax 2009, 189 (190).
3 BGH 27.10.2008 (Rz. 5080), NJW 2009, 289 (290) m. Anm. *Kieninger; S. Schmidt*, DZWiR 1992, 448 (451); *Bungert*, EWS 1993, 17 ff.; *Engel*, ZEuP 1993, 150 (158); *Großfeld/Erlinghausen*, JZ 1993, 219; *Großfeld*, in: Staudinger, IntGesR Rz. 145 ff.; *Kindler*, in: MünchKomm, IntGesR Rz. 480; *Ebenroth/Auer*, JZ 1993, 376; *von Bar*, BerDGesVölkR 33 (1994), 200; aA – unter Hinweis auf Cass. civ. 12.11.1990, D. 1992. I. 29 m. Anm. *Bouloc-Meilicke*, RIW 1992, 578.
4 Vgl. *Sandrock*, ZvglRW 102 (2003), 447 ff.; *Ebke*, JZ 2003, 927 ff.
5 BGH 5.2.2007, NJW 2007, 1529 (1530) (m. Anm. *Kindler*, NJW 2007, 1785); dazu näher Rz. 5213 ff.
6 *Kindler*, in: MünchKomm, IntGesR Rz. 421.
7 Vgl. EuGH 30.9.2003 (Rz. 5052 ff.) (Inspire Art), Nr. 131, wonach sich die von der niederländ. Regierung vorgebrachten Argumente zum Schutz der Gläubiger vor „formal ausländischen Gesellschaften" nicht auf Art. 46 EG beziehen; ferner *Sandrock*, ZvglRW 102 (2003), 447 ff.; *Thorn*, in: Palandt, Anh. zu Art. 12 EGBGB Rz. 8.

bb) Rechtsmissbrauch

5069 Der EuGH hat ferner klargestellt, dass die Ausübung der Niederlassungsfreiheit nach Art. 43, 48 EG nur in Ausnahmefällen als rechtsmissbräuchlich gewertet werden kann. Hierfür reicht insbesondere das sog. „statute shopping" nicht aus. Auch wenn die Gründung einer (Briefkasten-)Gesellschaft in einem bestimmten Mitgliedstaat nur dem Ziel dient, in den Genuss vorteilhafter Rechtsvorschriften zu kommen, liegt darin kein Rechtsmissbrauch, sondern eine legitime Ausübung der Niederlassungsfreiheit; dies gilt auch dann, wenn die Gesellschaft ihre Tätigkeit ausschließlich in einem anderen Mitgliedstaat ausübt. Insbesondere die Umgehung zwingender Vorschriften zum Schutz der Gläubiger – zB über Kapitalaufbringung oder Mindestkapital – im Tätigkeitsstaat der Gesellschaft begründet einen solchen Missbrauch nicht[1].

Erforderlich ist vielmehr eine missbräuchliche Berufung auf Gemeinschaftsrecht in einem konkreten Einzelfall. Dies ist etwa dann der Fall, wenn ein Inländer, dem die Ausübung eines Gewerbes untersagt worden ist, sich der ausländischen Gesellschaft bedient, um die ihm untersagte Tätigkeit trotzdem im Inland auszuüben[2].

cc) Zwingende Gründe des Gemeinwohls

5070 Schließlich erkennt der EuGH auch an, dass „zwingende Gründe des Gemeinwohls, wie der Schutz der Interessen der Gläubiger, der Minderheitsgesellschafter, der Arbeitnehmer oder auch des Fiskus, unter bestimmten Umständen und unter Beachtung bestimmter Voraussetzungen Beschränkungen der Niederlassungsfreiheit rechtfertigen können"[3]. Maßnahmen, welche die Ausübung der durch den EG-Vertrag garantierten Grundfreiheiten beschränken, sind freilich nach ständiger Rechtsprechung des EuGH nur dann gerechtfertigt, wenn **vier Voraussetzungen** erfüllt sind: Sie müssen (1) in nicht diskriminierender Weise angewendet werden, (2) aus zwingenden Gründen des allgemei-

---

[1] Vgl. EuGH 9.3.1999 (Rz. 5045 ff.) (Centros), Nr. 24 ff.; EuGH 30.9.2003 (Rz. 5052 ff.) (Inspire Art), Nr. 96 ff., 136 ff.; zust. BGH 14.3.2005 (Rz. 5211), NJW 2005, 1648 (1649); BGH 19.9.2005 (Rz. 5063), BGHZ 164, 149 (153); OLG Hamm 27.1.2006, NJW-RR 2006, 1631 = IPRspr. 2006 Nr. 2; *Leible/Hoffmann*, RIW 2002, 925 (930); *Sandrock*, BB 2003, 2588 (2589); *Meilicke*, GmbHR 2003, 793 (805); *Weller*, IPRax 2003, 520 (522 ff.); für weitergehende Missbrauchskontrolle aber *von Halen*, WM 2003, 571 (577); *Forsthoff*, DB 2003, 979 (981); *Kindler*, NJW 2003, 1073 (1075); sowie – mit Einschränkungen – auch *Bayer*, BB 2003, 2357 (2364); aA AG Hamburg 14.5.2003, IPRax 2003, 534 (535) (m. abl. Anm. *Weller*, IPRax 2003, 520) = DStR 2003, 1763 m. abl. Anm. *Lürken* = NZI 2003, 442 m. abl. Anm. *Mock/Schildt* = GmbHR 2003, 957 = IPRspr. 2003 Nr. 216 (Haftungsbeschränkung für die Gesellschafter einer engl. Private Ltd. Company, die ausschließlich in Deutschland operiert hat, mit dem Argument abgelehnt, die Gesellschaft sei nicht mit hinreichendem Kapital ausgestattet worden. Dies gelte jedenfalls dann, wenn die Umstände auf „eine rechtsmissbräuchliche Auslandsgründung als reine Briefkastengesellschaft" schließen ließen.).

[2] OLG Zweibrücken 26.3.2003, ZIP 2003, 849 (851) = IPRspr. 2003 Nr. 11b; OLG Dresden 7.2.2006, ZIP 2006, 1097 = IPRspr. 2006 Nr. 3; *Knopp*, DNotZ 2003, 85 (89).

[3] EuGH 5.11.2002 (Rz. 5049 ff.) (Überseering), Nr. 92; dazu auch *Kindler*, in: MünchKomm, IntGesR Rz. 425.

nen Interesses gerechtfertigt sein, (3) zur Erreichung der verfolgten Ziele geeignet sein und dürfen (4) nicht über das hinausgehen, was zur Erreichung dieses Zieles erforderlich ist[1]. Diese Voraussetzungen werden aber – wie der EuGH in der „Inspire Art"-Entscheidung (Rz. 5052 ff., Nr. 134 ff.) ausgesprochen hat – von nationalen Vorschriften der Mitgliedstaaten nicht erfüllt, welche die Niederlassungsfreiheit der in einem anderen Mitgliedstaat gegründeten Gesellschaft aus Gründen des Gläubigerschutzes, der Wirksamkeit von Steuerkontrollen oder der Lauterkeit des Handelsverkehrs einschränken[2]. Daraus folgt insbesondere, dass in anderen Mitgliedstaaten gegründete Gesellschaften, die durch Sitzverlegung ins Inland oder Gründung einer deutschen Zweigniederlassung von ihrer (primären bzw. sekundären) Niederlassungsfreiheit Gebrauch machen, auch hinsichtlich ihrer *Haftungsverfassung* anzuerkennen sind[3].

3. Vorrang von Staatsverträgen

Vorrang vor der Bestimmung des Gesellschaftsstatuts mithilfe des autonomen Kollisionsrechts haben nach Art. 3 Nr. 2 EGBGB auch auf dem Gebiet des internationalen Gesellschaftsrechts die geschlossenen Staatsverträge, soweit diese unmittelbar anwendbares innerstaatliches Recht geworden sind (vgl. Art. 59 Abs. 2 GG)[4]. So regeln die von der Bundesrepublik Deutschland mit zahlreichen Staaten geschlossenen bilateralen Handels-, Niederlassungs- und Kapitalschutzabkommen teils ausdrücklich, teils konkludent auch die gegenseitige „Anerkennung" von Handelsgesellschaften. Diese Verpflichtung zur Anerkennung bedeutet nichts anderes als eine **staatsvertragliche Festschreibung des Personalstatuts**[5]. Die Staatsverträge bieten allerdings kein einheitliches Bild, weil teilweise an den Sitz[6], teilweise auch an das Gründungsrecht angeknüpft wird[7]. Soweit diese Abkommen das Personalstatut von Gesellschaften abweichend vom deutschen autonomen Kollisionsrecht bestimmen, ist stets sorgfältig zu prüfen, welche ausländischen Verbandspersonen anerkannt werden und wie weit die Anerkennung im Einzelfall reicht.

5071

---

1 Vgl. EuGH 30.9.2003 (Rz. 5052 ff.) (Inspire Art), Nr. 133 mwN.; zust. BGH 14.3.2005 (Rz. 5211), NJW 2005, 1648 (1649); dazu *Ulmer*, NJW 2004, 1201 (1204 ff.); *Kindler*, in: MünchKomm, IntGesR Rz. 428 ff.
2 Dazu näher *Kindler*, in: MünchKomm, IntGesR Rz. 423 ff.
3 BGH 14.3.2005 (Rz. 5211), NJW 2005, 1648 (1649); dazu näher unten Rz. 5211 ff.
4 BGH 29.1.2003 (Rz. 5072), BGHZ 153 (353, 355 f.).
5 *Beitzke*, Festschr. Luther (1976), S. 1 (10); *Ferid*, Rz. 5–58, 1; *Ebenroth/Bippus*, NJW 1988, 2137 (2142) und RIW 1988, 336; *Kindler*, in: MünchKomm, IntGesR Rz. 314 ff. Einschränkend *Großfeld*, in: Staudinger, IntGesR Rz. 217 ff., der die Anerkennungspflicht auf die Rechts- und Geschäftsfähigkeit der Gesellschaft beschränkt und im Übrigen – ähnlich wie die „Überlagerungstheorie" (Rz. 5038) – Sitzrecht anwendet; ebenso *Bungert*, ZvglRW 93 (1994), 117 ff.
6 So zB in den Verträgen mit Frankreich, Italien, den Niederlanden und der Türkei, vgl. den Überblick bei *Jayme/Hausmann*, Nr. 134 in Fn. 3; ferner *Kindler*, in: MünchKomm, IntGesR Rz. 310; *Lüderitz*, in: Soergel, Anh. zu Art. 10 EGBGB Rz. 12 f.
7 So zB in den Verträgen mit Spanien und den USA; zu weiteren Verträgen s. *Kindler*, in: MünchKomm, IntGesR Rz. 308.

5072 In der Praxis wichtig ist vor allem Art. XXV Abs. 5 S. 2 des **deutsch-amerikanischen Freundschafts-, Handels- und Schifffahrtsvertrages** vom 29.10.1954[1]. Danach wird der rechtliche Status von Gesellschaften, die gem. den Gesetzen und sonstigen Vorschriften des einen Vertragsteils in dessen Gebiet wirksam errichtet wurden, auch im Gebiet des anderen Vertragsteils als solcher anerkannt. Damit ist im Geltungsbereich dieses Abkommens das Personalstatut einer Gesellschaft grundsätzlich nicht an das Recht ihres Verwaltungssitzes, sondern an das am Ort ihrer Gründung geltende Recht anzuknüpfen[2]. Danach sind Gesellschaften, die nach dem Recht eines Einzelstaats der USA wirksam gegründet worden sind, auch in der Bundesrepublik Deutschland anzuerkennen, und zwar in der Rechtsform, in der sie in ihrem Gründungsstaat bestehen. Dies gilt grundsätzlich auch dann, wenn die Gesellschaft ihren Verwaltungssitz von Anfang an in Deutschland hatte oder ihn nachträglich hierhin verlegt hat (Scheinauslandsgesellschaft)[3].

BGH 29.1.2003, BGHZ 153, 353 (355 ff.) = NJW 2003, 1607 = IPRax 2003, 265 (m. Anm. *Weller*, IPRax 2003, 324) = BB 2003, 810 m. krit. Anm. *Kindler* = RIW 2005, 473 (m. Aufs. *Merkt*, RIW 2005, 458) = DB 2003, 818 (m. Aufs. *Bungert*, DB 2003, 1043) = EWiR 2003, 661 (LS) m. krit. Anm. *Mankowski* = IPRspr. 2003 Nr. 10 b
Partei- und Prozessfähigkeit einer nach dem Recht von Florida wirksam gegründeten Corporation ist in Deutschland anzuerkennen, auch wenn die Gesellschaft ihren effektiven Verwaltungssitz inzwischen nach Deutschland verlegt hat.

BFH 29.1.2003, RIW 2003, 627 (629 f.) = BB 2003, 1210
US-Corporation mit Satzungssitz in den USA, die ihre tatsächliche Geschäftsleitung ins Inland verlegt, kann Organträgerin einer deutschen GmbH sein.

5073 Die Anwendung des Gründungsrechts nach Art. 25 Abs. 5 S. 2 des deutschamerikanischen Freundschaftsvertrags setzt allerdings voraus, dass die Gesellschaft eine tatsächliche Beziehung zu den USA unterhält; dies folgt aus dem völkerrechtlichen **„genuine link"-Erfordernis**[4].

---

1 BGBl. II 1956, 487.
2 Für eine kollisionsrechtliche Wirkung von Art. XXV Abs. 5 S. 2 des Vertrages iSd. Anknüpfung an das Gründungsrecht schon OLG Zweibrücken 13.10.1986, NJW 1987, 2168 = IPRspr. 1986 Nr. 122; OLG Düsseldorf 4.5.1995, NJW-RR 1995, 1184 = IPRspr. 1995 Nr. 18; ebenso OLG Koblenz 16.10.2003, IPRspr. 2003 Nr. 19; BGH 5.7.2004, RIW 2004, 787 = IPRax 2005, 339 (m. Anm. *Stürner*, IPRax 2005, 305); BGH 13.10.2004, BB 2004, 2595 m. Anm. *Elsing* = JZ 2005, 298 m. Anm. *Ebke* = RIW 2005, 147 = IPRspr. 2004 Nr. 16; zust. die hL, vgl. *Ebenroth/Bippus*, NJW 1988, 2137 (2142); *Ebenroth/Bippus*, DB 1988, 842 (844 ff.); *M. J. Ulmer*, IPRax 1996, 100 ff.; *von Bar*, II Rz. 629; *Bungert*, WM 1995, 2125 f.; *Ebenroth/Kemner/Wilburg*, ZIP 1995, 972 (974 f.); *Kindler*, in: MünchKomm, IntGesR Rz. 314 ff.; *Thorn*, in: Palandt, Anh. zu Art. 12 EGBGB Rz. 23; aA noch *Berndt*, JZ 1996, 187 (191); *Ebke*, RabelsZ 62 (1998), 195 (209 ff.); *Kegel/Schurig*, § 17 II 5c; *Großfeld*, in: Staudinger, IntGesR Rz. 209 ff.
3 *Bungert*, DB 1995, 963 (966); *Bungert*, DB 2003, 1043 ff.; *Leible/Hoffmann*, ZIP 2003, 925 (930); *Dammann*, RabelsZ 68 (2004), 607 (614 ff.); *Kindler*, in: MünchKomm, IntGesR Rz. 317; vgl. aber OLG München 12.9.2002, ZIP 2002, 2132 = IPRspr. 2002 Nr. 20, wo der deutsch-amerikan. Freundschaftsvertrag schlicht übersehen wird.
4 OLG Düsseldorf 15.12.1994, RIW 1995, 508 = NJW-RR 1995, 1124 = ZIP 1995, 1009 (m. krit. Anm. *Ebenroth/Kemner/Willburg*, ZIP 1995, 972) = IPRax 1996, 128 (m. krit. Anm. *M. J. Ulmer*, IPRax 1996, 100) = IPRspr. 1994 Nr. 18 (Einer im US-Bundesstaat Delaware gegründeten „Corporation" ist die Anerkennung nach Art. XXV Abs. 5 S. 2

Allerdings sind an den „genuine link" nur geringe Anforderungen zu stellen. Die Anerkennung scheitert also nicht schon daran, dass die Gesellschaft ihren effektiven Verwaltungssitz in Deutschland hat und hier ihre Hauptgeschäfte betreibt, sofern sie nur irgendwelche geschäftliche Aktivitäten auch in den USA (nicht notwendig in ihrem Gründungsstaat) entfaltet, die auch kein besonderes wirtschaftliches Gewicht haben müssen[1].

Der anzuerkennende „rechtliche Status" der Gesellschaft umfasst alle gesellschaftsrechtlich zu qualifizierenden Rechtsfragen, also insbesondere die Rechts- und Parteifähigkeit sowie die Gesellschafterhaftung[2].

4. Reformen des deutschen materiellen und internationalen Gesellschaftsrechts

Der deutsche Gesetzgeber hat die Mobilität deutscher Kapitalgesellschaften schon de lege lata durch das Gesetz zur Modernisierung des GmbH-Rechts und zur Bekämpfung von Missbräuchen (MoMiG) vom 23.10.2008[3] deutlich gestärkt. Noch wesentlich weiter geht der vom Bundesjustizministerium am 8.1.2008[4] veröffentlichte Referentenentwurf zum internationalen Gesellschaftsrecht, der im Wesentlichen auf Vorarbeiten einer Spezialkommission „Internationales Gesellschaftsrecht" des Deutschen Rates für Internationales Privatrecht beruht[5] und einen generellen Übergang von der bisher in Deutschland vorherrschenden Sitztheorie zur Gründungstheorie vorschlägt.

5074

---

des deutsch-amerikan. Freundschafts-, Handels- und Schifffahrtsvertrages in der Bundesrepublik Deutschland zu versagen, wenn die Gesellschaft keine tatsächlichen, effektiven Beziehungen [„genuine link"] zu den USA hat und sämtliche Aktivitäten in Deutschland entfaltet); ferner *Ebenroth/Bippus*, DB 1988, 842 (844 ff.); *Ebenroth/Offenloch*, RIW 1997, 1 (2); *Dammann*, RabelsZ 68 (2004), 607 (644 ff.); *Stürner*, IPRax 2005, 305 (307); *Kindler*, in: MünchKomm, IntGesR Rz. 322 ff.; aA *Bungert*, WM 1995, 2125 (2128 ff.) und *Bungert* DB 2003, 1043 (1044); *Dammann*, RabelsZ 68 (2004), 607 (644 ff.); *Paal*, RIW 2005, 735; *Kropholler*, IPR, § 55 I 3d; *Mäsch*, in: Bamberger/Roth, Anh. zu Art. 12 EGBGB Rz. 45.
1 BGH 5.7.2004, NJW-RR 2004, 1618 = RIW 2004, 787 (m. Aufs. *Ebke*, RIW 2004, 740) = IPRax 2005, 339 (m. Anm. *Stürner*, IPRax 2005, 305) = JZ 2004, 303 m. Anm. *Rehm* = BB 2004, 1868 m. Anm. *Mellert* = IPRspr. 2004 Nr. 15 (Rechtsfähigkeit einer im US-Bundesstaat Delaware gegründeten Corporation ist trotz effektiven Verwaltungssitzes in Deutschland anzuerkennen. Bestehen eines Broker-Vertrages mit einem US-amerikanischen Partner genügt als „genuine link".); ferner BGH 13.10.2004, RIW 2005, 147 (m. Aufs. *Paal*, RIW 2005, 735) = IPRax 2005, 340 (m. Anm. *Stürner*, IPRax 2005, 305) = BB 2004, 2595 m. Anm. *Elsing* = JZ 2005, 298 m. Anm. *Ebke* = IPRspr. 2004 Nr. 16: werbende Tätigkeit in den USA genügt; *Ebenroth/Kemner/Wilburger*, ZIP 1995, 972 (974); *Kindler*, in: MünchKomm, IntGesR Rz. 325.
2 BGH 5.7.2004 (vorige Fn.); *Kindler*, in: MünchKomm, IntGesR Rz. 318; aA *Dammann*, RabelsZ 68 (2004), 607 (631 ff.); dazu unten Rz. 5161 ff.
3 BGBl. I 2008, 2026; dazu *Kindler*, NJW 2008, 3249 ff.; *Kindler*, in: Goette/Habersack (Hrsg.), Das MoMiG in Wissenschaft und Praxis (2009), S. 231 ff.
4 Text unter www.bmj.bund.de.
5 Vgl. *Sonnenberger/Bauer*, RIW 2006, Beil. 1 zu Heft 4.

a) Änderungen durch das MoMiG

5075 Auch wenn sich nach der „Cartesio"-Entscheidung des EuGH (Rz. 5056 ff.) ein Recht von Gesellschaften auf Wegzug in einen anderen Mitgliedstaat unter Wahrung der Identität aus der Niederlassungsfreiheit nach Art. 43, 48 EG nicht ableiten lässt, so hat der deutsche Gesetzgeber in Deutschland gegründeten Kapitalgesellschaften durch das MoMiG vom 23.10.2008 doch eben diese Wegzugsfreiheit eingeräumt. Denn durch die Streichung der §§ 5 Abs. 2 AktG, 4a Abs. 2 GmbHG wird diesen Gesellschaften die Wahl eines effektiven Verwaltungssitzes ermöglicht, der von ihrem Satzungssitz abweicht. Erklärtes Ziel dieser zum 1.11.2008 in Kraft getretenen Regelung ist es, einer im Inland als AG oder GmbH gegründeten Gesellschaft die Aufnahme von geschäftlichen Aktivitäten vor allem in anderen EU-Mitgliedstaaten[1] bei Wahrung ihrer Rechtsform zu gestatten. Insbesondere sollen deutsche Konzernmütter ihre ausländischen Tochtergesellschaften in der Rechtsform einer deutschen Kapitalgesellschaft führen können. Die Verlegung des effektiven Verwaltungssitzes einer deutschen Kapitalgesellschaft in einen anderen Mitgliedstaat führt also nicht mehr – wie bisher (unten Rz. 5134 ff.) – zur Auflösung der Gesellschaft[2]. Gleiches gilt für die Gründung einer Gesellschaft in der Rechtsform einer deutschen AG oder GmbH, auch wenn diese ihren tatsächlichen Verwaltungssitz von Beginn an im Ausland hat[3]. Auf diese Weise soll insbesondere eine Gleichbehandlung der deutschen GmbH mit der englischen Private Ltd. Company erreicht werden, der ein solcher Wegzug aus ihrem Gründungsstaat nach Deutschland oder in andere Staaten wegen der in England befolgten Gründungstheorie schon bisher möglich war. Durch die Neufassung der §§ 5 AktG, 4a GmbHG wird freilich deutschen Kapitalgesellschaften nur die Freiheit zur Verlegung des **effektiven Verwaltungssitzes** ins Ausland (bzw. zur Gründung in Deutschland trotz von Anfang an bestehenden effektiven Verwaltungssitzes im Ausland) eingeräumt. Eine gleichzeitige oder isolierte Verlegung des **Satzungssitzes** der Gesellschaft ins Ausland kommt hingegen auch weiterhin nicht in Betracht[4]. Anders als bei Sitzverlegung in einen Drittstaat (dazu unten Rz. 5134 ff.), ergeben sich aus dem Recht des Zuzugsstaates idR keine Hindernisse für die identitätswahrende Verlegung des Verwaltungssitzes einer deutschen AG/GmbH ins EU- bzw. EWR-Ausland, weil der Zuzugsstaat nach Art. 43, 48 EG verpflichtet ist, die Rechts- und Parteifähigkeit der deutschen Gesellschaft uneingeschränkt anzuerkennen (unten Rz. 5143 ff.).

---

1 Das MoMiG wirkt sich zwar praktisch hauptsächlich bei Gründung deutscher Kapitalgesellschaften mit effektivem Verwaltungssitz im EU-Ausland bzw. bei Verlegung des effektiven Verwaltungssitzes in andere EU-Mitgliedstaaten aus; die Erleichterungen gelten aber – die Anwendbarkeit deutschen Rechts vorausgesetzt – gleichermaßen im Verhältnis zu Drittstaaten, vgl. unten Rz. 5127 f., 5134 ff.
2 Näher *Kindler*, IPRax 2009, 189 (197 ff.).
3 Ob die Berufung auf die Niederlassungsfreiheit eine „Mobilitätskomponente" erfordert und deshalb nur eine nachträgliche Sitzverlegung von Art. 46, 48 EG erfasst wird, ist allerdings streitig; vgl. dazu unten Rz. 5143 m. Nachw.
4 *Hoffmann*, ZIP 2007, 1581 ff.; *Kindler*, AG 2007, 721 ff. und IPRax 2009, 189 (194 f.); *Campos Nave*, BB 2008, 1410 (1411); *Schneider*, BB 2008, 566 (572); *Ringe*, ZIP 2008, 1073 (1074); *Franz/Laeger*, BB 2008, 678 (679).

Klarzustellen ist allerdings, dass die durch das MoMiG erweiterte Mobilität deutscher Kapitalgesellschaften notwendig voraussetzt, dass überhaupt deutsches Gesellschaftsrecht zur Anwendung kommt. Das MoMiG selbst entfaltet **keine kollisionsrechtliche Wirkung** in dem Sinne, dass für AG und GmbH künftig nicht mehr die Sitz-, sondern die Gründungstheorie in der Variante der „Satzungssitztheorie" gilt[1]. Daraus folgt, dass deutsche Kapitalgesellschaften nur dann mit effektivem Verwaltungssitz im Ausland gegründet werden oder ihren effektiven Verwaltungssitz ins Ausland verlegen können, wenn der Sitzstaat in seinem nationalen IPR die Gründungstheorie befolgt oder als Mitgliedstaat der EU bzw. des EWR kraft der Niederlassungsfreiheit nach Art. 43, 48 EG zur Anerkennung der deutschen Gesellschaft trotz des Auseinanderfallens von Satzungs- und Verwaltungssitz verpflichtet ist (vgl. unten Rz. 5143 f.).

5076

b) Referentenentwurf zum internationalen Gesellschaftsrecht

aa) Gründungsrecht als Grundsatzanknüpfung

Nach der im Referentenentwurf des BMJ vom Januar 2008 (oben Rz. 5031 aE) vorgeschlagenen Grundsatzkollisionsnorm in Art. 10 Abs. 1 EGBGB-E sollen Gesellschaften, Vereine und juristische Personen des Privatrechts dem (Sach-)Recht[2] des Staates unterliegen, in dem sie **in ein öffentliches Register eingetragen** sind. Sind sie nicht oder noch nicht in ein öffentliches Register eingetragen, so soll hilfsweise das Recht des Staates gelten, nach dem sie **organisiert** sind. Damit wird die vom EuGH für den Geltungsbereich der Niederlassungsfreiheit nach Art. 43, 48 EG erzwungene Anknüpfung der Rechtsfähigkeit von Gesellschaften an das Gründungsrecht (vgl. oben Rz. 5059 ff.) zur allseitigen und umfassenden Kollisionsnorm des deutschen internationalen Gesellschaftsrechts weiterentwickelt. Auch Gesellschaften, die außerhalb der EU bzw. des EWR wirksam gegründet wurden, sollen künftig in Deutschland als rechts- und parteifähig anzuerkennen sein, selbst wenn sie ihren effektiven Verwaltungssitz von Beginn an außerhalb ihres Gründungsstaates haben oder ihn später ins Ausland verlegen. Damit soll der Gleichlauf mit solchen Staatsverträgen hergestellt werden, die bereits derzeit eine Anknüpfung an das Gründungsrecht vorschreiben (vgl. zuvor Rz. 5071 ff.). Ferner soll die einheitliche Anknüpfung an das Gründungsrecht sachlich kaum gerechtfertigte Differenzierungen zwischen Gesellschaften aus verschiedenen Staaten vermeiden[3]. Der Schutz des inländischen Rechtsverkehrs könne hinreichend mit dem ordre public-Vorbehalt (Art. 6 EGBGB) und verbesserten Regeln zum Verkehrsschutz (dazu unten Rz. 5201 ff.) gewährleistet werden. Die in der deutschen Recht-

5077

---

[1] BGH 27.10.2008 („Trabrennbahn") (Rz. 5080), NJW 2009, 289 (292) m. krit. Anm. *Kieninger*; *Kindler*, AG 2007, 721 ff.; *Kindler*, IPRax 2009, 189 (197 f.); *Franz/Laeger*, BB 2008, 678 (682 f.); für kollisionsrechtliche Wirkung hingegen – wenig überzeugend – *Hoffmann*, ZIP 2007, 1581 (1584 ff.); *Knof/Mock*, GmbHR 2007, 852 (856); *Fingerhuth/Rumpf*, IPRax 2008, 90 (92).

[2] Rück- und Weiterverweisung sollen insoweit nach Art. 4 Abs. 2 EGBGB ausgeschlossen sein, vgl. die Begründung zum Referentenentwurf, BT-Drucks. 16/12104, S. 9; *Wagner/Timm*, IPRax 2008, 81 (89).

[3] *Wagner/Timm*, IPrax 2008, 81 (85).

sprechung seit mehr als 100 Jahren geltende Sitztheorie (Rz. 5033 ff.) hätte damit endgültig ausgedient.

5078 Art. 10 Abs. 2 EGBGB-E konkretisiert durch eine beispielhafte Aufzählung den **Anwendungsbereich des Gesellschaftsstatuts**. Dieser umfasst – in Übereinstimmung mit dem bisherigen Richterrecht und der herrschenden Lehre – über die Rechtsnatur und die Rechts- und Parteifähigkeit (Nr. 1) hinaus – die Gründung und Auflösung der Gesellschaft (Nr. 2), den Namen und die Firma (Nr. 3) das gesamte Organisationsrecht der Gesellschaft, einschließlich der Finanzerfassung (Nr. 4), die Vertretungsmacht der Organe (Nr. 5), den Erwerb und Verlust der Mitgliedschaft und mit ihr verbundene Rechte und Pflichten (Nr. 6) sowie die Haftung der Gesellschaft, ihrer Mitglieder und Organe für Verbindlichkeiten der Gesellschaft und die Haftung wegen Verletzung gesellschaftsrechtlicher Pflichten (Nr. 8)[1]. Nicht geregelt werden hingegen Fragen der Arbeitnehmermitbestimmung und der Rechnungslegung. Ergänzend bestimmt Art. 11 Abs. 6 EGBGB-E, dass Rechtsgeschäfte, welche die Verfassung[2] einer Gesellschaft betreffen, nur formgültig sind, wenn die Formerfordernisse des Gründungsrecht erfüllt sind; die Einhaltung der Form am Vornahmeort des Rechtsgeschäfts soll also nicht ausreichen.

bb) Grenzüberschreitende Verlegung des Satzungssitzes

5079 Eine besondere Kollisionsnorm enthält der Entwurf zur Frage der Änderung des Personalstatuts. Nach Art. 10b EGBGB-E wechselt das nach Art. 10 EGBGB-E anwendbare Gründungsrecht, wenn die Gesellschaft in einem anderen Staat als ihrem Gründungsstaat in ein öffentliches Register eingetragen oder in anderer Weise nach außen erkennbar dem Recht eines anderen Staates unterstellt wird, sofern das bisherige und das neue Recht einen Wechsel des Personalstatuts ohne Auflösung und Neugründung zulassen und die Voraussetzungen beider Rechte hierfür vorliegen. Sperrt sich auch nur eine der beiden betroffenen Rechtsordnungen gegen den Statutenwechsel, bleibt es bei dem bisherigen Gesellschaftsstatut. Die Regelung betrifft aber nicht die bloße Verlegung des effektiven Verwaltungssitzes der Gesellschaft, die unter Geltung der Gründungstheorie auf deren Personalstatut keinen Einfluss hat, sondern die Verlegung des Satzungssitzes.

cc) Kritik

5080 Der Referentenentwurf ist zwar in der gesellschaftsrechtlichen Literatur überwiegend positiv aufgenommen worden[3]. In der Praxis werden freilich aus den bereits genannten Gründen (oben Rz. 5066) Bedenken angemeldet, auf den Schutz der Sitztheorie auch außerhalb des Anwendungsbereichs der Art. 43, 48

---

1 Dazu ausführlich *Wagner/Timm*, IPRax 2008, 81 (86 f.).
2 Das trifft etwa auf die Gründung oder Umwandlung einer Gesellschaft zu, nicht hingegen auf die Veräußerung von Gesellschaftsanteilen.
3 Vgl. *Rotheimer*, NZG 2008, 181 (182 f.); *Bollacher*, RIW 2008, 200 (204 f.); zT kritisch hingegen *Schneider*, BB 2008, 566 (569 ff.).

EG und ohne Gewährleistung der Gegenseitigkeit auf staatsvertraglicher Grundlage einseitig zu verzichten. Im Hinblick auf den vor allem wegen der Mitbestimmungsproblematik geleisteten rechtspolitischen Widerstand gegen den Referentenentwurf hat der II. Zivilsenat des BGH es noch zuletzt ausdrücklich abgelehnt, dem Gesetzgeber vorzugreifen und das Personalstatut von in Drittstaaten gegründeten Gesellschaften schon de lege lata mit Hilfe der Gründungstheorie zu bestimmen.

BGH 27.10.2008 („Trabrennbahn"), NJW 2009, 289 (293 f.) m. Anm. *Kieninger* = IPRax 2009, 259 (m. Anm. *Kindler*, IPRax 2009, 189 und *Weller*, IPRax 2009, 202) = DStR 2009, 59 m. Anm. *Goette* = RIW 2009, 79
Anerkennung der Rechts- und Parteifähigkeit einer schweiz. AG nach Verlegung des effektiven Verwaltungssitzes nach Deutschland abgelehnt; Zulässigkeit der von der AG erhobenen Mietzinsklage dennoch bejaht, weil die Gesellschaft als deutsche OHG oder GbR zu behandeln sei.

5. Einzelprobleme der Anknüpfung

a) Sitztheorie

aa) Ermittlung des tatsächlichen Verwaltungssitzes

Für die in der deutschen Praxis bisher zumindest in Drittstaatsfällen weiterhin befolgte Sitztheorie (oben Rz. 5066) ist eine exakte Bestimmung des effektiven Verwaltungssitzes von zentraler Bedeutung. Die inhaltliche Ausfüllung des Begriffs „effektiver Verwaltungssitz" erfolgt dabei nach Maßgabe der **lex fori**, in Verfahren vor deutschen Gerichten mithin nach deutschem Recht[1]. Würde man insoweit auf das Recht des Staates abstellen, nach dessen Gesetzen die Gesellschaft gegründet worden ist, könnte dieser durch eine besonders liberale Umschreibung des Verwaltungssitzes den Schutzzweck der Sitztheorie unterlaufen[2]. 5081

Nach deutschem Recht kommt es insoweit nicht auf den in der Satzung genannten Sitz, sondern auf den **effektiven Verwaltungssitz** an[3]. 5082

---

1 *Kindler*, in: MünchKomm, IntGesR Rz. 436; *Großfeld*, in: Staudinger, IntGesR Rz. 226.
2 *Hausmann*, in: Hausmann/Raupach, S. 17 ff.; *Kindler*, in: MünchKomm, IntGesR Rz. 436, jeweils mwN.
3 BGH 30.1.1970, BGHZ 53, 181 (183) = NJW 1970, 998 m. Anm. *Langen* = IPRspr. 1970 Nr. 7; *Kindler*, in: MünchKomm, IntGesR Rz. 434; OLG Frankfurt a.M. 24.4.1990, NJW 1990, 2204 (2205) = RIW 1990, 583 (m. Aufs. *Schütze*, RIW 1990, 674) = IPRax 1991, 403 (m. Anm. *Großfeld/König*, IPRax 1991, 379) = EWiR 1990, 827 (LS) m. Anm. *Ebenroth* = IPRspr. 1990 Nr. 21 (Effektiven Verwaltungssitz einer in Panama gegründeten Anlagegesellschaft trotz Satzungssitzes in Panama in Genf/Schweiz angenommen, weil die Vertretungsorgane sich dort aufgehalten haben und tätig geworden sind); einschränkend OLG Frankfurt a.M. 11.7.1985, IPRax 1986, 373 (m. Anm. *Ahrens*, IPRax 1986, 355) = IPRspr. 1985 Nr. 21 (Satzungssitz einer Abschreibungsgesellschaft und dessen Eintragung ins Handelsregister als Indizien für effektiven Verwaltungssitz mitberücksichtigt).

OLG Nürnberg 25.4.1967, IPRspr. 1966/67 Nr. 17 = DB 1967, 1411
In Österreich gegründete AG mit Satzungssitz in Salzburg, deren tatsächliche Verwaltung jedoch von Deutschland aus geführt wurde: „Der Ort der tatsächlichen Verwaltung ist aber maßgebend dafür, welches Recht für die Gesellschaft anzuwenden ist. Die G.-AG besitzt daher Inlandseigenschaft, auch wenn sie in Österreich errichtet wurde, ihren Sitz in Österreich haben sollte und ein Teil der Gründungsmitglieder Ausländer sind."

5083 Zur Bestimmung des effektiven Verwaltungssitzes bedient sich der BGH der von *Sandrock*[1] entwickelten Formel, wonach maßgeblich derjenige Ort ist, an dem „die grundlegenden Entscheidungen der Unternehmensleitung effektiv in laufende Geschäftsführungsakte umgesetzt werden".

BGH 21.3.1986, BGHZ 97, 269 (272) = NJW 1986, 2194 = RIW 1986, 548 = IPRspr. 1986 Nr. 19
Zum effektiven Verwaltungssitz einer liechtensteinischen Anstalt.

BayObLG 18.7.1985, BayObLGZ 1985, 272 (279 f.) = RIW 1986, 295 m. Anm. *Deville* = IPRax 1986, 161 (m. Anm. *Großfeld*, IPRax 1986, 145) = IPRspr. 1985 Nr. 214
Englische „Private Company Ltd.". Entscheidend sei, wo „tatsächlich hinsichtlich der Geschäftsführung das entscheidende Wort gesprochen bzw. der maßgebliche Wille der Geschäftsleitung gebildet" werde. Dies sei in der Regel an dem Ort, wo Vorstand und sonstige zur Leitung oder Vertretung befugte Personen die ihnen obliegende geschäftsführende Tätigkeit entfalteten.

5084 Danach kommt es also darauf an, wo der **Schwerpunkt des körperschaftlichen Lebens der Gesellschaft** liegt. Dies ist aber idR der Ort, an dem der Vorstand oder sonstige Vertretungsorgane die Kontrolle über die Gesellschaft ausüben und Weisungen für das Tagesgeschäft erteilen. Entscheidend ist also, wo Vorstands- oder Aufsichtsratssitzungen abgehalten und Verträge mit Dritten idR abgeschlossen werden[2]. Damit scheidet eine Anknüpfung an den Sitz bloßer *Betriebs- oder Produktionsstätten*, die nicht selbst körperschaftlich organisiert sind, aus, weil die unternehmerischen Entscheidungen dort nicht getroffen, sondern lediglich ausgeführt werden[3]. Auch die Ausführung untergeordneter Verwaltungstätigkeiten der Gesellschaft (zB Buchhaltung, Steuerangelegenheiten) im Ausland begründet dort keinen effektiven Verwaltungssitz[4]. Andererseits kommt es auch nicht auf den Ort der internen Willensbildung der Vertretungsorgane an, sondern auf die Umsetzung der getroffenen Beschlüsse nach außen[5].

---

1 Festschr. Beitzke (1970), S. 669 (683 f.); zust. *Großfeld*, in: Staudinger, IntGesR Rz. 228; *Kindler*, in: MünchKomm, IntGesR Rz. 434 ff.
2 Vgl. OLG München 31.10.1994, NJW-RR 1995, 703 (704); OLG Hamm 4.10.1996, RIW 1997, 236 = IPRax 1998, 358 = IPRspr. 1996 Nr. 23b; OLG Köln 31.1.2006, IPRax 2007, 530 (m. Anm. *Thole*, IPRax 2007, 519); *Bungert*, IPRax 1998, 339 (340 f.); *Kegel/Schurig*, § 17 II 1; *Thorn*, in: Palandt, Anh. zu Art. 12 EGBGB Rz. 3.
3 *Sandrock*, Festschr. Beitzke (1979), S. 669 (670); *Großfeld*, in: Staudinger, IntGesR Rz. 226; *Kindler*, in: MünchKomm, IntGesR Rz. 435; *Hohloch*, in: Erman, Anh. II zu Art. 37 EGBGB Rz. 26; *Kegel/Schurig*, § 17 II; *Kropholler*, IPR, § 55 I 2; auch BayObLG 18.7.1985 (Rz. 5083), IPRax 1986, 161.
4 LG Essen 10.3.1994, NJW 1995, 1500 (1501) = IPRax 1996, 120 (m. Anm. *Jayme*, IPRax 1996, 87) = IPRspr. 1994 Nr. 15.
5 *Ebenroth*, JZ 1988, 22 ff.; *Großfeld*, in: Staudinger, IntGesR Rz. 227; *Kindler*, in: MünchKomm, IntGesR Rz. 435 aE. Vgl. aber auch OLG Hamm 18.8.1994, RIW 1995, 152 = NJW-RR 1995, 469 = DB 1995, 137 (m. Aufs. *Bungert*, DB 1995, 963) = IPRspr.

Zur Präzisierung der Anknüpfung an den tatsächlichen Verwaltungssitz stützt sich die kollisionsrechtliche Lehre im Übrigen auch auf die Erfahrungen des Steuerrechts, insbesondere auf die dort entwickelten Kriterien zur Definition der Begriffe „Geschäftsleitung" und „geschäftliche Oberleitung" in § 10 AO und § 1 Abs. 1 KStG[1].

bb) Beweislast

Eine gewisse Konzession an die Gründungstheorie bedeutet es freilich, wenn sich die Praxis – im Anschluss an *Lüderitz*[2] – in Zweifelsfällen mit der (wenn auch widerleglichen) **Vermutung** behilft, dass sich der Sitz in dem Staat befindet, nach dessen Recht die Gesellschaft erkennbar organisiert ist, wobei vorrangig der Satzungssitz bzw. registrierte Sitz zu berücksichtigen sei[3]. Damit sei im Streit um die Rechtsfähigkeit der Gesellschaft diejenige Partei beweispflichtig, die eine Abweichung des effektiven Verwaltungssitzes vom Satzungssitz behaupte[4].

5085

Dagegen spricht freilich, dass gerade in den zweifelhaften Fällen der sog. „Briefkastengesellschaften" der Satzungssitz nicht der tatsächliche ist[5]. Ferner kann dem Vertragspartner der ausländischen Gesellschaft schwerlich der Beweis für solche Tatsachen auferlegt werden, die die innere Struktur einer Gesellschaft betreffen und sich deshalb regelmäßig seiner Kenntnis entziehen. In Zweifelsfällen hat eine im Ausland gegründete Gesellschaft daher den **vollen Nachweis** zu führen, dass sich auch ihr effektiver Verwaltungssitz im Grün-

5086

1994 Nr. 196 (Liechtenstein. AG: „Der Umstand, dass die Gesellschaft ein Grundstücksgeschäft von erheblichem wirtschaftlichem Gewicht in der Bundesrepublik Deutschland vorgenommen hat, lässt nicht auf einen tatsächlichen Verwaltungssitz in Deutschland schließen. Der effektive Verwaltungssitz wird nämlich nicht durch die Ausführung einzelner Geschäfte, sondern durch den Ort bestimmt, an dem die geschäftliche Leitung des Unternehmens ausgeführt wird, also die Entscheidung über die Geschäftspolitik selbst getroffen wird.").

1 Vgl. BayObLG 18.7.1985 (Rz. 5083), BayObLGZ 1985, 279 (280); *Großfeld*, in: Staudinger, IntGesR Rz. 229; *Kindler*, in: MünchKomm, IntGesR Rz. 439.
2 *Lüderitz*, in: Soergel, Anh. zu Art. 10 EGBGB Rz. 9.
3 *Thorn*, in: Palandt, Anh. zu Art. 12 EGBGB Rz. 3; *Mäsch*, in: Bamberger/Roth, Anh. zu Art. 12 EGBGB Rz. 61; *Bungert*, DB 1995, 963 und *Bungert*, IPRax 1998, 339 (344 f.); OLG München 6.5.1986, NJW 1986, 2197 = IPRspr. 1986 Nr. 21; KG 26.8.1997, NJW RR 1998, 447 = IPRspr. 1997 Nr. 21; OLG Hamburg 30.3.2007, DB 2007, 1245 (1248); LG Rottweil 28.1.1985, IPRax 1986, 110 = RIW 1986, 636 = IPRspr. 1985 Nr. 20.
4 OLG Oldenburg 4.4.1989, NJW 1990, 1422 = IPRspr. 1989 Nr. 26 (Vermutung, dass in England gegründete und eingetragene Ltd. Company ihren Verwaltungssitz in England habe, als widerlegt angesehen, weil die Gesellschaft gleichzeitig mit der Gründung eine „Zweigniederlassung" in Deutschland angemeldet hatte, über die sämtliche Geschäfte getätigt wurden); OLG Hamm 18.8.1994, RIW 1995, 152 (154) (Es sei „jedenfalls für das grundbuchrechtliche Eintragungsverfahren von einem allgemeinen Erfahrungssatz auszugehen, dass eine ausländische Kapitalgesellschaft in ihrem Gründungsstaat auch ihren tatsächlichen Verwaltungssitz hat".).
5 *Kegel/Schurig*, § 17 II, S. 503.

dungsstaat befindet[1]. Dies gilt jedenfalls dann, wenn die ausländische Gesellschaft als Klägerin im inländischen Zivilprozess auftritt. Denn die Frage nach ihrem effektiven Verwaltungssitz – und damit uU auch nach ihrer rechtlichen Existenz – stellt sich dann bereits im Rahmen der Zulässigkeitsprüfung. Für ihre Parteifähigkeit ist eine ausländische Gesellschaft aber als Klägerin voll beweispflichtig[2]. Darüber hinaus ist aber auch das *Registergericht* im Verfahren der freiwilligen Gerichtsbarkeit befugt, von der ausländischen Gesellschaft von Amts wegen entsprechende Nachweise zu fordern, wenn berechtigte Zweifel am Bestehen eines tatsächlichen Verwaltungssitzes im Gründungsstaat bestehen[3].

5087 Das **Fehlen eines effektiven Verwaltungssitzes** ist nach der Sitztheorie grundsätzlich ausgeschlossen. Die bloße Schwierigkeit, ihn festzustellen, rechtfertigt keinen Übergang zur Gründungstheorie[4]. Existiert allerdings der Staat, in dem eine Gesellschaft gegründet worden sein will, überhaupt nicht, so ist von der Nichtexistenz der Gesellschaft auszugehen[5].

cc) Doppelsitz

5088 Bei mehreren Verwaltungsorten in verschiedenen Staaten ist der Sitz der **Hauptverwaltung** im Wege einer Schwerpunktbetrachtung festzustellen, weil eine Doppel- bzw. Mehrfachanknüpfung zu einer unentwirrbaren Normenhäufung führen würde. Befinden sich also Teile der Hauptverwaltung in verschiedenen Staaten, so wird das Gesellschaftsstatut einheitlich an den Ort angeknüpft, an dem der wichtigste Teil der Hauptverwaltung geführt wird[6].

---

1 Zutr. *Ebenroth/Bippus*, JZ 1988, 677 (681); *Kindler*, in: MünchKomm, IntGesR Rz. 447 ff.; *Großfeld*, in: Staudinger, IntGesR Rz. 236 f.; *G. Fischer*, IPRax 1991, 100 (103); im Erg. auch OLG Frankfurt 8.6.2000, OLGR 2001, 88.
2 Vgl. OLG Hamm 4.10.1996, IPRax 1998, 358 (359) = IPRspr. 1996 Nr. 23b; LG Essen 10.3.1994, NJW 1995, 1500; LG Mainz 7.10.1996, Rpfleger 1997, 178 = IPRspr. 1996 Nr. 24; LG Potsdam 30.9.1999, IPRax 2001, 134 (m. Anm. *Thorn*, IPRax 2001, 102) = IPRspr. 1999 Nr. 21; *Vollkommer*, in: Zöller, § 56 ZPO Rz. 9; *Hausmann*, in: Wieczorek/Schütze, § 56 ZPO Rz. 16 mwN.
3 Vgl. dazu näher *Thümmel*, DZWiR 1997, 335; *Kindler*, in: MünchKomm, IntGesR Rz. 460. Vgl. auch KG 11.2.1997, RIW 1997, 597 = IPRax 1998, 360 (m. krit. Anm. *Bungert*, IPRax 1998, 339) = EWiR 1997, 513 (LS) m. Anm. *Luttermann* = IPRspr. 1997 Nr. 19 (Nachweis des effektiven Verwaltungssitzes von einer auf den Niederländischen Antillen gegründeten Gesellschaft im Anmeldungsverfahren vor dem deutschen Registergericht verlangt, weil die Gesellschaft nur über geringes Kapital verfügte und keine Anhaltspunkte für eine dort ausgeübte Geschäftsfähigkeit bestanden).
4 *Thorn*, in: Palandt, Anh. zu Art. 12 EGBGB Rz. 3; *Borges*, RIW 2000, 167 (170); *Kindler*, EWiR 1999, 1082; *Thorn*, IPRax 2001, 102 (108); *Freitag*, NZG 2000, 357 ff.; *Bechtel*, NZG 2001, 21 f.; aA OLG Frankfurt a.M. 23.6.1999, RIW 1999, 783; OLG Brandenburg 9.3.2004, OLGR 2004, 407.; krit. auch *Zimmer*, Festschr. Lutter (2000), S. 231 (238).
5 KG 26.8.1997 (Dominion of Melchizedek), NJW-RR 1998, 447 = IPRspr. 1997 Nr. 21.
6 *Hausmann*, in: Hausmann/Raupach, S. 19; *Großfeld*, in: Staudinger, IntGesR Rz. 235; *Mäsch*, in: Bamberger/Roth, Anh. zu Art. 12 EGBGB Rz. 59; vgl. idS schon RG 16.3.1938, JW 1998, 1715 (1719).

dd) Verbundene Unternehmen

Diese Grundsätze gelten auch für verbundene Unternehmen. Hier ist zu beachten, dass die bloße Ausübung gesellschaftlicher Macht noch keinen tatsächlichen Verwaltungssitz begründet, die eigenständige Rechtspersönlichkeit des abhängigen Unternehmens vielmehr zu respektieren ist. Maßgeblich ist daher für **Unterordnungskonzerne** der Ort, wo die Geschäftsführungs- und Vertretungsorgane der abhängigen Gesellschaft tätig sind; daran ändert auch eine weitgehende Beherrschung durch die Obergesellschaft nichts[1]. Der effektive Verwaltungssitz von *Holding- oder Konzernobergesellschaften* liegt dort, wo die Entscheidungen über die Beteiligungen getroffen und umgesetzt werden (zB durch Weisung auf Grund eines Beherrschungsvertrages); auf den Weisungsursprung kommt es hingegen nicht an[2].

5089

ee) Rück- oder Weiterverweisung

Die Sitztheorie beruft das Recht am effektiven Verwaltungssitz der Gesellschaft im Wege der *Gesamtverweisung*, so dass eine Rück- oder Weiterverweisung nach dem Grundsatz des Art. 4 Abs. 1 EGBGB grundsätzlich zu beachten ist[3]. Eine solche Rückverweisung auf deutsches Recht kommt insbesondere in Betracht, wenn eine im Inland nach deutschem Recht gegründete **Personengesellschaft** ihren effektiven Verwaltungssitz in einem ausländischen Staat hat, der seinerseits die Gründungstheorie befolgt[4].

5090

Demgegenüber konnte es zur wirksamen Gründung einer deutschen **Kapitalgesellschaft**, die ihren effektiven Verwaltungssitz von Anfang an im Ausland hatte, grundsätzlich auch dann nicht kommen, wenn das ausländische Sitzrecht auf das deutsche Gründungsrecht zurückverwies, weil es dann regelmäßig an der hierfür erforderlichen Eintragung im deutschen Handelsregister fehlte[5]. Darüber hinaus konnte auch die Verlegung des effektiven Verwaltungssitzes

5091

---

1 BGH 23.3.1979, WM 1979, 692 (693); OLG Hamburg 28.3.1973, IPRspr. 1974 Nr. 11A; OLG Frankfurt a.M. 23.3.1988, AG 1988, 267 = EWiR 1988, 587 (LS) m. Anm. *Ebenroth* = IPRspr. 1988 Nr. 13; *Kindler*, in: MünchKomm, IntGesR Rz. 438; *Großfeld*, in: Staudinger, IntGesR Rz. 231; *Lüderitz*, in: Soergel, Anh. zu Art. 10 EGBGB Rz. 58; *Kegel/Schurig*, § 17 II, S. 504. Zum anwendbaren Recht auf die Rechtsbeziehungen zwischen herrschender und abhängiger Gesellschaft *Zimmer*, IPRax 1998, 187 (188).
2 BGH 23.3.1979, WM 1979, 692; *Kindler*, in: MünchKomm, IntGesR Rz. 437. Vgl. auch *Neumayer*, ZvglRW 83 (1984), 129 ff.; *Kaligin*, DB 1985, 1449 (1450).
3 BGH 13.9.2004, NJW 2004, 3706 (3707); *Ferid*, Rz. 5–65; *Kropholler*, IPR, § 55 I 3c; *Thorn*, in: Palandt, Anh. zu Art. 12 EGBGB Rz. 4; *Hohloch*, in: Erman, Anh. II zu Art. 37 EGBGB Rz. 27; *Kindler*, in: MünchKomm, IntGesR Rz. 484 ff.; *Großfeld*, in: Staudinger, IntGesR Rz. 107; eingehend *Ebenroth/Eyles*, IPRax 1989, 1 (9).
4 *Ebenroth/Eyles*, IPRax 1989, 1 (9); *Kindler*, in: MünchKomm, IntGesR Rz. 495; *Großfeld*, in: Staudinger, IntGesR Rz. 94, 107 ff.; vgl. auch BGH 6.3.1969, WM 1969, 671 (672) = IPRspr. 1968/69 Nr. 256 (Zur Parteifähigkeit einer deutschen OHG im Verfahren vor einem Prager Schiedsgericht. Rückverweisung auf deutsches Recht angenommen).
5 Vgl. dazu *Großfeld*, in: Staudinger, IntGesR Rz. 93; *Kindler*, in: MünchKomm, IntGesR Rz. 495; *von Bar*, II Rz. 624.

durch eine in Deutschland gegründete Kapitalgesellschaft in einen Staat, der seinerseits die Gründungstheorie befolgt – trotz der vom neuen Sitzstaat ausgesprochenen Rückverweisung auf deutsches Recht[1] – nicht zum Fortbestand der Gesellschaft unter Wahrung ihrer Identität führen, weil das deutsche Sachrecht (§§ 5 Abs. 2 AktG, 4a Abs. 2 GmbHG aF) eine Trennung von Satzungs- und Verwaltungssitz nicht zuließ (dazu unten Rz. 5130 ff.). Dieses Hindernis ist mit Inkrafttreten des MoMiG (Rz. 5075 f.) am 1.11.2008 entfallen (unten Rz. 5127).

5092 Größere praktische Bedeutung hat die **Weiterverweisung** in Fällen, in denen die Bundesrepublik Deutschland weder Gründungs- noch Sitzstaat ist. Folgt nämlich in diesem Falle der Sitzstaat der Gründungstheorie, so liegt in dessen Verweisung auf das Recht des Gründungsstaates aus deutscher Sicht eine Weiterverweisung. Sieht also der Staat, in dem die Gesellschaft ihren tatsächlichen Verwaltungssitz hat, die Gründung in einem Drittstaat als wirksam an, so hat dies auch der deutsche Richter nach Art. 4 Abs. 1 EGBGB zu respektieren[2]. Die Gesellschaft gilt dann auch in Deutschland als rechtsfähig und ihre Rechtsverhältnisse bestimmen sich insgesamt nach dem Recht des Gründungsstaates; etwaige Einschränkungen der (Weiter-)Verweisung des Sitzstaates auf das Gründungsrecht sind allerdings auch für uns beachtlich[3].

5093 Eine Rück- oder Weiterverweisung scheidet hingegen aus, wenn der Sitzstaat entweder seinerseits auf dem Boden der Sitztheorie steht oder zwar die Gründungstheorie befolgt, die Gesellschaft aber im Sitzstaat auch wirksam gegründet worden ist[4].

---

1 *Ebenroth/Auer*, DNotZ 1993, 190 (193); *Kindler*, in: MünchKomm, IntGesR Rz. 495; vgl. auch OLG Hamm 1.2.2001, IPRax 2001, 343 (344) m. Anm. *Mansel*.
2 Vgl. zuletzt BGH 13.9.2004, NJW 2004, 3706 (3707) = RIW 2004, 935 = IPRspr. 2004 Nr. 28 (Weiterverweisung des thailänd. Sitzrechts auf das Gründungsrecht der Virgin Islands); BGH 2.12.2004, TranspR 2005, 74 = IPRspr. 2004 Nr. 17 (Weiterverweisung des niederländ. Sitzrechts auf das paname. Gründungsrecht); zust. *Kindler*, in: MünchKomm, IntGesR Rz. 496, 515; *Großfeld*, in: Staudinger, IntGesR Rz. 108; *Hausmann*, in: Staudinger, Art. 4 EGBGB Rz. 158; ebenso schon früher RG 3.9.1927, RGZ 117, 215 (217); OLG Stuttgart 18.3.1974, NJW 1974, 1627 = IPRspr. 1974 Nr. 7 (Liberia); BGH 13.6.1984, NJW 1984, 2762 = IPRspr. 1984 Nr. 121 (Kanada); aA *Mäsch*, in: Bamberger/Roth, Anh. zu Art. 12 EGBGB Rz. 58 a.
3 OLG Hamburg 21.1.1987, RIW 1988, 816 = IPRspr. 1987 Nr. 10 (Rechtsfähigkeit einer engl. Private Ltd. Company mit Verwaltungssitz in der Schweiz kraft Weiterverweisung des schweiz. IPR nach englischem Gründungsrecht beurteilt); OLG Frankfurt a.M. 24.4.1990, NJW 1990, 2204 (Rechtsfähigkeit einer in Panama gegründeten Gesellschaft, die ihren effektiven Verwaltungssitz in Genf hatte, kraft Weiterverweisung durch das schweiz. IPR (Art. 174 Abs. 1 IPRG) nach dem Recht von Panama beurteilt).
4 Vgl. auch LG München I 19.8.1999, RIW 1999, 146 (147) = IPRspr. 1999 Nr. 20; OLG Hamm 4.10.1996, RIW 1997, 236 = IPRax 1998, 358 (m. Anm. *Bungert*, IPRax 1998, 339) = IPRspr. 1996 Nr. 23b (Annahme der deutschen Verweisung durch das Recht der Cayman Islands, weil Gesellschaft dort wirksam gegründet); OLG Rostock 27.11.1996, RIW 1997, 1043 = IPRspr. 1996 Nr. 161 (Annahme der deutschen Verweisung durch das schweiz. Recht, weil Gesellschaft dort wirksam gegründet).

b) Gründungstheorie

aa) Ermittlung des Gründungsstatuts

Soweit das Personalstatut einer Gesellschaft mit Rücksicht auf die Niederlassungsfreiheit oder kraft staatsvertraglicher Verpflichtung mit Hilfe der Gründungstheorie zu bestimmen war, hat die Feststellung, in welchem Staat die Gesellschaft gegründet wurde, in der Praxis bisher wesentlich geringere Probleme aufgeworfen als die Ermittlung des effektiven Verwaltungssitzes. Primär ist vom Recht desjenigen Staates auszugehen, in dem die Gesellschaft sich erstmalig registriert oder angemeldet hat. Für nicht registrierte Gesellschaften gilt stattdessen das Recht des Staats, nach dem die Gesellschaft sich organisiert hat. Ist auch Letzteres nicht eindeutig, kommt es auf das Recht des Staates an, zu dem die Gesellschaft die engsten Verbindungen aufweist[1]. Voraussetzung für die Anwendung des ausländischen Gründungsrechts durch deutsche Gerichte ist allerdings, dass die Gesellschaft in ihrem Gründungsstaat **wirksam gegründet** worden ist, dh. die dortigen Publizitäts- oder Registerpflichten erfüllt hat. Die zum Nachweis der Gründung im Ausland erforderlichen Urkunden müssen, wenn die Rechts- oder Parteifähigkeit der im Ausland gegründeten Gesellschaft bestritten werden, vor deutschen Gerichten im Original und in der Form des § 438 ZPO vorgelegt werden[2]. Ferner darf die Gesellschaft nach Maßgabe ihres Gründungsrechts nicht (zB durch Registerlöschung) erloschen sein[3].

5094

bb) Rück- oder Weiterverweisung

Keine Einigkeit besteht bisher darüber, welche Bedeutung dem Renvoi im Anwendungsbereich der sog. europarechtlichen Gründungstheorie zukommt. Teilweise wird die Ansicht vertreten, es handle sich – wie bei der Verweisung des deutschen IPR auf den Sitz der Gesellschaft in Drittstaatsfällen – um eine *Gesamtverweisung*. Daher sei der Anwendungsbereich der Art. 43, 48 EG nicht eröffnet, wenn der Gründungsstaat in seinem nationalen IPR die Sitztheorie befolge und die Gesellschaft ihren effektiven Verwaltungssitz außerhalb der EU bzw. des EWR habe[4]. Demgegenüber sollen Rück- und Weiterverweisung durch das Recht des Gründungsstaates nach der Gegenauffassung unbeachtlich sein, weil andernfalls die Gewährleistung der Niederlassungsfreiheit gefährdet sein könnte; die Verweisung auf das Gründungsrecht sei daher stets *Sachnormverweisung*[5]. Die Frage nach einem möglichen Renvoi durch das Recht des Gründungsstaates – zB auf das Recht am effektiven Verwal-

5095

---

1 Vgl. idS. – zum deutsch-amerikan. Freundschaftsvertrag von 1954 (dazu oben Rz. 5071 ff.) – *Kaulen*, IPRax 2008, 389 ff.; ähnlich auch der Referentenentwurf des BMJ in Art. 10 Abs. 1 (dazu oben Rz. 5077 ff.).
2 Vgl. KG 11.2.2005, NJW-RR 2005, 758 = GmbHR 2005, 771 m. Anm. *Grohmann/Gruschinske* = IPRspr. 2005 Nr. 2.
3 OLG Thüringen 22.8.2007, RIW 2007, 864 m. Anm. *Röder*; dazu auch unten Rz. 5165.
4 So *Eidenmüller*, ZIP 2002, 2233 (2241); *W.-H. Roth*, IPRax 2003, 117 (120) in Fn. 44.
5 So *Forsthoff*, DB 2002, 2471 (2473); *Thorn*, in: Palandt, Anh. zu Art. 12 EGBGB Rz. 7 aE.

tungssitz der Gesellschaft in einem anderen Mitgliedstaat – stellt sich freilich nur dann, wenn die „europarechtliche Gründungstheorie" diese Sachverhaltskonstellation überhaupt erfasst. Dies ist indessen nicht der Fall, weil eine Verpflichtung des Sitzstaats zur Anerkennung der Gesellschaft mit Rücksicht auf die Niederlassungsfreiheit nach Art. 43, 48 EG nur dann besteht, wenn die Gesellschaft nach dem Recht ihres Gründungsstaates wirksam zur Entstehung gelangt ist, obwohl sie ihren effektiven Verwaltungssitz von Anfang an in einem anderen Mitgliedstaat hatte oder ihn nachträglich dorthin verlegt hat. Das für diese Beurteilung maßgebliche „Recht des Gründungsstaats" umfasst aber auch dessen Kollisionsrecht. Daher entsteht die Gesellschaft in den genannten Fällen aus der Sicht des Gründungsstaates nur dann wirksam, wenn dieser in seinem nationalen Kollisionsrecht die Gründungstheorie befolgt. Steht der Gründungsstaat hingegen auf dem Boden der Sitztheorie, so ist er durch das europäische Gemeinschaftsrecht nicht gehindert, den Wegzug der nach seinem Recht gegründeten Gesellschaften zu beschränken. Für die aus der Niederlassungsfreiheit nach Art. 43, 48 EG unter dem Begriff „europarechtliche Gründungstheorie" von manchen entwickelte Kollisionsnorm passt daher die übliche Unterscheidung zwischen Sachnorm- und Gesamtverweisung nicht[1].

5096–5120   Frei.

II. Auswirkungen der Anknüpfung des Gesellschaftsstatuts auf die Mobilität von Gesellschaften

5121   Möchte eine Gesellschaft ihren effektiven Verwaltungssitz von Anfang an in einem anderen Staat als ihrem Gründungsstaat nehmen oder möchte sie ihren effektiven Verwaltungssitz nachträglich aus dem Gründungsstaat in einen anderen Staat verlegen, so kommt es für den rechtlichen Fortbestand der Gesellschaft maßgeblich darauf an, ob aus der Sicht des Wegzugs- oder Zuzugsstaates die Sitz- oder Gründungstheorie gilt. Ferner muss jeweils sorgfältig zwischen der kollisionsrechtlichen und der sachrechtlichen Ebene unterschieden werden.

1. Sitztheorie

5122   Die nachfolgenden Grundsätze der Sitztheorie gelten aus der Sicht des deutschen internationalen Gesellschaftsrechts fort, soweit die betroffene Gesellschaft nicht in den Schutzbereich der Niederlassungsfreiheit nach Art. 43, 48 EG fällt (dazu oben Rz. 5042, 5066) und keine vorrangigen Staatsverträge eine Anknüpfung an das Gründungsrecht vorschreiben (dazu oben Rz. 5071 ff.).

---

[1] *Hausmann*, Gedächtnisschr. Blomeyer (2004), S. 579 (586 f.); *Leible/Hoffmann*, RIW 2002, 925 (930).

a) Anfängliches Auseinanderfallen von Verwaltungssitz und Satzungssitz

Die Sitztheorie zwingt Gesellschaften grundsätzlich zur Gründung in dem Staat, der wirtschaftlich am stärksten betroffen ist bzw. zur Sitznahme im Gründungsstaat. Wird die Gesellschaft nicht nach dem Recht am Ort des tatsächlichen Verwaltungssitzes gegründet, so liegt ein „Handeln unter falschem Recht" vor. Die Lösung ergibt sich dann aus dem in Wahrheit anzuwendenden Recht, mithin dem am effektiven Verwaltungssitz geltenden Recht[1].

5123

aa) Inländischer Verwaltungssitz

Für Kapitalgesellschaften mit inländischem effektiven Verwaltungssitz bedeutet dies, dass sie den Anforderungen des deutschen Rechts genügen müssen. Eigene Rechtspersönlichkeit als AG oder GmbH können sie daher gem. §§ 41 Abs. 1 S. 1 AktG, 11 Abs. 1 GmbHG nur durch **Eintragung in das deutsche Handelsregister** erlangen. Die Sitztheorie verhindert damit, dass eine Kapitalgesellschaft mit inländischem Verwaltungssitz wirksam nach ausländischem Recht gegründet werden kann[2]. Dies gilt unabhängig davon, ob der ausländische Gründungsstaat seinerseits der Sitz- oder der Gründungstheorie folgt. Die Scheinauslandsgesellschaft erlangt in diesem Falle Rechtsfähigkeit allenfalls als Personengesellschaft (OHG, BGB-Gesellschaft; dazu unten Rz. 5132). Die deutsche Rechtsprechung hatte im Ausland gegründete Gesellschaften, die ihren effektiven Verwaltungssitz von Anfang an im Inland hatten, ohne zugleich den inländischen Anforderungen an den Erwerb eigener Rechtspersönlichkeit zu genügen, bis zum Jahre 2002 die Rechtsfähigkeit sogar schlechthin abgesprochen[3].

5124

Daran ändert sich auch dann nichts, wenn die Kapitalgesellschaft ihren **Satzungssitz** in dem ausländischen Staat hat, nach dessen Recht sie gegründet

5125

---

1 Vgl. *Großfeld*, in: Staudinger, IntGesR Rz. 426; *Kindler*, in: MünchKomm, IntGesR Rz. 464.
2 *Großfeld*, in: Staudinger, IntGesR Rz. 85, 427; *Kindler*, in: MünchKomm, IntGesR Rz. 492; *Thorn*, in: Palandt, Anh. zu Art. 12 EGBGB Rz. 10; *Ebenroth/Eyles*, DB 1988, Beil. 2, S. 6; *Ebke*, JZ 1999, 656 (657); aA *Forsthoff*, DB 2000, 1112; *Forsthof*, EWS 2001, 63.
3 BGH 30.1.1970, BGHZ 53, 181 (183) = NJW 1970, 998; BFH 23.6.1992, IPRax 1993, 248 (m. Anm. *Großfeld/Luttermann*, IPRax 1993, 229) = RIW 1992, 867 (m. Anm. *Ebenroth/Auer*, RIW 1992, 998) = DB 1992, 2067 m. Anm. *Knobbe-Keuk* = IPRspr. 1992 Nr. 24 (beide zu liechtenstein. Anstalten); LG Rottweil 29.1.1985, RIW 1986, 636 = IPRax 1986, 110 (m. Anm. *von der Seipen*, IPRax 1986, 92) = IPRspr. 1985 Nr. 20 (liechtenstein. AG); OLG Hamburg 20.2.1986, NJW 1986, 2199 = IPRspr. 1986 Nr. 18; OLG Oldenburg 4.4.1989, NJW 1990, 1019 = IPRspr. 1989 Nr. 26; KG 13.6.1989, NJW 1989, 3100 = RIW 1990, 496 = IPRspr. 1989 Nr. 29; LG Köln 25.11.1985, GmbHR 1986, 314 = RIW 1987, 54 = IPRspr. 1985 Nr. 23; LG Stuttgart 31.7.1989, IPRax 1990, 118 (m. Anm. *Fischer*, IPRax 1990, 100) = IPRspr. 1989 Nr. 30; LG Marburg 17.9.1992, NJW-RR 1993, 222 = RIW 1994, 63 = IPRspr. 1992 Nr. 26; LG Essen 10.3.1994, NJW 1995, 1500 = IPRax 1996, 120 (m. Anm. *Jayme*, IPRax 1996, 87) = IPRspr. 1994 Nr. 15; OLG Brandenburg 31.5.2000, RIW 2000, 798 = IPRspr. 2000 Nr. 14 (alle zur Private Ltd. Company engl. Rechts); OLG Zweibrücken 20.10.2000, RIW 2000, 373 = IPRspr. 2000 Nr. 15 (costarican. GmbH).

worden ist. In diesem Falle kann sie zwar möglicherweise nach dem Recht ihres Gründungsstaates rechtsfähig sein; die Schutzfunktion der Sitztheorie verlangt jedoch, dass die Gesellschaft im Inland jedenfalls nicht als ausländische Kapitalgesellschaft mit den sich hieraus ergebenden Privilegien anerkannt wird. So liegt es insbesondere häufig, wenn typische **„Briefkastengesellschaften"** eingeschaltet werden. Hat eine solche Gesellschaft ihren Geschäftsbetrieb im Inland, so fallen effektiver Verwaltungssitz und satzungsmäßiger Sitz auseinander. Die bloße Anwesenheit des gesetzlichen Vertretungsorgans am Ort des „Briefkastens" reicht nicht aus, um dort einen effektiven Verwaltungssitz zu begründen. Die Briefkastenfirma wird daher im Inland als ausländische juristische Person nicht anerkannt[1].

5126 Entgegen der früher überwiegend vertretenen Auffassung hat das Auseinanderfallen von Satzungssitz und effektivem Verwaltungssitz schon im Zeitpunkt der Gründung der Gesellschaft freilich nicht zur Folge, dass die im Ausland gegründete Gesellschaft im Inland als „nichtexistente Rechtsperson" behandelt wird[2]. Sie ist vielmehr auch dann, wenn sie nicht in einem Mitgliedstaat der EU (bzw. des EWR) gegründet wurde[3], in Deutschland zumindest als Personengesellschaft des Handelsrechts (OHG) oder des bürgerlichen Rechts (GbR) anzuerkennen und genießt auch als solche die **volle Rechts- und Parteifähigkeit**[4].

Auf diese Weise werden zwar die Rechtsfolgen der Anknüpfung an den Verwaltungssitz der Gesellschaft abgemildert, zugleich werden freilich neue Probleme aufgeworfen. Denn das im Sitzstaat (nur) als rechtsfähige Personengesellschaft (zB OHG) anerkannte Gebilde wird im Gründungsstaat und den Staaten, die ihrerseits die Gründungstheorie befolgen, weiterhin als rechtsfähige Kapitalgesellschaft (zB AG oder GmbH) behandelt; es kommt mithin zu einer Statutenverdoppelung[5]. Dies hat namentlich im Prozessrecht weitreichende und bisher nicht befriedigend gelöste Konsequenzen, weil zB ein in England gegen die dort gegründete Private Ltd. Company erreichtes Urteil nicht ohne Weiteres gegen die in Deutschland nur als OHG anerkannte Gesellschaft voll-

---

1 Vgl. *von Falkenhausen*, Durchgriffshaftung mit Hilfe der Sitztheorie des internationalen Gesellschaftsrechts, RIW 1987, 808 (819); *Hausmann*, in: Hausmann/Raupach, S. 24 f. Vgl. auch – zur Rechtslage vor der „Überseering"-Entscheidung des EuGH (Rz. 5049 ff.) – OLG München 31.10.1994, NJW-RR 1995, 703 = IPRspr. 1994 Nr. 16 (zur Nichtanerkennung der Rechtsfähigkeit einer „société anonyme" luxemburg. Rechts, die zur Urkunde eines deutschen Notars gegründet worden war und ihren effektiven Verwaltungssitz im Inland hatte).
2 So noch LG Aurich 11.7.1967, IPRspr. 1968 (1969) Nr. 14; zust. *Großfeld*, in: Staudinger, IntGesR (1998) Rz. 427. Vgl. ferner die Nachw. in Fn. 2 zu Rz. 5124.
3 Zur erweiterten Mobilität von Gesellschaften innerhalb der EG bzw. des EWR näher unten Rz. 5143 f.
4 BGH 1.7.2002 (Rz. 5132), BB 2002, 2031 (2032) m. Anm. *Gronstedt* unter Hinweis auf BGH 29.1.2001, BGHZ 146, 341 = NJW 2001, 1056 = BB 2001, 374 = ZIP 2001, 330 und BGH 18.2.2002, BB 2002, 1015 = ZIP 2002, 614 (zur Rechts- und Parteifähigkeit der BGB-Gesellschaft). Vgl. auch BayObLG 20.2.2003, DB 2003, 819 f. = IPRspr. 2003 Nr. 155 (Gesellschaft mit Satzungssitz in Sambia und effektivem Verwaltungssitz in Deutschland ist als inländ. Personengesellschaft zu behandeln).
5 Zutr. *Behrens*, IPRax 2003, 193 (200 f.); *Weller*, IPRax 2009, 201 (207 f.).

streckt werden könnte. Auch die Rechtshängigkeitssperre nach Art. 27 EuGVO würde wegen der fehlenden Identität der verklagten Gesellschaften leer laufen, so dass parallele Prozesse von Gläubigern gegen die OHG in Deutschland und gegen die Private Ltd. Company in England kaum vermieden werden könnten[1].

bb) Ausländischer Verwaltungssitz

Die Gründung einer Kapitalgesellschaft, die ihren effektiven Verwaltungssitz von Anfang an im Ausland hatte, in der Rechtsform einer deutschen AG oder GmbH war unter Geltung der Sitztheorie bisher nicht zulässig[2]. Daran ist auch weiterhin festzuhalten, wenn der ausländische Sitzstaat seinerseits auf dem Boden der **Sitztheorie** steht; denn für diesen Fall verweist das deutsche IPR auf das Recht am effektiven Verwaltungssitz der Gesellschaft, das diese Verweisung annimmt und in seinem materiellen Gesellschaftsrecht die Rechtsform der deutschen AG/GmbH nicht kennt. Die Streichung der §§ 5 Abs. 2 AktG, 4a Abs. 2 GmbHG aF durch das **MoMiG** (oben Rz. 5075 f.) hat daran nichts geändert, weil es sich insoweit um Vorschriften des materiellen deutschen Gesellschaftsrechts handelt, die bei Geltung ausländischen Gesellschaftsstatuts keine Anwendung finden[3]. Die Gesellschaft kann daher – wie im umgekehrten Fall (vgl. Rz. 5126) – im Inland nur als OHG oder BGB-Gesellschaft anerkannt werden[4]. Befolgt der ausländische Sitzstaat hingegen die **Gründungstheorie**, so kommt ein Renvoi auf deutsches Recht in Betracht, der nach Art. 4 Abs. 1 EGBGB auch für den deutschen Richter beachtlich ist und zur Anerkennung der nach deutschem Recht gegründeten Gesellschaft trotz ihres ausländischen Verwaltungssitzes führen kann[5]. Diese Anerkennung ist auch nicht mehr auf Personengesellschaften beschränkt; vielmehr ist seit Inkrafttreten des MoMiG auch eine deutsche AG oder GmbH, die von Anfang an im Ausland verwaltet wird, im deutschen Handelsregister einzutragen, soweit die Gesellschaft kraft Rückverweisung durch das Recht am effektiven Verwaltungssitz ein deutsches Personalstatut hat[6]. Voraussetzung ist freilich, dass die Gesellschaft zumindest ihren Satzungssitz im Inland hat[7].

5127

Die Anknüpfung an den effektiven Verwaltungssitz ist schließlich im Sinne einer **allseitigen Kollisionsregel** zu verstehen, die nicht nur bestimmt, wann deutsches Recht gilt, sondern auch die Frage regelt, welches ausländische Recht Gesellschaftsstatut ist. Sie schützt mit anderen Worten die Interessen des ausländischen Staates, in dem die Gesellschaft ihren tatsächlichen Verwal-

5128

---

1 Krit. deshalb *Binz/Mayer*, BB 2007, 1521 (1522); *Lieder/Kliebisch*, BB 2009, 338 (341).
2 *Großfeld/König*, RIW 1992, 433; *Kösters*, NZG 1998, 241 (242); dazu näher *Kindler*, in: MünchKomm, IntGesR Rz. 494 mwN.
3 Vgl. dazu Rz. 5076 m. Nachw.
4 *Thorn*, in: Palandt, Anh. zu Art. 12 EGBGB Rz. 10.
5 *Hausmann*, in: Hausmann/Raupach, S. 27; *Kindler*, in: MünchKomm, IntGesR Rz. 495; *Behrens*, Die GmbH, Rz. IPR 9; aA *Großfeld*, in: Staudinger, IntGesR Rz. 93; dazu näher oben Rz. 5090 ff.
6 So auch *Franz/Laeger*, BB 2008, 678 (683).
7 *Fingerhuth/Rumpf*, IPRax 2008, 90 (92); *Großfeld*, in: Staudinger, IntGesR Rz. 94.

tungssitz hat, auch dann, wenn die Gesellschaft nach dem Recht eines dritten Staates gegründet worden ist und dort ihren satzungsmäßigen Sitz hat. Damit billigen wir also dem ausländischen Sitzstaat denjenigen Schutz zu, den wir für Gesellschaften mit inländischem Verwaltungssitz selbst in Anspruch nehmen[1]. Eine kanadische Gesellschaft, deren Verwaltung effektiv in Paris geführt wird, kann somit in Deutschland als eigenständige Rechtsperson nur anerkannt werden, wenn sie auch den französischen Gründungsanforderungen genügt[2]. Im umgekehrten Fall der Verwaltung einer französischen Gesellschaft in Kanada ist das Auseinanderfallen von effektivem Verwaltungssitz und Satzungssitz hingegen ausnahmsweise unschädlich, weil das kanadische Sitzrecht sich mit der wirksamen Gründung nach dem französischen Gründungsrecht begnügt (Weiterverweisung, vgl. oben Rz. 5092 f.).

b) Nachträgliches Auseinanderfallen von Verwaltungssitz und Satzungssitz

5129 Ist eine Gesellschaft somit nach der Sitztheorie grundsätzlich gezwungen, ihren effektiven Verwaltungssitz im Gründungsstaat zu nehmen, so bleibt die Frage zu beantworten, ob sie nicht nach einer wirksamen Gründung ihren Verwaltungssitz in einen anderen Staat verlegen kann. Die Probleme der internationalen Sitzverlegung von Gesellschaften lassen sich in ihrem Wesen auf die Frage verkürzen, „ob die von einer bestimmten Staatshoheit verliehene Rechtsfähigkeit beliebig in ein anderes Land übertragen werden kann"[3]. Es geht also um den Umzug einer Gesellschaft von einem Staat in einen anderen unter Wahrung ihrer Identität.

Bei der Problemlösung sind die **Kollisionsrechte** sowohl **des Wegzugs- wie des Zuzugsstaates** zu beachten. Die Gesellschaft besteht nach der Verlegung des tatsächlichen Verwaltungssitzes nur dann in ihrer bisherigen Gesellschaftsform fort, wenn *beide* Rechtsordnungen dies im Ergebnis zulassen. Es ist mithin erforderlich, dass das am alten Sitz geltende Recht die Sitzverlegung ins Ausland erlaubt und die Gesellschaft zugleich diejenigen Bedingungen erfüllt, von denen das Recht des neuen Sitzes den Fortbestand der Gesellschaft abhängig macht[4]. Darüber hinaus darf auch das *Sachrecht* des bisherigen Sitzstaates einer Übertragung der nach diesem Recht erteilten Rechtsfähigkeit ins Ausland nicht entgegenstehen[5].

---

1 *Großfeld*, in: Staudinger, IntGesR Rz. 98 ff.; *Raape*, S. 198; aA *Wiedemann*, Intern. Gesellschaftsrecht, S. 203.
2 *Kindler*, in: MünchKomm, IntGesR Rz. 496.
3 RG 22.1.1916, RGZ 88, 53 (54); BGH 11.7.1957, BGHZ 25, 134 (144) = NJW 1957, 1433; vgl. dazu eingehend *Großfeld/Jasper*, RabelsZ 53 (1989), 52 ff.; *Großfeld/König*, IPRax 1991, 379 (380); *Großfeld*, in: Staudinger, IntGesR Rz. 604 ff.; *Kindler*, in: MünchKomm, IntGesR Rz. 497 ff.
4 OLG Düsseldorf 10.9.1998, JZ 2000, 103 m. Anm. *Ebke* = IPRspr. 1998 Nr. 25; *Thorn*, in: Palandt, Anh. zu Art. 12 EGBGB Rz. 5; *Hohloch*, in: Erman, Anh. II zu Art. 37 EGBGB Rz. 25; *Großfeld*, in: Staudinger, IntGesR Rz. 606; *Kindler*, in: MünchKomm, IntGesR Rz. 497, jeweils mwN.
5 *Kindler*, in: MünchKomm, IntGesR Rz. 497; *Großfeld*, in: Staudinger, IntGesR Rz. 606; *Lüderitz*, in: Soergel, Anh. zu Art. 10 EGBGB Rz. 47; vgl. auch zum deutschamerikan. Freundschaftsvertrag BGH 29.1.2003 (Rz. 5072), NJW 2003, 1607 (1608).

aa) Sitzverlegung ins Inland

Eine identitätswahrende Verlegung des Verwaltungssitzes (allein oder einschließlich des Satzungssitzes)[1] einer außerhalb der EU bzw. des EWR gegründeten Gesellschaft in das Inland setzt zunächst voraus, dass der **Wegzugsstaat** sie gestattet, dh. den Wegzug der Gesellschaft aus seinem Staatsgebiet nicht als Auflösungsgrund wertet. Dies ist insbesondere dann der Fall, wenn das Recht am bisherigen Verwaltungssitz der Gesellschaft der Gründungstheorie folgt[2]. Folgt der Wegzugsstaat hingegen der Sitztheorie, so scheidet eine identitätswahrende Sitzverlegung schon deshalb aus, weil die Gesellschaft durch die Verlegung ihres Verwaltungssitzes ihr Personalstatut ändert und jedenfalls nicht in ihrer bisherigen Identität fortbesteht. Möglich ist aber auch, dass das *Sachrecht* des Wegzugsstaates – ebenso wie das bisherige deutsche Sachrecht (unten Rz. 5135 f.) – die Sitzverlegung als Auflösungsgrund wertet.

5130

Darüber hinaus muss aber auch der **Zuzugsstaat** die Gesellschaft fortbestehen lassen, darf also keine Neugründung verlangen. Dies ist idR bei Geltung der Gründungstheorie im Zuzugsstaat gewährleistet. Herrscht dort hingegen die Sitztheorie, so führt die Verlegung des effektiven Verwaltungssitzes automatisch zu einer Änderung des Personalstatuts. Aus diesem Grunde hatte die Sitzverlegung aus dem Ausland in die Bundesrepublik Deutschland nach der bis zum Sommer 2002 hM zur Folge, dass die im Ausland wirksam als juristische Person gegründete Gesellschaft ihre Rechtsfähigkeit verlor und im Inland weder Träger von Rechten und Pflichten noch Partei in einem Gerichtsverfahren sein konnte. Um am Rechtsverkehr teilnehmen zu können, war zwingend eine Neugründung im Inland nach Maßgabe des deutschen Rechts erforderlich. Dies galt auch dann, wenn das Recht des Wegzugsstaates auf dem Boden der Gründungstheorie stand und die Gesellschaft daher trotz der Verlegung ihres tatsächlichen Verwaltungssitzes fortbestehen ließ[3]. Mangels Neugründung und Eintragung im deutschen Handelsregister wurde die ausländische Gesell-

5131

---

1 Wird nur der Satzungssitz ins Inland verlegt, so bleibt aus deutscher Sicht das Recht am fortbestehenden ausländischen Verwaltungssitz als Gesellschaftsstatut maßgebend; dieses Recht (einschließlich seines Kollisionsrechts) entscheidet daher über die Zulässigkeit und die Rechtsfolgen einer solchen Satzungssitzverlegung; vgl. *Kindler*, in: MünchKomm, IntGesR Rz. 513.
2 BGH 1.7.2002 (Rz. 5132), BGHZ 151, 204 (206) (Jersey); BGH 27.10.2008, NJW 2009, 289 m. Anm. *Kieninger* (Schweiz); OLG Hamburg 30.3.2007, NZG 2007, 597 (599) (Isle of Man); *Kindler*, in: MünchKomm, IntGesR Rz. 512; *Großfeld*, in: Staudinger, IntGesR Rz. 640.
3 Vgl. KG 28.4.1927, IPRspr. 1926/27 Nr. 24; OLG Frankfurt a.M. 3.6.1964, NJW 1964, 2355 = IPRspr. 1964/65 Nr. 22; OLG Nürnberg 7.6.1984, RIW 1985, 494 = IPRax 1985, 342 (m. Anm. *Rehbinder*, IPRax 1985, 324) = IPRspr. 1984 Nr. 120; OLG München 6.5.1986, NJW 1986, 2197 = IPRspr. 1986 Nr. 21; OLG Düsseldorf 10.9.1998, JZ 2000, 203 m. Anm. *Ebke* = IPRspr. 1998 Nr. 25; OLG Köln 30.4.1999, IPRspr. 1999 Nr. 16; BGH 30.3.2000 (Rz. 5034), IPRax 2000, 423; *K. Schmidt*, GesR, 4. Aufl. (2002), § 1 II 8; *von Bar*, II Rz. 623; *Kegel/Schurig*, § 17 II 2; *Hausmann*, in: Hausmann/Raupach, S. 28 ff.; *Ebenroth/Auer*, GmbHR 1994, 16 (18 f.); *Großfeld*, in: Staudinger, IntGesR Rz. 427 f.

schaft vom Zeitpunkt der Sitzbegründung im Inland an als „rechtlich inexistent" behandelt[1].

BGH 21.3.1986, BGHZ 97, 269 (271 ff.) = NJW 1986, 2194
Liechtensteinische Anstalt verlegt ihren Sitz nach Deutschland. Es komme darauf an, ob die Gesellschaft „nach liechtensteinischem Recht trotz der Sitzverlegung fortbesteht und ob sie auch nach deutschem Recht rechtsfähig ist; denn mit einer solchen Änderung löst sich die Gesellschaft aus dem Rechtskreis, von dem sie ihre Rechtsfähigkeit ableitet, so dass nunmehr deutsches Recht darüber entscheidet, ob sie im Inland die Fähigkeit zu rechtsgeschäftlichem Handeln hat". Selbst wenn die liechtensteinische Anstalt daher einer deutschen (Einmann-)GmbH vergleichbar sei, so könne sie doch nur durch eine den Vorschriften des GmbH-Gesetzes entsprechende Neugründung als GmbH und die Eintragung im Handelsregister am deutschen Sitz Rechtsfähigkeit erlangen.

5132 Gegen diese Auffassung wurde zu Recht geltend gemacht, dass nach ausländischem Recht wirksam gegründete Gesellschaften, die ihren Verwaltungssitz ins Inland verlegt haben, durch die Weigerung, ihre Rechts- und Parteifähigkeit anzuerkennen, in einem durch zwingende Gründe des Gemeinwohls nicht geforderten und damit unverhältnismäßigen Umfang ihres rechtlichen Besitzstandes und ihrer Klagemöglichkeiten beraubt würden[2]. Im Hinblick auf die Vielzahl der von solchen Gesellschaften getätigten Geschäfte und die für sie bestehende Notwendigkeit, zur Wahrung ihrer Rechte auch um gerichtlichen Rechtsschutz nachzusuchen, wäre die Nichtanerkennung ihrer Rechts- und Parteifähigkeit nach einem Zuzug ins Inland weder durch das Interesse an einem wirksamen Gläubigerschutz noch durch das Gebot der Rechtssicherheit zu rechtfertigen. Im Ausland gegründete Gesellschaften sind daher nach einer Sitzverlegung ins Inland zwar nicht als fortbestehende juristische Personen des ausländischen Rechts, wohl aber – je nachdem, ob ein Handelsgewerbe betrieben wird oder nicht – als rechts- und damit auch parteifähige deutsche Personengesellschaften des Handels- oder bürgerlichen Rechts anzuerkennen, die auch vor der Sitzverlegung begründete Forderungen daher vor deutschen Gerichten geltend machen können[3].

BGH 1.7.2002, BGHZ 151, 204 (206) = NJW 2002, 3539 = BB 2002, 2031 m. Anm. *Gronstedt* = ZIP 2002, 1763 = NZG 2002, 1009 = RIW 2002, 877 = WM 2002, 1929 = DStR 2002, 1678 m. Anm. *Goette* = IPRax 2003, 62 (m. Anm. *Kindler*, IPRax 2003, 41) = DB 2002, 2039 (m. Aufs. *Leible/Hoffmann*, DB 2002, 2203) = IPRspr. 2002 Nr. 18
Rechts- und Parteifähigkeit einer auf der Kanalinsel Jersey gegründeten „Limited Company" trotz nachträglicher Verlegung des effektiven Verwaltungssitzes nach Deutschland oder Portugal im Prozess vor deutschen Gerichten anerkannt. Diese Gesellschaft sei „in Deutschland jedenfalls eine rechtsfähige Personengesellschaft (§ 14 Abs. 2 BGB) und damit vor deutschen Gerichten aktiv und passiv parteifähig".

---

1 Vgl. statt aller *Ebke*, JZ 1999, 656 (657 f.); *Behrens*, Die GmbH, Rz. IPR 62; *Großfeld*, in: Staudinger, IntGesR Rz. 427 ff. Davon war auch der VII. Zivilsenat des BGH noch in seinem Vorlagebeschluss vom 30.3.2000 (Rz. 5034), RIW 2000, 555 ausgegangen.
2 Vgl. statt vieler *Knobbe-Keuk*, ZHR 154 (1990), 325 (341); *Zimmer*, BB 2000, 1361 (1363 f.); *W.-H. Roth*, ZIP 2000, 1597 (1600); *W.-H. Roth*, IPRax 2003, 117 (119 f.) („enteignungsgleiche Wirkung").
3 Ebenso schon früher *Eidenmüller/Rehm*, ZGR 1997, 89 ff.; *Kösters*, NZG 1998, 241 (245 ff.); *K. Schmidt*, ZGR 1999, 20 (22 ff.); *Kindler*, RIW 2000, 649 (650 f.); aA *Bechtel*, NZG 2001, 21 (22 f.) (Anerkennung als Vorgesellschaft oder fehlerhafte Gesellschaft).

Nur in dieser vom II. Zivilsenat des BGH modifizierten bzw. abgeschwächten Form wird die Sitztheorie heute noch vertreten[1].

Selbst wenn die ausländische Gesellschaft mit einer deutschen Form der Kapitalgesellschaft (zB AG, GmbH) typologisch **vergleichbar** ist[2], genügt es für ihren Fortbestand als solche im Inland – anders als zB nach luxemburgischem[3] oder portugiesischem Recht[4] – jedoch nicht, dass lediglich die Kapitalausstattung und die Satzung an das inländische Recht angepasst werden und die Gesellschaft im Handelsregister eingetragen wird. Soll die Gesellschaft nicht nur als Personengesellschaft, sondern als Kapitalgesellschaft im Inland anerkannt werden, ist vielmehr zwingend eine Neugründung in einer deutschen Gesellschaftsform (AG, GmbH etc.) erforderlich[5].

5133

Ausländische Kapitalgesellschaften sind ferner nur dann als OHG oder GbR anzuerkennen, wenn es sich um Mehrpersonengesellschaften handelt. Hat die Gesellschaft nur einen Gesellschafter, kommt eine Behandlung als Einzelkaufmann in Betracht, wenn ein Handelsgewerbe betrieben wird[6]. Eine Neugründung als inländische Personengesellschaft ist nicht erforderlich[7].

bb) Sitzverlegung ins Ausland

Verlegt eine nach deutschem Recht wirksam gegründete Gesellschaft **nur ihren Verwaltungssitz** ins Ausland, so kommt es aus **kollisionsrechtlicher Sicht** wiederum darauf an, ob der neue Sitzstaat der Sitztheorie oder der Gründungstheorie folgt. Im ersteren Fall wird die vom deutschen Recht ausgesprochene

5134

---

1 Sog. „modifizierte Sitztheorie" oder auch „Wechselbalgtheorie", vgl. zuletzt BGH 27.10.2008 („Trabrennbahn"), NJW 2009, 289 (291) m. Anm. *Kieninger*; ferner OLG Hamburg 30.3.2007, NZG 2007, 597 (599 f.); *Leible/Hoffmann*, DB 2002, 2203 ff.; *W.-H. Roth*, IPRax 2003, 117 (120); *Eidenmüller*, ZIP 2002, 2233 (2234); *Kindler*, NJW 2003, 1073 (1074); *Weller*, IPRax 2009, 202 (207 f.); *Thorn*, in: Palandt, Anh. zu Art. 12 EGBGB Rz. 5, 10; *Kindler*, in: MünchKomm, IntGesR Rz. 512.
2 Vgl. dazu *Kindler*, in: MünchKomm, IntGesR Rz. 465; ferner unten Rz. 5203.
3 Vgl. Cass 12.11.1965, Clunet 1967, 140 (141 f.); *Bechtel*, IPRax 1998, 348 (349).
4 Vgl. Art. 3 Abs. 2 Código das Sociedades Comerciais.
5 *Kindler*, in: MünchKomm, IntGesR Rz. 466; grundsätzlich auch *Großfeld*, in: Staudinger, IntGesR Rz. 642 ff.; aA *Behrens*, RIW 1986, 590 (592 ff.); *Lüderitz*, in: Soergel, Anh. zu Art. 10 EGBGB Rz. 49 f. Vgl. auch OLG Zweibrücken 27.6.1990, NJW 1990, 3092 = IPRax 1991, 406 (m. Anm. *Großfeld/König*, IPRax 1991, 380) = IPRspr. 1990 Nr. 23 (Nach luxemburg. Recht gegründete AG verlegt ihren Sitz in die Bundesrepublik Deutschland. „Die Entstehung einer AG als Rechtssubjekt (ist) abschließend im Aktiengesetz geregelt, wonach grundsätzlich nur eine Neugründung in Betracht kommt." Anpassung der Gesellschaftsstruktur an das inländ. Recht für nicht ausreichend erachtet.).
6 OLG Hamburg 30.3.2007, NZG 2007, 597 (599); dazu näher *Kindler*, in: MünchKomm, IntGesR Rz. 468 ff.
7 OLG Hamburg 30.3.2007, NZG 2007, 597 (599 f.) = DB 2007, 1245 (1249) = GmbHR 2007, 703 m. Anm. *Ringe* (Auf der Isle of Man gegründete „private company limited by shares" ist nach der Verlegung des effektiven Verwaltungssitzes nach Deutschland als rechtsfähige Außen-GbR anzuerkennen, wenn kein Handelsgewerbe betrieben wird).

Gesamtverweisung (Art. 4 Abs. 1 S. 1 EGBGB) vom neuen Sitzrecht angenommen; dieses beherrscht daher vom Zeitpunkt der Sitzverlegung an die Rechtsverhältnisse der Gesellschaft[1]. Deren Fortbestand scheitert daher idR daran, dass die Gründungsvoraussetzungen des neuen Sitzrechts nicht erfüllt sein werden; deshalb ist meist eine Neugründung im Zuzugsstaat erforderlich[2]. Folgt der Zuzugsstaat hingegen der Gründungstheorie, so steht der Verlegung allein des tatsächlichen Verwaltungssitzes einer inländischen Gesellschaft in diesen Staat ein kollisionsrechtliches Hindernis nicht entgegen. Denn der neue Sitzstaat erkennt die nach dem deutschen Gründungsrecht erworbene Rechtsfähigkeit an und fordert keine neuerliche Inkorporation in Übereinstimmung mit seinen Gesetzen. Das vom deutschen IPR zur Anwendung berufene neue Sitzrecht spricht mithin eine Rückverweisung auf das deutsche Gründungsrecht aus, die nach Art. 4 Abs. 1 EGBGB zu beachten ist und zur Anwendung des deutschen Sachrechts führt[3].

5135 Weitere Voraussetzung für eine wirksame grenzüberschreitende Sitzverlegung ist jedoch die Zulässigkeit einer Übertragung der vom Inland erteilten Rechtsfähigkeit ins Ausland nach dem **internen Sachrecht** des Wegzugsstaates[4]. Da eine deutsche Gesellschaft sich mit Verlegung ihres tatsächlichen Verwaltungssitzes ins Ausland aus dem Rechtskreis löst, von dem sie ihre Rechtsfähigkeit ableitet, wertete die in Deutschland bisher hM die Sitzverlegung ins Ausland als zwingenden Grund für die Liquidation der Gesellschaft, unabhängig vom entgegenstehenden Willen der Gesellschafter oder einer entsprechenden Satzungsbestimmung[5].

---

1 BayObLG 7.5.1992 (Rz. 5034), BayObLGZ 1992, 113 (116); BayObLG 11.2.2004 (Rz. 5139), BayObLGZ 2006, 24 = DNotZ 2004, 725 m. Anm. *Thölke*; OLG Brandenburg 30.11.2004 (Rz. 5139), FGPrax 2005, 78 = GmbHR 2004, 484 m. Anm. *Ringe*; *Großfeld*, in: Staudinger, IntGesR Rz. 617 ff.
2 *Kindler*, in: MünchKomm, IntGesR Rz. 499.
3 *Ebenroth/Eyles*, DB 1988, Beil. 2, S. 1 (7); *Ebenroth/Auer*, RIW 1992, Beil. 1, S. 1 (6 f.); *Ebenroth/Auer*, DNotZ 1993, 190 (193); *Behrens*, IPRax 2000, 323 (330); *Kindler*, in: MünchKomm, IntGesR Rz. 501; zust. OLG Hamm 1.2.2001, NJW 2001, 2183 = IPRax 2001, 343 m. Anm. *Mansel*.
4 *Kindler*, in: MünchKomm, IntGesR Rz. 502; *Großfeld*, in: Staudinger, IntGesR Rz. 609 ff.; *Behrens*, Die GmbH, Rz. IPR 65; *Lüderitz*, in: Soergel, Anh. zu Art. 10 EGBGB Rz. 47.
5 RG 5.7.1882, RGZ 7, 68 (69); BGH 11.7.1957, BGHZ 25, 134 (144) = NJW 1957, 1433; OLG Hamm 30.4.1997, WiB 1997, 1242 m. Anm. *Mankowski*; OLG Düsseldorf 26.3.2001, NJW 2001, 2184 = NZG 2001, 506 (m. Anm. *Kieninger*, NZG 2001, 610); OLG Hamm 1.2.2001, NJW 2001, 2183; zust. *Kegel/Schurig*, § 17 II 2; *von Bar*, II Rz. 623; *Michalski*, NZG 1998, 762 (764); *Schwarz*, NZG 2001, 613; H. P. *Westermann*, in: Scholz, GmbHG, 10. Aufl. (2006), Einl. Rz. 154; *Hohloch*, in: Erman, Anh. II zu Art. 37 EGBGB Rz. 28; *Großfeld*, in: Staudinger, IntGesR Rz. 617 ff. mwN. Vgl. auch OLG Köln 30.9.1998, RIW 1999, 145 = IPRax 2000, 130 (m. Anm. *Teichmann*, IPRax 2000, 110) = EWiR 1999, 261 (LS) m. Anm. *Mankowski* = IPRspr. 1998 Nr. 26 (Abwicklung des Tagesgeschäfts einer deutschen GmbH durch den Geschäftsführer mittels Korrespondenz und Telefonkontakt vom Ausland aus als mögliche Verlegung des Verwaltungssitzes gewertet, die zur Auflösung der Gesellschaft führen würde).

Die gleiche Rechtsfolge sollte sich bereits an den **Beschluss** des zuständigen 5136
Gesellschaftsorgans zur Verlegung des tatsächlichen Verwaltungssitzes in das
Ausland knüpfen. Dieser Beschluss wurde mithin als Auflösungsbeschluss gewertet. Dementsprechend wurde die Eintragung eines Sitzverlegungsbeschlusses abgelehnt; stattdessen sei die Auflösung der Gesellschaft zum Handelsregister anzumelden[1]. Begründet wurde diese Haltung vor allem mit dem Schutz von Gesellschafter- und Gläubigerinteressen sowie mit der engen Verknüpfung juristischer Personen mit dem Staat ihrer Gründung[2]. Ferner wurde auf die parallele Wertung des Steuerrechts verwiesen; danach habe die Sitzverlegung einer im Inland steuerpflichtigen Körperschaft ein Ausscheiden aus der Steuerpflicht bei gleichzeitiger Liquidation der Gesellschaft zur Folge, um auf diese Weise die bisher nicht versteuerten Gewinne im Inland zu erfassen[3].

Diese Annahme eines sachrechtlichen Hindernisses für die Verlegung des Verwaltungssitzes deutscher Gesellschaften ins Ausland wird schon seit längerem 5137
kritisiert[4]. Sie überzeugte insbesondere dann nicht, wenn die deutsche Gesellschaft ihren effektiven Verwaltungssitz in einen Staat verlegte, der auf dem Boden der Gründungstheorie stand. Denn für diesen Fall ergab sich das Recht zu einer identitätswahrenden Verlegung des effektiven Verwaltungssitzes bereits aus den Grundsätzen über die Beachtung einer Rück- und Weiterverweisung nach Art. 4 Abs. 1 EGBGB im deutschen internationalen Gesellschaftsrecht[5]. Ziel des Renvoi ist es, den internationalen Entscheidungseinklang mit dem neuen Sitzstaat herzustellen[6]. Überzeugende Wertungen des deutschen Sachrechts, die es rechtfertigen könnten, diese kollisionsrechtliche Entscheidung als „sinnwidrig" iSv. Art. 4 Abs. 1 S. 1, HS 2 EGBGB anzusehen, waren und

---

1 BGH 11.7.1957, BGHZ 25, 134 (144); BayObLG 7.5.1992 (Rz. 5034), BayObLGZ 1992, 113 (116) = EuZW 1992, 548 m. abl. Anm. *Behrens* (Beschluss einer deutschen GmbH mit Sitz in München, ihren Verwaltungssitz nach England zu verlegen, als Grund für die Auflösung der Gesellschaft gewertet); OLG Hamm 30.4.1997, RIW 1997, 874 = IPRax 1998, 363 (m. Anm. *Bechtel*, IPRax 1998, 348) = ZIP 1997, 1696 m. Anm. *Neye* = WiB 1997, 1242 m. Anm. *Mankowski* = IPRspr. 1997 Nr. 20 (Beschluss einer deutschen GmbH über die Verlegung des Verwaltungssitzes nach Luxemburg als Auflösungsgrund gewertet); OLG Düsseldorf 26.3.2001, NJW 2001, 2184 = BB 2001, 901 m. Anm. *Emde* = NZG 2001, 506 (m. Anm. *Kieninger*, NZG 2001, 610) = IPRax 2001, 343 m. Anm. *Mansel* = IPRspr. 2001 Nr. 14 (Beschluss einer deutschen GmbH über die Sitzverlegung in die Niederlande als Auflösungsbeschluss gewertet); zust. *Großfeld*, in: Staudinger, IntGesR Rz. 634 ff.; *H. P. Westermann*, in: Scholz, GmbHG, 10. Aufl. (2006), Einl. Rz. 154; aA (Nichtigkeit des Beschlusses nach § 241 Nr. 3 AktG), *Hüffer*, in: MünchKomm AktG, 8. Aufl. (2008), § 262 AktG Rz. 37.
2 Vgl. statt vieler *Großfeld*, in: Staudinger, IntGesR Rz. 617 ff., 657.
3 RG 29.6.1923, RGZ 107, 94 (97); *Großfeld*, in: Staudinger, IntGesR Rz. 614.
4 Abl. *Beitzke*, Juristische Personen, S. 180; *Beitzke*, ZHR 127 (1964/65), 1 (41 ff.); *Behrens*, EuZW 1992, 550; *Knobbe-Keuk*, ZHR 154 (1990), 325 (350 ff.); *Knobbe-Keuk*, DB 1990, 2578; *Lutter*, BB 2003, 7 (10) („ganz und gar überflüssige und unverständliche Lehre"); ebenso zuletzt *Franz/Laeger*, BB 2003, 678 (680 f.).
5 Zutr. OLG Hamm 1.2.2001, NJW 2001, 2183; *Kindler*, in: MünchKomm, IntGesR Rz. 504; *Ebenroth/Auer*, DNotZ 1993, 190 (193); *Dreissig*, DB 2000, 893 ff.; *Ebert*, NZG 2002, 937 (941); *Triebel/von Hase*, BB 2003, 2409 (2411); aA *Großfeld*, in: Staudinger, IntGesR Rz. 629.
6 Vgl. dazu allg. *Hausmann*, in: Staudinger, Art. 4 EGBGB Rz. 17 f.

sind aber nicht ersichtlich. Dies gilt insbesondere für den Hinweis auf die Parallelwertung des internationalen Steuerrechts in § 12 KStG; denn nach zutreffender Auslegung dieser Vorschrift besteht die unbeschränkte Steuerpflicht auch dann weiter, wenn und solange die Gesellschaft ihren Satzungssitz (§ 11 AO) im Inland beibehält[1]. Mit Wirkung vom 1.11.2008 hat der deutsche Gesetzgeber des **MoMiG** (oben Rz. 5075 f.) daher das sachrechtliche Hindernis für die Verlegung des tatsächlichen Verwaltungssitzes deutscher Kapitalgesellschaften ins Ausland zu Recht beseitigt[2]. Vorausgesetzt bleibt jedoch im Geltungsbereich der Sitztheorie das Erfordernis der Maßgeblichkeit deutschen Gesellschaftsrechts aus der Sicht des neuen Sitzstaates.

5138 Eine andere Beurteilung ist weiterhin dann erforderlich, wenn die Gesellschaft **zugleich ihren Satzungssitz** ins Ausland verlegt. Denn für diesen Fall scheidet eine Rückverweisung nach Art. 4 Abs. 1 EGBGB auch dann aus, wenn der neue Sitzstaat der Gründungstheorie folgt. Denn die Gesellschaft ist nach dem Recht ihres geänderten statutarischen Sitzes nicht wirksam gegründet[3]. Dieser kollisionsrechtlichen Bewertung entspricht auch die steuerrechtliche Betrachtung, weil die Verlegung des Satzungssitzes einer deutschen Kapitalgesellschaft ins Ausland zwingend zu deren Liquidation und zur Besteuerung der stillen Reserven führt.

5139 Darüber hinaus lässt bereits das deutsche **Sachrecht** eine Verlegung des Satzungssitzes ins Ausland nicht zu, weil dadurch den deutschen Gerichten und Verwaltungsbehörden in weiterem Umfang die internationale Zuständigkeit entzogen und damit die Durchsetzung des deutschen Gesellschaftsrechts erheblich erschwert oder gar verhindert würde[4].

BayObLG 11.2.2004, BayObLGZ 2006, 24 = DNotZ 2004, 725 m. Anm. *Thölke* = DStR 2004, 1224 (m. Aufs. *Weller*, DStR 2004, 1218) = GmbHR 2004, 498 m. Anm. *Stieb* = IPRspr. 2004 Nr. 224
Eintragung der identitätswahrenden Verlegung des Verwaltungs- und Satzungssitzes einer in Deutschland gegründeten GmbH nach Portugal im deutschen Handelsregister abgelehnt. Auf das Kollisions- und Sachrecht des Zuzugsstaates komme es nicht an, wenn

---

1 Zutr. *Ebenroth/Eyles*, DB 1988, Beil. 2, S. 1 (7 f.); *Ebenroth/Auer*, RIW 1992, Beil. 1, S. 1 (7); *Kindler*, in: MünchKomm, IntGesR Rz. 504.
2 *Franz/Laeger*, BB 2008, 678 (680); *Hoffmann*, ZIP 2007, 1581 (1582 f.); *Kindler*, IPRax 2009, 189 (199); aA noch *Kindler*, AG 2007, 22 und Der Konzern 2006, 811 (816).
3 *Ebenroth/Eyles*, DB 1988, Beil. 2, S. 1 (7); *Ebenroth/Auer*, DNotZ 1993, 190 (193); *Behrens*, IPRax 2000, 323 (330); *Kindler*, in: MünchKomm, IntGesR Rz. 511. Vgl. auch OLG Hamm 1.2.2001, NJW 2001, 2183 = RIW 2001, 461 = IPRax 2001, 343 m. Anm. *Mansel* = NZG 2001, 562 (m. Anm. *Schwarz*, NZG 2001, 613) = IPRspr. 2001 Nr. 13 (Eintragung der Verlegung des Verwaltungs- und Satzungssitzes einer in Deutschland gegründeten GmbH nach England ins deutsche Handelsregister abgelehnt. Aufgrund der Verlegung auch des statutarischen Sitzes sei „die Gesellschaft auch vom Standpunkt der Gründungstheorie nicht anerkennungsfähig, weil die Gesellschaft nicht nach dem Recht ihres (geänderten) statutarischen Sitzes gegründet worden ist".).
4 *Großfeld*, in: Staudinger, IntGesR Rz. 243, 652; im Erg. auch OLG Düsseldorf 26.3.2001, NJW 2001, 2184; OLG München 4.5.2007, WM 2007, 2292 = GmbHR 2007, 1273.

bereits das – hier deutsche – Sachrecht des Wegzugsstaates die Verlegung des Satzungssitzes nicht zulasse.

OLG Brandenburg 30.11.2004, GmbHR 2005, 484 m. Anm. *Ringe* = ZIP 2005, 489 = IPRspr. 2004 Nr. 232
Eintragung der identitätswahrenden Verlegung des Verwaltungs- und Satzungssitzes einer nach deutschem Recht gegründeten GmbH nach Italien abgelehnt.

Daran hat auch die Neufassung von §§ 5 Abs. 2 AktG, 4a Abs. 2 GmbHG aF durch das MoMiG (oben Rz. 5075 f.) nichts geändert, denn die Vorschriften stellen durch den Zusatz „im Inland" jeweils klar, dass der Satzungssitz nicht ins Ausland verlegt werden kann[1].

Verlegt eine deutsche Gesellschaft unter Beibehaltung ihres tatsächlichen Verwaltungssitzes in Deutschland **allein den Satzungssitz** ins Ausland, so ändert sich hingegen ihr Personalstatut nicht[2]. Die Verlegung des Satzungssitzes ins Ausland ist jedoch aus den vorgenannten Gründen nach deutschem Sachrecht unzulässig. Ein hierauf gerichteter Beschluss ist nach zutreffender Auffassung nicht als Auflösungsbeschluss zu werten[3], sondern in – gegebenenfalls entsprechender – Anwendung von § 241 Nr. 3 AktG nichtig[4].

5140

cc) Sitzverlegung von einem Drittstaat in einen anderen

Begreift man die Anknüpfung an den effektiven Verwaltungssitz einer Gesellschaft als **allseitige Kollisionsnorm**, kann auch eine identitätswahrende Sitzverlegung von einem ausländischen Staat in einen anderen nur erfolgen, wenn sowohl der Wegzugs- wie der Zuzugsstaat die Gesellschaft in diesem Fall unverändert fortbestehen lassen. Ist dies der Fall, weil beide Staaten der Gründungstheorie folgen, so tritt mit der Sitzverlegung zwar ein Statutenwechsel ein; die Gesellschaft besteht jedoch als solche dann auch aus deutscher Sicht fort[5].

5141

---

1 *Kindler*, AG 2007, 721 (723); *Kindler*, IPRax 2009, 189 (194 f.); *Franz/Laeger*, BB 2008, 678 (679). Zur Reform oben Rz. 5079.
2 *Großfeld*, in: Staudinger, IntGesR Rz. 650; *Kindler*, in: MünchKomm, IntGesR Rz. 510.
3 So die hM, vgl. BayObLG 7.5.1992, OLG Hamm 30.4.1997 und OLG Düsseldorf 26.3.2001, jeweils in Fn. 1 zu Rz. 5136; *Großfeld*, in: Staudinger, IntGesR Rz. 654 f.; *Ebenroth/Auer*, RIW 1992, Beil. 1, S. 7.
4 So OLG München 4.10.2007, ZIP 2007, 2124; *Hüffer*, Aktiengesetz, 8. Aufl. (2008), § 5 Rz. 5; *Kindler*, in: MünchKomm, IntGesR Rz. 510; *Triebel/von Hase*, BB 2003, 2409 (2414 f.) mwN.
5 Vgl. BGH 13.9.2004, NJW 2004, 3706 (3707) und 2.12.2004, TranspR 2005, 74; dazu schon oben Rz. 5090. Ferner *Kindler*, in: MünchKomm, IntGesR Rz. 515; *Großfeld*, in: Staudinger, IntGesR Rz. 648 f. OLG Frankfurt a.M. 24.4.1990, NJW 1990, 2204 (Nach dem Recht von Panama gegründete Gesellschaft verlegt ihren effektiven Verwaltungssitz von Panama in die Schweiz. „Nehmen bei der Verlegung des tatsächlichen Verwaltungssitzes von einem ausländischen Staat in einen anderen sowohl der alte als auch der neue Sitzstaat überstimmend einen unveränderten Fortbestand an, dann wird dies auch von der deutschen Rechtsordnung hingenommen.").

Gleiches gilt auch dann, wenn der Zuzugsstaat zwar der Sitztheorie folgt, den Fortbestand der zugezogenen ausländischen Gesellschaft jedoch bei entsprechender Anpassung an das neue Sitzrecht anerkennt[1].

2. Gründungstheorie

a) Problemstellung

5142 Nach dem bisherigen Stand des Gemeinschaftsrechts hängt die Mobilität von Gesellschaften, die in der EG bzw. dem EWR gegründet wurden und ihren tatsächlichen Verwaltungssitz in einen anderen Mitgliedstaat der EG bzw. Vertragsstaat des EWR verlegen wollen, maßgeblich von der Ausgestaltung des Kollisions- und Sachrechts des Gründungsstaates ab. Denn die Niederlassungsfreiheit gebietet nach der Auslegung der Art. 43, 48 EG durch den EuGH nur die Anerkennung des *Zuzugs* einer in einem anderen Mitgliedstaat wirksam gegründeten Gesellschaft („Überseering", Rz. 5049 ff.), verpflichtet den Gründungsstaat aber nicht, den identitätswahrenden *Wegzug* „seiner" Gesellschaften zu gestatten („Cartesio", Rz. 5056 ff.). Dies kann nach Einstellung der Arbeiten an einem Richtlinienvorschlag für die grenzüberschreitende Verlegung des Satzungssitzes von Kapitalgesellschaften[2] bis auf Weiteres nur durch den jeweiligen nationalen Gesetzgeber des Wegzugsstaates geändert werden.

b) Zuzugsfälle

5143 Für Gesellschaften, die ihren tatsächlichen **Verwaltungssitz** aus dem EG-/EWR-Mitgliedstaat, in dem sie gegründet wurden, in einen anderen Mitgliedstaat verlegen, gilt mit Rücksicht auf die Niederlassungsfreiheit die Anknüpfung an das Gründungsrecht. Der Aufnahmestaat hat nach der „Überseering"-Entscheidung des EuGH (Rz. 5049 ff.) die nach dem Recht des Gründungsstaates erworbene und auch nach der Verlegung des effektiven Verwaltungssitzes fortbestehende Rechts- und Parteifähigkeit dieser Gesellschaft anzuerkennen. Er darf dem Zuzug der Gesellschaft in sein Staatsgebiet weder kollisions- noch materiellrechtliche Hindernisse in den Weg legen[3]. Dieses „gesellschaftsrechtliche Herkunftslandprinzip"[4] gilt nicht nur bei der nach-

---

1 *Bechtel*, IPRax 1998, 348 (349); *Kindler*, in: MünchKomm, IntGesR Rz. 515. OLG Jena 17.12.1997, DB 1998, 1178 = IPRax 1998, 364 (m. Anm. *Bechtel*, IPRax 1998, 348) = IPRspr. 1997 Nr. 22 (Nach dem Recht von Panama errichtete Gesellschaft verliert ihre Rechtsfähigkeit auch durch Sitzverlegung nach Luxemburg nicht, obwohl Luxemburg der Sitztheorie folgt).
2 Vgl. dazu *Grohmann/Gruschinske*, GmbHR 2008, 27; *Behme*, BB 2008, 70 (73); *Kindler*, Status: Recht 2008, 68 (69).
3 Vgl. BGH 13.3.2003 (Rz. 5061), BGHZ 154, (185, 188 ff.); BGH 14.3.2005 (Rz. 5211), NJW 2005, 1648 (1649); dazu oben Rz. 5059 ff.; ferner zuletzt *Campos Nave*, BB 2008, 1410 (1414). Ob die Gesellschaft im Übrigen wegen der Kollisionsrechtsneutralität der Niederlassungsfreiheit (Rz. 5065) ab dem Zuzug dem deutschen Gesellschaftsrecht unterstellt werden darf (so *Kindler*, IPRax 2009, 189 [192]), ist zumindest zweifelhaft.
4 Zu diesem Begriff *Leible/Hoffmann*, RIW 2002, 925 (935); *Zimmer*, BB 2003, 1 (2).

träglichen Verlegung des Verwaltungssitzes, sondern auch für den Fall, dass Satzungs- und Verwaltungssitz schon *von Beginn an* auseinander fallen[1].

BayObLG 19.12.2002, BayObLGZ 2002, 413 = NZG 2003, 290 (m. Aufs. *Leible/Hoffmann,* NZG 2003, 259) = IPRax 2003, 244 (m. Anm. *Behrens,* IPRax 2003, 193) = EWiR 2003, 273 (LS) m. Anm. *Mankowski* = IPRspr. 2002 Nr. 23
Grundbuchfähigkeit einer englischen „private limited company" anerkannt, obwohl es sich um eine Scheinauslandsgesellschaft handelte. Nach Ansicht des Senats ergreift das Diskriminierungsverbot der Art. 43, 48 EG „auch die Fälle ..., in denen eine Gesellschaft wirksam nach dem Recht eines Mitgliedstaats gegründet wurde und dort Rechtsfähigkeit erlangt hat, ihren faktischen Sitz aber stets nur in Deutschland hatte".

Die aus der Niederlassungsfreiheit abgeleitete Verpflichtung des Aufnahmestaates zur Anerkennung besteht freilich derzeit nur dann, wenn die Gesellschaft nach dem Kollisions- und Sachrecht des Gründungsstaates trotz der Verlegung ihres effektiven Verwaltungssitzes in einen anderen Mitgliedstaat fortbesteht. Dies ist aber nur dann der Fall, wenn der Gründungsstaat in seinem nationalen Kollisionsrecht die Gründungstheorie befolgt. Steht er hingegen auf dem Boden der Sitztheorie, so ist er durch Art. 43, 48 EG nicht gehindert, den Wegzug der nach seinem Recht gegründeten Gesellschaften zu beschränken[2]. Verlegt die Gesellschaft trotz einer solchen Wegzugsbeschränkung ihren effektiven Verwaltungssitz nach Deutschland, so entfällt eine Verpflichtung zur Anerkennung ihrer Rechts- und Parteifähigkeit nach der Gründungstheorie; es verbleibt insoweit vielmehr bei der Anwendung der modifizierten Sitztheorie. Denn für diesen Fall kann die Nichtanerkennung durch das deutsche Recht in die Niederlassungsfreiheit der Gesellschaft nicht eingreifen, weil diese den Schutz der Art. 43, 48 EG überhaupt nicht genießt[3].

5144

Darüber hinaus ist auch die Verlegung des **Satzungssitzes** der in einem anderen EG/EWR-Mitgliedstaat gegründeten Gesellschaft nach Deutschland von der Niederlassungsfreiheit nicht umfasst, gleichgültig ob sie isoliert oder zusammen mit der Verlegung des Verwaltungssitzes erfolgt[4]. Auch sieht das deutsche Recht hierfür keine sachrechtlichen Regeln vor[5].

---

1 BGH 19.9.2005 (Rz. 5063), BGHZ 164, 149 (151 f.) = NJW 2005, 3351; OLG Frankfurt a.M. 28.5.2003, IPRax 2004, 56 (58) (m. Anm. *Baudenbacher/Buschle,* IPRax 2004, 26) = IPRspr. 2003 Nr. 16; OLG Zweibrücken 26.3.2003, NZG 2003, 537 (538) = IPRspr. 2003 Nr. 11b; *Eidenmüller,* ZIP 2002, 2233 (2243); *Leible/Hoffmann,* ZIP 2003, 926 (929); *Weller,* IPRax 2003, 324 (327); *Thorn,* in: Palandt, Anh. zu Art. 12 EGBGB Rz. 7; aA *Kindler,* NJW 2003, 1073 (1078); *Binz/Mayer,* GmbHR 2003, 249 (256); offen lassend *W.-H. Roth,* IPRax 2003, 117 (126); *Forsthoff,* DB 2002, 2471 (2475); *Zimmer,* ZHR 164 (2000), 23 (40 f.) Zur Auswirkung auf das Recht der Scheinauslandsgesellschaft, eine Zweigniederlassung im Inland zu gründen, s. unten Rz. 5167 f. mwN.
2 Vgl. dazu sogleich Rz. 5145 ff. m.Nachw.
3 *Leible/Hoffmann,* RIW 2002, 925 (934 f.); *Leible/Hoffmann,* ZGR 2003, 259 (260); *Paefgen,* WM 2003, 561 (568); *Weller,* IPRax 2003, 324 (327); *Weller,* IPRax 2009, 201 (205 f.).
4 *Triebel/von Hase,* BB 2003, 2409 (2413 f.); *Campos Nave,* BB 2008, 1410 (1411); zust. OLG Zweibrücken 27.9.2005, NJW-RR 2006, 42 = IPRspr. 2005 Nr. 224 (Verein).
5 *Kindler,* IPRax 2009, 189 (192).

c) Wegzugsfälle

5145 Demgegenüber hatte der EuGH bereits in seiner „Daily Mail"-Entscheidung (Rz. 5043 f.) festgestellt, dass vom Gründungsstaat angeordnete Wegzugsbeschränkungen für Gesellschaften – anders als für natürliche Personen[1] – europarechtlich nicht kontrolliert werden. An dieser Auffassung hatte er sowohl in seinem „Centros"-Urteil (Rz. 5045 ff.)[2] als auch in seinen Entscheidungen „Überseering" (Rz. 5049 ff.) und „Inspire Art" (Rz. 5052 ff.)[3] ausdrücklich festgehalten. Danach hat der Gründungsstaat das Recht, einer Gesellschaft „Beschränkungen hinsichtlich der Verlegung ihres tatsächlichen Verwaltungssitzes aus seinem Hoheitsgebiet aufzuerlegen, damit sie die ihr nach dem Recht dieses Staates zuerkannte Rechtspersönlichkeit beibehalten kann" („Überseering", Nr. 70). Bei einem Verstoß gegen diese Beschränkungen sei der Gründungsstaat daher nicht verpflichtet, die von ihm verliehene Rechtspersönlichkeit auch nach einer Sitzverlegung ins Ausland weiterhin anzuerkennen. Ein aus der Niederlassungsfreiheit abgeleitetes Recht auf identitätswahrenden Wegzug gegen den Willen des Gründungsstaates wurde Gesellschaften also nicht zugestanden. Für den Wegzug von deutschen Gesellschaften in andere EU-/EWR-Mitgliedstaaten galten daher bis zum Inkrafttreten des MoMiG (Rz. 5075 f.) die bisherigen – aus der modifizierten Sitztheorie abgeleiteten – Grundsätze (Rz. 5134 ff.) fort, dh. die Verlegung des Verwaltungs- und/oder Satzungssitzes einer deutschen Kapitalgesellschaft ins EU-/EWR-Ausland wurde ebenso wenig anerkannt wie die Sitzverlegung in einen Drittstaat. Die Sitzverlegung konnte nicht im deutschen Handelsregister eingetragen werden, sondern hatte die Liquidation der Gesellschaft zur Folge[4].

---

[1] Vgl. zu dieser Differenzierung zwischen natürlichen und juristischen Personen bezüglich der Wegzugsfreiheit *Triebel/von Hase*, BB 2003, 2409 (2410 f.).

[2] Vgl. *Kindler*, NJW 1999, 1993 (1998); *Hammen*, WM 1999, 2487 (2490); *Lange*, DNotZ 1999, 599 (607); *Behrens*, IPRax 2000, 323 (329 f.); *Forsthoff*, DB 2000, 1109 (1111).

[3] Vgl. EuGH 5.11.2002 (Rz. 5049 ff.) unter Nr. 70; EuGH 30.9.2003 (Rz. 5052 ff.) unter Nr. 103; zust. *Weller*, IPRax 2003, 324 (327); *Leible/Hoffmann*, RIW 2002, 925 (932 f.); *Geyrhalter/Gänßler*, NZG 2003, 400 (411); *Meilicke*, GmbHR 2003, 793 (803); *Oechsler*, NJW 2006, 812 (813).

[4] Vgl. idS. nach dem „Centros"-Urteil (Rz. 5045 ff.) des EuGH: OLG Hamm 1.2.2001 (Fn. 3 zu Rz. 5138), NJW 2001, 2183 (England); OLG Düsseldorf 26.3.2001, NZG 2001, 506 (m. Anm. *Kieninger*, NZG 2001, 610) (Niederlande). Ebenso noch nach dem „Überseering"-Urteil (Rz. 5045 ff.): BayObLG 11.2.2004 (Rz. 5139), NJW-RR 2004, 836 = GmbHR 2004, 490 m. Anm. *Stieb* (Portugal); OLG Brandenburg 30 11. 2004 (Rz. 5139), BB 2005, 849 (Italien); LG Berlin 22.2.2005, GmbHR 2005 = IPRspr. 2005 Nr. 211 (Frankreich); OLG München 4.10.2007, WM 2007, 2292 = NZG 2007, 915 (Eintragung des Beschlusses über die Sitzverlegung einer deutschen GmbH nach Portugal ins deutsche Handelsregister abgelehnt). Zur Differenzierung zwischen Beschränkungen des Zuzugs und des Wegzugs von Gesellschaften schon vor der „Cartesio"-Entscheidung des EuGH ferner *Mülbert/Schmolke*, ZvglRW 100 (2001), 223 (257); *Kallmeyer*, DB 2002, 2521 (2522); *Forsthoff*, DB 2002, 2471 (2474 f.); *Lutter*, BB 2003, 7 (10); *Binz/Mayer*, GmbHR 2003, 249 (256); *Zimmer*, NJW 2003, 3585 (3592) und *Zimmer* ZHR 164 (2000), 23 (27); *Eidenmüller*, JZ 2004, 24 (29); *Eidenmüller/Rehm*, ZGR 2004, 159 (175); *Schmidtbleicher*, BB 2007, 613 (615); *Grohmann/Gruschinske*, GmbHR 2008, 27 (30); *Kindler*, in: MünchKomm, IntGesR Rz. 498. Ebenso im Rahmen des deutsch-

Die vom EuGH vorgenommene Differenzierung zwischen Zuzugs- und Wegzugsbeschränkungen wird allerdings **in der Literatur schon seit längerem kritisiert**. Sie widerspreche nicht nur der Auslegung der sonstigen Grundfreiheiten, die gleichermaßen für Import- wie Exportsachverhalte gälten, sondern stehe auch mit der Auslegung der Niederlassungsfreiheit nach Art. 43, 48 EG durch den EuGH, soweit *natürliche* Personen betroffen sind, nicht in Einklang[1]. Allein das Argument, dass Gesellschaften ihre Existenz dem Gründungsstaat verdanken, könne als Rechtfertigung für eine Diskriminierung gegenüber natürlichen Personen nicht ausreichen[2]. Darüber hinaus führe die Rechtsprechung des EuGH zu einer erheblichen Benachteiligung von Gesellschaften, deren Gründungsstaaten in ihrem nationalen Kollisionsrecht auf dem Boden der Sitztheorie stehen. Denn diese Gesellschaften würden quasi in ihrem Gründungsstaat „eingemauert", während Gesellschaften aus Staaten, die der Gründungstheorie folgen, ungehindert in alle anderen Mitgliedstaaten auswandern könnten. Da die Niederlassungsfreiheit somit in ihrer Funktion als „Wegzugsfreiheit" im Ergebnis auf Gesellschaften aus Gründungstheorie-Staaten beschränkt[3] war, wurde das vom Gründungsstaat im Gewande der Sitztheorie angeordnete Verbot der identitätswahrenden Sitzverlegung in einen anderen Mitgliedstaat von vielen schon de lege lata als Verstoß gegen die Niederlassungsfreiheit gewertet[4].

Der EuGH ist dieser Kritik indessen – wie gezeigt (Rz. 5056 ff.) – in seiner „Cartesio"-Entscheidung nicht gefolgt. Es bleibt vielmehr Sache des jeweiligen Mitgliedstaats, ob er „seinen" Gesellschaften durch entsprechende Regelungen im nationalen Kollisions- oder Sachrecht Wegzugsfreiheit einräumen möchte oder nicht. Er darf lediglich einer vom Zuzugsstaat ermöglichten formwechselnden Umwandlung keine sachrechtlichen Hindernisse entgegenstellen[5]. Der deutsche Gesetzgeber hat durch das **MoMiG** (Rz. 5075 f.) für deutsche Kapitalgesellschaften die bisher bestehenden *sachrechtlichen* Hindernisse für die

---

amerikanischen Freundschaftsvertrages auch BFH 29.1.2003, BB 2003, 1210 = GmbHR 2003, 722.

1 Zur „Wegzugsfreiheit" natürlicher Personen vgl. zuletzt EuGH 11.3.2004 – Rs. C-9/02 (de Lasteyrie du Saillant), Slg. 2004 I, 2409 = NJW 2004, 2439 = GmbHR 2004, 504 = RIW 2004, 392 m. Anm. *Meilicke*. Für Übertragung dieser Rechtsprechung auf Gesellschaften *Teichmann*, ZIP 2006, 355 (357); *Kleinert*, DB 2004, 673 (674); *Schmidtbleicher*, BB 2007, 613 (616).
2 *W.-H. Roth*, IPRax 2003, 117 (121 f.); *Triebel/von Hase*, BB 2003, 2409 (2410).
3 *Lutter*, BB 2003, 7 (10); *Paefgen*, WM 2003, 561 (568); *Leible/Hoffmann*, ZIP 2003, 925 (929); *Bayer*, BB 2004, 2357 (2364).
4 So etwa *Wertenbruch*, NZG 2003, 618 (620); *Behrens*, IPRax 2003, 193 (205); *Baudenbacher/Buschle*, IPRax 2004, 26 (28); *Eidenmüller*, ZIP 2002, 2233 (2243); *Eidenmüller*, JZ 2003, 526 (528); *Großerichter*, DStR 2003, 159 (164 f.); *Keninger*, NZG 2001, 610 (611); *Meilicke*, GmbHR 2003, 793 (803); *Paefgen*, DZWiR 2003, 441 (443); *W.-H. Roth*, IPRax 2003, 117 (121 f.); *Schulz/Sester*, EWS 2003, 2471 (2473); *Triebel/von Hase*, BB 2002, 2409 (2410); *Forsthoff*, DB 2003, 2471 (2473); *Schmidtbleicher*, BB 2007, 613 (615 f.); *Thorn*, in: Palandt, Anh. zu Art. 12 EGBGB Rz. 7. S. auch AG Heidelberg 3.3.2000, RIW 2000, 557 = IPRax 2000, 425 (m. Anm. *Behrens*, IPRax 2000, 384) = ZIP 2000, 1617 (m. Aufs. W. H. Roth, ZIP 2000, 1597) = NZG 2000, 927 (m. Aufs. *Jaeger* NZG 2000, 918) = IPRspr. 2000 Nr. 12.
5 Vgl. näher *Leible/Hoffmann*, BB 2009, 58 ff.; *Teichmann*, ZIP 2009, 393 (401 ff.).

Verlegung des effektiven Verwaltungssitzes in einen anderen Mitgliedstaat der EG bzw. des EWR ausgeräumt. Ferner darf auch der Zuzugsstaat, selbst wenn er der Sitztheorie folgt, die Anerkennung der fortbestehenden Rechts- und Parteifähigkeit der deutschen AG oder GmbH nach einer Verlegung des effektiven Verwaltungssitzes in diesen Staat mit Rücksicht auf die Niederlassungsfreiheit nicht verweigern[1]. Ausgeschlossen bleibt jedoch auch weiterhin die Verlegung des Satzungssitzes einer deutschen AG/GmbH ins EU-Ausland, selbst wenn der Zuzugsstaat sie zulassen sollte[2]. Als Alternative kommt nur die Verschmelzung der deutschen Gesellschaft auf eine zu diesem Zweck gegründete ausländische Gesellschaft in Betracht (§§ 122a ff. UmwG).

5148–5160 Frei.

III. Reichweite des Gesellschaftsstatuts

5161 Die Reichweite des Gesellschaftsstatuts ist vom Standpunkt der Sitztheorie wie der Gründungstheorie umfassend; es regelt die Außen- und Innenverhältnisse der Gesellschaft abschließend[3]. Für die hier primär interessierende Wirksamkeit internationaler Schuldverträge, die von ausländischen Gesellschaften abgeschlossen werden, stehen die Fragen der Rechtsfähigkeit und der gesetzlichen Vertretung sowie – für die gerichtliche Geltendmachung vertraglicher Forderungen – die Partei- und Prozessfähigkeit solcher Gesellschaften im Vordergrund. Unter dem Aspekt des Schutzes inländischer Gläubiger der ausländischen Gesellschaft sind ferner Fragen der Haftungsverfassung zu erörtern[4].

1. Rechtsfähigkeit

a) Allgemeine Rechtsfähigkeit

5162 Das Gesellschaftsstatut entscheidet zunächst, ob eine Gesellschaft oder sonstige Personenverbindung eigene Rechtsfähigkeit besitzt. Die Anerkennung einer ausländischen juristischen Person durch besonderen Rechtsakt ist dem deutschen Recht seit Aufhebung des Art. 10 EGBGB aF (betr. die Anerkennung ausländischer Vereine) nicht mehr bekannt. Ausländische juristische Personen werden vielmehr – soweit nicht ausnahmsweise der ordre public (Art. 6 EGBGB) entgegensteht – im Inland anerkannt, wenn sie nach ihrem Personalstatut als

---

1 Vgl. zuvor Rz. 5143 f.; anders offenbar *Kindler*, IPRax 2009, 189 (192 bei Fn. 47).
2 *Kindler*, IPRax 2009, 189 (192); *Knof/Mock*, ZIP 2009, 30, 32 f.; vgl. auch OLG München 4.10.2007, NZG 2007, 915.
3 Vgl. in diesem Sinne allg. *Großfeld*, in: Staudinger, IntGesR Rz. 16, 249; *Kindler*, in: MünchKomm, IntGesR Rz. 520; zur europarechtlichen Gründungstheorie *Forsthoff*, DB 2002, 2471 (2475); *Behrens*, IPRax 2003, 193 (204 f.); *Paefgen*, DZWiR 2003, 441 (442); *Spindler/Berner*, RIW 2003, 949 (955); *Zimmer*, NJW 2003, 3585 (3591); *Thorn*, in: Palandt, Anh. zu Art. 12 EGBGB Rz. 7; einschränkend AG Hamburg 14.5.2003, IPRax 2003, 534 (m. abl. Anm. *Weller* IPRax 2003, 520); *Kindler*, NJW 2003, 1073 (1077); *Altmeppen*, NJW 2004, 97 (99 ff.).
4 Dazu unten Rz. 5207 ff.

eigene Rechtsperson wirksam entstanden sind. Das über die „Anerkennung" entscheidende Recht ist daher mit dem Personalstatut der Gesellschaft identisch[1]. Ist eine Gesellschaft daher nach ihrem ausländischen Personalstatut rechtsfähig, so ist diese Rechtsfähigkeit im Inland selbst dann zu beachten, wenn das inländische Recht einem entsprechenden Gebilde keine Rechtsfähigkeit zuerkennt[2]. Den Personenhandelsgesellschaften der romanischen Rechte und der bürgerlich-rechtlichen Gesellschaft des französischen Rechts kommt daher auch im Inland Rechtsfähigkeit zu. Deutsche Gerichte haben daher unter Geltung der Sitztheorie die nach dem ausländischen **Sitzrecht** erlangte Rechtsfähigkeit durchwegs anerkannt[3]: In gleicher Weise ist die nach dem ausländischen **Gründungsrecht** erlangte Rechtsfähigkeit anzuerkennen, soweit das Personalstatut – zB auf Grund von Staatsverträgen (dazu oben Rz. 5071 ff.)[4] oder mit Rücksicht auf die Niederlassungsfreiheit nach Art. 43, 48 EG (dazu oben Rz. 5041 ff., 5059 ff.)[5] – mithilfe der Gründungstheorie bestimmt wird.

Verleiht das ausländische Personalstatut einer Personenverbindung hingegen *keine* Rechtsfähigkeit, so hat es auch dabei prinzipiell sein Bewenden. Entgegen der früher hM verliert eine im Ausland wirksam gegründete Gesellschaft ihre Rechtsfähigkeit auch unter Geltung der Sitztheorie aber nicht allein dadurch, dass sie ihren effektiven Verwaltungssitz nachträglich ins Inland verlegt hat oder ihn von Anfang an im Inland hatte (dazu oben Rz. 5132 f.). Der inländische Rechtsverkehr wird freilich im Falle einer Nichtanerkennung der

---

1 BayObLG 21.3.1986, WM 1986, 968 (970); *Bungert*, WM 1995, 2125 (2126); *Kindler*, in: MünchKomm, IntGesR Rz. 296 ff., 302; *Lüderitz*, in: Soergel, Anh. zu Art. 10 EGBGB Rz. 16; *Großfeld*, in: Staudinger, IntGesR Rz. 168 ff.; *Thorn*, in: Palandt, Anh. zu Art. 12 EGBGB Rz. 20; *Kegel/Schurig*, § 17 II 2; *Schotten/Schmellenkamp*, Rz. 73.
2 Vgl. *Lüderitz*, in: Soergel, Anh. zu Art. 10 EGBGB Rz. 16; *Großfeld*, in: Staudinger, IntGesR Rz. 171, 265 ff.; *Kindler*, in: MünchKomm, IntGesR Rz. 540.
3 RG 3.6.1927, RGZ 117, 215 (217) (Corporation mit Sitz in Delaware/USA); BGH 17.10.1968, BGHZ 51, 27 (28) = NJW 1969, 188 = IPRspr. 1968/69 Nr. 211 (schweiz. AG); BGH 23.3.1979, WM 1979, 692 (693) = IPRspr. 1979 Nr. 5 und BGH 5.11.1980, BGHZ 78, 318 (334) = IPRax 1981, 130 (m. Anm. *Großfeld*, IPRax 1981, 116) = IPRspr. 1980 Nr. 41 (jeweils liechtenstein. Anstalt); BGH 13.6.1984, IPRax 1985, 221 (223) (m. Anm. *Kötz*, IPRax 1985, 205) = NJW 1984, 2762 = IPRspr. 1984 Nr. 121 (kanad. Ltd. Company); BayObLG 17.3.1965, BayObLGZ 1965, 77 (81) = IPRspr. 1964/65 Nr. 25 (israel. Stiftung); BayObLG 18.7.1985 (Rz. 5083), IPRax 1986, 161 (163) (engl. Private Ltd. Company); OLG Stuttgart 9.6.1964, NJW 1965, 1139 = IPRspr. 1964/65 Nr. 23a (liechtensteinisches Treuunternehmen); OLG Frankfurt a.M. 10.1.1984, IPRspr. 1984 Nr. 21 (kanad. Corporation); OLG Saarbrücken 21.4.1989, NJW 1990, 647 = IPRspr. 1989 Nr. 27 (schweiz. KG).
4 Zur Anerkennung der Rechtsfähigkeit von US-Corporations aufgrund von Art. 25 Abs. 5 des deutsch-amerikan. Freundschaftsvertrags von 1954 vgl. BGH 29.1.2003 (Rz. 5072), BGHZ 153, 353 (355 ff.); BGH 5.7.2004, NJW-RR 2004, 1618; BGH 13.10.2004, RIW 2005, 147 (jeweils bei Rz. 5073).
5 Zur Anerkennung der Rechtsfähigkeit von in anderen EU/EWR-Mitgliedstaaten gegründeten Gesellschaften nach der Gründungstheorie BGH 1.7.2002 (Rz. 5132), BGHZ 151, 204 (206); BGH 13.3.2003 (Rz. 5061), BGHZ 154, 185 (188 ff.) (Überseering); BGH 19.9.2005 (Rz. 5063), BGHZ 164, 149 (151) = NJW 2005, 3351; BGH 14.3.2005, NJW 2005, 1648; BayObLG 19.12.2002 (Rz. 5143), NZG 2003, 290 (Grundbuchfähigkeit); *Kindler*, in: MünchKomm, IntGesR Rz. 540 mwN.

Rechtsfähigkeit ausländischer Gesellschaften in gewissem Umfang geschützt (dazu unten Rz. 5201 ff.).

5163 Weiterhin richtet sich auch der **Umfang der Rechtsfähigkeit** nach dem Gesellschaftsstatut[1]. Bleibt dieser kraft ausländischen Rechts hinter demjenigen für vergleichbare Gesellschaften im deutschen Recht zurück, so ist auch diese Einschränkung im Inland grundsätzlich zu beachten[2], soweit nicht Gründe des Verkehrsschutzes (Art. 13 Rom I-VO analog) entgegenstehen (dazu unten Rz. 5201 ff.).

5164 Schließlich bestimmt das Gesellschaftsstatut auch darüber, wann die **Rechtsfähigkeit** einer Gesellschaft **endet**[3].

5165 Die nach ihrem ausländischen Personalstatut erloschene Gesellschaft kann allerdings zum Zwecke der Liquidation ihres in Deutschland belegenen Vermögens als **Restgesellschaft** fortbestehen[4].

b) Fähigkeit zur Errichtung von Zweigniederlassungen

aa) Sitztheorie

5166 Soll die Zweigniederlassung einer ausländischen Kapitalgesellschaft gem. § 13d HGB im deutschen Handelsregister eingetragen werden, so setzt auch dies die (fortbestehende) Rechtsfähigkeit der betreffenden Gesellschaft voraus. Deshalb konnten Scheinauslandsgesellschaften, die zwar nach dem Recht ihres ausländischen Satzungssitzes wirksam gegründet worden waren, ihren effektiven Verwaltungssitz aber im Inland hatten, bis zum Sommer 2002 im Inland keine Zweigniederlassungen errichten[5].

Nach der modifizierten Sitztheorie des BGH (Rz. 5132) kann die ausländische Gesellschaft jedoch heute zumindest als OHG oder GbR deutschen Rechts auch Zweigniederlassungen im Inland errichten.

---

1 *Kegel/Schurig*, § 17 II 2.
2 *Großfeld*, in: Staudinger, IntGesR Rz. 272 ff.; *von Bar*, II Rz. 637.
3 BGH 7.7.1988, NJW 1988, 3096 (m. Aufs. *Koch* NJW 1989, 279) = RIW 1988, 817 (m. Aufs. *Riegel*, RIW 1990, 546) = IPRax 1989, 162 (m. Anm. *Ackmann/Wenner*, IPRax 1989, 144) = IPRspr. 1988 Nr. 229 (keine Beendigung der Rechtsfähigkeit einer französ. AG durch Eröffnung des Konkursverfahrens in Frankreich); AG Duisburg 14.10.2003, IPRax 2005, 151 (m. Anm. *Borges*, IPRax 2005, 134); *Kegel/Schurig*, § 17 II 2; *von Bar*, II Rz. 636. Zum möglichen Verlust der Rechtsfähigkeit durch Sitzverlegung ins Ausland unter Geltung der Sitztheorie s. oben Rz. 5134 ff.
4 OLG Thüringen 22.8.2007, RIW 2007, 864 m. Anm. *Röder*; OLG Nürnberg 10.8.2007, NZG 2008, 76 (77) (jeweils zur Private Ltd. Company engl. Rechts); *Süß*, DNotZ 2005, 180; *Borges*, IPRax 2005, 134 (141).
5 Vgl. BayObLG 18.7.1985 (Rz. 5083), BayObLGZ 1985, 272 ff.; BayObLG 18.9.1986, BayObLGZ 1986, 351; BayObLG 26.8.1998, BayObLGZ 1998, 195 (197) = RIW 1998, 966 = IPRax 1999, 364 (m. Anm. *Behrens*, IPRax 1999, 323) = EWiR 1999 (LS) m. Anm. *Haack* = IPRspr. 1998 Nr. 24 (Eintragung der Zweigniederlassung einer nach engl. Recht gegründeten Private Ltd. Company im deutschen Handelsregister abgelehnt, weil die Gesellschaft in England keinen effektiven Verwaltungssitz unterhalte).

bb) Gründungstheorie

Durch das „Inspire Art"-Urteil (Rz. 5052 ff.) hat der EuGH die nach seinem „Centros"-Urteil (Rz. 5045 ff.) bestehende Unsicherheit über die Reichweite der *sekundären Niederlassungsfreiheit* von Gesellschaften beseitigt. Diese ist daher – entgegen einer verbreiteten (Fehl-)Interpretation des „Centros"-Urteils[1] – nicht auf Gesellschaften beschränkt, die in einem der Gründungstheorie folgenden Staat eine Zweigniederlassung errichten wollen. Vielmehr sind *alle* in einem EU-Mitgliedstaat gegründeten Gesellschaften, die nach ihrem Gründungsrecht wirksam (fort-)bestehen, berechtigt, von ihrer sekundären Niederlassungsfreiheit in anderen Mitgliedstaaten Gebrauch zu machen. Eine Kontrolle der wirksamen Gründung der Gesellschaft durch das Recht des „Anerkennungsstaates" findet nicht mehr statt[2]. Diese Auffassung hatte der österreichische OGH zu Recht schon nach dem „Centros"-Urteil des EuGH vertreten und die in Österreich geltende Sitztheorie (§ 10 IPRG) insoweit eingeschränkt[3]. 5167

Der in einem anderen EU-Mitgliedstaat wirksam gegründeten Gesellschaft kann daher auch in Deutschland das Recht auf Eintragung einer Zweigniederlassung heute nicht mehr mit der Begründung versagt werden, die Gesellschaft habe ihren Verwaltungssitz von Anfang an im Inland gehabt oder nachträglich hierhin verlegt[4]. Dies gilt auch dann, wenn die Gründung im Ausland allein dem Zweck dient, die inländischen Vorschriften zur Gründung einer GmbH zu umgehen[5]. Der gemeinschaftsrechtliche Begriff der Zweigniederlassung setzt auch das Bestehen einer Hauptniederlassung nicht voraus[6]. 5168

Ferner hat der EuGH klargestellt, dass Maßstab für die rechtlichen Anforderungen an die Errichtung einer Zweigniederlassung im Verhältnis der EG-Mitgliedstaaten zueinander allein die **Zweigniederlassungsrichtlinie 89/666/EWG** 5169

---

1 Vgl. die Nachw. oben Rz. 5047 in Fn. 3.
2 So schon nach dem „Centros"-Urteil des EuGH (Rz. 5045 ff.) zu Recht *Thorn*, IPRax 2001, 102 (104); *Freitag*, EuZW 1999, 267 (268); *Leible*, NZG 1999, 300 (301); *G. H. Roth*, ZIP 1999, 861 (866); *Zimmer*, ZHR 164 (2000), 23 (36).
3 Österreich. OGH 15.7.1999, RIW 2000, 378 = IPRax 2000, 418 (421 ff.) (m. Anm. *Behrens*, IPRax 2000, 384) = JZ 2000, 199 m. Anm. *Mäsch* = EuZW 2000, 156 (m. Anm. *Höfling*, EuZW 2000, 145) = NZG 2000, 36 m. Anm. *Kieninger* (Zweigniederlassung einer engl. Private Ltd. Company im österreich. Handelsregister eingetragen, obwohl die Gesellschaft ihren effektiven Verwaltungssitz in Österreich hatte).
4 So die inzwischen ganz hM, vgl. OLG Naumburg 6.12.2002, IPRspr. 2002 Nr. 22; OLG Düsseldorf 6.11.2002, IPRspr. 2002 Nr. 21; OLG Celle 10.12.2002, GmbHR 2003, 532 = IPRax 2003, 245 (m. Anm. *Behrens*, IPRax 2003, 193) = IPRspr. 2002 Nr. 16d; OLG Zweibrücken 26.3.2003, GmbHR 2003, 530 (531) = NZG 2003, 537 = IPRspr. 2003 Nr. 11b; KG 18.11.2003, NJW-RR 2004, 331 = GmbHR 2004, 116 m. Anm. *Mildner/Kleinert* = IPRspr. 2003 Nr. 215; LG Trier 3.4.2003, NZG 2003, 778 = IPRspr. 2003 Nr. 14; LG Stuttgart 9 2. 2005, IPRspr. 2005 Nr. 207; aA noch LG Frankenthal 6.12.2002, NJW 2003, 762 = BB 2003, 542 m. abl. Anm. *Leible/Hoffmann* = IPRspr. 2003 Nr. 11a; AG Lüneburg 21.6.2001, IPRax 2003, 266 = IPRspr. 202 Nr. 16 a.
5 KG 18.11.2003 (vorige Fn.); LG Meiningen 10.3.2003, IPRspr. 2003 Nr. 12. Dazu näher oben Rz. 5069.
6 EuGH 9.3.1999 (Rz. 5046), Nr. 14, 17, 21, 29; OLG Zweibrücken 26.3.2003 (Fn. 4), GmbHR 2003, 530 (531).

vom 21.12.1989 ist; weitergehende Pflichten oder Beschränkungen nach dem nationalen Recht des (Zweig-)Niederlassungsstaates dürfen nicht angeordnet werden. Daher sind die Regelungen im autonomen Recht der Mitgliedstaaten über die Anmeldung von Zweigniederlassungen (zB im deutschen Recht §§ 13d-13h HGB) im Lichte der Niederlassungsfreiheit auszulegen[1]. Wird die Eintragung der deutschen Zweigniederlassung einer in einem anderen Mitgliedstaat der EU gegründeten Gesellschaft allerdings deshalb verweigert, weil der hierfür vom Registergericht geforderte Kostenvorschuss nicht bezahlt wird, so liegt darin kein Eingriff in die Niederlassungsfreiheit[2].

c) Besondere Rechtsfähigkeiten

aa) Allgemeines

5170 In gewissen Fällen begnügt sich die Rechtsordnung nicht mit der allgemeinen Rechtsfähigkeit, sondern knüpft die Fähigkeit zum Erwerb bestimmter Rechte oder zur Übernahme bestimmter Pflichten an zusätzliche Voraussetzungen. So kann etwa der **Erwerb von Rechten bzw. Grundstücken** durch ausländische juristische Personen, die ihren Sitz nicht in einem Mitgliedstaat der EU haben, gem. Art. 86 EGBGB durch landesrechtliche Vorschriften beschränkt sein[3]. Besondere Rechtsfähigkeiten dieser Art unterliegen nicht allein dem Gesellschaftsstatut; vielmehr ist auch das für den jeweiligen Vorgang maßgebliche Wirkungsstatut zu berücksichtigen[4].

bb) Beteiligung an anderen Gesellschaften

5171 Von erheblicher praktischer Bedeutung ist insbesondere die besondere **Fähigkeit zum Erwerb von Anteilsrechten** an anderen Gesellschaften. Durch einen solchen Erwerb wird sowohl die Rechtsordnung der Gesellschaft, an der die Beteiligung angestrebt wird (*Zielgesellschaft*), als auch die Rechtsordnung der Gesellschaft, welche die Beteiligung erwerben will (*Erwerbergesellschaft*), berührt. Deshalb sind für die Frage der Zulässigkeit eines solchen Erwerbsgeschäfts die Statuten *beider* Gesellschaften zu berücksichtigen[5]. Dabei ist in

---

1 OLG Jena 24.9.1999, RIW 2000, 57 (58) und 9.9.2005, DNotZ 2006, 153 = IPRspr. 2005 Nr. 222; OLG Frankfurt 29.12.2005, NZG 2006, 515 = IPRspr. 2005 Nr. 226; LG Stuttgart 9.2.2005, IPRspr. 2005 Nr. 207.
2 EuGH 1.6.2006 – Rs. C-453/04 (Innoventif Ltd.), ZIP 2006, 1293.
3 Vgl. dazu *Hartmann*, in: Soergel, Art. 86 EGBGB Rz. 6. Art. 86 EGBGB (idF des Gesetzes vom 23.7.1998, BGBl. I 1998, 1886) gilt nicht für Gesellschaften mit Sitz in EG-Mitgliedstaaten; vgl. zu entsprechenden Erwerbsbeschränkungen in Spanien OLG Frankfurt a.M. 13.2.1992, IPRax 1992, 314 (m. Anm. *Bungert*, IPRax 1992, 296) = IPRspr. 1992 Nr. 31; *Großfeld*, in: Staudinger, IntGesR Rz. 298.
4 *Großfeld*, in: Staudinger, IntGesR Rz. 299 ff.; *Kindler*, in: MünchKomm, IntGesR Rz. 547 f.; *Kegel/Schurig*, § 17 II 2; *Schotten/Schmellenkamp*, Rz. 74.
5 LG Stuttgart 11.5.1993, RIW 1993, 848 (850) = IPRax 1994, 293 (m. Anm. *Großfeld/Johannemann*, IPRax 1994, 271) = IPRspr. 1993 Nr. 22; *Großfeld/Strotmann*, IPRax 1990, 298 ff.; *Michalski*, NZG 1998, 762 (763); *von Bar*, II Rz. 638; *Kindler*, in: MünchKomm, IntGesR Rz. 548 ff.; *Großfeld*, in: Staudinger, IntGesR Rz. 303 ff., jeweils mwN.; aA *Bokelmann*, DB 1972, 1427; *Kaligin*, DB 1985, 1452; *Grothe*, Die auslän-

einem ersten Schritt die Zulässigkeit der Beteiligung nach dem Recht der Zielgesellschaft zu prüfen. Danach kann etwa eine ausländische bürgerlich-rechtliche Gesellschaft oder ein ausländischer rechtsfähiger Verein nicht Gesellschafter einer deutschen OHG sein. Hingegen ist eine Beteiligung einer ausländischen Kapitalgesellschaft an einer deutschen GmbH oder AG zulässig; insoweit ist dann in einem zweiten Schritt zu klären, ob das Personalstatut der Erwerbergesellschaft die Beteiligung gestattet[1].

Umstritten ist die Frage, ob eine ausländische Kapitalgesellschaft die besondere **„Beteiligungsfähigkeit" als Komplementärin einer deutschen KG** besitzt. Zwar kennt auch das deutsche Recht Formen zulässiger Typenmischung inländischer Gesellschaftsformen (zB GmbH & Co. KG). Bei einer ausländischen Komplementärin tritt jedoch zusätzlich das Problem einer *Statutenvermischung* durch die partielle Geltung ausländischen Rechts auf. Hierdurch wird der inländische Rechtsverkehr aber erheblich belastet, weil Klarheit über die Rechtsstruktur, insbesondere die Vertretungs- und Haftungsverhältnisse einer deutschen Gesellschaft dann nur unter Berücksichtigung ausländischen Rechts geschaffen werden könnte, zumal auch das deutsche Handelsregister in einem solchen Falle keinen ausreichenden Schutz bietet[2]. Die Rechtsprechung teilt diese Bedenken freilich nicht[3].

5172

Im Anwendungsbereich der Gründungstheorie (dazu oben Rz. 5059 ff.) können gegen die Zulässigkeit einer solchen „Typenvermischung über die Grenze" allerdings keine Einwendungen mehr erhoben werden; dies auch dann nicht, wenn die in einem anderen Mitgliedstaat – zB als Private Ltd. Company englischen Rechts – gegründete Komplementärin ihren effektiven Verwaltungssitz im Inland hat[4].

---

dische Kapitalgesellschaft & Co. (1989), S. 204 f., die allein auf die Zielgesellschaft abstellen.

1 *Großfeld*, in: Staudinger, IntGesR Rz. 306; *Kindler*, in: MünchKomm, IntGesR Rz. 550. Vgl. auch LG Saarbrücken 24.7.1990, RIW 1991, 865 = IPRspr. 1990 Nr. 24 (Zur Beteiligung einer Corporation mit Sitz in Michigan/USA an einer deutschen GmbH).

2 Zu Recht abl. daher *Ebenroth/Auer*, DNotZ 1990, 139 ff.; *Ebenroth/Hopp*, JZ 1989, 883 (889); *Ebenroth/Wilken*, JZ 1991, 1014 (1020 f.); *Ebke*, ZGR 1987, 245 (268 ff.); *Großfeld/Strotmann*, IPRax 1990, 298 ff.; *Kindler*, in: MünchKomm, IntGesR Rz. 552 f.; *Kieser*, Die Typenvermischung über die Grenze (1989), S. 112 ff.; *Großfeld*, in: Staudinger, IntGesR Rz. 336 ff., jeweils mwN.; aA *Grothe*, S. 332; *von Bar*, JZ 1989, 186; *Kronke*, RIW 1990, 799 ff.; *Mäsch*, in: Bamberger/Roth, Anh. zu Art. 12 EGBGB Rz. 81.

3 BayObLG 21.3.1986, BayObLGZ 1986, 61 (72) = NJW 1986, 3029 = IPRax 1986, 368 (m. Aufs. *Großfeld*, IPRax 1986, 351) = IPRspr. 1986 Nr. 20 (Beteiligung einer „Private Ltd. Company" engl. Rechts als Komplementärin an einer deutschen KG als wirksam erachtet); OLG Saarbrücken 21.4.1989, NJW 1990, 647 = RIW 1990, 831 (m. Aufs. *Kronke*, RIW 1990, 799) = IPRax 1990, 324 (m. Anm. *Großfeld/Strotmann*, IPRax 1990, 298) = JZ 1989, 904 m. Anm. *Ebenroth/Hopp* = DNotZ 1990, 194 (m. Anm. *Ebenroth/Auer*, DNotZ 1990, 139) = IPRspr. 1989 Nr. 27 (Schweiz. AG als Komplementärin einer deutschen KG zugelassen).

4 OLG Frankfurt a.M. 28.7.2006, GmbHR 2006, 1156 m. Anm. *Werner* = IPRspr. 2006 Nr. 255; *Zimmer*, NJW 2003, 3585 (3587); *Kindler*, in: MünchKomm, IntGesR Rz. 553.

cc) Wechsel-/Scheckfähigkeit

5173 Die (passive) **Wechsel- und Scheckfähigkeit** von Gesellschaften wird gem. Art. 91 WG bzw. Art. 60 ScheckG ebenfalls nach dem Gesellschaftsstatut bestimmt. Für die aktive Wechsel- und Scheckfähigkeit gilt nichts anderes[1].

2. Vertretungsmacht

5174 Das – mit Hilfe der Sitz- oder der Gründungstheorie ermittelte – Gesellschaftsstatut entscheidet weiterhin auch über die Frage, welche Organe eine Gesellschaft hat und welche Befugnisse diese Organe nach innen und nach außen haben, dh. in welchem Umfang sie die Gesellschaft gesetzlich vertreten können[2]. Es entscheidet etwa, ob einzelne Gesellschafter von der Vertretung ausgeschlossen sind, ob Einzel- oder Gesamtvertretung zulässig bzw. notwendig ist und ob die Vertretungsmacht nach Maßgabe der „ultra-vires-Lehre" durch den Gesellschaftszweck beschränkt ist[3].

Auch eine Änderung der Vertretungsverhältnisse in der **Insolvenz** oder Liquidation der Gesellschaft beurteilt sich nach dem Gesellschaftsstatut. Wird eine außerhalb der EG bzw. des EWR gegründete Kapitalgesellschaft nach Verlegung ihres effektiven Verwaltungssitzes ins Inland als deutsche Personengesellschaft behandelt (oben Rz. 5130 ff.), so beurteilen sich auch die Vertretungsverhältnisse der Gesellschaft nach dem deutschen Personengesellschaftsrecht[4].

Das Gesellschaftsstatut prägt die rechtlichen Befugnisse von Gesellschaftsorganen so stark, dass – in Ermangelung einer Rechtswahl – auch **Dienstverträge mit Geschäftsführern/Vorstandsmitgliedern** dem Recht am Verwaltungssitz bzw. am Gründungsort der Gesellschaft unterliegen[5].

---

1 *Großfeld*, in: Staudinger, IntGesR Rz. 312; *Kindler*, in: MünchKomm, IntGesR Rz. 554.

2 *Lüderitz*, in: Soergel, Anh. zu Art. 10 EGBGB Rz. 38 f.; *Großfeld*, in: Staudinger, IntGesR Rz. 278 ff.; *Kindler*, in: MünchKomm, IntGesR Rz. 557 ff., jeweils mwN.

3 BGH 16.5.1991, NJW 1992, 627 (628) = IPRspr. 1991 Nr. 204 (Vertretungsbefugnis des „board of directors" einer liberian. Corporation); BGH 27.5.1993, NJW 1993, 2744 (2745) = DNotZ 1994, 485 = WuB VIII. C. § 17 BeurkG Nr. 1.13 m. Anm. *Reithmann* = IPRspr. 1993 Nr. 27 (Vertretungsbefugnis des „director" einer „Private Ltd. Company" engl. Rechts); BGH 17.11.1994, BGHZ 128, 41 (47) = DtZ 1995, 250 (Hochschule der früheren DDR); BayObLG 18.7.1985 (Rz. 5083), BayObLGZ 1985, 272 (277) (engl. Private Ltd. Company); OLG Hamm 9.1.1984, RIW 1984, 653 = IPRspr. 1984 Nr. 208 (französ. AG); OLG Frankfurt a.M. 10.1.1984, IPRspr. 1984 Nr. 21 (kanad. Corporation); OLG Düsseldorf 8.1.1993, NJW-RR 1993, 999 = IPRax 1993, 412 = IPRspr. 1983 Nr. 18 (türk. Handelsunternehmen); OLG Koblenz 16.10.2003, IPRspr. 2003 Nr. 19 (Delaware Corporation); LG Hamburg 17.2.1992, WM 1992, 1600 = EWiR 1992, 579 (LS) m. Anm. *Reithmann* = IPRspr. 1992 Nr. 172a (bulgar. Bank); *Kindler*, in: MünchKomm, IntGesR Rz. 557 mwN.

4 BGH 27.10.2008 („Trabrennbahn"), IPRax 2009, 259 (261 f., Rz. 25); *Weller*, IPRax 2009, 201 (207).

5 BGH 28.11.1984, NJW 1985, 1286 (Dienstvertrag zwischen deutscher GmbH und ihrem niederländ. Geschäftsführer nach deutschem Sitzrecht beurteilt).

Das Gesellschaftsstatut bestimmt auch den **Umfang der Vertretungsmacht**. 5175
Demgemäß beurteilt sich etwa die Frage, ob der gesetzliche Vertreter einer Gesellschaft zum *Selbstkontrahieren* berechtigt ist, nicht nach dem Wirkungsstatut des jeweiligen Geschäfts, sondern nach dem Gesellschaftsstatut[1]. Soweit dieses daher – wie das englische Recht der Private Ltd. Company – eine generelle Befreiung vom Verbot des Selbstkontrahierens entsprechend § 181 BGB nicht kennt, sondern dem director besondere Treuepflichten auferlegt, die ihm im Falle von Interessenkonflikten zur Offenlegung verpflichten und ihm ein Handeln gegen die Interessen der Gesellschaft verbieten („non-conflict rule"), kann eine solche Befreiung für die deutsche Zweigniederlassung der Gesellschaft auch nicht ins Handelsregister eingetragen werden[2].

Das Personalstatut der Gesellschaft entscheidet ferner, wer im Falle einer **Vertretung ohne Vertretungsmacht** eine Genehmigung des Geschäfts erteilen 5176
muss; es bestimmt ferner über die Voraussetzungen und Wirkungen einer Haftung des vollmachtlosen Organvertreters[3]. Demgegenüber beurteilt sich die Genehmigungsfähigkeit eines ohne Vertretungsmacht durch ein Gesellschaftsorgan abgeschlossenen Geschäfts nach dem Wirkungsstatut des Geschäfts[4].

Beschränkungen der Vertretungsmacht nach ausländischem Gesellschaftsrecht, etwa durch Schriftformerfordernisse oder die Notwendigkeit der Mitwirkung eines anderen gesetzlichen oder rechtsgeschäftlichen Vertreters, verstoßen nicht gegen den deutschen ordre public (Art. 6 EGBGB)[5]. Ihre Berücksichtigung kann aber im Geltungsbereich des europäischen Gesellschafts-

---

1 *Kindler*, in: MünchKomm, IntGesR Rz. 557.
2 OLG Celle 14.4.2005, NJW-RR 2006, 324 = IPRspr. 2005 Nr. 215; OLG München 17.8.2005, NJW-RR 2005, 1486 = IPRspr. 2005 Nr. 221 und 4.5.2006, OLG Düsseldorf 21.2.2006, NZG 2006, 317 = IPRspr. 2006 Nr. 249; *Kindler*, in: MünchKomm, IntGesR Rz. 942; aA – im Unrecht – LG Ravensburg 14.2.2005, GmbHR 2005, 489 = IPRspr. 2005 Nr. 2098; LG Augsburg 16.9.2004, NZG 2005, 356 = IPRspr. 2004 Nr. 231; LG Freiburg 22.7.2004, NJW-RR 2004, 1866 = IPRspr. 2004 Nr. 229; LG Chemnitz 24.3.2005, GmbHR 2005, 691 = IPRspr. 2005 Nr. 214.
3 *Großfeld*, in: Staudinger, IntGesR Rz. 285; *Kindler*, in: MünchKomm, IntGesR Rz. 561. Vgl. auch zur rechtsgeschäftlichen Vertretung unten Rz. 5541 ff.
4 *Großfeld*, in: Staudinger, IntGesR Rz. 279 f. Dazu BGH 8.10.1991, NJW 1992, 618 = JZ 1992, 579 m. Anm. *von Bar* = EWiR 1991, 1167 (LS) m. Anm. *Schlechtriem* = IPRspr. 1991 Nr. 28 (Berechtigung des Geschäftsführers einer ausländischen GmbH zum Selbstkontrahieren nach deutschem Recht, Genehmigungsfähigkeit des unter Verstoß gegen § 181 BGB abgeschlossenen Geschäfts hingegen nach dem französ. Geschäftsrecht beurteilt); OLG Düsseldorf 23.12.1994, RIW 1995, 325 = IPRax 1995, 396 (m. Anm. *Großfeld/Wilde*, IPRax 1995, 374) = EWiR 1995, 225 (LS) m. Anm. *Reithmann* = IPRspr. 1994 Nr. 19 (Vertretungsbefugnis des Direktors einer niederländ. B.V. für die Übertragung von Geschäftsanteilen an der Gesellschaft nach niederländ. Recht beurteilt. Anwendung von § 181 BGB abgelehnt, obwohl das Übertragungsgeschäft vor einem deutschen Notar beurkundet wurde, weil es sich nicht um rechtsgeschäftliche, sondern um organschaftliche Vertretung handele.); AG Duisburg 24.1.1995, RIW 1996, 329 = IPRspr. 1995 Nr. 16 (Vertretungsbefugnis des Geschäftsführers der niederländ. Muttergesellschaft einer deutschen GmbH zur Ausübung des Stimmrechts in der Gesellschafterversammlung der GmbH nach niederländ. Recht beurteilt).
5 KG 8.3.1929, HRR 1929 Nr. 1664 = IPRspr. 1929 Nr. 21; *Großfeld*, in: Staudinger, IntGesR Rz. 279 f.; *Kindler*, in: MünchKomm, IntGesR Rz. 559.

rechts gegen Art. 9 Abs. 2 der Publizitätsrichtlinie verstoßen[1] sowie aus Gründen des Verkehrsschutzes im Inland ausgeschlossen sein (dazu näher unten Rz. 5202 ff.).

5177 Die Anknüpfung an das Personalstatut der Gesellschaft gilt freilich nur für deren *gesetzliche* (organschaftliche) Vertretung. Die Vertretungsmacht von Hilfspersonen auf Grund **besonderer Vollmachten** (Prokura, Handlungsvollmacht) richtet sich nicht nach dem Gesellschaftsstatut, sondern nach dem Vollmachtsstatut[2]. Ferner wird auch die **Rechtsscheinhaftung** des für eine ausländische Kapitalgesellschaft auftretenden gesetzlichen Vertreters, der durch sein Zeichnen mit der Firma ohne Rechtsformzusatz das Vertrauen auf die Haftung mindestens einer natürlichen Person hervorgerufen hat, nicht nach dem ausländischen Gesellschaftsstatut, sondern nach deutschem Recht (§ 179 BGB) beurteilt, wenn der Rechtsschein im Inland erzeugt wurde[3].

3. Partei- und Prozessfähigkeit

a) Parteifähigkeit

5178 Die Parteifähigkeit, dh. die Fähigkeit, in einem Rechtsstreit vor Gericht Kläger, Beklagter, Haupt- oder Nebenintervenient zu sein, wird in § 50 Abs. 1 ZPO mit der Rechtsfähigkeit verknüpft. Aus diesem Grunde wird in der Praxis teilweise zwischen Rechts- und Parteifähigkeit nicht differenziert; über beide Fähigkeiten bestimme das Personalstatut der Gesellschaft[4].

BGH 17.10.1968, BGHZ 51, 27 (28) = NJW 1969, 188 = AWD 1969, 22 = IPRspr. 1968/69 Nr. 211
Rechts- und Parteifähigkeit einer schweizerischen AG, die nach durchgeführter Liquidation im Handelsregister des Kantons Zürich gelöscht worden war, nach schweizerischem Recht beurteilt.

Soweit zwischen Partei- und Rechtsfähigkeit unterschieden wird, konkurrieren herkömmlicherweise zwei Meinungen:

aa) Lex fori

5179 Ausgangspunkt für die Anknüpfung der Parteifähigkeit[5] ist für die traditionelle Auffassung die *lex fori*. Da aber § 50 Abs. 1 ZPO seinerseits auf das materielle Recht verweist, bestimmt man die Parteifähigkeit ausländischer Personenvereinigungen mithilfe der Kollisionsregeln für die Rechtsfähigkeit. Letztere stellt

---

1 Vgl. *Kindler*, Festschr. Lutter (2000), S. 483.
2 OLG Hamm 6.6.1957, IPRspr. 1956/57 Nr. 27; *Großfeld*, in: Staudinger, IntGesR Rz. 287; *Schotten/Schmellenkamp*, Rz. 102. Das Vollmachtsstatut deckt sich freilich in diesen Fällen idR mit dem Gesellschaftsstatut, vgl. dazu näher unten Rz. 5454 ff.
3 BGH 5.2.2007, NJW 2007, 1529 (m. Anm. *Kindler*, NJW 2007, 1785); s. auch Rz. 5216.
4 BGH 9.7.1965, NJW 1965, 1664 = IPRspr. 1964/65 Nr. 6; OLG Düsseldorf 21.4.1964, AWD 1965, 94 = IPRspr. 1964/65 Nr. 21.
5 Zum Streit um die Anknüpfung der Parteifähigkeit eingehend *Furtak*, Die Parteifähigkeit in Zivilverfahren mit Auslandsberührung (1995), S. 173 ff.

sich mithin als eine vom deutschen Prozessrecht aufgeworfene materiellrechtliche Vorfrage dar; über diese sei nach dem Personalstatut der Gesellschaft zu entscheiden[1].

bb) Lex causae

Daran ist richtig, dass in jedem Falle parteifähig ist, wer nach seinem Personalstatut rechtsfähig ist[2]. Indes regelt § 50 Abs. 1 ZPO die Parteifähigkeit nicht umfassend. Denn nicht nur der Rechtsfähige ist parteifähig. So gesteht das deutsche Recht der OHG keine Rechtspersönlichkeit, aber nach § 124 Abs. 1 HGB aktive und passive Parteifähigkeit, dem nicht rechtsfähigen Verein nach § 50 Abs. 2 ZPO passive Parteifähigkeit zu. Wäre daher über die Parteifähigkeit ausländischer Gesellschaften allein nach § 50 Abs. 1 ZPO zu entscheiden, so könnte eine Personenverbindung oder Vermögensmasse, die nach ihrem Personalstatut zwar parteifähig ist, ohne jedoch eigene Rechtspersönlichkeit zu besitzen, im Inland nicht klagen oder verklagt werden. Vorzuziehen ist daher die von *Pagenstecher*[3] entwickelte Auffassung, der zufolge die §§ 50 ff. ZPO zur Bestimmung der Parteifähigkeit von Ausländern überhaupt nicht anwendbar sind. Die Parteifähigkeit ist vielmehr auf Grund einer (ungeschriebenen) Kollisionsnorm des Prozessrechts unmittelbar nach dem Personalstatut der Gesellschaft zu beurteilen, so dass es ausreicht, wenn eine vergleichbare Gesellschaft nach deutschem Recht zwar nicht rechtsfähig, wohl aber – wie zB die OHG/KG – parteifähig wäre[4].

5180

---

1 BGH 30.6.1965, NJW 1965, 1666 = JZ 1965, 580 = IPRspr. 1964/65 Nr. 4 (Niederländ. Stiftung klagt vor deutschen Gerichten. „Nach § 50 ZPO ist parteifähig, wer rechtsfähig ist. Ob die Klägerin rechtsfähig ist, richtet sich nach niederländ. Recht."); BGH 30.3.2000 (Rz. 5034 im Text), RIW 2000, 555; BGH 13.3.2003 (Rz. 5061), BGHZ 154, 185 (190) (Niederländ. BV klagt vor deutschen Gerichten. Parteifähigkeit der Klägerin gem. § 50 Abs. 1 ZPO von ihrer Rechtsfähigkeit abhängig gemacht, die nach dem niederländ. Gründungsrecht zu beurteilen sei.). OLG Bremen 25.2.1971, AWD 1972, 478 = IPRspr. 1971 Nr. 9 (Schweizer Verein); LG Rottweil 29.1.1985, RIW 1986, 636 = IPRax 1986, 110 m. Anm *von der Seipen* = IPRspr. 1985 Nr. 20 (liechtenstein. AG); OLG Frankfurt a.M. 24.4.1990, NJW 1990, 2204 (panames. Gesellschaft mit effektivem Verwaltungssitz in der Schweiz); OLG Düsseldorf 8.1.1993, NJW-RR 1993, 999 = IPRax 1993, 412 = IPRspr. 1993 Nr. 18 (türk. Handelsgesellschaft); LG Essen 10.3.1994, NJW 1995, 1500 = IPRspr. 1996, 120 (m. Anm. *Jayme*, IPRax 1996, 87) = IPRspr. 1994 Nr. 15 (auf der Isle of Man gegründete Private Ltd. Company); OLG Düsseldorf 8.12.1994, RIW 1996, 155 = IPRspr. 1994 Nr. 17 (iran. Stiftung); OLG Frankfurt a.M. 23.6.1999, RIW 1999, 783 (England); OLG Köln 30.4.1999, IPRspr. 1999 Nr. 16 (nach niederländ. Recht errichtete islam. Stiftung); OLG Koblenz 16.10.2003, IPRspr. 2003 Nr. 19 (Delaware Corporation); LG Berlin 22.6.2004, DB 2004, 2628 (m. Aufs. *Wachter*, DB 2004, 2795) = NZG 2004, 1014 (zur Beteiligtenfähigkeit im Registerverfahren); OLG Hamm 26.6.2006, BB 2006, 2987 (Schweiz. AG); zust. *Riezler*, IZPR S. 414; *Schütze*, DIZPR (1985), S. 72; *Vollkommer*, in: Zöller, § 50 ZPO Rz. 2.
2 *Lüderitz*, in: Soergel, Anh. zu Art. 10 EGBGB Rz. 29.
3 Festschr. Raape (1948), S. 249 ff.; *Pagenstecher*, ZZP 64 (1951), 249 ff.
4 RG 25.11.1895, RGZ 36, 393, RG 3.6.1927, RGZ 117, 215 (217); BGH 17.10.1968, BGHZ 51, 27 (28) (gelöschte schweiz. AG); BGH 3.2.1999, NJW 1999, 1871 = IPRax 2000, 21 (m. Anm. *H. Roth* IPRax 2000, 11 (engl. partnership); BGH 29.1.2003 (Rz. 5071), BGHZ 153, 353 (358); BGH 5.7.2004, NZG 2004, 1001; BAG 5.12.1966, BA-

Aus diesem Grunde bleibt die Parteifähigkeit einer ausländischen juristischen Person trotz Erlöschens im Sitz- oder Gründungsstaat für Prozesse im Inland erhalten, solange sich hier noch Vermögen befindet (sog. **Restgesellschaft**)[1]. Auch gegen die nach dem Personalstatut mangelnde Parteifähigkeit wird der inländische Rechtsverkehr freilich geschützt (dazu unten Rz. 5201).

cc) Alternative Anknüpfung

5181 Nicht einleuchtend ist freilich, weshalb der Satz „Parteifähig ist, wer nach seinem Personalstatut parteifähig ist" den Satz „Parteifähig ist, wer nach seinem Personalstatut rechtsfähig ist" ausschließen soll. Die – in der Praxis nicht selten mit geringerem Aufwand feststellbare – Rechtsfähigkeit der ausländischen Personifikation begründet die Parteifähigkeit im inländischen Verfahren auch dann, wenn das Personalstatut der juristischen Person ausnahmsweise die Parteifähigkeit abspricht. Im Ergebnis ist daher parteifähig, wer nach seinem Personalstatut entweder *rechtsfähig oder parteifähig* ist[2]. Dabei macht es keinen Unterschied, ob das Gesellschaftsstatut mit Hilfe der Sitztheorie oder der europarechtlichen Gründungstheorie bestimmt wird. Der EuGH hat die Verpflichtung zur Anerkennung der in einem Mitgliedstaat der EU wirksam gegründeten Gesellschaft in der „Überseering"-Entscheidung ausdrücklich auf die Parteifähigkeit ausgedehnt. Diese ist damit für die europarechtliche Gründungstheorie ein eigener Anknüpfungsgegenstand. Daraus folgt, dass die der Gesellschaft nach ihrem Gründungsstatut zukommende Parteifähigkeit in den übrigen Mitgliedstaaten unabhängig davon anzuerkennen ist, ob ihr nach dem Gründungsstatut auch die Rechtsfähigkeit zusteht[3].

GE 19, 164 = IPRspr. 1966/67 Nr. 51; *Großfeld*, in: Staudinger, IntGesR Rz. 292; *Kindler*, in: MünchKomm, IntGesR Rz. 562; *Bork*, in: Stein/Jonas, § 50 ZPO Rz. 36; *Schack*, IZVR, Rz. 530. Dazu OLG Koblenz 17.10.1985, RIW 1986, 137 = IPRspr. 1985 Nr. 22 („Ob die beklagte Eigentümergemeinschaft rechtsfähig und deshalb parteifähig ist, oder ob ihr unabhängig von der Rechtsfähigkeit die Fähigkeit, als Partei im bürgerlichen Rechtsstreit verklagt zu werden, zukommt, richtet sich nach dem Recht Spaniens. Denn maßgebend ist insoweit das Personalstatut".); OLG Zweibrücken 13.10.1986, NJW 1987, 2168 = IPRspr. 1986 Nr. 122 (Parteifähigkeit einer New Yorker Anwaltssozietät nach New Yorker Recht bejaht); OLG Hamm 4.10.1996, RIW 1997, 236 (Zur Parteifähigkeit einer auf den Cayman Islands gegründeten Kapitalgesellschaft „Die Parteifähigkeit einer ausländischen juristischen Person bestimmt sich nach ihrem Personalstatut".).

1 BGH 4.5.2004, BGHZ 159, 94 (100 f.) (USA); OLG Thüringen 22.8.2007, RIW 2007, 864 m. Anm. *Röder*; OLG Nürnberg 10.8.2007, NZG 2008, 76; dazu oben Rz. 5165.

2 *Lüderitz*, in: Soergel, Anh. zu Art. 10 EGBGB Rz. 29; *Kindler*, in: MünchKomm, IntGesR Rz. 562; *Geimer*, Rz. 2205; *Lindacher*, in: MünchKomm, § 50 ZPO Rz. 68; *Hausmann*, in: Wieczorek/Schütze, § 50 ZPO Rz. 73; *Furtak*, Die Parteifähigkeit in Zivilverfahren mit Auslandsberührung (1995), S. 161 ff.; *Thorn*, IPRax 2001, 102 (107).

3 Zutr. *Weller*, IPRax 2003, 324 (325 f.) gegen BGH 13.3.2003 (Rz. 5061), der insoweit noch auf § 50 ZPO abstellt. Vgl. BGH 2.6.2003, NJW 2003, 2609 = GmbHR 2003, 956 = RIW 2003, 877 (zur Anerkennung der Parteifähigkeit einer luxemburgischen „Briefkastengesellschaft" für eine Klage vor deutschen Gerichten).

b) Prozessfähigkeit

Die Fähigkeit einer Gesellschaft, Prozesshandlungen wirksam vornehmen zu können, wird ebenfalls durch das Gesellschaftsstatut bestimmt. Auch insoweit bedarf es – entgegen der früher hM[1] – nicht des Umwegs über die Anknüpfung der Geschäftsfähigkeit (§ 52 ZPO); vielmehr ist die Prozessfähigkeit von Gesellschaften auf Grund einer eigenständigen prozessualen Kollisionsnorm unmittelbar nach dem Gesellschaftsstatut zu beurteilen; dieses regelt insbesondere die prozessuale Vertretungsmacht der Gesellschaftsorgane[2].

5182

Der inländische Rechtsverkehr wird durch § 55 ZPO zusätzlich geschützt (dazu unten Rz. 5206).

4. Personengesellschaften

a) Handelsgesellschaften

Das Gesellschaftsstatut bestimmt nicht nur, *ob* eine Personenverbindung rechtsfähig ist, sondern beherrscht diese auch dann, wenn sie *nicht* rechtsfähig ist. Für die Anknüpfung der Rechtsverhältnisse von nicht rechtsfähigen Handelsgesellschaften gelten daher die zuvor für rechtsfähige Kapitalgesellschaften dargestellten Grundsätze entsprechend. Auch insoweit verbleibt es daher – vorbehaltlich abweichender staatsvertraglicher Regelungen und unter Beachtung der durch die Niederlassungsfreiheit gezogenen Schranken – bei der Geltung der Sitztheorie. Daran hat sich durch das MoMiG (oben Rz. 5075 f.) nichts geändert[3]. Demgemäß beurteilen sich auch die **Vertretungsverhältnisse** von nichtrechtsfähigen **Handelsgesellschaften** nach dem als Sitz- oder Gründungsrecht geltenden Gesellschaftsstatut[4].

5183

BGH 17.12.1953, IPRspr. 1952/53 Nr. 20 = DB 1954, 231
Zur Haftung einer OHG mit Sitz in Shanghai für Gesellschaftsschulden: „Das Wesen einer solchen Handelsgesellschaft ist, auch wenn sie keine juristische Persönlichkeit besitzt, dem der juristischen Person außerordentlich ähnlich; daraus erwächst ein berechtigtes Bedürfnis nach einem die Personenvereinigung beherrschenden Personalstatut, das die Organisation der Handelsgesellschaft einheitlich regelt." Aus diesem Grunde seien „die Rechtsverhältnisse auch der nicht rechtsfähigen Handelsgesellschaft zu dritten Per-

---

1 Vgl. BGH 7.12.1955, JZ 1956, 535 m. abl. Anm. *Neuhaus.*
2 BGH 23.10.1963, BGHZ 40, 197 (204) = NJW 1964, 203 = IPRspr. 1962/63 Nr. 184 (jugoslawischer Fiskus); BGH 29.1.2003 (Rz. 5072), BGHZ 153, 353 (357) (in Florida gegründete Corporation). OLG Düsseldorf 8.12.1994, RIW 1996, 155 (iran. Stiftung); IPG 1979 Nr. 12 (Hamburg): italien. „società di fatto"; *Großfeld,* in: Staudinger, IntGesR Rz. 295; *Kindler,* in: MünchKomm, IntGesR Rz. 563.
3 Anders *Fingerhuth/Rumpf,* IPRax 2008, 90 (93 ff.).
4 Vgl. – jeweils zum Sitzrecht – BGH 26.9.1966, NJW 1967, 36 = IPRspr. 1966/67 Nr. 14 (elsäss. KG); BGH 3.2.1999, NJW 1999, 1871 = IPRax 2000, 21 (m. Anm. *H. Roth,* IPRax 2000, 11) = NZG 1999, 547 m. Anm. *Hallweger* = IPRspr. 1999 Nr. 139 (engl. partnership); OLG München 1.12.1966, IPRspr. 1966/67 Nr. 15 (nicht rechtsfähige Gründungsgesellschaft); OLG Frankfurt a.M. 11.7.1985, IPRax 1986, 373 (m. Anm. *Ahrens,* IPRax 1986, 355) = IPRspr. 1985 Nr. 21 (GmbH & Co. KG); OLG Düsseldorf 10.2.1994, RIW 1995, 53 = IPRspr. 1994 Nr. 26 (OHG); dazu näher *Kindler,* in: MünchKomm, IntGesR Rz. 263 ff.

sonen dem Recht des Sitzes der Gesellschaft zu unterstellen, weil der Schwerpunkt der Rechtsbeziehungen zwischen Gesellschaftern und Nichtgesellschaftern am Ort ihrer gewerblichen Tätigkeit liegt."

b) Bürgerlich-rechtliche Gesellschaften

5184 Das Sitzrecht gilt ferner auch für solche Gesellschaften des bürgerlichen Rechts, die eine hinreichende fest gefügte *eigene Organisation* besitzen und am Rechtsverkehr als eigenständige Rechtssubjekte teilnehmen[1]; diese Außengesellschaften sind daher rechtsfähig, wenn sie ihren Verwaltungssitz im Inland haben[2]. Für alle übrigen bürgerlich-rechtlichen Gesellschaften, insbesondere *reine Innengesellschaften* (zB zwischen Ehegatten), verbleibt es hingegen bei den allgemeinen Regeln über die Bestimmung des Vertragsstatuts (dazu oben Rz. 85 ff.). Maßgebend ist daher in erster Linie eine ausdrücklich oder stillschweigend getroffene Rechtswahl (Art. 3 Rom I-VO). In Ermangelung einer solchen bestimmt sich das auf Innengesellschaften anwendbare Recht nach Art. 4 Rom I-VO. Da die Anknüpfung an die vertragscharakteristische Leistung nach Art. 4 Abs. 2 Rom I-VO indes nur für Austauschverträge passt, ist für Gesellschaftsverträge auf die Generalklausel in Art. 4 Abs. 4 Rom I-VO („engste Verbindung") zurückzugreifen. Danach ist idR das Recht des Ortes anzuwenden, an dem der Geschäftszweck hauptsächlich verfolgt wird[3].

5185–5200 Frei.

IV. Schutz des Rechtsverkehrs

1. Gesetzliche Rechtsschutznormen

a) Art. 13 Rom I-VO

5201 Bleibt eine im Inland tätige ausländische Gesellschaft hinsichtlich des Umfangs ihrer **Rechtsfähigkeit** hinter dem inländischen Recht zurück, so nimmt die hM eine Sonderanknüpfung vor. In entsprechender Anwendung des – unmittelbar nur für natürliche Personen geltenden – Art. 13 Rom I-VO (vgl. dazu näher unten Rz. 6242 ff.) bzw. Art. 12 S. 1 EGBGB wird der inländische Geschäftsverkehr in seinem Vertrauen auf die Rechtsfähigkeit der ausländischen Gesellschaft nach Maßgabe des deutschen Rechts geschützt. Dieser Schutz

---

1 *Ebenroth*, JZ 1988, 23; *Thorn*, in Palandt, Anh. zu Art. 12 EGBGB Rz. 22; *Großfeld*, in: Staudinger, IntGesR Rz. 770; *von Bar*, II Rz. 645; *Kindler*, in: MünchKomm, IntGesR Rz. 267.
2 Vgl. BGH 29.1.2001, NJW 2001, 1056; dazu *K. Schmidt* NJW 2001, 993 ff.; aA (Vertragsstatut) OLG Karlsruhe, NZG 2001, 748.
3 Vgl. idS. zum bisherigen Recht *Kindler*, in: MünchKomm, IntGesR Rz. 207; *Thorn*, in: Palandt, Art. 28 EGBGB Rz. 19; *von Hoffmann*, in: Soergel, Art. 28 EGBGB Rz. 283 f.; ferner OLG Frankfurt a.M. 9.4.1998, RIW 1998, 807 = IPRspr. 1998 Nr. 22 (Verpflichtungen der Parteien aus einem als Innen- oder Gelegenheitsgesellschaft qualifizierten „Cooperation Agreement" nach dem jeweiligen – deutschen bzw. engl. – Wohnsitzrecht der Partner beurteilt).

greift nicht nur ein, wenn eine ausländische Gesellschaft nach ihrem Personalstatut nicht rechtsfähig ist, obwohl vergleichbaren Gesellschaften nach deutschem Recht Rechtsfähigkeit zukommt[1], sondern auch dann, wenn die Rechtsfähigkeit der Gesellschaft nach ausländischem Recht lediglich *eingeschränkt* ist[2]. Der Schutz erstreckt sich darüber hinaus auch auf die **Parteifähigkeit** ausländischer Gesellschaften[3], so dass es ausreicht, wenn eine vergleichbare Gesellschaft zwar nach deutschem Recht nicht rechtsfähig, wohl aber – wie zB die OHG oder KG – parteifähig wäre. Hingegen besteht gegenüber der mangelnden Beteiligungsfähigkeit einer Gesellschaft (dazu Rz. 5171 f.) nach dem Personalstatut der Ziel- oder Erwerbergesellschaft kein Rechtsschutz analog Art. 13 Rom I-VO/Art. 12 S. 1 EGBGB[4].

Der Rechtsverkehr wird ferner in Analogie zu Art. 13 Rom I-VO/Art. 12 S. 1 EGBGB auch dann geschützt, wenn der **Umfang der Vertretungsbefugnisse** der Organe einer ausländischen Gesellschaft hinter den diesbezüglichen Regeln des jeweiligen Vornahmestatuts zurückbleibt. Zwar ist der Verkehrsschutz auf dem Gebiet der Vertretung von Kapitalgesellschaften innerhalb der EU heute in erheblichem Umfang bereits durch materielle Rechtsvereinheitlichung gewährleistet (vgl. unten Rz. 5241 ff.). Bei Personengesellschaften und bei Kapitalgesellschaften mit Sitz außerhalb der EU ergeben sich jedoch insbesondere aus dem Spezialitätsprinzip nicht selten Beschränkungen der gesetzlichen Vertretungsmacht (vgl. unten Rz. 5326 ff.). Durfte der inländische Vertragspartner in einem solchen Falle auf Grund einer Parallelwertung nach deutschem Recht davon ausgehen, dass die ausländische Gesellschaft durch das handelnde Organ wirksam verpflichtet werden konnte, dann wird er in seinem Vertrauen entsprechend Art. 13 Rom I-VO/Art. 12 S. 1 EGBGB geschützt[5]. Dies gilt gleichermaßen für juristische Personen wie für ausländische Handelsgesellschaften *ohne eigene Rechtspersönlichkeit*. 5202

---

1 Vgl. zu Art. 125.1 EGBGB BGH 23.4.1998, NJW 1998, 2452 = IPRax 1999, 104 m. Anm. *Schütze* = IPRspr. 1998 Nr. 210 (obiter); *Hausmann*, in: Staudinger, Art. 12 EGBGB Rz. 13; *Spellenberg*, in: MünchKomm, Art. 12 EGBGB Rz. 12; *Großfeld*, in: Staudinger, IntGesR Rz. 268, jeweils mwN.

2 Vgl. zu Art. 7 Abs. 3 EGBGB aF bzw. Art. 12 S. 1 EGBGB OLG Düsseldorf 21.4.1964, AWD 1965, 94 = IPRspr. 1964/65 Nr. 21; OLG Nürnberg 7.6.1984 WM 1985, 259; *Großfeld*, in: Staudinger, IntGesR Rz. 268; *Kindler*, in: MünchKomm, IntGesR Rz. 542 ff.; *Thorn*, in: Palandt, Anh. zu Art. 12 EGBGB Rz. 11; *H. P. Westermann*, in: Scholz, GmbHG, 10. Aufl. (2006), Einl. Rz. 114; *Schotten/Schmellenkamp*, Rz. 75; *von Bar*, II Rz. 637, sowie eingehend *G. Fischer*, Verkehrsschutz § 11; aA OLG Stuttgart 18.3.1974, NJW 1974, 1627 = IPRspr. 1574 Nr. 7; *Lüderitz*, in: Soergel, Anh. zu Art. 10 EGBGB Rz. 20 ff.; *Kropholler*, IPR, § 55 II 1.

3 *Großfeld*, in: Staudinger, IntGesR Rz. 291 aE; *Kindler*, in: MünchKomm, IntGesR Rz. 562.

4 *Kindler*, in: MünchKomm, IntGesR Rz. 550 f.

5 *Hausmann*, in: Staudinger, Art. 12 EGBGB Rz. 14; *Großfeld*, in: Staudinger, IntGesR Rz. 281; *Kindler*, in: MünchKomm, IntGesR Rz. 559; *von Bar*, IPR, II Rz. 640; *Schotten/Schmellenkamp*, Rz. 107; *Schlechtriem*, EWiR 1991, 1167; einschränkend *G. Fischer*, Verkehrsschutz, S. 229 ff.; aA (für Gleichbehandlung mit der rechtsgeschäftlichen Vertretung) *Lüderitz*, in: Soergel, Anh. zu Art. 10 EGBGB Rz. 39.

5203 Erforderlich ist freilich die sinngemäße Erfüllung der Voraussetzungen des Art. 13 Rom I-VO/Art. 12 S. 1 EGBGB (dazu näher unten Rz. 6242 ff.). Danach müssen sich sowohl das handelnde Organmitglied der ausländischen Gesellschaft als auch deren Vertragspartner bei Vornahme des Geschäfts im Inland bzw. *im gleichen* ausländischen *Staat*[1] *aufgehalten* haben und der letztere muss hinsichtlich der Rechtsfähigkeit der ausländischen Gesellschaft bzw. der gesetzlichen Vertretungsmacht des handelnden Organs *gutgläubig* gewesen sein. Die Bösgläubigkeit des inländischen Vertragspartners ist von der ausländischen Gesellschaft zu beweisen. Der **gute Glaube** wird nicht schon dadurch zerstört, dass der inländische Geschäftspartner weiß, dass er es mit einer ausländischen Gesellschaft zu tun hat[2]. Man wird jedoch zumindest verlangen müssen, dass die ausländische Gesellschaft im Inland eine *Entsprechung* hat, weil sonst kein Vertrauenstatbestand erfüllt ist[3]. Eine derartige Vergleichbarkeit besteht etwa zwischen einer amerikanischen Corporation und einer deutschen AG[4], zwischen einer englischen „Private Ltd. company" und einer deutschen GmbH[5], oder zwischen einer englischen partnership und einer deutschen OHG.

5204 Bei der Beurteilung der Frage, ob es dem Geschäftspartner zuzumuten war, sich über die nach dem Sitz- oder Gründungsrecht einer ausländischen Gesellschaft zulässigen und tatsächlich bestehenden Beschränkungen zu informieren, ist zu berücksichtigen, dass Beschränkungen der Vertretungsmacht von Gesellschaftsorganen – anders als eine Beschränkung der Rechtsfähigkeit von Gesellschaften – auch dem deutschen Recht bekannt sind. So kann die Vertretungsmacht mit Wirkung gegenüber Dritten bei Vereinen (§ 26 Abs. 2 S. 2 BGB), BGB-Gesellschaften (§ 714 BGB) und – hinsichtlich der Ausübung – bei allen Formen der Gesamtvertretung (vgl. § 125 Abs. 1 HGB, § 78 Abs. 2 S. 1 AktG) eingeschränkt werden. Es liegt daher nahe, entsprechende Beschränkungen des ausländischen Rechts bei vergleichbaren Gesellschaften oder Verbandspersonen ebenfalls gelten zu lassen. Zwar entfalten die genannten Beschränkungen nach deutschem Recht eine Außenwirkung erst dann, wenn sie in ein Register eingetragen sind (vgl. §§ 68, 70 BGB, §§ 106 Abs. 2 Nr. 4, 107 iVm. § 15 HGB), während eine entsprechende formalisierte Überprüfungsmöglichkeit am Sitz ausländischer Gesellschaften häufig nicht wahrgenommen werden kann. Die damit verbundene Gefährdung inländischer Geschäftspartner ist jedoch im Interesse des internationalen Rechsverkehrs hinzunehmen[6].

---

1 Zur allseitigen Anwendung von Art. 13 Rom I-VO *Kindler*, in: MünchKomm, IntGesR Rz. 542.
2 *Ferid*, Rz. 5–67, 5; *Kindler*, in: MünchKomm, IntGesR Rz. 545; *von Bar*, II Rz. 640; *G. Fischer*, Verkehrsschutz S. 51 f.; *Hausmann*, in: Staudinger, Art. 12 EGBGB Rz. 66 mwN.
3 *Kindler*, in: MünchKomm, IntGesR Rz. 542.
4 RG 3.6.1927, RGZ 117, 215 (217). Vgl. zum „Typenvergleich" im internationalen Körperschaftsteuerrecht auch BFH 23.6.1992, IPRax 1993, 248 (250) (liechtensteinische AG).
5 BayObLG 18.7.1985 (Rz. 5083), IPRax 1986, 161 (m. Anm. *Großfeld*, IPRax 1986, 145); KG 18.11.2003, NJW-RR 2004, 331 = IPRspr. 2003 Nr. 215.
6 *Kindler*, in: MünchKomm, IntGesR Rz. 559; *Großfeld*, in: Staudinger, IntGesR Rz. 281 f.; *Wiedemann*, GesR I, S. 820; *Schotten/Schmellenkamp*, Rz. 107; einschränkend *von Bar*, II Rz. 640.

Eine Ausnahme gilt freilich dann, wenn die ausländische Gesellschaft eine Zweigniederlassung im Inland unterhält (dazu unten Rz. 5217 ff.).

Der Referentenentwurf des BMJ zur Reform des deutschen internationalen Gesellschaftsrechts vom 8.1.2008 (Rz. 5077 ff.) kodifiziert die vorstehend aus einer analogen Anwendung von Art. 13 Rom I-VO entwickelten Grundsätze in seinem Art. 12 Abs. 2 EGBGB-E.

b) §§ 50 Abs. 2, 55 ZPO

Inländische Gläubiger von ausländischen Gesellschaften, die nach ihrem Personalstatut der **Parteifähigkeit** entbehren, schützt die hM nicht nur analog Art. 13 Rom I-VO, sondern im Wege einer entsprechenden Anwendung des § 50 Abs. 2 ZPO[1]. Damit wird den Gläubigern erspart, im Ausland nach den Hintermännern eines möglicherweise nicht rechtsfähigen Gebildes forschen zu müssen. 5205

Mangelt es einer ausländischen Gesellschaft an der **Prozessfähigkeit**, so greift zum Schutz des inländischen Rechtsverkehrs § 55 ZPO ein. Danach gilt ein Ausländer, dem nach dem Recht seines Landes die Prozessfähigkeit mangelt, als prozessfähig, wenn ihm nach dem Recht des Prozessgerichts die Prozessfähigkeit zusteht. Auch hier bedarf es also – ähnlich wie im Rahmen der Analogie zu Art. 13 Rom I-VO – einer näheren Bestimmung, welcher prozessfähigen inländischen Gesellschaftsform die ausländische Personenverbindung entspricht[2]. 5206

2. Persönliche Haftung von Gesellschaftern und Organvertretern

Grundsätzlich unterliegt die persönliche Haftung der Gesellschafter oder Geschäftsführer für im Namen der Gesellschaft eingegangene Verbindlichkeiten gegenüber den Gesellschaftsgläubigern dem **Personalstatut** der Gesellschaft[3]. Auf das Wirkungsstatut der (vertraglichen oder gesetzlichen) Haftung kommt es insoweit wegen der gebotenen Gleichbehandlung der Gläubiger der Gesell- 5207

---

1 *Lindacher*, in: MünchKomm ZPO, § 50 ZPO Rz. 70; *Hausmann*, in: Wieczorek/Schütze, § 50 ZPO Rz. 79; *Vollkommer*, in: Zöller, § 50 ZPO Rz. 40; *Schack*, IZVR Rz. 531; dazu BGH 21.3.1986, BGHZ 97, 269 (271 f.) = NJW 1986, 2194 (Im Inland nicht rechtsfähige liechtensteinische Anstalt, die hier im Grundbuch eingetragen war, entsprechend § 50 Abs. 2 ZPO für die gegen sie erhobene Klage auf Zustimmung zur Eintragung einer Sicherungshypothek und auf Duldung der Zwangsvollstreckung für passiv parteifähig erachtet); LG Frankfurt a.M. 29.1.1982, IPRax 1982, 201 = IPRspr. 1982 Nr. 10 (zur Klage gegen einen belg. nichtrechtsfähigen Verein vor deutschen Gerichten).
2 Vgl. *Pagenstecher*, ZZP 64 (1951), 249 (283); *Schack*, IZVR Rz. 535; *Großfeld*, in: Staudinger, IntGesR Rz. 295; *Kindler*, in: MünchKomm, IntGesR Rz. 563; aA *von Bar*, II Rz. 370.
3 BGH 5.11.1980, BGHZ 78, 318 (333 f.) = NJW 1981, 522; BGH 30.4.1992, BGHZ 118, 151 (167) = NJW 1992, 2026; BGH 20.4.1993, NJW 1993, 2683 (2684); BGH 23.4.2002, NJW-RR 2002, 1359 (1360); BGH 13.3.2003 (Rz. 5061); BGHZ 154, 185 (189); BGH 14.3.2005 (Rz. 5211), NJW 2005, 1648 (1649); *Zimmer*, NJW 2003, 3585 (3588); *Kindler*, in: MünchKomm, IntGesR Rz. 605 f. mwN.

schaft nicht an[1]. Bezüglich der Frage, ob die Gläubiger einer im Ausland gegründeten Gesellschaft, die ihren effektiven Verwaltungssitz im Inland hat und hier Geschäfte getätigt hat, auch einzelne Gesellschafter oder Organe dieser Gesellschaft wegen der aus diesen Geschäften resultierenden Gesellschaftsschulden in Anspruch nehmen können, ist wiederum danach zu unterscheiden, ob das Gesellschaftsstatut mit Hilfe der Sitz- oder der Gründungstheorie bestimmt wird.

a) Sitztheorie

aa) Gesellschafterhaftung

5208 Hat eine **außerhalb der EU bzw. des EWR**[2] **gegründete Kapitalgesellschaft** ihren effektiven Verwaltungssitz im Inland, so handelt es sich bei Geltung der Sitztheorie um einen Fall des „Handelns unter falschem Recht"[3]. Die Scheinauslandsgesellschaft unterliegt daher dem vom deutschen IPR zur Anwendung berufenen deutschen Sachrecht. Zum Schutz der inländischen Gläubiger ist die Gesellschaft, soweit sie im Inland ein Handelsgewerbe betreibt, als OHG einzustufen; durch die Aufnahme der Geschäftstätigkeit im Inland erlangt sie Außenwirksamkeit (§ 123 Abs. 2 HGB) und ist deshalb iSv. § 124 Abs. 1 HGB rechtlich verselbständigt[4]. Für die Verbindlichkeiten der Scheinauslandsgesellschaft haften deshalb deren Gesellschafter den Gläubigern nach § 128 HGB persönlich[5]. Die gleiche Haftung trifft seit Anerkennung der Rechts- und Parteifähigkeit der (Außen-) GbR die Gesellschafter einer als GbR zu qualifizierenden Scheinauslandsgesellschaft[6]. Das bloße Auftreten als Kapitalgesellschaft ausländischen Rechts steht einer solchen persönlichen Haftung der Gesellschafter nach deutschem Recht nicht entgegen[7]. Es rechtfertigt auch nicht die Annahme einer konkludent vereinbarten Haftungsbeschränkung[8].

---

1 *Kindler*, in: MünchKomm, IntGesR Rz. 605 f. mwN.
2 Für die in Mitgliedstaaten der EU (bzw. des EWR) gegründeten Kapitalgesellschaften mit effektivem Verwaltungssitz im Inland kann die Annahme einer persönlichen Haftung der Gesellschafter gegen die Niederlassungsfreiheit nach Art. 43, 48 EG verstoßen, vgl. *Zimmer*, NJW 2003, 3585 (3586 f.); dazu näher unten Rz. 5211 ff.
3 *Kindler*, IPRax 2003, 41 (42); *Kindler*, Festschr. W. Lorenz (2001), S. 343 (346 f.); *Großfeld*, in: Staudinger, IntGesR Rz. 425.
4 *Zimmer*, S. 300; *H. F. Müller*, ZIP 1997, 1049 (1051); *Haas*, DB 1997, 1501 (1506); *Altmeppen*, DStR 2000, 1061 (1063); *Kindler*, IPRax 2003, 41 (42); ähnlich auch *Forsthoff*, DB 2000, 1109 f.; *Behrens*, IPRax 2000, 384 (388); krit. *Walden*, EWS 2001, 256 (259 f.).
5 *Kindler*, Festschr. W. Lorenz (2001), S. 343 (352); *Leible/Hoffmann*, DB 2002, 2203 (2204 f.); *Großfeld*, in: Staudinger, IntGesR Rz. 441. Vgl. auch BGH 27.10.2008 (Rz. 5080), IPRax 2009, 259 (261).
6 BGH 1.7.2002 (Rz. 5132), BB 2002, 2031 (2032) m. Anm. *Gronstedt*; *Kindler*, IPRax 2003, 41 (42 f.); *Kindler*, Festschr. W. Lorenz (2001), S. 343 (346).
7 *Eidenmüller/Rehm*, ZGR 1997, 89 (103); *Kindler*, Festschr. W. Lorenz (2001), S. 343 (353 f.); *Kindler*, IPRax 2003, 41 (44).
8 LG Stuttgart 10.8.2001, NJW-RR 2002, 463 = NZG 2002, 240 = IPRspr. 2001 Nr. 17 (In Manchester/England gegründete Private Ltd. Company mit effektivem Verwaltungssitz in Esslingen als OHG qualifiziert; persönliche Haftung des Gründers und alleinigen Gesellschafters für Schulden der Gesellschaft bejaht). Die Entscheidung hat heute nur noch für Drittstaatengesellschaften Bedeutung, vgl. Rz. 5211.

bb) Handelndenhaftung

Gegenüber Scheinauslandsgesellschaften, die **nicht in einem Mitgliedstaat der EU bzw. des EWR gegründet wurden**[1], wird der inländische Rechtsverkehr ferner durch die entsprechende Anwendung der Vorschriften über die Handelndenhaftung des deutschen Kapitalgesellschaftsrechts (§§ 41 Abs. 1 S. 2 AktG, 11 Abs. 2 GmbHG) geschützt, wenn das ausländische Gebilde einer deutschen AG bzw. GmbH vergleichbar ist. Deutsche Gerichte haben daher die im Inland als Geschäftsführer einer ausländischen Kapitalgesellschaft handelnden Personen wiederholt für die im Namen der Gesellschaft eingegangenen Verbindlichkeiten nach § 11 Abs. 2 GmbHG persönlich in Anspruch genommen[2]. Dieser Haftung kommt insbesondere dann Bedeutung zu, wenn die Handelnden nicht als Gesellschafter einer deutschen Personengesellschaft nach den zuvor (Rz. 5208) behandelten Grundsätzen in Anspruch genommen werden können[3].

5209

cc) Rechtsscheinhaftung

Schließlich kann es der Schutz des inländischen Rechtsverkehrs im Einzelfall auch gebieten, eine ausländische Gesellschaft an dem von ihr hervorgerufenen Rechtsschein festzuhalten. Ist etwa eine ausländische Personenverbindung, die nach ihrem Personalstatut keine Rechtsfähigkeit besitzt, im Inland wie eine juristische Person aufgetreten (zB durch Bezeichnung als ausländische AG, Stiftung oÄ), so kann sie aus Gründen des Vertrauensschutzes auch als solche behandelt werden[4]. Dies gilt erst recht, wenn die Gesellschaft durch ihr Geschäftsgebaren den Eindruck erweckt, eine inländische juristische Person zu sein[5].

5210

---

1 Im Geltungsbereich der Niederlassungsfreiheit nach Art. 43, 48 EG können Verstöße von im Inland verwalteten Kapitalgesellschaften, die in anderen Mitgliedstaaten gegründet wurden, gegen deutsche Kapitalschutzvorschriften allerdings heute nicht mehr mit einer Handelndenhaftung analog §§ 41 Abs. 1 S. 2 AktG, 11 Abs. 2 GmbHG sanktioniert werden, vgl. unten Rz. 5211 ff.
2 Vgl. OLG Hamburg 20.2.1986, NJW 1986, 2199 = IPRspr. 1986 Nr. 18; OLG Oldenburg 4.4.1989, NJW 1990, 1422 = IPRspr. 1989 Nr. 26; KG 13.6.1989, NJW 1989, 3100 = IPRspr. 1989 Nr. 29; LG Köln 25.11.1985, RIW 1987, 54 = IPRspr. 1985 Nr. 23; LG Marburg 17.9.1992, RIW 1994, 63 = IPRspr. 1992 Nr. 26; LG Stuttgart 10.8.2001, NJW-RR 2002, 463 (466 f.); dazu *Eidenmüller/Rehm*, ZGR 1997, 89 (99 ff.); *H. F. Müller*, ZIP 1997, 1049 ff.; *Kindler*, in: MünchKomm, IntGesR Rz. 474 ff., 628 ff.
3 LAG Berlin 8.12.2000, IPRspr. 2001 Nr. 12 (Alleiniger Gesellschafter einer poln. Gesellschaft, die ihren effektiven Verwaltungssitz in Berlin hat und im Rechtsverkehr als „D. International GmbH" auftritt, haftet sowohl nach Rechtsscheingrundsätzen als auch nach § 11 Abs. 2 GmbHG für Gehaltsforderungen von Angestellten der Gesellschaft). Vgl. aber Fn. 8 zu Rz. 5208.
4 OLG Nürnberg 7.6.1984, RIW 1985, 494 = IPRax 1985, 342 (m. Anm. *Rehbinder*, IPRax 1985, 324) = IPRspr. 1984 Nr. 120; *Großfeld*, in: Staudinger, IntGesR Rz. 271; *Lüderitz*, in: Soergel, Anh. zu Art. 10 EGBGB Rz. 30; *Kropholler*, IPR, § 55 I 2b aE; einschr. *Schack*, IZVR Rz. 531.
5 LG Stuttgart 31.7.1989, IPRax 1991, 118 (m. Anm. *G. Fischer*, IPRax 1991, 100) = IPRspr. 1989 Nr. 30 (zur Rechtsscheinhaftung des für eine „pseudo foreign company" Handelnden analog § 179 BGB).

BGH 28.1.1960, NJW 1960, 1204 = IPRspr. 1960/61 Nr. 186
Parteifähigkeit einer niederländischen Stiftung, die in Deutschland Geschäfte getätigt hatte, trotz Zweifel an ihrer Rechtsfähigkeit nach niederländischem Recht bejaht. Es gelte „der allgemeine Rechtsgedanke, dass Gebilde ohne Rechtspersönlichkeit, die im Rechtsverkehr wie juristische Personen auftreten, unter bestimmten Voraussetzungen als solche wenigstens verklagt werden können, dann nämlich, wenn Erfordernisse des redlichen Geschäftsverkehrs dies verlangen".

b) Gründungstheorie
aa) Grundsatz

5211 Der Schutz der Niederlassungsfreiheit der in einem Mitgliedstaat der EG bzw. des EWR gegründeten Gesellschaft gebietet deren Anerkennung als ausländische Kapitalgesellschaft auch dann, wenn der effektive Verwaltungssitz der Gesellschaft von Anfang an im Inland gelegen war oder nachträglich hierhin verlegt wurde[1]. Auch in diesem Fall folgt aus der Anerkennung der Gesellschaft zugleich, dass ihr ausländisches Personalstatut auch in Bezug auf die **Haftung** für in ihrem Namen begründete Verbindlichkeiten einschließlich der Frage nach einer persönlichen Haftung ihrer Gesellschafter oder Geschäftsführer gegenüber den Gesellschaftsgläubigern maßgeblich ist[2]. Die nach dem Recht des Gründungsstaates bestehende Haftungsfreistellung oder Haftungsbeschränkung der Gesellschafter darf im Inland nicht durch die Anwendung von Vorschriften des deutschen Gesellschaftsrechts ausgehebelt werden, die zu einer persönlichen Gesellschafterhaftung führen. Deshalb kommt insbesondere eine Umqualifizierung der ausländischen juristischen Person in eine deutsche Personengesellschaft mit der Folge der gesamtschuldnerischen Haftung der Gesellschafter nicht in Betracht[3]. Aus den gleichen Gründen hat auch eine persönliche Haftung derjenigen Personen, die für eine in einem anderen EG-Mitgliedstaat wirksam gegründete Gesellschaft im inländischen Rechtsverkehr gehandelt haben, in Analogie zu §§ 11 Abs. 2 GmbHG, 41 Abs. 1 S. 2 AktG (dazu oben Rz. 5209) auszuscheiden[4].

---

1 Vgl. oben Rz. 5143 f. m. Nachw.
2 BGH 14.3.2005 (im Text), NJW 2005, 1648. Ebenso zur Haftung für Schulden einer US-amerikanischen Corporation, deren Rechtsfähigkeit im Inland auf staatsvertraglicher Grundlage nach dem Gründungsrecht anzuerkennen war, BGH 5.7.2004, RIW 2004, 787 (m. Aufs. *Ebke*, RIW 2004, 740) (Delaware) sowie BGH 13.10.2004, RIW 2005, 147 = IPRax 2005, 340 (m. Anm. *Stürner*, IPRax 2005, 305) = IPRspr. 2004 Nr. 16 (Kalifornien).
3 Ganz hM, vgl. BGH 13.3.2003 (Rz. 5061), BGHZ 154, 185 (188 ff.); BGH 14.3.2005 (im Text); *Eidenmüller*, ZIP 2002, 82 (84); *Eidenmüller*, ZIP 2002, 2233 (2240); *Forsthoff*, DB 2002, 318 (321); *Forsthoff*, DB 2002, 2471 (2475); *von Halen*, EWS 2002, 107 (114); *Heidenhain*, NZG 2002, 1141 (1142); *Behrens*, IPRax 2003, 193 (204); *Großerichter*, DStR 2003, 159 (166); *Leible/Hoffmann*, ZIP 2003, 925; *Lutter*, BB 2003, 7 (9); *W.-H. Roth*, IPRax 2003, 117 (123); *Schanze/Jüttner*, AG 2003, 30 (34); *Weller*, IPRax 2003, 324 (326); *Ziemons*, ZIP 2003, 1913 (1917); aA noch AG Hamburg, 14.5.2003, IPRax 2003, 534 (535); *Kindler*, NJW 2003, 1073 (1078).
4 OLG Hamm 27.1.2006, NJW-RR 2006, 1631 = IPRspr. 2006 Nr. 2; *Weller*, IPRax 2003, 324 (326); aA mit beachtenswerten Argumenten *Kindler*, in: MünchKomm, IntGesR Rz. 529 f., 957 ff.

BGH 14.3.2005, NJW 2005, 1648 (1649) (m. Aufs. *Eidenmüller*, NJW 2005, 1618) = RIW 2005, 542 m. Anm. *Leible/Hoffmann* = BB 2005, 1016 m. Anm. *Wand* = JZ 2005, 848 m. Anm. *Rehberg* = IPRspr. 2005 Nr. 212
Haftung des Geschäftsführers einer engl. Privte Ltd. Company mit tatsächlichem Verwaltungssitz im Inland nach engl. Gründungsrecht beurteilt; analoge Anwendung von § 11 Abs. 2 GmbHG wegen fehlender Eintragung der Gesellschaft im deutschen Handelsregister abgelehnt.

Mit der Niederlassungsfreiheit grundsätzlich unvereinbar ist ferner eine „Überlagerung" des ausländischen Gründungsrechts durch zwingende Vorschriften des im Tätigkeitsstaat der Gesellschaft geltenden Gesellschaftsrechts[1]. Aus diesem Grund kann eine **Durchgriffshaftung** („piercing of the corporate veil") wegen Unterkapitalisierung nicht schon darauf gestützt werden, dass die Gesellschaft die Kapitalschutzvorschriften des Rechts am effektiven Verwaltungssitz nicht eingehalten hat, sofern sie den diesbezüglichen Anforderungen ihres – insoweit allein maßgeblichen – Gründungsrechts entsprochen hat[2].

5212

bb) Ausnahmen

Möglich bleibt danach zum Schutz von Gläubigern der Scheinauslandsgesellschaft nur ein Rückgriff auf solche Instrumente des Sitzstaates, die **in besonderen Ausnahmesituationen** eine Inanspruchnahme von Gesellschaftern oder Organmitgliedern ermöglichen. Dabei muss es sich grundsätzlich um Instrumente handeln, die entweder das allgemeine Zivilrecht oder das Insolvenzrecht des Sitzstaates den Gläubigern einräumt, die also unabhängig von der Anknüpfung des Personalstatuts auf alle im Sitzstaat tätigen Gesellschaften gleichermaßen Anwendung finden[3]. Unter dieser Voraussetzung scheidet ein Eingriff in die Niederlassungsfreiheit der im EU-Ausland gegründeten Gesellschaft aus[4]. Außer der anschließend näher betrachteten Haftung aus Delikt, wegen Verstoßes gegen insolvenzrechtliche Pflichten und kraft Rechtsscheins ist der Sitzstaat etwa berechtigt, eine an sein Recht angepasste transparente Firmierung für Scheinauslandsgesellschaften vorzuschreiben und Verstöße hiergegen – zB durch eine Haftung der Geschäftsführer aus culpa in contrahendo – zu sanktionieren[5]. Diese Haftung, die etwa auch wegen Verletzung vorvertraglicher Aufklärungspflichten durch den Geschäftsführer gegenüber Gläu-

5213

---

1 Vgl. *Bayer*, BB 2003, 2357 (2364); *Geyrhalter/Gänßler*, DStR 2003, 2167 (2170 f.); *Kleinert/Probst*, DB 2003, 2217; *Leible/Hoffmann*, RIW 2002, 925 (930) und *Leible/Hoffmann*, EuZW 2003, 681; *Meilicke*, GmbHR 2003, 1271 (1272); *Maul/C. Schmidt*, DB 2003, 2297 (2298); *Probst/Kleinert*, MDR 2003, 1265 (1268); *Weller*, DStR 2003, 1800 (1802) und IPRax 2003, 520 (523 f.); aA *Altmeppen*, NJW 2004, 97 ff.
2 BGH 14.3.2005 (Rz. 5211), BB 2005, 1016 (1017); OLG Hamm 27.1.2006, NJW-RR 2006, 1631 = IPRspr. 2006 Nr. 2. Vgl. aber Rz. 5214.
3 Vgl. zu den Qualifikationsproblemen in diesem Zusammenhang eingehend *Kindler*, in: MünchKomm, IntGesR Rz. 605 ff.
4 BGH 5.2.2007, NJW 2007, 1529 Rz. 10; *Kindler*, NJW 2007, 1785 (1786 f.); aA *Eidenmüller*, JZ 2004, 24 (25); *K. Schmidt*, ZHR 168 (2004), 493 (499); *Spindler/Berner*, RIW 2004, 7 (10 ff.).
5 *Bayer*, BB 2003, 2357 (2364).

bigern im Vorfeld der Insolvenz in Betracht kommt, unterliegt also nicht dem Gesellschaftsstatut, sondern dem von Art. 12 Rom II-VO bestimmten Recht[1]. Insgesamt dürfen derartige Sonderanknüpfungen aber die einheitliche kollisionsrechtliche Beurteilung der in anderen Mitgliedstaaten gegründeten Gesellschaften nach ihrem Gründungsrecht nicht gefährden[2].

(1) Deliktsrecht

5214 Keine Bedenken bestehen daher unter dem Gesichtspunkt einer Beschränkung der Niederlassungsfreiheit gegen eine Inanspruchnahme der Gesellschafter oder Geschäftsführer einer in einem anderen EU-Mitgliedstaat gegründeten ausländischen Gesellschaft, die auf deliktische Anspruchsgrundlagen, etwa Betrug (§ 823 Abs. 2 iVm. § 263 StGB) oder vorsätzliche sittenwidrige Schädigung (§ 826 BGB), gestützt wird[3]. Um inländische Gläubiger wirksam gegenüber Scheinauslandsgesellschaften zu schützen, sind die Gerichte der Mitgliedstaaten auch berechtigt, den Anwendungsbereich des Gesellschaftsstatuts bis zu einem gewissen Grad zugunsten des Deliktsstatuts einzuschränken. Aus diesem Grunde kommt eine Gesellschafterhaftung wegen **Vermögens- oder Sphärenvermischung** nach Maßgabe des am tatsächlichen Verwaltungssitz der Gesellschaft geltenden Rechts jedenfalls dann in Betracht, wenn das Verhalten der Gesellschafter zugleich einen Deliktstatbestand erfüllt[4]. Gleiches gilt für eine Gesellschafterhaftung unter dem Gesichtspunkt der **Unterkapitalisierung**, wenn das Verhalten der Gesellschafter – zumindest auch[5] – deliktisch qualifiziert werden kann[6]. Die Geltung des Sitzrechts folgt in diesen Fällen aus Art. 4 Abs. 1 Rom II-VO, weil der schädigende Erfolg regelmäßig in dem Staat eintritt, in dem die Gesellschaft ihre geschäftlichen Aktivitäten entfaltet; für eine akzessorische Anknüpfung an das Gründungsrecht nach Art. 4 Abs. 3 Rom II-VO ist regelmäßig kein Raum, weil das schädigende Verhalten der Gesellschafter eine engere Verbindung zum Sitz- als zum Gründungsstaat der Gesellschaft aufweist[7]. Eine Anwendung der am Verwaltungssitz der Gesellschaft geltenden Regeln der Durchgriffshaftung in Ausnahmefällen ist aber auch dann nicht ausgeschlossen, wenn die Gesellschafter die Schwelle zu einem deliktischen Verhalten noch nicht überschritten haben. Beachten sie nämlich die Trennung der Haftungsmassen – als Voraussetzung für ihre beschränkte Haftung – selbst nicht oder erhöhen sie das Risiko einer Insolvenz der Gesellschaft durch eine massive Unterkapitalisierung beträchtlich, so

---

1 *Balthasar*, RIW 2009, 221 (226).
2 *Eidenmüller*, JZ 2003, 526 (528); *Thorn*, in: Palandt, Anh. zu Art. 12 EGBGB Rz. 8.
3 Ganz hM, vgl. *Bayer*, BB 2003, 2357 (2364 f.); *Ulmer*, NJW 2004, 1201 (1207); *Borges*, ZIP 2004, 733 (741); *Horn*, NJW 2004, 893 (899); *Kindler*, in: MünchKomm, IntGesR Rz. 412, 614 ff.
4 *Ulmer*, NJW 2004, 1201 (1207 f.); *Kindler*, in: MünchKomm, IntGesR Rz. 614.
5 Für Mehrfachqualifikation als gesellschafts- und deliktsrechtlich *Kindler*, Festschr. Jayme (2004), S. 409 (413 f.).
6 *Ulmer*, NJW 2004, 1201 (1208); *Kindler*, in: MünchKomm, IntGesR Rz. 615.
7 *Kindler*, in: MünchKomm, IntGesR Rz. 609 ff.; ebenso für Organhaftung *Kindler*, Rz. 632 f.

stünde einer Berufung auf die Niederlassungsfreiheit der Einwand des Rechtsmissbrauchs entgegen[1].

(2) Insolvenzrecht

Die Gerichte der Mitgliedstaaten sind ferner nicht gehindert, insolvenzrechtliche Haftungsinstrumente, die nach dem Recht des Eröffnungsstaates – als dem nach Art. 4 Abs. 1 EuInsVO maßgeblichen Insolvenzstatut (vgl. dazu unten Rz. 5751 ff.) – vorgesehen sind, auf die in anderen Mitgliedstaaten gegründeten Gesellschaften in gleichem Umfang wie auf inländische Gesellschaften anzuwenden[2]. Als insolvenzrechtlich zu qualifizieren ist etwa das durch das MoMiG neu geregelte Recht des Eigenkapitalersatzes[3] sowie insbesondere die Pflicht des Geschäftsführeres einer deutschen GmbH zur rechtzeitigen Stellung des Insolvenzantrags nach § 15a InsO; angesichts der eindeutig insolvenzrechtlichen Zielsetzung dieser Vorschrift, änderte schon bisher ihre systematische Stellung in § 64 Abs. 1 GmbHG aF daran nichts[4]. Zwar ergibt sich die zivilrechtliche **Insolvenzverschleppungshaftung** des Geschäftsführers im deutschen Recht nicht unmittelbar aus § 15a InsO; vielmehr dient diese Vorschrift nur als Grundlage für die deliktische Haftung nach § 823 Abs. 2 BGB. Auch diese Haftung verfolgt indessen primär insolvenzrechtliche Zwecke und ist deshalb nicht deliktsrechtlich, sondern insolvenzrechtlich zu qualifizieren[5]. Sie ist ferner auch nicht auf Geschäftsführer einer deutschen GmbH beschränkt, sondern gilt gleichermaßen für Leitungsorgane von im EU-Ausland gegründeten Gesellschaften, die – wie etwa die Private Ltd. Company des englischen Rechts – der GmbH funktional entsprechen, sofern das Insolvenzverfahren in Deutschland eröffnet wird[6]. In der Anwendung dieser Haftungsregeln auf Geschäftsleiter von im EU-Ausland gegründeten Gesellschaften liegt auch keine Beschränkung der Niederlassungsfreiheit[7]. Darüber hinaus dürfte auch

5215

---

1 *Bayer*, BB 2003, 2357 (2364); *Meilicke*, GmbHR 2003, 793 (806); *Zimmer*, NJW 2003, 3585 (3588 f.); *Borges*, ZIP 2004, 733 (741); *Ulmer*, NJW 2004, 1201 (1207 ff.); *Balthasar*, RIW 2009, 221 (225); *Kindler*, in: MünchKomm, IntGesR Rz. 412, 614 f. mwN.
2 *Müller*, NZG 2003, 414 (416); *Bayer*, BB 2003, 2357 (2365); *Zimmer*, NJW 2003, 3585 (3588 ff.); *Altmeppen*, NJW 2004, 97 (100 f.); *Ulmer*, NJW 2004, 1201 (1207).
3 AG Hamburg 23.11.2008, NZG 2009, 197; *Kußmaul/Richter/Ruiner*, DB 2008, 451 (455).
4 *Bayer*, BB 2003, 2357 (2365); *Borges*, ZIP 2004, 733 (739); *Paulus*, ZIP 2002, 729 (734); *Müller*, NZG 2003, 414 (416 f.); *Weller*, DStR, 2003, 1800 (1804); *Eidenmüller*, NJW 2005, 1618 (1620 f.); *Altmeppen*, NJW 2005, 1911 (1913); *Kindler*, in: MünchKomm, IntGesR Rz. 638–643 mwN.; aA *Spindler/Berner*, RIW 2004, 414 (416).
5 *Kuntz*, NZI 2005, 424 (428); *Kindler*, in: MünchKomm, IntGesR Rz. 644 ff. m. rechtsvergleichenden Hinweisen.
6 LG Kiel 20.4.2004, BB 2006, 1468; Bayer BB 2003, 2357 (2365); *Zimmer*, NJW 2003, 3585 (3589); *Horn*, NJW 2004, 893 (899); *Lieder/Kliebisch*, BB 2009, 338 (342); *Balthasar*, RiW 2009, 221 (226); *Kindler*, in: MünchKomm, IntGesR Rz. 659; aA insbesondere *Ulmer*, NJW 2004, 1201 (1207 f.). Zur internationalen Eröffnungszuständigkeit unten Rz. 5631 ff.
7 *Ulmer*, NJW 2004, 1201 (1207); *Weller*, IPRax 2004, 414; *Eidenmüller*, NJW 2005, 1618 (1621); *Kindler*, in: MünchKomm, IntGesR Rz. 659; aA insbesondere *Ulmer*, NJW 2004, 1201 (1207 f.).

die von der deutschen Rechtsprechung im Wege richterlicher Rechtsfortbildung entwickelte Haftung der Gesellschafter wegen **Existenzvernichtung**[1] primär den Schutz der Gesellschaftsgläubiger vor einer Masseverkürzung bezwecken. Obwohl der BGH diese Haftung auf § 826 BGB stützt, dürfte sie für die Zwecke des europäischen Kollisionsrechts daher nicht als deliktisch, sondern als insolvenzrechtlich zu qualifizieren sein[2]. Maßgebend sind daher nicht die Art. 4 ff. Rom II-VO, sondern Art. 4 Abs. 2 S. 2 lit. m EuInsVO analog. Die Haftung kommt daher auch zu Lasten der Gesellschafter der in einem anderen EG-Mitgliedstaat gegründeten Gesellschaft in Betracht, die ihren effektiven Verwaltungssitz in Deutschland hat[3].

(3) Rechtsscheinhaftung

5216   Auch die durch Verletzung der Pflicht zur Führung eines auf die beschränkte Haftung hinweisenden **Firmenzusatzes** begründete Rechtsscheinhaftung knüpft nicht an die Verletzung spezifischer Organpflichten an. Sie untersteht daher nicht dem Gesellschaftsstatut, sondern dem Recht des Staates, in dem der Rechtsschein entstanden ist und sich ausgewirkt hat[4]. Aus diesem Grunde ist die Niederlassungsfreiheit nach Art. 43, 48 EG durch die Annahme einer solchen Haftung auch dann nicht tangiert, wenn der Geschäftsführer einer in einem anderen Mitgliedstaat der EU gegründeten Gesellschaft wegen der Hervorrufung des Anscheins der unbeschränkten Haftung mindestens einer natürlichen Person vor deutschen Gerichten in Anspruch genommen wird[5].

Diese Rechtsscheinhaftung soll nach dem Referentenentwurf des BMJ zum internationalen Gesellschaftsrecht (oben Rz. 5077 ff.) in Art. 12 Abs. 3 EGBGB-E

---

1 Vgl. BGH 17.9.2001, BGHZ 149, 10 (16 f.) = NJW 2001, 3622 (Bremer Vulkan); BGH 24.6.2002, BGHZ 151, 181 (186 ff.) = NJW 2002, 3024; BGH 16.7.2007, BGHZ 173, 246 (252 ff.) = NJW 2007, 2689 (TRIHOTEL); BGH 28.4.2008, NJW 2008, 2437 (2438) (GAMMA); dazu *Horn*, NJW 2004, 893 (899).
2 *Kindler*, IPRax 2009, 189 (193); *Kühnle/Otto*, IPRax 2009, 117 (120 f.); *Weller*, Europäische Rechtsformwahlfreiheit (2004), S. 266; aA OLG Köln 14.5.2004, NZG 2004, 1009 (1011); *Haas*, WM 2003, 1929 (1940); *Schanze/Jüttner*, AG 2003, 661 (669); *Balthasar*, RIW 2009, 221 (225 f.).
3 Für Vereinbarkeit der Existenzvernichtungshaftung mit der Niederlassungsfreiheit nach Art. 43, 48 EG auch *Zimmer*, NJW 2003, 3585 (3588 f.); *Weller*, IPRax 2003, 207 ff.; *Schulz*, NJW 2003, 2705 (2708); *Altmeppen*, NJW 2004, 97 (101 f.); *Thorn*, in: Palandt, Anh. zu Art. 12 EGBGB Rz. 8; dazu näher *Kindler*, Festschr. Jayme (2004), S. 409 (416 f.); *Kindler*, in: MünchKomm, IntGesR Rz. 412, 592, 617 und 671; aA *Eidenmüller*, NJW 2005, 1618 (1620) (akzessorische Anknüpfung an das Gesellschaftsstatut); *Ulmer*, NJW 2004, 1201 (1204) (Rechtfertigung am Maßstab der Art. 43, 48 EG erforderlich).
4 *Kindler*, in: MünchKomm, IntGesR Rz. 630; vgl. auch zur entsprechenden Anknüpfung der Anscheinsvollmacht unten Rz. 5507 ff.
5 *Kindler*, in: MünchKomm, IntGesR Rz. 630; ebenso BGH 5.2.2007, NJW 2007, 1529 (1530) (m. Anm. *Kindler*, NJW 2007, 1785) = GmbH 2007, 593 m. Anm. *Römermann* = IPRax 2008, 72 (m. Anm. *Brinkmann*, IPRax 2008, 30) (auf die Haftung des für eine niederländ. Besloten Vennootschap auftretenden gesetzlichen Vertreters wegen Weglassung des Rechtsformzusatzes „BV" deutsches Recht angewendet, weil der Rechtsschein in Deutschland entstanden sei).

kodifiziert werden. Danach können sich Dritte immer dann, wenn eine Gesellschaft unter einem anderen Recht als ihrem nach Art. 10 Abs. 1 EGBG-E maßgebenden Personalstatut im Rechtsverkehr auftritt, auf dieses andere Recht berufen.

3. Inländische Zweigniederlassungen

Mit der inländischen Zweigniederlassung[1] eines ausländischen Unternehmens verkehrende Dritte sind dann umfassend geschützt, wenn der Zweigniederlassung nach deutschem Recht *eigene Rechtspersönlichkeit* zukommt. In diesem Falle beurteilen sich auch die Vertretungsverhältnisse ausschließlich nach deutschem Recht (dazu oben Rz. 5174 ff.). Aber auch dann, wenn die inländische Zweigniederlassung – wie in der Regel – nicht selbst juristische Person, sondern unselbständiger Teil des ausländischen Unternehmens ist und als solcher dem ausländischen Personalstatut dieses Unternehmens untersteht[2], so ist zugunsten unkundiger Dritter doch in jedem Fall § 15 HGB anzuwenden, wenn Beschränkungen der Vertretungsmacht, die zwar nach dem ausländischen Sitz- oder Gründungsrecht der Gesellschaft, nicht aber nach deutschem Recht bestehen, im deutschen Handelsregister nicht gem. §§ 13d–g HGB eingetragen sind[3].

5217

Insoweit folgt aus § 13d Abs. 3 HGB, dass die inländische Zweigniederlassung einer ausländischen Personenhandelsgesellschaft grundsätzlich **wie eine inländische Hauptniederlassung** behandelt wird. Entsprechendes gilt für die Zweigniederlassung ausländischer Kapitalgesellschaften (AG, GmbH, KGaA) seit der Umsetzung der 11. EG-Richtlinie durch Gesetz vom 22.7.1993 nach Maßgabe der Sonderregeln in §§ 13e–g HGB. Insoweit kommt es auf die Vergleichbarkeit der ausländischen Gesellschaft mit einer der genannten Gesellschaftstypen des deutschen Rechts an (**Substitution**)[4].

5218

Das **Registerverfahrensrecht** unterliegt dabei ausschließlich der deutschen *lex fori*[5]. Die Zweigniederlassung einer ausländischen Kapitalgesellschaft kann

5219

---

1 Vgl. allg. zur rechtlichen Behandlung inländischer Zweigniederlassungen ausländischer Unternehmen *Großfeld*, in: Staudinger, IntGesR Rz. 975 ff.; *Kindler*, in: MünchKomm, IntGesR Rz. 893 ff. Zur Neuregelung durch das Gesetz vom 22.7.1993 (BGBl. I 1993, 1282) *Seibert*, GmbHR 1992, 738 ff. und DB 1993, 1705 ff.; *Kindler*, NJW 1993, 3301 ff.; *Großfeld*, in: Staudinger, IntGesR Rz. 983 ff.
2 Vgl. OLG Düsseldorf 23.5.1996, IPRspr. 1996 Nr. 215; ebenso zum österreich. Recht OGH 11.10.1995, IPRax 1997, 126 (127) (m. zust. Anm. *Leible*, IPRax 1997, 133), wo die Annahme eines eigenen „Zweigniederlassungsstatuts" aufgegeben wird.
3 *Großfeld*, in: Staudinger, IntGesR Rz. 1030.
4 *Großfeld*, in: Staudinger, IntGesR Rz. 1008; BayObLG 21.10.1985, BayObLGZ 1985, 348 (351) = RIW 1986, 552 = IPRspr. 1985 Nr. 216 (zur Eintragung der Zweigniederlassung einer ausländ. AG); OLG Frankfurt 29.12.2005, NZG 2006, 515 = IPRspr. 2005 Nr. 226 (zur Anmeldung der Zweigniederlassung einer engl. „Private Ltd. Company").
5 BayObLG 18.7.1985 (Rz. 5083), BayObLGZ 1985, 272 (278); OLG Hamm 21.7.2006, GmbHR 2006, 1198 m. Anm. *Werner* = IPRspr. 2006 Nr. 254; *Großfeld*, in: Staudinger, IntGesR Rz. 989, 993 ff.; *Kindler*, in: MünchKomm, IntGesR Rz. 909.

aber nur im deutschen Handelsregister eingetragen werden, wenn die Rechtsfähigkeit dieser Gesellschaft nach den zuvor dargelegten Grundsätzen der Sitz- bzw. Gründungstheorie (Rz. 5162 ff.) im Inland anzuerkennen ist; hierfür ist der Anmelder beweispflichtig[1].

Eintragungsfähig sind in diesem Falle nicht nur Beschränkungen der Vertretungsmacht von Organen ausländischer Gesellschaften, die auch im deutschen Recht geläufig sind; vielmehr können auch dem deutschen Recht unbekannte und sogar nach deutschem Recht unzulässige Vertretungsverhältnisse nach Maßgabe des ausländischen Sitz- oder Gründungsrechts eingetragen werden; Schranke ist lediglich der deutsche ordre public (Art. 6 EGBGB)[2].

5220 Soweit im deutschen Handelsregister Zweigniederlassungen ausländischer Gesellschaften eingetragen werden, verlangen es darüber hinaus die Bedürfnisse der Praxis, dass auch **besondere gesetzliche Vertreter**, die nach ausländischem Recht für den Geschäftsbereich der Zweigniederlassung vertretungsberechtigt sind, eingetragen werden[3].

4. Notarielle Bestätigung

5221 Viele Schwierigkeiten können vermieden werden, wenn die Personen, die für eine ausländische Gesellschaft handeln, die Bestätigung eines Notars vorlegen, aus der ihre Vertretungsmacht hervorgeht. Nach deutschem Recht ist die Zuständigkeit der Notare für solche Vertreterbescheinigungen ausdrücklich vorgesehen (§ 21 BNotO). Deutsche Notare sind also befugt, auf Grund einer Einsichtnahme in ausländische Register Bescheinigungen über die Vertretungsbefugnis der Organe einer ausländischen Gesellschaft auszustellen; dies gilt jedenfalls dann, wenn das ausländische Register dem deutschen Handels-

---

1 BayObLG 18.7.1985 (Rz. 5083), BayObLGZ 1985, 272 (278); *Großfeld*, in: Staudinger, IntGesR Rz. 1009.

2 *Kraft*, in: KölnerKomm AktG, Bd. 1 (2. Aufl. 1988), § 44 AktG Rz. 32; *Großfeld*, in: Staudinger, IntGesR Rz. 940. Vgl. auch KG 8.3.1929, IPRspr. 1929 Nr. 21 (Anmeldung einer deutschen Zweigniederlassung durch eine niederländ. AG. Beschränkung der Vertretungsbefugnis der Direktoren durch das Erfordernis der Mitwirkung eines Aufsichtsratsmitglieds bei Transaktionen mit einem Wert von mehr als 1000 DM als eintragungsfähig erachtet; Verstoß gegen den deutschen ordre public verneint); aA OLG Frankfurt a.M. 18.3.1976, BB 1976, 569 = IPRspr. 1976 Nr. 18 (Eintragung einer Gesamtprokura unter Beteiligung des Hauptbevollmächtigten eines ausländischen Versicherungsunternehmens für dessen inländ. Zweigniederlassung abgelehnt: „Dem deutschen Handels- und Gesellschaftsrecht ist ... eine solche nach außen wirkende Beschränkung der Vertretungsmacht eines vertretungsberechtigten Organs oder eines anderen gesetzlichen Vertreters auf eine Zweigniederlassung oder ein bestimmtes geografisches Gebiet fremd.").

3 AG Hamburg 30.9.1965, MDR 1966, 334 = IPRspr. 1964/65 Nr. 299 (Hauptbevollmächtigter für die inländ. Zweigstelle eines ausländ. Versicherungsunternehmens [§§ 106, 108 VAG]); BayObLG 12.7.1973, NJW 1973, 2162 = IPRspr. 1973 Nr. 21 (Geschäftsleiter der deutschen Zweigniederlassung eines ausländischen Kreditinstituts [§ 53 Abs. 2 Nr. 1 KWG]); *Lüderitz*, in: Soergel, Anh. zu Art. 10 EGBGB Rz. 41; aA OLG Frankfurt a.M. 18.3.1976, BB 1976, 569.

register funktional gleichwertig ist[1]. Mit der Novelle zur BNotO von 1998 wurde die Kompetenz der Notare nach § 21 auf die Bescheinigung sonstiger rechtserheblicher Umstände einer Gesellschaft, zB Bestehen, Sitz, Firma, Umwandlung uÄ. erweitert[2]. Auch im Ausland kommen solche Bescheinigungen vor[3]. Die Frage, ob die notarielle Vertretungsbescheinigung eines ausländischen Notars zum Nachweis der Vertretungsbefugnis ausreicht, beurteilt sich nicht nach § 21 BNotO, sondern nach dem Recht am Sitz des beurkundenden Notars[4].

Im Grundbuchverkehr ist die Existenz und die Vertretungsbefugnis einer *ausländischen* juristischen Person oder Handelsgesellschaft allerdings stets in der Form des § 29 GBO nachzuweisen; eine Notarbescheinigung nach § 21 BNotO reicht hierfür nicht aus[5].

Frei. 5222–5237

V. Die gesetzliche Vertretung von Handelsgesellschaften und ihr Nachweis im ausländischen Recht

1. Europäische Rechtsvereinheitlichung

Literatur: *Bayer*, Aktuelle Entwicklung im Europäischen Gesellschaftsrecht, BB 2004, 1; *Behrens*, Gesellschaftsrecht, in: Dauses (Hrsg.), Handbuch des EG-Wirtschaftsrechts (1993), S. 545; *Behrens*, Die Europäisierung des Gesellschaftsrechts, GmbHR 1993, 129; *Behrens*, Das Gesellschaftsrecht im Europäischen Binnenmarkt, EuZW 1991, 97; *Behrens*, Europäische Rechtsangleichung, in: Behrens (Hrsg.), Die GmbH im internationalen und europäischen Recht, 2. Aufl. (1997), S. 63; *Graf von Bernstorff*, Das Unternehmensrecht in Europa, EWS 1998, 397 und 433; *Blaurock* (Hrsg.), Recht der Unternehmen in Europa (1993); *Boucourechliev*, Die Harmonisierung des Gesellschaftsrechts in der Europäischen Union: Erreichtes und Perspektiven, RIW 1999, 1; *Buxbaum*, European Economic and Business Law: Legal and Economic Analysis on Integration and Harmonization (1996); *Campobasso* (Hrsg.), Armonie e disarmonie nel diritto commitario delle societá di capitali (2003); *Deckert*, Europäisches Gesellschaftsrecht – eine Zwischenbilanz, DStR 1997, 874; *Deckert*, Zu Harmonisierungsbedarf und Harmonisierungsgrenzen im Europäischen Gesellschaftsrecht, RabelsZ 64 (2000), 478; *Dine*, EC Company Law (1991); *Ebke*, Unternehmensrecht und Binnenmarkt – E pluribus unum?, RabelsZ 62 (1998), 195; *Ebke*, Unternehmensrechtsangleichung der Europäischen Union, Festschr. Großfeld (1999), S. 189; *Edwards*, EC Company Law (1999); *Everling*, Das Europäische Gesellschaftsrecht vor dem EuGH, Festschr. Lutter (2000), S. 31; *Großfeld*, Europäisches Ge-

---

1 OLG Schleswig 13.12.2007, IPRax 2009, 79 (80) (m. Anm. *Geimer*, IPRax 2009, 58) (betr. das schwed. Handelsregister) mwN.
2 Vgl. dazu KG 11.2.2005, NJW-RR 2005, 788 = IPRspr. 2005 Nr. 4; *Schaub*, NZG 2000, 953 (959).
3 Vgl. KG 10.4.1930, JW 1930, 1874: Bescheinigung durch schweiz. Notar; Deutsches Patentamt 8.2.1956, DNotZ 1956, 305: Bescheinigung durch luxemburg. Notar.
4 OLG Köln 4.5.1988, RIW 1989, 565 = Rpfleger 1989, 66 m. Anm. *Kirstgen* = IPRspr. 1988 Nr. 16 (Beweiskraft der Bescheinigung eines belg. Notars über die gesetzliche Vertretung einer belg. AG nach belg. Recht beurteilt).
5 OLG Hamm 18.8.1994, RIW 1995, 152 (153) = NJW-RR 1995, 469; *Meikel/Roth*, Grundbuchrecht (7. Aufl.), § 32 GBO Rz. 59.

sellschaftsrecht, WM 1992, 2121; *Großfeld*, Internationales und Europäisches Unternehmensrecht, 2. Aufl. (1995); *Grundmann*, Wettbewerb der Regelgeber im europäischen Gesellschaftsrecht – jedes Marktsegment hat seine Struktur, ZGR 2001, 783; *Grundmann*, Europäisches Gesellschaftsrecht (2004); *Habersack*, Europäisches Gesellschaftsrecht im Wandel, NZG 2004, 1; *Habersack*, Europäisches Gesellschaftsrecht, 3. Aufl. (2006); *Heldrich/Hopt* (Hrsg.), Handels- und Wirtschaftsrecht, Europäisches und Internationales Recht (2000); *Henze*, Europäisches Gesellschaftsrecht in der Rechtsprechung des Bundesgerichtshofs, DB 2003, 2159; *Hopt*, Gemeinsame Grundsätze der Corporate Governance in Europa ZGR 2000, 779; *Hopt*, Europäisches Gesellschaftsrecht – Krise und neue Anläufe, ZIP 1998, 96; *Hopt*, Company Law in the European Union: Harmonization or Subsidiarity (1998); *Kainer*, Unternehmensübernahmen im Binnenmarktrecht (2004); *Kersting*, Die Vorgesellschaft im europäischen Gesellschaftsrecht (2000); *Klinke*, Europäisches Unternehmensrecht und EuGH, ZGR 22 (1993), 1; *La Villa*, Introduzione al diritto europeo delle società (1996); *Loussouarn*, Nationalité des sociétés et communauté économique européenne, Rev.jur.com. 1990, 145; *Lutter*, Europäisches Unternehmensrecht, 4. Aufl. (1996); *Lutter*, Das Europäisches Unternehmensrecht im 21. Jahrhundert, ZGR 2000, 1; *Maul/Lanfermann/Eggenhofer*, Aktionsplan der Europäischen Kommission zur Reform des Europäischen Gesellschaftsrechts, BB 2003, 1289; *Pfister*, Europäisches Gesellschaftsrecht (1993); *Menjucq*, Droit international et européen des sociétés (2001); *Merkt*, Die Pluralisierung des europäischen Gesellschaftsrechts, RIW 2004, 1; *Nagel*, Deutsches und europäisches Gesellschaftsrecht (2000); *Reher*, Gesellschaftsrecht in gemeinsamen Märkten (1997); *Schlemmer-Schulte*, Die Dynamik des europäischen Gesellschaftsrechts, EWS 1992, 333; *Schön*, Mindestharmonisierung im europäischen Gesellschaftsrecht, ZHR 160 (1996), 221; *Schön*, Das Bild des Gesellschafters im Europäischen Gesellschaftsrecht, RabelsZ 64 (2001), 1; *Schön*, Rechtsmissbrauch im europäischen Gesellschaftsrecht, Festschr. Wiedemann (2002), S. 1271; *Schwarz*, Europäisches Gesellschaftsrecht (2000); *Steding*, Das Gesellschaftsrecht der EU zwischen Erwartung und Enttäuschung, NZG 2000, 913; *Simonart*, La personnalité morale en droit privé comparé (Brüssel 1995); *Timmermanns*, Die europäische Rechtsangleichung im Gesellschaftsrecht, RabelsZ 48 (1984), 1; *Wagner*, Der europäische Verein – Eine Gesellschaftsform europäischen oder mitgliedstaatlichen Rechts? (2002); *Weitnauer*, Die europäische grenzüberschreitende Gesellschaft, EWS 1992, 165; *Werlauff*, EC Company Law (1993); *Werlauff*, Europäisches Gesellschaftsrecht, MünchHdbGesR, 2. Aufl. (2003), S. 576; *Wiesner*, Überblick über den Stand des europäischen Unternehmensrechts, EuZW 1998, 619; *Wiesner*, Europäisches Gesellschaftsrecht, MünchHdbGesR 2. Aufl. (2003), S. 976; *Wymeersch* (Hrsg.), Groups of Companies in the EEC (1993). Vgl. auch *Kindler*, in: MünchKomm, IntGesR Rz. 32 ff.

a) Europäische Wirtschaftliche Interessenvereinigung (EWIV)

Literatur: *Hartard*, Die Europäische Wirtschaftliche Interessenvereinigung im deutschen, englischen und französischen Recht (1991); *Jahn*, Die gemeinschaftlich handelnden Mitglieder einer Europäischen Wirtschaftlichen Interessenvereinigung (1996); *Lenz*, Die Europäische Wirtschaftliche Interessenvereinigung mit dem Sitz in der BRD vor der Eintragung (1997); *Lentner*, Das Gesellschaftsrecht der Europäischen Wirtschaftlichen Interessenvereinigung (EWIV) (1994); *Meier-Landrut*, Die Europäische Wirtschaftliche Interessenvereinigung – Gründungsvertrag und innere Verfassung einer EWIV mit Sitz in der Bundesrepublik Deutschland (1988); *Mongiello*, Il gruppo europeo di interesse economico (Mailand 1994); *Müller-Gugenberger*, EWIV – Die neue europäische Gesellschaftsform, NJW 1989, 1449; *Müller-Gugenberger/Schotthöfer*, Die Europäische Wirtschaftliche Interessenvereinigung. Eine Darstellung aus rechtsvergleichender Sicht (1992); *Müller-Gugenberger/Schotthöfer*, Das EWIV in Europa (1995); *Scriba*, Die Europäische Wirtschaftliche Interessenvereinigung (1988); *Selbherr/Manz*, Kommentar zur Europäischen Wirtschaftlichen Interessenvereinigung (EWIV) (1995).

Die EWIV wurde durch EWG-VO Nr. 2136/85 vom 25.7.1985 (ABl. EG 1985 Nr. L 201, S. 1) als Instrument zur grenzüberschreitenden wirtschaftlichen Kooperation nach dem Vorbild des französischen „groupement d'intérêt économique" geschaffen. Die Verordnung ist unmittelbar anwendbares Recht. Soweit sie keine Regelung enthält, ist nach ihrem Art. 2 Abs. 1 das innerstaatliche Recht des Staates anzuwenden, in dem die Vereinigung ihren Sitz hat. Nach deutschem Recht sind auf die EWIV ergänzend die Vorschriften des OHG-Rechts anzuwenden (§ 1 EWIV-AusführungsG vom 14.4.1988, BGBl. I 1988, 514). Die Vereinigung ist damit Handelsgesellschaft mit unbeschränkter persönlicher Haftung ihrer Mitglieder (Art. 24 VO Nr. 2136/85), die unter ihrer Firma klagen und verklagt werden kann (§ 1 EWIV-AusführungsG iVm. § 124 HGB).   5238

Die **Vertretung** der Vereinigung obliegt den Geschäftsführern, und zwar grundsätzlich jedem Geschäftsführer einzeln (Art. 20 Abs. 1 S. 1 VO Nr. 2136/85). Der Gründungsvertrag kann jedoch auch Gesamtvertretung durch zwei oder mehr gemeinschaftlich handelnde Geschäftsführer vorsehen; diese Beschränkung kann Dritten jedoch nur entgegengehalten werden, wenn sie ordnungsgemäß eingetragen und bekannt gemacht worden ist (Art. 20 Abs. 2 VO Nr. 2136/85). Überschreitet der Geschäftsführer die ihm durch den Unternehmensgegenstand gezogenen Grenzen, so wird die Vereinigung gutgläubigen Dritten gegenüber dennoch verpflichtet; die Bekanntmachung des im Gründungsvertrag angegebenen Unternehmensgegenstandes reicht dabei nicht aus, um den Nachweis der Bösgläubigkeit des Dritten zu führen (Art. 20 Abs. 1 S. 2 VO Nr. 2136/85). Andere Beschränkungen der Befugnisse von Geschäftsführern durch den Gründungsvertrag oder durch Mitgliederbeschluss können Dritten selbst dann nicht entgegengesetzt werden, wenn sie bekannt gemacht wurden (Art. 20 Abs. 1 S. 3 VO Nr. 2136/85).   5239

b) Europäische Gesellschaft (SE)

Literatur: *Baums/Cahn* (Hrsg.), Die Europäische Aktiengesellschaft – Umsetzungsfragen und Perspektiven (2004); *Blanquet*, Das Statut der Europäischen Aktiengesellschaft (Societas Europaea „SE") – Ein Gemeinschaftsinstrument für die grenzübergreifende Zusammenarbeit im Dienste der Unternehmen, ZGR 2002, 20; *Boucourechliev* (Hrsg.), Propositions pour une société fermée européenne (Luxemburg 1997); *Brandi*, Die Europäische Aktiengesellschaft im deutschen und internationalen Konzernrecht, NZG 2003, 889; *Brandt/Scheifele*, Die Europäische Aktiengesellschaft und das anwendbare Recht, DStR 2000, 547; *Bungert/Beier*, Die Europäische Aktiengesellschaft – das Statut und seine Umsetzung in die Praxis, EWS 2002, 1; *Casper*, Der Lückenschluss im Statut der Europäischen Aktiengesellschaft, Festschr. Ulmer (2003), S. 51; *Engert*, Der international-privatrechtliche und sachrechtliche Anwendungsbereich der Europäischen Aktiengesellschaft, ZvglR 104 (2005), 444; *Förster/Lange*, Grenzüberschreitende Sitzverlegung der Europäischen Aktiengesellschaft aus ertragsteuerlicher Sicht, RIW 2002, 585; *Grote*, Das neue Statut der Europäischen Aktiengesellschaft zwischen europäischem und nationalem Recht (Diss. Göttingen 1990); *Hansen*, Die europäische Aktiengesellschaft – Societas Europae (S.E.), For.Int.L. 1997, 114; *Heinze*, Die Europäische Aktiengesellschaft, ZGR 2002, 66; *Hirte*, Die Europäische Aktiengesellschaft, NZG 2002, 1; *Hommelhoff*, Einige Bemerkungen zur Organisationsverfassung der Europäischen Aktiengesellschaft, AG 2001, 279; *Hommelhoff*, Zum Konzernrecht in der Europäischen Aktiengesellschaft, AG

2003, 179; *Hommelhoff/Teichmann,* Die europäische Aktiengesellschaft – das Flaggschiff läuft vom Stapel, SZW 2001, 1; *Horn,* Die Europa–AG im Kontext des europäischen Gesellschaftsrechts, DB 2005, 147; *Jaeger,* Die Europäische Aktiengesellschaft – europäischen oder nationalen Rechts? (1994); *Jaecks/Schönborn,* Die Europäische Aktiengesellschaft, das internationale und das deutsche Konzernrecht, RIW 2003, 254; *Jahn/Herfs-Röttgen,* Die europäische Aktiengesellschaft – Societas Europaea, DB 2001, 631; *Jannott/Frodermann,* Handbuch der Europäischen Aktiengesellschaft (2005); *Kalls/Hügel* (Hrsg.), Europäische Aktiengesellschaft. SE – Kommentar (2004); *Kersting,* Societas Europaea: Gründung und Vorgesellschaft, DB 2001, 2079; *Klein,* Die Europäische Aktiengesellschaft „à la française", RIW 2004, 435; *Lutter,* Europäische Aktiengesellschaft – Rechtsfigur mit Zukunft?, BB 2002, 1; *Lutter/Hommelhoff* (Hrsg.), Die Europäische Aktiengesellschaft (2005); *Lutter/Hommelhoff,* SE-Kommentar (2008); *Maul,* Die faktisch abhängige SE (Societas Europaea) im Schnittpunkt zwischen deutschem und europäischem Recht (1998); *Manz/Mayer/Schröder* (Hrsg.), Handkommentar Europäische Aktiengesellschaft SE (2004); *Merkt,* Europäische Aktiengesellschaft: Gesetzgebung als Selbstzweck?, BB 1992, 652; *Monti,* Statut der Europäischen Aktiengesellschaft, WM 1997, 607; *Neye,* Die Europäische Aktiengesellschaft (2005); *Neye/Teichmann,* Der Entwurf für das Ausführungsgesetz zur Europäischen Aktiengesellschaft, AG 2003, 169; *Pocar,* Le statut de la société européenne; une étape importante dans l'évolution du droit communautaire, Riv.dir.int.priv.proc. 2002, 585; *Raiser,* Die Europäische Aktiengesellschaft und die nationalen Aktienrechte, Festschr. Semler (1993), S. 277; *Ringe,* Die Sitzverlegung der Europäischen AG (2006); *von Rosen* (Hrsg.), Die Europa-AG – Eine Perpektive für deutsche Unternehmen? (2003); *Kersting,* Societas Europaea: Gründung und Vorgesellschaft, DB 2001, 2079; *Schulz/Petersen,* Die Europa-AG: Steuerlicher Handlungsbedarf bei Gründung und Sitzverlegung, DStR 2002, 1508; *Schwarz,* Zum Statut der Europäischen Aktiengesellschaft – Die wichtigsten Neuerungen und Änderungen der Verordnung, ZIP 2001, 1847; *Steding,* Europäische Rechtsformen für Unternehmen – EWIV sowie SE und SCE, BuW 2002, 197; *Teichmann,* Die Einführung der Europäischen Aktiengesellschaft – Grundlagen der Ergänzung des europäischen Statuts durch den deutschen Gesetzgeber, ZGR 2002, 283; *Theissen/Wenz* (Hrsg.), Die Europäische Aktiengesellschaft – Recht, Steuern und Betriebswirtschaft der Societas Europaea (SE), (2002); *Thoma/Leuering,* Die Europäische Aktiengesellschaft – Societas Europaea, NJW 2002, 1449; *Völter,* Der Lückenschluss im Statut der Europäischen Aktiengesellschaft (2000); *Wagner,* Die Bestimmung des auf die SE anwendbaren Rechts, NZG 2002, 985; *Wehlau,* Die Europäische Aktiengesellschaft – eine Option für die GmbH?, GmbHR 1992, 640; *Wenz,* Die Societas Europaea (SE) (1993); *Wicke,* Die europäische Aktiengesellschaft, MittBayNot 2006, 196.

5240 Mit der EG-Verordnung Nr. 2157/2001 vom 8.10.2001 über das Statut der Europäischen Gesellschaft (Societas Europaea, SE)[1] hat der Rat eine neue supranationale Unternehmensform geschaffen. DE SE ist eine Handelsgesellschaft, deren Kapital in Aktien zerlegt ist (Art. 1 Abs. 2 S. 1 SE-VO) und die eigene Rechtspersönlichkeit besitzt (Art. 1 Abs. 3 SE-VO). Für ihre Gründung sieht die Verordnung in Art. 2 vier unterschiedliche Varianten vor (Verschmelzung; Gründung einer Holding-SE; Gründung einer Tochter-SE; Umwandlung), ihnen ist gemeinsam, dass ein Bezug der beteiligten Gründungsgesellschaften zu mindestens zwei unterschiedlichen Mitgliedstaaten der EU besteht. Der Sitz der SE muss innerhalb der Gemeinschaft liegen, und zwar in dem Mitgliedstaat, in dem sich die Hauptverwaltung befindet (Art. 7 Abs. 1 SE-VO)[2].

1 ABl. EG 2001 Nr. L 294, S. 1.
2 Vgl. im deutschen Recht das Gesetz zur Einführung der Europäischen Gesellschaft (SEEG) vom 22.12.2004 (BGBl. I 2004, 3678).

Im Übrigen zeichnet sich die SE-Verordnung dadurch aus, dass sie kein vollständiges eigenes Aktiengesetz darstellt, sondern notwendig der Ergänzung durch das nationale Gesellschaftsrecht bedarf. Zu diesem Zweck verweist Art. 9 Abs. 1 lit. c SE-VO in erster Linie auf spezielle Ausführungsgesetze der Mitgliedstaaten zur Verordnung[1], hilfsweise auf das Aktienrecht des Sitzmitgliedstaates[2]. Nach Art. 10 SE-VO wird die SE daher, vorbehaltlich der in der Verordnung enthaltenen Bedingungen, in jedem Mitgliedstaat wie eine Aktiengesellschaft behandelt, die nach dem Recht des Sitzstaates der SE gegründet wurde. Dementsprechend bestehen zwischen einer deutschen SE, einer englischen SE und einer französischen SE erhebliche Unterschiede.

5241

Die Satzung der SE kann gem. Art. 38 lit. b SE-VO neben der Hauptversammlung als Organe entweder ein Leitungs- und ein Aufsichtsorgan (zB Vorstand und Aufsichtsrat – „dualistisches System", Art. 39 ff. SE-VO) oder ein Verwaltungsorgan (zB board of directors – „monistisches System", Art. 43 ff. SE-VO) vorsehen. Die Geschäfte der Gesellschaft werden durch das Leitungsorgan (Art. 39 SE-VO) oder durch das Verwaltungsorgan (Art. 43 SE-VO) geführt. Dementsprechend obliegt diesen Organen auch die **Vertretung der Gesellschaft** nach außen. Allerdings finden sich in der SE-Verordnung selbst keine Bestimmungen über Art und Umfang der Vertretungsbefugnisse der Organmitglieder. Gemäß Art. 9 Abs. 1 lit. c SE-VO ist daher insoweit das nationale Recht des Staates, in dem die SE ihren effektiven Verwaltungssitz (Art. 7 SE-VO) hat, anzuwenden. Die Regelung der Vertretungsbefugnis richtet sich demnach nach den speziell für die SE erlassenen Rechtsvorschriften dieses Mitgliedstaates (Art. 9 Abs. 1 lit. c i) SE-VO), ansonsten nach dessen Aktiengesellschaftsrecht (Art. 9 Abs. 1 lit. c ii) SE-VO), bzw. nach den Bestimmungen der Satzung der Gesellschaft, soweit das Recht des Sitzstaates solche Bestimmungen für dort gegründete Aktiengesellschaften zulässt (Art. 9 Abs. 1 lit. c iii) SE-VO).

5242

c) Europäische Privatgesellschaft (SPE)

Literatur: *Bücker,* Die Organisationsverfassung der SPE, ZHR 173 (2009), 281; *de Enrice/ Gaude,* Societas Privata Europaea – Unternehmensleitung und Haftung, DStR 2009, 857; *Djemek,* Das künftige Europa und die Europäische Privatgesellschaft, NZG 2001, 878; *Giedinghagen,* Die Europäische Privatgesellschaft (SPE) – Eine Alternative zur GmbH?, NJW-Spezial 2008, 751; *Hadding/Kießling,* Die Europäische Privatgesellschaft (Societas Privata Europaea SPE), WM 2009, 145; *Hommelhoff/Teichmann,* Auf dem Weg zur Europäischen Privatgesellschaft, DStR 2008, 925; *Hommelhoff/Teichmann,* Eine GmbH für Europa: Der Vorschlag der EU-Kommission zur Societas Privata Europaea (SPE), GmbHR 2008, 897; *Hopt,* Die Europäische Privatgesellschaft, EuZW 2008, 513; *Krejci,* Societas Privata Europaea – SPE – Zum Kommissionsvorschlag einer Europäischen Privatgesellschaft (Wien 2008); *Maul/Röhricht,* Die Europäische Privatgesellschaft – Überblick über eine neue supranationale Rechtsform, BB 2008, 1574; *Peters/Wüllrich,* Gesellschaftsrechtliche Einigung Europas durch die Societas Privata Europaea (SPE), DB 2008, 2179; *Peters/Wüllrich,* Grenzenlose gesellschaftsrechtliche Flexibilität – die Societas Privata (SPE), NZG 2008, 807; *Philip,* Statut der Europäischen Privatgesellschaft, EuZW 2009,

---

[1] Vgl. in Deutschland das Gesetz zur Einführung der Europäischen Gesellschaft (SEEG) v. 22.12.2004 (BGBl. I 2004, S. 3675).

[2] Art. 9 Abs. 1 lit. c enthält eine Kollisionsnorm, die auf das Sachrecht des Sitzmitgliedstaats verweist, vgl. *Kindler,* in: MünchKomm, IntGesR Rz. 70 ff.

277; *Schmidt*, Der Vorschlag für eine Verordnung über die europäische Privatgesellschaft (SPE) – eine europäische Rechtsform speziell für KMU, EWS 2008, 455.

5243 Das Europäische Parlament hat am 10.3.2009 mit großer Mehrheit das Statut der Europäischen Privatgesellschaft (Societas Privata Europaea – SPE) befürwortet. Allerdings hat das Parlament den von der EU-Kommission vorgelegten Entwurf einer entsprechenden Verordnung (SPE-VO-E) vom 25.6.2008 (KOM [2008], 396) in zahlreichen Punkten abgeändert. Damit soll eine neue europäische Rechtsform mit beschränkter Haftung („Europa-GmbH") geschaffen werden, die – neben der Europäischen Gesellschaft (SE) für Großunternehmen (Rz. 5240 ff.) – die Wettbewerbsfähigkeit insbesondere von Klein- und Mittelbetrieben erhöhen soll. Eine SPE kann in allen Mitgliedstaaten nach den gleichen Rechtsvorschriften mit nur einem Euro Mindestkapital gegründet werden. Allerdings setzt das nach dem Willen des Europäischen Parlaments voraus, dass das Leitungsorgan eine Solvenzbescheinigung unterzeichnet. Falls die Satzung keine diesbezügliche Bestimmung enthält, soll das Kapital der SPE mindestens 8000 Euro betragen. Die Gründung einer SPE erfordert einen grenzüberschreitenden Bezug, der durch eines der folgenden Kriterien nachgewiesen werden kann:

– eine grenzüberschreitende Geschäftsabsicht oder einen grenzüberschreitenden Gesellschaftszweck,

– die Zielvorgabe, in mehr als einem Mitgliedstaat in erheblichem Umfang tätig zu sein,

– Niederlassungen in verschiedenen Mitgliedstaaten oder

– eine in einem anderen Mitgliedstaat eingetragene Muttergesellschaft.

5244 Nach Art. 26 Abs. 2 SPE-VO-E können die Anteilseigner die **Organisation der Gesellschaft** im Gesellschaftsvertrag selbst festlegen. Allerdings erlegt der Entwurf den Anteilseignern in Form von zwingenden Regelungsaufträgen (Anhang I Kapitel V) die Pflicht auf, vorbehaltlich der in den Art. 27, 29 SPE-VO-E getroffenen Teilregelungen das Verfahren der Beschlussfassung einschließlich der Beschlussgegenstände und -mehrheiten in der Satzung zu regeln. Hierzu werden den Anteilseignern verschiedene Systeme der Unternehmensleitung zur Verfügung gestellt, und es wird ihnen gleichzeitig der Regelungsauftrag erteilt, sich für eines dieser Systeme zu entscheiden sowie die Satzung dementsprechend zu gestalten (Anhang I Kapitel V Spiegelstriche 10 ff. SPE-VO-E). Die SPE kann zum einen *dualistisch* ausgestaltet werden. Hierbei übernimmt ein aus einer oder mehreren Personen bestehendes Geschäftsleitungsorgan die Geschäftsführung der Gesellschaft (Art. 2 Abs. 1 lit. d). Dieses wird durch ein „Aufsichtsorgan" kontrolliert (Art. 2 Abs. 1 lit. e); die Beziehungen der Organe zueinander sind in der Satzung festzulegen (vgl. Anhang I Kapitel V Spiegelstrich 13 SPE-VO-E). Zum anderen kann ein *monistisches* System vorgesehen werden; die Geschäftsführung übernimmt hierbei ein aus einer oder mehreren Personen bestehendes Verwaltungsgremium (Art. 2 Abs. 1 lit. d), dem kein Kontrollorgan gegenübersteht.

Nach der ursprünglich in Art. 33 Abs. 1 SPE-VO-E vorgesehenen Regelung sollte die SPE durch ein oder mehrere Mitglieder der Unternehmensleitung **vertreten** werden. Mitglied der Unternehmensleitung sollte gem. Art. 2 Abs. 1 lit. c SPE-VO-E jedes Mitglied des Leitungs-, Verwaltungs- oder Aufsichtsorgans sein können. Demzufolge hätten bei einer SPE mit dualistischer Struktur auch die Mitglieder des Aufsichtsrates die Gesellschaft nach außen vertreten können. Diese Regelung zur Außengeschäftsführung von Mitgliedern des Kontrollorgans wurde in der Literatur scharf kritisiert; der Vorschlag wurde daher durch das Europäische Parlament dahin gehend abgewandelt, dass die Vertretung nur Mitgliedern des Geschäftsleitungsorgans zustehen kann. Durch Art. 33 Abs. 1 S. 2 SPE-VO-E wird klargestellt, dass die Vertretung auch außerhalb des Unternehmensgegenstandes der SPE besteht. Nach Art. 33 Abs. 2 SPE-VO-E können Beschränkungen im Innenverhältnis die Vertretungsmacht gegenüber Dritten nicht einschränken. Gemäß Anhang I Kapitel V Spiegelstrich 20 SPE-VO-E muss die Regelung zur Einzel- oder Gesamtvertretung in der Satzung getroffen werden. Eine Delegierung der rechtsgeschäftlichen Vertretungsbefugnis ist gem. Art. 33 Abs. 3 SPE-VO-E möglich. Ergänzend ist das nationale Recht des Mitgliedstaates, in welchem die SPE ihren Sitz hat, in allen nicht durch die Verordnung abgedeckten Fragen anwendbar (Art. 4 Abs. 1 SPE-VO-E).

5245

2. EU-Staaten

Literatur: vgl. zunächst vor Rz. 5238; ferner *Aladschov*, Besonderheiten der AG-Gründung nach bulgarischem und deutschem Recht, WiRO 2001, 14; *Aladschov*, Verwaltungsstruktur der Aktiengesellschaft im bulgarischem Recht, WiRO 2001, 336; *Aladschov*, Die GmbH im bulgarischen Recht, OstEuR 2002, 105; *Behrens*, Die GmbH-Rechte in den EG-Staaten (1993); *Behrens*, Die Gesellschaft mit beschränkter Haftung im internationalen und europäischen Recht, 2. Aufl. (1997); *Graf von Bernstorff*, Vertrags-, Kauf-, Handels- und Gesellschaftsrecht in Osteuropa (2003); *Boden*, Die Vertretungsmacht der Verwaltungsorgane in den Kapitalgesellschaften der EWG-Staaten und Art. 9 der ersten Richtlinie des Rates vom 9. März 1968 (Diss. Bonn 1970); *Breidenbach* (Hrsg.), Handbuch Wirtschaft und Recht in Osteuropa, Loseblattsammlung (Stand: 2006); *Brunner/Schmid/Westen* (Hrsg.), Wirtschaftsrecht der Osteuropäischen Staaten (WOS, Loseblattsammlung, Stand: Juli 2002); *Eyles*, Niederlassungsrecht der Kapitalgesellschaften in der EG (1991); *Gralla/Sonnenberger*, Handelsgesellschaften in Osteuropa (1993); *Gromotke*, Die neuere Entwicklung und Ausgestaltung des GmbH-Rechts in den ostmitteleuropäischen Staaten vor dem Hintergrund ihrer EU-Integration (1994); *Hadding/Uwe H. Schneider* (Hrsg.), Die Vertretung verselbständigter Rechtsträger in europäischen Ländern; Teil I (Deutschland, Italien und Spanien), (1997); *Hohloch*, EU-Handbuch Gesellschaftsrecht (Loseblatt; Stand: 2001); *Jura Europae*, Gesellschaftsrecht, 3 Bde. (1976 ff.; Loseblatt); *Kalss*, Gesellschaftsrecht in den Ländern Mittel- und Osteuropas, ZGR 2000, 819; *Knaus/Wakounig*: Steuer- und Gesellschaftsrecht der EU-Beitrittskandidaten (Wien 2003); *Krahé*, Vertretungsregeln und deren Nachweis bei Handelsgesellschaften des niederländischen, belgischen und französischen Rechts, MittRheinNotK 1987, 65; *Kreuzer* (Hrsg.), Die Haftung der Leitungsorgane von Kapitalgesellschaften (1991); *Luchsinger*, Die Niederlassungsfreiheit der Kapitalgesellschaften in der EG, den USA und der Schweiz (1992); *Lutter*, Konzernrecht im Ausland (1993); *Lutter*, Die Gründung einer Tochtergesellschaft im Ausland, 3. Aufl. (1995); *Lutter/Wiedemann*, Gestaltungsfreiheit im Gesellschaftsrecht, Deutschland, Europa und USA, ZGR-Sonderheft 13 (1998); *Meincke/Triebmann*, Die GmbH nach dem Recht der Republik Lettland, RIW 1996, 826;

Mestmäcker/Behrens, Das Gesellschaftsrecht der Konzerne im internationalen Vergleich (1991); *Münzel* (Hrsg.), Konzerne des Ostens, Gesellschaftsrecht zwischen Plan und Markt (1991); *Roggemann*, Unternehmensumwandlung und Privatisierung in Osteuropa. Gesetzestexte, Analysen, Vertragsgestaltung (1993); *Roggemann/Kuss* (Hrsg.), Wirtschaften und Investieren in Osteuropa. Rechtsgrundlage und Rechtspraxis; Gesellschaftsrecht, Eigentum, Firmenrepräsentanz (1994); *Roth*, Das System der Kapitalgesellschaften im Umbruch – ein internationaler Vergleich (1990); *Rotondi*, Enquête comparative sur les sociétés par actions, 3 Bde. (1974); *Sächer/Seiffert/Wolfram*, Wirtschafts- und Gesellschaftsrecht Osteuropas im Zeichen des Übergangs zur Marktwirtschaft (1992); *Sonnenberger*, Gesellschaftsrechtliche Verantwortlichkeit geschäftsführender Organe von Kapitalgesellschaften, Rechtsvergleichende Bemerkungen zum deutschen, englischen und französischen Recht, GmbHR 1973, 25; *Süß/Wachter*, Handbuch des internationalen GmbH-Rechts (2006); *Heller*, Die organschaftliche Vertretungsmacht im Kapitalgesellschaftsrecht, ZvglRW 107 (2008), 293; *Wooldridge*, Company Law in the United Kingdom and the European Community (1991).

5246 In den Staaten der EU ist die gesetzliche Vertretung von Kapitalgesellschaften (AG, KGaA, GmbH) durch die **Publizitätsrichtlinie** vom 9.3.1968 (ABl. EG 1968 Nr. L 65, S. 8) in ihren Grundzügen vereinheitlicht. Ziel dieser Richtlinie ist der Schutz Dritter, die mit einer Kapitalgesellschaft Verträge abschließen. Zu diesem Zweck wird in Art. 9 Abs. 1 der Publizitätsrichtlinie insbesondere festgelegt, dass die Gesellschaft durch Handlungen, die nicht zum Gegenstand des Unternehmens gehören, gegenüber einem gutgläubigen Dritten gleichwohl verpflichtet wird. Die Umsetzung der Richtlinie hatte daher vor allem im englischen Recht bedeutende Einschränkungen der ultra-vires-Lehre zur Folge (Rz. 5258). Die Beweislast für die Bösgläubigkeit des Dritten trifft die Gesellschaft; dieser Nachweis kann durch die Publizierung der Satzung allein nicht geführt werden. Ferner stellt Art. 9 Abs. 9 der Publizitätsrichtlinie klar, dass Beschränkungen der Vertretungsbefugnis der zuständigen Organe, die sich aus der Satzung oder einem Beschluss der zuständigen Organe ergeben, Dritten nicht entgegengehalten werden können, auch wenn sie bekannt gemacht wurden. Eine Ausnahme gilt gem. Art. 9 Abs. 3 der Publizitätsrichtlinie nur für Regelungen der Einzel- bzw. Gesamtvertretungsbefugnis, sofern sie im Handelsregister verlautbart worden sind. Ist die Bestellung von Organen ordnungsgemäß im Handelsregister bekannt gemacht worden, so kann ein Mangel der Bestellung schließlich einzelnen Dritten nur entgegengehalten werden, wenn die Gesellschaft beweist, dass der Dritte ihn kannte (Art. 8 Publizitätsrichtlinie). Aufgrund der Änderungsrichtlinie Nr. 2003/58 vom 15.7.2003 (ABl. EU 2003 Nr. L 221, S. 13) hatten die Mitgliedstaaten bis zum 1.1.2007 das Register und das Offenlegungsverfahren deutlich zu vereinfachen. Dazu gehört insbesondere die Möglichkeit der Speicherung, Veröffentlichung und Einsichtnahme von Unternehmensdaten in einem in elektronischer Form geführten Unternehmensregister und von gewissen Pflichtangaben auf der Internetseite der Gesellschaft.

a) Belgien

Literatur: *Becker*, Das belgische Kapitalgesellschaftsrecht (1999); *Blaurock*, Das belgische Kapitalgesellschaftsrecht, 2. Aufl. (1999); *Bützler/Geinger/Heijerick*, Inleiding tot het vennootschapsrecht (Brügge 1990); *Callewaert*, Die Rechtsfähigkeit der privatrechtlichen Gesellschaften in Frankreich und Belgien im Lichte der klassischen Vermögenstheorie (Diss. Würzburg 1988); *Coipel*, Les sociétés à responsabilité limitée (Brüssel 1993); *Dabin/Benoit-Moury*, Die Gründung einer Tochtergesellschaft in Belgien, in: Lutter, Die Gründung einer Tochtergesellschaft im Ausland, 3. Aufl. (1995), S. 55; *von der Haegen/Verbraeken*, Les sociétés commerciales, Commentaire des lois 5 décembre 1984, 15 juillet 1985 et 25 juillet 1985, J. trib. 1986, 545; *van Hille/François*, La société anonyme, apects juridiques et pratiques (Brüssel 1990 mit Ergänzungsband 1992); *Hoffmann*, Das neue Recht der Handelsgesellschaften in Belgien, RIW 1985, 539; *Hoffmann*, Grundzüge des belgischen Handels-, Gesellschafts- und Wirtschaftsrechts (1996); *van Houtte*, Société à responsabilité limitée (Brüssel 1989); *Kocks/Hennes*, Belgien, in: Süß/Wachter, Handbuch des internationalen GmbH-Rechts (2006), S. 379; *Malherbe/Gollier*, Synthèse de la réforme 1995 du droit des sociétés, J. trib. 1996, 517; *Michel*, La SPRL unipersonelle (Brüssel 1988); *Peeters*, Gesellschaftsrecht in Belgien (1993); *Resteau/Benoit-Maury/Grégoire*, Traite des sociétés anonymes (3 Teile, Brüssel 1981–1986); *van Ryk*, Les sociétés commerciales (Brüssel 1985); *Verhoeven/Schwarzt*, Synopse: Das neue belgische Gesellschaftsgesetz und die entsprechenden Regelungen des deutschen Aktienrechts, RIW 1992, 624.

Das belgische Recht der Handelsgesellschaften, das früher in den „Lois coordonnées des sociétés" (L.c.s.) vom 30.11.1935 geregelt war, ist im Jahre 1999 grundlegend überarbeitet worden. Das neue Gesetzbuch über Gesellschaften („code des sociétés/wetboek van vennootschapen," C.S.) vom 7.5.1999 ist am 6.2.2001 in Kraft getreten. Daneben gelten die allgemeinen Vorschriften der Art. 1832 ff. c.c. Eine Gesellschaft ist nur dann eine Handelsgesellschaft, wenn sie **Handelsgeschäfte betreibt** (Art. 1), wobei es auf den in der Satzung genannten Gesellschaftszweck ankommt. Alle Handelsgesellschaften sind juristische Personen (Art. 2 Abs. 2). 5247

aa) Vertretungsberechtigte Organe
Société en nom collectif (S.N.C.)

Vertretungsberechtigt ist grundsätzlich **jeder Gesellschafter** einzeln (Art. 204 C.S.). Eine abweichende Vereinbarung im Gesellschaftsvertrag oder durch späteren Beschluss ist jedoch möglich. Beschränkungen der Vertretungsmacht durch den Gesellschaftsvertrag wirken gegenüber gutgläubigen Dritten nur, wenn die betreffende Klausel ordnungsgemäß nach Art. 74 C.S. in den „Annexes" zum „Moniteur belge" veröffentlicht worden ist (Art. 75 C.S.). In jedem Fall gilt die Beschränkung der Vertretungsmacht durch den Gesellschaftszweck. 5248

Société en commandite simple (S.C.S)

Die S.C.S. wird durch die **persönlich haftenden Gesellschafter** („associés commandités") vertreten; für sie gelten die Grundsätze der S.N.C. entsprechend. Die Kommanditisten („associés commanditaires") sind stets von der Vertretung ausgeschlossen (Art. 207 § 1 C.S.). 5249

Société anonyme (S.A.)

Die S.A. wird im Rechtsverkehr mit Dritten grundsätzlich durch den aus mindestens drei Mitgliedern bestehenden (Art. 518 § 1 C.S.) **Verwaltungsrat** („con- 5250 seil d'administration") vertreten[1]. Im Gesellschaftsvertrag können jedoch einzelne Mitglieder des Verwaltungsrats bestimmt werden, die einzeln oder gemeinsam zur Vertretung der Gesellschaft berechtigt sind (Art. 522 § 2 C.S.). Außerdem kann die Vertretung der S.A. in Rechtsgeschäften des täglichen Verkehrs auf Direktoren, Geschäftsführer oder sonstige Personen übertragen werden (Art. 525 C.S.). Entsprechende Klauseln im Gesellschaftsvertrag sind Dritten gegenüber wirksam, wenn sie ordnungsgemäß in den „Annexes" zum „Moniteur belge" veröffentlicht worden sind (Art. 522 § 2 S. 3 C.S., 525 Abs. 3 iVm. Art. 76 C.S.).

Sonstige Einschränkungen der Vertretungsmacht der vertretungsberechtigten Organe der S.A. können hingegen Dritten selbst dann nicht entgegengehalten werden, wenn sie veröffentlicht worden sind (Art. 522 § 2 S. 4, 525 Abs. 2 S. 2 C.S.). Die Gesellschaft wird durch die Handlungen ihrer Organe auch dann verpflichtet, wenn diese den Gesellschaftszweck überschreiten, sofern der Dritte gutgläubig ist. Die Eintragung des Gesellschaftszwecks im Handelsregister reicht zum Nachweis der Bösgläubigkeit des Dritten nicht aus; vielmehr muss die Gesellschaft nachweisen, dass der Dritte die Überschreitung des Gesellschaftszwecks kannte oder kennen musste (Art. 526 C.S.).

Société privée à responsabilité limitée (S.P.R.L.)

5251 Die Vertretung der S.P.R.L. obliegt einem oder mehreren von den Gesellschaftern bestimmten **Geschäftsführern** („gérants"), die selbst nicht Gesellschafter zu sein brauchen (Art. 255 C.S.) Jeder Geschäftsführer ist grundsätzlich einzeln vertretungsberechtigt (Art. 257 Abs. 1 C.S.). Eine Satzungsbestimmung, dass die Vertretung nur einem oder mehreren Geschäftsführern (einzeln oder gemeinschaftlich) zustehen soll, ist Dritten gegenüber wirksam, wenn sie ordnungsgemäß bekannt gemacht worden ist. Sonstige Einschränkungen der Vertretungsmacht durch den Gesellschaftsvertrag sind Dritten gegenüber unwirksam, auch wenn sie bekannt gemacht worden sind (Art. 257 Abs. 2 S. 2 C.S.). Die Überschreitung des Gesellschaftszwecks kann nur bösgläubigen Dritten entgegengehalten werden; insoweit gilt das zur S.A. Gesagte entsprechend (Art. 258 C.S.).

bb) Nachweis der Vertretungsmacht

5252 In Belgien wird beim regional zuständigen Handelsgericht („tribunal de commerce") ein **Handelsregister** geführt, aus dem Auszüge erteilt werden (Art. 67 ff. C.S.). Die Auszüge geben sowohl den Geschäftszweck wie auch die Beschränkungen der Vertretungsmacht von Organen belgischer Handelsgesellschaften zuverlässig wieder, soweit sie Dritten entgegengehalten werden können (Art. 69 § 1 No. 9 C.S.). Daneben ist die Veröffentlichung der Gesellschaftsverträge in den „Annexes" zum „Moniteur belge" vorgesehen (Art. 73 C. S.). In der belgischen Notarpraxis wird der Nachweis der Vertretungsmacht durch Vorlage dieser „Annexes" geführt. Diese sind heute online abrufbar unter www.bnb.be oder unter http://www.euridile.be/.

---

[1] Zur organschaftlichen Vertretung einer belgischen S.A. IPG 1999 Nr. 3 (Passau).

b) England

Literatur: *Bailey/McCallum*, Company Law (London 1990); *Bank*, Die britische Limited Liability Partnership: Eine attraktive Organisationsform für Freiberufler? (2006); *Behme*, Der Director der britischen Private Limited Company mit Verwaltungssitz in Deutschland, ZvglRW 108 (2009), 178; *Cheffins*, Company law: theory, structure and operation (Oxford 2000); *Dernedde*, Dompanies Act 2006: Auswirkungen auf die englische Limited in Deutschland, NJ 2007, 443; *Ebert/Levedag*, England, in: Süß/Wachter, Handbuch des internationalen GmbH-Rechts (2006), S. 573; *Farrar*, Company Law, 4. Aufl. (London 1998); *Gower's*, Principles of Modern Company Law, 7. Aufl. (London 2003); *Güthoff*, Gesellschaftsrecht in Großbritannien, 3. Aufl. (2004); *Haack*, Die Verantwortlichkeit des Geschäftsführers im englischen Recht, RIW 1991, 992; *Harrigan*, Company Law (London 2003); *Hartmann*, Englische Limited (Ltd.) für Deutschland (2005); *Heckschen/Köklü/Maul*, Private Limited Company (2005); *Heinemann*, Die Haftung im Gründungsstadium einer Gesellschaft im angelsächsischen Rechtskreis, ZIP 1991, 760; *Heinz/Taylor/Schewtschenko*, Die englische Limited (2006); *Hess*, Der „ultra-vires"-Grundsatz im britischen Gesellschaftsrecht, RIW 1992, 638; *Hess*, Durchgriff im englischen und schottischen Gesellschaftsrecht (Lifting the veil), RIW 1994, 826; *Just*, Die englische Limited in der Praxis (2005); *Just*, Englisches Gesellschaftsrecht (2008); *Kadel*, Die englische Limited, MittBayNot 2006, 102; *Kallmeyer*, Vor- und Nachteile der englischen Limited im Vergleich zur GmbH oder GmbH & Co. KG, DB 2004, 636; *Klebs*, Erste Richtlinie 68/151 EWG oder Ultra-Vires-Lehre und kein Ende?, BWNotZ 1995, 12; *Knoche*, Die Vertretung englischer Handelgesellschaften aus der Sicht des deutschen Notars – Kollisionsrecht, Sachrecht und Nachweisprobleme, MittRheinNotK 1986, 165; *Lembeck*, UK-Company Law Reform – Ein Überblick, NZG 2003, 956; *Lindley/Banks*, On Partnership, 18. Aufl. (London 2005); *Luke*, Die UK-Limited (2005); *Mayer*, Der englische Companies Act 2006 – Stand der Inkraftsetzung, RIW 2007, 30; *Michalsky*, Vergleichender Überblick über das Recht der Kapitalgesellschaften in Großbritannien, DStR 1991, 1660; *Morse*, Company Law, 17. Aufl. (London 2005); *Morse*, An Introduction to Partnership Law (London 1986); *Neuling*, Deutsche GmbH und englische private company: Monismus oder Dualismus im System des Kapitalgesellschaftsrechts (1997); *Northey/Leigh*, Introduction to Company Law, 4. Aufl. (London 1987); *Palmer's* Company Law (Loseblatt; Stand: 2007); *Pennington*, Company Law, 8. Aufl. (London 2001); *Ranking*, Company Law, 13. Aufl. (London 1987); *Pennington/Gansen*, Die Gründung einer Tochtergesellschaft in Großbritannien, in: Lutter, Die Gründung einer Tochtergesellschaft im Ausland, 3. Aufl. (1995), S. 282; *Reithmann*, Zum anzuwendenden Recht bei der Beurteilung der Prozessvollmacht für eine englische Handelsgesellschaft, EWiR 1990, 1087; *Römermann*, Private Limited Company in Deutschland (2006); *Samson*, A Guide to the Companies Act, 1989 (London 1990); *Schmidt*, Die Private Limited Company in der deutschen Bankpraxis, WM 2007, 2093; *Schnittker/Bank*, Die LLP in der Praxis (2008); *Thomas*, Company Law for Accountants, 2. Aufl. (London 1988); *Triebel/Illmer/Michelor/Vogenauer/Ziegler*, Englisches Handels- und Wirtschaftsrecht, 3. Aufl. (2008); *Vorpeil/Wieder*, Vertretungsbefugnis und Legitimationsprüfung bei englischen Kapital- und Personengesellschaften, RIW 1995, 285; *Wachter*, Insichgeschäfte bei englischen private limited companies, NZG 2005, 338; *Wachter*, Existenz und Vertretungsnachweise bei der englischen private limited company, DB 2004, 2795; *Walmsley* (Hrsg.), Butterworth's Company Law Handbook, 18. Aufl. (London 2004).

Das englische Recht der Personengesellschaft ist im Partnership Act 1890 (P.A.), im Limited Partnership Act 1907 (L.P.A.) und im Limited Liability Partnership Act 2000 geregelt. Bedeutendste Rechtsquelle für Kapitalgesellschaften ist der Companies Act (C.A.) von 2006, der die gesamte Materie neu kodifiziert hat, nachdem die Gesetzeslage auf Grund zahlreicher Reformen des englischen Gesellschaftsrechts unübersichtlich geworden war. Daneben sind im englischen Rechtskreis nach wie vor die in der Rechtsprechung entwickelten Grundsätze des Common Law von Bedeutung.

aa) Vertretungsberechtigte Organe

Partnership

5254 Die einer Personenhandelsgesellschaft nahe stehende partnership besteht aus zwei oder mehr natürlichen oder juristischen Personen, die auf der Grundlage eines partnership agreement ein Handelsgewerbe betreiben. Es besteht grundsätzlich **Einzelvertretungsmacht** jedes der (höchstens 20) Partner. Abweichende Vereinbarungen sind möglich, wirken einem Dritten gegenüber jedoch nur, wenn ihm die Beschränkung der Vertretungsmacht des für die Gesellschaft handelnden Partners bekannt ist (s. 5 P.A.). Der Umfang der Vertretungsmacht („usual authority") der Gesellschaft ist – anders als bei der OHG des deutschen Rechts – auf Handlungen beschränkt, die im Rahmen des gewöhnlichen Geschäftsbetriebes der jeweiligen Gesellschaft liegen. Darüber hinausgehende Rechtsgeschäfte kann ein Gesellschafter – auch wenn es sich um dringend notwendige oder für die Gesellschaft besonders günstige Geschäfte handelt – nur vornehmen, wenn er hierzu von den anderen Gesellschaftern ausdrücklich bevollmächtigt worden ist. Auch Einschränkungen der „usual authority" durch den Gesellschaftsvertrag sind zulässig, wirken aber gegenüber gutgläubigen Dritten nicht (Art. 8 P.A.)[1].

Limited Partnership

5255 Die Gesellschaft wird durch die **persönlich haftenden Gesellschafter** („general partners") vertreten. Für deren Vertretungsmacht gelten die gleichen Grundsätze wie bei der partnership (s. 7 L.P.A. iVm. s. 5 P.A.). Die beschränkt auf ihre Einlage haftenden Gesellschafter („limited partners") sind von der Vertretung der Gesellschaft ausgeschlossen (s. 6 Abs. 1 L.P.A.).

Limited Liability Partnership

5256 Als weitere Form der Personengesellschaft steht in England seit dem 4.4.2001 die „limited liability partnership" (L.L.P.) zur Verfügung. Diese hybride Gesellschaftsform verbindet Elemente der partnership mit solchen der private limited company. Wegen der Möglichkeit der Haftungsbeschränkung ist sie insbesondere als Organisationsform für Freiberufler, vor allem Rechtsanwälte und Wirtschaftsprüfer, interessant. Die L.L.P. ist eine juristische Person, die durch Inkorporierung entsteht und als solche selbst Trägerin von Rechten und Pflichten ist. Die Gesellschafter haften neben der Gesellschaft grundsätzlich nicht. Die Einzelheiten der gesetzlichen Regelungen ergeben sich aus dem Limited Liability Partnership Act 2000. Das allgemeine Recht der partnership gilt nur, soweit darauf ausdrücklich verwiesen wird (s. 1 Abs. 5 LLPA). Jeder Gesellschafter kann die L.L.P. im Außenverhältnis als *„agent"* wirksam vertreten, es sei denn der Gesellschafter ist im Innenverhältnis nicht zu dieser Ver-

---

[1] IPG 1983 Nr. 16 (Bonn): Zum Recht der englischen partnership.

tretung berechtiget und dem Vertragspartner ist dies bekannt (s. 6 Abs. 2 LLPA).

Registered Company

Das englische Gesellschaftsrecht geht vom Grundsatz der einheitlichen Form aller Kapitalgesellschaften aus.

Für sämtliche nach dem Companies Act von 2006 und seinen Vorgängern eintragungsfähigen Kapitalgesellschaften gelten daher im Wesentlichen die gleichen Grundsätze hinsichtlich der Vertretung im Geschäftsverkehr mit Dritten. In Betracht kommen in erster Linie „companies limited by shares", ferner „companies limited by guarantee" und „unlimited companies". Jede dieser Gesellschaften kann als öffentliche („public company") oder als private („private company") Gesellschaft gegründet werden. Die **private limited company** erfüllt dabei weitgehend die Funktion, die der GmbH in den übrigen EU-Staaten zukommt.

Die genannten Gesellschaften werden durch ein Direktorium (**„board of directors"**) vertreten. Diesem müssen nach s. 154 Abs. 2 C.A. 2006 mindestens zwei Direktoren angehören müssen, die grundsätzlich gesamtvertretungsberechtigt sind. Demgegenüber ist bei der private company Vertretung durch einen Direktor allein zulässig (s. 154 Abs. 1 C.A. 2006). Während nach früherem Recht director einer Ltd. company eine andere Ltd. company sein konnte, muss nach geltendem Recht zumindest ein director eine natürliche Person sein (s. 155 Abs. 1 C.A. 2006). Dem englischen Rechtskreis ist allerdings eine organschaftliche Betrachtungsweise der Vertretung von Gesellschaften im Prinzip fremd. Daraus folgt, dass das Direktorium nicht eigentlich ein mit originären Befugnissen ausgestattetes Organ der juristischen Person ist, sondern ein Kollegium von Beauftragten der Anteilseigner, dessen Stellung sich weitgehend nach den allgemeinen Regeln des Auftragsrechts („agency") richtet (Mandatstheorie)[1].

Eine *Delegation* der Vertretungsmacht auf den Präsidenten („chairman of the board"), auf geschäftsführende Direktoren („managing directors") oder ein committee of directors ist zulässig und wird häufig vorgenommen. Die Einzelheiten über die Verteilung der Vertretungsbefugnis innerhalb des board of directors ergeben sich aus der Satzung („articles of association")[2].

Der *Umfang* der Vertretungsmacht der für eine Registered Company handelnden Personen wurde früher durch die im englischen common law entwickelte **„ultra-vires-doctrine"** erheblich eingeschränkt. Nach dieser Lehre wurde gewissen Verträgen (insbesondere Bürgschaft, Schenkung, Verpfändung von Gesellschaftsvermögen) die bindende Wirkung gegenüber der Gesellschaft versagt, wenn sie außerhalb des in der Gründungsurkunde festgelegten Gesellschaftszwecks („object clause") lagen. Während eine Überschreitung des Ge-

---

[1] Vgl. *Ebert/Levedag*, in: Süß/Wachter, S. 690 ff.
[2] Zur Vertretung einer private limited company IPG 1997 Nr. 20 (Hamburg).

sellschaftszwecks bei einer deutschen AG oder GmbH grundsätzlich nur das Innenverhältnis der Gesellschaft betrifft, begrenzte der in der Gründungsurkunde („memorandum of association") umrissene Gesellschaftszweck nach englischem Recht nicht nur die Vertretungsmacht der Direktoren, sondern die *Rechtsfähigkeit* der Gesellschaft. Demgemäß entfaltete ein Handeln außerhalb dieser Zweckbestimmung Wirkungen weder im Innen- noch im Außenverhältnis und konnte selbst durch Zustimmung sämtlicher Gesellschafter nicht wirksam werden. Auch konnte sich ein gutgläubiger Dritter nicht auf seine fehlende Kenntnis des Gesellschaftszwecks berufen, da er sich den Inhalt der Gründungsurkunde als bekannt entgegenhalten lassen musste (sog. „doctrine of constructive notice")[1].

5259 Die Bedeutung der ultra-vires-Lehre war indessen schon durch den Beitritt Großbritanniens zur EG stark beschnitten worden. Nach s. 9 (1) des am 1.1.1973 in Kraft getretenen European Communities Act (E.C.A.) 1972 konnte eine englische Registered Company nur dann noch geltend machen, ein im Namen der Gesellschaft geschlossener Vertrag sei ultra vires, wenn entweder der Dritte in bösem Glauben gehandelt hatte oder der Vertrag von einer Person geschlossen worden war, der keine Ermächtigung des board of directors zu dem Vertragsabschluss erteilt worden war. Für die Bösgläubigkeit des Dritten reichte auch die „constructive notice" nicht mehr aus, der Dritte musste vielmehr grundsätzlich positive Kenntnis von der Überschreitung des Gesellschaftszwecks gehabt haben, die ihm von der Gesellschaft nachzuweisen war. Nur in Ausnahmefällen bestand eine Nachforschungspflicht des Dritten (vgl. auch s. 35 C.A. 1985). War damit die ultra-vires-Lehre bereits de facto aufgegeben worden, so wurde ihr mit der Novellierung in Art. 108–112 C.A. 1989 der endgültige Todesstoß versetzt. s. 39 Abs. 1 C.A. 2006 bestimmt nunmehr lapidar:

> „The validity of an act done by a company shall not be called into question on the ground of lack of capacity by reason of anything in the company's constitution."

Damit hat die englische Kapitalgesellschaft **uneingeschränkte** (und uneinschränkbare) **Rechtsfähigkeit** erlangt. Die Überschreitung des Gesellschaftszwecks löst nur noch Schadensersatzpflichten aus, stellt aber die Wirksamkeit der von der Gesellschaft geschlossenen Geschäfte nicht mehr in Frage[2].

5260 Wird das abgeschlossene Geschäft zwar durch den Gesellschaftszweck gedeckt, ist jedoch der abschließende Direktor aus Gründen der internen Kompetenzverteilung nach der Satzung für das konkrete Geschäft nicht vertretungsberechtigt, so wurde die „doctrine of constructive notice" ebenfalls durch s. 9 (1) E.C.A. 1972 stark eingeschränkt: Haben directors selbst gehandelt, so genießt der gutgläubige Dritte umfassenden Schutz und braucht sich auch Beschränkungen nach der Satzung nicht mehr entgegenhalten zu lassen. Dies stellt heute Art. 40 Abs. 1 und 2 C.A. 2006 ausdrücklich klar. Lediglich in Fällen der delegierten Vertretungsmacht gelten die bisherigen allgemeinen

---

1 Vgl. näher *Heß*, RIW 1992, 638 ff.
2 *Klebs*, BWNotZ 1995, 12 f.

Rechtsscheinsgrundsätze weiter. Gutgläubige Dritte können sich demgemäß darauf verlassen, dass eine von der Gesellschaft als alleinvertretungsberechtigt hingestellte Person Vertretungsmacht („apparent or ostensible authority") hat und dass sie die üblichen Befugnisse („usual authority") besitzt, die einer Person in der betreffenden Position gewöhnlich zustehen. Mängel der Bestellung einer solchen Person können gutgläubigen Dritten keinesfalls entgegengehalten werden. Dabei wird die Gutgläubigkeit des Dritten bis zum Nachweis des Gegenteils vermutet.

bb) Nachweis der Vertretungsmacht

Ein allgemeines Handelsregister im kontinental-europäischen Sinne kennt der englische Rechtskreis nicht. Zwar müssen **limited partnerships** registriert werden (s. 8 L.P.A.), damit die Haftungsbeschränkung der limited partners Dritten entgegengehalten werden kann (s. 5 L.P.A.). Die Registereintragung enthält jedoch regelmäßig keine direkten Angaben über die Vertretungsmacht der Gesellschafter. Aus diesem Grunde wird von Dritten auch nicht verlangt, dass sie die Registereintragungen kennen. Selbst wenn sich also aus diesen ausnahmsweise etwas über Beschränkungen der Vertretungsbefugnis ergeben würde, könnte dieser Umstand einem gutgläubigen Dritten nicht entgegengehalten werden. Ein sicherer Nachweis der Vertretungsmacht kann daher nur durch eine *von sämtlichen partners ausgestellte Vollmacht* erbracht werden.

5261

Die Gründungsurkunden einer **Registered Company** werden beim Registrar of Companies, einer dem jeweiligen Wirtschaftsministerium untergeordneten Behörde, hinterlegt und in ein besonderes Gesellschaftsregister („Companies Registry") eingetragen (s. 10 C.A. 1989). Eine Bekanntmachung dieser Eintragung erfolgt in der London Gazette (für England und Wales) bzw. in der Edinburgh Gazette (für Schottland). Bevor man mit einer englischen Gesellschaft einen wichtigen Vertrag schließt, empfiehlt es sich – auch nach der Verbesserung des Drittkontrahentenschutzes durch s. 9 (1) E.C.A. 1972 und s. 35 C.A. 1989 – die Satzung der Gesellschaft einzusehen. Zweckmäßigerweise lässt man sich hierzu eine beglaubigte Abschrift durch den Registrar of Companies schicken. Handelt es sich um eine englische Gesellschaft, so ist hierfür der English Registrar of Companies zuständig (Companies House, 55–71, City Road, London E.C. 1); handelt es sich um eine schottische Gesellschaft, so ist der Scottish Registrar of Companies zuständig (Exchequer Chambers, 102, George Street, Edinburgh, 2). Die Eintragungen sind heute auch online zugänglich unter: http://companieshouse.gov.uk/index.shtml/. Anhand der Gesellschaftssatzung kann festgestellt werden, ob die für die Gesellschaft auftretenden Personen vertretungsberechtigt sind.

5262

Aufgrund der Neuregelung in Art. 39 C.A. 2006 brauchen sich inländische Gerichte und Behörden hingegen um den im Memorandum of Association festgelegten Gesellschaftszweck nicht mehr zu kümmern; es genügt insoweit der Nachweis, dass die Gesellschaft besteht. Im Hinblick auf den weit reichenden Gutglaubensschutz ist ferner eine Überprüfung der Vertretungsberechtigung der für eine englische Kapitalgesellschaft handelnden Personen anhand der Articles of Associations nicht mehr erforderlich. Insoweit reicht vielmehr der Nachweis aus, dass die handelnden Personen entweder den gesamten board of directors darstellen oder durch den gesamten board ermächtigt wurden[1]. In Zweifelsfällen wird man die Vorlage einer schriftlichen Vollmacht (power of attorney) oder einer Bescheinigung über den in Betracht kommenden Beschluss des board of directors verlangen müssen.

c) Frankreich

Literatur: *Beisswingert*, Die französische société anonyme als Familiengesellschaft (1997); *Beltz*, Eine neue Gesellschaftsform in Frankreich: Die „Société par actions simplifiée", RIW 1994, 548; *Bézard*, La société anonyme (Paris 1986); *Brichet*, Associations et syndicats, 6. Aufl. (Paris 1992); *Bruenger*, Das französische Konzernrecht: Schutz der Minderheitsgesellschafter und Gläubiger (1997); *Chaput*, Droit des sociétés (Paris 1993); *Charvériat/Couret/Janin/Mercadal*, Sociétés commerciales (Paris 2005); *Chaussade-Klein*, Gesellschaftsrecht in Frankreich, 2. Aufl. (1998); *Cozian/Viandier/Deboissy*, Droit des sociétés, 12. Aufl. (Paris 1999); *Didier*, Droit commercial, Bd. 2; L'entreprise en société (Paris 1993); *Deckert/Sangiovanni*, Der GmbH-Geschäftsführer in Italien, Frankreich und Deutschland, ZvglRW 107 (2008), 164; *Fleischer*, Außenhaftung der Geschäftsleiter im französischen Gesellschaftsrecht, RIW 1999, 576; *Frank/Wachter*, Neuere Entwicklungen im französischen GmbH-Recht, RIW 2002, 11; *Guyon*, Die neueren Entwicklungen des französischen Gesellschaftsrechts, ZGR 1988, 240; *Guyon*, Das Recht der Gesellschaftsgruppe in Frankreich, ZGR 1991, 218; *Guyon*, Die Société par Actions Simplifiée (SAS) – eine neue Gesellschaftsform in Frankreich, ZGR 1994, 551; *Guyon*, Droit commercial général et sociétés, 12. Aufl. (Paris 2003); *Hamel/Lagarde/Jauffret*, Droit commercial, Bd. 2; Sociétés (Paris 1990); *Hartmann*, Die französische Société par Actions Simplifiée: Eine zukunftsweisende Gesellschaftsform, WM 2000, 1530; *Houin/Gravenstein*, Französisches Gesellschaftsrecht, 3. Aufl. (1988); *Hugot/Richard*, Les sociétés unipersonelles (Paris 1985); *Hurstel/Süß*, Typische Probleme bei der Gründung von Kapitalgesellschaften in Frankreich, EuZW 1992, 143; *Jeantin*, Droit des sociétés, 3. Aufl. (Paris 1994); *Karst*, Frankreich in: Süß/Wachter, Handbuch des internationalen GmbH-Rechts (2006), S. 799; *Karst*, Die GmbH französischen Rechts, NotBZ 2006, 119; *Lauret*, Droit des sociétés (Paris 1990); *Mercadal/Janin*, Sociétés commerciales 2001: droit des affaires (Paris 2000); *Merle*, Sociétés commerciales, 6. Aufl. (Paris 1998); *Michalsky*, Vergleichender Überblick über das Recht der Kapitalgesellschaften in Frankreich, DStR 1991, 1563; *Peter*, Société par actions simplifiée (S.A.S.). Die Vereinfachte Aktiengesellschaft in Frankreich, eine Rechtsform für die Kooperation von Unternehmen (1999); *Schmidt/Gramling*, Die Gründung einer Tochtergesellschaft in Frankreich, in: Lutter, Die Gründung einer Tochtergesellschaft im Ausland, 3. Aufl. (1995), S. 203; *Schmidt/Tiedemann*, Geschäftsführung und Vertretung im Gesellschaftsrecht Deutschlands, Frankreichs und Englands (2001); *Sonnenberger*, Zur Reform der Gesellschaft des bürgerlichen Rechts in Frankreich, RIW 1983, 233; *Sonnenberger*, Französisches Handels- und Wirtschaftsrecht, 3. Aufl. (2007); *Tillmanns*, Die offene Handelsgesellschaft des französischen Rechts, IWB 1984, 317; *Tillmanns*, Einführung der Einmann-GmbH in Frankreich, IWB 1985, 703; *Vidal*, Droit des sociétés (Paris 1993).

5263 Das französische Recht der Handelsgesellschaften ist durch ein Reformgesetz vom 24.7.1996 tiefgreifend verändert worden. Dieses Gesetz ist im Jahr 2000 in das II. Buch des Code de commerce (Art. L 210 ff.) integriert worden. Dane-

---

[1] *Klebs*, BWNotZ 1995, 14.

ben gelten auch für Handelsgesellschaften die allgemeinen Bestimmungen der Art. 1832 ff. c.c., die durch Gesetz vom 4.1.1978 neu gefasst worden sind.

aa) Vertretungsberechtigte Organe
Société en nom collectif (S.N.C.)

Die S.N.C. wird im Verhältnis zu Dritten durch einen oder mehrere **Geschäftsführer** („gérants"} vertreten, die auch juristische Personen sein können. Bestimmt der Gesellschaftsvertrag nichts Abweichendes, so sind alle Gesellschafter Geschäftsführer (Art. L 221-3 c.com.). Von mehreren Geschäftsführern hat jeder Einzelvertretungsmacht. Der Widerspruch eines Geschäftsführers gegen die Handlungen eines anderen ist nur beachtlich, wenn der Dritte bösgläubig ist (Art. L 225-5 Abs. 1 5.2 c.com.). Der Umfang der Vertretungsmacht ist durch den Gesellschaftszweck begrenzt (Art. L 225-5 Abs. 1 S. 1 c.com.). Weitere Beschränkungen durch den Gesellschaftsvertrag wirken in keinem Fall gegenüber Dritten (Art. L 225-5 Abs. 2 c.com.).

5264

Société en commandite simple (S.C.S.)

Die persönlich haftenden Gesellschafter („associés commandités") vertreten die Gesellschaft. Die Grundsätze über die Vertretung der S.N.C. gelten für sie entsprechend (Art. L 222-1 Abs. 1 iVm. Art. L 221-3 c.com.). Die Kommanditisten („associés commanditaires") sind zur Vertretung der Gesellschaft nicht berechtigt (Art. L 222-6 Abs. 1 c.com.).

5265

Société anonyme (S.A.)

Bereits seit der Reform von 1966 besteht die Wahl zwischen zwei Organisationsformen der S.A., nämlich der klassischen mit Verwaltungsrat (conseil d'administration) und Hauptversammlung (assemblée des actionnaires), Art. L 225–17 ff.c.com. und der dem deutschen Recht nachgebildeten S.A. mit Direktorium (directoire), Aufsichtsrat (conseil de surveillance) und Hauptversammlung, Art. L 225-57 ff. c.com.

5266

Die im Wirtschaftsleben bei weitem überwiegende klassische S.A. hat ihrerseits ein Wahlrecht, ob sie die Geschäftsleitung („direction générale") dem Präsidenten des Verwaltungsrats („président du conseil d'administration") oder einem Geschäftsführer („directeur général") überträgt (Art. L 225-51 Abs. 1 c.com.). Wird – wie im Regelfall – ein „directeur général" bestellt, so vertritt dieser die Gesellschaft im Rechtsverkehr mit Dritten. Er verpflichtet die Gesellschaft selbst dann, wenn die getätigten Handlungen nicht mehr vom Gesellschaftszweck gedeckt sind, es sei denn dem Dritten war die Überschreitung der Vertretungsmacht bekannt oder nur infolge grober Fahrlässigkeit unbekannt geblieben (Art. L 225-56 Abs. 2 c.com.). Einschränkungen der Vertretungsmacht durch Gesellschaftsvertrag oder Beschlüsse des Verwaltungsrats wirken keinesfalls gegenüber Dritten (Art. L 225-56 Abs. 3 c.com.). Wird kein „directeur général" bestellt, so ist der Präsident des Verwaltungsrates im gleichen Umfang vertretungsbefugt wie ein solcher (Art. L 225-51 Abs. 3 c.com.).

Die daneben bestehende Vertretungsmacht des gesamten Verwaltungsrats (vgl. Art. L 225 -35 Abs. 2 c.com.) spielt in der Praxis nur eine untergeordnete Rolle.

Die S.A. mit Direktorium und Aufsichtsrat wird im Verkehr mit Dritten durch den Präsidenten des Direktoriums vertreten, wenn dieses aus mehreren Personen besteht, sonst durch den sog. „directeur général unique". Der Umfang der Vertretungsmacht entspricht im Wesentlichen demjenigen des Präsidenten des Verwaltungsrats in der klassischen S.A. (vgl. Art. L 225 -64, 66 c.com.)[1].

Société par Actions Simplifiée (S.A.S.)

5267 Die S.A.S. wurde durch Gesetz 94-1 vom 3.1.1994 als neue Gesellschaftsform in das französische Recht eingeführt. Sie ist heute im II. Buch (Titel II, Kapitel VII) des Code de commerce geregelt. Hauptziel der Neuregelung ist es, eine **elastische Gesellschaftsform für die Gründung gemeinsamer Tochtergesellschaften** bereitzustellen. Aus diesem Grunde sind die Vorschriften der S.A. über die Aktionärsversammlungen und über die Geschäftsleitung auf die S.A.S. nicht anwendbar. Für diese gilt daher nicht die Alternative zwischen der Einsetzung eines Direktoriums oder eines Verwaltungsrats.

Gegenüber Dritten wird die Gesellschaft durch einen gem. den Vorschriften der Satzung ernannten **Präsidenten** vertreten; dieser verfügt über die weit reichendsten Kompetenzen, die Gesellschaft im Rahmen des Gesellschaftszwecks zu verpflichten (Art. L 227-6 Abs. 1 c.com.). Gegenüber Dritten wird die Gesellschaft freilich auch dann wirksam verpflichtet, wenn die Handlungen des Präsidenten den Gesellschaftszweck überschreiten, sofern die Gesellschaft nicht beweisen kann, dass der Dritte von dieser Überschreitung wusste bzw. wissen musste; allein die Publizierung der Satzung erbringt diesen Beweis noch nicht (Art. L 227-6 Abs. 2 c.com.). Die Satzung kann die Vertretungsmacht jedoch auch anderen Personen (zB einem „directeur général") übertragen. Beschränkungen der Vertretungsmacht durch die Satzung wirken gegenüber Dritten nicht (Art. L 227-6 Abs. 4 c.com.).

Société à responsabilité limitée (S.A.R.L.)

5268 Die Gesellschaft wird durch eine oder mehrere natürliche Personen, die nicht Gesellschafter zu sein brauchen, als Geschäftsführer („gérants") vertreten (Art. L 223-18 Abs. 1 c.com.). Es besteht grundsätzlich Einzelvertretungsmacht; der Widerspruch eines Geschäftsführers gegen die Handlungen eines anderen sind im Außenverhältnis gegenüber einem gutgläubigen Dritten unbeachtlich (Art. L 223-18 Abs. 7 c.com.). Die Gesellschaft wird auch durch Handlungen des Geschäftsführers verpflichtet, die den Gesellschaftszweck übertreten. Dies gilt nur dann nicht, wenn die Gesellschaft nachweist, dass der Dritte von der Übertretung wusste oder wissen musste; die Veröffentlichung der Gesellschaftsatzung reicht allerdings zum Nachweis des bösen Glaubens nicht aus (Art. 223-18 Abs. 5 c.com.). Beschränkungen der Vertretungsmacht durch den

---

[1] Vgl. IPG 1972 Nr. 42 (Köln) und IPG 1973 Nr. 13 (Köln), jeweils zur gesetzlichen Vertretung der französischen AG.

Gesellschaftsvertrag wirken nie gegenüber Dritten (Art. L 223-18 Abs. 6 c.com.)[1].

bb) Nachweis der Vertretungsmacht

Dem französischen Notar ist – anders als dem deutschen in § 21 BNotO – nicht die Zuständigkeit übertragen, Bescheinigungen über die Vertretungsberechtigung mit der Beweiskraft auszustellen, die Auskünften aus dem Handelsregister zukommt. Jedoch geben die von dem Urkundsbeamten des regional zuständigen Handelsgerichts („tribunal de commerce") erteilten Abschriften und **Auszüge aus dem Handelsregister** die Zusammensetzung der Vertretungsorgane von Handelsgesellschaften verlässlich wieder, soweit sie Dritten entgegengehalten werden kann (vgl. Art. L 123-1 ff. c.com.). Da auch der Umfang der Vertretungsmacht bei Kapitalgesellschaften im Außenverhältnis nicht mehr beschränkbar ist, ist die einzige nicht aus dem Handelsregister zu entnehmende Gefahrenquelle eine eventuelle Überschreitung des Gesellschaftszwecks durch die vertretungsberechtigten Organe von Personengesellschaften. Eine Bekanntmachung der Eintragung für ganz Frankreich erfolgt im „Bulletin officiel des annonces civiles et commerciales". Die Eintragungen sind auch online abrufbar unter www.euridile.inpi.fr oder unter http://www.euridile.com.

5269

d) Italien

Literatur: *Alessi* (Hrsg.), Le società (14 Bde, Loseblatt); *Auletta/Salanitro*, Diritto commerciale, 9. Aufl. (Mailand 1994); *Bader*, Die neue società a responsabilità in Italien, GmbHR 2005, 1474; *Barth*, Die Reform des Rechts der italienischen GmbH, MittBayNot 2006, 1; *Bauer/Pesaresi*, Italien, in: Süß/Wachter, Handbuch des internationalen GmbH-Rechts (2006), S. 881 ff.; *Buenger*, Die Reform des italienischen Gesellschaftsrechts, RIW 2004, 249; *Buse*, Reform des italienischen Gesellschaftsrechts, RIW 2002, 676; *Campobasso*, Diritto commerciale, Bd. 2, Diritto delle società, 6. Aufl. (Neapel 2006); *Chieffi*, La società unipersonale a responsabilità limitata (Turin 1996); *Colombo/Portale* (Hrsg.), Trattato delle società per azioni (1991); *Cottino*, Diritto commerciale, Bd. I/2, Le società e altre associazioni economiche, 4. Aufl. (Padua. 1999); *Deckert/Sangiovanni*, Der GmbH-Geschäftsführer in Italien, Frankreich und Deutschland, ZvglRW 107 (2008), 164; *Dolce*, Corporate Governance – Neues Italienisches Kapitalmarkt- und Gesellschaftsrecht, JbItalR 11 (1998), 3; *Ebenroth/Auer*, Die GmbH & Still mit Betriebsstätten in Italien, GmbHR 1990, 355; *Fellmeth*, Zur Vertretung verselbständigter Rechtsträger. Deutschland, Italien, Spanien (1997); *Ferri*, Diritto commerciale, 12. Aufl. (Turin 2006); *Ferrari*, Das Familienunternehmen im italienischen Recht, RIW 1991, 907; *Galgano*, La società per azioni (Padua. 1988); *Galgano*, Diritto commerciale, Bd. II: Le società, 6. Aufl. (Bologna 2008); *Grippo*, Fundamenti di diritto delle società (1997); *Grompe*, Vertreter, Zweigniederlassung und Tochtergesellschaften in Italien, 2. Aufl. (1986); *Hartl*, Reform des italienischen Gesellschaftsrechts, ZGR 2003, 667; *Hilpold* (Hrsg.), Die Reform des italienischen Gesellschaftsrecht im europäischen Kontext (2004); *Hofmann*, Gesellschaftsrecht in Italien, 3. Aufl. (2006); *Ianiello*, La riforma del diritto societario (Milano 2004); *Jaeger/Denozza*, Appunti di diritto commerciale, Bd. I: Impresa e società, 3. Aufl. (Mailand 1994); *Kindler*, Neuere italienische Gesetzgebung auf dem Gebiet des Gesellschaftsrechts, ZGR 1995, 225; *Kindler*, Die sachliche Reichweite der Vertretungsmacht

---

1 IPG 1974 Nr. 13 (München): Zur Vertretung einer französischen GmbH.

des Verwaltungsrates im italienischen Kapitalgesellschaftsrecht – Publizitätsrichtlinie und innerstaatliches Recht im Vergleich, Festschr. Lutter (2000), S. 483; *Kindler*, Italienisches Handels- und Wirtschaftsrecht (2002), § 4; *Lettieri*, Die rechtlichen Voraussetzungen für die Tätigkeit deutscher Unternehmen in Italien, EuZW 1991, 720; *Magelli/Masotto*, Organe der Società per Azioni nach der Reform des italienischen Gesellschaftsrechts, RIW 2004, 903; *Magrini*, Italienisches Gesellschaftsrecht (2004); *Marasà*, Le società, Bd. I: Società in generale (Mailand 1991); *Marchetti*, Die neuere italienische Gesetzgebung auf dem Gebiet des Gesellschaftsrechts, ZGR 1992, 545; *Martinelli*, La società a responsabilità limitata (Rom 2004); *Modolo*, Società personali (Mailand 1988); *Napoletano*, Investition über Kapitalgesellschaften in Italien, IStR 1999, 27; *Nazzicone*, Le società unipersonali (1993); *Oelkers*, Die italienische AG im institutionellen Wettbewerb (2008); *Oelkers*, Die italienische AG im institutionellen Wettbewerb (2008); *Olivieri/Presti/Vella*, Il nuovo diritto delle società (Torino 2003); *di Sabato*, Manuale delle società, 6. Aufl. (Turin 1999); *Scalese*, Codice delle società (1991); *Spada*, Typologie der italienischen Kapitalgesellschaften und börsennotierte Società per azioni, Festschr. Lutter (2000), S. 735; *Sirtoli*, Manuale delle società per azioni, 8. Aufl. (2006); *Steinhauer*, Die Reform des Gesellschaftsrechts in Italien, EuZW 2004, 364; *Tombari*, Die konzernbeherrschte Kommanditgesellschaft im italienischen Recht, JbItalR 11 (1998) 25; *Vinci/Gagliardi*, Manuale delle società di persone, 2. Aufl. (Mailand 1989); *Vinci/Gagliardi*, Manuale delle società à responsabilità limitata, 2. Aufl. (Mailand 1989); *Winkler*, Die GmbH und GmbH & Co. KG im italienischen Recht, GmbHR 1990, 329.

5270 Das Recht der Handelsgesellschaften ist im 5. Titel des V. Buches (Art. 2247–2510) des italienischen Codice Civile (c.c.) geregelt. Das Recht der Kapitalgesellschaften ist durch Gesetzesdekret vom 10.1.2003 grundlegend umgestaltet worden; die Neuregelung ist am 1.1.2004 in Kraft getreten.

aa) Vertretungsberechtigte Organe
Società in nome collettivo (S.N.C.)

5271 Die Gesellschaft wird durch einen oder mehrere **Geschäftsführer** („amministratore"), die Gesellschafter sein müssen, vertreten. Grundsätzlich ist jeder Gesellschafter Geschäftsführer und als solcher einzeln vertretungsberechtigt („amministrazione disgiuntiva", Art. 2257 c.c.). Abweichende Vereinbarungen – zB Gesamtvertretung („amministrazione congiuntiva", Art. 2258 Abs. 1 c.c.) – sind jedoch häufig und aus dem Unternehmensregister zu ersehen (vgl. Art. 2293 iVm. Art. 2266 c.c.).

Der Umfang der Vertretungsmacht ist durch den Gesellschaftszweck begrenzt. Weitere Einschränkungen können sich aus dem Gesellschaftsvertrag ergeben, wirken gutgläubigen Dritten gegenüber aber nur, wenn sie aus dem Unternehmensregister ersichtlich sind (Art. 2298 Abs. 1 c.c.).

Società in accomandita semplice (S.A.S.)

5272 Die Gesellschaft wird ebenfalls durch einen oder mehrere **Geschäftsführer** vertreten. Geschäftsführer können nur die persönlich haftenden Gesellschafter („soci accomandatari") sein; für deren Vertretungsbefugnisse gelten die Regeln über die Vertretung der S.N.C. entsprechend (Art. 2315 iVm. Art. 2298 c.c.). Die Kommanditisten („soci accomandanti") sind in jedem Falle von der Vertretung der Gesellschaft ausgeschlossen (Art. 2320 Art. 1 c.c.); ihnen kann jedoch für einzelne Geschäfte rechtsgeschäftlich Vollmacht erteilt werden (Art. 2320 Abs. 1 c.c.).

Società per azioni (S.p.A.)

Das neue italienische Aktienrecht stellt den Gründern **drei verschiedene Modelle** für die Leitung der Gesellschaft zur Verfügung. Neben dem traditionellen Modell mit Verwaltungsrat und „collegio sindacale" (Art. 2380 Abs. 1 iVm. Art. 2380-bis – 2409-septies c.c) besteht die Möglichkeit, das dualistische Modell mit Verwaltungs- und Aufsichtsrat nach deutschem Vorbild (Art. 2409-octies – 2409-quinquiesdecies c.c.) oder das monistische Modell mit Verwaltungsrat und internem Kontrollorgan nach englischem Vorbild (Art. 2409-sexiesdecies – 2409-noviesdecies c.c.) zu wählen.

5273

Wird die Gesellschaft – wie im Regelfall – nach dem traditionellen Modell geleitet, so obliegt die Geschäftsführung und gesetzliche Vertretung *entweder* einem **Alleingeschäftsführer** („amministratore unico") *oder* einem **Verwaltungsrat** („consiglio d'amministrazione"; Art. 2380-bis, 2384 c.c.). Besteht ein Verwaltungsrat, so steht das Vertretungsrecht nur den einzelnen Mitgliedern („consiglieri"), nicht dem Verwaltungsrat als Kollegialorgan zu. Deshalb muss schon die Gründungsurkunde angeben, welche seiner Mitglieder vertretungsberechtigt sind (Art. 2328 Abs. 1 Nr. 9 c.c.) und ob ihnen die Vertretungsbefugnis einzeln oder gemeinschaftlich zusteht (Art. 2383 Abs. 4 c.c.). Mangels einer solchen Bestimmung gilt nach hM der Grundsatz der Einzelvertretung (Art. 2266 Abs. 2 c.c.). Im Zweifel sollte allerdings stets der Nachweis von Einzelvertretungsmacht des Handelnden verlangt werden. Soweit Verwaltungsratsmitglieder durch die Hauptversammlung (für höchstens drei Jahre) gewählt werden, hat ihre Eintragung im Unternehmensregister binnen 14 Tagen zu erfolgen. Dabei ist anzugeben, ob die gewählten Mitglieder des Verwaltungsrats Einzel- oder Gesamtvertretungsmacht haben (Art. 2283 Abs. 4 bis 6 c.c.). Die Nichtigkeit oder Anfechtbarkeit der Bestellung von Verwaltungsratsmitgliedern können vom Zeitpunkt der Eintragung an gutgläubigen Dritten nicht mehr entgegengehalten werden (Art. 2283 Abs. 7 c.c.). Durch Satzung oder Beschluss der Hauptversammlung können bestimmte Aufgaben des Verwaltungsrats – einschließlich der diesbezüglichen Vertretungsbefugnis – auf den Präsidenten des Verwaltungsrats, einzelne seiner Mitglieder („amministratori delegati") oder einen Verwaltungsausschuss („comitato esecutivo") übertragen werden (Art. 2381 Abs. 2 c.c.). Die vertretungsberechtigten Geschäftsführer haben grundsätzlich umfassende Vertretungsbefugnisse. Beschränkungen, die sich aus dem Gründungsvertrag oder der Satzung ergeben, wirken, selbst wenn sie bekannt gemacht worden sind, Dritten gegenüber nicht, es sei denn, der Dritte hat nachweislich den Mangel der Vertretungsmacht des handelnden Organs ausgenutzt, um der Gesellschaft Schaden zuzufügen (Art. 2384 c.c.).

5274

Aktiengesellschaften, die für das *dualistische* Modell optiert haben, werden ebenfalls allein durch den Vorstand vertreten; dessen Mitglieder werden allerdings – anders als im traditionellen Modell – nicht von der Hauptversammlung, sondern vom Aufsichtsrat berufen (Art. 2409-novies Abs. 3 c.c.). Für den

5275

Umfang der Vertretungsbefugnis des Vorstands gilt Art. 2384 c.c. entsprechend (Art. 2409-undecies c.c.). Schließlich obliegt die Geschäftsführung und Vertretung im monistischen System ebenfalls ausschließlich dem Vorstand; diesem müssen mindestens ⅓ der Mitglieder angehören, welche die Unabhängigkeitskriterien des Art. 2399 c.c. erfüllen (Art. 2409-septiesdecies c.c.). Für den Umfang der Vertretungsbefugnisse gilt wiederum Art. 2384 c.c. entsprechend (Art. 2409-noviesdecies c.c.).

Società in accomandita per azioni (S.A.A.)

5276 Der Gesellschaftervertrag der Kommanditgesellschaft auf Aktien hat die persönlich haftenden Gesellschafter („soci accomandatari") zu bezeichnen; diese sind kraft Gesetzes zur Geschäftsführung und Vertretung der Gesellschaft berechtigt. Der Umfang der Vertretungsmacht und die Möglichkeiten einer Delegation bestimmen sich nach den Vorschriften für die Aktiengesellschaft (Art. 2455 c.c.).

Società a responsabilità limitata (S.R.L.)

5277 Die Gesellschaft mit beschränkter Haftung wird durch einen oder mehrere **Gesellschafter als Geschäftsführer** vertreten, sofern nicht ausdrücklich die Bestellung eines Nichtgesellschafters zum Geschäftsführer im Gesellschaftsvertrag für zulässig erklärt ist (Art. 2475 Abs. 1, 2475-bis Abs. 1 c.c.). Sind mehrere Geschäftsführer bestellt, so bilden diese einen Verwaltungsrat. Der Gesellschaftsvertrag kann vorsehen, dass den Mitgliedern des Verwaltungsrats die Vertretung einzeln oder gemeinsam zusteht (Art. 2475 Abs. 2 c.c.). Aus der Gründungsurkunde muss sich ergeben, wer von ihnen vertretungsberechtigt ist (Art. 2463 Abs. 1 Nr. 7 c.c.). In Ermangelung einer abweichenden Bestimmung durch die Gesellschafter gilt auch für die S.R.L. der Grundsatz der Einzelvertretung (Art. 2266 Abs. 2 c.c.). Der Umfang der Vertretungsbefugnis bestimmt sich nach den gleichen Grundsätzen wie bei der S.p.A. (Art. 2475-bis Abs. 2 c.c.).

bb) Nachweis der Vertretungsmacht

5278 Die in Art. 2188 c.c. vorgesehene Einrichtung eines dem deutschen Handelsregister vergleichbaren **Unternehmensregisters** („registro delle imprese") ist durch Art. 8 des Gesetzes vom 29.12.1993, n. 580 erfolgt und ist mit der am 19.2.1996 in Kraft getretenen Ausführungsverordnung vollzogen worden. Das Register wird bei den Industrie- und Handelskammern unter der Aufsicht eines abgeordneten Richters geführt und ist öffentlich. Auszüge aus diesem Register werden erteilt und bieten einen umfassenden Schutz des mit einer italienischen Handelsgesellschaft verkehrenden Dritten. Denn eintragungspflichtige Tatsachen können, solange sie nicht eingetragen sind, einem Dritten nicht entgegengehalten werden (Art. 2193 c.c.). Eine Bekanntmachung der Eintragung in Bezug auf Kapitalgesellschaften erfolgt für ganz Italien im amtlichen Anzeiger für Aktiengesellschaften und Gesellschaften mit beschränkter Haftung („Bolletino delle società per azioni e a responsabilità limitata", B.U.S.A.). Die Eintragungen sind heute auch online abrufbar unter http://www.infocamere.it.

e) Niederlande

Literatur: *Efferink/Ebert/Levedag*, Die zugezogene niederländische B.V. als Rechtsformalternative zur deutschen GmbH für in- und ausländische Investoren in Deutschland, GmbHR 2004, 880; *Gotzen*, Die Gesellschaft mit beschränkter Haftung in den Niederlanden (1977); *Gotzen*, Änderungen des Rechts der Aktiengesellschaften in den Niederlanden IWB 1981, 625; *Gotzen*, Die Personengesellschaften im niederländischen Handelsrecht, IWB 1981, 697; *Gotzen*, Niederländisches Handels- und Wirtschaftsrecht, 2. Aufl. (2000); *de Groot*, Zur Vertretung verselbständigter Rechtsträger, Niederlande (1998); *Haarhuis*, Gesellschaftsrecht in den Niederlanden (1995); *Kroh*, De maatshap: die bürgerlich-rechtliche Gesellschaft in den Niederlanden; ein Vergleich mit der deutschen BGB-Gesellschaft (1997); *Lill*, Die niederländischen Gesetze über die Gesellschaft mit beschränkter Haftung und über die Struktur der Kapitalgesellschaften, RabelsZ 36 (1972), 163; *van Mourik*, De personenvennootschap (Zwolle 1993); *van der Meer*, Corporate Law of the Netherlands (1979); *Mehring*, Die GmbH im niederländischen Recht, GmbHR 1991, 297; *Mohr*, Van maatschap, vennootschap onder firma en commanditaire vennootschap, 5. Aufl. (Arnhem 1998); *van Olffen*, De eenmannsvennootschap (Zwolle 1989); *Rademakers/de Vries*, Niederlande in: Süß/Wachter, Handbuch des internationalen GmbH-Rechts (2006), S. 1099; *Sanders/Westbroek/Buijn/Storm*, Besloten Vennootschap en Naamloze Vennootschap, 9. Aufl. (Deventer 2005); *van Schilfgaarde*, Haftung der Vorstandsmitglieder bei den Kapitalgesellschaften in den Niederlanden, ZGR 1987, 233; *van Schilfgaarde*, Van de naamloze en de besloten vennootschap, 14. Aufl. (Arnhem 2006); *Slagter*, Compendium van het ondernemingsrecht, 8. Aufl. (Deventer 2005); *Slagter*, Der heutige Stand des Konzernrechts in den Niederlanden, ZGR 1992, 1; *van der Heijden/van der Grinten*, Handboek van de naamloze en de besloten vennootschap, 12. Aufl. (Zwolle 1992); *Stein*, Die neuere Gesetzgebung zu den Handelsgesellschaften in den Niederlanden, ZHR 138 (1974), 101; *Timmermann/Lennarts*, Haftungsdurchgriff im niederländischen Gesellschaftsrecht, ZGR 1993, 489; *Westerdijk*, Die GmbH & Co. KG im niederländischen Gesellschaftsrecht (1998).

Die gesetzliche Regelung des Rechts der Handelsgesellschaften findet sich im niederländischen Handelsgesetzbuch (Wetboek van Koophandel – WvK.) sowie im 2. Buch des Bürgerlichen Gesetzbuches (Burgerlijk Wetboek – B.W.). Daneben gelten die allgemeinen Bestimmungen der Art. 1655 ff. B.W. über die Gesellschaft.

aa) Vertretungsberechtigte Organe

Vennootschap onder firma (V.O.F.)

Grundsätzlich ist **jeder Gesellschafter einzeln** zur Vertretung der Gesellschaft berechtigt. Durch den Gesellschaftsvertrag können jedoch einzelne Gesellschafter von der Vertretung ausgeschlossen werden (Abs. 17 Abs. 1 WvK.). Die Vertretungsmacht ist durch den Gesellschaftszweck begrenzt und kann durch den Gesellschaftsvertrag weiter eingeschränkt werden (Art. 17 Abs. 2 WvK.). Die Beschränkung ist allerdings unbeachtlich, wenn sich die Tätigkeit des der Beschränkung zuwiderhandelnden Gesellschafters zum Vorteil der Gesellschaft auswirkt (Art. 1681 B.W.). Solange die entsprechenden Beschränkungen der Vertretungsmacht nicht im Handelsregister eingetragen sind, wird zu Gunsten Dritter angenommen, dass sich die Geschäftstätigkeit der Gesellschaft auf Geschäfte aller Art erstreckt und keiner der Gesellschafter von der Vertretung ausgeschlossen ist (Art. 29 WvK.).

Commanditaire Vennootschap (C.V.)

5281 Zur Vertretung sind nur die **persönlich haftenden Gesellschafter** berechtigt. Die Kommanditisten („vennooren bij wijze geldschieting") sind von der Vertretung ausgeschlossen und dürfen nicht einmal auf Grund besonderer Vollmacht für die Gesellschaft handeln (Art. 20 Abs. 2 WvK).

Naamloze Vennootschap (N.V.)

5282 Die N.V., die als Gesellschaftsform auch kleinerer Unternehmen in den Niederlanden weit stärker verbreitet ist als die B.V., wird im Rechtsverkehr mit Dritten durch den **Vorstand** („bestuur") vertreten (Art. 2: 130 Abs. 1 B.W.). Dieser kann aus einer Person oder aus mehreren Personen bestehen, die nicht zugleich Anteilseigner sein müssen. Besteht der Vorstand aus mehreren Personen, so gilt der Grundsatz der Einzelvertretung (Art. 2: 130 Abs. 2 B.W.). Abweichende Vereinbarungen in der Satzung (Gesamtvertretung aller oder einzelner Vorstandsmitglieder, Vertretung durch ein Vorstandsmitglied allein oder Vertretung durch sonstige Personen) entfalten Dritten gegenüber Wirkungen nur nach Maßgabe der Publizitätsvorschriften (Art. 2: 5 Abs. 2 B.W.).

Beschränkungen der Vertretungsmacht durch den Gesellschaftsvertrag, die den Umfang der Befugnisse der Vorstandsmitglieder betreffen, können Dritten gegenüber in keinem Falle geltend gemacht werden (Art. 2: 130 Abs. 3 B.W.). Auf eine Überschreitung des Gesellschaftszwecks durch ein Vorstandsmitglied kann sich die N.V. nur berufen, wenn sie die Bösgläubigkeit des Dritten nachweist (Art. 2: 6 B.W.), wozu die Veröffentlichung der Satzung nicht ausreicht[1].

Besloten Vennootschap (met beperkte aansprakelijkheid, B.V.)

5283 Die Vertretung dieser erst mit Gesetz vom 3.5.1971 in den Niederlanden eingeführten – der deutschen GmbH entsprechenden – Gesellschaft obliegt der **Geschäftsführung**, die aus einer oder mehreren Personen bestehen kann. Nach dem mit Art. 2: 130 B.W. wörtlich übereinstimmenden Art. 2: 240 B.W. gelten die gleichen Regeln wie bei der Vertretung der N.V.[2]

bb) Nachweis der Vertretungsmacht

5284 Der Nachweis der Vertretungsbefugnis bei Handelsgesellschaften kann in den Niederlanden durch **Auszüge aus dem Handelsregister** erbracht werden. Das Handelsregister wird nicht bei den Gerichten, sondern bei den regional zuständigen Industrie- und Handelskammern (Kamers van Koophandel en Fabrieken) geführt. Daneben erfolgt eine Bekanntmachung der Eintragungen für die gesamten Niederlande im Niederländischen Staatsanzeiger (Nederlandse Staatscourant; vgl. Art. 1 ff. des Handelsregistergesetzes von 1918). Die Eintragungen sind heute auch online abrufbar unter: http://www.kvk.nl.

---

1 IPG 1969 Nr. 10 (München): Zum Recht der niederländischen AG.
2 IPG 1975 Nr. 14 (Köln) und IPG 1983 Nr. 16 (Bonn): Beide zum Recht der niederländischen GmbH.

f) Österreich

Literatur: *Beer*, Österreich, in: Süß/Wachter, Handbuch des internationalen GmbH-Rechts (2006), S. 1161; *Doralt*, Die Gründung einer Tochtergesellschaft in Österreich, in: Lutter, Die Gründung einer Tochtergesellschaft im Ausland, 3. Aufl. (1995), S. 527; *Feil*, Kommanditgesellschaft (Wien 1995); *Fritz*, Gesellschaftsrecht in Österreich (2000); *Fritz*, Wichtige Grundlagen für Geschäftsführer einer österreichischen GmbH, GmbHR 2005, 1339; *Gellis*, Kommentar zum GmbH-Gesetz, 6. Aufl. (Wien 2006); *Hämmerle/Wünsch*, Handelsrecht, Bd. II: Personengesellschaften, 4. Aufl. (Wien 1993); *Holzhammer*, Österreichisches Handelsrecht, Bd. III, Gesellschaftsrecht, 2. Aufl. (1997); *Kastner*, Die Errichtung von Tochtergesellschaften und Zweigniederlassungen in Österreich, ZGR 1977, 534; *Kastner*, Das österreichische Gesellschaftsrecht, 2. Aufl. (1986); *Kastner/Doralt/Nowottny*, Grundriss des österreichischen Gesellschaftsrechts, 5. Aufl. (Wien 1990); *Koppensteiner/Rüffler*, GmbH-Gesetz (Kommentar), 3. Aufl. (Wien 2007); *Kostner/Umfahrer*, Die Gesellschaft mit beschränkter Haftung, 5. Aufl. (Wien 1998); *Reich-Rohrwig*, Das österreichische GmbH-Recht in systematischer Darstellung, Bd. I, 2. Aufl. (1997); *Reiff*, Die eingetragene Erwerbsgesellschaft – Eine neue österreichische Personengesellschaft, ZvglRW 90 (1991), 130; *Schiemer/Jabornegg/Strasser*, Kommentar zum Aktiengesetz, 3. Aufl. (Wien 1993); *Straube*, HGB-Kommentar, Bd. I, 3. Aufl. (Wien 2003); *Wünsch*, Kommentar zum GmbHG (Graz 1987 ff.).

Das österreichische Recht der Handelsgesellschaften ist geregelt im neuen Unternehmensgesetzbuch vom 1.1.2007, im GmbH-Gesetz vom 6.3.1906 und im Aktiengesetz vom 31.3.1965. 5285

aa) Vertretungsberechtigte Organe

Offene Handelsgesellschaft (OHG)

Vertretungsberechtigt ist gründsätzlich **jeder Gesellschafter einzeln.** Eine abweichende Regelung ist im gleichen Umfang wie im deutschen Recht möglich und aus dem Handelsregister zu ersehen (§ 125 UGB). Die Vertretungsmacht kann mit Wirkung gegenüber Dritten nicht beschränkt werden (§ 126 Abs. 2 UGB). Grenze ist nur der dem Dritten erkennbare Missbrauch der Vertretungsmacht. 5286

Kommanditgesellschaft (KG)

Die Vertretung erfolgt durch die **persönlich haftenden Gesellschafter** nach den für die OHG geltenden Grundsätzen (§ 161 Abs. 2 iVm. § 125 UGB). Die Kommanditisten sind von der Vertretung ausgeschlossen (§ 170 UGB). 5287

Aktiengesellschaft (AG)

Die AG wird durch den **Vorstand** gerichtlich und außergerichtlich vertreten (§ 71 Abs. 1 AktG). Besteht der Vorstand aus mehreren Personen, so sind sämtliche Vorstandsmitglieder nur gemeinschaftlich zur Abgabe von Willenserklärungen befugt; der Vorstand kann aber einzelne Vorstandsmitglieder zur Vornahme bestimmter Geschäfte oder bestimmter Arten von Geschäften ermächtigen (§ 71 Abs. 2 AktG). Besteht der Vorstand aus mehreren Personen, so kann die Satzung auch bestimmen, dass einzelne Vorstandsmitglieder allein oder in Gemeinschaft mit einem Prokuristen zur Vertretung der Gesellschaft befugt sind; dabei muss aber gewährleistet sein, dass die AG vom Vorstand 5288 auch ohne die Mitwirkung eines Prokuristen vertreten werden kann. Eine entsprechende Bestimmung kann auch der Aufsichtsrat treffen, wenn die Satzung ihn hierzu ermächtigt (§ 71 Abs. 3 AktG). Für die Abgabe von Willenserklärungen gegenüber der Gesellschaft reicht es aus, wenn die Abgabe gegenüber einem Vorstandsmitglied erfolgt.

Gesellschaft mit beschränkter Haftung (GmbH)

5289 Die Gesellschaft wird durch **einen oder mehrere Geschäftsführer** vertreten, die nicht Gesellschafter zu sein brauchen (§ 18 Abs. 1 GmbHG). Sind mehrere Geschäftsführer bestellt, so sind sie grundsätzlich nur gemeinschaftlich vertretungsberechtigt (§ 18 Abs. 2 GmbHG). Abweichende Vereinbarungen (zB Vertretungsmacht eines Geschäftsführers allein oder zusammen mit einem oder mehreren anderen Geschäftsführern oder Prokuristen) sind möglich, zur Erlangung von Drittwirkung aber publizitätspflichtig (§ 18 Abs. 3 GmbHG).

Eine Beschränkung der Vertretungsbefugnis wirkt gutgläubigen Dritten gegenüber nicht. Dies gilt insbesondere für den Fall, dass die Vertretung sich nur auf gewisse Geschäfte oder Arten von Geschäften erstrecken soll oder dass die Zustimmung der Gesellschafter, des Aufsichtsrats oder eines anderen Gesellschaftsorgans für einzelne Geschäfte gefordert wird (§ 20 Abs. 2 GmbHG).

bb) Nachweis der Vertretungsmacht

5290 Der Nachweis der Vertretungsmacht kann in Österreich ohne Schwierigkeit durch einen **Auszug aus dem Firmenbuch** geführt werden, das in seiner Funktion dem deutschen Handelsregister weitgehend entspricht (vgl. §§ 7 ff. UGB). Zuständig sind die erstinstanzlichen Gerichte (Landesgerichte, Kreisgerichte), in Wien das Handelsgericht Wien. Eine Bekanntmachung der Eintragung für ganz Österreich erfolgt durch das Amtsblatt zur Wiener Zeitung. Die Eintragungen sind heute auch online abrufbar unter: www.bmj.gv.at oder unter: www.handelsregister.at.

g) Polen

Literatur: *Bogen/Siekierzynski*, Polen, in: Süß/Wachter, Handbuch des internationalen GmbH-Rechts (2006), S. 1223; *Breidenbach* (Hrsg.), Handbuch Wirtschaft und Recht in Osteuropa, Länderteil Polen (2006); Bundesstelle für Außenhandelsinformation (Hrsg.), Polen: GmbH-Recht (2002); Bundesstelle für Außenhandelsinformation, Polen: Aktienrecht (1995); *Brockhusis/Schnell*, Gesellschaftsrecht in Polen, 2. Aufl. (2002); *Cierpial/Löffler/Thurner*, Die Rechtsstellung der Vorstandsmitglieder einer GmbH in Polen, WiRO 1995, 333 und 366; *Cierpial/Löffler/Thurner*, Organisation und Haftung des Vorstandes und des Aufsichtsrates einer polnischen Aktiengesellschaft, FOWI-Arbeitspapier 111 (2006); *Cierpial/Waclawik/Bachner*, Einführung in das polnische Aktienrecht, FOWI-Arbeitspapier 108 (2005); *Daskowski/Leipert*, Die straf- und zivilrechtliche Haftung von Mandatsträgern polnischer Kapitalgesellschaften WiRO 2001, 332; *Demuth*, Gesellschaftsrecht und Unternehmenserwerb in Polen nach dem Beitritt, OstEuR 2004, 436; *Gralla*, HGB-Vorschriften über die Kommanditgesellschaft, WiRO 1992, 21; *Gralla*, Handelsgesellschaften in Polen, in Gralla/Sonnenberger, Handelsgesellschaften in Osteuropa (1993), S. 77; *Gralla*, Gesellschaftsrecht in Polen, Einführung mit vergleichenden Tabellen (1994); *Gralla*, Neues polnisches Gewerberecht, WiRO 2005, 161; *Kos*, Die GmbH &

Co. KG nach polnischen Recht, WiRO 2000, 297; *Kuper*, Die Aktiengesellschaft in Polen und Deutschland (2005); *Kwasnicki*, Gesellschaft mit begrenzter Haftung (polnisch; Warschau 2005); *Lewandowski/Kwasnicki*, „Große" Änderung des polnischen Gesetzbuchs über die Handelsgesellschaften, WiRO 2004, 234; *Lewandowski*, Polnisches Gesetz zur Einführung der Europäischen Wirtschaftlichen Interessengemeinschaft und der Europäischen Gesellschaft, WiRO 2005, 335 und 2006, 129; *Liebscher/Zoll*, Einführung in das polnische Recht (2005); *Litwinska*, Gesetzbuch der Handelsgesellschaften (polnisch; Warschau 2002); *Marciniuk*, Die Gründung einer Tochtergesellschaft in Polen, in: Lutter, Die Gründung einer Tochtergesellschaft im Ausland, 3. Aufl. (1995), S. 565; *Marr*, Das polnische GmbH-Recht im Vergleich zum deutschen GmbH-Gesetz (1998); *Paintner*, Ausländische Gesellschaften und Gesellschaften mit ausländischer Beteiligung in Polen, WiRO 1997, 201; *Pörnbacher*, Reform des polnischen Gesellschaftsrecht – Auswirkungen für die Praxis, RIW 2001, 431; *Siwik*, Die Haftung der Geschäftsführer in Polen für Verbindlichkeiten der Europäischen wirtschaftlichen Interessenvereinigung, WiRO 2007, 257; *Schnell/Brockhuis*, Gesetzbuch der Handelsgesellschaften, WiRO 2001, 17; *Schroer*, Die atypisch stille Gesellschaft als Rechtsform für Imobilieninvestitionen in Polen, WiRO 1998, 245; *Soltysinski/Szajkowski/Szumanski/Szwaja*, Gesetzbuch der Handelsgesellschaften, Kommentar zu Art. 1–663, 5 Bde (polnisch; Warschau 2001–2004); *Tereszkiewicz*, Partnerschaftsgesellschaft für Freiberufler im polnischen Gesellschaftsrecht, WiRO 2002, 97; *Wisniewski/Bremme*, Unternehmenskauf in Polen, eastlex 2006, 52; *Wlodyka* (Hrsg.), Kapitalgesellschaften in Polen, Gründung, Tätigkeit, Übertragung (2000); *Wowerka*, Kommanditgesellschaft auf Aktien im polnischen Recht, WiRO 2008, 257.

Das polnische Gesellschaftsrecht ist im Wesentlichem im Gesetzbuch der Handelsgesellschaften (HGG) vom 15.9.2000, das am 1.1.2001 in Kraft getreten ist, sowie im Gesetz über das Recht der Wirtschaftstätigkeit von Gesellschaften (WiTG) vom 19.11.1999 geregelt. Das bis dahin geltende HGB vom 27.6.1934 idF vom 20.8.1997 (deutscher Text: WOS Polen III 3a) wurde gleichzeitig, mit Ausnahme der Vorschriften über die Firma und die Prokura, aufgehoben; es kann jedoch auf Grund der Übergangsregelungen im HGG auf Altfälle weiter anzuwenden sein. 5291

aa) Vertretungsberechtigte Organe

Offene Handelsgesellschaft (Spólka Jawna, Sp.j.)

Jeder Gesellschafter der OHG ist nach Art. 29 § 1 HGG grundsätzlich allein zur Vertretung der Gesellschaft berechtigt. Jedoch kann durch den Gesellschaftsvertrag ein Gesellschafter von der Vertretung ausgeschlossen oder nur zur gemeinschaftlichen Vertretung mit einem anderen Gesellschafter oder Prokuristen ermächtigt werden (Art. 30 § 1 HGG). 5292

Soll ein Gesellschafter nachträglich von der Vertretung der Gesellschaft ausgeschlossen werden, so kann dies nur bei Vorliegen eines wichtigen Grundes durch Gerichtsurteil (Art. 30 § 2 HGG) geschehen. Die Einzelvertretungsmacht der Gesellschafter umfasst alle gerichtlichen und außergerichtlichen Rechtsgeschäfte und Handlungen, die mit der Führung eines Handelsunternehmens zusammenhängen (Art. 29 § 2 HGG). Der Umfang der Vertretungsmacht kann nicht mit Wirkung gegenüber Dritten beschränkt werden (Art. 29 § 3 HGG). Jede vom Grundsatz der Einzelvertretungsmacht abweichende Regelung muss im Handelsregister eingetragen werden (Art. 26 § 1 Ziff. 4, § 2 HGG).

Kommanditgesellschaft (Spólka Komandytowa, Sp.K.)

5293 Zur Vertretung der KG sind gem. Art. 117, 103, 20 HGG die **Komplementäre** nach den für die Gesellschafter einer OHG geltenden Grundsätzen berechtigt und verpflichtet. Der Kommanditist darf die KG nur auf Grund einer Vollmacht (Art. 118 § 1 HGG) oder Prokura (§§ 61 ff. HGG) vertreten. Schließt er für die KG ein Geschäft ab, ohne seine Vollmacht kenntlich zu machen, haftet er aus diesem Geschäft dem Dritten gegenüber unbeschränkt (Art. 118 § 2 HGG).

Partnergesellschaft (Spólka Partnerska, Sp.p.)

5294 Gemäß Art. 96 § 1 HGG ist jeder Partner berechtigt, die Gesellschaft allein zu vertreten, wenn der Gesellschaftsvertrag nichts anders bestimmt. Durch Beschluss mit einer Mehrheit von ¾ der Stimmen der Partner kann jedoch einem Partner die Vertretungsbefugnis entzogen werden, wenn ein wichtiger Grund vorliegt, Art. 96 § 2 HGG. Mit Eintragung im Handelsregister wird dieser Entzug Dritten gegenüber wirksam, Art. 96 § 3 HGG. Davon abweichend kann der Gesellschaftsvertrag an den Entzug der Vertretungsbefugnis strengere Anforderungen aufstellen, Art. 96 § 2 HGG, oder auch die Gesellschaftsführung und Vertretung der Gesellschaft einem Vorstand übertragen, Art. 97 § 1 HGG. Auf ein solches Organ sind die Vorschriften bezüglich des Vorstandes einer GmbH entsprechend anzuwenden, Art. 97 § 2 HGG.

Kommanditgesellschaft auf Aktien (Spólka Komandytowo Akcyjna, S.K.A.)

5295 Die Vertretung und Gesellschaftsführung der KGaA steht allein den Komplementären zu (Art. 137 § 1 HGG), sofern ihnen diese Befugnis nicht durch den Gesellschaftsvertrag oder ein rechtskräftiges Gerichtsurteil entzogen worden ist. Entsprechend den Regelungen zur KG, kann ein Aktionär die Gesellschaft nur als Bevollmächtigter vertreten, Art. 138 HGG. Abweichende Vertretungsregeln in der Satzung entfalten gegenüber Dritten keine Wirkung, Art. 139 HGG.

Aktiengesellschaft (Spólka Akcyjna, S.A.)

5296 Die AG wird vom **Vorstand** vertreten, der aus einer oder mehreren Personen bestehen kann, Art. 368 § 1 HGG. Die Vertretung erstreckt sich auf alle gerichtlichen und außergerichtlichen Handlungen und Rechtsgeschäfte, die mit der Führung eines Handelsunternehmens verbunden sind, Art. 372 § 1 HGG. Von der Vertretungsmacht ausgenommen sind die Veräußerung und Verpachtung des Unternehmens, die Bestellung eines Nießbrauchrechts am Unternehmen, die Veräußerung eines Fabrikgrundstücks der AG und die Ausgabe von Schuldverschreibungen; diese Geschäfte bedürfen eines Beschlusses der Hauptversammlung (Art. 375 iVm. Art. 383 Ziff. 3–5 HGG). Die Vertretungsmacht kann gegenüber Dritten nicht rechtswirksam beschränkt werden (Art. 372 § 2 HGG). Sofern die Vertretung durch einen mehrköpfigen Vorstand nicht in der Satzung geregelt ist, gilt Art. 371 § 1 HGG. Danach ist zur Abgabe von Willenserklärungen im Namen der AG die Mitwirkung zweier Vorstandsmitglieder oder eines Vorstandsmitglieds gemeinsam mit einem Prokuristen erforderlich. Hiervon abweichende Bestimmungen des Gesellschaftsvertrages (zB Einzelvertretung oder Gesamtvertretung aller Vorstandsmitglieder) sind im Handelsregister einzutragen und wirken dann auch gegenüber Dritten. Erklärungen und Schriftstücke entgegennehmen kann jedes Vorstandsmitglied allein.

Gesellschaft mit beschränkter Haftung (Spólka z Organiczona Odpowiedzialnóscia; Sp.z o.o.)

Die GmbH wird gem. Art. 201 § 1 HGG vom **Vorstand** vertreten. Die Vertretungsmacht umfasst „alle gerichtlichen und außergerichtlichen Tätigkeiten der Gesellschaft", Art. 204 § 1 HGG. Die Vertretungsmacht des Vorstands kann Dritten gegenüber nicht wirksam eingeschränkt werden, Art. 204 § 2 HGG. Besteht der Vorstand aus mehreren Personen, so gilt für die Frage der Einzel- oder Gesamtvertretung bei der Abgabe und Entgegennahme von Erklärungen im Namen der Gesellschaft das zur AG Gesagte entsprechend, vgl. Art. 205 §§ 1 und 2 HGG.

bb) Nachweis der Vertretungsmacht

Sämtliche Handelsgesellschaften müssen ins Handelsregister eingetragen werden. Der Auftrag auf Eintragung muss insbesondere Angaben über Vor- und Familiennamen der zur Vertretung der Gesellschaft berechtigten Personen und die Art und Weise dieser Vertretung enthalten (vgl. zur OHG Art. 26 § 1 HGG). Die gesetzlich vorgeschriebenen Bekanntmachungen der Gesellschaften werden im Gerichtsanzeiger („Monitor Sadowy Gospodarczy") veröffentlicht (Art. 5 § 3 HGG). Sie sind heute auch online abrufbar unter: http://www.ms.gov.pl/krs/krs/php.

h) Portugal

Literatur: *Antunes*, Die Gründung einer Tochtergesellschaft in Portugal, in: Lutter, Die Gründung einer Tochtergesellschaft im Ausland, 3. Aufl. (1995), S. 589; *Braga*, Código das sociedades comerciais (Lissabon 1991); *Caciro*, Vers une nouvelle législation portugaise sur les sociétés commerciales (Coimbra 1986); *Caeiro/Nogueira Serens*, Código comercial, Código das sociedades comerciais, 17. Aufl. (Coimbra 2007); *Cremades/Peinado*, Gesellschaftsrecht in Portugal, 2. Aufl. (2001); *Cunha*, Código das sociedades comerciais (Coimbra 1987); *Driesen*, Die GmbH im portugiesischen Recht, GmbHR 1991, 49; *Driesen/Huber*, Das Recht der Handelsgesellschaften in Portugal, EuZW 1993, 536; *Ferreira dos Reis*, As publicações e o registo no novo código das sociedades comerciais (Lissabon 1990); *Ferreira dos Reis*, Pessoas collectivas e sociedades comerciais (Lissabon 1990); *Jayme*, Neues Gesellschaftsrecht in Portugal – IPR und Fremdenrecht, IPRax 1987, 46; *Koppensteiner*, Die SE in Portugal, RIW 2006, 1030; *Lutter/Overrath*, Das portugiesische Konzernrecht von 1986, ZGR 1991, 394; *Neto*, Código das sociedades comerciais, 2. Aufl. (Coimbra 2003); *Pinto Furtado*, Código das sociedades comerciais, 4. Aufl. (Coimbra 2007); *Rau*, Die Vertretung der portugiesischen GmbH – ein Lotteriespiel?, RIW 1986, 20; *Stieb*, Die Gründung von Zweigniederlassungen und Tochtergesellschaften in Portugal, IWB Nr. 14 vom 25.7.1988; *Stieb*, Portugal, in: Süß/Wachter, Handbuch des internationalen GmbH-Rechts (2006), S. 1255; *Ventura,* Dissolução e Liquidação de Sociedades, 3. Aufl. (Coimbra 2003); *Ventura,* Alterações do Contrado de Sociedade, 2. Aufl. (Coimbra 2003); *Ventura,* Sociedades por Quotas, 3 Bde., 4. Aufl. (Coimbra 2008).

5299 Das Gesellschaftsrecht ist im Código das Sociedades Comerciais (CSC; Gesetzdekret n. 262/86 vom 2.9.1986) geregelt, der am 1.11.1986 in Kraft getreten ist. Sämtliche Handelsgesellschaften sind juristische Personen (Art. 5 CSC).

aa) Vertretungsberechtigte Organe
Sociedade em nome colectivo (S.N.C.)

5300 Die Geschäftsführung und Vertretung der Gesellschaft obliegt nach Art. 192 Abs. 1 CSC den **Geschäftsführern** (gerantes). Deren Vertretungsbefugnis ist durch den Gesellschaftszweck begrenzt; weitere Einschränkungen können sich aus dem Gesellschaftsvertrag ergeben (Art. 192 Abs. 2 CSC). Die Gesellschaft kann aber ein Geschäft, das in ihrem Namen von einem Geschäftsführer ohne Vertretungsmacht geschlossen wurde, dann nicht anfechten, wenn das Geschäft von den übrigen Geschäftsführern einstimmig genehmigt worden ist (Art. 192 Abs. 3 CSC). Wird diese Genehmigung nicht erteilt, so kann das Geschäft auch von dem Dritten angefochten werden, der von der Überschreitung der Befugnisse des Geschäftsführers keine Kenntnis hatte. Die Eintragung des Gesellschaftszwecks im Handelsregister begründet noch keine Vermutung dieser Kenntnis (Art. 192 Abs. 4 CSC).

Sociedade em comandita simples (S.C.S.)

5301 Die Kommanditgesellschaft wird ebenfalls durch **einen oder mehrere Geschäftsführer** vertreten. Geschäftsführer können grundsätzlich nur die persönlich haftenden Gesellschafter („socios comanditados") sein; für deren Vertretungsbefugnisse gelten die Regeln über die Vertretung der S.N.C. entsprechend (Art. 474 CSC). Die Kommanditisten („socios comanditarios") sind zur Vertretung nur ausnahmsweise berechtigt, wenn der Gesellschaftsvertrag dies ausdrücklich vorsieht (Art. 470 Abs. 1 CSC). Auch eine Delegation der Vertretungsmacht auf einen Kommanditisten oder einen Nichtgesellschafter kann durch den Gesellschaftsvertrag zugelassen werden (Art. 470 Abs. 2 CSC).

Sociedade anónima (S.A.)

5302 Die S.A. wird durch den **Verwaltungsrat** („conselho de administração") gesetzlich vertreten (Art. 405 Abs. 2 CSC). Die Vertretungsmacht des Verwaltungsrats wird durch die Mitglieder gemeinsam ausgeübt. Die Gesellschaft wird aber auch durch Rechtsgeschäfte gebunden, die eine Mehrheit der Verwaltungsratsmitglieder oder ein im Gesellschaftsvertrag bestimmtes geringeres Quorum beschlossen oder genehmigt hat (Art. 408 Abs. 1 CSC). Im Gesellschaftsvertrag kann ferner vorgesehen werden, dass die Gesellschaft durch einen oder mehrere „administradores delegados" innerhalb der vom Verwaltungsrat gezogenen Grenzen verpflichtet wird (Art. 408 Abs. 2 CSC).

Die von den Verwaltungsratsmitgliedern im Namen der Gesellschaft und innerhalb ihrer gesetzlichen Befugnisse geschlossenen Geschäfte sind für die Gesellschaft verbindlich; Beschränkungen der Vertretungsmacht durch den Gesellschaftsvertrag oder durch Beschlüsse der Aktionäre können Dritten nicht entgegengehalten werden, selbst wenn sie im Handelsregister eingetragen sind (Art. 409 Abs. 1 CSC). Beschränkungen der Vertretungsmacht durch den Gesellschaftszweck wirken Dritten gegenüber nur im Falle der Bösgläubigkeit; die Eintragung des Gesellschaftszwecks im Handelsregister allein begründet die Bösgläubigkeit des mit der Gesellschaft kontrahierenden Dritten freilich noch nicht (Art. 409 Abs. 2, 3 CSC).

Das portugiesische Aktienrecht sieht – ähnlich wie das französische Recht – neben der traditionellen S.A. auch die S.A. mit Direktorium („direcção"), Aufsichtsrat („conselho geral") und Buchprüfer („revisor oficial de contos") vor. Das Direktorium besteht aus einer ungeraden Zahl von nicht mehr als fünf Direktoren (Art. 424 Abs. 1 CSC); diese verteten die Gesellschaft im Rechtsverkehr mit Dritten (Art. 431 Abs. 2 CSC). Für den Umfang ihrer Vertretungsmacht gilt Art. 409 CSC entsprechend, soweit keine Abweichungen vom Aufsichtsrat beschlossen werden.

Sociedade por quotas (sociedade de responsabilidade limitada, S.L.)

Die Gesellschaft wird durch **einen oder mehrere Geschäftsführer** („gerentes") vertreten, die keine Gesellschafter zu sein brauchen (Art. 252 Abs. 1 CSC). Eine Delegation dieser Vertretungsmacht ist grundsätzlich ausgeschlossen (Art. 252 Abs. 4 CSC). Die von den Geschäftsführern im Namen der Gesellschaft und innerhalb ihrer gesetzlichen Vertretungsbefugnis geschlossenen Geschäfte verpflichten die Gesellschaft gegenüber Dritten ungeachtet etwaiger Beschränkungen im Gesellschaftsvertrag (Art. 260 Abs. 1 CSC). Die Gesellschaft kann Dritten Beschränkungen der Vertretungsmacht, die sich aus dem Gesellschaftszweck ergeben, nur entgegenhalten, wenn sie nachweist, dass der Dritte sie kannte oder kennen musste; zum Nachweis der Bösgläubigkeit reicht die Eintragung des Gesellschaftszwecks im Handelsregister nicht aus (Art. 260 Abs. 2, 3 CSC)[1].

Sind mehrere Geschäftsführer bestellt, so stehen ihnen die Vertretungsbefugnisse in Ermangelung einer abweichenden Satzungsbestimmung nur gemeinsam zu. Die Gesellschaft wird aber auch durch Geschäfte gebunden, die durch eine Mehrheit der Geschäftsführer abgeschlossen oder von ihr genehmigt worden sind (Art. 261 Abs. 1 CSC). Die Geschäftsführer sind auch berechtigt, die Vertretungsmacht für bestimmte Geschäfte oder Arten von Geschäften auf einen oder einzelne Geschäftsführer zu delegieren; auch die von solchen „gerentes delegados" innerhalb der ihnen verliehenen Vertretungsmacht geschlossenen Geschäfte sind für die Gesellschaft verbindlich (Art. 261 Abs. 2 CSC).

5303

---

1 IPG 1984 Nr. 19 (München): Zum portugiesischen GmbH-Recht.

bb) Nachweis der Vertretungsmacht

5304 Auch Portugal kennt ein **dem deutschen Handelsregister entsprechendes Register**. Die gesetzliche Regelung findet sich im Código do Registo Comercial vom 3.12.1986. Zuständig für die Eintragungen ist die „conservatória", in deren Bezirk die Handelsgesellschaft ihren Sitz hat (Art. 25). Eintragungspflichtig sind ua. die Vertretungsverhältnisse von Handelsgesellschaften und deren Änderung (Art. 15 Nr. 1 iVm. Art. 3m). Eintragungspflichtige Tatsachen können Dritten erst ab Eintragung entgegengehalten werden (Art. 14 Nr. 2).

Das Handelsregister ist öffentlich; Registerauszüge werden an jedermann erteilt (Art. 73 f.). Neben dem lokalen Register wird ein Zentralregister für alle Handelsgesellschaften und juristischen Personen Portugals in Lissabon geführt („Registo Nacional de Pessoas Colectivas"). Die dortigen Eintragungen sind heute auch online abrufbar unter: http://www.irn.mj.pt/IRN/sections/inicio.

i) Spanien

Literatur: *Angel Rojo*, La reforma de la Ley de Sociedades anónimas (Madrid 1987); *Bascopé/Hering*, Die spanische Gesellschaft mit beschränkter Haftung, GmbHR 2005, 609; *Belke/Pfaar*, Rechtsformwahl in Spanien nach der Reform des spanischen Handels- und Gesellschaftsrechts, RIW 1990, Beil. Nr. 21 S. 1; *Blanco Giraldo/Roldau Montaud*, Código de comercio, 3. Bde. (Madrid 1992); *Bufete Cuatrecasas*, Derecho de sociedades (Pamplona 1990); *Clarero Blanc/Periel Garcia*, Nueva legislación de Sociedades Anónimas y de Responsabilidad limitada (Madrid 1990); *Cabanas Trejo/Vestweber*, Das neue spanische Gesetz der GmbH, ZvglRW 95 (1996), 444; *Cremades*, Gesellschaftsrecht in Spanien, 3. Aufl. (2001); *Curto de la Mano/Isla Alvarez*, Comentarios a la nueva regulación de la sociedad anónima (Madrid 1990); *Embid Irujo*, Eine spanische „Erfindung" im Gesellschaftsrecht: Die „Sociedad limitada nueva empresa" – die neue unternehmerische GmbH, RIW 2004, 760; *Embid Irujo/Pedraza Bochóns*, Die Gründung einer Tochtergesellschaft in Spanien, in: Lutter, Die Gründung einer Tochtergesellschaft im Ausland, 3. Aufl. (1995), S. 763; *Fernandez de la Candara*, Anpassung des spanischen Gesellschaftsrechts an die Richtlinien der EG (1986); *Fischer K.-B./Fischer A.-K.*, Das neue Aktiengesetz in Spanien, RIW 1991, 18; *Fischer K.-B./Fischer A.-K.*, Spanisches Handels- und Wirtschaftsrecht, 2. Aufl. (1995); *Fischer A.-K.*, Das neue GmbH-Gesetz in Spanien, RIW 1996, 12; *Fröhlingsdorf*, Die neue spanische GmbH: Neues Unternehmen, RIW 2003, 584; *Frühbeck*, Vergleichender Überblick über das Recht der Kapitalgesellschaften in Spanien, DStR 1992, 1206; *Garrido de Palma*, Las sociedades de capital conforme a la nueva legislación, 2. Aufl. (Madrid 1990); *Güntzer*, Die Reform des spanischen Gesellschaftsrechts, RIW 1989, 619; *Güntzer*, Die Rechtsstellung des Geschäftsführers im spanischen Aktienrecht (1991); *Hernández-Bretón*, Die persönliche Haftung des GmbH-Geschäftsführers nach spanischem Recht, RIW 1992, 452; *Jordan/Meier*, Die spanische GmbH (1998); *Krupski*, Zur Spaltung des auf ausländische Kapitalgesellschaften mit Sitz in Spanien anzuwendenden Rechts, ZvglRW 96 (1997), 406; *Lefebvre*, Sociedades Mercantiles (2005); *Leonhardt/Leimbach/Keil*, Aktiengesellschaft und GmbH in Spanien (Zweisprachige Gesetzesausgabe, 1990); *Lindner*, Die spanische „Sociedad Limitada Nueva Empresa", ZvglRW 103 (2004), 204; *Löber ua.*, Die neue spanische GmbH, 3. Aufl. (2006); *Löber/Lozano/Steinmetz*, Spanien, in: Süß/Wachter, Handbuch des internationalen GmbH-Rechts (2006), S. 1547; *Löber/Wicke*, Aktuelles spanisches Handels- und Wirtschaftsrecht, 2. Aufl. (2006); *Marinello/Meyer*, Die spanische GmbH (1998); *Meyer*, Persönliche Haftung der Geschäfsführer/Verwalter einer spanischen GmbH, RIW 1998, 450; *Otto*, Verwalterhaftung im Gründungs- und Auflösungsstadium nach spanischem GmbH-Recht, RIW 2002, 27; *Pelletier*, La nueva Ley de Sociedades anónimas (Madrid

1990); *Quintana Carlo* (Hrsg.), El nuevo derecho de las sociedades de capital (Madrid 1989); *Reckhorn-Hengemühle*,

Die spanische Aktiengesellschaft nach der Reform des Aktiengesetzes von 1989 (1992); *Reckhorn-Hengemühle*, Die neue spanische GmbH nach dem Gesetz 2/1995 vom 23.3.1995 (1997); *Sanchez Calero*, Instituciones de derecho mercantil, Bd. I, Introducion, empresa y sociedades (1994); *Serra Caila/Rosa Arvizu*, Sociedades anónimas y de responsabilidad limitada (1994); *Uría*, Derecho mercantil, 28. Aufl. (Madrid 2002); *Vicente Chuliá*, Introducción Al Derecho Mercantil, 17. Aufl. (Valencia 2004); *Vietz*, Die neue „Blitz-GmbH" in Spanien, GmbHR 2003, 26 und 523.

Das spanische Recht der Handelsgesellschaften ist geregelt im 1. Titel des 2. Buches des Código de comercio vom 1.1.1986 (Art. 116 bis 238), im Aktiengesetz vom 22.12.1989 und im GmbH-Gesetz vom 23.3.1995. Sämtliche Handelsgesellschaften sind juristische Personen (Art. 116 Abs. 2 c.com.). 5305

aa) Vertretungsberechtigte Organe

Sociedad colectiva (S.C.)

Mangels ausdrücklicher Regelung im Gesellschaftsvertrag sind **alle Gesellschafter zur Geschäftsführung** der S.C. berechtigt (Art. 129 c.com.); zur Vertretung der Gesellschaft nach außen bedarf es jedoch zusätzlich einer *ausdrücklichen Ermächtigung* (Art. 128 c.com.). Grundsätzlich besteht Einzelvertretungsmacht; der Widerspruch eines geschäftsführenden Gesellschafters gegen die von einem anderen Gesellschafter vorgenommenen Handlungen wirkt nur im Innenverhältnis (Art. 130 c.com.). Abweichende Vereinbarungen im Gesellschaftsvertrag (insbesondere Vertretungsmacht nur einzelner Gesellschafter oder Gesamtvertretung mehrerer Gesellschafter) sind häufig, wirken Dritten gegenüber aber nur, wenn sie im Handelsregister eingetragen sind. Der Umfang der Vertretungsmacht ist durch den Gesellschaftszweck beschränkt; weitere Beschränkungen durch den Gesellschaftsvertrag sind Dritten gegenüber unwirksam. 5306

Sociedad en comandita (S. en C.)

Die Gesellschaft wird durch die **persönlich haftenden Gesellschafter** („socios colectivos") vertreten. Insoweit gelten die gleichen Grundsätze wie bei der S.C. (Art. 148 Abs. 2 iVm. Art. 128 ff. c.com.). Die Kommanditisten („socios comanditarios") sind von der Vertretung ausgeschlossen (Art. 148 Abs. 4 c.com.). 5307

Sociedad anónima (S.A.)

Die durch den Beitritt Spaniens zur EG notwendig gewordene Rechtsangleichung an die EG-Richtlinien zum Gesellschaftsrecht hat in Spanien zur Neufassung des Aktienrechts durch Gesetzesdekret (LSA) 1564/89 vom 22.12.1989 geführt, das am 1.1.1990 in Kraft getreten ist und das Aktiengesetz vom 17.7.1951 abgelöst hat. 5308

Die gerichtliche und außergerichtliche Vertretung der S.A. obliegt den **Verwaltern** („administradores", Art. 128 LSA). Die Vertretungsmacht umfasst alle

Handlungen, die durch den in der Satzung festgelegten Gesellschaftszweck gedeckt sind. Eine Überschreitung des Gesellschaftszwecks kann jedoch gutgläubigen Dritten nicht entgegengehalten werden; der gute Glaube wird durch die Eintragung des Gesellschaftszwecks im Handelsregister allein noch nicht zerstört. Sonstige Beschränkungen der Vertretungsbefugnis sind Dritten gegenüber in jedem Falle unwirksam, selbst wenn sie im Handelsregister eingetragen sind (Art. 129 Abs. 1 und 2 LSA).

Das Verwaltungsorgan kann gem. Art. 123 LSA aus einem Alleinverwalter, mehreren Verwaltern mit Einzelbefugnissen oder mehreren gesamtvertretungsberechtigten Verwaltern bestehen. Ist die Verwaltung der Gesellschaft mehr als zwei Personen übertragen, so bilden diese einen Verwaltungsrat (consejo de administración, Art. 136 LSA). In diesem Falle gilt der Grundsatz der Gesamtvertretung (Art. 133 Abs. 2 LSA). Zulässig ist aber auch die Übertragung der organschaftlichen Vertretung auf einen geschäftsführenden Ausschuss („comisión ejecutiva") oder auf einzelne Mitglieder des Verwaltungsrats („consejeros delegados"), sofern sie in der Satzung (Art. 9 lit. h LSA) oder durch mehrheitlich getroffenen Verwaltungsratsbeschluss erfolgt (Art. 140 iVm. Art. 141 Abs. 1 LSA). Davon wird häufig Gebrauch gemacht, um die Umständlichkeit der Gesamtvertretung zu vermeiden. In der Praxis wird nicht selten dem Vorsitzenden des Verwaltungsrats die alleinige Vertretungsmacht eingeräumt. Davon zu unterscheiden ist die dauerhafte rechtsgeschäftliche Delegation bestimmter Vertretungsbefugnisse, die nur mit einer 2/3-Mehrheit der Verwaltungsratsmitglieder beschlossen werden kann und erst mit Eintragung im Handelsregister gegenüber Dritten wirkt (Art. 141 Abs. 2 LSA).

Sociedad de responsabilidad limitada (S.R.L.)

5309 Das spanische GmbH-Recht ist durch Gesetz vom 23.3.1995 neu geregelt worden; das Gesetz ist am 1.6.1995 in Kraft getreten. Die gesetzliche Regelung der Verwaltung der GmbH ist gegenüber dem früheren System weitgehender Autonomie der Gesellschafter wesentlich geändert worden. Die allgemeinen Grundsätze der Verwaltung stimmen nach Art. 57 LSRL nunmehr weitgehend mit den Normen des Aktienrechts überein. Die Verwaltung der Gesellschaft kann daher ebenfalls einem Alleinverwalter, mehreren Verwaltern gemeinsam oder einem Verwaltungsrat anvertraut werden. Die Ernennung der Verwalter steht nach Art. 58 LSRL allein der Hauptversammlung zu. Die Verwalter brauchen nicht Gesellschafter zu sein, sofern die Satzung nichts anderes bestimmt. Ob mehrere Verwalter die Gesellschaft einzeln oder nur gemeinsam vertreten können, muss in der Satzung festgelegt werden. Für den Verwaltungsrat gilt der Grundsatz der Gesamtvertretung; die Übertragung der Vertretungsmacht auf einzelne Verwaltungsratsmitglieder ist zulässig, wirkt aber gegenüber Dritten nur, wenn sie im Handelsregister eingetragen ist.

Der Umfang der Vertretungsmacht ist gem. Art. 62 LSRL nur durch den Gesellschaftszweck begrenzt; auch dessen Überschreitung kann jedoch gutgläubigen Dritten nicht entgegengehalten werden. Weitergehende Beschränkungen der Vertretungsmacht durch die Satzung oder Gesellschafterbeschluss sind Dritten gegenüber in jedem Falle unwirksam (Art. 63, 1 LSRL).

Durch Gesetz Nr. 7/2003 hat der spanische Gesetzgeber mit Wirkung vom 2.6.2003 die **„GmbH – Neues Unternehmen"** (Sociedad limitada de Nueva Empresa, S.L.N.E.) als eine eigenständige Gesellschaftsform eingeführt, die neben die traditionelle GmbH tritt. Mit ihrer Hilfe soll vor allem kleinen und mittleren Unternehmen eine zügige und kostengünstige Gesellschaftsgründung ermöglicht werden. Die Geschäftsführung kann einer einzigen oder mehreren Personen übertragen werden; die Bildung eines Verwaltungsrats ist jedoch – abweichend von der gewöhnlichen S.R.L. – ausdrücklich verboten (Art. 139). 5310

bb) Nachweis der Vertretungsmacht

In Spanien besteht eine **dem deutschen Handelsregister entsprechende Einrichtung**. Die gesetzliche Regelung findet sich im „Regolamento del Registro Mercantil", das durch Gesetzesdekret n. 1597 vom 29.12.1989 an das neue Gesellschaftsrecht angepasst worden ist. Eintragungen in das Handelsregister sind grundsätzlich obligatorisch (Art. 4). Eintragungspflichtig sind ua. die gesetzlichen Vertreter von Handelsgesellschaften und der Umfang ihrer Befugnisse sowie deren Änderung (vgl. Art. 94 Nr. 4 und 5, 124, 174 Nr. 8, 178 Nr. 8). Das Handelsregister wird in jeder Provinzhauptstadt für die in der Provinz ansässigen Gesellschaften geführt (Art. 16, 17 Abs. 1). Das Register ist öffentlich (Art. 21). 5311

Darüber hinaus wird bei der Generaldirektion für Register- und Notariatssachen ein **allgemeines Gesellschaftsregister** für ganz Spanien geführt („Registro Mercantil Central", Art. 343 ff.). Das Zentralregister erteilt auf schriftliche Anfrage Handelsregisterauszüge, die über die vertretungsberechtigten Organe spanischer Handelsgesellschaften verlässlich Auskunft geben (Art. 346). Eintragungspflichtige Tatsachen werden auf Veranlassung des Zentralregisters im „Boletin Offical del Registro Mercantil" bekannt gemacht; solange diese Bekanntmachung nicht erfolgt ist, können sie gutgläubigen Dritten nicht entgegengehalten werden (Art. 9 Abs. 1). Die Eintragungen im Zentralregister sind heute auch online abrufbar unter: www.rmc.es oder unter: http://www.registradores.org/principal/indexx.jsp.

j) Tschechische Republik/Slowakische Republik

Literatur: *Abrahám*, Unternehmenskauf in der Slowakei, eastlex 2006, 57; *Bartosikova/Kopac*, Kurzkommentar zum Handelsgesetzbuch (tschechisch; Prag 1991); *Bartosikova/Stenglova*, Die Gesellschaft mit beschränkter Haftung (tschechisch; Prag 1992); *Beckmann-Petey/Tichy*, Neues Gesetz über gemeinsame Unternehmen in der CSSR, RIW/AWD 1989, 351; *Belohlávec/Ziemons*, Die Gründung einer Tochtergesellschaft in der Tschechischen Republik, in: Lutter, Die Gründung einer Tochtergesellschaft im Ausland, 3. Aufl. (1995), S. 845; *Bejcek/Pürner*, Die GmbH mit ausländischer Beteiligung nach dem neuen tschechoslowakischen Recht, JOR XXXIII/2 (1992), 311; *Bohata*, CSFR; GmbH-Regelung im neuen HGB, WiRO 1992, 90; *Bohata*, Vorschriften über die Aktiengesellschaft im HGB der CSFR, WiRO 1992, 223; *Bohata*, Handelsgesellschaften in den Nachfolgestaaten der Tschechoslowakei, in: Gralla/Sonnenberger, Haldesgesellhaften in Osteuropa (1993), S. 189; *Bohata*, Gesellschaftsrecht in der Tschechischen Republik und in der Slowakei, 2. Aufl. (1998); *Bohata*, Tschechische Republik: Die Firma und das

Handelsregister nach der Novelle des HGB, WiRO 2001, 146; *Bohata*, Tschechische Republik: Die neuen allg. Bestimmungen über Gesellschaften, WiRO 2001, 211; *Bohata*, Gesetzliche Bestimmungen über die Handelsvertretung, WiRO 2001, 275; *Bohata*, Quellen des tschechischen Handelsrechts, WiRO 2003, 39; *Bohata*, Slowakische Republik: Handelsregistergesetz, WiRO 2005, 113; *Bohata*, Neues tschechisches Gesetz über kollektive Investitionsformen, WiRO 2005, 166; *Bohata*, Neuordnung des tschechischen Kapitalmarkts, WiRO 2005, 12; *Braun/Jelínková*, Tschechische Republik: Handelsregister – Teil 2, WiRO 2005, 374; Bundesstelle für Außenhandelsinformationen (Hrsg.), Tschechoslowakei – Aktienrecht (1992); *Dedic*, Aktiengesellschaft, (tschechisch; Prag 2007); *Dedic/Baumgartner*, Tschechisches und slowakisches Wirtschaftsrecht (Wien 1994); *Dvorák*, Aktiengesellschaft und europäische Gesellschaft (tschechisch; Prag 2005); *Doralt/Mašurová/Zitnanská*, Einführung in das slowakische Aktienrecht Teil I, FOWI-Arbeitspapier 112 (2007); Teil II, FOWI-Arbeitspapier 113 (2007); *Elias*, Das Handelsgesetzbuch (tschechisch; Pravnik 1992); *Forejt*, Die Handelsgesellschaften (tschechisch; Prag 1992); *Holler/Wesbuer*, Die tschechische GmbH nach dem neuen Handelsrecht, WiRO 2002, 202; *Kosina/Pekarek*, Handelsgesetzbuch-Kommentar (tschechisch; Prag 1991); *Langner*, Vertretungsbefugnisse des GmbH-Geschäftsführers im tschechischen Recht, WiRO 2008, 103; *Lederer/Balinsky*, Unternehmer in der ÈSFR (Wien 1992); *Liebscher/Svorcik*, Die Kapitalgesellschaften nach tschechischem und slowakischem Recht (Wien 1993); *Loges/Nedelka*, Die Haftung des Geschäftsführers einer tschechischen GmbH, WiRO 1998, 454; *Patakyova*, Das Handelsregister in der Slowakischen Republik und seine Elektronisierung, FOWI-Arbeitspapier 107 (2004); *Pokorna*, Einführung in das tschechische Aktienrecht, FOWI-Arbeitspapier 114 (2007); *Scheifele/Thaeter*, Unternehmenskauf, Joint Venture und Firmengründung in der Tschechischen Republik, 2. Aufl. (2001); *Schmid*, Aktuelles Wirtschaftsrecht in der Tschechischen Republik, 3. Aufl. (Prag 1998); *Schmidt/Scheifele*, Rechtliche und steuerliche Rahmenbedingungen für Investitionen in der CSFR – Teil 1, WiRO 1992, 4; *Schwarz/Pálinkás*, Neues tschechisches Handelsgesetzbuch in der Praxis, RIW 2001, 273; *Schwarz/Kubánek*, Tschechische Republik, in: Süß/Wachter, Handbuch des internationalen GmbH-Rechts (2006), S. 1717; *Sovova*, Slowakei, in: Süß/Wachter, Handbuch des internationalen GmbH-Rechts (2006), S. 1491; *Tkacik/Menca*, Investieren in der CSFR (Bratislava 1991); *Ullmann-Czubak/Holec*, Gründung und Besteuerung von Betriebstätten und Tochtergesellschaften in der Tschechoslowakei (1991); *Verny*, Das neue Wirtschaftsrecht in der Tschechoslowakei, EuZW 1992, 85; *Waldvogel/Weigl*, Novelle des tschechischen Rechts der Aktiengesellschaften, WiRO 1996, 367 (408); *Zacek/Kratochvil*, Die Aktiengesellschaft, die GmbH und andere Handelsgesellschaften (tschechisch; Prag 1992); *Zemánek/Paschke*, Das tschechische Privat- und Wirtschaftsrecht unter dem Einfluss des europäischen Rechts (2004); *Ziebe*, Das neue Aktienrecht der CSFR, RIW 1992, 374; *Ziebe/Humlova*, Das tschechoslowakische Gesetz über Kapitalgesellschaften, WiRO 1992, 212; *Zitek*, Heranziehung des deutschen GmbH-Rechts bei der Weiterentwicklung des tschechischen GmbH-Rechts (1998).

5312 Ein privates Gesellschaftsrecht wurde in der CSSR durch Gesetz vom 18.4.1990 über die Aktiengesellschaften und das novellierte Wirtschaftsgesetzbuch wieder eingeführt; das Wirtschaftsgesetzbuch idF von 1990 enthielt ua. Regelungen über die OHG, die KG und die GmbH. Diese Übergangsgesetze wurden durch das seit 1.1.1992 geltende Handelsgesetzbuch vom 5.11.1991 abgelöst (deutscher Text in WOS CSFR III 4b). Das HGB regelt nunmehr sämtliche Gesellschaftsformen des Handelsrechts und gilt seit dem 1.1.1993 in der Tschechischen und der Slowakischen Republik fort.

aa) Vertretungsberechtigte Organe

Offene Handelsgesellschaft (verejná obchidní spolecnost, v.o.s.)

Die offene Handelsgesellschaft wird grundsätzlich durch **jeden Gesellschafter** allein vertreten (Einzelvertretung), sofern durch Gesellschaftsvertrag nicht einige Gesellschafter von der Vertretung ausgeschlossen sind oder bestimmt wird, dass nur alle Gesellschafter gemeinschaftlich zu handeln berechtigt sind (§ 85 HGB). Die Anordnung von Gesamtvertretung wirkt mit Eintragung im Handelsregister auch gegenüber Dritten. Hingegen sind Beschränkungen des Umfangs der Vertretungsmacht mit Wirkung gegenüber Dritten unzulässig.

5313

Kommanditgesellschaft (komanditní spolecnost, k.s.)

In der KG sind allein die **Komplementäre** zur Geschäftsführung (§ 97 Abs. 1 HGB) und zur Vertretung der Gesellschaft (§ 101 Abs. 1 S. 1 HGB) berechtigt. Soweit der Gesellschaftsvertrag nichts anderes bestimmt, hat jeder von ihnen Einzelvertretungsmacht (§ 101 Abs. 1 S. 2 HGB); im Übrigen gelten die Vertretungsregeln der OHG entsprechend. Die Kommanditisten sind von der Vertretung ausgeschlossen, können jedoch von den Komplementären zur Vornahme einzelner Geschäfte ermächtigt werden (§ 101 Abs. 2 HGB).

5314

Aktiengesellschaft (akciová spolecnost, a.s.)

Die AG wird durch den **Vorstand** im Rechtsverkehr vertreten (§ 191 Abs. 1 S. 1 HGB). Er entscheidet über sämtliche Angelegenheiten der Gesellschaft, soweit diese nicht durch Gesetz oder Satzung der Zuständigkeit der Hauptversammlung vorbehalten sind (§ 191 Abs. 1 S. 2 HGB). Sind mehrere Vorstandsmitglieder bestellt, so gilt der Grundsatz der Einzelvertretung, soweit die Satzung keine abweichende Bestimmung trifft (§ 191 Abs. 1 S. 3 HGB). Die Anordnung von Gesamtvertretung wirkt Dritten gegenüber nur, wenn sie im Handelsregister eingetragen ist (§ 191 Abs. 1 S. 4 HGB). Die Vertretungsmacht der Vorstandsmitglieder kann durch die Satzung sowie durch Beschluss der Hauptversammlung oder des Aufsichtsrats eingeschränkt werden; eine solche Einschränkung wirkt jedoch nicht gegenüber Dritten (§ 191 Abs. 2 HGB).

5315

Gesellschaft mit beschränkter Haftung (spolecnost s rucením omezeným, s.r.o.)

Die GmbH wird durch den oder die Geschäftsführer im Rechtsverkehr vertreten (§ 133 Abs. 1 S. 1 HGB). Sofern der Gesellschaftsvertrag oder die Satzung nichts anderes vorsehen, vertritt **jeder Geschäftsführer** die Gesellschaft allein (Einzelvertretung, § 133 Abs. 1 S. 2 HGB). Die Vereinbarung von Gesamtvertretung wirkt Dritten gegenüber nur, wenn sie im Handelsregister eingetragen ist (vgl. §§ 27a Abs. 2 lit. b, Abs. 3, 28 Abs. 1 lit. e HGB). Gleiches gilt für die gemischte Vertretung durch einen Geschäftsführer und einen Prokuristen; deren Zulässigkeit ist allerdings umstritten[1].

5316

Eine Beschränkung der Vertretungsbefugnisse der Geschäftsführer kann im Gesellschaftsvertrag oder in der Satzung vorgesehen oder durch die General-

---

1 Vgl. *Langner*, WiRO 2008, 103 (104).

versammlung beschlossen werden. Sie hat Dritten gegenüber jedoch keine Wirkung, und zwar grundsätzlich auch dann nicht, wenn der Dritte sie kannte oder kennen musste (§ 133 Abs. 2 HGB) oder wenn sie im Handelsregister eingetragen wurde (§ 13 Abs. 5 HGB)[1]. Bei Kenntnis des Dritten kann das Geschäft jedoch angefochten werden (§ 542 iVm. § 321 HGB).

bb) Nachweis der Vertretungsmacht

5317 Alle tschechischen und slowakischen Handelsgesellschaften sind im **Handelsregister** einzutragen; das Verfahren ist in §§ 27 bis 34 HGB geregelt. Das Handelsregister ist öffentlich (§ 27 Abs. 1 HGB). Tatsachen, die im Handelsregister eingetragen sind, wirken gegenüber Dritten erst vom Tag der Eintragung. Darüber hinaus wird aber – abweichend von § 15 des deutschen HGB – auch das Vertrauen eines gutgläubigen Dritten in die Richtigkeit der eingetragenen Tatsachen geschützt (positive Publizität, § 27 Abs. 2 HGB). § 28 HGB legt die in das Handelsregister einzutragenden Angaben fest; dazu gehören ua. Name und Wohnsitz sämtlicher Vorstandsmitglieder bzw. Geschäftsführer von Handelsgesellschaften (§ 28 Abs. 1 lit. e).

Die Eintragungen im Handelsregister werden in der Zeitschrift „Obchodni Vestik" bekannt gemacht (§ 33 Abs. 1 HGB). Im Übrigen hat jeder das Recht, in das Handelsregister Einsicht zu nehmen und Abschriften/Kopien zu fertigen. Ferner erteilt das Registergericht auf Antrag beglaubigte Abschriften von Handelsregistereintragungen (§ 27a HGB). Diese sind heute auch online abrufbar, und zwar für die Tschechische Republik unter: www.justice.cz sowie für die Slowakei unter: www.orsr.sk.

k) Ungarn

Literatur: *Donat/Pintér*, Zum Entwurf eines neuen ungarischen Wirtschaftsgesellschaftsgesetzes, WiRO 1997, 284; *Galffy*, Gestaltungsmöglichkeiten der Organisation der ungarischen GmbH, FOWI-Arbeitspapier 92 (2003); *Gobert*, Das neue ungarische Gesellschaftsrecht, ROW 1998, 253; *Hepp de Sevelinges*, Novelliertes ungarisches Gesellschaftsrecht mit mehr Gestaltungsfreiheit, bfai 2006; *Hetényi*, Unternehmenskauf in Ungarn, eastlex 2006, 66; *Janssen/Fest*, Unterschiede in der Rechtspraxis ungarischer Kft und deutscher GmbH, RIW 2002, 825; *Köhle/Demeter*, Die Gesellschaft mbH in Ungarn (Wien 1991); *Küpper*, Neues Firmenregisterrecht in Ungarn, WiRO 2006, 353; *Küpper*, Ungarn: Das neue Gesellschaftsgesetz. Textübersetzung mit Einführung, JOR 2006, 223; *Pajor-Bytomski*, Gesellschaftsrecht in Ungarn, 2. Aufl. (2001); *Pajor-Bytomski*, Die Rechtsstellung des ungarischen GmbH-Geschäftsführers, RIW 2001, 765; *Sander*, Die ungarische Gesellschaft mit beschränkter Haftung – Gemeinsamkeiten zur deutschen GmbH (2002); *Squarra/Braner*, Ungarn, in: Süß/Wachter, Handbuch des internationalen GmbH-Rechts (2006), S. 1785; *Vatheuer*, Neuerungen im ungarischen Gesellschaftsrecht, WiRO 1998, 206; *Vékás/Paschle*, Europäisches Recht im ungarischen Privat- und Wirtschaftsrecht (2004); *Sander*, Die ungarische Gesellschaft mit beschränkter Haftung – mit Gemeinsamkeiten zur deutschen GmbH (2003); *Sárközy/Ziemons*, Die Gründung einer Tochtergesellschaft in Ungarn, in: Lutter, Die Gründung einer Tochtergesellschaft im Ausland, 3. Aufl. (1995), S. 903.

---

1 Dazu näher *Langner*, WiRO 2008, 103 (104 f.).

Das ungarische Gesellschaftsrecht wurde mit dem am 1.7.2006 in Kraft getretenen Gesetz über Wirtschaftsgesellschaften Nr. 2006/IV (GWG) vollständig neu kodifiziert. Das Gesetz tritt an die Stelle des gleichnamigen Gesetzes vom 9.12.1997 und regelt sämtliche in Ungarn anerkannten Formen von Wirtschaftsgesellschaften. Für die Eintragung der Wirtschaftsgesellschaft gilt ergänzend das Gesetz Nr. 2006/V „Über das Registergericht, die Öffentlichkeit des Handelsregisters und das Verfahren der Registergerichte" (Ctv).

aa) Vertretungsberechtigte Organe

Das GWG ist dadurch gekennzeichnet, dass es in einem Allgemeinen Teil gemeinsame Vorschriften für alle Wirtschaftsgesellschaften, darunter auch detaillierte Regelungen über deren Vertretung enthält. In den jeweiligen Abschnitten über die einzelnen Gesellschaftstypen finden sich dann nur noch Bestimmungen, welche die zur Vertretung berufenen Organe benennen, ohne jedoch Einzelheiten zu regeln.

Grundsätzlich werden Wirtschaftsgesellschaften gegenüber Dritten sowie vor Gerichten und Behörden durch den „leitenden Repräsentanten" vertreten, § 29 Abs. 1 S. 1 GWG. Zwar kann dessen gesetzliche Vertretungsbefugnis im Gesellschaftsvertrag oder der Satzung eingeschränkt oder unter mehreren Repräsentanten aufgeteilt werden; diese Beschränkungen entfalten jedoch keine Wirkung gegenüber Dritten, § 29 Abs. 1 S. 2, 3 GWG. Weiterhin geht das Gesetz grundsätzlich von der *Einzelvertretung* aus, wenn im Gesellschaftsvertrag oder in der Satzung nichts anderes vorgesehen ist. Wirtschaftsgesellschaften können aber auch durch Personen vertreten werden, die nicht zur Geschäftsleitung gehören, sondern auf Grund einer Vollmacht handeln; in diesem Fall ist aber erforderlich, dass zwei Bevollmächtigte unterzeichnen, § 29 Abs. 3 S. 1, 2 GWG. Der Gesellschaftsvertrag kann allerdings auch bestimmen, dass ein leitender Funktionsträger nur gemeinsam mit einem zur Vertretung berechtigten Arbeitnehmer unterzeichnen kann, § 29 Abs. 3 S. 3 GWG.

Offene Handelsgesellschaft (közkereseti társaság, kkt.)

Die Gesellschaft wird vertreten durch jeden Gesellschafter, der auch zur Geschäftsführung befugt ist, § 96 GWG. Dies sind grundsätzlich alle Gesellschafter, § 94 Abs. 1 GWG, es sei denn, der Gesellschaftsvertrag sieht vor, nur einen oder mehrere Gesellschafter mit der Geschäftsführung und somit auch mit der Vertretung der Gesellschaft zu betrauen; in diesem Fall sind die anderen Gesellschafter von der Vertretung ausgeschlossen (§ 94 Abs. 2 GWG). Ergänzend gilt § 29 GWG (Rz. 5319).

Kommanditgesellschaft (betéti társaság, bt.)

Die KG wird durch die **Komplementäre** nach Maßgabe der für die OHG geltenden Vorschriften vertreten (§ 108 Abs. 3 iVm. §§ 94, 96 GWG). Die Kommanditisten sind nach § 109 Abs. 1 und 2 GWB von der Geschäftsführung und Vertretung ausgeschlossen. Etwas anderes gilt nur, wenn alle Komplementäre aus der Gesellschaft ausgeschieden sind, § 110 Abs. 2 GWB.

Aktiengesellschaft (részvénytársaság, rt.)

5322 Die AG wird im Rechtsverkehr mit Dritten sowie vor Gerichten und Behörden durch den **Vorstand** vertreten (§§ 243 Abs. 1, 29 Abs. 1 GWG). Der Vorstand besteht aus mindestens drei und höchstens elf Mitgliedern, die natürliche Personen sein müssen (§ 243 Abs. 1 GWG). An Stelle eines Vorstands kann in der Satzung auch ein leitender Repräsentant (Generaldirektor) bestellt werden, welcher die Aufgaben eines Vorstands übernimmt. Gem. §§ 243 Abs. 1, 29 GWG ist grundsätzlich jedes Vorstandsmitglied einzeln vertretungsberechtigt. Die Satzung kann aber vorsehen, dass nur mehrere Mitglieder gemeinsam oder zusammen mit einer vom Vorstand dazu ermächtigten Person vertretungsberechtigt sind. Darüber hinaus kann die Satzung einzelne Mitglieder des Vorstands oder Mitarbeiter der Gesellschaft ermächtigen, die AG in allen oder in bestimmten Angelegenheiten zu vertreten. Die Vertretungsmacht des Vorstands kann durch die Satzung, die Hauptversammlung oder den Aufsichtsrat beschränkt werden; eine solche Beschränkung des Vertretungsumfangs wirkt jedoch nicht gegenüber Dritten (§ 29 Abs. 1 S. 3 GWG).

Gesellschaft mit beschränkter Haftung (korlátolt felelösségü társaság, kft)

5323 Die GmbH wird im Rechtsverkehr durch einen oder mehrere **Geschäftsführer** vertreten, die nicht Gesellschafter sein müssen (§ 149 S. 1 GWG). Der Gesellschaftsvertrag kann auch bestimmen, dass alle Geschäftsführer zur Vertretung berechtigt sind (§ 149 S. 2 GWG). Im Übrigen gelten die allgemeinen Regeln des § 29 GWG (Rz. 5319).

bb) Nachweis der Vertretungsmacht

5324 Alle Handelsgesellschaften müssen in das **Handelsregister** („cégjeguzék") eingetragen werden. Die Einzelheiten sind im Firmengesetz vom 1.7.2006 geregelt. Die Eintragung nehmen die sog. Firmengerichte („cégbíróságok") als Registergerichte durch Beschluss vor. Sie sind heute auch online abrufbar unter: https://occsz.e-cegjegyzek.hu.

3. Sonstige Staaten
a) Japan

Literatur: *Abegglen/Stalk*, Kaisha, The Japanese Corporation (New York 1985); *Clark*, The Japanese Company (New Heaven 1979); *Hayakawa/Raidl-Marcure*, Japanische Gesellschaftsrechtsreform, RIW 1991, 282; *Inaniwa/Brondics*, Aktionär und Aktiengesellschaft in Japan, RIW 1987, 13; Japan External Trade Organisation (JETRO), Selling up enterprises in Japan, 6. Aufl. (Tokio 2004 Japan External Trade Organisation (JETRO), Illustrated Guides: Corporate Law I (Tokio 1995); *Kawamoto*, Handels- und Gesellschaftsrecht, in: Baum/Drobnig (Hrsg.), Japanisches Handels- und Wirtschaftsrecht (1994), S. 47; *Kitagawa* (Hrsg.), Doing business in Japan (Loseblatt, 2007); *Schneidewind*, Das japanische Unternehmen (1991); *Takahashi/Rudo*, Bestandsaufnahme: Die japanische Aktienrechtsreform des Jahres 1997, RIW 1998, 615; *Yamauchi/Menkhaus*, Die Gründung einer Tochtergesellschaft in Japan, in: Lutter, Die Gründung einer Tochtergesellschaft im Ausland, 3. Aufl. (1995), S. 339.

Die Einführung des japanischen Gesellschaftsgesetzes zum 1.5.2006 bildete 5325
den Höhepunkt einer umfassenden Modernisierung und Reformierung des japanischen Handels-, Gesellschafts- und Wertpapierrechts. Das Gesellschaftsgesetz etabiliert die Aktiengesellschaft (*„kabushiki kaisha"*) als zentrale Rechtsfigur für Unternehmen. Gleichzeitig wurde die GmbH (*„yûgen kaisha"*) als Rechtsform aufgrund ihrer nur untergeordneten Rolle in der Praxis abgeschafft. Neben der Neuordnung der Aktiengesellschaft wurden mit dem Gesellschaftsgesetz neue Gesellschaftsformen – wie die Kapitalgesellschaft mit beschränkter Haftung (*„gôdô kaisha"*, Limited Liability Company – LLC) und die Personengesellschaft mit beschränkter Haftung (*„yûgen sekinin jigyô kumiai"*, Limited Liability Partnership – LLP) – eingeführt, die in der Praxis bereits von großer Bedeutung sind und aufgrund ihrer Flexibilität in der rechtlichen Gestaltung bevorzugt bei Gemeinschaftsunternehmen verwendet werden.

aa) Vertretungsberechtigte Organe

(1) Aktiengesellschaft

Die wichtigsten Organe der Aktiengesellschaft sind die Aktionärsversammlung (Art. 295 ff. GG) und die Direktoren (Art. 326 ff. GG). Die Aktionärsversammlung bestimmt über die Organisation der Gesellschaft und die Richtlinien ihrer Geschäftspolitik, sie ernennt und entlässt die Direktoren (Art. 329, 339 GG). Den Direktoren obliegt die Geschäftsführung, es gilt dabei das Mehrheitsprinzip (Art. 348 GG). Im Außenverhältnis ist demgegenüber grundsätzlich jeder Direktor einzelvertretungsberechtigt; es kann aber auch bestimmt werden, dass nur bestimmte Direktoren die AG vertreten sollen (sog. repräsentierende Direktoren, Art. 349 Abs. 2 und 3 GG). Beschränkungen der Vertretungsmacht der Direktoren sind Dritten gegenüber unwirksam (Art. 349 Abs. 5 GG). Verstärkt wird dieser Vertrauensschutz noch durch Art. 354 GG, der eine Rechtsscheinhaftung der Gesellschaft bei Handlungen von Personen vorsieht, welche den Titel „Präsident", „Vizepräsident" oder einen anderen Vertretungsmacht vortäuschenden Titel führen. In größeren Gesellschaften gehören die Direktoren einem besonderen Organ, dem Verwaltungsrat (*„torishimariyaku kai"*), an. Existiert ein Verwaltungsrat, obliegt die Geschäftsführung und Vertretung allein dem repräsentierenden Direktor oder einem Direktor, der hierzu durch besonderen Beschluss des Verwaltungsrates bestimmt ist (Art. 363 GG). Andere Direktoren oder der Verwaltungsrat als solcher sind in diesem Fall nicht vertretungsberechtigt. 5326

(2) Andere Gesellschaften

Für die übrigen Gesellschaftstypen gelten die Art. 575 ff. GG, welche durch die Vorschriften des Allgemeinen Teils des Gesellschaftsgesetzes (Art. 1–24 GG) ergänzt werden. Die Geschäftsführung obliegt dem oder den Partnern, es gilt dabei das Mehrheitsprinzip; abweichende Bestimmungen sind möglich (Art. 590 GG). Die geschäftsführenden Partner sind auch vertretungsbefugt; dabei gilt jedoch das Prinzip der Einzelvertretungsbefugnis (Art. 599 Abs. 1 und 2 GG). Die Vertretungsmacht erstreckt sich auf alle gerichtlichen und außerge- 5327 richtlichen Handlungen. Beschränkungen der Vertretungsmacht sind gegenüber gutgläubigen Dritten unwirksam (Art. 599 Abs. 4 und 5 GG).

bb) Nachweis der Vertretungsmacht

5328 Das japanische Recht kennt ein Handelsregister nach deutschem Vorbild. Das Register ist öffentlich. Eintragungen können von jedermann eingesehen werden. Gegen Kostenerstattung werden auch Registerauszüge erteilt. Bis zur Eintragung können eintragungspflichtige Tatsachen gutgläubigen Dritten nicht entgegengehalten werden.

b) Kanada

Literatur: *Beck/Iacobucci/Johnston/Ziegel*, Cases and Materials on Partnerships and Canadian Business Corporations (Toronto 1983); *Blümcke*, Das Internationale Gesellschaftsrecht von Kanada (2001); *Bohemier/Coté*, Droit commercial général (1986); *Buckley/Gillen/Yalden*, Corporations, Principles and Policies, 3. Aufl. (Toronto 1995); *Daniels/MacIntosh*, Toward a distinctive Canadian Corporate Law Regime, 29 (1991) Osgoode Hall L.J. 863; *Hadden/Forbes/Simmonds*, Canadian Business Organizations Law (1984); *Iacobucci/Pilkington/Prichard*, Canadian Business Corporations, 4. Aufl. (2004); *Kingston*, Ontario Corporation Manual (1998, Loseblatt); *Martel/Martel*, La compagnie au Québec, Band 1: Les aspects juridiques (Montreal 1998); *McGuinness*, The law and practice of Canadian business corporations (1999); *Nockelmann*, Kanada, in: Süß/Wachter, Handbuch des internationalen GmbH-Rechts, S. 935; *Pouliot/Sennecke/Quack*, Die Gründung einer Tochtergesellschaft in Kanada, in: Lutter, Die Gründung einer Tochtergesellschaft im Ausland, 3. Aufl. (1995), S. 374; *Quack*, Die personalistische Kapitalgesellschaft im kanadischen Gesellschaftsrecht (1985); *Schennach/Fritz*, Gesellschaftsrecht in Kanada (1997); *Stikeman*, Doing Business in Canada, Band I, II, (Loseblatt); *Sutherland*, Company Law of Canada, 8. Aufl. (Scarborough 1994); *Sutherland/Horsley*, Handbook on Canadian company law (1994); *Van Duzer*, The law of partnerships and corporations, 2. Aufl. (2003); *Ziegel*, Studies in Canadian Company Law, Band 1 (1967) und Band 2 (1973); *Ziegel/Daniels/McIntosh/Johnston*, Cases and Materials on Partnerships and Canadian Business Corporations, 2 Bde, 3. Aufl. (1994).

5329 Die Rechtsetzungsbefugnis für das **Kapitalgesellschaftsrecht** liegt gem. der kanadischen Verfassung, dem *Constitution Act 1867*, sowohl beim Bund als auch bei den Provinzen. In diesem Sinne finden sich neben einem Bundesgesellschaftsrechtsgesetz, dem *Canadian Business Corporation Act* (CBCA) auch Gesellschaftsrechte der Provinzen, wie zB der *Ontario Business Corporation Act* (OBCA) oder die *Loi sur les compagnies du Québec* (LCQ). Auf Grund der Kompetenzregelung der Verfassung sowie der in Kanada geltenden Gründungstheorie steht Gesellschaftsgründern praktisch ein Wahlrecht zu, ob sie ihre Gesellschaft nach dem Recht ihrer Heimatprovinz, einer anderen Provinz oder des Bundes inkorporieren. In der Regel aber werden größere Gesellschaften nach Bundesrecht gegründet und kleinere nach dem Recht der Provinz, in der die Gesellschaft hauptsächlich tätig sein wird. Der 1975 eingeführte neue CBCA hatte eine erhebliche Harmonisierung des kanadischen Gesellschaftsrechts zur Folge, da einige Provinzen in weiten Teilen die neuen Regelungen des Bundes übernahmen und die Gesetzgeber der anderen Provinzen sich stark am neuen Gesetz anlehnten. Aus diesem Grunde werden hier bezüglich der

Kapitalgesellschaften nur die Normen des CBCA angeführt. Des Weiteren bestehen wesentliche Übereinstimmungen mit dem US-amerikanischen Aktiengesellschaftsrecht, vor allem was die Organisationsstruktur angeht.

Für **Personengesellschaften** steht die Rechtsetzungsbefugnis demgegenüber ausschließlich den Provinzen zu, welche entsprechende Gesetze erlassen haben; allerdings kommt diesen Gesellschaftsformen nur eine untergeordnete Bedeutung zu, da bereits für kleinste Unternehmen die Rechtsform der Aktiengesellschaft gewählt wird.

aa) Vertretungsberechtigte Organe

General Partnership/Société en nom collectif

Eine general partnership entsteht dann, wenn mindestens zwei Personen sich zusammenschließen, um als Miteigentümer ein auf Dauer angelegtes Erwerbsgeschäft zu betreiben. Diese Gesellschaftsform wird geregelt in den jeweiligen Partnership Acts der Provinzen bzw. in den Art. 2198 bis 2235 des *Code Civil du Québec* (CCQ). Dabei ist **jeder Partner** ein general partner, dh. ein persönlich haftender Gesellschafter, welcher grds. auch geschäftsführungs- und **vertretungsbefugt ist** (zB Art. 2215 CCQ, s. 2 (e) *New-Brunswick Partnership Act*). Gehört das von einem Partner abgeschlossene Geschäft jedoch nicht zum gewöhnlichen Betrieb der Gesellschaft, so wird die Gesellschaft nicht verpflichtet. Vielmehr bedarf es bei grundlegenden Angelegenheiten, die über den gewöhnlichen Umfang hinausgehen, der Einwilligung aller Partner, welche auch nachträglich erteilt werden kann. Zwar können auch sog. Administrators, die nicht selbst Gesellschafter sein müssen, als Geschäftsführer bestellt werden. Gegenüber gutgläubigen Dritten gilt jedoch auch für diesen Fall weiterhin jeder Gesellschafter als Vertreter der Gesellschaft (Art. 2219 CCQ). Die partnership besitzt keine eigene Rechtspersönlichkeit; allerdings sehen die einschlägigen Gesetze vor, dass die Gesellschaft im eigenen Namen Geschäfte abschließen sowie klagen und verklagt werden kann.

5330

Limited (oder Special) Partnership/Société en commandite

Die limited partnership ist eine Gesellschaft, der mindestens ein „general partner" und mindestens ein „limited (special) partner" angehören. Sie wird geregelt in den Partnership Acts oder in speziellen Limited (Special) Partnership Acts der Provinzen bzw. in Art. 2236 bis 2249 CCQ. Die Gesellschaft wird von **den persönlich haftenden Gesellschaftern** geführt und vertreten. Die „limited partners" sind dagegen von der Geschäftsführung und Vertretung ausgeschlossen und haften nur bis zur Höhe ihrer Einlage. Handeln sie dennoch, so haften sie jedoch mindestens für die aus dieser Handlung entstehenden Verbindlichkeiten (Art. 2244 CCQ).

5331

Business Corporation/Société par actions

Die business corporation ist die bei weitem häufigste Gesellschaftsform des kanadischen Gesellschaftsrechts, da auch kleine Unternehmen als Aktiengesellschaften, sog. „closely-held corporations", gegründet werden. Die business

5332

corporation besitzt **eigene Rechtspersönlichkeit**, kann also Träger von Rechten und Pflichten sein sowie im eigenen Namen klagen und verklagt werden, wobei sich die Haftung auf das Gesellschaftsvermögen begrenzt. Das für die Geschäftsführung und Vertretung einer business corporation zuständige Organ ist grundsätzlich der **board of directors** (conseil d'administration), der als ein einheitliches Kollegialorgan nach dem Prinzip der Gesamtvertretung handelt (Art. 102 Abs. 1 CBCA). Damit sind also nicht die einzelnen „directors"/„administrateurs" vertretungsberechtigt; vielmehr bedarf es eines mit Mehrheit gefassten Beschlusses des board. Allerdings können die Direktoren die Geschäftsführungsbefugnis für bestimmte Geschäfte, mit Ausnahme der in Art. 115 Abs. 3 CBCA aufgezählten, auch einem „managing director" oder einem „committee" übertragen (Art. 115 Abs. 1 CBCA). In solchen Fällen genügt dann ein entsprechender Beschluss des für das bestimmte Geschäft zuständigen Ausschusses.

5333 In größeren Gesellschaften erfolgt allerdings die Führung des Tagesgeschäfts nicht durch den board of directors selbst, sondern wird auf leitende Angestellten der Gesellschaft, die unmittelbar vom board of directors bestellten sog. **„officers"** übertragen (Art. 121a CBCA), wobei auch directors zu officers ernannt werden können. Damit leitet sich die Geschäftsführungs- und Vertretungsbefugnis der officers von derjenigen der directors ab. Beschränkungen ihrer Vertretungsmacht können sich deswegen aus den sog. „articles of incorporation" (statut d'incorporation; in manchen Provinzen auch „memorandum of association"), den „by-laws" der Gesellschaft oder auch aus einstimmigen Aktionärsbeschlüssen ergeben. Im Übrigen gelten für das Verhältnis der officers zum board of directors die allgemeinen Regeln des Vertretungsrechts („agency"). Danach besitzen die Inhaber bestimmter Ressorts (offices), die im Geschäftsverkehr üblicherweise mit gewissen Kompetenzen verbunden sind, eine entsprechende Vertretungsmacht kraft Amtes („inherent authority"). So hat der Chief Executive Officer (CEO) Vertretungsmacht für alle Rechtsgeschäfte des üblichen Geschäftsgangs der Gesellschaft („ordinary business transactions"). Für darüber hinausgehende außergewöhnliche Angelegenheiten, welche nicht zum Tagesgeschäft gehören (zB Immobiliengeschäfte, Führung von Rechtsstreitigkeiten uÄ.), bedarf er hingegen einer besonderen Vollmacht des board of directors.

5334 Die **ultra-vires-Lehre** spielt im kanadischen Gesellschaftsrecht keine große Rolle mehr, da die neueren Gesetze den Kapitalgesellschaften grds. die Fähigkeiten von natürlichen Personen verleihen (Art. 15 Abs. 1 CBCA). Zwar ist es weiterhin möglich, anlässlich der Gründung oder nachträglich in den articles oder den by-laws, den Gesellschaftszweck ausdrücklich einzugrenzen, doch haben solche Beschränkungen keinerlei Außenwirkung gegenüber gutgläubigen Dritten (Art. 16 Abs. 3 und Art. 17 CBCA) und sind nur noch im Hinblick auf die Haftung der für die Gesellschaft Handelnden im Innenverhältnis von Bedeutung.

bb) Nachweis der Vertretungsmacht

Bei den Personengesellschaften sehen grundsätzlich entweder die Partnership Acts oder spezielle Registrierungsgesetze der Provinzen vor, dass die Gesellschaft unter Mitteilung bestimmter Unternehmensinformationen wie Sitz, Name der Gesellschaft sowie Namen der Gesellschafter, in einem bestimmten **Register** einzutragen ist (s. zB den *Ontario Corporations Information Act* sowie die *Loi sur la publicité légale des entreprises individuelles, des sociétés et des personnes morales*). Von einer solchen Verpflichtung sind in manchen Provinzen meist nicht gewerblich tätige General Partnerships ausgenommen; für Limited Partnerships gilt das Eintragungserfordernis dagegen durchgehend. Wurde eine Limited Partnership nicht eingetragen, kann sich ein Kommanditist nicht auf seine beschränkte Haftung berufen (s. zB Art. 1289 CCQ). Dennoch kann es notwendig sein, auf eine beglaubigte Abschrift des Gesellschaftsvertrages zurückzugreifen, um zu ermitteln, ob ein Geschäft zur üblichen Geschäftstätigkeit der Gesellschaft gehört. Wurde dagegen ein Geschäftsführer eingesetzt, so ist der entsprechende Bestellungsakt heranzuziehen.

5335

Für eine **business corporation** müssen die articles of incorporation (Satzung) nach der Gründung bei der zuständigen Stelle der Gründungsprovinz oder der Bundesverwaltung hinterlegt werden. Anschließend wird eine Gründungsurkunde (certificate of incorporation) ausgestellt sowie die Gesellschaft in ein **Register** aufgenommen. Des Weiteren sind alle Gesellschaften verpflichtet, der zuständigen Behörde der jeweiligen Provinz, in der sie tätig sind, regelmäßig bestimmte Informationen über die Gesellschaft mitzuteilen. Eine Einsichtnahme in diese Unternehmensregister ermöglicht es, die jeweils amtierenden Direktoren zu ermitteln. Vor einer Beschränkung von deren Vertretungsmacht in den articles, by-laws oder einstimmigen Aktionärsbeschlüssen sind Dritte insoweit geschützt, als sie davon keine Kenntnis haben müssen, und zwar auch dann nicht, wenn die betreffenden Angaben sich in Dokumenten befinden, welche anlässlich der Gründung oder zu einem späteren Zeitpunkt eingereicht worden sind (Art. 17, 16 CBCA).

5336

Einen sicheren Nachweis der Vertretungsmacht von officers können hingegen nur **Abschriften von Beschlüssen des board of directors** oder **Abschriften der by-laws** erbringen, aus denen die Bevollmächtigung bestimmter Personen hervorgeht. Allerdings sind Dritte wiederum insoweit geschützt, als sie darauf vertrauen können, dass sowohl directors als auch officers der Gesellschaft über Befugnisse verfügen, welche solchen Personen entsprechend ihrer Stellung oder dem Tätigkeitsbereich der Gesellschaft üblicherweise zustehen (Art. 18 (d) CBCA). Eine über dieses Maß hinausgehende Beschränkung ihrer Befugnisse kann die Gesellschaft einem Dritten gegenüber nicht entgegenhalten.

c) Liechtenstein

Literatur: *Badliner*, Liechtensteinische Gesellschaftsformen, ZIP 1980, 80; *Bauer*, Trust und Anstalt als Rechtsformen liechtensteinischen Rechts (1995); *Böckler/Burger/Goop*, Gesellschaften und Steuern in Lichtenstein (Vaduz 2000); *Güggi*, Die Anstalt als privatrechtliche Unternehmungsform im liechtensteinischen Recht, 6. Aufl. (1969); *Güggi*,

Die Aktiengesellschaften im liechtensteinischen Recht, 3. Aufl. (1970); *Hilt*, Reform des liechtensteinischen Gesellschaftsrechts, IWB 1980, 731; *Hilt*, Gesellschaftsformen in Liechtenstein, IWB 1982, 109; *Löffler*, Reform des liechtensteinischen Gesellschaftsrechts, DNotZ 1981, 531; *Marxer*, Gesellschaften und Steuern in Liechtenstein, 13. Aufl. (2003); *Schneider*, Anstalt und Treuunternehmen des liechtensteinischen Rechts als Unternehmensformen für Sitz- und Holdinggesellschaften (Diss. Göttingen 1970); *Wagner*, Gesellschaftsrecht in der Schweiz und Liechtenstein, 2. Aufl. (2000); *Wagner/Plüss*, Handels- und Gesellschaftsrecht in der Schweiz und Liechtenstein, 3. Aufl. (2006); *Wagner/ Schwärzler*, Liechtenstein, in: Süß/Wachter, Handbuch des internationalen GmbH-Rechts (2006), S. 1019; *Wanger*, Liechtensteinisches Wirtschafts- und Gesellschaftsrecht: Aktiengesellschaft, Anstalt, Stiftung, Trust, Treuunternehmen, 4. Aufl. (2000).

5337 Das liechtensteinische Recht der Handelsgesellschaften ist geregelt im Personen- und Gesellschaftsrecht (PGR) vom 20.1.1926. Gem. § 180a PGR muss – unabhängig von der Rechtsform der Verbandsperson – ein zur Vertretung befugtes Mitglied *Liechtensteiner mit Wohnsitz im Inland* sein, der die berufliche Zulassung als Rechtsanwalt, Rechtsagent, Treuhänder oder Buchprüfer oder eine von der Regierung anerkannte kaufmännische Befähigung besitzt oder zu einer der genannten Personen in einem hauptberuflichen Dienstverhältnis steht. Gleichgestellt sind Ausländer mit Niederlassungsrecht in Liechtenstein, die eine gleichwertige Qualifikation vorweisen können[1].

aa) Vertretungsberechtigte Organe
Kollektivgesellschaft (KollektG)

5338 Zur Vertretung der KollektG ist grundsätzlich **jeder Gesellschafter** einzeln berechtigt (Art. 698 Abs. 2 PGR). Abweichende Vereinbarungen im Gesellschaftsvertrag (Gesamtvertretung durch mehrere Gesellschafter oder einen Gesellschafter mit einem Prokuristen; Betrauung eines Nichtgesellschafters mit der Vertretung unter Ausschluss sämtlicher Gesellschafter) sind jedoch zulässig, wirken Dritten gegenüber aber nur, wenn sie im Öffentlichkeitsregister eingetragen sind oder wenn der Dritte davon tatsächlich Kenntnis hatte (Art. 699, 1000 PGR).

Der Umfang der Vertretungsbefugnis ist durch den Gesellschaftszweck begrenzt (Art. 698 Abs. 1 PGR). Darüber hinaus kann die Vertretungsbefugnis im Gesellschaftsvertrag auf eine einzelne (Haupt- oder Zweig-)Niederlassung beschränkt werden. Auch diese Beschränkung ist gutgläubigen Dritten gegenüber jedoch nur wirksam, wenn die notwendigen Publizitätsvorschriften eingehalten worden sind (Art. 699 Abs. 2 PGR). Weitergehende Beschränkungen des Umfangs der Vertretungsbefugnis (zB auf bestimmte Arten von Geschäften) sind unzulässig.

Kommanditgesellschaft (KG)

5339 Die KG wird durch den oder die **unbeschränkt haftenden Gesellschafter** vertreten, sofern nichts anderes vereinbart ist (Art. 740 Abs. 1 PGR). Die Vertre-

---
[1] IPG 1970 Nr. 2 (München) und IPG 1975 Nr. 1 (Hamburg): Beide zur liechtenstein. Stiftung.

tungsbefugnisse richten sich nach den Vorschriften über die KollektG (Art. 740 Abs. 2 iVm. Art. 698 ff. PGR).

Aktiengesellschaft (AG)

Die Vertretung der AG im Rechtsverkehr mit Dritten steht der **Verwaltung** zu. Ist die Verwaltung mehreren Personen anvertraut, so bilden diese einen Verwaltungsrat (Art. 344 Abs. 1 PGR). Beträgt das Grundkapital der AG mehr als eine Million Franken, so muss grundsätzlich ein Verwaltungsrat von mindestens drei Mitgliedern bestehen (Art. 344 Abs. 2 PGR). Eine Übertragung der Vertretungsbefugnis auf einzelne Mitglieder des Verwaltungsrats (Delegierte) oder auf Nichtgesellschafter (Direktoren) ist möglich (Art. 348 PGR) und wird häufig vorgenommen.

5340

Ob Einzel- oder Gesamtvertretung gilt, ergibt sich regelmäßig aus der Satzung. Fehlt es an einer diesbezüglichen Eintragung im Öffentlichkeitsregister, so ist zur wirksamen Vertretung der AG die Mitwirkung und Unterschrift von mindestens zwei Mitgliedern des Verwaltungsrats notwendig (Art. 188 Abs. 3 PGR).

Der Umfang der Vertretungsmacht ist auch gutgläubigen Dritten gegenüber durch den Gesellschaftszweck begrenzt (Art. 187 Abs. 1 PGR). Weitergehende Beschränkungen der Vertretungsmacht wirken Dritten gegenüber nur gem. den Vorschriften über die KollektG (Art. 187 Abs. 3 iVm. Art. 698 ff.).

Gesellschaft mit beschränkter Haftung (GmbH)

Die GmbH wird – ähnlich wie im Schweizer Recht (dazu unten Rz. 5356) – grundsätzlich durch **alle Gesellschafter** gemeinsam im Rechtsverkehr mit Dritten vertreten (Art. 397 Abs. 1 PGR). Abweichende Vereinbarungen in der Satzung oder durch Gesellschafterbeschluss sind jedoch zulässig. Die Übertragung der Vertretungsbefugnis auf einen oder mehrere Gesellschafter (Art. 347 Abs. 2 PGR) bzw. Nichtgesellschafter (Art. 398 PGR) wirkt gutgläubigen Dritten gegenüber jedoch nur, wenn sie eingetragen ist. In Bezug auf den Umfang der Vertretungsmacht gelten die gleichen Grundsätze wie bei der AG (Art. 187 Abs. 3 iVm. Art. 699 PGR). In der liechtensteinischen Praxis spielt die GmbH wegen der strengen Publizitätsvorschriften keine Rolle.

5341

Anstalt

Die privatrechtliche Anstalt wird im Rechtsverkehr mit Dritten durch die **Verwaltung** vertreten. Besteht die Verwaltung aus mehreren Personen, so ist – mangels abweichender Eintragung im Öffentlichkeitsregister – zur Vertretung der Anstalt die Mitwirkung von mindestens zwei Verwaltungsratsmitgliedern notwendig (Art. 188 Abs. 3 PGR). Der Umfang der Vertretungsbefugnis ist gutgläubigen Dritten gegenüber durch den Anstaltszweck begrenzt (Art. 187 Abs. 1 PGR). Weitergehende Beschränkungen wirken Dritten gegenüber nur gem. den Vorschriften über die KollektG (Art. 187 Abs. 3 iVm. Art. 698 ff. PGR)[1].

5342

---

1 IPG 1970 Nr. 1 (Hamburg) und IPG 1976 Nr. 20 (Hamburg): Beide zur liechtenstein. Anstalt.

bb) Nachweis der Vertretungsmacht

5343 In Liechtenstein wird ein dem deutschen Handelsregister vergleichbares **Öffentlichkeitsregister** beim Registeramt in Vaduz geführt (Art. 956 PGR). Das Register ist öffentlich; amtliche Abschriften und Registerauszüge werden gegen Gebühr erteilt (Art. 997, 998 PGR); sie sind heute auch online abrufbar unter: http://www.llv.li/amtsstellen/llv-gboera-oera.htm und bieten einen hinreichenden Schutz des mit liechtensteinischen Gesellschaften verkehrenden Publikums (vgl. Art. 1000 ff. PGR). Keine Auszüge werden für **Stiftungen** erteilt, weil diese nicht eintragungspflichtig sind.

d) Russische Föderation

Literatur: *Arzinger/Galander*, Russisches Wirtschaftsrecht (2002); *Ax/Seidenberg*, Investments in the Russian Federation and Ukraine – A Law Handbook (2006); *Bauer*, GmbH und Aktiengesellschaft im neuen russischen Zivilgesetzbuch – Eine kurze Einführung, WiRO 1995, 97; *Bauer-Mitterlehner/Karimullin/Micheler*, Einführung in das russische Aktienrecht, FOWI-Arbeitspapier 101 (2003); *Becker*, Gesellschaftsrecht in Russland (1998); *Brendel*, Handelsgesellschaften in der Russischen Föderation, in: Gralla/Sonnenberger, Handelsgesellschaften in Osteuropa (1993), S. 167; Bundesstelle für Außenhandelsinformationen (Hrsg.), Recht kompakt – Russische Föderation, (2007); *Giemulla/Schyrdel*, Die rechtlichen Rahmenbedingungen für die Privatisierung/Aktionierung von Unternehmen in der Russischen Föderation, ROW 1994, 10; *Görlitz*, Russland, in Süß/Wachter, Handbuch des internationalen GmbH-Rechts (2006), S. 1323; *Holloch*, Das neue russische Wirtschaftsrecht, insbesondere das Gesellschaftsrecht in: F. C. Schroeder, Die neuen Kodifikationen in Russland (1999), S. 39; *Holloch*, Neuregelung des russischen GmbH-Rechts, OstEuR 1998, 84; *Klemm*, Das neue Kapitalgesellschaftsrecht in der Russischen Föderation, in: Roggemann/Kuss (Hrsg.), Wirtschaften und Investieren in Osteuropa. Rechtsgrundlage und Rechtspraxis; Gesellschaftsrecht, Eigentum, Firmenrepräsentanz (1994), S. 148; *Lenga*, Russische Föderation: Gesellschaftsrechtliche Bestimmungen im Ersten Teil des ZGB (Art. 48–106), WiRO 1995, 221; *Lukas/Maltsev*, The development of corporate law in the former Soviet Republics, I.C.L.Q. 1996, 365; *Micheler*, Das neue russische Aktiengesetz im Überblick, WiRO 1996, 81; *Micheler*, Das neue russische GmbH-Gesetz im Überblick, WiRO 1998, 161; *Pfaff/Märkl*, Neueste Entwicklungen im russischen Wirtschaftsrecht – Versuch einer Zwischenbilanz, WiRO 1995, 281; *Schmitt/Vogt*, Stärkung der Rechte von Aktionären – Reform des russischen Aktiengesetzes, RIW 2002, 762; *Schwarz/Balayan*, Russische Föderation: GmbH-Gesetz, WiRO 1998, 251; *Thiel*, Joint Ventures in der Russländischen Föderation (1995); *Freiherr von Twickel*, Unternehmensgründung und Unternehmensbeteiligung durch einen ausländischen Investor in Russland, WiRO 1993, 9; *Yumashev*, Die schwierige Wiederentstehung des russischen Gesellschaftsrechts, ROW 1993, 99.

5344 Am 21.10.1994 hat die Staatsduma Russlands mit dem Ersten Teil des neuen Zivilgesetzbuchs (ZGB) das seit Beginn der Wirtschaftsreformen bedeutendste Gesetzeswerk verabschiedet. Das ZGB enthält in seinem Kap. 4 (Juristische Personen, Art. 48 ff.; deutscher Text in WOS Russland III 1) die Grundlagen des Handelsgesellschaftsrechts; dieses Kapitel ist am 8.12.1994 in Kraft getreten. Das ZGB wird ergänzt durch Spezialgesetze, wie das Gesetz über Aktiengesellschaften vom 26.12.1995, das GmbH-Gesetz vom 19.2.1998, sowie das Föderale Gesetz Nr. 129-FZ über die Registrierung juristischer Personen und Einzelunternehmen vom 8.8.2001 (vgl. Art. 51 Abs. 1 ZGB). Das russische Aktiengesetz wurde durch Gesetz vom 7.8.2001 umfassend überarbeitet; die Änderungen sind zum 1.1.2002 in Kraft getreten.

aa) Vertretungsberechtigte Organe

Vollgesellschaft (polnoje towarischtschestwo, PT)

Die der deutschen OHG entsprechende Vollgesellschaft ist in Art. 69–78 ZGB geregelt. Ergänzend kommen die in den Art. 48–68 ZGB enthaltenen allgemeinen Regelungen über Handelsgesellschaften und juristische Personen zur Anwendung. Gemäß Art. 72 Abs. 1 ZGB ist **jeder Gesellschafter** berechtigt, im Namen der Gesellschaft zu handeln, soweit im Gründungsvertrag nicht festgelegt ist, dass nur sämtliche Gesellschafter gemeinsam zur Vertretung berechtigt sind oder einzelne Gesellschafter von der Vertretung ausgeschlossen sind. Ist Gesamtvertretung vereinbart, so ist für die Vornahme eines jeden Rechtsgeschäfts das Einverständnis aller Gesellschafter erforderlich (Art. 72 Abs. 2 ZGB). 5345

Dritten gegenüber ist die Gesellschaft nicht berechtigt, sich auf Beschränkungen der Vertretungsbefugnisse eines Gesellschafters im Gründungsvertrag zu berufen, es sei denn, der Dritte hätte diese Beschränkungen im Zeitpunkt der Vornahme des Rechtsgeschäfts gekannt oder offensichtlich kennen müssen (Art. 72 Abs. 4 ZGB).

Gesellschaft auf Vertrauen (towarischtschestwo na vere, TV)

Die der deutschen KG entsprechende „Gesellschaft auf Vertrauen" ist in Art. 82–86 ZGB geregelt. Daneben sind die allg. Vorschriften über Handelsgesellschaften und juristische Personen zu beachten. Nach Art. 84 Abs. 1 ZGB obliegt die Leitung und Vertretung der Gesellschaft den unbeschränkt haftenden **(Voll-)Gesellschaftern** nach Maßgabe der Vorschriften über die Vollgesellschaft. Die nur beschränkt auf ihre Einlage haftenden Gesellschafter, die sog. „Anleger", sind von der Geschäftsführung ausgeschlossen und nur auf Grund einer Vollmacht berechtigt, die Gesellschaft im Rechtsverkehr mit Dritten zu vertreten (Art. 84 Abs. 2 ZGB). 5346

Aktiengesellschaft (akzionernoje obschestwo, AO)

Bezüglich der Aktiengesellschaft enthält das ZGB in Art. 96–104 lediglich einige grundlegende Bestimmungen. Die Regelung der Einzelheiten blieb dem Gesetz über Aktiengesellschaften vorbehalten. Dieses Gesetz wurde am 26.12.1995 vom russischen Parlament verabschiedet und ist am 1.1.1996 in Kraft getreten (deutscher Text in WOS Russland III 3a). 5347

Zur Geschäftsführung in der AG ist nach Art. 103 Abs. 3 ZGB ein Kollegialorgan (Vorstand, Direktorium) und/oder ein Einzelorgan (Direktor, Generaldirektor) berechtigt. Die nähere Regelung der Zuständigkeit und der Befugnisse des Verwaltungsorgans der AG einschließlich der Vertretungsbefugnis blieb dem Aktiengesetz vorbehalten (Art. 103 Abs. 4 ZGB). Dieses weist die Geschäftsführung der AG entweder einem individuellen Vollzugsorgan (Direktor, Generaldirektor) oder diesem individuellen Vollzugsorgan zusammen mit einem kollegialen Vollzugsorgan (Vorstand, Direktorium) zu, Art. 69 Abs. 1 AktG. Zur gesetzlichen Vertretung der Gesellschaft ist aber nach Art. 69 Abs. 2 S. 3 AktG nur das individuelle Vollzugsorgan berechtigt; allein der Direktor bzw. Generaldirektor darf hiernach Rechtsgeschäfte im Namen der Gesellschaft abschließen.

Hinsichtlich der Vertretungsmacht des Vorsitzenden und der weiteren Mitglieder eines daneben bestellten Kollegialorgans schweigt das Gesetz, so dass insoweit auf die Satzung zurückzugreifen ist. Zu den satzungsmäßigen Beschränkungen der Vertretungsmacht und zum Gutglaubensschutz Dritter gilt das anschließend zur GmbH Gesagte entsprechend (vgl. Rz. 5348 ff.). Auch bei der Aktiengesellschaft finden sich gesetzliche Einschränkungen der Vertretungsmacht in Form eines Zustimmungserfordernisses für Großgeschäfte (Art. 78 f. AktG) sowie für Geschäfte, an denen Mitglieder der Gesellschaftsleitung oder einzelne Aktionäre ein persönliches Interesse haben (Art. 81 ff. AktG).

Gesellschaft mit beschränkter Haftung (obschestwo s ogranichennoj otwetstwennostju, OOO)

5348 Auch bezüglich der GmbH enthält das ZGB im 4. Kap.(Art. 87–94) sowie in den jeweiligen Abschnitten über die Handelsgesellschaften und die juristischen Personen (Art. 48–68 ZGB) nur die grundlegenden Vorschriften. Die Regelung der Einzelheiten erfolgte im GmbH-Gesetz vom 19.2.1998, das am 1.3.1998 in Kraft getreten ist (deutscher Text in WOS Russland III 3d).

Nach Art. 91 Abs. 1 ZGB wird in der GmbH ein aus mehreren und/oder ein aus einer einzelnen Person bestehendes Exekutivorgan gebildet, das die laufenden Geschäfte führt. Nach Art. 40 Abs. 1 GmbHG wählt die Gesellschafterversammlung für die in der Satzung bestimmte Zeit einen „alleinigen Geschäftsführer" (Generaldirektor, Präsident), der kein Gesellschafter zu sein braucht. Dieser alleinige Geschäftsführer ist nach Art. 90 Abs. 3 Nr. 1 GmbHG zur gesetzlichen Vertretung der Gesellschaft berechtigt.

Die Satzung kann freilich neben dem alleinigen Geschäftsführer noch die Errichtung eines geschäftsführenden Kollegialorgans (Vorstand, Direktorium) vorsehen, Art. 41 Abs. 1 S. 1 GmbHG. Die Aufgaben des Vorsitzenden dieses Geschäftsführerkollegiums werden dabei vom alleinigen Geschäftsführer wahrgenommen, der auch insoweit zur Vertretung der Gesellschaft berechtigt ist, Art. 41 Abs. 1 S. 4 GmbHG. Die Gesellschaft ist allerdings berechtigt, die Befugnisse ihres alleinigen Geschäftsführers durch Vertrag auf einen sog. Verwalter zu übertragen, Art. 42 GmbHG.

5349 Die Vertretungsbefugnis der weiteren Vorstandsmitglieder des Kollegialorgans ist nicht gesetzlich geregelt. Ob eine solche besteht und wie sie ausgestaltet ist, ergibt sich aus der Satzung. Die **satzungsmäßigen Beschränkungen der Vertretungsbefugnis** der Unternehmensleitung wirken grundsätzlich auch gegenüber Dritten, es sei denn, diese waren hinsichtlich der unbeschränkten Vertretungsmacht ihrer Vertragspartner gutgläubig, Art. 174 ZGB. Dabei sind diesem Gutglaubensschutz enge Grenzen gezogen, denn er greift nur ein, wenn der Dritte die im Verkehr erforderliche Sorgfalt hat walten lassen; dies setzt voraus, dass er sich über mögliche Beschränkungen der Vertretungsmacht informiert hat. Nach der russischen Rechtsprechung wird ein Kennenmüssen von Beschränkungen schon dann angenommen, wenn im Vertragstext auf die Satzung der Gesellschaft Bezug genommen wird.

Neben möglichen satzungsmäßigen sind auch einige **gesetzliche Beschränkungen** der Vertretungsmacht zu beachten. So verlangt Art. 46 GmbHG eine Zustimmung der Gesellschafterversammlung bei sog. *Großgeschäften*, dh. wenn es um den Erwerb oder die Veräußerung von Vermögenswerten geht, deren Volumen mehr als 25 % des Gesellschaftsvermögens beträgt. Bei Verletzung dieses Erfordernisses können die Gesellschaft oder einzelne Gesellschafter im Klagewege die Unwirksamkeit des Geschäftes erwirken. In der Satzung kann allerdings von diesem Zustimmungserfordernis bei Großgeschäften abgesehen werden, Art. 46 Abs. 6 GmbHG. Ebenso ist eine Zustimmung der Gesellschafterversammlung notwendig bei Geschäften, an denen Mitglieder der Geschäftsführung oder einzelne Gesellschafter ein eigenes *persönliches Interesse* haben, Art. 45 GmbHG, es sei denn, es handelt sich um ein gewöhnliches Tagesgeschäft der laufenden Verwaltung. 5350

bb) Nachweis der Vertretungsmacht

Nach Art. 51 Abs. 1 ZGB unterliegen sämtliche juristische Personen der **staatlichen Registrierung bei Justizorganen.** Die Angaben zur staatlichen Registrierung werden ferner in ein einheitliches staatliches Register für juristische Personen aufgenommen, das zur allgemeinen Einsicht ausliegt. Die Einzelheiten sollen in einem Gesetz über die Registrierung von juristischen Personen geregelt werden. Bis zum Erlass dieses Gesetzes richtet sich die Registrierung nach dem derzeit geltenden Registrierungsverfahren (Art. 8 EG-ZGB iVm. Art. 34, 35 UnternehmensG)[1]. Dennoch ist der Nachweis der Vertretungsmacht außerordentlich schwierig, da die Zusammensetzung des geschäftsführenden Organs sowie die Regelung der Vertretungsmacht nicht in das Register eingetragen werden. Daher ist zur Prüfung der Vertretungsmacht die Einsicht in die Gründungsdokumente der Gesellschaft sowie die Vorlage der Gesellschafterbeschlüsse bezüglich Berufung und Abberufung sowie die Kompetenzen von Geschäftsführungsmitgliedern erforderlich. Auch das Registrierungsgesetz vom 8.8.2001 (Rz. 5344) bringt hierzu keine Abhilfe. 5351

e) Schweiz

Literatur: *Ammann*, Die Reform des schweizerischen GmbH-Rechts, RIW 2007, 735; *Baudenbacher*, Grundzüge des Gesellschaftsrechts, 4. Aufl. (1999); *Böckli*, Schweizer Aktienrecht, 3. Aufl. (Zürich/Basel/Genf 2004); *Böckli/Forstmoser/Rapp*, Reform des GmbH-Rechts (Zürich 1997); *Fasel*, Das aktuelle Schweizerische Aktienrecht (5 Bde., Loseblatt); *Forstmoser*, Die Schweizer Aktienrechtsreform, ZGR 1992, 232; *Forstmoser/Meier-Hayoz/Nobel*, Schweizerisches Aktienrecht (Bern 1996); *Hirsch/Reymond/Manfrini*, Die Gründung einer Tochtergesellschaft in der Schweiz, in: Lutter, Die Gründung einer Tochtergesellschaft im Ausland, 3. Aufl. (1995), S. 662; *Homburger*, Leitfaden zum

---

1 Vgl. *Pfaff/Märkl*, WiRO 1995, 282.

neuen Aktienrecht (Zürich 1991); *Koralnik,* La publicité comparative en droit suisse et en droit européen, Schweiz AG 2000, 111; *Kronke,* Schweizerische AG & Co KG – Jüngste Variante der „ausländischen Kapitalgesellschaft & Co", RIW 1990, 799; *Küng,* GmbH-Gründung und Führung der Gesellschaft mit beschränkter Haftung (Basel/Genf/München 2005); *Künzli,* Die Vertretungsverhältnisse bei der Kollektivgesellschaft (1971); *Meier,* Die schweizerische Aktiengesellschaft 2. Aufl. (1994); *Meier-Hayoz/Forstmoser/ Nobel,* Grundriss des schweizerischen Gesellschaftsrechts, 9. Aufl. (Bern 2004); *Meier-Schatz,* Die GmbH und ihre Reform – Perspektiven aus der Sicht der Praxis (Zürich 2000); *Patry,* Précis de droit suisse des sociétés, 2. Bde. (Bern 1976/77); *Nobel,* Klein-AG und GmbH in der Schweiz, Festschr. Großfeld (1999), S. 791; *Reinhardt,* Die Kommanditgesellschaft im schweizerischen Gesellschaftsrecht (Diss. Zürich 1971); *Sethe,* Die Kommanditgesellschaft als Stiefkind der Schweizer Aktienrechtsrevision, RIW 1993, 561; *Steiger,* Schweiz, in: Süß/Wachter, Handbuch des internationalen GmbH-Rechts (2006), S. 1385; *Tebbe,* Die Regelung der Vertretungsbefugnis bei den schweizerischen Handelsgesellschaften, MitRheinNotK 1980, 153; *Wagner,* Gesellschaftsrecht in der Schweiz und in Liechtenstein, 2. Aufl. (2000).

5352 Das schweizerische Recht der Handelsgesellschaften ist in der 3. Abteilung des schweizerischen Obligationsrechts (OR) geregelt. Der Abschnitt über die Aktiengesellschaft ist durch Bundesgesetz vom 4.10.1991 neu gefasst worden.

aa) Vertretungsberechtigte Organe

Kollektivgesellschaft (KollektG)

5353 Grundsätzlich ist **jeder Gesellschafter** einzeln vertretungsberechtigt. Eine abweichende Regelung (gemeinsame Vertretung durch mehrere Gesellschafter oder durch einen Gesellschafter und einen Prokuristen, vgl. Art. 555 OR) wird häufig vereinbart, kann Dritten jedoch nur entgegengehalten werden, wenn sie aus dem Handelsregister ersichtlich ist (Art. 563 OR). Der Umfang der Vertretungsmacht wird durch den Gesellschaftszweck beschränkt (Art. 564 Abs. 1 OR); eine weitergehende Beschränkung des Umfangs der Vertretungsbefugnis hat gutgläubigen Dritten gegenüber keine Wirkung (Art. 564 Abs. 2 OR).

Kommanditgesellschaft (KG)

5354 Vertretungsberechtigt sind die **persönlich haftenden Gesellschafter**, und zwar jeder einzeln. Für sie gelten die Regeln über die Vertretung bei der Kollektivgesellschaft entsprechend (Art. 603 OR). Die Kommanditisten sind von der Vertretung ausgeschlossen (Art. 605 OR).

Aktiengesellschaft (AG)

5355 Die AG, als Rechtsform in der Schweiz auch von kleinen Unternehmen gegenüber der GmbH bevorzugt, wird durch den **Verwaltungsrat** im Rechtsverkehr mit Dritten vertreten (Art. 718 Abs. 1 Satz 1 OR). Dieser besteht aus einem oder mehreren Mitgliedern, die Aktionäre sein müssen (Art. 707 Abs. 1 OR). Mangels abweichender Bestimmung in der Satzung oder in der Geschäftsordnung des Verwaltungsrats (Organisationsreglement) gilt – abweichend vom bisherigen Recht (Art. 717 Abs. 3 OR aF) – der Grundsatz der Einzelvertretung (Art. 718 Abs. 1 Satz 2 OR). Der Verwaltungsrat kann die Vertretung einem oder mehreren Mitgliedern (Delegierten) oder Dritten (Direktoren) übertragen

(Art. 718 Abs. 2 OR); jedoch muss mindestens ein Mitglied des Verwaltungsrats vertretungsbefugt sein (Art. 718 Abs. 3 OR). Die Vertretungsmacht kann einzelnen Verwaltungsratsmitgliedern (Delegierten) oder dritten Personen, die nicht Aktionäre zu sein brauchen (Direktoren), übertragen werden (Art. 717 Abs. 2 OR). Diese Vertretungsbefugnis ist aus dem Handelsregister zu entnehmen (Art. 720 OR).

Die zur Vertretung befugten Personen können im Namen der Gesellschaft alle Rechtshandlungen vornehmen, die der Zweck der Gesellschaft mit sich bringt (Art. 718a Abs. 1 OR); eine Beschränkung der Vertretungsbefugnis durch den Gesellschaftszweck hat jedoch gutgläubigen Dritten gegenüber keine Wirkung. Demgegenüber wirken die Bestimmungen über die ausschließliche Vertretung der Hauptniederlassung oder einer Zweigniederlassung oder über die Gesamtvertretung der Gesellschaft auch gegen Dritte, soweit sie im Handelsregister verlautbart sind (Art. 718a Abs. 2 OR).

Gesellschaft mit beschränkter Haftung (GmbH)

Die GmbH wird – im Gegensatz zu den GmbH-Rechten fast aller übrigen europäischen Staaten – grundsätzlich durch **alle Gesellschafter** gemeinschaftlich vertreten (Selbstorganschaft, vgl. Art. 811 Abs. 1 OR). Eine abweichende Regelung (insbesondere kann die Vertretungsbefugnis einzelnen Gesellschaftern oder auch Dritten als Geschäftsführer übertragen werden) ist zulässig und aus dem Handelsregister zu ersehen (Art. 811 Abs. 2; 812 OR). Nach der Gründung eingetretene Gesellschafter sind nur auf Grund eines besonderen Gesellschaftsbeschlusses vertretungsbefugt (Art. 811 Abs. 3 OR). Für den Umfang und die Beschränkungen der Vertretungsmacht der Geschäftsführer gelten die gleichen Regeln wie für den Verwaltungsrat der AG (Art. 814 Abs. 1 iVm. Art. 718a OR).

5356

bb) Nachweis der Vertretungsmacht

In der Schweiz wird das Handelsregister in den einzelnen Kantonen von verschiedenen Amtsstellen geführt und ist einschließlich der Anmeldungen und Belege öffentlich (vgl. Art. 927 ff. OR). Die Eintragungen für die ganze Schweiz werden im schweizerischen Handelsamtsblatt bekannt gemacht. Handelsregisterauszüge werden erteilt. Die Eintragungen sind heute auch online abrufbar unter: http://www.zefix.admin.ch/. Daraus lässt sich ersehen, wer zur Vertretung der Gesellschaft befugt ist und welche gesetzlich zulässigen Beschränkungen der Vertretungsmacht bestehen. Bei der AG und GmbH lässt sich auch die allgemeine Bindung der Vertretung an den Zweck der Gesellschaft anhand des Handelsregisters feststellen, da auch der Gegenstand und Zweck dieser Gesellschaften eingetragen werden.

5357

f) USA

Literatur: *Bennett*, Die US-Limited Partnership, RIW 1992, 276; *Blumenberg*, Amerikanisches Konzernrecht, ZGR 1991, 327; *Bromberg*, Partnership, 2 Bde. (1988); *Bungert*, Die GmbH im US-amerikanischen Recht – Close corporation (1993); *Bungert*, Die

GmbH im US-amerikanischen Recht – Close Corporation, GmbHR 1993, 478; *Bungert*, Gründung und Verfassung der US-amerikanischen Limited Liability Company, IStR 1993, 128; *Bungert*, Die Stellung der Limited Liability Company im US-amerikanischen Recht, IStR 1993, 174; *Bungert*, Deutsch-amerikanisches internationales Gesellschaftsrecht, ZvglRW 93 (1994), 117; *Bungert*, Die (Registered) Limited Liability Partnership – Neueste Variante des Konzepts der Personengesellschaft in den USA, RIW 1994, 360; *Bungert*, Recht der Niederlassung ausländischer, insbesondere deutscher Kapitalgesellschaften in den USA, DB 1994, 1457; *Bungert*, Gesellschaftsrecht in den USA, 3. Aufl. (2003); *Carney/Hay*, Die Gründung einer Tochtergesellschaft in den U.S.A., 3. Aufl. (2003); *Carney/Hay*, in: Lutter, Die Gründung einer Tochtergesellschaft im Ausland, 3. Aufl. (1995), S. 943; *Cox/Lee/Hazen*, Corporations, 2. Aufl. (Loseblatt, 2007); *Cherry/Graf*, Die persönliche Haftung von Vorstandsmitgliedern US-amerikanischer Kapitalgesellschaften, VersR 1992, 550; *Clark*, Corporate Law (Boston 1986); *Ebke/Stadler*, Die beschränkt-beschränkte Haftung von Kapitalgesellschaften nach dem Recht von New York und Wisconsin, RIW 1989, 413; *Elsing/Uan Alstine*, US-amerikanisches Handels- und Wirtschaftsrecht, 2. Aufl. (1999); *Fleischer*, Gläubigerschutz im Recht der Delaware corporation, RIW 2005, 92; *Gerber*, USA, in: Süß/Wachter, Handbuch des internationalen GmbH-Rechts (2006), S. 1831; *Hamilton*, The Law of Corporations, 3. Aufl. (St. Paul 1991); *Hatzis-Schoch*, Die Bedeutung von Delaware für das US-amerikanische Gesellschaftsrecht, RIW 1992, 539; *Hay*, Gesellschafts- und steuerrechtliche Aspekte der Limited Liability Company – Zugleich ein Beitrag zur Qualifizierung ausländischer Rechtsgebilde, RIW 1992, 916; *Henn*, Agency, partnership and other incorporated business enterprises, 2. Aufl. (St. Paul 1983); *Henn/Alexander*, Laws of Corporations and other Business Enterprises (St. Paul 1983); *Hölscher*, Die Professional Corporation – die „amerikanische Form der Partnerschaft", RIW 1995, 551; *Immenga*, Die personalistische Kapitalgesellschaft – Eine rechtsvergleichende Untersuchung nach deutschem GmbH-Recht und dem Recht der Corporations in den Vereinigten Staaten (1970); *Jennings/Buxbaum*, Corporations (St. Paul 1979); *Karjala*, Die close corporation im Recht der USA, in: Roth (Hrsg.), Das System der Kapitalgesellschaften im Umbruch – ein internationaler Vergleich (1990), S. 161; *Klawitter*, Die GmbH & Co. KG im U.S. amerikanischen Recht (1997); *Kronstein/Hawkins*, Die Haftung der Organwalter und Gesellschafter von Tochtergesellschaften in den USA, RIW 1983, 249; *Merkt/Göthel*, US-amerikanisches Gesellschaftsrecht, 2. Aufl. (2006); *Nacke*, Die Durchgriffshaftung in der U.S. amerikanischen Corporation (1988); *Paefgen*, Eine Morphologie des US-amerikanischen Rechts der Aktiengesellschaft, AG 1992, 133 und 169; *Ries*, Entwicklungen im US-amerikanischen Gesellschaftsrecht: Die Limited Liability Company, RIW 1992, 728; *Röhm*, Das amerikanische Gesellschaftsrecht, IWB 8 USA Gruppe 3 (1990), S. 225; *von Samson-Himmelstjerna*, Überblick über die Gesellschaftsformen der Vereinigten Staaten von Amerika, RIW 1983, 152; *von Samson-Himmelstjerna*, Persönliche Haftung der Organe von Kapitalgesellschaften – Vergleichende Darstellung von amerikanischem und deutschem Recht, ZvglRW 89 (1990), 288; *Stiefel/Dielmann*, Firmengründung in den USA, DB 1987, 1131; *Turcon/Zimmer* (Hrsg.), Grundlagen des US-amerikanischen Gesellschafts-, Wirtschafts-, Steuer- und Fremdenrechts (1994); *Veltins*, Das Recht der U.S. partnership und limited partnership einschließlich ihrer Besteuerung (1984).

5358 In den USA gibt es kein bundeseinheitliches „amerikanisches" Gesellschaftsrecht; die Rechtsetzungsbefugnis auf diesem Gebiet ist den Einzelstaaten vorbehalten. Eine bedeutsame Rolle kommt jedoch den Uniform Partnership Acts (U.P.A.) von 1914 und dem Uniform Limited Partnership Act (U.L.P.A.) von 1916 zu, nach deren Vorbild in allen amerikanischen Bundesstaaten mit Ausnahme von Louisiana Gesetze erlassen worden sind. Die einzelstaatlichen Gesetze wurden zwischenzeitlich zumeist an die revidierten Fassungen des U.P.A. von 1997 und des U.L.P.A. von 1976 bzw. 1985 angepasst. Hingegen bestehen im Recht der corporations heute noch zT erhebliche Unterschiede, wenngleich auch hier bereits eine gewisse Vereinheitlichung durch Anpassung der einzelstaatlichen Gesetzgebung an den von der American Bar Association ausgearbeiteten Model Business Corporation Act (M.B.C.A.) bzw. an dessen revidierte Fassung von 1984 erreicht worden ist.

aa) Vertretungsberechtigte Organe
General Partnership (G.P.)

Als general partnership bezeichnet man den Zusammenschluss von mindestens zwei Personen, die als Miteigentümer ein auf Dauer angelegtes Erwerbsgeschäft („business for profit") betreiben (§ 6 Abs. 1 U.P.A., § 101 (6) U.P.A. 1997). Dabei ist jeder Partner ein general partner, dh. ein persönlich haftender Gesellschafter, der grundsätzlich auch geschäftsführungs- und vertretungsbefugt ist. Die partnership war früher – im Gegensatz zur corporation – keine Rechtsperson, konnte aber im eigenen Namen Geschäfte abschließen (§§ 8, 10, U.P.A.) sowie klagen und verklagt werden. Nach § 201 (a) U.P.A. hat sie auch eine eigene Rechtspersönlichkeit, um den Gesellschafterwechsel zu erleichtern; sie wird daher durch den Tod oder das Austreten eines general partner nicht mehr aufgelöst[1]. Für – vertragliche wie deliktische – Verbindlichkeiten der Gesellschaft haften alle Partner gesamtschuldnerisch („jointly and severally"), vgl. § 306a U.P.A. 1997.

5359

Limited Partnership (L.P.)

Die limited partnership ist eine Gesellschaft, der mindestens ein general partner und ein limited partner angehören. Während der general partner unbeschränkt haftet, ist die Haftung des limited partner auf die Höhe seiner Einlage beschränkt. Die Gesellschaft wird von den **persönlich haftenden Gesellschaftern** vertreten (Einzelvertretung). Die limited partners sind von der Vertretung ausgeschlossen (Art. 10 U.L.P.A. bzw. § 305 R.U.L.P.A.). Handeln sie dennoch, so haften sie jedenfalls gegenüber Personen, die Kenntnis von ihrer Teilnahme an der Geschäftsführung hatten, unbeschränkt (Art. 7 U.L.P.A. bzw. § 303b R.U.L.P.A.).

5360

Limited Liability Partnership (L.L.P.)

Die limited liability partnership ist eine Sonderform der general partnership, bei der nach Eintragung kein Partner mehr persönlich für unerlaubte Handlungen seiner Mitgesellschafter haftet. Die unbeschränkte Haftung trifft nur die Gesellschaft und den unerlaubt handelnden Partner. Diese Gesellschaftsform bietet sich insbesondere für den Zusammenschluss von Freiberuflern (Ärzten, Rechtsanwälten, Wirtschaftsprüfern) an[2]. Vertretungsberechtigt sind sämtliche Partner einzeln.

5361

---

1 *Merkt/Göthel*, Rz. 123.
2 *Merkt/Göthel*, Rz. 132.

Limited Liability Company (L.L.C.)

5362 Die neue Gesellschaftsform der limited liability company ist seit 1990 in allen US-Bundesstaaten eingeführt und – zT in Anlehnung an den Uniform Limited Liability Company Act (U.L.L.C.A.) von 1995 – gesetzlich geregelt. Sie verbindet die Vorzüge einer Haftungsbegrenzung mit den Steuervorteilen einer partnership[1]. Sie hat eigene Rechtspersönlichkeit und kann wie eine corporation klagen und verklagt werden. Ferner haften alle Partner nur beschränkt mit dem Gesellschaftsvermögen. Abweichend von der limited partnership (Rz. 5360) sind alle Gesellschafter berechtigt, die Geschäfte selbst zu führen und die Gesellschaft im Rechtsverkehr zu vertreten (member-managed company); sie können die Geschäftsführung und Vertretung aber auch einem Geschäftsführer übertragen (manager-managed company)[2]. Die Gesellschaft endet – ähnlich wie eine Personengesellschaft – mit dem Tod, Austritt oder der Insolvenz eines Gesellschafters[3].

Business Corporation (B.C.)

5363 Die einzelstaatlichen Rechtsordnungen gehen – in Anlehnung an den Modell Business Corporation Act 1946 bzw. dessen revidierte Fassung von 1984 (R.M.B.C.A) – übereinstimmend vom Prinzip der einheitlichen Kapitalgesellschaftsform aus. Die business corporation ist bei Weitem die wichtigste Gesellschaftsform des US-amerikanischen Gesellschaftsrechts. Hauptformen sind die close corporation, bei der die Anteile innerhalb einer überschaubaren Gruppe von Anteilseignern verbleiben und nur unter erschwerten Bedingungen übertragen werden können, und die public corporation, bei der die Anteile weit gestreut und frei übertragbar sind. Die business corporation besitzt **eigene Rechtspersönlichkeit**, kann also Träger von Rechten und Pflichten sein sowie im eigenen Namen klagen und verklagt werden (§ 3.02 R.M.B.C.A. 1984). Sie haftet für vertragliche wie außervertragliche Verbindlichkeiten nur mit dem Gesellschaftsvermögen (§ 6.22 R.M.B.C.A. 1984)[4].

5364 Die Geschäftsführung und Vertretung einer corporation obliegt in erster Linie dem „**board of directors**" als einem einheitlichen Kollegialorgan nach dem Prinzip der Gesamtvertretung (§ 8.01.(b) R.M.B.C.A. 1984). Vertretungsberechtigt sind also nicht die einzelnen Mitglieder des board, sondern es bedarf grundsätzlich eines mit Mehrheit gefassten Beschlusses (§ 8.24.(c) R.M.B.C.A. 1984). Der Rechtsverkehr wird jedoch in Fällen, in denen ein einzelnes board-Mitglied im Namen der Gesellschaft handelt, dadurch geschützt, dass ein Handeln auf Grund einer vom gesamten board of directors erteilten konkludenten Vollmacht („implied authorization") angenommen wird[5]. Darüber hinaus ist es weithin üblich, die Wahrnehmung von Vertretungsbefugnissen für bestimmte Geschäfte oder Arten von Geschäften auf *Ausschüsse* („committees")

---

1 *Merkt/Göthel*, Rz. 138. Vgl. zur Gründung und Vertretung einer L.L.C. nach dem Recht von Delaware IPG 2003/2004 Nr. 43 (Köln).
2 Vgl. zum Recht von Delaware IPG 2002 Nr. 32 (Hamburg).
3 *Merkt/Göthel*, Rz. 140.
4 *Merkt/Göthel*, Rz. 163 ff., 166.
5 *Merkt/Göthel*, Rz. 588.

zu übertragen; hierfür bedarf es allerdings eines Mehrheitsbeschlusses des board of directors (§ 8.25 R.M.B.C.A. 1984).

In der amerikanischen Praxis werden die meisten Geschäfte, die Vertretungsmacht für die corporation erfordern, freilich nicht vom „board of directors" selbst, sondern von leitenden Angestellten der Gesellschaft, den unmittelbar vom board bestellten sog. (executive) **„officers"** abgeschlossen (§§ 8.40, 8.41 R.M.B.C.A 1984). Eine generelle Umschreibung der Vertretungsmacht der officers ergibt sich in der Regel aus den „bylaws" der Gesellschaft. Im Übrigen gelten für ihr Verhältnis zum board of directors die allgemeinen Regeln des Vertretungsrechts („agency"). Danach besitzen die Inhaber bestimmter Ressorts, die im Geschäftsverkehr üblicherweise mit gewissen Kompetenzen verbunden sind, eine Vertretungsmacht kraft Amtes (implied actual authority or inherent authority)[1]. So hat der „Chief Executive Officer" (CEO) Vertretungsmacht für alle Rechtsgeschäfte des üblichen Geschäftsgangs der Gesellschaft („ordinary business transactions")[2]. Für darüber hinausgehende außergewöhnliche Geschäfte (zB Immobiliengeschäfte, Führung von Rechtsstreitigkeiten uÄ.) bedarf er hingegen einer besonderen Vollmacht des board of directors *(„express actual authority")*. Schließlich kann die corporation durch ein Handeln ihrer Officers auf Grund Rechtsscheins *(„apparent authority")* verpflichtet werden, wenn der board of directors bei Dritten den Eindruck erweckt hat, dass der für die Gesellschaft Handelnde Vertretungsmacht besitzt und der Dritte im Vertrauen hierauf kontrahiert hat[3]. Schließlich kann der board auch nachträglich Vollmacht für die Vornahme eines bestimmten Geschäfts erteilen.

Ebenso wie im englischen Recht spielt die **ultra-vires-Lehre** im geltenden Recht der corporation nur noch eine untergeordnete Rolle. Zum einen lassen die Gesetze der Einzelstaaten eine sehr weite Umschreibung des Gesellschaftsgegenstandes zu, die praktisch jede erlaubte Geschäftstätigkeit umfasst („all-purposes-clause", vgl. § 3.02.R.M.B.C.A. 1984). Zum anderen ist der Gutglaubensschutz Dritter soweit entwickelt worden, dass Beschränkungen, die sich aus dem Gesellschaftszweck ergeben, Dritten nicht mehr entgegengehalten werden können und Bedeutung nur noch im Hinblick auf die Haftung der für die corporation Handelnden im Innenverhältnis haben (vgl. § 3.04. R.M.B.C.A. 1984).

Business Trust

Der business trust wird durch einen oder mehrere Treuhänder (**„trustees"**) vertreten. Die Ausgestaltung der Vertretungsmacht ähnelt in vieler Hinsicht derjenigen des board of directors einer corporation. Es besteht ebenfalls grundsätzlich Gesamtvertretungsmacht des „board of trustees" mit der Möglichkeit der

---

1 *Merkt/Göthel*, Rz. 608.
2 Vgl. *Merkt/Göthel*, Rz. 609. Zur Vertretungmacht des „president" einer Mississippi-corporation IPG 1998 Nr. 15 (Passau).
3 *Merkt/Göthel*, Rz. 616.

Delegation von Vertretungsbefugnissen auf einzelne Mitglieder des board. Der Umfang der Vertretungsmacht ergibt sich aus dem trust agreement.

bb) Nachweis der Vertretungsmacht

5368 Die handels- bzw. gesellschaftsrechtliche Publizität ist in den Vereinigten Staaten vergleichsweise schwach ausgebildet. Es gibt weder ein allgemeines Handelsregister noch ein eigentliches Gesellschaftsregister, bei dem regelmäßig bestimmte Vorgänge zu hinterlegen oder einzutragen wären, damit sie jedermann zugänglich sind.

Bei der **partnership** kann eine beglaubigte Abschrift der „articles of partnership" als Nachweis dienen. Daraus ist zu ersehen, ob ein Geschäft zum üblichen Geschäftskreis der partnership gehört. Nach amerikanischem Recht braucht ein partnership agreement allerdings nicht schriftlich geschlossen zu werden. Verhandelt man mit einer partnership, so kann ein sicherer Nachweis der Vertretungsbefugnis nur durch eine von allen Partnern ausgestellte Vollmacht geführt werden.

5369 Bei der **business corporation** muss immerhin die Gründungsurkunde („charter") der Gesellschaft bei einer zentralen Stelle des Gründungsstaates (gewöhnlich beim „Secretary of State") hinterlegt und registriert werden (§ 2.03 R.M.B.C.A. 1984). Eine öffentliche Bekanntmachung der Registrierung findet hingegen nur in wenigen Bundesstaaten (zB Arizona, vgl. § 19–055 Ariz.Rev.Stat.Ann.) statt. Den sicheren Nachweis der Vertretungsmacht können daher nur **Abschriften von Beschlüssen des board of directors** oder **Abschriften der Gesellschaftssatzung** („by-laws") erbringen, aus denen die Bevollmächtigung bestimmter Personen hervorgeht. Diese Abschriften müssen vom secretary der corporation beglaubigt und mit dem Gesellschaftssiegel („corporation seal") versehen sein. Darüber hinaus muss der secretary noch bescheinigen, dass der im Wortlaut wiederzugebende Beschluss (oder die Bestimmung der „by-laws") auf einer ordnungsgemäß einberufenen und geführten Sitzung des board mit der erforderlichen Mehrheit gefasst wurde. Liegt eine solche Bescheinigung vor, so kann die Gesellschaft Dritten, die im Vertrauen auf die Bescheinigung gehandelt haben, etwaige Fehler der Vollmachtserteilung nicht entgegenhalten[1].

Dies gilt grundsätzlich auch dann, wenn der board nach dem Inhalt der hinterlegten Gründungsurkunde zu der Vollmachtserteilung nicht berechtigt war, sofern der Dritte nur gutgläubig ist. Die common-law-Regel, dass die Kenntnis des Inhalts hinterlegter Urkunden unwiderleglich vermutet wird („constructive notice"), ist in den USA weitgehend abgeschafft worden. Dennoch empfiehlt es sich, bei wichtigen Verträgen zusätzlich auch die Gründungsurkunde einzusehen. Zweckmäßigerweise lässt man sich hierzu von der Gesellschaft oder der zuständigen Registerstelle eine beglaubigte Abschrift der charter übermitteln.

---

1 *Merkt/Göthel*, Rz. 617.

Beim **business trust** gibt das trust agreement Auskunft über die Vertretungsmacht. Bei wichtigen Verträgen lässt man sich daher von den Treuhändern eine beglaubigte Abschrift des trust agreement zur Verfügung stellen. Da nach dem Recht einiger Einzelstaaten das trust agreement ebenfalls bei einer hierfür zuständigen Stelle hinterlegt werden muss, ist es in diesen Staaten auch möglich, von der Registerstelle eine Abschrift des trust agreement zu erhalten.

Frei.

5370

5371–5400

VI. Zusammenfassung mit Handlungsanleitung

1. Sonderanknüpfung

Die Fragen der gesetzlichen Vertretung von juristischen Personen und Gesellschaften beim Abschluss grenzüberschreitender Schuldverträge bestimmen sich nicht nach dem Vertragsstatut, sondern kraft Sonderanknüpfung nach dem **Personalstatut** der juristischen Person bzw. Gesellschaft.

5401

2. Bestimmung des Gesellschaftsstatuts

Im autonomen deutschen IPR wird das Gesellschaftsstatut traditionell an das Recht des Staates angeknüpft, in dem die Gesellschaft ihren effektiven Verwaltungssitz hat. Der Geltungsbereich der Sitztheorie wird jedoch einerseits durch **bilaterale Staatsverträge** (zB mit den USA) eingeschränkt, die an das Gründungsrecht der Gesellschaft anküpfen. Zum anderen gebietet die im EG- bzw. EWR-Vertrag gewährleistete **Niederlassungsfreiheit** die Anerkennung von Gesellschaften, die in einem Mitgliedstaat der EG bzw. des EWR gegründet wurden; für sie gilt daher ebenfalls in weitem Umfang die Gründungstheorie. Demgegenüber verbleibt es für Gesellschaften, die in einem Drittstaat gegründet worden sind, bei der Anknüpfung an das Recht des effektiven Verwaltungssitzes.

5402

3. Anwendungsbereich der Gründungstheorie

a) Die Geltung der Gründungstheorie im Schutzbereich des EG- bzw. EWR-Vertrags ist notwendige Konsequenz des weiten Verständnisses der Niederlassungsfreiheit in Art. 43, 48 EG durch den EuGH. Danach hat jeder Mitgliedstaat der EG die nach dem Recht eines anderen Mitgliedstaats erworbene Rechts- und Parteifähigkeit einer Gesellschaft anzuerkennen. Dies gilt nicht nur bei der nachträglichen Verlegung des Verwaltungssitzes, sondern auch für den Fall, dass Satzungs- und Verwaltungssitz von Beginn an auseinander fallen. Demgegenüber ist der Gründungsstaat selbst in der Ausgestaltung seines internationalen Gesellschaftsrechts frei; ein aus der Niederlassungsfreiheit abgeleitetes Recht von Gesellschaften auf identitätswahrenden Wegzug wird vom EuGH nicht anerkannt. Der deutsche Gesetzgeber hat jedoch mit dem MoMiG durch die Streichung der § 5 Abs. 2 AktG, § 4a Abs. 2 GmbHG den Weg für eine Gründung deutscher Gesellschaften mit effektivem Verwaltungssitz im

5403

Ausland sowie für die nachträgliche Verlegung des Verwaltungssitzes in einen anderen Staat freigemacht.

b) Die europarechtlich gebotene Anwendung der Gründungstheorie ist nicht auf die Anerkennung der Rechts- und Parteifähigkeit beschränkt. Das Gründungsrecht gilt vielmehr auch für Fragen der **gesetzlichen Vertretung** und der **Haftungsverfassung**. Ob die Niederlassungsfreiheit darüber hinaus erfordert, dass die Rechtsverhältnisse von Gesellschaften, die in einem EU-/EWR-Mitgliedstaat gegründet werden, insgesamt nach dem Recht des Gründungsstaates zu beurteilen sind, ist noch offen.

c) Eingeschränkt ist die zur Gewährleistung der Niederlassungsfreiheit nach Art. 43, 48 EG gebotene Anwendung des Gründungsrechts nur im Falle des Rechtsmissbrauchs und aus zwingenden Gründen des Gemeinwohls. Hierfür reicht jedoch die Umgehung zwingender Vorschriften im Tätigkeitsstaat der Gesellschaft nicht aus.

4. Konsequenzen der Sitztheorie

5404 Die Rechtsfolgen der Sitztheorie bei einem Auseinanderfallen von Satzungssitz und effektivem Verwaltungssitz sind durch die Rechtsprechung und den Gesetzgeber abgemildert worden.

a) Kapitalgesellschaften mit effektivem Verwaltungssitz im Inland müssen den Gründungsvoraussetzungen des deutschen Rechts (§§ 41 Abs. 1 AktG, 11 Abs. 1 GmbHG) genügen. Werden sie im Ausland gegründet, so sind sie jedoch zumindest als Personengesellschaften deutschen Rechts anzuerkennen und genießen als solche volle Rechts- und Parteifähigkeit. Umgekehrt kann eine Kapitalgesellschaft mit effektivem Verwaltungssitz im Ausland nicht als deutsche AG/GmbH gegründet werden, wenn der Sitzstaat ebenfalls auf dem Boden der Sitztheorie steht; auch in diesem Fall kommt nur eine Anerkennung als Personengesellschaft in Betracht. Folgt der Sitzstaat hingegen der Gründungstheorie so steht der effektive Verwaltungssitz der Gesellschaft im Ausland seit Inkrafttreten des MoMiG einer wirksamen Gründung der Gesellschaft als deutsche AG/GmbH nicht mehr entgegen (Rückverweisung).

b) Eine identitätswahrende Verlegung des Verwaltungssitzes einer außerhalb der EU bzw. des EWR gegründeten Kapitalgesellschaft ins Inland setzt voraus, dass der Gründungsstaat den Wegzug gestattet. Auch wenn dies der Fall ist, kann die Gesellschaft im Inland nur als Personengesellschaft Rechts- und Parteifähigkeit genießen. Umgekehrt entscheidet das Kollisonsrecht des Zuzugsstaates darüber, ob eine deutsche AG/GmbH ihren Verwaltungssitz unter Wahrung ihrer Identität in diesen Staaten verlegen kann. Das deutsche Sachrecht steht einer solchen Sitzverlegung seit Inkrafttreten des MoMiG nicht mehr entgegen.

5. Reichweite des Gesellschaftsstatuts

Das Gesellschaftsstatut regelt die Außen- und Innenverhältnisse der Gesellschaft abschließend. Es entscheidet daher über Beginn, Umfang und Ende der **Rechtsfähigkeit**, sowie über Inhalt und Umfang der **gesetzlichen Vertretung**. Dazu gehören insbesondere die Fragen, ob Einzel- oder Gesamtvertretung besteht und ob ein Selbstkontrahieren zulässig ist. Das Personalstatut der Gesellschaft befindet auch über deren Partei- bzw. Prozessfähigkeit. 5405

6. Schutz des Rechtsverkehrs

Der inländische Rechtsverkehr wird beim Abschluss von Verträgen mit ausländischen Gesellschaften, die hinsichtlich des Umfangs ihrer Rechtsfähigkeit oder der Vertretungsbefugnisse ihrer Organe hinter dem inländischen Recht zurückbleiben, nach Maßgabe von **Art. 13 Rom I-VO** geschützt. Im Prozessrecht greifen bei fehlender Partei- oder Prozessfähigkeit die Schutzvorschriften der §§ 50 Abs. 2, 55 ZPO ein. Schließlich kommt im Anwendungsbereich der Sitztheorie eine persönliche Haftung der Gründer nach §§ 41 Abs. 1 S. 2 AktG, 11 Abs. 2 GmbHG bzw. nach allgemeinen Rechtscheingrundsätzen in Betracht, soweit im Namen der nichtexistenten Gesellschaft gehandelt wurde. Demgegenüber haften im Geltungsbereich der Niederlassungsfreiheit nach Art. 46, 48 EG die Gesellschafter oder Organe einer in einem anderen Mitgliedstaat gegründeten Gesellschaft grundsätzlich nur nach Maßgabe des Gründungsrechts persönlich für Schulden der Gesellschaft; eine weitergehende Haftung kommt nur auf der Grundlage von allgemeinen Vorschriften in Betracht, die – wie zB das Delikts- oder Insolvenzrecht – unabhängig vom Personalstatut der Gesellschaft gelten. 5406

Frei. 5407–5420

B. Vollmacht

	Rz.		Rz.
I. Allgemeines	5421	4. Dauer und Erlöschen der Vollmacht	5502
II. Sonderanknüpfung der Vollmacht	5431	a) Ablauf der gesetzlichen Gültigkeitsdauer	5503
III. Bestimmung des Vollmachtsstatuts	5441	b) Tod, Insolvenz oder Geschäftsunfähigkeit des Vertretenen	5504
1. Grundsatzanknüpfung	5441	c) Widerruf	5505
a) Realer Gebrauchsort	5443	d) Beendigung des Innenverhältnisses	5506
b) Rechtswahl	5445	5. Duldungs- und Anscheinsvollmacht	5507
c) Weitergehender Schutz des Vollmachtgebers?	5450	6. Verfügungsermächtigung	5510
d) Rück- und Weiterverweisung	5452	V. Abgrenzung zum Geschäftsstatut des Hauptvertrages	5531
2. Sonderanknüpfung im Hinblick auf die Stellung des Bevollmächtigten	5453	1. Zulässigkeit der Stellvertretung	5532
a) Bevollmächtigte in der Geschäftsleitung	5454	2. Erfordernis einer Spezialvollmacht	5533
b) Ständige Vertreter mit eigener geschäftlicher Niederlassung	5456	3. Offenbarung des Vertretungsverhältnisses	5534
c) Kapitäne	5462	4. Zurechnung von Willensmängeln und bösem Glauben	5535
3. Sonderanküpfung im Hinblick auf den Gegenstand der Vollmacht	5463	5. Vertretung ohne Vertretungsmacht	5536
a) Grundstücksvollmacht	5464	a) Geschäftsstatut	5537
b) Dauervollmacht	5467	b) Vollmachtsstatut	5541
c) Börsenvollmacht	5468	VI. Rechtsvereinheitlichung	5561
d) Prozessvollmacht	5469	1. Haager Übereinkommen über das auf die Stellvertretung anzuwendende Recht von 1978	5561
e) Vollmacht zur Konnossementsausstellung	5470	2. Genfer Übereinkommen über die Vertretung beim internationalen Warenkauf von 1983	5566
f) Vorsorgevollmacht	5471	VII. Zusammenfassung mit Handlungsanleitung	5581
IV. Reichweite des Vollmachtsstatuts	5491	1. Sonderanknüpfung	5581
1. Erteilung und Gültigkeit der Vollmacht	5492	2. Bestimmung des Vollmachtsstatuts	5582
2. Auslegung und Umfang der Vollmacht	5494	3. Reichweite des Vollmachtsstatuts	5583
a) Auslegung	5494	4. Geschäftsstatut des Hauptvertrages	5584
b) Inhalt und Umfang	5495		
3. Form der Vollmacht	5496		
a) Geschäftsrecht	5496		
b) Ortsrecht	5498		

Literatur zum Internationalen Privatrecht: *Ackmann*, Zur Geltung des „Wirkungsstatuts" im Fall des Handelns eines Vertreters von seiner ausländischen Niederlassung aus, IPRax 1991, 220; *Badr*, Agency: Unification of Material Law and of Conflict Rules, Rec. des Cours 144 (1984-I), 9; *Berger*, Das Statut der Vollmacht im schweizerischen IPR (1974); *von Caemmerer*, Die Vollmacht für schuldrechtliche Rechtsgeschäfte im deutschen IPR, RabelsZ 24 (1959), 201; *Claßen,* Rechtswahl im internationalen Stellvertretungsrecht (1998); *Diloy,* Le contrat d'agence commerciale en droit international (2000); *Dorsel,* Stellvertretung und IPR, MittRheinNotK 1997, 6; *Ebenroth,* Kollisionsrechtliche Anknüpfung kaufmännischer Vollmachten, JZ 1983, 821; *Ferry,* Contrat international d'agent commercial et lois de police, Clunet 1993, 299; *Fischer,* Anscheinsvollmacht, Vollmachtsstatut und Rechtswahl, IPRax 2005, 269; *Fischer,* Rechtsscheinhaftung im IPR, IPRax 1989, 215; *Fischer,* Verkehrsschutz im internationalen Vertragsrecht (1990); *Goldstein,* La représentation conventionelle en droit international privé québécois, Rev. du barreau 1997, 213; *Jorge,* Contrat d'agence et conflit de lois en droit international privé portugais, D.P.C.I. 1991, 309; *Kayser,* Vertretung ohne Vertretungsmacht im deutschen IPR (Diss. Würzburg 1967); *Klinke,* Bemerkungen zum Statut der Vollmacht, RIW 1978, 642; *Kropholler,* Die Anscheinshaftung im internationalen Recht der Stellvertretung, NJW 1965, 1641; *Kurzynsky-Singer,* Anknüpfung und Reichweite des Vollmachtstatuts (2005); *Leible,* Vollmachtsanknüpfung bei inländischen Zweigniederlassungen ausländischer Gesellschaften, IPRax 1997, 133; *Leible,* Vertretung ohne Vertretungsmacht, Genehmigung und Anscheinsvollmacht, IPRax 1998, 257; *Ludwig,* Zur Form der ausländischen Vollmacht für inländische Gegenstände, insbesondere Liegenschaften, NJW 1983, 495; *Lüderitz,* Prinzipien im internationalen Vertretungsrecht, Festschr. Coing, Bd. II (1982), S. 305; *Lurger,* Vollmacht und Verbraucherschutz im österreichischen IPR, IPRax 1996, 54; *Luther,* Kollisionsrechtliche Vollmachtprobleme im deutsch-italienischen Rechtsverkehr, RabelsZ 38 (1974), 421; *Makarov,* Die Vollmacht im IPR, Scritti di diritto internazionale in onore di T. Perassi, Bd. II (1957), S. 39; *Mankowski,* Internationalprivatrechtliche Aspekte der IoC-Problematik, TranspR 1991, 233; *Müller-Freienfels/Makarov/Ficker/Zweigert/Braga/Peterson,* in: Berichte über das Statut der Vollmacht, RabelsZ 24 (1959), 326; *P. Müller,* Die Vollmacht im Auslandsgeschäft – ein kalkulierbares Risiko?, RIW 1979, 377; *P. Müller,* Die Vollmacht nach deutschem Kollisionsrecht, in: Sandrock, Handbuch der internationalen Vertragsgestaltung, Bd. II (1980), D § 13; *Niemann,* Die rechtsgeschäftliche und organschaftliche Stellvertretung und deren kollisionsrechtliche Einordnung (2004); *Pfister,* Vollmacht und Stellvertretung im IPR (1927); *de Quenaudon,* Quelques remarques sur le conflit de lois en matière de représentation volontaire, Rev.crit.d.i.p. 1984, 413; *Rabel,* Vertretungsmacht für obligatorische Rechtsgeschäfte, RabelsZ 3 (1929), 807; *Rabel,* Unwiderruflichkeit der Vollmacht, RabelsZ 7 (1933), 797; *Reese,* Agency in the Conflict of Laws, Festschr. Yntema (1961), S. 409; *Reithmann,* Auslegung und Wirkungen ausländischer Vollmachten, DNotZ 1956, 125; *Reithmann,* Form ausländischer Vollmachten, DNotZ 1956, 469; *Ribettes-Thillet,* Les conflits de lois en matière de représentation commerciale, Clunet 1964, 34; *Rigaux,* Le statut de la représentation (1963); *Ruthig,* Vollmacht und Rechtsschein im IPR (1996); *Rueda Valdivia,* La representación voluntaria en la contratación internacional (1998); *Sangiovanni,* Handelsvertretervertrag und Handelsvertreterbegriff, ZvglRW 104 (2005), 519; *Schäfer,* Das Vollmachtsstatut im deutschen IPR – einige neuere Ansätze in kritischer Würdigung, RIW 1996, 189; *Schmitthoff,* Agency in International Trade, Rec. des Cours 129 (1970-I), 107; *Schwarz,* Das Internationale Stellvertretungsrecht im Spiegel nationaler und supranationaler Kodifikationen, RabelsZ 71 (2007), 729; *Spellenberg,* Atypischer Grundstücksvertrag, Teilrechtswahl und nicht ausgeübte Vollmacht, IPRax 1990, 295; *Spellenberg,* Geschäftsstatut und Vollmacht im IPR (1979); *Starace,* La rappresentanza nel diritto internazionale privato (1962); *Starace,* La procura nel diritto internazionale privato, Riv.dir.int.priv.proc. 1996, 421; *Steding,* Die Anknüpfung der Vollmacht im IPR, ZvglRW 86 (1987), 25; *Struycken,* Vertegenwoordiging krachtens volmacht in het Nederlands internationaal privaatrecht, WPNR 1976, 253 (269); *Süß,* Nachlassabwicklung im Ausland mittels postmortaler Vollmachten, ZEV 2008, 69; *Uhlenbruck,* Erteilung einer Auslandsvollmacht als schuldnerische Maßnahme, NZI 2004, 22; *Walder,* Die Vollmacht zum Abschluss einer Schiedsabrede, insbesondere im internationalen Verhältnis, Festschr. Keller (1989), S. 677.

Literatur zur Rechtsvergleichung: *Albrecht,* Vollmacht und Auftrag – eine historische und rechtsvergleichende Studie (Diss. Kiel 1970); *Aumüller,* Das Recht der Stellvertretung in den Principles of European Contract Law (PECL) und in der österreichischen Rechtsordnung – ein Systemvergleich, ZvglRW 106 (2007), 208; *Basedow,* Das Vertretungsrecht im Spiegel konkurrierender Harmonisierungsentwürfe, RabelsZ 45 (1981), 196; *Becker,* Das Schweizer Konto im Nachlass Deutscher, ZEV 2007, 208; *Böcker,* Apparent Authority and Agency Power (Diss. Münster 1963); *Börner,* Gebrauch einer deutschen postmortalen Vollmacht in Spanien?, ZEV 2005, 146; *Danuser,* Die Anscheinsvollmacht (Diss. Bern 1975); *Detzer* (Hrsg.), Ausländisches Recht der Handelsvertreter und Vertragshändler (1997); *Gotthardt,* Der Vertrauensschutz bei der Anscheinsvollmacht im deutschen und französischen Recht (1970); *Hanke,* Das Selbstkontrahieren des Stellvertreters im französischen und anglo-amerikanischen Recht (Diss. Münster 1966); *Heister,* Die Undisclosed Agency des anglo-amerkanischen Rechts (Diss. Bonn 1980); *Kiesel,* Stellvertretung ohne Vertretungsmacht im deutschen, schweizerischen und österreichischen Recht (Diss. Tübingen 1966); *Kindler,* Die Stellvertretung am Beispiel des Handelsvertreters im italienischen Recht, RIW 1986, 350; *Klamaris,* Die Prozessvollmacht nach dem griechischen Zivilprozessrecht, Festschr. H. P. Westermann (2008), S. 389; *Kleinschmidt,* Stellvertretungsrecht in Deutschland und Frankreich – Perspektiven für eine Rechtsvereinheitlichung, ZEuP 2001, 697; *Korte,* Die Actual Authority im Recht der Agency Englands und der USA (Diss. Münster 1961); *Mank,* Die Anscheinsvollmacht im englischen Recht (Diss. Regensburg 1968); *P. Müller,* Die Vollmacht in einigen ausländischen Rechtsordnungen, in: Sandrock, Handbuch der internationalen Vertragsgestaltung, Bd. II (2008), D § 14; *Müller-Freienfels,* Die „Anomalie" der verdeckten Stellvertretung (undisclosed agency) des englischen Rechts, RabelsZ 17 (1952), 578; RabelsZ 18 (1953), 12; *Müller-Freienfels,* Die Vertretung beim Rechtsgeschäft (1955); *Müller-Freienfels,* Legal Relations in the Law of Agency; Power of Agency and Commercial Certainty, Am.J.Comp.L. 13 (1964), 193, 341; *Müller-Freienfels,* Stellvertretungsregelungen in Einheit und Vielfalt (1982); *Peterson/Wedde,* Prozessvollmachten im russischen Recht, WiRO 2002, 12; *Reinhart,* Die unwiderrufliche Vollmacht, ihre Stellung in der allgemeinen Rechtslehre und in ausgewählten positiven Rechtsordnungen (1981); *Rigaux,* „Agency", in: Int. Encycl. Comp. L. III (1973), ch. 29; *Sangiovanni,* Die Vertretung der Aktionäre in der Versammlung der italienischen Aktiengesellschaft, ZfRV 2005, 148; *Schmidt,* Stimmrechtsvertretung und Stimmrechtsausübung „in absentia" in Deutschland und Großbritannien, NZG 2006, 487; *de Theux,* Le droit de représentation commerciale – Étude comparative et critique du statut des représentants salariés et des agents commerciaux, 2 Bde. (1975–1981); *Tochtermann,* Die Anscheinsvollmacht im deutschen und amerikanischen Recht (Diss. München 1969); *Welser,* Vertretung ohne Vertretungsmacht – zugleich ein Beitrag zur Lehre der culpa in contrahendo (1970); *Zachmann,* Les procurations ou les formes des pouvoirs de représentation, Rev.dr.unif. 1979 II 3; *Zikos,* Die Vollmacht im schweizerischen und griechischen Recht (Diss. Zürich 1966).

I. Allgemeines

5421 Der deutsche Gesetzgeber hat bisher weder das **Haager Stellvertretungsübereinkommen** von 1978 (HStÜ; dazu Rz. 5561 ff.) ratifiziert, noch hat er das IPR der Vollmacht im EGBGB kodifziert. Insbesondere waren die Vorschriften des bisherigen internationalen Vertragsrechts (Art. 27–36 EGBGB aF) auf die Frage, ob ein Vertreter die Person, für deren Rechnung er zu handeln vorgibt, Dritten gegenüber verpflichten kann, nicht anzuwenden (Art. 37 Nr. 3 EGBGB aF). An diesem Ausschluss der rechtsgeschäftlichen Vertretungsmacht aus dem sachlichen Anwendungsbereich des internationalen Vertragsrechts, den der deutsche

Gesetzgeber aus Art. 1 Abs. 2 lit. f EVÜ übernommen hatte, hält auch der europäische Gesetzgeber in Art. 1 Abs. 2 lit. g Rom I-VO fest.

Damit weicht die Endfassung der Rom I-VO signifikant von dem **Verordnungsvorschlag der EG-Kommission** vom 15.12.2005 (Rom I-E, KOM [2005] 650 endg.) ab. Dieser hatte sich in Erwägungsgrund 12 für „die Einführung einer Kollisionsnorm, die auf die drei aus einem … [Vertreter-]Vertrag entstandenen Rechtsverhältnisse zwischen Vertretenem, Vertreter und Drittem Anwendung findet", ausgesprochen. Dementsprechend enthielt der Verordnungsvorschlag in seinem Art. 7 die folgende Kollisionsnorm für Vertreterverträge:

5422

Art. 7 Rom I-VO-Entw. 2005
Vertreterverträge

(1) Mangels einer Rechtswahl nach Artikel 3 unterliegen Verträge zwischen einem Vertretenen und einem Vertreter dem Recht des Staates, in dem der Vertreter seinen gewöhnlichen Aufenthalt hat, es sei denn, der Vertreter übt seine Tätigkeit hauptsächlich in dem Staat aus, in dem der Vertretene seinen gewöhnlichen Aufenthalt hat, oder ist dazu verpflichtet, seine Tätigkeit dort auszuüben; in diesem Fall gilt das Recht dieses Staats.

(2) Für das Verhältnis zwischen dem Vertretenen und dem Dritten, das dadurch entstanden ist, dass der Vertreter in Ausübung seiner Vertretungsmacht, über seine Vertretungsmacht hinaus oder ohne Vertretungsmacht gehandelt hat, ist das Recht am Ort des gewöhnlichen Aufenthalts des Vertreters zum Zeitpunkt seines Handelns maßgebend. Es gilt jedoch das Recht des Staates, in dem der Vertreter gehandelt hat, wenn entweder der Vertretene, in dessen Namen der Vertreter gehandelt hat, oder der Dritte seinen gewöhnlichen Aufenthalt in diesem Staat hat, oder wenn der Vertreter dort an der Börse tätig war oder an einer Versteigerung teilgenommen hat.

(3) Ist das auf das in Absatz 2 geregelte Verhältnis anzuwendende Recht von Seiten des Vertretenen oder des Dritten schriftlich bestimmt und von der anderen Partei ausdrücklich anerkannt worden, ist für dieses Verhältnis abweichend von Absatz 2 das so bestimmte Recht maßgebend.

(4) Das nach Absatz 2 bestimmte Recht ist auch für das Verhältnis zwischen Vertreter und Drittem maßgebend, das dadurch entstanden ist, dass der Vertreter in Ausübung seiner Vertretungsmacht, über seine Vertretungsmacht hinaus oder ohne Vertretungsmacht gehandelt hat.

Nach Art. 7 Abs. 2 Rom I-VO-Entw. sollte also die rechtsgeschäftlich erteilte Vollmacht im Verhältnis zwischen dem Vertretenen und dem Dritten weder dem Statut der Vertreterverträges nach Art. 7 Abs. 1 Rom I-VO-Entw. noch dem Statut des von dem Vertreter mit dem Dritten in Ausübung der Vollmacht geschlossenen Vertrages unterliegen. Maßgebend sollte vielmehr nach Satz 1 grundsätzlich das am Ort des **gewöhnlichen Aufenthalts des Vertreters** zum Zeitpunkt seines Handelns geltende Recht sein. Sofern dieser den Vertrag – wie regelmäßig – im Rahmen seiner beruflichen Tätigkeit abschließt, sollte statt des gewöhnlichen Aufenthalts der Ort der vertragsbetreuenden Niederlassung maßgeblich sein (Art. 18 Abs. 2 Rom I-VO-Entw.). Abweichend davon sollte aber nach Satz 2 das Recht des Staates gelten, in dem der Vertreter gehandelt hat, wenn entweder der Vertretene oder der Dritte seinen gewöhnlichen Aufenthalt in diesem Staat hat, oder wenn der Vertreter dort an der Börse tätig war oder an einer Versteigerung teilgenommen hat. Allerdings sollte nach

Art. 7 Abs. 3 Rom I-VO-Entw. sowohl für den Vertretenen als auch für den Dritten die Möglichkeit bestehen, das auf die Vollmacht des Vertreters anzuwendende Recht durch schriftliche Erklärung zu bestimmen; eine solche von der jeweils anderen Partei ausdrücklich anerkannte Rechtswahl sollte dann Vorrang vor der objektiven Anknüpfung nach Art. 7 Abs. 2 Rom I-VO-Entw. haben. Schließlich sollte das nach Art. 7 Abs. 2 Rom I-VO-Entw. bestimmte objektive Vollmachtsstatut nach der Klarstellung in Art. 7 Abs. 4 Rom I-VO-Entw. auch die Rechtsbeziehungen zwischen dem Vertreter und dem Dritten beherrschen, soweit der Vertreter seine Vollmacht überschritten oder ohne Vertretungsmacht gehandelt hat.

5423 Der Kommissionsvorschlag ist in der Literatur zT scharf kritisiert worden, weil in der Grundregel des Art. 7 Abs. 2 Rom I-VO-Entw. nicht hinreichend deutlich zwischen dem Rechtsverhältnis Prinzipal-Dritter (Geschäftsstatut) und der Anknüpfung der rechtsgeschäftlichen Vertretungsmacht (Vollmachtstatut) unterschieden wurde[1]. Auch sei es wenig überzeugend, den gewöhnlichen Aufenthalt des Vertreters als Primäranknüpfung vorzusehen; denn der Schwerpunkt des Rechtsverhältnisses liege am Gebrauchsort der Vollmacht[2]. Wegen dieser kritischen Aufnahme des Art. 7 Rom I-VO-Entw. in der Fachwelt und des Widerstands einiger Mitgliedstaaten gegen die dort vorgeschlagenen Lösungen hat die Kommission in der Endfassung der Rom I-VO auf eine Regelung der Vertreterverträge und der Vollmacht verzichtet.

5424–5430 Frei.

II. Sonderanknüpfung der Vollmacht

5431 Da auch sonstige staatsvertragliche Regelungen zum IPR der Vollmacht für die Bundesrepublik Deutschland nicht gelten (vgl. näher Rz. 5561 ff.), sind daher insoweit die zur Anknüpfung der rechtsgeschäftlichen Vertretungsmacht in Rechtsprechung und Lehre entwickelten Grundsätze des autonomen Kollisionsrechts weiterhin maßgebend[3]. Dies gilt auch im Rahmen von internationalen Warenkaufverträgen, die dem UN-Kaufrecht unterliegen[4]. Danach besteht weitgehend Einigkeit darüber, dass die rechtsgeschäftlich erteilte Vollmacht im Verhältnis des Vertretenen zur dritten Partei, der gegenüber der Vertreter das Rechtsgeschäft vornimmt, gesondert anzuknüpfen ist. Maßgebend ist also nicht das Geschäftsstatut des von dem Bevollmächtigten mit dem Dritten abgeschlossenen bzw. abzuschließenden Rechtsgeschäfts, sondern ein **eigenes Vollmachtsstatut**[5].

---

1 *Mankowski*, IPRax 2006, 101 (108 f.).
2 *Schwarz*, RabelsZ 71 (2007), 729 (752 ff.).
3 *Thorn*, in: Palandt, Anh. zu Art. 32 EGBGB Rz. 1; *Spellenberg*, in: MünchKomm, vor Art. 11 EGBGB Rz. 193; *Lüderitz*, in: Soergel, Anh. zu Art. 10 EGBGB Rz. 93.
4 Vgl. AG Alsfeld 12.5.1995, NJW-RR 1996, 120 = IPRspr. 1995 Nr. 22.
5 BGH 9.12.1964, BGHZ 43, 21 (26) = NJW 1965, 487 = IPRspr. 1964/65 Nr. 33; BGH 13.5.1982, NJW 1982, 2733 = IPRax 1983, 67 (m. Anm. *Stoll*, IPRax 1983, 52) = IPRspr. 1982 Nr. 139; BGH 26.4.1990, NJW 1990, 3088 = IPRax 1991, 247 (m. Anm. *Ackmann*,

BGH 5.2.1958, DB 1958, 1010 = IPRspr. 1958/59 Nr. 38
„Nach deutschem IPR ist die Vollmacht ein selbständiges Rechtsgeschäft, die deshalb einem besonderen Vollmachtsstatut und grundsätzlich nicht dem Statut unterliegt, das für die Handlung maßgeblich ist, die aufgrund der Vollmacht vorgenommen wird oder werden soll."

Zwar wird – im Anschluss an ausländische Vorbilder[1] – auch im deutschen Schrifttum zT noch eine einheitliche Anknüpfung von Vertretergeschäft und Vollmacht[2] vertreten. Für einen solchen Gleichlauf der Anknüpfung von Hauptvertrag und Vollmacht lässt sich anführen, dass auf diese Weise die zT schwierigen Abgrenzungsprobleme zwischen Geschäfts- und Vollmachtsstatut vermieden würden und die Notwendigkeit entfiele, neben dem Geschäftsstatut des Hauptvertrages und dem Statut des der Vollmacht zugrundeliegenden Geschäfts uU ein drittes Recht zu ermitteln[3]. Ferner würde durch eine akzessorische Anknüpfung der Vollmacht an das Statut des Hauptvertrages auch der gebotene Schutz des Drittkontrahenten erreicht, weil dieser das für die Vollmacht maßgebende Recht auf diese Weise unschwer erkennen könnte. Eine solche Anknüpfung berücksichtigt jedoch einerseits die Interessen des Vollmachtgebers nicht hinreichend, der hinsichtlich der Voraussetzungen und Wirkungen einer gültigen Vollmachtserteilung einem Recht unterworfen würde, auf dessen Bestimmung er keinen Einfluss hat[4]; andererseits muss auch der Vertreter davor geschützt werden, dass durch eine zwischen Prinzipal und Drittkontrahenten für den Hauptvertrag getroffene Rechtswahl eine für ihn nicht vorhersehbare Haftung als falsus procurator begründet wird. Außerdem hätten die an den Vertragsverhandlungen Beteiligten vor dem Abschluss des Hauptvertrages keine Möglichkeit, den Bestand und die Reichweite der Vertretungsbefugnisse zu überprüfen, weil das hierfür maßgebende Recht erst mit Abschluss des Hauptvertrages feststünde[5].

5432

IPRax 1991, 220) = EWiR 1990, 1087 m. Anm. *Reithmann* = IPRspr. 1990 Nr. 25; BGH 3.2.2004, NJW 2004, 1315 = IPRspr. 2004 Nr. 29; OLG München 10.3.1988, NJW-RR 1989, 663 = IPRax 1990, 320 (m. Anm. *Spellenberg*, IPRax 1990, 295) = RIW 1990, 226 = IPRspr. 1988 Nr. 15; *Raape*, S. 503; *von Caemmerer*, RabelsZ 24 (1959), 201 (203 f.); *Kegel/Schurig*, § 17 V 2a; *von Bar*, II Rz. 586; *Junker*, Rz. 333; *Schotten/Schmellenkamp*, Rz. 89; *Hohloch*, in: Erman, Anh. I zu Art. 37 EGBGB Rz. 13; *Thorn*, in: Palandt, Anh. zu Art. 32 EGBGB Rz. 1; *Magnus*, in: Staudinger, Einl. zu Art. 27–37 EGBGB Rz. 110; *Lüderitz*, in: Soergel, Anh. zu Art. 10 EGBGB Rz. 93; *Schwarz*, RabelsZ 71 (2007), 729 (744 ff.) mwN.

1 Insbesondere das engl. Recht tendiert nach wie vor zu einer akzessorischen Anknüpfung der Vollmacht an das Recht des Hauptvertrags, vgl. *Schwarz*, RabelsZ 71 (2007), 729 (745 f.) mwN.
2 *Müller-Freienfels*, Vertretung beim Rechtsgeschäft, S. 236 ff.; *Spellenberg*, S. 225 f.; *Spellenberg*, in: MünchKomm, vor Art. 11 EGBGB Rz. 272 ff.
3 *Spellenberg*, S. 125 ff.; *Starace*, S. 75 ff., 92 ff.
4 *von Hoffmann/Thorn*, § 7 Rz. 49; *von Bar*, II Rz. 586; *Steding* ZvglRW 86 (1987), 25 (44 f.); *Schäfer*, RIW 1996, 189 (190); *Ruthig*, S. 32; *Schwarz*, RabelsZ 71 (2007), 729 (743). Allein der über Art. 10 Abs. 2 Rom I-VO gewährleistete Schutz reicht – entgegen *Spellenberg*, in: MünchKomm, vor Art. 11 EGBGB Rz. 287 f. – nicht aus.
5 *Schwarz*, RabelsZ 71 (2007), 729 (744).

5433 Die Sonderanknüpfung ist auch deshalb gerechtfertigt, weil die Bevollmächtigung als **eigenständiges Rechtsgeschäft** in ihren Voraussetzungen und Wirkungen vom Vertretergeschäft unabhängig ist. Dieser Wertung des deutschen materiellen Rechts ist auch im Rahmen der kollisionsrechtlichen Anknüpfung Rechnung zu tragen, weil beide Rechtsgeschäfte ganz unterschiedliche räumliche Schwerpunkte haben können[1]. So mag der Schwerpunkt des Hauptgeschäfts am Sitz oder gewöhnlichen Aufenthaltsort des Verkäufers liegen, weil dieser die für den Vertrag charakteristische Leistung erbringt (Art. 4 Abs. 1 lit. a Rom I-VO), für die Vollmacht hingegen am Sitz des Käufers, weil der Vertrag durch den Bevollmächtigten des Verkäufers dort ausgehandelt und abgeschlossen wurde. Für die rechtsgeschäftliche Vertretung kann insoweit nichts anderes gelten als für die organschaftliche und die sonstige gesetzliche Vertretung, die ebenfalls unabhängig vom Vertretergeschäft angeknüpft werden (vgl. oben Rz. 5174 ff. und unten Rz. 6181 ff.). Diese kollisionsrechtliche Unterscheidung zwischen Vollmacht und Hauptgeschäft wird mittelbar bestätigt durch Art. 1 Abs. 2 lit. g Rom I-VO, wonach die Vorschriften der Art. 3 ff. Rom I-VO über die Anknüpfung internationaler Schuldverträge gerade nicht auf die Frage anzuwenden sind, ob ein Vertreter die Person, für deren Rechnung er zu handeln vorgibt, Dritten gegenüber verpflichten kann. Vor diesem Hintergrund wird die Vollmacht auch im Haager Stellvertretungsübereinkommen von 1978 (Art. 11 HStÜ) sowie in den meisten europäischen IPR-Kodifikationen gesondert angeknüpft[2].

5434 Andererseits wird das Vollmachtsstatut aber – anders als zB im früheren französischen IPR[3] – auch nicht durch das der Vollmachtserteilung zugrunde liegende Rechtsverhältnis, das Grund- oder Innenverhältnis (zB Handelsvertretervertrag, Auftrag, Geschäftsbesorgung uÄ.) bestimmt. Ebenso wie im deutschen Sachrecht muss auch im deutschen IPR zwischen **Innen- und Außenverhältnis** deutlich unterschieden werden, auch wenn das auf die Vollmacht anwendbare ausländische Sachrecht diese Trennung nicht vornimmt[4]. Dafür spricht vor allem der gebotene Schutz des Drittkontrahenten, der das Bestehen und den Umfang der Vollmacht leicht prüfen und zuverlässig feststellen können muss; diese Voraussetzung wäre bei einer akzessorischen Anknüpfung der Vollmacht an das ihr zugrunde liegende Auftragsverhältnis zwischen Vertreter und Voll-

---

1 Vgl. *Kropholler*, IPR, § 41 I 1b; *Junker*, Rz. 333; *Steding*, ZvglRW 86 (1987), 25 (44); *Schäfer*, RIW 1996, 189 (190); *Looschelders*, Anh. zu Art. 12 EGBGB Rz. 4.
2 So zB in den EG-Mitgliedstaaten Belgien, Bulgarien, Estland, Italien, Liechtenstein, Litauen, den Niederlanden, Österreich, Portugal, Rumänien und Spanien sowie in der Schweiz; vgl. dazu *Schwarz*, RabelsZ 71 (2007), 729 (744 ff.) m. Nachw.
3 Das französ. IPR unterwarf die Vollmacht bis zum Inkrafttreten des Haager Stellvertretungsübereinkommens von 1978 (dazu Rz. 5562 ff.) für Frankreich im Jahre 1992 in Ermangelung einer ausdrücklichen Rechtswahl dem gleichen Recht, dem auch das Innenverhältnis unterlag („mandat"), vgl. *Gulphe*, J.C.P. 1978.II.18821; *Batiffol/Lagarde*, II n. 603.
4 *Pfister*, S. 74 ff.; *Makarov*, S. 51 f.; *Verhagen*, S. 108 f.; *Spellenberg*, in: MünchKomm, vor Art. 11 EGBGB Rz. 201.

machtgeber nicht gewährleistet[1]. Demgemäß entscheidet das Vollmachtsstatut – und nicht das Statut des Innenverhältnisses – auch darüber, ob und in welchem Umfang aus einer bestimmten Stellung des Vertreters im Innenverhältnis zum Vertretenen (zB aus einem Anstellungsvertrag, vgl. § 56 HGB) die Vermutung einer Bevollmächtigung im Außenverhältnis folgt[2].

Frei. 5435–5440

III. Bestimmung des Vollmachtsstatuts

1. Grundsatzanknüpfung

Die Vollmacht wird grundsätzlich nach dem Recht des Landes beurteilt, in dem der Vertreter von ihr mit Willen des Vollmachtgebers tatsächlich Gebrauch macht und in dem sie deshalb ihre Wirkung entfaltet (**Wirkungsland**). 5441

BGH 9.12.1964, BGHZ 43, 21 (26) = NJW 1965, 487 = AWD 1965, 30 = IPRspr. 1964/1965 Nr. 33
„Es kann als gesicherte Auffassung von Rechtslehre und Rechtsprechung angesehen werden, dass nach deutschem IPR Fragen, die sich auf eine im Ausland gebrauchte Vollmacht eines Agenten beziehen, nach dem Recht des Gebrauchsortes als des sog. Wirkungslandes zu beantworten sind."

Wird die Vollmacht daher vom Geschäftsherrn zum Gebrauch in einem bestimmten Land erteilt und dort auch tatsächlich verwendet, so gilt das Recht dieses Landes[3]. Auf das Recht des realen Gebrauchsorts wird – in Ermangelung einer Rechtswahl und vorbehaltlich von Sonderanknüpfungen (Rz. 5453 ff.) – auch im IPR zahlreicher ausländischer Staaten abgestellt, zB in Österreich (§ 49 Abs. 2 IPRG 1972), der Schweiz (Art. 126 Abs. 2 IPRG 1987), Italien (Art. 60 Abs. 1 S. 2 IPRG 1995) und Spanien (Art. 10 Abs. 11, 2. HS c.c. idF von

---

1 Zutr. *von Bar*, II Rz. 587; *Mäsch*, in: Bamberger/Roth, Anh. zu Art. 10 EGBGB Rz. 78; *Junker*, Rz. 333; *Schwarz*, RabelsZ 71 (2007), 729 (742) mwN. Auch das schweiz. Recht trennt in Art. 126 Abs. 1 und 2 IPRG scharf zwischen Innen- und Aussenverhältnis, vgl. *Girsberger*, in: Keller, Art. 126 IPRG Rz. 9 f.
2 *Mäsch*, in: Bamberger/Roth, Anh. zu Art. 10 EGBGB Rz. 97; *Spellenberg*, in: MünchKomm, vor Art. 11 EGBGB Rz. 201.
3 BGH 16.4.1975, BGHZ 64, 183 (192 f.) = IPRspr. 1975 Nr. 118; BGH 13.5.1982, NJW 1982, 2733 = IPRspr. 1982 Nr. 139; BGH 26.4.1990, NJW 1990, 3088 = IPRspr. 1990 Nr. 25; BGH 27.5.1993, DNotZ 1994, 485 = WuB VIII C. § 17 BeurkG Nr. 1.93 m. Anm. *Reithmann* = IPRspr. 1993 Nr. 27; BGH 3.2.2004, NJW 2004, 1315 = IPRspr. 2004 Nr. 29; BayObLG 5.11.1987, BayObLGZ 1987, 363 = NJW-RR 1988, 873 = IPRspr. 1987 Nr. 14a; OLG Düsseldorf 23.9.2003, IPRspr. 2003 Nr. 25; OLG Hamm 20.1.2004, IPRspr. 2004 Nr. 18; LG Köln 29.6.2000, IPRspr. 2000 Nr. 16; LG Karlsruhe 6.4.2001, RIW 2002, 153 (155); zust. die hL, vgl. *von Bar*, II Rz. 585 ff.; *Kropholler*, IPR, § 41 I 2; *Junker*, Rz. 334; *von Hoffmann/Thorn*, § 7 Rz. 50 f.; *Magnus*, in: Staudinger, Einl. zu Art. 27–37 EGBGB, Rz. A 13; *Thorn*, in: Palandt, Anh. zu Art. 32 EGBGB Rz. 110; *Hohloch*, in: Erman, Anh. I zu Art. 37 EGBGB Rz. 13; im Erg. auch *Lüderitz*, in: Soergel, Anh. zu Art. 10 EGBGB Rz. 100 f. („Recht, unter dem der Vertreter erkennbar auftritt"). Zum Auseinanderfallen von intendiertem und tatsächlichem Gebrauchsort s. Rz. 5451.

1981). Gleiches gilt für das französische, niederländische und portugiesische Recht aufgrund des dort geltenden Haager Stellvertretungsübereinkommens von 1978 (dazu unten Rz. 5564)[1].

5442 Die Anwendung des Rechts am realen Gebrauchsort dient vor allem dem **Schutz des Drittkontrahenten**, der sich bei der Prüfung der Wirksamkeit und des Umfangs der Vollmacht idR an das ihm vertraute materielle Vertretungsrecht halten kann[2]. Sein Bedürfnis, den Umfang der Vollmacht leicht prüfen und zuverlässig feststellen zu können, verdient daher zumindest dann, wenn der Vertreter von der Vollmacht im Wohnsitz- bzw. Niederlassungsstaat des Drittkontrahenten Gebrauch macht, den Vorrang vor dem Interesse des Vollmachtgebers, der das Risiko der Stellvertretung eingegangen ist und der durch die Einschaltung des Vertreters seinen geschäftlichen Wirkungskreis gewinnbringend erweitert[3].

Aber auch Geschäftsherr und Vertreter werden durch diese Anknüpfung nicht unangemessen benachteiligt, da beide sich auf das Recht des Wirkungslandes einstellen und sich über die dort geltenden Vertretungsregeln informieren können. Die Anwendung der lex lei loci actus führt daher zu einem gerechten Ausgleich der Rechtsanwendungsinteressen aller drei Beteiligten[4].

a) Realer Gebrauchsort

5443 Gebrauchsort ist bei Vertragsschluss **unter Anwesenden** das an diesem Ort geltende Recht. Wird der Vertrag **unter Abwesenden** geschlossen, so kommt es auf den Ort an, an dem der Vertreter die Erklärung abgibt oder entgegennimmt. Dies ist bei brieflichen oder telefonischen Erklärungen der Ort, von dem aus der Vertreter schreibt oder telefoniert, bei Verwendung von Telefax oder E-Mail der Absendeort. Unmaßgeblich ist hingegen, wo die Erklärung zugeht oder die Vollmacht nachgewiesen wird[5]. Bei Internet-Geschäften kommt es darauf an, wo die Erklärung vom Vertreter in das Netz eingegeben wird. Nur die Vollmacht des bloßen Empfangsvertreters beurteilt sich nach dem Recht am Empfangsort[6].

---

[1] Weitere rechtsvergleichende Hinweise zur Gebrauchsortanknüpfung bei *Schwarz*, RabelsZ 71 (2007), 729 (756 ff.).
[2] OLG Düsseldorf 8.12.1994, IPRax 1996, 423 (425) = IPRspr. 1994 Nr. 17.
[3] *Steding*, ZvglRW 86 (1987), 25 (45); *G. Fischer*, S. 284 ff. Vgl. schon RG 23.3.1929, SA 83 Nr. 153 = IPRspr. 1929 Nr. 29 („Es wäre äußerst zweckwidrig und müsste zu fortgesetzten Weiterungen führen, wenn die Personen, mit denen der Bevollmächtigte im Inland Geschäfte macht, davon ausgehen müssten, dass sich der Umfang seiner Vollmacht nach einem ihnen fremden und nicht nach inländischem Recht richte.").
[4] *von Bar*, II Rz. 592; *Hohloch*, in: Erman, Anh. I zu Art. 37 EGBGB Rz. 17; *Schwarz*, RabelsZ 71 (2007), 729 (757).
[5] OLG Saarbrücken 28.10.1966, IPRspr. 1968/69 Nr. 19a: Vertragsschluss per Telefon; OLG Frankfurt a.M. 8.7.1969, AWD 1969, 415 = IPRspr. 1968/69 Nr. 21; LG Karlsruhe 6.4.2001, RIW 2002, 153 (155) = IPRspr. 2001 Nr. 19: Vertragsschluss per Brief; *von Caemmerer*, RabelsZ 24 (1959), 201 (207); *Ferid*, Rz. 5–153; *von Bar*, II Rz. 589; *Kropholler*, IPR, § 41 I 2a; *Junker*, Rz. 333 f.
[6] *Spellenberg*, in: MünchKomm, vor Art. 11 EGBGB Rz. 253.

Soll die Vollmacht nach ihrem Inhalt **in mehreren Ländern** Verwendung finden, so wird sie in jedem dieser Länder nach dortigem Recht beurteilt[1]. Dies gilt zB für eine Vollmacht zur gerichtlichen Durchsetzung von Ansprüchen vor den Gerichten verschiedener Länder oder für eine Generalvollmacht zur Verwaltung eines in mehreren Ländern belegenen Vermögens, sofern der Vertreter nicht für den jeweiligen Dritten erkennbar von einer bestimmten Niederlassung oder einem ähnlichen Mittelpunkt seiner Tätigkeit aus handelt (vgl. unten Rz. 5467). Handelt der Vertreter hingegen in ein und derselben Angelegenheit in mehreren Ländern, weil er zB den Vertrag in seinem Wohnsitzstaat vorbereitet bzw. verhandelt und anschließend im Sitzstaat des Drittkontrahenten abschließt, so kommt es auf den Schwerpunkt seiner Vertretungstätigkeit an[2].

5444

b) Rechtswahl

Dem berechtigten Interesse des Vollmachtgebers, nicht von der Geltung eines ihm fremden Rechts überrascht zu werden, ist durch eine **begrenzte Zulassung der Parteiautonomie** Rechnung zu tragen. Über die Zulässigkeit einer Rechtswahl für das Vollmachtsstatut besteht heute in der deutschen Literatur weitgehend Einigkeit[3], wenn es auch an einer höchstrichterlichen Bestätigung bisher fehlt. Dies entspricht auch der Haltung des österreichischen (§ 49 Abs. 1 IPRG), schweizerischen (Art. 126 iVm. Art. 116 IPRG)[4], und spanischen (Art. 10 Abs 11 c.c.) sowie des bulgarischen (Art. 62 Abs. 3 IPRG) und rumänischen Rechts (Art. 95 Abs. 1 IPRG), ferner dem Haager Stellvertretungsübereinkommen von 1978 (Art. 14; dazu unten Rz. 5564) und dem Vorschlag der EG-Kommission zur Rom I-VO von 2005 (Art. 7 Abs. 3; oben Rz. 5422). Parteiautonomie gilt jedenfalls für die Vollmacht zum Abschluss von Geschäften, die – wie Schuldverträge – ihrerseits einer Rechtswahl zugänglich sind[5]. Für die Zulässigkeit einer Wahl des auf die gewillkürte Stellvertretung anwendbaren Rechts spricht vor allem, dass auf diese Weise das Vollmachtsstatut

5445

---

1 BGH 5.2.1958, WM 1958, 557 (559) = IPRspr. 1958/59 Nr. 38; *von Caemmerer*, RabelsZ 24 (1959), 201 (207); *Schotten/Schmellenkamp*, Rz. 90; *Mäsch*, in: Bamberger/Roth, Anh. z. Art. 10 EGBGB Rz. 108.
2 Vgl. OLG Köln 29.5.1967, IPRspr. 1966/67 Nr. 25; zust. *Kurzynsky-Singer*, S. 168 ff.
3 Vgl. schon *Rabel*, RabelsZ 3 (1929), 807 (835); *Reithmann*, DNotZ 1956, 125 (128); *Makarov*, Festschr. Perassi II (1957), S. 39 (51 f.); *Raape*, S. 504; *P. Müller*, RIW 1979, 377 (383 f.); ferner *Schäfer*, RIW 1996, 189 (190 f.); *G. Fischer*, IPRax 2005, 209 (271 f.); *Mankowski*, IPRax 2006, 101 (109); *Spellenberg*, in: MünchKomm, vor Art. 11 EGBGB Rz. 225 ff.; *Lüderitz*, in: Soergel, Anh. zu Art. 10 EGBGB Rz. 101; *Hohloch*, in: Erman, Anh. I zu Art. 37 EGBGB Rz. 15; *Junker*, Rz. 336; *von Bar*, II Rz. 457, 586; *Magnus*, in: Staudinger, Einl. zu Art. 27–37 EGBGB Rz. A 12; *Mäsch*, in: Bamberger/Roth, Anh. zu Art. 10 EGBGB Rz. 100; *Looschelders*, Anh. Zu Art. 12 EGBGB Rz. 12; *Kurzynsky-Singer*, S. 177 f., 202; *Mankowski*, TranspR 1991, 253 (264 f.); *Schwarz*, RabelsZ 71 (2007), 729 (774 ff.) mwN. Implizit auch OLG Hamburg 15.12.1988, TranspR 1989, 70 (72) = IPRspr. 1988 Nr. 36.
4 Vgl. *Vischer/Huber/Oser*, Rz. 1025; *Girsberger*, in: Keller, Art. 126 IPRG Rz. 50.
5 Lehnt man mit der hM eine akzessorische Anknüpfung der Vollmacht an das Geschäftsstatut ab, so spricht nichts dagegen, die Rechtswahl auch dort zuzulassen, wo sie für das Verkehrsgeschäft (zB dingliche Verfügungen) ausgeschlossen ist; aA *Spellenberg*, in: MünchKomm, vor Art. 11 EGBGB Rz. 226.

frühzeitig bestimmt werden kann und damit Rechtssicherheit für alle Beteiligten geschaffen wird[1]. Auch der Schutz des Drittkontrahenten ist bei Einräumung von Parteiautonomie jedenfalls dann gewährleistet, wenn die getroffene Wahl ihm rechtzeitig vor Abschluss des Geschäfts bekannt gegeben wird (dazu unten Rz. 5447).

5446 Umstritten ist, ob die Rechtswahl durch einseitige Erklärung des Geschäftsherrn gegenüber dem Dritten (zB in der Vollmachtsurkunde) getroffen werden kann oder ob hierfür eine Vereinbarung mit den Drittkontrahenten erforderlich ist. Sowohl Art. 14 HStÜ als auch Art. 7 Abs. 3 des in die Endfassung der Rom I-VO nicht übernommenen Entwurfs (Rz. 5422) sprechen sich für das Erfordernis einer Rechtswahlvereinbarung aus, indem sie verlangen, dass die Bestimmung des anwendbaren Rechts „von der anderen Partei ausdrücklich anerkannt" worden ist[2]. Richtigerweise sollte dem Vollmachtgeber indessen die Möglichkeit einer **einseitigen Rechtswahl** eingeräumt werden[3]. Denn allein ihm obliegt es, den Inhalt der Vollmacht festzulegen; dazu gehört aber auch die Bestimmung des Rechts, das Erteilung und Umfang der Vollmacht regelt, soweit der Vertretene selbst keine diesbezüglichen Anordnungen getroffen hat. Ebenso wenig wie im materiellen Recht ist der Drittkontrahent an den Verhandlungen über den Inhalt der Vollmacht zu beteiligen, denn er wird durch diese weder unmittelbar berechtigt noch verpflichtet[4]. Schließlich kann der Prinzipal eine Dauervollmacht für eine Vielzahl von Vertragsschlüssen mit unterschiedlichen Vertragspartnern nur dann einem einheitlichen Recht unterstellen, wenn er die Rechtswahl schon bei Vollmachtserteilung einseitig treffen kann; die zwingende Beteiligung des Dritten an der Rechtswahl würde deren praktischen Nutzen daher erheblich einschränken[5].

5447 Der erforderliche **Verkehrsschutz** wird dadurch gewährleistet, dass nur ein dem Dritten zweifelsfrei erkennbar gewordener Parteiwille beachtet wird. Die Rechtswahl muss daher entweder aus der dem Dritten vorgelegten Vollmachtsurkunde hervorgehen oder dem Dritten durch den Vertreter oder den Vollmachtgeber mitgeteilt worden sein[6]. Der Dritte muss mithin die Möglich-

---

[1] *Schotten/Schmellenkamp*, Rz. 92; *Schwarz*, RabelsZ 71 (2007), 729 (774 ff.).
[2] Ebenso das schweiz. Recht, vgl. Art. 126 iVm. 116 IPRG; zust. im deutschen Recht *Spellenberg*, in: MünchKomm, vor Art. 11 EGBGB Rz. 223; *Hohloch*, in: Erman, Anh. I zu Art. 37 EGBGB Rz. 15.
[3] So auch die hL; vgl. *Fischer*, IPRax 2005, 269 (272); *Ruthig*, S. 124 f.; *Berger*, S. 126 f.; *Kurzynsky-Singer*, S. 178; *Magnus*, in: Staudinger, Einl. zu Art. 27–37 EGBGB Rz. A 12; *Mäsch*, in: Bamberger/Roth, Anh. zu Art. 10 EGBGB Rz. 23; *Looschelders*, Anh. zu Art. 12 EGBGB Rz. 12; *Kropholler*, IPR, § 41 I 2e; *Schotten/Schmellenkamp*, Rz. 92.
[4] *Schwarz*, RabelsZ 71 (2007), 729 (778 f.).
[5] *Ruthig*, S. 124 f.; *Schwarz*, RabelsZ 71 (2007), 729 (779 f.); aA *Mäsch*, in: Bamberger/Roth, Anh. zu Art. 10 EGBGB Rz. 101: Streitfrage sei ohne erkennbare praktische Bedeutung.
[6] Zust. *Siehr*, Festschr. Keller (1989), S. 485 (502 f.); *Mankowski*, TranspR 1991, 253 (264 ff.); *von Bar*, II Rz. 457, 586; *Junker*, Rz. 336; *Kropholler*, IPR, § 41 I 2e; *von Hoffmann/Thorn*, § 7 Rz. 55; *Lüderitz*, in: Soergel, Anh. zu Art. 10 EGBGB Rz. 101; *Hohloch*, in: Erman, Anh. I zu Art. 37 EGBGB Rz. 15; *Spellenberg*, in: MünchKomm, vor Art. 11 EGBGB Rz. 229 ff. mwN.

keit haben, den Geschäftsabschluss mit dem Vertreter abzulehnen, wenn er seine Interessen durch das gewählte Vollmachtsstatut nicht hinreichend gewahrt sieht. Im Übrigen bestimmt sich die Wirksamkeit der Rechtswahl nach dem gewählten Recht (Art. 3 Abs. 5 iVm. Art. 10 Rom I-VO analog)[1]. Selbst wenn man – entgegen der hier vertretenen Auffassung – am Erfordernis einer zweiseitigen Rechtswahl festhalten wollte, so sollte die Annahmeerklärung – anders als in Art. 14 HStÜ und Art. 7 Abs. 3 Rom I-VO-Entw. (Rz. 5422) vorgesehen – auch **konkludent** erfolgen können. Als Zustimmung zur Rechtswahl sollte es daher ausreichen, dass der Dritte in voller Kenntnis der vom Geschäftsherrn in der Vollmachtsurkunde getroffenen Rechtswahl den Hauptvertrag mit dem Vertreter abschließt[2].

Während die bisher in Deutschland hM davon ausgeht, dass die Rechtswahl formlos, also auch mündlich getroffen werden kann[3], sehen sowohl Art. 14 HStÜ als auch Art. 7 Abs. 3 Rom I-VO-Entw. (Rz. 5422) vor, dass das anzuwendende Recht **schriftlich bestimmt** sein muss. Selbst wenn man einem solchen Formerfordernis im Interesse einer klaren und möglichst frühzeitig erkennbaren Anknüpfung des Vollmachtsstatuts zustimmt[4], sollte hierdurch jedenfalls die Möglichkeit einer konkludenten Rechtswahl nicht ausgeschlossen werden; es muss mithin ausreichen, dass sich die Wahl des Vollmachtsstatuts im Wege der Auslegung aus der Vollmachtsurkunde oder dem sonstigen Schriftverkehr zwischen den Parteien mit hinreichender Deutlichkeit entnehmen lässt[5].

5448

Dies trifft etwa zu, wenn der Vertretene in der Vollmachtsurkunde den Tätigkeitsbereich des Vertreters ausdrücklich auf ein *bestimmtes Land* beschränkt. Lässt der Dritte sich trotz Kenntnis dieser Beschränkung auf ein Geschäft mit dem Vertreter ein, das dieser weisungswidrig in einem anderen Land abschließt, so kann er sich auf die Vollmachtsregeln am tatsächlichen Gebrauchsort nicht berufen[6]. Darüber hinaus kann – wie nach Art. 3 Abs. 1 S. 2 Rom I-VO im internationalen Vertragsrecht allgemein anerkannt (dazu oben Rz. 125) – auch in der Bezugnahme auf bestimmte Vorschriften einer nationalen Rechtsordnung in der Vollmachtsurkunde eine stillschweigende Bestimmung des Vollmachtsstatuts liegen[7].

---

1 *Mäsch*, in: Bamberger/Roth, Anh. zu Art. 10 EGBGB Rz. 102.
2 *Ruthig*, S. 124; *Verhagen*, S. 124 f.; *Schwarz*, RabelsZ 71 (2007), 729 (781 ff.); *Spellenberg*, in: MünchKomm, vor Art. 11 EGBGB Rz. 229; *Mäsch*, in: Bamberger/Roth, Anh. zu Art. 10 EGBGB Rz. 101; *Schotten/Schmellenkamp*, Rz. 92.
3 6. Aufl. Rz. 2435; *Ruthig*, S. 127; *Schotten/Schmellenkamp*, Rz 92; *Spellenberg*, in: MünchKomm, vor Art. 11 EGBGB Rz. 226. Ebenso etwa § 49 Abs. 1 österreich. IPRG; Art. 126 iVm. Art. 116 schweiz. IPRG; Art. 10 Abs. 11 span. CC.
4 Dafür *Schwarz*, RabelsZ 71 (2007), 729 (784 f.).
5 So zu Recht auch *Spellenberg*, in: MünchKomm, vor Art. 11 EGBGB Rz. 233; *Mäsch*, in: Bamberger/Roth, Anh. zu Art. 10 EGBGB Rz. 100; *Schwarz*, RabelsZ 71 (2007), 729 (785 f.); aA noch *Rabel*, RabelsZ 3 (1929), 807 (835).
6 *Raape*, S. 503, Fn. 78; *Ruthig*, S. 127; *Magnus*, in: Staudinger, Einl. zu Art. 27–37 EGBGB Rz. A 12.
7 Vgl. österreich. OGH 28.9.1989 – Az. 10Ob48/89; OLG Karlsruhe 8.5.1998, MDR 1998, 1470.

5449 Sowohl nach Art. 14 HStÜ wie nach Art. 7 Abs. 3 Rom I-VO-Entw. sind nur der Prinzipal und der Dritte, nicht hingegen der Vertreter wahlberechtigt. Dahinter steht die Befürchtung, der Vertreter könnte durch eine Wahl des Vollmachtsstatuts seine Vertretungsbefugnisse zu Lasten des Vertretenen eigenmächtig erweitern[1]. Diese Befürchtung ist freilich dann nicht begründet, wenn der Geschäftsherr den Vertreter ausdrücklich dazu ermächtigt, das Vollmachtsstatut mit Wirkung für und gegen ihn zu wählen[2]. Ferner kann der Geschäftsherr die Wahlfreiheit des Vertreters dadurch beschränken, dass er die von diesem überhaupt wählbaren Rechte in der Vollmachtsurkunde näher bezeichnet. Andererseits ist auch der Vertreter gegenüber einer – etwa im Wege einer Außenvollmacht – nur im Verhältnis zwischen Prinzipal und Dritten getroffenen Rechtswahl zu seinen Lasten zu schützen. Erstreckt man nämlich den Anwendungsbereich des Vollmachtsstatuts auch auf die Fragen einer Überschreitung der Vertretungsmacht und die Haftung des falsus procurator (dazu unten Rz. 5495, 5536 ff.), so könnte durch eine solche Rechtswahl die Haftung des Vertreters ohne sein Wissen begründet oder erweitert werden. Aus diesem Grunde wird man zur Wirksamkeit einer zwischen Prinzipal und Drittkontrahenten getroffenen – insbesondere nachträglichen – Rechtswahl auch die Kenntnis, zumindest aber die Erkennbarkeit dieser Rechtswahl auf Seiten des Vertreters fordern müssen[3].

c) Weitergehender Schutz des Vollmachtgebers?

5450 Bestrebungen im deutschen Schrifttum, den Interessen des Vertretenen auch unabhängig von einer Rechtswahl wieder stärker Rechnung zu tragen und deshalb entweder grundsätzlich vom **Wohnsitzrecht des Vollmachtgebers** auszugehen[4] oder dieses zumindest kumulativ zu berücksichtigen[5], sind hingegen auf die deutsche Rechtsprechung bisher ohne nennenswerten Einfluss geblieben[6].

---

1 Vgl. OLG Karlsruhe 8.5.1998, MDR 1998, 1470; *Spellenberg*, in: MünchKomm, vor Art. 11 EGBGB Rz. 231.
2 *Schwarz*, RabelsZ 71 (2007), 729 (787 f.); *Verhagen*, S. 356 f.; *de Quenaudon*, Rev.crit.d.i.p. 73 (1984), 597 (601).
3 So auch die hM, vgl. OLG Karlsruhe 8.5.1998, MDR 1998, 1470; *Magnus*, in: Staudinger, Einl. zu Art. 27–37 EGBGB Rz. A 12; *Mäsch*, in: Bamberger/Roth, Anh. zu Art. 10 EGBGB Rz. 101; *Spellenberg*, in: MünchKomm, vor Art. 11 EGBGB Rz. 230; *Looschelders*, Anh. zu Art. 12 EGBGB Rz. 12; *Kurzynsky-Singer*, S. 178; *Schwarz*, RabelsZ 71 (2007), 729 (788 ff.) mwN.; aA *Ruthig*, S. 124 f. Demgegenüber löst der Kommissionsvorschlag zur Rom I-VO von 2005 das Problem durch eine Einschränkung der Rechtswahl. In Art. 7 Abs. 4 wird hinsichtlich der Haftung des falsus procurator nur auf Abs. 2, nicht auf Abs. 3 verwiesen; die Haftung wird mithin stets objektiv angeknüpft.
4 So vor allem *Kegel/Schurig*, § 17 V 2a; *P. Müller*, RIW 1979, 377 (380 f.); *Ebenroth*, JZ 1983, 821 (824); *Dorsel*, MittRheinNotK 1997, 6 (9); vgl. auch schon ROHG 8, 150 f. und 22, 86 (98); dazu *Steding*, ZvglRW 86 (1987), 25 (26 f.).
5 *Luther*, RabelsZ 38 (1974), 421 (436 f.); *Ferid*, Rz. 5–146 f.
6 Vgl. aber LG Hamburg 16.3.1977, RIW 1978, 124 (126) = IPRspr. 1977 Nr. 6, das die Vollmacht zum Abschluss eines Schiedsvertrages kumulativ nach dem Recht des Wirkungslandes und dem Aufenthaltsrecht des Vollmachtgebers beurteilt, um die „überstarke Betonung des Verkehrsschutzes durch Rücksichtnahme auch auf die Interessen des Vertretenen auszugleichen".

Die Gerichte räumen dem Schutzbedürfnis des Drittkontrahenten an einer möglichst leicht zugänglichen und zuverlässigen Prüfung der Vollmacht insoweit zu Recht den Vorrang vor den Interessen des Vollmachtgebers, der das Risiko der Stellvertretung eingegangen ist, ein[1] und halten deshalb eine bloße Korrektur der Anknüpfung an das Aufenthalts- oder Sitzrecht des Vollmachtgebers durch eine analoge Anwendung von Art. 12 EGBGB (= Art. 13 Rom I-VO)[2] nicht für ausreichend.

OLG Köln 29.5.1967, IPRspr. 1966/67 Nr. 25
Bei der Ermittlung des Vollmachtsstatuts sei „weniger das Parteiinteresse des Vertretenen an der Anwendung eines ihm nahe stehenden Rechts zu berücksichtigen, als das Interesse des Verhandlungspartners des Agenten an dem Recht des Landes, in dem die Vollmacht wirken soll oder tatsächlich wirkt".

OLG München 30.10.1974, IPRspr. 1974 Nr. 10b
Das Gericht hält es „auch nicht für zulässig, bei der Auslegung einer Vollmacht das Aufenthaltsrecht des Vollmachtgebers mit zu berücksichtigen, was zu einer der Verkehrssicherheit besonders abträglichen Doppelanknüpfung führte. Auf eine solche Mitberücksichtigung des Rechts des Vollmachtgebers liefe es aber hinaus, wenn bei der Auslegung einer Vollmacht auf die von seinem Heimatrecht beeinflussten, in der Vollmacht nicht zum Ausdruck gekommenen Vorstellungen des Vollmachtgebers über die Bedeutung und den Umfang der Vollmacht zurückgegriffen würde."

Die Anwendung des am Sitz des Vertretenen geltenden Rechts kommt – im Hinblick auf Art. 1 Abs. 2 lit. g Rom I-VO – auch unter Berufung auf Art. 10 Abs. 2 Rom I-VO nicht in Betracht[3]. Sie ist sogar dann ausgeschlossen, wenn sie dem Drittkontrahenten im Einzelfall günstiger ist[4].

Die Rechtsprechung trägt den Schutzinteressen des Vollmachtgebers zT dadurch Rechnung, dass sie die Vollmacht nicht nach dem Recht des Staates beurteilt, in dem von ihr tatsächlich Gebrauch gemacht wird, sondern – ähnlich wie der österreichische Gesetzgeber (vgl. § 49 Abs. 2 österreich. IPRG) – als Anknüpfungspunkt das Recht des Landes wählt, in dem die Vollmacht **nach dem Willen des Vollmachtgebers** ihre Wirkung entfalten *soll*[5]. Dem ist für den Fall zuzustimmen, dass dem Drittkontrahenten bekannt oder nur infolge von Fahrlässigkeit unbekannt war, dass der Vertreter nach dem Willen des Prinzipals von seiner Vollmacht in einem anderen Land Gebrauch machen sollte

5451

---

1 BGH 16.4.1975, BGHZ 64, 183 (193) = NJW 1975, 1220 = IPRspr. 1975 Nr. 118.
2 Dafür *Kegel/Schurig*, § 17 V 2a; *Dorsel*, MittRheinNotK 1997, 6 (13).
3 OLG Düsseldorf 23.9.2003, IPRspr. 2003 Nr. 25 (zu Art. 31 Abs. 2 EGBGB aF).
4 RG 14.1.1910, JW 1910, 181 = SA 66 Nr. 73; *von Caemmerer*, RabelsZ 24 (1959), 201 (211); *Ferid*, Rz. 5–148; *Steding*, ZvglRW 86 (1987), 25 (43).
5 BGH 16.4.1975, BGHZ 64, 183 (192 f.) = NJW 1975, 1220 = IPRspr. 1975 Nr. 118; BGH 13.5.1982, NJW 1982, 2733 = IPRax 1983, 67 (m. Anm. *Stoll*, IPRax 1983, 52) = IPRspr. 1982 Nr. 139; BGH 17.11.1994, BGHZ 128, 41 (47) = IPRax 1996, 342 (343) (m. Anm. *G. Fischer*, IPRax 1996, 332) (interlokal); OLG Frankfurt a.M. 11.7.1985, IPRax 1986, 373 (375) (m. Anm. *Ahrens*, IPRax 1986, 355) = IPRspr. 1985 Nr. 21; OLG München 10.3.1988, RIW 1990, 226 = IPRax 1990, 320 (322) (m. Anm. *Spellenberg*, IPRax 1990, 295); OLG Koblenz 5.2.1993, IPRax 1994, 302 (304) (m. Anm. *Frank*, IPRax 1994, 279) = IPRspr. 1993 Nr. 51.

(Rechtsgedanke des Art. 13 Rom I-VO)[1]. Ist der Geschäftspartner hingegen gutgläubig, so sollte es aus Gründen des vorrangigen Verkehrsschutzes bei der Maßgeblichkeit des tatsächlichen Gebrauchsorts sein Bewenden haben[2].

d) Rück- und Weiterverweisung

5452 Ein Renvoi des Rechts des Wirkungslandes (zB auf das Recht, dem das Hauptgeschäft oder das der Vollmacht zugrunde liegende Auftragsverhältnis untersteht) ist vom deutschen Richter nicht zu beachten. Dafür spricht zunächst, dass das IPR der Rechtsgeschäfte, soweit es – wie insbesondere das Schuldvertragsrecht – kodifiziert ist, ausdrücklich Sachnormverweisungen vorschreibt (vgl. Art. 20 Rom I-VO). Vor allem aber widerspricht die Befolgung eines Renvoi dem „Sinn der Verweisung" iSv. Art. 4 Abs. 1 S. 1 EGBGB, weil der mit der Sonderanknüpfung der Vollmacht angestrebte **Verkehrsschutz** auf diese Weise verfehlt würde[3]. Deutsche Gerichte haben daher – soweit ersichtlich – im Rahmen der Vollmachtsanknüpfung eine Rück- oder Weiterverweisung nie geprüft. Auch im Ausland wird die Beachtung eines Renvoi im Recht der gewillkürten Stellvertretung deshalb zT explizit ausgeschlossen (vgl. Art. 13 Abs. 2 iVm. Art. 60 italien. IPRG). Wurde das Vollmachtsstatut durch Rechtswahl bestimmt, ergibt sich der Ausschluss des Renvoi bereits aus Art. 4 Abs. 2 EGBGB.

2. Sonderanknüpfung im Hinblick auf die Stellung des Bevollmächtigten

5453 Der Grundsatz, dass Vollmachtsstatut das Recht des Landes ist, in dem der Vertreter mit Willen des Vollmachtgebers von der Vollmacht tatsächlich Gebrauch macht, erleidet allerdings gewisse Einschränkungen, wenn der Vertreter – für den Drittkontrahenten erkennbar – mit einer bestimmten anderen Rechtsordnung stärker verbunden ist[4]. Im Interesse der Rechtssicherheit sollten die Fälle, in denen von der Anknüpfung an den tatsächlichen Gebrauchsort

---

[1] von Bar, II Rz. 457; Kropholler, IPR, § 41 I 2a; Looschelders, Anh. zu Art. 12 EGBGB Rz. 6; Magnus, in: Staudinger, Einl. zu Art. 27–37 EGBGB Rz. A 22 mwN.

[2] Wie hier Rabel, RabelsZ 7 (1933), 797 (805) aE; Schäfer, RIW 1996, 189 (192); von Bar, II Rz. 588; Kegel/Schurig, § 17 V 2a; Kropholler, IPR, § 41 I 2a; Schotten, IPR Rz. 90; von Hoffmann/Thorn, § 7 Rz. 50 f.; Junker, Rz. 334; Hohloch, in: Erman, Anh. I zu Art. 37 EGBGB Rz. 16; Magnus, in: Staudinger, Einl. zu Art. 27–37 EGBGB Rz. A 22 mwN., Rz. A 21; Mäsch, in: Bamberger/Roth, Anh. zu Art. 10 EGBGB Rz. 106; im Erg. auch BGH 26.4.1990, NJW 1990, 3088 = IPRspr. 1990 Nr. 25; aA Schotten/Schmellenkamp, Rz. 90 aE.

[3] Wie hier Kropholler, IPR, § 41 I 4; von Bar, II Rz. 589; Hohloch, in: Erman, Anh. I zu Art. 37 EGBGB Rz. 16; Rz. 18; Thorn, in: Palandt, Anh. zu Art. 32 EGBGB Rz. 1; Schotten/Schmellenkamp, Rz. 90; Lüderitz, in: Soergel, Anh. zu Art. 10 EGBGB Rz. 112; Magnus, in: Staudinger, Einl. zu Art. 27–37 EGBGB Rz. A 22 mwN., Rz. A 61; IPG 2000/01 Nr. 7 (Köln); im Erg. auch Mäsch, in: Bamberger/Roth, Anh. zu Art. 10 EGBGB Rz. 81.

[4] Vgl. insbes. Lüderitz, Festschr. Coing II (1982), S. 305 (318 f.), der als Regelanknüpfung auf das Recht abstellt, unter dem der Vertreter erkennbar auftritt.

abgewichen wird, freilich klar umgrenzt werden. Danach tritt die Anknüpfung an das Recht des Wirkungslandes in folgenden Fällen zurück:

a) Bevollmächtigte in der Geschäftsleitung

Abweichend angeknüpft wird vor allem die Vertretungsmacht von Personen, denen in einem Wirtschaftsunternehmen Vollmacht erteilt ist, insbesondere **Prokuristen**. Zwar wird man die Prokura nicht der gesetzlichen Vertretungsbefugnis von Gesellschaftsorganen (dazu oben Rz. 5174) gleichstellen können[1]; denn wenn der Inhalt der Prokura nach deutschem Recht auch gesetzlich bestimmt ist (§§ 49, 50 HGB), so beruht ihre Erteilung doch ausschließlich auf dem Willen des Prinzipals, was ihre Zurechnung zum Bereich der gewillkürten Stellvertretung rechtfertigt[2]. Statut der Prokura (wie auch der Handlungsvollmacht, vgl. § 54 HGB) ist jedoch – unabhängig von dem Ort, an dem der Prokurist (bzw. Handlungsbevollmächtigte) den Vertrag geschlossen hat – das am Sitz des Unternehmens bzw. das am Sitz der von ihnen geleiteten Niederlassung geltende Recht[3]. In diesem Sinne entscheiden auch das Haager Stellvertretungsübereinkommen von 1978 (Art. 12 HStÜ) sowie das österreichische (§ 49 Abs. 2 IPRG), liechtensteinische (Art. 53 IPRG) und schweizerische Recht (Art. 126 Abs. 3 IPRG)[4]. Diese Anknüpfung hat den Vorteil, dass sie im Regelfall zu einem Gleichlauf von rechtsgeschäftlicher und organschaftlicher Stellvertretung führt und damit die Abgrenzung zwischen Geschäftsführern und anderen leitenden Angestellten erübrigt[5].

5454

---

1 So noch *Rabel*, RabelsZ 3 (1929), 807 (811); *Raape*, S. 502. Zur notwendigen Abgrenzung zwischen organschaftlicher und rechtsgeschäftlicher Vertretungsmacht im IPR vgl. OLG Düsseldorf 23.12.1994, IPRax 1995, 396 (m. Anm. *Großfeld/Wilde*, IPRax 1995, 374) = EWiR 1995, 225 m. Anm. *Reithmann* = IPRspr 1994 Nr. 19.
2 So auch die hM, vgl. *von Caemmerer*, RabelsZ 24 (1959), 201 (205); *Mäsch*, in: Bamberger/Roth, Anh. zu Art. 10 EGBGB Rz. 90; *Spellenberg*, in: MünchKomm, vor Art. 11 EGBGB Rz. 202. Ebenso zum österreich. Recht OGH 11.10.1995, IPRax 1997, 126 (127); dazu *Leible*, IPRax 1997, 133. In der Schweiz wird auf die Funktion im Einzelfall abgestellt, vgl. *Girsberger*, in: Keller, Art. 126 IPRG Rz. 7.
3 OLG Frankfurt a.M. 8.7.1969, AWD 1969, 415 = IPRspr. 1968/69 Nr. 21; LG Bielefeld 23.6.1989, IPRax 1990, 315 (316); *von Caemmerer*, RabelsZ 24 (1959), 201 (205); *Lüderitz*, in: Soergel, Anh. zu Art. 10 EGBGB Rz. 101; ebenso zum österreich. Recht OGH 11.10.1995, IPRax 1997, 126 (127) (m. zust. Anm. *Leible*, IPRax 1997, 133); *Ferid*, Rz. 5–147; *Spellenberg*, in: MünchKomm, vor Art. 11 EGBGB Rz. 236; *Mäsch*, in: Bamberger/Roth, Anh. zu Art. 10 EGBGB Rz. 90; *Ruthig*, S. 137 f., 159 f.; *Schotten/Schmellenkamp*, Rz. 91; *Schwarz*, RabelsZ 71 (2007), 729 (755 f.) mwN.; aA *Sandrock/Müller*, Rz. D 20; *von Bar*, II Rz. 592 Fn. 873.
4 Vgl. *Vischer/Huber/Oser*, Rz. 1020.
5 BGH 8.10.1991, NJW 1992, 618 = JZ 1992, 579 m. Anm. *von Bar* = IPRspr. 1991 Nr. 28 (Vollmacht des Prokuristen einer deutschen Gesellschaft nach deutschem Recht beurteilt, obwohl die Geschäftsstatut französ. Recht maßgebend war); OLG Frankfurt a.M. 11.7.1985, IPRax 1986, 373 (375) (m. Anm. *Ahrens*, IPRax 1986, 355) = IPRspr. 1985 Nr. 21 (Vom Komplementär einer deutschen Abschreibungsgesellschaft erteilte Generalvollmacht nach deutschem Recht beurteilt, obwohl die Vertretergeschäfte überwiegend in der Schweiz getätigt worden waren. „Denn es geht darum, ob der Komplementär den Beklagten wirksam bevollmächtigt hat, die Rechte als Komplementär für ihn

5455 Da die Abgrenzung zwischen leitenden und sonstigen Angestellten eines Unternehmens anhand der ausgeübten Tätigkeit häufig schwierig zu treffen und für den Drittkontrahenten nicht immer leicht zu erkennen ist, sollte auch die Vertretungsmacht von sonstigen **unselbständigen Firmenvertretern** nach dem am Unternehmenssitz bzw. an der Niederlassung geltenden Recht beurteilt werden, der sie erkennbar zugeordnet sind. Denn der in einem sozialen Abhängigkeitsverhältnis stehende Vertreter ist für den Drittkontrahenten erkennbar aufs Engste mit dem Unternehmen verbunden, in das er eingegliedert ist; das Recht des Unternehmenssitzes bzw. der Niederlassung, in welcher der Vertreter beschäftigt ist, begrenzt daher seine Vertretungsbefugnisse auch dann, wenn er ausnahmsweise in einem anderen Land tätig wird[1]. Von der Fiktion einer Niederlassung aller abhängig beschäftigten Vertreter am Sitz des Prinzipals geht auch das *schweizerische* Recht ausdrücklich aus (Art. 126 Abs. 3 IPRG).

b) Ständige Vertreter mit eigener geschäftlicher Niederlassung

5456 Die Vertretungsmacht kaufmännischer Hilfspersonen, die ein Unternehmen **ständig** im Ausland vertreten, unterliegt dem am **Ort der ausländischen Niederlassung** geltenden Recht. Dies gilt sowohl für Angestellte, die eine Zweigstelle oder Zweigniederlassung im Ausland leiten, wie auch für selbständige Handelsvertreter mit einem festen Geschäftssitz im Ausland, soweit diese Personen von ihrer Niederlassung aus handeln[2].

---

auszuüben. Die Vollmacht sollte insoweit am Sitz der Gesellschaft jedenfalls schwerpunktmäßig ihre Wirkung entfalten.").

1 Ähnlich *Schnitzer*, II S. 672; *Kropholler*, IPR, § 41 I 2c; *Mäsch*, in: Bamberger/Roth, Anh. zu Art. 10 EGBGB Rz. 104. Die Gleichstellung hängt freilich davon ab, dass die Zuordnung des Vertreters zu einer bestimmten Niederlassung des Prinzipals für den Dritten ersichtlich ist, vgl. *Schwarz*, RabelsZ 71 (2007), 729 (755 f.).

2 RG 5.12.1896, RGZ 38, 194 (196) (Ständiger Vertreter einer deutschen Speditionsfirma in London. Vollmacht nach engl. Recht beurteilt, denn „ein Kaufmann, der einen Agenten für einen bestimmten örtlichen Bezirk des Auslandes einsetzt, unterwirft sich damit auch den Rechtssätzen, die für diese Art der Bevollmächtigung an dem auswärtigen Platz, wo der Agent seine Tätigkeit entfalten soll, gelten".); KG 30.5.1932, IPRspr. 1932 Nr. 25 (Ständiger Vertreter eines deutschen Konzerns in den Niederlanden. Vollmacht nach niederländ. Recht beurteilt, weil „über den Umfang der Vollmacht ständiger Vertreter, Agenten und Filialen im Ausland das Recht der Niederlassung entscheidet, von dem aus sie Geschäfte des Prinzipals betreiben".); BGH 29.11.1961, JZ 1963, 167 m. Anm. *Lüderitz* = IPRspr. 1960/61 Nr. 40 (Vollmacht einer deutschen Maklerfirma mit Sitz in Hamburg zur Weiterveräußerung von Aprikosenkernen nach deutschem Recht beurteilt. „Vollmachtsstatut ist jedenfalls in Fällen, in denen der Bevollmächtigte seine charakteristische Berufstätigkeit von einer ständigen Niederlassung ausübt, das Recht dieses Ortes."); ferner RG 3.4.1902, RGZ 51, 147 (149); RG 14.1.1910, JW 1910, 181 = SA 66 Nr. 73; BGH 9.12.1964, BGHZ 43, 21 (26) = NJW 1965, 487 = IPRspr. 1964/65 Nr. 33; OLG München 4.5.2006, NJW-RR 2006, 1042 = DNotZ 2006, 871 = IPRspr. 2006 Nr. 253; LG Bielefeld 23.6.1989, IPRax 1990, 315 (m. Anm. *Reinhart*, IPRax 1990, 389) = IPRspr. 1989 Nr. 32; *Rabel*, RabelsZ (1929), 807 (813 f.); *Klinke*, RIW 1978, 649 f.; *Kayser*, S. 136, 145; *Ruthig*, S. 154 ff.; *Niemann*, S. 50; *Kropholler*, IPR, § 41 I 2b; *Junker*, Rz. 335; *von Hoffmann/Thorn*, § 7 Rz. 50 f.; *Thorn*, in: Palandt, Anh. zu Art. 32 EGBGB Rz. 2; *Mäsch*, in: Bamberger/Roth, Anh. zu Art. 10 EGBGB Rz. 103 f.; *Magnus*, in: Staudinger, Einl. zu Art. 27–37 EGBGB Rz. A

Teilweise hat die deutsche Rechtsprechung allerdings auch bei ständigen Handelsvertretern im Ausland ganz allgemein auf das – mit dem Niederlassungsrecht allerdings jeweils identische – **Recht des Wirkungslandes** abgestellt[1]. 5457

Für die Anknüpfung der Vollmacht an das Niederlassungsrecht ständiger Vertreter spricht vor allem, dass es sich hierbei um ein bereits vor Verhandlungsbeginn feststehendes, in der Praxis für den Geschäftsherrn wie für den Drittkontrahenten gleichermaßen leicht feststellbares und damit – im Gegensatz zum häufig zufälligen Gebrauchsort – um ein nur wenig manipulationsanfälliges Kriterium handelt, das ein hohes Maß an **Rechtssicherheit** in Vertretungsfragen gewährleistet[2]. Diese Anknüpfung trägt dem Umstand Rechnung, dass ständigen beruflichen Vertretern, insbesondere Handelsvertretern und Rechtsanwälten, im internationalen Rechtsverkehr heute eine ganz wesentliche Funktion bei der Vertragsanbahnung zukommt. Denn an ihrer Niederlassung werden grenzüberschreitende Verträge idR nicht nur maßgeblich vorbereitet, sondern häufig auch abgeschlossen und beratend weiter begleitet[3]. Für den Rechtsverkehr ist daher idR ohne Weiteres erkennbar, dass der ständige Vertreter eines ausländischen Unternehmens seine Tätigkeit auf dem Boden seines Niederlassungsrechts entfaltet[4]; mit diesem Recht sind daher die Fragen der Wirksamkeit und des Umfangs seiner Vertretungsbefugnisse am engsten verbunden[5]. Daher hat auch der Vertreter selbst ein berechtigtes Interesse an der Geltung seines Niederlassungsrechts; denn nur dieses ermöglicht ihm eine sichere Einschätzung seiner Vertretungsbefugnisse (und damit der Risiken einer etwaigen Haftung als falsus procurator), und zwar einheitlich für alle von ihm vertretenen Unternehmen[6]. Aus diesem Grunde wird der – dem Drittkon- 5458

26; *Looschelders*, Anh. zu Art. 12 EGBGB Rz. 9; *Lüderitz*, in: Soergel, Anh. zu Art. 10 EGBGB Rz. 94, 101; *Schwarz*, RabelsZ 71 (2007), 747 ff. mwN.

1 RG 14.6.1923, Recht 1923 Nr. 1222 (Ständiger Vertreter einer dän. Firma in Deutschland. Vollmacht nach deutschem Recht beurteilt als dem „Recht des Landes, wo der Bevollmächtigte die ihm aufgetragene Tätigkeit entfaltet, die Vollmacht sich also auswirkt".); BGH 26.6.1968, VersR 1968, 995 = IPRspr. 1968/69 Nr. 28 (Ständiger Vertreter einer niederländ. Versicherungsgesellschaft in Deutschland. Vollmacht nach deutschem Recht beurteilt als dem „Recht des Ortes, an dem die Vollmacht gebraucht wird".); vgl. ferner RG 23.3.1929, SA 83 Nr. 153 = IPRspr. 1929 Nr. 29; OLG Hamburg 26.6.1959, DB 1459, 1396 = IPRspr. 1958/59 Nr. 52; für eine Anknüpfung an den tatsächlichen Gebrauchsort auch *Schäfer* RIW 1996, 189 (192); *Steding*, ZvglRW 86 (1987), 25 (45); *von Bar*, II Rz. 592; *Hohloch*, in: Erman, Anh. I zu Art. 37 EGBGB Rz. 17; *Kurzynsky-Singer*, S. 171 f.

2 *Diloy*, S. 306 ff.; *Verhagen*, S. 111; *Schwarz*, RabelsZ 71 (2007), 729 (748).

3 *Dorsel*, MittRheinNotK 1997, 6 (10); *Schwarz*, RabelsZ 71 (2007), 729 (749); *Rueda Valdivia*, S. 218 ff.

4 *Ruthig*, S. 139 f.; *Mäsch*, in: Bamberger/Roth, Anh. zu Art. 10 EGBGB Rz. 103.

5 Die Anknüpfung der Vollmacht an die geschäftliche Niederlassung des Vertreters bewirkt idR auch einen Gleichlauf des Vollmachtsstatuts mit dem Statut des Innenverhältnisses zwischen Geschäftsherr und Vertreter, da letzterer typischerweise die charakteristische Leistung des Vertretervertrages erbringt (vgl. Art. 4 Abs. 2b Rom I-VO); dazu *Verhagen*, S. 111; *Rueda Valdivia*, S. 219 f.; *Schwarz*, RabelsZ 71 (2007), 729 (749).

6 *Ruthig*, S. 154 ff., 171 ff.; *Ackmann*, IPRax 1991, 220 (222); *Schwarz*, RabelsZ 71 (2007), 729 (749); aA *Kurzynsky-Singer*, S. 158 f., 164 f.

trahenten bekannte oder erkennbare – Geschäftssitz des berufsmäßigen Vertreters in zahlreichen ausländischen Rechten sogar als **Primäranknüpfung** für seine rechtsgeschäftliche Vertretungsmacht bestimmt, so zB in Bulgarien (Art. 62 Abs. 1 IPRG), Italien (Art. 60 Abs. 1 S. 1 IPRG) und der Schweiz (Art. 126 Abs. 2 IPRG)[1] sowie grundsätzlich auch in Österreich (Art. 49 Abs. 2 IPRG)[2] und Liechtenstein (Art. 53 Abs. 2 IPRG). Gleiches gilt nach Art. 11 Abs. 1 HStÜ in Frankreich, den Niederlanden und Portugal. Für diese Lösung hatte sich auch die EG-Kommission in Art. 7 Abs. 2 S. 1 iVm. Art. 18 Rom I-VO-Entw. ausgesprochen (vgl. oben Rz. 5422).

5459 Das Recht der Niederlassung gibt danach auch dann den Ausschlag, wenn der Vertreter ausnahmsweise **außerhalb des Landes** tätig wird, in dem sich seine ständige Niederlassung befindet, sofern nur dem Dritten das Handeln von einer festen Niederlassung aus – zB aufgrund des verwendeten Briefkopfs – erkennbar ist[3]. Denn nur in diesen Fällen erlangt die Anknüpfung an die Niederlassung eigenständige Bedeutung gegenüber der grundsätzlichen Anknüpfung an den Gebrauchsort. Dies gilt insbesondere dann, wenn ein Generalvertreter mit fester Niederlassung für mehrere Länder bestellt ist (zB Generalvertreter einer amerikanischen Firma für Europa mit Sitz in Paris). In diesen Fällen hat das Interesse des Drittkontrahenten an der leichten Nachprüfbarkeit des Umfangs der Vollmacht nach Maßgabe seines „Umweltrechts" zurückzutreten hinter das Interesse des jeweiligen Vertreters einerseits, der wissen will, was er darf, und sich dabei an das Recht seiner ständigen Niederlassung halten möchte, und das Interesse des Vollmachtgebers andererseits, dem bei Geltung des Niederlassungsrechts des Vertreters bekannt ist, mit welchem Umfang der Vertretungsmacht er zu rechnen hat, und der vermeiden möchte, dass die Reichweite der Vollmacht je nach Gebrauchsort variiert[4]. Der Schutz des Dritten beschränkt sich hier also darauf, dass er leicht erkennen kann, *welches Recht gilt;* über den Inhalt dieses Rechts muss er sich nötigenfalls selbst informieren. Daraus folgt andererseits, dass eine Anknüpfung an das Niederlassungsrecht des ständigen Vertreters dann ausscheidet, wenn sein Handeln von einer bestimmten Niederlassung aus für den Dritten nicht erkennbar ist; insoweit verbleibt es vielmehr bei der Anknüpfung an den realen Gebrauch-

---

1 Vgl. *Vischer/Huber/Oser*, Rz. 1018 f.; *Girsberger*, in: Keller, Art. 126 IPRG Rz. 41.
2 Vgl. österreich. OGH 21.2.1985, ZfRV 1987, 53 (62); österreich. OGH 11.10.1995, SZ 68/181, 415; österreich. OGH 22.10.2001, SZ 74/177, 366; *Lurger*, IPRax 1996, 54 (57).
3 S. *von Caemmerer*, RabelsZ 24 (1959), 201 (207); *Kropholler*, IPR, § 41 I 2; *Lüderitz*, in: Soergel, Anh. zu Art. 10 EGBGB Rz. 101; *Magnus*, in: Staudinger, Einl. zu Art. 27–37 EGBGB Rz. A 26; *Thorn*, in: Palandt, Anh. zu Art. 32 EGBGB Rz. 2; *Mäsch*, in: Bamberger/Roth, Anh. zu Art. 10 EGBGB Rz. 103; *Junker*, Rz. 335; aA *G. Fischer*, S. 298 f.; *Steding*, ZvglRW 86 (1987), 25 (45); *Hohloch*, in: Erman, Anh. I zu Art. 37 EGBGB Rz. 17; IPG 2000/01 Nr. 3 (Köln).
4 S. *von Caemmerer*, RabelsZ 24 (1959), 201 (207); *Kropholler*, IPR, § 41 I 2; *Lüderitz*, in: Soergel, Anh. zu Art. 10 EGBGB Rz. 101; *Magnus*, in: Staudinger, Einl. zu Art. 27–37 EGBGB Rz. A 26; *Thorn*, in: Palandt, Anh. zu Art. 32 EGBGB Rz. 2; *Junker*, Rz. 335; aA *G. Fischer*, S. 298 f.; *Steding*, ZvglRW 86 (1987), 25 (45); *Hohloch*, in: Erman, Anh. I zu Art. 37 EGBGB Rz. 17.

sort¹. Dies gilt insbesondere, wenn der Vertreter außerhalb seines Niederlassungsstaates an einer Börse tätig wird oder an einer Versteigerung teilnimmt (dazu unten Rz. 5468).

Die für ständige Vertreter im Ausland entwickelten Grundsätze über die Anknüpfung der Vollmacht gelten entsprechend für **nichtständige Vertreter**, sofern sie eine selbständige Stellung im Wirtschaftsleben einnehmen und ihre charakteristische Berufstätigkeit von einer festen Niederlassung aus entfalten². 5460

Für reisende Agenten und **Gelegenheitsvertreter ohne feste Niederlassung** verbleibt es hingegen bei dem Grundsatz, dass sich die Vollmacht nach dem Recht des Landes beurteilt, in welchem der Vertreter von seiner Vollmacht tatsächlich Gebrauch macht, dh. die bindende Vertragserklärung im Namen des Prinzipals abgibt (oben Rz. 5441 ff.). Hingegen ist auf den **Wohnsitz** oder **gewöhnlichen Aufenthalt** des reisenden Agenten, der entweder über keine feste Niederlassung verfügt oder dessen Handeln von einer solchen zumindest für Dritte nicht erkennbar ist, nicht abzustellen. Denn Wohnsitz oder gewöhnlicher Aufenthalt des Vertreters haben keinen Bezug zu seiner wirtschaftlichen Tätigkeit, sondern können aus rein privaten Gründen gewählt worden sein und sind insbesondere für den Rechtsverkehr nicht ohne weiteres feststellbar³. 5461

c) Kapitäne

Die rechtsgeschäftliche Vertretungsmacht des Kapitäns, für den Schiffseigner zu handeln, beurteilt sich nach dem **Recht der Flagge**, dh. im Allgemeinen 5462

---

[1] BGH 16.4.1975, BGHZ 64, 183 (192) = IPRspr. 1975 Nr. 118 (Vollmacht des in Zürich zugelassenen schweiz. Anwalts von A. Solschenizyn zum Abschluss eines Verlagsvertrages in Deutschland nicht nach dem schweiz. Recht des Kanzleisitzes, sondern nach deutschem Recht beurteilt); ferner *von Caemmerer*, RabelsZ 24 (1959), 201 (207); *Klinke* RIW 1978, 642 (649); *Ruthig*, S. 156 f.; *Kropholler*, IPR, § 41 I 2b; *Looschelders*, Anh. zu Art. 12 EGBGB Rz. 9; *Schwarz*, RabelsZ 71 (2007), 729 (751 f.) mwN.; ferner etwa 126 Abs. 2 schweiz. IPRG und Art. 60 Abs. 1 S. 2 ital. IPRG; anders Art. 11 Abs. 1 HStÜ und Art. 7 Abs. 2 S. 1 iVm. Rom I-E, die an die Niederlassung des Vertreters ohne Rücksicht auf deren Erkennbarkeit für den Dritten anknüpfen.
[2] S. *von Caemmerer*, RabelsZ 24 (1959), 201 (206); *Ferid*, Rz. 5–147; dazu BGH 13.7.1954, NJW 1954, 1561 = IPRspr. 1954/55 Nr. 16 (Hamburger Firma als Cif-Agentin eines türk. Abladers. „In jedem Fall erscheint die Ausdehnung des Wirkungsstatuts auf nichtständige Vertreter dann geboten, wenn es sich um eine kaufmännische Vollmacht handelt, und der Bevollmächtigte eine selbständige Berufstätigkeit im Wirtschaftsleben ausübt."); BGH 26.4.1990, NJW 1990, 3088 = IPRax 1991, 247 (m. Anm. *Ackmann*, IPRax 1991, 220) = EWiR 1990, 1087 m. Anm. *Reithmann* = IPRspr. 1990 Nr. 25 (Befugnis des nicht ständigen Vertreters einer engl. Partnership, von seiner Niederlassung in England aus Prozessvollmacht für einen Rechtsstreit vor deutschen Gerichten zu erteilen, nach engl. Niederlassungsrecht beurteilt); ferner OLG Frankfurt 17.4.1984, TranspR 1985, 139 (140) (Inkassovollmacht).
[3] Ablehnend auch die hL im In- und Ausland, vgl. *von Caemmerer*, RabelsZ 24 (1959), 201 (206, 207); *Luther*, RabelsZ 38 (1974), 421 (423); *Klinke*, RIW 1978, 642 (649); *Ruthig*, S. 158 ff.; *Schwarz*, RabelsZ 71 (2007), 729 (752 ff.); *Thorn*, in: Palandt, Anh. zu Art. 32 EGBGB Rz. 2; ferner *Diloy*, S. 309; *Rueda Valdivia*, S. 220 f., 231 f.; anders aber Art. 7 Abs. 2 Rom I-E.

nach dem Recht am Geschäftssitz des vertretenen Reeders bzw. dem Recht des Ortes, an dem das Schiff registriert ist[1]. Dies gilt aus Gründen des Verkehrsschutzes (leichte Feststellbarkeit der Flagge) auch dann, wenn das Schiff eine sog. „Billigflagge" führt[2].

3. Sonderanküpfung im Hinblick auf den Gegenstand der Vollmacht

5463 Ausnahmen von der Maßgeblichkeit des Rechts des Gebrauchsortes gelten ferner dann, wenn das vom Vertreter vorzunehmende Rechtsgeschäft seinen Schwerpunkt so eindeutig an einem bestimmten anderen Ort hat, dass das dortige Recht auch über die Wirkung der Vollmacht bestimmen muss[3].

a) Grundstücksvollmacht

5464 Die Frage, ob eine Vollmacht zur Verfügung über Grundstücke oder Immobiliarsachenrechte wirksam erteilt wurde und wie weit sie reicht, richtet sich nach dem Recht des Landes, in dem das Grundstück liegt (**lex rei sitae**)[4]. Insoweit decken sich also im Interesse der reibungslosen Durchführung von Grundstücksgeschäften – ausnahmsweise – Vollmachts- und Geschäftsstatut. Daher haben deutsche Gerichte Vollmachten zur Verfügung über *deutsche* Grundstücke – abgesehen von der Frage ihrer Formgültigkeit (dazu unten Rz. 5496 ff.) – nach deutschem Recht beurteilt[5]. Entsprechend werden Voll-

---

1 *Rabel*, RabelsZ 3 (1929), 807 (831); *von Caemmerer*, RabelsZ 24 (1959), 201 (212); *von Bar*, II Rz. 590; *Thorn*, in: Palandt, Anh. zu Art. 32 EGBGB Rz. 2; *Lüderitz*, in: Soergel, Anh. zu Art. 10 EGBGB Rz. 97; aA *Maczeyzik*, Die Kapitänvertretungsmacht (1990), S. 297 f., 300, die von einer gesetzlichen Vertretungsmacht des Kapitäns ausgeht und diese primär an das Sitzrecht des Verfrachters anknüpfen will, soweit dessen Sitz für Dritte erkennbar ist.
2 LG Hamburg 18.4.1962, IPRspr. 1962/63 Nr. 48; BGH 26.9.1963, DB 1963, 1496 (impliciter). Vgl. auch OLG Schleswig 3.3.1970, IPRspr. 1970 Nr. 19; *Kegel/Schurig*, § 17 V 2b; *Hohloch*, in: Erman, Anh. I zu Art. 37 EGBGB Rz. 17 aE.
3 Vgl. *Lüderitz*, in: Soergel, Anh. zu Art. 10 EGBGB Rz. 101; *Kropholler*, IPR, § 41 I 2d; aA *von Bar*, II Rz. 591.
4 Vgl. *Makarov*, Festschr. Perassi II (1957), S. 39 (60); *von Caemmerer*, RabelsZ 24 (1959), 201 (209); *Müller*, RIW 1979, 377 (378 f.); *Spellenberg*, IPRax 1990, 295; *Ferid*, Rz. 5–155; *Kegel/Schurig*, § 17 V 2a; *Kropholler*, IPR, § 41 I 2d; *Schotten/Schmellenkamp*, Rz. 91; *von Hoffmann/Thorn*, § 7 Rz. 54; *Junker*, Rz. 334; *Stoll*, in: Staudinger, IntSachenR Rz. 229; *Spellenberg*, in: MünchKomm, vor Art. 11 EGBGB Rz. 210; *Mäsch*, in: Bamberger/Roth, Anh. zu Art. 10 EGBGB Rz. 110; *Magnus*, in: Staudinger, Einl. zu Art. 27–37 EGBGB Rz. A 30; *Thorn*, in: Palandt, Anh. zu Art. 32 EGBGB Rz. 2; *Schwarz*, RabelsZ 71 (2007), 729 (772 f.); ebenso für das schweiz. IPR *Girsberger*, in: Keller, Art. 126 IPRG Rz. 30; aA *Ruthig*, S. 162 ff. (Recht des Gebrauchsortes). Auch das HStÜ und der Entwurf zur Rom I-VO von 2005 verzichten auf eine Sonderanknüpfung für die Vollmacht zu Immobiliarverfügungen; krit. dazu *Niemann*, S. 141 f.; *Kurzynsky-Singer*, S. 100 ff.; *Rueda Valdivia*, S. 320.
5 Vgl. LG Berlin I 5.10.1932, IPRspr. 1932 Nr. 63 (Löschung von Hypotheken); RG 31.5.1943, DNotZ 1944, 151 (152 f.) = SA 97 Nr. 53 (Bestellung von Eigentümergrundschulden); OLG Stuttgart 10.11.1980, DNotZ 1981, 746 = IPRspr. 1980 Nr. 12. OLG München 10.3.1988, NJW-RR 1989, 863 = RIW 1990, 226 = IPRax 1990, 320 (m. Anm. *Spellenberg*, IPRax 1990, 295) = IPRspr. 1988 Nr. 15 (unwiderrufliche notarielle Voll-

machten zur Verfügung über *ausländische* Grundstücke dem fremden Belegenheitsrecht unterworfen[1].

Die Vollmacht unterliegt auch dann der lex rei sitae, wenn von ihr *außerhalb* des Landes Gebrauch gemacht wird, in dem das Grundstück belegen ist[2].

Diese akzessorische Anknüpfung der Grundstücksvollmacht kann freilich durch eine **abweichende Rechtswahl** (Rz. 5445 ff.) überwunden werden; denn der Dritte ist nicht schutzbedürftig, wenn er sich mit dem Auseinanderfallen von Sachenrechts- und Vollmachtsstatut einverstanden erklärt hat[3].

Die Grundsätze zur Anknüpfung von Vollmachten für Grundstücksverfügungen gelten auch für Vollmachten zur **Verwaltung von Grundstücken** oder Häusern aufgrund des besonders starken Bezugs zum Belegenheitsrecht[4]. 5465

Für Vollmachten zum Abschluss von sonstigen **schuldrechtlichen Geschäften**, die Immobilien oder Immobiliarsachenrechte betreffen, insbesondere für das einer Grundstücksverfügung zugrundeliegende Kausalgeschäft, gilt hingegen nicht die lex rei sitae; maßgebend ist vielmehr die allgemeine Anknüpfung an das Recht des Gebrauchsortes der Vollmacht bzw. an das Recht der Niederlassung des handelnden Vertreters[5]. 5466

---

macht zur Veräußerung eines Ferienbungalows auf Teneriffa nach span. Recht beurteilt).
1 Vgl. LG Berlin I 5.10.1932, IPRspr. 1932 Nr. 63 (Löschung von Hypotheken); RG 31.5.1943, DNotZ 1944, 151 (152 f.) = SA 97 Nr. 53 (Bestellung von Eigentümergrundschulden); OLG Stuttgart 10.11.1980, DNotZ 1981, 746 = IPRspr. 1980 Nr. 12. OLG München 10.3.1988, NJW-RR 1989, 863 = RIW 1990, 226 = IPRax 1990, 320 (m. Anm. *Spellenberg*, IPRax 1990, 295) = IPRspr. 1988 Nr. 15 (unwiderrufliche notarielle Vollmacht zur Veräußerung eines Ferienbungalows auf Teneriffa nach span. Recht beurteilt).
2 RG 18.10.1935, RGZ 149, 93 (94) = JW 1936, 313 = IPRspr. 1935/44 Nr. 153 (Vollmacht zur Verpfändung von Briefhypotheken an deutschem Grundstück nach deutschem Recht beurteilt, obwohl der Vertreter die Verfügung in Belgien traf. Es sei „nicht möglich, die Frage, ob ein solches Recht an sich durch den Vertrag entstehen kann, und die weitere Frage, ob der als Vertreter Handelnde ermächtigt ist, ein solches Recht zu begründen, nach verschiedenen Rechten zu beurteilen".); zust. *Ferid*, Rz. 5–156; *Kropholler*, IPR, § 41 I 2d; *Schotten/Schmellenkamp*, Rz. 91; *Stoll*, in: Staudinger, IntSachenR Rz. 229; *Magnus*, in: Staudinger, Einl. zu Art. 27–37 EGBGB Rz. A 30; einschränkend *von Caemmerer*, RabelsZ 24 (1959), 201 (209); aA *Ruthig*, S. 161 ff.
3 Zutr. *Mäsch*, in: Bamberger/Roth, Anh. zu Art. 40 EGBGB Rz. 110; aA *Schwarz*, RabelsZ 71 (2007), 729 (774).
4 BGH 30.7.1954, JZ 1955, 702 m. Anm. *Gamillscheg* = IPRspr. 1954/55 Nr. 1 (Umfang und Wirkungen einer Hausverwaltungsvollmacht bezüglich eines in Deutschland belegenen Grundstücks nach deutschem Recht beurteilt, obwohl die maßgebliche Erklärung des Vertreters in Frankreich brieflich abgegeben worden war); OLG Frankfurt a.M. 2.4.1963, WM 1963, 872 = IPRspr. 1962/63 Nr. 164; *Kropholler*, IPR, § 41 I 2d; aA *Magnus*, in: Staudinger, Einl. zu Art. 27–37 EGBGB Rz. A 30, Rz. A 31.
5 BGH 3.10.1962, NJW 1963, 46 = IPRspr. 1962/63 Nr. 145 (Vollmacht für einen „Vertrag über die Verpflichtung zum Abschluss eines Kaufvertrages" bezüglich eines deutschen Grundstücks nach deutschem Recht beurteilt, „da sie zu einem Tätigwerden in Lindau, und zwar mit Beziehung auf einen hier gelegenen Grundbesitz bestimmt war, in Deutschland zur Auswirkung gelangen sollte"); ebenso *von Caemmerer*, RabelsZ 24

b) Dauervollmacht

5467 Eine Sonderanknüpfung ist auch vorzunehmen, wenn einer Person, die nicht berufsmäßig von einer festen Niederlassung aus handelt, eine General- oder Dauervollmacht für eine Vielzahl von Geschäften mit unterschiedlichem Wirkungsstatut erteilt wird und sie von dieser Vollmacht für Dritte erkennbar von einem bestimmten Tätigkeitsschwerpunkt aus Gebrauch machen soll. Im Verhältnis von Eheleuten, die sich eine solche Vollmacht erteilen, ist dieser Schwerpunkt der gemeinsame gewöhnliche Aufenthaltsort[1].

c) Börsenvollmacht

5468 Die Vollmacht für Börsengeschäfte oder für die Teilnahme an Auktionen ist nach dem Recht der Börse bzw. des Versteigerungsortes zu beurteilen, wo der Bevollmächtigte (zB der Börsenmakler) seine berufstypische Tätigkeit entfaltet[2]. Dieses Recht ist auch dann maßgeblich, wenn der Bevollmächtigte die bindende Vertragserklärung nicht am Börsenort (sondern zB telefonisch im Ausland) abgibt oder seine ständige Niederlassung in einem anderen Land hat, weil der Rechtsverkehr sich bei Börsengeschäften oder Versteigerungen auf die Geltung des am Börsen-/Versteigerungsort geltenden Rechts einstellt und eine Überprüfung von Vollmachten nach einem hiervon abweichenden Recht nach Art dieser Geschäfte regelmäßig auszuscheiden hat. Die Sonderanknüpfung von Börsenvollmachten steht allerdings unter dem Vorbehalt einer abweichenden Rechtswahl (Rz. 5445 ff.); es ist dann Sache des Betreibers der jeweiligen Börse oder Auktion, ob er dem Vertreter, dessen Vollmacht ausländischem Recht unterliegt, die Teilnahme an der Veranstaltung erlaubt[3].

d) Prozessvollmacht

5469 Eine Prozessvollmacht ist nach der **lex fori** des Landes zu beurteilen, vor dessen Gerichten von ihr Gebrauch gemacht, dh. der Prozess geführt werden

---

(1959), 201 (209); *von Bar*, II Rz. 591; *Ferid*, Rz. 5–155; *Schotten/Schmellenkamp*, Rz. 91; *Hohloch*, in: Erman, Anh. I zu Art. 37 EGBGB Rz. 17; *Magnus*, in: Staudinger, Einl. zu Art. 27–37 EGBGB Rz. 31; *Mäsch*, in: Bamberger/Roth, Anh. zu Art. 10 EGBGB Rz. 110; aA *Spellenberg*, S. 166 ff.; *Sandrock/Müller*, Rz. D 45; *Schäfer*, RIW 1996, 189 (190); *Leible*, IPRax 1998, 257 (258).

1 Vgl. BGH 24.11.1989, NJW-RR 1990, 248 (250) = IPRspr. 1989 Nr. 3 (Dauervollmacht zwischen Eheleuten mit gewöhnlichem Aufenthalt im Inland nach deutschem Recht beurteilt, auch soweit sie sich auf den Verkauf eines span. Grundstücks bezog: „Anders als für die Anknüpfung von Einzelvollmacht, Einzelermächtigung oder Einzelgenehmigung scheidet der Rückgriff auf ein vom Einzelvorgang abhängiges Wirkungsstatut aus.").

2 *Ferid*, Rz. 5–157; *Kropholler*, IPR, § 41 I 2d; *Schäfer*, RIW 1996, 189 (190); *Magnus*, in: Staudinger, Einl. zu Art. 27–37 EGBGB Rz. A 32; *Mäsch*, in: Bamberger/Roth, Anh. zu Art. 10 EGBGB Rz. 35; vgl. idS. auch Art. 11 Abs. 2 lit. c HStÜ, Art. 7 Abs. 2 S. 2 Rom I-Entw., sowie Art. 62 Abs. 2 Nr. 3 des bulgar. IPRG. Vgl. auch OLG Hamburg 15.5.1931, IPRspr. 1931 Nr. 39.

3 Vgl. dazu näher *Schwarz*, RabelsZ 71 (2007), 729 (770 f.).

soll[1]. Umfasst die Vertretung Prozesse in mehreren Ländern, so ist die Vollmacht für jedes Land gesondert nach dem dortigen Recht zu beurteilen[2].

Die lex fori gilt sowohl für die Erteilung wie den **Umfang der Prozessvollmacht**. Sie bestimmt insbesondere, welche Anforderungen an die Person des Prozessbevollmächtigten zu stellen sind, und ob eine für die 1. Instanz erteilte Prozessvollmacht auch für die Rechtsmittelinstanz und die Zwangsvollstreckung fortgilt[3]. Demgegenüber beurteilt sich die Frage, ob ein Bevollmächtigter des Prinzipals überhaupt berechtigt war, einem Anwalt Prozessvollmacht zu erteilen, nach dem Recht des Wirkungslandes, dh. bei einem Vertreter mit fester Niederlassung nach dem Recht am Niederlassungsort[4]. Die lex fori gilt auch für **sonstige Verfahrensvollmachten**, zB für Vollmachten zur Vertretung vor Schiedsgerichten[5].

e) Vollmacht zur Konnossementsausstellung

Die Anknüpfung an den Gebrauchsort der Vollmacht passt schließlich auch nicht für die Vollmacht zur Ausstellung von Konnossementen. Denn der ihr zugrunde liegende Gedanke des Verkehrsschutzes setzt einen räumlich begrenzten Tätigkeitsbereich des Vertreters voraus; auf die dort geltenden Prinzipien des Vertretungsrechts soll der Drittkontrahent sich verlassen können. Diese Voraussetzung fehlt aber im internationalen See- und Konnossementverkehr. Im Vordergrund steht hier die Orientierungssicherheit bezüglich des auf

5470

---

1 *Ferid*, Rz. 5–157; *Kegel/Schurig*, § 17 V 2 aE; *Kropholler*, IPR, § 41 I 2d; *Ruthig*, S. 164 ff.; *Schack*, Rz. 547; *Lüderitz*, in: Soergel, Anh. zu Art. 10 EGBGB Rz. 96; *Thorn*, in: Palandt, Anh. zu Art. 32 EGBGB Rz. 2; *Geimer*, Rz. 2232; vgl. auch OLG München 20.11.1970, IPRspr. 1970 Nr. 93; OLG Zweibrücken 29.1.1974, RIW 1975, 347 = IPRspr. 1974 Nr. 121; LG Frankfurt a.M. 3.11.1978, RIW 1980, 291 = IPRspr. 1978 Nr. 8; OLG Hamm 21.3.1994, RIW 1994, 513 (514) = IPRax 1996, 33 (m. Anm. *Otto*, IPRax 1996, 22) = IPRspr. 1994 Nr. 2; KG 29.10.1997, IPRspr. 1997 Nr. 23.
2 BGH 5.2.1958, DB 1958, 1010 = MDR 1958, 319 = IPRspr. 1958/59 Nr. 38 (Die Bevollmächtigung eines engl. Rechtsanwalts durch die in Russland lebenden Erben zur Verfolgung ererbter Ansprüche in mehreren Ländern nach deutschem Recht beurteilt, „soweit es sich um die Entfaltung einer Tätigkeit vor deutschen Gerichten handelt"); OLG München 9.4.1969, WM 1969, 731 = IPRspr. 1968/69 Nr. 20 (Bevollmächtigung eines französ. Rechtsanwalts durch einen in Frankreich lebenden Verfolgten zur Geltendmachung von Ansprüchen im Rückerstattungsverfahren vor deutschen Gerichten nach deutschem Recht beurteilt). Vgl. aber OLG Hamburg 15.5.1931, IPRspr. 1931 Nr. 39 (Vollmacht engl. „agents" einer span. und einer brasilian. Reederei zur Vergleichung von Ersatzansprüchen, die vor deutschen Gerichten rechtshängig waren, nach engl. Recht beurteilt, weil die Vergleichsverhandlungen am Sitz der Agenturen in London geführt worden waren).
3 *Spellenberg*, in: MünchKomm, vor Art. 11 EGBGB Rz. 220 f.
4 BGH 26.4.1990 (Rz. 29), NJW 1990, 3088 = IPRax 1991, 247 m. Anm. *Ackmann*; BGH 16.5.1991, NJW 1992, 627 (628).
5 BFH 2.4.1987, RIW 1987, 635 = IPRspr. 1987 Nr. 13: Vollmacht des Spediteurs für Zollabfertigung; ferner BPatG 10.1.1989, BPatGE 29, 198 = GRUR 1988, 685 = IPRspr. 1988 Nr. 14 (Vollmacht des Mitarbeiters einer GmbH zur Einlegung eines Einspruchs gegen die Erteilung eines Patents nach dem Recht am Sitz des Patentgerichts beurteilt).

die Vollmacht anzuwendenden Rechts. Dies legt eine Anknüpfung an den **Ausstellungsort** des Konnossements nahe, denn dieser ist für jedermann aus dem Konnossement ersichtlich. Dazu näher oben Rz. 2873 ff.[1]

f) Vorsorgevollmacht

5471 Bei der Vorsorgevollmacht handelt es sich um einen Sonderfall der General- oder Dauervollmacht. Für sie galten daher bisher die für andere Dauervollmachten entwickelten Anknüpfungsgrundsätze (Rz. 5467) entsprechend[2]. Demgegenüber gilt für die Erteilung und den Umfang einer Vorsorgevollmacht seit Inkrafttreten des Haager Erwachsenenschutzübereinkommens vom 13.1.2000 in der Bundesrepublik Deutschland am 1.1.2009 (dazu unten Rz. 6291 ff.) eine Sonderanknüpfung. Danach unterliegt die Vorsorgevollmacht gem. Art. 17 Abs. 1 des Übereinkommens – vorbehaltlich einer zulässigen Rechtswahl in den Grenzen des Art. 17 Abs. 2 – nicht dem Recht der Niederlassung des berufsmäßigen Vertreters oder dem Recht des tatsächlichen Gebrauchsorts, sondern dem Recht des Staates, in dem der schutzbedürftige Erwachsene im Zeitpunkt der Vollmachtserteilung seinen gewöhnlichen Aufenthalt hat (dazu näher unten Rz. 6295).

5472–5490 Frei.

IV. Reichweite des Vollmachtsstatuts

5491 Die Reichweite des Vollmachtsstatuts ist abzugrenzen vom Anwendungsbereich des Geschäftsstatuts des Vertrages, der vom Vertreter mit dem Drittkontrahenten abgeschlossen wird. Maßgebend für diese Abgrenzung sind die oben in Rz. 5432 ff. beschriebenen kollisionsrechtlichen Interessen. Danach beherrscht das Vollmachtsstatut alle Fragen, welche die Befugnis des Bevollmächtigten betreffen, den Vollmachtgeber gegenüber dem Drittkontrahenten wirksam zu verpflichten. Dies gilt insbesondere für die wirksame Begründung, den Umfang, die Wirkungen und das Erlöschen der Vollmacht[3]. Dies wird in zahlreichen ausländischen Kodifikationen ausdrücklich klargestellt[4].

1. Erteilung und Gültigkeit der Vollmacht

5492 Das Vollmachtsstatut entscheidet insbesondere über die gültige Erteilung der Vollmacht, die sich daher nach dem Recht des Wirkungslandes rich-

---

[1] Vgl. dazu mit eingehender Interessenanalyse *Mankowski*, TranspR 1991, 253 (258 ff.).
[2] Vgl. *Ludwig*, DNotZ 2009, 251 (255).
[3] Vgl. *Junker*, Rz. 337; *Kropholler*, IPR, § 41 I 3; *Thorn*, in: Palandt, Anh. zu Art. 32 EGBGB Rz. 3; *Hohloch*, in: Erman, Anh. I zu Art. 37 EGBGB Rz. 19; *Magnus*, in: Staudinger, Einl. zu Art. 27–37 EGBGB Rz. A 38.
[4] Vgl. etwa § 49 österreich. IPRG; Art. 53 liecht. IPRG; Art. 126 Abs. 2 schweiz. IPRG; ferner Art. 11 Abs. 1, 1. HS HStÜ. Zum Anwendungsbereich des Vollmachtstatuts aus rechtsvergleichender Sicht s. insbesondere *Berger*, S. 129 ff.; *Verhagen*, S. 362 ff.; *Ruthig*, S. 168 ff.; *Rueda Valdivia*, S. 238 ff.; *Kurzynsky-Singer*, S. 117 ff., 178 ff.; *Schwarz*, RabelsZ 71 (2007), 729 (790 ff.).

tet¹. Dies betrifft etwa die Art und Weise der Vollmachtserteilung (einseitige Willenserklärung oder Vertrag), sowie die Frage, ob nur der Bevollmächtigte oder auch Dritte **Adressaten der Vollmachtserklärung** sein können². Es befindet ferner darüber, in welchem Umfang **Willensmängel** in der Person des Vollmachtgebers auf die wirksame Erteilung der Vollmacht von Einfluss sind³. Auch die Frage, ob und unter welchen Voraussetzungen ein Minderjähriger wirksam bevollmächtigt werden kann, beurteilt sich aus Gründen des Drittkontrahentenschutzes nach dem Vollmachtsstatut⁴. Demgegenüber ist die Frage, ob der Bevollmächtigte oder der Vollmachtgeber bei Erteilung der Vollmacht geschäftsfähig waren, selbständig nach Art. 7 EGBGB anzuknüpfen⁵.

Früher wurde dagegen häufig zwischen der Erteilung der Vollmacht einerseits und der Tragweite der wirksam entstandenen Vollmacht andererseits unterschieden. Nur die letztere Frage wurde dem Vollmachtsstatut unterstellt, während die Frage, ob überhaupt eine gültige Bevollmächtigung vorlag, nach dem Domizilrecht des Vertretenen beurteilt wurde⁶. Ebenso wie in der Schweiz (vgl. Art. 126 Abs. 2 IPRG) kann die Auffassung von der gespaltenen Anknüpfung des Vollmachtsstatuts heute auch in Deutschland als überwunden gelten, da eine scharfe Trennung zwischen den Fragen der wirksamen Entstehung und der Tragweite der Vollmacht weder möglich noch sinnvoll erscheint⁷. Ferner widerspricht diese Aufspaltung den für die Sonderanknüpfung der Vollmacht maßgeblichen Wertungen, insbesondere dem Verkehrsschutz⁸. 5493

---

1 BGH 29.11.1961, JZ 1963, 167 m. Anm. *Lüderitz* = IPRspr. 1960/61 Nr. 40; BGH 13.5.1982, NJW 1982, 2733 = RIW 1982, 589 = IPRax 1983, 67 (m. Anm. *Stoll*, IPRax 1983, 52) = IPRspr. 1982 Nr. 139; OLG Koblenz 19.10.1995, RIW 1996, 151 (152) = IPRspr. 1995 Nr. 34; OLG Köln 12.6.1995, NJW-RR 1996, 411 (interlokal); *von Caemmerer*, RabelsZ 24 (1959), 201 (214 f.); *Ferid*, Rz. 5–160; *Schotten/Schmellenkamp*, Rz. 93; *Lüderitz*, in: Soergel, Anh. zu Art. 10 EGBGB Rz. 102; *Thorn*, in: Palandt und *Hohloch*, in: Erman, jeweils Fn. 3 zu. Rz. 5491; *Magnus*, in: Staudinger, Einl. zu Art. 27–37 EGBGB Rz. A 39.
2 *von Caemmerer*, RabelsZ 24 (1959), 201 (215); *Raape*, S. 503; *Thorn*, in: Palandt, Anh. zu Art. 32 EGBGB Rz. 3.
3 *von Caemmerer*, RabelsZ 24 (1959), 201 (214); *Steding*, ZvglRW 86 (1987), 25 (46); ebenso für die Schweiz *Berger*, S. 147; *Girsberger*, in: Keller, Art. 126 IPRG Rz. 21.
4 *von Caemmerer*, RabelsZ 24 (1959), 201 (215); *Magnus*, in: Staudinger, Einl. zu Art. 27–37 EGBGB Rz. A 42; aA *Raape*, S. 503.
5 *von Caemmerer*, RabelsZ 24 (1959), 201 (217); dazu unten Rz. 6121 ff.
6 Vgl. *Rabel*, RabelsZ 3 (1929), 807 (829); *Raape*, S. 503; *Pfister*, S. 104; ebenso noch BGH 30.7.1954, JZ 1955, 702 m. Anm. *Gamillscheg* = IPRspr. 1954/55 Nr. 1 (Erteilung einer Hausverwaltungsvollmacht für eine in Deutschland belegene Gaststätte nach französ. Recht beurteilt, „weil sowohl der Vertretene als auch der Vertreter die französ. Staatsangehörigkeit besaßen und zudem auch der Ort der Vollmachtserteilung in Frankreich liegt"). Vgl. auch schweiz. BG 26.6.1962, BGE 88 II 195 (Vollmacht des in Berlin niedergelassenen Vertreters einer schweiz. Firma zum Verkauf von Damenstrümpfen hinsichtlich ihrer Entstehung dem schweiz. Recht am Sitz der vertretenen Firma, hinsichtlich ihrer Tragweite hingegen dem deutschen Recht unterstellt, weil der Vertreter in Deutschland von ihr Gebrauch gemacht hatte).
7 BGH 16.4.1975, BGHZ 64, 183 (192 f.9; *Gamillscheg*, JZ 1955, 705; *von Caemmerer*, RabelsZ 24 (1959); 201 (210 f.); *Ferid*, Rz. 5–154; *Steding*, ZvglRW 86 (1987), 25 (28).
8 *Schwarz*, RabelsZ 71 (2007), 729 (792).

2. Auslegung und Umfang der Vollmacht

a) Auslegung

5494 Die Auslegung der Vollmachtsurkunde richtet sich stets nach dem Vollmachtsstatut, denn es muss Rücksicht darauf genommen werden, wie der Drittkontrahent die Vollmacht nach den für ihn maßgebenden Auslegungsgrundsätzen des am Gebrauchsort geltenden Rechts interpretiert[1].

b) Inhalt und Umfang

5495 Auch der Inhalt und Umfang der Vollmacht ist nach den im Wirkungsland geltenden Regeln zu ermitteln[2]. Das Recht des Gebrauchsortes ist daher maßgebend für folgende Fragen:

– ob das vom Vertreter mit dem Dritten abgeschlossene Geschäft durch die Vollmacht **gedeckt** ist[3],

---

[1] RG 21.11.1927, HRR 1928 Nr. 303 = IPRspr. 1928 Nr. 27 (Auslegung einer zweisprachig [deutsch-italien.] gefassten Vollmacht. „Bei Widersprüchen zwischen den beiden Fassungen geht der deutsche Text vor, wenn von der Vollmacht in Deutschland Gebrauch gemacht werden soll."); RG 31.5.1943, DNotZ 1944, 151 = SA 97 Nr. 53 (In engl. Sprache abgefasste Vollmacht bezüglich eines deutschen Grundstücks nach deutschem Recht ausgelegt. „Nach ihrem Inhalt ermächtigte die ... in Amerika ausgestellte Vollmacht den Bevollmächtigten zum Tätigwerden für den Vollmachtgeber in Deutschland; sie sollte also in Deutschland Verwendung finden. Demgemäß sind für die Auslegung der Vollmachtsurkunde die Auslegungsgrundsätze des deutschen Rechts, insbesondere die §§ 133, 157 BGB maßgebend."); zust. *Reithmann*, DNotZ 1956, 125 ff.; *Braga*, RabelsZ 24 (1959), 337; *Luther*, RabelsZ 38 (1974), 421 (434); *Ferid*, Rz. 5–160; *Schotten/Schmellenkamp*, Rz. 95; *Thorn*, in: Palandt, Anh. zu Art. 32 EGBGB Rz. 3; *Lüderitz*, in: Soergel, Anh. zu Art. 10 EGBGB Rz. 102; *Magnus*, in: Staudinger, Einl. zu Art. 27–37 EGBGB Rz. A 46; *Mäsch*, in: Bamberger/Roth, Art. Zu Art. 10 EGBGB Rz. 88; für Berücksichtigung des Rechts am Erklärungsort *Steding*, ZvglRW 86 (1987), 25 (46); differenzierend *Spellenberg*, in: MünchKomm, vor Art. 11 EGBGB Rz. 264 f.

[2] Vgl. *von Caemmerer*, RabelsZ 24 (1959), 201 (214); *Hohloch*, JuS 1992, 610 (613); *von Bar*, II Rz. 593; *Junker*, Rz. 337; *Kropholler*, IPR, § 41 I 3; *Schotten/Schmellenkamp*, Rz. 94; *Lüderitz*, in: Soergel, Anh. zu Art. 10 EGBGB Rz. 102; *Hohloch*, in: Erman, Anh. I zu Art. 37 EGBGB Rz. 19; *Magnus*, in: Staudinger, Einl. zu Art. 27–37 EGBGB Rz. A 45.

[3] RG 5.12.1896, RGZ 38, 194 (196) (Ob der Agent einer deutschen Firma in London ermächtigt war, über Waren der von ihm vertretenen Firma zu verfügen, nach engl. Recht (Londoner Gebräuchen) bejaht); RG 3.4.1902, RGZ 51, 147 (149) (Ob der Frankfurter Agent einer New Yorker Firma Zusicherungen über die Qualität der Ware machen durfte, nach deutschem Recht bejaht); RG 14.1.1910, JW 1910, 181 = SA 66 Nr. 73 (Ob der bloße Vermittlungsagent einer Darmstädter Maschinenfabrik in Dänemark befugt war, eine Vertragsannahmeerklärung entgegenzunehmen, nach dän. Recht verneint); BGH 30.7.1954, JZ 1955, 702 m. Anm. *Gamillscheg* = IPRspr. 1954/55 Nr. 1 (ob die Vollmacht zur Verwaltung eines deutschen Gastwirtschaftsanwesens dazu ermächtigte, eine Abwohnvereinbarung zu treffen, nach deutschem Recht bejaht); OLG München 30.10.1974, IPRspr. 1974 Nr. 10b (ob die einem deutschen Vertreter von einer italien. AG erteilte „Sondervollmacht" in Bezug auf die Errichtung eines Bauvorhabens für die Olympiade 1972 in München auch das Recht umfasste, einem deutschen Rechtsanwalt Prozessvollmacht zu erteilen, nach deutschem Recht bejaht);

- ob der Bevollmächtigte **Untervollmacht** erteilen darf[1],
- ob der Bevollmächtigte mit sich **selbst kontrahieren** darf oder zur Mehrfachvertretung berechtigt ist, denn auch insoweit handelt es sich um eine Frage der Tragweite der Vollmacht[2],
- ob im Falle der Bestellung mehrerer Vertreter **Einzel- oder Kollektivvertretungsmacht** besteht[3],
- ob der Vertreter seine **Vollmacht überschritten oder missbraucht** hat[4].

BayObLG 5.11.1987, BayObLGZ 1987, 363 = NJW-RR 1988, 873 = IPRspr. 1987 Nr. 14 A (Umfang einer in Kanada in engl. Sprache ausgestellten Vollmacht zur Anmeldung der Kapitalerhöhung einer deutschen GmbH nach deutschem Recht beurteilt); zust. *Braga*, RabelsZ 24 (1959), 337 (338); *Raape*, S. 503; *Mäsch*, in: Bamberger/Roth, Anh. zu Art. 10 EGBGB Rz. 88.

1 LG Berlin I 5.10.1932, IPRspr. 1932 Nr. 63; OLG Frankfurt a.M. 2.4.1963, WM 1963, 872 (875) = IPRspr. 1962/63 Nr. 164; *von Caemmerer*, RabelsZ 24 (1959), 201 (214); *Schotten/Schmellenkamp*, Rz. 94; *Lüderitz*, in: Soergel, Anh. zu Art. 10 EGBGB Rz. 102; *Ferid*, Rz. 5–160; vgl. auch IPG 1975 Nr. 47 (Hamburg) (Befugnis eines kanad. trustee zur Erteilung von Untervollmacht nach deutschem Vollmachtsstatut beurteilt); LG Karlsruhe 6.4.2001, RIW 2002, 153 (155) = IPRspr. 2001 Nr. 19 (Berechtigung des Vorstandsmitglieds einer tschech. AG zur Erteilung von Untervollmacht nach dem am tschech. Gebrauchsort geltenden Recht verneint).

2 RG 25.5.1928, JW 1928, 2013 = IPRspr. 1928 Nr. 13 (Berechtigung zum Selbstkontrahieren nach estn. Vollmachtsstatut beurteilt); BGH 8.10.1991, NJW 1992, 618 = JZ 1992, 579 m. Anm. *von Bar* = WuB IV A § 181 BGB Nr. 1.92 m. Anm. *Thode* = EWiR 1991, 1107 m. Anm. *Schlechtriem* = IPRspr. 1991 Nr. 28 (Recht von Geschäftsführern bzw. Prokuristen einer deutschen GmbH zum Selbstkontrahieren nach deutschem Gesellschafts- bzw. Vollmachtsstatut – und nicht nach dem französ. Geschäftsrecht – beurteilt); ferner OLG Düsseldorf 8.12.1994, IPRax 1996, 423 (425) = IPRspr. 1994 Nr. 16; OLG Koblenz 19.10.1995, RIW 1996, 151 (152) = IPRspr. 1995 Nr. 34; *von Caemmerer*, RabelsZ 24 (1959), 201 (216 f.); *von Bar*, II Rz. 593; *Lüderitz*, in: Soergel, Anh. zu Art. 10 EGBGB Rz. 102; *Hohloch*, in: Erman, Anh. zu Art. 37 EGBGB Rz. 19; *Thorn*, in: Palandt, Anh. zu Art. 32 EGBGB Rz. 3; *Magnus*, in: Staudinger, Einl. zu Art. 27–37 EGBGB Rz. A 47; aA *Braga*, RabelsZ 24 (1959), 337 (338 f.) (Statut des Innenverhältnisses); *Raape*, S. 503 und *Spellenberg*, in: MünchKomm, vor Art. 11 EGBGB Rz. 267 (Geschäftsstatut).

3 *Magnus*, in: Staudinger, Einl. zu Art. 27–37 EGBGB Rz. A 49; ebenso für die Schweiz *Berger*, S. 151; *Girsberger*, in: Keller, Art. 126 IPRG Rz. 25.

4 RG 14.10.1931, RGZ 134, 67 (71) (Missbrauch der Vollmacht des im Inland tätigen Vertreters beim Abschluss eines Börsentermingeschäfts an der New Yorker Baumwollbörse nach deutschem Recht beurteilt); BGH 29.11.1961, JZ 1963, 167 m. Anm. *Lüderitz* = IPRspr. 1960/61 Nr. 40 („Zum Umfang der Vollmacht gehört auch die Frage, ob eine erteilte Vollmacht überschritten ist." Das Vollmachtsstatut entscheidet daher, ob der Vollmachtgeber trotz Überschreitung bzw. Missbrauchs der Vollmacht durch den Vertreter dem Dritten gegenüber (zB kraft Rechtsscheins, dazu Rz. 5507 f.) gebunden wird [*Magnus*, in: Staudinger, Einl. zu Art. 27–37 EGBGB Rz. A 50]. RG 31.5.1943, DNotZ 1944, 151 = SA 97 Nr. 53 (Missbrauch einer in den USA ausgestellten Grundstücksvollmacht durch den Vertreter in Deutschland, der das deutsche Grundstück belastete, um sich für persönliche Zwecke Geld zu beschaffen. Wirksamkeit der Grundschuldbestellung im Verhältnis zum Vollmachtgeber nach deutschem Recht [§ 172 BGB] bejaht); zust. *von Caemmerer*, RabelsZ 24 (1959), 201 (214); *Luther*, RabelsZ 38 (1974), 421 (429); *Lüderitz*, in: Soergel, Anh. zu Art. 10 EGBGB Rz. 102.

Entfällt allerdings eine Bindung des Vollmachtgebers an das vom Vertreter unter Überschreitung bzw. Missbrauch der Vollmacht geschlossene Geschäft nach dem Recht des Wirkungslandes, so beurteilt sich die weitere Frage, ob der Vollmachtgeber dem Dritten gegebenenfalls aus anderen Rechtsgründen (zB aus culpa in contrahendo oder Delikt) haftet, hingegen nach dem hierfür jeweils maßgeblichen Statut[1].

3. Form der Vollmacht

a) Geschäftsrecht

5496 Die Form eines einseitigen Rechtsgeschäfts bestimmt sich gem. Art. 11 Abs. 1, Alt. 1 EGBGB in erster Linie nach „dem Recht, das auf das seinen Gegenstand bildende Rechtsverhältnis anzuwenden ist". Das ist bei der Vollmacht das **Vollmachtsstatut**, nicht dagegen das Schuldstatut des vom Vertreter abgeschlossenen Hauptvertrages oder die Rechtsordnung, die das der Vollmacht zugrunde liegende Rechtsverhältnis beherrscht[2].

Wie Inhalt und Umfang einer Vollmacht, so muss deren Formwirksamkeit nach dem *Recht des Gebrauchslandes* beurteilt werden. Das verlangt hier wie dort der Schutz des Rechtsverkehrs. Dieser muss sich darauf verlassen können, dass eine Vollmacht, die nach ihrem Inhalt in Deutschland Wirkungen entfalten soll, formwirksam ist, wenn sie den Formerfordernissen des deutschen Rechts genügt[3].

---

[1] *Lüderitz*, JZ 1963, 171 f.; *Lüderitz*, in: Soergel, Anh. zu Art. 10 EGBGB Rz. 105; *Sandrock/Müller*, Rz. D 82 f.; *Magnus*, in: Staudinger, Einl. zu Art. 27–37 EGBGB Rz. A 50.; aA (Vollmachtsstatut) *Ruthig*, S. 171.

[2] *Makarov*, Festschr. Perassi II (1957), S. 39 (47); *Reithmann*, DNotZ 1956, 469 (471); *von Caemmerer*, RabelsZ 24 (1959), 201 (213); *Zweigert*, RabelsZ 24 (1959), 334 f.; *von Bar*, II Rz. 593; *Steding*, ZvglRW 86 (1987), 25 (48); *Schotten/Schmellenkamp*, Rz. 100; *Junker*, Rz. 337; *Hohloch*, in: Erman, Anh. I zu Art. 37 EGBGB Rz. 20; *Magnus*, in: Staudinger, Einl. zu Art. 27–37 EGBGB Rz. A 58; *Thorn*, in: Palandt, Anh. zu Art. 32 EGBGB Rz. 3; ebenso für die Schweiz *Berger*, S. 139 f.; *Girsberger*, in: Keller, Art. 126 IPRG Rz. 32; aA *Raape*, S. 503; differenzierend *Lüderitz*, in: Soergel, Anh. zu Art. 10 EGBGB Rz. 108.

[3] KG 8.1.1931, DNotZ 1931, 402 = IPRspr. 1931 Nr. 21 (Das Gericht geht im Hinblick auf Art. 11 Abs. 1 S. 1 EGBGB aF davon aus, „dass grundsätzlich die Form einer Vollmacht, welche den Abschluss eines Kaufvertrages über ein in Deutschland belegenes Grundstück zum Gegenstand hat, nach deutschem Recht zu beurteilen ist".); BGH 22.6.1965, WM 1965, 868 = IPRspr. 1964/65 Nr. 34 (Fernmündliche Vollmacht zum Verkauf in der Schweiz belegener Grundstücke als wirksam behandelt. „Die Vollmacht wurde … in der Schweiz ausgestellt, und in demselben Land wurde von ihr auch Gebrauch gemacht. Ihre Formerfordernisse richten sich nach Schweizer Recht."); OLG Zweibrücken 22.1.1999, FGPrax 1999, 86 = IPRspr. 1999 Nr. 194 (in Ontario/Kanada ausgestellte privatschriftliche Vollmacht zur Erbteilsübertragung nach deutschem Geschäftsrecht als formgültig beurteilt, weil von der Vollmacht im Inland Gebrauch gemacht worden sei). Vgl. aber auch LG Hamburg 16.3.1977, RIW 1978, 124 = IPRspr. 1977 Nr. 6 (Schriftformerfordernis nach Art. 2 des UN-Übereinkommens über die Anerkennung und Vollstreckung ausländ. Schiedssprüche v. 10.6.1958 „im Interesse einer international einheitlichen Rechtsgestaltung" auf die Vollmacht zum Ab-

Da im deutschen Recht die Vollmacht grundsätzlich formfrei ist (§ 167 Abs. 2 BGB), bedürfen somit Vollmachten, die nach ihrem Inhalt in Deutschland gebraucht werden sollen, nur in Ausnahmefällen einer Form:

Die **Schriftform** ist vorgeschrieben für die Stimmrechtsvollmacht im Aktienrecht (§ 134 Abs. 3 S. 2 AktG) und die Prozessvollmacht (§ 80 ZPO). Der **öffentlichen Beglaubigung** bedürfen die Vollmacht zur Registeranmeldung (§ 12 Abs. 1 S. 2 HGB), die Vollmacht zum Bieten in der Zwangsversteigerung (§ 71 Abs. 2 ZVG) und die Vollmacht zur Erbausschlagung (§ 1945 Abs. 3 BGB). Zum Abschluss eines GmbH-Vertrages (§ 2 Abs. 2 GmbHG) muss eine „notariell errichtete oder beglaubigte" Vollmacht vorliegen. Die **notarielle Beurkundung** ist erforderlich für die unwiderrufliche Grundstücksvollmacht, die unwiderrufliche Vollmacht zur Erbteilsübertragung und die Blankovollmacht zur Abtretung eines GmbH-Anteils.

Die Beurkundung oder Beglaubigung der Vollmacht kann im Ausland auch von einem *deutschen Konsul* vorgenommen werden (§ 10 KonsG). Auch wenn im Gesetz ausdrücklich von „notarieller" Beurkundung oder Beglaubigung die Rede ist, genügt stets auch die Beurkundung oder Beglaubigung durch einen deutschen Konsul im Ausland (§ 10 Abs. 2 KonsG).

b) Ortsrecht

Für die Formgültigkeit der Vollmacht ist es allerdings nach Art. 11 Abs. 1, Alt. 2 EGBGB ausreichend, wenn sie im Ausland in der dort vorgesehenen Ortsform erteilt worden ist. Maßgebend ist hierbei der **Errichtungsort der Vollmacht**, nicht etwa der Empfangsort[1] oder der Ort, an dem das Vertretergeschäft abgeschlossen wird[2]. Soweit man einen Renvoi im Rahmen von Art. 11 Abs. 1, Alt. 2 EGBGB überhaupt für beachtlich hält[3], wirkt er nur „in favorem validitatis", stellt also die Wirksamkeit der unter Beobachtung der materiellen Formvorschriften des Ortsrechts ausgestellten Vollmacht nicht in Frage[4]. Dies gilt auch für Vollmachten, die zu Grundstücksgeschäften im Inland ermächtigen. Der im deutschen materiellen Recht geltende Grundsatz der Formabstraktion (§ 167 Abs. 2 BGB) bewirkt, übertragen auf das IPR, dass die der lex-loci-Anknüpfung hinsichtlich der Formgültigkeit von Grundstücksverträgen und sachenrechtlichen Verfügungsgeschäften in Art. 11 Abs. 5 Rom I-VO und Art. 11 Abs. 4 EGBGB gezogenen Schranken für die Vollmacht nicht gelten[5].

---

schluss eines Schiedsvertrages zwischen einer deutschen und einer italien. Firma erstreckt).
1 *Makarov*, Festschr. Perassi II (1957), S. 39 (47); *Schotten/Schmellenkamp*, Rz. 101.
2 *Lüderitz*, in: Soergel, Anh. zu Art. 10 EGBGB Rz. 109.
3 Bejahend *Hausmann*, in: Staudinger, Art. 4 EGBGB Rz. 159 ff.; aA die wohl hL, vgl. *Thorn*, in: Palandt, Art. 11 EGBGB Rz. 1; *Schotten/Schmellenkamp*, Rz. 101.
4 So schon zu Art. 11 Abs. 1 EGBGB aF OLG Stuttgart 18.12.1981, OLGZ 1982, 257 = IPRspr. 1981 Nr. 12.
5 OLG München 10.3.1988, NJW-RR 1989, 103 = IPRax 1990, 320 (m. Anm. *Spellenberg*, IPRax 1990, 295) = IPRspr. 1988 Nr. 15 (Einhaltung der deutschen Ortsform für Erteilung einer Vollmacht zur Veräußerung eines span. Grundstücks für ausreichend erachtet); ferner *Stoll*, in: Staudinger, IntSachenR Rz. 173 f.; *Lüderitz*, in: Soergel, Anh. zu

5499 Auch die im deutschen materiellen Recht anerkannten Einschränkungen des Grundsatzes der Formabstraktion[1] begründen **keinen kollisionsrechtlichen Formverbund** von Hauptgeschäft und Vollmacht. Auf die Gültigkeit einer nach dem Ortsrecht wirksam ausgestellten Vollmacht ist es mithin ohne Einfluss, dass sie in ihren praktischen Auswirkungen das formgebundene Hauptgeschäft bereits vorwegnimmt und deshalb nach dem deutschen Geschäftsrecht ihrerseits formbedürftig wäre. Vollmachten zum Abschluss von Verträgen über den Erwerb bzw. die Veräußerung deutscher Grundstücke bedürfen daher, auch wenn sie unwiderruflich sind oder vom Verbot des Selbstkontrahierens befreien, nicht gem. Art. 11 Abs. 4 EGBGB der Form des § 311b Abs. 1 BGB, sofern das Recht des ausländischen Ausstellungsortes eine notarielle Beurkundung nicht verlangt; aus dem gleichen Grunde bedarf auch die im Ausland errichtete bindende Vollmacht zur Auflassung deutscher Grundstücke nicht über Art. 11 Abs. 5 EGBGB der Form des § 925 BGB[2].

5500 In den folgenden Fällen wurden im Ausland ausgestellte Vollmachten zur Veräußerung oder Belastung *deutscher* Grundstücke als wirksam erachtet, obwohl die Form der §§ 311b Abs. 1 (= § 313 aF), 925 BGB nicht erfüllt war:

KG 19.3.1925, OLGE 44, 152
OLG Nürnberg 11.12.1928, IPRspr. 1929 Nr. 26
In Österreich ausgestellte unwiderrufliche Grundstücksvollmachten.

LG Berlin I 3.5.1930, IPRspr. 1930 Nr. 24
In Finnland ausgestellte unwiderrufliche und unter Befreiung vom Verbot des Selbstkontrahierens erteilte Grundstücksvollmacht.

KG 8.1.1931, DNotZ 1931, 402 = IPRspr. 1931 Nr. 21
In den USA (Kalifornien) ausgestellte Grundstücksvollmacht, die den Vertreter zur Auflassung an sich selbst ermächtigte.

OLG Schleswig-Holstein 19.12.1961, SchlHA 1962, 173 (m. Anm. *Deutsch*, SchlHA 1962, 244) = IPRspr. 1960/61 Nr. 22
In Kanada ausgestellte unwiderrufliche und unter Befreiung vom Verbot des Selbstkontrahierens erteilte Vollmacht zur Verfügung über einen Erbteil, der deutschem Recht unterlag.

OLG Stuttgart 11.11.1980, OLGZ 1981, 164 = DNotZ 1981, 746 = IPRspr. 1980 Nr. 12
In Liechtenstein ausgestellte Vollmacht zur Grundstücksveräußerung unter Befreiung vom Verbot des Selbstkontrahierens.

Art. 10 EGBGB Rz. 110; *Schotten/Schmellenkamp*, Rz. 101; *Looschelders*, Anh. zu Art. 12 EGBGB Rz. 16; ebenso schon zu Art. 11 Abs. 2 EGBGB aF *Reithmann*, DNotZ 1956, 469 (475); *von Caemmerer*, RabelsZ 24 (1959), 201 (213 f.); aA *Spellenberg*, in: MünchKomm, vor Art. 11 EGBGB Rz. 292, sowie die schweiz. Lehre, vgl. *Girsberger*, in: Keller, Art. 126 IPRG Rz. 33.

1 Vgl. dazu statt aller *Schramm*, in: MünchKomm, § 167 BGB Rz. 16 ff. mwN.
2 S. *von Caemmerer, Stoll,* und *Schotten/Schmellenkamp* (jeweils zuvor in Fn. 5); *Reithmann*, DNotZ 1956, 469 (474); *Zweigert*, RabelsZ 24 (1959), 334 (335); *Magnus*, in: Staudinger, Einl. zu Art. 27–37 EGBGB Rz. A 60; *Thorn*, in: Palandt, Anh. zu Art. 32 EGBGB Rz. 3; aA für die nach Geschäftsrecht formbedürftige Vollzugsvollmacht *Ludwig*, NJW 1983, 495 (496); *Spellenberg*, in: MünchKomm, vor Art. 11 EGBGB Rz. 292; *Winkler von Mohrenfels*, in: Staudinger, Art. 11 EGBGB Rz. 71.

Vgl. aber *LG Berlin I* 5.10.1932, IPRspr. 1932 Nr. 63
„Der deutsche Grundbuchrichter hat eine in New York ausgestellte unwiderrufliche Generalvollmacht, die nach ihrem Wortlaut in Deutschland ihre Wirkung entfalten soll, nach dem deutschen Recht als nichtig zu behandeln." Rückverweisung auf das deutsche Sachstatut auch hinsichtlich der Form angenommen.

Wird eine Vollmacht dem deutschen Grundbuchamt vorgelegt, so bedarf sie allerdings der Form des § 29 GBO. Diese Form wird auch durch die Beglaubigung eines **ausländischen Notars** im Rahmen seiner Zuständigkeit erfüllt[1]. 5501

Die Unterschrift des ausländischen Notars kann von den deutschen Auslandsvertretungen legalisiert werden. Mit einer Reihe von Staaten bestehen Staatsverträge, nach denen in gewissen Fällen auf die Legalisation verzichtet wird. Im Übrigen steht es im Ermessen des Grundbuchamts, ob es eine Legalisation verlangt oder nicht[2].

OLG Schleswig-Holstein 19.12.1961, SchLHA 1962, 173 = IPRspr. 1960/61 Nr. 22
Das Gericht erklärt, es stehe „im Ermessen des Grundbuchamts, zum Nachweis der Echtheit die Legalisation zu verlangen, es sei denn, dass durch die besonderen Umstände des Einzelfalls der Echtheitsbeweis auch ohne Legalisation als erbracht angesehen werden kann".

4. Dauer und Erlöschen der Vollmacht

Das Vollmachtsstatut entscheidet schließlich auch darüber, wann und aus welchen Gründen die Vollmacht erlischt[3] und welche Rechtsfolgen das Erlöschen der Vollmacht hat (zB Anspruch auf Rückgabe der Vollmachtsurkunde)[4]. In Betracht kommt insbesondere ein Erlöschen der Vollmacht durch folgende Ereignisse: 5502

a) Ablauf der gesetzlichen Gültigkeitsdauer

In ausländischen Rechten ist die Wirksamkeit einer Vollmacht zT kraft Gesetzes zeitlich beschränkt. Die Geltung solcher Beschränkungen richtet sich nach dem Vollmachtsstatut[5]. 5503

---

1 OLG Zweibrücken 22.1.1999, Rpfleger 1999, 326 = FGPrax 1999, 86 = IPRspr. 1995 Nr. 159 (Unterschriftsbeglaubigung durch einen kanad. „notary public" genügt den Anforderungen des § 29 Abs. 1 GBO).
2 IPG 1969 Nr. 50 (München) (Nachweis von Eintragungsbewilligung und Vertretungsbefugnis gegenüber dem Grundbuchamt durch beglaubigte Urkunden eines schweiz. Notars).
3 *von Caemmerer*, RabelsZ 24 (1959), 201 (214 f.); *von Bar*, II Rz. 593; *Kropholler*, IPR, § 41 I 3; *Schotten/Schmellenkamp*, Rz. 96; *Lüderitz*, in: Soergel, Anh. zu Art. 10 EGBGB Rz. 102; *Magnus*, in: Staudinger, Einl. zu Art. 27–37 EGBGB Rz. A 51; *Thorn*, in: Palandt, Anh. zu Art. 32 EGBGB Rz. 3; *Mäsch*, in: Bamberger/Roth, Anh. zu Art. 10 EGBGB Rz. 88; zT aA *Spellenberg*, in: MünchKomm, vor Art. 11 EGBGB Rz. 267 (Geschäftsstatut).
4 *Lüderitz*, in: Soergel, Anh. zu Art. 10 EGBGB Rz. 102; *Magnus*, in: Staudinger, Einl. zu Art. 27–37 EGBGB Rz. A 53.
5 BGH 5.2.1958, WM 1958, 557 (559) = DB 1958, 1010 = IPRspr. 1958/59 Nr. 38 (Vollmacht einer Russin [Erbin eines Komponisten] an ihren Verleger. Nach russ. Recht

b) Tod, Insolvenz oder Geschäftsunfähigkeit des Vertretenen

5504 In gleicher Weise entscheidet das Vollmachtsstatut darüber, ob die Vollmacht durch den Tod, die Insolvenz oder die Geschäftsunfähigkeit des Vertretenen erlischt[1].

c) Widerruf

5505 Nach dem Vollmachtsstatut ist zu beurteilen, ob ein Widerruf überhaupt möglich ist, wem gegenüber und auf welche Art und Weise er erklärt werden kann, und zu welchem Zeitpunkt im Falle eines wirksamen Widerrufs die Vollmacht erlischt. Das Vollmachtsstatut bestimmt ferner auch darüber, ob eine unwiderrufliche Vollmacht als gültig, frei widerruflich oder nichtig anzusehen ist[2].

d) Beendigung des Innenverhältnisses

5506 Das Vollmachtsstatut regelt allerdings nur, welchen Einfluss die Beendigung des Innenverhältnisses auf die Vollmacht hat[3]. Die Frage, ob und zu welchem

---

[Art. 268 ZGB der RSFSR von 1923] wäre die Vollmacht nach einem Jahr erloschen. Diese Vorschrift wurde, soweit die Vollmacht als Prozessvollmacht vor deutschen Gerichten gebraucht wurde, nicht berücksichtigt.); BGH 16.4.1975, BGHZ 64, 183 = NJW 1975, 1220 = IPRspr. 1975 Nr. 118 (Erlöschen der Vollmacht des Züricher Anwalts von A. Solschenizyn durch Zeitablauf nach russ. Recht nicht berücksichtigt, soweit von der Vollmacht in Deutschland Gebrauch gemacht worden war).

1 LG Berlin 11.1.1935, JW 1935, 877 = IPRspr. 1935/44 Nr. 49 („Dass die Vollmacht in Österreich ausgestellt ist, nötigt nicht zur Prüfung, ob eine solche Vollmacht über den Tod hinaus nach österreich. Recht wirksam ist. Denn da sich die Vollmacht auf ein deutsches Grundstück bezieht, gilt nach Wirkungsstatut deutsches Recht, und nach letzterem ist eine solche Bestimmung nicht zu beanstanden."); BGH 5.2.1958, DB 1958, 1010 = IPRspr. 1958/59 Nr. 38 („Handelt es sich um eine Prozessvollmacht, auf die deutsches Verfahrensrecht anzuwenden ist, so erlischt sie nach § 86 ZPO nicht durch den Tod des Vollmachtgebers, sondern geht auf die Erben über."); OLG Frankfurt a.M. 2.4.1963, WM 1963, 872 (875) = IPRspr. 1962/63 Nr. 164 (von einem Franzosen ausgestellte Vollmacht zur Verwaltung eines deutschen Hausgrundstücks auch nach dem Tode des Vollmachtgebers als wirksam erachtet, da Gebrauchsort der Vollmacht in Deutschland.); LG München 21.3.1994, NJW-RR 1994, 1150 = IPRspr. 1994 Nr. 199 (Erlöschen der vom Gemeinschuldner erteilten Prozessvollmacht vor inländ. Gerichten durch Auslandsinsolvenz bejaht, wenn das ausländ. Insolvenzstatut diese Rechtsfolge anordnet und die Auslandsinsolvenz im Inland anzuerkennen ist; vgl. dazu auch unten Rz. 5710 ff.; aA noch LG Frankfurt a.M. 3.11.1978, RIW 1980, 281 = IPRspr. 1978 Nr. 8).

2 RG 24.10.1892, RGZ 30, 122 (in den USA ausgestellte unwiderrufliche Nachlassvollmacht nach New Yorker Recht beurteilt); LG Berlin I 5.10.1932, IPRspr. 1932 Nr. 63 (in New York ausgestellte unwiderrufliche Generalvollmacht für Grundstücksgeschäfte in Deutschland als nichtig angesehen); KG 12.7.1958, IPRspr. 1958/59 Nr. 40 (unwiderrufliche Vollmacht an einen israel. Rechtsanwalt zur Vertretung vor den Berliner Entschädigungsbehörden in Anwendung deutschen Rechts als widerruflich behandelt); ebenso *von Caemmerer*, RabelsZ 24 (1959), 201 (214); *Braga*, RabelsZ 24 (1959), 337 (339); *Lüderitz*, in: Soergel, Anh. zu Art. 10 EGBGB Rz. 102; *Magnus*, in: Staudinger, Anh. zu Art. 27–37 EGBGB Rz. A 52.

3 *Mäsch*, in: Bamberger/Roth, Anh. zu Art. 10 EGBGB Rz. 98; *Schotten/Schmellenkamp*, Rz. 96.

Zeitpunkt das Innenverhältnis beendet worden ist, richtet sich selbstverständlich nach dem auf dieses Verhältnis anwendbaren Recht.

5. Duldungs- und Anscheinsvollmacht

Fehlt es an einer ausdrücklich oder stillschweigend erteilten Vollmacht, so beurteilt sich die Frage, ob der Vertretene sich aus Gründen des Verkehrsschutzes dem Dritten gegenüber so behandeln lassen muss, als habe er Vollmacht erteilt, ebenfalls nach dem Vollmachtsstatut. Rechtfertigt man nämlich die Sonderanknüpfung der Vollmacht mit dem Schutz des Rechtsverkehrs, so verlangt dieser eine **einheitliche Behandlung aller Arten der Vollmacht**, zumal eine scharfe Grenzziehung zwischen der Vertretungsmacht durch ausdrückliche oder stillschweigende Erklärung, durch Duldung oder aufgrund Anscheins häufig kaum möglich ist[1]. Die im deutschen Recht entwickelten Grundsätze über die Haftung des Geschäftsherrn aufgrund einer Duldungs- oder Anscheinsvollmacht sind daher – mit den in Rz. 5453 ff. genannten Einschränkungen – stets anwendbar, wenn der Vertrauenstatbestand von dem Vertreter in Deutschland gesetzt worden ist[2].

5507

Teilweise stellt die Rechtsprechung auch auf dasjenige – mit dem Gebrauchsland nicht notwendig identische – Land ab, in dem der **Schein entstanden** ist oder sich ausgewirkt hat[3].

5508

---

1 In diesem Sinne entscheiden auch Art. 11 Abs. 1 1. Hs HStÜ sowie die IPRGesetze von Belgien (Art. 108 Abs. 1, 1. Hs), Bulgarien (Art. 62 Abs. 1), Italien (Art. 60 Abs. 1, 1. Hs), Österreich (Art. 49 Abs. 1, 1. Hs), Liechtenstein (Art. 53 Abs. 1 1. Hs), Rumänien (Art. 96) und der Schweiz (Art. 126 Abs. 2) sowie in Spanien Art. 10 Abs. 11 S. 2 c.c.; dazu *Schwarz*, RabelsZ 71 (2007), 729 (793 f.).

2 *Kropholler*, NJW 1965, 1641 (1644 f.); *von Caemmerer*, RabelsZ 24 (1959), 201 (210); *Leible*, IPRax 1998, 257 (260 f.); *von Bar*, II Rz. 593; *Lüderitz*, in: Soergel, Anh. zu Art. 10 EGBGB Rz. 107; *Thorn*, in: Palandt, Anh. zu Art. 32 EGBGB Rz. 3; *Mäsch*, in: Bamberger/Roth, Anh. zu Art. 10 EGBGB Rz. 114; ebenso für das schweiz. Recht *Girsberger*, in: Keller, Art. 126 IPRG Rz. 35; aA (Schutz des Drittkontrahenten gem. Art. 10 Abs. 2 Rom I-VO) *Spellenberg*, in: MünchKomm, vor Art. 11 EGBGB Rz. 289. Vgl. auch OLG Saarbrücken 28.10.1966, IPRspr. 1968/69 Nr. 19a (Anscheinsvollmacht eines deutschen Handlungsbevollmächtigten für die Bestellung von Erbsen bei einer französ. Firma. „Da der Auftrag unstreitig fernmündlich von dem Handlungsbevollmächtigten von Frankfurt a.M. aus erteilt wurde, kommt somit für die Frage der Vollmachterteilung bzw. Duldungs- oder Anscheinsvollmacht deutsches Recht zur Anwendung."); OLG Frankfurt a.M. 8.7.1969, AWD 1969, 415 = IPRspr. 1968/69 Nr. 21 (Duldungsvollmacht des Sohnes der Geschäftsinhaberin eines deutschen Betriebes in Spanien nach span. Recht beurteilt. „Auch die stillschweigend durch Duldung eines tatsächlichen Verhaltens erteilte Vollmacht ist nach dem Recht des Landes zu beurteilen, in dem der Vertreter das in Rede stehende Geschäft vorgenommen hat.").

3 Vgl. zur Duldungsvollmacht KG 30.5.1932, IPRspr. 1932 Nr. 25; zur Anscheinsvollmacht BGH 17.1.1968, WM 1968, 440 = IPRspr. 1968/69 Nr. 19b; BGH 5.2.2007, NJW 2007, 1529 (1530); OLG Hamburg 15.5.1931, IPRspr. 1931 Nr. 39; OLG Hamm 6.6.1957, IPRspr. 1956/57 Nr. 27 und 25.11.2002, RIW 2003, 305 = IPRspr. 2002 Nr. 155; OLG Düsseldorf 11.5.1978, MDR 1978, 930; KG 16.1.1996, IPRax 1998, 280 (m. Anm. *Leible*, IPRax 1998, 257) = IPRspr. 1996 Nr. 25; zust. *Ferid*, Rz. 5–159; *Looschelders*, Anh. zu Art. 12 EGBGB Rz. 8; krit. dazu *Kropholler*, NJW 1965, 1641 (1645); *Ruthig*, S. 44 ff.; *Leible*, IPRax 1998, 257 (260 f.).

6. Teil: Vollmacht

BGH 9.12.1964, BGHZ 43, 21 (27) = NJW 1965, 487 = IPRspr. 1964/65 Nr. 33
Anscheinsvollmacht der ständigen bulgarischen Außenhandelsvertretung in Deutschland. „Die Anscheinsvollmacht beruht nicht auf dem Rechtsgeschäft einer Bevollmächtigung; der Vertretene haftet vielmehr aufgrund eines infolge seines Verschuldens entstandenen Rechtsscheins. Steht aber ein Rechtsgeschäft nicht in Frage, so kann auch nicht an das Geschäftsstatut der Bevollmächtigung, also etwa an den Ort der Bevollmächtigung oder die Staatsangehörigkeit oder das Domizil des Vollmachtgebers angeknüpft werden. Es bleibt als einziger Anknüpfungspunkt der Ort, an dem der Rechtsschein entstanden ist und sich ausgewirkt hat. Wenn ein Ausländer einen solchen Rechtsschein in Deutschland setzt, so entscheidet deshalb ausschließlich das deutsche Recht darüber, ob dieser Rechtsschein den Ausländer so bindet, wie es eine rechtsgeschäftlich erteilte Vollmacht tun würde."

OLG Köln 29.5.1967, IPRspr. 1966/67 Nr. 25
Anscheinsvollmacht eines Schweizers zum Kauf von Flugscheinen für eine deutsche Gesellschaft nach deutschem Recht beurteilt, obwohl der Vertreter ausschließlich von Zürich aus gehandelt hatte. Maßgeblich sei allein der Ort, „an dem der Schein entstanden ist und sich ausgewirkt hat".

OLG Karlsruhe 25.7.1986, NJW-RR 1987, 119 = IPRax 1987, 257 (m. Anm. *Weitnauer*, IPRax 1987, 221) = EWiR 1986, 1199 m. Anm. *Herber* = IPRspr. 1986 Nr. 25
Einlassung des italienischen Handelsagenten auf die Mängelrüge des deutschen Käufers ist dem italienischen Verkäufer nach den deutschen Grundsätzen über die Anscheinsvollmacht zuzurechnen, wenn der Rechtsschein in Deutschland gesetzt wurde.

5509 Dies kann indessen nicht so verstanden werden, als ob es auf den Ort ankommt, an dem der Dritte an den Rechtsschein glaubt[1]; maßgebend ist vielmehr das hypothetische Vollmachtsstatut[2]. Der **Vertretene** kann sich allerdings analog Art. 10 Abs. 2 Rom I-VO auf das an seinem **gewöhnlichen Aufenthaltsort** geltende Recht berufen, wenn dieses eine solche Rechtsscheinhaftung nicht vorsieht und er mit einer solchen Haftung aufgrund der Anwendung eines anderen Rechts nicht rechnen musste[3].

6. Verfügungsermächtigung

5510 Während die Verfügungsmacht grundsätzlich dem Recht unterliegt, das den von der Verfügung betroffenen Gegenstand beherrscht, können die Grundsätze über die Anknüpfung der Vollmacht auch auf eine – rechtsgeschäftliche – Verfügungsermächtigung entsprechend angewandt werden[4].

5511–5530 Frei.

---

1 So aber *Leible*, IPRax 1998, 257 (260); ähnlich OLG Koblenz 10.5.1985, IPRax 1987, 237 (239).
2 *Mäsch*, in: Bamberger/Roth, Anh. zu Art. 10 EGBGB Rz. 114, 117.
3 *G. Fischer*, IPRax 1989, 216; *Thorn*, in: Palandt, Anh. zu Art. 32 EGBGB Rz. 3; *Lüderitz*, in: Soergel, Anh. zu Art. 10 EGBGB Rz. 107; *Mäsch*, in: Bamberger/Roth, Anh. zu Art. 10 EGBGB Rz. 118; IPG 2000/01 Nr. 7 (Köln); aA (nur Vollmachtsstatut) *von Caemmerer*, RabelsZ 24 (1959), 201 (210); *Hohloch*, in: Erman, Anh. I zu Art. 37 EGBGB Rz. 19; *Looschelders*, Anh. zu Art. 12 EGBGB Rz. 8.
4 BGH 29.3.2001, BGHZ 147, 178 (185) = NJW 2002, 596 = RIW 2001, 937 = GRUR 2001, 1134 = IPRspr. 2001 Nr. 5 (Ermächtigung der staatlichen sowjet. Urheberrechtsorganisation VAAP zur Einräumung von Verlagsrechten an Werken eines estn. Komponisten

V. Abgrenzung zum Geschäftsstatut des Hauptvertrages

Diejenigen Fragen, die nicht die Vollmacht, sondern die „**Stellvertretung als solche**" oder die Gültigkeit des vom Vertreter vorgenommenen Geschäfts betreffen, sind nach dem Wirkungsstatut dieses Geschäfts zu beurteilen; das Recht des Gebrauchsorts der Vollmacht bleibt insoweit außer Betracht[1]. Hierher gehören vor allem folgende Fragen:

5531

1. Zulässigkeit der Stellvertretung

Das Geschäftsstatut bestimmt, ob gewisse Rechtsgeschäfte (insbesondere des Familien- und Erbrechts) überhaupt durch einen Vertreter abgeschlossen werden dürfen oder – wie zB die Eheschließung oder ein Erbvertrag – wegen ihres höchstpersönlichen Charakters vertretungsfeindlich sind[2].

5532

2. Erfordernis einer Spezialvollmacht

Auch die Frage, ob für die Vornahme eines bestimmten Rechtsgeschäfts eine Generalvollmacht ausreicht oder eine **Spezialvollmacht erforderlich** ist, beantwortet das Geschäftsstatut[3]. Gleiches gilt für das Erfordernis einer *ausdrücklichen* Vollmacht für bestimmte Geschäfte[4].

5533

3. Offenbarung des Vertretungsverhältnisses

Das Geschäftsstatut entscheidet auch darüber, ob die Verpflichtung des Vertretenen voraussetzt, dass der Vertreter **in fremdem Namen gehandelt** hat, das Vertretungsverhältnis mithin dem Dritten gegenüber offen gelegt wurde[5]. Es

5534

---

zugunsten eines deutschen Musikverlegers nach sowjet. Recht – als dem Recht des Landes, in dem von der Verfügungsbefugnis Gebrauch gemacht werden sollte – beurteilt, obwohl der geschlossene Verlagsvertrag dem deutschen Recht unterstand). Die Einziehungsermächtigung steht demgegenüber der Zession so nahe, dass sie dem Zessionsstatut unterliegt, vgl. BGH 24.2.1994, BGHZ 125, 196 (204 f.) = IPRax 1995, 168 (m. Anm. *Gottwald*, IPRax 1995, 157) = IPRspr. 1994 Nr. 198; *Hausmann*, in: Staudinger, Art. 33 EGBGB Rz. 63; *Mäsch*, in: Bamberger/Roth, Anh. zu Art. 10 EGBGB Rz. 84; aA *Leible*, IPRax 1998, 257 (260).

1 *von Caemmerer*, RabelsZ 24 (1959), 201 (217); *Raape*, S. 502 f.
2 *von Caemmerer*, RabelsZ 24 (1959), 201 (217); *Raape*, S. 503; *Ferid*, Rz. 5–161; *Kropholler*, IPR, § 41 I 3; *Schotten/Schmellenkamp*, Rz. 97; *Thorn*, in: Palandt, Anh. zu Art. 32 EGBGB Rz. 3; *Spellenberg*, in: MünchKomm, vor Art. 11 EGBGB Rz. 267; *Lüderitz*, in: Soergel, Anh. zu Art. 10 EGBGB Rz. 103; *Magnus*, in: Staudinger, Einl. zu Art. 27–37 EGBGB Rz. A 43; anders das schweiz. IPR, vgl. *Girsberger*, in: Keller, Art. 126 IPRG Rz. 20.
3 *von Caemmerer*, RabelsZ 24 (1959), 201 (217); *Lüderitz*, in: Soergel, Anh. zu Art. 10 EGBGB Rz. 103 und *Magnus*, in: Staudinger, Einl. zu Art. 27–37 EGBGB Rz. A 43; *Sandrock/Müller*, Rz. D 59 f.; aA *Rabel*, RabelsZ 3 (1929), 807 (826).
4 *Mäsch*, in: Bamberger/Roth, Anh. zu Art. 10 EGBGB Rz. 92; *Spellenberg*, in: MünchKomm, vor Art. 11 EGBGB Rz. 268.
5 OLG Hamburg 23.2.1995, TranspR 1996, 40 = IPRspr. 1995 Nr. 25; OLG Düsseldorf 23.9.2003, IPRspr. 2003 Nr. 25; *Braga*, RabelsZ 24 (1959), 338; *Raape*, S. 502 f.; *Lüde-

beherrscht ferner auch die Frage, welche Wirkungen im Falle einer verdeckten Stellvertretung („undisclosed agency", zB bei Abschluss von Kommissionsgeschäften) eintreten. Denn auch insoweit geht es nicht um eine Frage der rechtsgeschäftlichen Vertretungsmacht, sondern um eine davon unabhängige Voraussetzung wirksamer Stellvertretung. Deshalb bestimmt das Schuldstatut dieses Geschäfts, was der Vertreter zu tun hat, um die Vertretungswirkungen kraft der ihm – nach dem Recht des Wirkungslandes – zustehenden Vertretungsmacht auszulösen und welcher Art diese Wirkungen sind[1].

Infolgedessen kann zB der Kommittent niemals in unmittelbare schuldrechtliche Beziehungen zu dem Drittkontrahenten verstrickt werden, falls nach dem Statut des Ausführungsgeschäfts die mittelbare Stellvertretung derartige Beziehungen herbeizuführen nicht geeignet ist[2].

Nach dem Geschäftsstatut beurteilt sich daher auch die Zulässigkeit einer **Vertretung für den, den es angeht**[3], sowie die Rechtsfolgen eines **Handelns unter fremdem Namen**[4].

4. Zurechnung von Willensmängeln und bösem Glauben

5535 Ob und inwieweit ein Rechtsgeschäft wegen Willensmängeln (Irrtum, Täuschung, Drohung) nichtig ist oder angefochten werden kann, bestimmt das Geschäftsstatut[5]; daran ändert sich auch dann nichts, wenn in den Abschluss des Rechtsgeschäfts ein Vertreter eingeschaltet wurde[6]. Das Geschäftsstatut entscheidet ferner auch darüber, ob Willensmängel oder die Kenntnis gewisser Umstände in der Person des Vertreters dem Vertretenen zuzurechnen sind. Denn auch insoweit geht es nicht um den Bestand oder Umfang der Vollmacht[7].

---

ritz, in: Soergel, Anh. zu Art. 10 EGBGB Rz. 106; *Magnus*, in: Staudinger, Einl. zu Art. 27–37 EGBGB Rz. A 40; *Mäsch*, in: Bamberger/Roth, Anh. zu Art. 10 Rz. 92; aA (Vollmachtsstatut) *Steding*, ZvglRW 86 (1987), 47, sowie das schweiz. IPR, vgl. BGE 88 II 194; BGE 100 II, 207 f.; *Girsberger*, in: Keller, Art. 126 IPRG Rz. 23.

1 Im Erg. ebenso *Spellenberg*, in: MünchKomm, vor Art. 11 EGBGB Rz. 267; *Mäsch*, in: Bamberger/Roth, Anh. zu Art. 10 EGBGB Rz. 93; aA *Schwarz*, RabelsZ 71 (2007), 729 (795 ff.).
2 Dazu näher *Stoll*, Kollisionsrechtliche Fragen beim Kommissionsgeschäft, RabelsZ 24 (1959), 609 (619 ff.), der eine Kumulation von Geschäfts- und Vollmachtsstatut vorschlägt; ferner OLG Hamburg 2.6.1965, IPRspr. 1964/65 Nr. 46 (nach dem engl. Geschäftsstatut beurteilt, ob der Vertreter mit unmittelbarer Wirkung für den Vertretenen gehandelt hatte).
3 *Magnus*, in: Staudinger, Einl. zu Art. 27–37 EGBGB Rz. A 40.
4 *Lüderitz*, Festschr. Coing II, S. 305 (320); *Magnus*, in: Staudinger, Einl. zu Art. 27–37 EGBGB Rz. A 41; *Mäsch*, in: Bamberger/Roth, Anh. zu Art. 10 EGBGB Rz. 93; IPG 1984 Nr. 11 (Köln) (zur verdeckten Stellvertretung nach span. Recht).
5 Vgl. oben Rz. 301.
6 *Von Caemmerer*, RabelsZ 24 (1959), 201 (216); *Lüderitz*, in: Soergel, Anh. zu Art. 10 EGBGB Rz. 104; *Magnus*, in: Staudinger, Einl. zu Art. 27–37 EGBGB Rz. A 44; *Mäsch*, in: Bamberger/Roth, Anh. zu Art. 10 EGBGB Rz. 96.
7 *Lüderitz*, in: Soergel, Anh. zu Art. 10 EGBGB Rz. 105; *Mäsch*, in: Bamberger/Roth, Anh. zu Art. 10 EGBGB Rz. 96; *Spellenberg*, in: MünchKomm, vor Art. 11 EGBGB Rz. 268; *Raape*, S. 503; *Ferid*, Rz. 5–161; aA (Vollmachtsstatut) *von Caemmerer*, Ra-

Die Rechtsprechung stellt demgegenüber zumeist auf das Vollmachtsstatut ab[1].

Das Geschäftsstatut sollte schließlich auch darüber bestimmen, ob es (zB bei der Beurteilung der Gutgläubigkeit) auf die **Kenntnis des Vertreters** oder diejenige des Vollmachtgebers ankommt[2]. Denn in all diesen Fällen geht es weniger um die Tragweite der erteilten Vollmacht als vielmehr um die Wirksamkeit des vom Vertreter abgeschlossenen Rechtsgeschäfts.

5. Vertretung ohne Vertretungsmacht

Bezüglich der Vertretung ohne Vertretungsmacht sollte zwischen deren Auswirkungen auf den geschlossenen Hauptvertrag und der Haftung des falsus procurator unterschieden werden. Während erstere sich nach dem Geschäftsstatut beurteilen, gilt für letztere das Vollmachtsstatut. 5536

a) Geschäftsstatut

Nach dem Geschäftsstatut ist daher zu entscheiden: 5537

– Ob bei dem geschlossenen Geschäft Vertretung ohne Vertretungsmacht überhaupt **zulässig** ist[3].

– Ob und unter welchen Voraussetzungen eine **Genehmigung** des vollmachtlos abgeschlossenen Geschäfts durch den Vertretenen möglich ist (*Genehmigungsfähigkeit*)[4], welche Anforderungen an eine wirksame Genehmigung 5538

---

belsZ 24 (1959), 201 (216); *Steding*, ZvglRW 86 (1987), 25 (48); *Magnus*, in: Staudinger, Einl. zu Art. 27–37 EGBGB Rz. A 44.

1 RG 5.12.1911, RGZ 78, 55 (60) = JW 1912, 245 (Irreführung des Drittkontrahenten durch den Vertreter dem deutschen Vollmachtgeber nach österreich. Vollmachtsstatut zugerechnet); RG 23.3.1929, SA 83 Nr. 153 = IPRspr. 1929 Nr. 29 („Eine engl. Firma, die durch ihren deutschen Agenten mit einem in Deutschland ansässigen Dritten kontrahiert, [muss sich] den Spieleinwand [§ 764 BGB] entgegenhalten lassen, wenn der Agent die Spielabsicht des Dritten kannte oder kennen musste."); RG 14.10.1931, RGZ 134, 67 (69) = IPRspr. 1931 Nr. 29 (Kenntnis des deutschen Agenten einer amerikan. Firma vom Spielcharakter des geschlossenen Vertrages wirkt nach deutschem Vollmachtsstatut nicht gegenüber der Vollmachtgeberin, wenn der Drittkontrahent weiß, dass diese bei Kenntnis dieses Umstands den Vertrag nicht geschlossen hätte); LG Essen 20.12.1990, RIW 1992, 227 = IPRspr. 1991 Nr. 167 (Die Kenntnis ihres deutschen Handelsvertreters von der in AGB der deutschen Verkäuferin enthaltenen Gerichtsstandsklausel wurde der italien. Käuferin nach deutschem Vollmachtsstatut zugerechnet.).

2 *Rabel*, RabelsZ 3 (1929), 807 (833); *Raape*, S. 505; *Berger*, S. 166 f.; *Mäsch*, in: Bamberger/Roth, Anh. zu Art. 10 EGBGB Rz. 96; aA (Vollmachtsstatut) *von Caemmerer*, RabelsZ 24 (1959), 201 (216); *Magnus*, in: Staudinger, Einl. zu Art. 27–37 EGBGB Rz. A 44; *Lüderitz*, in: Soergel, Anh. zu Art. 10 EGBGB Rz. 104.

3 *von Caemmerer*, RabelsZ 24 (1959), 201 (217); *Schotten/Schmellenkamp*, Rz. 97; *Kayser*, S. 50 ff.

4 OLG Düsseldorf 8.12.1994, IPRax 1996, 423 (426) = IPRspr. 1994 Nr. 16; OLG Koblenz 19.10.1995, RIW 1996, 151 = IPRspr. 1995 Nr. 34; KG 16.1.1996, IPRax 1998, 280 (283) = IPRspr. 1996 Nr. 25; *Raape*, S. 502 f.; *von Caemmerer*, RabelsZ 24 (1959), 201 (217);

zu stellen sind und welche Wirkungen die Genehmigung des Geschäfts hat[1]. Die Anknüpfung an das Geschäftsstatut empfiehlt sich deshalb, weil die Genehmigung weniger eine nachträgliche Erteilung oder Ergänzung der Vollmacht zum Gegenstand hat, als vielmehr eine Heilung des konkret abgeschlossenen Hauptgeschäfts bezweckt.

BGH 22.6.1965, WM 1965, 868 = IPRspr. 1964/65 Nr. 34
Verkauf von Nachlassgrundstücken durch einen von zwei Mittestamentsvollstreckern allein. „Die rechtlichen Folgen des Umstandes, dass dieser Testamentsvollstrecker bei der für den Abschluss des Vertrages erforderlichen Gesamtvertretung nicht mitgewirkt hat, insbesondere die Fragen, ob und unter welchen Voraussetzungen eine genehmigungsfähige Vertretung ohne Vertretungsmacht möglich ist, sind nach dem Geschäftsstatut zu beurteilen."

BGH 8.10.1991, NJW 1992, 618 (619) = JZ 1992, 579 m. Anm. *von Bar*
„Ist ein Vertrag wegen Selbstkontrahierens unwirksam, so richtet sich auch die Vertretungsmacht für eine spätere Genehmigung nach dem Vollmachtsstatut, die übrigen Wirksamkeitsvoraussetzungen der Genehmigung bestimmen sich nach dem Geschäftsstatut."

OLG Celle 7.9.1983, WM 1984, 494 (500) = ZIP 1984, 594 = IPRspr. 1983 Nr. 19b
Übertragung von Aktien auf den Vertreter ohne Vertretungsmacht einer noch nicht eingetragenen schweizerischen AG. Deutsches Recht angewandt, „weil für die Übertragung von Anteilsrechten an juristischen Personen deren Personalstatut ... und für die Rechtswirkung einer Vertretung ohne Vertretungsmacht – soweit es den Vertretenen betrifft – das Geschäftsstatut maßgebend sind".

Vgl. aber *OLG Hamburg* 26.6.1959, DB 1959, 1396 = IPRspr. 1958/59 Nr. 52
Abschluss eines von der Vollmacht nicht gedeckten Geschäftes durch den deutschen Agenten eines persischen Händlers. „Genehmigt wird nicht die machtlose Vertretung iS einer nachträglichen Ergänzung der Vollmacht, sondern das bisher schwebend unwirksame Geschäft. Da es sich bei der Frage, welches Tun oder Unterlassen des Vertretenen als Genehmigung zu deuten ist, nicht um eine Frage nach Art und Umfang der Vollmacht handelt, gilt nicht das Vollmachtsstatut, sondern das Wohnsitzrecht des Vertretenen." § 91a HGB auf das Schweigen des persischen Vollmachtgebers zu dem vom deutschen Agenten im Inland geschlossenen Geschäft nicht angewendet, da nach dem iranischen Wohnsitzrecht des Geschäftsherrn mit einer solchen Bewertung des Schweigens nicht zu rechnen gewesen sei.

---

von Bar, JZ 1992, 582; *Thorn*, in: Palandt, Anh. zu Art. 32 EGBGB Rz. 3; *Hohloch*, in: Erman, Anh. I zu Art. 37 EGBGB Rz. 19; differenzierend *Lüderitz*, in: Soergel, Anh. zu Art. 10 EGBGB Rz. 103; *Spellenberg*, in: MünchKomm, vor Art. 11 EGBGB Rz. 269; aA (Vollmachtsstatut), *Leible*, IPRax 1998, 257 (259); *Kegel/Schurig*, § 17 V 2c; *Kayser*, S. 95 f.; *Ruthig*, S. 170 f.; Kropholler, IPR, § 41 I 3; *Magnus*, in: Staudinger, Einl. zu Art. 27–37 EGBGB Rz. A 57; *Mäsch*, in: Bamberger/Roth, Anh. zu Art. 10 EGBGB Rz. 94; ebenso zum österreich. Recht (Art. 49 Abs. 1 IPRG) OGH 9.7.1986, ZfRV 1987, 205 (207); zum schweiz. Recht (Art. 126 Abs. 2 IPRG) Girsberger, in: Keller, Art. 126 IPRG Rz. 22.

[1] BGH 17.11.1994, BGHZ 128, 41 (48) = IPRax 1996, 342 (344) (m. zust. Anm. *G. Fischer*, IPRax 1996, 332); *Raape*, S. 502; *Schotten/Schmellenkamp*, Rz. 97; *Berger*, S. 169 f.; *Spellenberg*, in: MünchKomm, vor Art. 11 EGBGB Rz. 269; aA (Vollmachtsstatut); aA (Vollmachtsstatut) *von Caemmerer*, RabelsZ 24 (1959), 201 (217); *Kegel/Schurig*, § 17 V 2c; *Steding*, ZvglRW 86 (1987), 25 (47); *Leible*, IPRax 1998, 259; *Looschelders*, Anh. zu Art. 12 EGBGB Rz. 14.

– Welche **Wirkungen** das Geschäft hat, wenn es nicht genehmigt wird (zB Nichtigkeit oder schwebende Unwirksamkeit[1]). 5539

– Ob der Drittkontrahent zum **Widerruf** berechtigt ist[2], denn der Widerruf richtet sich in erster Linie gegen das vollmachtslos geschlossene Geschäft und bezweckt dessen definitive Ungültigkeit. 5540

b) Vollmachtsstatut

Zwar beruht auch die **Haftung des vollmachtlosen Vertreters** auf dem von ihm abgeschlossenen Geschäft, das ihm eine Gewährleistung für seine Vertretungsbefugnis abverlangt. Es handelt sich daher materiellrechtlich um eine vertragsähnliche Haftung, so dass man erwägen könnte, sie auch kollisionsrechtlich dem Vertragsstatut zu unterstellen[3]. Dafür könnte auch sprechen, dass die ähnlich gelagerte sog. Sachwalterhaftung, die an die Inanspruchnahme besonderen Vertrauens durch den Vertreter oder einen sonstigen vertragsfremden Dritten anknüpft (vgl. im deutschen Recht § 311 Abs. 2 BGB), ebenfalls dem Statut des Hauptvertrags unterstellt wird[4]. 5541

Auf der anderen Seite soll das Rechtsinstitut der Haftung des falsus procurator das Vertrauen des Rechtsverkehrs in den Bestand der Vollmacht stärken. Der Drittkontrahent, der nach Maßgabe des Vollmachtsstatuts auf die Vertretungsmacht vertraut, soll also bei deren Fehlen zumindest die Haftung des falsus procurator nach dem ihm bekannten Recht der Niederlassung des Vertreters oder am Gebrauchsort der Vollmacht in Anspruch nehmen dürfen, zumal die Grenzen zwischen einer Haftung des Geschäftsherrn aufgrund einer Anscheinsvollmacht und der subsidiären Haftung des Vertreters wegen Überschreitung dieser Vollmacht fließend sind. Wegen des engen Zusammenhangs zwischen den Wirkungen der Vollmacht einerseits und den Folgen fehlender Vertretungsmacht andererseits würde eine Aufspaltung des auf beide Bereiche anwendbaren Rechts zu erheblichen Abgrenzungs- und Anpassungsproblemen führen. Aus diesen Gründen unterliegt auch die Frage, ob und in welchem Umfang der falsus procurator haftet, wenn der Geschäftsherr das Geschäft 5542

---

1 *von Caemmerer*, RabelsZ 24 (1959), 201 (217); *Kayser*, S. 100 f.; *Lüderitz*, in: Soergel, Anh. zu Art. 10 EGBGB Rz. 103; *Mäsch*, in: Bamberger/Roth, Anh. zu Art. 10 EGBGB Rz. 94.

2 *Rabel*, RabelsZ 3 (1929), 807 (833); *Raape*, S. 503; *Spellenberg*, in: MünchKomm, vor Art. 11 EGBGB Rz. 269; aA (Vollmachtsstatut) *Kegel/Schurig*, § 17 V 2c; *Kayser*, S. 103 ff.; *Steding*, ZvglRW 86 (1987), 25 (47).

3 Dafür noch Voraufl. Rz. 2491; ferner *Rabel*, RabelsZ 3 (1929), 807 (823 f.); *Schäfer*, RIW 1978, 189 (191); *von Caemmerer*, RabelsZ 24 (1959), 201 (217); *Raape*, S. 503; *von Bar*, II Rz. 593; *von Hoffmann/Thorn*, § 7 Rz. 49; *Hohloch*, in: Erman, Anh. I zu Art. 37 EGBGB Rz. 19; *Mäsch*, in: Bamberger/Roth, Anh. zu Art. 10 EGBGB Rz. 94; *Spellenberg*, in: MünchKomm, vor Art. 11 EGBGB Rz. 271.

4 Vgl. BGH 9.10.1986, JR 1987, 198 m. abl. Anm. *Dörner*; offen lassend, ob die Eigenhaftung des falsus procurator nach dem Vertrags- oder Deliktsstatut zu beurteilen ist, zuletzt OLG Hamm 20.1.2004, IPRspr. 2004 Nr. 18.

nicht genehmigt, dem **Vollmachtsstatut**[1]. Diese Auffassung hat sich heute auch international weitgehend durchgesetzt. Ihr folgen das Haager Stellvertretungsübereinkommen von 1978 (Art. 15), der Kommissionsvorschlag für die Rom I-VO von 2005 (Art. 7 Abs. 4) sowie zahlreiche ausländische Kodifikationen des internationalen Stellvertretungsrechts[2].

5543 Scheinvertreter und Dritter sind in jedem Fall berechtigt, das auf die Eigenhaftung des falsus procurator anzuwendende Recht im Wege einer ausdrücklichen oder stillschweigenden **Rechtswahl** auch abweichend vom Vollmachtsstatut wie vom Geschäftsstatut des gescheiterten Vertrages mit dem Vertretenen zu bestimmen[3].

5544 Stellt das Vorgehen des Vertreters zudem eine **unerlaubte Handlung** dar, so steht es dem Drittkontrahenten frei, wahlweise auch die sich aus dem Deliktsstatut ergebenden Ansprüche gegen den falsus procurator geltend zu machen[4].

5545 Von der Haftung des Vertreters als falsus procurator zu unterscheiden ist seine **Eigenhaftung** aus culpa in contrahendo, die – zB wegen Inanspruchnahme besonderen persönlichen Vertrauens (vgl. § 311 Abs. 3 BGB) – *neben* die Vertragshaftung des Vollmachtgebers tritt; sie beurteilt sich grundsätzlich nach gemeinsamen Aufenthaltsrecht von Geschädigtem und Dritten, hilfsweise nach

---

1 So auch die hM, vgl. OLG Hamburg 27.5.1987, VersR 1987, 1216 = IPRspr. 1987 Nr. 14 (Haftung des falsus procurator nach dem Vollmachtsstatut beurteilt, „weil Umfang und Wirkung der Vollmacht einerseits und die Folgen fehlender Vollmacht andererseits zusammengehören und eine Beurteilung nach verschiedenen Rechtsordnungen nicht sachgerecht wäre".); *Kropholler*, NJW 1965, 1641 (1645 f.) und IPR § 41 I 3; *G. Fischer*, S. 312 f. und IPRax 1996, 332 (335); *Leible*, IPRax 1998, 257 (263); *Ruthig*, S. 169 f.; *Steding*, ZvglRW 86 (1987), 25 (47); *Kayser*, S. 49 ff., 126 ff.; *Kurzynsky-Singer*, S. 196; *Junker*, Rz. 337; *Kegel/Schurig*, § 17 V 2c; *Thorn*, in: Palandt, Anh. zu Art. 32 EGBGB Rz. 3; *Lüderitz*, in: Soergel, Anh. zu Art. 10 EGBGB Rz. 105; *Looschelders*, Anh. zu Art. 12 EGBGB Rz. 14; *Magnus*, in: Staudinger, Einl. zu Art. 27–37 EGBGB Rz. A 54 ff.; *Schwarz*, RabelsZ 71 (2007), 729 (797 ff.). Vgl. auch BGH 5.2.2007 NJW 2007, 1529 (1530), der die persönliche Haftung des für eine Gesellschaft ohne Firmenzusatz zeichnenden Vertreters als Rechtsscheinhaftung „entsprechend § 179 BGB" qualifiziert und insoweit auf die kollisionsrechtlichen Grundsätze zur Anknüpfung von Rechtsscheinvollmachten verweist.
2 Vgl. etwa § 9 Abs. 2 estn. IPRG; Art. 126 Abs. 4 schweiz. IPRG; Art. 96 rumän. IPRG; im Erg. auch § 49 Abs. 1, 1. HS österreich. IPRG; dazu österreich. OGH 9.7.1986, ZfRV 28 (1987), 205; 30.9.1987, SZ 60/192, 316 f.; 22.10.2001, SZ 74, 177, 366; ferner Art. 53 Abs. 1 1. Hs liecht. IPRG.
3 *Magnus*, in: Staudinger, Einl. zu Art. 27–37 EGBGB Rz. A 57 aE; vgl. auch OLG Karlsruhe 8.5.1998, MDR 1998, 1470 = IPRspr. 1998 Nr. 27 (Eigenhaftung des vollmachtslosen Vertreters wegen Nichtexistenz der vertretenen Schweizer Gesellschaft gegenüber dem deutschen Drittkontrahenten aufgrund nachträglicher stillschweigender Rechtswahl im Prozess nach deutschem Recht beurteilt, obwohl der Hauptvertrag dem Schweizer Recht unterstanden hätte).
4 *von Caemmerer*, RabelsZ 24 (1959), 201 (217); *Berger*, S. 172 f.; s. aber zur Vollmachtsüberschreitung auch oben Rz. 45, sowie zur Anscheinsvollmacht oben Rz. 5507 f.

dem Recht des Staates, in dem der Schaden eingetreten ist (Art. 12 Abs. 2 Rom II-VO)[1].

Frei. 5546–5560

VI. Rechtsvereinheitlichung

Literatur: *Badr*, Agency: Unification of Material Law and of Conflict Rules, Rec des Cours 184 (1989), 9; *Basedow*, Das Vertretungsrecht im Spiegel konkurrierender Harmonisierungsentwürfe, RabelsZ 45 (1981), 196; *Bonell*, The 1983 Geneva Convention on Agency in International Sale of Goods, Uniform L. Rev. 1984 I, 73; *Hay/Müller-Freienfels*, Agency in the Conflict of Laws and the 1978 Hague Convention, Am.J.Comp.L. 27 (1979), 1; *Lagarde*, La Convention de la Haye sur la loi applicable aux contrats d'intermédiaires et à la représentation, Rev.crit.d.i.p. 67 (1978), 31; *Mouly*, La convention de Genève sur la représentation en matière de vente internationale de marchandises Rev.dr.int.comp. 1983, 829; *Müller-Freienfels*, Der Haager Konventionsentwurf über das auf die Stellvertretung anwendbare Recht, RabelsZ 43 (1979), 80; *Pfeifer*, The Hague Convention and the Law Applicable to Agency, Am.J.Comp.L. 26 (1978), 434; *Sauveplanne*, Het Haagse Verdrag over de Toepasselijke Wet op de Vertegenwoordiging, Nederlands Juristenblad 1978, 879; *Stöcker*, Genfer Übereinkommen über die Vertretung beim internationalen Warenkauf, WM 1983, 778; *Verhagen*, Agency in Private International Law. The Hague Convention on the Law Applicable to Agency (1995).

1. Haager Übereinkommen über das auf die Stellvertretung anzuwendende Recht von 1978

Auf der 13. Haager Konferenz wurde der Entwurf eines Übereinkommens über das auf Vertreterverträge und die Stellvertretung anzuwendende Recht verabschiedet[2]. Das Übereinkommen ist am 1.5.1992 für Argentinien, Frankreich und Portugal in Kraft getreten und gilt inzwischen ferner für die Niederlande. Es vereinheitlicht – als „loi uniforme" (Art. 4 HStÜ) – das Kollisionsrecht sowohl auf dem Gebiet der vertraglichen Beziehungen zwischen dem Vertretenen und dem Vertreter (Art. 5–10 HStÜ) als auch auf dem Gebiet der zwischen dem Vertretenen und dem Dritten durch das Vertreterhandeln begründeten Rechtsbeziehungen (Art. 11–15 HStÜ). 5561

Der **sachliche Anwendungsbereich** des Übereinkommens erfasst Abschluss-, Übermittlungs- und Verhandlungsvollmacht und gilt gleichermaßen für ständige wie für Gelegenheitsvertreter (Art. 1 Abs. 1 HStÜ). Es gilt auch für die Tätigkeit eines Maklers (Art. 1 Abs. 2 HStÜ) und für die mittelbare Stellvertretung, bei welcher der Vertreter im eigenen Namen für fremde Rechnung handelt (Art. 1 Abs. 3 HStÜ). Nicht in den Anwendungsbereich des Übk. fallen die Fragen der Geschäftsfähigkeit und der Form, die gesetzliche Vertretung kraft Familien- oder Erbrechts, die Vertretung durch gerichtlich oder behörd- 5562

---

1 *Thorn*, in: Palandt, Art. 12 Rom II-VO Rz. 5; dazu oben Rz. 473, 478 ff.; aA *Lüderitz*, in: Soergel, Anh. zu Art. 10 EGBGB Rz. 105; *Mäsch*, in: Bamberger/Roth, Anh. zu Art. 10 EGBGB Rz. 95 (Geschäftsstatut).
2 Engl. u. frz. Text: RabelsZ 43 (1979), 176 ff.; ferner http://www.hcch.net.

lich ernannte Personen (zB Vormund, Konkursverwalter), die Prozessvertretung sowie die Vertretung von juristischen Personen und Gesellschaften durch ihre Organe (Art. 2, 3 HStÜ).

5563 Auf das der Bevollmächtigung zugrunde liegende **Innenverhältnis** (Auftrag, Werk-, Geschäftsbesorgungs- oder Handelsvertretervertrag) zwischen dem Vertretenen und dem Vertreter ist gem. Art. 5 HStÜ in erster Linie das von den Parteien (ausdrücklich oder stillschweigend) gewählte Recht anwendbar. Mangels Rechtswahl gilt das interne Recht des Staates, in dem der Vertreter im Zeitpunkt der Begründung des Vertretungsverhältnisses seine geschäftliche Niederlassung oder mangels einer solchen seinen gewöhnlichen Aufenthalt hat (Art. 6 Abs. 1 HStÜ). Nur wenn der Vertreter seine Haupttätigkeit in dem Staat ausüben soll, in dem der Vertretene seine geschäftliche Niederlassung oder hilfsweise seinen gewöhnlichen Aufenthalt hat, so ist das Recht dieses Staates maßgebend (Art. 6 Abs. 2 HStÜ). Bei mehrfachem Geschäftssitz kommt es auf denjenigen an, mit dem die Vertretung am engsten verbunden ist (Art. 6 Abs. 3 HStÜ). Bei unselbständiger Vollmachtserteilung gelten die Anknüpfungen der Art. 5 und 6 HStÜ nur dann, wenn die Vollmacht vom übrigen Vertragsinhalt trennbar ist oder den Hauptzweck des Vertrages bildet (Art. 7 HStÜ). Das Auftragsstatut umfasst auch die Fragen der Unterbevollmächtigung und des Selbstkontrahierens (Art. 8 HStÜ). Für Erfüllungsmodalitäten soll das Recht des Erfüllungsortes „beachtet" werden (Art. 9 HStÜ). Die genannten Vorschriften sind nicht anwendbar, wenn das Grundverhältnis ein Arbeitsvertrag ist (Art. 10 HStÜ).

5564 Im **Außenverhältnis** zwischen dem Vertretenen und dem Dritten beurteilen sich der Bestand und der Umfang der Vollmacht des Vertreters sowie die Wirkungen der Ausübung seiner tatsächlich bestehenden oder behaupteten Vollmacht nach dem internen Recht des Staates, in dem der Vertreter im Zeitpunkt der Abgabe seiner Erklärung seine geschäftliche Niederlassung hatte (Art. 11 Abs. 1 HStÜ). In Abweichung von diesem Grundsatz gilt jedoch nach Art. 11 Abs. 2 HStÜ das Recht des Landes, in dem der Vertreter *gehandelt* hat, wenn

a) der Vertretene seine geschäftliche Niederlassung oder mangels einer solchen seinen gewöhnlichen Aufenthalt in diesem Staat hat und der Vertreter im Namen des Vertretenen gehandelt hat; oder

b) der Dritte seine geschäftliche Niederlassung oder mangels einer solchen seinen gewöhnlichen Aufenthalt in diesem Staat hat; oder

c) der Vertreter ein Börsengeschäft getätigt oder an einer Versteigerung teilgenommen hat; oder

d) der Vertreter keine geschäftliche Niederlassung hat.

Hat eine der Parteien mehrere geschäftliche Niederlassungen, so gibt diejenige Niederlassung den Ausschlag, zu der das Vertretergeschäft die engste Beziehung aufweist (Art. 11 Abs. 3 HStÜ). Bei einem abhängig beschäftigten Vertreter, der keinen eigenen Geschäftssitz hat, kommt es auf den Geschäftssitz des Arbeitgebers an (Art. 12 HStÜ).

Das nach Art. 11 und 12 HStÜ maßgebliche Recht kann durch *Vereinbarung* zwischen dem Vertretenen und dem Dritten zugunsten eines anderen Rechts ausgeschlossen werden, wenn die Rechtswahl von einer Partei schriftlich erklärt und von der anderen ausdrücklich angenommen worden ist (Art. 14 HStÜ).

Das nach Art. 11–14 HStÜ ermittelte Vollmachtsstatut beherrscht auch die **Rechtsbeziehungen zwischen dem Vertreter und dem Dritten**, wenn der Vertreter seine Vertretungsmacht überschritten oder als falsus procurator gehandelt hat (Art. 15 HStÜ).

2. Genfer Übereinkommen über die Vertretung beim internationalen Warenkauf von 1983

Während das Haager Übereinkommen – in der tradierten Zielsetzung der Haager Konferenz für internationales Privatrecht – seine Aufgabe darin sieht, für die Anknüpfung der rechtsgeschäftlichen Vertretung einheitliche Kollisionsregeln anzubieten, die darüber entscheiden, welches nationale Recht Fragen des internationalen Vertretungsrechts beherrscht, will das – von der Bundesrepublik Deutschland allerdings bisher nicht gezeichnete – Genfer UNIDROIT-Übereinkommen vom 17.2.1983[1] dagegen das **materielle Recht** vereinheitlichen, das bei internationaler Stellvertretung Anwendung findet.

Der sachliche und räumliche Anwendungsbereich dieses Übereinkommens ist freilich in mehrfacher Hinsicht eingeschränkt. So gilt das Übereinkommen nach seinem Art. 1 Abs. 1 nur, wenn jemand bevollmächtigt ist, für Rechnung des Geschäftsherrn mit einem Dritten einen Vertrag über einen *Warenkauf* abzuschließen; das Übereinkommen versteht sich damit als flankierende Maßnahme zum Wiener Kaufrechtsübereinkommen vom 11.4.1980. Den *internationalen* Charakter des Warenkaufvertrags, zu dessen Abschluss der Vertreter bevollmächtigt ist, umschreibt Art. 2 in der Weise, dass der Geschäftsherr und der Dritte ihre *Niederlassung in verschiedenen Staaten* haben und dass der Vertreter seine Niederlassung in einem *Vertragsstaat* hat. Art. 2 Abs. 2 enthält weiterhin eine fragwürdige Überraschungsklausel, die die Anwendbarkeit des Übereinkommens dann ausschließt, wenn der Dritte zur Zeit des Vertragsschlusses weder wusste noch wissen musste, dass der Vertreter für fremde Rechnung handelte. Wesentlich ist schließlich, dass sich das Übereinkommen nicht auf das Innenverhältnis Geschäftsherr-Vertreter bezieht, sondern auf das *Außenverhältnis* Geschäftsherr/Vertreter-Dritter beschränkt; auch in diesem Verhältnis kann es durch Vereinbarung ganz ausgeschlossen oder modifiziert werden (Art. 5). Der *sachliche* Anwendungsbereich des Übereinkommens reicht von der Erteilung, der Form und dem Umfang der Vollmacht (Art. 9–11) über die nähere Ausgestaltung der offenen und der verdeckten Stellvertretung

---

[1] Text: http://www.unidroit.org.

(Art. 12, 13) bis zu den Rechtsfolgen einer Vertretung ohne Vertretungsmacht (einschließlich Anscheins- und Duldungsvollmacht, Art. 14–16) und den Erlöschenstatbeständen der Vollmacht (Art. 17–19).

5567–5580 Frei.

VII. Zusammenfassung mit Handlungsanleitung

1. Sonderanknüpfung

5581 Die Vollmacht unterliegt nicht dem Statut des Rechtsgeschäfts, das der Bevollmächtigte mit dem Dritten abschließt, sondern wird davon unabhängig angeknüpft. Im Interesse des gebotenen Drittkontrahentenschutzes scheidet auch eine akzessorische Anknüpfung an das der Vollmachtserteilung zugrunde liegende Rechtsverhältnis (zB Auftrag) aus.

2. Bestimmung des Vollmachtsstatuts

5582 a) Die Vollmacht wird grundsätzlich nach dem Recht des Landes beurteilt, in dem der Vertreter von ihr tatsächlich Gebrauch macht (**Wirkungsland**). Bei Distanzgeschäften kommt es auf den Ort an, an dem der Vertreter seine Erklärung abgibt.

b) Der Vertretene ist berechtigt, ein hiervon abweichendes Recht durch **Rechtswahl** zu bestimmen. Dem Drittkontrahenten gegenüber ist die Rechtswahl jedoch nur wirksam, wenn sie ihm durch den Vertreter oder den Vollmachtgeber vor Abschluss des Geschäfts mitgeteilt worden ist.

c) Eine **Rück- oder Weiterverweisung** durch das Recht des Wirkungslandes ist vom deutschen Richter nicht zu beachten, weil sie dem Sinn der Sonderanknüpfung der Vollmacht widerspricht.

d) Für die Vollmacht von **Prokuristen** gilt – unabhängig vom Gebrauchsort – das am Sitz des Unternehmens geltende Recht. Die Vertretungsmacht von **Handelsvertretern** oder Repräsentanten, die ein Unternehmen ständig im Ausland vertreten, unterliegt dem Recht am Ort ihrer Niederlassung. Dies gilt auch bei einem Handeln außerhalb des Niederlassungsstaates, sofern die Niederlassung für den Drittkontrahenten als Tätigkeitszentrum des Vertreters erkennbar war.

e) Die Vollmacht zur **Verfügung über Grundstücke** oder Immobiliarsachenrechte sowie von Grundstücken richtet sich nach der jeweiligen lex rei sitae. **Prozessvollmachten** werden nach der lex fori des Landes beurteilt, vor dessen Gerichten der Prozess geführt wird.

3. Reichweite des Vollmachtsstatuts

5583 a) Nach dem Vollmachtsstatut sind alle Fragen zu beurteilen, welche die **Vollmacht selbst** betreffen. Hierher gehören insbesondere die gültige Erteilung, die

Auslegung und der Umfang der Vollmacht sowie die Voraussetzungen ihres Erlöschens.

b) Die **Form der Vollmacht** bestimmt sich hingegen gem. Art. 11 Abs. 1 EGBGB alternativ nach dem Vollmachtsstatut und nach dem Ortsrecht. Die Einhaltung der ausländischen Ortsform reicht auch dann aus, wenn Gegenstand des Vertretergeschäfts ein inländisches Grundstück ist; dies gilt selbst dann, wenn die vom deutschen Recht geforderte Form der §§ 311b Abs. 1, 925 BGB nicht erfüllt wird.

c) Im Interesse einer einheitlichen Behandlung aller Arten der Vollmacht unterliegen auch **Duldungs- und Anscheinsvollmachten** dem Vollmachtsstatut. Maßgebend ist danach das Recht des Landes, in dem der Vertreter den Vertrauenstatbestand gesetzt hat.

d) Wegen des engen Zusammenhang mit dem Bestand und Umfang der Vollmacht unterliegt auch die **Haftung des falsus procurator** dem Vollmachtstatut.

4. Geschäftsstatut des Hauptvertrages

Fragen, die weniger die Vollmacht, als vielmehr die **Vertretung als solche** und die Geltung des vom Vertreter mit dem Dritten geschlossenen Geschäfts berühren, sind demgegenüber nach dem Geschäftsstatut des Hauptvertrages zu beurteilen. Dies gilt insbesondere für die Zulässigkeit der Stellvertretung, das Erfordernis einer Spezialvollmacht, die Behandlung der verdeckten Stellvertretung, die Zurechnung von Willensmängeln und bösem Glauben sowie die mit der nachträglichen Genehmigung des Hauptvertrages zusammenhängenden Fragen.

5584

Frei.

5585–5600

C. Verfügungsbefugnis des Insolvenzverwalters

	Rz.		Rz.
I. Grundlagen 5601		3. Rechtsstellung des inländischen	
1. Territorialitätsprinzip contra		Insolvenzverwalters bezüglich	
Universalitätsprinzip 5601		des Auslandsvermögens 5659	
2. Rechtsquellen 5604		a) Befugnisse des Insolvenzver-	
a) EG-Verordnung über Insol-		walters 5659	
venzverfahren 5604		b) Mitwirkung des Schuldners	
aa) Entstehungsgeschichte.. 5604		und der Gläubiger 5663	
bb) Ziele 5605		4. Besonderheiten von Partikular-	
cc) Anwendungsbereich 5606		insolvenzverfahren 5665	
dd) Verhältnis zu Staatsver-		a) Voraussetzungen der Eröff-	
trägen 5609		nung 5666	
ee) Verhältnis zum auto-		aa) Internationale Zustän-	
nomen Recht 5610		digkeit 5666	
b) Autonomes Recht 5611		bb) Rechtsschutzinteresse ... 5669	
aa) Entstehungsgeschichte.. 5611		cc) Deckung der Verfahrens-	
bb) Gesetz zur Neuregelung		kosten 5671	
des Internationalen In-		b) Beschränkung auf das In-	
solvenzrechts (IIR-G) ... 5614		landsvermögen 5672	
3. Haupt- und Nebeninsolvenz-		c) Befugnisse des Involvenz-	
verfahren 5615		verwalters................. 5673	
a) Sekundärinsolvenz......... 5616		**III. Ausländisches Insolvenzver-**	
b) Partikularinsolvenz 5617		**fahren mit Inlandsbezug** 5691	
II. Inländisches Insolvenzverfah-		1. Gegenstand der Anerkennung .. 5692	
ren mit Auslandsbezug 5631		a) Eröffnungsentscheidung..... 5693	
1. Voraussetzungen der Eröff-		b) Entscheidungen zur Durch-	
nung eines (Haupt-)Insolvenz-		führung und Beendigung	
verfahrens 5631		eines Insolvenzverfahrens ... 5697	
a) Internationale Zuständig-		c) Sonstige mit dem Insolvenz-	
keit...................... 5631		verfahren eng zusammen-	
aa) Europäisches Insolvenz-		hängende Entscheidungen ... 5699	
recht 5632		d) Sicherungsmaßnahmen 5700	
bb) Autonomes Insolvenz-		2. Voraussetzungen der Anerken-	
recht 5641		nung....................... 5701	
cc) Kompetenzkonflikte.... 5644		a) Europäisches Insolvenzrecht . 5701	
b) Insolvenzfähigkeit 5645		aa) Anerkennung der Eröff-	
c) Eröffnungsgründe........... 5647		nungsentscheidung 5701	
d) Antragsbefugnis 5648		bb) Anerkennung sonstiger	
2. Auslandswirkungen des inlän-		insolvenzrechtlicher	
dischen (Haupt-)Insolvenz-		Entscheidungen 5703	
verfahrens 5649		cc) Ordre public-Vorbehalt .. 5704	
a) Universalitätsprinzip........ 5649		b) Autonomes Insolvenzrecht .. 5705	
aa) Beschlagnahme 5649		aa) Internationale Zuständig-	
bb) Sicherungsmaßnahmen . 5651		keit................... 5706	
b) Einzelzwangsvollstreckung		bb) Wirksamkeit und Univer-	
im Ausland trotz Inlands-		salität der Entscheidung . 5707	
insolvenz 5652		cc) Vereinbarkeit mit dem in-	
c) Anrechnung von Erlösen aus		ländischen ordre public .. 5708	
ausländischen Insolvenzver-		dd) Ausschluss sonstiger An-	
fahren 5657		erkennungshindernisse .. 5709	

	Rz.		Rz.
3. Rechtswirkungen der Anerkennung	5710	1. Allgemeines	5751
a) Erstreckung der Wirkungen des Hauptinsolvenzverfahrens	5710	a) Grundsatz: Lex fori concursus	5751
aa) Allgemeines	5710	aa) Allseitige Kollisionsnorm	5751
bb) Beschlagnahme des Inlandsvermögens	5712	bb) Reichweite: Verfahrensrecht und materielles Recht	5753
cc) Unzulässigkeit der Einzelzwangsvollstreckung	5713	cc) Sachnorm- oder Gesamtverweisung?	5755
dd) Schranken der Wirkungserstreckung	5715	b) Durchbrechung durch Sonderanknüpfungen	5756
b) Erstreckung der Wirkungen sonstiger mit einem Hauptinsolvenzverfahren zusammenhängender Entscheidungen	5716	2. Dingliche Sicherungsrechte von Gläubigern	5757
		a) Europäisches Insolvenzrecht	5758
		b) Autonomes Insolvenzrecht	5762
c) Wirkungen eines ausländischen Partikularinsolvenzverfahrens im Inland	5717	3. Eintragungspflichtige Rechte des Schuldners	5765
4. Vollstreckbarkeit insolvenzrechtlicher Entscheidungen	5718	4. Vertragsverhältnisse	5767
a) Europäisches Insolvenzrecht	5718	a) Abwicklung schwebender Geschäfte	5767
b) Autonomes Insolvenzrecht	5719	b) Immobilienverträge	5768
5. Anerkennung der Befugnisse des ausländischen Insolvenzverwalters bezüglich des Inlandsvermögens	5720	c) Arbeitsverhältnisse	5769
		5. Insolvenzaufrechnung	5772
		6. Insolvenzanfechtung	5775
a) Verwaltungs- und Verfügungsbefugnis	5721	7. Insolvenzbedingtes Erlöschen von Forderungen	5782
b) Prozessführungsbefugnis	5723	a) Zwangsvergleich/Insolvenzplan	5782
c) Unterbrechung inländischer Verfahren	5725	b) Restschuldbefreiung	5784
d) Sicherungsmaßnahmen des vorläufigen Verwalters	5729	V. Schutz des Rechtsverkehrs	5801
		1. Öffentliche Bekanntmachung	5802
6. Konkurrierende Insolvenzverfahren	5731	2. Eintragung in öffentliche Register	5804
a) Europäisches Insolvenzrecht	5731	3. Leistung an den Schuldner	5806
aa) Konkurrierende Hauptverfahren	5731	4. Gutgläubiger Erwerb	5808
		a) Eingetragene Rechte	5808
bb) Haupt- und Sekundärverfahren	5735	b) Nicht eingetragene Rechte	5810
b) Autonomes Insolvenzrecht	5737	VI. Zusammenfassung mit Handlungsanleitung	5821
aa) Konkurrierende Hauptverfahren	5737	1. Grundlagen	5821
		2. Inländisches Insolvenzverfahren	5822
bb) Haupt- und Sekundärverfahren	5738	3. Ausländisches Insolvenzverfahren	5823
IV. Reichweite des Insolvenzstatuts	5751	4. Reichweite des Insolvenzstatuts	5824
		5. Schutz des Rechtsverkehrs	5825

Literatur zum Deutschen Internationalen Insolvenzrecht:

a) Bis zur Reform von 2003: *Aderhold*, Auslandskonkurs im Inland (1992); *Eidenmüller*, Der nationale und der internationale Insolvenzverwaltervertrag, ZZP 114 (2001), 3; *Fless-*

ner, Internationales Insolvenzrecht in Deutschland nach der Reform, IPRax 1997, 1; *Flessner/Schulz*, Zusammenhänge zwischen Konkurs, Arrest und internationaler Zuständigkeit, IPRax 1991, 161; *Gottwald*, Grenzüberschreitende Insolvenzen (1997); *Gottwald*, Le insolvenze trans-frontaliere: Tendenze e soluzioni europee e mondiali, Riv.-trim.dir.proc.civ. 1999, 149; *Gottwald*, Internationales Insolvenzrecht, BGH-Festg., Bd. III (2000), S. 819; *E. J. Habscheid*, Grenzüberschreitendes (internationales) Insolvenzrecht der Vereinigten Staaten von Amerika und der Bundesrepublik Deutschland, Systeme und Wechselwirkungen rechtsvergleichend auch zu anderen Staaten, insbesondere der Schweiz (1998); *E. J. Habscheid*, Rechtsgestaltung im Insolvenzverfahren – zur dogmatischen Rechtfertigung des Universalitätsprinzips, KTS 1999, 59; *E. J. Habscheid*, Konkurs in den USA und seine Wirkungen in Deutschland (und umgekehrt), NZI 2003, 238; *W. J. Habscheid*, Extraterritoriale Wirkung eines allgemeinen Veräußerungsverbotes im Konkurseröffnungsverfahren, IPRax 1993, 69; *W. J. Habscheid*, „Universality" versus Secondary Bankruptcy: A European Debate, Int.Insolv.Rev. 1993, 151; *W. J. Habscheid*, Einheit oder Pluralität oder ein kombiniertes Modell beim grenzüberschreitenden Insolvenzverfahren?, ZIP 1994, 1; *Hanisch*, Die Wende im deutschen internationalen Insolvenzrecht, ZZP 1985, 1233; *Hess*, Großkommentar zur Insolvenzordnung (2007); *Jaeger/Jahr*, Konkursordnung, 8. Aufl. (1973); *Kolmann*, Kooperationsmodelle im internationalen Insolvenzrecht (2001); *Kübler/Prütting/Bork*, Insolvenzordnung (Loseblatt; Stand: Sommer 2009); *Laut*, Universalität und Sanierung im internationalen Insolvenzrecht (1997); *Laut*, Art. 102 Abs. 3 EGInsO: eine verpasste Chance, Festschr. Uhlenbruck (2000), S. 843; *Leitner*, Der grenzüberschreitende Konkurs (Wien 1995); *Liersch*, Sicherungsrechte im internationalen Insolvenzrecht (2001); *Lüer*, Deutsches Internationales Insolvenzrecht nach der neuen Insolvenzordnung, in: Kölner Schrift zur Insolvenzordnung, 2. Aufl. (2000), S. 297; *Lüer*, Art. 102 Abs. 3 EGInsO: eine verpasste Chance, Festschr. Uhlenbruck (2000), S. 843; *Paulus*, „Protokolle" – ein anderer Zugang zur Abwicklung grenzüberschreitender Insolvenzen, ZIP 1998, 977; *Paulus*, Der internationale Währungsfonds und das internationale Insolvenzrecht, IPRax 1999, 148; *Pielorz*, Wende im deutschen internationalen Insolvenzrecht, IPRax 1984, 241; *Pöhlmann*, Praxisfragen des internationalen Insolvenzrechts, DSWR 2000, 276; *Prütting*, Aktuelle Entwicklungen des internationalen Insolvenzrechts, ZIP 1996, 1277; *Reinhart*, Sanierungsverfahren im internationalen Insolvenzrecht (1995); *Riegel*, Grenzüberschreitende Konkurswirkungen zwischen der Bundesrepublik Deutschland, Belgien und den Niederlanden – Anerkennung, anwendbares Recht, Tatbestandswirkungen (1991); *Riesenfeld*, Das neue Gesicht des deutschen internationalen Konkursrechts aus ausländischer Sicht, Festschr. Merz (1992), S. 497; *Schlosser*, Recent Developments in Transit-Border Insolvency (1998); *J. Schmidt*, System des deutschen internationalen Konkursrechts (1972); *K. Schmidt*, Das internationale Unternehmensrecht als Lehrmeister des internationalen Insolvenzrechts, Festschr. Großfeld (1998), S. 1031; *Schumacher*, Die Entwicklung österreichisch-deutscher Insolvenzrechtsbeziehungen, ZZP 103 (1990), 418; *Spahlinger*, Sekundäre Insolvenzverfahren bei grenzüberschreitenden Insolvenzen (1998); *Stoll* (Hrsg.), Stellungnahmen und Gutachten zur Reform des deutschen internationalen Insolvenzrechts (1992); *Trunk*, Arbeitnehmer im Niederlassungskonkurs – international-insolvenzrechtliche Aspekte, ZIP 1994, 1586; *Trunk*, Internationale Aspekte von Insolvenzverfahren, in: Gilles (Hrsg.), Transnationales Prozessrecht (1995), S. 157; *Trunk*, Internationales Insolvenzrecht (1998); *Wehdeking*, Reform des Internationalen Insolvenzrechts in Deutschland und Österreich, DZWiR 2003, 133; *Wenner*, Recht der internationalen Insolvenzen, in: Mohrbutter/Ringstmeier, Handbuch der Insolvenzverwaltung, 8. Aufl. (2007); *von Wilmowsky*, Internationales Insolvenzrecht: Plädoyer für eine Neuorientierung, WM 1997, 1461; *Zenreck*, Hauptverfahren grenzüberschreitender Insolvenzen und ihre Anerkennung durch unterstützende Nebenverfahren (1996).

b) Nach der Reform von 2003: *Baur/Stürner*, Insolvenzrecht, 13. Aufl. (2007); *Binz/Hess*, Der Insolvenzverwalter (2002); *Braun*, Insolvenzordnung, 3. Aufl. (2007); *Ehricke*, Insolvenzrecht (2005); *Gottwald*, Grundlagen des internationalen Insolvenzrechts, in: Gottwald (Hrsg.), Handbuch des Insolvenzrechts, 3. Aufl. (2006), § 128; *Häsemeyer*, Insolvenzrecht, 4. Aufl. (2007); *Eickmann/Flessner* ua. (Hrsg.), Heidelberger Kommentar zur Insolvenzordnung, 4. Aufl. (2005); *Herchen*, Das Prioritätsprinzip im Internationalen Insolvenzrecht, ZIP 2005, 1401; *Hergenröder*, Internationales Verbraucherinsolvenzrecht, ZVI 2005, 233; *Jaeger*, Großkommentar zur Insolvenzordnung, Bd. I (2004); *Kübler/Prütting/Bork* (Hrsg.), Insolvenzordnung, (Loseblatt); *Liersch*, Deutsches Internationales Insolvenzrecht, NZI 2003, 302; *Ludwig*, Neuregelungen des deutschen Internationalen Insolvenzverfahrensrechts (2004); *Martius*, Verteilungsregeln in der grenzüberschreitenden Insolvenz (2004); Münchener Kommentar zur Insolvenzverordnung, 2. Aufl. (2007/2008); *Nerlich/Römermann*, Insolvenzordnung (Loseblatt, 2009); *Obermüller/Hess*, Insolvenzordnung, 4. Aufl. (2003); *Paulus*, Grundlagen des neuen Insolvenzrechts – Internationales Insolvenzrecht, DStR 2005, 334; *Uhlenbruck/Hirte/Vallender*, Insolvenzordnung, 13. Aufl. (2009); *Wimmer/Ahrens* (Hrsg.), Frankfurter Kommentar zur Insolvenzordnung, 5. Aufl. (2009); *Wittinghofer*, Der nationale und internationale Insolvenzverwaltervertrag (2004).

Literatur zum europäischen Internationalen Insolvenzrecht: *Balz*, Das neue Europäische Insolvenzübereinkommen, ZIP 1996, 948; *Balz*, Das Übereinkommen der Europäischen Union über Insolvenzverfahren, ZEuP 1996, 325; *Bogdan*, The EU Bankruptcy Convention, Int.Insolv.Rev. 6 (1997), 14; *Becker*, Insolvenz in der Europäischen Union – Zur Verordnung des Rates über Insolvenzverfahren, ZEuP 2002, 287; *Bureau*, La fin d'un îlot de résistance: Le Règlement du Conseil relatif aux procédures d'insolvabilité, Rev.crit.d.i.p. 2002, 613; *Cooper*, Recognition and enforcement of crossborder insolvency: a guide to international practice (1996); *Deipenbrock*, Das Neue Europäische Internationale Insolvenzrecht: von der „quantité négligeable" zu einer „quantité indispensable", EWS 2001, 113; *Daniele*, Legge applicabile e diritto uniforme nel regolamento comunitario relativo alle procedure d'insolvenza, Riv.dir.int.priv.proc. 2002, 33; *Deyda*, Der Konzern im europäischen internationalen Insolvenzrecht (2008); *Dostal*, Insolvenzverfahren in der EU, ZIP 1996, 976; *Duursma-Kepplinger*, Checkliste zur Eröffnung eines Insolvenzverfahrens nach der Europäischen Insolvenzverordnung, NZI 2003, 87; *Duursma-Kepplinger/Duursma/Chalupsky*, Europäische Insolvenzverordnung (2002); *Duursma-Kepplinger/Duursma*, Der Anwendungsbereich der Insolvenzverordnung – unter besonderer Berücksichtigung der Bereichsausnahmen, von Konzernsachverhalten und der von den Mitgliedstaaten abgeschlossenen Konkursverträge, IPRax 2003, 505; *Ehricke*, Die neue Europäische Insolvenzverordnung und grenzüberschreitende Konzerninsolvenzen, EWS 2002, 101; *Ehricke*, Zur gemeinschaftlichen Sanierung insolventer Unternehmen eines Konzerns, ZInsO 2002, 393; *Ehricke*, Die Zusammenarbeit der Insolvenzverwalter bei grenzüberschreitenden Insolvenzen nach der EuInsVO, WM 2005, 397; *Ehricke*, Das Verhältnis des Hauptinsolvenzverwalters zum Sekundärinsolvenzverwalter bei grenzüberschreitenden Insolvenzen nach der EuInsVO, ZIP 2005, 1104; *Ehricke/Ries*, Die neue europäische Insolvenzverordnung, JuS 2003, 313; *Eidenmüller*, Europäische Verordnung über Insolvenzverfahren und zukünftiges deutsches internationales Insolvenzrecht, IPRax 2001, 2; *Eidenmüller*, Der Nationale und Internationale Insolvenzverfahrensvertrag, ZZP 114 (2002), 3; *Eidenmüller*, Der Markt für internationale Konzerninsolvenzen: Zuständigkeitskonflikte unter der EuInsVO, NJW 2004, 3455; *von der Fecht*, Die Insolvenzverfahren nach der neuen EG-Verordnung, Festschr. Metzeler (2003), S. 121; *Flessner*, Dingliche Sicherungsrechte nach dem europäischen Insolvenzübereinkommen, Festschr. Drobnig (1998), S. 277; *Fritz/Bähr*, Die Europäische Verordnung über Insolvenzverfahren – Herausforderung an Gerichte und Insolvenzverwalter, DZWiR 2001, 221; *Gottwald*, Das Europäische Insolvenzrecht, in: Gottwald (Hrsg.), Handbuch des Insolvenzrechts, 3. Aufl. (2006), § 129; *Gottwald* (Hrsg.), Europäisches Insolvenzrecht – kollektiver Rechtsschutz (2008); *Haas*, Die Verwertung der im Ausland belegenen Insolvenzmasse im Anwendungsbereich der EuInsVO, Festschr. Gerhardt (2004), S. 319; *Haß/Huber/Gruber/Heiderhoff*, EU-Insolvenzverordnung (2005); *Haubold*, Europäisches Zivilverfahrensrecht und Ansprüche im Zusammenhang mit Insolvenzverfahren, IPRax

2002, 157; *Haubold*, Europäische Insolvenzverordnung (EuInsVO), in: Gebauer/Wiedemann (Hrsg.), Zivilrecht unter europäischem Einfluss (2005), S. 1427; *Herchen*, Das Übereinkommen über Insolvenzverfahren der Mitgliedstaaten der Europäischen Union vom 23.11.1995 (2000); *Herchen*, Scheinauslandsgesellschaften im Anwendungsbereich der Europäischen Insolvenzverordnung, ZInsO 2003, 742; *Herchen*, Das Prioritätsprinzip im internationalen Insolvenzrecht, ZIP 2005, 1401; *Hess/Laukemann/Seagon*, Europäisches Insolvenzrecht nach Eurofood: Methodische Standortbestimmung und praktische Schlussfolgerungen, IPRax 2007, 89; *P.Huber*, Das internationale Privat- und Verfahrensrecht der Europäischen Insolvenzverordnung, ZZP 114 (2001), 133; *P. Huber*, Die europäische Insolvenzverordnung, EuZW 2002, 490; *U. Huber*, Inländische Insolvenzverfahren über Auslandsgesellschaften nach der Europäischen Insolvenzverordnung, Festschr. Gerhardt (2004), S. 397; *Jahn*, Insolvenzen in Europa: Recht und Praxis (1998); *Kemper*, Die Verordnung (EG) Nr. 1346/2000 über Insolvenzverfahren: „Ein Schritt zu einem europäischen Insolvenzrecht", ZIP 2001, 1609; *Kindler*, Internationales Insolvenzrecht, in: MünchKomm, Bd. 11, Internationales Wirtschaftsrecht (2005), S. 364; *Kirchhof*, Grenzüberschreitende Insolvenzen im Europäischen Binnenmarkt, WM 1993, 1364 und 1401; *Klicka*, Einstweiliger Rechtsschutz zur Sicherung der Insolvenzmasse im europäischen Rechtsverkehr, Festschr. Beys (2003), S. 721; *Kolmann*, Europäisches Internationales Insolvenzrecht – die Verordnung EG Nr. 1346/2000 über Insolvenzverfahren, EuLF 2002, 167; *Krebber*, Europäische Insolvenzordnung, Drittstaatengesellschaften und innergemeinschaftliche Konflikte, IPRax 2004, 540; *Kuntz*, Die Insolvenz der limited mit deutschem Verwaltungssitz, NZI 2005, 424; *Laukemann*, Rechtshängigkeit im europäischen Insolvenzecht, RIW 2005, 104; *Lehr*, Die neue EU-Verordnung über Insolvenzverfahren und deren Auswirkungen für die Unternehmenspraxis, KTS 2000, 577; *Leible/Staudinger*, Die Europäische Verordnung über Insolvenzverfahren, KTS 2000, 533; *W. Lüke*, Das europäische internationale Insolvenzrecht, ZZP 111 (1998), 275; *W. Lüke*, Europäisches Zivilverfahrensrecht – das Problem der Abstimmung zwischen EuInsÜ und EuGVÜ, Festschr. Schütze (1999), S. 467; *Martini*, Die Europäische Insolvenzordnung vom 29.5.2000 und die Rechtsfolgen für die Praxis, ZInsO 2002, 905; *McBryde/Flessner*, Principles of European Insolvency Law (2003); *Morse*, Cross-Border Insolvency in the European Union, Festschr. Jünger (2001), S. 233; *Moss/Fletcher/Isaacs*, The EC Regulation on Insolvency Proceedings (2002); *Niggemann/Blenske*, Die Auswirkungen der Verordnung (EG) Nr. 1346/2000 auf den deutsch-französischen Rechtsverkehr, NZI 2003, 471; *Oberhammer*, Europäisches Insolvenzrecht in praxi, ZInsO 2004, 761; *Pannen*, Das europäische internationale Insolvenzrecht für Kreditinstitute, Festschr. Lüer (2008), S. 431; *Pannen/Riedemann*, Die deutschen Ausführungsbestimmungen zur EuInsVO, NZI 2004, 301; *Pannen/Riedemann*, Die englische „Ltd." mit Verwaltungssitz in Deutschland in der Insolvenz, MDR 2005, 496; *Paulus*, Änderungen des deutschen Insolvenzrechts durch die Europäische Insolvenzverordnung, ZIP 2002, 729; *Paulus*, Zuständigkeitsfragen nach der europäischen insolvenzverordnung, ZIP 2003, 1725; *Paulus*, Kommentar zur Europäischen Insolvenzverordnung (2004); *Paulus*, Die EuInsVO – wo geht die Reise hin?, NZI 2008, 1; *Pinterich*, Das grenzüberschreitende Insolvenzverfahren nach der EuInsVO, ZfRV 2008, 221; *Poillot-Peruzzetto*, Le créancier et la „faillite européenne", Clunet 1997, 757; *Pottkast*, Probleme eines Europäischen Konkursübereinkommens (1995); *Rugullis*, Litispendenz im Europäischen Insolvenzrecht (2002); *Schilling*, Insolvenz einer englischen Limited mit Verwaltungssitz in Deutschland (2005); *Schmid*, Das deutsche internationale Insolvenzrecht und das Europäische Insolvenz-Übereinkommen, DZWiR 1998, 432; *Schmiedeknecht*, Der Anwendungsbereich der Europäischen Insolvenzverordnung und die Auswirkungen auf das deutsche Insolvenzrecht (2004); *Schulte*, Die europäische Restschuldbefreiung. Zu den rechtsvergleichenden und kollisionsrechtlichen Aspekten der Restschuldbefreiung im europäischen Insolvenzrecht (2001); *Smart*, Cross-border insolvency (1998); *Smid*, Das deutsche internationale Insolvenzrecht und das Europäische Insolvenzübereinkommen, DZWiR 1998, 432; *Smid*, Europäisches Internationales Insolvenzrecht (2002); *Smid*, Grenzüberschreitende Insolvenzverwaltung in Europa, Festschr. Geimer (2002), S. 1215; *V. Starace*, La disciplina comunitaria delle procedure di insolvenza, Riv. Dir. Int. 85 (2002), 295; *Stoll*, Vorschläge und Gutachten zur Umsetzung des EU-Übereinkommens über Insolvenzverfahren im deutschen Recht (1997); *Strub*, Insolvenzverfahren im Binnenmarkt zwischen Universalität und Territorialität, EuZW 1994, 424; *Strub*, Das Europäische Konkursübereinkommen, EuZW 1996, 71; *Taupitz*, Das (zukünftige) europäische internationale Insolvenzrecht – insbesondere aus international-privatrechtlicher Sicht, ZZP 111 (1998), 315; *Tirado*, Die Anwendung der Europäischen Insolvenzordnung durch die Gerichte der Mitgliedstaaten, GPR 2005, 39; *Trunk*, Grenzüberschreitende Insolvenz von Gesellschaften im Verhältnis EG- Schweiz, SZIER 2004, 531; *Vallender*, Die Voraussetzungen für die Einleitung eines Sekundärinsolvenzverfahrens nach der EuInsVO, InVO 2005, 41; *Vallender*, Die Aussetzung der Verwertung nach Art. 33 EuInsVO in einem deutschen Sekundärinsolvenzverfahren, Festschr. Kreft (2004), S. 565; *Vallender*, Aufgaben und Befugnisse des deutschen Insolvenzrichters in Verfahren nach der EuInsVO, KTS 2005, 283; *Virgós*, The 1995 European Community Convention on Insolvency Proceedings – An Insider's View (1998); *Virgós/Schmit*, Erläuternder Bericht zu dem EU-Übereinkommen über Insolvenzverfahren, in: Stoll, Vorschläge und Gutachten zur Umsetzung des EU-Übereinkommens über Insolvenzverfahren im deutschen Recht (1997), S. 32; *Wehdeking*, Reform des Internationalen Insolvenzrechts in Deutschland und Österreich, DZWIR 2003, 133; *Weinbörner*, Die neue Insolvenzordnung und das EU-Übereinkommen über Insolvenzverfahren, Rpfleger 1996, 494; *Westphal/Götker/Wilkens*, Grenzüberschreitende Insolvenzen (2005); *Wimmer*, Die Besonderheiten von Sekundärinsolvenzverfahren unter bes. Berücksichtigung des Europäischen Insolvenzübereinkommens, ZIP 1998, 982; *Wimmer*, Die Verordnung (EG) Nr. 1346/2000 über Insolvenzverfahren, ZInsO 2001, 97; *Wimmer*, Die EU-Verordnung zur Regelung grenzüberschreitender Insolvenzverfahren, NJW 2002, 2427; *Wunderer*, Auswirkungen des Europäischen Übereinkommens über Insolvenzverfahren auf Bankgeschäfte, WM 1999, 793.

Literatur zum ausländischen Internationalen Insolvenzrecht: *Bailey/Groves/Smith*, Corporate Insolvency, Law and Practice (London ua. 2001); *Béguin*, Un îlot de résistance à l'internationalisation: le droit international des procédures collectives, Festschr. Loussouarn (1994), S. 31; *Boittiau*, Aspects internationaux de la faillite en droit américain, Clunet 1992, 88; *Boll*, Die Anerkennung des Auslandskonkurses in Österreich (Wien 1990); *Bosly*, Reconnaissance e exécution des faillites étrangères aux U.S.A.: entre universalité et territorialité, Rev.dr.int.dr.comp. 1996, 269; *Breitenstein*, Internationales Insolvenzrecht der Schweiz und der Vereinigten Staaten: eine rechtsvergleichende Darstellung (Zürich 1990); *Campbell* (Hrsg.), International Corporate Insolvency Law (London 1992); *Calvo Caravaca/Carrascosa González*, Derecho concursal internacional (Madrid 2004); *Campbell/Collins*, Corporate Insolvency and Rescue: The International Dimension (1993); *Carballo Pineiro*, Das neue autonome internationale Insolvenzrecht in Spanien, RIW 2006, 505; *Daniele*, Il fallimento nel diritto internazionale privato e processuale (Padua 1987); *Dostal*, Französisches internationales Insolvenzrecht, ZIP 1998, 969; *Esplugues Mota*, La quiebra internacional (Barcelona 1993); *Esplugues Mota*, Die Neuregelung des internationalen Konkursrechts in Spanien, ZZP Int. 6 (2001), 65; *Fletcher*, Cross Border Insolvency: National and Comparative Studies, Reports delivered at the XIII. International Congress of Comparative Law, Montreal 1990 (1992); *Fletcher*, Insolvency in Private International Law, 2. Aufl. (Oxford 2005); *Florian*, Das englische internationale Insolvenzrecht (1989); *Gaa*, Harmonization of International Bankruptcy Law and Practice: Is It Necessary? Is It Possible?, Int. Lawyer 1993, 881; *Gilliéron*, Les dispositions de la nouvelle loi fédérale de droit international privé sur la faillite internationale (Lausanne 1991); *Gilliéron*, Généralités sur la faillite en droit national et international suisse, SZIER 1992, 135; *Gilliéron*, Qu' y a-t-il de nouveau en matière de faillite internationale?, ZSR 1992, 259; *Glosband/Katuchi*, Current Developments in International Insolvency Law and Practice, Bus. Lawyer 1990, 2273; *Goldie*, The Challenge of Transnational Expectations and the Recognition of Foreign Bankruptcy Decrees – The United States Adjustments, Brit.Yb.Int.L. 58 (1987), 303; *Grasmann*, Effets nationaux d'une procédure d'exécution collective étrangère (redressement ou liquidation judiciaire, faillite, concordat), Rev.crit.d.i.p. 1990, 421; *E. Habscheid*, Konkurs in den USA und seine Wirkungen in Deutschland (und umgekehrt), NZI 2003, 238; *W. J. Habscheid*, Das neue Schweizer Internationale Konkursrecht, KTS 1989, 253; *Hanisch*, Wirkungen deutscher Insolvenzverfahren auf in der Schweiz befindliches Schuldnervermögen, JZ 1988, 737; *Hanisch*, Internationale Insolvenzrechte des Auslandes und das Gegenrecht nach Art. 166 IPRG, SZIER 1992, 3; *Hanisch*, Internationales Insolvenzrecht des Auslandes und das Gegenrecht nach Art. 166 Abs. 1 IPR-G, SZIER 1993, 3; *Heyers*, Das französische internationale Insolvenzrecht unter Berücksichtigung des Europäischen Konkursübereinkommens (Diss. Münster 1997); *Ishikawa/Haga*, Das neue internationale Insolvenzrecht in Japan, Festschr. Beys (Athen 2003), Bd. I, S. 587; *Jeanneret*, Banqueroute et faillite internationales, SchwJZ 1991, 336; *Johlke*, Zur Anfechtung einer deutschem Recht unterliegenden Rechtshandlung im ausländischen (hier: schwedischen) Konkursverfahren, EWiR 1997, 229; *Kampf*, Neuregelung des internationalen Insolvenzrechts in Belgien, IPRax 2006, 620; *Keppelmüller*, Österreichisches Internationales Konkursrecht (Wien 1997); *Leitner*, Der grenzüberschreitende Konkurs (Wien 1995); *Leonard/Besant*, Current Issues in Cross-Border Insolvency and Reorganisations (1994); *Nussbaum*, Das schweizerische internationale Insolvenzrecht gem. dem Bundesgesetz vom 18.12.1987 über das internationale Privatrecht und sein Umfeld in Europa (Zürich 1989); *Paulus*, Internationales Insolvenzrecht, Anerkennung eines deutschen Insolvenzverwalters in Spanien, EWiR 2000, 889; *Paulus*, Das neue internationale Insolvenzrecht der USA, NZI 2005, 439; *Radzyminsk*, Das argentinische internationale Insolvenzrecht, ZvglRW 89 (1990), 466; *Rajak* (Hrsg.), European Corporate Insolvency: A Practical Guide, 2. Aufl. (1995); *Rémery*, La compétence juridictionelle pour ouvrir une faillite, Dr. prat. comm. int. 1994, 553; *Riesenfeld*, Transnational Bankruptcy Law: Recent Developments in Argentina and the United States, Festschr. Kegel (1987), S. 483; *Riesenfeld*, Transnational Bankruptcies in the Late Eighties: A Tale of Evolution and Atavism, Festschr. Merryman (1990), S. 409; *Rüfner*, Neues internationales Insolvenzrecht in den USA, ZIP 2005, 1859; *Scherber*, Neues autonomes internationales Insolvenzrecht in Spanien, IPRax 2005, 160; *Siehr*, Grundfragen des internationalen Konkursrechts, SchwJZ 1999, 85; *Simoni*, Englische, walisische und französische Konkursverwalter in der Schweiz (Diss. Zürich 1997); *Smart*, Forum Non Conveniens in Bankruptcy Proceedings, J.B.L. 1989, 126; *Smart*, International Insolvency: Ancillary Winding Up and the Foreign Corporation I.C.L.Q. 39 (1990), 827; *Smart*, Cross-Border Insolvency, 2. Aufl. (London 2007); *Staehelin*, Die Anerkennung ausländischer Konkurse und Nachlassverträge in der Schweiz (1990); *Stefan*, Der Zwangsvergleich und die außerkonkursmäßige Befriedigung inländischer Gläubiger im In- und Ausland am Beispiel der Schweiz (1988); *Sterzenbach*, Anerkennung des Auslandskonkurses in Italien (1993); *Trautman/Westbrook/Gaillard*, Four Models for International Bankruptcy, 41 Am.J.Comp.L. (1993), 573; *Turck*, Das internationale Insolvenzrecht in Spanien in rechtsvergleichender Betrachtung (1995); *Uematsu*, Das neue Internationale Insolvenzrecht in Japan, ZZP Int. 9 (2004), 311; *Volken*, L'harmonisation du droit international de la faillite, Rec. des Cours 230 (1991-V), 343; *Walder*, Die internationalen konkursrechtlichen Bestimmungen des neuen IPR-Gesetzes, Festschr. 100 Jahre SchKG (1989), S. 325; *Wenzel*, Insolvenzrecht Ost: Internationaler Restschuldtourismus, MDR 1992, 1032; *Witz/Zierau*, Französisches internationales Konkursrecht – Neue Tendenzen und Entwicklungen in der Rechtsprechung der Cour de cassation, RIW 1989, 929; *Wood*, Principles of International Insolvency (London 1996).

Vgl. auch die weiteren Literaturnachw. unten vor Rz. 5631 f., 5691 und 5751.

I. Grundlagen

1. Territorialitätsprinzip contra Universalitätsprinzip

Im internationalen Insolvenzrecht stehen sich traditionell zwei Grundauffassungen gegenüber: Für die Anhänger des **Territorialitätsprinzips** steht die Rechtsnatur der Insolvenzeröffnung als *staatlicher Hoheitsakt* im Vordergrund; da dieser in private Rechte eingreift, werden seine Wirkungen – ähnlich wie im Falle einer Enteignung – auf das Herrschaftsgebiet des anordnenden Staates beschränkt. Demgegenüber betonen die Verfechter des **Universalitätsprinzips** stärker die *materielle Funktion* des Insolvenzrechts, das auf eine gleichmäßige Befriedigung aller Gläubiger abziele und deshalb die Verwertung des gesamten Vermögens des Gemeinschuldners ohne Rücksicht auf seine Belegenheit im In- oder Ausland erfordere[1]. Das RG hatte sich in seiner ersten einschlägigen Entscheidung aus dem Jahre 1882[2] zunächst zu dem freieren Standpunkt bekannt, dass der Auslandskonkurs seine Wirkungen auch im Inland entfalte. Es stützte sich dabei auf die Materialien zur Konkursordnung von 1877, nach denen der Auslandskonkurs im Inland grundsätzlich wirksam sei und nur aus Gründen des Gläubigerschutzes eine Vollstreckung im Inland möglich bleiben sollte. Auch in der Folgezeit hielt das RG am Universalitätsprinzip fest und wertete § 237 Abs. 1 KO[3] als eine punktuelle, allein den Bereich der Zwangsvollstreckung regelnde Ausnahmevorschrift[4]. Seit der Wende zum 20. Jahrhundert setzte sich aber dann die Auffassung durch, dass die Eröffnung des ausländischen Insolvenzverfahrens als beschlagsregelnder vollstreckungsrechtlicher Hoheitsakt schon ihrer Natur nach territorial begrenzt sei; § 237 Abs. 1 KO sei nichts anderes als die Ausformung des dem gesamten internationalen Konkursrecht zugrunde liegenden Territorialitätsprinzips[5]. Der BGH hat zunächst an diese spätere Rechtsprechung des RG angeknüpft und der Konkurseröffnung im Ausland jede Wirkung für das Inlandsvermögen des Schuldners abgesprochen, insbesondere einen Übergang der Verwaltungs- und Verfügungsbefugnis vom Gemeinschuldner auf den ausländischen Insolvenzverwalter nicht anerkannt[6].

5601

---

1 Vgl. zu diesem Grundsatzstreit näher *Trunk*, S. 10 f.; *Häsemeyer*, Rz. 35.05 ff. mwN.
2 RG 28.3.1882, RGZ 6, 400 (404 ff.); dazu *Thieme*, RabelsZ 37 (1973), 685.
3 § 237 Abs. 1 KO lautete: „Besitzt ein Schuldner, über dessen Vermögen im Auslande ein Konkursverfahren eröffnet worden ist, Vermögensgegenstände im Inlande, so ist die Zwangsvollstreckung in das inländische Vermögen zulässig."
4 RG JW 1899, 227 Nr. 16.
5 Erstmals RG 11.12.1884, RGZ 14, 405 (406); ferner RGZ 21, 7 (9); RGZ 52, 155 (156); RGZ 89, 181 (183); RGZ 100, 241 (242); RGZ 153, 200 (207).
6 BGH 4.2.1960, NJW 1960, 774 = MDR 1960, 578 m. Anm. *Kuhn* = IPRspr. 1960/61 Nr. 231; BGH 7.12.1961, WM 1962, 263 = IPRspr. 1960/61 Nr. 157; BGH 30.5.1962, NJW 1962, 1511 f. = IPRspr. 1962/63 Nr. 226; BGH 19.10.1967, IPRspr. 1966/67 Nr. 307; BGH 2.4.1970, BGHZ 53, 383 (387) = IPRspr. 1970 Nr. 8; BGH 20.6.1979, NJW 1979, 2477 (2478) = IPRspr. 1979 Nr. 162.

5602 Mit einem **Grundsatzurteil aus dem Jahre 1985** ist der BGH jedoch – der herrschenden Tendenz in der damaligen Lehre folgend[1] – zur ursprünglichen Auffassung des RG zurückgekehrt und bekennt sich seither zur Universalität des inländischen wie des ausländischen Insolvenzverfahrens. Danach umfasst die Insolvenzeröffnung im Ausland auch das Inlandsvermögen des Gemeinschuldners; der ausländische Insolvenzverwalter ist daher berechtigt, dieses Vermögen zur Masse zu ziehen.

BGH 11.7.1985, BGHZ 95, 256 (263 ff.) = NJW 1985, 2896 = ZIP 1995, 344 (m. Anm. *Heinrich*, ZIP 1995, 1238) = JZ 1986, 91 m. Anm. *Lüderitz* = EWiR 1985, 605 (LS) m. Anm. *Merz* = IPRspr. 1985 Nr. 218 (Inlandswirkung der Insolvenzeröffnung in Belgien über eine dort ansässige GmbH anerkannt; Befugnis des belg. Insolvenzverwalters, dieses Vermögen zur Masse zu ziehen, bejaht).

Die Entscheidung ist in der Literatur auf allgemeine Zustimmung gestoßen[2]. Sie trägt dem Umstand Rechnung, dass mit zunehmender internationaler wirtschaftlicher Verflechtung auch die Kreditwürdigkeit eines Schuldners nicht mehr allein an seinem Inlandsvermögen gemessen wird. Es entspricht daher einem **Gebot der Gerechtigkeit**, in- und ausländische Gläubiger bei der Durchsetzung von Ansprüchen gleichzustellen. Einem Gemeinschuldner muss es verwehrt sein, sich durch Verschiebung seines Vermögens oder durch Verlagerung seiner Geschäftstätigkeit in ein anderes Land seinen inländischen Verpflichtungen zu entziehen[3]. § 237 Abs. 1 KO war daher als Ausnahmevorschrift anzusehen, welche die Zwangsvollstreckung in inländisches Vermögen ohne materiellrechtliche Sperre für ausländische Insolvenzwirkungen zuließ; die Vorschrift sollte aber im Auslandskonkurs dem Gemeinschuldner nicht zu Lasten der Gesamtheit der Gläubiger die Verfügung über sein Inlandsvermögen erhalten[4]. Im internationalen Insolvenzfall muss das unzulängliche Vermögen des Schuldners vielmehr über die Staatsgrenzen hinweg erfasst, verwertet und unter Wahrung der par condicio creditorum verteilt werden können[5].

5603 Diese universalistische Sicht liegt auch der **Neuregelung des deutschen internationalen Insolvenzrechts** in §§ 335 ff. InsO zugrunde, derzufolge die Wirkungen eines Insolvenzverfahrens grundsätzlich dem Recht des Staates unterliegen, in dem das Verfahren eröffnet wurde (§ 335 InsO; dazu unten Rz. 5751). Gleiches gilt nach Art. 4 Abs. 1 EuInsVO für **das europäische Insolvenzrecht**, das sich ferner in Art. 16 Abs. 1 EuInsVO zu dem Grundsatz bekennt, dass die Eröffnung eines Insolvenzverfahrens durch ein zuständiges Gericht eines Mit-

---

1 Vgl. insbes. *Müller-Freienfels*, Festschr. Dölle II (1963), S. 359 (378); *Thieme*, RabelsZ 37 (1973), 689 ff.; *Jaeger/Jahr*, §§ 237, 238 KO Rz. 196 ff.; *Hanisch*, KTS 1978, 193 ff.; *Lüer*, KTS 1979, 12 ff.
2 Vgl. *Buchner*, ZIP 1985, 1114 ff.; *Hanisch*, ZIP 1985, 1233 ff.; *Lau*, BB 1986, 1450 ff.; *Lüderitz*, JZ 1986, 96 ff.; *Lüke*, KTS 1986, 1 ff.; *Moltrecht*, RIW 1986, 93 ff.; ferner *Ebenroth*, ZZP 101 (1988), 121 ff. mwN.
3 BGHZ 95, 256 (266 f.); vgl. auch Erwägungsgrund 4 zur EuInsVO.
4 BGHZ 95, 256 (267). Vgl. dazu auch unten Rz. 5713.
5 *Schack*, Rz. 1041 ff.

gliedstaats in allen übrigen Mitgliedstaaten anzuerkennen ist (dazu unten Rz. 5701).

2. Rechtsquellen
a) EG-Verordnung über Insolvenzverfahren
aa) Entstehungsgeschichte

Die EG-Kommission hatte bereits seit Anfang der siebziger Jahre mehrere Entwürfe eines Übereinkommens über den Konkurs, Vergleiche und ähnliche Verfahren vorgelegt, die das internationale Insolvenzrecht auf europäischer Ebene vereinheitlichen sollten. Auf der Grundlage eines Entwurfes von 1992 haben sich die Justizminister der Mitgliedstaaten am 25./26.9.1995 in Brüssel auf den Text eines „Europäischen Übereinkommens über Insolvenzverfahren" (EuIÜ)[1] geeinigt. Dieses Übereinkommen ist am 23.11.1995 in Brüssel zur Zeichnung durch die Mitgliedstaaten der EG aufgelegt und von 14 Mitgliedstaaten gezeichnet worden; das Vereinigte Königreich hat jedoch wegen des damaligen BSE-Konflikts eine Zeichnung abgelehnt. Wegen Ablaufs der Zeichnungsfrist ist das Übereinkommen daher nicht mehr in Kraft getreten. Unter Ausnutzung des den Mitgliedstaaten in Art. 67 EG idF des Vertrages von Amsterdam eingeräumten Initiativrechts haben die Bundesrepublik Deutschland und Finnland den Vorschlag unterbreitet, den Inhalt des EuIÜ mit gewissen Modifikationen in eine EG-Verordnung zu transformieren. Obwohl das Rechtsinstrument der Richtlinie den Mitgliedstaaten einen größeren Spielraum eröffnet hätte, die europäischen Vorgaben den Besonderheiten des jeweiligen nationalen Insolvenzrechts anzupassen, hat sich die Mehrheit der Mitgliedstaaten mit Unterstützung der EG-Kommision für eine Verordnung ausgesprochen, um innerhalb kürzester Zeit eine Vereinheitlichung des internationalen Insolvenzrechts in Europa zu erreichen[2]. Gestützt auf die erweiterten Kompetenzen nach Art. 61 lit. c, 65 EG hat der Rat der Europäischen Gemeinschaft daher am 29.5.2000 die „Verordnung Nr. 1346/2000 über Insolvenzverfahren" (EuInsVO)[3] beschlossen, die am 31.5.2002 im Verhältnis der Mitgliedstaaten – mit Ausnahme Dänemarks[4] – in Kraft getreten ist. Sie gilt gem. Art. 43 S. 1 nur für Insolvenzverfahren, die nach diesem Zeitpunkt eröffnet wurden[5].

5604

---

[1] Text abgedruckt in ZIP 1996, 976; dazu den erläuternden Bericht von *Virgós/Schmit*, abgedruckt bei Stoll (Hrsg.), Vorschläge und Gutachten zur Umsetzung des EuIÜ im deutschen Recht (1997), S. 32 ff.; dazu *Balz*, ZIP 1996, 948 ff.; *Prütting*, ZIP 1996, 1277 (1278); *W. Lüke*, ZZP 111 (1998), 275 (277); *Spahlinger*, S. 247 ff.
[2] Regierungsbegründung zum IIR-G, BR-Drucks. 715/02, S. 11.
[3] ABl. EG 2000 Nr. L 160, S. 1; abgedruckt bei *Jayme/Hausmann*, Nr. 260.
[4] Vgl. OLG Frankfurt 24.1.2005, ZInsO 2005, 715 = IPRspr. 2005 Nr. 228; *Geimer*, Rz. 3357a. Zu den Gründen der Nichtmitwirkung Dänemarks vgl. den Erwägungsgrund 33 zur EuInsVO; ferner *Leible/Staudinger*, KTS 2000, 533 (537); *Paulus*, NZI 2001, 505 (507).
[5] BGH NZI 2004, 139 (149) m. Anm. *Liersch*. Für Rechtshandlungen des Schuldners vor In-Kraft-Treten der Verordnung gilt nach Art. 43 S. 2 EuInsVO weiterhin das Recht, das auf diese Rechtshandlungen im Zeitpunkt ihrer Vornahme anzuwenden war.

bb) Ziele

5605 Die Verordnung dient einerseits der Vermeidung nachteiliger Auswirkungen der Insolvenz von Unternehmen, deren Geschäftstätigkeit über das Gebiet eines Mitgliedstaats hinausgreift und soll durch Regeln zur effizienten Abwicklung eines internationalen Insolvenzverfahrens das ordnungsgemäße Funktionieren des Binnenmarkts auf diesem Gebiet sicherstellen. Andererseits soll verhindert werden, dass Schuldner oder Gläubiger Vermögensgegenstände oder Rechtsstreitigkeiten von einem Mitgliedstaat in einen anderen verlagern, um auf diese Weise ihre insolvenzrechtliche Stellung zu verbessern; die Verordnung soll also einem „forum shopping" vorbeugen[1]. Erreicht werden sollen diese Ziele vor allem dadurch, dass nur in *einem* Mitgliedstaat, nämlich am Mittelpunkt der hauptsächlichen Interessen des Schuldners, ein Hauptinsolvenzverfahren durchgeführt wird[2]. Dieses entfaltet universelle Wirkungen, dh. es erfasst das gesamte Vermögen des Schuldners ungeachtet seiner Belegenheit in anderen Mitgliedstaaten, und an ihm sind sämtliche in- und ausländischen Gläubiger gleichberechtigt beteiligt. Auf diese Weise sollen sowohl Kompetenz-Konflikte zwischen den Gerichten verschiedener Mitgliedstaaten als auch Normenkollisionen auf dem Gebiet des internationalen Insolvenzrechts möglichst vermieden werden[3]. Das Universalitätsprinzip gilt allerdings nach der Verordnung nicht uneingeschränkt. Einerseits wird die einheitliche Geltung der lex fori concursus durch **Sonderanknüpfungen** begrenzt, die für bestimmte Rechtsverhältnisse Abweichungen von dem ansonsten anwendbaren Insolvenzrecht des Eröffnungsstaates vorschreiben (dazu unten Rz. 5756 ff.). Andererseits wird die universale Wirkung des Hauptinsolvenzverfahrens durch die Zulassung von territorial beschränkten Partikular- bzw. Sekundärinsolvenzverfahren durchbrochen (dazu unten Rz. 5615 ff., 5738 f.)[4].

cc) Anwendungsbereich

5606 In **sachlicher** Hinsicht gilt die Verordnung nach ihrem Art. 1 Abs. 1 für „Gesamtverfahren, welche die Insolvenz des Schuldners voraussetzen und den vollständigen oder teilweisen Vermögensbeschlag gegen den Schuldner sowie die Bestellung eines Verwalters zur Folge haben". Ausgenommen aus ihrem Anwendungsbereich sind nach Art. 1 Abs. 2 EuInsVO Insolvenzverfahren über das Vermögen von Versicherungsunternehmen oder Kreditinstituten, von Wertpapierfirmen, die Dienstleistungen erbringen, welche die Haltung von Geldern oder Wertpapieren Dritter umfassen, sowie von Organismen für ge-

---

[1] Vgl. Erwägungsgründe 3 und 4 zur EuInsVO, dazu näher *Eidenmüller*, IPRax 2001, 1 (2); *Huber*, ZZP 114 (2001), 133 (134); *Wimmer*, NJW 2002, 2427 f.; *Gottwald*, Hdb., § 29 Rz. 9; *Schack*, Rz. 1051.
[2] *Taupitz*, ZZP 111 (1998), 315 (326); *Lüke*, ZZP 111 (1998), 265 (287 ff.); dazu näher unten Rz. 5631 ff.
[3] *Virgós/Schmit*-Bericht Rz. 7.
[4] Die Regierungsbegründung zum IIR-G spricht daher von einem „Grundsatz der gemäßigten Universalität", der die EuInsVO beherrsche, vgl. BR-Drucks. 715/02, S. 11. Dazu auch *Kemper*, ZIP 2001, 1609 (1611 f.); *Fritz/Bähr*, DZWiR 2001, 221 (223 f.); *Becker*, ZEuP 2002, 287 (299 ff.); *Gottwald*, Hdb., § 129 Rz. 4.

meinsame Anlagen. Erfasst werden also nur „**Gesamtverfahren**", die individuelle Rechtsverfolgungsmaßnahmen einzelner Gläubiger ausschließen. Diese Verfahren müssen ferner, auch wenn sie zB die Sanierung des Schuldners bewirken, dessen *Insolvenz* voraussetzen und einen – zumindest teilweisen – *Beschlag* des schuldnerischen Vermögens zur Folge haben, dh. die Verwaltungs- und Verfügungsbefugnis des Schuldners muss zumindest teilweise auf einen Verwalter übergehen[1]. Die Erfüllung dieser allgemeinen Voraussetzungen des Art. 1 Abs. 1 EuInsVO reicht freilich für die Anwendung der Verordnung nicht aus; erforderlich ist vielmehr im Interesse der Rechtssicherheit, dass das betreffende mitgliedstaatliche Verfahren in die Liste der „Insolvenzverfahren" im Anhang A zur Verordnung aufgenommen worden ist[2]. Die dort aufgelisteten Verfahren beschränken sich nicht auf Liquidationsverfahren iSv. Art. 2 lit. c EuInsVO, sondern umfassen *auch Sanierungsverfahren*[3]. Für alle Insolvenzverfahren gilt die Verordnung unabhängig davon, ob es sich beim Schuldner um eine natürliche oder juristische Person, einen Kaufmann, sonstigen Unternehmer oder eine Privatperson handelt[4]. Insolvenzverfahren über das Vermögen von **Versicherungsunternehmen**, **Kreditinstituten** und **Wertpapierfirmen**, die Gelder oder Wertpapiere Dritter halten, sind nach Art. 1 Abs. 2 EuInsVO deshalb vom Geltungsbereich der Verordnung ausgenommen, weil für sie besondere Vorschriften gelten[5] und die nationalen Aufsichtsbehörden teilweise sehr weitgehende Eingriffsbefugnisse haben[6].

Die Verordnung vereinheitlicht ferner das Insolvenzrecht der Mitgliedstaaten nur insoweit, als es um die **grenzüberschreitende Koordinierung** von Maßnahmen in Bezug auf das Vermögen eines zahlungsunfähigen Schuldners geht[7]. Sie beschränkt sich daher auf die Regelung verfahrens- und kollisionsrecht-   5607

---

1 Vgl. näher den *Virgós/Schmit*-Bericht Rz. 49; *Duursma-Kepplinger/Duursma*, IPRax 2003, 505 (506 ff.); *Kindler*, in: MünchKomm, IntInsR Rz. 59 ff.
2 *Virgós/Schmit*-Bericht Rz. 48; *Eidenmüller*, IPRax 2001, 2 (4); *Duursma-Kepplinger/Duursma/Chalupsky*, Art. 1 EuInsVO Rz. 11 ff.; vgl. den Text des Anhangs A in seiner derzeit geltenden Fassung der Verordnung (EG) Nr. 788/2008 vom 24.7.2008 (ABl. EU 2008 Nr. L 213, S. 1).
3 So zB den „redressement judiciaire" des französ. oder die „suspensión de pagos" des span. Rechts, vgl. dazu den *Virgós/Schmit*-Bericht Rz. 51; *W. Lüke*, ZZP 111 (1998), 275 (284 f.); *Huber*, ZZP 114 (2001), 133 (135); *Duursma-Kepplinger*, Art. 1 EuInsVO Rz. 32 ff.
4 Vgl. Erwägungsgrund 9 zur EuInsVO; *Virgós/Schmit*-Bericht Rz. 53; *Wimmer*, NJW 2002, 2427 (2428); *Leible/Staudinger*, KTS 2000, 533 (540); *Kindler*, in: MünchKomm, IntInsR Rz. 66.
5 Vgl. insbes. die EG-Richtlinien 17/2001 vom 19.3.2001 über die Sanierung und Liquidation von Versicherungsunternehmen, ABl. EG 2001 Nr. L 110, S. 28 und 24/2001 vom 4.4.2001 über die Sanierung und Liquidation von Kreditinstituten, ABl. EG 2001 Nr. L 125, S. 15. Zu deren Umsetzung ins deutsche Recht vgl. § 340 InsO; dazu die Regierungsbegründung, BR-Drucks. 715/02, S. 22 ff. Ferner §§ 46d-f KWG und §§ 88, 88a, 89b VAG.
6 Vgl. Erwägungsgrund 9 zur EuInsVO; dazu den *Virgós/Schmit*-Bericht Rz. 54; *Balz*, ZIP 1996, 948; *W. Lüke*, ZZP 111 (1998), 275 (278); krit. zu dieser Bereichsausnahme *Eidenmüller*, IPRax 2001, 2 (4 f.); *Schack*, Rz. 1053.
7 *Huber*, ZZP 114 (2001), 133 (136).

licher Fragen auf dem Gebiet der internationalen Zuständigkeit (Kap. I, Art. 1–15 EuInsVO), der Anerkennung ausländischer Insolvenzverfahren (Kap. II, Art. 16–26 EuInsVO), der Durchführung von Sekundärinsolvenzverfahren (Kap. III, Art. 27–38 EuInsVO) und der Unterrichtung der Gläubiger sowie der Anmeldung ihrer Forderungen (Kap. IV, Art. 39–42 EuInsVO). Eine darüber hinausgehende Vereinheitlichung des materiellen Insolvenzrechts wird nicht angestrebt[1].

5608 In räumlicher Hinsicht gilt die Verordnung nur für Verfahren, bei denen der **Mittelpunkt der hauptsächlichen Interessen des Schuldners in einem Mitgliedstaat** (mit Ausnahme Dänemarks) liegt[2]. Die bloße Belegenheit von – auch beträchtlichem – Schuldnervermögen in der Gemeinschaft reicht daher für die Anwendung der Verordnung nicht aus, wenn der Schuldner den Mittelpunkt seiner wirtschaftlichen Interessen in einem Drittstaat hat[3]. Erforderlich ist weiterhin ein **Auslandsbezug** des Sachverhalts; aus diesem Grunde findet die Verordnung auf reine Binnensachverhalte keine Anwendung[4]. Umstritten ist hingegen, ob insoweit ein „einfacher" Auslandsbezug zu einem beliebigen Drittstaat ausreicht[5] oder ob es eines „qualifizierten" Auslandsbezugs zu einem weiteren Mitgliedstaat der Verordnung bedarf[6]. Die besseren Argumente sprechen gegen das Erfordernis eines solchen qualifizierten Auslandsbezugs. Zwar ist das der Verordnung zugrundeliegende Vertrauen in die Justiz des Eröffnungsstaates, das ua. in der Verpflichtung zur formlosen Anerkennung ausländischer Hauptinsolvenzverfahren nach Art. 16 EuInsVO zum Ausdruck kommt, nur im Verhältnis der Mitgliedstaaten zueinander gerechtfertigt[7]. Dieses Argument hat der EuGH jedoch schon im Rahmen der EuGVO nicht ausreichen lassen, um auch für die Anwendung der Zuständigkeitsregeln dieser Verordnung einen qualifizierten Auslandsbezug zu einem weiteren Mitglied-

---

1 *Becker*, ZEuP 2002, 287 (289); *Huber*, ZZP 114 (2001), 133 (136).
2 Vgl. Erwägungsgrund 14 zur EuInsVO; *Virgós/Schmit*-Bericht Rz. 11, 44; *Huber*, ZZP 114 (2001), 133 (137); *Huber*, EuZW 2002, 490 (491); *Duursma-Kepplinger*, Art. 1 EuInsVO Rz. 3 ff., 52. Zum Begriff „Mittelpunkt der hauptsächlichen Interessen des Schuldners" näher unten Rz. 5632 ff.
3 *Virgós/Schmit*-Bericht Rz. 44; *Becker*, ZEuP 2002, 287 (299); *Schack*, Rz. 1054; *Kindler*, in: MünchKomm, IntInsR Rz. 78.
4 *Huber*, ZZP 114 (2001), 133 (136); *Paulus*, NZI 2001, 505 (408 f.); *Duursma-Kepplinger/Duursma*, IPRax 2003, 505 (506); *Mock/Schildt*, ZInsO 2003, 296 (398); *Schack*, Rz. 1054.
5 Dafür High Court of Justice 7.2.2003, ZIP 2003, 813 (816) (BRAC- Budget); bestätigt durch High Court of Justice Leeds 16.5.2003, ZIP 2004, 1869 = NZI 2004, 219; ferner *Geimer*, Rz. 3357c; *Haubold*, IPRax 2003, 34 ff.; *Schack*, Rz. 1055; *Huber*, ZZP 114 (2001), 133 (138 f.); *Leible/Staudinger*, KTS 2000, 533 (538); *Haubold*, IPRax 2003, 34 (35); *Herchen*, ZInsO 2003, 724 (744) und 2004, 825 (830); *Krebber*, IPRax 2004, 540 ff.; *Wenner*, Rz. 7.
6 So *Eidenmüller*, IPRax 2001, 2 (5); *Fritz/Bähr*, DZWiR 2001, 221 (222); *Martini*, ZInsO 2002, 905 (907); *Paulus* NZI 2001, 505 (507); *Smid*, DZWiR 2003, 397 (402); *Ehricke/Ries*, JuS 2003, 313 f.; *Wimmer*, NJW 2002, 2927 (2928); *Westpfahl/Wilhelms*, EWiR 2004, 847 (848); *Häsemeyer*, Rz 35.03; *Duursma-Kepplinger*, Art. 1 EuInsVO Rz. 3, 53; zust. AG Hamburg 16.8.2006, ZIP 2006, 1642 = NZI 2006, 652 m. Anm. *Klöhn*.
7 *Kindler*, in: MünchKomm, IntInsR Rz. 83. Vgl. dazu auch Rz. 5701 ff.

staat zu verlangen[1]. Sowohl nach ihrer Entstehungsgeschichte wie nach ihrer Zielsetzung nimmt die EuInsVO vielmehr Universalität im Sinne einer weltweiten Sollgeltung für sich in Anspruch. Die Verordnung vereinheitlicht also das internationale Insolvenzrecht der Mitgliedstaaten nicht nur insoweit, als die grenzüberschreitenden Wirkungen einer Insolvenz im Verhältnis der Mitgliedstaaten zueinander betroffen sind, sondern erfasst auch das in Drittstaaten belegene Vermögen des Gemeinschuldners[2].

dd) Verhältnis zu Staatsverträgen

Im Rahmen des Europarats wurde am 5.6.1990 in Istanbul ein „Übereinkommen über gewisse internationale Aspekte des Konkurses" beschlossen. Dieses Übereinkommen ist zwar auch von der Bundesrepublik Deutschland gezeichnet, aber bisher noch von keinem Staat ratifiziert worden[3]. Auch nach einem etwaigen In-krafttreten wird es im Verhältnis der EU-Mitgliedstaaten zueinander gem. Art. 44 Abs. 1 lit. k EuInsVO durch die Verordnung verdrängt. Gleiches gilt auch für die von der Bundesrepublik Deutschland bisher abgeschlossenen bilateralen Staatsverträge mit anderen Mitgliedstaaten auf dem Gebiet des Insolvenzrechts, insbesondere für den deutsch-österreichischen Vertrag auf dem Gebiet des Konkurs- und Vergleichs-(Ausgleichs-)Rechts vom 25.5.1979[4] und das deutsch-niederländische Anerkennungs- und Vollstreckungsübereinkommen vom 30.8.1962 (Art. 44 Abs. 1 lit. d und h EuInsVO). Diese Übereinkommen gelten lediglich für Verfahren weiter, die vor dem 31.5.2002 eröffnet worden sind (Art. 44 Abs. 2 EuInsVO)[5].

5609

ee) Verhältnis zum autonomen Recht

Soweit der sachliche und räumliche Anwendungsbereich der EuInsVO eröffnet ist, werden die Vorschriften des innerstaatlichen Verfahrens- und Kollisionsrechts für grenzüberschreitende Insolvenzen, also insbesondere die §§ 335 ff. InsO, wegen des Anwendungsvorrangs des Gemeinschaftsrechts durch die Vorschriften der Verordnung vollständig verdrängt. Eine ergänzende Anwendung nationalen Rechts kommt also nur insoweit in Betracht, als hierdurch die rechtsvereinheitlichende Zielsetzung der Verordnung nicht gefährdet wird[6].

5610

---

1 Vgl. EuGH 13.7.2000 – Rs. C-412/98 (Group Josi), Slg. 2000 I, 5925 (5955 ff.) (Nr. 47 ff.) = NJW 2000, 3121; EuGH 1.3.2005 – Rs. C-281/02 (Owusu/Jackson), Slg. 2005 I, 1445 (1458 ff.) (Nr. 28 ff.) = IPRax 2005, 244 (m. Anm. *Heinze/Dutta*, IPRax 2005, 224).
2 Vgl. *Probst*, S. 31–47 m. ausf. Begründung; ebenso im Erg. auch *Gottwald*, Hdb., § 129 Rz. 8; *Duursma-Kepplinger*, Art. 1 EuInsVO Rz. 62 ff.
3 Vgl. zu diesem Übereinkommen *Metzger*, Die Umsetzung des Istanbuler Konkursübereinkommens in das neue deutsche internationale Insolvenzrecht (1994); *Gottwald*, Hdb. § 133 Rz. 1 ff.
4 Vgl. zu diesem Vertrag näher *Arnold*, Der deutsch-österreichische Konkursvertrag (1987); *Jelinek*, Der deutsch-österreichische Konkursvertrag (1985).
5 Vgl. näher *Becker*, ZEuP 2002, 287 (292 ff.); *Duursma-Kepplinger/Duursma*, IPRax 2003, 505 (510 ff.).
6 Zum Anwendungsvorrang der EuInsVO *Deipenbrock*, EWS 2001, 113 (114); *Liersch*, NZI 2003, 302 (303); *Wenner*, Rz. 13. *Kindler*, in: MünchKomm, IntInsR Rz. 22.

Allerdings regelt die Verordnung die Fragen grenzüberschreitender Insolvenzen auch im Verhältnis der Mitgliedstaaten nicht abschließend. Zur Ausfüllung von Lücken der Verordnung und zur Unterstützung der mit ihr verfolgten Zwecke hat der deutsche Gesetzgeber daher durch das Gesetz zur Neuregelung des Internationalen Insolvenzrechts (IIR-G) vom 14.3.2003 in Art. 102 §§ 1–11 EGInsO ergänzende Durchführungsbestimmungen erlassen (dazu näher unten Rz. 5614).

b) Autonomes Recht

aa) Entstehungsgeschichte

5611 In Deutschland sind die Konkursordnung vom 10.2.1877, die Vergleichsordnung vom 26.2.1935 und die Gesamtvollstreckungsordnung vom 23.5.1991 mit Wirkung vom 1.1.1999 durch die Insolvenzordnung (InsO) vom 5.10.1994[1] abgelöst worden. Der Regierungsentwurf zur InsO[2] enthielt in seinem 9. Teil (§§ 379–399 InsO) noch eine umfassende Regelung des internationalen Insolvenzrechts. Diese Vorschriften, die in enger Abstimmung mit der Sonderkommission „Internationales Insolvenzrecht" des Deutschen Rates für Internationales Privatrecht erarbeitet worden waren, sind im Schrifttum überwiegend auf eine positive Resonanz gestoßen[3]. Mit Rücksicht auf die laufenden Beratungen zum Europäischen Insolvenzübereinkommen hatte der Rechtsausschuss des Deutschen Bundestages im Gesetzgebungsverfahren dann freilich beschlossen, mit einer umfassenden Neuregelung des deutschen internationalen Insolvenzrechts bis zur Fertigstellung des Übereinkommens zu warten[4]. Als eine Art „Platzhalter" wurde Art. 102 EGInsO konzipiert, der zumindest gewisse Grundzüge des internationalen Insolvenzrechts festlegen sollte. Die wegen ihrer Lückenhaftigkeit in der Literatur stark kritisierte[5] Regelung grenzüberschreitender Insolvenzverfahren in Art. 102 EGInsO war vor dem Hintergrund zu sehen, dass nach den Vorstellungen des Rechtsausschusses in das Zustimmungsgesetz zum EuIÜ eine Regelung aufgenommen werden sollte, nach der „die Vorschriften des Übereinkommens im Wesentlichen unverändert auch im Verhältnis zu Nichtvertragsstaaten anzuwenden sind"[6].

5612 Nach der Ersetzung des EuIÜ durch die EG-Verordnung Nr. 1346/2000 hat der Gesetzgeber diesen Vorschlag, die Verordnung auch im **Verhältnis zu Drittstaaten** uneingeschränkt für anwendbar zu erklären, allerdings zu Recht nicht aufgegriffen. Denn die Verordnung wird vor allem hinsichtlich der erleichterten Anerkennung von Eröffnungsentscheidungen (dazu unten Rz. 5701 ff.) ganz wesentlich von dem Vertrauen in die Rechtsstaatlichkeit und Funktions-

---

1 BGBl. I 1994, 2866.
2 BT-Drucks. 12/2443.
3 Vgl. etwa *Flessner*, IPRax 1997, 1 ff.; *Geimer*, Rz. 3359.
4 BT-Drucks. 12/7303, S. 117.
5 Vgl. etwa *Lüer*, Art. 102 Abs. 3 EGInsO: eine verpasste Chance, Festschr. Uhlenbruck (2000), S. 843 ff.; ferner *Geimer*, Rz. 3358 ff. („Torso"); *Schack*, Rz. 1050 („trauriger Rest"); *Eidenmüller*, IPRax 2001, 2 (10): „gesetzgebungstechnisch missglückt".
6 BT-Drucks. 12/7303, S. 117.

fähigkeit der Justiz in den anderen Mitgliedstaaten getragen. Gegenüber Drittstaaten muss hingegen im Einzelfall überprüft werden, ob ein vergleichbares Vertrauen gerechtfertigt ist. Ähnliches gilt für die Vollstreckung von Entscheidungen, die zur Durchführung oder Beendigung des Insolvenzverfahrens ergehen. Diese richtet sich gem. Art. 25 Abs. 1 S. 2 EuInsVO seit dem 1.3.2002 nach der EG-Verordnung Nr. 44/2001 über die gerichtliche Zuständigkeit und die Anerkennung und Vollstreckung von Entscheidungen in Zivil- und Handelssachen (EuGVO; dazu näher unten Rz. 5718). Die EuGVO sieht insoweit ein auf die Mitgliedstaaten zugeschnittenes, einfaches und schnelles Verfahren vor. Gegenüber Drittstaaten hätte man für die Vollstreckung somit ohnehin Sonderregelungen vorsehen müssen. Schließlich beruht die EuInsVO auf dem Grundsatz einer engen Koordinierung zwischen Haupt- und Sekundärinsolvenzverfahren. So kann nach Art. 33 EuInsVO der Verwalter des Hauptinsolvenzverfahrens etwa die Aussetzung der Verwertung im Sekundärinsolvenzverfahren beantragen. Eine solch enge Verzahnung beider Verfahren setzt jedoch voraus, dass in allen Staaten, in denen Parallelverfahren anhängig sind, ein einheitliches internationales Insolvenzrecht gilt. Insofern wäre es nicht sachgerecht gewesen, die Bestimmungen der EuInsVO insgesamt auch gegenüber Drittstaaten anzuwenden. Vielmehr ist daneben ein autonomes deutsches internationales Insolvenzrecht unerlässlich[1].

Der seit dem 1.1.1999 geltende **Art. 102 EGInsO aF** wurde dem Anspruch, der an ein solches Recht gestellt werden muss, jedoch nur ansatzweise gerecht, weil wesentliche Fragen völlig ungeregelt blieben. So war etwa die Regelung für Parallelverfahren äußerst rudimentär. Art. 102 Abs. 3 EGInsO bestimmte lediglich, dass neben einem ausländischen Hauptinsolvenzverfahren auch ein inländisches Sonderinsolvenzverfahren eröffnet werden kann. Unklar blieb dabei, unter welchen Voraussetzungen ein solches inländisches Verfahren zulässig war und ob auch selbständige inländische Partikularverfahren eröffnet werden konnten, ohne dass im Ausland ein Hauptinsolvenzverfahren anhängig war. Ebenso blieb ungeregelt, wem das Antragsrecht für solche Verfahren zustand. Aus dem Gesamtspektrum der kollisionsrechtlichen Fragen griff Art. 102 Abs. 2 EGInsO aF lediglich das Anfechtungsrecht heraus; die dort gewählte Kumulationslösung wurde zudem von zahlreichen Stimmen in der Literatur als zu anfechtungsfeindlich eingestuft[2]. 5613

bb) Gesetz zur Neuregelung des Internationalen Insolvenzrechts (IIR-G)

Vor diesem Hintergrund sprachen für die Schaffung eines **eigenständigen deutschen internationalen Insolvenzrechts** gewichtige Gründe. Zunächst dient es der Rechtsklarheit, wenn die wesentlichen Rechtsgrundsätze für grenzüberschreitende Insolvenzen in einem eigenständigen Teil der Insolvenzordnung niedergelegt sind. Ein globaler Verweis auf die EuInsVO kam aus den zuvor genannten Gründen nicht in Betracht; denn was für einen eng verflochtenen Wirtschaftsraum mit transparentem Rechtssystem konzipiert ist, kann bei 5614

---

1 Vgl. die Regierungsbegründung zum IIR-G, BR-Drucks. 715/02, S. 14.
2 Vgl. dazu näher unten Rz. 5775 ff. m. Nachw.

weltweiter Anwendung zu erheblichen Problemen führen. Deshalb muss das autonome internationale Insolvenzrecht zumindest in gewissen Bereichen weniger kooperationsfreundlich sein als die Verordnung. Diesen Vorgaben wurden die im Regierungsentwurf zur InsO enthaltenen Bestimmungen zum internationalen Insolvenzrecht (§§ 379 ff.) im Wesentlichen gerecht; an ihnen hat sich der Gesetzgeber daher auch bei der Neufassung des IIR-G weitgehend orientiert. Dieses Gesetz wurde am 14.3.2003 beschlossen[1] und ist am 20.3.2003 in Kraft getreten.

3. Haupt- und Nebeninsolvenzverfahren

5615 Eine Vielzahl von Insolvenzverfahren über das Vermögen des gleichen Schuldners erhöht die Transaktionskosten der Insolvenzabwicklung und erschwert vor allem grenzüberschreitende Unternehmenssanierungen; sie führt darüber hinaus nicht selten zu einer – zumindest faktischen – Bevorzugung der jeweils inländischen Gläubiger[2]. Dem Ideal eines einheitlichen Insolvenzverfahrens über das weltweite Vermögen des Schuldners stehen freilich nach geltendem Recht noch schwer zu überwindende praktische Hindernisse entgegen. Bereits die Erfassung des schuldnerischen Vermögens in einer Vielzahl von Staaten und die Prüfung der dort jeweils angemeldeten Forderungen von Gläubigern können den Verwalter des Hauptinsolvenzverfahrens leicht überfordern. Hinzukommen die Probleme, die sich aus den erheblichen Rechtsunterschieden auf den Gebieten des materiellen Insolvenzrechts, des Vertrags- und Gesellschaftsrechts sowie des Rechts der Kreditsicherheiten in den einzelnen Staaten ergeben. Diese praktischen Schwierigkeiten sowie das Ziel, die Vorteile des Universalitätsprinzips mit dem notwendigen Schutz nationaler Interessen des Belegenheitsstaates und der dort ansässigen (Klein-)Gläubiger in Einklang zu bringen, legen es nahe, neben dem Hauptinsolvenzverfahren territorial beschränkte Nebeninsolvenzverfahren in Staaten zuzulassen, in denen wesentliches Vermögen des Schuldners belegen ist[3]. Aus diesem Grunde sieht sowohl die EuInsVO (in Art. 3 Abs. 2, 27 ff.) wie das autonome deutsche internationale Insolvenzrecht (in § 356 InsO) derart beschränkte Nebeninsolvenzverfahren vor[4]. Dabei wird zwischen Sekundärinsolvenzverfahren und unabhängigen Partikularinsolvenzverfahren unterschieden[5].

---

[1] BGBl. I 2003, 345 ff.

[2] Zu den Vorzügen des Prinzips „Ein Schuldner – ein Insolvenzverfahren" näher *Eidenmüller*, IPRax 2001, 2 (5 f.).

[3] Vgl. Erwägungsgründe 11 und 19 zur EuInsVO; ferner *W. Lüke*, ZZP 111 (1998), 275 (282 f.); *Gottwald*, Hdb., § 128 Rz. 8 f.; *Hanisch*, ZIP 1994, 1 (2 f.); *Häsemeyer*, Rz. 35.09 f.; *Schack*, Rz. 1044 f.; *Geimer* Rz. 3394; *Kindler*, in: MünchKomm, IntInsR Rz. 117.

[4] Krit. dazu wegen der höheren Transaktionskosten und der Erschwerung einer Sanierung des Schuldners *Ehricke*, EWS 2002, 101 mwN.

[5] Zu dieser Unterscheidung Art. 3 Abs. 3 und 4 EuInsVO; ferner *Balz*, ZIP 1996, 948 (949).

a) Sekundärinsolvenz

Wird ein Parallelverfahren erst eröffnet, nachdem bereits das Hauptinsolvenzverfahren in dem Staat eröffnet worden ist, in dem der Schuldner seinen Interessenmittelpunkt hat, so handelt es sich nach der Terminologie der EuInsVO (Art. 3 Abs. 2 S. 1 EuInsVO) wie der InsO (§ 356 InsO) um ein „Sekundärinsolvenzverfahren", weil es mit dem Hauptverfahren zu koordinieren und diesem unterzuordnen ist. Dieses ist nur als *Liquidationsverfahren*, nicht als Sanierungsverfahren zulässig, Art. 3 Abs. 3 S. 2 EuInsVO[1]. An die Zulassung eines solchen Sekundärinsolvenzverfahrens werden nur geringe Anforderungen gestellt. Es setzt nach der Verordnung (Art. 3 Abs. 2 EuInsVO) nur eine Niederlassung des Schuldners iSv. Art. 2 lit. h EuInsVO im eröffnenden Staat, nach autonomem Recht sogar nur die Belegenheit von Vermögen des Schuldners im Inland voraus (§ 354 Abs. 1 InsO; dazu näher unten Rz. 5670 f.). Die Eröffnung eines Sekundärinsolvenzverfahrens wird ferner dadurch erleichtert, dass das Vorliegen eines Eröffnungsgrundes nicht mehr gesondert zu prüfen ist (Art. 27 S. 1 EuInsVO; § 356 Abs. 3 InsO). Zur Stellung des Antrags auf Eröffnung eines Sekundärinsolvenzverfahrens ist auch der Verwalter des Hauptinsolvenzverfahrens berechtigt (Art. 29 lit. a EuInsVO; § 356 Abs. 2 InsO; dazu näher unten Rz. 5738 f.).

5616

b) Partikularinsolvenz

Um ein unabhängiges Partikularinsolvenzverfahren handelt es sich demgegenüber, wenn das Verfahren in einem Staat eröffnet wird, in dem der Schuldner nicht den Mittelpunkt seiner Interessen hat, bevor es im Staat des Interessenmittelpunkts zu einem Hauptverfahren kommt. Wird ein Hauptverfahren später eröffnet – was nicht zwingend notwendig ist –, so gelten von diesem Zeitpunkt an für das Partikularinsolvenzverfahren die Bestimmungen über Sekundärinsolvenzverfahren betreffend Kooperation, Ausübung von Gläubigerrechten, Aussetzung der Verwertung, Verfahrensbeendigung und Überschuss (Art. 31–35 EuInsVO) entsprechend, soweit dies nach dem Stand des Verfahrens möglich ist (Art. 36 EuInsVO). War das Partikularinsolvenzverfahren ein Sanierungsverfahren, so wird dieses auf Verlangen des Verwalters des Hauptinsolvenzverfahrens in ein Liquidationsverfahren umgewandelt, soweit dies im Interesse der Gläubiger des Hauptverfahrens liegt (Art. 37 Abs. 1 EuInsVO), etwa um die Sanierung beim Hauptverfahren zu konzentrieren. Da das Insolvenzverfahren nach deutschem Recht immer ein Liquidationsverfahren ist, auch wenn es auf einen Insolvenzplan oder Vergleich abzielt (vgl. Art. 2 lit. c iVm. Anhang B zur EuInsVO), wird ein in Deutschland anhängiges Partikularinsolvenzverfahren durch die nachträgliche Eröffnung des Hauptinsolvenzverfahrens in einem anderen Mitgliedstaat grundsätzlich nicht berührt[2]. Ein Partikularinsolvenzverfahren widerspricht allerdings dem Ziel der einheitlichen und gleichen Behandlung aller Gläubiger; aus diesem Grunde werden an seine

5617

---

1 Krit. dazu *Paulus*, NZI 2001, 505 (514).
2 *Becker*, ZEuP 2002, 287 (302 f.).

Zulassung im europäischen Recht (Art. 3 Abs. 4 EuInsVO) zusätzliche Anforderungen gestellt (dazu näher unten Rz. 5665 ff.).

5618–5630 Frei.

II. Inländisches Insolvenzverfahren mit Auslandsbezug

Literatur: Vgl. zunächst die allg. Literatur vor Rz. 5601.

a) Zur Rechtslage vor Inkrafttreten der EuInsVO: *Arend*, Die insolvenzrechtliche Behandlung des Zahlungsanspruchs in fremder Währung, ZIP 1988, 69; *Bloching*, Pluralität und Partikularinsolvenz (2000); *Bloching*, Pluralität und Partikularinsolvenz (2000); *Buchner*, Zur internationalen Zuständigkeit des Konkursverwalters, speziell im deutsch-schweiz. Verhältnis, ZIP 1985, 1114; *Bünning*, Nachlassverwaltung und Nachlassinsolvenz im internationalen Privat- und Verfahrensrecht (1996); *Haas*, Insolvenzverwalterklagen und EuGVÜ, NZG 1999, 1148; *E. J. Habscheid*, Das deutsche internationale Insolvenzrecht und die vis attractiva concursus, ZIP 1999, 1113; *E. J. Habscheid*, Antrags- und Beteiligungsrecht im gesonderten (Art. 102 III EGInsO) und im sekundären Insolvenzverfahren (Art. 27 ff. EuInsO), NZI 1999, 299; *Hanisch*, Erlöse aus der Teilnahme an einem ausländischen Parallel-Insolvenzverfahren: Ablieferung an die inländische Konkursmasse oder Anrechnung auf die Inlandsdividende?, ZIP 1989, 273; *Hanisch*, Vollmacht und Auskunft des Insolvenzschuldners über sein Auslandsvermögen, IPRax 1994, 351; *Hay*, Auslandsfolgen und Inlandskonkurs aus amerikanischer Sicht, Festschr. Müller-Freienfels (1986), S. 247; *Heß*, Urteilsanerkennung, Inlandskonkurs und die Tücken der internationalen Zustellung, IPRax 1995, 16; *Klevemann*, Erlöse aus der Teilnahme an einem ausländischen Parallelinsolvenzverfahren – Ablieferung an die inländische Konkursmasse oder Anrechnung auf die Inlandsdividende?, ZIP 1989, 273; *Mankowski*, Inlandskonkurs und Vollstreckbarerklärungsverfahren, ZIP 1994, 1577; *Mankowski*, Konkursgründe beim inländischen Partikularkonkurs, ZIP 1995, 1650; *Paulus*, Internationales Insolvenzrecht, deutsches Insolvenzrecht mit Auslandsberührung, DZWiR 1999, 368; *Rinne*, Inlandskonkurs und das Anerkennungs- und Vollstreckungsausführungsgesetz, IPRax 2002, 28; *Schollmeyer*, Partikularinsolvenzverfahren am Ort der Belegenheit von Massebestandteilen, IPRax 1995, 150; *Vorpeil*, Konkurs mit Schuldnervermögen in den USA, IPRax 1993, 259; *Vorpeil*, Vollmacht und Auskunft des Insolvenzschuldners über sein Auslandsvermögen, IPRax 1994, 351. Vgl. auch 6. Aufl. Rz. 2525.

b) Zur EuInsVO und zum IIR-G 2003: *Adam*, Zuständigkeitsfragen bei der Insolvenz internationaler Unternehmensverbindungen (2006); *Affaki*, Faillite internationale et conflits de juridictions (2007); *Ballmann*, Der High Court of Justice erschwert die Flucht deutscher Unternehmen ins englische Insolvenzrecht, BB 2007, 1121; *Benedetti*, „Centro degli interessi principali" del debitore e forum shopping nella disciplina comunitaria delle procedure di insolvenza transfrontaliera, Riv. dir. int. priv. proc. 2004, 499; *Carstens*, Die internationale Zuständigkeit im europäischen Insolvenzrecht (2005); *Duursma-Kepplinger*, Aktuelle Entwicklungen zur internationalen Zuständigkeit für Hauptsacheverfahren – Erkenntnisse aus Staubitz–Schreiber und Eurofood, ZIP 2007, 896; *Ehricke*, Die neue Europäische Insolvenzverordnung und grenzüberschreitende Konzerninsolvenzen, EWS 2002, 101; *Eidenmüller*, Der Markt für internationale Konzerninsolvenzen: Zuständigkeitskonflikte unter der EuInsVO, NJW 2004, 3455; *Freitag/Leible*, Justizkonflikte im Europäischen Internationalen Insolvenzrecht und (k)ein Ende?, RIW 2006, 641; *Gottwald*, Inländische Insolvenzverfahren mit Auslandsbezug, in: Gottwald (Hrsg.) Insolvenzrechtshandbuch, 3. Aufl. (2006); *Haas*, Die Verwertung der im Ausland belegenen Insolvenzmasse im Anwendungsbereich der EuInsVO, Festschr. Gerhardt (2004), S. 319; *Hägele*, Die Zuständigkeit im internationalen Insolvenzrecht (2007); *Haubold*, Europäisches Zivilverfahrensrecht und Ansprüche im Zusammenhang mit Insolvenzverfahren –

Zur Abgrenzung zwischen EuInsVO, EuGVO, EuGVÜ und LugÜ, IPRax 2002, 28; *Haubold*, Mitgliedstaatenbezug, Zuständigkeitserschleichung und Vermögensgerichtsstand im internationalen Insolvenzrecht, IPRax 2003, 34; *Herchen*, Die Befugnisse des deutschen Insolvenzverwalters hinsichtlich der „Auslandsmasse" nach Inkrafttreten der EG-Insolvenzverordnung, ZInsO 2002, 345; *Herchen*, International – insolvenzrechtliche Kompetenzkonflikte in der Europäischen Gemeinschaft, ZInsO 2004, 61; *Herchen*, Aktuelle Entwicklungen im Recht der internationalen Zuständigkeit zur Eröffnung von Insolvenzverfahren: Der Mittelpunkt der (hauptsächlichen) Interessen im Mittelpunkt der Interessen, ZInsO 2004, 825; *Hess/Laukemann*, Über die internationale Eröffnungszuständigkeit im Insolvenzverfahren, JZ 2006, 671; *P. Huber*, Der deutsch-englische Justizkonflikt: Kompetenzkonflikte im internationalen Insolvenzrecht, Festschr. Heldrich (2005), S. 679; *Keggenhoff*, Internationale Zuständigkeit bei grenzüberschreitenden Insolvenzverfahren (2006); *Klöhn*, Verlegung des Mittelpunkts der hauptsächlichen Interessen iSd. Art. 3 Abs. 1 S. 1 EuInsVO vor Stellung des Insolvenzantrags, KTS 2006, 259; *Köke*, Die englische Limited in der Insolvenz, ZInsO 2005, 354; *Kübler*, Der Mittelpunkt der hauptsächlichen Interessen nach Art. 3 Abs. 1 EuInsVO, Festschr. Gerhardt (2004), S. 527; *Kuntz*, Die Insolvenz der Limited mit deutschem Verwaltungssitz, NZI 2005, 424; *Leipold*, Zuständigkeitslücken im Europäischen Insolvenzrecht, Festschr. Ishikawa (2001), S. 221; *V. Lorenz*, Annexverfahren bei internationalen Insolvenzen: internationale Zuständigkeitsregelung der EuInsVO (2005); *Lüer*, Art. 3 Abs. 1 EuInsVO – Grundlage für ein europäisches Konzerninsolvenzrecht oder Instrumentarium eines „Insolvenz-Imperialismus"?, Festschr. Greiner (2005), S. 201; *Mankowski*, Grenzüberschreitender Umzug und das center of main interests im Europäischen internationalen Insolvenzrecht, NZI 2005, 368; *Mock/Schildt*, Insolvenz ausländischer Kapitalgesellschaften mit Sitz in Deutschland, in: Hirte/Bücker (Hrsg.), Grenzüberschreitende Gesellschaften (2005), S. 468; *Mörsdorf-Schulte*, Internationaler Gerichtsstand für Insolvenzanfechtungsklagen im Spannungsfeld von EuInsVO, EuGVÜ/O und autonomem Recht und seine Überprüfbarkeit durch den BGH, IPRax 2004, 31; *Mörsdorf-Schulte*, Geschlossene Europäische Zuständigkeitsordnung und die Frage der vis attractiva concursus, NZI 2008, 282; *H.-F. Müller*, Insolvenz ausländischer Kapitalgesellschaften mit inländischem Verwaltungssitz, NZG 2003, 414; *Pannen/Kühnle/Riedemann*, Die Stellung des deutschen Insolvenzverwalters in einem Insolvenzverfahren mit europäischem Auslandsbezug, NZI 2003, 72; *Pannen/Kühnle/Riedemann*, Die englische „Ltd." mit Verwaltungssitz in Deutschland in der Insolvenz, MDR 2005, 496; *Pannen/Riedemann*, Der Begriff des „Centre of main interests" iS des Art. 3 I 1 EuInsVO im Spiegel aktueller Fälle aus der Rechtsprechung, NZI 2004, 646; *Paulus*, Die europäische Insolvenzverordnung und der deutsche Insolvenzverwalter, NZI 2001, 505; *Probst*, Die internationale Zuständigkeit zur Eröffnung von Insolvenzverfahren im europäischen Insolvenzrecht (2008); *Raimon*, Centre des intérêts principaux et coordination des procédures dans la jurisprudence européenne sur le règlement relatif aux procédures d'insolvabilité, Clunet 2005, 739; *Ringstmeier/Homann*, Masseverbindlichkeiten als Prüfstein des internationalen Insolvenzrechts, NZI 2004, 354; *J. Schmidt*, Eurofood – Eine Leitentscheidung und ihre Rezeption in Europa und den USA, ZIP 2007, 405; *Smid*, Vier Entscheidungen englischer und deutscher Gerichte zur europäischen internationalen Zuständigkeit zur Eröffnung von Hauptinsolvenzverfahren, DZWiR 2003, 397; *Staak*, Der deutsche Insolvenzverwalter im europäischen Insolvenzrecht (2004); *Thole*, Die internationale Zuständigkeit für insolvenzrechtliche Anfechtungsklagen, ZIP 2006, 1383; *Torz*, Gerichtsstände im Internationalen Insolvenzrecht zur Eröffnung von Partikularinsolvenzverfahren (2005); *Vallender*, Aufgaben und Befugnisse des deutschen Insolvenzrichters in Verfahren nach der EuInsVO, KTS 2005, 283; *Vogler*, Die internationale Zuständigkeit für Insolvenzverfahren (Wien/Graz 2004); *Vormstein*, Zuständigkeit bei Konzerninsolvenzen (Diss. Kiel 2005); *Weller*, Forum Shopping im Internationalen Insolvenzrecht?, IPRax 2004, 412; *Willemer*, Vis attractiva concursus und die EuInsVO (2006); *Wittinghofer*, Der nationale und internationale Insolvenzverwaltungsvertrag, 2004.

1. Voraussetzungen der Eröffnung eines (Haupt-)Insolvenzverfahrens

a) Internationale Zuständigkeit

5631 Die Eröffnung eines (Haupt-)Insolvenzverfahrens ist nur zulässig, wenn das angerufene Gericht hierfür international zuständig ist. Diese Frage hat das deutsche Insolvenzgericht von Amts wegen zu prüfen[1]. Maßstab ist vorrangig Art. 3 EuInsVO, hilfsweise das autonome deutsche Insolvenzrecht.

aa) Europäisches Insolvenzrecht

5632 Auf dem Gebiet der internationalen Zuständigkeit zur Eröffnung eines Insolvenzverfahrens verdrängt Art. 3 EuInsVO das nationale Zuständigkeitsrecht der Mitgliedstaaten, wenn der Mittelpunkt der hauptsächlichen Interessen des Schuldners in einem Mitgliedstaat der EU (mit Ausnahme Dänemarks) liegt und ein Bezug zu einem weiteren (Mitglied- oder Dritt-)Staat besteht[2]. Ein Insolvenzverfahren soll möglichst in dem Mitgliedstaat eröffnet und durchgeführt werden, in dem sich das überwiegende schuldnerische Vermögen und die meisten Gläubiger befinden. Durch diese Konzentration der internationalen Eröffnungszuständigkeit in dem primär vom Insolvenzverfahren betroffenen Mitgliedstaat soll insbesondere einem „forum shopping" vorgebeugt werden[3]. Nach Art. 3 Abs. 1 S. 1 EuInsVO ist deshalb das Hauptinsolvenzverfahren in dem Mitgliedstaat zu eröffnen, in dem der Schuldner den **„Mittelpunkt seiner hauptsächlichen Interessen"** (Center Of Main Interests, COMI,) hat. Nach der Intention des Verordnungsgebers ist dies der Ort, an dem der Schuldner üblicherweise und für Dritte erkennbar der Verwaltung seiner – vor allem wirtschaftlichen – Interessen nachgeht[4].

5633 Dies ist bei **natürlichen Personen** idR der Mitgliedstaat, in dem der Schuldner seinen *gewöhnlichen Aufenthalt* hat[5]; Vorrang hat allerdings bei Kaufleuten, Gewerbetreibenden oder Selbstständigen der Ort, an dem die gewerbliche oder freiberufliche Tätigkeit ausgeübt wird, sofern dieser in einem anderen Mitgliedstaat als der gewöhnliche Aufenthalt liegt[6]. Dieser Ort bleibt auch dann maßgeblich, wenn sich die Mehrheit der Gläubiger und der Großteil des

---

1 *Geimer*, Rz. 3469; *Gottwald*, Hdb., § 130 Rz. 18.
2 Vgl. Erwägungsgrund 14 zur EuInsVO; zum räumlichen Anwendungsbereich der Verordnung schon oben Rz. 5608.
3 *Weller*, IPRax 2004, 412 ff.
4 Erwägungsgrund 13 zur EuInsVO; *Virgós/Schmit*-Bericht Rz. 75; *Leible/Staudinger*, KTS 2000, 533 (543); *Huber*, ZZP 114 (2001), 133 (140); *Duursma/Duursma-Kepplinger*, DZWiR 2003, 447 (448); *Wenner*, Rz. 51; *Vogler*, 119 ff.
5 *Taupitz*, ZZP 111 (1998), 315 (326); *Leible/Staudinger*, KTS 2000, 533 (543); *Huber*, ZZP 114 (2001), 133 (140); *Mankowski*, NZI 2005, 368 (369 f.); *Kindler*, in: MünchKomm, IntInsR Rz. 134 ff.; *Duursma-Kepplinger*, Art. 3 EuInsVO Rz. 22. Der *Virgós/Schmit*-Bericht stellt in Rz. 75 demgegenüber auf den Wohnsitz ab; ebenso *Balz*, ZIP 1996, 948 (949); *Deipenbrock*, EWS 2001, 113 (116); *Fritz/Bähr*, DZWiR 2001, 222 (224); *Schack*, Rz. 1058.
6 BGH 13.6.2006, IPRspr. 2006 Nr. 265; *Balz*, ZIP 1996, 948 (949); *Huber*, ZZP 114 (2001), 133 (140); *Kemper*, ZIP 2001, 1609 (1612); *Duursma-Kepplinger*, Art. 3 EuInsVO Rz. 19, 22.

schuldnerischen Vermögens ausnahmsweise nicht in diesem Mitgliedstaat befinden[1].

Zur Bestimmung des Interessenmittelpunkts von **Gesellschaften und juristischen Personen** nach Art. 3 Abs. 1 EuInsVO stehen sich zwei unterschiedliche Sichtweisen gegenüber: Nach der sog. „*mind-of-management*"-Theorie, die vor allem von englischen Gerichten[2] entwickelt wurde, aber auch in Deutschland Gefolgschaft gefunden hat[3], soll es maßgeblich auf den Ort ankommen, an dem die unternehmensleitenden Entscheidungen getroffen werden. Ausschlaggebend seien deshalb vor allem unternehmensinterne Absprachen über die Einstellungspolitik und über die Bindung aller Niederlassungen an einen zentral verabschiedeten Geschäfts- und Strategieplan, ferner betriebsinterne Methoden der Buchhaltung und Bilanzierung sowie die Erbringung betriebsinterner Dienstleistungen, wie zB Rechnungswesen, Controlling und Marketing[4]. Dagegen stellt die in der Literatur überwiegend vertretene sog. „*business activity*"-Theorie auf solche Handlungen und Vermögenswerte des Schuldners ab, die nach außen in Erscheinung getreten sind[5]. Demnach kommt es also darauf an, wo Geschäftsräume vom Schuldner unterhalten und die wesentlichen Geschäftsbeziehungen mit den Kunden und Gläubigern abgewickelt werden[6]. Der EuGH hat diesen Meinungsstreit in seiner bekannten „Eurofood"-Entscheidung[7] grundsätzlich zugunsten der „business activity"-Theorie entschieden. Im Rahmen der verordnungsautonomen Auslegung des Begriffs „Mittelpunkt des hauptsächlichen Interesses" hat er an den 13. Erwägungsgrund angeknüpft, demzufolge auf den Ort abzustellen ist, an dem der Schuldner gewöhnlich der Verwaltung seiner Interessen nachgeht und der „für Dritte feststellbar" ist. Daraus hat er abgeleitet, dass im Interesse der Rechtssicherheit und der Vorhersehbarkeit des für die Eröffnung des Hauptinsolvenzverfahrens zuständigen Gerichts nur objektive und damit für Dritte erkennbare Kriterien maßgebend sein können, zumal die Entscheidung über die internationale Zuständigkeit gem. Art. 4 Abs. 1 EuInsVO zugleich das anwendbare Recht be-

5634

---

1 AG Celle 18.9.2005, NZI 2005, 410 = IPRspr. 2005 Nr. 230.
2 Grundlegend High Court of Justice Leeds 16.5.2003, ZIP 2004, 963 (964 f.); ferner High Court of Justice Birmingham 18.4.2005, NZI 2005, 467 ff.; dazu näher *Probst*, S. 60 ff. mwN.
3 AG Duisburg 10.12.2002, NZI 2003, 160; AG Offenburg 2.8.2004, NZI 2004, 673; AG München 4.5.2004, ZIP 2004, 926 = NZI 2004, 450 = IPRax 2004, 433 (m. krit. Anm. *Weller*, IPRax 2004, 412).
4 Vgl. näher High Court of Justice Leeds 16.3.2003, ZIP 2004, 963 (964 f.).
5 *Eidenmüller*, NJW 2004, 3455 (3456); *Weller*, IPRax 2004, 412 (415 f.); *Bähr/Riedemann*, ZIP 2004, 1065 f.; *Herchen*, ZInsO 2004, 825 (827); *Pannen/Riedemann*, NZI 2004, 646 (651); *Kübler*, Festschr. Gerhardt (2004), S. 527 (555); *Mankowski*, RIW 2005, 575 f.; *Wimmer*, ZInsO 2005, 119 (121); zust. AG Mönchengladbach 27.4.2004, ZIP 2004, 412 (415 f.) = NZI 2004, 383 m. Anm. *Lauterbach*; High Court of Dublin 23.3.2004, ZIP 2004, 1223 (1225 f.); Supreme Court of Ireland 27.7.2004, NZI 2004, 505 (509) = ZInsO 2005, 159.
6 Dazu näher *Kübler*, Festschr. Gerhardt (2004), S. 525 (556); *Kindler*, in: MünchKomm, IntGesR Rz. 141.
7 EuGH 2.5.2006 (Rz. 5636) – Rs. C-341/04 (Eurofood), Slg. 2006 I, 3813 (3824 ff.) (Nr. 32 ff.); zust. BGH 13.6.2006, IPRspr. 2006 Nr. 265.

stimmt. Der Ort, an dem die Geschicke des Unternehmens tatsächlich gelenkt werden, bleibt mithin dann außer Betracht, wenn er nach außen nicht in Erscheinung getreten ist.

5635 Ebenfalls umstritten war in diesem Zusammenhang zunächst die **Bedeutung der Vermutungsregel nach Art. 3 Abs. 1 S. 2 EuInsVO**, wonach bei Gesellschaften und juristischen Personen bis zum Beweis des Gegenteils vermutet wird, dass der Mittelpunkt ihrer hauptsächlichen Interessen am Ort des satzungsmäßigen Sitzes liegt. Vor allem in Deutschland wurde aus der Amtsermittlungspflicht nach § 5 Abs. 1 S. 1 InsO verbreitet die Konsequenz gezogen, dass das Insolvenzgericht zunächst gehalten sei, den Ort des hauptsächlichen Interessenmittelpunkts festzustellen; dieser decke sich aber im Regelfall mit dem effektiven Verwaltungssitz der Gesellschaft[1]. Nur wenn ein Interessenmittelpunkt nicht ermittelt werden könne – zB bei Gesellschaften mit gleichzeitigem Interessenmittelpunkt in verschiedenen Mitgliedstaaten – sei auf die Vermutung nach Art. 3 Abs. 1 S. 2 EuInsVO zurückzugreifen[2]. Auch dieser Betrachtungsweise hat der EuGH in seiner „Eurofood"- Entscheidung[3] widersprochen. Danach ist vielmehr grundsätzlich von der Vermutung auszugehen, dass die Schuldnergesellschaft den Mittelpunkt ihrer hauptsächlichen Interessen an ihrem Satzungssitz hat[4]. Diese Vermutung kann nur entkräftet werden, wenn objektive und für Dritte feststellbare Elemente belegen, dass die hauptsächlichen Interessen der Gesellschaft ausnahmsweise nicht an ihrem Satzungssitz verfolgt werden, wie dies etwa auf reine „Briefkastenfirmen" zutrifft[5]. Dementsprechend sind deutsche Gerichte etwa für die Eröffnung des (Haupt-) Insolvenzverfahrens über eine in England gegründete Private Ltd. Company nach Art. 3 Abs. 1 EuInsVO international zuständig, wenn die Gesellschaft ihre Geschäftstätigkeit ausschließlich in Deutschland entfaltet hat[6]. Daran ändert sich auch dadurch nichts, dass die Gesellschaft ihre Geschäftstätigkeit im Zeitpunkt der Antragstellung bereits vollständig eingestellt hat[7].

---

1 *Huber*, ZZP 114 (2001), 133 (141); *Smid*, DZWiR 2003, 397 (399); *Kindler*, in: MünchKomm, IntInsR Rz. 149; *Schack*, Rz. 1060; ähnlich auch High Court of Justice Leeds 20.4.2005, ZIP 2004, 1769.
2 *Kindler*, in: MünchKomm, IntInsR Rz. 150.
3 EuGH 2.5.2006 (Rz. 5636) – Rs. C-341/04 (Eurofood), Slg. 2006 I, 3813 (3824 ff.) (Nr. 34 ff.); ebenso schon zuvor *Herchen*, ZInsO 2004, 825 (826); *Duursma-Kepplinger*, Art. 3 EuInsVO Rz. 25.
4 Zum Begriff des „satzungsmäßigen Sitzes" rechtsvergleichend *Probst*, S. 98 ff.
5 Bei der Vermutung in Art. 3 Abs. 1 S. 2 EuInsVO handelt es sich nicht um eine Verweisung auf das Prozessrecht der *lex fori*, sondern um eine Regel des europäischen Sachrechts, vgl. *Probst*, S. 121 ff., 140 ff.
6 Vgl. idS. AG Hamburg 14.5.2003, IPRax 2003, 534 (m. zust. Anm. *Weller*, IPRax 2003, 521); AG Saarbrücken 25.2.2005, ZIP 2005, 2027 = IPRspr. 2005 Nr. 229; AG Nürnberg 1.10.2006, ZIP 2007, 83 m. Anm. *Kebekus* = NZI 2007, 186 (m. Aufs. *Andres/Grund*, NZI 2007, 137). Zur Anerkennung der Rechts- und Parteifähigkeit einer solchen Gesellschaft in Deutschland s. oben Rz. 5162 ff.
7 Dies gilt zumindest, wenn noch Abwicklungsarbeiten auszuführen sind, vgl. AG Hamburg 1.12.2005, ZIP 2005, 2275 = NZI 2006, 120 (m. Aufs. *Klöhn*, NZI 2006, 383) = IPRspr. 2005 Nr. 235.

Der Frage, ob der Mittelpunkt der hauptsächlichen Interessen des Schuldners 5636
subjektiv oder objektiv zu bestimmen ist, kommt besondere Bedeutung in Fällen der **Konzerninsolvenz** zu. Nach der „*mind-of-management*"- Theorie ist auch insoweit ausschlaggebend, wo die strategischen Entscheidungen über das Schicksal der Tochtergesellschaft gefällt werden[1]. Ist dies der Ort, von dem aus der gesamte Konzern gesteuert wird, so hätten sämtliche Tochtergesellschaften ihren Interessenmittelpunkt am Sitz der Muttergesellschaft[2]. Diese Auffassung ist indessen schon deshalb abzulehnen, weil Fragen der Konzerninsolvenz aus dem Anwendungsbereich der EuInsVO bewusst ausgeklammert wurden; ein einheitlicher Konzerninsolvenzgerichtsstand an dem Ort der strategischen Unternehmensleitung sollte gerade nicht begründet werden[3]. Der Verordnung liegt vielmehr die allgemeine Regel zugrunde, dass die internationale Zuständigkeit für jeden Schuldner mit eigener Rechtspersönlichkeit gesondert festzustellen ist.

EuGH 2.5.2006 – Rs. C-341/04 (Eurofood) – Slg. 2006 I, 3813/3824 (Nr. 37) = IPRax 2007, 120 (m. Anm. *Hess/Laukemann/Seagon*, IPRax 2007, 89)
Zur internationalen Zuständigkeit für das Insolvenzverfahren über die irische Gesellschaft „Eurofood/FSC Ltd.", eine 100 %ige Tochter der italienischen Gesellschaft „Parmalat SpA": „Wenn …eine Gesellschaft ihrer Tätigkeit im Gebiet des Mitgliedstaats, in dem sie ihren satzungsmäßigen Sitz hat, nachgeht, so reicht die Tatsache, dass ihre wirtschaftlichen Entscheidungen von einer Muttergesellschaft mit Sitz in einem anderen Mitgliedstaat kontrolliert werden…, nicht aus, um die mit der Verordnung aufgestellte Vermutung zu entkräften."

Deshalb kommt es auch bei Konzerninsolvenzen darauf an, an welchem Ort die jeweilige Tochtergesellschaft ihre Geschäftsfähigkeit für ihre Gläubiger erkennbar entfaltet[4]. Einer koordinierten Abwicklung der Insolvenz eines international tätigen Konzerns durch die Gerichte im Sitzstaat der Konzernleitung hat der EuGH damit eine Absage erteilt.

Die Frage, ob es für die Bestimmung des tatsächlichen Interessenmittelpunktes auf den **Zeitpunkt** der Antragstellung oder der Eröffnung des Insolvenzverfahrens ankommt, ist in der EuInsVO nicht geregelt. Diese Frage erlangt insbesondere dann Bedeutung, wenn der Schuldner im Zeitraum zwischen der Antragstellung und der Eröffnung des Verfahrens den Mittelpunkt seiner 5637

---

1 Grundlegend High Court of Justice Leeds 16.3.2003, ZIP 2004, 903 = NZI 2004, 219.
2 So auch Trib. civ. Parma 19.2.2004 (Eurofood/Parmalat I), ZIP 2004, 1220; LG Klagenfurt 2.7.2004, NZI 2004, 677 = NJW-RR 2005, 60; AG Siegen 1.7.2004, NZG 2005, 92; LG Innsbruck 11.5.2004, ZIP 2004, 1721 (1722) = EWIR 2004, 1588 m. Anm. *Bähr/Riedemann*; AG Offenburg 2.8.2004, NZI 2004, 673; AG München 4.5.2004 (Hettlage), IPRax 2004, 433 (m. abl. Anm. *Weller*, IPRax 2004, 415); AG Köln 23.1.2004, NZI 2004, 154 (m. Anm. *Sabel*, NZI 2004, 126); *Oberhammer*, ZInsO 2004, 701 (770). Dazu ausführlich *Probst*, S. 88 ff.
3 *Virgós/Schmit*- Bericht Rz. 76; *Carstens*, S. 111 f.; *Vormstein*, S. 160 ff.; *Weller*, IPRax 2004, 412 (415 f.).
4 *Huber*, ZZP 114 (2001), 133 (142 f.); *Huber*, Festschr. Heldrich (2005), S. 679 (682 ff.); *Eidenmüller*, NJW 2004, 3456 f.; *Kübler*, Festschr. Gerhardt (2004), S. 527 (550 ff.); *Weller*, IPRax 2004, 412 (416); *Kindler*, in: MünchKomm, IntInsR Rz. 152; *Schack*, Rz. 1061; vgl. auch AG Mönchengladbach 27.4.2004, EuZW 2004, 478 (480) = NZI 2004, 450.

hauptsächlichen Interessen in einen anderen Mitgliedstaat verlegt. Auf Vorlage des BGH[1] hat der EuGH klargestellt, dass das Gericht des Mitgliedstaats, in dessen Gebiet der Schuldner bei Stellung seines Antrags auf Eröffnung des Insolvenzverfahrens den Mittelpunkt seiner hauptsächlichen Interessen hatte, für die Entscheidung über die Eröffnung dieses Verfahrens auch dann zuständig bleibt, wenn der Schuldner zwischenzeitlich den Mittelpunkt seiner hauptsächlichen Interessen in einen anderen Mitgliedstaat verlegt hat[2]. Denn der Verordnungsgeber wollte gerade verhindern, dass eine Partei Vermögensgegenstände oder Rechtsstreitigkeiten in einen anderen Mitgliedstaat verlagert, um dadurch ihre Rechtsstellung zu verbessern[3]. Ferner würde die von der Verordnung angestrebte Verbesserung der Effizienz grenzüberschreitender Insolvenzverfahren verfehlt, wenn der Schuldner durch bloße Verlegung seines Wohnsitzes in einen anderen Mitgliedstaat die Gläubiger dort zu einer neuen Antragstellung zwingen könnte. Nur durch Anerkennung einer *perpetuatio fori* kann also ein unerwünschtes „forum shopping" des Schuldners verhindert werden[4]. Keinesfalls kommt es auf den Zeitpunkt an, zu dem die Forderung des Gläubigers entstanden ist[5]. Das Gericht des Mitgliedstaats, in dem der Schuldner bei Stellung des Antrags auf Eröffnung des Insolvenzverfahrens den Mittelpunkt seiner hauptsächlichen Interessen hat, bleibt auch für weitere Eröffnungsanträge nach Art. 3 Abs. 1 EuInsVO international zuständig, solange über den Erstantrag noch nicht rechtskräftig entschieden worden ist[6]. Fehlt dem deutschen Gericht die internationale Zuständigkeit nach Art. 3 Abs. 1 EuInsVO, so ist der Antrag auf Eröffnung des Insolvenzverfahrens als unzulässig abzuweisen ist. Ob eine **Verweisung** an das zuständige Gericht eines anderen Mitgliedstaats in Betracht kommt, um dem Antragsteller die Rechtswirkungen der rechtzeitigen Erfüllung seiner Antragspflicht (zB nach § 15a InsO) zu erhalten[7], erscheint zweifelhaft.

5638 Die internationale Zuständigkeit wird in Art. 3 Abs. 1 EuInsVO ausdrücklich nur für die Eröffnung des Verfahrens geregelt. Während die EuInsVO nach ihrem Art. 25 Abs. 1 UAbs. 1 und 2 auch für die Anerkennung und Vollstreckung von Entscheidungen gilt, die zur Durchführung und Beendigung eines Insol-

---

1 BGH 27.11.2003, ZIP 2004, 94 f. = NZI 2004, 139 m. Anm. *Liersch* = IPRspr. 2003 Nr. 221.
2 EuGH 17.1.2006 – Rs. C-1/04 (Staubitz–Schreiber), Slg. 2006 I, 701 = ZIP 2006, 188 m. Anm. *Knof/Mock* = IPRax 2006, 149 (m. Anm. *Kindler*, IPRax 2006, 114); dazu auch die Abschlussentscheidung des BGH 9.2.2006, RIW 2006, 468 = NZI 2006, 297 = IPRspr. 2006 Nr. 260.
3 Vgl. Erwägungsgrund 4 zur EuInsVO; EuGH (vorige Fn.), Nr. 25.
4 So auch AG Hamburg 1.12.2005, ZIP 2005, 2275 = IPRspr. 2005 Nr. 235; LG Leipzig 27.2.2006, ZInsO 2006, 378 = IPRspr. 2006 Nr. 261; *Weller*, IPRax 2004, 412 (416); *Mankowski*, NZI 2005, 368 (369); *Herchen*, ZInsO 2004, 825 (829 f.); *Laukemann*, RIW 2005, 105 (108 ff.); *Schack*, Rz. 1059; *Kindler*, in: MünchKomm, IntInsR Rz. 154; *Probst*, S. 204 ff.
5 AG Celle 18.4.2005, NZI 2005, 410 = IPRspr. 2005 Nr. 230.
6 BGH 2.3.2006, DZWiR 2006, 254 m. Anm. *Flitsch/Hinkel*= NZI 2006, 364 = IPRspr. 2006 Nr. 262.
7 Dafür AG Hamburg 9.5.2006, NZI 2006, 486 m. Anm. *Mankowski* = IPRspr. 2006 Nr. 264.

venzverfahrens ergangen sind (dazu unten Rz. 5698) oder die – wie die Entscheidung über die Anfechtungsklage des Insolvenzverwalters – „unmittelbar aufgrund des Insolvenzverfahrens ergehen und im engen Zusammenhang damit stehen" (dazu unten Rz. 5699), fehlt eine entsprechende Regelung für die direkte Entscheidungszuständigkeit des Insolvenzgerichts. Da Klagen, die in einem solchen engen Zusammenhang mit einem Insolvenzverfahren stehen, nach der Rechtsprechung des EuGH[1] gem. Art. 1 Abs. 2 lit. b EuGVO auch aus dem sachlichen Geltungsbereich dieser Verordnung ausgeschlossen sind, scheint sich eine **Zuständigkeitslücke zwischen EuGVO und EuInsVO** zu ergeben. Dementsprechend wird die Ansicht vertreten, die internationale Zuständigkeit für die Insolvenzanfechtungsklage (zB nach §§ 129 ff. InsO) und ähnliche insolvenznahe Rechtsbehelfe beurteile sich nach dem jeweiligen autonomen Prozessrecht der Mitgliedstaaten[2]. Dies widerspricht indessen dem Anliegen beider Verordnungen, das Zuständigkeitsrecht sowohl in Zivil- und Handelssachen als auch in Insolvenzsachen zu vereinheitlichen.

Um eine Lücke zwischen EuInsVO und EuGVO zu vermeiden, wird zT vorgeschlagen, den Anwendungsbereich der EuGVO – entgegen der bisherigen restriktiven Haltung des EuGH – in den einer insolvenzrechtlichen Regelung vorbehaltenen, von der EuInsVO – zumindest ausdrücklich – aber nicht ausgefüllten Bereich auszudehnen Art. 1 Abs. 2 lit. b EuGVO sei m.a.W. so weit auszulegen, dass alle mit einem Insolvenzverfahren zusammenhängenden Klagen, für die es an einer ausdrücklichen Zuständigkeitsregelung in der EuInsVO fehle, nunmehr von der EuGVO erfasst würden[3]. Vorzuziehen ist jedoch eine Erweiterung der internationalen Zuständigkeit nach Art. 3 Abs. 1 EuInsVO auf alle mit der Insolvenz im Zusammenhang stehenden Klagen, die dementsprechend grundsätzlich im Eröffnungsstaat zu erheben sind[4]. Gegen diese Lösung wird zwar angeführt, dass die Verfasser der EuInsVO eine umfassende *vis attractiva concursus*, wie sie in den romanischen Rechten, aber auch im englischen Recht bekannt ist, bewusst nicht in das europäische Recht übernommen hätten[5]. Weder der Wortlaut der EuInsVO noch die Erwägungsgründe schließen jedoch eine analoge Anwendung von Art. 3 EuInsVO auf mit der In-

5639

---

1 EuGH 22.2.1979 – Rs. 133/78 (Gourdain/Nadler), Slg. 1979, 733 (742) (Nr. 3); zust. BGH 11.1.1990, ZIP 1990, 246 = 1990, Nr 164.
2 So *Burgstaller*, Festschr. Jelinek (2004), S. 31 (38); *Schack*, Rz. 1083; *Oberhammer*, ZInsO 2004, 761 (765); *Gottwald*, Hdb., § 131 Rz. 77; *Wimmer*, FK-InsO, Anh. nach § 358 InsO Rz. 52; *Kropholler*, Art. 1 EuGVO Rz. 36 aE.
3 So *Schwarz*, NZI 2002, 290 (294); *Thole*, ZIP 2006, 1383 (1386 ff.); *Reinhart*, in: MünchKomm, Art. 3 EuInsVO Rz. 4; *Geimer*, Rz. 3561; *Geimer/Schütze*, Art. 1 EuGVO Rz. 128 ff.; *Schlosser*, Art. 1 EuGVO Rz. 21a ff.; *Wenner*, Rz. 17.
4 So auch die h.L., vgl. *Duursma-Kepplinger*, Art. 25 EuInsVO Rz. 48; *Paulus*, Art. 25 EuInsVO Rz. 21; *Kindler*, in: MünchKomm, IntInsR Rz. 583; *Mincke*, in: Nerlich/Römermann, Art. 3 EuInsVO Rz. 15 ff.; *Kemper*, in: Kübler/Prütting/Bork, Art. 3 EuInsVO Rz. 10 ff.; *Stephan*, in: Heidelberger Kommentar zur Insolvenzordnung, Art. 3 EuInsVO Rz. 13; *Willemer*, S. 206, 212; *V. Lorenz*, S. 114 ff.; *Carstens*, S. 106 ff.; *Haubold*, IPRax 2002, 157 (159 f., 162); *Stürner*, IPRax 2005, 416 (419); *Paulus* ZInsO 2006, 295 (298); *Ringe*, ZInsO 2006, 700 (701); *Mankowski/Willemer*, NZI 2006, 650 (651); wohl auch *Leipold*, Festschr. Ishikawa (2004), S. 221 (224–239).
5 Vgl. *Virgós-Schmit*-Bericht Rz. 77; *Duursma-Kepplinger*, Art. 25 EuInsVO Rz. 39 ff.

solvenz eng zusammenhängende Klagen aus. Für eine solche Analogie spricht vor allem der 6. Erwägungsgrund zur EuInsVO, der den Anwendungsbereich der Verordnung ausdrücklich auf die internationale Zuständigkeit für Annexentscheidungen ausdehnt, sowie die in der EU angestrebte Effizienz und Wirksamkeit grenzüberschreitender Insolvenzverfahren durch Bündelung der Vorschriften über den Gerichtsstand in der Verordnung (Erwägungsgrund 8). Auch Art. 25 Abs. 1, UAbs. 2 EuInsVO setzt eine internationale Zuständigkeit des Erstgerichts nach Art. 3 Abs. 1 der Verordnung offenbar voraus, da diese im Zweitstaat nicht mehr überprüft werden kann[1]. Dieser Auffassung hat sich nunmehr – auf Vorlage des BGH[2] – auch der EuGH angeschlossen und sich zusätzlich auf den 4. Erwägungsgrund zur EuInsVO gestützt, demzufolge es ein wesentliches Ziel dieser Verordnung ist, ein *forum shopping* im internationalen Insolvenzrecht einzudämmen.

EuGH 12.2.2009 – Rs. C-339/07 (Seagon/Deko), NJW 2009, 2189 = RIW 2009, 234 (235) = ZIP 2009, 427 (Nr. 19 ff.).
Internationale Zuständigkeit der deutschen Gerichte für eine Insolvenzanfechtungsklage des Verwalters über das Vermögen einer deutschen GmbH gegen ein Unternehmen mit Sitz in Belgien in erweiterter Auslegung von Art. 3 EuInsVO bejaht.

Aus der in Art. 25 Abs. 1 UAbs. 2 EuInsVO enthaltenen Wendung „auch wenn diese Entscheidungen von einem anderen Gericht getroffen werden" ergibt sich nach Ansicht des EuGH nichts anderes. Sie beziehe sich nicht auf die internationale Zuständigkeit, sondern lediglich auf die dem autonomen Recht des Eröffnungsstaates überlassene Regelung der örtlichen und sachlichen Zuständigkeit für die nach der Vorschrift anzuerkennenden insolvenznahen Entscheidungen[3].

5640 Art. 3 Abs. 1 EuInsVO legt allerdings sowohl für die Eröffnung des Insolvenzverfahrens wie für damit eng zusammenhängende Verfahren nur die internationale Zuständigkeit für die Verfahrenseröffnung fest. Die örtliche Zuständigkeit bestimmt sich hingegen nach dem autonomen Insolvenzrecht des betreffenden Mitgliedstaats[4], in Deutschland also grundsätzlich nach § 3 InsO. Da die Anknüpfungskriterien der Verordnung und der Insolvenzordnung voneinander abweichen, ist freilich nicht auszuschließen, dass in besonders gelagerten Einzelfällen nach der Verordnung eine internationale Zuständigkeit der deutschen Gerichte besteht, ohne dass zugleich eine örtliche Zuständigkeit eröffnet wäre. Für diese Fälle harmonisiert Art. 102 § 1 Abs. 1 EGInsO das autonome deutsche Insolvenzrecht mit den Vorgaben der Verordnung, indem am Mittelpunkt der hauptsächlichen Interessen des Schuldners auch eine ausschließliche örtliche Zuständigkeit eröffnet wird[5].

---

1 *Duursma-Kepplinger*, Art. 25 EuInsVO Rz. 36; *Leipold*, Festschr. Ishikawa (2001), S. 221 (239).
2 BGH 21.6.2007, NZI 2007, 538 = ZInsO 2007, 770.
3 EuGH (im Text), Nr. 27; vgl. auch die Abschlagsentscheidung BGH 19.5.2009, NJW 2009, 2215.
4 Vgl. Erwägungsgrund 15 zur EuInsVO; *Virgós/Schmit*-Bericht Rz. 72; *Huber*, EuZW 2002, 490 (492); *Schack*, Rz. 1058.
5 Gesetzesbegründung BR-Drucks. 715/02, S. 16.

Sind die deutschen Gerichte für eine eng mit dem Insolvenzverfahren zusammenhängende Klage nach Art. 3 Abs. 1 EuInsVO international zuständig, so muss dem Kläger im Inland auch ein örtlicher Gerichtsstand eröffnet werden, um das Insolvenzverfahren effektiv in Deutschland abwickeln zu können. Für eine **Insolvenzanfechtungsklage** ist daher in analoger Anwendung von § 19a ZPO iVm. § 3 InsO, Art. 102 S. 1 EGInsO das sachlich zuständige Gericht am Ort des für das Verfahren zuständigen Insolvenzgerichts örtlich zuständig[1].

bb) Autonomes Insolvenzrecht

Die internationale Zuständigkeit zur Eröffnung eines (Haupt-)Insolvenzverfahrens ist im autonomen deutschen Insolvenzrecht[2] auch im Zuge der Reform von 2003 (Rz. 5614) nicht ausdrücklich geregelt worden. Auch insoweit gilt jedoch der *Grundsatz der Doppelfunktionalität*; danach wird die internationale Zuständigkeit aus den Regeln über die örtliche Zuständigkeit abgeleitet[3]. Die deutschen Gerichte sind daher zur Eröffnung eines Insolvenzverfahrens nach dem Grundsatz des § 3 Abs. 1 S. 1 InsO nicht nur örtlich, sondern auch international ausschließlich zuständig, wenn der Gemeinschuldner im Inland seinen **allgemeinen Gerichtsstand** (§ 12 ZPO) hat. Dies ist bei natürlichen Personen idR der Wohnsitz (§ 13 ZPO), bei juristischen Personen und anderen passiv parteifähigen Vereinigungen der (Satzungs-)Sitz (§ 17 Abs. 1 ZPO)[4]. Dieser muss im Zeitpunkt des Antragseingangs beim inländischen Insolvenzgericht bestehen; eine (Wohn-)Sitzverlegung nach Antragstellung ist auch im autonomen Recht ohne Einfluss auf die internationale Zuständigkeit[5]. Eine entsprechende Anwendung von § 15 ZPO auf im Ausland wohnhafte Deutsche kommt in diesem Zusammenhang nicht in Betracht[6].

5641

---

1 BGH 19.5.2009, NJW 2009, 2215 (2216 f.) = ZInsO 2009, 1270 = ZIP 2009, 1287.
2 Verzichtet man bei einem Interessenschwerpunkt des Schuldners im Inland im Rahmen der Anwendung von Art. 3 Abs. 1 EuInsVO auf das Erfordernis eines Bezugs zu einem weiteren EU- Mitgliedstaat (vgl. oben Rz. 5608), so bleibt für die Anwendung des autonomen deutschen Zuständigkeitsrechts kein Raum; vgl. idS. *Reinhart*, in: MünchKomm, Art. 102 EGInsO Rz. 9; *Ludwig*, S. 93; *Herchen*, ZInsO 2003, 742 (743 ff.); *Gottwald*, Hdb., § 130 Rz. 13.
3 OLG Köln 23.4.2001, IPRax 2003, 59 (60) (m. Anm. *Haubold*, IPRax 2003, 34) = EWiR 2001, 967 m. Anm. *Mankowski* = IPRspr. 2001 Nr. 210; AG Ludwigsburg 20.7.2006, ZIP 2006, 1507 = IPRspr. 2006, 266; *Liersch*, NZI 2003, 302 (304); *Geimer*, Rz. 3454; *Kindler*, in: MünchKomm, IntInsR Rz. 944; *Wenner*, Rz. 46; dazu allg. *Hausmann*, in: Wieczorek/Schütze, vor § 12 ZPO Rz. 48 mwN.
4 Vgl. OLG Köln 23.4.2001, IPRax 2003, 59 (60); LSG Schleswig-Holstein 26.2.1988, ZIP 1988, 1140 = IPRspr. 1988 Nr. 227; zum Begriff des „Wohnsitzes" bzw. „Sitzes" im deutschen Prozessrecht näher *Hausmann*, in: Wieczorek/Schütze, § 13 ZPO Rz. 4 ff. und § 17 ZPO Rz. 8 ff. Verlegt der Schuldner seinen Wohnsitz nach Insolvenzeröffnung ins Ausland, so lässt dies die internationale Zuständigkeit der deutschen Gerichte nicht entfallen, vgl. – zum Anschlusskonkurs nach § 102 KO – LG Stuttgart 16.11.1982, ZIP 1983, 348 = IPRspr. 1982 Nr. 205.
5 AG Düsseldorf 25.5.2000, NZI 2000, 555 = IPRspr. 2000 Nr. 196; OLG Celle 8.12.2003, InVO 2004, 188; BayObLG 13.8.2003, DZWiR 2004, 86; *Hess*, § 3 InsO Rz. 20; *Trunk*, S. 100 f.; *Haubold*, IPRax 2003, 34 (37); *Probst*, S. 206 f. mwN.
6 OLG Köln 23.4.2001, RIW 2001, 788 = NZI 2001, 380 = IPRax 2003, 59 (m. Anm. *Haubold*, IPRax 2003, 34 = IPRspr. 2001 Nr. 210 (Übt der deutsche Gemeinschuldner keine

5642 Der Anknüpfung an den Wohnsitz bzw. Sitz des Schuldners liegt die Erwartung zugrunde, dass sich sein wesentliches Vermögen im (Wohn-)Sitzstaat befindet und auch die meisten Gläubiger hier ansässig sind. Trifft diese Erwartung nicht zu, weil der Mittelpunkt einer selbständigen wirtschaftlichen Tätigkeit des Schuldners – bei einer juristischen Person oder Gesellschaft also der effektive Verwaltungssitz[1] – an einem anderen Ort liegt, so ist folglich nach § 3 Abs. 1 S. 2 InsO ausschließlich dasjenige deutsche Insolvenzgericht örtlich und international zuständig, in dessen Bezirk dieser Ort liegt; dies gilt auch dann, wenn der Schuldner seinen Wohnsitz bzw. (Satzungs-)Sitz im Ausland hat[2]. Umgekehrt fehlt den deutschen Gerichten die internationale Zuständigkeit zur Eröffnung eines (Primär-)Insolvenzverfahrens, wenn der Schuldner zwar seinen allgemeinen Gerichtsstand im Inland, den Mittelpunkt seiner wirtschaftlichen Tätigkeit hingegen im Ausland hat[3]. Daraus folgt, dass der allgemeine Gerichtsstand des Schuldners nur *subsidiäres* Anknüpfungsmerkmal für die internationale Zuständigkeit in den Fällen ist, in denen der Schuldner weder im Inland noch im Ausland eine selbständige wirtschaftliche Tätigkeit entfaltet[4].

5643 Die **Belegenheit von Vermögen** des Gemeinschuldners im Inland ist für die internationale Zuständigkeit zur Eröffnung eines (Haupt-)Insolvenzverfahrens hingegen weder erforderlich noch ausreichend[5]. Besitzt der Schuldner im Inland kein Vermögen, wird die Eröffnung durch ein deutsches Gericht – trotz internationaler Zuständigkeit nach § 3 Abs. 1 InsO – freilich regelmäßig daran scheitern, dass eine die Verfahrenskosten deckende Masse nicht vorhanden ist (§ 26 InsO)[6]. Die Begründung einer internationalen Eröffnungszuständigkeit der deutschen Gerichte durch **Parteivereinbarung** kommt hingegen ebenso wenig in Betracht wie eine Derogation der nach § 3 InsO begründeten Zuständigkeit, weil es insoweit bereits an einem zur Repräsentation der Gläubiger befugten Vertragspartner fehlt[7]. Die internationale Zuständigkeit hat das Insolvenzgericht auch nach der deutschen ZPO-Reform in jeder Lage des Verfahrens *von Amts wegen* zu prüfen[8]. Für Annexverfahren (dazu oben Rz. 5638 f.) ergibt sich die internationale Zuständigkeit – mangels Anerkennung einer „vis

---

selbständige Tätigkeit mehr aus und hat er seinen Wohnsitz ins Ausland (Norwegen) verlegt, so sind die deutschen Gerichte für die Insolvenzeröffnung international nicht zuständig.).

1 *Schack*, Rz. 1060; *Haubold*, IPRax 2003, 34 (37) mwN.
2 *Flessner*, IPRax 1997, 1 (2); *Geimer*, Rz. 3455; *Schack*, Rz. 1060.
3 AG Münster 23.11.1999, DZWiR 2000, 123 = IPRspr. 1999 Nr. 195.
4 OLG Köln 23.4.2001, IPRax 2003, 59 (60); OLG Hamm 14.1.2000, NZI 2000, 220 (221); OLG Düsseldorf 9.8.1999, NZI 2000, 609; *Haubold*, IPRax 2003, 34 (37); *Geimer*, Rz. 3455; zweifelnd *Trunk*, S. 96 ff.
5 *Ebenroth*, ZZP 101 (1988), 130 f.; *Geimer*, Rz. 3456. Vgl. aber zu Partikularinsolvenzverfahren unten Rz. 5665 f.
6 *Trunk*, in: Gilles, S. 166; *Geimer*, Rz. 3440.
7 *Gottwald*, Hdb., § 130 Rz. 18; *Geimer*, Rz. 3463; aus diesem Grunde ist auch eine rügelose Einlassung iSv. § 39 ZPO ausgeschlossen, vgl. *Trunk*, S. 102.
8 Vgl. BGH 28.11.2002, IPRax 2003, 346 f. (m. zust. Anm. *Piekenbrock/Schulze*, IPRax 2003, 328); LG Leipzig 27.2.2006, ZInsO 2006, 378 = IPRspr. 2006 Nr. 261; ebenso *Gottwald*, Hdb., § 130 Rz. 18; *Geimer*, Rz. 3469.

attractiva concursus" im deutschen Recht – nicht aus § 3 InsO, sondern aus § 4 InsO iVm. §§ 12 ff. ZPO.

cc) Kompetenzkonflikte

Zu Kompetenzkonflikten kann es sowohl im Geltungsbereich der Verordnung wie auch – noch häufiger – nach autonomem internationalen Insolvenzrecht kommen, wenn neben den deutschen auch ausländische Gerichte die internationale Zuständigkeit für die Eröffnung eines (Haupt-)Insolvenzverfahrens für sich in Anspruch nehmen. Die Lösung dieser Konflikte wird im Zusammenhang mit der Anerkennung ausländischer Eröffnungsentscheidungen behandelt (unten Rz. 5731 ff.). 5644

b) Insolvenzfähigkeit

Die Insolvenzfähigkeit des Schuldners entspricht – vorbehaltlich der Regelung durch speziellere insolvenzrechtliche Vorschriften – der passiven Parteifähigkeit im Zivilprozess; sie ist daher nach dem Recht des Eröffnungsstaates *(lex fori concursus)* zu beurteilen[1]. Dies folgt für den Anwendungsbereich der EuInsVO aus deren Art. 4 Abs 2 S. 2 lit. a, für das autonome deutsche Insolvenzrecht aus § 335 InsO. Das international zuständige deutsche Insolvenzgericht entscheidet daher über die Insolvenzfähigkeit stets nach **deutschem Insolvenzrecht**. Danach kann ein Insolvenzverfahren über das Vermögen jeder natürlichen und jeder juristischen Person eröffnet werden, wobei nichtrechtsfähige Vereine juristischen Personen gleichstehen (§ 11 Abs. 1 S. 2 InsO). Darüber hinaus sind nach deutschem Recht auch Gesellschaften ohne Rechtspersönlichkeit (OHG, KG, Partnerschafts- und BGB-Gesellschaft, EWIV) insolvenzfähig, § 11 Abs. 2 Nr. 1 InsO. Sondervorschriften gelten für Insolvenzverfahren über einen Nachlass und das Gesamtgut einer fortgesetzten oder von beiden Ehegatten verwalteten Gütergemeinschaft (§ 11 Abs. 2 Nr. 2 InsO). Zulässig ist daher die Eröffnung eines Insolvenzverfahrens über das Vermögen eines ausländischen Nichtkaufmanns, auch wenn dessen Wohnsitzrecht – wie zB das französische Recht – die Kaufmannseigenschaft fordert[2]. 5645

Ausländische Personenvereinigungen oder Vermögensmassen sind dann als insolvenzfähig anzusehen, wenn sie entweder rechtsfähig oder zumindest passiv parteifähig sind. Über diese Vorfrage der Rechtsfähigkeit bzw. (passiven) Parteifähigkeit entscheidet das Personalstatut der ausländischen juristischen Person oder Gesellschaft[3]. Für die in anderen Mitgliedstaaten der EU bzw. des EWR gegründeten Gesellschaften gilt daher insoweit das Gründungsrecht (dazu oben Rz. 5060 ff.). Ihre Insolvenzfähigkeit wird also nicht dadurch ausgeschlos- 5646

---

1 *Gottwald*, Hdb., § 130 Rz. 21; *Wenner*, Rz. 263; *Geimer*, Rz. 3472; *Schack*, Rz. 1065; *Trunk*, S. 104 f.
2 *Gottwald*, Hdb., § 130 Rz. 21; *Geimer*, Rz. 3472; *Schack*, Rz. 1066; *Kindler*, in: Münch-Komm, IntInsR Rz. 214.
3 Vgl. dazu oben Rz. 5162 ff.; eingehend dazu *Hausmann*, in: Wieczorek/Schütze, § 50 ZPO Rz. 74 ff. mwN.

sen, dass sie ihren effektiven Verwaltungssitz in Deutschland haben[1], wohl aber dadurch, dass sie in ihrem Gründungsstaat aufgehört haben, als juristische Personen zu existieren[2]. Die Insolvenzfähigkeit besteht dann auch während eines Liquidationsverfahrens fort (§ 11 Abs. 3 InsO).

c) Eröffnungsgründe

5647 Auch die Frage, welche Gründe die Eröffnung eines (Haupt-)Insolvenzverfahrens rechtfertigen, beurteilt sich nach dem Recht des Staates der Verfahrenseröffnung[3]. Vor deutschen Gerichten ist damit allgemeiner Eröffnungsgrund die **Zahlungsunfähigkeit** des Schuldners (§ 17 InsO). Über ihr Vorliegen ist auch im Falle eines auf das Inland beschränkten Partikularinsolvenzverfahrens unter Berücksichtigung des weltweiten Zahlungsverhaltens des Schuldners zu entschieden[4]. Sofern der Schuldner selbst die Eröffnung des Insolvenzverfahrens beantragt, genügt auch die drohende Zahlungsunfähigkeit (§ 18 InsO). Bei juristischen Personen ist ferner die **Überschuldung** Eröffnungsgrund (§ 19 InsO). Dabei sind die Aktiva und Passiva des Unternehmens ohne Rücksicht auf ihre Belegenheit im In- oder Ausland zu berücksichtigen. In gleicher Weise ist auch die Frage, ob der Insolvenzantrag deshalb abgelehnt werden kann, weil die Masse die Kosten des Verfahrens nicht deckt (§ 26 InsO), unter Einbeziehung des *weltweiten* Vermögens des Schuldners zu beantworten[5].

d) Antragsbefugnis

5648 Zu den vom Recht des Eröffnungsstaates beherrschten Voraussetzungen der Eröffnung eines (Haupt-)Insolvenzverfahrens gehört schließlich auch die Frage, *wer* den Antrag auf Eröffnung zu stellen berechtigt ist[6]. Nach deutschem Insolvenzrecht sind sowohl der Schuldner als auch die Gläubiger antragsberechtigt (§ 13 Abs. 1 S. 2 InsO). Der Insolvenzantrag eines Gläubigers ist allerdings nur zulässig, wenn dieser ein rechtliches Interesse an der Eröffnung hat und seine Forderung sowie den Eröffnungsgrund glaubhaft macht (§ 14 Abs. 1 InsO). Weitergehende Antragsrechte gewährt das deutsche Recht bei Eröffnung eines Insolvenzverfahrens über das Vermögen einer juristischen Person oder einer Ge-

---

1 Vgl. AG Saarbrücken 25.2.2005, ZIP 2005, 2027 = IPRspr 2005 Nr. 229; AG Nürnberg 1.10.2006, ZIP 2007, 83 m. Anm. *Kebekus* = NZI 2007, 186 m. Aufs. *Andres/Grund* 137.
2 Vgl. AG Duisburg 14.10.2003, IPRax 2005, 151 (m. Anm. *Borges*, IPRax 2005, 134) = IPRspr. 2003 Nr. 220.
3 Vgl. Art. 4 Abs. 2 S. 1 EuInsVO; ebenso zum autonomen Recht *Schack*, Rz. 1065; *Wenner*, Rz. 264; zu den diesbezüglichen Ermittlungspflichten des Insolvenzgerichts in Fällen mit Auslandsberührung vgl. *Gottwald*, Hdb., § 130 Rz. 24 ff.
4 Vgl. idS zur Zahlungseinstellung nach § 30 KO BGH 17.11.1991, NJW 1992, 624 = IPRspr. 1991 Nr. 237b; ferner *Schack*, Rz. 1069; *Geimer*, Rz. 3393a; *Trunk*, S. 106, 238; *Gottwald*, Hdb. § 130 Rz. 113; krit. *Eidenmüller*, IPRax 2001, 2 (12).
5 Voraussetzung dürfte allerdings sein, dass der Belegenheitsstaat des Vermögens die deutsche Eröffnungsentscheidung anerkennt, vgl. *Gottwald*, Hdb., § 130 Rz. 34.
6 *Wenner*, Rz. 265; zur insolvenzrechtlichen Qualifikation von Antrags*pflichten* (zB nach § 15a InsO) s. oben Rz. 5215.

sellschaft ohne eigene Rechtspersönlichkeit (vgl. § 15 InsO). Dabei stehen ausländische Gläubiger den inländischen Gläubigern grundsätzlich gleich. Die Antragsbefugnis eines Gläubigers hängt also nicht von seiner Staatsangehörigkeit ab; ferner kommt es auch nicht darauf an, ob der Gläubiger im In- oder Ausland wohnt und welchem Recht seine Forderung unterliegt[1]. Die Parteifähigkeit eines ausländischen Gläubigers beurteilt sich nach seinem Personalstatut (§ 4 InsO iVm. § 50 ZPO)[2].

2. Auslandswirkungen des inländischen (Haupt-)Insolvenzverfahrens

a) Universalitätsprinzip

aa) Beschlagnahme

Ein deutsches (Primär-)Insolvenzverfahren strebt die Einbeziehung des gesamten und damit auch des *ausländischen* Vermögens des Schuldners in die insolvenzrechtliche Abwicklung an, um die gleichmäßige Befriedigung aller Gläubiger zu gewährleisten[3]. Dieser Universalitätsanspruch des inländischen Insolvenzverfahrens ergibt sich im Verhältnis zu den übrigen Mitgliedstaaten der **EuInsVO** zum einen aus Art. 16 Abs. 1 EuInsVO, der die Anerkennung der Wirkungen der deutschen Eröffnungsentscheidung im gesamten räumlichen Geltungsbereich der Verordnung vorschreibt, zum anderen aus dem Grundsatz des Art. 4 Abs. 1 EuInsVO, der die Wirkungen der Eröffnung des inländischen Insolvenzverfahrens auch bezüglich des in anderen Mitgliedstaaten belegenen Vermögens des Schuldners dem deutschen Recht unterwirft. Die deutsche *lex fori consursus* legt nach Art. 4 Abs. 2 S. 2 lit. b EuInsVO insbesondere fest, welche im Ausland belegenen Vermögenswerte zur Masse gehören und wie die erst nach der Verfahrenseröffnung vom Schuldner erworbenen Vermögenswerte zu behandeln sind[4]. Nach Art. 12 EuInsVO können gewerbliche Schutzrechte des Gemeinschaftsrechts (zB Gemeinschaftsmarken) allerdings nur in ein Haupinsolvenzverfahren einbezogen werden[5]. 5649

Im deutschen **autonomen Insolvenzrecht** ergab sich dieser Universalitätsanspruch schon bisher zum einen aus § 35 InsO, wonach das deutsche Insolvenzverfahren „das gesamte Vermögen, das dem Schuldner zur Zeit der Eröffnung des Verfahrens gehört und das er während des Verfahrens erlangt", erfasst. Zum anderen ließ er sich mit einem Umkehrschluss zu den Bestimmungen über Partikularinsolvenzverfahren begründen, die sich ausdrücklich auf das Inlandsvermögen beschränkten[6]. Seit Inkrafttreten des IIR-G lässt er 5650

---

1 *Trunk,* in: Gilles, S. 169.
2 *Schack,* Rz. 1068; dazu OLG Zweibrücken 20.10.2000, NJW-RR 2001, 341 (342) = IPRspr. 2000 Nr. 15 (Costa Rica).
3 *Flessner,* IPRax 1997, 1 (2); *Trunk,* in: Gilles, S. 170; *Geimer,* Rz. 3431; *Schack,* Rz. 1072; *Gottwald,* Hdb., § 130 Rz. 35; *Häsemeyer,* Rz. 35.15; *Wenner,* Rz. 80 f.
4 Nach deutschem Recht gehört auch der Neuerwerb – anders als früher – zur Insolvenzmasse, vgl. § 35 InsO.
5 *Virgós/Schmit*-Bericht Rz. 133; *Kemper,* ZIP 2001, 1609 (1617); *Gottwald,* Hdb., § 130 Rz. 39.
6 Vgl. zum bisherigen Recht Art. 102 Abs. 3 S. 1 EGInsO aF.

sich zusätzlich auf § 335 InsO stützen, der hinsichtlich der Wirkungen eines Insolvenzverfahrens auf das Recht des Eröffnungsstaates verweist[1]. Auch nach autonomem Recht zählt das dem Schuldner zur Zeit der Verfahrenseröffnung gehörende Auslandsvermögen demnach zur Insolvenzmasse und unterliegt dem inländischen Insolvenzbeschlag; dies gilt unabhängig davon, ob es aufgrund des ausländischen Rechts zur Masse gezogen werden kann oder nicht, also auch dann, wenn das deutsche Insolvenzverfahren im ausländischen Belegenheitsstaat nicht anerkannt wird[2]. Voraussetzung für die Erstreckung der Wirkungen eines deutschen Insolvenzverfahrens auf das im Ausland belegene Vermögen ist allerdings, dass dieses Vermögen auch nach dem ausländischen Belegenheitsrecht der Zwangsvollstreckung unterliegt[3].

bb) Sicherungsmaßnahmen

5651 In gleicher Weise erfasst auch ein nach Stellung des Insolvenzantrags vom deutschen Insolvenzgericht nach der deutschen lex fori (§ 21 Abs. 2 Nr. 2 InsO) angeordnetes **allgemeines Veräußerungsverbot** das im Ausland belegene Vermögen des Schuldners, weil auch Einzelmaßnahmen, die ausländische Vermögenswerte betreffen, eine den Gläubigern nachhaltige Veränderung in der Vermögenslage des Schuldners herbeiführen können. Für den räumlichen Geltungsbereich der **EuInsVO** ist die Anerkennung von Sicherungsmaßnahmen der Gerichte des Eröffnungsstaates in den anderen Mitgliedstaaten nach Art. 25 Abs. 1 S. 4 EuInsVO ausdrücklich vorgeschrieben. Eine universelle Wirkung solcher Maßnahmen beansprucht jedoch auch das **autonome deutsche Insolvenzrecht**, und zwar auch für den Fall, dass das ausländische Recht den gegen das Veräußerungsverbot verstoßenden Rechtserwerb unbeschränkt zulässt, weil es das Veräußerungsverbot nicht anerkennt[4].

Die Annahme einer universellen Wirkung eines nach § 21 Abs. 2 Nr. 2 InsO verfügten Veräußerungsverbots ist deshalb gerechtfertigt, weil durch diese An-

---

1 *Kindler*, in: MünchKomm, IntInsR Rz. 4.
2 *Gottwald*, Hdb., § 130 Rz. 36 ff.; *Schack*, Rz. 1072; ebenso schon zur KO BGH 10.12.1976, BGHZ 68, 16 (17) = NJW 1977, 900 = IPRspr. 1976 Nr. 212; BGH 13.7.1983, BGHZ 88, 147 (150 f.) = NJW 1983, 2147 = IPRspr. 1983 Nr. 250b; BGH 11.7.1985 (Rz. 5602); BGHZ 95, 256 (264); OLG Köln 28.4.1986, ZIP 1986, 658 m. Anm. *Schneider* = NJW-RR 1986, 934 = IPRspr. 1986 Nr. 208; OLG Koblenz 30.3.1993, ZIP 1993, 844 = IPRax 1994, 370 m. Anm. *Hanisch* 351 = IPRspr. 1993 Nr. 202; *Flessner*, IPRax 1997, 1 (2); *Wenner*, Rz. 80.
3 *Gottwald*, Hdb., § 130 Rz. 40; ebenso schon zur KO BGH 30.4.1992, BGHZ 118, 151 (159) = NJW 1992, 2026 = IPRspr. 1992 Nr. 256; OLG Köln 9.6.1994, ZIP 1994, 1459 (1460) = RIW 1994, 568 = IPRax 1996, 340 m. Anm. *Otte* 327 = IPRspr. 1994 Nr. 66; *Jaeger/Jahr*, §§ 237, 238 KO Rz. 307; aA *Trunk*, S. 134 ff. (deutsche lex fori); *Smid*, Rz. 62 (lex fori concursus).
4 BGH 30.4.1992, BGHZ 118, 151 (159 ff.) = NJW 1992, 2026 = ZIP 1992, 781 = IPRax 1993, 87 (m. zust. Anm. *Hanisch*, IPRax 1993, 69) = IPRspr. 1992 Nr. 265 (Sequestration des gesamten beschlagnahmefähigen Vermögens eines Hamburger Kaufmanns nach § 106 Abs. 1 S. 2 KO auf in Liechtenstein belegene Vermögenswerte erstreckt); zust. *Prütting*, ZIP 1996, 1277 (1279); *E. Habscheid*, S. 472; *Trunk*, S. 122; *Gottwald*, Hdb., § 130 Rz. 27; *Geimer*, Rz. 3431.

ordnung die Wirkungen der Insolvenzeröffnung zum Schutz späterer Insolvenzgläubiger in das Antragsverfahren vorverlagert werden sollen. Dieses Anliegen würde bezüglich des Auslandsvermögens von vornherein vereitelt, wenn man dieses Vermögen von den Wirkungen eines allgemeinen Veräußerungsverbots ausnehmen würde[1]. Dementsprechend schreibt § 343 Abs. 2 InsO auch – umgekehrt – die Anerkennung ausländischer Sicherungsmaßnahmen im Inland grundsätzlich vor (dazu näher unten Rz. 5700). Allerdings beschränkt sich die Wirkung des deutschen Veräußerungsverbots darauf, dass der deutsche Gläubiger eine durch Auslandsvollstreckung erlangte Befriedigung, die seine Insolvenzquote übersteigt, an den deutschen Insolvenzverwalter abliefern muss[2].

b) Einzelzwangsvollstreckung im Ausland trotz Inlandsinsolvenz

Während der Dauer des inländischen Insolvenzverfahrens findet die Zwangsvollstreckung zugunsten einzelner Insolvenzgläubiger weder in das zur Masse gehörende Vermögen noch in das sonstige Vermögen des Gemeinschuldners statt (§ 89 Abs. 1 InsO)[3]. Die ältere Rechtsprechung beschränkte dieses Verbot auf Zwangsvollstreckungsmaßnahmen im Inland. Die nach dem Recht des ausländischen Vollstreckungsstaates zulässige Zwangsvollstreckung in das dort belegene Vermögen des Gemeinschuldners wurde daher nicht als rechtswidrig erachtet und eine Verpflichtung von Gläubigern, den Erlös aus der Auslandsvollstreckung an die Masse abzuliefern, abgelehnt[4]. Die Schutzvorschriften des deutschen Insolvenzrechts, die eine Verkürzung der Insolvenzmasse zu Lasten der Gesamtheit der Gläubiger zu verhindern trachten, gelten indessen im Falle eines in Deutschland eröffneten (Haupt-)Insolvenzverfahrens grundsätzlich auch in Bezug auf das Auslandsvermögen des Gemeinschuldners[5]. Ihre Durchsetzung hängt freilich davon ab, ob das deutsche Verfahren im ausländischen Belegenheitsstaat anerkannt wird; dies ist nur im Geltungsbereich der EuInsVO weitgehend gesichert. Demgegenüber besteht außerhalb der Verordnung die Gefahr, dass sich einzelne Gläubiger die Nichtanerkennung des deutschen Insolvenzverfahrens im Ausland zunutze machen, um ihre Forderungen dort zu Lasten der Insolvenzmasse durchzusetzen.

5652

---

1 BGH 30.4.1992, BGHZ 118, 151 (159 ff.); vgl. auch Erwägungsgrund 16 zur EuInsVO.
2 Vgl. *Gottwald*, Hdb., § 130 Rz. 27; dazu unten Rz. 5713.
3 Die Zwangsvollstreckung lediglich *vorbereitende* Maßnahmen sind hingegen nach § 89 Abs. 1 InsO zulässig. Deshalb hindert die Insolvenzeröffnung im Inland die Erteilung der Vollstreckungsklausel für eine ausländ. Urteil nach dem AVAG nicht, vgl. OLG Saarbrücken 1.10.1993, ZIP 1994, 1609 = IPRax 1995, 35 = IPRspr. 1993 Nr. 179; OLG Frankfurt 27.4.2000, IPRax 2002, 35 (m. zust. Anm. *Rinne/Sejas*, IPRax 2002, 28), jeweils zu § 14 KO; krit. dagegen *Mankowski*, ZIP 1994, 1577 ff.; *Hess*, IPRax 1995, 16 ff.
4 RG 28.3.1903, RGZ 54, 193; BayObLG 17.2.1908, LZ 1908, Sp. 550; OLG Köln 9.3.1978, KTS 1979, 249 m. zust. Anm. *Kalter* = IPRspr. 1978 Nr. 197; *Jaeger/Lent*, § 14 KO Rz. 35.
5 *Gottwald*, Hdb., § 130 Rz. 60; *Geimer*, Rz. 3473; *Trunk*, S. 146 ff.

5653 Aus diesem Grunde hat der BGH schon das Zwangsvollstreckungsverbot nach § 14 KO (= § 89 Abs. 1 InsO) für inländische[1] Gläubiger zu Recht auf das Auslandsvermögen erstreckt. Auch wenn das ausländische Recht eine Einzelvollstreckung in das dort belegene Vermögen des Gemeinschuldners zulässt, weil die Beschlagnahmewirkung des inländischen Insolvenzverfahrens nicht anerkannt wird, widerspricht es nämlich dem Sinn und Zweck dieses Verfahrens, wenn inländische Insolvenzgläubiger sich durch Einzelvollstreckung im Ausland Sondervorteile verschaffen, die als Bestandteile der Masse allein dem Verwalter zur gleichmäßigen Befriedigung aller Insolvenzgläubiger zustehen[2]. Der Erwerb aus der Zwangsvollstreckung im Ausland ist deshalb im Inland gegenüber der vom Gesetz im Interesse aller Gläubiger geschützten Insolvenzmasse nicht rechtmäßig und der betreibende Gläubiger daher insoweit ohne rechtfertigenden Grund auf Kosten der Masse bereichert. Er hat daher diesen im Widerspruch zur Zielsetzung der §§ 1, 89 Abs. 1 InsO erlangten Vermögensvorteil nach den Grundsätzen der Eingriffskondiktion (§ 812 BGB) an den allein zur Einziehung berechtigten Insolvenzverwalter herauszugeben[3].

5654 Diese Rechtsprechung hat der deutsche Gesetzgeber im Zuge der Neuregelung des internationalen Insolvenzrechts in § 342 Abs. 1 S. 1 InsO **kodifiziert**. Erlangt danach ein Insolvenzgläubiger durch Zwangsvollstreckung, durch eine Leistung des Schuldners oder in sonstiger Weise etwas auf Kosten der Insolvenzmasse aus dem Vermögen, das nicht im Staat der Verfahrenseröffnung belegen ist, so hat er das Erlangte dem Insolvenzverwalter herauszugeben. Insoweit gelten die Vorschriften über die Rechtsfolgen einer ungerechtfertigten Bereicherung entsprechend. Ein dinglich gesicherter Gläubiger darf allerdings idR behalten, was er aus der Verwertung im Ausland erlangt. Da er nämlich grundsätzlich auch an dem im Ausland belegenen Vermögen des Schuldners eine bevorzugte Befriedigung beanspruchen kann, ist er insoweit nicht auf Kosten der Insolvenzmasse bereichert. Ein hinsichtlich der Insolvenzeröffnung gutgläubiger Gläubiger kann sich ferner nach § 818 Abs. 3 BGB auf den Wegfall der Bereicherung berufen, § 342 Abs. 1 S. 2 InsO.

5655 Eine Ablieferungspflicht von Gläubigern, die sich im Wege der Einzelvollstreckung in das in anderen Mitgliedstaaten belegene Vermögen des Schuldners

---

1 Da ausländ. Gläubiger gleichberechtigt am inländ. Insolvenzverfahren teilnehmen, sollten sie der nämlichen Herausgabepflicht unterworfen werden; vgl. idS auch *Häsemeyer*, Rz. 35.17; *E. Habscheid*, S. 475; *Wenner*, Rz. 109.
2 *Geimer*, Rz. 3473; *Schack*, Rz. 1072; *Trunk*, S. 146 ff.
3 BGH 18.7.1983, BGHZ 88, 147 (153) = NJW 1983, 2147 = JZ 1983, 898 m. Anm. *Grunsky* = IPRax 1984, 264 (m. Anm. *Pielorz*, IPRax 1984, 241) = IPRspr. 1983 Nr. 205b (Verpflichtung des im Inland ansässigen Insolvenzgläubigers bejaht, die im Wege der Einzelzwangsvollstreckung in schweiz. Banknoten des Gemeinschuldners nach Insolvenzeröffnung erlangten Geldbeträge an den deutschen Insolvenzverwalter herauszugeben). Zust. zur bereicherungsrechtlichen Ablieferungspflicht die hL, vgl. *Geimer*, Rz. 3483; *Schack*, Rz. 1072; *Gottwald*, Hdb., § 130 Rz. 62; *Trunk*, S. 160 ff.; *Häsemeyer*, Rz. 3516; *Wenner*, Rz. 109 ff.; aA noch *Jaeger/Jahr*, §§ 237, 238 KO Rz. 230 f.; *Lüer*, KTS 1979, 12 (21 ff.) Zur Frage einer konkurrierenden deliktischen Haftung nach § 823 Abs. 2 BGB iVm. § 14 KO/§ 89 Abs. 1 InsO s. *Canaris*, ZIP 1983, 647 ff.; *Hanisch*, ZIP 1983, 1292.

Sondervorteile verschafft haben, besteht – als Konsequenz der Universalität des Hauptinsolvenzverfahrens – auch nach **europäischem Insolvenzrecht**. Insoweit stellt Art. 4 Abs. 2 S. 2 lit. f EuInsVO klar, dass es allein Sache der deutschen *lex fori concursus* ist festzulegen, wie sich die Verfahrenseröffnung auf Rechtsverfolgungsmaßnahmen einzelner Gläubiger auswirkt. Daraus folgt grundsätzlich ein Verbot der Zwangsvollstreckung in allen anderen Mitgliedstaaten[1]. Wird dieses nicht beachtet, so ordnet auch Art. 20 Abs. 1 EuInsVO ausdrücklich eine Herausgabepflicht an. Danach hat ein Gläubiger, der nach der Eröffnung eines (Haupt-)Insolvenzverfahrens auf irgendeine Weise, insbesondere durch Zwangsvollstreckung, vollständig oder teilweise aus einem Gegenstand der Masse befriedigt wird, der in einem anderen Mitgliedstaat belegen ist, das Erlangte an den Verwalter herauszugeben. Für den dinglich oder durch einen Eigentumsvorbehalt gesicherten Gläubiger gilt dies aufgrund des Vorbehalts der Art. 5 und 7 EuInsVO nicht; er muss nur den die gesicherte Forderung übersteigenden Erlös an die Masse abführen[2]. Ausgeschlossen ist der Herausgabeanspruch ferner im Fall des gutgläubigen Erwerbs nach Art. 14 EuInsVO (dazu Rz. 5808 ff.).

Auch die sog. **Rückschlagsperre** nach § 88 InsO, derzufolge alle im letzten Monat vor der Stellung des Insolvenzantrags oder danach von Gläubigern zwangsweise erlangten Sicherungen mit der Eröffnung des Insolvenzverfahrens unwirksam werden, ist nach Art. 4 Abs. 2 S. 2 lit. f EuInsVO in allen anderen Mitgliedstaaten der Verordnung anzuerkennen[3]. 5656

c) Anrechnung von Erlösen aus ausländischen Insolvenzverfahren

Der Gläubiger eines im Inland eröffneten (Haupt-)Insolvenzverfahrens ist allerdings nach deutschem **autonomen Recht** nicht verpflichtet, den in einem *ausländischen Parallelverfahren* erlangten Erlös an die inländische Insolvenzmasse abzuführen[4]. Denn im Gegensatz zu den im Wege der Einzelzwangsvollstreckung erzielten Einnahmen sind die Quoten des ausländischen Insolvenzverfahrens unter Beachtung des Grundsatzes der gleichmäßigen Behandlung aller Gläubiger festgelegt worden. Da die in- und ausländische Quote gleichermaßen – wenn auch in getrennten Verfahren – dem Schuldnervermögen entnommen werden, das insgesamt zur anteiligen Befriedigung aller Gläubiger bestimmt ist, muss sich ein Gläubiger allerdings den im ausländischen Insolvenzverfahren erlangten Betrag auf die im inländischen Verfahren auf ihn entfallende **Quote** – und nicht nur auf die Forderung – anrechnen lassen[5]; er wird 5657

---

1 *Virgós/Schmit*-Bericht Rz. 91; *Leible/Staudinger*, KTS 2000, 533 (559); aA *Becker*, ZEuP 2002, 287 (309).
2 *Virgós/Schmit*-Bericht Rz. 173; *Leible/Staudinger*, KTS 2000, 533 (563); *Huber*, EuZW 2002, 490 (496).
3 *Paulus*, NZI 2001, 505 (511); *Gottwald*, Hdb., § 130 Rz. 61.
4 Vgl. schon zum früheren Recht OLG Köln 31.1.1989, ZIP 1989, 321 = KTS 1989, 636 = IPRspr. 1989 Nr. 250; zust. *Hanisch*, ZIP 1989, 273 ff. und 1992, 1125 (1135); *Gottwald*, Hdb., § 128 Rz. 53; *Flessner*, ZIP 1989, 749 (752); *Aderhold*, S. 217; krit. *Geimer*, Rz. 3405; *Wenner*, Rz. 119.
5 *Wenner*, Rz. 134; *Gottwald*, Hdb., § 130 Rz. 64, 68.

mithin bei der Verteilung erst dann berücksichtigt, wenn die Inlandsquote den im Ausland erlangten Forderungsbetrag übersteigt[1]. Auch diese Konsequenz hat der Gesetzgeber nunmehr in § 342 Abs. 2 InsO ausdrücklich bekräftigt. Um eine Bevorzugung einzelner Gläubiger zu verhindern, hat der Verwalter des inländischen Hauptinsolvenzverfahrens einen Auskunftsanspruch gegen alle Gläubiger über das in einem ausländischen Parallelverfahren Erlangte, § 342 Abs. 3 InsO.

5658 Auch im Rahmen der **EuInsVO** sind die Gläubiger berechtigt, diese Forderungen sowohl im Hauptverfahren als auch in einem parallel betriebenen Sekundärinsolvenzverfahren in einem anderen Mitgliedstaat anzumelden (vgl. Art. 32, 39 EuInsVO). Für diesen Fall stellt Art. 20 Abs. 2 EuInsVO die Gleichbehandlung der Gläubiger dadurch sicher, dass ein Gläubiger, der in einem Insolvenzverfahren eine Quote auf seine Forderung erlangt hat, an der Verteilung im Rahmen eines anderen Verfahrens erst teilnimmt, wenn die Gläubiger gleichen Ranges oder gleicher Gruppenzugehörigkeit in diesem anderen Verfahren die gleiche Quote erlangt haben[2]. Die unterschiedliche Behandlung des Gläubigers in Art. 20 Abs 1 und 2 EuInsVO (bzw. in § 342 Abs. 1 und 2 InsO) ist letztlich darauf zurückzuführen, dass dieser, wenn er sich an einem ausländischen Insolvenzverfahren beteiligt, nur von einem ihm durch die Verordnung bzw. das dortige Insolvenzrecht eingeräumten Recht Gebrauch macht. Es handelt sich im Ergebnis um eine Durchbrechung der universellen Wirkung des Hauptinsolvenzverfahrens, die ihren Grund in der Zulassung von Sekundärverfahren hat[3].

3. Rechtsstellung des inländischen Insolvenzverwalters bezüglich des Auslandsvermögens

a) Befugnisse des Insolvenzverwalters

5659 Nach deutschem **autonomen Insolvenzrecht** bestimmt das Recht des Eröffnungsstaates auch über die Rechtsstellung des Insolvenzverwalters, zB über seine Ernennung, seine Rechte und Pflichten, das Erfordernis der Zustimmung eines Gläubigerausschusses oder einer Gläubigerversammlung bzw. des Insolvenzgerichtes zu bestimmten Maßnahmen, seine Haftung wegen Pflichtverletzungen, seine Vergütung und seine Abberufung (§ 335 InsO)[4]. Wenn § 80 InsO mit Eröffnung des Insolvenzverfahrens den Übergang der Verwaltungs- und Verfügungsbefugnis vom Schuldner auf den Insolvenzverwalter anordnet, so ist diese Wirkung nicht auf das Inlandsvermögen beschränkt. Der Verwalter eines im Inland eröffneten Insolvenzverfahrens ist nämlich nach § 148 Abs. 1 InsO verpflichtet, „das gesamte zur Insolvenzmasse gehörende Vermögen" so-

---

1 *Gottwald*, Hdb., § 130 Rz. 68, 85 f.; *Hanisch*, ZIP 1989, 277 f.; *E. Habscheid*, S. 480 ff.
2 Vgl. dazu den *Virgós/Schmit*-Bericht Rz. 175 m. Hinw. zum Berechnungsverfahren; ferner *Leible/Staudinger*, KTS 2000, 533 (563 f.); *Kindler*, in: MünchKomm, IntInsR Rz. 507 ff.; *Duursma-Kepplinger/Chalupsky*, Art. 20 EuInsVO Rz. 28 ff.; *Wenner*, Rz. 134 f.
3 Vgl. die Regierungsbegründung zu § 342 InsO, BR-Drucks. 715/02, S. 25.
4 *Eidenmüller*, ZZP 114 (2001), 3; *Gottwald*, Hdb., § 130 Rz. 44.

fort in Besitz und Verwaltung zu übernehmen; diese Verpflichtung bezieht sich aber auch auf das ausländische Vermögen des Schuldners[1].

In diesem Sinne ordnet Art. 4 Abs. 2 S. 2 lit. c **EuInsVO** ausdrücklich an, dass sich die Befugnisse des Insolvenzverwalters in allen Mitgliedstaaten nach dem Recht des Eröffnungsstaates beurteilen. Dieser Grundsatz wird in Art. 18 Abs. 1 EuInsVO für den Verwalter des Hauptinsolvenzverfahrens noch einmal bekräftigt. Danach darf der Verwalter, der durch ein nach Art. 3 Abs. 1 EuInsVO zuständiges Gericht bestellt worden ist, im Gebiet eines anderen Mitgliedstaates alle Befugnisse ausüben, die ihm nach dem Recht des Staates der Verfahrenseröffnung zustehen, solange in dem anderen Staat nicht ein weiteres Insolvenzverfahren eröffnet ist oder eine gegenteilige Sicherungsmaßnahme auf einen Antrag auf Eröffnung eines Insolvenzverfahrens hin ergriffen worden ist. Er kann insbesondere (vorbehaltlich der Art. 5 und 7 EuInsVO) die zur Masse gehörenden Gegenstände aus dem Gebiet des Mitgliedstaats entfernen, in dem sich die Gegenstände befinden, Art. 18 Abs. 1 S. 2 EuInsVO. Die Befugnisse des deutschen Insolvenzverwalters nach §§ 148 ff. InsO sind daher auch in den anderen Mitgliedstaaten hinsichtlich der dort belegenen Vermögensgegenstände des Schuldners anzuerkennen. Allerdings ist aus der systematischen Stellung des Art. 18 EuInsVO zu entnehmen, dass hierfür auch die übrigen Anerkennungsvoraussetzungen des Art. 16 EuInsVO erfüllt sein müssen. Denn Art. 18 EuInsVO regelt nur eine – besonders wichtige – Wirkung der Anerkennung des deutschen Eröffnungsbeschlusses im Ausland[2]. Ferner wird die Maßgeblichkeit der inländischen *lex fori concursus* – und damit auch die Rechtsmacht des inländischen (Haupt-)Insolvenzverwalters – nach der Verordnung durch die Sonderanknüpfung bestimmter Rechtsverhältnisse in Art. 5–15 EuInsVO eingeschränkt (dazu näher unten Rz. 5756 ff.). Bei der Ausübung seiner Befugnisse hat der Verwalter gem. Art. 18 Abs. 3 S. 1 EuInsVO das Recht des Mitgliedstaates, in dessen Gebiet er handeln will, zu beachten; dies gilt insbesondere hinsichtlich der Art und Weise der Verwertung eines Massegegenstands (zB durch freihändigen Verkauf oder öffentliche Versteigerung)[3]. Ferner dürfen seine Befugnisse nicht die Anwendung von Zwangsmitteln oder das Recht umfassen, Rechtsstreitigkeiten oder andere Auseinandersetzungen zu entscheiden.

5660

Der materiellrechtlichen Verfügungsbefugnis des Insolvenzverwalters korrespondiert seine **Prozessführungsbefugnis**. Er kann daher vor *deutschen* Gerichten – als Partei kraft Amtes – im eigenen Namen Auskunftsansprüche erheben und Masseforderungen geltend machen, die sich auf das im Ausland belegene Vermögen des Gemeinschuldners beziehen, und zwar unabhängig davon, ob

5661

---

1 BGH 18.9.2003, NJW 2004, 855 = NZI 2004, 21 m. Anm. *Uhlenbruck* = IPRspr. 2003 Nr. 219; *Geimer*, Rz. 3433, 3476; *Schack*, Rz. 1075; *Gottwald*, Hdb., § 130 Rz. 44; *Wenner*, Rz. 82 f.; *E. Habscheid*, S. 474 ff.; ebenso schon früher BGH 10.12.1976, BGHZ 68, 16 (17) = NJW 1977, 900; BGH 18.7.1983, BGHZ 88, 147 (150 f.) = NJW 1983, 2147.
2 *Wimmer*, NJW 2002, 2427 (2428).
3 *Leible/Staudinger*, KTS 2008, 533 (562); *Gottwald*, Hdb., § 130 Rz. 45; *Duursma-Kepplinger/Chalupsky*, Art. 18 EuInsVO Rz. 16 ff.

der deutsche Vollstreckungstitel im Ausland durchgesetzt werden kann oder nicht[1]. Voraussetzung für die Durchsetzung von Masseforderungen, die das Auslandsvermögen des Gemeinschuldners betreffen, vor deutschen Gerichten ist freilich deren **internationale Zuständigkeit**. Insoweit sieht allerdings Art. 3 Abs. 1 in der Auslegung durch den EuGH (vgl. oben Rz. 5638 f.) eine umfassende internationale Zuständigkeit des Eröffnungsstaates für die mit dem Insolvenzverfahren eng zusammenhängenden Klagen des Insolvenzverwalters vor[2]. Demgegenüber kennt das autonome deutsche Recht – abgesehen von § 180 Abs. 1 S. 2, 3 InsO für den Feststellungsstreit[3] – eine solche Konzentration der Zuständigkeit für Klagen des Insolvenzverwalters im Bezirk des Insolvenzgerichts nicht[4]. In Ermangelung einer „vis attractiva concursus" gelten für diese Klagen die allgemeinen Zuständigkeitsregeln der §§ 12 ff. ZPO bzw. der vorrangigen Art. 2 ff. EuGVO/LugÜ. Für *Aktivprozesse* des Insolvenzverwalters gegen im Ausland ansässige Beklagte ist daher eine internationale Zuständigkeit der deutschen Gerichte nur begründet, wenn ein besonderer Gerichtsstand – zB am vertraglichen Erfüllungsort oder am Tatort einer unerlaubten Handlung (Art. 5 Nr. 1, 3 EuGVO, §§ 29, 32 ZPO) – im Inland besteht[5]. Für *Passivprozesse* kommt es im Anwendungsbereich von EuGVO/LugÜ auf den Wohnsitz des Insolvenzverwalters an, im autonomen Recht dagegen auf den Sitz des Insolvenzgerichts (§ 19a ZPO)[6]. Schließlich bleibt der Insolvenzverwalter an Gerichtsstands- oder Schiedsvereinbarungen des Schuldners gebunden[7].

5662 Ob und inwieweit der inländische Insolvenzverwalter seiner Verpflichtung nach § 148 InsO auch im Ausland nachkommen und das dort belegene Vermögen zur inländischen Masse ziehen kann, hängt freilich außerhalb des räumlichen Anwendungsbereichs der EuInsVO von der **Anerkennung seiner Befugnisse** durch das autonome internationale Insolvenzrecht des Belegenheitsstaates ab[8]. Die Tendenz in der internationalen Staatenpraxis geht freilich dahin, den Übergang der Verwaltungs- und Verfügungsbefugnis auf einen ausländischen Insolvenzverwalter grundsätzlich anzuerkennen, wenn der Eröffnungsstaat international zuständig ist, kein vorrangiges inländisches oder anerkennungsfähiges drittstaatliches Insolvenzverfahren eröffnet worden ist und

---

1 BGH 10.12.1976, BGHZ 68, 16 (17) = NJW 1977, 900 = IPRspr. 1976 Nr. 212 (Prozessführungsbefugnis des Insolvenzverwalters über das Vermögen eines Kölner Kaufmanns auch hinsichtlich des in Liechtenstein belegenen Vermögens des Gemeinschuldners anerkannt); ferner BGH 18.7.1983, BGHZ 88, 147 (150 f.); *Gottwald*, Hdb., § 130 Rz. 41; *Wenner*, Rz. 85; *Geimer*, Rz. 3433, 3478; *Jaeger/Weber*, § 117 KO Rz. 5.
2 EuGH 12.2.2009 (Rz. 5638), NJW 2009, 2189.
3 Vgl. dazu *Gottwald*, Hdb., § 130 Rz. 82; *Trunk*, S. 208 ff.
4 *E. Habscheid*, ZIP 1999, 1113; *Geimer*, Rz. 3464; *Gottwald*, Hdb., § 130 Rz. 59; *Schack*, Rz. 1081.
5 *Geimer*, Rz. 3466; vgl. auch BGH 14.11.1996, JZ 1997, 415 m. Anm. *Paulus*.
6 *Geimer*, Rz. 3464; *Schack*, Rz. 1082; dazu BGH 27.5.2003, IPRax 2004, 59 (m. Anm. *Mörsdorf/Schulte*, IPRax 2007, 32) = NZI 2003, 545 m. Anm. *Mankowski* = IPRspr. 2003 Nr. 217.
7 *Stürner*, IPRax 2005, 416 ff.; *Schack*, Rz. 182.
8 RG 28.3.1903, RGZ 54, 193; BGH 4.2.1960, NJW 1960, 774 = MDR 1960, 578 m. Anm. *Kuhn* = IPRspr. 1960/61 Nr. 231; *Gottwald*, Hdb., § 130 Rz. 42.

der ordre public des Anerkennungsstaates nicht verletzt wird[1]. Für diesen Fall kann der deutsche Insolvenzverwalter auch in solchen ausländischen Belegenheitsstaaten, die nicht Mitgliedstaaten der EuInsVO sind, grundsätzlich Masseforderungen einziehen und hierauf gerichtete Prozesse führen. Seine Befugnisse im Ausland werden freilich einerseits durch die deutsche *lex fori concursus*, andererseits durch das Insolvenz- und Prozessrecht des Belegenheitsstaats beschränkt. Der inländische Verwalter hat daher auch im Ausland keine weitergehende Verfügungs- und Prozessführungsbefugnis als nach deutschem Recht[2]; er kann jedoch auch die ihm vom deutschen Insolvenzrecht verliehenen Befugnisse nur in den Grenzen ausüben, die ihm das ausländische Belegenheitsrecht zugesteht[3]. Darüber hinaus werden die Befugnisse des inländischen Insolvenzverwalters auch nach dem autonomen deutschen Recht durch die Sonderanknüpfungen nach §§ 336 ff. InsO eingeschränkt (dazu unten Rz. 5756 ff.).

b) Mitwirkung des Schuldners und der Gläubiger

Erkennt der ausländische Belegenheitsstaat die dem Insolvenzverwalter nach deutschem Recht zukommende Verwaltungs- und Verfügungsbefugnis *nicht* an, so kann der Schuldner über dieses Vermögen verfügen, solange dort kein weiteres Insolvenzverfahren eröffnet wird[4]. Die Wirksamkeit dieser Verfügungen bestimmt sich gem. Art. 43 Abs. 1 EGBGB grundsätzlich nach der ausländischen *lex rei sitae*[5]. Der Schuldner ist allerdings kraft deutschen Insolvenzrechts verpflichtet, dem Verwalter über alle das Verfahren betreffenden Verhältnisse Auskunft zu geben und ihn nach Kräften bei der Erfüllung seiner Verwaltungs- und Verwertungstätigkeit zu unterstützen (vgl. § 97 InsO). Dies schließt – als Ausfluss des Herausgabeanspruchs des Verwalters nach § 148 Abs. 2 InsO – die Verpflichtung des Schuldners ein, den Insolvenzverwalter zu **bevollmächtigen**, Auskünfte über im Ausland belegene Vermögensgegenstände einzuholen und über diese zu verfügen, wenn der Verwalter nur mit Hilfe einer solchen Vollmacht das im Ausland belegene Vermögen verwerten kann[6].   5663

Ist der Schuldner nicht kooperationswillig, so kann er vor deutschen Gerichten – auf Grundlage der §§ 97, 98 InsO – auf Abgabe der entsprechenden Voll-   5664

---

1 Vgl. dazu rechtsvergleichend *Hanisch*, ZIP 1992, 1125 (1135 ff.); *Riegel*, S. 18 ff.; *E. Habscheid*, S. 197 ff.
2 *Gottwald*, Hdb., § 130 Rz. 44; aA *Prütting*, ZIP 1996, 1277 (1280 f.).
3 Vgl. zur Prozessführungsbefugnis von ausländ. Verwaltern *Gottwald*, Hdb., § 130 Rz. 48.
4 *Wenner*, Rz. 98; *Gottwald*, Hdb., § 130 Rz. 50.
5 *Gottwald*, Hdb., § 130 Rz. 43.
6 BGH 18.9.2003, NJW 2004, 855 = NZI 2004, 21 m. Anm. *Uhlenbruck* = IPRspr. 2003 Nr. 219; OLG Köln 28.4.1986, ZIP 1986, 658 m. Anm. *Schneider* 1337 = IPRspr. 1986 Nr. 208; OLG Koblenz 30.3.1993, ZIP 1993, 844 = IPRax 1994, 370 (m. zust. Anm. *Hanisch*, IPRax 1994, 351) = IPRspr. 1993 Nr. 202; zust. *Gottwald*, Hdb., § 130 Rz. 51; *Wenner*, Rz. 102; *Geimer*, Rz. 3479; *Schack*, Rz. 1078; *E. Habscheid*, S. 473; *Trunk*, S. 157 f.; krit. zur Vollmachtslösung hingegen *Kronke*, in: Soergel, Anh. IV nach Art. 38 EGBGB Rz. 227.

machtserteilung verklagt werden. Die Vollstreckung wird dann durch die Fiktion der Abgabe der Vollmachtserklärung nach § 894 ZPO ersetzt[1]; die Anerkennung dieser Vollstreckungswirkung im ausländischen Belegenheitsstaat ist freilich nicht gesichert. Daneben kommen **Zwangsmaßnahmen** durch deutsche Gerichte in Betracht, um den sich im Inland aufhaltenden Schuldner zur Zusammenarbeit mit dem Insolvenzverwalter bezüglich des Auslandsvermögens zu veranlassen[2]. Schließlich kann der Insolvenzverwalter auch einen **Gläubiger beauftragen**, gegen den Schuldner im Ausland einen Titel zu erwirken und daraus die Zwangsvollstreckung in das Auslandsvermögen zu betreiben[3]. Der Gläubiger hat dann das Erlangte gegen Ersatz seiner Aufwendungen nach §§ 667, 670 BGB an die inländische Masse abzuliefern[4]. Ob der Verwalter darüber hinaus vor einem deutschen Gericht eine einstweilige Verfügung erwirken kann, mit der einem Insolvenzgläubiger untersagt wird, seine Rechte gegenüber dem Schuldner im Ausland wirksam zu verfolgen, insbesondere in Vermögen des Schuldners zu vollstrecken („antisuit injunction"), erscheint zweifelhaft[5].

4. Besonderheiten von Partikularinsolvenzverfahren

5665   Der Grundsatz der Universalität des Insolvenzverfahrens wird – wie gezeigt (vgl. oben Rz. 5615 ff.) – weder in der EuInsVO noch im autonomen deutschen Insolvenzrecht strikt durchgeführt. Aufgelockert wird er nicht nur durch die Sonderanknüpfungen für einzelne Rechtsverhältnisse, die einen besonders engen Bezug zu einem anderen Recht als dem des Eröffnungsstaates haben (dazu unten Rz. 5756 ff.), sowie durch die Zulässigkeit von Sekundärinsolvenzverfahren neben einem ausländischen Hauptinsolvenzverfahren (dazu unten Rz. 5738 f.). Vielmehr wird sowohl in der EuInsVO (Art. 3 Abs. 2 EuInsVO) als auch im autonomen deutschen Recht (§§ 354 ff. InsO) schon vor Eröffnung eines Hauptinsolvenzverfahrens ein auf das Inlandsvermögen beschränktes Partikularinsolvenzverfahren zugelassen. Durch die Möglichkeit der Rechtsverfolgung im Inland soll der Anspruch hier ansässiger Gläubiger auf Justizgewährung sichergestellt werden[6]. Besondere Bedeutung kommt diesem Verfahren zu, wenn im Staat des Interessenmittelpunkts des Schuldners ein Insolvenzverfahren – zB mangels Insolvenzfähigkeit des Schuldners nach dortigem Recht – überhaupt nicht durchgeführt werden kann. Die Voraussetzungen

---

1 LG Köln 31.10.1997, RIW 1998, 321 = EWiR 1998, 507 (LS) m. Anm. *Pape* = IPRspr. 1997 Nr. 220b; *Geimer*, Rz. 3480; *Gottwald*, Hdb., § 130 Rz. 52; *Wenner*, Rz. 105; *Schack*, Rz. 1078.
2 Vgl. LG Memmingen 20.1.1983, ZIP 1983, 204: Zwangshaft; *Gottwald*, Hdb., § 130 Rz. 53; *Geimer*, Rz. 3481; *Wenner*, Rz. 104. Vgl. auch *Ashurst* v. *Pollard* (Ch. D. 2000), 2 All E.R. 772: Anordnung an den Schuldner, zugunsten des Verwalters über eine Eigentumswohnung in Portugal zu verfügen; Verstoß gegen Art. 16 Nr. 1 EuGVÜ abgelehnt, weil es sich um eine „order in personam" handle.
3 Vgl. *Geimer*, Rz. 3485; *Schack*, Rz. 1079.
4 *Geimer*, Rz. 3485; *Schack*, Rz. 1079; *Gottwald*, Hdb., § 130 Rz. 54; *Wenner*, Rz. 107.
5 Vgl. *Schack*, Rz. 1080; *Nagel/Gottwald*, § 5 Rz. 305 f.; für Zulässigkeit einer solchen „antisuit injunction" hingegen *Wenner*, Rz. 116; *Trunk*, S. 159.
6 *Geimer*, Rz. 3394 f.; *Bloching*, S. 72 ff.; *Gottwald*, Hdb., § 130 Rz. 97.

und Wirkungen eines solchen Verfahrens beurteilen sich gem. Art. 28 EuIns-
VO bzw. § 335 InsO nach der *lex fori concursus* des Eröffnungsstaates. Insoweit ergeben sich allerdings die folgenden Besonderheiten:

a) Voraussetzungen der Eröffnung
aa) Internationale Zuständigkeit

Nach **europäischem Insolvenzrecht** (Art. 3 Abs. 2 EuInsVO) sind die Gerichte 5666
eines Mitgliedstaats, in dem der Schuldner nicht den Mittelpunkt seiner hauptsächlichen Interessen hat, nur dann zur Eröffnung eines Insolvenzverfahrens befugt, wenn der Schuldner zumindest eine **Niederlassung** im Gebiet dieses anderen Mitgliedstaats hat. Der Begriff der Niederlassung in der EuInsVO ist
bewusst weiter als in Art. 5 Nr. 5 EuGVO, weil es insoweit nicht auf die Weisungsgebundenheit des Schuldners ankommt; vielmehr genügt als Niederlassung gem. Art. 2 lit. h EuInsVO „jeder Tätigkeitsort, an dem der Schuldner einer
wirtschaftlichen Aktivität von nicht vorübergehender Art nachgeht, die den
Einsatz von Personal und Vermögenswerten voraussetzt"[1]. Die *örtliche* Zuständigkeit bestimmt sich auch für Partikularverfahren nach dem autonomen Insolvenzrecht der Mitgliedstaaten. In Deutschland begründet Art. 102 § 1 Abs. 2
EGInsO die ausschließliche örtliche Zuständigkeit des Insolvenzgerichts, in
dessen Bezirk die Niederlassung des Schuldners liegt, auf die sich nach Art. 3
Abs. 2 EuInsVO die internationale Zuständigkeit der deutschen Gerichte
stützt. Verfügt der Schuldner also zB im Inland über Grundstücke, die nicht am
Ort der Niederlassung belegen sind, so kann an diesen Belegenheitsorten kein
inländisches Partikularverfahren eröffnet werden. Betreibt der ausländische
Schuldner im Inland mehrere Niederlassungen, so bestimmt sich nach §§ 354
Abs. 3 S. 2, 3 Abs. 2 InsO die örtliche Zuständigkeit danach, bei welchem In-
solvenzgericht zuerst die Eröffnung des Verfahrens beantragt worden ist[2].

Hatte der Schuldner im Inland weder einen allgemeinen Gerichtsstand noch 5667
den Mittelpunkt seiner selbständigen wirtschaftlichen Interessen, so waren
die deutschen Gerichte auch nach **autonomem Recht** (Art. 102 Abs. 3 S. 1
EGInsO aF) schon bisher zur Eröffnung eines Partikularinsolvenzverfahrens international zuständig, das sich auf das im Inland belegene Vermögen des Gemeinschuldners beschränkte[3]. Abweichend von § 238 KO und Art. 3 Abs. 2
EuInsVO war hierfür eine Niederlassung des Schuldners im Inland nicht erforderlich, sondern es reichte bereits die bloße *Belegenheit von Schuldnervermögen* im Inland aus. Damit sollte sichergestellt werden, dass das inländische
Vermögen des Gemeinschuldners zur Befriedigung des Gläubigers auch dann

---

[1] Vgl. zu den Hintergründen für diesen weiten Niederlassungsbegriff der EuInsVO näher
den *Virgós/Schmit*-Bericht Rz. 70; *W. Lüke*, ZZP 111 (1998), 275 (299); *Huber*, ZZP
114 (2001), 133 (142); *Geimer*, Rz. 3459. Zur Auslegung näher *Paulus*, ZIP 2002, 729
(730); *Paulus*, EWS 2002, 497 (500 f.).
[2] Vgl. Art. 102 § 1 Abs. 2 S. 2 EGInsO; dazu die Regierungsbegründung, BR-Drucks.
715/02, S. 16.
[3] Vgl. dazu näher *Flessner*, IPRax 1997, 1 (3); *Gottwald*, Hdb., § 130 Rz. 109; *Geimer*,
Rz. 3436 ff.; krit. dazu *Schollmeyer*, IPRax 1995, 150 ff.

erfasst wurde, wenn das ausländische Hauptinsolvenzverfahren im Inland nicht anerkannt wurde[1].

Gegen diese Lösung wurde insbesondere eingewandt, sie würde zu einer Zerfaserung des Insolvenzverfahrens führen; die Durchführung von Sonderverfahren in einer Vielzahl von Belegenheitsstaaten sei für den Verwalter des Hauptinsolvenzverfahrens kaum noch angemessen zu bewältigen[2]. Wird aber in Übereinstimmung mit Art. 3 Abs. 2 EuInsVO für die Eröffnung eines Partikularverfahrens stets eine Niederlassung gefordert, so besteht die Gefahr von Zuständigkeitslücken in den Fällen, in denen der Schuldner zwar im Inland erhebliche Vermögenswerte besitzt, gleichwohl hier aber keine Niederlassung unterhält.

5668 Um diesen unterschiedlichen Anforderungen gerecht zu werden, fordert § 354 Abs. 1 InsO zwar im Regelfall zur Eröffnung eines Verfahrens im Inland eine Niederlassung des Schuldners[3]. Daneben ist ein Partikularinsolvenzverfahren aber auch weiterhin schon dann zulässig, wenn der Schuldner nur Vermögen im Inland hat; für diesen Fall werden lediglich die Antragsvoraussetzungen in § 354 Abs. 2 InsO verschärft (dazu unten Rz. 5670). Das Schuldnervermögen muss allerdings für die Durchführung des Insolvenzverfahrens noch zur Verfügung stehen; daher fehlt es an der nach § 354 Abs. 1 InsO eröffneten Zuständigkeit, wenn das inländische Vermögen des Schuldners vollständig für andere Berechtigte insolvenzfest beschlagnahmt ist[4]. Anders als für den Vermögensgerichtsstand in § 23 ZPO[5] bedarf es im Falle des § 354 Abs. 1 InsO keines über die Vermögensbelegenheit hinausgehenden Inlandsbezugs[6]. Über die Belegenheit von Sachen entscheidet das Recht des Lageortes. Für die Belegenheit von Forderungen kommt es entsprechend § 23 S. 2 ZPO auf den Wohnsitz des Drittschuldners an[7]; danach genügt es schon, wenn ein Masseschuldner im Inland wohnt[8]. Ausschließlich örtlich zuständig ist nach § 354 Abs. 3 S. 1 InsO das Gericht, in dessen Bezirk der Schuldner seine inländische Niederlassung

---

1 *Schack*, Rz. 1063; *Geimer*, Rz. 3438; s. auch LG Stuttgart 30.12.1999, ZIP 2000, 1122 = EWiR 2000, 523 (LS) m. Anm. *Mankowski* = IPRspr. 1999 Nr. 196 (Internationale Zuständigkeit der deutschen Gerichte für ein Partikularinsolvenzverfahren betr. das deutsche Wohnhaus eines mit Wohnsitz in Spanien verstorbenen deutschen Erblassers bejaht).
2 Vgl. etwa *Schollmeyer*, IPRax 1995, 152.
3 „Schuldner" im insolvenzrechtlichen Sinne bleibt freilich auch in diesem Falle die im Ausland ansässige natürliche oder juristische Person, nicht die deutsche Niederlassung; aA LG München I 17.7.2001, IPRspr. 2001 Nr. 211. Der Begriff der „Niederlassung" ist in § 354 Abs. 1 InsO ebenso zu verstehen wie in Art. 2 lit. h EuInsVO, vgl. *Gottwald*, Hdb., § 130 Rz. 16.
4 OLG Karlsruhe 15.4.2002, IPRax 2003, 61 (62) (m. Anm. *Haubold*, IPRax 2003, 34).
5 Vgl. BGH 2.7.1991, BGHZ 115, 90 (92 ff.) = NJW 1991, 3092 = JZ 1992, 51 m. Anm. *Schack* = IPRax 1992, 160 m. Anm. *Schlosser* = IPRspr. 1991 Nr. 166b; *Hausmann*, in: Staudinger, Anh. II zu Art. 27–37 EGBGB Rz. 156 ff. mwN.
6 *Kindler*, in: MünchKomm, IntInsR Rz. 1176; *Gottwald*, Hdb., § 130 Rz. 102; ebenso schon zu Art. 102 Abs. 3 EGInsO aF *Geimer*, Rz. 3459.
7 *Aderhold*, S. 209; *Trunk*, S. 240 ff.; *Gottwald*, Hdb., § 130 Rz. 103; *Geimer*, Rz. 3441.
8 *Schack*, Rz. 1062.

unterhält. Hat der Schuldner keine Niederlassung im Inland, so ist jedes Insolvenzgericht örtlich zuständig, in dessen Bezirk Vermögen des Schuldners belegen ist. Das Gericht, bei dem zuerst die Eröffnung des Verfahrens beantragt worden ist, schließt alle übrigen inländischen Gerichte aus (§ 354 Abs. 3 S. 2 iVm. § 3 Abs. 2 InsO).

bb) Rechtsschutzinteresse

Zum Schutz der Gläubiger eines künftigen Hauptinsolvenzverfahrens schränkt das **europäische Insolvenzrecht** die Zulässigkeit der Eröffnung eines Partikularverfahrens in Art. 3 Abs. 4 EuInsVO auf Fälle ein, in denen der Antragsteller an einem solchen Verfahren ein besonderes Interesse nachweist[1]. Ein solches Verfahren kann danach *vor dem Hauptinsolvenzverfahren*[2] nur eröffnet werden, wenn entweder die Eröffnung eines (Haupt-) Insolvenzverfahrens nach dem Recht des Mitgliedstaats, in dem der Schuldner den Mittelpunkt seiner hauptsächlichen Interessen hat, (zB wegen fehlender Insolvenzfähigkeit) nicht möglich ist, oder die Eröffnung des Partikularverfahrens von einem Gläubiger beantragt wird, der seinen Wohnsitz, gewöhnlichen Aufenthalt oder Sitz in dem Mitgliedstaat hat, in dem sich die betreffende Niederlassung des Schuldners befindet, oder dessen Forderung auf einer sich aus dem Betrieb dieser Niederlassung ergebenden Verbindlichkeit beruht.

5669

Demgegenüber sind Gläubiger nach **autonomem Recht** uneingeschränkt berechtigt, ein inländisches Partikularverfahren zu beantragen, wenn der Schuldner eine *Niederlassung* im Inland hat; es gelten insoweit die gleichen Erfordernisse wie für die Beantragung eines Hauptinsolvenzverfahrens (dazu oben Rz. 5641 ff.). Beruht die internationale Zuständigkeit der deutschen Gerichte hingegen nach § 354 Abs. 1 InsO auf der bloßen *Belegenheit von Schuldnervermögen* im Inland, so ist der Antrag eines Gläubigers auf Eröffnung eines Partikularverfahrens nach § 354 Abs. 2 InsO nur zulässig, wenn dieser ein besonderes Interesse an der Eröffnung des Verfahrens hat; ein solches ist insbesondere dann gegeben, wenn er in einem ausländischen (Haupt- oder Neben-)Verfahren voraussichtlich erheblich schlechter stehen würde als in dem inländischen Partikularverfahren[3]. Durch die ausschließliche Erwähnung des Gläubigerantrags wird klargestellt, dass der *Schuldner* nicht berechtigt ist, ein unabhängiges Partikularverfahren zu beantragen[4]. Liegen Insolvenzeröffnungsgründe vor, so soll der Schuldner ein Hauptinsolvenzverfahren am Mittelpunkt seiner hauptsächlichen Interessen beantragen und „nicht versuchen, die Unternehmung von ihren Rändern her zu liquidieren"[5]. Um dem Gericht die Prü-

5670

---

1 Vgl. Erwägungsgrund 17 zur EuInsVO.
2 Die Schranken des Art. 3 Abs. 4 EuIns VO gelten also nicht für Sekundärinsolvenzverfahren iSv. Art. 3 Abs. 3 EuInsVO; vgl. Erwägungsgrund 18 zur EuInsVO.
3 Vgl. *Torz*, S. 196 ff.; *Kindler*, in: MünchKomm, IntInsR Rz. 1177 ff.; *Gottwald*, Hdb., § 130 Rz. 104 f.; zu restriktiv *Liersch*, NZI 2003, 302 (309).
4 *Schack*, Rz. 1139.
5 Regierungsbegründung zu § 354 InsO, BR-Drucks. 715/02, S. 31 f.; dazu auch OLG Köln 23.4.2001, IPRax 2003, 59 (61) = IPRspr. 2001 Nr. 210 mwN.

fung des Gläubigerantrags zu erleichtern, sind die Tatsachen, aus denen sich das besondere Interesse des Gläubigers an einem Partikularverfahren ergibt, glaubhaft zu machen (§ 354 Abs. 2 S. 2 InsO).

cc) Deckung der Verfahrenskosten

5671 Auch ein Partikularinsolvenzverfahren kann im Inland nur eröffnet werden, wenn zumindest die Verfahrenskosten gedeckt sind (vgl. § 26 InsO). Anders als im Hauptinsolvenzverfahren kann dabei nicht auf das weltweite Vermögen des Schuldners abgestellt werden, vielmehr muss allein dessen inländisches Vermögen die voraussichtlichen Verfahrenskosten decken[1]. Über die Belegenheit eines Vermögensgegenstandes im Inland entscheidet nach Art. 2 lit. g EuInsVO bei körperlichen Gegenständen der Lageort, bei eintragungspflichtigen Rechten der Registerort und bei Forderungen der Mittelpunkt des hauptsächlichen Interesses des Drittschuldners iSv. Art. 3 Abs. 1 EuInsVO. Für das autonome Recht gilt im Ergebnis nichts anderes[2].

b) Beschränkung auf das Inlandsvermögen

5672 Die Wirkungen eines Partikularverfahrens sind nach Art. 3 Abs. 2 S. 2 EuInsVO auf das Gebiet des Mitgliedstaats beschränkt, in dem der Schuldner seine Niederlassung hat. In gleicher Weise beschränkt sich das Verfahren auch nach autonomem Recht auf das Inlandsvermögen, § 354 Abs. 1 InsO. Diesbezüglich hat das Partikularverfahren Vorrang vor dem ausländischen Hauptverfahren und steht der Anerkennung von dessen Wirkungen im Inland entgegen[3]. Teilnahmeberechtigt an einem solchen Verfahren sind freilich nicht nur die inländischen, sondern auch die ausländischen Gläubiger; dabei kommt es nicht darauf an, dass ihre Forderungen gerade einen Bezug zum Inlandsvermögen des Schuldners haben[4].

c) Befugnisse des Involvenzverwalters

5673 Dementsprechend sind auch die Befugnisse des Verwalters in einem inländischen Partikularinsolvenzverfahren grundsätzlich auf das Inland beschränkt. Gewisse Mindestbefugnisse auf dem Gebiet anderer Mitgliedstaaten billigt jedoch das **europäische Insolvenzrecht** auch dem Verwalter eines Partikularverfahrens in Art. 18 Abs. 2 EuInsVO zu. Danach darf dieser in jedem anderen Mitgliedstaat gerichtlich und außergerichtlich geltend machen, dass ein beweglicher Gegenstand nach Eröffnung des Insolvenzverfahrens aus dem Gebiet des Staates der Verfahrenseröffnung in das Gebiet dieses anderen Mitgliedstaats verbracht worden ist. Er kann daher dort auf Herausgabe dieses Gegen-

---

1 *Aderhold*, S. 210, 215; *Gottwald*, Hdb., § 130 Rz. 116; *Geimer*, Rz. 3440.
2 *Aderhold*, S. 209; *Gottwald*, Hdb., § 130 Rz. 103; *Geimer*, Rz. 3441.
3 *Gottwald*, Hdb., § 130 Rz. 97.
4 BGH 17.11.1991, NJW 1992, 624 = JZ 1992, 264 m. Anm. *Paulus* = IPRspr. 1991 Nr. 237b; *Geimer*, Rz. 3437.

standes klagen oder eine den Interessen der Gläubiger dienende Anfechtungsklage erheben.

Frei. 5674–5690

III. Ausländisches Insolvenzverfahren mit Inlandsbezug

Literatur: Vgl. zunächst die allg. Literatur vor Rz. 5601; ferner *Ackmann/Wenner*, Auslandskonkurs und Inlandsprozess: Rechtssicherheit contra Universalität im deutschen internationalen Konkursrecht?, IPRax 1989, 144; *Ackmann/Wenner*, Inlandswirkung des Auslandskonkurses: Verlustscheine und Restschuldbefreiungen, Festschr. Baumgärtel (1990), S. 209; *Ahrens*, Rechte und Pflichten ausländischer Insolvenzverwalter im internationalen Insolvenzrecht (2002); *Cooper/Jarvis*, Recognition and Enforcement of Cross-Border Insolvency (1996); *Duursma/Duursma-Kepplinger*, Gegensteuerungsmaßnahmen bei ungerechtfertigter Inanspruchnahme der internationalen Zuständigkeit nach Art. 3 Abs. 1 EuInsVO, DZWiR 2003, 447; *Ebenroth*, Die Inlandswirkungen der ausländischen lex fori concursus bei Insolvenz einer Gesellschaft, ZZP 101 (1988), 121; *Ehricke*, Zur Anerkennung einer in Deutschland erteilten Restschuldbefreiung, IPRax 2002, 505; *Flessner*, Ausländischer Konkurs und inländischer Arrest, Festschr. Merz (1992), S. 93; *Flessner*, Das amerikanische Reorganisationsverfahren vor deutschen Gerichten, IPRax 1992, 151; *Garasić*, Anerkennung ausländischer Insolvenzverfahren, 2 Bde. (2005); *Gottwald*, Auslandskonkurs und Registereintragung im Inland, IPRax 1991, 168; *Gottwald*, Gewillkürte Prozessstandschaft kraft Ermächtigung eines ausländischen Konkursverwalters, IPRax 1995, 157; *Gottwald*, Anerkennung ausländischer Insolvenzverfahren, in: Gottwald (Hrsg.), Insolvenzrechtshandbuch, 3. Aufl. (2006), § 132; *Gottwald/Pfaller*, Aspekte der Anerkennung ausländischer Insolvenzverfahren im Inland, IPRax 1998, 170; *Graf*, Die Anerkennung ausländischer Insolvenzentscheidungen (2003); *Grasmann*, Inlandswirkungen des Auslandskonkurses über das Vermögen eines im Konkurseröffnungsstaat ansässigen Gemeinschuldners, KTS 1990, 157; *E. J. Habscheid*, § 240 ZPO bei ausländischen Insolvenzen und die Internationalität des Konkurses, KTS 1998, 183; *E. J. Habscheid*, Die Anerkennung des schweizerischen Konkursverlustscheins in Deutschland und des Auszugs aus der Konkurstabelle in der Schweiz, KTS 2001, 251; *Hanisch*, Nochmals: Schweizerische Konkursverlustscheine im deutschen Prozess, IPRax 1993, 297; *Homann*, System der Anerkennung eines ausländischen Insolvenzverfahrens und die Zulässigkeit der Einzelrechtsverfolgung (2000); *Homann*, System der Anerkennung eines ausländischen Insolvenzverfahrens, KTS 2000, 323; *Jacoby*, Der ordre-public-Vorbehalt beim forum shopping im Insolvenzrecht, GPR 2007, 200; *Paulus*, Das inländische Parallelverfahren nach der europäischen Insolvenzverordnung, EWS 2002, 497; *Leipold*, Ausländischer Konkurs und inländischer Zivilprozess – Harmonie oder Dissonanz in der Rechtsprechung des Bundesgerichtshofs?, Festschr. Schwab (1990), S. 189; *Lörcher*, Effets en Allemagne d'une procedure de faillite étrangère, Int. Bus. L.J. 1991, 855; *von Oertzen*, Inlandswirkungen eines Auslandskonkurses (Diss. Mainz 1990); *Otte*, Inländischer einstweiliger Rechtsschutz bei Auslandskonkurs – ein neuer internationaler Justizkonflikt?, RabelsZ 58 (1994), 292; *Pielorz*, Auslandskonkurs und Disposition über das Inlandsvermögen (1977); *Reinhart*, Zur Anerkennung ausländischer Insolvenzverfahren, ZIP 1997, 1734; *Riesenfeld*, Domestic effects of foreign liquidation and rehabilitation proceedings in the light of comparative law, Festschr. Kegel (1977), S. 433; *Riesenfeld*, The status of foreign administrators of insolvent estates: a comparative survey, Am.J.Comp.L. 24 (1976), 288; *Rossbach*, Europäische Insolvenzverwalter in Deutschland (2006); *H. Roth*, Auslandskonkurs und individuelle Rechtsverfolgung im Inland, IPRax 1996, 324; *Schollmeyer*, Diskriminierung deutscher Gläubiger in amerikanischen Insolvenzverfahren?, ZZP 108 (1995), 525; *Schollmeyer*, § 240 ZPO und Auslandskonkurs, IPRax 1999, 26; *Schollmeyer*, Vollstreckungsschutz kraft ausländischen

Insolvenzrechts und Inlandsklausel, IPRax 2003, 227; *Schütze*, Die Anerkennung und Vollstreckbarerklärung ausländischer, insbesondere US-amerikanischer insolvenzrechtlicher Entscheidungen in Deutschland, DZWiR 2001, 412; *Sonnentag*, Auslandskonkurs und Anfechtung im Inland, IPRax 1998, 330; *Stadler*, Zur Anerkennung ausländischer Zwangsvergleiche, IPRax 1998, 91; *Summ*, Anerkennung ausländischer Konkurse in der Bundesrepublik Deutschland (1992); *Thieme*, Inlandsvollstreckung und Auslandkonkurs, RabelsZ 37 (1973), 682; *Trunk*, Dogmatische Grundlagen der Anerkennung von Auslandskonkursen, KTS 1987, 415; *Trunk*, Auslandskonkurs und inländische Zivilprozesse, ZIP 1989, 279; *Trunk*, Recognition of a Foreign „Automatic Stay" in Bankruptcy: The Position of Germany, France and the United States, Int. Insolv. Rev. 1994, 145; *Witte*, Die Anerkennung schwedischer Insolvenzverfahren in der Bundesrepublik Deutschland (1996); *Ch. Wolf*, Erlöschen von Kreditsicherheiten Dritter nach US-amerikanischem Insolvenzrecht und Wirkungsanerkennung im Inland, IPRax 1999, 444.

5691 Das deutsche internationale Insolvenzrecht geht heute vom Grundsatz der Anerkennung gleichwertiger ausländischer Insolvenzverfahren und der in ihrem Rahmen getroffenen Entscheidungen aus, billigt also dem ausländischen Verfahren grundsätzlich die gleiche universelle Geltung zu, die es für seine eigenen Verfahren in Anspruch nimmt (dazu oben Rz. 5650)[1]. Der gleichen Zielsetzung ist auch die EuInsVO verpflichtet, die durch die Erstreckung der Wirkungen des in einem Mitgliedstaat eröffneten Insolvenzverfahrens auf alle anderen Mitgliedstaaten nach Art. 3 Abs. 1, 16 Abs. 1 EuInsVO das Funktionieren des europäischen Binnenmarkts sicherstellen möchte. Die Besonderheit der Anerkennung ausländischer insolvenzrechtlicher Entscheidungen besteht freilich darin, dass ihre Wirkungen durch die Eröffnung von Sonderinsolvenzverfahren im Inland in vielfältiger Weise eingeschränkt werden können.

1. Gegenstand der Anerkennung

5692 Der Anerkennung unterliegen im autonomen wie im europäischen Insolvenzrecht nur **Entscheidungen** in einem „Insolvenzverfahren". Dabei ist zwischen dem Eröffnungsbeschluss und sonstigen Entscheidungen zur Durchführung eines Insolvenzverfahrens zu unterscheiden.

a) Eröffnungsentscheidung

5693 Das **europäische Insolvenzrecht** setzt für die Anerkennung in Art. 16 Abs. 1 UAbs. 1 EuInsVO lediglich voraus, dass es sich bei dem in einem anderen Mitgliedstaat eröffneten Verfahren um ein „Insolvenzverfahren" iSv. Art. 2 lit. a iVm. der Anlage A zur EuInsVO[2] handelt; dies muss kein Hauptvefahren sein[3]. Allerdings definiert die Verordnung den Begriff „Eröffnung des Insolvenzverfahrens" nicht, weil die Voraussetzungen und Förmlichkeiten der Eröffnung dem nationalen Recht der Mitgliedstaaten unterliegen. Indessen hängt die Effizienz des mit der Verordnung eingeführten Systems davon ab, dass die Verpflichtung zur Anerkennung einer ausländischen Entscheidung über die Eröff-

---

1 *Gottwald*, Hdb., § 132 Rz. 5; *Wenner*, Rz. 101; *Trunk*, S. 261 ff.
2 Vgl. oben Rz. 5606. Andere als in der Anlage A aufgeführte Verfahren können nach der Verordnung nicht anerkannt werden, vgl. *Virgós/Schmit*-Bericht Rz. 145.
3 *Kindler*, in: MünchKomm, IntInsR Rz. 420.

nung des Insolvenzverfahrens so früh wie möglich feststeht. Im Hinblick auf dieses Ziel gilt Art. 16 Abs. 1 UAbs. 1 EuInsVO nicht erst für die förmliche Eröffnungsentscheidung; ausreichend ist vielmehr jede Entscheidung, die den Vermögensbeschlag gegen den Schuldner zur Folge hat und durch die ein in Anhang C der Verordnung genannter Verwalter bestellt wird. Das kann auch ein *vorläufiger Verwalter* sein, wenn der Schuldner durch dessen Bestellung seine Verwaltungs- und Verfügungsbefugnis verliert[1].

Im **autonomen Insolvenzrecht** fehlt es an einer dem Art. 2 lit a EuInsVO vergleichbaren Aufzählung der anerkennungsfähigen Verfahren. Nach der für diese Qualifikationsfrage maßgeblichen deutschen *lex fori*[2] muss es sich um ein – gerichtliches oder behördliches[3] – Verfahren handeln, das wegen der Zahlungsunfähigkeit oder Überschuldung des Gemeinschuldners auf die Liquidation seines Vermögens in der Sphäre des Privatrechts gerichtet ist und die Gleichbehandlung aller Gläubiger zum Ziel hat[4]. Die deutsche Rechtsprechung hat sich insoweit bisher an den Merkmalen der gesetzlich geregelten deutschen Insolvenzverfahren (Konkurs, Vergleich, Gesamtvollstreckung) orientiert[5].

5694

BGH 21.11.1996, BGHZ 134, 116 (119 f.) = NJW 1997, 657 = IPRax 1998, 199 (m. Anm. *Gottwald/Pfaller*, IPRax 1998, 170) = JZ 1997, 568 m. Anm. *Leipold* = IPRspr. 1996 Nr. 234
Zur Anerkennung eines schwedischen Konkursverfahrens in Deutschland. „Der schwedische Konkurs entspricht jedenfalls im allg. den Anforderungen, die nach den inländischen Rechtsgrundsätzen an ein Konkursverfahren zu stellen sind. Er setzt insbesondere die Zahlungsunfähigkeit (insolvens) des Schuldners voraus und bezweckt die gleichmäßige Befriedigung aller Gläubiger."

Allerdings sind auch Entscheidungen über die Eröffnung solcher ausländischer Verfahren anerkennungsfähig, die nicht auf eine rasche Liquidation des Schuldnervermögens gerichtet sind, sondern das Ziel der Befriedigung der Gläubiger durch Vermeidung der Insolvenz, zB durch **Sanierung oder Reorganisation** des Unternehmens des Schuldners zu erreichen trachten. Als Insolvenzverfahren wurde daher schon bisher überwiegend auch das Reorganisationsverfahren nach Chapter 11 des U.S. Bankruptcy Code angesehen[6].

5695

---

1 EuGH 2.5.2006 (Rz. 5636) – Rs. C- 341/04 (Eurofood), Slg. 2006 I, 3813 (3825 f.) (Nr. 45 ff., 58); ebenso schon vorher *Schilling/Schmidt*, ZInsO 2006, 113 (114); *Wimmer*, ZInsO 2005, 119 (126); aA *Probst*, S. 215 ff.
2 *E. Habscheid*, S. 302; *Geimer*, Rz. 3360.
3 *Gottwald*, Hdb., § 132 Rz. 19; *Geimer*, Rz. 3505; *Wenner*, Rz. 177. Vgl. zum schweiz. Recht, wo das Verfahren durch eine besondere Vollstreckungsbehörde eröffnet und durchgeführt wird, *Aderhold*, S. 231. Für Gleichstellung von gerichtlichen und behördlichen Verfahren auch Art. 2 lit. d EuInsVO; dazu *Virgós/Schmit*-Bericht Rz. 66.
4 Vgl. *Ebenroth*, ZZP 101 (1988), 121 (124); *Laut*, S. 56 ff.; *Trunk*, S. 212, 267 f.; *Gottwald*, Hdb., § 132 Rz. 19; *Geimer*, Rz. 3361; *Wenner*, Rz. 175.
5 Vgl. auch zur Qualifikation des schweiz. Konkursverfahrens als „Konkurs im deutschen Sinne" BGH 27.5.1993 (Rz. 83), BGHZ 122, 373 (375); ebenso zur „faillite" nach Art. 442 des luxemburg. c.com. BGH 13.5.1997, NJW 1997, 2525 (2527) = IPRspr. 1997 Nr. 219.
6 Vgl. BGH 11.1.1990, WM 1990, 326 (328) = ZIP 1990, 246 = IPRax 1991, 183 (m. zust. Anm. *Flessner/Schulz*, IPRax 1991, 162) = JZ 1990, 654 (m. Aufs. *K. Schmidt*, JZ 1990, 619) = ZZP 105 (1992), 212 m. Anm. *Taupitz* = IPRspr. 1990 Nr. 164; BGH 11.7.1991,

5696 Demgegenüber wurde eine insolvenzrechtliche Qualifikation der „administration order" nach englischem Recht verneint[1]. Ebenso wurde zum italienischen Verfahren der Unternehmenssanierung nach der „Legge Prodi" entschieden, weil es sich um eine politisch motivierte Sanierung zu Lasten der Gläubiger handele[2]. Daran kann indes nach Inkrafttreten der EuInsVO, die diese englischen und italienischen Verfahren in ihrem Anhang A ausdrücklich nennt, nicht mehr festgehalten werden. Grundsätzlich wird man die Qualifikation der EuInsVO in das autonome Insolvenzrecht übernehmen können, so dass man sich auch bei der Entscheidung über die Anerkennungsfähigkeit drittstaatlicher „Insolvenzverfahren" an der Vergleichbarkeit mit den in Anhang A zur Verordnung aufgezählten Verfahren orientieren kann[3]. Nicht erfasst werden aber die rein privaten Verwertungsverfahren im Auftrag der Gläubiger[4].

b) Entscheidungen zur Durchführung und Beendigung eines Insolvenzverfahrens

5697 Da auch die Durchführung eines **Vergleichsverfahrens** im Ausland nicht staatlichen Zwecken, sondern der gleichmäßigen Gläubigerbefriedigung dient, galten die für die Anerkennung ausländischer Konkurse entwickelten Regeln schon früher für die Anerkennung ausländischer Vergleichsverfahren entsprechend[5]. Seit Inkrafttreten von Art. 102 Abs. 1 und 3 EGInsO aF waren alle ausländischen „Insolvenzverfahren" im Inland anerkennungsfähig; dazu gehörten auch Vergleichsverfahren, die dem Ziel des § 1 InsO entsprachen[6].

NJW 1992, 624 (625) = JZ 1992, 264 m. Anm. *Paulus* = EWiR 1991, 1107 (LS) m. Anm. *Flessner* = IPRspr. 1991 Nr. 237b; LG Frankfurt a.M. 13.2.1989, NJW 1990, 650 = RIW 1990, 141 = IPRspr. 1989 Nr. 252; zust. *Flessner*, IPRax 1997, 1 (10); *Gottwald*, Hdb., § 132 Rz. 21; *Geimer*, Rz. 3362; *Schack*, Rz. 1111; *Ch. Wolf*, IPRax 1999, 444 (448); *Wenner*, KTS 1990, 429 (432); ausführlich dazu *Reinhart*, S. 172 ff.; aA OLG Hamburg, 10.5.1990, RIW 1992, 941 = IPRax 1992, 170 (m. abl. Anm. *Flessner*, IPRax 1992, 151) = IPRspr. 1991 Nr. 236 (Qualifikation des Verfahrens nach Chapter 11 Bankruptcy Code als „Konkurs" abgelehnt, weil in diesem Verfahren die Sanierung, nicht die Gläubigerbefriedigung im Vordergrund stehe).
1 OLG Düsseldorf 18.7.1997, NJW-RR 1998, 283 = IPRspr. 1997 Nr. 173; dagegen zu Recht *Schack*, Rz. 1111.
2 AG Kulmbach 4.3.1983, IPRspr. 1983 Nr. 207a; LG München I, 11.3.1983, RIW 1984, 994; offen lassend OLG München 2.3.1982, IPRspr. 1982 Nr. 202b; *Aderhold*, S. 193 f.
3 Regierungsbegründung zu § 343 InsO, BR-Drucks. 715/02, S. 25.
4 Vgl. zum engl. Verfahren der „administrative receivership" zur Realisierung einer „floating charge" *Gottwald*, Hdb., § 132 Rz. 20.
5 OLG Frankfurt 31.8.1995, WM 1995, 2079 = IPRspr. 1995 Nr. 202; BGH 14.11.1996, BGHZ 134, 79 (80 ff.) = NJW 1997, 524 = IPRax 1998, 102 (m. zust. Anm. *Stadler*, IPRax 1998, 91 und *Gottwald/Pfaller*, IPRax 1998, 173) = JZ 1997, 415 m. Anm. *Paulus* = ZIP 1997, 39 (m. Aufs. *Reinhart*, ZIP 1997, 1734) = IPRspr. 1996 Nr. 233 (norweg. Zwangsvergleich ist im Inland jedenfalls dann anzuerkennen, wenn er auch Forderungen ausländ. Gläubiger umfasst und Auslandswirkung beansprucht); LG Aachen 25.2.1987, NJW-RR 1987, 502 = IPRspr. 1987 Nr. 192; OLG Saarbrücken 31.1.1989, RIW 1990, 142 = EWiR 1989, 1023 (LS) m. Anm. *Flessner* = IPRspr. 1989 Nr. 251; *Hanisch*, ZIP 1985, 1233 (1242).
6 Vgl. idS schon die Regierungsbegründung zur InsO, BR-Drucks. 12/2443, S. 236; ferner *Reinhart*, ZIP 1997, 1734 (1735); *Gottwald*, Hdb., § 132 Rz. 19.

Damit übereinstimmend erklärt auch **Art. 25 Abs. 1 S. 1 EuInsVO** sämtliche zur Durchführung und Beendigung eines Insolvenzverfahrens ergangenen Entscheidungen eines Gerichts, dessen Eröffnungsentscheidung nach Art. 16 EuInsVO anerkannt wird, sowie einen von einem solchen Gericht bestätigten Vergleich (zB einen Insolvenzplan) in den anderen Mitgliedstaaten der Verordnung für anerkennungsfähig. Diese Lösung hat der deutsche Gesetzgeber in § 343 Abs. 2 InsO nunmehr ausdrücklich in das autonome Recht übernommen. Danach sind insbesondere auch ausländische Entscheidungen anzuerkennen, die zugunsten des Schuldners eine **Restschuldbefreiung** aussprechen[1].

5698

c) Sonstige mit dem Insolvenzverfahren eng zusammenhängende Entscheidungen

Schließlich bietet die Verordnung in Art. 25 Abs. 1 UAbs. 2 EuInsVO auch eine Grundlage für die Anerkennung von Entscheidungen, die „unmittelbar aufgrund des Insolvenzverfahrens ergehen und in engem Zusammenhang damit stehen, auch wenn diese Entscheidungen von einem anderen Gericht[2] getroffen werden." Damit reagiert die Verordnung auf die Rechtsprechung des EuGH, der solche Entscheidungen nach Art. 1 Abs. 2 Nr. 2 EuGVÜ aus dem sachlichen Anwendungsbereich jenes Übereinkommens ausgeschlossen hatte[3], und schließt auf dem Gebiet der Anerkennung die hier bestehende Lücke[4]. Diesen Zweck der Vorschrift hat der EuGH inzwischen bestätigt[5]. Nicht möglich ist hiernach allerdings die Anerkennung von insolvenznahen Entscheidungen aus einem anderen Mitgliedstaat als dem Eröffnungsstaat, weil die einschränkende Wendung am Ende von Art. 25 Abs. 1 UAbs. 2 EuInsVO sich nur auf die örtliche oder sachliche Zuständigkeit der Gerichte des nach Art. 3 EuInsVO international allein zuständigen Eröffnungsstaates bezieht[6].

5699

d) Sicherungsmaßnahmen

Im Interesse einer effektiven Verwaltung der Insolvenzmasse ist es gerade bei grenzüberschreitenden Insolvenzverfahren unerlässlich, dass zügig Maßnahmen zur Sicherung des schuldnerischen Vermögens auch schon vor Verfah-

5700

---

1 Vgl. idS. schon bisher BGH 27.3.1993, BGHZ 122, 373 (379 f.) = NJW 1993, 2312; BGH 18.9.2001, NJW 2002, 960 = IPRax 2002, 525 (m. Anm. *Ehricke*, IPRax 2002, 505) = IPRspr. 2001 Nr. 212; dazu näher unten Rz. 5784 ff.
2 Gemeint ist ein vom Insolvenzgericht verschiedenes Gericht des Eröffnungsstaates, vgl. *Virgós/Schmit*-Bericht Rz. 194; *Haubold*, IPRax 2002, 157 (160).
3 Vgl. EuGH 22.2.1979 – Rs. 133/78 (Gourdain/Nadler), Slg. 1979, 733 = RIW 1979, 273; ferner *Haubold*, IPRax 2002, 157 (158 f.) m. Nachw.
4 *Virgós/Schmit*-Bericht Rz. 195; *Huber*, ZZP 114 (2001), 133 (150). Zur Bestimmung der internationalen Entscheidungszuständigkeit für solche Verfahren s. oben Rz. 5638 f.
5 EuGH 12.2.2009 (Rz. 5639) – Rs. C-339/07 (Seagon/Deko), NJW 2009, 2189 (Nr. 25); aA noch *Wenner*, Rz. 208.
6 EuGH 12.2.2009 (Rz. 5639) – Rs. C-339/07 (Seagon/Deko), RIW 2009, 234 (235 f.) (Nr. 27); aA noch *Gottwald*, Hdb., § 129 Rz. 38; dazu näher *V. Lorenz*, Annexverfahren bei internationalen Insolvenzen (2005).

renseröffnung getroffen werden können. Aus diesem Grunde sind nach Art. 25 Abs. 1 UAbs. 3 EuInsVO auch „Entscheidungen über Sicherungsmaßnahmen" anzuerkennen, die nach dem Antrag auf Eröffnung des Insolvenzverfahrens getroffen werden[1]. Dies gilt auch für sog. *ex-parte*-Entscheidungen, die wegen ihrer besonderen Dringlichkeit ohne Anhörung des Schuldners ergangen sind[2]. Entsprechendes galt auch nach autonomem deutschen Recht schon bisher für Maßnahmen, die ein ausländisches Gericht zur Sicherung der Insolvenzmasse vor der Verfahrenseröffnung erlassen hatte; denn nur dies entsprach dem Verständnis von der universellen Wirkung der entsprechenden Sicherungsmaßnahmen deutscher Gerichte[3]. Im Zuge der Reform des deutschen internationalen Insolvenzrechts hat der Gesetzgeber die Anerkennungsfähigkeit von Sicherungsmaßnahmen, die vor Eröffnung des Hauptinsolvenzverfahrens vom ausländischen Gericht erlassen worden sind, in § 343 Abs. 2 InsO ausdrücklich bekräftigt[4]. Hierdurch wird freilich der Erlass von Sicherungsmaßnahmen durch deutsche Gerichte jedenfalls solange nicht ausgeschlossen, wie im Ausland noch kein anerkennungsfähiges Insolvenzverfahren eröffnet worden ist[5].

2. Voraussetzungen der Anerkennung

a) Europäisches Insolvenzrecht

aa) Anerkennung der Eröffnungsentscheidung

5701 Die Anerkennung insolvenzrechtlicher Entscheidungen der Mitgliedstaaten beruht im Geltungsbereich der EuInsVO – ähnlich wie im Rahmen der EuGVO – auf dem Grundsatz gegenseitigen Vertrauens. Demgemäß sind die zulässigen Gründe für die Nichtanerkennung auf das unbedingt notwendige Maß beschränkt[6]. Eine sachliche Nachprüfung der Entscheidung („révision au fond") findet nicht statt[7]. Nach Art. 16 Abs. 1 EuInsVO wird die Eröffnung eines Insolvenzverfahrens durch ein nach Art. 3 EuInsVO zuständiges Gericht eines Mitgliedstaats[8] daher in allen übrigen Mitgliedstaaten anerkannt, sobald die Entscheidung im Staat der Verfahrenseröffnung wirksam ist. Dies gilt auch,

---

1 Vgl. Erwägungsgrund 16 zur EuInsVO. *Gottwald*, Hdb., § 132 Rz. 62 ff. Nach der EuGVO können solche Maßnahmen im Hinblick auf deren Art. 1 Abs. 2 Nr. 2 nicht anerkannt werden, weil sie von dieser Verordnung ausgeschlossene Ansprüche sichern. Zur Vollstreckung solcher Maßnahmen vgl. Art. 25 Abs. 1 UAbs. 3 EuInsVO; dazu unten Rz. 5718.
2 *Gottwald*, Hdb., § 129 Rz. 37.
3 Vgl. BGH 30.4.1992, BGHZ 118, 151 (159 ff.); dazu oben Rz. 5651.
4 *Gottwald*, Hdb., § 129 Rz. 37.
5 *Schack*, Rz. 1111. Zum Recht des deutschen Insolvenzgerichts zum Erlass von Sicherungsmaßnahmen auch nach Eröffnung des Hauptinsolvenzverfahrens im Ausland s. unten Rz. 5730.
6 Vgl. Erwägungsgrund 22 zur EuInsVO.
7 *Virgós/Schmit*-Bericht Rz. 202; *Kindler*, in: MünchKomm, IntInsR Rz. 422.
8 Der räumliche Anwendungsbereich der EuInsVO ist – anders als auf dem Gebiet der internationalen Zuständigkeit (Rz. 5608) – auf die Anerkennung von Entscheidungen aus anderen *Mitgliedstaaten* beschränkt. Zum weiten Begriff „Gericht" in diesem Zusammenhang vgl. Art. 2 lit. d EuInsVO.

wenn in den übrigen Mitgliedstaaten über das Vermögen des Schuldners wegen seiner Eigenschaft (zB als Nichtkaufmann) ein Insolvenzverfahren nicht eröffnet werden könnte.

Vorausgesetzt wird nach Art. 16 Abs. 1 S. 1 EuInsVO nur, dass es sich bei dem in einem anderen Mitgliedstaat eröffneten Verfahren um ein „Insolvenzverfahren" iSv. Art. 2 lit. a iVm. der Anlage A zur EuInsVO handelt und dass die Entscheidung **im Eröffnungsstaat wirksam** ist[1]. Ferner stellt Art. 16 Abs. 1 S. 2 EuInsVO klar, dass die Anerkennung nicht deshalb versagt werden darf, weil der Schuldner nach dem Recht des Anerkennungsstaates nicht insolvenzfähig ist. Der Hauptunterschied zum autonomen Recht (dazu unten Rz. 5706) besteht freilich darin, dass – trotz des insoweit missverständlichen Wortlauts von Art. 16 Abs. 1 EuInsVO – nach dem Vorbild von Art. 35 Abs. 3 EuGVO **keine Nachprüfung der internationalen Zuständigkeit** des Eröffnungsstaates stattfindet; es genügt vielmehr, dass das eröffnende Gericht sich selbst nach Art. 3 EuInsVO für zuständig gehalten hat[2]. Der Grundsatz des gegenseitigen Vertrauens verlangt dann, dass die Gerichte der übrigen Mitgliedstaaten diese Entscheidung hinnehmen[3]. 5702

bb) Anerkennung sonstiger insolvenzrechtlicher Entscheidungen

Die EuInsVO regelt – wie gezeigt (Rz. 5698) – im 1. Unterabsatz ihres Art. 25 Abs. 1 auch die Anerkennung und Vollstreckung von Entscheidungen zur Durchführung und Beendigung eines Insolvenzverfahrens einschließlich eines gerichtlich bestätigten Vergleichs. Diese werden, falls die Eröffnungsentscheidung nach Art. 16 EuInsVO anzuerkennen ist, ebenfalls ohne weitere Förmlichkeiten anerkannt und nach Maßgabe der Art. 35–58 EuGVO vollstreckt (dazu unten Rz. 5718). Beides gilt nach Art. 25 Abs. 1 UAbs. 2 und 3 EuInsVO auch für Entscheidungen, die „unmittelbar aufgrund des Insolvenzverfahrens ergehen und in engem Zusammenhang damit stehen", sowie für Entscheidungen über Sicherungsmaßnahmen, die nach der Stellung des Antrags auf Eröffnung des Insolvenzverfahrens getroffen werden (dazu oben Rz. 5699 f.). Fehlt der hinreichend enge Zusammenhang mit dem Insolvenzverfahren, so richtet sich die Anerkennung und Vollstreckung der ausländischen Entscheidung 5703

---

1 Formelle Rechtskraft ist nicht erforderlich, vgl. Art. 2 lit. f EuInsVO; dazu *Virgós/Schmit*-Bericht Rz. 147; *Balz*, ZIP 1995, 948 (951); *W. Lüke*, ZZP 111 (1998), 275 (286); *Huber*, ZZP 114 (2001), 133 (145).
2 Erwägungsgrund 22 aE zur EuInsVO; vgl. ferner den *Virgós/Schmit*-Bericht Rz. 202; *W. Lüke*, ZZP 111 (1998), 275 (287); *Huber*, ZZP 114 (2001), 133 (145 f.); *Leible/Staudinger*, KTS 2000, 533 (545 f.); *Haubold*, IPRax 2003, 34 (36); *Geimer*, Rz. 3514; *Kolmann*, S. 281; *Schack*, Rz. 1116; *Duursma-Kepplinger/Chalupsky*, Art. 16 EuInsVO Rz. 14; aA *Trunk*, S. 361; *Ahrens*, S. 285. Zur Konkurrenz des ausländ. mit einem inländ. Haupt-Insolvenzverfahren s. unten Rz. 5731 ff.
3 EuGH 2.5.2006 (Rz. 5636) – Rs. C-341/04 (Eurofood), Slg. 2006 I, 3813 (3825 ff.) (Nr. 39 ff.). Angegriffen werden kann die Entscheidung mithin nur durch Rechtsmittel gegen die Eröffnungsentscheidung nach Maßgabe des nationalen Rechts des Erststaats, EuGH 2.5.2006 (Rz. 5636) – Rs. C-341/04 (Eurofood), Slg. 2006 I, 3813 (3825 ff.) (Nr. 43).

gem. Art. 25 Abs. 2 EuInsVO allein nach Art. 32–58 EuGVO. Die Verpflichtung zur Anerkennung besteht allerdings nicht, soweit die ausländische Entscheidung eine Einschränkung der persönlichen Freiheit (zB durch zwangsweise Vorführung oder Haft) oder des Postgeheimnisses (vgl. §§ 99, 102 InsO) zur Folge hätte (Art. 25 Abs. 3 EuInsVO); über die Anerkennung solcher besonders weitreichender Wirkungen der ausländischen Entscheidung entscheidet jeder Mitgliedstaat autonom[1].

cc) Ordre public-Vorbehalt

5704 Die Anerkennung sämtlicher insolvenzrechtlicher Entscheidungen steht allerdings auch nach Art. 26 EuInsVO unter dem Vorbehalt des ordre public des Anerkennungsstaates. Danach kann sich jeder Mitgliedstaat weigern, ein in einem anderen Mitgliedstaat eröffnetes Insolvenzverfahren anzuerkennen oder eine in einem solchen Verfahren ergangene Entscheidung zu vollstrecken, soweit diese Anerkennung oder Vollstreckung zu einem Ergebnis führt, das offensichtlich mit seiner öffentlichen Ordnung, insbesondere mit den Grundprinzipien oder den verfassungsmäßig garantierten Rechten und Freiheiten des Einzelnen, unvereinbar ist. Der ordre public-Vorbehalt soll insbesondere die notwendigen Teilnahmerechte von Schuldner und Gläubigern am Verfahren sichern[2]. Insoweit sind die Grundsätze des Krombach-Urteils des EuGH zu Art. 27 Nr. 1 EuGVÜ[3] auf die Auslegung von Art. 26 EuInsVO zu übertragen. Danach gilt der allgemeine gemeinschaftsrechtliche Grundsatz, das jedermann Anspruch auf ein faires Verfahren hat. Dementsprechend kann dem in einem anderen EG-Mitgliedstaat eröffneten Insolvenzverfahren die Anerkennung versagt werden, wenn die Eröffnungsentscheidung unter offensichtlichem Verstoß gegen das Grundrecht auf rechtliches Gehör einer von diesem Verfahren betroffenen Person ergangen ist[4]. Das in einem anderen Mitgliedstaat der EU eröffnete Hauptinsolvenzverfahren über das Vermögen einer deutschen GmbH wird daher nicht anerkannt, wenn die Eröffnungsentscheidung unter Verletzung des rechtlichen Gehörs des Geschäftsführers erfolgt ist[5]. Hingegen darf die Vorbehaltsklausel nicht dazu genutzt werden, die Wertentscheidungen der Verordnung zu unterlaufen. Deshalb kann die Anerkennung auch nach Art. 26 EuInsVO nicht deshalb versagt werden, weil der Schuldner nach dem Recht des Anerkennungsstaates nicht insolvenzfähig ist, vgl. Art. 16 Abs. 1 S. 2 EuInsVO[6]. Ferner darf der ordre public nicht bemüht werden, um im Ergebnis

---

1 *Virgós/Schmit*-Bericht Rz. 193; *Gottwald*, Hdb., § 132 Rz. 70 f.
2 *Virgós/Schmit*-Bericht Rz. 206; W. *Lüke*, ZZP 111 (1998), 275 (287).
3 EuGH 28.3.2000 – Rs. C-7/98 (Krombach), Slg. 2000 I, 1935 (1946 f.) (Nr. 19, 21).
4 EuGH 2.5.2006 (Rz. 5636) – Rs. C-341/04 (Eurofood), Slg. 2006 I, 3813 (3831 ff.) (Nr. 60 ff., 67).
5 AG Düsseldorf 12.3.2004, IPRax 2004, 431 (m. Anm. *Weller*, IPRax 2004, 412) = NZI 2004, 269 m. Anm. *Liersch* = IPRspr. 2004 Nr. 236; ebenso *Paulus*, ZIP 2003, 1725 (1729).
6 *Virgós/Schmit*-Bericht Rz. 148; *Huber*, ZZP 114 (2001), 133 (146); *Duursma-Kepplinger/Chalupsky*, Art. 16 EuInsVO Rz. 25.

doch eine Kontrolle der internationalen Zuständigkeit des Eröffnungsstaates durchzuführen; der Gedanke des Art. 35 Abs. 3 S. 2 EuGVO gilt auch hier[1].

b) Autonomes Insolvenzrecht

Auch wenn die Möglichkeit einer Anerkennung des in einem ausländischen Verfahren angeordneten Insolvenzbeschlags schon seit der Grundsatzentscheidung des BGH vom 11.7.1985 allgemein bejaht wurde (dazu oben Rz. 5602), muss diese Anerkennung doch – wie der BGH formuliert hat – „in das Gesamtgefüge der deutschen konkursrechtlichen Vorschriften und Rechtsgrundsätze eingebettet sein"[2]. Die vom BGH entwickelten Voraussetzungen für eine solche Anerkennung hatte der Gesetzgeber zunächst in Art. 102 Abs. 1 EGInsO aF kodifiziert. Diese Vorschrift ist im Zuge der Reform des deutschen internationalen Insolvenzrechts durch § 343 InsO abgelöst werden. Dieser bekräftigt in Abs. 1 S. 1 zunächst den Grundsatz, dass die Eröffnung eines ausländischen Insolvenzverfahrens im Inland anerkannt wird. Dies gilt nach Abs. 1 S. 2 nur in zwei Fällen nicht, nämlich

5705

1. wenn die Gerichte des Staats der Verfahrenseröffnung nach deutschem Recht nicht zuständig sind und

2. soweit die Anerkennung zu einem Ergebnis führt, das mit wesentlichen Grundsätzen des deutschen Rechts offensichtlich unvereinbar ist, insbesondere soweit sie mit den Grundrechten unvereinbar ist.

Nur aus diesen beiden Gründen darf ferner auch Maßnahmen des ausländischen Insolvenzgerichts zur Sicherung des im Inland belegenen Schuldnervermögens sowie Entscheidungen zur Durchführung oder Beendigung des anerkannten ausländischen Insolvenzverfahrens die Anerkennung versagt werden (§ 343 Abs. 2 iVm. Abs. 1 InsO).

aa) Internationale Zuständigkeit

Um sicherzustellen, dass das im Inland befindliche Vermögen des Schuldners nur dann von einem ausländischen Insolvenzverfahren erfasst wird, wenn hinreichende Beziehungen zum Schuldner und dessen Vermögen bestehen, muss die das Verfahren eröffnende Stelle aus deutscher Sicht international zuständig sein. Entsprechend dem auch hier geltenden allgemeinen Grundsatz des deutschen internationalen Zivilverfahrensrechts kommt es darauf an, dass das ausländische Gericht in *spiegelbildlicher* Anwendung der deutschen Vorschriften zuständig war[3]. Dies ist der Fall, wenn der Schuldner im Gebiet des Eröff-

5706

---

1 *W. Lüke*, ZZP 111 (1998), 275 (287); *Leible/Staudinger*, KTS 2000, 533 (568); *Huber*, ZZP 114 (2001), 133 (146); *Herchen*, ZInsO 2004, 61 (65); *Gottwald*, Hdb., § 132 Rz. 27; aA AG Nürnberg 15.8.2006, ZIP 2007, 81 m. Anm. *Kebekus* = NZI 2007, 185 (m. Aufs. *Andres/Grund*, NZI 2007, 137).
2 BGH 11.7.1985 (Rz. 5602), BGHZ 95, 256 (269 f.); ebenso OLG Köln 20.7.1992, IPRax 1993, 326 (328) = IPRspr. 1993 Nr. 200a.
3 *Geimer*, Rz. 3406, 3514; *Gottwald*, Hdb., § 132 Rz. 24; *Schack*, Rz. 1116; *Trunk*, S. 268 ff.; ebenso die bisherige Rspr. zu §§ 237, 238 KO, vgl. BGH 11.7.1985 (Rz. 6),

nungsstaates den „Mittelpunkt seiner selbständigen wirtschaftlichen Tätigkeit", hilfsweise seinen allgemeinen Gerichtsstand hat (§ 3 Abs. 1 InsO, §§ 12–17 ZPO; dazu oben Rz. 5641 ff.)[1]. Ist im Eröffnungsstaat nur Vermögen des Schuldners belegen, so wird die Anerkennung des dortigen Insolvenzverfahrens auf dieses Vermögen beschränkt (dazu unten Rz. 5717)[2]. Geht man allerdings – mit der hier vertretenen Ansicht (oben Rz. 5608) – auf dem Gebiet der internationalen Entscheidungszuständigkeit von einer allseitigen Geltung des Art. 3 EuInsVO aus, so ist diese Vorschrift spiegelbildlich auch im Rahmen der Prüfung der Anerkennungszuständigkeit drittstaatlicher Gerichte zugrunde zulegen.

bb) Wirksamkeit und Universalität der Entscheidung

5707   Damit Wirkungen der ausländischen Entscheidung über die Verfahrenseröffnung überhaupt auf das Inland erstreckt werden können, muss diese Entscheidung nach der ausländischen lex fori concursus *wirksam* sein[3]. Bloße Fehlerhaftigkeit der ausländischen Entscheidung hindert die Anerkennung hingegen nicht, weil auch insoweit eine „révision au fond" nicht stattfindet[4]. Auch in formelle Rechtskraft braucht die Entscheidung nicht erwachsen zu sein, weil andernfalls der Zweck der Anerkennung – nämlich die unverzügliche Beschlagnahme des inländischen Vermögens des Schuldners und der Ausschluss seiner Verfügungsbefugnis – gefährdet wäre[5]. Darüber hinaus muss der Eröffnungsstaat seinem Insolvenzverfahren *universelle Wirkung* beilegen, diese also nicht auf das im eigenen Hoheitsgebiet belegene Vermögen beschränken[6].

BGHZ 95, 256 (270); BGH 27.5.1993, BGHZ 122, 373 (375) = NJW 1993, 2312; BGH 21.11.1996 (Rz. 5694) BGHZ 134, 116 (120); OLG Saarbrücken 31.1.1989, RIW 1990, 142 = IPRspr. 1989 Nr. 251; OLG Köln 20.7.1992, IPRax 1993, 326 (328) = IPRspr. 1993 Nr. 200a; OLG Düsseldorf 15.11.1990, IPRspr. 1990 Nr. 254b.

1 Regierungsbegründung zu § 343 InsO, BR-Drucks. 715/02, S. 25; *Gottwald*, Hdb., § 132 Rz. 24. In diesem Zusammenhang kommt es nicht darauf an, ob das ausländ. Recht Vorkehrungen gegen die rechtsmissbräuchliche Erschleichung eines Gerichtsstands oder gegen die Ausnutzung eines „forum non conveniens" getroffen hat, vgl. BGH 18.9.2001, IPRax 2002, 525 (226) (m. Anm. *Ehricke*, IPRax 2002, 505). Zum Problem der Zuständigkeitserschleichung in diesem Zusammenhang *Haubold*, IPRax 2003, 34 (39).
2 Zur Konkurrenz mehrerer ausländ. Staaten zur Eröffnung eines Hauptinsolvenzverfahrens s. unten Rz. 106 ff.
3 BGH 11.7.1985, BGHZ 95, 256 (270); OLG Saarbrücken 31.1.1989, RIW 1990, 142; *Geimer*, Rz. 3511.
4 *Geimer*, Rz. 3511; *Aderhold*, S. 198; *Ehricke*, IPRax 2002, 505 (506).
5 *Gottwald*, Hdb., § 132 Rz. 15; *Geimer*, Rz. 3512; *Schack*, Rz. 1115; *Trunk*, S. 273; *Wenner*, Rz. 192.
6 BGH 11.7.1985 (Rz. 5602), BGHZ 95, 256 (264 f.); BGH 27.5.1993, BGHZ 122, 373 (376 ff.) (zum früheren schweiz. Recht); BGH 24.2.1994 (Rz. 5720), BGHZ 125, 197 (203); OLG Rostock 13.4.2006, NJOZ 2007, 2532; *Leipold*, Festschr. Henckel (1995), S. 533 (536 f.); *Aderhold*, S. 169; *Gottwald*, Hdb., § 132 Rz. 7; *Wenner*, Rz. 203 ff.; *Schack*, Rz. 1112a; *Geimer*, Rz. 3512a; *E. Habscheid*, S. 7. Eine solche Erstreckung der Wirkungen von Entscheidungen ihrer eigenen Gerichte über die Eröffnung eines Primärinsolvenzverfahrens auf das im Ausland belegene Schuldnervermögen beanspruchen heute die Rechte der meisten Staaten; vgl. LG Köln 27.10.1988, KTS 1989, 273

Dabei ist nicht nur zu prüfen, ob das fremde Recht überhaupt das in Deutschland belegene Vermögen des Schuldners erfassen will; vielmehr kommt es darauf an, dass gerade diejenige Wirkung des ausländischen Insolvenzverfahrens auf das Inland erstreckt wird, um deren Anerkennung es im konkreten Fall geht[1].

cc) Vereinbarkeit mit dem inländischen ordre public

Schließlich darf die Anerkennung nach § 343 Abs. 1 Nr. 2 InsO nicht zu einem Ergebnis führen, das „mit wesentlichen Grundsätzen des deutschen Rechts offensichtlich unvereinbar ist"[2]. Ein Verstoß gegen den deutschen ordre public, der stets eine hinreichende *Inlandsbeziehung* des Sachverhalts erfordert, liegt insbesondere dann vor, wenn grundlegende rechtsstaatliche Garantien bei der Durchführung des ausländischen Insolvenzverfahrens – etwa im Hinblick auf die Publizität des Verfahrens oder den Grundsatz der Gewährung rechtlichen Gehörs[3] – nicht beachtet wurden. Er kommt ferner in Betracht, wenn private Gläubiger im Verhältnis zum Schuldner unerträglich zurückgesetzt[4] oder wenn deutsche Gläubiger unter Verstoß gegen Art. 3 GG diskriminiert wurden[5]. Die Anordnung des Erlöschens von Forderungen im Falle unterbliebener Anmeldung reicht hingegen für einen ordre-public Verstoß nicht aus[6]. Auch die Anerkennung einer weitergehenden *Restschuldbefreiung* nach ausländischem Insolvenzrecht als nach §§ 286 ff. InsO verstößt nicht gegen die deutsche öffentliche Ordnung[7].

5708

---

m. Anm. *Werres* = IPRspr. 1988 Nr. 211 (Belgien); OLG München 24.1.1996, RIW 1996, 333 = IPRspr. 1996 Nr. 230 (Italien); OLG Zweibrücken 17.4.1989, NJW 1990, 648 = IPRspr. 1989 Nr. 255; LAG Rheinland-Pfalz 14.7.1997, RIW 1998, 633 = IPRspr. 1997 Nr. 218; BGH 13.5.1997, NJW 1997, 2525 (2527) = IPRspr. 1997 Nr. 219 (alle zu Luxemburg); OLG Düsseldorf 17.8.1982, ZIP 1982, 1341 = IPRspr 1982 Nr. 204 und 15.11.1990, IPRspr. 1990 Nr. 254b (Niederlande); BGH 21.11.1996 (Rz. 5694), BGHZ 134, 116 (119 f.) und OLG Köln 26.2.1997, IPRspr. 1997 Nr. 217 (Schweden); abweichend etwa § 3 der japan. KO und Art. 3 Abs. 1 des korean. KonkursG.
1 BGH 27.5.1993, BGHZ 122, 373 (375) (zur Restschuldbefreiung nach schweiz. Recht); *Ehricke*, IPRax 2002, 505 (506).
2 Ebenso schon zur KO BGH 11.7.1985 (Rz. 5602), BGHZ 95, 256 (270) = NJW 1985, 2897; OLG Düsseldorf 15.11.1990, IPRspr. 1990 Nr. 254b.
3 Vgl. *Hanisch*, Festschr. Jahr (1994), S. 455 (473); *Gottwald*, Hdb., § 132 Rz. 27 f.; *Geimer*, Rz. 3516.
4 BGH 14.11.1996, BGHZ 134, 79 (92) = NJW 1997, 524.
5 *Gottwald*, Hdb., § 132 Rz. 28; *E. Habscheid*, S. 324 ff.; *Trunk*, S. 271 f.; *Kindler*, in: MünchKomm, IntInsR Rz. 1034 ff.
6 OLG Saarbrücken 31.1.1989, IPRspr. 1989 Nr. 251 (zum französ. InsolvenzG vom 13.7.1967); *Geimer*, Rz. 3516; *Wenner*, Rz. 199; *Gottwald*, Hdb., § 132 Rz. 28.
7 OLG Köln 20.7.1992, IPRax 1993, 326 (m. Anm. *Hanisch*, IPRax 1993, 297) = IPRspr. 1993 Nr. 200a; BGH 27.5.1993, BGHZ 122, 373 (379 f.) = NJW 1993, 2312 = RIW 1993, 852 = ZIP 1993, 1994 = IPRspr 1993, 402 (m. Anm. *Hanisch*, IPRax 1993, 385) = EWiR 1993, 803 m. Anm. *Ackmann* = ZEuP 1994, 301 m. Anm. *Paulus* = JZ 1994, 147 m. Anm. *Aden* = IPRspr. 1993 Nr. 200b (zur Anerkennung der vollstreckungshemmenden Wirkung einer Restschuldbefreiung nach Art. 265 Abs. 2 S. 2 schweiz. SchKG bezüglich des inländ. Vermögens des Schuldners. Ordre-public-Verstoß im Hinblick auf die damalige Parallelvorschrift in § 18 Abs. 2 S. 3 GesO abgelehnt, sofern der Gläubiger

dd) Ausschluss sonstiger Anerkennungshindernisse

5709 Die Anerkennung ausländischer Insolvenzverfahren hängt hingegen – anders als zB in der Schweiz (Art. 166 Abs. 1 lit. c IPRG) – nicht von der **Verbürgung der Gegenseitigkeit** ab. § 328 Abs. 1 Nr. 5 ZPO findet mithin, wie heute § 343 Abs. 1 S. 2 InsO klarstellt, im internationalen Insolvenzrecht keine entsprechende Anwendung[1]. Dies gilt – abweichend vom bisherigen Recht[2] – auch für die Anerkennung ausländischer Entscheidungen zur Durchführung oder Beendigung des Insolvenzverfahrens. Ebenso wenig wird vorausgesetzt, dass die Eröffnung des Insolvenzverfahrens im Inland den Beteiligten **bekannt gemacht** worden ist[3]. Der inländische Rechtsverkehr wird aber vor den Rechtsfolgen eines unbekannten Insolvenzverfahrens im Ausland in gewissem Umfang geschützt (dazu unten Rz. 5801 ff.). Schließlich ist die mangelnde Insolvenzfähigkeit des Schuldners nach dem Recht des Anerkennungsstaates auch nach autonomem Insolvenzrecht kein Anerkennungshindernis[4].

3. Rechtswirkungen der Anerkennung

a) Erstreckung der Wirkungen des Hauptinsolvenzverfahrens

aa) Allgemeines

5710 Im Rahmen des europäischen Insolvenzrechts gilt der **Grundsatz der Wirkungserstreckung**[5]. Es erfolgt also – anders als etwa im schweizerischen Recht (Art. 17 Abs. 2 IPRG) – keine Gleichstellung der Wirkungen des ausländischen mit einem inländischen Insovenzverfahren; vielmehr werden nach Art. 17 Abs. 1 iVm. Art. 4 Abs. 1 EuInsVO alle – prozessualen wie materiellen – Wirkungen, die das Recht des Mitgliedstaats der Verfahrenseröffnung dem dort er-

---

mit seiner Forderung in zumutbarer Weise am ausländ. Verfahren teilnehmen konnte); BGH 18.9.2001, RIW 2002, 475 = NJW 2002, 960 = IPRax 2002, 525 (m. Anm. *Ehricke*, IPRax 2002, 505) = LM Nr. 11/12 zu § 237 KO m. Anm. *Stadler* = IPRspr. 2001 Nr. 212 (Restschuldbefreiung eines deutschen Schuldners durch ein französ. Gericht anerkannt. Für ordre public-Verstoß reiche es nicht aus, wenn der Schuldner seinen Wohnsitz ua. auch deshalb nach Frankreich verlegt habe, um der siebenjährigen Wohlverhaltensperiode nach deutschem Insolvenzrecht [§§ 278 Abs. 1 S. 1, 291 ff. InsO] zu entgehen). Zust. *Ackmann/Wenner*, IPRax 1990, 209 (213 f.); *Flessner*, ZIP 1989, 749 (757); *Aderhold*, S. 295 ff.; *Ch. Wolf*, IPRax 1999, 444 (449); *Gottwald*, Hdb., § 132 Rz. 28; *Geimer*, Rz. 3516.

1 Vgl. *Gottwald*, Hdb., § 132 Rz. 31; *Schack*, Rz. 1117; *Geimer*, Rz. 3510; *Laut*, S. 98 ff.; ebenso schon zur KO BGH 27.5.1993, IPRax 1993, 402 (403); BGH 14.11.1996, BGHZ 134, 79 (90) = NJW 1997, 524; BGH 21.11.1996, BGHZ 134, 116 (120) = NJW 1997, 657; OLG Saarbrücken 31.1.1989, ZIP 1989, 1195 = IPRspr. 1989 Nr. 251; *Ebenroth*, ZZP 101 (1988), 121 (131); *Lüke*, KTS 1986, 1 (16); *Aderhold*, S. 198; *Riegel*, S. 86 f.; *Summ*, S. 39 f.; *Gottwald*, IPRax 1995, 157.
2 Vgl. *Geimer*, Rz. 3523.
3 *Trunk*, KTS 1987, 424 ff.; *Gottwald*, Hdb., § 132 Rz. 17, 33; *Geimer*, Rz. 3527; *Schack*, Rz. 1115; *Wenner*, Rz. 202; einschränkend LG München I 2.12.1986, WM 1987, 222 = IPRspr. 1986 Nr. 209.
4 *Schack*, Rz. 1116.
5 *Huber*, ZZP 114 (2001), 133 (147); *Kemper*, ZIP 2001, 1609 (1614); *Wenner*, Rz. 219. Der *Virgós/Schmit*-Bericht Rz. 153 spricht vom „Modell der Ausdehnung".

öffneten Hauptinsolvenzverfahren beilegt, in allen anderen Mitgliedstaaten automatisch anerkannt, solange dort kein Partikularinsolvenzverfahren nach Art. 3 Abs. 2 EuInsVO eröffnet wird[1]. Dieser Grundsatz gilt auch im **autonomen deutschen IIR**[2]. Ist die ausländische Entscheidung über die Eröffnung des Insolvenzverfahrens im Inland anerkennungsfähig, so werden ihre Wirkungen mithin nach Maßgabe der *ausländischen lex fori concursus* (§ 335 InsO) auf das Inland erstreckt[3]. Dies gilt – in den Grenzen des deutschen ordre public (Rz. 5708) – auch für solche Wirkungen der Eröffnungsentscheidung, die dem inländischen Insolvenzrecht nicht bekannt sind[4]. Voraussetzung ist allerdings, dass es sich um Wirkungen handelt, die „konkurszweckorientiert" sind[5]. Ist dies der Fall, so macht es – vorbehaltlich der unten Rz. 5756 ff. behandelten Einschränkungen durch Sonderanknüpfungen – keinen Unterschied, ob es sich um verfahrensrechtliche oder materiellrechtliche Wirkungen handelt[6]. Für sonstige anerkennungsfähige Entscheidungen, die nach Eröffnung des ausländischen Insolvenzverfahrens im Zusammenhang mit diesem ergingen, galten demgegenüber bisher die allgemeinen Grundsätze des deutschen internationalen Zivilprozessrechts zur Wirkungserstreckung; diese entfalteten mithin im Inland keine weitergehenden verfahrensrechtlichen Wirkungen als entsprechende deutsche Entscheidungen[7]. Da § 343 Abs. 2 InsO aber nunmehr für die Anerkennung von Entscheidungen zur Durchführung oder Beendigung des anerkannten Insolvenzverfahrens in vollem Umfang auf Abs. 1 verweist, richten sich jedenfalls die insolvenzrechtlichen Wirkungen dieser Entscheidungen im Inland ebenfalls allein nach dem ausländischen Insolvenzstatut.

Die Anerkennung ausländischer Insolvenzverfahren und der in ihrem Rahmen getroffenen Entscheidungen setzt nach europäischem (Art. 17 Abs. 1 S. 1 EuInsVO)[8] wie nach deutschem Insolvenzrecht – anders als zB in der Schweiz (Art. 166 ff. IPRG) – grundsätzlich **kein förmliches Anerkennungsverfahren** voraus. Es gilt vielmehr – wie bei der Anerkennung sonstiger ausländischer Zivilurteile nach Art. 33 Abs. 1 EuGVO oder § 328 ZPO – der Grundsatz der automatischen Anerkennung. Jede mit der Anerkennungsfrage befasste Behörde

5711

---

1 *Reinhart*, ZIP 1997, 1735 (1737); *Smid*, Art. 17 EuInsVO Rz. 1, 5 f. *Kindler*, in: MünchKomm, IntInsR Rz. 419, 434 ff.
2 Vgl. dazu näher *E. Habscheid*, S. 314 ff.; *Trunk*, S. 263 ff.; ferner *Geimer*, Rz. 3511; *Schack*, Rz. 1112; *Kindler*, in: MünchKomm, IntInsR Rz. 1047 mwN.
3 *Reinhart*, ZIP 1997, 1735 (1757); *Gottwald*, Hdb., § 132 Rz. 135; *Geimer*, Rz. 3501; *Kindler*, in: MünchKomm, IntInsR Rz. 1047; ebenso schon früher BGH 11.7.1985 (Rz. 5602), BGHZ 95, 256 (261, 273); BGH 24.2.1994 (Rz. 5720), BGHZ 125, 196 (203) = WM 1994, 958.
4 Die Kumulationstheorie gilt also insoweit nicht, vgl. *Schack*, Rz. 1112; *Gottwald*, Hdb., § 132 Rz. 36; BGH 27.5.1993, IPRax 1993, 402 (Restschuldbefreiung); anders zB Art. 17 Abs. 2 schweiz. IPR-G: Gleichstellung mit den Wirkungen eines entsprechenden inländ. Beschlusses.
5 *Trunk*, KTS 1987, 415 (432); vgl. auch *Jaeger/Jahr*, §§ 237, 238 KO Rz. 10 ff.
6 Die Bedeutung der Anerkennung liegt sogar vorwiegend auf dem Gebiet des materiellen Rechts, vgl. *W. Lüke*, ZZP 111 (1998), 275 (280 f.); *Geimer*, Rz. 3573 f., 3501.
7 *Schack*, Rz. 1113.
8 Vgl. den *Virgós/Schmit*-Bericht Rz. 143 und 152; *W. Lüke*, ZZP 111 (1998), 275 (285 f.); *Huber*, ZZP 114 (2001), 133 (146 f.); *Wimmer*, NJW 2002, 2427 (2428).

prüft daher die Anerkennungsvoraussetzungen incidenter in ihrem Verfahren[1]. Eine Ausnahme gilt nur für die Vollstreckbarkeit der ausländischen Entscheidungen (dazu unten Rz. 5718 f.).

bb) Beschlagnahme des Inlandsvermögens

5712 Die Hauptwirkung der Anerkennung einer ausländischen Entscheidung über die Insolvenzeröffnung besteht darin, dass auch das im Inland belegene Vermögen des Schuldners als Teil der ausländischen Insolvenzmasse beschlagnahmt wird, vgl. § 343 Abs. 1 InsO[2]. Die ausländische *lex fori concursus* entscheidet daher auch über die Reichweite des Insolvenzbeschlags, dh. über die Abgrenzung des insolvenzfreien Vermögens des Schuldners zur Insolvenzmasse und über die Einbeziehung von erst nach Eröffnung des Insolvenzverfahrens vom Schuldner erworbenen Rechten in dieses Verfahren (Art. 4 Abs. 2 lit. b EuInsVO; § 335 InsO)[3]. Demgegenüber beurteilt sich die Vorfrage, ob ein bestimmter Gegenstand der Zwangsvollstreckung unterliegt (vgl. § 36 InsO), nach der jeweiligen lex rei sitae[4].

cc) Unzulässigkeit der Einzelzwangsvollstreckung

5713 § 237 KO erklärte noch die Zwangsvollstreckung in inländisches Vermögen eines Schuldners trotz Eröffnung eines Insolvenzverfahrens im Ausland ausdrücklich für zulässig. Soweit das ausländische Insolvenzrecht daher eine Vollstreckungssperre anordnete, konnte diese Wirkung im Inland nicht anerkannt werden. Gleiches galt auch im Falle der Eröffnung eines Vergleichsverfahrens im Ausland[5]. Vor allem inländische Gläubiger sollten durch die fortbestehende Möglichkeit der Zwangsvollstreckung in das Inlandsvermögen des Gemeinschuldners aus titulierten Ansprüchen privilegiert werden und zur Durchsetzung dieser Ansprüche nicht auf das ausländische Insolvenzverfahren verwiesen werden können. § 237 KO war damit eine gesetzliche Durchbrechung des Grundsatzes der Gleichbehandlung aller Gläubiger[6]. Die Vorschrift war im universal ausgerichteten deutschen internationalen Insolvenzrecht ein Fremdkörper. Deshalb hatte der Gesetzgeber schon in Art. 102 EGInsO aF auf eine

---

1 Die Regierungsbegründung zum IIR-G spricht diesbezüglich von dem „das deutsche internationale Insolvenzrecht beherrschenden Grundsatz der automatischen Anerkennung"; vgl. BR-Drucks. 715/02, S. 25. Ebenso schon zum bisherigen Recht OLG Zweibrücken 17.4.1989, NJW 1990, 648 = IPRspr. 1989 Nr. 255; *Trunk*, S. 280 ff.; *Trunk*, KTS 1987, 415 (425 ff.); *E. Habscheid*, S. 316; *Flessner*, IPRax 1997, 1 (4); *Geimer*, Rz. 3526; *Gottwald*, Hdb., § 132 Rz. 32; *Schack*, Rz. 1119; *Wenner*, Rz. 164.
2 *Flessner*, IPRax 1997, 1 (5); *Geimer*, Rz. 3387; *Gottwald*, Hdb., § 132 Rz. 37; *Schack*, Rz. 1121; ebenso schon zur KO grundlegend BGH 11.7.1985 (Rz. 5602), BGHZ 95, 256 (263 f.); ferner BGH 27.5.1993, BGHZ 122, 373 (375 f.); BGH 24.2.1994 (Rz. 5720), BGHZ 125, 196 (200); BGH 14.11.1996, BGHZ 134, 79 (82). Zur daraus folgenden Verfügungsbefugnis des ausländ. Insolvenzverwalters unten Rz. 5720 ff.
3 *Trunk*, S. 291 f.; *Geimer*, Rz. 3519; *Gottwald*, Hdb., § 132 Rz. 37 mwN.
4 *Gottwald*, Hdb., § 132 Rz. 38; aA (lex fori concursus) *Trunk*, S. 292; *Wenner*, Rz. 220.
5 LG Frankfurt a.M. 13.2.1989, ZIP 1989, 1271 = NJW 1990, 650 = IPRspr. 1989 Nr. 252.
6 Vgl. *J. Schmidt*, S. 93 ff.; *Trunk*, S. 307 ff.

entsprechende Regelung verzichtet. Ob und in welchem Umfang die Eröffnung des Insolvenzverfahrens zu einem Vollstreckungsverbot bezüglich des im Inland belegenen Vermögens des Schuldners führt, bestimmt sich daher heute sowohl nach europäischem (Art. 4 Abs. 2 S. 2 lit. f EuInsVO) wie nach autonomem Insolvenzrecht (§ 335 InsO) allein nach dem Recht des ausländischen Eröffnungsstaates[1]. Grundsätzlich wird man – wie nach §§ 89, 90 InsO – von einer solchen Sperre der individuellen Zwangsvollstreckung auch nach ausländischem Insolvenzrecht regelmäßig auszugehen haben, denn sie ist in ihrem Kern für jedes Insolvenzverfahren unverzichtbar[2]. Ein Gläubiger, der nach einer im Inland anerkennungsfähigen Eröffnung des ausländischen Insolvenzverfahrens durch inländische Zwangsvollstreckungsmaßnahmen Vermögenswerte des Schuldners erlangt hat, muss diese dementsprechend nach Maßgabe der ausländischen *lex fori concursus* an den ausländischen Insolvenzverwalter herausgeben[3].

Solange nicht feststeht, ob das ausländische Insolvenzverfahren im Inland anerkennungsfähig ist, bleiben jedoch **Sicherungsmaßnahmen von Gläubigern im Inland** grundsätzlich zulässig[4]. An deren Voraussetzungen sind allerdings strenge Anforderungen zu stellen, um den ausländischen Verwalter nicht unnötig in der Ausübung seiner Befugnisse zu behindern. Ein Arrestgrund entfällt spätestens dann, wenn die Anerkennungsfähigkeit des ausländischen Insolvenzverfahrens feststeht; der Arrest muss dann aufgehoben werden, weil die Möglichkeit der Einzelzwangsvollstreckung, die er dem Gläubiger erhalten soll, damit endgültig entfällt[5]. 5714

dd) Schranken der Wirkungserstreckung

Der Grundsatz der Wirkungserstreckung gilt freilich für das ausländische (Haupt-)Insolvenzverfahren nicht unbeschränkt. Er setzt vielmehr sowohl nach der EuInsVO (Art. 17 Abs. 1 aE EuInsVO) als auch nach autonomem Recht voraus, dass im Inland kein **Partikularinsolvenzverfahren** eröffnet worden ist. Ein solches geht daher einem – früher wie später – eröffneten ausländischen Hauptverfahren in jedem Falle vor und hindert die Erstreckung der Wirkungen des Hauptverfahrens auf das inländische Vermögen des Schuldners (dazu näher unten Rz. 5738 ff.). Darüber hinaus werden die materiellen Wirkungen eines ausländischen Insolvenzverfahrens im Inland – ebenso wie die 5715

---

[1] *Gottwald*, Hdb., § 132 Rz. 53; *Ludwig*, S. 105, jeweils mwN. vgl. dazu schon oben Rz. 5652 ff.
[2] *H. Roth*, IPRax 1996, 324 (325 f.); *Lauf*, S. 134 ff.; *Geimer*, Rz. 3524; *Gottwald*, Hdb., § 132 Rz. 53 mwN.
[3] Vgl. idS. schon bisher OLG Düsseldorf 15.11.1990, IPRspr. 1990 Nr. 254b; *Schack*, Rz. 1123; aA noch *Jaeger/Jahr*, §§ 237, 238 KO Rz. 229; *J. Schmidt*, S. 150 f.
[4] *Flessner*, IPRax 1997, 1 (6 f.); *Flessner*, Festschr. Merz (1992), S. 93 (102 f.); *H. Roth*, IPRax 1996, 326; *Schack*, Rz. 1124; *Geimer*, Rz. 3534; *E. Habscheid*, S. 407 ff.; *Ludwig*, S. 108 ff.; aA *Ebenroth*, ZZP 101 (1988), 121 (131 f.); OLG Düsseldorf 17.8.1982, ZIP 1982, 1341 (1342) = IPRspr. 1982 Nr. 204.
[5] *Flessner*, Festschr. Merz (1992), S. 93 (102 f.); *Schack*, Rz. 1124; *Gottwald*, Hdb., § 132 Rz. 54.

eines inländischen Insolvenzverfahrens im Ausland – durch die Sonderanknüpfungen in Art. 5 ff. EuInsVO bzw. §§ 336 ff. InsO beschränkt (dazu unten Rz. 5756 ff.).

b) Erstreckung der Wirkungen sonstiger mit einem Hauptinsolvenzverfahren zusammenhängender Entscheidungen

5716 Ist die Eröffung eines ausländischen Insolvenzverfahres im Inland anzuerkennen, so gilt Gleiches auch für die weiteren Entscheidungen zur Durchführung und Beendigung dieses Verfahrens (Art. 25 Abs. 1 UAbs. 1 EuInsVO; § 343 Abs. 1 InsO). Gemeint sind etwa Entscheidungen über die Stundung von Gläubigerforderungen oder deren Erlöschen infolge verspäteter Anmeldung, ferner Entscheidungen über die Kürzung von Gläubigerforderungen durch einen Sanierungs-/Insolvenzplan oder eine Restschuldbefreiung[1]. Darüberhinaus sind auch mit dem ausländischen Insolvenzverfahren eng zusammenhängende Entscheidungen, wie zB solche über Anfechtungsklagen des Insolvenzverwalters, im Geltungsbereich des europäischen Insolvenzrecht anerkennungs- und vollstreckungsfähig (Art. 25 Abs. 1 UAbs. 2 EuInsVO). Demgegenüber enthält das autonome deutsche Recht keine entsprechende Anerkennungsvorschrift, so dass insoweit im Verhältnis zu Drittstaaten die allgemeinen Regeln (§§ 328, 722 f. ZPO) gelten.

c) Wirkungen eines ausländischen Partikularinsolvenzverfahrens im Inland

5717 Die Wirkungen eines ausländischen Partikularinsolvenzverfahrens sind von voneherein auf das Gericht des eröffnenden Staates beschränkt. Eine Erstreckung der Wirkungen eines solchen Verfahrens auf andere (Mitglied-)Staaten kommt daher nicht in Betracht. Allerdings bestimmt Art. 17 Abs. 2 S. 1 EuInsVO, dass die Wirkungen eines Partikularinsolvenzverfahrens in den anderen Mitgliedstaaten „nicht in Frage gestellt" werden dürfen. Dies bedeutet etwa, dass der Verwalter des ausländischen Partikularinsolvenzverfahrens Vermögen, das nach Eröffnung des Verfahrens aus dem Gebiet des eröffnenden Staates nach Deutschland oder in einen anderen Mitgliedstaat verbracht worden ist, für die Masse des Partikularverfahrens beanspruchen kann (vgl. Art. 18 Abs. 2 S. 1 EuInsVO) und Rechtshandlungen, die diese Masse verkürzen, in anderen Mitgliedstaaten anfechten kann (Art. 18 Abs. 2 S. 2 EuInsVO)[2]. Entsprechendes gilt auch nach deutschem autonomen Insolvenzrecht (§§ 335, 339 InsO). Die Anerkennung eines Partikularinsolvenzverfahrens in den anderen Mitgliedstaaten wird im europäischen Insolvenzrecht allerdings durch Art. 17 Abs. 2 S. 2, 34 Abs. 2 EuInsVO zum Schutz der Gläubiger beschränkt. Danach wirken Beschränkungen der Rechte der Gläubiger durch ein solches Verfahren – zB der in einem Insolvenzplan vereinbarte Erlass von Schulden – hinsichtlich des in anderen Mitgliedstaaten belegenen Vermögens nur, wenn die Gläubiger

---

[1] Vgl. *Graf*, S. 363 ff.; *Gottwald*, Hdb., § 132 Rz. 68.
[2] *Virgós/Schmit*-Bericht Rz. 156; *Balz*, ZIP 1996, 948 (951); *Huber*, ZZP 114 (2001), 133 (148 f.); *Fritz/Bähr*, DZWiR 2001, 221 (230); *Gottwald*, Hdb., § 132 Rz. 89.

hierzu ihre Zustimmung erteilt haben. Ist dies nicht der Fall, so steht es den betroffenen Gläubigern frei, ihre Forderungen aus den in anderen Mitgliedstaaten belegenen Vermögensgegenständen zu befriedigen[1]. Nach autonomem Recht ist die mit einem ausländischen Partikularinsolvenzverfahren verbundene Restschuldbefreiung hinsichtlich des Inlandsvermögens des Schuldners überhaupt nicht anzuerkennen (§ 355 Abs. 1 InsO).

4. Vollstreckbarkeit insolvenzrechtlicher Entscheidungen

a) Europäisches Insolvenzrecht

Nach Art. 25 Abs. 1 UAbs. 1 S. 2 EuInsVO werden die Entscheidungen zur Durchführung und Beendigung eines Insolvenzverfahrens einschließlich eines vom Insolvenzgerichts bestätigten Vergleichs in einem gegenüber dem nationalen Recht vereinfachten Verfahren nach Maßgabe der Art. 38–58 EuGVO[2] vollstreckt. Die Vollstreckbarerklärung darf allerdings – abweichend von Art. 45 Abs. 1 S. 1 EuGVO – nicht aus den in Art. 34 und 35 EuGVO, sondern allein aus den in Art. 16, 25 Abs. 3 und 26 EuInsVO genannten Gründen versagt werden[3]. Art. 25 Abs. 1 UAbs. 1 S. 2 EuInsVO regelt darüber hinaus auch die Vollstreckung der Eröffnungsentscheidung selbst in Bezug auf alle Rechtswirkungen, die über die – als solche nicht vollstreckungsfähige – Eröffnung des Verfahrens selbst hinausgehen[4]. Einer solchen Vollstreckbarkeit bedarf es insbesondere dann, wenn der Schuldner nicht freiwillig bereit ist, die Gegenstände der Insolvenzmasse an den ausländischen Insolvenzverwalter herauszugeben. Räumt die ausländische lex fori concursus daher dem Verwalter – wie im deutschen Recht (§ 148 Abs. 2 InsO) – die Befugnis ein, aus dem Eröffnungsbeschluss gegen den Schuldner zu vollstrecken, so erfolgt die Vollstreckung ebenfalls im Wege des privilegierten Verfahrens nach Art. 25 Abs. 1 EuInsVO; dies hat der deutsche Gesetzgeber in Art. 102 § 8 EGInsO ausdrücklich klargestellt. Im Beschlussverfahren nach Art. 38 ff. EuGVO werden gem. Art. 25 Abs. 1 UAbs. 2 EuInsVO weiterhin auch Entscheidungen für vollstreckbar erklärt, die „unmittelbar auf Grund des Insolvenzverfahrens ergehen in engem Zusammenhang damit stehen". Gleiches gilt nach Art. 25 Abs. 1 UAbs. 3 EuInsVO für die Vollstreckung von Entscheidungen, die vorläufige Sicherungsmaßnahmen anordnen. Demgegenüber verbleibt es für andere als die in Abs. 1 genannten Entscheidungen gem. Art. 25 Abs. 2 EuInsVO bei den – weitergehenden – Versagungsgründen nach Art. 34, 35 EuGVO[5]. 5718

---

1 *Virgós/Schmit*-Bericht Rz. 157; *Huber*, ZZP 114 (2001), 133 (148 f.); Vgl. dazu näher unten Rz. 5782 ff.
2 Zu diesem vereinfachten Verfahren vgl. statt vieler *Kropholler*, Art. 38 EuGVO Rz. 1 ff.
3 Vgl. den *Virgós/Schmit*-Bericht Rz. 192 aE; ferner *Leible/Staudinger*, KTS 2000, 533 (566); *Huber*, ZZP 114 (2001), 133 (149); *Haubold*, IPRax 2002, 157 (159).
4 *Virgós/Schmit*-Bericht Rz. 189; *Balz*, ZIP 1996, 948 (953); *Huber*, ZZP 114 (2001), 133 (150); *Haubold*, IPRax 2002, 157 (159).
5 Die Eingrenzung von Einzelklagen, die „unmittelbar aufgrund des Insolvenzverfahrens ergehen und in engem Zusammenhang damit stehen" (vgl. Art. 25 Abs. 1 UAbs. 3

b) Autonomes Insolvenzrecht

5719 Die erleichterten Vollstreckungsmöglichkeiten nach Art. 25 Abs. 1 EuInsVO gelten nur für Entscheidungen aus Mitgliedstaaten dieser Verordnung. Für das autonome Recht verbleibt es hingegen nach § 353 InsO dabei, dass die Zwangsvollstreckung aus Entscheidungen, die in einem ausländischen Insolvenzverfahren ergangen sind, nur stattfindet, wenn ihre Zulässigkeit durch ein Vollstreckungsurteil ausgesprochen wird. Gleiches gilt wegen der Nichtanwendbarkeit des von Dänemark mit der EG geschlossenen Anerkennungs- und Vollstreckungsübereinkommens in Zivil- und Handelssachen vom 19.10.2005[1] auf insolvenzrechtliche Streitigkeiten (Art. 1 Abs. 2 lit. b) für die Vollstreckung von dänischen Insolvenzentscheidungen in Deutschland[2]. Örtlich zuständig für das Vollstreckungsurteil ist jedes Gericht, in dessen Bezirk sich Vermögen des Schuldners befindet (§ 353 Abs. 1 S. 2 InsO iVm. §§ 722 Abs. 2, 23 ZPO). Ein solches Urteil ergeht ohne Nachprüfung der Gesetzmäßigkeit der ausländischen Entscheidung (§ 353 Abs. 1 S. 2 iVm. § 723 Abs. 1 ZPO). Demgegenüber wird § 723 Abs. 2 ZPO im Interesse einer zügigen Durchführung des Insolvenzverfahrens nicht für anwendbar erklärt; die ausländische Entscheidung braucht daher nicht rechtskräftig zu sein. Prüfungsmaßstab für die Vollstreckbarkeit ist § 343 Abs. 1 InsO; danach kann ein Vollstreckungsurteil insbesondere dann nicht ergehen, wenn die Entscheidung gegen den deutschen ordre public verstößt. Diese Vorschriften gelten auch für die Vollstreckung von Sicherungsmaßnahmen iSv. § 343 Abs. 2 InsO entsprechend (§ 353 Abs. 2 InsO)[3].

5. Anerkennung der Befugnisse des ausländischen Insolvenzverwalters bezüglich des Inlandsvermögens

5720 Die Ernennung eines Insolvenzverwalters und der Übergang der Verwaltungs- und Verfügungsbefugnisse auf diesen ist eine der zentralen Wirkungen der meisten Insolvenzverfahren. Bei der Anerkennung der Befugnisse des ausländischen Insolvenzverwalters hinsichtlich des im Inland belegenen Schuldnervermögens handelt es sich daher aus deutscher Sicht um die notwendige Folge einer Anerkennung der Beschlagnahmewirkung des ausländischen Insolvenzverfahrens[4]. Daraus folgt zugleich, dass sich die Rechtsmacht des ausländischen Verwalters nur dann auf das Inlandsvermögen des Schuldners erstreckt, wenn die Voraussetzungen für die Anerkennung der ausländischen Eröffnungsentscheidung vorliegen[5].

EuInsVO), ist aber nicht für die Frage der internationalen Zuständigkeit (dazu oben Rz. 5638 f.), sondern auch für die Zwecke der Vollstreckung bedeutsam.
1 ABl. EU 2005 Nr. L 293, S. 62.
2 OLG Frankfurt 24.1.2005, ZInsO 2005, 715 = IPRspr. 2005 Nr. 228.
3 Krit. dazu *Gottwald*, Hdb., § 132 Rz. 75.
4 *Gottwald*, Hdb., § 132 Rz. 39, 56; *Schack*, Rz. 1121.
5 *Dilger*, RIW 1989, 487; *Gottwald*, IPRax 1991, 168; *Aderhold*, S. 228. Die ältere – noch auf dem Boden des Territorialitätsprinzips stehende – Rspr. erkannte die Handlungsbefugnis von Insolvenzverwaltern für ausländ. Gesellschaften demgegenüber aufgrund einer gesellschaftsrechtlichen Qualifikation an, vgl. RG 9.11.1933, RGZ 153, 200

BGH 24.2.1994, BGHZ 125, 196 (200) = NJW 1994, 2549 = IPRax 1995, 168 (m. Anm. *Gottwald*, IPRax 1995, 157) = EWiR 1994 (LS) m. Anm. *Hanisch* = IPRspr. 1994 Nr. 198 „Das ausländische Konkursrecht regelt als Konkursstatut die Befugnisse des Konkursverwalters. Voraussetzung für die Anwendbarkeit ausländischen Konkursrechts ist allerdings, dass der Auslandskonkurs nach den Grundsätzen über die Anerkennung von Auslandskonkursen im Inland anerkannt werden kann."

Dies gilt nicht nur nach autonomem Insolvenzrecht, sondern – trotz des insoweit irreführenden Wortlauts von Art. 18 EuInsVO, der nur die internationale Zuständigkeit des Eröffnungsstaates nach Art. 3 Abs. 1 EuInsVO erwähnt – auch nach europäischem Recht (vgl. schon oben Rz. 5660).

a) Verwaltungs- und Verfügungsbefugnis

Bezüglich der inländischen Befugnisse eines in einem anderen Mitgliedstaat der EuInsVO bestellten (Haupt-)Insolvenzverwalters zur Verwaltung und Verwertung des inländischen Vermögens des Schuldners kann weitgehend auf die Ausführungen zu den Befugnissen eines deutschen Insolvenzverwalters in anderen Mitgliedstaaten der EG nach Art. 18 Abs. 1 EuInsVO verwiesen werden (vgl. oben Rz. 5659 ff.). In gleicher Weise erkennt auch das autonome deutsche Recht heute grundsätzlich die Befugnisse eines ausländischen Insolvenzverwalters zur Sammlung und Verwertung der Insolvenzmasse an. Wann und in welchem Umfang die Verwaltungs- und Verfügungsbefugnisse vom Schuldner auf den Verwalter übergehen und welche Rechte und Pflichten der Verwalter hat, beurteilt sich nach dem **Recht des Eröffnungsstaates**[1]. Auch wenn diese Befugnisse weiter reichen als diejenigen eines inländischen Insolvenzverwalters, hindert dies ihre Anerkennung im Inland grundsätzlich nicht; Grenze ist erst der inländische ordre public. Deshalb ist auch der vom ausländischen Insolvenzrecht als Gesamtstatut angeordnete Eigentumsübergang auf den Verwalter – zB auf den trustee in bankruptcy nach englischem Recht – an im Inland belegenen Sachen anzuerkennen[2]. Darüber hinaus werden die Befugnisse des ausländischen Verwalters im Inland durch die Sonderanknüpfungen nach Art. 5 ff. EuInsVO bzw. §§ 336 ff. InsO begrenzt (dazu unten Rz. 5756 ff.). *Zwangsbefugnisse*, die ihm das Recht des Eröffnungsstaates zur Erfüllung seiner Aufgaben verleiht, kann der ausländische Insolvenzverwalter im Inland in keinem Fall ausüben[3]. Die ausländische *lex fori concursus* entscheidet in die-

5721

(205 f.); BGH 7.12.1961, AWD 1962, 81 m. zust. Anm. *Hofstetter* = IPRspr. 1961/62 Nr. 157; BPatG 13.9.1983, GRUR Int. 1984, 636 = IPRspr. 1983 Nr. 208; OLG Hamm 9.1.1984, DB 1984, 1922 (m. Anm. *Mohrbutter*, DB 1984, 2235) = IPRspr. 1984 Nr. 208.

1 Vgl. Art. 4 Abs. 2 S. 2 lit. c, 18 Abs. 1 S. 1 EuInsVO und § 335 InsO; *Virgós/Schmit*-Bericht Rz. 159. Zum autonomen Recht BGH 11.7.1985 (Rz. 5602), BGHZ 95, 256 (261); BGH 24.2.1994 (Rz. 5720), BGHZ 125, 196 (200) = NJW 1994, 2549; *Kirchhof*, WM 1993, 1364 (1368); *Gottwald*, Hdb., § 132 Rz. 39; *Schack*, Rz. 1121; *Geimer*, Rz. 3506; *Aderhold*, S. 228 ff.; *E. Habscheid*, S. 465; *Kindler*, in: MünchKomm, IntInsR Rz. 460; *Riegel*, S. 160 ff.; *Summ*, S. 45 ff. mwN.

2 *Ahrens*, S. 113 ff.

3 Art. 18 Abs. 3 EuInsVO; vgl. dazu den *Virgós/Schmit*-Bericht Rz. 164. Zum autonomen Recht LG Krefeld 9.4.1992, ZIP 1992, 1407 = IPRspr. 1992 Nr. 264; *Hagemann*, KTS 1960, 161; *Gottwald*, Hdb., § 132 Rz. 59.

sem Zusammenhang auch darüber, ob die Insolvenzmasse selbst rechts- und parteifähig ist und – wie zB vom administrator oder liquidator nach englischem Recht – vom Verwalter vertreten wird oder ob der Verwalter – wie nach deutschem Recht – im eigenen Namen handelt[1].

5722 Das ausländische Recht des Eröffnungsstaates bestimmt insbesondere über den Umfang der Verfügungsbefugnisse des Verwalters und damit zugleich über **Verfügungsbeschränkungen des Schuldners**. Bedarf ein ausländischer Verwalter nach diesem Recht zur Vornahme bestimmter Geschäfte der Genehmigung des Insolvenzgerichts oder der Gläubigerversammlung, so bleibt es dabei auch dann, wenn der Verwalter das Geschäft im Inland vornimmt; das ausländische Recht bestimmt in diesem Fall zugleich, welche Folgen ein Verstoß gegen das Genehmigungserfordernis hat. Auf die Frage, ob ein entsprechendes Geschäft auch nach deutschem Insolvenzrecht genehmigungspflichtig wäre, kommt es in diesem Zusammenhang nicht an. Im Übrigen entscheidet die ausländische *lex fori concursus* vor allem darüber, ob und unter welchen Voraussetzungen der Insolvenzverwalter massezugehörige Rechte freigeben oder verwerten kann. In den durch das ausländische Insolvenzstatut gezogenen Grenzen kann er daher im Inland belegene Gegenstände, die zur ausländischen Masse gehören, in Besitz nehmen, Forderungen eintreiben, Verfügungen nach Maßgabe des jeweiligen Sachstatuts vornehmen und Gestaltungsrechte ausüben[2]. Hinsichtlich der Art und Weise der Verwertung – zB durch öffentliche Versteigerung – hat der ausländische Verwalter allerdings auf das deutsche Recht Rücksicht zu nehmen[3].

b) Prozessführungsbefugnis

5723 Auch ein vom Recht des ausländischen Eröffnungsstaates angeordneter Übergang der Prozessführungsbefugnis auf den Verwalter ist in einem die Masse berührenden Rechtsstreit vor inländischen Gerichten zu beachten. Der ausländische Verwalter – und nicht mehr der Gemeinschuldner – ist in diesem Falle berechtigt, zur Masse gehörende Ansprüche vor deutschen Gerichten einzuklagen und aus den so erlangten Titeln zu vollstrecken[4]. Er kann auch einer Voll-

---

1 BGH 21.11.1996 (Rz. 5694), BGHZ 134, 116 (118) = NJW 1997, 657 (Konkursmasse einer schwed. Aktiengesellschaft nach schwed. Insolvenzrecht als parteifähig erachtet); ferner *Summ*, S. 45; *Furtak*, Die Parteifähigkeit im Zivilverfahren mit Auslandsberührung (1995), S. 180; *Geimer*, Rz. 3472a; *Gottwald*, Hdb., § 132 Rz. 39.
2 Vgl. *Gottwald*, Hdb., § 132 Rz. 58; *Wenner*, Rz. 220.
3 *Geimer*, Rz. 3507; *Aderhold*, S. 233 f. Vgl. auch Art. 18 Abs. 3 EuInsVO; dazu den *Virgós/Schmit*-Bericht Rz. 164.
4 BGH 21.11.1996 (Rz. 5694), BGHZ 134, 116 (119) (Befugnis des schwed. Insolvenzverwalters zur Einziehung des im Inland belegenen Vermögens des Gemeinschuldners sowie zur Anfechtung von dessen in Deutschland vorgenommenen Rechtshandlungen bejaht); LG Krefeld 9.4.1992, NJW-RR 1992, 1535 = ZIP 1992, 1407 = IPRspr. 1992 Nr. 264 (Der von einem niederländ. Gericht bestellte Insolvenzverwalter ist berechtigt, die Verwertung eines in Deutschland belegenen Grundstücks im Wege der Zwangsversteigerung nach § 172 ZVG zu betreiben, ohne dass er hierfür eines Vollstreckungstitels bedarf.); LG Hamburg 2.7.1992, RIW 1993, 147 = IPRspr. 1992 Nr. 268 (zum

streckung durch einzelne Gläubiger in das Inlandsvermögen des Gemeinschuldners entgegentreten[1]. Den Befugnissen des ausländischen Verwalters im inländischen Prozess sind allerdings durch das deutsche Verfahrensrecht Grenzen gezogen[2].

Wird ein (Haupt-)Insolvenzverfahren im Ausland eröffnet, so ist die ausländische *lex fori concursus* auch zur Entscheidung darüber berufen, ob und unter welchen Voraussetzungen der Insolvenzverwalter dem Schuldner oder einem Dritten die **Ermächtigung zur Prozessführung** in Bezug auf Forderungen oder Vermögensgegenstände erteilen kann, die in das ausländische Insolvenzverfahren einbezogen sind. Voraussetzung für die Anwendbarkeit des ausländischen Insolvenzrechts auf diese Frage ist freilich wiederum, dass das ausländische Insolvenzverfahren nach den hierfür geltenden Grundsätzen (dazu oben Rz. 5701 ff.) im Inland anerkannt wird[3].

5724

c) Unterbrechung inländischer Verfahren

Zweifelhaft war hingegen lange Zeit, ob der Übergang der Prozessführungsbefugnis vom Schuldner auf den ausländischen Insolvenzverwalter auch in einem anhängigen Prozess vor deutschen Gerichten zu beachten ist. Nach dem Übergang zum Universalitätsprinzip ließ sich die Ablehnung einer Unterbrechung inländischer Verfahren durch die Eröffnung eines ausländischen Insolvenzverfahrens jedenfalls nicht mehr mit der territorial begrenzten Wirkung des ausländischen Verfahrens begründen[4]. Der BGH hat indessen eine Unterbrechung inländischer Prozesse durch Eröffnung eines Insolvenzverfahrens im Ausland zunächst trotz grundsätzlicher Anerkennung der ausländischen Insol-

5725

Recht eines austral. Insolvenzverwalters, im Inland belegenes Vermögen des Gemeinschuldners auch im Wege von Eilmaßnahmen [zB durch einstweilige Verfügung] zu sichern, um sie im ordentlichen Verfahren zur Masse zu ziehen); ferner BGH 11.7.1985 (Rz. 5602), BGHZ 95, 256 (261); BGH 24.2.1994 (Rz. 5720), BGHZ 125, 196 (200); *Flessner*, IPRax 1997, 1 (5); *Gottwald*, Hdb., § 132 Rz. 39; *Schack*, Rz. 1121; *Geimer*, Rz. 3369, 3508; *Trunk*, S. 290 f.

1 *Trunk*, in: Gilles, S. 193. Gegen eine Zwangsvollstreckung in Vermögenswerte des Gemeinschuldners, die der ausländ. Verwalter ins Inland gebracht hat oder die er im Inland mit Mitteln der ausländ. Masse erworben hat, kann der Verwalter sich mit der Drittwiderspruchsklage (§ 771 ZPO) wehren, vgl. RG 13.4.1915, LZ 15, 1588; RG 13.1.1885, RGZ 14, 424 (426) und RG 11.6.1926, RGZ 114, 82 (84).
2 Vgl. zu einer etwa erforderlichen Anpassung *Jaeger/Jahr*, §§ 237, 238 KO Rz. 414 f.
3 *Gottwald*, IPRax 1995, 157; *Prütting*, ZIP 1996, 1277 (1282); *Schack*, Rz. 1121; vgl. auch BGH 24.2.1994 (Rz. 5720), BGHZ 125, 196 (200) = ZIP 1994, 547 (Der in Dänemark bestellte Insolvenzverwalter über das Vermögen eines dän. Verkäufers von Fertighäusern hatte das finanzierende Kreditinstitut zur gerichtlichen Geltendmachung der Restvergütung für ein Einfamilienhaus gegen die in der Bundesrepublik Deutschland wohnhaften Erwerber ermächtigt. Zulässigkeit der gewillkürten Prozessstandschaft nach der deutschen lex fori, Wirksamkeit der Prozessführungsermächtigung hingegen nach der dän. lex fori concursus beurteilt.).
4 So noch BGH 30.5.1962, NJW 1962, 1511 = IPRspr. 1962/63 Nr. 226; BGH 20.6.1979, NJW 1979, 2477 = IPRspr. 1979 Nr. 162; vgl. auch OLG Frankfurt a.M. 31.8.1995, WM 1995, 2079 = IPRspr. 1995 Nr. 202 (norweg. Vergleich).

venzwirkungen abgelehnt und hat dies vor allem mit dem Argument der *Rechtssicherheit* gerechtfertigt. Diese erfordere, dass Parteien und Gericht frühzeitig und zuverlässig Kenntnis von der Insolvenzeröffnung hätten; dies sei aber in Bezug auf ausländische Insolvenzverfahren nicht gewährleistet[1].

5726 Macht man indessen mit der Gleichstellung von anerkennungsfähiger Auslandsinsolvenz und Inlandsinsolvenz ernst, so muss auch ein Insolvenzverfahren im Ausland zur Unterbrechung von im Inland anhängigen Verfahren nach § 240 ZPO führen. Denn diese Vorschrift soll dem mit der Insolvenzeröffnung einhergehenden Wechsel der Prozessführungsbefugnis Rechnung tragen und sowohl dem Insolvenzverwalter als auch den Parteien Gelegenheit geben, sich auf die durch die Insolvenz veränderte Lage einzustellen. Dieser Zweck trifft aber auch für ein im Ausland eröffnetes Insolvenzverfahren zu, das im Inland anzuerkennen ist. Voraussetzung ist lediglich, dass das ausländische Insolvenzrecht einen dem deutschen Recht vergleichbaren Übergang der Prozessführungsbefugnis auf den Insolvenzverwalter vorsieht. Dieser in der Literatur[2] und der Rechtsprechung der Untergerichte[3] schon seit Längerem vorherrschenden Ansicht hatte sich auch der BGH[4] schon vor Inkrafttreten des neuen deutschen Insolvenzrechts angeschlossen. Seit dem 1.1.1999 folgte die prozessunterbrechende Wirkung auch des ausländischen Insolvenzverfahrens aus Art. 102 Abs. 1 EGInsO aF; da dieses Verfahren nämlich kraft Gesetzes auch das Inlandsvermögen des „Schuldners" ergriff, war es zugleich als „Insolvenzverfahren" iSd. neu gefassten § 248 ZPO zu verstehen[5]. Im geltenden Recht stellt § 352 Abs. 1 InsO die Unterbrechungswirkung des – anerkennungsfähigen – ausländischen Insolvenzverfahrens ausdrücklich klar.

---

1 BGH 7.7.1988, NJW 1988, 3096 = ZIP 1988, 1200 = RIW 1988, 817 = IPRax 1989, 162 (m. abl. Anm. *Ackmann/Wenner*, IPRax 1989, 144) = EWiR 1988, 1031 (LS) m. Anm. *Marotzke* = IPRspr. 1988 Nr. 229; zust. LG Konstanz 11.1.1993, IPRspr. 1993 Nr. 201; *Riegel*, RIW 1990, 549 f. Zu Recht krit. zu diesem Rechtssicherheitsargument *Leipold*, Festschr. Schwab (1990), S. 289 (297 ff.).
2 Für eine Unterbrechung von inländ. (Aktiv- wie Passiv-)Prozessen durch die Auslandsinsolvenz schon die hL unter Geltung der KO, vgl. *Ackmann/Wenner*, IPRax 1989, 144 (146 f.) und IPRax 1990, 209; *W. Habscheid*, KTS 1990, 403 (415 f.); *Riegel*, RIW 1990, 546 (549 f.); *Jaeger/Jahr*, §§ 237, 238 KO Rz. 417; ebenso seit Inkrafttreten der InsO; *Geimer*, Rz. 3529; *Schack*, Rz. 1125; *Feiber*, in: MünchKomm ZPO, § 240 ZPO Rz. 11; *Greger*, in: Zöller, § 240 ZPO Rz. 1b.
3 OLG Karlsruhe 11.5.1990, ZIP 1990, 665 = NJW-RR 1991, 295 = IPRspr. 1990 Nr. 255 und 21.2.1992, RIW 1992, 940 = IPRspr. 1992 Nr. 263; OLG Frankfurt a.M. 25.10.1994, IPRspr. 1994 Nr. 201; OLG München 24.1.1996, NJW-RR 1996, 574 = IPRspr. 1996 Nr. 230; LAG Rheinland-Pfalz 14.7.1997, RIW 1998, 633 = IPRspr. 1997 Nr. 218; LG Aachen 27.8.1993, RIW 1994, 685 = IPRspr. 1993 Nr. 203; LG München I 21.3.1994, NJW-RR 1994, 1150 = IPRspr. 1994 Nr. 199; LG Düsseldorf 30.8.1994, IPRspr. 1994 Nr. 200 = EWiR 1994, 1243 (LS) m. Anm. *Trunk*.
4 BGH 13.5.1997, NJW 1997, 2525 = WiB 1997, 1091 m. Anm. *Dietz* = IPRspr. 1997 Nr. 219; BGH 26.11.1997, ZIP 1998, 659 = IPRax 1999, 42 (m. Anm. *Schollmeyer*, IPRax 1999, 26), jeweils mwN.
5 BGH 13.5.1997, NJW 1997, 2525 (2527); *H. Roth*, IPRax 1996, 324 (326); krit. dazu *Schollmeyer*, IPRax 1999, 26 (28).

Die Unterbrechung dauert nach § 352 Abs. 1 S. 2 InsO an, bis der Rechtsstreit   5727
von einer Person aufgenommen wird, die nach dem Recht des Staats der Verfahrenseröffnung zur Fortführung des Rechtsstreits berechtigt ist, oder bis das Insolvenzverfahren beendet ist. Auch für die Frage, wer zur Aufnahme des Rechtsstreits berechtigt ist, kommt es also auf die Prozessführungsbefugnis nach dem Recht des Eröffnungsstaats an. Es soll nicht in die Regelung der insolvenzrechtlichen Befugnisse der Beteiligten durch den ausländischen Eröffnungsstaat eingegriffen werden. In aller Regel wird danach der Insolvenzverwalter zur Aufnahme berechtigt sein. Da nach § 343 Abs. 2 InsO auch vor Verfahrenseröffnung erlassene Sicherungsmaßnahmen anerkannt werden, legt § 352 Abs. 2 InsO auch ihnen eine prozessunterbrechende Wirkung zu, sofern sie einen Verlust der Verwaltungs- und Verfügungsbefugnis des Schuldners zur Folge haben.

Wie sich der Übergang der Prozessführungsbefugnis auf den Insolvenzverwalter   5728
im Einzelnen auf einen anhängigen Rechtsstreit auswirkt, ist demgegenüber keine Frage des Insolvenzrechts, sondern des Zivilprozessrechts. Maßgebend insoweit ist die **lex fori des angerufenen Prozessgerichts.** Dies verdeutlicht für das europäische Insolvenzrecht Art. 15 EuInsVO. Danach gilt für die Wirkungen des Insolvenzverfahrens auf einen anhängigen Rechtsstreit über einen Gegenstand oder ein Recht der Masse ausschließlich das Recht des Mitgliedstaats, in dem der Rechtsstreit anhängig ist. Deshalb kommt es insbesondere nicht darauf an, ob das Recht des ausländischen Eröffnungsstaates seinerseits eine automatische Unterbrechung von anhängigen Prozessen vorsieht, an denen der Gemeinschuldner beteiligt ist[1]. Im Übrigen kommt aber die Unterbrechungswirkung nach § 352 InsO uneingeschränkt auch den in einem Mitgliedstaat der Verordnung eröffneten Insolvenzverfahren zu.

d) Sicherungsmaßnahmen des vorläufigen Verwalters

Die EuInsVO bietet für die Anordnung und Durchsetzung von Sicherungsmaß-   5729
nahmen zwei unterschiedliche Möglichkeiten an. Zum einen kann das für das ausländische Hauptinsolvenzverfahren zuständige Gericht Sicherungsmaßnahmen anordnen, die nach Art. 25 Abs. 1 UAbs. 3 EuInsVO in allen anderen Mitgliedstaaten anzuerkennen und nach der EuGVO zu vollstrecken sind[2]. Bestellt das ausländische Gericht also bereits vor der Eröffnung des Insolvenzverfahrens einen vorläufigen Verwalter oder erlegt es dem Schuldner ein allgemeines Veräußerungsverbot auf, so sind diese Maßnahmen im Inland anzuerkennen; Gleiches gilt für die vorläufige Versagung bez. Einstellung der Zwangsvollstreckung[3]. Daneben ist nach Art. 38 EuInsVO aber auch der **vorläufige Verwalter des ausländischen Hauptinsolvenzverfahrens** berechtigt, zur

---

1 BGH 13.5.1997, NJW 1997, 2526; *Schollmeyer*, IPRax 1999, 26 (27); *Aderhold*, S. 261 ff.; *E. Habscheid*, S. 342 ff.; *Schack*, Rz. 1125; *Geimer*, Rz. 3509, 3598; *Gottwald*, Hdb., § 132 Rz. 49.
2 Vgl. Erwägungsgrund 16 zur EuInsVO; *Virgós/Schmit*-Bericht Nr. 261; *W. Lüke*, ZZP 111 (1998), 275 (295); *Herchen*, S. 161; dazu schon oben Rz. 5700.
3 *Gottwald*, Hdb., § 132 Rz. 64; *Geimer*, Rz. 3500.

Sicherung des im Inland befindlichen schuldnerischen Vermögens vorläufige Maßnahmen nach deutschem Recht zu beantragen. Ein solches Vorgehen kann sinnvoll sein, wenn sich solche Maßnahmen im Inland leichter erreichen lassen oder das deutsche Recht weitergehende Sicherungsmaßnahmen kennt als das Recht des Hauptinsolvenzverfahrens. Voraussetzung für den Erlass solcher vorläufigen Sicherungsmaßnahmen ist jedoch, dass der Schuldner im Inland eine Niederlassung unterhält, da diese Sicherungsmaßnahmen lediglich ein späteres Sekundärinsolvenzverfahren absichern sollen[1]. Damit können abweichend von der Systematik des § 21 InsO zur Sicherung des inländischen Sekundärinsolvenzverfahrens bereits Maßnahmen nach § 21 InsO angeordnet werden, obwohl im Inland noch kein Antrag auf Eröffnung eines Sekundärinsolvenzverfahrens gestellt wurde. Denn einen solchen Antrag nach Art. 29 EuInsVO kann nur der Verwalter des Hauptinsolvenzverfahrens, nicht jedoch der vorläufige Verwalter stellen.

5730 Im Interesse einer möglichst zügigen Sicherung der Insolvenzmasse sieht dementsprechend auch das **autonome deutsche IIR** nicht nur die „automatische" Anerkennung ausländischer Sicherungsmaßnahmen nach § 343 Abs. 2 InsO vor, sondern räumt dem zuständigen deutschen Insolvenzgericht (vgl. § 348 InsO) die Befugnis ein, auf Antrag des vorläufigen Insolvenzverwalters des in einem Drittstaat eröffneten Hauptinsolvenzverfahrens die Maßnahmen nach § 21 InsO anzuordnen, die zur Sicherung des im Inland belegenen schuldnerischen Vermögens erforderlich sind, sofern die Voraussetzungen für die Eröffnung eines inländischen Sekundärinsolvenzverfahrens vorliegen.

6. Konkurrierende Insolvenzverfahren

a) Europäisches Insolvenzrecht

aa) Konkurrierende Hauptverfahren

5731 Die EuInsVO enthält – anders als die EuGVO (vgl. Art. 27, 28 EuInsVO) – keine Bestimmungen, wie ein positiver[2] Kompetenzkonflikt zwischen den Gerichten zweier Mitgliedstaaten gelöst werden soll; denn nach Art. 3 Abs. 1 EuInsVO gibt es für die Entscheidung über die Eröffnung des Insolvenzverfahrens nur *ein* zuständiges Gericht, nämlich am Interessenmittelpunkt des Schuldners. Dies schließt freilich einen Kompetenzkonflikt nicht aus, wenn die Gerichte verschiedener Mitgliedstaaten diesen Interessenmittelpunkt jeweils in ihrem Gebiet für gegeben erachten. Dazu kann es kommen, obwohl jedes Gericht seine internationale Zuständigkeit nach Maßgabe der Verordnung zu prüfen und dabei den Grundsatz des gemeinschaftlichen Vertrauens zu beachten hat[3]. Um den Gerichten in den anderen Mitgliedstaaten zu verdeutlichen, wel-

---

1 Vgl. den *Virgós/Schmit*-Bericht Rz. 38, 261; *Kolmann*, S. 298; aA *Herchen*, S. 162 f.; *Ahrens*, S. 299.
2 Auch für die Entscheidung eines negativen Kompetenzkonflikts – kein Mitgliedstaat erklärt sich iSv. Art. 3 Abs. 1 EuInsVO für zuständig – sieht die Verordnung keine Lösung vor.
3 *Virgós/Schmit*-Bericht Rz. 79.

che Maßstäbe diesbezüglich für das deutsche Insolvenzgericht maßgebend waren, soll dieses nach Art. 102 § 2 EGInsO seine tatsächlichen und rechtlichen Erwägungen zur Kompetenzfrage im Eröffnungsbeschluss kurz darlegen, wenn sich abzeichnet, dass auch in einem anderen Mitgliedstaat möglicherweise zuständigkeitsbegründende Umstände vorliegen; dies gilt bereits dann, wenn in einem anderen Mitgliedstaat Vermögen des Schuldners belegen ist. Da die Anknüpfungspunkte für ein Hauptinsolvenz- und ein Partikularverfahren unterschiedlich ausgestaltet sind (vgl. Art. 3 Abs. 1 und 2 EuInsVO), sind in den Eröffnungsbeschluss auch diesbezügliche Angaben aufzunehmen[1].

Da nach der Intention der Verordnung in den Mitgliedstaaten stets nur *ein* Hauptinsolvenzverfahren eröffnet werden soll, ist ein möglicher Kompetenzkonflikt nach dem **Grundsatz der Priorität** zu lösen; zuständig ist allein das Gericht des Mitgliedstaats, in dem das Verfahren zuerst eröffnet wurde[2]. Die Entscheidung dieses Gerichts über seine internationale Zuständigkeit ist in allen anderen Mitgliedstaaten anzuerkennen und unterliegt dort keiner Nachprüfung. Hat daher das Gericht eines anderen Mitgliedstaats ein Hauptinsolvenzverfahren eröffnet, so ist, solange dieses Verfahren anhängig ist, ein bei einem inländischen Insolvenzgericht gestellter Antrag auf Eröffnung eines weiteren Hauptinsolvenzverfahrens über das Vermögen des Schuldners nach Art. 102 § 3 Abs. 1 S. 1 EGInsO **unzulässig**[3]. Eine Ausnahme gilt nur dann, wenn die Eröffnung des Verfahrens in dem anderen Mitgliedstaat im Inland wegen Verstoßes gegen den ordre public (Art. 26 EuInsVO; dazu oben Rz. 5704) nicht anerkannt werden kann; hierfür reicht jedoch die fälschliche Annahme der internationalen Zuständigkeit durch das ausländische Gericht keinesfalls aus. Wurde – etwa in Unkenntnis der ausländischen Verfahrenseröffnung – dennoch im Inland ein Insolvenzverfahren über das schuldnerische Vermögen eröffnet, so darf dieses nach Art. 102 § 3 Abs. 1 S. 2 EGInsO nicht fortgesetzt werden. Um dem Verwalter des ausländischen Hauptinsolvenzverfahrens die Möglichkeit zu eröffnen, den Vorrang seines Verfahrens im Inland durchzusetzen, wird ihm in Art. 102 § 3 Abs. 1 S. 3 EGInsO die Beschwerdebefugnis gegen die Eröffnung des inländischen Verfahrens eingeräumt. Wird die Eröffnung eines Insolvenzverfahrens in einem anderen Mitgliedstaat mit der Begründung abgelehnt, den dortigen Gerichten fehle die internationale Zuständigkeit, so ist es einem deutschen Insolvenzgericht – umgekehrt – nach Art. 102 § 3 Abs. 2 EGInsO verwehrt, seine Zuständigkeit mit der Begründung zu verneinen, die

5732

---

1 Regierungsbegründung zu Art. 102 EGInsO, BT-Drucks. 715/02, S. 16.
2 EuGH 2.5.2006 (Rz. 5636) – Rs. C-341/04 (Eurofood), Slg. 2006 I, 3813 (3824) (Nr. 39); LG Hamburg 18.8.2005, 1697 = NZI 2005, 645 = IPRspr. 2005 Nr. 233; *Balz*, ZIP 1996, 948 (949); *W. Lüke*, ZZP 111 (1998), 275 (290); *Huber*, ZZP 114 (2001), 133 (144); *Leible/Staudinger*, KTS 2000, 533 (545); *Paulus*, NZI 2001, 505 (507); *Kemper*, ZIP 2001, 1609 (1613); *Becker*, ZEuP 2002, 287 (304); *Herchen*, ZInsO 2004, 61 (63 f.); *Schack*, Rz. 1059, *Duursma-Kepplinger*, Art. 3 EuInsVO Rz. 29 ff.; aA (Zeitpunkt der Antragstellung entscheidet) *Kolmann*, S. 287 f.
3 BGH 29.5.2008, IPRax 2009, 73 (75) (m. Anm. *Fehrenbach*, IPRax 2009, 51); AG Köln 10.8.2005, ZIP 2005, 1566 m. Aufs. *Wagner*, ZIP 2006, 1934 = DZWiR 2006, 218 m. Anm. *Schilling/Schmidt* = IPRspr. 2005 Nr. 232. Etwas anderes folgt insbesondere nicht aus § 15a InsO, vgl. *Vallender/Fuchs*, ZIP 2004, 829 (833).

internationale Zuständigkeit läge doch bei den Gerichten dieses Mitgliedstaats; auf diese Weise sollen negative Kompetenzkonflikte vermieden werden.

5733 Darf das deutsche Insolvenzgericht ein bereits eröffnetes Insolvenzverfahren nach Art. 102 § 3 Abs. 1 EGInsO nicht fortsetzen, so hat es nach § 4 Abs. 1 das **Verfahren von Amts wegen** zugunsten der Gerichte des anderen Mitgliedstaats **einzustellen**[1]. Vor der Einstellung soll es den Insolvenzverwalter, den Gläubigerausschuss, wenn ein solcher bestellt ist, und den Schuldner hören. Wird das Insolvenzverfahren eingestellt, so ist jeder Insolvenzgläubiger beschwerdebefugt, weil diese Einstellung trotz der Möglichkeit, ein Sekundärinsolvenzverfahren zu beantragen, in die Rechte der Gläubiger eingreifen kann. Die Einstellung beendet das Verfahren nicht mit rückwirkender Kraft, so dass geklärt werden muss, wie die Wirkungen des ausländischen Verfahrens, die sich nach Wegfall der Sperrwirkung des Inlandsinsolvenzverfahrens auch auf das inländische Vermögen erstrecken, mit den Wirkungen des eingestellten Verfahrens zu harmonisieren sind. Ein solches Regelungsbedürfnis besteht auch für Rechtshandlungen des inländischen Insolvenzverwalters, die dieser bis zur Einstellung des Verfahrens vorgenommen hat. Nach Art. 102 § 4 Abs. 2 EGInsO bleiben Wirkungen des Insolvenzverfahrens, die vor dessen Einstellung bereits eingetreten und nicht auf die Dauer dieses Verfahrens beschränkt sind, auch dann bestehen, wenn sie den Wirkungen eines in einem anderen Mitgliedstaat eröffneten Insolvenzverfahrens widersprechen, die sich nach Art. 16 EuInsVO auf das Inland erstrecken. Hat etwa der deutsche Insolvenzverwalter einen Gegenstand der Insolvenzmasse veräußert oder belastet, so sollen diese Verfügungen nach h.L.[2] auch nach Einstellung des deutschen Insolvenzverfahrens wirksam bleiben. Dies gilt aber jedenfalls dann nicht, wenn das Insolvenzverfahren im Inland in voller Kenntnis des früher eröffneten Verfahrens in einem anderen Mitgliedstaat eröffnet worden ist[3].

5734 Mit Einstellung des inländischen Insolvenzverfahrens unterfällt das im Inland belegene schuldnerische Vermögen dem **Beschlag des ausländischen Hauptinsolvenzverfahrens**. Es muss deshalb sichergestellt werden, dass der für dieses Verfahren bestellte Insolvenzverwalter möglichst schnell alle Maßnahmen ergreifen kann, um das inländische Vermögen des Schuldners zu sichern. Dies gilt etwa für die öffentliche Bekanntmachung nach Art. 21 EuInsVO oder die Eintragung in öffentliche Register nach Art. 22 EuInsVO. Durch Art. 102 § 4 Abs. 3 S. 4 EGInsO wird klargestellt, dass der Schuldner – abweichend von § 215 Abs. 2 InsO – durch die Einstellung des inländischen Verfahrens nicht die Verfügungsbefugnis über sein in Deutschland belegenes Vermögen zurückerhält. Der Insolvenzverwalter des einzustellenden Inlandsverfahrens hat demgemäss auch nicht dem Schuldner oder dessen Gläubigern Gegenstände des In-

---

[1] AG Düsseldorf 12.3.2004, IPRax 2004, 431 (m. Anm. *Weller*, IPRax 2004, 412) = IPRspr. 2004 Nr. 236.
[2] Vgl. *Pannen/Riedemann*, NZI 2004, 301 (303); *Wimmer*, FK-InsO, Art. 102 § 4 EGInsO Rz. 13; *Paulus*, Art. 28 EuInsVO Rz. 5.
[3] BGH 29.5.2008, IPRax 2009, 73 (76 f.) (m. Anm. *Fehrenbacher*, IPRax 2009, 51).

landsvermögens auszuhändigen, sondern diese im Interesse des ausländischen Hauptinsolvenzverfahrens zu sichern.

bb) Haupt- und Sekundärverfahren

Die Anerkennung eines in einem anderen Mitgliedstaat der Verordnung eröffneten Hauptinsolvenzverfahrens steht allerdings nach Art. 3 Abs. 2 und 3, 16 Abs. 2, 27 S. 2 EuInsVO der Eröffnung eines territorial begrenzten Parallelinsolvenzverfahrens im Inland nicht entgegen, wenn der Schuldner hier eine Niederlassung iSv. Art. 2 lit. h EuInsVO unterhält[1]. In diesem Fall ist das inländische Verfahren ein **Sekundärinsolvenzverfahren** iSv. Art. 27 ff. EuInsVO. Bei diesem Verfahren muss es sich nach Art. 3 Abs. 3 S. 2 EuInsVO zwingend um ein *Liquidationsverfahren* iSv. Art. 2 lit. c iVm. Anhang B zur EuInsVO handeln[2]. Die Insolvenz des Schuldners ist in diesem Parallelverfahren zu unterstellen. Eröffnungsgründe iSd. deutschen Rechts brauchen nicht vorzuliegen, Art. 27 Abs. 1 S. 1 EuInsVO. Im Übrigen gilt der Grundsatz des Art. 4 Abs. 1 und 2 EuInsVO aber auch für das inländische Sekundärverfahren; auf dieses findet daher nicht das Recht des Hauptverfahrens, sondern deutsches Recht Anwendung, Art. 28 EuInsVO. Dies gilt auch für die Frage, wer den Antrag auf Eröffnung des Sekundärverfahrens zu stellen berechtigt ist, Art. 29 lit. b EuInsVO. Nach deutschem Recht (§ 13 InsO) ist daher auch der Schuldner antragsberechtigt[3]. Ergänzend stellt Art. 29 lit. a EuInsVO aber klar, dass der Verwalter des Hauptverfahrens in jedem Falle antragsberechtigt ist.

5735

Das inländische Sekundärinsolvenzverfahren ist hinsichtlich seiner Wirkungen **auf das Inlandsvermögen des Schuldners beschränkt** und schließt diesbezüglich die Anerkennung von Wirkungen des ausländischen Hauptinsolvenzverfahrens aus[4]. Die Erfassung und Verwertung des inländischen Vermögens ist daher primär Sache des für das inländische Parallelverfahren bestellten Verwalters. Allerdings können Haupt- und Sekundärinsolvenzverfahren nur dann zu einer effizienten Verwertung der Insolvenzmasse beitragen, wenn die parallel anhängigen Verfahren koordiniert werden. Wesentliche Voraussetzung ist hierfür eine enge **Zusammenarbeit der verschiedenen Verwalter** und ein umfassender **Informationsaustausch**; beides wird durch Art. 31 EuInsVO sichergestellt. Beide Verwalter haben ferner die Forderungen der Gläubiger auch in dem jeweiligen Parallelverfahren, für das sie nicht bestellt sind, anzumelden

5736

---

1 AG Düsseldorf 12.3.2004, IPRax 2004, 431 (433); dazu *Weller*, IPRax 2004, 412 (417); vgl. schon Rz. 5631.
2 AA *Paulus*, NZI 2001, 505 (514); *Paulus*, EWS 2002, 497 (503).
3 AG Köln 23.1.2004, ZIP 2004, 471 = NZI 2004, 151 m. Aufs. *Sabel* = IPRspr. 2004 Nr. 234; *Kemper*, ZIP 2001, 1609 (1613); *Paulus*, NZI 2001, 505 (514). Voraussetzung ist allerdings, dass das Recht, Verfahrensanträge zu stellen, nach dem Recht des Eröffnungsstaates nicht auf den Verwalter übergegangen ist. Kein Antragsrecht hat hingegen der Prokurist der Schuldnerin, vgl. AG Köln 1.12.2005, ZIP 2006, 628 = IPRspr. 2005 Nr. 236.
4 Vgl. den *Virgós/Schmit*-Bericht Rz. 155. Damit werden die Wirkungen des ausländ. Hauptinsolvenzverfahrens im Inland weitgehend „neutralisiert", vgl. *Gottwald*, Hdb., § 132 Rz. 18.

(Art. 32 Abs. 2 EuInsVO) und haben in diesem Verfahren wie ein Gläubiger mitzuwirken (Art. 32 Abs. 3 EuInsVO). Um der dominierenden Rolle des Hauptinsolvenzverwalters Ausdruck zu verleihen, werden diesem ferner in erheblichem Umfang Einwirkungsmöglichkeiten auf das Sekundärinsolvenzverfahren eingeräumt. So ist der Verwalter des Hauptinsolvenzverfahrens etwa berechtigt, die Verwertung im Sekundärverfahren vorübergehend ganz oder teilweise unterbinden zu lassen (vgl. näher Art. 33 EuInsVO), um bestimmte Wirtschaftseinheiten funktionstüchtig zu erhalten. Er kann ferner auch verfahrensbeendende Maßnahmen – wie zB einen Sanierungsplan oder Vergleich – für das Sekundärinsolvenzverfahren vorschlagen (Art. 34 EuInsVO) und hat Anspruch auf einen in diesem Verfahren verbleibenden Überschuss (Art. 35 EuInsVO).

b) Autonomes Insolvenzrecht

aa) Konkurrierende Hauptverfahren

5737 Konkurriert ein inländisches (Haupt-)Insolvenzverfahren mit einem ebensolchen drittstaatlichen Verfahren, so gilt der Prioritätsgrundsatz der EuInsVO nicht. Ein nach § 3 InsO international zuständiges (Rz. 5641 ff.) deutsches Insolvenzgericht ist also durch die frühere Eröffnung oder Anhängigkeit eines Insolvenzverfahrens im Ausland nicht gehindert, über das Vermögen desselben Schuldners im Inland ein (Haupt-)Insolvenzverfahren zu eröffnen[1]. Vielmehr erfasst jedes der beiden Verfahren das in seinem Eröffnungsstaat belegene Vermögen des Schuldners. Dem ausländischen Verfahren kommt daher in Bezug auf das Inlandsvermögen des Schuldners keine Wirkung zu, sobald ein paralleles Hauptverfahren im Inland eröffnet worden ist[2]. Von mehreren parallel eröffneten ausländischen Hauptverfahren kommt in Bezug auf das Inlandsvermögen des Schuldners demjenigen Verfahren Priorität zu, das am Mittelpunkt der selbständigen wirtschaftlichen Interessen des Schuldners eröffnet worden ist[3]. Lässt sich dieser nicht eindeutig feststellen, so gilt auch insoweit das Prioritätsprinzip[4].

bb) Haupt- und Sekundärverfahren

5738 Auch nach autonomem Recht waren die Gläubiger nach Eröffnung eines (Haupt-)Insolvenzverfahrens im Ausland schon bisher berechtigt, ihre Rechte am Inlandsvermögen des Schuldners durch den Antrag auf Eröffnung eines (Neben-)Insolvenzverfahrens im Inland zu wahren, sofern die internationale Zuständigkeit der deutschen Gerichte gegeben war, Art. 102 Abs. 3 EGInsO aF. Die Eröffnung eines solchen inländischen **Sekundärinsolvenzverfahrens** wurde sogar dadurch erleichtert, dass der Nachweis der Zahlungsunfähigkeit bzw.

---

1 *Gottwald*, Hdb., § 130 Rz. 19.
2 *Prütting*, ZIP 1996, 1277 (1282); *Gottwald*, Hdb., § 130 Rz. 69.
3 *Trunk*, S. 346; *Gottwald*, Hdb., § 130 Rz. 70.
4 *Leipold*, Festschr. Henckel (1995), S. 533 (537); *Gottwald*, Hdb., § 130 Rz. 18 mwN.; aA (Priorität der Antragstellung) *Jaeger/Jahr*, §§ 237, 238 KO Rz. 213, 263.

Überschuldung des Gemeinschuldners in diesem Falle nicht geführt werden musste, Art. 102 Abs. 3 S. 2 InsO aF. Das inländische Verfahren hatte dann Vorrang vor dem ausländischen Verfahren, auch wenn die Voraussetzungen für dessen Anerkennung grundsätzlich vorlagen[1]. Vermögensstücke, die der ausländische Verwalter erst nach Verfahrenseröffnung ins Inland verbracht oder dort erworben hat, wurden vom deutschen Insolvenzbeschlag allerdings nicht erfasst[2]. Nur soweit eine Kollision mit dem Inlandsverfahren nicht bestand, blieb die Anerkennung von Wirkungen des ausländischen Insolvenzverfahrens möglich[3].

An diesen bewährten Grundsätzen hat der Gesetzgeber auch im Zuge der Neuregelung des deutschen IIR in §§ 356–358 InsO festgehalten. Das inländische Sonderverfahren beschränkt dabei **nach neuem Recht** nicht nur die Wirkungen des ausländischen Hauptinsolvenzverfahrens im Interesse der inländischen Gläubiger. Es kann vielmehr – ähnlich wie nach der EuInsVO – auch unterstützende Funktion für das Hauptverfahren entfalten, wenn zB das Vermögen des Schuldners zu verschachtelt ist, um als Ganzes verwaltet zu werden[4]. Demgemäß kann der ausländische Verwalter das inländische Sekundärverfahren ohne besonderes Rechtsschutzinteresse beantragen (§ 356 Abs. 2 InsO). Ferner hat der inländische Verwalter dem ausländischen unverzüglich alle Umstände mitzuteilen, die für die Durchführung des Hauptverfahrens von Bedeutung sein können (§ 357 Abs. 1 S. 1 InsO). Der ausländische Verwalter hat ferner das Recht, Vorschläge für die Verwertung oder sonstige Verwendung des inländischen Vermögens zu machen, an Gläubigerversammlungen im Inland teilzunehmen und selbst einen Insolvenzplan vorzuschlagen (§ 357 Abs. 1 S. 2, Abs. 2, 3 InsO). Schließlich ist ein verbleibender Überschuss aus dem inländischen Sekundärverfahren an den ausländischen Verwalter des Hauptverfahrens herauszugeben (§ 358 InsO).

5739

Frei.

5740–5750

IV. Reichweite des Insolvenzstatuts

Literatur: Vgl. zunächst die allg. Literatur vor Rz. 5601, ferner *Ackmann/Wenner,* Inlandswirkung des Auslandskonkurses: Verlustschein und Restschuldbefreiungen, IPRax 1990, 209; *von Bismarck/Schümann-Kleber,* Insolvenz eines deutschen Sicherungsgebers, NZI 2005, 89; *von Bismarck/Schümann-Kleber,* Insolvenz eines ausländischen Sicherungsgebers, NZI 2005, 147; *Borges,* Gläubigerschutz bei ausländischen Gesellschaften mit inländischem Sitz, ZIP 2004, 733; *Bork,* Die Aufrechnung im internationalen Insolvenzverfahrensrecht, ZIP 2002, 690; *Burgstaller,* Zur Anfechtung nach der

---

1 BGH 11.7.1985 (Rz. 6), BGHZ 95, 256 (269 f.); OLG Köln 20.7.1992, IPRax 1993, 326 ff. (m. Anm. *Hanisch,* IPRax 1993, 297); *Flessner,* IPRax 1997, 1 (4); *Geimer,* Rz. 3392; *Gottwald,* Hdb., § 130 Rz. 67.
2 RG 13.1.1885, RGZ 14, 424; RG 11.6.1926, RGZ 114, 82 f.
3 *Trunk,* in: Gilles, S. 183 f. nannte als Beispiel die Klage des ausländ. Insolvenzverwalters auf Auskunft über Vorgänge, die sich auf das Vermögen im ausländ. Insolvenzstaat beziehen. Gleiches gilt für Wirkungen des Hauptverfahrens in Drittstaaten.
4 Vgl. Erwägungsgrund 19 zur EuInsVO.

Europäischen Insolvenzverordnung, Festschr. Jelinek (2002), S. 33; *von Campe*, Insolvenzanfechtung in Deutschland und Frankreich (1996); *U. Ehricke*, Die Wirkungen einer ausländischen Restschuldbefreiung im Inland nach deutschem Rechts, RabelsZ 62 (1998), 712; *Favoccia*, Vertragliche Mobiliarsicherheiten im internationalen Insolvenzrecht (1991); *Flessner*, Dingliche Sicherungsrechte nach dem EuInsÜ, Festschr. Drobnig (1998), S. 277; *Fletcher*, Insolvency in private international law (1999); *Göpfert*, Anfechtbare Aufrechnungslagen im deutsch-amerikanischen Insovenzrechtsverkehr (1996); *Gottwald*, Insolvenzkollisionsrecht, in: Gottwald (Hrsg.), Insolvenzrechtshandbuch, 3. Aufl. (2006); *Grasmann*, Das Erlöschen von Insolvenzforderungen nach Schuld- oder Insolvenzstaut, Festschr. Kitagawa (1992), S. 117; *Haas*, Die Verwertung der im Ausland belegenen Insolvenzmasse im Anwendungsbereich der EuInsVO, Festschr. Gerhardt (2004), S. 319; *E. J. Habscheid*, Konkursstatut und Wirkungsstatut bei der internationalen und der künftigen innereuropäischen Insolvenzanfechtung, ZZP 114 (2001), 167; *Hanisch*, Das Recht der grenzüberschreitenden Insolvenzen: Auswirkungen auf den Immobiliensektor, ZIP 1992, 1125; *Hanisch*, deutscher Eigentumsvorbehalt im französischen Insolvenzverfahren, IPRax 1992, 187; *Hanisch*, Allgemeine kollisionsrechtliche Grundsätze im internationalen Insolvenzrecht, Festschr. Jahr (1993), S. 455; *Hanisch*, Die Wirkung dinglicher Mobiliarsicherungsrechte im grenzüberschreitenden Insolvenzverfahren, Festschr. Lalive (1993), S. 61; *Hanisch*, Bemerkungen zur Insolvenzanfechtung im grenzüberschreitenden Insolvenzfall, Festschr. Stoll (2001), S. 503; *Henckel*, Die internationalprivatrechtliche Anknüpfung der Konkursanfechtung, Festschr. Nagel (1987), S. 93; *Henckel*, Gläubigeranfechtung im Konkurs, Festschr. Deutsch (1999), S. 967; *Höhn/Kaufmann*, Die Aufrechnung in der Insolvenz, JuS 2003, 751; *U. Huber*, Das für die anfechtbare Rechtshandlung maßgebende Rechts, Festschr. Heldrich (2005), S. 695; *Jeremias*, Internationale Insolvenzaufrechnung (2005); *Klevemann*, Gesetzliche Sicherungsrechte im internationalen Privat- und Konkursrecht (1990); *Klumb*, Kollisionsrecht der Insolvenzanfechtung (2005); *Kranemann*, Insolvenzanfechtung im deutschen internationalen Insolvenzrecht und nach der Europäischen Insolvenzrechtsverordnung (2002); *Lawlor*, Die Anwendbarkeit englischen Gesellschaftsrechts bei Insolvenz einer englischen Limited in Deutschland, NZI 2005, 432; *Liebmann*, Der Schutz des Arbeitnehmers bei grenzüberschreitenden Insolvenzen (Diss. Trier 2005); *Liersch*, Sicherungsrechte im internationalen Insolvenzrecht – unter besonderer Berücksichtigung der Vereinbarkeit von Art. 5 und 7 EuInsVO mit dem deutschen Insolvenzrecht (2001); *Liersch*, Sicherungsrechte im internationalen Insolvenzrecht, NZI 2002, 15; *Naumann*, Die Behandlung dinglicher Kreditsicherheiten und Eigentumsvorbehalte innerhalb und außerhalb des Anwendungsbereiches der Verordnung ... über Insolvenzverfahren (2004); *Naumann*, Die Behandlung dinglicher Kreditsicherheiten nach Eingetumsvorbehalten nach den Art. 5 und 7 EuInsVO sowie nach autonomem deutschen Insolvenzkollisionsrecht (2004); *Paulus*, Restschuldbefreiung und internationales Insolvenzrecht, ZEuP 1994, 301; *Riesenfeld*, Einige Betrachtungen zur Behandlung dinglicher Sicherungsrechte an beweglichen Vermögensgegenständen im Insolvenzrecht, Festschr. Drobnig (1998), S. 621; *Roßmeier*, Besitzlose Mobiliarsicherheiten in grenzüberschreitenden Insolvenzverfahren (2003); *Scherber*, Europäische Grundpfandrechte in der nationalen und internationalen Insolvenz im Rechtsvergleich (2004); *Schollmeyer*, Gegenseitige Verträge im internationalen Insolvenzrecht (1997); *Schulte*, Die europäische Restschuldbefreiung (2001); *Schumacher*, Pfandrechte in der EU-Insolvenzverordnung, Festschr. Jelinek (2002), S. 277; *Schwarz*, Insolvenzverwalterklagen bei eigenkapitalersetzenden Gesellschafterleistungen nach der Verordnung (EG) Nr. 44/2001, NZI 2002, 290; *Sonnentag*, Auslandskonkurs und Anfechtung im Inland, IPRax 1998, 330; *Trunk*, Arbeitnehmer im Niederlassungskonkurs: International-insolvenzrechtliche Aspekte, ZIP 1994, 1586; *Ulmer*, Insolvenzrechtlicher Gläubigerschutz gegenüber Scheinauslandsgesellschaften ohne hinreichende Kapitalausstattung?, KTS 2004, 291; *Wienberg/Sommer*, Anwendbarkeit von deutschem Eigenkapitalersatzrecht auf EU-Kapitalgesellschaften am Beispiel eines Partikularinsolvenzverfahrens, NZI 2005, 353; *von Wilmowsky*, Sicherungsrechte im Europäischen Insolvenzübereinkommen, EWS 1997, 295; *von Wilmowsky*, Aufrechnung in internationalen Insolvenzfällen, KTS 1998, 343; *Zeck*, Das Internationale Anfechtungsrecht in der Insolvenz (2003); *Zeck*, Die Anknüpfung der Insolvenzanfechtung, ZInsO 2005, 281.

1. Allgemeines

a) Grundsatz: Lex fori concursus

aa) Allseitige Kollisionsnorm

Das deutsche internationale Insolvenzrecht ging schon unter Geltung der früheren Konkursordnung von der „Grundnorm" aus, dass sich die Wirkungen eines Insolvenzverfahrens nach dem Recht des Eröffnungsstaates richten[1]. Denn nur diese einheitliche Anwendung der lex fori concursus entspricht dem Grundsatz der Gleichbehandlung aller Gläubiger und schafft Rechtssicherheit in grenzüberschreitenden Insolvenzverfahren. Daran hatte sich durch das Inkrafttreten der InsO nichts geändert, obwohl der Gesetzgeber in Art. 102 EGInsO aF eine entsprechende Klarstellung verabsäumt hatte[2]. Durch das Gesetz zur Neuregelung des internationalen Insolvenzrechts vom 14.3.2003 hat er diese Unklarheit beseitigt. Nach der Grundsatzanknüpfung in § 335 InsO unterliegen das Insolvenzverfahren und seine Wirkungen, soweit nichts anderes bestimmt ist, dem Recht des Staates, in dem das Verfahren eröffnet worden ist. 5751

Den gleichen Grundsatz enthält für den Geltungsbereich des **europäischen Insolvenzrechts** Art. 4 Abs. 1 EuInsVO. Er ist sowohl auf Haupt- wie auf Sekundär- und Partikularverfahren anwendbar. Dies stellt Art. 28 EuInsVO noch einmal ausdrücklich klar. Die Vorschriften sind bewusst als *allseitige* Kollisionsregeln gefasst; sie gelten mithin gleichermaßen für die Wirkungen eines inländischen wie eines ausländischen Insolvenzverfahrens[3]. Die Beurteilung der Wirkungen eines ausländischen Insolvenzverfahrens nach der *lex fori concursus* setzt allerdings voraus, dass dieses Verfahren nach den Art. 16 ff. EuInsVO bzw. §§ 343 ff. InsO im Inland anzuerkennen ist[4]. Solange noch kein Insolvenzverfahren eröffnet ist, gilt das Recht des Staates, in dem das Hauptverfahren zu eröffnen wäre dh. das Recht am Mittelpunkt der hauptsächlichen Interessen des Schuldners (Art. 3 Abs. 1 S. 2 EuInsVO)[5]. 5752

bb) Reichweite: Verfahrensrecht und materielles Recht

Das Insolvenzstatut gilt vor allem für die Voraussetzungen der Eröffnung eines Insolvenzverfahrens sowie für seine Durchführung und Beendigung (vgl. Art. 4 Abs. 2 S. 1 EuInsVO)[6]. Insoweit handelt es sich lediglich um eine insolvenzspe- 5753

---

[1] Vgl. *Jaeger/Jahr*, §§ 237, 238 KO Rz. 256; zust. OLG Hamm 25.10.1976, NJW 1977, 504 mit Anm. *Oexmann* = IPRspr. 1976 Nr. 211; BGH 14.11.1996, BGHZ 134, 79 (87) = NJW 1997, 524.
[2] Vgl. *Geimer*, Rz. 3536.
[3] Vgl. idS. schon *Geimer*, Rz. 3375; *Gottwald*, Hdb., § 131 Rz. 4.
[4] *Geimer*, Rz. 3537; *Gottwald*, Hdb., § 131 Rz. 4.
[5] *Eidenmüller*, NJW 2005, 1618, 1621; *Kindler*, in: MünchKomm, IntInsR Rz. 1.
[6] Vgl. Erwägungsgrund 23 zur EuInsVO; *Virgós/Schmit*-Bericht Nr. 17, 90.

zifische Ausprägung des allgemeinen Grundsatzes der *lex fori*-Anknüpfung im internationalen Verfahrensrecht[1]. Die Reichweite dieses Grundsatzes wird in Art. 4 Abs. 2 S. 2 EuInsVO näher verdeutlicht; die dortige (nicht abschließende) Aufzählung kann auch zur Auslegung des § 335 InsO ergänzend herangezogen werden, der auf eine entsprechende Konkretisierung bewusst verzichtet hat[2]. Nach der *lex fori concursus* beurteilen sich gem. Art. 4 Abs. 2 S. 2 EuInsVO bzw. § 335 InsO vor allem die folgenden **verfahrensrechtlichen** Voraussetzungen und Wirkungen eines in- oder ausländischen Insolvenzverfahrens:

– die Insolvenzfähigkeit des Schuldners (lit. a; dazu Rz. 5701 f.);

– der Umfang der Insolvenzmasse und die Behandlung der nach der Verfahrenseröffnung vom Schuldner erworbenen Vermögenswerte (lit. b);

– die Verwaltungs- und Verfügungsbefugnisse des Schuldners in den einzelnen Phasen eines Insolvenzverfahrens (lit. c, dazu Rz. 5649 ff., 5664 f., 5712);

– die Rechtsstellung des Insolvenzverwalters (Ernennung, Befugnisse, Pflichten, Haftung, Vergütung, Abberufung, lit. c; dazu Rz. 5659 ff., 5720 ff.);

– Auswirkungen der Insolvenzeröffnung auf die Rechtsverfolgungsmaßnahmen einzelner Gläubiger (lit. f; dazu Rz. 5652 ff., 5713 f.);

– Bestimmung der als Insolvenzforderungen anzumeldenden Forderungen und Behandlung von nach der Insolvenzeröffnung entstandenen Forderungen (lit. g)[3];

– Anmeldung, Prüfung und Feststellung von Forderungen (lit. h);

– die Verteilung des Erlöses aus der Verwertung des Vermögens, der Rang der Forderungen und die Rechte der Gläubiger (lit. i; dazu Rz. 5657 f.);

– die Voraussetzungen und die Wirkungen der Beendigung des Insolvenzverfahrens, insbesondere durch Vergleich (lit. j; dazu Rz. 5782 ff.);

– die Rechte der Gläubiger nach Bendigung des Insolvenzverfahrens (lit. k);

– die Tragung der Kosten und Auslagen des Insolvenzverfahrens (lit. l)[4].

5754 In internationalen Insolvenzverfahren sind allerdings verfahrensrechtliche und materiellrechtliche Wirkungen enger miteinander verwoben als im gewöhnlichen Zivilprozess. Um hier schwierige Qualifikations- und Abgrenzungsprobleme zu vermeiden, müssen auch die **materiellrechtlichen Wirkungen** des Insolvenzverfahrens grundsätzlich nach der *lex fori concursus* beurteilt wer-

---

1 *Geimer*, Rz. 3364, 3556; *Gottwald*, Hdb., § 129 Rz. 1; *Wenner*, Rz. 249, 262.
2 Vgl. die Regierungsbegründung zu § 335 InsO, BR-Drucks. 715/02, S. 20 f. Vgl. ferner *Geimer*, Rz. 3376 ff., der insoweit zwischen Vermögens-, Verwaltungs- und Verteilungsstatut unterscheidet.
3 Vgl. IPG 1999 Nr. 54 (Hamburg) (Zur Forderungsanmeldung im französischen Insolvenzverfahren).
4 Vgl. zu Art. 4 EuInsVO den *Virgós/Schmit*-Bericht Rz, 90; zum autonomen Recht näher *Gottwald*, Hdb., § 131 Rz. 6 ff.

den[1]. Denn das Ziel, einen grenzüberschreitenden Insolvenzfall insgesamt unter Wahrung der Gleichbehandlung aller Gläubiger abzuwickeln, wird nur durch die einheitliche Anwendung des am Ort der Verfahrenseröffnung geltenden Insolvenzrechts als *Gesamtstatut* erreicht[2]. Das auf die einzelnen von der Insolvenz betroffenen Rechtsverhältnisse nach den allgemeinen Kollisionsregeln anwendbare Recht (lex causae) hat aus diesem Grunde sowohl nach Art. 4 EuInsVO wie nach § 335 InsO vom Zeitpunkt der Eröffnung des Insolvenzverfahrens an grundsätzlich zurückzutreten. Die Grundsatzanknüpfung an die *lex fori concursus* gilt nach Art. 4 Abs. 2 S. 2 EuInsVO insbesondere für folgende materiellrechtliche Wirkungen des Insolvenzverfahrens:

– die Voraussetzungen der Aufrechnung (lit. d; dazu Rz. 5772 ff.);

– die Auswirkungen des Insolvenzverfahrens auf laufende Verträge des Schuldners (lit. e; dazu Rz. 5767 ff.);

– die Anfechtbarkeit oder Nichtigkeit bestimmter Rechtshandlungen des Schuldners wegen Gläubigerbenachteiligung (lit. m; dazu Rz. 5775 ff.).

cc) Sachnorm- oder Gesamtverweisung?

Die Frage ob es sich bei der Anknüpfung materieller Insolvenzwirkungen an die *lex fori concursus* um eine Sachnorm- oder Gesamtverweisung handelt, ist bisher noch wenig diskutiert worden. Dem rechtsvereinheitlichenden Zweck des europäischen Insolvenzrechts entspricht es allein, sowohl die Verweisung in Art. 4 EuInsVO auf das Insolvenzrecht des Mitgliedstaats, in dem das Verfahren eröffnet wurde, als auch die Sonderanknüpfungen in Art. 6 ff. EuInsVO als *Sachnormverweisungen* zu interpretieren[3]. Demgegenüber gilt für die Verweisung nach § 335 InsO im autonomen deutschen Insolvenzkollisionsrecht der Grundsatz der *Gesamtverweisung* nach Art. 4 Abs. 1 EGBGB. Eine Rück- oder Weiterverweisung des ausländischen Insolvenzstatuts ist daher zu beachten, sofern sie nicht dem Sinn der Verweisung widerspricht[4]. Denkbar ist eine Rück- oder Weiterverweisung insbesondere aufgrund einer abweichenden Qualifikation bestimmter Insolvenzwirkungen im Recht des Eröffnungsstaats. Während die Reichweite des Insolvenzstatuts nach § 335 InsO vom deutschen Rechtsanwender nämlich grundsätzlich nach Maßgabe der deutschen *lex fori* zu bestimmen ist, hat er im Rahmen der Prüfung einer möglichen Rück- oder

5755

---

1 Vgl. zum autonomen Recht *Geimer*, Rz. 3373 f., 3536; *Gottwald*, Hdb., § 131 Rz. 2; *Wenner*, Rz. 250; zur EuInsVO Erwägungsgrund 23; *Leible/Staudinger*, KTS 2000, 533 (550).
2 *Schack*, Rz. 1086; *Geimer*, IZVR Rz. 3374.
3 *Virgós/Schmit*-Bericht Rz. 87; *Taupitz*, ZZP 111 (1998), 315 (329); *Huber*, ZZP 114 (2001), 133 (151); *Leible/Staudinger*, KTS 2000, 533 (549); *Schack*, Rz. 1089; *Gottwald*, Hdb., § 131 Rz. 2; *Wenner*, Rz. 260; *Duursma-Kepplinger*, Art. 4 EuInsVO Rz. 2; vgl. allg. zum Prinzip der Sachnormverweisung in Staatsverträgen und EG-Verordnungen *Hausmann* in: Staudinger, Art. 4 EGBGB Rz. 117 ff.
4 *Geimer*, Rz. 3375; aA (Sachnormverweisung) *Smid* Rz. 57; *Gottwald*, Hdb., § 131 Rz. 2.

Weiterverweisung von der Einordnung der Insolvenzwirkungen im Recht des ausländischen Eröffnungsstaates auszugehen[1]. Praktische Bedeutung kann diese Frage insbesondere erlangen, wenn das Recht des Eröffnungsstaates den Anwendungsbereich von Sonderanknüpfungen weiter zieht als das deutsche Recht in §§ 336 ff. InsO. Auch bei diesen Sonderanknüpfungen des deutschen Rechts (zB auf die lex rei sitae) handelt es sich um Gesamtverweisungen. Eine Ausnahme gilt für § 337 InsO, der für Arbeitsverhältnisse auf das internationale Vertragsrecht (Art. 8 Rom I-VO) verweist, das seinerseits den Renvoi ausschließt (vgl. Art. 20 Rom I-VO; dazu oben Rz. 217 ff.).

b) Durchbrechung durch Sonderanknüpfungen

5756 Die enge Verzahnung des Insolvenzrechts mit dem materiellen Recht, das die vom Insolvenzbeschlag erfassten Einzelgegenstände im Übrigen beherrscht, erfordert freilich gewisse Korrekturen des Grundsatzes von der umfassenden Geltung des Insolvenzstatuts. Zwar kommt eine generelles Zurückweichen des insolvenzrechtlichen Gesamtstatuts vor dem Belegenheitsstatut der Einzelgegenstände – wie es für den Bereich des Familien- und Erbrechts in Art. 3a Abs. 2 EGBGB angeordnet ist – nicht in Betracht, weil die Insolvenz grundsätzlich das gesamte Vermögen des Schuldners ohne Rücksicht auf den gegenteiligen Durchsetzungswillen des Belegenheitsstatuts ergreift[2]. Dementsprechend erfasst ein deutsches Insolvenzverfahren das im Ausland belegene Vermögen des Schuldners auch dann, wenn der Universalitätsanspruch des deutschen Rechts im Belegenheitsstaat nicht anerkannt wird. Die Geltung des Insolvenzstatuts wird jedoch sowohl im europäischen wie im deutschen autonomen IIR einerseits durch *Sachnormen* eingeschränkt, die bestimmte Rechte an dem außerhalb des Eröffnungsstaates belegenen Vermögen von den Wirkungen des Insolvenzverfahrens ausnehmen (Art. 5–7 EuInsVO; §§ 338, 351 InsO), andererseits durch eine Reihe von *Sonderanknüpfungen* durchbrochen (vgl. Art. 8–11, 14–15 EuInsVO; §§ 336–340 InsO). Die Sonderanknüpfungen des *europäischen* Insolvenzrechts kommen allerdings nur zur Anwendung, soweit auf das Recht eines Mitgliedstaats der EuInsVO verwiesen wird[3]. Ist demgegenüber das Recht eines Drittstaats als Belegenheitsrecht oder Vertragsstatut zur Anwendung berufen, gelten stattdessen die – allerdings weitgehend übereinstimmenden – Kollisionsregeln des autonomen deutschen Rechts[4]. Ziel dieser Sonderanknüpfungen ist es insbesondere, Vertrauensschutz und Rechtssicherheit in den Staaten zu gewährleisten, in denen Vermögenswerte des Schuldners belegen sind[5]. Als Ausnahmen vom Prinzip der umfassenden Gel-

---

1 Vgl. näher *Hausmann* in: Staudinger, Art. 4 EGBGB Rz. 57 ff. mwN.
2 Zust. *Gottwald*, Hdb., § 131 Rz. 2.
3 Dies folgt idR bereits aus dem Wortlaut der Vorschriften, gilt aber auch etwa für Art. 6 und 14 EuInsVO, deren Wortlaut eine solche Beschränkung nicht enthält, vgl. den *Virgós/Schmit*-Bericht Nr. 93; *Huber*, ZZP 114 (2001), 133 (138, 152).
4 *Virgós/Schmit*-Bericht Rz. 93; *Huber*, ZZP 114 (2001), 133 (152 f.); krit. dazu *Schack*, Rz. 1089.
5 Vgl. Erwägungsgrund 24 zur EuInsVO; *Virgós/Schmit*-Bericht Rz. 92.

tung der lex fori concursus sind diese Sonderanknüpfungen allerdings einschränkend auszulegen[1].

2. Dingliche Sicherungsrechte von Gläubigern

Der Wert dinglicher Sicherheiten zeigt sich zumeist erst im Insolvenzfall. Hier kommt es zum Zielkonflikt zwischen dem Interesse an der Einheitlichkeit der Insolvenzabwicklung und der Verwertung des Schuldnervermögens zur gleichmäßigen Befriedigung aller Gläubiger, das für die durchgängige Anwendung der *lex fori concursus* spricht[2], und dem Vertrauen der dinglich gesicherten Gläubiger in den Schutz ihrer dinglichen Rechte nach dem Recht des jeweiligen Lageorts[3]. Die kollisionsrechtliche Behandlung der Sicherungsrechte ist daher zu Recht als „Knackpunkt des Internationalen Insolvenzrechts" bezeichnet worden[4]. In der deutschen Literatur hat man versucht, beiden Zielen dadurch Rechnung zu tragen, dass man die Entstehung der Sicherungsrechte der jeweiligen *lex rei sitae*, ihre insolvenzrechtlichen Wirkungen hingegen der *lex fori concursus* unterworfen hat[5].   5757

a) Europäisches Insolvenzrecht

Der europäische Gesetzgeber hat sich demgegenüber in Art. 5 Abs. 1 EuInsVO eindeutig für einen **Vorrang der Schutzinteressen der dinglich gesicherten Gläubiger** – und der hinter ihnen stehenden Kreditinstitute[6] – nach Maßgabe des Belegenheitsrechts entschieden. Denn danach wird das dingliche Recht eines Gläubigers oder eines Dritten an körperlichen oder unkörperlichen, beweglichen oder unbeweglichen Gegenständen des Schuldners, die sich zum Zeitpunkt der Eröffnung des Insolvenzverfahrens im Gebiet eines anderen Mitgliedstaats befinden, von der Eröffnung des Verfahrens „nicht berührt". Die Gläubiger, deren Forderungen durch dingliche Rechte an Gegenständen gesichert sind, die in anderen Mitgliedstaaten belegen sind, genießen damit einen weitergehenden Schutz als Gläubiger, die im Eröffnungsstaat selbst dingliche Sicherheiten innehaben[7]. Als geschützte Rechte iSv. Art. 5 Abs. 1 EuInsVO werden in Abs. 2 insbesondere Pfandrechte und Hypotheken, zur Sicherheit abgetretene Forderungen, dingliche Herausgabeansprüche und Nießbrauchs-   5758

---

1 So auch *Schack*, Rz. 1087; *Wenner*, Rz. 256.
2 Vgl. idS. *Favoccia*, S. 28 ff., 45 f., 50 ff.
3 Für Anwendung der lex rei sitae daher schon OLG Hamburg 2.6.1965, IPRspr. 1964/65 Nr. 73.
4 *Schack*, Rz. 1095; vgl. auch *Aderhold*, S. 281: „Achillesferse ... universeller Öffnung".
5 *Prütting*, ZIP 1996, 1277 (1284); *Taupitz*, ZZP 111 (1998), 315 (329 ff.); *Favoccia*, S. 24 ff.
6 Vgl. den Erwägungsgrund 25 zur EuInsVO, wo auf die erhebliche Bedeutung der dinglichen Rechte für die Kreditgewährung hingewiesen wird; ferner den *Virgós/Schmit*-Bericht Rz. 97; *Taupitz*, ZZP 111 (1998), 315 (333); *Huber*, ZZP 114 (2001), 133 (153 f.).
7 *Balz*, ZIP 1996, 948 (950); *Deipenbrock*, EWS 2001, 113 (116); *Eidenmüller*, IPRax 2001, 1 (6); *Huber*, ZZP 114 (2001), 133 (157 f.); *Kemper*, ZIP 2001, 1609 (1615 f.); *Kolman*, S. 308; *Leible/Staudinger*, KTS 2000, 533 (550); *Liersch*, NZI 2002, 15 (16); *Paulus*, NZI 2001, 506 (513).

rechte genannt. Diese Aufzählung ist aber nicht abschließend; die Qualifikation eines Rechts als „dingliches Recht" überlässt die Verordnung der jeweiligen *lex rei sitae*[1]. Den dinglichen Rechten stehen andere in öffentlichen Registern eingetragene und gegen jedermann wirkende Rechte, wie zB die Vormerkung (vgl. § 106 InsO)[2], nach Art. 5 Abs. 3 EuInsVO gleich. Art. 5 Abs. 1 EuInsVO enthält freilich keine kollisionsrechtliche Verweisung auf die *lex rei sitae*, sondern eine bloße *Sachnorm*, die der Eröffnung des Insolvenzverfahrens jeglichen Einfluss auf die geschützten dinglichen Rechte der Gläubiger und sonstiger Dritter abspricht, soweit diese in einem anderen Mitgliedstaat belegen sind[3].

5759 Daraus folgt, dass in einem ersten Schritt die wirksame Entstehung, der Fortbestand und der Inhalt des dinglichen Rechts nach den allgemeinen Regeln des internationalen Sachenrechts, dh. idR nach der jeweiligen *lex rei sitae* (vgl. für das deutsche Recht Art. 43 Abs. 1 EGBGB) zu prüfen ist[4]. Insoweit ist bei Mobiliarsicherheiten zu beachten, dass der Grenzübertritt der Sicherungsgegenstände idR einen **Statutenwechsel** zur Folge hat, der namentlich beim Eigentumsvorbehalt und beim Sicherungseigentum mangels der vom neuen Belegenheitsrecht geforderten Publizität auch zum Untergang des Sicherungsrechts führen kann[5]. Besteht das Sicherungsrecht des Gläubigers nach dem Recht des Belegenheitsstaats, so wird es durch die Eröffnung des (Haupt-)Insolvenzverfahrens in einem anderen Mitgliedstaat „nicht berührt". Daraus folgt, dass Eingriffe, die das ausländische Insolvenzrecht des Eröffnungsstaates in dingliche Rechte an im Inland belegenen Gegenständen erlaubt, hier nicht anerkannt werden[6]. Der Gegenstand selbst, an dem das Sicherungsrecht besteht, scheidet jedoch deswegen nicht aus der Insolvenzmasse aus, denn über deren Umfang entscheidet allein die *lex fori concursus* (vgl. Art. 4 Abs. 2 S. 2 lit. b EuInsVO)[7].

5760 Praktische Bedeutung hat dieses enge Verständnis des Art. 5 Abs. 1 EuInsVO vor allem für die **Verwertungsbefugnisse des Insolvenzverwalters.** Dieser hat zunächst die Möglichkeit, im Belegenheitsstaat die Eröffnung eines *Sekundärinsolvenzverfahrens* zu beantragen, sofern der Schuldner dort eine Niederlas-

---

1 *Virgós/Schmit*-Bericht Rz. 100; dagegen für autonome Auslegung mit guten Gründen *Wenner*, Rz. 296; *Kindler*, in: MünchKomm, IntInsR Rz. 256; zum Begriff der „dinglichen Rechte" iSd. Verordnung näher *Huber*, ZZP 114 (2001), 133 (155 f.); *Duursma-Kepplinger*, Art. 5 EuInsVO Rz. 50 ff. Dazu gehört auch die „floating charge" des engl. Rechts, vgl. *Smid*, Art. 5 EuInsVO Rz. 15 f.
2 *von Wilmowsky*, EWS 1997, 295 (297); *Deipenbrock*, EWS 2001, 113 (117); *Gottwald*, Hdb., § 131 Rz. 26.
3 *Taupitz*, ZZP 111 (1998), 315 (334); *Huber*, ZZP 114 (2001), 153 (154); *Schack*, Rz. 1096.
4 *Virgós/Schmit*-Bericht Rz. 95; *Taupitz*, ZZP 111 (1998), 315 (335); *Huber*, ZZP 114 (2001), 133 (154 ff.); *Herchen*, S. 78 ff.; *Schack*, Rz. 1097; *Wenner*, Rz. 298; *Gottwald*, Hdb., § 131 Rz. 18.
5 Vgl. *Gottwald*, Hdb., § 131 Rz. 31 f.; *Favoccia*, S. 52 f.
6 *Gottwald*, Hdb., § 131 Rz. 11, 26.
7 *Taupitz*, ZZP 111 (1998), 315 (339 f.); *Huber*, ZZP 114 (2001), 133 (158 f.); *Leible/Staudinger*, KTS 2000, 533 (552 f.); *Kolmann*, S. 305 f.; *Schack*, Rz. 1097; *Kindler*, in: MünchKomm, IntInsR Rz. 1139; krit. *Wenner*, Rz. 300.

sung hat (Art. 3 Abs. 2 S. 1 EuInsVO), in diesem Verfahren stehen ihm die gleichen Befugnisse zum Eingriff in die Rechte der Gläubiger zu wie in einem im Belegenheitsstaat eröffneten Hauptinsolvenzverfahren[1]. Da die Gegenstände, an denen dingliche Recht Dritter bestehen, weiterhin zur Insolvenzmasse des Hauptverfahrens gehören, ist der Verwalter aber auch berechtigt, die gesicherte Forderung zu tilgen und den belasteten Gegenstand zur Masse zu ziehen, oder nach Verwertung der Sicherheit durch den Gläubiger einen etwaigen Überschuss für die Masse einzufordern[2].

Das europäische Insolvenzrecht bekräftigt den Grundsatz des Art. 5 Abs. 1 in Art. 7 Abs. 1 EuInsVO bzgl. des (einfachen)[3] **Eigentumsvorbehalts** des Verkäufers in der Käuferinsolvenz. Danach lässt die Eröffnung eines Insolvenzverfahrens gegen den Käufer die Rechte des Verkäufers aus dem Eigentumsvorbehalt „unberührt", wenn dieser nach der *lex rei sitae* wirksam begründet worden ist und – im Falle eines Statutenwechsels – nach dem neuen Belegenheitsrecht fortbesteht[4]. Insoweit gilt für den Eigentumsvorbehalt das zu Art. 5 EuInsVO Gesagte entsprechend. Darüber hinaus hindert die Eröffnung eines Insolvenzverfahrens gegen den Verkäufer einer Sache nach Art. 7 Abs. 2 EuInsVO den Eigentumserwerb des Käufers dann nicht, wenn sich die Kaufsache zur Zeit der Verfahrenseröffnung[5] im Gebiet eines anderen Mitgliedstaats befindet. Geschützt wird durch diese Vorschrift des materiellen europäischen Einheitsrechts das *Anwartschaftsrecht* des Käufers, der seinen Eigentumserwerb durch Zahlung des Restkaufpreises auch gegen den Willen des Insolvenzverwalters vollenden kann[6].

5761

b) Autonomes Insolvenzrecht

Wurde das (Haupt-)Insolvenzverfahren nicht in einem Mitgliedstaat der EuInsVO eröffnet, so beurteilen sich die dinglichen Rechte Dritter an im Inland belegenen Gegenständen der Insolvenzmasse nach dem autonomen deutschen Kollisionsrecht. Dieses sieht in § 351 Abs. 1 InsO eine weitgehend mit Art. 5 Abs. 1 EuInsVO übereinstimmende *Sachnom* vor. Auch danach wird das Recht eines Dritten an einem Gegenstand der Insolvenzmasse, der zur Zeit der Eröff-

5762

---

1 Davon ging der Verordnungsgeber als Regelfall aus, vgl. Erwägungsgrund 25; ferner den *Virgós/Schmit*-Bericht Rz. 98; *Kemper*, ZIP 2001, 1609 (1615 f.); *Huber*, EuZW 2002, 490 (493); *Gottwald*, Hdb., § 131 Rz. 14. Dies setzt allerdings notwendig eine Niederlassung des Schuldners im Belegenheitsstaat voraus, vgl. Art. 3 Abs. 2 EuInsVO; dazu oben Rz. 5735.
2 Vgl. den Erwägungsgrund 25 aE zur EuInsVO; ferner den *Virgós/Schmit*-Bericht Rz. 99; *Taupitz*, ZZP 111 (1998), 315 (339 f.); *Huber*, ZZP 114 (2001), 133 (158 f.); *Kolmann*, S. 305 f.; *Gottwald*, Hdb., § 131 Rz. 30; *Schack*, Rz. 1097; aA *Flessner*, Festschr. Drobnig (1998), S. 277 (283 ff.); *Fritz/Bähr*, DZWiR 2001, 221 (227 f.): Statut des Sicherungsrechts entscheidet über die Zugriffsmöglichkeit des Insolvenzverwalters.
3 Vgl. *Herchen*, S. 129 f.; *Smid*, Art. 7 EuInsVO Rz. 2.
4 *Taupitz*, ZZP 111 (1998), 315 (342); *Huber*, ZZP 114 (2001), 133 (159 f.); *Gottwald*, Hdb., § 131 Rz. 38.
5 Die nachträgliche Verbringung der Kaufsache in einen anderen Staat berührt die Rechte des Käufers nach Art. 7 Abs. 2 EuInsVO nicht.
6 *Virgós/Schmit*-Bericht Nr. 114; *Huber*, ZZP 114 (2001), 133 (160).

nung des ausländischen Insolvenzverfahrens im Inland belegen war, und das nach inländischem Recht einen Anspruch auf Aussonderung oder auf abgesonderte Befriedigung gewährt, von der Eröffnung des ausländischen Insolvenzverfahrens nicht berührt. Auf diese Weise soll auch im Verhältnis zu Drittstaaten sichergestellt werden, dass das Vertrauen des inländischen Wirtschaftsverkehrs in hier bestehende dingliche Sicherheiten nicht durch die Auswirkungen eines fremden Insolvenzstatuts entwertet wird[1]. Damit schützt die Vorschrift die gesicherten Gläubiger vor solchen Einschränkungen der Sicherungsrechte, die über das deutsche Insolvenzrecht hinausgehen. Der ausländische Insolvenzverwalter kann daher nicht geltend machen, dass ein bestimmtes Sicherungsrecht nach dem Recht des Eröffnungsstaates keine oder geringere Wirkungen als nach dem deutschen Belegenheitsrecht hat[2]. Der Umfang des Schutzes, den das deutsche Sicherungsrecht gewährt, ist mithin unabhängig davon, ob das Insolvenzverfahren im Inland oder im Ausland eröffnet wird.

5763 Dies gilt insbesondere für das Recht des Gläubigers zur **Aus- und Absonderung.** Insoweit burteilen sich also die Entstehung und der Inhalt von dinglichen Rechten, die zu einer Aus- oder Absonderung berechtigen, nicht nach dem Insolvenzstatut, sondern nach dem jeweiligen Sachstatut[3]. Demgegenüber entscheidet über die Frage, ob eine abgesonderte Befriedigung zulässig ist und unter welchen Voraussetzungen der gesicherte Gläubiger zur Verwertung des Gegenstandes der Absonderung berechtigt ist, das Insolvenzverfahrensrecht des Eröffnungsstaates[4]. Dem ausländischen Insolvenzverwalter steht es allerdings auch nach autonomem Recht (§ 356 InsO) frei, die Eröffnung eines inländischen Sekundärinsolvenzverfahrens zu beantragen, in das die gesicherten Gläubiger nach den Bestimmungen des deutschen Insolvenzrechts einbezogen sind.

5764 § 351 Abs. 1 InsO enthält allerdings nur eine **einseitige Kollisionsnorm** zu den Auswirkungen eines ausländischen Insolvenzverfahrens auf dingliche Rechte Dritter, die an im Inland belegenen Gegenständen begründet sind. Hingegen fehlt eine kollisionsrechtliche Regelung für den Fall, dass der Gegenstand, an dem das dingliche Sicherungsrecht des Gläubigers besteht, nicht in einem Mitgliedstaat der EuInsVO belegen ist. Insoweit erscheint es konsequent, die einseitige Kollisionsnorm in § 351 Abs. 1 InsO zur allseitigen Kollisionsnorm auszubauen und dem Belegenheitsrecht auch in diesem Fall Vorrang vor dem – deutschen oder drittstaatlichen – Insolvenzstatut einzuräumen[5]. Ein Aussonderungsrecht bzgl. einer in einem Drittstaat belegenen Sache besteht daher auch bei einer Inlandsinsolvenz, wenn der Gegenstand nach den auf ihn an-

---

1 Regierungsbegründung zu § 351 InsO, BR-Drucks. 715/02, S. 28 f.
2 *Flessner*, IPRax 1997, 1 (7); *Gottwald*, Hdb., § 131 Rz. 35.
3 Vgl. *Gottwald*, Hdb., § 131 Rz. 18, 22; *Geimer*, Rz. 3553 f.; aA *Trunk*, S. 136 ff.; *Wenner*, Rz. 298.
4 *Gottwald*, Hdb., § 131 Rz. 22; *Geimer*, Rz. 3554; *Wenner*, Rz. 300.
5 Anders *Wenner*, Rz. 305; *Schack*, Rz. 1098, die in Fällen der Drittstaatsbelegenheit Beschränkungen durch das Insolvenzstatut respektieren möchten.

wendbaren sachenrechtlichen Vorschriften der fremden *lex rei sitae* im Eigentum des die Aussonderung begehrenden Gläubigers steht.

3. Eintragungspflichtige Rechte des Schuldners

Um Kollisionen zwischen *der lex fori concursus* und nationalen Eintragungssystemen zu vermeiden, enthält das **europäische Insolvenzrecht** für die Wirkungen der Eröffnung des Insolvenzverfahrens auf eintragungspflichtige Rechte des Schuldners in Art. 11 EuInsVO eine echte Kollisionsnorm. Danach ist für die Wirkungen des Insolvenzverfahrens auf Rechte des Schuldners an einem unbeweglichen Gegenstand, einem Schiff oder einem Luftfahrzeug, die der Eintragung in ein öffentliches Register unterliegen, das Recht des Mitgliedstaats maßgebend, unter dessen Aufsicht das Register geführt wird. Damit wird klargestellt, dass das in einem anderen Mitgliedstaat eröffnete Insolvenzverfahren die Rechte des Schuldners an im Inland belegenen Immobilien, Schiffen oder Luftfahrzeugen nur in dem Umfang beschränkt wie ein inländisches Verfahren. Wirkungen eines ausländischen Insolvenzverfahrens, die im Recht des registerführenden Mitgliedstaats nicht vorgesehen sind, können somit auch nicht eintreten[1]. Anders als das Belegenheitsrecht nach Art. 8 EuInsVO (dazu unten Rz. 5768) oder das Arbeitsvertragsstatut nach Art. 10 EuInsVO (dazu unten Rz. 5769 ff.) gilt das Recht des Registrierungsstaats allerdings nach Art. 11 EuInsVO nicht „ausschließlich"; es begrenzt vielmehr nur die Wirkungen der ausländischen *lex fori concursus* auf eintragungspflichtige Rechte[2].

5765

Eine entsprechende Regelung sieht das **autonome deutsche Recht** in § 351 Abs. 2 InsO vor. Danach bestimmen sich die Wirkungen des ausländischen Insolvenzverfahrens auf Rechte des Schuldners an unbeweglichen Gegenständen, die im Inland belegen sind, ausschließlich nach deutschem Recht. Auf diese Weise wird sichergestellt, dass an einem inländischen Grundstück keine dem deutschen Sachenrecht fremden *Generalhypotheken* oder *Superprivilegien* entstehen können[3]. Ferner wird auch eine mittelbare Beeinträchtigung dinglicher Rechte an Immobilien durch dem deutschen Recht fremde Rückübertragungsansprüche kraft ausländischen Insolvenzrechts vermieden[4].

5766

4. Vertragsverhältnisse

a) Abwicklung schwebender Geschäfte

Die Eröffnung des Insolvenzverfahrens führt im Rahmen beiderseits nicht oder nicht vollständig erfüllter Verträge zu einer Leistungsstörung. Denn die Primärpflichten aus dem Vertragsverhältnis erlöschen zwar nicht mit der Insol-

5767

---

1 *Balz*, ZIP 1996, 998 (950); *Taupitz*, ZZP 111 (1998), 315 (346); *Huber*, ZZP 114 (2001), 133 (164).
2 Diese kumulative Rechtsanwendung erschwert die Abwicklung des Insolvenzverfahrens nicht unbeträchtlich, vgl. den *Virgós/Schmit*-Bericht Rz. 130; *Gottwald*, Hdb., § 131 Rz. 17; *Wenner*, Rz. 308.
3 Vgl. idS. schon – unter Hinweis auf § 390 Abs. 2 E-InsO – *Geimer*, Rz. 3541.
4 Regierungsbegründung zu § 351 Abs. 2 InsO, BR-Drucks. 715/02, S. 29.

venzeröffnung; sie sind aber nach § 320 BGB nicht mehr durchsetzbar, wenn der Insolvenzverwalter nicht rechtzeitig gem. § 103 InsO Erfüllung wählt[1]. Der Erfüllungsanspruch des Gläubigers wandelt sich für diesen Fall bei Geltung deutschen Vertragsstatuts in einen Schadensersatzanspruch statt der Leistung nach § 283 BGB um, der gem. § 103 Abs. 2 S. 1 InsO nur als einfache Insolvenzforderungen zur Tabelle angemeldet werden kann.

Die Abwicklung schwebender Geschäfte gehört zu den typischen Funktionen eines Insolvenzverfahrens und unterliegt als solche dem **Insolvenzstatut**. Dies wird für das europäische Insolvenzrecht in Art. 4 Abs. 2 S. 2 lit. e EuInsVO ausdrücklich bestimmt[2], gilt aber auch im autonomen deutschen Insolvenzkollisionsrecht nach § 335 InsO entsprechend[3]. Bei einem *im Inland* eröffneten Insolvenzverfahren hat der Verwalter das Wahlrecht nach § 103 InsO daher auch dann, wenn der Vertrag mit einem ausländischen Partner geschlossen wurde, im Ausland zu erfüllen ist und nach Art. 3 ff. Rom I-VO ausländischem Recht untersteht. Umgekehrt stehen dem ausländischen Verwalter diesbezüglich die Befugnisse nach der fremden *lex fori concursus* auch dann zu, wenn der Vertrag deutschem Recht unterliegt. Das Insolvenzstatut beherrscht sowohl die Voraussetzungen wie die Rechtswirkungen einer Ausübung des Wahlrechts durch den Insolvenzverwalter. Räumt es dem Vertragspartner des Schuldners im Falle der Ablehnung der Vertragserfüllung einen Schadensersatzanspruch wegen Nichterfüllung ein, so bestimmt sich der Umfang dieses Schadensersatzanspruchs freilich nach dem Vertragsstatut (vgl. Art. 12 Abs. 1 lit. c Rom I-VO; dazu oben Rz. 331 ff.)[4]. Gleiches gilt für die Folgen eines vom Insolvenzverwalter nach Maßgabe der *lex fori concursus* erklärten Rücktritts vom Vertrag[5]. Eingeschränkt wird das Wahlrecht des Insolvenzverwalters nach Maßgabe der *lex fori concursus* lediglich beim Eigentumsvorbehalt durch Art. 7 Abs. 2 EuInsVO (dazu oben Rz. 5761).

b) Immobilienverträge

5768 Für Miet- und Pachtverträge über Immobilien wurde die *lex fori concursus* schon nach bisheriger Auffassung durch die *lex rei sitae* verdrängt[6], dh. der Insolvenzeröffnung wurden auf diese Verträge keine weitergehenden Wirkungen beigemessen als nach dem Belegenheitsrecht des Grundstücks oder der Wohnung. Auch die Auslandsinsolvenz hatte demnach – vor allem aus Gründen des Mieterschutzes – auf Mietverträge an inländischen Grundstücken nur die

---

1 Vgl. BGH 25.4.2002, BGHZ 150, 353 (359). Wählt der Insolvenzverwalter Erfüllung, so begründet er damit eine Masseschuld, vgl. § 55 Abs. 1 Nr. 2 InsO.
2 *Virgós/Schmit*-Bericht Rz. 117; *Huber*, ZZP 114 (2001), 133 (162).
3 *Gottwald*, Hdb., § 131 Rz. 43; *Geimer*, Rz. 3538 f.; *Schack*, Rz. 1090; *Taupitz*, ZZP 111 (1998), 315 (344); *Trunk*, S. 174; *Wenner*, Rz. 313; ebenso schon zur KO *Aderhold*, S. 277 ff.; *Schollmeyer*, S. 148 ff., 175; aA (schuldvertragliche Qualifikation) noch *Jaeger/Jahr*, §§ 237, 238 KO Rz. 353 ff.
4 *Wenner*, Rz. 333; *Gottwald*, Hdb., § 131 Rz. 43.
5 OLG Rostock 13.4.2006, NJOZ 2007, 2532.
6 *Trunk*, S. 174; *Aderhold*, S. 280; *Flessner*, IPRax 1997, 1 (8); einschränkend (nur für Wohnraummiete) *Schollmeyer*, S. 177 ff.

Wirkungen nach §§ 109 ff. InsO. Demgegenüber sollte es für Grundstückskaufverträge nach bisher hM bei der allgemeinen Anwendung des Rechts des Eröffnungsstaates verbleiben[1]. Weitergehend unterstellt das **europäische Insolvenzrecht** in Art. 8 EuInsVO die Wirkungen des Insolvenzverfahrens auf sämtliche Verträge, die zum Erwerb oder zur Nutzung unbeweglicher Gegenstände berechtigen, ausschließlich der *lex rei sitae*. Damit wird das Verkehrsschutzinteresse des Belegenheitsstaates höher bewertet als der Grundsatz der Gleichbehandlung aller Gläubiger[2].

Daran anknüpfend unterwirft nunmehr auch das **autonome deutsche Insolvenzkollisionsrecht** in § 336 S. 1 InsO nicht nur die Wirkungen des Insolvenzverfahrens auf Miet- oder Pachtverträge über Grundstücke, sondern auch auf Verträge über die Veräußerung oder Belastung von Grundstücken dem Belegenheitsrecht. Dabei vermeidet die Neuregelung den Umweg über das internationale Vertragsrecht des Belegenheitsstaates und verweist – ebenso wie Art. 8 EuInsVO – unmittelbar auf das materielle Recht der *lex rei sitae* (einschließlich des dortigen Insolvenzrechts)[3]. Diese bleibt mithin auch dann maßgeblich, wenn die Parteien für den Vertrag nach Art. 3 Rom I-VO ein anderes Recht gewählt haben[4].

c) Arbeitsverhältnisse

Neben dem Wohnungsmieter verdienen insbesondere Arbeitnehmer in der Insolvenz des Arbeitgebers besonderen Schutz. Der Umfang und Inhalt dieses Schutzes – zB durch Sozialpläne – ist in den einzelnen Rechten sehr unterschiedlich ausgestaltet. Um dem Arbeitnehmer denjenigen Schutz zu erhalten, den das auf seinen Arbeitsvertrag anwendbare Recht im Falle der Insolvenz des Arbeitgebers vorsieht, und auf den er deshalb vertraut hat, schreibt Art. 10 EuInsVO für Arbeitsverhältnisse eine vom Recht der *lex fori concursus* abweichende Sonderanknüpfung an das Arbeitsvertragsstatut vor. Danach gilt für die Wirkungen des Insolvenzverfahrens auf einen Arbeitsvertrag und auf das Arbeitsverhältnis ausschließlich das Recht des Mitgliedstaats, das auf den Arbeitsvertrag anzuwenden ist. Das Arbeitsvertragsstatut bestimmt sich seit Inkrafttreten der Rom I-VO nach Art. 8 Rom I-VO. Durch diese Sonderanknüpfung soll für den Arbeitnehmer vor allem Rechtsklarheit darüber geschaffen werden, wie sich die Insolvenz des Arbeitgebers auf seinen Arbeitsplatz auswirkt. Die hier erforderliche Transparenz ist nach Auffassung des europäischen Gesetzgebers am besten gewährleistet, wenn sich auch die insolvenzrechtlichen Auswirkungen auf das Arbeitsverhältnis ausschließlich nach dem Arbeitsvertragsstatut beurteilen[5]. Bei der Veräußerung eines deutschen Betriebs durch den ausländischen Insolvenzverwalter gilt daher zum Schutz der

5769

---

1 So *Trunk*, S. 176; aA aber *Geimer*, Rz. 3548; *Aderhold*, S. 280.
2 *Virgós/Schmit*-Bericht Rz. 118; *Gottwald*, Hdb., § 131 Rz. 45 ff.
3 *Geimer*, Rz. 3545; *Schack*, Rz. 1093.
4 *Taupitz*, ZZP 111 (1998), 315 (345); *Gottwald*, Hdb., § 131 Rz. 45; *Duursma-Kepplinger*, Art. 8 EuInsVO Rz. 7, 9.
5 Vgl. Erwägungsgrund 28 zur EuInsVO; ferner den *Virgós/Schmit*-Bericht Rz. 125.

dort beschäftigten Arbeitnehmer § 613a BGB. Art. 10 EuInsVO findet allerdings nur Anwendung, soweit der Arbeitsvertrag dem Recht eines Mitgliedstaats der Verordnung unterliegt. Ist dies nicht der Fall, so überlässt die Verordnung den Arbeitnehmerschutz dem nationalen Kollisionsrecht[1].

5770 In der deutschen Literatur ist dieser Umweg über das Vertragskollisionsrecht zT kritisiert und – in Anlehnung an Art. 13 Abs. 2 des deutsch-österreichischen Konkursvertrages – eine unmittelbare Verweisung auf das Recht am gewöhnlichen Arbeitsort befürwortet worden[2]. Damit besteht freilich die Gefahr, dass sich die Auswirkungen der Insolvenz auf das Arbeitsverhältnis nach einem Recht bestimmen könnten, das weder Insolvenzstatut noch Arbeitsvertragsstatut ist. Aus diesem Grunde hat sich der deutsche Gesetzgeber auch im autonomen Insolvenzkollisionsrecht (§ 337 InsO) zu Recht für die Anwendung des nach Art. 8 Rom I-VO zu bestimmenden Statuts des Arbeitsvertrags entschieden. Unterliegt dieser deutschem Recht, so beurteilen sich mithin auch die Rechtsfolgen einer in einem Drittstaat über das Vermögen des Arbeitgebers eröffneten Insolvenz stets nach § 113 InsO[3].

5771 Die Sonderanknüpfung nach Art. 10 EuInsVO bzw. § 337 InsO gilt freilich nur für insolvenzrechtliche Wirkungen der *Verfahrenseröffnung*. Demgegenüber bestimmt sich etwa die Frage, ob Arbeitnehmer durch ein **Vorrecht** in der Insolvenz des Arbeitgebers gegenüber anderen Gläubigern bevorzugt werden, und welchen Rang dieses Vorrecht gegebenenfalls hat, nach dem Recht des Eröffnungsstaates[4]. Dies entsprach auch schon bisher der in Deutschland vorherrschenden Ansicht, die die Konkursvorrechte nach § 61 KO im Falle der Inlandsinsolvenz ohne Rücksicht auf die lex causae durchsetzte[5].

5. Insolvenzaufrechnung

5772 Auch über die Zulässigkeit und die Wirkungen der Aufrechnung durch Insolvenzgläubiger nach Eröffnung des Insolvenzverfahrens entscheidet in erster Li-

---

1 Anders *Huber*, ZZP 114 (2001), 133 (163), der es für diesen Fall bei der alleinigen Geltung der *lex fori concursus* belassen möchte; richtig differenzierend aber *Huber*, EuZW 2002, 490 (494).
2 Vgl. etwa *Schack*, Rz. 1092.
3 Ebenso schon bisher *Flessner*, IPRax 1997, 1 (8); *Trunk*, S. 172 ff.; *Geimer*, Rz. 3550.
4 Vgl. Art. 4 Abs. 2 S. 2 lit. i EuInsVO; ferner Erwägungsgrund 28 aE zur EuInsVO; *Huber*, ZZP 114 (2001), 133 (163); *Paulus*, NZI 2001, 505 (513); *Gottwald*, Hdb., § 131 Rz. 58.
5 LAG Düsseldorf 7.12.1990, RIW 1992, 402 m. Anm. *Klima* = IPRspr. 1992 Nr. 261a; BAG 24.3.1992, ZIP 1992, 1158 = RIW 1994, 160 m. Anm. *Langer/Lentföhr* = EWiR 1992, 1011 m. Anm. *Hanisch* = IPRspr. 1992 Nr. 261b (Gleichstellung der klagenden französ. Außendienstmitarbeiterin [„voyageur, représentant et placier"] mit einem „Arbeitnehmer" iSv. § 61 Abs. 1 Nr. 1 KO verneint, weil die Klägerin weisungsunabhängig und wirtschaftlich selbständig für das Unternehmen der Gemeinschuldnerin in Frankreich tätig gewesen sei. Arbeitnehmerstatus der Klägerin nach französ. Recht unter Berufung auf Art. 34 EGBGB für unerheblich erachtet); ferner *Jaeger/Weber*, § 61 KO Rz. 40; *Trunk*, in: Gilles, S. 175. Zust. auch LAG Düsseldorf 12.12.1990, IPRspr. 1991 Nr. 238.

nie das **Recht des Eröffnungsstaates**. Dies wird für das europäische Insolvenzrecht in Art. 4 Abs. 2 S. 2 lit. d EuInsVO ausdrücklich klargestellt, gilt aber auch im autonomen deutschen Insolvenzkollisionsrecht entsprechend[1]. Die einer Aufrechnung nach §§ 94 ff. InsO gezogenen Schranken gelten daher bei Eröffnung eines inländischen Insolvenzverfahrens grundsätzlich auch für Forderungen, die der Schuldner gegen ausländische Gläubiger hat und die ausländischem Recht unterstehen; umgekehrt sind inländische Gläubiger in der Auslandsinsolvenz nur nach Maßgabe des ausländischen Insolvenzrechts zur Aufrechnung befugt. Dies gilt selbst dann, wenn sowohl die Hauptforderung wie die Gegenforderung einem von der *lex fori concursus* abweichenden Schuldstatut unterstehen[2]. Die Anwendung der *lex fori concursus* ist vor allem deshalb gerechtfertigt, weil die Aufrechnung eines Insolvenzgläubigers gegen eine Forderung des Schuldners ähnlich wie ein Absonderungsrecht wirkt. Einschränkungen dieser Aufrechnungsbefugnis im Insolvenzverfahren verfolgen regelmäßig den Zweck, den Grundsatz der Gläubigergleichbehandlung zu stärken; dieser Zweckbestimmung trägt aber die Anwendung des Rechts des Eröffnungsstaates am besten Rechnung[3]. Art. 4 Abs. 2 S. 2 lit. d EuInsVO unterwirft allerdings nur die insolvenzrechtlichen Schranken der Aufrechnung der *lex fori concursus*[4]; demgegenüber bestimmen sich die *materiellrechtlichen* Voraussetzungen und Wirkungen der Aufrechnung nach dem Schuldstatut der Hauptforderung, gegen die aufgerechnet wird (Art. 17 Rom I-VO; dazu oben Rz. 365 ff.).

Die ausschließliche Anwendung des Insolvenzstatuts kann freilich im Einzelfall zu Härten für einen Gläubiger führen, der auf die Zulässigkeit der Aufrechnung nach dem Forderungsstatut vertraut hat. Deshalb erhält Art. 6 Abs. 1 EuInsVO dem Gläubiger die nach dem Schuldstatut der Hauptforderung vor Insolvenzeröffnung gegebene Aufrechnungsmöglichkeit ohne Rücksicht auf die entgegenstehende Haltung des Insolvenzstatuts[5]. Nach dieser Vorschrift wird die Befugnis eines Gläubigers, mit einer Forderung gegen eine Forderung des Schuldners aufzurechnen, von der Eröffnung des Insolvenzverfahrens nicht berührt, wenn diese Aufrechnung nach dem auf die Forderung des insolventen Schuldners maßgeblichen Recht zulässig ist. Wird die Aufrechnung auf das Forderungsstatut gestützt, so sind allerdings auch die in dem Recht des betref-

5773

---

1 *Geimer*, Rz. 3563; *Schack*, Rz. 1099; *Gottwald*, Hdb., § 131 Rz. 65; *Wenner*, Rz. 335.
2 BGH 11.7.1985, BGHZ 95, 256 (273); zust. OLG Düsseldorf 15.11.1990, IPRspr. 1990 Nr. 254b; *Hanisch*, ZIP 1985, 1233 (1238 ff.).
3 *Hanisch*, ZIP 1985, 1233 (1238 ff.); *Schack*, Rz. 1099.
4 So zutreffend unter Hinweis auf die Systematik des Art. 4 EuInsVO – Abs. 2 konkretisiert lediglich die Grundregel in Abs. 1, die ihrerseits nur auf das „Insolvenzrecht" verweist – *Kolmann*, S. 310 f.; *Bork*, ZIP 2002, 167 (175) und ZIP 2002, 690 (695 f.); *Schack*, Rz. 1099; *Gottwald*, Hdb., § 131 Rz. 66; aA (Insolvenzstatut) aber der *Virgós/Schmit*-Bericht Rz. 109; *Taupitz*, ZZP 111 (1998), 315 (343); *Huber*, ZZP 114 (2001), 133 (261); *Leible/Staudinger*, KTS 2000, 533 (555).
5 Vgl. den Erwägungsgrund 26 zur EuInsVO: „Garantiefunktion" der Aufrechnung.

fenden Mitgliedstaates[1] geltenden *insolvenzrechtlichen* Aufrechnungsschranken zu beachten[2].

5774 Diese alternative Anknüpfung der Insolvenzaufrechnung hat der deutsche Gesetzgeber mit § 338 InsO auch in das **autonome Insolvenzkollisionsrecht** übernommen. Erklärt der Insolvenzgläubiger daher die Aufrechnung gegen eine Forderung des Schuldners, die dem Recht eines Drittstaats – zB schweizerischem Recht – untersteht[3], so führt die Aufrechnung zum Erlöschen der Forderung, wenn sie entweder nach dem Insolvenzstatut oder nach dem drittstaatlichen Recht zulässig ist. Damit setzt sich letztlich das aufrechnungsfreundlichere Recht durch[4]. Die Aufrechnung unterliegt allerdings sowohl nach Art. 6 Abs. 2 EuInsVO wie nach § 339 InsO der Anfechtung nach dem Recht des Eröffnungsstaates, wenn der Gläubiger die Aufrechnungsmöglichkeit in anfechtbarer Weise erlangt hat.

6. Insolvenzanfechtung

5775 Die Insolvenzanfechtung bezweckt die Rückführung von Vermögensgegenständen, die der Schuldner in der Krise beiseite geschafft hat, zur Insolvenzmasse und dient damit dem Interesse der gleichmäßigen Befriedigung aller Insolvenzgläubiger. Diese haben auf der anderen Seite aber auch das berechtigte Vertrauen des Anfechtungsgegners in die Bestandskraft seines Erwerbs zu berücksichtigen. Dieser Zielkonflikt wirkt sich auch auf der kollisionsrechtlichen Ebene aus. Wer die Interessen der Insolvenzgläubiger in den Vordergrund stellt, wird die materiellen Voraussetzungen der Insolvenzanfechtung großzügig bestimmen und im Rahmen einer Inlands- wie einer Auslandsinsolvenz ausschließlich auf das Recht des Eröffnungsstaates abstellen, unabhängig davon, welchem Recht der anfechtbare Erwerb nach internationalem Vertragsoder Sachenrecht unterliegt[5]. Wer demgegenüber den Gesichtspunkt des Vertrauensschutzes für ausschlaggebend hält, wird zu einer restriktiven Ausgestaltung der materiellen Anfechtungsgründe tendieren und im internationalen Insolvenzfall für die alleinige Anwendbarkeit desjenigen Rechts eintreten, das den anfechtbaren Erwerbsvorgang beherrscht; danach würde also für die Anfechtung der Übereignung von Schuldnervermögen die jeweilige *lex rei si-*

---

1 Ist Forderungstatut das Recht eines Drittstaates, findet Art. 6 EuInsVO keine Anwendung, vgl. *Balz*, ZIP 1996, 948 (950); *Taupitz*, ZZP 111 (1998), 315 (343).
2 *Bork*, ZIP 2002, 690 (694); *Huber*, EuZW 2002, 490 (494); *Schack*, Rz. 1099; krit. *Wenner*, Rz. 338.
3 Die Verordnung findet in diesem Fall keine Anwendung, vgl. *Balz*, ZIP 1996, 998 (950); *Huber*, ZZP 114 (2001), 133 (162).
4 *Huber*, ZZP 114 (2001), 133 (161); *Gottwald*, Hdb., § 131 Rz. 65 aE; krit. *Schack*, Rz. 1099 aE.
5 Vgl. idS. noch BGH 30.4.1992, BGHZ 118, 151 (168) = NJW 1992, 2026; OLG Hamm 25.10.1976, NJW 1977, 504 Anm. *Oexmann* = IPRspr. 1976 Nr. 211; OLG Köln 9.6.1994, RIW 1994, 968 = IPRax 1996, 340 (m. Anm. *Otte*, IPRax 1996, 327) = IPRspr. 1994 Nr. 66; *Hanisch*, ZIP 1985, 1233 (1240) und IPRax 1993, 69 (74); *Kirchhof*, WM 1993, 1404; *Leipold*, JZ 1997, 571 (572); *Aderhold*, S. 266 f.; *Riegel*, S. 184 f.; *von Campe*, S. 375 ff., jeweils mwN.

tae, für die Anfechtung einer Forderungsabtretung das Zessionsstatut gelten[1]. Wer schließlich beide Aspekte angemessen berücksichtigen möchte, wird sich für eine Kombination des Rechts des Eröffnungsstaates und der für den anfechtbaren Erwerbsvorgang maßgeblichen lex causae aussprechen[2].

Ausgangspunkt muss sein, dass die Anfechtbarkeit einer Handlung des Schuldners durch den Insolvenzverwalter eine **Rechtsfolge der Eröffnung des Insolvenzverfahrens** ist. Daher konnte der in einem *inländischen* Verfahren bestellte Verwalter eine Insolvenzanfechtung schon bisher nur erklären, wenn und soweit die deutsche *lex fori concursus* ihm dieses Recht einräumte[3]. Dies galt auch dann, wenn der Schuldner die anfechtbare Handlung im Ausland vorgenommen hatte[4].

5776

Andererseits konnte im Falle einer anerkennungsfähigen *Auslandsinsolvenz* der ausländische Verwalter eine Insolvenzanfechtung auch im Inland erklären, insbesondere den Anfechtungsgegner vor dem international zuständigen deutschen Prozessgericht verklagen. Voraussetzungen und Schranken der Anfechtbarkeit waren in diesem Fall dem Recht des ausländischen Eröffnungsstaates zu entnehmen[5].

Im Regelfall ist es freilich geboten, die Anfechtbarkeit zusätzlich davon abhängig zu machen, dass auch diejenige Rechtsordnung, welcher der **anfechtbare Erwerbsvorgang** unterliegt, sie zulässt. Die Rücksichtnahme auf dieses weitere Recht dient einerseits der Rechtssicherheit, weil hinkende Rechtsverhältnisse vermieden werden, und schützt andererseits das Vertrauen des Anfechtungsgegners in den Bestand seines Erwerbs. Sie verstärkt ferner die Aktepanz der Entscheidung in dem Staat, in dem sich der Erwerb vollzogen hat und in dem sich der zur Masse beanspruchte Gegenstand idR noch befindet. Die Anfechtung wäre danach nur zulässig, wenn die Anfechtungsgründe sowohl nach der *lex fori concursus* als auch nach dem Wirkungsstatut der Erwerbshandlung

5777

---

1 Vgl. *Henckel*, Festschr. Nagel (1987), S. 93 (106 ff.); *von Bar*, IPR II Rz. 551.
2 Vgl. *Fragistas*, RabelsZ 12 (1938/39), 452 (459); *Jaeger/Lent*, § 29 KO Rz. 42 ff.; *Pielorz*, IPRax 1984, 241 (243); vgl. auch den Überblick über die verschiedenen Lösungsvorschläge bei *Summ*, S. 72 ff. In der Schweiz unterwirft Art. 171 IPR-G die Insolvenzanfechtung stets dem schweiz. Recht.
3 Eine allein auf das Wirkungsstatut gestützte Anfechtung vermag nicht zu überzeugen; vgl. dazu näher *Sonnentag*, IPRax 1998, 339 (333).
4 BGH 30.4.1992, BGHZ 118, 151 (168 f.) = NJW 1992, 2026 = ZIP 1992, 781 = IPRax 1994, 87 (m. Anm. *Hanisch*, IPRax 1994, 69) = IPRspr. 1992 Nr. 265 (Insolvenzanfechtung unterliegt deutschem Recht, wenn eine im Inland ansässige Gläubigerin dem von einem deutschen Gericht bestellten Insolvenzverwalter aufgrund eines im Inland geführten Rechtsstreits den ihr im Inland zugeflossenen Kaufpreisanteil zurückgewähren muss, mag auch der zugrunde liegende Kaufvertrag ausländ. Recht unterstanden haben).
5 LG Hamburg 2.7.1992, RIW 1993, 147 = IPRspr. 1992 Nr. 268 (Insolvenzanfechtung durch den austral. Insolvenzverwalter bzgl. der Veräußerung eines Miteigentumsanteils an einem in Deutschland belegenen Grundstück, das der Schuldner vor Eintritt der Insolvenz an seine Ehefrau veräußert hatte, nach austral. Recht als der lex fori concursus beurteilt. Anfechtungsklage vor deutschen Gerichten für zulässig erachtet.).

vorliegen[1]. Gegen diese Kumulation wird zwar vorgebracht, dass die Parteien das Wirkungsstatut der anfechtbaren Rechtshandlung durch Rechtswahl beeinflussen könnten und der Schuldner auf diese Weise die Zulässigkeit einer künftigen Involvenzanfechtung einschränken könne; dies spreche für eine objektive Anknüpfung allein an das Recht des Eröffnungsstaates[2].

5778 Der deutsche Gesetzgeber hatte sich dennoch bereits in **Art. 102 Abs. 2 EG-InsO aF** für die volle Kumulation von Insolvenz- und Wirkungsstatut entschieden. Danach konnte eine Rechtshandlung, für deren Wirkungen inländisches Recht maßgeblich war, vom ausländischen Insolvenzverwalter nur angefochten werden, wenn die Rechtshandlung auch nach inländischem Recht entweder anfechtbar war oder aus anderen Gründen keinen Bestand hatte[3]. Diese Regel wurde überwiegend zur allseitigen Kollisionsnorm ausgebaut, so dass auch der inländische Insolvenzverwalter Rechtshandlungen des Schuldners im Ausland nur anfechten konnte, wenn diese sowohl nach deutschem Recht als auch nach dem ausländischen Wirkungsstatut anfechtbar waren. Auch der BGH hat diese Kumulationstheorie schon vor Inkrafttreten des Art. 102 Abs. 2 EGInsO aF ausdrücklich befürwortet[4].

5779 Der **europäische Gesetzgeber** geht demgegenüber von dem Grundsatz aus, dass die Insolvenzanfechtung sich primär nach dem Recht des Mitgliedstaats beurteilt, in dem das Verfahren eröffnet wurde. Denn Art. 4 Abs. 2 S. 2 lit. m EuInsVO unterwirft die Frage, welche Rechtshandlungen des Schuldners nichtig, anfechtbar oder relativ unwirksam sind, weil sie die Gesamtheit der Gläubiger benachteiligen, dem Recht der Verfahrenseröffnung. Der Anfechtbarkeit wird also die insolvenzbedingte Unwirksamkeit oder Nichtigkeit gleichgestellt, auch soweit sie erst nach Eröffnung des Insolvenzverfahrens und nur durch den Insolvenzverwalter geltend gemacht werden kann[5]. Darüber hinaus wird in Art. 5 Abs. 2, 6 Abs. 2 und 7 Abs. 3 EuInsVO klargestellt, dass auch der mit den Sonderanknüpfungen für dingliche Rechte, den Eigentumsvorbehalt und die Aufrechnung bezweckte Vertrauensschutz dem Gläubiger nur zu Gute kommt, wenn er den Sicherungsgegenstand bzw. die Aufrechnungsforderung nicht nach der *lex fori concursus* in anfechtbarer Weise erworben hat. Auf die Anfechtbarkeit des Erwerbs nach dem Belegenheitsrecht des Gegenstands bzw. dem Forde-

---

1 Vgl. schon *Jaeger/Jahr*, §§ 237, 238 KO Rz. 250.
2 Kritisch zur Kumulationslösung deshalb etwa *Aderhold*, S. 266 f.; *Hanisch*, Festschr. Jahr (1993), S. 455 (470 ff.); *Hanisch*, IPRax 1993, 73 f.; *Trunk*, S. 186 ff. und KTS 1994, 33 (37).
3 Kritisch dazu *Flessner*, IPRax 1997, 1 (9); *Trunk*, KTS 1994, 33 (37); *Hanisch*, IPRax 1993, 69 (73 f.).
4 BGH 21.11.1996, BGHZ 134, 116 (120 ff.) = NJW 1997, 657 = IPRax 1998, 199 (m. Anm. *Gottwald/Pfaller*, IPRax 1998, 170 und *Sonnentag*, IPRax 1998, 330) = JZ 1997, 568 m. krit. Anm. *Leipold* = WIB 1997, 136 m. Anm. *Wenner* = IPRspr. 1996 Nr. 234 (Die Zahlung des Kaufpreises durch die schwed. Gemeinschuldnerin an die deutsche Lieferantin kann nach Insolvenzeröffnung in Schweden durch den schwed. Insolvenzverwalter nur angefochten werden, wenn die Anfechtung auch nach deutschem Recht [als lex causae] zulässig ist.).
5 *Leipold*, Festschr. Henckel (1995), S. 533 (547).

rungsstatut kommt es also nicht an[1]. Die Anknüpfung der Insolvenzanfechtung an das Recht der Verfahrenseröffnung wird allerdings auch in Art. 13 EuInsVO aus Gründen des Verkehrsschutzes eingeschränkt. Danach findet Art. 4 Abs. 2 S. 2 lit. m EuInsVO keine Anwendung, wenn die Person, die durch eine die Gesamtheit der Gläubiger benachteiligende Rechtshandlung begünstigt wurde, nachweist, dass für diese Handlung das Recht eines anderen Mitgliedstaats als des Staates der Verfahrenseröffnung maßgeblich ist und dass in diesem Falle diese Handlung in keiner Weise nach diesem Recht angreifbar ist.

Danach kommt dem – nach den allgemeinen Kollisionsregeln ermittelten – Wirkungsstatut des anfechtbaren Rechtsgeschäfts eine Art von „**Vetofunktion**" gegenüber dem Insolvenzstatut zu[2]. Diese Lösung geht zwar weniger weit als Art. 102 Abs. 2 EGInsO aF, weil das Wirkungsstatut nicht von Amts wegen, sondern nur auf Einrede des Anfechtungsgegners berücksichtigt wird[3] und dieser ferner den Nachweis führen muss, dass die Rechtshandlung nach der *lex causae* „in keiner Weise angreifbar" ist, also auch nicht nach den allgemeinen Vorschriften über Willensmängel oder Sittenwidrigkeit[4]. Es müssen also nicht die Anfechtungsvoraussetzungen, sondern lediglich die Rechtsfolgen in beiden Rechten übereinstimmen. 5780

Die Regelung ist dennoch in der deutschen Literatur auf Kritik gestoßen, weil ein Vertrauen in die Geltung bestimmter Kollisionsregeln nur selten bestehen werde. Außerdem könne auch diese Art der Kombination von Insolvenz- und Wirkungsstatut zu Normwidersprüchen führen und die Anfechtungsmöglichkeiten des Insolvenzverwalters zu stark einschränken[5]. Trotz dieser Kritik hat der **deutsche Gesetzgeber** die Regelung der EuInsVO letztlich mit § 339 InsO unverändert in das autonome Insolvenzkollisionsrecht übernommen. Zur Begründung hat er zu Recht darauf hingewiesen, das es nur schwer nachvollziehbar gewesen wäre, wenn ein Insolvenzverwalter sich bei einer Anfechtung in dem stark harmonisierten Rechtsraum der EU höheren Barrieren gegenübersehen würde, als im Fall der Eröffnung des Involvenzverfahrens in einem Drittstaat[6]. Das Wirkungsstatut ist allerdings sowohl nach Art. 13 EuInsVO wie nach § 339 InsO nur für die Beurteilung der materiellen Voraussetzungen der Insolvenzanfechtung ergänzend heranzuziehen. Demgegenüber richten sich die *verfahrensrechtlichen Aspekte* der Anfechtung, wie zB die Klagebefugnis des Verwalters, die Anfechtungsfrist, die Art der Rückgewähr und die 5781

---

1 Vgl. zu Art. 5 Abs. 4 EuInsVO den *Virgós/Schmit*-Bericht Rz. 106; *Taupitz*, ZZP 111 (1998), 315 (335); *Huber*, ZZP 114 (2001), 133 (159).
2 *Virgós/Schmit*-Bericht Rz. 136; *Huber*, ZZP 114 (2001), 133 (165).
3 *Virgós/Schmit*-Bericht Rz. 136; *E. Habscheid*, ZZP 114 (2001), 167 (177); *Kolman*, S. 318; *Burgstaller*, Festschr. Jelinek (2004), S. 31 (36); *Duursma-Kepplinger*, Art. 13 EuInsVO Rz. 14.
4 *Virgós/Schmit*-Bericht Rz. 137; *Balz*, ZIP 1996, 548 (551); *Huber*, ZZP 114 (2001), 133 (165 ff.); *Paulus*, NZI 2001, 505 (511); *Schack*, Rz. 1103.
5 Vgl. *Hanisch*, Festschr. Stoll (2001), S. 503 (517); *von Campe*, S. 382 ff.; *Leipold*, Festschr. Henckel (1995), S. 533 (543 ff.); *Sonnentag*, IPRax 1998, 330 (334 ff.); *Klumb*, S. 133 ff.; *Zeck*, S. 79 ff.; *Schack*, Rz. 1104; *Wenner*, Rz. 340.
6 Vgl. die Regierungsbegründung zu § 339 InsO, BR-Drucks. 715/02, S. 22.

Erstattung der Gegenleistung aus der Insolvenzmasse allein nach der *lex fori concursus*[1]. Die Erfüllung des Rückgewähranspruchs durch den Anfechtungsgegner hat aber dann nach Maßgabe der jeweiligen *lex causae* zu erfolgen[2].

Eine ausländische Entscheidung über die vom Insolvenzverwalter erhobene Anfechtungsklage wird im Inland nach Art. 25 Abs. 1 UAbs. 2 EuInsVO iVm. Art. 33 ff., 38 ff. EuGVO bzw. § 342 Abs. 2 InsO anerkannt und vollstreckt[3].

7. Insolvenzbedingtes Erlöschen von Forderungen
a) Zwangsvergleich/Insolvenzplan

5782 Ein Insolvenzverfahren endet nicht notwendig mit der Liquidation des Schuldnersvermögens und der Erlösauskehr an die Gläubiger. Die *lex fori concursus* kann stattdessen auch eine Stundung oder den (teilweisen bzw. vollständigen) Erlass der Gläubigerforderungen anordnen. Auch hierbei handelt es sich um eine Insolvenzwirkung, die grundsätzlich Anspruch auf universelle Geltung erhebt. Dies wird für das europäische Insolvenzrecht durch Art. 4 Abs. 2 S. 2 lit. j EuInsVO klargestellt. Im deutschen Recht ist der Insolvenzplan nach §§ 217 ff. InsO an die Stelle des früheren Zwangsvergleichs (§§ 173 ff. KO, § 82 VerglO) getreten. Dieser entfaltet nach § 254 InsO Wirkung für und gegen alle Beteiligten, auch soweit sie gegen den Plan gestimmt haben. Diese Wirkung tritt auch gegenüber ausländischen Gläubigern und bzgl. des vom Plan erfassten Auslandsvermögens des Schuldners ein. Voraussetzung ist lediglich, dass die ausländischen Insolvenzgläubiger von der Insolvenzveröffnung Kenntnis erlangt haben und die Möglichkeit zu einer Teilnahme hatten[4]. Dies gilt allerdings nur, wenn der Insolvenzplan in einem Hauptinsolvenzverfahren beschlossen wurde. Wurde er hingegen in einem *Sekundärinsolvenzverfahren* vereinbart, so haben die Einschränkungen der Rechte von Gläubigern, zB durch Erlass oder Stundung ihrer Forderungen, nach europäischem Insolvenzrecht nur Wirkungen für das von diesem Verfahren nicht betroffene Vermögen, wenn alle Gläubiger dem Plan zugestimmt haben (Art. 34 Abs. 2 EuInsVO). Fehlt es daran, so entfaltet der Insolvenzplan hinsichtlich des in einem anderen Mitgliedstaat belegenen Vermögens selbst gegenüber denjenigen Gläubigern keine Wirkung, die ihre Zustimmung erteilt haben. Um im deutschen Recht Friktionen mit der von § 254 Abs. 1 InsO angeordneten Gestaltungswirkung des Plans gegenüber allen Beteiligten zu vermeiden, lässt Art. 102 § 9 EGInsO die Bestätigung des Insolvenzplans im Sekundärinsolvenzverfahren daher nur zu, wenn alle betroffenen Gläubiger dem Plan zugestimmt haben. Die gleiche Regelung trifft § 355 Abs. 2 InsO für das autonome Recht.

---

1 *Gottwald*, Hdb., § 131 Rz. 75.
2 OLG Köln 9.6.1994, RIW 1994, 968 = IPRspr. 1994 Nr. 66 (Trotz Geltung der deutschen lex fori concursus für die Insolvenzanfechtung bestimmt sich die Frage, ob der Anfechtungsgegner die von ihm zur Insolvenzmasse zurückzugewährenden Inhaberaktien wirksam an den Insolvenzverwalter übereignet hat, nach dem luxemburg. Belegenheitsrecht der Aktien.).
3 *Gottwald*, Hdb., § 131 Rz. 78.
4 *Gottwald*, Hdb., § 131 Rz. 82; *Geimer*, Rz. 3564.

Die Erlasswirkung des Insolvenzplans (vgl. § 252 InsO) hängt hingegen nicht davon ab, dass **deutsches Recht als Schuldstatut** für die betroffenen Insolvenzforderungen maßgebend ist. Denn eine Differenzierung zwischen den an der Insolvenz teilnehmenden Gläubigern nach dem auf ihre Forderungen anwendbaren Recht oder nach der Belegenheit dieser Forderungen widerspräche dem Grundsatz der Gleichbehandlung aller Gläubiger und dem Ziel des Insolvenzplans, eine einvernehmliche und abschließende Regelung der Insolvenz des Schuldners zu erreichen[1].

Da sich der *inländische* Insolvenzplan auch auf das Auslandsvermögen des Schuldners erstreckt, steht er auch einer **Leistungsklage und Zwangsvollstreckung** von Gläubigern in das ausländische Vermögen des Schuldners entgegen, mit der diese wegen des im Inland erlassenen Teils ihrer Forderungen Befriedigung suchen[2]. Erkennt der ausländische Belegenheitsstaat das deutsche Insolvenzverfahren oder den deutschen Insolvenzplan nicht an, so ist der Gläubiger zur Herausgabe des im Wege der Auslandsvollstreckung Erlangten wegen ungerechtfertigter Bereicherung verpflichtet, weil die Vollstreckung entgegen dem inländischen Insolvenzplan aus der Sicht der deutschen *lex fori concursus* nicht rechtmäßig ist[3]. Umgekehrt erstreckt sich auch der in einem *ausländischen* Insolvenzverfahren vereinbarte Insolvenzplan oder Zwangsvergleich auf das Inland, soweit die Voraussetzungen für eine Anerkennung des ausländischen Insolvenzverfahrens vorliegen. Die Erlasswirkung eines solchen Insolvenzplans verstößt insbesondere nicht gegen den deutschen ordre public, mag das Auslandsrecht auch in Einzelheiten von den §§ 252 ff. InsO abweichen[4]. Wird der ausländische Insolvenzplan anerkannt, so steht er auch im Inland einer Leistungsklage und Zwangsvollstreckung von Gläubigern in das hier belegene Vermögen des Schuldners entgegen. Er berührt hingegen im Hinblick dem Art. 5 EuInsVO bzw. § 336 InsO nicht die dinglichen Rechte von Gläubigern an dem im Inland belegenen Schuldnervermögen[5].

5783

b) Restschuldbefreiung

Die gleichen Grundsätze gelten auch für die Anerkennung der heute in vielen Insolvenzgesetzen vorgesehenen Restschuldbefreiung[6]. Da es sich insoweit um eine typische insolvenzrechtliche Wirkung handelt, hat die deutsche Praxis schon vor Inkrafttreten der Insolvenzordnung eine Restschuldbefreiung

5784

---

1 *Gottwald*, Hdb., § 131 Rz. 82; *Wenner*, Rz. 367 f.; *Trunk*, S. 228; *Geimer*, Rz. 3564; ebenso schon zum Zwangsvergleich des früheren Rechts OLG Saarbrücken 31.1.1989, ZIP 1990, 1145 = IPRspr. 1989 Nr. 251; *Hanisch*, ZIP 1985, 1233 (1240 ff.).
2 *E. Habscheid*, S. 484 f.
3 Dazu allg. oben Rz. 5652 ff.
4 Vgl. dazu schon oben Rz. 5697 f. m. Nachw. Einschränkend *Ch. Wolf*, IPRax 1999, 444 (4449 f.) für den Fall, dass der Insolvenzplan Sicherheiten eines Gläubigers beeinträchtigt, der dem Plan nicht zugestimmt hat.
5 *Geimer*, Rz. 3564.
6 Vgl. dazu *Schulte*, Die europäische Restschuldbefreiung (2000) m. rechtsvergleichenden Hinweisen.

nach ausländischem Insolvenzrecht beachtet, obwohl dieses Rechtsinstitut der deutschen Konkursordnung damals nicht bekannt war. Allerdings wurde die Anerkennung zT noch auf Forderungen beschränkt, die kollisionsrechtlich dem Recht des ausländischen Eröffnungsstaates unterstanden[1].

Richtigerweise fehlt für eine Differenzierung danach, ob das Forderungsstatut zufällig mit dem Insolvenzstatut identisch ist oder nicht, auch in diesem Fall eine sachliche Rechtfertigung. Allein die ausschließliche Anwendung der *lex fori concursus* führt zu der auch in diesem Fall erstrebenswerten Gleichbehandlung aller Gläubiger[2]. Ist der Restschuldbefreiung daher die insolvenzrechtliche Anerkennung zu versagen, so hat auch eine kollisionsrechtliche Anerkennung nach Maßgabe des Forderungsstatuts auszuscheiden[3].

5785 Inzwischen kennt auch das **deutsche Recht** die Restschuldbefreiung des redlichen Schuldners. Wird sie auf Antrag des Schuldners (§ 287 InsO) nach Ablauf der siebenjährigen Wohlverhaltensperiode (vgl. §§ 287 Abs. 2 InsO) im Schlusstermin vom Insolvenzgericht beschlossen (§§ 289, 300 InsO), so wirkt sie gem. § 301 Abs. 1 InsO gegen alle Insolvenzgläubiger. Die Verbindlichkeiten des Schuldners verwandeln sich damit in *Naturalobligationen* (vgl. § 301 Abs. 3 InsO). Diese Wirkung tritt nicht nur für das inländische Vermögen des Schuldners ein, sondern erstreckt sich – wie andere Wirkungen des inländischen Insolvenzverfahrens – auch auf das im Ausland belegene Vermögen[4]. Die weitreichenden Wirkungen der Restschuldbefreiung sind einem Gläubiger freilich nur zuzumuten, wenn das gesamte – in- und ausländische – Vermögen des Schuldners verwertet worden ist. Deshalb ist die Restschuldbefreiung in einem Partikularverfahren, das nur das inländische Vermögen erfasst, nach § 355 Abs. 1 InsO ausgeschlossen.

5786 Dementsprechend entscheidet – umgekehrt – bei Eröffnung des **Insolvenzverfahrens im Ausland** allein die ausländische lex fori concursus darüber, wann und in welchem Umfang eine Restschuldbefreiung kraft Gesetzes oder durch Entscheidung des Insolvenzgerichts eintritt; deren Wirkung auf angemeldete wie nicht angemeldete Forderungen ist auch im Inland zu beachten, so dass eine Vollstreckung in das Inlandsvermögen des befreiten Schuldners ausscheidet. Dies hat grundsätzlich auch dann zu gelten, wenn das ausländische Insolvenzstatut dem Schuldner eine deutlich kürzere Wohlverhaltensperiode abverlangt als das deutsche Recht[5]. Die vollstreckungshemmende Wirkung

---

1 Vgl. OLG Köln 20.7.1992, IPRax 1993, 326 m. Anm. *Hanisch* = IPRspr. 1993 Nr. 200a (Restschuldbefreiung nach schweiz. Konkursrecht bzgl. des im Inland belegenen Vermögens nur anerkannt, weil die geltend gemachten vertraglichen und deliktischen Ansprüche nach deutschem IPR dem schweiz. materiellen Recht unterstanden).
2 *Schack*, Rz. 1108; aA OGH IPRax 1998, 486 (m. abl. Anm. *Hanisch*, IPRax 1998, S. 505 [518 f.]).
3 *Gottwald*, Hdb., § 131 Rz. 84; *Hanisch*, IPRax 1993, 297 f.
4 *Schulte*, S. 130 ff.; *Gottwald*, Hdb., § 131 Rz. 84.
5 Vgl. zur Restschuldbefreiung nach französ. Recht BGH 18.9.2001, IPRax 2002, 525 m. Anm. *Ehricke*; *Schack*, Rz. 1107; *Gottwald*, Hdb., § 131 Rz. 84.

der Einrede der Restschuldbefreiung ist von den deutschen Gerichten bereits im Erkenntnisverfahren zu beachten[1].

Frei. 5787–5800

V. Schutz des Rechtsverkehrs

Ausländische Insolvenzverfahren werden im Inland häufig erst mit erheblicher Verspätung bekannt. In der Zwischenzeit besteht die Gefahr, dass einerseits der Insolvenzschuldner inländische Vermögensgegenstände an gutgläubige Dritte veräußert, andererseits Dritte weiterhin an den Schuldner statt an den Insolvenzverwalter Leistungen erbringen. Zum Schutz des inländischen Rechtsverkehrs sehen daher sowohl die EuInsVO als auch das autonome deutsche Recht die Befugnis des ausländischen Insolvenzverwalters vor, die Eröffnung des Verfahrens im Inland bekannt zu machen und entsprechende Vermerke in inländische Register eintragen zu lassen. Darüber hinaus werden gutgläubige Dritte, die in Unkenntnis der Eröffnung des Insolvenzverfahrens vom Schuldner erworben oder an diesen geleistet haben, geschützt. 5801

1. Öffentliche Bekanntmachung

Die öffentliche Bekanntmachung eines im Ausland eröffneten Insolvenzverfahrens dient insbesondere der Unterrichtung der betroffenen Gläubiger und des sonstigen inländischen Geschäftsverkehrs[2]. Da sie unter Umständen mit erheblichen Kosten verbunden ist, soll grundsätzlich der ausländische Insolvenzverwalter darüber befinden, ob eine solche Bekanntmachung im Inland geboten ist. Maßgebend hierfür ist etwa der Umfang des im Inland belegenen Schuldnervermögens sowie die Zahl der im Inland ansässigen Gläubiger[3]. Dementsprechend bestimmt Art. 21 Abs. 1 EuInsVO, dass **auf Antrag des Verwalters** in jedem anderen Mitgliedstaat der wesentliche Inhalt der Entscheidung über die Verfahrenseröffnung sowie über die Bestellung des Verwalters zu veröffentlichen ist. In dieser Bekanntmachung ist ferner anzugeben, wer als Verwalter bestellt wurde und ob die Bestellung für das Haupt- oder nur für ein Nebeninsolvenzverfahren erfolgt ist. Die Bekanntmachung hat gem. Art. 21 Abs. 1 EuInsVO „entsprechend den Bestimmungen des jeweiligen Staates für öffentliche Bekanntmachungen" zu erfolgen. Da es bei einer Veröffentlichung in Deutschland den Verantwortlichen des Bundesanzeigers nicht zuzumuten ist, finnische oder portugiesische Eröffnungsbeschlüsse zu überprüfen, sieht Art. 102 § 5 EGInsO vor, dass sich der ausländische Verwalter an das nach § 1 zuständige deutsche Insolvenzgericht zu wenden und bei ihm die Veröffent- 5802

---

1 *Geimer*, Rz. 3568; ebenso schon früher OLG Köln 20.7.1992, IPRax 1993, 326 (m. Anm. *Hanisch*, IPRax 1993, 297), bestätigt durch BGH 27.5.1993, BGHZ 122, 373 = IPRax 1993, 402 (405).
2 Vgl. Erwägungsgrund 29 zur EuInsVO.
3 Regierungsbegründung zu § 345 InsO, BR-Drucks. 715/02, S. 26.

lichung zu beantragen hat. Um sich die Arbeit zu erleichtern, kann das Gericht nach § 5 Abs. 1 S. 2 eine Übersetzung verlangen, die von einer hierzu befugten Person zu beglaubigen ist. Die Bekanntmachung erfolgt dann gem. §§ 9 Abs. 1, 2 und 30 Abs. 1 InsO in gleicher Weise wie für ein inländisches Insolvenzverfahren. Eine entsprechende Regelung sieht im autonomen Recht übernommen § 345 Abs. 1 InsO vor.

5803 Besteht im Inland eine Niederlassung des Schuldners, so ist zu vermuten, dass zahlreiche geschäftliche Kontakte zu im Inland ansässigen Personen bestehen. Aus diesem Grunde ermächtigt Art. 21 Abs. 2 EuInsVO den Niederlassungsstaat, eine **obligatorische Bekanntmachung** vorzusehen. Von dieser Möglichkeit hat der deutsche Gesetzgeber in Art. 102 § 5 Abs. 2 EGInsO Gebrauch gemacht. Das Gericht oder der Verwalter des ausländischen Hauptinsolvenzverfahrens sind in diesem Falle verpflichtet, das deutsche Insolvenzgericht über die Eröffnung des ausländischen Hauptinsolvenzverfahrens zu unterrichten. Ist die Eröffnung des Insolvenzverfahrens von Amts wegen bekannt gemacht worden, so ist auch die Beendigung im Interesse des inländischen Geschäftsverkehrs in gleicher Weise bekannt zu machen (§ 5 Abs. 2 S. 2). Auch diese Regelung gilt inzwischen im autonomen deutschen Recht entsprechend (§ 345 Abs. 2 InsO)[1]. Die öffentliche Bekanntmachung ist allerdings keine Voraussetzung für die Anerkennung des ausländischen Insolvenzverfahren; sie hat ihre Hauptbedeutung vielmehr im Falle des gutgläubigen Erwerbs (dazu unten Rz. 5808 f.).

2. Eintragung in öffentliche Register

5804 Wie die öffentliche Bekanntmachung steht auch die Veranlassung einer Eintragung der Eröffnung eines ausländischen Insolvenzverfahrens in das Grundbuch, das Handelsregister oder sonstige öffentliche Register der Mitgliedstaaten nach Art. 22 Abs. 1 EuInsVO im Ermessen des Verwalters. Dabei steht es jedem Mitgliedstaat frei, der für das jeweilige Register zuständigen Stelle die Prüfungskompetenz hinsichtlich der Anerkennungsfähigkeit der ausländischen Eröffnungsentscheidung einzuräumen[2]. In Deutschland hätte daher jedes Grundbuchamt zu prüfen, ob das zur Eintragung angemeldete Verfahren einem der in den Anhängen A und B zur EuInsVO aufgeführten Verfahren entspricht. Um die Grundbuchämter und sonstige registerführende Stellen von dieser Prüfung zu entlasten, hat der deutsche Gesetzgeber in Art. 102 § 6 Abs. 1 EGInsO auch insoweit das Insolvenzgericht dazwischen geschaltet. Danach ist der Antrag auf Eintragung nach Art. 22 Abs. 1 EuInsVO an das nach § 1 zuständige deutsche Insolvenzgericht zu richten, das seinerseits die registerführende Stelle um Eintragung ersucht, wenn auch das Recht des Eröffnungsstaates eine solche Eintragung vorsieht. Da die Abwicklung grenzüberschreitender Insolvenzverfahren durch diese Konzentration der Prüfungskom-

---

1 Die Bekanntmachung des *deutschen* Eröffnungsbeschlusses im Ausland ist hingegen nicht gesetzlich vorgeschrieben, zur Vermeidung eines gutgläubigen Erwerbs aber häufig zweckmäßig, vgl. *Gottwald*, Hdb., § 130 Rz. 31.
2 *Virgós/Schmit*-Bericht Rz. 183.

petenz beim inländischen Insolvenzgericht erleichtert wird, bestehen gegen die Vereinbarkeit dieser Regelung mit der Verordnung keine Bedenken[1].

Über die Frage, in welche deutschen Register die in einem anderen Mitgliedstaat erfolgte Eröffnung des Insolvenzverfahrens einzutragen ist, bestimmt ebenso wie über den Inhalt der Eintragung allein das *deutsche* Recht. Kennt das Recht des Mitgliedstaats der Verfahrenseröffnung Eintragungen, die dem deutschen Recht unbekannt sind, so hat das Insolvenzgericht eine Eintragung zu wählen, die derjenigen der *lex fori concursus* am nächsten kommt (Art. 102 § 6 Abs. 2 EGInsO).

Im **autonomen deutschen Recht** war das von einem international zuständigen Gericht eröffnete ausländische Insolvenzverfahren schon bisher in das deutsche Grundbuch, Handelsregister und andere verkehrsschützende Register einzutragen, wenn dies der Sicherung der Masse oder dem Schutz des Rechtsverkehrs diente. Zur Eintragung bedurfte es lediglich des Nachweises der Konkurseröffnung durch Vorlage des ausländischen Eröffnungsbeschlusses mit einem Legalisationsvermerk[2]. Daran hat der deutsche Gesetzgeber auch im Zuge der Neuregelung des internationalen Insolvenzrechts festgehalten. § 346 Abs. 1 InsO lässt demgemäß eine Eintragung der Eröffnung des ausländischen Insolvenzverfahrens und der damit verbundenen Einschränkung der Verfügungsbefugnis des Schuldners in das Grundbuch zu, wenn der Schuldner als Eigentümer eines Grundstücks eingetragen ist, oder wenn bei für den Schuldner eingetragenen Rechten an Grundstücken oder an eingetragenen Rechten zu befürchten ist, dass ohne die Eintragung des Eröffnungsvermerks die Insolvenzgläubiger benachteiligt würden. Mit der Prüfungskompetenz wird auch nach autonomem Recht nicht das Grundbuchamt belastet; vielmehr obliegt diese wiederum dem Insolvenzgericht. Nur das Gericht ist auf Antrag des ausländischen Insolvenzverwalters berechtigt, das Grundbuchamt zu ersuchen, die Eröffnung des Insolvenzverfahrens und die Art der Einschränkung der Verfügungsbefugnis des Schuldners in das Grundbuch einzutragen. Abweichend von Art. 102 § 6 EGInsO beurteilt sich die Frage, ob eine Eintragung zu erfolgten hat, allerdings nicht nach dem Recht des Eröffnungsstaates; vielmehr ist es Aufgabe des inländischen Insolvenzgerichts, Art und Umfang der Einschränkung der Verfügungsbefugnis des Schuldners nach der ausländischen lex fori concursus zu ermitteln[3].

5805

---

1 So auch die Regierungsbegründung zu Art. 102 § 6 EGInsO, BR-Drucks. 715/02, S. 18.
2 Vgl. OLG Zweibrücken 17.4.1989, NJW 1990, 648 = IPRax 1991, 186 (m. Anm. *Gottwald*, IPRax 1991, 168) = IPRspr. 1989 Nr. 255; LG Waldshut-Tiengen 5.6.1992, IPRspr. 1992 Nr. 266; *Hanisch*, ZIP 1985, 1233 (1237); *Gottwald*, IPRax 1991, 168 ff.
3 Die Regierungsbegründung rechtfertigt diesen unterschiedlichen Ansatz damit, dass im Anwendungsbereich der Verordnung die in Frage kommenden Verfahren abschließend in den Anhängen A und B zur Verordnung aufgeführt sind, vgl. BR-Drucks. 715/02, S. 27.

3. Leistung an den Schuldner

5806 Die Frage, ob ein Dritter, der nach Eröffnung eines Insolvenzverfahrens im Ausland in Unkenntnis dieses Verfahrens im Inland Leistungen an den Schuldner erbringt, von seiner Verpflichtung befreit wird, wurde früher zT nach der ausländischen *lex fori concursus*[1], zT aber auch nach der *lex causae* der erbrachten Leistung beurteilt[2]. Nach einer dritten Auffassung sollte die Schutzvorschrift des § 82 InsO – unabhängig vom Insolvenz- wie Schuldstatut – immer dann zur Anwendung kommen, wenn die Leistung an den Schuldner im Inland erbracht worden war[3]. In diesem Sinne verzichtet auch das **europäische Insolvenzrecht** zum Schutz des gutgläubig Leistenden[4] auf eine kollisionsrechtliche Regelung und normiert die Befreiungswirkung in Art. 24 Abs. 1 EuInsVO durch eine *Sachnorm*. Danach wird derjenige, der in einem Mitgliedstaat an einen Schuldner leistet, über dessen Vermögen in einem anderen Mitgliedstaat ein Insolvenzverfahren eröffnet worden ist, obwohl er an den Verwalter des Insolvenzverfahrens hätte leisten müssen, befreit, wenn ihm die Eröffnung des Verfahrens nicht bekannt war. Erfolgt die Leistung vor der öffentlichen Bekanntmachung nach Art. 21 EuInsVO, so wird bis zum Beweis des Gegenteils vermutet, dass dem Leistenden die Eröffnung nicht bekannt war. Erfolgt die Leistung hingegen nach der Bekanntmachung gem. Art. 21 EuInsVO, so wird – umgekehrt – bis zum Beweis des Gegenteils (widerleglich) vermutet, dass dem Leistenden die Eröffnung bekannt war[5].

5807 Eine damit weitgehend übereinstimmende Regelung findet sich für das **autonome deutsche Recht** in § 350 InsO. Schutz genießt der Leistende hiernach allerdings nur in dem Fall, dass er die Leistung im Inland erbracht hat. Den gleichen Schutz sollte freilich auch genießen, wer die Leistung in Unkenntnis der Verfahrenseröffnung in einem dritten Staat an den Schuldner erbracht hat. Für die Zerstörung des guten Glaubens kommt es dann auf die öffentliche Bekanntmachung der Insolvenzeröffnung in dem Staat an, in dem der Schuldner die Leistung erbracht hat[6].

4. Gutgläubiger Erwerb

a) Eingetragene Rechte

5808 Den Schutz des gutgläubigen Erwerbers eines eingetragenen Rechts verwirklicht das **europäische Insolvenzrecht** in Art. 14 EuInsVO durch eine Sonderanknüpfung an die *lex rei sitae* bzw. an das Recht des registerführenden (Mit-

---

1 So – zumindest im Ausgangspunkt – LG München I 2.12.1986, WM 1987, 222 = IPRspr. 1986 Nr. 209; *Geimer*, Rz. 3542.
2 So *Jaeger/Jahr*, §§ 237, 238 KO Rz. 317 f.
3 So LG München I (Fn. 1); *Geimer*, Rz. 3542; *Schack*, Rz. 1091.
4 Vgl. Erwägungsgrund 30 zur EuInsVO.
5 Vgl. näher *Duursma-Kepplinger/Duursma*, Art. 24 EuInsVO Rz. 16 ff.
6 Die Bekanntmachung im Eröffnungsstaat reicht also regelmäßig nicht aus, vgl. *Geimer*, Rz. 3542.

glied-)Staates. Verfügt der Schuldner nämlich durch eine nach Eröffnung des Insolvenzverfahrens vorgenommene Rechtshandlung gegen Entgelt über einen unbeweglichen Gegenstand, über ein Schiff oder ein Luftfahrzeug, das der Eintragung in ein öffentliches Register unterliegt oder über Wertpapiere, deren Eintragung in ein gesetzlich vorgeschriebenes Register Voraussetzung für ihre Existenz ist, so richtet sich die Wirksamkeit dieser Rechtshandlung gem. Art. 14 EuInsVO nach dem Recht des Staates, in dessen Gebiet dieser unbewegliche Gegenstand belegen ist oder unter dessen Aufsicht das Register geführt wird. Damit wird der Erwerber, der nach Eröffnung des Insolvenzverfahrens in einem anderen Mitgliedstaat vom Schuldner gegen Entgelt einen zur Insolvenzmasse gehörenden unbeweglichen Gegenstand, ein Schiff etc. erworben hat, im Belegenheits- bzw. Registrierungsstaat im gleichen Umfang geschätzt wie im Falle eines in diesem Staat eröffneten Insolvenzverfahrens[1].

Eine entsprechende Sonderanknüpfung des gutgläubigen Erwerbs sieht auch das **autonome deutsche Recht** nunmehr in § 349 InsO vor. Nach Abs. 1 dieser Vorschrift wird der gute Glaube eines Dritten, zu dessen Gunsten der Schuldner nach Eröffnung des Insolvenzverfahrens im Ausland verfügt hat, in gleichem Umfang geschützt wie im Falle eines inländischen Insolvenzverfahrens (vgl. §§ 81 Abs. 1 S. 2, 91 Abs. 2 InsO; § 349 Abs. 1 iVm. §§ 878, 892, 893 BGB; §§ 3 Abs. 3, 16, 17 SchiffRG; §§ 5 Abs. 3, 16, 17 LuftRG). Auch Ansprüche, die durch eine im Inland eingetragene Vormerkung gesichert sind, können hiernach im Falle eines ausländischen Insolvenzverfahrens in gleicher Weise durchgesetzt werden, wie bei einem inländischen Verfahren (§ 349 Abs. 2 iVm. § 106 InsO); sie sind daher auch vor einer Erfüllungsverweigerung durch den ausländischen Insolvenzverwalter geschützt. Insoweit verdrängt also die *lex rei sitae* die *lex fori concursus*[2]. 5809

b) Nicht eingetragene Rechte

Die Frage, ob auch der Erwerber einer beweglichen Sache oder eines sonstigen nicht eingetragenen Rechts in seinem guten Glauben an die fortbestehende Verfügungsbefugnis des Schuldners nach Eröffnung des ausländischen Insolvenzverfahrens Schutz genießt, bestimmt sich demgegenüber primär nach der ausländischen *lex fori concursus*. Lässt diese einen gutgläubigen Erwerb zu, so ist er auch bzgl. der im Inland belegenen Mobilien zu beachten. Daneben kommt aber auch ein gutgläubiger Erwerb nach Maßgabe der *lex causae*, also der *lex rei sitae* beim Erwerb beweglicher Sachen, in Betracht. Sieht diese einen gutgläubigen Erwerb nicht vor, weil sie – wie das deutsche Recht – den Schutz der Insolvenzmasse gegen nachteilige Verfügungen des Schuldners höher bewertet als den Schutz des redlichen Erwerbers, so hat es hierbei freilich sein Bewenden. Für einen weitergehenden Schutz des inländischen Mobiliarerwerbers in entsprechender Anwendung der § 135 Abs. 2, 932 BGB, solange 5810

---

1 Virgós/Schmit-Bericht Rz. 141; *Huber*, ZZP 114 (2001), 133 (164); *Wenner*, Rz. 285.
2 *Taupitz*, ZZP 111 (1998), 315 (346); *Geimer*, Rz. 3543; *Gottwald*, Hdb., § 131 Rz. 46.

die Eröffnung der Auslandsinsolvenz im Inland nicht öffentlich bekannt gemacht wurde, ist mithin kein Raum[1].

5811–5820 Frei.

VI. Zusammenfassung mit Handlungsanleitung

1. Grundlagen

5821 Das deutsche internationale Insolvenzrecht ist geprägt vom **Prinzip der Universalität** des inländischen wie des ausländischen Insolvenzverfahrens. Danach erstrecken sich die Wirkungen der Eröffnung eines Hauptinsolvenzverfahrens auch auf das außerhalb des Eröffnungsstaates belegene Vermögen des Gemeinschuldners.

Wichtigste Rechtsquelle des internationalen Insolvenzrechts ist die EG-Verordnung Nr. 1346/2000 über Insolvenzverfahren, die seit dem 31.5.2002 im Verhältnis der EG-Mitgliedstaaten mit Ausnahme Dänemarks gilt. Im Verhältnis zu Drittstaaten gilt das autonome deutsche internationale Insolvenzrecht, das durch Gesetz vom 14.3.2003 erstmals umfassend kodifiziert wurde.

Sowohl das europäische wie das autonome deutsche internationale Insolvenzrecht lassen neben dem Hauptinsolvenzverfahren territorial beschränkte Nebeninsolvenzverfahren (Sekundär-, Partikularinsolvenz) zu.

2. Inländisches Insolvenzverfahren

5822 a) Die deutschen Gerichte sind für die Eröffnung eines (Haupt-)Insolvenzverfahrens **international zuständig**, wenn der Gemeinschuldner im Inland den Mittelpunkt seiner hauptsächlichen Interessen (Art. 3 Abs. 1 S. 1 EuInsVO) bzw. den Mittelpunkt seiner selbständigen wirtschaftlichen Tätigkeit (§ 3 Abs. 1 S. 2 InsO) hat. Bei juristischen Personen und Gesellschaften entscheidet also der effektive Verwaltungssitz.

b) Die **Voraussetzungen der Insolvenzeröffnung** beurteilen sich nach dem Recht des Eröffnungsstaates. Dies gilt insbesondere für die Insolvenzfähigkeit des Gemeinschuldners, die Eröffnungsgründe und die Antragsbefugnis.

c) Ein deutsches (Haupt-)Insolvenzverfahren strebt die Einbeziehung des gesamten und damit auch des **ausländischen Vermögens** des Schuldners in die insolvenzrechtliche Abwicklung an, um die gleichmäßige Befriedigung aller Gläubiger zu gewährleisten. Dieser Universalitätsanspruch der Insolvenzeröffnung besteht gleichermaßen im europäischen (Art. 16 Abs. 1 EuInsVO) wie im deutschen autonomen Recht (§ 335 InsO). Die gleiche Wirkung kommt auch einem vom deutschen Insolvenzgericht angeordneten allgemeinen Veräußerungsverbot zu.

---

1 *Geimer*, Rz. 3543a; *Gottwald*, Hdb., 132 Rz. 45; *Wenner*, Rz. 290.

d) Während der Dauer des inländischen Insolvenzverfahrens finden **Zwangsvollstreckungsmaßnahmen** zu Gunsten einzelner Insolvenzgläubiger auch in das zur Masse gehörende Auslandsvermögen des Gemeinschuldners nicht statt. Ein Insolvenzgläubiger, der durch solche Zwangsvollstreckungsmaßnahmen aus dem im Ausland belegenen Vermögen des Gemeinschuldners Befriedigung erlangt, ist daher verpflichtet, das Erlangte dem Insolvenzverwalter herauszugeben (Art. 20 Abs. 1 EuInsVO; § 342 Abs. 1 InsO). Eine solche Abführungspflicht besteht hingegen nicht für den in einem ausländischen Insolvenzverfahren erlangten Erlös; diesen hat sich der Gläubiger jedoch auf die auf ihn entfallende Quote im inländischen Verfahren anrechnen zu lassen (Art. 20 Abs. 2 EuInsVO; § 342 Abs. 2 InsO).

e) Der **Verwalter eines im Inland eröffneten Insolvenzverfahrens** ist verpflichtet, auch ausländisches Vermögen des Schuldners zur Masse zu ziehen und zu verwerten. Er ist auch bezüglich dieses Auslandsvermögens vor inländischen Gerichten prozessführungsbefugt. Im Geltungsbereich der EG-Verordnung bestimmen sich die Befugnisse des deutschen Insolvenzverwalters auch bezüglich des in anderen Mitgliedstaaten belegenen Vermögens grundsätzlich nach deutschem Recht (Art. 18 EuInsVO). Der Gemeinschuldner ist seinerseits verpflichtet, den Insolvenzverwalter bei der Erfüllung seiner Verpflichtungen – zB durch Erteilung entsprechender Vollmachten – zu unterstützen.

3. Ausländisches Insolvenzverfahren

a) **Anerkennungsfähig** im Inland sind nicht nur ausländische Entscheidungen über die Insolvenzeröffnung, sondern auch Entscheidungen zur Durchführung und Beendigung eines ausländischen Insolvenzverfahrens sowie über Sicherungsmaßnahmen und Entscheidungen in Einzelverfahren, die unmittelbar aufgrund des Insolvenzverfahrens ergehen und in engem Zusammenhang mit ihm stehen (vgl. Art. 25 Abs. 1 EuInsVO).

5823

b) Insolvenzrechtliche Entscheidungen der Gerichte anderer EG-Mitgliedstaaten werden im Inland grundsätzlich anerkannt; eingeschränkt ist die Anerkennung allein durch den Vorbehalt des inländischen **ordre public** (Art. 16, 26 EuInsVO). Demgegenüber ist für die Anerkennung der Eröffnung eines drittstaatlichen Insolvenzverfahrens zusätzlich erforderlich, dass die Gerichte des Staats der Verfahrenseröffnung nach deutschem Recht international zuständig waren (§ 343 Abs. 1 Nr. 1 iVm. § 3 InsO).

c) Die Eröffnung eines (Haupt-)Insolvenzverfahrens im Ausland entfaltet im Inland diejenigen **Wirkungen**, die das Recht des Staates der Verfahrenseröffnung dem Verfahren beilegt (Art. 17 Abs. 1 EuInsVO; § 335 InsO); der Durchführung eines förmlichen Anerkennungsverfahrens bedarf es hierzu nicht.

d) Die **Vollstreckbarerklärung** von Entscheidungen zur Durchführung und Beendigung eines Insolvenzverfahrens bestimmt sich im europäischen Recht nach Maßgabe der Art. 38–58 EuGVO. Demgegenüber bedarf es für die Vollstreckbarerklärung drittstaatlicher Entscheidungen nach § 353 InsO eines Vollstreckungsurteils gem. §§ 722, 723 ZPO.

e) Die **Befugnisse des ausländischen Insolvenzverwalters** zur Verwaltung und Verwertung des inländischen Vermögens werden im Inland grundsätzlich nach Maßgabe der ausländischen *lex fori concursus* anerkannt (Art. 18 EuInsVO); Gleiches gilt für einen vom Recht des Eröffnungsstaates angeordneten Übergang der Prozessführungsbefugnis auf den Verwalter in einem die Masse berührenden Rechtsstreit. Aus diesem Grunde unterbricht die Eröffnung des ausländischen Insolvenzverfahrens einen zur Zeit der Eröffnung anhängigen inländischen Rechtsstreit (§ 352 InsO).

4. Reichweite des Insolvenzstatuts

5824 a) Sowohl das europäische wie das deutsche internationale Insolvenzrecht gehen von einer **allseitigen Kollisionsnorm** aus, derzufolge sich nicht nur die verfahrensrechtlichen, sondern auch die materiellrechtlichen Wirkungen eines Insolvenzverfahrens nach dem Recht des Eröffnungsstaats beurteilen (Art. 4 Abs. 1 EuInsVO; § 335 InsO).

b) Die grundsätzliche Geltung der *lex fori concursus* wird allerdings sowohl im europäischen wie im deutschen autonomen Recht einerseits durch Sachnormen eingeschränkt, die bestimmte Rechte an dem außerhalb des Eröffnungsstaates belegenen Vermögen von den Wirkungen des Insolvenzverfahrens ausnehmen (Art. 5–7 EuInsVO; §§ 338, 351 InsO), andererseits durch eine Reihe von Sonderanknüpfungen durchbrochen. Solche **Sonderanknüpfungen** gelten insbesondere für Immobilienverträge, Arbeitsverhältnisse, die Insolvenzanfechtung und die Insolvenzaufrechnung (Art. 8–11, 14–15 EuInsVO; §§ 336–340 InsO).

5. Schutz des Rechtsverkehrs

5825 Um einem gutgläubigen Erwerb Dritter im Inland nach Eröffnung eines Insolvenzverfahrens im Ausland entgegenzuwirken, ist die Eintragung eines Vermerks über die Verfahrenseröffnung im Ausland in das deutsche Grundbuch, Handelsregister und andere verkehrsschützende Register zulässig (Art. 21 Abs. 1 EuInsVO; § 346 Abs. 1 InsO). Darüber hinaus wird derjenige, der an einen Schuldner leistet, über dessen Vermögen im Ausland ein Insolvenzverfahren eröffnet worden ist, geschützt, wenn ihm die Eröffnung des Verfahrens nicht bekannt war (Art. 24 EuInsVO; § 350 InsO). Schließlich wird auch der Dritterwerber geschützt, der gutgläubig vom Schuldner nach Eröffnung des Insolvenzverfahrens im Ausland ein eingetragenes Recht erwirbt (Art. 14 EuInsVO; § 349 InsO).

5826–5850 Frei.

D. Beschränkungen bei verheirateten Personen

	Rz.
I. Qualifikation	5851
II. Allgemeine Beschränkungen durch die Ehe	5861
1. Beschränkungen im Rechtsverkehr mit Dritten	5862
a) Beschränkungen der Geschäftsfähigkeit	5862
b) Verpflichtungsbeschränkungen	5864
aa) Schenkung	5865
bb) Bürgschaft/Schuldübernahme	5866
cc) Abzahlungskauf	5867
dd) Arbeitsvertrag	5868
c) Verfügungsbeschränkungen	5869
aa) Ehewohnung und Hausrat	5869
bb) Immobilien	5871
cc) Legalhypothek	5872
d) Beschränkungen der Schlüsselgewalt	5873
2. Beschränkungen bei Verträgen zwischen Ehegatten	5875
a) Schenkung	5876
b) Gesellschaftsvertrag	5877
3. Anknüpfung der allgemeinen Ehewirkungen	5878
a) Objektive Anknüpfung (Art. 14 Abs. 1 EGBGB)	5880
b) Rechtswahl (Art. 14 Abs. 2–4 EGBGB)	5884
aa) Rechtswahl nach Art. 14 Abs. 2 EGBGB	5886
bb) Rechtswahl nach Art. 14 Abs. 3 EGBGB	5887
cc) Wirkungen der Rechtswahl	5888
dd) Beendigung der Rechtswahl	5889
ee) Form der Rechtswahl	5891
c) Rück- und Weiterverweisung	5892
III. Güterrechtliche Beschränkungen	5911
1. Eigentumszuordnung	5911
a) Gütergemeinschaft	5912
b) Errungenschaftsgemeinschaft	5915
c) Aufgeschobene Gütergemeinschaft	5919
d) Zugewinngemeinschaft	5920
e) Gütertrennung	5927
f) Anknüpfung	5928
g) Kundbarmachung der Eigentumszuordnung	5929
2. Verfügungsbeschränkungen	5930
a) Verfügung über das Gesamtgut	5930
b) Verfügung über eigenes Vermögen	5935
c) Verfügungsbeschränkungen im Grundbuchverkehr	5937
3. Erwerbsbeschränkungen	5941
4. Anknüpfung des Güterrechts	5942
a) Objektive Anknüpfung (Art. 15 Abs. 1 EGBGB)	5943
aa) Ehewirkungsstatut bei Eheschließung	5943
bb) Unwandelbarkeit	5947
b) Rück- und Weiterverweisung	5950
aa) Annahme der deutschen Verweisung	5951
bb) Rückverweisung auf das Wohnsitzrecht	5952
cc) Rückverweisung auf die lex rei sitae	5954
dd) Rückverweisung kraft beweglicher Anknüpfung	5957
ee) Rückverweisung kraft abweichender Qualifikation	5959
ff) Rückverweisung kraft Rechtswahl	5960
gg) Ausschluss des Renvoi	5965
c) Rechtswahl	5967
aa) Allgemeines	5967
bb) Rechtswahl nach Art. 15 Abs. 2 Nr. 1 und 2 EGBGB	5970
cc) Rechtswahl nach Art. 15 Abs. 2 Nr. 3 EGBGB	5972
dd) Wirkungen der Rechtswahl	5976
ee) Beendigung der Rechtswahl	5978
ff) Form der Rechtswahl	5979

	Rz.		Rz.
d) Vorrang des Rechts des Lageorts	5980	3. Güterrecht und Gesellschaftsrecht	6038
e) Intertemporales Recht	5983	4. Güterrecht und Vertragsrecht	6040
aa) Eheschließung vor dem 1.4.1953	5984	5. Persönliche Ehewirkungen und Vertragsrecht	6044
bb) Eheschließung zwischen dem 1.4.1953 und dem 8.4.1983	5985	V. Schutz des Rechtsverkehrs	6061
		1. Wahl des deutschen Rechts	6061
(1) Formfreie schlüssige oder fingierte „Rechtswahl" vor dem 9.4.1983	5988	2. Materiellrechtliche Vereinbarungen	6062
		a) Erwerbsbeschränkungen	6063
		b) Verfügungs- und Verpflichtungsbeschränkungen	6064
(2) Anknüpfung an das Heimatrecht des Ehemannes vor dem 9.4.1983	5992	3. Schutzvorschriften für den inländischen Rechtsverkehr	6066
		a) Fehlen des Alleineigentums	6067
cc) Eheschließung nach dem 8.4.1983	5994	b) Mangel der Alleinverfügungsmacht	6072
5. Rechtsvereinheitlichung	5995	c) Beschränkungen der Schlüsselgewalt	6080
a) Haager Ehewirkungsabkommen von 1905	5996	d) Sonstige Beschränkungen durch die Ehe	6082
b) Haager Ehegüterrechtsabkommen von 1978	5997	VI. Zusammenfassung mit Handlungsanleitung	6101
c) Deutsch-iranisches Niederlassungsabkommen von 1929	6000	1. Allgemeine Beschränkungen durch die Ehe	6101
IV. Einfluss des Vertrags- und Belegenheitsstatuts	6031	2. Güterrechtliche Beschränkungen	6102
1. Grundsatz	6032	3. Schutz des Rechtsverkehrs	6103
2. Güterrecht und Sachenrecht	6033		

I. Qualifikation

Literatur: vgl. die Nachweise zu den Abschnitten II–V.

5851 Die Ehe bringt Bindungen auch hinsichtlich der Verwaltung und Verfügung über das Vermögen mit sich. Dem Verheirateten steht sein Vermögen nicht mehr, wie dem Ledigen, zur unbeschränkten freien Verfügung. Im Interesse der Familiengemeinschaft kann er mannigfachen Beschränkungen unterliegen. Das muss, wer mit verheirateten Personen Verträge schließt, beachten. Dass die verheiratete Frau in der Eingehung von Verpflichtungen und Verfügungen über ihr Vermögen beschränkt ist, wurde lange Zeit als selbstverständlich betrachtet. Auf diese Beschränkungen richtete sich der Rechtsverkehr ein; bei Verträgen mit Frauen wurde stets auf Familien- und Güterstand geachtet. Anders bei Verträgen mit Männern. Hier wurde bis in die jüngste Zeit von der unbeschränkten Verfügungsmacht ausgegangen. Die Familienrechtsreformen der letzten Jahre haben indes zumindest in den europäischen Ländern den Grundsatz der Gleichberechtigung der Ehegatten verwirklicht, so dass es heute ratsam ist, sich auch vor dem Abschluss von Verträgen mit Männern über deren Familien- und Güterstand zu unterrichten.

Während das deutsche Recht die Verfügungs- und Verpflichtungsmacht von Ehegatten nur durch güterrechtliche Bestimmungen (§§ 1365, 1369, 1423 ff. BGB) einschränkt, bringt in vielen ausländischen Rechten bereits die Ehe als solche – unabhängig vom Güterstand – gewisse Beschränkungen der Geschäftsfähigkeit oder der Verfügungsbefugnis mit sich. Die Unterscheidung zwischen güterrechtlichen Beschränkungen und solchen, die sich als allgemeine Wirkungen der Ehe darstellen, bleibt trotz des in Art. 15 Abs. 1 EGBGB angestrebten Gleichlaufs von Güterrechtsstatut und Ehewirkungsstatut bedeutsam; denn wegen der Unwandelbarkeit des Güterrechtsstatuts nach Art. 15 Abs. 1 EGBGB (dazu unten Rz. 5947 f.) – im Gegensatz zur wandelbaren Anknüpfung des Ehewirkungsstatuts (dazu unten Rz. 5880) – und der Möglichkeit einer auf die güterrechtlichen Beziehungen beschränkten Rechtswahl nach Art. 15 Abs. 2 EGBGB (dazu unten Rz. 5967 ff.) wird dieser Gleichlauf nicht selten verfehlt. Welche Rechtsbeziehungen der Ehegatten in ihrem Verhältnis zueinander oder im Verhältnis zu Dritten dem Statut der allgemeinen Ehewirkungen (Art. 14 EGBGB) und welche dem Ehegüterrechtsstatut (Art. 15 EGBGB) unterliegen, ist in der Praxis nicht immer leicht festzustellen. 5852

Ausgangspunkt einer funktionalen Qualifikation muss sein, dass die Sonderanknüpfung des Ehegüterrechts der Sonderordnung des Vermögens von Mann und Frau während und aufgrund der Ehe rechtlichen Bestand geben soll. Daher gehören zum **Ehegüterrecht** diejenigen materiellen Rechtssätze, die eine solche Sonderordnung schaffen oder – im Falle der Gütertrennung – von ihr absehen, sowie diejenigen, die nach Auflösung der Ehe für eine Abwicklung dieser Sonderordnung sorgen. Nach Art. 15 EGBGB beurteilen sich daher insbesondere die Fragen, welcher von den mehreren Güterständen einer Rechtsordnung maßgebend ist, welche Gütermassen danach zu unterscheiden sind und zu welcher der Anspruch eines Ehegatten gehört; das Güterrechtsstatut regelt ferner, ob und mit welchem Inhalt Eheverträge geschlossen werden können und welche Erwerbs- bzw. Verfügungsbeschränkungen infolge des Güterstandes bestehen[1]. 5853

Demgegenüber gehören zu den **allgemeinen Ehewirkungen** vor allem die in §§ 1353–1362 BGB geregelten Sachbereiche, sofern sie nicht – wie nunmehr das Ehenamensrecht (Art. 10 EGBGB) und das eheliche Unterhaltsrecht (Art. 18 EGBGB) – gesondert anzuknüpfen sind. In den Regelungsbereich des Art. 14 EGBGB fallen daher nicht nur personenrechtliche Fragen (wie zB die Pflicht zur ehelichen Lebensgemeinschaft und die Haushaltsführung), sondern 5854

---

1 BGH 21.10.1992, BGHZ 119, 392 (394) = NJW 1993, 385 = IPRspr. 1992 Nr. 89; OLG Hamm 10.4.1992, FamRZ 1992, 963 (965) = IPRspr. 1992 Nr. 88; OLG Köln 17.12.1997, FamRZ 1999, 298 = IPRspr. 1997 Nr. 70; *Kegel/Schurig*, IPR, § 20 VI 2; *Junker*, IPR, Rz. 518 f.; *Thorn*, in: Paland, Rz. 25; *Schurig*, in: Soergel, Rz. 32 ff.; *Siehr*, in: Münch-Komm, Rz. 68 ff.; *Mörsdorf-Schulte*, in: Bamberger/Roth, Rz. 15 ff.; *Mankowski*, in: Staudinger, Rz. 231 ff., jeweils zu Art. 15 EGBGB; *von Bar*, II Rz. 236 ff.; dazu näher unten Rz. 5911 ff.

auch *vermögensrechtliche* Beziehungen, wie zB die Mitarbeit im Geschäft des anderen Ehegatten, die Schlüsselgewalt, der Haftungsmaßstab und die Eigentumsvermutungen[1]. Diese allgemeinen Ehewirkungen unterscheiden sich vom Güterrecht dadurch, dass sie ohne Rücksicht auf eine besondere Ordnung der ehelichen Vermögensverhältnisse gelten. Anhand dieses Kriteriums ist auch bei Beschränkungen des ausländischen Rechts, die dem deutschen Recht fremd sind (wie zB verminderte Geschäftsfähigkeit der Ehefrau, Verbot bestimmter Rechtsgeschäfte zwischen Ehegatten oder zwischen Ehegatten und Dritten), zu entscheiden, ob es sich um allgemeine oder um güterrechtliche Ehewirkungen handelt[2].

5855–5860 Frei.

II. Allgemeine Beschränkungen durch die Ehe

Literatur: *Berger*, Die Stellung Verheirateter im rechtsgeschäftlichen Verkehr (1987); *Böhringer*, Beschränkungen der Beteiligten eines Grundstücksveräußerungsvertrages, Rpfleger 1990, 337; *Carlier*, Les contrats de mariage internationaux: aspects particuliers des clauses relatives aux relations personnelles, in: Verwilghen/de Valkeneer (Hrsg.), Relations familiales internationales (Brüssel 1993), S. 277; *Chedly*, Les relations pécuniares entre époux, Rev.int.dr.comp. (2007), 551; *Fenge*, Zur Mitverpflichtung naher Familienangehöriger in der englischen und schottischen Rechtsprechung, RIW 1996, 545; *Fountoulakis*, Interzession naher Angehöriger – eine rechtsvergleichende Untersuchung im deutschen und angelsächsischen Recht (2005); *Görgens*, Die materiell-rechtliche und kollisionsrechtliche Gleichberechtigung der Ehegatten auf dem Gebiet der persönlichen Ehewirkungen und der elterlichen Gewalt. Eine rechtsvergleichende Darstellung des französischen, italienischen, englischen und deutschen Rechts (1976); *Hasenböhler*, Mitwirkung beider Ehegatten beim Vertragsschluss (Basel 1982); *Hausheer*, Schuldrechtliche Rechtsgeschäfte und familienrechtliche Leistungen unter Ehegatten, insbesondere unbenannte Zuwendungen und ehebezogene Arbeitsleistungen in rechtsvergleichender Sicht, Festschr. Henrich (2000), S. 219; *Herrero Garcia*, Contratos onerosos entre cónyuges (1976); *Kiefner/Waigel*, Die Ehegattengesellschaft im französischen Zivilrecht (Diss. Münster 1986); *Kobel-Schnidrig*, Schenkung unter Ehegatten, Festschr. Hausheer (2002), S. 301; *Löffler*, Ehegattenschenkungen und ihre Rückgängigmachung nach französischem und deutschem Recht (Diss. Augsburg 1987); *Mikat*, Rechtsprobleme der Schlüsselgewalt (1981); *Morin*, Les ventes entre époux, Festschr. Breton/Derrida (Paris 1991), S. 259; *Najjar*, La validité des donations déguisées ou indirectes sous seing privé, D.S. 1995 Chron. 115; *Rheinstein/Glendon*, Interspousal Relations, Int.Encycl.Comp.L. IV 4 (1980); *Steininger*, Die persönlichen Ehewirkungen im neuen österreichischen Recht, FamRZ 1979, 774; *Van den Eynde*, Les donations entre époux, in: Verwilghen/de Valkeneer (Hrsg.), Relations familiales internationales (Brüssel 1993), S. 301; *Voser*, Die Begrenzung des Berufsausübungsrechts der Ehegatten durch das Wohl der ehelichen Gemeinschaft, SchwJZ 1992, 193; *Werner*, Schuldrechtliche Interzessionen nach deutschem, englischem und US-amerikanischem Recht (Diss. Tübingen 1998).

Zum IPR s. unten vor Rz. 5878; zum Schutz des Rechtsverkehrs s. unten vor Rz. 6001.

---

1 BT-Drucks. 10/504, S. 54.
2 *Thorn*, in: Palandt, Rz. 17 ff.; *Schurig*, in: Soergel, Rz. 37; *Siehr*, in: MünchKomm, Rz. 74 ff., *Hohloch*, in: Erman, Rz. 27 ff.; *Mörsdorf-Schulte*, in: Bamberger/Roth, Rz. 7, 11 ff.; *Mankowski*, in: Staudinger, Rz. 213 ff., jeweils zu Art. 14 EGBGB; dazu näher unten Rz. 5862 ff., 5930 ff.

Ausländische Rechte enthalten vielfach Bestimmungen, welche die Freiheit 5861
der Eheleute, über ihr eigenes oder das gemeinsame Vermögen zu verfügen
bzw. bestimmte Verpflichtungen einzugehen, im Interesse der Familiengemeinschaft unabhängig vom jeweiligen Güterstand einschränken. Diese Beschränkungen sind besonders gefährlich, weil sie dem deutschen Recht weithin unbekannt sind und der inländische Vertragspartner eines ausländischen Ehegatten mit ihnen regelmäßig nicht rechnet.

1. Beschränkungen im Rechtsverkehr mit Dritten

a) Beschränkungen der Geschäftsfähigkeit

Eine allgemeine Minderung der Geschäftsfähigkeit der Frau durch die Eheschließung, wie sie früher vor allem in den romanischen Rechten, aber auch 5862
im englischen Common Law eine vertraute Erscheinung war, gehört heute
weitgehend der Vergangenheit an. Soweit sie noch auftritt – wie zB im chilenischen Recht (Art. 137 c.c., wonach die Frau ohne Ermächtigung des Mannes
keinen Vertrag schließen kann) – ist sie den allgemeinen Ehewirkungen zuzuordnen[1]. Bei hinreichender Inlandsbeziehung wird freilich regelmäßig die
Schranke des ordre public (Art. 6 EGBGB) eingreifen[2].

Der Erwerb oder eine Erweiterung der Geschäftsfähigkeit durch Eheschließung („Heirat macht mündig") beurteilt sich hingegen nach dem Geschäftsfähigkeitsstatut des Art. 7 EGBGB (vgl. unten Rz. 6151).

Eine teilweise Einschränkung der Handlungsfähigkeit der Frau bedeuten allerdings auch die in manchen Rechten noch bestehenden **Interzessionsverbote**. 5863
So bedurfte die Frau zB nach Art. 177 Abs. 3 schweiz. ZGB aF für die Begründung von Verpflichtungen gegenüber Dritten zugunsten des Ehemannes bis
Mitte der achtziger Jahre des 20. Jahrhunderts der Genehmigung durch die Vormundschaftsbehörde. Dieses Interzessionsverbot galt vor allem für Bürgschaft,
Schuldübernahme und Wechselverpflichtungen[3]. Auch nach der ersatzlosen
Streichung von Art. 177 Abs. 3 ZGB im Zuge der Schweizer Eherechtsreform
von 1984 bestehen ähnliche Interzessionsverbote in anderen Rechtsordnungen
fort. So bedarf ein Ehegatte nach Art. 1:88 Abs. 1 lit. c niederl. B.W. der Zustimmung seines Partners für „Verträge, durch welche er sich außerhalb der
Ausübung eines Berufs oder Gewerbes als Bürge oder hauptsächlicher Mitschuldner verpflichtet, sich für einen Dritten stark sagt oder sich zur Siche-

---

[1] BGH 26.3.1953, IPRspr. 1952/53 Nr. 298; *Schurig*, in: Soergel, Rz. 58 f.; *Mankowski*, in: Staudinger, Rz. 232; *Hohloch*, in: Erman, Rz. 30, jeweils zu Art. 14 EGBGB; *Böhmer*, in: Ferid, Rz. 8–95.

[2] *Thorn*, in: Palandt, Art. 14 EGBGB Rz. 18 aE; vgl. dazu LG Berlin 19.2.1992, FamRZ 1993, 198 = IPRspr. 1992 Nr. 86 (Die Anwendung von Art. 160 türk. ZGB, der dem Ehemann das alleinige Recht einräumt, die Ehefrau in Streitfragen bezüglich ihres persönlichen Vermögens vor Gericht zu vertreten, verstößt gegen den deutschen ordre public.).

[3] Schweiz. BG 13.12.1973, BGE 99 II 241 = SchweizJahrbIntR 1974, 205; dazu eingehend *Berger*, S. 32 ff. Zur Abkehr von dieser Schutzvorschrift in Art. 168 ZGB nF vgl. *Hausheer*, Festschr. Henrich (2000), S. 219 (223).

rungsübereignung für die Schuld eines Dritten verpflichtet." Sie sollen die Frau davor bewahren, aus Zuneigung zum Ehemann oder unter seinem Druck übermäßig belastende oder unvernünftige Verpflichtungen einzugehen. Maßgebend ist daher nicht das Geschäftsfähigkeitsstatut (Art. 7 EGBGB) oder das Schuldstatut des Interzessionsgeschäfts (dazu unten Rz. 6044), sondern das Statut der **allgemeinen Ehewirkungen**[1]. Die gerichtliche Genehmigung kann bei inländischem Aufenthalt der Ehegatten auch durch ein deutsches Familiengericht erteilt werden[2].

b) Verpflichtungsbeschränkungen

5864 Allgemeine, dh. nicht in einem bestimmten Güterstand wurzelnde Beschränkungen bei der Begründung von Verbindlichkeiten durch einen Ehegatten allein verfolgen vor allem den Zweck, die materielle Grundlage der ehelichen Lebensführung zu erhalten und zu sichern. Deswegen wird das Erfordernis der **Zustimmung des nicht beteiligten Ehegatten** zum Abschluss bestimmter Verträge dem Ehewirkungsstatut unterstellt[3]. Besondere Vorsicht ist vor allem bei folgenden Verträgen mit Ehegatten geboten:

aa) Schenkung

5865 Schenkungen durch einen Ehegatten bedürfen, auch wenn sie aus dem eigenen Vermögen erfolgen, vor allem in den romanischen Rechten häufig der Zustimmung des anderen Ehegatten, wenn hierdurch die Erhaltung des Familienvermögens gefährdet wird; dies gilt etwa in Belgien (Art. 224 § 1 Nr. 3 c.c.) und in den Niederlanden (Art. 1:88 Abs. 1 lit. b B.W.); in anderen Rechten ist die Zustimmung des Ehepartners nur für Schenkungen aus dem gemeinschaftlichen Vermögen erforderlich (so zB in Brasilien, Art. 235 Abs. 4 c.c.).

bb) Bürgschaft/Schuldübernahme

5866 Ähnliche Beschränkungen gelten nicht selten für Verträge, durch die sich ein Ehegatte als Bürge, Schuldmitübernehmer oder Garant zur Absicherung einer fremden Schuld verpflichtet, soweit dies nicht in Ausübung seines Berufes oder im Rahmen seines Geschäftsbetriebes geschieht, so zB in Belgien (Art. 224 § 1 Nr. 4 c.c.)[4], in Brasilien (Art. 235 Abs. 3, 242 Abs. 1 c.c.), den Niederlanden (Art. 1:88 Abs. 1 lit. c B.W.) und der Schweiz (Art. 494 Abs. 1 OR). Während die deutsche Rechtsprechung die gebotene Sonderanknüpfung derartiger Zustimmungserfordernisse nicht immer beachtet hat (vgl. dazu unten

---

1 *Thorn*, in: Palandt, Rz. 18; *Schurig*, in: Soergel, Rz. 64 f.; *Siehr*, in: MünchKomm, Rz. 92; *Mörsdorf-Schulte*, in: Bamberger/Roth, Rz. 13; *Mankowski*, in: Staudinger, Rz. 235 ff., jeweils zu Art. 14 EGBGB.
2 *Schurig*, in: Soergel, Art. 14 EGBGB Rz. 64.
3 *Schurig*, in: Soergel, Rz. 64 f.; *Siehr*, in: MünchKomm, Rz. 92; *Mankowski*, in: Staudinger, Rz. 235 ff., jeweils zu Art. 14 EGBGB; *Böhmer*, in: Ferid, Rz. 8–95; *Schotten/Schmellenkamp*, Rz. 127; *Andrae*, IntFamR, § 3 Rz. 169 f.
4 Vgl. dazu Cass. (Belgien) 25.5.1992, Pas. 1992 I, 839; dazu *von Houtte*, IPRax 1997, 276 (281).

Rz. 6044), wertet das Schweizer Bundesgericht die Regel in Art. 494 Abs. 1 OR als Schranke der *allgemeinen Handlungsfähigkeit*[1].

Die Nichtigkeit des Bürgschaftsversprechens wegen fehlender Zustimmung des Ehegatten kann aus Gründen der Rechtssicherheit allerdings zumeist nur innerhalb kurzer Fristen und zT auch nur gegenüber einem bösgläubigen Vertragspartner geltend gemacht werden[2].

cc) Abzahlungskauf

Auch Abzahlungskaufverträge können etwa in der Schweiz (Art. 226a OR) nur mit Zustimmung des anderen Ehegatten geschlossen werden, sofern die Ehegatten einen gemeinsamen Haushalt führen und die Verpflichtung 1000 sFr übersteigt. Die Zustimmung muss schriftlich spätestens **bei Vertragsschluss** erteilt werden; eine nachträgliche Genehmigung ist ausgeschlossen. Diese Regelung gilt entsprechend für die Aufnahme von Darlehen zum Kauf beweglicher Sachen (Art. 226m Abs. 2 OR)[3]. Auch in den Niederlanden ist – abweichend vom früheren Recht (Art. 1:87 B.W. aF) – keine Mitwirkung des anderen Ehegatten am Vertragsschluss mehr erforderlich, wohl aber seine Zustimmung (Art. 1:88 Abs. 1 lit. d B.W. nF). Nach anderen Rechten ist zumindest die Mithaftung für die im Rahmen der Schlüsselgewalt getätigten Abzahlungsgeschäfte eingeschränkt, wenn der andere Ehegatte nicht ausdrücklich zugestimmt hatte, so zB in Frankreich (Art. 220 Abs. 3 c.c.). 5867

dd) Arbeitsvertrag

§ 1358 BGB aF hatte dem Mann das Recht gegeben, ein gegen seinen Willen von der Frau eingegangenes Arbeitsverhältnis zu kündigen. Auch in der Schweiz konnte die Ehefrau bis vor kurzem nur mit ausdrücklicher oder stillschweigender Einwilligung des Mannes einen Beruf oder ein Gewerbe ausüben; wurde die Einwilligung verweigert, so konnte sie im Familieninteresse durch den Richter ersetzt werden (Art. 167 ZGB aF). In den meisten europäischen Staaten ist diese Abhängigkeit der Ehefrau bei der Ausübung ihres Berufes freilich im Zuge jüngerer Familienrechtsreformen beseitigt worden, so zB in Belgien (Art. 216 c.c.), Frankreich (Art. 223 c.c.), Portugal (Art. 1677-D c.c.), Griechenland (Art. 1389 ZGB) und zuletzt in der Schweiz (Art. 167 ZGB nF). Soweit derartige Beschränkungen noch bestehen, wie zB im Iran (Art. 1187 ZGB) oder nach manchen südamerikanischen Rechten (vgl. in Bolivien Art. 99 FamGB vom 23.8.1972), gehören sie zu den allgemeinen Ehewirkungen iSv. 5868

---

1 Schweiz. BG 14.12.1984, BGE 110 II 484 = IPRax 1987, 34 (m. Anm. *Hanisch*, IPRax 1987, 47) (Deutscher unterzeichnete Bürgschaftserklärung gegenüber einer schweiz. Bank in Frankfurt a.M. und vereinbarte die Geltung schweiz. Rechts. Gegenüber der Inanspruchnahme aus der Bürgschaft berief er sich auf deren Nichtigkeit wegen fehlender Zustimmung seiner Ehefrau. Das BG verwarf den Einwand, weil es sich bei Art. 494 Abs. 1 OR um eine gesondert anzuknüpfende Beschränkung der Geschäftsfähigkeit handle, die nur bei schweiz. Personalstatut des Bürgen eingreife.).
2 Vgl. in den Niederlanden Art. 1:89 B.W.
3 Vgl. dazu IPG 1977 Nr. 5 (Heidelberg).

Art. 14 EGBGB[1]; ihre Beachtung im Inland wird freilich regelmäßig an der ordre-public-Schranke des Art. 6 S. 2 EGBGB iVm. Art. 3 Abs. 2 GG scheitern[2].

c) Verfügungsbeschränkungen

aa) Ehewohnung und Hausrat

5869 Während die Verfügung über Haushaltsgegenstände nach deutschem Recht nur im gesetzlichen Güterstand der Zugewinngemeinschaft von der Zustimmung des anderen Ehegatten abhängt (§ 1369 BGB), kennt das französische Recht eine entsprechende Bindung der Ehegatten ohne Rücksicht auf den Güterstand (sog. „régime primaire"). Das Zustimmungserfordernis gilt nicht nur für die Veräußerung von Haushaltsgegenständen, sondern auch für die Veräußerung und Belastung der ehelichen Wohnung sowie für die Kündigung von Mietverträgen über Familienwohnraum (Art. 215 Abs. 3 c.c.)[3]. Ähnliche Regelungen finden sich auch in anderen romanischen Rechtsordnungen, zB in *Belgien* (Art. 215 c.c.), den *Niederlanden* (Art. 1:88 Abs. 1 lit. a B.W.)[4], *Portugal* (Art. 1682 ff. c.c.) und *Spanien* (Art. 1320 c.c.) und betreffen dort regelmäßig bereits das Verpflichtungsgeschäft, darüber hinaus aber auch im *österreichischen* (§ 97 ABGB) und *schweizerischen* Recht (Art. 169 ZGB)[5] sowie in den *skandinavischen* Ländern[6]. Schließlich kann ein Ehegatte allein auch nach *englischem* Recht sowie nach den Rechten der meisten *US-Bundesstaaten* und *kanadischen Provinzen* nicht über die „homestead" oder das „matrimonial home" verfügen (vgl. etwa den englischen „Matrimonial Homes Act 1983").

5870 Für die Frage der Anknüpfung derartiger Verfügungsbeschränkungen sollte man sich von der güterrechtlichen Vorgabe des deutschen materiellen Rechts lösen und etwaige Zustimmungserfordernisse dem **Statut der allgemeinen Ehewirkungen** entnehmen, soweit sie danach unabhängig vom Güterstand eingreifen. Die Beschränkungen nach dem ausländischen Ehewirkungsstatut haben bei Geltung deutschen Güterrechtsstatuts Vorrang vor § 1369 BGB[7].

---

1 *Siehr*, in: MünchKomm, Art. 14 EGBGB Rz. 97.
2 *Böhmer*, in: Ferid, Rz. 8–87, 3; *Mankowski*, in: Staudinger, Art. 14 EGBGB Rz. 257; *von Bar*, II Rz. 191.
3 Vgl *Rubelin-Devichi*, La famille et le droit au logement, Rev.trim.dr.civ. (1996), 245 ff.
4 Vgl. IPG 1996 Nr. 26 (Köln).
5 Dazu eingehend *Berger*, S. 56 ff.; ferner *Ruoss*, Der Einfluss des neuen Eherechts auf Mietverhältnisse von Wohnräumen, ZSR 107 (1988), 168 ff.
6 Vgl. dazu die Landesreferate zum Thema „Le statut juridique du logement familial" für den 10. Internationalen Kongress für Rechtsvergleichung in Budapest (1978).
7 OLG Düsseldorf 14.6.1978, MittRheinNotK 1978, 149 = IPRspr. 1978 Nr. 55 (Niederländische Ehefrau veräußert Familienheim an ihre Tochter ohne Zustimmung ihres [gleichfalls niederländ.] Ehemannes. Zustimmungserfordernis nach Art. 1:88 Abs. 1a B.W. verneint, weil die Ehegatten im Zeitpunkt der Veräußerung bereits längere Zeit getrennt gelebt hatten.); ferner *Mankowski*, in: Staudinger, Rz. 303; *Siehr*, in: MünchKomm, Rz. 116; *Schurig*, in: Soergel, Rz. 50, jeweils zu Art. 14 EGBGB; *Junker*, IPR, Rz. 505; *Andrae*, IntFamR, § 3 Rz. 166.

bb) Immobilien

Manche ausländischen Rechte beschränken darüber hinaus die Befugnis des einzelnen Ehegatten zur Verfügung über weitere Vermögensgegenstände, die für die finanzielle Absicherung der Familie von besonderer Bedeutung sind, wie insbesondere Grundstücke oder ein Handelsgeschäft. Während für solche Verfügungen teilweise *kraft Gesetzes* die Zustimmung des anderen Ehegatten gefordert wird (so zB in *Portugal* Art. 1682-A Abs. 1 c.c., und *Brasilien*, Art. 235 Abs. 1, 242 Abs. 1 und 2 c.c.), besteht nach anderen Rechten die Möglichkeit, Beschränkungen auf Antrag eines Ehegatten zum Schutz der Familie *gerichtlich* anzuordnen, so etwa in *Belgien* (Art. 223, 224 § 1 Nr. 2 c.c.), *Frankreich* (Art. 220-1 c.c.) und der *Schweiz* (Art. 178 ZGB). Da auch die vorgenannten Beschränkungen ohne Rücksicht darauf gelten, in welchem Güterstand die Ehegatten leben, ist gleichfalls das Ehewirkungsstatut maßgebend.

5871

cc) Legalhypothek

Manche Rechtsordnungen räumen den Ehegatten besondere **Sicherungsrechte am Grundvermögen des Partners** ein, und zwar auch dann, wenn die Vermögen beider Teile im Übrigen völlig getrennt bleiben („dower" in einigen US-Bundesstaaten; Legalhypothek in romanischen Rechten). Während die Legalhypothek der Ehefrau in Belgien und Italien inzwischen beseitigt wurde, hat man sie in Frankreich auf Ehegatten beschränkt, die im Wahlgüterstand der Zugewinngemeinschaft leben (vgl. Art. 2121 c.c.); die Legalhypothek kann allerdings Dritten nur entgegengehalten werden, wenn sie eingetragen ist (Art. 2134 c.c.). Um einen lastenfreien Erwerb sicherzustellen, empfiehlt es sich daher bei Grundstücksgeschäften mit verheirateten französischen Partnern, die Zustimmung des Ehegatten einzuholen. Derartige dingliche Sicherungsrechte können allerdings nur zur Entstehung gelangen, wenn sie vom Ehewirkungsstatut gewährt und von der jeweiligen lex rei sitae anerkannt werden. An *deutschen* Grundstücken können sie kraft Gesetzes nicht entstehen, weil dies mit den Grundprinzipien der deutschen Immobiliarsachenrechtsordnung – Publizität des Grundbuchs – nicht vereinbar ist[1].

5872

d) Beschränkungen der Schlüsselgewalt

Wer mit einer Ehefrau Verträge schließt, die den gemeinsamen Haushalt betreffen, hat in der Regel ein erhebliches Interesse daran, dass auch der Ehemann, zumal wenn er der alleinverdienende Teil ist, für die von der Frau eingegangenen Verbindlichkeiten haftet. Im deutschen Recht ist die frühere Schlüsselgewalt der Ehefrau durch die Neufassung des § 1357 BGB in eine umfassende **gegenseitige Vertretungsmacht** der Ehegatten zur Eingehung von Verbindlichkeiten für den gemeinsamen Haushalt umgestaltet worden. Eine ähnliche Regelung findet sich heute in den meisten romanischen Rechten, so zB

5873

---

[1] *Böhmer*, in: Ferid, Rz. 8–94; *Thorn*, in: Palandt, Rz. 18; *Mankowski*, in: Staudinger, Rz. 288; *Siehr*, in: MünchKomm, Rz. 112; *Hohloch*, in: Erman, Rz. 32; aA *Schurig*, in: Soergel, Rz. 57, jeweils zu Art. 14 EGBGB; dazu näher unten Rz. 6033 ff.

in *Belgien* (Art. 222 c.c.), *Frankreich* (Art. 220 c.c.), den *Niederlanden* (Art. 1:85 Abs. 1 B.W.) und *Portugal* (Art. 1691 Nr. 1 lit. b c.c.), sowie in der *Schweiz* (vgl. Art. 166 ZGB nF), der *Türkei* (Art. 188 ZGB nF) und den *skandinavischen* Rechten. Bei ausländischen Ehegatten muss indes auch hier häufig mit Beschränkungen gerechnet werden. So ist nach österreichischem Recht allein derjenige Ehegatte, der den gemeinsamen Haushalt führt und keine Einkünfte hat, zur Vertretung des anderen berechtigt (§ 96 ABGB). Teilweise ist die frühere Schlüsselgewalt der Ehefrau auch ganz abgeschafft worden, so dass der Ehemann – wie zB in *England* – nur nach Maßgabe der allgemeinen Vertretungsregeln in Anspruch genommen werden kann. Schließlich kann die Schlüsselgewalt idR durch den anderen Ehegatten oder durch gerichtliche Anordnung beschränkt oder ausgeschlossen werden.

5874 Alle mit der Schlüsselgewalt zusammenhängenden Fragen (gegenseitige Vertretungsbefugnis, Umfang der Haftung des vertretenen Ehegatten, Möglichkeiten einer Beschränkung, Widerspruchsrechte) gehören in den Bereich des **Ehewirkungsstatuts**, Art. 14 EGBGB[1]. Der inländische Rechtsverkehr wird freilich nach Maßgabe von Art. 16 Abs. 2 EGBGB gegen solche Beschränkungen geschützt (vgl. unten Rz. 6082 f.). Hingegen kann das auf die Schlüsselgewalt anzuwendende Recht durch eine Rechtswahl zwischen dem Gläubiger und dem als Schuldner in Anspruch genommenen Ehegatten nicht beeinflusst werden[2].

2. Beschränkungen bei Verträgen zwischen Ehegatten

5875 Manche ausländischen Rechte enthalten auch Bestimmungen, die den Eheleuten die Vornahme bestimmter Rechtsgeschäfte untereinander verbieten oder in ihren Wirkungen begrenzen.

a) Schenkung

5876 Zu nennen ist etwa das Verbot von Schenkungsverträgen zwischen Ehegatten, wie es zB im *niederländischen* (Art. 1715 B.W.) und mit Einschränkungen noch im *französischen* Recht (vgl. zum Verbot der „donation déguisée entre

---

1 *Böhmer*, in: Ferid, Rz. 8–92; *Kegel/Schurig*, § 20 V 3; *Junker*, IPR, Rz. 505; *Andrae*, IntFamR, § 3 Rz. 78; *Mankowski*, in: Staudinger, Rz. 297 f.; *Siehr*, in: MünchKomm, Rz. 101, 115; *Schurig*, in: Soergel, Rz. 44; *Thorn*, in: Palandt, Rz. 18, jeweils zu Art. 14 EGBGB. Vgl. auch RG 30.9.1907, SA 73, 453; OLG Stuttgart 24.9.1932, IPRspr. 1933 Nr. 30 = JW 1933, 2072; IPG 1978 Nr. 2 (Köln); IPG 1983 Nr. 21 (Köln) (Österreicherin unterzieht sich zahnärztlicher Behandlung in Deutschland. Zahnarzt nimmt den [gleichfalls österreich.] Ehemann auf Zahlung des von der Krankenkasse nicht gedeckten Honorars in Anspruch. Schlüsselgewalt der Ehefrau nach österreich. Recht [§ 96 ABGB] beurteilt.).
2 *Jayme*, IPRax 1993, 80 (81); *Böhmer*, JR 1992, 500; *Mankowski*, in: Staudinger, Art. 16 EGBGB Rz. 52; *Junker*, IPR, Rz. 505; aA BGH 27.11.1991, NJW 1992, 909 (910) = IPRax 1993, 97 (m. Anm. *Jayme*, IPRax 1993, 80) = JR 1992, 498 m. Anm. *Böhmer* = IPRspr. 1991 Nr. 77b (Haftung der überlebenden span. Ehefrau für ärztliche Behandlungskosten ihres ebenfalls span. Ehemannes nach § 1357 BGB beurteilt, weil die Parteien im Rechtsstreit „insoweit übereinstimmend von der Anwendbarkeit deutschen Rechts ausgegangen" seien.).

époux" Art. 1099 c.c.) sowie in einigen skandinavischen Rechten[1] enthalten ist. Damit dieses Schenkungsverbot nicht umgangen werden kann, ist häufig auch der Abschluss von **Kaufverträgen** zwischen Ehegatten eingeschränkt, so zB in *Belgien* und *Frankreich* (Art. 1595 c.c.), in den *Niederlanden* (Art. 1503 B.W.) und in *Mexiko* (Art. 176 c.c. Bundesdistrikt). Wegen der mit einem modernen Eheverständnis nicht zu vereinbarenden Unterordnung eines Ehegatten unter den anderen sind teilweise auch **Arbeitsverträge** zwischen Ehegatten verboten, so zB in den *Niederlanden* (vgl. Art. 1637i B.W.). Ein generelles Verbot von Verträgen zwischen Ehegatten besteht in *Paraguay* (Art. 156 c.c.). Andere Rechte lassen einen erleichterten Widerruf oder die Anfechtung von Verträgen zwischen Ehegatten zu, so zB das *südkoreanische* (Art. 828 BGB), *japanische* (Art. 784 BGB) und *französische* Recht (Art. 1096 c.c.).

Derartige Bestimmungen verfolgen meist – wie auch die entsprechenden Vorschriften der deutschen Insolvenzordnung (§ 131 Abs. 1 Nr. 3, Abs. 2 iVm. §§ 138, 134 InsO) bzw. des Anfechtungsgesetzes (§ 3 Abs. 2 und § 4 AnfG) – den **Zweck, den Schutz der Gläubiger gegen Übervorteilung** durch die Ehegatten zu gewährleisten. Darüber hinaus sollen die persönlichen Beziehungen der Ehegatten möglichst von vermögensrechtlichen Interessen freigehalten werden. Soweit diese Beschränkungen unabhängig vom Güterstand gelten, sind sie ebenfalls als allgemeine Wirkungen der Ehe iSv. Art. 14 EGBGB zu qualifizieren[2].

b) Gesellschaftsvertrag

Verfolgen derartige Beschränkungen der Privatautonomie im **Innenverhältnis der Ehegatten** hingegen **güterrechtliche Zwecke**, so ist das Güterrechtsstatut des Art. 15 EGBGB maßgebend. Aus diesem Grunde wurde das in den romanischen Rechten lange Zeit geltende Verbot von Gesellschaftsverträgen zwischen Ehegatten überwiegend güterrechtlich qualifiziert, weil es vor allem eine Umgehung güterrechtlicher Vorschriften (zB das Verbot von Eheverträgen nach Eheschließung) verhindern sollte[3]. In Frankreich ist das Verbot von Gesellschaftsverträgen zwischen Ehegatten im Zuge der Reform des Gesell-

5877

---

[1] Vgl. *Mankowski*, in: Staudinger, Art. 14 EGBGB Rz. 290.
[2] *Thorn*, in: Palandt, Rz. 18; *Schurig*, in: Soergel, Rz. 63; *Mankowski*, in: Staudinger, Rz. 292; *Siehr*, in: MünchKomm, Rz. 110; *Mörsdorf-Schulte*, in: Bamberger/Roth, Rz. 15, jeweils zu Art. 14 EGBGB; zust. KG 20.3.1939, DR 1939, 938 m. Anm. *Reu* (Ein griech. Ehemann hatte seiner Frau ein deutsches Grundstück übertragen. Schenkung nach griech. Ehewirkungsstatut als nichtig behandelt.). Vgl. aber auch FG Düsseldorf 3.10.1986, RIW 1987, 644 = IPRspr. 1986 Nr. 59 (Verbot von Arbeitsverträgen zwischen Ehegatten nach niederländ. Recht ehegüterrechtlich qualifiziert und im Hinblick auf eine schlüssige Rechtswahl des deutschen Güterrechts nach Art. 220 Abs. 3 S. 1 Nr. 2 EGBGB nicht beachtet.).
[3] RG 11.4.1940, RGZ 163, 367 (376); OLG Stuttgart 4.12.1957, NJW 1958, 1972 = IPRspr. 1956/57 Nr. 109; *Thorn*, in: Palandt, Rz. 25; *Siehr*, in: MünchKomm, Rz. 104; *Mankowski*, in: Staudinger, Rz. 269, jeweils zu Art. 15 EGBGB. Dazu IPG 1982 Nr. 4 (Berlin) (Deutsche Ehegatten gründen Gesellschaft zum Betrieb eines Hotels in Peru. Peruan. Verbot der Ehegattengesellschaft nicht berücksichtigt, weil sowohl die allgemeinen Ehewirkungen wie die güterrechtlichen Beziehungen der Ehegatten dem deutschen Recht unterstanden.).

schaftrechts von 1982 beseitigt worden; auch Ehegatten können nunmehr Gesellschaftsverträge miteinander eingehen, sofern sie nicht beide uneingeschränkt gesamtschuldnerisch für die Gesellschaftsverbindlichkeiten haften (vgl. Art. 1832-1 c.c.).

3. Anknüpfung der allgemeinen Ehewirkungen

Literatur: *Abarca*, Sobre los effectos o relaciones personales entre los conyuges en Derecho internacional privado, Rev.esp.der.int. 1983, 43; *Ancel*, Les conflits de qualifications à l'épreuve de la donation entre époux (1977); *von Bar*, Private International law – Personnel effects of marriage, Int.Encycl.Comp.L. III 17 (1986); *von Bar*, Nachträglicher Versorgungsausgleich und Ehewirkungsstatut in einer deutsch-niederländischen Ehe, IPRax 1994, 100; *Batiffol*, L'hypothèque légale de la femme mariée en France et le droit international privé, Festschr. Rabel I (1954), S. 591; *Börner*, Die Anforderungen an eine konkludente Wahl des auf die Ehewirkungen anwendbaren Rechts nach Art. 14 EGBGB, IPRax 1995, 309; *Droz*, La loi applicable aux donations entre époux en droit international privé français, Journal des notaires 1965, 249; *Ehrenzweig*, Contractual Capacity of Married Women and Infants in the Conflict of Laws, Minn. L. Rev. 43 (1959), 899; *Firsching*, Parteiautonomie und Ehewirkungsstatut im IPR-Gesetzentwurf, IPRax 1984, 125; *Graue*, The Married Person's Capacity to Stand Surety Under Private International Law, Liber amicorum A. F. Schnitzer (1978), S. 139; *Hanisch*, Bürgschaft mit Auslandsbezug, IPRax 1987, 47; *Hanisch*, Das internationale Eherecht nach der Reform, FamRZ 1986, 841; *Henrich*, Alternativen zur Anknüpfung an den persönlichen Aufenthalt in gemischt-nationalen Ehen, IPRax 1983, 63; *Henrich*, Ehegattenmitarbeit und IPR, Festschr. Richardi (2007), S. 1039; *Jayme*, Schlüsselgewalt des Ehegatten und IPR, IPRax 1993, 80; *Kühne*, Die außerschuldvertragliche Parteiautonomie im neuen Internationalen Privatrecht, IPRax 1987, 69; *Piotet*, La nature des règles protégeant le logement familial suisse et le droit applicable, Festschr. Giger (Bern 1989), S. 547; *Poisson*, Les relations entre époux dans les récentes codifications du droit international privé, Rev.crit.d.i.p. 56 (1967), 277; *Priemer*, Das italienische IPR nach seiner Reform – Insbesondere zum Recht der Allgemeinen Ehewirkungen, Güterrecht, Erbrecht, MittBayNot 2000, 45; *Simon-Depitre*, Unité ou pluralité de rattachement du régime matrimonial primaire en droit international privé français, Festschr. Zajtay (1982), S. 439; *Spickhoff*, Die engste Verbindung im internationalen und interlokalen Familienrecht, JZ 1993, 336; *Tenbieg*, Kodifikation des Internationalen Privatrechts in den Niederlanden – Die persönlichen Rechtsbeziehungen und güterstandsunabhängige ehebedingte Beschränkungen der Geschäftsfähigkeit, FuR 1990, 146; *Watté*, Les droits et devoirs respectifs des époux en droit international privé (Brüssel 1987); *Wegmann*, Rechtswahlmöglichkeit im internationalen Familienrecht, NJW 1987, 1740; *Ziccardi Capaldo*, La donazione propter nuptias e la sua. disciplina nel diritto internazionale privato, Riv.dir.int.priv.proc. 1973, 601.

5878 Nach welchem Recht sich die allgemeinen Wirkungen der Ehe bestimmen, regelt Art. 14 EGBGB. Diese autonome Kollisionsnorm gilt nach der Kündigung des Haager Ehewirkungsabkommens von 1905 durch die Bundesrepublik Deutschland mit Wirkung vom 23.8.1987 (dazu unten Rz. 5996) auch im Verhältnis zu Italien. Im Verhältnis zum Iran enthält hingegen das *deutsch-iranische Niederlassungsabkommen* vom 17.12.1929 (RGBl. II 1930, 1006) in Art. 8 Abs. 3 eine vorrangige Kollisionsregel, die an die gemeinsame Staatsangehörigkeit der Ehegatten anknüpft. Auf staatsangehörigkeitsrechtlich gemischte Ehen ist dieses Abkommen freilich nicht anwendbar[1].

---

1 *Hausmann*, in: Staudinger, Anh. zu Art. 4 EGBGB Rz. 684 ff.; *Mankowski*, in: Staudinger, Art. 14 EGBGB Rz. 5 f.; dazu näher unten Rz. 6000.

Art. 14 EGBGB ist seit der Neufassung durch das IPR-G 1986 für das internationale Ehe- und Kindschaftsrecht von zentraler Bedeutung, weil die Vorschrift über ihren unmittelbaren Anwendungsbereich hinaus als **Grundsatzkollisionsnorm** auf die Anknüpfung anderer Teilbereiche des internationalen Familienrechts ausstrahlt. So werden das Güterrechtsstatut (Art. 15 Abs. 1 EGBGB; dazu unten Rz. 5943 ff.), das Scheidungsstatut (Art. 17 Abs. 1 EGBGB), das Abstammungsstatut (Art. 19 Abs. 1 S. 2 EGBGB) und das Adoptionsstatut bei der Ehegattenadoption (Art. 22 Abs. 1 S. 2 EGBGB) im Interesse einer möglichst einheitlichen Anknüpfung aller Familienbeziehungen durch Verweisung auf Art. 14 EGBGB geregelt.

5879

a) Objektive Anknüpfung (Art. 14 Abs. 1 EGBGB)

Art. 14 Abs. 1 EGBGB bestimmt das Ehewirkungsstatut in erster Linie durch objektive Anknüpfungspunkte in Form einer **Anknüpfungsleiter mit drei Stufen;** danach wird primär auf die gemeinsame Staatsangehörigkeit der Ehegatten, ersatzweise auf ihren gemeinsamen gewöhnlichen Aufenthalt bzw. auf eine sonstige gemeinsame engste Beziehung zu einer Rechtsordnung abgestellt. Diese Anknüpfungspunkte sind zeitlich nicht fixiert; das Ehewirkungsstatut ist also *wandelbar*[1].

5880

Nach Art. 14 Abs. 1 Nr. 1 EGBGB ist in erster Linie das derzeitige **gemeinsame Heimatrecht** der Ehegatten zur Anwendung berufen. Bei *Mehrstaatern* ist dabei nur diejenige Staatsangehörigkeit zu berücksichtigen, mit welcher der betreffende Ehegatte am engsten verbunden ist (Art. 5 Abs. 1 S. 1 EGBGB). Besitzt ein Ehegatte neben einer ausländischen Staatsangehörigkeit auch die deutsche, so kommt im Rahmen der Nr. 1 nur die letztere in Betracht (Art. 5 Abs. 1 S. 2 EGBGB)[2]. Die Anknüpfung an eine gemeinsame ausländische Staatsangehörigkeit ist mithin nach Art. 14 Abs. 1 Nr. 1 EGBGB ausgeschlossen, wenn diese für einen Ehegatten nicht effektiv[3] ist oder ein Ehegatte auch Deutscher iSv. Art. 116 Abs. 1 GG ist.

5881

---

[1] AG Leverkusen 20.4.2005, FamRZ 2005, 1684; *Böhmer*, in: Ferid, IPR, Rz. 8–84 ff.; *Kropholler*, IPR, § 45 II 4; *Kegel/Schurig*, § 20 V 2; *Mankowski*, in: Staudinger, Rz. 99 ff.; *Thorn*, in: Palandt, Rz. 6; *Siehr*, in: MünchKomm, Rz. 63; *Hohloch*, in: Erman, Rz. 10, jeweils zu Art. 14 EGBGB.

[2] BayObLG 13.1.1994, IPRax 1995, 324 (325) (m. Anm. *Börner*, IPRax 1995, 309) = IPRspr. 1994 Nr. 174; BayObLG 7.4.1998, BayObLGZ 1998, 103 = FamRZ 1998, 1594 = IPRspr. 1998 Nr. 71; *Böhmer*, in: Ferid, IPR, Rz. 8–85; *Kropholler*, IPR, § 45 II 3a; *Thorn*, in: Palandt, Rz. 7; *Mankowski*, in: Staudinger, Rz. 34 ff.; *Schurig*, in: Soergel, Rz. 5, jeweils zu Art. 14 EGBGB; abw. *Siehr*, in: MünchKomm, Art. 14 EGBGB Rz. 22, für den Fall, dass ein deutscher Mehrstaater im Ausland einen deutschen Partner heiratet.

[3] OLG München 10.11.1993, FamRZ 1994, 634 = IPRspr. 1993 Nr. 71 (Gemeinsame italien. Staatsangehörigkeit eines Argentiniers und einer Österreicherin bleibt außer Betracht, wenn die Ehegatten ihren gewöhnlichen Aufenthalt von Italien nach Deutschland verlegt haben, und die Ehefrau mit Österreich enger verbunden ist als mit Italien. Deutsches Aufenthaltsrecht nach Art. 14 Abs. 1 Nr. 2 EGBGB angewendet.); ferner vgl. OLG Frankfurt a.M. 26.11.1993, FamRZ 1994, 715 (716) = IPRspr. 1993 Nr. 100; AG

Haben die Ehegatten während der Ehe zunächst eine gemeinsame Staatsangehörigkeit besessen, die gem. Art. 5 Abs. 1 EGBGB bei der Anknüpfung zu berücksichtigen ist, hat aber ein Ehegatte diese Staatsangehörigkeit später verloren, während der andere sie beibehalten hat, so gilt das *frühere gemeinsame Heimatrecht* im Interesse der Kontinuität als Ehewirkungsstatut solange weiter, wie der andere Ehegatte diese Staatsangehörigkeit beibehält[1]. *Bei Staatenlosen oder Flüchtlingen* ist anstelle der Staatsangehörigkeit ihr durch den gewöhnlichen Aufenthalt bestimmtes Personalstatut maßgebend (vgl. Art. 5 Abs. 2 EGBGB)[2].

5882 Versagt die Anknüpfung an die gemeinsame bzw. letzte gemeinsame Staatsangehörigkeit, weil die Ehegatten zB während der Ehe niemals eine gemeinsame Staatsangehörigkeit besaßen oder weil beide diese gemeinsame Staatsangehörigkeit später verloren haben[3], so unterliegen die allgemeinen Ehewirkungen gem. Art. 14 Abs. 1 Nr. 2 EGBGB dem Recht des Staates, in dem *beide Ehegatten ihren* **gewöhnlichen Aufenthalt** haben; ein gemeinsamer Ehewohnsitz innerhalb dieses Staates ist nicht erforderlich[4]. Halten die Ehegatten sich gewöhnlich in verschiedenen Staaten auf, so ist ersatzweise ihr beiderseitiger *letzter gewöhnlicher Aufenthalt* in demselben Staat maßgebend, solange ein Ehegatte seinen gewöhnlichen Aufenthalt in diesem Staat ununterbrochen beibehält. Haben beide Ehegatten den letzten gemeinsamen gewöhnlichen Aufenthalt im Inland durch Umzug ins Ausland aufgegeben, so greift Art. 14 Abs. 1 Nr. 2 EGBGB allerdings auch dann nicht ein, wenn einer der Ehegatten kurze Zeit später nach Deutschland zurückkehrt und hier erneut seinen gewöhnlichen Aufenthalt begründet; dies gilt auch dann, wenn dieser Ehegatte zwischenzeitlich im Ausland keinen neuen gewöhnlichen Aufenthalt begründet hatte[5].

5883 Versagt auch die Anknüpfung an den gemeinsamen bzw. letzten gemeinsamen gewöhnlichen Aufenthalt, so ist nach Art. 14 Abs. 1 Nr. 3 EGBGB als Ehewirkungsstatut das Recht des Staates berufen, mit dem die Ehegatten **auf andere Weise gemeinsam am engsten verbunden** sind. Kriterien sind hierbei vor allem gemeinsame soziale Bindungen der Ehegatten an einen Staat durch Herkunft, Kultur, Sprache, Religion oder berufliche Tätigkeit, ferner ein gemeinsamer

---

Freiburg 19.7.2001, IPRax 2002, 223 (m. Anm. *Jayme*, IPRax 2002, 209); *Andrae*, IntFamR, § 3 Rz. 44; *Mörsdorf-Schulte*, in: Bamberger/Roth, Art. 14 EGBGB Rz. 27.

1 Krit. dazu *Kropholler*, IPR, § 45 II 3b; *Siehr*, in: MünchKomm, Art. 14 EGBGB Rz. 17.
2 Vgl. OLG Hamm 15.1.1992, StAZ 1993, 77 (78) = IPRspr. 1992 Nr. 144; OLG Köln 6.10.1998, FamRZ 1999, 1517 = IPRspr. 1998 Nr. 95; BayObLG 18.2.1999, BayObLGZ 1999, 27 (30) = NJW-RR 1999, 1452 = IPRspr. 1999 Nr. 5.
3 Vgl. zum Verlust der gemeinsamen jugoslaw. Staatsangehörigkeit durch den Zerfall der früheren SR Jugoslawien OLG Düsseldorf 29.11.1994, FamRZ 1995, 932 (933) = IPRspr. 1994 Nr. 86.
4 *Böhmer*, in: Ferid, IPR, Rz. 8–86; *Schotten/Schmellenkamp*, Rz. 112; *Junker*, IPR, Rz. 509; *Andrae*, IntFamR, § 3 Rz. 59; *Thorn*, in: Palandt, Rz. 8; *Siehr*, in: MünchKomm, Rz. 29; *Hohloch*, in: Erman, Rz. 16, jeweils zu Art. 14 EGBGB.
5 BGH 3.2.1993, NJW 1993, 2047 (2048 f.) = IPRax 1994, 131 (m. Anm. *von Bar*, IPRax 1994, 100) = IPRspr. 1993 Nr. 65.

schlichter (nicht nur ganz vorübergehender) Aufenthalt in einem Staat sowie gemeinsam feststellbare Zukunftspläne (zB beabsichtigter Erwerb einer gemeinsamen Staatsangehörigkeit oder beabsichtigte Begründung eines gemeinsamen gewöhnlichen Aufenthalts in einem Staat, insbesondere als erster ehelicher Wohnsitz)[1]. Bedeutung kann schließlich dem *Eheschließungsort* zukommen, sofern er durch andere Indizien verstärkt wird und nicht rein zufälligen Charakter hat. Lässt sich eine engste Verbindung der Ehegatten zu einem bestimmten Staat nicht feststellen, so gilt hilfsweise deutsches Recht[2].

b) Rechtswahl (Art. 14 Abs. 2–4 EGBGB)

Dem deutschen Kollisionsrecht war die Parteiautonomie auf dem Gebiet der allgemeinen Ehewirkungen bis zur IPR-Reform von 1986 fremd[3]. Demgegenüber ermöglicht Art. 14 Abs. 2 bis 4 EGBGB den Ehegatten, das Ehewirkungsstatut innerhalb enger Grenzen durch Rechtswahl zu bestimmen, um Mängel der gesetzlichen Anknüpfungsleiter in Abs. 1 auszugleichen[4]. Die Rechtswahl ist allerdings nur möglich, wenn nicht an ein gemeinsames (effektives) Heimatrecht der Ehegatten nach Art. 14 Abs. 1 Nr. 1 EGBGB angeknüpft werden kann. Sie ist ferner auf das Heimatrecht eines der Ehegatten beschränkt. Das Recht des gewöhnlichen Aufenthalts eines oder beider Ehegatten kann weder nach Art. 14 Abs. 2 noch nach Art. 14 Abs. 3 EGBGB gewählt werden. Die praktische Bedeutung der Wahl des Ehewirkungsstatuts ist bisher gering[5]. 5884

Die Rechtswahl kann – bei Einhaltung der Form des Art. 14 Abs. 4 EGBGB (dazu näher unten Rz. 5891) – nicht nur ausdrücklich, sondern auch *stillschweigend* getroffen werden; an eine konkludente Rechtswahl sind allerdings strenge Anforderungen zu stellen[6]. Die Umstände müssen den eindeutigen Schluss auf einen entsprechenden Rechtsfolgewillen der Eheleute zulassen; diese müs- 5885

---

1 Vgl. OLG Celle 10.11.1997, FamRZ 1998, 686; OLG Köln 6.2.1998, FamRZ 1988, 1950 = IPRspr. 1998 Nr. 77; KG 6.11.2001, FamRZ 2002, 840 = IPRspr. 2001 Nr. 193 und 20.12.2006, FamRZ 2007, 1561 m. Anm. *Henrich* = IPRspr. 2006 Nr. 51; AG Hannover 15.5.2000, FamRZ 2000, 1576 = IPRspr. 2000 Nr. 60; BT-Drucks. 10/5632, S. 41; *Thorn*, in: Palandt, Art. 14 EGBGB Rz. 10; *Andrae*, IntFamR, § 3 Rz. 53 ff.; *Kropholler*, IPR, § 45 II 3c; *Böhmer*, in: Ferid, IPR, Rz. 8–86, 1; *Schotten/Schmellenkamp*, Rz. 113; *Lichtenberger*, DNotZ 1986, 644 (657 f.); eingehend *Mankowski*, in: Staudinger, Art. 14 EGBGB Rz. 71 ff.; *von Bar*, II Rz. 205 ff.; aA *Kegel/Schurig*, IPR, § 20 V 1a; *Schurig*, in: Soergel, Art. 14 EGBGB Rz. 14: Vorrang des letzten gemeinsamen schlichten Aufenthalts der Ehegatten.
2 Vgl. KG 6.11.2001, FamRZ 2002, 840 (841 f.) = IPRspr. 2001 Nr. 193 (Ehescheidung); *Andrae*, IntFamR, § 3 Rz. 57; *Thorn*, in: Palandt, Art. 14 EGBGB Rz. 10; differenzierend *Mörsdorf-Schulte*, in: Bamberger/Roth, Art. 14 EGBGB Rz. 40 mwN.
3 Vgl. OLG Hamm 30.6.1981, FamRZ 1981, 875 = IPRspr. 1981 Nr. 66 (Nichtigkeit einer Unterwerfung der deutschen Ehefrau in einem Ehevertrag mit ihrem ägyptischen Mann unter „alle islamischen Regelungen, die die Ehe sowie ihre Rechte betreffen").
4 Zur ratio des Art. 14 Abs. 2–4 EGBGB näher *Pirrung*, IPR, S. 135; *Schotten/Schmellenkamp*, Rz. 117; *Hohloch*, in: Erman, Art. 14 EGBGB Rz. 19.
5 *Mörsdorf-Schulte*, in: Bamberger/Roth, Art. 14 EGBGB Rz. 43.
6 Vgl. *Börner*, IPRax 1995, 309 (313); *Andrae*, IntFamR, § 3 Rz. 68; *Mankowski*, in: Staudinger, Art. 14 EGBGB Rz. 143.

sen zumindest erkennen, dass ihre Äußerungen nach Treu und Glauben oder der Verkehrssitte als Rechtswahl aufgefasst werden können[1]. Da diese Rechtswahl die gesetzliche (Gesamt-)Anknüpfung nach Abs. 1 ersetzt, kommt – anders als im Schuldvertragsrecht (dazu oben Rz. 94 ff.) – eine nur *teilweise* (auf bestimmte Ehewirkungen beschränkte) Rechtswahl nicht in Betracht[2].

aa) Rechtswahl nach Art. 14 Abs. 2 EGBGB

5886 Zur Wahl gestellt ist den Ehegatten nach Art. 14 Abs. 2 EGBGB zunächst ein **gemeinsames Heimatrecht**, das nicht bereits gesetzliches Ehewirkungsstatut nach Art. 14 Abs. 1 Nr. 1 EGBGB geworden ist, weil ein Ehegatte neben der gemeinsamen ausländischen Staatsangehörigkeit etwa die deutsche Staatsangehörigkeit (Art. 5 Abs. 1 S. 2 EGBGB) oder eine weitere ausländische Staatsangehörigkeit besitzt, zu der eine stärkere Beziehung besteht (Art. 5 Abs. 1 S. 1 EGBGB)[3]. Darüber hinaus sollte man den Ehegatten aber auch die Möglichkeit einräumen, durch eine Wahl des bereits nach Art. 14 Abs. 1 Nr. 1 EGBGB zur Anwendung berufenen Rechts ihre allgemeinen Ehewirkungen den *materiellen* Regeln ihres gemeinsamen ausländischen Heimatrechts zu unterwerfen, um eine etwaige Rück- oder Weiterverweisung dieses Rechts auszuschließen (vgl. Art. 4 Abs. 2 EGBGB)[4]. Für die Wahl deutschen Rechts ist hingegen nach Art. 14 Abs. 2 EGBGB kein Raum.

bb) Rechtswahl nach Art. 14 Abs. 3 EGBGB

5887 Die Ehegatten können ferner nach Art. 14 Abs. 3 EGBGB auch das **Heimatrecht eines jeden von ihnen** als Ehewirkungsstatut wählen, sofern nicht bereits nach Art. 14 Abs. 1 Nr. 1 EGBGB ein gemeinsames bzw. letztes gemeinsames Heimatrecht kraft Gesetzes maßgebend ist. Die Wahl des Aufenthaltsrechts eines oder beider Ehegatten ist hingegen nicht zulässig. Im Hinblick auf den Zweck dieser Rechtswahl, nämlich die ersatzweise eingreifende Anknüpfung an den gewöhnlichen Aufenthalt gem. Art. 14 Abs. 1 Nr. 2 EGBGB in Fällen einer nur schwachen Verbindung der Ehegatten zum Aufent-

---

[1] BayObLG 13.1.1994, FamRZ 1994, 1263 = IPRax 1995, 324 (m. Anm. *Börner*, IPRax 1995, 309) = IPRspr. 1994 Nr. 174; BayObLG 7.4.1998, BayObLGZ 1998, 103 (107) = FamRZ 1998, 1594 = IPRspr. 1998 Nr. 71 (Stillschweigende Wahl des syr. Ehewirkungsstatuts anlässlich der Eheschließung zwischen einem Syrer und einer deutschsyr. Doppelstaaterin aus dem Umstand entnommen, dass die Ehegatten in einem Ehevertrag die Geltung islamrechtlicher Grundsätze für ihre Ehe vereinbart hatten.).

[2] *Böhmer*, in: Ferid, IPR, Rz. 8–87, 2; *Schotten/Schmellenkamp*, Rz. 117; *Siehr*, in: MünchKomm, Art. 14 EGBGB Rz. 56; *Lichtenberger*, DNotZ 1986, 644 (662); *Mankowski*, in: Staudinger, Art. 14 EGBGB Rz. 116.

[3] Vgl. *Wegmann*, NJW 1987, 1740 f.; *Schotten/Schmellenkamp*, Rz. 118; *Thorn*, in: Palandt, Art. 14 EGBGB Rz. 12.

[4] *Kühne*, IPRax 1987, 70 f.; *Mankowski*, in: Staudinger, Art. 14 EGBGB Rz. 171 ff. m. ausf. Begr.; aA *Lichtenberger*, Festschr. Ferid, S. 269 (273); *Thorn*, in: Palandt, Rz. 12; *Hohloch*, in: Erman, Rz. 20; *Schurig*, in: Soergel, Rz. 19, jeweils zu Art. 14 EGBGB; *Schotten/Schmellenkamp*, Rz. 118; *von Bar*, II Rz. 199 (in Fn. 459).

haltsstaat auszuschalten[1], macht das Gesetz die Zulässigkeit der Rechtswahl *alternativ* von folgenden *zusätzlichen Voraussetzungen* abhängig: (1) Kein Ehegatte besitzt die Staatsangehörigkeit des Staates, in dem beide ihren gewöhnlichen Aufenthalt haben (Nr. 1; zB deutsch-österreichisches Ehepaar mit gewöhnlichem Aufenthalt in einem Entwicklungsland) oder (2) die Ehegatten haben ihren gewöhnlichen Aufenthalt in verschiedenen Staaten, so dass allenfalls die relativ schwache Anknüpfung an ihren früheren gemeinsamen gewöhnlichen Aufenthalt in Frage kommt (Nr. 2).

Bei *mehrfacher Staatsangehörigkeit* eines oder beider Ehegatten können diese allerdings nur das nach den allgemeinen Anknüpfungsregeln für Mehrstaater (Art. 5 Abs. 1 EGBGB) maßgebende – effektive bzw. deutsche – Heimatrecht wählen. Dies ergibt ein Umkehrschluss aus Art. 14 Abs. 2 EGBGB, wo die Rechtswahl ausdrücklich „ungeachtet des Art. 5 Abs. 1" eröffnet wird[2].

cc) Wirkungen der Rechtswahl

Nach Art. 14 Abs. 2 oder 3 EGBGB kann die Rechtswahl vorsorgend auch schon getroffen werden, wenn deren Voraussetzungen derzeit noch nicht vorliegen; sie entfaltet ihre Wirkungen freilich erst von dem Zeitpunkt an, zu dem die gesetzlichen Voraussetzungen eintreten[3]. Die Rechtswahl wirkt ferner **nur für die Zukunft**; die Vereinbarung einer Rückwirkung ist jedenfalls gegenüber Dritten ausgeschlossen[4].

5888

dd) Beendigung der Rechtswahl

Eine nach Art. 14 Abs. 3 Satz 1 EGBGB getroffene Rechtswahl verliert nach Satz 2 ihre Wirkung, wenn die Ehegatten eine **gemeinsame Staatsangehörigkeit** erwerben. Dies gilt im Hinblick auf den Normzweck des Abs. 3 – Rechtswahl als „Verlegenheitslösung" bei Nichterfüllung des Tatbestandes von Art. 14 Abs. 1 Nr. 1 EGBGB – allerdings nur, wenn die gemeinsame Staatsangehörigkeit auch die Voraussetzungen des Art. 14 Abs. 1 Nr. 1 EGBGB erfüllt, dh. *effektiv* iSv. Art. 5 Abs. 1 EGBGB ist[5]. Für diesen Fall tritt die getroffene Rechtswahl *automatisch* außer Kraft; das Ehewirkungsstatut bestimmt sich ex nunc

5889

---

1 Vgl. BT-Drucks. 10/504, S. 36.
2 *Kühne*, IPRax 1987, 69 (72); *Wegmann*, NJW 1987, 1740 (1741); *Pirrung*, IPR, S. 143; *von Bar*, II Rz. 200; *Andrae*, IntFamR, § 3 Rz. 62; *Hohloch*, in: Erman, Art. 14 EGBGB Rz. 22; im Erg. auch *Mankowski*, in: Staudinger, Art. 14 EGBGB Rz. 182 ff.; *Siehr*, in: MünchKomm, Art. 14 EGBGB Rz. 49; aA *Thorn*, in: Palandt, Art. 14 EGBGB Rz. 13; *Kegel/Schurig*, § 20 V 1b; *Schurig*, in: Soergel, Art. 14 EGBGB Rz. 22; *Schotten/Schmellenkamp*, Rz. 119.
3 *Thorn*, in: Palandt, Rz. 11; *Hohloch*, in: Erman, Rz. 25; *Siehr*, in: MünchKomm, Rz. 58, jeweils zu Art. 14 EGBGB; *von Bar*, II Rz. 202; *Schotten/Schmellenkamp*, Rz. 120 mwN.
4 *Hohloch*, in: Erman, Art. 14 EGBGB Rz. 25; *Mörsdorf-Schulte*, in: Bamberger/Roth, Art. 14 EGBGB Rz. 42; *Schotten/Schmellenkamp*, Rz. 122; aA *Lichtenberger*, DNotZ 1986, 644 (660); *Mankowski*, in: Staudinger, Art. 14 EGBGB Rz. 153.
5 *Kühne*, IPRax 1987, 69 (72 f.); *Wegmann*, NJW 1987, 1740 (1741); *Siehr*, in: MünchKomm, Rz. 51; *Hohloch*, in: Erman, Rz. 26; *Mankowski*, in: Staudinger, Rz. 201 ff.;

nach der gesetzlichen Anknüpfungsregel des Art. 14 Abs. 1 Nr. 1 EGBGB, so dass ein Statutenwechsel die Folge sein kann. Eine Ausnahme sollte man freilich für den Fall machen, dass die gemeinsame Staatsangehörigkeit des Staates erworben wird, dessen Recht die Parteien gewählt hatten; hier sollte die Rechtswahl weitergelten und ein Statutenwechsel allein auf Grund einer Rückverweisung des nunmehrigen gesetzlichen Ehewirkungsstatuts vermieden werden[1]. Demgegenüber endet die Rechtswahl nach Art. 14 Abs. 2 EGBGB nicht kraft Gesetzes, wenn die Ehegatten eine gemeinsame effektive Staatsangehörigkeit erwerben; denn nach Abs. 2 dürfen Ehegatten mit gemeinsamer effektiver Staatsangehörigkeit sogar ihr gemeinsames nicht effektives Heimatrecht wählen[2]. Die Rechtswahl endet ferner auch nicht allein dadurch, dass die Voraussetzungen für die Rechtswahl nach Abs. 2 nachträglich entfallen[3].

5890 Die Ehegatten sind schließlich berechtigt, eine getroffene Rechtswahl – in der Form des Art. 14 Abs. 4 EGBGB – **jederzeit aufzuheben**, auch wenn sich die nach Art. 14 Abs. 1 EGBGB maßgeblichen gesetzlichen Anknüpfungskriterien (Staatsangehörigkeit, gewöhnlicher Aufenthalt) nicht geändert haben. Die Streichung des im RegE noch enthaltenen Art. 14 Abs. 4 EGBGB hatte allein den Zweck, eine Aufhebung der Rechtswahl ohne die im Entwurf normierten Einschränkungen zu ermöglichen[4]. Die Aufhebung ist also auch dann zulässig, wenn die Voraussetzungen für eine Rechtswahl zwischenzeitlich fortgefallen sind[5]. Sie kann auch konkludent erfolgen, indem die Ehegatten das gewählte Recht – in den Grenzen von Art. 14 Abs. 2 und 3 EGBGB – durch die Wahl eines neuen Rechts ersetzen[6].

ee) Form der Rechtswahl

5891 Eine nach Art. 14 Abs. 2 oder Abs. 3 EGBGB im *Inland* getroffene Rechtswahl bedarf im Interesse der Rechtsklarheit nach Art. 14 Abs. 4 EGBGB der notariel-

---

Schurig, in: Soergel, Rz. 26, jeweils zu Art. 14 EGBGB; *von Bar*, II Rz. 194, 203; *Schotten/Schmellenkamp*, Rz. 122; aA *Thorn*, in: Palandt, Art. 14 EGBGB Rz. 15.

1 *Kühne*, IPRax 1987, 69 (72 f.); *Kropholler*, IPR, § 45 III 3b; im Erg. ebenso *Mankowski*, in: Staudinger, Art. 14 EGBGB Rz. 208 ff. (Umdeutung); aA *Thorn*, in: Palandt, Art. 14 EGBGB Rz. 15; *Schurig*, in: Soergel, Art. 14 EGBGB Rz. 27.
2 *Siehr*, in: MünchKomm, Rz. 44; *Thorn*, in: Palandt, Rz. 15; *Schurig*, in: Soergel, Rz. 20; *Mankowski*, in: Staudinger, Rz. 177 f.; *Hohloch*, in: Erman, Rz. 26, jeweils zu Art. 14 EGBGB; *Andrae*, IntFamR, § 3 Rz. 60; aA (analoge Anwendung von Abs. 3 S. 2) *Kühne*, IPRax 1987, 69 (72); *Schotten/Schmellenkamp*, Rz. 122.
3 *Siehr*, in: MünchKomm, Art. 14 EGBGB Rz. 44; einschränkend *Schurig*, in: Soergel, Art. 14 EGBGB Rz. 20: Ende der Wirkung der Rechtswahl nach Abs. 2, wenn *beide* Ehegatten die ehemals gemeinsame Staatsangehörigkeit verloren haben.
4 Vgl. BT-Drucks. 10/5632, S. 41; *Lichtenberger*, DNotZ 1986, 644 (658); *Kühne*, IPRax 1987, 69 (72); *Thorn*, in: Palandt, Rz. 16; *Mankowski*, in: Staudinger, Rz. 147 f., jeweils zu Art. 14 EGBGB; *Kropholler*, IPR, § 45 III 4; *Schotten/Schmellenkamp*, Rz. 122; aA *Böhmer*, in: Ferid, IPR, Rz. 8–87.10 f.
5 *Siehr*, in: MünchKomm, Art. 14 EGBGB Rz. 45.
6 *Thorn*, in: Palandt, Rz. 16; *Siehr*, in: MünchKomm, Rz. 52; *Schurig*, in: Soergel, Rz. 31; jeweils zu Art. 14 EGBGB; *von Bar*, II Rz. 203; aA *Böhmer*, in: Ferid, IPR, Rz. 8–87, 10 f.

len Beurkundung (§§ 8 ff. BeurkG). Nach dem Willen des Gesetzgebers und den mit der Formvorschrift verfolgten Zwecken ist – über den strikten Wortlaut des Art. 14 Abs. 4 EGBGB hinaus – die Form des Ehevertrages, dh. die gleichzeitige Anwesenheit der Ehegatten vor dem Notar (§ 1410 BGB) erforderlich[1]. Wird diese Form nicht eingehalten, so ist die Rechtwahl nichtig und es gilt das objektiv nach Art. 14 Abs. 4 EGBGB bestimmte Ehewirkungsstatut[2]. Bei Vornahme der Rechtswahl im *Ausland* genügt die Einhaltung der Formerfordernisse für einen Ehevertrag nach dem gewählten oder dem am Ort des Vertragsschlusses geltenden Recht. Dies gilt auch dann, wenn das gewählte oder das am Ort der Vornahme geltende Recht eine Rechtswahl und damit eine besondere Form für diese Art von Rechtsgeschäft nicht kennt; maßgebend sind dann die materiellen Formerfordernisse der lex causae bzw. der lex loci für Eheverträge[3].

Kennt das gewählte oder das am Vornahmeort der Rechtswahl geltende Recht hingegen ein Wahlrecht bezüglich des Ehewirkungsstatuts, so genügt auch die Einhaltung der Formvorschriften dieses Rechts für die Rechtswahlerklärung, mögen die Anforderungen auch geringer sein, als bei Abschluss eines Ehevertrages[4]. Schließlich genügt auch die Einhaltung der notariellen Beurkundungsform des deutschen Rechts, sofern der ausländische Notar am Vornahmeort einem deutschen Notar funktional gleichfertig ist[5]. Die Form des Art. 14 Abs. 4 EGBGB ist auch für die Aufhebung einer Rechtswahl einzuhalten.

c) Rück- und Weiterverweisung

Eine Rück- und Weiterverweisung des von Art. 14 Abs. 1 EGBGB zur Anwendung berufenen Rechts ist gem. Art. 4 Abs. 1 EGBGB grundsätzlich zu beachten. Dies gilt nicht nur für die **Staatsangehörigkeitsanknüpfung** nach Nr. 1, sondern auch für die Anknüpfung an den **gewöhnlichen Aufenthalt** nach Nr. 2[6]. Darüber hinaus widerspricht die Beachtung einer Rück- oder Weiterver-

5892

---

1 *Lichtenberger*, Festschr. Ferid (1988), S. 269 (271 f.); *von Bar*, II Rz. 201; *Schotten/Schmellenkamp*, Rz. 123; *Mankowski*, in: Staudinger, Art. 14 EGBGB Rz. 120 ff.; aA *Wegmann*, NJW 1987, 1740 (1741); *Schneider*, MittRheinNotK 1989, 33 (38); *Schurig*, in: Soergel, Art. 14 EGBGB Rz. 32.
2 *Wegmann*, NJW 1987, 1740 (1741); *Thorn*, in: Palandt, Art. 14 EGBGB Rz. 14.
3 *Lichtenberger*, DNotZ 1986, 644 (663); *Börner*, IPRax 1995, 308 (312); *Mankowski*, in: Staudinger, Art. 14 EGBGB Rz. 132; *Siehr*, in: MünchKomm, Art. 14 EGBGB Rz. 61. Vgl. auch BayObLG 7.4.1998, BayObLGZ 1998, 103 (108) =FamRZ 1998, 1594 (Der vor einem syr. Scharia-Gericht beurkundete Ehevertrag, der eine Vereinbarung über den gemeinsamen Wohnort, über die Morgengabe und das anwendbare [Islam-]Recht enthält, genügt der für die Rechtswahlerklärung vorgeschriebenen Form des Art. 14 Abs. 4 EGBGB.).
4 *J. Schneider*, MittRheinNotK 1989, 33 (38); *Schurig*, in: Soergel, Rz. 32; aA *Siehr*, in: MünchKomm, Rz. 61; *Mankowski*, in: Staudinger, Rz. 133 ff., jeweils zu Art. 14 EGBGB.
5 Zu dieser Gleichwertigkeit näher *Mankowski*, in: Staudinger, Art. 14 EGBGB Rz. 128.
6 *Thorn*, in: Palandt, Rz. 3; *Siehr*, in: MünchKomm, Rz. 121 f.; *Schurig*, in: Soergel, Rz. 70; *Hohloch*, in: Erman, Rz. 6, jeweils zu Art. 14 EGBGB; *von Hoffmann/Thorn*, § 8 Rz. 25; *von Bar*, II Rz. 196, 204.

weisung auch im Fall der Anknüpfung an die gemeinsame engste Verbindung der Ehegatten mit dem Recht eines Staates nach Art. 14 Abs. 1 Nr. 3 EGBGB nicht dem Sinn der Verweisung; denn wenn die Anwendungswilligkeit des verwiesenen Rechts schon bei den „starken" Anknüpfungen an die gemeinsame Staatsangehörigkeit bzw. den gemeinsamen gewöhnlichen Aufenthalt Voraussetzung einer Berufung zum Ehewirkungsstatut ist, so muss dies erst recht für die „schwache" Beziehung gelten, die Art. 14 Abs. 1 Nr. 3 EGBGB zu dem verwiesenen Recht herstellt[1]. Ausgeschlossen sind Rück- und Weiterverweisung hingegen nach Art. 4 Abs. 2 EGBGB, soweit die Ehegatten das Ehewirkungsstatut gem. Art. 14 Abs. 2 oder 3 EGBGB durch Rechtswahl bestimmt haben.

5893–5910   Frei.

III. Güterrechtliche Beschränkungen

Literatur zur Rechtsvergleichung: *Bäck*, Familien- und Erbrecht: Europas Perspektiven, 18. Europäische Notartage 2006 (Wien 2007); *Bergmann/Ferid/Henrich*, Internationales Ehe- und Kindschaftsrecht (Stand: Juli 2009); *Bonomi/Steiner*, Les régimes matrimoniaux en droit comparé et en droit international privé (Genf 2006); *Courvoisier*, Voreheliche und eheliche Scheidungsfolgenvereinbarungen – Zulässigkeit und Gültigkeitsvoraussetzungen: eine rechtsvergleichende Studie unter Berücksichtigung des US-amerikanischen und schweizerischen Rechts (Basel 2002); *Dutoit*, L'évolution du régime matrimonial en droit comparé, ZSR 1976, 447; Europäische Akademie Otzenhausen (Hrsg.), Dringender Bedarf für ein europäisches Eherecht: nationale Eherechte im Vergleich (2006); *Frentzen*, Zugewinngemeinschaft und participation aux acquets. Ein Vergleich (1993); *Glendon*, Matrimonial Property: A Comparative Study of Law and Social Change, Tul.L.Rev. 49 (1974), 21; *Grziwotz*, Rechtsfragen zu Ehe und Lebenspartnerschaft: Rechte und Pflichten, Unterhalt, Vermögensrecht und Verträge, 3. Aufl. (2004); *Henrich*, Deutsches, ausländisches und internationales Familien- und Erbrecht: ausgewählte Beiträge (2006); *Henrich*, Zur Zukunft des Güterrechts in Europa, FamRZ 2002, 1521; *Henrich/Schwab* (Hrsg.), Eheliche Gemeinschaft, Partnerschaft und Vermögen im europäischen Vergleich (1999); *Lagarde*, Familienvermögens- und Erbrecht in Europa, in: Gottwald (Hrsg.), Perspektiven der justiziellen Zusammenarbeit in Zivilsachen in der EU (2004), S. 1; *Landmann-Autenrieth*, Entwicklungstendenzen im ehelichen Vermögensrecht, 2 Bde. (1977); *Lichtenberger/Gebhard*, Hinweise zum Ehegüterrecht bei Fällen mit Auslandsbeziehung, MittBayNotV 1979, 1; *Müller-Freienfels*, Die Gesellschaft zwischen Ehegatten, Festschr. Maridakis II (1963), S. 357; *Patarin/Zajtay*, Le régime matrimonial légal dans les législations contemporaines, 2. Aufl. (1974); *Pintens*, Grundgedanken einer Europäisierung des Familien- und Erbrechts, FamRZ 2003, 329; *Pintens*, Ehegüterstände in Europa, ZEuP 2009, 268; *Schotten/Schmellenkamp*, Das internationale Privatrecht in der notariellen Praxis, Anh. II: Bestimmung des Güterrechtsstatuts und eheliches Güterrecht in einzelnen Ländern, 2. Aufl. (2007), Rz. 390–609; *Süß/Ring*, Eherecht in Europa (2006), 279 ff.; *Urbach*, Unzulänglichkeiten der Zugewinngemeinschaft. Reformvorschlag für

---

[1] KG 20.12.2006, FamRZ 2007, 1561 m. Anm. *Henrich* = IPRspr. 2006 Nr. 51; AG Leverkusen 16.5.2002, FamRZ 2002, 1484 (1485 f.); *von Bar*, II Rz. 208; *Kropholler*, IPR, § 24 II 2a; *Schotten/Schmellenkamp*, Rz. 114; *Mankowski*, in: Staudinger, Rz. 97; *Schurig*, in: Soergel, Rz. 70; *Mörsdorf-Schulte*, in: Bamberger/Roth, Rz. 65, jeweils zu Art. 14 EGBGB; aA *Andrae*, IntFamR, § 3 Rz. 70; *Thorn*, in: Palandt, Rz. 3, 9; *Hohloch*, in: Erman, Rz. 6, 18; *Siehr*, in: MünchKomm, Rz. 121, jeweils zu Art. 14 EGBGB; dazu näher *Mankowski*, in: Staudinger, Art. 4 EGBGB Rz. 103 mwN.

den gesetzlichen Ehegüterstand der Bundesrepublik Deutschland anhand fremder Rechtssysteme (1990); *Verwilghen*, Régimes matrimoniaux, successions et liberalités, Droit international privé et droit comparé, 3 Bde (Neuchâtel 2003); *Scannicchio*, Beni, soggetti e famiglia nel regime patrimoniale e primario (Bari 1992).

Literatur zu einzelnen Ländern:

a) Common Law-Staaten:

Großbritannien: *Bartosch*, Die vermögensrechtlichen Beziehungen der Ehegatten bei bestehender Ehe im englischen Recht: Eigentum, Besitz, Schuldvertrag (1997); *Berkin*, Matrimonial Suits and Property Proceedings (1989); *Dodds*, Family Law (London 2000); *Rakusen*, Distribution of Matrimonial Assets on Divorce (1992); *Temkin*, Property Relations During Marriage in England and Ontario, I.C.L.Q. 30 (1981) 190; *Welstead*, Family law (Oxford 2006); *Wilkinson*, Property Distribution on Divorce, 3. Aufl. (1989).

Australien/Neuseeland: *Bailey*, Principles of Property Distribution on Divorce – Compensation, Need or Community, 54 Australian L.J. (1980), 190; *Fisher*, On Matrimonial Property, 3. Aufl. (2002); *Hardingham*, Australian Family Property Law (1984).

Indien: *von Oppen*, Eheschließung und Eheauflösung im indischen Familienrecht: Rechtsvergleichung und ordre public (2004); *Sivaramayya*, Matrimonial Property Law in India (Calcutta 2002).

Kanada: *Bartke*, Marital Property Law Reform: Canadian Style, 25 Am.J.Comp.L. (1977), 46; *McLeod/Mamo* (Hrsg.), Matrimonial Property Law in Canada (2000); *Caparros*, Les régimes matrimoniaux au Québec, 3. Aufl. (Montreal 1985); *Hovius*, The Law of Family Property (Toronto 1991); *Popovici*, Le patrimoine familial. La révolution dans votre mariage et vos biens (Montreal 1990).

Südafrika: *Sinclair*, An Introduction to the Matrimonial Property Act 1984 (1985); *Thomashausen*, Zur Änderung des südafrikanischen Ehegüterrechts, IPRax 1986, 57.

USA: *Bardy*, Einführung in das Ehegüterrecht der Vereinigten Staaten von Amerika mit Bezug zum deutschen Recht, FuR 1994, 83; *Bardy*, Das Ehegüterrecht der Vereinigten Staaten von Amerika aus der Sicht des deutschen Notars, RNotZ 2005, 137; *Bull*, Die Reform des Scheidungs- und Sorgerechts in den Vereinigten Staaten von Amerika: law and society in a time of transition (2006); *Golden*, Equitable Distribution of Property (2000); *Hadden*, Interspousal Gifts: Separate or Marital Property?, 32 J.Fam.L. (1993/94), 635; *Kroll*, Zwischen Vertragsfreiheit und Inhaltskontrolle – zur Frage der Wirksamkeit vorehelicher Unterhaltsverzichte: eine rechtsvergleichende Betrachtung des deutschen und kalifornischen Rechts (2004); *Mennell*, Community Property in a Nutshell, 2. Aufl. (1988); *Merkt*, Die ehegüterrechtliche Auseinandersetzung nach New Yorker Recht, IPRax 1992, 197; *Oldham*, Divorce, Separation and the Distribution of Property (1987); *Pfleger*, Vermögensrechtliche Scheidungsfolgen in Illinois, USA (1991).

b) Romanische Rechte:

Frankreich: *Bouche*, Loi applicable à la liquidation du régime matrimonial, PSJur 2005, 1210; *Cabrillac*, Droit civil. Les régimes matrimoniaux (Montchrestien 2007); *Colomer*, Régimes matrimoniaux, 12. Aufl. (Paris 2004); *Dauriac*, Les régimes matrimoniaux (2004); *Döbereiner*, Ehe- und Erbverträge im deutsch-französischen Rechtsverkehr (2001); *Frentzen*, Zugewinngemeinschaft und participation aux acquêts – Ein Vergleich (Diss. Bonn 1993); *Grimaldi/Lucet*, Droit patrimonial de la famille, D.S. 1995, Chron. 40; *Kiefner-Weigl*, Die Ehegattengesellschaft im französischen Zivilrecht (Diss. Münster 1986); *Kleinwächter*, Güterrechtsvereinbarungen und Schuldenhaftung in Frankreich, RIW 1986, 99; *Lamboley/Laurens-Lamboley*, Droit des régimes matrimoniaux (2006); *Malaurie/Aynès*, Droit civil. Les Régimes matrimoniaux (Paris 2007); *Montanier*, Les régimes matrimoniaux (Grenoble 2006); *Pichonnaz/Rumo-Jungo*, Droit patrimonial de la famille (2004); *Revel,* Les régimes matrimoniaux (2006); *Terré/Simler,* Droit civil. Les régimes matrimoniaux (Paris 2005).

Belgien: *Ferid,* Das neue belgische Ehegüterrecht, MittBayNotV 1977, 221; *Gerlo,* Huwelijksvermogensrecht (Brügge 2004); *Hustedt,* Grundzüge des belgischen Ehegüter- und Erbrechts, MittRheinNotK 1996, 337; *Leleu/Raucent,* Les régimes matrimoniaux, Bd. II, Contrat de mariage et modification du régime matrimonial, 1999; Bd. III, Le régime légal (2001); Bd. IV, Les régimes conventionnels, le droit transitoire (2002); *de Page,* Le régime matrimonial, son opposabilité et la fraude aux droits des tiers, Festschr. Vander Elst (Brüssel 1986), S. 133; *Pintens/van der Meersch/Vanwinckelen,* Inleiding tot het familiaal vermogensrecht (Leuven 2002); *Pintens/van der Meersch/Vanwinckelen,* Schets van het familiaal vermogensrecht (Antwerpen 2006); *Raucent,* La nouvelle loi sur les régimes matrimoniaux ou l'égalité des époux dans la légalité, J.T. 1976, 553; *Raucent,* Traité pratique des régimes matrimoniaux, Bd. I Droit civil (Brüssel 1985); *Raucent,* Les régimes matrimoniaux (Leuwen 1988).

Niederlande: *Arresten,* Personen- en Familierecht. Inclusief huwelijksvermogensrecht (Zwolle 1994); *Ebben,* Inleiding huwelijksvermogensrecht (Deventer 1991); *Kraan,* Het nieuwe huwelijksvermogensrecht (Arnhem 1993); *Sielemann,* Das geltende niederländische Ehegüterrecht, MittRheinNotK 1970, 1; *van Mourik,* Huwelijk- en vermogensrecht, 6. Aufl. (Zwolle 1991); *van Mourik/Nuytinck,* Personen- en familierecht, huwelijksvermogensrecht en erfrecht (2006); *Schoordijk,* Modernisering van ons huwelijks vermogensrecht, NJB 2003, 218.

Italien: *Alagna,* Regime patrimoniale della famiglia e operazioni bancarie (Padova 1988); *Bianca* (Hrsg.), La comunione legale, 2 Bde. (Milano 1989); *Bocchini,* La pubblicità delle convenzioni matrimoniali, Riv.dir.civ. 1999 I, 439; *Caletta,* I regolamenti patrimoniali fra coniugi (Napoli 1990); *Cendon,* Die Veräußerung von Fahrnis in der (ital.) Gütergemeinschaft durch einen Ehegatten allein, ZfRV 1979, 140; *Ciaccia,* L'impresa familiare. Disciplina civilistica e tributaria (1989); *Dopffel,* Das neue italienische Ehevermögensrecht, FamRZ 1978, 478 und 575; *Ferid,* Wichtige Neuerung im italienischen Ehegüterrecht, MittBayNotV 1982, 16; *Ferrari,* Das Familienunternehmen im italienischen Recht, RIW 1991, 907; *Franz,* Die Einführung der comunione legale als gesetzlicher Güterstand Italiens (1990); *Funke,* Trennung und Scheidung im italienischen Recht: vermögensrechtliche Folgen (Bielefeld 1997); *Gabrielli,* Das italienische Modell der gesetzlichen Gütergemeinschaft zwischen Ehegatten, ZfRV 1979, 172; *Gabrielli/Cubeddu,* Il regime patrimoniale dei coniugi (Mailand 1997); *Galasso,* Del regime patrimoniale della famiglia (2003); *Galletta,* I regolamenti patrimoniali fra coniugi (Neapel 1990); *Jayme,* Zur Auseinandersetzung des Vermögens italienischer Eheleute nach der Ehescheidung durch deutsche Gerichte, IPRax 1998, 227; *Jayme,* Prozessuale und materiellrechtliche Fragen der güterrechtlichen Auseinandersetzung italienischer Eheleute im deutschen Scheidungsverfahren, JbItalR 13 (2000), 249; *Kaster-Müller,* Die Verwaltung und Haftung bei der „comunione legale" des italienischen Rechts aus der Sicht der deutschen Zugewinngemeinschaft (1999); *de Paola,* Il diritto patrimoniale della famiglia coniugale, 2 Bde. (1991/95); *Patti,* Ehegüterrecht und Privatautonomie im italienischen Recht, FamRZ 2003, 10; *Tretter,* Eheverträge im italienischen Recht: ein Vergleich zum deutschen Recht unter Berücksichtigung der Aspekte des internationalen Privatrechts (2002).

Portugal: *Jayme,* Betrachtungen zur Reform des portugiesischen Ehegüterrechts, Festschr. Zajtay (1982), S. 261; *Clericus,* Schuldenhaftung der Ehegatten im portugiesischen Familienrecht (1999).

Spanien: *Aubin,* Die spanische Eherechtsnovelle vom 7. Juli 1981, ZvglRW 84 (1985), 1504; *Echeverria,* El regimen matrimonial de separación de bienes en Cataluña (1974); *Lalaguña,* La reforma del sistema matrimonial español (1983); *Montero Aroca,* Disolución y liquidación de la sociedad de ganancials (Valencia 2003); *Nake,* Der spanische gesetzliche Güterstand der Errungenschaftsgemeinschaft mit vergleichenden Ausblicken auf das deutsche Recht (1996); *Rinne,* Das spanische Ehegüterrecht unter besonderer Berücksichtigung der Schuldnerhaftung und des Gläubigerschutzes (1994); *Román Garciá,* El matrimaio y su economía (Regimen económico matrimonial y regimenes convencionales) (Madrid 2004); *Stadler,* Das interregionale Recht in Spanien: Darstellung unter besonderer Berücksichtigung des Ehegüter- und Erbrechts (2008); *Wolff,* Grenzen der Privatautonomie im Ehevermögensrecht und ihre richterliche Kontrolle im deutschen und spanischen Recht: rechtsvergleichende Betrachtung unter Einbeziehung des internationalen Privatrechts (2007).

c) Mitteleuropäische Rechte:

Griechenland: *Koumantos,* Das neue Familienrecht in Griechenland, StAZ 1989, 271; *Koutsouradis,* Die Grenzen der Vertragsfreiheit nach dem neuen griechischen Ehegüterrecht, in: Fenge/Papantoniou (Hrsg.), Griechisches Recht im Wandel, 2. Aufl. (1991), S. 47; *Lambadarios,* Le sort des biens et la pension alimentaire dans le divorce sans faute, Rev.hell.dr.int. 1994, 117; *Oehler/Vlassopoulou,* Das neue griechische Güterrecht – Sachnormen und IPR, IPRax 1985, 171; *Papademetriou,* Marriage and Marital Property Under the New Greek Family Law (1985); *Papantoniou,* Die Auswirkungen des Zugewinnausgleichs auf das Erbrecht – Rechtsvergleichende Bemerkungen zum griechischen und deutschen Recht, FamRZ 1988, 683; *Vlassopoulou,* Das neue griechische Ehegüterrecht im Übergang – Altehen und Zugewinnausgleich nach neuem Recht, IPRax 1988, 189.

Österreich: *Berka,* Scheidung und Scheidungsreform 2000 (Wien 2000); *Bittner,* Verträge im Ehegüterrecht (1995); *Bydlinski,* Zur Neuordnung des Ehegüterrechts, Festschr. Schwind (1978), S. 27; *Deixler-Hübner,* Scheidung, Ehe und Lebensgemeinschaft: rechtliche Folgen der Ehescheidung und Auflösung einer Lebensgemeinschaft, 5. Aufl. (Wien 1999); *Eder,* Österreichs gesetzlicher Güterstand der „Gebrauchsvermögens- und Ersparnisgemeinschaft" – Möglichkeiten einer Abänderung durch Ehevertrag, BWNotZ 1983, 111; *Honsell,* Die Neuordnung des gesetzlichen Güterrechts in Österreich, FamRZ 1983, 93; *Rummler,* Die Aufteilung des ehelichen Gebrauchsvermögens und der ehelichen Ersparnisse – Ein Vergleich der vermögensrechtlichen Folgen der Ehescheidung nach dem gesetzlichen Güterstand in Österreich und der Bundesrepublik Deutschland (Diss. Köln 1982); *Witner,* Österreich: Neues Güterrecht und IPR-Gesetz, MittBayNotV 1979, 1.

Schweiz: *Barbatti,* Verwaltung des Vermögens eines Ehegattens durch den anderen (Zürich 1991); *Dehm,* Der deutsche und der schweizerische gesetzliche Güterstand im Vergleich (1999); *Emmenegger,* Feministische Kritik des Vertragsrechts: eine Untersuchung zum schweizerischen Schuldvertrags- und Eherecht (1999); *Escher,* Wertveränderung und eheliches Güterrecht. Von der Güterverbindung zur Errungenschaftsbeteiligung (Bern 1989); *Escher,* Der neue ordentliche Güterstand der Errungenschaftsbeteiligung im revidierten schweizerischen ZGB, Festschr. Müller-Freienfels (1986), S. 271; *Hangartner* (Hrsg.), Das neue Eherecht (St. Gallen 1987); *Hausheer,* Das Eherecht des Schweizerischen Zivilgesetzbuches: Eheschließung, Scheidung, allgemeine Wirkungen der Ehe, Güterrecht, 2. Aufl. (Bern 2002); *Hausheer,* Vom alten zum neuen Eherecht. Die vermögensrechtlichen Bestimmungen einschließlich Übergangsrecht (1986); *Henninger,* Der außerordentliche Güterstand im neuen Eherecht (Freiburg/Schweiz, 1989); *Meier-Hayoz,* Zur Reform des ehelichen Vermögensrechts, ZSR 107 (1988), I 107; *Näf-Hoffmann,* Das neue Ehe- und Erbrecht im Zivilgesetzbuch, 2. Aufl. (Zürich 1989); *Näf-Hoffmann/Näf-Hoffmann,* Schweizerisches Ehe- und Erbrecht: Die Wirkungen der Ehe im Allgemeinen, das eheliche Güterrecht und das Erbrecht der Ehegatten (Zürich 1998); *Piotet,* Die Errungenschaftsbeteiligung nach schweizerischem Ehegüterrecht (Bern 1987); *Rumo-Jungo,* Familienvermögensrecht (Bern 2003); *Schwenzer,* Grundlinien des materiellen und internationalen Ehegüterrechts der Schweiz, DNotZ 1991, 419; *Sturm,* Das neue Schweizer Ehegüterrecht, FamRZ 1993, 755.

Türkei: *Malkoç/Han,* Das neue türkische Zivilgesetzbuch – der gesetzliche Güterstand der Errungenschaftsbeteiligung, FuR 2003, 347; *Naumann,* Grundzüge des neuen türkischen Ehegüter- und Erbrechts, RNotZ 2003, 343; *Odendahl,* Das neue türkische Ehegüterrecht, FamRZ 2003, 648; *Öztan,* Eine kurze Darstellung der neuen Vorschriften im türkischen Eherecht, FamRZ 2005, 328; *Rausch,* Neues türkisches Familienrecht, FF 2003, 165.

d) Osteuropäische Rechte:

Polen: *Gralla,* Das polnische Ehegüterrecht, ZNotP 1998, 136; *Gralla,* Das neue polnische Ehegüterrecht, ZNotP 2005, 202; *Gwiazdomorski,* Das gesetzliche Ehegüterrecht nach dem polnischen Familiengesetzbuch, RabelsZ 34 (1970), 264; *Maczynski,* Polnisches eheliches Güterrecht, Festschr. D. Schwab (2005), S. 1437.

Rumänien: *Plattner,* Der Ehevertrag und die Güterstände im rumänischen ZGB (Diss. München, 1981).

Ungarn: *Pap,* Die güterrechtlichen Beziehungen zwischen den Ehegatten während der Dauer und nach Beendigung der Ehe in Ungarn, JbOstR 1969, 162.

e) Skandinavische Rechte:

Agell, Die vermögensrechtlichen Wirkungen der Ehe in Schweden, in: Blaurock (Hrsg.), Entwicklungen im Recht der Familie und der außerehelichen Lebensgemeinschaften (1989), S. 83; *Dübeck,* Gütertrennungsreform in Dänemark und skandinavisches Güterstandsrecht, ZEuP 1995, 827; *Schmidt-Horix,* Das eheliche Güterrecht in Deutschland und Norwegen (Diss. Münster 1981).

f) Lateinamerikanische Rechte:

Albuquerque Pinto, Die Folgen der Ehescheidung nach deutschem und brasilianischem Recht (2003); *Imhof,* Das Ehegüterrecht in Argentinien (1998); *Nordmeier,* Die Reform des brasilianischen Ehegüterrechts und ihre Bedeutung für deutsch-brasilianische Sachverhalte, insbesondere in Scheidungsfällen, StAZ 2009, 71; *Pallares,* Regimen patrimonial del matrimonio en el derecho internacional privado argentino, Festschr. Jayme (2005), S. 57; *Puschmann,* Familien- und Erbrecht in Deutschland und Brasilien: Entwicklungen und Neuansätze (2004); *Vargas/de Araujo,* Os efeitos pessoais e patrimoniais do casamento no direito internacional brasileiro, a luz do novo codigo civil, Festschr. Jayme (2005), S. 195.

1. Eigentumszuordnung

5911 In zahlreichen Güterständen findet ein Übergang von Vermögenswerten des einen Ehegatten auf den anderen statt. Dieser Übergang erfolgt *ipso iure*, ohne dass es einer Übertragung der einzelnen Vermögensgegenstände bedarf. Er kann das gesamte Vermögen umfassen, kann aber auch auf Teile des Vermögens, insbesondere das bewegliche Vermögen oder das nach der Eheschließung von den Ehegatten erworbene Vermögen beschränkt sein.

Meist begründet der Vermögensübergang gemeinsames Eigentum der Ehegatten. In aller Regel kann ein Ehegatte weder über seinen Anteil an den einzelnen Gegenständen verfügen (es besteht eine gesamthänderische Bindung) noch über seinen Anteil am gemeinschaftlichen Gesamtvermögen. Der ipso-iure-Übergang kann aber ausnahmsweise auch zu Alleineigentum des anderen Ehegatten führen. So kann in Dotalgüterständen die „dos" (Mitgift) der Frau in das Alleineigentum des Mannes übergehen.

a) Gütergemeinschaft

Eine Reihe von Rechten sieht vor, dass das gesamte bewegliche und unbewegliche Vermögen beider Ehegatten, gleich ob es in die Ehe eingebracht oder während der Ehe erworben wurde, grundsätzlich in das Eigentum beider Ehegatten übergeht (**Gesamtgut**). Ausgenommen von diesem Übergang sind idR die Gegenstände, die einem Ehegatten durch Schenkung oder Verfügung von Todes wegen von einem Dritten überlassen wurden (**Vorbehaltsgut**), sowie die nicht übertragbaren, insbesondere höchstpersönlichen Rechte eines Ehegatten (**Sondergut**).

5912

Die **allgemeine Gütergemeinschaft** ist in den meisten Ländern als vertraglicher Güterstand zulässig. *Gesetzlicher* Güterstand ist sie heute insbesondere noch in den *Niederlanden* (Art. 1:93 ff. B.W.)[1] sowie auf den *Philippinen* (Art. 88 Family Code 1987).

5913

Ist von dem Eigentumsübergang das Grundvermögen ausgeschlossen, das ein Ehegatte in die Ehe eingebracht hat, so spricht man von **Fahrnisgemeinschaft**. Sie war bis Mitte der sechziger bzw. siebziger Jahre des 20. Jahrhunderts gesetzlicher Güterstand in Frankreich, Belgien und Luxemburg („communauté de meubles et d'acquets"). Sie ist in diesen Rechten noch heute als Vertragsgüterstand vorgesehen; als gesetzlicher Güterstand spielt sie keine Rolle mehr[2].

5914

b) Errungenschaftsgemeinschaft

In anderen Rechten wird nur das Vermögen gemeinschaftlich, das während der Ehe erworben (erspart) wurde, während das in die Ehe eingebrachte Vermögen getrennt bleibt. Die Errungenschaftsgemeinschaft ist – in unterschiedlicher Ausprägung – gesetzlicher Güterstand in den meisten **romanischen Ländern**, so in *Belgien* („communauté légale", Art. 1398 ff. c.c.; eingeführt durch Gesetz vom 14.7.1976)[3]; *Frankreich* („communauté légale", Art. 1400 ff. c.c.; eingeführt durch Gesetz vom 13.7.1965)[4]; *Italien* („comunione legale", Art. 159, 177 ff. c.c.; eingeführt durch Gesetz vom 19.5.1975)[5]; *Luxemburg* („commu-

5915

---

1 Vgl. OLG Oldenburg 22.5.1991, Rpfleger 1991, 412 = IPRspr. 1991 Nr. 81 (zur Bezeichnung der Beschränkungen, die sich aus der Gütergemeinschaft niederländ. Rechts in Bezug auf Grundvermögen der Ehegatten ergeben, im deutschen Grundbuch); OLG Düsseldorf 5.5.1995, FamRZ 1995, 1587 (1588) = IPRspr. 1995 Nr. 68 (zur Haftung für Schulden des anderen Ehegatten nach dem niederländ. Recht der Gütergemeinschaft); IPG 1971 Nr. 15 (Hamburg); IPG 1977 Nr. 18 (Göttingen); IPG 1984 Nr. 28 (Bonn); *Schotten/Schmellenkamp*, Anh. II Rz. 412; *Vlaardingerbroek/van Beekhoff*, in: Süss/Ring, S. 848 ff.; *Schoordijk*, NJB 2003, 218 ff.
2 Vgl. *Mankowski*, in: Staudinger, Art. 15 EGBGB Rz. 245 f.
3 Vgl. OLG Düsseldorf 5.1.1977, IPRspr. 1977 Nr. 189b; *Ferid*, MittRheinNotK 1987, 187; *Schotten/Schmellenkamp*, Anh. II Rz. 391; *Hustedt/Sproten*, in: Süss/Ring, S. 287 ff.
4 Vgl. IPG 1972 Nr. 13 (München); IPG 1987/88 Nr. 30 (Freiburg); *Ferid/Sonnenberger*, Das französische Zivilrecht, Bd. 3, 2. Aufl. (1987), Rz. 4B 248 ff.; *Schotten/Schmellenkamp*, Anh. II Rz. 397; *Döbereiner*, in: Süss/Ring, S. 500 ff.
5 Vgl. *Franz*, Die Einführung der comunione legale als gesetzlicher Güterstand Italiens (1990); *Schotten/Schmellenkamp*, Anh. II Rz. 403; *Cubeddu Wiedemann/Wiedemann*,

nauté légale", Art. 1400 ff.; eingeführt durch Gesetz vom 4.2.1974)[1]; *Portugal* („comunhão dos adquiridos", Art. 1717 ff. c.c.; eingeführt durch Gesetz vom 25.1.1966)[2]; *Spanien* („sociedad de gananciales", Art. 1316, 1344 ff. c.c.)[3]. In Spanien sind allerdings foralrechtliche Besonderheiten zu beachten. So gelten in Aragon und Navarra besondere Formen der Errungenschaftsgemeinschaft; in Katalonien und auf den Balearen ist gesetzlicher Güterstand die Gütertrennung[4].

5916 Als **vertragliche Güterstände** kommen in den genannten Ländern vor allem weitergehende Gütergemeinschaften (Fahrnisgemeinschaft, allgemeine Gütergemeinschaft) und die Gütertrennung in Betracht[5].

5917 Formen der Errungenschaftsgemeinschaft prägen das gesetzliche Güterrecht auch in den meisten **osteuropäischen Ländern**, so in *Albanien* (Art. 86, 87 ZGB vom 26.7.1981); *Aserbaidschan* (Art. 31 ff. FamGB vom 1.6.2000); *Bosnien-Herzegowina* (Art. 263 ff. Gesetz über die Familie vom 29.5.1979 idF vom 20.12.1989)[6]; *Bulgarien* (Art. 19 ff. FamK vom 18.5.1985); *Estland* (§§ 14 ff. FamG vom 12.10.1994)[7]; *Georgien* (Art. 1158 ff. ZGB vom 26.6.1997); *Kasachs-*

---

in: Süss/Ring, S. 651 ff. Aus der deutschen Praxis LG Kempten 10.8.1982, MittBayNotV 1982, 250 = IPRspr. 1982 Nr. 53 (Erwerb eines Miteigentumsanteils an deutschem Grundstück durch Ehefrau); OLG Frankfurt a.M. 19.11.1985, IPRax 1986, 239 = IPRspr. 1985 Nr. 65b (Berechtigung italien. Eheleute an einem gemeinsamen Sparguthaben bei einer deutschen Bank); LG Heilbronn 30.7.1996, Rpfleger 1996, 521 = IPRspr. 1996 Nr. 198 (zur Vergleichbarkeit der „comunione legale" des italienischen Rechts mit der Gütergemeinschaft des deutschen Rechts in der Zwangsvollstreckung, § 740 Abs. 2 ZPO); AG Menden 26.4.2006, FamRZ 2006, 1471 = IPRspr. 2006 Nr. 199 (Zwangsvollstreckung in das Gesamtgut der „comunione legale" wegen Forderungen gegen die Ehefrau); IPG 1997 Nr. 26 (Heidelberg): Güterrechtliche Auswirkungen der Ehetrennung.

1 Vgl. *Schotten/Schmellenkamp*, Anh. II Rz. 409; *Watgen*, in: Süss/Ring, S. 815 ff.
2 Vgl. OLG Celle 16.9.1998, IPRax 1999, 113 (LS) m. Anm. *Jayme* = IPRspr. 1998 Nr. 76 (Mitberechtigung portugies. Eheleute an einem zum Gesamtgut gehörenden Oder-Konto bei einer deutschen Bank); IPG 1978 Nr. 26 (Hamburg); *Schotten/Schmellenkamp*, Anh. II Rz. 416; *Huzel*, in: Süss/Ring, S. 1007 ff.
3 Vgl. *Schotten/Schmellenkamp*, Anh. II Rz. 423; *Huzel*, in: Süss/Ring, S. 1205 ff.; IPG 2004 Nr. 17 (Rostock).
4 Vgl. zum katalanischen gesetzlichen Güterrecht *Riba*, in: Süss/Ring, S. 703 ff.
5 Vgl. zum französ. Vertragsgüterstand der Gütertrennung IPG 1977 Nr. 16 (Hamburg); zum italien. Vertragsgüterstand der Gütertrennung IPG 1977 Nr. 17 (Hamburg); zum portugies. Vertragsgüterstand der Gütergemeinschaft IPG 1978 Nr. 34 (Köln); zum portugies. Vertragsgüterstand der Gütertrennung IPG 1979 Nr. 19 (Hamburg). Vgl. auch OLG Frankfurt a.M. 18.8.1993, NJW-RR 1994, 72 = MittBayNotV 1994, 278 m. Anm. *Vetsch* = IPRspr. 1993 Nr. 61 (zur Wirksamkeit einer im März 1975 geschlossenen Gütertrennungsvereinbarung zwischen italien. Ehegatten mit gewöhnlichem Aufenthalt in Deutschland.).
6 Vgl. *Schotten/Schmellenkamp*, Anh. II Rz. 392; *Bubić/Pürner*, in: Süss/Ring, S. 343 ff.; ferner OLG München 16.2.1993, IPRspr. 1993 Nr. 59 (zur Verpflichtung eines geschiedenen Ehegatten, der die im Gesamthandseigentum stehende Wohnung alleine nutzt, zur Zahlung einer Entschädigung an den anderen Ehegatten kraft Güterrechts der Republik Bosnien-Herzegowina).
7 Vgl. *Schotten/Schmellenkamp*, Anh. II Rz. 395.

tan (Art. 19 ff. FamGB vom 6.8.1969 idF vom 22.10.1993); *Kroatien* (Art. 252 ff. FamG vom 16.12.1998)[1]; *Lettland* (Art. 89 ff. ZGB vom 28.1.1937 idF vom 25.5.1993)[2]; *Litauen* (Art. 21 ff. FamGB vom 16.7.1969 idF vom 16.12.1999)[3]; *Mazedonien* (Art. 203 ff. FamG Nr. 4828 vom 15.12.1992)[4]; *Montenegro* (Art. 279 ff. FamG vom 23.3.1989)[5]; *Polen* (Art. 31 ff. FamGB vom 25.2.1964)[6]; *Rumänien* (Art. 30 ff. FamGB vom 29.12.1953 idF vom 6.3.1999)[7]; der *Russischen Föderation* (Art. 33 ff. FamGB vom 29.12.1995)[8]; *Serbien* (Art. 320 ff. FamGB vom 22.4.1980 idF vom 30.5.1994)[9]; der *Slowakei* (§§ 143 ff. BGB vom 26.2.1964)[10]; *Slowenien* (Art. 51 ff. FamG vom 26.5.1976)[11]; der *Tschechischen Republik* (§§ 143 ff. BGB vom 26.2.1964)[12]; der *Ukraine* (Art. 22 ff. FamK vom 20.6.1969 idF vom 11.1.2000)[13]; *Ungarn* (§§ 27 ff. FamGB Nr. IV/1986)[14]; *Weißrussland* (Art. 23 ff. FamGB vom 9.7.1999).

Die Errungenschaftsgemeinschaft ist ferner gesetzlicher Güterstand in den sog. „**community property**"-Staaten der USA (*Arizona, California, Idaho, Louisiana, Nevada, New Mexico, Texas, Washington, Wisconsin* und *Puerto Rico*)[15] sowie in der kanadischen Provinz Québec, darüber hinaus in den meisten **lateinamerikanischen Ländern**, zB in *Bolivien* (Art. 101 ff. FamGB 1972), *Brasilien* (Art. 258 ff. c.c.)[16], *Chile* (Art. 1715 ff. c.c.), *Ecuador* (Art. 137 ff. c.c.), *Kuba* (Art. 29 ff. c.c.), *Paraguay* (Art. 30 ff. c.c), *Peru* (Art. 301 ff. c.c.) und *Vene-*

5918

---

1 Vgl. *Schotten/Schmellenkamp*, Anh. II Rz. 406; *Mihaljevic-Schulze/Pürner*, in Süss/Ring, S. 735 ff.; OLG Koblenz 2.12.1993, NJW-RR 1994, 698 = FamRZ 1994, 1258 = IPRspr. 1993 Nr. 62; OLG Hamm 13.3.1998, FamRZ 1999, 299 = IPRspr. 1998 Nr. 72 (jeweils zur Auseinandersetzung der gesetzlichen Gütergemeinschaft nach kroat. Recht); LG Ulm 15.9.1993, IPRspr. 1993 Nr. 60 (zur Haftung des Gesamtguts der Gütergemeinschaft kroatischen Rechts für Schulden eines Ehegatten); IPG 1999 Nr. 23 (Hamburg).
2 Vgl. *Schotten/Schmellenkamp*, Anh. II Rz. 407; *Rimša/Schulze*, in: Süss/Ring, S. 766 ff.
3 Vgl. *Schotten/Schmellenkamp*, Anh. II Rz. 408; *Radlbeck/Sriubaite*, in: Süss/Ring, S. 791 ff.
4 Vgl. *Schotten/Schmellenkamp*, Anh. II Rz. 410.
5 Vgl. *Schotten/Schmellenkamp*, Anh. II Rz. 411.
6 Vgl. *Schotten/Schmellenkamp*, Anh. II Rz. 415; *Ludwig*, in: Süss/Ring, S. 957 ff.
7 Vgl. IPG 1971 Nr. 18 (Hamburg); IPG 1976 Nr. 28 (Göttingen); IPG 1978 Nr. 27 (Hamburg).
8 Vgl. *Solotych*, in: Süss/Ring, S. 1046 ff.
9 Vgl. *Schotten/Schmellenkamp*, Anh. II Rz. 420; OLG Düsseldorf 20.12.1994, FamRZ 1995, 1203 = IPRspr. 1994 Nr. 75 (zur Auseinandersetzung des gesetzlichen Güterstands nach dem Recht der früher autonomen Provinz Wojwodina).
10 Vgl. *Schotten/Schmellenkamp*, Anh. II Rz. 421; *Hrabovský*, in: Süss/Ring, S. 1182 ff.
11 Vgl. LG Stuttgart 24.3.1981, BWNotZ 1981, 136 = IPRspr. 1981 Nr. 66; *Schotten/Schmellenkamp*, Anh. II Rz. 422, S. 336 ff.; *Rombach*, in: Süss/Ring, S. 1256 ff.
12 Vgl. LG Bamberg 20.11.1975, IPRspr. 1975 Nr. 215; *Schotten/Schmellenkamp*, Anh. II Rz. 424.
13 Vgl. *Solotych*, in: Süss/Ring, S. 1345 ff.
14 Vgl. *Schotten/Schmellenkamp*, Anh. II Rz. 428.
15 Dazu eingehend *Schotten/Schmellenkamp*, Anh. II Rz. 429.
16 Für vor dem 27.12.1987 geschlossene Ehen verbleibt es in Brasilien beim früheren Güterstand der allgemeinen Gütergemeinschaft, vgl. näher *Schotten/Schmellenkamp*, Anh. II Rz. 393.

zuela (Art. 141 ff. c.c.), sowie in verschiedenen *afrikanischen* und *ostasiatischen* Ländern, zB in *Indonesien* (Art. 35 ff. EheG), *Thailand* (§§ 1465 ff. ZGB) und *Vietnam* (Art. 14 ff. EheG)[1].

c) Aufgeschobene Gütergemeinschaft

5919 Von einer aufgeschobenen Gütergemeinschaft spricht man, um die gesetzlichen Güterstände der **skandinavischen Staaten** zu beschreiben[2]. So ist der durch EheG vom 11.6.1920 in *Schweden* eingeführte gesetzliche Güterstand dadurch gekennzeichnet, dass das Vermögen der Ehegatten während bestehender Ehe nur formal vergemeinschaftet wird, jeder Ehegatte aber zur Verfügung über sein in die Ehe eingebrachtes persönliches Vermögen weiterhin berechtigt bleibt. Erst bei Auflösung des Güterstandes erfolgt eine hälftige Teilung des Ehevermögens, die allerdings im Falle der Scheidung – ähnlich wie bei der Zugewinngemeinschaft des deutschen Rechts – auf einen schuldrechtlichen Wertausgleich beschränkt ist[3]. Eine ähnliche Regelung gilt auch in *Finnland* (§§ 34 ff. EheG Nr. 234 vom 13.6.1929)[4]. Demgegenüber ist in *Dänemark* (§§ 15 ff. EhewirkungsG Nr. 56 vom 18.5.1925), *Island* und *Norwegen* (§ 11 Nr. 1 EhevermögensG vom 20.5.1927)[5] auch das in die Ehe eingebrachte Anfangsvermögen beider Ehegatten bei Auflösung der Ehe in Natur zu teilen.

d) Zugewinngemeinschaft

5920 Nach anderen Rechten unterliegt das Vermögen der Ehegatten zwar – ähnlich wie beim deutschen gesetzlichen Güterstand der Zugewinngemeinschaft – gewissen Bindungen, ohne dass jedoch ein Eigentumsübergang stattfindet.

5921 So hat man durch Gesetz vom 5.10.1984, das am 1.1.1988 in Kraft getreten ist, in der **Schweiz** als neuen gesetzlichen Güterstand die „Errungenschaftsbeteiligung" eingeführt (Art. 181, 196 ff. ZGB). Hierbei handelt es sich – trotz der missverständlichen Bezeichnung – nicht etwa um eine Errungenschaftsgemeinschaft. Die Eheschließung ändert vielmehr die eigentumsrechtliche Zuordnung von Vermögenswerten nicht und jeder Ehegatte bleibt zur Verwaltung seines Vermögens einschließlich seiner Errungenschaft allein berechtigt (Art. 200 f. ZGB). Die Qualifikation von Vermögenswerten als Eigengut oder Errungenschaft wirkt sich erst im Zeitpunkt der Beendigung des gesetzlichen Güterstandes durch Tod, Scheidung oder Trennung der Ehe bzw. durch Vereinbarung eines Vertragsgüterstandes (Gütergemeinschaft, Gütertrennung) aus, weil nur dann die Errungenschaft der beiden Ehegatten zur Berechnung der

---

1 Vgl. auch *Mankowski*, in: Staudinger, Art. 15 EGBGB Rz. 249.
2 Vgl. dazu *Friedmann*, RabelsZ 41 (1977), 112 f.; *Dübeck*, ZEuP 1995, 827 (829); *Mankowski*, in: Staudinger, Art. 15 EGBGB Rz. 250; ferner *Schotten/Schmellenkamp*, Anh. II Rz. 394 (Dänemark); Rz. 396 (Finnland); Rz. 413 (Norwegen) und Rz. 418 (Schweden).
3 Vgl. IPG 1969 Nr. 15 (Hamburg).
4 Vgl. IPG 1980/81 Nr. 15 (Kiel).
5 Vgl. IPG 1971 Nr. 16 (Heidelberg).

Ausgleichsforderung herangezogen wird (Art. 204 ff. ZGB)[1]. Von der deutschen Zugewinngemeinschaft unterscheidet sich der schweizerische gesetzliche Güterstand vor allem dadurch, dass dem Ausgleich nur das durch Arbeit der Ehegatten und durch Kapitalerträge wärend der Ehe hinzuerworbene Vermögen unterliegt.

Dem schweizerischen Vorbild ist inzwischen auch die **Türkei** gefolgt, wo der bisherige gesetzliche Güterstand der Gütertrennung[2] mit Wirkung vom 1.1.2003 durch den neuen Güterstand der Errungenschaftsbeteiligung abgelöst wurde[3].   5922

Auch in **Österreich** ist gesetzlicher Güterstand nur formal die Gütertrennung (§ 1237 ABGB). Durch die im Jahre 1978 eingeführte „Aufteilung des ehelichen Gebrauchsvermögens und der ehelichen Ersparnisse" (§§ 81–97 EheG) ist dieser Güterstand nämlich weitgehend einer Zugewinngemeinschaft angenähert worden. Der Zugewinnausgleich wird allerdings – anders als im deutschen und schweizerischen Recht – nur im Fall der vorzeitigen Eheauflösung durch Scheidung oder Nichtigerklärung, nicht hingegen bei Beendigung der Ehe durch den Tod eines Ehegatten durchgeführt[4].   5923

Auch in **Griechenland** ist der bisherige gesetzliche Güterstand der Gütertrennung im Jahre 1983 durch einen gesetzlichen Zugewinnausgleich bei vorzeitiger Eheauflösung abgemildert worden (Art. 1397, 1400 ZGB); abweichend vom deutschen Recht wird der Zugewinn freilich im Regelfall nicht zur Hälfte, sondern nur zu ⅓ ausgeglichen (Art. 1400 Abs. 1 ZGB)[5]. Den gleichen Schritt hatte **Israel** schon im Jahre 1973 für alle nach dem 1.1.1974 geschlossenen Ehen vollzogen[6].   5924

Eine Aufteilung des während der Ehe erworbenen Vermögens im Fall der Scheidung – bei grundsätzlicher Gütertrennung – sieht auch das **japanische**   5925

---

1 Vgl. näher *Hegnauer*, FamRZ 1986, 317 ff.; *Schwenzer*, DNotZ 1991, 419 ff.; *Sturm*, FamRZ 1993, 755 ff.; *Schotten/Schmellenkamp*, Anh. II Rz. 419.
2 Vgl. Art. 170, 186–190 ZGB; dazu OLG Stuttgart 19.3.1996, FamRZ 1997, 1085 = IPRspr. 1997 Nr. 164.
3 Vgl. dazu *Odendahl*, FamRZ 2003, 648 ff.; *Malkoç/Han*, FuR 2003, 347 ff.; *Rausch*, FF 2003, 165 (167 ff.); *Naumann*, RNotZ 2003, 343 (347 ff.); *Schotten/Schmellenkamp*, Anh. II Rz. 426; OLG Hamm 16.2.2006, FamRZ 2006, 1383 = IPRspr. 2006 Nr. 49; LG Duisburg 19.5.2003, RNotZ 2003, 396 = IPRspr. 2003 Nr. 61 (zum Erwerb von Bruchteilseigentum an einem deutschen Grundstück durch türk. Ehegatten.); IPG 2005/06 Nr. 25 (Köln) (Zur Beschränkung der Errungenschaftsbeteiligung nach dem neuen türkischen gesetzlichen Güterstand auf das ab dem 1.1.2003 erworbene Vermögen).
4 Vgl. IPG 1980/81 Nr. 29 (München); *Honsell*, FamRZ 1980, 93 ff.; *Schotten/Schmellenkamp*, Anh. II Rz. 414.
5 Vgl. *Chiotellis*, IPRax 1983, 302 ff.; *Koumantos*, StAZ 1984, 271 ff.; *Oehler/Vlassopoulou*, IPRax 1985, 171 ff.; *Schotten/Schmellenkamp*, Anh. II Rz. 396; dazu OLG Zweibrücken 22.12.2006, FamRZ 2007, 1559.
6 Gesetz Nr. 5733/1973, abgedr. in DNotZ 1974, 660 ff.: dazu *Friedmann*, Matrimonial Property in Israel, RabelsZ 41 (1977), 112 ff.; *Schotten/Schmellenkamp*, Anh. II Rz. 402.

Recht vor[1]. Umgekehrt hat die **Südafrikanische Republik** den früheren gesetzlichen Güterstand der Gütergemeinschaft im Jahre 1984 durch eine Form der Zugewinngemeinschaft ersetzt (sog. „accrual system", vgl. S. 3 ff. Matrimonial Property Act 1984)[2].

5926 Die Zugewinngemeinschaft ist schließlich gesetzlicher Güterstand in einigen **südamerikanischen Rechten**, zB in *Argentinien* (Art. 1276 ff. c.c.), *Kolumbien* (Art. 1771 ff. c.c.) und *Uruguay* (Gesetz Nr. 10783/1946).

e) Gütertrennung

5927 Die Gütertrennung in ihrer reinen Form, wie sie bis in die jüngste Vergangenheit vor allem für die vom **Common Law** geprägten Rechtsordnungen charakteristisch war, befindet sich – wegen der Benachteiligung des haushaltsführenden Ehegatten – als gesetzlicher Güterstand weltweit auf dem Rückzug. So haben seit Mitte der siebziger Jahre auch die Gesetzgeber aller wichtigen Common Law Jurisdiktionen (England, Irland, Schottland, australische Bundesstaaten, kanadische Provinzen, separate property-Staaten der USA) die Gerichte ermächtigt, das von den Ehegatten gemeinsam erwirtschaftete Vermögen im Fall einer Scheidung oder Nichtigerklärung der Ehe nach billigem Ermessen aufzuteilen („equitable distribution"; vgl. zB sec 1 ff. des englischen Matrimonial Causes Act 1973). Während intakter Ehe verbleibt es allerdings in den genannten Rechten weiterhin bei der grundsätzlichen Gütertrennung und der uneingeschränkten Verfügungsbefugnis jedes Ehegatten über sein Vermögen[3]. *Völlig getrennt* bleiben die Vermögen der Ehegatten hingegen weiterhin in den meisten vom **Islam** geprägten Rechtsordnungen[4].

f) Anknüpfung

5928 Die Frage, ob und wie sich kraft Eheschließung die Eigentumsverhältnisse ändern, bestimmt das **Güterrechtsstatut** des Art. 15 EGBGB. Dieses entscheidet insbesondere darüber, in welchem gesetzlichen Güterstand die Ehegatten leben und welche ehevertraglichen Abweichungen zulässig sind[5]. Es regelt fer-

---

[1] Art. 755, 760 ff., 771 japan. BGB; dazu näher *Schotten/Schmellenkamp*, Anh. II Rz. 404; *Humbert/Dross*, Das Ehescheidungsrecht in Japan (1985), S. 24 ff.

[2] Vgl. *Thomashausen*, IPRax 1986, 57 ff.; *Schotten/Schmellenkamp*, Anh. II Rz. 424; IPG 1987/88 Nr. 31 (Göttingen).

[3] Vgl. *Schotten/Schmellenkamp*, Anh. II Rz. 390 (Australien), Rz. 399 (Großbritannien), Rz. 401 (Irland), Rz. 405 (Kanada) und Rz. 429 (USA); zu Kanada *Hering*, Die gesetzlichen Rechte des überlebenden Ehegatten in deutsch-kanadischen Erbfällen (1984), S. 32 ff.

[4] Vgl. IPG 1970 Nr. 15 (Köln) [Iran]; IPG 1976 Nr. 17 (Köln) [Jordanien]; IPG 1980/81 Nr. 28 (Köln) [Kuwait]; IPG 1985/86 Nr. 33 (Heidelberg) [Jordanien]; IPG 2002 Nr. 17 (Passau) [Irak]; vgl. *Rauscher*, Islamisches Familienrecht der sunna und shi'a (1987), S. 90; *Hohloch*, Islamisches Ehe- und Familienrecht vor deutschen Behörden und Gerichten (1988); *Rieck*, Islamische Eheverträge (1993); zum iranischen Recht auch *Schotten/Schmellenkamp*, Anh. II Rz. 400.

[5] *Mankowski*, in: Staudinger, Art. 15 EGBGB Rz. 234; *Siehr*, in: MünchKomm, Art. 15 EGBGB Rz. 70 ff.; *von Bar*, II Rz. 237 ff.

ner, welche Gütermassen (Gesamtgut, Vorbehaltsgut, Sondergut) bestehen, und zu welcher Gütermasse einzelne Gegenstände gehören[1], ob also ein Gegenstand (zB ein Grundstück) zu Alleineigentum eines Ehegatten oder zum Gesamtgut erworben wird[2] und zu welchen Anteilen Gegenstände den Ehegatten gehören, die mit Mitteln beider erworben werden. Das Güterrechtsstaut bestimmt auch über die Art der Güterbeteiligung (Gesamthands-/Bruchteilseigentum)[3] und über die Beteiligungsquoten an Guthaben auf Bankkonten, die auf den gemeinsamen Namen der Ehegatten geführt werden[4].

g) Kundbarmachung der Eigentumszuordnung

Ein Eigentumsübergang, der kraft Gesetzes nach einem fremden Güterstand eintritt, ist auch für im Inland belegene Vermögenswerte zu berücksichtigen. Dies gilt auch dann, wenn die Art der gemeinschaftlichen Berechtigung der Ehegatten dem deutschen Recht nicht bekannt ist[5]. Gehört ein inländisches Grundstück zum übergegangenen Vermögen, so wird das **Grundbuch** unrichtig; daher ist auf Antrag ein Widerspruch (§ 899 BGB) ins Grundbuch einzutragen. Eine Grundbuchberichtigung ist freilich nur angebracht, wenn der Vermögensgegenstand zu dauerndem Miteigentum auf den anderen Ehegatten übergeht. Findet hingegen nach Auflösung der Ehe durch Tod oder Scheidung ein Rückfall statt, so handelt es sich lediglich um eine Beschränkung der Verfügungsmacht (dazu anschließend Rz. 5930 ff.).

5929

Im inländischen Grundbuch sind bei Bruchteilseigentum die Anteile der Berechtigten in Bruchteilen, bei Gesamthands- oder sonst gebundenem Eigentum das für die Gemeinschaft maßgebende Rechtsverhältnis zu bezeichnen (§ 47 GBO), zB in „Gütergemeinschaft nach niederländischem Recht"[6] oder „im gesetzlichen Güterstand des italienischen Rechts"[7]. Wird ein inländisches Grundstück an Ehegatten aufgelassen, die in einem ausländischen Güterstand der Güter- oder Errungenschaftsgemeinschaft leben, so gehört die Angabe des Gemeinschaftsverhältnisses der Erwerber bereits zum notwendigen Inhalt der Einigung iSv. § 925 BGB, wobei allerdings die Bezugnahme auf die Angabe in einem zugleich beurkundeten Schuldvertrag genügt[8].

---

1 *Mankowski*, in: Staudinger, Art. 15 EGBGB Rz. 253. Zur Abgrenzung von Güterrechtsstatut und lex rei sitae s. unten Rz. 6033 ff.
2 OLG Hamm 13.3.1998, FamRZ 1999, 299 = IPRspr. 1998 Nr. 72; BayObLG 2.4.1992, BayObLGZ 1992, 85 = FamRZ 1992, 1284 = IPRspr. 1992 Nr. 87; *Hohloch*, in: Erman, Art. 15 EGBGB Rz. 34.
3 *Mankowski*, in: Staudinger, Art. 15 EGBGB Rz. 254.
4 LG Frankfurt 9.7.1975, IPRspr. 1975 Nr. 53; dazu auch unten Rz. 6042 f.
5 *Stoll*, in: Staudinger, IntSachenR Rz. 186.
6 Vgl. OLG Oldenburg 22.3.1991, Rpfleger 1991, 412 = IPRspr. 1991 Nr. 81; OLG München, NJW-RR 2009, 806 (807 ff.); *Reithmann*, DNotZ 1985, 540 f. (546); *Böhringer*, BWNotZ 1985, 73 (75).
7 LG Köln 11.9.1996, JbItalR 10 (1997), 197 = IPRspr. 1996 Nr. 227.
8 *Bassenge*, in: Palandt, § 925 BGB Rz. 13; dazu näher oben Rz. 1598 ff., 1601 ff. mwN.

2. Verfügungsbeschränkungen

a) Verfügung über das Gesamtgut

5930 Wird ein Vertrag mit einem Ehegatten geschlossen, der im (gesetzlichen oder vertraglichen) Güterstand der Gütergemeinschaft oder der Errungenschaftsgemeinschaft lebt, so kommt es, wenn der Vertrag die Veräußerung oder Belastung von Gesamtgut zum Gegenstand hat, darauf an, welcher der Ehegatten über das Gesamtgut verfügen kann. In der **Gütergemeinschaft des deutschen BGB** verwalten die Ehegatten das Gesamtgut grundsätzlich gemeinschaftlich. Eheverträglich kann jedoch der Mann oder die Frau allein zum Gesamtgutsverwalter bestellt werden, der dann grundsätzlich auch alleine berechtigt ist, über das Gesamtgut zu verfügen (§§ 1421, 1422 BGB). Für Verpflichtungs- und Verfügungsgeschäfte über das Gesamtgut im Ganzen oder ein zum Gesamtgut gehörendes Grundstück ist jedoch ebenso wie für Schenkungen aus dem Gesamtgut die Zustimmung des anderen Ehegatten erforderlich (§§ 1423 ff. BGB).

5931 Anders als im deutschen Recht steht die Verwaltungs- und Verfügungsbefugnis über die Gesamtgutsgegenstände im **niederländischen** gesetzlichen Güterstand der allgemeinen Gütergemeinschaft demjenigen Ehegatten zu, der den betreffenden Gegenstand in die Gemeinschaft eingebracht hat (Art. 97 Abs. 1 B.W.). Jeder Ehegatte behält also auch nach der Heirat die Verwaltungs- und Verfügungsbefugnis über diejenigen Gegenstände, die er vor der Heirat besaß; er erlangt ferner die gleiche Befugnis an denjenigen Gegenständen, die er während des Bestehens der Gütergemeinschaft erwirbt[1]. Die Ehegatten können allerdings jederzeit – also vor und während der Ehe – in der Form des Ehevertrages (Art. 97 Abs. 1, 115 B.W.) eine abweichende Regelung der Verwaltungs- und Verfügungsbefugnis vereinbaren, zB Verwaltung des Gesamtguts durch den Mann oder die Frau allein oder durch beide Ehegatten gemeinsam. Hat ein Ehegatte in eigenem Namen ein Rechtsgeschäft über einen Gesamtgutsgegenstand abgeschlossen, über den nicht er, sondern der andere Ehegatte verwaltungs- und verfügungsberechtigt war, so kann der letztere nach Art. 98 Abs. 2 B.W. innerhalb eines Jahres durch formlose Erklärung gegenüber dem Vertragspartner des in unbefugter Weise verfügenden Ehegatten die Nichtigkeit des betreffenden Rechtsgeschäfts geltend machen. In diesem Fall ist der Gegenstand an das Gesamtgut zurückzuübertragen.

5932 Wieder anders ist die Verwaltungs- und Verfügungsbefugnis über das Gesamtgut in den gesetzlichen Güterständen der **Errungenschaftsgemeinschaft** geregelt. Hier ist die früher übliche alleinige Verwaltungsbefugnis des Ehemannes inzwischen aus Gründen der Gleichberechtigung weithin beseitigt worden. Das Verwaltungsrecht steht entweder *beiden* Ehegatten gemeinsam (so im *spanischen* Recht, vgl. Art. 59, 1412 c.c.) oder aber – überwiegend – jedem Ehe-

---

[1] Vgl. OLG Hamm 22.6.1965, DNotZ 1966, 236 = IPRspr. 1964/65 Nr. 298; LG Aachen 24.1.1971, MittRheinNotK 1971, 720 = IPRspr. 1972 Nr. 17; OLG Köln 10.9.1971, DNotZ 1972, 182 = IPRspr. 1971 Nr. 52; OLG Düsseldorf 14.6.1978, MittRheinNotK 1978, 149 = IPRspr. 1978 Nr. 55; OLG München, NJW-RR 2009, 806 (808 f.) mwN; *Schotten/Schmellenkamp*, Rz. 412.

gatten *einzeln* zu, so im *belgischen* (Art. 1416 Abs. 1 c.c.), *italienischen* (Art. 180 Abs. 1 c.c.)[1], *luxemburgischen* (Art. 1421 c.c.) und – seit der Reform durch Gesetz vom 23.12.1985 – auch im *französischen* gesetzlichen Güterstand (Art. 1421 c.c.).

Diese Regelung gilt indes nur für gewöhnliche Geschäfte der ordentlichen Verwaltung. Für *außergewöhnliche* Rechtsgeschäfte, wie insbesondere den Erwerb, die Veräußerung und Belastung von Grundvermögen, sowie für Schenkungen aus dem Gesamtgut ist hingegen regelmäßig die Zustimmung beider Ehegatten erforderlich. Ein ohne diese notwendige Zustimmung des anderen Ehegatten vorgenommenes Rechtsgeschäft ist allerdings – anders als im deutschen Recht (vgl. § 1427 BGB) – zunächst voll wirksam; der übergangene Ehegatte hat lediglich das Recht, innerhalb bestimmter Fristen die Nichtigkeit des Geschäfts im Klagewege geltend zu machen (vgl. etwa für Frankreich Art. 1427 c.c., für Italien Art. 184 c.c., für Spanien Art. 65 c.c.).

Auch die Verwaltung des ehelichen Vermögens wird vom **Güterrechtsstatut** des Art. 15 EGBGB geregelt. Dieses bestimmt daher, wer die verschiedenen Vermögensmassen zu verwalten hat und über sie verfügen darf[2]. Beschränkungen dieses Verwaltungsrechts durch Verfügungsverbote, Zustimmungserfordernisse oder die Notwendigkeit gerichtlicher Genehmigungen werden ebenfalls vom Güterrechtsstatut erfasst, soweit sie Bestandteil des maßgeblichen Güterstandes sind und nicht unabhängig von diesem für alle Ehen gelten[3]. 5933

Nach Art. 15 EGBGB sind ferner Ansprüche auf **Auskunft und Rechnungslegung** zu beurteilen, die sich auf die güterrechtlichen Verhältnisse der Ehegatten und etwaige Ausgleichsansprüche beziehen[4]. Kennt das ausländische Güterrechtsstatut derartige Ansprüche nicht, weil es insoweit vom Amtsermittlungsgrundsatz ausgeht, so sind sie im Wege der Anpassung nach deutschem Recht zu gewähren[5]. Schließlich ist auch die **Haftung** eines Ehegatten für Schulden des anderen güterrechtlich zu qualifizieren, soweit die Haftung im Außenverhältnis wie der Regress im Innenverhältnis vom jeweiligen Güterstand abhängen[6]. 5934

---

1 Vgl. BayObLG 25.6.1997, BayObLGZ 1997, 191 = IPRspr. 1997 Nr. 68.
2 OLG Köln 17.12.1997, NJW-RR 1998, 865 = IPRspr. 1997 Nr. 70; OLG Celle 16.9.1998, IPRax 1999, 113 = IPRspr. 1998 Nr. 76; *Thorn*, in: Palandt, Art. 15 EGBGB Rz. 25; *Mörsdorf-Schulte*, in: Bamberger/Roth, Art. 15 EGBGB Rz. 19 f.
3 *Mankowski*, in: Staudinger, Rz. 257 f.; *Hohloch*, in: Erman, Rz. 34; *Siehr*, in: MünchKomm, Rz. 73; *Schurig*, in: Soergel, Rz. 33, jeweils zu Art. 15 EGBGB; *Reithmann*, DNotZ 1961, 3 (10) und DNotZ 1967, 232 (245 f.) jeweils mwN.
4 BGH 17.9.1986, FamRZ 1986, 1200 (1202) = IPRspr. 1986 Nr. 58; OLG Hamburg 25.4.2000, FamRZ 2001, 916 (917 f.) = IPRspr. 2000 Nr. 58; OLG Stuttgart 20.11.2000, FamRZ 2002, 1032; *Mankowski*, in: Staudinger, Art. 15 EGBGB Rz. 283 ff. m. Nachw.
5 OLG Karlsruhe 22.9.1994, FamRZ 1995, 738 (740) = IPRspr. 1994 Nr. 94; OLG Köln 17.12.1997, FamRZ 1999, 298 = IPRspr. 1997 Nr. 70; OLG Stuttgart 28.11.2002, FamRZ 2003, 1749 = IPRspr. 2002 Nr. 72; *Thorn*, in: Palandt, Art. 15 EGBGB Rz. 25; *Schurig*, in: Soergel, Art. 15 EGBGB Rz. 67; aA (nur Anpassung im ausländ. Sachrecht) *Mankowski*, in: Staudinger, Art. 15 EGBGB Rz. 287.
6 BGH 18.3.1998, FamRZ 1998, 905 (906) = IPRspr. 1998 Nr. 73; LG Hamburg 21.9.1977, IPRspr. 1977 Nr. 65; *Mankowski*, in: Staudinger, Rz. 271; *Siehr*, in: MünchKomm,

b) Verfügung über eigenes Vermögen

5935 Häufig tritt durch die Eheschließung eine Beschränkung in der Verfügungsmacht ein, ohne dass das Alleineigentum der Ehegatten an den von ihnen eingebrachten oder während der Ehe erworbenen Vermögensgegenständen in Frage gestellt wird. So bedurfte die Ehefrau im früheren gesetzlichen deutschen Güterstand der *Verwaltung und Nutznießung* der Zustimmung des Mannes auch zu Verfügungen über das von ihr eingebrachte (und damit ihr gehörende) Gut (§ 1395 BGB aF)[1]; Gleiches galt im früheren schweizerischen Güterstand[2].

5936 Verfügungsbeschränkungen bringt aber auch der heutige gesetzliche Güterstand des deutschen BGB mit sich. In der **Zugewinngemeinschaft** bleiben die Vermögen von Mann und Frau zwar getrennt (lediglich im Fall der Ehescheidung besteht ein Anspruch auf Ausgleichung des in der Ehe gemachten Zugewinns), kein Ehegatte kann aber ohne Zustimmung des anderen über „Hausrat" (§ 1369 BGB) oder sein „Vermögen im Ganzen" (§ 1365 BGB) verfügen. Diese Beschränkungen greifen nur ein, wenn deutsches Recht Güterstatut ist[3].

c) Verfügungsbeschränkungen im Grundbuchverkehr

5937 Das Verfahren vor einem deutschen Grundbuchamt richtet sich auch in Fällen mit Auslandsberührung nach deutschem Recht als der lex fori[4]. Aus der Beteiligung von Ausländern und der möglichen Geltung ausländischen Ehegüterrechts ergeben sich daher grundsätzlich keine weitergehenden Prüfungspflichten des Grundbuchamts als bei Inlandssachverhalten[5]. Für die Frage, ob und in welchem Umfang das Grundbuchamt **vor Eintragung einer Rechtsänderung** Nachforschungen über das anzuwendende Güterrecht und sich daraus ergebende Beschränkungen anzustellen hat, wenn ein ausländischer Ehegatte über ein inländisches Grundstück verfügt, gilt danach Folgendes:

Besteht die Möglichkeit, dass das **Eigentum** des eingetragenen Ehegatten aufgrund ausländischen Güterrechts oder infolge güterrechtlicher Vereinbarungen

---

Rz. 77; *Schurig*, in: Soergel, Rz. 34; *Thorn*, in: Palandt, Rz. 25, jeweils zu Art. 15 EGBGB mwN.

1 BayObLG 12.12.1952, JZ 1954, 441 m. Anm. *Neuhaus* = IPRspr. 1952/53 Nr. 115.
2 Vgl. dazu BayObLG 6.10.1954, BayObLGZ 1954, 225 = IPRspr. 1954/55 Nr. 89.
3 LG Aachen 17.10.1961, FamRZ 1962, 385 = IzRspr. 1961 Nr. 12; *Siehr*, in: MünchKomm, Rz. 73; *Hohloch*, in: Erman, Rz. 34; *Schurig*, in: Soergel, Rz. 33; *Mankowski*, in: Staudinger, Rz. 260 f., jeweils zu Art. 15 EGBGB; einschränkend *von Bar*, II Rz. 241, der § 1369 BGB autonom als allgemeine Ehewirkung qualifiziert. Vgl. auch BayObLG 28.1.1976, FamRZ 1976, 222 = IPRspr. 1976 Nr. 40 (Bestimmung des anwendbaren Güterrechts auf die Ehe zwischen einem Österreicher und einer Deutschen offen gelassen, da der Ehemann zur Eintragung einer Auflassungsvormerkung an seinem Grundstück nach beiden in Frage kommenden Rechten der Zustimmung seiner Ehefrau nicht bedürfe).
4 BayObLG 17.4.1986, BayObLGZ 1986, 81 (83) = DNotZ 1987, 98 f. = IPRspr. 1986 Nr. 205; OLG Karlsruhe 4.11.1993, Rpfleger 1994, 248; *Amann*, MittBayNotV 1986, 222 ff.; *H. Roth*, IPRax 1991, 320 f.
5 BayObLG 17.4.1986, BayObLGZ 1986, 81 (83) = DNotZ 1987, 98 f. = IPRspr. 1986 Nr. 205 und *Amann*, MittBayNotV 1986, 222 ff.

auf den anderen Ehegatten übergegangen oder für diesen Gesamthands- oder Miteigentum begründet worden ist, so streitet für den eingetragenen Eigentümer die Rechtsvermutung des § 891 BGB, die auch vom Grundbuchamt zu beachten ist und die nur durch den vollen Nachweis der Unrichtigkeit des Grundbuchs widerlegt werden kann[1].

Unterliegt der eingetragene Ehegatte trotz seines Alleineigentums an dem inländischen Grundstück nach ausländischem Güterrecht gewissen **Verfügungsbeschränkungen**, so kommt es für den Umfang der vom Grundbuchamt vorzunehmenden Prüfung darauf an, ob die Ehegatten ihren gewöhnlichen Aufenthalt im In- oder Ausland haben. Hat auch nur *einer* der Ehegatten seinen *gewöhnlichen Aufenthalt im Inland*, so steht ihnen – wie aus Art. 16 Abs. 1 EGBGB hervorgeht – das inländische Güterrechtsregister offen (dazu näher unten Rz. 6073 ff.). Das Grundbuchamt darf daher, solange ihm nichts anderes bekannt ist, davon ausgehen, dass keine weitergehenden Beschränkungen der Verfügungsmacht bestehen als nach dem deutschen gesetzlichen Güterstand der Zugewinngemeinschaft. Das Vorliegen eines hiervon abweichenden inländischen oder ausländischen Güterstandes haben die Ehegatten durch ein Zeugnis des Registergerichts (§ 33 GBO) oder auf andere Weise in der Form des § 29 GBO nachzuweisen[2].

5938

Nur wenn *beide* Ehegatten ihren gewöhnlichen Aufenthalt *im Ausland* haben, kann das Grundbuchamt nicht mehr darauf vertrauen, dass eine dem deutschen Recht entsprechende Regelung der güterrechtlichen Verfügungsbefugnis gilt. Vielmehr hat es grundsätzlich den Inhalt des maßgeblichen ausländischen Güterrechts selbst zu erforschen[3]. Da es sich bei der Verfügungsbefugnis um eine **Eintragungsvoraussetzung** handelt, muss das Grundbuchamt – anders als im Fall des Grundstücks*erwerbs* durch ausländische Ehegatten (vgl. oben Rz. 1596 ff.) – bereits dann mit Zwischenverfügung oder Zurückweisung reagieren, wenn aufgrund konkreter Umstände *berechtigte Zweifel* bestehen (bleiben), ob der Veräußerer nach dem anwendbaren ausländischen Güterrecht verfügungsbefugt ist[4]. Dies gilt auch dann, wenn die Eintragung einer bloßen **Auflassungsvormerkung** beantragt ist, weil auch die Bewilligung einer solchen Vormerkung eine Verfügung über das Grundstück darstellt, deren materielle Wirksamkeit von der nach Güterrecht etwa erforderlichen Zustimmung des Ehegatten abhängt[5].

5939

---

1 KG 12.12.1972, NJW 1973, 428 = IPRspr. 1972 Nr. 55; LG Aurich 23.2.1990, FamRZ 1990, 776 = IPRax 1991, 341 (m. Anm. *H. Roth*, IPRax 1991, 320) = IPRspr. 1990 Nr. 75 (Pflicht des Grundbuchamts zur Eintragung der von einem im Grundbuch als Alleineigentümer eingetragenen italien. Staatsangehörigen erklärten Auflassung, sofern dem Erwerber keine güterrechtlichen Beschränkungen des Veräußerers bekannt waren).
2 KG 23.6.1932, HRR 1933 Nr. 205 = IPRspr. 1933 Nr. 31; LG Aurich (Fn. 1).
3 OLG Köln 10.9.1971, DNotZ 1972, 182; *Deimann*, BWNotZ 1979, 3 f.
4 BayObLG 17.4.1986, DNotZ 1987, 98 ff.; *Amann*, MittBayNotV 1986, 222 ff. Vgl. auch oben Rz. 1609.
5 BayObLG 28.1.1976, FamRZ 1976, 222 = IPRspr. 1976 Nr. 40.

5940 Auch bei Anwendung ausländischen Güterrechts gilt für den inländischen Grundbuchverkehr allerdings die tatsächliche Vermutung, dass der im Grundbuch als Eigentümer eingetragene Ehegatte im *gesetzlichen* Güterstand lebt und dass er nach Maßgabe der für diesen Güterstand grundsätzlich getroffenen Regelung zur Verfügung über sein Eigentum befugt ist. Die Vermutung erstreckt sich daher auch darauf, dass die Verfügungsbefugnis des eingetragenen Berechtigten nicht durch abweichende güterrechtliche *Vereinbarungen* eingeschränkt ist. Folgt also aus dem ausländischen gesetzlichen Güterstand die Verfügungsbefugnis des eingetragenen Ehegatten, so ist das Grundbuchamt weder berechtigt noch verpflichtet, den Nachweis dieser Befugnis zu verlangen, es sei denn, dass konkrete Anhaltspunkte für eine abweichende Regelung bestehen[1].

3. Erwerbsbeschränkungen

5941 Soll ein Ehegatte als Alleineigentümer eines Grundstücks oder Rechts eingetragen werden, so wird das Grundbuch durch die Eintragung unrichtig, wenn dieser Ehegatte aufgrund Güterrechts nicht Alleineigentum erwerben kann, sondern das Grundstück in das Gesamthands- oder Miteigentum des Erwerbers und seines Ehegatten fällt. Weil das Grundbuchamt nicht dazu mitwirken darf, das Grundbuch unrichtig zu machen, ist ihm in diesem Fall die Eintragung verwehrt. Die Eintragung darf allerdings nur abgelehnt werden, wenn für das Grundbuchamt aufgrund von Tatsachen mit Sicherheit feststeht, dass das Grundbuch unrichtig würde; bloße Zweifel genügen nicht[2]. Dies gilt auch im Falle einer möglichen Unrichtigkeit kraft ausländischen Güterrechts beim Erwerb inländischer Grundstücke durch ausländische Ehegatten[3].

---

1 KG 12.12.1972, NJW 1973, 428 = FamRZ 1973, 307 = IPRspr. 1972 Nr. 55 (Ehefrau eines in Italien lebenden italien. Staatsangehörigen veräußert Grundstück in Berlin. Verfügungsbefugnis nach dem früheren italien. gesetzlichen Güterstand der Gütertrennung bejaht. Konkreten Nachweis, dass keine abweichende vertragliche Regelung der güterrechtlichen Verfügungsbefugnis getroffen worden sei, mangels entsprechender Anhaltspunkte nicht verlangt.); *Mankowski*, in: Staudinger, Art. 15 EGBGB Rz. 401; *Eickmann*, Rpfleger 1983, 465 (473); *Wolfsteiner*, DNotZ 1987, 67; aA OLG Hamm 22.6.1965, DNotZ 1966, 236 = IPRspr. 1964/65 Nr. 298; OLG Köln 10.9.1971, DNotZ 1972, 182 = IPRspr. 1971 Nr. 52; LG Aachen 24.11.1971, IPRspr. 1972 Nr. 53 (wegen der im niederländ. gesetzlichen Güterstand der allgemeinen Gütergemeinschaft bestehenden Möglichkeit, abweichende Vereinbarungen über die Verwaltungs- und Verfügungsbefugnis zu treffen, jeweils ausdrücklichen Nachweis der Zustimmung des anderen Ehegatten in der Form des § 29 GBO zur Verfügung des niederländischen Ehemanns über ein deutsches Grundstück gefordert).
2 *Demharter*, GBO, 26. Aufl. (2008), Anh. zu § 13 Rz. 29 mwN.
3 BayObLG 2.4.1992, BayObLGZ 1992, 85 (88) = NJW-RR 1992, 1235 = FamRZ 1992, 1204 = IPRspr. 1992 Nr. 87 (Auflassung eines deutschen Grundstücks an einen im Inland wohnhaften verheirateten jugoslaw. Staatsangehörigen zu Alleineigentum. Der Umstand, dass nach dem Recht sämtlicher jugoslaw. Teilrepubliken gesetzlicher Güterstand die Errungenschaftsgemeinschaft ist, reicht für die Ablehnung des Antrags auf Eigentumsumschreibung nicht aus. Denn gemeinschaftlich wird nach jugoslaw. Güterrecht nur dasjenige Vermögen, das während der Ehe durch Arbeit erworben wurde. Ist daher nicht auszuschließen, dass der Kaufpreis aus vorehelichem, geschenktem

4. Anknüpfung des Güterrechts

Literatur: zum deutschen IPR: *Andrae*, Internationales Privatrecht der ehelichen Vermögensbeziehungen mit Berührung zu Polen, NotBZ 2001, 44 und 94; *von Bar/Ipsen*, Die Durchsetzung des Gleichberechtigungsgrundsatzes im internationalen Ehegüterrecht, NJW 1985, 2849; *Böhringer*, Die Rechtswahl nach Art. 220 III 1 Nr. 2 und Art. 15 II Nr. 3 EGBGB und die Auswirkungen auf den Grundstückserwerb, BWNotZ 1987, 104; *Bosch*, Die Durchbrechungen des Gesamtstatuts im internationalen Ehegüterrecht (2002); *Clausnitzer*, Die güter- und erbrechtliche Stellung des überlebenden Ehegatten nach den Kollisionsrechten der BRD und der USA (Diss. Konstanz 1986); *Clausnitzer*, Nochmals: „Zur Konkurrenz zwischen Erbstatut und Güterrechtsstatut", IPRax 1985, 102 ff.; *Clausnitzer/Schotten*, Zur Anwendbarkeit des § 1371 Abs. 1 BGB bei ausländischem Erb- und deutschem Güterrechtsstatut, MittRheinNotK 1987, 15 u. 18; *Derstadt*, Der Zugewinnausgleich nach § 1371 BGB bei Geltung französischen Erbrechts, IPRax 2001, 84; *Finger*, Internationale Zuständigkeit und (versteckte) Rückverweisung – Folgen für das eheliche Güterrecht, FnR 2009, 181; *Grundmann*, Zur Qualifikation von Verboten einer Güterstandsänderung während der Ehe, FamRZ 1984, 445; *Hausmann*, Ausgleichsansprüche zwischen Ehegatten aus Anlass der Scheidung im IPR: Zur Abgrenzung zwischen Vertragsstatut, Ehewirkungsstatut und Ehegüterstatut, Festschr. Jayme (2004), S. 306; *Henrich*, Zur Auslegung des Art. 220 Abs. 3 EGBGB, IPRax 1987, 93; *Henrich*, Anordnungen für den Todesfall in Eheverträgen und das IPR, Festschr. Schippel (1996), S. 985; *Hering*, Die gesetzlichen Rechte des überlebenden Ehegatten in deutsch-kanadischen Erbfällen (1984); *Hohloch*, Güterrechtliche Auseinandersetzung einer deutsch-ausländischen Ehe, JuS 1993, 513; *Jayme*, Zur Auseinandersetzung des Vermögens italienischer Eheleute nach der Ehetrennung durch deutsche Gerichte, IPRax 1986, 227; *Jayme*, Intertemporales und internationales Ehegüterrecht – Einige vorläufige Betrachtungen, IPRax 1987, 95; *Jayme*, Schlüssige Rechtswahl und italienisches Übergangsrecht im intertemporalen internationalen Ehegüterrecht, IPRax 1990, 102; *Kemp*, Grenzen der Rechtswahl im internationalen Ehegüter- und Erbrecht (1999); *Kleinheisterkamp*, Rechtswahl und Ehevertrag: Zum Formerfordernis nach Art. 15 Abs. 3 EGBGB, IPRax 2004, 399; *Klinke*, Deutsch-Niederländisches Ehegüterrecht im Wandel der Zeiten, MittRheinNotK 1984, 45; *Kühne*, Die außerschuldvertragliche Parteiautonomie im neuen Internationalen Privatrecht, IPRax 1987, 69; *Langenfeld*, Hinweise zur Rechtswahl nach Art. 15 II EGBGB, BWNotZ 1986, 153 ff.; *Lichtenberger*, Zum Gesetz zur Neuregelung des IPR, DNotZ 1986, 644; *Lichtenberger*, Zu einigen Problemen des Internationalen Familien- und Erbrechts, Festschr. Ferid (1988), S. 269; *S. Lorenz*, Das intertemporale internationale Ehegüterrecht nach Art. 220 III EGBGB und die Folgen eines Statutenwechsels (1991); *S. Lorenz*, Gebrauchsvermögen, Ersparnisse und gesetzlicher Güterstand im deutsch-österreichischen Verhältnis: Normenmangel oder renvoi kraft abweichender Qualifikation?, IPRax 1995, 47; *Mankowski*, Ehegüterrechtliche Regelun-

---

oder ererbtem Vermögen des Erwerbers bezahlt worden ist, kann nicht angenommen werden, dass die Eintragung des Erwerbs zu Alleineigentum *mit Sicherheit* zur Unrichtigkeit des Grundbuchs führt.); OLG Düsseldorf 3.11.1999, FamRZ 2000, 1574 = IPRspr. 1999 Nr. 56 (Erwerb eines deutschen Grundstücks durch ein deutsch-niederländ. Ehepaar „in Gütergemeinschaft nach niederländ. Recht". Befugnis des Grundbuchamts, die Eintragung vom Nachweis des Bestehens dieses Güterstandes abhängig zu machen, verneint, wenn der erste gemeinsame persönliche Aufenthalt der Ehegatten in den Niederlanden gelegen haben kann.); OLG Hamm 5.10.1995, NJW-RR 1996, 530 (531 f.) = IPRspr. 1995 Nr. 198; BayObLG 6.12.2000, NJW-RR 2001, 879 = BWNotZ 2001, 132 m. Anm. *Böhringer* = IPRspr. 2000 Nr. 194; OLG München, NJW-RR 2009, 806 (807 f.); LG Duisburg 19.5.2003, RNotZ 2003, 396 = IPRspr. 2003 Nr. 61; *Riering*, MittBayNotV 2001, 222 (223); *Mankowski*, in: Staudinger, Art. 15 EGBGB Rz. 400 f.; *Demharter*, GBO, 26. Aufl. (2008), § 33 GBO Rz. 28 f.; vgl. aber auch BayObLG 28.8.1997, FamRZ 1998, 433 = IPRspr. 1997 Nr. 6.

gen ausländischer Ehegatten über ein einzelnes Grundstück, FamRZ 1994, 1957; *Ney*, Das Spannungsverhältnis zwischen dem Güter- und dem Erbstatut (Diss. Frankfurt 1993); *Niewöhner*, Zur Problematik des gespaltenen Ehegüterrechts im IPR, MittRhein-NotK 1981, 219; *Pakuscher*, Die Unwandelbarkeit des Ehegüterrechtsstatuts im Lichte der Reform des IPR – Rechtsvergleichende Überlegungen ausgehend vom französischen, US-amerikanischen und Schweizer Recht (Diss. München 1987); *Rauscher*, Auflassungsvormerkung für verheiratete Ausländer, Rpfleger 1985, 52; *Rauscher*, Art. 220 Abs. 3 EGBGB verfassungswidrig?, NJW 1987, 531; *Rauscher*, Immobiliarzwangsvollstreckung bei fremdem Güterstand: Vollstreckungstitel und Anteilspfändung, insb. bei jugoslawischem und italienischem Güterrecht, Rpfleger 1988, 89; *Rauscher*, Intertemporale Bestimmungen zum internationalen Ehegüterrecht im Einigungsvertrag DNotZ 1991, 20; *Röll*, Das Gesetz zur Neuregelung des IPR in der notariellen Praxis, MittBayNotV 1989, 1; *H. Roth*, Grundbuchverfahren und ausländisches Güterrecht, IPRax 1991, 320; *Schotten*, Gestattet Art. 15 Abs. 2 Nr. 3 EGBGB eine auf einen Gegenstand des unbeweglichen Vermögens beschränkte, objektbezogene Rechtswahl?, DNotZ 1994, 556; *Schotten*, Die Konstituierung des neuen sowie die Beendigung und Abwicklung des alten Güterstands nach einer Rechtswahl, DNotZ 1999, 326; *Schurig*, Das Verhältnis von Staatsangehörigkeitsprinzip und Unwandelbarkeit im gegenwärtigen und künftigen deutschen internationalen Ehegüterrecht, JZ 1983, 589; *Schurig*, Internationales Ehegüterrecht im Übergang: Ist Art. 220 Abs. 3 EGBGB verfassungsrechtlich zu halten?, IPRax 1988, 88; *Siehr*, Güterrechts- und Erbstatut im deutsch-schweizerischen Rechtsverkehr, Festschr. Geimer (2002), S. 1097; *Siehr*, Vermögensstatut und Geldausgleich im IPR: gilt Art. 3 Abs. 3 EGBGB auch für den Pflichtteil, den Zugewinnausgleich und den Versorgungsausgleich?, Festschr. Hay (2005), S. 389; *Siehr*, International-privatrechtliche Probleme des Ehegüterrechts im Verhältnis zur Türkei, IPRax 2007, 353; *V. Stoll*, Die Rechtswahl im Namens-, Ehe- und Erbrecht (1991); *Süß*, Die Wahl des deutschen Güterrechts für inländische Grundstücke, ZNotP 1999, 385; *Vékas*, Zur Konkurrenz zwischen Erbstatut und Güterrechtsstatut, IPRax 1985, 24; *Villela/Correa de Oliveira/Dölemeyer/Samtleben*, Erbfolge, Güterrecht und Steuern in deutsch-brasilianischen Fällen (1986); *Wassermann*, Die güterrechtlichen Beziehungen von Übersiedlern aus der DDR, FamRZ 1990, 333; *Wegmann*, Rechtswahlmöglichkeiten im internationalen Familienrecht, NJW 1987, 1740; *Winkler von Mohrenfels*, Ehebezogene Zuwendungen im IPR, IPRax 1995, 379; *Wochner*, Zum Güterrechtsstatut bei deutsch-amerikanischen Ehen, IPRax 1985, 90.

Literatur zum ausländischen IPR: *de Basschere*, La modification conventionelle du régime matrimonial pendant le mariagé: quelques aspects du droit international privé, J.T. 1996, 89; *Bonomi/Steiner*, Les régimes matrimoniaux en droit comparé et en droit international privé (2006); *Brooks*, Matrimonial property regimes in South African private international law, CILSA 11 (1978), 288; *Bucher*, Das neue internationale Güterrecht, ZBGR 1988, 65; *Chaussade-Klein*, Die Ermittlung des Güterrechtsstatuts nach französischem IPR, IPRax 1992, 406; *Clausnitzer*, Property Rights of Surviving Spouses and the Conflict of Laws, J.Fam.L. 18 (1980), 471; *Davie*, Matrimonial Property in English and American Conflicts of Laws, I.C.L.Q. 1992, 855; *Diago Diago*, The Matrimonial Property Regime in Private International Law, in: Sarcević/Volken, Yb.PIL II (2000), 179; *Droz*, Les nouvelles règles de conflit françaises en matière de régimes matrimoniaux, Rev.crit.d.i.p. 1992, 631; *Erp*, Internationaal huwelijksvermogensrecht (Zwolle 1985); *Franz*, Die Einführung der comunione legale als gesetzlicher Güterstand Italiens: Probleme des IPR und der Anwendung italienischer Sachnormen durch deutsche Gerichte (1990); *Garofalo*, I rapporti patrimoniali tra coniugi nel diritto internazionale privato, 2. Aufl. (Turin 1997); *Goldwater*, Some Problems Relating to the Choice of Law in Matrimonial Property, Israel L.Rev. 16 (1981), 368; *Greiner/Geiser*, Die güterrechtlichen Regeln des IPR-Gesetzes, ZBJV 1991, I, 43; *Hartley*, Matrimonial (Marital) Property Rights in Conflict of Laws: A Reconsideration, in: Fawcett (Hrsg.), Reform and Development of Private International Law (London 2002), S. 215; *Herzfelder*, Problèmes relatifs au régime matrimonial en droit international privé français et allemand (1978); *Juenger*, Marital

Property and the Conflict of Laws: a Tale of Two Countries, Colum.L.Rev. 81 (1981), 1001; *Klinke,* Entwicklungen im niederländischen internationalen Güterrecht, DNotZ 1981, 331; *Klinke,* Internationales und intertemporales niederländisches Ehegüterrecht, IPRax 1983, 132 ff.; *Merkt,* Die ehegüterrechtliche Auseinandersetzuung nach New Yorker Recht, IPRax 1992, 197; *Oehler/Vlassopoulou,* Das neue griechische Ehegüterrecht – Sachnormen und IPR, IPRax 1983, 171; *Priemer,* Das italienische IPR nach seiner Reform – Insbesondere zum Recht der Allgemeinen Ehewirkungen, Güterrecht, Erbrecht, MittBayNotV 2000, 45; *Prinz von Sachsen-Gessaphe,* Teilweise Verfassungswidrigkeit der spanischen Kollisionsnormen über die allgemeinen und güterrechtlichen Ehewirkungen, IPRax 1989, 188; *Sabourin,* Les effets patrimoniaux du mariage en droit international privé québécois (Québec 1996); *Schwimann,* Das neue internationale Eherecht Österreichs, JBl. 1979, 341; *Scoles,* Choice of Law in Family Property Transactions, Rec. des Cours 1988, II 11; *Shava,* Israeli Conflict of Laws Relating to Matrimonial Property, ICLA 31 (1982), 307; *Verwilghen,* Traité pratique des régimes matrimoniaux. Bd. 2, Droit international (1985); *Verwilghen* (Hrsg.), Régimes matrimoniaux, succession et liberalités, Droit international privé et droit comparé, 2 Bde. (1979); *Viarengo,* Autonomia della volontà e rapporti patrimoniali tra coniugi nel diritto internazionale privato (Padua. 1996); *Watté,* Les régimes matrimoniaux dans les relations internationales, in: Verwilghen/Matieu (Hrsg.), Régimes matrimoniaux, successions et literalités dans les relations internationales et internes, 3 Bde. (Brüssel 2003); *Weishaupt,* Die vermögensrechtlichen Beziehungen der Ehegatten im brasilianischen Sach- und Kollisionsrecht (1981).

Bei Rechtsgeschäften mit verheirateten Personen ist deshalb besondere Vorsicht am Platze, weil nicht nur die Bestimmungen fremder Güterstände häufig unbekannt sind, sondern auch die Frage, welches Güterrecht Anwendung findet, häufig schwer zu beantworten ist. Zusätzliche Schwierigkeiten ergeben sich aus der intertemporalen Regelung in Art. 220 Abs. 3 EGBGB (dazu unten Rz. 5983 ff.). 5942

Art. 15 Abs. 1 EGBGB unterstellt die güterrechtlichen Wirkungen der Ehe im Interesse einer einheitlichen Anknüpfung sämtlicher Familienbeziehungen dem von der Grundsatzkollisionsnorm des Art 14 EGBGB berufenen Recht. Dieser *Gleichlauf* gilt auch, soweit das Ehewirkungsstatut nach Art. 14 Abs. 2 und 3 EGBGB von den Ehegatten vor der Eheschließung durch Rechtswahl bestimmt worden ist[1]. Zusätzlich ermöglicht Art. 15 Abs. 2 EGBGB den Ehegatten eine auf ihre güterrechtlichen Beziehungen beschränkte Rechtswahl. Im Verhältnis zum *Iran* wird Art. 15 EGBGB durch das deutsch-iranische Niederlassungsabkommen von 1929 verdrängt (dazu unten Rz. 6000).

a) Objektive Anknüpfung (Art. 15 Abs. 1 EGBGB)

aa) Ehewirkungsstatut bei Eheschließung

Das eheliche Güterrecht unterliegt nach Art. 15 Abs. 1 EGBGB grundsätzlich dem für die allgemeinen Ehewirkungen bei der Eingehung der Ehe maßgebenden Recht. Wegen dieser Fixierung auf den Zeitpunkt der Eheschließung (*Un-* 5943

---

[1] *Thorn,* in: Palandt, Rz. 1, 20; *Siehr,* in: MünchKomm, Rz. 7; *Hohloch,* in: Erman, Rz. 1, 21, jeweils zu Art. 15 EGBGB; *von Bar,* II Rz. 212; *Schotten/Schmellenkamp,* Rz. 136. Eine erst nach der Eheschließung getroffene Rechtswahl nach Art. 14 Abs. 2 oder 3 EGBGB wirkt sich hingegen güterrechtlich nicht aus.

wandelbarkeit, dazu Rz. 5947 f.) können die vergangenheitsbezogenen Stufen der Anknüpfungsleiter in Art. 14 Abs. 1 Nr. 1 und 2 EGBGB (letzte gemeinsame Staatsangehörigkeit und letzter gemeinsamer gewöhnlicher Aufenthalt) nicht eingreifen. Die güterrechtlichen Beziehungen unterliegen grundsätzlich nur einer einzigen Rechtsordnung, unabhängig von der Belegenheit der einzelnen Vermögensgegenstände *(Einheitlichkeit des Güterstatuts*[1]; zu Ausnahmen unten Rz. 5954 ff.)

5944 Das eheliche Güterrecht ist mithin in erster Linie nach dem **gemeinsamen Heimatrecht** der Ehegatten zur Zeit der Eheschließung zu beurteilen (Art. 15 Abs. 1 iVm. Art. 14 Abs. 1 Nr. 1 EGBGB); bei Mehrstaatern ist dabei nur die nach Art. 5 Abs. 1 EGBGB maßgebliche (effektive bzw. deutsche) Staatsangehörigkeit zu berücksichtigen[2]. Dabei reicht es für eine Anknüpfung nach Art. 15 Abs. 1 iVm. Art. 14 Abs. 1 Nr. 1 EGBGB aus, wenn die Eheleute erst durch die Heirat eine gemeinsame effektive Staatsangehörigkeit erworben haben[3]. Bei Staatenlosen oder Flüchtlingen ist anstelle der Staatsangehörigkeit ihr durch den persönlichen Aufenthalt bestimmtes Personalstatut maßgebend (vgl. Art. 5 Abs. 2 EGBGB; dazu unten Rz. 6124 f.). Gehören die Ehegatten einem Mehrrechtsstaat an, so ist die maßgebende Teilrechtsordnung nach Art. 4 Abs. 3 EGBGB zu ermitteln[4].

5945 Besitzen die Ehegatten bei ihrer Eheschließung keine in diesem Sinne gemeinsame Staatsangehörigkeit, so kommt in zweiter Linie das Güterrecht des Staates zur Anwendung, in dem beide Ehegatten zur Zeit der Heirat ihren **gewöhnlichen Aufenthalt**, dh. ihren „Daseinsmittelpunkt[5], haben (Art. 15 Abs. 1 iVm. Art. 14 Abs. 1 Nr. 2 EGBGB)[6]. Fehlt es auch daran, so beurteilen sich ihre güterrechtlichen Verhältnisse in dritter Linie nach dem Recht des Staates, mit dem sie *zu diesem Zeitpunkt* auf andere Weise *gemeinsam am engsten verbunden* waren (Art. 15 Abs. 1 iVm. Art. 14 Abs. 1 Nr. 3 EGBGB). Dabei sind sämtliche Umstände des Einzelfalles zu berücksichtigen; außer den oben in Rz. 5883 genannten Kriterien kommt vor allem dem Ort der Eheschließung, sofern er nicht ganz zufällig gewählt ist, und den objektiv feststellbaren gemeinsamen *Zukunftsplänen* der Ehegatten (insbesondere der beabsichtigten

---

1 *Junker,* IPR, Rz. 517; *Thorn,* in: Palandt, Art. 15 EGBGB Rz. 4; *Hohloch,* in: Erman, Art. 15 EGBGB Rz. 13.
2 AG Berlin Pankow 11.2.2004, FamRZ 2004, 1501 = IPRspr. 2004 Nr. 52; *Henrich,* FamRZ 1986, 845 f.
3 *Jayme,* IPRax 1987, 95 f.; *Schurig,* JZ 1985, 559 (561); *Schurig,* in: Soergel, Art. 15 EGBGB Rz. 5; *Siehr,* in: MünchKomm, Art. 15 EGBGB Rz. 11 mwN.; aA BayObLG 16.1.1986, IPRax 1986, 379 (381) = IPRspr. 1986 Nr. 57; KG 13.2.1986, IPRax 1987, 117 (119 f.) = IPRspr. 1987 Nr. 47a; AG Berlin Pankow 11.2.2004, FamRZ 2004, 1501 = IPRspr. 2004 Nr. 5/2; *Mankowski,* in: Staudinger, Rz. 32; *Hohloch,* in: Erman, Rz. 18; *Thorn,* in: Palandt, Rz. 17, jeweils zu Art. 15 EGBGB.
4 OLG Düsseldorf 20.12.1994, FamRZ 1995, 1203 = IPRspr. 1994 Nr. 75 (ehemaliges Jugoslawien).
5 Zum – lege fori zu qualifizierenden – Begriff des „gewöhnlichen Aufenthalts" näher *Henrich,* FamRZ 1986, 846; *Thorn,* in: Palandt, Art. 5 EGBGB Rz. 10 f.
6 OLG München 26.7.2005, IPRspr. 2005 Nr. 46.

Begründung eines gemeinsamen gewöhnlichen Aufenthaltes in einem bestimmten Staat nach Eheschließung) wesentliche Bedeutung zu[1].

Haben die Ehegatten bereits *vor der Heirat* das Ehewirkungsstatut nach Maßgabe des Art. 14 Abs. 2 bis 4 EGBGB (vgl. dazu oben Rz. 5884 ff.) wirksam gewählt, so ist diese **Rechtswahl** über Art. 15 Abs. 1 EGBGB mittelbar auch für das Güterrechtsstatut maßgebend. Sie hat Vorrang vor der gesetzlichen Anknüpfung gem. Art. 15 Abs. 1 iVm. Art. 14 Abs. 1 EGBGB.

5946

bb) Unwandelbarkeit

In Übereinstimmung mit dem bisherigen Recht stellt Art. 15 Abs. 1 EGBGB für die objektive Bestimmung des Güterrechtsstatuts auf die **Verhältnisse zur Zeit der Eheschließung** ab; maßgebend ist und bleibt grundsätzlich das in diesem Zeitpunkt zur Anwendung berufene Ehewirkungsstatut. Eine spätere Veränderung der für die Anknüpfung nach Art. 14 EGBGB maßgebenden Verhältnisse – zB ein Staatsangehörigkeits- oder Aufenthaltswechsel oder eine spätere Rechtswahl gem. Art. 14 Abs. 2, 3 EGBGB – ist für die gesetzliche Anknüpfung des Güterrechtsstatuts unerheblich; dieses ist also – vorbehaltlich einer besonderen güterrechtlichen Rechtswahl gem. Art. 15 Abs. 2 EGBGB (dazu unten Rz. 5967 ff.) – *unwandelbar*[2]. Der Grundsatz der Unwandelbarkeit wird in Fällen der **Staatensukzession** zT dadurch aufrecht erhalten, dass der zwischenzeitliche Zerfall des bei Eheschließung noch bestehenden Staates ignoriert wird[3].

5947

Demgegenüber ist die Verweisung richtigerweise auf die Rechtsordnungen der Staaten gerichtet, die heute das Gebiet des zerfallenen Staates ausmachen. Die maßgebende Rechtsordnung ist sodann mit Hilfe von Art. 4 Abs. 3 S. 2 EGBGB zu ermitteln. Dessen IPR beantwortet im Fall der Gesamtverweisung die Frage, ob eine Rückverweisung stattfindet[4].

Besonderheiten gelten lediglich für **Vertriebene und Flüchtlinge**[5]. Für Vertriebene und Flüchtlinge *deutscher* Volkszugehörigkeit ist die Wandelbarkeit

5948

---

1 BT-Drucks. 10/3632 S. 41; *Siehr*, in: MünchKomm, Rz. 19 f.; *Schurig*, in: Soergel, Rz. 8; *Mankowski*, in: Staudinger, Rz. 37 f.; *Thorn*, in: Palandt, Rz. 19, jeweils zu Art. 15 EGBGB.
2 OLG Düsseldorf 3.11.1999, FamRZ 2000, 1574 = IPRspr. 1999 Nr. 56; AG Berlin-Pankow 11.2.2004, FamRZ 2004, 1501 = IPRspr. 2004 Nr. 52; *Mankowski*, in: Staudinger, Art. 15 EGBGB Rz. 43 ff.; *Thorn*, in: Palandt, Rz. 3; *Siehr*, in: MünchKomm, Rz. 9, 59; *Hohloch*, in: Erman, Rz. 11, jeweils zu Art. 15 EGBGB; *Kegel/Schurig*, § 20 VI 1a; *Schotten/Schmellenkamp*, Rz. 138 ff.; krit. *Kropholler*, IPR, § 28 II, III.
3 Vgl. OLG Frankfurt 25.2.2000, IPRax 2001, 140 (m. Anm. *Henrich*, IPRax 2001, 113) = IPRspr. 1999 Nr. 57 und IPRspr. 2000 Nr. 52 (Auf die güterrechtlichen Beziehungen zwischen einem Slowenen und einer Kroatin, die 1970 in Kroatien geheiratet hatten, im Wege der Unteranknüpfung nach Art. 4 Abs. 3 EGBGB kroat. Recht angewendet. Der zwischenzeitliche Zerfall der SFR Jugoslawien bleibe wegen der Unwandelbarkeit des Güterstandes außer Betracht.).
4 Vgl. näher *Grosserichter/Bauer*, RabelZ 65 (2001), 201 (211 ff.); zust. *Sonnenberger*, in: MünchKomm, Einl. Rz. 144; *Sieghörtner*, in: AnwKomm, Art. 15 EGBGB Rz. 34; *Andrae*, IntFamR, § 3 Rz. 121.
5 Dazu *Reithmann*, DNotZ 1958, 512 ff.

durch Gesetz vom 4.8.1969[1], dessen Vorschriften gem. Art. 15 Abs. 4 EGBGB unberührt bleiben, ausdrücklich angeordnet[2]. Für volksdeutsche Ehegatten aus Polen oder den Nachfolgestaaten der ehemaligen UdSSR tritt daher mit der Verlegung des gewöhnlichen Aufenthalts nach Deutschland ein Statutenwechsel ein[3].

5949 Der Grundsatz der Unwandelbarkeit ist allerdings nur ein *verweisungsrechtliches* Prinzip. Wird das maßgebliche *materielle* Güterrecht nach der Eheschließung geändert, sind diese Änderungen in dem Umfang zu berücksichtigen, in dem sie sich selbst durch intertemporale Normen Rückwirkung beilegen. Das durch Art. 15 EGBGB bezeichnete Recht gilt also mit seinem jeweiligen Inhalt[4]. Anders soll es nach der Rechtsprechung dann sein, wenn die Änderung des materiellen Güterrechts erst eintritt, nachdem die Ehegatten die für die Anknüpfung wesentliche Beziehung zu ihrem Heimatstaat durch Emigration, Flucht oder Vertreibung bereits verloren hatten; in diesem Fall soll es bei dem im Zeitpunkt des Abbruchs der Beziehungen geltenden sachlichen Güterrecht verbleiben[5]. Die jüngere Lehre lehnt diese sog. **„Versteinerung"** des Güterstandes mit Recht ab, weil das Festhalten an antiquierten Rechtsnormen des ausländischen Güterrechtsstatuts den Interessen der Betroffenen zuwiderläuft. Die Eheleute sollten vielmehr an der Fortentwicklung des materiellen Güterrechts ihrer Heimatstaaten teilhaben[6].

b) Rück- und Weiterverweisung

5950 Die akzessorische Anknüpfung des Güterstatuts ist nur als eine verkürzte Bezugnahme auf ein gleichberechtigungskonformes Anknüpfungsmodell zu verstehen, so dass nicht etwa auf das Sachrecht verwiesen wird, dem die allgemei-

---

1 BGBl. I 1969, 1067; abgedr. bei *Jayme/Hausmann*, Nr. 37. Nach dem Gesetz findet eine Überleitung des bisherigen gesetzlichen Güterstands von volksdeutschen Flüchtlingen, die ihren gewöhnlichen Aufenthalt in der Bundesrepublik Deutschland begründet haben, in den deutschen gesetzlichen Güterstand der Zugewinngemeinschaft statt; für sonstige Flüchtlinge verbleibt es hingegen beim Grundsatz der Unwandelbarkeit, vgl. *Mankowski*, in: Staudinger, Art. 15 EGBGB Rz. 63; *Kropholler*, IPR, § 45 IV 3b; aA *Kegel/Schurig*, § 20 VI 1d.
2 Vgl. *Böhmer*, in: Ferid, IPR, Rz. 8–118; *Thorn*, in: Palandt, Anh. II zu Art. 15 EGBGB mwN. Das Gesetz gilt auch für Personen, die nach Öffnung der innerdeutschen Grenze am 9.11.1989 und vor der Wiedervereinigung am 3.10.1990 ihren gewöhnlichen Aufenthalt in die Bundesrepublik verlegt haben, vgl. *Wassermann*, FamRZ 1990, 341; *von Bar*, II Rz. 218; *Schotten/Schmellenkamp*, Rz. 143 mwN.
3 Vgl. § 1 S. 1 iVm. § 3 des Gesetzes; dazu OLG Hamm 12.6.1995, FamRZ 1995, 1606 = IPRspr. 1995 Nr. 119.
4 OLG Stuttgart 4.12.1957, NJW 1958, 1972 = IPRspr. 1957/58 Nr. 109; *Mankowski*, in: Staudinger, Art. 15 EGBGB Rz. 49 mwN.
5 Vgl. OLG Hamm 12.12.1976, NJW 1977, 1591 m. Anm. *Reinartz* = FamRZ 1977, 327 = IPRspr. 1976 Nr. 42 (Rumänien); OLG Bamberg 3.11.1983, IPRspr. 1984 Nr. 59 (frühere Tschechoslowakei).
6 Vgl. *Schurig*, in: Soergel, Rz. 29; *Siehr*, in: MünchKomm, Rz. 65; *Thorn*, in: Palandt, Rz. 3, *Hohloch*, in: Erman, Rz. 12; jeweils zu Art. 15 EGBGB; *von Bar*, II Rz. 216; *Kropholler*, IPR, § 45 IV 3c; *Schotten/Schmellenkamp*, Rz. 139; *Henrich*, IPRax 2001, 114.

nen Ehewirkungen unterstehen; vielmehr spricht Art. 15 Abs. 1 (iVm. Art. 14 Abs. 1 Nr. 1–3) EGBGB eine Gesamtverweisung auf das ausländische Recht des Staates aus, dem die Ehegatten im Zeitpunkt der Eheschließung gemeinsam angehörten bzw. in dem sie zu diesem Zeitpunkt ihren gemeinsamen gewöhnlichen Aufenthalt hatten oder mit dem sie sonst am engsten verbunden waren[1]. Daraus folgt, dass nunmehr nach Art. 4 Abs. 1 EGBGB anhand der *güterrechtlichen* Kollisionsnormen dieses Rechts zu prüfen ist, ob auf deutsches Recht zurück- oder auf das Recht eines dritten Staates weiterverwiesen wird[2]. Hingegen bleibt die für die allgemeinen Ehewirkungen maßgebliche Kollisionsnorm des ausländischen Rechts außer Betracht; eine durch sie ausgesprochene Rück- oder Weiterverweisung bestimmt das Güterrechtsstatut auch nicht mittelbar.

aa) Annahme der deutschen Verweisung

Zu einer Rückverweisung kommt es dann nicht, wenn das von Art. 15 Abs. 1 EGBGB zur Anwendung berufene Recht zur Bestimmung des Güterrechtsstatuts die gleichen Anknüpfungskriterien verwendet. Dies trifft insbesondere in den Fällen des Art. 15 Abs. 1 Nr. 1 EGBGB häufig zu. Denn auf die **gemeinsame Staatsangehörigkeit** der Ehegatten stellen – in Ermangelung einer Rechtswahl – die meisten romanischen Rechte ab; dies gilt etwa für *Italien* (Art. 30 Abs. 1 S. 1 iVm. Art. 29 Abs. 1 IPR-G), *Portugal* (Art. 53 Abs. 1 c.c.) und *Spanien* (Art. 9 Nr. 2, 3 c.c.). Das gemeinsame Heimatrecht der Ehegatten bestimmt den Güterstand ferner in *Österreich* (§ 19 iVm. § 18 Nr. 1 IPR-G; vgl. aber auch Rz. 84), *Griechenland* (Art. 15 iVm. Art. 14 ZGB)[3], der *Türkei* (Art. 14 Abs. 1 IPR-G) und den meisten osteuropäischen Rechten, so zB in *Bulgarien* (Art. 133 FamK), *Bosnien-Herzegowina*[4], *Kroatien, Mazedonien, Montenegro, Serbien und Slowenien* (jeweils Art. 36 Abs. 1 IPR-G)[5], *Polen* (Art. 17 § 1 IPR-G)[6], der *Tschechischen* und der *Slowakischen Republik* (Art. 21 Abs. 1 IPR-G)[7] und *Ungarn* (§ 39 Abs. 1 iVm. § 11 IPR-G). Eine Rückverweisung durch das gemeinsame Heimatrecht der Ehegatten findet auch dann nicht statt, wenn dieses als Anknüpfungspunkt für das Güterrechtsstatut weiterhin das **Heimatrecht des Ehemannes** wählt, wie dies namentlich in zahlreichen *islamischen* Rechtsordnungen der Fall ist[8].

5951

---

1 Vgl. allgemein zum Problem des Renvoi in Fällen der akzessorischen Anknüpfung im internationalen Familienrecht *Hausmann*, in: Staudinger, Art. 4 EGBGB Rz. 181 mwN.
2 OLG Hamm 10.4.1992, FamRZ 1992, 963 = IPRspr. 1992 Nr. 88; *Hohloch*, in: Erman, Art. 15 EGBGB Rz. 7; *von Bar*, II Rz. 213; *Schotten/Schmellenkamp*, Rz. 136 aE; abw. *Siehr*, in: MünchKomm, Art. 15 EGBGB Rz. 123.
3 OLG München 20.6.2005, FuR 2006, 93 = IPRspr. 2005 Nr. 45.
4 OLG München 16.2.1993, IPRspr. 1993 Nr. 59.
5 Vgl. OLG Frankfurt a.M. 6.12.1999, IPRspr. 1999 Nr. 52.
6 IPG 1964/65 Nr. 19 (Hamburg).
7 OLG Bamberg 3.11.1983, IPRspr. 1983 Nr. 59.
8 IPG 1970 Nr. 15 (Köln) [Iran]; IPG 1980/81 Nr. 28 (Köln) [Kuwait].

bb) Rückverweisung auf das Wohnsitzrecht

5952 Auf dem Wohnsitzprinzip beruht etwa das *Schweizer* Recht. Dort unterstehen die güterrechtlichen Verhältnisse in Ermangelung einer Rechtswahl dem Recht des Staates, in dem beide Ehegatten gleichzeitig ihren Wohnsitz haben bzw. zuletzt gehabt haben (Art. 54 Abs. 1 IPR-G). Schweizerische Eheleute mit Wohnsitz in der Bundesrepublik Deutschland leben daher, soweit sie keine zulässige Rechtswahl getroffen (und keinen Ehevertrag geschlossen) haben, kraft Rückverweisung im gesetzlichen Güterstand der Zugewinngemeinschaft (§§ 1363 ff. BGB). Gleiches gilt für belgische Eheleute, die ihren ersten gemeinsamen Wohnsitz in Deutschland begründet hatten, auch wenn sie inzwischen wieder in Belgien leben (Art. 51 Nr. 1 IPR-G). An den (letzten) gemeinsamen Wohnsitz der Eheleute knüpft auch das russische Recht an (Art. 161 FamGB)[1]. Dem Wohnsitzgrundsatz folgen im Güterrecht auch das *dänische*[2] und das *norwegische* Recht[3].

Der erste eheliche Wohnsitz der Ehegatten bestimmt das anwendbare Güterrecht ferner – in Anlehnung an das IPR-Übereinkommen von Montevideo – in zahlreichen *südamerikanischen* Staaten (zB in Argentinien, Brasilien[4], Chile, Ecuador, Kolumbien, Paraguay, Peru, Uruguay und Venezuela). Zum Teil gilt dies freilich nur, wenn der erste eheliche Wohnsitz in einem der genannten Staaten begründet worden ist[5].

5953 Schließlich beurteilen sich die güterrechtlichen Verhältnisse von Ehegatten auch in *Großbritannien* und den *USA* hinsichtlich des **beweglichen Vermögens** nach dem Wohnsitzrecht. Dabei knüpft das englische Recht grundsätzlich an das gemeinsame Domizil der Ehegatten im Zeitpunkt der Eheschließung an[6]. Diese Anknüpfung wird auch in Irland und den meisten früheren Commonwealth-Staaten (zB Australien, Neuseeland und Kanada) sowie in Israel[7] und Pakistan[8] befolgt. Demgegenüber stellen die US-amerikanischen Einzelstaaten überwiegend auf das „current marital domicile" im Zeitpunkt des Erwerbs des jeweiligen Gegenstandes ab[9]. An die Begründung eines Wahldomizils in der Bundesrepublik Deutschland und eine daraus abgeleitete Rückverweisung auf deutsches Güterrecht sind freilich strenge Anforderungen zu stellen[10].

---

1 KG 17.11.2004, FamRZ 2005, 1676 = IPRspr. 2004 Nr. 53.
2 BayObLG 20.3.1953, BayObLGZ 1953, 102 = IPRspr. 1952/53 Nr. 175.
3 IPG 1971 Nr. 16 (Heidelberg).
4 Vgl. *Nordmeier*, StAZ 2009, 71 (72).
5 Vgl. LG Augsburg 18.3.1957, IPRspr. 1956/57 Nr. 144: Argentinien; IPG 1977 Nr. 15 (Köln): Ecuador; IPG 1979 Nr. 30 (Köln): Chile.
6 *Dicey/Morris*, Rule 156, S. 1280 ff.
7 OLG Hamm 18.1.1974, IPRspr. 1974 Nr. 62.
8 LG Frankfurt 9.7.1975, IPRspr. 1975 Nr. 53.
9 *Scoles/Hay/Borchers/Symeonides*, Conflict, § 14.9, S. 591; *Bardy*, FuR 1994, 83 ff.
10 LG Wiesbaden 30.3.1973, FamRZ 1973, 657 m. krit. Anm. *Jayme* = IPRspr. 1973 Nr. 46 (zur Rückverweisung durch das Recht von Indiana kraft Begründung eines Wahldomizils durch den mit einer deutschen Frau verheirateten amerikan. Soldaten).

cc) Rückverweisung auf die lex rei sitae

Das englische Kollisionsrecht und ihm folgend die meisten vom Common Law geprägten Rechtsordnungen unterscheiden – abweichend vom deutschen Recht – im Rahmen der güterrechtlichen Anknüpfung scharf zwischen beweglichem und unbeweglichem Vermögen. Nur für das bewegliche Vermögen („movables") gilt die lex domicilii; hingegen werden die güterrechtlichen Verhältnisse an **Grundbesitz** („immovables") nach dem Recht der belegenen Sache (lex rei sitae) beurteilt[1]. Hat ein verheirateter US-Amerikaner also Grundbesitz in verschiedenen Ländern, so wird auch hinsichtlich seiner güterrechtlichen Verhältnisse auf ebenso viele Rechte zurück- bzw. weiterverwiesen[2]. Eine Einschränkung ergibt sich lediglich dann, wenn der Grunderwerb aus Mitteln finanziert wird, die unter einem von der lex rei sitae verschiedenen Güterrechtsstatut erworben wurden; in diesem Fall setzt sich die güterrechtliche Zuordnung der Finanzierungsmittel an dem Grundbesitz fort (dingliche Surrogation)[3]. Verweist Art. 15 Abs. 1 iVm. Art. 14 Abs. 1 EGBGB daher auf englisches Recht oder auf das Recht eines Einzelstaats der USA, so entscheidet allein das jeweilige Recht der Belegenheit darüber, ob ein Grundstück durch die Eheschließung in das Miteigentum des anderen Ehegatten übergegangen ist oder ob dieser sonstige Rechte an diesem Grundstück erworben hat. In Bezug auf inländische Grundstücke gilt daher deutsches Recht einschließlich der Verfügungsbeschränkung nach § 1365 BGB[4].

5954

Eine solche partielle Rückverweisung wird mithin im Inland beachtet, obwohl das deutsche internationale Ehegüterrecht vom **Grundsatz der Vermögenseinheit** ausgeht. Dies widerspricht nicht dem Sinn der deutschen Verweisung iSv. Art. 4 Abs. 1 S. 1 EGBGB; denn in Art. 3a Abs. 2 EGBGB überlassen wir selbst der lex rei sitae den Vortritt und gestatten sogar in Art. 15 Abs. 2 Nr. 3 EGBGB eine Durchbrechung des Prinzips der Vermögenseinheit durch Rechtswahl[5].

5955

---

1 Vgl. IPG 1967/68 Nr. 23 (Hamburg); Rückverweisung durch das Recht von New York auf deutsches Belegenheitsrecht; IPG 1978 Nr. 36 (Kiel): Rückverweisung durch das englische Recht auf deutsches und österreichisches Belegenheitsrecht; IPG 1984 Nr. 40 (München): Rückverweisung durch das Recht von Nebraska/USA hinsichtlich der Verfügungsbefugnis über den Miteigentumsanteil an einem deutschen Grundstück; ferner *Cheshire/North/Fawcett*, PrivIntL, 14. Aufl. (2008), S. 1300 f.
2 *Rabel*, I, S. 337; *Scoles/Hay/Borchers/Symeonides*, Conflict, § 14.5 S. 583; *Bardy*, FuR 1994, 83 ff.
3 Vgl. zu dieser sog. „tracing rule", 91 NM 339, 573 P. 2d 1194 (1978); *Scoles/Hay/Borchers/Symeonides*, Conflict, § 14.6 S. 584 ff. mwN.
4 Vgl. OLG Colmar 24.8.1911, RheinZ 4 (1912), 295 = ELJZ 37 (1912), 182 (Verheiratete Amerikanerin, wohnhaft in New York, besaß Grundbesitz in Deutschland. Obwohl die Zustimmung des Ehemannes zur Veräußerung nach dem Recht des Staates New York nicht erforderlich gewesen wäre, wurde diese Zustimmung nach dem aufgrund Rückverweisung anwendbaren deutschen Recht [BGB aF] verlangt.). OLG Karlsruhe 29.6.1989, NJW 1990, 1420 (1421) = IPRax 1990, 407 (m. Anm. *Schurig*, IPRax 1990, 398) = IPRspr. 1989 Nr. 164 (Rückverweisung durch das texan. IPR, auf deutsches Belegenheitsrecht).
5 *Siehr*, in: MünchKomm, Art. 15 EGBGB Rz. 124; *Schurig*, in: Soergel, Art. 15 EGBGB Rz. 63; *Hausmann*, in: Staudinger, Art. 4 EGBGB Rz. 184; *Schotten/Schmellenkamp*, Rz. 149.

5956 Soweit das englische oder amerikanische Kollisionsrecht auf das Recht des Lageortes zurückverweist, ist zu beachten, das letzteres auch für die Frage der **Qualifikation einer Sache als unbeweglich** („immovable") maßgebend ist[1].

dd) Rückverweisung kraft beweglicher Anknüpfung

5957 Während das deutsche internationale Ehegüterrecht in Art. 15 Abs. 1 EGBGB auf die Verhältnisse zur Zeit der Eheschließung abstellt und eine spätere Veränderung der für die Anknüpfung maßgebenden Verhältnisse – zB einen Staatsangehörigkeits- oder Aufenthaltswechsel der Ehegatten – für unerheblich erklärt (Unwandelbarkeit des Güterrechtsstatuts, dazu oben Rz. 5947), knüpfen zahlreiche ausländische Rechtsordnungen das Güterrecht in Übereinstimmung mit den allgemeinen Ehewirkungen wandelbar an. Dies gilt hinsichtlich des beweglichen Vermögens etwa nach den Rechten der meisten *US-Einzelstaaten* sowie mit gewissen Einschränkungen auch im englischen Recht[2]. Verlegen die Ehegatten mithin nach der Eheschließung ihr Domizil in einen anderen Staat, so ist für ihre güterrechtlichen Verhältnisse grundsätzlich das neue Recht maßgebend. Die Zuordnung des unter dem früheren Güterstand erworbenen Vermögens bleibt jedoch erhalten (sog. „vested rights theory" oder „source doctrine")[3]. Noch weiter geht das neue *Schweizer* IPR, da es im Falle eines Wohnsitzwechsels der Eheleute das Güterrecht des neuen Wohnsitzstaates sogar *rückwirkend* auf den Zeitpunkt der Eheschließung für maßgeblich erklärt; die Ehegatten können diese Rückwirkung allerdings durch schriftliche Vereinbarung ausschließen (Art. 55 Abs. 1 IPR-G). Beweglich wird das Güterrechtsstatut ferner – abweichend vom bisherigen Recht – in *Italien*[4], ferner in *Japan, Spanien* und den meisten *osteuropäischen Staaten* (zB in Albanien, Bosnien-Herzegowina, Kroatien, Montenegro, Polen[5], der Russischen Föderation, Serbien, der Slowakei, Slowenien, der Tschechischen Republik, Ungarn) angeknüpft.

---

1 Vgl. LG Wiesbaden 30.3.1973, FamRZ 1973, 657 m. Anm. *Jayme* = IPRspr. 1973 Nr. 46 (Ein im US-Bundesstaat Indiana domizilierter amerikan. Staatsangehöriger verlangt von seiner deutschen Ehefrau nach Scheidung den Zugewinnausgleich bezüglich des von ihr während der Ehe erworbenen Grundvermögens in Deutschland. Zugewinnausgleichsforderung infolge Qualifikationsrückverweisung durch das Recht von Indiana auf die lex rei sitae nach deutschem Recht dem beweglichen Vermögen zugeordnet.); IPG 1999 Nr. 24 (Hamburg) (Qualifikationsverweisung des englischen internationalen Ehegüterrechts auf deutsches Belegenheitsrecht); vgl. auch BGH 10.5.2000, BGHZ 144, 251 (255) = NJW 2000, 2421 = IPRax 2002, 40 (m. Anm. *Umbeck*, IPRax 2002, 33) = JR 2001, 234 m. Anm. *Rauscher* = IPRspr. 2000 Nr. 97 (Qualifikationsverweisung des US-amerikan. Erbrechts auf deutsches Belegenheitsrecht angenommen; Restitutionsansprüche nach dem Vermögensgesetz als Teil des beweglichen Vermögens gewertet.). Dazu *Jayme,* Zur Qualifikationsverweisung im IPR, ZfRV 1976, 93 ff.; dazu allg. *Hausmann,* in: Staudinger, Art. 4 EGBGB Rz. 68 ff.
2 *Cheshire/North/Fawcett,* PrivIntL, 14. Aufl. (2008), S. 1294 ff.; vgl. auch *Wochner,* Zum Güterrechtsstatut bei deutsch-amerikanischen Ehen, IPRax 1985, 90 (92).
3 *Scoles/Hay/Borchers/Symeonides,* Conflict, § 14.9 S. 589 ff. mwN.
4 Vgl. dazu IPG 1999 Nr. 26 (München).
5 Dazu IPG 1997 Nr. 25 (Köln).

Die Wandelbarkeit des Güterrechtsstatuts nach dem von Art. 15 Abs. 1 iVm. 5958
mit Art. 14 EGBGB zur Anwendung berufenen ausländischen Recht ist im
Rahmen einer Rück- oder Weiterverweisung nach Art. 4 Abs. 1 EGBGB auch
im Inland zu beachten[1]. Die Befolgung einer solchen beweglichen Rückverweisung verstößt insbesondere nicht gegen den Sinn der deutschen Verweisung in
Art. 15 Abs. 1 EGBGB, und zwar auch dann nicht, wenn das Recht der engsten
Beziehung im Zeitpunkt der Eheschließung beweglich anknüpft und auf ein
Recht verweist, zu dem die Eheleute erst später gemeinsame Beziehungen hergestellt haben[2]. Denn der Grundsatz der Unwandelbarkeit des Güterrechtsstatuts ist auch im deutschen Kollisionsrecht nicht unumstößlich; vielmehr ist
es den Ehegatten in den Grenzen des Art. 15 Abs. 2 EGBGB freigestellt, sich
durch eine Rechtswahl vom unwandelbar angeknüpften objektiven Güterrechtsstatut zu lösen.

ee) Rückverweisung kraft abweichender Qualifikation

Zu einer Rückverweisung auf deutsches Recht kann es auch deshalb kommen, 5959
weil das von Art. 15 EGBGB zur Anwendung berufene ausländische Kollisionsrecht abweichend qualifiziert. Dies trifft insbesondere auf die güterrechtliche
Auseinandersetzung aus Anlass einer Ehescheidung zu, die in verschiedenen
ausländischen Rechten als *Scheidungsfolge* dem Scheidungsstatut unterworfen wird. Demgemäss verweist etwa das *österreichische* IPR in einer deutschösterreichischen Ehe hinsichtlich der Vermögensauseinandersetzung auf deutsches Recht zurück, wenn die Eheleute ihren ursprünglichen gewöhnlichen
Aufenthalt in Österreich während der Ehe nach Deutschland verlegt haben[3].
Entsprechend ist auch in einer deutsch-britischen Ehe der Zugewinnausgleich
nach deutschem Recht kraft versteckter Rückverweisung des *englischen*
Rechts durchzuführen, wenn die Eheleute zur Zeit der Ehescheidung vor dem
deutschen Gericht ihren gewöhnlichen Aufenthalt im Inland haben[4].

---

1 KG 10.12.1934, IPRspr. 1934 Nr. 45; OLG Hamm 18.1.1974, IPRspr. 1974 Nr. 62 (zur Beachtlichkeit eines Domizilwechsels nach israel. internationalen Ehegüterrecht). KG 17.11.2004, FamRZ 2005, 1676 = IPRspr. 2004 Nr. 53; *Siehr*, IPRax 2007, 353 (354); *Siehr*, in: MünchKomm, Rz. 125; *Schurig*, in: Soergel, Rz. 64; *Hohloch*, in: Erman, Rz. 11, jeweils zu Art. 15 EGBGB; *von Bar*, II Rz. 213; *Schotten/Schmellenkamp*, Rz. 144; aA – zu Unrecht – AG Dortmund 27.4.1998, FamRZ 1999, 1507 = IPRspr. 1998 Nr. 75. Übersehen wird die Rückverweisung von OLG Düsseldorf 20.12.1994, FamRZ 1995, 1203 = IPRspr. 1994 Nr. 75; OLG Frankfurt 6.12.1999, IPRspr. 1999 Nr. 57 (jeweils zum früheren Jugoslawien). Vgl. ferner IPG 1965/66 Nr. 50 (Köln) und IPG 1978 Nr. 36 (Kiel) zum Domizilwechsels von Ehegatten nach englischem internationalem Ehegüterrecht; IPG 1997 Nr. 25 (Köln) zur Rückverweisung durch poln. internationales Ehegüterrecht kraft Staatsangehörigkeitswechsels der Ehegatten.
2 *Schurig*, JZ 1985, 559 (562 f.); *Siehr*, in: MünchKomm, Art. 15 EGBGB Rz. 125; *von Bar*, II Rz. 213.
3 Vgl. *S. Lorenz*, IPRax 1995, 97; *Hausmann*, in: Staudinger, Art. 4 EGBGB Rz. 65.
4 Vgl. AG Emmendingen 20.4.2000, IPRspr. 2000 Nr. 54; IPG 1999 Nr. 24 (Hamburg); ebenso zum nigerian.-brit. Recht KG 20.12.2006, FamRZ 2007, 1561 m. Anm. *Henrich* = IPRspr. 2006 Nr. 51.

ff) Rückverweisung kraft Rechtswahl

5960 Auch die Anknüpfung an den Parteiwillen kann wie eine Rückverweisung wirken. Die praktische Bedeutung dieser Fallgruppe ist zwar durch die erweiterte Anerkennung der Parteiautonomie im deutschen internationalen Ehegüterrecht zurückgegangen. Zu einer Rückverweisung kann es jedoch weiterhin kommen, wenn das nach Art. 15 Abs. 1 EGBGB zur Anwendung berufene Recht der Parteiautonomie im internationalen Ehegüterrecht in weiterem Umfang Raum gibt als das deutsche Recht oder an die Form einer solchen Rechtswahl geringere Anforderungen stellt, indem es auch eine privatschriftlich, mündlich oder gar stillschweigend getroffene Vereinbarung ausreichen lässt[1]. So unterstellt vor allem das *französische* Kollisionsrecht die güterrechtlichen Beziehungen traditionell dem Recht, welchem sich die Ehegatten wirklich oder vermutlich unterworfen haben. Diese großzügige Anerkennung der Parteiautonomie, die der sachlich-rechtlichen Wertung des ehelichen Güterrechts als Teil des Vertragsrechts und des vertragslosen gesetzlichen Güterstandes als „régime primaire" entspricht, führt im Ergebnis meist zur Anwendung des Rechts am ersten ehelichen Wohnsitz, bisweilen allerdings auch des gemeinsamen Heimatrechts der Ehegatten[2].

5961 Demgegenüber lässt das *belgische* Recht seit der IPR-Kodifikation von 2004 nur noch eine schriftliche Rechtswahl zu (Art. 52 IPR-G). Zur Wahl stehen nur das Recht des ersten gemeinsamen Wohnsitzes sowie das Heimat- bzw. Wohnsitzrecht eines jeden Ehegatten zur Zeit der Wahl (Art. 49 IPR-G). Die Rechtswahl muss sich zwingend auf das gesamte Vermögen der Ehegatten beziehen (Art. 50 § 2 IPR-G). Darüber hinaus hat sich die Parteiautonomie auch im *niederländischen* internationalen Ehegüterrecht durchgesetzt[3]. Seit dem 1.9.1992 gelten für Frankreich, Luxemburg und die Niederlande die Kollisionsregeln des Haager Übereinkommens über das auf Güterstände anzuwendende Recht vom 14.3.1978 als „loi uniforme", das in Art. 3 und 6 die – auch stillschweigende – Rechtswahl der Ehegatten ausdrücklich als Primäranknüpfung anerkennt (vgl. dazu unten Rz. 5997 ff.).

5962 Auch in *Österreich* unterliegt das Ehegüterrecht nunmehr in erster Linie dem von den Parteien ausdrücklich gewählten Recht (§ 19 IPR-G); die Einhaltung der für Eheverträge vorgeschriebenen Form ist – abweichend von Art. 15 Abs. 3 iVm. Art. 14 Abs. 4 EGBGB – nicht erforderlich. Eine solche Rechtswahl ist im Rahmen von Art. 4 Abs. 1 EGBGB zu beachten[4].

---

1 *Schurig*, in: Soergel, Art. 15 EGBGB Rz. 63 aE; *Mankowski*, in: Staudinger, Art. 15 EGBGB Rz. 41.
2 *Batiffol/Lagarde*, DIP II, n. 616 ff.; IPG 1972 Nr. 13 (München).
3 H.R. 10.12.1976, Rev.crit.d.i.p. 1978, 97 m. Anm. *Jessurun d'Oliveira*; dazu *Klinke*, DNotZ 1981, 351 ff.; H.R. 7.4.1989, NIPR, 1989 Nr. 187 m. Anm. *Strikwerda*.
4 BayObLG 14.5.1981, DNotZ 1982, 50 m. Anm. *Dörner* = IPRspr. 1981 Nr. 130 (Vereinbarung der „Gütergemeinschaft nach den Vorschriften des Bürgerlichen Gesetzbuchs" in der Ehe zwischen einem Österreicher und einer Deutschen kraft Rückverweisung als wirksam erachtet).

Das *Schweizer* IPR unterwirft die güterrechtlichen Verhältnisse von Ehegatten 5963
ebenfalls primär dem gewählten Recht. Die Ehegatten können wählen zwischen dem Recht der Staaten, in dem beide ihren Wohnsitz haben oder nach der Eheschließung haben werden, und dem Recht eines ihrer Heimatstaaten. Die Rechtswahl muss lediglich privatschriftlich vereinbart werden (Art. 53 IPR-G). In ähnlicher Weise beschränkt auch das neue *italienische, japanische, spanische* und *türkische* IPR die Rechtswahl auf das Wohnsitzrecht oder die Heimatrechte der Ehegatten (Art. 30 Abs. 1, 2. HS italien. IPR-G, Art. 15 Abs. 1, HS 2 japan. IPR-G, Art. 9 Abs. 3 span. c.c., Art. 14 türk. IPR-G). Das italienische Recht macht die Rechtswahl ferner davon abhängig, dass entweder das gewählte Recht oder das Recht des Abschlussortes sie anerkennt (Art. 30 Abs. 2 IPR-G). Das IPR der vormals *jugoslawischen* Staaten lässt eine Rechtswahl im Güterrecht nur zu, wenn das bei Vertragsschluss maßgebliche Ehewirkungsstatut sie gestattet (Art. 37 Abs. 2 IPR-G). Das *spanische* Recht lässt es demgegenüber bereits genügen, dass entweder das Ehewirkungsstatut oder das Heimat- bzw. Aufenthaltsrecht eines Ehegatten die Rechtswahl als wirksam erachten (Art. 9 Abs. 3 c.c.).

Schließlich räumt man auch in *England* und den meisten anderen Staaten des 5964
Common-Law-Rechtskreises den Ehegatten die Möglichkeit ein, das Güterrechtsstatut durch Rechtswahl zu bestimmen. Das in einem Ehevertrag ausdrücklich oder stillschweigend gewählte Recht beherrscht dann zumindest die Rechtsbeziehungen der Ehegatten hinsichtlich des gesamten *beweglichen* Vermögens, auch soweit dieses erst nach der Eheschließung erworben wird, und unabhängig von einem späteren Wechsel des Domizils[1]. Die Gültigkeit der getroffenen Rechtswahl wird im Übrigen davon abhängig gemacht, dass sie auch von dem gewählten Recht anerkannt wird.

gg) Ausschluss des Renvoi

Ein Verstoß gegen den Sinn der deutschen Verweisung in Art. 15 Abs. 1 5965
EGBGB wird teilweise dann angenommen, wenn das zur Anwendung berufene ausländische Recht entweder für alle Ehewirkungen oder nur für das Ehegüterrecht nicht geschlechtsneutral anknüpft. Stellt also das ausländische internationale Ehegüterrecht einseitig auf das jeweilige Heimat- oder Wohnsitzrecht des Ehemannes ab, so soll eine solche **gleichberechtigungswidrige Anknüpfung** von deutschen Gerichten nicht zu beachten sein, sofern nicht die Ehefrau dieselben Anknüpfungsmerkmale erfüllt und deshalb kein gleichberechtigungswidriges Ergebnis eintritt[2].

---

[1] *Dicey/Morris*, Rule 157 (3), S. 1288 ff.; *Rabel*, I/II, S. 392 (397 f.); ferner KG 21.12.1935, JW 1936, 2466 m. Anm. *Maßfeller*; IPG 1972 Nr. 14 (Köln), jeweils zur Wahl des Güterrechtsstatuts nach anglo-ind. Recht.
[2] BGH 8.4.1987, NJW 1988, 638 = IPRax 1988, 100 (m. Anm. *Schurig*, IPRax 1988, 88) = IPRspr. 1987 Nr. 47b (Rückverweisung des italien. internationalen Ehegüterrechts auf das deutsche Heimatrecht des Ehemannes wegen Widerspruchs zum Sinn der Verweisung in Art. 15 Abs. 1 EGBGB nicht beachtet).

Indessen ist ausländisches Kollisionsrecht – im Gegensatz zum deutschen Kollisionsrecht – nicht abstrakt an den deutschen Grundrechten zu messen, sondern nur dann nach Art. 6 S. 2 EGBGB auszuschalten, wenn seine Anwendung im konkreten Einzelfall zu einer mit Art. 3 Abs. 2 GG nicht zu vereinbarenden unerträglichen Benachteiligung der Ehefrau gegenüber ihrem Ehemann führt[1]. Ebenso wenig ist im Rahmen der objektiven Anknüpfung nach Art. 15 Abs. 1 iVm. Art. 14 Abs. 1 Nr. 3 EGBGB eine Rückverweisung schon deshalb sinnwidrig, weil das berufene Recht das Güterrechtsstatut anders festlegt als das deutsche IPR[2].

5966 Ausgeschlossen sind Rück- und Weiterverweisung gem. Art. 4 Abs. 2 EGBGB hingegen, wenn die Ehegatten das anwendbare Güterrecht durch eine gültige **Rechtswahl** nach Art. 15 Abs. 2 oder 220 Abs. 3 S. 1 Nr. 2 EGBGB bestimmt haben[3]. Im letzteren Fall reicht es auch aus, dass die Ehegatten lediglich von der Geltung eines bestimmten Rechts „ausgegangen" sind, weil darin eine schlüssige Rechtswahl zu sehen ist[4]. Gleiches muss schließlich auch dann gelten, wenn das Güterrechtsstatut gem. Art. 15 Abs. 1 iVm. Art. 14 Abs. 2–4 EGBGB durch *mittelbare Rechtswahl* festgelegt worden ist. Zwar lässt sich bei formaler Betrachtung die Auffassung vertreten, die Anknüpfung in Art. 15 Abs. 1 EGBGB bleibe auch dann objektiv, wenn auf das von den Ehegatten nach Art. 14 Abs. 2–4 EGBGB wirksam gewählte Ehewirkungsstatut verwiesen wird, so dass insoweit für eine Anwendung von Art. 4 Abs. 2 EGBGB kein Raum sei[5]. Der Gleichlauf zwischen Güter- und Erbstatut, der durch die Zulassung eines Renvoi gefördert werden soll, ist aber über Art. 15 Abs. 1 iVm. Art. 14 Abs. 2–4 EGBGB nur unvollkommen zu erreichen; denn die unterschiedlichen Anknüpfungsmerkmale und -zeitpunkte in Art. 14, 15 und 25 Abs. 1 EGBGB, sowie die nur beschränkte Parteiautonomie im internationalen Erbrecht stehen einer effektiven Koordinierung von Güterrechts- und Erbstatut entgegen. Die besseren Gründe sprechen dafür, die Bestimmung des Ehegüterrechtsstatuts durch mittelbare Rechtswahl als *Sachnormverweisung* zu qualifizieren und einen Renvoi nach Art. 4 Abs. 1 S. 1, HS 2 EGBGB auszuschließen[6].

---

1 Für eine Korrektur mit Hilfe des ordre public-Vorbehalts zu Recht *Kartzke*, IPRax 1988, 8 (11 f.); *Kühne*, Festschr. Ferid (1988), S. 251 (259); *Ebenroth/Eyles*, IPRax 1989, 1 (10 f.); *Schotten*, MittRheinNotK 1984, 39; *Sonnenberger*, in: MünchKomm, Art. 4 EGBGB Rz. 25; *Hausmann*, in: Staudinger, Art. 4 EGBGB Rz. 107 mwN.; aA *Siehr*, in: MünchKomm, Art. 15 EGBGB Rz. 126; *Kropholler*, IPR, § 24 II 2 b.
2 *Siehr*, in: MünchKomm, Art. 15 EGBGB Rz. 123 aE; *Sonnenberger*, in: MünchKomm, Art. 4 EGBGB Rz. 28; aA *Thorn*, in: Palandt, Art. 15 EGBGB Rz. 2.
3 Unstr., vgl. *Thorn*, in: Palandt, Art. 15 EGBGB Rz. 2; *Hohloch*, in: Erman, Art. 15 EGBGB Rz. 30; *von Bar*, II Rz. 222; *Schotten/Schmellenkamp*, Rz. 166.
4 BGH 8.4.1987, FamRZ 1987, 679 = NJW 1988, 638 = IPRspr. 1987 Nr. 47b.
5 So *Kühne*, Festschr. Ferid (1988), S. 251 (264); *Rauscher*, NJW 1988, 2151 (2154); *Schotten/Schmellenkamp*, Rz. 166.
6 *Hohloch*, in: Erman, Art. 15 EGBGB Rz. 7, 21; *Mankowski*, in: Staudinger, Art. 15 EGBGB Rz. 89; im Erg. ebenso *Kartzke*, IPRax 1988, 8 (10 f.); *Thorn*, in: Palandt, Rz. 2; *Siehr*, in: MünchKomm, Rz. 129; *Johannsen/Henrich*, Rz. 16, jeweils zu Art. 15 EGBGB.

c) Rechtswahl
aa) Allgemeines

Die Ehegatten haben nach geltendem Recht nicht nur die Möglichkeit, das auf ihre güterrechtlichen Verhältnisse anwendbare Recht *mittelbar* durch die Wahl des Ehewirkungsstatuts in den Grenzen von Art. 14 Abs. 2 und 3 EGBGB zu bestimmen; sie können vielmehr darüber hinaus das Güterrechtsstatut auch *unmittelbar* durch Rechtswahl nach Art. 15 Abs. 2 EGBGB unabhängig vom Ehewirkungsstatut festlegen, um den jeweils veränderten Lebens- und Vermögensverhältnissen Rechnung zu tragen[1]. Zulässigkeit, Inhalt und Umfang der Rechtswahl beurteilen sich in diesem Fall allein nach **deutschem Recht**; auf den Standpunkt der abgewählten oder der gewählten Rechtsordnung kommt es aus der Sicht des deutschen IPR nicht an[2]. Nach Art. 15 Abs. 2 EGBGB ist die Wahl des Güterrechtsstatuts an keine besonderen Voraussetzungen geknüpft. Beschränkt ist lediglich der Kreis der zur Wahl gestellten Rechtsordnungen. Daher können auch deutsche Ehegatten ihre güterrechtlichen Beziehungen einem ausländischen Recht unterstellen, sofern einer von ihnen in dem betreffenden Staat seinen gewöhnlichen Aufenthalt hat (Nr. 2) oder dort unbewegliches Vermögen besitzt (Nr. 3).

5967

Die Rechtswahl sollte im Interesse der Rechtsklarheit möglichst ausdrücklich getroffen werden. Soweit die Form nach Art. 15 Abs. 3 iVm. Art. 14 Abs. 4 EGBGB gewahrt ist, kommt jedoch auch eine **stillschweigende Rechtswahl** in Betracht[3]. Erforderlich ist allerdings ein auf die kollisionsrechtliche Wahl des anwendbaren Güterrechts bezogener Geschäftswille[4]. Deshalb reicht die von den Ehegatten in einem Grundstückskaufvertrag mit einem Dritten getroffene Rechtswahl nach Art. 3 Abs. 1 Rom I-VO hierfür nicht aus[5].

5968

Auch aus dem *Ausschluss des Versorgungsausgleichs* und der teilweise vereinbarten Gütertrennung in einer deutsch-ausländischen Ehe kann nicht auf die stillschweigende Wahl des Heimatrechts des ausländischen Ehegatten geschlossen werden[6]. Auch ansonsten ist bei einer Rechtswahlvereinbarung in

---

1 Vgl. zu dieser ratio der erweiterten Rechtswahlmöglichkeit nach Art. 15 Abs. 2 EGBGB: BT-Drucks. 10/504, S. 58; *Thorn*, in: Palandt, Rz. 21; *Siehr*, in: MünchKomm, Rz. 8; *Hohloch*, in: Erman, Rz. 22, jeweils zu Art. 15 EGBGB.
2 *Siehr*, in: MünchKomm, Art. 15 EGBGB Rz. 24, 35; *von Bar*, II Rz. 223; *Schotten/Schmellenkamp*, Rz. 152 mwN.
3 *Andrae*, NotBZ 2001, 44 (50); *Andrae.*, IntFamR, § 3 Rz. 97; *Sieghörtner*, in: AnwK, Art. 15 EGBGB Rz. 47; *Mankowski*, in: Staudinger, Art. 15 EGBGB Rz. 106; aA OLG Hamm 11.5.2001, FamRZ 2002, 459 = IPRspr. 2001 Nr. 57; *Hohloch*, in: Erman, Art. 15 EGBGB Rz. 31; *Thorn*, in: Palandt, Art. 15 EGBGB Rz. 23.
4 *Schurig*, in: Soergel, Art. 15 EGBGB Rz. 16 aE.
5 OLG Hamm 13.3.1998, FamRZ 1999, 299 (300) = IPRspr. 1998 Nr. 72 (Erwerb eines deutschen Hausgrundstücks durch kroat. Ehegatten. „Daraus, dass die Parteien ein in Deutschland gelegenes Grundstück erworben haben und der Kaufvertrag ... deutschem Recht unterlag, lässt sich keine Rechtswahl bezüglich des Güterrechts entnehmen."); ferner LG Augsburg 30.3.1994, MittBayNotV 1995, 233; *Mankowski*, in: Staudinger, Art. 15 EGBGB Rz. 106.
6 OLG Schleswig 6.4.2000, SchlHA 2000, 222 = IPRspr. 2000 Nr. 53.

einer Scheidungsfolgenvereinbarung jeweils sorgfältig zu prüfen, ob sie sich auch auf das eheliche Güterrecht bezieht[1]. Demgegenüber kann die Vereinbarung einer *Morgengabe* nach islamischem Recht in einem Ehevertrag zwischen einem deutschen Ehegatten und seinem Partner der einem islamischen Staat angehört, als konkludente Wahl des Heimatrechts dieses Partners ausgelegt werden[2].

5969 Auch der **Zeitpunkt der Rechtswahl** ist nicht fixiert; sie kann bereits vor der Heirat, wenn auch nur mit Wirkung ab dieser, oder zu einem beliebigen Zeitpunkt während der Ehe vorgenommen werden, um den Eheleuten eine Anpassung an veränderte Verhältnisse zu ermöglichen[3]. Die Rechtswahl wirkt freilich nur ex nunc; eine Rückwirkung des gewählten Rechts auf den Zeitpunkt der Eheschließung kann mit Wirkung gegenüber Dritten nicht vereinbart werden[4].

bb) Rechtswahl nach Art. 15 Abs. 2 Nr. 1 und 2 EGBGB

5970 Zur Wahl stehen den Ehegatten nach Art. 15 Abs. 2 Nr. 1 EGBGB zunächst ihre jeweiligen **Heimatrechte**. Ist ein Ehegatte *Mehrstaater*, so ist nicht nur die Wahl des nach Art. 5 Abs. 1 EGBGB effektiven bzw. des vorrangigen deutschen Heimatrechts gestattet; vielmehr können die Ehegatten – entgegen dem zu eng geratenen Wortlaut der Nr. 1 – auch ein nicht effektives Heimatrecht wählen oder sich für das ausländische Heimatrecht eines zugleich deutschen Ehegatten entscheiden, weil das Gesetz der Parteiautonomie im internationalen Ehegüterrecht – anders als im Recht der allgemeinen Ehewirkungen (vgl. zu Art. 14 Abs. 3 EGBGB oben Rz. 5887) – weiten Raum lässt[5]. Außerdem darf die

---

1 Vgl. OLG Hamm 11.5.2001, FamRZ 2002, 459 = IPRspr. 2001 Nr. 57; *Sieghörtner*, in: AnwK, Art. 15 EGBGB Rz. 48.
2 Die hM lässt die Vereinbarung einer Morgengabe hingegen nicht als stillschweigende Wahl des Heimatrechts des islam. Partners gelten, weil sie einer in allen islam. Staaten verbreiteten Vorstellung entspreche, vgl. OLG Frankfurt 29.2.1996, FamRZ 1996, 1478 = IPRspr. 1996 Nr. 69 (deutsch-jordan. Ehe); OLG München 26.7.2005, IPRspr. 2005 Nr. 46 (deutsch-ägypt. Ehe); dazu näher *Wurmnest*, RabelsZ 71 (2007), 554 (555); *Thorn*, in: Palandt, Art. 15 EGBGB Rz. 23; *Mankowski*, in: Staudinger, Art. 15 EGBGB Rz. 106; vgl. auch oben Rz. 5885. Etwas anderes sollte aber dann gelten, wenn die Vereinbarung der Morgengabe nach dem Recht am Eheschließungsort zwingende Voraussetzung für die materielle Wirksamkeit der Ehe ist; vgl. *Andrae*, IntFamR, § 3 Rz. 98.
3 Vgl. *Thorn*, in: Palandt, Rz. 21; *Siehr*, in: MünchKomm, Rz. 36; *Schurig*, in: Soergel, Rz. 16; *Hohloch*, in: Erman, Rz. 23, jeweils zu Art. 15 EGBGB; *Böhmer*, in: Ferid, IPR, Rz. 8–108; *von Bar*, II Rz. 227; *Schotten/Schmellenkamp*, Rz. 154.
4 *Schotten*, DNotZ 1999, 326 (327) mwN.; *Sieghörtner*, in: AnwK, Art. 15 EGBGB Rz. 58; *Siehr*, in: MünchKomm, Art. 15 EGBGB Rz. 54; aA *Andrae*, IntFamR, § 3 Rz. 94; *Mankowski*, in: Staudinger, Art. 15 EGBGB Rz. 116.
5 Für Zulässigkeit einer Wahl des nicht effektiven Heimatrechts auch *Kühne*, IPRax 1987, 69 (72); *Siehr*, IPRax 2007, 353 (356 f.); *Siehr*, in: MünchKomm, Rz. 28; *Thorn*, in: Palandt, Rz. 22; *Schurig*, in: Soergel, Rz. 18; *Hohloch*, in: Erman, Rz. 26; *Mörsdorf-Schulte*, in: Bamberger/Roth, Rz. 65, jeweils zu Art. 15 EGBGB; *Kropholler*, IPR, § 45 IV 4a; *Schotten/Schmellenkamp*, Rz. 154b; *Andrae*, IntFamR, § 3 Rz. 89; aA *Lichtenberger*, DNotZ 1986, 644 (659); *Wegmann*, NJW 1987, 1740 (1742); *Mankowski*, in:

Gültigkeit der Rechtswahl nicht von der – häufig schwierigen – Ermittlung des effektiven Heimatrechts abhängen[1]. Darüber hinaus können die Eheleute auch ihr gemeinsames Heimatrecht wählen, soweit dieses nicht bereits nach Art. 15 Abs. 1 iVm. Art. 14 Abs. 1 Nr. 1 EGBGB Güterrechtsstatut ist[2].

Weiterhin können die Ehegatten nach Art. 15 Abs. 2 Nr. 2 EGBGB das Recht des Staates wählen, in dem mindestens einer von ihnen seinen **gewöhnlichen Aufenthalt** hat. Erst recht können sie ihre güterrechtlichen Beziehungen dem *gemeinsamen* Aufenthaltsrecht unterstellen[3]. Auf die Staatsangehörigkeit der Ehegatten kommt es insoweit nicht an, so dass die Wahlmöglichkeit nach Art. 15 Abs. 2 Nr. 2 EGBGB – anders als nach Art. 14 Abs. 2 und 3 EGBGB – auch dann eröffnet ist, wenn die Ehegatten dieselbe (effektive) Staatsangehörigkeit besitzen[4]. 5971

cc) Rechtswahl nach Art. 15 Abs. 2 Nr. 3 EGBGB

Hinsichtlich ihres unbeweglichen Vermögens können die Ehegatten schließlich auch das Recht des Lageorts wählen. Durch die erst auf Vorschlag des Rechtsausschusses eingefügte Bestimmung soll vor allem der **Erwerb deutscher Grundstücke** durch ausländische Ehegatten erleichtert werden[5]. Umgekehrt können freilich auch deutsche Ehegatten für ihre im Ausland belegenen Immobilien das jeweilige ausländische Belegenheitsrecht wählen[6]. Die Rechtswahl nach Art. 15 Abs. 2 Nr. 3 EGBGB kann gleichzeitig mit einer Rechtswahl nach Nr. 1 oder Nr. 2[7], aber auch unabhängig davon zu einem früheren oder späteren Zeitpunkt getroffen werden. 5972

Der **Begriff des „unbeweglichen Vermögens"** in Art. 15 Abs. 2 Nr. 3 EGBGB ist – wie andere Systembegriffe des deutschen Kollisionsrechts auch – grundsätzlich nach Maßgabe der deutschen **lex fori** zu qualifizieren; eine Qualifikations- 5973

Staudinger, Art. 15 EGBGB Rz. 134 ff.; *Looschelders*, Art. 15 EGBGB Rz 35; *von Bar*, II Rz. 222; *Dethloff*, JZ 1995, 64 (68); *Junker*, IPR, Rz. 524; *Henrich*, IntFamR, § 3 I 3b; *Kemp*, S. 55.

1 Zutr. *Schotten/Schmellenkamp*, Rz. 154 b.
2 Vgl. *Mankowski*, in: Staudinger, Art. 15 EGBGB Rz. 17; *Schotten/Schmellenkamp*, Rz. 154a.
3 Vgl. OLG Düsseldorf 27.3.2003, FamRZ 2003, 1287 = IPRspr. 2003 Nr. 60; *Henrich*, FamRZ 1986, 847; *Kropholler*, IPR, § 45 IV 4b; *Schurig*, in: Soergel, Art. 15 EGBGB Rz. 19; *Mankowski*, in: Staudinger, Art. 15 EGBGB Rz. 149.
4 *Schotten/Schmellenkamp*, Rz. 156; *von Bar*, II Rz. 223; *Siehr*, in: MünchKomm, Rz. 29; *Schurig*, in: Soergel, Rz. 19; *Mankowski*, in: Staudinger, Rz. 144, jeweils zu Art. 15 EGBGB.
5 BT-Drucks. 10/5632, S. 42; *Thorn*, in: Palandt, Rz. 22; *Hohloch*, in: Erman, Rz. 28; *Schurig*, in: Soergel, Rz. 20, jeweils zu Art. 15 EGBGB; *Kropholler*, IPR, § 45 IV 4c; *Schotten/Schmellenkamp*, Rz. 157 mwN.
6 *Thorn*, in: Palandt, Rz. 22 und *Hohloch*, in: Erman, Rz. 28; *Böhmer*, in: Ferid, IPR, Rz. 8–143, 3; *Schotten/Schmellenkamp*, Rz. 158.
7 Zu einer solchen kombinierten Rechtswahl *Siehr*, in: MünchKomm, Art. 15 EGBGB Rz. 34; *von Bar*, II Rz. 225; *Schotten/Schmellenkamp*, Rz. 159.

verweisung auf das gewählte Recht der lex rei sitae findet also nicht statt[1]. Danach gehören außer Grundstücken und deren wesentlichen Bestandteilen (insbesondere Gebäuden, vgl. § 94 BGB) auch *grundstücksgleiche Rechte* (zB Erbbaurechte) und sonstige mit dem Eigentum an einem Grundstück bzw. einem grundstücksgleichen Recht verbundene Rechte iSv. § 96 BGB (zB Grunddienstbarkeiten, Reallasten uÄ.) zum unbeweglichen Vermögen iSv. Art. 15 Abs. 2 Nr. 3 EGBGB[2]. Gleiches gilt für *Wohnungseigentum* und – aufgrund der Verweisung in Art. 233 § 4 Abs. 1 EGBGB – für das Gebäudeeigentum nach § 288 Abs. 4 und § 292 Abs. 3 ZGB/DDR[3]. Darüber hinaus wird man aber auch Grundstückszubehör[4] und die im Grundbuch eintragbaren dinglichen Rechte zur Sicherung von Forderungen (zB Hypotheken oder Grundschulden) zum unbeweglichen Vermögen im kollisionsrechtlichen Sinne rechnen können[5]. Demgegenüber zählen schuldrechtliche Ansprüche und Anwartschaftsrechte, auch soweit sie durch Vormerkung gesichert sind, nicht zum unbeweglichen Vermögen[6]. Erst recht haben schuldrechtliche Ansprüche aus Grundstücksmiet- bzw. Pachtverträgen auszuscheiden[7]. Schließlich kommt eine gegenständlich beschränkte Rechtswahl nach Art. 15 Abs. 2 Nr. 3 EGBGB auch für Anteile an *Personengesellschaften* oder *Erbengemeinschaften* nicht in Betracht; Gesellschaftsbeteiligungen wie Erbteile sind vielmehr unabhängig von der Zusammensetzung des Gesellschaftsvermögens bzw. Nachlasses als beweglich zu qualifizieren[8].

---

1 *Lichtenberger*, DNotZ 1986, 644 (659) und Festschr. Ferid (1988), S. 269 (284); *Böhringer*, BWNotZ 1987, 104 (109); *Andrae*, IntFamR, § 3 Rz. 91; *Thorn*, in: Palandt, Rz. 22; *Siehr*, in: MünchKomm, Rz. 31 f.; *Hohloch*, in: Erman, Rz. 28; jeweils zu Art. 15 EGBGB; *von Bar*, II Rz. 226; *Kropholler*, IPR, § 45 IV 4c; aA *Kühne*, IPRax 1987, 69 (73); *Kemp*, S. 75 ff.; *Schotten/Schmellenkamp*, Rz. 160; *Schurig*, in: Soergel, Rz. 22; *Mankowski*, in: Staudinger, Rz. 164; *Johannsen/Henrich*, Rz. 12, jeweils zu Art. 15 EGBGB; *Junker*, IPR, Rz. 525; differenzierend *Mörsdorf-Schulte*, in: Bamberger/Roth, Art. 15 EGBGB Rz. 69.

2 Für eine hierauf beschränkte Auslegung des Begriffs „unbewegliches Vermögen" *Henrich*, IntFamR, § 3 I 3; *Schotten/Schmellenkamp*, Rz. 162; noch enger *Kegel/Schurig*, § 20 VI 1b, die sogar Erbbaurechte ausnehmen möchten.

3 *Schotten/Schmellenkamp*, Rz. 162.

4 *Kemp*, S. 81; *Süß*, ZNotP 2001, 173 (175 f.); *Sieghörtner*, in: AnwK, Art. 15 EGBGB Rz. 43.

5 So auch die hM, vgl. *Jayme*, IPRax 1986, 265 (270); *Lichtenberger*, DNotZ 1986, 644 (659); *Kühne*, IPRax 1987, 69 (73); *Wegmann*, NJW 1987, 1740 (1743); *Reithmann*, DNotZ 1996, 227 (228); *Thorn*, in: Palandt, Rz. 22; *Siehr*, in: MünchKomm, Rz. 33; *Hohloch*, in: Erman, Rz. 28; *Sieghörtner*, in: AnwK, Rz. 96, jeweils zu Art. 15 EGBGB; *von Bar*, II § 3 Rz. 91; *Andrae*, IntFamR, § 3 Rz. 91; *Kropholler*, IPR, § 45 IV 4c; aA aber die zuvor in Fn. 2 Genannten.

6 So auch die zuvor in Fn. 2 Genannten; ferner *Mankowski*, in: Staudinger, Art. 15 EGBGB Rz. 185 ff.; aA *Lichtenberger* DNotZ 1986, 644 (659) und *Wegmann* NJW 1987, 1740 (1743); *Reinhart*, BWNotZ 1987, 97 (101); *Böhringer*, BWNotZ 1987, 104 (109).

7 Ganz hM, vgl. *Thorn*, in: Palandt, Art. 15 EGBGB Rz. 22; *Mankowski*, in: Staudinger, Art. 15 EGBGB Rz. 189 ff.; *Schotten/Schmellenkamp*, Rz. 162; aA *Dörner*, DNotZ 1988, 67 (96) und teilweise auch *Wegmann*, NJW 1987, 1740 (1743).

8 *Reinhart*, BWNotZ 1987, 97 (101 f.); *Röll*, MittBayNotV 1989, 1 (3); *Thorn*, in: Palandt, Art. 15 EGBGB Rz. 22; *von Bar*, II Rz. 226; *Kropholler*, IPR, § 45 IV 4c; *Schotten/Schmellenkamp*, Rz. 162; *Mankowski*, in: Staudinger, Art. 15 EGBGB Rz. 199 ff.; aA

Die Rechtswahl nach Art. 15 Abs. 2 Nr. 3 EGBGB muss sich notwendig auf das **gesamte in einem Staat belegene unbewegliche Vermögen** der Ehegatten beziehen; diese können die Rechtswahl also nicht auf ein einzelnes oder einzelne Grundstücke beschränken und es hinsichtlich der übrigen im gleichen Staat belegenen Grundstücke bei dem von der lex rei sitae verschiedenen (objektiven oder gewählten) Güterrechtsstatut bewenden lassen[1]. Gegen die Zulässigkeit einer objektbezogenen Rechtswahl spricht, dass das deutsche internationale Güterrecht vom Prinzip der Einheitlichkeit des Güterstandes ausgeht und die hiervon im Interesse einer Vereinfachung der praktischen Arbeit von Notaren und Grundbuchämtern abweichende Rechtswahlmöglichkeit nach Art. 15 Abs. 2 Nr. 3 EGBGB daher restriktiv auszulegen ist[2]. Darüber hinaus führt die Zulassung einer nur auf einzelne Grundstücke beschränkten Rechtswahl gerade nicht zu einer Rechtsvereinfachung, sondern wirft erhebliche – bisher weithin ungeklärte und in ihrer Tragweite nur schwer einschätzbare – Rechtsprobleme im Falle einer Beendigung des Güterstands (zB durch Ehescheidung) auf[3].

5974

Lässt man mit der hM eine objektbezogene Rechtswahl zu, so kann die kollisionsrechtliche Spaltung des Güterstands in Bezug auf inländische Grundstücke keinesfalls auf die **sachrechtliche Ebene** übertragen werden. Die Ehegatten sind also nicht berechtigt für einzelne Grundstücke, die kraft Rechtswahl nach Art. 15 Abs. 2 Nr. 3 EGBGB deutschem materiellen Recht unterstehen, unterschiedliche Güterstände zu vereinbaren[4]. Im gesetzlichen Güterstand der „comunione legale" lebende italienische Ehegatten können also zwar beim Erwerb von Grundstücken in Deutschland für ihre diesbezüglichen güterrechtlichen Verhältnisse deutsches Recht wählen; haben sie sich beim Erwerb des

5975

Dörner, DNotZ 1988, 67 (95 f.); *Reithmann*, DNotZ 1996, 227 (228); *Siehr*, in: MünchKomm, Rz. 33; *Hohloch*, in: Erman, Rz. 25, jeweils zu Art. 15 EGBGB.
1 *Kühne*, IPRax 1987, 69 (73); *Wegmann*, NJW 1987, 1740 (1743); *Langenfeld*, FamRZ 1987, 9 (13); *Schneider*, MittRheinNotK 1989, 33 (42); *Schotten*, DNotZ 1994, 566 (567 ff.); *Schotten/Schmellenkamp*, Rz. 163; *Kemp*, S. 63 ff. m. ausf. Begr.; aA LG Mainz 14.12.1992, NJW-RR 1994, 73 = DNotZ 1994, 564 m. abl. Anm. *Schotten* = FamRZ 1994, 1457 m. zust. Anm. *Mankowski* (Serb. Ehemann und kroat. Ehefrau vereinbaren – abweichend von ihrem ansonsten maßgeblichen gesetzlichen Güterstand der Errungenschaftsgemeinschaft – für ein einzelnes deutsches Grundstück den deutschen Wahlgüterstand der Gütertrennung); ebenso die hL, vgl. *Lichtenberger*, DNotZ 1986, 644 (662) und Festschr. Ferid (1988), S. 269 (275 ff.); *Böhringer*, BWNotZ 1987, 104 (109); *Dörner*, DNotZ 1988, 67 (86); *Röll*, MittBayNotV 1989, 1 (3); *Mankowski*, FamRZ 1994, 1457 (1458 f.); *von Bar*, II Rz. 225; *Kropholler*, IPR, § 45 IV 4c; *Kegel/ Schurig*, § 20 VI 1b; *Andrae*, IntFamR, § 3 Rz. 91; *Henrich*, IntFamR, § 3 I 3b; *Thorn*, in: Palandt, Rz. 22; *Siehr*, in: MünchKomm, Rz. 49; *Hohloch*, in: Erman, Rz. 29; *Schurig*, in: Soergel, Rz. 21; *Mankowski*, in: Staudinger, Rz. 218 ff., jeweils zu Art. 15 EGBGB.
2 Zutr. *Kühne*, IPRax 1987, 69 (73); *Wegmann*, NJW 1987, 1740 (1743); *Langenfeld*, FamRZ 1987, 9 (13); *Schotten/Schmellenkamp*, Rz. 163.
3 Zu den schwierigen Anpassungsproblemen einer objektbezogenen Rechtswahl auf der Ebene des materiellen Rechts eingehend *Schotten/Schmellenkamp*, Rz. 163.
4 *Böhringer*, BWNotZ 1987, 104 (109 f.); *Wegmann*, NJW 1987, 1740 (1743); *Röll*, MittBayNotV 1989, 1 (3); *Siehr*, in: MünchKomm, Art. 15 EGBGB Rz. 50; *Schotten/ Schmellenkamp*, Rz. 164 mwN.; aA *Lichtenberger*, Festschr. Ferid (1988), S. 269 (280).

ersten Grundstücks für den deutschen Wahlgüterstand der Gütertrennung entschieden, so ist es ihnen aber verwehrt, beim Erwerb weiterer Grundstücke den gesetzlichen Güterstand der Zugewinngemeinschaft zu vereinbaren. Zumindest auf der sachrechtlichen Ebene muss also für sämtliche in Deutschland belegenen Grundstücke der gleiche Güterstand vereinbart werden.

dd) Wirkungen der Rechtswahl

5976 Die Rechtswahl nach Art. 15 Abs. 2 EGBGB wird mit ihrer formgerechten Erklärung wirksam; allerdings können die Ehegatten für den Eintritt der Wirksamkeit auch einen späteren Zeitpunkt festlegen. Die Rechtswahl wirkt jedoch stets *nur für die Zukunft*; die Vereinbarung einer Rückwirkung ist auf kollisionsrechtlicher Ebene nicht zulässig[1]. Während die in Art. 15 Abs. 2 Nr. 1 und 2 EGBGB eröffnete Rechtswahl notwendig die gesamten güterrechtlichen Beziehungen der Ehegatten betrifft[2], beschränkt sich die Wahl nach Nr. 3 in ihren Wirkungen auf das von ihr erfasste unbewegliche Vermögen, führt also in der Regel zu einer *Spaltung des Güterrechtsstatuts*[3]. Die Rechtswahl nach Art. 15 Abs. 2 EGBGB ist dabei streng von der Wahl eines bestimmten Güterstands auf der materiell-rechtlichen Ebene zu unterscheiden, auch wenn beide Vereinbarungen in der Praxis zumeist in einer notariellen Urkunde zusammengefasst werden. Ob und unter welchen Voraussetzungen der gesetzliche Güterstand durch einen Ehevertrag abgeändert werden kann, entscheidet allein das gewählte Recht[4].

5977 Eine nach der Eheschließung getroffene Rechtswahl führt notwendig zu einem **Statutenwechsel:** an die Stelle des bisher maßgeblichen objektiven Güterrechtsstatuts nach Art. 15 Abs. 1 EGBGB (bzw. eines früher gewählten Rechts) tritt das (neu) gewählte Recht. Die Abwicklung des bisherigen – durch die Rechtswahl beendeten – Güterstands beurteilt sich nach den Vorschriften des bisherigen Güterrechts; denn nur dieses Recht verfügt im Zweifel über Abwicklungsregeln, die auf den bisherigen Güterstand zugeschnitten sind[5]. Dem-

---

1 *Thorn,* in: Palandt, Rz. 21; *Siehr,* in: MünchKomm, Rz. 54; *Johannsen/Henrich,* Rz. 15, jeweils zu Art. 15 EGBGB; *Schotten,* DNotZ 1999, 326 (327); *Schotten/Schmellenkamp,* Rz. 167; aA *Mankowski/Osthaus,* DNotZ 1997, 10 (20 ff.), die den Drittschutz durch die analoge Anwendung des Art. 27 Abs. 2 S. 2 EGBGB sicherstellen wollen. Die Ehegatten können freilich, soweit das gewählte Recht dies zulässt, vereinbaren, sich so zu stellen, als ob das neue Güterrechtsstatut von Anfang an gegolten hätte, vgl. *Schurig,* in: Soergel, Art. 15 EGBGB Rz. 24. Vgl. auch Rz. 5969.
2 *Siehr,* in: MünchKomm, Rz. 51; *Hohloch,* in: Erman, Rz. 26 f., jeweils zu Art. 15 EGBGB; *Andrae,* IntFamR, § 3 Rz. 91; *Schotten/Schmellenkamp,* Rz. 155 f.
3 *Lichtenberger,* DNotZ 1986, 644 (659); *Böhringer,* BWNotZ 1987, 104 (109); *von Bar,* II Rz. 225; *Schotten/Schmellenkamp,* Rz. 174; *Thorn,* in: Palandt, Rz. 22; *Hohloch,* in: Erman, Rz. 29, jeweils zu Art. 15 EGBGB; vgl. auch unten Rz. 5980 ff.
4 *Lichtenberger,* Festschr. Ferid (1988), S. 269 (272); *Schotten,* DNotZ 1999, 326 (327); *Siehr,* in: MünchKomm, Art. 15 EGBGB Rz. 79, 94; *Mankowski,* in: Staudinger, Art. 15 EGBGB Rz. 126, 304 ff.; *Böhmer,* in: Ferid, IPR, Rz. 8–113; dazu näher *Schotten/Schmellenkamp,* Rz. 168 ff. mit Beispielsfällen.
5 *Wegmann,* NJW 1987, 1740 (1744); *Böhringer,* BWNotZ 1987, 104 (110); *Lichtenberger,* Festschr. Ferid (1988), S. 269 (274 f.); *Schotten,* DNotZ 1999, 326 (332 f.) und IPR,

gegenüber bestimmt das gewählte Güterrechtsstatut, welche Gegenstände des Altvermögens von dem neuen Güterstand erfasst werden[1]. Dies können auch Ansprüche aus der Liquidation des beendeten Güterstands sein. Der anlässlich der Rechtswahl geäußerte Wunsch der Ehegatten, auch ihr bisheriges Vermögen ex tunc dem neuen Güterrechtsstatut zu unterstellen, wird zT anerkannt, sofern hierdurch keine Rechte Dritter beeinträchtigt werden (Art. 3 Abs. 2 S. 2 Rom I-VO analog)[2]; vorzuziehen ist freilich eine Lösung durch Vereinbarungen auf sachrechtlicher Ebene[3].

ee) Beendigung der Rechtswahl

Die Ehegatten können eine einmal getroffene Rechtswahl mit Wirkung für die Zukunft jederzeit aufheben oder ändern; die Rechtswahl endet aber nicht schon deshalb, weil ihre Voraussetzungen nachträglich entfallen. Treffen die Ehegatten eine – nach Art. 15 Abs. 2 EGBGB zulässige – andere Rechtswahl, so gilt fortan das neu gewählte Güterstatut. Heben sie dagegen allein ihre frühere Rechtwahl auf, so gilt mit Wirkung ex nunc wieder das objektiv nach Art. 15 Abs. 1 iVm. Art. 14 EGBGB bestimmte Güterrechtsstatut[4]. Für dessen Ermittlung sind nach Art. 15 Abs. 1 EGBGB die Verhältnisse zur Zeit der Eheschließung – und nicht jene bei Aufhebung der Rechtswahl – maßgeblich[5]. Für die Überleitung gilt in einem solchen Falle das zuvor in Rz. 5977 Gesagte entsprechend. 5978

ff) Form der Rechtswahl

Für die Form der Rechtswahl (und ihre Aufhebung) gelten gem. Art. 15 Abs. 3 EGBGB die in Art. 14 Abs. 4 EGBGB enthaltenen Regeln entsprechend (dazu oben Rz. 5891). Im *Inland* bedarf eine Rechtswahl daher der notariellen Beurkundung[6]; ein Verstoß gegen diese Formvorschrift führt zur Nichtigkeit der Rechtswahl und damit zur Geltung des objektiven Güterrechtsstatuts nach Art. 15 Abs. 1 EGBGB. Bei Vertragsschluss im *Ausland* genügt auch die Ein- 5979

Rz. 173; *Kropholler*, IPR, § 45 IV 4d; *Schurig*, in: Soergel, Art. 15 EGBGB Rz. 24; *Siehr*, in: MünchKomm, Art. 15 EGBGB Rz. 54; aA (Maßgeblichkeit des neuen Güterrechtsstatuts) *Thorn*, in: Palandt, Rz. 21; *Hohloch*, in: Erman, Rz. 25; *Mankowski*, in: Staudinger, Rz. 121 ff., jeweils zu Art. 15 EGBGB; *von Bar*, II Rz. 277; *Mankowski/Osthaus*, DNotZ 1997, 10 (23 f.).

1 *Wegmann*, *Siehr*, in: MünchKomm und *Schotten/Schmellenkamp* (jeweils in der vorigen Fn.).
2 Vgl. *Thorn*, in: Palandt, Rz. 21; *Siehr*, in: MünchKomm, Rz. 55; *Hohloch*, in: Erman, Rz. 25; *Mankowski*, in: Staudinger, Rz. 118 f., jeweils zu Art. 15 EGBGB.
3 Vgl. dazu näher *Schotten*, DNotZ 1999, 326 (328 ff.).
4 *Thorn*, in: Palandt, Rz. 21; *Siehr*, in: MünchKomm, Rz. 37, jeweils zu Art. 15 EGBGB.
5 *Lichtenberger*, DNotZ 1986, 644 (660); *Kropholler*, IPR, § 45 IV 4d; *Schurig*, in: Soergel, Art. 15 EGBGB Rz. 25; *Schotten/Schmellenkamp*, Rz. 107; aA *Wegmann*, NJW 1987, 1740 (1744); *Siehr*, in: MünchKomm, Art. 15 EGBGB Rz. 58; *Mankowski*, in: Staudinger, Art. 15 EGBGB Rz. 113; *Sieghörtner*, in: AnwK, Art. 15 EGBGB Rz. 61.
6 Vgl. zur Rechtswahl für die künftige güterrechtliche Auseinandersetzung OLG Hamm 15.5.2001, FamRZ 2002, 459 = IPRspr. 2001 Nr. 57.

haltung der dort für eine Wahl des Güterrechtsstatuts vorgeschriebenen Form, auch wenn diese weniger streng ist als die Form für den Abschluss eines Ehevertrages[1].

d) Vorrang des Rechts des Lageorts

5980 Das deutsche internationale Ehegüterrecht folgt dem Grundsatz der **Einheitlichkeit des Güterrechtsstatuts**. Die gesamten güterrechtlichen Verhältnisse der Ehegatten richten sich nach demselben Recht, unabhängig von dem Ort, an dem sich die einzelnen Vermögensgegenstände befinden[2]. Dieser Grundsatz wird jedoch an drei Stellen durchbrochen. Zum einen wird eine (Teil-)Rückverweisung des von Art. 15 Abs. 1 EGBGB berufenen Rechts auf das Recht des Lageorts beachtet (dazu oben Rz. 5954 ff.). Zum Zweiten eröffnet Art. 15 Abs. 2 Nr. 3 EGBGB eine gegenständlich auf unbewegliches Vermögen beschränkte Rechtswahl zugunsten der lex rei sitae (dazu oben Rz. 5972 ff.).

5981 Eine dritte Durchbrechung ergibt sich aus Art. 3a Abs. 2 EGBGB. Diese Vorschrift ordnet den Vorrang eines vom Güterrechtsstatut verschiedenen Belegenheitsstatuts (lex rei sitae) an, soweit dieses für die in seinem Gebiet befindlichen Vermögensgegenstände besondere Vorschriften bereithält. Zu den „besonderen Vorschriften" iSv. Art. 3a Abs. 2 EGBGB gehören nicht nur die Bestimmungen über Sondervermögen (Fideikommisse, Lehen usw.)[3], sondern auch *kollisionsrechtliche* Vorschriften des Belegenheitsstaates, die eine verschiedene Anknüpfung für bewegliches und unbewegliches Vermögen vorsehen und die güterrechtlichen Verhältnisse an Grundstücken der lex rei sitae unterwerfen, wie dies insbesondere im englischen und anglo-amerikanischen Recht weithin der Fall ist[4]. Es tritt insoweit also eine Aufspaltung des Güterstandes ein mit der Folge, dass etwa das New Yorker Recht entscheidet, ob und welche Verfügungsbeschränkungen kraft Güterrechts in Bezug auf ein dort belegenes Grundstück deutscher Ehegatten bestehen und wie dieses

---

1 *Siehr*, in: MünchKomm, Rz. 40; *Hohloch*, in: Erman, Rz. 31; *Mankowski*, in: Staudinger, Rz. 101 f.; *Sieghörtner*, in: AnwK, Rz. 52, jeweils zu Art. 15 EGBGB; *Schotten/Schmellenkamp*, Rz. 176; *Andrae*, IntFamR, § 3 Rz. 93; aA *Kleinheisterkamp*, IPRax 2004, 399 ff.; *Thorn*, in: Palandt, Art. 15 EGBGB Rz. 23.
2 *Thorn*, in: Palandt, Art. 15 EGBGB Rz. 4; *Hohloch*, in: Erman, Art. 15 EGBGB Rz. 13; *Kropholler*, IPR, § 45 IV 1; *Schotten/Schmellenkamp*, Rz. 146; vgl. auch BGH 18.10.1968, NJW 1969, 309 = IPRspr. 1968/69 Nr. 88 (Güterrechtliche Verhältnisse von österreich. Ehegatten an deutschem Grundstück nach österreich. Recht beurteilt).
3 Dazu näher *Ludwig*, DNotZ 2000, 663 (669 ff.); *Sonnenberger*, in: MünchKomm, Art. 3 EGBGB Rz. 17 ff.; *Siehr*, in: MünchKomm, Art. 15 EGBGB Rz. 134; *Freitag*, in: AnwK, Art. 15 EGBGB Rz. 68; *Hausmann*, in: Staudinger, Art. 3 EGBGB Rz. 81 ff. mwN.
4 Ganz hM, vgl. BGH 21.4.1993, NJW 1993, 1920 (1921) = IPRax 1994, 375 (m. Anm. *Dörner*, IPRax 1994, 362) = IPRspr. 1993 Nr. 115; BayObLG 3.4.1990, NJW-RR 1990, 1033 = IPRspr. 1990 Nr. 144; *Ludwig*, DNotZ 2000, 663 (669 ff.); *von Bar*, II Rz. 232; *Schotten/Schmellenkamp*, Rz. 150; *Thorn*, in: Palandt, Art. 3 EGBGB Rz. 14 und Art. 15 EGBGB Rz. 4; *Sonnenberger*, in: MünchKomm, Art. 3 EGBGB Rz. 25; *Hausmann*, in: Staudinger, Art. 3 EGBGB Rz. 61 f. mwN.; aA *Schurig*, in: Soergel, Art. 15 EGBGB Rz. 66.

Grundstück bei Auflösung der Ehe in eine vermögensrechtliche Abwicklung einzubeziehen ist[1].

Eine **Rechtswahl** nach Art. 15 Abs. 2 Nr. 1 oder 2 EGBGB zielt in Ermangelung von Anhaltspunkten für einen abweichenden Parteiwillen nur auf die Bestimmung des Güterrechtsstatuts als Gesamtstatut; die getroffene Rechtswahl lässt daher die Sonderanknüpfung nach Art. 3a Abs. 2 EGBGB grundsätzlich unberührt[2]. Trifft ein im Inland lebendes englisches Ehepaar daher eine Rechtswahl zugunsten des deutschen Rechts nach Art. 15 Abs. 2 Nr. 2 EGBGB, so ändert dies nichts daran, dass ein in England belegenes Ferienhaus der Ehegatten in güterrechtlicher Hinsicht dem englischen Recht unterworfen bleibt. Die Ehegatten sind freilich nicht gehindert, das englische Grundstück in ihre Rechtswahlvereinbarung nach Art. 15 Abs. 2 Nr. 2 EGBGB einzubeziehen. Der Vorrang des Einzelstatuts nach Art. 3a Abs. 2 EGBGB kann mithin durch einen hinreichend klar geäußerten Parteiwillen überwunden werden[3]. Demgegenüber setzen sich zwingende materiellrechtliche Vorschriften der lex rei sitae über Sondervermögen auch gegen eine abweichende Rechtswahl durch[4]. 5982

e) Intertemporales Recht

Besondere Schwierigkeiten bereitet die Ermittlung des maßgeblichen Güterrechtsstatuts schließlich deshalb, weil der Reformgesetzgeber in Art. 220 Abs. 3 EGBGB für die vor Inkrafttreten des IPR-Gesetzes am 1.9.1986 geschlossenen Ehen eine komplizierte **Übergangsregelung** vorgesehen hat. Danach kommt es darauf an, ob die Ehe vor dem 1.4.1953, in der Zeit zwischen dem 1.4.1953 und dem 8.4.1983 oder schließlich nach dem 8.4.1983 geschlossen worden ist. 5983

aa) Eheschließung vor dem 1.4.1953

Art. 15 Abs. 1 EGBGB aF hatte in seiner gewohnheitsrechtlichen Fortbildung zur allseitigen Kollisionsnorm die güterrechtlichen Verhältnisse dem Heimatrecht des Ehemannes zur Zeit der Eheschließung unterstellt. Das BVerfG hat diese Regelung durch Beschluss vom 22.2.1983[5] wegen Verstoßes gegen Art. 3 Abs. 2 GG für nichtig erklärt; sie war damit gem. Art. 117 Abs. 1 GG am 1.4.1953 außer Kraft getreten. Für die vor diesem Zeitpunkt geschlossenen Ehen gilt der aus Art. 15 EGBGB aF entwickelte allgemeine Grundsatz hingegen fort; die am 1.4.1953 eingetretene Änderung des Kollisionsrechts hat we- 5984

---

1 Vgl. *Thorn*, in: Palandt, Art. 15 EGBGB Rz. 22; *von Bar*, II Rz. 225; *Schotten/Schmellenkamp*, Rz. 151.
2 *Siehr*, in: MünchKomm, Art. 15 EGBGB Rz. 138; *Hausmann*, in: Staudinger, Art. 3 EGBGB Rz. 65; *Schotten/Schmellenkamp*, Rz. 155.
3 Wie hier *Siehr*, in: MünchKomm, Art. 15 EGBGB Rz. 138; *Schotten/Schmellenkamp*, Rz. 165; aA *Mankowski*, in: Staudinger, Art. 15 EGBGB Rz. 21.
4 *Siehr*, in: Münch/Komm, Art. 15 EGBGB Rz. 137.
5 BVerfGE 63, 181 = NJW 1983, 1968 = DNotZ 1983, 356 m. Anm. *Lichtenberger* = IPRax 1983, 223 (m. Anm. *Henrich*, IPRax 1983, 208) = IPRspr. 1983 Nr. 56.

gen der Unwandelbarkeit des Güterrechtsstatuts keinen Einfluss auf die damals bereits bestehenden Ehen[1]. Insoweit verbleibt es mithin bei der Gesamtverweisung[2] auf das Heimatrecht des Ehemannes zur Zeit der Eheschließung; die Ehegatten können jedoch gem. Art. 220 Abs. 3 S. 6, 2. Halbsatz eine Rechtswahl gem. Art. 15 Abs. 2, 3 EGBGB nF treffen, soweit deren Voraussetzungen *jetzt* vorliegen[3].

bb) Eheschließung zwischen dem 1.4.1953 und dem 8.4.1983

5985 Für Ehen, die nach dem 31.3.1953 und vor dem 9.4.1983 geschlossen worden sind, unterscheidet die Übergangsregelung in Art. 220 Abs. 3 EGBGB zwischen der Zeit bis zum 8.4.1983, für die S. 1 gilt, und der Zeit nach dem 8.4.1983, für die Sätze 2–4 gelten. Der Stichtag wurde gewählt, weil die vorgenannte Entscheidung des BVerfG, mit der wesentliche Teile des Art. 15 EGBGB aF für nichtig erklärt wurden, am 8.4.1983 bekannt gemacht wurde (vgl. § 30 Abs. 1 S. 3 BVerfGG). Eine erste Klärung der durch diese Vorschrift aufgeworfenen zahlreichen Zweifelsfragen hat der BGH bereits kurze Zeit nach Inkrafttreten des IPR-Gesetzes herbeigeführt. Er hat insbesondere die Ansicht vertreten, dass die Übergangsregelung **mit der Verfassung vereinbar** sei. Dies gelte sowohl für die hilfsweise Anknüpfung an das Mannesrecht nach Art. 220 Abs. 3 S. 1 Nr. 3[4] EGBGB wie für die in Art. 220 Abs. 3 S. 1 Nr. 2 EGBGB angeordnete (echte) Rückwirkung in Fällen einer vor dem 8.4.1983 – auch nur formlos oder schlüssig – getroffenen Rechtswahl[5]. Im Lichte der jüngsten Rechtsprechung des BVerfG zu Art. 220 Abs. 3 EGBGB dürfte indessen auch die hilfsweise Anknüpfung an das Mannesrecht für die Zeit vor dem 1.4.1983 gegen Art. 3 Abs. 2 GG verstoßen[6].

---

1 BayObLG 24.3.1998, FamRZ 1998, 1242 = IPRspr. 1998 Nr. 74; *Henrich*, IPRax 1987, 93; *Thorn*, in: Palandt, Rz. 6; *Siehr*, in: MünchKomm, Rz. 150; *Hohloch*, in: Erman, Rz. 41, jeweils zu Art. 15 EGBGB; *Dörner*, in: Staudinger, Art. 220 EGBGB Rz. 85; *Schotten/Schmellenkamp*, Rz. 180; aA (für Verfassungswidrigkeit) *S. Lorenz* S. 53 ff.; zweifelnd auch *Schurig*, in: Soergel, Art. 220 EGBGB Rz. 37.
2 Vgl. *Dörner*, in: Staudinger, Art. 220 EGBGB Rz. 139; *Schotten/Schmellenkamp*, Rz. 180.
3 *Thorn*, in: Palandt, Rz. 6 und *Siehr*, in: MünchKomm, Rz. 150; *Henrich*, IntFamR, § 3 I 8 a.
4 BGH 17.9.1986, NJW 1987, 583 = FamRZ 1986, 1200 = IPRax 1987, 114 (m. Aufs. *Henrich*, IPRax 1987, 93) = DNotZ 1987, 293 m. Anm. *Lichtenberger* = IPRspr. 1986 Nr. 58; BGH 8.4.1987, FamRZ 1987, 679 = NJW 1988, 638 = IPRax 1988, 100 (m. Anm. *Schurig*, IPRax 1988, 90) = IPRspr. 1987 Nr. 47b; zust. *Lichtenberger*, DNotZ 1987, 297 f.; *Thorn*, in: Palandt, Art. 15 EGBGB Rz. 10; *Sonnenberger*, in: MünchKomm, Einl. Rz. 340; *Hohloch*, in: Erman, Art. 15 EGBGB Rz. 45; *S. Lorenz*, S. 113 ff. mwN.
5 BGH 8.4.1987, FamRZ 1987, 679 = NJW 1988, 638 = IPRax 1988, 100 (m. Anm. *Schurig*, IPRax 1988, 90) = IPRspr. 1987 Nr. 47b; zust. OLG Karlsruhe 16.2.1989, IPRax 1990, 122 (m. Anm. *Jayme*, IPRax 1990, 102) = IPRspr. 1989 Nr. 87; OLG Stuttgart 27.6.1990, FamRZ 1991, 708 = IPRspr. 1990 Nr. 76; *Dörner*, in: Staudinger, Art. 220 EGBGB Rz. 81 ff.; aA *Rauscher*, NJW 1987, 534 und IPRax 1988, 348.
6 Vgl. BVerfG 18.12.2001, FamRZ 2003, 361 m. Anm. *Henrich* = NJW 2003, 320; ebenso schon vorher *Basedow*, NJW 1986, 2974; *Puttfarken*, RIW 1987, 838 (840); *Rauscher*, NJW 1987, 534 (536); *Schurig*, IPRax 1988, 90 (92); *Winkler von Mohrenfels*, IPRax

Der unterschiedliche Zeitpunkt für die Anknüpfung des Güterrechtsstatuts in 5986
Art. 220 Abs. 3 EGBGB – für die Zeit bis zum 8.4.1983 der Tag der Eheschließung, für die Zeit danach der 9.4.1983 – hat für zahlreiche Ehen am 9.4.1983 zu einem **Statutenwechsel** geführt. Der Grundsatz der Unwandelbarkeit des Güterrechtsstatuts (dazu oben Rz. 5974) wird damit bei Ehen, die zwischen dem 1.4.1953 und dem 8.4.1983 geschlossen wurden, durchbrochen[1]. Nach der Interpretation des BGH bezieht sich der Stichtag in Art. 220 Abs. 3 EGBGB allerdings nicht auf den Vermögenserwerb, sondern auf den zu beurteilenden **güterrechtsrelevanten Vorgang** (zB die güterrechtliche Auseinandersetzung nach Scheidung der Ehe, den Tod eines Ehegatten oder die Vornahme eines Rechtsgeschäfts). Eine güterrechtliche Aufspaltung in zwei Vermögensmassen, mit der möglichen Folge, dass auf diese zwei verschiedene Güterrechte nebeneinander anzuwenden wären, erfolgt also nicht[2].

Darüber hinaus findet nach Ansicht des BGH auch **keine Auseinandersetzung** 5987
des am Stichtag vorhandenen Vermögens **bei Eintritt des Statutenwechsels** statt. Ist daher ein güterrechtsrelevanter Vorgang nach dem 9.4.1983 zu beurteilen, so erstreckt sich diese Beurteilung auf das *gesamte Vermögen* der Ehegatten, auch soweit dieses vor dem 9.4.1983 unter Geltung eines anderen Güterstands erworben wurde. Das gesamte Vermögen wird mithin erst bei Beendigung der Ehe einheitlich nach dem neuen Güterrechtsstatut auseinander gesetzt[3]. Vorzuziehen ist demgegenüber die in der Lehre überwiegende Auffassung[4], die zum Stichtag eine Abwicklung des alten Güterstands vornimmt; dafür spricht insbesondere Art. 220 Abs. 3 S. 4 EGBGB, der für Ansprüche, die sich aufgrund eines Statutenwechsels ergeben, eine Stundung bis zum 1.9.1986 vorsieht und damit zeigt, dass auch der Gesetzgeber Auseinandersetzungsansprüche aufgrund von S. 3 der Vorschrift für möglich hielt. Ferner wird die Richtigkeit dieser Auffassung durch Art. 236 § 3 EGBGB bestätigt[5].

1995, 384; zust. *Siehr*, in: MünchKomm, Art. 15 EGBGB Rz. 173; *Dörner*, in: Staudinger, Art. 220 EGBGB Rz. 87 ff.; *Schurig*, in: Soergel, Art. 220 EGBGB Rz. 52; *Schotten/Schmellenkamp*, Rz. 194.

1 *Thorn*, in: Palandt, Rz. 12; *Siehr*, in: MünchKomm, Rz. 175, jeweils zu Art. 15 EGBGB; *Schotten/Schmellenkamp*, Rz. 198; zur Verfassungsmäßigkeit dieser Regelung BVerfG 21.6.1988, FamRZ 1988, 920 = NJW 1989, 1081; *Siehr*, in: MünchKomm, Art. 15 EGBGB Rz. 176.
2 BGH 17.9.1986, NJW 1987, 583 f.; BGH 8.4.1987, NJW 1988, 638 f.; *Dörner*, in: Staudinger, Art. 220 EGBGB Rz. 134.
3 BGH 17.9.1986, NJW 1987, 583 f.; BGH 8.4.1987, NJW 1988, 638 f.; zust. OLG Hamm 29.4.1992, FamRZ 1993, 111 (115) = IPRax 1994, 49 (m. Anm. *Dörner*, IPRax 1994, 33) = IPRspr. 1992 Nr. 159; *Thorn*, in: Palandt, Art. 15 EGBGB Rz. 13 f.; *Hohloch*, in: Erman, Art. 15 EGBGB Rz. 48; *Kropholler*, IPR, § 45 IV 5 b.
4 Gegen eine Rückwirkung des Statutenwechsels insbesondere *Rauscher*, NJW 1987, 532 und IPRax 1988, 343 (347 f.); *Lichtenberger*, DNotZ 1987, 302; *Schurig*, IPRax 1988, 88 (93); *Dörner*, IPRax 1994, 34; *Winkler von Mohrenfels*, IPRax 1995, 379 (382 f.); *Schotten/Schmellenkamp*, Rz. 199; *Siehr*, in: MünchKomm, Art. 15 EGBGB Rz. 189; *Dörner*, in: Staudinger, Art. 220 EGBGB Rz. 135 f.; *Schurig*, in: Soergel, Art. 220 EGBGB Rz. 54; *S. Lorenz*, S. 124 ff. mwN.
5 *Rauscher*, DtZ 1991, 22; *Dörner*, in: Staudinger, Art. 220 EGBGB Rz. 136; *Schotten/Schmellenkamp*, Rz. 199.

Für den Regelfall, dass güterrechtsrelevante Vorgänge nach dem 8.4.1983 zu beurteilen sind, ist gem. Art. 220 Abs. 3 S. 2 Art. 15 EGBGB anzuwenden. Von diesem Grundsatz ergeben sich allerdings in zweifacher Hinsicht Besonderheiten als Folge des Rechtszustands, der nach Art. 220 Abs. 3 S. 1 EGBGB für güterrechtsrelevante Vorgänge bis zum 8.4.1983 gegolten hätte:

(1) Formfreie schlüssige oder fingierte „Rechtswahl" vor dem 9.4.1983

5988 Die erste Abweichung folgt aus Art. 220 Abs. 3 S. 1 Nr. 2 EGBGB, soweit er – in Ermangelung einer gemeinsamen Staatsangehörigkeit der Ehegatten (Nr. 1) – hilfsweise das Recht beruft, „dem die Ehegatten sich unterstellt haben oder von dessen Anwendung sie ausgegangen sind". Diese Respektierung einer formfreien und gegebenenfalls nur schlüssigen Rechtswahl gilt – entgegen dem scheinbaren Wortlaut – auch im Rahmen des Art. 220 Abs. 3 S. 2 EGBGB, weil die Neuregelung in ihrem Gesamtzusammenhang erkennbar davon ausgeht, dass die Formanforderungen des neuen Art. 15 EGBGB nur eine Rechtswahl in der Zeit nach dem Bekanntwerden der genannten Entscheidung des BVerfG betreffen, jedoch eine zuvor formfrei zustande gekommene Rechtswahl ihre Wirksamkeit behält[1]. Die getroffene Rechtswahl bleibt auch dann über den 8.4.1983 hinaus wirksam, wenn ein Recht gewählt wurde, das nach Art. 15 Abs. 2 EGBGB nicht gewählt werden könnte[2]. Da Ehegatten indessen bis zum 8.4.1983 mit einer nachträglichen Anerkennung einer ausdrücklichen oder schlüssigen Rechtswahl nicht rechnen konnten, dürfte die erste Alternative des Art. 220 Abs. 3 S. 1 Nr. 2 EGBGB („Unterstellen") freilich weitgehend leer laufen[3].

5989 In gleicher Weise wirkt es auch in die Zeit nach dem 8.4.1983 hinüber, wenn die Ehegatten von der Anwendbarkeit des einen oder des anderen Rechts lediglich **„ausgegangen"** sind, weil dieser Fall der schlüssigen Rechtswahl in Art. 220 Abs. 3 S. 1 Nr. 2 EGBGB ausdrücklich gleich geachtet wird[4]. Eine solche gemeinsame Vorstellung, die sich nicht bis hin zur Rechtswahl verdichtet hat[5], kann insbesondere angenommen werden, wenn die Ehegatten einen *Ehevertrag* nach einem anderen Recht als dem Heimatrecht des Ehemannes ge-

---

[1] BGH 17.9.1986, NJW 1987, 583 f.; BGH 21.10.1992, BGHZ 119, 392 (400); OLG Karlsruhe 16.2.1989, IPRax 1990, 122; *Jayme*, IPRax 1987, 95 ff.; *Lichtenberger*, DNotZ 1987, 297 ff.; *Thorn*, in: Palandt, Art. 15 EGBGB Rz. 11; *Dörner*, in: Staudinger, Art. 220 EGBGB Rz. 123 f.

[2] *Henrich*, IPRax 1987, 93; *Rauscher*, NJW 1987, 534; *Dörner*, in: Staudinger, Art. 220 EGBGB Rz. 116; aA *Lichtenberger*, DNotZ 1987, 297 (300); *Thorn*, in: Palandt, Art. 15.

[3] *Schurig*, IPRax 1988, 88 (91); *Schurig*, in: Soergel, Art. 220 EGBGB Rz. 44; *Schotten/ Schmellenkamp*, Rz. 185; *Hohloch*, in: Erman, Art. 15 EGBGB Rz. 44; *Dörner*, in: Staudinger, Art. 220 EGBGB Rz. 104.

[4] BGH 8.4.1987, NJW 1988, 638 f.; BGH 21.10.1992, BGHZ 119, 392 (400) (im Text); BGH 18.3.1998, FamRZ 1998, 905 (906); *Thorn*, in: Palandt, Art. 15 EGBGB Rz. 11. Zu Recht differenzierend aus verfassungsrechtlichen Gründen hingegen *Dörner*, in: Staudinger, Art. 220 EGBGB Rz. 126 f. mwN.; dazu Rz. 5990.

[5] Die Rechtswahl wird für diesen Fall lediglich vom Gesetz fingiert, vgl. *Schotten/ Schmellenkamp*, Rz. 186.

schlossen haben[1]. Ausreichend ist es aber auch, dass die Parteien unbewusst nach ihren gesamten Lebensumständen wie selbstverständlich von einer ihnen am nächsten liegenden Rechtsordnung ausgegangen sind; erforderlich ist lediglich ein *gemeinsames Verhalten* der Ehegatten, das nach außen erkennbar in Erscheinung getreten ist und sich eindeutig feststellen lässt[2]. Die Ehegatten müssen m.a.W. „willkürlich eine bestimmte Rechtsordnung in das Konzept ihrer Ehe einbezogen haben"[3].

BGH 21.10.1992, BGHZ 119, 392 (400 ff.) = NJW 1993, 385 = FamRZ 1993, 289 (m. Aufs. S. *Lorenz*, FamRZ 1993, 393) = IPRax 1995, 399 (m. Anm. *Winkler von Mohrenfels*, IPRax, 1995, 379) = IPRspr. 1992 Nr. 89
Eheschließung zwischen einem libanesischen und einer deutschen Staatsangehörigen im Jahre 1974 im Libanon. Die Ehegatten hatten zunächst im Libanon, danach in verschiedenen arabischen Ländern, dazwischen aber auch in Deutschland gelebt. Nach Ehescheidung verlangt der Ehemann Ersatz seiner Aufwendungen für ein Haus, das die Ehefrau im Jahre 1978 von ihrer Mutter übertragen erhalten hatte. „Es bedarf einer Gesamtbetrachtung, in die alle äußeren Umstände einzubeziehen sind, wie etwa Eheschließungsort, gewöhnliche Aufenthalte der Ehegatten im Libanon, in anderen arabischen Ländern und in Deutschland, Erwerb von Vermögen, insbesondere des Hauses in Deutschland zum Zwecke der Schaffung eines Familienheimes, Auflösung oder Transfer von Auslandskonten nach Deutschland, andererseits aber auch Belassung von wesentlichen Vermögensteilen im Libanon, Grundbucheintragungen, Erklärungen gegenüber Behörden oder Handlungen, die ohne Bezug zu einer bestimmten Güterrechtsordnung nicht denkbar wären. Soweit sich dadurch Änderungen in den Vorstellungen der Parteien seit Eheschluss ergeben haben, sind diese beachtlich, da es auf dasjenige Recht ankommt, dem sich die Parteien vor dem 8.4.1983 zuletzt übereinstimmend unterstellt haben."

Der Grundsatz, dass das Ehegüterrecht, von dem die Ehegatten vor dem 8.4.1983 ausgegangen sind, auch über diesen Zeitpunkt hinaus maßgebend

---

1 *Henrich*, IntFamR, § 3 I 8d; *Dörner*, in: Staudinger, Art. 220 EGBGB Rz. 108.
2 OLG Köln 29.2.1996, FamRZ 1996, 1479 m. Anm. *Henrich* = IPRspr. 1996 Nr. 70; zust. *Lichtenberger*, DNotZ 1987, 297 ff.; *Böhringer*, BWNotZ 1987, 104 (106); *S. Lorenz*, S. 83 f.; *Schotten/Schmellenkamp*, Rz. 190; krit. zu dieser weiten Auslegung des Abs. 3 S. 1 Nr. 2 *Schurig*, in: Soergel, Art. 220 EGBGB Rz. 47; *Dörner*, in: Staudinger, Art. 220 EGBGB Rz. 106 f.; AnwK/*Sieghörtner*, in: AnwK, Anh. III zu Art. 15 EGBGB Rz. 26; *Andrae*, IntFamR, § 3 Rz. 108.
3 KG 15.10.1987, IPRax 1988, 106 (m. Anm. *Schurig*, IPRax 1988, 88) = IPRspr. 1987 Nr. 56 (Heiratet ein Deutscher eine Italienerin in Italien und wird die Ehe ausschließlich in Italien geführt, so reicht dies für eine konkludente Wahl des italien. Güterrechts iSv. Art. 220 Abs. 3 S. 1 Nr. 2 EGBGB nicht aus.); OLG Stuttgart 27.6.1990, FamRZ 1991, 708 = IPRspr. 1990 Nr. 76 (Schließen ein Deutscher und seine amerikan. Ehefrau, die nach der Eheschließung in den USA ihre gesamte Ehe in der Bundesrepublik Deutschland geführt haben, vor einem deutschen Notar einen Ehevertrag, in dem sie Gütertrennung vereinbaren und den Zugewinnausgleich ausschließen, so zeigt dies, dass die Ehegatten von der Geltung deutschen Güterrechts ausgegangen sind.); OLG Düsseldorf 5.5.1995, FamRZ 1995, 1587 = IPRspr. 1995 Nr. 68 und BGH 18.3.1998, FamRZ 1998, 905 = JZ 1999, 204 m. Anm. *Stoll* = IPRspr. 1998 Nr. 73 (Haben ein Deutscher und seine niederländ. Ehefrau, die 1972 in den Niederlanden geheiratet und dort anschließend 17 Jahre lang gelebt haben, 1989 in Deutschland gemeinsam Grundbesitz „in Gütergemeinschaft nach niederländ. Recht" erworben, so spricht dies für eine konkludente Rechtswahl des niederländ. Güterrechts.); ferner IPG 1998 Nr. 20 (Heidelberg); OLG Hamburg 25.4.2000, FamRZ 2001, 916 (918)= IPRax 2002, 304 (m. Anm. *Andrae/Essebier*, IPRax 2002, 294) = IPRspr. 2000 Nr. 58.

bleibt, bedarf allerdings **aus verfassungsrechtlichen Gründen der Einschränkung**, wenn die Ehegatten – wie sehr häufig – im Hinblick auf Art. 15 Abs. 1 EGBGB aF gemeinsam von der Geltung des Heimatrechts des Ehemannes ausgegangen sind. Für diesen Fall verstößt es gegen Art. 3 Abs. 2 GG, die Ehegatten auch über den 8.4.1983 hinaus – unter Verdrängung des in Art. 220 Abs. 3 S. 2 EGBGB vorgesehenen Statutenwechsels – am Heimatrecht des Ehemannes festzuhalten.

BVerfG 18.12.2002, NJW 2003, 1656 = FamRZ 2003, 361 m. Anm. *Henrich* = IPRspr. 2002 Nr. 73
„Ein Verhalten der Eheleute, welches allein darin bestanden hat, von der alten gleichheitswidrigen Rechtsordnung auszugehen bzw. diese als für sich maßgeblich anzusehen, kann nicht als Begründung dafür dienen, den gleichheitswidrigen Zustand ihnen gegenüber dauerhaft aufrechtzuerhalten."

Die verfassungskonforme Auslegung des Art. 220 Abs. 3 EGBGB muss vielmehr zu dem Ergebnis führen, dass in einem solchen Falle am 8.4.1983 ein Statutenwechsel eingetreten ist. Das anzuwendende Güterrrecht bestimmt sich mithin seither nach Art. 15 EGBGB aF, dh. idR nach dem Recht des Staates, in dem die Ehegatten am 8.4.1983 ihren gewöhnlichen Aufenthalt hatten. Etwas anderes gilt nur dann, wenn die Eheleute von einem anderen Recht als dem Heimatrecht des Ehemannes ausgegangen sind oder sich ganz bewusst und unabhängig von Art. 15 Abs. 1 EGBGB aF für die Geltung des Mannesrechts entschieden hatten[1]. Für diese Fälle bleibt das schlüssig gewählte Recht auch dann maßgeblich, wenn einer der Ehegatten später anderen Sinnes geworden ist; ein Wechsel des Güterrechtsstatuts kann dann nur eintreten, wenn *beide* Ehegatten sich vor dem 8.4.1983 einem anderen Recht unterstellt haben oder gemeinsam von dessen Geltung ausgegangen sind[2].

5991 Da die Anknüpfung nach Art. 220 Abs. 3 S. 1 Nr. 2 EGBGB als eine – formfrei wirksame – Rechtswahl iSd. Art. 4 Abs. 2 EGBGB zu werten ist, bleibt eine **Rück- oder Weiterverweisung** des gewählten Rechts außer Betracht; dies gilt in gleicher Weise für den Fall, dass die Ehegatten von der Anwendbarkeit eines bestimmten Rechts lediglich „ausgegangen" sind[3].

(2) Anknüpfung an das Heimatrecht des Ehemannes vor dem 9.4.1983

5992 Lässt sich nicht feststellen, dass sich die Parteien iSv. Art. 220 Abs. 3 S. 1 Nr. 2 EGBGB einem bestimmten Recht unterstellt haben oder von seiner Anwendbarkeit ausgegangen sind, so kommt es darauf an, ob güterrechtsrelevante Vor-

---

1 *Henrich*, FamRZ 2003, 362; *Dörner*, in: Staudinger, Art. 220 EGBGB Rz. 126 f.
2 BGH 3.6.1987, FamRZ 1988, 40 = IPRspr. 1987 Nr. 51; BGH 21.10.1992, BGHZ 119, 392 (401) (Rz. 5989 im Text); OLG Karlsruhe 16.2.1989, IPRax 1990, 122 = IPRspr. 1989 Nr. 87; *Thorn*, in: Palandt, Art. 15 EGBGB Rz. 9; *Dörner*, in: Staudinger, Art. 220 EGBGB Rz. 140.
3 BGH 8.4.1987, NJW 1988, 638; *Jayme*, IPRax 1987, 95 f.; *Thorn*, in: Palandt, Rz. 9; *Hohloch*, in: Erman, Rz. 44; *Siehr*, in: MünchKomm, Rz. 160, jeweils zu Art. 15 EGBGB; *von Bar*, II Rz. 230; *Schotten/Schmellenkamp*, Rz. 184; differenzierend zwischen den beiden Alternativen des Art. 220 Abs. 3 S. 1 Nr. 2 EGBGB; *Dörner*, in: Staudinger, Art. 220 EGBGB Rz. 141; dazu schon oben Rz. 5966.

gänge in der Zeit bis einschließlich 8.4.1983 nach dem durch Art. 220 Abs. 3 S. 1 Nr. 3 EGBGB berufenen Heimatrecht des Ehemannes zur Zeit der Eheschließung zu beurteilen gewesen wären, weil sich für diesen Fall gem. Art. 220 Abs. 3 S. 3 EGBGB der für die Anknüpfung maßgebliche Stichtag vom Tag der Eheschließung auf den 9.4.1983 verschiebt. Dies ist dann *nicht* der Fall, wenn beide Parteien im Zeitpunkt der Eheschließung iSv. Art. 220 Abs. 3 S. 1 Nr. 1 EGBGB **Angehörige desselben Staates** waren; in diesem Fall verbleibt es vielmehr auch über den 8.4.1983 hinaus bei der Geltung dieses gemeinsamen Heimatrechts als Güterrechtsstatut[1]. Da Art. 5 Abs. 1 EGBGB nF für das Übergangsrecht noch nicht gilt, kommt es auch bei *Mehrstaatern* mit deutscher Staatsangehörigkeit auf die effektive Staatsangehörigkeit an; aus diesem Grunde kann auch die von einer deutschen Ehefrau durch Eheschließung hinzuerworbene ausländische Staatsangehörigkeit eine gemeinsame Staatsangehörigkeit iSv. Art. 220 Abs. 3 S. 1 Nr. 1 EGBGB begründen[2]. Die im Zeitpunkt der Eheschließung bestehende Absicht eines Ehegatten, die Staatsangehörigkeit des anderen Teils zu erwerben, reicht insoweit freilich nicht aus[3].

Waren mangels gemeinsamer Staatsangehörigkeit im Zeitpunkt der Eheschließung die güterrechtlichen Wirkungen der Ehe bis zum 8.4.1983 nach dem durch Art. 220 Abs. 3 S. 1 Nr. 3 EGBGB berufenen Heimatrecht des Mannes zu beurteilen, so kommt Art. 15 EGBGB nF gem. Art. 220 Abs. 3 S. 3 EGBGB mit der Maßgabe zur Anwendung, dass es auf die Verhältnisse am 9.4.1983 ankommt. In diesem Fall ist also zu prüfen, ob die Parteien am 9.4.1983 in demselben Staat ihren gewöhnlichen Aufenthalt gehabt haben (Art. 14 Abs. 1 Nr. 2 iVm. Art. 15 Abs. 1 EGBGB) oder welchem Staat sie zu diesem Zeitpunkt auf andere Weise gemeinsam am engsten verbunden waren (Art. 14 Abs. 1 Nr. 3 iVm. Art. 15 Abs. 1 EGBGB)[4]. Eine Rück- oder Weiterverweisung des von Art. 220 Abs. 3 S. 3 EGBGB zur Anwendung berufenen Rechts ist aber zu beachten[5].

cc) Eheschließung nach dem 8.4.1983

Für die güterrechtlichen Wirkungen von Ehen, die nach dem 8.4.1983 geschlossen worden sind, gilt Art. 15 EGBGB nF uneingeschränkt (Art. 220

---

1 Vgl. OLG Stuttgart 20.11.2001, FamRZ 2002, 1032 = IPRspr. 2001 Nr. 58 (Kroatien).
2 *Jayme*, IPRax 1987, 96 und IPRax 1990, 103; *Schurig*, IPRax 1988, 89; *Schurig*, in: Soergel, Art. 220 EGBGB Rz. 61; *Schotten/Schmellenkamp*, Rz. 183; *Siehr*, in: MünchKomm, Art. 15 EGBGB Rz. 178 f.; *Dörner*, in: Staudinger, Art. 220 EGBGB Rz. 102; aA BGH 17.9.1986, NJW 1987, 583 ff.; OLG Frankfurt 13.5.1987, FamRZ 1987, 1147 = IPRax 1988, 104 = IPRspr. 1987 Nr. 50; OLG Karlsruhe 16.2.1989, IPRax 1990, 122 = IPRspr. 1989 Nr. 87; *Thorn*, in: Palandt, Art. 15 EGBGB Rz. 8.
3 BGH 8.4.1987, NJW 1988, 638 ff.; *Thorn*, in: Palandt, Art. 15 EGBGB Rz. 8; aA *Schurig*, IPRax 1988, 90.
4 Vgl. OLG Stuttgart 8.3.2005, NJW 2005, 2164 = IPRax 2005, 549 = IPRspr. 2005 Nr. 79; *Andrae*, IntFamR, § 3 Rz. 113.
5 OLG Hamburg 25.4.2000, FamRZ 2001, 916 (918) = IPRax 2002, 304 (m. Anm. *Andrae/Essebier*, IPRax 2002, 294) = IPRspr. 2000 Nr. 58 (Rückverweisung des am 9.4.1983 für das Güterrecht in einer deutsch-ind. Ehe maßgeblichen gemeinsamen ind. Aufenthaltsrechts auf deutsches Recht, weil die Ehegatten hier zur Zeit der Eheschließung im Jahre 1972 ihr „matrimonial domicile" begründet hatten).

Abs. 3 S. 5 EGBGB). Eine nach dem 8.4.1983 getroffene Rechtswahl ist daher nur gültig, wenn die inhaltlichen Schranken und die Form des Art. 15 Abs. 2 und 3 EGBGB beachtet worden sind[1].

5. Rechtsvereinheitlichung

Literatur: *von Bar*, Die eherechtlichen Konventionen der Haager Konferenz(en), RabelsZ 57 (1993), 63; *Beitzke*, Die 13. Haager Konferenz und der Abkommensentwurf zum ehelichen Güterrecht, RabelsZ 41 (1977), 105; *Lenck*, La Convention de la Haye de 1978 sur la loi applicable aux régimes matrimoniaux, J.C.P 1992, D. 275; *Loussouarn*, La Convention de la Haye sur la loi applicable aux régimes matrimoniaux, Clunet 1979, 5; *Martiny*, Das Grünbuch zum internationalen Ehegüterrecht – Erste Regelungsvorschläge, FuR 2008, 206; *Nascimbene*, Jurisdiction and applicable law in matrimonial matters: Rome III Regulation?, EuLF 2009 I, 1; *von Overbeck*, La convention de la Haye sur la loi applicable aux régimes matrimoniaux, SchweizJahrbIntR 33 (1977), 105; *Philipp*, Hague Draft Convention on Matrimonial Property, Am.J.Comp.L. 24 (1976), 307; *Wagner*, Konturen eines Gemeinschaftsinstruments zum internationalen Güterrecht unter besonderer Berücksichtigung des Grünbuchs der Europäischen Kommission, FamRZ 2009, 269.

5995 Auf europäischer Ebene erarbeitet die Kommission einen Verordnungsvorschlag zum internationalen Ehegüterrecht. Hierzu hat sie am 17.7.2006 ein **Grünbuch** und ein Arbeitspapier vorgelegt[2]. Vorgesehen ist danach nicht nur eine Vereinheitlichung des internationalen Ehegüterrechts, sondern auch der Regeln über die internationale Zuständigkeit und die Anerkennung und Vollstreckung von Entscheidungen in Güterrechtssachen. Mit der Vorlage eines Verordnungsentwurfs wird für 2010 gerechnet[3].

a) Haager Ehewirkungsabkommen von 1905

5996 Das Haager Ehewirkungsabkommen vom 17.7.1905[4] das zuletzt nur noch im Verhältnis zu *Italien* galt und insoweit die autonome Kollisionsnorm des Art. 15 EGBGB verdrängte, ist von der Bundesrepublik Deutschland mit Wirkung vom 23.8.1987 gekündigt worden[5]. Für die vor diesem Zeitpunkt geschlossenen Ehen bleibt das Abkommen zwar grundsätzlich anwendbar; da Art. 2 Abs. 1 jedoch für die Bestimmung des Güterrechtsstatuts an das Heimatrecht des Ehemannes zur Zeit der Eheschließung anknüpft, **verstößt** die Bestimmung **gegen das Gleichberechtigungsgebot des Art. 3 Abs. 2 GG** und kann deshalb aus den vom BVerfG zu Art. 15 EGBGB aF genannten Gründen auf Ehen, die nach dem 31.3.1953 geschlossen wurden, von deutschen Gerichten nicht mehr angewandt werden. Für Übergangsfragen, die sich aus dieser

---

1 BGH 17.9.1986, NJW 1987, 583 f.; *Schotten/Schmellenkamp*, Rz. 195.
2 Grünbuch zu den Kollisionsnormen im Güterrecht unter besonderer Berücksichtigung der gerichtlichen Zuständigkeit und der gegenseitigen Anerkennung (KOM [2006] 400 endg.); dazu *Martiny*, FuR 2008, 206 ff.; *Nascimbene*, EuLF 2009 I, 1 ff.; *Wagner*, FamRZ 2009, 269 ff.
3 Vgl. *Wagner*, FamRZ 2009, 269 (275 ff.).
4 RGBl. 1912, 453, 475.
5 Bek. vom 26.2.1986, BGBl. II 505.

Verfassungswidrigkeit des Art. 2 Abs. 1 des Haager Ehewirkungsabkommens ergeben, gilt Art. 220 Abs. 3 EGBGB entsprechend[1].

b) Haager Ehegüterrechtsabkommen von 1978

Das Haager Übereinkommen über das auf Ehegüterstände anwendbare Recht vom 14.3.1978 (engl. u. frz. Text: RabelsZ 41 [1977], 554 ff.) ist am 1.9.1992 für Frankreich, Luxemburg und die Niederlande in Kraft getreten. Die Regeln des Abkommens gelten in den Vertragsstaaten als „loi uniforme" und sind deshalb auch dann anzuwenden, wenn auf das Recht eines Nichtvertragsstaats (zB auf deutsches Recht) verwiesen wird[2]. Maßgebend ist in erster Linie das *von den Ehegatten bezeichnete Sachrecht* (Art. 3 Abs. 1). Die *Rechtswahl* ist allerdings beschränkt auf die Rechtsordnungen der Staaten, denen zumindest ein Ehegatte angehört oder in denen zumindest ein Ehegatte seinen gewöhnlichen Aufenthalt zur Zeit der Rechtswahl hat; hilfsweise kann auch das Recht des Staates gewählt werden, in dem ein Ehegatte nach der Eheschließung seinen ständigen Aufenthalt begründen wird (Art. 3 Abs. 2). Das gewählte Recht gilt für das gesamte Vermögen der Ehegatten (Art. 3 Abs. 3). Für alle oder einzelne Grundstücke ist jedoch auch die Wahl des Rechts am jeweiligen Lageort gestattet (Art. 3 Abs. 4). Die Rechtswahl kann ausdrücklich in der Form des Ehevertrages nach dem gewählten Recht oder nach dem Recht am Ort des Vertragsschlusses getroffen werden. Ausreichend ist aber auch eine stillschweigende Rechtswahl, sofern sie sich unzweifelhaft aus einem wirksam geschlossenen Ehevertrag ergibt.

5997

In Ermangelung einer Rechtswahl gilt grundsätzlich das **Recht des ersten gemeinsamen gewöhnlichen Aufenthalts nach der Eheschließung** (Art. 4 Abs. 1). Statt dessen kommt ausnahmsweise nach Art. 4 Abs. 2 das gemeinsame Heimatrecht der Ehegatten zur Anwendung,

5998

(1) wenn die Ehegatten einem Vertragsstaat angehören, der einen entsprechenden Vorbehalt erklärt hat; der Vorrang des gemeinsamen Heimatrechts greift in diesem Fall jedoch nicht ein, wenn die Ehegatten während eines Zeitraums von fünf Jahren nach der Eheschließung den gemeinsamen gewöhnlichen Aufenthalt im gleichen Staat gehabt haben, es sei denn, dieser Aufenthaltsstaat hat – als Vertragsstaat – den Vorbehalt zugunsten des gemeinsamen Heimatrechts erklärt oder er knüpft – als Nichtvertragsstaat – in seinem autonomen IPR an die gemeinsame Staatsangehörigkeit der Ehegatten an;

---

1 BGH 17.9.1986, NJW 1987, 583 f.; BGH 8.4.1987, NJW 1988, 638 ff.; *Jayme*, IPRax 1987, 95; *Thorn*, in: Palandt, Anh. I zu Art. 15 EGBGB.
2 Auch von deutschen Gerichten sind die Kollisionsnormen des Übereinkommens daher nach Art. 4 Abs. 1 EGBGB zu beachten, soweit Art. 15 EGBGB auf französ., luxemburg. oder niederländ. Recht verweist, vgl. OLG Düsseldorf 3.11.1999, FamRZ 2000, 1574 (1575) = IPRspr. 1999 Nr. 56; *Hausmann*, in: Staudinger, Art. 4 EGBGB Rz. 140 und Anh. zu Art. 4 EGBGB Rz. 155 ff.

(2) wenn die Ehegatten gemeinsam einem Nichtvertragsstaat angehören, dessen autonomes IPR die Anwendung des gemeinsamen Heimatrechts vorschreibt, vorausgesetzt, die Ehegatten begründen ihren ersten gewöhnlichen Aufenthalt nach der Eheschließung in einem Vertragsstaat, der einen Vorbehalt zugunsten des gemeinsamen Heimatrechts erklärt hat oder in einem Nichtvertragsstaat, der im Güterrecht an die gemeinsame Staatsangehörigkeit anknüpft;

(3) wenn die Ehegatten ihren ersten gewöhnlichen Aufenthalt nicht in dem gleichen Staat begründen.

Hilfsweise gilt nach Art. 4 Abs. 3 das Recht, mit dem der Güterstand am engsten verbunden ist, wenn die Ehegatten weder einen gemeinsamen gewöhnlichen Aufenthalt noch eine gemeinsame Staatsangehörigkeit besitzen.

5999 Das Güterstatut ist grundsätzlich **unwandelbar** (Art. 7 Abs. 1). Eine nachträgliche Änderung durch Rechtswahl ist jedoch zulässig; diese nachträgliche Rechtswahl ist dabei ähnlich eingeschränkt wie eine anfängliche Rechtswahl (Art. 6 Abs. 1–4). Darüber hinaus ändert sich das objektive Güterrechtsstatut automatisch zugunsten des Rechts am gemeinsamen gewöhnlichen Aufenthalt der Ehegatten, wenn Aufenthaltsrecht und gemeinsames Heimatrecht zusammentreffen oder wenn der gemeinsame Aufenthalt in einem Staat länger als zehn Jahre nach der Eheschließung gedauert hat (Art. 7 Abs. 2).

c) Deutsch-iranisches Niederlassungsabkommen von 1929

6000 Das deutsch-iranische Niederlassungsabkommen von 1929 knüpft im ehelichen Güterrecht an die gemeinsame Staatsangehörigkeit der Ehegatten an (Art. 8 Abs. 3). Da das Abkommen einen Zeitpunkt für die Anknüpfung nicht bestimmt, ist das Ehegüterrechtsstatut nach dem Abkommen – im Gegensatz zu dem im autonomen Recht geltenden Grundsatz des Art. 15 Abs. 1 EGBGB (dazu oben Rz. 5947) – *wandelbar*. Ein Staatsangehörigkeitswechsel der Ehegatten nach der Eheschließung kann deshalb zu einer Änderung des Güterrechtsstatuts führen[1]. Das Abkommen sieht die Möglichkeit einer Rechtswahl des Güterrechtsstatuts nicht vor; deshalb können in Deutschland lebende iranische Ehegatten weder das deutsche Aufenthaltsrecht nach Art. 15 Abs. 2 Nr. 2 noch für im Inland belegene Grundstücke deutsches Recht nach Art. 15 Abs. 2 Nr. 3 EGBGB wählen[2]. Zu beachten ist allerdings, dass das Abkommen auf **gemischt-nationale Ehen** keine Anwendung findet[3]; es wird ferner auch dann durch Art. 15 EGBGB verdrängt, wenn einer der iranischen Ehegatten die

---

1 Vgl. *von Bar*, II Rz. 210; *Schotten/Schmellenkamp*, Rz. 134.
2 Vgl. *von Bar*, II Rz. 210; *Schotten/Wittkowski*, FamRZ 1995, 264 (267 f.); *Mankowski*, in: Staudinger, Art. 15 EGBGB Rz. 4.
3 Vgl. *von Bar*, II Rz. 210; *Hausmann*, in: Staudinger, Anh. zu Art. 4 EGBGB Rz. 684 ff. m. Ausf. Nachw.

Rechtsstellung eines Flüchtlings iSd. Genfer Flüchtlingskonvention oder eines Asylberechtigten erlangt hat[1].

Frei. 6001–6030

IV. Einfluss des Vertrags- und Belegenheitsstatuts

Literatur: *Amann*, Eigentumserwerb unabhängig vom ausländischen Güterrecht? MittBayNotV 1986, 222; *Beitzke*, Bruchteilserwerb mit Auslandsberührung aus der Sicht des Notars und Grundbuchamts, BWNotZ 1988, 49; *Hausmann*, Ausgleichsansprüche zwischen Ehegatten aus Anlass der Scheidung im IPR – zur Abgrenzung zwischen Vertragsstatut, Ehewirkungsstatut und Ehegüterstatut, Festschr. Jayme Bd. I (2002), S. 305; *Jayme*, Auflassungsvormerkung und ausländischer Güterstand, IPRax 986, 361; *Jayme*, Zur Anwendung des § 1365 BGB bei ausländischem Geschäftsrecht, Festschr. Henrich (2000), S. 335; *Lichtenberger*, Einige Bemerkungen der praktischen Behandlung des Grundstückserwerbs bei Auslandsberührung, MittRheinNotK 1986, 111; *S. Lorenz*, Unbenannte Zuwendungen und internationales Ehegüterrecht, FamRZ 1993, 393; *Riering*, Gesellschaftsstatut und Ehegüterstatut, IPRax 1998, 322; *Winkler von Mohrenfels*, Ehebezogene Zuwendungen im IPR, IPRax 1995, 379.

Der Güterstand hat zahlreiche Wirkungen unmittelbar dinglicher Art, wie die Vergemeinschaftung des Vermögens, Verfügungsbeschränkungen und Nutznießungsrechte. Weitere Verfügungs- und Verpflichtungsbeschränkungen können sich unabhängig vom Güterstand als allgemeine Wirkungen der Ehe ergeben. Deshalb ist der Anwendungsbereich der Art. 14, 15 EGBGB für Forderungen und Rechte gegenüber dem internationalen Schuldrecht, insbesondere gegenüber dem internationalen Vertragsrecht (Art. 3 ff. Rom I-VO, Rz. 6040 ff.), für Sachen gegenüber dem internationalen Sachenrecht (Art. 43, 46 EGBGB; Rz. 6033 ff.) abzugrenzen. Qualifikationsprobleme bestehen ferner im Verhältnis zum internationalen Gesellschaftsrecht (Rz. 6038 f.). 6031

1. Grundsatz

Grundsätzlich bestimmt das Güterrechtsstatut nicht nur, welche Gütermassen überhaupt zu unterscheiden sind, sondern auch, in welche Masse der einzelne Gegenstand (Sache, Forderung, Recht) fällt und welche Lasten und Beschränkungen an ihm kraft Güterrechts entstehen sollen. Ob diese Rechtsänderungen tatsächlich eintreten können, bestimmt das Statut des Einzelgegenstandes, für Sachen und dingliche Rechte also das Recht des Lageorts, für Forderungen und Rechte das jeweilige Schuldstatut[2]. 6032

---

1 *Schotten/Schmellenkamp*, Rz. 134; *Mankowski*, in: Staudinger, Anh. zu Art. 4 EGBGB Rz. 684 ff.
2 *Schurig*, in: Soergel, Rz. 36; *Mankowski*, in: Staudinger, Rz. 259 f., 388; *Siehr*, in: MünchKomm, Rz. 105 ff., jeweils zu Art. 15 EGBGB mwN.

2. Güterrecht und Sachenrecht

6033 Hier ist wie folgt zu unterscheiden:

a) Ob Sachen – als Voraussetzung für den Eintritt der güterrechtlichen Veränderung – überhaupt **in das Eigentum** eines Ehegatten oder der Ehegattengemeinschaft gelangt sind, besagt zunächst das Recht des Lageorts[1]. Solange zB der Erwerb des inländischen Grundstücks nicht durch Eintragung im Grundbuch vollzogen wurde, kann das Grundstück noch nicht Gesamtgut geworden sein.

6034 b) **Welche dinglichen Rechte** ihrer Art nach an Sachen entstehen können, beurteilt sich ebenfalls nach dem Recht des Lageorts. Ist deutsches Recht lex situs, so sind allerdings im Interesse der Einheitlichkeit des Güterstatuts (Rz. 5943) unmittelbare sachenrechtliche Wirkungen des Güterstandes in weitem Umfang zu beachten. Auch dem deutschen Recht unbekannte Arten von Sachenrechten sind solange anzuerkennen, als sie mit bekannten Formen vergleichbar bleiben[2]. Nur wenn das Recht, das durch den fremden Güterstand begründet wird, dem inländischen (Sachen-)Rechtssystem völlig fremd ist (so etwa das Recht der „curtesy" bzw. „dower" einiger US-Staaten, das „giftorätt" des schwedischen Rechts oder die Legalhypothek des Ehegatten nach französischem Recht), kann es an im Inland belegenen Sachen nicht entstehen.

6035 c) Die unmittelbare **Entstehung, Veränderung oder Belastung dinglicher Rechte** ist davon abhängig, dass sie vom Güterrechtsstatut angeordnet *und* vom Recht des Lageorts gebilligt wird. Verlangt das letztere für die Entstehung des (Pfand- oder Nießbrauchs-)Rechts eine Übertragungshandlung, während das erstere darauf verzichtet, so sind die Parteien einander zur Vornahme der Übertragung verpflichtet[3].

6036 Sieht das ausländische Güterrechtsstatut die **automatische Vergemeinschaftung** der von einem Ehegatten allein erworbenen Gegenstände vor, wie zB der gesetzliche Güterstand des französischen oder italienischen Rechts, so bedarf

---

1 *Mankowski*, in: Staudinger, Art. 15 EGBGB Rz. 389; *Mörsdorf-Schulte*, in: Bamberger/Roth, Art. 15 EGBGB Rz. 38. Vgl. auch OLG Köln 21.4.1993, FamRZ 1994, 899 = IPRspr. 1993 Nr. 58 (Eigentumserwerb an Brautgeschenken, die eine türk. Frau anlässlich ihrer Hochzeit mit einem türk. Staatsangehörigen in Deutschland als Morgengabe erhielt, nach der deutschen lex rei sitae beurteilt).
2 *Mankowski*, in: Staudinger, Art. 15 EGBGB Rz. 389.
3 AG Frankfurt a.M. 18.1.1991, IPRax 1991, 147 = IPRspr. 1991 Nr. 80. (Das nach italien. Recht (Art. 194 Abs. 2 c.c.) kraft Gesetzes entstehende Nießbrauchsrecht des Ehegatten, dem nach einer Trennung die elterliche Sorge über die Kinder übertragen wurde, am Grundvermögen des anderen Ehegatten erstreckt sich nicht auf in Deutschland belegene Grundstücke; insoweit bedarf es der rechtsgeschäftlichen Einräumung des Nießbrauchsrechts.); ebenso *Mankowski*, in: Staudinger, Art. 15 EGBGB Rz. 390; *Wendehorst*, in: MünchKomm, Art. 43 EGBGB Rz. 103; *Stoll*, in: Staudinger, IntSachenR Rz. 185, 190 mwN.; vgl. auch zur parallelen Problematik beim Vindikationslegat nach ausländischem Erbrecht BGH 28.9.1994, NJW 1995, 58 = ZEV 1995, 298 (m. Aufs. *Birk*, ZEV 1995, 283) = IPRax 1996, 39 (m. Anm. *Dörner*, IPRax 1996, 26) = IPRspr. 1994 Nr. 125.

es hingegen bei *deutscher* lex situs keiner weiteren dem deutschen Recht zu entnehmenden Übertragungsakte[1]; die Eintragung im Grundbuch ist bloße Berichtigung. Dass dem deutschen Recht Teilgütergemeinschaften nicht mehr bekannt sind, spielt keine Rolle; es genügt, dass mit Eintritt eines Güterstandes überhaupt Sachen gemeinschaftlich werden können (vgl. § 1419 BGB)[2]. Welche dies sind, entscheidet das ausländische Güterrechtsstatut.

d) Güterrechtliche **Beschränkungen der Verfügungsbefugnis** unterliegen allein dem Güterrechtsstatut; das Recht des Lageorts bleibt grundsätzlich außer Betracht. Verfügungsbeschränkungen kraft ausländischen Güterrechts sind daher, selbst wenn sie dem deutschen Recht unbekannt sind, auch in Bezug auf im Inland belegene bewegliche Sachen oder Grundstücke zu beachten[3]. Grenze ist lediglich die Vorbehaltsklausel des Art. 6 EGBGB; von der Anwendung in Deutschland ausgeschlossen sind danach zB ausländische Güterrechtsbestimmungen, die ein rechtsgeschäftliches Veräußerungsverbot iSd. § 137 BGB anordnen[4].

6037

3. Güterrecht und Gesellschaftsrecht

Wenig geklärt sind bisher die kollisionsrechtlichen Fragen im Spannungsfeld zwischen Ehegüterrecht und Gesellschaftsrecht, die insbesondere auftreten, wenn deutsches Gesellschaftsrecht und ausländisches Ehegüterrecht zusammentreffen[5]. Im Ausgangspunkt ist dabei ähnlich zu differenzieren wie im Verhältnis Güter- und Sachenrechtsstatut. Danach entscheidet darüber, ob und welche Rechte an Gesellschaftsanteilen entstehen können, das Gesellschaftsstatut[6]. Dies gilt gleichermaßen für den originären Anteilserwerb (zB Inhalt und Gültigkeit des Gesellschaftsvertrages, Erfordernis der Eintragung im Handelsregister) wie für den abgeleiteten Anteilserwerb (zB Gültigkeit der Geschäftsanteilsabtretung). Das Gesellschaftsstatut regelt freilich nur die *allgemeinen* Voraussetzungen und Wirkungen des Anteilserwerbs[7]. Demgegen-

6038

---

1 Vgl. – zum kroat. gesetzlichen Güterstand – OLG Hamm 13.3.1998, FamRZ 1999, 299 (300) = IPRspr. 1998 Nr. 72.
2 LG Bamberg 20.11.1975, MittBayNotV 1975, 261 = IPRspr. 1975 Nr. 215; *Mankowski*, in: Staudinger, Art. 15 EGBGB Rz. 395; *Stoll*, in: Staudinger, IntSachenR Rz. 186; *Andrae*, IntFamR, § 3 Rz. 126.
3 *Stoll*, in: Staudinger, IntSachenR Rz. 188 m. Nachw.; dazu LG Ulm 15.4.1993, BWNotZ 1993, 124 = IPRspr. 1993 Nr. 60 (Eintragung einer Sicherungshypothek zur Sicherung einer Forderung gegen einen kroat. Schuldner im deutschen Grundbuch analog § 740 Abs. 1 ZPO abgelehnt, weil das Grundstück zum Gesamtgut der Errungenschaftsgemeinschaft des Schuldners und seiner Ehefrau nach kroat. Recht gehörte, das von beiden Ehegatten gemeinschaftlich verwaltet werde. Vollstreckungstitel auch gegen die Ehefrau verlangt.).
4 KG 12.12.1972, NJW 1973, 428 = IPRspr. 1972 Nr. 55 (zu Art. 167 Abs. 2 ital. c.c. aF); *Stoll*, in: Staudinger, IntSachenR Rz. 186; *Siehr*, in: MünchKomm, Art. 15 EGBGB Rz. 107; *Mankowski*, in: Staudinger, Art. 15 EGBGB Rz. 396.
5 Vgl. aber *Riering*, IPRax 1998, 322 ff.; *Schotten/Schmellenkamp*, Rz. 212a ff.
6 Vgl. näher *Schotten/Schmellenkamp*, Rz. 212 b.
7 *Schurig*, in: Soergel, Art. 15 EGBGB Rz. 36; *Kindler*, in: MünchKomm, IntGesR Rz. 678; *von Bar*, II Rz. 242; aA (Güterstatut) *Riering*, IPRax 1998, 322 (325 f.).

über befindet das Güterrechtsstatut darüber, welche *güterrechtlichen* Rechtsfolgen der Erwerb von Gesellschaftsanteilen durch einen oder beide Ehegatten auslöst. Das von Art. 15 EGBGB zur Anwendung berufene Recht legt daher fest, welche Art von Berechtigung an von beiden Ehegatten erworbenen Gesellschaftsanteilen besteht (zB Bruchteils- oder Gesamthandseigentum), in welche Gütermasse (zB Gesamtgut, Vorbehaltsgut, Sondergut) der von einem Ehegatten allein erworbene Gesellschaftsanteil fällt, wenn die Eheleute in einem Güterstand der Gütergemeinschaft leben, und welche Verfügungsbeschränkungen kraft Güterrechts für Ehegatten-Gesellschafter gelten[1].

6039 Schwierigkeiten bereitet auch die Qualifikation **gesellschaftsrechtlicher Erwerbshindernisse**, die im Widerspruch zu einer güterrechtlich angeordneten Mitberechtigung beider Ehegatten am Gesellschaftsanteil stehen. Derartige Erwerbshindernisse können sich einerseits aus dem Gesetz ergeben; im deutschen Recht sind etwa die §§ 38 S. 1, 717 S. 1 BGB (iVm. §§ 105 Abs. 3, 161 Abs. 2 HGB) zu nennen. Derartige Erwerbshindernisse sind *gesellschaftsrechtlich* zu qualifizieren und deshalb auch bei Geltung deutschen Güterrechtsstatuts anwendbar, wenn die Gesellschaft ihren Sitz in Deutschland hat[2]. Die Mitgliedschaftsrechte an einem Verein, einer BGB-Gesellschaft, OHG oder KG können daher aufgrund ihres persönlichen Charakters im (Außen-)Verhältnis zur Gesellschaft nicht in das Gesamtgut der Gütergemeinschaft fallen. In Betracht kommt allenfalls eine wertmäßige Beteiligung des Ehegatten an dem vom Gesellschafter-Ehegatten erworbenen Anteil, der im Rahmen der güterrechtlichen Auseinandersetzung schuldrechtlich auszugleichen ist. Die gleichen Grundsätze gelten auch bei *rechtsgeschäftlichen* Erwerbshindernissen, wie sie etwa bei vinkulierten Beteiligungen (vgl. §§ 15 Abs. 5 GmbHG, 68 Abs. 2 AktG) bestehen. Zulässigkeit und Wirkung solcher Vinkulierungsklauseln unterliegen ebenfalls allein dem Gesellschaftsstatut[3]. Die vom anwendbaren Güterrecht geforderte Beteiligung des anderen Ehegatten kann auch in diesem Falle nur schuldrechtlich erfolgen.

4. Güterrecht und Vertragsrecht

6040 Auch wenn das Ehegüterrecht das Vermögen der Ehegatten einer Sonderordnung unterstellt und deshalb alle zu diesem Vermögen gehörenden Gegenstände erfasst, hat dies nicht zur Folge, dass **Rechtsgeschäfte zwischen den Ehegatten** über diese Gegenstände notwendig dem Güterrechtsstatut unterlägen. Vielmehr sind derartige Rechtsgeschäfte grundsätzlich nach den Regeln zu behandeln, die den Einzelgegenstand aufgrund seiner Typik beherrschen. Demgemäß gilt für Kaufverträge, Schenkungen[4] oder Darlehensverträge zwischen

---

1 *Schurig*, in: Soergel, Art. 15 EGBGB Rz. 36 und *Riering*, IPRax 1998, 322 ff.; *Kindler*, in: MünchKomm, IntGesR Rz. 679. Vgl. auch oben Rz. 5928 ff.
2 RG 16.3.1938, JW 1938, 1718 (1719); aA *Riering*, IPRax 1998, 322 (325 f.).
3 *Riering*, IPRax 1998, 322 (325); *Kindler*, in: MünchKomm, IntGesR Rz. 680; *Schotten/Schmellenkamp*, Rz. 212 h.
4 Vgl. zur Rückforderung von Schenkungen zwischen türkischen Ehegatten aus Anlass der Scheidung OLG Köln 18.2.1994, FamRZ 1995, 236 = IPRspr. 1994 Nr. 70.

Ehegatten das nach den allgemeinen Regeln des internationalen Vertragsrechts (Art. 3 ff. Rom I-VO) bestimmte Vertragsstatut, für Gesellschaften zwischen Ehegatten das Gesellschaftsstatut[1]. Diese schuldrechtliche Qualifikation von Rechtsgeschäften zwischen Ehegatten wird grundsätzlich nicht dadurch in Frage gestellt, dass das Güterrechtsstatut bestimmte Rechtsgeschäfte zwischen den Ehegatten verbietet, einschränkt oder für ihre Abwicklung eigene Regeln aufstellt[2].

Bei dem vom BGH entwickelten Rechtsinstitut der ehebezogenen „unbenannten Zuwendung" handelt es sich indessen nicht um einen gewöhnlichen Schuldvertrag, der in gleicher oder ähnlicher Weise auch zwischen Nicht-Ehegatten abgeschlossen werden könnte. Der ehebedingten Zuwendung liegt also keine schuldrechtliche (Schenkungs-)causa, sondern eine *ehebezogene causa sui generis* zugrunde; sie dient der näheren Ausgestaltung und Sicherung der ehelichen Lebensgemeinschaft[3]. Dieses Rechtsinstitut dient vornehmlich dem Ziel, besondere Härten des Wahlgüterstands der Gütertrennung auszugleichen[4]; dies kommt nicht zuletzt darin zum Ausdruck, dass der BGH eine Korrektur ehebezogener Zuwendungen bei Scheidung der Ehe grundsätzlich ausschließt, wenn die Ehegatten im gesetzlichen Güterstand der Zugewinngemeinschaft gelebt haben[5]. Die weitgehende Beschränkung des auf § 313 BGB gestützten Ausgleichsanspruchs wegen der Störung der Geschäftsgrundlage ehebezogener Zuwendungen auf den Güterstand der Gütertrennung legt aber eine *güterrechtliche* Anknüpfung nahe[6].

6041

---

1 *Schurig*, in: Soergel, Art. 15 EGBGB Rz. 37.
2 Vgl. zu Verboten von Schenkungs- und Gesellschaftsverträgen zwischen Ehegatten in manchen Rechten oben Rz. 5876 f.
3 Vgl. statt vieler BGH 27.11.1991, BGHZ 116, 167 (170) = FamRZ 1992, 300 m. Anm. *Kues* („ehebezogenes Rechtsgeschäft eigener Art"); ebenso noch BGH 30.6.1999, BGHZ 142, 137 (147 ff.) = NJW 1999, 2960 = FamRZ 1999, 1580.
4 Vgl. dazu eingehend *Hausmann*, Nichteheliche Lebensgemeinschaften und Vermögensausgleich (1989), S. 470 ff.
5 Vgl. grundlegend BGH 3.12.1975, BGHZ 65, 320 (323 f.) = FamRZ 1976, 82; BGH 26.11.1981, BGHZ 82, 227 (232 ff.) = FamRZ 1982, 246; ferner BGH 10.7.1991, BGHZ 115, 132 (135 ff.); BGH 28.11.2001, FamRZ 2003, 230; dazu *Hausmann*, Nichteheliche Lebensgemeinschaften und Vermögensausgleich (1989) S. 630 ff.
6 *Hausmann*, Festschr. Jayme (2004), S. 305 (313 ff.); *Winkler von Mohrenfels*, IPRax 1995, 379 (381 f.); *Andrae*, IntFamR, § 3 Rz. 157 ff.; *Mörsdorf-Schulte*, in: Bamberger/ Roth, Art. 15 EGBGB Rz. 37; ebenso – allerdings beschränkt auf Fälle, in denen die Ehegatten eine Rechtswahl nicht getroffen haben – S. *Lorenz*, FamRZ 1993, 394 ff.; aA (schuldvertragliche Qualifikation) *Hohloch*, JuS 1993, 513; *Mankowski*, in: Staudinger, Art. 15 EGBGB Rz. 416 f.; *Looschelders*, Art. 15 EGBGB Rz. 6; *Sieghörtner*, in: AnwK, Art. 15 EGBGB Rz. 97; *Schotten/Schmellenkamp*, Rz. 233. Ebenso BGH 21.10.1992 (Rz. 5989), BGHZ 119, 392 (394 ff.) (Rückforderung unbenannter Zuwendungen, die der libanes. Ehemann seiner deutschen Ehefrau zur Renovierung des im Alleineigentum der Frau stehenden Hausgrundstücks gemacht hatte, kraft nachträglicher Rechtswahl gem. Art. 27 Abs. 2 EGBGB nach deutschem Schuldstatut beurteilt, weil der Kläger die Rückforderung auf die Grundsätze zum Wegfall der Geschäftsgrundlage gestützt und die Beklagte sich ebenfalls mit Erwägungen zum deutschen Schuldrecht verteidigt hatte. Güterrechtliche Qualifikation ausdrücklich abgelehnt.). Vgl. auch App. Versailles 27.6.1988, Clunet 1989, 691 m. Anm. *Revillard*; Cass. civ. 3.9.1990,

6042 Abgrenzungsprobleme zwischen Vertragsstatut und Güterrechtsstatut wirft ferner die Anknüpfung von Ausgleichsansprüchen zwischen Ehegatten auf, die einem Dritten – idR einem Kreditinstitut – **als Gesamtschuldner** verpflichtet sind. Wird nur einer der beiden Ehegatten von der Gläubigerbank auf Rückzahlung des Kredits in Anspruch genommen, so beurteilt sich die Frage, ob und ggf. in welchem Umfang die Forderung der Bank gegen den anderen Ehegatten auf den zahlenden Ehegatten kraft Gesetzes übergeht, gem. Art. 16 S. 1 Rom I-VO nach dem Statut der getilgten Forderung. Der gesetzliche Forderungsübergang nach § 426 Abs. 2 BGB tritt daher ohne Rücksicht auf die Staatsangehörigkeit der Ehegatten und das für die Ehe geltende Güterrecht immer dann ein, wenn die getilgte Darlehensforderung dem deutschen Recht unterstand[1]. Ob zwischen gesamtschuldnerisch haftenden Ehegatten aber überhaupt ein Ausgleich stattzufinden hat, richtet sich nach den zwischen ihnen bestehenden Rechtsbeziehungen. Maßgebend hierfür ist in erster Linie das von Art. 15 EGBGB zur Anwendung berufene Güterrechtsstatut[2]. Leben die Ehegatten daher in einem ausländischen Güterstand der Güter- oder Errungenschaftsgemeinschaft, so findet ein gesonderter schuldrechtlicher Ausgleich regelmäßig nicht statt, wenn der mit dem Darlehen finanzierte Gegenstand – zB die Ehewohnung – in das Gesamtgut der Ehegatten gefallen ist[3].

Demgegenüber wird bei Geltung deutschen Ehegüterrechts der Gesamtschuldnerregress nach § 426 Abs. 1 BGB durch die Vorschriften über den Zugewinnausgleich nicht verdrängt[4].

6043 Nach ähnlichen Grundsätzen ist über den Innenausgleich zwischen Ehegatten zu entscheiden, denen Forderungen gegen einen Schuldner im Außenverhältnis **als Gesamtgläubiger** zustehen. Hauptanwendungsfall ist die Unterhaltung eines sog. „Ehegatten-Oderkontos" bei einer deutschen Bank oder Sparkasse durch ausländische Ehegatten. In diesem Fall richtet sich die Rechtsbeziehung zwischen den Ehegatten als Konto-Inhabern und dem kontoführenden Kreditinstitut in Ermangelung einer Rechtswahl nach deutschem Recht, weil das Kreditinstitut die für den zugrunde liegenden Bankvertrag charakteristische

---

Rev.crit.d.i.p. 1991, 104 m. Anm. *Ancel* (Widerruf der Schenkung des amerikan. Ehemannes an seine italien. Frau nach französ. Ehewirkungsstatut beurteilt: „Considérant que les contrats entre époux sont soumis à un régime particulier et présentent un caractère spécifique en raison du lien matrimonial qui unit les contractants; qu'il est de principe, en règle générale, que les contrats entre époux soient régis par la loi des effets du mariage et qu'il en est ainsi, en particulier, pour les donations entre époux.").

1 Vgl. LG Hamburg 21.9.1977, IPRspr. 1977 Nr. 65; dazu allg. *Hausmann*, in: Staudinger, Art. 33 EGBGB Rz. 84 f.; *Thorn*, in: Palandt, Art. 33 EGBGB Rz. 3; ferner *Martiny*, FuR 2008, 206 ff. mwN.
2 LG Hamburg 21.9.1977, IPRspr. 1977 Nr. 65.
3 OLG Hamm 13.3.1998, FamRZ 1999, 299 (300 f.) = IPRspr 1998 Nr. 72 (Ausgleichsanspruch des kroat. Ehemannes gegen seine ebenfalls kroat. Ehefrau wegen der Finanzierung des in Deutschland zum Gesamtgut erworbenen Hausgrundstücks kann erst im Rahmen der Gesamtabrechnung bei Beendigung des Güterstandes geltend gemacht werden.).
4 BGH 17.5.1983, BGHZ 87, 265 (273); BGH 30.9.1987, NJW 1988, 133 f.; *Gernhuber*, JZ 1996, 696 mwN.

Leistung iSv. Art. 4 Abs. 2 Rom I-VO erbringt[1]. Leistet das Kreditinstitut befreiend an einen der Ehegatten, so bestimmen sich etwaige Ausgleichsansprüche im Innenverhältnis hingegen wiederum primär nach dem maßgeblichen Ehegüterrecht. Gehört das Bankguthaben danach zum Gesamtgut einer Gütergemeinschaft, so wird die Regelung in § 430 BGB durch die Vorschriften des ausländischen Güterrechts überlagert bzw. verdrängt[2].

5. Persönliche Ehewirkungen und Vertragsrecht

Ebenso wenig wird die Beachtung ausländischer **Verpflichtungsbeschränkungen**, die sich aus dem von Art. 14 EGBGB berufenen Recht als allgemeine Ehewirkungen ergeben, im Inland dadurch ausgeschlossen, dass die Parteien deutsches Recht als Vertragsstatut vereinbart haben[3]. Auch wenn die Ehegatten das auf ihre allgemeinen Ehewirkungen anwendbare Recht nunmehr in gewissem Umfang wählen können (Art. 14 Abs. 2, 3 EGBGB; dazu oben Rz. 5884 ff.), kann ein Ehegatte die inhaltlichen und formellen Schranken der Parteiautonomie im internationalen Eherecht doch nicht in einem Schuldvertrag mit einem Dritten unterlaufen; die Anknüpfung eherechtlicher Verpflichtungsbeschränkungen wird daher durch eine schuldvertragliche Rechtswahl nicht beeinflusst[4].

6044

AA *BGH* 15.11.1976, IPRspr. 1976 Nr. 9 = NJW 1977, 1011 m. abl. Anm. *Jochem* = JZ 1977, 438 m. abl. Anm. *Kühne*
Der niederländische Geschäftsführer einer Firma hatte sich in den Niederlanden ohne Zustimmung seiner Ehefrau für die Schulden einer deutschen KG verbürgt. Aus der Bürgschaft in Anspruch genommen, berief er sich auf die Unwirksamkeit seiner Verpflichtung nach Art. 1:88 Abs. 1 BW. Der BGH sah die Bürgschaftsverpflichtung demgegenüber als wirksam an, da die Parteien die Bürgschaft ausdrücklich dem deutschen Recht unterstellt hatten: „Nach deutschem Recht ist also auch darüber zu entscheiden, ob die Zustimmung der Ehefrau für die Abgabe der Bürgschaftserklärung erforderlich war. Eine Zustimmung der Ehefrau als Voraussetzung der Wirksamkeit einer Bürgschaft

---

1 Vgl. dazu näher *Martiny*, FuR 2008, 206 ff. m. Nachw.; aA *von Hoffmann* in: Soergel, Art. 28 EGBGB Rz. 318.
2 Vgl. auch OLG Stuttgart 7.5.2000, FamRZ 2001, 1371 = IPRax 2001, 152 (LS) m. Anm. *Jayme* = IPRspr. 2000 Nr. 55 zum Innenausgleich zwischen Ehegatten an einem Oder-Konto nach griech. Recht; OLG Celle 16.9.1998, IPRax 1999, 113 m. Anm. *Jayme* = IPRspr. 1998 Nr. 76 (Gesamtgläubigerschaft von in Deutschland lebenden portugies. Eheleuten hinsichtlich des Guthabens auf einem gemeinsamen „Oder-Konto" bei einer portugies. Bank nach portugies. Schuldstatut, die Mitberechtigung der Ehegatten im Innenverhältnis hingegen nach dem – gleichfalls portugies. – Ehegüterstatut beurteilt.).
3 *Kegel/Schurig*, § 20 V 3; *Andrae*, IntFamR, § 3 Rz. 170; *Henrich*, IntFamR, § 2 II 7; *Mankowski*, in: Staudinger, Art. 14 EGBGB Rz. 235 ff.; *Siehr*, in: MünchKomm, Art. 14 EGBGB Rz. 92 aE, jeweils mwN.
4 So auch zu Recht Cass. (Belgien) 25.5.1992, Pas. 1992 I, 839 = Rev.gén.dr.civ.belge 1993, 455 m. Anm. *Couwenberg*; dazu *van Houtte*, IPRax 1997, 276 (281); aA OLG Köln 21.3.1997, RIW 1998, 198 = IPRspr. 1997 Nr. 36 (Auf Art. 1:88 lit. c. B.W. gestützten Widerspruch der niederländ. Ehefrau gegen den von ihrem – ebenfalls niederländ. – Ehemann erklärten Schuldbeitritt für unbeachtlich erklärt, weil die Schutzvorschriften des niederländ. Eherechts wegen der Wahl deutschen Rechts für den Schuldbeitritt unanwendbar seien.).

kennt das deutsche Recht, nach dem hier allein die Verpflichtung des Bekl. aufgrund seiner zulässigen Rechtswahl zu beurteilen ist, nicht." Der BGH meint weiter, dass „aufgrund der zulässigen Wahl des deutschen Rechts durch den Bekl. für seine Bürgschaftsverpflichtung der aus Art. 14 EGBGB abgeleitete Grundsatz, dass für die persönlichen Rechtsbeziehungen ausländischer Ehegatten zueinander die ausländischen Gesetze maßgebend sind, hier keine Anwendung" finden könne.

Die Anwendung der vom ausländischem Ehewirkungsstatut angeordneten Verpflichtungsbeschränkungen kann vielmehr nur unter dem Gesichtspunkt des *Verkehrsschutzes* ausgeschlossen werden, wenn die hierfür erforderliche Inlandsbeziehung (Art. 16 Abs. 2 EGBGB analog; dazu Rz. 6082 ff.) besteht[1].

6045 Räumt das Ehewirkungsstatut den Ehegatten gewisse **Gestaltungsrechte** ein, so ist deren Ausübung davon abhängig, dass die Rechtsgestaltung auch von dem Recht anerkannt wird, dem das zu gestaltende Rechtsverhältnis unterliegt. So beurteilt sich etwa die Frage, ob der Ehemann ein ohne seine Zustimmung von der Ehefrau eingegangenes Arbeitsverhältnis kündigen kann (vgl. oben Rz. 5868), der Ehefrau gegenüber nach Art. 14 EGBGB, dem Arbeitgeber gegenüber jedoch nach dem Statut des Arbeitsvertrages. Die Kündigung ist immer ausgeschlossen, wenn auch nur eines der beiden Rechte sie nicht anerkennt[2].

6046–6060 Frei.

V. Schutz des Rechtsverkehrs

Literatur: *Amann,* Eigentumserwerb unabhängig vom ausländischen Güterrecht?, MittBayNotV 1986, 222; *Bader,* Der Schutz des guten Glaubens in Fällen mit Auslandsberührung, MittRheinNotK 1994, 161; *Bänziger,* Der Schutz des Dritten im internationalen Personen-, Familien- und Erbrecht der Schweiz (1977); *Böhringer,* Immobiliarerwerb mit Auslandsbezug aus der Sicht des Notars und des Grundbuchamtes, BWNotZ 1988, 222; *Cicu,* Sulla pubblicità del regime patrimoniale della famiglia, Riv.dir.civ. 1976, 33; *Dästner,* Der Verkehrsschutz im deutschen internationalen Eherecht (Art. 16 EGBGB) (Diss. Göttingen 1970); *G. Fischer,* Verkehrsschutz im internationalen Vertragsrecht (1990); *Haug-Adrion,* Gutglaubenserwerb bei Verfügungsbeschränkungen des Eigentümers zugunsten Dritter – ein Vergleich zwischen deutschem und französischem Zivilrecht unter besonderer Berücksichtigung des Ehegüterrechts (Diss. München 1975); *Liessem,* Guter Glaube beim Grundstückserwerb von einem durch Güterstand verfügungsbeschränkten Ehegatten, NJW 1989, 498; *H. Roth,* Grundbuchverfahren und ausländisches Güterrecht, IPRax 1991, 320; *Schotten,* Der Schutz des Rechtsverkehrs im Internationalen Privatrecht, DNotZ 1994, 670.

1. Wahl des deutschen Rechts

6061 Der Schutz des inländischen Rechtsverkehrs vor Beschränkungen kraft ausländischen Ehegüterrechts ist durch die im Zuge der IPR-Reform geschaffene Möglichkeit, das Güterrechtsstatut in gewissen Grenzen durch Rechtswahl zu

---

1 *Mörsdorf-Schulte,* in: Bamberger/Roth, Art. 14 EGBGB Rz. 15 m. Fn. 32.
2 *Gamillscheg,* Internationales Arbeitsrecht (1959), S. 349.

bestimmen, erheblich verbessert worden. Besitzt auch nur ein Ehegatte die deutsche Staatsangehörigkeit oder haben beide (auch ausländische) Ehegatten ihren gewöhnlichen Aufenthalt im Inland, so können sie ihre güterrechtlichen Beziehungen in ehevertraglicher Form dem deutschen Recht unterstellen, und zwar auch noch nach der Eheschließung. Selbst wenn die Ehegatten – etwa wegen konkreter Rückkehrabsichten in ihr Heimatland – eine globale Wahl des deutschen Güterrechts scheuen, haben sie nunmehr die Möglichkeit, eine auf inländische Grundstücke beschränkte Rechtswahl zu treffen (vgl. Art. 15 Abs. 2 EGBGB; dazu näher oben Rz. 5972 ff.). Die notarielle Praxis, auf deren Initiative diese **Erweiterung der Parteiautonomie** im internationalen Ehegüterrecht zurückgeht, wird daher beim Erwerb oder der Veräußerung inländischer Grundstücke durch Ausländer künftig verstärkt auf eine solche partielle Rechtswahl drängen, um etwaige Beschränkungen, die sich aus ausländischen Güterrechten ergeben können, auszuschalten.

2. Materiellrechtliche Vereinbarungen

Eine Rechtswahl nach Art. 14 Abs. 2, 3 oder 15 Abs. 2 EGBGB hat den Nachteil, dass sie uU von dem ausländischen Heimatrecht der Ehegatten nicht anerkannt wird; die auf inländische Immobilien beschränkte Rechtswahl nach Art. 15 Abs. 2 Nr. 3 EGBGB bewirkt zudem eine häufig unerwünschte Aufspaltung des Güterrechtsstatuts. Gerade bei **Immobiliengeschäften** unter Beteiligung ausländischer Ehegatten ist daher idR eine materiellrechtliche Lösung vorzuziehen, die auch das ausländische Recht zu berücksichtigen versucht[1]. 6062

a) Erwerbsbeschränkungen

Besteht die Gefahr von Erwerbsbeschränkungen aufgrund eines ausländischen Güterstands, so kann der Erwerb deutscher Immobilien zu Allein- oder Miteigentum von Ehegatten häufig durch den Abschluss eines Ehevertrages sichergestellt werden, in dem die Erwerber (bzw. der Erwerber und sein Ehegatte) vereinbaren, dass das Grundstück oder Wohnungseigentum nicht in das gemeinschaftliche Vermögen der Ehegatten (zB das Gesamtgut der Gütergemeinschaft) fallen, sondern **Vorbehaltsgut** (Eigengut) des (bzw. der) erwerbenden Ehegatten sein soll[2]. 6063

b) Verfügungs- und Verpflichtungsbeschränkungen

Die schwierige Frage der Ermittlung des Güterrechtsstatuts und der sich danach ergebenden Beschränkungen der Verfügungsbefugnis oder Verpflichtungsmacht von Ehegatten wird vor allem in der notariellen Praxis häufig dadurch umgangen, dass die **Zustimmung beider Ehegatten** eingeholt wird. In den meisten Fällen kann man, wenn beide Ehegatten unterschreiben, sichergehen, dass der Vertrag rechtlichen Bestand hat. Das Gleiche gilt, wenn ein Ehegatte 6064

---

1 Vgl. *Wegmann*, NJW 1987, 1740 (1745).
2 Vgl. näher *Lichtenberger*, DNotZ 1986, 681 f.

eine schriftliche Zustimmungserklärung des anderen Ehegatten vorlegt. Nach manchen Rechten ist für die Zustimmung eine *besondere Form* vorgeschrieben, so zB in Schweden eine schriftliche, von zwei Zeugen mitunterschriebene Zustimmungserklärung bei bestimmten Grundstücksgeschäften[1].

6065 Gelegentlich genügt eine Zustimmung des anderen Ehegatten nicht, es ist vielmehr erforderlich, dass beide Ehegatten als Vertragsschließende auftreten, so etwa im niederländischen Recht beim Abzahlungskauf von Haushaltsgegenständen (Art. 1:87 B.W.). Dann kann eine **Vollmacht** des anderen Ehegatten dessen persönliche Anwesenheit ersetzen. Auch in anderen Fällen kann eine (Spezial- oder General-)Vollmacht des anderen Ehegatten Schwierigkeiten im Rechtsverkehr vermeiden. So wird etwa in der niederländischen Praxis der umständliche Weg einer abweichenden Verwaltungsregelung durch Ehevertrag nach Art. 1:97 Abs. 1 BW häufig durch die Erteilung einer – widerruflichen – Vollmacht zur Verfügung über bestimmte Gesamtgutsgegenstände umgangen. Vollmachten unter Ehegatten sind meist zulässig, wenn auch häufig nur in widerruflicher Weise, so zB im belgischen und französischen Recht.

In gewissen Fällen hilft allerdings weder eine Zustimmung noch eine Vollmacht des anderen Ehegatten. Wo zB Gesellschafts- oder Schenkungsverträge zwischen Ehegatten verboten sind (vgl. oben Rz. 5875 f.) nützt auch die Unterschrift beider Ehegatten nichts. Das Gleiche gilt, wenn es der Frau verboten ist, für den Mann zu bürgen oder ihr Grundstück für Schulden des Mannes zu belasten (vgl. oben Rz. 5866).

3. Schutzvorschriften für den inländischen Rechtsverkehr

6066 Die Regelung des inländischen Rechts zum Schutze des Rechtsverkehrs bei Vertragsschlüssen mit verheirateten Personen unterscheidet danach, ob dem handelnden Ehegatten das (Allein-)Eigentum, die (Allein-)Verfügungsmacht oder die Geschäftsfähigkeit fehlt.

a) Fehlen des Alleineigentums

6067 Vereinbaren die Ehegatten Gütergemeinschaft nach §§ 1415 ff. BGB, so wird das Vermögen der beiden Ehegatten gemeinschaftliches Vermögen. Damit endet das Alleineigentum und idR auch die freie Verfügungsmacht des einbringenden Ehegatten. Das Gleiche gilt, wenn nach Ehevertrag oder kraft Gesetzes ein ausländischer Güterstand gilt, der einen Eigentumsübergang zur Folge hat (vgl. oben Rz. 5911 ff.). Für den Schutz des Vertragspartners, der von der Gütergemeinschaft und damit vom Eigentumsübergang keine Kenntnis hat, gelten die sachenrechtlichen Grundsätze über den Erwerb vom Nichtberechtigten.

6068 Beim Erwerb **beweglicher Sachen** kommt der sachenrechtliche Schutz des guten Glaubens an das Alleineigentum des verfügenden Ehegatten nach §§ 932 ff. BGB in Betracht, wenn die den Gegenstand der Verfügung bildende bewegliche

---

[1] Vgl. dazu näher IPG 1972 Nr. 15 (Kiel).

Sache in Deutschland übereignet wird[1]. Der Gutglaubensschutz versagt allerdings bei „abhanden gekommenen" Sachen (§ 935 BGB). Ein Abhandenkommen liegt auch dann vor, wenn der andere Ehegatte – wie häufig – Mitbesitz hatte[2]. Bei beweglichen Sachen kommt daher ein Gutglaubensschutz nur selten zum Zuge, wenn ein Gesamtgutsgegenstand ohne Zustimmung des anderen Ehegatten veräußert wird.

Bei Verfügungen über ein **inländisches Grundstück**, das durch Vereinbarung von Gütergemeinschaft oder kraft eines ausländischen Güterstandes in das Gesamthands- oder Miteigentum der Ehegatten gefallen ist, wird der gutgläubige Erwerber gem. § 892 BGB geschützt. Ist also die durch das Güterrecht bewirkte Änderung der Eigentumsverhältnisse an dem Grundstück nicht ins *Grundbuch* eingetragen, so kann sich der Erwerber auf das noch eingetragene Alleineigentum des verfügenden Ehegatten verlassen. Er erwirbt selbst dann gutgläubig, wenn die Gütergemeinschaft im *Güterrechtsregister* eingetragen ist[3]. Gleichgültig ist, ob der gute Glaube des Erwerbers darauf beruht, dass er den eingetragenen Ehegatten für ledig hält, dass er das Vorliegen eines Ehevertrages nicht kennt oder sich über das anwendbare Recht irrt. Diese Grundsätze gelten nicht nur für die Übertragung und Belastung des Grundstücks selbst, sondern auch für Verfügungen über dingliche *Rechte an Grundstücken*, ferner für den Erwerb von *Vormerkungen*, die kollisionsrechtlich ebenfalls als dingliche Rechte zu behandeln und im Verkehrsinteresse nach der lex rei sitae zu beurteilen sind[4]. 6069

Die zuvor genannten inländischen Vorschriften über den sachenrechtlichen Gutglaubensschutz sind ferner stets dann unanwendbar, wenn über bewegliche Sachen oder Grundstücke verfügt wird, die nicht im Inland belegen sind. Allerdings kommt in diesem Falle ein Gutglaubensschutz nach den sachenrechtlichen Vorschriften des Belegenheitsstaates in Betracht.

Bei **Forderungen** und sonstigen Rechten, die – wie Aktien, GmbH-Anteile, Erbteile uÄ. – mit Abschluss des Ehevertrages oder kraft ausländischen Güterrechts in das Gesamtgut fallen, scheidet ein sachenrechtlicher Gutglaubensschutz aus. 6070

Auf den guten Glauben an das Alleineigentum nach §§ 932 ff. bzw. § 892 BGB kommt es allerdings dann nicht an, wenn dem handelnden Ehegatten trotz be- 6071

---

1 Zur Anwendung der Situs-Regel auf den Erwerb vom Nichtberechtigten vgl. BGH 2.4.1960, NJW 1960, 774 (775) = IPRspr. 1960/61 Nr. 231; BGH 8.9.1987, BGHZ 100, 321 (324) = NJW 1987, 3077 (3079) = IPRax 1987, 374 (m. Anm. *Stoll*, IPRax 1987, 357); BGH 6.3.1995, NJW 1995, 2097 = JZ 1995, 784 m. Anm. *Stoll* = IPRspr. 1995 Nr. 61; *Stoll*, in: Staudinger, IntSachenR Rz. 300 ff.; *Wendehorst*, in: MünchKomm, Art. 43 EGBGB Rz. 80, jeweils mwN.
2 *Thorn*, in: Palandt, § 935 BGB Rz. 4.
3 *Siehr*, in: MünchKomm, Art. 15 EGBGB Rz. 108.
4 IPG 1967/68 Nr. 22 (Köln) (Eine in niederländ. Gütergemeinschaft lebende Ehefrau hatte ihrem Sohn ohne Zustimmung ihres Ehemannes eine Vormerkung an einem auf ihren Namen eingetragenen deutschen Grundstück bewilligt. Gutgläubigen Erwerb der Vormerkung nach § 892 BGB beurteilt.).

stehenden Mit- oder Gesamthandseigentums des anderen Ehegatten nach dem maßgeblichen in- oder ausländischen Ehegüterrecht die **alleinige Verfügungsmacht** zustand. Aber auch wenn ein ausländischer Ehegatte im Inland über eine bewegliche Sache oder ein Grundstück ohne die notwendige Zustimmung des anderen Ehegatten verfügt hat, braucht auf die inländischen Vorschriften über den sachenrechtlichen Gutglaubensschutz dann nicht zurückgegriffen zu werden, wenn der gute Glaube des Erwerbers bereits nach dem für die Gültigkeit der Verfügung maßgebenden *ausländischen Ehegüterrecht* geschützt wird. Eine derartige Regelung trifft etwa das niederländische Ehegüterrecht in Art. 1:98 Abs. 2 B.W. Verfügt also ein in Gütergemeinschaft nach niederländischem Recht lebender Ehegatte in Deutschland unbefugterweise über Gesamtgutsgegenstände, so kann der Erwerber trotz Kenntnis der Gesamthandsberechtigung wirksam erwerben, wenn er hinsichtlich der Alleinverfügungsmacht des handelnden Ehegatten nach Art. 1:98 Abs. 2 B.W. gutgläubig ist[1].

b) Mangel der Alleinverfügungsmacht

6072 Der Schutz des guten Glaubens an das Alleineigentum des verfügenden Ehegatten nach sachenrechtlichen Grundsätzen reicht allerdings dann für einen wirksamen Erwerb nicht aus, wenn der Ehegatte nach dem maßgebenden Ehegüterrecht nicht verfügungsberechtigt ist[2]. In diesem Falle gilt jedoch der durch das Güterrechtsregister bewirkte Schutz des Rechtsverkehrs. Nach § 1412 BGB können Ehegatten, die den gesetzlichen Güterstand ausgeschlossen oder geändert haben, hieraus einem Dritten gegenüber Einwendungen gegen ein Rechtsgeschäft, das zwischen einem von ihnen und dem Dritten vorgenommen worden ist, nur herleiten, wenn der Ehevertrag im Güterrechtsregister des zuständigen Amtsgerichts eingetragen oder dem Dritten bekannt war, als das Rechtsgeschäft vorgenommen wurde. Das Gleiche gilt, wenn die Ehegatten eine im Güterrechtsregister eingetragene Regelung der güterrechtlichen Verhältnisse durch Ehevertrag aufheben oder ändern. Der Vertragspartner kann also dann, wenn eine Eintragung im Güterrechtsregister fehlt, außer acht lassen, dass eventuell ein vertraglicher Güterstand besteht[3].

6073 In gleicher Weise ist der Vertragspartner aber auch gegen das Bestehen eines **ausländischen** (vertraglichen oder gesetzlichen) Güterstandes geschützt, der zu seinem Nachteil vom deutschen gesetzlichen Güterstand der Zugewinngemeinschaft abweicht[4]. Unterliegen die güterrechtlichen Wirkungen einer Ehe nämlich gem. Art. 15 EGBGB dem Recht eines anderen Staates und hat einer der Ehegatten seinen gewöhnlichen Aufenthalt im Inland oder betreibt er

---

1 IPG 1967/68 Nr. 22 (Köln).
2 *Schurig*, in: Soergel, Art. 16 EGBGB Rz. 7.
3 Zur umfassenden Schutz- und Offenlegungsfunktion des Güterrechtsregisters BGH 14.4.1976, NJW 1976, 1258.
4 Vgl. *Siehr*, in: MünchKomm, Art. 16 EGBGB Rz. 1 ff.; *Mörsdorf-Schulte*, in: Bamberger/Roth, Art. 16 EGBGB Rz. 21 ff.; *von Bar*, II Rz. 233; *Schotten/Schmellenkamp*, Rz. 213.

hier ein Gewerbe, so ist § 1412 BGB gem. Art. 16 Abs. 1 EGBGB entsprechend anzuwenden; der fremde gesetzliche Güterstand steht in diesem Fall einem vertragsmäßigen gleich. Das Zusammenwirken dieser beiden Vorschriften gibt dem Rechtsverkehr erheblichen Schutz, und zwar nicht nur bei Verfügungsgeschäften über bewegliche Sachen und Grundstücke, sondern auch bei der Abtretung und Verpfändung von Forderungen sowie bei Verpflichtungsgeschäften.

Voraussetzung für die Berufung auf das deutsche Güterrechtsregister ist nach Art. 16 Abs. 1 EGBGB allerdings, dass zumindest **ein Ehegatte seinen gewöhnlichen Aufenthalt im Inland** hat oder hier ein Gewerbe betreibt[1]. Hingegen ist es nicht erforderlich, dass auch der zu schützende Dritte sich gewöhnlich im Inland aufhält oder gar Deutscher ist[2]. Auch muss der Dritte nicht notwendig gerade zu dem im Inland lebenden Ehegatten in rechtsgeschäftliche Beziehungen getreten sein[3], sofern der Dritte hinreichende Inlandsbeziehungen hat. 6074

Allerdings wird man Art. 16 Abs. 1 EGBGB einschränkend in dem Sinne auslegen müssen, dass das ausländische Güterrecht nur dann verdrängt wird, wenn auch der **Vertrag im Inland geschlossen** wurde. Dies ist zwar nur in Art. 16 Abs. 2 EGBGB in Bezug auf Beschränkungen der Schlüsselgewalt ausdrücklich ausgesprochen, folgt jedoch auch für Art. 16 Abs. 1 EGBGB aus dem Schutzzweck der Norm, weil der ausländische Rechtsverkehr nicht auf die Geltung deutschen Güterrechts vertraut und deshalb insoweit auch keines Schutzes bedarf[4]. In Betracht kommt allenfalls eine analoge Anwendung des Art. 16 Abs. 1 EGBGB zum Schutz des ausländischen Rechtsverkehrs, wenn das Vornahmestatut einen gleichartigen Verkehrsschutz kennt[5]. 6075

Der Schutz des Art. 16 Abs. 1 EGBGB iVm. § 1412 BGB entfällt, wenn der abweichende ausländische Güterstand im **Güterrechtsregister** eingetragen war, der Vertragspartner dieses aber nicht eingesehen hat oder nicht einsehen konnte, weil ihm der gewöhnliche Aufenthalt der Ehegatten unbekannt war[6]. Die Eintragung in das Güterrechtsregister kann gem. § 1558 Abs. 1 BGB bei jedem Amtsgericht bewirkt werden, in dessen Bezirk auch nur einer der Ehegatten 6076

---

1 *Siehr*, in: MünchKomm, Art. 16 EGBGB Rz. 9, 12; *Mankowski*, in: Staudinger, Art. 16 EGBGB Rz. 19.
2 *Schurig*, in: Soergel, Rz. 4; *Siehr*, in: MünchKomm, Rz. 12; *Mankowski*, in: Staudinger, Rz. 29, jeweils zu Art. 16 EGBGB.
3 *Schotten*, DNotZ 1994, 670 (675); *von Bar*, II Rz. 234; *Siehr*, in: MünchKomm, Rz. 12, 14; *Hohloch*, in: Erman, Rz. 8, jeweils zu Art. 16 EGBGB.
4 *Schotten*, DNotZ 1994, 670 (677 f.); *von Bar*, II Rz. 234; *Andrae*, IntFamR, § 3 Rz. 131; *Mörsdorf-Schulte*, in: Bamberger/Roth, Art. 16 EGBGB Rz. 27; *Mankowski*, in: Staudinger, Art. 16 EGBGB Rz. 31 f.; *Sieghörtner*, in: AnwK, Art. 16 EGBGB Rz. 8; für Anwendung auf Auslandsgeschäfte, wenn beide Parteien ihren gewöhnlichen Aufenthalt im Inland haben *Siehr*, in: MünchKomm, Art. 16 EGBGB Rz. 14; aA *G. Fischer*, S. 155 ff.; *Hohloch*, in: Erman, Rz. 11; *Schurig*, in: Soergel, Rz. 4, jeweils zu Art. 16 EGBGB.
5 Dafür *G. Fischer*, S. 176 ff.; *Schurig*, in: Soergel, Rz. 2; *Siehr*, in: MünchKomm, Rz. 43 ff.; aA *Mankowski*, in: Staudinger, Rz. 48 f., jeweils zu Art. 16 EGBGB mwN.
6 *Schotten*, DNotZ 1994, 670 (676); *Siehr*, in: MünchKomm, Art. 16 EGBGB Rz. 15 ff.

(also nicht notwendig der kontrahierende) seinen gewöhnlichen Aufenthalt hat. Betreibt ein Ehegatte im Inland lediglich ein Gewerbe, so ist das Amtsgericht für den Ort der Handelsniederlassung zuständig (Art. 4 Abs. 1 EGHGB). In der Praxis spielt das Güterrechtsregister freilich kaum noch eine Rolle; Eintragungen von in- oder ausländischen Güterständen werden nur höchst selten vorgenommen[1].

6077 Auch wenn der ausländische Güterstand – wie in der Regel – im Güterrechtsregister nicht eingetragen ist, so wird der Dritte gem. § 1412 BGB doch nur geschützt, wenn er im Zeitpunkt der Vornahme des Rechtsgeschäfts von der Geltung des fremden Güterrechts keine Kenntnis hatte. Hier schadet also nur **positives Wissen**; allein der Umstand, dass der Dritte die ausländische Staatsangehörigkeit der Ehegatten kannte, macht ihn noch nicht bösgläubig[2]. Der Dritte muss vielmehr wissen, dass die Ehegatten in einem ausländischen Güterstand leben; nicht erforderlich ist hingegen die genaue Kenntnis dieses Güterstands[3]. Da sich die Ehegatten seit dem 1.9.1986 darauf beschränken können, lediglich die Rechtswahl nach Art. 15 Abs. 2 EGBGB im Güterrechtsregister eintragen zu lassen, muss die bloße Kenntnis von der Geltung ausländischen Güterrechts für die Annahme von Bösgläubigkeit genügen[4].

6078 Liegen die Voraussetzungen für den Schutz des guten Glaubens nach Art. 16 Abs. 1 EGBGB vor, so können die Ehegatten sich auf Verfügungsbeschränkungen, Zustimmungserfordernisse oder andere Einwendungen aus dem für sie geltenden ausländischen Güterrecht gegenüber der Wirksamkeit eines von ihnen geschlossenen Rechtsgeschäfts nicht berufen. Sie werden dem gutgläubigen Dritten gegenüber vielmehr so behandelt, als gelte für sie der deutsche gesetzliche Güterstand der Zugewinngemeinschaft[5].

6079 Betreibt ein Ehegatte, der in einem ausländischen Güterstand der Gütergemeinschaft lebt, im Inland ein **selbständiges Erwerbsgeschäft**, so ist gutgläubigen Dritten gegenüber gem. Art. 16 Abs. 2 EGBGB iVm. § 1431, 1456 BGB die Zustimmung des anderen Ehegatten zu solchen Rechtsgeschäften nicht notwendig, die der Geschäftsbetrieb mit sich bringt. Praktische Bedeutung erlangen diese Verkehrsschutznormen allerdings nur dann, wenn der ausländische Güterstand im deutschen Güterrechtsregister *verlautbart* ist oder der

---

1 *Reithmann*, DNotZ 1984, 439 mwN.; *Schotten/Schmellenkamp*, Rz. 218.
2 *Schotten*, DNotZ 1994, 670 (676 f.); *Siehr*, in: MünchKomm, Rz. 22; *Schurig*, in: Soergel, Rz. 8; *Mankowski*, in: Staudinger, Rz. 42, jeweils zu Art. 16 EGBGB.
3 *Siehr*, in: MünchKomm, Rz. 22; *Sieghörtner*, in: AnwK, Art. 16 EGBGB Rz. 11; *Looschelders*, Art. 16 EGBGB Rz. 6; *Schotten/Schmellenkamp*, Rz. 216; aA *Amann*, MittBayNotV 1986, 222 (226); *H. Roth*, IPRax 1991, 320 (322); *von Bar*, II Rz. 234; *Thorn*, in: Palandt, Art. 16 EGBGB Rz. 2.
4 *Liessem*, NJW 1989, 497 (500); *Schotten*, DNotZ 1994, 670 (677); aA *Mankowski*, in: Staudinger, Art. 16 EGBGB Rz. 42.
5 *Siehr*, in: MünchKomm, Rz. 21; *Hohloch*, in: Erman, Rz. 16; *Schurig*, in: Soergel, Rz. 8; *Mankowski*, in: Staudinger, Rz. 47, jeweils zu Art. 16 EGBGB; *Schotten/Schmellenkamp*, Rz. 220.

Dritte um seine Geltung weiß, weil andernfalls bereits der Schutz nach Art. 16 Abs. 1 EGBGB iVm. § 1412 BGB eingreift[1].

c) Beschränkungen der Schlüsselgewalt

Auch gegenüber den nach dem ausländischen Ehewirkungsstatut bestehenden Beschränkungen der gegenseitigen Vertretungsbefugnis von Ehegatten bei Rechtsgeschäften im Interesse des gemeinsamen Haushalts wird der inländische Verkehr geschützt. Ist das **Rechtsgeschäft** von einem Ehegatten, dessen allgemeine Ehewirkungen ausländischem Recht unterstehen, **im Inland vorgenommen** worden, so gelten nach Art. 16 Abs. 2 EGBGB im Verhältnis zu gutgläubigen Dritten die deutschen Vorschriften über die Schlüsselgewalt (§ 1357 BGB) sinngemäß, sofern sie dem Dritten günstiger sind als das fremde Recht. Gutgläubig sind die Dritten dann, wenn sie die Geltung ausländischen Rechts weder kennen noch grob fahrlässig nicht kennen[2]. Im Inland vorgenommen wird ein Rechtsgeschäft nur dann, wenn sich im Zeitpunkt des Vertragsschlusses beide Vertragsparteien (bzw. ihre Vertreter) im Inland aufhalten. Da Art. 16 Abs. 2 EGBGB – wie Art. 13 Rom I-VO – für internationale Distanzgeschäfte keinen Verkehrsschutz gewährt, reicht die Anwesenheit nur einer Vertragspartei im Inland nicht aus[3]. Auch durch eine Rechtswahl kann die Geltung des Verkehrsschutzes nach deutschem Recht nicht herbeigeführt werden, weil das deutsche internationale Eherecht eine Rechtswahl mit einem Dritten nicht kennt[4].

6080

Im Rahmen des **Günstigkeitsvergleichs**, den das deutsche Gericht nach Art. 16 Abs. 2 EGBGB von Amts wegen vorzunehmen hat[5], sind die in beiden Rechten enthaltenen Regeln über die Vertretungsmacht und Haftung nicht abstrakt gegeneinander abzuwägen[6]; erforderlich ist vielmehr eine *konkrete Betrachtungsweise*[7]. Das inländische Recht ist dem Dritten daher günstiger, wenn es

6081

---

1 *Thorn*, in: Palandt, Rz. 3; *Hohloch*, in: Erman, Rz. 21; *Mankowski*, in: Staudinger, Rz. 76, jeweils zu Art. 16 EGBGB.
2 *Mankowski*, in: Staudinger, Art. 16 EGBGB Rz. 59; *Schurig*, in: Soergel, Art. 16 EGBGB Rz. 20.
3 *G. Fischer*, S. 166; *Siehr*, in: MünchKomm, Rz. 34; *Hohloch*, in: Erman, Rz. 19; *Mankowski*, in: Staudinger, Rz. 61, jeweils zu Art. 16 EGBGB. Für Anwendung der Vorschrift auf internationale Distanzgeschäfte in Analogie zu Art. 11 Abs. 2 und 3 EGBGB hingegen *Thorn*, in: Palandt, Art. 16 EGBGB Rz. 3; wohl auch *Schurig*, in: Soergel, Art. 16 EGBGB Rz. 9.
4 *Jayme*, IPRax 1993, 80 (81); *Mankowski*, in: Staudinger, Art. 16 EGBGB Rz. 52; aA BGH 27.11.1991, NJW 1992, 909 = JR 1992, 498 m. Anm. *Böhmer* = IPRax 1993, 97 (m. abl. Anm. *Jayme*, IPRax 1993, 80) = IPRspr. 1991 Nr. 7b (Inanspruchnahme der Ehefrau eines Spaniers für Kosten von dessen Krankenhausbehandlung. Nachträgliche stillschweigende Rechtswahl des deutschen Verkehrsschutzrechts angenommen.).
5 *Siehr*, in: MünchKomm, Art. 16 EGBGB Rz. 29; *Kropholler*, IPR, § 45 V 2; *Jayme*, IPRax 1993, 80 f.
6 So noch *Frankenstein*, IPR, III S. 371 f.
7 *G. Fischer*, S. 167; *Siehr*, in: MünchKomm, Art. 16 EGBGB Rz. 28; *Mankowski*, in: Staudinger, Art. 16 EGBGB Rz. 55; *Kropholler*, IPR, § 45 V 2; *Schotten/Schmellenkamp*, Rz. 128a.

eine Haftung des am Vertragsschluss nicht beteiligten Ehegatten für die vom anderen eingegangene Verpflichtung begründet, während dies nach dem ausländischen Ehewirkungsstatut nicht der Fall ist. Steht fest, dass die Inanspruchnahme beider Ehegatten nach deutschem Recht (§ 1357 BGB) begründet ist, so erübrigt sich also bereits der Vergleich mit dem ausländischen Recht[1]. In diesem Fall kann sich der Dritte auch nicht auf das für ihn ungünstigere ausländische Recht berufen, weil ihn das Geschäft inzwischen reut; ein Wahlrecht des Dritten besteht insoweit nicht[2]. Ist hingegen zweifelhaft, welches Recht dem Dritten günstiger ist, so sollte dieser das von ihm bevorzugte Recht wählen dürfen[3]. Dies gilt insbesondere bei der Vornahme *einseitiger Rechtsgeschäfte*, die nach deutschem Recht wirksam, nach ausländischen Recht hingegen unwirksam sind (oder umgekehrt), sowie bei Rechtsgeschäften, die zwar nach beiden Rechten gültig sind, aber in ihren Wirkungen differieren.

d) Sonstige Beschränkungen durch die Ehe

6082 Nicht ausdrücklich im Gesetz geregelt ist die Frage, inwieweit der inländische Rechtsverkehr gegen solche Beschränkungen der Geschäftsfähigkeit sowie der Verpflichtungs- oder Verfügungsbefugnis von Ehegatten geschützt ist, die als **persönliche Ehewirkungen** zu qualifizieren sind (vgl. dazu oben Rz. 5854, 5862 ff.). Denn Art. 16 Abs. 1 EGBGB betrifft lediglich die Wirkungen ausländischer Güterstände, während die teilweise ehepersonenrechtliche Norm des Art. 16 Abs. 2 EGBGB keine Generalklausel enthält, sondern die Geltung des ausländischen Rechts nur in Bezug auf die Schlüsselgewalt und die Eigentumsvermutungen einschränkt. Auch Art. 13 Rom I-VO greift weder unmittelbar noch entsprechend ein, weil die Beschränkungen nicht die allgemeine Geschäfts- und Handlungsfähigkeit betreffen und sich deshalb nicht aus dem Personalstatut des handelnden Ehegatten ergeben, sondern persönliche Ehewirkungen darstellen[4].

6083 Aus Art. 16 Abs. 2 EGBGB ist jedoch der **allgemeine Rechtsgedanke** zu entnehmen, dass ausländisches Eherecht dem inländischen zu weichen hat, wenn die vermögensrechtlichen Interessen eines gutgläubigen Dritten unmittelbar berührt sind und das abgeschlossene Geschäft eine hinreichende Beziehung zum

---

1 *Mankowski*, in: Staudinger, Art. 15 EGBGB Rz. 56; *Jayme*, Festschr. Schwind (1993), S. 103 (108 f.).
2 *Siehr*, in: MünchKomm, Art. 16 EGBGB Rz. 26, 28; *Mankowski*, in: Staudinger, Art. 15 EGBGB Rz. 56; *Jayme*, IPRax 1993, 81; aA *Thorn*, in: Palandt, Art. 16 EGBGB Rz. 3.
3 *Siehr*, in: MünchKomm, Art. 16 EGBGB Rz. 29; *Mankowski*, in: Staudinger, Art. 16 EGBGB Rz. 57 f.
4 *Spellenberg*, in: MünchKomm, Rz. 67; *Hausmann*, in: Staudinger, Rz. 34 f., jeweils zum bisherigen Art. 12 S. 1 EGBGB; *Mankowski*, in: Staudinger, Art. 16 EGBGB Rz. 87; *Stoll*, in: Staudinger, IntSachenR Rz. 188; *Hohloch*, in: Erman, Art. 12 EGBGB Rz. 11; aA LG Aurich 23.2.1990 FamRZ 1990, 776 = IPRax 1991, 341 (m. abl. Anm. *H. Roth*, IPRax 1991, 320); *Liessem*, NJW 1989, 500 f.; *G. Fischer*, NJW 1989, 171 ff.; *Thorn*, in: Palandt, Art. 12 EGBGB Rz. 5; *Siehr*, in: MünchKomm, Art. 14 EGBGB Rz. 93; *Schurig*, in: Soergel, Art. 16 EGBGB Rz. 21.

Inland aufweist[1]. Ist ein Vertrag daher im Inland abgeschlossen worden, so wird ausländisches Ehepersonenrecht in demselben Umfang durch deutsches Recht verdrängt, wie dies Art. 16 Abs. 2 EGBGB für die Fälle der §§ 1357, 1362 BGB ausdrücklich vorsieht. In diesem Fall können gutgläubige Dritte sich daher gegenüber ausländischen Interzessionsverboten oder sonstigen Verpflichtungsbeschränkungen auf das ihnen günstigere deutsche Recht berufen[2]. Dieser Schutz entfällt – anders als jener nach Art. 13 Rom I-VO (dazu unten Rz. 6242 ff.) – auch bei leicht fahrlässiger Unkenntnis des Dritten nicht[3].

Beschränkungen der Ehegatten **im Innenverhältnis** (Verbot von Schenkungsverträgen uÄ., vgl. dazu oben Rz. 5875 f.) können hingegen auch geltend gemacht werden, wenn das Rechtsgeschäft im Inland vorgenommen worden ist, weil ein Verkehrsschutzbedürfnis insoweit nicht besteht[4]. 6084

Frei. 6085–6100

VI. Zusammenfassung mit Handlungsanleitung

1. Allgemeine Beschränkungen durch die Ehe

a) Nach ausländischen Rechten ist die Freiheit von Eheleuten, über eigenes oder gemeinsames Vermögen zu verfügen bzw. bestimmte Verpflichtungen einzugehen, im Interesse der Familiengemeinschaft häufig unabhängig vom Güterstand eingeschränkt. 6101

b) So bedürfen Ehegatten zum Abschluss bestimmter – besonders belastender oder risikoreicher – **Verpflichtungsverträge** (zB Schenkung, Bürgschaft, Schuldübernahme, Abzahlungskauf) der gerichtlichen Genehmigung (sog. Interzessionsverbote) oder der Zustimmung ihres Partners.

c) Güterstandsunabhängige **Verfügungsbeschränkungen** bestehen namentlich in Bezug auf die Ehewohnung und den Hausrat, zT auch weitergehend für Grundstücksgeschäfte jeder Art.

---

1 *Hausmann*, in: Staudinger, Rz. 34 f., jeweils zum bisherigen Art. 12 S. 1 EGBGB; *Mankowski*, in: Staudinger, Art. 14 EGBGB Rz. 238 und Art. 16 EGBGB Rz. 88; *Stoll*, in: Staudinger, IntSachenR Rz. 188; *Kropholler*, IPR, § 45 V 2; *Schotten/Schmellenkamp*, Rz. 128 a.
2 *Bader*, MittRheinNotK 1994, 161 (163); *H. Roth*, IPRax 1991, 320 ff.; *von Bar*, II Rz. 189; *Kropholler*, IPR, § 45 V 2; *Kegel/Schurig*, IPR, § 20 V 4 aE; *Thorn*, in: Palandt, Art. 16 EGBGB Rz. 3; *Mörsdorf-Schulte*, in: Bamberger/Roth, Art. 16 EGBGB Rz. 56; *Hohloch*, in: Erman, Art. 12 EGBGB Rz. 11; vgl. auch BT-Drucks. 10/504, S. 59.
3 *Schotten*, DNotZ 1994, 683 f. Vgl. auch – zum niederländischen Recht – HR 13.1.1989, N.J. 1990, 268 (Ausländischer Vertragspartner muss die Beschränkungen des niederländischen Rechts für Bürgschaftsverträge durch Ehegatten nicht kennen, wenn der Vertrag im Ausland geschlossen wird). IPG 1996 Nr. 26 (Köln) (zum Schutz des inländ. Rechtsverkehrs nach Art. 16 Abs. 2 EGBGB gegen Beschränkungen der Verpflichtungs- und Verfügungsfreiheit von Ehegatten über die eheliche Wohnung nach niederländ. Recht).
4 *Schurig*, in: Soergel, Art. 14 EGBGB Rz. 57.

d) Schließlich ist auch die Befugnis von Ehegatten, den Partner bei Geschäften zur Deckung des Lebensbedarfs der Familie (sog. **Schlüsselgewaltgeschäfte**) mitzuverpflichten, nach ausländischen Rechten vielfach beschränkt.

e) Ob und in welchem Umfang solche Beschränkungen bestehen, ist nicht dem Vertragsstatut, sondern dem **Ehewirkungsstatut** des Art. 14 EGBGB zu entnehmen. Abzustellen ist nach Art. 14 Abs. 1 EGBGB in erster Linie auf das (letzte) gemeinsame Heimatrecht der Ehegatten, in Ermangelung eines solchen auf das (letzte) gemeinsame Aufenthaltsrecht und hilfsweise auf das Recht, mit dem die Ehegatten auf andere Weise gemeinsam am engsten verbunden sind. Rück- oder Weiterverweisung sind nach Art. 4 Abs. 1 EGBGB zu beachten.

f) Die Ehegatten sind allerdings unter den in Art. 14 Abs. 2 und 3 EGBGB genannten Voraussetzungen auch berechtigt, ein hiervon abweichendes Recht zu wählen. Die **Rechtswahl** bedarf der notariellen Beurkundung, wenn sie im Inland getroffen wird; im Ausland genügt auch die Einhaltung der Ortsform.

2. Güterrechtliche Beschränkungen

6102 a) Die Freiheit von Ehegatten, über bestimmte Vermögensgegenstände zu verfügen oder sich zu deren Übertragung zu verpflichten, sowie Vermögen zu Alleineigentum zu erwerben, ist in zahlreichen ausländischen Güterrechten dadurch beschränkt, dass bereits die Eheschließung als solche zu einer **Vergemeinschaftung von Vermögenswerten** führt. Dies gilt insbesondere in Rechten, die als gesetzlichen Güterstand die Gütergemeinschaft oder eine Form der Errungenschaftsgemeinschaft vorsehen. Hier steht das Recht zur Verwaltung und Verfügung über Gesamtgutsgegenstände häufig nur beiden oder einem der Ehegatten zu.

b) Ob Verfügungs- oder Erwerbsbeschränkungen kraft ausländischen Ehegüterrechts bestehen, beurteilt sich nach dem **Güterrechtsstatut** des Art. 15 EGBGB. Maßgebend ist danach grundsätzlich das Ehewirkungsstatut zur Zeit der Eheschließung (Art. 15 Abs. 1 iVm. Art. 14 EGBGB). Eine Rück- oder Weiterverweisung ist nach Art. 4 Abs. 1 EGBGB zu beachten. In Betracht kommt insbesondere ein Renvoi auf das Wohnsitzrecht der Ehegatten, auf die lex rei sitae von ehelichem Grundbesitz sowie auf ein von den Ehegatten – auch formlos oder stillschweigend – gewähltes Recht.

c) Die Ehegatten können das Güterrechtsstatut gem. Art. 15 Abs. 2 EGBGB auch unmittelbar durch **Rechtswahl** – unabhängig vom Ehewirkungsstatut – festlegen. Die Rechtswahl kann nicht nur bei Eheschließung, sondern zu jedem beliebigen Zeitpunkt während der Ehe getroffen werden. Zur Wahl gestellt sind den Ehegatten ihre jeweiligen Heimat- bzw. Aufenthaltsrechte. Hinsichtlich des unbeweglichen Vermögens können sie ferner das Recht des jeweiligen Lageortes wählen.

d) Der Grundsatz der Einheitlichkeit des Güterstandes wird nach Art. 3a Abs. 2 EGBGB durchbrochen, wenn Vermögenswerte in einem Land belegen sind, nach dessen Recht sie „besonderen Vorschriften" unterliegen. Praktisch bedeutsam ist insbesondere die kollisionsrechtliche Unterscheidung zwischen „movables" und „immovables" im anglo-amerikanischen Recht. Sie führt zu einer auch in Deutschland beachtlichen **Spaltung des Güterstandes**, wenn Immobilien zB in England oder in den USA belegen sind, während die Güterrechtsbeziehungen nach Art. 15 EGBGB deutschem Recht oder dem Recht eines dritten Staates unterliegen.

e) Für die vor dem 9.4.1983 geschlossenen Ehen sind die **intertemporalen Kollisionsregeln** des Art. 220 Abs. 3 EGBGB zu beachten.

3. Schutz des Rechtsverkehrs

a) Gegenüber im Inland unbekannten Beschränkungen ausländischer Ehewirkungs- oder Ehegüterrechte wird der inländische Rechtsverkehr in vielfältiger Hinsicht geschützt: 6103

- das mangelnde **Alleineigentum** eines Ehegatten kann mit Hilfe der sachenrechtlichen Vorschriften über den Schutz des guten Glaubens (§§ 892 f., 932 ff. BGB) überwunden werden;
- fehlt es dem handelnden Ehegatten nach ausländischem Ehegüterrecht an der (alleinigen) **Verfügungsmacht**, so greift nach Art. 16 Abs. 1 EGBGB iVm. § 1412 BGB der Schutz durch das Güterrechtsregister ein;
- schließlich sind gutgläubige Dritte auch gegenüber ausländischen Beschränkungen der **Schlüsselgewalt**, die über § 1357 BGB hinausgehen, gem. Art. 16 Abs. 2 EGBGB geschützt.

b) Den besten Schutz vor unbekannten güterrechtlichen Erwerbs- oder Verfügungsbeschränkungen bietet freilich die – gegebenenfalls auf inländische Grundstücke beschränkte – **Wahl deutschen Güterrechts** nach Art. 15 Abs. 2 EGBGB.

Frei. 6104–6120

E. Beschränkungen bei jugendlichen Personen

	Rz.
I. Anknüpfung der Geschäftsfähigkeit	6121
1. Sonderanknüpfung an die Staatsangehörigkeit	6121
a) Mehrstaater	6122
b) Staatenlose	6124
c) Flüchtlinge	6125
2. Statutenwechsel	6126
3. Rück- oder Weiterverweisung	6127
II. Reichweite des Geschäftsfähigkeitsstatuts	6141
1. Volljährigkeit	6142
2. Geschäftsfähigkeitsstufen	6147
3. Volljährigkeitserklärung und Emanzipation	6149
4. Heirat macht mündig	6151
5. Teilgeschäftsfähigkeit	6152
6. Prozessfähigkeit	6154
III. Einfluss des Wirkungsstatuts	6161
1. Erfordernis und Grad der Geschäftsfähigkeit	6162
2. Besondere Geschäftsfähigkeiten	6164
a) Wechsel- und Scheckrecht	6165
b) Börsenrecht	6167
c) Familien- und Erbrecht	6168
3. Folgen mangelnder Geschäftsfähigkeit	6169
4. Verfügungsmacht	6172
IV. Anknüpfung der gesetzlichen Vertretung	6181
1. Staatsverträge/EG-Verordnungen	6181
a) Haager Minderjährigenschutzabkommen	6182
aa) Anwendungsbereich	6183
(1) Schutzmaßnahmen	6185
(2) Gesetzliche Gewaltverhältnisse	6186
bb) Gleichlaufgrundsatz für Schutzmaßnahmen	6187
cc) Beachtung gesetzlicher Gewaltverhältnisse nach dem Heimatrecht des Minderjährigen	6190
b) Haager Kinderschutzübereinkommen	6193
aa) Anwendungsbereich	6194
bb) Internationale Zuständigkeit	6196
cc) Anwendbares Recht	6197
dd) Anerkennung und Vollstreckung	6200
c) Vorrang der EuEheVO	6201
aa) Problemstellung	6201
bb) Konsequenzen für die Anknüpfung der gesetzlichen Vertretung Minderjähriger	6202
(1) Haager Minderjährigenschutzabkommen	6203
(2) Haager Kinderschutzübereinkommen	6204
2. Autonomes deutsches Kollisionsrecht	6205
a) Vertretung durch die Eltern	6205
aa) Grundsatz	6205
bb) Gewöhnlicher Aufenthalt	6206
cc) Rück- oder Weiterverweisung	6208
b) Vertretung durch Vormund oder Pfleger	6212
3. Familiengerichtliche Genehmigung	6214
a) Anknüpfung	6214
aa) Vertretung durch die Eltern	6215
(1) Haager Minderjährigenschutzabkommen	6216
(2) Haager Kinderschutzübereinkommen	6220
bb) Vertretung durch Vormund oder Pfleger	6221
cc) Reichweite des Vertretungsstatuts	6222
b) Internationale Zuständigkeit	6225
aa) EuEheVO	6225
bb) Autonomes deutsches Verfahrensrecht	6226
V. Schutz des Rechtsverkehrs	6242
1. Mangelnde Geschäftsfähigkeit	6242
a) Voraussetzungen des Verkehrsschutzes	6243

	Rz.		Rz.
aa) Aufenthalt der Vertragspartner in demselben Staat	6243	bb) Ungültiger Vertrag	6253
		2. Mängel der gesetzlichen Vertretung	6254
bb) Gutgläubigkeit	6245	**VI. Zusammenfassung mit Handlungsanleitung**	6261
cc) Verkehrsgeschäft	6248		
b) Wirkungen des Verkehrsschutzes	6251	1. Geschäftsfähigkeit	6261
		2. Gesetzliche Vertretung	6262
aa) Gültiger Vertrag	6252	3. Schutz des Rechtsverkehrs	6263

Literatur zum Internationalen Privatrecht: *Baetge*, Anknüpfung der Rechtsfolgen bei fehlender Geschäftsfähigkeit, IPRax 1996, 185; *Capotorti*, La capacité en droit international privé, Rec. des Cours 109 (1963-II), 153; *Ehrenzweig*, Contractual Capacity of Married Women and Infants in the Conflict of Laws, Minn. L. Rev. 43 (1959), 899; *G. Fischer*, Verkehrsschutz im internationalen Vertragsrecht (1990); *Furtak*, Die Parteifähigkeit in Zivilverfahren mit Auslandsberührung (1995); *Glenn*, La capacité de la personne en droit international privé français et anglais (Paris 1975); *Goldschmidt*, Für eine ausnahmslose Geltung des Geschäftsfähigkeitsstatuts, Festschr. Kegel (1987), S. 163; *Guinand*, Les conflits de loi en matière de capacité – étude comparative (Neuchâtel 1970); *Hepting*, Die Herabsetzung des Volljährigkeitsalters und ihre Auswirkungen im internationalen Privat- und Verfahrensrecht, FamRZ 1975, 451; *Hepting*, Zur Emanzipation ausländischer Minderjähriger durch deutsche Gerichte, ZBIJR 1976, 145; *Kirchhoff*, Das Rechtsfolgenstatut der beschränkten Geschäftsfähigkeit und Geschäftsunfähigkeit (2005), *Lipp*, Verkehrsschutz und Geschäftsfähigkeit im IPR, RabelsZ 63 (1999), 107; *Luther*, Beschränkungen der Geschäftsfähigkeit von Ausländern und im Ausland, StAZ 1986, 164; *Lüderitz*, Rechtsfähigkeit, Geschäftsfähigkeit und Entmündigung natürlicher Personen in: Lauterbach (Hrsg.), Vorschläge und Gutachten zur Reform des deutschen internationalen Personen- und Sachenrechts (1972), S. 32; *Marquardt*, Bemerkungen zur Rechtsfähigkeit, Geschäftsfähigkeit, Entmündigung, Todeserklärung, in: Beitzke (Hrsg.), Vorschläge und Gutachten zur Reform des deutschen internationalen Personen-, Familien- und Erbrechts (1981), S. 73; *Mosconi*, Le norme relative alla capacità dei contraenti nella convenzione CEE sulla legge applicabile alle obbligazioni contrattuali, Dir.com.scambi int. 22 (1983), 1; *Pagenstecher*, Zur Geschäftsfähigkeit der Ausländer in Deutschland. Ein Beitrag zur Problematik des Art. 7 EGBGB, RabelsZ 15 (1949/50), 149; *Pagenstecher*, Zur Prozessfähigkeit der Ausländer nach deutschem internationalen Zivilprozessrecht, Festschr. Raape (1948), S. 249; *Schippel*, Rechtsverkehr mit geschäftsunfähigen und beschränkt geschäftsfähigen Personen nach internem und internationalem deutschen Privatrecht (1963); *Schotten*, Die Geschäftsfähigkeit im IPR, MittRheinNotK 1970, 371; *Reithmann*, Geschäftsfähigkeit und Verfügungsbefugnis nach deutschem internen Recht und Kollisionsrecht, DNotZ 1967, 232; *Wohlgemuth*, Der minderjährige Gesellschafter im IPR, RIW 1980, 759.

Literatur zur Rechtsvergleichung: *de Cristofaro*, Minore età e contratto di lavoro, Riv.dir.civ. 25 (1979-II), 335; *Harland*, The Law of Minors in Relation to Contracts and Property (1974); *Hellner*, Der Begriff der Geschäftsfähigkeit im französischen Recht, JR 1957, 257; *Jentsch*, Die Geschäftsfähigkeit Minderjähriger im deutschen, österreichischen, schweizerischen, französischen und englischen Recht (Diss. Bonn 1967); *Kindred*, Basic Problems of Minors' Contractual Capacity – Reform in England, France, Ethiopia and the United Staates of America, Festschr. Rheinstein II (1969), S. 523; *Kurzwelly*, Die Haftung Minderjähriger bei Täuschung über die Geschäftsfähigkeit im deutschen, österreichischen, schweizerischen, französischen und englischen Recht (Diss. Bonn 1977); *Menold-Weber*, Verträge Minderjähriger und ihre Rückabwicklung nach englischem Recht (1992); *Raison*, Le statut des incapables mineurs et majeurs après la loi du 14 décembre 1964 et la loi du 3 janvier 1968 (1969); *Schenk*, Die rechtliche Fähigkeit

Minderjähriger zum selbständigen Abschluss schuldrechtlicher Verträge. Eine rechtsvergleichende Darstellung unter Berücksichtigung der Rechtslage in Frankreich, England, der Bundesrepublik Deutschland und der Harmonisierungsbestrebungen des Europarats (Diss. Bonn 1976); *Schwimann*, Die Institution der Geschäftsfähigkeit (1965); *Stanzione*, Capacità e minore età nella problematica della persona umana (1975); *Valero*, The Contractual Capacity of Minors in English and French Law of Employment, I.C.L.Q. 27 (1978), 215; *Vial*, Die Geschäftsfähigkeit Minderjähriger im englischen Recht (Diss. Kiel 1974); *Wilhelm*, Verträge Minderjähriger im englisch-amerikanischen Recht, ZfRV 1972, 161.

Zur gesetzlichen Vertretung s. unten vor Rz. 6181 ff. Zum Schutz des Rechtsverkehrs s. unten vor Rz. 6242 ff.

I. Anknüpfung der Geschäftsfähigkeit

1. Sonderanknüpfung an die Staatsangehörigkeit

6121 Fragen der Rechts- und Geschäftsfähigkeit werden – vorbehaltlich der Verkehrsschutzregelung in Art. 13 Rom I-VO (dazu unten Rz. 6242 ff.) – ausdrücklich aus dem sachlichen Anwendungsbereich der Verordnung ausgeklammert. Maßgebend ist daher – vorbehaltlich der Regelung in Art. 8 Abs. 3 des deutsch-iranischen Niederlassungsabkommens vom 17.2.1929[1] – das autonome deutsche Kollisionsrecht. Ob ein Jugendlicher die für einen Vertragsabschluss erforderliche Geschäftsfähigkeit besitzt, wird danach nicht nach dem Vertragsstatut beurteilt, sondern **gesondert angeknüpft**. Maßgebend ist gem. Art. 7 Abs. 1 EGBGB das Heimatrecht des Jugendlichen. Die Beurteilung der Geschäftsfähigkeit von Vertragsparteien wird somit – als selbständig anzuknüpfende Vorfrage[2] – vom Vertragsstatut abgespalten. Das Vertragsstatut bestimmt zwar, ob und welche – volle oder beschränkte – Geschäftsfähigkeit zum Abschluss eines bestimmten Vertrages erforderlich ist; ob sie gegeben ist, entscheidet hingegen nach Art. 7 Abs. 1 EGBGB das Personalstatut der Vertragsschließenden. Art. 7 Abs. 1 EGBGB ist zwingendes Recht und folglich der Parteidisposition entzogen; durch eine Rechtswahl kann das Geschäftsfähigkeitsstatut nicht beeinflusst werden[3].

a) Mehrstaater

6122 Durch die Anknüpfung an die Staatsangehörigkeit kann das Personalstatut allein nicht bestimmt werden, wenn der Vertragspartner mehrere Staatsangehörigkeiten besitzt. Zur Bestimmung der dann maßgeblichen Staatsangehörigkeit enthält das Gesetz in Art. 5 Abs. 1 EGBGB eine ausdrückliche Kollisionsnorm. Diese unterscheidet danach, ob die betreffende Person auch die deutsche Staatsangehörigkeit besitzt oder nicht.

---

1 Abgedruckt bei *Jayme/Hausmann*, Nr. 22.
2 *Thorn*, in: Palandt, Rz. 1; *Hohloch*, in: Erman, Rz. 1; *Hausmann*, in: Staudinger, Rz. 3, jeweils zu Art. 7 EGBGB.
3 *Birk*, in: MünchKomm, Rz. 20; *Hausmann*, in: Staudinger, Rz. 12, jeweils zu Art. 7 EGBGB; *Schotten/Schmellenkamp*, Rz. 56.

Besitzt die Person mehrere **ausländische Staatsangehörigkeiten**, so gibt für die Anknüpfung diejenige den Ausschlag, mit welcher die Person am engsten verbunden ist. Zur Feststellung dieser sog. *effektiven* Staatsangehörigkeit ist in erster Linie auf den gewöhnlichen Aufenthalt des Vertragsschließenden im Zeitpunkt des Vertragsschlusses abzustellen, sofern sich dieser in einem der Heimatstaaten befindet[1]. Daneben sind aber auch andere Umstände aus dem vergangenen und für die Zukunft geplanten Verlauf seines Lebens zu berücksichtigen, zB die Inanspruchnahme staatsbürgerlicher Befugnisse (Wahlrecht) und die Erfüllung staatsbürgerlicher Pflichten (Wehrdienst), berufliche und private Verbindungen, Vermögensdispositionen, Sprache etc[2]. Bei gewöhnlichem Aufenthalt in einem Drittstaat kommt es für die Ermittlung der effektiven Staatsangehörigkeit allein auf die genannten sonstigen Umstände des Lebenslaufs an[3]. Der Inhalt und die Umstände des konkreten Vertragsschlusses haben hingegen für die Ermittlung der effektiven Staatsangehörigkeit außer Betracht zu bleiben, weil diese nach Art. 7 Abs. 1 iVm. Art. 5 Abs. 1 S. 1 EGBGB gerade losgelöst vom Statut des einzelnen Vertrages zu bestimmen ist[4].

Besitzt der Vertragspartner hingegen neben einer ausländischen **auch die deutsche Staatsangehörigkeit** oder ist er auch Deutscher iSd. Grundgesetzes (vgl. Art. 116 GG), so ist diese Rechtsstellung nach Art. 5 Abs. 1 S. 2 EGBGB im Rahmen der Anknüpfung der Geschäftsfähigkeit allein maßgebend. Dies gilt im Gegensatz zu der bis zur IPR-Reform von 1986 in Rechtsprechung und Lehre hM[5] selbst dann, wenn die Beziehung zu seinem ausländischen Heimatstaat wesentlich enger ist. Das Gesetz gibt insoweit dem Interesse an der Rechtsklarheit und Praktikabilität den Vorrang vor der Anknüpfung an die sachnähere Rechtsordnung[6]. Die praktische Bedeutung des Inländervorrangs nach Art. 5 Abs. 1 S. 2 EGBGB hat durch das Gesetz zur Reform des Staatsangehörigkeitsrechts vom 15.7.1999 weiter zugenommen, weil danach ein erheblicher Teil der im Inland geborenen jungen Ausländer zumindest bis zum 18. Lebensjahr die deutsche Staatsangehörigkeit zusätzlich erwirbt (§ 4 Abs. 3 StAG). Diese vorrangige Anknüpfung an die deutsche Staatsangehörigkeit eines Mehrstaa-

6123

---

1 *Thorn*, in: Palandt, Art. 5 EGBGB Rz. 2; *Sonnenberger*, in: MünchKomm, Art. 5 EGBGB Rz. 5.
2 Vgl. OLG München 10.11.1993, FamRZ 1994, 634 = IPRspr. 1993 Nr. 71; *Ferid*, Rz. 1–34; *Blumenwitz*, in: Staudinger, Art. 5 EGBGB Rz. 15.
3 *Thorn*, in: Palandt, Art. 5 EGBGB Rz. 2; vgl. aber OLG Frankfurt a.M. 26.11.1993, FamRZ 1994, 715 = IPRspr. 1993 Nr. 100, wo bei Nichtfeststellbarkeit einer effektiven Staatsangehörigkeit analog Art. 5 Abs. 2 EGBGB auf das Recht des gewöhnlichen Aufenthalts abgestellt wird.
4 *Hausmann*, in: Staudinger, Art. 7 EGBGB Rz. 13.
5 Vgl. BGH 20.6.1979, BGHZ 75, 32 (38 f.) = NJW 1979, 2468 m. Anm. *Kropholler* = IPRspr. 1979 Nr. 83.
6 Vgl. OLG Hamm 11.3.1993, FamRZ 1994, 573 = IPRspr. 1993 Nr. 77; *Thorn*, in: Palandt, Rz. 3; *Hohloch*, in: Erman, Rz. 6; *Mörsdorf-Schulte*, in: Bamberger/Roth, Rz. 8, jeweils zu Art. 5 EGBGB. Dazu die berechtigte Kritik bei *Ferid*, Rz. 1–35 f.; *Sonnenberger*, in: MünchKomm, Art. 5 EGBGB Rz. 10 ff. Zur Möglichkeit einer Einzelfallkorrektur *Sonnenberger*, BerDGesVölkR 29 (1988), 21; *Mansel*, Personalstatut, Staatsangehörigkeit und Effektivität (1988), § 6 Rz. 270.

ters führt vermehrt zu hinkenden Rechtsverhältnissen, weil der ausländische Heimatstaat zumeist der eigenen Staatsangehörigkeit den Vorzug gibt[1].

b) Staatenlose

6124 Die Anknüpfung an die Staatsangehörigkeit versagt vollständig bei Personen, die keine Staatsangehörigkeit besitzen. Für diese Staatenlosen erklärt Art. 5 Abs. 2 EGBGB das Recht ihres **gewöhnlichen Aufenthalts**, hilfsweise ihres schlichten Aufenthalts, für maßgebend. Art. 5 Abs. 2 EGBGB wird allerdings in weitem Umfang durch vorrangige (vgl. Art. 3 Nr. 2 EGBGB) staatsvertragliche Regelungen verdrängt. Dies gilt insbesondere für das New Yorker Übereinkommen über die Rechtsstellung der Staatenlosen vom 28.9.1954[2]. Ein sachlicher Widerspruch zwischen beiden Regelungen besteht freilich nicht, weil der Wohnsitzbegriff des Übereinkommens iSv. „gewöhnlichem Aufenthalt" zu verstehen ist[3]. An den gewöhnlichen Aufenthalt wird ferner angeknüpft bei Personen, deren Staatsangehörigkeit nicht festgestellt werden kann[4].

c) Flüchtlinge

6125 Auch für die Bestimmung des Personalstatuts von internationalen Flüchtlingen und Asylberechtigten gelten in weitem Umfang Sonderregeln, die – wie insbesondere die Genfer Flüchtlingskonvention vom 28.7.1951[5] – an das Aufenthalts- oder Wohnsitzrecht anknüpfen[6]. Demgegenüber haben Flüchtlinge und Vertriebene deutscher Volkszugehörigkeit (sog. Statusdeutsche) gem. Art. 9 Abs. 2 Ziff. 5 FamRÄndG iVm. Art. 116 Abs. 1 GG ein deutsches Personalstatut[7]. Gleiches gilt für Spätaussiedler (§ 4 BVFG)[8].

2. Statutenwechsel

6126 Maßgebend ist nach Art. 7 Abs. 1 EGBGB grundsätzlich das Heimatrecht der an einem Vertragsschluss beteiligten jugendlichen Person im Zeitpunkt der Abgabe der auf den Vertragsschluss gerichteten Willenserklärung. Wechselt allerdings ein bereits Volljähriger seine Staatsangehörigkeit (bzw. seinen gewöhnlichen Aufenthalt oder Wohnsitz, soweit dieser das Personalstatut bestimmt) und wäre er nach seinem neuen Heimat- (bzw. Aufenthalts-)Recht

---

1 *Schotten/Schmellenkamp*, Rz. 56.
2 BGBl. II 1976, 474; auszugsweise abgedr. bei *Jayme/Hausmann*, Nr. 12.
3 Vgl. *Thorn*, in: Palandt, Art. 5 EGBGB Rz. 2 und Anh. zu Art. 5 EGBGB Rz. 1 f.
4 Vgl. OLG Hamm 7.4.1995, StAZ 1995, 238 = IPRspr. 1995 Nr. 9; OLG Zweibrücken 29.3.1996, StAZ 1996, 268 (269); *Thorn*, in: Palandt, Art. 5 EGBGB Rz. 6.
5 BGBl. II 1953, 559; auszugsweise abgedr. bei *Jayme/Hausmann*, Nr. 10.
6 Vgl. dazu näher *Thorn*, in: Palandt, Anh. zu Art. 5 EGBGB Rz. 16 ff.; *Sonnenberger*, in: MünchKomm, Anh. II zu Art. 5 EGBGB Rz. 62 ff.; *Blumenwitz*, in: Staudinger, Anh. IV zu Art. 5 EGBGB, jeweils mwN.
7 *Thorn*, in: Palandt, Anh. zu Art. 5 EGBGB Rz. 11; *Blumenwitz*, in: Staudinger, Anh. IV zu Art. 5 EGBGB Rz. 11.
8 *Schotten/Schmellenkamp*, Rz. 39 mwN.

noch nicht volljährig, so fragt sich, ob er in diesem Falle auch in seiner Geschäftsfähigkeit zurückgestuft wird. Eine (Teil-)Antwort auf diese Frage gibt Art. 7 Abs. 2 EGBGB. Danach wird eine einmal erlangte Rechts- oder Geschäftsfähigkeit durch den Erwerb oder Verlust der Rechtsstellung als *Deutscher* nicht beeinträchtigt. Obwohl Art. 7 Abs. 2 EGBGB dies – als unvollkommen allseitige Kollisionsnorm – nur beschränkt für den Erwerb oder Verlust der Rechtsstellung als Deutscher bestimmt, um den Eindruck eines Eingriffs in fremde Rechtsordnungen zu vermeiden[1], muss das Gleiche analog in jedem anderen Fall eines Wechsels des Personalstatuts gelten, also auch dann, wenn ein Ausländer eine andere ausländische Staatsangehörigkeit erwirbt (sog. neutraler Statutenwechsel, zB Franzose wird Schweizer)[2], oder wenn ein Staatenloser bzw. Flüchtling seinen gewöhnlichen Aufenthalt in ein anderes Land verlegt[3]. Für die allgemeine Geltung des Grundsatzes **„semel major, semper major"** spricht das Interesse des Rechtsverkehrs, die Abwicklung, Erfüllung und Fortsetzung einmal begonnener Rechtsgeschäfte nicht durch den Staatsangehörigkeitswechsel einer Partei zu stören.

3. Rück- oder Weiterverweisung

Die Beachtlichkeit einer Rück- oder Weiterverweisung ergibt sich in Geschäftsfähigkeitsfragen aus dem allgemeinen Grundsatz des Art. 4 Abs. 1 EGBGB. Zu einer Rückverweisung auf das deutsche Sachrecht kommt es insbesondere dann, wenn das Heimatrecht des in Deutschland lebenden Ausländers die Geschäftsfähigkeit nach dem **Domizilprinzip** beurteilt (so zB das IPR Dänemarks, Englands, Norwegens und der meisten US-Bundesstaaten)[4].

6127

Eine nach Art. 4 Abs. 1 EGBGB beachtliche Rück- oder Weiterverweisung kommt ferner dann in Betracht, wenn das Heimatrecht des Jugendlichen die Frage der Geschäftsfähigkeit dem **Wirkungsstatut** des Geschäfts, bei Verträgen also dem jeweiligen Vertragsstatut unterstellt. Insbesondere in England, aber auch in den USA und Kanada geht die Tendenz dahin, die Geschäftsfähigkeit für Schuldverträge alternativ zum Wohnsitzrecht auch nach dem „proper law of the contract"[5] und für sachenrechtliche Verfügungsgeschäfte nach der *lex rei sitae*[6] zu beurteilen.

6128

---

1 Vgl. BT-Drucks. 10/504, S. 45.
2 *Ferid*, Rz. 5–27; *Kegel/Schurig*, § 17 I 2c; *von Bar*, II Rz. 31; *Kropholler*, IPR, § 42 I 2; *Hausmann*, in: Staudinger, Rz. 89 f.; *Thorn*, in: Palandt, Rz. 8; *Birk*, in: MünchKomm, Rz. 79; differenzierend *Hohloch*, in: Erman, Rz. 22, jeweils zu Art. 7 EGBGB.
3 *Hausmann*, in: Staudinger, Rz. 91 f.; *Birk*, in: MünchKomm, Rz. 73, jeweils zu Art. 7 EGBGB.
4 Vgl. BayObLG 17.5.1963, BayObLGZ 1963, 123 = IPRspr. 1962/63 Nr. 107 (Dänemark); ferner *Hausmann*, in: Staudinger, Art. 7 EGBGB Rz. 6, 16 f., jeweils mwN.
5 *Dicey/Morris/Collins*, 14. Aufl. (2006), Rule 209, S. 1621 ff.
6 *Dicey/Morris/Collins*, 14. Aufl. (2006), Rule 123, S. 1160 f. Vgl. auch *Hausmann*, in: Staudinger, Art. 7 EGBGB Rz. 7 f. mwN.; ferner IPG 1971 Nr. 12 (München) (Zur Verfügung über kanad. Grundstücke durch in Deutschland domizilierte Minderjährige).

Soweit also englische oder US-amerikanische Jugendliche nach Vollendung des 18. Lebensjahres über deutsches Grundvermögen verfügen oder Verträge in Deutschland schließen, ergibt sich deren volle Geschäftsfähigkeit in der Regel bereits aus der Rückverweisung ihres Heimatrechts auf das deutsche Geschäftsstatut[1]. Ein Rückgriff auf die Verkehrsschutzbestimmung des Art. 13 Rom I-VO (dazu unten Rz. 6242 ff.) erübrigt sich dann.

6129–6140 Frei.

II. Reichweite des Geschäftsfähigkeitsstatuts

6141 Das Heimatrecht entscheidet insbesondere über die Voraussetzungen, unter denen ein Jugendlicher voll, beschränkt oder überhaupt nicht geschäftsfähig ist. Nach Art. 7 Abs. 1 EGBGB beurteilt sich also die Fähigkeit zum Vertragsschluss, soweit diese vom Alter und von geistigen Eigenschaften abhängt. Im Einzelnen gehören vor allem die folgenden Fragen hierher:

1. Volljährigkeit

6142 Das Heimatrecht des Jugendlichen bestimmt, in welchem Alter er volljährig und damit **unbeschränkt** geschäftsfähig wird. Das Volljährigkeitsalter wird weltweit allmählich herabgesetzt. Dies gilt insbesondere für Europa, wo in den mehr als 40 Mitgliedstaaten des Europarats das Volljährigkeitsalter einheitlich 18 Jahre beträgt, nachdem zuletzt Liechtenstein im Jahre 1999 und Österreich im Jahre 2001 das Volljährigkeitsalter herabgesetzt haben[2]. In den einzelnen Rechtsordnungen gilt derzeit folgendes Volljährigkeitsalter[3]:

Europa

6143 18 Jahre
in Albanien, Andorra, Armenien, Aserbaidschan, Belarus, Belgien, Bosnien-Herzegowina, Bulgarien, Dänemark, Deutschland, Estland, Finnland, Frankreich, Georgien, Griechenland, Irland, Island, Italien, Kroatien, Lettland, Liechtenstein, Litauen, Luxemburg, Malta, Mazedonien, Moldau, Monaco, Montenegro, der Niederlande, Norwegen, Österreich, Polen, Portugal, Rumänien, der Russischen Föderation, San Marino, Schweden, der Schweiz, Serbien, der Slowakei, Slowenien, Spanien, der Tschechischen Republik, der Türkei, der Ukraine, Ungarn, dem Vereinigten Königreich und Zypern.

---

1 *Hausmann*, in: Staudinger, Art. 7 EGBGB Rz. 18 f.
2 Vgl. *Ferrari/Pfeiler*, Die österreichische Reform des Kindschaftsrechts, FamRZ 2002, 1079.
3 Vgl. zum folgenden *Bergmann/Ferid*, Internationales Ehe- und Kindschaftsrecht, (Loseblatt Stand: Sommer 2009); *Martindale/Hubbel*, Law Directory, Vol. VI (2008); *Schotten/Schmellenkamp*, Anh. I; *Hausmann*, in: Staudinger, Anh. zu Art. 7 EGBGB; *Süß*, Notarius International 2002, 250.

Afrika

21 Jahre
in Ägypten, Benin, Botsuana, Burundi, Elfenbeinküste, Gabun, Gambia, Guinea, Guinea-Bissau, Kamerun, Kongo (Republik), Lesotho, Liberia, Libyen, Madagaskar, Malawi, Mali, Marokko, Namibia, Niger, Nigeria, Ruanda, Sambia, Senegal, Sierra Leone, Südafrika, Swasiland, Togo und Tschad.

20 Jahre
in Burkina-Faso und Tunesien.

19 Jahre
in Algerien.

18 Jahre
in Äquatorialguinea, Äthiopien, Angola, Dschibuti, Eritrea, Ghana, Kapverdische Republik, Kenia, Kongo (Volksrepublik), Mauretanien, Mauritius, Mosambik, Seychellen, Simbabwe, Somalia, Sudan, Tansania und Uganda.

Amerika

21 Jahre
in Argentinien, Belize, Bermuda, Grenada, Haiti, Honduras, Nicaragua., Niederländische Antillen, Surinam und – mit zT weitgehenden Ausnahmen für Verträge des täglichen Lebens, die bereits ab Vollendung des 18. Lebensjahres geschlossen werden dürfen – in den US-Bundesstaaten Colorado, Mississippi und Puerto Rico.

20 Jahre
in Paraguay.

19 Jahre
in den kanadischen Provinzen British Columbia, New Brunswick, Newfoundland, Northwest Territories, Nova Scotia und Yukon, sowie in den US-Bundesstaaten Alabama und Nebraska.

18 Jahre
in Antigua und Barbuda, Bahamas, Barbados, Bolivien, Brasilien, Cayman Islands, Chile, Costa Rica, Dominica, der Dominikanischen Republik, Ecuador, El Salvador, Guatemala, Guyana, Jamaika, Kolumbien, Kuba, Mexiko, Panama, Peru, St. Kitts und Nevis, St. Lucia, St. Vincent und die Grenadinen, Trinidad und Tobago, Uruguay, Venezuela sowie in den übrigen kanadischen Provinzen (Alberta, Manitoba, Ontario, Prince Edward Island, Quebec, Saskatchewan) und den übrigen US-Bundesstaaten.

Asien und Ozeanien

21 Jahre
in Bahrain, Fidschi, Kambodscha, Kuwait und Singapur.

20 Jahre
in China (Taiwan), Japan, Korea (Republik), Neuseeland und Thailand.

18 Jahre
in Afghanistan, Australien (einheitlich in allen Gliedstaaten und Territorien), Bangladesch, Birma, China (Volksrepublik und die Sonderverwaltungsgebiete Hongkong und Macao), Indien, Indonesien[1], Irak, Iran, Israel, Jemen, Jordanien, Kambodscha, Kasachstan, Katar, Kirgisistan, Laos, Libanon, Malaysia, Mongolei, Nepal, Pakistan, Papua-Neuguinea, Philippinen, der Russischen Föderation, Saudi-Arabien, den Seychellen, Sri Lanka, Syrien, Tadschikistan, Tonga, Turkmenistan, Tuvalu, Usbekistan und Vietnam.

In Indien und Pakistan verlängert sich die Minderjährigkeit bis zum 21. Lebensjahr, soweit der Minderjährige unter Vormundschaft steht.

17 Jahre
Korea (Volksrepublik)

2. Geschäftsfähigkeitsstufen

6147 Während das deutsche Recht unterhalb der Grenze von 18 Jahren zwei Stufen nach starren Alterskriterien bildet (Geschäftsunfähigkeit bis zum vollendeten 7. Lebensjahr; beschränkte Geschäftsfähigkeit bis zum vollendeten 18. Lebensjahr), bevorzugen andere Rechte **flexiblere Lösungen**. So können Minderjährige nach englischem Recht Verträge über sog. „necessaries", sowie „beneficial contracts for service" auch ohne Zustimmung der Eltern verbindlich abschließen. Andere Verträge sind bis zum Widerruf durch den Minderjährigen wirksam („contracts valid until repudiated")[2]. Auch nach US-amerikanischem Recht sind von Minderjährigen geschlossene Verträge zumeist nicht unwirksam, sondern voll wirksam, soweit sie den alltäglichen Bedarf betreffen und im Übrigen allenfalls nach Eintritt der Volljährigkeit anfechtbar („voidable")[3]. Geschäfte des täglichen Lebens können Minderjährige auch nach französischem Recht wirksam abschließen[4]; nach schweizerischem und türkischem Recht kommt es auf die „Urteilsfähigkeit" des Minderjährigen im konkreten Fall an (Art. 16 ZGB).

6148 Nach anderen Rechtsordnungen endet die **Geschäftsunfähigkeit** erst später, so zB in Griechenland und Kuba mit 10 Jahren, in Marokko und Tunesien mit 13 Jahren, in Argentinien, Bulgarien, Rumänien, Russland und den Nachfolgestaaten der ehemaligen UdSSR sowie in Ungarn mit 14 Jahren, in Brasilien und Peru sogar erst mit 16 Jahren. Zum Teil wird insoweit auch nach Geschlechtern getrennt, so zB in Chile, Ecuador und Kolumbien, wo beschränkte Geschäftsfähigkeit von Mädchen mit 12, von Knaben erst mit 14 Jahren erreicht wird. Auch die Frage, wann ein Minderjähriger beschränkt geschäftsfähig wird und welche Rechtsgeschäfte er dann ohne Mitwirkung seines ge-

---

1 Vgl. VGH Baden-Württemberg 5.2.1992, NJW 1992, 3117 = IPRspr. 1992 Nr. 148.
2 Vgl. *Menold-Weber*, Verträge Minderjähriger und ihre Rückabwicklung nach englischem Recht (1992).
3 *Hay*, US-amerikanisches Recht, 4. Aufl. (2008), Rz. 308; 42 AmJur 2d, Infants §§ 64 ff. (2000).
4 Vgl. *Kötz*, Europäisches Vertragsrecht I, S. 151 ff.

setzlichen Vertreters vornehmen kann (vgl. §§ 107, 165 BGB), beurteilt sich gem. Art. 7 Abs. 1 EGBGB nach seinem Heimatrecht[1].

3. Volljährigkeitserklärung und Emanzipation

Die vor allem im romanischen Rechtskreis verbreitete Emanzipation eines Minderjährigen bedeutet eine Vorstufe zur vollen Geschäftsfähigkeit; die Minderjährigkeit wird in ihren rechtlichen Wirkungen gemildert, aber es erfolgt keine Volljährigkeitserklärung. Andere Rechtsordnungen – wie zB Brasilien, die Niederlande, Österreich oder die Türkei – sehen die Möglichkeit vor, einen Minderjährigen unter gewissen Umständen für volljährig zu erklären[2]. Als *allgemeine* Einschränkung (Emanzipation) oder Aufhebung (Volljährigkeitserklärung) der Rechtswirkungen der Minderjährigkeit richten sich diese nach dem **Personalstatut des Minderjährigen**; es handelt sich insoweit nicht um die Verleihung einer besonderen Geschäftsfähigkeit (dazu unten Rz. 6164 ff.). Eine Emanzipation oder Volljährigkeitserklärung kommt also nur in Frage, wenn sie das Personalstatut kennt[3].

6149

Das Heimatrecht des Minderjährigen entscheidet auch über die materiellen Wirkungen einer *gerichtlichen* Volljährigkeitserklärung oder Emanzipation. Ist die Geschäftsfähigkeit mithin durch einen im Heimatstaat ausgesprochenen oder dort anerkannten richterlichen Gestaltungsakt begründet oder erweitert worden, so sind diese Wirkungen gem. Art. 7 Abs. 1 EGBGB auch im Inland zu berücksichtigen[4]. Die hM[5] stellt demgegenüber auf die Anerkennungsfähigkeit der ausländischen Gerichtsentscheidung im Inland nach Maßgabe von §§ 108, 109 FamFG ab.

6150

4. Heirat macht mündig

Einige Rechtsordnungen knüpfen an die Eheschließung Minderjähriger die Rechtsfolge der Emanzipation, so namentlich die Staaten des romanischen Rechtskreises (vgl. etwa in Frankreich Art. 476 iVm. Art. 481 Abs. 1, 216 c.c., in Italien Art. 394 c.c., in Portugal Art. 133 f. c.c. und in Spanien Art. 314 c.c.). In anderen Staaten wird mit der Eheschließung die Volljährigkeit erlangt, so etwa in den Niederlanden (Art. 233 B.W.), der Schweiz (Art. 14 Abs. 2 ZGB), der Türkei (Art. 11 Abs. 2 ZGB)[6] und – mit Einschränkungen – in Österreich (§ 175 ABGB), ferner in den meisten osteuropäischen Staaten (Albanien, Jugoslawien,

6151

---

1 *Kegel*, in: Soergel, Rz. 7; *Birk*, in: MünchKomm, Rz. 29; *Hausmann*, in: Staudinger, Rz. 36, jeweils zu Art. 7 EGBGB.
2 Vgl. dazu rechtsvergleichend *Hausmann*, in: Staudinger, Art. 7 EGBGB Rz. 109.
3 *Hausmann*, in: Staudinger, Rz. 110; *Birk*, in: MünchKomm, Rz. 55; *Mäsch*, in: Bamberger/Roth, Rz. 24, jeweils zu Art. 7 EGBGB.
4 *Hausmann*, in: Staudinger, Art. 7 EGBGB Rz. 115 mwN.
5 Vgl. *Thorn*, in: Palandt, Rz. 9; *Birk*, in: MünchKomm, Rz. 56 ff.; *Kegel*, in: Soergel, Rz. 17, jeweils zu Art. 7 EGBGB.
6 Vgl. KG 21.6.1991, FamRZ 1991, 1456 = IPRspr. 1991 Nr. 10; OLG Düsseldorf 25.11.1994, NJW-RR 1995, 755 f. = IPRspr. 1994 Nr. 7.

Polen, Rumänien, Tschechische und Slowakische Republik, Russische Föderation und Nachfolgestaaten der ehemaligen UdSSR), in den USA und zahlreichen lateinamerikanischen Staaten (Bolivien, Brasilien, Chile, Dominikanische Republik, Ecuador, El Salvador, Haiti, Kuba, Suriname), sowie zT auch in Asien (Indonesien, Korea [Republik], Neuseeland, Philippinen) und Afrika (Äthiopien, Angola, Botsuana, Madagaskar, Mosambik, Senegal, Südafrika, Zaire)[1]. In manchen Staaten macht Heirat nur mündig, wenn ein bestimmtes Mindestalter erreicht ist (zB 18 Jahre in Burundi und Nicaragua.). Da in diesen Fällen die Erweiterung der Geschäftsfähigkeit nur aus Anlass der Eheschließung eintritt, wurde sie schon vor der IPR-Reform 1986 ganz überwiegend nicht dem Ehewirkungsstatut des Art. 14 EGBGB, sondern dem Geschäftsfähigkeitsstatut unterstellt[2].

Diese Qualifikation wird durch Art. 7 Abs. 1 S. 2 EGBGB ausdrücklich bestätigt. Wegen der in zahlreichen ausländischen Rechten feststellbaren Tendenz, Ehemündigkeit und Volljährigkeit gleichzuschalten[3], verliert der Grundsatz „Heirat macht mündig" freilich an Bedeutung.

5. Teilgeschäftsfähigkeit

6152 Auch die Frage, ob ein Minderjähriger *für eine bestimmte Art von Rechtsgeschäften* kraft Gesetzes als voll geschäftsfähig zu gelten hat, beurteilt sich nach seinem Personalstatut. Demgemäß ist etwa die in § 110 BGB („Taschengeldparagraph") enthaltene Regelung nur anwendbar, wenn der Minderjährige ein deutsches Personalstatut hat[4].

6153 Besonders große praktische Bedeutung haben Fragen der Geschäftsfähigkeit beim Abschluss von **Arbeits- und Lehrverträgen.** Während teilweise auch hierfür die allgemeinen Regeln über Vertragsschlüsse durch Minderjährige gelten, setzen zahlreiche Rechtsordnungen entweder generell eine niedrigere Altersgrenze für die Arbeitsvertragsfähigkeit fest oder sehen – wie das deutsche Recht in § 113 BGB – eine Teilgeschäftsfähigkeit aufgrund einer Generalermächtigung durch die Eltern vor[5]. Auch die Arbeitsvertragsfähigkeit des Minderjährigen ist Teil seiner *allgemeinen* Geschäftsfähigkeit und unterliegt daher dem Recht des Staates, dem er angehört. Ausländer, die nach ihrem Heimatrecht arbeitsvertragsfähig sind, können sich demnach gültig verpflichten, auch

---

1 Vgl. dazu *Schotten/Schmellenkamp*, Anh. I; *Hausmann*, in: Staudinger, Anh. zu Art. 7 EGBGB.
2 Vgl. *Kegel*, in: Soergel, 11. Aufl., Art. 7 EGBGB Rz. 7; *Beitzke*, in: Staudinger, 12. Aufl., Art. 7 EGBGB Rz. 22; ferner IPG 1973 Nr. 1 (Freiburg) (Fähigkeit der durch Heirat emanzipierten minderjährigen italien. Ehefrau zum Vertragsschluss in Deutschland gem. Art. 7 Abs. 1 EGBGB nach italien. Recht beurteilt).
3 Vgl. *Hausmann*, in: Staudinger, Art. 7 EGBGB Rz. 39.
4 *Birk*, in: MünchKomm, Rz. 30; *Hohloch*, in: Erman, Rz. 9; *Hausmann*, in: Staudinger, Rz. 37 f., jeweils zu Art. 7 EGBGB.
5 S. hierzu den rechtsvergleichenden Überblick bei *Gamillscheg*, Internationales Arbeitsrecht (1959), S. 76 ff.

wenn die Arbeit in Deutschland zu leisten ist und wenn sie es nach deutschem Recht nicht könnten[1].

Andererseits gilt auch hinsichtlich der Arbeitsvertragsfähigkeit zum Schutz des inländischen Rechtsverkehrs die Vorschrift des Art. 13 Rom I-VO (dazu näher unten Rz. 6242 ff.), so dass der Abschluss eines Arbeitsvertrages mit einem ausländischen Minderjährigen im Inland ohne Rücksicht auf den Standpunkt seines Heimatrechts wirksam ist, wenn die Voraussetzungen des § 113 Abs. 1 BGB vorliegen und der Arbeitgeber gutgläubig ist[2].

6. Prozessfähigkeit

Da es sich bei der Prozessfähigkeit um eine Prozessvoraussetzung handelt, liegt es nahe, auch insoweit den im IZPR geltenden Grundsatz der *lex fori* zu bemühen und die Prozessfähigkeit von Ausländern nach Maßgabe der **§§ 51, 52 ZPO** zu beurteilen. Entsprechend dem in diesen Vorschriften zum Ausdruck kommenden Verständnis der Prozessfähigkeit als prozessualer Seite der materiellrechtlichen Geschäftsfähigkeit hinge die Prozessfähigkeit einer Person von ihrer nach dem Personalstatut (Art. 5 EGBGB) zu beurteilenden Geschäftsfähigkeit ab. Prozessfähig wäre sonach ein Deutscher, wenn er nach deutschem Recht, ein Ausländer, wenn er nach seinem Heimatrecht geschäftsfähig ist[3]. 6154

Indessen fallen weder im deutschen noch im ausländischen Recht Prozessfähigkeit und Verpflichtungsfähigkeit notwendig zusammen. Daher ist im Anschluss an *Pagenstecher*[4] von einer besonderen **verfahrensrechtlichen Kollisionsnorm** auszugehen, wonach ein Ausländer in Deutschland insoweit prozessfähig ist, als er für ein entsprechendes Verfahren nach seinem Heimatrecht prozessfähig wäre. Ist ein Ausländer also nach seinem Heimatrecht prozessfähig, so ist er es – unabhängig davon, ob er (voll) geschäftsfähig ist – auch für das inländische Verfahren[5]. Der inländische Rechtsverkehr wird freilich gegenüber der Prozessunfähigkeit von nach deutschem Recht prozessfähigen Personen nach Maßgabe von § 55 ZPO geschützt[6]. 6155

Frei. 6156–6160

---

1 *Gamillscheg*, Internationales Arbeitsrecht (1959), S. 79; *Birk*, in: MünchKomm, Art. 7 EGBGB Rz. 42; *Mäsch*, in: Bamberger/Roth, Art. 7 EGBGB Rz. 25; *von Bar*, II Rz. 35.
2 Vgl. BVerwG 18.4.1972, IPRspr. 1972 Nr. 2; *Hausmann*, in: Staudinger, Art. 12 EGBGB Rz. 21 mwN.
3 BGH 7.12.1955, BGHZ 19, 240 = JZ 1956, 535 m. Anm. *Neuhaus* = IPRspr. 1954/55 Nr. 4; KG 21.6.1991, FamRZ 1991, 1456 = IPRspr. 1991 Nr. 10; LG Zwickau, 22.3.1995, BB 1995, 1664; *Hartmann*, in: Baumbach/Lauterbach/Albers/Hartmann, § 55 ZPO Rz. 1; *Thorn*, in: Palandt, Art. 7 EGBGB Rz. 4.
4 Festschr. Raape, S. 249 ff. und ZZP 64 (1950/51), 276 ff.
5 So die hL, vgl. *Sonnenberger*, in: MünchKomm, Einl. IPR, Rz. 459; *Kegel*, in: Soergel, Art. 7 EGBGB Rz. 9; *Geimer*, IZVR Rz. 2217 f.; *Schack*, IZVR Rz. 535; *Bork*, in: Stein/Jonas, § 55 ZPO Rz. 1; *Hausmann*, in: Wieczorek/Schütze, § 55 ZPO Rz. 2 mwN.
6 Vgl. OLG Oldenburg 23.2.1982, IPRspr. 1982 Nr. 89; *Hausmann*, in: Staudinger, Art. 7 EGBGB Rz. 98.

III. Einfluss des Wirkungsstatuts

6161 Während die anglo-amerikanische Rechtspraxis bei der Anknüpfung der Geschäftsfähigkeit in erster Linie von dem konkret geschlossenen Rechtsgeschäft ausgeht und dementsprechend auch die Fähigkeit zum Abschluss eines Vertrages überwiegend nach dem Vertragsstatut beurteilt, steht in den kontinentaleuropäischen Rechten das Bedürfnis nach einer einheitlichen Behandlung der Geschäftsfähigkeit im Vordergrund. Dieser Anschauung entspricht es, die Geschäftsfähigkeit – wie in Art. 7 EGBGB – als *selbständig anzuknüpfende Teilfrage* vom Wirkungsstatut des Geschäfts abzuspalten. Das Wirkungsstatut behält gleichwohl seine Bedeutung für folgende Fragen:

1. Erfordernis und Grad der Geschäftsfähigkeit

6162 Ob für ein Rechtsgeschäft, insbesondere für den Abschluss eines Vertrages, überhaupt Geschäftsfähigkeit erforderlich ist, bestimmt auch nach deutschem IPR allein das Wirkungsstatut, bei Verträgen also das Vertragsstatut[1]. Auch der Zeitpunkt, zu dem die Geschäftsfähigkeit vorliegen muss, wird durch die lex causae bestimmt[2]. Demgegenüber richtet sich die Frage, *welcher Grad an Geschäftsfähigkeit* für die Vornahme einer bestimmten Rechtshandlung erforderlich ist, nicht nach dem Wirkungsstatut, sondern nach dem Fähigkeitsstatut des Art. 7 EGBGB, der den Umfang des Minderjährigenschutzes dem Heimatrecht überlässt[3]. Ein minderjähriger Deutscher kann daher einen Schuldvertrag, der ihm nicht lediglich einen rechtlichen Vorteil bringt, auch dann nicht wirksam selbst abschließen, wenn er nach dem Vertragsstatut die hierfür erforderliche Geschäftsfähigkeit besitzt.

6163 Dies gilt entsprechend auch für einen kollisionsrechtlichen **Verweisungsvertrag**. Auch insoweit hat das Geschäftsfähigkeitsstatut des Art. 7 EGBGB Vorrang vor dem Geschäftsstatut (Art. 3 Abs. 5 iVm. Art. 10 Rom I-VO); damit wird dem Minderjährigen die Möglichkeit genommen, die für den Abschluss des Verweisungsvertrages erforderliche Geschäftsfähigkeit durch eine entsprechende Rechtswahl selbst herbeizuführen[4]. Die von einem Minderjährigen in einem Schuldvertrag getroffene Wahl eines ausländischen Vertragsstatuts ist daher – als nicht nur rechtlich vorteilhaft – nach § 108 BGB schwebend unwirksam. Auf den Standpunkt des gewählten Rechts zur Wirksamkeit des Vertrages kommt es insoweit nicht an[5].

---

1 *Hausmann*, in: Staudinger, Rz. 41; *Birk*, in: MünchKomm, Rz. 27; *Kegel*, in: Soergel, Rz. 8, jeweils zu Art. 7 EGBGB; *von Bar*, II Rz. 38; *Schotten/Schmellenkamp*, Rz. 60.
2 BayObLG 5.7.2002, NJW 2003, 216 (218); *Kegel*, in: Soergel, Rz. 11; *Birk*, in: MünchKomm, Rz. 32, jeweils zu Art. 7 EGBGB.
3 Zur Begründung näher *Hausmann*, in: Staudinger, Art. 7 EGBGB Rz. 43; ebenso BayObLG 5.7.2002, NJW 2003, 216; *Mäsch*, in: Bamberger/Roth, Art. 7 EGBGB Rz. 20; *von Bar*, II Rz. 39; *Schotten/Schmellenkamp*, Rz. 61a; aA *Thorn*, in: Palandt, Rz. 5; *Birk*, in: MünchKomm, Rz. 27; *Hohloch*, in: Erman, Rz. 13, jeweils zu Art. 7 EGBGB.
4 Zutr. *von Bar*, II Rz. 40.
5 OLG Hamm 23.11.1995, NJW-RR 1996, 1144 = IPRspr. 1995 Nr. 7; aA *von Bar*, II Rz. 41.

2. Besondere Geschäftsfähigkeiten

Da es vom Wirkungsstatut abhängt, ob es auf Geschäftsfähigkeit überhaupt ankommt, kann das Wirkungsstatut auch von der Bezugnahme auf die allgemeine Geschäftsfähigkeit absehen und statt dessen für bestimmte Rechtsgeschäfte besondere Geschäftsfähigkeiten normieren, indem es solche Rechtsgeschäfte unter erleichterten oder nur unter erschwerten Voraussetzungen zulässt[1]. Die besondere Geschäftsfähigkeit unterscheidet sich dabei von der allgemeinen dadurch, dass ihr sachlicher Anwendungsbereich *auf ein bestimmtes Rechtsgebiet beschränkt* ist.

6164

a) Wechsel- und Scheckrecht

So ist die Fähigkeit zur Eingehung von Wechselverbindlichkeiten in Art. 91 WG teilweise abweichend von Art. 7 EGBGB geregelt. Nach Art. 91 Abs. 1 WG bestimmt sich zwar die Fähigkeit einer Person, eine Wechselverbindlichkeit einzugehen, ebenfalls nach dem Recht des Landes, dem sie angehört. Erklärt dieses Recht jedoch das Recht eines anderen Landes für maßgebend, so ist – anders als nach Art. 4 Abs. 1 EGBGB – auch im Falle einer Weiterverweisung zwingend das letztere Recht anzuwenden. Ferner wird, wer nach dem in Art. 91 Abs. 1 WG bezeichneten Rechte nicht wechselfähig ist, gem. Abs. 2 gleichwohl gültig verpflichtet, wenn die Unterschrift in dem Gebiet eines Landes abgegeben worden ist, nach dessen Recht er wechselfähig wäre. Diese Vorschrift findet allerdings keine Anwendung, wenn die Verbindlichkeit von einem Inländer im Ausland übernommen worden ist.

6165

Eine mit Art. 91 WG wörtlich übereinstimmende Regelung für die Scheckfähigkeit enthält Art. 60 ScheckG.

6166

b) Börsenrecht

Gesondert angeknüpft wurde im deutschen IPR bisher auch die sog. **Börsentermingeschäftsfähigkeit**. Sie war nach früherem deutschen Sachrecht (§ 53 BörsG 1998) nur gegeben, wenn an einem Börsentermingeschäft entweder auf beiden Seiten Kaufleute beteiligt waren oder der eine Teil als Kaufmann einer gesetzlichen Banken- oder Börsenaufsicht unterstand und den anderen – nicht kaufmännischen – Teil über die Risiken von Börsentermingeschäften hinreichend aufgeklärt hatte. Auf die ihnen hiernach fehlende Börsentermingeschäftsfähigkeit und die daraus folgende Unverbindlichkeit des Geschäfts konnten sich nach § 61 BörsG 1998 nicht nur Deutsche berufen, sondern auch *Ausländer*, die ihren gewöhnlichen Aufenthalt zur Zeit des Geschäftsabschlusses im Inland hatten und die ferner die für den Abschluss des Geschäfts erforderliche Willenserklärung im Inland abgegeben hatten. Insoweit handelte es sich um eine Sonderanknüpfung von zwingendem deutschen Anle-

6167

---

1 *Hausmann*, in: Staudinger, Rz. 45 ff.; *Kegel*, in: Soergel, Rz. 8; *Birk*, in: MünchKomm, Rz. 40 ff., jeweils zu Art. 7 EGBGB; *von Bar*, II Rz. 36; *Schotten/Schmellenkamp*, Rz. 60.

gerschutzrecht, so dass den nicht termingeschäftsfähigen Personen ein weitergehender Schutz nach dem ausländischen Geschäftsrecht erhalten blieb[1].

Seit der Reform durch das 4. Finanzmarktförderungsgesetz vom 21.6.2002 verzichtet das deutsche Börsenrecht auf Sonderregeln über die Börsentermingeschäftsfähigkeit. Ausgangspunkt für deren Anknüpfung als besondere Geschäftsfähigkeit ist daher heute das *Wirkungsstatut*, mangels Rechtswahl also das Recht am Börsenort[2]. Kennt dieses – wie das geltende deutsche Börsenrecht (vgl. nunmehr §§ 31 ff. WpHG) – keine Sonderregeln für die Börsentermingeschäftsfähigkeit, sondern lässt es auch hierfür die allgemeine Geschäftsfähigkeit ausreichen, so ist diese Teilfrage nach Art. 7 EGBGB anzuknüpfen[3].

c) Familien- und Erbrecht

6168 Besondere Geschäftsfähigkeiten spielen ferner vor allem auf dem Gebiet der familien- und erbrechtlichen Verträge eine wichtige Rolle. So unterliegt etwa die Fähigkeit zum Abschluss von *Eheverträgen* dem Güterrechtsstatut (Art. 15 EGBGB; dazu oben Rz. 5942 ff.), die Fähigkeit zum Abschluss von *Erb- oder Erbverzichtsverträgen* dem hypothetischen Erbstatut zur Zeit des Vertragsschlusses (Art. 25, 26 Abs. 5 EGBGB), soweit nach diesen Rechten Sonderregeln gelten[4]. Begnügt sich das Wirkungsstatut hingegen mit der allgemeinen – vollen oder beschränkten – Geschäftsfähigkeit, so wird diese für jeden Vertragsteil gem Art. 7 Abs. 1 EGBGB nach seinem Heimatrecht beim Vertragsschluss beurteilt[5]. Entsprechende Grundsätze gelten auch für die Ehefähigkeit (Art. 13 EGBGB) und die Erb- bzw. Testierfähigkeit (Art. 25, 26 EGBGB)[6].

3. Folgen mangelnder Geschäftsfähigkeit

6169 Fehlt dem Jugendlichen die für den wirksamen Abschluss eines Vertrages erforderliche Geschäftsfähigkeit, so beurteilen sich auch die Rechtsfolgen nach dem von Art. 7 Abs. 1 EGBGB zur Anwendung berufenen Recht. Denn der wesentliche Zweck der Sonderanknüpfung nach Art. 7 EGBGB ist es gerade, den Minderjährigenschutz nach Maßgabe des Heimatrechts – unabhängig vom jeweiligen Wirkungsstatut des Geschäfts – zu respektieren. Ein wesentlicher Aspekt dieses Minderjährigenschutzes besteht aber darin, die Rechtsfolgen eines Vertrages festzulegen, den eine nicht voll geschäftsfähige Person selbst abgeschlossen hat. Hinzu kommt, dass den von Land zu Land noch immer sehr

---

1 *Baumbach/Hopt*, HGB, 30. Aufl. (2001), § 61 BörsG aF Rz. 4.
2 *Magnus*, in: Staudinger, Art. 28 EGBGB Rz. 581.
3 So schon bisher für den Fall, dass der Schuldner sich mangels hinreichender Inlandsbeziehung iSv. § 61 Nr. 2, 3 BörsG 1998 nicht auf § 53 BörsG 1998 berufen konnte, OLG Frankfurt 23.1.1996, NJW-RR 1996, 1377 = IPRspr 1996 Nr. 10.
4 *Thorn*, in: Palandt, Rz. 3; *Hausmann*, in: Staudinger, Rz. 47 und 53, jeweils zu Art. 7 EGBGB mwN.
5 *Von Bar*, II Rz. 239; *Kegel/Schurig*, § 20 VI 3.
6 *Kegel*, in: Soergel, Rz. 4, 8; *Birk*, in: MünchKomm, Rz. 18, 43; *Hausmann*, in: Staudinger, Rz. 46, 52, jeweils zu Art. 7 EGBGB.

unterschiedlichen Abstufungen der Geschäftsfähigkeit (Rz. 6147 f.) jeweils ganz bestimmte Rechtsfolgen entsprechen, so dass nur durch eine Sonderanknüpfung dieser Rechtsfolgen an das Heimatrecht des Handelnden schwierige Anpassungsprobleme vermieden werden können[1].

Demgemäß entscheidet das **Heimatrecht** – und nicht das Vertragsstatut – darüber, ob ein von einer nicht voll geschäftsfähigen Person geschlossener Vertrag nichtig, schwebend unwirksam oder anfechtbar ist, und ob dieser Mangel – wie zB nach § 110 BGB – durch Erfüllung geheilt werden kann. Bei einem schwebend unwirksamen Rechtsgeschäft regelt das Heimatrecht ferner, auf welche Weise das Geschäft noch wirksam werden kann, ob etwa eine nachträgliche Genehmigung durch den gesetzlichen Vertreter möglich und wem gegenüber und in welcher Frist sie zu erklären ist[2]. Ferner entscheidet das Heimatrecht auch darüber, ob der andere Teil an das Geschäft mit einem Minderjährigen gebunden ist und unter welchen Voraussetzungen er sich – zB durch Widerruf – von dieser Bindung lösen kann[3]. Ist der Vertrag wegen fehlender Geschäftsfähigkeit des Handelnden nach seinem Heimatrecht unwirksam, so bestimmt sich die Rückabwicklung freilich nach dem Vertragsstatut[4]. 6170

Wer **gesetzlicher Vertreter** ist und welche Befugnisse er hat, bestimmt hingegen weder das Vertragsstatut noch das Heimatrecht des Jugendlichen, sondern diejenige Rechtsordnung, welche die elterliche Sorge bzw. Vormundschaft oder Pflegschaft beherrscht[5]. Dieses Vertretungsstatut regelt auch, ob das von dem gesetzlichen Vertreter geschlossene Geschäft für und gegen den Minderjährigen wirkt. Im Übrigen gilt für die **Abgrenzung von Geschäftsfähigkeits- und Vertretungsstatut:** Das Geschäftsfähigkeitsstatut entscheidet, wie die Unfähigkeit eines Minderjährigen, selbständig ein Rechtsgeschäft abzuschließen, durch die Einschaltung Dritter behoben werden kann. Dem Heimatrecht des Minderjährigen ist mithin zu entnehmen, ob er bei dem in Rede stehenden Geschäft überhaupt wirksam vertreten werden kann[6]. Ist gesetzliche Vertretung zulässig, so regelt hingegen das Vertretungsstatut, ob die Zustimmung eines 6171

---

1 *Reithmann*, DNotZ 1967, 232 (238); *Hausmann*, in: Staudinger, Rz. 70 ff.; *Kegel*, in: Soergel, Rz. 7; *Thorn*, in: Palandt, Rz. 5; *Hohloch*, in: Erman, Rz. 14; *Mäsch*, in: Bamberger/Roth, Rz. 28, jeweils zu Art. 7 EGBGB; *von Bar*, II Rz. 43; *Kropholler*, IPR, § 42 I 1; *Schotten/Schmellenkamp*, Rz. 61b; aA (arg. Art. 32 Abs. 1 Nr. 5 EGBGB) OLG Düsseldorf 25.11.1994, NJW-RR 1995, 755 (756) = FamRZ 1995, 1066 = IPRax 1996, 189 (m. abl. Anm. *Baetge*, IPRax 1996, 185) = IPRspr. 1994 Nr. 7; *Birk*, in: MünchKomm, Art. 7 EGBGB Rz. 36.
2 *Hausmann*, in: Staudinger, Art. 7 EGBGB Rz. 72; *Schotten/Schmellenkamp*, Rz. 61c.
3 *Hausmann*, in: Staudinger, Art. 7 EGBGB Rz. 72.
4 Art. 12 Abs. 1 lit. e Rom I-VO; *Thorn*, in: Palandt, Rz. 5; *Hohloch*, in: Erman, Rz. 15; *Mäsch*, in: Bamberger/Roth, Rz. 29, jeweils zu Art. 7 EGBGB; *Schotten/Schmellenkamp*, Rz. 62; aA *von Bar*, II Rz. 44.
5 OLG Köln 22.9.2000, ZUM 2000, 166 = IPRspr. 2000 Nr. 17; *Kegel*, in: Soergel, Rz. 7; *Thorn*, in: Palandt, Rz. 5; *Hohloch*, in: Erman, Rz. 16; *Birk*, in: MünchKomm, Rz. 37 ff., jeweils zu Art. 7 EGBGB; dazu näher unter Rz. 6181 ff.
6 *Wohlgemuth*, RIW 1980, 759 (760); *von Bar*, II Rz. 42.; *Mäsch*, in: Bamberger/Roth, Art. 7 EGBGB Rz. 30.

Elternteils genügt oder ob beide zustimmen müssen[1], und ob sie allein handeln können oder zusätzlich einer familiengerichtlichen Genehmigung bedürfen[2]. Dies gilt nicht nur bei Geschäften zwischen Eltern und Kind, sondern auch bei Geschäften, die die Eltern als gesetzliche Vertreter des Kindes mit Dritten abschließen. Können die Eltern das Geschäft nach dem Vertragsstatut ohne familiengerichtliche Genehmigung abschließen, während eine solche nach dem Heimatrecht des Minderjährigen erforderlich ist, empfiehlt sich allerdings die zusätzliche Einhaltung der strengeren Voraussetzungen nach dem Heimatrecht[3].

4. Verfügungsmacht

6172 Die Verfügungsbefugnis ist auch internationalprivatrechtlich von der Geschäftsfähigkeit zu trennen. Mangelnde Verfügungsmacht ist nicht Mangel an persönlicher Fähigkeit, sondern Mangel im Recht. Die Verfügungsmacht beurteilt sich daher nicht nach dem Personalstatut des Verfügenden, sondern grundsätzlich nach derjenigen Rechtsordnung, der das Recht untersteht, über das verfügt werden soll[4].

6173–6180 Frei.

IV. Anknüpfung der gesetzlichen Vertretung

Literatur allgemein: *Andrae*, Zum interlokalen und internationalen Privatrecht des Minderjährigenschutzes, IPRax 1992, 117; *Andrae*, Zur Abgrenzung des räumlichen Anwendungsbereichs von EheVO, MSA, KSÜ und autonomem IZPR/IPR, IPRax 2006, 82; *Boulanger*, Les rapports juridiques entre parents et enfants. Perspectives comparatistes et internationales (Paris 1998); *Breuer*, Gemeinsame elterliche Sorge – Geltung für ausländische Staatsangehörige in Deutschland, FPR 2005, 74; *Jaspersen*, Die vormundschaftsgerichtliche Genehmigung in Fällen mit Auslandsbezug, FamRZ 1996, 393; *Kropholler*, Das IPR der Kindschaftswirkungen im Lichte der europäischen Rechtsentwicklung, RabelsZ 59 (1995), 407; *Mosconi*, La tutela dei minori in diritto internazionale privato (1964); *Schulz*, Internationale Regelungen zum Sorge- und Umgangsrecht, FamRZ 2003, 336; *Sturm/Sturm*, Die gesetzliche Vertretung minderjähriger Kinder nach neuem IPR, StAZ 1987, 181; *U. Wolf*, „Gesetzliche Gewaltverhältnisse", ordre public und Kindeswohl im IPR, FamRZ 1993, 874; *Volken*, Die internationale Vermögenssorge für Minderjährige, Festg. Schnyder (1995), S. 817; *von Steiger*, La protection des mineurs en droit international privé, Rec. des Cours 112 (1964-II), 469.

---

1 BayObLG 17.11.1967, BayObLGZ 1967, 443 (451) = FamRZ 1969, 44; *Hausmann*, in: Staudinger, Art. 7 EGBGB Rz. 75; *Schotten/Schmellenkamp*, Rz. 82; aA *von Bar*, II Rz. 44 (Geschäftsfähigkeitsstatut).
2 Vgl. dazu näher unten Rz. 6214 ff. m. Nachw.
3 *Birk*, in: MünchKomm, Art. 7 EGBGB Rz. 39; *Hausmann*, in: Staudinger, Art. 7 EGBGB Rz. 77; *von Hoffmann/Thorn*, § 7 Rz. 8; aA *von Bar*, II Rz. 44; *Mäsch*, in: Bamberger/Roth, Art. 7 EGBGB Rz. 30.
4 *Hausmann*, in: Staudinger, Rz. 62; *Kegel*, in: Soergel, Rz. 8; *Birk*, in: MünchKomm, Rz. 47, jeweils zu Art. 7 EGBGB. Zu eherechtlichen Verfügungsbeschränkungen näher oben Rz. 5930 ff.

Literatur zum Haager MSA: *Allinger,* Das Haager MSA – Probleme, Tendenzen und Perspektiven (1988); *Boelck,* Reformüberlegungen zum Haager MSA von 1961 (1994); *Dörner,* Der Anwendungsbereich von Art. 3 MSA, JR 1988, 265; *Henrich,* Das „gesetzliche Gewaltverhältnis" im Spannungsfeld zwischen dem Haager MSA und dem nationalen Kollisionsrecht, Festschr. Schwind (1978), S. 79; *Jayme,* Gesetzliches Sorgerecht und Haager MSA, IPRax 1985, 23; *Klinkhardt,* Gesetzliche Vertretung von Ausländerkindern, ZfJ 1987, 115; *Kropholler,* Das Haager Abkommen über den Schutz Minderjähriger, 2. Aufl. (1977); *Kropholler,* Gedanken zur Reform des Haager MSA, RabelsZ 58 (1994), 1; *Schwimann,* Vormundschaftsgerichtliche Genehmigungen nach dem Haager MSA, FamRZ 1978, 303 ff.; *Siehr,* Minderjährigenschutzabkommen und neues deutsches IPR, IPRax 1987, 302; *Siehr,* Verhältnis zwischen Aufenthalts- und Heimatzuständigkeit nach dem MSA, IPRax 1989, 253; *Sturm,* Minderjährigenschutz bei Auslandsbezug. Der missverstandene Art. 3 des MSA, NJW 1975, 2121; *Sturm,* Bei der elterlichen Sorge irrlichtert Art. 3 MSA nicht mehr, IPRax 1991, 231; *Warner-Laufer,* Inhalt und Bedeutung von Art. 3 MSA (1992); *Wengler,* Die Stellungnahme von Aufenthaltsstaat und Heimatstaat zur elterlichen Sorgegewalt unter dem Haager MSA, IPRax 1984, 177.

Literatur zum Haager KSÜ: *Bucher,* La Dix-huitième session de la Conférence de La Haye de droit international privé, SZIER 1997, 67; *Bucher,* L'enfant en droit inernational privé (Paris 2003); *Clive,* The New Hague Convention on Children, Jur.Rev. 1998, 169; *Iterson,* The New Hague Convention on the Protection of Children: A view from the Netherlands, Rev.dr.unif. 1997, 474; *Krah,* Das Haager Kinderschutzübereinkommen (2004); *Kropholler,* Das Haager Kinderschutzübereinkommen von 1996 – Wesentliche Verbesserungen im Minderjährigenschutz, Festschr. Siehr (2000), S. 379; *Lagarde,* La nouvelle convention de La Haye sur la protection des mineurs, Rev.crit.d.i.p. 86 (1997), 217; *Lowe,* The 1996 Hague Convention on the protection of children – a fresh appraisal, Child and Family L.Q. (2002), 191; *Nygh,* The Hague Convention on the Protection of Children, N.I.L.R 1998, 1; *Picone,* La nuova convenzione dell'Aja sulla protezione dei minori, Riv.dir.int.priv.proc. 1996, 705; *Pirrung,* Das Haager Kinderschutzübereinkommen vom 19. Oktober 1996, Festschr. Rolland (1999), S. 277; *Pirrung,* Haager Kinderschutzübereinkommen und Verordnungsentwurf „Brüssel IIa", Festschr. Jayme (2004) Bd. I, S. 701; *Roth/Döring,* Das Haager Abkommen über den Schutz von Kindern, JBl. 1999, 758; *Roth/Döring,* Zur geplanten Revision des Haager MSA von 1961, FuR 1999, 195; *Schulz,* Haager Kinderschutzübereinkommen von 1996: im Westen nichts Neues, FamRZ 2006, 1309; *Siehr,* Die Rechtslage der Minderjährigen im internationalen Recht und die Entwicklung in diesem Bereich, Festschr. Schnyder (1995), S. 1047; *Siehr,* Das neue Haager Übereinkommen von 1996 über den Schutz von Kindern, RabelsZ 62 (1998), 464; *Siehr,* Das neue Haager Kinderschutzübereinkommen von 1996, DeuFamR 2000, 125; *Silberman,* The 1996 Convention for the Protection of Children: A Perspective from the United States, Festschr. Siehr (2000), S. 703; *Teixeira de Sousa,* Ausgewählte Probleme aus dem Anwendungsbereich der Verordnung (EG) Nr. 2201/2003 und des Haager Übereinkommens vom 19.10.1996 über den Schutz von Kindern, FamRZ 2005, 1612; *Volken,* Die internationale Vermögenssorge für Minderjährige, Festschr. Schnyder (1995), S. 817.

1. Staatsverträge/EG-Verordnungen

Auf dem gesamten Gebiet der elterlichen Verantwortung und damit auch der gesetzlichen Vertretung Minderjähriger in vermögensrechtlichen Angelegenheiten durch die Eltern hat die autonome Kollisionsregel des Art. 21 EGBGB nur noch eine eingeschränkte Funktion, weil sich sowohl das auf die elterliche Verantwortung kraft Gesetzes anwendbare Recht als auch die Anknüpfung der zur Abänderung oder Ergänzung des gesetzlichen Sorgerechtsverhältnisses zu treffenden gerichtlichen Schutzmaßnahmen in weitem Umfang nach vorrangigen (vgl. Art. 3 Nr. 2 EGBGB) staatsvertraglichen Normen bestimmen. Dies gilt in noch stärkerem Maße für die gesetzliche Vertretung Minderjähriger durch einen Vormund oder (Ergänzungs-)Pfleger. Praktische Bedeutung hat derzeit vor allem noch das Haager Minderjährenschutzabkommen (MSA) vom 5.10.1961 (Rz. 6182 ff.), das demnächst durch das neue Haager Kinderschutzübereinkommen (KSÜ) vom 19.10.1996 (Rz. 6193 ff.) abgelöst werden wird. Soweit die gesetzliche Vertretung eines Minderjährigen durch einen Vormund in Betracht kam, war im Verhältnis zu *Belgien* zuletzt noch das Haager Abkommen zur Regelung der Vormundschaft über Minderjährige vom 12.6.1902[1] anwendbar; dieses Abkommen ist allerdings mit Wirkung zum 1.6.2009 außer Kraft getreten[2]. Auf dem Gebiet der Anerkennung und Vollstreckung von Sorgerechtsentscheidungen ist schließlich noch das Luxemburger Europäische Übereinkommen vom 20.5.1980[3] zu beachten. Alle vorgenannten Staatsverträge werden im Verhältnis der Mitgliedstaaten der EU (mit Ausnahme Dänemarks) zueinander durch die EG-Verorduung Nr. 2201/2003 vom 27.11.2003 (EuEheVO) verdrängt, soweit deren sachlicher Anwendungsbereich betroffen ist (dazu Rz. 6201 ff.).

a) Haager Minderjährigenschutzabkommen

6182 Eine zentrale Bedeutung kommt auf dem Gebiet der gesetzlichen Vertretung Minderjähriger in grenzüberschreitenden Sachverhalten derzeit noch dem Haager Übereinkommen über die Zuständigkeit und das anzuwendende Recht auf dem Gebiete des Schutzes Minderjähriger (MSA) vom 5.10.1961[4] zu. Dieses Übereinkommen ist für die Bundesrepublik Deutschland am 17.9.1971 im Verhältnis zu Luxemburg, Portugal und der Schweiz in Kraft getreten. Es gilt heute ferner im Verhältnis zu den Niederlanden (seit 18.9.1971), Frankreich (seit 10.11.1972), Österreich (seit 11.5.1975), der Türkei (seit 16.4.1984), Spanien (seit 21.7.1987), Polen (seit 13.11.1993), Italien (seit 23.4.1995), Lettland (seit 11.9.2001) und Litauen (seit 8.3.2002). Vorrang vor dem MSA hat nach dessen Art. 18 Abs. 2 im Verhältnis zum Iran das deutsch-iranische Niederlassungsabkommen vom 17.2.1929, das in seinem Art. 8 an das gemeinsame Heimatrecht von Eltern und Kindern anknüpft[5]. Hingegen ist das deutsch-österreichische Vormundschaftsabkommen vom 5.2.1927[6] am 31.12.2002 außer Kraft getreten[7].

---

1 RGBl. 1904, 240; abgedruckt bei *Jayme/Hausmann*, Nr. 52.
2 Bek. v. 19.2.2009, BGBl. II 2009, 290.
3 BGBl. II 1990, 220; abgedruckt bei *Jayme/Hausmann*, Nr. 182; dort auch Überblick über die Vertragsstaaten in Fn. 1.
4 BGBl. II 1971, 217; abgedr. bei *Jayme/Hausmann*, Nr. 53.
5 Text bei *Jayme/Hausmann*, Nr. 22. Vgl. dazu BGH 14.10.1992, BGHZ 120, 29 (31) = NJW 1993, 848 = FamRZ 1993, 316 (m. Aufs. *U Wolf*, FamRZ 1993, 874) = IPRax 1993, 102 (m. Anm. *Henrich*, IPRax 1993, 81) = IPRspr. 1992 Nr. 3b; BGH 21.4.1993, FamRZ 1993, 1053 = IPRspr. 1993 Nr. 6; OLG Zweibrücken 15.12.2000, FamRZ 2001, 920 = IPRspr. 2000 Nr. 79; *Kropholler*, in: Staudinger, Vorbem. zu Art. 19 EGBGB Rz. 611 ff.
6 RGBl. II 1927, 510.
7 Bek. vom 8.5.2003, BGBl. II 2003, 540.

aa) Anwendungsbereich

In den Schutz des Übereinkommens sind alle Personen einbezogen, die sowohl nach dem innerstaatlichen Recht ihres Heimatstaats wie auch ihres Aufenthaltsstaats **minderjährig** sind (Art. 12 MSA) und die ihren **gewöhnlichen Aufenthalt in einem Vertragsstaat** haben (Art. 13 Abs. 1 MSA). Auf die Staatsangehörigkeit des Minderjährigen kommt es hingegen aus deutscher Sicht nicht an; er braucht insbesondere keinem Vertragsstaat anzugehören, weil die Bundesrepublik Deutschland von dem Vorbehalt nach Art. 13 Abs. 3 MSA keinen Gebrauch gemacht hat[1]. Damit gilt das MSA grundsätzlich für alle Kinder mit gewöhnlichem Aufenthalt im Inland.

6183

In **sachlicher Hinsicht** umfasst das MSA die Anordnung und Anerkennung von Schutzmaßnahmen für Minderjährige sowie die Respektierung gesetzlicher Gewaltverhältnisse. Es hat damit erhebliche praktische Bedeutung auch für die gesetzliche Vertretung Minderjähriger.

6184

(1) Schutzmaßnahmen

Der Begriff der Schutzmaßnahmen ist weit zu fassen; er schließt alle zum Schutz Minderjähriger gebotenen Maßnahmen ein. Zu den Schutzmaßnahmen gehören insbesondere **gerichtliche oder behördliche Eingriffe in die elterliche Sorge** während bestehender Ehe, bei Getrenntleben und nach Ehescheidung[2], so die Übertragung der elterlichen Sorge auf einen Elternteil, wenn er sie kraft Gesetzes nicht besitzt[3], Eingriffe bei Versagen und Verhinderung der Eltern oder eines Elternteils (zB Ersetzung von Zustimmungen oder Entziehung der Vertretungsmacht, vgl. §§ 1666 Abs. 2, 1629 Abs. 2 S. 3 BGB bzw. die Entziehung der Vermögenssorge, vgl. §§ 1666 Abs. 2, 1667 Abs. 1–3 BGB)[4], die Entziehung der elterlichen Sorge oder des Aufenthaltsbestimmungsrechts und deren/dessen Übertragung auf einen Elternteil (vgl. etwa §§ 1678 Abs. 2, 1680, 1681 BGB)[5] so-

6185

---

1 BGH 20.12.1972, BGHZ 60, 68 (72) = NJW 1973, 417 = IPRspr. 1972 Nr. 59b; OLG Karlsruhe 9.6.1992, FamRZ 1993, 96 = IPRspr. 1992 Nr. 134; *von Bar*, II Rz. 331; *Thorn*, in: Palandt, Anh. zu Art. 24 EGBGB Rz. 43; *Kropholler*, in: Staudinger, Vorbem. vor Art. 19 EGBGB Rz. 546 mwN.

2 Vgl. *Kropholler*, in: Staudinger, Vorbem. zu Art. 19 EGBGB Rz. 48 ff.; *Siehr*, in: Münch-Komm, 3. Aufl., Anh. I zu Art. 19 EGBGB Rz. 41 ff.; *Thorn*, in: Palandt, Anh. zu Art. 24 EGBGB Rz. 13; *Hohloch*, in: Erman, Anh. zu Art. 24 EGBGB Rz. 18, jeweils mwN.

3 So zB beim Tode des sorgeberechtigten Elternteils nach schweiz. Recht, vgl. OLG Karlsruhe 18.7.1975, NJW 1976, 483 = IPRspr. 1975 Nr. 67b.

4 Vgl. zu Maßnahmen des Vormundschaftsgerichts bei Gefährdung der Person oder des Vermögens des Kindes BayObLG 31.7.1974, BayObLGZ 1974, 322 (324) = NJW 1974, 2184 = IPRspr. 1974 Nr. 86; 19.8.1992, FamRZ 1993, 229 = IPRspr. 1992 Nr. 136; 7.12.1993, FamRZ 1994, 913 = IPRspr. 1993 Nr. 101; KG 14.9.1984, NJW 1985, 68 = IPRax 1985, 347 (m. Anm. *Wengler*, IPRax 1985, 334) = IPRspr. 1984 Nr. 87; *Kropholler*, in: Staudinger, Vorbem. zu Art. 19 EGBGB Rz. 65 mwN.

5 Vgl. zu § 1680 BGB: BGH 20.12.1972, BGHZ 60, 68 (72 f.); zu § 1681 BGB: BayObLG 22.10.1992, BayObLGZ 1992, 301 (304) = FamRZ 1993, 463 = IPRspr. 1992 Nr. 138; BayObLG 27.3.1997, FamRZ 1997, 954 (955) = IPRspr. 1997 Nr. 98; OLG Köln 25.9.2000, FamRZ 2001, 1087 = IPRspr. 2000 Nr. 83.

wie vor allem die Regelung der Elternrechte nach einer Trennung[1] oder Scheidung der Eltern[2] bzw. nach Aufhebung oder Nichtigerklärung ihrer Ehe (vgl. §§ 1671, 1672 BGB). Leben die Eltern eines minderjährigen Kindes nicht mehr oder sind sie von der Vertretung (zB wegen Entziehung der elterlichen Sorge oder wegen Interessenkollision) ausgeschlossen oder kommt aus anderen Gründen für den Abschluss eines Vertrages die gesetzliche Vertretung durch einen Vormund oder Pfleger in Betracht, so handelt es sich auch bei der Anordnung einer Vormundschaft für einen Minderjährigen nach §§ 1773 ff. BGB[3] oder einer Ergänzungspflegschaft nach § 1909 BGB[4] um typische Schutzmaßnahmen iSd. Haager MSA.

(2) Gesetzliche Gewaltverhältnisse

6186 Schutzmaßnahmen dürfen nach Art. 1, 2 MSA von den Behörden des Aufenthaltsstaates nur vorbehaltlich des Art. 3 MSA getroffen werden[5]. Danach ist ein Gewaltverhältnis, das nach dem innerstaatlichen Recht des Staates, dem der Minderjährige angehört, kraft Gesetzes besteht, in allen Vertragsstaaten anzuerkennen.Typische Beispiele von gesetzlichen Gewaltverhältnissen sind die gemeinsame elterliche Sorge über Kinder während bestehender Ehe (vgl. § 1626a Abs. 1 BGB)[6] oder die alleinige elterliche Sorge der nicht mit dem Vater verheirateten Mutter (vgl. § 1626a Abs. 2 BGB)[7], ferner die in den meisten Rechtsordnungen ipso iure bestehende elterliche Sorge des überlebenden El-

---

1 Vgl. BGH 29.10.1980, BGHZ 78, 293 (301 f.) = IPRspr. 1980 Nr. 94 und 11.4.1984, NJW 1984, 2761 = IPRspr. 1984 Nr. 81; OLG Karlsruhe 9.6.1992, FamRZ 1993, 96 (97) = IPRspr. 1992 Nr. 134; OLG Celle 4.1.1993, IPRspr. 1993 Nr. 89; OLG Stuttgart 1.3.1996, FamRZ 1997, 1352 = IPRspr. 1996 Nr. 90; *Kropholler*, in: Staudinger, Vorbem. zu Art. 19 EGBGB Rz. 66 mwN.
2 BGH 11.1.1984, BGHZ 89, 325 (336 f.) = NJW 1984, 1302 = IPRspr. 1984 Nr. 58 und 28.5.1986, IPRax 1987, 317 (m. Anm. *Mansel*, IPRax 1987, 298 = IPRspr. 1986 Nr. 78; BGH 5.6.2002, BGHZ 151, 63 = NJW 2002, 2955 = IPRspr. 2002 Nr. 100; OLG Düsseldorf 13.4.1993, NJW-RR 1994, 268 = IPRspr. 1993 Nr. 93; OLG Rostock 25.2.2000, FamRZ 2001, 642 = IPRax 2001, 588 (m. Anm. *Baetge*, IPRax 2001, 573) = IPRspr. 2000 Nr. 85; *Kropholler*, in: Staudinger, Vorbem. zu Art. 19 EGBGB Rz. 66 mwN.
3 Vgl. BayObLG 7.9.1990, BayObLGZ 1990, 241 (247) = FamRZ 1991, 216 = IPRspr. 1990 Nr. 120; BayObLG 4.5.1992, FamRZ 1992, 1346 (1348) = IPRspr. 1992 Nr. 129; BayObLG 22.10.1992, BayObLGZ 1992, 301 (304) = FamRZ 1993, 463 = IPRspr. 1992 Nr. 138; AG Leverkusen 25.11.2003, FamRZ 2004, 1127 = IPRspr. 2003 Nr. 88; *Kropholler*, in: Staudinger, Vorbem. zu Art. 19 EGBGB Rz. 79 ff. mwN.
4 BayObLG 26.5.1983, BayObLGZ 1983, 125 (130) = IPRax 1984, 96 (m. Anm. *Kropholler*, IPRax 1984, 81) = IPRspr. 1983 Nr. 83; KG 10.11.1981, NJW 1982, 526 = IPRspr. 1981 Nr. 103; *Kropholler*, in: Staudinger, Vorbem. zu Art. 19 EGBGB Rz. 84 mwN.
5 Zur umstrittenen Bedeutung und Reichweite dieses Vorbehalts *Thorn*, in: Palandt, Anh. zu Art. 24 EGBGB Rz. 24 ff.; *Kropholler*, in: Staudinger, Vorbem. zu Art. 19 EGBGB Rz. 161 ff.; *Siehr*, in: MünchKomm, 3. Aufl., Anh. I zu Art. 19 EGBGB Rz. 110 ff., jeweils mwN.
6 Vgl. BayObLG 19.4.1991, FamRZ 1991, 1218 = IPRspr. 1991 Nr. 117; *Kropholler*, in: Staudinger, Vorbem. zu Art. 19 EGBGB Rz. 300 mwN.
7 OLG Karlsruhe 31.5.1989, FamRZ 1989, 896 (898) = IPRax 1989, 388 (m. Anm. *Winkler von Mohrenfels*, IPRax 1989, 369) = IPRspr. 1989 Nr. 156.

ternteils (vgl. § 1680 Abs. 1 BGB)[1]. Darüber hinaus ist aber in zahlreichen ausländischen Rechten auch nach Trennung oder Scheidung von Ehen eine ex-lege-Regelung vorgesehen, der zufolge die elterliche Sorge – ebenso wie nach geltendem deutschen Recht (§§ 1671, 1672 BGB nF) – bei dem oder den bisherigen Sorgerechtsinhaber(n) verbleibt oder auf einen Elternteil übergeht[2]. Schließlich gehört im deutschen Recht auch die Beistandschaft nach §§ 1712 ff. BGB und die gesetzliche Amtsvormundschaft des Jugendamts nach § 1791c BGB hierher. In ausländischen Rechten wird der Kreis der gesetzlichen Gewaltverhältnisse allerdings teils weiter, teils auch enger gezogen als im deutschen Recht.

bb) Gleichlaufgrundsatz für Schutzmaßnahmen

Das MSA enthält keinen eigenen Abschnitt zu dem auf Schutzmaßnahmen anwendbaren Recht. Es regelt vielmehr in den Art. 1, 4–9 nur die internationale Zuständigkeit der Gerichte und Behörden der Vertragsstaaten für die Anordnung von Maßnahmen zum Schutz der Person und des Vermögens eines Minderjährigen. Im Interesse eines schnellen und effektiven Minderjährigenschutzes haben die zuständigen Behörden dann grundsätzlich ihr eigenes Recht anzuwenden (**Gleichlaufgrundsatz**). Eingeschränkt wird diese grundsätzliche Anwendung der lex fori allerdings durch die Pflicht zur Anerkennung gesetzlicher Gewaltverhältnisse nach dem Heimatrecht des Minderjährigen (Art. 3 MSA; dazu Rz. 6190 ff.). 6187

Nach Art. 1 MSA sind primär die Behörden (Gerichte oder Verwaltungsbehörden) des Staates, in dem ein Minderjähriger seinen gewöhnlichen Aufenthalt[3] hat dafür zuständig, Maßnahmen zum Schutz der Person und des Vermögens des Minderjährigen zu treffen (**Aufenthaltszuständigkeit**). Sie haben gem. Art. 2 Satz 1 MSA die nach ihrem innerstaatlichen Recht vorgesehenen Maßnahmen zu ergreifen. Damit gilt im räumlichen Anwendungsbereich des MSA grundsätzlich das Recht am gewöhnlichen Aufenthalt des Minderjährigen. Dieses Recht bestimmt nach Art. 2 Abs. 2 MSA die Voraussetzungen für die Anordnung, die Änderung und die Beendigung dieser Maßnahmen. Es regelt auch deren Wirkungen sowohl im Verhältnis zwischen dem Minderjährigen und den Personen oder den Einrichtungen, denen er anvertraut ist, als auch im Verhältnis zu Dritten. Ergänzende Zuständigkeitsregeln enthält das MSA in Art. 4 Abs. 1 (**Heimatzuständigkeit**), Art. 8 Abs. 1 (**Gefährdungszuständigkeit**) und Art. 9 Abs. 1 (**Eilzuständigkeit**). Auch in diesen Fällen wenden die zuständigen Behörden ihr eigenes Recht an[4]. Die Vorschriften des MSA über die internationale Zuständigkeit sind in den Mitgliedstaaten der **EuEheVO** freilich 6188

---

[1] BayOLG 22.10.1992, FamRZ 1993, 463 (464) = IPRspr. 1992 Nr. 138.
[2] Vgl. OLG Frankfurt a.M. 26.11.1993, FamRZ 1994, 715 = IPRspr. 1993 Nr. 100; *Kropholler*, in: Staudinger, Vorbem. zu Art. 19 EGBGB Rz. 302 ff. mwN.
[3] Zum Begriff des gewöhnlichen Aufenthalts vgl. näher unter Rz. 6206.
[4] Vgl. zur Heimatzuständigkeit Art. 4 Abs. 2 MSA; ferner *Thorn*, in: Palandt, Anh. zu Art. 24 EGBGB Rz. 27, 36 und 38; *Kropholler*, in: Staudinger, Vorbem. Zu Art. 19 EGBGB Rz. 377, 458 und 473, jeweils mwN.

nur noch anwendbar, wenn sich aus den Art. 8–13 dieser Verordnung keine Zuständigkeit eines Gerichts eines Mitgliedstaats ergibt (vgl. Art. 14, 60 lit. a EuEheVO); dies ist grundsätzlich nur noch dann der Fall, wenn der Minderjährige seinen gewöhnlichen Aufenthalt in einem Vertragsstaat des MSA hat, der – wie die Schweiz oder die Türkei – nicht zugleich Mitgliedstaat der EU ist. Mittelbar behalten die Zuständigkeitsvorschriften des MSA jedoch Bedeutung für das auf die einzelnen Schutzmaßnahmen anwendbare Recht (dazu unten Rz. 6201 ff.).

6189 Die von den Aufenthalts- oder Heimatbehörden nach Art. 1, 4 oder 5 MSA getroffenen Schutzmaßnahmen sind gem. Art. 7 MSA in allen Vertragsstaaten **anzuerkennen**; dies gilt jedoch nicht für die auf Art. 8 und 9 MSA gestützten Maßnahmen. Im Verhältnis der Mitgliedstaaten der EU (mit Ausnahme Dänemarks) beurteilt sich auch die Anerkennung und Vollstreckung von Schutzmaßnahmen auf dem Gebiet der elterlichen Verantwortung vorrangig nach den Vorschriften dieser Verordnung (Art. 21, 23 ff. EuEheVO).

cc) Beachtung gesetzlicher Gewaltverhältnisse nach dem Heimatrecht des Minderjährigen

6190 Sollen von einem deutschen Gericht Schutzmaßnahmen nach Art. 1, 2 MSA getroffen werden, so ist die **Vorfrage nach dem Bestehen eines gesetzlichen Gewaltverhältnisses** in all diesen Fällen gem. Art. 3 MSA nach dem **innerstaatlichen Recht** des Landes zu beantworten, dem der Minderjährige angehört[1]; eine Rück- oder Weiterverweisung durch dieses Recht ist – anders als bei der Anknüpfung nach Art. 21 EGBGB (dazu unten Rz. 6208 f.) – unbeachtlich[2]. Bei Mehrstaatern wird zT ergänzend die autonome Kollisionsregel des Art. 5 Abs. 1 EGBGB herangezogen. Danach gilt der Grundsatz der effektiven Staatsangehörigkeit nur noch für Minderjährige mit mehreren *ausländischen* Staatsangehörigkeiten; besitzt der Minderjährige hingegen auch die deutsche Staatsangehörigkeit, so geht diese vor (Art. 5 Abs. 1 S. 2 EGBGB)[3]. Dem mit dem Abkommen angestrebten Zweck der Rechtsvereinheitlichung entspricht es freilich besser, auch im Falle des Zusammentreffens einer ausländischen

---

1 Zur umstrittenen Reichweite dieses Vorbehalts (Schrankentheorie, Heimatrechtstheorie, Anerkennungstheorie) vgl. *Kropholler*, in: Staudinger, Vorbem. zu Art. 19 EGBGB Rz. 161 ff. Zu folgen ist der Anerkennungstheorie, nach der das Gericht das Gewaltverhältnis nach dem Heimatrecht des Kindes zwar nicht ignorieren darf, aber zu seiner Abänderung nach Maßgabe des Aufenthaltsrechts befugt ist (BGH FamRZ 1989, 686).
2 *Thorn*, in: Palandt, Anh. zu Art. 24 EGBGB Rz. 22; *Hohloch*, in: Erman, Anh. zu Art. 24 EGBGB Rz. 26; *Kropholler*, in: Staudinger, Vorbem. zu Art. 19 EGBGB Rz. 309 ff.; aA *Böhmer*, in: Ferid, IPR, Rz. 8–239.
3 So BGH 18.6.1997, NJW 1997, 3024 = FamRZ 1997, 1070 = IPRspr. 1997 Nr. 99 (zu Art. 4 MSA); BGH 24.4.2000, DAVorm 2000, 754 = IPRspr. 2000 Nr. 80; BayObLG 7.9.1990, BayObLGZ 1990, 241 (247) = FamRZ 1991, 216 = IPRspr. 1990 Nr. 120; OLG München 28.6.1996, FamRZ 1997, 106 = IPRspr. 1996 Nr. 99; OLG Köln 13.7.1998, IPRspr. 1998 Nr. 101; *Thorn*, in: Palandt, Anh. zu Art. 24 EGBGB Rz. 19; *Hohloch*, in: Erman, Anh. zu Art. 24 EGBGB Rz. 25; *von Bar*, II Rz. 332.

Staatsangehörigkeit mit der deutschen die effektive Staatsangehörigkeit entscheiden zu lassen[1].

Ob sich die Bedeutung von Art. 3 MSA in dieser Vorfragenfunktion erschöpft, ist umstritten. Denn gesetzestechnisch bildet die in Art. 3 MSA normierte Anerkennung von gesetzlichen Gewaltverhältnissen eine **selbständige staatsvertragliche Kollisionsnorm** und nicht nur einen Vorbehalt für die Anordnung von Schutzmaßnahmen. Auch ist es das erklärte Ziel des Abkommens, das Kollisonsrecht auf dem umfassenden Gebiet des Minderjährigenschutzes zu vereinheitlichen. Dieser Zielsetzung entspräche es aber, behördliche Maßnahmen lediglich als subsidiäre Mittel eines solchen Schutzes anzusehen und primär die Beachtung bereits unmittelbar kraft Gesetzes bestehender Schutzverhältnisse zu gewährleisten. Dies hätte zur Folge, dass auch bei der Prüfung, wer zur gesetzlichen Vertretung eines Minderjährigen in vermögensrechtlichen Angelegenheiten befugt ist, im räumlichen und persönlichen Anwendungsbereich des MSA stets von dessen Art. 3 auszugehen wäre. Ein nach dem Heimatrecht des Minderjährigen bestehendes ex-lege-Gewaltverhältnis, das zu seiner Vertretung berechtigt, wäre also auch im Inland zu beachten. Die autonome Kollisionsnorm des Art. 21 EGBGB würde bei der Beurteilung der gesetzlichen Vertretung von Minderjährigen nicht nur insoweit verdrängt, als die Anordnung und die Wirkungen von Schutzmaßnahmen in Rede stehen, sondern auch soweit es sich um die Anerkennung gesetzlicher Gewaltverhältnisse handelt. Dafür spricht, dass im Interesse einer einheitlichen Beurteilung der gesetzlichen Vertretungsmacht ex-lege-Gewaltverhältnisse, die bei der Anordnung von Schutzmaßnahmen anzuerkennen sind, in anderem Zusammenhang schwerlich ignoriert werden können[2]. 6191

Dieser Qualifikation von Art. 3 MSA im Sinne einer selbständigen Kollisionsnorm, die im räumlichen und persönlichen Anwendungsbereich des MSA das autonome Kollisionsrecht der Vertragsstaaten weitgehend ausschaltet und die Beurteilung gesetzlicher Gewaltverhältnisse nach dem Heimatrecht des Minderjährigen unabhängig davon macht, ob Schutzmaßnahmen angeordnet werden sollen oder nicht, hat der BGH in einer Grundsatzentscheidung aus dem Jahre 1991 widersprochen. Danach sind die Gründe für die Auslegung von Art. 3 MSA als selbständige Kollisionsnorm mit Inkrafttreten des IPR-Geset- 6192

---

1 So *Mansel*, IPRax 1985, 209; *Rauscher*, IPRax 1985, 214 ff.; *Jayme*, IPRax 1989, 107; *Martiny*, JZ 1993, 148; *Dethloff*, JZ 1995, 64 (71); *Kropholler*, in: Staudinger, Vorbem. zu Art. 19 EGBGB Rz. 352; zust. OLG Düsseldorf 22.7.1993, FamRZ 1994, 107 = IPRspr. 1993 Nr. 97; im Erg. auch OLG München 4.11.1986, IPRax 1988, 32 (m. Anm. *Mansel*, IPRax 1988, 22) = IPRspr. 1986 Nr. 82; OLG Köln 13.7.1998, IPRspr. 1998 Nr. 101 (Art. 14 MSA analog).
2 Wie hier *Kropholler*, in: Staudinger, Vorbem. zu Art. 19 EGBGB Rz. 289 f.; *Siehr*, in: MünchKomm, 3. Aufl., Anh. I zu Art. 19 EGBGB Rz. 169 f., jeweils mwN; zust. die französ. Lehre, vgl. *Audit*, DIP Rz. 612; *Batiffol/Lagarde*, DIP II, Rz. 150; ebenso früher KG 27.1.1987, FamRZ 1987, 969 (971) = IPRax 1987, 320 (m. Anm. *Siehr*, IPRax 1987, 302) = IPRspr. 1987 Nr. 77; OLG Karlsruhe 31.5.1989, IPRax 1989, 388 (m. Anm. *Winkler von Mohrenfels*, IPRax 1989, 369) = IPRspr. 1989 Nr. 156.

zes von 1986 entfallen. Wortlaut und Systematik des Abkommens legten es nahe, dass Art. 3 MSA das Eltern-Kind-Verhältnis nicht generell, sondern nur insoweit erfassen wolle, als es um die Anordnung einer nach innerstaatlichem Recht vorgesehenen Schutzmaßnahme gehe. Die Nachteile dieser zweispurigen Anknüpfung gesetzlicher Schutzverhältnisse, je nachdem, ob es um die Anordnung von Schutzmaßnahmen nach innerstaatlichem Recht oder um sonstige sorgerechtliche Fragen, wie etwa die gesetzliche Vertretungsmacht gehe, seien hinzunehmen[1]. Diese Auffassung des BGH, die sich seither in der deutschen Rechtsprechung und Lehre weitgehend durchgesetzt hat[2], soll trotz der vorstehend geäußerten Bedenken im Folgenden zugrunde gelegt werden.

b) Haager Kinderschutzübereinkommen

6193 Am 19.10.1996 hat die Haager Konferenz das Übereinkommen über die Zuständigkeit, das anzuwendende Recht, die Anerkennung, Vollstreckung und Zusammenarbeit auf dem Gebiet der elterlichen Verantwortung und der Maßnahmen zum Schutz von Kindern (**KSÜ**) beschlossen[3], dessen wesentliches Ziel die Verbesserung und Fortentwicklung des Haager MSA von 1961 ist[4]. Das Übereinkommen ist am 1.1.2002 im Verhältnis zwischen Monaco, der Slowakei und der Tschechischen Republik in Kraft getreten. Es gilt inzwischen ferner für Albanien (seit 1.4.2007), Armenien (seit 1.5.2008), Australien (seit 1.8.2003), Bulgarien (seit 1.2.2007), Ecuador (seit 1.9.2003), Estland (seit 1.6.2003), Lettland (seit 1.4.2003), Litauen (seit 1.9.2004), Marokko (seit 1.12.2002), Slowenien (seit 1.2.2005) die Ukraine (seit 1.2.2008) und Ungarn (seit 1.5.2006). Da dem Übereinkommen nur souveräne Staaten beitreten können, ist der Europäischen Gemeinschaft ein Beitritt verwehrt. Der Rat hat deshalb am 5.6.2008[5] diejenigen Mitgliedstaaten der EU, die dem Übereinkommen bisher nicht beigetreten sind (Belgien, Deutschland, Finnland, Frankreich, Griechenland, Irland, Italien, Luxemburg, Malta, die Niederlande, Österreich, Polen, Portugal, Rumänien, Schweden, Spanien, das Vereinigte Königreich und Zypern) ermächtigt, das Übereinkommen im Interesse der Europäischen Gemeinschaft zu ratifizieren. Die Ratifikation soll durch die genannten Mitgliedstaaten gleichzeitig und möglichst vor dem 5.6.2010 erfolgen. Aus diesem Grunde sind die bezüglich einer Anknüpfung der gesetzlichen Vertretung von

---

1 BGH 2.5.1990, BGHZ 111, 199 (205 f.) = NJW 1990, 3073 = IPRax 1991, 254 (m. zust. Anm. *Sturm*, IPRax 1991, 231) = IPRspr. 1990 Nr. 143 (Zur gesetzlichen Vertretung des außerehelich in Deutschland geborenen Kindes einer französ. Staatsangehörigen. Eintritt der gesetzlichen Amtspflegschaft nach § 1709 BGB aF bejaht, weil die gesetzliche Vertretung des Kindes nach Art. 20 Abs. 2 EGBGB aF [= Art. 21 EGBGB nF] dem Recht am gewöhnlichen Aufenthalt des Kindes unterliege; Anwendung des von Art. 3 MSA zur Anwendung berufenen französ. Heimatrechts des Kindes abgelehnt.).
2 Zust. etwa OLG Köln 22.9.2000, IPRspr. 2000 Nr. 17; OLG Hamm 12.4.2001, FamRZ 2001, 1533 (1534) = IPRspr. 2001 Nr. 124; *Hohloch*, in: Erman, Art. 19 EGBGB Rz. 12 und Anh. zu Art. 24 EGBGB Rz. 27; *Thorn*, in: Palandt, Anh. zu Art. 24 EGBGB Rz. 20; *Henrich*, in: Staudinger, Art. 21 EGBGB Rz. 82; im Erg. auch *von Bar*, II Rz. 343.
3 BGBl. II 2009, 603; *Jayme/Hausmann*, Nr. 54.
4 Vgl. *Kropholler*, Festschr. Siehr (2000), S. 379 ff.
5 ABl. EU 2008 Nr. L 151, S. 36.

Jugendlichen mit Inkrafttreten des KSÜ eintretenden Änderungen auch hier bereits darzustellen. Denn das KSÜ tritt nach seinem Art. 51 im Verhältnis der Vertragsstaaten an die Stelle des MSA. Das MSA behält danach praktische Bedeutung nur noch für Fälle, in denen der Minderjährige seinen gewöhnlichen Aufenthalt in einem Vertragsstaat des MSA hat, der nicht zugleich auch Vertragsstaat des KSÜ ist.

aa) Anwendungsbereich

Ziel des KSÜ ist es nach seinem Art. 1, die internationale Zuständigkeit der Behörden für die Anordnung von Maßnahmen zum Schutz der Person oder des Vermögens des Kindes und das von diesen Behörden anzuwendende Recht zu bestimmen (lit. a, b). Darüber hinaus bestimmt das KSÜ – abweichend vom MSA (vgl. Rz. 6191 f.) das auf die elterliche Verantwortung anzuwendende Recht auch dann, wenn keine Schutzmaßnahmen zu treffen sind (lit. c), und gewährleistet die Anerkennung und Vollstreckung der Schutzmaßnahmen in allen Vertragsstaaten in einem gegenüber Art. 7 MSA deutlich erweiterten Umfang (lit. d). Das KSÜ enthält keine allgemeine Vorschrift über seinen **räumlichen Anwendungsbereich**, sondern bestimmt diesen für jedes seiner Kapitel gesondert. Die Anwendung des Kapitels II über die internationale Zuständigkeit und des Kapitels III über das anzuwendende Recht setzt jeweils voraus, dass das Kind seinen gewöhnlichen Aufenthalt in einem Vertragsstaat des KSÜ hat. Demgegenüber sind die Vorschriften des Kapitels IV über die Anerkennung und Vollstreckung von Schutzmaßnahmen, die in einem Vertragsstaat getroffen wurden, in allen übrigen Vertragsstaaten ohne Rücksicht auf den gewöhnlichen Aufenthalt des Kindes anzuwenden. Der persönliche Anwendungsbereich des Übereinkommens ist nach seinem Art. 2 auf Kinder beschränkt, die das 18. Lebensjahr noch nicht vollendet haben. 6194

Zu den vom **sachlichen Anwendungsbereich** erfassten Schutzmaßnahmen gehören – in weitgehender Übereinstimmung mit dem MSA (Rz. 6185) und der EuEheVO (Rz. 6201) – nach Art. 3 KSÜ die Zuweisung, Ausübung, Entziehung und Übertragung der elterlichen Verantwortung (lit. a), die Regelung des Sorgerechts, des Aufenthaltsbestimmungs- und Umgangsrechts (lit. b), die Vormundschaft, Pflegschaft, und entsprechende Einrichtungen (lit. c), die Bestimmung der Person, die für die Person oder das Vermögen des Kindes verantwortlich ist und das Kind im Rechtsverkehr vertritt (lit. d), sowie die Verwaltung und Erhaltung des Kindesvermögens (lit. g). Der vom KSÜ verwendete Begriff der „elterlichen Verantwortung" umfasst die elterliche Sorge und jedes andere entsprechende Sorgeverhältnis, das die Rechte, Befugnisse und Pflichten der Eltern, des Vormunds oder eines anderen gesetzlichen Vertreters in Bezug auf die Person des Kindes bestimmt (Art. 1 Abs. 2 KSÜ). 6195

bb) Internationale Zuständigkeit

Für Maßnahmen zum Schutz der Person oder des Vermögens des Kindes sind nach Art. 5 Abs. 1 KSÜ primär die Behörden des Vertragsstaats international 6196 zuständig, in dem das Kind seinen **gewöhnlichen** Aufenthalt[1] hat. Verlegt das Kind seinen gewöhnlichen Aufenthalt in einen anderen Vertragsstaat, so werden die Behörden des neuen Aufenthaltsstaats zuständig (Art. 5 Abs. 2 KSÜ); eine *perpetuatio fori* wird also ausgeschlossen[2]. Zuvor getroffene Schutzmaßnahmen behalten jedoch solange ihre Wirkung bis die nunmehr zuständigen Behörden sie ändern, ersetzen oder aufheben (Art. 14 KSÜ). Ausnahmsweise können die Aufenthaltsbehörden nach Art. 8 Abs. 1 KSÜ die Behörden eines anderen Vertragsstaats ersuchen, die Zuständigkeit für die Anordnung von Schutzmaßnahmen zu übernehmen, wenn sie der Ansicht sind, dass diese Behörden besser in der Lage sind, das Wohl des Kindes zu beurteilen. Ersucht werden können nach Art. 8 Abs. 2 KSÜ die Behörden des Heimatstaats des Kindes sowie des Staats, in dem sich Vermögen des Kindes befindet; darüber hinaus auch die Behörden des Staates, in dem ein Scheidungs- oder Trennungsverfahren der Eltern des Kindes anhängig ist, oder zu dem das Kind eine sonstige enge Verbindung hat. Das Ersuchen um Übernahme der Zuständigkeit kann – umgekehrt – auch von den in Art. 8 Abs. 2 KSÜ genannten Behörden an die Aufenthaltsbehörden gestellt werden (Art. 9 KSÜ). Weitere Zuständigkeiten sind zugunsten des Staates, in dem ein Eheverfahren (Scheidung, Trennung, Aufhebung) der Eltern des Kindes anhängig ist, sowie für Eilentscheidungen und einstweilige Anordnungen zum Schutz des Kindes vorgesehen (Art. 10–12 KSÜ). Auch die Vorschriften des KSÜ über die internationale Zuständigkeit sind von den Gerichten der EU-Mitgliedstaaten (mit Ausnahme Dänemarks) aber nur anzuwenden, wenn sich aus den **Art. 8–13 EuEheVO** keine Zuständigkeit eines Mitgliedstaats ergibt, vorausgesetzt das Kind hat seinen gewöhnlichen Aufenthalt in einem Mitgliedstaat der Verordnung (vgl. Art. 14, 61 lit. a EuEheVO); sie behalten jedoch Bedeutung für die Frage des auf Schutzmaßnahmen anwendbaren Rechts (dazu unten Rz. 6201 ff.).

cc) Anwendbares Recht

6197 Kollisionsrechtlich geht das KSÜ – wie schon das MSA (Rz. 6187 ff.) – vom **Gleichlaufprinzip** aus: Gemäß Art. 15 Abs. 1 KSÜ wenden die nach Art. 5–14 KSÜ zuständigen Behörden auf von ihnen zu treffende **Schutzmaßnahmen** ihr eigenes Recht an. Sowohl die Voraussetzungen als auch der Inhalt einer von deutschen Gerichten angeordneten Maßnahme unterliegen daher dem deutschen Recht. Dieses gilt dann insbesondere auch für den Umfang der gesetzlichen Vertretungsmacht des Elternteils, dem die elterliche Sorge übertragen wurde, sowie für die gesetzliche Vertretungsmacht eines behördlich bestellten Vormunds oder Pflegers. Soweit es der Schutz der Person oder des Vermögens des Kindes erfordert, können die nach dem Übereinkommen zuständigen Behörden jedoch ausnahmsweise auch das Recht eines anderen Staates anwenden oder berücksichtigen, zu dem der Sachverhalt eine enge Verbindung hat (zB das Recht der Belegenheit von Kindesvermögen, Art. 15 Abs. 2 KSÜ). Abwei-

---

[1] Zum Begriff des gewöhnlichen Aufenthalts unten Rz. 6206.
[2] *Siehr*, RabelsZ 62 (1998), 464 (478); *Roth/Döring*, FuR 1999, 195 (199 f.); *Andrae*, IPRax 2006, 82 (83).

chend von Art. 15 KSÜ bestimmt sich die **Ausübung** der elterlichen Verantwortung gem. Art. 17 KSÜ in jedem Fall nach dem Recht des Staates, in dem das Kind seinen – jeweiligen – gewöhnlichen Aufenthalt hat; dies gilt insbesondere für vormundschaftliche Genehmigungserfordernisse (dazu unten Rz. 6214 ff.).

Anders als das MSA (oben Rz. 6192) enthält das KSÜ auch eine staatsvertragliche Kollisionsnorm für **gesetzliche Gewaltverhältnisse**. Nach Art. 16 Abs. 1 KSÜ bestimmt sich die Zuweisung oder das Erlöschen der elterlichen Verantwortung kraft Gesetzes (dh. ohne Einschreiten eines Gerichts oder einer Verwaltungsbehörde) nach dem Recht des gewöhnlichen Aufenthaltes des Kindes. Dieses Recht bleibt auch nach einem Wechsel des gewöhnlichen Aufenthalts weiter anwendbar; lediglich die Zuweisung der elterlichen Verantwortung kraft Gesetzes an eine Person, die diese Verantwortung bisher nicht hat, bestimmt sich nach dem Recht des neuen gewöhnlichen Aufenthalts (Art. 16 Abs. 3, 4 KSÜ). Auch in Fällen der gesetzlichen Zuweisung der elterlichen Verantwortung beurteilt sich deren **Ausübung** gem. Art. 17 KSÜ aber nach dem Recht des jeweiligen gewöhnlichen Aufenthalts des Kindes. Die kraft Gesetzes nach dem von Art. 16 KSÜ berufenen Recht bestehende elterliche Verantwortung kann durch Schutzmaßnahmen der nach Art. 5 ff. KSÜ zuständigen Behörden allerdings jederzeit geändert oder entzogen werden (Art. 18 KSÜ). 6198

Die Kollisionsnormen des Übereinkommen gelten nach Art. 20 KSÜ als „loi uniforme", dh. auch dann, wenn das von ihnen bestimmte Recht das eines Nichtvertragsstaates ist. Damit wird Art. 21 EGBGB bezüglich des auf die elterliche Sorge **kraft Gesetzes** anwendbaren Rechts durch Art. 16 KSÜ vollständig verdrängt, wenn der Minderjährige seinen gewöhnlichen Aufenthalt im Inland oder in einem anderen Vertragsstaat des KSÜ hat. Der Unterschied ist freilich im Ergebnis gering, weil beide Vorschriften an das Recht des gewöhnlichen Aufenthalts des Kindes anküpfen. Abweichungen ergeben sich allerdings bezüglich der Beachtung einer **Rück- oder Weiterverweisung**. Wird nämlich auf das Recht eines Vertragsstaats des KSÜ verwiesen, so ist künftig – anders als bisher nach Art. 21 EGBGB (Rz. 6208 f.) – dessen Sachrecht anzuwenden (Art. 21 Abs. 1 KSÜ). Wird hingegen von Art. 16 KSÜ auf das Recht eines Nichtvertragsstaats verwiesen, so ist eine Weiterverweisung auf das Recht eines anderen Nichtvertragsstats, der diese Verweisung annimmt, nach Art. 21 Abs. 2 KSÜ zu beachten. Nimmt jener Staat die (Weiter-)Verweisung nicht an, so verbleibt es hingegen bei der Anwendung des Sachrechts am gewöhnlichen Aufenthaltsort des Kindes. Soweit schließlich die nach Art. 5 ff. KSÜ für die Anordnung von Schutzmaßnahmen international zuständigen Behörden ausnahmsweise nicht die lex fori, sondern gem. Art. 15 Abs. 2 KSÜ ausländisches Recht anwenden, handelt es sich in jedem Fall um eine Sachnormverweisung. 6199

dd) Anerkennung und Vollstreckung

Die von den Behörden eines Vertragsstaates getroffenen Maßnahmen sind in den anderen Vertragsstaaten kraft Gesetzes anzuerkennen (Art. 23 Abs. 1 6200

KSÜ). Etwaige Versagungsgründe zählt Art. 23 Abs. 2 KSÜ erschöpfend auf. Dazu gehören insbesondere die fehlende internationale Zuständigkeit, die Versagung rechtlichen Gehörs und ein offensichtlicher Verstoß gegen den ordre public des Anerkennungsstaates. Auch die Vollstreckung der Schutzmaßnahmen eines anderen Vertragsstaats darf nur aus einem dieser Gründe versagt werden (Art. 26 Abs. 3 KSÜ). Im Verhältnis der Mitgliedstaaten der EuEheVO werden die Vorschriften des KSÜ über die Anerkennung und Vollstreckung von Schutzmaßnahmen auf dem Gebiet der elterlichen Verantwortung allerdings wiederum durch die Art. 21, 23 ff. der EuEheVO verdrängt (Rz. 6201). Dies gilt sogar dann, wenn das Kind seinen gewöhnlichen Aufenthalt im Hoheitsgebiet eines Staates hat, der nicht Mitgliedstaat der EU, aber Vertragsstaat des KSÜ ist (Art. 61 lit. b EuEheVO).

c) Vorrang der EuEheVO

aa) Problemstellung

6201 Für die Mitgliedstaaten der Europäischen Union (mit Ausnahme Dänemarks) gilt seit dem 1.3.2005 die Verordnung (EG) Nr. 2201/2003 über die Zuständigkeit und die Anerkennung und Vollstreckung von Entscheidungen in Ehesachen und in Verfahren betreffend die elterliche Verantwortung vom 27.11.2003 (EuEheVO)[1]. Diese Verordnung hat in ihrem sachlichen Anwendungsbereich, der auf dem Gebiet der elterlichen Verantwortung im Wesentlichen mit jenem des KSÜ (dazu oben Rz. 6195) übereinstimmt (vgl. Art. 1 Abs. 2 EuEheVO), Vorrang sowohl vor dem Haager MSA (Art. 60 lit. a MSA) als auch vor dem Haager KSÜ (Art. 61 KSÜ). Verdrängt werden danach insbesondere die Vorschriften der beiden Übereinkommen auf dem Gebiet der **internationalen Zuständigkeit** für Entscheidungen, welche die elterliche Verantwortung betreffen, durch Art. 8–13, 15 EuEheVO und die Vorschriften auf dem Gebiet der **Anerkennung und Vollstreckung** solcher Entscheidungen durch die Art. 21, 23–52 EuEheVO[2]. Demgegenüber enthält die EuEheVO keine Regelung über das von den zuständigen Gerichten der Mitgliedstaaten **anzuwendende Recht**. Welche Konsequenzen sich hieraus für das Zusammenspiel der EuEheVO mit dem MSA bzw. dem KSÜ ergeben, ist umstritten. Teilweise wird den Übereinkommen der Grundsatz entnommen, dass über Schutzmaßnahmen in jedem Fall nach dem Recht am gewöhnlichen Aufenthalt des Kindes zu entscheiden sei[3].

---

[1] ABl. EU 2003 Nr. L 338, S. 1; abgedruckt bei *Jayme/Hausmann*, Nr. 162. Die Verordnung gilt seit dem 1.1.2007 auch für Bulgarien und Rumänien. Sie hat die Vorgänger-Verordnung Nr. 1347/2000 vom 29.5.2000 (ABl. EG 2000 Nr. L 160, S. 19) abgelöst, die am 1.3.2000 in Kraft getreten war.

[2] Einzelheiten zur Konkurrenz der EuEheVO mit dem MSA/KSÜ auf dem Gebiet der internationalen Zuständigkeit und der Anerkennung und Vollstreckung bei *Andrae*, IPRax 2006, 82 (83 ff.) Dieser Vorrang galt seit dem 1.3.2000 bereits für die entsprechenden Zuständigkeits- und Anerkennungs-/Vollstreckungsvorschriften der Vorgänger-Verordnung Nr. 1347/2000, vgl. Art. 37 jener Verordnung.

[3] So AG Leverkusen 10.1.2002, FamRZ 2002, 1636; *Puszkajler*, IPRax 2001, 82; *Albers*, in: Baumbach/Lauterbach, Art. 8 EuEhVO Rz. 1; *Dilger*, in: Geimer/Schütze, Art. 8 EuEhVO Rz. 17.

Das Aufenthaltsprinzip gilt indessen nach beiden Übereinkommen nur im Rahmen der Primärzuständigkeit nach Art. 1 MSA bzw. Art. 5 Abs. 1 KSÜ. Wird die internationale Zuständigkeit hingegen auf die Staatsangehörigkeit des Kindes (Art. 4 Abs. 1 MSA, 8 Abs. 1, 2 lit. a KSÜ), den Zusammenhang mit einem anhängigen Scheidungs- oder Trennungsverfahren (Art. 15 MSA, 8 Abs. 1 2 lit. c und 10 KSÜ) oder die Belegenheit von Kindesvermögen (Art. 9 MSA, 8 Abs. 1, 2 lit. b und 11 KSÜ) gestützt, so kann das von beiden Übereinkommen befolgte Gleichlaufprinzip zur Anwendung eines vom Aufenthaltsrecht des Kindes abweichenden Rechts führen; im Interesse eines zügigen Minderjährigenschutzes sollen die Gerichte auch dann nach der lex fori – und nicht nach dem ausländischen Aufenthaltsrecht des Kindes – entscheiden dürfen[1]. Andere halten die nur auf das Kollisionsrecht beschränkte Weiteranwendung von MSA und KSÜ für ausgeschlossen und plädieren für eine durchgängige Anwendung des autonomen Kollisionsrechts durch die nach Art. 8 ff. EuEheVO international zuständigen Gerichte der EU-Mitgliedstaaten[2]. Dagegen spricht Art. 62 EuEheVO, der ausdrücklich klarstellt, dass MSA und KSÜ ihre Wirksamkeit für diejenigen Rechtsgebiete behalten, die in der Verordnung nicht geregelt werden[3]. Vorzuziehen ist demgegenüber die Lösung, dass die vereinheitlichten Kollisionsregeln des MSA bzw. KSÜ auch weiterhin dann zugrundezulegen sind, wenn das nach Art. 8 ff. EuEheVO international zuständige Gericht eines Mitgliedstaats – wie im Regelfall – auch auf der Grundlage der Art. 1 ff. MSA bzw. Art. 5 ff. KSÜ zuständig wäre[4]. Nur wenn dies ausnahmsweise nicht der Fall ist, so ist das autonome Kollisionsrecht der lex fori maßgebend[5].

bb) Konsequenzen für die Anknüpfung der gesetzlichen Vertretung Minderjähriger

Hinsichtlich des auf die gesetzliche Vertretung Minderjähriger anwendbaren Rechts muss einerseits danach unterschieden werden, ob noch das MSA oder schon das KSÜ zur Anwendung kommt; andererseits muss zwischen Schutzmaßnahmen und gesetzlichen Vertretungsregeln differenziert werden:

6202

(1) Haager Minderjährigenschutzabkommen

Hat ein nach Art. 8 EheVO zuständiges deutsches Gericht als **Schutzmaßnahme** die elterliche Sorge über ein Kind einem Elternteil während bestehender

6203

---

1 *Rauscher*, in: Rauscher, Art. 8 EuEheVO Rz. 9; *Gruber*, in: AnwK, Art. 8 EuEheVO Rz. 8.
2 So *Martiny*, ERA-Forum 2003, 97 (111).
3 Vgl. *Gruber*, Rpfleger 2002, 545 (549).
4 *Hausmann*, EuLF 2000/01, 345 (353); *Schulz*, FPR 2004, 299 (301); *Solomon*, FamRZ 2004, 1409 (1415 f.); *Rauscher*, in: Rauscher, Art. 8 Rz. 9; zust. auch *Andrae*, IPRax, 2006, 82 (87 f.); *Andrae*, IntFamR, § 6 Rz. 96 ff., die die Anwendbarkeit von Art. 15 KSÜ allerdings auf Fälle beschränkt, in denen das Kind seinen gewöhnlichen Aufenthalt in einem Mitgliedstaat der EU hat.
5 *Heiderhoff*, in: Bamberger/Roth, Art. 21 EGBGB Rz. 3.

Ehe allein übertragen oder nach Scheidung bzw. Trennung der Ehe neu geregelt, so bestimmen sich auch die Wirkungen dieser Maßnahme, insbesondere der Inhalt und Umfang der gesetzlichen Vertretungsbefugnis des nunmehrigen Sorgerechtsinhabers gem. Art. 2 Abs. 2 S. 2 MSA ausschließlich nach deutschem Recht; dies auch dann, wenn sämtliche Beteiligten Ausländer sind[1]. Gleiches gilt unter den Voraussetzungen des Art. 4 Abs. 2 MSA auch dann, wenn ein – zB nach Art. 10, 12 oder 15 EuEheVO zuständiges – deutsches Gericht Schutzmaßnahmen zugunsten eines deutschen Minderjährigen mit gewöhnlichem Aufenthalt in einem anderen Vertragsstaat getroffen hat. Wurde von dem nach Art. 8 EuEheVO zuständigen deutschen Gericht eine Vormundschaft eingeleitet, so regelt das Aufenthaltsrecht entsprechend auch die Stellung des Vormunds im Verhältnis zum Mündel und zu Dritten. Ist also hiernach ein Vormund für ein ausländisches Kind im Inland bestellt worden, so bestimmen sich Inhalt und Umfang seiner gesetzlichen Vertretungsmacht ausschließlich nach deutschem Recht (Art. 2 Abs. 2 S. 2 MSA). Hat demgegenüber ein Gericht eines anderen Vertragsstaates des MSA eine Schutzmaßnahme zugunsten des Minderjährigen getroffen, so ist diese nach Art. 23 ff. EuEheVO im Inland anzuerkennen, wenn der Ursprungsstaat Mitgliedstaat der Verordnung ist; ansonsten ergibt sich die Anerkennungspflicht aus Art. 7 MSA. Der Einfluss dieser Schutzmaßnahmen auf die gesetzliche Vertretung des Minderjährigen bestimmt sich auch für diesen Fall nach dem Gleichlaufprinzip des MSA; maßgebend ist daher das Recht des Staates, dessen Gericht die Maßnahme getroffen hat. Ist hingegen über die Vertretungsmacht der Eltern oder den Eintritt einer Amtspflegschaft **kraft Gesetzes** – dh. ohne Zusammenhang mit einer Schutzmaßnahme – zu entscheiden, so hat das nach Art. 8 ff. EuEheVO international zuständige Gericht sein autonomes Kollisionsrecht zugrunde zulegen; in Deutschland gelten dann die Art. 21, 24 EGBGB. Gleiches gilt dann, wenn das Kind seinen gewöhnlichen Aufenthalt nicht in einem Vertragsstaat des MSA hat[2].

(2) Haager Kinderschutzübereinkommen

6204 Die vorstehenden Grundsätze zur Anknüpfung der auf einer **gerichtlich angeordneten Schutzmaßnahme** beruhenden gesetzlichen Vertretung gelten auch nach dem Inkrafttreten des KSÜ fort, dh. die nach Art. 8 ff. EuEheVO zuständigen Gerichte haben nach dem Gleichlaufprinzip des Art. 15 Abs. 1 KSÜ jedenfalls immer dann ihre eigene lex fori anzuwenden, wenn sie auch nach Maßgabe der Art. 5 ff. KSÜ zuständig wären. Deutsches Recht gilt daher insbesondere, wenn das Kind seinen gewöhnlichen Aufenthalt in Deutschland hat (Art. 5 Abs. 1 KSÜ). Die jeweilige lex fori bestimmt dann auch über den Inhalt und Umfang der gesetzlichen Vertretungsbefugnisse der gerichtlich bestimmten Sorgeberechtigten (Eltern, Vormund, Ergänzungspfleger). Allerdings ist das zuständige Gericht – anders als nach dem MSA – auch berechtigt, statt

---

[1] *Kropholler*, in: Staudinger, Vorbem. zu Art. 19 EGBGB Rz. 270 ff.
[2] OLG Hamm 18.1.1999, FamRZ 1999, 1519 m. Anm. *Henrich* = IPRspr. 1999 Nr. 71; OLG Jena 30.8.2001, IPRspr. 2001 Nr. 207; *Henrich*, in: Staudinger, Art. 21 EGBGB Rz. 13; *Hohloch*, in: Erman, Art. 21 EGBGB Rz. 11.

der lex fori ein anderes Recht anzuwenden, zu dem eine engere Beziehung besteht (Art. 15 Abs. 2 KSÜ). Demgegenüber beurteilt sich die Vertretung Minderjähriger **kraft Gesetzes** mit Inkrafttreten des KSÜ nicht mehr nach dem autonomen Kollisionsrecht des angerufenen Gerichts, sondern in allen Vertragsstaaten einheitlich nach dem gewöhnlichen Aufenthalt des Kindes (Art. 16, 17 KSÜ).

2. Autonomes deutsches Kollisionsrecht

a) Vertretung durch die Eltern

aa) Grundsatz

Bis zum Inkrafttreten des Haager KSÜ verbleibt es auch im Geltungsbereich des MSA bei der Maßgeblichkeit des autonomen Kollisionsrechts der Vertragsstaaten, soweit die gesetzliche Vertretung eines Minderjährigen nicht lediglich als Vorfrage für die Anordnung von Schutzmaßnahmen nach Art. 1, 2 oder 4 MSA zu beurteilen ist. Maßgebend ist daher aus deutscher Sicht Art. 21 EGBGB, der – anders als Art. 3 MSA – nicht an das Heimatrecht, sondern an den gewöhnlichen Aufenthalt des Minderjährigen anknüpft. Danach unterliegen die Rechtsbeziehungen zwischen einem Kind und seinen beiden Elternteilen einheitlich dem Recht des Staates, in dem das Kind seinen gewöhnlichen Aufenthalt hat; ob die Eltern verheiratet sind oder nicht, bleibt für die Anknüpfung gleich[1]. Auch die Regelung des elterlichen Sorgerechts aus Anlass der Ehescheidung oder -trennung unterliegt nicht als Scheidungs- oder Trennungsfolge dem Scheidungsstatut, sondern nach Art. 21 EGBGB dem Aufenthaltsrecht des Kindes. Das Kindschaftsstatut des Art. 21 EGBGB gilt schließlich auch für das elterliche Sorgerecht und die gesetzliche Vertretung *adoptierter* Kinder, soweit die Adoption eine echte Eltern-Kind-Beziehung begründet. Das Bestehen einer solchen Beziehung ist freilich nicht nach dem Recht des gewöhnlichen Kindesaufenthalts, sondern selbständig nach Art. 22 EGBGB anzuknüpfen[2]. 6205

bb) Gewöhnlicher Aufenthalt

Seinen gewöhnlichen Aufenthalt hat das Kind an dem Ort, an dem es seinen „Daseinsmittelpunkt" hat[3]. Erforderlich ist ein Aufenthalt von nicht geringer Dauer und das Vorhandensein weiterer Beziehungen, aus denen sich ein Schwerpunkt der Lebensverhältnisse einer Person feststellen lässt[4]. Dieser lei- 6206

---

1 *Thorn*, in: Palandt, Art. 21 EGBGB Rz. 4; *Henrich*, in: Staudinger, Art. 21 EGBGB Rz. 12.
2 *Henrich*, in: Staudinger, Art. 21 EGBGB Rz. 58 ff.
3 BGH 29.10.1980, BGHZ 78, 293 (295 ff.) = IPRax 1981, 139 (m. Anm. *Henrich*, IPRax 1981, 125) = IPRspr. 1980 Nr. 94; BGH 18.6.1997, FamRZ 1997, 1070 = IPRspr. 1997 Nr. 99; OLG Hamm 16.5.1991, NJW 1992, 636 (637) = FamRZ 1991, 1466 m. Anm. *Henrich* = IPRspr. 1991 Nr. 118; OLG Frankfurt a.M. 15.8.2001, IPRspr. 2001 Nr. 92; OLG München 30.6.2005, IPRspr. 2005 Nr. 198.
4 Vgl. OLG Frankfurt a.M. 15.2.2006, FamRZ 2006, 883 = IPRspr. 2006 Nr. 81 mwN.

tet sich nicht vom Aufenthalt der Eltern ab, sondern ist für das Kind selbständig zu ermitteln[1]. Bei einem Aufenthaltswechsel ändert sich der gewöhnliche Aufenthalt, wenn der neue Aufenthalt auf längere Zeitdauer angelegt ist und deshalb künftiger Lebensmittelpunkt sein soll[2]. Ist der Minderjährige allerdings gegen den Willen eines (mit-)sorgeberechtigten Elternteils in ein anderes Land entführt worden, so wird ein neuer gewöhnlicher Aufenthalt erst nach Ablauf einer „nicht nur geringen Zeitdauer" und nach einer entsprechenden „sozialen Einbindung" im Entführungsstaat begründet[3]. Als Faustregel verlangt die Rechtsprechung eine Aufenthaltsdauer von mindestens sechs Monaten[4].

6207 Das Kindschaftsstatut des Art. 21 EGBGB ist **wandelbar**[5]. Die Verlegung des gewöhnlichen Aufenthalts in ein anderes Land führt daher mit Wirkung ex nunc zu einem Statutenwechsel. Dieser kann auch den Verlust eines nach dem früheren Aufenthaltsrecht gegebenen Sorgerechts – und damit der gesetzlichen Vertretungsmacht – zur Folge haben[6]. Maßgebend ist also der gewöhnliche Aufenthalt des Minderjährigen im Zeitpunkt der Vornahme des Vertretergeschäfts. Die elterliche Sorge endet mit der Volljährigkeit des Kindes; die Vorfrage, ob das Kind volljährig geworden ist, beurteilt sich freilich nicht nach dem Recht seines gewöhnlichen Aufenthalts, sondern ist gem. Art. 7 EGBGB selbständig anzuknüpfen[7].

cc) Rück- oder Weiterverweisung

6208 Hat der Minderjährige seinen gewöhnlichen Aufenthalt im Ausland, so sind Rück- oder Weiterverweisung im Rahmen der Anknüpfung nach Art. 21 EGBGB – anders als nach Art. 3 MSA bzw. Art. 15 Abs. 2, 16 KSÜ – grundsätzlich zu beachten. Dem Sinn der Verweisung (Art. 4 Abs. 1 EGBGB)[8] widerspricht dies – trotz der Orientierung der autonomen Anknüpfung an den Haager Kindschaftsübereinkommen – nicht[9]. Zu einem Renvoi kann es insbesondere kommen, wenn das IPR im gewöhnlichen Aufenthaltsstaat des Kindes hinsichtlich seiner gesetzlichen Vertretung auf das Heimatrecht des Kin-

---

1 BGH 29.10.1980, BGHZ 78, 293 (295 ff.) = IPRax 1981, 139 (m. Anm. *Henrich*, IPRax 1981, 125) = IPRspr. 1980 Nr. 94 und BGH 18.6.1997, FamRZ 1997, 1070 = IPRspr. 1997 Nr. 99; OLG Hamm 24.6.1996, NJW-RR 1997, 5 = IPRspr. 1996 Nr. 98.
2 OLG Hamburg 7.5.1986, IPRax 1997, 319 (m. Anm. *Mansel*, IPRax 1997, 298) = IPRspr. 1986 Nr. 154; *Henrich*, in: Staudinger, Art. 21 EGBGB Rz. 18.
3 OLG Stuttgart 30.9.1996, FamRZ 1997, 1 = IPRspr. 1996 Nr. 23; *Henrich*, in: Staudinger, Art. 21 EGBGB Rz. 18 mwN.
4 BGH 18.6.1997, FamRZ 1997, 1070; OLG Hamm 16.5.1991, NJW 1992, 636 (637) = IPRspr. 1991 Nr. 118.
5 *Henrich*, FamRZ 1998, 1401 (1404); *Thorn*, in: Palandt, Art. 21 EGBGB Rz. 3; *Kegel/Schurig*, § 20 X 3.
6 Vgl. *Henrich*, in: Staudinger, Art. 21 EGBGB Rz. 26 mit Beispielen.
7 *Henrich*, in: Staudinger, Art. 21 EGBGB Rz. 30; *Schotten/Schmellenkamp*, Rz. 80; dazu oben Rz. 6121 ff.
8 Vgl. näher *Hausmann*, in: Staudinger, Art. 4 EGBGB Rz. 229 ff.
9 *Thorn*, in: Palandt, Rz. 1; *Henrich*, in: Staudinger, Rz. 32; *Heiderhoff*, in: Bamberger/Roth, Rz. 15; *Hohloch*, in: Erman, Rz. 4, jeweils zu Art. 21 EGBGB; *Kropholler*, IPR, § 48 IV 4c; aA *Klinkhardt*, in: MünchKomm, Art. 21 EGBGB Rz. 4.

des (so zB das belgische IPR, vgl. Art. 63 Nr. 3, 62 IPR-G; das italienische IPR, vgl. Art. 36 IPR-G; das österreichische IPR für das eheliche Kind, § 24 iVm. § 9 Abs. 1 IPR-G und die meisten osteuropäischen Rechte)[1] oder auf das Heimatrecht der Eltern bzw. eines Elternteil abstellt (so zB das jugoslawische IPR, vgl. Art. 40 IPR-G und das türkische IPR für das nichteheliche Kind, vgl. Art. 19 iVm. Art. 17 IPR-G). Hat das Kind seinen gewöhnlichen Aufenthalt in England oder den Vereinigten Staaten, so kommt auch eine Rückverweisung auf die deutsche *lex rei sitae* in Betracht, soweit die gesetzliche Vertretung bei schuld- oder sachenrechtlichen Geschäften über deutsche Grundstücke in Rede steht[2].

Wird hinsichtlich der gesetzlichen Vertretung auf das Recht eines Common Law-Staates verwiesen, so kann es schließlich auch zu einer **versteckten Rückverweisung** auf deutsches Recht kommen[3].

Hat ein **ausländischer Minderjähriger seinen gewöhnlichen Aufenthalt im Inland**, so wird er grundsätzlich durch beide Eltern gesetzlich vertreten, wenn diese miteinander verheiratet sind, Art. 21 EGBGB iVm. §§ 1626, 1629 Abs. 1 S. 2 BGB. Sind die Eltern nicht miteinander verheiratet, so gilt dies nur unter der Voraussetzung, dass sie entsprechende Sorgeerklärungen abgegeben haben, §§ 1626a Abs. 1 Nr. 1, 1629 Abs. 1 S. 2 BGB; ansonsten wird der Minderjährige allein durch die Mutter gesetzlich vertreten, §§ 1626a Abs. 2, 1629 Abs. 1 S. 3 BGB. Die frühere gesetzliche Amtspflegschaft des Jugendamts für nichteheliche Kinder ist mit Wirkung vom 1.7.1998 durch das BeistandschaftsG vom 4.12.1997 beseitigt worden. An ihre Stelle ist die freiwillige Beistandschaft nach §§ 1712 ff. BGB getreten, die einen entsprechenden Antrag eines Elternteils voraussetzt und auf einseitiges Verlangen des Antragstellers jederzeit wieder beendet werden kann (vgl. § 1715 BGB). Diese Beistandschaft gilt nach Art. 21 EGBGB auch für ausländische Minderjährige, die ihren gewöhnlichen Aufenthalt im Inland haben; sie endet ex nunc mit der Verlegung des gewöhnlichen Aufenthalts des Minderjährigen ins Ausland, § 1717 BGB. Das Heimatrecht des Minderjährigen bleibt außer Betracht[4]; eine Ausnahme gilt aufgrund der vorrangigen staatsvertraglichen Regelung in Art. 13 des Zusatzabkommens zum NATO-Truppenstatut für nichteheliche Kinder von in Deutschland stationierten Angehörigen der NATO-Streitkräfte.

---

1 Vgl. *Henrich*, in: Staudinger, Art. 21 EGBGB Rz. 33 m. Nachw.
2 IPG 1975 Nr. 27 (Hamburg) (Gesetzliche Vertretung kanad. Minderjähriger durch ihre Eltern beim Verkauf eines deutschen Grundstücks kraft Rückverweisung durch das Recht von Ontario nach deutschem Recht beurteilt.); ebenso für England IPG 1996 Nr. 34 (Hamburg).
3 OLG Köln 22.9.2000, ZUM 2000, 166 = IPRspr. 2000 Nr. 17 (Zur gesetzlichen Vertretung minderjähriger Mitglieder der „Kelly Family" durch den Vater beim Abschluss von Urheberrechtsverträgen in den Jahren 1978/79. Versteckte Rückverweisung des von Art. 19 EGBGB aF zur Anwendung berufenen irischen Heimatrechts der „Kelly Family" auf deutsches Recht angenommen.).
4 *Thorn*, in: Palandt, Art. 21 EGBGB Rz. 5; im Erg. auch *Kropholler*, in: Staudinger, Art. 24 EGBGB Rz. 6, 19 unter Hinweis auf § 1717 BGB.

6211 Das Kindschaftsstatut des Art. 21 EGBGB bestimmt, ob und in welchem Umfang ein Elternteil zur **gesetzlichen Vertretung** berechtigt ist, und zwar gleichermaßen in persönlichen wie vermögensrechtlichen Angelegenheiten[1]. Es regelt ferner etwaige Begrenzungen der gesetzlichen Vertretungsmacht, wie zB das Verbot des Selbstkontrahierens[2] und die Frage, ob der gesetzliche Vertreter alleine handeln kann oder der Mitwirkung eines anderen (zB des anderen Elternteils) bedarf[3]. Zum Erfordernis einer familiengerichtlichen Genehmigung unten Rz. 6214 ff.

b) Vertretung durch Vormund oder Pfleger

6212 Auch die gesetzliche Vertretungsmacht eines Vormunds oder Pflegers beurteilt sich nur dann noch nach der autonomen deutschen Kollisionsnorm in Art. 24 EGBGB, wenn keine vorrangigen staatsvertraglichen Regelungen eingreifen. Es sind dies vor allem die Fälle, in denen der Minderjährige seinen gewöhnlichen Aufenthalt weder im Inland noch in einem anderen Vertragsstaat des MSA – bzw. zukünftig des KSÜ – hat[4]. Für diese – seltenen – Fälle gilt Folgendes:

Eine **gerichtlich oder behördlich angeordnete** Vormundschaft oder Pflegschaft unterliegt hinsichtlich ihrer Entstehung, Änderung und Beendigung gem. Art. 24 Abs. 1 S. 1 EGBGB dem Heimatrecht (Personalstatut) des Minderjährigen; dieses bestimmt jedoch – vorbehaltlich einer Rück- oder Weiterverweisung – nur darüber, ob das für die Einleitung oder den Fortbestand der Vormundschaft oder Pflegschaft erforderliche **Fürsorgebedürfnis** vorliegt. Der **Inhalt** der angeordneten Maßnahme, also insbesondere die Auswahl und Bestellung des Vormunds oder Pflegers, seine Pflichten und Befugnisse einschließlich des Umfangs seiner gesetzlichen Vertretungsmacht sowie seine Kontrolle durch das Familiengericht richten sich hingegen gem. Art. 24 Abs. 3 EGBGB nach dem Recht des anordnenden Staates; bei Anordnung der Vormundschaft oder Pflegschaft durch ein deutsches Gericht gilt daher deutsches Recht[5].

6213 Demgegenüber unterliegt eine **kraft Gesetzes eintretende** (Amts-)Vormundschaft oder (Amts-)Pflegschaft nicht nur hinsichtlich ihrer Entstehungsvoraussetzungen und Beendigungsgründe, sondern auch hinsichtlich ihres Inhalts grundsätzlich in vollem Umfang dem Heimatrecht des Schützlings gem.

---

[1] Vgl. RG 3.12.1942, RGZ 170, 198 = IPRspr. 1935–44 Nr. 320: Grundstücksverkauf; BGH 8.6.1989, NJW 1989, 2542 = IPRspr. 1989 Nr. 135: Eigentumserwerb; OLG Celle 22.7.1997, IPRspr. 1997 Nr. 112: Anfechtungsprozess; *Henrich*, in: Staudinger, Art. 21 EGBGB Rz. 104 mwN.

[2] BGH 8.6.1989, NJW 1989, 2542; LG Bochum 8.3.1994, IPRspr. 1994 Nr. 111; *Böhmer*, in: Ferid, IPR, Rz. 8–264; *Henrich*, in: Staudinger, Art. 21 EGBGB Rz. 115.

[3] BayObLG 17.11.1967, BayObLGZ 1967, 443 (452) = FamRZ 1969, 44 = IPRspr. 1967/68 Nr. 166; aA *von Bar*, II Rz. 42: Geschäftsfähigkeitsstatut.

[4] *Thorn*, in: Palandt, Art. 24 EGBGB Rz. 2.

[5] *Thorn*, in: Palandt, Art. 24 EGBGB Rz. 4; *Klinkhardt*, in: MünchKomm, Art. 24 EGBGB Rz. 23 ff.; *von Bar*, II Rz. 347 f.; *Heiderhoff*, in: Bamberger/Roth, Art. 24 EGBGB Rz. 14.

Art. 24 Abs. 1 S. 1 EGBGB[1]. Das deutsche Recht kennt allerdings nach der Streichung der §§ 1706 ff. BGB aF im Zuge der Kindschaftsrechtsreform 1998 eine gesetzliche Amtspflegschaft nicht mehr und eine gesetzliche Amtsvormundschaft des Jugendamts nur noch für Kinder, deren Eltern nicht miteinander verheiratet sind und die mangels elterlicher Sorge eines Vormunds bedürfen (§§ 1791c BGB, 55 SGB VIII). Voraussetzung für den Eintritt der gesetzlichen Amtsvormundschaft des Jugendamts ist nach § 1791c BGB, dass das Kind seinen gewöhnlichen Aufenthalt im Zeitpunkt der Geburt im Inland hat; dem wird man den Fall gleichstellen können, dass ein im Ausland geborenes Kind seinen gewöhnlichen Aufenthalt später nach Deutschland verlegt[2]. Für die Entstehung, Änderung und Beendigung dieser gesetzlichen Amtsvormundschaft nach § 1791c Abs. 1 BGB sowie für ihren Inhalt gilt also – abweichend von Art. 24 Abs. 1 S. 1 EGBGB – nicht das ausländische Heimatrecht des Kindes, sondern das deutsche Recht[3].

3. Familiengerichtliche Genehmigung

a) Anknüpfung

Das Statut der gesetzlichen Vertretung bestimmt auch, ob der gesetzliche Vertreter zum Abschluss gewisser Verträge für den Minderjährigen einer Genehmigung durch ein Gericht oder eine Behörde bedarf. Auf das Wirkungsstatut des abzuschließenden Geschäfts kommt es insoweit nicht an, denn im Vordergrund steht die Reichweite der gesetzlichen Vertretungsmacht, die durch das Erfordernis einer gerichtlichen Genehmigung bestimmter Geschäfte eingeschränkt wird[4].

6214

Diese Frage ist insbesondere im Liegenschaftsrecht von großer praktischer Bedeutung.

aa) Vertretung durch die Eltern

Soweit minderjährige Kinder kraft Gesetzes durch ihre Eltern vertreten wurden, beurteilte die Rechtsprechung das Erfordernis einer gerichtlichen Genehmigung zum Abschluss bestimmter Verträge und zu Verfügungen über Grundstücke des Minderjährigen (vgl. § 1643 Abs. 1 iVm. § 1821 BGB) bis zum

6215

---

1 *Kropholler*, in: Staudinger, Art. 24 EGBGB Rz. 45; *Thorn*, in: Palandt, Art. 24 EGBGB Rz. 5.
2 *Henrich*, in: Staudinger, Art. 21 EGBGB Rz. 55.
3 BGH 2.5.1990 (Rz. 48), BGHZ 111, 199 (203); *von Bar*, II Rz. 348; *Kropholler*, in: Staudinger, Art. 24 EGBGB Rz. 10; *Klinkhardt*, in: MünchKomm, Art. 24 EGBGB Rz. 13; aA *Thorn*, in: Palandt, Art. 24 EGBGB Rz. 5.
4 RG 3.12.1942, RGZ 170, 198; *Jaspersen*, FamRZ 1996, 393 (395); *Hausmann*, in: Staudinger, Art. 7 EGBGB Rz. 77; *Henrich*, in: Staudinger, Art. 21 EGBGB Rz. 131; *Hohloch*, in: Erman, Art. 21 EGBGB Rz. 11; aA OLG Düsseldorf 25.11.1994, NJW-RR 1995, 755 (757) = FamRZ 1995, 1066 = IPRspr. 1994 Nr. 7 (Erfordernis einer vormundschaftsgerichtlichen Genehmigung für einen Darlehensvertrag, den türk. Eltern mit ihrem minderjährigen Kind geschlossen hatten, nach deutschem Recht als dem Wirkungsstatut des Geschäfts beurteilt.).

Inkrafttreten des Haager MSA nach dem vom autonomen Kollisionsrecht bestimmten Vertretungsstatut[1].

(1) Haager Minderjährigenschutzabkommen

6216 Unter Geltung des Haager MSA besteht hingegen keine Einigkeit darüber, in welchem Umfang das autonome Kollisionsrecht (Art. 21 EGBGB) in Bezug auf gerichtliche Genehmigungen von Rechtsgeschäften der Eltern, die das Kindesvermögen betreffen, durch Art. 1 ff. MSA verdrängt wird. Teilweise wird beim Bestehen eines ex-lege-Gewaltverhältnisses zwischen dem Erfordernis und den materiellen Voraussetzungen der Genehmigung getrennt: Ob es einer gerichtlichen Genehmigung bedürfe, entscheide das autonome Kollisionsrecht (Art. 21 EGBGB); sei danach eine Genehmigung erforderlich, könnten die inländischen Gerichte über deren Erteilung bei gewöhnlichem Aufenthalt des Minderjährigen im Inland nach der lex fori entscheiden, weil es sich um eine Schutzmaßnahme iSv. Art. 1, 2 MSA hatte[2]. Die gerichtliche Genehmigung von Rechtsgeschäften der Eltern, die das Kindesvermögen betreffen, ist indessen keine selbständige Schutzmaßnahme iSd. MSA, deren Voraussetzungen bei inländischem gewöhnlichen Aufenthalt des Minderjährigen stets nach deutschem Recht zu beurteilen wären, sondern eine **unselbständige Maßnahme zur Durchführung** der nach dem MSA anzuerkennenden „gesetzlichen Gewaltverhältnisse" oder getroffenen „Schutzmaßnahmen"[3].

6217 Besteht daher das elterliche **Gewaltverhältnis unmittelbar kraft Gesetzes**, so wäre hiernach das Heimatrecht des Minderjährigen dafür maßgebend, ob die Eltern für einen bestimmten Vertragsschluss einer gerichtlichen Genehmigung bedürfen (Art. 3 MSA). Da die Genehmigungspflicht nach § 1643 BGB – anders als etwa Maßnahmen nach §§ 1666 ff. BGB – keinen Eingriff in die elterliche Sorge, sondern eine vom deutschen Gesetzgeber für notwendig erachtete Schranke der gesetzlichen Vertretungsmacht der Eltern darstellt, würde sie nur dort eingreifen, wo auch das elterliche Gewaltverhältnis selbst gem. Art. 3 MSA dem deutschen Recht unterliegt[4]. Umgekehrt wäre etwa eine im ausländischen Heimatrecht des Minderjährigen vorgesehene *vorherige* Zustimmung des Familiengerichts zu einem Vertragsschluss auch dann erforderlich, wenn das vertretene Kind seinen gewöhnlichen Aufenthalt in Deutschland hat[5].

---

1 Vgl. RG 9.2.1925, RGZ 110, 173; RG 28.3.1931, JW 1932, 588 = IPRsp. 1931 Nr. 85; KG 19.3.1910, KGJ 39, 198 Nr. 47; ebenso IPG 1967/68 Nr. 36 (Köln).
2 So *Stöcker*, DAVorm. 1975, 524 f.; *Siehr*, IPRax 1982, 89 f.; *Henrich*, in: Staudinger, Art. 21 EGBGB Rz. 132.
3 So BayObLG 11.4.1985, IPRspr. 1985 Nr. 87; *Schwimann*, FamRZ 1978, 504; *Kegel*, in: Soergel, vor Art. 19 EGBGB Rz. 23; *Hohloch*, in: Erman, Anh. zu Art. 24 EGBGB Rz. 21; *Kropholler*, in: Staudinger, Vorbem. zu Art. 19 EGBGB Rz. 89 ff. mwN.
4 So *Schwimann*, FamRZ 1978, 304 f.; *Kropholler*, in: Staudinger, Vorbem. zu Art. 19 EGBGB Rz. 100 ff.
5 AA BayObLG 22.6.1982, FamRZ 1983, 92 (93) = IPRspr. 1982 Nr. 80 (Schenkungs- und Abtretungsvertrag zwischen österreich. Eltern und ihren ehelichen Kindern. Genehmigung als „unselbständige Schutzmaßnahme" iSd. MSA qualifiziert. Erfordernis der Genehmigung aber nicht nach Art. 3 MSA, sondern gem. Art. 2 MSA nach deutschem Recht geprüft.).

Diese Auffassung ist konsequent, wenn man Art. 3 MSA als eine selbständige allseitige Kollisionsnorm begreift. Lehnt man dies hingegen mit der heute hM (oben Rz. 6192) ab, so sind das Erfordernis einer familiengerichtlichen Genehmigung wie die Voraussetzungen für ihre Erteilung in diesem Fall dem nach autonomem IPR bestimmten Vertretungsstatut (Art. 21 EGBGB; dazu oben Rz. 6205 ff.) zu entnehmen[1]. Denn es handelt sich dann gerade nicht um eine Maßnahme zur Durchführung eines Schutzverhältnisses, das inhaltlich durch das MSA determiniert ist. In diesem Sinne entscheidet auch die jüngere deutsche Gerichtspraxis[2].

6218

Ist hingegen die **Vermögenssorge** (zB nach Scheidung der Eltern) durch die Aufenthalts- oder Heimatbehörden **neu verteilt** worden, so bestimmen sich auch die Wirkungen dieser Schutzmaßnahmen auf die gesetzliche Vertretungsmacht nach dem Recht des Staates, der den derzeitigen Gewaltinhaber bestellt hat (Art. 2 Abs. 2, 4 Abs. 2 MSA). Dieses (Aufenthalts- bzw. Heimat-) Recht entscheidet dann auch, welche Schranken der gesetzlichen Vertretungsmacht des Gewaltinhabers durch das Erfordernis einer familiengerichtlichen Genehmigung bestimmter Rechtsgeschäfte betr. das Kindesvermögen gezogen sind[3].

6219

(2) Haager Kinderschutzübereinkommen

Auch nach dem KSÜ bleibt es dabei, dass sich die gesetzliche Vertretungsmacht eines Elternteils, dem das Sorgerecht *gerichtlich* übertragen wurde, nach der lex fori des anordnenden Gerichts bestimmt; nach diesem Recht ist daher auch über das Erfordernis einer familiengerichtlichen Genehmigung zu entscheiden. Demgegenüber beurteilen sich Umfang und Schranken einer *kraft Gesetzes* bestehenden Vertretungsmacht gem. Art. 17 KSÜ nach dem jeweiligen Aufenthaltsrecht des Kindes. Dieses bestimmt daher auch über Voraussetzungen und Wirkungen einer familiengerichtlichen Genehmigung.

6220

bb) Vertretung durch Vormund oder Pfleger

Wurde zur Vertretung eines ausländischen Minderjährigen im Inland ein Vormund oder Pfleger nach Art. 8 ff. EuEheVO bestellt, so richtet sich auch das Er-

6221

---

1 Vgl. idS *Jayme*, JR 1973, 181; *Jaspersen*, FamRZ 1996, 393 (395); *Thorn*, in: Palandt, Anh. zu Art. 24 EGBGB Rz. 14; *Henrich*, in: Staudinger, Art. 21 EGBGB Rz. 131; *Schotten/Schmellenkamp*, Rz. 82.
2 LG Saarbrücken 9.7.1990, ZfJ 1991, 604 = IPRspr. 1990 Nr. 145 (Vertretung eines Kindes bei der Ausschlagung einer Erbschaft gem. Art. 19 Abs. 2 S. 1 EGBGB aF iVm. Art. 14 Abs. 1 Nr. 2 EGBGB nach dem gemeinsamen französ. Aufenthaltsrecht der Eltern beurteilt. Danach war die Ausschlagung wegen fehlender vormundschaftsgerichtlicher Genehmigung nichtig.); OLG Stuttgart 10.4.1996, NJW-RR 1996, 1288 = IPRspr. 1996 Nr. 7 (Erfordernis einer vormundschaftsgerichtlichen Genehmigung für die Zustimmung der Mutter einer minderjährigen Türkin zur Übernahme einer Einlage als stille Gesellschafterin durch die Tochter gem. Art. 19 Abs. 1 S. 2 EGBGB aF nach deutschem Aufenthaltsrecht [§ 1643 Abs. 1 iVm. § 1822 Nr. 5 BGB] bejaht.).
3 *Jayme*, JR 1973, 181; *Schwimann*, FamRZ 1978, 304 ff.; *Kropholler*, in: Staudinger, Vorbem. zu Art. 19 EGBGB Rz. 97, 99; *Jaspersen*, FamRZ 1996, 393 (397).

fordernis einer familiengerichtlichen Genehmigung für den Abschluss von Verträgen im Namen des Minderjährigen gem. Art. 2 Abs. 2 S. 2 MSA ausschließlich nach dem deutschen Aufenthaltsrecht; für den Vormund gelten daher die Beschränkungen der §§ 1821 ff. BGB[1]. Wurde die Vormundschaft oder Pflegschaft über den Minderjährigen hingegen in seinem Heimatstaat oder einem früheren Aufenthaltsstaat angeordnet, so bestimmt das Recht des Entstehungsstaates des gesetzlichen Vertretungsverhältnisses auch über die Frage, für welche Inlandsgeschäfte der Vertreter eine familiengerichtliche Genehmigung benötigt (Art. 4 Abs. 2; 5 MSA)[2]. Bei der Maßgeblichkeit der lex fori bleibt es grundsätzlich auch nach dem Inkrafttreten des KSÜ (Art. 15 Abs. 1 KSÜ).

cc) Reichweite des Vertretungsstatuts

6222 Das Vertretungsstatut bestimmt nicht nur, für welche Vertragsschlüsse im Namen des Minderjährigen der gesetzliche Vertreter einer familiengerichtlichen Genehmigung bedarf[3], sondern es entscheidet auch, ob diese Zustimmung bereits **vor Abschluss des Geschäfts** vorliegen muss (so zB nach italienischem und portugiesischem Recht) oder ob – wie im deutschen Recht (vgl. § 1829 BGB) – eine nachträgliche Genehmigung ausreicht. Das Statut der gesetzlichen Vertretung regelt ferner, auf welche Art und Weise die familiengerichtliche Genehmigung wirksam wird. Auf das Wirkungsstatut des abzuschließenden Geschäfts kommt es auch insoweit nicht an[4].

6223 Hat der Minderjährige den Vertrag nicht selbst geschlossen, sondern sich hierbei durch die Eltern oder einen Vormund bzw. Pfleger gesetzlich vertreten lassen, so wird in der Rechtsprechung nicht immer hinreichend klar zwischen den Fragen der Geschäftsfähigkeit und der gesetzlichen Vertretung unterschieden und auch das Erfordernis einer gerichtlichen Genehmigung für den vom

---

1 *Schwimann*, FamRZ 1978, 304 ff.; *Kropholler*, in: Staudinger, Vorbem. zu Art. 19 EGBGB Rz. 97, 99 und *Jaspersen*, FamRZ 1996, 393 (397).

2 *Schwimann*, FamRZ 1978, 305; *Kropholler*, in: Staudinger, Vorbem. zu Art. 19 EGBGB Rz. 97, 99. Vgl. auch OLG München 8.9.1939, HRR 1939 Nr. 81 (Minderjährige Österreicher werden bei einem Grundstückskauf in Deutschland durch ihren in Österreich bestellten Vormund vertreten. Erfordernis und Wirkungen der vormundschaftsgerichtlichen Genehmigung nach österreich. Recht beurteilt. Anwendung des § 1829 BGB abgelehnt.).

3 *Schotten/Schmellenkamp*, Rz. 82; *Thorn*, in: Palandt, Art. 21 EGBGB Rz. 5; *Henrich*, in: Staudinger, Art. 21 EGBGB Rz. 131; aA (Geschäftsfähigkeitsstatut) *von Bar*, II Rz. 42.

4 *Hausmann*, in: Staudinger, Art. 7 EGBGB Rz. 77; *Henrich*, in: Staudinger, Art. 21 EGBGB Rz. 131. Vgl. auch RG 3.12.1942, RGZ 170, 198 (Österreich. Vater verkauft ein im Eigentum seines minderjährigen Sohnes stehendes Hotelgrundstück in Deutschland mit Genehmigung des deutschen Vormundschaftsgerichts. Vertrag als wirksam behandelt, da es nach dem auf die gesetzliche Vertretung anwendbaren österreich. Recht einer Mitteilung der Genehmigung an den Geschäftsgegner iSv. § 1829 BGB nicht bedurft habe.). KG 7.6.1929, IPRspr. 1929 Nr. 88 und 11.11.1929 IPRspr. 1930 Nr. 4; AG Moers 20.8.1997, DAVorm. 1997, 925 = IPRspr. 1997 Nr. 5; zust. auch *von Bar*, II Rz. 42.

gesetzlichen Vertreter geschlossenen Vertrag gem. Art. 7 EGBGB nach dem Personalstatut des Minderjährigen beurteilt[1].

BGH 7.12.1977, WM 1978, 171 (173) = IPRspr. 1977 Nr. 105
Abschluss eines Erbvertrages zwischen einer unter Vormundschaft stehenden minderjährigen Österreicherin und ihrer Großmutter. „Inwieweit ein nicht voll Geschäftsfähiger in der Lage ist, ein Rechtsgeschäft vorzunehmen, dh. ob und gegebenenfalls welche Genehmigungen erforderlich sind, beurteilt sich nach dem Personalstatut des nicht voll Geschäftsfähigen." Erfordernis einer vormundschaftsgerichtlichen Genehmigung gem. Art. 7 EGBGB nach österreich. Recht (§ 233 ABGB) bejaht; Vertretungsstatut nicht geprüft.

Demgegenüber gelten für die Abgrenzung zwischen **Vertretungs- und Geschäftsfähigkeitsstatut** auch in diesem Zusammenhang die oben zu Rz. 6171 dargestellten Grundsätze.

Die **Auswirkung von Mängeln** der gesetzlichen Vertretung, insbesondere die fehlende Erteilung einer nach dem Vertretungsstatut erforderlichen gerichtlichen Genehmigung, auf die Gültigkeit des im Namen des Minderjährigen geschlossenen Vertrages, bestimmt sich demgegenüber nicht nach dem Statut der gesetzlichen Vertretung, sondern nach dem Vertragsstatut[2]. Dieses entscheidet daher – ebenso wie bei Mängeln der gewillkürten Vertretungsmacht (dazu oben Rz. 5536 ff.) – darüber, ob der Vertrag nichtig oder schwebend unwirksam ist und auf welche Weise er noch wirksam werden kann (vgl. aber zum Verkehrsschutz auch unten Rz. 6254 f.). 6224

b) Internationale Zuständigkeit

aa) EuEheVO

Da es sich bei der familiengerichtlichen Genehmigung von Verträgen eines Minderjährigen, die von seinen Eltern oder einem Vormund/Pfleger als gesetzlichen Vertretern abgeschlossen werden, um eine Maßnahme zum Schutz des Kindes im Zusammenhang mit der Verwaltung und Erhaltung seines Vermögens (Art. 1 Abs. 2 lit. e EuEheVO) handelt, beurteilt sich die internationale Zuständigkeit der mitgliedschaftlichen Gerichte nach Maßgabe der Art. 8–15 EuEheVO. Danach sind die deutschen Gerichte für die Erteilung einer solchen Genehmigung nach Art. 8 EuEheVO immer dann international zuständig, wenn das Kind seinen gewöhnlichen Aufenthalt im Inland hat. 6225

---

[1] *Hausmann*, in: Staudinger, Art. 7 EGBGB Rz. 77; *Henrich*, in: Staudinger, Art. 21 EGBGB Rz. 131. Vgl. auch RG 3.12.1942, RGZ 170, 198 (Österreich. Vater verkauft ein im Eigentum seines minderjährigen Sohnes stehendes Hotelgrundstück in Deutschland mit Genehmigung des deutschen Vormundschaftsgerichts. Vertrag als wirksam behandelt, da es nach dem auf die gesetzliche Vertretung anwendbaren österreich. Recht einer Mitteilung der Genehmigung an den Geschäftsgegner iSv. § 1829 BGB nicht bedurft habe.); KG 7.6.1929, IPRspr. 1929 Nr. 88 und 11.11.1929 IPRspr. 1930 Nr. 4; AG Moers 20.8.1997, DAVorm. 1997, 925 = IPRspr. 1997 Nr. 5; zust. auch *von Bar*, II Rz. 42.
[2] *Hausmann*, in: Staudinger, Art. 7 EGBGB Rz. 78b; aA *Schotten/Schmellenkamp*, Rz. 82: Vertretungsstatut.

bb) Autonomes deutsches Verfahrensrecht

6226 Nur wenn weder die deutschen Gerichte noch die Gerichte eines anderen Mitgliedstaats der EU nach Art. 8–13 EuEheVO international zuständig sind, also insbesondere bei gewöhnlichem Aufenthalt des Minderjährigen in einem Drittstaat, kann sich eine sog. **Restzuständigkeit** der deutschen Gerichte nach Art. 14 EuEheVO entweder aus dem MSA bzw. dem KSÜ oder aus dem autonomen deutschen Verfahrensrecht ergeben[1]. Nach letzterem sind die deutschen Familiengerichte zur Erteilung der Genehmigung gem. § 99 Abs. 1 FamFG international zuständig, wenn der Minderjährige entweder Deutscher ist (Nr. 1) oder seinen gewöhnlichen Aufenthalt im Inland hat (Nr. 2) oder der Fürsorge durch ein deutsches Gericht bedarf (Nr. 3). Dass die gesetzliche Vertretung sich gem. Art. 21 EGBGB nach deutschem materiellen Recht beurteilt, ist für die Begründung der internationalen Zuständigkeit weder erforderlich noch ausreichend[2]. Bei ausländischen Kindern, die sich im Ausland aufhalten, besteht allerdings im Allgemeinen kein Bedürfnis für ein Eingreifen der deutschen Familiengerichte[3].

6227 Etwas anderes kann dann gelten, wenn das in der Sache anwendbare deutsche Recht die Wirksamkeit eines Rechtsgeschäfts von der Erteilung einer familiengerichtlichen Genehmigung abhängig macht und weder die Behörden des Aufenthaltsstaates noch die Heimatbehörden diese Genehmigung erteilen wollen bzw. können[4].

6228–6241 Frei.

V. Schutz des Rechtsverkehrs

Literatur: *Bader*, Der Schutz des guten Glaubens in Fällen mit Auslandsberührung, MittRheinNotK 1994, 161; *G. Fischer*, Verkehrsschutz im internationalen Vertragsrecht (1990); *Liessem*, Guter Glaube beim Grundstückserwerb von einem durch seinen Güterstand verfügungsbeschränkten Ehegatten?, NJW 1989, 497; *Lipp*, Verkehrsschutz und Geschäftsfähigkeit im IPR, RabelsZ 63 (1999), 107; *Schotten*, Der Schutz des Rechtsverkehrs im IPR, DNotZ 1994, 670.

1. Mangelnde Geschäftsfähigkeit

6242 Die absolute Geltung der in Art. 7 Abs. 1 EGBGB vorgeschriebenen Anknüpfung der Geschäftsfähigkeit an das Heimatrecht würde für den inländischen Rechtsverkehr eine ständige Quelle der Unsicherheit bedeuten. Auch bei all-

---

1 OLG Jena 30.8.2001, IPRspr. 2001 Nr. 207.
2 *Kegel*, in: Soergel, Art. 19 EGBGB Rz. 102 mwN.
3 RG 28.3.1931, JW 1932, 588 m. Anm. *Frankenstein* = IPRspr. 1931 Nr. 85 (Internationale Zuständigkeit der deutschen Vormundschaftsgerichte für die Erteilung einer vormundschaftsgerichtlichen Genehmigung zur Belastung deutschen Grundvermögens durch den gesetzlichen Vertreter italien. Minderjähriger abgelehnt, weil sämtliche Beteiligte ihren gewöhnlichen Aufenthalt in Italien hatten.).
4 Vgl. *Kegel*, in: Soergel, Art. 19 EGBGB Rz. 99.

täglichen Umsatzgeschäften wäre der inländische Kaufmann gehalten, sich über die Staatsangehörigkeit seiner Kunden und die in deren Heimatstaaten geltenden Vorschriften über die Geschäftsfähigkeit zu unterrichten. Art. 12 S. 1 EGBGB schränkte daher den Staatsangehörigkeitsgrundsatz schon bisher ein, um den gutgläubigen Vertragspartner vor den Gefahren der Geltung eines vom Recht des Abschlussortes abweichenden ausländischen Personalstatuts des anderen Teils zu schützen[1]. Diese Vorschrift wird seit dem 17.12.2009 im sachlichen Anwendungsbereich der Rom I-VO durch deren Art. 13 – ohne Änderung in der Sache – verdrängt (Art. 3 Nr. 1 lit. b EGBGB). Dieser Vorschrift kommt angesichts des vergleichsweise niedrigen Volljährigkeitsalters in der Bundesrepublik Deutschland bei Vertragsschlüssen im Inland erhebliche praktische Bedeutung zu; für ihre Auslegung gelten die zu Art. 12 S. 1 EGBGB entwickelten Grundsätze fort.

a) Voraussetzungen des Verkehrsschutzes

aa) Aufenthalt der Vertragspartner in demselben Staat

Der Schutz des Art. 13 Rom I-VO kommt nur Personen zugute, die sich bei Vertragsabschluss – wenn auch nur vorübergehend – in demselben Staat befunden haben. Diese Regelung ist im Hinblick auf ihren Ausnahmecharakter eng auszulegen; erforderlich ist daher die **persönliche Anwesenheit** beider Vertragsparteien bei Abgabe ihrer Willenserklärungen in demselben Staat. Ausgeschlossen ist der Verkehrsschutz hingegen bei grenzüberschreitenden *Distanzgeschäften*. Es genügt also weder ein Angebot ins Ausland, noch die Annahme eines ausländischen Angebots – zB per Internet – im Inland[2]. Ein Geschäft unter am gleichen Ort Anwesenden wird hingegen nicht vorausgesetzt[3]. Da Art. 13 Rom I-VO für die Anwendung inländischer Geschäftsfähigkeitsmaßstäbe lediglich auf den Vertragsschluss im Inland abstellt, spielen Staatsangehörigkeit und Wohnsitz der Vertragsparteien keine Rolle. Wird der Vertrag im Inland geschlossen, so greift die Norm also auch dann ein, wenn beide Vertragspartner Ausländer sind und ihren gewöhnlichen Aufenthalt bzw. Wohnsitz im Ausland haben[4]. Im Gegensatz zu Art. 7 Abs. 3 EGBGB aF ist Art. 13 Rom I-VO freilich allseitig gefasst und schützt damit auch bei Vertragsschlüssen *im Ausland*[5].

6243

Wird der **Vertrag durch Vertreter abgeschlossen**, so reicht allerdings die Anwesenheit des Vertreters im Vornahmestaat aus. Diese Erweiterung des Verkehrs-

6244

---

1 *Kegel*, in: Soergel, Rz. 1; *Hohloch*, in: Erman, Rz. 6; *Hausmann*, in: Staudinger, Rz. 7, jeweils zu Art. 12 EGBGB.
2 *G. Fischer*, S. 39 f.; *Spellenberg*, in: MünchKomm, Art. 12 EGBGB Rz. 59; *Hausmann*, in: Staudinger, Art. 12 EGBGB Rz. 51.
3 *G. Fischer*, S. 35 f.; *Kegel*, in: Soergel, Art. 12 EGBGB Rz. 4; *Hohloch*, in: Erman, Art. 12 EGBGB Rz. 9.
4 *Hausmann*, in: Staudinger, Art. 12 EGBGB Rz. 51; *Spellenberg*, in: MünchKomm, Art. 12 EGBGB Rz. 11; *Hohloch*, in: Erman, Art. 12 EGBGB Rz. 7.
5 *von Bar*, II Rz. 56 f.; *Spellenberg*, in: MünchKomm, Art. 12 EGBGB Rz. 10.; *Hausmann*, in: Staudinger, Art. 12 EGBGB Rz. 49.

schutzes lässt sich zwar nicht auf eine analoge Anwendung von Art. 11 Abs. 2 Rom I-VO stützen[1], weil diese Vorschrift lediglich den für die alternative Anknüpfung des Formstatuts maßgeblichen Vornahmeort bei Einschaltung eines Vertreters festlegt, ohne das Erfordernis einer gleichzeitigen Anwendbarkeit der Vertragsschließenden in demselben Staat aufzustellen. Nach dem Normzweck des Art. 13 Rom I-VO ist der inländische Vertragspartner einer nach ihrem ausländischen Heimatrecht nicht geschäftsfähigen Partei aber schon dann schutzwürdig, wenn diese Partei durch einen Vertreter am inländischen Rechtsverkehr teilnimmt; einer persönlichen Anwesenheit der geschäftsunfähigen Partei selbst im Vornahmestaat bedarf es in diesem Fall nicht[2]. Zu beachten ist allerdings, dass die mangelnde Geschäftsfähigkeit des Vertretenen nicht die Wirksamkeit des Vertretergeschäfts, sondern nur die Wirksamkeit der *Vollmacht* betrifft. Wurde diese aber im Ausland erteilt, so greift Art. 13 Rom I-VO nicht ein; es gilt vielmehr Art. 7 EGBGB mit der Folge, dass der Vertreter ohne Vertretungsmacht gehandelt hat[3].

bb) Gutgläubigkeit

6245 Während der Verkehrsschutz nach dem früheren Art. 7 Abs. 3 EGBGB aF ohne Rücksicht darauf gewährt wurde, ob der andere Vertragsteil die fehlende Geschäftsfähigkeit seines ausländischen Partners kannte oder erkennen konnte, ist der Schutz durch Art. 13 Rom I-VO auf Fälle beschränkt, in denen der andere Vertragsteil gutgläubig ist, dh. die mangelnde Geschäftsfähigkeit seines Partners bei Vertragsschluss weder gekannt, noch infolge von (auch leichter) Fahrlässigkeit nicht gekannt hat. Ein Verkehrsschutz scheidet daher aus, wenn die Minderjährigkeit des anderen Teils bereits aus der notariellen oder schriftlichen Vertragsurkunde hervorgeht[4]. Da Art. 13 Rom I-VO den Rechtsverkehr im Vornahmestaat vor dort unbekannten Beschränkungen der Geschäftsfähigkeit nach fremdem Recht schützen soll, sind nur Irrtümer über die Rechtslage, nicht Irrtümer über Tatsachen relevant[5]. Ein beachtlicher Rechtsirrtum kann sich gleichermaßen auf fremdes Kollisions- wie Sachrecht beziehen[6]; ein solcher Irrtum ist nicht allein deshalb ausgeschlossen, weil beide Parteien die gleiche ausländische Staatsangehörigkeit haben[7]. Demgegenüber sind Irrtümer

---

1 So aber *Liessem*, NJW 1989, 497 (501); *Bader*, MittRheinNotK 1994, 161 (162); *Lipp*, RabelsZ 63 (1999), 107 (136); *Thorn*, in: Palandt, Art. 12 EGBGB Rz. 2.
2 Vgl. näher *Hausmann*, in: Staudinger, Art. 12 EGBGB Rz. 53 ff.; im Erg. ebenso *G. Fischer*, S. 39 f.; *Hohloch*, in: Erman, Art. 12 EGBGB Rz. 9; aA *Schotten* DNotZ 1994, 670 (671); *Spellenberg*, in: MünchKomm, Art. 12 EGBGB Rz. 53.
3 Dies gilt auch dann, wenn von der Vollmacht im Inland Gebrauch gemacht wurde, vgl. *Hausmann*, in: Staudinger, Art. 12 EGBGB Rz. 54.
4 Vgl. OLG Hamm 23.11.1995, NJW-RR 1995, 1144 = IPRspr. 1995 Nr. 7.
5 *Liessem*, NJW 1989, 497 (501 f.); *Schotten*, DNotZ 1994, 670 (672); *von Bar*, II Rz. 59; *Thorn*, in: Palandt, Art. 12 EGBGB Rz. 2; *Spellenberg*, in: MünchKomm, Art. 12 EGBGB Rz. 66 ff.
6 Vgl. näher *Hausmann*, in: Staudinger, Art. 12 EGBGB Rz. 60 f.
7 *G. Fischer*, S. 50 ff.; *Lipp*, RabelsZ 63 (1999), 107 (135); *Hausmann*, in: Staudinger, Art. 12 EGBGB Rz. 67; aA *Spellenberg*, in: MünchKomm, Art. 12 EGBGB Rz. 67; *von Bar*, II Rz. 59.

über das Alter, die Ausländereigenschaft oder den Wohnsitz des Vertragspartners unbeachtliche Tatsachenirrtümer.

Nach Art. 13 Rom I-VO schadet nicht nur positive Kenntnis, sondern auch **fahrlässige Unkenntnis** der mangelnden Geschäftsfähigkeit nach fremdem Recht. Der anzulegende Sorgfaltsmaßstab ist nicht dem Recht des Vornahmestaates – in Deutschland also den §§ 122 Abs. 2, 276 BGB – zu entnehmen, sondern **verordnungsautonom** zu bestimmen[1]. Danach ist der Vertragspartner nur schutzwürdig, wenn man ihm nicht zumuten kann, sich über das ausländische Recht selbst zu informieren. Eine solche Erkundigungspflicht besteht jedenfalls bei alltäglichen Markt- und Ladengeschäften nicht. Im Übrigen kommt es insoweit auf die wirtschaftliche Bedeutung des Geschäfts, die Geschäftsgewandtheit der Parteien, die zur Verfügung stehende Verhandlungszeit und die Üblichkeit rechtlicher Beratung bei Geschäften der betreffenden Art an[2]. 6246

Demgemäß ist bei **Transaktionen mit erheblichem wirtschaftlichen Gewicht** ein strengerer Sorgfaltsmaßstab anzulegen als bei Verbrauchergeschäften des täglichen Lebens. Auch können von einem *Kaufmann* weitergehende Nachforschungen verlangt werden als von einem mit den Gefahren des internationalen Rechtsverkehrs nicht vertrauten Privatmann[3]; ist es verkehrsüblich, bei Geschäften der in Rede stehenden Art rechtskundigen Rat einzuholen, so scheidet ein Verkehrsschutz nach Art. 13 Rom I-VO aus, wenn auf eine entsprechende rechtliche Beratung verzichtet wird[4]. 6247

Eine solche Informationspflicht besteht namentlich bei Grundstücksgeschäften; auf Risiken der mangelnden Rechts- oder Geschäftsfähigkeit einer Partei nach ausländischem Recht hat auch der beurkundende Notar hinzuweisen[5]. Die bloße **Kenntnis der Ausländereigenschaft** des Kontrahenten rechtfertigt den Vorwurf der fahrlässigen Unkenntnis allerdings jedenfalls bei alltäglichen Laden- oder Marktgeschäften nicht[6]. Bei formbedürftigen Geschäften (zB Grundstückskaufverträgen) oder Vertragsschlüssen von erheblichem wirtschaftlichen Gewicht wird man dem Vertragspartner eines ausländischen Minderjährigen hingegen eine Erkundigungspflicht auferlegen müssen[7].

---

1 *Hausmann*, in: Staudinger, Art. 12 EGBGB Rz. 68; aA *Liessem* NJW 1989, 497 (501); *Hohloch*, in: Erman, Art. 12 EGBGB Rz. 12; *Spellenberg*, in: MünchKomm, Art. 12 EGBGB Rz. 71.
2 *G. Fischer*, S. 48 f.; *Schotten*, DNotZ 1994, 670 (672); *von Bar*, II Rz. 59.
3 *Spellenberg*, in: MünchKomm, Art. 12 EGBGB Rz. 73; *Hausmann*, in: Staudinger, Art. 12 EGBGB Rz. 69.
4 Vgl. BGH 23.4.1998, NJW 1998, 2452 = IPRax 1999, 104 (m. Anm. *Schütze*, IPRax 1999, 87) = IPRspr. 1998 Nr. 210 (Zur Verpflichtung eines deutschen Unternehmens, sich über die [Rechts-] Fähigkeit einer kroat. Gesellschaft zum Abschluss von Außenhandelsverträgen zu informieren.).
5 *Schotten/Schmellenkamp*, Rz. 67.
6 *Liessem*, NJW 1989, 497 (501); *von Hoffmann/Thorn*, § 7 Rz. 10; *Thorn*, in: Palandt, Art. 12 EGBGB Rz. 2; *Hohloch*, in: Erman, Art. 12 EGBGB Rz. 12; *Goldschmidt*, Festschr. Kegel, S. 171.
7 So *Lipp*, RabelsZ 63 (1999), 107 (191); auch *Ferid*, IPR, Rz. 5–30; *Kropholler*, IPR, § 42 I 3a; *von Bar*, II Rz. 59; *Schotten/Schmellenkamp*, Rz. 64; *Hausmann*, in: Staudinger, Art. 12 EGBGB Rz. 70; *G. Fischer*, S. 51 f. mwN.

cc) Verkehrsgeschäft

6248 Art. 13 Rom I-VO bezieht sich zwar nach seinem Wortlaut – wie die gesamte Verordnung – unmittelbar nur auf Schuldverträge. Eine analoge Anwendung auf **einseitige zugangsbedürftige Rechtsgeschäfte**, die im Zusammenhang mit einem Schuldvertrag stehen (zB Anfechtung, Kündigung, Rücktritt uÄ.) ist indessen wegen der vergleichbaren Interessenlage zulässig und geboten[1]. Für den Schutz des Rechtsverkehrs gegen Beschränkungen der Geschäftsfähigkeit außerhalb des Schuldvertragsrechts gilt weiterhin Art. 12 S. 1 EGBGB. Auch dieser Schutz ist allerdings auf sog. „Verkehrsgeschäfte" beschränkt; hierzu zählen nicht familien- und erbrechtliche Rechtsgeschäfte, sowie Verfügungen über ausländische Grundstücke. Denn zum einen spielt bei diesen Rechtsgeschäften der Verkehrsschutzgedanke in der Regel nur eine untergeordnete Rolle; zum anderen soll der Entstehung hinkender Rechtsverhältnisse vorgebeugt werden. Dies stellt Art. 12 S. 2 EGBGB ausdrücklich klar.

6249 Die Qualifikation der **familien- und erbrechtlichen Rechtsgeschäfte** nach Art. 12 S. 2 EGBGB sollte sich an Art. 13–26 EGBGB orientieren[2]. Zu den familienrechtlichen Rechtsgeschäften zählen danach – neben Verlöbnis, Eheschließung und Adoption – auch Eheverträge sowie Unterhalts- und Scheidungsvereinbarungen, nicht hingegen die nach ausländischem Ehegüter- oder Ehewirkungsstatut erforderlichen Zustimmungen zu bestimmten Verpflichtungs- oder Verfügungsgeschäften (dazu näher oben Rz. 5864 ff., 5930 ff.). Erbrechtliche Rechtsgeschäfte liegen vor, soweit sie die allgemeine Geschäftsfähigkeit seitens des Erben oder Bedachten voraussetzen. Erfasst werden daher insbesondere Erbvertrag, Erbverzicht und Erbschaftskauf, aber auch die Schenkung von Todes wegen[3].

6250 Auch für **Verfügungen über ein ausländisches Grundstück** ist gem. Art. 12 S. 2 EGBGB – auf Veräußerer- wie Erwerberseite – stets Geschäftsfähigkeit nach dem Heimatrecht (Art. 7 Abs. 1 EGBGB) notwendig, ohne dass es auf das Recht des Vornahmeortes ankommt. Aus deutscher Sicht sind auch die Geschäftsfähigkeitsvorschriften des Wirkungsstatuts, dh. der ausländischen lex rei sitae (Art. 43 Abs. 1 EGBGB), daher nur im Falle einer Weiterverweisung durch das Heimatrecht des Verfügenden von Belang[4]. Die ausschließliche Maßgeblichkeit des Heimatrechts gilt aber nur für das Verfügungsgeschäft, nicht für das zugrunde liegende Verpflichtungsgeschäft. *Kaufverträge* sowie *Miet- und Pachtverträge* über ausländische Grundstücke fallen daher unter Art. 13 Rom I-VO[5]. Etwas anderes gilt auch dann nicht, wenn das Verpflich-

---

1 Vgl. zu Art. 12 EGBGB *Spellenberg*, in: MünchKomm, Rz. 24; *Hausmann*, in: Staudinger, Rz. 25; *Hohloch*, in: Erman, Rz. 8; *Kropholler*, IPR, § 42 I 3b; *Ferid*, Rz. 5–30; *von Bar*, II Rz. 60; *Schotten/Schmellenkamp*, Rz. 63; *G. Fischer*, S. 42 ff.; aA *Thorn*, in: Palandt, Art. 12 EGBGB Rz. 2.
2 Vgl. *Spellenberg*, in: MünchKomm, Art. 12 EGBGB Rz. 87.
3 Vgl. näher *Hausmann*, in: Staudinger, Art. 12 EGBGB Rz. 46.
4 *Kegel*, in: Soergel, Art. 7 EGBGB Rz. 21; *Hausmann*, in: Staudinger, Art. 12 EGBGB Rz. 47.
5 *Thorn*, in: Palandt, Art. 12 EGBGB Rz. 6.

tungsgeschäft, also zB der Grundstückskaufvertrag – wie in vielen romanischen Rechten – bereits das Eigentum auf den Käufer überträgt; auch auf solche Schuldverträge, die zugleich Verfügungswirkung entfalten, ist Art. 13 Rom I-VO mithin anwendbar[1].

b) Wirkungen des Verkehrsschutzes

Art. 13 Rom I-VO hat nicht zur Folge, dass anstelle des nach Art. 7 EGBGB anwendbaren Heimatrechts in jedem Fall das Recht des Vornahmestaates anzuwenden ist. Vielmehr kommt dieses Recht **nur alternativ** zum Zuge, wenn es das Zustandekommen des Vertrages begünstigt. Zu einem wirksamen Vertragsschluss im Inland genügt es also, dass die ausländische Partei entweder nach ihrem Heimatrecht oder nach deutschem Recht die für den Vertrag erforderliche Geschäftsfähigkeit besitzt[2].

6251

aa) Gültiger Vertrag

Ist der Vertrag nach dem Recht des Abschlussortes gültig, weil die ausländische Partei nach diesem Recht geschäftsfähig ist, so tritt diese Wirkung automatisch ein, auch ohne dass sich der Vertragspartner ausdrücklich darauf beruft. Dem Vertragspartner steht es andererseits aber auch nicht frei, ob er an dem nach dem Recht des Vornahmestaates gültigen Vertrag festhalten oder dessen Unwirksamkeit wegen mangelnder Geschäftsfähigkeit nach dem Heimatrecht des anderen Teils geltend machen will[3]. Eine derartige unbefristete Schwebewirkung von Rechtsgeschäften wäre mit dem von Art. 13 Rom I-VO verfolgten Zweck, Unsicherheit über die Gültigkeit von Rechtsgeschäften, die ihren Grund in der mangelnden Geschäftsfähigkeit einer Partei haben, im Vornahmestaat gerade zu vermeiden, nicht vereinbar[4]. Insbesondere ein Recht des durch Art. 13 Rom I-VO geschützten Vertragspartners, sich nachträglich von dem nach Ortsrecht wirksamen Vertrag wieder zu lösen, wenn dieser sich als wirtschaftlich ungünstig erweist, kann nicht anerkannt werden[5].

6252

bb) Ungültiger Vertrag

Liegen die Voraussetzungen des Art. 13 Rom I-VO nicht vor, so verbleibt es bei der Beurteilung der Geschäftsfähigkeit nach dem Heimatrecht des jugendlichen Vertragspartners (Art. 7 Abs. 1 EGBGB). Dies gilt – entgegen dem inso-

6253

---

1 Vgl. näher *Hausmann*, in: Staudinger, Art. 12 EGBGB Rz. 48; aA (Aufspaltung des Geschäfts); *Kegel*, in: Soergel, Art. 12 EGBGB Rz. 21; *Mäsch*, in: Bamberger/Roth, Art. 12 EGBGB Rz. 15.
2 *Hausmann*, in: Staudinger, Art. 12 EGBGB Rz. 73; *Spellenberg*, in: MünchKomm, Art. 12 EGBGB Rz. 75 ff.
3 So aber *G. Fischer*, S. 114 f.; *Schotten/Schmellenkamp*, Rz. 65; wohl auch *Spellenberg*, in: MünchKomm, Art. 12 EGBGB Rz. 76.
4 *Ferid*, Rz. 5–30; *Kegel*, in: Soergel, Art. 12 EGBGB Rz. 3; *Hausmann*, in: Staudinger, Art. 7 EGBGB Rz. 74; *Mäsch*, in: Bamberger/Roth, Art. 12 EGBGB Rz. 36.
5 Insoweit gilt also auch für Art. 13 Rom I-VO nichts anderes als für Art. 16 Abs. 2 EGBGB; dazu oben Rz. 6081.

weit missverständlichen Wortlaut des Art. 13 Rom I-VO – nicht nur dann, wenn dieser sich auf seine mangelnde Geschäftsfähigkeit beruft; Beschränkungen der Geschäftsfähigkeit sind vielmehr nach deutschem Recht **von Amts wegen** zu berücksichtigen[1]. Ist der ausländische Vertragspartner weder nach seinem Heimatrecht noch nach dem Recht des Abschlussstaates voll geschäftsfähig, so gilt die alternative Anknüpfung *in favorem negotii* auch für die Rechtsfolgen auf den geschlossenen Vertrag. Ist der von einem deutschen Minderjährigen in England geschlossene Vertrag daher nach dem englischen Vornahmerecht bis zu einem Widerruf vorläufig wirksam, während er nach dem deutschen Heimatrecht des Minderjährigen schwebend unwirksam ist, so kann sich der Vertragspartner auf das ihm günstigere englische Recht berufen[2].

2. Mängel der gesetzlichen Vertretung

6254 Die früher in Deutschland hM lehnte eine entsprechende Anwendung des Art. 7 Abs. 3 EGBGB aF ab, wenn der Vertragsschluss im Inland daran scheiterte, dass ein ausländischer Minderjähriger nach dem als Vertretungsstatut zur Anwendung berufenen Recht nicht ordnungsgemäß gesetzlich vertreten war. Der inländische Geschäftspartner konnte sich insbesondere nicht auf Art. 7 Abs. 3 EGBGB aF berufen, wenn zum Vertragsschluss nach dem ausländischen Vertretungsstatut – abweichend vom deutschen Recht – eine vormundschaftsgerichtliche Genehmigung erforderlich war[3].

6255 Demgegenüber ist Art. 13 Rom I-VO – wie schon Art. 12 S. 1 EGBGB[4] – auf Mängel der elterlichen, vormundschaftlichen oder pflegerischen Vertretungsmacht **analog anzuwenden.** Im Geltungsbereich des Haager KSÜ hat die in Art. 19 dieses Übereinkommens enthaltene Verkehrsschutzregel als lex specialis allerdings Vorrang vor der analogen Anwendung des Art. 13 Rom I-VO. Dies gilt nach Art. 20 des Übereinkommens auch dann, wenn als Vertretungs- oder Abschlussstatut das Recht eines Nichtvertragsstaats zur Anwendung berufen ist. Der Verkehrsschutz nach Art. 19 KSÜ ist gegenüber dem allgemeinen Schutz nach Art. 13 Rom I-VO insofern eingeschränkt, als er nur Rechtsgeschäfte unter Anwesenden im Abschlussstaat erfasst (Art. 19 Abs. 2 KSÜ).

---

[1] *Spellenberg*, in: MünchKomm, Art. 12 EGBGB Rz. 75; *Hohloch*, in: Erman, Art. 12 EGBGB Rz. 13; *Kropholler*, IPR, § 42 I 3a; *Schotten*, DNotZ 1994, 670 (673); *Schotten/Schmellenkamp*, Rz. 66.

[2] *Hausmann*, in: Staudinger, Art. 12 EGBGB Rz. 76; *Spellenberg*, in: MünchKomm, Art. 12 EGBGB Rz. 79; aA *Schotten/Schmellenkamp*, Rz. 66.

[3] *Beitzke*, in: Staudinger, 12. Aufl., Art. 7 EGBGB Rz. 77; *Kegel*, in: Soergel, 11. Aufl., Art. 7 EGBGB Rz. 19. Vgl. auch RG 4.4.1932, IPRspr. 1932 Nr. 13 = HRR 1932 Nr. 1670 (Tschech. Staatsangehöriger vermietet das in Deutschland belegene Haus seiner Kinder. Genehmigung des Mietvertrages durch das tschechoslowak. Bezirksgericht wurde versagt. Der Vertrag wurde als nichtig erachtet; Art. 7 Abs. 3 EGBGB aF fand keine Anwendung.).

[4] *G. Fischer*, S. 191 f.; *Ferid*, IPR, Rz. 5–30, 6; *Kegel/Schurig*, § 17 I 2d aE; *von Bar*, II Rz. 346; *Kropholler*, IPR, § 42 I 3d; *Schotten/Schmellenkamp*, Rz. 107; *Thorn*, in: Palandt, Rz. 4; *Spellenberg*, in: MünchKomm, Rz. 42; *Hausmann*, in: Staudinger, Rz. 30, jeweils zu Art. 12 EGBGB.

Auf der anderen Seite greift er in sachlicher Hinsicht weit über Art. 13 Rom I-VO hinaus, weil er für alle unter Anwesenden geschlossenen Geschäfte gilt, also auch für solche des Familien- und Erbrechts, sowie für Verfügungen über im Ausland belegene Grundstücke.

Frei. 6256–6260

VI. Zusammenfassung mit Handlungsanleitung

1. Geschäftsfähigkeit

a) Ob ein Jugendlicher die für einen Vertragsabschluss erforderliche Geschäftsfähigkeit besitzt, wird nicht nach dem Vertragsstatut beurteilt, sondern gesondert angeknüpft. Maßgebend ist nach Art. 7 Abs. 1 EGBGB das **Heimatrecht** des Jugendlichen. Eine Rück- oder Weiterverweisung – zB auf das Wohnsitzrecht oder das Vertragsstatut – ist nach Art. 4 Abs. 1 EGBGB zu beachten. 6261

b) Das Heimatrecht des Jugendlichen entscheidet über die **Voraussetzungen** voller oder beschränkter Geschäftsfähigkeit, dh. über Volljährigkeitsalter, Geschäftsfähigkeitsstufen, Emanzipation und Volljährigkeitserklärung, Mündigkeit kraft Eheschließung und Teilgeschäftsfähigkeiten. Nach dem Heimatrecht sind auch die Prozessfähigkeit und die Rechtsfolgen fehlender Geschäftsfähigkeit (zB Nichtigkeit, schwebende Unwirksamkeit etc.) zu beurteilen.

c) Ob für einen Vertragsschluss überhaupt Geschäftsfähigkeit erforderlich ist, bestimmt hingegen das **Wirkungsstatut**, bei Verträgen also das Vertragsstatut. Auch besondere Geschäftsfähigkeiten (zB im Wertpapier-, Familien- und Erbrecht) ergeben sich aus dem jeweiligen Wirkungsstatut des Geschäfts.

2. Gesetzliche Vertretung

a) Auf dem Gebiet der gesetzlichen Vertretung Minderjähriger haben die Kollisionsregeln des **Haager Minderjährigen- bzw. Kinderschutzabkommens Vorrang** vor dem autonomen Kollisionsrecht, wenn der Minderjährige seinen gewöhnlichen Aufenthalt in einem Vertragsstaat des Übereinkommens hat. 6262

b) Hat ein deutsches Gericht **Schutzmaßnahmen** zugunsten eines Minderjährigen getroffen, zB die elterliche Sorge nach Scheidung der Ehe geregelt, eine Vormundschaft oder Ergänzungspflegschaft angeordnet, so bestimmt sich die gesetzliche Vertretungsbefugnis des Sorgerechtsinhabers, Vormunds oder Pflegers gem. Art. 2 Abs. 2 S. 2 MSA bzw. Art. 15 Abs. 1 KSÜ nach deutschem Recht. Dies gilt auch dann, wenn das deutsche Gericht seine internationale Zuständigkeit nicht auf die Vorschriften des MSA/KSÜ, sondern auf die – damit übereinstimmenden – vorrangigen Art. 8 ff. EuEheVO stützt.

c) **Art. 3 MSA** ist allerdings nach hM keine selbstständige Kollisionsnorm; deshalb beurteilt sich die gesetzliche Vertretung Minderjähriger, soweit keine Schutzmaßnahmen nach dem MSA angeordnet werden sollen, nach autonomem Kollisionsrecht. Maßgebend ist danach das Recht des gewöhnlichen

Aufenthalts des Kindes, Art. 21 EGBGB. Insoweit sind – anders als nach Art. 2, 3 MSA – Rück- oder Weiterverweisungen gem. Art. 4 Abs. 1 EGBGB zu beachten. Demgegenüber regelt das Haager KSÜ auch das auf die gesetzliche Vertretungsmacht anwendbare Recht in Art. 16, 17 EGBGB einheitlich für die Vertragsstaaten. Anknüpfungspunkt ist ebenfalls der gewöhnliche Aufenthalt des Kindes; ein Renvoi ist allerdings nur ausnahmsweise zu beachten (Art. 21 KSÜ).

d) Das Statut der gesetzlichen Vertretung – und nicht das Vertragsstatut – bestimmt auch, ob der gesetzliche Vertreter zum Abschluss gewisser folgenschwerer Verträge für den Minderjährigen einer **Genehmigung** durch das Gericht oder eine Behörde bedarf.

3. Schutz des Rechtsverkehrs

6263   Ist ein Jugendlicher nach seinem Heimatrecht nicht (voll) geschäftsfähig oder nicht ordnungsgemäß gesetzlich vertreten, so wird der inländische Rechtsverkehr nach Maßgabe von Art. 13 Rom I-VO geschützt. Danach ist beim Abschluss von Verkehrsgeschäften im Inland die Berufung auf ausländisches Geschäftsfähigkeits- oder Vertretungsrecht nur zulässig, wenn der andere Vertragsteil die sich hieraus ergebenden Einschränkungen kannte oder kennen musste. Im Anwendungsbereich des Haager KSÜ wird Art. 13 Rom I-VO durch die speziellere Verkehrsschutznorm in Art. 19 KSÜ verdrängt, soweit es um den Schutz vor Mängeln der gesetzlichen Vertretungsmacht geht.

6264–6280   Frei.

F. Beschränkungen bei geistig behinderten volljährigen Personen

	Rz.		Rz.
I. Allgemeines	6281	**III. Entmündigung**	6311
1. Gesetzliche Beschränkungen	6281	1. Inländische Entmündigung	6311
2. Gerichtliche Beschränkungen	6283	2. Ausländische Entmündigung	6312
II. Betreuung	6291	a) Haager Erwachsenenschutzübereinkommen	6313
1. Haager Erwachsenenschutzübereinkommen von 2000	6291	b) Autonomes Recht	6314
a) Anwendungsbereich	6292	aa) Entmündigung von Deutschen	6314
b) Internationale Zuständigkeit	6293	bb) Entmündigung von Ausländern	6315
c) Anwendbares Recht	6294	**IV. Schutz des Rechtsverkehrs**	6321
aa) Grundsatz: Lex fori	6294	1. Beschränkungen der Geschäftsfähigkeit	6321
bb) Vorsorgevollmacht	6295	a) Gesetzliche Beschränkungen	6321
cc) Sachnormverweisung	6296	b) Gerichtliche Beschränkungen	6322
d) Anerkennung und Vollstreckung	6297	2. Mängel der gesetzlichen Vertretungsmacht	6323
2. Autonomes Recht	6298	**V. Zusammenfassung mit Handlungsanleitung**	6331
a) Anknüpfung	6298	1. Gesetzliche Beschränkungen	6331
aa) Voraussetzungen der Anordnung	6299	2. Betreuung	6332
bb) Wirkungen der Betreuung	6300	3. Entmündigung	6333
b) Internationale Zuständigkeit	6301	4. Schutz des Rechtsverkehrs	6334

Literatur: *Dutoit*, La protection des incapables majeurs en droit international privé, Rev.crit.d.i.p. 1967, 465; *Ganner*, Das österreichische Sachwalterrecht, BtPrax 2007, 238 und 2008, 3; *Hellmann*, Rechtliche Unterstützung und Vertretung für Menschen mit geistiger Behinderung in den EU-Staaten, BtPrax 2006, 87; *Kirchhoff*, Das Rechtsfolgenstatut der beschränkten Geschäftsfähigkeit und der Geschäftsunfähigkeit – Ein Beitrag zur Auslegung der Art. 7 und 24 EGBGB (2005); *Ludwig*, Der Erwachsenenschutz im internationalen Privatrecht nach Inkrafttreten des Haager Erwachsenenschutzübereinkommens, DNotZ 2009, 251; *Nitzinger*, Das Betreuungsrecht im internationalen Privatrecht (1998); *Oberhammer/Graf/Slonina*, Sachwalterschaft für Deutsche und Schweizer in Österreich, ZfRV 2007, 133; *Oelkers*, Internationales Betreuungsrecht (1996); *Ofner*, Gesetzliche Vertretung für psychisch Kranke und geistig Behinderte im internationalen Vergleich, ÖJZ 2005, 775; *Röthel*, Erwachsenenschutz in Europa: Von paternalistischer Bevormundung zu gestaltbarer Fürsorge, FamRZ 2004, 999; *Spickhoff*, Selbstbestimmung im Alter – Möglichkeiten und Grenzen, ZfRV 2008, 33; *Van Boxstael*, L'administration de la personne et des biens des incapables, in: Verwilghen/De Volkeneer (Hrsg.), Relations familiales internationales (Brüssel 1993), S. 191; *von Hein*, Zur Anordnung von Maßnahmen zum Schutz deutscher Erwachsener durch österreichische Gerichte, IPRax 2009, 173.

I. Allgemeines

1. Gesetzliche Beschränkungen

6281 Besonders schwerwiegende geistige o der körperliche Gebrechen, wie vor allem Geisteskrankheit, führen nicht nur nach deutschem Recht (vgl. § 104 Nr. 2 BGB), sondern nach den Rechten fast aller Länder kraft Gesetzes zur Geschäftsunfähigkeit oder – in minder schweren Fällen – zu einer Beschränkung der Geschäftsfähigkeit. Die Frage, ob ein Volljähriger aufgrund einer krankhaften Störung seiner Geistestätigkeit geschäftsunfähig oder in seiner Geschäftsfähigkeit beschränkt ist, beurteilt sich gem. Art. 7 Abs. 1 EGBGB nach seinem Heimatrecht[1]. Dieses entscheidet – nicht anders als bei Jugendlichen (dazu oben Rz. 6169 f.) – auch über die Rechtsfolgen der mangelnden Geschäftsfähigkeit für das von dem geisteskranken Volljährigen vorgenommene Geschäft.

6282 Ebenso wie bei Minderjährigen (dazu oben Rz. 6152) bestimmt sich auch die Frage, ob ein geschäftsunfähiger Volljähriger zumindest für bestimmte Rechtsgeschäfte kraft Gesetzes als geschäftsfähig zu gelten hat (**Teilgeschäftsfähigkeit**), nach seinem Personalstatut. Zwar führt die in § 105a BGB neu eingefügte Regelung, wonach Rechtsgeschäfte des täglichen Lebens, die mit geringwertigen Mitteln bewirkt werden können (zB Brötchenkauf), auch von einer geschäftsunfähigen volljährigen Person vorgenommen werden können, sofern Leistung und Gegenleistung bewirkt worden sind, nicht zur Wirksamkeit des geschlossenen Vertrages, sondern schließt lediglich die Rückforderung der bewirkten Leistung und Gegenleistung aus[2]. Diese Regelung kommt jedoch der Anerkennung einer Teilgeschäftsfähigkeit des betroffenen Personenkreises nahe und ist deshalb nur anwendbar, wenn der geschäftsunfähige Volljährige ein deutsches Personalstatut hat[3]. Vgl. aber zum Verkehrsschutz unten Rz. 6321 ff.

2. Gerichtliche Beschränkungen

6283 Weitere Beschränkungen der Geschäftsfähigkeit oder Verfügungsbefugnis können auch bei erwachsenen Personen aufgrund gerichtlicher oder behördlicher Maßnahmen eintreten. Zum Schutze geistig oder körperlich behinderter Personen, sowie zum Schutz der mit diesen Personen kontrahierenden Dritten sah das deutsche Sachrecht früher das Rechtsinstitut der **Entmündigung** vor. Die Entmündigung Erwachsener hatte grundsätzlich beschränkte Geschäftsfähigkeit zur Folge (§ 114 BGB aF); nur im Falle der Entmündigung wegen Geisteskrankheit war Geschäftsunfähigkeit die Folge (§ 104 Nr. 4 BGB aF). Für eine entmündigte volljährige Person wurde ein Vormund bestellt (§§ 1896 ff.

---

[1] *Hausmann*, in: Staudinger, Rz. 34; *Birk*, in: MünchKomm, Rz. 21, jeweils zu Art. 7 EGBGB.

[2] Vgl. BT-Drucks. 14/5266, S. 43; dazu *Casper*, Geschäfte des täglichen Lebens – kritische Anmerkungen zu § 105a BGB, NJW 2002, 3425 f.; *Lipp*, Die neue Geschäftsfähigkeit Erwachsener, FamRZ 2003, 721 ff.

[3] Die Anknüpfung des § 105a BGB entspricht damit derjenigen des „Taschengeldparagraphen" bei Minderjährigen, vgl. oben Rz. 6152.

BGB aF). Das Entmündigungsverfahren war in der ZPO (§§ 645 ff. aF) geregelt. Für eine körperlich gebrechliche volljährige Person, die nicht unter Vormundschaft stand, konnte ein *Gebrechlichkeitspfleger* nach § 1910 BGB aF bestellt werden; hierdurch wurde allerdings die Geschäftsfähigkeit des Pfleglings nicht berührt.

Durch das Betreuungsgesetz (BtG) vom 12.9.1990 (BGBl. I 2002) hat der deutsche Gesetzgeber das Rechtsinstitut der Entmündigung mit Wirkung vom 1.1.1992 abgeschafft. Zugleich wurden die Vormundschaft über Volljährige sowie die Gebrechlichkeitspflegschaft durch das einheitliche Rechtsinstitut der **Betreuung** (§§ 1896–1908i BGB) ersetzt. Voraussetzung für die Anordnung einer Betreuung ist, dass ein Volljähriger aufgrund einer psychischen Krankheit oder einer körperlichen, geistigen oder seelischen Behinderung seine Angelegenheiten ganz oder teilweise nicht zu besorgen vermag (§ 1896 Abs. 1 BGB). Der gerichtlich bestellte Betreuer ist in seinem Aufgabenkreis *gesetzlicher Vertreter* des Betreuten (§ 1902 BGB). Die Anordnung einer Betreuung wirkt sich allerdings – vorbehaltlich der §§ 104 Nr. 2, 105 BGB – auf die Geschäftsfähigkeit des Betreuten nicht aus, und zwar auch nicht für die Vornahme von Geschäften innerhalb des Aufgabenkreises, für den der Betreuer bestellt wurde[1]. Nur soweit dies zur Abwendung einer erheblichen Gefahr für die Person oder das Vermögen des Betreuten erforderlich ist, kann das Betreuungsgericht gem. § 1903 BGB einen sog. **Einwilligungsvorbehalt** anordnen. Dieser bewirkt, dass der Betreute – entsprechend der Regelung bei der beschränkten Geschäftsfähigkeit (§§ 108 ff. BGB) – zu einer Willenserklärung, die den Aufgabenkreis des Betreuers betrifft, dessen Einwilligung bedarf.

6284

Frei.

6285–6290

II. Betreuung

1. Haager Erwachsenenschutzübereinkommen von 2000

Literatur: *Bucher*, La convention de La Haye sur la protection internationale des adultes, SZIER 2000, 37; *Clive*, The New Hague Convention on the Protection of Adults, Yb.PIL II (2000), 1; *Guttenberger*, Das Haager Übereinkommen über den internationalen Schutz von Erwachsenen (2004); *Guttenberger*, Das Haager Übereinkommen über den internationalen Schutz von Erwachsenen, BtPrax 2006, 83; *Helms*, Reform des internationalen Betreuungsrechts durch das Haager Erwachsenenschutzabkommen, FamRZ 2008, 1995; *Lagarde*, La Convention de La Haye du 13 janvier 2000 sur la protection internationale des adultes, Rev.crit.d.i.p. 2000, 159; *Revillard*, La Convention de la Haye sur la protection des adultes et la pratique du mandat inaptitude, Festschr. Lagarde (2005), S. 725; *Siehr*, Das Haager Übereinkommen über den internationalen Schutz Erwachsener, RabelsZ 64 (2000), 715; *Siehr*, Der internationale Schutz Erwachsener nach dem Haager Übereinkommen, Festschr. Henrich (2000), S. 567; *Wagner*, Die Regierungsentwürfe zur Ratifikation des Haager Übereinkommens vom 13.1.2000 zum internationalen Schutz Erwachsener, IPRax 2007, 11; *Wagner/Beyer*, Das Haager Übereinkommen vom 13.11.2000

---

1 *Schwab*, in: MünchKomm, § 1896 BGB Rz. 131; *Diederichsen*, in: Palandt, § 1902 BGB Rz. 5.

zum internationalen Schutz Erwachsener, BtPrax 2007, 231. Vgl. auch das allgemeine Schrifttum vor Rz. 6281.

6291 Die Vereinheitlichung des internationalen Privat- und Verfahrensrechts auf dem Gebiet des Schutzes körperlich oder geistig Behinderter volljähriger Personen hat sich das **Haager Übereinkommen über den internationalen Schutz Erwachsener (ErwSÜ)** vom 13.1.2000 zum Ziel gesetzt[1]. Dieses Übereinkommen ist von der Bundesrepublik Deutschland am 3.4.2007 ratifiziert worden; ferner hat der deutsche Gesetzgeber bereits ein Ausführungsgesetz zu dem Übereinkommen erlassen[2]. Völkerrechtlich ist das Übereinkommen am 1.1.2009 im Verhältnis zu Frankreich und Schottland in Kraft getreten[3]; es gilt seit dem 1.7.2009 auch für die Schweiz. In Aufbau und Inhalt lehnt sich das Übereinkommen eng an das Haager Kinderschutzübereinkommen von 1996 (KSÜ; dazu oben Rz. 6193 ff.) an. Wie dort sind insbesondere Regelungen zur internationalen Zuständigkeit, zum anwendbaren Recht, zur Anerkennung und Vollstreckung von Schutzmaßnahmen und zur internationalen Behördenkooperation vorgesehen.

a) Anwendungsbereich

6292 Das Übereinkommen ist nach seinem Art. 1 Abs. 1 bei internationalen Sachverhalten auf den Schutz von Erwachsenen anzuwenden, die „aufgrund einer Beeinträchtigung oder der Unzulänglichkeit ihrer persönlichen Fähigkeiten nicht in der Lage sind, ihre Interessen zu schützen"[4]. Erwachsene iSd. Übereinkommens sind Personen, die das 18. Lebensjahr vollendet haben (Art. 2 Abs. 1 ErwSÜ); auf ihre Staatsangehörigkeit kommt es nicht an[5]. Zu den in Art. 3 ErwSÜ beispielhaft aufgeführten Schutzmaßnahmen gehören ua. Entscheidungen über die Handlungsfähigkeit (Art. 3 lit. a ErwSÜ), die Unterstellung des Erwachsenen unter den Schutz eines Gerichts oder einer Behörde (Art. 3 lit. b ErwSÜ) sowie die Anordnung einer Vormundschaft oder Pflegschaft und entsprechende Einrichtungen (Art. 3 lit. c ErwSÜ); darunter fällt insbesondere auch die **Betreuung** nach §§ 1896 ff. BGB[6]. Das Übereinkommen gilt sowohl für die Bestellung wie für die Abberufung des Betreuers, daneben aber auch für die Anordnung eines Einwilligungsvorbehalts und die Genehmigung bestimmter Einzelakte. Ferner werden auch Schutzmaßnahmen des ausländischen Rechts (zB eine dort weiterhin zulässige Entmündigung) erfasst[7]. Außerdem setzt die Anwendung des Übereinkommens nach Art. 1 Abs. 1 einen

---

1 Vgl. den Text im BGBl. I 2007, S. 323 ff., sowie bei *Jayme/Hausmann* Nr. 22. S. dazu den erläuternden Bericht von *Lagarde*, BT-Drucks. 16/3250.
2 Gesetz v. 17.3.2007, BGBl. I 2007, 314; abgedruckt bei *Jayme/Hausmann* Nr. 22a; dazu *Wagner*, IPRax 2007, 11 (14 f.).
3 Bek. v. 12.12.2008, BGBl. II 2009, 39.
4 Zum Begriff der Schutzbedürftigkeit näher *von Hein*, in: Staudinger, Vorbem. zu Art. 24 EGBGB Rz. 22 ff.
5 *Lagarde*, Bericht Nr. 17; *Helms*, FamRZ 2008, 1995; *Wagner*, IPRax 2007, 11 (12).
6 *Siehr*, RabelsZ 64 (2000), 715 (726 f.); *Guttenberger*, S. 84; *Helms*, FamRZ 2008, 1995 f.; *Ludwig*, DNotZ 2009, 251 (263).
7 *Helms*, FamRZ 2008, 1995 (1996).

„**internationalen Sachverhalt**" voraus, der also Bezugspunkte zu mindestens zwei Staaten aufweist. Ein solcher ist insbesondere gegeben, wenn Staatsangehörigkeit und gewöhnlicher Aufenthalt des Erwachsenen divergieren. Darüber hinaus dürfte aber auch die Belegenheit von Vermögen des Erwachsenen in einem anderen Vertragsstaat hierfür ausreichen[1]. Zeitlich gilt das Übereinkommen nur für Maßnahmen, die nach seinem Inkrafttreten im anordnenden Staat getroffen worden sind (Art. 50 Abs. 1 ErwSÜ; vgl. aber zur Vorsorgevollmacht unten Rz. 6295 aE).

b) Internationale Zuständigkeit

Für Maßnahmen zum Schutz der Person oder des Vermögens des Erwachsenen sind nach Art. 5 Abs. 1 ErwSÜ primär die Behörden des Vertragsstaats international zuständig, in dem der Erwachsene seinen **gewöhnlichen Aufenthalt**[2] hat. Verlegt der Erwachsene seinen gewöhnlichen Aufenthalt in einen anderen Vertragsstaat, so werden die Behörden des neuen Aufenthaltsstaats zuständig (Art. 5 Abs. 2 ErwSÜ); eine *perpetuatio fori* wird also ausgeschlossen[3]. Zuvor getroffene Schutzmaßnahmen behalten jedoch ihre Wirkung (Art. 12 ErwSÜ); sie können allerdings durch den neuen Aufenthaltsstaat abgeändert werden. Neben der primären Aufenthaltszuständigkeit sieht das Übereinkommen in Art. 7 eine konkurrierende Zuständigkeit der Behörden des Vertragsstaats vor, dem der Erwachsene angehört (**Heimatzuständigkeit**), sofern diese der Auffassung sind, besser in der Lage zu sein, das Wohl des Erwachsenen zu beurteilen. Diese Zuständigkeit der Heimatbehörden darf allerdings nicht gegen den Willen der Aufenthaltsbehörden ausgeübt werden und die von den Heimatbehörden getroffenen Maßnahmen können von den Aufenthaltsbehörden jederzeit außer Kraft gesetzt werden (Art. 7 Abs. 2, 3 ErwSÜ). Ferner können die Aufenthaltsbehörden zum Wohl des Erwachsenen auch Behörden anderer Staaten ersuchen, Schutzmaßnahmen zu treffen (zB neben den Behörden des Heimatstaats auch diejenigen eines früheren Aufenthaltsstaates oder eines Staates, in dem Vermögen des Erwachsenen belegen ist, Art. 8 ErwSÜ). Weitere Zuständigkeiten sind zugunsten des Staates vorgesehen, in dem Vermögen des Erwachsenen belegen ist (Art. 9 ErwSÜ), sowie für Eilentscheidungen und einstweilige Anordnungen zum Schutz der Person (Art. 10, 11 ErwSÜ)[4]. Während die Art. 5–9 ErwSÜ die internationale Zuständigkeit abschließend regeln,

6293

---

1 *von Hein*, in: Staudinger, Vorbem. zu Art. 24 EGBGB Rz. 28 unter Hinweis auf Art. 10 Abs. 2 ErwSÜ; *Ludwig*, DNotZ 2009, 251 (259 f.); aA *Siehr*, RabelsZ 64 (2000), 715 (722); *Wagner*, IPRax 2007, 11 (12).
2 Der Begriff des gewöhnlichen Aufenthalts ist – ebenso wie nach dem MSA/KSÜ (dazu oben Rz. 6188, 6196) – autonom im Sinne des tatsächlichen Mittelpunkts der Lebensführung auszulegen, vgl. *Helms*, FamRZ 2008, 1995 (1996 f.); *Wagner*, IPRax 2007, 11 (13); *Guttenberg*, S. 90 f.
3 *von Hein*, in: Staudinger, Vorbem. zu Art. 24 EGBGB Rz. 76. Wird der gewöhnliche Aufenthalt in einen Nichtvertragsstaat verlegt, entscheidet über den Fortbestand der internationalen Zuständigkeit das nationale Verfahrensrecht, vgl. *Helms*, FamRZ 2008, 1995 (1996).
4 Näheres zur internationalen Zuständigkeit nach dem Übk. bei *Siehr*, RabelsZ 64 (2000), 715 (728 ff.); *Helms*, FamRZ 2008, 1995 (1996 ff.).

wenn der Erwachsene seinen gewöhnlichen Aufenthalt in einem Vertragsstaat des Übereinkommens hat, können die Art. 10, 11 ErwSÜ auch Anwendung finden, wenn sich der Erwachsene in einem Drittstaat gewöhnlich aufhält[1].

c) Anwendbares Recht
aa) Grundsatz: Lex fori

6294 Kollisionsrechtlich geht das Übereinkommen vom **Gleichlaufprinzip** aus: Gemäß Art. 13 Abs. 1 ErwSÜ wenden die nach Art. 5–12 ErwSÜ zuständigen Behörden auf von ihnen zu treffende Schutzmaßnahmen ihr eigenes Recht an. Sowohl die Voraussetzungen als auch der Inhalt einer von deutschen Gerichten angeordneten Betreuung (zB die Zulässigkeit der Anordnung eines Einwilligungsvorbehalts) unterliegen daher dem deutschen Recht. Dieses gilt dann insbesondere auch für den Umfang der gesetzlichen Vertretungsmacht des Betreuers. Soweit es der Schutz der Person oder des Vermögens des Erwachsenen erfordert, können die nach dem Übereinkommen zuständigen Behörden jedoch ausnahmsweise auch das Recht eines anderen Staates anwenden oder berücksichtigen, zu dem der Sachverhalt eine enge Verbindung hat (Art. 13 Abs. 2 ErwSÜ)[2]. Abweichend von Art. 13 ErwSÜ bestimmt über die **Durchführung von Maßnahmen** durch einen in Deutschland bestellten Betreuer in einem anderen Vertragsstaat (zB Frankreich) hingegen gem. Art. 14 ErwSÜ das dortige Recht; dies gilt insbesondere für vormundschafts- oder betreuungsgerichtliche Genehmigungserfordernisse[3]. Maßnahmen zum Schutz von Erwachsenen, die nicht gerichtlich angeordnet werden müssen, sondern kraft Gesetzes zu ergreifen sind, werden von den Kollisionsnormen des Übereinkommens nicht erfasst[4].

bb) Vorsorgevollmacht

6295 Eine praktische wichtige Sonderanknüpfung sieht das Übereinkommen in seinem Art. 15 für die von einem Erwachsenen erteilte Vorsorgevollmacht (vgl. im deutschen Recht § 1901a S. 2 BGB) vor[5]. Diese Vorschrift kommt unabhängig davon zur Anwendung, ob der Betroffene seinen gewöhnlichen Aufenthalt in einem Vertragsstaat hat[6].

---

1 *Helms*, FamRZ 2008, 1995 (1998); *Guttenberger*, S. 116 (122); aA für Art. 11 ErwSÜ *von Hein*, in: Staudinger, Vorbem. zu Art. 24 EGBGB Rz. 128.
2 Näher zu dieser Ausweichklausel *von Hein*, in: Staudinger, Vorbem. zu Art. 24 EGBGB Rz. 149 ff.; *Guttenberger*, S. 143 ff.
3 *Lagarde*, Bericht Nr. 93 f.; *Siehr*, RabelsZ 64 (2000), 715 (738); *Helms*, FamRZ 2008, 1995 (1999); *Ludwig*, DNotZ 2009, 251 (268 f.).
4 *Lagarde*, Bericht Nr. 19; *Helms*, FamRZ 2008, 1995 (1999); *Ludwig*, DNotZ 2009, 251 (268 f.).
5 Vgl. dazu rechtsvergleichend *Ludwig*, DNotZ 2009, 251 (269 ff.); *von Hein*, in: Staudinger, Vorbem. zu Art. 24 EGBGB Rz. 165 ff.
6 *Guttenberger*, S. 153; *von Hein*, in: Staudinger, Vorbem. zu Art. 24 EGBGB Rz. 179.

Art. 15 ErwSÜ

(1) Das Bestehen, der Umfang, die Änderung und die Beendigung der von einem Erwachsenen entweder durch eine Vereinbarung oder ein einseitiges Rechtsgeschäft eingeräumten Vertretungsmacht, die ausgeübt werden soll, wenn dieser Erwachsene nicht in der Lage ist, seine Interessen zu schützen, werden vom Recht des Staates bestimmt, in dem der Erwachsene im Zeitpunkt der Vereinbarung oder des Rechtsgeschäfts seinen gewöhnlichen Aufenthalt hatte, es sei denn, eines der in Absatz 2 genannten Rechte wurde ausdrücklich schriftlich gewählt.

(2) Die Staaten, deren Recht gewählt werden kann, sind

a) ein Staat, dem der Erwachsene angehört;

b) der Staat eines früheren gewöhnlichen Aufenthalts des Erwachsenen;

c) ein Staat, in dem sich Vermögen des Erwachsenen befindet, hinsichtlich dieses Vermögens.

(3) Die Art und Weise der Ausübung einer solchen Vertretungsmacht wird vom Recht des Staates bestimmt, in dem sie ausgeübt wird.

Nach Art. 15 Abs. 1 ErwSÜ unterliegen das Bestehen, der Umfang, die Änderung und die Beendigung einer Vorsorgevollmacht[1] also – abweichend von den allgemeinen Grundsätzen der Vollmachtsanknüpfung (dazu oben Rz. 5431 ff.) – nicht dem Recht der Niederlassung des berufsmäßigen Vertreters (zB Rechtsanwalts oder Notars) oder dem Recht des Gebrauchsorts der Vollmacht, sondern unwandelbar dem Recht des Staates, in dem der Erwachsene (Vollmachtgeber) im Zeitpunkt der Vollmachtserteilung seinen gewöhnlichen Aufenthalt hat. Die einheitliche Anknüpfung an das Aufenthaltsrecht des Vollmachtgebers gilt auch für die Form der Vorsorgevollmacht und verdrängt die alternative Anknüpfung nach nationalem Kollisionsrecht (zB nach Art. 11 EGBGB)[2]. Der Erwachsene hat allerdings die Möglichkeit, von der Geltung des Aufenthaltsrechts durch ausdrückliche und schriftlich erklärte **Rechtswahl** zugunsten eines der in Art. 15 Abs. 2 ErwSÜ aufgeführten Rechte (Heimatrecht, Recht eines früheren gewöhnlichen Aufenthalts, Belegenheitsrecht von Vermögen) abzuweichen. Das Recht des Gebrauchsorts der Vollmacht gilt nach Art. 15 Abs. 3 ErwSÜ lediglich für die Art und Weise der Ausübung einer Vorsorgevollmacht. Die Abgrenzung zwischen Art. 15 Abs. 1 und 3 ErwSÜ ist allerdings bisher noch nicht geklärt; dies gilt insbesondere für die Anknüpfung von Genehmigungserfordernissen[3]. Die vom Bevollmächtigten in Ausübung der Vollmacht getroffenen Maßnahmen können von den nach dem Übereinkommen zuständigen Behörden gem. Art. 16 ErwSÜ aufgehoben oder geändert werden, wenn sie den Schutz der Person oder des Vermögens des Erwachsenen nicht ausreichend sicherstellen. Entspricht die Vorsorgevollmacht den Anforderungen des Art. 15 ErwSÜ, so ist die Vorschrift auch auf Vollmachten anzu-

---

1 Auf reine Betreuungs- oder Patientenverfügungen ist die Vorschrift nicht anwendbar, vgl. *Helms*, FamRZ 2008, 1995 (1999); *von Hein*, in: Staudinger, Vorbem. zu Art. 24 EGBGB Rz. 178 f.
2 *Guttenberger*, S. 153; *Ludwig*, DNotZ 2009, 251 (274 ff.).
3 Vgl. dazu einerseits *Lagarde*, Bericht Nr. 99; *Ludwig*, DNotZ 2009, 251 (278 f.); *von Hein*, in: Staudinger, Vorbem. zu Art. 24 EGBGB Rz. 204 f.; andererseits *Guttenberger*, BtPrax 2006, 83 (86).

wenden, die vor dem Inkrafttreten des Übereinkommens erteilt wurden (Art. 50 Abs. 3 ErwSÜ).

cc) Sachnormverweisung

6296 Soweit die nach dem Übereinkommen zuständigen Behörden und Gerichte ausnahmsweise nicht ihr eigenes, sondern – zB nach Art. 13 Abs. 2 oder Art. 15 ErwSÜ – fremdes Recht anwenden, haben sie die Sachvorschriften des maßgeblichen Rechts anzuwenden. Rück- und Weiterverweisung sind im gesamten Geltungsbereich des Übereinkommens, also auch bezüglich der Anknüpfung der Vorsorgevollmacht, nach Art. 19 ErwSÜ ausgeschlossen. Dies gilt auch dann, wenn die Verweisung auf das Recht eines Nichtvertragsstaats gerichtet ist.

d) Anerkennung und Vollstreckung

6297 Die von den Behörden eines Vertragsstaats getroffenen Maßnahmen sind nach Art. 22 Abs. 1 ErwSÜ kraft Gesetzes in allen anderen Vertragsstaaten **automatisch anzuerkennen**, ohne dass es hierfür eines besonderen Verfahrens bedürfte. Dies gilt insbesondere für die Vertretungsmacht eines Vormunds, Pflegers oder Betreuers, der somit im Anerkennungsstaat die gleichen Befugnisse wie im Anordnungsstaat hat[1]. Die Anerkennung kann nach Art. 22 Abs. 2 ErwSÜ nur in folgenden Fällen versagt werden:

a) Wenn die Maßnahme von einer Behörde getroffen wurde, die nicht aufgrund oder in Übereinstimmung mit Kapitel II zuständig war[2];

b) wenn die Maßnahme, außer in dringenden Fällen, im Rahmen eines Gerichts- oder Verwaltungsverfahrens getroffen wurde, ohne dass dem Erwachsenen die Möglichkeit eingeräumt worden war, gehört zu werden, und dadurch gegen wesentliche Verfahrensgrundsätze des ersuchten Staates verstoßen wurde;

c) wenn die Anerkennung der öffentlichen Ordnung (ordre public) des ersuchten Staates offensichtlich widerspricht, oder ihr eine Bestimmung des Rechts dieses Staates entgegensteht, die unabhängig vom sonst maßgebenden Recht zwingend ist;

d) wenn die Maßnahme mit einer später in einem Nichtvertragsstaat, der nach den Artikeln 5 bis 9 ErwSÜ zuständig gewesen wäre, getroffenen Maßnahme unvereinbar ist, sofern die spätere Maßnahme die für ihre Anerkennung im ersuchten Staat erforderlichen Voraussetzungen erfüllt;

e) wenn das Verfahren nach Artikel 33 ErwSÜ nicht eingehalten wurde[3].

---

1 *Lagarde*, Bericht Nr. 116; *Guttenberger*, S. 199; *Helms*, FamRZ 2008, 1995 (2000).
2 Bei der Überprüfung der Zuständigkeit sind die Behörden des Anerkennungsstaats an die Tatsachenfeststellungen der anordnenden Behörde gebunden, Art. 24 ErwSÜ.
3 Art. 33 regelt das Konsultationsverfahren bei der Unterbringung des Erwachsenen in einem anderen Vertragsstaat.

Erfordern die in einem Vertragsstaat getroffenen und dort vollstreckbaren Maßnahmen in einem anderen Vertragsstaat Vollstreckungshandlungen, so werden sie in diesem anderen Staat nach Art. 25 Abs. 1 ErwSÜ auf Antrag jeder betroffenen Partei nach dem im Recht dieses Staates vorgesehenen Verfahren für vollstreckbar erklärt. Die Vollstreckbarerklärung darf nur aus den zuvor genannten Gründen des Art. 22 Abs. 2 ErwSÜ versagt werden. Eine Nachprüfung der getroffenen Maßnahme in der Sache ist nach Art. 26 ErwSÜ in jedem Fall verboten.

2. Autonomes Recht
a) Anknüpfung

Da die Betreuung die Funktion der bisherigen Vormundschaft über Volljährige bzw. der Gebrechlichkeitspflegschaft übernimmt, hat der deutsche Gesetzgeber sie auch kollisionsrechtlich an die Seite der Vormundschaft und der Pflegschaft gestellt. In der Sache hat er dabei die bisher für die Entmündigung geltenden Kollisionsregeln des aufgehobenen Art. 8 EGBGB nahezu wortgleich in den Art. 24 Abs. 1 S. 2 und Abs. 3 EGBGB übernommen. Die Bedeutung dieser autonomen Kollisionsregeln ist freilich seit Inkrafttreten des Haager ErwSÜ am 1.1.2009 (Rz. 6291 ff.) stark eingeschränkt. Denn die Kollisionsnormen des Übereinkommens verdrängen das autonome deutsche IPR gem. Art. 3 Nr. 2 EGBGB immer dann, wenn deutsche Gerichte ihre internationale Zuständigkeit auf das Übereinkommen stützen, also insbesondere dann, wenn der Erwachsene seinen gewöhnlichen Aufenthalt im Inland hat (Art. 5 Abs. 1 ErwSÜ); darüber hinaus aber auch dann, wenn die internationale Zuständigkeit der deutschen Gerichte aus der deutschen Staatsangehörigkeit des schutzbedürftigen Erwachsenen (Art. 7 ErwSÜ) oder der Belegenheit von dessen Vermögen im Inland (Art. 9 ErwSÜ) abgeleitet wird. Denn die Kollisionsregeln des Übereinkommens gelten nach seinem Art. 18 als „loi uniforme", dh. auch dann, wenn auf das Recht eines Nichtvertragsstaats verwiesen wird. Art. 24 Abs. 1 S. 1 EGBGB ist daher auf die Anordnung einer Betreuung durch deutsche Gerichte nur noch anwendbar, wenn für einen Deutschen mit gewöhnlichem Aufenthalt in einem Nichtvertragsstaat ein Betreuer bestellt werden soll[1]. Darüber hinaus ist die Vorschrift bei der Anordnung von Schutzmaßnahmen für Deutsche in Nichtvertragsstaaten des Haager ErwSÜ heranzuziehen, soweit das dortige IPR eine Gesamtverweisung auf das deutsche Heimatrecht ausspricht[2].

6298

aa) Voraussetzungen der Anordnung

Die Voraussetzungen für die Anordnung einer Betreuung sowie deren Änderung oder Beendigung bestimmen sich gem. Art. 24 Abs. 1 S. 1 EGBGB grund-

6299

---

1 *Lagarde*, Bericht Nr. 89; *Siehr*, RabelsZ 64 (2000), 715 (736); *Helms*, FamRZ 2008, 1995 (1998); *Ludwig*, DNotZ 2009, 251 (258).
2 Vgl. zur Anordnung einer Betreuung über eine in Österreich lebende Deutsche österreich. OGH 27.11.2007, IPRax 2009, 169 (m. Anm. *von Hein*, IPRax 2009, 173).

sätzlich nach dem Heimatrecht des Betreuten[1]. Allerdings konnte gem. Art. 24 Abs. 1 S. 2 EGBGB für einen Angehörigen eines fremden Staates, der seinen gewöhnlichen Aufenthalt oder – mangels eines solchen – seinen schlichten Aufenthalt im Inland hatte, ein Betreuer auch nach deutschem Recht bestellt werden[2]. Daraus folgte, dass zwar für Deutsche eine Betreuung nur unter den Voraussetzungen der §§ 1896 ff. BGB angeordnet werden konnte. Demgegenüber konnten deutsche Gerichte für Ausländer eine Betreuung *wahlweise* nach deren Heimatrecht oder nach deutschem Recht anordnen[3]. Da es im Ausland jedoch an einem der Betreuung entsprechenden Rechtsinstitut häufig fehlte, hat die Praxis im Regelfall eine Betreuung gem. Art. 24 Abs. 1 S. 2 EGBGB nur nach Maßgabe des deutschen Rechts angeordnet. Seit Inkrafttreten des Haager Erwachsenenschutzübereinkommens am 1.1.2009 ist die Möglichkeit zur Anordnung einer Betreuung nach Art. 24 Abs. 1 S. 2 EGBGB entfallen[4].

bb) Wirkungen der Betreuung

6300 Der Inhalt der Betreuung – und damit auch der Umfang der gesetzlichen Vertretungsmacht des Betreuers – unterliegt hingegen gem. Art. 24 Abs. 3 EGBGB dem Recht des anordnenden Staates[5]. Bei Anordnung der Betreuung durch ein deutsches Betreuungsgericht gelten daher für die gesetzliche Vertretung einschließlich etwaiger Genehmigungserfordernisse in jedem Fall, dh. auch wenn die Voraussetzungen der Betreuung ausnahmsweise einem ausländischem Recht entnommen wurden, die §§ 1902 ff., 1908i Abs. 1 S. 1 BGB. Beschränkungen der Geschäftsfähigkeit des Betreuten aufgrund der Anordnung ergeben sich daher nur, wenn das Betreuungsgericht zugleich einen Einwilligungsvorbehalt nach § 1903 BGB verfügt hat; denn auch die Wirkungen der angeordneten Betreuung gehören zu deren „Inhalt" iSv. Art. 24 Abs. 3 EGBGB[6].

---

1 *Klinkhardt*, in: MünchKomm, Rz. 4, 15; *von Hein*, in: Staudinger, Rz. 4 ff., jeweils zu Art. 24 EGBGB; *Oelkers*, S. 224 ff. Rück- und Weiterverweisung durch das Heimatrecht des Betreuten sind nach Art. 4 Abs. 1 EGBGB zu beachten, vgl. *Oelkers*, S. 255 ff.; *Thorn*, in: Palandt, Art. 24 EGBGB Rz. 1; *Heiderhoff*, in: Bamberger/Roth, Art. 24 EGBGB Rz. 8.
2 Vgl. dazu BayObLG 31.10.2001, BayObLGZ 2001, 324.
3 *Röthel*, BTPrax 2006, 90 (91); *von Hein*, IPRax 2009, 173 (177); *Nitzinger*, S. 106; *Kegel/Schurig*, IPR, § 20 XIV 1; *Kropholler*, IPR, § 50 II 3; *Thorn*, in: Palandt, Rz. 4; *Klinkhardt*, in: MünchKomm, Rz. 19; *von Hein*, in: Staudinger, Rz. 31; *Heiderhoff*, in: Bamberger/Roth, Rz. 21, jeweils zu Art. 24 EGBGB; aA (ausschließliche Geltung deutschen Rechts) *von Bar*, II Rz. 50 ff.; *Hohloch*, in: Erman, Art. 24 EGBGB Rz. 15; *Kegel*, in: Soergel, Art. 24 EGBGB Rz. 4.
4 Vgl. zum Vorrang des ErwSÜ auch für Angehörige von Nichtvertragsstaaten, die ihren gewöhnlichen oder schlichten Aufenthalt im Inland haben, *von Hein*, in: Staudinger, Art. 24 EGBGB Rz. 31 f.
5 *von Hein*, in: Staudinger, Art. 24 EGBGB Rz. 36 ff.; *Thorn*, in: Palandt, Art. 24 EGBGB Rz. 4.
6 *Oelkers* S. 245 ff.; *Klinkhardt*, in: MünchKomm, Art. 24 EGBGB Rz. 25; *Hausmann*, in: Staudinger, Art. 7 EGBGB Rz. 127; *von Hein*, in: Staudinger, Art. 24 EGBGB Rz. 43.

b) Internationale Zuständigkeit

Das Betreuungsverfahren ist nicht mehr – wie das frühere Entmündigungsverfahren – ein Verfahren der streitigen, sondern ein solches der freiwilligen Gerichtsbarkeit (vgl. §§ 271 ff. FamFG). Die internationale Zuständigkeit in Betreuungs-, Unterbringungs- und Pflegschaftssachen, die Erwachsene betreffen, ist seit dem 1.9.2009 selbständig in § 104 FamFG geregelt; sie orientiert sich an der für Vormundschaftssachen geltenden Vorschrift des § 99 FamFG. In der Sache ergeben sich gegenüber der bisherigen Regelung in § 69e iVm. § 35b FGG keine Änderungen. Die Zuständigkeiten sind – wie § 106 FamFG klarstellt – konkurrierend, schließen also eine gleichzeitige Zuständigkeit ausländischer Gerichte nicht aus. Die örtliche Zuständigkeit ergibt sich aus § 272 FamFG.

6301

§ 104 FamFG begründet **drei gleichrangige Zuständigkeiten**, nämlich die Heimatzuständigkeit (Nr. 1), die Aufenthaltszuständigkeit (Nr. 2) und die Fürsorgebedürfniszuständigkeit (Nr. 3). Die Inanspruchnahme der Aufenthaltszuständigkeit nach § 104 Nr. 2 FamFG scheidet allerdings wegen des Vorrangs der Haager ErwSÜ aus. Ferner ergibt sich auch eine internationale Zuständigkeit der deutschen Gerichte nach § 104 Nr. 1 oder Nr. 3 FamFG nur noch in Fällen, in denen sich der zu betreuende Erwachsene nicht in einem Vertragsstaat des Haager ErwSÜ gewöhnlich aufhält (vgl. oben Rz. 6293). Auf eine Darstellung von Einzelheiten kann daher verzichtet werden[1].

6302

Frei.

6303–6310

III. Entmündigung

1. Inländische Entmündigung

Auch Entmündigungen fallen grundsätzlich in den sachlichen Anwendungsbereich des Haager ErwSÜ (vgl. Art. 3 lit. a, b ErwSÜ). Sind danach deutsche Gerichte international zuständig (oben Rz. 6292), so können sie eine Entmündigung idR schon deshalb nicht mehr vornehmen, weil sie nach Art. 13 Abs. 1 ErwSÜ grundsätzlich deutsches Recht als lex fori anzuwenden haben und dieses das Rechtsinstitut der Entmündigung nicht mehr kennt. Nichts anderes gilt aber auch dann, wenn ein deutsches Gericht nach Art. 13 Abs. 2 ErwSÜ ausnahmsweise ausländisches Recht anzuwenden hat, welches die Entmündigung noch kennt. Denn die Anordnung von Beschränkungen der Geschäftsfähigkeit nach ausländischem Recht, die über die mit der Anordnung eines Einwilligungsvorbehalts nach § 1903 BGB verbundenen Wirkungen hinausgehen, verstößt heute offensichtlich gegen den inländischen **ordre public** (Art. 21 ErwSÜ)[2].

6311

---

[1] Vgl. dazu näher *von Hein*, in: Staudinger, Art. 24 EGBGB Rz. 102 ff.
[2] So zum autonomen IPR (Art. 6 EGBGB) *Thorn*, in: Palandt, Art. 7 EGBGB Rz. 3; *Hohloch*, in: Erman, Art. 8 EGBGB Rz. 2; *Hausmann*, in: Staudinger, Art. 7 EGBGB Rz. 119 f.; *von Hein*, in: Staudinger, Art. 24 EGBGB Rz. 5; *von Bar*, II Rz. 47; aA *Kegel*,

2. Ausländische Entmündigung

6312 Können danach in Deutschland Entmündigungen nicht mehr ausgesprochen werden, so schließt dies freilich nicht aus, eine im Ausland angeordnete Entmündigung auch **mit Wirkung für das Inland** anzuerkennen[1]. Insoweit ist künftig danach zu entscheiden, ob die Entmündigung in einem Vertragsstaat des Haager Erwachsenenschutzübereinkommens oder in einem Drittstaat ausgesprochen wurde.

a) Haager Erwachsenenschutzübereinkommen

6313 Den in einem Vertragsstaat des Übereinkommens ergangenen Entscheidungen über die Entmündigung eines Erwachsenen kann die Anerkennung nur unter den Voraussetzungen des Art. 22 Abs. 2 ErwSÜ (dazu oben Rz. 6297) versagt werden. Die Anerkennung der Auslandsentmündigung eines Deutschen scheitert nicht deshalb an Art. 22 Abs. 2 lit. c ErwSÜ (ordre public), weil das deutsche Recht einen entsprechenden Betreuungsgrund nicht kennt[2]; der inländische Rechtsverkehr wird allerdings gegenüber unbekannten Entmündigungsgründen des ausländischen Rechts geschützt (dazu unten Rz. 6322). Die Entmündigung eines Deutschen im Staat seines gewöhnlichen Aufenthalts kann jedoch im Inland nur mit den Wirkungen einer Betreuung deutschen Rechts in deren weitestreichendem Umfang (dh. einschließlich eines angeordneten Einwilligungsvorbehalts nach § 1903 BGB) anerkannt werden; eine darüber hinaus gehende Entziehung der Geschäftsfähigkeit verletzt hingegen den deutschen ordre public[3].

b) Autonomes Recht

aa) Entmündigung von Deutschen

6314 Während die deutschen Gerichte bis zum 2. Weltkrieg die ausschließliche internationale Zuständigkeit für die Entmündigung von Deutschen in Anspruch genommen und deshalb ausländische Entmündigungen von Deutschen überhaupt nicht anerkannt haben[4], hat sich der BGH im Jahre 1955[5] für die grund-

---

in: Soergel, Anh. zu Art. 7 EGBGB Rz. 13 ff.; *Mäsch*, in: Bamberger/Roth, Art. 7 EGBGB Rz. 50; *Röthel*, IPRax 2006, 90 (91).

[1] *von Bar*, II Rz. 48; *Kropholler*, IPR, § 42 II; *Thorn*, in: Palandt, Art. 7 EGBGB Rz. 9; aA (Verstoß gegen den deutschen ordre public) *Nitzinger*, S. 44 ff.; *Hohloch*, in: Erman, Art. 8 EGBGB Rz. 2.

[2] *Kegel*, in: Soergel, Anh. zu Art. 7 EGBGB Rz. 18; *Oelkers*, S. 292 f. (318); aA *Hohloch*, in: Erman, Art. 8 EGBGB Rz. 2.

[3] Vgl. idS zum bisherigen autonomen Anerkennungsrecht (§ 16a Nr. 4 FGG) *von Bar*, II Rz. 48; *Oelkers* S. 297 ff., 318; *Thorn*, in: Palandt, Art. 7 EGBGB Rz. 9; *Schotten/Schmellenkamp*, Rz. 57; *Hausmann*, in: Staudinger, Art. 7 EGBGB Rz. 122; *Heiderhoff*, in: Bamberger/Roth, Art. 24 EGBGB Rz. 41; *Kropholler*, IPR, § 42 II; *von Hein*, in: Staudinger, Art. 24 EGBGB Rz. 133; aA *Mäsch*, in: Bamberger/Roth, Art. 7 EGBGB Rz. 52.

[4] Vgl. OLG München 16.3.1927, IPRspr. 1928 Nr. 55; dazu *von Bar*, II Rz. 48 mwN.

[5] BGH 7.12.1955, BGHZ 19, 240 (244 f.) = JZ 1956, 535 m. Anm. *Neuhaus* = IPRspr. 1954/55 Nr. 4.

sätzliche Anerkennung der Entmündigung eines Deutschen durch die Behörden des ausländischen Aufenthaltsstaats ausgesprochen. Im autonomen deutschen Recht richtet sich die Anerkennung ausländischer Entmündigungen seit dem 1.9.2009 nach § 109 FamFG, weil es sich bei der Entmündigung der Sache nach um einen Akt der freiwilligen Gerichtsbarkeit handelt und das ihr funktional entsprechende Rechtsinstitut der Betreuung dementsprechend auch in §§ 271 ff. FamFG geregelt ist[1]. Dies gilt unabhängig davon, ob die ausländische Entscheidung durch Urteil oder durch Beschluss ergangen ist, weil § 328 Abs. 1 Nr. 5 ZPO auf Entscheidungen der freiwilligen Gerichtsbarkeit nicht passt[2]. Die internationale Anerkennungszuständigkeit iSv. § 109 Nr. 1 FamFG ist im Wege der spiegelbildlichen Anwendung der Zuständigkeitsvorschriften für die Betreuung (§ 104 FamFG) festzustellen[3]. Für die Reichweite der Anerkennung von Wirkungen der ausländischen Entmündigung eines Deutschen gilt das zum Haager ErwSÜ Gesagte (Rz. 6313) entsprechend.

bb) Entmündigung von Ausländern

Da die Entmündigung eines Ausländers dazu dient, dem Betroffenen die Geschäftsfähigkeit zu entziehen oder dieselbe zumindest einzuschränken, beurteilen sich die Voraussetzungen und Wirkungen der Entmündigung eines Ausländers grundsätzlich nach seinem **Heimatrecht** (Art. 7 Abs. 1 EGBGB)[4]. Aus diesem Grunde ist die Entmündigung eines Ausländers in seinem Heimatstaat in Deutschland schon kollisionsrechtlich anzuerkennen und zwar – vorbehaltlich des ordre public (Art. 6 EGBGB) – mit den Wirkungen, die ihr nach diesem Recht zukommen. Dasselbe gilt für die Entmündigung eines Ausländers in einem Drittstaat, sofern der Heimatstaat sie anerkennt[5]. Die hL beurteilt demgegenüber die Entmündigung von Ausländern ebenso wie die Entmündigung von Deutschen – in Übereinstimmung mit Art. 22 ff. des Haager Erwachsenenschutzübereinkommens (Rz. 6297) – ausschließlich nach verfahrensrechtlichen Grundsätzen (§ 109 FamFG)[6]. Der inländische Rechtsverkehr wird freilich gegenüber im deutschen Recht nicht bekannten Entmündigungswirkungen des ausländischen Rechts geschützt (dazu unten Rz. 6321 ff.).

6315

Frei.

6316–6320

---

1 Ebenso schon zur Vorgängernorm in § 16a FGG *Kropholler*, IPR, § 42 II; *Thorn*, in: Palandt, Art. 7 EGBGB Rz. 9; *Geimer*, in: Zöller, § 328 ZPO Rz. 91; *Oelkers*, S. 268 ff.; *Nitzinger*, S. 129 ff., jeweils mwN.
2 *von Hein*, in: Staudinger, Art. 24 EGBGB Rz. 133; *Martiny*, Hdb. IZVR, III/1 Rz. 511 f. mwN.
3 *von Hein*, in: Staudinger, Art. 24 EGBGB Rz. 133; ebenso schon zu § 16a Nr. 1 FGG *von Hoffmann/Thorn*, § 7 Rz. 11a; *Oelkers*, S. 278 f.
4 Vgl. näher *Hausmann*, in: Staudinger, Art. 7 EGBGB Rz. 108, 123.
5 RG 24.10.1912, RGZ 80, 262 f.; *Beitzke*, in: Staudinger, 12. Aufl., Art. 8 EGBGB aF Rz. 46; *Schotten/Schmellenkamp*, Rz. 57; *Hausmann*, in: Staudinger, Art. 7 EGBGB Rz. 123 mwN.
6 Vgl. *von Hein*, in: Staudinger, Art. 24 EGBGB Rz. 131 ff.; ebenso zur Vorgängernorm des § 16a FGG *Kegel*, in: Soergel, Anh. zu Art. 7 EGBGB Rz. 12; *Thorn*, in: Palandt, Art. 7 EGBGB Rz. 9; *Kropholler*, IPR, § 42 II; *Oelkers*, S. 313 f. mwN.

IV. Schutz des Rechtsverkehrs

1. Beschränkungen der Geschäftsfähigkeit

a) Gesetzliche Beschränkungen

6321 Da gesetzliche Beschränkungen der Geschäftsfähigkeit (zB aufgrund von Geisteskrankheit) idR aus keinem Register zu ersehen sind, steht der Rechtsverkehr ihnen praktisch ohne Sicherungsmöglichkeit gegenüber. Zwar gilt der Verkehrsschutz nach Art. 13 Rom I-VO grundsätzlich auch für Beschränkungen der Geschäftsfähigkeit erwachsener Personen; da aber krankhafte Störungen der Geistestätigkeit, die zu einem die freie Willensbildung ausschließenden Zustand führen, nach praktisch allen Rechten Geschäftsunfähigkeit zur Folge haben, ist die Bedeutung des Verkehrsschutzes – anders als bei Vertragsschlüssen durch Minderjährige – gering. Immerhin gilt die im deutschen Recht neu eingeführte Teilgeschäftsfähigkeit von geschäftsunfähigen Volljährigen für Geschäfte des täglichen Lebens, die mit geringwertigen Mitteln bewirkt werden können (§ 105a BGB), gem. Art. 13 Rom I-VO auch für Ausländer, die im Inland ein solches Geschäft mit einem gutgläubigen Vertragspartner tätigen.

b) Gerichtliche Beschränkungen

6322 Bereits der früher in Art. 7 Abs. 3 EGBGB aF geregelte Verkehrsschutz wurde auf Beschränkungen infolge ausländischer Entmündigungen erstreckt, die im Inland anzuerkennen waren. Danach wurde der inländische Rechtsverkehr gegen im deutschen Recht unbekannte Entmündigungsgründe und -wirkungen geschützt[1]. Auch nach ihrer Abschaffung im Inland ist das Rechtsinstitut der Entmündigung mit zT erheblich weitergehenden Auswirkungen auf die Geschäftsfähigkeit des Entmündigten zahlreichen ausländischen Rechtsordnungen weiterhin bekannt[2]. Deshalb bedarf der inländische Rechtsverkehr auch weiterhin des Schutzes gegenüber einem Entzug der Geschäftsfähigkeit nach ausländischem Entmündigungsrecht sowie gegenüber den zT sehr unterschiedlichen Beschränkungen der Geschäftsfähigkeit durch Maßnahmen zum Schutze Erwachsener nach ausländischem Recht[3]. Das Bedürfnis nach einem solchen Schutz ist sogar besonders stark, weil Beschränkungen aufgrund ausländischer Gerichts- oder Behördenentscheidungen für den inländischen Vertragspartner noch schwerer zu erkennen sind als Beschränkungen kraft ausländischer gesetzlicher Vorschriften. Deshalb schützt Art. 13 Rom I-VO den gutgläubigen Vertragspartner allseitig gegen im Abschlussstaat unbekannte Entmündigungsgründe sowie gegen stärkere Wirkungen einer Auslandsentmündigung auf die Verpflichtungsfähigkeit des Betroffenen[4]. Gehen die Wir-

---

1 *Beitzke*, in: Staudinger, 12. Aufl., Art. 7 EGBGB aF Rz. 82 mwN.
2 So zB in Belgien, Italien, Polen, Portugal, der Schweiz, Spanien und der Türkei; vgl. *Hausmann*, in: Staudinger, Art. 7 EGBGB Rz. 117.
3 Dazu *Pousson-Petit*, La protection personelle des malades mentaux dans les principaux droit européens, Eur.Rev.Priv.L. 3 (1995), 383 ff.; *Oelkers*, S. 112 ff.
4 Vgl. idS zum bisherigen Recht (Art. 12 S. 1 EGBGB/Art. 11 EVÜ) *Oelkers*, S. 304 f.; *G. Fischer*, S. 127 ff.; *Lipp*, RabelsZ 63 (1999), 107 (137 f.); *Thorn*, in: Palandt, Art. 12

kungen der Entmündigung nach ausländischem Recht allerdings über die Wirkungen eines Einwilligungsvorbehalts nach § 1903 BGB hinaus, so scheitert ihre Anerkennung, soweit *deutsche* Staatsangehörige betroffen sind, bereits am ordre public-Vorbehalt des Art. 22 Abs. 2 lit. c ErwSÜ bzw des § 109 Abs. 1 Nr. 4 FamFG (dazu oben Rz. 6312 f.)[1].

2. Mängel der gesetzlichen Vertretungsmacht

Gesetzliche Vorschriften oder Gerichtsentscheidungen, welche die Fähigkeit eines Betreuers oder eines sonstigen gesetzlichen Vertreters eines Erwachsenen einschränken, betreffen weder die Geschäftsfähigkeit des Vertretenen, noch diejenige des gesetzlichen Vertreters. Im Rechtsverkehr macht es allerdings keinen wesentlichen Unterschied, ob sich die Unwirksamkeit eines Schuldvertrags aus der mangelnden Geschäftsfähigkeit einer Vertragspartei ergibt, wenn diese selbst handelt, oder aus Vorschriften, die lediglich die Willensergänzung (zB durch das Erfordernis einer vormundschaftlichen Genehmigung) der nicht (voll) geschäftsfähigen Vertragspartei durch einen gesetzlichen Vertreter betreffen. Denn der Vertragspartner ist in beiden Fällen mit einer unübersichtlichen kollisions- und materiellrechtlichen Situation konfrontiert, die ihren Grund letztlich in der mangelnden oder beschränkten Geschäftsfähigkeit des anderen Teils hat. Hat sich der Vertragspartner daher auf die nach dem Recht des Abschlussortes bestehende gesetzliche Vertretungsmacht verlassen, die nach dem Vertretungsstatut nicht bestand, so wird er in analoger Anwendung von Art. 13 Rom I-VO in seinem Vertrauen geschützt[2].   6323

Im Geltungsbereich des Haager Erwachsenenschutzübereinkommens (dazu oben Rz. 6292) hat die in Art. 17 dieses Übereinkommens enthaltene Verkehrsschutzregel als lex specialis allerdings Vorrang vor der analogen Anwendung des Art. 13 Rom I-VO. Dies gilt nach Art. 18 des Übereinkommens auch dann, wenn als Vertretungs- oder Abschlussstatut das Recht eines Nichtvertragsstaats zur Anwendung berufen ist. Ferner ist auch ein Handeln des (Schein-)Vertreters in einem Vertragstaat nicht erforderlich[3]. Der Verkehrsschutz nach Art. 17 ErwSÜ ist gegenüber dem allgemeinen Schutz nach Art. 13 Rom I-VO insofern eingeschränkt, als er nur Rechtsgeschäfte **unter Anwesenden** im Abschlussstaat erfasst (Art. 17 Abs. 2 ErwSÜ); hierfür genügt allerdings, dass Vertreter und Dritter sich bei Abgabe ihrer Willenserklärungen   6324

EGBGB Rz. 4; *Spellenberg*, in: MünchKomm, Art. 12 EGBGB Rz. 26; *Mäsch*, in: Bamberger/Roth, Art. 12 EGBGB Rz. 21; *Hausmann*, in: Staudinger, Art. 7 EGBGB Rz. 122 ff. und Art. 12 EGBGB Rz. 19 ff., 75 f.

1 Ein Verkehrsschutz nach Art. 13 Rom I-VO kommt in diesem Fall nicht in Betracht, weil die Vorschrift nur eingreift, wenn Ortsrecht und Fähigkeitsstatut auseinander fallen, vgl. zum bisherigen Recht *Spellenberg*, in: MünchKomm, Art. 12 EGBGB Rz. 54; *Hausmann*, in: Staudinger, Art. 12 EGBGB Rz. 56.
2 *G. Fischer*, S. 191 ff.; *Kropholler*, IPR, § 42 I 3d; *Schotten/Schmellenkamp*, Rz. 107; *Spellenberg*, in: MünchKomm, At. 12 EGBGB Rz. 42; *Hausmann*, in: Staudinger, Art. 12 EGBGB Rz. 30 mwN.
3 *Guttenberger*, S. 181; *von Hein*, in: Staudinger, Vorbem. zu Art. 24 EGBGB Rz. 216 f.; aA *Siehr*, RabelsZ 64 (2000), 715 (741 f.); *Ludwig*, DNotZ 2009, 251(283).

im gleichen Staat befinden[1]. Auf der anderen Seite greift er in sachlicher Hinsicht weit über Art. 13 Rom I-VO hinaus, weil er für alle unter Anwesenden geschlossenen Geschäfte gilt, also auch für solche des Familien- und Erbrechts, sowie für Verfügungen über im Ausland belegene Grundstücke[2].

6325–6330 Frei.

V. Zusammenfassung mit Handlungsanleitung

1. Gesetzliche Beschränkungen

6331 Gesetzliche Beschränkungen der Geschäftsfähigkeit eines Volljährigen infolge geistiger oder körperlicher Gebrechen sind gem. Art. 7 Abs. 1 EGBGB dem Heimatrecht des Betroffenen zu entnehmen; dieses entscheidet auch darüber, ob ein geschäftsunfähiger Volljähriger gewisse Rechtsgeschäfte des täglichen Lebens wirksam vornehmen kann.

2. Betreuung

6332 a) Seit dem 1.1.2009 hat das **Haager Erwachsenenschutzübereinkommen** Vorrang vor dem deutschen autonomen Kollisions- und Verfahrensrecht, soweit es um die internationale Zuständigkeit, das anwendbare Recht sowie die Anerkennung und Vollstreckung von Entscheidungen auf dem Gebiet der Schutzmaßnahmen zugunsten von Erwachsenen geht. Die Kollisionsregeln des Übereinkommens kommen immer dann zur Anwendung, wenn die deutschen Gerichte nach Art. 5–12 ErwSÜ für Schutzmaßnahmen international zuständig sind. Nach Art. 13 Abs. 1 ErwSÜ gilt dann grundsätzlich das Gleichlaufprinzip.

b) Nach autonomem Recht bestimmen sich die Voraussetzungen für die Anordnung einer Betreuung grundsätzlich nach dem **Heimatrecht des Betreuten.** Jedoch kann für einen Ausländer, der seinen gewöhnlichen Aufenthalt im Inland hat, ein Betreuer auch nach deutschem Recht bestellt werden (Art. 24 Abs. 1 EGBGB). Demgegenüber unterliegt der Inhalt der Betreuung – und damit auch der Umfang der gesetzlichen Vertretungsmacht des Betreuers – dem **Recht des anordnenden Staates** (Art. 24 Abs. 3 EGBGB). Für die gesetzliche Vertretungsmacht des von einem deutschen Gericht eingesetzten Betreuers gelten daher in jedem Falle die §§ 1901 ff. BGB.

3. Entmündigung

6333 a) Eine **Entmündigung durch deutsche Gerichte** ist seit dem 1.1.1992 ausgeschlossen; dies gilt auch dann, wenn das ausländische Personalstatut die Entmündigung weiterhin vorsieht.

---

[1] *Guttenberger*, S. 181; *Ludwig*, DNotZ 2009, 251 (283).
[2] *Siehr*, RabelsZ 64 (2000), 715 (741 f.); *von Hein*, in: Staudinger, Vorbem. zu Art. 24 EGBGB Rz. 220.

b) Die **Anerkennung ausländischer Entmündigungen** bleibt jedoch weiterhin möglich; sie richtet sich im Anwendungsbereich des Haager Erwachsenenschutzübereinkommens nach dessen Art. 22 Abs. 2, ansonsten grundsätzlich nach § 109 FamFG. Daneben kommt bei der Entmündigung von Ausländern auch eine kollisionsrechtliche Anerkennung nach Art. 7 Abs. 1 EGBGB in Betracht. In ihren Wirkungen ist die Auslandsentmündigung der Anordnung einer Betreuung mit Einwilligungsvorbehalt gleichzustellen.

4. Schutz des Rechtsverkehrs

Soweit nicht bereits der ordre public-Vorbehalt nach Art. 22 Abs. 2 lit. c ErwSÜ/§ 109 Nr. 4 FamFG bzw. Art. 6 EGBGB eingreift, sind die Wirkungen einer Auslandsentmündigung (auch von Ausländern) gegenüber gutgläubigen Vertragspartnern im Inland nach Maßgabe von **Art. 13 Rom I-VO** eingeschränkt. Diese Verkehrsschutznorm ist auch auf Mängel der gesetzlichen Vertretungsmacht eines im Ausland bestellten Betreuers oder sonstigen gesetzlichen Vertreters analog anzuwenden, soweit nicht die speziellere Regel des Art. 17 ErwSÜ eingreift. 6334

Frei. 6335–6350

7. Teil: Gerichtsstands- und Schiedsvereinbarungen

Übersicht

	Rz.		Rz.
A. Gerichtsstandsvereinbarungen	6352	B. Schiedsvereinbarungen	6550
I. Allgemeine Grundsätze	6352	I. Allgemeine Grundsätze	6550
II. EuGVO und autonomes Recht	6371	II. Bestimmung und Reichweite des auf die Schiedsvereinbarung anzuwendenden Rechts	6611
III. Zustandekommen der Gerichtsstandsvereinbarung	6411		
IV. Form der Gerichtsstandsvereinbarung	6431	III. Form der Schiedsvereinbarungen	6671
V. Zulässigkeit der Gerichtsstandsvereinbarung	6481	IV. Zulässigkeit von Schiedsvereinbarungen	6741
VI. Wirkungen der Gerichtsstandsvereinbarung	6501	V. Wirkungen der Schiedsvereinbarungen	6771
VII. Zusammenfassung mit Handlungsanleitung	6541	VI. Zusammenfassung mit Handlungsanleitung	6801

Neben der Bestimmung des anwendbaren Rechts kommt in internationalen Schuldverträgen vor allem der Wahl des Forums für Streitigkeiten über die Gültigkeit des Vertrages und die Erfüllung der vertraglichen Verpflichtungen erhebliche praktische Bedeutung zu. Dabei können die Parteien – zumindest im kaufmännischen Rechtsverkehr – in der Regel wählen, ob sie die Streitentscheidung einem staatlichen Gericht oder einem Schiedsgericht anvertrauen wollen. 6351

A. Gerichtsstandsvereinbarungen

	Rz.		Rz.
I. Allgemeine Grundsätze	6352	a) Wohnsitz einer Partei in einem Mitgliedstaat	6371
1. Normzweck	6352		
2. Gegenstand	6353	b) Gewähltes Gericht in einem Mitgliedstaat	6373
a) Prorogation und Derogation	6353		
b) Gerichts- und Rechtswahl	6354	c) Bezug zu mehreren Mitgliedstaaten?	6374
3. Rechtsnatur der Vereinbarung	6355		
4. Rechtsquellen	6357	aa) Reiner Inlandssachverhalt	6375
a) EuGVO	6357		
b) Luganer Übereinkommen	6358	bb) Bloßer Drittstaatenbezug	6376
c) Haager Übereinkommen	6359	d) Maßgeblicher Zeitpunkt	6379
d) Staatsverträge auf besonderen Rechtsgebieten	6360	2. Räumlich-persönlicher Anwendungsbereich des Luganer Übereinkommens	6382
e) Autonomes Recht	6361	3. Konkurrenzen	6383
II. EuGVO und autonomes Recht	6371	a) EuGVO – Luganer Übereinkommen	6383
1. Räumlich-persönlicher Anwendungsbereich der EuGVO	6371		

Hausmann | 1939

b) EuGVO und Staatsverträge auf besonderen Rechtsgebieten 6384
c) EuGVO und autonomes Recht 6388
  aa) §§ 38–40 ZPO 6388
  bb) Sonstige nationale Prorogationsbeschränkungen 6389
III. **Zustandekommen der Gerichtsstandsvereinbarung** 6411
  1. Willenseinigung 6411
    a) Autonome Auslegung 6411
    b) Vereinbarung und Formerfordernisse 6415
  2. Vereins- oder Gesellschaftssatzung 6417
  3. Trust-Bedingungen 6418
IV. **Form der Gerichtsstandsvereinbarung** 6431
  1. Allgemeines 6431
  2. Schriftliche Vereinbarung 6434
    a) Grundsatz 6434
    b) Allgemeine Geschäftsbedingungen 6437
    c) Vereins- oder Gesellschaftssatzung 6442
    d) Elektronische Übermittlungen 6443
  3. Schriftliche Bestätigung einer mündlichen Vereinbarung 6444
    a) Mündliche Vereinbarung ... 6444
    b) Schriftliche Bestätigung ... 6448
  4. Vertragsschluss nach den Gepflogenheiten zwischen den Parteien 6451
  5. Vertragsschluss gem. internationalen Handelsbräuchen 6453
    a) Entstehungsgeschichte und Normzweck 6453
    b) Handelsbrauch 6455
    c) Internationaler Handel 6458
    d) Einzelfälle 6459
    e) Kenntnis der Parteien 6462
    f) Konnossement 6464
V. **Zulässigkeit der Gerichtsstandsvereinbarung** 6481
  1. Hinreichende Bestimmtheit ... 6481
    a) Bestimmtes Rechtsverhältnis 6481

b) Bestimmtes Gericht 6483
2. Keine ausschließliche Zuständigkeit 6486
3. Schutz von Versicherungsnehmern, Verbrauchern und Arbeitnehmern 6487
4. Weitergehende europäische Missbrauchskontrolle? 6489
VI. **Wirkungen der Gerichtsstandsvereinbarung** 6501
  1. Ausschließliche oder konkurrierende Zuständigkeit der prorogierten Gerichte? 6501
  2. Vereinbarungen nur zugunsten einer Partei 6503
  3. Gerichtsstandsvereinbarungen mit Wirkung für Dritte 6506
    a) Grundsatz 6506
    b) Versicherungsvertrag 6510
    c) Konnossement 6511
  4. Objektive Reichweite der Gerichtsstandsvereinbarung 6514
  5. Wirkungen der Gerichtsstandsvereinbarung im Prozess 6516
    a) Prüfung der Gerichtsstandsvereinbarung 6516
    b) Bindung der derogierten Gerichte 6518
    c) Widerklage 6519
    d) Prozessaufrechnung 6520
    e) Gewährleistungs- und Interventionsklage 6523
    f) Einstweiliger Rechtsschutz .. 6524
VII. **Zusammenfassung mit Handlungsanleitung** 6541
  1. Vorrang von EG-Recht und Staatsverträgen 6541
  2. Gerichtsstandsvereinbarungen nach Art. 23 EuGVO 6542
  3. Autonomes Recht 6543
  4. Klauselbeispiele 6544
    a) Ausschließliche Gerichtsstandsklausel 6544
    b) Fakultative Gerichtsstandsklausel 6545
    c) Alternative Gerichtsstandsklausel 6546
    d) Einseitig begünstigende Gerichtsstandsklausel 6547

Literatur (zur älteren Literatur vgl. Vorauflagen):

Literatur zu allgemeinen Grundlagen und zum deutschen IZPR: *Alexander*, Gerichtsstands- und Schiedsvereinbarungen im E-Commerce sowie außergerichtliche Streitbeilegung (2006); *von Baum*, Die prozessuale Modifizierung von Wertpapieren durch Gerichtsstands- und Schiedsvereinbarungen (1998); *Borges*, Die europäische Klauselrichtlinie und der deutsche Zivilprozess, RIW 2001, 933; *Born*, International Arbitration and Forum Selection Agreements: Drafting and Enforcing (2006); *Franzen*, Internationale Gerichtsstandsvereinbarungen in Arbeitsverträgen zwischen EuGVÜ und autonomem internationalen Zivilprozessrecht, RIW 2000, 81; *Geimer*, Zuständigkeitsvereinbarungen zugunsten und zulasten Dritter, NJW 1985, 533; *Gottwald*, Grenzen internationaler Gerichtsstandsvereinbarungen, Festschr. Firsching (1985), S. 89; *Gottwald*, Internationale Gerichtsstandsvereinbarungen – Verträge zwischen Prozessrecht und materiellem Recht, Festschr. Henckel (1995), S. 295; *Heiss*, Die Form internationaler Gerichtsstandsvereinbarungen, ZfRV 2000, 202; *Hernández-Bretón*, Internationale Gerichtsstandsklauseln in Allgemeinen Geschäftsbedingungen (1993); *Hess*, Gerichtsstandsvereinbarungen zwischen EuGVÜ und ZPO, IPRax 1992, 358; *Kim*, Internationale Gerichtsstandsvereinbarungen (1995); *Koch*, Zur Bewertung von Gerichtsstandsklauseln und Erfüllungsortsvereinbarungen im internationalen Handelsverkehr, JZ 1997, 841; *Kropholler*, Handbuch des internationalen Zivilprozessrechts, Bd. I (1982), Kap. III; *Leipold*, Zuständigkeitsvereinbarungen in Europa, in: Gottwald/Greger/Prütting (Hrsg.), Dogmatische Grundfragen des Zivilprozesses im geeinten Europa (2000), S. 51; *Leible*, Gerichtsstandsklauseln und EG-Klauselrichtlinie, RIW 2001, 422; *Lindenmayr*, Vereinbarungen über die internationale Zuständigkeit und das darauf anwendbare Recht (2002); *Mankowski*, Ist eine vertragliche Absicherung von Gerichtsstandsvereinbarungen möglich?, IPRax 2009, 23; *Mohs*, Drittwirkung von Schieds- und Gerichtsstandsvereinbarungen (2006); *Pfeiffer*, Gerichtsstandsklauseln und EG-Klauselrichtlinie, Festschr. Schütze (1999), S. 671; *Rasmussen-Bonne*, Alternative Rechts- und Forumswahlklauseln (1999); *Redmann*, Ordre public-Kontrolle von Gerichtsstandsvereinbarungen (2005); *G. Roth*, Internationalrechtliche Probleme bei Prorogation und Derogation, ZZP 93 (1980), 156; *Saenger*, Wirksamkeit internationaler Gerichtsstandsvereinbarungen, Festschr. Sandrock (2000), S. 87; *F. Sandrock*, Die Vereinbarung eines „neutralen" internationalen Gerichtsstandes (1997); *Sieg*, Internationale Gerichtsstands- und Schiedsklauseln in Allgemeinen Geschäftsbedingungen, RIW 1998, 102; *Sternke*, Prozessuale Klauseln in Allgemeinen Geschäftsbedingungen (1993); *Stöve*, Gerichtsstandsvereinbarungen nach Handelsbrauch, Art. 17 EuGVÜ und § 38 ZPO (1994); *Wagner*, Prozessverträge – Privatautonomie im Verfahrensrecht (1998); *Weller*, Ordre public-Kontrolle internationaler Gerichtsstandsvereinbarungen im autonomen Zuständigkeitsrecht (2005); *Wilske/Kocher*, Gerichtsstandsvereinbarungen nach Rechtshängigkeit – Ein Vergleich zwischen ZPO und EuGVÜ, NJW 2000, 3549.

Literatur zu EuGVO/EuGVÜ und Luganer Übereinkommen: *Addis*, La conferma per iscritto della proroga verbale di competenza (art. 17 della convenzione di Bruxelles), Riv.trim.dir.proc.civ. 1998, 831; *Ancel*, La clause attributive de juridiction selon l'article 17 de la Convention de Bruxelles, Riv.dir.int.priv.proc. 1991, 263; *Aull*, Internationale Gerichtsstandsvereinbarungen bei gemeinsamem Sitz der Parteien in einem Vertragsstaat des EuGVÜ, JbItalR 2 (1989), 157; *Aull*, Der Geltungsanspruch des EuGVÜ: „Binnensachverhalte" und Internationales Zivilverfahrensrecht in der Europäischen Union. Zur Auslegung von Art. 17 Abs. 1 S. 1 EuGVÜ (1996); *Aull*, Zur isolierten Prorogation nach Art. 17 Abs. 1 LugÜ, IPRax 1999, 226; *Benecke*, Die teleologische Reduktion des räumlich-persönlichen Anwendungsbereichs von Art. 2 ff. und Art. 17 EuGVÜ (Diss. Bielefeld 1993); *Boccafoschi*, Zuständigkeits- und Gerichtsstandsvereinbarungen im deutschen und italienischen Recht unter besonderer Berücksichtigung des EuGVÜ und der EuGVVO (2005); *Bork*, Gerichtsstandsklauseln in Satzungen von Kapitalgesellschaften, ZHR 157 (1993), 48; *Born*, Le régime général des clauses attributives de juridiction dans la Convention de Bruxelles, J.T. 1995, 353; *Burgstaller*, Probleme der Prorogation nach dem Luganer Übereinkommen, JBl. 1998, 691; *Carbone*, La disciplina comunitaria della „proroga della giurisdizione" in materia civile e commerciale, Dir.com.int. 1989, 351; *Coipel/Cordonnier,* Les conventions d'arbitrage et d'élection de for en droit international privé (1999); *Contaldi,* Le clausole di proroga della giurisdizione contenute in polizze di carico ed il nuovo testo dell'art. 17 della convenzione di Bruxelles del 1968, Riv.dir.int.priv.proc. 1998, 79; *Contaldi,* L'art. 17 della Convenzione di Bruxelles del 1968 et l'opponibilità della clausola di proroga della giurisdizione contenute in polizze di carico, Riv.dir.int.priv.proc. 1999, 889; *Deli,* Gli usi del commercio internazionale nel nuovo testo dell' art. 17 della convenzione di Bruxelles del 1968, Riv.dir.int.priv.proc. 1989, 27; *Dörner/Staudinger,* Internationale Zuständigkeit – Vertragsstaatenbezug, rügelose Einlassung und Gerichtsstandsklausel, IPRax 1999, 338; *Duintjer-Tebbens,* Internationale Kaufverträge und EuGVÜ: Gerichtsstandsklausel in AGB und Erfüllungsort nach EKG, IPRax 1985, 262; *Fuchs,* Aspekte der Schriftform nach Art. 17 EuGVÜ und nach Art. II des UN-Schiedsgerichtsübereinkommens (Diss. Bonn 1985); *Gaudemet-Tallon,* Gerichtsstandsvereinbarungen im Brüsseler Übereinkommen, in: EuGH (Hrsg.), Internationale Zuständigkeit und Urteilsanerkennung in Europa (1993), S. 117; *Gebauer,* Zur Drittwirkung von Gerichtsstandsvereinbarungen bei Vertragsketten, IPRax 2001, 471; *Geimer,* Ungeschriebene Anwendungsvoraussetzungen des EuGVÜ: Müssen Berührungspunkte zu mehreren Vertragsstaaten bestehen?, IPRax 1991, 31; *Girsberger,* Gerichtsstandsklauseln im Konnossement: Der EuGH und der internationale Handelsbrauch, IPRax 2000, 87; *Gottschalk/Breßler,* Missbrauchskontrolle von Gerichtsstandsvereinbarungen, ZEuP 2007, 56; *Gottwald,* Die Prozessaufrechnung im europäischen Zivilprozess, IPRax 1986, 10; *Gottwald,* Die einseitig bindende Prorogation nach Art. 17 Abs. 3 EuGVÜ, IPRax 1987, 291; *Grube,* Deutsch-spanische Gerichtsstandsvereinbarungen, EuZW 1992, 17; *Hass,* Zur internationalen Gerichtsstandsvereinbarung in einer Patronatserklärung, IPRax 2000, 494; *Hau,* Durchsetzung von Zuständigkeits- und Schiedsvereinbarungen mittels Prozessführungsverboten im EuGVÜ, IPRax 1996, 44; *Hau,* Zur schriftlichen Bestätigung mündlicher Gesellschaftsvereinbarungen, IPRax, 1999, 24; *Hau,* Zu den Voraussetzungen gepflogenheitsmäßiger Einbeziehung von AGB-Gerichtsstandsklauseln, IPRax 2005, 301; *Hofstetter-Schnellmann,* Die Gerichtsstandsvereinbarung nach dem Lugano-Übereinkommen (1992); *Horn,* Einwand des Rechtsmissbrauchs gegen eine Gerichtsstandsvereinbarung iSd. Art. 23 EuGVO?, IPRax 2006, 2; *Hübner,* Der Umfang des Schriftformerfordernisses des Art 17 EuGVÜ bei (Versicherungs-)Verträgen zugunsten Dritter, IPRax 1984, 237; *Jayme/Aull,* Zur Anwendbarkeit des Art 17. EuGVÜ bei Wohnsitz beider Parteien in demselben Vertragsstaat, IPRax 1989, 80; *Jayme/Haack,* Reziproke Gerichtsstandsklauseln – EuGVÜ und Drittstaaten, IPRax 1985, 323; *Jungermann,* Die Drittwirkung internationaler Gerichtsstandsvereinbarungen nach EuGVÜ, EuGVO und LugÜ (2006); *Karré-Abermann,* Wirksamkeitsvoraussetzungen von Gerichtsstandsklauseln in Satzungen von Aktiengesellschaften, ZEuP 1994, 138; *Killias,* Die Gerichtsstandsvereinbarungen nach dem Lugano-Übereinkommen (1993); *Killias,* Internationale Gerichtsstandsvereinbarung mittels Schweigen auf kaufmännisches Bestätigungsschreiben, Festschr. Siehr (2001), S. 65; *Kindler/Haneke,* Gerichtsstandsvereinbarungen in Rahmenverträgen, IPRax 1999, 435; *Kohler,* Internationale Gerichtsstandsvereinbarungen: Liberalität und Rigorismus im EuGVÜ, IPRax 1983, 265; *Kohler,* Pathologisches im EuGVÜ: Hinkende Gerichtsstandsvereinbarungen nach Art. 17 Abs. 3, IPRax 1986, 340; *Kohler,* Rigueur et souplesse en droit international privé: Les formes prescrites pour une convention attributive de juridiction „dans le commerce international" par article 17 de la convention de Bruxelles dans sa nouvelle rédaction, Dir.com.int. 1990, 611; *Kohler,* Gerichtsstandsklauseln in fremdsprachigen AGB: Das clair-obscur des Art. 17 EuGVÜ, IPRax 1991, 299; *Kröll,* Gerichtsstandsvereinbarungen aufgrund Handelsbrauchs im Rahmen des GVÜ, ZZP 113 (2000), 135; *Kröll,* Das Formerfordernis bei Gerichtsstandsvereinbarungen nach Art. 17 LugÜ – Unwirksamkeit trotz materieller Einigung?, IPRax 2002, 113; *Kropholler/Pfeifer,* Das neue europäische Recht der Zuständigkeitsvereinbarungen, Festschr. Nagel (1987), S. 157; *Kubis,* Gerichtspflicht durch Schweigen? – Prorogation, Erfüllungsortsvereinbarung und internationale Handelsbräuche, IPRax 1999, 10; *Leible,* Gerichtsstandsklauseln und EG-Klauselrichtlinie,

RIW 2001, 922; *Leible/Röder*, Missbrauchskontrolle von Gerichtsstandsvereinbarungen im europäischen Zivilprozessrecht, RIW 2007, 481; *Lindacher*, Internationale Gerichtsstandsvereinbarungen in AGB unter dem Geltungsregime von Brüssel I, Festschr. Schlosser (2005), S. 491; *Mankowski*, Versicherungsverträge zu Gunsten Dritter und Art. 17 EuGVÜ, IPRax 1996, 427; *Merrett*, The Enforcement of Jurisdiction Agreements under the Brussels Regime, 55 I.C.L.Q. (2006), 315; *Oberhammer*, Internationale Gerichtsstandsvereinbarungen: konkurrierende oder ausschließliche Zuständigkeit?, JBl. 1997, 434; *Oliver*, Future Interpretations of Article 17 of the Convention on Jurisdiction and the Enforcement of Judgments in the European Communities, Cornell L. Rev. 70 (1984–85), 289; *Pieri*, La disciplina della proroga della competenza della convenzione di Bruxelles nella giurisprudenza della corte di giustizia della C.E.E., Gedächtnisschr. Giuliano (1989), S. 731; *Queirolo*, L' art. 17 della convenzione di Bruxelles e clausola attributiva di giurisdizione in uno statuto societario, Riv.dir.int.priv.proc. 1993, 69; *Queirolo*, La forma degli accordi sul foro nella convenzione di Bruxelles del 1968: una recente pronuncia della Corte di giustizia, Riv.dir.int.priv.proc. 1997, 601; *Queirolo*, Gli accordi sulla competenza giurisdizionale (2000); *Rabe*, Drittwirkung von Gerichtsstandsklauseln nach Art. 17 EuGVÜ, TranspR 2000, 389; *Rauscher*, Gerichtsstandsbeeinflussende AGB im Geltungsbereich des EuGVÜ, ZZP 104 (1991), 271; *Reiser*, Gerichtsstandsvereinbarungen nach IPR-Gesetz und Lugano-Übereinkommen (Zürich 1995); *Rinoldi*, Autonomia della volontà e foro elettivo nella Convenzione comunitaria sulla giurisdizione e il riconoscimento delle sentenze, Dir.com.int. 1989, 407; *H. Roth*, Gerichtsstandsvereinbarung nach Art. 17 EuGVÜ und kartellrechtliches Derogationsverbot, IPRax 1992, 67; *Rühl*, Die Wirksamkeit von Gerichtsstands- und Schiedsvereinbarungen im Lichte der Ingmar-Entscheidung des EuGH, IPRax 2007, 294; *Saenger*, Internationale Gerichtsstandsvereinbarungen nach EuGVÜ und LugÜ, ZZP 110 (1997), 477; *Saenger*, Gerichtsstandsvereinbarung nach EuGVÜ in international handelsgebräuchlicher Form, ZEuP 2000, 656; *Samtleben*, Europäische Gerichtsstandsvereinbarungen und Drittstaaten – viel Lärm um nichts?, RabelsZ 59 (1995), 670; *Samtleben*, Der Art. 23 EuGVO als einheitlicher Maßstab für Gerichtsstandsvereinbarungen, Festschr. Ansay (2006), S. 343; *Schlosser*, Materiellrechtliche Wirkungen von (nationalen und internationalen) Gerichtsstandsvereinbarungen, Festschr. Lindacher (2007), S. 111; *M. J. Schmidt*, Kann Schweigen auf eine Gerichtsstandsklausel in AGB einen Gerichtsstand nach Art. 17 EuGVÜ-LuganoÜ begründen?, RIW 1992, 173; *Schütze*, Zur internationalen Zuständigkeit aufgrund rügeloser Einlassung, ZZP 90 (1977 f.), 67; *Schütze*, Ausschluss der Zuständigkeit der Garantieklage (Art. 6 Nr. 2 EuGVÜ) durch internationale Gerichtsstandsvereinbarungen, RIW 1985, 966; *Schulze*, Der pathologische Fall – die Gerichtsstandsvereinbarung nach Art. 17 Abs. 4 LugÜ/EuGVÜ, IPRax 1999, 229; *Schwarz*, Die neuere Rechtsprechung zu Art. 17 Abs. 4 EuGVÜ, IPRax 1987, 291; *Staehelin*, Gerichtsstandsvereinbarungen im internationalen Handelsverkehr Europas: Form und Willenseinigung nach Art. 17 EuGVÜ/LugÜ (Basel 1994); *M. Stürner*, Gerichtsstandsvereinbarungen und Europäisches Insolvenzrecht, IPRax 2005, 416; *Thorn*, Grenzüberschreitende Gerichtsstandsvereinbarungen in Kreditverträgen zur Finanzierung von Börsenspekulationen, IPRax 1995, 294; *Vial*, Die Gerichtsstandswahl und der Zugang zum internationalen Zivilprozess im deutsch-italienischen Rechtsverkehr (1998); *Vio Gilardi*, Clausola di proroga di giurisdizione: consenso effettivo o presunto?, Riv.trim.dir.proc.civ. 2001, 487; *Vischer*, Lois d'application immédiate als Schranken von Gerichtsstands- und Schiedsvereinbarungen, Festschr. Broggini (1997), S. 577; *Volz*, Harmonisierung des Rechts der individuellen Rechtswahl, der Gerichtsstandsvereinbarung und der Schiedsvereinbarung im Europäischen Wirtschaftsraum (1993); *Weigel/Blankenheim*, Europäische Gerichtsstandsklauseln – Missbrauchskontrolle und Vermeidung von Unklarheiten bei der Auslegung widersprüchlicher Verienbarungen, WM 2006, 664.

Literatur zum ausländischen IZPR und zur Rechtsvergleichung: *Briggs*, Agreements on Jursidiction and Choice of Law (2008); *Büchner*, Rechtswahl- und Gerichtsstandsklauseln im Rechtsverkehr mit Common Law-Staaten, RIW 1984, 180; *Coipel/Cordonnier*,

Les conventions d'arbitrage et d'élection de for en droit international privé (1999); *Delaume*, Choice-of-Forum and Arbitration Clauses in the United States, J.Int.Arb. 1 (1996), 81; *Eichel*, AGB-Gerichtsstandsklauseln im deutsch-amerikanischen Handelsverkehr (2007); *Fawcett*, Non-exclusive Jurisdiction Agreements in Private International Law, LMCLQ 2001, 234; *Grube*, Deutsch-spanische Gerichtsstandsvereinbarungen, EuZW 1992, 17; *Gruson*, Forum Selection Clauses in International and Interstate Commercial Agreements, U.Ill.L.Rev. 1982, 133; *Heidenberger*, Sind Gerichtsstandsvereinbarungen im deutsch-amerikanischen Rechtsverkehr ratsam?, RIW 1981, 371; *Heiss*, Die Form internationaler Gerichtsstandsvereinbarungen, ZfRV 2000, 202; *Jayme/Nicolaus*, Rechtswahl- und Gerichtsstandsklauseln – Gesetzesnovelle in New York, IPRax 1987, 131; *Kaufmann-Kohler*, La clause d'élection de for dans les contrats internationaux (1980); *Mankowski*, Gerichtsstandsklauseln als Haftungsbeschränkungen zugunsten Dritter und die Himalaya Clause, IPRax 1998, 214; *Peel*, Exclusive jurisdiction agreements: purity and pragmatism in the conflict of laws, LMCLQ 1998, 182; *Peterson*, Prorogation Clauses in the United States after the Carnival Cruise Cases, IPRax 1993, 421; *Queirolo*, Gli accordi sulla competenza giurisdizionale (2000); *Park*, International Forum Selection (Den Haag 1995); *Rahmann*, Ausschluss staatlicher Gerichtszuständigkeit – Eine rechtsvergleichende Untersuchung des Rechts der Gerichtsstands- und Schiedsvereinbarungen in der BRD und den USA (1984); *Rathenau*, Internationale Gerichtsstandsvereinbarungen nach portugiesischem Recht, RIW 2005, 661; *Reiser*, Gerichtsstandsvereinbarungen nach dem IPR-Gesetz (Zürich 1989); *Sandrock*, Gerichtsstands- und Schiedsklauseln in Verträgen zwischen US-amerikanischen und deutschen Unternehmen. Was ist zu empfehlen?, Festschr. Stiefel (1987), S. 625; *Spühler*, Gerichtsstandsvereinbarungen überprüfen!?, Schweiz. AG 2000, 238; *Stingl*, Forum Selection in the Conflict of Laws (Wien 2001); *Veltins*, Die neuen New Yorker Rechtswahl- und Gerichtsstandsklauseln, RIW 1985, 12; *Vorpeil*, Zwei Fälle der Nichtanerkennung internationaler Gerichtsstandsvereinbarungen in den USA, IPRax 1995, 405; *Walder-Rickli*, Die Gerichtsstandsbestimmungen des schweizerischen Gerichtsstandsgesetzes und des Bundesgesetzes über das IPR im Vergleich zu denen des Lugano-Übereinkommens, Festschr. Geimer (2001), S. 1411; *Yong Jin Kim*, Internationale Gerichtsstandsvereinbarungen (1995).

I. Allgemeine Grundsätze

1. Normzweck

6352 Durch eine Gerichtsstandsvereinbarung können die Parteien die gerade im internationalen Rechtsverkehr häufig bestehende Unsicherheit über die zur Entscheidung von Rechtsstreitigkeiten zuständigen Gerichte beseitigen. Sie können auf diese Weise insbesondere die Zahl der in Betracht kommenden gesetzlichen Gerichtsstände begrenzen oder Einigungsschwierigkeiten durch die Wahl eines „neutralen" Gerichtsstands überwinden[1]. Darüber hinaus schafft eine Gerichtsstandsklausel Rechtssicherheit dadurch, dass die Zuständigkeit unabhängig von späteren Veränderungen der tatsächlichen Verhältnisse (zB dem Wohnsitzwechsel einer Partei) festgelegt wird[2]. Vor allem aber bringt eine Gerichtsstandsvereinbarung für diejenige Partei eines internationalen Schuldvertrages, der es gelingt, die Zuständigkeit ihrer Heimatgerichte durchzusetzen, erhebliche Vorteile mit sich. Denn es entscheidet dann ein Gericht, des-

---

[1] Vgl. dazu eingehend *F. Sandrock*, Die Vereinbarung eines „neutralen" internationalen Gerichtsstandes (1997).
[2] Vgl. näher *Schulze*, IPRax 1999, 229 (230); *Geimer*, Rz. 1596 ff.

sen Organisation und Funktionsweise dieser Partei vertraut ist. Ferner wird die mit einer Klageerhebung im Ausland häufig verbundene Erschwernis der Rechtsverfolgung, zB durch Sprachprobleme und erhöhte Aufwendungen (für Übersetzungen, Fahrten, ausländische Prozessvertreter etc.), vermieden.

2. Gegenstand

a) Prorogation und Derogation

Gegenstand einer internationalen Gerichtsstandsvereinbarung kann sein: 6353

– eine **Prorogation**, dh. die Begründung der internationalen Zuständigkeit eines Staates, dessen Gerichte ohne die Vereinbarung zur Entscheidung des Rechtsstreits nicht zuständig wären und/oder

– eine **Derogation**, dh. der Ausschluss der internationalen Zuständigkeit eines Staates, dessen Gerichte ohne die Vereinbarung international zuständig wären.

Beide Aspekte sind auch dann auseinander zu halten, wenn sie – wie im Regelfall – Gegenstand ein und derselben Gerichtsstandsvereinbarung sind[1]. Zwar wird durch die Prorogation der ausschließlichen Zuständigkeit eines bestimmten Staates zugleich die internationale Zuständigkeit aller übrigen Staaten derogiert. Notwendig ist diese Koppelung von Prorogation und Derogation in derselben Gerichtsstandsvereinbarung jedoch nicht[2]. Möglich sind vielmehr auch *isolierte* Prorogations- und Derogationsvereinbarungen[3].

b) Gerichts- und Rechtswahl

Zuständigkeitsvereinbarung und Rechtswahl sind zwar grundsätzlich strikt auseinander zu halten[4]. In der Praxis stehen beide jedoch häufig in einer engen Wechselbeziehung. So enthält die Vereinbarung eines ausschließlichen Gerichtsstands einen starken Hinweis auf die Geltung des Rechts am Sitz des gewählten Gerichts, der idR die Annahme einer stillschweigenden Rechtswahl iSv. Art. 3 Abs. 1 S. 2 Rom I-VO rechtfertigt[5]. Das Recht am gewählten Gerichtsort beherrscht insbesondere die Frage des Zustandekommens und der materiellen Wirksamkeit der Gerichtsstandsvereinbarung selbst. 6354

Umgekehrt kann auch in der bloßen Rechtswahl uU zugleich eine stillschweigende Zuständigkeitsvereinbarung liegen, soweit eine solche nach der *lex fori* überhaupt zulässig ist[6]. Ferner kann die Wahl des Rechts am Gerichtsort für

---

1 *Geimer/Schütze*, Art. 23 EuGVO Rz. 137 ff.
2 *Geimer*, Rz. 1653; *Schack*, Rz. 433.
3 *Kropholler*, in: Hdb. IZVR I, Kap. III Rz. 473; *Hausmann*, in: Wieczorek/Schütze, § 38 ZPO Rz. 5 mwN.
4 *Geimer*, Rz. 1674, 1755.
5 Vgl. BGH 4.2.1991, NJW 1991, 1420 = EWiR 1991, 445 (LS) m. Anm. *Koller* = IPRspr. 1991 Nr. 171; OLG Celle 26.5.1999, IPRspr. 1999 Nr. 31; dazu näher oben Rz. 117 mwN.
6 *Kropholler*, in: Hdb. IZVR I, Kap. III Rz. 487; aA *Geimer*, Rz. 1674.

die Auslegung einer Gerichtsstandsvereinbarung Bedeutung erlangen[1]. Allerdings ist aber mit einer Schlussfolgerung vom gewählten Recht auf das gewählte Forum größte Zurückhaltung geboten[2]; für sie ist jedenfalls dann kein Raum, wenn die Parteien zugleich die Zuständigkeit eines anderen Staates vereinbart haben[3].

3. Rechtsnatur der Vereinbarung

6355   Die Qualifikation internationaler Gerichtsstandvereinbarungen ist im autonomen deutschen Recht seit Langem umstritten[4]. Die deutsche Rechtsprechung wertet die Gerichtsstandsvereinbarung als einen „materiellrechtlichen Vertrag über prozessrechtliche Beziehungen", dessen Zustandekommen sich nach bürgerlichem Recht richtet[5]. Die vor Klageerhebung getroffene Gerichtsstandsvereinbarung sei mangels unmittelbarer Prozessgestaltung keine Prozesshandlung; außerdem enthalte das Prozessrecht für das wirksame Zustandekommen von Gerichtsstandsvereinbarungen keine Vorschriften[6]. Demgegenüber hat sich in der neueren Literatur zu Recht die Qualifikation der Gerichtsstandsvereinbarung als Prozessvertrag durchgesetzt, weil diese nicht auf eine Rechtsfolge des materiellen Rechts gerichtet ist, die außerhalb des Prozesses und unabhängig von ihm Bedeutung erlangen könnte[7]. Die Vereinbarung zielt vielmehr auch dann, wenn sie vor dem Entstehen eines Rechtsstreits getroffen wird, ausschließlich auf einen prozessualen Erfolg, nämlich die Zuständigkeit oder Unzuständigkeit eines Gerichts ab. Sie begründet keine schuldrechtliche Verpflichtung der Parteien, vor einem bestimmten Gericht zu klagen oder nicht zu klagen, sondern führt die Zuständigkeit oder Unzuständigkeit dieses Gerichts von sich aus herbei. Dies rechtfertigt die Einordnung der Gerichtsstandsvereinbarung als Prozessvertrag, der auf ihren Abschluss gerichteten Willenserklärungen als Prozesshandlungen in einem weiteren Sinne[8].

---

1 OLG Düsseldorf 14.12.1989, RIW 1990, 220, 221; vgl. auch BGH 21.11.1996, NJW 1997, 387 (399) = IPRax 1999, 367 (m. Anm. *Dörner/Staudinger*, IPRax 1999, 338) = IPRspr. 1996 Nr. 160.
2 OLG Saarbrücken 13.10.1999, NJW 2000, 670 = IPRspr. 1999 Nr. 119; *Geimer*, Rz. 1674.
3 OLG Hamburg 8.3.1973, AWD 1974, 278 = IPRspr. 1973 Nr. 131.
4 Vgl. zum Meinungsstand *Gottwald*, Festschr. Henckel (1995), S. 295 (296 ff.).
5 BGH 29.2.1968, BGHZ 49, 384 (386 f.) = NJW 1968, 1233 = IPRspr. 1968/69 Nr. 199; BGH 22.9.1971, BGHZ 57, 72 (75) = NJW 1972, 391 m. Anm. *Geimer* und *Schmidt-Salzer* = IPRspr. 1971 Nr. 133; BGH 17.5.1972, BGHZ 59, 23 (26 f.) = NJW 1972, 1622 m. Anm. *Geimer* = AWD 1972, 416 m. Anm. *von Hoffmann* = BB 1972, 764 m. Anm. *Trinkner* = IPRspr. 1972 Nr. 140; OLG München 28.9.1989, IPRax 1991, 46 (48) (m. Anm. *Geimer*, IPRax 1991, 31) = IPRspr. 1989 Nr. 194.
6 BGH (jeweils vorige Fn.); zust. *Wirth*, NJW 1978, 460; *Hartmann*, in: Baumbach/Lauterbach/Albers/Hartmann, § 38 ZPO Rz. 5 mwN.
7 Vgl. *Hausmann*, Festschr.W. Lorenz (1991), S. 359 (361); *Bork*, in: Stein/Jonas, § 38 ZPO Rz. 47; *Vollkommer*, in: Zöller, § 38 ZPO Rz. 4; *Rosenberg/Schwab/Gottwald*, Zivilprozessrecht, 16. Aufl. (2004), § 37 I 1; *Hüßtege*, in: Thomas/Putzo, vor § 38 ZPO Rz. 2; *Geimer*, Rz. 1677; *G. Roth*, ZZP 93 (1980), 163 f. mwN.
8 *Baumgärtel*, Wesen und Begriff der Prozesshandlung einer Partei im Zivilprozess (1957), S. 229 (279); *Henckel*, Prozessrecht und materielles Recht (1970), S. 14 f.; *Schie*-

Dieser Entwicklung trägt auch der BGH Rechnung, indem er die Gerichtsstandsvereinbarung als „Vertrag über prozessrechtliche Beziehungen" bezeichnet[1].

Die Auswirkungen der unterschiedlichen Qualifikation sind freilich begrenzt. So hat der BGH die materiellrechtliche Qualifikation der Gerichtsstandsvereinbarung von Anfang an auf die Frage des Zustandekommens und der materiellen Wirksamkeit beschränkt. Demgegenüber beurteilt die Rechtsprechung nicht nur die prozessuale Zulässigkeit und die Wirkungen, sondern auch die *Form* einer internationalen Gerichtsstandsvereinbarung nach der lex fori des angerufenen Gerichts[2]. Die durch den prozessualen Gegenstand einerseits, den parteiautonomen Ursprung andererseits begründete Zwitterstellung der Gerichtsstandsvereinbarung hat also zur Folge, dass die für das Zustandekommen der Vereinbarung maßgebliche *lex causae* mit der *lex fori* notwendig konkurriert[3]. Demgemäß beurteilen sich die Zulässigkeit und die Wirkungen einer vor dem Prozess geschlossenen internationalen Gerichtsstandsvereinbarung, soweit ein deutsches Gericht angerufen wird (und kein vorrangiges europäisches und staatsvertragliches Recht – dazu Rz. 6357 ff. – eingreift), nach deutschem Recht, während das Zustandekommen der Vereinbarung nach den Grundsätzen des internationalen Vertragsrechts auch ausländischem Recht unterliegen kann[4]. 6356

4. Rechtsquellen

a) EuGVO

Wichtigste Rechtsquelle für die Beurteilung internationaler Gerichtsstandsvereinbarungen ist heute die EG-Verordnung Nr. 44/2001 über die gerichtliche Zuständigkeit und die Anerkennung und Vollstreckung von Entscheidungen in Zivil- und Handelssachen (EuGVO) vom 22.12.2000[5], die für die Bundesrepublik Deutschland und die übrigen damaligen Mitgliedstaaten der EU – mit Ausnahme *Dänemarks* – am 1.3.2002 in Kraft getreten ist. Für die zehn Mitgliedstaaten (Estland, Lettland, Litauen, Malta, Polen, Slowakei, Slowenien, Tschechien, Ungarn, Zypern) gilt die EuGVO seit 1.5.2004, für Bulgarien und Rumänien seit 1.1.2007. Das Zustandekommen, die Zulässigkeit und die Wirkungen von Gerichtsstandsvereinbarungen sind – unter weitgehender Über- 6357

---

dermair, Vereinbarungen im Zivilprozess (1935), S. 32 f. (40). Für die Möglichkeit einer vertraglichen Absicherung von Gerichtsstandsvereinbarungen durch Schadensersatzpflichten bei Klage im forum derogatum aber zuletzt *Mankowski*, IPRax 2009, 23 ff.

1 Vgl. BGH 20.1.1986, NJW 1986, 1438 m. Anm. *Geimer* = IPRax 1987, 168 (m. Anm. *G. Roth*, IPRax 1987, 141) = IPRspr. 1986 Nr. 129; BGH 24.11.1988, NJW 1989, 1431 (1432) = IPRax 1990, 41 (m. Anm. *Schack*, IPRax 1990, 19) = IPRspr. 1988 Nr. 165; ebenso OLG Bamberg 22.9.1988, RIW 1989, 221 (222) = IPRax 1990, 105 (m. Anm. *Prinzing*, IPRax 1990, 83) = IPRspr. 1988 Nr. 163.
2 BGH 20.1.1986 und 24.11.1988 (jeweils vorige Fn.).
3 So im Erg. auch *Gottwald*, Festschr. Henckel (1995), S. 295 (299 ff.).
4 BGH 18.3.1997, NJW 1997, 2885 f. = IPRspr. 1997 Nr. 142; OLG Saarbrücken 13.10.1999, NJW 2000, 670 (671) = IPRspr. 1999 Nr. 129.
5 ABl. EG 2001 Nr. L 12, S. 1; *Jayme/Hausmann*, Nr. 160.

nahme der bisherigen Regeln in Art. 17 EuGVÜ – in Art. 23 EuGVO normiert. Eine mit Art. 23 EuGVO übereinstimmende Vorschrift gilt inzwischen auch im Verhältnis der übrigen EU-Mitgliedstaaten zu Dänemark[1].

b) Luganer Übereinkommen

6358 Am 16.9.1988 haben die damaligen Mitgliedstaaten der EG mit Staaten der Europäischen Freihandelsassoziation (EFTA) das Luganer Übk. über die gerichtliche Zuständigkeit und die Vollstreckung gerichtlicher Entscheidungen in Zivil- und Handelssachen[2] abgeschlossen, das in seinem Art. 17 eine weitgehend mit Art. 17 EuGVÜ übereinstimmende Regelung der internationalen Gerichtsstandsvereinbarungen enthielt. Diese galt auch nach dem In-Kraft-Treten der EuGVO im Verhältnis zu den Vertragsstaaten des Luganer Übereinkommens fort, die nicht Mitgliedstaaten der EU waren, nämlich zu Island, Norwegen und der Schweiz. Dieses Übereinkommen wird mit Wirkung vom 1.1.2010 an durch das neue Luganer Übk. vom 30.10.2007[3] abgelöst, das in seinem Art. 23 eine mit Art. 23 EuGVO identische Regelung enthält. Mit Inkrafttreten des neuen Luganer Übk. gelten daher die nachfolgenden Ausführungen zu Art. 23 EuGVO im Verhältnis zu Island, Norwegen und der Schweiz entsprechend.

c) Haager Übereinkommen

6359 Am 30.6.2005 wurde in Den Haag ein neues Übk. über Gerichtsstandsvereinbarungen abgeschlossen. Ziel des Übk. ist die Anerkennung von Vereinbarungen eines ausschließlichen Gerichtsstands in Zivil- und Handelssachen in allen Vertragsstaaten. Geregelt werden insbesondere die Voraussetzungen für die Gültigkeit einer internationalen Gerichtsstandsvereinbarung (Form, Bestimmtheit der Gerichtswahl und der von ihr erfassten Streitigkeiten, Art. 3) sowie die wesentlichen Wirkungen einer wirksamen Gerichtsstandsvereinbarung. Diese besteht vor allem darin, dass die derogierten Gerichte – anders als nach der EuGVO (dazu unten Rz. 6516 f.) – verpflichtet sind, die Klage abzuweisen oder zumindest das Verfahren zusetzen, bis das prorogierte Gericht über seine Zuständigkeit entschieden hat (Art. 6). Schließlich verpflichtet das Übk. die Gerichte der übrigen Vertragsstaaten zur Anerkennung und Vollstreckung der im vereinbarten Gerichtsstand ergangenen Entscheidung (Art. 8 ff.). Das Übk. ist zwar bisher nur von Mexiko ratifiziert und von den USA gezeichnet worden. Mit einer baldigen Ratifikation durch die EG einerseits (mit Wirkung für alle Mitgliedstaaten) und die USA andererseits wird jedoch gerechnet[4]. Zur Konkurrenz des Haager Übk. mit der EuGVO s. Art. 26 Abs. 6 des Übk.

---

1 Vgl. das Übk. zwischen der Europäischen Gemeinschaft und Dänemark über die gerichtliche Zuständigkeit und die Anerkennung und Vollstreckung von Entscheidungen in Zivil- und Handelssachen vom 19.10.2005 (ABl. EU 2005 Nr. L 299, S. 62), in Kraft seit 1.7.2007 (ABl. EU 2007 Nr. L 94, S. 70).
2 BGBl. II 1994, 2660; *Jayme/Hausmann*, Nr. 152. Für die Bundesrepublik Deutschland in Kraft seit 1.3.1995.
3 ABl. EU 2007 Nr. L 339, S. 3.
4 Vgl. KOM/2008/0538 endg.

d) **Staatsverträge auf besonderen Rechtsgebieten**

Regelungen über internationale Gerichtsstandsvereinbarungen enthalten auch einige von der Bundesrepublik Deutschland ratifizierte Staatsverträge auf besonderen Rechtsgebieten, insbesondere auf dem Gebiet des internationalen Transportrechts, zB Art. 31 Abs. 1 des Genfer Übereinkommens über den Beförderungsvertrag im internationalen Straßengüterverkehr vom 14.5.1956 (CMR)[1] oder Art. 33, 49 des Montrealer Übereinkommens zur Vereinheitlichung bestimmter Vorschriften über die Beförderung im internationalen Luftverkehr vom 28.5.1999 (MA)[2]. 6360

e) **Autonomes Recht**

Nur soweit eine internationale Gerichtsstandsvereinbarung in sachlicher, räumlich-persönlicher oder zeitlicher Hinsicht nicht in den Anwendungsbereich der EuGVO, des Luganer Übereinkommens oder eines Staatsvertrages auf einem besonderen Rechtsgebiet fällt, sind ihr Zustandekommen, ihre Zulässigkeit und ihre Wirkungen nach dem autonomen deutschen Prozessrecht, dh. nach §§ 38–40 ZPO zu beurteilen. Aufgrund der weiten Auslegung des Anwendungsbereichs der EuGVO durch den EuGH (dazu unten Rz. 6376 ff.) beschränkt sich die Geltung des autonomen Rechts der Mitgliedstaaten heute im Wesentlichen auf die Prorogation von Gerichten in Drittstaaten. Aus diesem Grunde wird nachfolgend auf eine Darstellung des autonomen deutschen Rechts der internationalen Gerichtsstandsvereinbarungen nach §§ 38, 40 ZPO verzichtet (vgl. dazu 6. Aufl. Rz. 3103 ff.). 6361

Frei. 6362–6370

II. EuGVO und autonomes Recht

1. Räumlich-persönlicher Anwendungsbereich der EuGVO

a) Wohnsitz einer Partei in einem Mitgliedstaat

Neben dem allgemeinen Erfordernis, dass die Klage in den sachlichen[3] und zeitlichen[4] Anwendungsbereich der EuGVO fällt, ist es für die Anwendung des Art. 23 EuGVO erforderlich, dass von den Parteien „mindestens eine ihren Wohnsitz in dem Hoheitsgebiet eines Mitgliedstaats hat". Der Wohnsitz der Parteien ist für die Zwecke der Verordnung nach Art. 59 zu bestimmen; der Sitz 6371

---

1 BGBl. II 1961, 1120; für die Bundesrepublik Deutschland in Kraft seit 5.2.1962 (Bek. vom 28.12.1961, BGBl. II 1962, 12). Das Übereinkommen gilt im Verhältnis zu sämtlichen Mitgliedstaaten der EuGVO und des LugÜ.
2 BGBl. II 2004, 459; für die Bundesrepublik Deutschland in Kraft seit 28.6.2004 (Bek. vom 16.9.2004, BGBl. II 2004, 1371). Das Übk. verdrängt gem. seinem Art. 55 im Verhältnis der Vertragsstaaten zueinander das Warschauer Abk. vom 29.9.1955 (BGBl. II 1958, 291). Vgl. zu diesem Übk. näher oben Rz. 2711, 2831.
3 Vgl. Art. 1 EuGVO; dazu *Hausmann*, in: Wieczorek/Schütze, Anh. I zu § 40 ZPO, Einl. Rz. 37 ff.; *Kropholler*, Art. 1 EuGVO Rz. 1 ff. mwN.
4 Vgl. Art. 66 Abs. 1 EuGVO.

von Gesellschaften und juristischen Personen steht nach Art. 60 EuGVO dem Wohnsitz natürlicher Personen gleich. Welche Partei in einem Mitgliedstaat wohnt, ist unerheblich. Denn andernfalls hinge die Anwendung des Art. 23 EuGVO – und damit die Wirksamkeit der Gerichtsstandsabrede – von den Parteirollen in einem künftigen Prozess ab; dies wäre mit dem Ziel der Verordnung, vorhersehbare Zuständigkeiten zu schaffen, unvereinbar[1]. Abweichend von der Grundregel des Art. 2 Abs. 1 EuGVO genügt es daher, wenn lediglich der **Kläger** in einem Mitgliedstaat wohnt[2]. Hat hingegen keine der Parteien ihren Wohnsitz bzw. Sitz in einem Mitgliedstaat, so ist Art. 23 Abs. 1 EuGVO nicht anwendbar; die Gerichte der Mitgliedstaaten, die in einem solchen Fall aufgrund einer Gerichtsstandsvereinbarung angerufen werden, entscheiden über deren Gültigkeit nach ihrem jeweiligen nationalen Verfahrensrecht[3].

6372 Die **derogative Wirkung** einer internationalen Zuständigkeitsvereinbarung zugunsten der Gerichte eines Mitgliedstaats ist allerdings nach Art. 23 Abs. 3 EuGVO auch dann in allen Mitgliedstaaten zu beachten, wenn *beide Parteien ihren Sitz in Drittstaaten* haben. In einem solchen Fall dürfen die Gerichte der anderen Mitgliedstaaten, auch wenn sie sich selbst für zuständig halten, in der Sache nur entscheiden, wenn sich das prorogierte Gericht nach seinem nationalen Verfahrensrechts rechtskräftig für unzuständig erklärt hat (Kompetenz-Kompetenz der Gerichte am forum prorogatum)[4]. Ist das angerufene Gericht hingegen nach seinem nationalen Prozessrecht für die Klage nicht zuständig, so ist es durch Art. 23 Abs. 3 EuGVO am Erlass eines klageabweisenden Prozessurteils nicht gehindert[5].

b) Gewähltes Gericht in einem Mitgliedstaat

6373 Art. 23 EuGVO erfordert weiterhin, dass die Parteien die Zuständigkeit der Gerichte eines Mitgliedstaats vereinbart haben. Ein bestimmtes Gericht muss hierzu nicht bezeichnet werden; es genügt, wenn zB „die deutschen Gerichte" zuständig sein sollen (unten Rz. 6485). Die Vorschrift gilt ferner – trotz ihres auf die Prorogation beschränkten Wortlauts – sinngemäß auch für den Fall, dass die Parteien lediglich eine Zuständigkeit in einem Mitgliedstaat ausgeschlossen haben (sog. *isolierte Derogation*)[6]. Da eine solche Vereinbarung in

---

1 *Kröll*, ZZP 113 (2000), 135 (138); *Geimer/Schütze*, Art. 23 EuGVO Rz. 19.
2 EuGH 13.7.2000 – Rs. C-412/98 (Group Josi/UGIC), Slg. 2000 I, 5925 (5954) (Nr. 41f.) = NJW 2000, 2009 = EuLF 2000/01, 49 m. Anm. *Geimer* = IPRax 2000, 520 (m. Anm. *Staudinger*, IPRax 2000, 483); *Geimer/Schütze*, Art. 23 EuGVO Rz. 19.
3 *Saenger*, ZZP 110 (1997), 479 f.; *Kropholler*, Art. 23 EuGVO Rz. 12; *Schlosser*, Art. 23 EuGVO Rz. 6; *Schack*, Rz. 463; *Nagel/Gottwald*, § 3 Rz. 140.
4 *Geimer*, NJW 1986, 2991; *Gottwald*, in: MünchKomm ZPO, Art. 23 EuGVO Rz. 9.
5 *Kropholler*, Art. 23 EuGVO Rz. 12 f.; *Geimer/Schütze*, Art. 23 EuGVO Rz. 228 f. Für eine Erstreckung der Regelung in Art. 23 Abs. 3 auf die Anwendungsfälle des Art. 23 Abs. 1 S. 1 EuGVO *Geimer/Schütze*, Art. 23 EuGVO Rz. 214; anders die hM, vgl. *Kropholler*, Art. 23 EuGVO Rz. 13.
6 *Auer*, in: Geimer/Schütze, IRV, Art. 23 EuGVO Rz. 29; *G. Roth*, ZZP 93 (1980), 156 (159); *Mankowski*, in: Rauscher, Art. 23 EuGVO Rz. 7; *Gottwald*, in: MünchKomm ZPO, Art. 23 EuGVO Rz. 10; zweifelnd *Kropholler*, Art. 23 EuGVO Rz. 15 mwN.

ihrer Wirkung einem Verzicht auf gerichtlichen Schutz überhaupt gleichkommen kann, unterliegt sie allerdings einer scharfen Missbrauchskontrolle[1]. Auf die Vereinbarung eines Gerichtsstands in einem **Drittstaat** ist Art. 23 EuGVO dagegen nach seinem klaren Wortlaut nicht anwendbar. Wird daher das Gericht eines Mitgliedstaats entgegen einer solchen Vereinbarung angerufen, so muss es die Wirksamkeit der *Prorogation* nach dem am gewählten Gerichtsort geltenden Recht[2], die Wirksamkeit der *Derogation* hingegen nach seinem autonomen internationalen Privat- und Verfahrensrecht beurteilen[3]. Ein deutsches Gericht hat die Wirksamkeit der Derogation zugunsten eines drittstaatlichen Gerichts daher an § 38 ZPO und nicht an Art. 23 Abs. 1 EuGVO zu messen[4]. Eine **Ausnahme** gilt allerdings für die in Art. 23 Abs. 5 EuGVO normierten Schranken von Gerichtsstandsvereinbarungen (dazu unten Rz. 6486 ff.).

c) Bezug zu mehreren Mitgliedstaaten?

Art. 23 EuGVO gilt jedenfalls für Gerichtsstandsvereinbarungen mit Bezug zu zwei oder mehr Mitgliedstaaten, so wenn die Parteien in verschiedenen Mitgliedstaaten wohnen[5]. Auch wenn Personen mit Wohnsitz in demselben Mitgliedstaat einen Gerichtsstand in einem anderen Mitgliedstaat vereinbaren, darf die Gerichtsstandsvereinbarung nicht etwa deshalb am nationalen Recht gemessen und für unwirksam erklärt werden, weil der zugrunde liegende Sachverhalt keinen sonstigen hinreichenden Auslandsbezug aufweise; hierfür reicht es vielmehr aus, wenn forum derogatum und forum prorogatum in verschiedenen Mitgliedstaaten liegen[6].

6374

---

1 *Kropholler*, Art. 23 EuGVO Rz. 15 mwN.; dazu auch unten Rz. 6489.; für Unzulässigkeit eines Verzichts auf jeglichen Rechtsschutz durch Derogation *Gottwald*, in: MünchKomm ZPO, Art. 23 EuGVO Rz. 10a.
2 *Gottwald*, in: MünchKomm ZPO, Art. 23 EuGVO Rz. 8; *Auer*, in: Geimer/Schütze, IRV, Art. 23 EuGVO Rz. 17; *Magnus*, in: Magnus/Mankowski, Art. 23 EuGVO Rz. 36.
3 EuGH 9.11.2000 – Rs. C-387/98 (Coreck Maritime/Handelsveem), Slg. 2000 I, 9337 (9347) (Nr. 19) = NJW 2001, 501 = EuLF 2000/01, 213; OLG Frankfurt a.M. 17.10.1995, IPRax 1998, 35 (m. Anm. *Pfeiffer*, IPRax 1998, 17) = IPRspr. 1996 Nr. 137 (Türkei); vgl. auch den *Schlosser*-Bericht Nr. 176, ABl. EG 1979 Nr. C 59, S. 71 (124); *Schlosser*, Festschr. Kralik (1986), S. 297 f.; *Kropholler*, Art. 23 EuGVO Rz. 14; *Bork*, in: Stein/Jonas, § 38 ZPO Rz. 22; zT abw. *Schack*, Rz. 467.
4 BGH 20.1.1986, NJW 1986, 1438 m. Anm. *Geimer* = IPRax 1987, 168 (m. Anm. *G. Roth*, IPRax 1987, 141) = IPRspr. 1986 Nr. 129; BGH 24.11.1988, NJW 1989, 1431 (1432) = IPRax 1990, 41 (m. Anm. *Schack*, IPRax 1990, 19) = WuB VII A § 23 ZPO Nr. 1, 89 m. Anm. *Schütze* = IPRspr. 1988 Nr. 165; OLG Frankfurt a.M. 17.10.1995, IPRax 1998, 35 (m. Anm. *Pfeiffer*, IPRax 1998, 17) = IPRspr. 1995 Nr. 157; *Gottwald*, in: MünchKomm ZPO, Art. 23 EuGVO Rz. 11; aA *Geimer/Schütze*, Art. 23 EuGVO Rz. 41 ff.; *Mankowski*, in: Rauscher, Art. 23 EuGVÜ Rz. 3b; *Killias*, S. 73 ff.; *Heinze/Dutta*, IPRax 2005, 228.
5 Schweiz. BG 23.12.1998, BGE 125 III 108 (112) (zum LugÜ); OLG München 13.2.1985, IPRspr. 1985 Nr. 133 A; *Kropholler*, Art. 23 EuGVO Rz. 3; *Auer*, in: Geimer/Schütze, IRV, Art. 23 EuGVO Rz. 9; *Gottwald*, in: MünchKomm ZPO, Art. 23 EuGVO Rz. 2.
6 Vgl. OLG Köln 9.2.1990, IPRspr. 1991 Nr. 165; ferner *Bariatti*, Riv.dir.int.priv.proc. 1986, 819 (824 f.) und 1992, 856 f.; *Aull*, JbItalR 2 (1989), 131 ff.; *Samtleben*, Festschr. Ansay (2006), S. 343 (358 f.); *Kröll*, ZZP 113 (2000), 135 (139); *Borges*, RIW 2001, 935;

aa) Reiner Inlandssachverhalt

6375 Die EuGVO gilt hingegen – wie die Verweisung in Erwägungsgrund 3 auf Art. 65 EG belegt – nur für „Zivilsachen mit grenzüberschreitenden Bezügen", also nicht für reine Binnensachverhalte. Ungeschriebene Anwendungsvoraussetzung des Art. 23 EuGVO ist mithin ein *internationaler Sachverhalt*[1]. Vereinbaren die Parteien daher einen Gerichtsstand in ihrem gemeinsamen Wohnsitzstaat, so ist Art. 23 EuGVO grundsätzlich nicht anwendbar[2]. Auf die Staatsangehörigkeit der Parteien kommt es insoweit nicht an; ob eine Auslandsberührung besteht, hängt allein vom *Wohnsitz* der Parteien und vom Inhalt ihrer Gerichtsstandsvereinbarung ab. Von einer „internationalen" Gerichtsstandsvereinbarung kann aber bereits immer dann gesprochen werden, wenn die Prorogation der Gerichte eines Mitgliedstaats zur **Derogation einer sonstigen nach der EuGVO eingeräumten Zuständigkeit** in einem anderen Mitgliedstaat führt. Art. 23 EuGVO gilt daher auch für die Vereinbarung eines inländischen Gerichtsstands durch im Inland ansässige Parteien, wenn durch diese Vereinbarung etwa der in einem anderen Mitgliedstaat begründete Gerichtsstand des Erfüllungsorts für eine Vertragsklage (Art. 5 Nr. 1 EuGVO) oder des Tatorts für eine Klage aus unerlaubter Handlung (Art. 5 Nr. 3 EuGVO) ausgeschlossen wird („grenzüberschreitende Derogation")[3]. Ferner wird der erforderliche Auslandsbezug auch durch die Vereinbarung eines Gerichtsstands in einem vom gemeinsamen Wohnsitzstaat der Parteien verschiedenen Mitgliedstaat begründet werden[4].

Gottwald, in: MünchKomm ZPO, Art. 23 EuGVO Rz. 2, 5; *Killias*, S. 71 ff.; *Benecke*, S. 143 ff.; *Bernasconi/Gerber*, SZIER 1993, 60 f.; *Geimer*, Rz. 1646; *Gottwald*, in: MünchKomm ZPO, Art. 23 EuGVO Rz. 2, 5; aA OLG Hamm 18.9.1997, IPRax 1999, 244 (246) (m. abl. Anm. *Aull*, IPRax 1999, 226) = IPRspr. 1998 Nr. 137a; österreich. OGH 1.8.2003, JBl. 2004, 187 m. Anm. *Klicka*; *Bork*, in: Stein/Jonas, 21. Aufl., § 38 ZPO Rz. 22; *Schlosser*, Art. 23 EuGVO Rz. 6; *Kropholler*, Art. 23 EuGVO Rz. 89; *Magnus*, in: Magnus/Mankowski, Art. 23 EuGVO Rz. 40.

1 EuGH 1.3.2005 – Rs. C-281/02 (Owusu/Jackson), Slg. 2005 I, 1445 (1456) (Nr. 25 ff.) = IPRax 2005, 244 (m. Anm. *Heinze/Dutta*, IPRax 2005, 224); *Magnus*, in: Magnus/Mankowski, Art. 23 EuGVO Rz. 23.
2 OLG Hamm 18.9.1997, IPRax 1999, 244 (m. Anm. *Aull*, IPRax 1999, 226) = IPRspr. 1998 Nr. 137a; *Kohler*, IPRax 1983, 265 (266); *Hüßtege*, in: Thomas/Putzo, Art. 23 EuGVÜ Rz. 2; *Kropholler*, Art. 23 EuGVO Rz. 2; *Saenger*, ZZP 110 (1997), 477 (479 f.); *Samtleben*, Festschr. Ansay (2006), S. 343 (365 f.); *Schack*, Rz. 464; *Gottwald*, in: MünchKomm ZPO, Art. 23 EuGVO Rz. 4; *Schlosser*, Art. 23 EuGVO Rz. 6; *Auer*, in: Geimer/Schütze, IRV, Art. 23 EuGVO Rz. 11 ff.; ebenso aus österreich. Sicht *Burgstaller*, JBl. 1998, 691 (693); abl. zum Begriff des „internationalen Sachverhalts" *Geimer/Schütze*, Art. 23 EuGVO Rz. 29 ff., 36; *Grolimund*, Drittstaatenproblematik des europäischen Zivilverfahrensrechts (2000), S. 141; *Aull*, Der Geltungsanspruch des EuGVÜ (1996), S. 71 ff., 106 ff. mwN.
3 *Kropholler*, Art. 23 EuGVO Rz. 2; *Schlosser*, Art. 23 EuGVO Rz. 6; *Magnus*, in: Magnus/Mankowski, EuGVO Rz. 24; *Kohler*, IPRax 1983, 265 f.; *Saenger*, ZZP 110 (1997), 477 (481); *Hau*, IPRax 1991, 24.
4 *Aull*, Geltungsanspruch, S. 125 ff; *Matthias*, IPRax 1999, 226 (227); *Klicka*, JBl. 2004 188 (189); *Samtleben*, Festschr. Ansay (2006), S. 343 (358 f.); aA OLG Hamm 18.9.1997, IPRax 1999, 244 (245); *Mankowski*, in: Rauscher, Art. 23 Rz. 6b. Vgl. auch Rz. 6389 aE.

bb) Bloßer Drittstaatenbezug

Unter Geltung des EuGVÜ war die Frage, ob dessen Art. 17 Abs. 1 auch solche 6376
Auslandsfälle erfasste, die keinen Zuständigkeitsbezug zu einem anderen Vertragsstaat hatten, in denen es also nur um die Zuständigkeitsabgrenzung zu einem Drittstaat ging (*Beispiel*: Münchener Kaufmann vereinbart mit seinem New Yorker Geschäftspartner für alle Rechtsstreitigkeiten aus einem Vertrag die Zuständigkeit des LG München I), heftig umstritten. Eine verbreitete Lehrmeinung in Deutschland sah die Zielsetzung des Übereinkommens allein darin, den Rechtsverkehr zwischen den Vertragsstaaten zu erleichtern; sie wollte Art. 17 Abs. 1 EuGVÜ daher lediglich dann anwenden, wenn die Gerichtsstandsvereinbarung Berührungspunkte zu mindestens zwei Vertragsstaaten aufwies[1]. Auch die **gerichtliche Praxis** der Vertragsstaaten wandte in derartigen Fällen zumeist das autonome Prozessrecht und nicht Art. 17 EuGVÜ an. Sie folgerte aus der Entstehungsgeschichte, dem Wortlaut und der Systematik des EuGVÜ, dass dieses keine allumfassende internationale Zuständigkeitsordnung schaffen wollte. Deshalb ergebe sich für die Gerichte der Vertragsstaaten keine Verpflichtung, die Zuständigkeitsgrundsätze des EuGVÜ auch gegenüber Parteien mit Wohnsitz in einem Nichtvertragsstaat anzuwenden. In den Art. 17 Abs. 1 EuGVÜ sei im Wege der teleologischen Reduktion die zusätzliche Anwendungsvoraussetzung hinein zu interpretieren, dass der Sachverhalt *einen Bezug zu mindestens einem weiteren Vertragsstaat* aufweisen müsse[2]. Dieser Auffasung hat sich auch die *österreichische*[3] und *italienische*[4] Rechtsprechung angeschlossen.

Gegen diese Lehre vom *Erfordernis eines „gemeinschaftsrechtlichen Binnen-* 6377
bezugs" spricht freilich bereits der eindeutige Wortlaut des Art. 23 Abs. 1 EuGVO, der sich im Fall der Prorogation der Gerichte eines Mitgliedstaats mit dem Wohnsitz einer Partei im Hoheitsgebiet eines Mitgliedstaats als Anwendungsvoraussetzung begnügt[5]. Eine sachgerechte Auslegung der EuGVO hat ferner deren **Entstehungsgeschichte**, und die bisherige Entwicklung des europäischen

---

1 *Piltz*, NJW 1979, 1072; *Kohler*, IPRax 1983, 265 (266); *Benecke*, S. 143 ff.; *Samtleben*, NJW 1974, 1590 (1593 f.) und RabelsZ 59 (1995), 670 (692); *Bork*, in: Stein/Jonas, 21. Aufl., § 38 ZPO Rz. 22 ff., jeweils mwN.
2 BGH 14.11.1991, BGHZ 116, 77 (80) = ZZP 105 (1992), 330 m. zust. Anm. *Bork* = IPRax 1992, 377 (m. krit. Anm. *Hess*, IPRax 1992, 358 f.) = IPRspr. 1991 Nr. 181; BGH 21.11.1996, BGHZ 134, 127 (133) = NJW 1997, 397 (399) = ZZP 110 (1997), 253 m. Anm. *Pfeiffer* = IPRspr. 1996 Nr. 160; OLG München 28.9.1989, IPRax 1991, 46 (47 f.) (m. krit. Anm. *Geimer*, IPRax 1991, 31) = IPRspr. 1989 Nr. 194; OLG Rostock 27.11.1996, RIW 1997, 1042 f. = IPRspr. 1996 Nr. 161; OLG Koblenz 8.2.1996, RIW 1997, 328 = IPRspr. 1996 Nr. 139; OLG Düsseldorf 2.10.1997, IPRax 1999, 38 (40) (m. Anm. *Hau*, IPRax 1999, 24) = IPRspr. 1997 Nr. 159; OLG Saarbrücken 13.10.1999, NJW 2000, 670 = IPRspr. 1999 Nr. 129; zust. *F. Sandrock*, S. 274 f.; *Junker*, ZZP Int. 3 (1998), 179 (186) mwN.
3 OGH 23.2.1998, JBl. 1998, 726 (728) (m. abl. Aufs. *Burgstaller*, JBl. 1998, 691) (zum LugÜ).
4 Cass. S.U. 26.11.1993, Nr. 11719, Foro it. 1994 I, 2158 m. Anm. *Pagni*; Cass. S.U. 30.12.1998, Nr. 12907, Riv.dir.int.priv.proc. 1999, 1012 (1014).
5 *Franzen*, RIW 2000, 81 (83); *Gottwald*, in: MünchKomm ZPO, Art. 23 EuGVO Rz. 7.

internationalen Privat- und Verfahrensrechts zu berücksichtigen. Diese ist aber gekennzeichnet durch das Bestreben, europäisches Einheitsrecht zu schaffen, dessen Anwendung nicht auf die Rechtsbeziehungen zwischen den Mitgliedstaaten beschränkt ist. Dies wird besonders deutlich in der Rom I-VO, die – wie schon das EVÜ – vereinheitlichte Kollisionsnormen mit universellem Anwendungsbereich eingeführt hat. Damit ist aber eine Reduktion des Anwendungsbereichs der europäischen Zuständigkeitsordnung durch die Formulierung zusätzlicher – vom Wortlaut des Art. 23 EuGVO nicht geforderter – Anwendungsvoraussetzungen schwerlich vereinbar[1]. Eine solche Einschränkung führt weiterhin zu erheblichen praktischen Schwierigkeiten, weil der angerufene Richter gezwungen ist, den Sachverhalt auf Bezugspunkte zum Recht anderer Mitgliedstaaten zu prüfen, um über die Grenzziehung zwischen Art 23 EuGVO und dem autonomen Prozessrecht der lex fori entscheiden zu können[2]. Gegen die **Reduktionstheorie** spricht aber vor allem der schon in der Präambel zum EuGVÜ betonte Zweck, den Schutz der im Geltungsbereich des Übereinkommens domizilierten Personen zu verbessern. Ein solcher effektiver Schutz erfordert nämlich, dass der in einem Mitgliedstaat wohnhafte potentielle *Kläger* die Möglichkeit hat, durch Abschluss einer internationalen Gerichtsstandsvereinbarung Rechtssicherheit zu schaffen. Dieses Ziel wird aber verfehlt, wenn die Gültigkeit der Gerichtsstandsvereinbarung von Wohnsitzerfordernissen im Zeitpunkt der künftigen Klageerhebung oder von der Feststellung eines möglichen Erfüllungsortes in einem anderen Mitgliedstaat abhängt[3].

6378 Vorzuziehen ist deshalb eine strikt am **Wortlaut** orientierte Auslegung; danach ist die Prorogation der Gerichte eines Mitgliedstaats immer dann an Art. 23 EuGVO zu messen, wenn auch nur *eine* Partei ihren Wohnsitz/Sitz im räumlichen Geltungsbereich der EuGVO hat und Gerichte eines Mitgliedsstaats prorogiert werden. Auf einen – häufig nur schwer feststellbaren – Bezug zu einem weiteren Mitgliedstaat kommt es hingegen nicht an; es genügt vielmehr, wenn durch die Gerichtsstandsvereinbarung lediglich die internationale Zuständigkeit eines Drittstaats derogiert wird[4]. Dies hat auch der EuGH[5] in seiner jün-

---

1 *Basedow*, IPRax 1985, 133 (135); *Kropholler*, Festschr. Ferid (1988), S. 239 (242 f.); *Geimer*, IPRax 1991, 31 (33 f.); *Saenger*, ZZP 110 (1997), 477 (481).
2 *Geimer*, IPRax 1991, 31 (32); *Hess*, IPRax 1992, 358 (359); *Hernández-Bretón*, S. 163; *Killias*, S. 63 f.; *Magnus*, in: Magnus/Mankowski, Art. 23 EuGVO Rz. 25.
3 *Aull*, Der Geltungsanspruch des EuGVÜ (1996), S. 179; *Killias*, S. 60 ff.
4 Vgl. schon zu Art. 17 EuGVÜ OLG München 8.3.1989, RIW 1989, 901 = ZZP 103 (1990), 84 (86) m. Anm. *H. Schmidt* = IPRspr. 1989 Nr. 186; OLG Celle 14.8.2002, IPRax 2003, 252 (m. Anm. *Pfeiffer*, IPRax 2003, 233) = IPRspr. 2002 Nr. 145; *Aull*, S. 85 f., 164 ff.; *Grolimund*, S. 184, 152, 185 f.; *Kröll*, ZZP 113 (2000), 135 (139 f.); *Killias*, S. 54 ff.
5 Vgl. EuGH 13.7.2000 – Rs. C 412/98 (Group Josi/UGIC), Slg. 2000 I, 5940 (5958) (Nr. 61) NJW 2000, 3121 = EuLF 2000/01, 49 m. Anm. *Geimer* (Nr. 42, 47) = IPRax 2000, 520 (m. Anm. *Staudinger*, IPRax 2000, 483); EuGH 9.11.2000 – Rs. C-387/98 (Coreck Maritime GmbH/Handelsveem BV), Slg. 2000 I, 9337 (9346) (Nr. 16 ff.) = NJW 2001, 501 = EuLF 2000/01, 213; EuGH 1.3.2005 – Rs. C 281/02 (Owusu/Jackson), Slg. 2005 I, 1445 (1459) (Nr. 35) = IPRax 2005, 244 (m. zust. Anm. *Heinze/Dutta*, IPRax 2005, 224).

geren Rechtsprechung zu den Anwendungsvoraussetzungen des Art. 17 EuGVÜ zu Recht klargestellt. Unter Geltung der EuGVO wird diese Auffassung zusätzlich durch den Erwägungsgrund 8 bekräftigt, demzufolge Rechtsstreitigkeiten bereits immer dann unter diese Verordnung fallen, wenn sie „einen Anknüpfungspunkt an das Hoheitsgebiet *eines* der Mitgliedstaaten aufweisen, der durch diese Verordnung gebunden ist"[1].

d) Maßgeblicher Zeitpunkt

Die vorgenannten besonderen Anwendungsvoraussetzungen des Art. 23 Abs. 1 EuGVO – Wohnsitz einer Partei in einem Mitgliedstaat und Vereinbarung des Gerichtsstands in einem Mitgliedstaat – müssen grundsätzlich **zur Zeit der Klageerhebung** erfüllt sein; denn nach Ansicht des EuGH begründet eine Gerichtsstandsvereinbarung nur „eine Zuständigkeitsoption, die ... erst bei Klageerhebung Wirkungen entfaltet"[2]. Sind die räumlich-persönlichen Voraussetzungen für eine Anwendung von Art. 23 EuGVO zur Zeit der Klageerhebung erfüllt, so ist die Gerichtsstandsvereinbarung daher grundsätzlich wirksam, wenn sie den Anforderungen dieser Vorschrift – insbesondere auch hinsichtlich der Form nach Art. 23 Abs. 1 S. 3 EuGVO – genügt. Dies gilt auch für Vereinbarungen, die nach dem im Zeitpunkt ihres Abschlusses noch geltenden nationalen Recht unwirksam waren; sie erlangen Wirksamkeit mit In-Kraft-Treten der EuGVO, wenn sie den Anforderungen des bei Klageerhebung geltenden Verordnungsrechts genügen[3]. Das Vertrauen auf die *Unwirksamkeit* einer getroffenen Gerichtsstandsvereinbarung ist mithin grundsätzlich nicht schutzwürdig; ein Mangel der vorgeschriebenen Form der Vereinbarung kann daher durch nachträgliche Rechtsänderung geheilt werden[4].

6379

Umstritten ist hingegen, inwieweit das Vertrauen der Parteien in die *Wirksamkeit* einer geschlossenen Gerichtsstandsvereinbarung Schutz verdient. Nach verbreiteter Auffassung erfordert der Gedanke des Vertrauensschutzes und der Planungssicherheit, dass eine Gerichtsstandsvereinbarung, die den Anforderungen des zur Zeit ihres Abschlusses maßgebenden nationalen Rechts entspricht, ihre Wirksamkeit auch dann behält, wenn sie den im Zeitpunkt der

6380

---

1 Für Verzicht auf einen „gemeinschaftsrechtlichen Binnenbezug" der Gerichtsstandsvereinbarung nach Art. 23 EuGVO *Hausmann,* EuLF 2000/01, 40 (43 f.); *Samtleben,* Festschr. Ansay (2006), S. 343 (350); *Nagel/Gottwald,* § 3 Rz. 136, 138; *Kropholler,* Art. 23 EuGVO Rz. 5, 9; *Hüßtege,* in: Thomas/Putzo, Art. 23 EuGVO Rz. 2; *Geimer,* in: Zöller, Art. 23 EuGVO Rz. 12; *Schlosser,* Art. 23 EuGVO Rz. 6; *Geimer/Schütze,* Art. 23 EuGVO Rz. 29 ff.; *Mankowski,* in: Rauscher, Art. 23 EuGVO Rz. 5, 5a.
2 EuGH 13.11.1979 – Rs. 25/79 (Sanicentral/Collin), Slg. 1979, 3423 (3429 f.) (Nr. 6) = RIW 1980, 285.
3 So für den Fall der nachträglichen Wohnsitzverlegung zu Recht OLG Köln 1.12.2003, OLGR 2004, 65 = IPRspr. 2003 Nr. 147; *Kropholler,* Art. 23 EuGVO Rz. 11.
4 OLG Koblenz 9.1.1987, RIW 1987, 144 (146) = IPRax 1987, 308 (m. Anm. *Schwarz,* IPRax 1987, 291) = IPRspr. 1987 Nr. 122; OLG Köln 16.3.1988, NJW 1988, 2182 = IPRspr. 1988 Nr. 157; LG Bochum 25.8.1997, RIW 2000, 383 (384) = IPRspr. 1999 Nr. 106a; *Schlosser,* Art. 23 EuGVO Rz. 10 f.; *Hüßtege,* in: Thomas/Putzo, Art. 23 EuGVO Rz. 19; *Mayr,* ÖWBl. 1996, 381 (383); *Mankowski,* in: Rauscher, Art. 23 EuGVO Rz. 76; aA *Killias,* S. 83 mwN.

Klageerhebung geltenden – geänderten – rechtlichen Voraussetzungen des Staatsvertrags- oder Verordnungsrechts nicht mehr genügt[1]. In gleicher Weise sei Vertrauensschutz auch dann zu gewähren, wenn sich die *tatsächlichen Verhältnisse* (zB der Wohnsitz einer Partei) zwischen dem Abschluss der Gerichtsstandsvereinbarung und der Klageerhebung geändert und zur Unwirksamkeit einer zuvor gültig geschlossenen Gerichtsstandsvereinbarung geführt hätten[2]. Daran ist richtig, dass es für die Voraussetzungen einer wirksamen materiellen Einigung über den Gerichtsstand allein auf den Abschlusszeitpunkt ankommen kann[3].

6381 Demgegenüber ist für die Frage der Formwirksamkeit sowie der prozessualen Zulässigkeit einer Gerichtsstandsvereinbarung im Geltungsbereich der EuGVO auf den **Zeitpunkt der Klageerhebung** abzustellen[4]. Dies ergibt sich unmissverständlich aus Art. 66 Abs. 1 EuGVO; danach sind die Vorschriften der Verordnung zwingend auf alle Klagen anzuwenden, die erhoben werden, nachdem die Verordnung in Kraft getreten ist. Der Wortlaut dieser Vorschrift lässt für eine einschränkende Auslegung, die dem Vertrauen der Parteien in eine zuvor nach nationalem Recht wirksam geschlossene Gerichtsstandsvereinbarung Rechnung trägt, keinen Raum. Somit verlieren Gerichtsstandsvereinbarungen, die den Voraussetzungen des Art. 23 EuGVO nicht entsprechen, mit In-Kraft-Treten der Verordnung nach Art. 66 Abs. 1 ohne Weiteres ihre Wirksamkeit. Dies gilt nicht nur bei Verstößen gegen die in Art. 23 Abs. 1 EuGVO vorgeschriebene Bestimmtheit und Form, sondern vor allem auch für Gerichtsstandsvereinbarungen, welche die Rechte von Versicherungsnehmern, Verbrauchern und Arbeitnehmern über das nach Art. 13, 17 und 21 EuGVO zulässige Maß hinaus einschränken[5]. Hingegen gebietet der Gedanke des Vertrauensschutzes die Fortgeltung einer nach Art. 23 EuGVO gültig geschlossenen Gerichtsstandsvereinbarung im Falle einer nachträglichen Wohnsitzände-

---

1 *Geimer/Schütze*, Art. 23 EuGVO Rz. 28; *Mankowski*, in: Rauscher, Art. 23 EuGVO Rz. 9c, 76; im Erg. auch *Schlosser*, Art. 23 EuGVO Rz. 9; *Gottwald*, in: MünchKomm ZPO, Art. 23 EuGVO Rz. 9b. Für Geltung des autonomen Prozessrechts in favorem prorogationis auch *Trunk*, IPRax 1996, 249 (251).
2 *Schlosser*, Art. 23 EuGVO Rz. 9; *Auer*, in: Geimer/Schütze, IRV, Art. 23 EuGVO Rz. 34; *Killias*, S. 83; *Aull*, S. 66; *Bork*, in: Stein/Jonas, 21. Aufl., § 38 ZPO Rz. 25; *Saenger*, ZZP 110 (1997), 477 (482); *Magnus*, in: Magnus/Mankowski, Art. 23 EuGVO Rz. 63.
3 *Geimer/Schütze*, Art. 23 EuGVO Rz. 28; *Hüßtege*, in: Thomas/Putzo, Art. 23 EuGVO Rz. 19; *Mankowski*, in: Rauscher, Art. 23 EuGVO Rz. 75.
4 OLG München 31.3.1987, NJW 1987, 2166 = IPRspr. 1987 Nr. 126; OLG Hamm 10.10.1988, IPRax 1991, 324 (325) (m. Anm. *Kohler*, IPRax 1991, 299); App. Versailles 8.11.1990, J.C.P. 1991. J. 21672 m. Anm. *Martin-Serf*; italien. Cass. 2.2.1991, Riv.dir.int.priv.proc. 1992, 327; *Sieg*, RIW 1998, 102 (103); *Kropholler*, Art. 23 EuGVO Rz. 11; *Schack*, Rz. 465; *Benecke*, S. 86; *Samtleben*, RabelsZ 59 (1995), 670 (703 f.); ebenso zu Art. 17 LugÜ LG Bochum 25.8.1997, RIW 2000, 383 (384) = IPRspr. 1999 Nr. 106a; schweiz. BG 9.9.1993, BGE 119 II 391 (393) = SZIER 1995, 39; BG 19.8.1998, BGE 124 III, 436 (441 ff.).
5 LG München I 29.5.1995, NJW 1996, 401 = IPRax 1996, 266 (m. krit. Anm. *Trunk*, IPRax 1996, 249) = IPRspr. 1995 Nr. 146.

rung[1]. Schließlich ist zu beachten, dass im Falle einer **Rechtsnachfolge** die Wirksamkeit einer Gerichtsstandsvereinbarung ausschließlich im Verhältnis zwischen den Parteien des ursprünglichen Vertrages zu prüfen ist; Art. 23 EuGVO findet daher nur dann Anwendung, wenn mindestens eine der Parteien des ursprünglichen Vertrages ihren Wohnsitz im Hoheitsgebiet eines Mitgliedstaates hatte[2].

2. Räumlich-persönlicher Anwendungsbereich des Luganer Übereinkommens

Der räumlich-persönliche Anwendungsbereich von Art. 23 des neuen Luganer Übk. vom 30.10.2007 stimmt mit jenem von Art. 23 EuGVO überein. Wegen der Einzelheiten kann daher auf das zuvor Gesagte (Rz. 6371 ff.) verwiesen werden. 6382

3. Konkurrenzen

a) EuGVO – Luganer Übereinkommen

Da Art. 23 EuGVO mit Art. 23 des neuen Luganer Übk. wörtlich übereinstimmt, kommt der Abgrenzung praktisch keine Bedeutung zu. Nach Art. 64 Abs. 1, Abs. 2 lit. a LugÜ wird das Luganer Übereinkommen von den Mitgliedstaaten der EU nur angewendet, wenn der maßgebende Bezugspunkt auf das Recht eines Staates verweist, der allein dem Luganer Übereinkommen – und nicht der EuGVO – angehört. Internationale Gerichtsstandsvereinbarungen sind daher etwa im deutsch-schweizerischen Verhältnis dann an Art. 23 LugÜ zu messen, wenn entweder die Zuständigkeit eines Schweizer Gerichts vereinbart oder der Wohnsitzgerichtsstand des Schweizer Beklagten durch die Vereinbarung eines deutschen Gerichtsstands derogiert wird (Art. 64 Abs. 2 lit. a LugÜ). Ein sonstiger Bezug des Sachverhalts zu einem Lugano-Staat reicht hingegen nicht aus; die Vereinbarung eines deutschen Gerichtsstands im Vertrag zwischen einem deutschen Unternehmen und einem in Bregenz wohnhaften Schweizer beurteilt sich daher nach Art. 23 EuGVO und nicht nach Art. 23 LugÜ. 6383

b) EuGVO und Staatsverträge auf besonderen Rechtsgebieten

Gemäß Art. 71 lässt die Verordnung Staatsverträge unberührt, denen die Mitgliedstaaten angehören und die für „besondere Rechtsgebiete" die gerichtliche Zuständigkeit regeln. Soweit derartige Spezialabkommen eine abschließende Regelung auf dem Gebiet der internationalen Prorogation enthalten, gebührt ihnen also grundsätzlich Vorrang vor Art. 23 EuGVO[3]. Regelt das Spezial- 6384

---

1 *Magnus*, in: Magnus/Mankowski, Art. 23 EuGVO Rz. 63.
2 EuGH 9.11.2000 – Rs. C-387/98 (Coreck Maritime GmbH/Handelsveem BV), Slg. 2000 I, 9337 (9347 f.) (Nr. 20 f.) = NJW 2000, 501; *Schlosser*, Art. 23 EuGVO Rz. 5.
3 *Jenard*-Bericht zu Art. 57 EuGVÜ, ABl. EG 1979 Nr. C 59, S. 1; *Kropholler*, Art. 71 EuGVO Rz. 5; *Geimer/Schütze*, Art. 71 EuGVO Rz. 1; *Gottwald*, in: MünchKomm ZPO, Art. 71 EuGVO Rz. 1.

abkommen hingegen lediglich Teilbereiche einer Zuständigkeitsvereinbarung, bleibt Art. 23 EuGVO für die nicht geregelten Fragen maßgebend[1]. Art. 23 EuGVO integriert mithin die Vorschriften aus den speziellen Übereinkommen in die Verordnung und verdrängt insoweit deren abweichende allgemeine Regeln[2]. Die Säumnis oder Nichteinlassung des Beklagten ändert am Vorrang des Spezialabkommens nichts. Aus der Verweisung in Art. 71 Abs. 2 lit. a S. 2 auf Art. 26 EuGVO folgt nichts anderes; vielmehr begründet Art. 71 Abs. 2 lit. a EuGVO iVm. den Regeln der Spezialabkommen eine eigene Zuständigkeit nach der EuGVO[3].

6385 Bei Streitigkeiten aus **internationalen Luftbeförderungsverträgen** werden die Zuständigkeitsvorschriften der EuGVO durch die Sonderregeln in Art. 33, 46 MA verdrängt. Die Gerichtsstände des Art. 33 Abs. 1 und 2 MA können deshalb nicht durch eine *vor* Eintritt des Schadens getroffene Parteivereinbarung nach Art. 23 EuGVO abgeändert werden (vgl. Art. 49 MA). Im Hinblick auf den Zweck der Art. 33, 46, den Verletzten durch Eröffnung alternativer Gerichtsstände zu schützen, ist eine vor dem Eintritt des Schadens getroffene Gerichtsstandsvereinbarung auch dann unzulässig, wenn sie keine neue Zuständigkeit begründen soll, sondern lediglich eines der in diesen Vorschriften genannten Gerichte für ausschließlich zuständig erklärt[4]. Im Fall der Güterbeförderung sind jedoch gem. Art. 34 MA *Schiedsklauseln* zulässig, wenn danach das Verfahren im Bezirk eines der in Art. 33 MA bezeichneten Gerichte stattfinden soll. Ferner kann die internationale Zuständigkeit der deutschen Gerichte für Streitigkeiten aus internationalen Luftbeförderungsverträgen, die sachlich dem Montrealer Abkommen unterliegen, durch eine rügelose Einlassung des Beklagten nach Art. 24 EuGVO[5] oder durch eine nach Schadenseintritt getroffene Gerichtsstandsvereinbarung begründet werden; im letzteren Fall findet Art. 23 Abs. 1 EuGVO auf die Formgültigkeit der Vereinbarung Anwendung[6].

---

1 EuGH 6.12.1994 – Rs. C-406/92 (Tatry/The owners of the ship Maciej Rataj), Slg. 1994 I, 5439 (5478) (Nr. 25) = JZ 1995, 616 (m. Anm. *P. Huber*, JZ 1995, 603) = IPRax 1996, 108 (m. Anm. *Schack*, IPRax 1996, 80) (zu Art. 21 EuGVÜ).
2 OLG Hamm 25.6.2001, RIW 2002, 152; *Hausmann*, in: Wieczorek/Schütze, Anh. I zu § 40 ZPO, Einl. Rz. 62; *Haubold*, IPRax 2000, 91 (93).
3 EuGH 28.10.2004 – Rs. C-148/03 (Nürnberger Allg. Versicherungs AG/Portbridge), Slg. 2004 I, 10329 (10336) (Nr. 20) = NJW 2005, 44 = IPRax 2006, 256 (m. Anm. *Haubold*, IPRax 2006, 224); BGH 27.2.2003, RIW 2003, 722 = IPRspr. 2003 Nr. 127; BGH 20.11.2003 IPRax 2006, 257; OLG Hamm 25.6.2001, RIW 2002, 152, RIW 2002, 152 (153); OLG Schleswig 20.12.2001, TranspR 2002, 76 = IPRspr. 2001 Nr. 142; OLG Karlsruhe 27.6.2002, IPRax 2003, 533 (m. Anm. *Schinkels*, IPRax 2003, 517) = IPRspr. 2002 Nr. 144; *Haubold*, IPRax 2006, 224 f.; *Gottwald*, in: MünchKomm ZPO, Art. 71 EuGVO Rz. 5 aE; *Hüßtege*, in: Thomas/Putzo, Art. 71 EuGVO Rz. 4; *Mankowski*, in: Rauscher, Art. 71 EuGVO Rz. 15 mwN.; aA OLG Dresden 24.11.1998, RIW 1999, 968 = IPRax 2000, 121 (m. abl. Anm. *Haubold*, IPRax 2000, 91) = IPRspr. 1998 Nr. 162.
4 *Kropholler*, in: Hdb. IZVR I, Kap. III Rz. 399; *Matscher*, Rec. des Cours 161 (1978-III), 194.
5 BGH 19.3.1976, NJW 1976, 1583; OLG Frankfurt a.M. 11.11.1986, TranspR 1987, 68 (zu § 39 ZPO).
6 *Killias*, S. 100.

Im Gegensatz zu Art. 49 MA lässt im **internationalen Straßengüterverkehr** 6386
Art. 31 CMR Gerichtsstandsvereinbarungen ausdrücklich zu. Es darf aber nur
die internationale Zuständigkeit *in einem Vertragsstaat* vereinbart werden, also etwa die Zuständigkeit der deutschen Gerichte[1]. Die vereinbarte internationale Zuständigkeit darf ferner *keine ausschließliche* sein; die in Art. 31 Abs. 1
CMR aufgeführten gesetzlichen Zuständigkeiten bleiben vielmehr wegen der
zwingenden Geltung der CMR (Art. 41) stets konkurrierend bestehen[2]. Die
nur fakultative Prorogationswirkung einer Gerichtsstandsvereinbarung nach
der CMR setzt sich dann auch im Anwendungsbereich der EuGVO durch[3]. Die
Vereinbarung einer ausschließlichen *örtlichen* Zuständigkeit ist dagegen zulässig[4].

Demgegenüber enthält Art. 31 CMR keine Regelung über die **Form der Ge-** 6387
richtsstandsvereinbarung. Dieses Schweigen wird zT dahin interpretiert, dass
die Prorogation im sachlichen Geltungsbereich der CMR keiner Form bedürfe[5]. Andere verneinen ein Formbedürfnis aus teleologischen Gründen, weil
Art. 31 CMR nur einen zusätzlichen Gerichtsstand eröffne und es deshalb keiner Warnfunktion durch eine Formvorschrift bedürfe[6]. Letzteres trifft freilich
nur auf den Kläger, nicht auf den Beklagten zu, der im vereinbarten Gerichtsstand – meist im Heimatstaat des Klägers[7] – verklagt wird[8]. Ferner wird auch
sonst im Anwendungsbereich der Verordnung eine Formfreiheit von nur fakultativen Gerichtsstandsvereinbarungen nicht vertreten; für die Sonderbehandlung der Prorogation in Transportverträgen besteht aber kein Grund. Daher
lässt Art. 71 Abs. 1 EuGVO der CMR nur insoweit den Vortritt, als Gerichtsstandsvereinbarungen dort – wie zB hinsichtlich der Ausschließlichkeitswirkung – eine abweichende Regelung erfahren haben. In der von der CMR nicht
geregelten Formfrage besteht aber keine Kollision zwischen der Verordnung
und der CMR, so dass Art. 23 EuGVO insoweit nicht verdrängt ist. Wenn also

---

1 *Kropholler*, in: Hdb. IZVR I, Kap. III Rz. 406; *Koller*, Transportrecht, 5. Aufl. (2003),
 Art. 31 CMR Rz. 5.
2 OLG Hamburg 26.4.1984, TranspR 1984, 194 = VersR 1984, 687 m. Anm. *Dannenberg*;
 OLG Hamm 25.6.2001, TranspR 2001, 397 = RIW 2002, 152 (153) = IPRspr. 2001
 Nr. 145; OLG Wien 15.10.1986, TranspR 1987, 223; *Koller*, Transportrecht, 5. Aufl.
 (2003), Art. 31 CMR Rz. 5; Art. 31 CMR Rz. 2; *Helm*, in: Großkomm HGB, Bd. 7/2
 (2002), Art. 31 CMR Rz. 22; *Mankowski*, in: Rauscher, Art. 71 EuGVO Rz. 14.
3 *Kropholler*, Art. 71 EuGVO Rz. 5.
4 OLG Hamburg 30.4.1981, IPRspr. 1981 Nr. 151b; *Kropholler*, Art. 71 EuGVO Rz. 5.
5 *Müller/Hök*, RIW 1978, 773 (775); *Basedow*, in: MünchKomm HGB, Bd. 7 (1997),
 Art. 31 CMR Rz. 25; *Mankowski*, in: Rauscher, Art. 71 EuGVO Rz. 14; *Magnus*, in:
 Magnus/Mankowski, Art. 23 EuGVO Rz. 12; im Erg. ähnlich OLG Hamburg
 11.1.2001, TranspR 2001, 300 = IPRspr. 2001 Nr. 129; LG München I 27.11.1990, RIW
 1991, 150 = IPRspr 1990 Nr. 181; *Koller*, Transportrecht, 5. Aufl. (2003), Art. 31 CMR
 Rz. 5.
6 *Gottwald*, in: MünchKomm ZPO, Art. 71 EuGVO Rz. 4; *Demuth/Seltmann*, in: Thume, Kommentar zur CMR (1998), Art. 31 CMR Rz. 31.
7 Vgl. etwa Nr. 30.2 ADSp 1999.
8 Zutr. *Haubold*, IPRax 2000, 91 (93).

die Gerichtsstandsvereinbarung in den Anwendungsbereich der EuGVO fällt, ist hinsichtlich ihrer Form Art. 23 Abs. 1 EuGVO zu beachten[1].

c) EuGVO und autonomes Recht
aa) §§ 38–40 ZPO

6388 Die Verordnung gilt in den Mitgliedstaaten der EU als sekundäres Gemeinschaftsrecht unmittelbar und einheitlich. Sie genießt daher Vorrang vor dem nationalen Zivilprozessrecht der Mitgliedstaaten[2]. Aus diesem Grunde werden die §§ 38–40 ZPO im Anwendungsbereich der EuGVO durch deren Art. 23 vollständig verdrängt[3]. Soweit sich nicht aus internationalen Handelsbräuchen oder den bestehenden Gepflogenheiten zwischen den Parteien etwas anderes ergibt (dazu unten Rz. 6451 f., 6453 ff.), bedürfen daher auch Gerichtsstandsvereinbarungen zwischen **Kaufleuten** der Form gem. Art. 23 Abs. 1 S. 3 lit. a EuGVO; die Formerleichterung für diesen Personenkreis nach § 38 Abs. 1 ZPO gilt im räumlichen und sachlichen Anwendungsbereich der EuGVO nicht[4]. Ebenso wenig ist die Prorogationsfreiheit im europäischen Prozessrecht hinsichtlich der **örtlichen Zuständigkeit** nach Maßgabe von § 38 Abs. 2 S. 3 ZPO beschränkt[5]; eine Ausnahme gilt lediglich im Rahmen von Art. 13 Nr. 3 und 17 Nr. 3 EuGVO, die ausdrücklich auf das nationale Zuständigkeitsrecht verweisen. In seinem Anwendungsbereich entscheidet Art. 23 EuGVO mithin abschließend über Zulässigkeit, Form und Wirkungen einer Gerichtsstandsvereinbarung[6].

---

1 *Kropholler*, in: Hdb. IZVR, Rz. 406; *Helm*, in: Großkomm HGB, Bd. 7/2 (2002), Art. 31 CMR Rz. 23; *Merkt*, in: Baumbach/Hopt, HGB, 33. Aufl. (2008), Art. 31 CMR Rz. 1; *Hausmann*, in: Wieczorek/Schütze, Anh. I zu § 40 ZPO, Einl. Rz. 66; *Haubold*, IPRax 2000, 91 (93 f.) mwN.

2 *Kropholler*, EuZPR Einl. Rz. 19; vgl. allg. zum Vorrang des Gemeinschaftsrechts EuGH 15.7.1964 – Rs. 6/64 (Costa/ENEL), Slg. 1964, 1251 (1270).

3 OLG Hamburg, 14.4.2004, NJW 2004, 3126 = IPRspr. 2004 Nr. 109; *Kropholler*, Art. 23 EuGVO Rz. 16; *Hüßtege*, in: Thomas/Putzo, vor § 38 ZPO Rz. 5; *Gottwald*, in: MünchKomm ZPO, Art. 23 EuGVO Rz. 64; *Geimer/Schütze*, Art. 23 EuGVO Rz. 69 ff.; *Bork*, in: Stein/Jonas, § 38 ZPO Rz. 22; ebenso schon zu Art. 17 EuGVÜ EuGH 13.11.1979 – Rs. 25/79 (Sanicentral/Collin), Slg. 1979, 3423 (3430) (Nr. 7) = RIW 1980, 285; BGH 30.4.1980, NJW 1980, 2022 (2023) = IPRspr. 1980 Nr. 166; BayObLG 21.4.2001, RIW 2001, 699 (700); österreich. OGH 23.2.1998, JBl. 1998, 726; 25.2.1999, ZfRV 1999, 150 (LS); 14.7.1999, ZfRV 1999, 233; 29.8.2000, ZfRV 2001, 113 (114); zust. *Rauscher*, ZZP 104 (1991), 271 (277 f.); unrichtig OLG Köln 21.3.1997, RIW 1998, 148 f. = IPRspr. 1997 Nr. 36.

4 OLG München 11.2.1981, NJW 1982, 1951 = IPRspr. 1981 Nr. 155; OLG Karlsruhe 30.12.1981, NJW 1982, 1950 = IPRspr. 1981 Nr. 171; *G. Roth*, ZZP 93 (1980), 157 (160 f.); *Bork*, in: Stein/Jonas, § 38 ZPO Rz. 20; *Schack*, Rz. 469; *Geimer*, in: Zöller, Art. 23 EuGVO Rz. 36.

5 LG München I 10.6.1975, NJW 1975, 1606 = IPRspr. 1976 Nr. 124a; *Bork*, in: Stein/Jonas, 21. Aufl., § 38 ZPO Rz. 26.

6 EuGH 16.3.1999 – Rs. C-159/97 (Trasporti Castelletti/Hugo Trumpy SpA), Slg. 1999 I, 1597/1611 (Nr. 49) = IPRax 2000, 119 (m. Anm. *Girsberger*, IPRax 2000, 87); OLG Düsseldorf 6.1.1989, NJW-RR 1989, 1330 = IPRspr. 1989 Nr. 180; OLG Saarbrücken

bb) Sonstige nationale Prorogationsbeschränkungen

Die EuGVO bezweckt in ihrem Anwendungsbereich eine *einheitliche und abschließende Regelung* der internationalen Gerichtszuständigkeit. Unanwendbar sind daher im Rahmen des Art. 23 EuGVO insbesondere die vielfältigen innerstaatlichen Regelungen, die – direkt oder indirekt – zusätzliche Wirksamkeitsvoraussetzungen für Gerichtsstandsvereinbarungen enthalten. Dies gilt zunächst für nationale Vorschriften, welche die **Freiheit der Willensbildung** beim Zustandekommen von Gerichtsstandsvereinbarungen sicherstellen wollen[1]. Aus diesem Grunde können die Mitgliedstaaten für Gerichtsstandsvereinbarungen weder besondere Anforderungen an die **Vertragssprache**[2] noch **strengere Formerfordernisse** festlegen als sie Art. 23 Abs. 1 EuGVO vorsieht[3]. Unanwendbar im Rahmen des Art. 23 EuGVO sind ferner nationale Vorschriften, welche die Wirksamkeit der Gerichtsstandsvereinbarung davon abhängig machen, dass zwischen dem Rechtsstreit und dem für zuständig erklärten Gericht ein hinreichender objektiver Zusammenhang besteht[4]. Für Einschränkungen der Prorogationsfreiheit unter dem Gesichtspunkt des *forum non conveniens* ist im Anwendungsbereich der EuGVO kein Raum[5]. Das zugrunde liegende Geschäft muss auch **keinen internationalen Charakter** aufweisen; dieser kann vielmehr allein durch die Gerichtsstandsvereinbarung hergestellt werden. Prorogieren daher zwei im Inland wohnhafte Parteien ein Gericht in einem anderen Mitgliedstaat, so ist die Gerichtsstandsvereinbarung wirksam, ohne dass ein Auslandsbezug der Streitigkeit vorhanden oder ein sonstiges berechtigtes Interesse an der Wahl des ausländischen Gerichts erkennbar sein müsste[6].

6389

2.10.1991, IPRax 1992, 165 (m. Anm. *Rauscher*, IPRax 1992, 143) = IPRspr. 1991 Nr. 180; *Kropholler*, Art. 23 EuGVO Rz. 17.

1 *Kohler*, IPRax 1983, 270.
2 EuGH 24.6.1981 – Rs. 150/80 (Elefanten Schuh/Jacqmain), Slg. 1981, 1671 (1688) (Nr. 26) = NJW 1982, 507 = IPRax 1982, 234 (m. Anm. *Leipold*, IPRax 1982, 222); vgl. *Geimer/Schütze*, Art. 23 EuGVO Rz. 125 f.
3 EuGH 16.3.1999 – Rs. C-159/97 (Trasporti Castelletti/Hugo Trumpy SpA), Slg. 1999 I, 1597 (1611) (Nr. 37 f.) = IPRax 2000, 119 (m. Anm. *Girsberger*, IPRax 2000, 87): Unanwendbarkeit von Art. 1341 italien. c.c. auf Gerichtsstandsklausel in AGB; OLG Dresden 2.6.1999, IPRspr. 1999 Nr. 115; *Schlosser*, Art. 23 EuGVO Rz. 7.
4 Vgl. EuGH 17.1.1980 – Rs. 56/79 (Zelger/Salinitri), Slg. 1980, 89/97 (Nr. 4) = WM 1980, 720 m. Anm. *Schütze*; EuGH 16.3.1999 – Rs. C-159/97 (Trasporti Castelletti/Hugo Trumpy SpA), Slg. 1999 I, 1597/1611 (Nr. 50 f.) = IPRax 2000, 119 (m. Anm. *Girsberger*, IPRax 2000, 87); *Kropholler*, Art. 23 EuGVO Rz. 17; *Kohler*, IPRax 1983, 265 (269); *Schack*, ZZP 104 (1991), 489 (490); *Gottwald*, in: MünchKomm ZPO, Art. 23 EuGVO Rz. 19.
5 *Kohler*, IPRax 1983, 270 f.; *Schack*, RabelsZ 58 (1994), 49 (50); *Geimer*, in: Zöller, Art. 23 EuGVO Rz. 5. Vgl. dazu näher *Hausmann*, in: Wieczorek/Schütze, Anh. I zu § 40 ZPO, vor Art. 2 EuGVÜ Rz. 23 ff.; *Huber*, Die englische forum non-conveniens-Doktrin und ihre Anwendung im Rahmen des EuGVÜ (1994), bes. S. 156 ff.
6 LG Bochum 25.8.1997, IPRspr. 1999 Nr. 156a; *Kohler*, IPRax 1983, 266; *Auer*, in: Geimer/Schütze, IVR, Art. 23 EuGVO Rz. 170; *Geimer/Schütze*, Art. 23 EuGVO Rz. 177 ff.; *Girsberger*, IPRax 2000, 87 (90 f.); aA *Bork*, in: Stein/Jonas, 21. Aufl., § 38 ZPO Rz. 27 unter Hinweis auf den *Schlosser*-Bericht Nr. 174, ABl. EG 1979 Nr. L 59, S. 71 (123). Vgl. dazu auch Rz. 6489 aE.

6390 Der Tendenz, dem im internationalen Vertragsrecht durch Einschränkungen der Parteiautonomie (vgl. Art. 6–8 Rom I-VO) geschaffenen **Schutz des Schwächeren** ein zwingendes Zuständigkeitsrecht an die Seite zu stellen, trägt die EuGVO mit ihren speziellen Regeln für Gerichtsstandsvereinbarungen in Versicherungs-, Verbraucher- und Arbeitssachen Rechnung (vgl. Art. 13, 17 und 21 EuGVO). Für eine Anwendung weiter gehender *nationaler* Schutzvorschriften ist im Geltungsbereich des Art. 23 EuGVO kein Raum. So werden etwa die in § 29c Abs. 3 ZPO und § 26 Abs. 2 FernUSG enthaltenen besonderen Prorogationsbeschränkungen für bestimmte Verbraucherverträge im europäischen Rechtsverkehr durch Art. 23 Abs. 5 iVm. Art. 17 EuGVO ersetzt[1]. In gleicher Weise werden auch die im autonomen Verfahrensrecht verschiedener Mitgliedstaaten enthaltenen Beschränkungen für Zuständigkeitsvereinbarungen in **arbeitsrechtlichen Streitigkeiten** durch Art. 23 Abs. 5 iVm. Art. 21 EuGVO vollständig verdrängt[2].

6391 Auch für eine Anwendung innerstaatlicher Vorschriften, die eine **Einbeziehung von Gerichtsstandsvereinbarungen in AGB** oder in Formularverträgen erschweren, ist im europäischen Prozessrecht kein Raum. Eine Prüfung von Gerichtsstandsklauseln anhand der §§ 305 Abs. 2, 305c Abs. 1 BGB kommt daher im Anwendungsbereich des Art. 23 EuGVO nicht in Betracht, weil damit die angestrebte einheitliche Beurteilung von Gerichtsstandsvereinbarungen in den Mitgliedstaaten der EuGVO gefährdet würde[3]. Auch eine **Inhaltskontrolle von Gerichtsstandsklauseln** nach § 307 BGB mit dem Ziel, das Interesse des Kunden an den gesetzlich normierten Gerichtsständen gegenüber dem Interesse des Verwenders an dem vereinbarten Gerichtsstand abzuwägen, stünde im Widerspruch zur rechtsvereinheitlichenden Intention der Verordnung[4]. Nach An-

---

1 Vgl. *Samtleben*, IPRax 1981, 44; *H. Roth*, IPRax 1992, 67 (68); *Rauscher*, ZZP 104 (1991), 271 (277 f.); *Geimer*, in: Zöller, Art. 23 EuGVO Rz. 33.
2 EuGH 13.11.1979 – Rs. 25/79 (Sanicentral/Collin), Slg. 1979, 3423 (3430) (Nr. 7) = RIW 1980, 285; *Auer*, in: Geimer/Schütze, IVR, Art. 23 EuGVO Rz. 180.
3 OLG München 8.3.1989, RIW 1989, 901 (902) = ZZP 103 (1990), 84 (89) m. zust. Anm. *H. Schmidt* = IPRspr. 1989 Nr. 186; implizit auch BGH 31.10.1989, IPRax 1991, 326 (m. Anm. *Kohler*, IPRax 1991, 299) = IPRspr. 1989 Nr. 197; *Kohler*, IPRax 1983, 270; *Rauscher*, ZZP 104 (1991), 295 ff., 304; *Geimer*, IPRax 1991, 31 (34); *Stöve*, S. 113 ff.; *Sieg*, RIW 1998, 102 (103); *Kubis*, IPRax 1999, 10 (12); *Schack*, Rz. 475; *Kropholler*, Art. 23 EuGVO Rz. 19; *Basedow*, in: MünchKomm, § 307 BGB Rz. 32; *Gottwald*, in: MünchKomm ZPO, Art. 23 EuGVO Rz. 65 aE; *Bork*, in: Stein/Jonas, § 38 ZPO Rz. 29. Für Anwendung der *lex causae* hingegen OLG Koblenz 9.1.1987, RIW 1987, 144 (146) = IPRax 1987, 308 (m. Anm. *Schwarz*, IPRax 1987, 291) = IPRspr. 1987 Nr. 122; OLG Düsseldorf 6.1.1989, RIW 1990, 577 (579) = NJW-RR 1989, 1330 = IPRspr. 1989 Nr. 180; für § 315c Abs. 1 BGB auch *Schlosser*, Art. 23 EuGVO Rz. 31 aE; offen lassend OLG Düsseldorf 30.1.2004, IHR 2005, 108 = IPRspr. 2004 Nr. 103.
4 OLG Hamburg 14.4.2004, NJW 2004, 3126 (3128) = IPRspr. 2004 Nr. 109; OLG Hamm 20.9.2005, IPRax 2007, 125 (126) (m. Anm. *Spellenberg*, IPRax 2007, 98) = IPRspr. 2005 Nr. 117; LG Karlsruhe 31.10.1995, NJW 1996, 141 = IPRspr. 1995 Nr. 158; *Kröll*, ZZP 113 (2000), 135 (149); *Kropholler*, Art. 23 EuGVO Rz. 19; *Geimer/Schütze*, Art. 23 EuGVO Rz. 72; *Mankowski*, in: Rauscher, Art. 23 EuGVO Rz. 12; *Saenger*, Festschr. Sandrock (2000), S. 807 (811 ff.); *Saenger*, ZEuP 2000, 656 (668); aA insbesondere *Wolf*, JZ 1989, 695 (696); *Kubis*, IPRax 1999, 10 (12).

sicht des EuGH[1] ist im Rahmen des Art. 23 EuGVO daher „eine zusätzliche Prüfung der Angemessenheit der Klausel und des vom Verwender verfolgten Ziels ausgeschlossen". Aus den ausdrücklich genannten Prorogationsschranken in Versicherungs-, Verbraucher- und Arbeitssachen (Art. 23 Abs. 5 EuGVO) ist zu entnehmen, dass eine darüber hinausgehende Inhaltskontrolle von Gerichtsstandsklauseln unter dem Gesichtspunkt der ungleichen „bargaining power" der Parteien nach nationalem Recht grundsätzlich auszuscheiden hat, weil sie die von der Verordnung angestrebte Rechtssicherheit im Zuständigkeitsrecht nachhaltig gefährden würde[2].

Keine Sperrwirkung entfaltet die EuGVO hingegen gegenüber **sekundärem Gemeinschaftsrecht auf besonderen Rechtsgebieten**, wie zB dem Verbraucher- oder Arbeitnehmerschutz; dies gilt auch für Vorschriften des in Umsetzung von EG-Richtlinien harmonisierten nationalen Rechts[3]. Denn eine daran orientierte Klauselkontrolle steht mit dem Ziel der Verordnung, das Recht der internationalen Prorogation in den Mitgliedstaaten zu vereinheitlichen, nicht im Konflikt. Praktische Bedeutung erlangt dies insbesondere für die Inhaltskontrolle von Gerichtsstandsklauseln am Maßstab der EG-Richtlinie 93/13 über missbräuchliche Klauseln in Verbraucherverträgen vom 5.4.1993[4], die in Nr. 1 lit. q ihres Anhangs ausdrücklich auch Gerichtsstandsklauseln nennt. Der EuGH[5] hat daher die Vereinbarung der ausschließlichen örtlichen Zuständigkeit am Sitz des Klauselverwenders in einem Verbrauchervertrag gem. Art. 3 der Richtlinie für missbräuchlich und unwirksam erklärt, weil sie den Verbraucher entgegen dem Gebot von Treu und Glauben ungerechtfertigt benachteilige. Da die Begründung des EuGH sich ohne Weiteres auch auf Vereinbarungen über die *internationale* Zuständigkeit übertragen lässt, unterliegen diese auch im Anwendungsbereich der EuGVO – entgegen der früher hM[6] – der richtlinienkonformen Inhaltskontrolle am Maßstab des § 307 BGB[7]. Die praktische Bedeutung einer solchen Inhaltskontrolle bleibt freilich gering, weil

6392

---

1 EuGH 16.3.1999 – Rs. C-159/97 (Trasporti Castelletti/Hugo Trumpy SpA), Slg. 1999 I, 1997 (2012 ff.) (Nr. 51) (zu Art. 17 EuGVÜ).
2 *Kubis*, IPRax 1999, 10 (12); *Kröll*, ZZP 113 (2000), 135 (148 ff.); *Schlosser*, Art. 23 EuGVO Rz. 31; vgl. aber auch unten Rz. 6489.
3 *Borges*, RIW 2000, 937 f.
4 ABl. EG 1993 Nr. L 95, S. 29.
5 EuGH 27.6.2000 – Rs. C-240/98 (Océano Grupo Editorial/Rocío Quintero), Slg. 2000 I, 4941 = EuLF 2000/01, 88 (m. Anm. *Augi/Baratella*, EuLF 2000/01, 83) = DB 2000, 2056 m. Anm. *Staudinger* = IPRax 2001, 128 (m. Anm. *Hau*, IPRax 2001, 96) = ZEuP 2003, 141 m. Anm. *Pfeiffer* = JZ 2001, 245 m. Anm. *Schwartze* = EWiR 2000, 784 (LS) m. Anm. *Freitag*; ferner zuletzt EuGH 4.6.2009 – Rs. C-243/08 (Pannon/Erzsébet), NJW 2009, 2367 m. Anm. *Pfeiffer*.
6 Vgl. *Kröll*, ZZP 113 (2000), 135 (148 ff.); *Kubis*, IPRax 1999, 10 (12); *Saenger*, ZEuP 2000, 656 (664); *Coester*, in: Staudinger (2006), § 307 BGB Rz. 67, 72 ff.
7 *Pfeiffer*, Festschr. Schütze (1999), S. 672 f.; *Staudinger*, DB 2000, 2056 (2059); *Staudinger*, IPRax 2001, 183 (187 f.); *Leible*, RIW 2001, 422 (429 ff.); *Staudinger*, in: Rauscher, Art. 17 EuGVO Rz. 6; aA *Borges*, RIW 2000, 933 (936 ff.); *Kropholler*, Art. 23 EuGVO Rz. 20; *Schlosser*, Art. 23 EuGVO Rz. 31. Für Klärung der Konkurrenzfrage durch den EuGH *Basedow*, in: MünchKomm, § 307 BGB Rz. 323 aE.

die hiernach missbräuchliche Vereinbarung der Zuständigkeit am Sitz des Verwenders zu Lasten von Verbrauchern idR bereits an Art. 23 Abs. 5 iVm. Art. 17 EuGVO scheitert[1].

6393 Die Gerichte der Mitgliedstaaten sind durch Art. 23 EuGVO auch daran gehindert, Zuständigkeitsvereinbarungen zum Zwecke der **Durchsetzung international zwingender Normen** der *lex fori* für unwirksam zu erklären[2]. Das vom BGH auf § 61 iVm. §§ 53 ff. BörsG aF gestützte Derogationsverbot, nach dem die Vereinbarung der ausschließlichen Zuständigkeit ausländischer Gerichte in einem Vertrag über Warentermingeschäfte an ausländischen Börsen nicht anzuerkennen war, wenn sie iVm. einer Rechtswahlklausel zur Folge hatte, dass die zur Entscheidung berufenen Gerichte den Termineinwand des deutschen Börsenrechts nicht beachteten[3], galt daher schon bisher im Anwendungsbereich des Art. 23 EuGVO nicht[4]. Auch Gerichtsstandsklauseln in **Handelsvertreter-** und **Alleinvertriebsverträgen** können im Anwendungsbereich des Art. 23 EuGVO nicht deshalb für nichtig erklärt werden, weil sie die Umgehung des zwingenden Ausgleichsanspruchs des Handelsvertreters/Vertragshändlers nach dem an seinem Wohnsitz geltenden materiellen Recht bezwecken. Zwar kann die „Ingmar"-Entscheidung des EuGH aus dem Jahr 2000[5] im Fall der Vereinbarung der ausschließlichen Zuständigkeit *drittstaatlicher* Gerichte, deren Recht einen Ausgleichsanspruch des Handelsvertreters nicht kennt, zur Unwirksamkeit der Derogation eines deutschen (oder anderen mitgliedstaatlichen) Gerichts führen; Maßstab hierfür ist jedoch nicht Art. 23 EuGVO, sondern das autonome Prozessrecht des derogierten Gerichts[6].

6394 Auch das am gewählten Gerichtsstand geltende materielle **Haftungsrecht** hat keinen Einfluss auf die Wirksamkeit der Gerichtsstandsklausel; diese ist mithin auch dann gültig, wenn sie für den Verfrachter auf eine Haftungsbefreiung oder -beschränkung hinausläuft[7]. Keine neben Art. 23 EuGVO zu beachtende Zulässigkeitsschranke bilden deshalb auch die den Haager oder Visby-Regeln entsprechenden zwingenden nationalen Vorschriften über die Mindesthaftung des Verfrachters im **Seerecht**, wie zB § 662 HGB oder Art. 91 des belgischen

---

1 Vgl. aber zur Bedeutung dieser weiteren Kontrolle am Maßstab der Richtlinie *Staudinger*, in: Rauscher, Art. 17 EuGVO Rz. 6.
2 *Geimer*, in: Zöller, Art. 23 EuGVO Rz. 46; *Schlosser*, Art. 23 EuGVO Rz. 32; *Gottwald*, in: MünchKomm ZPO, Art. 23 EuGVO Rz. 66.
3 Vgl. BGH 12.3.1984, NJW 1984, 2037 = IPRax 1985, 216 (m. Anm. *G. Roth*, IPRax 1985, 198) = IPRspr. 1984 Nr. 135; dazu auch unten Rz. 6762 ff. (Schiedsklausel).
4 *Kropholler*, Art. 23 EuGVO Rz. 19; *Geimer*, in: Zöller, Art. 23 EuGVO Rz. 15; ebenso zu Art. 17 EuGVÜ LG Darmstadt 2.12.1993, IPRax 1995, 318 (321) (m. zust. Anm. *Thorn*, IPRax 1995, 294) = IPRspr. 1993 Nr. 149; *Häuser/Welter*, WM 1985, Beil. Nr. 8, S. 12 ff.; *Schlosser*, Festschr. Steindorff (1990), S. 1379 (1389); *H. Roth*, IPRax 1992, 67 f.
5 EuGH 9.11.2000 – Rs. C-381/98 (Ingmar/Eaton Leonhard Technologies), Slg. 2000 I, 9305 (9325) = IPRax 2001, 225 (m. Anm. *Jayme*, IPRax 2001, 190).
6 Vgl. dazu OLG München 17.5.2006, IPRax 2007, 322 (m. Anm. *Rühl*, IPRax 2007, 294).
7 EuGH 16.3.1999 – Rs. C-159/97 (Trasporti Castelletti/Hugo Trumpy SpA), Slg. 1999 I, 1597 (1611) (Nr. 51) = IPRax 2000, 119 (m. Anm. *Girsberger*, IPRax 2000, 87).

Seegesetzes[1]. Schließlich ist auch das im deutschen **Kartellverfahrensrecht** anerkannte Derogationsverbot, demzufolge die internationale Zuständigkeit der deutschen Gerichte für nach deutschem Recht (§ 130 Abs. 2 GWB; Art. 6 Abs. 2 Rom II-VO) zu beurteilende Kartellsachen nicht ausgeschlossen werden kann[2], im Geltungsbereich des Art. 23 EuGVO nicht wirksam, weil die Vorschrift das Recht der grenzüberschreitenden Zuständigkeitsvereinbarung abschließend regelt und einer Ergänzung oder Korrektur durch nationales Recht nicht zugänglich ist[3].

Frei.   6395–6410

III. Zustandekommen der Gerichtsstandsvereinbarung

1. Willenseinigung

a) Autonome Auslegung

Art. 23 Abs. 1 S. 1 EuGVO verlangt, dass die Parteien über die gerichtliche Zuständigkeit eine „Vereinbarung" getroffen haben. In Anbetracht der Ziele und der Systematik der EuGVO und um sicherzustellen, dass sich aus ihr für die betroffenen Personen soweit wie möglich gleiche und einheitliche Rechte und Pflichten ergeben, ist der Begriff „Gerichtsstandsvereinbarung" nicht als bloße Verweisung auf das innerstaatliche Recht des angerufenen Gerichts zu verstehen[4], sondern – ebenso wie die Systembegriffe für die besonderen Zuständigkeiten in Art. 5 ff. EuGVO – *autonom auszulegen*[5]. Der EuGH betont insoweit   6411

---

1 *Kropholler*, Art. 23 EuGVO Rz. 22; *Auer*, in: Geimer/Schütze, IRV, Art. 23 EuGVO Rz. 182; dazu näher *Mankowski*, Seerechtliche Vertragsverhältnisse im IPR (1995), S. 285 ff.
2 Vgl. *von Gamm* NJW 1977, 1553 ff.; *Immenga*, in: MünchKomm, IntKartR Rz. 83; *Emmerich/Rehbinder/Markert*, in: Immenga/Mestmäcker, GWB, 4. Aufl. (2007), § 130 Abs. 2 Rz. 341; *Wiedemann/Bumiller*, Handbuch des Kartellrechts (1999), § 60 Rz. 48.
3 OLG Stuttgart 9.11.1990, RIW 1991, 333 (334 f.) = IPRax 1992, 86 (m. zust. Anm. *H. Roth*, IPRax 1992, 67) = IPRspr. 1990 Nr. 180; *Kropholler*, Art. 23 EuGVO Rz. 22; *Geimer/Schütze*, Art. 23 EuGVO Rz. 71; *Gottwald*, in: MünchKomm ZPO, Art. 23 EuGVO Rz. 66; aA *Wiedemann/Bumiller*, Handbuch des Kartellrechts 2. Aufl. (2008), § 60 Rz. 48; offenlassend *Emmerich/Rehbinder/Markert*, in: Immenga/Mestmäcker, 4. Aufl. (2007), § 130 Rz. 342.
4 Für Maßgeblichkeit des – nach dem IPR der lex fori zu bestimmenden – Prorogationsstatuts in den Fällen des Art. 23 Abs. 1 S. 3 lit. a und b EuGVO aber OLG Düsseldorf 6.1.1989, NJW-RR 1989, 1330 = IPRspr. 1989 Nr. 180; OLG Saarbrücken 2.10.1991, NJW 1992, 987 f. = IPRax 1992, 165 (m. Anm. *Rauscher*, IPRax 1992, 143) = IPRspr. 1991 Nr. 180; OLG Celle 1.11.1995, IPRax 1997, 417 (418) (m. Anm. *Koch*, IPRax 1997, 405) = IPRspr. 1996 Nr. 138; *Schlosser*, Art. 23 EuGVO Rz. 3; *von Hoffmann/Thorn*, § 3 Rz. 245; *Hüßtege*, in: Thomas/Putzo, Art. 23 EuGVO Rz. 4; *Stöve*, S. 20 ff.; *Staehelin*, S. 177; hinsichtlich lit. a auch *Saenger*, ZZP 110 (1997), 477 (483 f.).
5 EuGH 10.3.1992 – Rs. 214/89 (Powell Duffryn/Petereit), Slg. 1992 I, 1745 (1774) (Nr. 13 f.) = NJW 1992, 1671 = EWiR 1992, 353 (LS) m. Anm. *Geimer* = IPRax 1993, 32 (m. Anm. *Koch*, IPRax 1993, 19); zust. BGH 28.3.1996, NJW 1996, 1819 = IPRax 1997, 416 (m. Anm. *Koch*, IPRax 1997, 405) = IPRspr. 1996 Nr. 147; OLG Dresden 2.6.1999, IPRspr. 1999 Nr. 115; OLG Frankfurt a.M. 17.11.1999, OLGR 2000, 71 = IPRspr. 1999

zu Recht die Autonomie der Gerichtsstandsvereinbarung gegenüber dem Hauptvertrag, auf den sie sich bezieht[1]. Maßgebend für das Zustandekommen der Gerichtsstandsvereinbarung ist danach in erster Linie europäisches Einheitsrecht[2].

6412 Da Art. 23 Abs. 1 EuGVO zum Schutz der schwächeren Vertragspartei vor allem gewährleisten soll, dass Zuständigkeitsvereinbarungen *nicht unbemerkt Inhalt des Vertrages* werden, setzt die Willenseinigung voraus, dass beide Vertragsparteien ihr tatsächlich zugestimmt haben. Diese Zustimmung muss jedenfalls in den Fällen des Art. 23 Abs. 1 S. 3 lit. a EuGVO klar und deutlich zum Ausdruck gebracht worden sein[3]. Eine ausdrückliche Abrede ist freilich nicht erforderlich; vielmehr reicht die **stillschweigende Vereinbarung** eines Gerichtsstands – zB durch Verweisung auf AGB – grundsätzlich aus[4]. Dies gilt namentlich im Rahmen einer zwischen den Parteien bestehenden *laufenden Geschäftsbeziehung*[5]. Aus der Vereinbarung muss auch nicht ausdrücklich hervorgehen, dass sie sich auf die *internationale* Zuständigkeit bezieht[6].

6413 Die vertragsautonome Auslegung des Begriffs „Vereinbarung" bedeutet freilich nicht, dass sämtliche Voraussetzungen für das wirksame Zustandekommen der Einigung dem Art. 23 Abs. 1 EuGVO zu entnehmen sind; sie reicht viel-

---

Nr. 133; österreich. OGH 29.8.2000, ZfRV 2001, 113 (114); österreich. OGH 30.3.2001, ZfRV 2001, 231 (LS); *Jayme/Kohler,* IPRax 1992, 346 (353); *Rauscher,* ZZP 104 (1991), 271 (278 f.) und IPRax 1992, 143 (144); *Karré-Abermann,* ZEuP 1994, 142 (145); *Kubis,* IPRax 1999, 10 (12); *Kropholler,* Art. 23 EuGVO Rz. 23; *Geimer/Schütze,* Art. 23 EuGVO Rz. 75; *Gottwald,* in: MünchKomm ZPO, Art. 23 EuGVO Rz. 14; *Auer,* in: Geimer/Schütze, IRV, Art. 23 EuGVO Rz. 41, 46; *Mankowski,* in: Rauscher, Art. 23 EuGVO Rz. 39.

[1] EuGH 3.7.1997 – Rs. C-269/95 (Benincasa/Dentalkit), Slg. 1997 I, 3767 (3795) (Nr. 25) = RIW 1997, 770 = JZ 1998, 896 m. zust. Anm. *Mankowski.* Vgl. zur Selbständigkeit der Gerichtsstandsvereinbarung gegenüber dem Hauptvertrag auch *Geimer,* EWiR 1988, 471; *Killias,* S. 150; *Staehelin,* S. 135; *Mankowski,* in: Rauscher, Art. 23 EuGVO Rz. 13 sowie unten Rz. 6515.

[2] EuGH 9.12.2003 – Rs. C-116/02 (Gasser/MISAT), Slg. 2003 I, 14721 (14740) (Nr. 51) = IPRax 2004, 243 (m. Anm. *Grothe,* IPRax 2004, 205) = ZZPInt 2003, 510 m. Anm. *Otte.*

[3] EuGH 14.12.1976 – Rs. 24/76 (Colzani/RÜWA), Slg. 1976, 1831 (1841) (Nr. 7) = NJW 1977, 494 = RIW 1977, 104 (m. Anm. *G. Müller,* RIW 1977, 163); EuGH 24.6.1981 – Rs. 150/80 (Elefanten Schuh/Jacqmain), Slg. 1981, 1671 (1687) (Nr. 23) = RIW 1981, 709 = IPRax 1982, 234 (m. Anm. *Leipold,* IPRax 1982, 222); BGH 9.3.1994, NJW 1994, 2699 = IPRspr. 1994 Nr. 137; BGH 28.3.1996, NJW 1996, 1819 = IPRax 1997, 416 (m. Anm. *Koch,* IPRax 1997, 405) = IPRspr. 1996 Nr. 147; OLG Dresden 2.6.1999, IPRspr. 1999 Nr. 115; OLG Düsseldorf 16.3.2000, RIW 2001, 63 = IPRspr. 2000 Nr. 119.

[4] BGH 9.3.1994, NJW 1994, 2699 = IPRspr. 1994 Nr. 137; BGH 28.3.1996, NJW 1996, 1819 = IPRax 1997, 416 (m. Anm. *Koch,* IPRax 1997, 405) = IPRspr. 1996 Nr. 147; *Kropholler,* Art. 23 EuGVO Rz. 25; *Geimer/Schütze,* Art. 23 EuGVO Rz. 78; *Gottwald,* in: MünchKomm ZPO, Art. 23 EuGVO Rz. 15; *Magnus,* in: Magnus/Mankowski, Art. 23 EuGVO Rz. 78.

[5] OLG München 8.3.1989, RIW 1989, 901 = ZZP 103 (1990), 84 m. Anm. *H. Schmidt* = IPRspr. 1989 Nr. 186.

[6] Italien. Cass. 13.12.1994, Nr. 10620, Riv.dir.int.priv.proc. 1996, 577; vgl. auch Rz. 6485 aE.

mehr nur soweit, als sich aus den dort normierten Formerfordernissen materielle Einigungskriterien gewinnen lassen. Art. 23 Abs. 1 S. 3 EuGVO stellt also mit seinen Formalternativen nur **Mindesterfordernisse** an den materiellen Tatbestand einer Vereinbarung, über deren Zustandekommen im Übrigen jedoch weiterhin das vom IPR des Forums für anwendbar erklärte nationale Recht entscheidet[1]. Vor deutschen Gerichten gilt daher ergänzend nicht notwendig das auf den Hauptvertrag anwendbare Recht, sondern das für Gerichtsstandsvereinbarungen eigenständig zu bestimmende Prorogationsstatut[2]. Nach diesem beurteilen sich insbesondere solche Voraussetzungen einer wirksamen Willenseinigung, die – wie etwa Zugang, Bindungswirkung und Auslegung von Willenserklärungen sowie die Folgen von Willensmängeln – in Art. 23 EuGVO auch nicht ansatzweise geregelt sind[3]. Demgegenüber sind Fragen der Geschäftsfähigkeit gesondert nach Art. 7 EGBGB anzuknüpfen[4]; für die Wirksamkeit einer Stellvertretung gilt das Vollmachtsstatut[5]. Das Prorogationsstatut gilt erst recht für die Feststellung von solchen Voraussetzungen einer Gerichtsstandsvereinbarung, von denen die Parteien deren Geltung im Rahmen ihrer Vertragsfreiheit zusätzlich abhängig gemacht haben[6].

Demgegenüber bleiben schärfere oder mildere Anforderungen der lex causae an den Begriff der „Vereinbarung" selbst außer Betracht. Dies gilt insbesondere

6414

---

1 BGH 15.2.2007, NJW 2007, 2036 (2037) = RIW 2007, 312; österreich. OGH 30.3.2001, ZfRV 2001, 231 (LS); schweiz. BG 15.1.1998, BGE 124 III, 134 (139 f.); *Rauscher*, ZZP 104 (1991), 271 (280 f.); *Saenger*, ZZP 110 (1997), 477 (484); *Kröll*, ZZP 113 (2000), 135 (147 f.); *Kubis*, IPRax 1999, 10 (12); *Gottwald*, Festschr. Henckel (1995), S. 295 (302 f.); *Staehelin*, S. 9 ff., 157 ff.; *Kropholler*, Art. 23 EuGVO Rz. 28; krit. *Geimer/Schütze*, Art. 23 EuGVO Rz. 81 f.; aA insbesondere *Jayme*, Narrative Normen im Internationalen Privat- und Verfahrensrecht (1993), S. 27; *Jayme*, Der Gerechtigkeitsgehalt des EuGVÜ, in: Reichelt (Hrsg.), Europäisches Kollisionsrecht (1993), S. 33 (35 f.); *Jayme/Kohler*, IPRax 1988, 133 (138); IPRax 1989, 337 (342); IPRax 1992, 346 (353); *Stöve*, S. 20 ff., die – im Hinblick auf Art. 1 Abs. 2 lit. d EVÜ/Art. 1 Abs. 2 lit. e Rom I-VO – eine Anwendung des internationalen Schuldvertragsrechts auf Gerichtsstandsvereinbarungen ablehnen und für die Entwicklung umfassender autonomer Maßstäbe für alle Fragen der Einigung eintreten.
2 OLG Bremen 18.7.1985, RIW 1985, 894 = IPRspr. Nr. 142 *Schack*, IPRax 1990, 19; *Schack*, Rz. 444; *Geimer*, NJW 1971, 323 (324); *Geimer*, Rz. 1677; *Stöve*, S. 92 ff.; *G. Wagner*, S. 369 f.; *von Hoffmann/Thorn*, § 3 Rz. 74 ff., 78; ausdrücklich offenlassend BGH 21.11.1996, NJW 1997, 397 (399) = IPRspr. 1990 Nr. 160; aA *Gottwald*, Festschr. Henckel (1995), S. 295 (300 ff.); *Schlosser*, Art. 23 EuGVO Rz. 3; *Mankowski*, in: Rauscher, Art. 23 EuGVO Rz. 41.
3 *Kubis*, IPRax 1999, 10 (12); *Auer*, in: Geimer/Schütze, IRV, Art. 23 EuGVO Rz. 48; *Gottwald*, in: MünchKomm ZPO, Art. 23 EuGVO Rz. 15; *Kropholler*, Art. 23 EuGVO Rz. 27, jeweils mwN.; aA *Kohler*, IPRax 1983, 268: Maßgeblichkeit des Rechts am forum prorogatum.
4 *Mankowski*, in: Rauscher, Art. 23 Rz. 43a; dazu oben Rz. 6121 ff.
5 Vgl. öst OGH ZfRV 2001, 113 (114); HG Zürich, SZIER 1996, 101; LG Essen 12.12.1990, RIW 1992, 227 (229) = IPRspr. 1991 Nr. 16; LG Karlsruhe 6.4.2001, RIW 2002, 153 = IPRspr. 2001 Nr. 19 (zu § 38 ZPO); ferner *M. J. Schmidt*, RIW 1992, 173 (175); *Koch*, IPRax 1993, 19 (21); *Karré-Abermann*, ZEuP 1994, 142 (148); *Staehelin*, S. 148 ff.; aA *Rauscher*, IPRax 1992, 145 f. Dazu näher oben Rz. 5441 ff.
6 Vgl. *Dörner/Staudinger*, IPRax 1999, 338 (341) (Kaufmannseigenschaft).

für die Einbeziehung von AGB, die eine Gerichtsstandsklausel enthalten, in den Vertrag (vgl. oben Rz. 6391). Deshalb sind auch die Voraussetzungen für die wirksame Vereinbarung einer Gerichtsstandsklausel in **fremdsprachigen AGB** aus Art. 23 Abs. 1 EuGVO selbst zu entwickeln; ein Rückgriff auf nationales Recht hat insoweit auszuscheiden[1]. Allerdings können die in den Mitgliedstaaten zu Art. 8 EVÜ/Art. 10 Rom I-VO erarbeiteten Grundsätze mitberücksichtigt werden[2]. In gleicher Weise ist auch die **Auslegung** einer Gerichtsstandsvereinbarung soweit möglich anhand des Wortlauts, des Zwecks und der Systematik des Art. 23 EuGVO vorzunehmen[3]. Lediglich ergänzend ist das als Prorogationsstatut vereinbarte nationale Recht heranzuziehen[4].

b) Vereinbarung und Formerfordernisse

6415 Art. 23 Abs. 1 EuGVO stellt zwar für Gerichtsstandsvereinbarungen nur Formerfordernisse auf, die – systematisch betrachtet – von den Anforderungen an die materielle Willenseinigung zu unterscheiden sind[5]. In der Praxis lassen sich beide Fragenkreise freilich häufig nicht trennen, so dass sich der Regelung in Art. 23 Abs. 1 S. 3 EuGVO durchaus auch Anforderungen an eine autonome Interpretation des Begriffs der „Vereinbarung" entnehmen lassen[6]. Nach der Rechtsprechung des EuGH begründet jedenfalls die Einhaltung der Formerfordernisse des Art. 23 Abs. 1 S. 3 lit. c EuGVO eine – in der Praxis nur schwer widerlegliche[7] – **Vermutung** dafür, dass sich die Parteien über den Gerichtsstand auch wirksam geeinigt haben.

EuGH 20.2.1997 – Rs. C-106/95 (MSG/Les Gravières Rhénanes), Slg. 1997 I, 932/940 f. (Nr. 19 f.) = NJW 1997, 1431 = JZ 1997, 839 m. Anm. *Koch* = RIW 1997, 415 m. Anm. *Holl* = IPRax 1999, 31 (m. Anm. *Kubis*, IPRax 1999, 10) = ZZP Int 2 (1997), 161 m. Anm. *Huber* = EWiR 1997, 359 (LS) m. Anm. *Schlosser.*

EuGH 16.3.1999 – Rs. C-159/97 (Trasporti Castelletti/Hugo Trumpy SpA), Slg. 1999 I, 1597 (1648 ff.) (Nr. 19 ff.) = EuZW 1999, 441 m. Anm. *Haß* = IPRax 2000, 119 (m. Anm. *Girsberger*, IPRax 2000, 87) = ZZP Int 4 (1999), 233 m. Anm. *Adolphsen* = ZEuP 2000,

---

1 *Magnus*, in: Magnus/Mankowski, Art. 23 EuGVO Rz. 86; aA OLG Hamm 10.10.1988, IPRax 1991, 324. Dazu auch unten Rz. 6439.
2 Vgl. dazu näher *Hausmann*, in: Staudinger (2009), Art. 10 Rom I-VO Rz. 118 ff. mwN.
3 OLG Dresden 2.6.1999, IPRspr. 1999 Nr. 115; *Magnus*, in: Magnus/Mankowski, Art. 23 EuGVO Rz. 143; aA *Schlosser*, Art. 23 Rz. 43a.
4 Vgl. BGH 21.11.1996, NJW 1997, 397 (399) = IPRax 1999, 367 (m. Anm. *Dörner/Staudinger*, IPRax 1999, 338) = IPRspr. 1996 Nr. 160.
5 *Geimer/Schütze*, Art. 23 EuGVO Rz. 101.
6 Österreich. OGH 30.3.2001, ZfRV 2001, 231 (LS); *Kropholler*, Art. 23 EuGVO Rz. 27; *Magnus*, in: Magnus/Mankowski, Art. 23 EuGVO Rz. 89; *Hausmann*, in: Wieczorek/Schütze, Anh. I zu § 40 ZPO, Art. 17 EuGVÜ Rz. 24; *Jayme*, IPRax 1989, 361 f.; *Kohler*, IPRax 1991, 299 (300); *Rauscher*, ZZP 104 (1991), 271 (278 ff.) und IPRax 1992, 144; *Saenger*, ZZP 110 (1997), 477 (482 ff.); *Kubis*, IPRax 1999, 10 (12); vgl. idS. schon LG Essen 12.12.1990, RIW 1992, 227 (228) = IPRspr. 1991 Nr. 167; aA *Gottwald*, Festschr. Henckel (1995), S. 205 (304 ff.).
7 Vgl. *Stöve*, S. 122; *Kröll*, ZZP 113 (2000), 135 (146 f.); *Mankowski*, in: Rauscher, Art. 23 EuGVO Rz. 39; noch enger *Leipold*, Symposium Schwab (2000), S. 51 (58) (unwiderleglich); aA *Geimer/Schütze*, Art. 23 EuGVO Rz. 101 (widerleglich).

656 m. Anm. *Saenger*. Jeweils zur Vermutung einer wirksamen Gerichtsstandsvereinbarung bei Geltung eines entsprechenden Handelsbrauchs.

Andererseits kann die Frage der materiellen Willensübereinstimmung – insbesondere in den zweifelhaften Fällen der Gerichtswahl durch Einbeziehung von AGB – grundsätzlich offen bleiben, wenn die Gerichtsstandsvereinbarung der in Art. 23 Abs. 1 S. 3 EuGVO vorgeschriebenen Form entbehrt. In diesem Fall erübrigt sich also eine nähere Prüfung, ob die Parteien sich wirklich über den Gerichtsstand geeinigt haben oder nicht[1]. Insbesondere kann dann dahinstehen, ob die AGB, welche die Gerichtsstandsklausel enthalten, nach der *lex causae* Vertragsbestandteil geworden sind. Die Einhaltung der Formerfordernisse ist allerdings kein Selbstzweck, sondern dient – wie der EuGH wiederholt ausgesprochen hat[2] – vor allem dem Ziel sicherzustellen, dass sich die Parteien tatsächlich auf einen Gerichtsstand geeinigt haben. Für eine restriktive Auslegung der Formerfordernisse des Art. 23 Abs. 1 S. 3 EuGVO (dazu unten Rz. 6431) ist daher nur Raum, wo **Zweifel an der Willensübereinstimmung** der Parteien bestehen. Ist dies nicht der Fall, weil diejenige Partei, zu deren Lasten die Gerichtsstandsklausel geht, durch ihre Unterschrift ihr Einverständnis mit der Klausel eindeutig erklärt hat, und beide Parteien den Vertrag anschließend durchgeführt haben, so ist damit der Zweck der Formvorschriften erreicht. Auf eine Unterschrift des Klauselverwenders kommt es in diesem Fall nicht an[3].

6416

2. Vereins- oder Gesellschaftssatzung

Für die Zwecke der EuGVO ist auch die Satzung einer Gesellschaft *als Vertrag* anzusehen, der sowohl die Beziehungen zwischen den Aktionären als auch die Beziehungen zwischen diesen und der von ihnen gegründeten Gesellschaft regelt. Eine in der Satzung einer Aktiengesellschaft enthaltene Gerichtsstandsklausel stellt demzufolge eine „Vereinbarung" iSd. Art. 23 Abs. 1 EuGVO dar, die sämtliche Aktionäre bindet[4]. Dies gilt selbst dann, wenn der Aktionär, dem gegenüber die Gerichtsstandsklausel geltend gemacht wird, gegen die Annahme dieser Klausel gestimmt hat oder erst nach Annahme dieser Klausel Aktionär geworden ist. Denn dadurch, dass er Aktionär einer Gesellschaft wird

6417

---

1 *Kröll*, ZZP 113 (2000), 135 (144); *Staehelin*, S. 14.
2 EuGH 24.6.1981 – Rs. 150/80 (Elefanten Schuh/Jacqmain), Slg. 1981, 1671 (1687) (Nr. 25) = IPRax 1982, 234 (m. Anm. *Leipold*, IPRax 1982, 222); EuGH 16.3.1999 – Rs. C-159/97 (Rz. 6415), Nr. 34.
3 Zutr. *Kröll*, IPRax 2001, 113 (114); *Furche*, WM 2004, 205 ff.; aA BGH 22.2.2001, NJW 2001, 1731 = IPRax 2001, 124 (m. abl. Anm. *Kröll*, IPRax 2001, 113) = EWiR 2001, 477 (LS) m. abl. Anm. *Freitag* = IPRspr. 2001, Nr. 133 (Wirksamkeit einer in einem Vertragsformular einer deutschen Sparkasse enthaltenen Gerichtsstandsklausel trotz wirksamer Unterzeichnung durch die schweizer Bürgin und anschließender Vertragsdurchführung verneint, weil das Vertragsformular nicht auch von der Gläubigerin unterzeichnet, sondern lediglich im Kopf mit ihrem Stempel versehen war).
4 EuGH 10.3.1992 – Rs. 214/89 (Powell Duffryn/Petereit), Slg. 1992 I, 1745 (1774 f.) (Nr. 16 f.) = NJW 1992, 1671; zust. *Kropholler*, Art. 23 EuGVO Rz. 24. Art. 17 Nr. 1 EuGVO steht nicht entgegen, weil der Aktionär kein Verbraucher ist, vgl. *Mülbert*, ZZP 118 (2005), 313 (327 ff.).

und bleibt, erklärt sich der Aktionär damit einverstanden, dass sämtliche Bestimmungen der Gesellschaftssatzung sowie die in Übereinstimmung mit dem anwendbaren nationalen Recht und der Satzung gefassten Beschlüsse der Gesellschaftsorgane für ihn gelten, selbst wenn einige dieser Bestimmungen oder Beschlüsse nicht seine Zustimmung finden. Bei einer anderen Auslegung des Art. 23 EuGVO würden für Rechtsstreitigkeiten aus ein und demselben rechtlichen und tatsächlichen Verhältnis zwischen der Gesellschaft und ihren Aktionären mehrere Zuständigkeiten begründet; dies verstieße aber gegen den Grundsatz der Rechtssicherheit[1].

3. Trust-Bedingungen

6418 Schriftlich niedergelegte *trust*-Bedingungen, welche die Zuständigkeit eines Gerichts oder der Gerichte eines Mitgliedstaats für Klagen gegen einen Begründer, *trustee* oder Begünstigten des *trust* regeln, haben nach Art. 23 Abs. 4 EuGVO die gleiche Wirkung wie eine Gerichtsstandsvereinbarung nach Art. 23 Abs. 1 EuGVO, wenn es sich um Beziehungen zwischen diesen Personen oder ihre Rechte oder Pflichten im Rahmen des *trust* handelt. Die Vorschrift bezieht sich also – wie Art. 5 Nr. 6 EuGVO – nur auf Streitigkeiten **aus dem Innenverhältnis** des *trust*. Die Sonderregelung wurde eingeführt, weil ein *trust* nach englischem Recht nicht durch Vertrag begründet zu werden braucht, sondern auch durch einseitiges Rechtsgeschäft entstehen kann[2]. Für diesen Fall wird auf die nach Art. 23 Abs. 1 EuGVO notwendige Willenseinigung zwischen den Parteien verzichtet; die einseitige Gerichtsstandsbestimmung entfaltet also Wirkungen gegenüber Dritten[3]. Weiterhin stellt die Vorschrift klar, dass die in *trust*-Bedingungen enthaltene Gerichtsstandsklausel auch dann gegen den *trustee* oder den Begünstigten des *trust* wirkt, wenn diese ihr nicht in der Form des Art. 23 Abs. 1 EuGVO zugestimmt haben.

6419–6430 Frei.

IV. Form der Gerichtsstandsvereinbarung

1. Allgemeines

6431 Die Anforderungen an die Form von Gerichtsstandsvereinbarungen sind im Wege **autonomer Interpretation** aus Art. 23 Abs. 1 S. 3 EuGVO selbst zu entnehmen[4]. Die in den nationalen Rechten anzutreffenden allgemeinen Vor-

---

1 EuGH 10.3.1992 – Rs. 214/89 (Powell Duffryn/Petereit), NJW 1992, 1671 (1672) (Nr. 18 ff.); zust. *Koch*, IPRax 1993, 19 (20); *Mankowski*, in: Rauscher, Art. 23 EuGVO Rz. 50; *Kropholler*, Art. 23 EuGVO Rz. 26. Zur Form einer solchen Klausel unten Rz. 6442.
2 *Schlosser*-Bericht Nr. 178; *Gottwald*, in: MünchKomm ZPO, Art. 23 EuGVO Rz. 18.
3 *Gebauer*, IPRax 2001, 471; *Mankowski*, in: Rauscher, Art. 23 EuGVO Rz. 49.
4 *Schack*, Rz. 472; *Kropholler*, Art. 23 EuGVO Rz. 30; *Schlosser*, Art. 23 EuGVO Rz. 15; *Geimer/Schütze*, Art. 23 EuGVO Rz. 15, 97; *Magnus*, in: Magnus/Mankowski, Art. 23 EuGVO Rz. 88; *Gottwald*, in: MünchKomm ZPO, Art. 23 EuGVO Rz. 22, jew. mwN.

schriften über die Schriftform (zB § 126 BGB) oder Sonderregeln über die Form von Gerichtsstandsvereinbarungen (zB Art. 1341 Abs. 2 ital. c.c.) finden mithin im Rahmen von Art. 23 Abs. 1 S. 3 EuGVO keine Anwendung[1]. Auch die für den Hauptvertrag nach der lex causae vorgeschriebenen schärferen Formerfordernisse erstrecken sich nicht auf die Gerichtsstandsklausel[2]. Da der vereinbarte Gerichtsstand von den im Übereinkommen festgelegten (allgemeinen und besonderen) Gerichtsständen und der ihnen zugrunde liegenden Bewertung der Zuständigkeitsinteressen abweicht und keinerlei Bezug zu dem streitigen Rechtsverhältnis aufweisen muss, sind die Formerfordernisse in Art. 23 Abs. 1 S. 3 EuGVO grundsätzlich *eng auszulegen*[3]. Ihre Einhaltung soll gewährleisten, dass die Einigung zwischen den Parteien über den Gerichtsstand tatsächlich feststeht[4]. Die Form dient damit nicht nur Beweiszwecken, sondern auch der Rechtssicherheit[5]; ihr kommt ferner – namentlich im nicht-kaufmännischen Rechtsverkehr – auch eine Warnfunktion zu[6]. Sie ist aus diesen Gründen **materielle Wirksamkeitsvoraussetzung** für die Gerichtsstandsvereinbarung[7]. Die Beweislast für die Einhaltung der Formerfordernisse trägt vor dem prorogierten Gericht der Kläger[8], vor dem derogierten Gericht der Beklagte.

---

1 EuGH 14.12.1976 – Rs. 24/76 (Colzani/RÜWA), Slg. 1976, 1831 (1841) (Nr. 11) = NJW 1977, 494; EuGH 14.12.1976 – Rs. 25/76 (Segoura/Bonakdarian), Slg. 1976, 1851 (1860) (Nr. 7) = NJW 1977, 495 = RIW 1977, 104 (m. Anm. *G. Müller*, RIW 1977, 163); EuGH 16.3.1999 (Rz. 6415), Slg. 1999 I, 1636 (1653) (Nr. 37 f.); OLG Düsseldorf 6.1.1989 RIW 1990, 577 (579) = IPRspr. 1989 Nr. 180; *Kohler*, IPRax 1983, 265 (269); *Stöve*, S. 8 f.; *Killias*, S. 149 f.; *Kropholler*, Art. 23 EuGVO Rz. 30; *Gottwald*, in: MünchKomm ZPO, Art. 23 EuGVO Rz. 23; *Geimer/Schütze*, Art. 23 EuGVO Rz. 97, vgl. schon oben Rz. 6389.
2 Anders *Schlosser*, Art. 23 EuGVO Rz. 17; vgl. schon oben Rz. 6389 mwN.
3 EuGH 14.12.1976 – Rs. 24/76 (Colzani/RÜWA), Slg. 1976, 1831 (1841) (Nr. 7) = NJW 1977, 494; EuGH 14.12.1976 – Rs. 25/76 (Segoura/Bonakdarian), Slg. 1976, 1851 (1860) (Nr. 6) = NJW 1977, 495 = RIW 1977, 104 (m. Anm. *G. Müller*, RIW 1977, 163); EuGH 20.2.1997 (Rz. 6415), Nr. 14; österreich. OGH 14.3.2001, ZfRV 2001, 193 (LS). Vgl. aber oben Rz. 6416; aA *Schlosser*, Art. 23 EuGVO Rz. 18.
4 EuGH 19.6.1984 – Rs. 71/83 (Tilly Russ/Nova), Slg. 1984, 2417 (2432) (Nr. 14) = RIW 1984, 909 m. Anm. *Schlosser* = IPRax 1985, 152 (m. Anm. *Basedow*, IPRax 1985, 133); EuGH 11.7.1985 – Rs. 221/84 (Berghoefer/ASA), Slg. 1985, 2699 (2703) (Nr. 1) = RIW 1985, 736; EuGH 10.3.1992 – Rs. 214/89 (Powell Duffryn/Petereit), Slg. 1992 I, 1769 = IPRax 1993, 32 (m. Anm. *Koch*, IPRax 1993, 19); EuGH 20.2.1997 (Rz. 6415), Slg. 1997 I, 932 (939) (Nr. 14) = RIW 1997, 416 m. Anm. *Holl*; BGH 9.3.1994, NJW 1994, 2699 = JR 1995, 456 m. Anm. *Dörner* = IPRspr. 1994 Nr. 137; BGH 28.3.1996, NJW 1996, 1819 = IPRax 1997, 416 (m. Anm. *Koch*, IPRax 1997, 405) = IPRspr. 1996 Nr. 147; BGH 22.2.2001, NJW 2001, 1731; *Saenger*, ZZP 110 (1997), 477 (486); *Kropholler*, Art. 23 EuGVO Rz. 38; krit. *Schlosser*, Art. 23 EuGVO Rz. 18.
5 EuGH 24.6.1981 – Rs. 150/80 (Elefanten Schuh/Jacqmain), Slg. 1981, 1671 (1688).
6 *Staehelin*, S. 13.
7 EuGH 14.12.1976 – Rs. 24/76 (Colzani/RÜWA), Slg. 1976, 1831 (1841) (Nr. 8) = NJW 1977, 494; EuGH 14.12.1976 – Rs. 25/76 (Segoura/Bonakdarian), Slg. 1976, 1851 (1862) (Nr. 12) = NJW 1977, 495, jeweils obiter; ebenso *Kropholler*, Art. 23 EuGVO Rz. 32; *Auer*, in: Geimer/Schütze, IRV, Art. 23 EuGVO Rz. 84; *Gottwald*, in: MünchKomm ZPO, Art. 23 EuGVO Rz. 22; *Geimer/Schütze*, Art. 23 EuGVO Rz. 102; *Schack*, Rz. 472. Zweifelnd aber zuletzt *Kröll*, IPRax 2002, 113 (115 f.).
8 Österreich. OGH 29.8.2000, JBl. 2001, 327; *Schlosser*, Art. 23 EuGVO Rz. 16; *Mankowski*, in: Rauscher, Art. 23 EuGVO Rz. 1.

6432 Die Formerfordernisse des Art. 23 Abs. 1 S. 3 EuGVO gelten allerdings nur für Gerichtsstandsvereinbarungen ieS., nicht hingegen für bloße **Vereinbarungen über den Erfüllungsort**. Haben die Parteien den Erfüllungsort also nach dem auf den Vertrag anwendbaren innerstaatlichen Recht[1] wirksam vereinbart, so wird hierdurch die Gerichtszuständigkeit nach Maßgabe von Art. 5 Nr. 1 EuGVO ohne Rücksicht darauf begründet, ob die Formvorschriften des Art. 23 Abs. 1 S. 3 EuGVO beachtet worden sind[2]. Eine bloße Erfüllungsortsvereinbarung in diesem Sinne liegt freilich dann nicht vor, wenn die Parteien die **Zuständigkeit des Gerichts** am Erfüllungsort festgelegt haben; für eine solche Vereinbarung besteht vielmehr der Formzwang nach Art. 23 Abs. 1 S. 3 EuGVO[3]. Gleiches gilt für eine sog. „abstrakte" **Erfüllungsortsvereinbarung**, mit der die Parteien nicht einen tatsächlichen Leistungsort bestimmen wollen, sondern die nur zuständigkeitsrechtlich – iSd. Vereinbarung eines zusätzlich fakultativen Gerichtsstands – wirken soll. Denn in einem solchen Fall fehlt es an der von Art. 5 Nr. 1 EuGVO vorausgesetzten unmittelbaren Verbindung zwischen dem Rechtsstreit und dem zur Entscheidung berufenen Gericht; ferner würden die für Gerichtsstandsvereinbarungen vorgeschriebenen Formerfordernisse umgangen[4].

6433 Art. 23 EuGVO bezieht sich schließlich nur auf die Vereinbarung der Zuständigkeit staatlicher Gerichte; auf die Vereinbarung der Zuständigkeit eines **Schiedsgerichts** ist die Vorschrift auch nicht entsprechend anwendbar[5]. Für internationale Schiedsvereinbarungen ist sowohl nach Art. II des UN-Übereinkommens über die Anerkennung und Vollstreckung ausländischer Schiedssprüche vom 10.6.1958 (BGBl. II 1961, 122) wie nach Art. I Abs. 2a des Europäischen Übereinkommens über die internationale Handelsschieds-

---

[1] Zur Maßgeblichkeit der lex causae vgl. EuGH 17.1.1980 – Rs. 56/79 (Zelger/Salinitri), Slg. 1980, 89 (97) (Nr. 5) = WM 1980, 720 m. Anm. *Schütze* = IPRax 1981, 93 (m. Anm. *Spellenberg*, IPRax 1981, 75); *Schlosser*, Art. 5 EuGVO Rz. 11; *Saenger*, ZZP 110 (1997), 477 (493).

[2] EuGH 17.1.1980 – Rs. 56/79 (Zelger/Salinitri), Slg. 1980, 89 (97) (Nr. 5) = WM 1980, 720 m. Anm. *Schütze* = IPRax 1981, 93 (m. Anm. *Spellenberg*, IPRax 1981, 75); zust. BGH 17.10.1984, NJW 1985, 560 (561) = IPRspr. 1984 Nr. 146; OLG Hamm 27.2.1985, IPRax 1986, 104 (m. krit. Anm. *Schack*, IPRax 1986, 82) = IPRspr. 1985 Nr. 134; OLG Dresden, 24.11.1998, IPRax 2000, 121 (m. Anm. *Haubold*, IPRax 2000, 91) = IPRspr. 1998 Nr. 162; österreich. OGH 15.1.2002, ZfRV 2002, 191 (LS); *Kropholler*, Art. 5 EuGVO Rz. 28 f.; *Geimer/Schütze*, Art. 23 EuGVO Rz. 52. Vgl. näher *Klemm*, Erfüllungsortvereinbarungen im Europäischen Zivilverfahrensrecht (2005).

[3] OLG München 8.3.1989, RIW 1989, 901 (902) = ZZP 103 (1980), 84 m. Anm *H. Schmidt* = IPRspr. 1989 Nr. 186.

[4] EuGH 20.2.1997 (Rz. 6415), Slg. 1997 I, 943 (943 ff.) (Nr. 31 ff.); BGH 16.6.1997, NJW-RR 1998, 755; Cass. com. 27.2.1996, Rev.crit.d.i.p. 1996, 736 m. Anm. *Gaudemet-Tallon*; LG Trier 8.1.2004, IHR 2004, 115 m. Anm. *Herber* = IPRspr. 2004 Nr. 96; *Kropholler*, Art. 5 EuGVO Rz. 29; *Gottwald*, in: MünchKomm ZPO, Art. 5 EuGVO Rz. 28; *Schack*, Rz. 277; *Saenger*, ZZP 110 (1997), 477 (493 f.); *Kubis*, IPRax 1999, 10 (13); *Hausmann*, in: Wieczorek/Schütze, Anh. I zu § 40 ZPO, Art. 5 EuGVÜ Rz. 28 mwN.

[5] BGH 2.5.1979, RIW 1979, 910 = IPRspr. 1979 Nr. 198; Cass. S.U. 28.10.1993, Nr. 10704, Riv.dir.int.priv.proc. 1994, 631 (634); vgl. näher *Hausmann*, in: Wieczorek/Schütze, Anh. I zu § 40 ZPO, Art. 1 EuGVÜ Rz. 39 ff.

gerichtsbarkeit vom 21.4.1961 (BGBl. II 1964, 426) grundsätzlich die Einhaltung der vollen Schriftform erforderlich; die „halbe" Schriftlichkeit iSv. Art. 23 Abs. 1 S. 3 lit. a Alt. 2 EuGVO genügt insoweit nicht (vgl. dazu näher unten Rz. 6678).

2. Schriftliche Vereinbarung

a) Grundsatz

Eine schriftliche Vereinbarung iSv. Art. 23 Abs. 1 S. 3 lit. a Alt. 1 EuGVO liegt vor, wenn jede Vertragspartei ihre Willenserklärung schriftlich so niedergelegt hat, dass sie ihren Urheber erkennen lässt. Dagegen ist eine Unterzeichnung oder gar eine **eigenhändige Unterschrift** nicht erforderlich[1]. Daher können auch Telegramme, Fernschreiben, Telekopien (Telefax) oder elektronische Übermittlungen (E-Mails) das Formerfordernis erfüllen, sofern nur die Identität des Erklärenden feststeht[2]. Die Schriftform wird in jedem Fall durch eine von beiden Parteien unterzeichnete Vertragsurkunde gewahrt, die die Gerichtsstandsklauseln enthält[3]. Ausreichend ist aber – abweichend von § 126 Abs. 2 BGB – auch eine Vereinbarung in **getrennten Schriftstücken**, sofern aus ihnen nur die Einigung über einen Gerichtsstand für eine bestimmte Rechtsstreitigkeit ausreichend deutlich hervorgeht. Dem Formerfordernis entspricht daher auch ein Briefwechsel oder ein Austausch von Fernschreiben/Telekopien, sofern in dem Antwortschreiben auf das die Gerichtsstandsvereinbarung enthaltende Angebot erkennbar Bezug genommen wird[4]. In gleicher Weise genügt ein Vertragsschluss per E-Mail oder Internet, sofern nur für eine dauerhafte Aufzeichnung der Vereinbarung Sorge getragen wird (dazu näher unten Rz. 6443).

6434

Auch eine *ausdrückliche* Vereinbarung über den Gerichtsstand wird von Art. 23 Abs. 1 S. 3 lit. a Alt. 1 EuGVO nicht verlangt. Die **pauschale Annahme** eines Angebots, das eine Gerichtsstandsklausel enthält, reicht vielmehr grundsätzlich aus[5]. Dem Schriftformerfordernis wird zwar grundsätzlich nicht schon dadurch genügt, dass nur diejenige Partei, zu deren Lasten die Gerichtsstandsvereinbarung geht, eine schriftliche Erklärung abgibt. An die Erklärung der

6435

---

1 Österreich. OGH 28.10.2000, JBl. 2001, 117 (119); *Schlosser*, Art. 23 EuGVO Rz. 19.
2 *Killias*, S. 157 f.; *Staehelin*, S. 50; *Weth*, in: Musielak, Art. 23 EuGVO Rz. 6; *Gottwald*, in: MünchKomm ZPO, Art. 23 EuGVO Rz. 25; *Geimer/Schütze*, Art. 23 EuGVO Rz. 105; vgl. auch unten Rz. 6443.
3 BGH 30.3.2006, BGHZ 167, 83 (86 f.) = NJW 2006, 1672 = IPRspr. 2006 Nr. 114.
4 BGH 9.3.1994, NJW 1994, 2699 (2700) = JR 1995, 456 m. Anm. *Dörner* = IPRspr. 1994 Nr. 137; BGH 22.2.2001, NJW 2001, 1731 = IPRspr. 2001 Nr. 133; OLG Hamburg 8.3.1996, IPRax 1997, 419 (420) = IPRspr. 1996 Nr. 145; OLG Karlsruhe 15.3.2001, RIW 2001, 621 (622) = IPRspr. 2001 Nr. 135; ebenso österreich. OGH 25.2.1999, ZfRV 1999, 150 (LS); *Auer*, in: Geimer/Schütze, IRV, Art. 23 EuGVO Rz. 91; *Geimer/Schütze*, Art. 23 EuGVO Rz. 104; *Sieg*, RIW 1998, 102 (103); *Mankowski*, in: Rauscher, Art. 23 EuGVO Rz. 15a; *Kropholler*, Art. 23 EuGVO Rz. 33 mwN.
5 BGH 28.3.1996, NJW 1996, 1819 = IPRax 1997, 416 (m. Anm. *Koch*, IPRax 1997, 405) = IPRspr. 1996 Nr. 147; *Kohler*, IPRax 1991, 299 (300); *Kropholler*, Art. 23 EuGVO Rz. 33; *Schlosser*, Art. 23 EuGVO Rz. 19.

durch die Prorogation begünstigten Partei, auf deren Betreiben die Gerichtsstandsvereinbarung in den schriftlichen Vertragstext aufgenommen wurde, dürfen jedoch keine übertriebenen Formanforderungen gestellt werden, wenn die durch die Vereinbarung benachteiligte Partei ihr in voller Kenntnis ihres Inhalts ausdrücklich und schriftlich zugestimt hat[1]. Denn der vom EuGH betonte Zweck der Formvorschrift, „die schwächere Partei davor zu schützen, dass Gerichtsstandsklauseln, die einseitig eingefügt worden sind, unbemerkt bleiben"[2], erfordert in diesem Fall keine kleinliche Auslegung der Formerfordernisse.

6436 Hingegen bleibt die in einem zeitlich befristeten schriftlichen Vertrag enthaltene Gerichtsstandsklausel auch nach Fristablauf weiter wirksam, wenn die Parteien den Vertrag nach Maßgabe des auf ihn anzuwendenden nationalen Rechts wirksam **mündlich verlängert** haben[3].

b) Allgemeine Geschäftsbedingungen

6437 Die Form des Art. 23 Abs. 1 S. 3 lit. a Alt. 1 EuGVO kann insbesondere auch durch eine Bezugnahme auf AGB, in denen eine Gerichtsstandsklausel enthalten ist, gewahrt werden. Hierzu ist es freilich erforderlich, dass der von beiden Parteien unterzeichnete Vertragstext **ausdrücklich auf die AGB** mit der Gerichtsstandsklausel **Bezug nimmt**[4]. Ein solcher ausdrücklicher Hinweis kann allenfalls auf Grund der zwischen den Parteien im Rahmen langjähriger Geschäftsbeziehungen entstandenen Gepflogenheiten (Art. 23 Abs. 1 S. 3 lit. b EuGVO)[5] oder im kaufmännischen Rechtsverkehr entbehrlich sein, wenn die AGB (einschließlich der Gerichtsstandsklausel) branchenüblich sind und deshalb auch dem Vertragspartner des Verwenders bekannt sein mussten (Art. 23

---

1 Zu restriktiv BGH 22.2.2001, NJW 2001, 1731; dagegen zu Recht *Kröll*, IPRax 2001, 113 ff.; *Furche*, WM 2004, 205 ff.; *Schlosser*, Art. 23 EuGVO Rz. 19; *Auer*, in: Geimer/Schütze, IRV, Art. 23 EuGVO Rz. 116.
2 Vgl. zuletzt EuGH 9.12.2003 – Rs. C-116/02 (Gasser/MISAT), Slg. 2003 I, 14721 (14740) (Nr. 50) mwN.; aA BGH 6.7.2004, EuLF 2004, 230 (231) = RIW 2004, 938 = IPRspr. 2004 Nr. 117 (Schriftliche Zustimmung der durch die Gerichtsstandsvereinbarung belasteten Partei reicht nicht aus, wenn die Gerichtsstandsvereinbarung in einem dieser Partei übermittelten Vertragsentwurf enthalten war, der von der begünstigten Partei nicht unterschrieben war [zu Art. 17 Abs. 1 LugÜ]).
3 EuGH 11.11.1986 – Rs. C 313/85 (Iveco FIAT/van Hool), Slg. 1986, 3353 (3355 f.) (Nr. 7 f.) = NJW 1987, 2155; krit. *Jayme*, IPRax 1989, 361.
4 EuGH 14.12.1976 – Rs. 24/76 (Colzani/RÜWA), Slg. 1976, 1831 (1841) (Nr. 10) = NJW 1977, 494; BGH 26.3.1992, EuZW 1992, 514 m. Anm. *Geimer* = IPRspr. 1992 Nr. 181b; OLG Hamm 20.1.1989, NJW 1990, 652 = IPRspr. 1989 Nr. 181; OLG Dresden 2.6.1999, IPRspr. 1999 Nr. 115; ebenso österreich. OGH 19.7.1999, JBl. 2000, 121; *Heiss*, ZfRV 2000, 202 (207); *Rauscher* ZZP 104 (1994), 271 (285); *Sieg*, RIW 1998, 102; *Saenger*, Festschr. Sandrock (1999), S. 811 ff. und ZZP 110 (1997), 477 (486 f.); *Kropholler*, Art. 23 EuGVO Rz. 35 ff.; *Auer*, in: Geimer/Schütze, IRV, Art. 23 EuGVO Rz. 94; *Gottwald*, in: MünchKomm ZPO, Art. 23 EuGVO Rz. 27; *Bork*, in: Stein/Jonas, 21. Aufl., § 38 ZPO Rz. 18, 28, jeweils mwN.
5 Französ. Cass. civ. 9.1.1996, Rev.crit.d.i.p. 1996, 731 m. zust. Anm. *Gaudemet-Tallon*; dazu unten Rz. 6451 f.

Abs. 1 S. 3 lit. c EuGVO)[1]. Danach genügt es jedenfalls zur Einhaltung der Schriftform, wenn die Gerichtsstandsvereinbarung in **AGB** enthalten ist, die **auf der Vorderseite des verwandten Vertragsformulars abgedruckt** und vom Vertragspartner gegengezeichnet sind[2] oder wenn die AGB vom Vertragspartner des Verwenders mit dem Vermerk „gelesen und genehmigt" unterzeichnet werden[3]. Auch durch die Verwendung eines *Aufklebers*, der die Gerichtsstandsklausel enthält, auf der beiderseits unterzeichneten Vertragsurkunde wird die Schriftform gewahrt[4]. Als von der Unterzeichnung des Vertrages miterfasst gilt auch eine zwar unter der Unterschrift stehende, aber deutlich erkennbare Klausel auf der Vorderseite der Vertragsurkunde[5]. Ausreichend ist es ferner, wenn in dem unterzeichneten Vertragstext ausdrücklich auf die *auf der Rückseite* der Urkunde abgedruckten oder dem Vertrag beigefügten AGB verwiesen ist[6]. Eines ausdrücklichen Hinweises auf die Gerichtsstandsvereinbarung selbst oder ihrer besonderen Hervorhebung im Klauseltext bedarf es hingegen nicht[7].

Kommt der Vertrag durch **Angebot und Annahme in verschiedenen Urkunden** zustande, so ist das Erfordernis der Schriftlichkeit auch dann gewahrt, wenn eine der Parteien im Text ihres – schriftlich angenommenen – Angebots ausdrücklich auf ihre eine Gerichtsstandsklausel enthaltenden AGB hingewiesen hatte[8]. Ausreichend ist es auch, wenn in einer *invitatio ad offerendum* auf mitübersandte AGB Bezug genommen wird und das hierauf verweisende Ange-

6438

---

1 Vgl. *Kropholler*, Art. 23 EuGVO Rz. 35; dazu unten Rz. 6453 ff.
2 OLG München 29.1.1980, RIW 1982, 281, 282 = IPRspr. 1980 Nr. 139.
3 Vgl. OLG München 8.3.1989, RIW 1989, 901 (902) = ZZP 103 (1990), 84 m. krit. Anm. *H. Schmidt* = IPRspr. 1989 Nr. 186.
4 OLG Düsseldorf 6.1.1989, NJW-RR 1989, 1330 = RIW 1990, 577 = IPRspr. 1989 Nr. 180.
5 LG Hamburg 18.8.1976, RIW 1977, 424 m. Anm. *Magnus* = IPRspr. 1976 Nr. 141; *Kropholler*, Art. 23 EuGVO Rz. 38.
6 Italien. Cass. 28.3.1987, Nr. 3030, Riv.dir.int.priv.proc. 1988, 711 (713); österreich. OGH 19.7.1999, JBl. 2000, 121; BayObLG 11.4.2001, BB 2001, 1498 = IPRspr. 2001 Nr. 138; *Hüßtege*, in: Thomas/Putzo, Art. 23 EuGVO Rz. 8.
7 OLG Koblenz 9.1.1987, RIW 1987, 144 (146) = IPRax 1987, 308 (m. Anm. *Schwarz*, IPRax 1987, 291) = IPRspr. 1987 Nr. 122; OLG Hamm 10.10.1988, IPRax 1991, 324 (325) (m. Anm. *Kohler*, IPRax 1991, 299); OLG Düsseldorf 16.3.2000, RIW 2001, 63 (64) = IPRspr. 2000 Nr. 119; OLG Karlsruhe 15.3.2001, RIW 2001, 621 (622) = IPRspr. 2001 Nr. 135; BayObLG 11.4.2001, RIW 2001, 699 = IPRspr. 2001 Nr. 138; *Geimer*, in: Zöller, Art. 23 EuGVO Rz. 23; *Bork*, in: Stein/Jonas, 21. Aufl., § 38 ZPO Rz. 28; *Schlosser*, Art. 23 EuGVO Rz. 16; *Gottwald*, in: MünchKomm ZPO, Art. 23 EuGVO Rz. 27, jeweils mwN.
8 EuGH 14.12.1976 – Rs. 24/76 (Colzani/RÜWA), Slg. 1976, 1831 (1842) (Nr. 12) = NJW 1977, 494; OLG Celle 2.3.1984, RIW 1985, 571 (572) = IPRax 1985, 284 (m. Anm. *Duintjer Tebbens*, IPRax 1985, 262) = IPRspr. 1984 Nr. 134; OLG Köln 16.3.1988, NJW 1988, 2182 = IPRspr. 1988 Nr. 157; italien. Cass. S.U. 5.9.1989, Nr. 3838, Riv.dir.int.priv.proc. 1991, 118; *Geimer*, in: Zöller, Art. 23 EuGVO Rz. 26; *Kropholler*, Art. 23 EuGVO Rz. 36; *Gottwald*, in: MünchKomm ZPO, Art. 23 EuGVO Rz. 29.

bot schriftlich angenommen wird[1]. Wird hingegen erstmals in der Annahmeerklärung oder in einer Auftragsbestätigung auf die AGB Bezug genommen, so muss der Anbietende bzw. Empfänger der in den AGB der Gegenseite enthaltenen Gerichtsstandsklausel noch schriftlich zustimmen[2]. Die bloße Ausführung des Vertrages[3] reicht für die Einhaltung der Formerfordernisse nach Art. 23 Abs. 1 S. 3 lit. a Alt. 1 EuGVO ebenso wenig aus wie eine nur mittelbare oder stillschweigende Verweisung auf einen früheren Schriftverkehr[4]. Ferner scheitert ein Konsens regelmäßig, wenn beide Parteien auf die jeweils eigenen AGB Bezug nehmen, die **kollidierende Gerichtsstandsklauseln** iSv. Art. 23 Abs. 1 EuGVO enthalten[5]. Entscheidend ist, dass der andere Vertragsteil bei Anwendung gewöhnlicher Sorgfalt **von der Gerichtsstandsklausel Kenntnis nehmen** konnte und damit gewährleistet ist, dass er sich durch die Annahme der AGB mit dem Gerichtsstand tatsächlich einverstanden erklärt hat. Die bloße Übergabe oder Beifügung der AGB[6] reicht daher ebenso wenig aus wie der bloße Abdruck auf der Rückseite des Geschäftspapiers, auf dem der Vertrag niedergelegt wurde[7], oder gar auf der Rückseite von Auftragsbestätigungen oder Rechnungen[8]. Ein sog. *Fakturengerichtsstand* genügt also – vorbehaltlich abweichender Gepflogenheiten – zur Einhaltung der Form nach Art. 23 Abs. 1 S. 3 EuGVO nicht[9].

---

1 HandelsG Zürich 17.6.1993, SZIER 1995, 34 m. Anm. *Volken*; *Bork*, in: Stein/Jonas, 21. Aufl., § 38 ZPO Rz. 28.
2 BGH 9.3.1994, NJW 1994, 2699 (2700) = IPRspr. 1994 Nr. 137; OLG Karlsruhe 28.3.2006, IPRspr. 2006 Nr. 111; OLG Stuttgart 5.11.2007, IPRax 2009, 64 (m. Anm. *Hau*, IPRax 2009, 44).
3 Vgl. OLG Karlsruhe 28.5.2002, IPRspr. 2002 Nr. 131b; italien. Cass. S.U. 22.1.2002, Nr. 718, Riv.dir.int.priv.proc. 2002, 697 (699).
4 *Geimer*, in: Zöller, Art. 23 EuGVO Rz. 26; *Kropholler*, Art. 23 EuGVO Rz. 36; *Saenger*, ZEuP 2000, 160 (169).
5 LG Gießen 17.12.2002, IHR 2003, 276 = IPRspr. 2002 Nr. 162; *Mankowski*, in: Rauscher, Art. 23 EuGVO Rz. 19. Vgl. auch OLG Hamburg 11.10.2001, TranspR 2002, 111 = IPRspr. 2001 Nr. 150 (zu Art. 31 CMR); anders aber, wenn nur die AGB einer Vertragspartei wirksam in den Vertrag einbezogen wurden, vgl. OLG Karlsruhe 15.3.2001, RIW 2001, 621 (622) = IPRspr. 2001 Nr. 135 und HandelsG Zürich 30.11.1996, SZIER 1997, 369 m. Anm. *Volken*. Vgl. auch *Hausmann*, in: Staudinger (2009), Art. 10 Rom I-VO Rz. 36 (zu kollidierenden Rechtswahlklauseln).
6 Vgl. OLG Hamm 10.1.1977, IPRspr. 1977 Nr. 118.
7 Der rückseitige Abdruck der Gerichtsstandsklausel genügt auch dann nicht, wenn sich auf der Vorderseite zwar ein Hinweis auf die AGB findet, dieser Hinweis aber nicht unterschrieben ist, vgl. italien. Cass. S.U. 19.12.1994, Nr. 10910, Riv.dir.int.priv.proc. 1997, 414 (416 f.) (Einbeziehungshinweis in der Fußzeile der Bestellung unterhalb der Unterschrift).
8 EuGH 14.12.1976 – Rs. 25/76 (Segoura/Bonakdarian), Slg. 1976, 1851 (1860 f.) (Nr. 8–10) = NJW 1977, 495; OLG Hamburg 19.9.1984, RIW 1984, 916 = IPRax 1985, 281 (m. Anm. *Samtleben*, IPRax 1985, 261) = IPRspr. 1984 Nr. 144; OLG Düsseldorf 30.1.2004, IHR 2004, 108 (m. Aufs. *Herber*, IHR 2004, 117) = IPRspr. 2004 Nr. 103; LG Köln 5.5.1988, RIW 1988, 644 = IPRax 1989, 290 (m. Anm. *Schwenzer*, IPRax 1989, 274) = IPRspr. 1988 Nr. 158; *Geimer*, in: Zöller, Art. 23 EuGVO Rz. 22; *Kropholler*, Art. 23 EuGVO Rz. 35; *Gottwald*, in: MünchKomm ZPO, Art. 23 EuGVO Rz. 27; *Schlosser*, Art. 23 EuGVO Rz. 20.
9 Italien. Cass. S.U. 29.11.1989, Nr. 5224, Riv.dir.int.priv.proc. 1991, 1051 (LS); *Mankowski*, in: Rauscher, Art. 23 EuGVO Rz. 21 mwN.; aA *Stöve*, S. 178 ff.

Die Kenntnisnahme ist ferner auch dann nicht immer gewährleistet, wenn die   6439
AGB in einer von der Verhandlungs- bzw. Vertragssprache abweichenden, dem
Empfänger nicht geläufigen Sprache abgefasst sind. Ist dem Verwender bekannt, dass der andere Teil die **fremdsprachigen AGB** nicht versteht, so dürfte
selbst ein in der Verhandlungssprache gegebener allgemeiner Hinweis auf diese
AGB zur Einbeziehung einer darin enthaltenen Gerichtsstandsklausel nicht
genügen[1]. Die überwiegende deutsche Praxis lässt hingegen einen Hinweis in
der Verhandlungs- oder Vertragssprache auf die fremdsprachigen AGB für die
Einbeziehung der in diesen enthaltenen Gerichtsstandsklausel ausreichen; der
Empfänger sei in diesem Fall gehalten, sich gegebenenfalls eine Übersetzung
der AGB zu beschaffen[2]. Keinesfalls kommt die Gerichtsstandsvereinbarung
hingegen wirksam zustande, wenn bereits die Verweisung auf die fremdsprachigen AGB weder in der Verhandlungs-, noch in der Vertragssprache erfolgt[3].

Neben dem ausdrücklichen Hinweis im Vertragstext ist erforderlich, dass die   6440
AGB dem Vertragspartner spätestens **bei Vertragsschluss auch tatsächlich vorgelegen** haben, also zB auf der Rückseite der Vertragsurkunde oder auf dem beigefügten Formular abgedruckt waren, denn andernfalls bringt das erklärte Einverständnis mit der Geltung der AGB nicht hinreichend deutlich zum
Ausdruck, dass es sich auch auf eine in den AGB enthaltene Gerichtsstandsklausel erstreckt[4]. Allerdings genügt es auch, wenn sie bereits einem früheren
Angebot beigefügt waren oder wenn auf die bei früheren Geschäften zwischen
den Parteien verwandten Bedingungen verwiesen wird; in diesem Fall ist es
unschädlich, wenn die AGB beim Vertragsschluss selbst nicht mehr vorliegen[5]. Hingegen reicht die bloße Möglichkeit des Vertragspartners, sich den
Text der ihm unbekannten AGB zu verschaffen und sich dadurch über ihren

---

1 App. Grenoble 23.10.1996, Rev.crit.d.i.p. 1996, 756 m. Anm. *Sinay-Cytermann* = Clunet 1998, 125 m. Anm. *Huet*; *Kohler*, IPRax 1991, 299 (301); *Saenger*, ZZP 110 (1997), 477 (487); *Spellenberg*, IPRax 2007, 98 (104 f.); vgl. auch *Spellenberg*, in: MünchKomm, Art. 31 EGBGB Rz. 46 ff.; *Hausmann*, in: Staudinger (2009), Art. 10 Rom I-VO Rz. 122; *Mankowski*, in: Rauscher, Art. 23 EuGVO Rz. 40.
2 Vgl. BGH 31.10.1989, IPRax 1991, 326 = IPRspr. 1989 Nr. 197; OLG Hamm 10.10.1988, IPRax 1991, 324 (325); OLG Hamm 28.6.1994, RIW 1994, 877 = NJW RR 1995, 188 = IPRspr 1994 Nr. 140; OLG Hamm 20.9.2005, IPRax 2007, 125 (m. Anm. *Spellenberg*, IPRax 2007, 98) = IPRspr. 2005 Nr. 117; OLG Köln 24.5.2006, EuLF 2006 II 94 = IPRspr. 2006 Nr. 122; zust. *Mankowski*, in: Rauscher, Art. 23 Rz. 40.
3 OLG Köln 13.3.1999, VersR 1999, 639 = IPRspr. 1998 Nr. 141; OLG Hamm 6.12.2005, IHR 2006, 84 = IPRspr. 2005 Nr. 127; österreich. OGH 14.7.1999, JBl. 2000, 121 = ZfRV 1999, 233 (234) (LS); *Kohler*, IPRax 1991, 299 (301); *Saenger*, ZZP 110 (1997), 477 (487); *Kropholler*, Art. 23 EuGVO Rz. 37; *Hüßtege*, in: Thomas/Putzo, Art. 23 EuGVO Rz. 8 aE; *Gottwald*, in: MünchKomm ZPO, Art. 31 EuGVO Rz. 25; dazu näher *Hausmann*, in: Staudinger (2009), Art. 10 Rom I-VO Rz. 119 ff. mwN; aA *Auer*, in: Geimer/Schütze, IRV, Art. 23 EuGVO Rz. 99, die eine Übersendung der AGB in engl. Sprache im internationalen Handel stets für ausreichend halten.
4 OLG Düsseldorf 16.3.2000, RIW 2001, 63 (64 f.) = IPRspr. 2000 Nr. 119; OLG Karlsruhe 15.3.2001, RIW 2001, 621 (622) = IPRspr. 2001 Nr. 135; *Hausmann*, in: Wieczorek/Schütze, Anh. I zu § 40 ZPO, Art. 17 EuGVÜ Rz. 37.
5 *Geimer*, in: Zöller, Art. 23 EuGVO Rz. 25; *Schlosser*, Art. 23 EuGVO Rz. 20; *Mankowski*, in: Rauscher, Art. 23 EuGVO Rz. 16. Vgl. auch österreich. OGH 25.2.1999, ZfRV 1999, 150 (LS).

Inhalt zu informieren, auch im kaufmännischen Verkehr zur Einhaltung der Schriftform des Art. 23 Abs. 1 S. 3 lit. a Alt. 1 EuGVO nicht aus. Die im deutschen Recht geltenden Grundsätze über die erleichterte Einbeziehung von AGB im Rechtsverkehr zwischen Kaufleuten[1] gelten mithin im europäischen Prozessrecht nicht, weil dieses kein Sonderrecht für Kaufleute kennt[2]. Die Übersendung der AGB kann jedoch entbehrlich sein, wenn es sich um bekannte Standardbedingungen einer Branche handelt oder wenn die AGB im Internet zugänglich sind[3].

6441 Nicht eingehalten ist die Form nach Art. 23 Abs. 1 S. 3 lit. a Alt. 1 EuGVO auch dann, wenn die auf der Rückseite abgedruckten oder dem Vertrag beigefügten AGB die Gerichtsstandsklausel *nicht unmittelbar* enthalten, sondern insoweit auf ein weiteres – nicht beigefügtes – Klauselwerk Bezug nehmen[4]. Enthalten die AGB hingegen selbst eine Gerichtsstandsklausel, verweisen sie aber außerdem auf ein weiteres Klauselwerk, das ebenfalls eine – inhaltlich abweichende – Gerichtsstandsklausel enthält, so hat die in den AGB des Vertragspartners enthaltene spezielle Gerichtsstandsklausel Vorrang[5]. Hat der Besteller in seinem Angebot auf seine Einkaufsbedingungen Bezug genommen, die eine Gerichtsstandsklausel enthalten, so reicht die widerspruchslose Durchführung des Vertrages durch den Angebotsempfänger für die Einhaltung der Schriftform nach Art. 23 Abs. 1 S. 3 lit. a EuGVO keinesfalls aus[6]. Der übliche **Kleindruck von AGB** steht der wirksamen Einbeziehung einer Gerichtsstandsklausel hingegen grundsätzlich nicht entgegen[7]. Ist die Gerichtsstandsklausel allerdings völlig unleserlich oder ist sie an einer Stelle des Vertragstextes abgedruckt, wo mit ihr nicht zu rechnen ist, so ist die Schriftform nach lit. a nicht erfüllt[8]. Zu beachten ist schließlich, dass Art. 23 Abs. 1 S. 3

---

1 Vgl. dazu *Schlosser*, in: Staudinger (2006), § 305 BGB Rz. 195 ff.
2 BGH 28.3.1996, NJW 1996, 1819 = IPRax 1997, 416 (m. Anm. *Koch*, IPRax 1997, 405) = IPRspr. 1996 Nr. 147; OLG Köln 27.2.1998, TranspR 1999, 454 = IPRspr. 1998 Nr. 190; OLG Düsseldorf 16.3.2000, RIW 2001, 63 (64) = IPRspr. 2000 Nr. 119; aA (Möglichkeit der Beschaffung der nicht beigefügten AGB reicht aus) *Schlosser*, Art. 23 EuGVO Rz. 20; *Gottwald*, in: MünchKomm ZPO, Art. 23 EuGVO Rz. 27.
3 Vgl. *Saenger*, ZZP 110 (1997), 477 (486) und *Saenger*, ZEuP 2000, 666 (668); *Auer*, in: Geimer/Schütze, IRV, Art. 23 EuGVO Rz. 85 aE; *Mankowski*, in: Rauscher, Art. 23 EuGVO Rz. 16a.
4 *Rauscher*, ZZP 104 (1991), 271 (288); *Gottwald*, in: MünchKomm ZPO, Art. 23 EuGVO Rz. 27; *Mankowski*, in: Rauscher, Art. 23 EuGVO Rz. 18; *Hartmann*, in: Baumbach/Lauterbach/Albers/Hartmann, Art. 23 EuGVO Rz. 7; einschränkend *Auer*, in: Geimer/Schütze, IRV, Art. 23 EuGVO Rz. 95; aA OLG München 17.10.1986, RIW 1987, 998 = IPRax 1987, 307 (m. Anm. *E. Rehbinder*, IPRax 1987, 289) = IPRspr. 1986 Nr. 145.
5 OLG Bremen 19.5.1994, TranspR 1995, 22 = IPRspr. 1994 Nr. 139.
6 Trib. Lecco 5.6.1997, Riv.dir.int.priv.proc. 1998, 881.
7 Anders aber OLG Stuttgart 18.7.1988, IPRspr. 1988 Nr. 148.
8 OLG Köln 27.2.1998, TranspR 1999, 454 = IPRspr. 1998 Nr. 140; *Mankowski*, in: Rauscher, Art. 23 EuGVO Rz. 39 aE; österreich. OGH 30.3.2001, ZfRV 2001, 231 (LS). Vgl. auch Cass. com. 27.2.1996, Rev.crit.d.i.p. 1996, 732 m. zust. Anm. *Gaudemet-Tallon*; App. Grenoble 23.10.1996, Rev.crit.d.i.p. 1997, 756 m. Anm. *Sinay-Cytermann* 762 (765 f.).

lit. a EuGVO sich allein auf das Zustandekommen und die Formerfordernisse der in den AGB enthaltenen *Gerichtsstandsklausel* bezieht. Auf die Frage, ob die AGB im Übrigen Bestandteil des Hauptvertrages geworden sind, kommt es nicht an; diese Frage beurteilt sich nach dem auf diesen Vertrag anwendbaren innerstaatlichen Recht[1].

c) Vereins- oder Gesellschaftssatzung

Wenn die Formerfordernisse des Art. 23 Abs. 1 S. 3 EuGVO auch gewährleisten sollen, dass die Einigung zwischen den Parteien tatsächlich feststeht, so können im Hinblick auf die Gemeinsamkeit der Interessen von Gesellschaftern oder Vereinsmitgliedern an die Form von Gerichtsstandsvereinbarungen in Satzungen doch nicht die gleichen strengen Anforderungen gestellt werden wie an die Form von Gerichtsstandsvereinbarungen in gegenseitigen Verträgen. Da Gesellschaftssatzungen in den Rechtsordnungen aller Mitgliedstaaten wegen ihrer besonderen Tragweite und Funktion als der grundlegenden Regelung der Beziehungen zwischen Aktionär und Gesellschaft der Schriftform bedürfen, muss auch jeder, der Aktionär einer Gesellschaft wird, wissen, dass er an die Satzung dieser Gesellschaft und an solche Änderungen gebunden ist, die die Organe der Gesellschaft in Übereinstimmung mit dem anwendbaren nationalen Recht und der Satzung an dieser vornehmen. Dies gilt aber auch für eine in der Gesellschaftssatzung enthaltene Gerichtsstandsklausel; folglich stimmt jeder Aktionär der darin enthaltenen Begründung eines Gerichtsstands zu, wenn die Satzung der Gesellschaft an einem ihm zugänglichen Ort, etwa dem Sitz der Gesellschaft, hinterlegt ist oder in einem öffentlichen Register enthalten ist. Dies genügt – unabhängig von der Art und Weise des Erwerbs der Aktien – zur Erfüllung der Formerfordernisse nach Art. 23 Abs. 1 S. 3 EuGVO[2].

6442

d) Elektronische Übermittlungen

Mit der in Art. 23 Abs. 2 EuGVO neu eingefügten Bestimmung wird klargestellt, dass auch elektronische Übermittlungen, die – wie zB ein Telefax oder eine E-Mail[3] – eine dauerhafte Aufzeichnung der Vereinbarung ermöglichen, der Schriftform gleichgestellt sind. Auch die hiernach zu stellenden Anforderungen sind *autonom* auszulegen; auf die Einhaltung der nach nationalem

6443

---

1 OLG Koblenz 9.1.1987, RIW 1987, 144 (146) = IPRspr. 1987 Nr. 122; *Kohler*, IPRax 1983, 266 (269); *Geimer/Schütze*, Art. 23 EuGVO Rz. 83, 94; *Schack*, Rz. 472; *Gottwald*, in: MünchKomm ZPO, Art. 23 EuGVO Rz. 29; dazu näher *Hausmann*, in: Staudinger, Art. 10 Rom I-VO Rz. 80 ff., sowie oben Rz. 265 ff.
2 EuGH 10.3.1992 – Rs. 214/89 (Powell Duffryn/Petereit), Slg. 1992 I, 1745 (1776 f.) (Nr. 25 f.) = NJW 1992, 1671 (1672); vgl. auch OLG Koblenz 31.7.1992, ZIP 1992, 1234 = RIW 1993, 141 = EWiR 1992, 989 (LS) m. Anm. *Geimer* = WuB VII B 1 Art. 17 EuGVÜ Nr. 1.93 m. Anm. *Ebenroth/Reiner* = IPRspr. 1992 Nr. 195; BGH 11.10.1993, NJW 1994, 51 = RIW 1994, 237 = WuB VII B 1. Art. 17 EuGVÜ Nr. 1.94 m. Anm. *Ebenroth/Reiner* = IPRspr. 1993 Nr. 148; LG München I 13.4.2006, AG 2007, 255; *Geimer/Schütze*, Art. 23 EuGVO Rz. 130.
3 Vgl. *Geimer*, in: Zöller, Art. 23 EuGVO Rz. 14; *Magnus*, in: Magnus/Mankowski, Art. 23 EuGVO Rz. 130.

Recht – zB für die elektronische Form nach § 126a BGB – vorgeschriebenen Voraussetzungen kommt es insoweit nicht an[1]. Da es dem europäischen Gesetzgeber in Art. 23 Abs. 2 EuGVO – ähnlich wie in der E-Commerce Richtlinie[2] – darum geht, den elektronischen Rechtsverkehr zu fördern, sollten die Anforderungen an die elektronische Form von Gerichtsstandsvereinbarungen nicht zu restriktiv ausgelegt worden. Auch der Vertragsschluss im **Internet** kann daher wegen der Möglichkeit der Reproduktion des Textes der Gerichtsstandsvereinbarung die Form des Art. 23 Abs. 2 EuGVO erfüllen[3]. Die bloße Anzeige der Gerichtsstandsvereinbarung auf dem Bildschirm reicht dafür allerdings nicht aus; vielmehr muss die Möglichkeit zum jederzeitigen Ausdruck eröffnet werden[4]. Da diese Möglichkeit bei der Übermittlung von SMS-Nachrichten auf einem Mobiltelefon idR nicht besteht, scheidet die Einhaltung der Form des Art. 23 Abs. 2 EuGVO auf diesem Wege aus[5].

3. Schriftliche Bestätigung einer mündlichen Vereinbarung
a) Mündliche Vereinbarung

6444 Art. 23 Abs. 1 S. 3 lit. a EuGVO lässt im Interesse einer Erleichterung des internationalen Handelsverkehrs auch eine mündliche Zuständigkeitsvereinbarung genügen, wenn diese anschließend von einer Partei schriftlich bestätigt worden ist. Diese Vorschrift hat allerdings nach Auflockerung der früheren Formstrenge durch die weiteren Formalternativen in Art. 23 Abs. 1 S. 3 lit. b und c EuGVO erheblich an praktischer Bedeutung verloren[6]. Eine entsprechende Anwendung der Vorschrift auf den Fall, dass die in einem schriftlichen Angebot enthaltene Gerichtsstandsvereinbarung vom Empfänger durch schlüssiges Verhalten angenommen wird, kommt nicht in Betracht, weil in diesem Fall die Einigung über den Gerichtsstand nicht zweifelsfrei feststeht[7]. Für die sog. **„halbe Schriftlichkeit"** kommt es maßgeblich darauf an, dass sich die Parteien bereits bei dem mündlichen Vertragsschluss in rechtsverbindlicher Weise gerade auch über den Gerichtsstand geeinigt haben[8]. Bloße vorbereitende

---

1 *Schlosser*, Art. 23 EuGVO Rz. 29.
2 EG-Richtlinie 2000/31 über den elektronischen Geschäftsverkehr vom 8.6.2000 (ABl. EG 2000 Nr. L 178, S. 1).
3 *Junker*, RIW 1999, 809 (813); *Kropholler*, Art. 23 EuGVO Rz. 41; *Geimer/Schütze*, Art. 23 EuGVO Rz. 105; *Mankowski*, RabelsZ 23 (1999), 203 (218 f.); zweifelnd *Hüßtege*, in: Thomas/Putzo, Art. 23 EuGVO Rz. 8. Bloße Websites genügen hingegen nicht, vgl. *Mankowski*, CR 2001, 30 und 404 mwN.
4 Vgl. Art. 10 Abs. 3 der E-commerce-Richtlinie; *Mankowski*, in: Rauscher, Art. 23 EuGVO Rz. 38; *Geimer/Schütze*, Art. 23 EuGVO Rz. 105; *Gottwald*, in: MünchKomm ZPO, Art. 23 EuGVO Rz. 40.
5 *Magnus*, in: Magnus/Mankowski, Art. 23 EuGVO Rz. 131.
6 Krit. zu dieser Formalternative *Schlosser*, Art. 23 EuGVO Rz. 21; *Saenger*, ZZP 110 (1997), 477 (487 f.).
7 *Hüßtege*, in: Thomas/Putzo, Art. 23 EuGVO Rz. 9 aE; *Mankowski*, in: Rauscher, Art. 23 EuGVO Rz. 22; aA LG Berlin 18.2.2000, IPRax 2000, 526 (m. abl. Anm. *Haß*, IPRax 2000, 494) = IPRspr. 2000 Nr. 116; *Schlosser*, Art. 23 EuGVO Rz. 19.
8 EuGH 19.6.1984 – Rs. 71/83 (Tilly Russ/Nova), Slg. 1984, 2417 (2433) (Nr. 17) = RIW 1984, 909 m. Anm. *Schlosser*; OLG Hamburg 8.3.1996, IPRax 1997, 419 (420) = IPRspr.

Gespräche über den erst für später geplanten (schriftlichen) Vertragsschluss reichen hierfür nicht aus[1]. Zwar ist auch insoweit eine ausdrückliche Vereinbarung entbehrlich; die Willensübereinstimmung muss jedoch klar und deutlich zum Ausdruck gekommen sein[2].

Ist die Gerichtsstandsklausel daher in **AGB** enthalten, so kommt auch eine mündliche Einigung über den Gerichtsstand nur zustande, wenn diese Bedingungen dem Vertragspartner bereits *bei Vertragsschluss* vorgelegen haben, so dass er bei normaler Sorgfalt davon Kenntnis nehmen konnte[3]. Hingegen reicht es nicht aus, dass eine Partei während der Vertragsverhandlungen zwar darauf hingewiesen hatte, dass sie zu ihren AGB abschließen wolle, diese Bedingungen mit der darin enthaltenen Gerichtsstandsklausel jedoch erst ihrer schriftlichen Auftragsbestätigung beigelegt hat. Für diesen Fall hat der EuGH vielmehr volle Schriftlichkeit verlangt: Die schriftliche Bestätigung des mündlichen Vertragsschlusses unter erstmaliger Beifügung der AGB müsse von der anderen Partei *schriftlich angenommen* werden, weil nicht unterstellt werden könne, dass diese sich auch einer in den AGB enthaltenen Gerichtsstandsvereinbarung habe unterwerfen wollen[4]. Eine Ausnahme gilt nur dann, wenn der Verwender der AGB seinen Vertragspartner während der Verhandlungen ausdrücklich auf die in seinen AGB enthaltene *Gerichtsstandsklausel* hingewiesen hat. Denn für diesen Fall liegt eine wirksame mündliche Zuständigkeitsvereinbarung vor, die lediglich noch schriftlich bestätigt werden muss[5]. 6445

Fügt sich der mündlich geschlossene Vertrag allerdings in **laufende Geschäftsbeziehungen** ein, die zwischen den Parteien auf der Grundlage der AGB einer Partei bestehen, so kann auch das Schweigen des Empfängers auf eine Auftragsbestätigung, der erstmals die – eine Gerichtsstandsklausel enthaltenden – AGB beigefügt sind, zur formgültigen Vereinbarung des Gerichtsstands führen. Der Empfänger der schriftlichen Bestätigung verstößt bei dieser Sachlage gegen Treu und Glauben, wenn er das Zustandekommen einer Gerichtsstandsvereinbarung mit dem Argument ablehnt, es fehle an einer schriftlichen Annahmeerklärung seinerseits[6]. Notwendige Voraussetzung der „halben" Schriftlichkeit 6446

1996 Nr. 145; *Heiss*, ZfRv 2000, 202 (207); *Magnus*, in: Magnus/Mankowski, Art. 23 EuGVO Rz. 103; *Kropholler*, Art. 23 EuGVO Rz. 42.
1 BGH 22.2.2001, NJW 2001, 1731 = RIW 2001, 456 = IPRspr. 2001 Nr. 133.
2 *Killias*, S. 167; *Gottwald*, in: MünchKomm ZPO, Art. 23 EuGVO Rz. 34; dazu schon oben Rz. 6412.
3 BGH 9.3.1994, NJW 1994, 2699 (2700) = IPRspr. 1994 Nr. 137; BGH 28.3.1996, NJW 1996, 1819 = IPRax 1997, 416 (m. Anm. *Koch*, IPRax 1997, 405) = IPRspr. 1996 Nr. 147; *Kropholler*, Art. 23 EuGVO Rz. 42; *Auer*, in: Geimer/Schütze, IRV, Art. 23 EuGVO Rz. 109; *Bork*, in: Stein/Jonas, 21. Aufl., § 38 ZPO Rz. 28; *Saenger*, ZEuP 2000, 666 (670).
4 EuGH 14.12.1976 – Rs. 25/76 (Segoura/Bonakdarian), Slg. 1976, 1851 (1862) (Nr. 12) = NJW 1977, 495; zust. BGH 26.3.1992, EuZW 1992, 515 (516 f.) m. Anm. *Geimer* = IPRspr. 1992 Nr. 181b; OLG Dresden 24.11.1998, RIW 1999, 968 = IPRax 2000, 121 (m. Anm. *Haubold*, IPRax 2000, 91) = IPRspr. 1998 Nr. 162.
5 *Geimer/Schütze*, Art. 23 EuGVO Rz. 89; *Mankowski*, in: Rauscher, Art. 23 EuGVO Rz. 23.
6 EuGH 14.12.1976 – Rs. 25/76 (Segoura/Bonakdarian), Slg. 1976, 1851 (1861) (Nr. 11); BGH 16.5.1977, RIW 1977, 432 = IPRspr. 1977 Nr. 127; OLG Zweibrücken 4.11.1983,

iSv. Art. 23 Abs. 1 S. 3 lit. a Alt. 2 EuGVO ist aber auch im Rahmen von laufenden Geschäftsbeziehungen, dass der Bestätigung ein **mündlicher Vertragsschluss vorausgegangen** ist, durch den auch die AGB einschließlich der Gerichtsstandsklausel zumindest konkludent einbezogen wurden. Das Formerfordernis der „halben Schriftlichkeit" ist daher auch im Rahmen laufender Geschäftsbeziehungen dann nicht erfüllt, wenn eine Partei regelmäßig Bestätigungsschreiben oder Rechnungen mit einer *nur rückseitig abgedruckten Gerichtsstandsklausel* verwendet, ohne jemals ausdrücklich auf diese bzw. die sie enthaltenden AGB hingewiesen zu haben[1]. Erst recht scheitert eine Einigung über die Gerichtsstandsklausel, wenn die AGB der anderen Seite erst *nach* dem schriftlichen Bestätigungsschreiben übermittelt werden[2].

6447 Auch im Rechtsverkehr zwischen Kaufleuten führt das bloße **Schweigen auf ein Bestätigungsschreiben**, dem erstmals eine Gerichtsstandsklausel beigefügt ist, daher nicht zur Fiktion einer mündlichen Einigung über den Gerichtsstand nach Art. 23 Abs. 1 S. 3 lit. a Alt. 2 EuGVO. Die mündliche Einigung muss vielmehr auch dann nachgewiesen werden, wenn der Empfänger nicht widerspricht[3]. Die Formwirksamkeit der Gerichtsstandsvereinbarung kann sich in diesem Fall allein aus zwischen den Parteien bestehenden *Gepflogenheiten* (Art. 23 Abs. 1 S. 3 lit. b EuGVO) oder aus *einem internationalen Handelsbrauch* (Art. 23 Abs. 1 S. 3 lit. c EuGVO) ergeben (dazu unten Rz. 6453 ff.).

b) Schriftliche Bestätigung

6448 Haben sich die Parteien mündlich geeinigt, so bedarf es noch der schriftlichen Bestätigung einer Seite. Diese führt freilich nur dann zur Formgültigkeit der Gerichtsstandsvereinbarung, wenn ihr Inhalt mit der vorher erzielten Einigung übereinstimmt. Die **Beweislast** hierfür trägt diejenige Vertragspartei, die sich auf die Gerichtsstandsvereinbarung beruft[4]. Durch das Erfordernis der halben Schriftlichkeit soll der Nachweis der Einigung der Parteien über die internatio-

---

IPRspr. 1983 Nr. 142; italien. Cass. 26.4.1995, Nr. 4625, Riv.dir.int.priv.proc. 1996, 302 (309); Cass. civ. 9.1.1996, Rev.crit.d.i.p. 1996, 731 m. Anm. *Gaudemet-Tallon*; *Geimer*, in: Zöller, Art. 23 EuGVO Rz. 23; im Erg. auch *Kropholler*, Art. 23 EuGVO Rz. 42.

1 BGH 9.3.1994, NJW 1994, 2699 = JR 1995, 456 m. Anm. *Dörner* = IPRspr. 1994 Nr. 137; OLG Hamburg 19.9.1984, RIW 1984, 916 = IPRax 1985, 281 (m. Anm. *Samtleben*, IPRax 1985, 261) = IPRspr. 1984 Nr. 144; OLG Hamm 20.1.1989, NJW 1990, 612 = IPRspr. 1989 Nr. 181; *Kropholler*, Art. 23 EuGVO Rz. 43; *Gottwald*, in: MünchKomm ZPO, Art. 23 EuGVO Rz. 35; *Bork*, in: Stein/Jonas, 21. Aufl., § 38 ZPO Rz. 28.

2 OLG Köln 9.2.1990, IPRspr. 1991 Nr. 165; *Mankowski*, in: Rauscher, Art. 23 EuGVO Rz. 25.

3 Vgl. EuGH 14.12.1976 – Rs. 25/76 (Segoura/Bonakdarian), Slg. 1976, 1851 (1862) = NJW 1977, 495; OLG Köln 16.3.1988, NJW 1988, 2182 = IPRspr. 1988 Nr. 157; OLG Hamm 20.1.1989, NJW 1990, 662 (663) = IPRspr. 1989 Nr. 181; *Bork*, in: Stein/Jonas, 21. Aufl., § 38 ZPO Rz. 28; *Gottwald*, in: MünchKomm ZPO Art. 23 EuGVO Rz. 35; *Kropholler*, Art. 23 EuGVO Rz. 45 mwN.

4 OLG Köln 18.3.1988, NJW 1988, 2182; *Killias*, S. 168; *Hau*, IPRax 1999, 24; *Geimer/Schütze*, Art. 23 EuGVO Rz. 113; aA *Ebenroth*, ZvglRW 1978, 382; *Schlosser*, EWiR 1997, 359, die im Handelsverkehr eine Beweislastumkehr befürworten, wenn die Bestätigung unwidersprochen bleibt.

nale Prorogation erleichtert, nicht aber der *Zeugenbeweis* ausgeschlossen werden. Die schriftliche Bestätigung kann daher nicht nur durch Urkundenvorlage, sondern auch durch Zeugen bewiesen werden[1]. Wird die Gerichtsstandsklausel erstmals in einer **Auftragsbestätigung** in das Vertragsverhältnis der Parteien eingeführt, so ist – wie gezeigt (vgl. oben Rz. 6445) – eine erneute schriftliche Bestätigung der anderen Seite notwendig. Diese Bestätigung muss das ausdrückliche Einverständnis mit der Gerichtsstandsvereinbarung erkennen lassen; eine Annahme durch konkludentes Verhalten (zB durch die bloße Aufforderung zur Vertragserfüllung) genügt ebenso wenig wie das bloße Unterlassen eines Widerspruchs[2].

An **Form und Inhalt der Bestätigung** sind die gleichen Anforderungen zu stellen wie an einen beiderseits schriftlichen Vertrag[3]. Es genügt daher jedenfalls die Bezugnahme auf die Vertragsurkunde, in der die Gerichtsstandsvereinbarung an herausgehobener Stelle außerhalb des Formulartexts eingefügt war[4]. Ausreichend ist aber auch der deutliche Hinweis auf AGB, in denen die Gerichtsstandsklausel enthalten ist; eines besonderen schriftlichen Hinweises auf die Klausel selbst bedarf es auch insoweit nicht[5]. Ferner kann die Bestätigung auch per Telegramm, Telefax oder in elektronischer Form nach Art. 23 Abs. 2 EuGVO[6] übermittelt werden. Sie muss auch nicht notwendig durch diejenige **Vertragspartei** erfolgen, der die Zuständigkeitsvereinbarung entgegengehalten werden soll[7]; ausreichend ist vielmehr – wie der EuGH[8] klargestellt hat – eine „von einer, gleich welcher der Parteien stammende schriftliche Bestätigung". 6449

Nicht entschieden hat der EuGH bisher die Frage, welche Wirkung **der Erhebung eines Widerspruchs** durch den Empfänger des Bestätigungsschreibens zu- 6450

---

1 Vgl. *Geimer*, IPRax 1986, 85 (87).
2 EuGH 14.12.1976 – Rs. 25/76 (Segoura/Bonakdarian), Slg. 1976, 1851 (1860 ff.) (Nr. 8–12) = NJW 1977, 495; BGH 9.3.1994, NJW 1994, 2699 (2700) = IPRspr. 1994 Nr. 137; OLG Karlsruhe 28.5.2002, IPRspr. 2002 Nr. 131b; *Kropholler*, Art. 23 EuGVO Rz. 44; *Geimer/Schütze*, Art. 23 EuGVO Rz. 115; aA LG Berlin 18.2.2000, IPRax 2000, 526 (527) (m. abl. Anm. *Haß*, IPRax 2000, 494) = IPRspr. 2000 Nr. 116.
3 Vgl. *Auer*, in: Geimer/Schütze, IRV, Art. 23 EuGVO Rz. 111; *Kropholler*, Art. 23 EuGVO Rz. 46.
4 BGH 14.11.1991, BGHZ 116, 77 (81) = IPRax 1992, 377 (m. Anm. *Heß*, IPRax 1992, 358) = ZZP (1992), 330 m. Anm. *Bork* = IPRspr. 1991 Nr. 181.
5 *Schlosser*, Art. 23 EuGVO Rz. 22; *Mankowski*, in: Rauscher, Art. 23 EuGVO Rz. 24; vgl. auch oben Rz. 6437 aE.
6 *Geimer/Schütze*, Art. 23 EuGVO Rz. 109.
7 So noch OLG München 11.2.1981, NJW 1982, 1951 (1952) = IPRspr. 1981 Nr. 155; OLG Celle 2.3.1984, RIW 1985, 571 = IPRax 1985, 284 (m. Anm. *Duintjer Tebbens*, IPRax 1985, 262) = IPRspr. 1984 Nr. 134.
8 EuGH 11.7.1985 – Rs. 221/84 (Berghofer/ASA), Slg. 1985, 2699 (2703) (Nr. 2) = RIW 1985, 736; EuGH 11.11.1986 – Rs. 313/85 (Iveco Fiat/van Hool), Slg. 1986, 3337 (3356) (Nr. 9) = NJW 1987, 2155 = IPRax 1989, 383 (m. Anm. *Jayme*, IPRax 1989, 361); zust. OLG München 27.4.1999, RIW 1999, 621 = IPRspr. 1999 Nr. 112; *Hüßtege*, in: Thomas/Putzo, Art. 23 EuGVO Rz. 9; *Auer*, in: Geimer/Schütze, IRV, Art. 23 EuGVO Rz. 113; *Geimer/Schütze*, Art. 23 EuGVO Rz. 111 f.; *Bork*, in: Stein/Jonas, 21. Aufl., § 38 ZPO Rz. 28; *Kropholler*, Art. 23 EuGVO Rz. 47 f. mwN.

kommt. Aus dem Umstand, dass Art. 23 Abs. 1 S. 3 lit. a Alt. 2 EuGVO nicht ausdrücklich voraussetzt, dass die Bestätigung unwidersprochen bleibt, wird überwiegend abgeleitet, dass ein Widerspruch die Wirkung des Bestätigungsschreibens nicht zwingend aufhebt. Der Widerspruch begründe lediglich Zweifel am wirksamen Zustandekommen einer mündlichen Einigung[1]. Ebenfalls nicht geklärt ist die Frage, **innerhalb welcher Frist** die mündliche Einigung über den Gerichtsstand schriftlich bestätigt werden muss. Ein Rückgriff auf nationales Recht – zB auf § 147 Abs. 2 BGB – hat insoweit auszuscheiden. Vielmehr ist die zeitliche Grenze für ein Bestätigungsschreiben in jedem Einzelfall unter Berücksichtigung von Treu und Glauben zu bemessen[2]. Nach vollständiger Erfüllung der Vertragsleistung durch eine Partei kann eine auf diesen Vertrag bezogene mündliche Gerichtsstandsvereinbarung nicht mehr schriftlich bestätigt werden[3].

4. Vertragsschluss nach den Gepflogenheiten zwischen den Parteien

6451 Nach Art. 23 Abs. 1 S. 3 lit. b EuGVO genügt neben der vollen und der halben Schriftform auch die Einhaltung der „Form, welche den Gepflogenheiten entspricht, die zwischen den Parteien entstanden sind". Damit soll die Rechtsprechung des EuGH, der bei *laufenden Geschäftsbeziehungen* zwischen den Vertragspartnern die Formanforderungen an Prorogationsvereinbarungen tendenziell großzügig ausgelegt hatte (vgl. oben Rz. 6446), auf eine klare gesetzliche Grundlage gestellt werden. Diese Formalternative gilt seit dem 1.3.2008 auch für Lieferungsverträge mit Bestimmungsort in *Luxemburg* (vgl. Art. 63 Abs. 2, 4 EuGVO). Für die Annahme einer laufenden Geschäftsbeziehung bzw. einer „Gepflogenheit" bedarf es allerdings einer gewissen **Häufigkeit von Vertragsschlüssen**, denen jeweils die AGB mit der Gerichtsstandsklausel zugrundegelegen haben[4]. Eine einzige vorangegangene Bestellung reicht hierfür nicht aus[5]; ebenso wenig genügen einzelne isolierte Geschäfte, die zwischen den Parteien mit großem zeitlichen Abstand abgeschlossen worden sind[6]. Maßgebender Zeitpunkt für die Feststellung einer „Gepflogenheit" ist nicht die

---

1 *Kropholler*, Art. 23 EuGVO Rz. 49; *Mankowski*, in: Rauscher, Art. 23 EuGVO Rz. 25; *Geimer/Schütze*, Art. 23 EuGVO Rz. 114; *Gottwald*, in: MünchKomm ZPO, Rz. 39, jeweils mwN.; aA *Heiss*, ZfRV 2002, 202 (207 ff.); *Auer*, in: Geimer/Schütze, IRV, Art. 23 EuGVO Rz. 114 f.
2 Vgl. *Hau*, IPRax 1999, 24 (25) unter Hinweis auf Art. 18 Abs. 2 CISG und Art. 2.7 der UNIDROIT-Principles of International Commercial Contracts; ähnlich *Geimer/Schütze*, Art. 23 EuGVO Rz. 110; *Kropholler*, Art. 23 EuGVO Rz. 44; *Mankowski*, in: Rauscher, Art. 23 EuGVO Rz. 24. Vgl. auch OLG Düsseldorf 2.10.1997, IPRax 1999, 38 (m. Anm. *Hau*, IPRax 1999, 24) = IPRspr. 1997 Nr. 159.
3 *Staehelin*, S. 52; *Geimer/Schütze*, Art. 23 EuGVO Rz. 110.
4 OLG Celle 2.3.1984, RIW 1985, 571 = IPRax 1985, 284 (m. Anm. *Duintjer Tebbens*, IPRax 1985, 262) = IPRspr. 1984 Nr. 134; OLG Köln 16.3.1988, RIW 1988, 555 (557) = IPRspr. 1988 Nr. 157; *Schlosser*, Art. 23 EuGVO Rz. 23.
5 *Burgstaller*, JBl. 1998, 691 (692); *Schlosser*, Art. 23 EuGVO Rz. 23; großzügiger *Mankowski*, in: Rauscher, Art. 23 EuGVO Rz. 26.
6 Italien. Cass. S.U. 26.4.1995, Nr. 4625, Riv.dir.int.priv.proc. 1996, 302 (309).

Einreichung der Klage, sondern der Vertragsschluss[1]. Die neue Formulierung enthält auch keine Beschränkung auf Geschäfts- oder Handelsbeziehungen mehr; formerleichternde Gepflogenheiten können sich daher auch im rein privaten Bereich herausbilden oder – in den Grenzen des Art. 17 EuGVO – bei Verbrauchergeschäften[2].

Der Formalternative des Art. 23 Abs. 1 S. 3 lit. b EuGVO liegt der Gedanke zugrunde, dass eine Partei, die sich bei einem Geschäft nicht mehr an die Gepflogenheiten gebunden fühlt, die für die Geschäftsbeziehungen der Parteien über einen längeren Zeitraum gegolten haben, damit gegen die Gebote von Treu und Glauben verstoßen würde[3]. Praktische Bedeutung kommt den „Gepflogenheiten" vor allem für die **Einbeziehung von Gerichtsstandsklauseln in AGB** zu. Denn haben die Parteien ihre Geschäftsbeziehungen in ihrer Gesamtheit den AGB einer Partei unterstellt, so kann auch das bloße Schweigen der anderen Partei oder ein mündlicher Vertragsschluss zur wirksamen Einbeziehung einer in diesen AGB enthaltenen Gerichtsstandsklausel genügen[4]. Die deutsche Praxis hat es zwar – darüber hinausgehend – im kaufmännischen Verkehr zum Teil ausreichen lassen, dass eine Partei laufend Geschäfte auf der Grundlage von AGB abwickelt, die lediglich auf der Rückseite von erst nach Vertragsschluss übermittelten Rechnungen oder Lieferscheinen abgedruckt sind. Sofern der Vertragspartner diesen AGB nicht widerspreche, werde das Klauselwerk in seiner Gesamtheit, dh. einschließlich der Gerichtsstandsklausel Vertragsinhalt[5]. Demgegenüber setzt Art. 23 Abs. 1 S. 3 lit. b EuGVO nach zutreffender Interpretation der Rechtsprechung des EuGH voraus, dass die Parteien sich zumindest zu Beginn ihrer Geschäftsbeziehung *einmal* über die Geltung der Gerichtsstandsklausel ausdrücklich geeinigt haben; nur wenn diese Einigung nachgewiesen wird, kann bezüglich der nachfolgenden Geschäfte auf die Feststellung eines erneuten Konsenses der Parteien verzichtet werden[6]. Gepflogenheiten können also nur die Form, nicht jedoch die Einigung ersetzen[7].

6452

---

1 OLG Karlsruhe 28.5.2002, IPRspr. 2002 Nr. 131; aA LG Karlsruhe 1.6.2001, RIW 2001, 702; *Auer*, in: Geimer/Schütze, IRV, Art. 23 EuGVO Rz. 125.
2 *Gottwald*, in: MünchKomm ZPO, Art. 23 EuGVO Rz. 41; *Schlosser*, Art. 23 EuGVO Rz. 23.
3 EuGH 19.6.1984 – Rs. 71/83 (Tilly Russ/Nova), Slg. 1984, 2417 (2433) (Nr. 18) = RIW 1984, 909 m. Anm. *Schlosser*; *Mankowski*, in: Rauscher, Art. 23 EuGVO Rz. 26 mwN.
4 Vgl. EuGH 14.12.1976 – Rs. 25/76 (Segoura/Bonakdarian), Slg. 1976, 1851 (1861) (Nr. 11); OLG Köln 27.2.1998, VersR 1999, 639 = IPRspr. 1998 Nr. 140; italien. Cass. S.U. 11.6.2001, Nr. 7854, Riv.dir.int.priv.proc. 2002, 152 (156 f.); *Schlosser*, Art. 23 EuGVO Rz. 23.
5 So BGH 2.10.2002, RIW 2003, 220 (222) = EuLF 2004, 130 = IPRspr. 2002 Nr. 149.
6 OLG Düsseldorf 8.2.1979, TranspR 1981, 26 = IPRspr. 1979 Nr. 156 A; OLG Zweibrücken 4.11.1983, IPRspr. 1983 Nr. 142; *Mankowski*, in: Rauscher, Art. 23 EuGVO Rz. 27. Die Einhaltung der Schriftform nach Art. 23 Abs. 1 S. 3 lit. a EuGVO ist freilich auch für diese Einigung bei Anbahnung der Geschäftsbeziehungen nicht erforderlich; aA italien. Cass. S.U. 26.4.1995, Nr. 4625, Riv.dir.int.priv.proc. 1996, 302 (307 ff.), wo verlangt wird, dass die Gerichtsstandsvereinbarung „si riferisca ad operazioni successive a quelle in cui vi si è stata esplicita accettazione scritta".
7 BGH 6.7.2004, EuLF 2004, 230 = IPRax 2005, 338 (m. Anm. *Hau*, IPRax 2005, 301) = IPRspr. 2004 Nr. 117; *Mankowski*, RIW 2005, 561 (567).

Die Einigung muss allerdings nicht ausdrücklich erfolgt sein, sondern kann sich auch konkludent aus einer über Jahre gleichförmig geübten Praxis des Vertragsschlusses und seiner Abwicklung ergeben[1]. Hat eine Partei der anderen hingegen auch über einen längeren Zeitraum stets nur Rechnungen mit rückseitig abgedruckten AGB übermittelt, so begründet die widerspruchslose Bezahlung dieser Rechnungen durch die Gegenpartei allein noch keine „Gepflogenheit", die zur Einbeziehung der in den AGB enthaltenen Gerichtsstandsklausel in die geschlossenen Verträge führt[2].

BGH 25.2.2004, EuLF 2004, 129 = IPRax 2005, 338 (m. Anm. *Hau*, IPRax 2005, 301) = IPRspr. 2004 Nr. 94b
Wiederholter Abschluss von mündlichen Kaufverträgen und anschließende Überreichung von Rechnungen, die auf die rückseitig abgedruckten AGB des deutschen Verkäufers verwiesen, in denen ein deutscher Gerichtsstand bestimmt war, reichen für die Einhaltung der Form nach Art. 23 Abs. 1 S. 3 lit. b EuGVO nicht aus, wenn nicht nachgewiesen wird, dass die Vertragsbeziehungen tatsächlich nach diesen AGB abgewickelt wurden.

5. Vertragsschluss gem. internationalen Handelsbräuchen

a) Entstehungsgeschichte und Normzweck

6453 Art. 23 Abs. 1 S. 3 lit. c EuGVO lässt schließlich auch solche Zuständigkeitsvereinbarungen zu, die „im internationalen Handel in einer Form" geschlossen werden, „die einem Handelsbrauch entspricht, den die Parteien kannten sind oder kennen mussten". Diese Formerleichterung gilt seit dem 1.3.2008 auch für Lieferungsverträge mit Bestimmungsort in *Luxemburg* (vgl. Art. 63 Abs. 2, 4 EuGVO). Sie ist auch auf Gerichtsstandsvereinbarungen anzuwenden, die *vor* In-Kraft-Treten der EuGVO geschlossen wurden, sofern diese nur im Zeitpunkt der Klageerhebung gegolten hat[3]. Einschränkungen sind nur bei einer Änderung der *tatsächlichen* Verhältnisse nach Abschluss der Vereinbarung anzuerkennen (vgl. oben Rz. 6379 ff.). Die Auslegung dieser Sonderregel für den internationalen Handel wirft trotz gewisser Klarstellungen durch den EuGH noch immer zahlreiche Probleme auf[4].

---

1 OLG Stuttgart 5.11.2007, IPRax 2009, 64 (66 f.) (m. Anm. *Hau*, IPRax 2009, 44).
2 BGH 9.3.1994, NJW 1994, 2699 (2700) = IPRspr. 1994 Nr. 137; OLG Hamburg 19.9.1984, IPRax 1985, 281 (m. Anm. *Samtleben*, IPRax 1985, 261) = IPRspr. 1984 Nr. 144; OLG Hamm 20.1.1989, NJW 1990, 1012 = IPRspr. 1989 Nr. 181; OLG Hamm 6.12.2005, IHR 2006, 84 = IPRspr. 2005 Nr. 127; OLG Düsseldorf 30.1.2004, IHR 2005, 108; *Mankowski*, in: Rauscher, Art. 23 EuGVO Rz. 27a; *Kropholler*, Art. 23 EuGVO Rz. 50; *Gottwald*, in: MünchKomm ZPO, Art. 23 EuGVO Rz. 41; *Schlosser*, Art. 23 EuGVO Rz. 23. Ebenso zu Art. 17 LugÜ auch OG Basel 16.3.1999, BJM 2001, 15 (22 f.).
3 So zu Art. 17 EuGVÜ OLG Koblenz 9.1.1987, RIW 1987, 144 (146) = IPRspr. 1987 Nr. 122; OLG Köln 16.3.1988, RIW 1988, 555 (557) = IPRspr. 1988 Nr. 157; aA aus Gründen des Vertrauensschutzes *Gottwald*, in: MünchKomm ZPO, Art. 23 EuGVO Rz. 42 aE.
4 Vgl. dazu den Vorlagebeschluss BGH 26.3.1992, IPRax 1992, 373 (m. Anm. *Jayme*, IPRax 1992, 357) = EuZW 1992, 514 m. Anm. *Geimer* = IPRspr. 1992 Nr. 181b; ferner *Staehelin*, S. 53 ff.; *Stöve*, S. 74 ff.; *Saenger*, ZZP 110 (1997), 477 (488 ff.); *Girsberger*, IPRax 2000, 87 ff.

Entstehungsgeschichte und Zweck dieser Formalternative deuten darauf hin, dass mit ihr vor allem die restriktive Rechtsprechung des EuGH zum Tatbestandsmerkmal der **„Vereinbarung"** korrigiert werden sollte. Das Erfordernis einer schriftlichen Bestätigung der in AGB enthaltenen Gerichtsstandsklausel (Rz. 6434 ff.) ist dem internationalen Handel nicht immer zumutbar. Der Vertragsschluss muss vielmehr „aus Gründen der Kalkulation auf der Grundlage der momentan gegebenen Marktpreise rasch durch Auftragsbestätigung unter Einbeziehung von AGB möglich sein"[1]. Dieses Ziel bliebe aber unerreicht, wenn Art. 23 Abs. 1 S. 3 lit. c EuGVO als bloße Formvorschrift verstanden würde. Sachgerechter ist es deshalb, die Berücksichtigung der internationalen Handelsbräuche bereits auf die *materielle Willenseinigung* zu beziehen: Die internationalen Handelsbräuche entscheiden somit auch, welche Anforderungen an den – autonom auszulegenden (Rz. 6411) – Begriff der „Vereinbarung" zu stellen sind[2].

6454

EuGH 20.2.1997 – Rs. C-106/95 (MSG/Les Gravières Rhénanes), Slg. 1997 I, 932 (940 f.) (Nr. 18) = NJW 1997, 1431 = RIW 1997, 415 m. Anm. *Holl* = IPRax 1999, 31 (m. Anm. *Kubis*, IPRax 1999, 10)
„Diese Erleichterung betrifft nicht nur die Formerfordernisse des Art. 17 EuGVÜ".

Zwar wird durch diese Formerleichterung in Art. 23 Abs. 1 S. 3 lit. c EuGVO nicht auf eine Willenseinigung der Parteien über den Gerichtsstand verzichtet; denn die schwächere Vertragspartei soll auch in diesem Fall davor geschützt werden, dass die Gerichtsstandsklausel unbemerkt Eingang in den Vertrag findet[3]. Besteht aber in dem jeweiligen Geschäftszweig des internationalen Handelsverkehrs ein das Zustandekommen von Gerichtsstandsvereinbarungen betreffender Handelsbrauch, der den Parteien bekannt ist oder als ihnen bekannt gelten muss, so wird die nach Art. 23 Abs. 1 S. 1 EuGVO erforderliche Einigung der Vertragsparteien über den Gerichtsstand vermutet[4].

b) Handelsbrauch

Die Formerleichterung nach Art. 23 Abs. 1 S. 3 lit. c EuGVO setzt zunächst voraus, dass die Art und Weise des Zustandekommens der Gerichtsstandsvereinbarung einem Handelsbrauch entsprochen hat. Ob ein solcher Handelsbrauch besteht, ist nicht nach dem nationalen Recht der lex fori oder der lex causae zu bestimmen. Der in der deutschen Fassung verwendete Begriff „Handelsbrauch" darf daher von einem deutschen Gericht nicht im technischen Sinn

6455

---

1 Vgl. *Schlosser*-Bericht Nr. 174, 179, ABl. EG 1979 Nr. C 59, S. 1; *J. Schmidt*, RIW 1992, 173 (176).
2 Ebenso EuGH 16.3.1999 (Rz. 6455), Nr. 19 ff.; ferner *Kropholler/Pfeifer*, Festschr. Nagel (1987), S. 157 (162 f.); *Kropholler*, Art. 23 EuGVO Rz. 27 aE; *Gottwald*, in: Münch-Komm ZPO, Art. 23 EuGVO Rz. 42, sowie eingehend *Rauscher*, ZZP 104 (1991), 271 (288 ff.); *Kröll*, ZZP 113 (2000), 135 (143 ff.); *Killias*, S. 200 ff.; aA *Schlosser*, Art. 23 EuGVO Rz. 24b; *Staehelin*, S. 33 ff.
3 EuGH 20.2.1997 (Rz. 6454), Nr. 17.
4 EuGH 20.2.1997 (Rz. 6454), Nr. 19; EuGH 16.3.1999 (Rz. 6455), Nr. 19 ff.; *Saenger*, ZZP 110 (1997), 488 ff.

des deutschen Rechts (§ 346 HGB) verstanden werden, sondern ist **autonom** zu qualifizieren[1]. Insoweit kommt es allein auf die faktische Gebräuchlichkeit einer bestimmten Form an, nicht auf die formelle Kaufmannseigenschaft der Parteien nach nationalem Recht[2]. Nationales Recht kann auch nicht herangezogen werden, um einen bestehenden Handelsbrauch zu verdrängen oder einzuschränken (vgl. dazu schon oben Rz. 6431).

EuGH 16.3.1999 – Rs. C 159/97 (Trasporti Castelletti/Hugo Trumpy SpA), Slg. 1999 I, 1557 (1608 ff.) (Nr. 35 f.) = IPRax 2000, 119 (m. Anm. *Girsberger*, IPRax 2000, 87) = ZEuP 2000, 656 m. Anm. *Saenger*
Ein Handelsbrauch im internationalen Seetransportrecht zur Einbeziehung von Gerichtsstandsklauseln im Konnossemente ist auch dann zu beachten, wenn er von zwingenden Vorschriften des nationalen Rechts – zB von Art. 1341 ital. c.c., der eine gesonderte Abzeichnung von „lästigen" Klauseln erfordert – abweicht.

6456 Die **Allgemeinen Deutschen Spediteurbedingungen** (ADSp) gelten im internationalen Rechtsverkehr nicht als Handelsbrauch. Die Gerichtsstandsklausel in Ziff. 30.2 ADSp. wird daher nur nach Maßgabe der Grundsätze über die Einbeziehung von AGB nach Art. 23 Abs. 1 S. 3 lit. a oder b EuGVO Vertragsinhalt[3].

6457 Die Existenz eines Handelsbrauchs kann auch nicht für den internationalen Handelsverkehr generell festgestellt werden, sondern nur für den **Geschäftszweig**, in dem die Vertragsparteien tätig sind[4]. Demgemäß verlangt Art. 23 Abs. 1 S. 3 lit. c EuGVO, dass diesen Handelsbrauch „Parteien von Verträgen dieser Art in dem betreffenden Geschäftszweig allgemein kennen und regelmäßig beachten"[5]; entscheidend ist mithin – ebenso wie nach Art. 9 Abs. 2 CISG – eine *tatsächliche* ständige Übung in dem jeweiligen Verkehrskreis[6]. Deren Feststellung obliegt dem angerufenen nationalen Gericht[7]; dieses hat insbesondere zu ermitteln, ob die äußere Gestaltung der Gerichtsstandsklau-

---

1 EuGH 20.2.1997 (Rz. 6454), Nr. 23; EuGH 16.3.1999 (Rz. 6455), Nr. 25; HandelsG Zürich 9.1.1996, SZIER 1997, 373 (381); *Kropholler*, RIW 1986, 929 (931) und Art. 23 EuGVO Rz. 53 ff.; *Schlosser*, RIW 1984, 911 (913); *Kohler*, IPRax 1987, 201 (204); *Schütze*, DZWiR 1992, 89 (91); *Saenger*, ZZP 110 (1997), 477 (491); *Staehelin*, S. 60 f.; *Girsberger*, IPRax 2000, 87 (90); *Kröll*, ZZP 113 (2000), 135 (151 ff.); aA *Rauscher*, ZZP 104 (1991), 271 (292 f.).
2 OLG Hamburg 30.7.1992, TranspR 1993, 25 (27) = IPRspr. 1992 Nr. 194; OLG Celle 1.11.1995, IPRax 1997, 417 (418) = IPRspr. 1996 Nr. 138; französ.Cass. civ. 11.2.1997, J.C.P. 1997.IV.747 = Clunet 1998, 138 m. Anm. *Huet*; *Schlosser*, RIW 1984, 911 (913); *Rauscher*, ZZP 104 (1991), 271 (292); *Saenger*, ZZP 110 (1997), 477 (485); *Stöve*, S. 36 f.; *Kropholler*, Art. 23 EuGVO Rz. 54; *Schlosser*, Art. 23 EuGVO Rz. 24; *Hausmann*, in: Wieczorek/Schütze, Anh. I zu § 40 ZPO, Art. 17 EuGVÜ Rz. 50.
3 OLG Dresden 24.11.1998, IPRax 2000, 121 (122) (m. Anm. *Haubold*, IPRax 2000, 91) = IPRspr. 1998 Nr. 162; *Gottwald*, in: MünchKomm ZPO, Art. 23 EuGVO Rz. 28.
4 *Kröll*, ZZP 113 (2000), 135 (154); *Geimer/Schütze*, Art. 23 EuGVO Rz. 119; *Magnus*, in: Magnus/Mankowski, Art. 23 EuGVO Rz. 119.
5 Vgl. idS. schon EuGH 20.2.1997 (Rz. 6454), Nr. 23; dazu näher *Stöve*, S. 51 ff.
6 OLG Celle 1.11.1995, IPRax 1997, 417 (418 f.).
7 EuGH 16.3.1999 (Rz. 6455), Nr. 23; krit. dazu *Haß*, EuZW 1999, 444 (445); *Girsberger*, IPRax 2000, 87 (89).

sel, ihre Aufnahme in einen vom Vertragspartner des Verwenders nicht unterzeichneten Vordruck sowie die Abfassung in einer bestimmten Sprache dem in dem betreffenden Geschäftszweig bestehenden internationalen Handelsbrauch entspricht[1]. Der **Nachweis** eines entsprechenden Handelsbrauchs obliegt derjenigen Partei, die sich auf ihn beruft[2]. Er wird erleichtert, wenn Vordrucke von Formularen oder AGB, in denen die Gerichtsstandsklausel enthalten ist, von Fachverbänden oder -organisationen eines bestimmten Geschäftszweigs für ihre Mitglieder bereitgehalten werden; eine bestimmte Form der Publizität des Handelsbrauchs wird jedoch nicht verlangt[3]. Ein Verhalten, das die Merkmale eines Handelsbrauchs erfüllt, verliert diese Eigenschaft auch nicht allein dadurch, dass es von Angehörigen des betreffenden Geschäftszweigs – zB durch Anrufung anderer als der vereinbarten Gerichte – in Frage gestellt wird[4].

c) Internationaler Handel

Der Brauch muss sich im internationalen Handel, dh. – zumindest auch – bei grenzüberschreitenden Transaktionen entwickelt haben[5]. Hierfür ist es nicht erforderlich, dass ein solcher Handelsbrauch in bestimmten Ländern, insbesondere nicht in allen oder den meisten Mitgliedstaaten der EuGVO besteht[6]. Es muss vielmehr genügen, dass der Handelsbrauch in den für die jeweilige Branche wichtigen Staaten existiert[7]. Gelten in den Sitzstaaten der Vertragsparteien unterschiedliche Bräuche für das Zustandekommen von Gerichtsstandsvereinbarungen, so müssen diese *nicht kumulativ* beachtet werden. Es reicht vielmehr aus, wenn ein entsprechender Handelsbrauch am (Wohn-)Sitz einer der Vertragsparteien für internationale Geschäfte besteht[8]. Für die Beachtlichkeit eines nationalen oder lokalen Brauchs ist aber dessen Anerkennung durch eine größere Zahl ausländischer Marktteilnehmer erforderlich[9]. Der Schutz der anderen Vertragspartei wird dadurch gewährleistet, dass sie diesen Handelsbrauch nur dann gegen sich gelten lassen muss, wenn er branchenüblich ist und sie ihn deshalb zumindest kennen musste[10]. Auch

6458

---

1 EuGH 16.3.1999 (Rz. 6455), Nr. 36.
2 OLG Hamburg 8.3.1996, IPRax 1997, 420 (m. Anm. *Koch*, IPRax 1997, 405); *Mankowski*, in: Rauscher, Art. 23 EuGVO Rz. 33.
3 EuGH 16.3.1999 (Rz. 6455), Nr. 28, 44.
4 EuGH 16.3.1999 (Rz. 6455), Nr. 29; *Kropholler*, Art. 23 EuGVO Rz. 56.
5 *Kröll*, ZZP 113 (2000), 135 (152 f.); *Mankowski*, in: Rauscher, Art. 23 EuGVO Rz. 32; *Geimer/Schütze*, Art. 23 EuGVO Rz. 119; ähnlich schon *Stöve*, S. 64 ff.
6 EuGH 16.3.1999 (Rz. 6455), Nr. 27; *Girsberger*, IPRax 2000, 87 (89); *Kropholler*, Art. 23 EuGVO Rz. 55.
7 *Kröll*, ZZP 113 (2000), 135 (154); *Schlosser*, Art. 23 EuGVO Rz. 24a.
8 *Kohler*, Dir.com.int. 1990, 620; *Stöve*, S. 66 ff.; *Geimer/Schütze*, Art. 23 EuGVO Rz. 124; aA (Geltung des Brauchs in den Wohnsitzstaaten der Parteien nicht erforderlich) *Huber*, ZZPInt 2 (1997), 168 (173); *Saenger*, ZEuP 2000, 656 (673); *Mankowski*, in: Rauscher, Art. 23 EuGVO Rz. 32. Vgl. auch unten Rz. 6463.
9 *Holl*, RIW 1997, 417; *Saenger*, ZZP 110 (1997), 477 (492).
10 *Trunk*, S. 48; *Hüßtege*, in: Thomas/Putzo, Art. 23 EuGVO Rz. 12; vgl. dazu unten Rz. 6462 f.

die Frage, ob ein Vertrag dem internationalen Handelsverkehr zuzuordnen ist, hat nicht der EuGH, sondern – als Tatfrage – das angerufene nationale Gericht zu entscheiden[1]. Dies trifft etwa für die Rheinschifffahrt[2] sowie für den Seehandel[3] ohne Weiteres zu.

d) Einzelfälle

6459 In diesem Sinne entspricht es zwar internationalem Handelsbrauch, dass Kaufleute bei Geschäften mit ausländischen Vertragspartnern **AGB verwenden**, die Gerichtsstandsklauseln zugunsten des Wohnsitzgerichts des Verwenders enthalten[4]. Dies gilt – wie Ziff. 30.2 ADSp 1999 zeigt – insbesondere auch für international arbeitende *Spediteure*[5]. Allerdings besteht kein Handelsbrauch dahin, dass die einem Vertragsangebot beigefügten oder auf der Rückseite von Warenbestellungen abgedruckten AGB, die eine Gerichtsstandsklausel enthalten, vom Empfänger durch schlüssiges Verhalten oder bloßes Schweigen angenommen werden[6]. Ebenso wenig entspricht es internationalem Handelsbrauch, dass allein das Einverständnis mit der Geltung der AGB des Offerenten zur Geltung einer in diesen AGB enthaltenen Gerichtsstandsklausel führt, wenn die AGB im Zeitpunkt der Einverständniserklärung nicht vorgelegen haben[7].

6460 Hingegen gilt in den meisten Branchen das **Schweigen auf ein kaufmännisches Bestätigungsschreiben** kraft internationalen Handelsbrauchs als Zustimmung zu einer darin (bzw. in den in Bezug genommenen AGB) enthaltenen Gerichtsstandsklausel[8]. Festgestellt wurde ein solcher Handelsbrauch ausdrücklich auf dem Gebiet der Rheinschifffahrt[9]. Er dürfte aber auch im internationalen Han-

---

1 EuGH 20.2.1997 (Rz. 6454), Nr. 21; *Huber*, ZZPInt 2 (1997), 168 (173); *Mankowski*, in: Rauscher, Art. 23 EuGVO Rz. 32; aA (Anwendung von § 293 ZPO) *Vestmann*, JZ 1993, 285; *Hüßtege*, in: Thomas/Putzo, Art. 23 EuGVO Rz. 14.
2 EuGH 20.2.1997 (Rz. 6454), Nr. 22.
3 EuGH 16.3.1999 (Rz. 6455), Nr. 23 f.
4 LG Essen 12.12.1990, RIW 1992, 227 f. = IPRspr. 1991 Nr. 167; LG Münster 25.1.1991, RIW 1992, 230 = IPRspr. 1991 Nr. 168; App. Paris 30. 11. und 14.12.1988, D. 1989 I. R. 11 und 32; dazu Bericht *Huet*, Clunet 1990, 159.
5 Vgl. OLG Düsseldorf 21.6.1990, RIW 1990, 725 = IPRspr. 1990 Nr. 172; OLG Dresden 24.11.1998, IPRax 2000, 121 (m. Anm. *Haubold*, IPRax 2000, 91) = IPRspr. 1998 Nr. 162; OLG Hamburg 11.1.2001, TranspR 2001, 300 = IPRspr. 2001 Nr. 129.
6 OLG Hamburg 8.3.1996, IPRax 1997, 419 (m. Anm. *Koch*, IPRax 1997, 405) = IPRspr. 1996 Nr. 145; OLG Dresden 24.11.1998, IPRax 2000, 121 (m. Anm. *Haubold*, IPRax 2000, 91) = IPRspr. 1998 Nr. 162; LG Duisburg 17.4.1996, RIW 1996, 774 = IPRspr. 1996 Nr. 148; ebenso italien. Cass. S.U. 29.1.2002, Nr. 1150, Riv.dir.int.priv.proc. 2002, 701 (706 ff.).
7 OLG Düsseldorf 16.3.2000, RIW 2001, 63 (65) = IPRspr. 2000 Nr. 119.
8 EuGH 20.2.1997 (Rz. 6454), Nr. 20, 25; BGH 16.6.1997, RIW 1997, 871 = IPRspr. 1997 Nr. 150.
9 OLG Nürnberg 30.7.1998, TranspR 1998, 414 = IPRspr. 1998 Nr. 150; BGH 16.6.1997, RIW 1997, 871 = IPRspr. 1997 Nr. 150.

del weit verbreitet sein[1]. Ein Rückgriff auf die *lex causae* ist auch insoweit unzulässig[2].

Demgegenüber führt der mangelnde Widerspruch des Empfängers einer schriftlichen **Auftragsbestätigung** gegen die erstmals in ihr – oder in den ihr beigefügten AGB – enthaltene Gerichtsstandsklausel auch nach Art. 23 Abs. 1 S. 3 lit. c EuGVO nicht zu ihrer Einbeziehung in den Vertrag, weil ein entsprechender Handelsbrauch nicht besteht[3]. Auf die abweichende Haltung des deutschen materiellen Rechts[4] kommt es im europäischen Prozessrecht nicht an[5]. Dementsprechend begründet auch die bloße Durchführung des Vertrages durch den Verkäufer kein stillschweigendes Einverständnis mit einer in den AGB des Käufers enthaltenen Gerichtsstandsklausel, die dieser seiner Bestellung beigefügt hatte[6]. Ebenso wenig dürfte sich für die meisten Branchen ein internationaler Handelsbrauch dahin feststellen lassen, dass schon die widerspruchslose Bezahlung von Rechnungen als Einverständnis mit der erstmals auf den Rechnungsformularen aufgedruckten Gerichtsstandsklausel gewertet werden kann[7]. Dies schließt freilich die Feststellung eines solchen Handelsbrauchs für einzelne Geschäftszweige, zB die Binnenschifffahrt[8], nicht aus. Auch dürfte es internationalem Handelsbrauch entsprechen, dass Kreditgeber, die in einer schriftlichen Patronatserklärung typischerweise enthaltene Gerichtsstandsklausel allein durch schlüssiges Verhalten – nämlich die Darlehensgewährung

6461

---

1 Vgl. OLG Köln 16.3.1988, NJW 1988, 2182 = IPRspr. 1988 Nr. 157; LG Münster 25.1.1991, RIW 1992, 230 = IPRspr. 1991 Nr. 168; zust. die ganz hL, vgl. *Kropholler*, Art. 23 EuGVO Rz. 61; *Mankowski*, in: Rauscher, Art. 23 EuGVO Rz. 35; *Schack*, Rz. 470; *Geimer/Schütze*, Art. 23 EuGVO Rz. 121; *Gottwald*, in: MünchKomm ZPO, Art. 23 EuGVO Rz. 46; *Bork*, in: Stein/Jonas, 21. Aufl., § 38 ZPO Rz. 28 aE; *Rauscher*, ZZP 104 (1991), 289 ff.; *Holl*, RIW 1997, 418; *Stöve*, S. 146; *Killias*, S. 189; *Staehelin*, S. 94 ff.; *Saenger*, ZZP 110 (1997), 477 (490 f.); zweifelnd *Kohler*, IPRax 1983, 265 (270); *M. J. Schmidt*, RIW 1992, 173 (178 f.); einschränkend auch *Schlosser*, Art. 23 EuGVO Rz. 27, der zusätzlich verlangt, dass auch das Vertragsabschlussstatut eine Bindung annimmt.
2 *Magnus*, in: Magnus/Mankowski, Art. 23 EuGVO Rz. 125; aA *Auer*, in: Geimer/Schütze, IRV, Art. 23 EuGVO Rz. 136.
3 BGH 9.3.1994, NJW 1994, 2699 (2700) = IPRspr. 1994 Nr. 137; OLG Dresden 24.11.1998, IPRax 2000, 121 (122) m. Anm. *Haubold* = IPRspr. 1998 Nr. 162; *Schlosser*, Art. 23 EuGVO Rz. 26; *Gottwald*, in: MünchKomm ZPO, Art. 23 EuGVO Rz. 44. Ebenso für widerspruchslose Entgegennahme eines Bestellscheins mit aufgedruckter Gerichtsstandsklausel LG Duisburg 17.4.1996, RIW 1996, 774 = IPRspr. 1996 Nr. 148.
4 Vgl. *Kramer*, in: MünchKomm, § 150 BGB Rz. 6a.
5 *Koch*, IPRax 1997, 405 (406).
6 OLG Hamburg 8.3.1996, IPRax 1997, 419 (420) (m. zust. Anm. *Koch*, IPRax 1997, 406) = IPRspr. 1996 Nr. 145.
7 OLG Frankfurt a.M. 21.3.2003, IPRspr. 2004 Nr. 94a (Viehkauf); OG Basel 16.3.1999, BJM 2001, 15 (23 f.); *Mankowski*, EWiR 1995, 577 (578); *Saenger*, ZZP 110 (1997), 477 (491); *Mankowski*, in: Rauscher, Art. 23 EuGVO Rz. 35; einen solchen Handelsbrauch für möglich halten demgegenüber EuGH 20.2.1997 (Rz. 6454), Nr. 20, 24; BGH 16.6.1997, RIW 1997, 871 = WiB 1997, 1104 m. Anm. *Gaus* = IPRspr. 1997 Nr. 150; *Stöve*, S. 171 ff.; *Gottwald*, in: MünchKomm ZPO, Art. 23 EuGVO Rz. 46.
8 OLG Nürnberg 30.7.1998, TranspR 1998, 414 = IPRspr. 1998 Nr. 150.

– annehmen[1]. Hingegen kann die englische Praxis, wonach aus einer **Rechtswahl** für die Hauptsache idR auf eine ergänzende Gerichtsstandsvereinbarung geschlossen wird, nicht als internationaler Handelsbrauch anerkannt werden[2].

e) Kenntnis der Parteien

6462 Auch die Beobachtung einer im internationalen Handelsverkehr gebräuchlichen Form führt freilich nur dann zur Wirksamkeit der Gerichtsstandsvereinbarung nach Art. 23 Abs. 1 S. 3 lit. c EuGVO, wenn die Parteien den betreffenden Handelsbrauch „kannten oder kennen mussten" und wenn „Parteien von Verträgen dieser Art in dem betreffenden Geschäftszweig [ihn] allgemein kennen und regelmäßig beachten". Damit knüpft die EuGVO an die Formulierung in Art. 9 Abs. 2 CISG an; dessen Auslegung in der Praxis der Vertragsstaaten[3] kann daher auch eine Hilfestellung zum richtigen Verständnis von Art. 23 Abs. 1 S. 3 lit. c EuGVO bieten[4]. Von der erforderlichen Kenntnis eines Handelsbrauchs ist danach jedenfalls ohne Weiteres auszugehen, wenn die Vertragsparteien „untereinander oder mit anderen in dem betreffenden Geschäftszweig tätigen Vertragspartnern schon früher Geschäftsbeziehungen angeknüpft hatten", ist dies nicht der Fall, so wird die Kenntnis jedenfalls widerleglich vermutet, „wenn in diesem Geschäftszweig ein bestimmtes Verhalten bei Abschluss einer bestimmten Art von Verträgen allgemein und regelmäßig befolgt wird und daher hinreichend bekannt ist, um als ständige Übung angesehen werden zu können"[5].

6463 Eine Kenntnis der Parteien von dem Handelsbrauch ist regelmäßig anzunehmen, wenn ein entsprechender internationaler Handelsbrauch in den **Wohnsitzstaaten beider Parteien** anerkannt ist. Darüber hinaus dürfte es aber auch genügen, dass ein solcher Handelsbrauch nur im Wohnsitzstaat derjenigen Partei besteht, der die Zuständigkeitsvereinbarung entgegengehalten werden soll, sofern ihn auch die andere Partei gekannt hat[6]. Dies wird man beim Schweigen auf ein kaufmännisches Bestätigungsschreiben dann annehmen dürfen, wenn der Empfänger nach seinem *Aufenthaltsrecht*[7] damit rechnen musste, dass sein Schweigen als Einverständnis mit einer in dem Bestätigungsschrei-

---

1 *Haß*, IPRax 2000, 494 (496).
2 *Schlosser*-Bericht Nr. 175 ABl. EG 1979 Nr. C 59, S. 71; *Gottwald*, in: MünchKomm ZPO, Art. 23 EuGVO Rz. 43; aA *Volken*, SchwJbIntR 1987, 97 (109).
3 Vgl. *Magnus*, in: Staudinger, Art. 9 CISG Rz. 20 ff.
4 *Jenard-Möller*-Bericht S. 76 f., Nr. 58 ABl. EG 1990 Nr. C 189, S. 57; *Almeida Cruz/Desantes Real/Jenard*-Bericht S. 47, Nr. 26 ABl. EG 1979 Nr. C 59, S. 1. Die Ermittlung der Branchenüblichkeit ist im Wesentlichen Tatfrage; dazu *Droz*, Rev.crit.d.i.p. 1989, 1/22 ff.; *Jayme/Kohler*, IPRax 1989, 337 (339).
5 EuGH 20.2.1997 – Rs. C-106/95 (Rz. 6454), Nr. 24 f.; dazu *Saenger*, ZZP 110 (1997), 477 (490); *Kubis*, IPRax 1999, 10 (13).
6 OLG Köln 16.3.1988, NJW 1988, 2182 (2183) = IPRspr. 1988 Nr. 157; *Holl/Kessler*, RIW 1995, 457 (459); *Holl*, RIW 1997, 417 (418).
7 Zur Sonderanknüpfung des Schweigens näher oben Rz. 268 ff.; ferner *Hausmann*, in: Staudinger (2009), Art. 10 Rom I-VO Rz. 43 ff.

ben enthaltenen Gerichtsstandsklausel angesehen wird[1]. Dies ist für das deutsche Recht zu bejahen[2], hingegen nach englischem[3] und italienischem Recht[4] zu verneinen. Die Unterhaltung langjähriger Geschäftsbeziehungen zwischen den Parteien kann aber dazu führen, dass der Empfänger des Bestätigungsschreibens sich auch die Kenntnis eines Handelsbrauchs zurechnen lassen muss, der **nur im (Wohn-)Sitzstaat seines Vertragspartners** gilt[5]. Das bloße Bestehen eines entsprechenden Handelsbrauchs nach dem auf die Vertragsbeziehungen anwendbaren Recht (lex causae) reicht hingegen – schon im Hinblick auf Art. 10 Abs. 2 Rom I-VO (dazu oben Rz. 267 ff.) – nicht aus[6]. Wird der Vertrag durch einen **Vertreter** geschlossen, so hat sich der Empfänger die Kenntnis seines Vertreters nach Maßgabe des jeweiligen Vertragsstatuts zurechnen zu lassen[7]. Ist Rechtsnachfolge eingetreten, so kommt es auf die Kenntnis bzw. das Kennenmüssen der ursprünglichen Parteien an[8].

f) Konnossement

Da das Konnossement idR einseitig vom Verfrachter ausgestellt wird, wurden darin enthaltene Gerichtsstandsklauseln unter der Geltung des Art. 17 Abs. 1 EuGVÜ 1968 teilweise schon im Verhältnis zwischen Verfrachter und Befrachter als formnichtig bewertet[9]. Auch der EuGH hatte Formerleichterungen für Gerichtsstandsvereinbarungen in Konnossementen unter Geltung des EuGVÜ 1968 abgelehnt, weil sonst nicht gewährleistet sei, dass die Parteien sich tatsächlich über den Gerichtsstand geeinigt hätten[10]. Wurde das Konnossement also – wie üblich – nur vom Verfrachter oder von dessen Hilfspersonen, nicht aber vom Konnossementsberechtigten unterschrieben, so war die Schriftform iSv. Art. 17 Abs. 1 EuGVÜ 1968 nicht eingehalten; etwas anderes galt nur, wenn das Konnossement im Rahmen laufender Geschäftsbeziehungen zwi-

6464

---

1 So OLG Köln 16.3.1988, NJW 1988, 2182 (2183) = IPRspr. 1988 Nr. 157; OLG Düsseldorf 6.1.1989, RIW 1990, 577 = NJW-RR 1989, 1330 = IPRspr. 1989 Nr. 180; *Stöve*, S. 121 ff.; *Kröll*, ZZP 113 (2000), 135 (156 f.); *Kropholler*, Art. 23 EuGVO Rz. 61.
2 Vgl. BGH 24.9.1952, BGHZ 7, 187 (189 f.); BGH 27.10.1953, BGHZ 11, 1 (3 ff.).
3 *Ebenroth*, Kaufmännisches Bestätigungsschreiben im internationalen Rechtsverkehr, ZvglRW 77 (1978), 161 (164 ff.).
4 Vgl. OLG Köln und OLG Düsseldorf (jeweils Fn. 6); zur Rechtslage in weiteren Mitgliedstaaten vgl. *Ebenroth*, ZvglRW 77 (1978), 161 (164 ff.).
5 LG Münster 25.1.1991, RIW 1992, 230 = IPRspr. 1991 Nr. 168; aA *J. Schmidt*, RIW 1992, 173 (177 f.); einschränkend auch *von Westphalen*, NJW 1994, 2113 (2119).
6 EuGH 20.2.1997 (Rz. 6454), Nr. 23; *Holl*, RIW 1997, 417; *Hüßtege*, in: Thomas/Putzo, Art. 23 EuGVO Rz. 12; aA *Rauscher*, ZZP 104 (1991), 271 (292); *Gottwald*, in: MünchKomm ZPO, Art. 23 EuGVO Rz. 40.
7 Vgl. oben Rz. 5535; aA (Vollmachtsstatut) LG Essen 12.12.1990, RIW 1992, 227 (230) = IPRspr. 1991 Nr. 167; *Mankowski*, in: Rauscher, Art. 23 EuGVO Rz. 34.
8 EuGH 16.3.1999 (Rz. 6455), Nr. 42.
9 OLG Düsseldorf 20.11.1975, RIW 1976, 297 = IPRspr. 1975 Nr. 147.
10 EuGH 19.6.1984 – Rs. 71/83 (Tilly Russ/Nova), Slg. 1984, 2417 (2433 f.) (Nr. 10) = RIW 1984, 909 m. Anm. *Schlosser* = IPRax 1985, 152 (m. Anm. *Basedow*, IPRax 1985, 133).

schen Verfrachter und Befrachter ausgestellt worden war[1]. Unter der Geltung von Art. 23 Abs. 1 S. 3 lit. c EuGVO entspricht die in einem einseitig vom Verfrachter ausgestellten Konnossement enthaltene Gerichtsstandsklausel indes einem **internationalen Handelsbrauch**, der jedem am Seehandelsverkehr Beteiligten bekannt sein muss. Im Verhältnis zwischen Verfrachter und erstem Konnossementsberechtigten (Befrachteter) erfüllt diese Gerichtsstandsklausel daher stets die Voraussetzungen des Art. 23 Abs. 1 S. 3, lit. c EuGVO[2]. Dies gilt allerdings nur dann, wenn die Gerichtsstandsklausel auch tatsächlich auf dem Konnossement abgedruckt ist; die bloße Verweisung im Konnossement auf nicht beigefügte AGB (zB in einer Charterparty), die erst die Gerichtsstandsklausel enthalten, reicht – vorbehaltlich eines abweichenden Handelsbrauchs – insoweit nicht aus[3]. Zur Drittwirkung im Verhältnis zum Konnossementsempfänger unten Rz. 6511 ff.

6465–6480 Frei.

V. Zulässigkeit der Gerichtsstandsvereinbarung

1. Hinreichende Bestimmtheit

a) Bestimmtes Rechtsverhältnis

6481 Nach Art. 23 Abs. 1 S. 1 EuGVO muss sich die Zuständigkeitsvereinbarung auf eine bereits entstandene oder auf eine „künftige, aus einem bestimmten Rechtsverhältnis entspringende Rechtsstreitigkeit" beziehen. Durch dieses Erfordernis soll „die Geltung einer Gerichtsstandsvereinbarung auf die Rechtsstreitigkeiten eingeschränkt werden, die ihren Ursprung in dem Rechtsverhältnis haben, anlässlich dessen die Vereinbarung geschlossen wurde"[4]. Vor allem soll verhindert werden, dass die wirtschaftlich stärkere Vertragspartei der schwächeren mit einer einzigen umfassenden Klausel auch für Streitigkeiten aus noch nicht voraussehbaren künftigen Verträgen einen Gerichtsstand aufzwingt[5]. Soll die Gerichtsstandsklausel daher nicht nur für den Vertrag gelten,

---

1 Vgl. dazu näher *Mankowski*, Seerechtliche Vertragsverhältnisse im IPR (1995), S. 249 ff. m. ausf. Nachw.
2 Vgl. BGH 15.2.2007, NJW 2007, 2036 (2037 f.); OLG Hamburg 30.7.1992, TranspR 1993, 25 = IPRspr. 1992 Nr. 194; App. Rennes 23.12.1992, Rev.crit.d.i.p. 1994, 803; *Kropholler*, Art. 23 EuGVO Rz. 62; *Schlosser*, Art. 23 EuGVO Rz. 28; *Schack*, Rz. 471; *Gottwald*, in: MünchKomm ZPO, Art. 23 EuGVO Rz. 47; *Geimer/Schütze*, Art. 23 EuGVO Rz. 60, 122; *Stöve*, S. 169; *Staehelin*, S. 85 ff.; *Rabe*, TranspR 2000, 389 (393); *Girsberger*, IPRax 2000, 87 (89) (lex mercatoria); *Mankowski*, Seerechtliche Vertragsverhältnisse im IPR (1995), S. 249 ff. m. ausf. Nachw., S. 274 f. mwN.
3 OLG Köln 27.2.1998, TranspR 1999, 454 (456) = IPRspr. 1998 Nr. 140; *Schlosser*, Art. 23 EuGVO Rz. 28; aA OLG Celle 1.11.1995, IPRax 1997, 417 (m. Anm. *Koch*, IPRax 1997, 405) = IPRspr. 1995 Nr. 138.
4 EuGH 10.3.1992 – Rs. 214/89 (Powell Duffryn/Petereit), Slg. 1992 I, 1745 (1777 f.) (Nr. 30 ff.) = NJW 1992, 1671 = IPRax 1993, 32 (m. Anm. *Koch*, IPRax 1993, 19; vgl. dazu den Vorlagebeschluss des OLG Koblenz 1.6.1989, RIW 1989, 739 = EWiR 1989, 885 m. Anm. *Geimer* = IPRspr. 1989 Nr. 192.
5 *Kropholler*, Art. 23 EuGVO Rz. 69; *Geimer/Schütze*, Art. 23 EuGVO Rz. 156.

in dem sie selbst enthalten ist, so muss zumindest das Rechtsverhältnis, auf das sie sich bezieht, im Zeitpunkt der Einigung über die Zuständigkeit nach Art und Gegenstand bereits hinreichend bestimmbar sein.

Diesem Erfordernis ist grundsätzlich genügt, wenn sich die Gerichtsstandsvereinbarung auf Verträge bezieht, die im Rahmen **laufender Geschäftsbeziehungen** auf der Grundlage eines Rahmenvertrages – etwa mit einem Vertragshändler – zustande kommen[1]. Die Gerichtsstandsvereinbarung kann in diesem Falle auch auf Geschäfte zur Förderung der Kreditfähigkeit des Vertragshändlers (Stundungsvereinbarung, Darlehen, Bürgschaft) erstreckt werden, soweit sie in einem engen Zusammenhang mit dem geschlossenen Rahmenvertrag stehen[2]. Zulässig ist auch die Vereinbarung eines Gerichtsstands für alle von einer Partei an die andere vermittelten Geschäfte[3]. Ferner reicht es auch, dass sich das von der Gerichtsstandsvereinbarung erfasste Rechtsverhältnis im Wege der Auslegung feststellen lässt[4]. Demgemäß erfüllt etwa die in der **Satzung einer Gesellschaft** enthaltene Gerichtsstandsklausel dieses Bestimmtheitserfordernis, wenn sie dahin auszulegen ist, dass sie sich nur auf Rechtsstreitigkeiten zwischen der Gesellschaft und den Gesellschaftern als solchen bezieht[5].

6482

b) Bestimmtes Gericht

Eine wirksame Gerichtsstandsvereinbarung nach Art. 23 Abs. 1 EuGVO setzt ferner voraus, dass das als zuständig vereinbarte Gericht zumindest bei Klageerhebung eindeutig bestimmbar ist. Allerdings muss die Gerichtsstandsvereinbarung nicht so formuliert sein, dass sich das zuständige Gericht schon aufgrund ihres Wortlauts bestimmen lässt. Da nämlich Art. 23 EuGVO die Parteiautonomie in den Grenzen des Abs. 5 respektiert, muss es genügen, wenn die Vereinbarung die objektiven Kriterien nennt, über die sich die Parteien zur Bestimmung des zuständigen Gerichts geeinigt haben. Diese Kriterien müssen allerdings so genau festgelegt werden, dass das später angerufene Gericht zumindest unter Berücksichtigung der besonderen Umstände des konkreten Falles entscheiden kann, ob es zuständig ist oder nicht[6]. Zulässig ist da-

6483

---

1 OLG Oldenburg 28.7.1997, IPRax 1999, 458 (m. Anm. *Kindler/Haneke*, IPRax 1999, 435) = IPRspr. 1997 Nr. 155; *Kropholler*, Art. 23 EuGVO Rz. 70; *Auer*, in: Geimer/Schütze, IRV, Art. 23 EuGVO Rz. 68; *Geimer/Schütze*, Art. 23 EuGVO Rz. 157; *Gottwald*, in: MünchKomm ZPO, Art. 23 EuGVO Rz. 52; vgl. auch OLG München 8.3.1989, RIW 1989, 901 = IPRspr. 1989 Nr. 186.
2 *Kindler/Haneke*, IPRax 1999, 435 (436 f.) gegen OLG Oldenburg 28.7.1997, IPRax 1999, 458 (m. Anm. *Kindler/Haneke*, IPRax 1999, 435) = IPRspr. 1997 Nr. 155.
3 OLG München 27.4.1999, RIW 1999, 621 = IPRspr. 1999 Nr. 112.
4 *Hüßtege*, in: Thomas/Putzo, Art. 23 EuGVO Rz. 6.
5 EuGH 10.3.1992 – Rs. 214/89 (Powell/Duffryn/Petereit), NJW 1992, 1671 (1672) (Nr. 30 ff.); vgl. auch *Mankowski*, in: Rauscher, Art. 23 EuGVO Rz. 51; vgl. OLG Koblenz 31.7.1992, RIW 1993, 141 = WuB VII B 1 Art. 17 EuGVÜ Nr. 1 93 m. Anm. *Ebenroth/Reiner* = EWiR 1992, 989 m. Anm. *Geimer* = IPRspr. 1992 Nr. 195; BGH 11.10.1993, BGHZ 123, 347 (354 f.) = NJW 1994, 51 = RIW 1994, 237 = EWiR 1994, 49 (LS) m. Anm. *Bork* = IPRspr. 1993 Nr. 148.
6 EuGH 9.11.2000 – Rs. C-387/98 (Coreck Maritime GmbH/Handelsveem BV), Slg. 2000 I, 9337 (9344) (Nr. 14 f.) = NJW 2001, 501 = EuLF 2000/01, 213: „any dispute arising un-

nach insbesondere die Vereinbarung von **Wahlgerichtsständen**[1]. Das Wahlrecht steht dabei – soweit nichts anderes vereinbart ist – dem Kläger zu[2]. Ausreichend ist auch die Bezeichnung des Gerichts am *Erfüllungsort*, sofern sich Letzterer aus dem Vertrag oder den wirksam einbezogenen AGB ergibt[3]. Auch die Ermächtigung einer Partei, außer dem vereinbarten „ein anderes zuständiges Gericht" anzurufen, dürfte noch hinreichend bestimmt sein; denn gemeint ist damit im Zweifel die – nach Art. 23 Abs. 1 S. 2 EuGVO ausdrücklich zugelassene – konkurrierende Zuständigkeit von Gerichten nach der EuGVO[4]. Eine Abrede, wonach die Bestimmung des Gerichtsstands der freien Wahl einer Partei überlassen bleibt, genügt hingegen nicht[5].

6484 Aus Art. 23 Abs. 1 EuGVO ist auch nicht zu schließen, dass die Parteien nur **ein einziges Gericht** oder die Gerichte nur eines Mitgliedstaats als zuständig bestimmen können. Da sie nämlich ohne Weiteres zwei getrennte Vereinbarungen schließen und darin – dem Wortlaut des Art. 23 Abs. 1 S. 1 EuGVO entsprechend – jeweils für die künftigen Klagen einer Partei *ein* Gericht oder die Gerichte *eines* Mitgliedstaates bestimmen könnten, muss ihnen auch die Zusammenfassung dieser beiden einzeln jeweils zulässigen Abreden in einer Klausel gestattet sein[6]. Wirksam ist daher auch eine Vereinbarung, welche die Zuständigkeit von der – im Zeitpunkt des Vertragsschlusses nicht vorhersehbaren – Rolle der Parteien im künftigen Prozess abhängig und damit zunächst nur **alternativ bestimmbar** macht. Dies gilt insbesondere dann, wenn zwei in verschiedenen Mitgliedstaaten wohnende Vertragsparteien vereinbaren, dass **jede nur vor den Gerichten ihres Heimatstaates** zu verklagen sein soll[7]. Denn eine solche Vereinbarung entspricht dem in Art. 2 Abs. 1 EuGVO zum Ausdruck kommenden Grundsatz „actor sequitur forum rei". Ihre Bedeutung liegt darin, dass die fakultativen Gerichtsstände nach Art. 5 und 6 EuGVO ausgeschlossen werden. Darüber hinaus ist aber auch die Prorogation der Gerichte am Wohnsitz bzw. Sitz des jeweiligen Klägers als zulässig zu erachten[8]. Denn

---

der this Bill of Lading" ist hinreichend bestimmt; OLG Celle 24.9.2003, NJW-RR 2004, 575 = IPRspr. 2003 Nr. 133b („Internationales Handelsgericht in Brüssel" ist hinreichend bestimmt, obwohl es in Brüssel nur ein nationales Tribunal de commerce gibt).
1 OLG Hamm 20.9.2005, IPRax 2007, 125 (m. Anm. *Spellenberg*, IPRax 2007, 98) = IPRspr. 2005 Nr. 117; *Hüßtege*, in: Thomas/Putzo, Art. 23 EuGVO Rz. 6.
2 OLG Frankfurt a.M. 17.11.1999, OLGR 2000, 71 = IPRspr. 1999 Nr. 133.
3 OLG München 8.3.1989, RIW 1989, 901 = IPRspr. 1989 Nr. 186; *Schlosser*, Art. 23 EuGVO Rz. 12.
4 *Kropholler*, Art. 23 EuGVO Rz. 72; aA *Mankowski*, in: Rauscher, Art. 23 EuGVO Rz. 47, sowie zum EuGVÜ OLG Köln 9.2.1990, IPRspr. 1991 Nr. 165.
5 LG Braunschweig 28.2.1974, AWD 1974, 346 = IPRspr. 1973 Nr. 147; App. Paris 5.7.1989, Bericht *Huet*, Clunet 1990, 151; *Geimer/Schütze*, Art. 23 EuGVO Rz. 171; *Magnus*, in: Magnus/Mankowski, Art. 23 EuGVO Rz. 71.
6 *Kropholler*, Art. 23 EuGVO Rz. 73 mwN.
7 EuGH 9.11.1978 – Rs. 23/78 (Meeth/Glacetal), Slg. 1978, 2133 (2141) (Nr. 5) = RIW 1978, 814; BGH 20.6.1979, NJW 1979, 2477 (2478) = IPRspr. 1979 Nr. 162; OLG Koblenz 17.9.1993, RIW 1993, 934 = IPRspr. 1993 Nr. 35; zust. *Kropholler*, Art. 23 EuGVO Rz. 73; *Gottwald*, in: MünchKomm ZPO, Art. 23 EuGVO Rz. 55.
8 LG Frankfurt 9.5.1986, RIW 1986, 543 = IPRspr. 1986 Nr. 133; OLG München 1.3.2000, EuLF 2000/01, 136 m. Anm. *Simons*; ebenso in Frankreich Cass. civ.

die Parteiautonomie wird insoweit durch die EuGVO nicht beschränkt und dem Bestimmtheitsgebot des Art. 23 Abs. 1 S. 1 EuGVO wird auch durch eine solche Vereinbarung entsprochen, weil das zuständige Gericht jedenfalls im Zeitpunkt der Klageerhebung objektiv bestimmt werden kann.

Die Parteien können sich – wie der Wortlaut des Art. 23 Abs. 1 S. 1 EuGVO („Gerichte eines Mitgliedstaats") ausdrücklich klarstellt – auf die Vereinbarung der **internationalen Zuständigkeit** eines bestimmten Mitgliedstaates beschränken, um damit die Zuständigkeit der Gerichte aller anderen Mitgliedstaaten zu derogieren. Für diesen Fall bestimmt sich die örtliche Zuständigkeit nach dem nationalen Verfahrensrecht des prorogierten Staates[1]. Fehlt nach diesem Recht ein Anknüpfungspunkt für die örtliche Zuständigkeit, so ist auf die in den Rechten sämtlicher Mitgliedstaaten vorgesehene örtliche Ersatzzuständigkeit zurückzugreifen, um die getroffene Gerichtsstandsvereinbarung nicht leer laufen zu lassen. Diese besteht für Zivil- und Handelssachen iSv. Art. 1 EuGVO nach innerstaatlichem deutschen Verfahrensrecht bei dem Gericht, bei dem der Kläger seinen allgemeinen Gerichtsstand hat bzw. – analog §§ 15 Abs. 1 S. 2, 27 Abs. 2 ZPO – am Sitz der Bundesregierung, dh. in Berlin[2]. Notfalls ist das zuständige Gericht in entsprechender Anwendung von § 36 ZPO zu bestimmen[3]. Haben die Parteien – umgekehrt – nur einen örtlichen Gerichtsstand vereinbart, so bezieht sich diese Vereinbarung – bei Vorliegen einer Auslandsbeziehung im Zeitpunkt der Klageerhebung – im Zweifel auch auf die internationale Zuständigkeit[4].

6485

2. Keine ausschließliche Zuständigkeit

Unzulässig sind nach Art. 23 Abs. 5 EuGVO Gerichtsstandsvereinbarungen, die darauf abzielen, ausschließliche Zuständigkeiten iSd. 6. Abschnitts (Art. 22 EuGVO) zu derogieren. Dieses Derogationsverbot gilt insbesondere für eine von Art. 22 EuGVO abweichende – ausschließliche oder fakultative – Wahl der Gerichte in einem anderen *Mitgliedstaat*[5]. Darüber hinaus sprechen freilich

6486

19.2.1980, Rev.crit.d.i.p. 1981, 134 m. Anm. *Gaudemet-Tallon;* in Italien Cass. 13.12.1994, Nr. 10620, Riv.dir.int.priv.proc. 1996, 577; zust. *Kropholler,* Art. 23 EuGVO Rz. 74; *Geimer/Schütze,* Art. 23 EuGVO Rz. 170; *Gottwald,* in: MünchKomm ZPO, Art. 23 EuGVO Rz. 55; *Bork,* in: Stein/Jonas, 21. Aufl., § 38 ZPO Rz. 29.

1 Österreich. OGH 6.5.2002, IPRax 2004, 259 (m. Anm. *Oberhammer,* IPRax 2004, 264); *Kropholler,* Art. 23 EuGVO Rz. 76; *Schlosser,* Art. 23 EuGVO Rz. 4; *Gottwald,* in: MünchKomm ZPO, Art. 23 EuGVO Rz. 56.
2 *Kropholler,* Art. 23 EuGVO Rz. 78; *Geimer/Schütze,* Art. 23 EuGVO Rz. 146; *Kohler,* IPRax 1983, 265 (268 f.); *Aull,* S. 134 ff.; *Bork,* in: Stein/Jonas, 21. Aufl., § 38 ZPO Rz. 29; *Hüßtege,* in: Thomas/Putzo, Art. 23 EuGVO Rz. 6; *Auer,* in: Geimer/Schütze, IRV, Art. 23 EuGVO Rz. 76; aA *Schack,* Rz. 433: Unwirksamkeit der Vereinbarung. Für ein Wahlrecht des Klägers: *Killias,* S. 112 ff.; HandelsG Zürich 15.11.1995, SZIER 1997, 360 (361) m. zust. Anm. *Volken* (zu Art. 17 LugÜ); Bedenken dagegen bei *Mankowski,* in: Rauscher, Art. 23 EuGVO Rz. 46 aE.
3 Vgl. *Hausmann,* in: Wieczorek/Schütze, § 36 ZPO Rz. 77.
4 OLG Saarbrücken 9.12.2003, OLGR 2004, 285 = IPRspr. 2003 Nr. 165.
5 AG Münster 3.4.1990, ZMR 1991, 183 (m. Anm. *Busl,* ZMR 1991, 167) = IPRspr. 1990 Nr. 168; vgl. aber OLG Frankfurt a.M. 10.6.1992, IPRspr. 1992 Nr. 183b.

gute Gründe dafür, Art. 23 Abs. 5 iVm. Art. 22 EuGVO auch insoweit als zwingende Schranke der Prorogationsfreiheit anzusehen, als die Zuständigkeit der Gerichte von *Drittstaaten* vereinbart wird[1]. Im Hinblick auf § 40 Abs. 2 Nr. 2 ZPO ändert sich indes bei einer Anrufung deutscher Gerichte an der Unwirksamkeit der Vereinbarung auch dann nichts, wenn man insoweit das innerstaatliche deutsche Verfahrensrecht zugrunde legt. Zu beachten ist freilich, dass Art. 23 Abs. 5 iVm. Art. 22 EuGVO die Prorogationsfreiheit lediglich in Bezug auf die **internationale Zuständigkeit** einschränkt. Eine Bestimmung darüber, welches Gericht in dem nach Art. 22 EuGVO international zuständigen Staat *örtlich* zuständig sein soll, können die Parteien nach der Verordnung frei treffen. Zulässigkeitsschranken für diese Vereinbarung – durch die Bestimmung ausschließlicher örtlicher Gerichtsstände, die Aufstellung von Formerfordernissen uÄ. – ergeben sich dann nur aus dem jeweiligen innerstaatlichen Verfahrensrecht[2].

3. Schutz von Versicherungsnehmern, Verbrauchern und Arbeitnehmern

6487 Die Zuständigkeiten im 3.–5. Abschnitt der Verordnung (Versicherungs-, Verbraucher- und Arbeitssachen) sind zum Schutz der schwächeren Partei nur eingeschränkt abdingbar. Von dem Grundsatz, dass Versicherungsnehmer, Verbraucher oder Arbeitnehmer nur in ihrem Wohnsitzstaat verklagt werden können[3], darf im Wege der Vereinbarung nur in den Grenzen der Art. 13, 17 und 21 EuGVO abgewichen werden, dh. grundsätzlich nur dann, wenn die Vereinbarung entweder nach Entstehung der Streitigkeit getroffen wird[4] oder wenn sie die Klagemöglichkeiten des zu schützenden Personenkreises erweitert[5]. Auf diese Vorschriften nimmt Art. 23 Abs. 5 EuGVO ausdrücklich Bezug. Daneben sind insbesondere die Formerfordernisse nach Art. 23 Abs. 1 S. 3 EuGVO auch für Zuständigkeitsvereinbarungen in Versicherungs-, Verbraucher- und Arbeitssachen einzuhalten[6]. Weitere Schranken für deren Gültigkeit können sich aus dem sekundären Gemeinschaftsrecht, insbesondere aus der EG Richtlinie 93/13 über missbräuchliche Klauseln in Verbraucherverträgen ergeben[7]; demgegenüber findet eine ergänzende Kontrolle am Maßstab nationalen Rechts zum Schutz der schwächeren Vertragspartei nicht statt[8].

6488 Nicht abschließend geklärt ist die Frage, ob das Prorogationsverbot des Art. 23 Abs. 5 EuGVO nur unter den besonderen Anwendungsvoraussetzungen des

---

1 *Schack*, Rz. 467; *Kropholler*, Art. 23 EuGVO Rz. 84; *Geimer/Schütze*, Art. 23 EuGVO Rz. 42; *Auer*, in: Geimer/Schütze, IRV, Art. 23 EuGVO Rz. 78; *Magnus*, in: Magnus/Mankowski, Art. 23 EuGVO Rz. 133.
2 *Kropholler*, Art. 23 EuGVO Rz. 85; *Gottwald*, in: MünchKomm ZPO, Art. 23 EuGVO Rz. 58; *Geimer/Schütze*, Art. 23 EuGVO Rz. 160.
3 Vgl. Art. 12 Abs. 1, 16 Abs. 2, 20 Abs. 1 EuGVO.
4 Vgl. Art. 13 Nr. 1, 17 Nr. 1, 21 Nr. 1 EuGVO.
5 Vgl. Art. 13 Nr. 2, 17 Nr. 2, 21 Nr. 2 EuGVO.
6 *Schlosser*-Bericht Nr. 161; *Samtleben*, NJW 1974, 1593; *Kropholler*, Art. 23 EuGVO Rz. 79; *Auer*, in: Geimer/Schütze, IRV, Art. 23 EuGVO Rz. 79.
7 Vgl. dazu oben Rz. 6392.
8 Vgl. näher oben Rz. 6391 f.

Abs. 1 eingreift, oder ob eine Zuständigkeitsvereinbarung, die den Vorschriften der Art. 13, 17 und 21 EuGVO zuwiderläuft, auch dann unzulässig ist, wenn die Zuständigkeit der **Gerichte eines Nichtmitgliedstaats vereinbart** wurde. Da Art. 23 Abs. 5 EuGVO seinen Anwendungsbereich nicht eigenständig bestimmt, scheint es nahe zu liegen, die Vorschrift ebenfalls nur unter den Voraussetzungen des Abs. 1 anzuwenden[1]. Durch den Wortlaut der maßgeblichen Vorschriften der Verordnung (Art. 13, 17, 21, 23 Abs. 5 EuGVO) wird eine solche restriktive Auslegung indes nicht gefordert. Wenn von den Zuständigkeiten in Versicherungs-, Verbraucher- und Arbeitssachen aber nicht einmal durch die Vereinbarung der Zuständigkeit in einem Mitgliedstaat abgewichen werden kann, so wird dem Normzweck nur ein Verständnis gerecht, das Art. 23 Abs. 5 EuGVO im Wege der Analogie auch – und erst recht – auf die Prorogation zugunsten der Gerichte von Nichtmitgliedstaaten erstreckt[2].

4. Weitergehende europäische Missbrauchskontrolle?

Nach der Rechtsprechung des EuGH[3] kann die Wahl des vereinbarten Gerichts zwar „nur anhand von Erwägungen geprüft werden, die im Zusammenhang mit den Erfordernissen des Art. 17 [EuGVÜ] stehen". Zu diesen Erfordernissen gehört jedoch auch die in Art. 23 Abs. 1 EuGVO ausdrücklich angesprochene „Vereinbarung" der Parteien über den Gerichtsstand. Da die Vorschrift auch nach Ansicht des EuGH[4] **Ausdruck der Privatautonomie** ist, setzt eine wirksame Gerichtsstandsvereinbarung aber voraus, dass die Willensbildung der Parteien nicht durch Zwang oder die Ausnutzung wirtschaftlicher Macht eingeschränkt war. Der im autonomen deutschen Verfahrensrecht aus §§ 1025 Abs. 2 ZPO aF, 138 BGB zu entnehmende Rechtsgedanke lässt sich daher auch für eine europäische Missbrauchskontrolle fruchtbar machen[5]. Darüberhinaus kommt eine Inhaltskontrolle am Maßstab der Richtlinie Nr. 93/13 über missbräuchliche Klauseln in Verbraucherverträgen in Betracht (dazu oben Rz. 6392). Demgegenüber steht das Verlangen nach einem – über Art. 23 Abs. 5 EuGVO hinausgehenden – berechtigten Interesse an dem gewählten Gerichts-

6489

---

1 So *Schlosser*-Bericht Nr. 176; *Jayme/Kohler*, IPRax 2001, 501 (506).
2 Vgl. idS auch *Kropholler*, Art. 23 EuGVO Rz. 83; *Staudinger*, in: Rauscher, Art. 23 EuGVO Rz. 2; *Gottwald*, in: MünchKomm ZPO, Art. 23 EuGVO Rz. 12.; *Geimer/Schütze*, Art. 23 EuGVO Rz. 42; aA *Auer*, in: Geimer/Schütze, IRV, Art. 23 EuGVO Rz. 78.
3 EuGH 16.3.1999 – Rs. C-159/97 (Trasporti Castelletti/Hugo Trumpy SpA), Slg. 1999 I, 1597 (1654) (Nr. 51).
4 EuGH 24.6.1986 – Rs. C-22/85 (Anterist/Crédit Lyonnais), Slg. 1986, 1957 (1962) (Nr. 14) = RIW 1986, 636 = IPRax 1987, 105 (m. Anm. *Gottwald*, IPRax 1987, 81).
5 So auch *H. Roth*, IPRax 1992, 67 (68); *Staehelin*, S. 191; *Kröll*, ZZP 113 (2000), 135 (150 f.); *Leible/Röder*, RIW 2007, 481; *Kropholler*, Art. 23 EuGVO Rz. 89; *Schlosser*, Art. 23 EuGVO Rz. 31; *Gottwald*, in: MünchKomm ZPO, Art. 23 EuGVO Rz. 60; *Hausmann*, in: Wieczorek/Schütze, Art. 17 EuGVÜ Rz. 75; *Auer*, in: Geimer/Schütze, IRV, Art. 23 EuGVO Rz. 82; aA (Art. 23 EuGVO regelt die Gültigkeit von Gerichtsstandsvereinbarungen abschließend) LG Mainz 13.9.2005, WM 2005, 2319 (2323) = IPRspr. 2005 Nr. 116; *Geimer/Schütze*, Art. 23 EuGVO Rz. 181; *Weigel/Blankenheim*, WM 2006, 664 (666 f.); *Gottschalk/Breßler*, ZEuP 2007, 56 (75 ff.); wohl auch *Mankowski*, in: Rauscher, Art. 23 EuGVO Rz. 12e ff.

stand oder einer sonstigen Angemessenheit der Klausel mit den Erfordernissen des Art. 23 EuGVO in keinem Zusammenhang und ist deshalb unzulässig[1].

6490–6500 Frei.

VI. Wirkungen der Gerichtsstandsvereinbarung

1. Ausschließliche oder konkurrierende Zuständigkeit der prorogierten Gerichte?

6501 Eine Zuständigkeitsvereinbarung hatte nach dem eindeutigen Wortlaut des Art. 17 Abs. 1 EuGVÜ die ausschließliche Zuständigkeit des prorogierten Gerichts oder Vertragsstaats zur Folge. Sie schloss sowohl die allgemeine Wohnsitzzuständigkeit nach Art. 2 Abs. 1 EuGVÜ wie auch die besonderen Zuständigkeiten nach Art. 5 und 6 EuGVÜ aus[2]. Sinn dieser Regelung war es, schon im Zeitpunkt des Vertragsschlusses möglichst Klarheit über das anzurufende Gericht zu schaffen[3]. Die EuGVO schwächt diesen Grundsatz in Art. 23 Abs. 1 S. 2 zwar dahingehend ab, dass das prorogierte Gericht nur dann ausschließlich zuständig ist, wenn die Parteien nichts anderes vereinbart haben. Auch nach geltendem Recht bleibt es aber im Interesse der Rechtssicherheit dabei, dass die Prorogation **im Zweifel die ausschließliche Zuständigkeit** des vereinbarten Gerichts begründet[4]. Dies gilt insbesondere dann, wenn durch die Gerichtsstandsvereinbarung für eine Vielzahl von Parteien mit unterschiedlichem Wohnsitz ein einheitlicher Gerichtsstand festgelegt werden sollte[5]. Ferner ist auch eine Rechtswahl zugunsten des am vereinbarten Gerichtsstand geltenden materiellen Rechts ein Indiz für die gewollte Ausschließlichkeit[6].

6502 Art. 23 Abs. 1 S. 2 bekräftigt andererseits die schon zu Art. 17 Abs. 1 EuGVÜ vertretene Auffassung, die es den Parteien unter Berufung auf die vom europäischen Prozessrecht grundsätzlich respektierte Vertragsfreiheit gestattet, einen

---

[1] EuGH 16.3.1999 (Rz. 6455), Nr. 51; *Huber*, RIW 1993, 977; *Kröll*, ZZP 113 (2000), 135 (151); *Geimer/Schütze*, Art. 23 EuGVO Rz. 181; *Auer*, in: Geimer/Schütze, IRV, Art. 23 EuGVO Rz. 81; vgl. schon oben Rz. 6389 ff.; aA *Bork*, in: Stein/Jonas, 21. Aufl., § 38 ZPO Rz. 27. Für gesteigerte Anforderungen an das Zustandekommen der „Vereinbarung" bei Fehlen eines „objektiven Zusammenhangs" auch *Basedow*, in: MünchKomm, § 307 BGB Rz. 324.

[2] EuGH 14.12.1976 – Rs. 25/76 (Segoura/Bonakdarian), Slg. 1976, 1831 (1841) (Nr. 7) = NJW 1977, 494; EuGH 17.1.1980 – Rs. 56/79 (Zelger/Salinitri), Slg. 1980, 89 (96 f.) (Nr. 4) = WM 1980, 720; EuGH 24.6.1986 – Rs. 22/85 (Anterist/Crédit Lyonnais), Slg. 1986, 1951 (1962) (Nr. 12); BGH 19.3.1987, NJW 1988, 646 = RIW 1987, 624 = IPRspr. 1987 Nr. 124; österreich. OGH 15.4.1999, ZfRV 1999, 191 (192) (LS); österreich. OGH 31.1.2002, ZfRV 2002, 192 (LS); Cass. civ. 18.10.1989, D. 1989 I R. 283.

[3] *Jenard*-Bericht zu Art. 17 EuGVÜ.

[4] So auch *Kropholler*, Art. 23 EuGVO Rz. 90; *Geimer*, in: Zöller, Art. 23 EuGVO Rz. 14; *Hüßtege*, in: Thomas/Putzo, Art. 23 EuGVO Rz. 21; *Mankowski*, in: Rauscher, Art. 23 EuGVO Rz. 59.

[5] OLG Hamm 22.2.1999, RIW 2000, 382 = IPRspr. 1999 Nr. 106b.

[6] OLG Hamm 22.2.1999, RIW 2000, 382 = IPRspr. 1999 Nr. 106b.

Gerichtsstand zu vereinbaren, der nur **konkurrierend** neben die übrigen Zuständigkeiten des Übereinkommens treten soll[1]. Hierfür ist zwar eine ausdrückliche Vereinbarung nicht erforderlich[2]; ein entsprechender Wille der Parteien muss indes in der Vereinbarung *eindeutig* zum Ausdruck kommen[3]. Denn auch nach der Neufassung spricht eine Vermutung für die Ausschließlichkeit des vereinbarten Gerichtsstands. Daraus folgt, dass diejenige Partei, welche die Ausschließlichkeit bestreitet (zB indem sie Klage vor einem derogierten Gericht in einem anderen Mitgliedstaat erhebt), dafür beweispflichtig ist, dass die Gerichtsstandsvereinbarung nur einen zusätzlichen, konkurrierenden Gerichtsstand begründen sollte[4].

2. Vereinbarungen nur zugunsten einer Partei

Art. 17 Abs. 4 EuGVÜ ermöglichte ausdrücklich den Abschluss von Zuständigkeitsvereinbarungen „nur zugunsten einer Partei". Danach war das prorogierte Gericht nur für Klagen einer Partei ausschließlich zuständig, während die begünstigte Partei auch an allen oder bestimmten anderen durch das Übereinkommen bereitgestellten Gerichtsstand klagen konnte[5]. Der gewählte Gerichtsstand war in diesem Falle also nur für eine der Parteien obligatorisch, während die andere – regelmäßig die wirtschaftlich stärkere – Partei für ihre Aktivprozesse das Wahlrecht zwischen dem forum prorogatum und den nur zu Lasten der anderen Partei derogierten Zuständigkeiten behielt. Art. 17 Abs. 4 EuGVÜ ist zwar in die Verordnung nicht übernommen worden; die den Parteien in Art. 23 Abs. 1 S. 2 EuGVO eingeräumte Möglichkeit, auch nicht ausschließliche Gerichtsstände zu vereinbaren, umfasst aber weiterhin auch die Vereinbarung eines Gerichtsstands, der nur zugunsten einer Partei ausschließlich wirkt[6].

6503

Unproblematisch ist eine solche Vereinbarung, wenn die Parteien in ihr *ausdrücklich* geregelt haben, dass sie nur zugunsten einer Partei wirken soll. Fehlt es an einer solchen ausdrücklichen Bestimmung, so ist im Wege der Auslegung zu ermitteln, ob eine einseitig begünstigende Klausel vorliegt. Deutsche Ge-

6504

---

1 So ausdrücklich *Kurz* v. *Stella Musical Veranstaltungs-GmbH*, (1992) 1 All E. R. 630 (Ch. D.) = RIW 1992, 139 m. zust. Anm. *Ebert-Weidenfeller*; BGH 23.7.1998, RIW 1998, 964 = IPRax 1999, 246 (m. krit. Anm. *Schulze*, IPRax 1999, 229) = IPRspr. 1998 Nr. 137b (zu Art. 17 LugÜ); *Auer*, in: Geimer/Schütze, IRV, Art. 23 EuGVO Rz. 146; *Gottwald*, in: MünchKomm ZPO, Art. 23 EuGVO Rz. 68; *Bork*, in: Stein/Jonas, 21. Aufl., § 38 ZPO Rz. 29; *Magnus*, in: Magnus/Mankowski, Art. 23 EuGVO Rz. 144 ff.
2 *Geimer*, in: Zöller, Art. 23 EuGVO Rz. 1; *Mankowski*, in: Rauscher, Art. 23 EuGVO Rz. 61.
3 *Kropholler*, Art. 23 EuGVO Rz. 92.
4 OLG Hamburg 14.9.2004, NJW 2004, 3126 = IPRspr. 244 Nr. 109; LG Berlin 29.9.2004, IPRspr. 2004 Nr. 124; *Geimer*, Rz. 1647.
5 *Kohler*, IPRax 1986, 340 (342 f.); *Gottwald*, IPRax 1987, 81 (82); *Schulze*, IPRax 1999, 229 ff., der zutreffend darauf hinweist, dass Art. 17 Abs. 4 EuGVÜ nicht nur für Aktivprozesse der begünstigten Partei maßgebend war.
6 *Hausmann*, EuLF 2000/01, 40 (47 f.); *Kropholler*, Art. 23 EuGVO Rz. 93; *Schlosser*, Art. 23 EuGVO Rz. 33.

richte ließen früher bereits eine **objektive Begünstigung** einer Partei durch die Gerichtsstandsvereinbarung genügen. Eine solche wurde insbesondere darin gesehen, dass die Vertragsparteien den Wohnsitzgerichtsstand des Klägers vereinbart hatten[1]. Der EuGH hat diese extensive Auslegung des Art. 17 Abs. 4 EuGVÜ indes mit Recht verworfen. Danach ist eine Gerichtsstandsvereinbarung also keinesfalls schon dann nur zugunsten einer der Parteien getroffen, wenn die Zuständigkeit eines Gerichts oder der Gerichte eines Mitgliedstaats vereinbart wurde, in dessen Hoheitsgebiet diese Partei ihren Wohnsitz bzw. Sitz hat[2].

6505 Der EuGH sah vielmehr in Art. 17 Abs. 4 EuGVÜ lediglich eine Bestätigung des Grundsatzes der Privatautonomie und legte die Vorschrift daher so aus, dass der beiderseits erklärte **subjektive Wille** der Parteien bei Abschluss des Vertrages zu respektieren sei. Da die Vorschrift jedoch eine Ausnahme von der grundsätzlichen Ausschließlichkeit des prorogierten Gerichtsstands nach Art. 17 Abs. 1 EuGVÜ ermögliche, müsse sich der gemeinsame Wille, eine der Parteien zu begünstigen, „klar aus dem Wortlaut der Gerichtsstandsvereinbarung oder aus der Gesamtheit der dem Vertrag zu entnehmenden Anhaltspunkte oder der Umstände des Vertragsschlusses" ergeben. Diese Voraussetzungen sah der EuGH etwa bei Vereinbarungen als erfüllt an, „welche die Partei, zu deren Gunsten sie getroffen wurden, ausdrücklich nennen", sowie bei Vereinbarungen, „die zwar angeben, vor welchen Gerichten jede Partei die andere verklagen muss, die aber einer von ihnen insoweit eine größere Wahlmöglichkeit einräumen"[3]. An dieser restriktiven Annahme einseitig begünstigender Gerichtsstandsvereinbarungen ist auch unter Geltung des Art. 23 EuGVO festzuhalten. Vereinbaren daher zwei im Inland ansässige Parteien einen „neutralen" Gerichtsstand im Ausland, so begünstigt diese Vereinbarung aber nicht schon allein deshalb einseitig eine Partei, weil diese in den Vertragsverhandlungen auf den Abschluss einer solchen Zuständigkeitsvereinbarung gedrängt hatte[4]. Ebenso wenig dürfte die bloße Ergänzung der Gerichtsstandsvereinbarung um eine Rechtswahlklausel zugunsten des im Gerichtsstaat gel-

---

1 LG Gießen 10.12.1982, IPRax 1984, 160 m. zust. Anm. *Jayme* = IPRspr. 1982 Nr. 149 A; LG Bonn 21.4.1982, IPRax 1983, 243 m. zust. Anm. *Jayme* = IPRspr. 1982 Nr. 135; OLG Saarbrücken 26.1.1984, RIW 1984, 478 (479) m. krit. Anm. *Tosi-Hesse* = IPRspr. 1984 Nr. 128; zust. *Schwarz*, IPRax 1987, 291 (292); vgl. ferner HandelsG Zürich 17.6.1993, SZIER 1995, 34 m. abl. Anm. *Volken*.
2 Vgl. OLG Koblenz 9.1.1987, RIW 1987, 144 (147) = IPRspr. 1987 Nr. 122; österreich. OGH 15.4.1999, ZfRV 1999, 191 (192) (LS); zust. *Tosi-Hesse* RIW 1984, 480; *Kohler* IPRax 1986, 344 f.; *Geimer/Schütze*, Art. 23 EuGVO Rz. 169; *Kropholler*, Art. 23 EuGVO Rz. 95; vgl. aber auch OLG Dresden 2.6.1999, IPRspr. 1999 Nr. 115.
3 EuGH 24.6.1986 – Rs. 22/85 (Anterist/Crédit Lyonnais), Slg. 1986, 1951 (1962) (Nr. 15) = IPRax 1987, 105 (m. Anm. *Gottwald*, IPRax 1987, 81); vgl. auch die Abschlussentscheidung BGH 18.9.1986, NJW 1987, 3080 (3081) = IPRax 1987, 107 (m. Anm. *Gottwald*, IPRax 1987, 81) = IPRspr. 1986 Nr. 143; ferner App. Paris 25.4.1989, D. S. 1989 Somm. 255 m. Anm. *Audit*, bestätigt durch Cass. 4.12.1990, Rev.crit.d.i.p. 1991, 613 m. Anm. *Gaudemet-Tallon*.
4 OLG Köln, 2.12.2003, OLGR 2004, 65 = IPRspr. 2003 Nr. 147; *Schulze*, IPRax 1999, 229 ff.; *Geimer*, in: Zöller, Art. 23 EuGVO Rz. 44; aA BGH 23.7.1998, RIW 1998, 964 = IPRax 1999, 246 = IPRspr. 1996 Nr. 137 b.

tenden Rechts ausreichen, um von einer einseitigen Begünstigung derjenigen Partei auszugehen, deren Wohnsitzgericht als zuständig vereinbart wurde[1].

3. Gerichtsstandsvereinbarungen mit Wirkung für Dritte

a) Grundsatz

In bestimmten Sparten des Geschäftsverkehrs sind heute Gerichtsstandsklauseln verbreitet, die für und gegen Dritte wirken sollen, auch wenn diese Dritten an der Willensbildung und Einhaltung der Formvorschriften nicht beteiligt wurden. Art. 23 Abs. 1 EuGVO lässt eine solche Drittwirkung grundsätzlich nicht zu, weil die Einhaltung der vorgeschriebenen Form gerade **zwischen den Parteien des Rechtsstreits** gefordert wird. Von mehreren Streitgenossen auf Kläger- oder Beklagtenseite sind daher nur diejenigen an eine Gerichtsstandsvereinbarung gebunden, die sie unterzeichnet haben[2]. Daher wirkt auch eine Gerichtsstandsklausel, die von einem Hauptunternehmer vereinbart wurde, nicht gegen einen Subunternehmer, der eine eigene Rechtspersönlichkeit besitzt[3]. Ebenso wenig ist ein geschädigter Endabnehmer wegen seiner Produkthaftungsansprüche an eine Gerichtsstandsvereinbarung zwischen dem Hersteller und dem Zwischenhändler gebunden[4].

6506

Eine allgemeine Ausnahme gilt allein für die **Rechtsnachfolger** einer Partei, die ihrerseits eine formgültige Gerichtswahl mit dem Prozessgegner getroffen hatten, und zwar gleichermaßen für Gesamt- wie Einzelrechtsnachfolger (zB Erben, Zessionar)[5]. Darüber hinaus bindet eine vom Gemeinschuldner getroffene Gerichtsstandsvereinbarung auch den **Insolvenzverwalter**, der vertragliche Ansprüche gegen Dritte geltend macht[6]. Auch der Eintritt in ein Vertragsverhältnis aufgrund gesetzlichen Forderungsübergangs[7] oder durch

6507

---

1 AA OLG München 27.4.1999, RIW 1999, 621 (622) = IPRspr. 1999 Nr. 112.
2 *Mankowski*, in: Rauscher, Art. 23 EuGVO Rz. 70.
3 App. Paris 19.3.1987, ECC 1988, 291; *Kropholler*, Art. 23 EuGVO Rz. 63.
4 Vgl. französ. Cass civ. 18.10.1994, Rev.crit.d.i.p. 1995, 721 m. Anm. *Sinay-Cytermann*; Cass. civ. 23.3.1999, Rev.crit.d.i.p. 2000, 224 m. Anm. *Leclerc*; dazu *Beaumart*, Haftung in Absatzketten im französischen Recht und im europäischen Zuständigkeitsrecht (1999), S. 148 ff.; aA *Gebauer*, IPRax 2001, 471 (474 f.), der für eine Drittwirkung der „action directe" im Rahmen einer Vertragskette eintritt, wenn sie von der lex causae des Vertrages angeordnet wird, den der Schuldner des Direktanspruchs (Verkäufer) abgeschlossen hat; zust. *Mankowski*, in: Rauscher, Art. 23 EuGVO Rz. 73.
5 Vgl. *Kropholler*, Art. 23 EuGVO Rz. 64; *Schlosser*, Art. 23 EuGVO Rz. 43; *Gebauer*, IPRax 2001, 471; ebenso zu Art. 17 EuGVÜ BayObLG 11.4.2001, BB 2001, 1498 = IPRspr. 2001 Nr. 138; *Geimer*, NJW 1983, 533 (534); *Jungermann*, S. 74 ff., 193 ff.; *Geimer/Schütze*, Art. 23 EuGVÜ Rz. 200 f.; *Gottwald*, in: MünchKomm ZPO, Art. 23 EuGVÜ Rz. 48a; *Bork*, in: Stein/Jonas, 21. Aufl., § 38 ZPO Rz. 28a. Die Frage, *ob* Rechtsnachfolge eingetreten ist, beurteilt sich nach dem insoweit anwendbaren nationalen Recht (zB Erbstatut; Zessionsstatut); vgl. *Mankowski*, IPRax 1996, 427 (430 f.); *Gebauer*, IPRax 2001, 471 ff.
6 Vgl. In re Leyland DAF Ltd. (1993, C.A.); dazu *Vorpeil*, RIW 1994, 1055; *Gottwald*, in: MünchKomm ZPO, Art. 23 EuGVÜ Rz. 48 a.
7 Vgl. zur „subrogation" App. Rouen 21.10.1992, Rev.crit.d.i.p. 1994, 803.

Vertragsübernahme[1] kann die Bindung an eine Gerichtsstandsvereinbarung begründen. Gleiches gilt für einen **Vertrag zugunsten Dritter**[2]. Schließlich wirkt – im Lichte der neueren EuGH-Rechtsprechung zur Geltung von Gerichtsstandsvereinbarungen in einer Gesellschaftssatzung für und gegen die **Gesellschafter** (dazu oben Rz. 6442) – eine Gerichtsstandsvereinbarung nach Art. 23 EuGVO ganz allgemein gegen solche Dritte, die der Vereinbarung nachweislich zugestimmt haben und die am vereinbarten Gerichtsstand aus dem Gesichtspunkt einer vertraglichen Mithaftung in Anspruch genommen werden[3].

6508 Die Wirksamkeit der Gerichtsstandsvereinbarung ist auch in den Fällen der Rechtsnachfolge ausschließlich im **Verhältnis der ursprünglichen Parteien** zu beurteilen. Dies gilt insbesondere für die Frage, ob die Formvorschriften des Art. 23 Abs. 1 S. 3 EuGVO eingehalten wurden. Deshalb ist im Hinblick auf lit. c zu prüfen, ob die ursprünglichen Parteien einen entsprechenden Handelsbrauch gekannt haben oder kennen mussten[4].

6509 Eine erweiterte Drittwirkung gilt ferner für Versicherungsverträge, Konnossemente und Trustbedingungen.

b) Versicherungsvertrag

6510 Ist nach dem Inhalt des geschlossenen Versicherungsvertrages der Versicherte/Begünstigte nicht mit dem Versicherungsnehmer identisch, so gestattet Art. 13 Nr. 2 EuGVO die Vereinbarung einer von den Vorschriften des 3. Abschnitts abweichenden Zuständigkeit, „wenn sie dem Versicherungsnehmer, Versicherten oder Begünstigten die Befugnis einräumt, andere als die in diesem Abschnitt angeführten Gerichte anzurufen". Aus dieser Vorschrift folgt, dass Gerichtsstandsvereinbarungen nicht nur zugunsten des Versicherungsnehmers als Vertragspartei, sondern auch zugunsten eines vom Versicherungsnehmer verschiedenen Versicherten oder Begünstigten getroffen werden können[5]. Die Vorschrift hätte freilich nur geringe praktische Bedeutung, wenn der Dritte sich auf die zu seinen Gunsten getroffene Vereinbarung nur berufen könnte, wenn er selbst an deren Abschluss in der Form des Art. 23 Abs. 1 EuGVO mitgewirkt hat. Für diesen Fall würde auch der – auf den Schutz des Versicherten als der wirtschaftlich schwächeren Vertragspartei abzielende – Normzweck

---

1 *Schlosser*, Art. 23 EuGVO Rz. 43.
2 Die Bindung an die Gerichtsstandsvereinbarung tritt dann auch zu Lasten des Dritten ein, vgl. *Mankowski*, IPRax 1996, 427 (431); *Gebauer*, IPRax 2001, 471 (472); *Schlosser*, Art. 23 EuGVO Rz. 43; aA *Geimer/Schütze*, Art. 23 EuGVO Rz. 205.
3 OLG Köln 13.3.1998, NJW-RR 1998, 1350 = IPRspr. 1998 Nr. 141; *Rauscher*, IPRax 1992, 143 (146) gegen OLG Saarbrücken 2.10.1991, NJW 1992, 987 (988) = IPRspr. 1991 Nr. 180.
4 EuGH 16.3.1999 – Rs. C-159/67 (Trasporti Castelletti/Hugo Trumpy SpA), Slg. 1999 I, 1597 (1654) (Nr. 42); *Mankowski*, in: Rauscher, Art. 23 EuGVO Rz. 71; aA *Rabe*, TranspR 2000, 380 (391) ff., der im Seerecht bei Geltung deutschen Vertragsstatuts auf die Kenntnis bzw. das Kennenmüssen des Konnossementsempfängers abstellt.
5 BGH 15.2.2007, RIW 2007, 312 (314).

häufig verfehlt. Da schutzwürdige Interessen des Versicherers einer Drittwirkung nicht entgegenstehen, verzichtet auch der EuGH auf eine Beteiligung des begünstigten Dritten am Zustandekommen der Gerichtsstandsvereinbarung. Diese ist vielmehr schon dann formgültig, wenn „das Schriftformerfordernis ... im Verhältnis zwischen dem Versicherer und dem Versicherungsnehmer eingehalten worden und die Zustimmung des Versicherers zu der genannten Klausel klar und deutlich zum Ausdruck gekommen ist"[1]. Nichts anderes kann aber konsequenterweise dann gelten, wenn die Gerichtsstandsabrede in dem Sinne *zu Lasten* des Versicherten oder sonstigen Drittbegünstigten wirkt, dass dieser nur am vereinbarten Gerichtsstand klagen kann[2].

c) Konnossement

Die Erwägungen zur Zulässigkeit einer Drittwirkung von Gerichtsstandsklauseln in Versicherungsverträgen treffen zwar auf Konnossemente nur eingeschränkt zu. Denn zum einen ist der Konnossementsempfänger nicht unbedingt die wirtschaftlich schwächere Vertragspartei, zum anderen wird er durch die Klausel im Regelfall – anders als der Versicherte – nicht begünstigt, sondern zur Klage oder Verteidigung vor einem Gericht gezwungen, mit dessen Zuständigkeit er sich nicht einverstanden erklärt hätte, wenn er vorher gefragt worden wäre. Dennoch ist eine Drittwirkung jedenfalls insoweit anzuerkennen, als der Konnossementsempfänger in die Rechte und Pflichten des Befrachters nach dem geschlossenen Seefrachtvertrag eintritt[3]; der Normzweck des Art. 23 Abs. 1 EuGVO erfordert es nicht, die Gerichtsstandsvereinbarung von dieser Rechtsnachfolge auszunehmen. Für die Drittwirkung der Gerichtsstandsvereinbarung gegenüber dem Konnossementsempfänger lassen sich dem Art. 23 EuGVO selbst freilich keine Maßstäbe entnehmen; diese Regelungslücke muss durch einen Rückgriff auf das anwendbare nationale Recht geschlossen werden[4]. 6511

Da Art. 23 Abs. 1 EuGVO Erleichterungen nur für den formgerechten Konsens zwischen den (ursprünglichen) Parteien einer Gerichtsstandsvereinbarung bringt, jedoch Fragen der Rechtsnachfolge selbst nicht regelt, sondern dem nationalen Recht überlässt, gelten die Grundsätze der „Tilly Russ"-Entscheidung des EuGH zur Drittwirkung von Gerichtsstandsvereinbarungen auch unter der 6512

---

[1] EuGH 14.7.1983 – Rs. 201/82 (Gerling/Amministrazione del tesoro dello Stato), Slg. 1983, 2503 (2517) (Nr. 20) = NJW 1984, 2760 = IPRax 1984, 259 (m. Anm. *Hübner*, IPRax 1984, 237); zust. *Kropholler*, Art. 23 EuGVO Rz. 65; *Gottwald*, in: MünchKomm ZPO, Art. 23 EuGVO Rz. 51.
[2] App. Aix-en-Provence 16.3.1995, IPRax 1996, 427 (430 ff.) m. zust. Anm. *Mankowski*.
[3] Zur Frage, ob dies nach deutschem Seefrachtrecht der Fall ist, vgl. näher *Rabe*, TranspR 2000, 389 (391 ff.).
[4] EuGH 19.6.1984 – Rs. 71/83 (Tilly Russ/Nova), Slg. 1984, 2417 (2435) (Nr. 26) = RIW 1984, 909; zust. *Girsberger*, IPRax 2000, 87 (89 f.); *Kropholler*, Art. 23 EuGVO Rz. 66; aA (autonome Auslegung) *Stöve*, S. 162 ff. Für Gerichtsstandsklauseln in einem Frachtbrief gilt diese Drittwirkung hingegen nicht, vgl. OLG Stuttgart 23.12.2003, TranspR 2004, 406 m. Anm. *Herber* = IPRspr. 2003 Nr. 153.

EuGVO uneingeschränkt fort[1]. Deutsche Gerichte müssen also auf das deutsche IPR zurückgreifen, um die Parteien des Konnossementsverhältnisses zu bestimmen. Daran ändert sich auch dadurch nichts, dass es sich bei der Bestimmung der Parteien einer Gerichtsstandsvereinbarung um eine prozessuale Frage handelt; denn das Prozessrecht bedarf insoweit notwendig der Ergänzung durch das materielle Recht[2]. Maßgebend ist insoweit das jeweilige Konnossementsstatut[3]. Die Frage, ob ein Drittinhaber Rechtsnachfolger des Konnossementsberechtigten geworden ist, bestimmt sich aus der Sicht des deutschen IPR für Order-Konnossemente nach der **lex loci indossamenti**, für Inhaberkonnossemente nach der jeweiligen **lex cartae sitae** und für Rektakonnossemente nach dem **Zessionsstatut** (Art. 14 Rom I-VO)[4].

6513 Ist der an dem ursprünglichen Vertrag nicht beteiligte Konnossementsempfänger nach dem anwendbaren nationalen Recht *nicht* in die Rechte und Pflichten einer der ursprünglichen Parteien eingetreten, so hat das angerufene Gericht allerdings in einem zweiten Schritt stets noch zu prüfen, ob er der ihm entgegengehaltenen Gerichtsstandsklausel nicht selbst nachträglich in der Form des Art. 23 Abs. 1 S. 3 EuGVO zugestimmt hat[5]. Dabei ist insbesondere zu klären, ob sich eine solche **Zustimmung aus einem internationalen Handelsbrauch** iSv. Art. 23 Abs. 1 S. 3 lit. c EuGVO ergibt. Gelten aber Gerichtsstandsklauseln in Konnossementen im internationalen Seerecht als handelsüblich (oben Rz. 6464), so ist davon auszugehen, dass der Konnossementsbeklagte, der als Empfänger Ansprüche aus dem Konnossement geltend macht, aufgrund dieses Handelsbrauchs der Gerichtsstandsvereinbarung zugestimmt hat. Daher kommt es im Regelfall nicht mehr darauf an, ob er in die Rechte und Pflichten des Befrachters eingetreten ist oder nicht[6]. Gegenüber sonstigen Dritten (zB dem Reeder) wirkt die Gerichtsstandsvereinbarung hingegen nur, wenn dieser

---

1 Vgl. zu Art. 17 EuGVÜ 1996 EuGH 16.3.1999, Rs. C-159/67 (Trasporti Castelletti/Hugo Trumpy SpA), Slg. 1999 I, 1597 (1609) (Nr. 41); EuGH 9.11.2000 – Rs. C-387/98 (Coreck Maritime GmbH/Handelsveem BV), Slg. 2000 I, 9337 (9347) (Nr. 23 ff.) = NJW 2001, 501; französ. Cass. civ. 4.3.2003, Rev.crit.d.i.p. 2003, 285 m. Anm. *Lagarde*; *Kropholler*, Art. 23 EuGVO Rz. 66 f.
2 Zutr. *Mankowski*, Seerechtliche Vertragsverhältnisse im IPR (1995), S. 244 ff.; aA *Rauscher*, IPRax 1992, 143 (145).
3 Vgl. *Mankowski*, Seerechtliche Vertragsverhältnisse im IPR (1995), S. 297 ff.; aA *Rauscher*, IPRax 1992, 143 (145); zT abw. *Stöve*, S. 160.
4 Vgl. dazu eingehend *Mankowski*, Seerechtliche Vertragsverhältnisse im IPR (1995), S. 255 ff. m. umf. Nachw.
5 EuGH 9.11.2000 – Rs. C-387/98 (Coreck Maritime GmbH/Handelsveem BV), Slg. 2000 I, 9337 (9344) = NJW 2001, 501.
6 BGH 15.2.2007, BGHZ 117, 141, 148 (Nr. 29) = NJW 2007, 2036; *Kropholler*, Art. 23 EuGVO Rz. 67; *Gottwald*, in: MünchKomm ZPO, Art. 23 EuGVO Rz. 49; *Geimer/Schütze*, Art. 23 EuGVO Rz. 122; *Stöve*, S. 271; *Rabe*, TranspR 2000, 389 ff.; *Herber*, TranspR 2004, 410 (411); aA *Dresser U.K. Ltd.* v. *Falcongate Ltd.*, (1992) 2 All E.R. 450 (457) (C. A.); Cass. civ. 26.5.1992, Rev.crit.d.i.p. 1992, 703; *Huber*, IPRax 1993, 114; *Staehelin*, S. 91; *Girsberger*, IPRax 2000, 87 (89 f.); *Contaldi*, Riv.dir.int.priv.proc. 1999, 889 ff.; *Mankowski*, Seerechtliche Vertragsverhältnisse im IPR (1995), S. 276 ff. mwN.

an der Vereinbarung beteiligt war, die die Gerichtsstandsklausel enthält, oder dieser nachträglich zugestimmt hat[1].

4. Objektive Reichweite der Gerichtsstandsvereinbarung

Die Frage nach der objektiven Reichweite von Gerichtsstandsvereinbarungen stellt sich insbesondere dann, wenn Schadensersatzansprüche einer Partei sowohl auf vertragliche wie auch auf **außervertragliche**, insbesondere deliktische oder bereicherungsrechtliche Anspruchsgrundlagen oder auf culpa in contrahendo gestützt werden. In diesem Falle ist durch *Auslegung* zu ermitteln, ob die Gerichtsstandsvereinbarung unter Berücksichtigung der Gesamtumstände auch die gerichtliche Durchsetzung von außervertraglichen Ansprüchen umfassen sollte. Dies ist im Zweifel anzunehmen, wenn zwischen einer Vertragsverletzung und einer unerlaubten Handlung ein hinreichend enger innerer Zusammenhang besteht, weil die als ausschließlich gewollte Prorogation sonst unterlaufen werden könnte[2]. Die Auslegung einer Gerichtsstandsklausel zur Bestimmung der von ihr erfassten Rechtsstreitigkeiten obliegt allerdings nicht dem EuGH, sondern ist allein Sache des angerufenen **nationalen Gerichts**[3]. Dieses bestimmt auch die gebotene Prüfungsintensität nicht nach Art. 23 EuGVO, sondern nach seinem eigenen Recht. Während die französischen Gerichte diesbezüglich eine sehr restriktive Haltung einnehmen[4], genügt nach deutschem Recht die schlüssige Darlegung der Ansprüche, auf die sich die Gerichtsstandsvereinbarung beziehen soll[5]. Auch eine enge Gerichtsstandsklausel, die sich nur auf die Ansprüche „aus dem Vertrag" erstreckt, erfasst im Zweifel auch Streitigkeiten über die Beendigung und Rückabwicklung dieses Vertrages[6].

Da Gerichtsstandsklauseln nach dem Parteiwillen im Regelfall in ihrer Wirksamkeit nicht von dem Hauptvertrag, für den sie geschlossen werden, abhängen sollen, kann auch eine auf die Feststellung der **Nichtigkeit des Hauptvertrages** und dessen Rückabwicklung gerichtete Klage grundsätzlich nur vor

6514

6515

---

1 BGH 15.2.2007, NJW 2007, 2036 (2038 Nr. 32).
2 OLG München 8.3.1989, RIW 1989, 901 (902) = ZZP 103 (1991), 84 (88 f.) m. Anm. *H. Schmidt* = IPRspr. 1989 Nr. 186; OLG Stuttgart 9.11.1990, RIW 1991, 333 = IPRax 1992, 86 (m. Anm. *H. Roth*, IPRax 1992, 67) = IPRspr. 1990 Nr. 180; OLG Karlsruhe 9.8.2006, IPRspr. 2006 Nr. 127; LG Berlin 29.9.2004, IPRax 2005, 261 (LS) m. Anm. *Jayme* = IPRspr. 2004 Nr. 124; *Geimer*, in: Zöller, Art. 23 EuGVO Rz. 39; *Kropholler*, Art. 23 EuGVO Rz. 69; *Schlosser*, Art. 23 EuGVO Rz. 38; *Gottwald*, in: MünchKomm ZPO, Art. 23 EuGVO Rz. 53; *Vischer*, Festschr. Jayme (2004), S. 993 ff.
3 EuGH 10.3.1992 – Rs. C-214/89 (Powell Duffryn/Petereit), Slg. 1992 I, 1745 (1778) (Nr. 37); *Mankowski*, in: Rauscher, Art. 23 EuGVO Rz. 62.
4 Cass. civ. 12.12.1989, Rev.crit.d.i.p. 1990, 358 m. krit. Anm. *Gaudemet-Tallon* = Clunet 1991, 158 m. Anm. *Huet*; Cass. civ. 27.2.1996, Rev.crit.d.i.p. 1996, 736 m. Anm. *Gaudemet-Tallon*; Cass. civ. 21.3.2000, Rev.crit.d.i.p. 2000, 792 m. Anm. *Sinay-Cytermann*; App. Paris 10.5.1989, RIW 1989, 569 m. abl. Anm. *Sterzing*; aA aber zuletzt App. Orléans 7.11.2003, Rev.crit.d.i.p. 2003, 326 m. Anm. *Ancel*.
5 BGH 30.10.2003, RIW 2004, 228 = IPRspr. 2003 Nr. 145.
6 *Schlosser*, Art. 23 EuGVO Rz. 39; *Mankowski*, in: Rauscher, Art. 23 EuGVO Rz. 63; aA französ. Cass. civ. 27.2.1996, Rev.crit.d.i.p. 1996, 736 m. Anm. *Gaudemet-Tallon*.

dem prorogierten Gericht erhoben werden. Denn die mit Art. 23 EuGVO angestrebte Rechtssicherheit wäre gefährdet, wenn einer Vertragspartei die Möglichkeit eingeräumt würde, die Wirksamkeit der Prorogation allein durch die Behauptung zu vereiteln, dass der Hauptvertrag nach Maßgabe des anzuwendbaren materiellen Rechts unwirksam sei. Die Nichtigkeit des Vertrages, in dem die Gerichtstandsklausel enthalten ist, lässt deren Wirksamkeit daher grundsätzlich unberührt[1].

5. Wirkungen der Gerichtsstandsvereinbarung im Prozess

a) Prüfung der Gerichtsstandsvereinbarung

6516 Ruft eine Partei entgegen der getroffenen Gerichtsstandsvereinbarung zuerst das Gericht eines derogierten Mitgliedstaats an, so ist dieses verpflichtet, die Wirksamkeit der Vereinbarung nach Maßgabe von Art. 23 EuGVO zu prüfen. Eine *Kompetenz-Kompetenz* des prorogierten Gerichts besteht insoweit nicht; dieses hat also, wenn es später angerufen wird, das Verfahren nach Art. 27 EuGVO auszusetzen, bis das zuerst angerufene derogierte Gericht über seine Zuständigkeit entschieden hat[2].

EuGH 9.12.2003 – Rs. C-116/02 (Gasser GmbH/MISAT Srl), Slg. 2003 I, 14721 (14738) (Nr. 41 ff.) = IPRax 2004, 243 (m. Anm. *Grothe,* IPRax 2004, 205)
Ital. Käuferin hatte wiederholt widerspruchslos Rechnungen der österreich. Verkäuferin bezahlt, die eine Gerichtsstandsklausel „Feldkirch/Österreich" enthielten. Nach Erhebung einer Klage der italien. Käuferin auf Feststellung der Auflösung des Kaufvertrags in Rom hat die österreich. Verkäuferin – gestützt auf die Gerichtsstandsklausel in ihren Rechnungsformularen – Zahlungsklage in Feldkirch erhoben. Verpflichtung des österreich. Gerichts zur Aussetzung des Verfahrens nach Art. 21 EuGVÜ (= Art. 27 EuGVO) bejaht, bis sich das zuerst angerufene italien. Gericht für unzuständig erklärt.

6517 Sind die Voraussetzungen des Art. 23 EuGVO erfüllt, so hat sich das derogierte Gericht auf entsprechende Rüge des Beklagten – bzw. im Fall der Nichteinlassung des Beklagten gem. Art. 26 Abs. 1 EuGVO von Amts wegen – für unzuständig zu erklären und die Klage abzuweisen[3]. Hat sich die beklagte Partei

---

1 EuGH 3.7.1997 – Rs. C-269/95 (Benincasa/Dentalkit), Slg. 1997 I, 3767 (3795) (Nr. 27 ff.) = RIW 1997, 775; zust. BGH 30.6.2006, BGHZ 167, 83 (86 f.) = NJW 2006, 1672 = IPRspr. 2006 Nr. 114; LG Berlin 29.9.2004, IPRax 2005, 261 (LS) m. Anm. *Jayme* = IPRspr. 2004 Nr. 124; LG Mainz 13.9.2005, WM 2005, 2319 = IPRspr. 2005 Nr. 116; *Mankowski,* JZ 1998, 898 (899 f.); *Kropholler,* Art. 23 EuGVO Rz. 91; *Schlosser,* Art. 23 EuGVO Rz. 39; *Staehelin,* S. 128; *Geimer/Schütze,* Art. 23 EuGVO Rz. 94; vgl. auch schon OLG München 13.2.1985, IPRspr. 1985 Nr. 133 A; aA französ. Cass. civ. 25.1.1983, Rev.crit.d.i.p. 1983, 316 m. Anm. *Gaudemet-Tallon.*
2 LG Bonn 26.6.2003, RIW 2004, 460 = IPRspr. 2003 Nr. 170; *Mankowski,* JZ 1998, 896 (900 ff.); *Gottwald,* in: MünchKomm ZPO, Art. 23 EuGVO Rz. 70; *Geimer/Schütze,* Art. 23 EuGVO Rz. 215; *Kropholler,* Art. 27 EuGVO Rz. 19 mwN.; *Hüßtege,* in: Thomas/Putzo, Art. 23 EuGVO Rz. 22; aA (Vorrang der Prorogation vor Art. 27, 28 EuGVO) *Schlosser,* Art. 23 EuGVO Rz. 34 sowie die engl. Rechtsprechung, vgl. *Continental Bank NA* v. *Heakos Companice Naviera SA* (1994) 1 WLR 588 (C.A.).
3 *Kropholler,* Art. 23 EuGVO Rz. 96; *Hüßtege,* in: Thomas/Putzo, Art. 23 EuGVO Rz. 22; *Gottwald,* in: MünchKomm ZPO, Art. 23 EuGVO Rz. 70; *Geimer/Schütze,* Art. 23 EuGVO Rz. 215; ebenso zum EuGVÜ *Geimer,* Festschr. Kralik (1986), S. 179 (185 ff.).

hingegen auf das Verfahren vor dem wirksam derogierten Gericht nach Art. 24 EuGVO eingelassen, so beschränkt sich die Prüfung des angerufenen Gerichts auf die durch Art. 22 EuGVO gezogenen Prorogationsschranken (vgl. Art. 25 EuGVO). Eine Gerichtsstandsvereinbarung steht nämlich einer stillschweigenden Prorogation durch rügelose Einlassung vor einem anderen als dem nach Art. 23 EuGVO vereinbarten Gericht nicht entgegen, weil Art. 24 EuGVO einen Vorbehalt nur zugunsten der ausschließlichen Zuständigkeit nach Art. 22 enthält und Art. 23 EuGVO eine nachträgliche Aufhebung der getroffenen Zuständigkeitsvereinbarung, wie sie in der rügelosen Einlassung auf die Klage vor dem derogierten Gericht zu sehen ist, nicht hindert[1]. Hält das angerufene derogierte Gericht die Gerichtsstandsvereinbarung hingegen für *unwirksam* und sich selbst nach Art. 2 ff. EuGVO für international zuständig, so setzt es das Verfahren fort. Für diesen Fall hat das prorogierte Zweitgericht sich auch dann nach Art. 27 EuGVO für unzuständig zu erklären, wenn es hinsichtlich der Wirksamkeit der Gerichtsstandsvereinbarung anderer Ansicht ist[2]. Denn nach Ansicht des EuGH ist das prorogierte Gericht „in keinem Fall besser als das zuerst angerufene Gericht in der Lage, über dessen Zuständigkeit zu befinden."[3]

b) Bindung der derogierten Gerichte

Nach Klageerhebung vor dem prorogierten Gericht sind die Gerichte der übrigen Mitgliedstaaten nach Maßgabe der Art. 27, 28 und 32 f. EuGVO an das ausländische Verfahren gebunden. Wird ein derogiertes Gericht nach Rechtshängigkeit des Verfahrens im forum prorogatum angerufen, so hat es das Verfahren gem. Art. 27 Abs. 1 EuGVO **von Amts wegen auszusetzen**, bis die Zuständigkeit des prorogierten Gerichts feststeht; danach hat es sich nach Art. 27 Abs. 2 EuGVO für unzuständig zu erklären[4]. Zu einer eigenen Prüfung der Wirksamkeit der Zuständigkeitsvereinbarung sind die derogierten Gerichte hingegen nicht berechtigt. Das im vereinbarten Gerichtsstand ergehende Urteil ist in den übrigen Mitgliedstaaten unter den Voraussetzungen der Art. 33 f. EuGVO anzuerkennen; dies gilt gleichermaßen für ein Sachurteil wie für ein

6518

---

1 Vgl. zu Art. 17 EuGVÜ EuGH 9.11.1978 – Rs. 23/78 (Meeth/Glacetal), Slg. 1978, 2133 (2142) (Nr. 8) = RIW 1978, 814; EuGH 24.6.1981 – Rs. 150/80 (Elefanten Schuh/Jacqmain), Slg. 1981, 1671 (1684) (Nr. 10) = IPRax 1982, 234 (m. Anm. *Leipold*, IPRax 1982, 222); EuGH 7.3.1985 – Rs. 48/84 (Spitzley/Sommer), Slg. 1985, 787 (799) (Nr. 23 ff.) = NJW 1985, 2893 = IPRax 1986, 27 (m. Anm. *Gottwald*, IPRax 1986, 10); EuGH 9.12.2003 (Rz. 6516) Nr. 49; BGH 3.12.1992, BGHZ 120, 334 (337 f.) = IPRspr. 1992 Nr. 229; BGH 21.11.1996, BGHZ 134, 127 (133) = IPRspr. 1996 Nr. 160; OLG Koblenz 3.3.1989, RIW 1989, 310 = IPRspr. 1989 Nr. 185; 30.11.1990, RIW 1991, 63 = EuZW 1991, 158 = IPRspr. 1990 Nr. 194; OLG Koblenz 28.3.1991, RIW 1991, 592 = IPRspr. 1991 Nr. 172; OLG Stuttgart 15.2.1989, IPRax 1989, 247 = IPRspr. 1989 Nr. 183; OLG Dresden 2.6.1999, IPRspr. 1999 Nr. 115; *Geimer/Schütze*, Art. 23 EuGVO Rz. 127 f.; ebenso zum LugÜ OGH Wien 23.2.1998, ZfRV 1998, 159.
2 Österreich. OGH 25.2.1999, ZfRV 1999, 150 (151) (LS).
3 EuGH 9.12.2003 (Rz. 6516), Nr. 48.
4 *Gottwald*, in: MünchKomm ZPO, Art. 23 EuGVO Rz. 70; *Kropholler*, Art. 23 EuGVO Rz. 97.

Prozessurteil, das die Klage wegen mangelnder internationaler Zuständigkeit abweist, weil die Zuständigkeitsvereinbarung den Anforderungen des Art. 23 EuGVO nicht genügt[1]. Das Gleiche gilt umgekehrt auch für ein Urteil des zuerst angerufenen derogierten Gerichts, das die Klage im Hinblick auf die wirksame Zuständigkeitsvereinbarung als unzulässig abweist; denn an diese Entscheidung ist dann auch das prorogierte Gericht gebunden[2]. Ein negativer internationaler Kompetenzkonflikt ist innerhalb der Mitgliedstaaten auf diese Weise ausgeschlossen[3].

c) Widerklage

6519 Da der Gerichtsstand der Widerklage nach Art. 6 Nr. 3 EuGVO in der abschließenden Ausnahmeregelung des Art. 23 Abs. 5 EuGVO nicht erwähnt ist, kann er grundsätzlich durch eine Zuständigkeitsvereinbarung abbedungen werden[4]. Trotz der Vermutung zugunsten der Ausschließlichkeit von Gerichtsstandsvereinbarungen ist freilich jeweils im Wege der Auslegung des Parteiwillens zu ermitteln, ob die Parteien die Geltendmachung der Forderung am forum derogatum auch für den Fall ausschließen wollten, dass der Widerkläger selbst an diesem forum belangt wird. Dies wird häufig dem vermutlichen Parteiwillen nicht entsprechen, so dass der Beklagte in diesem Fall nicht gezwungen ist, seine Forderung ausschließlich im forum prorogatum geltend zu machen[5]. Eine Ausnahme ist auch für **einseitig begünstigende Gerichtsstandsvereinbarungen** nicht anzuerkennen. Erhebt also der begünstigte Vertragspartner Klage an dem nur ihm wahlweise zugänglichen Gericht, so kann der Beklagte mangels gegenteiliger Anhaltspunkte auch Widerklage erheben[6]. In jedem Fall kann der Ausschluss der Widerklage am forum derogatum durch die *rügelose Einlassung* des Klägers auf die Widerklage analog Art. 24 EuGVO überwunden werden[7].

d) Prozessaufrechnung

6520 Ähnliche Erwägungen wie für die Widerklage gelten auch für die Prozessaufrechnung, obwohl diese **bloßes Verteidigungsmittel** ist. Art. 23 EuGVO kann nicht dahin ausgelegt werden, dass er ein für den Hauptanspruch als ausschließlich zuständig bestimmtes Gericht daran hindert, die Aufrechnung mit

---

1 *Geimer/Schütze*, Art. 23 EuGVO Rz. 213.
2 OLG Celle 1.11.1995, IPRax 1997, 417 (m. Anm. *Koch*, IPRax 1997, 405) = IPRspr. 1995 Nr. 138.
3 *Kropholler*, Art. 23 EuGVO Rz. 97; *Geimer*, Festschr. Kralik (1986), S. 179 (185 ff.).
4 *Kohler*, IPRax 1983, 272; *Kropholler*, Art. 23 EuGVO Rz. 98; *Gottwald*, in: MünchKomm ZPO, Art. 23 EuGVO Rz. 75.
5 *Geimer/Schütze*, Art. 23 EuGVO Rz. 195; *Gottwald*, IPRax 1986, 10 f.; *Saenger*, ZZP 110 (1997), 477 (496); aA *Kropholler*, Art. 23 EuGVO Rz. 98; *Schlosser*, Art. 23 EuGVO Rz. 40; *Mankowski*, in: Rauscher, Art. 23 EuGVO Rz. 65.
6 *Rauscher*, RIW 1985, 889; aA *Kropholler*, Art. 23 EuGVO Rz. 98; *Gottwald*, in: MünchKomm ZPO, Art. 23 EuGVO Rz. 75.
7 OLG Koblenz 17.9.1993, RIW 1993, 934 (935) = IPRspr. 1993 Nr. 35; *Gottwald*, IPRax 1986, 10 (13); *Saenger*, ZZP 110 (1997), 977 (996).

einer *konnexen Gegenforderung* zu berücksichtigen, wenn es dies mit dem Wortlaut und Sinn der Gerichtsstandsklausel für vereinbar hält; dies gilt auch dann, wenn für die klageweise Geltendmachung der zur Aufrechnung gestellten Gegenforderung die ausschließliche Zuständigkeit der Gerichte eines anderen Mitgliedstaats vereinbart ist[1]. Eine Gerichtsstandsvereinbarung schließt aber auch die Aufrechnung mit *inkonnexen Gegenforderungen,* die nicht auf demselben Vertrag oder Sachverhalt beruhen, am forum derogatum nicht notwendig aus, weil das Erfordernis der Konnexität als materielle Aufrechnungsvoraussetzung allein der vom IPR des forums – nunmehr einheitlich nach Art. 17 Rom I-VO bestimmten – lex causae zu entnehmen ist[2]. Über die Bewertung einer Gerichtsstandsvereinbarung als Aufrechnungsverbot ist daher im Wege der Auslegung im Einzelfall zu entscheiden.

Diese Auslegung ergibt, dass die Aufrechnung jedenfalls mit **rechtskräftig festgestellten oder unstreitigen Forderungen** zulässig ist[3]. Gleiches gilt, wenn der Kläger von einer ihn einseitig begünstigenden Gerichtsstandsvereinbarung keinen Gebrauch macht, sondern den Beklagten an dessen Heimatgerichtsstand angreift. Denn damit hat er auf sein Recht, etwaige Streitigkeiten aus dem Vertragsverhältnis nur vor seinen Heimatgerichten austragen zu müssen, selbst verzichtet. Eine solche Ausübung des Wahlrechts durch den Kläger kann aber nicht dazu führen, dass dem Beklagten das ihm am forum prorogatum zur Verfügung stehende Verteidigungsmittel entzogen wird und er zur doppelten Prozessführung gezwungen wird[4]. Ist die **Aufrechnungsforderung streitig**, so legt der BGH eine ausschließliche Gerichtsstandsvereinbarung regelmäßig dahin aus, dass sie ein prozessuales Aufrechnungsverbot enthält[5]. Dies widerspricht jedoch dem Interesse der Parteien an einer ökonomischen Prozessführung und dem Gebot der Waffengleichheit. In Ermangelung besonderer Anhaltspunkte für einen darauf gerichteten Parteiwillen sollte man aus einer Zuständigkeitsvereinbarung daher kein prozessuales Aufrechnungsverbot ableiten[6].

6521

---

1 EuGH 9.11.1978 – Rs. 23/78 (Meeth/Glacetal), Slg. 1978, 2133 (2142) (Nr. 9) = RIW 1978, 814; *Kropholler*, Art. 23 EuGVO Rz. 99; *Dageförde*, RIW 1990, 873 (878).
2 EuGH 7.3.1985 – Rs. 48/84 (Spitzley/Sommer), Slg. 1985, 787 (799) (Nr. 25) = NJW 1985, 2893 = RIW 1985, 313 (m. Anm. *Rauscher*, RIW 1985, 887) = IPRax 1986, 27 (m. Anm. *Gottwald*, IPRax 1986, 10).
3 Allg. M., vgl. *Gottwald*, in: MünchKomm ZPO, Art. 23 EuGVO Rz. 72; *Hausmann*, in: Wieczorek/Schütze, Anh. I zu § 40 ZPO, Art. 17 EuGVÜ Rz. 88.
4 *Gebauer*, IPRax 1998, 79 (81 f.).
5 BGH 20.6.1979, RIW 1979, 713 = IPRspr. 1979 Nr. 162; OLG Hamm 13.10.1998, RIW 1999, 787 = IPRspr. 1998 Nr. 158; zust. *Hüßtege*, in: Thomas/Putzo, Art. 23 EuGVO Rz. 21.
6 LG Berlin 30.1.1996, IPRax 1998, 97 (99); zust. – mit eingehender Interessenabwägung – *Gebauer*, IPRax 1998, 79 (83); ferner *Rauscher*, RIW 1985, 887 f.; *Gottwald*, IPRax 1986, 10 (12); *von Falkenhausen*, RIW 1982, 386 (389); *Busse*, MDR 2001, 729 (732); *Kannengießer*, Die Aufrechnung im internationalen Privat- und Verfahrensrecht (1998), S. 194 ff.; *Gottwald*, in: MünchKomm ZPO, Art. 23 EuGVO Rz. 73; *Geimer/Schütze*, Art. 23 EuGVO Rz. 194; *Schlosser*, Art. 23 EuGVO Rz. 35; wohl auch *Kropholler*, Art. 23 EuGVO Rz. 100; aA (aufgrund der besonderen Umstände des Falls) OLG Köln 2.12.2003, OLGR 2004, 65 = IPRspr. 2003 Nr. 147.

6522 Ist die Aufrechnung durch die Gerichtsstandsvereinbarung nicht ausgeschlossen, so kann das für die Hauptforderung zuständige Gericht über die Aufrechnung mit einer streitigen Gegenforderung auch dann sachlich entscheiden, wenn es (ohne die Gerichtsstandsvereinbarung) für eine klageweise Geltendmachung der Gegenforderung nach der EuGVO **international nicht zuständig** wäre. Insbesondere ist die Zulässigkeit der Aufrechnung nicht davon abhängig, dass das angerufene Gericht über die zur Aufrechnung gestellte Forderung auch dann befinden könnte, wenn der Beklagte sie zum Gegenstand einer *Widerklage* machen würde. Denn Art. 6 Nr. 3 EuGVO gilt nach Ansicht der EuGH nur für eine (Wider-)Klage des Beklagten auf *gesonderte Verurteilung* des Klägers, nicht aber für die Geltendmachung bloßer Verteidigungsmittel (wie der Aufrechnung)[1]. Darüber hinaus darf die Zulässigkeit der Prozessaufrechnung aber auch nicht davon abhängig gemacht werden, dass das Gericht der Hauptsache für eine klageweise Geltendmachung der Aufrechnungsforderung nach seinem *autonomen Prozessrecht – zB in Deutschland nach § 33 ZPO – zuständig wäre*[2]. Denn das deutsche Prozessrecht kennt für die Prozessaufrechnung kein Konnexitätserfordernis (vgl. § 145 Abs. 3 ZPO)[3]. Schließlich kann das Aufrechnungsverbot in jedem Fall analog Art. 24 EuGVO durch die **rügelose Einlassung** des Klägers auf die Aufrechnungsforderung überwunden werden, und zwar auch für den Fall der Aufrechnung mit einer inkonnexen Gegenforderung[4].

e) Gewährleistungs- und Interventionsklage

6523 Ein gem. Art. 23 EuGVO derogiertes Gericht kann auch nicht im Wege der Gewährleistungs- oder Interventionsklage nach Art. 6 Nr. 2 EuGVO angerufen

---

[1] EuGH 13.7.1995 – Rs. C-341/93 (Danvaern/Otterbeck), Slg. 1995 I, 2053 (2067) (Nr. 42) = NJW 1996, 42 = EuZW 1995, 639 m. Anm. *Geimer* = IPRax 1997, 110 (m. Anm. *Philip*, IPRax 1997, 97) = ZZP 109 (1996), 373 m. Anm. *Mankowski*; aA noch BGH 12.5.1993, NJW 1993, 2753 (2754 f.) = IPRax 1994, 115 (m. Anm. *Geimer*, IPRax 1994, 82) = ZZP 107 (1994), 211 (215) m. Anm. *Leipold* = IPRspr. 1993 Nr. 139.

[2] So aber OLG Hamm 5.11.1997, IPRspr. 1997 Nr. 160 A; OLG Celle 11.11.1998, IPRax 1999, 456 (457) (m. Anm. *Gebauer*, IPRax 1999, 432) = IPRspr. 1998 Nr. 160; *Jayme/Kohler*, IPRax 1995, 349; *Schack*, Rz. 355; *Kropholler*, Art. 6 EuGVO Rz. 43; *Auer*, in: Geimer/Schütze, IRV, Art. 23 EuGVO Rz. 167 f.; *Saenger*, ZZP 110 (1997), 477 (495); für inkonnexe Forderungen auch *Wagner*, IPRax 1999, 65 (70 ff.).

[3] *Kannengießer*, Die Aufrechnung im internationalen Privat- und Verfahrensrecht (1998), S. 172 ff., 184 f.; *Mankowski*, ZZP 109 (1996), 367 (381 f.); *Coester-Waltjen*, Festschr. Lüke (1997), S. 35 (47 ff.); *Gebauer*, IPRax 1998, 79 (84 ff.); *H. Roth*, RIW 1999, 819 (822 f.); *Busse*, MDR 2001, 729 ff.; *Gruber*, IPRax 2002, 285 (287 ff.); *Gottwald*, in: MünchKomm ZPO, Art. 23 EuGVO Rz. 73; *Schlosser*, vor Art. 2 EuGVO Rz. 15; *Hüßtege*, in: Thomas/Putzo, Art. 6 EuGVO Rz. 7; *Rauscher/Leible*, Art. 6 EuGVO Rz. 32. Offen lassend BGH 7.11.2001, BGHZ 149, 120 (127) = NJW 2002, 2182 = IPRax 2002, 299 (m. Anm. *Gruber*, IPRax 2002, 285) = JZ 2002, 605 m. Anm. *Heß/Müller* = JR 2002, 501 m. Anm. *Dörner* = IPRspr. 2001 Nr. 153.

[4] EuGH 7.3.1985 – Rs. 48/84 (Spitzley/Sommer), Slg. 1985, 787 (799) (Nr. 27); BGH 4.2.1993, NJW 1993, 1399 = IPRax 1994, 114 (m. Anm. *Geimer*, IPRax 1994, 82) = IPRspr. 1993 Nr. 135; OLG Koblenz 17.9.1993, RIW 1993, 934 (935) = IPRspr. 1993 Nr. 35; 18.2.1999, IPRspr. 1999 Nr. 189; OLG Stuttgart 15.2.1989, IPRax 1989, 247 m. Anm. *Jayme* = IPRspr. 1989 Nr. 183.

werden[1]. Zwar kann diese Zuständigkeit vor deutschen Gerichten gem. Art. 65 Abs. 1 EuGVO nicht in Anspruch genommen werden. Da aber ausländische Urteile, die im Gerichtsstand des Art. 6 Nr. 2 ergangen sind, in Deutschland nach Art. 65 Abs. 2 EuGVO anerkannt und vollstreckt werden müssen, wird es sich auch für Parteien mit Sitz in Deutschland häufig empfehlen, die mögliche Gerichtspflichtigkeit nach Art. 6 Nr. 2 im Ausland durch eine Vereinbarung auszuschließen[2]. Demgegenüber wird die Zulässigkeit einer **Streitverkündung** nach deutschem Prozessrecht von einer Gerichtsstandsvereinbarung gem. Art. 23 EuGVO nicht berührt; denn sie ist grundsätzlich unabhängig von der Zuständigkeit des befassten Gerichts und deshalb auch vor einem wirksam derogierten deutschen Gericht möglich[3].

f) Einstweiliger Rechtsschutz

Ob sich die Vereinbarung eines ausschließlichen Gerichtsstands für die Hauptsache auf den Erlass von Maßnahmen des einstweiligen Rechtsschutzes erstreckt, ist im Wege der *Auslegung* zu ermitteln. Diese wird regelmäßig ergeben, dass die Zuständigkeit des prorogierten Gerichts im Zweifel auch die Kompetenz zur Gewährung von einstweiligem Rechtsschutz umfassen wird[4]. Dagegen lässt sich eine Vermutung, dass die internationale Zuständigkeit der durch die Gerichtsstandsvereinbarung derogierten Gerichte anderer Mitgliedstaaten auch für Maßnahmen des einstweiligen Rechtsschutzes stets ausgeschlossen sein soll[5], nicht aufstellen. Vielmehr kann der Zweck, den Parteien effektiven einstweiligen Rechtsschutz zu gewährleisten, auch eine andere Auslegung gebieten[6]. In jedem Fall steht es den derogierten Gerichten gem. Art. 31 EuGVO frei, ihre Zuständigkeit auf Vorschriften des autonomen Rechts zu gründen. Nach deutschem Recht sind die für Arreste und einstweilige Verfügungen vorgesehenen Gerichtsstände bei dem Gericht der Haupt-

6524

---

1 Vgl. für Frankreich Cass. civ. 12.7.1982, Rev.crit.d.i.p. 1983, 658 m. Anm. *Lagarde* = J. C. P. 1983, 2015 m. Anm. *Bourel*; dazu auch *Holleaux*, Clunet 1983, 405; *Audit*, D. S. 1983. I.R. 145; *Mezger*, IPRax 1984, 331; französ. Cass. 18.10.1989, D.S. 1989. I.R. 283; dazu *Huet*, Clunet 1991, 155; ferner App. Amiens 1.7.1985, RIW 1985, 966 m. Anm. *Schütze*; für Großbritannien *Hough v. P. & O. Containers Ltd.* (1998), 2 All E.R. 978 (986) (Q.B.).
2 *Geimer*, WM 1979, 351; *Kropholler*, Art. 23 EuGVO Rz. 101; zur Formulierung einer entsprechenden Gerichtsstandsvereinbarung vgl. *Hausmann*, in: Wieczorek/Schütze, Anh. I zu § 40 ZPO, Art. 6 EuGVÜ Rz. 28.
3 *Mansel*, ZZP 109 (1996), 61 (74 f.); *Bork*, in: Stein/Jonas, § 72 ZPO Rz. 10d; *Kropholler*, Art. 23 EuGVO Rz. 102; *Mankowski*, in: Rauscher, Art. 23 EuGVO Rz. 74; *Geimer/Schütze*, Art. 23 EuGVO Rz. 196; aA *von Hoffmann/Hau*, RIW 1997, 89 (91 f.); *Gottwald*, in: MünchKomm ZPO, Art. 23 EuGVO Rz. 76.
4 App. Orléans 7.11.2002, Rev.crit.d.i.p. 2003, 326 m. Anm. *Ancel*; *Magnus*, in: Magnus/Mankowski, Art. 23 EuGVO Rz. 152; *Schlosser*, Art. 23 EuGVO Rz. 42.
5 So aber *Kropholler*, Art. 23 EuGVO Rz. 103; *Hüßtege*, in: Thomas/Putzo, Art. 23 EuGVO Rz. 25; *Geimer/Schütze*, Art. 23 EuGVO Rz. 192; *Gottwald*, in: MünchKomm ZPO, Art. 23 EuGVO Rz. 77; *Saenger*, ZZP 110 (1997), 477 (496 f.).
6 Wie hier *Mankowski*, in: Rauscher, Art. 23 EuGVO Rz. 67; *Auer*, in: Geimer/Schütze, IRV, Art. 23 EuGVO Rz. 157.

sache (§§ 919 Alt. 1, 937 Abs. 1 ZPO) oder am Ort der Belegenheit des Vollstreckungsgegenstandes (§§ 919 Alt. 2, 942 Abs. 1 ZPO) gem. § 802 ZPO ausschließlich und damit derogationsfest (vgl. § 40 Abs. 2 Nr. 2 ZPO); dies gilt freilich nicht für die internationale Zuständigkeit[1].

6525–6540   Frei.

VII. Zusammenfassung mit Handlungsanleitung

1. Vorrang von EG-Recht und Staatsverträgen

6541   a) Das Recht der internationalen Prorogation wird heute weitgehend durch europäisches Gemeinschaftsrecht und staatsvertragliche Regelungen beherrscht. Die größte praktische Bedeutung kommt dabei der **EuGVO** zu, die im Rechtsverkehr zwischen den Mitgliedstaaten der EG – mit Ausnahme Dänemarks – die Gerichtsstandsvereinbarung in Art. 23 regelt. Diese Vorschrift gilt nach einem zwischen der EG und Dänemark geschlossenen Parallelübereinkommen von 2005 inzwischen – mit geringen Abweichungen – auch im Verhältnis zu Dänemark, sowie nach dem – allerdings noch nicht in Kraft getretenen – neuen **Luganer Übereinkommen** von 2007 auch im Verhältnis zu Island, Norwegen und der Schweiz.

b) Art. 23 EuGVO verdrängt in seinem Anwendungsbereich nicht nur die §§ 38–40 ZPO in vollem Umfang, sondern schließt auch die Anwendung sonstiger **nationaler Prorogationsbeschränkungen** (zB in Arbeits- oder Verbrauchersachen) aus. Ferner sind die Gerichte der Mitgliedstaaten durch Art. 23 EuGVO gehindert, Zuständigkeitsvereinbarungen zum Zwecke der Durchsetzung international zwingender Normen (zB auf dem Gebiet des Kartellrechts) für unwirksam zu erklären. Zulässig bleibt jedoch eine Inhaltskontrolle am Maßstab europäischen Rechts (zB der Klauselrichtlinie).

c) Art. 23 EuGVO tritt hingegen zurück, soweit **Staatsverträge auf besonderen Rechtsgebieten** auch die internationale Prorogation regeln. Dieser Vorrang gilt etwa für Art. 33 des Montrealer Abkommens und Art. 31 CMR.

2. Gerichtsstandsvereinbarungen nach Art. 23 EuGVO

6542   a) Art. 23 EuGVO ist auf internationale Gerichtsstandsvereinbarungen **anwendbar**, wenn mindestens eine Partei ihren Wohnsitz im Hoheitsgebiet eines Mitgliedstaates hat und die Parteien die Zuständigkeit der Gerichte in einem Mitgliedstaat vereinbart haben. Die Gerichtsstandsvereinbarung muss Bezug zu mindestens zwei Staaten haben; der Bezug zu einem weiteren Mitgliedstaat der EuGVO ist hingegen nicht erforderlich.

---

[1] Vgl. *Hausmann*, in: Wieczorek/Schütze, § 38 ZPO Rz. 102; *Geimer*, Rz. 877b, 1755a; *Schack*, Rz. 417 f.; *Mankowski*, in: Rauscher, Art. 23 EuGVO Rz. 67; aA *Kropholler*, Art. 23 EuGVO Rz. 104.

b) Der **Begriff der „Vereinbarung"** in Art. 23 EuGVO ist autonom auszulegen. Danach muss gewährleistet sein, dass beide Vertragsparteien der Zuständigkeitsvereinbarung tatsächlich zugestimmt haben; diese Zustimmung kann auch stillschweigend erklärt worden sein.

c) Die **Einhaltung der Form** nach Art. 23 Abs. 1 S. 3 EuGVO ist Wirksamkeitsvoraussetzung; sie gilt aber nicht für bloße Vereinbarungen über den Erfüllungsort.

Art. 23 Abs. 1 S. 3 EuGVO stellt folgende Formalternativen zur Wahl:

– Schriftliche Vereinbarung, wobei ein Briefwechsel, ein Austausch von Fernschreiben oder die Bezugnahme auf AGB, die eine Gerichtsstandsklausel enthalten, genügt;

– Schriftliche Bestätigung einer mündlichen Vereinbarung;

– Form nach Maßgabe der zwischen den Parteien entstandenen Gepflogenheiten;

– Vertragsschluss gem. internationalen Handelsbräuchen.

Eine formgültige Gerichtsstandsvereinbarung bindet auch Rechtsnachfolger der Parteien; eine erweiterte Drittwirkung gilt für Versicherungsverträge, Konnossemente und Trust-Bedingungen.

d) Gerichtsstandsvereinbarungen sind nach Art. 23 Abs. 1 EuGVO nur für Rechtsstreitigkeiten aus einem hinreichend **bestimmten Rechtsverhältnis** zulässig. Ferner muss das zuständige Gericht zumindest bei Klageerhebung bestimmbar sein. Möglich sind jedoch auch alternative Gerichtsstandsvereinbarungen.

Unzulässig sind nach Art. 23 Abs. 5 EuGVO Gerichtsstandsvereinbarungen, die eine **ausschließliche Zuständigkeit** iSv. Art. 22 EuGVO zu derogieren suchen; dies gilt auch für die Vereinbarung der Zuständigkeit von drittstaatlichen Gerichten.

Die Zuständigkeiten in **Versicherungs-, Verbraucher- und Arbeitssachen** sind gem. Art. 23 Abs. 5 EuGVO nur in den engen Grenzen der Art. 13, 17 und 21 EuGVO abdingbar.

e) Eine Gerichtsstandsvereinbarung nach Art. 23 Abs. 1 EuGVO hat grundsätzlich die **ausschließliche Zuständigkeit** des prorogierten Gerichts oder Mitgliedstaats zur Folge. Die Gerichte aller anderen Mitgliedstaaten sind daher verpflichtet, sich auf Rüge des Beklagten oder bei dessen Säumnis gem. Art. 26 Abs. 1 EuGVO von Amts wegen für unzuständig zu erklären. Etwas anderes gilt nur dann, wenn die Parteien ausdrücklich eine fakultativ wirkende Gerichtsstandsvereinbarung getroffen haben, der keine Ausschließlichkeitswirkung zukommen soll, oder wenn die beklagte Partei sich rügelos auf das Verfahren eingelassen hat.

Zulässig sind auch Zuständigkeitsvereinbarungen **„nur zugunsten einer Partei"**. Erforderlich ist hierfür eine objektive Begünstigung, die einer Partei größere Wahlmöglichkeiten als der anderen einräumt.

Auch der Gerichtsstand der **Widerklage** nach Art. 6 Nr. 3 EuGVO kann durch eine Zuständigkeitsvereinbarung abbedungen werden. Ob die Parteien ihrer Zuständigkeitsvereinbarung diese Wirkung beilegen wollten, ist im Wege der Auslegung zu ermitteln. Im Zweifel widerspricht ein solcher Ausschluss der Widerklagemöglichkeit dem vermuteten Parteiwillen. Aus dem gleichen Grund steht eine Gerichtsstandsvereinbarung auch der **Aufrechnung** mit (konnexen wie inkonnexen) Gegenforderungen in einem anderen Gerichtsstand grundsätzlich nicht entgegen.

f) Die vorstehenden Grundsätze gelten mit geringfügigen Abweichungen auch für Gerichtsstandsvereinbarungen nach dem derzeit noch geltenden Art. 17 LugÜ.

3. Autonomes Recht

6543   Da Art. 23 EuGVO für die Prorogation deutscher Gerichte oder der Gerichte eines anderen EU-Mitgliedstaats schon dann gilt, wenn nur eine Partei ihren Wohnsitz in Deutschland oder in einem Mitgliedstaat der Verordnung hat, beschränkt sich die Geltung des autonomen deutschen Rechts (§§ 38–40 ZPO) im Wesentlichen auf die seltenen Fälle der Prorogation drittstaatlicher Gerichte. Wegen der Einzelheiten wird auf die 6. Auflage (Rz. 3103–3209) verwiesen.

4. Klauselbeispiele

a) Ausschließliche Gerichtsstandsklausel

6544   *Ausschließlicher Gerichtsstand für alle Rechtsstreitigkeiten aus und im Zusammenhang mit diesem Vertrag und seiner Durchführung ist München/der Sitz des Verkäufers.*

b) Fakultative Gerichtsstandsklausel

6545   *Gerichtsstand für alle Rechtsstreitigkeiten aus und im Zusammenhang mit diesem Vertrag und seiner Durchführung ist München. Die Parteien sind jedoch berechtigt, auch an sonstigen gesetzlichen Gerichtsständen zu klagen.*

c) Alternative Gerichtsstandsklausel

6546   *Ausschließlicher Gerichtsstand für alle Rechtsstreitigkeiten aus und im Zusammenhang mit diesem Vertrag und seiner Durchführung ist nach Wahl des Klägers München oder Mailand.*

d) Einseitig begünstigende Gerichtsstandsklausel

Ausschließlicher Gerichtsstand für Rechtsstreitigkeiten aus oder im Zusammenhang mit diesem Vertrag und seiner Durchführung ist München. Der Verkäufer ist jedoch auch berechtigt, stattdessen am Sitz des Käufers in Mailand zu klagen. 6547

Frei. 6548–6549

B. Schiedsvereinbarungen

	Rz.
I. Allgemeine Grundsätze	6550
1. Bedeutung	6550
2. Begriff	6551
3. Rechtsnatur	6552
4. Abgrenzungen	6553
a) Schiedsvereinbarung und Hauptvertrag	6554
b) Schiedsvereinbarung und Schiedsverfahren	6555
c) Schiedsvereinbarung und lex fori staatlicher Gerichte	6556
d) Schiedsvereinbarung und Schiedsrichtervertrag	6557
e) Schiedsvereinbarung und Gerichtsstandsvereinbarung	6558
5. Rechtsquellen	6562
a) Multilaterale Staatsverträge	6563
aa) UN-Übereinkommen	6563
bb) Europäisches Übereinkommen	6564
cc) Übereinkommen auf besonderen Rechtsgebieten	6565
b) Bilaterale Staatsverträge	6566
c) Autonomes Recht	6567
6. Der Anwendungsbereich der Staatsverträge	6568
a) UN-Übereinkommen	6568
aa) Schiedssprüche	6568
(1) Grundsatz	6569
(2) Territorialitätsvorbehalt	6571
(3) Handelssachenvorbehalt	6572
bb) Schiedsvereinbarungen	6573
(1) Vollstreckungsverfahren	6574
(2) Einredeverfahren	6575
(3) Schiedsverfahren	6578
(4) Einfluss der Vorbehalte	6579
b) Europäisches Übereinkommen	6581
aa) Sitz der Parteien in verschiedenen Vertragsstaaten	6582
bb) Streitigkeit aus internationalen Handelsgeschäften	6583
c) Autonomes Recht	6585

	Rz.
7. Konkurrenzen	6586
a) UN-Übereinkommen – Europäisches Übereinkommen	6587
b) Multilaterale und bilaterale Übereinkommen	6590
c) Staatsverträge und autonomes Recht	6591
II. Bestimmung und Reichweite des auf die Schiedsvereinbarung anzuwendenden Rechts	6611
1. Anknüpfungsgrundsätze	6611
a) UN-Übereinkommen	6612
aa) Rechtswahl	6613
bb) Objektive Anknüpfung	6615
b) Europäisches Übereinkommen	6616
c) Autonomes deutsches Recht	6617
aa) Verfahren zur Vollstreckung ausländischer Schiedssprüche	6618
bb) Verfahren zur Aufhebung oder Vollstreckbarerklärung inländischer Schiedssprüche	6619
cc) Einredeverfahren vor staatlichen Gerichten	6620
(1) Rechtswahl	6621
(2) Objektive Anküpfung	6627
dd) Verfahren vor dem Schiedsgericht	6628
2. Reichweite des Statuts der Schiedsvereinbarung	6630
a) UN-Übereinkommen	6630
aa) Zustandekommen und materielle Wirksamkeit	6630
bb) Auslegung und objektive Reichweite	6633
cc) Aufhebung und Abänderung	6640
b) Europäisches Übereinkommen	6641
c) Autonomes deutsches Recht	6642
aa) Zustandekommen der Schiedsvereinbarung	6643
(1) Grundsatz	6643
(2) Einbeziehung einer Schiedsklausel in AGB	6644

	Rz.		Rz.
(3) Schweigen auf Bestätigungsschreiben	6645	IV. **Zulässigkeit von Schiedsvereinbarungen**	6741
bb) Materielle Wirksamkeit der Schiedsvereinbarung	6646	1. UN-Übereinkommen	6741
(1) Grundsatz	6646	a) Bestimmtes Rechtsverhältnis	6741
(2) Inhaltskontrolle von Schiedsklauseln in AGB	6647	b) Objektive Schiedsfähigkeit	6742
		c) Subjektive Schiedsfähigkeit	6746
(3) Schiedsvereinbarung und Hauptvertrag	6648	d) Ordre public	6747
		2. Europäisches Übereinkommen	6748
cc) Auslegung und Reichweite der Schiedsvereinbarung	6649	a) Bestimmtes Rechtsverhältnis	6748
		b) Objektive Schiedsfähigkeit	6750
dd) Wegfall der Schiedsvereinbarung	6653	c) Subjektive Schiedsfähigkeit	6751
III. **Form der Schiedsvereinbarungen**	6671	3. Deutsches autonomes Schiedsverfahrensrecht	6752
		a) Bestimmtheitserfordernisse	6752
1. UN-Übereinkommen	6671	aa) Anknüpfung	6752
a) Normzweck	6671	bb) Bestimmtes Rechtsverhältnis	6753
b) Verhältnis zu nationalen Formvorschriften	6672	cc) Bestimmbares Schiedsgericht	6754
c) Schiedsvereinbarung und Verfahrensvereinbarung	6677	b) Objektive Schiedsfähigkeit	6757
d) Schriftlichkeit	6678	aa) Anknüpfung	6757
e) Allgemeine Geschäftsbedingungen	6686	bb) Deutsches Sachrecht	6760
		c) Subjektive Schiedsfähigkeit	6761
f) Kaufmännisches Bestätigungsschreiben	6693	d) Eingriffsnormen	6762
g) Konnossement	6694	e) Ordre public	6763
h) Vollmacht	6696	V. **Wirkungen der Schiedsvereinbarungen**	6771
i) Heilung des Formmangels	6697	1. Einredewirkung	6771
2. Europäisches Übereinkommen	6699	a) UN-Übereinkommen	6772
a) Schriftform	6700	aa) Form und Zeitpunkt der Einrede	6773
b) Günstigeres Landesrecht	6702	bb) Wirksamkeit der Schiedsvereinbarung	6774
c) Meistbegünstigung	6705	cc) Verweisung auf das Schiedsverfahren	6777
3. Autonomes deutsches Schiedsverfahrensrecht	6706	b) Europäisches Übereinkommen	6778
a) Anknüpfung	6706	c) Autonomes deutsches Schiedsverfahrensrecht	6779
aa) Inländisches Schiedsverfahren	6707	aa) Anknüpfung	6779
bb) Ausländisches Schiedsverfahren	6708	bb) Prozesshindernis	6780
b) Die Form der Schiedsvereinbarung nach § 1031 ZPO	6714	2. Wirkungen der Schiedsvereinbarung im Verfahren der Anerkennung und Vollstreckung ausländischer Schiedssprüche	6781
aa) Allgemeines	6714	a) Grundsatz	6781
bb) Schriftform	6716	b) Präklusion	6782
cc) Verkehrssitte und Handelsbrauch	6718	3. Drittwirkungen der Schiedsvereinbarung	6783
dd) Bezugnahme auf AGB	6719		
ee) Konnossement	6720		
ff) Verbrauchervertrag	6721	4. Schiedsvereinbarung und Aufrechnung	6784
gg) Heilung von Formmängeln	6725		

	Rz.		Rz.
VI. Zusammenfassung mit Handlungsanleitung	6801	6. Klauselbeispiele	6806
1. Allgemeines	6801	a) Standard-Schiedsklausel der DIS	6806
2. Statut der Schiedsvereinbarung	6802	b) Standard-Schiedsklausel der ICC	6808
3. Form der Schiedsvereinbarung	6803	c) Standard-Schiedsklausel UNCITRAL	6810
4. Zulässigkeit einer Schiedsvereinbarung	6804		
5. Wirkungen der Schiedsvereinbarung	6805		

Literatur (zum älteren Schrifttum vgl. Vorauflagen):

Literatur zur internationalen Handelsschiedsgerichtsbarkeit:
1. Deutsche Literatur: *Aden*, Internationale Handelsschiedsgerichtsbarkeit, 2. Aufl. (2003); *Barber*, Objektive Schiedsfähigkeit und ordre public in der internationalen Schiedsgerichtsbarkeit (1994); *Bartos*, Internationale Handelsschiedsgerichtsbarkeit, Verfahrensprinzipien (1984); *Berger*, Internationale Wirtschaftsschiedsgerichtsbarkeit (1992); *Berger*, Aufgaben und Grenzen der Parteiautonomie in der internationalen Wirtschaftsschiedsgerichtsbarkeit, RIW 1994, 12; *Berger*, Die Aufrechnung im internationalen Schiedsverfahren, RIW 1998, 426; *Bertheau*, Das New Yorker Abkommen vom 10.6.1958 über die Anerkennung und Vollstreckung ausländischer Schiedssprüche (1965); *Beulker*, Die Eingriffsnormenproblematik im internationalen Schiedsverfahren (2005); *Böckstiegel* (Hrsg.), Rechtsfortbildung durch internationale Schiedsgerichtsbarkeit (1989); *Böckstiegel*, Recht und Praxis der Schiedsgerichtsbarkeit der internationalen Handelskammer (1994); *Böckstiegel*, Acts of State and Arbitration (1997); *Böckstiegel*, Die Anerkennung der Parteiautonomie in der internationalen Schiedsgerichtsbarkeit, Festschr. Schütze (1999), S. 141; *Böckstiegel*, (Hrsg.), Beweiserhebung im internationalen Schiedsverfahren (2000); *Bösch*, Einstweiliger Rechtsschutz in der internationalen Handelsschiedsgerichtsbarkeit (1989); *Borges*, Das Doppelexequatur von Schiedssprüchen (1997); *Bork/Stöve*, Schiedsgerichtsbarkeit bei Börsentermingeschäften (1992); *Bühring/Ule*, Arbitration and Mediation in International Business, 2. Aufl. (1996); *Calavros*, Das UNCITRAL-Modellgesetz über die Internationale Handelsgerichtsbarkeit (1988); *Gessner*, Anerkennung und Vollstreckung von Schiedssprüchen in den USA und in Deutschland (2001); *Glossner/Bredow/Bühler*, Das Schiedsgericht in der Praxis, 4. Aufl. (2004); *Gottwald*, (Hrsg.), Internationale Schiedsgerichtsbarkeit (1997); *Granzow*, Das UNCITRAL-Modellgesetz über die internationale Handelsschiedsgerichtsbarkeit von 1985 (Diss. München 1987); *Haas*, Die Anerkennung und Vollstreckung ausländischer und internationaler Schiedssprüche (1991); *Handorn*, Das Sonderkollisionsrecht der deutschen internationalen Schiedsgerichtsbarkeit (2005); *Heller*, Der verfassungsrechtliche Rahmen der privaten internationalen Schiedsgerichtsbarkeit (Wien 1996); *Henn*, Schiedsverfahrensrecht, 3. Aufl. (2000); *Husslein-Stich*, Das UNCITRAL-Modellgesetz über die internationale Handelsschiedsgerichtsbarkeit (1990); *Jayme*, Internationale Schiedsgerichtsbarkeit für Streitigkeiten aus Bank- und Börsengeschäften, IPRax 2000, 157; *Jaeger*, Die Umsetzung des UNCITRAL-Modellgesetzes über die internationale Handelsschiedsgerichtsbarkeit im Zuge nationaler Reformen (2001); *Kaiser*, Das Europäische Übereinkommen über die internationale Handelsschiedsgerichtsbarkeit vom 21. April 1961 (Diss. Zürich 1967); *Kilgus*, Zur Anerkennung und Vollstreckung englischer Schiedssprüche in Deutschland (1995); *Kohl*, Vorläufiger Rechtsschutz in internationalen Handelsschiedsverfahren (1990); *Krause/Bozenhardt*, Internationale Schiedsgerichtsbarkeit (1990); *Kronenburg*, Vollstreckung ausländischer Schiedssprüche in den USA (2001); *Kulpa*, Das anwendbare (materielle) Recht im internationalen Handelsschiedsverfahren (2005); *Lachmann*, Handbuch für die Schiedsgerichtspraxis, 3. Aufl. (2008); *Landolt*, Rechtsanwendung oder Billigkeitsentscheid durch den Schiedsrichter in der privaten internationalen Handels-

schiedsgerichtsbarkeit (1995); *Langkeit*, Staatenimmunität und Schiedsgerichtsbarkeit (1989); *Lehmann*, Die Schiedsfähigkeit wirtschaftsrechtlicher Streitigkeiten als transnationales Rechtsprinzip (2003); *Lionnet*, Handbuch der internationalen und nationalen Schiedsgerichtsbarkeit, 3. Aufl. (2005); *Lörcher*, Das internationale Handelsschiedsverfahren in Frankreich (1997); *Lörcher*, Neue Verfahren der internationalen Streiterledigung in Wirtschaftssachen (2001); *Marx*, Der verfahrensrechtliche ordre public bei der Anerkennung und Vollstreckung ausländischer Schiedssprüche in Deutschland (1994); *Moller*, Der Vorrang des UN-Übereinkommens über Schiedsgerichtsbarkeit vor dem Europäischen Übereinkommen über Handelsschiedsgerichtsbarkeit, EWS 1996, 297; *Oberhammer*, Schiedsgerichtsbarkeit in Zentraleuropa (2005); *Raeschke-Kessler*, Die internationale Schiedsgerichtsbarkeit, ein Motor für transnationales Verfahrensrecht, Festschr. Schlosser (2005), S. 713; *Raeschke-Kessler/Berger*, Recht und Praxis des Schiedsverfahrens, 4. Aufl. (2007); *Rensmann*, Anationale Schiedssprüche (1997); *Sandrock*, Neue Lehren zur internationalen Schiedsgerichtsbarkeit und das klassische Internationale Privat- und Prozessrecht, Festschr. Stoll (2001), S. 661; *Schiffer*, Wirtschaftsschiedsgerichtsbarkeit (1999); *Schlosser*, Die objektive Schiedsfähigkeit des Streitgegenstandes – eine rechtsvergleichende internationalrechtliche Studie, Festschr. Fasching (1988), S. 405; *Schlosser*, Das Recht der internationalen privaten Schiedsgerichtsbarkeit, 2. Aufl. (1989); *Schütze*, Schiedsgericht und Schiedsverfahren, 4. Aufl. (2007); *Schütze*, Institutionelle Schiedsgerichtsbarkeit (2006); *Schütze*, Ausgewählte Probleme des deutschen und internationalen Schiedsverfahrensrechts (2006); *Schütze/Tscherning/Wais*, Handbuch des Schiedsverfahrens, 2. Aufl. (1990); *Schwab/Walter*, Schiedsgerichtsbarkeit, 7. Aufl. (2005); *Solomon*, Die Verbindlichkeit von Schiedssprüchen in der internationalen privaten Schiedsgerichtsbarkeit (2007); *Spiegel*, Kartellprivatrecht in internationalen Handelsschiedsgerichtsbarkeit (2000); *Strohbach*, Handbuch der internationalen Handelsschiedsgerichtsbarkeit (1990); *Thorn*, Termingeschäfte an Auslandsbörsen und internationale Schiedsgerichtsbarkeit, IPRax 1997, 98; *Wackenhuth*, Zur Behandlung der rügelosen Einlassung in nationalen und internationalen Schiedsverfahren, KTS 1985, 193; *Wagner*, Prozessverträge – Parteiautonomie im Verfahrensrecht (1998); *Weigand* (Hrsg.), Practitioner's Handbook on International Arbitration (2002); *Ch. Wolf*, Die institutionelle Handelsschiedsgerichtsbarkeit (1992).

2. Ausländische Literatur: *Backhausen*, Schiedsgerichtsbarkeit – unter besonderer Berücksichtigung des Schiedsvertragsrechts (Wien 1990); *Bernstein/Tackaberry/Marriot/Wood*, Handbook of Arbitration Practice, 3. Aufl. (1998); *Blessing*, Globalization (and Harmonization) of Arbitration, J.Int.Arb. 1992, 79; *Blessing*, Mandatory Rules of Law versus Party Autonomy in International Arbitration, J.Int.Arb. 1997, Nr. 4, 23; *Blessing*, Introduction to Arbitration – Swiss and International Perspectives (Basel 1999); *Born*, International Commercial Arbitration in the United Staates, 2. Aufl. (2001); *Broches*, Commentary on the UNCITRAL Model Law on International Commercial Arbitration (1990); *Bühring/Uhle*, Arbitration and Mediation in International Business, 2. Aufl. (2006); *Carbonneau*, International Litigation and Arbitration (2005); *Courvoisier*, In der Sache anwendbares Recht vor internationalen Schiedsgerichten – Art. 187 Abs. 1 IPRG (2005); *Craig/Park/Paulsson*, International Commercial Arbitration, 3. Aufl. (2000); *David*, Arbitration in International Trade (1985); *Fouchard*, Droit de l'arbitrage – Droit du commerce international (2007); *Fouchard/Gaillard/Goldman*, Traité de l'arbitrage commercial international (1996); *Gentinetta*, Die lex fori internationaler Handelsschiedsgerichte (1973); *Goode*, The Role of the Lex Loci Arbitri in International Commercial Arbitration, J.Int.Arb. 2001, 59; *Grigera Naón*, Choice-of-Law Problems in International Commercial Arbitration (1992); *Hanotiau*, L'arbitrabilité et la favor arbitrandum: un réexamen, Clunet 1994, 900; *Hanotiau*, What Law Governs the Issue of Arbitrability? J.Int.Arb. 1996 Nr. 4, 391; *Hanotiau*, L'arbitrabilité, Rec. des Cours 296 (2002), 25; *Hautot*, Arbitrage commercial international (1992); Institut Suisse de droit comparé (Hrsg.), International Commercial Arbitration and the Courts (1990); *Holtzmann/Neuhaus*, A Guide To The UNCITRAL Model Law On International Commercial Arbitration (1989); *Huleat-James/*

Gould, International Commercial Arbitration (London 1996); *Hunter/Marriott/Veeder*, The Internationalization of International Arbitration (London 1995); *Lalive/Poudret/Reymond*, Le droit de l'arbitrage interne et international en Suisse (1989); *Lew/Mistelis/Kröll*, Comparative International Commercial Arbitration (2003); *Loquin*, L'amiable composition en droit comparé et international, Contribution à l'étude du non-droit dans l'arbitrage commercial (1980); *Lowenfeld*, International Litigation and Arbitration, 3. Aufl. (2006); *P. Mayer*, L'autonomie de l'arbitrage international, Rec des Cours 1989-V, 319; *Merrills*, International Dispute Settlement, 2. Aufl. (1991); *Mustill/Boyd*, Commercial Arbitration, 2. Aufl. (1989); *Newman/Hill*, The Leading Arbitrators' Guide to International Arbitration (2004); *Nicklisch*, Multi-Party Arbitration and Dispute Resolution in Major Industrial Projects, J.Int.Arb. 1994, 57; *Oehmke*, International Arbitration (1990); *Racine*, L'arbitrage commercial international et l'ordre public (Paris 1999); *Poudret-Besson*, Droit comparé de l'arbitrage international (2002); *Redfern/Hunter*, Law and Practice of International Commercial Arbitration, 4. Aufl. (2004); *Reiner*, Handbuch der ICC-Schiedsgerichtsbarkeit (1989); *Rubino-Sammartano*, International Arbitration Law, 2. Aufl. (2001); *Samuel*, Jurisdictional Problems in International Commercial Arbitration and Practice (Den Haag 2001); *Sanders* (Hrsg.), International Handbook on Commercial Arbitration (Loseblatt); *Toope*, Mixed International Arbitration: Studies in Arbitration Between States and Private Persons (1990); *Walter/Bosch/Brönnimann*, Internationale Schiedsgerichtsbarkeit in der Schweiz (1991); *Weintraub*, International Litigation and Arbitration (2006).

Literatur zu internationalen Schiedsvereinbarungen: *Ahrens*, Die subjektive Reichweite internationaler Schiedsvereinbarungen und ihre Erstreckung in der Unternehmensgruppe (2001); *Alexander*, Gerichtsstands- und Schiedsstandsvereinbarungen im E-Commerce sowie außergerichtliche Streitbeilegung (2006); *Alpa*, La clausola arbitrale nei contratti dei consumatori, Riv.arb. 1997, 657; *Bartels*, Multiparty Arbitration Clauses, J.Int.Arb. 1985 Nr. 2, 61; *Basedow*, Vertragsstatut und Arbitrage nach neuem IPR, JbPraxSchG 1 (1987), 1; *Beckmann*, Statutarische Schiedsklauseln im deutschen Recht und internationalen Kontext (2007); *van den Berg*, The New York Arbitration Convention of 1958 (1981); *Berger*, Party Autonomy in International Economic Arbitration: A Reappraisal, Am.Rev.Int.Arb. 1993, 1; *Berger*, „Sitz des Schiedsgerichts" oder „Sitz des Schiedsverfahrens"?, RIW 1993, 8; *Berger*, Zur Geltung einer Schiedsabrede kraft Handelsbrauchs, DZWiR 1993, 466; *Berger*, The Arbitration Agreement under the Swedish 1999 Arbitration Act and the German 1998 Arbitration Act, Arb.Int. 2001, 389; *Bernardini*, The Arbitration Clause of an International Contract, J.Int.Arb. 1992, 45; *Blessing*, Arbitration Argeements – Multifold Critical Aspects (Basel 1994); *Blessing*, Drafting an Arbitration Clause, Bull. ASA 1994, 32; *Blessing*, Extension of the Scope of an Arbitration Clause to Non-Signatories, Bull. ASA 1994, 151; *Böckstiegel*, Abschluss von Schiedsverträgen durch konkludentes Handeln oder Stillschweigen, Festschr. Bülow (1981), S. 1; *Bond*, How to Draft an Arbitration Clause, J.Int.Arb. 1989, 65; *Bork*, Der Begriff der objektiven Schiedsfähigkeit (§ 1025 ZPO), ZZP 100 (1987), 249; *Born*, International Arbitration and Forum Selection Agreements: Drafting and Enforcing (2006); *Budin*, Les clauses arbitrales internationales bipartites, multipartites et spéciales de l'arbitrage „ad hoc" et institutionnel (Lausanne 1993); *Coipel-Cordonnier*, Les conventions d'arbitrage et d'élection de for en droit inernational privé (Paris 1999); *Czempiel/Kurth*, Schiedsvertrag und Wechselforderung im deutschen und internationalen Privatrecht, NJW 1987, 2118; *Ebbing*, Zur Schiedsfähigkeit von Börsengeschäften und Börsentermingeschäften, WM 1999, 1264; *Ebenroth/Parche*, Schiedsgerichtsklauseln als alternative Streiterledigungsmechanismen in internationalen Konsortialkreditverträgen und Umschuldungsabkommen, RIW 1990, 341; *Epping*, Die Schiedsvereinbarung im internationalen privaten Rechtsverkehr nach der Reform des deutschen Schiedsverfahrensrechts (1999); *Fouchard*, Clauses abusives en matière d'arbitrage, Rev.arb. 1995, 147; *Friedland*, Arbitration clauses for international contracts (2004); *Gaja*, Forma dell'accordo arbitrale e riconoscimento del lodo straniero secondo la Convenzione di New York, Riv.dir.int.-

priv.proc. 1991, 321; *Geimer*, Das Schiedsvereinbarungsstatut in der Anerkennungsperspektive, IPRax 2006, 233; *Gildeggen*, Internationale Schieds- und Schiedsverfahrensvereinbarungen in Allgemeinen Geschäftsbedingungen vor deutschen Gerichten (1991); *Girsberger/Hausmaninger*, Assignment of Rights and Agreement to Arbitrate, 8 J.Int.Arb. 1992, 121; *Goutal*, La clause compromissoire dans les connaissements, Rev.arb. 1996, 605; *Graffi*, Riflessioni in materia di forma dell'accordo arbitrale nell'arbitrato commerciale internazionale, in: Contratto e Impresa/Europa (Padua. 2002), S. 184; *Graffi*, Die Ungültigkeit des Schiedsvertrages wegen Formfehlern bei der Vollstreckung des Schiedsspruchs nach dem New Yorker UN-Übereinkommen: die Orientierung der italienischen Schiedsgerichtsbarkeit, TranspR 1998, 177; *Haas*, Zur formellen und materiellen Wirksamkeit des Schiedsvertrages, IPRax 1993, 382; *W. Habscheid/E. Habscheid*, Wegfall einer internationalen Schiedsinstitution, Schiedsvertrag und Schiedsrichtervertrag, JZ 1994, 945; *Hahnkämper*, Neue Regeln für Schiedsvereinbarungen, SchiedsVZ 2006, 65; *Hanefeld/Wittinghofer*, Schiedsklauseln in Allgemeinen Geschäftsbedingungen, SchiedsVZ 2005, 217; *Hascher*, Recognition and Enforcement of Judgments on the Existence and Validity of an Arbitration Clause under the Brussels Convention, J.Int.Arb. 1997, 33; *Hau*, Durchsetzung von Zuständigkeits- und Schiedsvereinbarungen mittels Prozessführungsverboten im EuGVÜ, IPRax 1996, 44; *Hau*, Grenzen der Beachtlichkeit von Schieds- und Gerichtsstandsvereinbarungen nach lex fori und Vereinbarungsstatut, IPRax 1999, 232; *Hausmann*, Einheitliche Anknüpfung internationaler Gerichtsstands- und Schiedsvereinbarungen, Festschr. W. Lorenz (1991), S. 359; *Hochbaum*, Missglückte internationale Schiedsvereinbarungen (1995); *Holeweg*, Schiedsvereinbarungen und Strohmanngesellschaften (1997); *van Houtte*, Consent to Arbitration through Agreement to Printed Contracts: the Continental Experience, J.Int.Arb. 2000, 1; *von Hülsen*, Die Gültigkeit von internationalen Schiedsvereinbarungen (1973); *Iriberri*, El convenio arbitral en el arbitraje comercial internacional (Madrid 1997); *Jarvin*, Zur Abtretung von Rechten aus einem Vertrag mit Schiedsklausel, BB 1998 Beil. Nr. 9, S. 12; *Kaplan*, Is the Need for Writing as Expressed in the New York Convention and the Model Law Out of Step with Commercial Practice?, Arb.Int. 12 (1996), Nr. 1, 27; *Kaufmann-Kohler*, Arbitration Agreements in Online Business to Business Transactions, Festschr. Böckstiegel (2001), S. 355; *Kirry*, Arbitrability: Current Trends in Europe, J.Int.Arb. 1996, 373; *Koussoulis*, Zur Dogmatik des auf die Schiedsvereinbarung anwendbaren Rechts, Festschr. Schlosser (2005), S. 415; *Kröll*, Die Schiedsvereinbarung im Verfahren zur Anerkennung und Vollstreckbarerklärung ausländischer Schiedssprüche ZZP 117 (2004), 453; *Kowalke*, Die Zulässigkeit von internationalen Gerichtsstands-, Schiedsgerichts- und Rechtswahlklauseln bei Börsentermingeschäften (2002); *Labes*, Schiedsgerichtsvereinbarungen in Rückversicherungsverträgen (1996); *Lindacher*, Schiedsklauseln und Allgemeine Geschäftsbedingungen im internationalen Handelsverkehr, Festschr. Habscheid (1989), S. 167; *Lionnet*, Überlegungen zur Vereinbarung des auf das schiedsrichterliche Verfahren anwendbaren Rechts, JbPraxSchG 3 (1989), 52; *Mallmann*, Die Bedeutung der Schiedsvereinbarung im Verfahren zur Anerkennung und Vollstreckbarerklärung ausländischer Schiedssprüche, SchiedsVZ 2004, 152; *Maresca*, Forma della clausola compromissoria secondo l'art. II della Convenzione di New York e connessione in materia di arbitato commerciale internazionale, Dir.mar. 84 (1982), 392; *Matray*, Rédaction d'une clause d'arbitrage et choix d'arbitres compétents en matière internationale, Clunet 1979, 51; *C. U. Mayer*, Die Überprüfung internationaler Schiedsvereinbarungen durch staatliche Gerichte, Bull. ASA 1996, 361; *Mäsch*, Schiedsvereinbarungen mit Verbrauchern, Festschr. Schlosser (2005), S. 529; *van Mehren*, Choice of Law and Arbitration Clause, Int.Bus.Lawyer 1989, 302; *Mentis*, Schranken prozessualer Klauseln in AGB (1994); *Münzberg*, Die Schranken der Parteivereinbarungen in der privaten internationalen Schiedsgerichtsbarkeit (1970); *Nienaber*, Negotiating Arbitration Clauses with U.S.

Companies, SchiedsVZ 2005, 273; *Nolting*, Mangelnde Feststellung des für Formwirksamkeit der Schiedsklausel und Schiedsfähigkeit maßgeblichen Rechts, IPRax 1987, 349; *Oberhammer*, Fakultative Schiedsklauseln, RdW 2000, 134; *Oppetit*, La clause arbitrale par référence, Rev.arb. 1990, 551; *Otto*, Das Schrifterfordernis ber internationalen Schiedsvereinbarungen, IPRax 2003, 333; *Picardi*, La forme de la convention d'arbitrage, Rass.arb. 1986, 157; *Poudret*, Le droit applicable à la convention d'arbitrage, Bull. ASA 1994, 23; *Poudret*, La clause arbitrale par référence selon la Convention de New York et l'art 6 du Concordat sur l'arbitrage, Festschr. Flattet (1985), S. 523; *Poudret/Cottier*, Remarques sur l'application de l'article II de la convention de New York, Bull. ASA 1995, 383; *Rahmann*, Ausschluss staatlicher Gerichtsbarkeit – Eine rechtsvergleichende Untersuchung des Rechts der Gerichtsstands- und Schiedsvereinbarungen in der BRD und den USA (1984); *Rechberger*, Evergreen: Gültigkeit der Schiedsklausel, Festschr. Schlosser (2005), S. 733; *Samtleben*, Wirksamkeit von Schiedsklauseln bei grenzüberschreitenden Börsentermingeschäften, ZEuP 1999, 974; *Sandrock*, Gerichtsstands- oder Schiedsklauseln in Verträgen zwischen US-amerikanischen und deutschen Unternehmen: Was ist zu empfehlen?, Festschr. Stiefel (1987), S. 254; *Sandrock*, Arbitration Agreements and Groups of Companies, Festschr. Lalive (1993), S. 625; *Sandrock*, „Ex aequo et bono" – und „amiable composition"-Vereinbarungen: ihre Qualifikation, Anknüpfung und Wirkungen, JbPraxSchG 2 (1988), 120; *Schlosser*, Schiedsklauseln in Allgemeinen Geschäftsbedingungen, ZEuP 1994, 682; *K. Schmidt*, Schiedsklauseln in Konnossementen unter einer Charterparty, Festschr. Herber (1999), S. 281; *Schütze*, Zur Wirksamkeit von internationalen Schiedsvereinbarungen und zur Wirkungserstreckung ausländischer Schiedssprüche über Ansprüche aus Börsentermingeschäften, JbPraxSchG 1 (1987), 94; *Schütze*, Die verkannte Funktion der Schiedsvereinbarung im internationalen Zivilprozessrecht, IPRax 2006, 442; *Schwarz*, La forme écrite de l'article II, al. 2 de la Convention de New York, SchwJZ 1968, 49; *Sieg*, Internationale Gerichtsstands- und Schiedsklauseln in AGB, RIW 1998, 102; *Spieker*, Schiedsvereinbarungen in AGB im Bereich des nicht-kaufmännischen Verkehrs, ZIP 1999, 2138; *Thümmel*, Die Schiedsvereinbarung zwischen Formzwang und favor validitatis, Festschr. Schütze (1999), S. 935; *Todd*, Incorporation of Arbitration Clauses into Bills of Lading, J.B.L. 1997, 331; *Trappe*, Zur Schiedsgerichtsklausel im Konnossement, Festschr. Herber (1999), S. 305; *Trappe*, The Arbitration Clause in a Bill of Lading, LMCLQ 1999, 337; *Ulmer*, Drafting the International Arbitration Clause, Int.Lawyer 1986, 1335; *von Baum*, Die prozessuale Modifizierung von Wertpapieren durch Gerichtsstands- und Schiedsvereinbarungen (1998); *Wackenhuth*, Ersetzbarkeit der Formerfordernisse, des Art. 2 Abs. 2 des UN-Übereinkommens durch Klageerhebung und rügelose Einlassung, RIW 1985, 568; *Wackenhuth*, Die Schriftform für Schiedsvereinbarungen nach dem UN-Übereinkommen und Allgemeine Geschäftsbedingungen, ZZP 99 (1986), 445; *Walder*, Die Vollmacht zum Abschluss einer Schiedsabrede, insbes. im internationalen Verhältnis, Festschr. Keller (1989), S. 677; *Wyler*, La convention d'arbitrage en droit du sport, ZSR 1997, 45.

I. Allgemeine Grundsätze

1. Bedeutung

6550   Im internationalen Handelsverkehr werden Gerichtsstandsvereinbarungen heute in erheblichem Umfang durch Schiedsvereinbarungen verdrängt. Die Vorteile, die eine schiedsrichterliche Streiterledigung gegenüber einem Verfahren vor den staatlichen Gerichten bereits in reinen Inlandsfällen hat, wie zB die Abkürzung der Verfahrensdauer durch Beschränkung auf eine Instanz, die Diskretion des Verfahrens, die spezielle Sachkunde der Schiedsrichter, die Freiheit der Verfahrensausgestaltung und die Kostenvorteile[1] werden im internationalen Rechtsverkehr noch erheblich verstärkt. So können die Parteien etwa Schiedsrichter mit besonderen Kenntnissen des ausländischen und zwischenstaatlichen Rechts bestellen und damit die mit der Einholung von Sachverständigengutachten verbundenen Kosten und Verzögerungen vermeiden. Die Freiheit der Verfahrensausgestaltung hat im internationalen Bereich ferner den Vorzug, dass das Erfordernis einer förmlichen Zustellung von Schriftstücken an im Ausland wohnende Verfahrensbeteiligte entfällt. Darüber hinaus können die Parteien sich für das Verfahren vor dem Schiedsgericht auf eine bestimmte Sprache einigen und Schiedsrichter bestellen, die dieser Sprache kundig sind; damit erübrigt sich die im Verfahren vor staatlichen Gerichten notwendige Übersetzung von Urkunden in die Gerichtssprache und die Zuziehung von Dolmetschern für die Anhörung von Beteiligten, die der Gerichtssprache nicht mächtig sind[2]. Hinzu kommt, dass durch die Vereinbarung schiedsgerichtlicher Streiterledigung das vielfach bestehende Misstrauen gegenüber einer in ihrer Funktion unbekannten fremden staatlichen Gerichtsbarkeit ausgeschaltet werden kann. Vor allem aber ist die Durchsetzung von Schiedssprüchen im internationalen Rechtsverkehr mit Hilfe staatlicher Zwangsmittel in weit größerem Umfang staatsvertraglich gewährleistet als die Wirkungserstreckung von Zivilurteilen. Während die Vollstreckung deutscher Zahlungsurteile derzeit nur in den Mitgliedstaaten der EuGVO und den Vertragsstaaten des Luganer Übereinkommens sowie aufgrund bilateraler Übereinkommen weiterhin im Verhältnis zu Israel und Tunesien gewährleistet ist, gilt das UN-Übereinkommen über die Anerkennung und Vollstreckung ausländischer Schiedssprüche vom 10.6.1958 (dazu unten Rz. 6564, 6568 ff., 6612 ff., 6630 ff., 6671 ff., 6741 ff., 6772 ff.) derzeit im Verhältnis zu mehr als 130 Staaten.

2. Begriff

Das neue deutsche Schiedsverfahrensrecht enthält – in Anlehnung an Art. 7 Abs. 1 S. 1 UNCITRAL-ModG[3] – eine Legaldefinition der Schiedsvereinbarung in § 1029 Abs. 1 ZPO. Während das bisherige Schiedsverfahrensrecht vom „Schiedsvertrag" sprach, verwendet der Gesetzgeber seit der Reform von 1997 den Begriff „Vertrag" nur noch im Zusammenhang mit dem Hauptvertrag (vgl. §§ 1029 Abs. 2, 1031 Abs. 3, 1040 Abs. 1, 1051 Abs. 4 ZPO); der bisherige „Schiedsvertrag" wird hingegen durchgängig als „Schiedsvereinbarung" bezeichnet. Damit betont das geltende Recht die strikte Trennung von Hauptvertrag und Schiedsvereinbarung (vgl. § 1040 Abs. 1 S. 2 ZPO; dazu näher unten Rz. 6555). Die Schiedsvereinbarung ist ferner abzugrenzen vom Schiedsrichtervertrag (dazu unten Rz. 6558) und von bloßen Vereinbarungen über die Ge-

6551

---

[1] Zu den Vorzügen der schiedsrichterlichen Streiterledigung näher *Diedrich*, JuS 1998, 158 f.; *Schwab/Walter*, Kap. 1 Rz. 8.
[2] *Schütze/Tscherning/Wais*, Rz. 5 ff.; *Schütze*, Rz. 18 ff.; *Lachmann*, Rz. 368 f.
[3] UNCITRAL-Modellgesetz über die internationale Handelsschiedsgerichtsbarkeit vom 21.6.1985; deutscher Text bei *Schwab/Walter*, Anh. A III.

staltung des Schiedsverfahrens (dazu unten Rz. 6556). Sie kann sich sowohl auf bereits entstandene Streitigkeiten („compromis") wie auf erst künftig entstehende Streitigkeiten („clause compromissoire") beziehen. Bildet sie den Gegenstand einer selbständigen Vereinbarung, wird sie in der Terminologie des geltenden Rechts als **„Schiedsabrede"** bezeichnet, während man von **„Schiedsklausel"** spricht, wenn die Schiedsvereinbarung in den Hauptvertrag integriert ist, auf den sie sich bezieht (§ 1029 Abs. 2 ZPO).

3. Rechtsnatur

6552 Die Rechtsnatur der Schiedsvereinbarung wird von der rechtlichen Bewertung der Schiedsgerichtsbarkeit insgesamt bestimmt. Diese ist nach deutscher Auffassung Ausübung echter – privater – Gerichtsbarkeit[1], die den Parteien einen grundsätzlich gleichwertigen Rechtsschutz wie die staatliche Gerichtsbarkeit ermöglicht[2]. Aus diesem Grunde ist der Schiedsspruch ein Rechtsprechungsakt und kein materiellrechtlicher Gestaltungsakt. Dementsprechend kann auch die Schiedsvereinbarung kein rein materiellrechtlicher Vertrag sein. Dennoch stand die deutsche Rechtsprechung lange Zeit der **materiellrechtlichen Theorie** nahe, wenn sie die Schiedsvereinbarung als einen „materiellrechtlichen Vertrag über prozessrechtliche Beziehungen" wertete, dessen Zustandekommen sich nach bürgerlichem Recht richte[3]. Parallel zu der Entwicklung im Recht der Gerichtsstandsvereinbarungen (dazu oben Rz. 6355 ff.) hat sich im jüngeren zivilprozessualen Schrifttum hingegen die **prozessuale Qualifikation** der Schiedsvereinbarung durchgesetzt. Diese Lehre sieht die charakteristische Wirkung einer Schiedsvereinbarung mit Recht in der Ermöglichung eines auf einen urteilsgleichen Spruch gerichteten Verfahrens einerseits und im Ausschluss der ordentlichen Gerichtsbarkeit und der Entstehung einer prozesshindernden Einrede andererseits[4]. Das Erfordernis, auf gewisse Aspekte der Schiedsvereinbarung Vorschriften des bürgerlichen Rechts entsprechend anzuwenden, steht der prozessualen Qualifikation nicht entgegen.

---

1 BGH 15.5.1986, BGHZ 98, 70 (72) = NJW 1986, 3027 = EWiR 1986, 835 (LS) m. Anm. *Schütze*; *Habscheid*, JZ 1998, 446; *Geimer*, in: Zöller, § 1025 ZPO Rz. 1.
2 Amtliche Begründung zum SchiedsverfahrensreformG, BT-Drucks. 13/5274, S. 34.
3 BGH 30.1.1957, BGHZ 23, 198 (200) = NJW 1957, 589; BGH 28.11.1963, BGHZ 40, 320 (322) = NJW 1964, 591 = IPRspr 1962/63 Nr. 213; OLG Hamburg 22.9.1978, RIW 1979, 482 (484) m. zust. Anm. *Mezger* = IPRspr. 1978 Nr. 189; zust. *Schütze/Tscherning/Wais*, Rz. 559; *Lachmann*, Rz. 266.
4 *Hausmann*, Festschr. W. Lorenz (1991), S. 359 (361); *Wagner*, S. 578 ff.; *Münch*, in: MünchKomm ZPO, § 1029 Rz. 12 ff.; *Schlosser*, in: Stein/Jonas, § 1029 ZPO Rz. 1; *Schwab/Walter*, Kap. 7 Rz. 37; *Geimer*, in: Zöller, § 1029 ZPO Rz. 15 ff.; *Rosenberg/Schwab/Gottwald*, ZPR, 16. Aufl. (2004), § 174 II; *Jauernig*, Zivilprozessrecht, 29. Aufl. (2007), § 93 II. Auch der BGH bezeichnet die Schiedsvereinbarung neuerdings ausdrücklich als „Unterfall des Prozessvertrages", vgl. BGH 3.12.1986, BGHZ 99, 143 (147) = ZZP 100 (1986), 452 m. Anm. *Schwab* = NJW 1987, 651; ähnlich OLG Frankfurt a.M. 25.1.1983, DtZ 1993, 183: „verfahrensrechtlicher Vertragsgegenstand"; zust. auch österreich. OGH 5.5.1998, RIW 1999, 789 m. Anm. *Seidl-Hohenveldern*; *Wagner*, S. 578 ff. mwN. Für Doppelnatur *Voit*, in: Musielak, § 1029 ZPO Rz. 3.

4. Abgrenzungen

Die kollisionsrechtliche Einordnung der Schiedsvereinbarung wird dadurch erschwert, dass im Verlaufe des Verfahrens nicht nur das Schiedsgericht, sondern auch staatliche Gerichte in ihrer Eigenschaft als Einredegerichte, sowie bei Schiedsrichterernennung oder -ablehnung, Beweiserhebung und Vollstreckung mit der Beurteilung kollisionsrechtlicher Fragen befasst werden können. Dabei ist es für jedes dieser Gerichte wesentlich, die Bestimmung des Statuts der Schiedsvereinbarung von weiteren kollisionsrechtlichen Fragen abzugrenzen, die sich im Zusammenhang mit der Durchführung eines internationalen Schiedsverfahrens typischerweise stellen.

6553

a) Schiedsvereinbarung und Hauptvertrag

Schiedsvereinbarung und Hauptvertrag sind grundsätzlich streng auseinander zu halten („Autonomie der Schiedsvereinbarung")[1]. Dies gilt – wie § 1040 Abs. 1 S. 2 ZPO ausdrücklich klarstellt – auch dann, wenn die Schiedsklausel Bestandteil des geschlossenen Hauptvertrages ist[2]. Damit wird freilich eine – auch kollisionsrechtlich relevante – Wechselbeziehung von Schiedsvereinbarung und Hauptvertrag nicht ausgeschlossen. So enthält die Schiedsabrede – ebenso wie eine Gerichtsstandsvereinbarung (dazu oben Rz. 6354) – einen starken Hinweis auf das Recht am Sitz des gewählten Schiedsgerichts, der idR die Annahme einer stillschweigenden Rechtswahl iSv. Art. 3 Abs. 1 S. 2 Rom I-VO bzw. § 1051 Abs. 1 ZPO für den Hauptvertrag rechfertigt[3]; dies gilt sogar dann, wenn die Schiedsvereinbarung nicht wirksam getroffen worden ist[4]. Diese Indizwirkung setzt allerdings voraus, dass der Schiedsort bereits in der Schiedsvereinbarung bestimmt und seine Festlegung nicht den Schiedsrichtern oder einer Schiedsorganisation überlassen worden ist[5]. Umgekehrt kann eine für den Hauptvertrag getroffene Rechtswahl auch für die Ermittlung des Statuts der Schiedsvereinbarung Bedeutung erlangen. Eine verbreitete Auffassung unterwirft die Schiedsvereinbarung nämlich im Zweifel dem von den Parteien gewählten Statut des Hauptvertrages[6].

6554

b) Schiedsvereinbarung und Schiedsverfahren

Abzugrenzen ist das Statut der Schiedsvereinbarung weiterhin vom Schiedsverfahrensstatut. Zwar wird es sich häufig empfehlen, die Schiedsvereinbarung der gleichen Rechtsordnung zu unterstellen, die auch das Schiedsverfahren beherrscht (dazu unten Rz. 6613 f., 6616, 6623); zwingend ist dieser Gleichlauf jedoch nicht. Mittelbar wirkt das Schiedsverfahrensstatut freilich auch auf die

6555

---

1 Vgl. *Schlosser*, Rz. 248; *Geimer*, in: Zöller, § 1029 ZPO Rz. 1.
2 *Sanders*, Arbitration, S. 59 ff.; *Epping*, S. 24 f.; *Geimer*, in: Zöller, § 1029 ZPO Rz. 1; dazu näher unten Rz. 6632, 6648.
3 Vgl. dazu oben Rz. 118 ff. m. ausf. Nachw.
4 LAG Hamburg 3.9.1973, BB 1974, 1411 = IPRspr. 1974 Nr. 42a; BAG 4.10.1974, DB 1975, 63 = AP Nr. 7 zu § 38 ZPO = IPRspr. 1974 Nr. 42 b.
5 *Star Shipping AS* v. *China NFTT Corp.* (C.A. 1993), YCA XXII (1997), 815 (819).
6 Dazu näher unten Rz. 6622 f.

Ermittlung des Statuts der Schiedsvereinbarung insofern ein, als es bestimmt, *welche Kollisionsregeln* der Schiedsrichter zugrunde zu legen hat, um die Gültigkeit der Schiedsvereinbarung zu beurteilen. So gilt die Kollisionsregel in § 1059 Abs. 2 Nr. 1 lit. a ZPO nur, wenn aufgrund des Territorialitätsprinzips (§ 1025 Abs. 1 ZPO) deutsches Recht auf das Schiedsverfahren anzuwenden ist (dazu unten Rz. 6619). Besondere Schwierigkeiten bereitet die Ermittlung des maßgeblichen Kollisionsrechts daher dann, wenn die Parteien weder das maßgebliche Verfahrensrecht noch den Sitz des Schiedsgerichts festgelegt haben (vgl. auch oben Rz. 119 ff.).

c) Schiedsvereinbarung und lex fori staatlicher Gerichte

6556 Wenig geklärt sind bisher die Konsequenzen, die sich aus einer prozessualen Qualifikation der Schiedsvereinbarung für das Verfahren vor den staatlichen Einredegerichten ergeben. Zwar besteht Einvernehmen darüber, dass sich die prozessualen *Wirkungen* der Schiedsvereinbarung im **Einredeverfahren** allein nach der lex fori des angerufenen staatlichen Gerichts beurteilen (dazu unten Rz. 6779). Weithin unklar bleibt hingegen, inwieweit sich die prozessualen Regeln der lex fori über die inhaltlichen und formellen *Voraussetzungen* einer gültigen Schiedsvereinbarung gegen das von den Parteien gewählte Statut der Schiedsvereinbarung bzw. das Recht am gewählten Schiedsort durchsetzen. Anders als im Recht der Gerichtsstandsvereinbarungen[1] schreckt man vor einer Qualifikation dieser Normen (zB der §§ 1029–1032 ZPO) iSv. prozessualen Schranken der Zulässigkeit von internationalen Schiedsvereinbarungen, die nach dem lex-fori-Prinzip im Verfahren vor dem staatlichen Einredegericht stets Beachtung erheischen, bisher überwiegend zurück (dazu näher unten Rz. 6709 ff.).

d) Schiedsvereinbarung und Schiedsrichtervertrag

6557 Die Schiedsvereinbarung ist auch von dem Schiedsrichtervertrag zu unterscheiden, der zwischen den Parteien einerseits und dem Schiedsrichter andererseits geschlossen wird und die Grundlage für die Ausübung der schiedsrichterlichen Tätigkeit bildet. Der Schiedsrichtervertrag wird – ebenso wie der mit einer Schiedsorganisation geschlossene sog. Schiedsorganisationsvertrag[2] – überwiegend noch als ein reiner **Schuldvertrag sui generis** gewertet, auf den bei Geltung deutschen Rechts die gesetzlichen Bestimmungen über den Dienstvertrag (§§ 611 ff. BGB) bzw. – im Falle der Unentgeltlichkeit – des Auftrags (§§ 662 ff. BGB) entsprechend anzuwenden sind[3]. Dabei untersteht der

---

[1] Vgl. 6. Aufl. Rz. 3147 ff.
[2] Vgl. *Ch. Wolf*, Die institutionelle Handelsschiedsgerichtsbarkeit (1992), S. 70 ff., 228 ff.
[3] So insbesondere – im Anschluss an die st. Rspr. des Reichsgerichts (RGZ 59, 247; RGZ 74, 323; RGZ 94, 213) – BGH 5.5.1986, BGHZ 98, 32 (34 f.) mwN.; zust. *Schütze/Tscherning/Wais*, Rz. 171 f.; *Ch. Wolf*, Die institutionelle Handelsschiedsgerichtsbarkeit (1992), S. 75 f.; aA *Schwab*, Schiedsrichterernennung und Schiedsrichtervertrag, Festschr. Schiedermair (1976), S. 499 ff.; *Real*, Der Schiedsrichtervertrag (1983); *Schwab/Walter*, Kap. 11 Rz. 9, die dem Schiedsrichtervertrag auch prozessuale Funktionen beimessen.

Schiedsrichtervertrag nicht notwendigerweise demselben Recht wie die Schiedsvereinbarung oder das Schiedsverfahren. Den Parteien steht es vielmehr nach Art. 3 Rom I-VO frei, ihre Beziehungen zu den Schiedsrichtern einem hiervon abweichenden Recht zu unterstellen[1]. Treffen die Parteien **keine ausdrückliche Rechtswahl**, so kann das auf die Schiedsvereinbarung oder das Schiedsverfahren anwendbare Recht allerdings ein starkes Indiz für einen stillschweigenden Parteiwillen oder für eine „offensichtlich engere Verbindung" des Schiedsrichtervertrages zu einer Rechtsordnung iSv. Art. 4 Abs. 3 Rom I-VO sein, wobei im Zweifel das auf das *Schiedsverfahren* anwendbare Recht stärker wiegt[2]. Denn die Stellung des Schiedsrichters wird von diesem Recht entscheidend mitbestimmt, etwa hinsichtlich seiner Abberufung oder der Erfordernisse der Unparteilichkeit. Diese akzessorische Anknüpfung des Statuts des Schiedsrichtervertrages an das Verfahrensstatut hat gem. Art. 4 Abs. 3 Rom I-VO dann Vorrang vor der Anknüpfung an den „Praxisort" als den Ort, an dem der Schiedsrichter seine vertragscharakteristische Leistung iSv. Art. 4 Abs. 2 Rom I-VO erbringt[3]; dies gilt jedenfalls dann, wenn ein Kollegialgericht entscheidet, dem Schiedsrichter aus verschiedenen Ländern angehören[4].

e) Schiedsvereinbarung und Gerichtsstandsvereinbarung

Die Abgrenzung von Schieds- und Gerichtsstandsvereinbarungen bereitet im Regelfall keine Schwierigkeiten. Während durch eine ausschließliche Gerichtsstandsvereinbarung nur die internationale Zuständigkeit der Gerichte einzelner Staaten ausgeschlossen wird (vgl. oben Rz. 6353), wird durch eine Schiedsvereinbarung die Zuständigkeit der staatlichen Gerichtsbarkeit insgesamt abbedungen. Dies muss allerding in der Vereinbarung hinreichend deutlich zu Ausdruck kommen[5]. Die *Umdeutung* einer unwirksamen Schiedsvereinbarung in eine gültige Gerichtsstandsvereinbarung kommt nur in äußerst engen Grenzen und bei Vorliegen besonderer Umstände in Betracht[6].

6558

---

1 *Müller-Freienfels*, Der Schiedsrichtervertrag in kollisionsrechtlicher Beziehung, Festschr. Cohn (1975), S. 147 (158); *Basedow*, JbPraxSchG 1 (1987), 1 (20); *Schütze/Tscherning/Wais*, Rz. 575; *von Hoffmann*, Der internationale Schiedsrichtervertrag – eine kollisionsrechtliche Skizze, Festschr. Glossner (1994), S. 143 f.
2 *Real*, Der Schiedsrichtervertrag (1983), S. 189 ff.; *Schlosser*, Rz. 491; *Geimer*, Rz. 3851; *Schütze/Tscherning/Wais*, Rz. 575. Gegen eine akzessorische Anknüpfung an das Recht der Schiedsvereinbarung auch *Müller-Freienfels*, Festschr. Cohn (1975), S. 147 (158); *Schwab/Walter*, Kap. 48 Rz. 4.
3 *Schütze/Tscherning/Wais*, Rz. 575; *Schlosser*, Rz. 491; aA *Müller-Freienfels*, Festschr. Cohn (1975), S. 147 (162); *Basedow*, JbPraxSchG 1 (1987), 1 (21); *Münch*, in: MünchKomm ZPO, vor § 1034 Rz. 10.
4 *Schwab/Walter*, Kap. 48 Rz. 3.; zust. österreich. OGH 28.4.1998, BB 1999, Beil. 11, S. 7 m. Anm. *Liebscher*, Schiedsrichtervertrag und anwendbares Recht, S. 2.
5 Vgl. Trib. Vaud 30.3.1993, Bull. ASA 1995, 64 = YCA XXI (1996), 681 (683): Klausel „Jurisdiction of the (State) courts of the International Chamber of Commerce, Paris" ist zweideutig und bringt Ausschluss der staatlichen Gerichtsbarkeit nicht hinreichend deutlich zum Ausdruck.
6 OLG Hamburg 6.1.1972, VersR 1972, 854 = AWD 1974, 162 = IPRspr. 1972 Nr. 136; aA LAG Hamburg 3.9.1973, BB 1974, 1411; BAG 4.10.1974, DB 1975, 63.

6559 Haben die Parteien sowohl eine Gerichtsstandsvereinbarung wie eine Schiedsvereinbarung für künftige Rechtsstreitigkeiten getroffen, so ist deren Verhältnis zunächst im Wege der **Auslegung** nach Maßgabe des Statuts der Schiedsvereinbarung (dazu unten Rz. 6633 ff.) zu ermitteln[1]. Diese Auslegung kann ergeben, dass die Schiedsvereinbarung Vorrang vor der Gerichtsstandsvereinbarung haben soll[2]. So geht etwa eine individuell ausgehandelte Schiedsvereinbarung für einen bestimmten Vertrag der in den AGB einer Partei enthaltenen Gerichtsstandsvereinbarung vor, auch wenn die AGB wirksam in den Vertrag einbezogen wurden (vgl. § 305b BGB)[3]. Die Auslegung kann freilich auch zum umgekehrten Ergebnis, dh. zum Vorrang der Gerichtsstandsklausel führen[4]. Enthalten die den Vertragsbeziehungen zugrunde liegenden AGB einer Partei sowohl eine Gerichtsstands- wie eine Schiedsvereinbarung, so ist idR die Auslegung gerechtfertigt, dass die Gerichtsstandsklausel dann gelten soll, wenn die Parteien übereinstimmend nicht das Schiedsgericht, sondern staatliche Gerichte anrufen[5]. Ferner kann die Gerichtsstandsklausel eine die Schiedsklausel lediglich ergänzende Funktion haben[6].

6560 Die Parteien können auch vereinbaren, dass die klagende Partei die Wahl haben soll, entweder das staatliche Gericht oder das Schiedsgericht anzurufen. Mit der Entscheidung des Klägers zugunsten der Durchführung eines Schiedsverfahrens wird die Schiedsklausel dann voll gültig[7]. Dies gilt auch dann, wenn die Vereinbarung eine Partei einseitig begünstigt, in dem sie nur ihr das **Wahlrecht zwischen staatlichem Gericht und Schiedsgericht** einräumt, während die andere Partei in jedem Falle das Schiedsgericht anrufen muss. Die Wirksamkeit einer solchen Vereinbarung wird auch nicht dadurch in Frage gestellt, dass dieses Wahlrecht in einer vorformulierten Klausel allein dem Verwender *als Kläger* eingeräumt wird[8]. Demgegenüber benachteiligt eine Klausel, die dieses Wahlrecht zwischen staatlichem Gericht und Schiedsgericht dem AGB-Verwender auch dann einseitig zubilligt, wenn er verklagt wird, den anderen Teil unangemessen iSv. § 307 Abs. 2 BGB. Denn der Kläger läuft dann Gefahr, dass seine beim vereinbarten staatlichen Gericht erhobene Klage nachträglich dadurch unzulässig wird, dass der Verwender die Schiedseinrede erhebt; dies ist dem Kläger nicht zumutbar[9].

---

[1] Vgl. dazu *Paul Smith Ltd.* v. *H & S Int'l Holdings Co.* (Q.B., 1991), YCA XIX (1994), 725; *Weigand/Haas*, Art. II UNÜ Rz. 68.
[2] Vgl. OLG Bremen 29.2.1996, OLGR 1996, 139 (140 f.).
[3] BGH 20.3.1980, BGHZ 77, 32 (36) = NJW 1980, 2022 = IPRax 1981, 53 (m. Anm. *Samtleben*, IPRax 1981, 43) = IPRspr. 1980 Nr. 183; vgl. auch App. Paris 29.11.1991, Rev.arb. 1993, 617 (619 f.); *Haas*, in: Weigand, Art. II UNÜ Rz. 68.
[4] Vgl. HandelsG Zürich 25.8.1992, ZEuP 1994, 682 (683).
[5] BGH 26.3.1969, BGHZ 52, 31 (35) = NJW 1969, 1536 = IPRspr. 1968/69 Nr. 225.
[6] BGH 12.1.2006, NJW 2006, 779 = SchiedsVZ 2006, 101.
[7] Vgl. zum internen deutschen Recht BGH 18.12.1975, WM 1976, 331 (332); *Schwab/Walter*, Kap. 3 Rz. 22 mwN.; zum UNÜ *Walter*, JZ 1989, 588 (590); *Haas*, in: Weigand, Art. II UNÜ Rz. 68 mwN.; aA *Fowler* v. *Merril Lynch* (Q.B. 1982), YCA X (1985), 499 (503).
[8] BGH 10.10.1991, BGHZ 115, 324 (325) = NJW 1992, 575 = EWiR 1972, 721 (LS) m. Anm. *Teske*.
[9] BGH 24.9.1998, NJW 1999, 282 (283); *Raeschke-Kessler/Berger*, Rz. 370; *Geimer*, in: Zöller, § 1029 ZPO Rz. 35. Die Unwirksamkeit der Klausel kann jedoch vermieden

Unzulässig ist auch eine Klausel, die für ein und denselben Rechtsstreit sowohl das ordentliche Gericht als auch das Schiedsgericht für zuständig erklärt und die Aufgaben zwischen beiden Gerichten so verteilt, dass jedes Gericht nur einen **Teil der Rechtsfragen** entscheiden soll, deren Lösung zur Beendigung des Rechtsstreits erforderlich ist[1]. Dies gilt freilich nur, soweit die betreffenden Rechtsfragen so untrennbar miteinander verknüpft sind, dass die Gefahr widersprüchlicher Entscheidungen des staatlichen und des Schiedsgerichts besteht[2]. Hingegen ist es ohne Weiteres zulässig, aus einem Gesamtkomplex einzelne selbständige Ansprüche vor staatlichen Gerichten, andere vor einem Schiedsgericht geltend zu machen[3]. 6561

5. Rechtsquellen

Das Recht der internationalen Schiedsgerichtsbarkeit wird heute beherrscht von zwei- und mehrseitigen Staatsverträgen, die entgegenstehendes Sach- und Kollisionsrecht der Vertragsstaaten in weitem Umfang verdrängen. 6562

a) Multilaterale Staatsverträge

aa) UN-Übereinkommen

Zentrales multilaterales Regelungsinstrument der internationalen Handelsschiedsgerichtsbarkeit ist heute das UN-Übereinkommen über die Anerkennung und Vollstreckung ausländischer Schiedssprüche (**UNÜ**) vom 10.6.1958[4]. Das Übereinkommen regelt Form und Inhalt von Schiedsvereinbarungen nach heute ganz hM – entgegen der zu eng gefassten Überschrift – auch außerhalb des Exequaturverfahrens[5]. 6563

bb) Europäisches Übereinkommen

Das Europäische Übereinkommen über die internationale Handelsschiedsgerichtsbarkeit (**EuÜ**) vom 21.4.1961[6] ergänzt das UN-Übereinkommen vor allem durch Regeln über das Verfahren vor dem Schiedsgericht und gewährleis- 6564

---

werden, wenn sie durch eine Zusatzregelung ergänzt wird, die den Verwender verpflichtet, sein Wahlrecht auf Aufforderung des Klägers schon vorprozessual auszuüben, vgl. BGH 24.9.1998, NJW 1999, 282; *Schwab/Walter*, Kap. 3 Rz. 24.
1 BGH 23.5.1960, NJW 1960, 1462 f. = ZZP 73 (1961), 403 m. Anm. *Schwab*; *Haas*, in: Weigand, Art. II UNÜ Rz. 69.
2 App. Paris 8.12.1988, Rev.arb. 1990, 150 (155); Lonino Ltd. v. The Shell Petroleum Co. Ltd. (Ch. Div. 1978), IV YCA (1979), 320 (322).
3 *Haas*, in: Weigand, Art. II UNÜ Rz. 69.
4 BGBl. I. 1961, 122; abgedr. bei *Jayme/Hausmann*, Nr. 240. Ein Überblick über die mehr als 130 Vertragsstaaten und die von diesen erklärten Vorbehalte findet sich dort in Fn. 1–5.
5 *Van den Berg*, S. 56; *Schlosser*, Rz. 78; *Thorn*, IPRax 1997, 98 (101); dazu Rz. 6573.
6 BGBl. II 1964, 426; abgedr. bei *Jayme/Hausmann*, Nr. 241; ein Überblick findet sich dort in Fn. 1.

tet ausdrücklich die rechtliche Verbindlichkeit von Schiedsvereinbarungen, die das ständige Schiedsgericht einer Organisation für zuständig erklären. Es hat durch die Schaffung von international einheitlichen Sachnormen insbesondere die Streiterledigung im Ost-West-Handel erheblich verbessert. Sämtliche Mitgliedstaaten dieses Übereinkommens gehören heute auch dem UNÜ an. Das EuÜ wird ergänzt durch die **Pariser Vereinbarung** vom 17.12.1962[1].

cc) Übereinkommen auf besonderen Rechtsgebieten

6565 Während die bisher genannten Staatsverträge das Recht der privaten Schiedsgerichtsbarkeit allgemein regeln, hat die Bundesrepublik Deutschland eine Reihe von Staatsverträgen abgeschlossen, die eine schiedsgerichtliche Streiterledigung nur auf eng begrenzten Rechtsgebieten vorsehen. Die größte Bedeutung hat dabei zweifellos das Washingtoner Weltbank-Übereinkommen zur Beilegung von Investitionsstreitigkeiten zwischen Staaten und Angehörigen anderer Staaten (WBÜ) vom 18.3.1965[2]. Darüber hinaus eröffnen insbesondere verschiedene Staatsverträge auf den Gebieten des Haftungsrechts bei Großschäden sowie des internationalen Transportrechts den Weg in die Schiedsgerichtsbarkeit[3].

b) Bilaterale Staatsverträge

6566 Außer den vorgenannten multilateralen Übereinkommen hat die Bundesrepublik Deutschland auch bilaterale Abkommen geschlossen, die Fragen der internationalen Handelsschiedsgerichtsbarkeit betreffen. Diese Übereinkommen regeln zwar primär die Voraussetzungen der gegenseitigen Anerkennung und Vollstreckung von Schiedssprüchen[4]; sie enthalten jedoch auch besondere Vorschriften über die Anerkennung von *Schiedsvereinbarungen*. Dies gilt insbesondere für:

– den deutsch-*amerikanischen* Freundschafts-, Handels- und Schifffahrtsvertrag vom 29.10.1954 (Art. VI Abs. II S. 1)[5] und

– den deutsch-*tunesischen* Vertrag über die gegenseitige Anerkennung und Vollstreckung gerichtlicher Entscheidungen in Zivil- und Handelssachen sowie die Handelsschiedsgerichtsbarkeit vom 19.7.1966 (Art. 47–50)[6].

Das deutsch-*sowjetische* Abkommen über allgemeine Fragen des Handels und der Seeschifffahrt vom 25.4.1958[7], das in Art. 8 Regeln für internationale

---

1 BGBl II 1964, 449; abgedr. bei *Jayme/Hausmann*, Nr. 242.
2 BGBl. II 1964, 369; vgl. dazu näher *Schwab/Walter*, Kap. 41 Rz. 5; *Schlosser*, Rz. 94 ff. mwN.
3 Vgl. dazu näher *Schlosser*, Rz. 105 f. mwN.
4 Vgl. *Schwab/Walter*, Kap. 59.
5 BGBl. II 1956, 488; abgedr. bei *Jayme/Hausmann*, Nr. 243.
6 BGBl. II 1969, 890; dazu *Schlosser*, Rz. 112.
7 BGBl. II 1959, 222.

Schiedsverfahren enthielt und das zunächst auch im Verhältnis zur Russischen Föderation fortgalt[1], ist hingegen mit Wirkung vom 20.12.2000 außer Kraft getreten[2].

c) Autonomes Recht

Soweit keine staatsvertraglichen Regeln eingreifen, gilt für nationale wie internationale Schiedsverfahren und -vereinbarungen das durch Gesetz vom 22.12.1997 (BGBl. I 1997, 3224) neu geregelte 10. Buch der ZPO, mit dem der deutsche Gesetzgeber weitgehend das UNCITRAL-Modellgesetz über die internationale Handelsschiedsgerichtsbarkeit übernommen hat.

6567

6. Der Anwendungsbereich der Staatsverträge

a) UN-Übereinkommen

aa) Schiedssprüche

Das UNÜ bestimmt seinen Anwendungsbereich in Art. I allein für die Anerkennung und Vollstreckung von Schiedssprüchen. Der Begriff des „Schiedspruchs" ist in diesem Zusammenhang im Wege **vertragsautonomer Qualifikation** zu ermitteln[3]. Da das UNÜ nur sicherstellen will, dass die nach dem Recht des Schiedslandes vollstreckungsfähigen Schiedssprüche auch in den übrigen Vertragsstaaten vollstreckt werden können, fallen Schiedssprüche, die nur schuldrechtliche Wirkungen entfalten und aus denen deshalb nicht vollstreckt werden kann, nicht unter das UNÜ[4]. Im Übrigen stellt Art. I Abs. 2 UNÜ klar, dass nicht nur Schiedssprüche von ad hoc gebildeten Schiedsgerichten, sondern auch solche von ständigen Schiedsgerichten nach dem UNÜ anerkannt und vollstreckt werden können. Hingegen findet das UNÜ auf *Schiedsvergleiche* keine Anwendung, soweit der Vergleichsinhalt nicht – wie nach § 1053 ZPO – in einen Schiedsspruch mit vereinbartem Wortlaut übernommen wird[5].

6568

---

1 Dazu BayObLG 16.3.2000, BB 2000 Beil. 12, S. 15 = NJW-RR 2001, 431 = IPRspr. 2000 Nr. 183; BayObLG 11.8.2000, BayObLGZ 2000, 233 = BB 2000 Beil. 12, S. 10 m. Anm. *Lachmann* = IPRspr. 2000 Nr. 186.
2 Bek. vom 7.12.2001, BGBl. II 2002, 40.
3 *Adolphsen*, in: MünchKomm ZPO, Art. I UNÜ Rz. 1; *Haas*, ZEuP 1999, 355 (356); *Haas*, in: Weigand, Art. I UNÜ Rz. 46 mwN.
4 BGH 8.10.1981, NJW 1982, 1224 = IPRax 1982, 143 (m. abl. Anm. *Wenger*, IPRax 1982, 135) = IPRspr. 1981 Nr. 199b; BayObLG 12.11.2002, RIW 2003, 385 = IPRspr. 2002 Nr. 225; *Walter*, RIW 1982, 693 (698); *van den Berg*, S. 44 ff.; *Sanders*, YCA V (1980), 231 (232 f.); *Schwab/Walter*, Kap. 42 Rz. 4; *Adolphsen*, in: MünchKomm ZPO, Art I UNÜ Rz. 3; aA italien. Cass. 6.7.1982, Nr. 4039, Foro it. 1983 I, 736 = YCA IX (1984), 429; italien. Cass. 15.12.1982, Nr. 6915, Foro it. 1983 I 2200 = YCA X (1985), 464; italien. Cass. 15.1.1992, Nr. 405, YCA XVIII (1993), 427. Für funktionale Auslegung des Begriffs „Schiedsspruch" *Haas*, S. 143 f.
5 *Haas*, in: Weigand, Art. I UNÜ Rz. 66; *Adolphsen*, in: MünchKomm ZPO, Art. I UNÜ Rz. 3.

(1) Grundsatz

6569 Nach der in Art. I Abs. 1 S. 1 UNÜ normierten **territorialen Abgrenzung** kommt es allein darauf an, dass die Anerkennung und Vollstreckung des Schiedsspruchs in einem anderen Staat nachgesucht wird als in demjenigen, in dem er erlassen wurde[1]. Hingegen ist es für die Bestimmung des Anwendungsbereichs des UNÜ insoweit *ohne Bedeutung*, nach welchem Recht das Schiedsverfahren durchgeführt wurde[2] oder welchem Recht die Schiedsvereinbarung untersteht. Ferner spielt es auch keine Rolle, wo die vertragsschließenden Parteien ihren Sitz bzw. Gerichtsstand haben oder welcher Nationalität sie sind[3]. Demgemäß unterliegt auch ein im Inland zwischen zwei deutschen Unternehmen nach deutschem Recht gefällter Schiedsspruch dem UNÜ, wenn er in einem anderen Vertragsstaat des Übereinkommens vollstreckt werden soll[4]; die Anwendung des UNÜ setzt also keinen Auslandsbezug des Rechtsstreits, keinen „internationalen Sachverhalt" voraus[5]. Weiterhin greift das UNÜ auch dann ein, wenn eine oder beide Parteien ihren Sitz in einem Staat haben, der dem Übereinkommen bisher nicht beigetreten ist. Dies gilt selbst dann, wenn der Exequaturstaat den *Territorialitätsvorbehalt* nach Art. I Abs. 3 S. 1 UNÜ (dazu unten Rz. 6571) erklärt hat, weil es auch danach nur darauf ankommt, dass der Schiedsspruch in einem Vertragsstaat erlassen wurde; der Sitz der Parteien ist hingegen unerheblich[6]. Schließlich wird auch eine Beziehung der Parteien zu dem Staat, auf dessen Territorium der Schiedsspruch ergangen ist, nicht vorausgesetzt; damit sind insbesondere auch Schiedssprüche aus „neutralen" (Vertrags-)Staaten nach dem UNÜ vollstreckungsfähig.

6570 „**Ergangen**" iSv. Art. I Abs. 1 S. 1 UNÜ ist der Schiedsspruch an dem Ort, den die Parteien, die von ihnen gewählte Schiedsorganisation oder die von ihnen hierzu ermächtigten Schiedsrichter als „Sitz" des Schiedsgerichts festgelegt haben; dies gilt auch dann, wenn die Verhandlungen des Schiedsgerichts aus organisatorischen Gründen überwiegend an einem anderen Ort stattgefunden haben[7]. Der vereinbarte Sitz des Schiedsgerichts, der in Zweifelsfällen autonom in Anlehnung an Art. 20 UNCITRAL-ModG (= § 1043 Abs. 1 ZPO) auszulegen ist[8], bleibt für die Frage der Nationalität des Schiedsspruches auch

---

1 Vgl. BGH 1.2.2001, RIW 2001, 458 = IPRax 2001, 580 (m. Anm. *Sandrock*, IPRax 2001, 550) = IPRspr. 2001 Nr. 202; BGH 25.9.2003, WM 2004, 703 = IPRspr. 2003 Nr. 203; österreich. OGH 30.11.1994, RIW 1995; *Haas*, in: Weigand, Art. I UNÜ Rz. 3.
2 *Schwab/Walter*, Kap. 42 Rz. 2; *Adolphsen*, in: MünchKomm ZPO, Art. I UNÜ Rz. 9; aA *National Thermal Power Corp.* v. *Singer Co.* (S.Ct. 1992), YCA XVIII (1993), 403 (409 ff.); vgl. dazu *Phadnis/Otto*, RIW 1994, 475 f.
3 Italien. Cass. S.U. 25.1.1977, Nr. 361, YCA IV (1979), 284; *Schwab/Walter*, Kap. 42 Rz. 3.
4 *van den Berg*, S. 18; *von Hülsen*, S. 40; *Schwab/Walter*, Kap. 42 Rz. 2.
5 *van den Berg*, S. 17; *Haas*, in: Weigand, Art. I UNÜ Rz. 4.
6 Vgl. App. Genf 14.4.1983, YCA XII (1987), 502.
7 So die hM, vgl. schweiz. BG 24.3.1997, Bull. ASA 1997, 329 ff.; französ. Cass. civ. 28.10.1997, Rev.arb. 1998, 399 (400 ff.); *Rensmann*, RIW 1991, 911 (913 ff.); *Schneider*, Bull. ASA 1991, 279 ff.; *Berger*, RIW 1993, 8 (10 ff.); *Hill*, Arb.Int. 15 (1999) Nr. 2, 199 (204 ff.).
8 *Epping*, S. 18.

dann maßgebend, wenn die Schiedsrichter ihn an einem anderen Ort unterschrieben oder verkündet haben[1]. Darüber hinaus fallen nach Art. I Abs. 1 S. 2 auch solche Schiedssprüche in den Anwendungsbereich des UNÜ, die zwar im Vollstreckungsstaat erlassen worden sind, jedoch dort deshalb nicht als „inländische" gelten, weil das Schiedsgericht ausländisches Verfahrensrecht zugrunde gelegt hat. Mit dieser Vorschrift trägt das UNÜ der sog. „**prozessualen Theorie**" Rechnung, welche die Nationalität eines Schiedsspruchs nicht von territorialen Kriterien, sondern allein vom angewandten Verfahrensrecht abhängig macht[2]. Hierdurch soll vermieden werden, dass Schiedssprüche, die in einem Vertragsstaat nach Maßgabe ausländischen Verfahrensrechts ergehen, dort weder nach inländischem Recht noch nach dem UNÜ vollstreckt werden können. Die prozessuale Theorie wurde bis zum 31.12.1997 namentlich von der deutschen Rechtsprechung befolgt[3]; danach konnten Schiedssprüche, die in Deutschland nach ausländischem Verfahrensrecht ergangen waren, hier nach Maßgabe des UNÜ für vollstreckbar erklärt werden. Demgegenüber kann es aufgrund des in § 1025 Abs. 1 ZPO verankerten **Territorialitätsprinzips**[4] heute zu Schiedssprüchen, die im Inland nach ausländischem Verfahrensrecht ergehen, nicht mehr kommen. Die von einem Schiedsgericht mit Sitz in Deutschland erlassenen Schiedssprüche sind vielmehr stets als inländische anzusehen; sie werden deshalb nach § 1060 ZPO – und nicht nach dem UNÜ – vollstreckt[5]. Art. I Abs. 1 S. 2 UNÜ ist damit für Deutschland seit dem 1.1.1998 obsolet[6].

(2) Territorialitätsvorbehalt

Nach der Formulierung des Art. I Abs. 1 UNÜ hängt die Anwendbarkeit des Übereinkommens auf die Anerkennung und Vollstreckung von Schiedssprüchen nicht davon ab, dass der Schiedsspruch in einem anderen *Vertragsstaat* ergangen ist[7]. Insoweit ist allerdings Art. I Abs. 3 S. 1 zu beachten, der den Vertragsstaaten das Recht einräumt, das Übereinkommen nur auf solche Schiedssprüche anzuwenden, die im Hoheitsgebiet eines anderen Vertragsstaates er-

6571

---

1 *Outhwaite* v. *Hiscox* (H.L. 1991), 3 W.L.R. 297 = YCA XVII (1992), 599; *F. A. Mann*, Festschr. Oppenhoff (1985), S. 215 (221 ff.); *Bühler*, IPRax 1987, 253; *Rensmann*, RIW 1991, 911 ff.; *Haas*, in: Weigand, Art. I UNÜ Rz. 9 f.; aA *van den Berg*, S. 294 f.; *Gildeggen*, S. 132 f. Vgl. auch App. Milano 29.5.1998, Giur.it. 1999, 533.
2 Vgl. *van den Berg*, S. 24; *Bertheau*, S. 45; *Adolphsen*, in: MünchKomm ZPO, Art. I UNÜ Rz. 11.
3 Vgl. zuletzt noch BGH 14.4.1998, NJW 1998, 3090 (3091); BGH 1.2.2001, BB 2001 Beil. 6, S. 14 = IPRax 2001, 580 f. (m. Anm. *Sandrock*, IPRax 2001, 550) = RIW 2001, 458 = IPRspr. 2001 Nr. 202; OLG Düsseldorf 23.3.2000, EWiR 2000, 795 (LS) m. Anm. *Kröll* = IPRspr. 2000 Nr. 184.
4 Gem. § 1025 Abs. 1 ZPO entscheidet über die Nationalität eines Schiedsspruches allein der „Sitz" des Schiedsgerichts iSv. § 1043 Abs. 1 ZPO, vgl. *Geimer*, in: Zöller, § 1025 Abs. 1 ZPO Rz. 1 ff.
5 *Winkler/Weinand*, BB 1998, 597 f.; *Schwab/Walter*, Kap. 42 Rz. 2; *Geimer*, Rz. 3714.
6 *Adolphsen*, in: MünchKomm ZPO, Art I UNÜ Rz. 11. Das Gleiche gilt für Frankreich, das früher auch der prozessualen Theorie gefolgt war; vgl. jetzt Art. 1492 ff. NCPC.
7 Österreich. OGH 21.9.1994, ZfRV 1995, 35; österreich. OGH 30.11.1994, RIW 1995, 773; App. Genova 2.5.1990, YCA VIII (1983), 380 (381).

gangen sind. Von diesem sog. Territorialitäts- oder Vertragsstaatenvorbehalt haben ca. die Hälfte aller Vertragsstaaten Gebrauch gemacht[1]. Die *Bundesrepublik Deutschland* hat den ursprünglich auch von ihr eingelegten Vorbehalt mit Wirkung vom 31.8.1998 zurückgezogen[2], weil nach § 1061 Abs. 1 ZPO alle ausländischen Schiedssprüche nur noch nach dem UNÜ anerkannt und vollstreckt werden. Nach Sinn und Zweck der Vorbehaltsregelung hat deren entsprechende Anwendung auf die Fälle des Art. I Abs. 1 S. 2 UNÜ auch in den Staaten, die den Vorbehalt erklärt haben, auszuscheiden. Die Vollstreckung eines in einem Vertragsstaat nach dem (Verfahrens-)Recht eines Nichtvertragsstaats gefällten Schiedsspruchs scheitert mithin in anderen Vertragsstaaten nicht daran, dass der Schiedsstaat den Territorialitätsvorbehalt erklärt hat[3].

(3) Handelssachenvorbehalt

6572 In sachlicher Hinsicht ermächtigt Art. I Abs. 3 S. 2 UNÜ die Vertragsstaaten, den Geltungsbereich des Übereinkommens auf die Anerkennung von Schiedssprüchen zu beschränken, die in handelsrechtlichen Streitigkeiten ergangen sind. Von dieser Vorbehaltsmöglichkeit haben bisher ca. ein Drittel der Vertragsstaaten, nicht aber die Bundesrepublik Deutschland Gebrauch gemacht[4], so dass das UNÜ hier auch auf die Anerkennung und Vollstreckung von Schiedssprüchen in Verbraucherstreitigkeiten anwendbar ist. Wann eine Handelssache vorliegt, bestimmt nach dem ausdrücklichen Wortlaut des Art. I Abs. 3 S. 2 das innerstaatliche Recht des Staates, der den Vorbehalt erklärt hat[5]. Die Gerichte der Staaten, die den Vorbehalt erklärt haben, gehen aber idR von einem weiten Begriff der Handelssachen aus[6]. Da die Bundesrepublik Deutschland den zunächst auch von ihr erklärten Territorialitätsvorbehalt zurückgezogen hat, ist das UNÜ heute auch auf die Vollstreckung von Schiedssprüchen anwendbar, die in einem anderen Vertragsstaat, der den Handelssachenvorbehalt erklärt hat, in einer nicht handelsrechtlichen Streitigkeit ergangen sind; etwas anderes folgt auch nicht aus Art. XIV UNÜ[7].

bb) Schiedsvereinbarungen

6573 Die Verpflichtung zur Anerkennung von Schiedsvereinbarungen wurde erst in letzter Minute in das UNÜ aufgenommen, um die ungestörte Durchführung

---

1 Vgl. die Übersicht bei *Jayme/Hausmann*, Nr. 240 Fn. 5; dazu näher *Haas*, in: Weigand, Art. I UNÜ Rz. 31 ff.
2 BGBl. II 1999, 7; dazu BGH 1.2.2001, IPRax 2001, 580 (581).
3 *Schlosser*, Rz. 69; *Adolphsen*, in: MünchKomm ZPO, Art. I UNÜ Rz. 20; aA *van den Berg*, S. 26 f.; *Bertheau*, S. 51 f.; *Gildeggen*, S. 32 f.; *Schwab/Walter*, Kap. 42 Rz. 8.
4 Vgl. die Übersicht bei *Jayme/Hausmann*, Nr. 240 Fn. 6; dazu näher *Schlosser*, Rz. 73 ff.
5 Vgl. österreich. OGH 26.11.1997, IPRax 2000, 429 (431) (m. Anm. *Haas*, IPRax 2000, 432); dazu näher *Schlosser*, Rz. 73 f.
6 Vgl. etwa Supreme Court (India) 10.2.1994, YCA XXII (1997), 710 (713); ferner *Schlosser*, in: Stein/Jonas, Anh. § 1061 ZPO Rz. 24 ff. mwN.
7 Zutr. *Haas*, IPRax 2000, 432 f. gegen österreich. OGH 26.11.1997, IPRax 2000, 429 (431); *Adolphsen*, in: MünchKomm ZPO, Art. I UNÜ Rz. 23.

von Schiedsverfahren zur gewährleisten. Aus diesem Grunde fehlt es an einer umfassenden Abstimmung des Art. II UNÜ mit den übrigen Vorschriften des Übereinkommens[1]. Probleme wirft die Anwendung des UNÜ auf Schiedsvereinbarungen zunächst deshalb auf, weil Art. II deren Anerkennung anordnet, ohne eine Beziehung der Vereinbarung zur Rechtsordnung eines Vertragsstaats zu fordern. Daraus kann indes nicht gefolgert werden, Art. II UNÜ gelte für die Beurteilung jedweder Schiedsvereinbarung, namentlich auch einer solchen, die keinerlei Auslandsbezug aufweist[2]. Allerdings kann die Anwendung des UNÜ auch insoweit nicht von der Nationalität oder dem Sitz der Vertragsparteien abhängen. Die Gerichte der Vertragsstaaten dürfen daher eine nach Art. II UNÜ gültige Schiedsvereinbarung nicht allein deshalb ignorieren, weil eine oder beide Parteien einem Nichtvertragsstaat angehören oder dort ihren Sitz haben. Im Übrigen ist wie folgt zu unterscheiden:

(1) Vollstreckungsverfahren

Soweit über die Wirksamkeit der Schiedsvereinbarung nur als *Vorfrage* im Rechtsstreit um die Anerkennung oder Vollstreckung des auf ihrer Grundlage ergangenen Schiedsspruchs zu entscheiden ist (vgl. Art. V Abs. 1 lit. a UNÜ), erfasst das Übereinkommen alle Schiedsvereinbarungen, die anerkennungspflichtigen Schiedssprüchen zugrunde liegen[3]; die Anerkennungspflicht besteht für Schiedssprüche nach Art. V UNÜ aber nur, soweit der zuvor in Rz. 6568 ff. beschriebene Anwendungsbereich des UNÜ nach seinem Art. I Abs. 1 eröffnet ist.

6574

(2) Einredeverfahren

Ist die Schiedsvereinbarung hingegen in einem Zeitpunkt zu beurteilen, zu dem der Schiedsspruch noch nicht gefällt ist, insbesondere im Rahmen der Entscheidung über die Schiedseinrede durch ein staatliches Gericht, so bereitet die Bestimmung des Anwendungsbereichs des UNÜ allein anhand der für Schiedssprüche getroffenen Regelung in Art. I Abs. 1 UNÜ Schwierigkeiten. Zum Teil folgert man aus der Zielrichtung des UNÜ, die Entscheidung von Streitigkeiten aus internationalen Handelsgeschäften zu erleichtern, dass **jeder internationale Zuschnitt** einer Vertragsbeziehung (zB ausländische Staatsangehörigkeit bzw. ausländischer Wohnsitz/Sitz einer Partei oder ausländischer Erfüllungsort von Vertragspflichten) zur Anwendbarkeit des Übereinkommens auf Schiedsvereinbarungen ausreiche, selbst wenn der Schiedsort im Inland liege[4]. Ins-

6575

---

[1] Vgl. *von Hülsen*, S. 39; *van den Berg*, S. 56; *Bertheau*, S. 24 ff.; *Nolting*, IPRax 1987, 349 (350).

[2] Zutr. *van den Berg*, S. 63; *Bertheau*, S. 26; *Schlosser*, Rz. 76; *Schwab/Walter*, Kap. 42 Rz. 10; *Haas*, in: Weigand, Art. II UNÜ Rz. 3.

[3] *Bertheau*, S. 27 f.; *Adolphsen*, in: MünchKomm ZPO, Art. II UNÜ Rz. 5; *Haas*, in: Weigand, Art. II UNÜ Rz. 4; zust. italien. Cass. 7.10.1980, Nr. 5378, Riv.dir.int.priv.proc. 1980, 176; italien. Cass. 21.2.1984, Nr. 1234, YCA X (1985), 480 (482).

[4] *von Hülsen*, S. 46 f.; *van den Berg*, S. 61 ff.; *Gentinetta*, S. 286 ff.; zust. österreich. OGH 17.11.1971, JBl. 1974, 629 f. = YCA I (1976), 183; französ. Cass. civ. 11.10.1989,

besondere die US-amerikanische Rechtsprechung wendet das UNÜ daher auf Schiedsvereinbarungen schon dann an, wenn nur ein hinreichender Auslandsbezug vorliegt, mag das Schiedsverfahren auch in den USA als späterem Vollstreckungsstaat stattfinden[1].

6576 Im Interesse einer einheitlichen Bestimmung des Anwendungsbereichs für Schiedsvereinbarungen und Schiedssprüche ist die Anwendung von Art. II UNÜ demgegenüber auf solche Schiedsvereinbarungen zu beschränken, die aus der Sicht des staatlichen (Einrede-)Gerichts zu einem Schiedspruch führen können, der seinerseits im Gerichtsstaat als „ausländischer" nach dem UNÜ anerkennungspflichtig sein würde[2]; denn die Anerkennung von Schiedsvereinbarungen wird im UNÜ vor allem im Hinblick auf die spätere Anerkennung und Vollstreckung der auf ihnen beruhenden Schiedssprüche geregelt. Diese Voraussetzung liegt – in entsprechender Anwendung des Art. I Abs. 1, 3 – jedenfalls dann vor, wenn zu dem Zeitpunkt, zu dem die Gültigkeit der Schiedsvereinbarung zu beurteilen ist, bereits feststeht, dass der Schiedsspruch in einem anderen (Vertrags-)Staat als dem Gerichtsstaat ergehen wird[3]. Für diesen Fall hängt die Anwendbarkeit des UNÜ nicht zusätzlich davon ab, dass der Sachverhalt, über den das Schiedsgericht zu entscheiden hat, eine Auslandsberührung aufweist.

6577 Steht der Schiedsort im Zeitpunkt der Entscheidung über die Gültigkeit der Schiedsvereinbarung noch nicht fest, so wird man die Anwendbarkeit des UNÜ davon abhängig zu machen haben, ob – aus der Sicht des Einredegerichts – mit einem ausländischen Schiedsort und damit einem **nach dem UNÜ anzuerkennenden Schiedsspruch zu rechnen** ist[4]. Da das Übereinkommen nämlich für die Aufhebung inländischer Schiedssprüche nicht gilt, bestünde sonst die Gefahr, dass der Schiedseinrede vor einem staatlichen Gericht unter Hinweis auf die Gültigkeit der Schiedsvereinbarung nach Art. II Abs. 1 UNÜ stattgegeben wird, obwohl vorauszusehen ist, dass der im gleichen Staat zu erwartende

---

Rev.arb 1990, 134; App. Paris 20.1.1987, Rev.arb. 1987, 482; App. Versailles 23.1.1991, Rev.arb. 1991, 291 (296); im Erg. auch schweiz. BG 7.2.1984, BGE 110 II, 54 = YCA XI (1986), 532.

[1] Vgl. grundlegend *Ledee* v. *Ceramiche Ragno* (1st Cir. 1982), 684 F. 2d 184 (186 ff.) = YCA IX (1984), 471; ferner *Corcoran* v. *Ardra Ins., Inc.* (S. Ct. N.Y. 1989), 539 N.Y.S. 2d 630 = YCA XV (1990), 586 (591 f.); *Riley* v. *Kingsley Underwriting Agencies, Ltd.* (10th Cir. 1992), 969 F. 2d 953 (959) = YCA XIX (1994), 775 st. Rspr.

[2] OLG Hamburg 22.9.1978, RIW 1979, 482 (483); OLG Hamm 15.11.1994, RIW 1995, 681 = IPRspr. 1994 Nr. 185; HandelsG Zürich 25.8.1992, ZEuP 1994, 682 (683) m. zust. Anm. *Schlosser*; *Remiro Brotóns*, Rec. des Cours 1984 I, 250; *Wackenhuth*, ZZP 99 (1986), 445 (448); *Nolting*, IPRax 1987, 349 (350); *Gildeggen*, S. 37; *Schwab/Walter*, Kap. 42 Rz. 10; *Adolphsen*, in: MünchKomm ZPO, Art. II UNÜ Rz. 6; *Bork/Stöve*, S. 49 f.

[3] *Sanders*, YCA IV (1979), 231 (237 f.); *Epping*, S. 20 f.; *Thümmel*, Festschr. Schütze (1999), S. 935 (938 f.); vgl. auch italien. Cass. 12.10.1982, Nr. 5244, Riv.dir.int.priv.proc. 1983, 149.

[4] *Schwab/Walter*, Kap. 42 Rz. 10; vgl. auch schweiz. BG 16.1.1995, BGE 121 III, 38 (44) = Bull. ASA 1995, 506; BG 29.4.1996, BGE 122 III, 139 (141 ff.); *Poudret/Cottier*, Bull. ASA 1995, 383 (385); *Epping*, S. 20 f. mwN.; krit. *van den Berg*, S. 57 Fn. 132.

Schiedsspruch wegen der Ungültigkeit der Schiedsvereinbarung nach nationalem Recht aufgehoben werden muss[1].

(3) Schiedsverfahren

Die gleichen Schwierigkeiten wie in einem staatlichen Einredeverfahren stellen sich auch für die Schiedsrichter selbst, wenn sie über die Gültigkeit der Schiedsvereinbarung und damit über ihre eigene Zuständigkeit zu entscheiden haben. Hier wird es sich empfehlen, Art. II UNÜ jedenfalls dann anzuwenden, wenn auch das andernfalls vom Kläger anzurufende staatliche Gericht nach den zuvor beschriebenen Grundsätzen an die Vorschrift gebunden wäre[2]. Demgemäß sollte Art. II UNÜ jedenfalls dann bereits im Schiedsverfahren beachtet werden, wenn – wie im Regelfall – damit zu rechnen ist, dass der Schiedsspruch in einem anderen Vertragsstaat des UNÜ vollstreckt werden soll[3].

6578

(4) **Einfluss der Vorbehalte**

Die nach Art. I Abs. 3 UNÜ zulässigen Vorbehalte der Vertragsstaaten (dazu oben Rz. 6571 f.) sind auch bei der Bestimmung des Anwendungsbereichs von Art. II UNÜ zu berücksichtigen. Steht daher im Zeitpunkt der Entscheidung über die Gültigkeit der Schiedsvereinbarung (zB vor dem staatlichen Einredegericht) bereits fest, dass der Schiedsort in einem Nichtvertragsstaat liegen wird, so ist auch Art. II UNÜ in Staaten, die den **Territorialitätsvorbehalt** erklärt haben, nicht anwendbar[4]. Art. II UNÜ bleibt hingegen für die Gerichte solcher Staaten maßgeblich, wenn der Schiedsort im Zeitpunkt der Beurteilung der Schiedsvereinbarung noch nicht feststeht und nicht auszuschließen ist, dass er in einem Vertragsstaat liegen wird[5].

6579

Auch der **Handelssachenvorbehalt** gilt für die Beurteilung von Schiedsvereinbarungen entsprechend[6]. Wird daher die Schiedseinrede vor dem Gericht eines Staates erhoben, der diesen Vorbehalt erklärt hat, so prüft das Gericht nach seinem autonomen Recht, ob die zugrunde liegende Streitigkeit eine Handelssache ist[7]. Ist dies nicht der Fall, so kann die Unwirksamkeit der Schiedsvereinbarung nicht auf Art. II UNÜ gestützt werden. Erhebt der Beklagte die Schiedseinrede vor einem deutschen Gericht, so ist Art. II UNÜ jedenfalls dann nicht anwendbar, wenn der Schiedsort in einem Vertragsstaat gewählt

6580

---

1 Zutr. *Schlosser*, Rz. 78; *Epping*, S. 21; *Wackenhuth*, ZZP 99 (1986), 445 (448); *Haas*, in: Weigand, Art. II UNÜ Rz. 10; aA Delhi High Court 15.10.1993, YCA XXIII (1998), 688 (699).
2 *Schlosser*, Rz. 80 aE.
3 Für eine Bindung der Schiedsrichter an Art. II UNÜ App. Paris 20.1.1987, YCA XIII (1988), 466 (469).
4 *van den Berg*, S. 60; *Nolting*, IPRax 1987, 349 (350); aA *von Hülsen*, S. 47 f.
5 *Schlosser*, Rz. 79; *Haas*, in: Weigand, Art. II UNÜ Rz. 12 aE.
6 *Bertheau*, S. 29; *von Hülsen*, S. 49; *Schlosser*, Rz. 79; *Haas*, in: Weigand, Art. II UNÜ Rz. 13.
7 Vgl. dazu etwa *RM Investment & Trading Co. Pvt., Ltd. v. Boeing Co.* (S.Ct. India 1994), YCA XXII (1997), 710 (711 ff.).

wurde, der seinerseits den Handelssachenvorbehalt erklärt hat und nach dessen Recht eine handelsrechtliche Streitigkeit nicht vorliegt[1].

b) Europäisches Übereinkommen

6581 Das Europäische Übereinkommen, das vor allem im Interesse einer Verbesserung der Handelsbeziehungen zwischen West- und Osteuropa beschlossen wurde[2], geht – abweichend vom UNÜ (dazu oben Rz. 6568 ff.) – bei der Bestimmung seines Anwendungsbereichs nicht vom Schiedsspruch, sondern von der Schiedsvereinbarung aus und erfasst Schiedssprüche nach Art. I Abs. 1 lit. b EuÜ nur, wenn sie auf der Grundlage einer nach dem Übereinkommen wirksam getroffenen Schiedsvereinbarung ergangen sind[3]. Diese Regelung bedeutet einen wesentlichen Fortschritt gegenüber dem UNÜ, weil auf diese Weise handelsrechtliche Schiedsverfahren unabhängig davon in den Anwendungsbereich des Übereinkommens einbezogen werden, wo sie stattfinden und welchem nationalen Recht sie unterliegen[4].

aa) Sitz der Parteien in verschiedenen Vertragsstaaten

6582 Gemäß Art. I Abs. I lit. a EuÜ müssen die Parteien der Schiedsvereinbarung ihren **gewöhnlichen Aufenthalt** bei Vertragsschluss **in verschiedenen Vertragsstaaten**[5] haben. Bei Gesellschaften und juristischen Personen kommt es stattdessen auf den effektiven Verwaltungssitz[6] an; die Sitzverlegung in einen Nichtvertragsstaat nach Abschluss der Vereinbarung berührt die Anwendung des Übereinkommens hingegen nicht[7]. Ist die Vereinbarung von einer *Zweigniederlassung* abgeschlossen worden, so entscheidet nach Art. I Abs. 2 lit. c EuÜ der Sitz dieser Niederlassung. Haben die Parteien ihren Sitz in demselben Staat oder hat auch nur eine von ihnen ihren Sitz in einem Nichtvertragsstaat, so findet das Übereinkommen keine Anwendung[8]. Dies gilt auch dann, wenn der Schiedsspruch nach den getroffenen Vereinbarungen in einem Vertragsstaat ergehen soll oder wenn eine der Parteien nach dem Inhalt des Vertrages ihren Sitz in einem Vertragsstaat nehmen soll[9]. Der Anknüpfung an den gewöhnli-

---

1 Vgl. BGH 26.11.1997, IPRax 2000, 429 (431) (m. Anm. *Haas*, IPRax 2000, 432); *Nolting*, IPRax 1987, 349 (351).
2 Vgl. zur Entstehungsgeschichte *Klein*, ZZP 76 (1963), 344 f.; *Kaiser*, S. 16 f.
3 *Schlosser*, Rz. 88; *Adolphsen*, in: MünchKomm ZPO, Art. I EuÜ Rz. 1; *Geimer*, Rz. 3703.
4 Soweit die Anwendungsvoraussetzungen nach Art. I Abs. 1 EuÜ vorliegen, gilt das Übereinkommen mithin auch dann, wenn das Schiedsverfahren in einem Nichtvertragsstaat und nach dessen Verfahrensrecht durchgeführt wird; vgl. italien. Cass. S.U. 8.2.1982, Nr. 722, Riv.dir.int.priv.proc. 1983, 329; *Schwab/Walter*, Kap. 42 Rz. 15.
5 Zu den Vertragsstaaten des EuÜ s. die Übersicht bei *Jayme/Hausmann*, Nr. 241 Fn. 1.
6 Der Satzungssitz ist nicht maßgebend, vgl. *Hascher*, YCA XVII (1992), 711 (715).
7 *Schütze/Tscherning/Wais*, Rz. 567 aE.
8 Vgl. OLG Düsseldorf 8.11.1971, IPRspr. 1971 Nr. 161; OLG Köln 18.5.1992, RIW 1992, 760; *Schlosser*, in: Stein/Jonas, Anh. § 1061 ZPO Rz. 168; *Hascher*, YCA XVII (1992), 711 (716) mwN.
9 *van den Berg*, S. 94; *Schwab/Walter*, Kap. 42 Rz. 15.

chen Aufenthalt natürlicher Personen wurde vor allem wegen der unterschiedlichen Auslegung des Wohnsitzbegriffs in den Vertragsstaaten der Vorzug vor einer Wohnsitzanknüpfung gegeben[1].

bb) Streitigkeit aus internationalen Handelsgeschäften

Die Schiedsvereinbarung muss ferner die Regelung von Streitigkeiten aus „internationalen Handelsgeschäften" betreffen. Ein ausländischer Schiedsort oder die unterschiedliche Nationalität der Parteien reicht mithin nicht aus, um das EuÜ anwendbar zu machen. Der Begriff des „internationalen Handelsgeschäfts" wird zwar im Übereinkommen nicht definiert. Er ist dennoch – abweichend vom Begriff der „Handelssachen" in Art. I Abs. 3 S. 2 UNÜ (dazu oben Rz. 6572) – nicht der Bestimmung des nationalen Rechts überlassen, sondern *autonom* zu qualifizieren. Denn nur auf diese Weise kann gewährleistet werden, dass der sachliche Anwendungsbereich des Übereinkommens in allen Vertragsstaaten einheitlich bestimmt wird[2].

6583

Bei der Auslegung ist zu berücksichtigen, dass das Übereinkommen die Streitschlichtung durch internationale Schiedsgerichte erleichtern will. Der Begriff des „internationalen Handelsgeschäfts" iSv. Art. I Abs. 1 lit. a EuÜ ist daher **weit auszulegen** und erfasst – über § 343 Abs. 1 HGB hinaus – jedes Geschäft, das auf eine **grenzüberschreitende Leistung von Sachen, Kapital oder Diensten gegen Entgelt** gerichtet ist[3]. Dies gilt auch dann, wenn die Vertragsleistung in einem Drittstaat zu erbringen ist, der dem EuÜ nicht angehört[4]. Nicht erforderlich ist es, dass die im Ausland zu erbringenden Vertragsleistungen wesentlich umfangreicher sind als die im Inland geschuldeten[5]. Weiterhin muss zumindest ein Geschäftspartner in beruflicher, satzungsmäßiger (bei Gesellschaften) oder amtlicher (bei Regierungen oder Behörden) Eigenschaft beteiligt gewesen sein. Handeln beide Partner in rein privater Funktion, so liegt jedenfalls ein „Handelsgeschäft" nicht vor[6]. Darüber hinaus dürfte das EuÜ auch auf Verbraucherverträge iSv. Art. 6 Rom I-VO nicht anwendbar sein, weil es auf Schutzvorschriften für Verbraucher weitgehend verzichtet[7]. Nicht erforder-

6584

---

1 Denkschrift zum EuÜ, BT-Drucks. 4/1597, S. 27; *Adolphsen*, in: MünchKomm ZPO, Art. I EuÜ Rz. 2.
2 App. Lyon 4.7.1991, Clunet 1991, 1000 m. Anm. *Kahn* = Rev.arb. 1992, 721 m. Anm. *Corrão*; *von Hülsen*, S. 34; *Kaiser*, S. 57; *Wackenhuth*, ZZP 99 (1986), 445 (449); *Schwab/Walter*, Kap. 42 Rz. 14; *Adolphsen*, in: MünchKomm ZPO, Art. I EuÜ Rz. 4; *Hascher*, YCA XVII (1992), 711 (716 f.) mwN.; aA (lex fori) *Klein*, ZZP 76 (1963), 346; *Schütze/Tscherning/Wais*, Rz. 567.
3 BGH 20.3.1980, BGHZ 77, 32 (36 f.) = NJW 1980, 2022 = IPRax 1981, 53 (m. Anm. *Samtleben*, IPRax 1981, 43); *Mezger*, RabelsZ 29 (1965), 231 (240); *von Hülsen*, S. 37; *Schlosser*, in: Stein/Jonas, Anh. § 1061 ZPO Rz. 167; *Adolphsen*, in: MünchKomm ZPO, Art. I EuÜ Rz. 5.
4 *Adolphsen*, in: MünchKomm ZPO, Art. I EuÜ Rz. 6.
5 Italien. Cass. 13.10.2000, Foro it. 2000 I, 3096 = YCA XXVI (2001), 1141 (1144 f.) (zu Art. 832 c.p.c., der sich an Art. I EuÜ orientiert).
6 *Schwab/Walter*, Kap. 42 Rz. 14; *Adolphsen*, in: MünchKomm ZPO, Art. I EuÜ Rz. 7.
7 *Gildeggen*, S. 94.

lich ist hingegen, dass es sich bei den Parteien um Kaufleute handelt. Das Übereinkommen ist daher auch auf Schiedsklauseln in Lizenz- und sonstigen Urheberrechtsverträgen mit nicht-kaufmännischen Patentinhabern, Urhebern etc. anwendbar[1]. Streitigkeiten aus Handelsgeschäften sind schließlich nicht nur Streitigkeiten über Vertragspflichten. Erfasst werden vielmehr auch **gesetzliche Ansprüche** aus unerlaubter Handlung, aus culpa in contrahendo oder aus ungerechtfertigter Bereicherung, sofern diese Ansprüche in einem hinreichend engen Zusammenhang mit dem geschlossenen Handelsgeschäft stehen[2].

c) Autonomes Recht

6585 Angesichts der weit reichenden Vereinheitlichung des internationalen Schiedsverfahrensrechts hat das nationale Recht in diesem Bereich an Bedeutung verloren. Es gilt heute insbesondere noch in Fällen, in denen Schiedsvereinbarungen nicht in den (sachlichen oder räumlichen) Anwendungsbereich von multi- oder bilateralen Staatsverträgen auf dem Gebiet der internationalen Handelsschiedsgerichtsbarkeit fallen. Die §§ 1029 ff. ZPO sind daher auf Schiedsvereinbarungen grundsätzlich nur dann noch anzuwenden, wenn der **Schiedsort im Inland** gelegen ist[3]. Daneben verbleibt dem nationalen Recht ein begrenzter Anwendungsbereich zur Ausfüllung von Lücken in den Staatsverträgen. Zu denken ist etwa an die Anknüpfung von Schiedsvereinbarungen in Fällen, in denen die Parteien eine Rechtswahl nicht getroffen haben und auch der Schiedsort noch nicht feststeht (vgl. oben Rz. 6615)[4]. Im UNÜ/EuÜ nicht geregelt ist ferner etwa die Anknüpfung der Drittwirkungen einer Schiedsvereinbarung (dazu unten Rz. 6783). Schließlich behält das autonome Kollisionsrecht vor allem auf Grund der in den Staatsverträgen enthaltenen Öffnungsklauseln (vgl. Art. VII Abs. 1 UNÜ; Art. X Abs. 7 EuÜ; dazu unten Rz. 6591 f.) insoweit Bedeutung, als seine Anwendung die Anerkennung ausländischer Schiedsvereinbarungen bzw. Schiedssprüche im Verhältnis zu den staatsvertraglichen Regeln erleichtert.

7. Konkurrenzen

6586 Besondere Rechtsanwendungsprobleme ergeben sich dann, wenn eine Schiedsvereinbarung in den persönlichen und sachlichen Anwendungsbereich mehrerer (multi- oder bilateraler) Staatsverträge fällt. Zu klären ist ferner, wieweit der Vorrang der genannten Staatsverträge auf dem Gebiet der internationalen Schiedsgerichtsbarkeit vor dem autonomen Recht der Vertragsstaaten reicht.

---

1 *von Hülsen*, S. 35.
2 *von Hülsen*, S. 93; *Adolphsen*, in: MünchKomm ZPO, Art. I EuÜ Rz. 8; aA wohl *Schwab/Walter*, Kap. 42 Rz. 14.
3 *Epping*, S. 21 f.
4 Demgegenüber ist die Frage, ob die Parteien eine rechtsverbindliche Wahl des Statuts der Schiedsvereinbarung vorgenommen haben, von den Gerichten der Vertragsstaaten des UNÜ/EuÜ nicht nach den autonomen Kollisionsregeln der lex fori, sondern einheitlich nach dem gewählten Recht zu entscheiden; dazu unten Rz. 6611 ff.

a) UN-Übereinkommen – Europäisches Übereinkommen

Überschneidungen zwischen diesen beiden Übereinkommen treten deshalb nicht allzu häufig auf, weil das UNÜ im Wesentlichen die Anerkennung und Vollstreckung ausländischer Schiedssprüche regelt, während das EuÜ vornehmlich ergänzende Bestimmungen über die Schiedsvereinbarung, das Schiedsverfahren sowie den Schiedsspruch enthält. Soweit dennoch ein Konflikt zwischen beiden Übereinkommen entsteht[1], bereitet die Lösung deshalb Probleme, weil beide Staatsverträge **Öffnungsklauseln** enthalten, die sicherstellen sollen, dass kein Staat durch seinen Beitritt zum UNÜ/EuÜ zu *Völkerrechtsverletzungen* gegenüber anderen Staaten verpflichtet wird[2]. Demgemäß können deutsche Gerichte einem Schiedsspruch, der in einem Vertragsstaat des UNÜ ergangen ist, unter Berufung auf die Vorschriften des EuÜ die Anerkennung und Vollstreckung im Inland versagen, wenn die Bundesrepublik Deutschland dem EuÜ bereits früher beigetreten war als das Schiedsland dem UNÜ. 6587

Soweit eine Verletzung völkerrechtlicher Pflichten nicht in Rede steht, verbleibt es auch im Verhältnis UNÜ-EuÜ bei der **Grundregel „lex posterior derogat legi priori"**. Bei einer ausschließlichen Beteiligung von Staaten, die beide Übereinkommen ratifiziert haben, hat mithin grundsätzlich das später in Kraft getretene Übereinkommen Vorrang[3]. Da die meisten Vertragsstaaten des EuÜ zuerst das UNÜ ratifiziert haben, hindert etwa ein Verstoß des Schiedsgerichts gegen die Begründungspflicht nach Art. VIII EuÜ die Anerkennung des Schiedsspruchs nach dem UNÜ, obwohl dieses eine solche Begründungspflicht nicht vorsieht. Für Schiedsvereinbarungen folgt daraus, dass die Einhaltung der Form des später in Kraft getretenen EuÜ genügt, auch wenn die Schriftform nach Art. II Abs. 2 UNÜ nicht eingehalten wurde[4]. Soweit das EuÜ bereits als lex posterior Vorrang vor dem UNÜ hat, kommt es auf den Meistbegünstigungsgrundsatz in Art. VII Abs. 1 UNÜ nicht an[5]. 6588

Nur für den Fall, dass ausnahmsweise das **UNÜ als lex posterior** Vorrang vor dem EuÜ haben sollte – wie zB im Verhältnis zu Jugoslawien, Luxemburg und der Türkei –, kann das Letztere aufgrund der Meistbegünstigungsklausel in Art. VII Abs. 1 UNÜ dennoch zum Zuge kommen. Demgemäß dürfte auch in diesem Falle die Einhaltung der milderen Formvorschriften nach Art. I Abs. 2 lit. a EuÜ ausreichen[6]. Die Anwendung strengerer Vorschriften des EuÜ (zB über den Begründungszwang von Schiedssprüchen nach Art. VIII) ist hingegen 6589

---

1 Vgl. dazu näher *Haas*, in: Weigand, Art. VII UNÜ Rz. 14 ff.
2 *van den Berg*, S. 92; *Schlosser*, Rz. 133; *Adolphsen*, in: MünchKomm ZPO, Art. VII UNÜ Rz. 7; *Haas*, in: Weigand, Art. VII UNÜ Rz. 16.
3 *Schwab/Walter*, Kap. 42 Rz. 27, 34 f.; aA *Moller*, EWS 1996, 297 (298 f.).
4 BGH 25.5.1970, AWD 1970, 417 = WM 1970, 1050 = IPRspr. 1970 Nr. 133; *van den Berg*, S. 97; *Haas*, IPRax 1993, 382 (383); *Mallmann*, SchiedsVZ 2004, 152 (156); *Adolphsen*, in: MünchKomm ZPO, Art. II UNÜ Rz. 23; *Schwab/Walter*, Kap. 42 Rz. 35; dazu auch unten Rz. 6672 ff.
5 *Schwab/Walter*, Kap. 42 Rz. 27; *Haas*, in: Weigand, Art. VII UNÜ Rz. 16; aA OLG Köln 16.12.1992, RIW 1993, 499 = IPRax 1993, 399 (m. abl. Anm. *Haas*, IPRax 1993, 382) = IPRspr. 1992 Nr. 253.
6 *Wackenhuth*, ZZP 99 (1986), 445 (451); *Schwab/Walter*, Kap. 42 Rz. 36.

in diesem Fall ausgeschlossen[1]. Hingegen wird die Maßgeblichkeit des UNÜ im Verhältnis Schiedsstaat/Anerkennungsstaat durch das nachträgliche In-Kraft-Treten des EuÜ im Verhältnis der Sitzstaaten der Schiedsverfahrensparteien zueinander nicht berührt, denn das UNÜ enthält keine Öffnungsklauseln zugunsten von Verträgen, welche die Vertragsstaaten erst künftig abschließen. Andererseits behält das im Verhältnis der Sitzstaaten der Parteien zuerst in Kraft getretene EuÜ Vorrang vor dem im Verhältnis Anerkennungsstaat-Schiedsstaat später in Kraft getretenen UNÜ[2].

b) Multilaterale und bilaterale Übereinkommen

6590 Die Frage nach dem Verhältnis von mehrseitigen zu zweiseitigen Staatsverträgen hat aus deutscher Sicht heute vor allem noch Bedeutung im Hinblick auf das Verhältnis zwischen dem UNÜ und dem bilateralen Staatsvertrag mit den USA (Rz. 6567). Da beide Staaten erst nach Abschluss des bilateralen Staatsvertrags dem UNÜ beigetreten sind, haben dessen Vorschriften als leges posteriores grundsätzlich Vorrang vor dem zweiseitigen Vertrag; dies gilt jedenfalls insoweit, als letzterer für die Anerkennung von Schiedsvereinbarungen und Schiedssprüchen *strengere* Anforderungen stellt als das UNÜ[3]. Aufgrund des Meistbegünstigungsprinzips in Art. VII Abs. 1 Alt. 2 UNÜ behält Art. VI Abs. 2 des deutsch-amerikanischen Vertrages jedoch insoweit Bedeutung, als er die Anerkennung von Schiedsvereinbarungen oder Schiedssprüchen im Vergleich zum UNÜ erleichtert[4]. Dies ist namentlich für die Formgültigkeit von Schiedsklauseln von Bedeutung, weil der deutsch-amerikanische Vertrag die Einhaltung der Schriftform nicht zwingend vorschreibt.

c) Staatsverträge und autonomes Recht

6591 Da die zuvor genannten zwei- und mehrseitigen Staatsverträge nur einzelne Teilaspekte des Abschlusses einer internationalen Schiedsvereinbarung und ihrer inhaltlichen Gültigkeit durch vereinheitlichte Sachnormen regeln, behalten insoweit die Bestimmungen der nationalen Rechtsordnungen in erheblichem Umfang Bedeutung. Soweit die staatsvertraglichen Vorschriften mit dem autonomen Recht der Vertragsstaaten konkurrieren, gilt ferner im Anwendungsbereich des UNÜ der **Meistbegünstigungsgrundsatz** des Art. VII Abs. 1 HS 2. Danach soll einer Partei durch das UNÜ nicht das Recht genommen werden, die Anerkennung und Vollstreckung eines ausländischen Schieds-

---

1 *Schwab/Walter*, Kap. 42 Rz. 36.
2 Italien. Cass. 8.2.1982, Nr. 722, Riv.dir.int.priv.proc. 1983, 329 = YCA IX (1984), 418; vgl. *Schwab/Walter*, Kap. 42 Rz. 37 f.
3 *Schlosser*, Rz. 137; *Adolphsen*, in: MünchKomm ZPO, Art. VII UNÜ Rz. 11; *Schwab/Walter*, Kap. 42 Rz. 27.
4 *Adolphsen*, in: MünchKomm ZPO, Art. VII UNÜ Rz. 11; *Schwab/Walter*, Kap. 42 Rz. 30. Vgl. idS auch zum deutsch-belg. Anerkennungs- und Vollstreckungsabkommen vom 30.6.1958, BGH 9.3.1978, BGHZ 71, 131 = NJW 1978, 1744 = IPRspr. 1978 Nr. 187; ebenso zum deutsch-sowjet. Handels- und Seeschifffahrtsübereinkommen vom 25.4.1958 BayObLG 11.8.2000, BB 2000 Beil. 12, S. 10 m. Anm. *Lachmann*.

spruchs nach dem ihr günstigeren nationalen Recht zu verlangen[1]. Im Verfahren zur Anerkennung und Vollstreckung ausländischer Schiedssprüche konnte sich der Kläger vor deutschen Gerichten daher bis zum 1.1.1998 alternativ stets auf § 1044 ZPO aF stützen, sofern diese Vorschrift die Anerkennung begünstigte[2]. Während die Meistbegünstigungsklausel infolge der Liberalisierung der nationalen Schiedsverfahrensrechte zunehmend an Bedeutung gewinnt[3], ist die Möglichkeit einer erleichterten Anerkennung und Vollstreckung ausländischer Schiedssprüche nach Maßgabe des autonomen Schiedsverfahrensrechts in Deutschland aufgrund der Reform von 1997 entfallen. § 1061 ZPO verweist vielmehr heute in vollem Umfang auf die Vorschriften des UNÜ; diese regeln mithin die Voraussetzungen für die Anerkennung und Vollstreckung ausländischer Schiedssprüche in Deutschland auch dann als nationales Recht, wenn das UNÜ völkerrechtlich keine Anwendung findet. Im Geltungsbereich des UNÜ haben die Gerichte den Meistbegünstigungsgrundsatz des Art. VII von Amts wegen zu beachten[4].

Obwohl sich der Meistbegünstigungsgrundsatz des Art. VII Abs. 1 UNÜ nach seinem Wortlaut nur auf die Anerkennung bzw. Vollstreckung von Schiedssprüchen bezieht, kommt ihm Bedeutung auch für die **Wirksamkeit von Schiedsvereinbarungen** zu. Als Vorfrage für die Anerkennung und Vollstreckung eines ausländischen Schiedsspruchs in Deutschland beurteilt sich die (Form-)Gültigkeit einer Schiedsvereinbarung zwar wegen der Verweisung in § 1061 ZPO auf das UNÜ grundsätzlich nach dessen Art. II. Eine nur nach dem anwendbaren nationalen Recht (form-)gültige Schiedsvereinbarung ist jedoch im Einredeverfahren vor dem staatlichen Gericht aufgrund der Meistbegünstigungsklausel des Art. VII Abs. 1 UNÜ auch dann anzuerkennen, wenn sie den Anforderungen des Art. II UNÜ nicht genügt, weil nur auf diese Weise Rechtsschutzlücken vermieden werden können[5]. 6592

Frei. 6593–6610

---

[1] Vgl. für Frankreich App. Paris 4.2.1994, YCA XXII (1997), 682 (685); App. Paris 14.1.1997, YCA XXII (1997), 691 (692); App. Paris 23.10.1997, YCA XXIII (1998), 644 (648); für die Niederlande Gerechtshof Den Haag 4.8.1993, YCA XIX (1994), 703 (704 ff.); für die USA *Lander Co., Inc.* v. *MMP Investments, Inc.* (7th Cir. 1997), YCA XXII (1997), 1049 (1056).

[2] BGH 12.2.1976, NJW 1976, 1591 = RIW 1976, 449 = IPRspr. 1976 Nr. 188; BGH 10.5.1984, NJW 1984, 2763 = IPRax 1985, 158 (m. Anm. *Schlosser*, IPRax 1985, 141) = IPRspr. 1984 Nr. 196; OLG Frankfurt a.M. 29.6.1989, RIW 1989, 911 = IPRspr. 1989 Nr. 241; OLG Hamm 6.7.1994, RIW 1994, 1052 (1053) = IPRspr. 1994 Nr. 184. Eine Berufung auf zusätzliche Anerkennungsversagungsgründe nach nationalem Recht kommt hingegen nicht in Betracht, vgl. *Voit*, in: Musielak, § 1061 ZPO Rz. 7; verkannt von BayObLG 17.9.1998, BayObLGZ 1998, 219 (222) = NJW-RR 1999, 644 = IPRspr. 1998 Nr. 212 (zu § 1044 ZPO aF).

[3] Vgl. *Haas*, in: Weigand, Art. VII UNÜ Rz. 20 m. Nachw.

[4] BGH 25.9.2003, WM 2004, 703 = IPRspr. 2003 Nr. 203; *Schlosser*, in: Stein/Jonas, Anh. § 1061 ZPO Rz. 160 f.

[5] *van den Berg*, S. 87; *Schlosser*, Rz. 160; *Haas*, in: Weigand, Art. VII UNÜ Rz. 1; *Adolphsen*, in: MünchKomm ZPO, Art. VII UNÜ Rz. 4 aE; dazu näher unten Rz. 6673 ff.

II. Bestimmung und Reichweite des auf die Schiedsvereinbarung anzuwendenden Rechts

1. Anknüpfungsgrundsätze

6611 Soweit nicht bestimmte Einzelaspekte des Zustandekommens und der Wirksamkeit von internationalen Schiedsvereinbarungen – wie insbesondere deren Formgültigkeit (dazu unten Rz. 6671 ff.) – durch staatsvertragliches Einheitsrecht geregelt sind, bedarf es der Bestimmung des anwendbaren Rechts mit Hilfe des Kollisionsrechts. Auch insoweit ist danach zu unterscheiden, ob die Schiedsvereinbarung in den Anwendungsbereich der einschlägigen Staatsverträge (UNÜ/EuÜ) fällt oder nach autonomem IPR anzuknüpfen ist.

a) UN-Übereinkommen

6612 Die zentrale Kollisionsregel des UNÜ für Schiedsvereinbarungen enthält Art. V Abs. 1 lit. a UNÜ, der ihre Gültigkeit primär dem von den Parteien gewählten Recht, ansonsten dem Recht des Landes unterwirft, in dem der Schiedsspruch ergangen ist. Die Vorschrift bezieht sich zwar ihrem Wortlaut nach nur auf die Anknüpfung von Schiedsvereinbarungen im Rahmen des Anerkennungs- und Vollstreckungsverfahrens[1]. Der Regelungsstruktur des Übereinkommens würde es indes nicht gerecht, wenn über die Fragen der Gültigkeit der Schiedsvereinbarung im Einredeverfahren nach anderen Kollisionsregeln – und damit uU auch im Ergebnis anders – entschieden würde als im Anerkennungsverfahren. Der Gefahr, dass eine Schiedsvereinbarung im Einredeverfahren nach dem Kollisionsrecht der lex fori für wirksam gehalten wird und deshalb zur Unzuständigkeit des staatlichen Gerichts führt, dem auf ihrer Grundlage ergangenen Schiedsspruch aber später die Anerkennung versagt wird, weil das Anerkennungsgericht nach dem von Art. V Abs. 1 lit. a UNÜ für maßgeblich erklärten Recht die Unwirksamkeit der Schiedsvereinbarung feststellt, kann nur durch die entsprechende Anwendung der Vorschrift bereits im Einredeverfahren gesteuert werden[2]. Art. V Abs. 1 lit. a UNÜ verdrängt damit **in sämtlichen Verfahrensstadien** die autonomen Regeln der lex fori über die Anknüpfung von Schiedsvereinbarungen, sofern diese zu einem nach dem UNÜ anerkennungsfähigen Schiedsspruch führen können[3].

---

1 Vgl. dazu BGH 12.2.1976, RIW 1976, 449 (450) = WM 1976, 435 = IPRspr. 1976 Nr. 188; span. Trib. Supremo 10.2.1984, YCA X (1985), 493; *Otto*, IPRax 2003, 233 (334).

2 Vgl. idS österreich. OGH 17.11.1971, JBl. 1974, 629; schweiz. BG 21.3.1995, Bull. ASA 1996, 255 (260) = YCA XXII (1997), 800; App. Genova 3.2.1990, Foro pad. 1991, 168 = YCA XVII (1992), 542; Trib. Lodi 13.2.1991, YCA XXI (1996), 580 (582); *von Hülsen*, S. 99; *Bertheau*, S. 38; *van den Berg*, S. 126; *Gildeggen*, S. 135 ff.; *Epping*, S. 41; *Schlosser*, Rz. 246; *Schwab/Walter*, Kap. 43 Rz. 2; *Adolphsen*, in: MünchKomm ZPO, Art. V UNÜ Rz. 20; aA *Sieg*, RIW 1998, 102 (105).

3 Anders entscheiden vor allem die amerikanischen Gerichte, die Art. II Abs. 3 UNÜ vertragsautonom auslegen, vgl. *Ferrara S.p.A. v. United Grain Growers Ltd.* (S. D. N. Y. 1977), 441 F. Supp. 778 = YCA IV (1979), 331 ff.; ferner die Nachw. unten zu Rz. 6633 ff.

aa) Rechtswahl

Gemäß Art. V Abs. 1 lit. a UNÜ sind die Parteien berechtigt, das auf das Zustandekommen und die Wirksamkeit der Schiedsvereinbarung anwendbare Recht frei zu wählen. Diese Rechtswahl ist nicht formgebunden; sie kann daher nicht nur ausdrücklich, sondern **auch stillschweigend** getroffen werden[1]. Eine gesonderte Rechtswahl für die Schiedsvereinbarung ist indes außerordentlich selten. Insbesondere reicht die wirtschaftliche Verknüpfung von Haupt- und Schiedsvertrag nicht aus, um in der für den Hauptvertrag getroffenen ausdrücklichen Rechtswahl zugleich eine stillschweigende Rechtswahl in Bezug auf die Schiedsvereinbarung zu sehen, denn dafür sind die Zwecke des Hauptvertrages und der Schiedsvereinbarung zu verschieden. Die Risiken, die sich für die Parteien ergeben, wenn sie die Schiedsvereinbarung einem anderen als dem am Schiedsort geltenden Recht unterstellen, stehen einer solchen Auslegung regelmäßig entgegen[2].

6613

Der Rechtswahlfreiheit nach Art. V Abs. 1 lit. a UNÜ sind – sieht man vom ordre public-Vorbehalt nach Art. V Abs. 2 lit. b ab – im UNÜ **keine Schranken** gezogen. Das gewählte Recht muss daher keinen tatsächlichen oder rechtlichen Bezug zum Sitz einer der Vertragsparteien haben; diese sind vielmehr berechtigt, für ihre Vereinbarung auch ein „neutrales" Recht zu wählen[3]. Die Parteiautonomie ist ferner auch nicht in dem Sinne eingeschränkt, dass Schiedsvereinbarung und Schiedsverfahren demselben Recht unterliegen müssten. Dies folgt schon daraus, dass das UNÜ selbst die Schiedsvereinbarung und das Schiedsverfahren bei Fehlen einer Rechtswahl unterschiedlichen Rechten unterwirft; denn während die Schiedsvereinbarung dann nach Art. V Abs. 1 lit. a dem Recht des Landes untersteht, in dem der Schiedsspruch ergangen ist, folgt das Schiedsverfahren nach Art. V Abs. 1 lit. d dem – hiervon uU abweichenden – Recht am Schiedsort[4]. Da Art. V Abs. 1 lit. a UNÜ auf eine umfassende Vereinheitlichung des Kollisionsrechts der Schiedsvereinbarung abzielt, bestimmen sich auch die Wirksamkeit und das Zustandekommen des

6614

---

1 Vgl. *Bertheau*, S. 34; *von Hülsen*, S. 101; *Gildeggen*, S. 126; *Epping*, S. 50; *Adolphsen*, in: MünchKomm ZPO, Art. V UNÜ Rz. 22; *Haas*, in: Weigand, Art. V UNÜ Rz. 18; aA *Fouchard/Gaillard/Goldman*, Rz. 436.
2 *Deutsche Schachtbau- und Tiefbohr GmbH v. Ras Al Khaimah National Oil ua.* (C. A. 1987), 2 All E. R (1987), 769 = YCA XIII (1988), 522; *van den Berg*, S. 293; *von Hoffmann*, Festschr. Glossner (1994), S. 143 (151); *Schlosser*, in: Stein/Jonas, Anh. § 1061 ZPO Rz. 77; *Gildeggen*, S. 127; *Berger*, S. 117; *Haas*, in: Weigand, Art. V UNÜ Rz. 18. Vgl. idS auch Hof Den Haag 4.8.1993, YCA XIX (1994), 703 (706). Demgegenüber geht die deutsche Rechtsprechung auch im Anwendungsbereich des UNÜ bisher zumeist davon aus, dass Zustandekommen und Gültigkeit einer Schiedsvereinbarung nach dem für den Hauptvertrag gewählten Recht zu beurteilen sind, vgl. BGH 12.2.1976, RIW 1976, 449 (450) = IPRspr. 1976 Nr. 188, sowie näher unten Rz. 6622 f. mwN.; zust. *von Hülsen*, S. 101 f.; *Bertheau*, S. 34.
3 *Gildeggen*, S. 127 ff.; *Adolphsen*, in: MünchKomm ZPO, Art. V UNÜ Rz. 22; *Schlosser*, Rz. 231; *Haas*, in: Weigand, Art. II UNÜ Rz. 17.
4 *Bertheau*, S. 86; *Schlosser*, Rz. 216; *Schwab/Walter*, Kap. 43 Rz. 1; *Gildeggen*, S. 129 f.

Verweisungsvertrages nicht nach dem nationalen Kollisionsrecht der lex fori, sondern nach dem von den Parteien „anscheinend" gewählten Recht[1].

bb) Objektive Anknüpfung

6615 Bei Fehlen einer Rechtswahl der Parteien richtet sich die Wirksamkeit der Schiedsvereinbarung im Rahmen des *Anerkennungsverfahrens* nach dem Recht des Landes, in dem der Schiedsspruch ergangen ist[2]. Dies ist der von den Parteien, der gewählten Schiedsorganisation oder den Schiedsrichtern als „Sitz" des Schiedsgerichts bestimmte Ort (vgl. näher oben Rz. 6570). Für die objektive Anknüpfung der Schiedsvereinbarung im Verfahren vor dem *Schiedsgericht* oder dem staatlichen *Einredegericht* kommt es daher in entsprechender Anwendung des Art. V Abs. 1 lit. a UNÜ auf den **Ort an, an dem der Schiedsspruch ergehen soll**, sofern dieser bereits bekannt ist[3]. Dies ist auch bei Vereinbarung eines ICC-Schiedsgerichts nicht notwendig der Sitz des Schiedsgerichtshofs der ICC in Paris, sondern der im Vertrag vereinbarte Schiedsort; die Überprüfung des Schiedsspruchs durch den Schiedsgerichtshof ändert daran nichts[4]. Liegt der Schiedsort im Zeitpunkt der Entscheidung über die Gültigkeit der Schiedsvereinbarung noch nicht fest, so ist dem UNÜ selbst eine anwendbare Kollisionsregel nicht zu entnehmen; insoweit ist daher – entsprechend Art. VI Abs. 2 lit. c EuÜ – auf die autonomen Kollisionsregeln der lex fori zurückzugreifen[5].

b) Europäisches Übereinkommen

6616 Auch im Rahmen des EuÜ gilt nach dessen Art. VI Abs. 2 S. 1 in erster Linie das von den Parteien (ausdrücklich oder stillschweigend) gewählte Recht (lit. a). Aus der nach Art. VII EuÜ für den Hauptvertrag getroffenen Rechtswahl kann dabei nicht ohne Weiteres auf einen stillschweigenden Parteiwillen bezüglich des Schiedsvereinbarungsstatuts geschlossen werden[6]. In Ermangelung einer Rechtswahl gilt das Recht des Landes, in dem der Schiedsspruch ergehen soll (Art. VI Abs. 2 S. 1 lit. b EuÜ). Haben die Parteien mithin den Schiedsort in ihrer Vereinbarung bereits festgelegt, so gilt mangels abweichender Anhalts-

---

1 Zutr. *Gildeggen*, S. 131 f.; *Schlosser*, in: Stein/Jonas, Anh. § 1061 ZPO Rz. 41.
2 OLG Hamm 26.6.1997, RIW 1997, 962 = IPRspr. 1997 Nr. 201; span. Trib. Supremo 10.2.1984, YCA X (1985), 493; Hof Den Haag 4.8.1993, YCA XIX (1994), 703 (706); *Haas*, in: Weigand, Art. II UNÜ Rz. 19.
3 Italien. Cass. 15.12.1985, Nr. 6915, Foro it. 1983 I, 2200 = YCA X (1985), 464; schweiz. BG 21.3.1995, Bull. ASA 1996, 255 = YCA XXII (1997), 800; *Schwab/Walter*, Kap. 43 Rz. 1 aE.
4 Vgl. High Court Tokio 30.5.1994, YCA XX (1995), 745; *Schlosser*, in: Stein/Jonas, Anh. § 1061 ZPO Rz. 78.
5 *von Hülsen*, S. 104 f.; *Gildeggen*, S. 135 ff.; *Epping*, S. 91; *Moller*, NZG 2000, 57 (59); *Schlosser*, in: Stein/Jonas, Anh. § 1061 ZPO Rz. 40 aE.
6 *Hascher*, YCA XVII (1992), 732 f.; aA ICC-Schiedsspruch Nr. 6379 v. 1990, YCA XVII (1992), 212 (215).

punkte das dortige Recht[1]. Ist zu der Zeit, zu der das staatliche Gericht über die Gültigkeit der Schiedsvereinbarung zu entscheiden hat, noch nicht voraussehbar, in welchem Staat der Schiedsspruch ergehen wird, so gilt nach Art. VI Abs. 2 S. 1 lit. c EuÜ hilfsweise das **Kollisionsrecht der lex fori**[2]. Obwohl Art. VI Abs. 2 S. 1 lit. a EuÜ Kollisionsregeln für die Anknüpfung von Schiedsvereinbarungen nur für die staatlichen Gerichte aufstellt, sind diese Grundsätze auch von einem Schiedsgericht zu beachten, das kraft seiner vorläufigen Kompetenz-Kompetenz nach Art. V Abs. 3 EuÜ über die Gültigkeit einer Schiedsvereinbarung zu befinden hat[3].

c) Autonomes deutsches Recht

Ebenso wie in Art. 34 UNCITRAL-ModG fehlt auch im deutschen Recht eine ausdrückliche allgemeine Kollisionsnorm für die Anknüpfung von Schiedsvereinbarungen[4]. Da die Schiedsvereinbarung kein materiell-rechtlicher Vertrag, sondern ein Prozessvertrag ist (dazu oben Rz. 6553), ferner gegenüber dem Hauptvertrag autonom ist (dazu oben Rz. 6555), gelten insoweit nicht die für den Hauptvertrag maßgeblichen Kollisionsnormen der Rom I-VO (vgl. Art. 1 Abs. 2 lit. e Rom I-VO) bzw. des § 1051 ZPO, sondern eigene Normen des IZPR[5]. Das autonome deutsche Schiedsverfahrensrecht unterscheidet insoweit danach, ob das Schiedsverfahren im Inland oder im Ausland stattfindet, und ob das deutsche staatliche Gericht mit der Frage des Zustandekommens und der materiellen Wirksamkeit der Schiedsvereinbarung bereits im Einredeverfahren oder erst im Aufhebungs- bzw. Vollstreckungsverfahren betreffend einen in- oder ausländischen Schiedsspruch befasst wird.

6617

aa) Verfahren zur Vollstreckung ausländischer Schiedssprüche

Im Verfahren zur Anerkennung und Vollstreckung ausländischer Schiedssprüche wurde die Vorfrage der materiellen Gültigkeit der zugrunde liegenden Schiedsvereinbarung bis zur Reform des deutschen Schiedsverfahrensrechts von 1997 *unselbständig* angeknüpft. Wandte der Beklagte also ein, der ausländische Schiedsspruch sei deshalb nicht anerkennungsfähig, weil er auf einer ungültigen Schiedsvereinbarung beruhe, so war zur Bestimmung des maßgeb-

6618

---

1 Vgl. BGH 20.3.1980, BGHZ 77, 32 (37 f.); OLG Hamburg 11.9.1992, RIW 1992, 938 = IPRspr. 1992 Nr. 252; OLG Hamburg 15.11.1995, RIW 1996, 510 = EWiR 1995, 1245 (LS) m. Anm. *Schlosser* = IPRspr. 1995 Nr. 188.
2 Dazu anschließend Rz. 6617 ff.
3 *Adolphsen*, in: MünchKomm ZPO, Art. VI EuÜ Rz. 7.
4 Anders das schweiz. Recht, das in Art. 178 Abs. 2 IPRG eine Anknüpfung „in favorem validitatis" vorsieht: Die Schiedsvereinbarung ist danach gültig, wenn sie entweder dem von den Parteien gewählten Recht oder dem Recht der Hauptsache oder dem schweiz. Recht entspricht. Vgl. dazu ICC-Schiedsspruch Nr. 6474 v. 1992, YCA XXV (2000), 279 (303 f.).
5 *Epping*, S. 44; *Wagner*, S. 351; *Geimer*, IPRax 2006, 233 f.; *Geimer*, in: Zöller, § 1029 ZPO Rz. 17a, 107, 109 f., 113 f.; *Münch*, in: MünchKomm ZPO, § 1029 Rz. 29, 34.

lichen Schiedsvertragsstatuts von den Kollisionsnormen der auf das Schiedsverfahren anwendbaren fremden Rechtsordnung auszugehen[1]. Im geltenden Recht verweist § 1061 ZPO insoweit heute in vollem Umfang auf die Vorschriften des UNÜ. Damit gelten aber im Verfahren zur Anerkennung und Vollstreckung ausländischer Schiedssprüche die Kollisionsregeln des Art. V Abs. 1 lit. a UNÜ für die Beurteilung des Zustandekommens und der Wirksamkeit der Schiedsvereinbarung auch dann, wenn der ausländische Schiedsstaat dem UNÜ nicht beigetreten ist[2]. Maßgebend sind folglich die Sachnormen des von den Parteien gewählten Rechts, und in Ermangelung einer Rechtswahl die Sachnormen des ausländischen Schiedsstaates[3]. Im Rahmen des Meistbegünstigungsgrundsatzes nach Art. VII UNÜ kann freilich auch das nationale Kollisionsrecht des Anerkennungsstaates angewendet werden, wenn es zu einem anerkennungsfreundlicheren Ergebnis führt[4].

bb) Verfahren zur Aufhebung oder Vollstreckbarerklärung inländischer Schiedssprüche

6619 In Übereinstimmung mit Art. 34 Abs. 1 UNCITRAL-ModG schreibt § 1059 Abs. 2 Nr. 1 lit. a ZPO vor, dass die Gültigkeit einer Schiedsvereinbarung im inländischen Aufhebungsverfahren primär nach dem Recht zu beurteilen ist, dem die Parteien sie unterstellt haben. In Ermangelung einer solchen Rechtswahl erklärt Art. 34 Abs. 2 UNCITRAL-ModG – wie Art. V Abs. 1 lit. a UNÜ – das Recht des Schiedsortes für maßgebend. Dies kann aber – wie § 1059 Abs. 2 Nr. 1 lit. a ZPO klarstellt – im Rahmen des Aufhebungsverfahrens nur das deutsche Recht sein, weil dieses im Hinblick auf das *Territorialitätsprinzip* des § 1025 Abs. 1 ZPO zwingend für alle in Deutschland stattfindenden Schiedsverfahren gilt[5]. Da inländische Schiedssprüche nach § 1060 Abs. 1 S. 1 ZPO nur für vollstreckbar erklärt werden können, wenn keine Aufhebungsgründe nach § 1059 Abs. 2 ZPO vorliegen, gilt die Kollisionsregel des § 1059 Abs. 2 Nr. 1 lit. a ZPO auch im Verfahren der Vollstreckbarerklärung entsprechend.

Vgl. auch *BGH* 23.4.1998, NJW 1998, 2452 = RIW 1998, 628 = IPRax 1999, 104 (m. Anm. *Schütze*, IPRax 1999, 87) = LM § 1041 ZPO aF Nr. 18 m. Anm. *Geimer* = IPRspr. 1998 Nr. 210
Wirksamkeit der Schiedsabrede zwischen deutschem und kroatischem Unternehmen im Verfahren der Vollstreckbarerklärung des deutschen Schiedsspruchs nach deutschem Recht beurteilt, weil deutsches Schiedsverfahrensrecht und der Schiedsort Bremen vereinbart war.

---

1 BGH 10.5.1984, RIW 1984, 644 (646) m. Anm. *Mezger* = IPRax 1985, 158 (m. Anm. *Schlosser*, IPRax 1985, 141) = IPRspr. 1984 Nr. 196; *Schlosser*, Rz. 800; *Gildeggen*, S. 154 ff.; *Hausmann*, Festschr. W. Lorenz (1991), S. 359 (378).
2 *Epping*, S. 45 f.; *Schwab/Walter*, Kap. 43 Rz. 6; *Geimer*, in: Zöller, § 1029 ZPO Rz. 107.
3 *Epping*, S. 50; *Geimer*, in: Zöller, § 1029 ZPO Rz. 107; dazu oben Rz. 6612 ff.
4 BGH 21.9.2005, IPRax 2006, 266 (268) (m. Anm. *Geimer*, IPRax 2006, 233); dazu unten Rz. 6676.
5 Vgl. *Hausmann*, Festschr. Stoll (2001), S. 593 (596).

cc) Einredeverfahren vor staatlichen Gerichten

War über das Zustandekommen oder die materielle Wirksamkeit einer Schiedsvereinbarung vor einem deutschen staatlichen Gericht zu befinden, weil der Beklagte die Schiedseinrede erhoben hatte, so wurde das anwendbare Recht bis zur Reform des deutschen Schiedsverfahrensrechts von 1997 in entsprechender Anwendung der Art. 27 ff. EGBGB bestimmt[1]. Dies folgerte man nicht zuletzt daraus, dass der deutsche Gesetzgeber die Vorschrift des Art. 1 Abs. 2 lit. d EVÜ, die Gerichtsstands- und Schiedsvereinbarungen aus dem sachlichen Anwendungsbereich dieses Übereinkommens ausschließt, bewusst nicht in das EGBGB übernommen hatte[2]. Dieses Argument ist mit Inkrafttreten der Rom I-Verordnung (vgl. Art. 1 Abs. 2 lit. e Rom I-VO) entfallen. Außerdem gebietet es das Interesse am internationalen wie am internen Entscheidungseinklang, Schiedsvereinbarungen möglichst **in allen Verfahrensstadien nach den gleichen Kollisionsregeln** anzuknüpfen. Ebenso wie Art. V Abs. 1 lit. a UNÜ (dazu oben Rz. 6612) ist daher auch § 1059 Abs. 2 Nr. 1 lit. a ZPO von staatlichen Gerichten bereits im Einredeverfahren entsprechend anzuwenden, wenn es um die Bestimmung des auf die materielle Gültigkeit der Schiedsvereinbarung anwendbaren Rechts geht. Als **speziellere verfahrensrechtliche Kollisionsnorm** verdrängt § 1059 Abs. 2 Nr. 1 lit. a ZPO mithin die schuldvertraglichen Kollisionsnormen der Rom I-VO bzw. § 1051 ZPO in allen Verfahrensstadien[3]. Diese Anknüpfung trägt auch der Rechtsnatur der Schiedsvereinbarung als Prozessvertrag (dazu oben Rz. 6552) besser Rechnung[4]; in der Sache führt sie freilich weithin zu ähnlichen Ergebnissen wie eine schuldvertragliche Anknüpfung. Wie dort handelt es sich grundsätzlich um Sachnormverweisungen[5].

6620

(1) Rechtswahl

Danach gilt – ebenso wie im staatsvertraglich vereinheitlichten Kollisionsrecht – der **Grundsatz der Parteiautonomie**. Die Parteien sind mithin berechtigt, das auf eine Schiedsvereinbarung anzuwendende Recht im Wege einer

6621

---

1 BGH 28.11.1963, BGHZ 40, 320 (323) = IPRspr. 1962/63 Nr. 213; BGH 19.11.1968, NJW 1969, 750 = IPRspr. 1968/69 Nr. 254; BGH 21.9.1993, NJW-RR 1993, 1519 (1520) = IPRspr. 1993 Nr. 194; *von Hülsen*, S. 108 ff.; *Hausmann*, Festschr. W. Lorenz (1991), S. 359 (364); *Gildeggen*, S. 157 f.; *Schlosser*, Rz. 244, 385; *Haas*, S. 69 ff.; *Sieg*, RIW 1998, 102 (106), jeweils mwN.
2 *Basedow*, JbPraxSchG I (1987), 1 (4 f.); *Gildeggen*, S. 158; vgl. auch BT-Drucks. 10/504, S. 81.
3 *Epping*, S. 46; *Hau*, IPRax 1999, 232 (234); *Münch*, in: MünchKomm ZPO, § 1029 Rz. 32 ff.; *Geimer*, Rz. 3786; *Geimer*, in: Zöller, § 1029 ZPO Rz. 109 ff.; *Voit*, in: Musielak, § 1029 ZPO Rz. 28; ebenso die hM zu Art. 36 Abs. 1 lit. a UNCITRAL-ModG, vgl. *Holtzmann/Neuhaus*, S. 803; *Granzow*, S. 94 f.; aA (Fortgeltung der Art. 27 ff. EGBGB) BGH 21.9.2005, IPRax 2006, 266 (268) (m. krit. Anm. *Geimer*, IPRax 2006, 233); *Schütze*, Rz. 93; *Kronke*, RIW 1998, 257 (258); *Lachmann*, Rz. 268 f.; *Basedow*, in: MünchKomm, § 307 BGB Rz. 383; *Eidenmüller*, ZZP 114 (2001), 1 (31).
4 *Geimer*, Rz. 3786; *Geimer*, IPRax, 2006, 233 f.
5 *Münch*, in: MünchKomm ZPO, § 1029 Rz. 31; *Epping*, S. 47 f. m. Nachw.

hierauf gerichteten ausdrücklichen Rechtswahl zu bestimmen[1]. Diese ist auch dann wirksam, wenn die Parteien ein „neutrales" Recht wählen, zu dem weder sie noch der Gegenstand des Rechtsstreits einen tatsächlichen Bezug haben[2]. Da eine speziell auf die Schiedsvereinbarung bezogene ausdrückliche Rechtswahl in der Praxis nur ausnahmsweise getroffen wird, ermittelt die bisher hM das Statut der Schiedsvereinbarung in der Regel mit Hilfe des stillschweigenden Parteiwillens. An eine solche **konkludente Rechtswahl** sind indessen noch strengere Voraussetzungen zu stellen wie im internationalen Vertragsrecht, dh. sie muss sich jedenfalls eindeutig aus der Schiedsvereinbarung oder aus den Umständen des Falles ergeben (vgl. zu Art. 3 Abs. 1 S. 2 Rom I-VO oben Rz. 114)[3]. Denn die in § 1059 Abs. 2 Nr. 1 lit. a ZPO vorgeschriebene objektive Anknüpfung an den Schiedsort soll die Gerichte bei Fehlen einer ausdrücklichen Rechtswahl von der schwierigen Suche nach dem räumlichen Schwerpunkt einer Schiedsvereinbarung gerade entlasten und entspricht im Zweifel auch den typischen Interessen der Parteien eines Schiedsverfahrens am besten[4].

6622 Der stillschweigende Parteiwille geht nach einer verbreiteten Auffassung dahin, dass **Schiedsvereinbarung und Hauptvertrag demselben Recht** unterliegen sollen. Eine stillschweigende Wahl des in der Hauptsache anwendbaren Rechts auch für die Schiedsvereinbarung wird jedenfalls dann häufig angenommen, wenn die Rechtswahl global für den ganzen Vertrag als dessen letzte Klausel vor oder nach der Schiedsklausel vereinbart wurde; sie folge dann aus der räumlichen und zeitlichen Nähe von Hauptvertrag und Schiedsvereinbarung[5].

BGH 28.11.1963, BGHZ 40, 320 (323) = NJW 1964, 591 = AWD 1964, 61 = IPRspr. 1962/63 Nr. 213
Vereinbarung eines Londoner Schiedsgerichts zwischen deutschem und englischem Unternehmen. Deutsches Recht ua. deshalb zugrunde gelegt, weil der Parteiwille „nach allgemeinen Erfahrungsgrundsätzen regelmäßig dahin gerichtet ist, die Schiedsgerichtsvereinbarungen demselben Recht zu unterstellen wie das zu regelnde materielle Rechtsverhältnis".

6623 Die Anknüpfung der Schiedsvereinbarung an das Statut des Hauptvertrages entspricht jedoch im Regelfall nicht den Interessen der Schiedsparteien. Aus-

---

1 *Epping*, S. 44 ff.; *Geimer*, Rz. 3786; *Lachmann*, Rz. 268; ebenso schon früher *Schlosser*, Rz. 230, 249 ff.; *Gildeggen*, S. 160 ff.
2 *Münch*, in: MünchKomm ZPO, § 1029 Rz. 14; *Voit*, in: Musielak, § 1029 ZPO Rz. 28; *Geimer*, Rz. 3787.
3 *Münch*, in: MünchKomm, § 1029 Rz. 35.
4 *Epping*, S. 51, 54; *Geimer*, in: Zöller, § 1029 ZPO Rz. 113.
5 Vgl. ferner BGH 19.12.1968, BGHZ 51, 255 (256) = NJW 1969, 750 = ZZP 82 (1969), 475 m. Anm. *Kornblum* = IPRspr. 1968/69 Nr. 254; BAG 4.10.1974, DB 1975, 63 = AP Nr. 7 zu § 38 ZPO m. Anm. *E. Lorenz* = IPRspr. 1974 Nr. 42b; OLG Hamburg 22.9.1978, RIW 1979, 482 (484 f.) m. Anm. *Mezger* = IPRspr. 1978 Nr. 189; OLG München 7.4.1989, RIW 1990, 585 (586) = IPRspr. 1989 Nr. 240; OLG Düsseldorf 17.11.1995, RIW 1996, 239 = IPRspr. 1995 Nr. 189; *von Hülsen*, S. 101; *Sandrock*, JZ 1986, 372 f.; *Wagner*, S. 371 f. Ebenso noch nach der Reform von 1997 OLG Hamburg 24.1.2003, SchiedsVZ 2003, 284 (287); OLG München 26.10.2000, IPRspr. 2000 Nr. 182b; OLG Düsseldorf 29.7.2005, IPRspr. 2005 Nr. 186.

tauschvertrag und Schiedsvereinbarung verfolgen unterschiedliche Zwecke, stehen in keinem notwendigen Zusammenhang und können deshalb durchaus unterschiedlichen Rechten unterliegen[1]. Die im Hauptvertrag enthaltene Rechtswahlklausel kann daher keinesfalls automatisch auf die in den gleichen Vertrag aufgenommene Schiedsklausel erstreckt werden[2]. Namentlich wenn das Schiedsverfahren nicht in dem Staat stattfindet, dessen Recht auf den Hauptvertrag anwendbar sein soll, kann nicht davon gesprochen werden, dass sich die Rechtswahl für die Schiedsvereinbarung „mit hinreichender Sicherheit" aus den Bestimmungen des Vertrages oder aus den Umständen des Falles ergibt[3]. Dagegen spricht vor allem, dass zwischen Schiedsvereinbarung und Schiedsverfahren ein innerer Zusammenhang besteht, so dass es bei einem Auseinanderfallen von Schiedsvertrags- und Schiedsverfahrensstatut zu Störungen des inneren Entscheidungseinklangs kommen kann[4], während ein Parteiinteresse am Gleichklang von Hauptvertrags- und Schiedsvertragsstatut idR nicht besteht[5]. Die wünschenswerte Harmonisierung von Schiedsvereinbarungs- und Schiedsverfahrensstatut legt es vielmehr nahe, die **Bestimmung des Schiedsortes** durch die Parteien zugleich als stillschweigende Wahl des dort geltenden Rechts für die Beurteilung der Schiedsvereinbarung zu werten[6]. Dies gilt insbesondere dann, wenn die Parteien ein institutionelles Schiedsgericht vereinbart haben, dessen Schiedsordnung auf einem nationalen Verfahrensrecht aufbaut[7], entspricht aber auch sonst der heute international vorherrschenden Auffassung[8].

---

1 Vgl. LG Hamburg 16.3.1977, RIW 1978, 124 f. = IPRspr. 1977 Nr. 6.
2 *Gildeggen*, S. 160 f.
3 OLG München 26.10.2000, IPRspr. 2000 Nr. 182b; *Koussoulis*, Festschr. Schlosser (2005), S. 415 (421); *Geimer*, Rz. 3724 f., 3790; *Geimer*, in: Zöller, § 1029 ZPO Rz. 112, 116, 118; *Münch*, in: MünchKomm ZPO, § 1029 Rz. 35 f.; *Schlosser*, in: Stein/Jonas, § 1029 ZPO Rz. 41; *Epping*, S. 56; ähnlich schon früher *Schlosser*, Rz. 254; *Berger*, S. 117; *von Hoffmann*, Festschr. Glossner (1994), S. 142 (151); *Thorn*, IPRax 1997, 98 (103). Demgegenüber kann aus einer kombinierten Rechtswahl sowohl für den Hauptvertrag wie für das Schiedsverfahren regelmäßig auch auf eine stillschweigende Wahl des gleichen Rechts für die Schiedsvereinbarung geschlossen werden, vgl. OLG Düsseldorf 17.11.1995, RIW 1996, 239 = IPRspr. 1995 Nr. 189.
4 Vgl. dazu die Beispiele zum neuen deutschen Schiedsverfahrensrecht bei *Epping*, S. 54 f.
5 *Kronke*, RIW 1998, 257 (258); *Münch*, in: MünchKomm ZPO, § 1029 Rz. 35.
6 Vgl. BGH 23.4.1998 (Rz. 6619), NJW 1998, 2452; *Gildeggen*, S. 160 f.; *Thorn*, IPRax 1997, 98 (103); *Koussoulis*, Festschr. Schlosser (2005), S. 415 (425); *Geimer*, Rz. 3788 f.; *Lachmann*, Rz. 269 f.; *Schlosser*, in: Stein/Jonas, § 1029 ZPO Rz. 41; *Voit*, in: Musielak, § 1029 ZPO Rz. 28; *Münch*, in: MünchKomm ZPO § 1029 Rz. 36; *Epping*, S. 54 ff. mwN. Nicht ausreichend ist es hingegen, wenn erst das Schiedsgericht den Schiedsort bzw. das anwendbare Verfahrensrecht bestimmt, vgl. *Schlosser*, Rz. 251; *Geimer*, in: Zöller, § 1029 ZPO Rz. 117.
7 Vgl. OLG Hamburg 11.9.1992, RIW 1992, 938 = IPRspr. 1992 Nr. 252 zur Wahl des Schiedsgerichts des Warenvereins der Hamburger Börse e.V. Ebenso die Praxis der ICC-Schiedsgerichte, vgl. etwa den Schiedsspruch Nr. 4131 v. 1982, YCA IX (1984), 131 (133).
8 Vgl. das Urteil des schwed. Högsta Domstolen vom 27.10.2000; dazu *Nacimiento*, BB 2001, Beil. 6, S. 7 (9).

XL Insurance Ltd. v. *Owens Corning* (Q. B. 1999), YCA XXI (2001), 869 (878 ff.)
Wahl englischen Rechts für das Schiedsverfahren beinhaltet „by implication" die Wahl des gleichen Rechts als „proper law of the arbitration clause". Die ausdrückliche Wahl New Yorker Rechts für den Hauptvertrag ändert daran nichts.

6624 Eine schlüssige Rechtswahl kann sich weiterhin aus dem **Verhalten der Parteien im Prozess** ergeben. In diesem Sinne haben deutsche Gerichte eine nachträgliche Wahl des inländischen Rechts wiederholt darin gesehen, dass die Parteien einer Prüfung der Schiedsvereinbarung am Maßstab des deutschen Schiedsverfahrensrechts durch das staatliche Gericht nicht widersprochen hatten[1]. Indessen dürfte es regelmäßig an dem erforderlichen Erklärungsbewusstsein der Parteien fehlen, wenn eine konkludente Rechtswahl allein aus dem Prozessverhalten entnommen wird. Denn der mangelnde Widerspruch einer oder beider Parteien gegen die Anwendung deutschen Schiedsverfahrensrechts vor dem ausländischen Schiedsgericht oder dem deutschen Einredegericht kann auch darauf beruhen, dass die kollisionsrechtliche Fragestellung überhaupt nicht erkannt wurde. Darüber hinaus gefährdet die großzügige Annahme einer konkludenten Rechtswahl durch Prozessverhalten den internationalen Entscheidungseinklang[2].

6625 Bis zur Reform des deutschen Schiedsverfahrensrechts von 1997 wurde die Parteiautonomie für Schiedsvereinbarungen in **Verbraucherverträgen** überwiegend in entsprechender Anwendung von Art. 29 Abs. 1 EGBGB durch das zwingende Recht im Aufenthaltsstaat des Verbrauchers eingeschränkt[3]. Demgemäß wurde etwa § 1027 Abs. 1 ZPO aF als verbraucherschützende Formvorschrift unter Berufung auf Art. 29 Abs. 1 EGBGB gegen das ausländische Statut der Schiedsvereinbarung durchgesetzt[4]. Vor allem aber wurden Schiedsvereinbarungen mit inländischen Verbrauchern trotz Vereinbarung ausländischen Rechts der Einbeziehungs- und Inhaltskontrolle nach Maßgabe des deutschen AGB-Gesetzes unterworfen[5].

6626 Da § 1059 Abs. 2 Nr. 1 lit. a ZPO der Parteiautonomie uneingeschränkt Raum gibt, ist der Weg zu einer Einbeziehungs- oder Inhaltskontrolle von in AGB enthaltenen Schiedsvereinbarungen nach deutschem Recht trotz auslän-

---

1 Vgl. BGH 28.11.1963 (Rz. 6622), BGHZ 40, 320 (324); BGH 28.5.1968, BGHZ 50, 191 (193) = IPRspr. 1968/69 Nr. 253; OLG München 26.10.2000, SpuRt 2001, 64 = IPRspr. 2000 Nr. 182 b.
2 *Epping*, S. 51 f.; *von Hülsen*, S. 102 f.; *Münch*, in: MünchKomm ZPO, § 1029 Rz. 36; vgl. dazu allg. oben Rz. 121 ff. mwN.
3 Vgl. *Gildeggen*, S. 165.
4 BGH 10.2.1998, IPRspr. 1998 Nr. 209. Vgl. zur Kritik unten Rz. 6711.
5 OLG Düsseldorf 26.5.1995, WM 1995, 1349 (1350) = RIW 1995, 769 = IPRax 1997, 115 (m. Anm. *Thorn*, IPRax 1997, 98) = EWiR 1996, 939 (LS) m. Anm. *Geimer* = IPRspr. 1995 Nr. 145; OLG Düsseldorf 8.3.1996, RIW 1996, 681 (m. Aufs. *Mankowski*, RIW 1996, 1001) = IPRax 1997, 118 (m. Anm. *Thorn*, IPRax 1997, 98) = ZEuP 1998, 981 m. Anm. *Reich* = IPRspr. 1996 Nr. 114 (Schiedsvereinbarung „London" in Vertrag zwischen deutschem Anleger und engl. Brokerunternehmen trotz der vereinbarten Wahl engl. Rechts nach Art. 29 Abs. 1 EGBGB iVm. § 3 AGBG [= § 305c Abs. 1 BGB] als „überraschend" gewertet, weil der Anleger vom Telefonverkäufer einer deutschen Vermittlungsgesellschaft geworben worden war).

dischen Schiedsvereinbarungsstatuts versperrt, zumal Art. 6 Rom I-VO auf Schiedsvereinbarungen gem. Art. 1 Abs. 2 lit. e Rom I-VO audrücklich keine Anwendung findet[1]. Dem Schutz von Verbrauchern wird stattdessen bei Vereinbarung eines inländischen Schiedsortes durch die verschärften Formerfordernisse in § 1031 Abs. 5 ZPO Rechnung getragen, die durch Rechtswahl nicht abdingbar sind (dazu unten Rz. 6707). Ansonsten bleibt nur die Inhaltskontrolle von Schiedsklauseln nach dem auf ihr Zustandekommen anwendbaren nationalen Recht (dazu unten Rz. 6647), die Beachtung der durch die in- oder ausländische lex fori gezogenen prozessualen Schranken (dazu unten Rz. 6708 ff., 6757 ff.) sowie der Rückgriff auf die Vorbehaltsklausel analog Art. V Abs. 2 lit. b UNÜ (dazu unten Rz. 6763 f.).

(2) Objektive Anküpfung

In Ermangelung einer Rechtswahl der Parteien wurden Schiedsvereinbarungen schon früher zumeist dem **Recht am vereinbarten Schiedsort** unterworfen. Dieser Anknüpfung wurde vor allem wegen der engen Verknüpfung von Schiedsvereinbarung und Schiedsverfahren der Vorzug vor dem Gleichlauf zwischen Schiedsvertrags- und Hauptvertragsstatut gegeben[2]. Dies galt jedenfalls dann, wenn die Schiedsvereinbarung zeitlich nach dem Hauptvertrag abgeschlossen worden war und Vorschriften über das Verfahren und die Bildung des Schiedsgerichts enthielt oder wenn sie für eine Vielzahl von Verträgen gelten sollte, die unterschiedlichen Rechten unterlagen. § 1059 Abs. 2 Nr. 1 lit. a ZPO erklärt nunmehr für das *Aufhebungsverfahren* ausdrücklich das deutsche Recht für maßgeblich; dies ist im Hinblick auf den für das neue Schiedsverfahrensrecht geltenden Territorialitätsgrundsatz (§ 1025 Abs. 1 ZPO) konsequent. In entsprechender Anwendung von § 1059 Abs. 2 Nr. 1 lit. a ZPO ist über die Gültigkeit einer Schiedsvereinbarung aber auch schon im *Einredeverfahren* vor deutschen Gerichten nach deutschem Recht zu befinden, wenn die Parteien einen Schiedsort im Inland bestimmt haben[3]. Steht zur Zeit der Beurteilung der Schiedsvereinbarung noch nicht fest, in welchem Land das Schiedsgericht tagen wird, so kommt bei Fehlen einer Rechtswahl in entsprechender Anwendung von Art. 4 Abs. 4 Rom I-VO nur eine akzessorische Anknüpfung an das auf den Hauptvertrag anzuwendenden Recht[4] in Betracht; diese Anknüpfung gilt allerdings nur vorläufig bis zur Bestimmung des Schiedsorts[5]. Wird die Schiedseinrede hingegen auf die Vereinbarung eines Schiedsgerichts gestützt, das im Ausland zusammentreten soll, so findet das autonome Kollisionsrecht

6627

---

[1] Vgl. idS auch *Epping*, S. 46; *Geimer*, Rz. 3786; aA *Münch*, in: MünchKomm ZPO, § 1029 Rz. 34 aE.
[2] Vgl. BGH 7.1.1971, BGHZ 55, 162 (164) = NJW 1971, 986 = AWD 1971, 235 m. Anm. *Pfaff* = IPRspr. 1971 Nr. 158b; LG Hamburg 21.5.1981, VersR 1982, 894 (m. Anm. *Riehmer*, VersR 1983, 31 und *Rabe*, VersR 1983, 335) = IPRspr. 1981 Nr. 202; *Gildeggen*, S. 171 f.; *Schlosser*, in: Stein/Jonas, § 1029 ZPO Rz. 91.
[3] *Epping*, S. 46; *Lachmann*, Rz. 269 aE; *Münch*, in: MünchKomm ZPO, § 1029 Rz. 37; *Geimer*, in: Zöller, § 1029 ZPO Rz. 17b.
[4] *Epping*, S. 46 f.; *Geimer*, Rz. 3791; *Münch*, in: MünchKomm ZPO, § 1029 Rz. 38; *Voit*, in: Musielak, § 1029 ZPO Rz. 28; ebenso schon früher *Gildeggen*, S. 172.
[5] *Geimer*, Rz. 3789.

dd) Verfahren vor dem Schiedsgericht

6628 Ein internationales Schiedsgericht ist nach verbeiteter Auffassung[1], die auch in Deutschland früher vorherrschte[2], nicht an die Kollisionsnormen seines Sitzrechts gebunden, weil es – anders als für ein staatliches Gericht – an einer vorgegebenen lex fori fehlt, als deren Bestandteil die Kollisionsnormen anzuwenden wären. An dieser Ansicht kann aus deutscher Sicht seit der Reform des deutschen Schiedsverfahrensrechts nur noch für **im Ausland** tagende Schiedsgerichte festgehalten werden. Vorbehaltlich etwaiger Einschränkungen durch die ausländische lex fori kommt dem Schiedsgericht dann bei der Festlegung der maßgeblichen Anknüpfungskriterien ein Ermessensspielraum zu[3]. Ausgangspunkt muss freilich auch insoweit der Grundsatz der Parteiautonomie sein. Dabei ist auch eine Rechtswahl zulässig, die sich auf die Festlegung des vom Schiedsgericht anzuwendenden *Kollisionsrechts* beschränkt. Die Praxis internationaler Schiedsgerichte orientiert sich idR an solchen Anknüpfungskriterien, die in den in Betracht kommenden Kollisionsrechten (der Heimatstaaten der Parteien, des Vertragsschwerpunkts sowie des Schiedslandes) übereinstimmend gelten[4]. Führen die betroffenen Kollisionsrechte zu unterschiedlichen Ergebnissen, so wird nicht selten auf die im staatsvertraglichen oder europäischen IPR kodifizierten Anknüpfungsprinzipien, wie zB auf den Grundsatz der „engsten Verbindung" (Art. 4 Abs. 1 EVÜ; Art. 4 Abs. 4 Rom I-VO), zurückgegriffen[5].

6629 Liegt der Schiedsort **im Inland**, so hat hingegen heute auch ein Schiedsgericht auf Grund des Territorialitätsprinzips (§ 1025 Abs. 1 ZPO) die Vorgaben des deutschen Schiedsverfahrensrechts auf dem Gebiet des Kollisionsrechts zu respektieren. Dies gilt nicht nur hinsichtlich des auf die Hauptsache anzuwendenden Rechts (§ 1051 ZPO)[6], sondern auch im Rahmen der Bestimmung der Statuts der Schiedsvereinbarung. Einem in Deutschland tagenden Schiedsgericht ist daher dringend zu empfehlen, sich insoweit bereits bei der Entscheidung über seine Zuständigkeit an der in § 1059 Abs. 2 Nr. 1 lit. a ZPO enthal-

---

[1] Vgl. in England s. 46 (3) Arbitration Act 1996; in Frankreich Art. 1496 NCPC; in Italien Art. 834 Abs. 1 S. 2 C.pr.c.; dazu *Blessing*, J.Int.Arb. 14 (1997) Nr. 1, S. 39 (52 ff.); *Martiny*, Festschr. Schütze (1999), S. 529 (533 f.) mwN.

[2] Vgl. *Berger*, S. 352 ff.; *Sandrock*, RIW 1992, 785 (787 ff.); *Kronke*, RIW 1998, 257 (262); *Diedrich*, JuS 1998, 158 (164 f.); *Martiny*, Festschr. Schütze (1999), S. 530 f., jeweils mwN.; aA *Böckstiegel*, Festschr. Beitzke (1979), S. 443 ff.; *Wieczorek/Schütze*, § 1034 ZPO aF Rz. 14.

[3] *Sandrock*, RIW 1992, 785 (789 f.); *Schlosser*, RIW 1994, 723 (727), jeweils mwN.

[4] Vgl. zu dieser Regel der „Konkordanz" der beteiligten Kollisionsrechte *Sandrock*, RIW 1992, 785 (794) mwN.

[5] Vgl. idS. *Schlosser*, RIW 1994, 773 (775 ff.) mwN.

[6] Vgl. *Sandrock*, RIW 2000, 321 ff.; *Martiny*, Festschr. Schütze (1999), S. 529 (535); *Geimer*, in: Zöller, § 1051 ZPO Rz. 2; *Schlosser*, in: Stein/Jonas, § 1051 ZPO Rz. 1.

tenen Kollisionsregel zu orientieren, um der Gefahr einer späteren Aufhebung des Schiedsspruchs zu begegnen[1].

2. Reichweite des Statuts der Schiedsvereinbarung
a) UN-Übereinkommen
aa) Zustandekommen und materielle Wirksamkeit

Das gem. Art. V Abs. 1 lit. a UNÜ bestimmte Statut der Schiedsvereinbarung entscheidet insbesondere über das Zustandekommen und die materielle Wirksamkeit, soweit sich hierzu aus dem vereinheitlichten Sachrecht (Art. II Abs. 2 und 3; dazu unten Rz. 6671, 6678 ff.) keine Maßstäbe gewinnen lassen: Dies trifft etwa auf das Vorliegen von **Willensmängeln** sowie auf Fragen des Zugangs der auf den Abschluss der Schiedsvereinbarung gerichteten Willenserklärungen zu[2]. Allerdings indiziert die Einhaltung der strengen Formerfordernisse des Art. II Abs. 2 UNÜ idR die wirksame Einigung über die Schiedsvereinbarung, so dass der Einwand mangelnder Willensübereinstimmung trotz Formgültigkeit der Schiedsvereinbarung nur schwer zu führen sein dürfte[3]. Gesondert nach nationalem IPR wird hingegen auch im Rahmen des UNÜ die wirksame Bevollmächtigung zum Abschluss einer Schiedsvereinbarung angeknüpft[4]. 6630

Demgegenüber folgt aus dem Normzweck des Art. II Abs. 2 UNÜ, eine tatsächliche Einigung der Parteien über die Schiedsvereinbarung sicherzustellen und die Parteien vor einem unüberlegten Abschluss von Schiedsvereinbarungen zu bewahren (vgl. unten Rz. 6671), dass das von Art. V Abs. 1 lit. a UNÜ für maßgeblich erklärte nationale Recht zurückzutreten hat, soweit seine Vorschriften den gleichen Zweck verfolgen. Dies gilt nicht nur für Formvorschriften ieS (dazu unten Rz. 6672 ff.), sondern auch für jegliche Art der **Abschlusskontrolle von Schiedsvereinbarungen in AGB** (zB nach §§ 305 Abs. 2, 305c Abs. 1 BGB); insoweit ist allein Art. II Abs. 2 UNÜ maßgebend[5]. Auch auf die Frage, ob die AGB nach dem Statut des Hauptvertrages überhaupt wirksam in diesen einbezogen worden sind, kommt es insoweit nicht an, weil die Wirksamkeit der Schiedsklausel unabhängig vom Schicksal des Hauptvertrages ist[6]. Hingegen bleiben Vorschriften des autonomen Rechts, die – wie zB § 138 BGB – die Ausübung unzulässigen Zwangs zum Abschluss einer Schiedsverein- 6631

---

1 So auch die Gesetzesbegründung zu § 1040 ZPO, vgl. BT-Drucks. 13/5274, S. 43; *Münch*, in: MünchKomm ZPO, § 1029 Rz. 32.
2 *van den Berg*, S. 290 ff.; *Bertheau*, S. 86; *Berger*, S. 129; *Samuel*, S. 299 (300); *Schlosser*, in: Stein/Jonas, Anh. § 1061 ZPO Rz. 41; *Haas*, in: Weigand, Art. II UNÜ Rz. 64; zust. KG 7.3.1995, OLGR 1996, 65 (70).
3 BezG Affoltern 26.5.1994, SJZ 1997, 223 = YCA XXIII (1998), 754 (757 f.) (Scheingeschäft); *van den Berg*, S. 287 f.; *Haas*, in: Weigand, Art. II UNÜ Rz. 64.
4 OLG Celle 4.9.2003, IDR 2004, 35 (m. Aufs. *Wegen/Nilske*, IDR 2004, 77) = IPRspr. 2003 Nr. 202.
5 *Gildeggen*, S. 140 ff.; *Epping*, S. 140 f.; *Schwab/Walter*, Kap. 44 Rz. 9.
6 *Epping*, S. 136; aA HandelsG Zürich 25.8.1992, ZEuP 1994, 682 (683) m. insoweit zust. Anm. *Schlosser*.

barung oder ein Übergewicht einer Partei bei der Zusammensetzung des Schiedsgerichts verbieten, neben Art. II Abs. 2 UNÜ anwendbar[1]. Gleiches gilt für solche Vorschriften des nationalen Rechts, die – wie § 307 BGB – eine **Inhaltskontrolle** von formularmäßigen Schiedsklauseln unter dem Gesichtspunkt einer unangemessenen Benachteiligung einer Partei zulassen[2].

6632 Das Statut der Schiedsvereinbarung entscheidet auch darüber, welchen Einfluss die **Unwirksamkeit des Hauptvertrages** auf eine darin enthaltene Schiedsklausel hat[3]. Diesbezüglich hat sich heute in den Mitgliedstaaten des UNÜ der Grundsatz der „separability of the arbitration agreement" bzw. der „autonomie de la clause compromissoire" weitgehend durchgesetzt. Die Nichtigkeit des Hauptvertrages ergreift also die in ihm enthaltene Schiedsklausel grundsätzlich nicht[4]. Eine Ausnahme gilt nur dann, wenn Hauptvertrag und Schiedsvereinbarung vom gleichen (Willens-)Mangel betroffen sind[5]. In gleicher Weise ist auch die Frage, ob die **Unwirksamkeit von Teilen einer Schiedsklausel** zu ihrer Gesamtnichtigkeit führt, nach dem von Art. V Abs. 1 lit. a UNÜ bestimmten Schiedsvertragsstatut zu beantworten[6]. Eine Sonderanknüpfung vorkonsensualer Elemente – wie sie für Schuldverträge in Art. 10 Rom I-VO vorgesehen ist (dazu oben Rz. 267 ff.) – findet hingegen im Rahmen der Beurteilung des Zustandekommens einer Schiedsvereinbarung nach Art. V Abs. 1 lit. a UNÜ nicht statt, weil die staatsvertragliche Regelung insoweit abschließend ist[7].

---

1 *Schlosser*, in: Stein/Jonas, Anh. § 1061 ZPO Rz. 42; *Gildeggen*, S. 140 ff.; *Haas*, in: Weigand, Art. II UNÜ Rz. 71; dazu näher unten Rz. 6764.
2 *van den Berg*, S. 288; *Gildeggen*, S. 142; *Schwab/Walter*, Kap. 44 Rz. 9 aE; *Schlosser*, in: Stein/Jonas, Anh. § 1061 ZPO Rz. 42; *Haas*, in: Weigand, Art. II UNÜ Rz. 66.
3 *Haas*, in: Weigand, Art. II UNÜ Rz. 73.
4 Vgl. im deutschen Recht – in Anlehnung an Art. 16 Abs. 1 S. 2, 3 ModG – § 1040 Abs. 1 S. 2 ZPO; dazu unten Rz. 6648; ferner vgl. in Belgien Art. 1697 Abs. 2 C.J.; in England s. 7 Arb. Act 1986; in Italien Art. 808 Abs. 4 C.pr.c.; in der Schweiz Art. 178 Abs. 3 IPRG. Aus der Gerichtspraxis der Vertragsstaaten französ. Cass. civ. 7.5.1963, Rev.crit.d.i.p. 1963, 615 m. Anm. *Motulsky*; Cass. civ. 6.12.1988, Rev.arb. 1989, 641 m. Anm. *Goldman*; Cass. civ. 20.12.1993, Clunet 1994, 432 (m. Anm. *Gaillard* und *Loquin*, Clunet 1994, 692) = Rev.arb. 1994, 120 m. Anm. *Gaudemet-Tallon*; Cass. civ. 28.5.2002, Rev.crit.d.i.p. 2002, 758 m. Anm. *Coipel-Cordonnier*; italien. Cass. 12.5.1977, YCA IV (1979), 286 (288) und 28.10.1993, YCA XX (1995), 739 (741); App. Bologna 21.12.1991, YCA XVIII (1993), 422 (425); *Harbour Assurance Co.* v. *Kansa General Int'l Insurance Co.* (C. A. 1993), 3 W. L. R. 42 = YCA XX (1995), 771; *Privalov* v. *Fiona Trust Holding Corp.* (H.L. 2007, YCA XXXII (2007), 654 (661 ff.); *Renusagar Power Co. Ltd.* v. *General Electric Co.* (S. Ct. India 1984), YCA XIII (1988), 431 (434); *BHP Petroleum Inc.* v. *Baer* (S.D. Tex. 1997), YCA XXIII (1998), 949 (953); *Belship Navigation, Inc.* v. *Sealift, Inc.* (S.D.N.Y. 1995) YCA XXI (1996), 799 (805 ff.); *Samuel*, J.Int.Arb. 5 (1988) Nr. 3, 9 (12 ff.) mwN.
5 *Schütze*, IPRax 1999, 87 (89); *Haas*, in: Weigand, Art. II UNÜ Rz. 73; vgl. etwa *Sandvik A.B.* v. *Advent Int'l Corp.* (3d Cir. 2000), 220 F. 3d 99 = YCA XXVI (2001), 961 (971 f. (mangelnde Vertretungsmacht).
6 App. Paris 12.12.1990, Rev.arb. 1990, 863; *Haas*, in: Weigand, Art. II UNÜ Rz. 75.
7 *Gildeggen*, S. 134 f.; *Epping*, S. 161; aA *Holl*, IPRax 1997, 103 f.; *Schlosser*, in: Stein/Jonas, Anh. § 1061 ZPO Rz. 41; wohl auch *Thorn*, IPRax 1997, 98 (103 f.), der allerdings zwischen der Anknüpfung des Zustandekommens von Schiedsvereinbarungen nach dem UNÜ und nach autonomem Recht nicht unterscheidet.

bb) Auslegung und objektive Reichweite

Ob die Parteien „hinsichtlich des Streitgegenstands", der vor einem staatlichen Gericht anhängig gemacht wird, iSv. Art. II Abs. 3 UNÜ eine Schiedsvereinbarung getroffen haben, ob also mit anderen Worten der geltendgemachte Streitpunkt noch von der Schiedsvereinbarung gedeckt wird, ist im Wege der Auslegung der Schiedsvereinbarung zu ermitteln. Über die insoweit maßgeblichen **Auslegungsgrundsätze** entscheidet nicht die lex fori des angerufenen staatlichen Gerichts[1], sondern das **Statut der Schiedsvereinbarung**[2]. Das von Art. V Abs. 1 lit. a UNÜ zur Anwendung berufene nationale Recht bestimmt daher darüber, ob die Vereinbarung dem Schiedsgericht nach der von den Parteien gewählten Formulierung nur die Kompetenz für einzelne abgegrenzte Fragen oder die umfassende Zuständigkeit zur Entscheidung aller Streitpunkte einräumt. Eine allgemeine Auslegungsmaxime, wonach Schiedsvereinbarungen im Zweifel weit auszulegen sind, kann dem UNÜ nicht entnommen werden[3]. Demgegenüber geht die *US-amerikanische Rechtsprechung* vor allem auf dem Gebiet des internationalen Handelsverkehrs von einer „strong federal policy in favor of arbitration" aus[4].

6633

Andererseits lässt sich auch ein Grundsatz, wonach Schiedsvereinbarungen restriktiv auszulegen sind, weil sie dem Beklagten den Zugang zum staatlichen Richter versperren[5], mit dem Ziel des Übereinkommens und der ihm zugrunde liegenden Vorstellung der Gleichwertigkeit von staatlicher Gerichtsbarkeit und Schiedsgerichtsbarkeit nicht vereinbaren. Ausgangspunkt für die Auslegung muss vielmehr der konkrete Wortlaut der Schiedsvereinbarung sein. Dabei kann insbesondere zwischen sog. „engen" Schiedsklauseln, die nur „Ansprüche aus dem Vertrag" („disputes arising out of the contract") betreffen, und „weiten" Schiedsklauseln, die solche Ansprüche erfassen, die lediglich

6634

---

1 So aber die überwiegende US-amerikanische Gerichtspraxis, vgl. *Becker Autoradio U.S.A., Inc.* v. *Becker Autoradiowerk GmbH* (3d Cir. 1978), 585 F. 2d39 = YCA V (1980), 272 (273); *Genesco, Inc.* v. *Kakiuchi & Co. Ltd.* (2d Cir. 1987), YCA XIII (1988), 567 (573); *Tennessee Imports, Inc.* v. *Filippi* (M.D. Tenn. 1990), YCA XVII (1992), 620 (630 ff.).

2 *Schlosser*, Rz. 420; *Adolphsen*, in: MünchKomm ZPO, Art. II UNÜ Rz. 16; *Haas*, in: Weigand, Art. II UNÜ Rz. 76; *Bertheau*, S. 36; zust. OLG München 7.4.1989, RIW 1990, 585; italien. Cass. 21.11.1983, YCA X (1985), 478 (479.; *National Thermal Power Corp.* v. *Singer Co.* (S. Ct. India 1992), YCA XVIII (1993), 403 (406); schweiz. BG 21.3.1995, YCA XXII (1997), 800 (804 ff.).

3 *Schlosser*, Rz. 420 mwN.; aA OLG Hamburg 17.2.1989, RIW 1989, 574 = IPRspr. 1990 Nr. 237a.

4 Vgl. *Mitsubishi Motors Corp.* v. *Soler Chrysler-Plymouth Inc.* (S. Ct. 1985), 473 U.S. 614 (631) = YCA XI (1986), 555 (557 ff.); *Becker Autoradio USA, Inc.* v. *Becker Autoradiowerk GmbH* (3d Cir. 1978), 767 F. 2d 1140 = YCA V (1980), 272 (273); *Permargo* v. *Sedco, Inc.* (5th Cir. 1985), 767 F. 2d 1140 = YCA XII (1987), 539 (542); *David L. Threlkeld & Co., Inc.* v. *Metallgesellschaft Ltd.* (2d Cir. 1991) 923 F. 2d, 245 (248) = YCA XVII (1992), 672; *Chelsea Square Textiles, Inc.* v. *Bombay Dyeing and Manufacturing Co. Ltd.* (2d Cir. 1999), 189 F. 3d 289 (294) = YCA XXV (2000), 1035.

5 So die jüngere Rspr. in Italien, vgl. Cass. S.U. 28.7.1998, Nr. 7398, Foro it. Rep. 1998 v. „Arbitrato" Nr. 68; Cass. S.U. 10.5.2000, Nr. 58, Foro it. 2000 I, 2226 = YCA XXVI (2001), 816 (820 f.).

„im Zusammenhang mit dem Vertrag" („disputes relating to the contract or arising in connection with the contract") stehen, unterschieden werden[1]. Zumindest „weite" Schiedsklauseln beziehen sich – im Hinblick auf den Grundsatz der Autonomie der Schiedsklausel (vgl. oben Rz. 6632) – auch auf **Streitigkeiten über die Wirksamkeit des Hauptvertrages**, in dem die Schiedsklausel selbst enthalten ist[2]. Scheitert der Abschluss des Hauptvertrages oder ist der geschlossene Hauptvertrag nichtig, so umfasst eine „weite" Gerichtsstandsklausel auch etwaige **Ansprüche aus culpa in contrahendo**[3].

6635 Die Tendenz der Rechtsprechung in den Vertragsstaaten geht dahin, zumindest „weite" Schiedsklauseln auch auf gesetzliche Ansprüche zu erstrecken, die im Zusammenhang mit der Vertragsdurchführung entstanden sind. Dies gilt insbesondere für **Ansprüche aus unerlaubter Handlung**, soweit diese mit Vertragsansprüchen konkurrieren oder einen sonstigen engen Bezug zum Vertragsinhalt haben[4].

6636 Darüber hinaus gilt eine „weite" Schiedsklausel auch für **Ansprüche aus ungerechtfertigter Bereicherung**, die in Zusammenhang mit dem geschlossenen Vertrag stehen[5].

---

[1] Vgl. dazu *Haas*, in: Weigand, Art. II UNÜ Rz. 77 m. Nachw.

[2] *Haas*, in: Weigand, Art. II UNÜ Rz. 77; vgl. dazu die Nachw. oben Rz. 6632; aA aber etwa *Renusager Power Co. Ltd.* v. *General Electric Co.* (S. Ct. India 1984), YCA X (1985), 431 (433 ff.); *Fairat S. A.* v. *Tata SS Ltd.* (Bombay High Ct. 1999), YCA XXVII (2002), 455 (457 ff.).

[3] Vgl. *Alamria* v. *Telcor* (D. Md. 1996), YCA XXII (1997), 967 (974 f.); *Prograph Int'l Inc.* v. *Barhyrdt* (N.D. Cal. 1996), YCA XXIII (1998), 901 (905) („claim of fraudulent inducement to enter into a contract"); *Capital Trust Investment Ltd.* v. *Radio Design AB* (C.A. 2002), YCA XXVII (2002), 557 (562 ff.) („claim of fraudulent and/or negligent precontractual misrepresentation"). Vgl. aber *ODC Exhibit Systems Ltd.* v. *Expand International AB* (S. Ct. Brit. Col. 1988), YCA XVI (1991), 530 (534) (Die in einem „Conciliation Agreement" enthaltene Schiedsklausel erstreckt sich nicht auf Ansprüche, die eine Partei darauf stützt, dass sie durch arglistiges Verhalten der anderen Partei zum Abschluss dieses „Conciliation Agreement" bestimmt worden sei.).

[4] *Lonrho Ltd.* v. *Shell Petroleum Co. Ltd.* (Ch. D. 1978), YCA IV (1979), 320 (322) (weite Schiedsklausel [„or in connection with"] auf deliktische Ansprüche im Zusammenhang mit dem Betrieb einer Pipeline in Rhodesien erstreckt). Vgl. aber BGH 12.11.1990, NJW-RR 1991, 432 = IPRax 1992, 240 (m. Anm. *Vollkommer*, IPRax 1992, 207) = IPRspr. 1990 Nr. 237b (Schiedsvereinbarung in dem zwischen deutscher Partenreederei und einer japan. Werft geschlossenen Schiffsbauvertrag erstreckt sich nicht auf die einem einzelnen Partenreeder abgetretenen Schadensersatzansprüche wegen schuldhafter Verleitung zu einer nachteiligen Anlagenentscheidung). Vgl. ferner in Australien *Caltex* v. *Samsung* (S. Ct. New South Wales 1993), YCA XX (1995), 622 (625); in England *ACCM SA* v. *Pagnan SpA* (C. A. 1994), YCA XXII (1997), 838 (844); *Fahem* v. *Mareb Yemen Ins. Co.* (Q. B. 1997), YCA XXIII (1998), 789 (793 f.); in Japan District Ct. Yokohama 3.5.1980, YCA VIII (1983), 394 (396); in Kanada *Canada Packers Inc.* v. *Terra Nova Tankers Inc.* (Ont. Ct. of Justice 1992), YCA XXII (1997), 669 (671); *Kaverit Steel and Crane Ltd.* v. *299 565 Alberta Ltd* (C.A. Alberta 1992), 87 D.L.R. 4th 129 = YCA XIX (1994), 643 (646 ff.); in den USA *Marchetto* v. *DeKalb Genetics Corp.* (N. D. Ill. 1989), YCA XV (1990), 581; *Meadows Indemnity Co. Ltd.* v. *Baccala & Shoop Insurance Services, Inc.* (E. D. N. Y. 1991), YCA XVII (1992), 686 (693 ff.).

[5] *Haas*, in: Weigand, Art. II UNÜ Rz. 78; dazu *Genesco Inc.* v. *Kakiuchi & Co.* Ltd. (2d Cir. 1987), 815 F. 2d 840 = YCA XIII (1988), 567 (574 f.) (weite Schiedsklausel [„all

Auch Streitigkeiten aus **Wechseln und Schecks**, die zur Erfüllung vertraglicher Ansprüche hingegeben wurden, werden jedenfalls von einer „weiten" Schiedsklausel erfasst, weil sie ihre Grundlage in dem geschlossenen Vertrag haben[1]. Etwas anderes kann freilich dann gelten, wenn Ansprüche aus Wechseln oder Schecks nach dem autonomen Zivilprozessrecht des angerufenen Gerichts in einem *vereinfachten Verfahren* durchgesetzt werden können. In einem solchen Fall kann ohne besondere Anhaltspunkte nicht angenommen werden, dass der Wechselnehmer sich der Vorteile der Wechselklage durch Vereinbarung einer Schiedsklausel habe begeben wollen[2].

6637

Der im Grundvertrag enthaltenen Schiedsklausel unterliegen ferner im Zweifel auch Vereinbarungen über eine Vertragsverlängerung[3] sowie **Abänderungs- oder Ergänzungsverträge**[4]. Die Schiedsklausel in einem *Rahmenvertrag* erfasst im Zweifel auch Streitigkeiten über die später abgeschlossenen Einzelverträge[5]. Umgekehrt gilt dies freilich nicht. Auch die in einem Zusatzvertrag – zB einem Kredit- oder Garantievertrag – enthaltene Schiedsklausel erfasst daher nicht ohne Weiteres Streitigkeiten aus dem zugrunde liegenden Hauptvertrag; dies gilt jedenfalls dann, wenn es sich um eine „enge" Schiedsklausel handelt[6]. Können sich die Vertragsparteien über die von einer Partei ge-

6638

---

claims and disputes of whatever nature arising under this contract"] in Kaufvertrag über Textilien auf Schadensersatzansprüche wegen Betrugs und unlauteren Wettbewerbs sowie auf Bereicherungsansprüche, nicht aber auf deliktische Ansprüche wegen Bestechung von Angestellten der amerikanischen Schiedsklägerin durch die japan. Schiedsbeklagte erstreckt); *Sojuzneftexport* v. *Joc Oil Ltd.* (C.A. Bermuda 1989), YCA XV (1990), 384 (421 ff.) (weite Schiedsklausel in einem Öllieferungsvertrag berechtigt das Schiedsgericht, anstelle der geltendgemachten Kaufpreisansprüche einen Bereicherungsausgleich zuzusprechen, wenn es den Vertrag für nichtig erachtet).

1 *Haas*, in: Weigand, Art. II UNÜ Rz. 79; *Schlosser*, in: Stein/Jonas, Anh. § 1061 ZPO Rz. 44; zust. ICC-Schiedsspruch Nr. 6474 v. 1992, YCA XXV (2000), 279 (308 ff.); *Renusagar Power Co. Ltd.* v. *General Electric Co.* (S. Ct. India 1984), YCA X (1985), 431 (433 ff.) (weite Schiedsklausel in Kaufvertrag zwischen einem amerikan. und einem ind. Unternehmen auf Wechselansprüche und auf deliktische Schadensersatzansprüche erstreckt).
2 Vgl. BGH 28.10.1993, WM 1993, 2229 (2230); aA OLG München 7.4.1989, RIW 1990, 585 = IPRspr. 1989 Nr. 240; wie im Text in England *Nova Knit Ltd.* v. *Kammgarn Spinnerei GmbH* (H. L., 1976), 1 W.L.R. 713 = YCA IV (1979), 314 (315); in Frankreich Cass. civ. 10.6.1986, Rev.arb. 1987, 461; vgl. näher unten Rz. 6651.
3 *Becker Autoradio USA, Inc.* v. *Becker Autoradiowerk GmbH* (3d Cir. 1978), 585 F. 2d 39 = YCA V (1980), 272; District Ct. Yokohama 3.5.1980, YCA VIII (1983), 394.
4 Vgl. OLG Dresden 5.12.1994, Bull. ASA 1995, 247 (255); Trib. Com. Bruxelles 5.10.1995, Rev.arb. 1995, 311 (314) m. Anm. *Hanotiau*; App. Paris 4.3.1986, Rev.arb. 1987, 167; *Schlosser*, Rz. 421 mwN.
5 Trib.gr.inst. Paris 20.5.1987, Rev.arb. 1988, 573; ferner etwa *Polytec Engineering Co., Ltd.* v. *Jackson Companies* (D. Minn. 1997), YCA XXIII (1998), 1103; *Dangdong Shuguang Axel Corp., Ltd* v. *Brilliance Machinery Co.*, YCA XXVII (2002), 617 (622 f.) Vgl. auch *Ryan & Sons, Inc.* v. *Rhône Poulenc Textile, S.A.* (4th Cir. 1988), 843 F. 2d 315 (138 ff.) = YCA XV (1990), 543 (Schiedsklausel in einem Alleinvertriebsvertrag auf Streitigkeiten aus den Einzelgeschäften [„purchase orders, compensation agreements, security agreements"] erstreckt).
6 *Smoothline Ltd.* v. *North American Trading Corp.* (S.D.N.Y. 2000), YCA XXVI (2001), 991 (993 f.).

wünschte Abänderung des Vertrages nicht einigen, so stellt sich die Frage, ob das Schiedsgericht im Falle einer wesentlichen Veränderung der Umstände zu einer ergänzenden Vertragsauslegung oder gar zu einer **Anpassung des Vertrages** an die veränderten Rahmenbedingungen – zB nach den Grundsätzen über die Störung der Geschäftsgrundlage (vgl. § 313 BGB) – berechtigt ist. Hierüber ist auch im Anwendungsbereich des UNÜ in erster Linie nach dem Statut des Hauptvertrages (lex causae) zu entscheiden. Denn im Zweifel geht die Absicht der Parteien einer Schiedsvereinbarung dahin, dem Schiedsgericht die gleichen Befugnisse einzuräumen wie sie sonst dem zuständigen staatlichen Gericht zustehen würden[1]. Allerdings hindert das UNÜ die Vertragsparteien nicht, dem Schiedsgericht auch weitergehende Befugnisse einzuräumen[2].

6639 Auch die Frage, welche Kompetenzen den staatlichen Gerichten auf dem Gebiet des **einstweiligen Rechtsschutzes** verbleiben, richtet sich im Geltungsbereich des UNÜ nicht nach der lex fori des angerufenen Gerichts, sondern nach dem gem. Art. V Abs. 1 lit. a auf die Schiedsvereinbarung anwendbaren Recht. Denn die Sperrwirkung der Schiedsvereinbarung gegenüber jedweder staatlichen Gerichtsbarkeit muss in allen Vertragsstaaten einheitlich bestimmt werden[3]. Das UNÜ selbst hindert jedenfalls Maßnahmen des einstweiligen Rechtsschutzes durch staatliche Gerichte nicht, der auch in allen Staaten gewährt wird[4]. Die Kompetenz der staatlichen Gerichte zur Unterstützung von Schiedsverfahren richtet sich demgegenüber nach dem Schiedsverfahrensstatut.

cc) Aufhebung und Abänderung

6640 Nach dem Statut der Schiedsvereinbarung richten sich – innerhalb der durch Art. II Abs. 3 UNÜ gezogenen Schranken (dazu unten Rz. 6774 ff.) – auch die mit einer Aufhebung oder dem Wegfall der Schiedsvereinbarung zusammenhängenden Fragen. Lediglich soweit eine Schiedsvereinbarung durch die Verwirklichung *prozessualer* Tatbestände weggefallen sein kann, wie etwa durch Versäumung der Einredefrist (zB nach Art. V EuÜ), entscheidet darüber die lex fori des befassten staatlichen Gerichts[5]. Das Statut der Schiedsvereinbarung bestimmt insbesondere darüber, ob die Aufhebung des Hauptvertrages auch die im Vertrag enthaltene Schiedsklausel entfallen lässt; dies wird heute für die aus der Aufhebung folgenden Rückabwicklungsansprüche zu Recht allgemein abgelehnt[6]. Auch die Frage, ob vertraglich vereinbarte **Schiedsklagefristen** als materielle Ausschlussfristen zu qualifizieren sind oder aber als pro-

---

1 *Schlosser*, Rz. 744; *Haas*, in: Weigand, Art. II UNÜ Rz. 81.
2 So umfasst die Ermächtigung an den Schiedsrichter, als „amiable compositeur" zu entscheiden, auch die Befugnis zu einer Vertragsanpassung, vgl. Cass. civ. 28.4.1987, Rev.arb. 1991, 445 (446).
3 *Schlosser*, in: Stein/Jonas, Anh. § 1061 ZPO Rz. 46 aE.
4 Vgl. *Channel Tunnel Group Ltd.* v. *Balfour Beatty Construction Ltd.* (H.L. 1993), 3 W.L.R. 262 = YCA XIX (1994), 736; dazu *Karrer*, IPRax 1994, 50 ff.; zur Problematik näher *Schlosser*, ZZP 99 (1986), 241 ff. mwN.
5 *Schlosser*, in: Stein/Jonas, Anh. § 1061 ZPO Rz. 48; *Wackenhuth*, KTS 1985, 635 ff.
6 Vgl. *Haas*, in: Weigand, Art. II UNÜ Rz. 74; *Schlosser*, Rz. 421 ff. mwN.

zessuale Fristen, nach deren Ablauf lediglich die schiedsrichterliche Art der Rechtsverfolgung unzulässig wird, beurteilt sich nach dem Statut der Schiedsvereinbarung[1]. Im Zweifel sind Schiedsklagefristen lediglich als materielle Ausschlussfristen zu qualifizieren, so dass über den Fristablauf und seine Folgen das Schiedsgericht und nicht die staatlichen Gerichte zu entscheiden haben[2].

b) Europäisches Übereinkommen

Die Reichweite des nach Art. VI Abs. 2 lit. a EuÜ ermittelten Statuts der Schiedsvereinbarung stimmt weitgehend mit den zu Art. V Abs. 1 lit. a UNÜ dargestellten Grundsätzen (Rz. 6630 ff.) überein. Es gilt danach für das Zustandekommen und die materielle Wirksamkeit sowie für die im Wege der Auslegung zu ermittelnde objektive Reichweite der Schiedsvereinbarung. Dazu gehört insbesondere die Frage, für welche Streitigkeiten die Schiedsvereinbarung gelten soll[3]. Auch die Frage, ob die Schiedsklausel unabhängig von der Wirksamkeit des Hauptvertrages gelten soll (sog. „Autonomie der Schiedsklausel"), ist im EuÜ nicht durch einheitliches Sachrecht geregelt, sondern bestimmt sich nach dem Statut der Schiedsvereinbarung[4]. 6641

c) Autonomes deutsches Recht

Das Statut der Schiedsvereinbarung hat auch im deutschen autonomen IZPR eine **Auffangfunktion**[5]. Es gilt also nur für diejenigen Fragen, die nicht – wie namentlich die Form (dazu unten Rz. 6706 ff.), die objektive und subjektive Schiedsfähigkeit (dazu unten Rz. 6757 ff.) sowie Fragen der Stellvertretung[6] – gesondert angeknüpft werden. Es beherrscht vor allem das Zustandekommen und die materielle Wirksamkeit der Schiedsvereinbarung. 6642

aa) Zustandekommen der Schiedsvereinbarung

(1) Grundsatz

Das Zustandekommen einer kombinierten Rechtswahl- und Schiedsvereinbarung wurde bisher überwiegend gem. Art. 27 Abs. 4 iVm. Art. 31 Abs. 1 6643

---

1 *van den Berg*, S. 317 f.; *Schlosser*, in: Stein/Jonas, Anh. § 1061 ZPO Rz. 46.
2 BGH 12.2.1976, RIW 1976, 449 f. = IPRspr. 1976 Nr. 188 = YCA II (1977), 242; *Schlosser*, in: Stein/Jonas, Anh. § 1061 ZPO Rz. 46; *Haas*, in: Weigand, Art. II UNÜ Rz. 74.
3 OLG Frankfurt a.M. 24.9.1985, NJW 1986, 2202 = RIW 1986, 379 = IPRspr. 1985 Nr. 199; *Schwab/Walter*, Kap. 43 Rz. 3 aE.
4 *Hascher*, YCA XVII (1992), 730 f.
5 *Münch*, in: MünchKomm ZPO, § 1029 Rz. 28, 39.
6 Die Frage, ob die von einem Vertreter abgeschlossene Schiedsvereinbarung den Vertretenen bindet, bestimmt sich also nicht nach dem Statut der Schiedsvereinbarung, sondern nach dem Statut der – rechtsgeschäftlichen oder gesetzlichen – Stellvertretung, vgl. *Geimer*, Rz. 3792; *Schwab/Walter*, Kap. 44 Rz. 19; *Voit*, in: Musielak, § 1029 ZPO Rz. 6; *Schlosser*, in: Stein/Jonas, Anh. § 1061 ZPO Rz. 45. Zur Anknüpfung der gesetzlichen Vertretung oben Rz. 6181 ff., der gewillkürten Stellvertretung oben Rz. 5421 ff.

EGBGB nach dem für den Hauptvertrag gewählten Recht beurteilt. Dieses Recht entschied also darüber, ob sich der Anschein zu einer wirksamen Rechtswahl verdichtet hatte[1]. An dieser Anknüpfung kann nach Art. 3 Abs. 5 iVm. Art. 10 Abs. 1 Rom I-VO nur festgehalten werden, wenn sich aus den getroffenen Absprachen oder den Umständen hinreichende Anhaltspunkte dafür ergeben, dass die Parteien die Schiedsvereinbarung dem gleichen Recht wie den Hauptvertrag unterstellen wollten. Fehlt es daran, so beurteilt sich das wirksame Zustandekommen der Schiedsvereinbarung gem. § 1059 Abs. 2 Nr. 1 lit. a ZPO nach dem Recht am vereinbarten Schiedsort, das auch die Durchführung das Schiedsverfahren beherrscht (vgl. oben Rz. 6623)[2]. Ist die Schiedsvereinbarung nach dem gewählten Recht – zB wegen mangelnder Form oder Bestimmtheit – unwirksam, so beurteilt sich die Frage, ob daraus auch die Nichtigkeit der mit ihr verbundenen Rechtswahlklausel folgt, ebenfalls nach dem gewählten Recht[3].

(2) Einbeziehung einer Schiedsklausel in AGB

6644 Das Statut der Schiedsvereinbarung entscheidet insbesondere auch darüber, ob eine in AGB enthaltene Schiedsklausel Gegenstand einer Willenseinigung zwischen den Parteien war. Eine Einbeziehungskontrolle nach Maßgabe des deutschen AGB-Rechts findet daher grundsätzlich nur statt, wenn die Schiedsvereinbarung deutschem Recht unterliegt, in Ermangelung einer abweichenden Rechtswahl also insbesondere dann, wenn ein deutscher Schiedsort vereinbart wurde[4]. Ist die Schiedsvereinbarung hiernach durch das Schweigen oder den mangelnden Widerspruch des Empfängers gegen die Geltung der AGB zum Vertragsinhalt geworden, so ist allerdings weiterhin zu prüfen, ob die schweigende Partei sich bzgl. dieser Wertung ihres Verhaltens nicht analog Art. 10 Abs. 2 Rom I-VO auf das Recht ihres gewöhnlichen Aufenthalts berufen kann. Hingegen lässt sich die Geltung der besonderen Einbeziehungsvoraussetzungen des deutschen Rechts (§ 305 Abs. 2 BGB) bei Vereinbarung eines ausländischen Schiedsvereinbarungsstatuts auch für Verträge mit inländischen Verbrauchern nicht aus Art. 6 Rom I-VO herleiten (vgl. oben Rz. 6625 f.).

(3) Schweigen auf Bestätigungsschreiben

6645 Ist die Schiedsvereinbarung in einem kaufmännischen Bestätigungsschreiben enthalten, so beurteilte sich die Frage, ob sie durch das bloße Schweigen des

---

1 Vgl. OLG Hamburg 17.2.1989, RIW 1989, 574 = EWiR 1989, 933 (LS) m. Anm. *Bredow* = IPRspr. 1990 Nr. 273a (Zustandekommen einer Schiedsklausel in Schiffsbauvertrag zwischen deutscher Partenreederei und japan. Werft nach dem für den Hauptvertrag gewählten. Recht beurteilt). OLG München 7.4.1989, RIW 1990, 585 = IPRspr. 1989 Nr. 240 (Zustandekommen einer Schiedsvereinbarung in Liefervertrag zwischen deutschem und ungar. Unternehmen nach dem für den Hauptvertrag gewählten schweiz. Recht beurteilt); ferner *Basedow*, JbPraxSchG 1 (1987), 1 (3 ff.); *Gildeggen*, S. 159 f.
2 *Geimer*, Rz. 3789.
3 OLG Hamm 15.11.1994, RIW 1995, 681 (682) = IPRspr. 1994 Nr. 185.
4 *Epping*, S. 142 ff.

Empfängers wirksam vereinbart worden ist, bisher entsprechend Art. 31 Abs. 2 EGBGB ergänzend nach dem Aufenthaltsrecht des Schweigenden[1].

Daran ist – anders als im Anwendungsbereich des UNÜ (dazu oben Rz. 6632 aE) – auch nach geltendem Recht festzuhalten, weil § 1031 Abs. 2 ZPO den formwirksamen Abschluss einer Schiedsvereinbarung durch Schweigen auf eine kaufmännische Bestätigung ausdrücklich zulässt[2]. Auf das Aufenthaltsrecht kommt es hingegen nicht an, wenn der Empfänger nicht nur schweigt, sondern das Bestätigungsschreiben mit der Schiedsklausel gegenzeichnet[3]. Ist die Willenseinigung sowohl nach dem Statut der Schiedsvereinbarung als auch nach dem Aufenthaltsrecht des Schweigenden materiellrechtlich zustandegekommen, so bedarf es freilich zusätzlich der Einhaltung der Form nach § 1031 Abs. 2 ZPO (dazu unten Rz. 6718).

bb) Materielle Wirksamkeit der Schiedsvereinbarung

(1) Grundsatz

Nach dem Statut der Schiedsvereinbarung beurteilt sich ferner – in direkter oder entsprechender Anwendung von § 1059 Abs. 2 Nr. 1 lit. a ZPO – die materielle Wirksamkeit der Schiedsvereinbarung in allen Verfahrensstadien. Da die Staatsverträge nur wenige Unwirksamkeitsgründe selbst festlegen, kommt dem nationalen Recht insoweit besondere Bedeutung zu[4]. Es gilt insbesondere für die Beurteilung etwaiger Willensmängel (zB Irrtum, Arglist, Drohung) und ihrer Rechtsfolgen (zB Anfechtung)[5]. Gibt die Schiedsvereinbarung einer Partei bei der Zusammensetzung des Schiedsgerichts ein Übergewicht, das die andere Partei benachteiligt, so hat dies nach deutschem Schiedsverfahrensrecht allerdings – anders als früher – nicht mehr die Nichtigkeit der Schiedsvereinbarung zur Folge[6]; vielmehr kann die benachteiligte Partei gem. § 1034 Abs. 2 ZPO beim staatlichen Gericht – innerhalb einer Ausschlussfrist von zwei Wochen seit Kenntnis der Zusammensetzung des Schiedsgerichts – beantragen, den oder die Schiedsrichter abweichend von der vereinbarten Ernennungsregelung zu bestellen[7]. Das staatliche Gericht entscheidet dann nach Maßgabe von

6646

---

1 *Mezger*, RIW 1984, 649. Vgl. auch BGH 25.5.1970, RIW 1970, 417 = WM 1970, 1050 (1051) = IPRspr. 1970 Nr. 133 (Zum Abschluss einer Schiedsvereinbarung durch Schweigen der österreich. Verkäuferin auf die in einem kaufmännischen Bestätigungsschreiben der deutschen Käuferin enthaltene Schiedsklausel).
2 *Epping*, S. 161.
3 LG Hamburg 16.9.1997, RIW 1997, 873 = IPRspr. 1997 Nr. 200.
4 *Schwab/Walter*, Kap. 44 Rz. 25.
5 *Schütze/Tscherning/Wais*, Rz. 560; *Schwab/Walter*, Kap. 44 Rz. 25; *Geimer*, Rz. 3791; zum deutschen Recht vgl. *Voit*, in: Musielak, § 1029 ZPO Rz. 11.
6 BGH 1.3.2007, SchiedsVZ 2007, 163 (164); *Schütze*, Rz. 122; *Reichold*, in: Thomas/Putzo, § 1034 ZPO Rz. 4; *Schwab/Walter*, Kap. 9 Rz. 12; *Schlosser*, in: Stein/Jonas, § 1034 ZPO Rz. 2; einschränkend für Schiedsklausel in AGB bei Verbraucherbeteiligung *Lachmann*, Rz. 561, 935 ff.
7 Zutr. *Schlosser*, in: Stein/Jonas, § 1029 ZPO Rz. 26: „Geltungserhaltende Reduktion durch gerichtliche Gestaltung".

§ 1035 Abs. 5 ZPO[1]. Jenseits dieser Spezialregelung bleiben die allgemeinen Vorschriften der §§ 134, 138 BGB zwar auch weiterhin auf Schiedsvereinbarungen anwendbar[2]; jedoch lässt die Unwirksamkeit von Vereinbarungen über die Konstituierung des Schiedsgerichts oder das schiedsrichterliche Verfahren die Schiedsvereinbarung als solche im Zweifel unberührt[3].

(2) Inhaltskontrolle von Schiedsklauseln in AGB

6647 Das Statut der Schiedsvereinbarung entscheidet auch über die Inhaltskontrolle von Schiedsklauseln in AGB. Gilt deutsches Recht, so unterliegen Schiedsklauseln in AGB auch im kaufmännischen Rechtsverkehr der Inhaltskontrolle gem. § 307 Abs. 2 BGB[4]. Allerdings stellt eine Schiedsvereinbarung als solche – jedenfalls im internationalen Rechtsverkehr – im Hinblick auf die vom Reformgesetzgeber betonte Gleichwertigkeit von staatlicher Rechtsprechung und Schiedsgerichtsbarkeit keine unangemessene Benachteiligung des kaufmännischen Vertragspartners iSv. § 307 BGB dar[5]. Strengere Anforderungen an eine Inhaltskontrolle sind im nicht-kaufmännischen Geschäftsverkehr zu stellen; allerdings führen auch hier Schiedsvereinbarungen in AGB keinesfalls immer zu einer unangemessenen Benachteiligung des Nicht-Kaufmanns[6]. Im Rechtsverkehr mit **Verbrauchern** wird der Kunde zwar bei Vereinbarung eines inländischen Schiedsgerichts durch die Formvorschrift des § 1031 Abs. 5 ZPO bereits weitgehend geschützt. Gerade bei der für den deutschen Verbraucher viel einschneidenderen Derogation der deutschen staatlichen Gerichtsbarkeit durch Vereinbarung eines *ausländischen Schiedsgerichts* versagt dieser Schutz jedoch weitgehend, weil § 1031 Abs. 5 ZPO dann durch die vorrangige Formvorschrift in Art. II Abs. 2 UNÜ verdrängt wird, die für die Schiedsvereinbarung schon die Schriftform genügen lässt (dazu unten Rz. 6711). Für eine Inhaltskontrolle nach § 307 BGB ist freilich auch bei einer Verbraucherbeteiligung nur Raum, wenn die Schiedsvereinbarung deutschem Recht untersteht[7]. Darüber hinaus sind – ebenso wie bei Gerichtsstandsvereinbarungen

---

1 Vgl. dazu OLG Celle 4.11.1999, OLGR 2000, 57 = EWiR 2000, 411 (LS) m. krit. Anm. *Mankowski*; *Kröll*, NJW 2001, 1173 (1178).
2 *Münch*, in: MünchKomm ZPO, § 1034 Rz. 14; *Lachmann*, Rz. 545.
3 *Geimer*, in: Zöller, § 1034 ZPO Rz. 13.
4 *Schwab/Walter*, Kap. 5 Rz. 14; *Münch*, in: MünchKomm ZPO, § 1029 Rz. 21 ff.; *Hau*, in: Wolf/Lindacher/Pfeiffer, Anh. § 310 BGB „Schiedsgerichtsklausel" Rz. S 14–S 20.
5 BGH 26.6.1986, III ZR 200/85 (unveröffentlicht); *Sieg*, RIW 1998, 102 (107); *Basedow*, in: MünchKomm, § 307 BGB Rz. 329 f., 334; *Gildeggen*, S. 219; *Geimer*, in: Zöller, § 1031 ZPO Rz. 33; ebenso auch für den inländischen kaufmännischen Rechtsverkehr BGH 10.10.1991, BGHZ 115, 324 (325 f.) = NJW 1992, 575; *Voit*, in: Musielak, § 1031 ZPO Rz. 6; *Münch*, in: MünchKomm ZPO, § 1029 Rz. 24; einschränkend *Hau*, in: Wolf/Lindacher/Pfeiffer, Anh. § 310 BGB „Schiedsgerichtsklausel" Rz. S 6.
6 *Schlosser*, in: Stein/Jonas, § 1029 ZPO Rz. 26; *Voit*, in: Musielak, § 1031 ZPO Rz. 6; *Münch*, in: MünchKomm ZPO, § 1029 Rz. 26.; aA *Spieker*, ZIP 1999, 2138 (2141 f.); *Hartmann*, in: Baumbach/Lauterbach/Albers/Hartmann, § 1031 ZPO Rz. 7.
7 Nach deutschem Recht ist ein berechtigtes Interesse des AGB-Verwenders an der Vereinbaung eines Schiedsgerichts auch gegenüber Verbrauchern nicht erforderlich, vgl. BGH 13.1.2005, NJW 2005, 1125 (1126); dazu *Huber/Bach*, SchiedsVZ 2005, 98; BGH

(vgl. oben Rz. 6392) – die Vorgaben der Richtlinie 93/13/EWG vom 5.4.1993 über missbräuchliche Klauseln in Verbraucherverträgen zu beachten. Im Übrigen verbleibt in extremen Fällen nur der Rückgriff auf den deutschen ordre public (vgl. auch unten Rz. 6763 f.).

(3) Schiedsvereinbarung und Hauptvertrag

Das Statut der Schiedsvereinbarung bestimmt ferner darüber, ob ihr wirksames Zustandekommen von der Gültigkeit des Hauptvertrages abhängt, auf den sie sich bezieht. Nach deutschem Sachrecht ist dies – wie § 1040 Abs. 1 S. 2 ZPO nunmehr ausdrücklich klarstellt – grundsätzlich nicht der Fall, weil Schiedsvereinbarung und Hauptvertrag unterschiedliche Zwecke verfolgen. Das Schiedsgericht soll nach dem Willen der Parteien mithin im Zweifel auch darüber entscheiden, ob der Hauptvertrag wirksam ist und welche Folgen sich aus seiner möglichen Unwirksamkeit ergeben[1]. Auch § 139 BGB ist deshalb auf das Verhältnis Hauptvertrag – Schiedsvereinbarung nicht anwendbar[2].

6648

BGH 6.6.1991, NJW 1991, 2215 (2216) = IPRax 1992, 382 (m. Anm. Samtleben, IPRax 1992, 362) = IPRspr. 1991 Nr. 221b
Mangelnde Rechtsverbindlichkeit des Hauptvertrages über die Durchführung von Warentermingeschäften an einer ausländischen Börse berührt Wirksamkeit der gleichzeitig getroffenen Schiedsvereinbarung nicht.

Nur ausnahmsweise schlägt der Nichtigkeitsgrund, der zur Unwirksamkeit des Hauptvertrages führt, auf die darin enthaltene Schiedsvereinbarung durch (zB bei Geschäftsunfähigkeit oder Willensmängeln einer Partei)[3]. Einzelne unwirksame Absprachen (zB über die Konstituierung des Schiedsgerichts oder das schiedsgerichtliche Verfahren) führen im Zweifel auch nicht zur Nichtigkeit der gesamten Schiedsvereinbarung[4].

1.3.2007, SchiedsVZ 2007, 163 (164); zu den maßgebenden Kriterien für eine Inhaltskontrolle von Schiedsklauseln in AGB *Raeschke-Kessler/Berger*, Rz. 257 ff.; *Lachmann*, Rz. 546 ff.

[1] Vgl. zu dieser Autonomie der Schiedsvereinbarung OLG Koblenz 28.7.2005, SchiedsVZ 2005, 260 = IPRspr. 2005 Nr. 185; *Schlosser*, Festschr. Böckstiegel (2001), S. 681 ff.; *Epping*, S. 24; *Langkeit*, S. 72; *Geimer*, Rz. 3810; *Lachmann*, Rz. 532; *Schwab/Walter*, Kap. 4 Rz. 16 f.; *Geimer*, in: Zöller, § 1029 ZPO Rz. 1; *Schlosser*, in: Stein/Jonas, § 1040 ZPO Rz. 3; *Voit*, in: Musielak, § 1040 ZPO Rz. 4; ebenso schon vor der Reform des deutschen Schiedsverfahrensrechts BGH 27.2.1970, BGHZ 53, 315 (318 f.) = NJW 1970, 1046 = JZ 1970, 739 m. Anm. *Schlosser* = ZZP 83 (1970), 46 m. Anm. *Münzberg*; OLG Hamburg 12.3.1998, OLGR 1998, 403 = IPRspr. 1999 Nr. 178; aA zu Unrecht LG Hamburg 19.6.1997, RIW 1997, 873 = IPRspr. 1997 Nr. 200.

[2] *Reichold*, in: Thomas/Putzo, § 1040 ZPO Rz. 1; *Schwab/Walter*, Kap. 4 Rz. 19; *Münch*, in: MünchKomm ZPO, § 1040 Rz. 8 ff. Vgl. auch oben Rz. 6555.

[3] Vgl. zu dieser Fehleridentität näher *Schwab/Walter*, Kap. 4 Rz. 17 f.; *Lachmann*, Rz. 535 ff.; *Wieczorek/Schütze*, § 1025 ZPO aF Rz. 51 ff.; einschränkend *Schlosser*, in: Stein/Jonas, § 1040 ZPO Rz. 7.

[4] *Hochbaum*, S. 34; *Geimer*, in: Zöller, § 1029 ZPO Rz. 31, 60; einschränkend *Schwab/Walter*, Kap. 6 Rz. 8.

cc) Auslegung und Reichweite der Schiedsvereinbarung

6649 Obwohl § 1059 Abs. 2 ZPO diesbezüglich keine ausdrückliche Kollisionsregel enthält, sind auch die für die Auslegung einer Schiedsvereinbarung – insbesondere die Bestimmung ihrer sachlichen Reichweite – maßgebenden Grundsätze dem von § 1059 Abs. 2 Nr. 1 lit. a ZPO berufenen Statut der Schiedsvereinbarung zu entnehmen[1]. Dabei tendiert die deutsche[2] wie die internationale Gerichtspraxis[3] zu einer *schiedsfreundlichen* Auslegung, die der Schiedsvereinbarung nach Möglichkeit zur Gültigkeit verhilft und ihren sachlichen Anwendungsbereich großzügig bestimmt. Denn es entspricht idR den Intentionen der Parteien, die eine Schiedsvereinbarung getroffen haben, sämtliche Streitigkeiten aus dem betreffenden Rechtsverhältnis der staatlichen Gerichtsbarkeit zu entziehen. Dies gilt insbesondere dann, wenn die Parteien die gängige Formulierung verwendet haben, nach der nicht nur alle Ansprüche aus dem Vertrag („out of the contract"), sondern auch solche, die nur im Zusammenhang mit ihm („in connection with") stehen, von dem Schiedsgericht zu entscheiden sind[4].

6650 Nach § 1029 Abs. 1 ZPO kann sich eine Schiedsvereinbarung auch auf ein Rechtsverhältnis „nichtvertraglicher Art" erstrecken. Ist daher deutsches Recht auf die Schiedsvereinbarung anwendbar, so erfasst sie – trotz enger Formulierung – grundsätzlich auch **Ansprüche aus unerlaubter Handlung**, soweit diese sich tatbestandlich mit einer Vertragsverletzung decken[5]. Hingegen wer-

---

1 OLG München 7.4.1989, RIW 1990, 585 = IPRspr. 1989 Nr. 240; OLG Düsseldorf 17.11.1995, RIW 1996, 239 = IPRspr. 1995 Nr. 189; *Epping*, S. 39; *Schlosser*, Rz. 420; *Geimer*, Rz. 3791, 3806; *Geimer*, in: Zöller, § 1029 ZPO Rz. 77; *Münch*, in: MünchKomm ZPO, § 1029 Rz. 39.

2 Vgl. BGH 28.11.1963 (Rz. 6622), BGHZ 40, 320 (325) = NJW 1964, 591; BGH 10.12.1970, BB 1971, 369; BGH 4.10.2001, NZG 2002, 83; OLG Hamburg 17.2.1989, RIW 1989, 574 (578) = EWiR 1989, 933 (LS) m. Anm. *Bredow* = IPRspr. 1990 Nr. 237a; OLG München 8.2.1991, NJW-RR 1991, 602 (603) und 13.10.2004, NJW 2005, 832; OLG Hamm 7.3.2000, BB 2000, 1159 (1161); LG Mönchengladbach 4.11.1993, NJW-RR 1994, 425 = BB 1994 Beil. 5, S. 28; zust. *Berger*, RIW 1993, 702 (707 f.); *Schlosser*, Rz. 390; *Geimer*, Rz. 3799a, 3807; *Lachmann*, Rz. 472 ff.; *Schwab/Walter*, Kap. 3 Rz. 19; *Voit*, in: Musielak, § 1029 ZPO Rz. 23.

3 Zur Praxis internationaler Schiedsgerichte vgl. die ICC-Schiedssprüche Nr. 4131 v. 1982, YCA IX (1984), 131 (134); Nr. 4145 v. 1983, YCA XII (1987), 97 (100); Nr. 7920 v. 1993, YCA XXIII (1998), 80 (81 ff.). Zur ausländischen Gerichtspraxis vgl. schweiz. BG 15.3.1990, BGE 116 Ia, 56; ferner die Nachw. zum UNÜ oben Rz. 6633 ff.

4 OLG Hamburg 17.2.1989, RIW 1989, 574 (578); vgl. auch BGH 28.10.1993, NJW 1994, 136 (137) = JZ 1994, 370 m. Anm. *Schütze*; *Raeschke-Kessler/Berger*, Rz. 282 ff. mwN.

5 Allg. M., vgl. RG 6.12.1917, JW 1918, 263 (264); BGH 24.11.1964, NJW 1965, 300; BGH 12.11.1987, BGHZ 102, 199 (201) = NJW 1988, 1215; OLG Düsseldorf 14.4.1983, NJW 1983, 2149 (2150); OLG Hamburg 17.2.1989, RIW 1989, 574; *Geimer*, Rz. 3808; *Reichold*, in: Thomas/Putzo, § 1029 ZPO Rz. 7; *Münch*, in: MünchKomm ZPO, § 1029 Rz. 72; *Voit*, in: Musielak, § 1029 ZPO Rz. 23; *Schlosser*, in: Stein/Jonas, § 1029 ZPO Rz. 190. Vgl. idS. auch die ICC-Schiedssprüche Nr. 5477 v. 1988, 1204 und Nr. 6519 v. 1991, Clunet 1991, 1065 m. Anm. *Derains*; aA aber etwa ICC-Schiedsspruch Nr. 6309 v. 1991, Clunet 1991, 1946.

den deliktische Ansprüche *Dritter* aus einer vorsätzlich begangenen unerlaubten Handlung von einer Schiedsklausel nur dann erfasst, wenn dies in der Vereinbarung hinreichend deutlich zum Ausdruck gekommen ist[1]. Ist der Hauptvertrag nichtig, so erstreckt sich die Zuständigkeit des Schiedsgerichts im Zweifel auch auf die **bereicherungsrechtliche** Rückabwicklung[2].

Jedenfalls bei weiter Formulierung der Schiedsvereinbarung entspricht auch eine Einbeziehung von **Wechselforderungen** im Zweifel dem Willen der Parteien. Denn auch der Streit darüber, ob der Wechselanspruch besteht und ob ihm Einreden aus dem Grundgeschäft entgegengehalten werden können, findet seine Grundlage in dem zwischen den Parteien geschlossenen Vertrag und wird deshalb von der Schiedsvereinbarung gedeckt[3]. Allerdings kann im Regelfall nicht angenommen werden, dass der Wechselgläubiger durch den Abschluss einer Schiedsvereinbarung auch auf die Durchsetzung seiner Forderung im Wechselprozess (§§ 602 ff. ZPO) verzichtet hat; denn der Hauptzweck der wechselmäßigen Sicherung von Ansprüchen liegt gerade in der Möglichkeit der beschleunigten und vereinfachten Titulierung im Wechselprozess. Deshalb bleibt dem Gläubiger das Recht zur Verfolgung seiner Ansprüche im Wechselprozess vor dem staatlichen Gericht grundsätzlich erhalten; erst das Nachverfahren (§ 600 ZPO) hat dann vor dem Schiedsgericht stattzufinden[4]. Entsprechendes gilt für den Scheckprozess (§ 605a ZPO), nicht aber für den gewöhnlichen Urkundenprozess (§§ 592 ff. ZPO)[5].

6651

Grundsätzlich sind auch Schiedsvereinbarungen einer **ergänzenden Auslegung** zugänglich. Sie kommt namentlich dann in Betracht, wenn die Schiedsvereinbarung eine Regelungslücke aufweist, die auch mit Hilfe der gesetzlichen Vor-

6652

---

1 BGH 12.11.1990, WM 1991, 384 (386) = IPRax 1992, 240 (m. Anm. *Vollkommer*, IPRax 1992, 207) = IPRspr. 1990 Nr. 237b (dazu krit. *Raeschke-Kessler*, JbPraxSchG 4 [1990], 229 [235 f.]) (Erstreckung der in einem Schiffsbauvertrag zwischen einer deutschen Partenreederei und einer japan. Werft getroffenen Schiedsvereinbarung auf die den einzelnen Partenreedern persönlich zustehenden Ansprüche wegen eines Anlagebetrugs – Zahlung einer „Provision" von mehreren 100 Millionen Yen an den japan. Korrespondentenreeder zu Lasten des Baupreises – abgelehnt).
2 OLG München 8.2.1991, NJW-RR 1991, 602; *Reichold*, in: Thomas/Putzo, § 1029 ZPO Rz. 7; *Voit*, in: Musielak, § 1029 ZPO Rz. 23; *Geimer*, Rz. 3809; *Lachmann*, Rz. 478; dazu schon oben Rz. 6632.
3 BGH 25.10.1993, NJW 1994, 136 = JZ 1994, 370 m. Anm. *Schütze* = EWiR 1994, 309 (LS) m. Anm. *Smid*; OLG Hamburg 11.9.1992, RIW 1992, 938 m. Anm. *Schmidt*, RIW 1993, 639 = IPRspr. 1992 Nr. 252; OLG Düsseldorf 4.5.1995, BB 1996 Beil. Nr. 15, S. 23; *Czempiel/Kurth*, NJW 1987, 2118 ff.; *Lachmann*, Rz. 491 f.; aA OLG Düsseldorf 14.4.1983, NJW 1983, 2149 (2150); *Münch*, in: MünchKomm ZPO, § 1029 Rz. 72.
4 Vgl. die Nachw. in der vorigen Fn.; ferner *Wieczorek/Schütze*, § 1025 ZPO aF Rz. 71; *Schlosser*, in: Stein/Jonas, § 1029 ZPO Rz. 23; *Schwab/Walter*, Kap. 7 Rz. 16; *Münch*, in: MünchKomm ZPO, § 1032 Rz. 11; *Voit*, in: Musielak, § 1032 ZPO Rz. 5; *Schütze*, Rz. 251; *Lachmann*, Rz. 492; aA OLG Frankfurt 24.9.1985, NJW 1986, 2202 = RIW 1986, 379; OLG München 7.4.1989, RIW 1990, 585 f. = IPRspr. 1989 Nr. 240 (zum schweiz. Recht); *Geimer*, in: Zöller, § 1032 ZPO Rz. 10.
5 BGH 12.1.2006, BGHZ 165, 376 (380 ff.) = NJW 2006, 279 = IPRspr. 2006 Nr. 204; *Lachmann*, Rz. 495; *Geimer*, in: Zöller, § 1032 ZPO Rz. 10 mwN.

schriften des Schiedsvereinbarungsstatuts nicht geschlossen werden kann[1]. Unterliegt die Schiedsvereinbarung deutschem Recht, so erstreckt sie sich auch im Falle einer engen Formulierung im Zweifel auf die Entscheidung darüber, ob der Hauptvertrag wirksam ist und welche Folgen seine Unwirksamkeit hat[2]. Auch die Frage, ob die Schiedsvereinbarung Streitigkeiten aus Folgeverträgen, Ergänzungsvereinbarungen oder Vergleichen deckt, kann im Wege ergänzender Vertragsauslegung ermittelt werden; sie ist in Ermangelung gegenteiliger Anhaltspunkte zu bejahen, weil die Parteien im Zweifel eine umfassende Entscheidungskompetenz des Schiedsgerichts wünschen[3]. Daher gilt die in einem Sukzessivlieferungsvertrag oder einem Vertragshändlervertrag enthaltene Schiedsvereinbarung auch für Streitigkeiten über einzelne Lieferungen[4].

dd) Wegfall der Schiedsvereinbarung

6653 Auch die Frage, unter welchen Voraussetzungen eine Schiedsvereinbarung wegfällt oder erlischt, bestimmt sich nach dem auf sie anwendbaren Recht[5].

Lediglich soweit die Schiedsvereinbarung durch die Verwirklichung *prozessualer* Tatbestände weggefallen sein kann (zB durch Versäumung von Fristen zur Erhebung der Schiedseinrede, vgl. Art. V EuÜ), ist insoweit die *lex fori* des angerufenen staatlichen Gerichts maßgebend[6]. Die Frage, ob eine Schiedsklagefrist im Sinne einer materiellen Ausschlussfrist oder im Sinne einer prozessualen Klagefrist zu qualifizieren ist, beurteilt sich wiederum nach dem Statut der Schiedsvereinbarung[7].

6654–6670 Frei.

---

[1] Vgl. BGH 20.1.1994, BGHZ 125, 7 (17 f.) = WM 1994, 520 (524 f.) = EWiR 1994, 415 (LS) m. Anm. *Ch. Wolf*; OLG Frankfurt a.M. 25.1.1993, WM 1993, 1530 (1532).
[2] *Schlosser*, in: Stein/Jonas, § 1029 ZPO Rz. 18; *Voit*, in: Musielak, § 1029 ZPO Rz. 23; vgl. dazu schon oben Rz. 6648 mwN.
[3] *Geimer*, in: Zöller, § 1029 ZPO Rz. 81; *Schlosser*, in: Stein/Jonas, § 1029 ZPO Rz. 18; vgl. aber auch OLG München 4.9.2006, OLGR 2006, 869; *Schwab/Walter*, Kap. 3 Rz. 19; *Voit*, in: Musielak, § 1029 ZPO Rz. 23; vgl. auch BGH 28.11.1963 (Rz. 6622), BGHZ 40, 320 (325). Zu dem erforderlichen Zusammenhang zwischen Haupt- und Folgevertrag vgl. ICC-Schiedsspruch Nr. 8420 v. 1996, YCA XXI (2000), 328 (338 ff.).
[4] Vgl. BGH 5.12.1963, KTS 1964, 104 (105) = BB 1964, 59. Vgl. auch zu verbundenen Prozessfinanzierungs- und Darlehensverträgen OLG München 13.10.2004, NJW 2005, 832 (833); *Lachmann*, Rz. 482 f.
[5] *Hau*, IPRax 1999, 232 (234); *Geimer*, in: Zöller, § 1029 ZPO Rz. 108. Vgl. auch OLG Hamburg 15.11.1995, RIW 1996, 510 (511) = IPRspr. 1995 Nr. 188 (Wirksamkeit der einseitig erklärten Auflösung der Schiedsabrede durch die österreich. Verkäuferin in einem Rechtsstreit mit der deutschen Käuferin nach dem schweiz. Statut der Schiedsvereinbarung geprüft und verneint).
[6] *Wackenhuth*, KTS 1985, 635 ff.
[7] BGH 12.2.1976, RIW 1976, 449 f.; *van den Berg*, S. 317.

III. Form der Schiedsvereinbarungen

1. UN- Übereinkommen

a) Normzweck

Art. II UNÜ macht die Gültigkeit einer Schiedsvereinbarung von der Wahrung der dort normierten Formerfordernisse abhängig. Dies gilt gleichermaßen im Verfahren der Anerkennung und Vollstreckung ausländischer Schiedssprüche[1] wie im Einredeverfahren vor staatlichen Gerichten. Durch die vorgeschriebene Schriftform soll sichergestellt werden, dass die Parteien sich über die Schiedsklausel tatsächlich geeinigt haben. Den Formvorschriften in Art. II Abs. 2 UNÜ sind daher – ähnlich wie denjenigen in Art. 23 Abs. 1 EuGVO (dazu oben Rz. 6413 f.) – gewisse Mindestanforderungen für die Auslegung des Begriffs der „Vereinbarung" zu entnehmen[2]. Bei dieser Auslegung ist zu berücksichtigen, dass das Schriftformerfordernis in Art. II Abs. 2 UNÜ nicht nur Beweisfunktion hat, sondern primär dem **Schutz vor Übereilung** dient[3] und deshalb den Abschluss mündlicher oder stillschweigender Schiedsvereinbarungen ausschließt[4]. Dieser Zweck kann es rechtfertigen, an die Formgültigkeit von Schiedsvereinbarungen im Rechtsverkehr mit *Verbrauchern* strengere Maßstäbe anzulegen als im kaufmännischen Verkehr, auf den die Regelung primär abzielt[5].

6671

b) Verhältnis zu nationalen Formvorschriften

Die in Art. II Abs. 2 UNÜ normierte Schriftform ist – ebenso wie die Form von Gerichtsstandsvereinbarungen nach Art. 23 EuGVO (dazu Rz. 6431) – eine **Gültigkeitsform**. Die Vorschrift bezweckt eine Vereinheitlichung der an eine Schiedsvereinbarung zu stellenden Formerfordernisse und schließt daher im räumlichen und sachlichen Anwendungsbereich des UNÜ jedenfalls Formvorschriften des nationalen Rechts aus, die – wie zB § 1031 Abs. 5 ZPO – **schärfere Formanforderungen** stellen[6]; dies gilt nicht nur im Rahmen der Anerkennung

6672

---

1 Vgl. aber zur Präklusion unten Rz. 6782.
2 *Gildeggen*, S. 141; *Epping*, S. 136 ff.
3 Vgl. *Wackenhuth*, ZZP 99 (1986), 445 (453); *Gildeggen*, S. 53 ff.; *Schwab/Walter*, Kap. 44 Rz. 7; *Schlosser*, in: Stein/Jonas, Anh. § 1061 ZPO Rz. 51; einschränkend *Lindacher*, Festschr. Habscheid (1989), S. 167 f.
4 *Samuel*, S. 97; *van den Berg*, S. 206; *Wackenhuth*, ZZP 99 (1986), 445 (453); *Schwab/Walter*, Kap. 44 Rz. 8; *Haas*, in: Weigand, Art. II UNÜ Rz. 25.
5 Schweiz. BG 7.2.1984, BGE 110 II, 54 (59) = YCA XI (1985), 532; *Gildeggen*, S. 57 ff.; *Haas*, in: Weigand, Art. II UNÜ Rz. 47; vgl. idS auch BG 29.4.1996, BGE 122 III, 139 (143 ff.); HandelsG Zürich 14.12.1989, YCA XVIII (1993), 442 (444).
6 Heute allg. M., vgl. *Bertheau*, S. 27; *van den Berg*, S. 179; *Wackenhuth*, ZZP 99 (1986), 445 (552); *Schlosser*, in: Stein/Jonas, Anh. § 1061 ZPO Rz. 54; *Adolphsen*, in: MünchKomm ZPO, Art. II UNÜ Rz. 17; *Schwab/Walter*, Kap. 44 Rz. 9; *Haas*, in: Weigand, Art. II UNÜ Rz. 24; *Geimer*, Rz. 3794. Zust. auch die Rspr. der Vertragsstaaten, vgl. OLG Hamm 15.11.1994, RIW 1995, 681 = IPRspr. 1994 Nr. 185; BayObLG 17.9.1998, BayObLGZ 1998, 219 = IPRspr. 1998 Nr. 212; ebenso in Frankreich App. Paris 20.1.1987, Clunet 1987, 934 (938) m. Anm. *Loquin*; in Griechenland Areopag 20.3.1997, YCA XXIII (1998), 654 (656); in Italien Cass. 7.10.1980, Nr. 5378,

und Vollstreckung ausländischer Schiedssprüche, sondern auch im Einredeverfahren vor deutschen staatlichen Gerichten[1]. Soweit die Schiedsklausel in AGB enthalten ist, werden auch nationale Vorschriften, die – wie zB §§ 305 f. BGB – eine Abschlusskontrolle ermöglichen, im Geltungsbereich des UNÜ durch dessen Art. II Abs. 2 verdrängt[2]; auch insoweit gilt nichts anderes als für Art. 23 EuGVO (vgl. dazu oben Rz. 6391). Unberührt bleibt lediglich eine Unwirksamkeit der formgültigen Schiedsvereinbarung nach Art. II Abs. 3 UNÜ iVm. nationalem Recht, soweit dieses andere Regelungszwecke als Art. II Abs. 2 UNÜ verfolgt (zB Schutz vor Machtmissbrauch oder unangemessener Benachteiligung; dazu unten Rz. 6774 ff.).)[3].

6673 Im Gegensatz zu Art. I Abs. 2 EuÜ (dazu unten Rz. 6702 ff.) normiert Art. II Abs. 2 UNÜ aber nicht nur die Obergrenze, sondern auch die Untergrenze für die an eine vom Übereinkommen erfasste Schiedsvereinbarung zu stellenden Formerfordernisse. Da es das wesentliche Ziel der Regelung ist, die zT stark voneinander abweichenden nationalen Formvorschriften für Schiedsvereinbarungen zu harmonisieren, legt sie mithin auch die Mindestanforderungen an eine formgültige Schiedsvereinbarung fest und verdrängt das nationale Schiedsverfahrensrecht der Vertragsstaaten auch insoweit, als dieses geringere Formerfordernisse vorsieht[4].

6674 Etwas anderes kann allerdings aufgrund der **Meistbegünstigungsklausel** des Art. VII Abs. 1 UNÜ gelten. Denn durch das Übereinkommen soll die internationale Anerkennung von Schiedsvereinbarungen und Schiedssprüchen erleichtert, nicht erschwert werden[5]. Eine Schiedsvereinbarung, die zwar der Schriftform des Art. II Abs. 2 UNÜ entbehrt, aber den Formerfordernissen des anwendbaren nationalen Rechts genügt, ist demnach insbesondere im *Einredeverfahren* vor staatlichen Gerichten als formgültig zu behandeln[6]. Vor ei-

---

Riv.dir.int.priv.proc. 1980, 176; Cass. 21.2.1984, Nr. 1234, YCA X (1985), 480 (482) (m. Anm. *van den Berg*, YCA X [1985], 356); Cass. 22.5.1995, Nr. 5601, YCA XXI (1996), 610 (611); App. Milano 5.2.1999, Riv.dir.int.priv.proc. 1999, 327 (331); in der Schweiz BG 7.2.1984, BGE 110 II, 54 (57 f.); BG 5.1.1985, BGE 111 Ib, 253 (255); in Spanien Trib. Supremo 20.1.1986, YCA XIII (1988), 512.
1 OLG München 8.3.1995, RIW 1996, 854 = IPRspr. 1995 Nr. 187; *Schütze*, Rz. 131.
2 *Schwab/Walter*, Kap. 44 Rz. 9; aA – unter Verkennung des Vorrangs von Art. II Abs. 2 UNÜ – OLG Düsseldorf 26.5.1995, IPRax 1997, 115 (117) und 8.3.1996, IPRax 1997, 118 (120 f.), (jeweils m. abl. Anm. *Thorn*, IPRax 1997, 98 ff.).
3 Vgl. näher *Gildeggen*, S. 140 ff.; zust. *Schwab/Walter*, Kap. 44 Rz. 9.
4 Vgl. *van den Berg*, S. 179; *van den Berg*, YCA XII (1987), 409 (425); *Walter*, RIW 1982, 693 (699); *Wackenhuth*, ZZP 99 (1986), 445 (452); *Haas*, in: Weigand, Art. II UNÜ Rz. 24; zust. OLG Schleswig 30.9.2000, RIW 2000, 706 (707) = IPRspr. 2000 Nr. 185; ebenso in Frankreich App. Paris 20.1.1987, Clunet 1987, 934 (938); in Norwegen App. Halogaland 16.8.1999, YCA XXVII (2002), 519 (522); in Italien App. Milano 4.10.1991, YCA XVIII (1993), 415 (416 f.); in Österreich OGH 17.11.1971, YCA I (1976), 183; in der Schweiz BG 5.11.1985, BGE 111 Ib, 253 (255) = YCA XII (1997), 511; BG 21.9.1995, YCA XXII (1997), 800 (804).
5 *Schwab/Walter*, Kap. 44 Rz. 12; *Adolphsen*, in: MünchKomm ZPO, Art. II UNÜ Rz. 18.
6 App. Versailles 23.1.1991, Rev.arb. 1991, 291 (296) m. Anm. *Kessedijan* = YCA XVII (1992), 488; *von Hülsen*, S. 52; *van den Berg*, S. 179 f.; *Gildeggen*, S. 99; *Epping*,

nem deutschen staatlichen Gericht kann daher die Schiedseinrede auch im Anwendungsbereich des UNÜ in entsprechender Anwendung von Art. VII Abs. 1 Hs 2 UNÜ auf eine Schiedsvereinbarung gestützt werden, die zwar nicht nach Art. II Abs. 2 UNÜ, wohl aber nach § 1031 ZPO formgültig ist[1].

BGH 3.12.1992, NJW 1993, 1798 = DZWiR 1993, 465 (m. Anm. *Berger*, DZWiR 1993, 468)
Zustandekommen einer Schiedsklausel in einem internationalen Liefervertrag über Schaffelle kraft Handelsbrauchs nach § 1027 Abs. 2 ZPO aF im Anwendungsbereich des UNÜ für möglich gehalten, weil das Übereinkommen die Berufung auf eine formlos geschlossene Schiedsvereinbarung nach innerstaatlichem Recht zulasse.

Gleiches gilt im Rahmen eines vor deutschen staatlichen Gerichten anhängigen Verfahrens des einstweiligen Rechtsschutzes[2].

Der auf einer lediglich nach nationalem Recht formgültigen Vereinbarung basierende Schiedsspruch ist freilich in den anderen Vertragsstaaten auch nicht nach Art. V UNÜ, sondern nur nach Maßgabe etwaiger konkurrierender Staatsverträge oder nach autonomem Recht vollstreckbar[3]. Eine isolierte Anwendung günstigerer nationaler Formvorschriften im Rahmen der Vollstreckung von Schiedssprüchen ist mithin nach dem UNÜ – anders als nach dem EuÜ (dazu unten Rz. 6702 ff.) – ausgeschlossen[4]. Daraus wird zT geschlossen, dass eine Anerkennung und Vollstreckung ausländischer Schiedssprüche, denen keine nach Art. II Abs. 2 UNÜ formgültige Schiedsvereinbarung zugrundeliegt, in Deutschland seit dem 1.1.1998 nur noch auf der Grundlage von multi- oder bilateralen Staatsverträgen in Betracht komme, die nach Art. VII Abs. 1 UNÜ unberührt bleiben[5]. Hingegen soll die Anerkennung und Vollstreckung eines ausländischen Schiedsspruchs nach § 1061 ZPO iVm. Art. V UNÜ aus-

6675

S. 117 ff.; *Adolphsen*, in: MünchKomm ZPO, Art. VII UNÜ Rz. 4; *Schlosser*, in: Stein/Jonas, Anh. § 1061 ZPO Rz. 54; *Schlosser*, Rz. 160, 369; *Schwab/Walter*, Kap. 44 Rz. 13.

1 *Münch*, in: MünchKomm ZPO, § 1031 Rz. 25. Zur Anknüpfung des § 1031 ZPO unten Rz. 6706 ff.
2 Vgl. OLG München 26.10.2000, SpuRT 2001, 64 = IPRspr. 2000 Nr. 182b.
3 BGH 21.9.1993, WM 1993, 2121 = NJW-RR 1993, 1519 = IPRspr. 1993 Nr. 194; *Adolphsen*, in: MünchKomm ZPO, Art. II UNÜ Rz. 18.
4 Vgl. idS OLG Düsseldorf 8.11.1971, IPRspr. 1971 Nr. 161; OLG Köln 10.6.1976, ZZP 91 (1978), 318 (320 f.) (m. Anm. *Kornblum*; *van den Berg*, ZZP 91 [1978], 173 ff.); *Haas*, S. 165 f.; *Schlosser*, in: Stein/Jonas, Anh. § 1061 ZPO Rz. 76; *Schlosser*, Rz. 136, 158, 369; *Schwab/Walter*, Kap. 44 Rz. 13; *Adolphsen*, in: MünchKomm ZPO, Art. V UNÜ Rz. 24. Anders entscheidet insoweit allein der italienische Kassationshof, der in st. Rspr. eine Anwendung von Art. II Abs. 2 UNÜ im Vollstreckungsverfahren ablehnt und die Formgültigkeit der Schiedsvereinbarung im Rahmen der Anerkennung und Vollstreckung ausländischer Schiedssprüche allein nach dem von Art. V Abs. 1 lit. a UNÜ zur Anwendung berufenen nationalen Recht beurteilt, vgl. Cass. 15.4.1980, Nr. 2448, Foro it. 1980 I, 2164; Cass. 6.8.1990, Nr. 7995, Foro. pad. 1991, 289; Cass. 20.1.1995, Nr. 637, YCA XXI (1996), 602 (604); offen lassend aber zuletzt Cass. 21.1.2000, Nr. 671, Riv.dir.int.priv.proc. 2001, 92 ff. = YCA XXVII (2002), 492; dazu *Graffi*, EuLF 2002, 46 ff. mwN.
5 Dazu näher *Epping*, S. 104 ff.

scheiden, wenn die zugrunde liegende Schiedsvereinbarung der Form des Art. II Abs. 2 UNÜ entbehrt; daran ändere auch die Einhaltung der Form des § 1031 ZPO nichts[1].

6676 Demgegenüber hat der Meistbegünstigungsgrundsatz nach inzwischen wohl überwiegender Meinung[2] zur Folge, dass er – unter Durchbrechung der Rückverweisung des nationalen Rechts auf das UNÜ – die Anwendung von im Vergleich zu Art. II Abs. 2 UNÜ zurückhaltenderen nationalen Formvorschriften (wie zB § 1031 Abs. 2–4 ZPO) erlaubt. Darüber hinaus soll er auch das nationale Kollisionsrecht des Anerkennungsstaates und dessen Verweisung auf ein für die Beurteilung der Gültigkeit der Schiedsvereinbarung günstigeres nationales Recht umfassen. Unterliege die Schiedsvereinbarung daher nach dem IPR des Anerkennungsstaates einem nationalen Recht, das liberalere Formvorschriften enthält als Art. II Abs. 2 UNÜ, so setze sich dieses anerkennungsfreundlichere nationale Recht gem. Art. VII Abs. 2 UNÜ gegenüber Art. II UNÜ durch[3].

BGH 21.9.2005, NJW 2005, 3499 = IPRax 2006, 266 (m. Anm. *Geimer*, IPRax 2006, 233) = IPRspr. 2005 Nr. 187 (Der lediglich auf Rechnungen abgedruckte Hinweis auf AGB, die eine Schiedsklausel enthalten, reicht für die Anerkennung eines ausländ. Schiedsspruchs in Deutschland aus, wenn das als Statut der Schiedsvereinbarung aus deutscher Sicht maßgebliche – niederländ. – Recht dieses für die Einbeziehung der Schiedsklausel genügen lasse).

c) Schiedsvereinbarung und Verfahrensvereinbarung

6677 Der Formzwang gilt freilich nur für die Schiedsvereinbarung ieS., nicht für ergänzende Vereinbarungen über das Schiedsverfahren[4]. Dies folgt insbesondere aus Art. V Abs. 1 UNÜ, der das auf die Schiedsvereinbarung anwendbare Recht in lit. a durch eine vereinheitlichte Kollisionsnorm, das auf Verfahrensvereinbarungen hingegen in lit. d durch eine vereinheitlichte Sachnorm regelt[5]. Dafür spricht ferner die Systematik des Art. II UNÜ, der in Abs. 2 und 3 ersichtlich auf „Vereinbarungen" iSv. Abs. 1 Bezug nimmt[6]. Die Frage, welche Abreden notwendige Bestandteile einer Schiedsvereinbarung sind und deshalb der Form des Art. II Abs. 2 UNÜ bedürfen, ist dabei im Wege **autonomer Qua-**

---

1 BayObLG 12.2.2002, RIW 2003, 383 (384) = IPRspr. 2002 Nr. 225; *Moller*, NZG 1999, 143 (145 f.); *Otto*, IPRax 2003, 333 (335); *Mallmann*, SchiedsVZ 2044, 152 (155 f.); *Haas*, S. 163; *Geimer*, in: Zöller, § 1031 ZPO Rz. 25 und § 1061 ZPO Rz. 2; *Voit*, in: Musielak, § 1031 ZPO Rz. 18; *Münch*, in: MünchKomm ZPO, § 1031 Rz. 22; *Epping*, S. 111 f.; 6. Aufl. Rz. 3267 mwN.; ebenso schon zu § 1027 ZPO aF BGH 12.2.1976, RIW 1976, 449 (450) = IPRspr. 1976 Nr. 188; *Schlosser*, Rz. 369; *Sieg*, RIW 1998, 106.
2 *Schlosser*, in: Stein/Jonas, Anh. § 1061 ZPO Rz. 159; *Schwab/Walter*, Kap. 44 Rz. 12 f.; *Adolphsen*, in: MünchKomm, Art. II UNÜ Rz. 18.
3 BGH 21.9.2005 (im Text); OLG Rostock 22.11.2001, IPRax 2002, 401 (mit krit. Anm. *Kröll*, IPRax 2002, 384); *Kröll*, ZZP 117 (2004), 453 (478).
4 Vgl. zu dieser Unterscheidung österreich. OGH 9.9.1987, IPRax 1989, 302 (303) (m. Anm. *Heller*, IPRax 1989, 315); *Schlosser*, Rz. 257 ff.; *Schlosser*, in: Stein/Jonas, Anh. § 1061 ZPO Rz. 49; *Gildeggen*, S. 17 ff., 85; *Berger*, S. 95; aA *Lachmann*, Rz. 343.
5 *Schwab/Walter*, Kap. 44 Rz. 7.
6 *Gildeggen*, S. 86.

lifikation zu entscheiden[1]. Danach ist Inhalt der Schiedsvereinbarung iSv. Art. II UNÜ allein die Unterwerfung der Parteien unter die Entscheidungskompetenz eines Schiedsgerichts[2]. Hingegen beurteilt sich die Form zusätzlicher Vereinbarungen – etwa über die Zusammensetzung und Konstituierung des Schiedsgerichts oder die Ausgestaltung des Schiedsverfahrens – nicht nach Art. II Abs. 2, sondern nach dem Verfahrensstatut des Art. V Abs. 1 lit. d UNÜ[3].

d) Schriftlichkeit

Auch die nach Art. II Abs. 2 UNÜ an die „schriftliche Vereinbarung" zu stellenden Anforderungen sind im Interesse einer einheitlichen Beurteilung in allen Vertragsstaaten **autonom** unter Berücksichtigung von Sinn und Zweck der Vorschrift ohne Bezugnahme auf nationales Recht zu bestimmen[4]. Art. II Abs. 2 UNÜ unterscheidet dabei **zwei Varianten der Schriftform**, nämlich die von beiden Parteien unterzeichnete Vertragsurkunde einerseits, den Austausch von Briefen oder Telegrammen andererseits. Beide Formalternativen gelten nicht nur für Schiedsabreden, sondern auch für Schiedsklauseln[5]. Erforderlich ist damit die volle (doppelte) Schriftform; die „halbe" Schriftlichkeit, dh. die Bestätigung einer mündlichen Vereinbarung durch ein Bestätigungsschreiben einer Partei, wie sie gem. Art. 23 Abs. 1 S. 3 lit. a EuGVO (dazu oben Rz. 6444) und § 38 Abs. 2 ZPO für internationale Gerichtsstandvereinbarungen und gem. § 1031 Abs. 2 ZPO auch für Schiedsvereinbarungen nach autonomem Recht (dazu unten Rz. 6718) genügt, reicht hingegen für die Formwirksamkeit der Schiedsvereinbarung nach Art. II Abs. 2 UNÜ nicht aus[6]. Die Schriftform ist auch im *kaufmännischen* Rechtsverkehr einzuhalten; das Bestehen eines Handelsbrauchs kann die Schriftform – anders als nach Art. 23 Abs. 1 S. 3 lit. c

6678

---

1 *Gildeggen*, S. 87 ff.; *Haas*, in: Weigand, Art. II UNÜ Rz. 30; zT abw. *Schlosser*, Rz. 261 und Festschr. Rammos (1979), S. 797 (802), der insoweit auf nationales Recht zurückgreifen möchte.
2 Vgl. *CNA Reinsurance Co. Ltd.* v. *Trustmark Ins. Co.* (N. D.Ill. 2001), YCA XXVII (2002), 626 (630), wonach eine „short-form arbitration clause", die lediglich den Hinweis enthält: „Streiterledigung durch Schiedsgericht" nach Art. II UNÜ ausreicht; Ort und Verfahren richteten sich dann nach nationalem Recht.
3 *Haas*, in: Weigand, Art. II UNÜ Rz. 30; *Schlosser*, Rz. 257 ff.
4 *van den Berg*, S. 173 ff.; *von Hülsen*, S. 53; *Schlosser*, Rz. 370; *Schwab/Walter*, Kap. 44 Rz. 7. *Haas*, in: Weigand, Art. II UNÜ Rz. 15, 24. Zust. die Gerichtspraxis der Vertragsstaaten, vgl. BGH 12.2.1976, NJW 1976, 1591 = IPRspr. 1976 Nr. 188; OLG Schleswig 30.3.2000, RIW 2000, 706 m. Anm. *Werder* = IPRspr. 2000 Nr. 185; ebenso für die Schweiz BG 7.2.1984, BGE 110 II, 54; BG 5.11.1985, BGE 111 Ib, 253; für Österreich OGH 17.11.1971, JBl. 1974, 629; OGH 25.5.1991, YCA XXI (1996), 521; für Italien Cass. 15.3.1986, Nr. 1765, Riv.dir.int.priv.proc. 1986, 708; für Frankreich App. Paris 20.1.1987, Clunet 1987, 934; für Spanien Trib. Supremo 22.12.1983, YCA IX (1986), 531; *Gildeggen*, S. 45 ff. mwN.
5 *Otto*, IPRax 2003, 333 (334); zust. *Kahn Lucas Lancaster, Inc.* v. *Lord Int'l* (2d Cir. 1999), 186 F. 3d 210 (215 ff.) = YCA XXIII (1998), 1029; *Bothell* v. *Hitachi Zosen* (W.D. Wash. 2000), YCA XXVI (2001), 939 (943); aA aber *Sphere Drake Ins. PLC* v. *Marine Towing, Inc.* (5th Cir. 1994), 16 F. 3rd 366 = YCA XX (1995), 937.
6 BayObLG 12.2.2002, RIW 2003, 383 (384) = IPRspr. 2002 Nr. 225; *Wackenhuth*, ZZP 99 (1986), 445 (464); *Gildeggen*, S. 60 f.; *Epping*, S. 65; *Schwab/Walter*, Kap. 44 Rz. 9.

EuGVO für Gerichtsstandsvereinbarungen (dazu oben Rz. 6453 ff.) und nach § 1031 Abs. 2 ZPO für Schiedsvereinbarungen nach autonomem Recht – nur ausnahmsweise ersetzen[1].

6679 Die vor allem beim Vertragsschluss unter Anwesenden typischerweise gewählte **beiderseitige Unterzeichnung der Vertragsurkunde** wirft idR keine größeren Probleme auf. Erforderlich ist hiernach eine handschriftliche Unterzeichnung; eine mechanische Unterschriftsleistung (Faksimile) genügt nicht[2]. Die Unterschriften brauchen sich nicht speziell auf die Schiedsabrede zu beziehen; ausreichend ist vielmehr die beiderseitige Unterzeichnung des Gesamtvertrages, der eine solche Schiedsklausel enthält[3]. Deshalb ist auch eine *Blanko-Unterschrift*, über die später eine Schiedsklausel gesetzt wird, nach Art. II Abs. 2 UNÜ formwirksam[4]. Die Unterschriften können auch zeitlich versetzt und an verschiedenen Orten geleistet werden. In diesem Fall genügt es, wenn die zuletzt unterzeichnende Partei die andere über die geleistete Unterschrift informiert; der Rücksendung der Vertragsurkunde oder der Übermittlung einer Abschrift bedarf es nicht[5]. Eine Vertragsurkunde, die nur von derjenigen Partei unterschrieben ist, die sich auf die Schiedsklausel beruft, genügt hingegen nicht[6]; ein Verzicht der anderen Partei auf die Einhaltung der Förmlichkeit des Art. II Abs. 2 UNÜ bleibt jedoch möglich (dazu unten Rz. 6697 f.). Werden mehrere Vertragsurkunden erstellt, so ist es ausreichend, wenn jede Partei das für die andere Partei bestimmte Exemplar unterzeichnet[7]. Eine durch Textmontage früher geleisteter Unterschriften erstellte „Vereinbarung" genügt selbstverständlich nicht[8]. Hingegen muss wegen der zunehmenden Bedeutung des **elektronischen Geschäftsverkehrs** auch für Art. II Abs. 2 UNÜ die elektronische Form der Schriftform gleichstehen, soweit eine schriftliche Aufzeichnung des Textes möglich ist[9]. Für den Erlass eines nach dem UNÜ aner-

---

1 *van den Berg*, S. 221; *Gildeggen*, S. 51; *Adolphsen*, in: MünchKomm ZPO, Art. II UNÜ Rz. 20; vgl. aber auch unten Rz. 6692.
2 *Schlosser*, in: Stein/Jonas, Anh. § 1061 ZPO Rz. 51; *Schlosser*, Rz. 373; *Adolphsen*, in: MünchKomm ZPO, Art. II UNÜ Rz. 14; *Wackenhuth*, ZZP 99 (1986), 445 (453); *Haas*, S. 175; aA *von Hülsen*, S. 54. An die Unterschrift werden allerdings keine hohen Anforderungen gestellt, vgl. italien. Cass. S. U. 11.9.1979, Nr. 4167, Riv.dir.int.priv.proc. 1980, 425 („minimum of individuality which cannot be automatically reproduced by others").
3 Italien. Cass. S.U. 18.5.1978, Nr. 2392, YCA V (1980), 267 (268); S.U. 16.11.1992, Nr. 12268, YCA XIX (1994), 694; S.U. 11.7.1992, Nr. 8469, YCA XXII (1997), 715 (720); schweiz. BG 12.1.1989, YCA XV (1990), 509 (511); OG Basel 5.7.1994, YCA XXI (1996), 685 (686); *Schlosser*, in: Stein/Jonas Anh. § 1061 ZPO Rz. 51; *Adolphsen*, in: MünchKomm ZPO, Art. II UNÜ Rz. 14; *van den Berg*, S. 192; *Epping*, S. 63.
4 *Haas*, in: Weigand, Art. II UNÜ Rz. 33; *Schlosser*, in: Stein/Jonas, Anh. § 1061 ZPO Rz. 51.
5 OLG Köln 18.5.1992, RIW 1992, 760 = IPRspr. 1992 Nr. 251; *Haas*, in: Weigand, Art. II UNÜ Rz. 32.
6 Italien. Cass. S.U. 18.9.1978, Nr. 4167, YCA IV (1979), 296 (300).
7 *Adolphsen*, in: MünchKomm ZPO, Art. II UNÜ Rz. 14.
8 BayObLG 12.2.2002, RIW 2003, 383 (384) = IPRspr. 2002 Nr. 225.
9 Vgl. *Kaplan*, Arb.Int. 1996, 44; *Herrmann*, Arb.Int. 1999, 214 ff.; *Kaufmann-Kohler*, Festschr. Böckstiegel (2001), S. 355 (359); *Adolphsen*, in: MünchKomm, Art. II UNÜ

kennungsfähigen Schiedsspruches genügt es ferner, wenn die schriftliche Schiedsvereinbarung erst während des bereits laufenden Schiedsverfahrens getroffen worden ist[1].

Demgegenüber setzt der schriftliche Vertragsschluss durch **Austausch von Dokumenten** keine handschriftliche Unterzeichnung voraus. Da eine solche bei Telegrammen fehlt, leugnet die hM heute ein entsprechendes Erfordernis zu Recht auch für Briefe[2]. Dem Austausch von Briefen und Telegrammen stehen – in Übereinstimmung mit Art. 7 Abs. 2 UNCITRAL-ModG, an dem sich die Auslegung der Art. II Abs. 2 UNÜ nach heute hM zu orientieren hat – andere moderne Kommunikationsformen, die zu einer automatisierten schriftlichen Niederlegung des übermittelten Textes führen, gleich, sofern die Zurechenbarkeit der Erklärung zum Absender gewährleistet ist[3]. Dies hat die Gerichtspraxis der Vertragsstaaten wiederholt für den Vertragsschluss durch Fernschreiben (Telex)[4] entschieden; Entsprechendes gilt für den Vertragsschluss durch Telefax[5] oder E-Mail[6]. Für die Erfüllung dieser Formvariante genügt es auch, wenn nur *ein einziges Dokument* zwischen den Parteien ausgetauscht wird[7]. Bedeutung hat der Verzicht auf eine Unterschrift insbesondere, wenn der Aufforderung der einen Partei, das zugesandte Vertragsformular (mit der Schiedsklausel) unterschrieben zurückzuschicken, von der anderen Partei nachgekommen wird, ohne dass eine handschriftliche Unterzeichnung erfolgt ist, oder wenn schon die Auftragsbestätigung vom Absender nicht unterschrieben worden

6680

Rz. 15; Vgl. auch *Lieschke* v. *Real Networks, Inc.* (E.D.Ill. 2000), YCA XXV (2000), 530.

1 *Kröll*, ZZP 117 (2004), 453 (482); *Mallmann*, SchiedsVZ 2004, 152 (158). Vgl. auch *Montague* v. *Commonwealth Development Corp.* (S. Ct. Queensland 1999), YCA XXVI (2001), 744 (748) (Unterzeichnung der „Terms of Reference" durch die Anwälte beider Parteien als „agreement in writing" iSv. Art. II Abs. 2 UNÜ gewertet).

2 Trib. Genf 6.6.1967, YCA I (1976), 199; OG Basel 5.7.1994, YCA XXI (1996), 685 (686); schweiz. BG 16.1.1995, BGE 121 III, 38 (45); *von Hülsen*, S. 57; *Haas*, S. 168; *Schlosser*, Rz. 373; *van den Berg*, S. 192 ff.; *Epping*, S. 63 f.; *Schwab/Walter*, Kap. 44 Rz. 7; *Schlosser*, in: Stein/Jonas, Anh. § 1061 ZPO Rz. 52.

3 Allg. M., vgl. *van den Berg*, S. 204; *Wackenhuth*, ZZP 99 (1986), 445 (464 f.); *Lindacher*, Festschr. Habscheid (1989), S. 167 (170 f.); *Schlosser*, in: Stein/Jonas, Anh. § 1061 ZPO Rz. 52 und *Schwab/Walter*, Kap. 44 Rz. 7; *Gildeggen*, S. 50; *Haas*, in: Weigand, Art. II UNÜ Rz. 35. Vgl. auch *Chloe Z Fishing Co., Inc.* v. *Odyssey Re Ltd.* (S.D. Cal. 2000), YCA XXVI (2001), 910 (924).

4 Österreich. OGH 17.11.1971, JBl. 1974, 629 (630) und 2.5.1972, SZ 45, 247; App. Genf 14.4.1983, YCA XII (1987), 502 (504); schweiz. BG 5.11.1985, BGE 111 Ib, 253 (255); BG 16.1.1995, BGE 121 III 38 (43); App. Paris 20.1.1987, Clunet 1987, 934 (938); *Fahem* v. *Mareb Yemen Ins. Co.* (Q.B. 1997), YCA XXIII (1998), 789 (792); span. Trib. Supremo 30.1.1986, YCA XIII (1988), 512 (513) und 14.7.1998, YCA XXVI (2001), 851 (852); *Genesco, Inc.* v. *Kakiuchi & Co. Ltd.* (2d Cir. 1987), 815 F. 2d 840 (846 = YCA XIII (1988), 567; *van den Berg*, S. 204; *Wackenhuth*, ZZP 99 (1986), 445 (464 f.); *Epping*, S. 65.

5 App. Genova 20.7.1989, Dir.mar. 1990, 348 (349 f.); Cass. civ. 9.11.1993, YCA XX (1995), 660; *Lindacher*, Festschr. Habscheid (1989), S. 170 f.

6 Vgl. *Sphere Drake Ins. PLC* v. *Marine Towing, Inc.* (E.D. La. 1992), YCA XIX (1994), 792 (Schiedsklausel in Versicherungspolice); *Hill*, Arb.Int. 1999 Nr. 2, 199 (200).

7 *Haas*, in: Weigand, Art. II UNÜ Rz. 34; *Schlosser*, in: Stein/Jonas, Anh. § 1061 ZPO Rz. 52; aA *Poudret*, Bull. ASA 1995, 383 (390).

war und nur der Empfänger sie unterschrieben zurückgeschickt hat[1]. Erforderlich ist jedoch in jedem Fall ein *Schriftwechsel*; die nur einseitige Zusendung eines Vertragstextes reicht daher ebenso wenig aus wie die einseitige schriftliche Bestätigung einer mündlichen Absprache[2].

6681 Ausreichend ist ferner, dass die Parteien in ihrer **schriftlichen Korrespondenz** auf eine früher mündlich getroffene Schiedsvereinbarung[3] oder auf ein nur von einer Seite unterschriebenes Schriftstück (zB ein Vertragsangebot oder eine Auftragsbestätigung), das die Schiedsklausel enthält, Bezug nehmen[4] oder nur einseitig unterschriebene Urkunden unter Anwesenden austauschen. Die Schriftform ist aber dann nicht gewahrt, wenn erst die Annahmeerklärung oder die Auftragsbestätigung die Schiedsklausel enthält und der Anbietende hierauf nicht mehr schriftlich reagiert[5]. Erst recht genügt eine mündliche oder stillschweigende Annahme eines schriftlichen Vertragsangebots (zB durch Entgegennahme und Bezahlung der Ware) keinesfalls zur Einhaltung der Form des Art. II Abs. 2 UNÜ bezüglich der dem Angebot beigefügten Schiedsklausel, mag auch der Hauptvertrag im Übrigen nach der lex causae gültig zustande gekommen sein[6]; daran vermag auch eine zwischen den Parteien bestehende laufende Geschäftsverbindung nichts zu ändern[7].

6682 Eine ausdrückliche Bezugnahme auf die Schiedsvereinbarung in der Annahmeerklärung, die zum Vertragsschluss führt, ist zwar entbehrlich[8]; die Antwort

---

1 Vgl. LG Zweibrücken 11.1.1978, YCA IV (1979), 262 (263); OG Basel 3.6.1971, YCA IV (1979), 309 (310); österreich. OGH 21.2.1978, SZ 51, 77 = YCA X (1985), 418 (419); *Genesco, Inc.* v. *Kakiuchi & Co., Ltd.* (2d Cir. 1987), YCA XIII (1988), 567; *Schlosser*, in: Stein/Jonas, Anh. § 1061 ZPO Rz. 52.
2 OLG Frankfurt a.M. 26.6.2006, IPRax 2008, 517 (m. Anm. *Schlosser*, IPRax 2008, 497) = IPRspr. 2006 Nr. 212.
3 *von Hülsen*, S. 54.
4 *Smita Conductors, Ltd.* v. *Euro Alloys Ltd.* (S. Ct. India 2001), YCA XXVII (2002), 483 (486 f.); span. Trib Supremo 5.5.1998, YCA XXVII (2002), 540 (542); ferner OLG Hamburg 30.7.1998, NJW-RR 1999, 1738; *Schlosser*, in: Stein/Jonas, Anh. § 1061 ZPO Rz. 52; *Epping*, S. 64.
5 Span. Trib. Supremo 16.4.1990, YCA XXVII (2002), 528 (529 f.) und 6.10.1998, YCA XXVI (2001), 854 (856); *Wackenhuth*, ZZP 99 (1986), 445 (455); *Gildeggen*, S. 61; *Schlosser*, Rz. 380; *van den Berg*, S. 196; *Epping*, S. 65; *Haas*, in: Weigand, Art. II UNÜ Rz. 97.
6 *van den Berg*, S. 198; *Berger*, S. 104 f.; *Epping*, S. 65; *Schlosser*, in: Stein/Jonas, Anh. § 1061 ZPO Rz. 51 aE; zust. span. Trib. Supremo 7.7.1998, YCA XXVII (2002), 546 (549); *Pickfords* v. *Willcock* (C.A. 1977), YCA XII (1982), 365; App. Napoli 13.12.1974, Riv.dir.int.priv.proc. 1974, 552.
7 BayObLG 12.2.2002, RIW 2003, 383 (384) = IPRspr. 2002 Nr. 225; Hof Den Haag 17.2.1984, YCA X (1985), 485 (486); *Kahn Lucas Lancaster, Inc.* v. *Lark Int'l, Ltd.* (2d Cir. 1999), YCA XXIV (1999), 900 (908); *Wackenhuth*, ZZP 99 (1986), 445 (465); *van den Berg*, S. 196 ff.; *Adolphsen*, in: MünchKomm ZPO, Art. II UNÜ Rz. 15; *Haas*, in: Weigand, Art. II UNÜ Rz. 38.
8 *Schlosser*, in: Stein/Jonas, Anh. § 1061 ZPO Rz. 51; *Gildeggen*, S. 51 f.; *Haas*, in: Weigand, Art. II UNÜ Rz. 37; *van den Berg*, S. 199; *Epping*, S. 64; zust. OG Basel 5.7.1994, YCA XXI (1998), 685 (686); italien. Cass. 11.7.1992, Nr. 8469, Riv.dir.int.priv.proc. 1995, 104.

auf das Vertragsangebot muss jedoch auch die darin enthaltene **Schiedsklausel decken**[1]. Ob dies zutrifft, beurteilt sich nach dem Statut der Schiedsvereinbarung; ergänzend kann auch auf andere Quellen des internationalen Einheitsrechts, namentlich auf Art. 19 des Wiener UN-Kaufrechts zurückgegriffen werden[2]. Enthält eine schriftliche Order daher eine Schiedsklausel, so ist diese nach Art. II Abs. 2 UNÜ wirksam zustande gekommen, wenn der Verkäufer mit einer Rechnung antwortet, die auf die Kauforder Bezug nimmt[3]. Antwortet der Angebotsempfänger hingegen mit einem Schriftstück, das eine **Gerichtsstandsklausel** enthält, dann ist weder diese noch die im Angebot enthaltene Schiedsklausel Vertragsbestandteil geworden[4]. Sehen hingegen beide Parteien in den ausgetauschten Schreiben oder den beigefügten AGB die Streiterledigung durch Schiedsgerichte vor, so ist die Form des Art. II Abs. 2 UNÜ auch dann gewahrt, wenn die Schiedsklauseln inhaltlich voneinander abweichen (zB Schiedsorte in unterschiedlichen Ländern vorsehen), denn insoweit handelt es sich nicht um den notwendigen Inhalt der Schiedsvereinbarung[5].

Verweisen die Parteien auf zwischen ihnen **früher geschlossene Verträge**, so erstreckt sich eine darin in der Form des Art. II Abs. 2 UNÜ vereinbarte Schiedsabrede auch auf den neuen Vertrag[6]. Gleiches gilt erst recht für bloße **Vertragsverlängerungen**[7]. War die mögliche Vertragsverlängerung bereits im ursprünglichen Vertrag angesprochen worden, so gilt darin enthaltene schriftliche Schiedsklausel auch dann, wenn der Vertrag später mündlich tatsächlich verlängert wird[8]. Ausreichend ist es auch, wenn die Parteien in einem schriftlichen **Zusatzvertrag** auf den die Schiedsklausel enthaltenden Hauptvertrag Bezug nehmen, der selbst nicht unterschrieben worden ist[9]. Der schriftliche Hin-

6683

---

1 *Wackenhuth*, ZZP 99 (1986) 445 (460 f.); *Schlosser*, in: Stein/Jonas, Anh. § 1061 ZPO Rz. 51; *Schwab/Walter*, Kap. 44 Rz. 8.
2 So ausdrücklich *Filanto S.p.A.* v. *Chilewich International Corp.* (S.D. N.Y. 1992), 789 F. Supp. 1229 = YCA XVIII (1993), 530 (541 f.); aA *Midland Bright Drawn Steel Ltd.* v. *Erlanger & Co., Inc.* (S.D. N.Y. 1989), YCA XIX (1994), 755.
3 App. Firenze 8.10.1977, YCA IV (1979), 289 (290 f.); *van den Berg*, S. 201; zweifelnd *Walter*, RIW 1982, 699; aA italien. Cass. S.U. 10.3.2000, Foro it. 2000 I, 2226 = YCA XXVI (2001), 816 (820 f.).
4 Vgl. – zu Art. I Abs. 2 lit. a EuÜ – AG Singen 26.10.1983, RIW 1985, 73 = IPRspr. 1983 Nr. 140; ferner *Schwab/Walter*, Kap. 44 Rz. 8; *Gildeggen*, S. 79 ff.; vgl. aber auch italien. Cass. S.U. 10.1.1984, Nr. 174, Riv.dir.int.priv.proc. 1985, 351 = YCA XI (1986), 513.
5 Vgl. *Podar Brothers* v. *I.T.A.D. Associates, Inc.* (4th Cir. 1981), 636 F. 2d. 75 = YCA VII (1982), 379; *Gildeggen*, S. 80; *Haas*, in: Weigand, Art. II UNÜ Rz. 37; *Adolphsen*, in: MünchKomm ZPO, Art. II UNÜ Rz. 15 aE.
6 Schweiz. BG 7.2.1984, BGE 110 II, 54 (57 ff.); *Gildeggen*, S. 70 f.; *Schlosser*, in: Stein/Jonas, Anh. § 1061 ZPO Rz. 56; aA italien. Cass. 13.12.1971, Nr. 3620, Riv.dir.int.-priv.proc. 1972, 563 (570 ff.).
7 Italien. Cass. 12.5.1977, Nr. 3989, YCA IV (1979), 286 (288); Trib. com. Bruxelles 5.10.1994, Rev.arb. 1995, 311 (314); *Schlosser*, Rz. 373; *Haas*, in: Weigand, Art. II UNÜ Rz. 34 aE, 41.
8 Vgl. *Becker Autoradio USA, Inc.* v. *Becker Autoradiowerke GmbH* (3d Cir. 1978), 585 F. 2d 39 = YCA V (1980), 272; MünchKomm/*Adolphsen*, Art. II UNÜ Rz. 15.
9 Schweiz. BG 12.1.1989, YCA XV (1990), 509 (511); span. Trib. Supremo 20.2.2001, YCA XXVI (2001), 858 (860); vgl. auch *Borsack* v. *Chalk & Vermilion Fire Arts, Ltd.* (S.D. N.Y. 1997), YCA XXIII (1998), 1038 (1041 ff.).

weis einer Partei, dass die – eine Schiedsklausel enthaltenden – AGB, die in einen früheren Vertrag einbezogen worden waren, auch für den neuen Vertrag gelten sollen, erfüllt die Schriftform nach Art. II Abs. 2 UNÜ hingegen nicht.

6684 Im Fall einer **Zession vertraglicher Ansprüche** bleibt der Zessionar einer in der Form des Art. II Abs. 2 vereinbarten Schiedsklausel unterworfen, ohne dass es der Schriftlichkeit der Abtretungsvereinbarung oder gar einer gesonderten schriftlichen Vereinbarung über den Eintritt in die Schiedsvereinbarung bedürfte. Die Form des Art. II Abs. 2 UNÜ muss also nur zwischen den ursprünglichen Vertragsparteien eingehalten worden sein[1]. Dies gilt auch dann, wenn eine Partei im Wege der Vertragsübernahme in die gesamte Rechtsstellung des Vorgängers eintritt[2].

6685 Ferner ist auch der durch einen **Vertrag zugunsten Dritter** Begünstigte an eine Schiedsklausel in diesem Vertrag gebunden[3].

e) Allgemeine Geschäftsbedingungen

6686 Ist die Schiedsvereinbarung in AGB enthalten, so soll durch das Schriftformerfordernis des Art. II Abs. 2 insbesondere sichergestellt werden, dass die Parteien sich über die Schiedsklausel tatsächlich geeinigt haben, die Klausel also nicht unbemerkt Vertragsinhalt wird[4]. Dies ist ohne Weiteres der Fall, wenn die AGB im Text der beiderseits unterschriebenen Vertragsurkunde enthalten sind. Über den strikten Wortlaut des Art. II Abs. 2 UNÜ hinaus genügt jedoch auch die bloße Bezugnahme im Text der Vertragsurkunde oder in den ausgetauschten Schreiben auf eine in den AGB enthaltene Schiedsklausel, wenn auf diese Klausel im Vertragsangebot oder einer Auftragsbestätigung selbst ausdrücklich hingewiesen wird (sog. **„specific reference"**)[5]. Für diesen Fall ist

---

1 *Schlosser*, in: Stein/Jonas, Anh. § 1061 ZPO Rz. 56; *Haas*, in: Weigand, Art. II UNÜ Rz. 48; zust. *Basargin* v. *Shipowners MPI Ass.* (D. Al. 1995), YCA XXII (1997), 894 (895); aA OLG Düsseldorf 17.11.1995, OLGR 1996, 95 (96); App. Salerno 31.12.1990, Riv.dir.int.priv.proc. 1992, 115; BezG Moskau 21.4.1997, YCA XXIII (1998), 745 (748).
2 *Schlosser*, Rz. 373; aA italien. Cass. 3.6.1985, Nr. 3285, Riv.dir.int.priv.proc. 1987, 73 = YCA XI (1986), 518. Vgl. auch *Technetronics, Inc.* v. *Leybold GmbH* (E.D. Penn. 1993), YCA XIX (1994), 843 (847 f.) (Schiedsklausel in Kaufvertrag zwischen deutschem Verkäufer und niederländ. Käufer bindet auch eine amerikan. Gesellschaft, die in alle Rechte und Pflichten der Käuferin eingetreten ist.).
3 *Borsack* v. *Chalk & Vermilion Fire Arts, Ltd.* (S.D.N.Y. 1997), YCA XXIII (1998), 1038 (1041 ff.); *Black & Veatch Int'l, Co.* v. *Wartsila NSD North America, Inc.* (D. Kans. 1998), YCA XXV (2000), 878 (881).
4 *van den Berg*, S. 173; *Wackenhuth*, ZZP 99 (1986), 445 (454); *Lindacher*, Festschr. Habscheid (1989), S. 167 f.
5 Allg. M., vgl. *van den Berg*, S. 217; *Schwab/Walter*, Kap. 44 Rz. 7; *Schlosser*, Rz. 379; *Haas*, in: Weigand, Art. II UNÜ Rz. 44; zust. OLG München 8.3.1995, RIW 1996, 853 (855) = IPRspr. 1995 Nr. 187; in England *Lonino Ltd.* v. *The Shell Petroleum Co. Ltd.* (Q.B. 1978), YCA IV (1979), 323 (325); in Frankreich Cass. civ. 11.10.1989, Clunet 1990, 633 (634) = YCA XV (1990), 447; in Italien Cass. 2.3.1996, YCA XXII (1997), 734 (735); in den USA *Japan Sun Oil Ltd.* v. *The M/V MAASDIJK* (E.D. La. 1994), YCA XXII (1997), 884 (885 ff.).

eine Übermittlung der AGB an den Vertragspartner zur Einhaltung der Form nach Art. II Abs. 2 UNÜ nicht erforderlich[1].

Demgegenüber besteht nach wie vor Unsicherheit über die Frage, ob auch die allgemeine Bezugnahme auf die AGB, welche die Schiedsklausel enthalten (sog. „**general reference**")[2], den Formerfordernissen des Art. II Abs. 2 UNÜ entspricht[3]. Diese Frage ist indes grundsätzlich zu bejahen, wenn der Vertragspartner des Verwenders einerseits hinreichend deutlich auf die AGB hingewiesen worden ist und andererseits die Möglichkeit hatte, vom Inhalt dieser AGB einschließlich der Schiedsklausel im Zeitpunkt des Vertragsschlusses gebührend Kenntnis zu nehmen[4], wenn also diejenigen Voraussetzungen erfüllt sind, die auch im europäischen Zivilprozessrecht für die Einhaltung der Schriftform nach Art. 23 Abs. 1 S. 3 lit. a Alt. 1 EuGVO gefordert werden, soweit eine Gerichtsstandsklausel in den AGB einer Vertragspartei enthalten ist (dazu näher oben Rz. 6437 ff.). 6687

Wesentlich ist also zunächst, dass die von den Parteien unterzeichnete Urkunde oder die gewechselten Schreiben **ausdrücklich auf die AGB Bezug** nehmen. Denn erst durch diese Bezugnahme – zB auf die rückseitig abgedruckten oder mit dem Vertrag als Anlage verbundenen AGB – wird die Verbindung zwischen dem doppelten Schriftformerfordernis und den AGB hergestellt[5]. Ohne einen solchen ausdrücklichen Hinweis besteht für die andere Vertragspartei keine Klarheit darüber, ob die AGB – und damit die Schiedsklausel – Vertragsbestandteil sein sollen. Unschädlich ist es allerdings, wenn sich der Hinweis auf die AGB außerhalb des unterschriebenen Textes – zB unterhalb der Unterschriftenzeile – befindet[6]. Fehlt es in dem von beiden Parteien unterschriebenen Vertragsdokument an einer Bezugnahme auf die AGB, so wird eine in diesen AGB enthaltene Schiedsklausel nicht in den Vertrag einbezogen; das kommentarlose Mitverschicken der AGB genügt also zur Einhaltung der Schriftform nach Art. II Abs. 2 UNÜ nicht[7]. Entsprechendes muss auch beim 6688

---

1 OG Basel 5.7.1994, YCA XXI (1998), 685 (687); *Bucher*, Rz. 123 f.; *Schlosser*, in: Stein/Jonas, Anh. § 1061 ZPO Rz. 58.
2 Zur Unterscheidung zwischen „specific reference" und „general reference" auf AGB im Rahmen von Art. II Abs. 2 UNÜ *Oppetit*, Rev.arb. 1990, 551 (561 ff.); *Haas*, in: Weigand, Art. II UNÜ Rz. 43.
3 Vgl. *Haas*, in: Weigand, Art. II UNÜ Rz. 44 ff. m. Nachw.
4 Wie hier *Wackenhuth*, ZZP 99 (1986), 445 (458); *van den Berg*, S. 208 ff.; *Schlosser*, in: Stein/Jonas, Anh. § 1061 ZPO Rz. 57 f.; *Adolphsen*, in: MünchKomm, Art. II UNÜ Rz. 19; zust. OG Basel 5.7.1994 (Fn. 1); *Verolme Botlek B.V. v. L. L. Moore Corp.* (N.D. Okl. 1995), YCA XXI (1996), 824 (826); *Polytek Engineering Co., Ltd. v. Jacobson* (D. Minn. 1997), YCA XXIII (1998), 1103 (1106); einschränkend *Lindacher*, Festschr. Habscheid (1989), S. 167 (171).
5 Italien. Cass. 30.7.1984, Nr. 4537, Riv.dir.int.priv.proc. 1985, 597 (600) und 11.7.1992, Nr. 8469, Riv.dir.int.priv.proc. 1995, 104.
6 OLG Schleswig 30.3.2000, RIW 2000, 706 m. Anm. *Werder* = IPRspr. 2000 Nr. 185.
7 *Wackenhuth*, ZZP 99 (1986), 445 (456); *Lindacher*, Festschr. Habscheid (1989), S. 167 (171); *Schlosser*, Rz. 380; *Gildeggen*, S. 62 ff.; *Adolphsen*, in: MünchKomm ZPO, Art. II UNÜ Rz. 19.

Austausch von Briefen oder Fernschreiben gelten[1]. Der nachträgliche Hinweis einer Seite, der geschlossene Vertrag sei wie ein früherer auf der Basis ihrer AGB zustande gekommen, reicht für die Einbeziehung der Schiedsklausel in den neuen Vertrag nicht aus, weil es an der erforderlichen schriftlichen Zustimmung der anderen Seite fehlt[2]. Verwendet eine Partei – je nach Art der Transaktion – verschiedene AGB, so muss sich aus der Verweisung eindeutig ergeben, welche AGB einbezogen werden sollen[3].

6689 Zum anderen verlangt der Schutzzweck des Formerfordernisses in Art. II Abs. 2, dass der Vertragspartner des Verwenders eine ausreichende **Möglichkeit zur Kenntnisnahme** der formularmäßigen Schiedsklausel zur Zeit des Vertragsschlusses hatte. Dies erfordert grundsätzlich, dass die AGB, welche die Schiedsklausel enthalten, dem anderen Teil spätestens beim Vertragsschluss übergeben oder übersandt werden. Die AGB müssen also etwa auf der Rückseite der Vertragsurkunde bzw. des Angebots abgedruckt[4] oder als besonderes Dokument beigefügt worden sein[5]. Nicht ausreichend ist also die bloße Bezugnahme auf die eine Schiedsklausel enthaltenden AGB, sofern Letztere der beiderseits unterschriebenen Vertragsurkunde oder den ausgetauschten Briefen bzw. Fernschreiben nicht beilagen[6].

---

1 *Schlosser*, Rz. 380.
2 Französ. Cass. civ. 25.2.1986, Clunet 1986, 735 m. Anm. *Jacquet*; *Schlosser*, in: Stein/Jonas, Anh. § 1061 ZPO Rz. 58.
3 App. Genf 16.12.1988, YCA XVI (1991), 612.
4 BayObLG 17.9.1998, BayObLGZ 1998, 219 = RIW 1998, 965 = IPRspr. 1998 Nr. 212; OLG Schleswig 30.3.2000, RIW 2000, 706 (707) m. Anm. *Werder* = IPRspr. 2000 Nr. 185; italien. Cass. 30.7.1984, Nr. 4537, YCA XI (1986), 519; span. Trib. Supremo 10.2.1984, YCA X (1985), 493; *Ferrara SpA.* v. *United Grain Growers Ltd.* (S.D. N.Y. 1977), YCA IV (1979), 331 (332).
5 Vgl. BGH 12.2.1976, NJW 1976, 1591 = IPRspr. 1976 Nr. 188; italien. Cass. 15.3.1986, Nr. 1765, Riv.dir.int.priv.proc. 1986, 708; *Schlosser*, in: Stein/Jonas, Anh. § 1061 ZPO Rz. 58.
6 *van den Berg*, S. 220; *Wackenhuth*, ZZP 99 (1986), 445 (458 f.); *Sieg*, RIW 1998, 102 (106); *Haas*, S. 169 ff.; *Schlosser*, ZEuP 1994, 692 f.; *Schwab/Walter*, Kap. 44 Rz. 9; zust. die Rspr. der Vertragsstaaten, vgl. BGH 10.5.1984, RIW 1984, 644 (647) m. Anm. *Mezger* = IPRax 1985, 158 (m. Anm. *Schlosser*, IPRax 1985, 141) = IPRspr. 1984 Nr. 196; OLG München 8.3.1995, RIW 1996, 854 f. = IPRspr. 1995 Nr. 187; ebenso für Österreich OGH 21.2.1978, YCA X (1985), 417 f.; für Frankreich Cass. civ. 11.10.1989, Rev.arb. 1990, 134 m. zust. Anm. *Kessedijan*; für Italien Cass. 22.4.1976, Nr. 1439, Foro it. (1976) I, 1495 (1497); Cass. 14.11.1981, Nr. 6035, YCA IX (1984), 416; Cass. 15.3.1986, Nr. 1765, Riv.dir.int.priv.proc. 1986, 708; Cass. 28.10.1993, YCA XX (1995), 739; für die USA *Bothell* v. *Hitachi* Zosen (W.D. Wash. 2000), YCA XXVI (2001), 939 (943 ff.); aA *Gentinetta*, S. 318; *Berger*, S. 111 f. Vgl. auch OLG Köln 16.12.1992, RIW 1993, 499 = IPRax 1993, 399 (m. Anm. *Haas*, IPRax 1993, 382) = IPRspr. 1992 Nr. 253 = YCA XXI (1996), 535 (Bloße Verweisung der dän. Verkäuferin in ihrer Auftragsbestätigung auf die ECE-Bedingungen, die eine Schiedsklausel enthalten, wahrt die Schriftform des Art. II Abs. 2 UNÜ jedenfalls dann nicht, wenn diese Bedingungen der Auftragsbestätigung nicht beigefügt waren). HandelsG Zürich 25.8.1992, ZEuP 1994, 682 m. Anm. *Schlosser* (Die in den englischsprachigen „General Conditions for the Supply of Plant and Machinery for Export" enthaltene Schiedsklausel wird nicht Inhalt eines Kaufvertrags zwischen einer schweiz. Verkäuferin und einer deutschen Käuferin, wenn die Vertragsverhandlungen und der Schriftverkehr ausschließlich auf Deutsch geführt

Etwas anderes gilt nur dann, wenn im Hauptvertrag besonders auf die in den nicht beigefügten AGB enthaltene *Schiedsklausel* hingewiesen worden ist[1], oder wenn sich der Empfänger des Vertragsangebots oder der Auftragsbestätigung ausdrücklich mit der Geltung der in Bezug genommenen AGB einverstanden erklärt hat[2]. Ferner müssen die AGB in der **Verhandlungs- bzw. Vertragssprache** oder einer Weltsprache abgefasst sein; der Empfänger ist nach Art. II Abs. 2 UNÜ grundsätzlich nicht verpflichtet, die AGB übersetzen zu lassen[3]. Darüber hinaus muss in jedem Fall auch der Hinweis auf die AGB im Vertragstext in einer für den Empfänger verständlichen Sprache abgefasst sein. An die Lesbarkeit der AGB sind hingegen keine hohen Anforderungen zu stellen; dies gilt jedenfalls dann, wenn in der betreffenden Branche Schiedsklauseln üblich sind[4].

Da es allein auf die Kenntnis des Partners im Zeitpunkt des Vertragsschlusses ankommt, reicht es für die formgültige Einbeziehung der in AGB enthaltenen Schiedsklausel allerdings aus, wenn die AGB dem Partner bereits bei früherer Gelegenheit übersandt worden waren, wie dies namentlich im Rahmen **laufender Geschäftsbeziehungen** häufig der Fall sein wird[5]. Entbehrlich ist in einem solchen Fall freilich nur die erneute Mitversendung der AGB. Das Schriftformerfordernis als solches wird durch die Unterhaltung laufender Geschäftsbeziehungen von AGB nicht ersetzt, so dass auch in diesem Falle eine ausdrückliche Bezugnahme auf die AGB erforderlich ist[6].

Die Übersendung der AGB ist ferner auch dann entbehrlich, wenn die Schiedsklausel in AGB enthalten ist, die nicht von einem einzelnen Unternehmen, sondern von berufsständischen Vereinigungen geschaffen worden sind und die

---

wurden und die schweiz. Verkäuferin hierbei stets Briefpapier mit dem Aufdruck „Gerichtsstand Zürich" verwendet hat).
1 Schweiz. BG 7.2.1984, BGE 110 II, 54; *van den Berg*, S. 218; zust. *Lindacher*, Festschr. Habscheid (1989), S. 167 (173); *Sieg*, RIW 1998, 102 (106); *Haas*, S. 169 f.
2 Span. Trib. Supremo 17.2.1998, YCA XXVII (2002), 533 (536).
3 *Gildeggen*, S. 81 ff.; *Haas*, in: Weigand, Art. II UNÜ Rz. 45; aA italien. Cass. 11.7.1992, Nr. 8469, Riv.dir.int.priv.proc. 1995, 104.
4 Vgl. dazu den instruktiven Fall *Chelsea Square Textiles, Inc.* v. *Bombay Dyeing and Manufacturing Co. Ltd.* (2d Cir. 1999), 189 F. 3d 289 = YCA XXV (2000), 1035.
5 *van den Berg*, S. 220 f.; *Wackenhuth*, ZZP 99 (1986), 445 (459); *Walter*, RIW 1982, 693 (699); *Gildeggen*, S. 70 f.; *Adolphsen*, in: MünchKomm, Art. II UNÜ Rz. 19; *Schlosser*, in: Stein/Jonas, Anh. § 1061 ZPO Rz. 52 mwN.; differenzierend *Lindacher*, Festschr. Habscheid (1989), S. 167 (172 f.). Zust. französ. Cass. civ. 11.10.1989, Clunet 1990, 633 (634); span. Trib. Supremo 30.1.1986, YCA XIII (1988), 512 (513); schweiz. BG 7.2.1984, BGE 110 II, 54 (59) und 16.1.1995, BGE 121 III, 38 (45 f.); App Genf 11.12.1997, YCA XXIII (1998), 764 (768 f.).
6 *van den Berg*, S. 221; *Wackenhuth*, ZZP 99 (1986), 445 (465); *Gildeggen*, S. 76 f.; vgl. auch Hof Den Haag 17.2.1984, YCA X (1985), 485 (486) (Die Parteien hatten in 25 aufeinander folgenden Geschäftsabschlüssen jeweils auf die Bedingungen der „Grain and Feed Trade Association" Bezug genommen, die eine Schiedsklausel enthalten. Geltung dieser Schiedsklausel für einen weiteren Vertrag, in dem keine Bezugnahme auf diese Bedingungen erfolgte, verneint).

deshalb **Angehörigen der betreffenden Branche vertraut** sind[1]. Dies gilt insbesondere, wenn die Zuständigkeit gängiger institutioneller Schiedsgerichte vereinbart wird. Demgegenüber genügt die schriftliche Bezugnahme einer Vertragspartei auf ihre – der Gegenseite nicht übermittelten – **hauseigenen AGB** zur Wahrung der Form nach Art. II Abs. 2 UNÜ auch dann nicht, wenn die Streiterledigung durch Schiedsgerichte in der betreffenden Branche weithin üblich ist und AGB der in dieser Branche tätigen Unternehmen deshalb regelmäßig Schiedsklauseln enthalten; erforderlich ist vielmehr in diesem Fall zumindest ein Hinweis darauf, dass die in Bezug genommenen AGB eine solche Schiedsklausel vorsehen[2].

Eine Ausnahme kommt nur in Betracht, wenn zwischen den Parteien laufende Geschäftsbeziehungen bestehen oder wenn die von einer Seite in Bezug genommenen AGB der anderen Seite nachweislich bekannt waren[3].

f) Kaufmännisches Bestätigungsschreiben

6693 Im Gegensatz zu Art. 23 Abs. 1 S. 3 lit. c EuGVO (dazu oben Rz. 6453) sieht Art. II Abs. 2 UNÜ Einschränkungen des Formzwangs aufgrund internationaler Handelsbräuche nicht vor. Die Bezugnahme auf eine Schiedsklausel in einem kaufmännischen Bestätigungschreiben genügt dem Schriftformerfordernis des Art. II Abs. 2 daher auch dann nicht, wenn damit eine nachweislich mündlich geschlossene Schiedsvereinbarung bestätigt wird. Die Formanforderungen des UNÜ sind insofern also strenger als diejenigen des § 1031 Abs. 2 ZPO (dazu unten Rz. 6718)[4]. Erst recht kann das bloße Schweigen auf eine Auftragsbestätigung bzw. ein kaufmännisches Bestätigungsschreiben oder die stillschweigende Annahme eines Vertragsangebots – etwa durch Entgegennahme der Ware – das Schriftformerfordernis nach Art. II Abs. 2 UNÜ nicht erfüllen oder ersetzen[5].

---

1 App. Venezia 26.4.1980, YCA VII (1982), 340; italien. Cass. 20.12.1983, Nr. 7497, YCA X (1985), 473; HandelsG Zürich 14.12.1989, YCA XVIII (1993), 442; *van den Berg*, S. 231 ff.; *Schlosser*, Rz. 379. Vgl. auch für Konnossemente unten Rz. 6694 ff.
2 Französ. Cass. civ. 11.10.1989 (*Bomar Oil* v. *ETAP*), Clunet 1990, 633 (634) = YCA XV (1990), 447 (Schiedsklausel in den – nicht beigefügten – AGB der tunes. Käuferin von Erdöl bindet die niederländ. Verkäuferin nicht, obwohl die Streiterledigung durch internationale Schiedsgerichte in der Erdölbranche üblich ist. Ausdrücklichen Hinweis auf die in den AGB enthaltene Schiedsklausel verlangt).
3 *Schlosser*, ZEuP 1994, 892; vgl. auch französ. Cass. civ. 9.11.1993, Rev.arb. 1994, 108 m. Anm. *Kessedjian* = Clunet 1994, 690 m. Anm. *Loquin*; App. Versailles 23.1.1991, Rev.arb. 1991, 291 (297); zust. *Kessedjian*, Rev.arb. 1990, 134 (141); *Haas*, in: Weigand, Art. II UNÜ Rz. 47.
4 LG Hannover 20.11.1980, YCA VII (1982), 322 (323); *von Hülsen*, S. 58; *Wackenhuth*, ZZP 99 (1986), 445 (464); *Schlosser*, Rz. 380; *Gildeggen*, S. 52, 77 ff.; *Adolphsen*, in: MünchKomm ZPO, Art. II UNÜ Rz. 19 aE; *Haas*, in: Weigand, Art. II UNÜ Rz. 38.
5 LG Bremen 16.12.1965, IPRspr. 1964/65 Nr. 284; OLG Düsseldorf 8.11.1971, IPRspr. 1971 Nr. 161; LG München I 20.6.1978, YCA V (1980), 260 (261); italien. Cass. 25.1.1991, Nr. 749, YCA XVII (1992), 554; italien. Cass. 28.10.1993, Nr. 10704, YCA XX (1995), 739; *Wackenhuth*, ZZP 99 (1986), 445 (463); *Schlosser*, in: Stein/Jonas, Anh. § 1061 ZPO Rz. 50.

g) Konnossement

Konnossemente („Bills of Lading") enthalten idR in den auf ihrer Rückseite abgedruckten AGB eine Schiedsklausel. Für deren formgültige Vereinbarung gelten die allgemeinen Regeln zur Bezugnahme auf AGB, die eine Schiedsklausel beinhalten (dazu oben Rz. 6686 ff.). Häufig wird aber auch nur auf die Bestimmungen der **Charter Party** verwiesen, die ihrerseits erst die Schiedsklausel enthalten. Für diesen Fall wird zT – in Übereinstimmung mit § 1031 Abs. 4 ZPO (dazu unten Rz. 6720) – wegen der Üblichkeit von Schiedsvereinbarungen in Konnossementen und der Kenntnis dieses Handelsbrauchs bei allen im internationalen Seefrachtverkehr tätigen Kaufleuten eine Bindung des Empfängers an die vorformulierte Schiedsklausel bejaht[1]. Demgegenüber dürfte die bloße Entgegennahme des einseitig vom Verfrachter unterzeichneten Konnossements dem Austausch von Briefen oder der Unterzeichnung einer Urkunde, welche die Schiedsklausel enthält, iSv. Art. II Abs. 2 UNÜ nicht gleichzusetzen sein. Eine Bindung an die Schiedsklausel wird vielmehr erst dadurch begründet, dass der Empfänger des Konnossements in einem nachfolgenden Schriftstück auf dessen Bedingungen Bezug nimmt[2]. Etwas anderes gilt nur, wenn in der Inkorporationsklausel im Konnossement ausdrücklich auf die Schiedsklausel in der Charter Party hingewiesen wird[3]. Eine Formerleichterung kann sich ferner aus speziellen Staatsverträgen ergeben, die im Rahmen von Art. VII UNÜ zu beachten sind[4].

6694

Wird das **Konnossement weiter indossiert**, so bedarf es hierfür der Einhaltung der Schriftform des Art. II Abs. 2 UNÜ nicht; über die Bindung des Indossatars an die im Konnossement enthaltene Schiedsklausel entscheidet vielmehr das anwendbare nationale Recht[5]. An einer dem Art. II Abs. 2 UNÜ genügenden schriftlichen Vereinbarungen fehlt es hingegen im Verhältnis Verfrachter-Befrachter, wenn die Schiedsklausel in einem Konnossement enthalten ist, das

6695

---

[1] Vgl. schweiz. BG 7.2.1984, BGE 110 II, 54 (55) = YCA IX (1986), 532; App. Athen Nr. 3894/76, YCA XIV (1989), 634 (635); ferner *Daval* v. *Armare Srl* (C. A. 1995), YCA XXII (1996), 849 (853 f.); Supreme Ct. Philippines 26.4.1990, YCA XXVII (2002), 524 (526 f.); *National Material Trading* v. *M/V Kaptan CEBI* (S.D. Cal. 1997), YCA XXIII (1998), 923 (925 f.) („where a bill of lading clearly refers to the charter-party to be incorporated and the holder has actual or constructive notice of the incorporation").

[2] *Schlosser*, Rz. 384; *Schlosser*, in: Stein/Jonas, Anh. § 1061 ZPO Rz. 60; *Gildeggen*, S. 72 ff.; *Kessedijan*, Rev.arb. 1990, 134 (139); *Haas*, in: Weigand, Art. II UNÜ Rz. 52; ausführlich dazu *Epping*, S. 65 ff. mwN. Vgl. idS auch italien. Cass. S.U. 22.12.2000, Nr. 1328, YCA XXVII (2002), 506, (507). Vgl. auch französ. Cass. civ. 4.6.1989, Rev.arb. 1990, 616 (617) (Verweisung auf Charter Party genügt zur formwirksamen Einbeziehung einer Schiedsklausel jedenfalls dann nicht, wenn diese in der Verweisung nicht ausdrücklich erwähnt wird und eine Kopie der Charter Party auch nicht angeheftet war).

[3] *Vessel M. V. Baltic Confidence* v. *State Trading Corp. of India* (S. Ct. India 2001), YCA XXVII (2002), 478 (480).

[4] Vgl. zum Haager Übereinkommen über den Transport von Waren auf See vom 31.3.1978 *Schlosser*, in: Stein/Jonas, Anh. § 1061 ZPO Rz. 60.

[5] Italien. Cass. 18.5.1978, Nr. 2392, YCA V (1980), 267 (268); *Haas*, in: Weigand, Art. II UNÜ Rz. 52; *Schlosser*, in: Stein/Jonas, Anh. § 1061 ZPO Rz. 60.

zwar der Empfänger, nicht aber der Befrachter unterzeichnet hat[1]. Art. II Abs. 2 UNÜ wird allerdings im Verhältnis der Vertragsstaaten des Hamburger UN-Übereinkommens über den Gütertransport zur See von 1978 durch dessen Art. 22 Abs. 2 als lex posterior und lex specialis verdrängt[2].

h) Vollmacht

6696 Für die Ausstellung einer Vollmacht zum Abschluss einer Schiedsvereinbarung gilt Art. II Abs. 2 UNÜ nicht; die Form der Vollmacht bestimmt sich vielmehr nach dem vom autonomen Kollisionsrecht der jeweiligen lex fori zur Anwendung berufenen Recht[3]. Allerdings kann das auf die Bevollmächtigung anwendbare Recht (dazu oben Rz. 5441 ff.) die Einhaltung der gleichen Form wie für den Abschluss des Hauptvertrages, hier also der Schiedsvereinbarung, fordern. Ein *Handelsmakler*, der an beide Parteien Auftragsbestätigungen versendet und von dort Rückbestätigungen erhält, handelt in Empfangsvollmacht für beide Teile, so dass das Formerfordernis des Art. II Abs. 2 UNÜ auch erfüllt ist, wenn die Gegenbestätigung nicht ihrerseits an die Parteien weitergeleitet wird[4].

i) Heilung des Formmangels

6697 Die Frage, ob eine defekte Schiedsvereinbarung durch das Verhalten der Parteien im Verfahren geheilt werden kann, beurteilt sich zwar grundsätzlich nach dem auf das *Schiedsverfahren* anwendbaren Recht. Ob in diesem Zusammenhang auf das Formerfordernis des Art. II Abs. 2 UNÜ verzichtet werden kann, ist aber im Geltungsbereich des UNÜ einheitlich nach Sinn und Zweck dieser Norm zu entscheiden[5]. Obwohl Art. II UNÜ – im Gegensatz zu Art. V EuÜ (dazu unten Rz. 6701) und § 1031 Abs 6 ZPO (dazu unten Rz. 6725 f.) – über eine nachträgliche Heilung formnichtiger Schiedsvereinbarungen keine ausdrückliche Bestimmung enthält, ist eine solche Möglichkeit nach dem Normzweck zu bejahen. Parteien, die durch Klageerhebung und rügelose Einlassung vor dem Schiedsgericht den Vollzug ihrer formnichtigen Schiedsvereinbarung

---

1 Italien. Cass. 28.3.1991, Dir.mar. (1991), 1002 (1005 ff.); App. Milano 29.6.1986, Dir.mar. (1988), 1137 (1139); *Mankowski*, Seerechtliche Vertragsverhältnisse im IPR (1995), S. 40.
2 *Schlosser*, Rz. 269; *Gildeggen*, S. 74 ff.
3 *van den Berg*, S. 226; *Schwab/Walter*, Kap. 44 Rz. 19; *Schlosser*, in: Stein/Jonas, Anh. § 1061 ZPO Rz. 61; *Adolphsen*, in: MünchKomm ZPO, Art. II UNÜ Rz. 16; *Haas*, in: Weigand, Art. II UNÜ Rz. 40; zust. österreich. OGH 22.5.1991, ZfRV 1992, 129; italien. Cass. S.U. 8.4.1975, Nr. 1269, Riv.dir.int.priv.proc. 1976, 133; italien. Cass. S.U., 15.12.1982, Nr. 6915, YCA X (1985), 464 (465); aA LG Hamburg 16.3.1977, RIW 1978, 124 (126) = IPRspr. 1977 Nr. 6; LG Hamburg 10.12.1985, YCA XII (1987), 487 (488). Vgl. dazu näher oben Rz. 5496 ff.
4 LG Hamburg 19.12.1967, YCA II (1977), 235; zust. *Adolphsen*, in: MünchKomm ZPO, Art. II UNÜ Rz. 15; *Haas*, in: Weigand, Art. II UNÜ Rz. 37 aE; aA OLG Köln 6.12.1992, OLGR 1993, 201.
5 *van den Berg*, S. 185; *Schwab/Walter*, Kap. 44 Rz. 10; *Haas*, IPRax 1993, 384; *Epping*, S. 82; *Schlosser*, in: Stein/Jonas, Anh. § 1061 ZPO Rz. 55.

angezeigt haben, bedürfen der Schutz- und Warnfunktion des Art. II Abs. 2 UNÜ nicht mehr[1].

Das **Verbot widersprüchlichen Verhaltens** stellt ein dem UNÜ innewohnendes Rechtsprinzip dar, das auch im Rahmen des Art. II Abs. 2 UNÜ zu beachten ist; eines Rückgriffs auf das nationale Verfahrensrecht am Schiedsort bedarf es insoweit nicht[2]. Daraus dürfte weiterhin folgen, dass es derjenigen Partei, die die Schiedsvereinbarung ordnungsgemäß unterschrieben hat, verwehrt ist, sich im Schiedsverfahren oder im Einredeverfahren vor dem staatlichen Gericht auf die Formnichtigkeit zu berufen; denn die Erhebung der Schiedsklage bzw. der Schiedseinrede vor dem staatlichen Gericht durch die andere Partei ersetzt deren fehlende Unterzeichnung der Schiedsvereinbarung[3]. Andererseits schließt die Berufung auf die Schiedsklausel in einem Verfahren vor staatlichen Gerichten auch die spätere Geltendmachung von deren Formnichtigkeit im Schiedsverfahren aus[4].

6698

2. Europäisches Übereinkommen

Das EuÜ regelt die Form von Schiedsvereinbarungen in seinem Art. 1 Abs. 2 nur mittelbar als Voraussetzung für die Anwendbarkeit dieses Übereinkommens[5]. Die Vorschrift wird darüberhinaus jedoch allgemein im Sinne einer Verpflichtung der Vertragsstaaten interpretiert, Schiedsvereinbarungen, die den dort genannten formellen Anforderungen entsprechen, auch anzuerkennen, dh. insbesondere im Einredeverfahren vor staatlichen Gerichten als gültig zu behandeln[6].

6699

---

1 BayObLG 12.2.2002, RIW 2003, 383 (384) = IPRspr. 2002 Nr. 225; *Voit*, in: Musielak, § 1031 ZPO Rz. 18 aE; *Adolphsen*, in: MünchKomm ZPO, Art. II UNÜ Rz. 21. Vgl. auch App. Athen Nr. 4458/1984, YCA XIV (1989), 638 (639). Vgl. auch schweiz. BG 5.11.1985, BGE 111 I b, 253 = YCA XII (1987), 511 (Abschluss einer wirksamen Schiedsvereinbarung durch den Austausch von Schriftsätzen im Verfahren vor dem Schiedsgericht erfüllt die Form des Art. II Abs. 2 UNÜ). OLG Hamburg 30.7.1998, NJW-RR 1999, 1738 = IPRspr. 1998 Nr. 211 (Ursprünglicher Mangel der Schriftform iSv. Art. II Abs. 2 UNÜ wird geheilt, wenn die Parteien im anschließenden Schriftwechsel – ua. durch Bestellung ihrer Schiedsrichter – erkennen lassen, dass das Schiedsgericht über den streitigen Anspruch entscheiden soll).
2 OLG Hamburg 27.7.1978, YCA IV (1979), 266 (267); OLG Schleswig 30.3.2000, RIW 2000, 706 (707 f.) m. Anm. *Werder* = IPRspr. 2000 Nr. 185; *Shaheen v. Sonatrach* (2d Cir. 1984), YCA X (1985), 590; *Epping*, S. 82; *Schlosser*, in: Stein/Jonas, Anh. § 1061 ZPO Rz. 55; *van den Berg*, S. 185; *Wackenhuth*, RIW 1985, 568 (569 f.); *Haas*, IPRax 1993, 383 (384); *Schwab/Walter*, Kap. 44 Rz. 10.
3 Italien. Cass. S. U. 6.7.1982, Nr. 4039, Foro it. 1983 I, 736; italien. Cass. S. U. 3.4.1989, Nr. 1585, YCA XVI (1991), 588 (590); schweiz. BG 16.1.1995, Bull. ASA 1995, 503 (510 f.); *Schlosser*, in: Stein/Jonas, Anh. § 1061 ZPO Rz. 55; *Epping*, S. 82.
4 *Transrol v. Redirekommanditselskaber Merc Scandia* (S.D.N.Y. 1991), 782 F.Supp. 848 = YCA XVIII (1993), 499 (504 f.).
5 Ein Verstoß gegen die Formvorschrift des Art. I Abs. 2 lit. a EuÜ führt nur zur Unanwendbarkeit des Abkommens, wegen der nach Art. X Abs. 7 EuÜ anwendbaren Meistbegünstigungsregel in Art. VII Abs. 1 UNÜ aber nicht notwendig zur Unwirksamkeit der Schiedsvereinbarung, vgl. unten Rz. 6705.
6 *Schlosser*, in: Stein/Jonas, Anh. § 1061 ZPO Rz. 170; *Gildeggen*, S. 100.

a) Schriftform

6700 Art. I Abs. 2 lit. a HS 1 EuÜ umschreibt die Anforderungen an die Schriftform von Schiedsvereinbarungen in Übereinstimmung mit Art. II Abs. 2 UNÜ (dazu oben Rz. 6678 ff.)[1]; auf die dortigen Ausführungen kann daher in vollem Umfang Bezug genommen werden. Zur Klarstellung sind Fernschreiben in Art. I Abs. 2 lit. a EuÜ den Briefen ausdrücklich gleichgestellt[2]; auf andere Formen einer zur schriftlichen Niederlegung führenden telekommunikativen Verständigung (zB Telefax, E-Mail) ist die Bestimmung entsprechend anzuwenden[3]. Die „halbe Schriftlichkeit", dh. die schriftliche Bestätigung einer mündlichen Schiedsabrede durch eine Partei, genügt auch hier nicht[4]. Ferner kann eine Schiedsklausel auch nach dem EuÜ wirksam in **Allgemeinen Geschäftsbedingungen** vereinbart werden, wenn auf diese im Hauptvertrag Bezug genommen wird und der Vertragspartner des Verwenders die Möglichkeit hatte, von ihrem Inhalt Kenntnis zu nehmen[5]. Voraussetzung ist jedoch auch hier, dass der Vertragspartner des Verwenders der AGB deren Geltung *schriftlich* zugestimmt hat[6]. Auf den **Zeitpunkt** der schriftlichen Zustimmung zur Schiedsklausel kommt es nicht an; ausreichend ist daher auch hier die vom Beklagten erst im Prozess vor dem Schiedsgericht oder vor dem staatlichen Gericht erklärte Zustimmung[7].

6701 Ferner sieht das EuÜ in Art. V eine ausdrückliche Regelung über die **Heilung** einer formnichtigen Schiedsvereinbarung durch nachträgliche rügelose Einlassung zum Schiedsverfahren vor[8]. Ebenso wie Art. II Abs. 2 UNÜ (vgl. oben

---

1 *Klein*, ZZP 76 (1963), 346; *Mezger*, RabelsZ 29 (1965), 231 (247); *Gildeggen*, S. 102; *Schlosser*, in: Stein/Jonas, Anh. § 1061 ZPO Rz. 171.
2 Vgl. italien. Cass. 15.10.1992, Nr. 11261, YCA XX (1995), 1061.
3 *Schlosser*, in: Stein/Jonas, Anh. § 1061 ZPO Rz. 171; *Schütze/Tscherning/Wais*, Rz. 567; *Hascher*, YCA XVII (1992), 711 (720).
4 *Adolphsen*, in: MünchKomm ZPO, Art. I EuÜ Rz. 14.
5 BGH 20.3.1980, BGHZ 77, 32 (37) = NJW 1980, 2022; *Adolphsen*, in: MünchKomm ZPO, Art. I EuÜ Rz. 14. Zu Einzelheiten gilt das zu Art. II Abs. 2 UNÜ Gesagte entsprechend; vgl. oben Rz. 6686 ff.
6 BGH 25.5.1970, AWD 1970, 417 = WM 1970, 1050 = IPRspr. 1970 Nr. 133; OLG Hamburg 22.9.1978, RIW 1979, 482 (483) m. Anm. *Mezger* = IPRspr. 1978 Nr. 189; AG Singen 26.10.1984, RIW 1985, 73 = IPRax 1984, 276 m. Anm. *Jayme* = IPRspr. 1983 Nr. 378.
7 BGH 2.12.1982, NJW 1983, 1267 (1269) = IPRax 1984, 148 (m. Anm. *Timmermann*, IPRax 1984, 136) = IPRspr. 1982 Nr. 192 A; vgl. auch ICC-Schiedsspruch Nr. 6531/1991, YCA XVII (1992), 221 (223): Vorbehaltlose Unterzeichnung der „Terms of reference" durch beide Parteien genügt der Form des Art. I Abs. 2 lit. a EuÜ; zust. *Adolphsen*, in: MünchKomm ZPO, Art. I EuÜ Rz. 11; OLG Köln 18.5.1992, RIW 1992, 760 = EuZW 1992, 711 = IPRspr. 1992 Nr. 251 (Schiedsklausel in deutsch-französ. Vertragshändlervertrag ist nach Art. I Abs. 2 lit. a EuÜ formwirksam und begründet die Schiedseinrede im Verfahren vor dem staatlichen Gericht, auch wenn der Vertrag von der Bekl. erst nach Klageerhebung unterschrieben worden sein sollte. Einer Rücksendung der unterschriebenen Vertragsurkunde bedürfe es zur Einhaltung der Schriftform nicht).
8 Vgl. österreich. OGH 26.1.2005, IPRax 2006, 496 (499 f.) (m. Anm. *Spickhoff*, IPRax 2006, 522). Zu den Voraussetzungen und Wirkungen der Präklusion nach Art. V EuÜ

Rz. 6672 ff.) verdrängt Art. I Abs. 2 lit. a EuÜ entgegenstehende *strengere* Formvorschriften des nationalen Rechts der Vertragsstaaten[1].

b) Günstigeres Landesrecht

Die Einhaltung der Schriftform ist freilich im Rahmen des EuÜ – anders als nach Art. II Abs. 2 UNÜ – nicht zwingend vorgeschrieben. Von ihr kann vielmehr nach Art. I Abs. 2 lit. a HS 2 EuÜ abgesehen werden, wenn die Schiedsvereinbarung den Formerfordernissen der betroffenen nationalen Rechte entspricht. Auf welche Rechte es in diesem Zusammenhang ankommen soll, wird in Art. I Abs. 2 lit. a EuÜ freilich nicht eindeutig festgelegt. Liest man die Vorschrift im Zusammenhang mit Art. I Abs. 1 lit. a EuÜ, so liegt es jedoch nahe, auf die Rechte derjenigen Vertragsstaaten abzustellen, in denen die Parteien bei Abschluss der Schiedsvereinbarung ihren gewöhnlichen Aufenthalt bzw. Sitz hatten[2]. Gegen eine zusätzliche Heranziehung der Rechte jener Staaten, in denen das Schiedsverfahren stattfindet oder in denen das Einrede- bzw. Vollstreckungsverfahren vor den staatlichen Gerichten durchgeführt wird[3], spricht vor allem, dass über die Formgültigkeit der Schiedsvereinbarung bereits bei Vertragsschluss Klarheit herrschen muss.

6702

Maßgebend nach Art. I Abs. 2 lit. a HS 2 EuÜ sind allein die **Sachnormen** der beteiligten Rechtsordnungen über die Form von Schiedsvereinbarungen; eine kollisionsrechtliche (Weiter-)Verweisung dieser Rechtsordnungen bleibt somit auch dann unberücksichtigt, wenn sie zur Gültigkeit der Vereinbarung führen würde[4]. Dabei gilt der Grundsatz des „strengeren Rechts", dh. die nach Maßgabe von Art. I Abs. 2 lit. a EuÜ nicht schriftlich geschlossene Schiedsvereinbarung unterliegt dem Übereinkommen nur insoweit, als die nationalen Rechte **beider Vertragspartner** die Formgültigkeit anerkennen[5]. Die Wahrung der Form nach dem Sitzrecht nur einer Partei reicht auch dann nicht aus, wenn dieses Recht zugleich als Schiedsvertragsstatut vereinbart ist. Erst recht ist es unerheblich, ob ein vom Sitzrecht beider Parteien verschiedenes (neutrales)

6703

---

vgl. näher *Adolphsen*, in: MünchKomm ZPO, Art. V EuÜ Rz. 1 ff.; dazu auch unten Rz. 6782.

1 BGH 2.12.1982, NJW 1983, 1267 (1268); OLG Hamburg 16.1.1981, RIW 1982, 283 = IPRspr. 1981 Nr. 200; OLG Frankfurt a.M. 24.9.1985, NJW 1986, 2202 (2203) = IPRspr. 1985 Nr. 199; italien. Cass. S. U. 15.10.1992, Nr. 11261, YCA XIX (1994), 418; *Mezger*, RabelsZ 29 (1965), 231 (247 ff.); *Schütze*, Rz. 131 aE.
2 So auch die hM, vgl. *Mezger*, RabelsZ 29 (1965), 231 (248); *Kaiser*, S. 40; *von Hülsen*, S. 63; *Gentinetta*, S. 319; *Gildeggen*, S. 103 f.; *Schlosser*, Rz. 376; *Schwab/Walter*, Kap. 44 Rz. 14; *Adolphsen*, in: MünchKomm ZPO, Art. I EuÜ Rz. 13; *Epping*, S. 68.
3 Dafür *Klein*, ZZP 76 (1963), 346; *Hascher*, YCA XVII (1992), 711 (720 f.) und XX (1995), 1015.
4 *Schlosser*, Rz. 376; *Gildeggen*, S. 104 f.; *Epping*, S. 68 f.
5 BGH 25.5.1970, AWD 1970, 417 (418) = YCA II (1977), 237; OLG Hamburg 22.9.1978, RIW 1979, 482 (483); BayObLG 12.12.2002, RIW 2003, 383 (384) = IPRspr. 2002 Nr. 225; *Mezger*, RabelsZ 29 (1965), 231 (248); *Kaiser*, S. 39 f., 107 f.; *von Hülsen*, S. 63; *Schlosser*, Rz. 376; *Schwab/Walter*, Kap. 44 Rz. 14; *Gildeggen*, S. 105; *Adolphsen*, in: MünchKomm ZPO, Art. I EuÜ Rz. 13; *Haas*, in: Weigand, Art. II UNÜ Rz. 94.

Schiedsvereinbarungsstatut den Abschluss formloser Schiedsvereinbarungen zulässt[1].

AA *OLG Köln* 16.12.1992, RIW 1993, 499 = IPRax 1993, 399 m. abl. Anm. *Haas* 382 = IPRspr. 1992 Nr. 253 = YCA XXI (1996) 535
Mündliche Schiedsklausel zwischen deutschem und dänischem Kaufmann als formwirksam iSv. Art. I Abs. 2 lit. a EuÜ erachtet; Prüfung auf das deutsche Recht (§ 1027 Abs. 2 ZPO aF) beschränkt, weil dieses „als Recht des Anerkennungsstaates gem. Art. VII Abs. 1 UNÜ hier von vorrangigem Interesse" sei.

6704 Die Formerleichterung nach Art. I Abs. 2 lit. a HS 2 EuÜ wirkt sich nur im Handelsverkehr zwischen Unternehmen aus Vertragsstaaten des EuÜ aus, deren Rechte – zumindest im kaufmännischen Bereich – mündlich getroffene Schiedsgerichtsvereinbarungen zulassen oder sich mit einer Bezugnahme auf AGB bzw. einem Vertragsschluss durch Schweigen auf ein kaufmännisches Bestätigungsschreiben begnügen. Abweichend vom deutschen Recht (§ 1031 Abs. 2 ZPO; dazu unten Rz. 6718) fordern freilich die meisten anderen Vertragsstaaten die Einhaltung der Schriftform auch im kaufmännischen Verkehr[2]; die Formerleichterung nach Art. I Abs. 2 lit. a EuÜ hat deshalb nur geringe praktische Bedeutung[3].

c) Meistbegünstigung

6705 Erfüllt die Schiedsvereinbarung die Formerfordernisse der nationalen Rechtsordnungen am Sitz beider Vertragsparteien, so ist sie von den Gerichten derjenigen Vertragsstaaten des EuÜ, die zugleich dem **UNÜ** angehören, auch im Sinne dieses Übereinkommens als formwirksam zu erachten. Dies folgt idR aus der das UNÜ ergänzenden Funktion des EuÜ als *lex posterior*, im Übrigen aus dem Meistbegünstigungsgrundsatz des Art. VII Abs. 1 UNÜ (vgl. oben Rz. 6587 ff.). Der auf einer solchen Schiedsvereinbarung beruhende Schiedsspruch kann daher in den Vertragsstaaten des UNÜ nach Maßgabe dieses Übereinkommens anerkannt und vollstreckt werden, auch wenn die Form des Art. II Abs. 2 UNÜ nicht eingehalten ist[4]. Da es das Ziel des EuÜ ist, die Anerkennung von Schiedsvereinbarungen zu erleichtern, steht es jedem Vertragsstaat, der zugleich dem UNÜ angehört, im Hinblick auf Art. X Abs. 7 EuÜ frei, Schiedsvereinbarungen auf Grund des Meistbegünstigungsgrundsatzes (Art. VII Abs. 1 UNÜ) auch dann als formgültig zu erachten, wenn sie allein den Erfordernissen des **vom nationalen Kollisionsrecht** zur Anwendung berufenen Rechts entsprechen. Dies gilt nicht nur für die Beurteilung einer Schiedsvereinbarung im Vollstreckungsverfahren, sondern auch in den vorausgehenden

---

[1] *Schütze/Tscherning/Wais*, Rz. 567; *Schlosser*, in: Stein/Jonas, Anh. § 1061 ZPO Rz. 171; aA *Schwab/Walter*, Kap. 44 Rz. 14; *Bertheau*, S. 117.
[2] Vgl. den rechtsvergleichenden Überblick bei *Gildeggen*, S. 106 ff.
[3] Vgl. aber im deutsch-österreich. Rechtsverkehr BGH 25.5.1970, AWD 1970, 417 (418).
[4] BGH 25.5.1970, AWD 1970, 417; OLG Celle 5.6.1981, YCA VII (1982), 325; *Haas*, IPRax 1993, 382 (383); *van den Berg*, S. 92 f.; *Haas*, in: Weigand, Art. II UNÜ Rz. 101; *Adolphsen*, in: MünchKomm ZPO, Art. II UNÜ Rz. 23; aA (Rückgriff auf das nationale Anerkennungsrecht, modifiziert durch die Bestimmungen des EuÜ) *Wackenhuth*, ZZP 99 (1986), 445 (450); *Moller*, NZG 1999, 143 (145); *Gildeggen*, S. 98 f.

Verfahrensstadien. Folge ist freilich, dass das EuÜ auf solche Schiedsvereinbarungen – und die Anerkennung der auf ihnen beruhenden Schiedssprüche – dann insgesamt nicht anwendbar ist[1].

3. Autonomes deutsches Schiedsverfahrensrecht

a) Anknüpfung

Die kollisionsrechtliche Beurteilung der Form von Schiedsvereinbarungen hängt seit der Reform des deutschen Schiedsverfahrensrechts davon ab, ob das Schiedsverfahren im Inland oder im Ausland durchgeführt wird. 6706

aa) Inländisches Schiedsverfahren

Die Formwirksamkeit von Schiedsvereinbarungen wurde bis zur Reform von 1997 – ihrer materiellrechtlichen Qualifikation entsprechend – nach den für Schuldverträge geltenden Kollisionsregeln der lex fori beurteilt. Aus der Sicht des deutschen Gerichts, das über die Schiedseinrede oder über die Vollstreckbarerklärung eines deutschen Schiedsspruchs zu befinden hatte, war eine Schiedsvereinbarung daher gem. Art. 11 Abs. 1–3 EGBGB formgültig, wenn sie entweder dem Geschäftsrecht (dh. dem Statut der Schiedsvereinbarung) oder aber dem Recht am Abschlussort entsprach[2]. An dieser alternativen Anknüpfung wird teilweise auch weiterhin festgehalten[3]. Haben die Parteien einen inländischen Schiedsort vereinbart, so ist die Anwendung eines ausländischen Formstatuts für Schiedsvereinbarungen indessen mit dem in § 1025 Abs. 1 ZPO verankerten strikten **Territorialitätsprinzip** nicht mehr vereinbar. Die einseitige Kollisionsnorm des § 1025 Abs. 1 ZPO verdrängt vielmehr in Bezug auf *inländische* Schiedsverfahren als lex specialis den Art. 11 EGBGB[4]. Dementsprechend wird in der Begründung zum neuen deutschen Schiedsverfahrensrecht einer für die Schiedsvereinbarung getroffenen Rechtswahl der Parteien im Aufhebungsverfahren (§ 1059 Abs. 2 Nr. 1 lit. a ZPO) in Bezug auf die Formgültigkeit der Schiedsvereinbarung keine Bedeutung beigemessen[5]. Liegt der Schiedsort in Deutschland, so haben deutsche Gerichte mithin eine 6707

---

1 OLG Hamburg 22.9.1978, RIW 1979, 482 (483) m. Anm. *Mezger*; *von Hülsen*, S. 64 f.; *Gildeggen*, S. 89. Vgl. zur parallelen Problematik im Rahmen des UNÜ oben Rz. 6675 f.
2 *von Hülsen*, S. 66 f.; *Schlosser*, Rz. 363 ff.; *Schütze/Tscherning/Wais*, Rz. 66, 561; *Mentis*, Schranken prozessualer Klauseln in AGB (1994), S. 149 f.
3 Vgl. *Kronke*, RIW 1998, 257 (259); *Ebbing*, NZG 1998, 281 (288); *Thümmel*, Festschr. Schütze (1999), S. 935 (940 f.); *Schwab/Walter*, Kap. 44 Rz. 17; *Schütze*, Rz. 131.
4 *Winkler/Weinand*, BB 1998, 597 (601); *Hausmann*, Festschr. Stoll (2001), S. 593 (597); *Epping*, S. 95; *Geimer*, in: Zöller, § 1031 ZPO Rz. 1; *Schlosser*, in: Stein/Jonas, § 1031 ZPO Rz. 21; *Lachmann*, Rz. 269; *Münch*, in: MünchKomm ZPO, § 1031 Rz. 21; aA (kumulative Anwendung von § 1031 ZPO und der Formvorschriften des Schiedsvertragsstatuts) *Voit*, in: Musielak, § 1031 ZPO Rz. 17. Art. 11 Rom I-VO gilt schon wegen Art. 1 Abs. 2 lit. e Rom I-VO nicht.
5 Regierungsbegründung, BT-Drucks. 13/5274, S. 36.

Schiedsvereinbarung in jedem Verfahrensstadium als ungültig zu behandeln, wenn die Formerfordernisse des § 1031 ZPO nicht beachtet worden sind; eine abweichende Vereinbarung der Parteien ist unbeachtlich.

bb) Ausländisches Schiedsverfahren

6708 Liegt der Schiedsort im Ausland, so haben deutsche Gerichte die Form der Schiedsvereinbarung nicht nur im Vollstreckungsverfahren, sondern auch in der Einredesituation grundsätzlich nach internationalem Einheitsrecht zu beurteilen, nämlich im Geltungsbereich des UNÜ nach dessen Art. II Abs. 2, im Geltungsbereich des EuÜ nach dessen Art. I Abs. 2[1]. Für das autonome Kollisions- und Sachrecht auf dem Gebiet der Form von Schiedsvereinbarungen bleibt allerdings auf Grund der Meistbegünstigungsregel der Art. VII Abs. 1 UNÜ bzw. Art. X Abs. 7 EuÜ noch ein gewisser Anwendungsbereich, soweit die Formerfordernisse des nationalen Rechts (zB nach § 1031 Abs. 2–4 ZPO) hinter der vom internationalen Einheitsrecht vorgeschriebenen Form zurückbleiben[2].

6709 Für diese Fälle besteht über die Anknüpfung der Form von Schiedsvereinbarungen in Ermangelung einer ausdrücklichen Kollisionsnorm[3] keine Einigkeit. Überwiegend wird – wie früher[4] – eine **alternative Anknüpfung** in entsprechender Anwendung von Art. 11 EGBGB befürwortet; danach wäre § 1031 ZPO immer anwendbar, wenn die Schiedsvereinbarung entweder deutschem Recht unterliegen würde oder in Deutschland abgeschlossen worden wäre[5]. Die auf Schuldverträge zugeschnittene Anknüpfung widerspricht indes der Qualifikation der Schiedsvereinbarung als Prozessvertrag und der Regelung der Form von Schiedsvereinbarungen im Prozessrecht, wie sie nicht nur in Deutschland (§ 1031 ZPO), sondern auch in den meisten ausländischen Rechten vorgesehen ist. Darüber hinaus beschwört sie die Gefahr herauf, dass das deutsche Einredegericht die Schiedsvereinbarung nach einem der von Art. 11 EGBGB alternativ zur Anwendung berufenen Rechte für formwirksam hält, während das Schiedsgericht unter Zugrundelegung des – uU zwingend anzu-

---

1 Vgl. dazu oben Rz. 88 ff. bzw. 114 ff. Gleiches gilt auch im Verfahren des einstweiligen Rechtsschutzes, vgl. OLG München 26.10.2000, SpuRT 2001, 64 = IPRspr. 2000 Nr. 182b.
2 Vgl. BGH 21.9.2005 (Rz. 6675), IPRax 2006, 266 (267 f.) (m. Anm. *Geimer*, IPRax 2006, 233); OLG Rostock 22.11.2001, IPRax 2002, 401 (m. krit. Anm. *Kröll*, IPRax 2002, 384); näher *Epping*, S. 114 ff.; *Schlosser*, in: Stein/Jonas, § 1031 ZPO Rz. 23 f.; *Münch*, in: MünchKomm ZPO, § 1031 Rz. 22; *Thorn*, IPRax 1997, 98 (103) gegen OLG Düsseldorf 26.5.1995, RIW 1995, 769 = IPRspr. 1995 Nr. 145. Dazu schon oben Rz. 6673 ff.
3 § 1025 Abs. 1 ZPO enthält keine abschließende Regelung in dem Sinne, dass die Anknüpfung von Schiedsvereinbarungen vom deutschen Gesetzgeber dem Kollisionsrecht der jeweiligen ausländischen lex fori überlassen bleibt, vgl. *Epping*, S. 96.
4 Vgl. BGH 9.3.1978, BGHZ 71, 131 (137) = NJW 1978, 1744 = RIW 1978, 546 = IPRspr. 1978 Nr. 187; BGH 21.9.1993, WM 1993, 2121 = IPRspr. 1993 Nr. 194; OLG Hamburg 17.2.1989, RIW 1989, 574 (575) = IPRspr. 1989 Nr. 231.
5 So BGH 21.9.2005 (Rz. 6675), NJW 2005, 3499 (3500 f.); *Kronke*, RIW 1998, 259; *Schwab/Walter*, Kap. 44 Rz. 17; *Münch*, in: MünchKomm ZPO, § 1031 Rz. 22; *Geimer*, in: Zöller, § 1031 ZPO Rz. 1; *Schlosser*, in: Stein/Jonas, § 1031 ZPO Rz. 8.

wendenden – Verfahrensrechts der ausländischen lex fori später zum gegenteiligen Ergebnis gelangt; dem Schiedskläger würde damit in beiden Verfahren der Rechtsschutz verwehrt[1].

Nach aA soll in diesem Fall auf die **lex fori des Einredegerichts** zurückzugreifen sein; danach hätten deutsche Gerichte die Form von Schiedsvereinbarungen also auch im Falle der Vereinbarung eines ausländischen Schiedsortes stets nach deutschem Recht (§ 1031 ZPO) zu beurteilen. Diese Lösung stimmt mit der Anknüpfung der Form von internationalen Gerichtsstandsvereinbarungen überein, die heute einhellig als ein Problem der prozessualen Zulässigkeit der Derogation der internationalen Zuständigkeit deutscher Gerichte begriffen und deshalb ausschließlich nach § 38 ZPO beurteilt wird[2]. Lässt man aber die in der Prorogation eines ausländischen Gerichtsstands idR zugleich liegende Derogation der internationalen Zuständigkeit deutscher Gerichte nur durch eine Vereinbarung zu, die den Formerfordernissen des deutschen Prozessrechts entspricht, so ist nur schwer zu sehen, warum etwas anderes gelten soll, wenn der Zugang zu den staatlichen deutschen Gerichten durch die Vereinbarung eines ausländischen Schiedsgerichts verschlossen wird. Die hier gebotene Harmonisierung könnte dafür sprechen, der Formvorschrift des § 1031 ZPO im Einredeverfahren vor einem deutschen Gericht die gleiche Funktion zuzuweisen, wie sie heute für § 38 Abs. 2 ZPO allgemein anerkannt ist[3]. Danach könnte die Schiedseinrede zugunsten eines ausländischen Schiedsgerichts vor einem deutschen staatlichen Gericht nur auf eine Schiedsvereinbarung gestützt werden, die in formeller Hinsicht entweder dem staatsvertraglich vereinheitlichten Sachrecht (Art. II Abs. 2 UNÜ, Art. I Abs. 2 lit. a EuÜ) oder dem inländischen Prozessrecht (§ 1031 ZPO) genügt. 6710

Diese Anknüpfung kann ihr – berechtigtes – Anliegen, **inländische Verbraucher** mit Hilfe der verschärften Formerfordernisse des § 1031 Abs. 5 ZPO vor der Geltung von Schiedsklauseln in internationalen Verträgen zu schützen, welche die Zuständigkeit eines ausländischen Schiedsgerichts vorsehen, indessen nicht erreichen, weil § 1031 Abs. 5 ZPO in vollem Umfang durch Art. II Abs. 2 UNÜ verdrängt wird, wenn ein ausländischer Schiedsort gewählt wird (vgl. dazu oben Rz. 6672). 6711

BayObLG 17.9.1998, BayObLGZ 1998, 219 = RIW 1998, 965 = IPRspr. 1998 Nr. 212
Formgültigkeit der Schiedsklausel „London" in einem Kaufvertrag zwischen einem deutschen Privatkunden und einem englischen Händler über einen Jaguar XJ 220 allein nach Art. II Abs. 2 UNÜ geprüft; § 1031 Abs. 5 ZPO nicht in Betracht gezogen.

---

1 Vgl. *Epping*, S. 121 ff.
2 Vgl. BGH 14.11.1991, BGHZ 116, 77 (80) = NJW 1993, 1070 = IPRax 1992, 377 (m. Anm. *Hess*, IPRax 1992, 361) = IPRspr. 1991 Nr. 181; OLG Düsseldorf 2.10.1997, IPRax 1999, 38 (m. Anm. *Hau*, IPRax 1999, 24) = IPRspr. 1997 Nr. 159.
3 Vgl. idS. vor der Reform des deutschen Schiedsverfahrensrechts *Hausmann*, Festschr. W. Lorenz (1991), S. 359 (376 ff.); *Gildeggen*, S. 176 f.; *Schack*, RabelsZ 58 (1994), 50; ebenso BGH 26.3.1969, BGHZ 32, 31 (34) = NJW 1969, 1536.

Der Schutz des § 1031 Abs. 5 ZPO kann dem **inländischen Verbraucher** für diesen Fall auch nicht mit Hilfe von Art. 6 Rom I-VO verschafft werden[1], weil einerseits die vorrangige staatsvertragliche Sachnorm des Art. II Abs. 2 UNÜ zwingend die Anerkennung von nur privatschriftlich geschlossenen Schiedsvereinbarungen auch im nicht-kaufmännischen Verkehr fordert, andererseits Art. 1 Abs. 2 lit e Rom I-VO – im Gegensatz zu Art. 37 EGBGB aF – einer Anwendung der Vorschrift auf Schiedsvereinbarungen entgegensteht. Hält man dies aus Gründen des Verbraucherschutzes für bedenklich, so bleibt als Ausweg nur die Erklärung des Handelssachenvorbehalts durch die Bundesrepublik Deutschland gem. Art. I Abs. 3 S. 2 UNÜ[2]. Soweit das deutsche Recht aber – wie zT in § 1031 Abs. 2–4 ZPO – *geringere* Formerfordernisse aufstellt als Art. II Abs. 2 UNÜ, besteht wiederum die Gefahr, dass der Schiedseinrede des Beklagten vor dem deutschen Gericht stattgegeben, die Schiedsklage aber vom Schiedsgericht wegen Formungültigkeit der Schiedsvereinbarung nach der ausländischen lex fori nicht angenommen wird[3].

6712 Den Vorzug verdient daher eine Anknüpfung der Form von Schiedsvereinbarungen, die den Entscheidungseinklang zwischen dem ausländischen Recht am Sitz des Schiedsgerichts und dem inländischen Recht am Sitz des staatlichen Einredegerichts so weit als möglich wahrt. Dieses Ziel wird aber am besten durch den Ausbau von § 1025 Abs. 1 ZPO zur allseitigen Kollisionsnorm erreicht, soweit die Formgültigkeit der Schiedsvereinbarung in Rede steht. Diese beurteilt sich mithin nach dem **(Sach-)Recht des vereinbarten ausländischen Schiedsstaates**[4]. Denn die Parteien bringen mit der Wahl eines ausländischen Schiedsortes – mangels abweichender spezifischer Verfahrensvereinbarungen – zugleich zum Ausdruck, dass das Schiedsgericht das an seinem Sitz geltende Verfahrensrecht anwenden möge. Die ausdrückliche oder stillschweigende Wahl des Verfahrensrechts am Sitz des Schiedsgerichts erstreckt sich aber dann auch auf die Frage der Form der Schiedsvereinbarung, wenn diese am Schiedsort verfahrensrechtlich geregelt ist.

Vgl. *XL Insurance Ltd.* v. *Owens Corning* (Q. B. 1999), YCA XXVI (2001) 869/878 ff. Formgültigkeit der Schiedsklausel in einer Versicherungspolice trotz ausdrücklicher Wahl New Yorker Rechts als Versicherungsvertragsstatut nach englischem Recht als dem am gewählten Schiedsort geltenden Verfahrensstatut beurteilt: „... by stipulating for arbitration in London under the provisions of the ... [Arbitration Act 1996] the parties chose English law to govern the matters which fall within those provisions, including the formal validity of the arbitration clause and the jurisdiction of the arbitral tribunal."

---

1 Anders zum früheren deutschen Recht (§ 1027 Abs. 1 ZPO aF, Art. 29 EGBGB) noch BGH 10.2.1998, IPRspr. 1998 Nr. 209; zust. *Wagner*, S. 374 f.; *Münch*, in: MünchKomm ZPO, § 1031 Rz. 25.
2 *Epping*, S. 121.
3 Abl. zur Anwendung der lex fori des Einredegerichts daher *Epping*, S. 121 f.; *Wagner*, S. 373; *Münch*, in: MünchKomm ZPO, § 1031 Rz. 24; *Geimer*, in: Zöller, § 1031 ZPO Rz. 3.
4 *Epping*, S. 122; zust. auch *Münch*, in: MünchKomm ZPO, § 1031 Rz. 24 aE.

Die allseitige Anwendung von § 1025 ZPO hilft freilich nicht weiter, wenn die Schiedseinrede vor dem zuständigen deutschen staatlichen Gericht zu einem Zeitpunkt erhoben wird, zu dem der **Schiedsort noch nicht bestimmt** ist. Da in dieser Situation auch der für die Anwendung des UNÜ erforderliche Bezug zu einem anderen Vertragsstaat nicht feststeht, bleibt nur der Rückgriff auf die allgemeine Kollisionsregel für die Form von Rechtsgeschäften in Art. 11 EGBGB[1].

6713

b) Die Form der Schiedsvereinbarung nach § 1031 ZPO

aa) Allgemeines

Nach dem in Anlehnung an Art. 34 UNCITRAL-ModG neu gefassten § 1031 Abs. 1 ZPO bedarf eine Schiedsvereinbarung auch im nicht-kaufmännischen Rechtsverkehr grundsätzlich *nur der Schriftform*. Darin liegt eine erhebliche Erleichterung gegenüber der früheren Regelung in § 1027 Abs. 1 S. 1 ZPO aF. Das Erfordernis der Niederlegung der Schiedsabrede in einer besonderen Urkunde wird nach § 1031 Abs. 5 ZPO nur noch für Schiedsvereinbarungen in Verbraucherverträgen aufrecht erhalten. Auf der anderen Seite hat die Neufassung die Formanforderungen im kaufmännischen Rechtsverkehr verschärft, weil die nach § 1027 Abs. 2 ZPO aF bestehende Möglichkeit eines mündlichen oder stillschweigenden Abschlusses der Schiedsvereinbarung nicht übernommen wurde[2]. § 1031 Abs. 1 ZPO knüpft insoweit vielmehr an Art. II Abs. 2 UNÜ bzw. Art. I Abs. 2 EuÜ an. In Abweichung von diesen staatsvertraglichen Formvorschriften wie auch von Art. 7 Abs. 2 UNCITRAL-ModG sieht das deutsche Recht in § 1031 Abs. 2–4 ZPO allerdings Ausnahmen vom Erfordernis der „doppelten" Schriftlichkeit vor.

6714

Durch die Einhaltung der Form des § 1031 ZPO sollen die Parteien davor bewahrt werden, übereilt auf den Rechtsschutz durch staatliche Gerichte zu verzichten[3]. Daneben soll die Einhaltung der Form aber auch gewährleisten, dass die Schiedsvereinbarung – namentlich als Schiedsklausel in AGB – nicht unbemerkt Vertragsbestandteil wird[4]. In beiden Funktionen dient die Formvorschrift nicht nur zu Beweiszwecken, sondern ist **Gültigkeitsform**[5]. Die Form des § 1031 ZPO ist allerdings – wie die Schriftform nach Art. II Abs. 2 UNÜ auch (vgl. oben Rz. 6677) – nur für die Schiedsvereinbarung im engeren Sinne (dh. die Derogation der Zuständigkeit staatlicher Gerichte) einzuhalten; sonstige (ergänzende) **Verfahrensvereinbarungen** können hingegen formfrei getrof-

6715

---

1 *Epping*, S. 123; *Münch*, in: MünchKomm ZPO, § 1031 Rz. 26.
2 *Geimer*, in: Zöller, § 1031 ZPO Rz. 5. Das alte Recht gilt allerdings für die vor dem 1.1.1998 abgeschlossenen Schiedsvereinbarungen fort.
3 *Wackenhuth*, ZZP 99 (1986), 445 (453 f.); *Gildeggen*, S. 53 f.; *Schwab/Walter*, Kap. 49 Rz. 7; *Schlosser*, Rz. 373; vgl. auch schweiz. BG 7.2.1984, BGE 110 II, 54 (59); HandelsG Zürich 25.8.1992, ZEuP 1994, 682 (684).
4 *Wackenhuth*, ZZP 99 (1986), 445; *van den Berg*, S. 173; *Lindacher*, Festschr. Habscheid (1989), S. 167 (168); *Epping*, S. 61; krit. *Schlosser*, Rz. 378; *Gildeggen*, S. 86.
5 *Münch*, in: MünchKomm ZPO, § 1031 Rz. 10; *Schlosser*, in: Stein/Jonas, § 1031 ZPO Rz. 1; einschränkend *Voit*, in: Musielak, § 1031 ZPO Rz. 1.

fen werden[1]. Dies gilt auch für Vereinbarungen mit ganz erheblicher Tragweite für die Parteien, wie die Wahl des Schiedsortes nach § 1043 Abs. 1 ZPO, die idR über das (uU auch zwingend) anwendbare Verfahrensrecht bestimmt (vgl. § 1025 Abs. 1 ZPO), die Wahl der Verfahrensregeln (zB einer Schiedsordnung) nach § 1042 Abs. 3 ZPO oder die Wahl des in der Hauptsache anwendbaren Rechts nach § 1051 Abs. 1 ZPO[2].

bb) Schriftform

6716 Bezieht sich die Schiedsvereinbarung auf ein Geschäft, bei dem die Beteiligten zu einem Zweck gehandelt haben, der ihrer gewerblichen oder beruflichen Tätigkeit zugerechnet werden kann (vgl. § 14 BGB; dazu auch Rz. 6721), so ist die Form nach § 1031 Abs. 1 Alt. 1 ZPO gewahrt, wenn die Schiedsvereinbarung in einem von beiden Parteien unterzeichneten Schriftstück enthalten ist. Die Parteien müssen die Schiedsvereinbarung auch nicht persönlich unterschreiben; vielmehr reicht die Unterzeichnung durch einen – auch formlos – Bevollmächtigten aus[3]. Auch eine nachträgliche einvernehmliche Änderung des Textes der Schiedsvereinbarung oberhalb der Unterschriften ist zulässig[4]. Die Schriftform nach § 1031 Abs. 1 Alt. 1 ZPO wird durch die elektronische Form (§§ 126 Abs. 3, 126a BGB)[5], notarielle Beurkundung (§ 126 Abs. 4 BGB) oder Aufnahme in ein gerichtliches Protokoll (§ 127a BGB) ersetzt.

6717 Anders als nach § 1027 Abs. 1 ZPO aF bedarf es nicht der Einhaltung der Schriftform iSv. § 126 BGB; ebenso wie nach Art. II Abs. 2 UNÜ genügt nach § 1031 Abs. 1 Alt. 2 ZPO vielmehr auch ein **Schriftwechsel**, dh. ein Austausch von Schreiben, Fernkopien (Telefax), Telegrammen oder anderen Formen der Nachrichtenübermittlung, die einen Nachweis der Vereinbarung sicherstellen[6]. Zulässig ist danach insbesondere auch der Abschluss von Schiedsvereinbarungen im **elektronischen Geschäftsverkehr**, zB durch den Austausch von *E-Mails* oder durch Vertragsschluss im Internet, sofern die Nachrichten zum Beweis der Schiedsvereinbarung dauerhaft abgespeichert werden[7]. Wegen der

---

1 OLG Hamburg 29.1.2004, SchiedsVZ 2004, 266 (268); *Epping*, S. 28 f.; *Geimer*, in: Zöller, § 1031 ZPO Rz. 15; *Geimer*, Rz. 3798; *Voit*, in: Musielak, § 1042 ZPO Rz. 33; *Schlosser*, in: Stein/Jonas, § 1031 ZPO Rz. 1 mwN.; ebenso schon früher *Gildeggen*, S. 85 ff.
2 *Schlosser*, in: Stein/Jonas, § 1031 ZPO Rz. 1 und § 1043 ZPO Rz. 3; aA *Lachmann*, Rz. 343, der die Formerfordernisse des § 1031 ZPO auch auf die mit der Schiedsvereinbarung verbundenen Verfahrensvereinbarungen erstrecken möchte.
3 *Geimer*, in: Zöller, § 1031 ZPO Rz. 6; *Münch*, in: MünchKomm ZPO, § 1031 Rz. 28; *Voit*, in: Musielak, § 1031 ZPO Rz. 2; *Schwab/Walter*, Kap. 5 Rz. 2.
4 BGH 27.6.1994, NJW 1994, 2300 (2301); *Raeschke-Kessler/Berger*, Rz. 222; *Schwab/Walter*, Kap. 5 Rz. 3.
5 *Schmitz*, RNotZ 2003, 591 (600); *Reichold*, in: Thomas/Putzo, § 1031 ZPO Rz. 3; aA *Münch*, in: MünchKomm ZPO, Art. 1031 Rz. 29.
6 Vgl. dazu OLG Hamburg 30.7.1998, BB 1999 Beil. Nr. 4, S. 13 (15) = IPRspr. 1988 Nr. 211; *Münch*, in: MünchKomm ZPO, § 1031 ZPO Rz. 30 f. mwN.; dazu näher oben Rz. 6680 ff.
7 *Moller*, NZG 2000, 57 (58); *Thümmel*, Festschr. Schütze (1999), S. 935 (944); *Raeschke-Kessler/Berger*, Rz. 226; *Lachmann*, Rz. 346; *Schwab/Walter*, Kap. 5 Rz. 4; *Geimer*, in:

Einzelheiten kann auf die Ausführungen zu Art. II Abs. 2 UNÜ (Rz. 6678 ff.) verwiesen werden. Auch die Einhaltung einer für den Hauptvertrag vorgeschriebenen strengeren Form (zB notarielle Beurkundung) ist für die Schiedsvereinbarung jedenfalls dann nicht erforderlich, wenn diese gegenüber dem Hauptvertrag selbständig ist; davon ist immer dann auszugehen, wenn die Parteien dem Schiedsgericht auch die Entscheidung über die Wirksamkeit des Hauptvertrages eingeräumt haben. Die Regelung in § 1031 ZPO ist für die Form der Schiedsvereinbarung – als Prozessvertrag – dann abschließend[1].

cc) Verkehrssitte und Handelsbrauch

Über Art. II Abs. 2 UNÜ bzw. Art. 7 Abs. 2 UNCITRAL-ModG hinaus geht § 1031 Abs. 2 ZPO, der die Einhaltung der Schriftform nur durch eine Partei (oder durch einen Dritten) genügen lässt, sofern das Schweigen der anderen (bzw. beider Parteien) „nach der Verkehrssitte" als Zustimmung zu dem Inhalt des schriftlichen Angebots anzusehen ist („halbe Schriftform"). Für die Frage, ob eine solche Verkehrssitte, dh. ein entsprechender Handelsbrauch (§ 346 HGB) besteht, dürften die zu Art. 23 Abs. 1 S. 3 lit. c EuGVO entwickelten Kriterien (zu diesen oben Rz. 6455 ff.) weithin entsprechend gelten[2]. Auch eine Schiedsvereinbarung kann daher insbesondere durch *Schweigen auf ein kaufmännisches Bestätigungsschreiben* wirksam geschlossen werden[3]. Da zumindest einseitige Schriftlichkeit erforderlich ist, reicht die Branchenüblichkeit schiedsgerichtlicher Streiterledigung allein – anders als nach früherem Recht[4] – allerdings für die Annahme einer formgültigen Schiedsvereinbarung kraft Handelsbrauchs nicht mehr aus; erforderlich ist vielmehr eine Urkunde, in der auf den betreffenden Handelsbrauch Bezug genommen wird[5]. Ferner muss das von einer Partei übermittelte Schriftstück der anderen Partei zumindest zugegangen sein[6] Abweichend von Art. 23 Abs. 1 S. 3 lit. b EuGVO erkennt § 1031

6718

Zöller, § 1031 ZPO Rz. 7; *Voit*, in: Musielak, § 1031 ZPO Rz. 4; *Schlosser*, in: Stein/Jonas, § 1031 ZPO Rz. 3.

1 BGH 22.9.1977, BGHZ 69, 260 (263) = NJW 1978, 212 (zu § 1027 ZPO aF); *Schwab/Walter*, Kap. 5 Rz. 2 aE; *Reichold*, in: Thomas/Putzo, § 1031 ZPO Rz. 3; *Lachmann*, Rz. 362 ff.; *Schlosser*, in: Stein/Jonas, § 1031 ZPO Rz. 13.
2 So auch *Münch*, in: MünchKomm ZPO, § 1031 Rz. 32.
3 Regierungsbegründung, BT-Drucks. 13/5274, S. 36 f.; *Epping*, S. 73 ff.; *Schütze*, Rz. 127; *Lachmann*, Rz. 347; *Reichold*, in: Thomas/Putzo, § 1031 ZPO Rz. 5; *Geimer*, in: Zöller, § 1031 ZPO Rz. 8, 29; *Schlosser*, in: Stein/Jonas, § 1031 ZPO Rz. 4; *Münch*, in: MünchKomm ZPO, § 1031 Rz. 35 mwN. Die Hinzufügung einer Schiedsklausel wurde schon bisher im kaufmännischen Rechtsverkehr nicht als erhebliche Abweichung von dem mündlich Vereinbarten aufgefasst, vgl. BGH 24.9.1952, BGHZ 7, 187 (190 ff.) = NJW 1952, 1336; BGH 25.5.1970, AWD 1970, 417 (419).
4 Vgl. BGH 3.12.1992, NJW 1993, 1798 = DZWiR 1993, 465 m. Anm. *Berger*; *Gildeggen*, S. 199 ff.
5 *Epping*, S. 77; *Lachmann*, Rz. 323; *Schütze*, Rz. 127 aE; *Raeschke-Kessler/Berger*, Rz. 229, 279 f.; *Münch*, in: MünchKomm ZPO, § 1031 Rz. 32 aE; *Geimer*, in: Zöller, § 1031 ZPO Rz. 8; aA *Schwab/Walter*, Kap. 5 Rz. 10; *Schlosser*, in: Stein/Jonas, § 1031 ZPO Rz. 4.
6 OLG Brandenburg 13.6.2002, IPRax 2003, 349 (351) (m. Anm. *Otto*, IPRax 2003, 333) = IPRspr. 2002 Nr. 221; *Münch*, in: MünchKomm ZPO, § 1031 Rz. 35.

ZPO auch die zwischen den Parteien individuell entstandenen „Gepflogenheiten" nicht als eigenständige Formalternative an, soweit diese keine „Verkehrssitte" bilden. Das Schweigen auf die erst auf der Rechnung abgedruckte Schiedsklausel genügt der Form des § 1031 ZPO daher auch dann nicht, wenn es einer ständigen Übung in den Geschäftsbeziehungen der Parteien entsprach[1]. Schließlich erfasst § 1031 Abs. 2 ZPO auch nicht den Fall der schriftlichen Bestätigung einer nur mündlich geschlossenen Schiedsvereinbarung[2].

dd) Bezugnahme auf AGB

6719 Der im Handelsverkehr verbreiteten Praxis, in Verträgen auf AGB zu verweisen, die eine Schiedsklausel enthalten, trägt § 1031 Abs. 3 ZPO Rechnung; Voraussetzung für die formwirksame Einbeziehung einer in AGB enthaltenen Schiedsklausel ist zunächst, dass das verweisende Dokument – zB ein Vertragsangebot oder eine Auftragsbestätigung – den Formerfordernissen des § 1031 Abs. 1 oder 2 ZPO genügt. Zum anderen muss die in diesem Schriftstück enthaltene Verweisung die Schiedsklausel zum Vertragsbestandteil machen. Entgegen dem Wortlaut des Abs. 3 bedarf es keines ausdrücklichen Hinweises auf die in den AGB enthaltene Schiedsklausel; ebenso wie nach Art. II Abs. 2 UNÜ (dazu oben Rz. 6686 ff.) genügt vielmehr eine globale Bezugnahme auf die AGB, die nach deutschem Recht (§§ 145 ff., 305 ff. BGB) geeignet ist, diese AGB in den geschlossenen Vertrag einzubeziehen[3]. Daran fehlt es, wenn die Vertragsparteien auf einander widersprechende Klauseln verweisen oder eine Partei durch eine „Abwehrklausel" klarstellt, dass sie die AGB der anderen Seite auf keinen Fall akzeptiert[4]. Die besondere Form des § 305 Abs. 2 BGB ist nach § 310 Abs. 1 BGB im Rechtsverkehr zwischen Kaufleuten bzw. Unternehmern (§ 14 BGB) nicht einzuhalten; im Fall der Beteiligung von Verbrauchern wird § 305 Abs. 2 BGB aber durch § 1031 Abs. 5 ZPO verdrängt. Die inhaltliche Gültigkeit und Kontrolle von Schiedsklauseln in AGB ist von der Frage ihrer Formgültigkeit iSv. § 1031 Abs. 3 ZPO zu trennen[5]; sie beurteilt sich nach dem auf die Schiedsvereinbarung anwendbaren – ggfs. auch ausländischen – materiellen Recht (dazu oben Rz. 6647).

ee) Konnossement

6720 § 1031 Abs. 4 ZPO trifft eine Sonderregelung für die in der seerechtlichen Praxis besonders bedeutsamen Konnossemente (vgl. § 656 HGB). Danach hat der

---

1 *Epping*, S. 77 f.
2 *Epping*, S. 78 f.
3 Dies folgt aus einem Gegenschluss zu Abs. 4; vgl. BGH 25.1.2007, NJW-RR 2007, 1719 = SchiedsVZ 2007, 273; BayObLG 17.9.1998, NJW-RR 1999, 644 (645); *Epping*, S. 145; *Reichold*, in: Thomas/Putzo, § 1031 ZPO Rz. 6; *Schlosser*, in: Stein/Jonas, § 1031 ZPO Rz. 5; *Münch*, in: MünchKomm ZPO, § 1031 Rz. 38 f.; *Geimer*, in: Zöller, § 1031 ZPO Rz. 9 f.; dazu näher oben Rz. 6644.
4 Vgl. OLG Frankfurt a.M. 26.6.2006, IHR 2007, 42 = IPRspr. 2006 Nr. 212.
5 *Raeschke-Kessler/Berger*, Rz. 236 f.; aA *Schütze*, Rz. 104; *Reichold*, in: Thomas/Putzo, § 1031 ZPO Rz. 6.

Verfrachter die Möglichkeit, allein durch die Begebung eines von ihm einseitig ausgestellten und unterzeichneten Konnossements an einen Dritten eine Schiedsvereinbarung formgerecht abzuschließen, ohne dass diese im Konnossement selbst enthalten sein müsste. Das Konnossement muss jedoch zumindest eine *Inkorporationsklausel* enthalten, in der ausdrücklich auf die erst im Chartervertrag (vgl. § 557 HGB) enthaltene Schiedsklausel Bezug genommen wird; eine allgemeine Verweisung auf die Bedingungen des Chartervertrags genügt dagegen – anders als nach früherem Recht[1] – nach § 1031 Abs. 4 ZPO ebenso wenig wie nach Art. II Abs. 2 UNÜ[2]. Da § 1031 Abs. 4 ZPO als „Sonderregelung für Konnossemente" konzipiert ist[3], gilt einerseits die weitergehende Formerleichterung nach Abs. 3 insoweit nicht; andererseits stellt Abs. 4 aber – abweichend von Abs. 3 – von der Einhaltung der Form nach Abs. 1 und 2 frei, so dass es auch nicht der Feststellung einer entsprechenden „Verkehrssitte" bedarf[4].

ff) Verbrauchervertrag

Da die Vereinbarung schiedsgerichtlicher Streiterledigung auch bei Verbrauchergeschäften – zB im elektronischen Handel oder bei Börsengeschäften an ausländischen Terminbörsen[5] – seit Ende der 80iger Jahre an Bedeutung deutlich zugenommen hat, enthält § 1031 Abs. 5 ZPO eine besondere Schutzvorschrift für Verbraucher. Der **Verbraucherbegriff** bestimmt sich auch insoweit nach § 13 BGB; der streitgegenständliche Vertrag, für den die Zuständigkeit des Schiedsgerichts begründet werden soll, darf deshalb nicht der gewerblichen oder selbständigen beruflichen Tätigkeit der betreffenden Person zugerechnet werden können[6]. Maßgebend ist die Verbrauchereigenschaft im Zeitpunkt des Abschlusses der Schiedsvereinbarung; erlangt der Verbraucher durch den Abschluss des Hauptvertrages, auf den sich die Schiedsvereinbarung bezieht, die Unternehmereigenschaft iSv. § 14 BGB (Existenzgründer), so bedarf es der Einhaltung der Form des § 1031 Abs. 5 BGB nicht[7].

6721

---

1 Vgl. BGH 18.12.1958, BGHZ 29, 120 (123) = NJW 1959, 720 = IPRspr. 1958/59 Nr. 71b.
2 *Raeschke-Kessler/Berger*, Rz. 238; *Lachmann*, Rz. 350; *Reichold*, in: Thomas/Putzo, § 1031 ZPO Rz. 7; *Geimer*, in: Zöller, § 1031 ZPO Rz. 11, 34; *Münch*, in: MünchKomm ZPO, § 1031 Rz. 43; *Schlosser*, in: Stein/Jonas, § 1031 ZPO Rz. 6 ff.; *Schwab/Walter*, Kap. 5 Rz. 15; *Voit*, in: Musielak, § 1031 ZPO Rz. 7; vgl. auch *K. Schmidt*, Festschr. Herber (1999), S. 281 ff. sowie zum UNÜ oben Rz. 6694 f.
3 Regierungsbegründung, BT-Drucks. 13/5274, S. 37.
4 *Epping*, S. 79; *Münch*, in: MünchKomm ZPO, 1031 ZPO Rz. 43.
5 Vgl. BGH 6.6.1991, NJW 1991, 2215 = IPRax 1992, 382 (m. Anm. *Samtleben*, IPRax 1992, 362) = IPRspr. 1991 Nr. 221b; OLG Düsseldorf 26.5.1995, RIW 1995, 769 = IPRax 1997, 115 (m. Anm. *Thorn*, IPRax 1997, 98) = IPRspr. 1995 Nr. 145.
6 Zum persönlichen Anwendungsbereich des § 1031 Abs. 5 ZPO näher *Lachmann*, Rz. 326 ff.; *Münch*, in: MünchKomm ZPO, § 1031 Rz. 47 ff.
7 BGH 24.2.2005, BGHZ 162, 243 (246 ff.) = NJW 2005, 1273; OLG Düsseldorf 4.5.2004, NJW 2004, 3192; *Raeschke-Kessler/Berger*, Rz. 220; *Lachmann*, Rz. 330; ebenso schon zu § 1027 ZPO aF BGH 26.9.1996, NJW 1996, 3217.

6722 Um dem Verbraucher die Risiken, die mit einem Verzicht auf den Rechtsschutz vor staatlichen Gerichten verbunden sind, hinreichend deutlich vor Augen zu führen[1], muss die Schiedsvereinbarung in einer von den Parteien **eigenhändig unterzeichneten** Urkunde enthalten sein, so dass – abweichend von § 1031 Abs. 1 Alt. 2 ZPO – der Austausch von Dokumenten, insbesondere mittels moderner Kommunikationsformen, nicht ausreicht. Erforderlich ist vielmehr die Einhaltung der Schriftform iSv. § 126 BGB, die lediglich durch die **elektronische Form** nach § 126a BGB ersetzt werden kann[2]. Das Erfordernis der Eigenständigkeit schließt allerdings eine Stellvertretung nicht aus[3]. Für die Form der Vollmacht eines Verbrauchers zum Abschluss einer Schiedsvereinbarung gilt § 1031 Abs. 5 ZPO nicht (vgl. oben Rz. 6696).

6723 Darüber hinaus darf die Urkunde oder das elektronische Dokument nach § 1031 Abs. 5 S. 2 BGB **keine anderen Vereinbarungen** als solche, die sich auf das schiedsrichterliche Verfahren beziehen, enthalten (*Trennungsgebot*). Damit soll verhindert werden, dass sich der Verbraucher durch Unterzeichnung umfangreicher Formularverträge oder AGB einem Schiedsgericht unterwirft, ohne die Schiedsklausel wirklich gelesen zu haben[4]. Daraus folgt aber nicht, dass die Schiedsvereinbarung auf einem gesonderten Blatt stehen müsste; es genügt vielmehr, wenn sie auf dem gleichen Blatt wie der Hauptvertrag steht, von diesem jedoch deutlich abgesetzt und besonders unterschrieben ist[5]. Zulässig ist danach auch die ausdrückliche Bezugnahme auf eine – zB in AGB oder einem anderen Vertrag enthaltene – Schiedsvereinbarung oder auf eine Schiedsgerichtsordnung, sofern nur der Verweis einerseits hinreichend deutlich vom Hauptvertrag abgesetzt ist, andererseits eindeutig erkennen lässt, dass die Parteien die Zuständigkeit eines Schiedsgerichts begründen wollen[6]. Die globale Verweisung auf eine Satzung oder AGB, die eine solche Schiedsklausel enthalten, reicht hingegen im Rechtsverkehr mit Verbrauchern nicht aus.

6724 Durch **notarielle Beurkundung** wird die Form des § 1031 Abs. 5 ZPO in jedem Falle gewahrt, S. 3 HS 2, weil der Notar die Beteiligten über die Tragweite einer

---

[1] Zur Warnfunktion des § 1031 Abs. 5 ZPO vgl. *Münch*, in: MünchKomm ZPO, § 1031 Rz. 45; ebenso schon zu § 1027 Abs. 1 S. 1 ZPO aF BGH 2.3.1978, BGHZ 71, 162 (165) = NJW 1978, 1585.

[2] *Epping*, S. 81; *Geimer*, in: Zöller, § 1031 ZPO Rz. 36; *Münch*, in: MünchKomm ZPO, § 1031 Rz. 53, 56 f.; *Raeschke-Kessler/Berger*, Rz. 246; *Lachmann*, Rz. 352; *Schütze*, Rz. 125; *Voit*, in: Musielak, § 1031 ZPO Rz. 10.

[3] *Lachmann*, Rz. 352; *Schlosser*, in: Stein/Jonas, § 1031 ZPO Rz. 12; *Schwab/Walter*, Kap. 5 Rz. 2; *Voit*, in: Musielak, § 1031 ZPO Rz. 10; aA *Hartmann*, in: Baumbach/Lauterbach/Albers/Hartmann, § 1031 ZPO Rz. 9.

[4] *Schwab/Walter*, Kap. 5 Rz. 2 mwN.

[5] *Geimer*, in: Zöller, § 1031 ZPO Rz. 36; *Münch*, in: MünchKomm ZPO, § 1031 Rz. 59; *Schwab/Walter*, Kap. 5 Rz. 18; *Lachmann*, Rz. 353; ebenso schon früher BGH 25.10.1962, BGHZ 38, 155 (162 f.) = NJW 1963, 203; OLG Koblenz 9.6.1995, NJW-RR 1996, 570.

[6] *Raeschke-Kessler/Berger*, Rz. 248; *Reichold*, in: Thomas/Putzo, § 1031 ZPO Rz. 9; *Geimer*, in: Zöller, § 1031 ZPO Rz. 37; *Schlosser*, in: Stein/Jonas, § 1031 ZPO Rz. 28; *Glossner/Bredow/Bühler*, Rz. 84 f.; ebenso schon früher BayObLG 9.9.1999, BB 2000 Beil. 8, S. 16 (18) m. Anm. *Sessler*, S. 9.

Schiedsklausel aufklärt[1]. Die notarielle Urkunde kann daher nicht nur andere Vereinbarungen enthalten als solche, die sich auf das schiedsrichterliche Verfahren beziehen; vielmehr gilt auch das Trennungsgebot insoweit nicht mehr[2]. Andererseits reicht die Einhaltung der Form des § 1031 Abs. 5 ZPO wegen der Autonomie der Schiedsvereinbarung grundsätzlich auch dann aus, wenn diese sich auf einen notariell zu beurkundenden Hauptvertrag bezieht; die Schiedsvereinbarung ist also auch in diesem Fall nicht beurkundungsbedürftig[3]. Ob dies auch dann gilt, wenn die Formvorschrift – wie zB §§ 311b Abs. 1 BGB, 15 GmbHG – die Beurkundung aller Abreden erfordert, ist allerdings fraglich[4]. Der notariellen Beurkundung steht ein gerichtlicher Vergleich gleich (vgl. § 127a BGB)[5].

gg) Heilung von Formmängeln

Schließlich ordnet § 1031 Abs. 6 ZPO die Heilung von Formmängeln der Schiedsvereinbarung durch die rügelose Einlassung auf die schiedsgerichtliche Verhandlung zur Hauptsache an. Eine solche liegt vor, wenn der Schiedsbeklagte sich vor dem Schiedsgericht vorbehaltlos zur Sache geäußert hat[6]. Ausreichend ist aber auch die Einreichung der schriftlichen Klageerwiderung vor der mündlichen Verhandlung, in der der Schiedsbeklagte die Unzuständigkeit des Schiedsgerichts nicht rügt[7]. Die Heilung des Formmangels tritt unabhängig davon ein, ob sich die **Parteien bewusst** waren, dass durch ihre rügelose Einlassung die Zuständigkeit des Schiedsgerichts begründet wird[8]. Die bloße Mitwirkung an der Bildung des Schiedsgerichts – zB durch Benennung eines Schiedsrichters oder Einzahlung eines Kostenvorschusses – ist allerdings noch keine rügelose Einlassung (vgl. § 1040 Abs. 2 S. 2 ZPO)[9]. Ebenso wenig wird der Formmangel geheilt, wenn der Schiedsbeklagte sich unter Aufrechterhal-

6725

---

1 BT-Drucks. 13/5274, S. 37; BGH 1.3.2007, SchiedsVZ 2007, 163 (164); OLG München 12.2.2008, MDR 2008, 943; *Schütze*, Rz. 128; *Raeschke-Kessler/Berger*, Rz. 247.
2 BT-Drucks. 13/5274, S. 37; BGH 1.3.2007, SchiedsVZ 2007, 163 (164); *Geimer*, in: Zöller, § 1031 ZPO Rz. 38; dazu näher *Tröder*, MittRheinNotK 2000, 379 ff.; *Schlosser*, in: Stein/Jonas, § 1031 ZPO Rz. 13.
3 *Schlosser*, Festschr. Böckstiegel (2001), S. 687 (709); *Glossner/Bredow/Bühler*, Rz. 88; *Geimer*, in: Zöller, § 1031 ZPO Rz. 47; *Lachmann*, Rz. 362 f.; *Voit*, in: Musielak, § 1031 ZPO Rz. 10; ebenso schon zu § 1027 Abs. 1 S. 2 ZPO aF BGH 22.9.1977, BGHZ 69, 260 (263 ff.).
4 Vgl. *Tröder*, MittRheinNotK 2000, 379 (381); aA *Lachmann*, Rz. 362 f.
5 *Schütze*, Rz. 129; *Schwab/Walter*, Kap. 6 Rz. 19.
6 Vgl. zu § 1027 Abs. 1 S. 2 ZPO aF RG 15.3.1935, RGZ 147, 213 (217) = JW 1935, 1850 m. Anm. *Jonas*; OLG Köln 16.12.1992, RIW 1993, 499 = IPRax 1993, 399 (m. Anm. *Haas*, IPRax 1993, 382) = IPRspr. 1992 Nr. 253.
7 *Lachmann*, Rz. 368; *Schütze*, Rz. 130; *Münch*, in: MünchKomm ZPO, § 1031 Rz. 65; ebenso früher BGH 22.5.1967, BGHZ 48, 35 (43) = NJW 1967, 2057; BGH 2.12.1982, NJW 1983, 1267 (1269) mwN.
8 *Wackenhuth*, KTS 1985, 425; *Geimer*, in: Zöller, § 1031 ZPO Rz. 42; *Schwab/Walter*, Kap. 5 Rz. 5; *Epping*, S. 89; *Voit*, in: Musielak, § 1031 ZPO Rz. 13.
9 Vgl. BGH 2.4.1987, WM 1987, 1084 (1085); *Schwab/Walter*, Kap. 5 Rz. 5 f. mwN. Hat eine Partei aber an der Konstituierung des Schiedsgerichts mitgewirkt und sich in der vorprozessualen Korrespondenz auf die Schiedsvereinbarung berufen, so kann eine spä-

tung der Rüge der Unzuständigkeit des Schiedsgerichts nur *hilfsweise* zur Hauptsache einlässt[1]. Dies gilt allerdings nur dann, wenn der Vorbehalt sich zumindest auch auf den Mangel der Form bezieht; der Vorbehalt anderer Mängel der Schiedsvereinbarung erhält dem Schiedsbeklagten hingegen nicht das Recht, auch den Formmangel im weiteren Verfahren noch geltend zu machen[2]. Der rügelosen Einlassung steht es gleich, wenn die Parteien die formnichtige Schiedsvereinbarung in ihrem späteren Schriftverkehr bestätigt haben[3]. Die Vorschrift enthält keine eigenständige Formvariante; vielmehr ersetzt das Verhandeln zur Hauptsache das Formerfordernis. Der allgemeinen Präklusionsvorschrift des § 1040 Abs. 2 ZPO kommt daneben nur eine untergeordnete Bedeutung zu[4].

6726 Geheilt wird durch die rügelose Einlassung nach § 1031 Abs. 6 ZPO nur der Mangel der Form, dies allerdings mit Wirkung *ex tunc*[5]. Ist die Schiedsvereinbarung **aus anderen Gründen unwirksam** – zB wegen Willensmängeln oder wegen Verstoßes gegen §§ 134, 138 BGB – oder fehlt sie überhaupt, so kann zwar in der Klageerhebung vor dem Schiedsgericht und der rügelosen Einlassung des Schiedsbeklagten der Neu- oder Erstabschluss einer Schiedsvereinbarung liegen. Voraussetzung hierfür ist freilich ein entsprechendes *Erklärungsbewusstsein* der Parteien, wenn dieses beim Erstabschluss der Schiedsvereinbarung gefehlt hat[6]. Ferner darf der ursprüngliche Nichtigkeitsgrund im Zeitpunkt der rügelosen Einlassung nicht mehr bestehen.

6727–6740 Frei.

IV. Zulässigkeit von Schiedsvereinbarungen

1. UN-Übereinkommen

a) Bestimmtes Rechtsverhältnis

6741 Nach Art. II Abs. 1 UNÜ muss sich der Schiedsvertrag auf ein „bestimmtes Rechtsverhältnis" beziehen. Damit sollen insbesondere unerfahrene Parteien davor geschützt werden, dass ihnen für eine unabsehbare Vielzahl künftiger

---

tere Geltendmachung von deren Ungültigkeit gegen Treu und Glauben verstoßen, vgl. BGH 2.4.1987, WM 1987, 1084.

1 BGH 6.12.1962, KTS 1963, 105 (106); *Raeschke-Kessler/Berger*, Rz. 244; *Schütze*, Rz. 130; *Schlosser*, in: Stein/Jonas, § 1031 ZPO Rz. 17; *Münch*, in: MünchKomm ZPO, § 1031 Rz. 67.
2 BGH 29.6.2005, NJW-RR 2005, 1659; *Lachmann*, Rz. 367; *Geimer*, in: Zöller, § 1031 ZPO Rz. 41.
3 *Reichold*, in: Thomas/Putzo, § 1031 ZPO Rz. 13; ebenso zu Art. II Abs. 2 UNÜ OLG Hamburg 30.7.1998, NJW-RR 1999, 1738.
4 Vgl. *Epping*, S. 90 ff.; aA *Schlosser*, in: Stein/Jonas, § 1031 ZPO Rz. 14a.
5 BGH 6.12.1962, BGHZ 48, 35 (45 f.) = NJW 1967, 2057; *Münch*, in: MünchKomm ZPO, § 1031 Rz. 68.
6 BGH 6.12.1962, BGHZ 48, 35 (45 f.); BGH 25.10.1983, BGHZ 88, 314 (318 f.); OLG München 29.12.1976, KTS 1977, 180 = BB 1977, 865; *Schwab/Walter*, Kap. 5 Rz. 6; *Reichold*, in: Thomas/Putzo, § 1031 ZPO Rz. 14 f.; *Geimer*, in: Zöller, § 1031 ZPO Rz. 45.

Streitigkeiten die Möglichkeit zur Anrufung staatlicher Gerichte genommen wird[1]. Ein Rückgriff auf nationales Recht ist insoweit nicht nur dann ausgeschlossen, wenn dieses strengere Anforderungen aufstellt; auch mildere Bestimmtheitserfordernisse des einzelstaatlichen Recht bleiben – soweit nicht der Meistbegünstigungsgrundsatz des Art. VII UNÜ eingreift – außer Betracht[2]. Die Anforderungen an die Bestimmtheit der Vereinbarung sind dabei dem Übereinkommen selbst und nicht dem nationalen Recht zu entnehmen[3]; in der Sache ergeben sich allerdings keine Abweichungen gegenüber der Regelung in § 1029 ZPO (dazu unten Rz. 6753). Danach ist dem Bestimmtheitserfordernis insbesondere auch durch die Vereinbarung einer Schiedsklausel in **Rahmenverträgen** (zB Vertragshändlerverträgen) Genüge getan[4]. Ferner ist es nach dem ausdrücklichen Wortlaut des Art. II Abs. 1 UNÜ zulässig, die schiedsrichterliche Entscheidungsbefugnis auch auf **nichtvertragliche** Ansprüche (zB aus Geschäftsführung ohne Auftrag, Bereicherung oder Delikt) zu erstrecken[5].

b) Objektive Schiedsfähigkeit

Nach Art. V Abs. 2 lit. a UNÜ kann die Anerkennung eines Schiedsspruches versagt werden, wenn der Streitgegenstand nach dem Recht des Anerkennungsstaats nicht auf schiedsrichterlichem Wege geregelt werden kann. Danach ist eine Schiedsvereinbarung **im Vollstreckungsverfahren** vor deutschen Gerichten in jedem Falle unwirksam, wenn der Streitgegenstand nach deutschem Recht nicht schiedsfähig ist. Sie wird darüber hinaus aber zT auch dann als unwirksam erachtet, wenn die Schiedsfähigkeit lediglich nach dem Recht fehlt, das gem. Art. V Abs. 1 lit. a UNÜ auf die Schiedsvereinbarung anwendbar ist[6]. Diese kumulative Anknüpfung der objektiven Schiedsfähigkeit nach Art. V Abs. 1 lit. a und Abs. 2 lit. a UNÜ vermag freilich dann nicht zu überzeugen, wenn die Schiedsvereinbarung einem Recht untersteht, das keinen hinreichenden Bezug zum Streitgegenstand hat. Dies trifft insbesondere dann häufig zu, wenn man die Schiedsvereinbarung nicht akzessorisch an das Statut des Hauptvertrages anknüpft, sondern dem Recht des Schiedsortes unterwirft, der nicht selten in einem „neutralen" Land gewählt wird, zu dem weder die Vertragsparteien noch der geschlossene Hauptvertrag einen Berührungspunkt

6742

---

1 *van den Berg*, S. 149; *Bertheau*, S. 28; *Adolphsen*, in: MünchKomm ZPO, Art. II UNÜ Rz. 8.
2 *van den Berg*, S. 178 f.; *Schlosser*, in: Stein/Jonas, Anh. § 1061 ZPO Rz. 34; *Schwab/Walter*, Kap. 44 Rz. 7; aA *Bertheau*, S. 30 f.
3 *Schlosser*, in: Stein/Jonas, Anh. § 1061 ZPO Rz. 36.
4 *Haas*, in: Weigand, Art. II UNÜ Rz. 19.
5 *van den Berg*, S. 148; *Adolphsen*, in: MünchKomm ZPO, Art. II UNÜ Rz. 8; *Haas*, in: Weigand, Art. II UNÜ Rz. 20. Zust. Hi-Fert Pty Ltd. v. Kinkiang Maritime Carriers (N.S.W. 1997), YCA XXIII (1998), 606 (617). Zur entsprechenden Auslegung von Schiedsklauseln s. oben Rz. 6633 ff.
6 So *Bertheau*, S. 37 f.; *Remiro Brotóns*, Rec. des Cours 1984 I, 173 (243); *Nolting*, IPrax 1987, 349 (352); *Bühler*, IPRax 1989, 253 (254); *Haas*, S. 257; *Gamauf*, ZfRV 2000, 41 (47); *von Hülsen*, S. 135 f.; *Bork/Stöve*, S. 58 f.; aA (nur Statut der Schiedsvereinbarung) *Barber*, S. 185 ff.

aufweisen[1]. Darüber hinaus kann die Anknüpfung der Schiedsfähigkeit des Streitgegenstandes nach Art. V Abs. 1 lit. a UNÜ zu Wertungswidersprüchen führen, wenn das Statut der Schiedsvereinbarung vom Statut des Hauptvertrages abweicht[2]. Aus diesem Grunde geht die Tendenz heute zu Recht dahin, in Art. V Abs. 2 lit. a UNÜ eine *abschließende* kollisionsrechtliche Regelung der objektiven Schiedsfähigkeit des Streitgegenstandes zu sehen. Danach ist die objektive Schiedsfähigkeit jedenfalls im Vollstreckungsverfahren nur nach dem Recht des Vollstreckungsstaates zu prüfen[3].

6743 Die vorgenannten Grundsätze gelten aber auch dann entsprechend, wenn der staatliche Richter nicht erst im Vollstreckungsverfahren, sondern bereits **im Einredeverfahren** über die objektive Schiedsfähigkeit zu befinden hat. Maßgebend ist in diesem Fall daher ausschließlich die lex fori des Einredegerichts, weil der Gegenstand des Rechtsstreits zu diesem Recht eine engere Beziehung hat als zum Statut der Schiedsvereinbarung. Denn die Vorschriften der lex fori über die objektive Schiedsfähigkeit sollen dem staatlichen Einredegericht sein Rechtsprechungsmonopol sichern[4].

App. Genova 7.5.1994, Riv.arb. 1994, 505 = YCA XXI (1996), 594 (599 f.)
Objektive Schiedsfähigkeit des Streits über die Lieferung von Kriegsschiffen durch einen italienischen Hersteller an den Irak im Einredeverfahren nach italienischem Recht wegen des Irak-Embargos verneint.

6744 In der Rechtsprechung der Vertragsstaaten wird die Anwendung von Art. V Abs. 2 lit. a UNÜ freilich zT auf die Vollstreckung ausländischer Schiedssprüche beschränkt. Hingegen wird die objektive Schiedsfähigkeit im Einredeverfahren teils nach dem **Statut der Schiedsvereinbarung** (Art. V Abs. 1 lit. a UNÜ) beurteilt[5], teils aber auch im Wege einer **autonomen Auslegung** des Art.

---

1 *Schlosser*, Rz. 299; *Barber*, S. 30; *Haas*, S. 256 f.
2 *Haas*, in: Weigand, Art. II UNÜ Rz. 56.
3 OLG Hamm 2.1.1982, IPRax 1985, 218 (m. Anm. *Walter/Wackenhuth*, IPRax 1985, 200) = YCA XIV (1989), 629; *Schlosser*, Rz. 299; *Geimer*, Rz. 3811; *van den Berg*, S. 152 f., 369; *Bertheau*, S. 28; *Hausmann*, Festschr. W. Lorenz (1991), S. 359 (370 f.); *Schlosser*, in: Stein/Jonas, Anh. § 1061 ZPO Rz. 43; *Schwab/Walter*, Kap. 44 Rz. 1; *Adolphsen*, in: MünchKomm ZPO, Art. II UNÜ Rz. 11 und Art. V UNÜ Rz. 66; *Epping*, S. 204 ff.
4 *van den Berg*, S. 152; *Schlosser*, Rz. 299 f.; *Schwab/Walter*, Kap. 44 Rz. 1; *Bork/Stöve*, S. 53 f.; *Thorn*, IPRax 1997, 98 (102 f.); *Haas*, in: Weigand, Art. II UNÜ Rz. 58; *Epping*, S. 210 ff. mwN. Zust. insbesondere die italien. Gerichtspraxis, vgl. italien. Cass. 27.4.1979, Nr. 2429, Foro it. 1980 I, 190 (192 f.); Trib. Bologna 18.7.1987, Riv.dir.int.priv.proc. 1988, 740 = YCA XVII (1992), 534; App. Bologna 21.12.1991, YCA XVIII (1993), 422 (423 f.).
5 So insbesondere die belg. Praxis; vgl. Cass. 15.10.2004, YCA XXXI (2006), 587 (593 f.); App. Bruxelles 4.10.1985, J.T. 1986, 93 m. Anm. *Kohl* = YCA XIV (1989), 618; Trib. com. Bruxelles 5.10.1994, Rev.arb. 1995, 311 (315) m. zust. Anm. *Hanotiau* = YCA XXII (1997), 637; ferner *Nuyts*, Le contrôle de l'arbitrabilité selon la loi du for dans les Conventions de New York e de Genève et les concessions de vente exclusive à durée indéterminée en Belgique, RDC 1933, 1193 ff.; *Hanotiau*, Arb. Int. 12 (1996) Nr. 4, 391 (399); aA (lex fori) aber Trib. com. Bruxelles 20.9.1999, YCA XXV (2000), 673 (675); zu Recht dagegen *Adolphsen*, in: MünchKomm ZPO, Art. II UNÜ Rz. 11.

II Abs. 1 und Abs. 3 UNÜ ermittelt, wobei insbesondere die Entstehungsgeschichte und der Normzweck der Vorschrift berücksichtigt wird[1].

In Deutschland wurde Schiedsvereinbarungen die Anerkennung insbesondere dann versagt, wenn die Vereinbarung eines ausländischen Schiedsgerichts iVm. einer Rechtswahl zu einer Ausschaltung international zwingender deutscher Normen führte[2]. Nach geltendem deutschen Schiedsverfahrensrecht (§ 1030 Abs. 1 ZPO) kommt es – ebenso wie im schweizerischen Recht (Art. 177 IPRG) – hingegen nur noch darauf an, dass Streitgegenstand ein *vermögensrechtlicher Anspruch* ist (dazu unten Rz. 6760 ff.). Der Umstand allein, dass der Streitgegenstand des Schiedsverfahrens durch **Eingriffsnormen** der lex fori iSv. Art. 9 Rom I-VO geregelt ist (dazu oben Rz. 491 ff.), schließt die Schiedsfähigkeit iSv. Art. V Abs. 2 lit. a UNÜ nicht aus[3]. Besonders großzügig in dieser Hinsicht ist seit der Mitsubishi-Entscheidung des Supreme Court[4] die US-amerikanische Rechtsprechung, die nicht nur antitrust-Streitigkeiten, sondern auch Ansprüche wegen Verstoßes gegen das Antikorruptionsgesetz („RICO") für schiedsfähig hält[5]. 6745

c) Subjektive Schiedsfähigkeit

Voraussetzung für die Anerkennung einer Schiedsvereinbarung ist nach dem UNÜ weiterhin, dass die Parteien zum Abschluss einer Schiedsvereinbarung fähig, dh. als natürliche Personen prozessfähig, als juristische Personen bzw. Gesellschaften parteifähig und ordnungsgemäß vertreten waren. Über diese Frage ist nach Art. V Abs. 1 lit. a UNÜ nach dem Recht zu entscheiden, das für die Parteien der Schiedsvereinbarung „persönlich maßgebend ist". Das hiernach maßgebliche Personalstatut ist mit Hilfe der Kollisionsnormen der lex fo- 6746

---

1 So insbesondere die US-amerikanische Praxis, die von einer „strong presumption of arbitrability" ausgeht; vgl. *Bergesen* v. *Joseph Muller Corp.* (2d Cir. 1983), 710 F. 2d 928 (933 = YCA IX (1984), 487; *Meadows Indemnity Co. Ltd.* v. *Baccala & Shoop Insurance Services, Inc.* (E. D. N. Y. 1991), YCA XVII (1992), 686 (689 ff.); *Kamaya Co. Ltd.* v. *APC, Inc.* (Ct. App. Wash. 1998), YCA XXIV (1999), 837; *Chelsea Square Textiles, Inc.* v. *Bombay Dyeing & MfG Co.* (2d Cir. 1999), 189 F. 3d 289 (294) = YCA XXV (2000), 1035; *Sandvik AB* v. *Advent Int'l Corp.* (3d Cir. 2000), 220 F. 3d 99 (104) = YCA XXVI (2001), 961; *Sphere Drake Ins. Ltd.* v. *Clarendon Nat. Ins. Co.* (2d Cir. 2001), 263 F. 3d 26 = YCA XXVII (2002), 700, (704).
2 Vgl. zu Termingeschäften an ausländischen Börsen BGH 15.6.1987, NJW 1987, 3193 = IPRax 1989, 163 (m. Anm. *Samtleben*, IPRax 1989, 148) = IPRspr. 1987 Nr. 183.
3 Vgl. schweiz. BG 23.6.1992, SZIER 1994, 111 m. Anm. *Knöpfler* = YCA XX (1995), 766 (Verstoß gegen Waffenembargo/Irak); ferner Rb. van Koophandel Bruxelles 6.5.1993, YCA XXII (1997), 631 (635) (zwingender Schutz von belgischen Vertriebshändlern); anders aber zuletzt Trib.com. Bruxelles 20.9.1999, YCA XXV (2000), 673 (676).
4 *Mitsubishi Motors Corp.* v. *Soler Chrysler Plymouth, Inc.* (S. Ct. 1985), 473 U.S. 614 (1985) = YCA XI (1986), 555.
5 Vgl. *Shearson/American Express* v. *MacMahon* (S. Ct. 1987), 482 U.S. 220; *Fischer Foundry Systems, Inc.* v. *Hottinger GmbH* (6th Cir. 1995), YCA XXII (1997), 897; ebenso die ICC-Schiedssprüche Nr. 6320, Clunet 1995, 986 m. Anm. *Hascher* und Nr. 8385, Clunet 1997, 1061 m. Anm. *Derains*.

ri des Vollstreckungsgerichts bzw. – in der Einredesituation – des Einredegerichts zu ermitteln[1].

d) Ordre public

6747 Nach Art. V Abs. 2 lit. b UNÜ kann einem Schiedsspruch die Anerkennung und Vollstreckung schließlich versagt werden, wenn er der öffentlichen Ordnung des Staates widerspricht, in dem um Anerkennung bzw. Vollstreckung nachgesucht wird. Auch diese Vorschrift ist aus den oben Rz. 6573 ff. genannten Gründen auf Schiedsvereinbarungen entsprechend anzuwenden, wenn diese bereits vor Erlass eines vom Übereinkommen erfassten Schiedsspruchs (zB im Einredeverfahren) zu beurteilen sind[2]. Die Praxis der Vertragsstaaten geht insoweit zurecht von einer **restriktiven Auslegung** des ordre public aus, so dass die Anerkennung einer Schiedsvereinbarung nur scheitert, wenn die „most basic notions of morality and justice" des Forumstaates verletzt sind[3]. Der Verstoß des Hauptvertrages gegen zwingendes Recht der lex fori hindert daher die Erzwingung eines Schiedsverfahrens nach Art. II Abs. 3 UNÜ ebenso wenig wie die bloße Möglichkeit, dass das Schiedsgericht diese zwingende Vorschriften nicht beachten wird; insoweit ist die nachträgliche Kontrolle im Rahmen der Anerkennung des Schiedsspruchs vielmehr grundsätzlich ausreichend[4].

2. Europäisches Übereinkommen

a) Bestimmtes Rechtsverhältnis

6748 Das EuÜ ist nach seinem Art. I Abs. 1 auf alle Schiedsvereinbarungen anwendbar, die „zum Zwecke der Regelung von bereits entstandenen oder künftig entstehenden Streitigkeiten aus internationalen Handelsgeschäften" geschlossen werden. Diese Regelung stimmt mit Art. II Abs. 1 UNÜ hinsichtlich der Gleichstellung von Schiedsabreden und Schiedsklauseln überein. Sie weicht jedoch sowohl von Art. II Abs. 1 UNÜ wie auch vom autonomen deutschen Recht (§ 1029 Abs. 1 ZPO, dazu unten Rz. 6753) insofern ab, als sie keine Beschränkung auf Streitigkeiten „aus einem bestimmten Rechtsverhältnis" enthält. Damit sind Schiedsvereinbarungen auch in Rahmenverträgen über Streitigkeiten aus mehreren oder sogar sämtlichen künftig abzuschließenden internationalen Handelsgeschäften zwischen den Parteien zulässig[5]. Schranke

---

1 Italien. Cass. 23.4.1997, Nr. 10229, Riv.arb. 1998, 41 = YCA XXIV (1999), 709; span. Trib. Supremo 17.2.1998, YCA XXVII (2002), 533 (535); *Schlosser*, Rz. 325; *Adolphsen*, in: MünchKomm ZPO, Art. V UNÜ Rz. 19; *Schwab/Walter*, Kap. 44 Rz. 18; *Haas*, S. 181 ff.
2 *Adolphsen*, in: MünchKomm ZPO, Art. II UNÜ Rz. 2; *Gildeggen*, S. 289 ff.
3 Vgl. *Parsons & Whittemore Overseas Co., Inc. v. Soc. Gén. de l'Industrie du Papier* (2d Cir. 1974), 508 F 2d 969 (974 = YCA I (1976), 205; *Fotochrome, Inc. v. Copal Co.* (2d Cir. 1975), 517 F. 2d 512 (516) = YCA I (1976), 202.
4 *Thorn*, IPRax 1997, 98 (104 f.); vgl. auch *Belship Navigation, Inc. v. Sealift, Inc.* (S.D. N. Y. 1995), YCA XXI (1996), 799 (805 ff.). Vgl. aber auch unten Rz. 6762.
5 *von Hülsen*, S. 32 f.; *Gildeggen*, S. 92; *Moller*, NZG 2000, 57 (58); *Schwab/Walter*, Kap. 44 Rz. 5; *Adolphsen*, in: MünchKomm ZPO, Art. I EuÜ Rz. 9; *Schlosser*, Rz. 372.

ist allein der ordre public des Anerkennungsstaates. Da das Übereinkommen hinsichtlich der Bestimmtheitserfordernisse ganz bewusst eine sehr liberale Haltung einnimmt, ist ein Rückgriff auf schärfere Bestimmtheitsanforderungen der jeweiligen lex causae (zB § 1029 Abs. 1 ZPO) unzulässig[1].

Sind die Anwendungsvoraussetzungen sowohl für das UNÜ wie für das EuÜ erfüllt, so kann ein Schiedsspruch auch dann nach Maßgabe von Art. V UNÜ anerkannt und vollstreckt werden, wenn er den Bestimmtheitserfordernissen des Art. II Abs. 1 UNÜ nicht entspricht. Ist der Anerkennungsstaat dem EuÜ erst nach dem UNÜ beigetreten, so folgt dies bereits aus Art. VII Abs. 1 UNÜ (*lex posterior derogat legi priori*)[2]. Nichts anderes gilt aber auch im umgekehrten Fall; denn das EuÜ versteht sich als eine Ergänzung zum UNÜ mit dem Ziel, die Anerkennung und Vollstreckung ausländischer Schiedssprüche zu erleichtern[3]. Das EuÜ derogiert damit, soweit es neben dem UNÜ anwendbar ist, die strengeren Anerkennungsvoraussetzungen des UNÜ ohne Rücksicht darauf, in welcher Reihenfolge die beiden Übereinkommen für den Anerkennungsstaat in Kraft getreten sind[4].

6749

b) Objektive Schiedsfähigkeit

Die Anknüpfung der objektiven Schiedsfähigkeit wirft im Hinblick auf Art. VI Abs. 2 S. 2 EuÜ die gleichen Probleme wie im Rahmen des UNÜ (dazu oben Rz. 6742 ff.) auf. Teilweise wird die Schiedsfähigkeit auch hier kumulativ nach Art. VI Abs. 2 S. 1 und S. 2 EuÜ angeknüpft; danach ist die Schiedsvereinbarung also nur dann wirksam, wenn der Gegenstand sowohl nach dem Schiedsvereinbarungsstatut als auch nach der lex fori des staatlichen Einrede- oder Vollstreckungsgerichts schiedsfähig ist[5]. Demgegenüber verdient die einheitliche Anknüpfung nach Maßgabe der **lex fori** des angerufenen Gerichts auch hier den Vorzug[6]. Ein deutsches Gericht hat die Anerkennung der Schiedsvereinbarung mithin immer dann zu versagen, wenn der Gegenstand nach § 1030 Abs. 1 ZPO nicht schiedsfähig ist; auf die großzügigere Haltung eines ausländischen Schiedsstaates kommt es nicht an[7].

6750

---

1 BGH 20.3.1980, BGHZ 77, 32 (37); *Mezger*, RabelsZ 29 (1965), 231 (243); *von Hülsen*, S. 33, 99; *Schlosser*, in: Stein/Jonas, Anh. § 1061 ZPO Rz. 173; *Schwab/Walter*, Kap. 44 Rz. 5.; unrichtig daher OLG Hamburg 15.11.1995, RIW 1996, 510 = IPRspr. 1995 Nr. 188.
2 *Schlosser*, in: Stein/Jonas, Anh. § 1061 ZPO Rz. 175; *Adolphsen*, in: MünchKomm ZPO, Art. I EuÜ Rz. 9; dazu schon oben Rz. 6588 ff.
3 Vgl. die Denkschrift zum EuÜ, BT-Drucks. 4/1597, S. 26.
4 Vgl. *van den Berg*, S. 96; *Wackenhuth*, ZZP 99 (1986), 445 (451); *Adolphsen*, in: MünchKomm ZPO, Art. I EuÜ Rz. 9.
5 So BGH 20.3.1980, BGHZ 77, 32 (39); *Adolphsen*, in: MünchKomm ZPO, Art. VI EuÜ Rz. 12.
6 *Schlosser*, in: Stein/Jonas, Anh. § 1061 ZPO Rz. 186; *Hascher*, YCA XVII (1992), 711 (733 f.); *Haas*, in: Weigand, Art. II UNÜ Rz. 97.
7 Anders *Mezger*, RabelsZ 29 (1965), 231 (273); *Schlosser*, Rz. 300 f.; *Schwab/Walter*, Kap. 44 Rz. 2.

c) Subjektive Schiedsfähigkeit

6751 Gesondert angeknüpft wird auch im Rahmen des EuÜ die subjektive Schiedsfähigkeit. Maßgebend ist – wie nach Art. V Abs. 1 lit. a UNÜ (Rz. 6746) – gem. Art. VI Abs. 2 S. 1 EuÜ das Personalstatut der jeweiligen Partei, das nach dem IPR des mit der Prüfung befassten Gerichts zu bestimmen ist. Ein deutsches Gericht hat mithin bei natürlichen Personen von Art. 7 EGBGB (dazu oben Rz. 6121 ff.) und bei juristischen Personen vom Sitz- bzw. vom Gründungsrecht (dazu oben Rz. 5031 ff.) auszugehen[1].

BGH 23.4.1998, NJW 1998, 2452 = RIW 1998, 628 = IPRax 1999, 104 (m. Anm. *Schütze*, IPRax 1999, 87) = IPRspr. 1998 Nr. 210
Subjektive Schiedsfähigkeit eines kroatischen Staatsunternehmens verneint, weil es nach kroatischem Recht zum Abschluss von Außenhandelsverträgen nicht befugt war und deshalb „ultra vires" gehandelt hatte.

3. Deutsches autonomes Schiedsverfahrensrecht

a) Bestimmtheitserfordernisse

aa) Anknüpfung

6752 Für die Anknüpfung der Bestimmtheitserfordernisse gilt das zur Anknüpfung der Form von Schiedsvereinbarungen Gesagte (Rz. 6706 ff.) entsprechend. Soweit nicht vorrangige staatsvertragliche Regeln eingreifen (vgl. zu Art. II Abs. 1 UNÜ oben Rz. 6741; zu Art. I Abs. 1 EuÜ oben Rz. 6748 f.), kann die Schiedseinrede im Verfahren vor deutschen Gerichten daher nur erfolgreich erhoben werden, wenn die Schiedsvereinbarung den Bestimmtheitserfordernissen des § 1029 Abs. 1 ZPO genügt, sofern der **Schiedsort im Inland** liegt; denn es handelt sich insoweit um eine prozessuale Schranke der Zulässigkeit schiedsgerichtlicher Streiterledigung, die im Hinblick auf das Territorialitätsprinzip (§ 1025 Abs. 1 ZPO) bereits im Einredeverfahren zu beachten ist[2]. In gleicher Weise richtet sich bei Vereinbarung eines inländischen Schiedsorts auch die Frage, ob die Parteien das Schiedsgericht hinreichend bestimmt bezeichnet haben, nicht nach dem Statut der Schiedsvereinbarung, sondern nach deutschem Recht als Verfahrensstatut. Liegt der **Schiedsort im Ausland**, so besteht hingegen über die Anknüpfung keine Einigkeit. Teilweise wird das Bestimmtheitserfordernis als prozessuale Zulässigkeitsschranke auch im Einredeverfahren nach der inländischen lex fori beurteilt[3], teilweise wird auf das Statut der Schiedsvereinbarung abgestellt[4]. Richtigerweise muss man im Interesse des internationalen Entscheidungseinklangs bereits im Einredeverfahren vor deutschen Gerichten in allseitiger Anwendung von § 1025 Abs. 1 ZPO die Bestimmtheitsanforderungen des am ausländischen Schiedsort geltenden Rechts anwenden, wenn diese dort – wie in Deutschland (§ 1029 Abs. 1 ZPO) – im Verfahrensrecht geregelt sind.

---

1 *Schwab/Walter*, Kap. 44 Rz. 20; *Adolphsen*, in: MünchKomm ZPO, Art. VI EuÜ Rz. 8.
2 *Raeschke/Kessler/Berger*, Rz. 313; *Wagner*, S. 593. Vgl. idS schon zum früheren Recht *Hausmann*, Festschr. W. Lorenz (1991), S. 359 (374).
3 So *Hausmann*, Festschr. W. Lorenz (1991), S. 359 (374).
4 So wohl *Schlosser*, in: Stein/Jonas, § 1029 ZPO Rz. 13.

bb) Bestimmtes Rechtsverhältnis

In Übereinstimmung mit Art. II Abs. 1 UNÜ ist eine Schiedsvereinbarung auch nach § 1029 Abs. 1 ZPO nur wirksam, wenn sie sich auf alle oder einzelne Streitigkeiten bezieht, die zwischen den Parteien „in Bezug auf ein bestimmtes Rechtsverhältnis vertraglicher oder nichtvertraglicher Art entstanden sind oder künftig entstehen". Danach wird der Kreis der erfassten Streitigkeiten auch nach autonomem deutschen Schiedsverfahrensrecht durch die international übliche Formulierung „all disputes arising out of or in connection with this contract" hinreichend bestimmt umschrieben[1]. Ferner ist dem Bestimmtheitserfordernis des § 1029 Abs. 1 ZPO genügt, wenn sich die Schiedsvereinbarung auf eine Vielzahl von Einzelgeschäften bezieht, die ihre Grundlage in einem *Rahmenvertrag* (zB Vertragshändlervertrag) haben[2]. Zu unbestimmt und daher unwirksam ist hingegen etwa eine Schiedsvereinbarung über „alle Streitigkeiten aus der Geschäftsverbindung" oder „alle Streitigkeiten aus künftigen Leistungen"[3]. 6753

cc) Bestimmbares Schiedsgericht

Eine Schiedsvereinbarung ist ferner mangels genügender Bestimmtheit nichtig, wenn das darin zur Entscheidung berufene Schiedsgericht weder eindeutig bestimmt noch bestimmbar ist, weil nach der getroffenen Vereinbarung etwa zwei verschiedene ständige Schiedsgerichte in Betracht kommen[4]. Abreden über die Zahl der Schiedsrichter, die Art ihrer Ernennung oder den Schiedsort sind freilich keine zwingenden Bestandteile einer wirksamen Schiedsvereinbarung. Haben die Parteien in der Schiedsvereinbarung hierüber nichts bestimmt, so gelten die Vorschriften des **vereinbarten Verfahrensstatuts**[5], bei Geltung deutschen Rechts also die §§ 1034 ff. ZPO. Im Geltungsbereich des EuÜ sind ferner sind insoweit die vorrangigen Vorschriften des Art. IV EuÜ zu beachten; danach ist bei Zweifeln das zuständige Schiedsgericht im Verfahren nach Art. IV Abs. 5 iVm. Abs. 3 EuÜ zu bestimmen[6]. 6754

---

1 Vgl. OLG Hamburg 17.2.1989, RIW 1989, 574 (575 f.) = IPRspr. 1990 Nr. 237a.
2 BGH 5.12.1963, KTS 1964, 104; dazu näher *Voit*, in: Musielak, § 1029 ZPO Rz. 16; *Schlosser*, in: Stein/Jonas, § 1029 ZPO Rz. 13; *Münch*, in: MünchKomm ZPO, § 1029 ZPO Rz. 74.
3 *Münch*, in: MünchKomm ZPO, § 1029 ZPO Rz. 74; *Raeschke-Kessler/Berger*, Rz. 313; *Schwab/Walter*, Kap. 3 Rz. 15 f. mwN.
4 Vgl. etwa OLG Hamburg 16.1.1981, RIW 1982, 283 = IPRspr. 1981 Nr. 200 und BGH 2.12.1982, NJW 1983, 1267 (zur Schiedsklausel „Hamburger freundschaftliche Arbitrage und Schiedsgericht auf Grund der Warenvereins-Bedingungen der Hamburger Börse e.V."); ferner BayObLG 28.2.2000, BayObLGZ 2000, 57 (59) = BB 2000, Beil. 8, S. 15; *Hochbaum*, S. 50; *Raeschke-Kessler/Berger*, Rz. 319; *Geimer*, in: Zöller, § 1029 ZPO Rz. 53; vgl. auch LG Hamburg 27.7.1990, RIW 1991, 419 = EWiR 1990, 1143 (LS) m. Anm. *Frankenheim*.
5 Vgl. 6. Aufl. Rz. 3501 ff.
6 Vgl. dazu OLG Hamburg 15.11.1995, RIW 1996, 510 = IPRspr. 1995 Nr. 188 („Schiedsgericht bei der Internationalen Handelskammer in Zürich").

6755 Im Übrigen sind an die Bestimmtheit des vereinbarten Schiedsgerichts **keine übertriebenen Anforderungen** zu stellen; dem Wunsch der Parteien nach einer schiedsgerichtlichen Streiterledigung ist vielmehr nach Möglichkeit zu entsprechen[1]. Haben die Parteien sich zB darauf verständigt, dass etwaige Streitigkeiten nach den „Rules of Conciliation and Arbitration of the International Chamber of Commerce, Zürich" entschieden werden sollen, so ist damit die Schiedsgerichtsbarkeit der Internationalen Handelskammer in Paris und der Schiedsort Zürich vereinbart, nicht hingegen die Schiedsordnung der Züricher Handelskammer[2].

6756 Zulässig ist auch eine alternative Schiedsklausel, die den Wohnsitzstaat des jeweiligen Schiedsklägers[3] oder -beklagten[4] als Schiedsland bestimmt. Gleiches gilt für eine Vereinbarung, die dem Kläger ein **Wahlrecht zwischen mehreren** – eindeutig bestimmbaren – **Schiedsgerichten** einräumt[5]. Auch eine Vereinbarung, der zufolge es dem jeweiligen Schiedskläger überlassen bleibt, den Tagungsort des Schiedsgerichts im In- oder Ausland – und damit das anwendbare Verfahrensrecht – festzulegen, entbehrt nicht der erforderlichen Bestimmtheit[6].

b) Objektive Schiedsfähigkeit

aa) Anknüpfung

6757 § 1061 Abs. 1 ZPO verweist für die Anerkennung und Vollstreckung ausländischer Schiedssprüche ausdrücklich auf Art. V UNÜ. Für die Anknüpfung der objektiven Schiedsfähigkeit im Vollstreckungsverfahren gilt daher das zu

---

1 *Schwab/Walter*, Kap. 3 Rz. 1; *Schlosser*, in: Stein/Jonas, § 1029 ZPO Rz. 14; ferner *Research Center, Inc. v. Sun Instruments Japan Co., Inc.* (S.D. N. Y.), YCA XXI (1996), 830.
2 Vgl. auch KG 15.10.1999, BB 2000, Beil. Nr. 8, S. 13 = IPRspr. 1999 Nr. 182 („German Central Chamber of Commerce"); ferner die ICC-Schiedssprüche Nr. 4487 („Internationale Handelskammer Zürich"); Nr. 5294 v. 1988, YCA XIV (1989), 137 (139) und Nr. 7920 v. 1993, YCA XXIII (1998), 80 („International Chamber of Commerce of Geneva"); vgl. auch Trib.gr.inst. Paris 13.12.1988, Rev.arb. 1990, 521 („Chambre de Commerce Officielle à Paris"); ferner *Scalbert/Marville*, Rev.arb. 1998, 117 (120 ff.); *Raeschke-Kessler/Berger*, Rz. 329 ff. mwN.; *Lachmann*, Rz. 376; aA OLG Hamm 15.11.1994, RIW 1995, 681 (682) = IPRspr. 1994 Nr. 185, wo die Vereinbarung des „Schiedsgerichts der IHK in Paris mit Sitz in Zürich" als mehrdeutig und deshalb unwirksam erachtet wird.
3 App. Milano 2.7.1999, Riv.arb. 2000, 753 m. Anm. *Muroni* = YCA XXVI (2001), 807: Vereinbarung eines Stockholmer Schiedsgerichts bei Klage des Verkäufers, eines Pekinger Schiedsgerichts bei Klage des Käufers ist wirksam.
4 App. Genf 11.12.1997, Bull. ASA 1997, 667 = YCA XXIII (1998), 764.
5 *Geimer*, in: Zöller, § 1029 ZPO Rz. 37; vgl. BGH 20.6.1991, BGHR § 1025 ZPO Auslegung 2: Klausel „Schiedsgericht des Verkäufers" behält dem Verkäufer die Wahl des Schiedsgerichts vor, die durch einen maschinenschriftlichen Hinweis in der Verkaufsbestätigung auf den „Hamburger Futtermittel-Schlussschein Nr. IIa" wirksam ausgeübt wird. Zum Verhältnis zwischen Schieds- und Gerichtsstandsklausel vgl. oben Rz. 6559 ff.
6 BGH 27.2.1969, NJW 1969, 978 = BB 1969 Anm. *Ulmer* = ZZP 84 (1971), 203 m. Anm. *Habscheid* = IPRspr. 1968/69 Nr. 255; *Schwab/Walter*, Kap. 3 Rz. 1; vgl. auch *Star Shipping AS v. China NFTT Corp.* (C. A. 1993), XXII (1997), 815 (822 ff.): Wahlrecht des Klägers zwischen Londoner und Pekinger Schiedsgericht ist wirksam.

Art. V Abs. 2 lit. a UNÜ Gesagte (Rz. 6742 f.). Im Rahmen des *Einredeverfahrens* ist hingegen – ähnlich wie bei der Anknüpfung der Form von Schiedsvereinbarungen (dazu oben Rz. 6706 ff.) – danach zu unterscheiden, ob der Schiedsort im Inland oder im Ausland liegt.

Liegt der **Schiedsort im Inland**, so haben deutsche Gerichte die objektive Schiedsfähigkeit gem. dem Territorialitätsprinzip (§ 1025 Abs. 1 ZPO) zwingend stets nach deutschem Recht, dh. nach § 1030 ZPO zu beurteilen[1]. Dem entspricht es, dass § 1059 Abs. 2 Nr. 2 lit. a ZPO die mangelnde Schiedsfähigkeit des Streitgegenstands nach *deutschem* Recht ausdrücklich als Aufhebungsgrund für einen inländischen Schiedsspruch anerkennt. Die Einführung dieses – stets *von Amts wegen* zu berücksichtigenden – Aufhebungsgrundes erklärt sich aus dem modernen Verständnis der objektiven Schiedsfähigkeit im deutschen Sachrecht. Das hiernach bestehende Rechtsprechungsmonopol der deutschen staatlichen Gerichte für nicht schiedsfähige Streitigkeiten können die Parteien auch nicht dadurch unterlaufen, dass sie die Schiedsvereinbarung ausländischem Recht unterstellen[2]. Aus diesem Grunde hat § 1059 Abs. 2 Nr. 2 lit. a ZPO auch Vorrang vor der für die Gültigkeit der Schiedsvereinbarung allgemein geltenden Kollisionsnorm in § 1059 Abs. 2 Nr. 1 lit. a ZPO; denn andernfalls „würde den Parteien eine Dispositionsbefugnis eingeräumt, die ihnen nicht zusteht"[3]. Ebenso wie Art. V Abs. 2 lit. a UNÜ ist auch § 1059 Abs. 2 Nr. 2 lit. a ZPO *bereits im Einredeverfahren* vor dem staatlichen Gericht entsprechend anzuwenden. Die internationale Zuständigkeit der deutschen staatlichen Gerichte kann daher zugunsten eines in Deutschland tagenden Schiedsgerichts nur abbedungen werden, wenn der Streitgegenstand iSv. § 1030 ZPO schiedsfähig ist[4]. Auch das Schiedsgericht ist dann an die großzügige Bestimmung der Schiedsfähigkeit in § 1030 Abs. 1 ZPO gebunden; es kann seine Zuständigkeit nicht deshalb ablehnen, weil der Streitgegenstand nach dem Recht eines ausländischen Staates, in dem der deutsche Schiedsspruch vollstreckt werden soll, nicht schiedsfähig ist[5].

6758

---

[1] *Geimer*, in: Zöller, § 1030 ZPO Rz. 24.
[2] Vgl. idS bereits vor der Reform *Hausmann*, Festschr. W. Lorenz (1991), S. 359 (370 ff.); *Schlosser*, Rz. 304.
[3] So die Regierungsbegründung in BR-Drucks. 211/96, S. 185 f.; zust. *Hausmann*, Festschr. Stoll (2001), S. 593 (605 f.); *Borges*, ZZP 111 (1998), 487 (494); *Raeschke-Kessler/Berger*, Rz. 165; *Schlosser*, in: Stein/Jonas, § 1030 ZPO Rz. 19; *Münch*, in: Münch-Komm ZPO, § 1030 Rz. 22; *Geimer*, in: Zöller, § 1030 ZPO Rz. 24 und § 1059 ZPO Rz. 46; *Schwab/Walter*, Kap. 24 Rz. 31; aA *Schütze*, Rz. 119. Im Erg. ähnlich auch das schweizerische Recht, wo Art. 177 IPRG als „règle matérielle de droit international privé" stets Anwendung findet, wenn das Schiedsverfahren dem schweizerischen Recht unterliegt, vgl. *Bucher* Rz. 90; dazu ICC-Schiedsspruch Nr. 8420 v. 1996, YCA XXV (2000), 328 (330 f.).
[4] *Berger*, RIW 2001, 12; *Epping*, S. 202 f.; *Geimer*, Rz. 3811; *Geimer*, in: Zöller, § 1030 ZPO Rz. 26; aA (Schiedsvereinbarungsstatut) *Schütze*, Rz. 119; (kumulative Anwendung von Schiedsvereinbarungsstatut und deutschem Recht); *Voit*, in: Musielak, § 1030 ZPO Rz. 10; differenzierend *Kronke*, RIW 1998, 257 (259).
[5] *Geimer*, in: Zöller, § 1030 ZPO Rz. 24; vgl. ICC-Schiedsspruch Nr. 6474 v. 1992, YCA XXV (2000), 279 (306) (zum Verhältnis von Art. 177 schweiz. IPRG zu Art. 26 ICC-Rules 1988).

6759 Liegt der **Schiedsort im Ausland**, so lassen sich dem geltenden Recht keine eindeutigen Vorgaben für die Anknüpfung der objektiven Schiedsfähigkeit entnehmen. Teilweise wird für diesen Fall weiterhin an der Maßgeblichkeit des Statuts der Schiedsvereinbarung festgehalten[1]. Die Gründe, die im Anwendungsbereich der Staatsverträge zu einer Abkehr von der (kumulativen) Anknüpfung der objektiven Schiedsfähigkeit an das Statut der Schiedsvereinbarung geführt haben (dazu oben Rz. 6742 ff.), legen es freilich nahe, die objektive Schiedsfähigkeit im Einredeverfahren nach autonomem Recht auch dann ausschließlich nach der deutschen *lex fori*, dh. nach § 1030 ZPO, zu bestimmen, wenn der Schiedsort im Ausland liegt[2]. Auch eine selbstständige Anknüpfung der von § 1030 Abs. 1 ZPO aufgeworfenen Vorfragen (vermögensrechtlicher Anspruch, Vergleichsbefähigung) hat insoweit auszuscheiden[3].

bb) Deutsches Sachrecht

6760 Da ein Interesse an einer ausschließlichen Zuständigkeit staatlicher Gerichte im Wesentlichen nur für nichtvermögensrechtliche Ansprüche besteht, wird in § 1030 Abs. 1 S. 1 ZPO – nach dem Vorbild von Art. 177 Abs. 1 schweiz. IPRG – die grundsätzliche Schiedsfähigkeit von vermögensrechtlichen Ansprüchen festgelegt[4]. Aus der Zielsetzung der Neuregelung folgt, dass der Begriff der objektiven Schiedsfähigkeit **weit auszulegen** ist[5]. Die Ausdehnung der Schiedsfähigkeit auf alle vermögensrechtlichen Ansprüche hat insbesondere zur Folge, dass Vorschriften über *Verfügungs-, Vergleichs- oder Verzichtsverbote*, wie sie im BGB (§§ 276 Abs. 3, 311b Abs. 4, 1614 BGB), vor allem aber im Handels- und Gesellschaftsrecht (zB § 89b Abs. 4 HGB; §§ 50, 302 Abs. 3 AktG; §§ 9b Abs. 1, 43 Abs. 3 S. 2 GmbHG) bestehen, die Schiedsfähigkeit der zugrunde liegenden Ansprüche nicht mehr ausschließen[6]. Darüber hinaus kann auch aus dem bloßen Umstand, dass für bestimmte Rechtsstreitigkeiten im Verfahren vor ordentlichen Gerichten eine – auch international – *ausschließliche Zuständigkeit* normiert ist, nicht entnommen werden, dass eine

---

1 So *von Hülsen*, S. 136.
2 Vgl. idS *Epping*, S. 200 ff.; *Borges*, S. 96; *Geimer*, in: Zöller, § 1025 ZPO Rz. 24 ff.; *Münch*, in: MünchKomm ZPO, § 1030 Rz. 23 f.; *Schlosser*, in: Stein/Jonas, § 1030 ZPO Rz. 19; ebenso schon früher *Schlosser*, Rz. 304.
3 *Münch*, in: MünchKomm ZPO, § 1031 Rz. 24; aA schweiz. BG 23.6.1992, BGE 118 II, 353 (356).
4 Vgl. die Regierungsbegründung, BT-Drucks. 13/5274, S. 34; dazu näher *Raeschke-Kessler/Berger*, Rz. 154 ff.; *Lachmann*, Rz. 279 ff.; *Geimer*, in: Zöller, § 1030 ZPO Rz. 1; *Münch*, in: MünchKomm ZPO, § 1030 Rz. 13; *Epping*, S. 191 ff.
5 *Epping*, S. 191; *Berger*, S. 24 und DZWiR 1998, 45 (48); *Raeschke-Kessler/Berger*, Rz. 160; *Schütze*, Rz. 117; *Hartmann*, in: Baumbach/Lauterbach/Albers/Hartmann, § 1030 ZPO Rz. 4; krit. hingegen *Voit*, in: Musielak, § 1030 ZPO Rz. 1. Ebenso zum schweiz. Recht BG 23.6.1992, BGE 118 II, 353 (356); *Lalive/Poudret/Reymond*, S. 305 f. Vgl. zur Schiedsfähigkeit des Anspruchs einer Gesellschaft auf Einzahlung der Einlage BGH 19.7.2004, NJW 2004, 2898 (2899 f.) = SchiedsVZ 2004, 97 m. Anm. *Habersack*.
6 BT-Drucks. 13/5274, S. 34; *Schütze*, Rz. 117; *Lachmann*, Rz. 281; *Wagner*, S. 100, 586; *Geimer*, in: Zöller, § 1030 ZPO Rz. 3; *Schwab/Walter*, Kap. 4 Rz. 4; *Voit*, in: Musielak, § 1030 ZPO Rz. 2.

schiedsgerichtliche Streiterledigung ausgeschlossen sein soll[1]. Deshalb sind etwa auch *Patentstreitigkeiten* – trotz § 65 Abs. 1 PatG – ohne Einschränkung schiedsfähig[2]. Ferner ist auch in Streitigkeiten über inländische Grundstücke, inländische Gewerberäume oder Haustürgeschäfte mit inländischen Verbrauchern eine Derogation der internationalen Zuständigkeit deutscher Gerichte zugunsten eines ausländischen Schiedsgerichts zulässig. Die Schranken für Gerichtsstandsvereinbarungen (vgl. Art. 23 Abs. 5 iVm. Art. 17 bzw. 22 Nr. 1 EuGVO oder § 40 Abs. 2 iVm. §§ 24, 29a, 29c Abs. 3 ZPO) gelten insoweit nicht[3].

c) Subjektive Schiedsfähigkeit

Gesondert anzuknüpfen ist auch nach autonomem deutschen Schiedsrecht die subjektive Schiedsfähigkeit, dh. die rechtliche Handlungsfähigkeit der Parteien beim Abschluss der Schiedsvereinbarung. Sie unterliegt weder dem Statut der Schiedsvereinbarung noch der lex fori des Einrede- bzw. Vollstreckungsgerichts, sondern – wie im Rahmen der Staatsverträge (dazu oben Rz. 6746, 6751) und im Aufhebungsverfahren (§ 1059 Abs. 2 Nr. 1 lit. a ZPO) – dem Personalstatut der Parteien[4]. Auch im Einredeverfahren vor deutschen Gerichten ist daher bei natürlichen Personen gem. Art. 7 EGBGB vom Heimatrecht (dazu oben Rz. 6121 ff.), bei Gesellschaften und juristischen Personen vom Sitz- bzw. Gründungsrecht (dazu oben Rz. 5031 ff.) auszugehen[5]. Der inländische Rechtsverkehr wird allerdings entsprechend Art. 13 Rom I-VO gegen hier unbekannte Einschränkungen der subjektiven Schiedsfähigkeit geschützt[6]. Ferner kann die

6761

---

1 BT-Drucks. 13/5274, S. 35; OLG Hamm 7.3.2000, DB 2000, 1118; *K. Schmidt*, ZHR 162 (1998), 265 (270) ff.; *Raeschke-Kessler/Berger*, Rz. 161 ff.; *Schlosser*, in: Stein/Jonas, § 1030 ZPO Rz. 2; *Reichold*, in: Thomas/Putzo, § 1030 ZPO Rz. 2; *Geimer*, Rz. 3814.
2 *Raeschke-Kessler/Berger*, Rz. 187 ff.; *Schwab/Walter*, Kap. 4 Rz. 11; *Geimer*, in: Zöller, § 1030 ZPO Rz. 14; *Schlosser*, in: Stein/Jonas, § 1030 ZPO Rz. 3; ebenso schon früher *Schlosser*, Rz. 317; aA für Klagen auf Nichtigerklärung und Zurücknahme von Patenten die Regierungsbegründung zu § 1030 ZPO, BT-Drucks. 13/5274, S. 35; *Lachmann*, Rz. 311 ff.; *Münch*, in: MünchKomm ZPO, § 1030 Rz. 33; *Wieczorek/Schütze*, § 1025 ZPO aF Rz. 17 mwN.
3 *Geimer*, Rz. 3814; *Geimer*, in: Zöller, § 1029 ZPO Rz. 58 f. und § 1030 ZPO Rz. 4; *Schlosser*, in: Stein/Jonas, § 1030 ZPO Rz. 4; zu Einzelheiten s. die Kommentarliteratur zu § 1030 ZPO. Für Einschränkung der Schiedsfähigkeit von Verbraucherstreitigkeiten analog Art. 23 Abs. 5, 17 EuGVO *Reich*, ZEuP 1998, 981 (989 f.).
4 Vgl. *Schlosser*, Rz. 325 ff.; *Geimer*, Rz. 3815a, b; *Geimer*, in: Zöller, § 1029 ZPO Rz. 19; *Münch*, in: MünchKomm ZPO, § 1029 Rz. 41 f.; vgl. auch BGH 23.4.1998 (Rz. 6619), RIW 1998, 628.
5 *Schlosser*, Rz. 427; *Geimer*, in: Zöller, § 1029 ZPO Rz. 23; *Wieczorek/Schütze*, § 1025 ZPO aF Rz. 42; vgl. auch OLG Hamm 15.11.1994, RIW 1995, 681 = IPRspr. 1994 Nr. 185; BGH 23.4.1998, NJW 1998, 2452 = IPRax 1999, 104 (m. Anm. *Schütze*, IPRax 1999, 87) = IPRspr. 1998 Nr. 210 (zu Art. VI Abs. 2 EuÜ).
6 Vgl. dazu – sehr restriktiv – BGH 23.4.1998, NJW 1998, 2452 = IPRax 1999, 104 (m. Anm. *Schütze*, IPRax 1999, 87) = IPRspr. 1998 Nr. 210 (zu Art. VI Abs. 2 EuÜ); krit. dazu *Geimer*, Rz. 3815c-e.

Berufung ausländischer Staatsunternehmen auf ihre mangelnde Fähigkeit zum Abschluss von Schiedsvereinbarungen gegen Treu und Glauben verstoßen[1]. Der Schiedsbeklagte kann seine aus der fehlenden Geschäfts- bzw. Prozessfähigkeit hergeleiteten Einwendungen gegen die Wirksamkeit der Schiedsvereinbarung auch nicht zurückhalten und abwarten, ob das Schiedsverfahren für ihn günstig oder ungünstig ausgeht. Im Verfahren zur Anerkennung und Vollstreckung ausländischer Schiedssprüche ist die Rüge der fehlenden subjektiven Schiedsfähigkeit vielmehr ausgeschlossen, wenn sie nicht bereits im ausländischen Schiedsverfahren erhoben wurde[2]. Für Schiedsvereinbarungen über künftige Rechtsstreitigkeiten aus Wertpapierdienstleistungen und Finanztermingeschäften ist die subjektive Schiedsfähigkeit nach deutschem Sachrecht (§ 37h WpHG) eingeschränkt[3].

d) Eingriffsnormen

6762 Der Umstand allein, dass gewisse Rechtsverhältnisse durch Eingriffsnormen iSv. Art. 9 Rom I-VO geregelt werden, berührt deren objektive Schiedsfähigkeit grundsätzlich nicht, weil bei Abschluss der Schiedsvereinbarung oder im Einredeverfahren idR nicht vorhersehbar ist, ob sich die Schiedsrichter an das zwingende Recht halten werden oder nicht[4]. Die Einhaltung inländischer Eingriffsnormen durch das Schiedsgericht ist vielmehr grundsätzlich erst im Rahmen der Aufhebung des inländischen (§ 1059 Abs. 2 Nr. 2 lit. b ZPO) bzw. der Anerkennung und Vollstreckung des ausländischen Schiedsspruchs (Art. V Abs. 2 UNÜ) zu berücksichtigen[5]. Von diesem Grundsatz ist freilich eine Ausnahme zuzulassen, wenn im Zeitpunkt der Entscheidung des inländischen Einredegerichts bereits *mit Sicherheit* feststeht, dass sich das gewählte ausländische Schiedsgericht über Eingriffsnormen des deutschen Rechts hinwegsetzen und damit unvereinbares ausländisches Recht anwenden wird, sofern der zugrunde liegende Sachverhalt außerdem einen hinreichenden Inlandsbezug aufweist[6]. In der deutschen Praxis wurde insbesondere die Vereinbarung ausländischer Börsenschiedsgerichte durch nicht börsentermingeschäftsfähige inländische Anleger aus diesem Grunde für nichtig erklärt[7]; diese Rechtsprechung ist allerdings bereits seit der Börsengesetznovelle 1989 überholt[8]. Wird

---

1 *Lachmann*, Rz. 290; *Schwab/Walter*, Kap. 24 Rz. 5.
2 Vgl. BGH 16.5.1991, MDR 1992, 187; *Geimer*, Rz. 3815 f.; *Geimer*, in: Zöller, § 1029 ZPO Rz. 19b; *Schlosser*, in: Stein/Jonas, 1041 ZPO Rz. 12.
3 Vgl. dazu *Ebbing*, WM 1999, 1264 ff.; *Lehmann*, SchiedsVZ 2003, 219 ff.
4 *von Hülsen*, S. 121; *Schlosser*, in: Stein/Jonas, § 1030 ZPO Rz. 2.
5 *Raeschke-Kessler/Berger*, Rz. 170; ähnlich *Schlosser*, in: Stein/Jonas, § 1031 ZPO Rz. 4 mwN.
6 Vgl. zur parallelen Problematik von Gerichtsstandsvereinbarungen OLG München 17.5.2006, IPRax 2007, 322 (m. Anm. *Rühl*, IPRax 2007, 294) = IPRspr. 2006 Nr. 11; dazu oben Rz. 6393.
7 BGH 15.6.1987, NJW 1987, 3193 = IPRax 1989, 163 (m. Anm. *Samtleben*, IPRax 1989, 148) = IPRspr. 1987 Nr. 183; OLG Düsseldorf 26.5.1995, RIW 1995, 769 = IPRax 1997, 118 (m. Anm. *Thorn* IPRax 1997, 98) = IPRspr. 1995 Nr. 145.
8 Vgl. heute § 37h WpHG; dazu oben Rz. 6761 aE.

ein *deutsches* Schiedsgericht vereinbart, kann regelmäßig davon ausgegangen werden, dass dieses die zwingenden deutschen Normen anwendet[1].

e) Ordre public

Die Anerkennung einer nach dem anwendbaren ausländischen Recht gültigen Schiedsvereinbarung kann schließlich nicht nur im Vollstreckungsverfahren (vgl. Art. V Abs. 2 lit. b UNÜ), sondern bereits im Einredeverfahren vor deutschen Gerichten am ordre public-Vorbehalt (Art. 6 EGBGB) scheitern. Eine Prüfung der Schiedsvereinbarung an diesem Maßstab ist vor allem dann wichtig, wenn eine deutsche Partei auf ein Schiedsverfahren im Ausland verwiesen werden soll[2]. Dabei muss zwischen dem materiellrechtlichen und dem verfahrensrechtlichen ordre public unterschieden werden. Mit der Annahme eines Verstoßes der Schiedsvereinbarung gegen den materiellrechtlichen ordre public, der darauf gestützt wird, in dem ausländischen Schiedsverfahren sei mit der Anwendung von materiellem Recht zu rechnen, das zu einem mit Art. 6 EGBGB unvereinbaren Ergebnis führen könnte, so dass schon die Verweisung der inländischen Partei auf das Schiedsverfahren im Ausland verhindert werden müsse, ist aus den zuvor in Rz. 6762 genannten Gründen größte Zurückhaltung geboten; insoweit reicht die nachträgliche ordre public-Kontrolle des ausländischen Schiedsspruchs regelmäßig aus[3]. 6763

Größere praktische Bedeutung hat demgegenüber die ordre-public-Kontrolle von **Verfahrensvereinbarungen**, die wegen der übermäßigen Benachteiligung einer Partei auch die Schiedsvereinbarung als solche zu Fall bringen können. So ist eine Schiedsvereinbarung unwirksam, wenn eine Partei ihre wirtschaftliche oder soziale Überlegenheit dazu ausgenutzt hat, den anderen Teil zu ihrem Abschluss oder zur Annahme von Bestimmungen zu nötigen, die ihr im Verfahren ein deutliches Übergewicht über den anderen Teil einräumen. Daran ist trotz der Streichung des § 1025 Abs. 2 ZPO aF durch die Reform von 1997 grundsätzlich festzuhalten[4]. Zum ordre public zählt ferner das auch für Schiedsgerichte geltende Verbot, dass niemand als Richter in eigener Sache tätig sein, jede Art schiedsrichterlicher Tätigkeit vielmehr ausschließlich von nicht beteiligten Dritten ausgeübt werden darf[5]. Der bloße Umstand, dass der Schiedsort im Sitzstaat einer der Parteien gewählt wird (mit der Folge, dass die Rechtsverfolgung für die andere Partei erschwert ist und die staatsgerichtliche 6764

---

[1] OLG Düsseldorf 8.3.1990, WM 1990, 842 (845) = IPRspr. 1991 Nr. 221a; BGH 6.6.1991, NJW 1991, 2215 = IPRax 1992, 382 (m. Anm. *Samtleben*, IPRax 1992, 362) = IPRspr. 1991 Nr. 221b; BGH 13.1.2005, NJW 2005, 1125 (1127).
[2] OLG Hamburg 17.2.1989, RIW 1989, 574 = IPRspr. 1985 Nr. 237a.
[3] Vgl. idS auch *Schütze*, JbPraxSchG 1 (1987), 91 (98); *Schlosser*, Rz. 323; *Thorn*, IPRax 1997, 98 (105).
[4] Vgl. – unter Hinweis auf § 138 BGB – *K. Schmidt*, ZHR 162 (1998), 265 (282); *Lachmann*, Rz. 545; *Schütze*, Rz. 121; *Voit*, in: Musielak, § 1029 ZPO Rz. 10; vgl. aber einschränkend OLG Frankfurt 29.6.1989, RIW 1989, 911 = IPRspr. 1989 Nr. 241.
[5] Vgl. zu den Anforderungen an die Neutralität von Schiedsrichtern BGH 3.7.1975, BGHZ 65, 59 (62 f.); BGH 7.3.1985, BGHZ 94, 92 (95) = NJW 1985, 1903; BGH 15.5.1986, BGHZ 98, 70 (72) = EWiR 1986, 835 (LS) m. Anm. *Schütze*.

Kontrolle durch ein Gericht des Heimatstaats einer Partei ausgeübt wird), reicht für einen ordre public-Verstoß jedoch nicht aus, wenngleich aus Gründen der Waffengleichheit Schiedsverfahren nach Möglichkeit in einem „neutralen" Land stattfinden sollten[1]. Ebenso wenig ist das Neutralitätsgebot dadurch verletzt, dass das Schiedsgericht nur mit Schiedsrichtern besetzt ist, die die Staatsangehörigkeit eines Schiedsbeteiligten innehaben[2]. Enthält die Schiedsvereinbarung lediglich Bestimmungen zur Ausgestaltung des Verfahrens, die mit dem inländischen ordre public unvereinbar sind, weil etwa gegen die Gebote der Unbefangenheit der Schiedsrichter oder die Gewährung rechtlichen Gehörs verstoßen wird, so führen diese Bestimmungen zwar idR zur Aufhebung oder Nichtanerkennung des darauf beruhenden Schiedsspruchs; sie haben jedoch im Zweifel nicht die Nichtigkeit der Schiedsvereinbarung als solcher – und damit die Verwerfung der Schiedseinrede – zur Folge.

6765–6770 Frei.

V. Wirkungen der Schiedsvereinbarungen

1. Einredewirkung

6771 Die Hauptwirkung der Schiedsvereinbarung liegt im Ausschluss der staatlichen Gerichtsbarkeit und der Begründung der Schiedseinrede, wenn eine Partei Klage über den gleichen Streitgegenstand vor einem staatlichen Gericht erhebt.

a) UN- Übereinkommen

6772 Das UNÜ regelt diese Wirkung in seinem Art. II Abs. 3 in Gestalt einer vereinheitlichten Sachnorm, wenn es die im Einredeverfahren angerufenen Gerichte der Vertragsstaaten verpflichtet, die Parteien auf das schiedsrichterliche Verfahren zu verweisen, sofern eine Partei dies beantragt. Diese einheitliche Sachregelung bedarf freilich notwendig der Ergänzung durch nationales Recht.

aa) Form und Zeitpunkt der Einrede

6773 So beurteilt sich die Frage, in welcher Form und bis zu welchem Zeitpunkt die Schiedseinrede erhoben werden kann, nach dem **Verfahrensrecht des angerufenen Gerichts**[3]. Wird die Einrede vor einem deutschen Gericht erhoben, so bedarf sie keiner bestimmten Form und muss spätestens vor der Verhandlung

---

1 Vgl. OLG Hamburg 17.2.1989, RIW 1989, 574 = IPRspr. 1989 Nr. 237a; ferner *Böckstiegel*, NJW 1975, 1577 (1579); *Stumpf*, RIW 1987, 821 ff.
2 OLG Hamm 6.7.1994, RIW 1994, 1052 = IPRax 1995, 386 (m. Anm. *Schlosser*, IPRax 1995, 360) = IPRspr. 1994 Nr. 184.
3 BGH 10.5.2001, NJW 2001, 2176; schweiz. BG 22.5.1985, BGE 111 Ia, 107 = YCA XII (1987), 509 (510 f.); italien. Cass. 16.10.1985, Nr. 5071, YCA XIII (1988), 504 (506 f.); *van den Berg*, S. 137 ff.; *Adolphsen*, in: MünchKomm ZPO, Art. II UNÜ Rz. 27; *Haas*, in: Weigand, Art. II Rz. 112.

zur Hauptsache geltend gemacht werden (§§ 1032 Abs. 1, 282 Abs 3, 296 Abs. 3 ZPO; dazu unten Rz. 6780). Im Geltungsbereich des EuÜ sind ferner die speziellen Präklusionsnormen des Art. VI EuÜ zu beachten.

bb) Wirksamkeit der Schiedsvereinbarung

Die Schiedseinrede kann nach Art. II Abs. 3 UNÜ nur auf eine Schiedsvereinbarung gestützt werden, die der Form des Art. II Abs. 2 UNÜ entspricht und ferner nicht **„hinfällig, unwirksam oder unerfüllbar"** ist. Diese Voraussetzungen sind vom staatlichen Einredegericht voll nachprüfbar; dieses ist also auch vor der diesbezüglichen Entscheidung des Schiedsgerichts nicht auf eine bloße „prima facie"-Prüfung beschränkt[1]. Der sachrechtliche Gehalt dieser Regelung beschränkt sich freilich darauf, dass den Gerichten der Vertragsstaaten die Befugnis entzogen wird, völlig aus dem Rahmen fallende Nichtigkeitsgründe eines nationalen Rechts unter die Begriffe „null and void, inoperative or incapable of being performed" zu subsumieren[2].

6774

Eine dem UNÜ unterliegende Schiedsvereinbarung kann daher nach nationalem Recht nicht etwa deshalb für unwirksam erklärt werden, weil gegen den ergehenden Schiedsspruch eine förmliche Berufung zum staatlichen Gericht möglich ist oder der Spruch seine Wirksamkeit verliert, sobald eine Partei binnen bestimmter Frist ein staatliches Gericht anruft[3]. Der Rahmen des Art. II Abs. 3 UNÜ wird ferner auch gesprengt, wenn ein nationales Recht – anders als § 1059 Abs. 5 ZPO – das Erlöschen einer Schiedsklausel anordnet, sofern ein auf ihrer Grundlage ergangener Schiedsspruch von einem staatlichen Gericht aufgehoben wurde[4]. Gleiches hätte auch dann zu gelten, wenn ein natio-

6775

---

1 Schweiz. BG 16.1.1995, BGE 121, 38 (41 f.) = YCA XXI (1996), 690; *Schlosser*, Rz. 400 ff.; abweichend das autonome Schweizer Recht im Falle der Vereinbarung eines Schiedsgerichts mit Sitz in der Schweiz, vgl. BG 29.4.1996, BGE 122 III, 139 (142 ff.).
2 Zutr. *Schlosser*, Rz. 248; *Schlosser*, in: Stein/Jonas, Anh. § 1061 ZPO Rz. 39; zust. *Epping*, S. 41 f.; *Adolphsen*, in: MünchKomm ZPO, Art. II UNÜ Rz. 29; ebenso für den Fall, dass das Schiedsvereinbarungsstatut im Zeitpunkt der Entscheidung des Gerichts noch nicht feststeht, *Haas*, in: Weigand, Art. II UNÜ Rz. 107; *Adolphsen*, in: MünchKomm ZPO, Art. II UNÜ Rz. 29. Eine noch engere autonome Auslegung unter Anerkennung einer „presumption in favor of arbitration" befürwortet vor allem die amerikanische Rechtsprechung, die eine Anwendung von Art. II Abs. 3 UNÜ auf Fälle von „duress, mistake or fraud" sowie auf Verstöße gegen „fundamental policies of the forum state" beschränkt, vgl. *Podar Bros.* v. *ITAD Associates, Inc.* (4th Cir. 1981), 636 F. 2d 75 = YCA VII (1982), 379; *Ledee* v. *Ceramiche Ragno* (1st Cir. 1982), 684 F. 2d 184 (187) = YCA IX (1984), 471; *Rhône Méditerranée Comp.* v. *Achille Lauro* (3d Cir. 1983), 712 F. 2d 50 = YCA IX (1984), 474 (480); *Oriental Commercial and Shipping Co.* v. *Rosseel N. V.* (S.D. N.Y. 1985), YCA XII (1987), 532 (534); *Marchetto* v. *De Kalb Genetics Corp.* (N.D. Ill. 1989), YCA XV (1990), 581; *Tennessee Imports, Inc.* v. *Filippi* (M.D. Tenn. 1990), YCA XVII (1992), 620 (624); *Di Mercurio* v. *Sphere Drake Ins.* (1st Cir. 2000), 202 F. 3d 71 = YCA XXV (2000), 1121 (1123 ff.); zust. *Mayer*, Bull. ASA 1996, 376 ff.; *Born-Koepp*, Festschr. Schlosser (2005), S. 59 (68); krit. dazu *Adolphsen*, in: MünchKomm ZPO, Art. II UNÜ Rz. 29.
3 *van den Berg*, S. 156; *Schlosser*, Rz. 248.
4 *Schlosser*, Rz. 248.

nales Recht aus der Unwirksamkeit des Hauptvertrages zwingend auf die Unwirksamkeit der Schiedsvereinbarung schließen wollte[1]. Schließlich reicht auch die Befürchtung, dass das Schiedsgericht aufgrund einer von den Parteien getroffenen kombinierten Schieds- und Rechtswahlklausel Eingriffsnormen des Rechts am Sitz des staatlichen Einredegerichts nicht anwenden wird, für die Annahme der Nichtigkeit der Schiedsklausel iSv. Art. II Abs. 3 UNÜ nicht aus[2]. „Nicht erfüllbar" iSv. Art. II Abs. 3 UNÜ ist die Schiedsvereinbarung hingegen dann, wenn bereits zur Zeit der gerichtlichen Entscheidung feststeht, dass dem Kläger schiedsgerichtlicher Rechtsschutz aufgrund rechtlicher Hindernisse keinesfalls gewährt werden wird[3].

6776 Innerhalb des im Wege autonomer Auslegung zu gewinnenden Rahmens bestimmt freilich über die Wirksamkeit einer Schiedsvereinbarung das von Art. V Abs. 1 lit. a UNÜ zur Anwendung berufene **nationale Recht**. Da nämlich nach diesem Recht über die (fortbestehende) Wirksamkeit der Schiedsvereinbarung im Exequaturverfahren zu befinden ist, darf die Gültigkeit der Schiedsvereinbarung auch im Verfahren vor dem Einredegericht nicht anders beurteilt werden[4]. Um eine einheitliche Auslegung der Schiedsvereinbarung im Einrede- und im Anerkennungsverfahren zu gewährleisten, hat das Einredegericht ferner auch über die objektive und die subjektive Schiedsfähigkeit, sowie über einen möglichen Verstoß der Schiedsvereinbarung gegen den ordre public nach Maßgabe der einheitlichen Kollisionsregeln in Art. V UNÜ zu befinden[5]. Stellt das Einredegericht danach die Unwirksamkeit der Schiedsvereinbarung fest, so bindet diese Entscheidung auch das Schiedsgericht[6].

cc) Verweisung auf das Schiedsverfahren

6777 Ist die Schiedsvereinbarung wirksam, so hat das Gericht die Parteien zwingend auf das Schiedsverfahren zu verweisen, sofern ein entsprechender Antrag[7] gestellt wird; dem Gericht steht insoweit kein Ermessen zu[8]. Die Ausfüllung des Begriffs der „Verweisung" ist dabei wiederum dem nationalen Verfahrensrecht

---

1 *Schlosser*, Rz. 248; zust. *Sojuzneftexport* v. *Joc Oil Ltd.* (C. A. Bermuda 1989), YCA XV (1990), 384 (403 ff.).
2 Vgl. *Riley* v. *Kingsley* (10th Cir. 1992), 969 F. 2d 953 = YCA XIX (1994), 775 (778). Erst recht genügt die bloße Erschwerung der Rechtsdurchsetzung für eine Partei durch Vereinbarung eines für sie weit entfernten Schiedsgerichts nicht, um die Schiedsvereinbarung als unwirksam anzusehen, vgl. *Twi Lite Int'l, Inc.* v. *Anam Pacific Corp.* (N.D. Cal. 1996), YCA XXIII (1998), 910 (914 f.) (USA/Korea).
3 Vgl. *Samuel*, Jurisdictional Problems, S. 92 f.; *Epping*, S. 41 f.
4 Zutr. *Remiro Brotóns*, Rec. des Cours 1984 I, 251; *Schlosser*, Rz. 247; *Adolphsen*, in: MünchKomm ZPO, Art. II UNÜ Rz. 29.
5 *Adolphsen*, in: MünchKomm ZPO, Art. II UNÜ Rz. 30 f.
6 *Adolphsen*, in: MünchKomm ZPO, Art. II UNÜ Rz. 33 aE.
7 An den „Antrag" iSv. Art. II Abs. 3 UNÜ sind keine besonderen formalen Anforderungen zu stellen; es genügt zB der Einwand, das angerufene staatliche Gericht sei nicht zuständig, vgl. italien. Cass. S.U. 26.6.2001, Nr. 8744, Riv.dir.int.priv.proc. 2002, 407 (409).
8 *Haas*, in: Weigand, Art. II UNÜ Rz. 114 mwN.

überlassen[1]. Die Vertragsstaaten können daher – wie das deutsche Recht (§ 1032 Abs. 1 ZPO; dazu unten Rz. 6780) – eine Prozessabweisung verfügen, sich aber auch nach dem Vorbild der Common-Law-Staaten mit einer bloßen Aussetzung des Verfahrens („*stay of court proceedings*") bis zur Entscheidung des Schiedsgerichts begnügen. Eine eigentliche Verweisung auf das schiedsgerichtliche Verfahren wird hingegen vom UNÜ nicht verlangt und kann jedenfalls nicht stattfinden, wenn das Schiedsgericht noch nicht konstituiert ist[2]. Auch eine Verpflichtung der Vertragsstaaten, einen besonderen Rechtsbehelf zur Verfügung zu stellen, mit dem der Schiedsbeklagte unter Sanktionsandrohung angehalten wird, sich am Schiedsverfahren zu beteiligen, lässt sich aus dem UNÜ nicht ableiten. Art. II Abs. 3 UNÜ hindert die Gerichte der Vertragsstaaten lediglich an einer Sachentscheidung, solange das Schiedsverfahren noch durchgeführt werden kann.

b) Europäisches Übereinkommen

Die in Art. II Abs. 3 UNÜ angeordnete Einredewirkung einer gültigen Schiedsvereinbarung wird vom EuÜ ohne Weiteres vorausgesetzt[3]. Im Interesse einer Beschleunigung der Streiterledigung ist die Erhebung der Schiedseinrede freilich – ebenso wie die Berufung auf die Ungültigkeit der Schiedsvereinbarung im Verfahren vor dem Schiedsgericht (vgl. Art. V Abs. 1 EuÜ) – gem. Art. VI Abs. 1 EuÜ nur zeitlich begrenzt zulässig. Der maßgebende Zeitpunkt für die Erhebung der Schiedseinrede hängt danach davon ab, ob diese Einrede nach der lex fori des angerufenen staatlichen Gerichts **prozessualer oder materiellrechtlicher Natur** ist. Im ersteren Fall muss sie *vor* Einlassung zur Hauptsache geltend gemacht werden; dies gilt namentlich im Verfahren vor einem deutschen Einredegericht (vgl. § 1032 Abs. 1 ZPO)[4]. Handelt es sich hingegen nach der maßgebenden Rechtsordnung um eine materiellrechtliche Einrede, so genügt es, wenn sie *gleichzeitig* mit der Einlassung zur Hauptsache vorgebracht wird. Auch der Begriff der „Einlassung zur Hauptsache" ist nach Maßgabe der jeweiligen lex fori des befassten staatlichen Gerichts zu qualifizieren[5].

6778

c) Autonomes deutsches Schiedsverfahrensrecht

aa) Anknüpfung

Die verfahrensrechtlichen Wirkungen der Schiedsvereinbarung beurteilen sich ausschließlich **nach der lex fori** des mit ihrer Beurteilung befassten staatlichen

6779

---

1 Vgl. *Schlosser*, Rz. 401; *Schlosser*, in: Stein/Jonas, Anh. § 1061 ZPO Rz. 30; *Schwab/Walter*, Kap. 45 Rz. 1; *Gildeggen*, S. 38; *Adolphsen*, in: MünchKomm ZPO, Art. II UNÜ Rz. 33.
2 *Schwab/Walter*, Kap. 45 Rz. 1.
3 *Mezger*, RabelsZ 29 (1965), 231 (267); vgl. auch Rb. van Koophandel Kortrijk 1.10.1993, YCA XX (1995), 1057.
4 *Schlosser*, in: Stein/Jonas, Anh. § 1061 ZPO Rz. 185; ebenso in Italien, Cass. 16.10.1985, Nr. 5071, YCA XIII (1988), 504 (508 f.).
5 *Adolphsen*, in: MünchKomm ZPO, Art. VI EuÜ Rz. 3; *Schlosser*, in: Stein/Jonas, Anh. § 1061 ZPO Rz. 185.

Gerichts[1]. Im Verfahren vor deutschen Gerichten begründet daher § 1032 ZPO – wie § 1025 Abs. 2 ZPO ausdrücklich klarstellt – die Schiedseinrede unabhängig davon, ob ein deutsches oder ein ausländisches Schiedsgericht vereinbart worden ist, und ohne Rücksicht darauf, welchem Recht die Schiedsvereinbarung unterliegt[2]. Auch wenn die Schiedseinrede nach dem ausländischen Schiedsvertragsstatut etwa von Amts wegen zu berücksichtigen wäre, kann das deutsche Gericht die Klage doch nur auf eine entsprechende Einrede des Beklagten hin abweisen[3]. Auch die Frage, bis zu welchem Zeitpunkt die Schiedseinrede im Verfahren vor deutschen Gerichten zu erheben ist, bestimmt sich – unabhängig vom Statut der Schiedsvereinbarung – nach der deutschen lex fori[4].

bb) Prozesshindernis

6780 Nach § 1032 ZPO begründet eine wirksame Schiedsvereinbarung im Verfahren vor deutschen staatlichen Gerichten eine prozesshindernde Einrede. Wird der Streitgegenstand von der Schiedsvereinbarung erfasst, so ist die Klage **als unzulässig abzuweisen**, wenn der Beklagte sich im Prozess auf die Schiedsvereinbarung beruft. Eine Aussetzung des Verfahrens nach § 148 ZPO bis zur Entscheidung des Schiedsgerichts über seine Zuständigkeit (vgl. § 1040 Abs. 1 ZPO) – wie sie vor allem in den Verfahrensrechten der Common Law-Staaten üblich ist („stay of proceedings") – kommt nach deutschem Recht nicht in Betracht[5]; ebenso hat eine Verweisung an das Schiedsgericht – wie sie in Art. II Abs. 3 UNÜ und Art. 8 UNCITRAL-ModG vorgesehen ist – auszuscheiden[6]. Die Schiedseinrede greift allerdings nach § 1032 Abs. 1 letzter HS ZPO – in Anlehnung an Art. II Abs. 3 UNÜ – dann nicht durch, wenn die Schiedsvereinbarung nichtig, unwirksam oder undurchführbar ist, zB weil das Schiedsgericht sich schon für unzuständig erklärt hat[7]. Die Wirksamkeit und Durchführbarkeit der Schiedsvereinbarung hat das staatliche Gericht als Voraussetzung für die Begründetheit der Schiedseinrede *von Amts wegen* nach Maßgabe des auf die Schiedsvereinbarung anwendbaren Rechts[8] zu prüfen.

---

1 *Sieg*, RIW 1998, 102 (105); *Schütze/Tscherning/Wais*, Rz. 558; *Schütze*, Rz. 142.
2 OLG Frankfurt a.M. 1.10.1998, IPRax 1999, 247 (251) (m. Anm. *Hau*, IPRax 1999, 232) = IPRspr. 1998 Nr. 156; *Schlosser*, in: Stein/Jonas, § 1032 ZPO Rz. 23; *Geimer*, Rz. 3732 f.; *Schwab/Walter*, Kap. 7 Rz. 2; *Wagner*, S. 351.
3 LAG Hamburg 3.9.1973, BB 1974, 1441 = IPRspr. 1974 Nr. 42a; *Geimer*, Rz. 3732 f.
4 OLG Düsseldorf 23.5.1996, RIW 1996, 776 = IPRspr. 1996 Nr. 215; *Geimer*, Rz. 3802.
5 Arg.: Kompetenz-Kompetenz des staatlichen Gerichts, vgl. *Reichold*, in: Thomas/Putzo, § 1032 ZPO Rz. 1; *Schlosser*, in: Stein/Jonas, § 1032 ZPO Rz. 18; *Voit*, in: Musielak, § 1032 ZPO Rz. 9.
6 *Geimer*, in: Zöller, § 1032 ZPO Rz. 7; *Münch*, in: MünchKomm ZPO, § 1031 Rz. 10.
7 OLG Düsseldorf 17.11.1995, RIW 1996, 239 = IPRspr. 1995 Nr. 189; ebenso schon früher BGH 21.11.1995, BGHZ 51, 79 (83) = NJW 1989, 272.
8 BGH 21.9.1993, NJW-RR 1993, 1519; *Schütze*, Festschr. Schlosser (2005), S. 867 ff.; *Reichold*, in: Thomas/Putzo, § 1032 ZPO Rz. 3; *Schwab/Walter*, Kap. 3 Rz. 5.

2. Wirkungen der Schiedsvereinbarung im Verfahren der Anerkennung und Vollstreckung ausländischer Schiedssprüche

a) Grundsatz

Da § 1061 Abs. 1 S. 1 ZPO für die Anerkennung und Vollstreckung ausländischer Schiedssprüche auf das UNÜ verweist, beurteilt sich der Einfluss des Fehlens oder der Unwirksamkeit einer Schiedsvereinbarung auf die Anerkennung und Vollstreckung ausländischer Schiedssprüche – vorbehaltlich der Geltung vorrangig anwendbarer Staatsverträge (§ 1061 Abs. 1 S. 2 ZPO) – nach Art. V UNÜ. Gemäß Art. V Abs. 1 lit. a UNÜ ist die Anerkennung und Vollstreckung zu versagen, wenn dem ausländischen Schiedsverfahren keine wirksame Schiedsvereinbarung zugrunde gelegen hat. Diesem Versagungsgrund kommt in der Praxis eine besonders große Bedeutung zu[1]. Die materielle Wirksamkeit der Schiedsvereinbarung bemisst sich dabei gem. Art. V Abs. 1 lit. a UNÜ primär nach dem gewählten Recht, hilfsweise nach dem Recht am Sitz des Schiedsgerichts (dazu näher oben Rz. 6630 ff.). Demgegenüber ist die Formwirksamkeit der Schiedsvereinbarung an der Vorschrift des Art. II UNÜ zu messen, die lediglich durch die Meistbegünstigungsregel in Art. VII UNÜ eingeschränkt wird (dazu näher oben Rz. 6671 ff.). Darüber hinaus scheitert die Anerkennung und Vollstreckung eines ausländischen Schiedsspruchs, dem keine wirksame Schiedsvereinbarung zugrunde liegt auch am Vorbehalt des inländischen ordre public gem. Art. V Abs. 2 lit. a UNÜ, weil niemand ohne freiwillige Unterwerfung von einem Schiedsgericht verurteilt werden darf[2].

6781

b) Präklusion

Obwohl das UNÜ – anders als das EuÜ (Art. V) – keine Präklusionsregel enthält, geht die deutsche Praxis zu Recht davon aus, dass Einwendungen gegen den wirksamen Abschluss einer Schiedsvereinbarung nicht erst im Verfahren der Anerkennung und Vollstreckung des ausländischen Schiedsspruchs vorgebracht werden können[3]. Der Antragsgegner ist daher insbesondere dann mit der Rüge des Fehlens oder der Ungültigkeit der getroffenen Schiedsvereinbarung und der hieraus folgenden Unzuständigkeit des Schiedsgerichts aus-

6782

---

1 Vgl. aus der jüngeren deutschen Praxis BGH 21.9.2005, IPRax 2006, 266 (m. Anm. *Geimer*, IPRax 2006, 233) = IPRspr. 2005 Nr. 187; OLG Schleswig 20.3.2000, RIW 2000, 706 = IPRspr. 2000 Nr. 185; OLG Rostock 22.11.2001, IPRax 2002, 401 (m. Anm. *Kröll*, IPRax 2002, 384) = IPRspr. 2001 Nr. 206; OLG Brandenburg 13.6.2002, IPRax 2003, 349 (m. Anm. *Otto*, IPRax 2003, 333) = IPRspr. 2002 Nr. 221; BayObLG 12.12.2002, RIW 2003, 383 = IPRspr. 2002 Nr. 225; OLG Celle 4.9.2003, SchiedsVZ 2004, 165 = IPRspr. 2004 Nr. 202; OLG Koblenz 28.7.2005, SchiedsVZ 2005, 260 = IPRspr. 2005 Nr. 185; KG 18.5.2006, SchiedsVZ 2007, 100 m. Anm. *Neelmeier* = IPRspr. 2006 Nr. 210; OLG Frankfurt a. M. 26.6.2006, IPRax 2008, 517 (m. Anm. *Schlosser*, IPRax 2008, 497) = IPRspr. 2006 Nr. 212.
2 OLG Rostock 22.11.2001, IPRax 2002, 401 (405) (m. Anm. *Kröll*, IPRax 2002, 384) = IPRspr. 2001 Nr. 206; *Adolphsen*, in: MünchKomm ZPO, Art. V UNÜ Rz. 71.
3 Vgl. statt vieler *Geimer*, in: Zöller, § 1061 ZPO Rz. 34; *Adolphsen*, in: MünchKomm ZPO, Art. V UNÜ Rz. 6 ff.; *Münch*, in: MünchKomm ZPO, § 1061 Rz. 12; *Voit*, in: Musielak, § 1061 ZPO Rz. 20.

geschlossen, wenn er sich im Schiedsverfahren rügelos zur Sache eingelassen hat[1]. Dies sollte nicht nur in Fällen materieller Unwirksamkeitsgründe gelten, sondern auch in Fällen der Formnichtigkeit der Schiedsvereinbarung nach Art. II UNÜ[2]. Darüber hinaus tritt Präklusion auch dann ein, wenn es der Antragsgegner im Vollstreckungsverfahren – trotz Teilnahme am ausländischen Schiedsverfahren – unterlassen hat, die Einwendungen gegen die Wirksamkeit der Schiedsvereinbarung mit den im Schiedsstaat zulässigen Rechtsbehelfen gegen die Entscheidung des Schiedsgerichts vorzubringen[3]. Eine Einschränkung gilt allerdings für Schiedsvereinbarungen in Verbraucherverträgen, die als missbräuchliche Klauseln iS der Richtline 93/13/EWG vom 5.4.1993 anzusehen sind. Ihre Nichtigkeit kann im Verfahren der Anerkennung oder Vollstreckbarerklärung eines Schiedsspruchs auch dann noch geltend gemacht werden, wenn der Verbraucher diesen Einwand im Schiedsverfahren nicht erhoben hat[4]. Das für die Anerkennung und Vollstreckung des ausländischen Schiedsspruchs zuständige deutsche Gericht ist allerdings an die tatsächlichen Feststellungen und die rechtliche Bewertung des Schiedsgerichts zur Frage der Gültigkeit der Schiedsvereinbarung nicht gebunden[5].

3. Drittwirkungen der Schiedsvereinbarung

6783 Über die subjektive Reichweite einer Schiedsvereinbarung, dh. den Kreis der an eine solche Vereinbarung gebundenen Personen, enthalten weder das UNÜ noch das EuÜ eine Regelung. Insoweit ist daher auch im Geltungsbereich der Staatsverträge auf das *autonome* Schiedsverfahrensrecht der Vertragsstaaten zurückzugreifen. Nach deutschem Schiedsverfahrensrecht entscheidet über die Drittwirkungen einer Schiedsvereinbarung nicht das Schiedsvereinbarungsstatut, sondern dasjenige Recht, welches auf die Rechtsbeziehungen anwendbar ist, das die präsumptiv an eine Schiedsklausel gebundenen Personen mit einer der ursprünglichen Parteien der Schiedsvereinbarung verbindet[6]. Demgemäß gilt etwa das Erbstatut bei Universalrechtsnachfolge, das

---

1 OLG Schleswig 30.3.2000, RIW 2000, 706 (707) = IPRspr. 2000 Nr. 185; OLG Koblenz 28.7.2005, SchiedsVZ 2005, 260 = IPRspr. 2005 Nr. 185.
2 OLG Schleswig 30.3.2000, RIW 2000, 706 (707) = IPRspr. 2000 Nr. 185; *Kröll*, ZZP 117 (2004), 453 (483); *Adolphsen*, in: MünchKomm ZPO, Art. V UNÜ Rz. 9; aA OLG Frankfurt a.M. 26.6.2006, IPRax 2008, 517 (m. Anm. *Schlosser*, IPRax 2008, 497) = IPRspr. 2006 Nr. 212; *Mallmann*, SchiedsVZ 2004, 152 (157).
3 OLG Hamm, 27.9.2005, SchiedsVZ 2006, 106 (108); OLG Karlsruhe 27.3.2006, IPRax 2007, 455 (m. Anm. *Kröll*, IPRax 2007, 430) = IPRspr. 2006 Nr. 207; *Adolphsen*, in: MünchKomm ZPO, Art. V UNÜ Rz. 12; aA *Kröll*, ZZP 117 (2004), 483 (488). Einschränkend für den Fall der Willkür OLG Rostock 22.11.2001, IPRax 2002, 401 (405) (m. Anm. *Kröll*, IPRax 2002, 384) = IPRspr. 2001 Nr. 206.
4 EuGH 26.10.2006 – Rs. C-168/05 (Mostaza Claro/Centro Móvil Milenium SL), IPRax 2008, 515 (m. krit. Anm. *Schlosser*, IPRax 2008, 497) = YCA XXXII (2007), 127.
5 OLG Celle 4.9.2003, SchiedsVZ 2004, 165 = IPRspr. 2003 Nr. 201.
6 OLG Hamburg 17.2.1989, RIW 1989, 574 = EWiR 1989, 933 (LS) m. Anm. *Bredow* = IPRspr. 1990 Nr. 237a; *Schlosser*, in: Stein/Jonas, Anh. § 1061 ZPO Rz. 47; aA OLG Düsseldorf 11.7.1995, RIW 1996, 239 = IPRspr. 1995 Nr. 189; *Schwab/Walter*, Kap. 44 Rz. 24.

Verschmelzungsstatut bei Übernahme einer Gesellschaft oder juristischen Person und das Zessionsstatut bei Einzelrechtsnachfolge. Entsprechend gilt das Statut des Hauptvertrages für die Bindung eines durch ihn begünstigten Dritten[1], das Gesellschaftsstatut für die Bindung der Gesellschafter und das Insolvenzstatut für die Bindung des Insolvenzverwalters[2] an eine Schiedsvereinbarung.

4. Schiedsvereinbarung und Aufrechnung

Die Frage, ob eine Schiedsvereinbarung zugleich das Verbot beinhaltet, sich **im Prozess vor dem staatlichen Gericht** auf die Aufrechnung mit einer Gegenforderung zu berufen, über die nach dem Inhalt der getroffenen Schiedsabrede das Schiedsgericht entscheiden soll, betrifft indessen die objektive Reichweite der Schiedsvereinbarung; maßgebend ist daher insoweit das Statut der Schiedsvereinbarung[3]. Nach deutschem Recht lässt die Schiedsvereinbarung zwar die *materiellrechtlichen* Wirkungen einer im Verfahren vor dem ordentlichen Gericht erklärten Aufrechnung unberührt; sie enthält jedoch im Zweifel ein *prozessuales* Aufrechnungsverbot, weil sonst – entgegen dem in ihr zum Ausdruck kommenden Parteiwillen – von einem staatlichen Gericht über die von der Schiedsvereinbarung erfassten Ansprüche entschieden würde[4].

6784

Wird umgekehrt **vor dem Schiedsgericht** eine Forderung eingeklagt und mit einer der Schiedsvereinbarung nicht unterliegenden Forderung aufgerechnet, so muss konsequenterweise das Gleiche gelten; die Aufrechnung darf vom Schiedsgericht nicht beachtet werden[5]. Die Schiedsvereinbarung begründet mithin das prozessuale Verbot, eine materiellrechtlich zulässige Aufrechnung geltend zu machen. Etwas anderes gilt nur, wenn die zur Aufrechnung gestellte Gegenforderung rechtskräftig festgestellt oder unstreitig ist oder wenn die Parteien nachträglich die Zuständigkeit des Schiedsgerichts – ausdrücklich

6785

---

1 Vgl. *Société française de Transport Maritime* v. *BP Oil International* (E.D. Louis. 1990), YCA XVII (1992), 653.
2 Vgl. *Tanning* v. *O'Brian* (High Ct. Australia, 1990), YCA XVI (1991), 521 (525 f.); *Ky Finexim O. Ivanoff* v. *Ferromet* (S. Ct. Finland, 1989), YCA XVI (1991), 536.
3 *Berger*, RIW 1998, 426 f.; aA *Geimer*, Rz. 3817: Schiedsverfahrensstatut.
4 Vgl. BGH 22.11.1962, BGHZ 38, 254 (256 f.) = NJW 1963, 243 (m. Anm. *Nirk*, NJW 1963, 538) = JZ 1963, 681 m. abl. Anm. *Henckel* = ZZP 76 (1967), 461; OLG Düsseldorf 14.4.1983, NJW 1983, 2149 = WM 1983, 771; OLG Hamm 26.5.1983, RIW 1983, 698 (699) = IPRspr. 1983 Nr. 194; *Schlosser*, in: Stein/Jonas, § 1029 ZPO Rz. 31; *Schwab/Walter*, Kap. 3 Rz. 13; *Voit*, in: Musielak, § 1029 ZPO Rz. 25; *Reichold*, in: Thomas/Putzo, § 145 ZPO Rz. 23; *Lachmann*, Rz. 497 f.; *Geimer*, Rz. 3818; *Geimer*, in: Zöller, § 1029 ZPO Rz. 85.
5 *Schreiber*, ZZP 90 (1977), 415; *Busse*, MDR 2001, 729 (732); *Köhne/Langner*, RIW 2003, 361 (362 f.); *Schlosser*, in: Stein/Jonas, § 1029 ZPO Rz. 31; *Lachmann*, Rz. 497; *Reichold*, in: Thomas/Putzo, § 1029 ZPO Rz. 9; *Geimer*, in: Zöller, § 1029 ZPO Rz. 84; *Voit*, in: Musielak, § 1029 ZPO Rz. 24; aA RG 2.6.1931, RGZ 133, 16 (19); *Schwab/Walter*, Kap. 3 Rz. 12; *Münch*, in: MünchKomm ZPO, § 1046 Rz. 23; *Wieczorek/Schütze*, § 1025 ZPO aF Rz. 68.

oder konkludent (zB durch rügelose Einlassung des Schiedsklägers) – auf die Entscheidung über die Gegenforderung erstreckt haben[1].

6786–6800 Frei.

VI. Zusammenfassung mit Handlungsanleitung

1. Allgemeines

6801 a) Durch eine **Schiedsvereinbarung** wird festgelegt, dass die Entscheidung einer Rechtsstreitigkeit unter Ausschluss des ordentlichen Rechtswegs durch Schiedsrichter erfolgen soll. Sie ist auch für die Zwecke des Kollisionsrechts abzugrenzen von anderen Vereinbarungen, die häufig zusammen mit ihr getroffen werden,

– dem Hauptvertrag, auf den sich die Schiedsvereinbarung bezieht;

– Vereinbarungen über das schiedsrichterliche Verfahren;

– dem Schiedsrichtervertrag zwischen den Parteien und dem Schiedsrichter und

– einer parallel getroffenen Gerichtsstandsvereinbarung.

b) Da das Recht der internationalen Schiedsgerichtsbarkeit heute durch ein Geflecht multi- und bilateraler Staatsverträge gekennzeichnet ist, muss in einem ersten Schritt geklärt werden, ob **staatsvertragliche Regelungen** eingreifen. In Betracht kommen insbesondere

– das New Yorker UN-Übereinkommen von 1958 (UNÜ) und

– das Genfer Europäische Übereinkommen von 1961 (EuÜ).

Unter den **bilateralen Abkommen** enthalten Vorschriften über die Anerkennung von Schiedsvereinbarungen insbesondere

– der deutsch-amerikanische Freundschaftsvertrag von 1954 und

– der deutsch-tunesische Anerkennungs- und Vollstreckungsvertrag von 1966.

c) Der **Anwendungsbereich** der beiden wichtigsten Staatsverträge wird unterschiedlich bestimmt:

Das **UNÜ** ist nach seinem Art. I Abs. 1 anwendbar, wenn der **Schiedsspruch** in einem anderen als dem Vollstreckungsstaat erlassen worden ist oder im Vollstreckungsstaat nicht als „inländischer" Schiedsspruch gilt. Die Bundesrepublik Deutschland hat den von ihr zunächst eingelegten Territorialitätsvorbehalt nach Art. I Abs. 3 S. 1 UNÜ mit Wirkung vom 31.8.1998 zurückgenommen, so dass das Übereinkommen heute auch auf Schiedssprüche anzuwenden ist, die im Hoheitsgebiet eines *Nichtvertragsstaates* ergangen sind. **Schiedsver-**

---

[1] *Berger*, RIW 1998, 426 (429); *Raeschke-Kessler/Berger*, Rz. 709; *Geimer*, in: Zöller, § 1029 ZPO Rz. 86; *Voit*, in: Musielak, § 1029 ZPO Rz. 24.

einbarungen unterliegen dementsprechend dem UNÜ, wenn der vereinbarte Schiedsort in einem anderen Staat als dem Anerkennungsstaat liegt.

Ausgangspunkt für die Bestimmung des Anwendungsbereichs des **EuÜ** ist nicht der Schiedsspruch, sondern die **Schiedsvereinbarung**. Nach Art. I Abs. 1 ist das EuÜ anwendbar, wenn die Parteien der Schiedsvereinbarung ihren gewöhnlichen Aufenthalt bzw. Sitz bei Vertragsschluss in verschiedenen Vertragsstaaten haben. Darüber hinaus muss die Schiedsvereinbarung die Regelung von Streitigkeiten aus „internationalen Handelsgeschäften" betreffen.

Fällt eine Schiedsvereinbarung in den persönlichen und sachlichen Anwendungsbereich mehrerer Staatsverträge, so ist in einem weiteren Schritt das **Konkurrenzverhältnis** zu klären. Dabei gilt im Verhältnis UNÜ-EuÜ die Grundregel „lex posterior derogat legi priori". Im Verhältnis UNÜ zu bilateralen Übereinkommen und zum autonomen Recht gilt der Meistbegünstigungsgrundsatz nach Art. VII Abs. 1 UNÜ.

2. Statut der Schiedsvereinbarung

a) Das auf die Schiedsvereinbarung anzuwendende Recht ist im Geltungsbereich des **UNÜ** sowohl im Anerkennungs- wie im Einredeverfahren gem. Art V Abs. 1 lit. a UNÜ in erster Linie nach dem von den Parteien gewählten Recht zu beurteilen; in Ermangelung einer Rechtswahl richtet sich die Wirksamkeit der Schiedsvereinbarung nach dem Recht des Landes, in dem der Schiedsspruch ergangen ist bzw. ergehen soll. Die gleichen Kollisionsregeln gelten für Schiedsvereinbarungen auch gem. Art. VI Abs. 2 **EuÜ**.

6802

b) Ausgangspunkt für die Anknüpfung der Schiedsvereinbarung nach **autonomem Recht** ist § 1059 Abs. 2 Nr. 1 lit. a ZPO. Die dort für das Aufhebungsverfahren normierte Kollisionsregel ist in allen anderen Verfahrensstadien entsprechend anzuwenden. Maßgebend ist danach in erster Linie der Grundsatz der Parteiautonomie. Die Rechtswahl kann auch noch nachträglich (zB im Einredeverfahren) oder stillschweigend getroffen werden. Anhaltspunkte für eine konkludente Rechtswahl sind einerseits das auf den Hauptvertrag anwendbare Recht, andererseits das gewählte Verfahrensstatut. Bei Fehlen einer gesonderten Rechtswahl für die Schiedsvereinbarung verdient die Anknüpfung an das Recht des Schiedsorts den Vorzug vor dem Gleichlauf zwischen Schiedsvertrags- und Hauptsachestatut.

c) Das Statut der Schiedsvereinbarung entscheidet über diejenigen Fragen, die im staatsvertraglichen oder autonomen Recht nicht durch vereinheitlichte Sachnormen geregelt sind und für die keine Sonderanknüpfungen bestehen. Es gilt insbesondere für

– das Zustandekommen und die materielle Wirksamkeit der Schiedsvereinbarung;

– die Auslegung und objektive Reichweite der Schiedsvereinbarung (zB Erstreckung auf außervertragliche Ansprüche)

– die Aufhebung und Abänderung der Schiedsvereinbarung

3. Form der Schiedsvereinbarung

6803 a) Im Geltungsbereich der **UNÜ** hängt die Gültigkeit einer Schiedsvereinbarung nach Art. II Abs. 2 von der Einhaltung der dort normierten Formerfordernisse ab. Danach muss die Schiedsvereinbarung entweder von beiden Parteien unterzeichnet oder in Briefen oder Telegrammen enthalten sein, die sie gewechselt haben. Ausreichend ist auch eine in AGB enthaltene Schiedsklausel, sofern die von den Parteien unterzeichnete Urkunde oder die ausgetauschten Schreiben ausdrücklich auf die AGB Bezug nehmen und der Vertragspartner des Verwenders eine ausreichende Möglichkeit zur Kenntnisnahme der formularmäßigen Schiedsklausel hatte. Formerleichterungen gelten im Rahmen laufender Geschäftsbeziehungen und bei der Verwendung branchenüblicher AGB. Das Schweigen auf ein kaufmännisches Bestätigungsschreiben, in dem die Schiedsklausel enthalten ist, genügt hingegen ebenso wenig wie die bloße Entgegennahme eines Konnossements, das pauschal auf die Bedingungen des Chartervertrages verweist, in denen die Schiedsklausel enthalten ist. Die Formvorschrift in Art. II Abs. 2 UNÜ verdrängt schärfere Formanforderungen des nationalen Rechts (zB § 1031 Abs. 5 ZPO); auf Grund der Meistbegünstigungsklausel in Art. VII Abs. 1 UNÜ behalten jedoch mildere Formvorschriften des nationalen Rechts (zB § 1031 Abs. 2–4 ZPO) auch im Anwendungsbereich des UNÜ Bedeutung.

b) Die Voraussetzungen der Formgültigkeit von Schiedsvereinbarungen nach dem **EuÜ** (Art. I Abs. 2 lit. a HS 1) stimmen mit Art. II Abs. 2 UNÜ überein. Die Einhaltung der Schirftform ist jedoch im Rahmen des EuÜ nicht zwingend vorgeschrieben. Ausreichend ist vielmehr auch die Einhaltung der Formerfordernisse nach nationalem Recht, wobei es auf das Sitzrecht beider Vertragspartner ankommt.

c) Im **autonomen deutschen Recht** ist die Form der Schiedsvereinbarung auf Grund des in § 1025 Abs. 1 ZPO normierten Territorialitätsprinzips von deutschen staatlichen Gerichten wie vom Schiedsgericht stets nach § 1031 ZPO zu beurteilen, wenn der Schiedsort im Inland liegt. Liegt er im Ausland, so sollte die Formgültigkeit der Schiedsvereinbarung nach der lex fori des gewählten ausländischen Schiedsstaates beurteilt werden.

4. Zulässigkeit einer Schiedsvereinbarung

6804 a) Eine Schiedsvereinbarung ist sowohl nach dem UNÜ (Art. II Abs. 1) wie nach autonomem deutschen Recht (§ 1029 Abs. 1 ZPO) nur gültig, wenn sie sich auf Rechtsstreitigkeiten aus einem **bestimmten Rechtsverhältnis** bezieht und wenn ferner das zur Entscheidung berufene Schiedsgericht hinreichend bestimmbar ist. Insoweit handelt es sich um prozessuale Zulässigkeitsschranken, die im Einredeverfahren vor deutschen staatlichen Gerichten ohne Rücksicht auf den Standpunkt des Statuts der Schiedsvereinbarung gelten. Demgegenüber muss sich die Schiedsvereinbarung nach dem EuÜ nicht auf ein bestimmtes Rechtsverhältnis beziehen.

b) Über die **objektive Schiedsfähigkeit** ist sowohl im Rahmen der Anerkennung und Vollstreckung ausländischer Schiedssprüche wie im Einredeverfahren ausschließlich nach Maßgabe der lex fori zu entscheiden; auf die Schiedsfähigkeit nach dem ausländischen Statut der Schiedsvereinbarung kommt es daher in Verfahren vor deutschen Gerichten nicht an. Dies gilt gleichermaßen im Geltungsbereich der Staatsverträge (Art. V Abs. 2 lit. a UNÜ; Art. VI Abs. 2 S. 2 EuÜ) wie nach dem autonomen deutschen Recht. Demgegenüber wird die **subjektive Schiedsfähigkeit** gesondert angeknüpft.

c) Trotz objektiver Schiedsfähigkeit des Streitgegenstandes können sich weitere **Schranken für die Anerkennung internationaler Schiedsvereinbarungen** ergeben:

– aus inländischen Eingriffsnormen;

– wegen Ausnutzung einer wirtschaftlichen oder sozialen Überlegenheit;

– wegen Verstoßes gegen das Neutralitätsgebot

– wegen sonstiger Verletzungen des deutschen ordre public.

5. Wirkungen der Schiedsvereinbarung

a) Die Hauptwirkung der Schiedsvereinbarung besteht im Ausschluss der staatlichen Gerichtsbarkeit. Voraussetzungen und Schranken für die **Erhebung der Schiedseinrede** sind sowohl im UNÜ (Art. II Abs. 3) als auch im EuÜ (Art. V, VI) geregelt. Im Übrigen gilt im Einredeverfahren vor deutschen Gerichten § 1032 ZPO.

6805

b) Über die **Drittwirkungen** einer Schiedsvereinbarung, dh. den Kreis der an eine solche Vereinbarung gebundenen Personen (Rechtsnachfolger, Gesellschafter, weitere Konzerngesellschaften), entscheidet hingegen nicht das Schiedsvereinbarungsstatut, sondern das Recht, dem die Rechtsbeziehungen zwischen einer Partei der Schiedsvereinbarung und dem an sie gebundenen Dritten unterliegen.

6. Klauselbeispiele

a) Standard-Schiedsklausel der DIS[1]

aa) Deutsch

„Alle Streitigkeiten, die sich im Zusammenhang mit dem Vertrag (... Bezeichnung des Vertrages ...) oder über seine Gültigkeit ergeben, werden nach der Schiedsgerichtsordnung der Deutschen Institution für Schiedsgerichtsbarkeit e.V. (DIS) unter Ausschluss des ordentlichen Rechtsweges endgültig entschieden."

6806

---

1 Deutsche Institution für Schiedsgerichtsbarkeit. Die Schiedsgerichtsordnung der DIS in der seit 1.7.1998 gültigen Fassung ist abgedr. bei *Schwab/Walter*, Anh. B 4.

bb) Englisch

6807 „*All disputes arising from the contract (... description of the contract ...) including its validity shall be finally settled according to the Arbitration Rules of the German Institution of Arbitration e.V. (DIS) without recourse to the ordinary courts of law.*"

b) Standard-Schiedsklausel der ICC[1]

aa) Deutsch

6808 „*Alle aus oder in Zusammenhang mit dem gegenwärtigen Vertrag sich ergebenden Streitigkeiten werden nach der Schiedsgerichtsordnung der Internationalen Handelskammer von einem oder mehreren gem. dieser Ordnung ernannten Schiedsrichtern endgültig entschieden.*"

bb) Englisch

6809 „*All disputes arising out of or in connection with the present contract shall be finally settled under the Rules of Arbitration of the International Chamber of Commerce by one or more arbitrators appointed in accordance with the said Rules.*"

c) Standard-Schiedsklausel UNCITRAL[2]

aa) Deutsch

6810 „*Jede Streitigkeit, Meinungsverschiedenheit oder jeder Anspruch, die sich aus diesem Vertrag ergeben oder sich auf diesen Vertrag, seine Verletzung, seine Auflösung oder seine Nichtigkeit beziehen, sind durch ein Schiedsverfahren nach der UNCITRAL-Schiedsgerichtsordnung in ihrer derzeit geltenden Fassung zu regeln.*"

bb) Englisch

6811 „*Any dispute or claim arising out of or relating to this contract, or the breach, termination or invalidity thereof, shall be settled by arbitration in accordance with the UNICITRAL Arbitration Rules as at present in force.*"

---

[1] International Chamber of Commerce (Internationale Handelskammer). Die Schiedsgerichtsordnung der ICC in der seit 1.1.1998 gültigen deutschen Fassung ist abgedr. bei *Schwab/Walter*, Anh. B 1.

[2] Die UNCITRAL-Schiedsordnung ist in deutscher Übersetzung abgedr. bei *Schwab/Walter*, Anh. B 2.

Sachregister

Die angegebenen Zahlen verweisen auf die Randnummern.

AAA-Konzept 2420 f.
Abänderung des Vertrages 376
ABB-Fracht 2846
Ablieferungspflicht
– Insolvenz 5652 ff.
Ablösungsrecht
– und cessio legis 411
Abrechnungsverkehr zwischen Banken, Richtlinie 1244
Abschluss
– Einheitliches Gesetz über den – internationaler Kaufverträge 941
– von Verträgen 261 ff.
– s.a. Zustandekommen
Abschlussort
– im Ausland 137
– Form, Grundstückskauf 1551 ff.
– Form, Vollmacht 5498 ff.
– Hinweis auf das Schuldstatut 198
– Chartervertrag 2966
Absichtserklärung 245
Abtrennbarkeit eines Teils des Vertrages 189
Abtretbarkeit von Forderungen 381 f., 395
Abtretung
– von Forderungen 380 ff., s.a. Forderungsabtretung
– Gesellschaftsanteil 793 ff., 4405, 4426
– Herausgabeanspruch 995
– UNCITRAL-Übereinkommen 380
Abzahlungsgeschäfte 1013, 4181
– Zustimmung des Ehegatten 5867
Account Agreement Approach 2420 f.
Act of State 1168
ADSp s. Allgemeine Deutsche Spediteur-Bedingungen
AGB-Banken 293
AGB-Richtlinie 1246
Agent commercial 2174
akciová spolecnost 5315
Akkreditiv 1312 ff.
– Bereicherung 461
– Hinweise auf das Schuldstatut 961
Aktiengesellschaft
– belgische 5250
– englische 5257
– europäische 5240 ff.
– französische 5266
– italienische 5273 ff.

– japanische 5326
– kanadische 5332
– liechtensteinische 5340
– österreichische 5288
– polnische 5296
– portugiesische 5302
– russische 5347
– schweizerische 5355
– spanische 5308
– tschechische/slowakische 5315
– ungarische 5324
– US-amerikanische 5363
– s.a. Gesellschaft
Aktienkaufvertrag 2404 ff.
Akzessorische Anknüpfung
– Bereicherung 452
– Geschäftsführung ohne Auftrag 452
– Verträge 174 ff.
Alleinvertriebsvertrag
– Dienstleistung 1056
– Gerichtsstandsklausel 6393
– s.a. Eigenhändlervertrag; Vertriebshändlervertrag
Allgemeine Deutsche Spediteur-Bedingungen (ADSp) 127
– Handelsbrauch 6456
– Rechtswahl 4071 ff.
– Vereinbarung 290 ff., 4075 ff.
Allgemeine Geschäftsbedingungen 281 ff.
– Auslegung 294 f., 297
– Einbeziehung 282 ff.
– Einbeziehung, anwendbares Recht 283 ff.
– Einbeziehung nach deutschem Recht 291 ff., 296
– Form 298
– Gerichtsstandsklauseln 6437 ff.
– Hinweis auf stillschweigende Rechtswahl 127 f.
– Inhaltskontrolle 294 f.
– Rechtsvereinheitlichung/-angleichung 281
– Revisibilität 295
– Schiedsvereinbarungen 6686 ff., 6719
– Sprachrisiko 276
– ungewöhnliche 296
– Unterwerfung, UN-Kaufrecht 906, 918
– Verweisungsvertrag 264 f.
– s.a. Formularbedingungen

2129

Allgemeine Rechtsgrundsätze, Verweisung auf 102 f.
Allgemeinverbindlicherklärung 4964
Altersversorgung, betriebliche 4933
Änderung der Rechtswahl 99, 130 f.
Anerkennung
– von Entmündigungen im Ausland 6312 ff.
– von Gesellschaften 5162 ff.
– von Insolvenzeröffnung 5692 ff.
– von Schiedssprüchen 6763, 6781
– von Schiedsvereinbarungen nach UNÜ 6573 ff.
Anfechtung
– Gläubigeranfechtung 306
– des Insolvenzverwalters 5775 ff.
– wegen Täuschung 302
Angebot
– Verbrauchervertrag 4186
– zum Vertragsschluss 266, 279
Angelehnte Verträge 177
Angestellte, leitende 4866
Anknüpfung
– akzessorische s. dort
– charakteristische Leistung 153 ff., s.a. dort
– engere Verbindung 169, s.a. dort
– engste Verbindung 143, 155 f., 185 ff., s.a. dort
– funktionelle 157
– individualisierende 155
– mangels Rechtswahl 143 ff.
– missbräuchliche 93
– objektive 143 ff.
– ordre public 225
– Revisibilität 206
– subjektive 85 ff.
– typisierende 155
– vertragsspezifische 144 ff., s.a. Anknüpfung, vertragsspezifische
– Zeitpunkt 144, 159, 173, 187
Anknüpfung, vertragsspezifische 144 ff.
– Dienstleistungsverträge 146, 1041, 1047
– und engere Verbindung 169
– Franchiseverträge 149
– Grundstücksverträge 147
– maßgeblicher Zeitpunkt 144
– Miet- und Pachtverträge, kurzfristige 148, 1673 ff.
– multilaterales System 152
– Rom I-VO, Anknüpfungssystem 143, 169
– Versteigerung, Kauf durch 151
– Vertriebsverträge 150
– Warenkauf 145

Anlagenvertrag 1088
Anlegerschutz 602 ff., 657 f.
Anleihe 1351 ff.
– Anknüpfung, Übertragungsvorgänge 1363 ff.
– Anknüpfung, Zahlungsansprüche aus Anleihe 1361 f.
– Anknüpfung, Zahlungsansprüche zugrundeliegender Vertrag 1368
– Kapitalmarktrecht 1371
– Personalstatut Emittenten, Einwirkungen 1369 f.
– Prospekthaftung 1371
– Rechtswahl 1356
– ROM I-VO, Anwendbarkeit auf verbrieftes Recht 1354 ff.
– ROM I-VO, Anwendung auf Verträge über 1360
– Staatsanleihe 1372 ff.
– als Wertpapier 1352 f.
– zwingende Vorschriften 1376
Anleihebedingungen 2371 ff.
Anleihenerwerb 2411
Annahme eines Vertragsangebotes 266, 279, s.a. Zustandekommen
Anrechnung auf Insolvenzforderung 5657
Anscheinsvollmacht 5507 ff.
Anstalt 5342
– liechtensteinische 5162, 5342
Anteilskauf 4391, 4401 ff.
Anteilsrechte, Erwerb 5171 f.
Antitrustrecht s. Kartellrecht
Anwaltskooperationen 1431 f., 1464
Anwaltsrecht, Richtlinie 28
Anwaltsvertrag 1411 ff.
– Anwaltskooperationen, internationale 1431 f., 1464
– auslandsbezogene Tätigkeit deutscher Anwälte 1452 ff.
– Berufshaftpflichtversicherungsdeckung 1472
– Brüsseler Dependancen 1430
– Dienstleistung 1052
– Eingriffsrecht, deutsches 1441 ff. 1448 ff.
– Erfolgshonorare 1441 ff.
– Exequaturverfahren, Gebühren 1459 ff.
– Gebührenordnung 1441 ff.
– Haftungsrecht 1452 ff.
– Honorare, Durchsetzung im Ausland 1469 ff.
– Mitwirkung beim Vertragsschluss 201
– objektive Anknüpfung 1423 ff.
– Rechtsauskunft 1461

- Rechtsberatungsgesetz 1449 ff.
- Rechtswahl 1411 ff., 1440
- Rom I-VO 1411 ff., 1434 f.
- Rom II-VO 1438 f.
- Sozietät, mehrere Niederlassungen 1425 ff.
- Sozietäten, unverbundene 1433
- Third Party Legal Opinions 1436 ff.
- Übersetzungs- und Dolmetscherdienste 1462
- Verbrauchervertragsrecht, internationales 1414 ff.
- Werbung 1463 ff.
- zwingende Vorschriften 570 ff.

Anwaltswerbung 1463 ff.
Anweisungsfälle, Bereicherung 461
Anzahlungsgarantie 1200
Apostille 835
- und Grundbucheintragung 1537

Apotheker, Vertrag 193
Appel en garantie 976
Arbeitnehmer-Entsendegesetz 595, 4834 ff.
Arbeitnehmererfindung 4925 f.
Arbeitnehmerschutz, zwingende Vorschriften 518, 525
Arbeitnehmerüberlassung 4856
Arbeitserlaubnis 4915
Arbeitskampf 4968 ff.
Arbeitsort 4847
Arbeitsplatzschutzgesetz 4927
Arbeitsrecht, kollektives 4951 ff.
- Arbeitskampf 4968 ff.
- Betriebsverfassung 4952 ff., s.a. dort
- Tarifvertrag 4960 ff., s.a. dort

Arbeitsrecht, Richtlinien 26
Arbeitsschutz 4807
Arbeitsschutzbestimmungen 4936
Arbeitsunfähigkeitsbescheinigung 4920
Arbeitsverhältnis 4833
- Ruhen 4927

Arbeitsvermittlung 1395
Arbeitsvertrag 4801 ff.
- Arbeitnehmer-Entsendegesetz 595, 4834 ff.
- Arbeitsort, Maßgeblichkeit 4847 ff.
- Arbeitsverhältnis 4833
- Arbeitsvertragsstatut 4831 ff.
- ausländische Arbeitnehmer in Deutschland 5001 f.
- Auslandsberührung 4843
- Dienstleistung 1058
- Ehefrau, Zustimmung 5868
  - Kündigung 6045
- unter Ehegatten 5876
- einstellende Niederlassung, Maßgeblichkeit 4857 ff.
- engere Verbindung 4862 ff.
- Entsendung, vorübergehende 4852 ff., 4866
- Erfüllungsmodalitäten 4904
- Erfüllungsort 354, 357
- Fallgruppen 4865 ff.
- Flugpersonal 4868
- Gerichtsstandsvereinbarungen 6390, 6392, 6487 f.
- Günstigkeitsprinzip 4846
- innerhalb Festlandsockel 4850
- Insolvenz 5769 ff.
- Konzernarbeitsverhältnis 4855 ff.
- Leiharbeit 4856
- objektive Anknüpfung 4847 ff.
- ordre public 4913
- Ortskräfte 4865 ff.
- Parteiautonomie 4837 ff.
- Rechtsvereinheitlichung
  - Kollisionsrecht 4809 ff.
  - materielles Recht 4801 ff.
- Rechtswahl 4837 ff., 4902 f.
- Rechtswahlbeschränkung 4844 ff., 4902 f.
- Rom I-VO 4831 ff.
- Ruhen 4927
- Seearbeitsrecht 4869 ff.
- Wandelbarkeit Arbeitsvertragsstatut 4849

Arbeitsvertrag, zwingende Vorschriften 591 ff., 4844 ff., 4901 ff.
- Arbeitnehmererfindung 4925 f.
- Arbeitsschutz 4936
- Begründung des Arbeitsverhältnisses 4915
- Bestand des Arbeitsverhältnisses 4927 f.
- betriebliche Altersversorgung 4933
- Betriebsübergang 4931
- Inhalt des Arbeitsverhältnisses 4916 ff.
- Kündigungsschutz 4928 ff.
- Lohnanspruch 4918 ff.
- ordre public 4913
- Schwerbehinderte 4929, 4934
- Urlaub 4924
- Wettbewerbsverbot 4932

Arbeitsvertragsfähigkeit 4915, 6153
Arbeitszeitbestimmung 4936
Architektenvertrag 193, 1052, 1089 ff.
- Erfüllungsort 356
- HOAI-Geltung 1096 ff.
- Rechtswahl 1083, 1089, 1095
- Sicherungshypothek 1093

- Vertragsstatut 1089 ff.
- Vollmacht 1093
- zwingende Vorschriften 575 ff.
- zwingende Vorschriften Bauordnungsrecht 1094

Arglist 299, 302
Articles of association 5257
Arzneimittel, Preisrecht 582
Arzt, Vertrag 193
Asset deal 4392, 4460 ff.
Athener Übereinkommen 4051 ff.
Atypische Verträge 167, 171, 181
Aufenthalt, gewöhnlicher s. Gewöhnlicher Aufenthalt
Aufhebungsvertrag 371, 377
Aufklärungspflichten 472
Auflassung eines Grundstücks 1555 ff.
- an Ausländer 1598 f.
- an Ehegatten 5937 ff.
- Vermutung für gesetzlichen Güterstand 5940
- Vollmacht 5464, 5499
- Vormerkung 5939

Auflösungsvertrag 5002
Aufrechnung 365 ff.
- Aufrechnungserklärung 368
- und Einreden 337
- exchange contracts/Devisenkontrakt 679
- und Gerichtsstandsklauseln 6520 ff.
- in der Insolvenz 5772 ff.
- Legalaufrechnung 368
- und Schiedsvereinbarung 6784 f.
- UN-Kaufrecht 922
- und Währung 369
- Vertrag 367

Auftrag 166
Auftragsbestätigung 272 f.
- Gerichtsstandsvereinbarung 6444 ff., 6460

Auftragsproduktionsvertrag 2002, 2016 f.
Ausfuhrbeschränkungen
- inländische 583 f.
- Leistungsbefreiung 329
- s.a. Außenwirtschaftsgesetz

Ausgleichsanspruch
- des Handelsvertreters 2172 ff., 2184 f., 2222
- des Vertragshändlers 2261, 2307

Ausgleichsquittung 5002
Auskunftsanspruch 319
Auslandsberührung
- im Arbeitsrecht 4843
- und Gerichtsstandsklausel 6374 ff.

Auslandsbeurkundung
- Unternehmenskauf, Anteilskauf 4427 ff.

Auslandsreise
- auf Betreiben des Verkäufers 4187

Auslegung
- Allgemeine Geschäftsbedingungen 294 f., 297
- construction clause 125
- einheitliche 9, 37 ff
- Gerichtsstandsvereinbarung 6414, 6560
- gemäß Handelsbrauch 953
- des Parteiwillens als „Vorfrage" 160
- Schiedsvereinbarung 6560, 6649 ff.
- des Vertrages 307 ff.
- der Vollmacht 5494

Ausschließliche Zuständigkeit
- und Gerichtsstandsklausel 6486, 6519

Ausschlussfrist 374
Außenhandelsrecht 583 f.
Außenwirtschaftsgesetz 583 f.
- § 22 aufgehoben 1167
- § 23 aufgehoben 1167
- § 9 972
- Devisenvorschriften 588

Außerstaatliches Recht, Vereinbarung 100 ff.
Außervertragliche Schuldverhältnisse 441 ff.
- akzessorische Anknüpfung 452
- Anknüpfung 441 ff., 451 ff.
- Bankgeschäft 1273 f.
- Beweis 483
- Binnenmarktsachverhalte 449
- culpa in contrahendo 470 ff., s.a. dort
- Eingriffsnormen 484, 532
- Form 482
- gemeinsamer gewöhnlicher Aufenthalt 453
- Geschäftsführung ohne Auftrag 464 ff.
- Inlandssachverhalte 448
- ordre public 484, 532
- Rechte Dritter 450
- Rechtswahl 445 ff.
- Reichweite des maßgeblichen Rechts 481 ff.
- Rom II-VO 441
- ungerechtfertigte Bereicherung 455 ff., s.a. dort
- engere Verbindung 454

Ausstrahlung
- Betriebsverfassung 4954

Australien
- Eigentumszuordnung im Güterrecht 5927

Ausweichklausel 171 ff.
Auswirkung
- im gemeinsamen Markt 2281 ff.

Avalkredit 1310 f.

BAFA 243
Bagatellbekanntmachung 2281
Bank-AGB 293
Bankdarlehen 1162
Bankenaufsicht – Gemeinschaftsrecht 1234
Bankenrichtlinie 1234
Banküberweisung 603 ff., 1285 ff., s.a. Zahlungsverkehr, Bankvertrag; Zahlungsverkehr, mehrgliedriger
- Bereicherung 461

Bankvertrag 1231 ff.
- AGB 1261
- Avalkreditgeschäft 1310 f.
- Binnenmarktsachverhalte 1250, 1265
- Depotgeschäft 609, 1231 f.
- Dienstleistung 1267
- Diskontgeschäft 1329
- Dokumentenakkreditiv 1312 ff.
- Dokumenteninkasso 1320 ff.
- Einlagengeschäft 1282
- Factoring 1330 ff.
- Forfaitierung 1323 ff.
- Gemeinschaftsrecht 1233 ff.
- Gemeinschaftsrecht – kollisionsrechtliche Auswirkungen 1247 ff.
- gewöhnlicher Aufenthalt 1268 ff.
- Girogeschäft 1285 ff., s.a. Zahlungsverkehr, Bankvertrag; Zahlungsverkehr, mehrgliedriger
- Internet-Banking 1264
- objektive Anknüpfung 1267 ff.
- privatrechtliche Rechtsangleichung 1255 ff.
- privatrechtliche Rechtsangleichung – kollisionsrechtliche Behandlung 1257 ff.
- Prospekt-/Vertrauenshaftung 1275 ff.
- Rechtswahl 1250, 1260 ff.
- Rom I-VO 1260 ff., 1280
- Rom II-VO 1273 f., 1275 ff., 1281
- Verbrauchergeschäft 1263, 1272
- Vertragsstatut 1260 ff.
- Völkerrecht 1252 ff.
- vorvertragliche Aufklärungs- und Beratungspflichten 1273 f.
- Wertpapiergeschäfte 1333 f., 1351 ff., s.a. Anleihe
- Zahlungsverkehr 1285 ff., s.a. Zahlungsverkehr, Bankvertrag; Zahlungsverkehr, mehrgliedriger
- zwingende Vorschriften 1278 ff.

Bareboat charter 2962
Bare-hull-charter 2849
Bauarbeiter, Arbeitsvertrag 4867
Baugesetzbuch 566
Bauträgervertrag
- Formvorschriften 1561 f.
- zwingende Vorschriften 579

Bauverträge 1084 ff.
- Formularklauseln, internationale 1087
- Rechtswahl 1083
- Sicherungsrechte, Statut 1086
- Vertragsstatut 1084 ff.
- zwingende baurechtliche Vorschriften 1085

Beförderungsbedingungen, IATA 2846
Beförderungsverträge 2571 ff.
- Binnenschifffahrt s. Binnenschiffsfrachtverträge
- Eisenbahngütertransport s. dort
- Güterbeförderung 2571 ff., s.a. dort
- Luftfracht s. Luftfrachtvertrag
- Luftpersonenbeförderungsverträge s. dort
- Personenbeförderungsverträge 2621 ff., s.a. dort
- Seetransport s. Seefrachtverträge
- und Verbrauchervertrag 4191, 4195
- Verbrauchervertragsrecht, internationales 2671 ff.

Beglaubigung 743 ff.
- Funktion 743
- von Unterschriften 5497

Beglaubigung, Ausland 823 ff.
- Abschriftenbeglaubigung 823
- Belehrung durch Notar 836
- Register, elektronische Einreichung 836
- Unterschriftsbeglaubigung, materiellrechtliche Erklärung 824
- Unterschriftsbeglaubigung, Verfahrenserklärung 828 ff.
- Verifizierung des Erklärenden 831 ff.
- Verifizierung Urkundsperson 834

Beherbergungsvertrag 164, 1053
- Dienstleistung 1053
- Grundstücksmiete 1661
- und Pauschalreise 1705

Behinderte
- Beschränkungen 6281 ff.

- Betreuung 6284, 6291 ff.
- Entmündigung 6283, 6311 ff.
- Schutz des Rechtsverkehrs 6321 ff.

Belegenheit
- und Eigentumsübergang 991 ff.
  - Grundstücke 1532, 1562
- von Forderungen 1170
- von Grundbesitz, Güterstand 5954 ff., 5980 ff., 6031 ff.
- als Hinweis auf das Schuldstatut
  - Bauvertrag 1084
  - Grundstückskauf 1507
- der Hypothek 1171
- von Papieren 998
- von Realkreditforderungen 1171
- des Risikos 4732 ff., 4760
- und Vollmacht 5464
- s.a. Dingliche Rechte; Verfügungsgeschäft

Belegenheitsgrundsatz 566

Belgien
- Eigentumszuordnung im Güterrecht 5915
- Einbeziehung AGB 282
- und EVÜ 5
- Gesellschaften 5247 ff.
- Grundstückskauf 1631
- Verbraucherschutz 4146

Benachrichtigung bei der Zession 381, 391

Beneficium cendendarum actionum 1189

Bereicherung, ungerechtfertigte

Berner Übereinkunft zum Schutz von Werken der Literatur und Kunst 1942, 1964

Berufliche Tätigkeit 161
Berufstypische Leistung 155
Berufsvorschriften, ausländische Handelsvertreter 2230
Besloten vennootschap 5283
Bestätigung
- der Gerichtsstandsklausel 6444 ff.
- notarielle, der Vertretungsmacht 5221

Bestätigungsschreiben 272 f.
- und Gerichtsstandsklausel 6444 ff., 6460
- und Schiedsvereinbarung 6678, 6693, 6717
- UN-Kaufrecht 918

Bestechung 304
Bestellvertrag 1987, 1997
Bestimmungen, zwingende s. Zwingende Vorschriften
Bestimmungsort
- Luftbeförderung 2833

Beteiligungsfähigkeit 5171 f.
Betreuung 6284, 6291 ff.
- Anknüpfung 6294 ff., 6298 ff.
- Haager Erwachsenenschutzübereinkommen 6291 ff.
- internationale Zuständigkeit 6293, 6301

Betrieb im Arbeitsrecht 4850, 4859
Betriebliche Altersversorgung 4933
- Rom I-VO, Anwendungsbereich 65

Betriebsleiter, Arbeitsvertrag 4866
Betriebsübergang 594, 4807
Betriebsvereinbarung 4954
Betriebsverfassung 4952 ff.
- ausländische Betriebe inländischer Unternehmen 4958 f.
- und EG-Recht 4808
- inländische Betriebe ausländischer Unternehmen 4956 ff.
- internationale 4952 ff.
- Rechtsangleichung 4952 ff.

Beurkundung 743 ff.
- Publizität 748

Beurkundung, notarielle s. Notarielle Beurkundung

Beweis 483
Beweislast 340 ff.
- Erfüllung 342
- Verschulden 342

Beweismittel 344 f.
Beweisrecht
- Rom I-VO, Nichtanwendung 66

Beweisvorschriften, Qualifikation 1011 f.
Bezugnahme auf ein Recht 125
BGB-Gesellschaft 5184
Bietungsgarantie 1199
Binnenschiffsfrachtverträge 3021 ff.
- CMNI 3021 ff.
- EU-Kabotagetransport 3030
- Kollisionsnormen, CMNI 3024 ff.
- Ladescheinstatut 3032
- objektive Anknüpfung 3032
- Rechtswahl 3026, 3031

Bodenordnung s. Grundstück
Bodenverkehr 566, 654, 1521 f.
Bohrinsel, Arbeitsverhältnis 4850
Bond s. Anleihe
Booking note 2917
Börsengeschäfte 606, 657 f., 963
- Anleihe s. dort
- Prospekthaftung 658, 1371
- Vertragsschluss an Börse 199
- s.a. Finanzmarktverträge

Börsenkauf eines Unternehmens 4408 ff., 4417

Börsentermingeschäft 2412 f.
Börsenvollmacht 5468 ff.
Börsenzulassungsrichtlinie 1241
Boykott 4968
Brasilien
– Grundstückskauf 1632
Bretton Woods Abkommen
– Abkommenskonformität 691
– Berührung Währung eines Mitgliedstaates 684 ff.
– Devisenkontrollbestimmungen 688 ff.
– exchange contracts/Devisenkontrakt 675 ff., 1168, 1210
– nachträgliche Eingriffe 698, 702
– Unklagbarkeit/unenforceable 693 ff.
– Verstoß gegen abkommenskonforme Devisenkontrollbestimmungen 692
– s.a. Devisenvorschriften
Briefkastengesellschaft 5086, 5125
Brokervertrag 2481 ff.
– Anknüpfung, objektive 2486 ff.
– Dienstleistung 1054
– Erwerbs- oder Veräußerungsgeschäft 2494
– Rechtssetzungsauftrag Finanzdienstleistungs-Fernabsatz-Richtlinie 2492 f.
– Rechtswahl 2485
– Verbrauchervertragsrecht, internationales 2482 ff.
– s.a. Finanzmarktverträge
Bruchteilseigentum im Grundbuch 5929
Buchpreisbindung 2037
Bulgarien
– und EVÜ 5
Bürgschaft 1181 ff.
– ausländisches Recht 1182
– Bürge – Hauptschuldner Verhältnis 1191
– Bürgschaftsstatut 1183 ff., 1209
– Devisenvorschriften 1210
– Dienstleistung 1061, 1183
– des/unter Ehegatten 5863, 5866
– Form 1209
– Rechtsangleichung 1181
– Rechtswahl 1183, 1213
– Rom I-VO 1183 ff.
– Urkunde Rückgabe 1191
Business Corporation 5363
– Kanada 5332
Business Trust 5367
Butterfahrt 2676

Cartesio, EuGH 5056 ff.
Cash against documents 971
Cash on delivery 971

Centros, EuGH 5045 ff.
Cessio legis s. Forderungsübergang, gesetzlicher
CFR-Klausel 952
Charakteristische Leistung 153 ff.
– Begriff 155
– berufliche/gewerbliche Tätigkeit 161
– und engere Verbindung 169
– und engste Verbindung 155, 158
– Erfüllungsort 161
– gewöhnlicher Aufenthalt 161, s.a. dort
– Einzelfälle s. Charakteristische Leistung, Einzelfälle
– nichtbestimmbare 167
– Niederlassung 161
– Lokalisierung 161
– Qualifikation des Vertrages 144, 160
– Rom I-VO, Anknüpfungssystem 143, 153 f., 158, 169
– Zeitpunkt 159
Charakteristische Leistung, Einzelfälle 162 ff.
– Auftrag 166
– Dienstleistungen 162
– Gastaufnahme/Beherbergungsvertrag 164
– Gebrauchsüberlassung 162
– Gefälligkeitsverhältnisse 166
– Schenkung 165
– Tausch 168
– Veräußerungsverträge 162
– Verwahrung 163
– Warenkauf 962
Chartervertrag, Seerecht 2872, 2952 ff.
– Abschlussort 2966
– Bareboat Charter 2962
– Cross Charter 2956
– Demise Charter 2961
– Employment Clause 2960
– Flagge 2964
– Heimathafen 2965
– Inkorporationsklausel 2968 ff.
– Konnossement 2967 ff.
– Mengenvertrag 2963
– objektive Anknüpfung 2952 ff.
– Rechtswahl 2949 ff.
– Reisecharter 2952 ff.
– Slot Charter 2955
– Verbrauchervertragsrecht, internationales 2972
– Zeitcharter 2957 ff.
– s.a. Seefrachtverträge
CIF-Klausel 952, 975
CIFL 1111 ff.
– Text 1131

CIM 2801 ff.
CIP-Klausel 952
CISG 891 ff., s.a. UN-Kaufrecht
CIV 2801 ff.
Clauses de gel de la loi 106 ff.
CMNI 3021 ff.
CMR 2711 ff.
– Anwendungsbereich, internationaler 2713 ff.
– Ausnahmebereich, sachlicher 2718 f.
– Gerichtsstandsvereinbarung 6360, 6386
– Haftungsmaßstab 2722
– Kreisverkehr 2715
– Lücken 2724
– und nationales Recht 2720 ff.
– Postsendungen 2718
– Schlenkerverkehr 2715
– Speditionsvertrag 4103 f.
– spezielle Kollisionsnormen in CMR 2723
– Umzugsgut 2719
– Vereinbarung, Notwendigkeit 2717
– und Vertragsstatut 2726
Comity 1168
Commanditaire vennootschap 5281
Common Frame of Reference 29
Communauté légale 5915
Community property 5918
Conlinebooking 2917
Construction clause 125
Constructive notice doctrine 5260, 5369
Contra proferentem rule 297
Contract of Affreightment 2963
Contractual Joint Venture 4561, 4701 ff., s.a. Kooperationsvertrag
Coproduktionsvertrag 2002, 2016 f.
COTIF 2801 ff., 4031
– Liniensystem 2802
– Verhältnis zum nationalen Recht 2808 f.
CPT-Klausel 952
Cross Charter 2956
Culpa in contrahendo 470 ff.
– akzessorische Anknüpfung 476 f.
– Anknüpfung 476 ff.
– Bankgeschäft 1273 f.
– Begriff 472 ff.
– engere Verbindung 480
– gemeinsamer gewöhnlicher Aufenthalt 478
– Haftung Gutachter gegenüber Dritten 477
– hypothetisches Vertragsstatut 474, 476
– Ort des Schadenseintritts 479

– Rom I-VO, Nichtanwendung 64
– bei Vollmachtsüberschreitung 5495
Curtesy 6034

DAF-Klausel 952
Daily-Mail, EuGH 5043 f.
Dänemark
– und EVÜ 5
– Grundstückskauf 1633
– Güterrechtsstatut 5952
– Rom I-VO 39, 139
– Sicherungsübereignung 1002
– Verbraucherschutz 4147
Darlehensvertrag 1161 ff.
– Devisenvorschriften 1167 f.
– Dienstleistung 1054
– Hypothek 1171
– Kündigung 1166
– Lokalisierung von Forderungen 1170
– Rechtsvereinheitlichung 1161
– Rechtswahl 1164, 1175
– Rom I-VO 1162 ff.
– Vertragsstatut 1162 ff.
– wirtschaftspolitische Eingriffsvorschriften 1169 ff.
– Zinsbeschränkung 1165
– zwingende Vorschriften 1165 ff., 1180
Dauervollmacht 5467
DCE 4107
DDP-Klausel 952
DDR
– Einigungsvertrag 223 f.
DDU-Klausel 952
De-Minimis-Bekanntmachung 2281
Demise-Charter 2961
Dépecage 94, 753 ff.
Depotgeschäft 609, 1231 f.
DEQ-Klausel 952
Derogation 6353, 6372 f., 6518, s.a. Gerichtsstandsvereinbarung
DES-Klausel 952
Devisenkauf
– UN-Kaufrecht 899
Devisenkontrollbestimmungen 688 ff.
Devisenoptionsgeschäft 2401 ff.
Devisentermingeschäft 2401 ff.
Devisenverträge 675 ff., s.a. Exchange contracts
Devisenvorschriften, ausländische 666, 671 ff.
– autonomes Recht 707 ff
– Bretton Woods Abkommen 672 ff., 1168
– Bürgschaft 1210
– und Darlehen 1168

- IWF-Abkommen 672 ff., s.a. dort
- Rom I-VO 708 ff.
Devisenvorschriften, inländische 588, 671 ff.
- und Darlehen 1167
Dienstbarkeiten 1535
Dienstleistung
- ausländische 4192 f.
- charakteristische Leistung 162
- Europäische Gerichtsstands- und Vollstreckungsverordnung 353, 1045
Dienstleistungsfreiheit 12, 572, 577, 1043, 4816
- und Anwendung zwingender Vorschriften 534
Dienstleistungsrichtlinie 23, 1044
- und Rom I-VO 75, 1044
Dienstleistungsverträge 1041 ff.
- Begriffe 1041 ff.
- einzelne Dienstleistungen 1052 ff.
- gemischte Verträge 1050
- Rom I-VO 146, 1041, 1047
- tätigkeitsbezogene Leistung 1048
- und Warenkauf 905
- und Werkverträge 1052
- vertragsspezifische Anknüpfung 146, 1041, 1047
Differenzeinwand 606
Dingliche Rechte 1531 ff.
- an deutschen Grundstücken und Güterstatut 6033 ff.
- Rechtsgeschäfte und Rechtswahl 312
  - Auflassung 1555 ff.
  - Übereignung 312, 991 ff.
- s.a. Belegenheit; Eigentumsübergang
Direktversicherungsrichtlinie 25, 4721
Diskontgeschäft 1329
Diskriminierungsverbot von Arbeitnehmern 4806
Distanzvertrag 269, 274, 284
- Form 279, 765 ff.
Dokumente gegen Akzept 971 f.
Dokumentenakkreditiv 971, 1312 ff.
- einheitliche Richtlinie 1255, 1313
Dokumenteninkasso 1320 ff.
- einheitliche Richtlinie 1255, 1322
Doppelsitz 5088
Dos 5911
Dotalgüterrecht 5911
Dower 6034
Drehbuchvertrag 2000, 2012 f.
Dritte
- und Güterstand 6072
- und nachträgliche Rechtswahl 132 f.

Dritter, Vertrag zugunsten 318
- Rückabwicklung 462
Drittleistungsstatut 406
- und Gerichtsstandsklausel 6376 f.
Drohung, Anfechtung 302, s.a. Gültigkeit
Dual Use-Verordnung 583, 1887
Duldungsvollmacht 5507 ff.
Durchgriffshaftung 5212

ECE-Bedingungen 242, 280, 954
EC-Karte 1303
E-Commerce-Richtlinie
- und Rom I-VO 74
E-Geld-Richtlinie 1234
Ehe, allgemeine Beschränkungen 5861 ff.
- allgemeine Ehewirkungen 5878 ff., s.a. Ehewirkungsstatut
- Rechtsverkehr mit Dritten 5862 ff.
- Verträge zwischen Ehegatten 5875 ff.
Ehefrau, Geschäftsfähigkeit 5862 f.
Ehegatten
- Eigentumszuordnung 5911 ff., s.a. Eigentumszuordnung im Güterrecht
- Gesamtgläubiger 6043
- Gesamtschuldner 6042
- Schutz des Rechtsverkehrs 6061 ff., 6103
- Verfügungsbeschränkungen s. dort
- Verpflichtungsbeschränkungen s. dort
- Verträge zwischen 5875 ff.
- Zustimmung des anderen 6064
Ehegatten-Oderkonto 6043
Ehegüterrecht s. Güterrecht
Ehevertrag
- Fähigkeit zum Abschluss 6168
- Rechtswahl 1594
- Rom I-VO, Nichtanwendung 53
Ehewirkungen
- allgemeine 5878 ff., s.a. Ehewirkungsstatut
- persönliche 5854
  - anwendbares Recht 5878 ff., 5943 ff.
Ehewirkungsabkommen, Haager 5996
Ehewirkungsstatut 5878 ff., 5943 ff.
- Flüchtlinge 5944
- und Güterrechtsstatut 5943 ff.
- Mehrstaater 5881
- objektive Anknüpfung 5880 ff.
- Rechtswahl 5884 ff., 5946, 5960 ff., 5966, 5967 ff.
- Staatenlose 5944
Ehewohnung, Vertrag über 5869 f.
Eigenhändlervertrag 2052, s.a. Vertragshändlervertrag

Eigentumserwerb, gutgläubiger s. Gutgläubiger Erwerb
Eigentumsübergang
– bei Grundstücken 1532, 1562
– beim Mobiliarverkauf 991 ff.
    – Haager Übereinkommen von 1958 950
    – und Rechtswahl 995
    – UN-Kaufrecht 907
Eigentumsvermutung bei Ehegatten 5854, 6082
Eigentumsvorbehalt 999 ff.
– Insolvenz 5757 ff.
– UN-Kaufrecht 907
– verlängerter 395
Eigentumszuordnung im Güterrecht 5911 ff., 5929
– Anknüpfung 5928
– Australien 5927
– Belgien 5915
– England 5927
– Finnland 5919
– Frankreich 5915
– Griechenland 5924
– Iran 5927
– Irland 5927
– Israel 5924
– Italien 5915
– Japan
– Jordanien 5927
– Kanada 5927
– Kundbarmachung 5929
– Kuwait 5927
– Lateinamerika 5918
– Luxemburg 5915
– Niederlande 5913
– Norwegen
– Österreich 5923
– Osteuropa 5917
– Philippinen 5913
– Portugal 5915
– Schottland 5927
– Schweden 5919
– Schweiz 5921
– Spanien 5915
– Südafrika 5925
– Südamerika 5926
– Türkei 5922
– USA 5918, 5927
Eignung zur Beeinträchtigung des Handels 2281 ff.
Einbeziehung von AGB 282 ff.
Einfuhrverbot 321 f., 1014
Einfuhrvorschriften
– ausländische 661 ff.

– inländische 321, 583 f.
Eingriffsvorschriften s. Zwingende Vorschriften
Einheitliche Auslegung s. Auslegung
Einheitliche Richtlinie
– für Dokumentenakkreditive 1255, 1313
– für Dokumenteninkasso 1255, 1322
– für Garantiegeschäft 1255
– Qualifikation 1257 ff.
– Rom I-VO 1258 f.
– für Vertragsgarantien 1192
Einheitliches Gesetz über den Abschluss internationaler Kaufverträge 894, 941
Einigungsvertrag 223 ff.
Einlagengeschäft 1282
Einlagensicherungssysteme, Richtlinie über 1235
Einlassung, rügelose
– und Schiedsvereinbarung 6697
Einrede
– der Nichterfüllung 337
– des Schiedsvertrages 6771 ff.
– der Vorausklage 1188
Einseitige Rechtsgeschäfte 768
Einstandszahlung 2186
Einstweiliger Rechtsschutz
– und Gerichtsstandsklausel 6524
Einziehungsermächtigung 382, 402
Eisenbahngütertransport 2801 ff.
– COTIF und ER/CIM 2801 ff., s.a dort
– Eisenbahnfrachtbrief 2806
– Korridorverkehr 2804
– Liniensystem 2802
– nationales Recht 2810
– Transit durch Nichtmitgliedsstaat 2804
– Vereinbarung 2805, 2806
Eisenbahnpersonenbeförderungsverträge 4031 ff.
Eisenbahnverkehr und Spediteur 4106 ff.
Ejusdem-generis-Regel 309
EKG 941
Elektronischer Geschäftsverkehr
– Gerichtsstandsvereinbarung 6434, 6443
– Richtlinie 23
– und Rom I-VO 73
– Schiedsvereinbarung 6679, 6717
Eltern
– Vertretungsmacht 6181 ff.
E-Mail
– Gerichtsstandsklausel 6434, 6443
– Schiedsvereinbarung 6679, 6717
Emanzipation 6149 f.

Embargo 583 f., 661 ff.
- Lizenzvertrag 1888

Employment-Klausel 2960

Energie, elektrische
- und UN-Kaufrecht 899

Enger Zusammenhang
- Verbrauchervertrag mit EU-Land 4239 ff.

Engere Verbindung 169 ff.
- Arbeitsvertrag 4862 ff.
- außervertragliche Schuldverhältnisse 454
- Ausweichklausel 171 ff.
- Funktion 169
- gemischte Verträge 181 ff.
- maßgeblicher Zeitpunkt 173
- Rom I-VO, Anknüpfungssystem 169
- ungerechtfertigte Bereicherung 463
- zusammenhängende Verträge 174 ff.

England
- Eigentumszuordnung im Güterrecht 5927
- Gesellschaften 5253 ff.

Englische limited partnership 5255, 5261

Engste Verbindung 143, 155 f., 185 ff.
- Abschlussort 198
- Abtrennbarkeit Vertragsteil 189
- Begriff 186
- favor negotii 203
- Flagge, Recht der 205
- Gesamtheit der Umstände 188
- Gewicht der Hinweise 192
- gewöhnlicher Aufenthalt 193, s.a. dort
- hypothetischer Parteiwille 204
- kollisionsrechtliche Eigenart des Vertrages 191
- Makler, Mitwirkung 202
- Notar/Richter, Mitwirkung 201
- öffentliche Hand, Beteiligung 196
- Rom I-VO, Anknüpfungssystem 143, 185
- Staatsangehörigkeit 194
- Währung 197
- Zeitpunkt 187

Enteignung, Entschädigung
- von Forderungen 1212
- von Hypotheken 1171 f.
- Leistungsverweigerungsrecht 1172
- s.a. Zwingende Vorschriften

Entmündigung 6283, 6311 ff.
- ausländische 6312 ff.
- Haager Erwachsenenschutzübereinkommen 6313
- inländische 6311

Entsende-Richtlinie 595
- und Rom I-VO 73

Entsendung, Arbeitnehmer 4852 ff., 4866
- Betriebsverfassung 4954

Equity Joint Venture 4562, 4571 ff., s.a. Kooperationsvertrag

ER/CIM 2801 ff., 4106 ff.
- Verhältnis zum nationalen Recht 2808 f.

ER/CIV 4031

Erbenermittlung 1055

Erbrecht
- Rechtsgeschäfte, Verkehrsschutz 6249
- Rom I-VO, Nichtanwendung 53

Erbvertrag
- Fähigkeit zum Abschluss 6168
- Verkehrsschutz 6249

Erdölkonzessionsvertrag 101, 110

Erfolgshonorar 1441 ff.

Erfüllung 347 ff.
- Beweislast 342
- durch Dritte 347
- Währung 316, 361, 364

Erfüllungsgehilfe 347

Erfüllungsgeschäft
- Modalitäten der Erfüllung 360 ff.
- und Rechtswahl 312
- s.a. Verfügungsgeschäft

Erfüllungsmodalitäten 360 ff

Erfüllungsort
- Bestimmung 348
- und charakteristische Leistung 161
- Handelsbräuche 953
- als Hinweis auf das Schuldstatut 961
- internationale Zuständigkeit 349 ff., s.a. dort
- stillschweigende Rechtswahl 124
- Vereinbarung 358, 6432
  - Form 358, 6432
  - maßgebliches Recht 358

Erlass 346, 371

Erlöschen
- des Vertrages 346 ff.
- der Vollmacht 5502

Errungenschaftsbeteiligung 5921

Errungenschaftsgemeinschaft 5915 f., 5932

Ersetzungsbefugnis 364
- und Aufrechnung 369

Erwerbsbeschränkungen aufgrund Güterrechts 5941, 6063

Erwerbsgeschäft
- Betrieb durch die Ehefrau 6079

- Zustimmung des Ehegatten 1596, 6079
Erziehungsurlaub 592
Estland
- und EVÜ 5
EuEheVO 6201 ff.
Europäische Gerichtsstands- und Vollstreckungsverordnung 350 ff., 6357, 6371 ff.
- Dienstleistungen 353, 1045
- Gerichtsstandsvereinbarung 6371 ff., s.a. Gerichtsstandsvereinbarung, EuGVO
- Warenkauf 352
- Zuständigkeit am Erfüllungsort 351
Europäische Gesellschaft 5240 ff.
Europäische Privatgesellschaft 5243 ff.
Europäische Wirtschaftliche Interessenvereinigung (EWIV) 5238 f.
Europäische Wirtschaftsgemeinschaft
- Arbeitsrecht 4802 ff.
- Kartellrecht 2281 ff.
- Produkthaftung 945
- Schuldrecht, internationales 4 ff.
- Sozialrecht 4805
Europäisches Gemeinschaftsrecht 11 ff.
- Gemeinsamer Referenzrahmen 29
- und nationales Kollisionsrecht 15
- und nationales Sachrecht 16
- primäres 12 ff.
- Richtlinien 18 ff., s.a. Richtlinien, gemeinschaftsrechtliche
- Rom I-VO 35 ff., s.a. dort
- Verordnungen 17
- und zwingende Vorschriften 534, 535 ff., 542 ff.
Europäisches Patentübereinkommen 4926
Europäisches Übereinkommen
- über Handelsschiedsgerichtsbarkeit s. Schiedsvereinbarung
- über Produkthaftpflicht 945
Europäisches Vertragsrechtsübereinkommen von 1980 4 ff.
- Arbeitsverhältnis 8
- Auslegung, einheitliche 9
- Auslegungsprotokolle 10
- Dauerschuldverhältnis 7
- Enstehung 4
- Inkorporation 4, 6 f.
- intertemporales Recht 6
- räumlicher Anwendungsbereich 5
- Vertragsstaaten 5
- Vorentwurf 4
Exchange contracts 675 ff., 1168, 1210
- Aufrechnung 679

- außervertragliche Ansprüche 681
- Begriffsbestimmung, abkommenskonforme 683
- Kondiktion 680
- Kreditverträge, internationale 682
Exchange control regulations 688 ff.
Exequaturverfahren 1459 ff., 6757 ff.
Exportbeschränkungen 583 f.
Exportverbot s. Ausfuhrbeschränkungen; Kartellrecht
Express Bill of Lading 2913
EXW-Klausel 952

Factoring 1330 ff.
Fahrnisgemeinschaft 5914
Fahrniskauf 891 ff., s.a. Kauf
Fairness Opinions 1436
Faktoring
- UNIDROIT-Übereinkommen 1254, 1331
Fälligkeit 311
- bei Aufrechnung 366
Fälligkeitszinsen 335
Falsus procurator 5536 ff.
Familienrecht
- Rechtsgeschäft, Verkehrsschutz 6249
- Rom I-VO, Nichtanwendung 52
FAS-Klausel 952
Favor negotii 203
FCA-Klausel 952
Feiertagsbezahlung 4918, 4936
Feiertagsregelung und Erfüllung 361, 4936
Feindhandelsverbot s. Handelsverbot
Ferienhaus, Miete 148, 1673 ff., 4194
- Reiseveranstaltungsvertrag, Abgrenzung 1704 ff.
Fernabsatz von Finanzdienstleistungen, Richtlinie 1246, 4143
Fernsehlizenzvertrag 2005, 2024
Fernunterricht 162, 600
FIDIC-Conditions 242, 244, 248, 1087
Filmmusikvertrag 2000, 2012 f.
Filmproduktionsverträge 1999
- objektive Anknüpfung 2006 ff.
Filmverleihvertrag 2003, 2018 ff.
Filmverträge 1941 ff.
- Arbeitsverträge 2015
- Filmproduktionsverträge 1999 ff., 2006 ff.
- Filmverwertungsverträge 2003 ff., 2018 ff.
- Kollisionsrecht, Charakteristika 1961 ff., s.a. Urheberrechtsvertrag
- objektive Anknüpfung 2006 ff.

- Typen 1998 ff.
- Verträge mit Verwertungsgesellschaften 2025
- s.a. Geistiges Eigentum, Verletzung; Geistiges Eigentum, Verträge über; Urheberrechtsvertrag

Filmverwertungsverträge 2003, 2018 ff.
- objektive Anknüpfung 2018 ff.

Filmvorführungsvertrag 2004, 2022 f.

Finanzdienstleistungen
- Richtlinie über Fernabsatz 1246, 4143
- Rückausnahme 2380 ff.
- und Verbrauchervertrag 4197 f.

Finanzierungsleasing 1111 ff.

Finanzinstrumente 2341 ff.
- Begriff 2342
- und Verbrauchervertrag 4197 f.

Finanz-Konglomerat-Richtlinie 1234

Finanzmarktrichtlinie 606, 1234, 1243

Finanzmarktverträge 2461 ff., s.a. dort
- Aktienkaufvertrag 2404 ff
- Anlage von Privatvermögen als Privatgeschäft 2351 f.
- Anleihebedingungen 2371 ff.
- Anleihenerwerb 2411
- Ausnahme vom internationalen Verbrauchervertragsrecht 2371 ff.
- Börsentermingeschäft, Qualifikation als 2412 f.
- Brokervertrag 2481 ff., s.a. dort
- Devisenoptionsgeschäfte 2401 ff.
- Devisentermingeschäfte 2401 ff.
- Differenzeinwand 2512
- Finanzdienstleistungen, Rückausnahme 2380 f
- Finanzinstrumente 2341 ff.
- Informationspflichten, besondere Anknüpfung 2501 ff.
- Kassageschäft, Qualifikation als 2412 f.
- Kommissionsgeschäft 2356
- multilaterales System, Geschäfte innerhalb 2387 ff., 2431 ff., s.a. dort
- öffentiche Angebote/Übernahmeangebote 2371 ff.
- OGAW-Anteile, Zeichnung und Rückkauf 2377
- Optionsrechte, Erwerb 2409 f.
- Professionellenstatus, Option 2353
- Rechte und Pflichten, die Bedingungen festlegen 2378 f.
- Schiedsvereinbarung 2541 ff.
- Schutzvorschriften, besondere Anknüpfung deutscher 2501 ff.
- Spieleinwand 2512
- Termineinwand 2512

- Transaktionstypen, anwendbares Recht 2401 ff.
- Wertpapiere 2376
- Wertpapierübertragungen, grenzüberschreitende 2414 ff.

Finanzmarktverträge, Haftung 2521 ff.
- culpa in contrahendo 2522 ff.
- deliktische des Brokers 2521 ff.
- Hilfspersonen des Brokers 2528
- Organpersonen Brokergesellschaft 2526
- Prospekthaftung 2530 ff.
- Vermittlerhaftung 2527

Finanzsanktionen 583

Finanzsicherheiten, Richtlinie 1244, 2421

Finnland
- Eigentumszuordnung im Güterrecht 5919
- und EVÜ 5

Firmenfortführung, Haftung 4435, 4491

Flagge s. Recht der Flagge

Flüchtlinge
- Ehewirkungsstatut 5944
- Personalstatut 6125

Fluggastrechte-VO 4008 ff.
- Abflüge aus Gemeinschaft 4010
- Flüge in Gemeinschaft, EU-Carrier 4011
- Flüge in Gemeinschaft, Nicht-EU-Carrier 4012
- Rundflüge 4013

Flugpersonal 4868

FOB-Klausel 952, 975

Fonds 2461 ff.
- Investitionen durch Fonds 2463
- Investment Privater 2562
- kollisionsrechtlicher Anlegerschutz, Angemessenheit 2464 ff.
- Verbrauchervertragsrecht, internationales 2467 f.
- s.a. Finanzmarktverträge

Force majeure 329

Forderung
- Belegenheit 1170
- dinglich gesicherte 398 ff.
- Enteignung 1171 ff., 1212
- gesetzlicher Übergang auf Bürgen 1190
- gutgläubiger Erwerb 6070
- und Güterstatut 6070
- Verpfändung 397

Forderungsabtretung 380 ff.
- Abtretungsverbote 388
- Altgläubiger, Leistung an 391
- Anknüpfung 383 ff.
- ausländisches Recht 381
- Benachrichtigung 381, 391

- dinglich gesicherte Forderungen 398 ff.
- Drittwirkungen 384, 392 ff.
- Einziehungsermächtigung 382, 402
- Forderungsinhalt 389
- Forderungsstatut, Maßgeblichkeit 387 ff.
- Form 381, 403
- Grundgeschäft 385
- lex Anastasiana 389
- mehrfache 384, 393
- Rom I-VO, Anwendungsbereich 56
- Schiedsvereinbarung 6684
- Sicherungszession 382, 384, 394 ff.
- UNCITRAL-Übereinkommen 380
- UN-Kaufrecht 922
- Verhältnis Zedent – Zessionar 385
- Verpflichtungs-/Verfügungsgeschäft 386
- Vorausabtretung 382, 395

Forderungsübergang, gesetzlicher 404 ff.
- Ablösungsrecht eines Dritten 411
- auf den Bürgen 1190
- ausländisches Recht 404
- Gesamtschuld 412 f.
- Schuldnerschutz 409
- soziale Sicherheit, EU-Regelung 410

Forderungsübertragung s. Forderungsabtretung

Forfaitierung 1323 ff.

Form
- Abschlussort 762
- Allgemeine Geschäftsbedingungen 298
- Auflassung 1555 ff.
- Aufrechnung 368
- Bürgschaft 1209
- einseitige Rechtshandlungen 482
- Erfüllungsortvereinbarung s. Erfüllungsort
- Forderungsabtretung 381, 403
- Gerichtsstandsvereinbarung s. dort
- Grundstückskauf 1551 ff.
- Kooperationsvertrag 4661 f.
- Lizenzvertrag 1839
- Mietvertrag 1731 ff.
- nachträgliche Rechtswahl 132 f.
- Schiedsvereinbarung 6671 ff.
- teilweise Rechtswahl 94, 753 ff.
- Unternehmenskauf
  - Anteilskauf 4422 ff., 4551
  - Kauf der Wirtschaftsgüter 4481 ff., 4552
- Verträge unter Abwesenden 765 ff.
- Verweisungsvertrag 91
- Vollmacht 5496 ff.
- Warenkauf 919

- Zustimmung des Ehegatten 6064

Formleere 763

Formnichtigkeit und Heilung 773 ff., 1560 f.

Formularbedingungen 952 ff., s.a. Allgemeine Geschäftsbedingungen
- Auslegung 294 f., 297
- ECE-Bedingungen 280, 954
- Hinweis auf stillschweigende Rechtswahl 127 f.
  - Seefrachtrecht 128
- im Kaufrecht 952 ff.
- Incoterms 952
- Trade Terms 953

Formvorschriften 279, 731 ff.
- für Anträge und Verfahren, Abgrenzung 732, 735, 740
- anwendbares Recht/Formstatut 731
- Beglaubigung, Ausland 823 ff., s.a. dort
- Beurkundung, Beglaubigung 743 ff., s.a. Beurkundung
- Durchsetzung/Vermeidung 749
- Gesellschaftsakte, konstitutive 786 ff.
- des lex loci actus 731, 749
- Qualifikation 732 ff.
- Rom I-VO 731 ff.
- Schriftform 738 ff.
- Schriftlichkeit 741
- Sofern-Klausel 771
- Sprache 742
- Substitution s. Formvorschriften, Substitution
- und Teilrechtswahl 753 ff
- Urkunde, Begriff und Funktion 736 f.
- Willenserklärung und Dokumentation 733 ff.

Formvorschriften, Funktion 738 ff.
- Authentizitätssicherung der Erklärung 738, 743
- Belehrungssicherung 746
- Identitätssicherung 738, 743
- Inhaltskontrolle 747
- konsultative 746
- Publizitätsfunktion 748
- Schutz des schwächeren Vertragsteils 749

Formvorschriften, Substitution 749, 805 ff.
- Auslegung der Sachnorm 810 ff.
- Authentizität, Sicherung 818 ff.
- Belehrungssicherung 815 ff.
- Gleichwertigkeit, Voraussetzungen 809 ff.
- Status Urkundsperson 811
- Verträge, Beurkundung 814 ff.

Formvorschriften, Verfügungsverträge
777 ff.
- Gesellschaftsbeteiligungen 793 ff.
- Gesellschaftsbeteiligungen, ausländische Gesellschaften 802 ff.
- Gesellschaftsrecht 780 ff.
- über Grundstücke, inländische 1555 ff.

Formvorschriften, Verpflichtungsverträge
750 ff.
- Distanzverträge 765 ff.
- einseitige Rechtsgeschäfte 768
- Errichtungsort 762
- Folgen Nichtigkeit 773
- Formleere 763
- Gesellschaftsbeteiligungen 761, 776
- Grundstücke, ausländische 760, 775, 1558 ff.
- Grundstücksverträge 760 f., 772, 1551 ff.
- Heilung 773 ff.
- Mietverträge 772
- Ortsform 762
- Rechtswahl/Teilrechtswahl 94, 753 ff.
- Schenkung 767
- Sofern-Klausel 771
- Stellvertretung 766
- Unternehmenskauf 755, 761
- Verbraucherverträge 770

Four corners rule 250

Frachtvertrag
- Binnenschiffsfrachtverträge 3021 ff., s.a. dort
- Eisenbahngütertransport 2801 ff., s.a. dort
- Luftfrachtvertrag 2831 ff., s.a. dort
- multimodaler Gütertransport 3051 ff., s.a. dort
- Seefrachtverträge 2871 ff., s.a. dort
- Straßengütertransport 2711 ff., s.a. dort
- s.a. Güterbeförderung

Franchiseverträge
- akzessorische Anknüpfung Einzelverträge 2110 f.
- Altfälle 2093 f.
- Anknüpfung, objektive 2091 ff.
- Arbeitsverträge, besondere Vorschriften 2090, 2101
- Aufklärungs- und Offenlegungspflichten 2107 ff., 2122
- Begriff 2081 f., 2094 ff.
- Dienstleistung 1056, 2081
- Einheitsrecht 2083 ff.
- Gesellschaftsstatut 2112

- Gruppenfreistellungsverordnung 2099
- Handelsvertreterrichtlinie 2087
- Hauptleistungspflichten 2082
- Immaterialgüterrechtsstatut 2113
- Individualarbeitsvertrag 2105
- Kartellrecht 2117 ff.
- Masterfranchisevertrag 2101
- Produkthaftung 2115
- Rechtswahl 2088 ff.
- Reichweite Vertragsstatut 2106 ff.
- Rom I-VO 2088 ff., 2098 ff.
- Rom II-VO 2108
- Schutz des Franchisenehmers 2120
- Typen 2082, 2100 f.
- typengemischter Vertrag 2081
- UN-Kaufrecht 2087, 2105
- Verbraucherschutz 2089, 2100, 2121
- Verbrauchervertrag 2104
- vertragsspezifische Anknüpfung 149
- Wettbewerbsverstöße 2114
- zwingende Bestimmungen 2116 ff.

Franco débarquement 975
Franco domicile 975
Franco quay 975
Franko Bahn 961
Frankreich
- AG 5266
- Eigentumsvorbehalt 1001
- Eigentumszuordnung im Güterrecht 5915
- Einbeziehung AGB 282
- und EVÜ 5
- Gesellschaften 5263 ff.
- GmbH 5268
- Grundstückskauf 1634
- Sicherungsübereignung 1002
- Societé anonyme 5266
- Verbraucherschutz 4149
- Warenkauf, Form

Fraud 302
Free delivered 975
Freezing clauses 106 ff.
Frei Haus 975
Freie Berufe 1052
Freistellung gem. Art. 85 EG 1891 ff., 2201
Freizeichnung s. Haftung
Freizügigkeit 12, 4812
- der Arbeitnehmer 4802

Fremdwährungsschulden
- Aufrechnung 369
- Ersetzungsbefugnis 364
- Schuldverschreibungen, Gesetz über 1169
- Verordnung über 1169

Fristsetzung 325
Fundamental breach doctrine 294
Fusionskontrollverordnung 612, 4517 ff.

Garantie 1192 ff.
- Anzahlungsgarantie 1200
- Arten 1198 ff.
- ausländisches Recht 1194
- bestätigte 1203
- Bietungsgarantie 1199
- Dienstleistung 1061, 1195
- auf erstes Anfordern 1202
- Garantiestatut 1195 ff.
- indirekte 1204 ff.
- Liefer- und Leistungsgarantie 1201
- ordre public bei Rechtsmissbrauch 1197
- Rechtsvereinheitlichung 1192
- Rechtswahl 1195, 1213
- Rom I-VO 1195 ff.
- Rückgarantie 1207
- Vertrag 5866

Garantiegeschäft
- einheitliche Richtlinie 1255

Gastarbeiter 5001 f.
- Verträge 194

Gastaufnahmevertrag 164, 1053

Gattungskauf 974
- Eigentumsübergang 994

Gebäudeversicherung 4761

Gebietseinheit, Verselbständigung 220 ff., 444

Gebietshoheit s. Territorialitätsprinzip

Gebrauchsmuster 1834, s.a. Lizenzvertrag
- Überlassung 162

Gebrauchsort
- Ort der Vollmacht 5441 ff.

Gebrauchsüberlassung
- Dienstleistung 1062

Gefahrtragung 327, 347, 974
- Leistungsgefahr 327, 974
- Preisgefahr 975

Gefälligkeitsverhältnis 166

Gegenseitige Verträge
- charakteristische Leistung 155 ff.

Geistiges Eigentum, Richtlinie zum Schutz 1944

Geistiges Eigentum, Verletzung
- Altfälle, Behandlung 1821
- Gemeinschaftsgeschmacksmuster 1794, 1796
- Gemeinschaftsmarke 1794, 1796
- gewerbliche Schutzrechte, Anknüpfung 1798

- Reichweite Schutzlandanknüpfung 1795 ff.
- Rom II-VO 1791 ff.
- Schutzlandanknüpfung 1793
- Territorialitätsprinzip 1796
- Urheberrechte, Anknüpfung 1799 ff.
- Vertragsstatut/Immaterialgüterrechtsstatut, Abgrenzung 1811 ff.

Geistiges Eigentum, Verträge über 1771 ff.
- Abstraktionsprinzip 1774 ff.
- Altfälle, Behandlung 1821
- Anknüpfung 1782 ff.
- Arbeitsvertragsstatut 1784
- Begriffe und Abgrenzung 1771 ff.
- engere Verbindung 1783
- gewerbliche Schutzrechte, Verträge über 1831 ff., s.a. Lizenzvertrag
- Lizenzvertrag 1831 ff., s.a. dort
- Rechtsquellen 1773
- Rom I-VO 1781 ff.
- Rom II-VO 1791 ff.
- Verbrauchervertrag 1784
- Verpflichtungs-/Verfügungsgeschäft 1774 ff., 1811 ff.
- Vertragsstatut/Immaterialgüterrechtsstatut, Abgrenzung 1811 ff.

Geldentwertung s. Inflationsschaden

Geldleistung, farblose 156, 162

Geldwäscherichtlinie 1236

Gemeinsamer Aufenthalt s. Gewöhnlicher Aufenthalt

Gemeinsamer Referenzrahmen 29

Gemeinschaftsgeschmacksmuster 1794, 1796, 1834, s.a. Lizenzvertrag

Gemeinschaftsmarke 1794, 1796, 1834, s.a. Lizenzvertrag

Gemeinschaftsunternehmen 4561, s.a. Kooperationsvertrag

Gemischte Verträge 181

Genehmigung vollmachtlosen Handelns 5538

Generalvertreter, Vollmacht 5456

Genfer Flüchtlingskonvention 6125

Genfer Stellvertretungsabkommen 942, 5566

Gepäcktransport 2573, 2621

Gerätesicherheitsgesetz 1014

Gerichtsstandsvereinbarung 6352 ff.
- in AGB 6391, 6414, 6437 ff., 6451 f., 6459
- Arbeitsvertrag 6390, 6392, 6487 f.
- Auslegung 6414, 6560
- ausschließliche Zuständigkeit 6486
- Bestimmtheit 6481 ff.

- CMR 6360, 6386
- Form nach ZPO 6356, 6361
- forum non conveniens 6389
- Gegenstand 6353 ff.
- Haager Übereinkommen über Gerichtsstandsvereinbarungen 6359
- Handelsvertreter-/Alleinvertriebsvertrag 6393
- Hinweis auf das Vertragsstatut
  - beim Fahrniskauf 961
- Inlandssachverhalt 6375
- unter Kaufleuten 6388
- Klauselbeispiele 6544
- Konkurrenzen 6371 ff., 6383 ff.
- Missbrauchskontrolle, weitergehende europäische 6489
- mündliche 6444 ff.
- Qualifikation 6355 f.
- Rechtsnatur 6355 f.
- Rechtsquellen 6357 ff.
  - EuGVO 6357, 6371 ff.
  - EuGVÜ 6357
  - Luganer Übereinkommen 6358, 6382
- Rechtswahl 6354, 6461
- Rom I-VO, Nichtanwendung 57 ff.
- Schiedsklausel 6558 ff.
- schriftliche Bestätigung 6448 ff., 6460
- stillschweigende Rechtswahl 116 f.
- teilweise Rechtswahl 96
- Verbraucherverträge 6390, 6392, 6487 f.
- Versicherungsvertrag 6390, 6487 f.
- Vertragsgestaltung 256
- Vertragsverlängerung
- Widerspruch 6450
- Wirkungen 6501 ff., s.a. Gerichtsstandsvereinbarung, Wirkungen
- Wohnsitz in EG 6371 f.
- ZPO 6543
- Zustandekommen 6411 ff., s.a. Gerichtsstandsvereinbarung, Zustandekommen
- zwingende inländische Normen 6393

Gerichtsstandsvereinbarung, EuGVO 6371 ff.
- Anwendungsbereich 6371 ff.
- und autonomes Recht 6388 ff., 6543
- Bezug zu mehreren Staaten 6374 ff.
- Drittstaatenbezug, bloßer 6376 f.
- Gericht in Mitgliedstaat 6373
- Konkurrenzen 6383 ff.
- und Luganer Übereinkommen 6383 f.
- reiner Inlandssachverhalt 6375
- und Staatsverträge auf besonderen Rechtsgebieten 6384 ff.

- Zeitpunkt, maßgeblicher 6379 ff.

Gerichtsstandsvereinbarung, Wirkungen 6501 ff.
- ausschließliche/konkurrierende Zuständigkeit 6501 f.
- Bindung derogierter Gerichte 6518
- Drittwirkung 6506 ff.
- einstweiliger Rechtsschutz 6524
- Gewährleistungs-/Interventionsklage 6523
- Insolvenzverwalter 6507
- Konnossement 6511 ff.
- im Prozess 6516 ff.
- Prozessaufrechnung 6520 ff.
- Prüfung der Klausel 6516 f.
- Rechtsnachfolger 6507
- Reichweite, objektive 6514 f.
- Versicherungsvertrag 6510
- Vertrag zugunsten Dritter 6507
- Widerklage 6519
- zugunsten einer Partei 6503 ff.

Gerichtsstandsvereinbarung, Zustandekommen 6411 ff.
- AGB 6391, 6414, 6437 ff., 6451 f., 6459
- Auftragsbestätigung 6444 ff., 6461
- elektronische Übermittlung 6443
- Erfüllungsortvereinbarung 6432 f.
- Form 6389, 6415, 6431 ff.
- Gepflogenheiten der Parteien 6451 ff.
- internationale Handelsbräuche 6453 ff.
- Kenntnis der Parteien 6462 ff.
- Konnossement 6464, 6511 ff.
- schriftliche Bestätigung mündlicher Vereinbarung 6444 ff.
- schriftliche Vereinbarung 6434 ff.
- Schweigen auf kaufmännisches Bestätigungsschreiben 6444 ff., 6460
- stillschweigende Vereinbarung 6412
- Trust-Bedingungen 6418
- Vereinbarung, Auslegung 6411 ff
- in Vereins- oder Gesellschaftssatzungen 6417, 6442, 6507
- Willenseinigung 6411 ff.

Gesamtbetriebsrat 4957
Gesamtgut, Verfügung über 5912, 5930 ff.
Gesamtschuld 317, 412 f.
- und Bürgschaft 1191
- Ehegatten 6042

Gesamtverweisung durch die Parteien 218

Geschäftsbedingungen, Allgemeine s. dort
Geschäftsbesorgung 166, 1055
Geschäftsfähigkeit
- beschränkte 6147

- Börsentermingeschäftsfähigkeit 6167
- Ehegatten 5862 f.
  - „Heirat macht mündig" 6151
  - Verkehrsschutz 6082
- Entmündigte 6311 ff.
- fehlende, Rechtsfolgen 6169 ff., 6242 ff.
- Flüchtlinge 6125
- Gesellschaften 5174 ff.
- Minderjährige 6121 ff.
- natürliche Personen 6121 ff.
- Rom I-VO, Nichtanwendung 51
- und Schuldstatut 6169 ff.
- Staatenlose 2124
- Stufen 6147 f.
- Verkehrsschutz 6242 ff.
- des Vollmachtgebers 5492, 5504
- Wechselverbindlichkeit 6165
- s.a. Vertretungsmacht

Geschäftsfähigkeitsstatut 6121 ff.
- Flüchtlinge 6125
- Mehrstaater 6122
- Rück- und Weiterverweisung 6127
- Staatenlose 6124
- Staatsangehörigkeit 6121
- Statutenwechsel 6126
- und Vertretungsstatut 6223
- und Wirkungsstatut 6161 ff.

Geschäftsfähigkeitsstatut, Reichweite 6141 ff.
- besondere Geschäftsfähigkeiten 6164 ff.
- Emanzipation 6149 f.
- Folgen mangelnder Geschäftsfähigkeit 6169 ff., 6242 ff.
- Geschäftsfähigkeitsstufen 6147 f.
- „Heirat macht mündig" 6151
- Prozessfähigkeit 6154 f.
- Teilgeschäftsfähigkeit 6152 f.
- Verfügungsmacht 6172
- und Vertretungsstatut 6223
- Volljährigkeit 6142 f.
- Volljährigkeitserklärung 6149 f.
- und Wirkungsstatut 6161 ff.

Geschäftsführung ohne Auftrag 464 ff.
- akzessorische Anknüpfung 466
- engere Verbindung 469
- gemeinsamer gewöhnlicher Aufenthalt 467
- Ort der Geschäftsführung 468

Geschäftsgrundlage, Wegfall 324
Geschäftssitz s. Niederlassung
Geschmacksmuster 1834, s.a. Lizenzvertrag
Geschmacksmuster, Gemeinschafts- 1794, 1796, 1834, s.a. Lizenzvertrag

Gesellschaft
- Geschäftsfähigkeit 5174 ff.
- Partei- und Prozessfähigkeit 5178 ff., 5205
- Rechtsfähigkeit 5162 ff.
- Rechtsfähigkeit, fehlende 5162, 5201 f.
- Statutenwechsel 5129 ff.
- Vertretungsmacht 5031 ff.
  - Verkehrsschutz 5201 ff.
- s.a. Aktiengesellschaft; Gesellschaft mit beschränkter Haftung; Kommanditgesellschaft

Gesellschaft bürgerlichen Rechts 5184
Gesellschaft mit beschränkter Haftung
- Anteilsübertragung 793 ff.
- Belgien 5251
- Frankreich 5268
- Japan 5325
- Liechtenstein 5341
- Österreich 5289, 5297
- Portugal 5303
- Russland 5348
- Schweiz 5356
- Spanien 5309
- Tschechische Republik/Slowakei 5316
- Ungarn 5323

Gesellschafter
- Haftung 5207 ff., s.a. Haftung, Gesellschafter/Organvertreter

Gesellschaftsbeteiligung
- Verfügung über 793 ff.
- ausländische Gesellschaft 802 ff.
- Verpflichtungsvertrag, Form 761, 776

Gesellschaftsrecht
- Rom I-VO, Anwendungsbereich 60

Gesellschaftsstatut 5031 ff., s.a. Juristische Personen
- anfängliches Auseinanderfallen Verwaltungs-/Satzungssitz 5123 ff.
- Anknüpfung, Einzelprobleme 5081 ff.
- Anknüpfungstheorien 5032 ff.
- EuGH-Rechtsprechung 5043 ff.
- EuGH und deutsches internationales Gesellschaftsrecht 5059 ff.
- Gründungstheorie 5036 ff., 5094 ff., 5142 ff.
- und Mobilität von Gesellschaften 5121 ff.
- nachträgliches Auseinanderfallen Verwaltungs-/Satzungssitz 5129 ff.
- und Niederlassungsfreiheit, EG 5041 f.
- Rück- oder Weiterverweisung 5090 ff., 5095
- Sitztheorie 5033 ff., 5081 ff., 5122 ff., s.a. dort

- Sitzverlegung ins Ausland 5134 ff., 5145 ff.
- Sitzverlegung ins Inland 5130 ff., 5143 f.
- Sitzverlegung von Drittstaat in Drittstaat 5141 ff.
- Staatsverträge, Vorrang 5071 ff.
- Verwaltungssitz, Ermittlung 5081 ff., s.a. Verwaltungssitz

Gesellschaftsstatut, Reichweite 5161 ff.
- Beteiligungsfähigkeit 5171 f.
- Geschäftsfähigkeit 5174 ff.
- Gesellschaft bürgerlichen Rechts 5184
- nichtrechtsfähige Handelsgesellschaften 5183
- Parteifähigkeit 5178 ff.
- Prozessfähigkeit 5182
- Rechtsfähigkeit 5162 ff.
- Vertretungsmacht 5174 ff.
- Zweigniederlassung, Fähigkeit zur Errichtung 5166 ff.

Gesellschaftsvertrag
- unter Ehegatten 5877

Gesetz gegen Wettbewerbsbeschränkungen 610
- Lizenzvertrag 1889 f.
- s.a. Europäische Wirtschaftsgemeinschaft; Kartellrecht

Gesetzliche Vertretung, Minderjährige 6181 ff.
- Anknüpfung
  - deutsches Kollisionsrecht 6205 ff.
  - Vertretung durch Eltern 6205 ff.
  - Vertretung durch Vormund/Pfleger 6212 f.
- EuEheVO, Vorrang 6201 ff.
- und KSÜ 6220 ff.
- und MSA 6216 ff.
- Staatsverträge 6181 ff.
- Vertreter, Bestimmung

Gesetzlicher Forderungsübergang s. Forderungsübergang, gesetzlicher

Gesetzliches Gewaltverhältnis 6186, 6190 ff., 6198

Gestaltungsrechte und Eherecht 6045

Gestaltungsurteil, Vertragsauflösung 302, 330

Gewährleistung s. Mängelrüge

Gewaltverhältnis, gesetzliches 6186, 6190 ff., 6198

Gewerberecht, zwingende Vorschriften 569, 579 ff.

Gewerbliche Niederlassung s. Niederlassung

Gewerbliche Schutzrechte, Verträge über s. Geistiges Eigentum, Verletzung; Geistiges Eigentum, Verträge über; Lizenzvertrag

Gewerbliche Tätigkeit 161

Gewinnzusagen 43, 598 f.

Gewöhnlicher Aufenthalt 208 ff.
- Anknüpfung, objektive 161, 193
- berufliche Tätigkeit 212
- und charakteristische Leistung 161
- engste Verbindung 193
- gemeinsamer, außervertragliche Haftung 453
- geschäftliche Tätigkeit 211
- Gesellschaften 209
- Hauptniederlassung 213
- juristische Personen 209
- maßgeblicher Zeitpunkt 216
- Maßgeblichkeit 208, 210
- natürliche Personen 209
- nicht berufliche Tätigkeit 214
- Niederlassungen, andere 215
- und Verbrauchervertrag 4208
- Vereine 209
- Werkvertrag 1081
- s.a. Niederlassung; Wohnsitz

Giftorätt 6034

Girogeschäft 1285 ff., s.a. Zahlungsverkehr, Bankvertrag; Zahlungsverkehr, mehrgliedriger

Gläubigeranfechtung 306

Gläubigermehrheit 317

Globalzession 382, 396

GmbH s. Gesellschaft mit beschränkter Haftung

Grenzüberschreitende Zahlungen, Verordnung EG 1239

Griechenland
- Eigentumszuordnung im Güterrecht 5924
- und EVÜ 5
- Grundstückskauf 1635
- Verbraucherschutz 4150

Großbritannien
- Eigentumsvorbehalt 1001
- Einbeziehung AGB 282
- und EVÜ 5
- Grundstückskauf 1636
- Verbraucherschutz 4148

Grundbuch
- Eintragung des Güterstandes 1601 ff.
  - güterrechtlicher Eigentumserwerb 5929
  - Verfügungsbeschränkungen 1608 f., 5937 ff.

- Form der Eintragungsbewilligung 5501
- Vollzug Grundstücksverträge 1536 ff.
- Vollzug Kauf im ausländischen Grundbuch 1573 f.
- Vollzugsvollmacht 1575 f.

Grundfreiheiten 12
- und Anwendung zwingender Vorschriften 534

Grundpfandrecht
- Übernahme 1533 f.
- Verwertungsregelungen 567

Grundschuld
- Verfallvereinbarung 567
- Zession 398 ff.

Grundstück
- Güterrecht 5972 ff.
- Qualifikation 1502

Grundstücksbelastungen, Übernahme 1533 f.

Grundstückskauf 1501 ff.
- Belastungen 1533 f.
- dinglicher Vollzug 1531 ff.
- Form 1551 ff.
- Geschäftsfähigkeit 1515
- Grundbuch, Vollzug 1536 ff.
- güterrechtliche Fragen 1591 ff.
- Rechtswahl 1503 ff., 1621
- Reichweite 1514 ff.
- Rom I-VO 1503 ff.
- sonstige dingliche Rechte 1535
- Verbrauchervertrag 1513, 4196
- Vertragsgestaltung, ausländische Grundstücke 1571 ff.
- Vertragsstatut 1503 ff., 1507 ff.
- Vollzug im ausländischen Grundbuch 1573 f.
- Vollzugsvollmacht 1575 f.
- zwingende Vorschriften 1521 ff.
- s.a. Grundstücksverträge

Grundstückskauf, **Formvorschriften** 746, 1551 ff.
- Auflassung 1555 ff.
- ausländische Grundstücke 1558 ff.
- inländische Grundstücke 1551 ff.
- Zuständigkeit öffentliche Beurkundung 1563 ff.

Grundstückskauf, Güterrecht 1591 ff.
- Ausländer als Erwerber 1595, 1621
- Ausländer als Veräußerer 1607, 1621
- ausländisches Güterstatut im Grundbuchverfahren 1601 ff.
- Rechtswahl 1594
- Sachrechts-/Güterrechtsstatut, Abgrenzung 1592

Grundstückskauf, Länderübersicht
- Belgien 1631
- Brasilien 1632
- Dänemark 1633
- Frankreich 1634
- Griechenland 1635
- Großbritannien 1636
- Italien 1637
- Niederlande 1638
- Österreich 1639
- Polen 1640
- Portugal 1641
- Schweiz 1642
- Slowakei 1644
- Spanien 1643
- Tschechien 1644
- Türkei 1645
- Ungarn 1646
- USA 1647

Grundstücksmiete 1661 ff.
- und Beherbergungsvertrag 1661
- Dienstleistung 1062
- dingliche/quasidingliche Wirkungen, Anknüpfung 1721 ff.
- engere Verbindung 1684
- Familienwohnung 5869
- Ferienhausmiete/Reiseveranstaltungsvertrag, Abgrenzung 1704 ff.
- Form 772, 1731 ff.
- Grundbucheintragung 1721
- Insolvenz 5768
- Kauf bricht nicht Miete 1721
- kurzfristige Mietverträge 148, 1673 ff.
- kurzfristige, vertragsspezifische Anknüpfung 148
- objektive Anknüpfung 1671 ff.
- Rechtswahl 1661 ff.
- Rom I-VO 1661 f., 1671 ff.
- Verbrauchervertragsrecht, Anwendbarkeit 1701 ff.
- Vermieterpfandrecht 1721
- Vermittlungs-/Verwaltungsverträge, Abgrenzung 1713 f.
- zwingende Vorschriften 1741 ff.

Grundstückspacht 1661 ff.
- Dienstleistung 1062
- dingliche/quasidingliche Wirkungen, Anknüpfung 1721 ff.
- engere Verbindung 1684
- Form 1731 ff.
- Grundbucheintragung 1721
- Insolvenz 5768
- kurzfristige Mietverträge 148, 1673 ff.
- kurzfristige, vertragsspezifische Anknüpfung 148

- objektive Anknüpfung 1671 ff.
- Rechtswahl 1661 ff.
- Rom I-VO 1661 f., 1671 ff.
- Verbrauchervertragsrecht, Anwendbarkeit 1701 ff.
- Vermieterpfandrecht 1721
- Vermittlungs-/Verwaltungsverträge, Abgrenzung 1713 f.
- zwingende Vorschriften 568, 1741 ff.

Grundstückstausch 168, 1512

Grundstücksverkehr
- zwingende Vorschriften 654

Grundstücksverkehrsgesetz 566, 1521 f.

Grundstücksverträge 760 f., 772
- Ehegatten 1591 ff., 5871
- Ehegatten, Beteiligung ausländischer 6062
- gutgläubiger Erwerb 6066 ff.
- Minderjähriger 6214 ff.
  - vormundschaftsgerichtliche Genehmigung 6214 ff.
- Verkehrsschutz 6250
- vertragsspezifische Anknüpfung 147
- zwingende Vorschriften 566 f., 654, 1521 ff.
- s.a. Grundstückskauf

Grundstücksvollmacht 1575 f., 5464 ff.
- Form 1575 f.

Gründungstheorie 5036 ff., 5094 ff., 5142 ff.

Gruppenfreistellungsverordnung 1891 ff., 2201
- Franchise 2099
- Kraftfahrzeugsektor 2283
- vertikale Wettbewerbsbeschränkungen 2202, 2282

Gruppenversicherung 4759

Guadalajara, Zusatzabkommen 2838 ff.

Gültigkeit
- des Hauptvertrages 301 ff.
- der Schiedsvereinbarung 6774
- und ungültiger Hauptvertrag 89, 300
- des Verweisungsvertrages 300
- s.a. Zustandekommen

Günstigkeitsprinzip 13
- Arbeitsvertrag 4846

Günstigkeitsvergleich, Güterrecht 6081

Guter Glaube
- Gesellschaft 5203
- Insolvenz 5808 ff.
- Sachenrecht 993
- und Vertretungsmacht 5535
- s.a. Gutgläubigkeit und Verkehrsschutz

Güterbeförderung
- Spediteur 4081, 4084, s.a. Speditionsvertrag

Güterbeförderungsverträge 2571 ff.
- Ablader, Abgrenzung 2583 ff.
- Absender, Definition 2580 ff.
- Allgemeine Geschäftsbedingungen 617 f.
- Anknüpfung, objektive 2576 ff.
- Ausgangsort, Verladeort 2589 ff.
- Beförderer, Definition 2577
- Bestimmungsort, subsidiäre Anküpfung 2602 ff.
- Binnenschiffsfrachtverträge 3021 ff., s.a. dort
- Dienstleistung 1057
- Eisenbahngütertransport 2801 ff., s.a. dort
- Entladeort, Bestimmungsort 2592 ff.
- Gepäcktransport 2573
- gewöhnlicher Aufenthalt 2578 f., 2586
- Luftfrachtvertrag 2831 ff., s.a. dort
- mehrere Beförderungen unter einheitlichem Vertrag 2599 ff.
- multimodaler Gütertransport 3051 ff., s.a. dort
- offensichtlich engere Verbindung 2661 ff.
- Optionsladung 2594
- Rechtswahl 2574 f.
- Seefrachtverträge 2871 ff., s.a. dort
- Speditionsvertrag 4071 ff., s.a. dort
- Straßengütertransport 2711 ff., s.a. dort
- Teilladungen 2596 ff., 2604
- Übernahmeort/Ablieferungsort 2587 f.
- Umzugstransport 2572, 2733
- Verbrauchervertragsrecht, internationales 2671 ff.
- zwingende Normen 617 f.

Gütergemeinschaft 5912 ff., 6067 ff.
- aufgeschobene 5919
- niederländisches Recht 5913, 5931, 6071

Güterrecht
- Eigentumszuordnung 5911 ff., s.a. Eigentumszuordnung im Güterrecht
- und Gesellschaftsrecht 6038 f.
- und Grundstückskauf 1591 ff., s.a. Grundstückskauf, Güterrecht

Güterrechtliche Beschränkungen 5853, 5911 ff.
- Anknüpfung 5942 ff., s.a. Güterrechtsstatut
- Eigentumszuordnung 5911 ff.

- Erwerbsbeschränkungen 5941
- Rechtsvereinheitlichung 5995 ff.
- Verfügungsbeschränkungen 5930 ff.

Güterrechtsregister
- guter Glaube 6096, 6072, 6076

Güterrechtsstatut 1593, 5928
- Auskunftsanspruch, güterrechtliche Verhältnisse 5934
- und Belegenheitsstatut 5980 ff, 6031 ff.
- dänisches 5952
- deutsches 5942 ff.
- und Ehewirkungsstatut 5943 ff.
- und Gesellschaftsstatut 6038 f.
- Haftung für Schulden des Ehegatten 5934
- intertemporales Recht 5983 ff.
- norwegisches 5952
- österreichisches 5951, 5959
- Parteiautonomie 5960 ff., 5966, 5967 ff., 5988 ff.
- Rück- und Weiterverweisung 5950 ff., s.a. Güterrechtsstatut, Rück- und Weiterverweisung
- schweizerisches 5952, 5957
- Unwandelbarkeit 5947 ff.
- USA 5953, 5954, 5957
- Verfügungsmacht 5933
- und Vertragsstatut 6031 ff., 6040 ff.
- Verwaltung eheliches Vermögen 5933

Güterrechtsstatut, Rück- und Weiterverweisung 5950 ff.
- Ausschluss 5965 ff.
- deutsche Verweisung, Annahme 5951
- kraft abweichender Qualifikation 5959
- kraft beweglicher Anknüpfung 5957 ff.
- kraft Rechtswahl 5960 ff.
- lex rei sitae 5954 ff.
- Wohnsitzrecht 5952 f.

Güterstand
- Haager Übereinkommen von 1978 5997
- Parteiautonomie 5960 ff., 5966, 5967 ff., 6061
- und Verfügungsmacht 5930 ff.
- Vermutung für gesetzlichen 5940
- Versteinerung 5949

Güterstand, Schuldverhältnis aus ehelichem –
- Rom I-VO, Nichtanwendung 53

Gütertransport s. Frachtvertrag; Güterbeförderung

Gütertrennung 5927

Gutgläubiger Erwerb 993
- bei Forderungsrechten 6070
- vom unberechtigt verfügenden Ehegatten 6066 ff.

Gutgläubigkeit und Verkehrsschutz
- bei Behinderten 6321 ff.
- bei Ehegatten 6066 ff.
- bei Minderjährigen 6242 ff.
- bei Vertretung von Minderjährigen 6254 f.

Haager Ehewirkungsabkommen von 1905 5996

Haager Eigentumsübergangsabkommen 950

Haager Einheitskaufrecht 941

Haager Erwachsenenschutzübereinkommen 6291 ff., 6313

Haager Güterstandsabkommen von 1978 5997

Haager Kaufabkommen von 1955 947 f.
- und Rom I-VO 78

Haager Kaufabkommen von 1986 949

Haager Kinderschutzübereinkommen 6193 ff.

Haager Minderjährigenschutzabkommen 6182 ff.
- gesetzliches Gewaltverhältnis, MSA 6186, 6190 ff.
- Schutzmaßnahmen nach MSA 6185, 6187 ff.

Haager Produkthaftpflichtabkommen 951

Haager Regeln 2872, 2899, 2902, 2919 f.
- und Gerichtsstandsvereinbarungen 6394

Haager Stellvertretungsabkommen 2212, 5421, 5561 ff.

Haager Trustübereinkommen 63

Haager Übereinkommen über Ehegüterstände von 1978 5997 ff.

Haager Übereinkommen über Gerichtsstandsvereinbarungen 6359

Haftung
- Gesellschaft ohne Rechtsfähigkeit 5210
- Gesellschafter bei Scheinauslandsgesellschaft 5208, 5213
- Handelnder bei Scheinauslandsgesellschaft 5209, 5213
- mehrfache 412 f., 485 f.

Haftung, Gesellschafter/Organvertreter 5207 ff.
- deliktische 5214
- Durchgriffshaftung 5212
- bei Gründungstheorie 5211 ff.
- Insolvenzverschleppung 5215
- Rechtsscheinhaftung 5210, 5216

- bei Scheinauslandsgesellschaft 5208 f., 5213
- bei Sitztheorie 5208 ff.

Haftungsausschluss 321

Hague-Visby-Rules s. Haager Regeln; Visby-Regeln

Halbleiterschutzrecht 1834, s.a. Lizenzvertrag

Hamburg Rules 2903 ff.

Handelndenhaftung
- bei Scheinauslandsgesellschaft 5209, 5213

Handelsbrauch 953
- und Gerichtsstandsklausel 6453 ff.
- Verweisung 953

Handelsgesellschaft s. Gesellschaft

Handelsrecht 314

Handelsregister
- Eintragung von Zweigniederlassung 5217 f.

Handelssachenvorbehalt 6572, 6578

Handelsschiedsgerichtsbarkeit s. Schiedsgerichtsbarkeit

Handelsverbot
- ausländisches 661 ff.
  - Unmöglichkeit der Leistung 321 f.
- inländisches 583 f.

Handelsverträge, Grundsätze für internationale 2, 101

Handelsvertreter 2161 ff.
- AGB 2187
- Ausgleichsanspruch 2172 ff., 2184 f., 2222
- Berufsausübung 2230
- Binnenmarktsachverhalte, zwingendes Gemeinschaftsrecht 2229
- Binnensachverhalte, zwingendes Inlandsrecht 2228
- Dienstleistung 2217
- EG-Kartellrecht 2201, 2227
- Einstandszahlung 2186
- gewöhnlicher Aufenthalt 2218
- Handelsvertreterrichtlinie 2161 ff., s.a. dort
- Kollisionsrecht, Vereinheitlichung 2211 f.
- objektive Anknüpfung 2217 ff.
- Provisionsanspruch 2170
- Rechtsvereinheitlichung 2161 ff.
- Rechtswahl 2183, 2214 ff.
- Registrierungsvorschriften 2230
- Rom I-VO 2213 ff.
- Sachrecht, arabische Staaten 2189 ff.
- Sachrecht, Deutschland 2181 ff.
- Sachrecht, Schweiz 2163

- Verjährung 2188
- Vertrag 2161 ff.
- Vertragsgestaltung, Checkliste 2241
- Vollmacht 5455
- Vorauserfüllung 2186
- Wettbewerbsvorschriften 2201, 2227
- zwingende Vorschriften 601, 656, 2181 ff., 2219 ff.

Handelsvertreter, reisende
- Erfüllungsort 357
- Vollmacht 5461

Handelsvertreterrichtlinie 27, 2161 ff.
- Ausgleich/Entschädigung 2172 ff.
- einheitliche Auslegung/Vorlageverfahren 2179 f.
- Franchiseverträge 2087
- Gelegenheitsvertreter/nebenberufliche Tätigkeit 2165
- Pflichten des Handelsvertreters 2168
- Pflichten des Unternehmers 2169
- Provision 2170
- Regelungsinhalte/Umsetzungsunterschiede 2164 ff.
- Registereintragung 2167
- Schriftform 2166
- Umsetzung Mitgliedstaaten 2161 f
- Vertragsbeendigung 2171
- Warenvertreter 2164
- Wettbewerbsabrede, nachvertragliche 2178
- Wettbewerbsverbot 2168

Handelsvertretervertrag
- Gerichtsstandsklausel 6393
- Vertriebshändlervertrag iS Rom I-VO 2137

Handlungsfähigkeit
- Rom I-VO, Nichtanwendung 51

Hardship-Klausel 328

Hauptinsolvenzverfahren 5615
- gewöhnlicher Aufenthalt 213

Hauptverwaltung
- bei Doppelsitz 5088
- gewöhnlicher Aufenthalt 209

Hausrat, Verträge 5869

HbgR s. Hamburg Rules

Hedge-Geschäft 2486

Heimathafen 2965

„Heirat macht mündig" 6151

Herausgebervertrag 1988, 1992

Herkunftslandprinzip 13

Hilfe in Seenot 468

Hinterlegung 370

Hinweise auf das Schuldstatut 113 ff.
- beim stillschweigenden Parteiwillen 115 ff.

- Wichtung 192
HOAI 575 ff.
- Geltung 1096 ff.
Höchstarbeitszeit 592
Höhere Gewalt 329
Holding
- effektiver Verwaltungssitz 5089
Homestead 5869
Honorarvereinbarung
- Erfolgshonorar 1441 ff.
Hotel 164, 1053
- Grundstücksmiete 1661
- und Pauschalreise 1705
Hotelunterkunft 4192
HR s. Haager Regeln; Visby-Regeln
Huckepackverkehr
- multimodaler Gütertransport, Abgrenzung 3056, s.a. Multimodaler Gütertransport
Hypothek
- Belegenheit 1170
- Legalhypothek 5872
- Übernahme 1533 f.
- Verfallvereinbarung 567
- Verkehrsschutz 6250
- Zession 398 ff.
Hypothetischer Parteiwille
- engste Verbindung 204
- Rückverweisung 217
- und stillschweigende Rechtswahl 114

IATA 4002
- Bedingungen 2846
- Rechtswahl durch 128
ICC 242, 244, 248
Identity-of-carrier-Clause 2893 f.
IHK 243
Immaterialgüterrecht s. Geistiges Eigentum, Verletzung; Geistiges Eigentum, Verträge über
Immobilien s. Belegenheit; Grundstück
Immobilienleasing 1136
Importbestimmungen s. Einfuhrvorschriften
Incorporation 97
Incoterms 952 f.
Indexierungsverbot 589
Inflationsschaden 333
- und Zinsanspruch 335
Informationspflichten 472, 635
Informationsrichtlinie 1944
Ingenieure
- zwingende Vorschriften 575 ff.
Ingmar GB, EuGH 531, 544 ff., 2222
Inhaberpapiere

- Rom I-VO, Anwendungsbereich 55
Inhaberschuldverschreibung s. Anleihe
Inhaltskontrolle, AGB 294 f.
Inkassobüro 573
Inkorporationsklausel 2968 ff.
Inlandssachverhalt, Gerichtsstandsklausel 6375
Insiderhandeln 4436 f.
Insolvenz
- Aus- und Absonderung 5763
- Bekanntmachung 5802 f.
- und Eigentumsvorbehalt 1000
- gutgläubiger Erwerb 5808 ff.
- Haupt- und Nebeninsolvenzverfahren 5615
- Leistung an Schuldner 5806 f.
- Lizenzvertrag 1840
- Parallelinsolvenz 5657 f.
- Partikularinsolvenz 5617, 5665 ff., s.a. dort
- Registereintragung 5804 f.
- Schutz des Rechtsverkehrs 5801 ff., 5825
- und Vollmacht 5504
Insolvenzanfechtung 5775 ff.
Insolvenzaufrechnung 5772 ff.
Insolvenzfähigkeit 5645 f.
Insolvenzgeld 4823
Insolvenzplan 5782 f.
Insolvenzrecht
- autonomes Recht 5610, 5611 ff.
- EG-Verordnung 5604 ff.
- deutsches internationales 5603, 5614
- Mitwirkung Schuldner/Gläubiger 5663 f.
- Rückschlagsperre 5656
- und Staatsverträge 5609
- Territorialitätsprinzip contra Universalitätsprinzip 5601 ff.
Insolvenzstatut, Reichweite 5751 ff.
- Abwicklung schwebender Geschäfte 5767
- Arbeitsverhältnisse 5769 ff.
- dingliche Sicherungsrechte 5757 ff.
- eintragungspflichtige Rechte 5765 ff.
- Immobilienverträge 5768
- Insolvenzanfechtung 5775 ff.
- Insolvenzaufrechnung 5772 ff.
- lex fori concursus 5751 ff.
- Restschuldbefreiung 5784 ff.
- Sachnorm- oder Gesamtverweisung 5755
- Sonderanknüpfung 5756 ff.
- Verfahrensrecht/materielles Recht 5753

- Zwangsvergleich/Insolvenzplan 5782 f.
Insolvenzverfahren, ausländisches 5691 ff.
- Anerkennung, Gegenstand 5692 ff.
- Anerkennungsvoraussetzungen 5701 ff., 5705 ff.
- Beschlagnahme 5712
- Einzelzwangsvollstreckung, Unzulässigkeit 5713 f.
- Eröffnungsentscheidung 5693 ff.
- Inlandsvermögen, Rechtsstellung Insolvenzverwalter 5720 ff.
- konkurrierende Insolvenzverfahren 5731 ff.
- ordre-public-Vorbehalt 5704, 5708
- Partikularverfahren 5717
- Prozessführungsbefugnis 5723 f,
- Sicherungsmaßnahmen 5700, 5729 f.
- Unterbrechung inländischer Verfahren 5725 ff.
- Vollstreckbarkeit Entscheidungen 5718 ff.
- Wirkungen der Anerkennung 5710 ff.
Insolvenzverfahren, inländisches 5631 ff.
- Antragsbefugnis 5648
- Auslandsvermögen, Rechtsstellung Insolvenzverwalter 5659 ff.
- Auslandswirkungen 5649 ff.
- Beschlagnahme 5649 f.
- Eröffnungsgründe 5647
- Eröffnungsvoraussetzungen 5631 ff.
- Insolvenzfähigkeit 5645 f.
- internationale Zuständigkeit 5631 ff.
- Parallelinsolvenzverfahren, Erlösanrechnung 5657 f.
- Partikularinsolvenz 5617, 5666 ff., s.a. dort
- Sicherungsmaßnahmen 5651
- und Zwangsvollstreckung im Ausland 5652 f.
Insolvenzverschleppung 5215
Insolvenzverwalter 5601 ff.
- Verfügungsbefugnis 5601 ff.
Inspire-Art, EuGH 5052 ff.
Instandhaltungsvertrag 1714
Inter Carrier Agreements 2623
Interesse
- anerkennenswertes an Rechtswahl 93
Interlokales Recht s. DDR
International Forfaiting Association 1256
International Swap and Derivate Association 1256
Internationale Arbeitsorganisation 4801
Internationale Handelskammer 242, 244, 248

- Schiedsordnung, Rechtswahl 120
Internationale Zuständigkeit 349 ff.
- Betreuung 6293, 6301
- Europäische Gerichtsstands- und Vollstreckungsverordnung 350 ff., s.a. dort
- und Gerichtsstandsvereinbarung 6486
- Insolvenz 5631 ff.
- kollisionsrechtliche Erfüllungsortbestimmung 354
- nach nationalem Recht 359
- Schutzmaßnahmen nach MSA 6185, 6187 ff., 6194 ff., 6201 ff.
- vormundschaftsgerichtliche Genehmigung 6225 ff.
Internationaler Währungsfonds s. Bretton Woods Abkommen
Internationales Vertragsrecht
- Rechtswahl 85 ff., s.a. dort
- Rom I-VO 35 ff., s.a. dort
Internationalisierung von Verträgen 100 ff.
Internet
- Verbrauchergeschäft 4185 f.
Internet-Banking 1264
Internet-Provider 1055
Intertemporale Vorschriften
- Versteinerung 106 ff.
- des Vertragsstatuts 99
Intertemporales Recht
- Güterrecht 5983 ff.
Interventionsklage 6523
Interzessionsverbot 5863, 6083
Investitionsstreitigkeiten 6565
IoC 2893 f.
IPR, deutsches
- innerdeutsches Kollisionsrecht 223 ff.
- und Rom I-VO 36
Iran
- Eigentumszuordnung im Güterrecht 5927
Irland
- Eigentumszuordnung im Güterrecht 5927
- und EVÜ 5
- Rom I-VO 39
- Verbraucherschutz 4151
Irrtum
- beim Prozessverhalten 123
- „Sprachrisiko" 274 ff., 5002
- Stellvertretung 5535
- Vertragsgültigkeit 299, 302, s.a. Gültigkeit
Israel
- Eigentumszuordnung im Güterrecht 5924

Italien
- Aktiengesellschaft 5273 ff.
- Eigentumsvorbehalt 1001, 1003
- Eigentumszuordnung im Güterrecht 5915
- Einbeziehung AGB 282
- und EVÜ 5
- Gesellschaften 5270 ff.
- Grundstückskauf 1637
- Verbraucherschutz 4152

IWF-Abkommen 672 ff.
- Abkommenskonformität 691
- Berührung Währung eines Mitgliedstaates 684 ff.
- Devisenkontrollbestimmungen 688 ff.
- exchange contracts/Devisenkontrakt 675 ff., s.a. Exchange contracts
- nachträgliche Eingriffe 698, 702
- Unklagbarkeit/unenforceable 693 ff.
- Verstoß gegen abkommenskonforme Devisenkontrollbestimmungen 692

Japan
- Eigentumszuordnung im Güterrecht 5925
- Handelsgesellschaften 5325 ff.

Joint Venture 4561 ff.
- Aktivitätszentrum 4635 f.
- Arten 4561 f.
- charakteristische Leistung 4622 ff.
- Contractual Joint Venture 4561, 4701
- Eingriffsrecht 4671 ff.
- engere Verbindung 4642
- engste Verbindung 189, 4625 ff.
- Equity Joint Venture 4562, 4571 ff.
- Form 4661 f.
- gemeinsamer Sitz 4637
- Gesellschafterabsprachen 4593 ff.
- Kumulation von Sachnormen 4640 f.
- objektive Anknüpfung 4621 ff.
- Projektgesellschaft 4562, 4581 ff., 4627 ff.
- Qualifikation Joint Venture Vertrag 4601 ff.
- Rechtswahl 4611 ff.
- Reichweite Vertragsstatut 4651
- überragende Stellung eines Beteiligten 4638
- Übersetzungs-/Dolmetscherdienste 1462
- Vertragsstatut 4591 ff.
- Vorgründungsabsprachen 4592
- Zusatzverträge 4681 ff.

Jordanien
- Eigentumszuordnung im Güterrecht 5927

Jugendliche Personen s. Minderjährige

Juristische Personen 5031 ff.
- Gesellschaftsstatut 5031 ff.
- Rom I-VO, Anwendungsbereich 60
- Vertretungsmacht 5174 ff., 5241 ff.

Kabotageverkehr 2727, 2728 ff., 2812
- EU-Kabotagetransport 3030
- innerhalb Deutschlands 2946

Kaffeefahrt 4187

Kanada
- Eigentumszuordnung im Güterrecht 5927
- Handelsgesellschaften 5329 ff.

Kapitalverkehrsfreiheit 12
Kapitalverkehrskontrolle 676
Kapitalverkehrsverträge 676
Kapitän, Vollmacht 5462
Kartellrecht 610 ff.
- Technologietransfer, Gruppenfreistellung 1891 ff.

Kartellrecht, ausländisches
- Unternehmenskauf 4516

Kartellrecht, europäisches
- Franchisevertrag 2117 f.
- Handelsvertretervertrag 2201, 2227
- Lizenzvertrag 1891 ff.
- Unternehmenskauf 612, 4517 ff.
- Urheberrechtsvertrag 2038 ff.
- Vertriebshändler 2281 ff.

Kartellrecht, inländisches
- Gerichtsstandsvereinbarung 6394
- Unternehmenskauf 4511 ff.
- Vertragshändlervertrag 2286

Kassageschäft 2412 f.
Kasse gegen Dokument 971
Kauf 891 ff.
- Anknüpfung 891 ff.
- EAG 941
- unter Ehegatten 5876
- Eigenhändler 2293
- EKG, Haager Einheitskaufrecht 894, 941
- Europäische Gerichtsstands- und Vollstreckungsverordnung 352
- europäisches Kaufrecht 946
- Fahrniskauf 891 ff.
- Grundstückskauf s. dort
- Haager Kaufübereinkommen von 1955 947 f.

2154

- Haager Kaufübereinkommen von 1986 949
- Haager Übereinkommen von 1958 950
- kollisionsrechtliche Staatsverträge 947 ff.
- materielle Gültigkeit 943
- objektive Anknüpfung 962 ff.
- Produkthaftung 951
- Rechtswahl 961
- Stellvertretungsabkommen 942
- UNCITRAL-Übereinkommen, UN-Kaufrecht 894 ff.
- von Unternehmen 4391 ff., s.a. Unternehmenskauf
- Verbaucherkredit 1013, 4181
- Verjährung 903, 945
- zwingende Vorschriften 1011 ff.

Kauf bricht nicht Miete 1721

Kauf durch Versteigerung s. Versteigerungskauf

Kauf, Eigentumsübergang 991 ff.
- anwendbares Recht 992 ff.
- Gattungskauf 994
- Konnossement 998
- Rechtsvereinheitlichung 991
- Rechtswahl 995
- Versendungskauf 994, 996 ff.

Kauf, Einzelfragen 971 ff.
- Eigentumsübergang 991 ff.
- Gewährleistung 976
- Kaufpreiszahlung 971 ff.
- Leistungsgefahr 974
- Preisgefahr 975
- Regress Letztverkäufer 976
- Rügepflicht 977 f.
- Schadensersatz 976
- verspätete Kaufpreiszahlung, Folgen 974
- Zahlungsbedingungen 971 ff.

Kauf, internationale Formularbedingungen 952 ff.
- ECE-Bedingungen 280, 954
- Handelsbräuche 953
- Incoterms 952
- Trade Terms 953

Kauf, Sicherungsrechte 999 ff.
- besitzlose Pfandrechte 999
- Eigentumsvorbehalt im Ausland 1001
- Eigentumsvorbehalt an Importgütern 1003
- und Insolvenz 1000
- Publizitätsformen 999, 1001
- Sicherungsübereignung im Ausland 1002

Kauffahrteischiffe 4871

Kaufmannseigenschaft 315
Kaufpreiszahlung 971 ff.
- Folgen verspäteter 974

Kausales Rechtsgeschäft 311
KGaA
- polnische 5295

Kind s. Minderjährige
Kindschaftsstatut 6205 ff.
Know-how-Vertrag 1835, 1868, s.a. Lizenzvertrag

Kollektivgesellschaft
- Liechtenstein 5338
- Schweiz 5353

Kollektivvertretungsmacht 5495

Kollisionsrecht
- Rechtsvereinheitlichung 3
- Verweisung s. dort

komanditní spolecnost 5313
Kombinationsvertrag 182
Kombinierter Verkehr
- multimodaler Gütertransport, Abgrenzung 3056, s.a. Multimodaler Gütertransport

Kommanditgesellschaft 5172
- liechtensteinische 5339
- österreichische 5287
- polnische 5293
- schweizerische 5354
- tschechische/slowakische 5314
- ungarische 5321

Kommissionsverlagsvertrag 1988, 1992
Kommissionsvertrag 1052, 1396 ff.
- und EG-Kartellrecht 2201
- und Vollmacht 5534

Kompensation s. Aufrechnung
Komplementär 5172
Konfusion 346
Konkurrenzklausel s. Wettbewerbsverbot
Konnossement
- akzessorische Anknüpfung konkurrierende Deliktsansprüche 2912
- Ausnahmebereich Rom I-VO 2873 ff.
- Ausnahmebereich Rom I-VO, erfasste Ansprüche 2888 ff.
- Ausnahmebereich Rom I-VO, Umfang 2881 ff.
- Bestimmungshafen 2906 f.
- und Chartervertrag 2967 ff.
- Definition 2876 f.
- elektronisches 2916
- Formfragen 2909
- Gerichtsstandsvereinbarung 6464, 6511 ff.
- Haager Regeln s. dort
- Identity-of-carrier-Clause 2893 f.

2155

- objektive Anknüpfung 2906 ff.
- Paramount Clause 2899 ff.
  - Hamburg Rules 2903 ff.
  - Visby-Regeln, zugunsten 2902
- Protection and Indemnity Club 2898, 2905
- Qualifikation als Inhaber-/Orderpapier 2873 ff.
- Rechtswahl 2891 ff.
- Dokumente außerhalb des Konnossements 2897
- Rektakonnossement, Behandlung 2878 ff.
- Rom I-VO, Anwendungsbereich 55
- und Schiedsvereinbarung 6694 f., 6720
- Seefrachtbrief 2913
- und Übereignung 998
- und UN-Kaufrecht 899
- Verpflichtungen aus Handelbarkeit 2881 ff.
- Vollmacht zur Ausstellung 5470
- Warenübereignung durch Konnossementsübertragung 2910 ff.

Konsortialkredit 1163
Konsul, Beurkundung 1556, 5497
Konsument s. Verbraucher
Konzernbetriebsrat 4957
Konzernobergesellschaft
- effektiver Verwaltungssitz 5089

Konzessionsvertrag s. Eigenhändlervertrag; Erdölkonzessionsvertrag
Kooperationsvertrag 4561 ff., s.a. Joint Venture
Kraftfahrtversicherung 4761
Kraftfahrzeug
- Eigentumsübergang 993
- Gruppenfreistellung 2283
- Sicherungsübereignung 1002

Krankheit, Entgeltfortzahlung 592
Kreditkarten 1303
Kreisverkehr 2715
Kreuzfahrt 2675
Kriegswaffenkontrolle 583
Kulturgüterrechtrichtlinie
- und Rom I-VO 72

Kulturgüterschutz 585 ff., 664 f.
- Urheberrechtsvertrag 2041 f.

Kündigung 346
- des Arbeitsvertrages 4928 ff.
- Betriebsräte 4954
- des Darlehensvertrages 1166
- Mitbestimmung 4954
- Vertragshändlervertrag 1159 f.

Kündigungsschutz 593
Künstlerverträge

- Arbeitsverträge 2032
- Kollisionsrecht 2031
- materiellrechtliche Einordnung 2030

Kurs, bei Ersetzungsbefugnis 364
Kursverlust 333 f.
- und Zinsanspruch 335

Kuwait
- Eigentumszuordnung im Güterrecht 5927

Ladeschein
- und Übereignung 998

Ladescheinstatut 3032
Lagerschein, Übereignung 998
Lastenausgleichsgesetz 1169
Lateinamerika
- Eigentumszuordnung im Güterrecht 5918

Leasingvertrag 1111 ff.
- anwendbares Recht 1132 ff.
- Bedienungspersonal 1142
- Dienstleistung 1062
- Einheitsrecht 1111 ff.
- Immobilien 1136
- Konvention von Ottawa 1111 ff.
  - Abdingbarkeit CIFL 1116, 1130
  - Anwendungsbereich CIFL 1112 ff.
  - Text 1131
- Leasinggeber
  - dingliche Rechte 1139 ff.
  - Pflichten 1118 ff.
  - Stellung gegenüber Dritten 1125 ff.
- Leasingnehmer
  - Direktansprüche 1138
  - Pflichten 1121 f.
  - Rechte 1123 f.
- objektive Anknüpfung 1134 ff.
- Produkthaftung 1143
- Rechtswahl 1133
- Rom I-VO 1132, 1134 ff.
- Verbrauchervertrag 1113, 1137

Lebensversicherung 4749 ff.
Legalaufrechnung 368
Legalhypothek 5872
Legalisation 835
- und Grundbucheintragung 1537, 5501

Legalzession 404 ff., s.a. Forderungsübergang, gesetzlicher
Leiharbeit 4856
Leistung
- charakteristische s. dort

Leistungsgarantie 1201
Leistungsgefahr 327, 974
Leistungskondiktion 456

Leistungsstörungen 320 ff.
- Folgen 327 ff.

Leistungsverweigerungsrechte
- des Bürgen 1189
- bei Enteignung 1172

„**Lepo Sumera**" 1989, 2067

Letter of intent 245, 4501 f., 4553

Lettland
- und EVÜ 5

Lex Anastasiana 389

Lex fori
- Qualifikation s. dort
- und Luftbeförderung 2843

Lex loci actus s. Abschlussort
Lex loci domicilii s. Wohnsitz
Lex loci laboris s. Arbeitsort
Lex loci solutionis s. Erfüllungsort
Lex mercatoria 102 f.
Lex rei sitae s. Belegenheit

Liechtenstein
- AG 5340
- Anstalt 5162, 5342
- Gesellschaften 5337 ff.
- GmbH 5341
- KG 5339
- Kollektivgesellschaft 5338

Lieferbedingungen, im Kaufrecht 952 ff.
- „Auslegungsregeln" 309
- Hinweis auf stillschweigende Rechtswahl 127 f.
- s.a. Allgemeine Geschäftsbedingungen; Formularbedingungen

Liefergarantie 1201

Liefervertrag, Zustandekommen 280

Limited Liability Partnership
- englische 5256

Limited partnership
- englische 5255, 5261
- Kanada 5331
- USA 5360

Litauen
- und EVÜ 5

Lizenzvertrag 1831 ff.
- Außenwirtschaftsrecht 1886 f.
- Definition 1832
- Erfüllung, Art und Weise 1883
- Form 1839
- Gegenstand 1834 ff.
- Grundlagen, materiellrechtliche 1831
- in Insolvenz 1840
- Know-how-Vertrag 1835, 1868
- objektive Anknüpfung 1861 f., 1864 ff.
- Rechtsnatur 1833
- Rechtsvergleich 1851 ff.
- Rechtswahl 1863

- Registrierung 1839
- Rom I-VO 1861 ff., 1885 f.
- Schuldstatut und Immaterialgüterstatut 1872 ff.
- Technologietransferrecht 1900
- Übereinkommen Welthandelsorganisation, Kartellrecht 1899
- Übertragbarkeit/Lizenzierbarkeit des Schutzrechts 1882
- Kartellrecht 1889 ff., 1899
- verlagsrechtlicher 1986, 1993
- Vertragsinhalt 1836 ff.
- zwingende Vorschriften, ausländische 1898 ff.
- zwingende Vorschriften, inländische 1885

Loan Market Association 1256
Lohnabzugsverfahren 619
Lohnanspruch 4918
Lohnfortzahlung 4919
Lohngleichheit 4806
Lokalisierung von Forderungen s. Belegenheit

Luftbeförderung
- Gerichtsstandsvereinbarungen 6360, 6385

Luftcharterverträge 2847 ff.

Luftfahrzeuge
- UN-Kaufrecht 899

Luftfrachtführer
Luftfrachtvertrag 2831 ff.
- ABB-Fracht 2846
- Gerichtsstandsvereinbarung 6360, 6385
- IATA-Bedingungen 2846
- internationale Beförderung 2833 ff.
- Kollisionsnorm in WA und MÜ 2843 f.
- lex fori 2843 f.
- Luftcharter 2847 ff.
- Montrealer Übereinkommen 2831 f.
- Rechtswahl 2846
- Vertragsstatut 2845 ff.
- Warschauer Abkommen von 1929 2832, 2838 ff.
- Zusatzabkommen von Guadalajara 2838 ff.

Luftpersonenbeförderungsverträge 4001 ff.
- EG-Verordnungen 4003 ff.
- Einheitsrecht 4001 ff.
- Fluggastrechte-VO 4008 ff., s.a. dort
- IATA Intercarrier Agreement 4002
- Montrealer Übereinkommen 4001
- Warschauer Abkommen 4001

Luftverkehr
– und Spediteur 4105
Luganer Übereinkommen 6358, 6382
Luxemburg
– Eigentumszuordnung im Güterrecht 5915
– und EVÜ 5
– Verbraucherschutz 4153

Mahnung
– beim Kauf 974
– beim Verzug 325
Makler 1052, 1391 ff.
– Arbeitsvermittlung 1395
– Dienstleistung 1392
– Mitwirkung als Hinweis auf Schuldstatut 202
– Provisionsanspruch 1394
– und Schiedsvereinbarung 6696
Makler- und Bauträgerverordnung 579 ff.
Malta
– und EVÜ 5
Mängelansprüche beim Kauf 976
Mängelrüge 977 f.
– Sonderstatut 977 f.
Marke 1834, s.a. Lizenzvertrag
Marke, Gemeinschafts- 1794, 1796, 1834, s.a. Lizenzvertrag
Markt
– Vertragsschluss auf 200
Marktgeschäfte 963
Marktmissbrauchsrichtlinie 1242
Marktordnung s. Kartellrecht
Massenentlassung 4807, 4928
Massenverträge 155
Materiellrechtliche Verweisung s. Verweisung, s.a. Rechtswahl
Mediation, Vertragsgestaltung 257
Mehrfache Haftung 412 f., 485 f.
Mehrpersonenverhältnisse, Bereicherung 459 ff.
Mehrstaater
– Ehewirkungen 5881
– Geschäftsfähigkeit 6122
– Personalstatut 6122
Meistbegünstigungsprinzip 6591, 6674, 6705
Memorandum of Association 5258
Memorandum of understanding 4501 f., 4553
Mengenvertrag 2963
Messegeschäfte 963
– Vertragsschluss auf 200
Mietcharter 2962
Miete

– Dienstleistung 1062
Mieterschutz 568, 1741 ff.
– und Rechtswahl 1663
Mietvertrag s. Grundstücksmiete
MiFID 606, 1234, 1243
Minderjährige
– Beschränkungen 6121 ff.
– Geschäftsfähigkeit 6121 ff.
– gesetzliche Vertretung 6181 ff.
– gesetzliches Gewaltverhältnis 6186, 6190 ff., 6198
– Haager Schutzabkommen s. Haager Minderjährigenschutzabkommen
– internationale Zuständigkeit 6194 ff., 6201 ff.
– Schutzmaßnahmen nach MSA 6185, 6187 ff.
– Sorgerecht 6205
Minderung des Kaufpreises 976
Mindestlohn 4918
Misrepresentation 302
Missbrauchskontrolle, Gerichtsstandsklauseln 6489
Mitbestimmung, Unternehmenskauf 4439, 4492 ff.
Mitbürge 1191
Mitgift 5911
Mitversicherung 4754
MoMiG 5075 ff.
Money of account 364
Money of payment 364
Monteur 4858
Montrealer Übereinkommen 2831 f.
– Speditionsvertrag 4105
Moratorium 1169
MT-Konvention 3052
Multilaterales System, Geschäfte innerhalb 2387 ff.; 2431 ff.
– Herkunftslandprinzip 2446 ff
– MiFID, Verweis auf 2432
– multilaterales System, Begriff 2434 ff.
– objektive Anknüpfung, Recht des Systems 2442 ff.
– Rechtswahl, Einzelvertrag 2439
– Rechtswahl, Recht des Systems 2440 f.
– Securities Settlements Systems 2437
– und Verbrauchervertrag 4202
– vertragsspezifische Anknüpfung 152
– Zentralstelle, Clearingstelle 2443
Multimodaler Gütertransport 3051 ff.
– Abgrenzung 3054
– Begriffe 3053
– Einheits-/Networksystem bei Haftung 3058 ff.
– MT-Konvention 3052

Sachregister

- objektive Anknüpfung 3061 f.
- Rechtswahl 3060
- sachrechtlicher Hintergrund 3058 ff.
- Statut für Teilstrecke, Ermittlung 3068 ff.
- zwingendes Teilstreckenrecht 3063 ff.

Mündliche Gerichtsstandsvereinbarung 6444 ff.
Musterarbeitsvertrag Gastarbeiter 5001
Mutterschaftsgeld 592, 4921
Mutterschutz 4921, 4929

Naamloze Vennootschap 5282
Nachträgliche Rechtswahl 130 ff., s.a. Rechtswahl, nachträgliche
Nationalität s. Staatsangehörigkeit
Nebeninsolvenzverfahren 5615
Nebenverträge 174 ff.
Network-Liability-System 3058 ff.
Neutrales Recht 93
Nichtanwendungsklausel 108
Nichtigkeit
- Bereicherung 456
- stillschweigende Rechtswahl s. Rechtswahl, stillschweigende
- des Vertrages 299 ff.

Nichtigkeitsgründe 303
Niederlande
- Eigentumszuordnung im Güterrecht 5913
- und EVÜ 5
- Gesellschaften 5278 ff.
- Grundstückskauf 1638
- Verbraucherschutz 4154

Niederlassung
- Arbeitsvertrag 4859
- Bankgeschäft 1268 ff.
- Bürgschaft 1183
- und charakteristische Leistung 161
- Deutsch-iranisches Abkommen von 1929, Güterrecht 6000
- Fahrniskauf 962
- Garantie 1195
- Handelsvertreter 2218
- als Hinweis auf Schuldstatut 193
- Lizenzvertrag 1866
- Maklervertrag 1392
- Rechtsberatung 1423
- Seefracht 2893
- Speditionsvertrag 4083
- Verlagsvertrag 1990
- Versicherung 4745
- Vertragshändlervertrag 2296, 2299
- Werkvertrag 1081
- s.a. Zweigniederlassung

Niederlassungsfreiheit 12
- EuGH-Rechtsprechung 5043 ff.
- EuGH und deutsches internationales Gesellschaftsrecht 5059 ff.
- und Gesellschaftsstatut 5041 f.
- und öffentliche Ordnung 5068
- Rechtsmissbrauch 5069
- und Reformen des deutschen Gesellschaftsrechts 5074 ff.
- Schranken 5067 ff.
- und zwingende Gründe des Gemeinwohls 5070

Nießbrauch 1535
Normen, zwingende s. Zwingende Vorschriften
Norwegen
- Eigentumszuordnung im Güterrecht 5919
- Güterrechtsstatut 5952

Notar
- Gebührenforderung 193

Notarielle Beglaubigung 743
Notarielle Bestätigung 5221, 5501
Notarielle Beurkundung
- Belehrungssicherung 746
- Funktion 744 ff.
- Gleichwertigkeit von Verfahren 805 ff., s.a. Formvorschriften, Substitution
- Grundstückskauf 1509, 1563 ff.
- als Hinweis auf das Schuldstatut 201
- Inhaltskontrolle durch Amtsperson 747
- der Vollmacht 5497 ff.

Nothilfe 468
Novation 377

Obhutspflichten 475
Objektive Anknüpfung 143 ff., s.a. Anknüpfung
Oderkonto, Ehegatten 6043
Offene Handelsgesellschaft
- österreichische 5286
- polnische 5292
- tschechische/slowakische 5313
- ungarische 5320

Öffentliche Angebote 2371 ff.
Öffentliche Hand, Verträge 196
Öffentliches Recht s. Zwingende Vorschriften
Öffentlich-rechtliche Angelegenheiten
- Rom I-VO, Nichtanwendung 50

Offerte s. Angebot
OGAW-Anteile, Zeichnung und Rückkauf 2377
- Rechte und Pflichten, die Bedingungen festlegen 2378 f.

Online-Auktionen 1055
Operating Leasing 1114
Orderpapiere
– Rom I-VO, Anwendungsbereich 55
Ordre public 225
– und Allgemeine Geschäftsbedingungen 295
– im Arbeitsrecht 4913
– arglistige Täuschung 302
– außervertragliche Schuldverhältnisse 484, 532
– Garantie 1197
– Handelsvertretervertrag 2174, 2220
– Mängelrüge 977 f.
– Vertragshändlervertrag 2303
– Vertragsstrafe 339
– zwingende Vorschriften 491 ff., s.a. dort
Orgalime 242
Organ, Gesellschaft 5174 ff.
Organvertreter
– Haftung 5207 ff., s.a. Haftung, Gesellschafter/Organvertreter
Ortsform s. Abschlussort
Ortskräfte
– Arbeitsvertrag 4865 ff.
Österreich
– AG 5288
– Eigentumszuordnung im Güterrecht 5923
– Einbeziehung AGB 282
– und EVÜ 5
– Gesellschaften 5285 ff.
– GmbH 5289
– Grundstückskauf 1639
– Güterrechtsstatut 5951, 5959
– KG 5287
– OHG 5286
– Sicherungsübereignung 1002
– Verbraucherschutz 4155
Osteuropäische Länder
– Eigentumszuordnung im Güterrecht 5917
Optionsrechte, Erwerb 2409 f.

P & I Club 2898, 2905
Pachtvertrag 1661 ff., s.a. Grundstückspacht
Package tours 4195
Paramount-Clause 2899 ff.
– Charterverträge 2951
– Hamburg Rules 2903 ff.
– Visby-Regeln, zugunsten 2902
Parteiautonomie 13, 85 ff.
– im Arbeitsrecht 4837 ff.

– Ehewirkungen/Güterrecht 5884 ff., 5946, 5960 ff., 5966, 5967 ff., 5988 ff., 6061
– kollisionsrechtliche 85 ff.
– Schiedsvereinbarung 6621 ff.
– und Schutz des Schwächeren 86
– und Verbraucherschutz 4171 ff.
– Vollmacht 5445 ff.
– s.a. Rechtswahl
Parteifähigkeit, Gesellschaft 5178 ff., 5205
Parteiwille 85 ff.
– hypothetischer s. dort
– und zwingende Vorschriften 491 ff., s.a. Zwingende Vorschriften
– s.a. Rechtswahl
Partikularinsolvenz 5617, 5665 ff.
– Befugnisse des Insolvenzverwalters 5673
– Begriff 5617
– Beschränkung auf Inlandsvermögen 5672
– Deckung Verfahrenskosten 5671
– Eröffnungsvoraussetzungen 5666 ff.
– internationale Zuständigkeit 5666 ff.
– Rechtsschutzinteresse 5669 f.
– Wirkung ausländisches Verfahren im Inland 5717
Partnergesellschaft, polnische 5294
Partnership
– englische 5254
– US-amerikanische 5359
Patent 1834, s.a. Lizenzvertrag
Patronatserklärung 1208
– Rechtswahl 1213
Pauschalreise 2673 ff., 4195
– Miete, Abgrenzung 1704 ff.
Pensionsvereinbarung 4933
Pensionsverträge 4759
Personenbeförderungsverträge 2621 ff.
– Anknüpfung, objektive 2624 ff.
– Auffangregel, Recht des Beförderers 2638
– Bahnbeförderung 4031 ff.
– Beförderer 2634
– Butterfahrten 2676
– Geschäftsreisende 2628 f.
– gewöhnlicher Aufenthalt des Reisenden 2625, 2633
– Gruppenreise 2631 f.
– Haftung ausführender Beförderer 2646
– Inter Carrier Agreements 2623
– Kreuzfahrten 2675
– Luftpersonenbeförderungsverträge 4001 ff., s.a. dort

- Pauschalreisen 2672 ff.
- Rechtswahl, beschränkte 2640 ff.
- Reisebürobuchung 2678
- Reisender 2626 ff.
- Seeschifffahrt 4051 ff.
- Tier, Mittransport 2621
- Verbrauchervertragsrecht, internationales 2671 ff.

Personenstandsrecht
- Ausschluss 51

Personenverkehr, freier 12

Pfandrecht 999
- Bauvertrag 1086
- Bestellung an Forderungen 397
- des Vermieters 1721

Pfleger, Vertretung 6212 f., 6221

Pflichtversicherung 4755 ff.

Philippinen
- Eigentumszuordnung im Güterrecht 5913

Pilot 4868

Polen
- Aktiengesellschaft 5296
- Eigentumsvorbehalt 1001
- und EVÜ 5
- Gesellschaften 5291 ff.
- GmbH 5297
- Grundstückskauf 1640
- KG 5293
- OHG 5292

Poolcharter 2848

Portugal
- Eigentumszuordnung im Güterrecht 5915
- und EVÜ 5
- Gesellschaften 5299 ff.
- Grundstückskauf 1641
- Verbraucherschutz 4157

Positive Vertragsverletzung 321

Postsendungen 2718

POZ-System 1303

Preisgefahr 975

Preisklauselgesetz 589

Président directeur général 5266

PRIMA-Konzept 2420

Primäres Statut 92

Privatautonomie 85 ff., s.a. Parteiautonomie

Privatgesellschaft, europäische 5243 ff.

Produkthaftung
- EG-Richtlinie 945
- Europäisches Übereinkommen 945
- Franchisevertrag 2115
- Haager Übereinkommen 951
- Leasinggeber 1143

- Rom II-VO 951
- UN-Kaufrecht 910 f.

Produzentenhaftung, UN-Kaufrecht 910 f.

Projektgesellschaft 4562, 4581 ff., 4627 ff.

Prokura 5454

Pro-rata-Honorar 1441 ff.

Prorogation 6353, s.a. Gerichtsstandsvereinbarung

Prospekthaftung 658, 1371, 2530 ff.
- Anknüpfung 1275 ff.

Prospektrichtlinie 1245

Protection and Indemnity Club 2898, 2905

Provisionsanspruch
- des Handelsvertreters 2170
- des Maklers 1394

Prozess
- Europäische Gerichtsstands- und Vollstreckungsverordnung 350 ff., s.a. dort
- internationale Zuständigkeit 349 ff.; s.a. dort
- Rechtswahl durch Verhalten im – 121 ff.

Prozessfähigkeit 6154 f.
- der Gesellschaft 5182, 5206

Prozessführungsbefugnis
- und Insolvenz 5723 f.

Prozessvertrag 6355

Prozessvollmacht 5469

Prozesszinsen 336

Publizitätsrichtlinie 5246

Qualifikation
- der Aufrechnung 368
- von Auslegungsvorschriften 309
- Beweisvorschriften 340 f.
- eherechtliche Verfügungsbeschränkungen 5851 ff.
- Gerichtsstandsklausel s. Gerichtsstandsvereinbarung
- Schiedsklausel s. Schiedsvereinbarung
- unbewegliche Sachen 5954 f.

Qualifikation des Vertrages bei der Anknüpfung 144, 160

Quantity Contract 2963

Quota litis-Vereinbarung 1441 ff.

Rahmenvertrag
- Ausfüllung 179
- Schiedsvereinbarung 6741, 6753

Raumfrachtvertrag s. Chartervertrag

RBÜ 1942, 1964

Realkreditforderungen, Belegenheit 1170

Recht

- außerstaatliches 100 ff.
- dingliche s. dort
- Dritter s. dort
- der Flagge 205
  - Arbeitsvertrag 4869 ff.
  - Chartervertrag 2964
  - Vollmacht 5462
- intertemporales s. dort
- neutrales 93
- des Stärkeren 157

Rechtsänderung, nachträgliche 99
Rechtsanwalt s. Anwaltsvertrag
Rechtsberatung
- durch Nicht-Anwalt 1449 ff.

Rechtsberatungsgesetz 1449 ff.
Rechtsfähigkeit
- der Gesellschaft 5162 ff., 5201
- Haftung für fehlende 5210
- Rom I-VO, Nichtanwendung 51

Rechtsgeschäft
- abstraktes 311
- erbrechtliche 6249
- familienrechtliches 6249

Rechtsscheinhaftung 5210, 6216
Rechtsspaltung 220 ff., 444
Rechtsvereinheitlichung, Kollisionsrecht 3
Rechtsverkehr, Schutz s. Verkehrsschutz
Rechtsvorschriften, Bezugnahme auf 125
Rechtswahl
- allgemeine Rechts-/Vertragsgrundsätze 101
- Änderung 130 f.
- anerkennenswerte Interessen 93
- Anwaltsvertrag 1411 ff., 1440
- Architektenvertrag 1083
- ausdrückliche 85 ff.
- Auslegung 307
- außerstaatlichen Rechts 100
- außervertragliche Schuldverhältnisse 445 ff.
- Bankvertrag 1250, 1260 ff.
- bedingte 90
- Binnenmarktsachverhalte 139
- Binnenschiffsfrachtverträge 3026, 3031
- Bürgschaft 1183, 1213
- Charterverträge 2949 ff.
- Darlehensvertrag 1164, 1175
- Ehevertrag 1594
- Ehewirkungen/Güterrecht 5884 ff., 5946, 5960 ff., 5966, 5967 ff., 5988 ff., 6061
- Eigentumsübergang 995
- fehlender Auslandsbezug 135 ff.
- Form 91
- formularmäßige 4842
- freie 85 ff.
- Garantie 1195, 1213
- Gerichtsstandsvereinbarung s. dort
- Grundsatz der Parteiautonomie 85 ff.
- Grundstückskauf 1503 ff., 1621
- Güterbeförderungsvertrag 2574 f.
- im Güterrecht 5960 ff., 5966, 5967 ff., 6061
  - Beendigung Güterrecht 5978
  - Form 5979
  - Wirkungen 5976 ff.
- Handelsvertreter 2183, 2214 ff.
- hypothetische 114, 188
- kollisionsrechtliche 87
- Konnossement 2891 ff.
  - Dokumente außerhalb des Konnossements 2897
- Kooperationsvertrag 4611 ff.
- Leasingvertrag 1133
- Lex mercatoria 102 f.
- Luftbeförderung 2846
- missbräuchliche 93
- nachträgliche Rechtsänderung 99
- negative 87
- neutrales Recht 93
- Offenlassen 112
- Paramount-Klausel 2951
- primäres Statut für Zulässigkeit der Rechtswahl 92
- rechtsordnungslose Verträge 104
- Speditionsvertrag 4071 ff.
- stillschweigende s. dort
- Stückgutfrachtvertrag 2917 f.
- teilweise 94 f., 753 ff., 4840
  - und Formvorschriften 753 ff.
- Timesharing 4321 ff., 4329
- Verbrauchervertrag 4171, 4231 ff., s.a. Verbrauchervertrag, Sonderanknüpfung EGBGB; Verbrauchervertrag, Sonderanknüpfung Rom I-VO
- Versicherungsvertrag 4734 ff.
- Verweisungsvertrag 88 ff., s.a. dort
- Völkerrecht, Verweisung auf 105
- Vollmacht 5445 ff.
- Werkvertrag 1081, 1083
- Wirksamkeit 300
- Zustandekommen 57, 263 ff.
- zwingende Vorschriften 134 ff.
- s.a. Parteiwille; Verweisungsvertrag

Rechtswahl, nachträgliche 130 ff.
- Änderung der Rechtswahl 130 f.
- Formgültigkeit 132 f.
- Rechte Dritter 132 f.

Rechtswahl, stillschweigende 113 ff.
- in AGB 127 f.
- Arbeitsvertrag 4839
- Bezugnahme auf ein Recht 125
- Construction clause 125
- eindeutige Rechtswahl 114
- Erfüllungsort, einheitlicher 124
- durch Gerichtsstandsvereinbarung 116 f.
- Hinweise auf eine 115 ff.
- Maßgeblichkeit des Parteiwillens 113 ff.
- Nichtigkeit des Vertrages 114
- und objektive Anknüpfung 113
- durch Prozessverhalten 121 ff.
- Revisibilität 115
- durch Schiedsvereinbarung 118 ff.
- Vertragspraxis 129
- Vertragssprache 126
- Zustandekommen 265
- s.a. Parteiwille; Rechtswahl

Reference 97
Regievertrag 2001, 2014
Registered company 5257, 5262
Registerrechtliche Vorschriften, Handelsvertreter 2230
Registrar of companies 5262
Reisecharter 2952 ff.
Reisende Handelsvertreter s. Handelsvertreter, reisende
Reiseveranstaltungsvertrag
- Ferienhausmiete Abgrenzung 1704 ff.

Reisevertrag
- Anknüpfung 164
- Dienstleistung 1053
- Verbrauchervertrag 4195

Rektakonnossement 2878 ff.
Renvoi s. Rück- und Weiterverweisung
Représentant non statutaire 2174
Restschuldbefreiung 5784 ff.
Rettung in Seenot 468
Revisibilität
- AGB 295
- Auslegung 308
- der objektiven Anknüpfung 206
- des stillschweigenden Parteiwillens 115

Richter
- Mitwirkung beim Vertragsschluss 201
- Vertragsauflösung 302, 330

Richtigkeitsvermutung, notarielle
Richtlinien, gemeinschaftsrechtliche 18 ff., 2421
- Abrechnungsverkehr zw. Banken, Richlinie 1244

- AGB-Richtlinie 1246
- Anwaltsrecht 28
- Arbeits-/Sozialrecht 4807 ff.
- Arbeitsrecht 26
- Bankenrichtlinie 1234
- Börsenzulassungsrichtlinie 1241
- Dienstleistungen 23, 1044
- E-Geld-Richtlinie 1234
- Einlagensicherungssysteme, Richtlinie über 1235
- Entsende-Richtlinie 595, 4810 ff.
- fehlende Umsetzung 20
- Fernabsatz von Finanzdienstleistungen, Richtlinie 1246
- Finanzdienstleistungen, Richtlinie über Fernabsatz 1246
- Finanz-Konglomerat-Richtlinie 1234
- Finanzsicherheiten, Richtlinie 1244
- Geistiges Eigentum, Richtlinie zum Schutz 1944
- Geldwäscherichtlinie 1236
- Grenzüberschreitende Zahlungen, Verordnung EG 1239
- Handelsvertreterrichtlinie 27, 2161 ff., s.a. dort
- Informationsrichtlinie 1944
- Marktmissbrauchsrichtlinie 1242
- MiFID 606, 1234, 1243
- Publizitätsrichtlinie 5246
- Timesharing 24, 4142
- Überweisungsrichtlinie 1234, 1293
- Verbraucherkreditrichtlinie 1162, 1237
- Verbraucherrecht 22, 4142
- Versicherungsrecht 25, 4721
- Vertragssprache 275
- Zahlungsdiensterichtlinie

Risiko, Belegenheit 4732 ff., 4760
Roll on/Roll off-Verkehr 3056
Rom Abkommen 1943
Rom I-VO 35 ff.
- analoge Anwendung 48
- und anderes Gemeinschaftsrecht 67 ff.
- Anwendbarkeit, zeitliche 79
- Anwendung, universelle 40
- Anwendungsbereich, Ausnahmen 46 ff., s.a. Rom I-VO, Ausnahmen
- Anwendungsbereich, räumlicher 39
- Anwendungsbereich, sachlicher 41 ff.
- Auslandsbezug 45 f.
- Auslegung 27
- Binnenmarktsachverhalte 39, 139
- und Einheitsrecht 69
- und EVÜ 77
- Entstehung 35
- und internationale Übereinkommen 78

2163

- und Kollisionsnormen in VO und Richtlinien 70 ff.
- ordre public 225
- Parallelvorschriften Rom II-VO 442
- Rechtsspaltung 220 ff.
- Rück- und Weiterverweisung 217 ff.
- und Versicherungsverträge 76
- vertragliche Schuldverhältnisse, Definition 42 ff.
- Vorrang 36
- Zivil-, Handelssachen 44
- zwingende Vorschriften 498 ff., 504 ff., 561 ff., s.a. dort

Rom I-VO, Ausnahmen 46 ff.
- analoge Anwendung 48
- Beweis 66
- Ehevertrag 53
- Erbvertrag 53
- Familienrecht 52
- Gerichtsstandsvereinbarung 57 ff.
- Gesellschaftsrecht 60
- Juristische Personen, Recht der 60
- Nichtanwendung, Grundsatz der 47
- öffentlich-rechtliche Angelegenheiten 50
- Personenstand 51
- Rechts-, Geschäfts-, Handlungsfähigkeit 51
- Scheck 54, 1308
- Schiedsvereinbarung 57 ff.
- Stellvertretung 61
- Trust, Gründung 62 f.
- Vereinsrecht 60
- Verfahren 66
- Versicherungsverträge 65
- vorvertragliche Schuldverhältnisse 64
- Wechel 54, 1308
- Wertpapiere, handelbare 54 ff.

Rom II-VO 441
- außervertragliche Schuldverhältnisse, anzuwendendes Recht 441 ff., s.a. Außervertragliche Schuldverhältnisse
- Parallelvorschriften Rom I-VO 442
- Sachnormverweisung 443
- Verselbständigung von Gebietseinheiten 444

Romalpa clause 1001

Rück- und Weiterverweisung bei der Bestimmung
- des Aufrechnungsstatuts 368
- des Ehewirkungsstatuts 5892
- der Geschäftsfähigkeit 6127 f.
- des Gesellschaftsstatuts 5090 ff.
- des Güterrechtsstatuts 5950 ff.
- des Kindschaftsstatuts 6208 ff.
- des Schuldstatuts 217 ff.
- des Vollmachtsstatuts 5452

Rückgarantie 1207
Rückschlagsperre 5656
Rücktritt 330
- beim Fahrniskauf 974

Rückversicherungsvertrag 4729, 4753
Rügelose Einlassung s. Einlassung, rügelose
Rügepflicht beim Warenkauf 977 f.
Ruhegeldvereinbarung 4933
Ruhen des Arbeitsverhältnisses 4927
Rumänien
- und EVÜ 5

Russland, Handelsgesellschaften 5344 ff.

Sachenrecht
- internationales 991 ff.
- Rechtswahl 312, 995

Sachnormverweisung 217
- Rom II-VO 443

Sachwalterhaftung 473
Schadensbemessung 331
Schadensersatzansprüche
- Anknüpfung 331 ff.
- Erfüllungsort 348
- beim Kauf 976
- Währung 334

Scheck 1307 ff.
- Geschäftsfähigkeit 6165
- Gesellschaft 5173
- Rom I-VO, Nichtanwendung 54, 1308

Scheingeschäft 299
Schenkung
- charakteristische Leistung 165
- durch/unter Ehegatten 5865
- Formvorschriften bei Distanzvertrag 767
- Rom I-VO, Anwendungsbereich 52

Schiedsfähigkeit 6742 ff., 6750 f., 6757 ff.
Schiedsgerichtsbarkeit 6550 ff.
- Internationalisierung von Verträgen 100
- Kollisionsrecht 118 ff.
- Lex mercatoria 102 f.

Schiedsrichtervertrag 6557
Schiedsspruch
- Anerkennung und zwingende Vorschriften 555
- ausländischer 6568

Schiedsvereinbarung 6550 ff.
- Anknüpfung 6611 ff.
- und Aufrechnung 6784 f.
- Auslegung 6560
- autonomes Recht 6567, 6585, 6591

- Begriff 6551
- bilaterale Staatsverträge 6566
- Drittwirkung 6783 ff.
- Einredewirkung 6771 ff.
- Europäisches Übereinkommen 6564
- beim Fahrniskauf 961
- Finanzmarktgeschäfte 2541 ff.
- Form 6433, 6671 ff., 6714 ff.
- und Gerichtsstandsvereinbarung 6558 ff.
- und Hauptvertrag 6554
- Heilung Formmangel 6697, 6701
- als Hinweis auf das Vertragsstatut 6554
- Klauselbeispiele 6806
- Konkurrenzen 6586 ff.
- lex fori staatlicher Gerichte 6556
- Qualifikation 6553 ff., 6556
- Rechtsnatur 6552
- Rechtsquellen 6562 ff.
- Reichweite Statut der Schiedsvereinbarung 6630 ff.
- Rom I-VO, Nichtanwendung 57 ff.
- und Schiedsrichtervertrag 6557
- und Schiedsverfahren 6555
- und stillschweigende Rechtswahl 118 ff.
- UN-Übereinkommen s. Schiedsvereinbarung, UN-Übereinkommen
- Vertragsgestaltung 257
- Wirksamkeit 6774
- Wirkung bei Anerkennung/Vollstreckung ausländischer Schiedssprüche 6781 ff.
- Wirkungen 6771 ff.
- Zulässigkeit 6741 ff.

Schiedsvereinbarung, Europäisches Übereinkommen 6565, 6581 ff.
- Anknüpfung 6616
- Anwendungsbereich 6581 ff.
- Bestimmtheit 6748 f.
- Einredewirkung 6778
- Form 6699 ff.
- internationale Handelsgeschäfte 6583 ff.
- juristische Personen 6751
- Kollisionsrecht 6616
- Reichweite Statut der Schiedsvereinbarung 6641
- Schiedsfähigkeit 6750 f.
- Sitz in verschiedenen Vertragsstaaten 6582
- und UN-Übereinkommen 6587 ff.
- Vertragsstaaten 6582
- Zulässigkeit 6748 ff.

Schiedsvereinbarung, Klauselbeispiele 6806
- der DIS 6806
- der ICC 6806
- UNCITRAL 6806

Schiedsvereinbarung, UN-Übereinkommen 6563
- Allgemeine Geschäftsbedingungen 6686 ff.
- Anerkennung 6573 ff.
- Anwendungsbereich 6568 ff.
- Aufhebung/Abänderung 6640
- Auslegung 6633 ff.
- Bestätigungsschreiben 6678, 6693
- Bestimmtheit 6741
- Einlassung, rügelose 6697
- Einredeverfahren, Anerkennung im 6575 ff.
- Einredewirkung 6772
- und Europäisches Übereinkommen 6587 ff.
- Form 6671 ff.
- Handelssachenvorbehalt 6572, 6578
- Heilung Formmangel 6697
- Kollisionsrecht 6612 ff.
- Konnossement 6694 f.
- ordre public 6747
- Rechtswahl 6613 ff.
- Reichweite Statut der Schiedsvereinbarung 6630 ff.
- Schiedsfähigkeit 6742 ff.
- Schiedssprüche 6568 ff.
- Schiedsvereinbarungen 6573 ff.
- Schiedsverfahren, Anerkennung im 6578
- Schiedsverfahren, Verweisung auf 6777
- Schriftlichkeit 6671 ff., 6678 ff.
- Territorialitätsvorbehalt 6571, 6579
- Vertragsstaaten 6564
- Vollmacht 6696
- Vollstreckungsverfahren, Anerkennung im 6574
- Wirksamkeit 6630 ff.
- Zulässigkeit 6741 ff.
- Zustandekommen 6630 ff.

Schiedsvereinbarung, ZPO
- Allgemeine Geschäftsbedingungen 6644, 6647, 6719
- Anknüpfung 6617 ff.
- Anwendungsbereich 6585
- Auslegung 6649 ff.
- Bestätigungsschreiben 6645, 6718
- Bestimmtheit 6752 ff.
- Eingriffsnormen 6762
- Einredewirkung 6779 ff.

- Form 6714 ff.
- Formmängel, Heilung 6701, 6725 f.
- Handelsbrauch 6718
- und Hauptvertrag 6648
- Kollisionsrecht 6617 ff.
- Konnossement 6720
- objektive Anknüpfung 6627
- ordre public 6763
- Prozesshindernis 6780
- Rechtswahl 6621 ff.
- Reichweite Statut der Schiedsvereinbarung 6642
- Schiedsfähigkeit 6757 ff.
- ständige Geschäftsverbindung 6718
- Verbrauchervertrag 6721 ff.
- Wegfall 6653
- Wirksamkeit 6646 ff.
- Zulässigkeit 6752 ff.
- Zustandekommen 6643

Schiedsverfahren 6555, 6578, 6777, 6779
Schiedsvertragsstatut 6642 ff.
Schiff
- Arbeitsvertrag Schiffsbesatzung 4869 ff.
- Vertrag über 899

Schlechtwettergeld 4922
Schlenkerverkehr 2715
Schlichtung
- Vertragsgestaltung 257

Schlüsselgewalt 5874
- Beschränkung 5873, 6080 ff.

Schottland Eigentumszuordnung im Güterrecht 5927
Schriftlichkeit
- halbe 6444 ff.
- Schiedsvereinbarung 6671, 6678 ff., 6700 f., 6714 ff.

Schuldanerkenntnis 378
Schuldbefreiung 327
Schuldbeitritt 420
Schuldnerbenachrichtigung 381, 391
Schuldnermehrheit 317
- Regress 412 f., 485 f.

Schuldnerwechsel 414
Schuldstatut
- Bestimmung 85 ff.
- fehlendes 104
- Formvorschriften 750 ff., s.a. Formvorschriften; Formvorschriften, Verpflichtungsverträge
- Hinweise auf 115 ff.
- und zwingende Vorschriften 491 ff., s.a. dort
- s.a. Anknüpfung; Parteiwille; Rechtswahl

Schuldübernahme
- Anknüpfung 414 ff.
- durch Ehegatten 5863, 5866
- bei Grundstücksgeschäften 1533 ff.
- kumulative 420
- privative 416 ff.

Schuldverhältnisse, außervertragliche 441 ff., s.a. Außervertragliche Schuldverhältnisse
Schuldwährung 364
Schutz
- des Arbeitnehmers s. Arbeitnehmerschutz
- des Rechtsverkehrs s. Verkehrsschutz
- des Schwächeren 86, 591 ff.
- des Verbrauchers s. Verbraucher; Verbraucherrecht, Richtlinien; Verbrauchervertrag

Schutzland 1793, 1795 ff., 1872
- Immaterialgüterstatut 1872 ff.

Schutzlandprinzip 1793, 1872, 1966
Schutzmaßnahme bei Minderjährigen 6185 ff., 6187 ff.
- Anerkennung/Vollstreckung 6200, 6201 ff.
- internationale Zuständigkeit 6194 ff., 6201 ff.

Schwächerer, Schutz 86, 591 ff.
Schweden
- Eigentumsvorbehalt 1001
- Eigentumszuordnung im Güterrecht 5919
- und EVÜ 5
- Verbraucherschutz 4158

Schweigen
- bei Allgemeinen Geschäftsbedingungen 284
- auf ein Angebot 267 ff.
- auf Bestätigungsschreiben s. Bestätigungsschreiben

Schweiz
- Aktiengesellschaft 5355
- Eigentumsvorbehalt 1001
- Eigentumszuordnung im Güterrecht 5921
- Einbeziehung Allgemeiner Geschäftsbedingungen 282
- GmbH 5356
- Grundstückskauf 1642
- Güterrecht 5952, 5957
- KG 5354
- Kollektivgesellschaft 5353

Schwerbehindertengesetz 4929, 4934
Schwerpunkt
- des Arbeitsverhältnisses 4847

– s.a. Enge Verbindung
SE 5240 ff.
Sea Waybill 2913
Securities Settlements Systems 2437
Seearbeitsrecht 4869 ff.
Seefrachtbrief 2913
Seefrachtverträge 2871 ff.
– Anwendbarkeit zwingenden deutschen VR- und HR-Rechts 2928 ff.
– Art. 6 EGHGB, Anwendungsnorm des deutschen VR- und HR-Rechts 2923 ff.
– Charterverträge 2949 ff., s.a. Chartervertrag, Seerecht
– Gerichtsstandsklausel 6394
– Kabotage innerhalb Deutschlands 2946
– Konnossement 2873 ff., s.a. dort
– Rechtswahl durch Beförderungsbedingungen 128
– und Spediteur 4108 f.
– Stückgutfrachtvertrag 2917 ff., s.a. dort
– tabellarische Zusammenfassung 2947
Seekonnossement 618
Seeleutestreik 4969
Seenot, Hilfe in 468
Seepersonenbeförderungsverträge 4051 ff.
Seeschifffahrtsregister 4871
Sekundärinsolvenz 5616
Selbstkontrahieren 5495, 5500
Separate property 5927
Share deal 4391, 4401 ff.
Short Term Bill of Lading 2913
Sicherungsabtretung 382, 384, 394 ff.
Sicherungseigentum
– Insolvenz 5757 ff.
Sicherungshypothek 1086, 1093
Sicherungsrecht, dingliches
– Insolvenz 5757 ff.
Sicherungsübereignung 1002
Sicherungsvertrag 178
Signification 381, 391
Sittenwidrigkeit 303, s.a. Ordre public
Sitz s. Niederlassung
Sitztheorie 5033 ff.
– Auswirkungen der EuGH-Rechtsprechung 5059 ff.
– EuGH-Rechtsprechung 5043 ff.
– Fortgeltung in Drittstaatsfällen 5066 ff., 5122 ff.
– und Niederlassungsfreiheit, EG 5041 f.
Sitzverlegung von Gesellschaften 5129 ff., 5142 ff.
– Sitzverlegung ins Ausland 5134 ff., 5145
– Sitzverlegung ins Inland 5130 ff., 5143
– Sitzverlegung von Drittstaat in Drittstaat 5141 ff.

Slot Charter 2955
Slowakei
– und EVÜ 5
– Grundstückskauf 1644
– Handelsgesellschaften 5312 ff.
Slowenien
– und EVÜ 5
Sociedad
– anónima 5308
– colectiva 5306
– de responsabilidad limitada 5309
– en comandita 5307
Sociedade
– anónima 5302
– em comandita simples 5301
– em nome colectivo 5300
– por quotas 5303
Società
– a responsibilità limitata 5277
– in accomandità per azioni 5276
– in accomandità semplice 5272
– in nome collettivo 5271
– per azioni 5273 ff.
Société à responsabilité limitée
– belgische 5251
– französische 5268
Société anonyme
– belgische 5250
– französische 5266
Société en commandite simple
– belgische 5249
– französische 5265
Société en nom collectif
– belgische 5248
– französische 5264
Société par Actions Simplifiée 5267
Softwareverträge
– Kollisionsrecht 2027 f.
– materiellrechtliche Einordnung 2026
– Rechtswahl 2029
– UN-Kaufrecht, Anwendbarkeit 1942, 2027
– Verbraucherschutz 2029
– s.a. Geistiges Eigentum, Verletzung; Geistiges Eigentum, Verträge über; Urheberrechtsvertrag
Soldaten, ausländische 195
Sonderanknüpfung
– des Schweigens 267 ff., 284
– Verbrauchervertrag 4171 ff., 4231 ff., s.a. Verbrauchervertrag, Sonderanknüpfung EGBGB; Verbrauchervertrag, Sonderanknüpfung Rom I-VO
– der Vollmacht 5431 ff.

- zwingende Vorschriften 491 ff., s.a. dort
Sondergut 5912
Sorgerecht 6181 ff.
Sortenschutzrecht 1834, s.a. Lizenzvertrag
Soziale Sicherheit 4805
- EU-Regelung 410
Sozialrecht 619
Sozialversicherung, cessio legis 404 f.
Sozietät
- Anwaltskooperationen 1431 f., 1464
- Brüsseler Dependancen 1430
- mehrere unverbundene 1433
- internationale 1467
- Niederlassungsrecht 1425 ff.
Spanien
- Aktiengesellschaft 5308
- Eigentumszuordnung im Güterrecht 5915
- und EVÜ 5
- Gesellschaften 5305 ff.
- Grundstückskauf 1643
- Verbraucherschutz 4159
SPE 5243 ff.
Spediteur und Frachtführer 4103
Spediteurbedingungen s. Allgemeine Deutsche Spediteurbedingungen (ADSp)
Speditionsvertrag 4071 ff.
- ADSp, Rechtswahl 4071 ff.
- Anknüpfung, objektive 4080 ff.
- CMR 4103 f.
- Dienstleistung 4083
- Einheitsrecht, internationales 4102 ff.
- ER/CIM 4106 ff.
- Güterbeförderungsvertrag, Rom I-VO 4081, 4084
- Haager Regeln 4108 f.
- Montrealer Übereinkommen 4105
- Niederlassung Spediteur 4083
- Rechtswahl 4071 ff.
- überlagernde Anknüpfung Übernahme/Ablieferung Deutschland 4088
- Verbrauchervertragsrecht, internationales 4085 ff.
- Vertragsstatut 4071 ff.
- Visby-Regeln 4108 f.
- WA 4105
- zwingende Normen 617 f.
spolecnost s rucením omezeným 5316
Spólka Akcyjna 5296
Spólka Jawna 5292
Spólka Komandytowa 5293
Spólka Komandytowa Akcyjna 5295

Spólka Partnerska 5294
Spólka z Organiczona Odpowiedzialnóscia 5297
Sprache
- Formvorschrift, Einordnung als 742
- des Vertrages 253, 278
Sprachgebrauch
- und Auslegung 310
- Hinweis auf stillschweigende Rechtswahl 126
Sprachrisiko
- im Arbeitsrecht 5002
- beim Vertragsabschluss 274 ff., 5002
Staat
- cessio legis 404
- Verträge 100 ff.
Staatenlose
- Ehewirkungsstatut 5944
- Personalstatut 6124
Staatsangehörigkeit 138
- Arbeitsvertrag 4864
- als Auslandsberührung
- Grundstückskauf, Anknüpfung 1510
- als Hinweis auf das Schuldstatut 194
- Maklervertrag 1393
- mehrfache s. Mehrstaater
Staatsanleihe 1372 ff.
Staatsunternehmen 196
Stabilisierungsklausel 106 ff.
Stationierungsstreitkräfte
- Angehörige 195
- Zivilbedienstete 4955
Statutenwechsel 159, 173, 187, 2302, 4849
- Geschäftsfähigkeit 6126
- Güterrecht 5977
Stellvertretung
- durch Bevollmächtigte 5421 ff.
- Haager Übereinkommen von 1978 2212, 5421, 5561 ff.
- bei Handelsgesellschaften 5031 ff., 5174 ff., s.a. Gesellschaft
- beim Kauf, Übereinkommen 942
- bei Minderjährigen 6205 ff.
- Rom I-VO, Nichtanwendung 61
- Tod des Vertretenen 5504
- verdeckte 5534
- Zulässigkeit 5532
- s.a. Vollmacht
Steuerberater
- zwingende Vorschriften 570 ff.
Stiftungen 63
Störung der Geschäftsgrundlage 324
Straßengütertransport 2711 ff.
- Kabotageverkehr 2727, 2728 ff.

- Rechtsvereinheitlichung/CMR 2711 ff., s.a. CMR
- Umzugstransporte, überlagernde Anknüpfung 2733
- Vertragsstatut 2726
- zwingende Vorschriften, eigene 2728 ff.

Straßengüterverkehr,
- Übereinkommen über den Beförderungsvertrag 2711 ff.
- s.a. CMR

Streik 4968 ff.
Streitanteilshonorar 1441 ff.
Streiterledigung 257
Streitverkündung 6523
Strom
- und UN-Kaufrecht 899

Stückgutfrachtvertrag 2871, 2917 ff.
- Einheitsrecht 2919 ff.
- Rechtswahl 2917 f.

Stundung 347
Subunternehmer 1082
Südafrika
- Eigentumszuordnung im Güterrecht 5925

Südamerika
- Eigentumszuordnung im Güterrecht 5926

Sympathiestreik 4970
Takeover bid 4410, 4421
Tariffähigkeit 4962
Tarifvertrag 4960 ff.
- Auslandsbezug 4965 ff.
- europäischer 4808
- Hinweis auf das Schuldstatut 4863
- Hinweis auf stillschweigende Rechtswahl 125

Taschengeldparagraph 6152 f.
Tätigkeit, berufliche 161
Tätigkeitsgebiet des Eigenhändlers 2299
Tausch von Grundstücken 168, 1512
Täuschung
- Anfechtung wegen 299, 302

Technologietransfer
- Gruppenfreistellung 1891 ff.

Teilgeschäftsfähigkeit 6152 f.
Teilweise Rechtswahl s. Rechtswahl
Teilzeitbeschäftigung 596
Telefax
- Gerichtsstandsklausel 6434
- Schiedsvereinbarung 6680, 6717

Tender offer 4410, 4421
Termineinwand 606
Termingeschäftsfähigkeit 2501

Territorialitätsprinzip
- Betriebsverfassung 4952 ff.
- gewerbliche Schutzrechte 1834
- Insolvenzrecht 5601 ff.
- Schwerbehindertengesetz 4934
- Urheberrecht 1968

Territorialitätsvorbehalt 6571, 6579
Testament
- Rom I-VO, Nichtanwendung 53

Third Party Legal Opinions 1436 ff.
Tilgung fremder Schulden s. Zahlung
Time Charter 2957 ff.
Timesharingrichtlinie 24, 72, 4142
Timesharingvertrag 4281 ff.
- begleitende Verträge, Anknüpfung 4348 ff.
- Dienstleistung 1063, 4301 ff.
- dingliche Gestaltung, Anknüpfung 4329 ff.
- Finanzierungsverträge 4350 f.
- Form 4213
- Haftung von Vermittlern 4371
- internationales Verbrauchervertragsrecht, Anwendbarkeit 4291 ff., s.a. Timesharingvertrag, Sonderanknüpfung Rom I-VO
- Rechtswahl 4321 ff., 4329
- schuldrechtliche Gestaltung, Anknüpfung 4321 ff.
- Sonderanknüpfung EGBGB 4337 ff.
- Tauschpoolverträge 4306, 4349
- Treuhandkonstruktion 4331
- Typen 4284
- vereins-/gesellschaftsrechtliche Gestaltungen 4332 ff.
- Verwaltungsverträge 4349
- Widerrufsrechte 4322a
- zwingende Vorschriften 4337 ff.

Timesharingvertrag, Sonderanknüpfung Rom I-VO 4291 ff.
- Ausrichten Tätigkeit auf Verbraucherstaat 4308 ff.
- und Dienstleistungsvertrag 4301 ff.
- gewöhnlicher Aufenthalt des Verbrauchers 4315
- und Immobiliengerichtsstand 4299
- persönlicher Anwendungsbereich 4314
- Rückausnahme für Timesharing 4292 ff.
- sachlicher Anwendungsbereich 4291 ff.
- situativer Anwendungsbereich 4308 ff.
- Unterscheidung Nutzungsrecht – Tausch 4296

Tod des Vertretenen 5504
Totten-trust 63

Trade Terms 953
Trading with the Enemy Act s. Handelsverbot
Transportcharter 2847 ff.
Transportgefahr 975
Transportverträge s. Güterbeförderung
Travel Vac, EuGH 4303
Treuhand 63
TRIPs-Übereinkommen 1942
Trust
– anzuwendendes Recht 63
– Bedingungen 6418
– Rom I-VO, Anwendungsbereich 62 f.
Tschechien
– und EVÜ 5
– Grundstückskauf 1644
– Handelsgesellschaften 5312 ff.
Türkei
– Eigentumszuordnung im Güterrecht 5922
– Grundstückskauf 1645
Typenverschmelzungsvertrag 184
Typische Leistung s. Charakteristische Leistung

Übereignung und Rechtswahl 312
Übereinkunft von Montevideo 1942
Übergabeprinzip 994
Übernahmeangebot 608, 4410, 4421
Überseering, EuGH 5049 ff.
Übersetzung 276
Überweisung 1285 ff., s.a. Zahlungsverkehr, Bankvertrag; Zahlungsverkehr, mehrgliedriger
Überweisungsrichtlinie 1234, 1293
Überweisungsvertrag 603 ff.
UINL-Vollmachten 1575 f.
Ultra-vires-Doktrin 5163, 5201, 5258 f., 5334, 5366
Umdeutung 305
Umstellungsgesetz von 1948 1169
Umzugsgut 2719
Umzugstransport 2572, 2733
– zwingende Normen 617 f.
Unbenannte Zuwendung 6041
Unberührbarkeitsklausel 109
UNCITRAL 242, 944
– Kaufrecht s. UN-Kaufrecht
– Verjährungsübereinkommen 944
„Unenforceable" 693 ff.
– akzessorische Sicherungsrechte 706
– Sachurteilsvoraussetzung 695 ff.
– unvollkommene Verbindlichkeit 701 ff.
Ungarn
– und EVÜ 5
– Grundstückskauf 1646
– Handelsgesellschaften 5318 ff.
Ungerechtfertigte Bereicherung 455 ff.
– akzessorische Anknüpfung 456
– Anknüpfungsleiter 455
– Anweisungsfälle 461
– Eingriffskondiktion 456
– engere Verbindung 463
– gemeinsamer gewöhnlicher Aufenthalt 457
– Leistungskondiktion 456
– Mehrpersonenverhältnisse 459 ff.
– Ort des Bereicherungseintritts 458
– Zahlung auf fremde Schuld 460
UNIDROIT
– Franchiseverträge 2084
– Handelsverträge, Grundsätze über Internationale 2, 101
Universalitätsprinzip
– Insolvenzrecht 5601 ff.
UN-Kaufrecht 891 ff., 917 ff.
– Abschluss Kaufvertrag 917 ff.
– Abtretung 922
– Alleinvertriebsvertrag 2293
– und Allgemeine Geschäftsbedingungen 906, 918
– Anfechtung wegen Irrtums 906
– Anwendung bei Nichtvertragsstaaten 903 ff.
– Anwendungsbereich 895 ff.
– Aufrechnung 922
– ausgeschlossene Kaufverträge 898 f.
– Auslegung 915
– Ausschluss 904, 912 ff.
– autonome Anwendung unter Vertragsstaaten 902
– Bestätigungsschreiben 918
– Dienstvertrag 905
– Eigentum, Wirkung auf das 907
– Eigentumsvorbehalt 907
– und EVÜ 916
– Form 919
– Franchiseverträge 2087, 2105
– Gültigkeit Kaufvertrag 906, 943
– Haager Einheitskaufrecht 916
– Handelsbräuche 908
– Herabsetzung Kaufpreis 927
– hypothetisches Vertragsstatut 915
– Käuferpflichten 929
– Konventionenkonflikte 916
– Leistungsstörung 906, 920
– Mängelanzeigefrist 924
– Niederlassung in verschiedenen Staaten 900

- Preisgefahr 920
- Produkthaftung/Produzentenhaftung 910 f.
- Rechtsbehelfe Käufer 925 ff.
- Rechtsbehelfe Verkäufer 930
- und Rom I-VO 78
- Rüge- und Anzeigeobliegenheit 924
- Sach- und Vermögensschäden 910 f.
- Schadensersatz 920
- Schadensersatzanspruch Käufer 928
- schuldrechtliche Bestimmungen 920 f.
- Text 932
- Unternehmenskauf 4401 f., 4460 ff., 4552
- Untersuchungsort 924
- Urhebervertragsrecht, Anwendbarkeit auf 1942
- Verjährung 903
- Verkäuferpflichten 924
- Vertragsaufhebung 921, 926
- Vertragsstaaten 895
- Vertragsstrafe 906
- Vertragsverletzung 920, 925 ff.
- Währung 923
- Werklieferungsvertrag 905
- Werkvertrag 905
- zeitlicher Anwendungsbereich 901
- Zinsen 931

Unmöglichkeit der Leistung 321
- wegen Leistungsverbot 321 f.

Unternehmen, verbundene
- Verwaltungssitz 5089

Unternehmenskauf 4391 ff.
- Anzeigepflicht 4511 ff.
- Arten 4391 f.
- Formvorschriften 755, 761
- Fusionskontrolle 4517 ff.
- Genehmigungserfordernisse 4531 ff.
- Kartellrecht 4511 ff.
- Vorvertrag 4501 f., 4553

Unternehmenskauf, Anteilskauf 4391, 4401 ff.
- Aufklärungs-, Offenlegungs-, Informationspflichten 4416
- Auslandsbeurkundung 4427 ff.
- Börsenkauf 4408 ff., 4417
- Einheitskaufrecht 4401 f.
- Form 4422 ff., 4551
- und Gesellschaftsstatut 4416, 4418 ff.
- Haftungsfolgen 4435
- Insiderhandeln 4436 f.
- Mitbestimmung 4439
- Übernahmeangebot, öffentliches 4410
- Vertragsstatut 4403 ff. , 4551

Unternehmenskauf, Kauf der Wirtschaftsgüter 4392, 4460 ff.
- Einheitskaufrecht 4460 ff., 4551
- Erfüllungsstatut für einzelne Vermögensbestandteile 4469 ff.
- Firmenfortführung, Haftung 4491
- Form 4481 ff., 4552
- Mitbestimmung 4492 ff.
- Vermögensübernahme 4488 ff.
- Vertragsstatut 4463 ff., 4552
- Zustimmungserfordernisse 4480

Unterricht, Fern- 162, 600
Unterrichtsvertrag 162, 1052
- im Ausland 4192

Untersuchung
- beim Warenkauf 979 f.

Untersuchungsstatut 979 f.
Untervollmacht 5495
Unterwerfungsklausel 663
UN-Übereinkommen über Schiedssprüche s. Schiedsvereinbarung
UN-Übereinkommen über Warenkauf s. UN-Kaufrecht
Unwandelbarkeit des Güterrechtsstatuts 5947 ff.

Urheberrechte
- und Arbeitsverhältnis 4925
- Rechtswahl 1981
- Rom II-VO 1966
- Urheberrechtsstatut 1963 ff.

Urheberrechtskonventionen 1941 ff.
Urheberrechtsvertrag 621 f., 1941 ff.
- Anknüpfung, objektive 1982 ff.
- Eingriffsnormen 2033 f.
- Einheitsrecht 1941 ff.
- England, Sachrecht 1951
- Formfragen 2068
- Formstatut 1973 ff.
- Frankreich, Sachrecht 1952
- Geistiges Eigentum, Richtlinie zum Schutz 1944
- Gestaltungsmöglichkeiten 2061 ff.
- Informationsrichtlinie 1944
- Inländerbehandlungsprinzip 1963
- Kartellrecht 2038 ff.
- Kollisionsnormen, Gemeinschaftsrecht 1966 ff.
- Kollisionsnormen, Konventionsrecht 1963 ff.
- Kollisionsrecht, Charakteristika 1961 f.
- Kulturgüterschutz 2041 f.
- Österreich, Sachrecht 1953
- Rechtswahl 1981, 2061 ff.
- Rom I-VO 1969, 1981 ff.
- Rom II-VO 1966

- Schutzlandprinzip 1966
- Schweiz, Sachrecht 1954
- Sendelandprinzip 1967
- Territorialitätsprinzip 1968
- Urheberrechtsstatut 1963 ff.
- Urhebervertragsstatut 1969 ff.
- s.a. Filmverträge; Verlagsverträge

Urkunden
- von deutschen Konsuln 1556, 5497

Urlaubsrecht 4924

Urteilsanerkennung und zwingende Vorschriften 555

USA
- Eigentumszuordnung im Güterrecht 5918, 5927
- Grundstückskauf 1647
- Güterrechtsstatut 5953
- Handelsgesellschaften 5358 ff.
- Limited Partnership 5360

Usancen, Bezugnahme 953, s.a. Handelsbrauch

VDMA 243, 248

Vennootschap onder firma 5280

Veränderung des gewählten Rechts 99

Verbindung
- engere s. Engere Verbindung
- engste s. Engste Verbindung

Verbraucher
- und Anwaltsvertrag 1414 ff.
- Begriff 4177

Verbrauchergeschäft 4176 ff.

Verbraucherkauf, UN-Kaufrecht 898

Verbraucherkredit 1013, 4181

Verbraucherkreditrichtlinie 1237, 4142

Verbraucherrecht, Richtlinien 22, 4142
- ausländisches Recht 4145 ff.
- und Rom I-VO 72
- zwingende Vorschriften 512, 515 ff., 525, 597 ff., 4204 f.

Verbrauchervertrag
- und Anwaltsvertrag 1414 ff.
- Aufenthaltsstaat Verbraucher 4207
- Bankgeschäft 1263, 1272
- Brokervertrag 2482 ff.
- CIFL Anwendbarkeit 1113
- Dienstleistung 1059
- und Finanzinstrumente 2341 ff.
- Fonds 2467 f.
- Form 770, 4213
- und Gerichtsstandsvereinbarung 6390, 6392, 6487 f.
- Grundsatz des günstigeren Rechts 4206, 4238
- Grundstückskauf 1513
- Günstigkeitsprinzip
- Kollisionsrecht 4144
- Rechtsangleichung 4141 ff,
- Rechtswahl 4171, 4231 ff., s.a. Verbrauchervertrag, Sonderanknüpfung EGBGB; Verbrauchervertrag, Sonderanknüpfung Rom I-VO
- Rechtswahlbeschränkung 4203 ff., 4231 ff., 4236 ff., s.a. Verbrauchervertrag, Sonderanknüpfung EGBGB; Verbrauchervertrag, Sonderanknüpfung Rom I-VO
- Schiedsvereinbarung 6721 ff.
- Versicherung 4766
- Widerrufsrecht 266
- zwingende Vorschriften 597 ff., 4204 ff., 4209 ff.

Verbrauchervertrag, Sonderanknüpfung
- gewöhnlicher Aufenthalt, Anknüpfung 4208

Verbrauchervertrag, Sonderanknüpfung EGBGB 4231 ff.
- Analogie für andere Richtlinien 4245
- Anwendungsbereich 4233 ff.
- Ausrichten der Tätigkeit 4242
- Ausübung beruflicher/gewerblicher Tätigkeit 4241
- enger Zusammenhang 4239 ff.
- Günstigkeitsprinzip 4238
- Rechtswahlbeschränkung 4236 ff.
- Verbraucherschutz für besondere Gebiete 4231 ff.
- Verbraucherschutzrichtlinien, Umsetzung 4243
- Verbrauchervertrag 4234
- Verhältnis zu anderen Kollisionsregeln 4246 ff,
- zwingende Natur 4246 ff.

Verbrauchervertrag, Sonderanknüpfung Rom I-VO 4171 ff.
- Angebot/Werbung 4186
- ausländische Vertragsanbahnung 4188
- Auslandsreise/Kaffeefahrt 4187
- Ausnahmen 4191 ff.
- Ausrichten Tätigkeit 4183
- Ausübung beruflicher/gewerblicher Tätigkeit 4183
- Beförderungsverträge, Ausnahme 4191, 4195
- Dienstleistungen, ausländische, Ausnahme 4192 f.
- Finanzinstrumente, Finanzdienstleistungen 4197 f.
- Hotelunterbringung 4192
- Internetauftritt 4185

- multilaterale Systeme 4202
- Pauschalreisen 4195
- Rechtswahlbeschränkung 4203 ff., 4231 ff., 4236 ff.
- Umstände Vertragsschluss 4182 ff.
- unbewegliche Sachen, Verträge über 4196
- Unterrichtsverträge 4192
- Verbrauchergeschäft, Begriff 4176 ff.
- Versicherungsvertrag, Ausnahme 4191
- Vertrag im Bereich der Tätigkeit 4189

Verbriefte Forderung s. Wertpapiere
Vereinigte Staaten s. USA
Vereinigtes Königreich
- und EVÜ 5
- Rom I-VO 39

Vereinsrecht
- Rom I-VO, Anwendungsbereich 60

verejná obchidní spolecnost 5314
Verfahrensrecht
- Rom I-VO, Nichtanwendung 66

Verfallvereinbarung 567
Verfilmungsverträge 1999, 2007 ff.
Verfügungen
- über ausländisches Grundstück 6250

Verfügungsbefugnis in Insolvenz 5601 ff.
Verfügungsbeschränkungen, Ehegatten 5851 ff., 5869 ff., 5930 ff., 6064 f
- und Belegenheitsstatut 6037
- bei eigenem Vermögen 5935
- im Grundbuchverkehr 1609 f., 5937 ff.
- Rückverweisung 5892, 5950 ff.

Verfügungsbeschränkungen, Minderjähriger 6161 ff.
Verfügungsermächtigung 5510
Verfügungsgeschäft
- Form 777 ff., s.a. Formvorschriften, Verfügungsverträge
- s.a. Belegenheit

Verfügungsmacht
- und Geschäftsfähigkeit 6172
- und Insolvenz 5722

Vergaberecht 613
Vergleich 379
Verhandlungssprache 253, 278, s.a. Sprachgebrauch; Sprachrisiko
Verheiratete Personen s. Ehegatten
Verjährung 372 ff.
- UN-Kaufrecht 903

Verkaufsveranstaltung
- ausländische Vertragsanbahnung 4188
- im Ausland 137
- Kaffeefahrt 4187

Verkehr, multimodaler s. dort

Verkehrsgeschäft
- Verkehrsschutz 6248 ff.

Verkehrsschutz
- und eherechtliche Beschränkung 6061 ff.
- und Entmündigung/Betreuung 6321 ff.
- und Geschäftsfähigkeit 6242 ff.
- bei Vertretung von Gesellschaften 5201 ff.
- bei Vertretung von Minderjährigen 6254 f.

Verkehrssitten s. Handelsbrauch
Verlagsverträge 1941 ff.
- Anknüpfung, objektive 1985 ff., 1989 ff.
- Buchpreisbindung 2037
- Kollisionsrecht, Charakteristika 1961 ff., 1985 ff., s.a. Urheberrechtsvertrag
- Rechtswahl 1981
- Typen 1985 ff.
- Urheberrechtsvertrag, internationaler
- zwingende Vorschriften 2033 ff.
- s.a. Geistiges Eigentum, Verletzung; Geistiges Eigentum, Verträge über; Urheberrechtsvertrag

Verlängerter Eigentumsvorbehalt s. Eigentumsvorbehalt
Vermieterpfandrecht 1721
Vermittlungsvertrag 1052, 1713
Vermögensübernahme
- Unternehmenskauf 4488 ff.

Vermutung, gesetzliche 341
Verordnungen der EU 17
- Rom I-VO 35 ff., s.a. dort

Verpflichtungsbeschränkungen
- von Ehegatten 5851 ff., 5864 ff., 6064 f.
- und Schuldstatut 6044
- Vollmacht des Ehegatten 6065

Verrechnung s. Aufrechnung
Verschulden 326
- Beweislast 342
- CMR 2722
- bei Vertragsschluss 470 ff., s.a. Culpa in contrahendo

Versendungsgefahr 347
Versendungskauf
- Eigentumsübergang 994, 996 ff.

Versicherungsaufsicht 4763 ff.
Versicherungsvertrag 4721 ff.
- Aufspaltung der Anknüpfung 4748
- cessio legis 404 f.
- Dienstleistung 1060
- Fahrzeugversicherung 4761
- Gebäudeversicherung 4761

- Gerichtsstand, internationale Zuständigkeit 4728, 4769
- Gerichtsstandsvereinbarung 6390, 6487 f., 6510
- Großrisiken 4731, 4737, 4746
- Gruppenversicherung 4759
- Lebensversicherung 4749 ff.
- Massenrisiken, außerhalb EU belegene 4734 ff., 4745
- Massenrisiken, innerhalb EU belegene 4738 ff., 4747
- Mitversicherung 4754
- Pensionsverträge 4759
- Pflichtversicherung 4755 ff.
- Rechtsvereinheitlichung 4721 ff.
- Rechtswahl 4734 ff.
- Risiko, Belegenheit 4732 ff., 4760
- Rom I-VO 65, 76, 4725, 4729 ff.
- Rückversicherung 4729, 4753
- Schuldstatut 4729 ff.
- Umsetzung Versicherungsrichtlinien Deutschland 4726 f.
- Verbraucherschutz 4766
- Versicherungsvertragsrecht, europäisches Internationales 4725
- zwingende Normen 614 ff., 4762 ff.

Versteigerungskauf 963, 1031 ff.
- Internetversteigerung 1033
- Ort der Versteigerung 1031 f.
- Rom I-VO 1031
- UN-Kaufrecht 899, 1031
- vertragsspezifische Anknüpfung 151

Versteinerung des Güterstandes 5949
Versteinerungsklausel 106 ff.
Vertrag
- Abänderung 376
- abtrennbarer Teil 189
- unter Abwesenden 765 ff.
- angelehnter 177
- atypischer 167, 171, 181
- Aufhebung 371, 377
- unter Ehegatten 5852, 6040
- Erlöschen 346 ff.
- Form 279, 750 ff., s.a. Formvorschriften
- gemischter 181
- internationaler
- Nichtigkeit s. dort
- „rechtsordnungsloser" 104
- Wirksamkeit 299 ff.
- zusammengesetzter 176
- Zustandekommen 261 ff.

Vertrag zugunsten Dritter 318
- Rückabwicklung 462

Vertrag, Durchsetzung 256

Vertragliche Schuldverhältnisse
- Verordnung über das auf- anzuwendende Recht 35 ff., s.a. Rom I-VO

Vertragsanbahnung, ausländische 4188
Vertragsanpassung 327
Vertragsauflösung 330
- durch deutsche Gerichte 330
- richterliche 330
- bei Willensmängeln 302

Vertragsauslegung s. Auslegung
Vertragsfreiheit 87
Vertragsgestaltung
- Abschluss Vertrag 245
- Absichtserklärung 245
- anwendbares Recht 254
- Auslegungsklausel 250
- Form- und Beweisfragen 251
- Genehmigungen, gesellschaftsrechtliche 247
- Gerichtsstandsklausel 256
- Geschäftspartner 252
- Informationsbeschaffung 241 ff.
- Literatur 85 ff.
- praktische Hinweise 241 ff.
- Schiedsklausel 257
- Schlichtung/Mediation 257
- Sicherheiten 255
- Vertrags- und Verhandlungssprache 253
- Vertragsinhalt 248 ff.
- Wirksamkeit Vertrag 246

Vertragshändlervertrag 2251 ff.
- Abbedingung Handelsvertreterrecht 2307
- Abdingbarkeit Vorschriften 2262 ff., 2307
- AGB 2256, 2265
- Alleinvertriebsrecht 2253
- Ausgleichsanspruch 2261, 2307
- ausländische 2263
- Beendigung 2257, 2259 f.
- Befristung 2258
- Binnenmarktsachverhalte 2305
- Binnensachverhalte 2304
- charakteristische Leistung 2299 ff.
- Definition 2252
- Dienstleistung 1056
- Einheitsrecht 2251
- Checkliste Vertragsgestaltung 2331
- gewöhnlicher Aufenthalt 2296
- Gruppenfreistellungsverordnung 2282 f.
- mit Handelsvertretern 2201
- Handelsvertreterrecht, analoge Anwendung 2262 ff.
- inländischer 2264

- Kartellrecht, deutsches 2286, 2310
- Kartellrecht, EG 2281 ff., 2310
- Kartellrecht, EWR 2285
- Kollisionsrecht, Vereinheitlichung 2291 ff.
- Kündigung 2259 f.
- Niederlassung Vertragshändler 2296, 2299
- objektive Anknüpfung 2296 ff.
- Pflichten der Vertragsparteien 2255
- Rechtswahl 2292 ff.
- Rom I-VO 2291 ff.
- Rücknahme Waren-/Ersatzteillager 2266
- Sachrecht, belgisches 2267 ff.
- Sachrecht, deutsches 2252 ff.
- Sukzessivlieferungsvertrag, Abgrenzung 2254
- und UN-Kaufübereinkommen 2293
- Vertragsschluss vor 17.12.2009 2298 ff.
- Vertragsstatut 2292 ff.
- zwingende Vorschriften 2303 ff.

Vertragsklauseln, und stillschweigende Rechtswahl 125, 127 f.

Vertragspraxis, stillschweigende Rechtswahl 129

Vertragsprinzip bei Übereignung 994

Vertragssprache 253, 278
- stillschweigende Rechtswahl 126

Vertragsstatut 85 ff.
- und Güterstand 6031 ff., 6040 ff.

Vertragsstatut, Reichweite 261 ff.
- Beweis 340 ff.
- culpa in contrahendo 470 ff., s.a. dort
- Erlöschen des Vertrages 346 ff.
- Forderungsabtretung 380 ff., s.a. dort
- Formvorschriften 731, 750 ff.
- gesetzlicher Forderungsübergang 404 ff.
- Leistungsstörung 320 ff.
- materielle Wirksamkeit 299 ff.
- Schuld- und Vertragsübernahme 414 ff.
- Umgestaltung des Schuldverhältnisses, Schuldanerkenntnis, Vergleich 376 ff.
- Verjährung, Ausschlussfrist, Verwirkung 372 ff.
- Vertragsauslegung 307 ff.
- Vertragsinhalt 311 ff.
- Zustandekommen des Vertrages 261 ff.

Vertragsstrafe 339

Vertragstyp 313

Vertragsübernahme 421

Vertragsverbindung 175

Vertragsverletzung, positive 321

Vertragswährung s. Währung

Vertreter

- notarielle Bestätigung 5221

Vertretung ohne Vertretungsmacht 5536 ff.

Vertretungsmacht 5031 ff.
- der Eltern 6205 ff.
- notarielle Bestätigung 5221
- Reichweite des Vertretungsstatuts 6222
- des Vormundes 6212 f., 6221
- vormundschaftsgerichtliche Genehmigung 6214 ff.
- s.a. Vollmacht

Vertretungsmacht, Handelsgesellschaften 5031 ff., 5174 ff.
- anwendbares Recht 5031 ff.
- Belgien 5247 ff., 5252
- England 5253 ff., 5261 f.
- Frankreich 5263 ff., 5269
- Haftung, Gesellschafter/Organvertreter 5207 ff., s.a. dort
- Italien 5270 ff., 5278
- Japan 5325 f., 5328
- Kanada 5329 ff., 5335
- Liechtenstein 5337 ff., 5343
- Niederlande 5278 ff., 5284
- notarielle Bestätigung der – 5221
- Organe und Nachweis
- Österreich 5285 ff., 5290
- Polen
- Polen 5291 ff, 5298
- Portugal 5299 ff., 5304
- Russland 5344 ff., 5351
- Schweiz 5352 ff., 5357
- Spanien 5305 ff., 5311
- Tschechische Republik/Slowakei 5312 ff., 5317
- Ungarn 5318 ff., 5324
- USA 5358 ff., 5368 ff.
- Verkehrsschutz 5201 ff.
- Zweigniederlassungen, inländische 5217 ff.

Vertretungsstatut, Reichweite 6222
- und Geschäftsfähigkeitsstatut 6223

Vertriebene s. Flüchtlinge

Vertriebsbindung
- Handelsvertreterverträge 2201

Vertriebshändlervertrag 2251 ff., s.a. Vertragshändlervertrag

Vertriebsverträge 2131 ff.
- Anknüpfung, objektive 2135 ff.
- gewöhnlicher Aufenthalt 2139
- Handelsvertreter 2161 ff., s.a. dort
- Rom I-VO 2132
- Vertragshändler 2251, s.a. Vertragshändlervertrag

- vertragsspezifische Anknüpfung 150
- Vertriebshändler, Begriff 2137

Verwahrung 163

Verwaltungssitz 5081 ff.
- Beweislast 5085 ff.
- Doppelsitz 5088
- effektiver 5082, 5087
- gewöhnlicher Aufenthalt 209
- als Hinweis auf das Schuldstatut 193
- Niederlassung s. dort
- und Satzung 5082
- verbundene Unternehmen 5089
- Verlegung 5075

Verwaltungsvertrag 1714

Verweisung
- kollisionsrechtliche 87
- materiellrechtliche 87
- stillschweigende 113 ff.
- teilweise 94 f., 753 ff., 4840
- auf Völkerrecht 105

Verweisungsvertrag 88 ff.
- und Allgemeine Geschäftsbedingungen 264 f.
- Auslegung 307
- Form 91
- Wirksamkeit 89
- Zustandekommen 88, 263 ff.
- s.a. Rechtswahl

Verwertungsregelungen, Grundpfandrechte 567

Verwirkung 375

Verzug 321
- Schaden, Bemessung 332
- Zinsen 335

Videolizenzvertrag 2024

Visby-Regeln 2872, 2899, 2902, 2921 f.
- und Gerichtsstandsvereinbarungen 6394

Völkerrecht, Verweisung auf 105

Volljährigkeitsalter
- Länderübersicht 6142 ff.

Volljährigkeitserklärung 6149 f.

Vollmacht
- Börsen- 5468 ff.
- Dauervollmacht 5467
- für Ehegatten bei Verpflichtungsbeschränkungen 6065
- Genfer Übereinkommen von 1983 5566
- Geschäftsleitung 5454
- und Grundbucheintragung 5501
- über Grundstücke 5464, 5499
- Grundstückskauf 1575 f.
- Haager Übereinkommen von 1978 2212, 5421, 5561 ff.
- Handelsvertreter 5455
- Internationale Union des Lateinischen Notariats 1575 f.
- Kapitän 5462
- Konnossementsausstellung 5470
- zur Prozeßführung 5469
- und Schiedsvereinbarung 6696
- Vorsorgevollmacht 5471 ff.

Vollmachtsstatut 5421 ff.
- Börsenvollmacht 5468 ff.
- Dauervollmacht 5467
- Gebrauchsort/Wirkungsland 5441 ff.
- Geschäftsleitung/Prokuristen 5454
- und Geschäftsstatut, Hauptvertrag 5531 ff.
- Grundstücksvollmacht 5464
- Konnossementsausstellung, Vollmacht zur 5470
- Prozeßvollmacht 5469
- Rechtswahl 5445 f.
- Rück- und Weiterverweisung 5452
- Schutz Vollmachtgeber 5450 f.
- Sonderanknüpfung 5431 ff., 5463 ff.
- Vertreter mit eigener Niederlassung 5456
- Vorsorgevollmacht 5471 ff.

Vollmachtsstatut, Reichweite 5491 ff.
- Auslegung 5494
- Duldungs-/Anscheinsvollmacht 5507 ff.
- Erfordernis Spezialvollmacht 5533
- Erlöschen 5502
- Erteilen 5492 f.
- Form 5496 ff.
- und Geschäftsstatut, Hauptvertrag 5531 ff.
- Gültigkeit 5492 f.
- Innenverhältnis 5506
- Insolvenz 5504
- Offenbarung Vertretungsverhältnis 5534
- Überschreitung 5495
- Umfang 5495
- Untervollmacht 5495
- Verfügungsermächtigung 5510
- Vertretung ohne Vertretungsmacht 5536 ff.
- Widerruf 5505
- Willensmängel/böser Glaube, Zurechnung 5535
- Willensmängel Vollmachtgeber 5492
- Zulässigkeit Stellvertretung 5532

Vollstreckbarerklärungsverfahren 1459 ff., 6757 ff.

Vollzugsvollmacht 1575 f.

Vorausabtretung 382
Vorausklage, Einrede 1188
Vorauszahlung 971
Vorbehaltsgut 5912, 6063
Vorbehaltsklausel s. Ordre public
Vorbereitung des Hauptvertrages 180
Vormund
– Vertretung 6212 f., 6221
Vormundschaft s. Betreuung
Vormundschaftsgerichtliche Genehmigung 6214 ff.
Vorschriften, zwingende s. dort
Vorsorgevollmacht 5471 ff.
Vorvertrag 180
– Unternehmenskauf 4501 f., 4553
Vorvertragliche Schuldverhältnisse 470 ff.
– Rom I-VO, Nichtanwendung 64
Voyage Charter 2952 ff.
Voyageurs- représentants – placiers 2174
VR s. Visby-Regeln

WA 4105
– Zusatzabkommen von Guadalajara 2838 ff.
Währung
– bei der Aufrechnung 369
– bei der Erfüllung 316, 369
– Entwertung 333 f.
– Ersetzungsbefugnis 364
– als Hinweis auf das Schuldstatut 197
– von Schadensersatzansprüchen 334
– Schuldwährung 364
– UN-Kaufrecht 923
– und Verzugsschaden 333
– Zahlungswährung 364
– Zinsanspruch 335
Währungsfonds, internationaler 588
Währungsgesetz 589
Währungsstatut 589
Währungsvorschriften 589 f.
Wandelbarkeit
– des Ehewirkungsstatuts 5889
– des Güterrechtsstatuts 5947 ff.
– des Schuldstatuts 159, 173, 187, 2302, 4849
Wandelung 976
Wanderarbeitnehmer 5001
Warenkauf 891 ff.
– vertragsspezifische Anknüpfung 145
– s.a. Kauf; UN-Kaufrecht
Warenverkehrsfreiheit 12
– und Anwendung zwingender Vorschriften 534
Warenzeichen 1834, s.a. Lizenzvertrag

Warschauer Abkommen von 1929 2832, 2838 ff.
– Zusatzabkommen von Guadalajara 2838 ff.
Washingtoner Übereinkommen
– Investitionsstreitigkeiten 6565
WCT 1942
Wechsel 1307 ff.
– Rom I-VO, Nichtanwendung 54, 1308
Wechselverpflichtung
– unter Ehegatten 5863
– Geschäftsfähigkeit 6165
– Gesellschaft 5173
– und Schiedsvereinbarung 6637, 6651
Wegfall der Geschäftsgrundlage 324
Wehrdienst 4927
Weiterverweisung s. Rück- und Weiterverweisung
Welturheberrechtsabkommen 1942
Werbeveranstaltung, im Ausland 4187
Werbung
– Rechtsanwalt 1463 ff.
– Verbrauchergeschäft 4186
Werklieferungsvertrag 905, 965, 1081
Werkvertrag 905, 1052, 1081 ff.
– und Dienstvertrag 1052
– Rechtswahl 1081, 1083
– Subunternehmer 1082
– Vertragsstatut 1081
Wertpapiere 2376
– Anleihen als 1352 f.
– Rechte und Pflichten, die Bedingungen festlegen 2378 f.
– und UN-Kaufrecht 899
Wertpapiere, handelbare
– Rom I-VO, Nichtanwendung 54 ff.
Wertpapiergeschäfte 606, 1333 f., 1351 ff., s.a. Anleihe
Wertpapierübertragungen, grenzüberschreitende 2414 ff.
– Finanzsicherheitenrichtlinie 2421
– Haager Übereinkommen 2419 ff.
– PRIMA-Konzept 2420 f.
Wet Lease 2848
Wettbewerbsbeschränkungen, Gesetz gegen 610
Wettbewerbsrecht
– Gewinnzusagen 598 f.
– Vorschriften über- s. Europäische Wirtschaftsgemeinschaft; Kartellrecht
Wettbewerbsverbot
– des Arbeitnehmers 4932
– und Gruppenfreistellung 2282
– des Handelsvertreters 2201

2177

Widerrufsrecht 635
- Verbrauchervertrag 266

Wiener Einheitskaufrecht s. UN-Kaufrecht

Willensmängel 299, 302
- des Vertreters 5535
- des Vollmachtgebers 5535

Winterausfallgeld 4922

WIPO-Urheberrechtsvertrag 1942

WIPO-Vertrag über Darbietungen und Tonträger 1943

Wirksamkeit
- des Hauptvertrages 301 ff.
- des Vertrages 299 ff.
- des Verweisungsvertrages 300
  - und ungültiger Hauptvertrag 300
- s.a. Gültigkeit

Wirkungsland s. Vollmacht

Wirtschaftsausschuss 4957

Wirtschaftsgüter, Kauf der 4392, 4460 ff., s.a. Unternehmenskauf, Kauf der Wirtschaftsgüter

Wirtschaftspolitische Vorschriften

Wohnsitz
- Ehegüterstatut 5952 f.
- und Gerichtsstandsvereinbarung 6371 ff.
- als Hinweis auf das Schuldstatut 161, 193
- s.a. Niederlassung

WPPT 1943

Wucher 303

X C/P 2956

ZAG 2838 ff.

Zahlung fremder Schulden
- Bereicherung 460

Zahlung nach Erhalt der Ware 971

Zahlungsbedingungen
- bei Lieferverträgen 971 ff.
- Moratorium 1169

Zahlungsdiensterichtlinie 604, 1234, 1238

Zahlungskarten 1303

Zahlungsunfähigkeit Arbeitgeber 4807

Zahlungsverkehr, Bankvertrag 1285 ff.
- Anknüpfung 1286 ff.
- Doppelüberweisung, Rückabwicklung 1301
- Lastschrift 1286 ff.
- mehrgliedriger 1239 ff., s.a. Zahlungsverkehr, mehrgliedriger
- Rückabwicklung fehlgeschlagener Zahlungen 1301
- Scheck 1307 ff.
- Überweisung 1286 ff.
- Wechsel 1307 ff.
- Zahlungskarten, Einsatz 1302 ff.

Zahlungsverkehr, mehrgliedriger 1239 ff.
- Haftung Empfängerbank 1294, 1300
- Haftung für Verschulden der nachfolgenden Institute 1293
- Kollisionsrecht 1295 ff.
- Überblick, rechtstatsächlicher 1239 ff.
- weitergeleiteter Auftrag 1292

Zeitcharter 2957 ff.

Zeitpunkt
- charakteristische Leistung 159
- engere Verbindung 173
- engste Verbindung 187
- Gerichtsstandsklausel 6379 ff.
- gewöhnlicher Aufenthalt 216
- Rechtswahl, güterrechtliche 5960 ff., 5966, 5967 ff., 5988 ff.
- Vertragsschluss 279
- vertragsspezifische Anknüpfung 144

Zession 380 ff., s.a. Forderungsabtretung

Zessionsgrundstatut 406

Zeugenbeweis s. Beweis

Zins
- UN-Kaufrecht 931

Zinsanspruch 335

Zinsbeschränkungen 1165

Zinseszins 336

Zirkus 4953

Zivilbedienstete, Stationierungsstreitkräfte 4955

Zollrecht 583

Zugewinngemeinschaft 5920 ff.

Zurückbehaltungsrecht 338

Zusammenhängende Verträge 174 ff.

Zusatzabkommen zum WA 2838 ff.

Zustandekommen 261 ff.
- der Gerichtsstandsklausel s. Gerichtsstandsvereinbarung
- des Hauptvertrages 266 ff.
- und teilweise Rechtswahl 94
- des Verweisungsvertrages 57, 263 ff.
- von Verträgen 261 ff.
- Zeitpunkt 279

Zuständigkeit
- ausschließliche s. Ausschließliche Zuständigkeit
- internationale s. Internationale Zuständigkeit

Zuwendung, unbenannte 6041

Zwangsvergleich 5782 f.

Zwangsvollstreckung
- Europäische Gerichtsstands- und Vollstreckungsverordnung 350 ff., s.a. dort

Zwangsvollstreckungsmaßnahmen und UN-Kaufrecht 899
Zweigniederlassung
– Arbeitsverträge in 4850
– Bevollmächtigte 5217 f.
– Fähigkeit zur Errichtung 5166 ff.
– und Vertretungsmacht 5217 f.
Zwingende Vorschriften 491 ff.
– Anwendung/Wirkungsverleihung 533
– Anwendungsvoraussetzungen Art. 9 Rom I-VO 509 ff., 562 ff.
– Beweislast 554
– Definition Eingriffsnorm 510 ff.
– Durchsetzung strengeren nationalen Rechts 548 f.
– Formvorschriften 731 ff., s.a. dort
– gemeinschaftsrechtliche Verpflichtung zur Durchsetzung 535 ff.
– und Gemeinschaftsprivatrecht 542 ff.
– gemeinschaftsrechtswidriges Vertragsstatut 550
– Inlandsbezug 563 f.
– kollisionsrechtliche Behandlung, Grundlagen 491 ff.
– Konkurrenzen 519 ff.
– primärrechtliche Grenzen der Anwendung 534
– Privatrecht, Vorschriften des 512 ff.
– prozessuale Fragen 553
– Rechtsfolgen Art. 9 Rom I-VO 533; 565
– restriktive Auslegung/Anwendung Art. 9 Rom I-VO 508
– Rom I-VO 498 ff., 504 ff., 508 ff.
– Sonderanküpfung richtliniengemäßen Rechts 551
– und Urteilsanerkennung/Schiedssprüche, Anerkennung 555
– Völkerrecht 552
– Wahrung eines öffentlichen Interesses 510
Zwingende Vorschriften, eigene – einzelne Bestimmungen
– Anlegerschutz 602 ff.
– Arbeitsrecht 591 ff., 4905 ff.
– Architekten/Ingenieure 575 ff.
– Arzneimittel, Preisrecht 582
– Bank- und Kapitalmarktrecht 602 f.
– Devisenrecht 671 ff., 1167
– Einfuhr und Ausfuhr 583 f.
– Fernunterricht 600
– Gewerberecht 569, 579 ff.
– Gewinnzusagen 598 f.
– Grundstückskauf 1521 ff.
– Grundstücksverkehr 566 f., 1521 ff.
– Handelsvertreterverträge 601, 2181 ff.,

– Kartellrecht 610 ff.
– Kulturgüterschutz 585 ff.
– Makler- und Bauträgerverordnung 579 ff.
– Miete/Pacht 568
– Rechtsanwälte/Steuerberater 570 ff.
– Sozialrecht 619
– Transportvertrag 617 f.
– und Schiedsvereinbarungen 6762
– Urhebervertragsrecht 621 f.
– Verbraucherschutz 597 ff., 4204 f.
– Vergaberecht 613
– Versicherungsrecht 614 ff., 4762 ff.
– Vertriebshändler 2304
– Grundpfandrechte 567, 615
– Währungs- und Devisenrecht 588 ff., 671 ff
– Warenkauf 1011 ff.
– Wettbewerbsrecht 610 ff.
Zwingende Vorschriften, fremde 631 ff.
– Erfüllungsort-Normen, Beschränkung auf 638 ff.
– Ermessen bei Anwendung 647 ff.
– Grundsätze, Berücksichtigung 633 ff.
– Unanwendbarkeit Art. 9 III Rom I-VO 653
– und Rechtswahl 134 ff.
– Verbotsnormen, Beschränkung auf 634 ff.
– Vereinbarung 98
– des Vertragsstatuts, Berücksichtigung 646
– Wirkungsverleihung 650 ff.
Zwingende Vorschriften, fremde – einzelne Bestimmungen 654 ff.
– Anlegerschutz 657 f.
– Arbeitsrecht 4908 ff.
– Außenhandelsrecht 661 ff.
– Bodenverkehrsvorschriften 654
– Börsenvorschriften 657 f.
– Devisenrecht 666, 671 ff., s.a. Devisenvorschriften, ausländische
– Devisenvorschriften 1168
– Embargo 661 ff.
– Erwerbs- und Berufstätigkeit 655 f.
– Grundstücksverträge 1523
– Handelsvertreter 656, 2230
– IWF-Abkommen 672 ff.
– Kartellrecht
– Kulturgüter, Schutz 664
– Vertriebshändler
– Warenkauf 1011 ff.
Zypern
– und EVÜ 5

Notizen

Notizen

Notizen

Notizen

Notizen

Reithmann/Martiny (Hrsg.), **Internationales Vertragsrecht**, 7. Auflage

- Hinweise und Anregungen: _____

_____

_____

_____

- Auf Seite _____ Rz. _____ Zeile _____ von oben/unten

muss es statt _____

_____

richtig heißen _____

_____

_____

Reithmann/Martiny (Hrsg.), **Internationales Vertragsrecht**, 7. Auflage

- Hinweise und Anregungen: _____

_____

_____

_____

- Auf Seite _____ Rz. _____ Zeile _____ von oben/unten

muss es statt _____

_____

richtig heißen _____

_____

_____

Absender

_____
_____
_____

Antwortkarte

Informationen unter **www.otto-schmidt.de**

So können Sie uns auch erreichen:
lektorat@otto-schmidt.de

Wichtig: Bitte immer den Titel des Werkes angeben!

Verlag Dr. Otto Schmidt KG
Lektorat
Gustav-Heinemann-Ufer 58
50968 Köln

Absender

_____
_____
_____

Antwortkarte

Informationen unter **www.otto-schmidt.de**

So können Sie uns auch erreichen:
lektorat@otto-schmidt.de

Wichtig: Bitte immer den Titel des Werkes angeben!

Verlag Dr. Otto Schmidt KG
Lektorat
Gustav-Heinemann-Ufer 58
50968 Köln